D1694004

Schwab/Weth · **Arbeitsgerichtsgesetz** · Kommentar

Arbeitsgerichtsgesetz
Kommentar

mit Verfahren vor dem BVerfG und EuGH /
Einigungsstelle / Kirchen-Arbeitsgerichtsbarkeit

herausgegeben von

Dr. Norbert Schwab
Prof. Dr. Stephan Weth

bearbeitet von

Thomas Breyer
Rechtsanwalt, Saarbrücken

Andreas Busemann
Vorsitzender Richter am LAG a.D., Mainz

Prof. Dr. Maximilian Herberger
Universität des Saarlandes, Saarbrücken

Prof. Dr. Christof Kerwer
Julius-Maximilians-Universität Würzburg

Prof. Dr. Michael Kliemt
Rechtsanwalt und Fachanwalt
für Arbeitsrecht, Düsseldorf

Michael H. Korinth
Richter am ArbG, Berlin

Dr. Brigitta Liebscher
Richterin am ArbG, Köln

Dr. Helmut Nause
Präsident des LAG Hamburg

Dagmar Raasch
Direktorin des ArbG Neumünster

Dr. Norbert Schwab
Präsident des LAG
Rheinland-Pfalz a.D., Mainz

Prof. Dr. Christoph Sorge
Universität des Saarlandes, Saarbrücken

Dr. Jens Tiedemann
Richter am ArbG, Köln

Dr. Christoph Ulrich
Vorsitzender Richter am LAG,
Düsseldorf

Dr. Oliver Vollstädt
Rechtsanwalt und Fachanwalt
für Arbeitsrecht, Düsseldorf

Prof. Dr. Wolf-Dietrich Walker
Justus-Liebig-Universität Gießen

Prof. Dr. Stephan Weth
Universität des Saarlandes, Saarbrücken

Dr. Wolfgang Zimmerling
Rechtsanwalt und
Fachanwalt für Arbeitsrecht und
Verwaltungsrecht, Saarbrücken

5. Auflage

2018

ottoschmidt

Zitierempfehlung:
Schwab/Weth/*Bearbeiter*, 5. Aufl., ArbGG § … Rz. …
oder:
Schwab/Weth/*Bearbeiter*, 5. Aufl.,Verf. BVerfG/EuGH
Rz. …/Verf. Einigungsstelle/Verf. kirchl. ArbG

Bibliografische Information
der Deutschen Nationalbibliothek

Die Deutsche Nationalbibliothek verzeichnet diese Publikation in der Deutschen Nationalbibliografie; detaillierte bibliografische Daten sind im Internet über http://dnb.d-nb.de abrufbar.

Verlag Dr. Otto Schmidt KG
Gustav-Heinemann-Ufer 58, 50968 Köln
Tel. 02 21/9 37 38-01, Fax 02 21/9 37 38-943
info@otto-schmidt.de
www.otto-schmidt.de

ISBN 978-3-504-42680-4

©2018 by Verlag Dr. Otto Schmidt KG, Köln

Das Werk einschließlich aller seiner Teile ist urheberrechtlich geschützt. Jede Verwertung, die nicht ausdrücklich vom Urheberrechtsgesetz zugelassen ist, bedarf der vorherigen Zustimmung des Verlages. Das gilt insbesondere für Vervielfältigungen, Bearbeitungen, Übersetzungen, Mikroverfilmungen und die Einspeicherung und Verarbeitung in elektronischen Systemen.

Das verwendete Papier ist aus chlorfrei gebleichten Rohstoffen hergestellt, holz- und säurefrei, alterungsbeständig und umweltfreundlich.

Einbandgestaltung: Lichtenford, Mettmann
Satz: WMTP, Birkenau
Druck und Verarbeitung: Kösel, Krugzell
Printed in Germany

Vorwort zur fünften Auflage

Seit dem Erscheinen der Vorauflage gibt es nicht nur zahlreiche neue beachtliche Rechtsprechung, sondern bedeutende Gesetzesänderungen im Arbeitsrecht sind in Kraft getreten. Dem Gesetzgeber der zu Ende gehenden Legislaturperiode kann bei Anlegung des Maßstabes der Üblichkeit vergangener Zeiten wahrlich keine Untätigkeit vorgehalten werden. Das Werk musste daher – nachdem es zudem auf dem Markt vergriffen war – zur Erfüllung des Anspruchs, eine verlässliche Arbeitshilfe zu sein, auf den neuesten Stand gebracht werden.

In das Prozessrecht hat vor allen Dingen das ein neues Zeitalter einleitende Gesetz zur Förderung des elektronischen Rechtsverkehrs mit den Gerichten eingegriffen. Es generiert zukünftig eine neue Art der Prozessführung für Anwaltschaft, Verbände und Gerichte. Vieles geht schneller und scheinbar einfacher. Welche neuen Probleme von allen Akteuren aber zu meistern sein werden, wird die forensische Praxis zeigen. Die §§ 46c bis 46f ArbGG stellen die wesentlichen Neuerungen vor und geben erste wichtige Fingerzeige. Andere bedeutende neue Gesetze wie etwa das Tarifeinheitsgesetz, das 6. SGB IV-Änderungsgesetz, das Bundesteilhabegesetz, die Datenschutz-Grundverordnung oder das Gesetz zur Sicherung der tarifvertraglichen Sozialkassenverfahren und zur Änderung des ArbGG mussten in die neue Auflage eingearbeitet werden. Die neuen Vorschriften zur Leiharbeit enthalten u.a. Problemstellungen zur Darlegungs- und Beweislast. In § 58 ArbGG werden sie nebst zahlreichen weiteren praxisrelevanten Einzelfragen näher beleuchtet. Somit sind alle Gesetze aus der Legislaturperiode kommentiert worden – zuletzt auch noch das Gesetz zur Einführung der elektronischen Akte in der Justiz und zur weiteren Förderung des elektronischen Rechtsverkehrs sowie das Gesetz über die Erweiterung der Medienöffentlichkeit in Gerichtsverfahren. Von Anfang an war es das Bestreben aller Autoren, im Kommentar das arbeitsgerichtliche Verfahren über den reinen Gesetzestext des ArbGG hinaus möglichst umfassend abzubilden. Zu den eigenständigen Abhandlungen zum Einigungsstellenverfahren und zum arbeitsrechtlichen Verfahren vor dem Bundesverfassungsgericht und dem Europäischen Gerichtshof sind nunmehr noch die teilweise nicht unerheblichen Besonderheiten der Verfahren vor den katholischen und evangelischen Arbeitsgerichten, inklusive des dortigen Revisionsverfahrens hinzugekommen. Die Zweistufigkeit dieser Verfahren schafft insbesondere unbekannte Probleme bei den Rechtsmitteln. Immerhin sind die beiden großen Kirchen neben dem gesamten öffentlichen Dienst der zweitgrößte Arbeitgeber Deutschlands mit weit über 1 Mio. Bediensteten. Allein schon von daher bedarf die eigenständige kirchliche Arbeitsgerichtsbarkeit, in der in der Praxis sehr oft Rechtsanwälte auftreten, einer eigenen Kommentierung.

Was die Autorenschaft betrifft, bleibt das Werk weiter in Bewegung. Der sich durch zahlreiche Fachaufsätze auszeichnende Experte für das arbeitsgerichtliche Beschlussverfahren, Herr VorsRiLAG a.D. Andreas Busemann, ist nach Erreichen seines Ruhestandes aus dem Autorenteam ausgeschieden. Ihm gebührt besonderer Dank für seine Zuverlässigkeit, Pünktlichkeit und Akribie, mit der er sich der Kommentierung zugewendet hat. Seinen Part hat Herr RiArbG Dr. Jens Tiedemann übernommen. Neu im Autorenteam sind Frau DirinArbG Dagmar Raasch, die für das Verfahren vor den evangelischen Arbeitsgerichten zeichnet, und Herr Prof. Dr. Christoph Sorge von der Universität des Saarlandes, der sich der modernen Technik des elektronischen Rechtsverkehrs widmet.

Die Manuskripte wurden im Oktober 2017 abgeschlossen. Für Anregungen, Kritik und Ratschläge aus dem Kreise der Nutzer zur Verbesserung der Folgeauflage sind die Verfasser äußerst dankbar. Sie können gerne an den Verlag (lektorat@otto-schmidt.de) gerichtet werden.

Mainz, Saarbrücken im Oktober 2017   Norbert Schwab, Stephan Weth

Inhaltsübersicht

	Seite
Vorwort	V
Abkürzungsverzeichnis	XIII
Literaturverzeichnis	XVII

Arbeitsgerichtsgesetz

Erster Teil. Allgemeine Vorschriften

§ 1	Gerichte für Arbeitssachen *(Liebscher)*	1
§ 2	Zuständigkeit im Urteilsverfahren *(Walker)*	9
§ 2a	Zuständigkeit im Beschlussverfahren *(Walker)*	75
§ 3	Zuständigkeit in sonstigen Fällen *(Walker)*	108
§ 4	Ausschluss der Arbeitsgerichtsbarkeit *(Zimmerling)*	116
§ 5	Begriff des Arbeitnehmers *(Kliemt)*	124
§ 6	Besetzung der Gerichte für Arbeitssachen *(Liebscher)*	196
§ 6a	Allgemeine Vorschriften über das Präsidium und die Geschäftsverteilung *(Liebscher)*	213
§ 7	Geschäftsstelle, Aufbringung der Mittel *(Liebscher)*	230
§ 8	Gang des Verfahrens *(Zimmerling)*	236
§ 9	Allgemeine Verfahrensvorschriften und Rechtsschutz bei überlangen Gerichtsverfahren *(Weth)*	238
§ 10	Parteifähigkeit *(Weth)*	249
§ 11	Prozessvertretung *(Weth)*	261
§ 11a	Beiordnung eines Rechtsanwalts, Prozesskostenhilfe *(Liebscher)*	274
§ 12	Kosten *(Schwab)*	299
§ 12a	Kostentragungspflicht *(Vollstädt)*	373
§ 13	Rechtshilfe *(Vollstädt)*	391
§ 13a	Internationale Verfahren *(Breyer)*	401

Zweiter Teil. Aufbau der Gerichte für Arbeitssachen

Erster Abschnitt. Arbeitsgerichte *(Liebscher)*

§ 14	Errichtung und Organisation	405
§ 15	Verwaltung und Dienstaufsicht	409
§ 16	Zusammensetzung	415
§ 17	Bildung von Kammern	427
§ 18	Ernennung der Vorsitzenden	431
§ 19	Ständige Vertretung	435
§ 20	Berufung der ehrenamtlichen Richter	437
§ 21	Voraussetzungen für die Berufung als ehrenamtlicher Richter	442
§ 22	Ehrenamtlicher Richter aus Kreisen der Arbeitgeber	451
§ 23	Ehrenamtlicher Richter aus Kreisen der Arbeitnehmer	455
§ 24	Ablehnung und Niederlegung des ehrenamtlichen Richteramts	458
§ 25	*weggefallen*	
§ 26	Schutz der ehrenamtlichen Richter	462
§ 27	Amtsenthebung der ehrenamtlichen Richter	465
§ 28	Ordnungsgeld gegen ehrenamtliche Richter	468
§ 29	Ausschuss der ehrenamtlichen Richter	470

§ 30	Besetzung der Fachkammern	473
§ 31	Heranziehung der ehrenamtlichen Richter	476
§ 32	weggefallen	

Zweiter Abschnitt. Landesarbeitsgerichte *(Liebscher)*

§ 33	Errichtung und Organisation	483
§ 34	Verwaltung und Dienstaufsicht	485
§ 35	Zusammensetzung, Bildung von Kammern	486
§ 36	Vorsitzende	489
§ 37	Ehrenamtliche Richter	490
§ 38	Ausschuss der ehrenamtlichen Richter	491
§ 39	Heranziehung der ehrenamtlichen Richter	492

Dritter Abschnitt. Bundesarbeitsgericht *(Liebscher)*

§ 40	Errichtung	494
§ 41	Zusammensetzung, Senate	498
§ 42	Bundesrichter	501
§ 43	Ehrenamtliche Richter	504
§ 44	Anhörung der ehrenamtlichen Richter, Geschäftsordnung	509
§ 45	Großer Senat	512

Dritter Teil. Verfahren vor den Gerichten für Arbeitssachen

Erster Abschnitt. Urteilsverfahren

Erster Unterabschnitt. Erster Rechtszug

§ 46	Grundsatz *(Zimmerling)*	521
§ 46a	Mahnverfahren *(Tiedemann)*	583
§ 46b	Europäisches Mahnverfahren nach der Verordnung (EG) Nr. 1896/2006 *(Breyer)*	604
§ 46c	Elektronisches Dokument *(Herberger)*	607
§ 46d	Gerichtliches elektronisches Dokument *(Sorge)*	612
§ 46e	Elektronische Akte; Verordnungsermäßigung *(Sorge)*	614
§ 46f	Formulare, Verordnungsermächtigung *(Herberger)*	617
§ 46g	Nutzungspflicht für Rechtsanwälte, Behörden und vertretungsberechtigte Personen	619
§ 47	Sondervorschrift über (Ladung und) Einlassung *(Tiedemann)*	620
§ 48	Rechtsweg und Zuständigkeit *(Walker)*	629
§ 49	Ablehnung von Gerichtspersonen *(Kliemt)*	668
§ 50	Zustellung *(Korinth)*	706
§ 51	Persönliches Erscheinen der Parteien *(Korinth)*	713
§ 52	Öffentlichkeit *(Korinth)*	727
§ 53	Befugnisse des Vorsitzenden und der ehrenamtlichen Richter *(Korinth)*	733
§ 54	Güteverfahren *(Korinth/Nause)*	736
§ 54a	Mediation, außergerichtliche Konfliktbeilegung *(Nause)*	759
§ 55	Alleinentscheidung durch den Vorsitzenden *(Korinth)*	764
§ 56	Vorbereitung der streitigen Verhandlung *(Korinth)*	780
§ 57	Verhandlung vor der Kammer *(Korinth)*	795
§ 58	Beweisaufnahme *(Schwab)*	800

§ 59	Versäumnisverfahren *(Korinth)*	861
§ 60	Verkündung des Urteils *(Tiedemann)*	888
§ 61	Inhalt des Urteils *(Tiedemann)*	903
§ 61a	Besondere Prozessförderung in Kündigungsverfahren *(Korinth)*	920
§ 61b	Klage wegen Benachteiligung *(Walker)*	924
§ 62	Zwangsvollstreckung *(Walker)*	933
§ 63	Übermittlung von Urteilen in Tarifvertragssachen *(Tiedemann)*	987

Zweiter Unterabschnitt. Berufungsverfahren *(Schwab)*

§ 64	Grundsatz	989
§ 65	Beschränkung der Berufung	1055
§ 66	Einlegung der Berufung, Terminbestimmung	1062
§ 67	Zulassung neuer Angriffs- und Verteidigungsmittel	1087
§ 68	Zurückverweisung	1102
§ 69	Urteil	1112
§§ 70, 71 weggefallen		

Dritter Unterabschnitt. Revisionsverfahren *(Ulrich)*

§ 72	Grundsatz	1124
§ 72a	Nichtzulassungsbeschwerde	1147
§ 72b	Sofortige Beschwerde wegen verspäteter Absetzung des Berufungsurteils	1175
§ 73	Revisionsgründe	1185
§ 74	Einlegung der Revision, Terminbestimmung	1207
§ 75	Urteil	1231
§ 76	Sprungrevision	1242
§ 77	Revisionsbeschwerde	1255

Vierter Unterabschnitt. Beschwerdeverfahren, Abhilfe bei Verletzung des Anspruchs auf rechtliches Gehör *(Schwab)*

§ 78	Beschwerdeverfahren	1260
§ 78a	Abhilfe bei Verletzung des Anspruchs auf rechtliches Gehör	1288

Fünfter Unterabschnitt. Wiederaufnahme des Verfahrens *(Schwab)*

§ 79	Wiederaufnahme des Verfahrens	1308

Zweiter Abschnitt. Beschlussverfahren

Erster Unterabschnitt. Erster Rechtszug

§ 80	Grundsatz *(Weth)*	1318
§ 81	Antrag *(Weth)*	1326
§ 82	Örtliche Zuständigkeit *(Weth)*	1355
§ 83	Verfahren *(Weth)*	1360
§ 83a	Vergleich, Erledigung des Verfahrens *(Weth)*	1384

§ 84	Beschluss *(Weth)*	1392
§ 85	Zwangsvollstreckung *(Walker)*	1398
§ 86	weggefallen	

Zweiter Unterabschnitt. Zweiter Rechtszug *(Busemann/Tiedemann)*

§ 87	Grundsatz	1433
§ 88	Beschränkung der Beschwerde	1455
§ 89	Einlegung	1460
§ 90	Verfahren	1479
§ 91	Entscheidung	1486

Dritter Unterabschnitt. Dritter Rechtszug *(Busemann/Tiedemann)*

§ 92	Rechtsbeschwerdeverfahren, Grundsatz	1495
§ 92a	Nichtzulassungsbeschwerde	1505
§ 92b	Sofortige Beschwerde wegen verspäteter Absetzung der Beschwerdeentscheidung	1514
§ 93	Rechtsbeschwerdegründe	1518
§ 94	Einlegung	1528
§ 95	Verfahren	1541
§ 96	Entscheidung	1545
§ 96a	Sprungrechtsbeschwerde	1557

Vierter Unterabschnitt. Beschlussverfahren in besonderen Fällen *(Walker)*

§ 97	Entscheidung über die Tariffähigkeit oder Tarifzuständigkeit einer Vereinigung	1564
§ 98	Entscheidung über die Wirksamkeit einer Allgemeinverbindlicherklärung oder einer Rechtsverordnung	1580
§ 99	Entscheidung über den nach § 4a Abs. 2 Satz 2 des Tarifvertragsgesetzes im Betrieb anwendbaren Tarifvertrag	1592
§ 100	Entscheidung über die Besetzung der Einigungsstelle	1596

Vierter Teil. Schiedsvertrag in Arbeitsstreitigkeiten *(Zimmerling)*

§ 101	Grundsatz	1615
§ 102	Prozesshindernde Einrede	1635
§ 103	Zusammensetzung des Schiedsgerichts	1643
§ 104	Verfahren vor dem Schiedsgericht	1649
§ 105	Anhörung der Parteien	1653
§ 106	Beweisaufnahme	1657
§ 107	Vergleich	1663
§ 108	Schiedsspruch	1665
§ 109	Zwangsvollstreckung	1672
§ 110	Aufhebungsklage	1676

Fünfter Teil. Übergangs- und Schlussvorschriften

| § 111 | Änderung von Vorschriften *(Zimmerling)* | 1689 |
| § 112 | Übergangsregelungen *(Schwab)* | 1700 |

§ 113 Berichterstattung *(Walker)* 1701
§§ 114–116 weggefallen
§ 117 Verfahren bei Meinungsverschiedenheiten der beteiligten Verwaltungen *(Zimmerling)* 1701
§§ 118–122 weggefallen

Arbeitsrechtliche Verfahren vor dem BVerfG und dem EuGH *(Kerwer)* 1703

Das Einigungsstellenverfahren *(Kliemt)* 1779

Das Verfahren vor den kirchlichen Arbeitsgerichten

Teil I   Das Verfahren vor dem kirchlichen Arbeitsgericht der katholischen Kirche *(Schwab)* 1867
Teil II Das Verfahren vor den Kirchengerichten für mitarbeitervertretungsrechtliche
         Streitigkeiten der evangelischen Kirche *(Raasch)* 1879

Stichwortverzeichnis 1889

Abkürzungsverzeichnis

AA	Agentur für Arbeit, Andere Ansicht
abl.	ablehnend
ABl.	Amtsblatt
Abs.	Absatz
aE	am Ende
AEntG	Arbeitnehmer-Entsendegesetz
AG	Aktiengesellschaft; Amtsgericht
AGB	Allgemeine Geschäftsbedingungen
AGG	Allgemeines Gleichbehandlungsgesetz
AiB	Arbeitsrecht im Betrieb (Zeitschrift)
AktG	Aktiengesetz
Anh.	Anhang
Anm.	Anmerkung
ArbG	Arbeitsgericht
ArbGeb	Arbeitgeber
ArbGG	Arbeitsgerichtsgesetz
AR-Blattei	Arbeitsrecht-Blattei
ArbN	Arbeitnehmer
ArbnErfG	Gesetz über Arbeitnehmererfindungen
ArbPlSchG	Arbeitsplatzschutzgesetz
ArbRB	Der Arbeits-Rechts-Berater (Zeitschrift)
ArbuR	Arbeit und Recht (Zeitschrift), auch AuR
ARST	Arbeitsrecht in Stichworten
Art.	Artikel
ATZ	Altersteilzeit
ATZG	Altersteilzeitgesetz
AÜ	Arbeitnehmerüberlassung
AuA	Arbeit und Arbeitsrecht (Zeitschrift)
Aufl.	Auflage
AÜG	Arbeitnehmerüberlassungsgesetz
AuR	Arbeit und Recht (Zeitschrift), auch ArbuR
AuslG	Ausländergesetz
AVAG	Anerkennungs- und Vollstreckungsgesetz
AVE	Allgemeinverbindlicherklärung
AVmG	Altersvermögensgesetz
AZO	Arbeitszeitordnung
BA	Bundesagentur für Arbeit
BAG	Bundesarbeitsgericht
BAGE	Amtliche Sammlung der Entscheidungen des Bundesarbeitsgerichts
BArbBl.	Bundesarbeitsblatt
BAT	Bundesangestelltentarifvertrag
BB	Der Betriebs-Berater (Zeitschrift)
BBesG	Bundesbesoldungsgesetz
BBG	Bundesbeamtengesetz
BBiG	Berufsbildungsgesetz
BDSG	Bundesdatenschutzgesetz
BEEG	Bundeselterngeld- und Elternzeitgesetz
BeschFG	Gesetz zur Förderung der Beschäftigung
BesG	Besoldungsgesetz
betr.	betreffend
BetrAV	Betriebliche Altersversorgung
BetrAVG	Gesetz zur Verbesserung der betrieblichen Altersversorgung
BetrVG	Betriebsverfassungsgesetz
BfA	Bundesversicherungsanstalt für Angestellte
BFH	Bundesfinanzhof

BGB	Bürgerliches Gesetzbuch
BGBl.	Bundesgesetzblatt
BGH	Bundesgerichtshof
BGHZ	Entscheidungen des Bundesgerichtshofs in Zivilsachen
BKGG	Bundeskindergeldgesetz
BMAS	Bundesministerium für Arbeit und Soziales
BMJV	Bundesministerium für Justiz und für Verbraucherschutz
BPersVG	Bundespersonalvertretungsgesetz
BR	Betriebsrat
BSG	Bundessozialgericht
BSHG	Bundessozialhilfegesetz
BT	Bundestag
BT-Drs.	Drucksache des Deutschen Bundestages
BUrlG	Bundesurlaubsgesetz
BVerfG	Bundesverfassungsgericht
BVerfGE	Entscheidungen des Bundesverfassungsgerichts
BVerfGG	Bundesverfassungsgerichtsgesetz
BVerwG	Bundesverwaltungsgericht
DB	Der Betrieb (Zeitschrift)
DGVZ	Deutsche Gerichtsvollzieher-Zeitung
Diss.	Dissertation
DrittelbG	Drittelbeteiligungsgesetz
Drs.	Drucksache
EBRG	Europäisches Betriebsräte-Gesetz
EFZG	Entgeltfortzahlungsgesetz
EGBGB	Einführungsgesetz zum Bürgerlichen Gesetzbuch
EhfG	Entwicklungshelfer-Gesetz
ERVV	Elektronischer-Rechtsverkehr-Verordnung
EStG	Einkommensteuergesetz
EuGH	Europäischer Gerichtshof
EzA	Entscheidungssammlung zum Arbeitsrecht
EzAÜG	Entscheidungssammlung zum Arbeitnehmerüberlassungsgesetz
f., ff.	folgende(r); fortfolgende
FA	Fachanwalt Arbeitsrecht (Zeitschrift)
FamFG	Gesetz über das Verfahren in Familiensachen und in den Angelegenheiten der freiwilligen Gerichtsbarkeit
FamRZ	Zeitschrift für das gesamte Familienrecht
FGG	Gesetz über die freiwillige Gerichtsbarkeit
FS	Festschrift
GBR	Gesamtbetriebsrat
GewArch	Gewerbearchiv (Zeitschrift)
GewO	Gewerbeordnung
GG	Grundgesetz
GKG	Gerichtskostengesetz
GS	Großer Senat
GVBl.	Gesetz- und Verordnungsblatt
GVG	Gerichtsverfassungsgesetz
HGB	Handelsgesetzbuch
HwO	Handwerksordnung
HzA	Handbuch zum Arbeitsrecht
InsO	Insolvenzordnung

JArbSchG	Jugendarbeitsschutzgesetz
JAV	Jugend- und Auszubildendenvertretung
JFDG	Gesetz zur Förderung von Jugendfreiwilligendiensten
JZ	Juristenzeitung (Zeitschrift)
KBR	Konzernbetriebsrat
KSchG	Kündigungsschutzgesetz
Kug	Kurzarbeitergeld
LAG	Landesarbeitsgericht
LAGE	Entscheidungen der Landesarbeitsgerichte
LG	Landgericht
LSG	Landessozialgericht
MDR	Monatsschrift für Deutsches Recht (Zeitschrift)
MgVG	Gesetz über die Mitbestimmung der Arbeitnehmer bei einer grenzüberschreitenden Verschmelzung
MitbestG	Gesetz über die Mitbestimmung der Arbeitnehmer
MitbestR	Mitbestimmungsrecht
MuSchG	Mutterschutzgesetz
MVG-EKD	Mitarbeitervertretungsgesetz der EKD
NachwG	Nachweisgesetz
NJW	Neue Juristische Wochenschrift (Zeitschrift)
NZA	Neue Zeitschrift für Arbeitsrecht
NZA-RR	Neue Zeitschrift für Arbeitsrecht/Rechtsprechungsreport
NZS	Neue Zeitschrift für Sozialrecht
OLG	Oberlandesgericht
OLGR	OLGReport
OVG	Oberverwaltungsgericht
PersR	Personalrat; Der Personalrat (Zeitschrift)
PersV	Die Personalvertretung (Zeitschrift)
ProzRB	Prozess-Rechtsberater (Zeitschrift)
RAG	Reichsarbeitsgericht
RdA	Recht der Arbeit (Zeitschrift)
RDG	Gesetz über außergerichtliche Rechtsdienstleistungen
RDGEG	Einführungsgesetz zum Rechtsdienstleistungsgesetz
RPflG	Rechtspflegergesetz
SCEBG	Gesetz über die Beteiligung der Arbeitnehmer und Arbeitnehmerinnen in einer Europäischen Genossenschaft
SE	Europäische Aktiengesellschaft
SEBG	Gesetz über die Beteiligung der Arbeitnehmer in einer Europäischen Gesellschaft
SEEG	Gesetz zur Einführung der Europäischen Gesellschaft
SG	Sozialgericht
SGb	Die Sozialgerichtsbarkeit (Zeitschrift)
SGB	Sozialgesetzbuch
SGG	Sozialgerichtsgesetz
SprAuG	Sprecherausschussgesetz
StGB	Strafgesetzbuch
StWKat.	Streitwertkatalog
TVG	Tarifvertragsgesetz
TzBfG	Teilzeit- und Befristungsgesetz
UdG	Urkundsbeamter der Geschäftsstelle

UmwG	Umwandlungsgesetz
Verf. BVerfG/EuGH	Verfahren vor dem BVerfG und EuGH (Kapitel in diesem Werk)
Verf. Einigungsstelle	Das Einigungsstellenverfahren (Kapitel in diesem Werk)
VersR	Versicherungsrecht (Zeitschrift)
VwGO	Verwaltungsgerichtsordnung
VwVfG	Verwaltungsverfahrensgesetz
VwVG	Verwaltungsvollstreckungsgesetz
WahlO, WO	Wahlordnung
ZIP	Zeitschrift für Wirtschaftsrecht
ZPO	Zivilprozessordnung
ZTR	Zeitschrift für Tarifrecht

Literaturverzeichnis

Arbeitsrechtslexikon siehe *Schwab*, Beck'sches Personalhandbuch
Arnold/Meyer-Stolte/Rellermeyer/Hintzen/Manfred, Rechtspflegergesetz, 8. Aufl. 2015
Ascheid, Urteils- und Beschlussverfahren im Arbeitsrecht, 2. Aufl. 1998

Bader/Creutzfeldt/Friedrich, Kommentar zum Arbeitsgerichtsgesetz, 5. Aufl. 2008 (zit. BCF/*Bearbeiter*)
Bader/Dörner/Mikosch/Schleusener/Schütz/Vossen, Gemeinschaftskommentar zum Arbeitsgerichtsgesetz, Loseblatt (zit. GK-ArbGG/*Bearbeiter*)
Bader/Hohmann/Klein, Die ehrenamtlichen Richterinnen und Richter beim Arbeitsgericht und Sozialgericht, 13. Aufl. 2012
Bauer/Lingemann/Diller/Haußmann, Anwalts-Formularbuch Arbeitsrecht, 6. Aufl. 2017
Baumbach/Lauterbach/Albers/Hartmann, Zivilprozessordnung, 74. Aufl. 2016 (zit. BLAH)
BCF/Bearbeiter siehe *Bader/Creutzfeldt/Friedrich*
Beck'scher Online-Kommentar Arbeitsrecht, hrsg. von *Rolfs/Giesen/Kreikebohm/Udsching* (zit. BeckOKArbR/*Bearbeiter*)
Berscheid, Arbeitsverhältnisse in der Insolvenz, 1999
Berscheid/Kunz/Brand/Nebeling (Hrsg.), Fachanwaltshandbuch Arbeitsrecht, 4. Aufl. 2013
BLAH siehe *Baumbach/Lauterbach/Albers/Hartmann*
Brox/Walker, Zwangsvollstreckungsrecht, 10. Aufl. 2014
Busemann/Schäfer, Kündigung und Kündigungsschutz im Arbeitsverhältnis, 5. Aufl. 2006

Däubler (Hrsg.), Tarifvertragsgesetz, 4. Aufl. 2016
Dersch/Volkmar, Arbeitsgerichtsgesetz, Kommentar, 6. Aufl. 1955
DFL siehe *Dornbusch/Fischermeier/Löwisch*
Dietz/Nikisch, ArbGG, 1954 und 1983
DLW siehe *Dörner/Luczak/Wildschütz/Baeck/Hoß*
Dornbusch/Fischermeier/Löwisch, AR - Kommentar zum gesamten Arbeitsrecht, 8. Aufl. 2016 (zit. DFL/*Bearbeiter*)
Dörndorfer, Rechtspflegergesetz, 2. Aufl. 2014
Dörner/Luczak/Wildschütz/Baeck/Hoß, Handbuch des Fachanwalts Arbeitsrecht, 13. Aufl. 2015 (zit. DLW)
Dunkl/Moeller/Baur/Feldmeier, Handbuch des vorläufigen Rechtsschutzes, 3. Aufl. 1999
Düwell/Lipke, Arbeitsgerichtsgesetz, 4. Aufl. 2016

Ennemann/Griese, Taktik des Arbeitsgerichtsprozesses, 2. Aufl. 2003
ErfK siehe *Müller-Glöge/Preis/Schmidt*
Etzel/Bader/Fischermeier u.a., KR – Gemeinschaftskommentar zum Kündigungsschutzgesetz und zu sonstigen kündigungsschutzrechtlichen Vorschriften, 11. Aufl 2016 (zit. KR/*Bearbeiter*)

Fitting/Engels/Schmidt/Trebinger/Linsenmaier, Betriebsverfassungsgesetz, 28. Aufl. 2016 (zit. *Fitting*)
Franzen/Gallner/Oetker, Kommentar zum europäischen Arbeitsrecht, 2016 (zit. EUArbR/*Bearbeiter*)

Germelmann/Matthes/Prütting, Arbeitsgerichtsgesetz, 8. Aufl. 2013 (zit. GMP/*Bearbeiter*)
Gerold/Schmidt, Rechtsanwaltsvergütungsgesetz, Kommentar, 22. Aufl. 2015
Gift/Baur, Das Urteilsverfahren vor den Gerichten für Arbeitssachen, 1993
GK-ArbGG siehe *Bader/Dörner/Mikosch/Schleusener/Schütz/Vossen*
GK-BetrVG siehe *Wiese/Kreutz/Oetker/Raab/Weber/Franzen*
GMP siehe *Germelmann/Matthes/Prütting*
Grabitz/Hilf/Nettesheim, Das Recht der Europäischen Union, Loseblatt

Grunsky/Waas/Benecke/Greiner, Arbeitsgerichtsgesetz, 8. Aufl. 2014 (zit. GWBG/*Bearbeiter*)
GWBG siehe *Grunsky/Waas/Benecke/Greiner*

Hartmann, Kostengesetze, 47. Aufl. 2017
Hauck/Helml/Biebl, Arbeitsgerichtsgesetz, 4. Aufl. 2011
Heither, Arbeitsgerichtsgesetz, Loseblatt
Henssler/Moll/Bepler (Hrsg.), Der Tarifvertrag, Handbuch, 2. Aufl. 2016
Henssler/Willemsen/Kalb, Arbeitsrecht Kommentar, 7. Aufl. 2016 (zit. HWK/*Bearbeiter*)
Herbst/Bertelsmann/Reiter, Arbeitsgerichtliches Beschlussverfahren, 2. Aufl. 1998
Hess/Worzalla/Glock/Nicolai/Rose/Huke, Kommentar zum Betriebsverfassungsgesetz, 9. Aufl. 2014 (zit. HWGNRH/*Bearbeiter*)
HWGNRH siehe *Hess/Worzalla/Glock/Nicolai/Rose/Huke*
HWK siehe *Henssler/Willemsen/Kalb*

Jacobs/Krause/Oetker/Schubert, Tarifvertragsrecht, 2. Aufl. 2013
Jarass/Pieroth, Grundgesetz für die Bundesrepublik Deutschland, 14. Aufl. 2016

Kempen/Zachert, Tarifvertragsgesetz, 5. Aufl. 2014
Kissel/Mayer, Gerichtsverfassungsgesetz, Kommentar, 8. Aufl. 2015
Korinth, Einstweiliger Rechtsschutz im Arbeitsgerichtsverfahren, 3. Aufl. 2015
KR siehe *Etzel/Bader/Fischermeier* u.a.

Lansnicker (Hrsg.), Prozesse in Arbeitssachen – Vertretung, Verfahren, Vollstreckung, 3. Aufl. 2013
Löwisch/Kaiser, Kommentar zum Betriebsverfassungsgesetz, 6. Aufl. 2010
Löwisch/Rieble, Tarifvertragsgesetz, 4. Aufl. 2017

Maunz/Dürig, Grundgesetz, Loseblatt
Mes (Hrsg.), Beck'sches Prozessformularbuch, 13. Aufl. 2016 (zit. *Bearbeiter* in Beck'sches Prozessformularbuch)
Meyer, GKG/FamGKG 2016, Kommentar, 15. Aufl. 2015
Meyer/Höver/Bach/Oberlack, JVEG, 26. Aufl. 2014
Müller/Bauer, Der Anwalt vor den Arbeitsgerichten – Ein Handbuch, 3. Aufl. 1991
Müller-Glöge/Preis/Schmidt (Hrsg.), Erfurter Kommentar zum Arbeitsrecht, 17. Aufl. 2017 (zit. ErfK/*Bearbeiter*)
von Münch/Kunig (Hrsg.), Grundgesetz-Kommentar, Bd. 1, 6. Aufl. 2012, Bd. 2, 6. Aufl. 2012
Münchener Handbuch zum Arbeitsrecht, hrsg. von *Richardi/Wlotzke/Wißmann/Oetker*, 3. Aufl. 2009
Münchener Kommentar zur Zivilprozessordnung, Bd. 1, 4. Aufl. 2013, Bd. 2, 4. Aufl. 2012, Bd. 3, 4. Aufl. 2013 (zit. MünchKommZPO/*Bearbeiter*)
Münchener Prozessformularbuch, hrsg. von *Zirnbauer*, Bd. 6 Arbeitsrecht, 5. Aufl. 2017
Musielak/Voit, Zivilprozessordnung, Kommentar, 14. Aufl. 2017

Natter/Gross, Arbeitsgerichtsgesetz, Handkommentar, 2. Aufl. 2013

Ostrowicz/Künzl/Scholz, Handbuch des arbeitsgerichtlichen Verfahrens, 5. Aufl. 2014

Palandt, BGB, 76. Aufl. 2017
Peterek, Die ehrenamtlichen Richter bei den Gerichten für Arbeitssachen, 6. Aufl. 2001
Preis, Arbeitsrecht, Individualarbeitsrecht, 5. Aufl. 2017
Preis/Sagan, Europäisches Arbeitsrecht, 2015 (zit. Preis/Sagan/*Bearbeiter*)
Prütting/Weth, Rechtskraftdurchbrechung bei unrichtigen Titeln, 2. Aufl. 1994

Reufels, Prozesstaktik im Arbeitsrecht, 3. Aufl. 2015
Richardi, Betriebsverfassungsgesetz mit Wahlordnung, Kommentar, 15. Aufl. 2016
Rosenberg/Schwab/Gottwald, Zivilprozessrecht, 17. Aufl. 2010

Sachs, Grundgesetz, Kommentar, 7. Aufl. 2014
Schaub, Arbeitsrechtliches Formular- und Verfahrenshandbuch, 12. Aufl. 2017
Schaub, Arbeitsrechts-Handbuch, 17. Aufl. 2017
Schaub/Künzl, Arbeitsgerichtsverfahren, 7. Aufl. 2004
Schilken, Zivilprozessrecht, 7. Aufl. 2014
Schmidt-Bleibtreu/Hofmann/Henneke, Kommentar zum Grundgesetz, 13. Aufl. 2014
Schmidt-Räntsch, Deutsches Richtergesetz, 6. Aufl. 2009
Schneider/Herget, Streitwert-Kommentar für den Zivilprozess, 14. Aufl. 2016
Schuschke/Walker, Vollstreckung und Vorläufiger Rechtsschutz, 6. Aufl. 2016
Schwab, Beck'sches Personalhandbuch, Bd. I: Arbeitsrechtslexikon, Loseblatt (zit. *Bearbeiter* in Arbeitsrechtslexikon)
Schwab, Die Berufung im arbeitsgerichtlichen Verfahren, Diss. 2005
Schwab/Walter, Schiedsgerichtsbarkeit, Systematischer Kommentar, 7. Aufl. 2005
Staats, Deutsches Richtergesetz, 2012
Stein/Jonas, Kommentar zur Zivilprozessordnung, 9 Bände, 22. Aufl. 2002 ff.

Thomas/Putzo, Zivilprozessordnung, 38. Aufl. 2017
Tschöpe, Anwalts-Handbuch Arbeitsrecht, 10. Aufl. 2017
Tschöpe/Ziemann/Altenburg, Streitwert und Kosten im Arbeitsrecht, 2013

Walker, Der einstweilige Rechtsschutz im Zivilprozess und im arbeitsgerichtlichen Verfahren, 1993
Weth, Das arbeitsgerichtliche Beschlussverfahren, 1995
Weth, Die Zurückweisung verspäteten Vorbringens im Zivilprozess, Diss. 1988
Wieczorek/Schütze, Zivilprozessordnung und Nebengesetze, 4. Aufl. 2015 ff.
Wiedemann (Hrsg.), Tarifvertragsgesetz, 7. Aufl. 2007
Wiese/Kreutz/Oetker/Raab/Weber/Franzen/Gutzeit/Jacobs, Gemeinschaftskommentar zum Betriebsverfassungsgesetz, 10. Aufl. 2014 (zit. GK-BetrVG)
Wieser, Arbeitsgerichtsverfahren, 1994
Wlotzke/Schwedes/Lorenz, Das neue Arbeitsgerichtsgesetz, 1979
Wolmerath, Der ehrenamtliche Richter in der Arbeitsgerichtsbarkeit, 1993

Zöller, Zivilprozessordnung, 31. Aufl. 2016

Arbeitsgerichtsgesetz

in der Fassung der Bekanntmachung vom 2. Juli 1979 (BGBl. I S. 853, 1036), das zuletzt durch Artikel 5 Abs. 4 des Gesetzes vom 8. Oktober 2017 (BGBl. I S. 3546) geändert worden ist.

Erster Teil. Allgemeine Vorschriften

§ 1 Gerichte für Arbeitssachen

Die Gerichtsbarkeit in Arbeitssachen – §§ 2 bis 3 – wird ausgeübt durch die Arbeitsgerichte – §§ 14 bis 31 –, die Landesarbeitsgerichte – §§ 33 bis 39 – und das Bundesarbeitsgericht – §§ 40 bis 45 – (Gerichte für Arbeitssachen).

I. Allgemeines	1
II. Zuständigkeit	5
1. Deutsche Gerichtsbarkeit	8
a) Grundsatz	9
b) Von der deutschen Gerichtsbarkeit befreite Personen	10
aa) Befreiung für Mitglieder diplomatischer Missionen	11
bb) Befreiung für Mitglieder konsularischer Vertretungen	14
cc) Weitere Befreiungen	17
dd) Arbeitsrechtliche Bestandsstreitigkeiten	18
c) Auswirkungen und Umfang der Befreiung	19
d) Abweichende Regelungen nach NATO-Truppenstatut	26
2. Internationale Zuständigkeit	27
III. Aufbau	33
IV. Zusammensetzung der Gerichte	40
V. Bedeutung und Statistik	47

Schrifttum: *Daub/Eckstein/Schimang*, Staatenimmunität versus Kündigungsschutz – Die (Un-)Zuständigkeit deutscher Arbeitsgerichte für Mitarbeiter ausländischer Vertretungen, NZA 2014, 397; *Geimer*, Internationales Zivilprozessrecht, 7. Aufl. 2015; *Grotmann-Höfling*, Die Arbeitsgerichtsbarkeit 2015 im Lichte der Statistik, AuR 2016, 497; *Heilmann*, Reformvorschläge zur Entlastung der Arbeitsgerichte, AuR 1997, 424; *Kalb*, Zwischen Tradition und Umbruch, in: Arbeitsrecht und Sozialpartnerschaft, FS für Peter Hanau, 1999, S. 19 ff.; *Kissel*, Arbeitsrecht und Gerichtsverfassung, RdA 1999, 53; *Linsenmaier*, Die Arbeitsgerichtsbarkeit, www.bundesarbeitsgericht.de; *Majer*, Staatenimmunität bei arbeitsrechtlichen Streitigkeiten zwischen ausländischen Staaten und deren Mitarbeitern, NZA 2010, 1395; *Schwedes*, Der Wiederaufbau der Arbeitsgerichtsbarkeit in den neuen Bundesländern, in: Die Arbeitsgerichtsbarkeit, FS zum 100-jähr. Bestehen des Dt. Arbeitsgerichtsverbandes, S. 147 ff.; *Schwenk*, Die zivilprozessualen Bestimmungen des NATO-Truppenstatuts und der Zusatzvereinbarungen, NJW 1976, 1562; *Weth*, Besonderheiten der Arbeitsgerichtsbarkeit, NZA 1998, 680; *Weth*, Einige prozessrechtliche Anmerkungen zur großen Justizreform, NZA 2006, 182.

I. Allgemeines

In Deutschland wird zwischen der ordentlichen Gerichtsbarkeit und den Fachgerichtsbarkeiten unterschieden. In einer langen Entwicklung hat die Arbeitsgerichtsbarkeit volle Selbständigkeit erlangt. Sie ist in Art. 95 Abs. 1 GG neben der ordentlichen Gerichtsbarkeit und drei weiteren selbständigen Fachgerichtsbarkeiten mit institutioneller Bestandsgarantie (Verwaltungs-, Sozial- und Finanzgerichtsbarkeit) als selbständige Gerichtsbarkeit aufgeführt. Der Gesetzgeber hat – der Bedeutung des Arbeitsrechts infolge der wirtschaftlichen Entwicklung entsprechend – **besondere Fachgerichte** iSd. § 13 GVG eingerichtet, die Gerichte für Arbeitssachen, die der Durchsetzung des Arbeitsrechts dienen. Die ArbG haben ihre Tätigkeit in Deutschland am 1.7.1927 aufgenommen[1]. Derzeit gibt es 111 ArbG (hierzu § 14) und 18 LAG (hierzu § 33). 1

---

[1] Zur Geschichte der Deutschen Arbeitsgerichtsbarkeit vgl. auch *Linsenmaier*, Die Arbeitsgerichtsbarkeit, veröffentlicht auf der Internetseite des BAG www.bundesarbeitsgericht.de; zur Entwicklung der Arbeitsgerichtsbarkeit in den neuen Bundesländern eingehend *Schwedes*, S. 147 ff.; vgl. auch *Kalb*, FS Hanau, 1999, S. 23 ff.

2 Seit dem am 1.1.1991 in Kraft getretenen Gesetz zur Neuregelung des verwaltungsgerichtlichen Verfahrens (4. VwGO-ÄndG) und der Neufassung des § 48 ist die Arbeitsgerichtsbarkeit ein **eigenständiger Rechtsweg** (hierzu ausführlich § 2 Rz. 2 ff.) und damit nicht besondere Zivilgerichtsbarkeit[1].

3 Die **Besonderheit der Arbeitsgerichtsbarkeit**, die sie von anderen Gerichtsbarkeiten unterscheidet, kann in ihrer Verantwortung für sozialen Fortschritt, für sozialen Frieden, für Investitionen und für den Arbeitsmarkt gesehen werden[2]. Bei der hohen Ausdifferenzierung des Arbeitsrechts sind spezialisierte Richter am besten in der Lage, arbeitsrechtliche Konflikte einer schnellen und angemessenen Lösung zuzuführen. Die Bedeutung im Sinne einer sachnahen Rspr. spiegelt sich auch in der Besetzung der arbeitsrechtlichen Spruchkörper in allen drei Instanzen mit Berufs- und ehrenamtlichen Richtern wider, wobei in der ersten und zweiten Instanz die Spruchkörper aus einem Berufsrichter und zwei ehrenamtlichen Richtern und in der dritten Instanz aus drei Berufsrichtern und zwei ehrenamtlichen Richtern bestehen[3].

4 Herauszugreifen ist ferner die **Abweichung der Verfahrensordnung** von dem allgemeinen Zivilprozessrecht, welche u.a. dem Umstand Rechnung trägt, dass die Parteien generell auf sozial unterschiedlichen Stufen stehen. Diesem Grundsatz tragen bspw. § 12a mit seiner Kostenprivilegierung, die Suche nach gütlicher Einigung während des gesamten Verfahrens (§§ 54, 57 Abs. 2, § 64 Abs. 7) oder auch die Vorschriften zum beschleunigten Verfahren (§ 9 Abs. 1, §§ 55, 56, 57, 61a) Rechnung. Lange Zeit war das Vorschalten eines Gütetermins im Urteilsverfahren (§ 54) in der Arbeitsgerichtsbarkeit eine Besonderheit. Durch das Gesetz zur Änderung der ZPO vom 22.6.2001, welches zum 1.1.2002 in Kraft trat, wurde jedoch auch im ordentlichen Zivilverfahren zwischen Klageeingang und mündlicher Verhandlung nach § 278 Abs. 2, 3 ZPO in Anlehnung an das arbeitsgerichtliche Güteverfahren eine Güteverhandlung mit vergleichbaren Zielen und Folgen eingefügt. Mit den § 54 Abs. 6 und § 54a sind weitere Konfliktbeilegungsverfahren geregelt, so insbesondere das Güterichterverfahren und die Mediation. Gemäß § 46 Abs. 2 sind Urkunden- und Wechselprozess ausgeschlossen.

II. Zuständigkeit

5 Der **Rechtsweg** zu den Gerichten für Arbeitssachen ist eröffnet, wenn die Streitigkeit unter einen der im ArbGG aufgelisteten Gegenstände fällt. Die ArbG sind damit **zuständig** für alle in §§ 2–3 genannten Rechtsstreitigkeiten und Angelegenheiten. Wer ArbN iSd. ArbGG ist, ist in § 5 geregelt. Wegen der Einzelheiten wird auf die Kommentierung zu § 5 Rz. 5 ff. verwiesen.

6 Das arbeitsgerichtliche Verfahren unterscheidet **zwei verschiedene Verfahrensarten**, das Urteils- und das Beschlussverfahren. Die Verfahren unterscheiden sich nicht nur hinsichtlich der Art der Entscheidung (Urteil bzw. Beschluss). Der wesentliche Unterschied besteht darin, dass es im Urteilsverfahren – wie im Zivilprozess – allein den Parteien obliegt, dem Gericht die für die Entscheidung erforderlichen Tatsachen zu unterbreiten und ggf. unter Beweis zu stellen, während das Gericht den Sachverhalt im Beschlussverfahren weitgehend von sich aus zu ermitteln und aufzuklären hat. Im **Urteilsverfahren** entscheiden die ArbG u.a. in Streitigkeiten zwischen ArbN und ArbGeb aus einem Arbeitsverhältnis, über das Bestehen oder Nichtbestehen eines Arbeitsverhältnisses, aus Verhandlungen über die Eingehung eines Arbeitsverhältnisses und dessen Nachwirkungen, aus unerlaubten Handlungen, die mit dem Arbeitsverhältnis in Zusammenhang stehen, und über Arbeitspapiere. Damit sind letztlich alle Ansprüche erfasst, die sich im Zusammenhang mit einem Arbeitsverhältnis ergeben können wie bspw. Ansprüche auf Lohn oder Gehalt, Gratifikationen, Urlaub, Urlaubsvergütung und -geld, Zeugniserteilung bzw. Zeugnisberichtigung, Herausgabe von Arbeitspapieren, Schadensersatz, Karenzentschädigung, Betriebsrente, Streitigkeiten im Zusammenhang mit einem Wettbewerbsverbot, Überprüfung der Wirksamkeit einer Befristung, Anfechtung eines Aufhebungsvertrages und hauptsächlich Kündigungsschutzklagen. Ferner entscheiden sie im Urteilsverfahren über Rechtsstreitigkeiten zwischen Tarifvertragsparteien oder diesen und Dritten aus Tarifverträgen oder über das Bestehen oder Nichtbestehen von Tarifverträgen, Streitigkeiten aus unerlaubten Handlungen bei Arbeitskämpfen oder im Zusammenhang mit Fragen der Vereinigungsfreiheit oder des Betätigungsrechts von ArbGeb- oder ArbN-Vereinigung. In **Beschlussverfahren** werden Angelegenheiten aus dem BetrVG oder dem SprAuG behandelt sowie Angelegenheiten aus den verschiedenen Mitbestimmungsgesetzen, soweit es um die Wahl und die Abberufung von ArbN-Vertretern im Aufsichtsrat des Unternehmens geht. Die ArbG sind auch für die Entscheidung über die Tariffähigkeit und -zuständigkeit einer Gewerkschaft oder eines ArbGeb-Verbandes zuständig.

---

1 Zum Stand der Bestrebungen, eine einheitliche Gerichtsbarkeit zu errichten, vgl. auch *Weth*, NZA 2006, 182.
2 *Weth*, NZA 1998, 680.
3 *Kissel*, RdA 1999, 53.

Soweit die ausschließliche Zuständigkeit der ArbG nach den §§ 2–3 begründet ist, ist **ein Zuständigkeits-** 7
ausschluss durch Parteivereinbarung unzulässig. Die ausschließliche Zuständigkeit ist insbesondere bei der Zuständigkeitsbegründung des § 2 Abs. 1 – mit Ausnahme der Nr. 4 (hierzu § 2 Rz. 145) sowie der §§ 2a und 3 – gegeben (vgl. § 2 Rz. 36 ff., § 2a Rz. 2, § 3 Rz. 1). Ein Ausschluss ist nur in den Fällen des § 101 zulässig, also für bürgerliche Rechtsstreitigkeiten zwischen Tarifvertragsparteien aus Tarifverträgen oder für bürgerliche Streitigkeiten aus einem Arbeitsverhältnis, das sich nach einem Tarifvertrag bestimmt, dessen persönlicher Geltungsbereich überwiegend Bühnenkünstler, Filmschaffende und Artisten umfasst.

1. Deutsche Gerichtsbarkeit

Voraussetzung für ein Tätigwerden der deutschen ArbG ist stets, dass die deutsche Gerichtsbarkeit gege- 8
ben ist. Unter Gerichtsbarkeit versteht man die Jurisdiktionsgewalt eines Gerichts über den Streitgegenstand oder über die Person. Das Fehlen der deutschen Gerichtsbarkeit ist ein Verfahrenshindernis, welches vorrangig vor allen anderen Verfahrensvoraussetzungen zu prüfen ist. Personen mit Immunität können weder verklagt noch verurteilt werden. Auch für das gerichtliche Zwangsvollstreckungsverfahren ist die deutsche Gerichtsbarkeit eine allgemeine Verfahrensvoraussetzung. Das Bestehen der deutschen Gerichtsbarkeit und ihre Grenzen sind als Rechtsfragen **in jeder Lage des Verfahrens von Amts wegen zu prüfen**[1].

a) Grundsatz

Die deutsche Gerichtsbarkeit beschränkt sich grds. auf **deutsches Hoheitsgebiet**. Ungeachtet der jeweiligen 9
Staatsangehörigkeit unterliegen alle sich in der Bundesrepublik aufhaltenden Personen zunächst uneingeschränkt der den deutschen Gerichten übertragenen Rechtsprechungshoheit. Damit gilt unabhängig davon, welcher Nation der ArbGeb angehört oder ob dieser ein ausländischer Staat ist und welcher Staatsangehörigkeit der ArbN angehört, für die Arbeitsverhältnisse mit den sich in Deutschland aufhaltenden Beschäftigten idR die deutsche Justizhoheit. Dies gilt auch für ausländische juristische Personen, sofern sie sich in Deutschland privatrechtlich betätigen[2]. Ausnahmen können sich im arbeitsrechtlichen Bereich insbesondere aus den **Grundsätzen der Exterritorialität oder Immunität** (hierzu gleich Rz. 10 ff.) ergeben.

b) Von der deutschen Gerichtsbarkeit befreite Personen

Der Grundgedanke der sog. **Exterritorialität** beinhaltet, dass die Entsendeten mit diplomatischem Status 10
regelmäßig im Entsendestaat ihren gewöhnlichen Aufenthalt behalten. **Immunität** bedeutet, dass die davon umfassten Personen nicht der deutschen Gerichtsbarkeit unterliegen und keine gerichtliche Tätigkeit gegen sie entfaltet werden darf. Nach §§ 18–20 GVG unterliegen insbesondere Mitglieder von diplomatischen Missionen, konsularischen Vertretungen oder Repräsentanten anderer Staaten und deren Begleitung, die sich auf amtliche Einladung der Bundesrepublik Deutschland im Inland aufhalten, nicht der deutschen Gerichtsbarkeit. Die Immunität einer Person, deren dienstliche Tätigkeit beendet ist, endet mit der Ausreise[3].

aa) Befreiung für Mitglieder diplomatischer Missionen

§ 18 GVG regelt die Befreiung für Mitglieder Diplomatischer Missionen. Sie betrifft in erster Linie den 11
Missionschef und das **in diplomatischem Rang stehende Personal** wie Gesandte, Attachés etc.[4]. Erfasst sind aber auch deren **im gemeinsamen Haushalt lebende Familienangehörige**, die nicht Deutsche sind.

Befreit sind ferner die **Mitglieder des Verwaltungspersonals und des technischen sowie des dienstlichen** 12
Personals der Mission nebst der ständig in ihrem Haushalt lebenden Familienangehörigen, soweit sie weder Deutsche noch ständig in Deutschland ansässig sind. Hier sind vor allem Kanzleibeamte, Übersetzer, Schreibkräfte, Kraftfahrer etc. erfasst.

Nicht befreit sind hingegen **private Hausangestellte** der Mitglieder der Missionen oder die **Angehörigen** 13
des dienstlichen Personals der Mission[5].

---

1 BGH v. 28.5.2003 – IXa ZB 19/03, NJW-RR 2003, 1218; BAG v. 22.8.2012 – 5 AZR 949/11, NZA 2013, 343.
2 BGH v. 7.6.1955 – I ZR 64/53, BGHZ 18, 1.
3 BAG v. 22.8.2012 – 5 AZR 949/11, NZA 2013, 343.
4 Hierzu im Einzelnen Zöller/*Lückemann*, § 18 GVG Rz. 1.
5 Zöller/*Lückemann*, § 18 GVG Rz. 2.

bb) Befreiung für Mitglieder konsularischer Vertretungen

14 § 19 GVG regelt die **Befreiung im konsularischen Bereich**. Die Mitglieder der errichteten konsularischen Vertretungen einschließlich der Wahlkonsularbeamten sind dann von der deutschen Gerichtsbarkeit befreit, wenn sie **originär konsularische, dh. hoheitliche Aufgaben wahrzunehmen haben**[1].

15 Die **Abgrenzung**, ob ein Konsulatsangestellter der deutschen Gerichtsbarkeit unterworfen ist, richtet sich mangels völkerrechtlicher Vereinbarungen oder sonstiger Rechtsvorschriften nach den **allgemeinen Regeln des Völkerrechts** (§ 20 Abs. 2 GVG[2]). Staaten sind nach allgemeinem Völkergewohnheitsrecht der Gerichtsbarkeit anderer Staaten insoweit nicht unterworfen, als der Gegenstand des Rechtsstreits ihre hoheitliche Tätigkeit betrifft, denn ihre diplomatischen und konsularischen Beziehungen dürfen nicht behindert werden[3]. Es gibt dagegen keine Regel des Völkerrechts, die gem. Art. 25 GG Bestandteil des Bundesrechts wäre, welche die inländische Gerichtsbarkeit für Klagen gegen einen ausländischen Staat in Bezug auf seine nicht-hoheitliche Betätigung ausschließt[4].

16 Maßgebend für die **Unterscheidung zwischen hoheitlicher und nicht-hoheitlicher Staatstätigkeit** ist weder Motiv noch Zweck, sondern **die Natur der umstrittenen staatlichen Handlung oder des streitigen Rechtsverhältnisses**[5]. Die Qualifikation ist mangels völkerrechtlicher Abgrenzungskriterien nach nationalem Recht vorzunehmen[6]. Entscheidend kommt es darauf an, ob es sich um typisches Verhalten der Staatsgewalt handelt. Hoheitliches Handeln liegt grds. bei jedem unmittelbaren staatlichen Handeln vor, soweit es nicht um wirtschaftliches Handeln geht. Nicht-hoheitliche Tätigkeit liegt dagegen dann vor, wenn der Handelnde nicht in Ausübung der ihm zustehenden Hoheitsgewalt tätig geworden ist, sondern wie eine Privatperson ohne ausdrücklichen oder erkennbaren Auftrag des Entsendestaates agiert.

cc) Weitere Befreiungen

17 § 20 GVG stellt eine Ergänzung zu §§ 18 und 19 GVG dar. Die Befreiung für **Staatsgäste** in Abs. 1 erfasst **Repräsentanten**, also solche Personen, die kraft ihrer verfassungsrechtlichen Position einen anderen Staat vertreten, sowie deren Begleitung, sofern diese sich auf amtliche Einladung der Bundesrepublik in Deutschland aufhält[7]. Nach § 20 Abs. 2 GVG erstreckt sich die deutsche Gerichtsbarkeit ferner nicht auf Personen, die gem. den allgemeinen Regeln des Völkerrechts, aufgrund völkerrechtlicher Vereinbarungen oder sonstiger Rechtsvorschriften von ihr befreit sind. Derartige Vereinbarungen oder sonstige Rechtsvorschriften bestehen insbesondere für **zwischenstaatliche Organisationen und deren Mitglieder**, zB UN, NATO, EG/EU, Europarat[8].

dd) Arbeitsrechtliche Bestandsstreitigkeiten

18 Auch ein ausländischer Staat kann Immunität genießen, da es einen gewohnheitsrechtlichen Völkerrechtsgrundsatz des Inhalts, dass ein Staat schon dann keine Immunität genießt, wenn es zu einem Arbeitsrechtsstreit über eine Kündigung kommt, nicht gibt[9]. Es ist zu differenzieren: In arbeitsrechtlichen Bestandsstreitigkeiten sind die deutschen ArbG dann **nicht für den Kündigungsschutzprozess zuständig**, wenn der ArbN für den anderen Staat hoheitlich tätig war. Andernfalls würde die Überprüfung seiner Entlassung angesichts des Prinzips der Nichteinmischung in die Ausübung hoheitlicher Befugnisse des anderen Staates mit dem Grundsatz in Konflikt kommen, dass die diplomatischen und konsularischen Beziehungen nicht behindert werden dürfen. Die dann erforderliche Beurteilung hoheitlichen Handelns könnte die ungehinderte Erfüllung hoheitlicher Aufgaben beeinträchtigen[10]. Dieser Grundsatz gilt auch bei einem Rechtsstreit auf Zahlung einer Abfindung wegen des Verlustes des Arbeitsplatzes[11]. So gehören zB Funktionen im Be-

---

1 BAG v. 3.7.1996 – 2 AZR 513/95, AP Nr. 1 zu § 20 GVG.
2 Hierzu ausführlich *Geimer*, Rz. 555 ff.
3 BAG v. 20.11.1997 – 2 AZR 631/96, BAGE 87, 144.
4 BAG v. 16.5.2002 – 2 AZR 688/00, AP Nr. 3 zu § 20 GVG; BAG v. 15.2.2005 – 9 AZR 116/04, AP Nr 15 zu § 612a BGB.
5 BAG v. 23.11.2000 – 2 AZR 490/99, NZA 2001, 683; BAG v. 16.5.2002 – 2 AZR 688/00, AP Nr. 3 zu § 20 GVG; BAG v. 16.5.2005 – 9 AZR 116/04, NZA 2005, 1117.
6 BVerfG v. 12.4.1983 – 2 BvR 678/81, BVerfGE 64, 1; BAG v. 20.11.1997 – 2 AZR 631/96, NZA 1998, 813; BAG v. 15.2.2005 – 9 AZR 116/04, NZA 2005, 1117.
7 Wegen der Einzelheiten vgl. Zöller/*Lückemann*, § 20 GVG Rz. 1.
8 Hierzu Zöller/*Lückemann*, § 20 GVG Rz. 5.
9 BAG v. 23.11.2000 – 2 AZR 490/99, NZA 2001, 683.
10 BAG v. 20.11.1997 – 2 AZR 631/96, AP Nr. 1 zu § 18 GVG; BAG v. 25.10.2001 – 2 AZR 501/01, BB 2002, 787; hierzu auch ausführlich *Majer*, NZA 2010, 1395 sowie *Daub/Eckstein/Schimang*, NZA 2014, 397.
11 BAG v. 15.2.2005 – 9 AZR 116/04, NZA 2005, 1235.

reich der Visaangelegenheiten zu den originär konsularischen Aufgaben[1]. Auch die Darstellung der Kultur und der politischen Ziele eines Staats (Pressearbeit/Pressereferent) gehört zum Kernbereich staatlichen Handelns im Sinne der hoheitlichen Tätigkeit[2]. Ob dies auch bei konsularischen Aufgaben ohne jeglichen Handlungsspielraum gilt, hat das BAG offengelassen[3]. Ein funktioneller Zusammenhang mit konsularischen oder diplomatischen Aufgaben besteht jedenfalls nicht bei lediglich technischen oder handwerklichen Aufgaben (zB Haustechnik)[4]. Auch stellt sich die Tätigkeit einer angestellten Lehrkraft an einer von einem ausländischen Staat in Deutschland betriebenen Privatschule nicht als Ausübung von Hoheitsgewalt dar[5].

c) Auswirkungen und Umfang der Befreiung

Die Befreiung von der deutschen Arbeitsgerichtsbarkeit ist in jeder Lage des Verfahrens **von Amts wegen zu beachten**. Sie ist ein selbständiges Hindernis prozessualer Art und steht dem gerichtlichen Tätigwerden entgegen. 19

Die **Entscheidung**, ob hoheitliche oder nicht-hoheitliche Tätigkeit ausgeübt wird, **obliegt den angerufenen deutschen Gerichten**, die dazu nach deutschem Recht befinden[6]. Diese haben zu prüfen, welche konkreten Tätigkeiten verrichtet werden oder wurden. 20

Ein **Rechtswegbestimmungsverfahren** nach § 17a GVG ist nicht durchzuführen, da es bei der Staatenimmunität nicht um den zu beschreitenden Rechtsweg geht, sondern um die vorgelagerte Frage, ob der Rechtsstreit überhaupt der deutschen Gerichtsbarkeit unterliegt[7]. 21

Gerichtliche Maßnahmen oder Entscheidungen, welche die Immunität verletzen, sind nach hM **nichtig**[8]. Eine Klage oder ein Antrag auf Erlass einer Einstweiligen Verfügung oder eines Arrestes sind als unzulässig abzuweisen[9]. Es darf weder Streitverkündung ergehen noch eine Zwangsvollstreckungsmaßnahme[10] durchgeführt werden. Diplomaten sind nach § 18 GVG auch von der Zeugenpflicht befreit. 22

Entfällt die Immunität im Laufe des Rechtsstreits, entfällt auch das Prozesshindernis und der Mangel der deutschen Gerichtsbarkeit wird nachträglich geheilt[11]. 23

Auf die Immunität, ggf. auch für ein einzelnes Verfahren oder einen Teil des Prozesses, zB eine Beweiserhebung, kann verzichtet werden[12]. Der **Verzicht** ist eine prozessuale unwiderrufliche Willenserklärung, der sich auch aus den Umständen ergeben kann. Er umfasst alle Instanzen einschließlich Wiederaufnahmeverfahren und Vollstreckungsgegenklagen. Von einem Verzicht ist insbesondere dann auszugehen, wenn der von der Gerichtsbarkeit Befreite selbst einen Prozess anstrengt[13]. In diesem Fall kann eine Sachentscheidung – auch hinsichtlich einer im Zusammenhang mit der Klage stehenden Widerklage – ergehen. 24

Die Befreiung von der deutschen Gerichtsbarkeit nach den §§ 18–20 GVG ist ein **Verfahrenshindernis**, über dessen Vorliegen vor anderen Prozessvoraussetzungen **vorrangig zu entscheiden** ist. Im Streitfall ist im Wege eines **Prozessurteils** zu entscheiden. Es kann auch im Wege eines Zwischenurteils nach § 280 ZPO entschieden werden, da es sich um eine Frage der Zulässigkeit iSv. § 280 Abs. 1 ZPO handelt. **Maßgebender Zeitpunkt** der Prüfung ist der der gerichtlichen Entscheidung. 25

d) Abweichende Regelungen nach NATO-Truppenstatut

Abweichende Regelungen bestehen gegenüber den **Stationierungsstreitkräften**. Mitglieder des Zivilen Gefolges sowie deren Angehörige sind grds. von der deutschen Gerichtsbarkeit in Zivilsachen nicht befreit. Es bestehen aber prozessuale Besonderheiten bspw. im Bereich Ladung, Zustellung, Öffentlichkeit, Aussage- 26

---

1 BAG v. 16.5.2002 – 2 AZR 688/00, AP Nr. 3 zu § 20 GVG.
2 BAG v. 23.11.2000 – 2 AZR 490/99, NZA 2001, 683.
3 BAG v. 3.7.1996 – 2 AZR 513/95, AP Nr. 1 zu § 20 GVG.
4 BAG v. 15.2.2005 – 9 AZR 116/04, NZA 2005, 1235.
5 BAG v. 14.2.2013 – 3 AZB 5/12, NZA 2013, 603; vgl. auch weitere Beispiele LAG Hessen v. 11.5.1998 – 10 Sa 1506/97, NZA-RR 1999, 383; LAG Berlin v. 20.7.1998 – 9 Sa 74/97, LAGE EGBGB Art. 30 Nr. 2.
6 BAG v. 3.7.1996 – 2 AZR 513/95, AP Nr. 1 zu § 20 GVG; BAG v. 20.11.1997 – 2 AZR 631/96, NZA 1998, 813; BAG v. 15.2.2005 – 9 AZR 116/04, NZA 2005, 1117; EuGH v. 19.7.2012 – C-154/11 (Mahamdia), NZA 2012, 935.
7 BAG v. 15.2.2005 – 9 AZR 116/04, NZA 2005, 1117.
8 GMP/*Schlewing*, § 1 Rz. 11; offenlassend BAG v. 14.2.2013 – 3 AZB 5/12, NZA 2013, 603 mwN.
9 BAG v. 23.11.2000 – 2 AZR 490/99, NZA 2001, 683.
10 BGH v. 28.5.2003 – IXa ZB 19/03, NJW-RR 2003, 1218.
11 BAG v. 22.8.2012 – 5 AZR 949/11, NZA 2013, 343.
12 Zöller/*Lückemann*, Vor § 18 GVG Rz. 5.
13 Vgl. wegen weiterer Einzelheiten Zöller/*Lückemann*, Vor § 18 GVG Rz. 6.

pflicht und Vollstreckung. Einzelheiten sind dem Zusatzabkommen zum NATO-Truppenstatut (ZA-NTS; BGBl. 1961 II S. 1183) zu entnehmen. Gemäß Art. 56 Abs. 8 ZA-NTS sind Klagen gegen den ArbGeb gegen die Bundesrepublik zu richten; Klagen für den ArbGeb werden von der Bundesrepublik erhoben[1].

2. Internationale Zuständigkeit

27 Neben der deutschen Gerichtsbarkeit ist als **Sachurteilsvoraussetzung** die internationale Zuständigkeit zu prüfen. Sie regelt die Frage, ob für die Entscheidung des konkreten Rechtsstreits mit Auslandsberührung die deutschen Gerichte oder aber die Gerichte eines anderen Staates zuständig sind. Die internationale Zuständigkeit kann durch besondere völkerrechtliche Verträge geregelt (Rz. 28) sein, in bestimmten Grenzen vereinbart werden (hierzu Rz. 29). Finden keine besonderen internationalen Abkommen Anwendung, ergibt sie sich aus den **deutschen Prozessregeln** (im Arbeitsrecht vor allem ZPO, ArbGG, InsO).

28 **Völkerrechtliche Vorschriften**, die die internationale Zuständigkeit regeln, sind einerseits die Verordnung Nr. 1215/2012 des Rates vom 12.12.2012 über die gerichtliche Zuständigkeit und die Anerkennung und Vollstreckung von Zivil- und Handelssachen (**Verordnung EU Nr. 1215/2012**[2]). Diese Verordnung enthält für arbeitsgerichtliche Streitigkeiten insbesondere in Art. 20 ff. einen Zuständigkeitskatalog. Nationale Bestimmungen, die der Verordnung widersprechen, werden verdrängt[3]. Weiter ist das Übereinkommen von Lugano über die gerichtliche Zuständigkeit und die Anerkennung und Vollstreckung von Entscheidungen in Zivil- und Handelssachen vom 30.10.2007[4]; LugÜ) zu beachten, welches im Verhältnis zur Schweiz, zu Island und zu Norwegen gilt[5]. In Fällen der grenzüberschreitenden Arbeitnehmerentsendung kann sich die internationale Zuständigkeit ferner aus § 15 **AEntG** ergeben[6]. Hiernach kann ein ArbN, der in den Geltungsbereich des AEntG entsandt ist oder war, eine auf den Zeitraum der Entsendung bezogene Klage auf Gewährung der Arbeitsbedingungen gem. AEntG auch vor einem deutschen Gericht für Arbeitssachen erheben. Soweit keine staatsvertraglichen Sonderregeln bestehen, bestimmt sich die internationale Zuständigkeit nach den **Regeln der §§ 12 ff. ZPO über die örtliche Zuständigkeit und gem. § 48 Abs. 1a ArbGG**. Danach ist ein deutsches Gericht grds. international zuständig, wenn es nach deutschem Prozessrecht örtlich zuständig ist[7] (zur örtlichen Zuständigkeit § 2 Rz. 248 ff.).

29 Neben den zwingenden Vorgaben der ZPO über die internationale Zuständigkeit kann diese nach Maßgabe des Art. 27 EGBGB auch vereinbart werden. Nach der Rspr. des BAG und des BGH gilt hinsichtlich der **Rechtswahl** für Arbeitsverträge mit Auslandsberührung grds. die Privatautonomie[8]. Einschränkungen ergeben sich u.a. aus Art. 23 Verordnung EU Nr. 1215/2012, wonach die Vereinbarung nach der Entstehung der Streitigkeit getroffen werden muss oder dem ArbN die Befugnis einräumt, andere als die in Abschnitt 5 der Verordnung angeführten Gerichte anzurufen[9]. Ist die Rechtswahl nicht ausdrücklich erfolgt, muss sie sich mit hinreichender Sicherheit aus den Bestimmungen des Vertrages oder aus den Umständen des Falles ergeben[10]. Dabei kann die internationale Zuständigkeit auch durch rügelose Einlassung des Beklagten gem. § 39 ZPO begründet werden, sofern dieser ohne Einwand der Unzuständigkeit im Kammertermin zur Hauptsache verhandelt[11]. Ob eine **Gerichtsstandvereinbarung** zustande gekommen ist, bestimmt sich nach der Rechtsordnung, nach der sich das zugrunde liegende materielle Rechtsverhältnis der Parteien richtet[12].

---

1 Hierzu eingehend *Schwenck*, NJW 1976, 1562.
2 ABl. L 351 vom 20.12.2012, S. 1 ff.
3 BAG v. 23.1.2008 – 5 AZR 60/07, NJW 2008, 2797.
4 ABl. EU Nr. L 339 S. 3.
5 Bspw. BAG v. 8.12.2010 – 10 AZR 562/08, AP Nr. 23 zu § 38 ZPO Internationale Zuständigkeit.
6 BAG v. 11.9.2002 – 5 AZB 3/02, NZA 2003, 62; BAG v. 2.7.2008 – 10 AZR 355/07, NZA 2008, 1084; BAG v. 15.2.2012 – 10 AZR 711/10, AP Nr. 340 zu § 1 TVG Tarifverträge: Bau.
7 BAG v. 4.10.1974 – 5 AZR 550/73, AP Nr. 7 zu § 38 ZPO – Internationale Zuständigkeit; BAG v. 17.7.1997 – 8 AZR 328/95, AP Nr. 13 zu § 38 ZPO – Internationale Zuständigkeit; BAG v. 15.2.2005 – 9 AZR 116/04, AP Nr. 15 zu § 612a BGB; BAG v. 13.11.2007 – 9 AZR 134/07, AP Nr. 8 zu Art. 27 EGBGB nF.
8 BAG v. 10.4.1975 – 2 AZR 128/74, AP Nr. 12 zu Internationales Privatrecht/Arbeitsrecht; BGH v. 28.11.1980 – I ZR 122/78, AP Nr. 20 zu Internationales Privatrecht/Arbeitsrecht.
9 Hierzu vgl. auch BAG v. 20.12.2012 – 2 AZR 481/11, NZA 2013, 925.
10 BAG v. 12.12.2001 – 5 AZR 255/00, NZA 2002, 734; BAG v. 9.2.2002 – 5 AZR 307/01, AP Nr. 18 zu § 38 ZPO – Internationale Zuständigkeit; vgl. auch BAG v. 23.3.2016 – 5 AZR 767/14, NZA 2017, 78 zur (konkludenten) Rechtswahl bei einem Vertrag zugunsten Dritter.
11 BAG v. 2.7.2008 – 10 AZR 355/07, AP Nr. 1 zu Verordnung Nr 44/2001/EG; BAG v. 15.12.2016 – 6 AZR 430/15 zur rügelosen Einlassung nach Art. 24 S. 1 LugÜ.
12 BAG v. 13.11.2007 – 9 AZR 134/07, AP Nr. 8 zu Art. 27 EGBGB nF; hierzu auch BAG v. 8.12.2010 – 10 AZR 562/08, AP Nr. 23 zu § 38 ZPO Internationale Zuständigkeit.

Ist ein deutsches Gericht für einen Rechtsstreit international zuständig, so ist dieser Rechtsstreit **nach deutschem Verfahrensrecht** zu entscheiden und das ArbGG anzuwenden. Bei Zuständigkeit kraft Rechtswahl ist idR anzunehmen, dass mit der Wahl eines Ortes auch das dort geltende Verfahrensrecht bestimmt wird[1]. Dies gilt sowohl für das Urteils- als auch für das Beschlussverfahren[2]. 30

Die internationale Zuständigkeit des angerufenen Gerichts ist in jeder Instanz – auch in der Revisionsinstanz – **von Amts wegen zu prüfen**[3]. Da es um die Zuständigkeit des Gerichts und damit auch um eine Prozessvoraussetzung geht, muss die Partei, die ein ihr günstiges Sachurteil erstrebt, die zuständigkeitsbegründenden Tatsachen darlegen und ggf. beweisen[4]. Der Grundsatz der Prüfung von Amts wegen ist nicht mit dem Amtsermittlungsgrundsatz gleichzusetzen; es gelten deshalb in diesem Rahmen auch die Regeln des § 138 ZPO über die Pflicht zu substantiiertem Vortrag der darlegungs- und beweispflichtigen Partei und zu substantiiertem Bestreiten eines diesen Anforderungen genügenden Sachvortrags durch die Gegenpartei. 31

Will das angerufene Gericht **die internationale Zuständigkeit der deutschen Gerichtsbarkeit vorab bindend feststellen**, hat es im Wege eines Zwischenurteils gem. § 280 ZPO zu entscheiden[5]. Bei **Fehlen der internationalen Zuständigkeit** ist eine Klage als unzulässig abzuweisen. 32

III. Aufbau

Maßgebend für Aufbau, Errichtung und Verfahren vor den Gerichten für Arbeitssachen ist das **Arbeitsgerichtsgesetz (ArbGG)**, welches im Übrigen für das Verfahren auf die Vorschriften der Zivilprozessordnung (ZPO) und des Gerichtsverfassungsgesetzes (GVG) verweist. Bestimmte zivilprozessuale Vorschriften werden durch § 46 Abs. 2 Satz 2 allerdings für das arbeitsgerichtliche Verfahren ausgeschlossen. Hierbei handelt es sich insbesondere um die Regelungen über das schriftliche Vorverfahren und den frühen ersten Termin zur mündlichen Verhandlung, über das vereinfachte Verfahren gem. § 495a ZPO, den Urkunden- und Wechselprozess sowie die Entscheidung ohne mündliche Verhandlung und Regelungen über Gerichtsferien, die in der Arbeitsgerichtsbarkeit nicht gelten. 33

§ 1 legt einen **dreistufigen Aufbau** fest. Während im ersten Rechtszug in Urteils- und Beschlussverfahren unabhängig vom Streitwert ausschließlich das ArbG zuständig ist, ist das LAG – in jedem Bundesland besteht mindestens eines (hierzu § 33 Rz. 16) – als Gericht des zweiten Rechtszugs Rechtsmittelgericht. Lediglich in wenigen Ausnahmefällen – betreffend die ehrenamtlichen Richter – ist das LAG ausnahmsweise als Eingangsinstanz zuständig (bei der Verhängung von Ordnungsgeldern gegen ehrenamtliche Richter, § 28). Gegen das Urteil des ArbG kann die unterlegene Partei Berufung beim zuständigen LAG einlegen, wenn die Berufungsvoraussetzungen vorliegen (§§ 64 ff.); gegen einen verfahrensbeendenden Beschluss erster Instanz im Beschlussverfahren kann Beschwerde beim LAG eingelegt werden (§§ 87 ff.). In den ersten beiden Instanzen wird in tatsächlicher und in rechtlicher Hinsicht verhandelt; die Parteien können also auch vor dem LAG – mit gewissen Einschränkungen – neue Tatsachen vorbringen. Das BAG ist das oberste Gericht in Arbeitssachen und als solches Revisions- und Rechtsbeschwerdegericht. Lediglich bei arbeitsrechtlichen Streitigkeiten, die aufgrund des SGB IX im Geschäftsbereich des Bundesnachrichtendienstes entstehen, entscheidet im ersten und letzten Rechtszug das BAG gem. § 158 Nr. 5 SGB IX. 34

Die **ArbG und LAG** sind Gerichte der Länder. Bis zum Änderungsgesetz zum ArbGG vom 26.6.1990 sah § 15 aF vor, dass die Arbeitsgerichtsbarkeit zum Ressort der Arbeits- und Sozialbehörden der Länder gehörte. Durch die aktuelle Fassung des § 15 wurde es möglich, die Arbeitsgerichtsbarkeit dem Ressort der Justizbehörden als umfassenden Rechtspflegeministerien zuzuordnen (zur Zuordnung in den einzelnen Bundesländern vgl. § 15 Rz. 2 ff.). 35

Die **Einrichtung, Aufhebung und Verlegung** der ArbG und LAG bedarf eines Gesetzes (§ 14 Abs. 2, § 33). Gleiches gilt für die Änderung von Gerichtsbezirken, die Zuweisung einzelner Sachgebiete und die Einrichtung von Kammern an einem anderen Ort als dem Gerichtssitz. 36

---

1 BAG v. 4.10.1974 – 5 AZR 550/73, AP Nr. 7 zu § 38 ZPO – Internationale Zuständigkeit.
2 BAG v. 31.10.1975 – 1 ABR 4/74, AP Nr. 2 zu § 106 BetrVG 1972.
3 BAG v. 19.3.1996 – 9 AZR 656/94, BAGE 82, 243; BAG v. 16.2.2000 – 4 AZR 14/99, BAGE 93, 328; BAG v. 15.2.2005 – 9 AZR 116/04, AP Nr 15 zu § 612a BGB.
4 BAG v. 27.1.1983 – 2 AZR 188/81, AP Nr. 12 zu § 38 ZPO – Internationale Zuständigkeit.
5 BAG v. 20.10.2015 – 9 AZR 525/14 NZA 2016, 254.

37 Soweit ein sachliches Bedürfnis besteht, kann die Landesregierung oder die ermächtigte oberste Landesbehörde bei den ArbG oder LAG **Fachkammern** für bestimmte Berufe, Gewerbe und Gruppen von ArbN bilden, die auch gerichtsübergreifend zuständig sein können (hierzu ausführlich § 17 Rz. 9 ff.).

38 **Verwaltung und Dienstaufsicht** obliegen bei den ArbG und LAG grds. den zuständigen obersten Landesbehörden (§§ 15, 34), welche sie gem. § 15 Abs. 2, § 34 Abs. 2 auf bestimmte Personen, entwerder auf den Präsidenten des LAG oder auf einen Vorsitzenden bei den ArbG, übertragen können (vgl. auch § 15 Rz. 39 ff.).

39 Das **BAG** ist als oberstes Bundesgericht eingerichtet und organisatorisch selbständig (§ 40 Abs. 2). Für die Verwaltung und Dienstaufsicht beim BAG ist das BMAS zuständig. Auch hier besteht eine Übertragungsmöglichkeit auf den Präsidenten des BAG (hierzu § 40 Rz. 18).

IV. Zusammensetzung der Gerichte

40 Alle Gerichte für Arbeitssachen sind **Kollegialgerichte** und bestehen aus mehreren Spruchkörpern.

41 Bei den ArbG und LAG werden **Kammern** gebildet, die mit einem Berufsrichter und zwei ehrenamtlichen Richtern, jeweils einem von Seiten der ArbN und einem von Seiten der ArbGeb, besetzt sind (§ 16 Abs. 1 und 2, § 35 Abs. 1 und 2). Die Kammern beim LAG entscheiden also in derselben numerischen Besetzung wie die Kammern 1. Instanz.

42 Beim BAG bestehen **Senate**, die sich – mit Ausnahme des Großen Senates – aus drei Berufsrichtern, von denen einer der Vorsitzende ist, und zwei ehrenamtlichen Richtern zusammensetzen (§ 41 Abs. 2). Bei bestimmten Entscheidungen wird ausnahmsweise ein nur aus den drei Berufsrichtern bestehender Senat tätig (§ 72a Abs. 5 Satz 3, § 74 Abs. 2 Satz 2, § 94 Abs. 2 Satz 3 iVm. § 74 Abs. 2 Satz 3; vgl. auch § 41 Rz. 15 ff.).

43 Der **Große Senat** dient der Wahrung der Rechtseinheit in der Arbeitsgerichtsbarkeit und der Rechtsfortbildung. Er steht außerhalb des regulären Instanzenzuges und wird nur im Falle des § 45 Abs. 2 bei Vorlage einer Rechtssache durch einen der Senate des BAG tätig. Er besteht nach § 45 Abs. 5 aus dem Präsidenten des BAG, je einem Berufsrichter derjenigen Senate, in denen der Präsident nicht den Vorsitz führt[1], und je drei ehrenamtlichen Richtern aus den Kreisen der ArbGeb und ArbN, die durch das Präsidium für ein Geschäftsjahr bestimmt werden.

44 Eine **Spezialisierung der Kammern und Senate** ergibt sich aus dem jeweiligen Geschäftsverteilungsplan der Gerichte (s. hierzu § 6a Rz. 54 ff.). Der Geschäftsverteilungsplan des BAG sieht eine Verteilung der anfallenden Sachen nach der zu entscheidenden Rechtsfrage vor (hierzu § 41 Rz. 25 ff.).

45 Die **Berufsrichter** der ArbG und LAG werden auf Vorschlag der obersten Landesbehörde gem. §§ 18, 36 bestellt. Die Berufung der berufsrichterlichen Mitglieder des BAG bestimmt sich nach Art. 95 Abs. 2 GG und den Vorschriften des Richterwahlgesetzes; sie werden vom BMAS gemeinsam mit dem Richterwahlausschuss bestellt, der in diesen Fällen aus den für die Arbeitsgerichtsbarkeit zuständigen Ministern der Länder und einer gleichen Anzahl vom Bundestag gewählten Mitgliedern besteht. Die berufsrichterlichen Vorsitzenden aller Instanzen müssen die Befähigung zum Richteramt besitzen (§ 5 DRiG).

46 Die **Berufung der ehrenamtlichen Richter** bei den ArbG und den LAG erfolgt gem. §§ 20 und 37 Abs. 2 durch die oberste Landesbehörde oder die von der Landesregierung durch Rechtsverordnung beauftragten Stelle für die Dauer von fünf Jahren, und zwar in angemessenem Verhältnis unter billiger Berücksichtigung der Minderheiten aus den Vorschlagslisten der Gewerkschaften, selbständigen Vereinigungen mit sozial- und berufspolitischer Zwecksetzung und Vereinigungen von ArbGeb, die jeweils im Gerichtsbezirk bestehen. Soweit es sich um ehrenamtliche Richter aus Kreisen der ArbGeb handelt, können auch Bund, Länder, Gemeinden, Gemeindeverbände und andere Körperschaften, Anstalten und Stiftungen des öffentlichen Rechts oder ihre Arbeitgebervereinigungen Vorschlagslisten von Beamten und Angestellten vorlegen. Die ehrenamtlichen Richter beim BAG werden nach § 43 vom BMAS ebenfalls für die Dauer von fünf Jahren berufen. Die bezüglichen Vorschlagslisten werden von den entsprechenden Gruppierungen, die für das Arbeitsleben des Bundesgebiets wesentliche Bedeutung haben, eingereicht. Die persönlichen Voraussetzungen, die die ehrenamtlichen Richter jeweils zu erfüllen haben, ergeben sich aus §§ 21–23, 37 und § 43 Abs. 2 und 3.

---

1 Der Präsident führt den Vorsitz traditionell im ersten Senat.

V. Bedeutung und Statistik

Die Bedeutung der Arbeitsgerichtsbarkeit wird auch anhand der statistischen Zahlen deutlich, wobei die gesamtdeutsche Statistik seit 1995 und vom BMAS – geführt wird. Im Jahre 2016 wurden bundesweit 361.639 neue Klagen erhoben. Ferner wurden 12 743 Beschlussverfahren anhängig gemacht. In Arrestsachen und Einstweiligen Verfügungssachen ergingen 3 919 Entscheidungen. Bei den LAG wurden 14 273 Berufungen und 1 645 Beschwerden in Beschlusssachen nach §§ 87, 99 Abs. 2 sowie 5 814 Beschwerden in Beschwerdeverfahren nach §§ 78, 83 Abs. 5[1] eingereicht (zu den Eingangszahlen beim BAG vgl. § 40 Rz. 11). 47

Die **Klageaktivität** geht hauptsächlich von den ArbN aus, die aufgrund der Schutzgesetze ihre Ansprüche gerichtlich durchzusetzen haben. So werden im bundesdeutschen Schnitt im Urteilsverfahren über 94 % aller Verfahren von ArbN, BR oder Gewerkschaften eingeleitet. 48

Bei der **Art der Erledigung** ist im Wesentlichen zwischen streitiger und gütlicher Erledigung zu unterscheiden; daneben gibt es die Rubrik der Erledigung auf sonstige Weise, also bspw. durch Klagerücknahme oder Verweisung. Im erstinstanzlichen Verfahren werden die weit überwiegenden Fälle durch Vergleich erledigt, was insbesondere durch die Durchführung des Gütetermins (§ 54) begünstigt wird. 2016 wurden 223 416 Vergleiche geschlossen. In 25 693 Verfahren ergingen streitige Urteile. Die übrigen Verfahren wurden auf sonstige Weise, bspw. durch Erledigungserklärung, Klage- oder Berufungsrücknahme, Verwerfung der Berufung, nichtstreitiges Urteil etc. beendet. 49

Bei der **Erledigungsdauer** ist im Urteilsverfahren zwischen Bestandsstreitigkeiten und sonstigen Streitigkeiten zu differenzieren. ¾ aller Bestandsstreitigkeiten wurden 2016 innerhalb von drei Monaten erledigt; nur knapp 2.900 der Bestandsklagen brauchten mehr als ein Jahr. Die übrigen Verfahren wurden im Referenzzeitraum zum allergrößten Umfang innerhalb eines halben Jahres erledigt. In Beschlussverfahren waren deutlich mehr als die Hälfte innerhalb eines halben Jahres abgeschlossen. 50

§ 2 Zuständigkeit im Urteilsverfahren

(1) Die Gerichte für Arbeitssachen sind ausschließlich zuständig für
1. bürgerliche Rechtsstreitigkeiten zwischen Tarifvertragsparteien oder zwischen diesen und Dritten aus Tarifverträgen oder über das Bestehen oder Nichtbestehen von Tarifverträgen;
2. bürgerliche Rechtsstreitigkeiten zwischen tariffähigen Parteien oder zwischen diesen und Dritten aus unerlaubten Handlungen, soweit es sich um Maßnahmen zum Zwecke des Arbeitskampfs oder um Fragen der Vereinigungsfreiheit einschließlich des hiermit im Zusammenhang stehenden Betätigungsrechts der Vereinigungen handelt;
3. bürgerliche Rechtsstreitigkeiten zwischen Arbeitnehmern und Arbeitgebern
    a) aus dem Arbeitsverhältnis;
    b) über das Bestehen oder Nichtbestehen eines Arbeitsverhältnisses;
    c) aus Verhandlungen über die Eingehung eines Arbeitsverhältnisses und aus dessen Nachwirkungen;
    d) aus unerlaubten Handlungen, soweit diese mit dem Arbeitsverhältnis im Zusammenhang stehen;
    e) über Arbeitspapiere;
4. bürgerliche Rechtsstreitigkeiten zwischen Arbeitnehmern oder ihren Hinterbliebenen und
    a) Arbeitgebern über Ansprüche, die mit dem Arbeitsverhältnis in rechtlichem oder unmittelbar wirtschaftlichem Zusammenhang stehen;
    b) gemeinsamen Einrichtungen der Tarifvertragsparteien oder Sozialeinrichtungen des privaten Rechts über Ansprüche aus dem Arbeitsverhältnis oder Ansprüche, die mit dem Arbeitsverhältnis in rechtlichem oder unmittelbar wirtschaftlichem Zusammenhang stehen, soweit nicht die ausschließliche Zuständigkeit eines anderen Gerichts gegeben ist;

---

1 Zu Entlastungsvorschlägen vgl. *Heilmann*, AuR 1997, 424.

5. bürgerliche Rechtsstreitigkeiten zwischen Arbeitnehmern oder ihren Hinterbliebenen und dem Träger der Insolvenzsicherung über Ansprüche auf Leistungen der Insolvenzsicherung nach dem Vierten Abschnitt des Ersten Teils des Gesetzes zur Verbesserung der betrieblichen Altersversorgung;
6. bürgerliche Rechtsstreitigkeiten zwischen Arbeitgebern und Einrichtungen nach Nummer 4 Buchstabe b und Nummer 5 sowie zwischen diesen Einrichtungen, soweit nicht die ausschließliche Zuständigkeit eines anderen Gerichts gegeben ist;
7. bürgerliche Rechtsstreitigkeiten zwischen Entwicklungshelfern und Trägern des Entwicklungsdienstes nach dem Entwicklungshelfergesetz;
8. bürgerliche Rechtsstreitigkeiten zwischen den Trägern des freiwilligen sozialen oder ökologischen Jahres oder den Einsatzstellen und Freiwilligen nach dem Jugendfreiwilligendienstegesetz;
8a. bürgerliche Rechtsstreitigkeiten zwischen dem Bund oder den Einsatzstellen des Bundesfreiwilligendienstes oder deren Trägern und Freiwilligen nach dem Bundesfreiwilligendienstgesetz;
9. bürgerliche Rechtsstreitigkeiten zwischen Arbeitnehmern aus gemeinsamer Arbeit und aus unerlaubten Handlungen, soweit diese mit dem Arbeitsverhältnis im Zusammenhang stehen;
10. bürgerliche Rechtsstreitigkeiten zwischen behinderten Menschen im Arbeitsbereich von Werkstätten für behinderte Menschen und den Trägern der Werkstätten aus den in § 221 [bis 31.12.2017: § 138] des Neunten Buches Sozialgesetzbuch geregelten arbeitnehmerähnlichen Rechtsverhältnissen.

(2) Die Gerichte für Arbeitssachen sind auch zuständig für bürgerliche Rechtsstreitigkeiten zwischen Arbeitnehmern und Arbeitgebern,

a) die ausschließlich Ansprüche auf Leistung einer festgestellten oder festgesetzten Vergütung für eine Arbeitnehmererfindung oder für einen technischen Verbesserungsvorschlag nach § 20 Abs. 1 des Gesetzes über Arbeitnehmererfindungen zum Gegenstand haben;

b) die als Urheberrechtsstreitsachen aus Arbeitsverhältnissen ausschließlich Ansprüche auf Leistung einer vereinbarten Vergütung zum Gegenstand haben.

(3) Vor die Gerichte für Arbeitssachen können auch nicht unter die Absätze 1 und 2 fallende Rechtsstreitigkeiten gebracht werden, wenn der Anspruch mit einer bei einem Arbeitsgericht anhängigen oder gleichzeitig anhängig werdenden bürgerlichen Rechtsstreitigkeit der in den Absätzen 1 und 2 bezeichneten Art in rechtlichem oder unmittelbar wirtschaftlichem Zusammenhang steht und für seine Geltendmachung nicht die ausschließliche Zuständigkeit eines anderen Gerichts gegeben ist.

(4) Auf Grund einer Vereinbarung können auch bürgerliche Rechtsstreitigkeiten zwischen juristischen Personen des Privatrechts und Personen, die kraft Gesetzes allein oder als Mitglieder des Vertretungsorgans der juristischen Person zu deren Vertretung berufen sind, vor die Gerichte für Arbeitssachen gebracht werden.

(5) In Rechtsstreitigkeiten nach diesen Vorschriften findet das Urteilsverfahren statt.

A. Bedeutung des § 2 1	3. Aufrechnung 26
I. Beschränkung auf das Urteilsverfahren 2	a) Entscheidungskompetenz der Arbeitsgerichte nach § 2 Abs. 3 28
II. Zuständigkeit iSv. Rechtswegzuständigkeit ... 3	b) Entscheidungskompetenz bei allgemein bürgerlich-rechtlichen Gegenforderungen .. 29
III. § 2 im System anderer Rechtswegregelungen 5	c) Entscheidungskompetenz bei öffentlich-rechtlichen Gegenforderungen 34
IV. Bedeutung des § 2 für besondere Verfahrensarten 8	VI. Aufbau der Vorschrift 35
1. Mahnverfahren 9	B. Rechtswegzuständigkeit nach § 2 36
2. Urkunden- und Wechselprozess 10	I. Ausschließliche Zuständigkeit nach § 2 Abs. 1 37
3. Arrest- und Verfügungsverfahren 12	1. Bedeutung der Ausschließlichkeit 38
4. Zwangsvollstreckungsverfahren 14	2. Bürgerliche Rechtsstreitigkeiten 40
V. Erstreckung der Prüfungskompetenz auf rechtswegfremde Gegenstände 18	3. Abs. 1 Nr. 1: Tarifrechtliche Streitigkeiten 44
1. Entscheidung über Vorfragen 19	a) Bürgerliche Rechtsstreitigkeit 45
2. Widerklage 23	b) Parteien des Rechtsstreits 46

c) Streitigkeiten aus Tarifverträgen	48
aa) Schuldrechtlicher Teil	49
bb) Normativer Teil	51
cc) Streitigkeiten zwischen konkurrierenden Gewerkschaften	53
d) Streitigkeiten über das Bestehen oder Nichtbestehen von Tarifverträgen	54
e) Bindungswirkung der Entscheidung in Rechtsstreitigkeiten nach Abs. 1 Nr. 1	56
4. Abs. 1 Nr. 2: Streitigkeiten aus unerlaubter Handlung im Zusammenhang mit Arbeitskampf oder Vereinigungsfreiheit	59
a) Bürgerliche Rechtsstreitigkeit	60
b) Parteien des Rechtsstreits	63
c) Unerlaubte Handlungen	69
d) Maßnahmen zum Zwecke des Arbeitskampfes	70
e) Fragen der Vereinigungsfreiheit	73
5. Abs. 1 Nr. 3: Bürgerliche Rechtsstreitigkeiten zwischen Arbeitnehmer und Arbeitgeber	79
a) Bürgerliche Rechtsstreitigkeiten	80
b) Parteien des Rechtsstreits	81
aa) Arbeitnehmer	82
bb) Arbeitgeber	84
c) Streitigkeiten aus dem Arbeitsverhältnis (Nr. 3 Buchst. a)	89
aa) Arbeitsverhältnis iSv. Nr. 3 Buchst. a ..	90
bb) Arbeitsverhältnis als Grundlage der Streitigkeit	99
d) Streitigkeiten über das Bestehen oder Nichtbestehen eines Arbeitsverhältnisses (Nr. 3 Buchst. b)	115
aa) Zustandekommen eines Arbeitsverhältnisses	116
bb) Einordnung des Rechtsverhältnisses als Arbeitsverhältnis	117
cc) Inhalt des Arbeitsverhältnisses	118
dd) Beendigung des Arbeitsverhältnisses ..	119
ee) Weiterbeschäftigungsanspruch	120
e) Streitigkeiten aus Verhandlungen über die Eingehung eines Arbeitsverhältnisses und aus dessen Nachwirkungen (Nr. 3 Buchst. c)	121
aa) Verhandlungen über die Eingehung eines Arbeitsverhältnisses	122
bb) Nachwirkungen eines Arbeitsverhältnisses	125
f) Streitigkeiten aus unerlaubten Handlungen im Zusammenhang mit dem Arbeitsverhältnis (Nr. 3 Buchst. d)	128
g) Streitigkeiten über Arbeitspapiere (Nr. 3 Buchst. e)	132
aa) Arbeitspapiere	133
bb) Bürgerliche Streitigkeiten	134
6. Abs. 1 Nr. 4: Streitigkeiten in rechtlichem oder wirtschaftlichem Zusammenhang mit dem Arbeitsverhältnis	142
a) Parteien des Rechtsstreits auf Arbeitnehmerseite	143
b) Keine ausschließliche andere Rechtswegzuständigkeit	145
c) Streitigkeiten mit dem Arbeitgeber (Nr. 4 Buchst. a)	146
d) Streitigkeiten mit gemeinsamen Einrichtungen der Tarifvertragsparteien oder mit privatrechtlichen Sozialeinrichtungen (Nr. 4 Buchst. b)	152
aa) Gemeinsame Einrichtungen der Tarifvertragsparteien	153
bb) Sozialeinrichtungen des privaten Rechts	155
7. Abs. 1 Nr. 5: Streitigkeiten zwischen Arbeitnehmer oder ihren Hinterbliebenen und dem Pensions-Sicherungs-Verein über Ruhegeldansprüche	159
a) Ansprüche auf Leistungen der Insolvenzsicherung	160
b) Träger der Insolvenzsicherung	161
c) Arbeitnehmer oder ihre Hinterbliebenen ..	162
8. Abs. 1 Nr. 6: Streitigkeiten zwischen Arbeitgebern und Einrichtungen nach Nr. 4 Buchst. b und 5 sowie zwischen diesen Einrichtungen ..	164
a) Streitigkeiten zwischen Arbeitgebern und Einrichtungen	165
b) Streitigkeiten zwischen Einrichtungen nach Nr. 4 Buchst. b und 5	170
9. Abs. 1 Nr. 7: Streitigkeiten zwischen Entwicklungshelfern und Trägern des Entwicklungsdienstes	171
10. Abs. 1 Nr. 8: Streitigkeiten nach den Gesetzen zur Förderung eines freiwilligen sozialen und eines freiwilligen ökologischen Jahres	174
11. Abs. 1 Nr. 8a: Streitigkeiten nach dem Bundesfreiwilligendienstgesetz	175a
12. Abs. 1 Nr. 9: Streitigkeiten zwischen Arbeitnehmern	176
a) Arbeitnehmer als Parteien der Streitigkeit..	177
b) Ansprüche aus gemeinsamer Arbeit	179
c) Ansprüche aus unerlaubter Handlung	180
13. Abs. 1 Nr. 10: Streitigkeiten zwischen behinderten Menschen und Trägern der Werkstätten für behinderte Menschen	182
II. Zuständigkeit für Vergütungsansprüche in Erfinder- und Urheberrechtsstreitigkeiten nach § 2 Abs. 2	184
1. Keine ausschließliche Zuständigkeit	185
2. Bürgerliche Rechtsstreitigkeiten zwischen Arbeitnehmern und Arbeitgebern	186
3. Vergütungsstreitigkeiten für eine Arbeitnehmererfindung oder für einen technischen Verbesserungsvorschlag (Abs. 2 Buchst. a) ..	187
a) Vergütungsansprüche für Arbeitnehmererfindungen	187
aa) Ansprüche auf Leistung einer festgestellten oder festgesetzten Vergütung .	188
bb) Ausschließliche Geltendmachung von Vergütungsansprüchen	189
cc) Erstreckung der Prüfungskompetenz auf rechtswegfremde Fragen	191
dd) Rechtswegfremde Forderungen bei Widerklage und Aufrechnung	193
b) Vergütungsansprüche für technische Verbesserungsvorschläge	195
4. Vergütungsstreitigkeiten in Urheberrechtssachen (Abs. 2 Buchst. b)	196

III. Zusammenhangszuständigkeit nach § 2
   Abs. 3 198
   1. Sinn des Abs. 3 199
   2. Fakultative Zuständigkeit 200
   3. Voraussetzungen des Abs. 3 202
      a) Anhängige Hauptklage iSv. Abs. 1, 2 203
      b) Zusammenhangsklage 208
         aa) Bürgerliche Rechtsstreitigkeit 208
         bb) Rechtlicher oder unmittelbar wirtschaftlicher Zusammenhang 209
         cc) Parteien der Zusammenhangsklage ... 212
         dd) Geltendmachung der Zusammenhangsstreitigkeit 214
         ee) Keine ausschließliche andere Rechtswegzuständigkeit 215
   4. Folgen der Zusammenhangszuständigkeit ... 216
IV. Zuständigkeit kraft Vereinbarung zwischen juristischen Personen und Organvertretern nach § 2 Abs. 4 217
   1. Sinn des Abs. 4 218
   2. Vereinbarung der Rechtswegzuständigkeit ... 219
   3. Parteien der Vereinbarung 221
      a) Juristische Personen des Privatrechts 222
      b) Kraft Gesetzes vertretungsbefugte Personen 224
   4. Beschränkung auf bürgerliche Rechtsstreitigkeiten 225
   5. Folgen der Vereinbarung 226
C. Prüfung der Rechtswegzuständigkeit 227
I. Prüfung von Amts wegen 228

II. Beschränkung der Rechtswegprüfung auf die 1. Instanz 229
III. Maßgeblicher Zeitpunkt für die Rechtswegzuständigkeit 231
IV. Grundlage der Rechtswegprüfung 232
   1. Sic-non-Fälle 235
   2. Aut-aut-Fälle 240
   3. Et-et-Fälle 242
V. Entscheidung über die Rechtswegzuständigkeit und Rechtsmittel 243
D. Sonstige Zuständigkeitsarten 246
I. Sachliche Zuständigkeit 247
II. Örtliche Zuständigkeit 248
III. Internationale Zuständigkeit 249
   1. Zusammenhang zwischen örtlicher und internationaler Zuständigkeit 250
   2. Internationale Zuständigkeit nach der EuGVVO (Brüssel Ia-VO) 252
   3. Internationale Zuständigkeit nach § 15 AEntG 253
   4. Internationale Zuständigkeit kraft Vereinbarung 254
   5. Internationale Zuständigkeit durch rügelose Einlassung 256
   6. Prüfung der internationalen Zuständigkeit und Entscheidung 257
IV. Funktionelle Zuständigkeit 259

Schrifttum: *Abele*, Gerichtsstand bei Klagen gegen ausländische Staaten als Arbeitgeber, FA 2012, 293; *Abele*, Anfechtungsklagen des Insolvenzverwalters auf Rückerstattung von Entgelt, FA 2009, 202; *Asendorf*, Wettbewerbs- und Patentstreitsachen vor Arbeitsgerichten? (Die sachliche Zuständigkeit bei der Verletzung von Betriebsgeheimnissen durch Arbeitnehmer), GRUR 1990, 229; *Boemke*, Zivilrechtsweg bei Klagen aus Franchise-Verträgen – OLG Düsseldorf, NJW 1998, 2978, JuS 1999, 14; *Bumiller*, Der Franchisenehmer zwischen Zivil- und Arbeitsgerichtsbarkeit, NJW 1998, 2953; *Brinkmann*, Die Insolvenzanfechtung gegenüber Arbeitnehmern – Reflexionen über ein juristisches Lehrstück in drei Akten, ZZP 125 (2012), 197; *Däubler*, Die internationale Zuständigkeit der deutschen Arbeitsgerichte, NZA 2003, 1297; *Drygala*, Auswirkungen der Neuregelung der §§ 17, 17a GVG auf die Prozessaufrechnung im Arbeitsrecht, NZA 1992, 294; *Düwell*, Rechtsstreitigkeiten der Arbeitsvertragsparteien über Erfindungen, Verbesserungsvorschläge und Urheberrecht, ZAP 1998, Fach 17, 389; *Düwell*, Mehr Zuständigkeiten für die Arbeitsgerichtsbarkeit, NZA 1991, 929; *V. Findeisen*, Arbeitsgerichtliche Entscheidungen nach § 48 Abs. 1 ArbGG i.V.m. §§ 17 bis 17b GVG, 2013; *Fischer*, Der Rechtsweg zu den Arbeitsgerichten in UWG-Sachen, DB 1998, 1182; *Gaa*, Die Aufrechnung mit einer rechtswegfremden Gegenforderung, NJW 1997, 3343; *Grotmann-Höfling*, 20 Jahre gemeinsame Statistik der Arbeitsgerichtsbarkeit – eine Eckpunkte-Betrachtung, AuR 2016, 407; *Hager*, Die Manipulation des Rechtswegs – Bemerkungen zur Reform der §§ 17 ff. GVG, FS Kissel, 1994, S. 327; *Hanau*, Der Eingliederungsvertrag – Ein neues Instrument der Arbeitsförderung, DB 1997, 1278; *Hess*, Der Rechtsweg für die Insolvenzanfechtung von Erfüllungshandlungen des Schuldners am Beispiel rückständiger Lohnzahlungen des Arbeitgebers an die Arbeitnehmer, NZI 2009, 705; *Hesse*, Das arbeitsgerichtliche Urteilsverfahren, JA 1997, 680; *Hoffmann*, Der Rechtsweg zu den Arbeitsgerichten, AuA 1997, 265; *Hohlfeld*, Zur sachlichen Zuständigkeit der Arbeitsgerichte für die Kündigungsschutzklage eines GmbH-Geschäftsführers bei Fortbestehen eines früheren Arbeitsverhältnisses, GmbHR 1988, 184; *Huber*, Insolvenzanfechtung rückständiger Lohnzahlungen an Arbeitnehmer, NJW 2009, 1928; *Humberg*, Rechtswegeröffnung bei der Insolvenzanfechtung von Lohnzahlungen – ein Fall für den Gemeinsamen Senat der obersten Gerichtshöfe des Bundes, NZI 2009, 834; *Jacobs*, Rechtsweg bei Anfechtungsklage des Insolvenzverwalters gegen Arbeitnehmer des Insolvenzschuldners, NJW 2009, 1932; *Jaeger*, Die Zuständigkeit des ArbG und Geltung des Kündigungsschutzes für Geschäftsführer, NZA 1998, 961; *Jauernig*, § 17 Abs. 2 GVG – das unverstandene Wesen, NZA 1995, 12; *Joussen*, Der Rechtsweg bei Streitigkeiten aus der Beschäftigung von Ein-Euro-Jobbern, SAE 2007, 207; *Junker*, Internationale Zuständigkeit und anwendbares Recht in Arbeitssachen, NZA 2005, 199; *Kirchhof*, Zuständigkeit der Arbeitsgerichte für Anfechtungsklagen?, ZInsO 2008, 1293; *Kissel*, Die neuen §§ 17–17b GVG in der Arbeitsgerichtsbarkeit, NZA 1995, 345; *Kluth*, Die Tragikomik des § 2 III ArbGG, NZA 2000, 1275; *Kluth*, Der Anspruch auf den gesetzlichen Richter (Art. 101 I 2 GG) in Rechtswegstreitigkeiten, NZA 2000, 463; *Korff*, Arbeitsgerichtliche oder zivilgerichtliche Zuständigkeit bei Kündigung eines Directors einer Limited, AuR 2011, 159; *Kozak*, Forum-shopping für Arbeitnehmer?, AuR 2015, 82; *Krasshöfer-Pidde/Molkenbur*, Der Rechtsweg zu den Gerichten für Arbeitssachen im Urteilsverfahren, NZA 1991, 623; *Kreft*, Zum Rechtsweg für insolvenzrechtliche Anfechtungsklagen, ZInsO 2009, 578; *Künzl*,

Rügelose Einlassung im arbeitsgerichtlichen Verfahren?, BB 1991, 757; *Löwisch/Beck*, Rechtsweg und Gerichtsstand bei Flashmobklagen, NZA 2010, 857; *Lüke*, Grundlage der Rechtswegprüfung, JuS 1997, 215; *Lüke*, Der Rechtsweg zu den Arbeitsgerichten und die dogmatische Bedeutung der Neuregelung, FS Kissel, 1994, S. 709; *Lunk*, Der GmbH-Geschäftsführer und die Arbeitsgerichtsbarkeit – Das BAG macht den Weg frei!, NJW 2015, 528; *Mankowski*, Gerichtsstandsvereinbarungen in Tarifverträgen und Art. 23 EuGVVO, NZA 2009, 584; *Matthes*, Die Anträge des Arbeitgebers nach § 78a IV BetrVG und nach § 9 BPersVG, NZA 1989, 916; *Mayerhofer*, Rechtsweg oder sachliche Zuständigkeit?, NJW 1992, 1602; *Nägele*, Zuständigkeit der Arbeitsgerichte für Ansprüche aus Scheck, Wechsel und Urkunden, BB 1991, 1411; *Oppertshäuser*, Das Internationale Privat- und Zivilprozessrecht im Spiegel arbeitsgerichtlicher Rechtsprechung, Die Rechtsprechung 1995–1999, NZA-RR 2000, 393; *Prütting*, Prozessuale Koordinierung von kollektivem und Individualarbeitsrecht, RdA 1991, 257; *Pützer*, Der Rechtsweg für arbeitsrechtliche Konkurrentenklagen im öffentlichen Dienst, RdA 2016, 287; *Reinecke*, Fremdgeschäftsführer und Vorstandsmitglieder – Rechtsweg und Status, ZIP 2014, 1057; *Richardi*, Gerichtsschutz und Verfahren bei Arbeitsstreitigkeiten, AuA 1990, 218; *Rolfs*, Aktuelle Entwicklungen im arbeitsgerichtlichen Verfahrensrecht, NZA-RR 2000, 1; *Schaub*, Die Rechtswegzuständigkeit und die Verweisung des Rechtsstreits, BB 1993, 1666; *Schenke/Ruthig*, Die Aufrechnung mit rechtswegfremden Forderungen im Prozess, NJW 1992, 2505, NJW 1993, 1374; *Schwab*, Werkstatt für behinderte Menschen, Arbeitsrechtslexikon, Erg.-Lieferung August 2016; *Schwab*, Neuerungen im arbeitsgerichtlichen Verfahren, NZA 1991, 657; *Schwab*, Das Dienstverhältnis des GmbH-Geschäftsführers insbesondere unter arbeitsrechtlichen Aspekten, NZA 1987, 839; *Seiler*, Der Rechtsweg gegen Streikeinsatz von Beamten, NJW 1986, 413; *Stagat*, Der Rechtsweg des GmbH-Geschäftsführers zum Arbeitsgericht – Änderung der Rechtsprechung und Folgen für die Praxis, NZA 2015, 193; *Steppler/Denecke*, Eröffnung des Rechtswegs zu den Arbeitsgerichten und die Folgen einer Verweisung zum Sozialgericht, NZA 2013, 482; *Stichler*, Rechtswegzuständigkeit bei Führungskräften, BB 1998, 1531; *Vollkommer*, Die Neuregelung des Verhältnisses zwischen den Arbeitsgerichten und den ordentlichen Gerichten und ihre Auswirkungen, FS Kissel, 1994, S. 1183; *v. Tiling*, Staatlicher Rechtsschutz gegen Regelungen des Dritten Weges im Bereich der Evangelischen Kirche?, NZA 2009, 590; *Vielmeier*, Zuständigkeit der Arbeitsgerichte für Klagen von Fremdgeschäftsführern gegen die Gesellschaft, NZA 2016, 1241; *Walker*, Die Abgrenzung zwischen Urteils- und Beschlussverfahren im Arbeitsgerichtsprozess, FS 50 Jahre BAG, 2004, S. 1365; *Walker*, Die Grundlage für die Prüfung der Rechtswegzuständigkeit, ZZP 123 (2010), 185; *Walker*, Insolvenzanfechtungsklagen gegen Arbeitnehmer auf Vergütungsrückzahlung, FS für J.-H. Bauer, 2010, S. 1029; *Walker*, Verfahrensrechtliche Aspekte der arbeitsrechtlichen Konkurrentenklage, FS Söllner, 2000, S. 1231; *Wendenburg/Schneider*, Vertraglicher Gerichtsstand bei Ansprüchen aus Delikt?, NJW 2014, 1633; *Windel*, Die Bedeutung der §§ 17 Abs. 2, 17a GVG für den Umfang der richterlichen Kognition und die Rechtswegzuständigkeit, ZZP 111 (1998), 3; *Wipping*, Der europäische Gerichtsstand des Erfüllungsortes – Art. 5 Nr. 1 EuGVVO, 2008; *Wroblewski*, In Sachen Bundesgerichtshof gegen Bundesarbeitsgericht, AuR 2010, 306; *Würthwein*, Zur Problematik der örtlichen und internationalen Zuständigkeit auf Grund unerlaubter Handlung, ZZP 106 (1993), 51; *Zwanziger*, Probleme der Neuregelung des Verweisungsrechts im arbeitsgerichtlichen Verfahren, DB 1991, 2239.

A. Bedeutung des § 2

Nach Art. 19 des Bundesteilhabegesetzes vom 23.12.2016[1] wird ab 1.1.2018 in § 2 Abs. 1 Nummer 10 die Angabe „138" durch die Angabe „221" ersetzt. Es handelt sich um eine redaktionelle Folgeänderung aufgrund der Neufassung des SGB IX. 1

§ 2 ist im Zusammenhang mit den §§ 2a und 3 zu sehen. Diese Normen bilden einen Regelungskomplex zu der Frage, für welche Streitigkeiten gerade die ArbG zuständig sind.

I. Beschränkung auf das Urteilsverfahren

Schon aus den Überschriften der §§ 2, 2a ergibt sich, dass im Arbeitsgerichtsprozess zwischen dem Urteils- und dem Beschlussverfahren zu unterscheiden ist[2]. § 2 regelt nur die Gegenstände, über die im Urteilsverfahren zu entscheiden ist. Dabei geht es um bürgerlich-rechtliche Streitigkeiten. Das Urteilsverfahren entspricht im Wesentlichen dem Zivilprozess. Verfahrensrechtliche Einzelheiten sind in den §§ 46 ff. geregelt. Dagegen sind in § 2a dem vom Amtsermittlungsgrundsatz geprägten Beschlussverfahren kollektivrechtliche Streitigkeiten zugewiesen. Das Beschlussverfahren ist in den §§ 80 ff. näher geregelt. Beide Verfahrensarten schließen sich gegenseitig aus. 2

II. Zuständigkeit iSv. Rechtswegzuständigkeit

Die §§ 2 ff. bestimmen, in welchen Angelegenheiten die ArbG zuständig sind. § 2 betrifft die Zuständigkeit im Urteilsverfahren. Was mit Zuständigkeit gemeint ist, erschließt sich nicht unmittelbar aus der Termino- 3

---

1 BGBl. I S. 3234.
2 Zur Abgrenzung zwischen Urteils- und Beschlussverfahren *Walker*, FS 50 Jahre BAG, 2004, S. 1365.

logie des Gesetzes, sondern erst aus der Gesetzesgeschichte[1]. Seit Inkrafttreten des ArbGG 1926[2] bis 1990 war § 2 mit „Sachliche Zuständigkeit" überschrieben. Das hing damit zusammen, dass das Verhältnis zwischen der Arbeitsgerichtsbarkeit und der ordentlichen Gerichtsbarkeit als eine Frage der sachlichen Zuständigkeit angesehen wurde[3]. Konsequent war auch § 48 ArbGG aF mit „Sachliche und örtliche Zuständigkeit" überschrieben, und nach dem früheren § 48a Abs. 4 iVm. § 48 Abs. 1 aF erfolgte die Verweisung zwischen ArbG und ordentlichen Gerichten wie die Verweisung innerhalb der ordentlichen Gerichte, während nur im Verhältnis zwischen ArbG einerseits und Verwaltungs-, Sozial- und Finanzgerichten andererseits eine Rechtswegverweisung erfolgte.

4 Durch das 4. VwGO-Änderungsgesetz vom 17.12.1990[4] wurden in den §§ 2, 2a die Überschriften geändert; statt „Sachliche Zuständigkeit" heißt es seitdem nur noch „Zuständigkeit". Der frühere § 48a wurde aufgehoben. In § 48 wurde die Überschrift „Sachliche und örtliche Zuständigkeit" durch „Rechtsweg und Zuständigkeit" ersetzt. Seitdem gelten die ebenfalls neu gefassten §§ 17 ff. GVG über die Rechtswegverweisung auch im Verhältnis zwischen den ArbG und den ordentlichen Gerichten. Das Ziel des Gesetzgebers bei der Neufassung des GVG bestand darin, die Gleichwertigkeit aller Rechtswege zu verwirklichen[5], was sich nur auf alle fünf Gerichtsbarkeiten iSv. Art. 95 Abs. 1 GG beziehen konnte[6]. Die frühere Besonderheit im Verhältnis zwischen der Arbeits- und der Zivilgerichtsbarkeit gegenüber dem Verhältnis zwischen der Arbeitsgerichtsbarkeit und der Verwaltungs-, Sozial- und Finanzgerichtsbarkeit war also entfallen. Der Rechtsweg zu den ArbG ist seitdem von demjenigen zu den ordentlichen Gerichten zu unterscheiden[7]. Da der § 2 bis auf die Streichung des Wortes „Sachliche" aus der Überschrift nicht geändert wurde, kann das nur bedeuten, dass aus der früheren Regelung über die sachliche Zuständigkeit eine solche über die Rechtswegzuständigkeit geworden ist[8].

III. § 2 im System anderer Rechtswegregelungen

5 § 2 reiht sich ein in die Rechtswegregelungen des § 13 GVG (ordentliche Gerichte), des § 40 VwGO (Verwaltungsgerichte), des § 51 SGG (Sozialgerichte) und des § 33 FGO (Finanzgerichte). Die größte Sachnähe hat die Arbeitsgerichtsbarkeit mit der ordentlichen Gerichtsbarkeit. In beiden Rechtswegen wird über bürgerlich-rechtliche Streitigkeiten entschieden. Auch für das Verfahren vor den ArbG gelten weitgehend die Vorschriften der ZPO (§ 46 Abs. 2, § 72 Abs. 5, § 78).

6 Gesetzestechnisch unterscheidet sich die Rechtswegzuweisung in § 2 wesentlich von derjenigen in § 13 GVG und in § 40 VwGO. Während die Rechtswegzuständigkeit der ordentlichen Gerichte und der Verwaltungsgerichte durch Generalklauseln bestimmt wird (alle bürgerlichen Streitigkeiten; alle öffentlich-rechtlichen Streitigkeiten), sind in § 2 abschließende Fallgruppen aufgelistet, in denen der Rechtsweg zu den ArbG gegeben ist (**Enumerationsprinzip**). Das beruht darauf, dass es in § 2 ebenso wie in § 13 GVG um bürgerlich-rechtliche Streitigkeiten geht. Diese müssen hier einzeln bezeichnet werden, damit sie nicht in die grundsätzliche Allzuständigkeit der ordentlichen Gerichte für bürgerliche Streitigkeiten fallen. Auch durch die abschließende Aufzählung kann allerdings nicht verhindert werden, dass es zu Abgrenzungsschwierigkeiten und zu Überschneidungen mit den Streitigkeiten kommen kann, die unter die Rechtswegzuständigkeit der ordentlichen Gerichte fallen. Hier ist dann im Einzelfall durch Auslegung zu bestimmen, ob § 2 eingreift oder ein anderer Rechtsweg gegeben ist, ohne dass dabei pauschal einer engen oder einer weiten Auslegung von § 2 der Vorzug zu geben wäre[9].

7 Der **abschließende Charakter** der Fallgruppen des § 2 ist unstreitig[10]. Er folgt nicht nur aus der detaillierten Aufzählung in Abs. 1 und der konkreten Ergänzung in Abs. 2, sondern auch aus den Regelungen in

---

1 Zur Normgeschichte näher GK-ArbGG/*Schütz*, § 2 Rz. 1 ff.; zur geschichtlichen Entwicklung des ArbGG allgemein GMP/*Prütting*, Einl. Rz. 1 ff.
2 RGBl. I S. 507.
3 BAG v. 19.10.1958 – 4 AZR 54/56, BAGE 6, 300 (302); BGH v. 7.11.1952 – I ZR 43/52, BGHZ 8, 16 (21); BGH v. 30.1.1958 – VII ZR 33/57, BGHZ 26, 304 (306); aM *Grunsky*, 5. Aufl., § 1 Rz. 2; *Kissel*, GVG, 1. Aufl., § 14 Rz. 17.
4 BGBl. I S. 2809.
5 BT-Drs. 11/7030, S. 36 f.
6 *Kissel*, NJW 1991, 945 (947).
7 LAG Hessen v. 6.1.1992 – 9 Ta 268/91, DB 1992, 1636; *Ascheid*, Urteils- und Beschlussverfahren, Rz. 387; *Drygala*, NZA 1992, 294 (295); *Koch*, NJW 1991, 1856 (1858); *Künzl*, BB 1991, 757; Musielak/Voit/*Wittschier*, § 17 GVG Rz. 2; Schuschke/Walker/*Walker*, § 942 ZPO Rz. 25; Zöller/*Lückemann*, Vor §§ 17–17b GVG Rz. 10.
8 GMP/*Schlewing*, § 1 Rz. 1; GK-ArbGG/*Schütz*, § 2 Rz. 11; *Walker*, Der einstweilige Rechtsschutz, Rz. 733 f.; aM *Schwab*, NZA 1991, 657 (663).
9 GWBG/*Waas*, § 2 Rz. 4 mwN.
10 GMP/*Schlewing*, § 2 Rz. 5; GK-ArbGG/*Schütz*, § 2 Rz. 51; GWBG/*Waas*, § 2 Rz. 101.

Abs. 3 über die Zusammenhangsklagen und in Abs. 4 über die begrenzte Zulässigkeit von Rechtswegvereinbarungen; beide Regelungen wären nämlich überflüssig, wenn die Rechtswegzuständigkeit ohnehin dispositiv wäre.

IV. Bedeutung des § 2 für besondere Verfahrensarten

Die Rechtswegzuständigkeit im Urteilsverfahren hat nicht nur für das normale Erkenntnisverfahren, sondern auch für besondere Verfahrensarten, die es gem. § 46 Abs. 2 innerhalb des arbeitsgerichtlichen Urteilsverfahrens gibt, Bedeutung. 8

1. Mahnverfahren

Gemäß § 46a findet das Mahnverfahren auch im ArbG-Prozess statt und richtet sich im Grundsatz nach den Vorschriften der ZPO. Während § 46a Abs. 2 nur die örtliche Zuständigkeit des ArbG im Mahnverfahren regelt, gilt für die Rechtswegzuständigkeit § 2. 9

2. Urkunden- und Wechselprozess

Der Urkunden- und Wechselprozess ist zwar in § 46 Abs. 2 ausdrücklich ausgeschlossen. Das bedeutet aber nur einen Ausschluss dieser besonderen Verfahrensart. Dagegen ist für die Geltendmachung von Ansprüchen aus Urkunden oder Wechseln, die im Rahmen eines Arbeitsverhältnisses begründet wurden, unter den Voraussetzungen des § 2 der Rechtsweg zu den ArbG gegeben[1]. Nur das Verfahren vor den ArbG richtet sich nicht nach den §§ 592 ff. ZPO (dazu § 46 Rz. 10)[2]. 10

In solchen Fällen kann der Anspruch auch **nicht vor den ordentlichen Gerichten** im Urkunds- oder Wechselprozess geltend gemacht werden[3]; denn diesen fehlt die Rechtswegzuständigkeit. Der urkundliche Anspruch kann dann überhaupt nicht im Urkundsprozess, sondern nur im normalen Erkenntnisverfahren geltend gemacht werden. Diese Regelung dient dem ArbN-Schutz. Durch sie wird gewährleistet, dass der ArbN als Beklagter nicht vorschnell im Urkundsprozess verurteilt wird. 11

3. Arrest- und Verfügungsverfahren

Das Urteilsverfahren kann auch als Eilverfahren zwecks Erlangung eines Arrestes oder einer einstweiligen Verfügung stattfinden (§ 62 Abs. 2 Satz 1). Da die §§ 916 ff. ZPO, die über § 62 Abs. 2 Anwendung finden, keine eigene Regelung zum Rechtsweg enthalten, richtet sich auch im Eilverfahren die Rechtswegzuständigkeit nach § 2[4]. 12

Umstritten ist, ob gem. § 919 und § 942 ZPO neben dem ArbG der Hauptsache wahlweise oder jedenfalls in dringlichen Fällen das **AG der belegenen Sache** zuständig ist. Das ist richtigerweise zu verneinen. Die §§ 919, 942 ZPO regeln nur die sachliche und die örtliche Zuständigkeit des AG innerhalb des Zivilrechtsweges. Ist dieser schon nicht gegeben, weil die Rechtswegzuständigkeit gem. § 2 bei den ArbG liegt, kann im arbeitsgerichtlichen Eilverfahren auch nicht die Zuständigkeit des AG gegeben sein (dazu § 62 Rz. 114)[5]. 13

4. Zwangsvollstreckungsverfahren

Wie sich die Rechtswegzuständigkeit in der Zwangsvollstreckung aus arbeitsgerichtlichen Titeln (§ 62) auswirkt, kann nur differenziert beantwortet werden: Soweit für die Zwangsvollstreckung funktionell das **Vollstreckungsgericht** zuständig ist (Forderungspfändung gem. §§ 828 ff. ZPO; Immobiliarvollstreckung gem. §§ 864 ff. ZPO), liegt die Zuständigkeit nicht beim ArbG, sondern beim AG (§ 764 Abs. 1 ZPO)[6]. Die 14

---

1 AA noch OLG Hamm v. 18.5.1979 – 7 U 52/79, NJW 1980, 1399; AG Essen v. 11.11.1987 – 20 C 594/87, MDR 1988, 327; *Kirchner*, BB 1965, 1233.
2 BAG v. 7.11.1996 – 5 AZB 19/96, NZA 1997, 228; OLG München v. 31.3.1965 – 7 U 796/65, NJW 1966, 1418; GMP/*Germelmann*, § 46 Rz. 30 ff.; GK-ArbGG/*Schütz*, § 2 Rz. 47; GWBG/*Waas*, § 2 Rz. 138; jetzt auch *Kissel/Mayer*, § 13 GVG Rz. 178.
3 BAG v. 7.11.1996 – 5 AZB 19/96, NZA 1997, 228; GMP/*Germelmann*, § 46 Rz. 33; MünchArbR/*Jacobs*, § 343 Rz. 94; aM BGH v. 31.10.1975 – 1 ARZ 482/75, NJW 1976, 330.
4 S. nur BAG v. 24.5.2000 – 5 AZB 66/99, NZA 2000, 903 f.
5 *Gift/Baur*, Teil C Rz. 2 und Teil J Rz. 67, 96; GMP/*Germelmann*, § 62 Rz. 81; *Koch*, NJW 1991, 1856 (1858); *Walker*, Der einstweilige Rechtsschutz, Rz. 735; Schuschke/Walker/*Walker*, § 919 ZPO Rz. 16 und § 942 ZPO Rz. 25; aM HdbVR/*Baur*, B Rz. 2; MünchArbR/*Jacobs*, § 346 Rz. 11; *Vollkommer*, FS Kissel, 1994, S. 1183 (1201); *Wieser*, Arbeitsgerichtsverfahren, Rz. 520.
6 Schuschke/Walker/*Walker*, § 764 ZPO Rz. 3.

Zuständigkeit des AG als Vollstreckungsgericht bei der Forderungspfändung wirkt sich auch bei der gerichtlichen Geltendmachung abgetretener Forderungen aus dem Arbeitsverhältnis aus. Zwar ist gem. §§ 3, 2 Abs. 1 Nr. 3 Buchst. a der Rechtsweg zu den ArbG gegeben; aber für die Zusammenrechnung mehrerer Einkommen gem. § 850e ZPO zwecks Erhöhung des pfändbaren und damit gem. § 400 BGB abtretbaren Betrages sind nicht die ArbG als Prozessgerichte, sondern die AG als Vollstreckungsgerichte ausschließlich zuständig[1]. Das AG ist als Vollstreckungsgericht auch zuständig für die Entscheidung über die Vollstreckungserinnerung nach § 766 ZPO[2].

15 Erfolgt die Vollstreckung arbeitsgerichtlicher Titel dagegen durch das **Prozessgericht 1. Instanz** (Handlungs- und Unterlassungsvollstreckung gem. §§ 887, 888, 890 ZPO), dann liegt die Zuständigkeit beim ArbG. Dieses ist als Prozessgericht 1. Instanz ferner zuständig für die Entscheidung über die **Vollstreckungsgegenklage nach § 767 ZPO**, sofern sich die Klage gegen die Vollstreckung aus arbeitsgerichtlichen Titeln richtet[3]. Gleiches gilt für die Vollstreckung aus anderen Titeln als Urteilen, wenn bei einer klageweisen Geltendmachung des titulierten Anspruchs die ArbG zuständig gewesen wären[4].

16 Über die **Drittwiderspruchsklage nach § 771 ZPO** entscheidet dagegen (je nach Streitwert) das AG oder das LG, niemals dagegen das ArbG[5]; denn Gegenstand dieser Klage ist nicht der vom ArbG titulierte Anspruch, sondern die materielle Berechtigung des Klägers am Vollstreckungsgegenstand.

17 Eine **Räumungsfrist nach § 794a ZPO** ist auch dann, wenn die Räumungsverpflichtung in einem vor dem ArbG geschlossenen Vergleich übernommen wurde, vom AG[6] zu bewilligen. Dafür sprechen der Wortlaut des § 794a ZPO und der Wille des Gesetzgebers, alle Mietstreitigkeiten vor den ortsnahen AG zu konzentrieren. Dieses gesetzgeberische Ziel ist im Vollstreckungsverfahren auch dann zu beachten, wenn die Räumungsverpflichtung Gegenstand eines arbeitsgerichtlichen Vergleichs ist.

V. Erstreckung der Prüfungskompetenz auf rechtswegfremde Gegenstände

18 Wegen des Enumerationsprinzips (Rz. 6) ist die arbeitsgerichtliche Zuständigkeit auf die ausdrücklich genannten Fallgruppen beschränkt. Allerdings wird das ArbG nicht selten im Rahmen einer ihm ausdrücklich zugewiesenen Streitigkeit mit Gegenständen konfrontiert, über die für sich gesehen in einem anderen Rechtsweg zu entscheiden wäre.

1. Entscheidung über Vorfragen

19 Spielen im arbeitsgerichtlichen Urteilsverfahren rechtliche Vorfragen eine Rolle, die nicht in den Zuständigkeitskatalog des § 2 fallen, sondern in eine andere Rechtswegzuständigkeit, hat darüber trotzdem das ArbG zu entscheiden[7]. Das gilt sowohl für bürgerlich-rechtliche Vorfragen wie zB aus dem Schuld-, Sachen-, Familien- oder Erbrecht als auch für öffentlich-rechtliche Vorfragen[8], zB aus dem Personalvertretungsrecht, dem Steuerrecht[9] oder aus dem Sozialversicherungsrecht[10]. Wenn der ArbGeb gegenüber einem Vergütungsanspruch des ArbN geltend macht und nachvollziehbar darlegt, er habe durch Abführung von Steuern und Sozialversicherungsabgaben teilweise erfüllt, hat das ArbG diesen Erfüllungseinwand zu berücksichtigen[11]. Falls aber der ArbN die aus seiner Sicht zu viel abgeführten Beträge nachfordert, geht es dabei nicht mehr um seinen Vergütungsanspruch, sondern um einen steuer- oder sozialversicherungs-

---

1 BAG v. 24.4.2002 – 10 AZR 42/01, NZA 2002, 868 mit Anm. *Walker* in AP § 850e ZPO Nr. 5.
2 Schuschke/Walker/*Walker*, § 766 ZPO Rz. 3.
3 Schuschke/Walker/*Schuschke*, § 767 ZPO Rz. 14.
4 OLG Frankfurt v. 10.12.1984 – 17 W 46/84, NZA 1985, 196; GMP/*Schlewing*, § 2 Rz. 174; GK-ArbGG/*Schütz*, § 2 Rz. 49.
5 Schuschke/Walker/*Raebel*, § 771 ZPO Rz. 11.
6 So LAG Tübingen v. 22.7.1970 – 8 Ta 11/70, NJW 1970, 2046 f.; GK-ArbGG/*Schütz*, § 2 Rz. 226f; Musielak/Voit/*Lackmann*, § 794a Rz. 6; Zöller/*Stöber*, § 794a ZPO Rz. 3.
7 BAG v. 21.3.1984 – 5 AZR 320/82, BAGE 84, 228 (231); GMP/*Schlewing*, § 2 Rz. 141; GK-ArbGG/*Schütz*, § 2 Rz. 19; GWBG/*Waas*, § 2 Rz. 123; *Kissel/Mayer*, § 13 GVG Rz. 21; allgemein zur Vorfragenkompetenz auch BGH v. 28.9.1971 – VI ZR 216/69, BGHZ 57, 96 (101 f.).
8 BAG v. 5.3.1968 – 1 AZR 229/67, NJW 1968, 1349; LAG München v. 20.1.1988 – 5 Sa 869/87, NZA 1988, 660.
9 BFH v. 29.6.1993 – VI B 108/92, AP Nr. 20 § 2 ArbGG 1979; LAG Berlin v. 21.9.1981 – 9 Sa 65/81, EzA § 2 ArbGG 1979 Nr. 1.
10 BAG v. 15.12.1993 – 5 AZR 326/93, NZA 1994, 620 f.; BAG v. 21.3.1984 – 5 AZR 320/82, AP Nr. 1 § 2 ArbGG 1979; BAG v. 12.10.1977 – 5 AZR 443/76, AP Nr. 3 §§ 394, 395 RVO, Bl. 3 R; BAG v. 8.12.1981 – 3 AZR 71/79, AP Nr. 5 zu §§ 394, 395 RVO, Bl. 2; LAG Hamm v. 4.6.1980 – 12 Sa 217/80, DB 1980, 2196; LAG Rh.-Pf. v. 23.8.2001 – 3 Ta 875/01, DB 2002, 800; GK-ArbGG/*Schütz*, § 2 Rz. 20; aM Roos/Wahrendorf/*Gutzeit*, § 51 SGG Rz. 66.
11 BAG v. 30.4.2008 – 5 AZR 725/07, NZA 2008, 884 Rz. 18.

rechtlichen Rückforderungsanspruch, für dessen Geltendmachung der ArbN auf die steuer- und sozialrechtlichen Rechtsbehelfe zurückgreifen muss[1]. Rechtsfragen wie zB die BR-Mitgliedschaft eines ArbN oder die Wirksamkeit der Anhörung des BR nach § 102 BetrVG, über die als betriebsverfassungsrechtliche Angelegenheit gem. § 2a grds. im Beschlussverfahren entschieden wird, können und müssen vom ArbG im Urteilsverfahren geklärt werden, wenn sie dort als Vorfrage zB für die Wirksamkeit der klageweise angegriffenen Kündigung von Bedeutung sind[2]. Die Entscheidung des ArbG über rechtswegfremde Fragen bedeutet keinen Eingriff in die Rechtswegzuständigkeit anderer Gerichte, weil sie nicht in Rechtskraft erwächst und keinerlei Bindungswirkung entfaltet[3].

Das ArbG darf über die rechtswegfremde Vorfrage allerdings **nicht durch Zwischenfeststellungsurteil nach § 256 Abs. 2 ZPO** entscheiden[4]. Denn für die Zwischenfeststellungsklage müssen die allgemeinen Zulässigkeitsvoraussetzungen vorliegen, also auch die Rechtswegzuständigkeit. 20

Wenn die rechtswegfremde **Vorfrage bereits Gegenstand eines anderen Rechtsstreites** ist, kann das ArbG die Verhandlung gem. § 46 Abs. 2 ArbGG iVm. § 148 ZPO bis zur Erledigung des anderen Rechtsstreites aussetzen. Dazu ist das ArbG aber nicht verpflichtet[5]; es hat vielmehr einen Ermessensspielraum. Es wird auf eine Aussetzung vor allem dann verzichten, wenn diese mit dem Beschleunigungsgebot des § 9 Abs. 1 nicht vereinbar wäre[6]. Zwingend ist eine Aussetzung nur dann, wenn es bei der Vorfrage um die **Tariffähigkeit** oder **Tarifzuständigkeit** einer Vereinigung geht (Ausnahme im Eilverfahren; Rz. 64). Aus § 97 Abs. 5 Satz 1 ergibt sich nämlich, dass darüber ausschließlich im Beschlussverfahren nach § 2a Abs. 1 Nr. 4 zu entscheiden ist. Abgesehen von diesem Sonderfall kommt eine Aussetzung dann nicht in Betracht, wenn über die Vorfrage kein anderweitiger Rechtsstreit anhängig ist. Hier muss das ArbG die Vorfrage selbst entscheiden[7]. 21

Besteht die **Vorfrage** in einer **anderweitigen gerichtlichen oder behördlichen Entscheidung**, muss das ArbG eine derartige Entscheidung beachten, ohne sie inhaltlich nachzuprüfen. Das gilt etwa für die gerichtliche Zustimmungsersetzung nach § 103 BetrVG, wenn das gekündigte BR-Mitglied Kündigungsschutzklage erhebt, sowie für die Zustimmung des Integrationsamtes, wenn sich ein schwerbehinderter Mensch gegen seine Kündigung gerichtlich wehrt. 22

2. Widerklage

Auch für eine Widerklage bestimmt sich die Rechtswegzuständigkeit nach § 2. Sie ergibt sich nicht schon aus § 33 ZPO. Diese Vorschrift regelt nur die örtliche Zuständigkeit. Die übrigen Zulässigkeitsvoraussetzungen für die Widerklage, also auch die Rechtswegzuständigkeit, bestimmen sich nach den allgemeinen Regeln. Wenn der Gegenstand der Widerklage nicht vom Zuständigkeitskatalog des § 2 Abs. 1 oder des Abs. 2 erfasst wird, kann immer noch die Rechtswegzuständigkeit nach Abs. 3 gegeben sein[8], sofern die Widerklage mit der von § 2 Abs. 1, 2 erfassten Klage in einem rechtlichen oder wirtschaftlichen Zusammenhang steht. Das gilt auch für die Zuständigkeit für eine Wider-Widerklage[9]. 23

Allerdings darf für die Widerklage **keine ausschließliche andere Zuständigkeit** gegeben sein (§ 33 Abs. 2, § 40 Abs. 2 ZPO). Deshalb können Streitigkeiten über **Werkmietwohnungen** nicht im Wege der Widerklage vor die ArbG gebracht werden; denn in § 29a ZPO hat der Gesetzgeber nicht nur die ausschließliche örtliche Zuständigkeit für Mietstreitigkeiten, sondern in § 23 Nr. 2 Buchst. a GVG eine umfassende Zuständigkeit des AG zur erstinstanzlichen Entscheidung von Streitigkeiten in Mietsachen festgelegt und damit auch eine ausschließliche Rechtswegzuständigkeit geregelt[10]. Von den Werkmietwohnungen sind die **Werkdienstwohnungen iSd. § 576b BGB** zu unterscheiden. Bei ihnen ist die Überlassung des Wohnraumes unmittelbarer Bestandteil des Arbeitsverhältnisses und Teil der Vergütung[11]. Zwar wird auch bei Streitigkeiten 24

---

1 BAG v. 30.4.2008 – 5 AZR 725/07, NZA 2008, 884 Rz. 20 f.; Roos/Wahrendorf/*Gutzeit*, § 51 SGG Rz. 66.
2 BAG v. 25.3.1971 – 2 AZR 185/70, DB 1971, 1113; BAG v. 19.8.1975 – 1 AZR 613/74, NJW 1976, 310; *Walker*, FS 50 Jahre BAG, 2004, S. 1365 (1371 f.).
3 GMP/*Schlewing*, § 2 Rz. 141; GK-ArbGG/*Schütz*, § 2 Rz. 19a mwN; GWBG/*Waas*, § 2 Rz. 123; *Kissel/Mayer*, § 13 GVG Rz. 21.
4 GMP/*Schlewing*, § 2 Rz. 144; GWBG/*Waas*, § 2 Rz. 125.
5 *Kissel/Mayer*, § 13 GVG Rz. 21.
6 BAG v. 26.9.1991 – 2 AZR 132/91, NZA 1992, 1073 (1077); GWBG/*Waas*, § 2 Rz. 123.
7 GWBG/*Waas*, § 2 Rz. 123.
8 LAG Hessen v. 20.1.2000 – 2 Ta 739/99, NZA 2000, 1304; LAG Köln v. 12.3.2015 – 7 Ta 24/14 Rz. 8.
9 BAG v. 23.8.2001 – 5 AZB 20/01, FA 2001, 370.
10 BAG v. 23.8.2001 – 5 AZB 3/01, NJW 2002, 317; BAG v. 2.11.1999 – 5 AZB 18/99, NZA 2000, 277; BAG v. 24.1.1990 – 5 AZR 749/87, BAGE 64, 75 (80); LAG Hessen v. 29.12.1997 – 16 Ta 568/98, NZA-RR 1998, 559.
11 BAG v. 24.1.1990 – 5 AZR 749/87, BAGE 64, 75 (78).

über Werkdienstwohnungen unter Berufung auf § 23 Nr. 2 Buchst. a GVG die ausschließliche Zuständigkeit der AG vertreten[1]. Das überzeugt jedoch nicht. Bei Werkdienstwohnungen fehlt es gerade an einem Mietvertrag[2] und damit an einem Mietverhältnis. Streitigkeiten hinsichtlich der Dienstwohnung entspringen dem Arbeitsverhältnis und sind insofern arbeitsrechtlicher Natur. Sie gehören in die Rechtswegzuständigkeit der ArbG[3].

25 Wenn das ArbG seine Rechtswegzuständigkeit für die Widerklage nicht für gegeben hält, hat es die Widerklage nicht als unzulässig abzuweisen, sondern nach § 145 Abs. 2 ZPO abzutrennen und gem. § 17a Abs. 2 GVG von **Amts wegen** an das zuständige Gericht im zulässigen Rechtsweg **zu verweisen**[4]. Entsprechend hat ein ordentliches Gericht mit einer Widerklage zu verfahren, für die die Rechtswegzuständigkeit der ArbG gegeben ist.

3. Aufrechnung

26 Die Frage nach der Rechtswegzuständigkeit für die Prüfung einer Gegenforderung kann sich nicht nur bei der Widerklage, sondern auch bei der Aufrechnung stellen. Ob das für die Klageforderung zuständige ArbG auch über die Aufrechnungsforderung entscheidet, wenn deren selbstständige klageweise Geltendmachung vor einem Gericht eines anderen Rechtsweges erfolgen müsste, ist trotz einer sich herausbildenden hM nach wie vor umstritten[5].

27 Die Grundsätze, die bei der Entscheidung über Vorfragen gelten, können auf die Aufrechnung nicht ohne Weiteres übertragen werden, weil sich die Rechtskraft der Entscheidung gem. § 322 Abs. 2 ZPO auch auf die zur Aufrechnung gestellte Gegenforderung erstreckt. Die Befugnis zur Entscheidung über die an sich rechtswegfremde Aufrechnungsforderung kann auch nicht mit § 17 Abs. 2 GVG (Entscheidung unter jedem rechtlichen Gesichtspunkt) begründet werden; denn die Aufrechnung ist nicht nur ein rechtlicher Gesichtspunkt in diesem Sinne, sondern ein selbständiges Gegenrecht, das dem durch die Klage begründeten Streitgegenstand einen weiteren hinzufügt[6].

a) Entscheidungskompetenz der Arbeitsgerichte nach § 2 Abs. 3

28 Unproblematisch ist wie bei der Widerklage (Rz. 23 f.) der Fall, dass die Gegenforderung in einem rechtlichen oder wirtschaftlichen Zusammenhang mit der Klageforderung steht und keine ausschließliche andere Rechtswegzuständigkeit gegeben ist. Dann greift insoweit die **Rechtswegzuständigkeit kraft Sachzusammenhangs nach § 2 Abs. 3** ein[7]. Wegen einer ausschließlich anderen Rechtswegzuständigkeit haben die ArbG nicht über die Aufrechnung des auf Lohnzahlung verklagten ArbGeb mit einer Gegenforderung aus dem Mietverhältnis über eine Werkmietwohnung zu entscheiden[8]; denn dafür sind nach § 23 Nr. 2 Buchst. a GVG die AG ausschließlich zuständig (Rz. 24).

b) Entscheidungskompetenz bei allgemein bürgerlich-rechtlichen Gegenforderungen

29 Wenn für die Gegenforderung dagegen keine Rechtswegzuständigkeit der ArbG nach § 2 Abs. 1–4 gegeben ist, kollidiert die Prozesswirtschaftlichkeit, die für eine Entscheidung über die Aufrechnungsforderung spricht, mit der Rechtswegzuständigkeit eines anderen Gerichts, dem damit verbundenen Gesichtspunkt der Sachkompetenz und dem Grundsatz des gesetzlichen Richters. Zwar sprechen gute Gründe für die Ansicht, wonach die ArbG wie schon zu der Zeit, als das Verhältnis zwischen der Arbeitsgerichtsbarkeit und der ordentlichen Gerichtsbarkeit als eine Frage der sachlichen Zuständigkeit angese-

---

1 BLAH/*Hartmann*, § 23 GVG Rz. 8.
2 BAG v. 24.1.1990 – 5 AZR 749/87, BAGE 64, 75 (78).
3 BAG v. 2.11.1999 – 5 AZB 18/99, NZA 2000, 277; BAG v. 24.1.1990 – 5 AZR 749/87, BAGE 64, 75 (78); BAG v. 17.5.1968 – 3 AZR 183/67, AP Nr. 1 zu § 611 BGB – Werkdienstwohnung; GK-ArbGG/*Schütz*, § 2 Rz. 121c; GWBG/*Waas*, § 2 Rz. 50.
4 Vgl. *Kissel/Mayer*, § 17 GVG Rz. 56; *Schwab*, NZA 1991, 657 (663).
5 Ausdrücklich offengelassen noch von BAG v. 22.7.1998 – 5 AS 17/98, NZA 1998, 1190 (1192).
6 BAG v. 28.11.2007 – 5 AZB 44/07, NJW 2008, 1020 (1021); aM *Schwab*, ZZP 122 (2009), 245 (252).
7 LAG Berlin v. 31.8.1992 – Ta 12/92, LAGE § 2 ArbGG 1979 Nr. 12; LAG Schl.-Holst. v. 14.9.1994 – 2 Ta 75/94, LAGE § 2 ArbGG 1979 Nr. 18; GMP/*Schlewing*, § 2 Rz. 146; GK-ArbGG/*Schütz*, § 2 Rz. 30c; vgl. auch BAG v. 28.11.2007 – 5 AZB 44/07, NJW 2008, 1020 (im konkreten Fall aber § 2 Abs. 3 verneint).
8 Vgl. BAG v. 28.11.2007 – 5 AZB 44/07, NJW 2008, 1020 (1021); BAG v. 23.8.2001 – 5 AZB 3/01, NJW 2002, 317 mit Anm. *Greger* in EWiR § 17 GVG 1/02; LAG Hessen v. 29.12.1997 – 16 Ta 568/98, NZA-RR 1998, 558; aM LAG München v. 10.3.1998 – 4 Ta 339/97, NZA-RR 1999, 438.

hen wurde[1], jedenfalls über allgemeine bürgerlich-rechtliche Aufrechnungsforderungen mitentscheiden können[2].

Diese Ansicht wird jedoch angesichts der Eigenständigkeit und Gleichwertigkeit der Rechtswege auch im Verhältnis zwischen den ordentlichen Gerichten und den ArbG, die durch die Neuregelung der §§ 2, 2a, 48 ArbGG und der §§ 17 ff. GVG durch das 4. VwGOÄndG vom 17.12.1990[3] herbeigeführt wurde (dazu Rz. 4), zunehmend bezweifelt[4]. Wegen der ebenfalls ablehnenden Rspr. des BAG[5] hat sich die Praxis darauf einzustellen, dass die ArbG über die Aufrechnung mit allgemein bürgerlich-rechtlichen Gegenforderungen, die bei ihrer klageweisen Geltendmachung in die Rechtswegzuständigkeit der ordentlichen Gerichte fallen, nicht zu entscheiden haben. 30

Allerdings wird die Aufrechnung weder als unzulässig abgewiesen, noch bleibt sie rechtlich unbeachtet. Darin läge eine nicht zu rechtfertigende Einschränkung der materiell-rechtlichen Aufrechnungsbefugnis und des Anspruchs des Beklagten auf rechtliches Gehör (Art. 103 Abs. 1 GG). Für das ArbG bestehen folgende Verfahrensmöglichkeiten: Erstens kann das ArbG den **Rechtsstreit bis zur Entscheidung über die Hauptforderung aussetzen (§ 148 ZPO)**. Es hat dem Beklagten eine Frist zur gerichtlichen Geltendmachung der Gegenforderung im zulässigen (ordentlichen) Rechtsweg zu setzen[6]. An die rechtskräftige Entscheidung dieses ordentlichen Gerichts hinsichtlich des Bestehens der allgemein bürgerlich-rechtlichen Gegenforderung ist das ArbG gebunden. Wird die Gegenforderung nicht fristgerecht eingeklagt, ist der Aufrechnungseinwand als verspätet zurückzuweisen. 31

Das ArbG ist jedoch nicht zu einer Aussetzung verpflichtet. Es kann nach der Rspr. des BAG[7] auch über die in seine Rechtswegzuständigkeit fallende Klageforderung durch **Vorbehaltsurteil (§ 302 ZPO)** entscheiden und nach dessen Rechtskraft den Rechtsstreit wegen der allgemein bürgerlich-rechtlichen Gegenforderung an das zuständige Gericht im ordentlichen Rechtsweg verweisen. Die Verweisung lässt sich mit der analogen Anwendung von § 17a Abs. 2 Satz 1 GVG iVm. § 48 begründen[8]. Das Adressatgericht muss das Nachverfahren gem. § 302 Abs. 4 ZPO durchführen. Es entscheidet dann über die in seine Rechtswegzuständigkeit fallende Gegenforderung. Gegen das Urteil des Adressatgerichts findet in dessen Rechtsweg die Berufung statt. In diesem Berufungsverfahren wird der beschrittene Rechtsweg nicht noch einmal geprüft (§ 17a Abs. 5 GVG). Gleiches gilt bei der Berufung gegen das Vorbehaltsurteil. 32

Nach Ansicht des BAG soll damit auch die Entscheidung des ordentlichen Gerichts über die **Aufrechterhaltung oder Aufhebung** (soweit durch die Aufrechnung die Klageforderung gem. § 389 BGB als erloschen gilt) **des arbeitsgerichtlichen Vorbehaltsurteils** verbunden sein[9]. Das überzeugt nicht. Zwar mag dieses Ergebnis zweckmäßig sein, weil es ein unpraktisches Zurück an das ArbG verhindert. Aber für die Zuständigkeit eines ordentlichen Gerichts zur Aufrechterhaltung oder Aufhebung eines arbeitsgerichtlichen Vorbehaltsurteils fehlt es an einer Rechtsgrundlage[10]. 33

c) Entscheidungskompetenz bei öffentlich-rechtlichen Gegenforderungen

Die vorstehenden Ausführungen gelten erst recht für die Frage, ob von den ArbG auch über zur Aufrechnung gestellte Gegenforderungen zu entscheiden ist, die in eine der öffentlich-rechtlichen Rechtswegzuständigkeiten fallen. Dagegen sprechen hier zusätzlich zu den Gründen, aus denen schon eine Entscheidungskompetenz über allgemein bürgerlich-rechtliche Gegenforderungen abgelehnt wird, die materiellrechtlich und verfahrensrechtlich bedeutenden Unterschiede zwischen der Arbeitsgerichtsbarkeit einerseits und den öffentlich-rechtlichen Gerichtsbarkeiten andererseits. Materiell-rechtlich geht es in der Arbeitsgerichtsbarkeit um bürgerliche Streitigkeiten, in den anderen Gerichtsbarkeiten um öffentlich-rechtliche Streitigkeiten. Hinsichtlich der verfahrensrechtlichen Unterschiede ist nur auf den Verhandlungsgrundsatz einerseits und den Untersuchungsgrundsatz andererseits hinzuweisen. Deshalb ist es jedenfalls hier sachgerecht, eine **Entscheidungskompetenz der ArbG über rechtswegfremde öffentlich-rechtliche Gegenforde-** 34

---

1 Nachweise zum damaligen Meinungsstand s. hier 2. Aufl.
2 So hier vertreten bis zur 2. Aufl. Im Ergebnis auch jetzt noch mit guten Gründen *Schwab*, ZZP 122 (2009), 245 ff.
3 BGBl. I S. 2809.
4 BAG v. 28.11.2007 – 5 AZB 44/07, NJW 2008, 1020; GK-ArbGG/*Schütz*, § 2 Rz. 31 ff.; GMP/*Schlewing*, § 2 Rz. 147.
5 BAG v. 28.11.2007 – 5 AZB 44/07, NJW 2008, 1020.
6 BGH v. 11.1.1955 – I ZR 106/53, BGHZ 16, 124 (140); vgl. auch BFH v. 9.4.2002 – VII B 73/01, NJW 2002, 3126 (3128).
7 BAG v. 28.11.2007 – 5 AZB 44/07, NJW 2008, 1020 mit krit. Anm. *Schwab*, ZZP 122 (2009), 243 (245 ff.) ebenfalls kritisch *Wieser*, MDR 2008, 785 f.
8 *Wieser*, MDR 2008, 785.
9 BAG v. 28.11.2007 – 5 AZB 44/07, NJW 2008, 1020 (1021).
10 So schon *Schwab*, ZZP 122 (2009), 245 (247 ff.); *Wieser*, MDR 2008, 785 f.

rungen zu verneinen. Dieses Ergebnis hat aber auch hier nicht zur Folge, dass der Aufrechnungseinwand als unzulässig abzuweisen wäre. Vielmehr kann das ArbG den Rechtsstreit nach **§ 148 ZPO aussetzen** und dem Beklagten eine Frist zur gerichtlichen Geltendmachung der Aufrechnungsforderung im zulässigen Rechtsweg setzen[1]. Statt der Aussetzung kommt auch ein **Vorbehaltsurteil nach § 302 ZPO** unter dem Vorbehalt der Entscheidung über die Aufrechnung in Betracht. Für das Nachverfahren ist der Rechtsstreit analog § 17a Abs. 2 GVG an ein zuständiges Gericht im zulässigen Rechtsweg von Amts wegen zu verweisen (Rz. 32).

VI. Aufbau der Vorschrift

35 § 2 enthält in den Absätzen 1-4 verschiedene Regelungen zur Rechtswegzuständigkeit. § 2 Abs. 1 und Abs. 2 gehören zusammen. In den zehn Fallgruppen von bürgerlichen Streitigkeiten des § 2 Abs. 1 sind die ArbG ausschließlich zuständig. Diese Aufzählung wird ergänzt durch Abs. 2, wonach sich die Zuständigkeit auch auf Streitigkeiten über die Vergütung für ArbN-Erfindungen und auf Urheberrechtsstreitigkeiten aus einem Arbeitsverhältnis erstreckt. Der von § 2 Abs. 1 abweichende Wortlaut „auch zuständig" ergibt, dass es sich bei Abs. 2 nicht um eine ausschließliche Zuständigkeit handelt. In § 2 Abs. 3 ist die Zuständigkeit der ArbG kraft Sachzusammenhangs geregelt, wenn mehrere Ansprüche geltend gemacht werden, von denen zwar mindestens einer, aber nicht alle von § 2 Abs. 1 oder Abs. 2 erfasst werden. Hierbei handelt es sich um eine fakultative Zuständigkeit für Streitgegenstände, für die an sich eine andere Rechtswegzuständigkeit gegeben ist. Auch in § 2 Abs. 4 ist eine fakultative Zuständigkeit, nämlich eine solche kraft Parteivereinbarung, geregelt. § 2 Abs. 5 enthält keine Zuständigkeitsregelung. Die Vorschrift bezieht sich auf alle zuvor genannten Absätze und bestimmt, dass in diesen Fällen das Urteilsverfahren stattfindet.

B. Rechtswegzuständigkeit nach § 2

36 § 2 enthält in den Absätzen 1-4 verschiedene Regelungen zur Rechtswegzuständigkeit.

I. Ausschließliche Zuständigkeit nach § 2 Abs. 1

37 Von den Regelungen zur Rechtswegzuständigkeit hat § 2 Abs. 1 über die ausschließliche Zuständigkeit in dem dort geregelten Zuständigkeitskatalog die größte Bedeutung.

1. Bedeutung der Ausschließlichkeit

38 Ausschließlichkeit bedeutet, dass immer nur ein Rechtsweg zur Verfügung steht. Wenn also der Rechtsweg nach § 2 Abs. 1 zu den ArbG gegeben ist, ist derjenige zu den ordentlichen Gerichten und den anderen Gerichtsbarkeiten ausgeschlossen. Umgekehrt gilt das Gleiche: Bei einer Rechtswegzuständigkeit der ordentlichen Gerichte kann nicht gleichzeitig der Rechtsweg zu den ArbG gegeben sein. Die Ausschließlichkeit kann auch bis auf den in § 2 Abs. 4 geregelten Sonderfall **nicht durch eine Rechtswegvereinbarung** überwunden werden[2]. Ebenso wenig lässt sich eine an sich **nicht** gegebene Rechtswegzuständigkeit **durch rügelose Einlassung** begründen.

39 Vielmehr muss das ArbG, das seine von Amts wegen zu prüfende Rechtswegzuständigkeit verneint, den Rechtsstreit von Amts wegen an das zuständige Gericht des zulässigen Rechtsweges verweisen (§§ 48, 17a Abs. 2 GVG; Rz. 245). Hält das Gericht eines anderen Rechtsweges die ArbG für zuständig, verfährt es ebenso. Das jeweilige Adressatgericht ist an die rechtskräftige Verweisung gebunden (§ 17a Abs. 2 Satz 3 GVG). Diese Bindung besteht auch dann, wenn die Verweisung zu Unrecht erfolgt ist[3]. Auf diese Weise wird der **Ausschließlichkeitsgrundsatz durchbrochen:** Der Rechtsweg zu den ArbG kann nämlich auch in nicht von § 2 erfassten Angelegenheiten durch die fehlerhafte, aber bindende Verweisung von einem Gericht eines anderen Rechtsweges begründet werden.

2. Bürgerliche Rechtsstreitigkeiten

40 Der gesamte Zuständigkeitskatalog nach § 2 Abs. 1 setzt voraus, dass es um bürgerliche Rechtsstreitigkeiten geht. Diese Voraussetzung ist terminologisch und inhaltlich identisch mit derjenigen in § 13 GVG.

---

1 BGH v. 11.1.1955 – I ZR 106/53, BGHZ 16, 124 (140); vgl. auch BFH v. 9.4.2002 – VII B 73/01, NJW 2002, 3126 (3128).
2 GMP/*Schlewing*, § 2 Rz. 2 f.; GK-ArbGG/*Schütz*, § 2 Rz. 13, 15; GWBG/*Waas*, § 2 Rz. 74.
3 BGH v. 24.2.2000 – III ZB 33/99, ZIP 2000, 598 (599).

Dort wird der Begriff aber ebenfalls nicht definiert, sondern vorausgesetzt. Es geht bei dieser Voraussetzung um die Abgrenzung zu den öffentlich-rechtlichen Streitigkeiten, die in die Rechtswegzuständigkeit der Verwaltungsgerichte, der Sozialgerichte oder der Finanzgerichte fallen.

Zu den bürgerlichen Rechtsstreitigkeiten gehören diejenigen, in denen die Parteien über Rechtsfolgen oder Rechtsverhältnisse streiten, die zum Privatrecht gehören[1]. Das richtet sich nach dem Streitgegenstand; die zuständigkeitsbegründende Anspruchsgrundlage muss eine bürgerlich-rechtliche sein[2]. Nicht maßgeblich sind dagegen mögliche Vorfragen; denn über rechtswegfremde Vorfragen können die ArbG mitentscheiden (Rz. 19 ff.). Zur Frage, ob die erstrebte Rechtsfolge oder das streitige Rechtsverhältnis zum privaten oder zum öffentlichen Recht gehört, haben sich verschiedene Theorien herausgebildet. Nach der **Subjektionstheorie (Subordinationstheorie)** ist Kriterium für einen öffentlich-rechtlichen Charakter des Rechtsverhältnisses ein Über- und Unterordnungsverhältnis zwischen der am Rechtsverhältnis beteiligten öffentlichen Gewalt und dem Einzelnen[3]. Nach der **neueren Subjektstheorie (Zuordnungstheorie, Sonderrechtstheorie)** kommt es darauf an, ob ein an dem Rechtsverhältnis beteiligter Rechtsträger von Rechtsnormen betroffen ist, die nicht für jedermann, sondern nur für Träger öffentlicher Gewalt gelten[4]. Die **Interessentheorie** knüpft daran an, ob die für das Rechtsverhältnis maßgebenden Rechtsnormen überwiegend die Regelung öffentlicher Belange oder diejenige von Individualinteressen bezwecken[5]. Keine dieser Theorien hat sich als allgemein anerkannt durchgesetzt[6]. 41

Die Rspr. nimmt die Abgrenzung zwischen bürgerlichen und öffentlich-rechtlichen Streitigkeiten im Wesentlichen nach folgenden Grundsätzen vor: Maßgeblich ist die **Natur des Rechtsverhältnisses, aus dem der Klageanspruch hergeleitet wird**[7]. Entscheidend ist, ob dieses von privatrechtlichen oder öffentlich-rechtlichen Vorschriften geprägt ist[8]. Macht der Kläger einen Anspruch geltend, der ausschließlich auf eine öffentlich-rechtliche Grundlage gestützt werden kann (zB Anspruch auf Abführung von Rentenversicherungsbeiträgen[9] oder auf Abführung der LSt an das FA[10]; auf Zahlung des ArbGeb-Zuschusses zur gesetzlichen Krankenversicherung nach § 257 SGB V[11] sowie auf Rückzahlung solcher Zuschüsse[12]; auf Anmeldung bei der zuständigen Krankenkasse nach § 28a SGB IV[13]; Anspruch einer angestellten Lehrerin auf Zulassung zu einer wissenschaftlichen Ausbildung mit dem Ziel der Erweiterung ihrer staatlichen Lehrbefähigung[14]; Anspruch eines Beamten auf Abschluss eines Arbeitsvertrages unter gleichzeitiger Beurlaubung gem. § 4 Abs. 3 Postpersonalrechtsgesetz[15]), sind die ArbG mangels bürgerlicher Streitigkeit unzuständig. Im Zusammenhang mit der Prägung des Rechtsverhältnisses wird auch darauf abgestellt, ob die Beteiligten zueinander in einem hoheitlichen Verhältnis der Über- und Unterordnung oder in einem Gleichordnungsverhältnis stehen. Dabei darf aber nicht verkannt werden, dass sich Berechtigter und Verpflichteter auch im öffentlichen Recht gleichgeordnet gegenüberstehen können, nämlich beim öffentlich-rechtlichen Vertrag. In solchen Fällen bestimmt sich dann die Rechtsnatur des Vertrages danach, ob der 42

---

1 BAG v. 24.5.2000 – 5 AZB 66/99, NZA 2000, 903 (904); *Kissel/Mayer*, § 13 GVG Rz. 14.
2 BAG v. 1.6.1999 – 5 AZB 34/98, DB 1999, 2120.
3 BGH (GSZ) v. 22.3.1976 – GSZ 2/75, BGHZ 67, 81 (86); *Eyermann/Fröhler*, § 40 VwGO Rz. 42; *Redeker/von Oertzen*, § 40 VwGO Rz. 8.
4 Dazu *Eyermann/Fröhler*, § 40 VwGO Rz. 44; BGH (GSZ) v. 22.3.1976 – GSZ 2/75, NJW 1976, 1941; *Rimmelspacher*, JZ 1975, 165; *Wolff*, AöR 76 (1950–1951), 205 (210).
5 Dazu *Eyermann/Fröhler*, § 40 VwGO Rz. 43; BGH v. 13.2.1968 – VI ZR 19/66, BGHZ 49, 282 (286).
6 GWBG/*Waas*, § 2 Rz. 37; *Kuhla/Hüttenbrink*, Der Verwaltungsprozess, C Rz. 5.
7 GemS der OBG v. 10.4.1986 – GmS-OGB 1/85, BGHZ 97, 312 (313 f.); GemS der OGB v. 29.10.1987 – GmS-OGB 1/86, BGHZ 102, 280; GemS der OGB v. 10.7.1989 – GmS-OGB 1/88, BGHZ 108, 284; GemS der OGB v. 4.6.1974 – GmS-OGB 2/73, BSGE 37, 292; BGH (GSZ) v. 22.3.1976 – GSZ 1/75, BGHZ 66, 229 (232); BGH (GSZ), 22.3.1976 – GSZ 2/75, BGHZ 67, 81 (84); BAG v. 17.1.2007 – 5 AZB 43/06, NJW 2007, 3303; BAG v. 13.7.1988 – 5 AZR 467/87, NJW 1989, 1947 (1948); BAG v. 28.6.1989 – 5 AZR 274/88, NJW 1990, 663; BAG v. 24.5.2000 – 5 AZB 66/99, NZA 2000, 903; BAG v. 30.8.2000 – 5 AZB 12/00, NZA 2000, 1359; BVerwG v. 11.6.1975 – VII C 12.73, VersR 1976, 466 (467); BayObLG v. 19.2.1991 – BReg. 1a Z 79/90, NJW 1991, 1237.
8 BAG v. 17.1.2007 – 5 AZB 43/06, NJW 2007, 3303; BAG v. 8.11.2006 – 5 AZR 36/06, NZA 2007, 53; BAG v. 5.10.2005 – 5 AZB 27/05, NZA 2005, 1429; BAG v. 29.4.1994 – 3 AZB 18/93, EzA § 2 ArbGG 1979 Nr. 27, S. 5; BAG v. 30.8.2000 – 5 AZB 12/00, NZA 2000, 1359; BGH v. 13.2.1968 – VI ZR 19/66, BGHZ 49, 282 (285); BGH v. 12.7.1971 – III ZR 252/68, BGHZ 56, 365 (373); BGH (GSZ), BGH v. 22.3.1976 – GSZ 2/75, BGHZ 67, 81 (88).
9 LAG Düsseldorf v. 29.2.1988 – 17 Sa 1762/87, LAGE § 2 ArbGG 1979 Nr. 7.
10 LAG München v. 21.8.1985 – 5 Sa 62/85, LAGE § 2 ArbGG 1979 Nr. 4.
11 BAG v. 19.8.2008 – 5 AZR 75/08, NZA 2008, 1313; BAG v. 1.6.1999 – 5 AZB 34/98, NJW 2000, 1811; LAG Hessen v. 14.7.1995 – 15 Ta 240/95, NZA-RR 1996, 66.
12 BAG v. 19.8.2008 – 5 AZR 75/08, NZA 2008, 1313.
13 BAG v. 5.10.2005 – 5 AZB 27/05, NZA 2005, 1429.
14 BAG v. 24.5.2000 – 5 AZB 66/99, NZA 2000, 903 (904).
15 BAG v. 16.6.1999 – 5 AZB 16/99, NZA 1999, 1008.

Vertragsgegenstand dem öffentlichen oder dem privaten Recht zuzuordnen ist[1]. Kriterium für den öffentlich-rechtlichen Charakter des Vertrages ist, ob dieser an die Stelle eines sonst möglichen Verwaltungsaktes getreten ist[2].

43 Diese theoretische Grundlage für die Bestimmung des bürgerlichen oder öffentlich-rechtlichen Charakters der Streitigkeit ändert nichts daran, dass es in jedem einzelnen Fall aus dem Zuständigkeitskatalog des § 2 Abs. 1 zu Abgrenzungsschwierigkeiten kommen kann. Zum Teil hat sich zur Abgrenzung in der Praxis eine **Kasuistik** herausgebildet. Darauf ist im Zusammenhang mit den einzelnen Tatbeständen des § 2 Abs. 1 zurückzukommen.

3. Abs. 1 Nr. 1: Tarifrechtliche Streitigkeiten

44 Nach § 2 Abs. 1 Nr. 1 gehören zur Rechtswegzuständigkeit der ArbG bürgerliche Rechtsstreitigkeiten zwischen Tarifvertragsparteien oder zwischen diesen und Dritten aus Tarifvertrag oder über das Bestehen oder Nichtbestehen von Tarifverträgen. Die Vorschrift ist nach allgemeiner Ansicht im Zweifel weit auszulegen.

a) Bürgerliche Rechtsstreitigkeit

45 Der bürgerliche Charakter der tarifrechtlichen Rechtsstreitigkeit (dazu Rz. 40 ff.) ist idR unproblematisch. Das folgt daraus, dass es sich bei dem Tarifvertrag um einen privatrechtlichen Vertrag handelt und die Tarifvertragsparteien keine Träger hoheitlicher Gewalt sind. Um eine bürgerliche Rechtsstreitigkeit handelt es sich auch dann, wenn über den Umfang oder die Wirkungen einer Allgemeinverbindlichkeitserklärung gestritten wird[3].

Dagegen ist bei dem Streit zwischen einer Tarifvertragspartei und dem für die Allgemeinverbindlichkeitserklärung zuständigen BMAS (§ 5 Abs. 1 TVG) oder der obersten Arbeitsbehörde eines Landes (§ 5 Abs. 6 TVG) über die Erteilung oder Ablehnung einer beantragten Allgemeinverbindlichkeitserklärung der Verwaltungsrechtsweg gegeben[4]. Hierbei handelt es sich um eine öffentlich-rechtliche Streitigkeit. Für die Rechtswegzuständigkeit ist es unerheblich, ob man in der Allgemeinverbindlichkeitserklärung im Verhältnis zu den Tarifvertragsparteien einen Verwaltungsakt oder einen Normsetzungsakt sieht[5].

b) Parteien des Rechtsstreits

46 Nr. 1 betrifft nur Rechtsstreitigkeiten zwischen Tarifvertragsparteien oder zwischen diesen und Dritten. **Tarifvertragsparteien** können gem. § 2 Abs. 1 TVG Gewerkschaften, einzelne ArbGeb und ArbGebVereinigungen sein, nach § 2 Abs. 3 TVG auch Spitzenorganisationen von Gewerkschaften und ArbGebVerbänden, wenn der Abschluss von Tarifverträgen aufgrund ihrer Satzungen zu ihren Aufgaben gehört. Allerdings reicht für § 2 Abs. 1 Nr. 1 die abstrakte Fähigkeit, Tarifvertragspartei zu sein, nicht aus. Vielmehr müssen die Parteien im konkreten Fall Partei eines Tarifvertrags sein, über dessen Inhalt oder Bestehen gestritten wird[6]. Dagegen kommt es für die Rechtswegzuständigkeit nach Nr. 1 weder auf die Wirksamkeit des Tarifvertrags[7] noch auf die Tariffähigkeit der Parteien an. Die Wirksamkeit des Tarifvertrags kann ja gerade Gegenstand der Streitigkeit sein, und für die Entscheidung über die Tariffähigkeit und Tarifzuständigkeit einer Vereinigung ist die Rechtswegzuständigkeit des ArbG im Beschlussverfahren gegeben (§ 2a Abs. 1 Nr. 4). Hängt die Entscheidung im Rechtsstreit nach § 2 Abs. 1 Nr. 1 von der Tariffähigkeit oder -zuständigkeit einer Partei ab, ist dieser Rechtsstreit gem. § 97 Abs. 5 bis zur Erledigung des Beschlussverfahrens auszusetzen (Rz. 21).

47 Auf der Kläger- oder Beklagtenseite des Rechtsstreits können auch **Dritte** als Gegner einer Tarifvertragspartei stehen. Dritter kann jede natürliche oder juristische Person sein, die nicht Partei dieses Tarifvertrags ist. Das sind in erster Linie die Mitglieder der gegnerischen Tarifvertragspartei, die in den Schutzbereich des Tarifvertrags einbezogen sind und als geschützte Dritte eigene Ansprüche zB auf Schadensersatz wegen Verletzung der Friedenspflicht geltend machen können. Soweit das BAG Ansprüche der Gewerkschaft gegen Mitglieder des vertragsschließenden ArbGebVerbandes auf Unterlassung tarifwidriger Vereinbarungen

---

1 BGH v. 12.7.1971 – III ZR 252/68, BGHZ 56, 365 (368); BSG v. 10.11.1972 – 5 RKn 81/70, BSGE 35, 47 (50); BSG v. 27.1.1981 – 5a/5 RKn 14/79, BSGE 51, 126 (129).
2 Zum Ganzen s. nochmals GemS der OGB v. 10.4.1986 – GmS-OGB 1/85, BGHZ 97, 312 (314).
3 GMP/*Schlewing*, § 2 Rz. 18; GWBG/*Waas*, § 2 Rz. 11.
4 BVerwG v. 3.11.1988 – 7 C 115.86, BVerwGE 80, 355 (357, 359); *Kissel/Mayer*, § 13 GVG Rz. 146.
5 Zum Meinungsstand s. nur Wiedemann/*Wank*, § 5 TVG Rz. 33 ff.
6 GMP/*Schlewing*, § 2 Rz. 25.
7 BAG v. 23.3.1957 – 1 AZR 64/56, BAGE 4, 133 (134).

anerkennt¹, ist dafür entgegen der Ansicht des BAG ebenfalls die Rechtswegzuständigkeit im Urteilsverfahren gegeben (s.a. § 2a Rz. 58), allerdings nicht nach Nr. 1, sondern nach Nr. 2 (dazu Rz. 76). Es kommen auch Streitigkeiten zwischen einer Tarifvertragspartei und einem eigenen Mitglied in Betracht, etwa wenn es um die Auslegung eines Tarifvertrags geht². Dagegen handelt es sich bei Streitigkeiten um die Mitgliedschaft im Verband und über Ansprüche aus der Mitgliedschaft nicht um solche aus einem Tarifvertrag; hier ist die Rechtswegzuständigkeit der ordentlichen Gerichte gegeben (Rz. 78). Der Dritte iSd. Nr. 1 braucht im Übrigen nicht Mitglied in einem der tarifvertragsschließenden Verbände zu sein, sondern kann auch Außenseiter sein. Zwar ist er dann selbst im Falle einer Allgemeinverbindlichkeitserklärung gem. § 5 Abs. 4 TVG nur an die Rechtsnormen des Tarifvertrags gebunden und hat keine schuldrechtlichen Rechte und Pflichten aus dem Tarifvertrag unmittelbar gegenüber den Tarifvertragsparteien³. Werden solche Ansprüche dennoch gerichtlich geltend gemacht, führt das aber zur Unbegründetheit der Klage und ändert nichts an der Rechtswegzuständigkeit nach § 2 Abs. 1 Nr. 1.

c) Streitigkeiten aus Tarifverträgen

Streitigkeiten aus Tarifverträgen können sich sowohl aus dem schuldrechtlichen als auch aus dem normativen Teil des Tarifvertrags ergeben. 48

aa) Schuldrechtlicher Teil

Der schuldrechtliche Teil ist betroffen bei dem Anspruch auf Unterlassung von Arbeitskampfmaßnahmen, sofern er auf die Einhaltung der tarifvertraglichen Friedenspflicht gestützt wird⁴. Ferner ist der Anspruch gegen den Tarifvertragspartner, dass dieser auf seine Mitglieder einwirkt, sich tariftreu zu verhalten⁵, nichts anderes als der schuldrechtliche Anspruch auf Erfüllung des Tarifvertrags⁶. Der Einwirkungsanspruch folgt damit aus dem Tarifvertrag. Auch Schadensersatzansprüche wegen Verletzung des Tarifvertrags (§ 280 Abs. 1 BGB) sind denkbar. Dem vertragsschließenden Verband wird es zwar meist am eigenen Schaden fehlen, aber das ist eine Frage der Begründetheit. Den Schaden etwa wegen eines rechtswidrigen Streiks haben die verbandsangehörigen Mitglieder; soweit sie in den Schutzbereich des Tarifvertrags einbezogen sind, steht ihnen auch ein eigener Schadensersatzanspruch gegen den arbeitskampfführenden Verband zu. Für diesen Anspruch ist die Rechtswegzuständigkeit nach Nr. 1 gegeben. Schließlich kann sich aus dem schuldrechtlichen Teil des Tarifvertrags ein Anspruch auf Führung von Tarifverhandlungen ergeben, sofern ein solcher im Tarifvertrag vereinbart ist⁷. Das BAG wendet § 2 Abs. 1 Nr. 1 entsprechend selbst dann an, wenn eine Gewerkschaft auf Beteiligung an Tarifverhandlungen klagt, ohne dass sich dieser Anspruch auf einen Tarifvertrag stützen lässt⁸. 49

In allen genannten Fällen ist es für die Rechtswegzuständigkeit nach Nr. 1 **ohne Bedeutung**, ob die Streitigkeit im Wege einer **Leistungs- oder Feststellungsklage** ausgetragen wird. Ob für die Feststellungsklage ein Feststellungsinteresse besteht, ist zwar in jedem Einzelfall zu prüfen⁹, hat aber nichts mit der Rechtswegzuständigkeit zu tun. 50

bb) Normativer Teil

Bei Streitigkeiten aus dem normativen Teil des Tarifvertrags greift Nr. 1 nur ein, wenn diese Streitigkeit den Streitgegenstand des Verfahrens bildet¹⁰. Handelt es sich dagegen nur um eine Vorfrage (zB in einer Vergütungsstreitigkeit), ergibt sich die Rechtswegzuständigkeit nicht aus Nr. 1, sondern ggf. aus Nr. 3 Buchst. a. Bei den Streitigkeiten iSv. Nr. 1 wird es sich idR um **Feststellungsklagen** handeln, zB bei Aus- 51

---

1 BAG v. 20.4.1999 – 1 ABR 72/98, NZA 1999, 887; krit. dazu *Bauer*, NZA 1999, 957; *Buchner*, NZA 1999, 897; *Löwisch*, BB 1999, 2080; *Reuter*, SAE 1999, 262; *Thüsing*, DB 1999, 1552; *Trappehl/Lambrich*, NJW 1999, 3217; *Walker*, ZfA 2000, 29 (37 ff.).
2 *Kissel/Mayer*, § 13 GVG Rz. 146.
3 *Wiedemann/Wank*, § 5 TVG Rz. 157 ff.
4 BAG v. 21.12.1982 – 1 AZR 411/80, AP Nr. 76 zu Art. 9 GG – Arbeitskampf.
5 Zum tarifvertraglichen Einwirkungsanspruch BAG v. 18.2.1998 – 4 AZR 363/96, NZA 1998, 1008; v. 29.4.1992 – 4 AZR 432/91, DB 1992, 1684 mit Anm. *Walker*, SAE 1993, 243; *Walker*, FS Schaub, 1998, S. 743.
6 *Walker*, FS Schaub, 1998, S. 743 (745).
7 BAG v. 2.8.1963 – 1 AZR 9/63, BAGE 14, 282 (284); GK-ArbGG/*Schütz*, § 2 Rz. 84; GMP/*Schlewing*, § 2 Rz. 12; GWBG/*Waas*, § 2 Rz. 15; MünchArbR/*Jacobs*, § 342 Rz. 23.
8 BAG v. 2.8.1963 – 1 AZR 9/63, BAGE 14, 282 (284); krit. dazu GK-ArbGG/*Schütz*, § 2 Rz. 85, der Nr. 2 anwenden will.
9 BAG v. 19.2.1965 – 1 AZR 237/64, BAGE 17, 95 (102).
10 GMP/*Schlewing*, § 2 Rz. 13; GWBG/*Waas*, § 2 Rz. 15.

legungsstreitigkeiten gerichtet auf die Feststellung des Inhalts[1] oder des zeitlichen, räumlichen oder personellen Geltungsbereichs eines Tarifvertrags[2]. Daran können die Tarifvertragsparteien im Hinblick auf den Umfang ihrer schuldrechtlichen Friedens- und Einwirkungspflichten interessiert sein[3].

52 **Leistungsklagen** zwischen den Tarifvertragsparteien werden schon deshalb nicht auf den normativen Teil eines Tarifvertrags gestützt, weil die Tarifnormen nicht das Verhältnis zwischen den Tarifvertragsparteien regeln, sondern deren Mitglieder (und beim Firmentarifvertrag den vertragsschließenden ArbGeb) binden (§ 3 Abs. 1 TVG). Leistungsklagen der tarifgebundenen ArbN gegen den tarifgebundenen ArbGeb, die auf Tarifnormen gestützt werden, fallen ebenfalls nicht in den Anwendungsbereich von Nr. 1; denn dabei handelt es sich um Ansprüche aus dem Arbeitsverhältnis, die von Nr. 3 Buchst. a (Rz. 89 ff.) erfasst werden.

cc) Streitigkeiten zwischen konkurrierenden Gewerkschaften

53 Eine Streitigkeit zwischen konkurrierenden Gewerkschaften, in der es nicht um einen tarifvertraglichen, sondern um einen deliktischen Unterlassungs- oder Beseitigungsanspruch nach § 1004 BGB geht, fällt nicht unter § 2 Abs. 1 Nr. 1. Falls auch Nr. 2 nicht eingreift, weil es sich bei dem beanstandeten Verhalten weder um eine Arbeitskampfmaßnahme noch um eine Beeinträchtigung der Vereinigungsfreiheit handelt, liegt die Rechtswegzuständigkeit bei den ordentlichen Gerichten[4].

d) Streitigkeiten über das Bestehen oder Nichtbestehen von Tarifverträgen

54 Unter die Streitigkeiten über das Bestehen von Tarifverträgen fallen solche, in denen über den wirksamen **Abschluss** eines Tarifvertrags, über dessen **Beendigung**[5] oder über die inhaltliche **Wirksamkeit** des gesamten Tarifvertrags oder einzelner Bestandteile[6] eines Tarifvertrags aus dem schuldrechtlichen oder normativen Teil gestritten wird. Auch ein Streit darüber, mit welchem **Inhalt** ein Tarifvertrag besteht, fällt unter § 2 Abs. 1 Nr. 1. Deshalb ist die Rechtswegzuständigkeit nach dieser Norm gegeben für eine Klage zwischen Tarifvertragsparteien auf Feststellung über den Inhalt und die Auslegung tariflicher Normen[7]. Schließlich fällt der Streit über den räumlichen und fachlichen **Geltungsbereich** eines Tarifvertrags unter § 2 Abs. 1 Nr. 1; denn dabei geht es nicht um die Tarifzuständigkeit der Tarifvertragsparteien[8], sondern um die Frage, ob für einen bestimmten räumlichen oder fachlichen Bereich ein Tarifvertrag besteht[9]. In allen genannten Fällen ist es unerheblich, ob der Tarifvertrag zur Zeit des Rechtsstreits noch (unverändert) besteht.

55 Für die genannten Feststellungsklagen besteht grds. ein **Feststellungsinteresse**. Der Streit geht nur um den rechtlichen Bestand oder den Inhalt von Tarifverträgen. Dafür kommt überhaupt nur eine Feststellungsklage in Betracht[10]. Dieses Feststellungsinteresse ist auch dann nicht ausgeschlossen, wenn der Auslegungsstreit durch einen Musterprozess in Form einer Lohnklage oder einer Durchführungs- oder Einwirkungsklage geklärt werden könnte; denn ein entsprechendes Urteil würde Rechtskraft nur unter den Parteien des Rechtsstreits entfalten[11]. Dagegen haben rechtskräftige Feststellungsurteile über das Bestehen oder den Inhalt eines Tarifvertrags nach § 9 TVG eine weiter gehende Bindungswirkung (Rz. 56 ff.). Deshalb kommt eine von § 2 Abs. 1 Nr. 1 erfasste Feststellungsklage in Betracht, wenn es um die Einstufung einer ganzen, klar abgrenzbaren Gruppe von ArbN in die Lohngruppe eines Tarifvertrags geht[12]. Dagegen scheidet eine Feststellungsklage zwischen den Tarifvertragsparteien zwecks Klärung der Eingruppierung eines einzelnen

---

[1] BAG v. 19.2.1965 – 1 AZR 237/64, BAGE 17, 95 (101 f.).
[2] GWBG/*Waas*, § 2 Rz. 17.
[3] Vgl. BAG v. 29.4.1992 – 4 AZR 432/91, NZA 1992, 846; BAG v. 15.11.1957 – 1 AZR 610/56, BAGE 5, 107 (109 f.).
[4] Vgl. BGH v. 7.1.1964 – VI ZR 58/63, AP Nr. 1 zu § 1004 BGB.
[5] BAG v. 18.2.1998 – 4 AZR 363/96, NZA 1998, 1008 (1009); BAG v. 18.6.1997 – 4 AZR 710/95, NZA 1997, 1234 (1236); BAG v. 18.12.1996 – 4 AZR 129/96, NZA 1997, 830 (831); BAG v. 26.9.1984 – 4 AZR 343/83, AP Nr. 21 zu § 1 TVG.
[6] BAG v. 28.9.1977 – 4 AZR 446/76, AP Nr. 1 zu § 9 TVG 1969; BAG v. 23.3.1957 – 1 AZR 64/56, AP Nr. 18 zu Art. 3 GG.
[7] BAG v. 15.1.1957 – 1 AZR 610/56, BAGE 5, 107 (109).
[8] So aber BAG v. 10.5.1989 – 4 AZR 80/89, NZA 1989, 687.
[9] *Gift/Baur*, Urteilsverfahren, Teil C Rz. 28; so auch GMP/*Schlewing*, § 2 Rz. 15; GK-ArbGG/*Schütz*, § 2 Rz. 87 f.; GWBG/*Waas*, § 2 Rz. 17.
[10] BAG v. 18.2.1998 – 4 AZR 363/96, NZA 1998, 1008 (1009); BAG v. 18.6.1997 – 4 AZR 710/95, NZA 1998, 1234 (1236); BAG v. 18.12.1996 – 4 AZR 129/96, NZA 1997, 830 (831); BAG v. 26.9.1984 – 4 AZR 343/83, AP Nr. 21 zu § 1 TVG, Bl. 2 mwN.
[11] BAG v. 30.5.1984 – 4 AZR 512/81, AP Nr. 3 zu § 9 TVG; BAG v. 15.11.1957 – 1 AZR 610/56, BAGE 5, 107 (111).
[12] BAG v. 15.11.1957 – 1 AZR 610/56, BAGE 5, 107 (111); bestätigt in BAG v. 19.2.1965 – 1 AZR 237/64, BAGE 17, 95 (99).

ArbN aus; denn dann besteht an der weiter gehenden Rechtskraftwirkung einer Feststellungsklage nach § 9 TVG kein berechtigtes Interesse[1].

e) Bindungswirkung der Entscheidung in Rechtsstreitigkeiten nach Abs. 1 Nr. 1

Die rechtskräftige Entscheidung der Gerichte für Arbeitssachen in Rechtsstreitigkeiten zwischen Tarifvertragsparteien (nicht zwischen Tarifvertragsparteien und Dritten) aus einem Tarifvertrag oder über das Bestehen oder Nichtbestehen eines Tarifvertrags entfaltet gem. § 9 TVG Bindungswirkung auch in Rechtsstreitigkeiten zwischen tarifgebundenen Parteien sowie zwischen diesen und Dritten. Darin liegt eine Erweiterung der subjektiven Rechtskraft auf andere als die Parteien des Feststellungsverfahrens[2]. Der Sinn dieser Regelung liegt darin, im Interesse der Prozessökonomie eine Vielzahl von Einzelstreitigkeiten zu vermeiden und im Interesse der Rechtssicherheit eine einheitliche Anwendung des Tarifvertrags zu sichern[3]. Die Rechte des gebundenen Dritten werden dadurch gewahrt, dass er dem Rechtsstreit zwischen den Tarifvertragsparteien als Nebenintervenient nach § 66 ZPO beitreten kann[4]. Bei einer Streitigkeit aus einem Tarifvertrag spielt es keine Rolle, ob der geltend gemachte Anspruch aus dem schuldrechtlichen oder dem normativen Teil folgt[5].

56

Wird um einen Anspruch aus einem sog. **mehrgliedrigen Tarifvertrag** oder über dessen Bestand gestritten, bei dem auf mindestens einer Seite mehrere Tarifvertragsparteien stehen, sind diese grds. nicht notwendige Streitgenossen. Die Bindungswirkung des Urteils erstreckt sich deshalb gem. § 9 TVG nur auf die am Prozess beteiligten Verbände und deren Mitglieder[6]. Nur ausnahmsweise wird ein **Einheitstarifvertrag** vorliegen, bei dem zwischen den Verbänden auf derselben Seite des Tarifvertrags eine notwendige Streitgenossenschaft besteht, so dass auch die nicht am Prozess beteiligten Verbände und deren Mitglieder von der Bindungswirkung nach § 9 TVG erfasst werden[7].

57

Die Rechtskrafterstreckung bei Entscheidungen über schuldrechtliche Ansprüche kann bei Klagen von Begünstigten (§ 328 BGB) oder in den Schutzbereich einbezogenen Dritten (vgl. § 311 Abs. 3 BGB) eine Rolle spielen. Die Bindungswirkung erstreckt sich auch auf Rechtsstreitigkeiten, an denen **nur eine tarifgebundene Partei** und ein nicht tarifgebundener Dritter beteiligt ist. Die nicht tarifgebundene Partei kann etwa ein begünstigter Dritter iSv. § 328 BGB oder ein solcher Außenseiter sein, der nur kraft einer arbeitsvertraglichen Verweisung an den Tarifvertrag gebunden ist[8]. Nach dem eindeutigen Gesetzeswortlaut des § 2 Abs. 1 Nr. 1 ist allerdings immer erforderlich, dass wenigstens eine Partei tarifgebunden ist. Sind beide Parteien des anderen Rechtsstreits **nur Außenseiter** und aufgrund einer Bezugnahmeklausel an den Tarifvertrag gebunden, werden sie von der Rechtskraft einer Entscheidung im Verfahren nach § 2 Abs. 1 Nr. 1 nicht erfasst[9].

58

4. Abs. 1 Nr. 2: Streitigkeiten aus unerlaubter Handlung im Zusammenhang mit Arbeitskampf oder Vereinigungsfreiheit

Nach § 2 Abs. 1 Nr. 2 erstreckt sich die Rechtswegzuständigkeit auf „bürgerliche Rechtsstreitigkeiten zwischen tariffähigen Parteien oder zwischen diesen und Dritten aus unerlaubten Handlungen, soweit es sich um Maßnahmen zum Zwecke des Arbeitskampfes oder um Fragen der Vereinigungsfreiheit …" handelt.

59

a) Bürgerliche Rechtsstreitigkeit

Durch das Erfordernis der bürgerlichen Rechtsstreitigkeit (Rz. 40 ff.) werden Klagen des oder gegen den öffentlichen Dienstherrn nicht ausgeschieden, sofern sie ihren Rechtsgrund nicht im öffentlichen Dienstrecht, sondern im Arbeitskampfrecht haben. Deshalb entscheiden über die Klage einer Gewerkschaft, mit der diese vom öffentlichen Dienstherrn (die frühere Deutsche Bundespost) verlangt, den Einsatz von Be-

60

---

[1] BAG v. 19.2.1965 – 1 AZR 237/64, BAGE 17, 95 (99).
[2] *Brox*, JuS 1961, 252 (253); *Dütz*, ArbRdG 20, 33 (37 f.); GMP/*Schlewing*, § 2 Rz. 19 f.; Wiedemann/*Oetker*, § 9 TVG Rz. 7 ff.
[3] *Dütz*, ArbRdG 20, 30 (37); Wiedemann/*Oetker*, § 9 TVG Rz. 6.
[4] GMP/*Schlewing*, § 2 Rz. 23; GWBG/*Waas*, § 2 Rz. 22.
[5] *Dütz*, ArbRdG 20, 33 (38); Wiedemann/*Oetker*, § 9 TVG Rz. 20; aM GMP/*Schlewing*, § 2 Rz. 20.
[6] BAG v. 28.9.1977 – 4 AZR 446/76, AP Nr. 1 zu § 9 TVG 1969; *Gift/Baur*, Urteilsverfahren, Teil C Rz. 34; GMP/*Schlewing*, § 2 Rz. 21; GWBG/*Waas*, § 2 Rz. 20; Wiedemann/*Oetker*, § 9 TVG Rz. 16.
[7] BAG v. 15.7.1986 – 1 AZR 654/84, AP Nr. 1 zu Art. 3 LPVG Bayern, Bl. 1 R.
[8] Wiedemann/*Oetker*, § 9 TVG Rz. 37.
[9] *Dütz*, ArbRdG 20, 33 (39); GWBG/*Waas*, § 2 Rz. 21; *Schreiber*, ZfA 1983, 31 (37); Wiedemann/*Oetker*, § 9 TVG Rz. 38; aM GMP/*Schlewing*, § 2 Rz. 22 f.

amten auf den Arbeitsplätzen streikender ArbN zu unterlassen, die ArbG[1]. Zwar ist die Anordnung des Beamteneinsatzes öffentlich-rechtlicher Natur; aber der Unterlassungsanspruch wurzelt im Arbeitskampfrecht[2]. Dagegen sind Streitigkeiten im Zusammenhang mit hoheitlichen Maßnahmen im Arbeitskampf (zB Polizeieinsatz) öffentlich-rechtlicher Natur; für sie ist daher die Rechtswegzuständigkeit der Verwaltungsgerichte gegeben.

61 Schadensersatzansprüche aus **Amtspflichtverletzung** nach § 839 BGB sind gem. Art. 34 Satz 3 GG vor den ordentlichen Gerichten zu verfolgen[3]; denn die ArbG gehören seit dem 4. VwGO-ÄnderungsG nicht mehr zu den ordentlichen Gerichten, sondern eröffnen einen von der ordentlichen Gerichtsbarkeit zu unterscheidenden Rechtsweg.

62 Eine Klage auf **Aufhebung des Beschlusses des Neutralitätsausschusses** nach § 160 Abs. 6 Satz 1 SGB III wegen Verletzung der Neutralitätspflicht durch die BA steht in ihrer Struktur der Anfechtungsklage nach § 54 Abs. 1 SGG nahe und ist wie diese auf Aufhebung oder Änderung einer Verwaltungsentscheidung gerichtet. Sie fällt in die Rechtswegzuständigkeit der Sozialgerichte[4]. Über die Klage entscheidet gem. § 160 Abs. 6 Satz 4 SGB III das BSG im ersten und letzten Rechtszug.

b) Parteien des Rechtsstreits

63 Mindestens auf einer Seite der Rechtsstreitigkeit muss eine **tariffähige Partei** stehen. Ob diese Voraussetzung erfüllt ist, richtet sich nach § 2 TVG. Tariffähig kann also auch ein einzelner ArbGeb sein. Entgegen dem missverständlichen Wortlaut kommt es für die Rechtswegzuständigkeit nicht darauf an, dass die Partei im konkreten Fall tariffähig ist. Denn die Zulässigkeit einer Arbeitskampfmaßnahme kann gerade von der Tariffähigkeit abhängen[5]. Außerdem kann es im Zusammenhang mit der Vereinigungsfreiheit gerade darum gehen, dass eine ArbN-Vereinigung die für die Tariffähigkeit erforderliche soziale Mächtigkeit (zB durch Mitgliederwerbung) erst erreichen will[6]. Deshalb reicht es aus, dass die Partei tariffähig iSv. § 2 TVG sein kann. Dazu gehört eben auch der einzelne ArbGeb, und zwar selbst dann, wenn der konkrete Arbeitskampf nicht um den Abschluss eines Firmentarifvertrags geführt wird[7].

64 Ist die Tariffähigkeit umstritten und hängt die Entscheidung des Rechtsstreits nach § 2 Abs. 1 Nr. 2 von ihr ab, ist der Rechtsstreit gem. **§ 97 Abs. 5** bis zur Erledigung des Beschlussverfahrens nach § 2a Abs. 1 Nr. 4 auszusetzen. Eine Aussetzung scheidet allerdings aus, wenn ein Rechtsstreit nach § 2 Abs. 1 Nr. 2 im Eilverfahren ausgetragen wird[8]; denn ein durch Aussetzung verursachter Stillstand verträgt sich nicht mit dem Charakter des Eilverfahrens.

65 Die tariffähigen Parteien des Rechtsstreits müssen nicht notwendig Gegner im Arbeitskampf sein. Vielmehr greift § 2 Abs. 1 Nr. 2 auch bei einem **Streit zwischen mehreren konkurrierenden Gewerkschaften** ein[9] (Rz. 77).

66 Auf einer Seite des Rechtsstreits kann auch ein **nicht tariffähiger Dritter** stehen. Das wird oft ein einzelner ArbN sein, der Ansprüche aus unerlaubter Handlung gegen den ArbGeb geltend macht oder seinerseits solchen Ansprüchen ausgesetzt ist. Dann können Überschneidungen mit der Rechtswegzuständigkeit nach § 2 Abs. 1 Nr. 3 Buchst. d gegeben sein. Aber auch Nicht-ArbN können sich als Dritte iSv. § 2 Abs. 1 Nr. 2 etwa an Flashmob-Aktionen beteiligen, um einen Arbeitskampf zu unterstützen.

67 **Dritter** kann auch ein **Organ eines tariffähigen Verbandes** oder ein ArbN in seiner Eigenschaft als **Streikposten** sein. Auch der Dritte muss im Arbeitskampf nicht auf der Gegenseite der tariffähigen Partei stehen. § 2 Abs. 1 Nr. 2 greift auch bei arbeitskampfrechtlichen Streitigkeiten zwischen einer tariffähigen Partei und eigenen Mitgliedern ein[10]. Diese Fälle dürften allerdings selten sein, weil rein mitgliedschaftsrechtliche Streitigkeiten nicht im Arbeitskampf wurzeln, so dass dafür die Rechtswegzuständigkeit der or-

---

1 BAG v. 10.9.1985 – 1 AZR 262/84, BAGE 49, 303 (308); zustimmend GMP/*Schlewing*, § 2 Rz. 29.
2 GK-ArbGG/*Schütz*, § 2 Rz. 90; GWBG/*Waas*, § 2 Rz. 28a; *Kissel*, Arbeitskampfrecht, § 63 Rz. 13.
3 *Gift/Baur*, Urteilsverfahren, Teil C Rz. 47; GMP/*Schlewing*, § 2 Rz. 31; *Kissel/Mayer*, § 13 GVG Rz. 147 aE; *Kissel*, Arbeitskampfrecht, § 63 Rz. 9; aM GWBG/*Waas*, § 2 Rz. 25; MünchArbR/*Jacobs*, § 342 Rz. 29.
4 BSG v. 4.10.1994 – 7 KlAr 1/93, AP Nr. 3 zu § 116 AFG.
5 GMP/*Schlewing*, § 2 Rz. 38.
6 *Gift/Baur*, Urteilsverfahren, Teil C Rz. 21; GWBG/*Waas*, § 2 Rz. 32.
7 HM; aM *Löwisch/Beck*, NZA 2010, 857, 859.
8 *Walker*, Der einstweilige Rechtsschutz, Rz. 354 (358).
9 GMP/*Schlewing*, § 2 Rz. 46; GWBG/*Waas*, § 2 Rz. 33; *Kissel*, Arbeitskampfrecht, § 63 Rz. 8; *Kissel/Mayer*, § 13 GVG Rz. 147; aM *Ostrowicz/Künzl/Scholz*, Arbeitsgerichtsprozess, Rz. 6.
10 GMP/*Schlewing*, § 2 Rz. 40; GWBG/*Waas*, § 2 Rz. 26; *Kissel*, Arbeitskampfrecht, § 63 Rz. 8; wohl auch MünchArbR/*Jacobs*, § 342 Rz. 28.

dentlichen Gerichte gegeben ist (Rz. 78). Ob der **BR** Dritter iSv. § 2 Abs. 1 Nr. 2 sein kann, ist zwar umstritten[1]. Dieser Streit ist aber ohne praktische Bedeutung; denn bei dem Streit um Rechte oder Pflichten des BR im Arbeitskampf handelt es sich um eine betriebsverfassungsrechtliche Angelegenheit, über die gem. § 2a Abs. 1 Nr. 1 im Beschlussverfahren zu entscheiden ist.

Stehen auf **beiden Seiten** des Rechtsstreits **tarifunfähige Parteien**, greift § 2 Abs. 1 Nr. 2 nicht ein. Das gilt 68
für Klagen eines ArbN gegen einen anderen ArbN wegen einer unerlaubten Handlung (Körperverletzung, Beleidigung, Nötigung) im Rahmen eines Arbeitskampfes[2]. In solchen Fällen ist allerdings die Rechtswegzuständigkeit nach § 2 Abs. 1 Nr. 9 gegeben.

c) Unerlaubte Handlungen

§ 2 Abs. 1 Nr. 2 erfasst nur Rechtsstreitigkeiten aus unerlaubten Handlungen. Dieser Begriff wird **weit ausgelegt**. Damit sind nicht nur unerlaubte Handlungen iSd. §§ 823 ff. BGB gemeint. Vielmehr entspricht es allgemeiner Ansicht, dass die Vorschrift alle Rechtsstreitigkeiten aus der Beteiligung der Koalition am Arbeitskampf und aus ihrer koalitionsspezifischen Betätigung in Arbeitskämpfen erfassen will, deren Zulässigkeit und Rechtmäßigkeit umstritten ist[3]. Unerlaubte Handlung in diesem Sinne ist daher jedes Verhalten, das sich im Zusammenhang mit Arbeitskampf und koalitionsspezifischer Betätigung als rechtswidrig darstellen kann[4]. Jedes Verhalten einer Tarifvertragspartei im Arbeitskampf, in dem ein Verstoß gegen die Rechte des Tarifvertragspartners liegen kann (zB der Einsatz von Beamten auf bestreikten Arbeitsplätzen[5]), ist deshalb unerlaubte Handlung iSv. § 2 Abs. 1 Nr. 2. Es ist nicht erforderlich, dass ein solcher Verstoß wirklich vorliegt[6]; das wird häufig der Gegenstand der Streitigkeit sein. Ferner muss eine unerlaubte Handlung nicht schuldhaft begangen worden sein; deshalb ist die Rechtswegzuständigkeit auch bei verschuldensunabhängigen Widerrufs- oder Unterlassungsansprüchen nach § 1004 BGB und bei Schadensersatzansprüchen zB nach § 945 ZPO gegeben, sofern die zu widerrufende Behauptung oder die aufgehobene einstweilige Verfügung im Arbeitskampf oder im Zusammenhang mit dem Betätigungsrecht der Vereinigungen (zB Äußerungen eines Gewerkschaftssekretärs über mangelnde Tariftreue eines ArbGeb[7]) aufgestellt bzw. beantragt wurde[8].

d) Maßnahmen zum Zwecke des Arbeitskampfes

Rechtswegbegründend sind nur solche unerlaubten Handlungen, bei denen es sich um Maßnahmen zum 70
Zwecke des Arbeitskampfes handelt. Das Verhalten muss also darauf abzielen, den Arbeitskampf zu beeinflussen. Das kann eine **Arbeitskampfmaßnahme** (Streik oder Aussperrung) sein, und zwar angesichts der weiten Auslegung des Begriffs der unerlaubten Handlung unabhängig davon, ob man darin einen Eingriff in ein absolutes Recht (am Gewerbebetrieb, am Arbeitsplatz) sieht[9]. Dazu gehören ferner solche Handlungen oder Unterlassungen, mit denen der **Arbeitskampf unterstützt** (Betriebsbesetzung oder -blockade; Verweigerung von Notdienstarbeiten; Flashmob-Aktionen), **verhindert** (Drohung mit Sanktionen), in seinen Wirkungen **abgemildert** (Einsatz von Beamten auf bestreikten Arbeitsplätzen) oder **sanktioniert** werden soll (Vermerk in der Personalakte)[10].

Unerheblich ist für die Rechtswegzuständigkeit, ob es sich um einen **rechtmäßigen oder** einen **rechtswid-** 71
rigen Arbeitskampf handelt. Deshalb fallen auch unerlaubte Handlungen im Rahmen eines politischen Streiks oder eines Demonstrationsstreiks unter § 2 Abs. 1 Nr. 2[11]. Der sachliche Grund dafür liegt darin,

---

1 Bejahend *Gift/Baur*, Urteilsverfahren, Teil C Rz. 58; verneinend GMP/*Schlewing*, § 2 Rz. 42.
2 *Kissel*, Arbeitskampfrecht, § 63 Rz. 8.
3 BAG v. 29.10.2001 – 5 AZB 44/00, NZA 2002, 166 (167); BAG v. 10.9.1985 – 1 AZR 262/84, AP Nr. 86 zu Art. 9 GG – Arbeitskampf mit Anm. *Mayer-Maly*; BAG v. 18.8.1987 – 1 AZN 260/87, AP Nr. 33 zu § 72a ArbGG – Grundsatz; *Kissel*, Arbeitskampfrecht, § 63 Rz. 9.
4 BAG v. 10.9.1985 – 1 AZR 262/84, AP Nr. 86 zu Art. 9 GG – Arbeitskampf Bl. 211 R; BAG v. 2.8.1963 – 1 AZR 9/63, BAGE 14, 282; BAG v. 29.6.1965 – 1 AZR 420/64, BAGE 17, 218; BAG v. 14.2.1978 – 1 AZR 280/77, BAGE 30, 122; GMP/*Schlewing*, § 2 Rz. 34; *Gift/Baur*, Urteilsverfahren, Teil C Rz. 49; GK-ArbGG/*Schütz*, § 2 Rz. 94.
5 BAG v. 10.9.1985 – 1 AZR 262/84, AP Nr. 86 zu Art. 9 GG – Arbeitskampf.
6 BAG v. 29.10.2001 – 5 AZB 44/00, NZA 2002, 166 (167); BGH v. 28.3.2000 – VI ZB 31/99, NJW 2000, 2358.
7 BAG v. 29.10.2001 – 5 AZB 44/00, NZA 2002, 166 (167).
8 BGH v. 28.3.2000 – VI ZB 31/99, NZA 2000, 735 (736); GMP/*Schlewing*, § 2 Rz. 35; *Gift/Baur*, Urteilsverfahren, Teil C Rz. 49; GWBG/*Waas*, § 2 Rz. 28; *Kissel/Mayer*, § 13 GVG Rz. 147.
9 GWBG/*Waas*, § 2 Rz. 30.
10 Einzelheiten bei *Kissel*, Arbeitskampfrecht, § 63 Rz. 10.
11 GMP/*Schlewing*, § 2 Rz. 36; GK-ArbGG/*Schütz*, § 2 Rz. 96 f.; GWBG/*Waas*, § 2 Rz. 29; *Kissel*, Arbeitskampfrecht, § 63 Rz. 11; *Kissel/Mayer*, § 13 GVG Rz. 147; aM BGH v. 29.9.1954 – VI ZR 232/53, BGHZ 14, 347; MünchArbR/*Jacobs*, § 342 Rz. 30; offengelassen von BGH v. 28.3.2000 – VI ZB 31/99, NZA 2000, 735 (736).

dass die Abgrenzung zwischen rechtmäßigem und rechtswidrigem Arbeitskampf oft schwierig ist und gerade Gegenstand des Rechtsstreites ist. Außerdem geht es auch beim rechtswidrigen Arbeitskampf wie dem politischen Streik während der Arbeitszeit typischerweise um arbeitsrechtliche Konsequenzen[1].

72 Unabdingbar ist für die Arbeitskampfbezogenheit der unerlaubten Handlung allerdings, dass die Streitigkeit überhaupt irgendeinen **arbeitsrechtlichen Bezug** hat. Daran fehlt es etwa, wenn die Unterlassung einer Äußerung begehrt wird, die ein Gewerkschaftsfunktionär auf einer Kundgebung vor Gewerkschaftsmitgliedern abgegeben hat, sofern sich diese Kundgebung nicht gegen die eigenen ArbGeb oder deren Verband, sondern gegen die vom Gesetzgeber ermöglichte Konkurrenztätigkeit anderer Unternehmen richtete[2]. Ferner ist es für den Bezug zum Arbeitskampf nicht ausreichend, wenn eine unerlaubte Handlung **nur bei Gelegenheit eines Arbeitskampfes** begangen wurde (zB Diebstahl). Das gilt selbst dann, wenn die Situation des Arbeitskampfes ausgenutzt wurde (zB allgemeines Durcheinander, unzureichende Aufsicht und Bewachung)[3]. In solchen Fällen kann § 2 Abs. 1 Nr. 3 oder Nr. 9 einschlägig sein, sofern die unerlaubte Handlung von einem ArbN begangen wurde. Hat ein betriebsfremder Dritter bei Gelegenheit eines Arbeitskampfes eine unerlaubte Handlung begangen, ist immer der Rechtsweg zu den ordentlichen Gerichten gegeben. Die Beteiligung Dritter an Flashmob-Aktionen erfolgt allerdings nicht nur bei Gelegenheit eines Arbeitskampfes; sie ist vielmehr (rechtswidrige) Mitwirkung am Arbeitskampf.

e) Fragen der Vereinigungsfreiheit

73 Rechtswegbegründend sind ferner unerlaubte Handlungen, die Fragen der Vereinigungsfreiheit einschließlich des damit im Zusammenhang stehenden **Betätigungsrechts** der Vereinigungen betreffen. Um eine Angelegenheit der Vereinigungsfreiheit iSv. § 2 Abs. 1 Nr. 2 handelt es sich, wenn darüber gestritten wird, ob ArbN oder ArbGeb sich in einer Koalition zusammenschließen dürfen, wenn sie sich in ihrem Recht aus Art. 9 Abs. 3 GG beeinträchtigt fühlen oder wenn zur Entscheidung steht, ob sich eine Koalition in bestimmter, von ihr in Anspruch genommener koalitionsspezifischer Weise betätigen darf[4]. Erfasst wird jedes Verhalten eines Koalitionsmitglieds oder einer Koalition selbst, das in Ausübung des Rechts auf Koalitionsbetätigung erfolgt (und möglicherweise unzulässig ist), sowie das Verhalten auch von Dritten, das darauf gerichtet ist, dieses Recht auf koalitionsmäßige Betätigung zu behindern oder zu sanktionieren[5]. Praxisrelevant sind insbesondere Aktivprozesse einer tariffähigen Partei, die auf § 823 BGB iVm. Art. 9 GG gestützt werden.

74 **Beispiele** aus der Rspr.: Streitigkeiten
- über den Anspruch der Gewerkschaft gegen den ArbGeb auf Unterlassung, wenn der ArbGeb die Einstellung eines ArbN von dessen Austritt aus der Gewerkschaft abhängig macht[6],
- über den Anspruch eines ArbGeb gegen einen Gewerkschaftssekretär auf Unterlassung, wenn dieser im Rahmen einer gewerkschaftlichen Pressekonferenz dem ArbGeb mangelnde Tariftreue vorwirft[7],
- um gewerkschaftliches Zutrittsrecht zum Betrieb zwecks Mitgliederwerbung im Betrieb[8],
- um Verteilung von Werbe- und Informationsschriften während der Arbeitszeit[9],
- um Werbung durch Übersendung von E-Mails an die dienstlichen E-Mail-Adressen der Gewerkschaftsmitglieder (mailing)[10],
- um die Anbringung von Gewerkschaftsaufklebern auf arbeitgebereigenen Schutzhelmen[11],
- um die Verteilung einer Gewerkschaftszeitung im Betrieb an Gewerkschaftsmitglieder[12],

---

1 GK-ArbGG/*Schütz*, § 2 Rz. 97.
2 BGH v. 28.3.2000 – VI ZB 31/99, NZA 2000, 735 (736).
3 GMP/*Schlewing*, § 2 Rz. 33 f.; GK-ArbGG/*Schütz*, § 2 Rz. 95; GWBG/*Waas*, § 2 Rz. 30.
4 BAG v. 28.3.2000 – VI ZB 31/99, NZA 2000, 735 (736); BAG v. 23.2.1979 – 1 AZR 540/77, AP Nr. 29 zu Art. 9 GG, Bl. 1 R; BAG v. 8.12.1978 – 1 AZR 303/77, AP Nr. 28 zu Art. 9 GG, Bl. 2; OLG Frankfurt v. 28.3.2007 – 3 W 20/07, NZA 2007, 710 (711).
5 BAG v. 18.8.1987 – 1 AZN 260/87, AP Nr. 33 zu § 72a ArbGG 1979 – Grundsatz.
6 BAG v. 2.6.1987 – 1 AZR 651/85, AP Nr. 49 zu Art. 9 GG.
7 BAG v. 29.10.2001 – 5 AZB 44/00, NZA 2002, 166.
8 BAG v. 28.2.2006 – 1 AZR 460/04, NZA 2006, 798; BAG v. 30.8.1983 – 1 AZR 121/81, AP Nr. 38 zu Art. 9 GG; BAG v. 14.2.1978 – 1 AZR 280/77, AP Nr. 26 zu Art. 9 GG; BAG v. 14.2.1967 – 1 AZR 494/65, AP Nr. 10 zu Art. 9 GG; BAG v. 29.6.1965 – 1 AZR 420/64, AP Nr. 6 zu Art. 9 GG.
9 BAG v. 26.1.1982 – 1 AZR 610/80, AP Nr. 35 zu Art. 9 GG.
10 OLG Frankfurt v. 28.3.2007 – 3 W 20/07, NZA 2007, 710 f.
11 BAG v. 23.2.1979 – 1 AZR 172/78, AP Nr. 30 zu Art. 9 GG.
12 BAG v. 23.2.1979 – 1 AZR 540/77, AP Nr. 29 zu Art. 9 GG.

- um Wahlen von gewerkschaftlichen Vertrauensleuten im Betrieb[1],
- um ein Recht auf Teilnahme an Tarifverhandlungen, sofern der Anspruch nicht auf eine entsprechende Vereinbarung im Tarifvertrag gestützt wird (dann § 2 Abs. 1 Nr. 1)[2].

Allerdings betrifft nicht jedes Handeln einer Gewerkschaft eine Frage der Vereinigungsfreiheit. Das wird zB verneint bei einer bloßen Beteiligung am allgemeinen Rechtsverkehr, zB wenn ein Gewerkschaftsfunktionär Äußerungen auf einer Kundgebung tätigt, in der es nicht um die Arbeitsbeziehungen der teilnehmenden ArbN geht und die auch tatsächlich die Arbeitsverhältnisse zwischen den ArbN und ihren ArbGeb nicht berührt[3]. Die ordentlichen Gerichte sind auch zuständig für die Klage eines Verbandsfunktionärs auf Unterlassung diffamierender Äußerungen durch einen Gewerkschaftssekretär[4]. 75

Die Koalitionsbetätigungsfreiheit kann nach der Rspr. des BAG auch durch den Abschluss und die tatsächliche Durchführung von tarifwidrigen Vereinbarungen zwischen ArbGeb und ArbN beeinträchtigt werden; denn diese Vereinbarungen seien darauf gerichtet, die Wirkung des Tarifvertrags zu vereiteln oder leer laufen zu lassen[5]. Deshalb könne die tarifvertragsschließende Gewerkschaft analog § 1004 Abs. 1 Satz 2, § 823 Abs. 1 BGB verlangen, die Durchführung der tarifwidrigen Vereinbarungen zu unterlassen (**allgemeiner gewerkschaftlicher Unterlassungsanspruch**). Diese Ansicht ist zwar **zweifelhaft**[6], wird aber inzwischen in ständiger Rspr. vertreten. Allerdings bleibt die Frage, ob über einen solchen gewerkschaftlichen Unterlassungsanspruch die ArbG im Urteils- oder im Beschlussverfahren entscheiden. Das richtet sich danach, aus welcher Norm sich die Rechtswegzuständigkeit ergibt. Sofern die tarifwidrigen Individualvereinbarungen ohne jede Mitwirkung eines (möglicherweise gar nicht vorhandenen) BR allein zwischen ArbGeb und ArbN getroffen und vollzogen werden, kommt nur das Urteilsverfahren auf der Grundlage von § 2 Abs. 1 Nr. 2 in Betracht[7]. In den praktisch nicht seltenen Fällen, in denen die Individualvereinbarungen mit Unterstützung des BR zustande kommen, hält das BAG das Beschlussverfahren nach § 2a Abs. 1 Nr. 1 mit dem dann geltenden Amtsermittlungsgrundsatz für die richtige Verfahrensart[8]. Diese Ansicht ist jedoch abzulehnen[9]; denn das BetrVG spielt in der Anspruchsgrundlage (§§ 1004, 823 BGB) keine Rolle, und die Verletzung der Koalitionsfreiheit durch Individualvereinbarungen ist keine betriebsverfassungsrechtliche Angelegenheit. Da Rechtsgrundlage, Voraussetzungen und Rechtsfolgen des vom BAG bejahten allgemeinen gewerkschaftlichen Unterlassungsanspruchs außerhalb des BetrVG liegen, ist die Rechtswegzuständigkeit nach § 2 Abs. 1 Nr. 2 gegeben mit der Konsequenz, dass über den Anspruch im Urteilsverfahren zu entscheiden ist[10], in dem der Verhandlungsgrundsatz gilt (s.a. § 2a Rz. 58). 76

Streitigkeiten zwischen konkurrierenden Gewerkschaften oder zwischen konkurrierenden ArbGebVerbänden können ebenfalls das Betätigungsrecht der Vereinigungen betreffen und somit von § 2 Abs. 1 Nr. 2 erfasst werden. Diese Vorschrift verlangt ebenso wie bei arbeitskampfbezogenen unerlaubten Handlungen (Rz. 65) nicht, dass beide Parteien sich als soziale Gegenspieler gegenüberstehen. Sie will vielmehr alle Streitfragen im Zusammenhang mit dem arbeitsrechtlichen Koalitionsrecht den ArbG zuordnen[11]. Deshalb ist die Rechtswegzuständigkeit der ArbG etwa gegeben bei Streitigkeiten um die Art der Mitgliederwerbung oder wegen gegenseitiger Beleidigungen[12]. Die gegenteilige ältere Rspr. des BGH, der in solchen Fällen die Rechtswegzuständigkeit der ordentlichen Gerichte bejaht hat[13], ist jedenfalls seit der ausdrücklichen Ergänzung des § 2 Abs. 1 Nr. 2 um das Betätigungsrecht der Vereinigungen abzulehnen[14]. Wenn eine Koalition sich in ihrem Betätigungsrecht durch eine unerlaubte Handlung im weitesten Sinne beeinträchtigt fühlt, kann es für die Rechtswegzuständigkeit der ArbG keinen Unterschied machen, ob die Beeinträchti- 77

---

1 BAG v. 8.12.1978 – 1 AZR 303/77, AP Nr. 28 zu Art. 9 GG.
2 GMP/*Schlewing*, § 2 Rz. 45; GK-ArbGG/*Schütz*, § 2 Rz. 101; anders noch BAG v. 2.8.1963 – 1 AZR 9/63, AP Nr. 5 zu Art. 9 GG (zu § 2 Abs. 1 aF).
3 BGH v. 28.3.2000 – VI ZB 31/99, NZA 2000, 735 (736).
4 LAG BW v. 24.5.2007 – 9 Ta 2/07, NZA-RR 2008, 93 (Ls.).
5 BAG v. 20.4.1999 – 1 ABR 72/98, NZA 1999, 887 (891).
6 *Walker*, ZfA 2000, 29 (40) mwN; so auch noch BAG v. 20.8.1991 – 1 ABR 85/90, NZA 1992, 317 (320).
7 BAG v. 20.4.1999 – 1 ABR 72/98, NZA 1999, 887 (889).
8 BAG v. 13.3.2001 – 1 AZB 19/00, NJW 2001, 3724 (2725); BAG v. 20.4.1999 – 1 ABR 72/98, NZA 1999, 887 (889); ebenso LAG BW v. 7.12.2007 – 20 TaBV 7/06, AuR 2008, 185.
9 *Bauer*, NZA 1999, 957 (958); *Buchner*, NZA 1999, 897 (899); *Löwisch*, BB 1999, 2080 (2081); *Reuter*, SAE 1999, 262 (264); *Walker*, ZfA 2000, 29 (49).
10 *Walker*, FS 50 Jahre BAG, 2004, S. 1365 (1379 ff.).
11 S. nur *Kissel/Mayer*, § 13 GVG Rz. 147 mwN.
12 GMP/*Schlewing*, § 2 Rz. 45; *Gift/Baur*, Urteilsverfahren, Teil C Rz. 62; GK-ArbGG/*Schütz*, § 2 Rz. 102; GWBG/*Waas*, § 2 Rz. 33; *Kissel/Mayer*, § 13 GVG Rz. 147.
13 BGH v. 7.1.1964 – VI ZR 58/63, AP Nr. 1 zu § 1004 BGB; BGH v. 6.10.1964 – VI ZR 176/63, BGHZ 42, 210.
14 *Gift/Baur*, Urteilsverfahren, Teil C Rz. 62.

gung vom sozialen Gegenspieler oder einem konkurrierenden Verband ausgeht. Selbst wenn die Betätigungsfreiheit durch einen außerhalb des Arbeitslebens stehenden Dritten beeinträchtigt wird (zB eine politische Partei verwendet dieselbe Kurzbezeichnung wie eine Gewerkschaft), ist nach § 2 Abs. 1 Nr. 2 die Rechtswegzuständigkeit der ArbG gegeben[1].

78 Bei **Streitigkeiten zwischen einer Koalition und ihren einzelnen Mitgliedern** ist für die Rechtswegzuständigkeit zu unterscheiden: Geht es allein um **Mitgliedschaftsrechte**, um aus der Mitgliedschaft folgende Pflichten und um die Rechtsfolgen von Pflichtverletzungen (zB Beitrags-, Vereinsstrafen- oder Schadensersatzstreitigkeiten wegen Verletzung des Mitgliedschaftsverhältnisses), also um rein vereinsrechtliche Streitigkeiten ohne gleichzeitige Verletzung der Koalitions-(Betätigungs-)Freiheit, sind nach allgemeiner Ansicht nicht die ArbG, sondern die ordentlichen Gerichte zuständig[2]. Falls dagegen über die Aufnahme als Mitglied oder über den Ausschluss eines Mitglieds gestritten wird, geht es um die **Vereinigungsfreiheit** sowohl des einzelnen Mitglieds als auch der Vereinigung selbst. Deshalb wird verbreitet die Zuständigkeit der ArbG vertreten[3]. Dagegen hält die wohl überwiegende Ansicht auch hier die ordentlichen Gerichte für zuständig[4]. Richtigerweise ist die Rechtswegzuständigkeit der ArbG dann zu bejahen, wenn um eine unerlaubte Handlung gestritten wird[5]. Da aber der Begriff der unerlaubten Handlung nach allgemeiner Ansicht großzügig auszulegen ist und darunter jedes Verhalten zu verstehen ist, das sich im Zusammenhang mit der Vereinigungsfreiheit als rechtswidrig darstellen kann, ohne dass ein Verschulden vorliegen muss (Rz. 69), ist die Voraussetzung einer unerlaubten Handlung bei einer unberechtigten Aufnahmeverweigerung, bei einem unberechtigten Ausschluss und ggf. auch bei einer unzumutbar langen Austrittsfrist[6] zu bejahen.

5. Abs. 1 Nr. 3: Bürgerliche Rechtsstreitigkeiten zwischen Arbeitnehmern und Arbeitgebern

79 Nach § 2 Abs. 1 Nr. 3 ist die Rechtswegzuständigkeit der ArbG im Urteilsverfahren bei bürgerlichen Rechtsstreitigkeiten zwischen ArbN und ArbGeb in fünf einzeln genannten Fallgruppen gegeben. Diese Auflistung von Fallgruppen darf nicht darüber hinwegtäuschen, dass nach dem Gesamtinhalt der Vorschrift eine umfassende Zuständigkeit der Gerichte für Arbeitssachen für individualrechtliche Ansprüche aus dem Arbeitsverhältnis begründet sein soll[7]. § 2 Abs. 1 Nr. 3 erfasst damit die weitaus meisten aller arbeitsgerichtlichen Streitigkeiten. Die Norm wird ergänzt durch die Nrn. 4 ff. und durch § 3, wodurch die Rechtswegzuständigkeit auch auf solche bürgerlichen Streitigkeiten erstreckt wird, bei denen sich nicht ArbN und ArbGeb unmittelbar als Partei gegenüberstehen, sondern deren Rechtsnachfolger oder bestimmte andere Personen.

a) Bürgerliche Rechtsstreitigkeiten

80 Die bürgerlich-rechtliche Einordnung (dazu Rz. 40 ff.) von Rechtsstreitigkeiten zwischen ArbGeb und ArbN ist in aller Regel unproblematisch. Das Rechtsverhältnis aufgrund eines Arbeitsvertrages gehört zum Privatrecht. Das gilt auch dann, wenn der ArbGeb eine juristische Person des öffentlichen Rechts ist.

b) Parteien des Rechtsstreits

81 Es muss sich um eine bürgerliche Rechtsstreitigkeit zwischen ArbN und ArbGeb handeln.

aa) Arbeitnehmer

82 Wer ArbN iSd. ArbGG ist, ergibt sich aus § 5 (Einzelheiten § 5 Rz. 5 ff., Rz. 27 ff.). Das sind zunächst Arbeiter, Angestellte und Auszubildende (§ 5 Abs. 1 Satz 1). Inhaltlich ist nach ständiger Rechtsprechung

---

1 AM aber BGH v. 24.2.1965 – IV ZR 81/64, BGHZ 43, 245; *Kissel/Mayer*, § 13 GVG Rz. 147.
2 BGH v. 4.7.1977 – II ZR 30/76, AP Nr. 25 zu Art. 9 GG Bl. 2 (Unterlassungsklage wegen Verletzung der vereinsrechtlichen Treuepflicht); GMP/*Schlewing*, § 2 Rz. 47; *Gift/Baur*, Urteilsverfahren, Teil C Rz. 64; GK-ArbGG/*Schütz*, § 2 Rz. 103; GWBG/*Waas*, § 2 Rz. 34; Hauck/Helml/Biebl/*Helml*, § 2 Rz. 17; *Kissel/Mayer*, § 13 GVG Rz. 147.
3 GK-ArbGG/*Schütz*, § 2 Rz. 103; GWBG/*Waas*, § 2 Rz. 34.
4 BGH v. 13.6.1966 – II ZR 130/64, BGHZ 45, 314; BGH v. 22.9.1980 – II ZR 34/80, AP Nr. 33 zu Art. 9 GG; BGH v. 28.9.1972 – II ZR 5/70, AP Nr. 21 zu Art. 9 GG; BGH v. 27.2.1978 – II ZR 17/77, AP Nr. 27 zu Art. 9 GG; BGH v. 30.5.1983 – II ZR 138/82 – AP Nr. 1 zu § 39 BGB; *Dütz*, RdA 1980, 81 (82); *Kissel/Mayer*, § 13 GVG Rz. 147; MünchArbR/*Jacobs*, § 342 Rz. 31; Philippsen/Schmidt/Schäfer/Busch, NJW 1979, 1330; differenzierend GMP/*Schlewing*, § 2 Rz. 47.
5 *Gift/Baur*, Urteilsverfahren, Teil C Rz. 64.
6 AM BGH v. 22.9.1980 – II ZR 34/80, AP Nr. 33 zu Art. 9 GG: Zuständigkeit der ordentlichen Gerichte.
7 BAG v. 23.2.1979 – 1 AZR 172/78, AP Nr. 30 zu Art. 9 GG Bl. 2 R.

ArbN, wer aufgrund eines privatrechtlichen Vertrags im Dienste eines anderen zur Leistung weisungsgebundener, fremdbestimmter Arbeit in persönlicher Abhängigkeit verpflichtet ist[1]. Das ergibt sich seit dem 1.4.2017 aus § 611a Abs. 1 Satz 1 BGB. Maßgeblich für die Feststellung der ArbN-Eigenschaft ist nicht die von den Parteien gewählte Bezeichnung des Rechtsverhältnisses, sondern dessen tatsächliche Ausgestaltung (§ 611a Abs. 1 Satz 5 BGB). Deshalb kann (muss aber nicht[2]) auch ein als „freier Mitarbeiter" beschäftigter Rechtsanwalt[3] oder Übungsleiter in einem Sportverein[4] ArbN sein. Allerdings wird nicht umgekehrt ein ArbN zum freien Mitarbeiter, weil der ArbGeb sein Weisungsrecht längere Zeit nicht ausübt[5]. Ob ein Nicht-ArbN allein deshalb wie ein ArbN zu behandeln ist, weil der ArbGeb äußert, der Mitarbeiter sei bei ihm „angestellt"[6], ist zweifelhaft. Als ArbN gelten auch Heimarbeiter, ferner die nach § 1 HAG diesen Gleichgestellten sowie die wegen ihrer wirtschaftlichen Abhängigkeit arbeitnehmerähnlichen Personen (§ 5 Abs. 1 Satz 2). Wenn feststeht, dass die Partei des Rechtsstreits entweder ArbN oder jedenfalls arbeitnehmerähnliche Person ist, braucht der Status nicht geklärt zu werden. Vielmehr ist eine Wahlfeststellung zulässig[7]. Handelsvertreter gelten dann als ArbN, wenn sie ihre Tätigkeit nicht frei gestalten und ihre Arbeit nicht frei bestimmen können (§ 84 Abs. 2 HGB) oder wenn sie als Einfirmenvertreter[8] nur eine geringe Vergütung[9] erhalten (Einzelheiten § 5 Abs. 3 ArbGG iVm. § 92a HGB). Entsprechendes gilt für einen Frachtführer iSv. §§ 407 ff. HGB, wenn er weisungsgebunden tätig ist[10]. Schließt ein Mitarbeiter zeitgleich mit einem Unternehmen ein freies Mitarbeiterverhältnis, mit einem anderen einen Arbeitsvertrag ab, liegt kein einheitliches Arbeitsverhältnis vor, selbst wenn beide Unternehmen gesellschaftsrechtlich verbunden sind und für beide Gesellschaften jeweils dieselbe Person handelt[11].

Keine ArbN sind **Straf- und Untersuchungsgefangene**[12], selbst wenn sie in einem Betrieb außerhalb der Anstalt arbeiten[13] oder wenn zwischen ihnen und dem Träger der Vollzugsanstalt aufgrund der Strafvollzugsregelungen ein Berufsausbildungsverhältnis begründet wird[14]. Etwas anderes kann im Einzelfall für Freigänger gelten, wenn sie aufgrund eines Arbeitsvertrages beschäftigt sind[15]. Ein Student, der im Rahmen seines Studiums aufgrund eines **Stipendienvertrages** in der vorlesungsfreien Zeit in ein Unternehmen eingebunden ist, schuldet keine Arbeitsleistung und ist nicht ArbN[16]. Dagegen sind Studenten, die nach dem jeweiligen Ausbildungsrecht sowohl an einer Berufsakademie als auch an einer betrieblichen Ausbildungsstätte eine Ausbildung absolvieren (**Ausbildung im dualen System**), während der betrieblichen Ausbildung zu ihrer Berufsausbildung iSv. § 5 Abs. 1 Satz 1 beschäftigt, wenn sie den Weisungen des Ausbildenden unterliegen[17]. Keine ArbN sind die **erwerbsfähigen Hilfebedürftigen**, die im Rahmen von sog. **Ein-Euro-Jobs** in einer privaten Einrichtung tätig sind[18]; sie stehen in einem Sozialrechtsverhältnis, so dass für Rechtsstreitigkeiten aus diesem Rechtsverhältnis die Sozialgerichte zuständig sind[19]. Der **Partner einer**

83

---

1 St. Rspr.; vgl. etwa BAG v. 15.2.2012 – 10 AZR 301/10, NZA 2012, 731 Rz. 13 ff.
2 LAG Köln v. 24.7.2007 – 9 Ta 140/07, NZA-RR 2007, 661 (662).
3 LAG Schl.-Holst. v. 8.4.2005 – 2 Ta 56/05, NZA-RR 2005, 656; OLG Bdb. v. 7.2.2002 – 14 W 10/01, NJW 2002, 1659.
4 LAG Hamburg v. 28.3.2007 – 6 Sa 85/06, SpuRt 2007, 217 (218).
5 BAG v. 12.9.1996 – 5 AZR 1066/94, NZA 1997, 194 (Lehrkraft); LAG Hamm v. 22.6.2005 – 2 Ta 598/04, SpuRt 2006, 127 (Tennislehrer).
6 So LAG Nürnberg v. 21.12.2007 – 7 Ta 208/07, NZA-RR 2008, 271 (272).
7 BAG v. 14.1.1997 – 5 AZB 22/96, AP Nr. 41 zu § 2 ArbGG 1979; BAG v. 8.9.1997 – 5 AZB 3/97, ZIP 1997, 2208 (2209); BAG v. 17.6.1999 – 5 AZB 23/98, DB 1999, 2172; BAG v. 30.8.2000 – 5 AZB 12/00, NZA 2000, 1359 (1360). Vgl. auch BAG v. 19.12.2000 – 5 AZB 16/00, NZA 2001, 285 (286): „jedenfalls arbeitnehmerähnliche Person"; OLG Karlsruhe v. 24.10.2001 – 9 W 91/01, DB 2002, 379.
8 Zur Einordnung als Einfirmenvertreter, wenn der Handelsvertreter kraft vertraglicher Vereinbarung „hauptsächlich" für einen Unternehmer tätig ist, BGH v. 16.10.2014 – VII ZB 16/14, NZA-RR 2015, 156 Rz. 18.
9 Zur Berechnung der Vergütung, wenn der Einfirmenvertreter aufgrund von Vertragsstornierungen zur Provisionsrückzahlung verpflichtet ist, BGH v. 4.2.2015 – VII ZB 36/14, ZIP 2015, 1411 Rz. 11 ff.; BGH v. 21.10.2015 – VII ZB 8/15, DB 2015, 2815 Rz. 18 ff.
10 LAG MV v. 13.7.2015 – 3 Ta 6/15, NZA-RR 2015, 605 Rz. 13 ff.
11 LAG Köln v. 29.12.2003 – 13 Ta 280/03, NZA-RR 2004, 659.
12 BAG v. 24.4.1969 – 5 AZR 438/68, AP Nr. 18 zu § 5 ArbGG 1953.
13 BAG v. 3.10.1978 – GABR 46/76, AP Nr. 18 zu § 5 BetrVG 1972.
14 BAG v. 18.11.1986 – 7 AZR 311/85, EzA § 2 ArbGG 1979 Nr. 8.
15 GK-ArbGG/*Schütz*, § 2 Rz. 68; GMP/*Müller-Glöge*, § 5 Rz. 27.
16 LAG Hamm v. 13.10.2006 – 2 Ta 6/06, NZA-RR 2007, 97 (98) zum sog. Soester Modell.
17 BAG v. 27.9.2006 – 5 AZB 33/06, NZA 2006, 1432 (Os.).
18 BAG v. 17.1.2007 – 5 AZB 43/06, NJW 2007, 3303; BAG v. 8.11.2006 – 5 AZB 36/06, NZA 2007, 53 (54); BSG v. 13.11.2008 – B 14 AS 66/07 R, AuR 2008, 458 (Ls.); aA ArbG Berlin v. 25.8.2005 – 75 Ca 10146/05, NZA 2005, 1309 (arbeitnehmerähnliche Personen iSv. § 5 Abs. 1 Satz 2 im Rahmen eines privatrechtlichen Beschäftigungsverhältnisses eigener Art).
19 BAG v. 8.11.2006 – 5 AZB 36/06, NZA 2007, 53 (55).

Anwalts-GmbH ist weder ArbN noch arbeitnehmerähnliche Person, wenn er im Wesentlichen frei seine Arbeitszeit bestimmen und seine Tätigkeit gestalten kann[1]. **Behinderte Menschen**, die **in Werkstätten** für behinderte Menschen iSv. § 136 SGB IX beschäftigt sind, können ArbN sein oder in einem arbeitnehmerähnlichen Rechtsverhältnis zur Werkstatt stehen (§ 138 Abs. 1 SGB IX). In diesem Fall werden Streitigkeiten von § 2 Abs. 1 Nr. 10 erfasst. Erbringt ein **Vereinsmitglied** Dienste in persönlicher Abhängigkeit nicht aufgrund eines Arbeitsvertrages, sondern als Mitgliedsbeitrag, ist es kein ArbN[2]. Eine **nicht verbeamtete ausländische Rechtsreferendarin**, deren Ausbildungsverhältnis zum Land durch einen mitwirkungsbedürftigen Verwaltungsakt begründet wurde, ist keine ArbN; zwischen ihr und dem Land besteht ein öffentlich-rechtliches Verhältnis eigener Art[3].

83a Keine ArbN in Betrieben einer juristischen Person oder einer Personengesamtheit sind diejenigen Personen, die kraft Gesetzes, Satzung oder Gesellschaftsvertrags (anders bei lediglich rechtsgeschäftlicher Bevollmächtigung im Geschäftsführervertrag[4]) allein oder als Mitglieder des **Vertretungsorgans** zur Vertretung der juristischen Person oder der Personengesamtheit berufen sind (§ 5 Abs. 1 Satz 3). Das gilt wegen der Fiktion dieser Norm selbst dann, wenn der Organstellung ein Arbeitsverhältnis zugrunde liegt[5], was zwar nicht der Regelfall[6], aber bei entsprechend ausgestalteter Weisungsbefugnis der Gesellschaft möglich ist. Auch die Insolvenzeröffnung ändert nichts an der Organstellung des Geschäftsführers, so dass für seine Klage gegen die Kündigung seines Arbeitsvertrags durch den Insolvenzverwalter die ordentlichen Gerichte zuständig sind[7]. Die Fiktion des § 5 Abs. 1 Satz 3 gilt allerdings nur für die Dauer der Geschäftsführerbestellung. Wenn ihr Anstellungsverhältnis nach Beendigung der Organstellung durch Abberufung oder Niederlegung als Arbeitsverhältnis fortgesetzt wird[8], was nicht notwendigerweise so ist, sondern im Einzelfall festgestellt werden muss[9], werden die ehemaligen Organe zu ArbN. Dann sind für Streitigkeiten etwa über eine dann erfolgte Kündigung nach Nr. 3 Buchst. b, über einen Vergütungsanspruch oder über eine Versorgungszusage nach Nr. 3 Buchst. a die ArbG zuständig[10]. Das gilt nicht in den sog. sic-non-Fällen (dazu Rz. 235 ff.)[11]. Die Sperrwirkung der Fiktion des § 5 Abs. 1 Satz 3 entfällt auch dann, wenn die Beendigung der Organstellung zwar noch nicht bei Klageerhebung vorgelegen hat, aber vor einer rechtskräftigen Entscheidung über die Rechtswegzuständigkeit durch Abberufung oder Amtsniederlegung herbeigeführt wird[12]. Dann wird die Rechtswegzuständigkeit der Arbeitsgerichte erst während des laufenden Rechtsstreits begründet. Gleiches wie für die genannten Streitigkeiten gilt für solche aus einem nach Beendigung der Organstellung wieder aufgelebten Arbeitsverhältnis[13] oder aus den Nachwirkungen eines Arbeitsverhältnisses, welches neben dem Anstellungsverhältnis als Geschäftsführer als ruhendes Arbeitsverhältnis bestanden hat[14]. Ein solcher Fall wird idR von den Parteien nicht gewollt sein[15]; er kann aber etwa

---

1 ArbG Berlin v. 9.10.2003 – 1 Ca 4598/03, NZA-RR 2004, 328 f.
2 BAG v. 26.9.2002 – 5 AZB 19/01, NJW 2003, 161 (162).
3 BAG v. 28.6.1989 – 5 AZR 274/88, AP Nr. 13 zu § 2 ArbGG, Bl. 2 f.
4 Dann greift § 5 Abs. 1 Satz 3 nicht ein, so dass der Rechtsweg zu den ArbG eröffnet ist. LAG Hessen v. 19.1.2007 – 18 Ta 593/06, NZA-RR 2007, 262.
5 BAG v. 8.9.2015 – 9 AZB 21/15, NJW 2015, 3469 Rz. 14; BAG v. 3.12.2014 – 10 AZB 98/14, NJW 2015, 718 Rz. 15; BAG v. 26.10.2012 – 10 AZB 60/12, ZIP 2013, 335 (336) mit Anm. *Bross*, EWiR 2013, 305; BAG v. 23.8.2011 – 10 AZB 51/10, ZIP 2011, 2175 mit Anm. *Henne*, EWiR 2012, 37; LAG Berlin-Brandenburg v. 26.1.2009 – 6 Ta 174/09, NZA-RR 2009, 277 (Ls.); LAG Frankfurt v. 27.12.2012 – 19 Ta 379/12, ZIP 2013, 1594 (1595); LAG Köln v. 12.12.2012 – 12 Ta 274/11, AuR 2012, 325 (Ls.); LAG Schl.-Holst. v. 5.10.2001 – 5 Ta 72/01, NZA-RR 2002, 324 (325); vgl. auch LAG München v. 10.4.2003 – 7 W 656/03, ZIP 2003, 1367 f.
6 ArbG Stuttgart v. 21.12.2016 – 26 Ca 735/16, NZA-RR 2017, 69 (73 f.): nur in extremen Ausnahmefällen.
7 BAG v. 4.2.2013 – 10 AZB 78/12, ZIP 2013, 539 f. mit zust. Anm. *Undritz/Röger*, EWiR 2013, 501.
8 BAG v. 3.12.2014 – 10 AZB 98/14, NJW 2015, 718 Rz. 20 ff.; BAG v. 23.8.2011 – 10 AZB 51/10, ZIP 2011, 2175 (2176) mit Anm. *Henne*, EWiR 2012, 37; BAG v. 18.12.1996 – 5 AZB 25/96, AP Nr. 3 zu § 2 ArbGG 1979 – Zuständigkeitsprüfung; vgl. auch BAG v. 6.5.1999 – 5 AZB 22/98, SAE 2000, 256 (258).
9 LAG Köln v. 12.12.2012 – 12 Ta 274/11, AuR 2012, 325 (Ls.); OLG München v. 27.10.2014 – 7 W 2097/14, NZA-RR 2014, 660 Rz. 8 f.; OLG Schleswig v. 15.2.2010 – 1b W 8/10, NZA-RR 2010, 321 (322).
10 BAG v. 26.10.2012 – 10 AZB 60/12, ZIP 2013, 335, 336 mit Anm. *Bross*, EWiR 2013, 305; LAG Köln v. 3.2.2014 – 11 Ta 274/13; LAG Hamm v. 2.10.2015 – 2 Ta 249/15, Rz. 26; LAG Schl.-Holst. v. 5.10.2001 – 5 Ta 72/01, NZA-RR 2002, 324 (325); OLG Frankfurt v. 11.5.1999 – 5 W 11/99, NZA-RR 2000, 385; OLG München v. 27.10.2014 – 7 W 2097/14, NZA-RR 2014, 660.
11 BAG v. 8.9.2015 – 9 AZB 21/15, NJW 2015, 3469 Rz. 18.
12 BAG v. 22.10.2014 – 10 AZB 46/14, NJW 2015, 570 Rz. 26 ff. mit Anm. *Hützen*, EWiR 2015, 163; BAG v. 3.12.2014 – 10 AZB 98/14, NJW 2015, 718 Rz. 21 ff.; BAG v. 8.9.2015 – 9 AZB 21/15, NJW 2015, 3469 Rz. 17.
13 BAG v. 21.2.1994 – 2 AZB 28/93, EzA § 2 ArbGG 1979 Nr. 28.
14 BAG v. 15.3.2011 – 10 AZB 32/10, NZA 2011, 874 (875) mit zT krit. Anm. *Gravenhorst*, jurisPR-ArbR 26/2011; LAG Rh.-Pf. v. 28.6.2012 – 3 Ta 72/12, NZA-RR 2012, 549, 550; LAG Sachsen v. 5.5.1993 – 6 Ta 5/93, LAGE § 2 ArbGG Nr. 13; LAG Schl.-Holst. v. 5.10.2001 – 5 Ta 72/01, NZA-RR 2002, 324 (325).
15 BAG v. 15.3.2011 – 10 AZB 32/10, NZA 2011, 874 (875).

dann vorliegen, wenn ein ArbN aufgrund einer formlosen Abrede zum Geschäftsführer bestellt wird, weil dann mangels Schriftform (§ 623 BGB) keine wirksame Aufhebung des Arbeitsverhältnisses vorliegt[1]. Wenn für einen ArbN während seines Arbeitsverhältnisses ein Direktversicherungsvertrag abgeschlossen und nach späterer Begründung eines Geschäftsführerverhältnisses unter formwirksamer Aufhebung des Arbeitsvertrages fortgeführt wird, ist für einen nach Beendigung der Organstellung und Kündigung des Versicherungsvertrages geltend gemachten Anspruch auf Auszahlung des Rückkaufswerts nicht der Rechtsweg zu den ArbG gegeben, sondern derjenige zu den ordentlichen Gerichten[2]; denn allein durch die Niederlegung der Geschäftsführertätigkeit wandelt sich der Anstellungsvertrag nicht automatisch in ein Arbeitsverhältnis um. Ein **GmbH-Gesellschafter**, der nicht Geschäftsführer ist, kann ArbN sein, wenn er wegen seines geringen Gesellschaftsanteils nicht über eine gesetzliche Sperrminorität verfügt und damit nicht über ein solches Maß an Selbstbestimmung, das jede Weisungsgebundenheit und damit jede arbeitsrechtliche Beziehung ausschließen würde[3]. Ohne Sperrminorität kann ein Gesellschafter, der mehr als 50 % der Stimmrechte hält, nicht ArbN sein[4].

Beamte sind keine ArbN iSd. ArbGG (§ 5 Abs. 2). Für Streitigkeiten zwischen einem Beamten und seinem Dienstherrn ist der Verwaltungsrechtsweg gegeben (§ 126 Abs. 1 BRRG, § 126 BBG). Gleiches gilt für Rechtsstreitigkeiten von Wehrpflichtigen[5] und freiwillig Wehrdienstleistenden (§ 5 Abs. 3 WehrPflG) nach dem WehrPflG und von Zivildienstleistenden nach dem ZDG (§ 32 WPflG, § 78 Abs. 2 ZDG). Das gilt auch für Entschädigungsklagen nach § 15 Abs. 2 AGG wegen Verstoßes gegen ein Benachteiligungsverbot bei der Bewerbung auf eine Beamtenstelle[6]. Eine Besonderheit gilt, wenn sich ein Beamter im Wege der Konkurrentenklage gegen die Übertragung einer besser vergüteten Stelle im Angestelltenverhältnis an einen Mitbewerber wehrt; dann klagt er nicht in seiner Eigenschaft als Beamter, sondern als Bewerber auf eine Angestelltenstelle[7]. Für solche Konkurrentenklagen sind die ArbG nach § 2 Abs. 1 Nr. 3 Buchst. c zuständig (Rz. 121 f.). **Freiwillige nach dem JFDG** und dem **BFDG** sind zwar ebenfalls keine ArbN; aber für sie ergibt sich die Rechtswegzuständigkeit der ArbG im Urteilsverfahren aus § 2 Abs. 1 Nrn. 8 und 8a (dazu Rz. 174–175a). 83b

bb) Arbeitgeber

Anders als für den ArbN gibt es keine gesetzliche Definition für den ArbGeb. Sie lässt sich aber mittelbar aus dem ArbN-Begriff ableiten. Danach ist ArbGeb derjenige, der mindestens einen ArbN oder eine arbeitnehmerähnliche Person iSv. § 5 beschäftigt[8]. Das kann eine natürliche oder eine juristische Person oder eine Mehrheit von natürlichen[9] oder juristischen Personen bzw. rechtlich selbständigen Gesellschaften[10] sein, und zwar auch eine juristische Person des öffentlichen Rechts. Für die Rechtswegzuständigkeit spielt es keine Rolle, ob der ArbN seinen unmittelbaren oder einen **mittelbaren ArbGeb** in Anspruch nimmt, weil er gegenüber dem Mittelsmann, der selbst ArbN ist, nicht zu seinem Recht kommt[11]. Bei Ein-Euro-Jobs ist der private Dritte, bei dem der erwerbsfähige Hilfebedürftige tätig ist, nicht dessen ArbGeb[12] (s. schon Rz. 83); zwischen beiden besteht kein privatrechtlicher Vertrag, sondern ein öffentlich-rechtliches Rechtsverhältnis, und der Dritte schuldet auch nicht die Mehraufwandsentschädigung. 84

---

1 BAG v. 15.3.2011 – 10 AZB 32/10, NZA 2011, 874 f.; BAG v. 21.8.2011 – 10 AZB 51/10, ZIP 2011, 2175 f. mit Anm. *Henne*, EWiR 2012, 37; BAG v. 4.2.2013 – 10 AZB 78/12, ZIP 2013, 539 (540) mit zust. Anm. *Undritz/Röger*, EWiR 2013, 501; LAG Frankfurt v. 27.12.2012 – 19 Ta 379/12, ZIP 2013, 1594 (1595); LAG Rh.-Pf. v. 28.6.2012 – 3 Ta 72/12, NZA-RR 2012, 549 (550).
2 LAG Hamm v. 1.2.2012 – 2 Ta 394/11, NZA-RR 2012, 324 (326).
3 BAG v. 17.9.2014 – 10 AZB 43/14, NJW 2015, 572 Rz. 22; LAG Köln v. 29.9.2003 – 13 Ta 77/03, NZA-RR 2004, 553.
4 BAG v. 17.9.2014 – 10 AZB 43/14, NJW 2015, 572 Rz. 22.
5 Hinweis: Die Vorschriften über Wehrpflicht und Zivildienst gelten nach Aussetzung der Wehrpflicht und der Pflicht zur Ableistung des Zivildienstes durch das WehrRÄndG 2011 v. 28.4.2011 (BGBl. I S. 678) nur noch im Spannungs- oder Verteidigungsfall (§ 2 WPflG, § 1a ZDG).
6 LAG Hamm v. 6.10.2005 – 2 Ta 402/05, NZA-RR 2006, 157 (zu einem Anspruch aus § 81 Abs. 2 Nr. 2 SGB IX); OVG Koblenz v. 22.6.2007 – 2 F 10596/07, NZA-RR 2007, 491.
7 *Walker*, FS Söllner, 2000, S. 1231 (1236).
8 BCF/*Bader*, ArbGG § 5 Rz. 4; GMP/*Schlewing*, § 2 Rz. 51; GK-ArbGG/*Schütz*, § 2 Rz. 72; GWBG/*Waas*, § 2 Rz. 42; *Kissel/Mayer*, § 13 GVG Rz. 176.
9 So die einzelnen Gesellschafter bei einer BGB-Gesellschaft, BAG v. 16.10.1974 – 4 AZR 29/74, AP Nr. 1 zu § 705 BGB.
10 BAG v. 27.3.1981 – 7 AZR 523/78, AP Nr. 1 zu § 611 BGB – ArbGebgruppe.
11 Zu dieser Voraussetzung für die Inanspruchnahme des mittelbaren ArbGeb s. BAG v. 9.4.1957 – 3 AZR 435/54, BAGE 4, 93.
12 BAG v. 17.1.2007 – 5 AZB 43/06, NJW 2007, 3303; BAG v. 8.11.2006 – 5 AZB 36/06, NZA 2007, 53 (54).

85 Bei der **gewerbsmäßigen ArbN-Überlassung** ist der Verleiher ArbGeb, weil mit ihm der Arbeitsvertrag geschlossen wird und er auch die Vergütung schuldet. Jedoch sind die ArbGebFunktionen insofern aufgespalten, als das Direktionsrecht vom Entleiher ausgeübt wird. Kommt es deshalb zu einem Rechtsstreit zwischen dem LeihArbN und dem Entleiher (zB Entschädigungsklage nach § 15 Abs. 2 AGG), ist auch der Entleiher ArbGeb iSv. § 2 Abs. 1 Nr. 3[1]. Zum gleichen Ergebnis kommt man, wenn man den Entleiher zwar nicht als ArbGeb, aber den Arbeitsvertrag mit dem Verleiher als Vertrag zugunsten des Entleihers ansieht[2]; denn auch nach dieser Ansicht entstehen vertragliche Beziehungen zum Entleiher mit arbeitsrechtlichem Charakter[3]. Die ArbGeb-Eigenschaft des Entleihers ist auch dann zu bejahen, wenn bei einer ArbN-Überlassung ohne die dafür erforderliche Erlaubnis gem. § 10 AÜG ein Arbeitsverhältnis zwischen LeihArbN und Entleiher fingiert wird. Eine Aufspaltung der ArbGeb-Funktion ist auch gegeben, wenn ein ArbN im Rahmen seines Arbeitsvertrages mit der Muttergesellschaft für die Tochtergesellschaft tätig wird. Für Klagen der Tochtergesellschaft auf Schadensersatz wegen einer Pflichtverletzung im Rahmen dieser Tätigkeit ist der Rechtsweg zu den ArbG gegeben[4].

86 Falls der ArbN den **vollmachtlosen Vertreter** des ArbGeb gem. § 179 BGB in Anspruch nimmt, ist es sachgerecht, auch den Vertreter als ArbGeb iSv. § 2 Abs. 1 Nr. 3 anzusehen oder jedenfalls wie dessen Rechtsnachfolger iSv. § 3 zu behandeln (dazu § 3 Rz. 20)[5]; denn der Vertreter haftet gem. § 179 Abs. 1 BGB wie der Vertretene.

87 Dagegen ist ein Rechtsanwalt des ArbGeb oder ein sonstiger Dritter, der im Auftrag des ArbGeb eine Stellenanzeige aufgibt und von einem nicht berücksichtigten Bewerber auf Entschädigung nach § 15 Abs. 2 AGG oder zwecks Vorbereitung eines solchen Entschädigungsanspruchs auf Auskunft über den ArbGeb verklagt wird[6], **nicht ArbGeb** iSv. § 2 Abs. 1 Nr. 3. Er ist auch nicht als Rechtsnachfolger des ArbGeb iSv. § 3 anzusehen (dazu § 3 Rz. 9 ff.). Ebenfalls nicht ArbGeb ist ein Dritter, der von einem ArbN bei Ausübung seiner Tätigkeit geschädigt wurde und den ArbN deshalb im Wege der Außenhaftung auf Schadensersatz in Anspruch nimmt. Beschädigt der ArbN etwa ein „Firmen"fahrzeug, das nicht dem ArbGeb, sondern einer Leasinggesellschaft oder einem Sicherungsnehmer gehört, wird die Schadensersatzklage des Dritteigentümers oder dessen Versicherungsgesellschaft nicht von § 2 Abs. 1 Nr. 3 erfasst; vielmehr ist die Rechtswegzuständigkeit der ordentlichen Gerichte gegeben[7].

88 Ist der ArbN bei einer OHG oder KG beschäftigt, gilt neben der Gesellschaft auch der **persönlich haftende Gesellschafter** als ArbGeb, zumal er die ArbGebBefugnisse ausübt und für die Ansprüche aus dem mit der Gesellschaft bestehenden Arbeitsverhältnis persönlich haftet[8]. Dagegen ist der **Kommanditist** nicht ArbGeb im Rechtssinne; denn er vertritt die Gesellschaft nicht nach außen, ist von der Geschäftsführung ausgeschlossen, hat keine ArbGebBefugnisse (kein Weisungsrecht) und haftet nicht persönlich für die Verbindlichkeiten der KG aus dem Arbeitsvertrag[9]. Auch der **GmbH-Geschäftsführer**, der im Wege der prozessualen Durchgriffshaftung verklagt wird, ist kein ArbGeb[10]. Nach ganz hM ergibt sich in diesem Fall die Rechtswegzuständigkeit aus § 3 (§ 3 Rz. 19).

c) Streitigkeiten aus dem Arbeitsverhältnis (Nr. 3 Buchst. a)

89 Erfasst werden Streitigkeiten aus einem Arbeitsverhältnis. Dieses muss zwischen den Parteien des Rechtsstreits bestehen oder bestanden haben. Daran fehlt es, wenn der ArbN die Konzernobergesellschaft seiner ArbGebin als Mitschuldnerin verklagt; allerdings kann sich die Rechtswegzuständigkeit aus § 3 (Rechtsnachfolge) ergeben[11]. Ferner liegt kein Arbeitsverhältnis zwischen einer Arbeitsvertragspartei und ihrem Prozessbevollmächtigten vor. Wenn dieser seine Gebührenforderung im Zusammenhang mit einem ArbG-Prozess einklagt, ist der Rechtsweg zu den ordentlichen Gerichten gegeben[12].

---

1 BAG v. 15.3.2011 – 10 AZB 49/10, NZA 2011, 653 f.; GMP/*Schlewing*, § 2 Rz. 52; GK-ArbGG/*Schütz*, § 2 Rz. 72b; aM *Gift/Baur*, Urteilsverfahren, Teil C Rz. 96.
2 *Walker*, AcP 194 (1994), 295 (309 ff.).
3 LAG Hamm v. 4.8.2003 – 2 Ta 739/02.
4 OLG Düsseldorf v. 7.7.2004 – I-6 W 36/04, NZA-RR 2005, 103.
5 So BAG v. 7.4.2003 – 5 AZB 2/03, NZA 2003, 813 (814); LAG Hamm v. 6.1.1997 – 9 Ta 172/96, AP Nr. 3 zu § 3 ArbGG 1979; GMP/*Schlewing*, § 2 Rz. 51.
6 BAG v. 27.8.2008 – 5 AZB 71/08, NZA 2008, 1259; LAG Hamm v. 26.5.2008 – 2 Ta 732/07, AuR 2008, 363 (Ls.).
7 BAG v. 7.7.2009 – 5 AZB 8/09, NZA 2009, 919 Rz. 7; s.a. LAG Düsseldorf v. 12.2.2003 – 12 Sa 1345/02.
8 BAG v. 14.11.1979 – 4 AZR 3/78, AP Nr. 2 zu § 4 TVG – Gemeinsame Einrichtung, Bl. 2 R.
9 BAG v. 23.6.1992 – 9 AZR 308/91, AP Nr. 23 zu § 2 ArbGG 1979; LAG BW v. 29.1.1991 – 14 Sa 77/90, EWiR 1991, 529 (*Ackmann*).
10 So jetzt auch GWBG/*Waas*, § 2 Rz. 43.
11 BAG v. 15.3.2000 – 5 AZB 70/99, NZA 2000, 671 (672).
12 BAG v. 28.10.1997 – 9 AZB 35/97, NZA 1998, 219 f.

aa) Arbeitsverhältnis iSv. Nr. 3 Buchst. a

Ob zwischen den Parteien überhaupt ein Arbeitsverhältnis besteht, ist grds. mit der rechtlichen Stellung der Parteien entschieden:

(1) Wenn es sich bei den Parteien um **ArbN und ArbGeb** handelt, besteht zwischen ihnen auch ein Arbeitsverhältnis. Dieses muss nicht notwendig zur Zeit der Klageerhebung bestehen; vielmehr reicht auch ein ehemaliges Arbeitsverhältnis aus, sofern sich daraus die Streitigkeit ergibt. Nr. 3 Buchst. a knüpft nicht an einen Arbeitsvertrag zwischen den Parteien, sondern an ein Arbeitsverhältnis an. Deshalb ist es ohne Bedeutung, ob dieses auf einem wirksamen oder einem unwirksamen oder angefochtenen Arbeitsvertrag beruht oder ob es nach § 850h ZPO fingiert wird[1]. Ein **fehlerhaftes Arbeitsverhältnis** reicht aus. Selbst dann, wenn die Regeln vom fehlerhaften Arbeitsverhältnis mangels Schutzwürdigkeit des ArbN nicht eingreifen, wie etwa bei der Vereinbarung einer kriminellen Tätigkeit[2] und der Anfechtung wegen arglistiger Täuschung nach § 123 BGB[3], liegt dennoch ein Arbeitsverhältnis vor, für dessen bereicherungsrechtliche Rückabwicklung die Rechtswegzuständigkeit der ArbG nach Nr. 3 Buchst. a gegeben ist[4].

Ein Arbeitsverhältnis kann auch **zwischen Familienangehörigen** bestehen, sofern die Tätigkeit über die familienrechtliche Verpflichtung zur Mitarbeit (§ 1619 BGB) hinausgeht. Soweit bei der **gewerbsmäßigen ArbN-Überlassung** der Entleiher die ArbGebStellung hat, handelt es sich bei dem Rechtsverhältnis zwischen ihm und dem LeihArbN um ein Arbeitsverhältnis (Rz. 85). Gleiches gilt, wenn ein solches gem. § 10 AÜG fingiert wird.

Schon begrifflich liegt dagegen **kein Arbeitsverhältnis** vor, wenn für eine Dienstleistung ein Anspruch aus **Geschäftsführung ohne Auftrag** geltend gemacht wird. Wenn der Geschäftsherr nämlich gar nichts von der ihm erbrachten Dienstleistung weiß, kann auch von einer weisungsgebundenen Tätigkeit keine Rede sein. Allerdings bejaht das BAG die Rechtswegzuständigkeit nach Nr. 3 Buchst. a, wenn eine weisungsgebundene Tätigkeit in der **fehlgeschlagenen Erwartung eines Vergütungsanspruches** gem. § 612 Abs. 1 BGB erbracht wird[5]. Sind die Parteien dagegen einig, dass der Empfänger der Dienstleistung keine Gegenleistung schuldet, liegt auch kein Arbeitsverhältnis vor.

(2) Um ein Arbeitsverhältnis iSv. Nr. 3 Buchst. a handelt es sich auch bei einem **Berufsausbildungsverhältnis** (zur weiten Auslegung des Begriffs der Berufsausbildung s. § 5 Rz. 148 ff.). Das ist die notwendige Konsequenz daraus, dass ein Auszubildender gem. § 5 Abs. 1 Satz 1 ArbN im Sinne dieses Gesetzes ist. Wie Auszubildende stehen auch **Anlernlinge** und **Umschüler** in einem Arbeitsverhältnis, sofern ihnen aufgrund einer privatrechtlichen Vereinbarung berufliche Kenntnisse und Fähigkeiten auf betrieblicher (und nicht auf schulischer)[6] Ebene vermittelt werden[7]. Unerheblich ist, ob sie eine Vergütung erhalten[8] und (falls ja) ob diese von der Agentur für Arbeit gezahlt wird[9]. An der Betriebsbezogenheit der Ausbildung fehlt es, wenn die Ausbildung in einem ihrer Ausbildungsbetriebe stattfindet[10]. **Praktikanten** und **Volontäre** können[11], müssen aber nicht in einem Arbeits- oder Ausbildungsverhältnis stehen[12]. Das ist zu verneinen, wenn der schul- oder hochschulbezogene Ausbildungszweck vorrangig ist und keine Verpflichtung zur Tätigkeit besteht[13].

(3) Die Rechtsverhältnisse, in denen **Heimarbeiter**, diesen **Gleichgestellte** und solche Personen beschäftigt sind, die wegen ihrer wirtschaftlichen Unselbstständigkeit **arbeitnehmerähnliche Personen** sind, müssen

---

1 BGH v. 23.2.1977 – VIII ZR 222/75, BGHZ 68, 127.
2 BAG v. 25.4.1963 – 5 AZR 398/62, BAGE 14, 180.
3 BAG v. 3.12.1998 – 2 AZR 754/97, AP Nr. 49 zu § 123 BGB.
4 GWBG/*Waas*, § 2 Rz. 46.
5 BAG v. 28.9.1977 – 5 AZR 303/76, AP Nr. 29 zu § 612 BGB; s.a. BAG v. 15.3.1960 – 5 AZR 409/58, AP Nr. 13 zu § 612 BGB.
6 BAG v. 26.1.1994 – 7 ABR 13/92, AP Nr. 54 zu § 5 BetrVG 1972, Bl. 3.
7 BAG v. 21.5.1997 – 5 AZB 30/96, NZA 1997, 1013; LAG Köln v. 8.9.1997 – 13 Ta 233/97, NZA-RR 1998, 135; GMP/*Müller-Glöge*, § 5 Rz. 21; GK-ArbGG/*Schütz*, § 2 Rz. 111.
8 BAG v. 10.2.1981 – 6 ABR 86/78, AP Nr. 25 zu § 5 BetrVG 1972.
9 BAG v. 21.5.1997 – 5 AZB 30/96, NZA 1997, 1013.
10 BAG v. 21.7.1993 – 7 ABR 35/92, AP Nr. 8 zu § 5 BetrVG 1972 – Ausbildung; BAG v. 26.1.1994 – 7 ABR 13/92, AP Nr. 54 zu § 5 BetrVG 1972 (noch zu § 56 AFG); BayLSG v. 7.12.1989 – L 14 B 173/89 So VR, NZA 1990, 712 (privates Berufsförderungszentrum, das durch das [damalige] Arbeitsamt geförderte Umschulungsmaßnahmen durchführt).
11 BAG v. 23.6.1983 – 6 AZR 595/80, AP Nr. 10 zu § 78a BetrVG zu Redaktionsvolontär; LAG Hamm v. 19.5.1995 – 4 Sa 433/95, LAGE § 48 ArbGG Nr. 12 zum Praktikum vor Anerkennung als Sozialarbeiter (Ls.).
12 BGH v. 3.4.1984 – VI ZR 288/82, DB 1984, 2690 zum Schulpraktikum.
13 Vgl. LAG Hamm v. 13.10.2006 – 2 Ta 6/06, NZA-RR 2007, 97 (98) zur Tätigkeit im Rahmen eines Stipendienvertrages (Soester Modell).

ebenfalls als Arbeitsverhältnisse iSv. Nr. 3 Buchst. a angesehen werden. Das ist die notwendige Konsequenz aus § 5 Abs. 1 Satz 2, wonach diese Personen als ArbN gelten. Gleiches gilt für die Rechtsverhältnisse der **Handelsvertreter**, die von § 5 Abs. 3 erfasst werden. Auch ein Frachtführer iSv. §§ 407 ff. HGB, der grds. eine selbstständige Tätigkeit ausübt, wurde von der Rechtsprechung dann als ArbN angesehen, wenn er seine Tätigkeit kraft Vereinbarung weisungsgebunden ausübt[1].

96 **(4)** In einem Arbeitsverhältnis stehen schließlich auch die Arbeiter und Angestellten, die im **öffentlichen Dienst** tätig sind. Gleiches gilt für die sog. **Dienstordnungsangestellten** bei den Sozialversicherungsträgern gem. §§ 144 ff. SGB VII[2] und für Arbeiter und Angestellte, die bei den **Kirchen** beschäftigt sind[3], sowie für **Lehrer an staatlich anerkannten Ersatzschulen**[4].

97 **(5) Nicht in einem Arbeitsverhältnis** stehen dagegen **Beamte**. Diese sind keine ArbN (§ 5 Abs. 2); sie stehen in einem öffentlich-rechtlichen Beamtenverhältnis zum Dienstherrn. Das gilt auch für kirchliche Beamte und solche, die noch bei der Deutschen Bahn AG[5] und bei der Deutschen Post AG beschäftigt sind. Allerdings können Beamte neben ihrem Beamtenverhältnis als ArbN einer Nebentätigkeit nachgehen. Insoweit stehen sie dann auch in einem Arbeitsverhältnis. Ebenfalls nicht in einem Arbeitsverhältnis stehen erwerbsfähige Hilfebedürftige (**Ein-Euro-Jobber**) sowie **Freiwillige nach den BFDG** (s. schon Rz. 83).

98 **(6)** Kein Arbeitsverhältnis bestand zwischen den ehemaligen **Zwangsarbeitern** und den Unternehmen, bei denen sie eingesetzt waren. Eine auf Zwang und der Androhung von Gewalt beruhende Leistung fremdnütziger Arbeit begründet keinen ArbN-Status iSd. ArbGG und des materiellen Arbeitsrechts[6]. Mangels ArbN-Verhältnisses liegt die Rechtswegzuständigkeit für Zwangsarbeiterklagen somit nicht bei den ArbG[7].

bb) Arbeitsverhältnis als Grundlage der Streitigkeit

99 Die Streitigkeit muss aus dem Arbeitsverhältnis resultieren.

100 **(1)** Die Voraussetzung „aus dem Arbeitsverhältnis" wird **großzügig ausgelegt**. Insbesondere ist es unerheblich, ob die konkrete Anspruchsgrundlage unmittelbar der Arbeitsvertrag, ein Tarifvertrag, eine BV oder eine gesetzliche Vorschrift ist. Deshalb folgt bspw. auch der bereicherungsrechtliche Anspruch auf Rückzahlung rechtsgrundloser Leistungen aus dem Arbeitsverhältnis. Auch Streitigkeiten über solche Pflichten, die der ArbGeb oder ArbN kraft Gesetzes erfüllen muss, resultieren aus dem Arbeitsverhältnis, sofern diese Pflichten an die ArbGeb- oder ArbN-Eigenschaft geknüpft sind[8]. Betrifft die Streitigkeit dagegen den ArbN in seiner Eigenschaft als Organmitglied (ArbN-Vertreter im Aufsichtsrat), ist der Rechtsweg zu den ordentlichen Gerichten gegeben[9]. An sich folgen auch Ansprüche aus unerlaubter Handlung im Zusammenhang mit dem Arbeitsverhältnis und Ansprüche im Zusammenhang mit Arbeitspapieren aus dem Arbeitsverhältnis; sie fallen allerdings nicht unter Nr. 3 Buchst. a, weil insoweit die Sonderregelungen von Nr. 3 Buchst. d und e eingreifen.

101 Streitigkeiten über solche Ansprüche aus dem Arbeitsverhältnis, die in einem gerichtlichen oder außergerichtlichen **Vergleich** festgelegt oder umgestaltet wurden, über die ein **Wechsel** oder ein **Scheck** ausgestellt wurde oder die sich aus einem **abstrakten Schuldanerkenntnis** ergeben, fallen ebenfalls unter den Anwendungsbereich von Nr. 3 Buchst. a[10]. Der Ausschluss des Urkundsverfahrens im ArbG-Prozess gem. § 46 Abs. 2 Satz 2 schränkt nicht die Rechtswegzuständigkeit ein, sondern bedeutet nur, dass auch über urkundlich verbriefte Ansprüche sogleich im regulären Urteilsverfahren entschieden wird[11].

---

1 LAG MV v. 13.7.2015 – 3 Ta 6/15, NZA-RR 2015, 605 Rz. 13 ff.
2 BAG v. 16.5.1955 – 2 AZR 22/53, AP Nr. 7 zu § 2 ArbGG 1953; BAG v. 23.1.1959 – 4 AZR 72/56, AP Nr. 7 zu § 611 BGB – Dienstordnungs-Angestellte; BAG v. 11.11.1971 – 2 AZR 218/70, AP Nr. 31 zu § 611 BGB – Dienstordnungs-Angestellte; GMP/*Schlewing*, § 2 Rz. 58; GK-ArbGG/*Schütz*, § 2 Rz. 60a.
3 BAG v. 11.3.1986 – 1 ABR 26/84, AP Nr. 25 zu Art. 140 GG; BAG v. 10.12.1992 – 2 AZR 271/92, AP Nr. 41 zu Art. 140 GG; GK-ArbGG/*Schütz*, § 2 Rz. 114; *Kissel/Mayer*, § 13 GVG Rz. 206.
4 LAG Hamm v. 29.3.1985 – 16 (11) Sa 1512/84, DB 1985, 2700.
5 BAG v. 24.10.1997 – 10 AZB 28/97, NZA 1998, 165.
6 BAG v. 16.2.2000 – 5 AZB 71/99, NZA 2000, 385 (387); LAG Nürnberg v. 18.8.1999 – 1 Ta 185/99, BB 1999, 2251.
7 Ebenso LAG Nürnberg v. 18.8.1999 – 1 Ta 185/99, AP Nr. 69 zu § 2 ArbGG 1979; aM LAG München v. 11.1.2000 – Ta 446/99, NZA-RR 2000, 155 mit der Begründung, trotz Fehlens eines Arbeitsverhältnisses könne sich ein arbeitsrechtlicher Vergütungsanspruch aus dem Grundsatz von Treu und Glauben iSv. § 242 BGB iVm. dem Bekenntnis zu den Menschenrechten gem. Art. 1 Abs. 2 GG ergeben.
8 Vgl. GMP/*Schlewing*, § 2 Rz. 56.
9 OLG München v. 13.7.1955 – 7 U 950/55, AP Nr. 18 zu § 2 ArbGG 1953.
10 GMP/*Schlewing*, § 2 Rz. 55; GK-ArbGG/*Schütz*, § 2 Rz. 117 f.; GWBG/*Waas*, § 2 Rz. 53; offengelassen von BAG v. 7.11.1996 – 5 AZB 19/96, AP Nr. 1 zu § 4 ArbGG 1979.
11 BAG v. 7.11.1996 – 5 AZB 19/96, AP Nr. 1 zu § 2 ArbGG 1979.

Unerheblich ist, ob die Streitigkeit im Wege einer **Leistungs-, Feststellungs- oder Gestaltungsklage** vor Gericht anhängig gemacht wird. Ob für eine Feststellungsklage das notwendige Feststellungsinteresse (§ 46 Abs. 2 ArbGG, § 256 ZPO) besteht, ist zwar für die Zulässigkeit der Klage, nicht aber für die Rechtswegzuständigkeit von Bedeutung. Zu den Gestaltungsklagen aus dem Arbeitsverhältnis gehört etwa die Vollstreckungsgegenklage gem. § 767 ZPO, mit der sich eine Partei gegen die Vollstreckbarkeit eines Titels über einen Anspruch aus dem Arbeitsverhältnis wehrt[1].

(2) Als **Ansprüche des ArbN aus dem Arbeitsverhältnis** kommen in Betracht Zahlungsansprüche aller Art, etwa auf Zahlung der Vergütung, von Zulagen, Gratifikationen, Provisionen, Aufwendungsersatz (Spesen und Erstattung von Eigenschäden analog § 670 BGB), Urlaubsgeld, Entgeltfortzahlung bei Krankheit, Schadensersatz wegen Unmöglichkeit, Verzug oder sonstiger Pflichtverletzungen (§ 280 BGB), Abfindungen (zB aus Sozialplan oder gem. § 9 KSchG). Auch der Anspruch auf Ersatz eines sog. Steuerschadens, der bei Gehaltsnachzahlungen für vergangene Jahre durch eine progressionsbedingte Erhöhung der Steuerpflicht entsteht, ist ein Anspruch aus dem Arbeitsverhältnis[2]. Dagegen ist der Anspruch auf Rückzahlung von (angeblich) zu viel abgeführten Sozialversicherungsbeiträgen öffentlich-rechtlicher Natur und beruht nicht auf dem Arbeitsverhältnis[3]. Ansprüche auf Zahlung einer festgestellten oder festgesetzten Vergütung für eine Erfindung oder einen technischen Verbesserungsvorschlag (§§ 2, 3, 12 ArbNErfG) resultieren aus dem Arbeitsverhältnis. Für Vergütungsansprüche aufgrund einer Erfindung oder eines technischen Verbesserungsvorschlags (§ 20 ArbnErfG) ist allerdings § 2 Abs. 2 Buchst. a, der im Gegensatz zu § 2 Abs. 1 Nr. 3 Buchst. a keine ausschließliche Rechtswegzuständigkeit regelt, die speziellere Norm (s. noch Rz. 185, Rz. 195). Nur für Vergütungsstreitigkeiten wegen einfacher technischer Verbesserungsvorschläge bleibt es bei der ausschließlichen Rechtswegzuständigkeit nach Nr. 3 Buchst. a (Rz. 195). Ferner gehören zu den Ansprüchen des ArbN aus dem Arbeitsverhältnis die Ansprüche auf Gewährung und Festsetzung von Erholungs- und Bildungsurlaub, auf Entfernung einer Abmahnung aus der Personalakte, auf Erteilung eines (Zwischen-)Zeugnisses sowie auf Herausgabe zB von Arbeitspapieren. Aus dem Arbeitsverhältnis kann sich auch ein Anspruch auf betriebliche Altersversorgung ergeben[4]. Ein Anspruch auf Beförderung oder auf Neuvornahme der Bewerberauswahl für Beförderungen folgt dann aus dem Arbeitsverhältnis, wenn die Arbeitsvertragsparteien dazu eine Vereinbarung getroffen haben; andernfalls greift Nr. 3 Buchst. c ein[5].

(3) Als **Ansprüche des ArbGeb aus dem Arbeitsverhältnis** kommen in Betracht die Ansprüche auf Erfüllung der Haupt- und aller Nebenpflichten. Dazu können auch Unterlassungsansprüche gehören (zB Unterlassung von Wettbewerb). Ferner kommen Ansprüche auf Schadensersatz wegen Unmöglichkeit (zB bei Nichtantritt der Arbeit), Schlechterfüllung oder Verletzung von Nebenpflichten in Betracht.

(4) Ist der ArbN Mieter einer Werkmiet- oder Werkdienstwohnung, ist für die Rechtswegzuständigkeit hinsichtlich der daraus folgenden Streitigkeiten zu unterscheiden (s. schon Rz. 24): Für Streitigkeiten aus **Werkmietwohnungen**, die im Zusammenhang mit dem Arbeitsverhältnis vom ArbGeb an den ArbN vermietet wurden (§§ 576 ff. BGB), sind gem. § 29a ZPO iVm. § 23 Nr. 2 Buchst. a GVG die AG zuständig[6]; s. im Zusammenhang mit der örtlichen Zuständigkeit auch § 48 Rz. 132. **Werkdienstwohnungen** werden dem ArbN dagegen nicht aufgrund eines Mietvertrages, sondern unmittelbar aufgrund des Arbeitsvertrages zur Verfügung gestellt (zB Hausmeisterwohnungen). Zwar gelten in diesen Fällen für die Beendigung des Rechtsverhältnisses hinsichtlich des Wohnraumes unter den Voraussetzungen des § 576b BGB die Vorschriften über die Miete entsprechend; diese materiell-rechtliche Regelung ändert aber nichts daran, dass es sich (mangels eines eigenen Mietverhältnisses) um eine Streitigkeit aus dem Arbeitsverhältnis handelt, für die gem. § 2 Abs. 1 Nr. 3 Buchst. a die ArbG zuständig sind[7].

(5) Bei Streitigkeiten aus dem Arbeitsverhältnis bleibt es auch dann bei der Rechtswegzuständigkeit der ArbG, wenn über das Vermögen des ArbGeb das **Insolvenzverfahren** eröffnet wird[8]. Das betrifft etwa die Klage auf Feststellung rückständiger Vergütungsforderungen zur Insolvenztabelle gem. § 179 InsO. Die Klage ist zwar nicht gegen den ArbGeb, sondern gegen den Insolvenzverwalter zu richten, der kraft Geset-

---

1 OLG Frankfurt v. 10.12.1984 – 17 W 46/84, NZA 1985, 196 (Ls.); GMP/*Schlewing*, § 2 Rz. 55; GWBG/*Waas*, § 2 Rz. 54.
2 LAG Sachsen v. 27.1.2014 – 4 Ta 268/13, NZA-RR 2014, 493 (494).
3 BAG v. 30.4.2008 – 5 AZR 725/07, NZA 2008, 884 Rz. 20 f.; Roos/Wahrendorf/*Gutzeit*, § 51 SGG Rz. 66.
4 BGH v. 14.7.2011 – III ZB 75/10, NZA-RR 2011, 603 (604); BAG v. 29.4.1994 – 3 AZB 18/93, EzA § 2 ArbGG 1979 Nr. 27, S. 5; 27.3.1990 – 3 AZR 188/89, EzA § 2 ArbGG 1979 Nr. 18.
5 Einzelheiten bei *Walker*, FS Söllner, 2000, S. 1231 (1235 f.).
6 S. nur BAG v. 2.11.1999 – 5 AZB 18/99, NZA 2000, 277.
7 BAG v. 2.11.1999 – 5 AZB 18/99, NZA 2000, 277; BAG v. 24.1.1990 – 5 AZR 749/87, BAGE 64, 75 (78); GK-ArbGG/*Schütz*, § 2 Rz. 121b f.; GWBG/*Waas*, § 2 Rz. 50.
8 BAG v. 26.6.1967 – 3 AZR 341/66, BAGE 19, 355; GK-ArbGG/*Schütz*, § 2 Rz. 123; vgl. GWBG/*Waas*, § 2 Rz. 52; *Kissel/Mayer*, § 13 GVG Rz. 179.

zes an die Stelle des ArbGeb tritt (§ 80 InsO); das ändert aber nichts an der Rechtswegzuständigkeit der ArbG (§ 3), soweit diese ohne die Insolvenz des ArbGeb gegeben wäre (vgl. § 185 InsO). Entsprechendes gilt zB für den Beschäftigungsanspruch und für erst nach der Insolvenzeröffnung entstehende Vergütungsansprüche; hier folgt die Zuständigkeit unmittelbar aus § 2 Abs. 1 Nr. 3 Buchst. a. Ebenso sind die Ansprüche des ArbGeb aus dem Arbeitsverhältnis zB auf Arbeitsleistung, Unterlassung von Wettbewerb, Herausgabe von Werkzeug, Firmen-Pkw und Geschäftsunterlagen zwar nunmehr vom Insolvenzverwalter, aber weiterhin vor dem ArbG gerichtlich geltend zu machen.

107 Andererseits werden solche **Streitigkeiten, die ausschließlich mit der Insolvenz des ArbGeb zusammenhängen** und zu denen es ohne die Insolvenz gar nicht kommen könnte, von Nr. 3 Buchst. a nicht erfasst. So handelt es sich bei einer Streitigkeit über Sozialleistungsansprüche, die durch die Insolvenz des ArbGeb entstehen (Insolvenzgeld gem. §§ 165 ff. SGB III), nicht um eine solche zwischen ArbGeb und ArbN, so dass sie auch nicht aus dem Arbeitsverhältnis folgt. Der Anspruch richtet sich gegen die BA; über diese Streitigkeiten entscheiden die Sozialgerichte (§ 51 Abs. 1 SGG).

108 Äußerst umstritten war lange, ob es sich bei **Insolvenzanfechtungsklagen** des Insolvenzverwalters gegen die ArbN des insolventen ArbGeb **auf Vergütungsrückzahlung** um Streitigkeiten aus dem Arbeitsverhältnis oder jedenfalls um solche iSv. § 2 Abs. 1 Nr. 4 Buchst. a handelt, die mit dem Arbeitsverhältnis in einem rechtlichen unmittelbar wirtschaftlichem Zusammenhang stehen (dazu noch Rz. 151). Das wurde vom **BAG**[1] bejaht. Der klagende Insolvenzverwalter mache mit dem Rückforderungsanspruch als Rechtsnachfolger des insolventen Vertrags-ArbGeb (§ 3, dazu § 3 Rz. 26) einen Anspruch auf Rückabwicklung einer arbeitsrechtlichen Leistungsbeziehung geltend. Dabei handele es sich um einen Rechtsstreit aus einem Arbeitsverhältnis (§ 2 Abs. 1 Nr. 3 Buchst. a). Das gelte auch dann, wenn streitig ist, ob der Vergütungszahlung ein wirksamer Arbeitsvertrag oder ein Scheinvertrag zugrunde lag[2]. Demgegenüber stellte der **BGH**[3] bis zum Jahr 2009 in st. Rspr. darauf ab, dass es für die Rechtswegzuständigkeit bei Anfechtungsrückgewähransprüchen nach § 143 InsO nicht auf die Rechtsnatur der anfechtbaren Rechtshandlung (Vergütungszahlung) ankomme, sondern unabhängig von dieser auf die insolvenzrechtliche Einordnung des Rückgewähranspruchs. Dieser ergebe sich nicht aus dem Arbeitsverhältnis, sondern beruhe auf § 143 Abs. 1 InsO. Auf Vorlagebeschluss des BGH vom 2.4.2009[4] hat der **Gemeinsame Senat der Obersten Gerichtshöfe des Bundes** mit Beschluss vom 27.9.2010 die **Rechtswegzuständigkeit der Gerichte für Arbeitssachen** bejaht[5]. Es handele sich um eine bürgerlich-rechtliche Streitigkeit aus dem Arbeitsverhältnis, weil es um die Rückabwicklung einer arbeitsrechtlichen Leistung gehe. Ein solches Verständnis ergebe sich auch aus dem Zweck der Zuweisung von Streitigkeiten an die ArbG. Danach sollten die ArbN in den Genuss einer schnellen und kostengünstigen Abwicklung des Rechtsstreits unter Nutzung der besonderen Kenntnisse von im Arbeitsleben erfahrenen Personen kommen. Dieser Schutz dürfe ihnen auch bei der Verteidigung verdienter Vergütung gegen Rückgewähransprüche des Insolvenzverwalters nicht genommen werden. Damit ist diese Rechtswegfrage bzgl. insolvenzrechtlicher Anfechtungsklagen gegen ArbN für die Praxis geklärt[6]. Diese Rspr. ist allerdings nicht auf Insolvenzanfechtungsklagen gegen Sozialeinrichtungen privaten Rechts übertragbar, weil hier der Insolvenzverwalter nicht als ArbGeb oder dessen Rechtsnachfolger am Rechtsstreit beteiligt ist[7] (Rz. 165). Für diese Klagen ist deshalb ebenso wie für insolvenzrechtliche Anfechtungsklagen gegen Sozialversicherungsträger[8] der Rechtsweg zu den ordentlichen Gerichten gegeben. Überzeugend ist die Lösung des GmS-OGB nicht[9]. Für die insolvenzrechtliche Einordnung des Rückzahlungsanspruchs spricht immer noch, dass es ohne die Insolvenz des ArbGeb den Anspruch aus § 143 Abs. 1 InsO gar nicht gibt. Es handelt sich dabei um einen originär insolvenzrechtlichen Anspruch, der dem ArbGeb selbst niemals zustehen kann[10]. Allein der Umstand, dass es ohne Arbeitsverhältnis keine Vergütungszahlung vom später insolventen ArbGeb an die ArbN und damit auch keine Anfechtung

---

1 BAG v. 27.2.2008 – 5 AZB 43/07, NZA 2008, 549; bestätigt durch BAG v. 31.3.2009 – 5 AZB 98/08, ZIP 2009, 831. Zustimmend etwa *Berkowsky*, NZI 2008, 422 und 669 (671); *Jacobs*, NJW 2009, 1932; *Zwanziger*, BB 2009, 668.
2 BAG v. 25.11.2014 – 10 AZB 52/14, NZA 2015, 252 Rz. 9 mit Anm. *Grimm*, EWiR 2015, 295.
3 BGH v. 7.5.1991 – IX ZR 30/90, NJW 1991, 2147 (2148 f.); BGH v. 2.6.2005 – IX ZB 235/04, NJW-RR 2005, 1138; BGH v. 27.7.2006 – IX ZB 141/05, ZIP 2006, 1603. Zustimmend etwa *Huber*, LMK 2009, 282351; *Kirchhof*, ZInsO 2008, 1293; *Kreft*, ZInsO 2009, 578; *Walker*, FS J.-H. Bauer, 2010, S. 1029.
4 BGH v. 2.4.2009 – IX ZB 182/08, NJW 2009, 1968.
5 Gemeinsamer Senat der Obersten Gerichtshöfe des Bundes, Beschl. v. 27.9.2010 – GmS-OGB 1/09, ZIP 2010, 2418.
6 S. aber *Kreft*, ZIP 2013, 241 (242 ff.), der den Beschluss des GmS-OGB für verfassungswidrig hält.
7 BGH v. 6.12.2012 – IX ZB 84/12, ZIP 2012, 2524 (2526) mit zust. Anm. *Hess*, EWiR 2013, 69; LAG Frankfurt v. 26.2.2014 – 16 Ta 497/13, ZIP 2014, 1147 (1148); OLG Frankfurt v. 20.7.2012 – 5 W 18/12, ZIP 2012, 1880; aM noch OLG Frankfurt v. 6.8.2012 – 19 W 33/12, ZIP 2012, 1879 mit abl. Anm. *Eisner*, EWiR 2012, 651.
8 BGH v. 24.3.2011 – IX ZB 36/09, NJW 2011, 1365 f.
9 Ausführlich dazu *Walker*, FS J.-H. Bauer, 2010, S. 1029.
10 BGH v. 2.4.2009 – IX ZB 182/08, NJW 2009, 1968 (1970); *Kirchhof*, ZInsO 2008, 1293 (1294).

dieser Vergütungszahlung gegeben hätte, also irgendeine Kausalität zwischen Arbeitsverhältnis und Streitgegenstand im Sinne einer condicio sine qua non, reicht für eine rechtswegbegründende Einordnung als Streitigkeit aus dem Arbeitsverhältnis nicht aus[1]. So ist etwa für Klagen eines Mandanten gegen seinen Rechtsanwalt wegen Pflichtverletzung bei Wahrnehmung eines arbeitsrechtlichen Mandats[2] ebenfalls der Rechtsweg zu den ordentlichen Gerichten nach § 13 GVG gegeben, obwohl es auch zu diesem Anspruch ohne das Arbeitsverhältnis des Mandanten nicht gekommen wäre. Die Begründung der Entscheidung des GmS-OGB ist dürftig ausgefallen[3]. Eine gründliche Auseinandersetzung mit den Argumenten des BGH und der ihn stützenden Stimmen in der Literatur fehlt.

Wenn nicht der ArbGeb, sondern ein Dritter iSv. § 267 BGB die dem ArbN geschuldete Arbeitsvergütung entrichtet hat, ist für eine Insolvenzanfechtung dieser Zahlung der Rechtsweg zu den ordentlichen Gerichten gegeben[4]. Da nämlich der Dritte nicht ArbGeb ist, kann sein Insolvenzverwalter ebenfalls nicht in die Rechtsstellung des ArbGeb einrücken. Es geht also nicht um die Rückforderung von Arbeitsentgelt durch den ArbGeb. 108a

Der Rechtsweg zu den ordentlichen Gerichten ist auch dann gegeben, wenn der Insolvenzverwalter im Wege der **Insolvenzanfechtung** nicht Rückerstattung von Arbeitsvergütung, sondern einer **unentgeltlichen Leistung iSv. § 134 InsO** begehrt, die zwar der ArbGeb erbracht, aber nach dem Arbeitsvertrag gar nicht geschuldet hat[5]. 108b

Schließlich sind die ordentlichen Gerichte zuständig, wenn der Insolvenzverwalter im Wege der Insolvenzanfechtung nicht die ausgezahlte Arbeitsvergütung, sondern die vom ArbGeb **an das Finanzamt abgeführte Lohnsteuer** von diesem zurückverlangt. Dabei geht es nämlich nicht um die Rückabwicklung einer angefochtenen Vergütungszahlung, sondern einer steuerrechtlichen Beziehung zwischen dem ArbGeb und dem Fiskus[6]. 108c

(6) Schwierig kann die **Abgrenzung zwischen Streitigkeiten aus dem Arbeitsverhältnis**, über die im Urteilsverfahren zu entscheiden ist, und **Streitigkeiten aus dem BetrVG** sein, für die gem. § 2a die Rechtswegzuständigkeit im Beschlussverfahren gegeben ist[7]. Das Problem tritt sowohl bei Ansprüchen von Mitgliedern des BR und anderen betriebsverfassungsrechtlichen Funktionsträgern auf als auch bei Ansprüchen von sonstigen ArbN, die zwar nicht Mitglied eines betriebsverfassungsrechtlichen Organs sind, ihren Anspruch aber (auch) auf eine Norm aus dem BetrVG stützen. 109

(a) Soweit es um den **Anspruch eines BR-Mitglieds** geht, der diesem ausschließlich in seiner Eigenschaft als Amtsträger zusteht, folgt die Streitigkeit nicht aus dem Arbeitsverhältnis. Dann ist die Rechtswegzuständigkeit im Beschlussverfahren gegeben (§ 2a Rz. 42). Das betrifft zB den Anspruch auf Erstattung von Auslagen (einschließlich der Kosten für die Teilnahme an Schulungsveranstaltungen iSv. § 37 Abs. 6 BetrVG) nach § 40 BetrVG[8]. Gleiches gilt, wenn für notwendige BR-Tätigkeit „unter unzumutbarer Aufwendung von Freizeit" ein Ausgleich in Freizeit oder Geld beansprucht wird[9] und wenn darüber gestritten wird, ob ein BR-Mitglied zur Teilnahme an einer bestimmten Schulungsveranstaltung nach § 37 Abs. 6, 7 BetrVG berechtigt ist. Streitigkeiten über Ansprüche der **Vertrauensperson der Schwerbehinderten**, die dieser in ihrer Eigenschaft als Amtsträger zustehen (zB Ersatz von Schulungskosten), gehören aus denselben Gründen wie vergleichbare Ansprüche von BR-Mitgliedern in das Beschlussverfahren[10]. Schließlich ist auch über die Honoraransprüche von **Einigungsstellenmitgliedern** im Beschlussverfahren zu entscheiden[11] (§ 2a Rz. 42). 110

---

1 AM *Jacobs*, NJW 2009, 1932.
2 *Walker*, FS J.-H. Bauer, 2010, 1029 (1037); in der Sache ebenso *Kreft*, ZInsO 2009, 578 (583).
3 S. etwa die deutliche Kritik von *Bork*, EWiR 2010, 765 f. (nicht gerade dogmatisches Hochreck); *Kreft*, ZIP 2013, 241 (lassen jedes tiefere Verständnis des Insolvenzanfechtungsrechts vermissen); *Ries*, ZInsO 2010, 2382; zustimmend dagegen *Windel*, AP § 2 ArbGG 1979 Zuständigkeitsprüfung Nr. 14.
4 BGH v. 19.7.2012 – IX ZR 27/12, ZIP 2012, 1681 (1682).
5 LAG Frankfurt v. 26.2.2014 – 16 Ta 497/13, ZIP 2014, 1147.
6 BAG v. 17.9.2014 – 10 AZB 4/14, NZA 2015, 1405 Rz. 14 mit Anm. *Hess*, EWiR 2015, 95.
7 Dazu *Walker*, FS 50 Jahre BAG, 2004, 1365.
8 BAG v. 18.4.1967 – 1 ABR 11/66, BAGE 19, 314 (316 ff.); BAG v. 3.4.1979 – 6 ABR 63/76, AP Nr. 16 zu § 40 BetrVG 1972; BAG v. 18.1.1989 – 7 ABR 89/87, AP Nr. 28 zu § 40 BetrVG 1972; BAG v. 18.1.1989 – 7 ABR 89/87, BAGE 60, 385 (387); BAG; 28.8.1991 – 7 ABR 46/90, BAGE 68, 224 (227 f.); GK-ArbGG/*Schütz*, § 2 Rz. 120; GWBG/*Waas*, § 2a Rz. 18; *Walker*, FS 50 Jahre BAG, 2004, 1365 (1368).
9 BAG v. 14.9.1976 – 7 Sa 69/76, AP Nr. 25 zu § 37 BetrVG 1972.
10 BAG v. 21.9.1989 – 1 AZR 465/88, NZA 1990, 362 f.
11 BAG v. 6.4.1973 – 1 ABR 20/72, BAGE 25, 174 (178); BAG v. 11.5.1976 – 1 ABR 15/75, BAGE 28, 103 (105); BAG v. 13.1.1981 – 6 ABR 106/78, AP Nr. 8 zu § 76 BetrVG 1972; GMP/*Matthes/Schlewing*, § 2a Rz. 53; GWBG/*Waas*, § 2a Rz. 19.

111 Sofern dagegen ein **Anspruch** geltend gemacht wird, **der auch jedem anderen ArbN** zusteht, aber für das BR-Mitglied aufgrund von betriebsverfassungsrechtlichen Vorschriften lediglich von modifizierten Voraussetzungen abhängig ist, handelt es sich um eine Streitigkeit „aus dem Arbeitsverhältnis" (§ 2a Rz. 44). Darüber haben die ArbG dann gem. Nr. 3 Buchst. a im Urteilsverfahren zu entscheiden. Das betrifft den Anspruch auf Entgeltzahlung für eine Zeit, in der das BR-Mitglied nicht gearbeitet, sondern BR-Aufgaben wahrgenommen (§ 37 Abs. 2 BetrVG) oder an einer Schulungsveranstaltung teilgenommen hat (§ 37 Abs. 6, 7 BetrVG), und darüber gestritten wird, ob die Voraussetzungen des § 37 Abs. 2, 6, 7 BetrVG vorliegen[1]. Entsprechendes gilt für den Vergütungsanspruch des Mitglieds eines Wahlvorstands[2] sowie für Ansprüche des Vertrauensmannes der Schwerbehinderten, die ihm nicht als gesetzlichem Organ, sondern in seiner Eigenschaft als ArbN zustehen[3].

112 An dieser Differenzierung ist beachtliche **Kritik** geübt worden[4]. Sie bedeutet nämlich, dass dieselbe Frage (zB Berechtigung zur Teilnahme an einer Schulungsveranstaltung nach § 37 Abs. 6, 7 BetrVG) sowohl im Beschlussverfahren (Antrag auf Feststellung der Teilnahmeberechtigung) als auch im Urteilsverfahren (als Vorfrage im Rahmen einer Vergütungsklage für die Zeit der Teilnahme) zur Entscheidung gestellt werden und das betroffene BR-Mitglied auf diese Weise über die Einzelheiten der Verfahrensart disponieren kann. Diese Konsequenz, dass eine betriebsverfassungsrechtliche Frage auch als Vorfrage für einen arbeitsvertraglichen Anspruch von Bedeutung sein kann, ändert jedoch nichts daran, dass der Anspruch aus dem Arbeitsverhältnis von Nr. 3 Buchst. a der Rechtswegzuständigkeit im Urteilsverfahren zugewiesen ist. Die früher vertretene gegenteilige Ansicht, wonach in solchen Fällen immer im Beschlussverfahren zu entscheiden ist[5], mag rechtspolitisch diskussionswürdig gewesen sein, aber sie war nicht mit Nr. 3 Buchst. a vereinbar.

113 **(b)** Ansprüche **anderer ArbN** folgen auch dann aus dem Arbeitsverhältnis, wenn sie auf eine Norm **aus dem BetrVG** gestützt oder durch eine solche modifiziert werden. So ist über den Vergütungsanspruch im Urteilsverfahren zu entscheiden, selbst wenn er für eine Zeit geltend gemacht wird, in der nicht gearbeitet, sondern zB die Sprechstunde des BR (§ 39 Abs. 3 BetrVG) oder eine Betriebsversammlung (§ 44 Abs. 1 Satz 2 BetrVG) besucht wurde (s. § 2a Rz. 51). Gleiches gilt für Zahlungsansprüche aus Sozialplänen und für den Anspruch auf Nachteilsausgleich nach § 113 Abs. 1–3 BetrVG[6]. Ferner fällt eine Streitigkeit um den besonderen Weiterbeschäftigungsanspruch gem. § 102 Abs. 5 Satz 1 BetrVG unter Nr. 3 Buchst. a[7], weil der Beschäftigungsanspruch im Arbeitsverhältnis seine Grundlage hat und durch § 102 Abs. 5 Satz 1 BetrVG lediglich näher ausgestaltet ist. Konsequenterweise ist auch über den Antrag des ArbGeb gem. § 102 Abs. 5 Satz 2 BetrVG auf Entbindung von der Weiterbeschäftigungspflicht gem. Nr. 3 Buchst. a im Urteilsverfahren zu entscheiden; denn auch in dieser Streitigkeit geht es um die Grenzen des aus dem Arbeitsverhältnis folgenden Beschäftigungsanspruchs[8].

114 Ebenso wie der besondere Weiterbeschäftigungsanspruch nach § 102 Abs. 5 Satz 1 BetrVG wird hinsichtlich der Rechtswegzuständigkeit der Anspruch des Jugendvertreters eingeordnet, in dem gem. **§ 78a Abs. 2 BetrVG** im Anschluss an das Berufsausbildungsverhältnis begründeten Arbeitsverhältnis beschäftigt zu werden[9], bis über den Antrag des ArbGeb nach § 78a Abs. 4 BetrVG, dass sein Arbeitsverhältnis doch nicht begründet oder wieder aufgelöst wurde, entschieden wird. Gleiches gilt, wenn der ehemalige Jugendvertreter bei einem Streit darüber, ob gem. § 78a Abs. 2 BetrVG ein Arbeitsverhältnis begründet wurde, andere Ansprüche wie zB auf Zahlung der Vergütung geltend macht oder auf Feststellung des Bestehens eines Arbeitsverhältnisses klagt[10]. Für die Feststellungsklage ist allerdings die Rechtswegzuständigkeit im

---

1 BAG v. 30.1.1973 – 1 ABR 22/72, AP Nr. 1 zu § 37 BetrVG 1972; BAG v. 19.6.1979 – 6 AZR 638/77, AP Nr. 36 zu § 37 BetrVG 1972; GMP/*Matthes/Schlewing*, § 2a Rz. 16; *Walker*, FS 50 Jahre BAG, 2004, S. 1365 (1371).
2 BAG v. 11.5.1973 – 1 ABR 3/73, AP Nr. 2 zu § 20 BetrVG 1972; BAG v. 5.3.1974 – 1 AZR 50/73, AP Nr. 5 zu § 20 BetrVG.
3 Vgl. BAG v. 21.9.1989 – 1 AZR 465/88, NZA 1990, 362 f.
4 GMP/*Matthes/Schlewing*, § 2a Rz. 17 ff.
5 So noch *Grunsky*, 7. Aufl., § 2 Rz. 94 mwN.
6 BAG v. 20.6.1978 – 1 AZR 102/76, AP Nr. 3 zu § 113 BetrVG 1972; *Walker*, FS 50 Jahre BAG, 2004, S. 1365 (1374).
7 LAG Düsseldorf v. 29.5.1974 – 6 TaBV 39/74, DB 1974, 1342 (1343); LAG Hessen v. 18.6.1976 – 8 Sa Ga 302/76, NJW 1978, 76; *Walker*, Der einstweilige Rechtsschutz, Rz. 687 mwN.
8 LAG BW v. 15.5.1974 – 6 Sa 35/74, BB 1975, 43; LAG Berlin v. 11.6.1974 – 8 Sa 37/74, DB 1974, 1629; LAG Düsseldorf v. 29.5.1974 – 6 TaBV 39/74, DB 1974, 1342; *Gift/Baur*, Urteilsverfahren, Teil C Rz. 109; GMP/*Germelmann*, § 62 Rz. 111; GWBG/*Waas*, § 62 Rz. 40; Hauck/Helml/Biebl/*Helml*, § 2 Rz. 25; *Walker*, Der einstweilige Rechtsschutz, Rz. 691 mwN.
9 BAG v. 14.5.1987 – 6 AZR 498/85, DB 1987, 2104; LAG Berlin v. 16.12.1974 – 5 Sa 91/74, BB 1975, 837; *Walker*, Der einstweilige Rechtsschutz, Rz. 687; *Walker*, FS 50 Jahre BAG, 2004, S. 1365 (1370).
10 BAG v. 9.12.1975 – 1 ABR 7/75, AP Nr. 1 zu § 78a BetrVG 1972; BAG v. 22.9.1983 – 6 AZR 323/81, AP Nr. 11 zu § 78a BetrVG 1972; vgl. auch GMP/*Matthes/Schlewing*, § 2a Rz. 55.

Urteilsverfahren nicht nach Nr. 3 Buchst. a, sondern nach Nr. 3 Buchst. b gegeben. Bei dem Antrag des ArbGeb nach § 78a Abs. 4 BetrVG auf Feststellung der Nichtbegründung oder auf Auflösung eines doch begründeten Arbeitsverhältnisses wegen Unzumutbarkeit handelt es sich dagegen nach allgemeiner Ansicht um eine betriebsverfassungsrechtliche Angelegenheit, die nicht unter Nr. 3 Buchst. a oder b fällt, sondern über die gem. § 2a Abs. 1 im Beschlussverfahren zu entscheiden ist[1] (s. § 2a Rz. 48). Auf den ersten Blick überrascht diese Ansicht, weil der Streit in der Sache um das Bestehen eines Arbeitsverhältnisses (Nr. 3 Buchst. b) geht und hinsichtlich der Voraussetzungen (Unzumutbarkeit der Weiterbeschäftigung) durchaus eine Parallele zu § 102 Abs. 5 Satz 2 BetrVG zu sehen ist. Aber der Gesetzgeber hat das Beschlussverfahren gewollt. Das ergibt sich aus § 78a Abs. 4 BetrVG, wonach das gerichtliche Verfahren durch Antrag des ArbGeb einzuleiten ist und im Verfahren der BR und andere betriebsverfassungsrechtliche Organe Beteiligte sind.

d) Streitigkeiten über das Bestehen oder Nichtbestehen eines Arbeitsverhältnisses (Nr. 3 Buchst. b)

Unter Nr. 3 Buchst. b fallen Streitigkeiten darüber, ob zwischen den Parteien ein Arbeitsverhältnis zustande gekommen ist, ob es sich bei dem zustande gekommenen Rechtsverhältnis um ein Arbeitsverhältnis handelt, mit welchem Inhalt das Arbeitsverhältnis besteht und ob es noch besteht oder wann es beendet wurde. Voraussetzung ist immer, dass es gerade um das Bestehen eines Arbeitsverhältnisses geht. Nicht erfasst werden Streitigkeiten über das Dienstverhältnis des **Organs** einer juristischen Person[2] (s. schon Rz. 83a). Wird dieses allerdings nach Beendigung der Organstellung als Arbeitsverhältnis fortgesetzt und dann gekündigt, sind für den Kündigungsstreit die ArbG zuständig[3]. Die ArbG sind ferner zuständig, wenn ein ArbN mündlich zum Geschäftsführer bestellt wird und dann nach seiner Abberufung als Organmitglied über die Beendigung des Arbeitsverhältnisses oder über Ansprüche aus dem nicht aufgehobenen Arbeitsverhältnis gestritten wird; denn durch den mündlichen Geschäftsführervertrag kann der Arbeitsvertrag wegen § 623 BGB nicht aufgehoben werden[4]. Von Nr. 3 Buchst. b werden nur Feststellungsprozesse erfasst; denn wenn ein Anspruch aus einem angeblichen Arbeitsverhältnis im Wege der Leistungsklage verfolgt wird, greift schon Nr. 3 Buchst. a ein.

aa) Zustandekommen eines Arbeitsverhältnisses

Das Zustandekommen eines Arbeitsverhältnisses kann etwa umstritten sein im Hinblick auf das Vorliegen oder die Wirksamkeit einer vertraglichen Einigung, bezüglich der Voraussetzungen für die Entstehung eines fehlerhaften Arbeitsverhältnisses, wegen unterbliebener Mitwirkung des BR oder des Personalrats, wegen Fehlens der Arbeitserlaubnis oder im Hinblick auf die Voraussetzungen des § 10 AÜG für das Zustandekommen eines Arbeitsverhältnisses zwischen dem LeihArbN und dem Entleiher. Auch wenn der ArbGeb eine negative Feststellungsklage erhebt, die Voraussetzungen des § 78a Abs. 2, 3 BetrVG für die Begründung eines Arbeitsverhältnisses im Anschluss an ein Ausbildungsverhältnis lägen nicht vor, entscheiden darüber nach Nr. 3 Buchst. b die ArbG im Urteilsverfahren[5]. Dagegen muss der ArbGeb für die Feststellung, ein solches Arbeitsverhältnis sei trotz Vorliegens der Voraussetzungen des § 78a Abs. 2, 3 BetrVG wegen Unzumutbarkeit nicht begründet worden, nach § 78a Abs. 4 BetrVG einen Antrag im Beschlussverfahren stellen (Rz. 114).

bb) Einordnung des Rechtsverhältnisses als Arbeitsverhältnis

Ferner kann der Streit darum gehen, ob das unstreitig bestehende Rechtsverhältnis ein Arbeitsverhältnis oder ein Dienst- oder Werkvertragsverhältnis ist. Von Nr. 3 Buchst. b werden also auch die sog. **Statuspro-**

---

[1] BAG v. 5.4.1984 – 6 AZR 70/83, AP Nr. 13 zu § 78a BetrVG 1972; BAG v. 5.4.1984 – 6 AZR 70/83, BAGE 45, 305; BAG v. 29.11.1989 – 7 TaBV 35/87, BAGE 63, 319 (331); *Gift/Baur*, Urteilsverfahren, Teil C Rz. 111; *Walker*, FS 50 Jahre BAG, 2004, S. 1365 (1376 f.).
[2] BAG v. 6.5.1999 – 5 AZB 22/98, SAE 2000, 256 (257); BAG v. 23.8.2001 – 5 AZB 9/01, NZA 2002, 52; BAG v. 26.10.2012 – 10 AZB 60/12, ZIP 2013, 335 (336) mit Anm. *Bross*, EWiR 2013, 305.
[3] BAG v. 26.10.2012 – 10 AZB 60/12, ZIP 2013, 335 (336) mit Anm. *Bross*, EWiR 2013, 305; OLG Frankfurt v. 11.5.1999 – 5 W 11/99, NZA 2000, 385.
[4] BAG v. 4.2.2013 – 10 AZB 78/12, ZIP 2013, 539 (540); BAG v. 15.3.2011 – 10 AZB 32/10, NZA 2011, 874 (875); LAG Bremen v. 2.3.2006 – 3 Ta 9/06, NZA-RR 2006, 321 (322); LAG Rh.-Pf. v. 28.6.2012 – 3 Ta 72/12, NZA-RR 2012, 549 (550).
[5] BAG v. 29.11.1989 – 7 ABR 67/88, AP Nr. 20 zu § 78a BetrVG 1972; BAG v. 13.11.1987 – 7 AZR 246/87, AP Nr. 18 zu § 78a BetrVG 1972.

zesse der Mitarbeiter zB in Rundfunk- und Fernsehanstalten[1], bei Zeitungen, aber auch in Anwaltskanzleien oder Universitäten erfasst.

cc) Inhalt des Arbeitsverhältnisses

118 Die Klage auf Feststellung eines bestimmten Inhalts des Arbeitsverhältnisses fällt nach allgemeiner Ansicht ebenfalls unter Nr. 3 Buchst. b[2]. Ob für eine solche Feststellungsklage ein Feststellungsinteresse besteht, ist für die Rechtswegzuständigkeit unerheblich. Wird ein bestimmter Inhalt des Arbeitsverhältnisses im Wege der Leistungsklage geltend gemacht, greift Nr. 3 Buchst. a ein.

dd) Beendigung des Arbeitsverhältnisses

119 Den Hauptanwendungsfall von Nr. 3 Buchst. b bilden Streitigkeiten über den Fortbestand eines bestehenden Arbeitsverhältnisses. Ganz im Vordergrund stehen insoweit Kündigungsstreitigkeiten, in denen etwa um die Voraussetzungen des § 626 BGB für die außerordentliche Kündigung, um die Anwendbarkeit oder die Voraussetzungen des allgemeinen oder besonderen Kündigungsschutzes oder auch nur um die Bemessung der Kündigungsfrist gestritten wird. Ferner zählen dazu Streitigkeiten über die Vereinbarung und die Wirksamkeit von individual- oder kollektivvertraglichen Befristungen oder auflösenden Bedingungen sowie über den Abschluss, die Wirksamkeit, den Inhalt oder die Anfechtung von Aufhebungsverträgen. Für den Antrag des ArbGeb nach § 78a Abs. 4 Nr. 2 BetrVG, das im Anschluss an ein Berufsausbildungsverhältnis begründete Arbeitsverhältnis wegen Unzumutbarkeit aufzulösen, ist nicht die Rechtswegzuständigkeit nach Nr. 3 Buchst. b, sondern diejenige nach § 2a Abs. 1 Nr. 1 im Beschlussverfahren gegeben (Rz. 114).

ee) Weiterbeschäftigungsanspruch

120 Der Streit um den besonderen Weiterbeschäftigungsanspruch nach § 102 Abs. 5 Satz 1 BetrVG oder um die Entbindung des ArbGeb von dieser Weiterbeschäftigungspflicht nach § 102 Abs. 5 Satz 2 BetrVG oder um den allgemeinen Weiterbeschäftigungsanspruch im gekündigten Arbeitsverhältnis wird zum Teil ebenfalls unter Nr. 3 Buchst. b subsumiert[3]. Nach hier vertretener Ansicht handelt es sich dabei um eine Streitigkeit aus dem Arbeitsverhältnis nach Nr. 3 Buchst. a (Rz. 113). Die verschiedene Einordnung hat allerdings keine Konsequenzen; im Ergebnis besteht Einigkeit über die Rechtswegzuständigkeit im Urteilsverfahren.

e) Streitigkeiten aus Verhandlungen über die Eingehung eines Arbeitsverhältnisses und aus dessen Nachwirkungen (Nr. 3 Buchst. c)

121 Nr. 3 Buchst. c erstreckt die Rechtswegzuständigkeit im Urteilsverfahren auf Streitigkeiten im vorvertraglichen und im nachvertraglichen Zeitraum.

aa) Verhandlungen über die Eingehung eines Arbeitsverhältnisses

122 Streitigkeiten aus Verhandlungen über die Begründung eines Arbeitsverhältnisses können etwa auf **Abschluss eines Arbeitsvertrages**, auf Übertragung einer Beförderungsstelle oder auf neue Entscheidung über die Auswahl unter den Bewerbern (Konkurrentenklage) gerichtet sein. Als Rechtsgrundlage kommt ein Vorvertrag, für Bewerber im öffentlichen Dienst auch Art. 33 Abs. 2 GG (Bewerbungsverfahrensanspruch) oder ein Landesgleichstellungs- oder -gleichberechtigungsgesetz in Betracht[4]. Ob die Voraussetzungen vorliegen und ob der Anspruch wirklich auf Einstellung bzw. Beförderung oder nur auf Neuvornahme der Auswahlentscheidung gerichtet ist, hat für die Rechtswegzuständigkeit keine Bedeutung. Falls allerdings der Abschluss eines Arbeitsvertrages von einem Beamten unter gleichzeitiger Beurlaubung gem. § 4 Abs. 3 PostpersRG geltend gemacht wird, handelt es sich um eine öffentlich-rechtliche Streitigkeit, für welche die Verwaltungsgerichte zuständig sind[5].

---

1 BAG v. 22.6.1977 – 5 AZR 753/75, AP Nr. 22 zu § 611 BGB – Abhängigkeit; BAG v. 17.10.1990 – 5 AZR 639/89, AP Nr. 9 zu § 5 ArbGG 1979.
2 GMP/*Schlewing*, § 2 Rz. 66; GK-ArbGG/*Schütz*, § 2 Rz. 128b; GWBG/*Waas*, § 2 Rz. 55.
3 GMP/*Schlewing*, § 2 Rz. 69.
4 BAG v. 2.12.1997 – 9 AZR 668/96, NZA 1998, 882; BAG v. 2.12.1997 – 9 AZR 445/96, NZA 1998, 884; BayVGH v. 7.4.2014 – 7 C 14.408 für Streitigkeiten um die Besetzung einer Professorenstelle im Angestelltenverhältnis; *Walker*, FS 50 Jahre Arbeitsgerichtsbarkeit Rheinland-Pfalz, 1999, S. 603 (606).
5 BAG v. 16.6.1999 – 5 AZB 16/99, NZA 1999, 1008.

Es muss bei den Verhandlungen aber um die Begründung eines **Arbeitsverhältnisses** gegangen sein. Deshalb ist für die Klage auf Aufnahme in eine Anwaltssozietät die Rechtswegzuständigkeit der ordentlichen Gerichte[1] und für die Klage auf Begründung eines Beamtenverhältnisses diejenige der Verwaltungsgerichte[2] gegeben. Dagegen sind die ArbG für Konkurrentenklagen im Hinblick auf die Besetzung von Stellen, die für Angestellte ausgeschrieben wurden, zuständig, auch wenn die Klage von einem Beamten erhoben wird, der sich auf die Stelle beworben hat[3].

123

Aus den vorvertraglichen Verhandlungen können sich auch **andere Ansprüche** ergeben wie zB auf Ersatz der Vorstellungskosten gem. § 670 BGB, auf Schadensersatz wegen culpa in contrahendo (vgl. § 311 Abs. 2, § 280 BGB), auf Schadensersatz oder Entschädigung nach § 15 AGG[4], auf Rückgabe von Bewerbungsunterlagen oder auf Mitteilung von Testergebnissen oder der Ergebnisse von ärztlichen Untersuchungen. In allen Fällen kommt es nicht darauf an, ob tatsächlich ein Arbeitsverhältnis begründet wurde. Allerdings ist der Rechtsweg zu den Verwaltungsgerichten gegeben, wenn eine Klage nach § 15 AGG auf eine Benachteiligung bei der Bewerbung für eine Einstellung als Richter oder Beamter gestützt wird[5].

124

bb) Nachwirkungen eines Arbeitsverhältnisses

Nachwirkungsansprüche müssen ihren Grund in dem Arbeitsverhältnis selbst haben. Das ist etwa beim Streit über ein allein auf § 1004 BGB gestütztes Hausverbot für einen ehemaligen ArbN nicht der Fall[6].

125

Zu den Nachwirkungen eines Arbeitsverhältnisses gehören etwa **Ansprüche des ArbGeb** auf Unterlassung nachvertraglichen Wettbewerbs, auf Schadensersatz wegen unzulässigen Wettbewerbs oder wegen Verrats von Betriebsgeheimnissen, auf Herausgabe von Werkzeug, Firmen-Pkw oder Geschäftsunterlagen, auf Rückabwicklung von Leistungen, die der Rechtsnachfolger eines ArbGeb irrtümlich an bereits ausgeschiedene ArbN erbracht hat[7], auf Rückzahlung von Sonderleistungen, Ausbildungs- oder Umzugskosten, für die wegen vorzeitiger Beendigung des Arbeitsverhältnisses eine Voraussetzung entfallen ist.

126

Nachvertragliche **Ansprüche des ArbN** können zB auf Zahlung einer Karenzentschädigung, von Ruhegeld oder von Schadensersatz wegen Verletzung nachvertraglicher Pflichten (zB unzulässige oder unrichtige Auskunftserteilung an Dritte) gerichtet sein. Auch die Klage auf Feststellung, dass die Vereinbarung eines nachvertraglichen Wettbewerbsverbots unwirksam ist, fällt unter Nr. 3 Buchst. c[8]. Ebenfalls von Nr. 3 Buchst. c erfasst wird der Anspruch eines wirksam gekündigten ArbN auf Wiedereinstellung, wenn etwa bei einer betriebsbedingten Kündigung der Grund für die Kündigung[9] oder bei einer Verdachtskündigung der Verdacht nachträglich entfallen ist. In diesen Fällen geht es zwar um die (Wieder-)Begründung eines Arbeitsverhältnisses. Trotzdem greift nicht Nr. 3 Buchst. b, sondern Nr. 3 Buchst. c ein; denn der Anspruch beruht nicht auf Verhandlungen über die Eingehung eines Arbeitsverhältnisses, sondern auf einer nachvertraglichen Nebenpflicht des ArbGeb aus §§ 242, 241 Abs. 2 BGB[10]. Ob die Ansprüche auf Erteilung eines Zeugnisses und auf Herausgabe von Arbeitspapieren aus dem Arbeitsverhältnis (Nr. 3 Buchst. a) herzuleiten oder eher den Nachwirkungen des Arbeitsverhältnisses (Nr. 3 Buchst. c) zuzuordnen sind, ist ohne Bedeutung, weil insoweit die Rechtswegzuständigkeit der ArbG in Nr. 3 Buchst. e besonders geregelt ist.

127

---

1 BAG v. 15.8.1975 – 5 AZR 217/75, AP Nr. 32 zu § 2 ArbGG 1953 – Zuständigkeitsprüfung.
2 BVerwGE v. 19.1.1967 – VI C 73.64, BVerwGE 26, 31 (33); OVG Münster v. 27.4.2010 – 1 E 404/10, NZA-RR 2010, 433 (435); zur Rechtswegzuständigkeit für Streitigkeiten, die ihre Grundlage im Beamtenrecht haben, s. auch BVerwGE v. 2.12.1969 – VI C 138/67, BVerwGE 34, 252; 8.4.1976 – II C 15.74, BVerwGE 50, 301; *Walker*, FS Söllner, 2000, S. 1231 (1236 f.); *Zimmerling*, Arbeitsrechtliche Konkurrentenklage und Eingruppierungsklage im öffentlichen Dienst, 1999, Rz. 3.
3 So der klagende Bewerber in BAG v. 2.12.1997 – 9 AZR 445/96, NZA 1998, 884; *Walker*, FS Söllner, 2000, S. 1231 (1235 f.); vgl. auch OVG Münster v. 27.4.2010 – 1 E 404/10, NZA-RR 2010, 433; *Zimmerling*, Arbeitsrechtliche Konkurrentenklage und Eingruppierungsklage im öffentlichen Dienst, 1999, Rz. 5, 9; s. zum Rechtsweg bei der Konkurrentenklage zwischen Beamten und Angestellten auch OVG Koblenz v. 10.12.1997 – 2 E 12965/97, NZA-RR 1998, 274.
4 LAG Rh.-Pf. v. 25.1.2012 – 9 Ta 17/12, NZA-RR 2012, 272; LSG Berlin-Brandenburg v. 13.6.2012 – L 18 AL 176/12 B, Rz. 15. Die Entschädigungsklage muss sich aber gegen den ArbGeb (nicht gegen einen Dritten, der die benachteiligende Stellenanzeige aufgegeben hat) richten (dazu Rz. 87).
5 LAG Hamm v. 14.11.2012 – 2 Ta 398/12, NZA-RR 2013, 261; OVG Koblenz v. 22.6.2007 – 2 F 10596/07, NZA-RR 2007, 491.
6 LAG Köln v. 2.9.1997 – 6 Ta 139/97, NZA-RR 1998, 226.
7 BAG v. 28.10.1997 – 9 AZB 34/97, NZA 1998, 165.
8 BAG v. 18.8.1997 – 9 AZB 15/97, NZA 1997, 1362 (1363).
9 BAG v. 27.2.1997 – 2 AZR 160/96, SAE 1998, 98 (100).
10 Zur dogmatischen Einordnung von Wiedereinstellungsansprüchen s. etwa *Walker*, SAE 1998, 103 (105 f.).

f) Streitigkeiten aus unerlaubten Handlungen im Zusammenhang mit dem Arbeitsverhältnis (Nr. 3 Buchst. d)

128 Der Begriff der **unerlaubten Handlung** ist wie in Nr. 2 (Rz. 69) **weit auszulegen**. Er umfasst daher auch die Fälle der Gefährdungshaftung[1]. Außerdem muss die Streitigkeit nicht auf Schadensersatz, sondern sie kann auch auf Unterlassung oder Beseitigung gerichtet sein. Relevant sind aber nur solche unerlaubten Handlungen, die zwischen ArbGeb und ArbN begangen wurden. Unerlaubte Handlungen von oder gegenüber Dritten (zB gegenüber dem Dritteigentümer des vom ArbN benutzten und beschädigten Werqzeugs oder „Firmen"fahrzeugs)[2] fallen nicht unter Nr. 3 Buchst. d (s.a. Rz. 87). Ebenfalls werden nicht erfasst unerlaubte Handlungen zwischen ArbN, für die aber Nr. 9 eine Rechtswegzuweisung trifft. Unerlaubte Handlungen des ArbGeb liegen auch dann vor, wenn er gem. § 31 BGB für das Verhalten seiner Organe oder verfassungsmäßig berufenen Vertreter oder gem. § 831 BGB für das Verhalten seiner Verrichtungsgehilfen haftet. Wenn bei einer GmbH nicht diese, sondern unmittelbar ihr Geschäftsführer in Anspruch genommen wird, greift die Rechtswegzuständigkeit nach Nr. 3 Buchst. d ebenfalls ein[3]; der Geschäftsführer ist zwar nicht ArbGeb, übt aber für die GmbH die ArbGebBefugnisse aus.

129 Die unerlaubte Handlung muss **mit dem Arbeitsverhältnis im Zusammenhang stehen**. Die Rspr. verlangt dafür eine innere Beziehung zwischen unerlaubter Handlung und dem konkreten Arbeitsverhältnis, die sich daraus ergibt, dass die unerlaubte Handlung in einer besonderen Eigenart des Arbeitsverhältnisses und den ihm eigentümlichen Reibungs- und Berührungspunkten wurzelt[4]. Diese Voraussetzung kann auch dann vorliegen, wenn die unerlaubte Handlung in einem Verstoß gegen das UWG besteht (Anschwärzung des ArbGeb zwecks Abwerbung von ArbN[5], Unterschreitung der Tarifnorm eines für allgemeinverbindlich erklärten TV[6] oder wettbewerbswidrige Verwertung von Betriebsgeheimnissen[7]). Dagegen fehlt der Bezug zum Arbeitsverhältnis, wenn Täter und Opfer der unerlaubten Handlung eher zufällig in einem Arbeitsverhältnis zueinander stehen und die unerlaubte Handlung aus einer daneben bestehenden anderen Beziehung zwischen den Parteien resultiert, zB aus einer familien- oder nachbarrechtlichen Streitigkeit[8] oder aus einem Verkehrsunfall.

130 Nr. 3 Buchst. d verlangt nicht, dass die unerlaubte Handlung während eines bestehenden Arbeitsverhältnisses begangen wurde. Es reicht deshalb aus, wenn sie **anlässlich der Verhandlungen** über die Eingehung eines Arbeitsverhältnisses (zB Beleidigung oder Persönlichkeitsverletzung durch unzulässige Fragen oder Diebstahl anlässlich eines Vorstellungsgesprächs, jeweils unabhängig davon, ob tatsächlich ein Arbeitsverhältnis begründet wurde) oder erst **nach dessen Beendigung** (Geheimnisverrat[9], nachvertraglicher Wettbewerb[10], wettbewerbswidrige Verwertung von Betriebsgeheimnissen[11] oder Entwendung von Geschäftsunterlagen[12] durch den früheren ArbN; Beleidigung anlässlich der Auseinandersetzung über ein Zeugnis) begangen wurde. Das gilt erst recht, wenn die Handlung (zB Wettbewerbsverstoß in Form rufschädigender Äußerung) noch während des Arbeitsverhältnisses begangen wurde und nur der Deliktserfolg erst nach Beendigung des Arbeitsverhältnisses eintritt[13].

131 Wegen der notwendigen Beziehung zwischen der unerlaubten Handlung und dem Arbeitsverhältnis wird häufig gleichzeitig eine Verletzung arbeitsvertraglicher, vor- oder nachvertraglicher Pflichten vorliegen. Dann wird die Streitigkeit schon von der Rechtswegzuständigkeit nach Nr. 3 Buchst. a oder c erfasst. Bei unerlaubten Handlungen im Zusammenhang mit einem Arbeitskampf kann zudem auch Nr. 2 eingreifen (Rz. 69). Deshalb hat Nr. 3 Buchst. d nur eine **begrenzte Bedeutung**. Immerhin wird durch diese Regelung aber erreicht, dass auch bei Zweifeln über das Vorliegen einer Vertragspflichtverletzung für alle individualrechtlichen Streitigkeiten zwischen ArbGeb und ArbN im Zusammenhang mit dem Arbeitsverhältnis eine

---

1 *Ascheid*, Urteils- und Beschlussverfahren, Rz. 537; GMP/*Schlewing*, § 2 Rz. 74; GWBG/*Waas*, § 2 Rz. 60.
2 BAG v. 7.7.2009 – 5 AZB 8/09, NZA 2009, 919 f.
3 BAG v. 24.6.1996 – 5 AZB 35/95, NZA 1997, 115; LAG BW v. 29.7.2014 – 13 Ta 20/14, NZA-RR 2014, 562 Rz. 15; LAG Hamm v. 6.10.2005 – 2 Ta 899/04, NZA-RR 2005, 658 (Ls.); LAG Hessen v. 3.2.1994 – 16 Ta 2/94, BB 1994, 1504 (Ls.); aM GWBG/*Waas*, § 2 Rz. 60.
4 BAG v. 7.2.1958 – VI ZR 49/57, AP Nr. 48 zu § 2 ArbGG 1953; LAG Hamm v. 4.12.2006 – 2 Ta 804/06, NZA-RR 2007, 151 (152).
5 OLG Düsseldorf v. 19.7.2002 – 20 W 55/02, NZA-RR 2003, 211.
6 *Zwanziger*, DB 2004, 2318 (2319).
7 OLG Hamburg v. 30.12.2002 – 11 W 43/02, NZA 2003, 935 f.
8 BAG v. 11.7.1995 – 5 AS 13/95, AP Nr. 32 zu § 2 ArbGG 1979.
9 OLG Frankfurt v. 20.5.2004 – 6 W 44/05, NZA-RR 2005, 499; GWBG/*Waas*, § 2 Rz. 61.
10 LAG Hamm v. 4.12.2006 – 2 Ta 804/06, NZA-RR 2007, 151 (152).
11 OLG Hamburg v. 30.12.2002 – 11 W 43/02, NZA 2003, 935 f.
12 OLG Zweibrücken v. 28.4.1997 – 2 W 7/97, NZA-RR 1998, 225.
13 OLG München v. 6.10.2003 – 29 W 2155/03, NZA-RR 2004, 266 f.

umfassende Rechtswegzuständigkeit der ArbG besteht. Wenn sich die Rechtswegzuständigkeit allein oder neben derjenigen nach Nr. 2, 3 Buchst. a oder c aus Nr. 3 Buchst. d ergibt, kommt für die örtliche Zuständigkeit der besondere Gerichtsstand des § 32 ZPO (§ 48 Rz. 134) in Betracht.

g) Streitigkeiten über Arbeitspapiere (Nr. 3 Buchst. e)

Diese Fallgruppe ist erst durch die Arbeitsgerichtsnovelle vom 2.7.1979[1] in den § 2 eingefügt worden. Die von ihr erfassten Streitigkeiten über Arbeitspapiere können gerichtet sein auf Herausgabe, auf Ausstellung, auf Berichtigung oder auf Schadensersatz wegen Verzugs (zB verspätete Zeugniserteilung), Unmöglichkeit (zB bei Verlust) oder sonstiger Pflichtverletzungen (zB bei unzutreffenden Angaben). 132

aa) Arbeitspapiere

Der Begriff der Arbeitspapiere ist umfassend zu verstehen. Dazu gehören erstens alle schriftlichen Bescheinigungen, die der ArbN dem ArbGeb zu Beginn des Arbeitsverhältnisses aushändigt. Zu nennen sind vor allem das Sozialversicherungsnachweisheft (§ 280 SGB IV), der Sozialversicherungsausweis (§ 18h SGB IV), die Urlaubsbescheinigung des bisherigen ArbGeb (§ 6 Abs. 2 BUrlG), bei ausländischen ArbN der Aufenthaltstitel zur Ausübung einer Beschäftigung (§§ 4 ff., 18 ff. AufEnthG). Zweitens gibt es Arbeitspapiere, die der ArbGeb nicht nur verwahren und ggf. ausfüllen, sondern die er selbst erst anlegen oder ausstellen muss. Dazu gehören End- und Zwischenzeugnisse, die Arbeitsbescheinigung nach § 312 SGB III zur Vorlage bei der Agentur für Arbeit, eine wiederum auszustellende Urlaubsbescheinigung nach § 6 Abs. 2 BurlG und die elektronische Lohnsteuerbescheinigung, die der ArbGeb aufgrund der Eintragungen im Lohnkonto zu erstellen und dem ArbN auszuhändigen oder elektronisch bereitzustellen hat (§ 41b Abs. 1 Satz 2, 3 EStG). Nicht zu den Arbeitspapieren iSd. Nr. 3 Buchst. e gehört die Insolvenzgeldbescheinigung nach § 314 SGB III. Sie ist vom Insolvenzverwalter nicht dem ArbN, sondern auf Antrag der Agentur für Arbeit auszustellen. Dabei handelt es sich nicht um eine arbeitsrechtliche, sondern um eine sozialversicherungsrechtliche Pflicht des Insolvenzverwalters. Für Streitigkeiten ist der Rechtsweg zu den Sozialgerichten gegeben[2]. Entsprechendes gilt für die Meldungen, die der ArbGeb nach § 28a Abs. 1–3 SGB IV gegenüber der Krankenkasse abzugeben hat[3]. 133

bb) Bürgerliche Streitigkeiten

Für die Rechtswegzuständigkeit nach Nr. 3 Buchst. e muss es sich immer um bürgerliche Streitigkeiten handeln. Wegen dieser Voraussetzung ist zu differenzieren: 134

(1) Der Streit um **Herausgabe** von Arbeitspapieren hat seinen Grund im Arbeitsverhältnis und daneben möglicherweise in § 985 BGB. Er ist bürgerlich-rechtlicher Natur und fällt in die Rechtswegzuständigkeit der ArbG[4]. Gleiches gilt für **Schadensersatzstreitigkeiten** wegen Unmöglichkeit der Herausgabe oder wegen Verzuges. Um eine bürgerlich-rechtliche Streitigkeit geht es auch bei der Ausstellung, Ausfüllung oder Berichtigung von solchen Arbeitspapieren, die **ausschließlich für das Verhältnis zwischen ArbGeb und ArbN** von Bedeutung sind. Hauptbeispiel ist der Anspruch auf Erteilung oder Berichtigung eines Zeugnisses[5]. Genauso zu behandeln sind auch Streitigkeiten um Quittungen aller Art. 135

(2) Umstritten ist dagegen die Rechtswegzuständigkeit beim Streit um die Ausfüllung oder Berichtigung von sog. **öffentlich-rechtlichen Arbeitspapieren, die für das Verhältnis zwischen dem ArbN und Behörden**, wie etwa der Agentur für Arbeit, dem FA oder Träger der SozV, von Bedeutung sind. Dabei geht es um die Arbeitsbescheinigung nach § 312 SGB III und um die elektronische Lohnsteuerbescheinigung nach § 41b EStG. Der Meinungsstreit dazu hat sich am Beispiel der Arbeitsbescheinigung entwickelt, betrifft aber sinngemäß auch die anderen genannten öffentlich-rechtlichen Arbeitspapiere[6]. 136

Die Nr. 3 Buchst. e wurde in das ArbGG 1979 mit dem Ziel eingefügt, die Zuständigkeit der ArbG auf alle Streitigkeiten über Arbeitspapiere, und zwar nicht nur über Ansprüche auf deren Herausgabe, sondern auch auf deren Berichtigung[7], zu regeln. Allerdings gilt auch diese Regelung in Nr. 3 Buchst. e nach wie 137

---

1 BGBl. I S. 853.
2 LAG Schl.-Holst. v. 28.10.2003 – 2 Sa 324/03, NZA-RR 2004, 375.
3 BAG v. 5.10.2005 – 5 AZB 27/05, NZA 2005, 1429 (1430).
4 GMP/*Schlewing*, § 2 Rz. 77 ff.; GK-ArbGG/*Schütz*, § 2 Rz. 140; *Küttner/Poeche*, Personalbuch 2013, Arbeitspapiere Rz. 15.
5 *Kissel/Mayer*, § 13 GVG Rz. 180.
6 Zum Anspruch auf Berichtigung der Lohnsteuerkarte BAG v. 11.6.2003 – 5 AZB 1/03, NZA 2003, 877 f.; FG Nürnberg v. 2.2.1995 – VI 80/94, EzA § 2 ArbGG 1979 Nr. 29.
7 BT-Drs. 8/2535, S. 34.

vor nur für bürgerliche Rechtsstreitigkeiten, so dass es für die Rechtswegabgrenzung bei Streitigkeiten über öffentlich-rechtliche Arbeitspapiere auf die **Natur des Rechtsverhältnisses** ankommt, aus dem der Klageanspruch hergeleitet wird[1]. Dafür kommt es entscheidend darauf an, ob der zur Klagebegründung vorgetragene Sachverhalt von Rechtssätzen des Arbeitsrechts oder des Sozialrechts geprägt wird[2].

138 **(a)** Hierzu wird zum Teil für Streitigkeiten im Zusammenhang mit öffentlich-rechtlichen Arbeitspapieren durchgängig die Rechtswegzuständigkeit der **ArbG** bejaht[3]. Die Verpflichtung des ArbGeb zur Erstellung, Ausfüllung oder Berichtigung auch solcher Arbeitspapiere wurzele nicht nur in den öffentlich-rechtlichen Vorschriften des SozV- und LSt-Rechts, sondern immer auch im Arbeitsvertrag, so dass sie eine bürgerliche Grundlage hätten. Die sozial- und steuerrechtlichen Fragen seien nur als Vorfragen von Bedeutung, über die von den ArbG mit entschieden werde (zur Erstreckung der Rechtswegzuständigkeit auf rechtswegfremde Vorfragen s. Rz. 19).

139 **(b)** Nach anderer Ansicht ist für Streitigkeiten über die Ausfüllung und Berichtigung der öffentlich-rechtlichen Arbeitspapiere die Rechtswegzuständigkeit der **Sozial- oder Finanzgerichte** gegeben. Maßgeblich seien nämlich öffentlich-rechtliche Bestimmungen des SozV- und des Steuerrechts[4].

140 **(c)** Die heutige Rspr. des **BAG** differenziert: Der Anspruch des ArbN darauf, dass der ArbGeb überhaupt eine Arbeitsbescheinigung nach § 312 SGB III oder eine elektronische Lohnsteuerbescheinigung nach § 41b EStG **ausstellt** und dem ArbN bei Beendigung des Arbeitsverhältnisses **aushändigt oder elektronisch bereitstellt** (§ 312 Abs. 1 Satz 3 SGB III bzw. § 41b EStG), wird der Rechtswegzuständigkeit der ArbG nach § 2 Abs. 1 Nr. 3 Buchst. e zugeordnet[5]. Zwar ergebe sich der Anspruch auf Ausstellung und Aushändigung einer Arbeitsbescheinigung aus öffentlich-rechtlichen Vorschriften im SGB III, doch diese seien zugleich Schutzvorschriften zugunsten des ArbN und konkretisierten lediglich die arbeitsvertragliche Nebenpflicht des ArbGeb, dem ArbN die Inanspruchnahme sozialrechtlicher Leistungen zu ermöglichen. Dagegen wird für die Klage auf **Berichtigung** einer ausgestellten Arbeitsbescheinigung der Rechtsweg zu den Sozialgerichten[6] bejaht. Denn alle mit den Voraussetzungen, dem Inhalt und den Rechtsfolgen einer Arbeitsbescheinigung zusammenhängenden Fragen seien solche öffentlich-rechtlicher Art[7]. Für die Klage auf Berichtigung der Lohnsteuerbescheinigung ist nach der Rspr. des BAG der Rechtsweg zu den Finanzgerichten dann gegeben, wenn die richtige Ausfüllung der Bescheinigung von steuerrechtlichen Normen abhängt[8].

141 **(d)** Die Praxis ist natürlich gut beraten, wenn sie sich an dieser gefestigten Rspr. des BAG orientiert, zumal Teile der Instanzgerichte[9] und des Schrifttums[10] diese Ansicht vertreten. Zwingend ist diese Lösung jedoch nicht. In der Sache sprechen vielmehr gute Gründe dafür, die überzeugend begründete Rechtswegzuständigkeit der ArbG beim Streitigkeiten um das Ausfüllen und die Aushändigung der Arbeitsbescheinigung auch auf Berichtigungsansprüche auszudehnen. Denn schon der Anspruch auf Ausstellung ist natürlich auf eine inhaltlich richtige Ausstellung gerichtet, so dass **für den Ausstellungs- und den Berichtigungsanspruch auch derselbe Rechtsweg** gegeben sein sollte[11]. Die Tatsache, dass die Rechtsfolgen der Arbeitsbescheinigung oder der Lohnsteuerbescheinigung sich bei öffentlich-rechtlichen Ansprüchen auswirken

---

1 S. nochmals gemeinsamer Senat der obersten Gerichtshöfe des Bundes v. 4.6.1974 – GmS-OGB 2/73, AP Nr. 3 zu § 405 RVO; BAG v. 11.6.2003 – 5 AZB 1/03, NZA 2003, 877 (878).
2 BAG v. 13.7.1988 – 5 AZR 467/87, AP Nr. 11 zu § 2 ArbGG 1979, Bl. 2.
3 LAG Bdb. v. 5.12.2002 – 6 Ta 96/02, NZA-RR 2003, 376 (377), aber aufgehoben durch BAG v. 11.6.2003 – 5 AZB 1/03, NZA 2003, 877; LAG Hamm v. 20.2.1976 – 3 Sa 1443/75, DB 1976, 923; *Krasshöfer-Pidde/Molkenbur*, NZA 1991, 623 (626); *Müller*, DB 1985, Beil. 5, S. 6.
4 *Becker-Schaffner*, DB 1983, 1304 (1308 f.); *Dütz*, RdA 1980, 81 (83).
5 So BAG v. 7.5.2013 – 10 AZB 8/13, NZA 2013, 862 (863); BFH v. 4.9.2008 – VI B 108/07, BeckRS 2008, 25014321, Rz. 8; zT noch zu früheren Rechtsvorschriften BAG v. 30.8.2000 – 5 AZB 12/00, NZA 2000, 1359 (1360); BAG v. 15.1.1992 – 5 AZR 15/91, AP Nr. 21 zu § 2 ArbGG 1979; LAG Köln v. 19.7.1988 – 2 Ta 126/88, DB 1988, 1960.
6 S. nochmals BAG v. 15.1.1992 – 5 AZR 15/91, AP Nr. 21 zu § 2 ArbGG 1979; ferner BAG v. 13.7.1988 – 5 AZR 467/87, AP Nr. 11 zu § 2 ArbGG 1979; LAG Schl.-Holst. v. 9.10.1986 – 3 Ta 142/86, DB 1987, 896.
7 S. nochmals BAG v. 13.7.1988 – 5 AZR 467/87, AP Nr. 11 zu § 2 ArbGG 1979; BAG v. 11.6.2003 – 5 AZB 1/03, NZA 2003, 877 f.
8 BAG v. 7.5.2013 – 10 AZB 8/13, NZA 2013, 862 (863); BAG v. 11.6.2003 – 5 AZB 1/03, NZA 2003, 877 f.
9 LAG Berlin v. 20.7.1987 – 9 Sa 47/87, LAGE § 2 ArbGG 1979 Nr. 5; LAG Düsseldorf v. 9.9.1982 – 14 Sa 1022/82, EzA § 2 ArbGG 1979 Nr. 2; LAG Hessen v. 5.1.1983 – 8 Ta 295/82, BB 1983, 2186; LAG Köln v. 8.11.1989 – 5 Sa 716/89, LAGE § 2 ArbGG 1979 Nr. 8 (auch bzgl. der Richtigkeit mündlicher Auskünfte des ArbGeb gegenüber dem [damaligen] Arbeitsamt); LAG Schl.-Holst. v. 9.10.1986 – 3 Ta 142/86, DB 1987, 896.
10 BCF/*Bader*, ArbGG § 2 Rz. 12; *Gift/Baur*, Urteilsverfahren, Teil C Rz. 136; GK-ArbGG/*Schütz*, § 2 Rz. 145; GWBG/*Waas*, § 2 Rz. 63.
11 FG Münster v. 30.3.2011 – 8 K 1968/10 mit zust. Anm. *Gravenhorst*, jurisPR-ArbR 30/2011, Anm. 7. Ebenso für die Berichtigung der Lohnsteuerkarte FG Nürnberg v. 2.2.1995 – VI 80/94, EzA § 2 ArbGG 1979 Nr. 29.

und dass der ArbGeb aufgrund öffentlich-rechtlicher Vorschriften bei unrichtiger Ausfüllung zum Schadensersatz und zur Zahlung eines Bußgeldes verpflichtet sein kann[1], ist für die Rechtswegzuständigkeit eines vom ArbN geltend gemachten Berichtigungsanspruchs nicht relevant. Bei diesem geht es allein um den Inhalt der Bescheinigung. Deshalb stellt sich nur die Frage, warum Streitigkeiten über den Inhalt von den Sozial- oder Finanzgerichten zu prüfen sein sollen, obwohl Streitigkeiten um das (richtige) Ausfüllen der Arbeitsbescheinigung oder Lohnsteuerbescheinigung vor den ArbG auszutragen sind[2]. Zwar stehen die Vorgaben für den Inhalt der Arbeitsbescheinigung – ebenso wie die Verpflichtung zur Ausstellung – in § 312 SGB III. Aber sie betreffen keine sozialversicherungsrechtlichen Fragen, über die gerade die Sozialgerichte besonders sachgerecht entscheiden könnten. Bei den gem. § 312 Abs. 1 Satz 2 Nrn. 1–3 und Abs. 2 SGB III vom ArbGeb verlangten Angaben geht es ausschließlich um rein arbeitsrechtliche Erklärungen (zB Grund für die Beendigung des Beschäftigungsverhältnisses), über deren Richtigkeit aufgrund der Sachnähe auch die ArbG entscheiden sollten. Ähnliches gilt für den in § 41b EStG vorgeschriebenen Inhalt der elektronischen Lohnsteuerbescheinigung.

6. Abs. 1 Nr. 4: Streitigkeiten in rechtlichem oder wirtschaftlichem Zusammenhang mit dem Arbeitsverhältnis

Nr. 4 wurde durch Gesetz vom 21.5.1979[3] eingefügt. Dadurch sollte vor allem sichergestellt werden, dass auch Streitigkeiten aus der betrieblichen Altersversorgung von den ArbG entschieden werden[4]. Ob dafür die Einfügung der Nr. 4 wirklich erforderlich war, wird jedenfalls im Hinblick auf Nr. 4 Buchst. a weitgehend bestritten[5].

a) Parteien des Rechtsstreits auf Arbeitnehmerseite

Für beide in Nr. 4 Buchst. a und b genannten Fallgruppen stellt das Gesetz klar, dass auch Streitigkeiten, an denen anstelle der **ArbN** (dazu Rz. 82) deren **Hinterbliebenen** beteiligt sind, in die Rechtswegzuständigkeit der ArbG fallen. Soweit es sich bei den Hinterbliebenen um die Erben des ArbN handelt, sind sie dessen Rechtsnachfolger; dann ergibt sich die Rechtswegzuständigkeit bereits aus dem schon vor der Arbeitsgerichtsnovelle von 1979 existierenden § 3. Die Nr. 4 erfasst zusätzlich die Rechtsstreitigkeiten mit solchen Hinterbliebenen des ArbN, die nicht dessen Erben und damit auch nicht Rechtsnachfolger sind. Gemeint sind diejenigen Personen, denen nach dem Tode des ArbN eigenständige Ansprüche aus dem früheren Arbeitsverhältnis des Erblassers erwachsen[6]. Dazu zählen etwa solche Personen, die nicht Erben sind, die aber zB aufgrund eines Tarifvertrags einen Anspruch auf Witwenrente gegen eine gemeinsame Einrichtung der Tarifvertragsparteien haben[7]. Ferner gehören zu den von Nr. 4 Buchst. a erfassten Hinterbliebenen diejenigen Personen, die als mittelbar Geschädigte nach den §§ 844, 845 BGB anspruchsberechtigt sein können, auch wenn sie nicht Erben sind.

Sofern ein Hinterbliebener in diesem Sinne auch **Miterbe** ist, wird seine Rechtsstellung dadurch nicht verschlechtert; er kann seine eigenen Ansprüche also allein (ohne Mitwirkung der übrigen Miterben) vor den ArbG geltend machen[8].

b) Keine ausschließliche andere Rechtswegzuständigkeit

Die Rechtswegzuständigkeit in beiden Fallgruppen der Nr. 4 setzt voraus, dass nicht die ausschließliche Zuständigkeit eines anderen Gerichts gegeben ist. Dabei handelt es sich um eher seltene Fälle. Zu denken ist an Streitigkeiten aus Werkmietwohnungen, für die gem. § 29a ZPO, § 23 Nr. 2 Buchst. a GVG die ausschließliche Rechtswegzuständigkeit der ordentlichen Gerichte gegeben ist (dazu Rz. 24, Rz. 105; § 48 Rz. 132 mwN), ferner an Streitigkeiten im Zusammenhang mit ArbN-Erfindungen (§ 39 Abs. 1 Satz 1 ArbNErfG) und an Urheberrechtsstreitigkeiten (§ 104 Satz 1 UrhG), soweit nicht nur um die Vergütung gestritten wird (vgl. § 2 Abs. 2 Buchst. a und b, dazu Rz. 187 ff.). Eine Kollision mit der ausschließlichen Rechtswegzuständigkeit der Sozial-, Verwaltungs- und Finanzgerichte ist schon deshalb ausgeschlossen, weil die Nr. 4 nur bürgerliche Rechtsstreitigkeiten erfasst.

---

1 So die Argumentation des BAG v. 13.7.1988 – 5 AZR 467/87, AP Nr. 11 zu § 2 ArbGG 1979, Bl. 2.
2 Kritisch zu dieser Differenzierung auch Niesel/*Düe*, SGB III, § 312 Rz. 14, der allerdings für eine vollständige Zuständigkeit der Sozialgerichte plädiert.
3 BGBl. I S. 545.
4 BT-Drs. 8/1567, S. 26.
5 GMP/*Schlewing*, § 2 Rz. 83; GWBG/*Waas*, § 2 Rz. 68; *Kissel/Mayer*, § 13 GVG Rz. 181.
6 BR-Drs. 4/78, S. 26.
7 BAG v. 7.10.1981 – 4 AZR 173/81, BAGE 36, 274 (281).
8 GMP/*Schlewing*, § 2 Rz. 84; GK-ArbGG/*Schütz*, § 2 Rz. 154c; GWBG/*Waas*, § 2 Rz. 67.

c) Streitigkeiten mit dem Arbeitgeber (Nr. 4 Buchst. a)

146 Nach Nr. 4 Buchst. a erstreckt sich die Rechtswegzuständigkeit auf solche Streitigkeiten mit dem ArbGeb, die sich zwar nicht unmittelbar aus dem Arbeitsverhältnis ergeben (dazu Nr. 3 Buchst. a) und auch nicht das Bestehen eines Arbeitsverhältnisses betreffen (dazu Nr. 3 Buchst. b), aber doch mit dem Arbeitsverhältnis zusammenhängen. Die Vorschrift wird weitgehend als überflüssig und missglückt angesehen[1]. Die Voraussetzung von einem **rechtlichen oder unmittelbaren wirtschaftlichen Zusammenhang** findet sich **auch in § 2 Abs. 3**. Beide Vorschriften unterscheiden sich aber: Für Nr. 4a muss der Zusammenhang mit dem Arbeitsverhältnis bestehen, für § 2 Abs. 3 dagegen mit einem beim ArbG anhängigen Rechtsstreit, der von § 2 Abs. 1 oder 2 erfasst wird. § 2 Abs. 3 ist also die weitere Vorschrift. Dafür begründet sie auch nur eine fakultative Rechtswegzuständigkeit. Falls die engeren Voraussetzungen der Nr. 4 Buchst. a vorliegen, geht diese Norm, die eine ausschließliche Rechtswegzuständigkeit begründet, als die speziellere Regelung vor.

147 **aa)** Was mit einem **rechtlichen Zusammenhang** mit dem Arbeitsverhältnis gemeint sein soll, ist unklar. Meist wird auf die Grundsätze zurückgegriffen, die zu § 33 ZPO (Gerichtsstand der Widerklage) entwickelt wurden[2]. Der danach für die örtliche Zuständigkeit erforderliche Zusammenhang, der ebenfalls als rechtlicher Zusammenhang zu verstehen ist, wird bejaht, wenn die Forderung der Widerklage auf demselben rechtlichen Verhältnis beruht wie die Klageforderung[3]. Die Übertragung dieser Grundsätze auf die Nr. 4 Buchst. a bedeutet jedoch, dass diese Vorschrift bei einem rechtlichen Zusammenhang in dem genannten Sinne zwischen der Streitigkeit und dem Arbeitsverhältnis kaum einen Anwendungsbereich hat. Wenn nämlich die Streitigkeit auf dem Arbeitsverhältnis beruht, greift bereits die Nr. 3 Buchst. a ein, zumal die Voraussetzung „aus dem Arbeitsverhältnis" nach allgemeiner Ansicht weit auszulegen ist (Rz. 100).

148 So dürften Streitigkeiten über Ansprüche des ArbN oder seiner Hinterbliebenen gegen den ArbGeb aus **betrieblicher Altersversorgung** in aller Regel schon von Nr. 3 Buchst. a oder c erfasst werden[4]; denn dabei geht es um individual- oder kollektivvertragliche Ansprüche aus dem Arbeitsverhältnis oder jedenfalls um dessen Nachwirkungen. Allenfalls für Ansprüche, die von Hinterbliebenen des ArbN geltend gemacht werden, mag heute Nr. 4 Buchst. a die maßgebliche Rechtswegzuweisung sein.

149 Begibt der ArbGeb zwecks Erfüllung seiner Vergütungspflicht einen **Scheck**, resultiert auch die Scheckforderung aus dem Arbeitsverhältnis, so dass Streitigkeiten darüber bereits von Nr. 3 Buchst. a erfasst werden (Rz. 101). Falls man sich dieser Ansicht wegen der Abstraktheit der Scheckforderung nicht anschließt[5], folgt die Rechtswegzuständigkeit der ArbG aber jedenfalls aus der heutigen Nr. 4 Buchst. a[6]. Ein engerer rechtlicher Zusammenhang als derjenige zwischen dem Arbeitsverhältnis und der Streitigkeit über einen zwecks Erfüllung der arbeitsvertraglichen Vergütungspflicht begebenen Scheck ist kaum vorstellbar.

150 **bb)** Von größerer Bedeutung ist die Nr. 4 Buchst. a daher nur für solche Streitigkeiten, die gerade nicht in einem rechtlichen Zusammenhang mit dem Arbeitsverhältnis stehen und deshalb auch nicht schon von Nr. 3 Buchst. a erfasst werden, sondern nur in einem **unmittelbar wirtschaftlichen Zusammenhang**. Dieser liegt vor, wenn ein Anspruch zwar nicht aus dem Arbeitsverhältnis resultiert, aber doch nur im Hinblick auf das Arbeitsverhältnis bestehen kann. Der Zusammenhang muss derart sein, dass das Rechtsverhältnis, aus dem die Streitigkeit folgt, ohne das Arbeitsverhältnis nicht zustande gekommen wäre[7]. Danach fallen unter Nr. 4 Buchst. a zB Streitigkeiten über ein ArbGeb-Darlehen[8], wenn darüber ein vom Arbeitsvertrag getrennter, aber doch mit Rücksicht auf das Arbeitsverhältnis vereinbarter Darlehensvertrag geschlossen wurde. Gleiches gilt für Streitigkeiten über das Recht zum verbilligten Wareneinkauf und daraus folgenden Ansprüchen[9], für Schadensersatzklagen von ArbN gegen den ArbGeb wegen fehlerhafter Verwaltung einer Mitarbeiterbeteiligungsgesellschaft, an der die ArbN sich wegen ihrer ArbN-Eigenschaft betei-

---

1 GMP/*Schlewing*, § 2 Rz. 83; GWBG/*Waas*, § 2 Rz. 68; *Kissel/Mayer*, § 13 GVG Rz. 181.
2 So *Gift/Baur*, Urteilsverfahren, Teil C Rz. 141; GK-ArbGG/*Schütz*, § 2 Rz. 150.
3 S. nur Zöller/*Vollkommer*, § 33 ZPO Rz. 15.
4 So auch BAG v. 29.4.1994 – 3 AZB 18/93, DB 1994, 1247.
5 So OLG Hamm v. 18.5.1979 – 7 U 52/79, NJW 1980, 1399.
6 BAG v. 7.11.1996 – 5 AZB 19/96, AP Nr. 1 zu § 46 ArbGG 1979; anders noch OLG Hamm v. 18.5.1979 – 7 U 52/79, NJW 1980, 1399 zur alten Fassung des ArbGG (Rechtswegzuständigkeit der ordentlichen Gerichte).
7 OLG Karlsruhe v. 28.1.1992 – 18a U 149/91, NJW-RR 1992, 562; ArbG Düsseldorf v. 8.3.2013 – 11 CA 6359/12, NZA-RR 2013, 312 (313): Partnervertrag mit dem ArbN oder Errichtung einer stillen Gesellschaft.
8 So in anderem Zusammenhang BAG v. 20.2.2001 – 9 AZR 11/00, DB 2001, 2353; ebenso im Zusammenhang mit der Rechtswegzuständigkeit LAG Saarland v. 29.4.1987 – 1 Sa 91/86, LAGE § 9 AGBG Nr. 1 (rechtlicher und wirtschaftlicher Zusammenhang bejaht); LAG Schl.-Holst. v. 8.7.2013 – 5 Ta 110/13, DB 2013, 20 (Ls.); *Krasshöfer-Pidde/Molkenbur*, NZA 1991, 623 (624).
9 OLG Karlsruhe v. 28.1.1992 – 18a U 149/91, NJW-RR 1992, 562 f.

ligen konnten¹, sowie für Streitigkeiten über das Recht zur Nutzung von ArbGeb-Einrichtungen wie Parkplätzen, Sport- oder Freizeitanlagen². Selbst solche Streitigkeiten werden aber schon von Nr. 3 Buchst. a erfasst, wenn es um ausdrücklich oder konkludent vereinbarte oder aus §§ 242, 241 Abs. 2 BGB abzuleitende arbeitsvertragliche Nebenpflichten geht. Das BAG hat einen unmittelbar wirtschaftlichen Zusammenhang mit dem Arbeitsverhältnis auch dann angenommen, wenn ein Krankenhausträger Ansprüche auf Erstattung von Kosten, die durch genehmigte Tätigkeiten eines bei ihm angestellten Arztes entstehen, geltend macht³. Wenn dagegen ein ArbGeb einer ArbNin, die auch seine Lebensgefährtin ist, mit einem Darlehen eine Fortbildung finanziert, die mit dem Arbeitsverhältnis nichts zu tun hat, und nach Auflösung der Lebensgemeinschaft das Darlehen zurückfordert, liegen die Voraussetzungen von Nr. 4 Buchst. a nicht vor. Es fehlt an einem rechtlichen oder unmittelbaren wirtschaftlichen Zusammenhang zwischen den aufgewendeten Fortbildungskosten und dem (nur zufällig) zwischen den Parteien bestehenden Arbeitsverhältnis⁴.

Nach Ansicht des BAG⁵ werden auch **Insolvenzanfechtungsklagen** des Insolvenzverwalters gegen ArbN des insolventen ArbGeb **auf Vergütungsrückzahlung** jedenfalls von Nr. 4 Buchst. a erfasst, wenn sie nicht schon unter Nr. 3 Buchst. a (dazu Rz. 108) fallen sollten. Bei wirtschaftlicher Betrachtung gehe es um die Rückabwicklung einer ansonsten wirksamen Erfüllungshandlung des ArbGeb aus dem Arbeitsverhältnis. Gegen diese Ansicht spricht zwar, dass der nur dem Insolvenzverwalter zustehende und nur während der Dauer des Insolvenzverfahrens bestehende originäre insolvenzrechtliche Anspruch sich gegen jeden Empfänger von anfechtbaren Leistungen richtet, unabhängig davon, ob zufällig ArbN ist (war) oder nicht. Der Anfechtungsrückgewähranspruch kann – anders als ein Bereicherungsanspruch – gerade nicht als die Umkehrung des Vergütungsanspruchs aus dem Arbeitsverhältnis angesehen werden. Bei den Insolvenzanfechtungsklagen auf Vergütungsrückzahlung fehlt es an dem unmittelbar wirtschaftlichen Zusammenhang mit dem Arbeitsverhältnis⁶, so dass die Voraussetzungen der Nr. 4 Buchst. a für die Rechtswegzuständigkeit der ArbG nicht gegeben sind. Aber darauf kommt es seit der Entscheidung des Gemeinsamen Senats der Obersten Gerichtshöfe des Bundes vom 27.9.2010⁷, wonach in solchen Fällen die Rechtswegzuständigkeit der ArbG nach Nr. 3 Buchst. a gegeben ist, nicht mehr an. 151

d) Streitigkeiten mit gemeinsamen Einrichtungen der Tarifvertragsparteien oder mit privatrechtlichen Sozialeinrichtungen (Nr. 4 Buchst. b)

Nr. 4 Buchst. b erstreckt die Rechtswegzuständigkeit auf solche Streitigkeiten, bei denen nicht der ArbGeb, sondern eine gemeinsame Einrichtung der Tarifvertragsparteien oder eine privatrechtliche Sozialeinrichtung Gegner eines ArbN oder eines Hinterbliebenen ist. Der sachliche Grund für die Regelung in Nr. 4 Buchst. b ist, dass zahlreiche Leistungen im Zusammenhang mit dem Arbeitsverhältnis nicht unmittelbar vom ArbGeb, sondern von einer selbständigen Einrichtung erbracht werden. Die Rechtswegzuständigkeit für Streitigkeiten im Zusammenhang mit solchen Leistungen soll aber nicht davon abhängen, welcher Rechtsträger diese Leistungen erbringt⁸. Die Regelung in Nr. 4 Buchst. b erfasst im Gegensatz zu derjenigen in Nr. 4 Buchst. a nicht nur Streitigkeiten im Zusammenhang mit dem Arbeitsverhältnis, sondern auch solche aus dem Arbeitsverhältnis. Das beruht aber nur darauf, dass Rechtsstreitigkeiten mit gemeinsamen Einrichtungen und Sozialeinrichtungen aus dem Arbeitsverhältnis anders als solche mit dem ArbGeb nicht schon in den Anwendungsbereich von Nr. 3 fallen. 152

aa) Gemeinsame Einrichtungen der Tarifvertragsparteien

Unter gemeinsamen Einrichtungen der Tarifvertragsparteien werden Organisationen verstanden, die von den Tarifvertragsparteien geschaffen und von ihnen abhängig sind. Es muss sich um eine Organisation mit idR eigenem Vermögen handeln, die gegenüber den Tarifvertragsparteien weisungsgebunden ist⁹. Außerdem müssen ihre Zweckrichtung und Organisationsstruktur im Tarifvertrag festgelegt sein, und sie muss 153

---

1 LAG Hamm v. 21.1.2008 – 2 Ta 363/07, Rz. 19.
2 GMP/*Schlewing*, § 2 Rz. 85; GK-ArbGG/*Schütz*, § 2 Rz. 151.
3 BAG v. 24.9.2004 – 5 AZB 46/04, NZA-RR 2005, 49.
4 LAG Köln v. 12.3.2015 – 7 Ta 414/14, Rz. 10.
5 BAG v. 27.2.2008 – 5 AZB 43/07, NZA 2008, 549; bestätigt durch BAG v. 31.3.2009 – 5 AZB 98/08, ZIP 2009, 831; anders noch BGH v. 2.4.2009 – IX ZB 182/08, NJW 2009, 1968 (1971 f.).
6 *Walker*, FS J.-H. Bauer, 2010, S. 1029 (1038 f.); aA *Zwanziger*, BB 2009, 668.
7 Gemeinsamer Senat der Obersten Gerichtshöfe des Bundes v. 27.9.2010 – GmS-OGB 1/09, ZIP 2010, 2418.
8 GWBG/*Waas*, § 2 Rz. 70.
9 BAG v. 28.4.1981 – 3 AZR 255/80, AP Nr. 3 zu § 4 TVG – Gemeinsame Einrichtungen; BAG v. 25.1.1989 – 5 AZR 43/88, AP Nr. 5 zu § 1 GesamthafenbetriebsG; vgl. auch BGH v. 14.12.2005 – IV ZB 45/04, NZA-RR 2006, 430 (431).

aufgrund des Tarifvertrags in unmittelbaren Rechtsbeziehungen zu den ArbN stehen[1]. Die Organisationsform ist unerheblich. In Betracht kommen die BGB-Gesellschaft, die GmbH, der VVaG, der Verein und die Stiftung des Privatrechts. Die Organisation der gemeinsamen Einrichtungen ist aber (anders als die der Sozialeinrichtungen) nicht auf privatrechtliche Formen beschränkt. Vielmehr können die Tarifvertragsparteien sich auch einer bereits bestehenden Anstalt, Körperschaft oder Stiftung des öffentlichen Rechts als ihrer gemeinsamen Einrichtung bedienen, sofern ihnen nur eine hinreichende Einflussmöglichkeit eingeräumt wird[2]. Die Einrichtung muss allerdings mindestens passiv parteifähig sein, weil es sonst nicht zu gerichtlichen Streitigkeiten mit ihr kommen könnte. Von einer gemeinsamen Einrichtung kann nicht die Rede sein bei den allein vom ArbGeb errichteten Einrichtungen. Unerheblich ist, ob die Einrichtung einen betrieblichen, unternehmensweiten oder darüber hinausgehenden Wirkungsbereich hat.

154 Als **Beispiele** für gemeinsame Einrichtungen der Tarifvertragsparteien sind in § 4 Abs. 2 TVG **Lohnausgleichskassen** und **Urlaubskassen** genannt. Sie sind ebenso wie die **Zusatzversorgungskassen**[3] insbesondere im Baugewerbe von Bedeutung. Vergleichbare Einrichtungen existieren auch in zahlreichen anderen Branchen[4], insbesondere im Dachdeckerhandwerk. Eine gesetzliche Regelung gibt es zu gemeinsamen Einrichtungen zwecks Gewährung von Leistungen nach dem **Altersteilzeitgesetz** an ArbN, die spätestens am 31.12.2009 ihre Teilzeitarbeit begonnen haben (§ 9 Abs. 2 ATZG). Das BAG hat einen **Gesamthafenbetrieb**, mit dem die gemeinsame Zielsetzung der Tarifvertragsparteien verfolgt wird, durch Herstellung fortdauernder Arbeitsverhältnisse den Sozialschutz der Hafenarbeiter zu verbessern, als gemeinsame Einrichtung in diesem Sinne eingeordnet[5].

bb) Sozialeinrichtungen des privaten Rechts

155 Unter einer Sozialeinrichtung versteht man ein vom ArbGeb oder mehreren ArbGeb errichtetes zweckgebundenes Sondervermögen, das der Verwaltung bedarf und dessen Zweck darin besteht, soziale Leistungen an gegenwärtige oder ehemalige ArbN zu erbringen[6]. Ob die ArbN für die Inanspruchnahme dieser Leistungen Beiträge zahlen müssen, ist unerheblich, solange es sich nicht um reine Selbsthilfeeinrichtungen der ArbN handelt[7]. Der Begriff der Sozialeinrichtung iSv. § 2 Abs. 1 Nr. 4 Buchst. b entspricht im Wesentlichen demjenigen in § 87 Abs. 1 Nr. 8 BetrVG[8].

156 Bei den Sozialeinrichtungen iSd. Nr. 4 Buchst. b muss es sich um solche des **privaten Rechts** handeln. Dadurch wollte der Gesetzgeber vermeiden, dass traditionsreiche Versorgungsanstalten des öffentlichen Rechts (VB der Länder [VBL], der Gemeinden und Gemeindeverbände), für die vorher die ordentlichen Gerichte zuständig waren, in die Zuständigkeit der ArbG fielen[9]. Deshalb hat das BAG die Rechtswegzuständigkeit der ArbG für Rechtsstreitigkeiten mit Sozialeinrichtungen, die in der Rechtsform einer Anstalt des öffentlichen Rechts betrieben werden (wie zB die Versorgungsanstalt der früheren Deutschen Bundespost; ebenso zu behandeln sind andere Zusatzversorgungskassen für die ArbN des öffentlichen Dienstes[10]), verneint[11]. Daran ändert sich auch dann nichts, wenn das Rechtsverhältnis zwischen solchen Kassen und den versicherten ArbN privatrechtlich organisiert ist[12]. In diesem Fall sind für Streitigkeiten mit öffentlich-rechtlichen Sozialeinrichtungen die ordentlichen Gerichte zuständig, wenn die Versorgungsleistungen nach privatrechtlichen Grundsätzen gewährt werden[13].

---

1 BAG v. 25.1.1989 – 5 AZR 43/88, AP Nr. 5 zu § 1 GesamthafenbetriebsG; Wiedemann/*Oetker*, § 1 TVG Rz. 610.
2 BAG v. 28.4.1981 – 3 AZR 255/80, AP Nr. 3 zu § 4 TVG – Gemeinsame Einrichtungen; Wiedemann/*Oetker*, § 1 TVG Rz. 632.
3 Eigenschaft als gemeinsame Einrichtung aber verneint für Zusatzversorgungskasse der Sparkassen in Form einer Körperschaft des öffentlichen Rechts von BAG v. 10.8.2004 – 5 AZB 26/04, NZA 2005, 128 (Ls.); BGH v. 14.12.2005 – IV ZB 45/04, NZA-RR 2006, 430 (431).
4 Einzelheiten bei Wiedemann/*Oetker*, § 1 TVG Rz. 620 mwN.
5 BAG v. 25.1.1989 – 5 AZR 43/88, AP Nr. 5 zu § 1 GesamthafenbetriebsG.
6 Vgl. BAG v. 5.12.2013 – 10 AZB 25/13, NZA 2014, 221 (222); BAG v. 23.8.2001 – 5 AZB 11/01, NZA 2002, 230 (231); LAG Hamm v. 21.1.2008 – 2 Ta 363/07, Rz. 20; *Fitting*, § 87 BetrVG Rz. 334 ff.; GK-BetrVG/*Wiese*, § 87 Rz. 678 ff.; *Richardi*, § 87 BetrVG Rz. 603.
7 BAG v. 3.2.1956 – 1 AZR 463/54, AP Nr. 17 zu § 2 ArbGG 1953.
8 BAG v. 5.12.2013 – 10 AZB 25/13, NZA 2014, 221 (222). Ob auch die in § 87 Abs. 1 Nr. 8 BetrVG vorgesehene Beschränkung auf den Betrieb, das Unternehmen oder den Konzern gilt, hat das BAG ausdrücklich offengelassen.
9 BAG v. 28.4.1981 – 3 AZR 255/80, AP Nr. 3 zu § 4 TVG – Gemeinsame Einrichtungen, Bl. 2 R.
10 BGH v. 14.12.2005 – IV ZB 45/04, NZA-RR 2006, 430 (431).
11 BAG v. 28.4.1981 – 3 AZR 255/80, AP Nr. 3 zu § 4 TVG – Gemeinsame Einrichtungen.
12 BGH v. 14.12.2005 – IV ZB 45/04, NZA-RR 2006, 430 (431); GMP/*Schlewing*, § 2 Rz. 91.
13 BAG v. 28.4.1981 – 3 AZR 255/80, AP Nr. 3 zu § 4 TVG – Gemeinsame Einrichtungen; vgl. auch *Kissel*/*Mayer*, § 13 GVG Rz. 181 (maßgeblich ist die Satzung der jeweiligen Kasse).

Als **Rechtsform** für privatrechtliche Sozialeinrichtungen kommen vor allem der Verein, die Genossenschaft, die GmbH und der VVaG in Betracht. Ebenso wie die gemeinsamen Einrichtungen der Tarifvertragsparteien müssen auch die Sozialeinrichtungen jedenfalls **passiv parteifähig** sein, damit es überhaupt zu einer gerichtlichen Streitigkeit mit den ArbN oder ihren Hinterbliebenen kommen kann. Die Sozialeinrichtungen iSv. Nr. 4 Buchst. b brauchen nicht in ihrem Wirkungsbereich auf den Betrieb oder das Unternehmen beschränkt zu sein. 157

Beispiele für privatrechtliche Sozialeinrichtungen sind Verkaufsstellen oder Automaten mit verbilligtem Warenbezug[1], Werkskantinen[2], Erholungs-, Ferien-, Kinder- und Altersheime[3], Betriebskindergärten[4], ferner Sport- und Freizeitanlagen, Mitarbeiterbeteiligungsgesellschaften zur Förderung der finanziellen Interessen der Belegschaftsmitglieder[5] sowie Unterstützungskassen und Pensionskassen. Auch eine Beschäftigungs- und Qualifizierungsgesellschaft kann eine Sozialeinrichtung iSv. § 2 Abs. 1 Nr. 4 Buchst. b sein, wenn sie mit den früheren Beschäftigten befristete Arbeitsverhältnisse eingeht, um ihnen den Bezug von Kurzarbeitergeld zu ermöglichen[6]. Keine Sozialeinrichtung ist der Pensionssicherungsverein aG; denn bei ihm handelt es sich nicht um ein vom ArbGeb zur Verfügung gestelltes Sondervermögen[7]. 158

7. Abs. 1 Nr. 5: Streitigkeiten zwischen Arbeitnehmern oder ihren Hinterbliebenen und dem Pensions-Sicherungs-Verein über Ruhegeldansprüche

Aus Nr. 5 ergibt sich die Rechtswegzuständigkeit der ArbG für bürgerliche Rechtsstreitigkeiten zwischen ArbN oder ihren Hinterbliebenen und dem Träger der Insolvenzsicherung über Ansprüche auf Leistungen der Insolvenzsicherung nach den §§ 7 ff. BetrAVG. Die Vorschrift ergänzt die Rechtswegzuständigkeit der ArbG nach Nr. 3 Buchst. a und c, wonach über derartige Streitigkeiten zwischen den ArbN oder ihren Hinterbliebenen und dem ArbGeb ebenfalls die ArbG entscheiden. 159

a) Ansprüche auf Leistungen der Insolvenzsicherung

Die Streitigkeit muss sich auf Ansprüche auf Leistungen der Insolvenzsicherung beziehen. Diese ergeben sich aus den §§ 7–9 BetrAVG. Das sind Ansprüche auf betriebliche Altersversorgung aus einer unmittelbaren Versorgungszusage des ArbGeb, die bei Eröffnung des Insolvenzverfahrens über dessen Vermögen gem. § 7 BetrAVG von dem Träger der Insolvenzsicherung erfüllt werden müssen. Der Eröffnung des Insolvenzverfahrens gleichgestellt sind gem. § 7 Abs. 1 Satz 4 Nrn. 1–3 BetrAVG die Abweisung der Insolvenzeröffnung mangels Masse, die Abwendung der Insolvenzeröffnung durch einen mit Zustimmung des Trägers der Insolvenzsicherung abgeschlossenen Vergleich sowie die vollständige Beendigung der Betriebstätigkeit des ArbGeb, wenn die Eröffnung eines Insolvenzverfahrens nicht beantragt wurde und mangels Masse auch offensichtlich nicht in Betracht kommt. Bei den Streitigkeiten über Ansprüche aus der Insolvenzsicherung ist es unerheblich, welche Parteirolle die ArbN oder ihre Hinterbliebenen und der Träger der Insolvenzsicherung haben. Nr. 5 gilt deshalb auch für Rückforderungsansprüche des Trägers der Insolvenzsicherung[8]. Es muss sich nur um **bürgerliche Rechtsstreitigkeiten** handeln. Das ist immer der Fall, wenn die Streitigkeit ohne den Insolvenzfall nach Nr. 3 Buchst. a oder c mit dem ArbGeb oder nach Nr. 4 Buchst. b mit einer Sozialeinrichtung auszutragen wäre. Durch den Eintritt des Trägers der Insolvenzsicherung in die Stellung des Verpflichteten ändert sich nichts an dem bürgerlichen Charakter der Rechtsstreitigkeit[9]. 160

b) Träger der Insolvenzsicherung

Eine Partei des Rechtsstreits muss der Träger der Insolvenzsicherung sein. Das ist gem. § 14 BetrAVG der **Pensions-Sicherungs-Verein (PSV)**, ein Verein auf Gegenseitigkeit mit Sitz in Köln. Sollte dieser aufgelöst werden oder die Erlaubnis zum Geschäftsbetrieb verlieren, wird die Stellung des Trägers der Insolvenzsicherung der Kreditanstalt für Wiederaufbau zugewiesen (§ 14 Abs. 2 Nr. 2, 3 BetrAVG). Wenn sich eine Pensionskasse oder ein Lebensversicherungsunternehmen gegenüber dem PSV verpflichtet, die Leistungen 161

---

1 BAG v. 26.10.1965 – 1 ABR 7/65, AP Nr. 8 zu § 56 BetrVG 1952 – Wohlfahrtseinrichtungen, Bl. 2 R.
2 BAG v. 15.9.1987 – 1 ABR 31/86, AP Nr. 9 zu § 87 BetrVG 1972 – Sozialeinrichtung.
3 Vgl. BAG v. 3.6.1975 – 1 ABR 118/73, AP Nr. 3 zu § 87 BetrVG 1972 – Werkmietwohnungen, Bl. 2 R.
4 LAG Hamm v. 27.11.1975 – 8 TaBV 88/75, DB 1976, 201.
5 LAG Hamm v. 21.1.2008 – 2 Ta 363/07, Rz. 20 (juris).
6 BAG v. 23.8.2001 – 5 AZB 11/01, NZA 2002, 230 (231).
7 BAG v. 5.12.2013 – 10 AZB 25/13, NZA 2014, 221 (223).
8 Gift/Baur, Urteilsverfahren, Teil C Rz. 153; GMP/Schlewing, § 2 Rz. 96; GK-ArbGG/Schütz, § 2 Rz. 165; GWBG/Waas, § 2 Rz. 81.
9 GK-ArbGG/Schütz, § 2 Rz. 166; GWBG/Waas, § 2 Rz. 81.

im Insolvenzfall nach § 7 BetrAVG zu erbringen, und wenn die Berechtigten einen unmittelbaren Anspruch gegen die Pensionskasse oder das Lebensversicherungsunternehmen erwerben (§ 8 BetrAVG), können sie diese Ansprüche analog Nr. 5 ebenfalls vor dem ArbG geltend machen[1].

c) Arbeitnehmer oder ihre Hinterbliebenen

162 Die andere Partei des Rechtsstreits müssen (ehemalige oder gegenwärtige) ArbN oder ihre Hinterbliebenen sein (dazu Rz. 143). Rechtsstreitigkeiten mit Dritten werden von Nr. 5 nicht erfasst. Zwar können gem. § 17 Abs. 1 Satz 2 BetrAVG auch solche Personen, die nicht ArbN oder deren Hinterbliebene sind (Geschäftsführer, Mitglieder gesellschaftsrechtlicher Organe, Gesellschafter), Ansprüche auf betriebliche Altersversorgung erwerben. Streitigkeiten zwischen ihnen und dem PSV gehören aber vor die ordentlichen Gerichte[2]. Das gilt selbst dann, wenn die Ruhegeldzusage ursprünglich zu einer Zeit erfolgte, als der Berechtigte noch ArbN war, sie später aber zum Inhalt des Geschäftsführeranstellungsvertrages gemacht wurde[3]. Die geschiedene Ehefrau, die aufgrund eines Versorgungsausgleichs Ansprüche aus der betrieblichen Altersversorgung hat, ist nicht Hinterbliebene. Für Rechtsstreitigkeiten zwischen ihr und dem PSV sind daher ebenfalls die ordentlichen Gerichte zuständig.

163 Streitigkeiten **zwischen dem Träger der Insolvenzsicherung und einzelnen ArbGeb** werden nicht von Nr. 5 erfasst, zumal die ArbGeb auch gar keine Ansprüche auf Leistungen aus der Insolvenzsicherung haben. Soweit es um Streitigkeiten über die Beitragspflicht des ArbGeb nach § 10 BetrAVG oder über Mitteilungs- oder Auskunftspflichten nach § 11 BetrAVG geht, handelt es sich um öffentlich-rechtliche Streitigkeiten (so ausdrücklich § 10 Abs. 1 Satz 1 BetrAVG), so dass insoweit die Rechtswegzuständigkeit der Verwaltungsgerichte gegeben ist[4]. Bürgerliche Rechtsstreitigkeiten zwischen dem ArbGeb und dem Träger der Insolvenzsicherung fallen unter § 2 Abs. 1 Nr. 6.

8. Abs. 1 Nr. 6: Streitigkeiten zwischen Arbeitgebern und Einrichtungen nach Nr. 4 Buchst. b und 5 sowie zwischen diesen Einrichtungen

164 Nach Nr. 6 ist die Rechtswegzuständigkeit der ArbG bei bürgerlichen (Rz. 45) Streitigkeiten zwischen ArbGeb einerseits und gemeinsamen Einrichtungen der Tarifvertragsparteien, Sozialeinrichtungen oder dem PSV andererseits sowie bei Streitigkeiten zwischen solchen Einrichtungen gegeben. Die Vorschrift ergänzt also die Nr. 4 Buchst. b und 5 insofern, als auch Rechtsstreitigkeiten der gemeinsamen Einrichtungen mit anderen Gegnern als ArbN oder ihren Hinterbliebenen in die Rechtswegzuständigkeit der ArbG fallen.

a) Streitigkeiten zwischen Arbeitgebern und Einrichtungen

165 Gegner der gemeinsamen Einrichtung der Tarifvertragsparteien (Rz. 153) oder der Sozialeinrichtung (Rz. 155) muss der **ArbGeb** (Rz. 84) **oder sein Rechtsnachfolger** (§ 3) sein. Als ArbGeb gilt auch der persönlich haftende Gesellschafter einer Handelsgesellschaft, wenn er anstelle dieser als ArbGeb in Anspruch genommen wird; denn er kann für die Handelsgesellschaft die ArbGeb-Funktionen wahrnehmen, und wenn er für einen Anspruch aus dem Arbeitsverhältnis mit der Handelsgesellschaft gem. § 128 HGB persönlich in Anspruch genommen wird, ändert sich dadurch nicht die Rechtsnatur des Anspruchs[5]. Ferner ist Nr. 6 zumindest analog anzuwenden, wenn eine gemeinsame Einrichtung der Tarifvertragsparteien gegen den Geschäftsführer einer GmbH wegen einer von diesem begangenen unerlaubten Handlung im Zusammenhang mit dem Rechtsverhältnis zwischen der GmbH und der Einrichtung (betrügerisches Erschleichen von Leistungen) klagt[6]. Dagegen ist der Insolvenzverwalter, der bei Insolvenz des ArbGeb im Wege der Insolvenzanfechtung Beitragszahlungen an eine Sozialeinrichtung privaten Rechts zurückfordert, nicht ArbGeb oder dessen Rechtsnachfolger. Für seine Insolvenzanfechtungsklage ist deshalb der Zi-

---

[1] GMP/*Schlewing*, § 2 Rz. 95; GK-ArbGG/*Schütz*, § 2 Rz. 166; aM *Gift/Baur*, Urteilsverfahren, Teil C Rz. 156.
[2] BAG v. 20.5.1998 – 5 AZB 3/98, NZA 1998, 1247 (1248); LAG Düsseldorf v. 28.2.1977 – 16 Sa 1040/76, DB 1977, 779; GMP/*Schlewing*, § 2 Rz. 100; GK-ArbGG/*Schütz*, § 2 Rz. 166a; GWBG/*Waas*, § 2 Rz. 77; *Kissel/Mayer*, § 13 GVG Rz. 183.
[3] BAG v. 20.5.1998 – 5 AZB 3/98, NZA 1998, 1247 (1248); LAG Hamm v. 1.2.2012 – 2 Ta 394/11, NZA-RR 2012, 324.
[4] GMP/*Schlewing*, § 2 Rz. 98; GK-ArbGG/*Schütz*, § 2 Rz. 172; GWBG/*Waas*, § 2 Rz. 83; *Kissel/Mayer*, § 13 GVG Rz. 183.
[5] BAG v. 14.11.1979 – 4 AZR 3/78, AP Nr. 2 zu § 4 TVG – Gemeinsame Einrichtungen; LAG Frankfurt v. 12.5.2016 – 18 Ta 184/16, ZIP 2016, 1608 (für die Klage einer Urlaubs- und Lohnausgleichskasse gegen den persönlich haftenden Gesellschafter einer GbR).
[6] LAG Berlin v. 24.6.1999 – 6 Ta 970/99, NZA-RR 1999, 543; *Kissel/Mayer*, § 13 GVG Rz. 182.

vilrechtsweg gegeben[1]. Gleiches gilt für insolvenzrechtliche Anfechtungsklagen gegen Sozialversicherungsträger[2].

Allerdings muss der ArbGeb immer **in seiner Eigenschaft als ArbGeb** am Rechtsstreit beteiligt sein. Streitigkeiten aus solchen Rechtsverhältnissen, an denen anstelle des ArbGeb auch ein Dritter beteiligt sein könnte (Kauf-, Miet-, Werk- oder Darlehensvertrag zwischen dem ArbGeb und der Einrichtung), gehören in die Rechtswegzuständigkeit der ordentlichen Gerichte[3]. 166

Beispiele für bürgerlich-rechtliche Streitigkeiten zwischen dem ArbGeb und einer **gemeinsamen Einrichtung** der Tarifvertragsparteien oder einer **Sozialeinrichtung** sind Streitigkeiten über Beitragsforderungen gegen den ArbGeb[4] sowie umgekehrt Erstattungsansprüche des ArbGeb wegen zu Unrecht erbrachter Leistungen an die Einrichtung oder Auskunftsklagen des ArbGeb[5]. 167

Der Anwendungsbereich der Nr. 6 für Streitigkeiten zwischen dem ArbGeb und dem **PSV** ist gering. Er betrifft etwa die Klage eines ArbGeb gegen den PSV auf Feststellung der Insolvenzsicherung seiner Versorgungszusage[6] oder auf Verurteilung des PSV, seine Meldung einer Versorgung für Angestellte zur Insolvenzsicherung anzunehmen[7]. Ferner fällt unter Nr. 6 der Anspruch des PSV gem. § 9 Abs. 3 Satz 3 BetrAVG auf Übertragung von Vermögensteilen einer Gruppenunterstützungskasse mit mehreren Trägerunternehmen bei der Insolvenz eines beteiligten Unternehmens, auch wenn hier nicht der einzelne ArbGeb Anspruchsgegner ist, sondern die Unterstützungskasse[8]. Dagegen spielt die von Nr. 6 erfasste Klage des ArbGeb gegen den PSV auf Feststellung, dass der ArbGeb wegen wirtschaftlicher Notlage zur Einstellung oder Kürzung der Versorgungsleistungen berechtigt ist[9], heute keine Rolle mehr. Mit Inkrafttreten der InsO am 1.1.1999 ist dieser Sicherungsfall des § 7 Abs. 1 Satz 3 Nr. 5 BetrAVG gestrichen worden[10]. Schließlich gehören auch Streitigkeiten über Ansprüche der Ruhegeldberechtigten gegen den ArbGeb, die gem. § 9 Abs. 2 BetrAVG bei Eröffnung des Insolvenzverfahrens oder bei dem für die anderen Sicherungsfälle des § 7 Abs. 1 BetrAVG maßgeblichen Zeitpunkt auf den PSV übergegangen sind, nicht unter Nr. 6. Diese Streitigkeiten aus übergegangenem Recht des PSV fallen schon in die Rechtswegzuständigkeit nach Nr. 3 Buchst. a, c iVm. § 3, weil der PSV insoweit Rechtsnachfolger der ursprünglich aus dem (nachwirkenden) Arbeitsvertrag anspruchsberechtigten ArbN wird[11]. 168

Streitigkeiten über die **Beitragspflicht** des ArbGeb nach § 10 BetrAVG und über **Mitteilungs- oder Auskunftspflichten** nach § 11 BetrAVG betreffen öffentlich-rechtliche Verpflichtungen des ArbGeb (so ausdrücklich § 10 Abs. 1 Satz 1 BetrAVG). Für sie ist daher die Rechtswegzuständigkeit der Verwaltungsgerichte gegeben[12]. 169

b) Streitigkeiten zwischen Einrichtungen nach Nr. 4 Buchst. b und 5

Derartige Streitigkeiten haben in der Praxis bisher keine Rolle gespielt. 170

9. Abs. 1 Nr. 7: Streitigkeiten zwischen Entwicklungshelfern und Trägern des Entwicklungsdienstes

Entwicklungshelfer, die nach dem EhfG vom 18.6.1969[13] Entwicklungsdienst leisten, sind nicht ArbN des Trägers des Entwicklungshilfedienstes[14]. Sie erhalten aufgrund des Entwicklungshilfedienstvertrages gem. § 4 EhfG kein Gehalt, sondern nur ein Unterhaltsgeld und Sachleistungen zur Sicherung des Lebens- 171

---

1 BGH v. 6.12.2012 – IX ZR 84/12, ZIP 2012, 2524 (2525 f.); OLG Frankfurt v. 20.7.2012 – 5 W 18/12, ZIP 2012, 1880.
2 BGH v. 24.3.2011 – IX ZB 36/09, NJW 2011, 1365 f.
3 GWBG/*Waas*, § 2 Rz. 70 ff.
4 So schon zur früheren Fassung des § 2 Abs. 1 Ziff. 2 ArbGG BAG v. 3.2.1965 – 4 AZR 385/63, AP Nr. 12 zu § 5 TVG.
5 BAG v. 23.8.2001 – 5 AZB 11/01, NZA 2002, 230 (231).
6 LAG Köln v. 21.2.1996 – 7 Sa 1068/94, DB 1996, 1829 (Ls.).
7 LAG Köln v. 1.2.1995 – 7 Sa 1068/94, DB 1995, 1920.
8 Vgl. GWBG/*Waas*, § 2 Rz. 81; GK-ArbGG/*Schütz*, § 2 Rz. 170; ebenso zur früheren Fassung des § 2 ArbGG schon BAG v. 11.11.1986 – 3 AZR 228/86, ZIP 1987, 871.
9 Dazu BAG v. 26.6.1980 – 3 AZR 156/79, AP Nr. 1 zu § 4 BetrAVG; BAG v. 11.11.1986 – 3 AZR 228/86, ZIP 1987, 871 (872); GWBG/*Waas*, § 2 Rz. 82.
10 BGBl. I 1997 S. 2998 (Rentenreformgesetz 1999).
11 BAG v. 1.3.1993 – 3 AZB 44/92, EzA § 2 ArbGG 1994 Nr. 24, S. 4.
12 GMP/*Schlewing*, § 2 Rz. 98; GK-ArbGG/*Schütz*, § 2 Rz. 172; GWBG/*Waas*, § 2 Rz. 83; *Kissel/Mayer*, § 13 GVG Rz. 183.
13 BGBl. I S. 549.
14 BAG v. 27.4.1977 – 5 AZR 129/76, BB 1977, 1304 unter Hinweis auf BT-Drs. V/2696, S. 13, 17, 20 und V/3783, S. 5.

bedarfs, und sie leisten auch keine Dienste für den Träger der Entwicklungshilfe. Zwischen beiden besteht ein Rechtsverhältnis eigener Art, auf das arbeitsrechtliche Bestimmungen nur insoweit Anwendung finden, als es im EhfG vorgesehen ist[1]. Streitigkeiten zwischen ihnen werden daher nicht schon von Nr. 3 erfasst. Allerdings sind sie in § 19 Abs. 1 EhfG den ArbG zugewiesen. Diese Regelung wurde durch die 1979 eingefügte Nr. 7 lediglich übernommen. Zu Streitigkeiten von Entwicklungshelfern untereinander s. Rz. 177.

172 Danach besteht die Rechtswegzuständigkeit der ArbG nur für **bürgerliche** Rechtsstreitigkeiten nach dem EhfG, also für solche, die sich aus dem Entwicklungshilfedienstverhältnis ergeben. Für **öffentlich-rechtliche** Streitigkeiten nach § 19 Abs. 2 EhfG ist der Rechtsweg zu den Sozialgerichten gegeben.

173 Von dem Rechtsverhältnis des Entwicklungshelfers zu dem Träger des Entwicklungshilfedienstes ist dasjenige zu dem **ausländischen Projektträger** zu unterscheiden. Dieses Rechtsverhältnis kann ein Arbeitsverhältnis sein[2]. Streitigkeiten daraus fallen unter § 2 Abs. 1 Nr. 3, sofern die deutschen ArbG überhaupt international zuständig sind (dazu Rz. 249 ff.).

10. Abs. 1 Nr. 8: Streitigkeiten nach den Gesetzen zur Förderung eines freiwilligen sozialen und eines freiwilligen ökologischen Jahres

174 Bei Freiwilligen im sog. **freiwilligen sozialen Jahr** steht nicht die Verpflichtung zur weisungsgebundenen Arbeit oder die Vermittlung von beruflichen Kenntnissen im Vordergrund (vgl. § 3 des Gesetzes zur Förderung von Jugendfreiwilligendiensten vom 16.5.2008[3] – JFDG), sondern vor allem die Vermittlung sozialer Erfahrungen und die Stärkung des Verantwortungsbewusstseins für das Gemeinwohl. Deshalb sind die Freiwilligen weder ArbN noch Auszubildende des Trägers des freiwilligen sozialen Jahres[4]. Auf das Rechtsverhältnis zwischen ihnen und den Trägern des freiwilligen sozialen Jahres finden gem. § 13 JFDG nur die Bestimmungen des Arbeitsschutzes und des BUrlG sowie die Grundsätze der eingeschränkten ArbN-Haftung entsprechende Anwendung. Da die Freiwilligen aber vergleichbar schutzwürdig sind wie ArbN, wollte der Gesetzgeber Streitigkeiten zwischen ihnen und den Trägern den ArbG zuweisen. Deshalb wurde durch die Arbeitsgerichtsnovelle von 1979 die Nr. 8 eingefügt. Die Rechtswegzuständigkeit der ArbG gilt danach für alle bürgerlichen Rechtsstreitigkeiten zwischen den Freiwilligen und den Trägern.

175 Entsprechendes gilt für Streitigkeiten zwischen den Teilnehmern am sog. **freiwilligen ökologischen Jahr** auf der Grundlage von § 4 JFDG und den Trägern.

11. Abs. 1 Nr. 8a: Streitigkeiten nach dem Bundesfreiwilligendienstgesetz

175a Durch Gesetz vom 28.4.2011 wurde mit Wirkung zum 3.5.2011 die Nr. 8a neu eingefügt[5]. Danach erstreckt sich die Rechtswegzuständigkeit der ArbG im Urteilsverfahren auf bürgerliche Rechtsstreitigkeiten zwischen dem Bund oder den Einsatzstellen des Bundesfreiwilligendienstes oder deren Trägern und Freiwilligen nach dem Bundesfreiwilligendienstgesetz (BFDG). Für die Freiwilligen nach dem BFDG gilt Vergleichbares wie für die von Nr. 8 erfassten Freiwilligen nach dem JFDG. Sie engagieren sich für das Allgemeinwohl, insbesondere im sozialen, ökologischen und kulturellen Bereich sowie im Bereich des Sports, der Integration und des Zivil- und Katastrophenschutzes (§ 1 Satz 1 BFDG). Der Dienst wird idR für zwölf Monate geleistet; er dauert mindestens sechs und höchstens 18 (ausnahmsweise 24) Monate (§ 3 Abs. 2 Satz 1, 2 BFDG). Die Dienste werden auf Grundlage einer schriftlichen Vereinbarung zwischen dem Bund und dem Freiwilligen geleistet (§ 8 BFDG). Dabei handelt es sich nicht um einen Arbeitsvertrag, so dass kein Arbeitsverhältnis, sondern ein öffentliches Dienstverhältnis eigener Art begründet wird[6]. Dieses unterliegt grds. nicht dem Arbeitsrecht. Gemäß § 13 Abs. 1 BFDG gelten lediglich Arbeitsschutzbestimmungen, das JArbSchG sowie das BUrlG entsprechend, und gem. § 9 Abs. 2 BFDG haften die Freiwilligen für Schäden bei Ausübung ihrer Tätigkeit nur nach den Regeln über die eingeschränkte ArbN-Haftung. Streitigkeiten zwischen dem Bund und den Freiwilligen werden mangels Arbeitsverhältnisses auch nicht schon von § 2 Abs. 1 Nr. 3 erfasst. Die Rechtswegzuständigkeit nach Nr. 8a hat ihren Grund in der Sachnähe der ArbG[7]. Sie besteht für alle bürgerlichen Rechtsstreitigkeiten (nicht nur für diejenigen nach den gem. § 9 Abs. 2, § 13 Abs. 1 BFDG geltenden Bestimmungen) zwischen dem Freiwilligen und dem Bund oder den Einsatzstellen oder deren Trägern. Für Streitigkeiten im Zusammenhang mit der Beteiligung der Freiwil-

---

1 MünchArbR/*Richardi*, § 17 Rz. 48.
2 BAG v. 27.4.1977 – 5 AZR 129/76, BB 1977, 1304 (Ls. 2).
3 BGBl. I S. 842.
4 BAG v. 12.2.1992 – 7 ABR 42/91, AP Nr. 52 zu § 5 BetrVG 1972 unter Bezugnahme auf BT-Drs. IV/2138, S. 2.
5 BGBl. I S. 687.
6 BT-Drs. 17/4803, S. 17 (18).
7 BT-Drs. 17/4803, S. 20.

ligen (§ 10 BFDG) ist gem. § 2a Abs. 1 Nr. 3 Buchst. d (dazu § 2a Rz. 105a) die Rechtswegzuständigkeit im Beschlussverfahren gegeben.

12. Abs. 1 Nr. 9: Streitigkeiten zwischen Arbeitnehmern

Nach Nr. 9 ist die Rechtswegzuständigkeit der ArbG für bürgerliche Rechtsstreitigkeiten zwischen ArbN aus gemeinsamer Arbeit und aus unerlaubten Handlungen gegeben, soweit diese mit dem Arbeitsverhältnis im Zusammenhang stehen. Die Einschränkung auf bürgerliche Rechtsstreitigkeiten hat hier keine Bedeutung; denn die Rechtsstreitigkeiten der ArbN untereinander sind immer privatrechtlicher Art.

a) Arbeitnehmer als Parteien der Streitigkeit

Auf beiden Seiten der Streitigkeiten müssen ArbN stehen. Sie werden meistens, müssen aber nicht bei demselben ArbGeb beschäftigt sein[1]. Maßgeblich ist die Definition in § 5. Über den Wortlaut hinaus ist Nr. 9 auch in den Fällen anzuwenden, in denen gem. Nr. 7 und Nr. 8 Streitigkeiten unter Beteiligung von Nicht-ArbN hinsichtlich der Rechtswegzuständigkeit den Streitigkeiten von ArbN gleichgesetzt werden. Deshalb ist **Nr. 9** jedenfalls **analog** anzuwenden auf Streitigkeiten zwischen ArbN auf der einen und Teilnehmern am freiwilligen sozialen oder ökologischen Jahr auf der anderen Seite[2] sowie auf Streitigkeiten der in Nr. 7 und Nr. 8 genannten Personen untereinander. Nicht genannt in Nr. 9 sind Streitigkeiten, an denen Hinterbliebene von ArbN beteiligt sind. Jedoch ist die Vorschrift auch hier analog anzuwenden, sofern der geltend gemachte Anspruch einen Bezug zum Arbeitsverhältnis hat. Das ist etwa bei Schadensersatzansprüchen der mittelbar Geschädigten nach §§ 844, 845 BGB anzunehmen[3].

Nr. 9 bezieht sich unmissverständlich **nicht** auf **Streitigkeiten zwischen ArbGeb**. Für sie sind daher die ordentlichen Gerichte zuständig. Das gilt auch dann, wenn solche Streitigkeiten einen Bezug zu den Arbeitsverhältnissen haben, wie er zB bei Schadensersatzansprüchen wegen unzutreffender Auskünfte des bisherigen ArbGeb über einen wechselnden ArbN, wegen der Ausstellung eines unrichtigen Zeugnisses[4] oder wegen der Verleitung eines ArbN zum Vertragsbruch gegeben ist.

b) Ansprüche aus gemeinsamer Arbeit

Die Rechtswegzuständigkeit gilt erstens für Ansprüche aus gemeinsamer Arbeit. In Betracht kommen **vertragliche und gesetzliche Ansprüche**. Zwar stehen die ArbN untereinander idR nicht in vertraglichen Beziehungen, sondern nur in getrennten Vertragsbeziehungen zum ArbGeb. Vertragliche Beziehungen können aber zB bei Gruppenarbeitsverhältnissen aller Art bestehen, bei der Bildung von Fahrgemeinschaften[5] und bei der gemeinsamen Anschaffung von Arbeitsgeräten. Für daraus folgende Streitigkeiten etwa über Erfüllungs-, Schadensersatz- oder Erstattungsansprüche ist nach Nr. 9 die Rechtswegzuständigkeit der ArbG auch dann gegeben, wenn es sich bei den Vertragsbeziehungen (wie im Regelfall) um solche gesellschaftsrechtlicher Art handelt. Gesetzliche Ansprüche aus gemeinsamer Arbeit sind zB solche aus GoA wegen Hilfeleistung bei einem Arbeits- oder Wegeunfall[6]. Auch Ansprüche aus ungerechtfertigter Bereicherung sind denkbar[7].

c) Ansprüche aus unerlaubter Handlung

Über Streitigkeiten aus unerlaubter Handlung haben nur dann die ArbG zu entscheiden, wenn die unerlaubte Handlung im Zusammenhang mit dem Arbeitsverhältnis begangen wurde. Ebenso wie in Nr. 2 (Rz. 69) und Nr. 3 Buchst. d (Rz. 128) wird auch hier der Begriff der unerlaubten Handlung im weitesten Sinne verstanden. Erfasst werden also auch die Fälle der Gefährdungshaftung, was etwa für die Kfz-Halterhaftung eines ArbN wegen eines Verkehrsunfalles auf einer gemeinsamen Dienstfahrt[8] oder einer gemein-

---

[1] OLG Hamm v. 23.9.1999 – 6 W 31/99, NZA-RR 2000, 499; LG Frankenthal v. 27.6.2002 – 8 T 59/02, NZA 2003, 751; Hauck/Helml/Biebl/*Helml*, § 2 Rz. 42; GK-ArbGG/*Schütz*, § 2 Rz. 181; GMP/*Schlewing*, § 2 Rz. 106; GWBG/ *Waas*, § 2 Rz. 88; MünchArbR/*Jacobs*, § 342 Rz. 46.
[2] GMP/*Schlewing*, § 2 Rz. 106; Gift/*Baur*, Urteilsverfahren, Teil C Rz. 171.
[3] GMP/*Schlewing*, § 2 Rz. 111; GK-ArbGG/*Schütz*, § 2 Rz. 185; Kissel/*Mayer*, § 13 GVG Rz. 185.
[4] BGH v. 26.11.1963 – VI ZR 221/62, AP Nr. 10 zu § 826 BGB; Gift/*Baur*, Urteilsverfahren, Teil C Rz. 172; GMP/ *Schlewing*, § 2 Rz. 107; GK-ArbGG/*Schütz*, § 2 Rz. 180; GWBG/*Waas*, § 2 Rz. 88.
[5] BGH v. 26.2.1998 – III ZB 25/97, NJW 1998, 2745.
[6] Kissel/*Mayer*, § 13 GVG Rz. 185.
[7] BGH v. 26.2.1998 – III ZB 25/97, NJW 1998, 2745 aE zum Liquidationsstreit zwischen Chefärzten von Krankenhausabteilungen.
[8] OLG Hamburg v. 15.3.1955 – 7 U 411/54, NJW 1956, 109.

samen Fahrt von oder zu der Arbeit[1] von Bedeutung sein kann. Unerheblich ist es für die Zuordnung der Streitigkeit zu einer unerlaubten Handlung, ob wegen dieser eine Leistungsklage auf Schadensersatz oder Schmerzensgeld oder eine Feststellungsklage erhoben wird. Auch über deliktische Unterlassungs- oder Beseitigungsansprüche entscheiden nach Nr. 9 die ArbG.

181 Die Voraussetzung „**im Zusammenhang mit den Arbeitsverhältnissen**" ist hier ebenso wie in Nr. 3 Buchst. d auszulegen (Rz. 129). Erforderlich ist also eine innere Beziehung zwischen der unerlaubten Handlung und dem Arbeitsverhältnis, die sich daraus ergibt, dass die unerlaubte Handlung in der besonderen Eigenart des Arbeitsverhältnisses und den ihm eigentümlichen Reibungs- und Berührungspunkten wurzelt[2]. Dazu gehören solche unerlaubten Handlungen, zu deren Begehung ohne die gemeinsame Arbeit weder Gelegenheit gewesen wäre noch Anlass bestanden hätte[3], nicht dagegen solche, an denen nur zufällig verschiedene ArbN beteiligt sind[4]. Deshalb fallen Streitigkeiten über unerlaubte Handlungen zwischen ArbN, die ihre Ursache in familiären oder nachbarlichen Auseinandersetzungen haben und außerhalb des Arbeitsplatzes (zB auf dem Heimweg in einer Gaststätte) begangen werden[5], nicht in die Rechtswegzuständigkeit der ArbG, sondern in diejenige der ordentlichen Gerichte. Gleiches gilt, wenn sich die Arbeitsbereiche der bei verschiedenen ArbGeb beschäftigten ArbN nur zufällig berühren[6]. Der notwendige Zusammenhang besteht unproblematisch bei solchen unerlaubten Handlungen, die während der Arbeitszeit am Arbeitsplatz begangen werden. Er liegt ferner vor bei unerlaubten Handlungen (Verkehrsunfällen) auf dem Weg von oder zu der Arbeit sowie auf einem Betriebsausflug oder anlässlich einer Betriebsfeier[7]. Schließlich ist der notwendige Zusammenhang mit dem Arbeitsverhältnis gewahrt bei unerlaubten Handlungen anlässlich eines Arbeitskampfes. Das betrifft etwa Körper- und Gesundheitsverletzungen, Beleidigungen und Freiheitsberaubungen zwischen streikenden und arbeitswilligen ArbN, und zwar selbst dann, wenn die unerlaubte Handlung außerhalb des Betriebsgebäudes und außerhalb der Arbeitszeit begangen wird.

13. Abs. 1 Nr. 10: Streitigkeiten zwischen behinderten Menschen und Trägern der Werkstätten für behinderte Menschen

182 Zwischen Werkstätten für behinderte Menschen iSv. § 136 SGB IX in der bis zum 31.12.2017 geltenden Fassung und dort im sog. Arbeitsbereich beschäftigten behinderten Menschen kann ein Arbeitsverhältnis bestehen[8]. Nach dem Bundesteilhabegesetz vom 23.12.2016[9] wird ab 1.1.2018 aufgrund einer Neufassung des SGB IX die Angabe „138" durch die Angabe „221" ersetzt. Die neue Zählung ist im Folgenden bereits berücksichtigt. Auch wenn kein Arbeitsverhältnis mit den im Arbeitsbereich beschäftigten behinderten Menschen besteht, liegt nach § 221 Abs. 1 SGB IX jedenfalls ein arbeitnehmerähnliches Rechtsverhältnis vor. In Nr. 10 wird klargestellt, dass auch für bürgerliche Rechtsstreitigkeiten zwischen behinderten Menschen in einem arbeitnehmerähnlichen Rechtsverhältnis und dem Träger der Werkstatt der Rechtsweg zu den ArbG gegeben ist. Das können insbesondere vertragliche Streitigkeiten aus dem gem. § 221 Abs. 3 SGB IX abzuschließenden Werkstattvertrag über Erfüllungs- und Schadensersatzansprüche sein. Konkret wird am ehesten die Verpflichtung der Werkstatt, nach Möglichkeit einen leistungsabhängigen Steigerungsbetrag zum Grundbetrag des Arbeitsentgelts zu zahlen (§ 221 Abs. 2 SGB IX), Anlass zu Streitigkeiten geben[10].

183 Von den Streitigkeiten aus den in § 221 SGB IX geregelten Rechtsverhältnissen sind diejenigen zwischen den behinderten Menschen und den **Sozialleistungsträgern** (im Arbeitsbereich idR der überörtliche Träger der Sozialhilfe) zu unterscheiden. Sie sind öffentlich-rechtlicher Natur und fallen daher nicht in die Rechtswegzuständigkeit der ArbG.

---

1 LAG Hamm v. 10.9.1958 – 5 Ta 88/58, DB 1958, 1104; Gift/Baur, Urteilsverfahren, Teil C Rz. 175; GWBG/Waas, § 2 Rz. 91.
2 BGH v. 11.7.1995 – 5 AS 13/95, EzA § 2 ArbGG 1979 Nr. 30; BGH v. 12.3.2002 – X ARZ 314/01, NZA 2002, 1109, 1110; BGH v. 7.2.1958 – VI ZR 49/57, AP Nr. 48 zu § 2 ArbGG 1953.
3 OLG Hamburg v. 15.3.1955 – 7 U 411/54, NJW 1956, 109.
4 LAG BW v. 7.12.2015 – 3 Ta 21/15 Rz. 30; OLG Hamm v. 23.9.1999 – 6 W 31/99, NZA-RR 2000, 499.
5 Gift/Baur, Urteilsverfahren, Teil C Rz. 176; GK-ArbGG/Schütz, § 2 Rz. 184; GWBG/Waas, § 2 Rz. 91.
6 OLG Hamm v. 23.9.1999 – 6 W 31/99, NZA-RR 2000, 499; OLG Oldenburg v. 15.9.1998 – 5 W 160/98, NZA-RR 2000, 218 (Ls.); vgl. aber LG Frankenthal v. 27.6.2002 – 8 T 59/02, NZA 2003, 751 f.
7 Gift/Baur, Urteilsverfahren, Teil C Rz. 176; GMP/Schlewing, § 2 Rz. 109; GK-ArbGG/Schütz, § 2 Rz. 184; GWBG/Waas, § 2 Rz. 91; Kissel/Mayer, § 13 GVG Rz. 185.
8 Vgl. dazu im Einzelnen Arbeitsrechtslexikon/Schwab, Werkstatt für behinderte Menschen, II aE.
9 BGBl. I S. 3234.
10 GMP/Schlewing, § 2 Rz. 112.

II. Zuständigkeit für Vergütungsansprüche in Erfinder- und Urheberrechtsstreitigkeiten nach § 2 Abs. 2

§ 2 Abs. 2 ist durch die Arbeitsgerichtsnovelle vom 21.5.1979[1] eingefügt worden. Die Vorschrift hat den vor 1979 bestehenden Rechtszustand nicht verändert, sondern lediglich die verstreuten Zuständigkeitsregelungen des § 39 Abs. 2 ArbNErfG[2] und des § 104 Satz 2 UrhG in die zentrale Vorschrift für die Rechtswegzuständigkeit der ArbG im Urteilsverfahren übernommen.

184

1. Keine ausschließliche Zuständigkeit

Bei der Zuständigkeit nach § 2 Abs. 2 handelt es sich nicht um eine ausschließliche Zuständigkeit. Das ergibt sich aus dem von der Eingangsformulierung des § 2 Abs. 1 abweichenden Wortlaut sowie daraus, dass die Zuständigkeit für Vergütungsansprüche in ArbN-Erfindungs- und Urheberrechtsstreitsachen bewusst nicht in den Katalog des § 2 Abs. 1 eingefügt, sondern in einem eigenen Abs. geregelt wurde. Daher kann durch Parteivereinbarung die Rechtswegzuständigkeit der ordentlichen Gerichte begründet werden[3]. Etwas anderes gilt nur für Ansprüche aus einem technischen Verbesserungsvorschlag, soweit diese nicht von § 2 Abs. 2, sondern schon von der Regelung der ausschließlichen Zuständigkeit der ArbG nach § 2 Abs. 1 Nr. 3 Buchst. a erfasst werden (Rz. 103).

185

2. Bürgerliche Rechtsstreitigkeiten zwischen Arbeitnehmern und Arbeitgebern

Wie der gesamte Zuständigkeitskatalog des § 2 Abs. 1 bezieht sich auch Abs. 2 nur auf bürgerliche Rechtsstreitigkeiten (Rz. 40 ff.). Parteien des Rechtsstreits müssen (gegenwärtige oder ehemalige) ArbN und ArbGeb sein. Hinterbliebene von ArbN, die nicht Erbe sind und deshalb auch nicht von Abs. 3 erfasst werden, kommen ebenfalls als Partei eines Rechtsstreits nach Abs. 2 in Betracht, wenn ihnen aufgrund einer Vereinbarung eigene Ansprüche aus Erfindungen oder Urheberrechten des ArbN zustehen. Streitigkeiten mit Beamten gehören dagegen vor die Verwaltungsgerichte.

186

3. Vergütungsstreitigkeiten für eine Arbeitnehmererfindung oder für einen technischen Verbesserungsvorschlag (Abs. 2 Buchst. a)

a) Vergütungsansprüche für Arbeitnehmererfindungen

ArbN-Erfindungen sind Erfindungen, die patent- oder gebrauchsmusterfähig sind (§ 2 ArbNErfG). Für Rechtsstreitigkeiten über ArbN-Erfindungen sind gem. § 39 Abs. 1 ArbNErfG die für Patentstreitsachen zuständigen Gerichte ausschließlich zuständig. Das sind gem. § 143 Abs. 1 PatG ohne Rücksicht auf den Streitwert die LG. Lediglich Vergütungsstreitigkeiten sind gem. § 39 Abs. 2 ArbNErfG von dieser ausschließlichen Rechtswegzuständigkeit der ordentlichen Gerichte ausgenommen und in § 2 Abs. 2 Buchst. a den ArbG zugewiesen.

187

aa) Ansprüche auf Leistung einer festgestellten oder festgesetzten Vergütung

Bei der Vergütungsstreitigkeit muss es um die festgestellte oder festgesetzte Vergütung gehen. Die **Feststellung** von Art und Höhe der Vergütung erfolgt in einer Vereinbarung zwischen dem ArbGeb und dem ArbN, die in angemessener Zeit nach Inanspruchnahme der Erfindung erfolgen soll (§ 12 Abs. 1 ArbNErfG)[4]. Eine Vereinbarung gilt als zustande gekommen, wenn ein Vorschlag der Schiedsstelle beim Patentamt (§ 29 ArbNErfG) ohne Widerspruch geblieben und damit bindend geworden ist (§ 34 Abs. 3 ArbNErfG). Der Annahme einer Vergütungsvereinbarung steht es nicht entgegen, wenn sich aus der Abrede noch nicht unmittelbar der zu zahlende Betrag ergibt, sondern dieser sich erst nach einer Rechenoperation und der Klärung von Auslegungsfragen ermitteln lässt[5], selbst wenn dabei auch patentrechtliche Fragestellungen eine Rolle spielen[6]. Die **Festsetzung** erfolgt durch schriftliche Erklärung des ArbGeb, wenn eine Vereinbarung nicht in angemessener Frist zustande kommt (§ 12 Abs. 3 ArbNErfG). Nur wenn der ArbGeb trotz einer solchen Feststellung oder Festsetzung nicht oder nicht hinreichend zahlt, ist für Streitigkeiten die Rechtswegzuständigkeit nach § 2 Abs. 2 gegeben. Wird dagegen über die ArbN-Erfindung selbst

188

---

1 BGBl. I S. 545.
2 S. dazu die Kommentierung von *Schwab*, Arbeitnehmererfindungsrecht, 3. Aufl. 2014.
3 GMP/*Schlewing*, § 2 Rz. 115; *Kissel/Mayer*, § 13 GVG Rz. 186; *Schwab*, Arbeitnehmererfindungsrecht, § 39 ArbNErfG Rz. 5.
4 BAG v. 31.5.2016 – 9 AZB 3/16, NZA-RR 2016, 548 Rz. 9.
5 LAG München v. 10.12.2015 – 10 Ta 337/15 mit Anm. *Paul*, EWiR 2016, 715.
6 BAG v. 31.5.2016 – 9 AZB 3/16, NZA-RR 2016, 548 Rz. 12.

oder über die Richtigkeit der Vergütungsfestsetzung gestritten, gehören solche Streitigkeiten in die Rechtswegzuständigkeit der ordentlichen Gerichte. Gleiches gilt für gegenseitige Schadensersatzansprüche wegen Pflichtverletzungen im Zusammenhang mit der Erfindung oder der Vergütungszahlung[1]. Das ist auch sachgerecht, weil für solche Streitigkeiten die Sachkompetenz bei den Patentkammern gefragt ist.

bb) Ausschließliche Geltendmachung von Vergütungsansprüchen

189 Eine weitere Einschränkung der arbeitsgerichtlichen Zuständigkeit ergibt sich daraus, dass die Rechtsstreitigkeit **ausschließlich Vergütungsfragen** betreffen darf. Sofern neben Vergütungsansprüchen auch andere Ansprüche im Zusammenhang mit der Erfindung geltend gemacht werden, sind nach hM für den gesamten Rechtsstreit (also auch für den Vergütungsanspruch) die ordentlichen Gerichte zuständig. Ein Teilurteil des ArbG über den Vergütungsanspruch ist danach ausgeschlossen[2]. Nach aA soll das ArbG die Möglichkeit haben, den Erfinderstreit abzutrennen (§ 145 ZPO) und gem. § 17a Abs. 2 GVG an die Patentkammer des LG zu verweisen, aber über die Vergütungsklage selbst zu entscheiden[3]. Für diese Ansicht mag der Gesichtspunkt der Praktikabilität sprechen. Auch würde auf diese Weise die ursprüngliche Klagehäufung genauso behandelt wie die nachträgliche (Rz. 190). Der Gesetzeswortlaut, wonach die Rechtsstreitigkeit ausschließlich Vergütungsfragen zum Gegenstand haben darf, spricht jedoch eher für die hM. Unabhängig von diesem Meinungsstand kann für eine mit dem Vergütungsanspruch verbundene Streitigkeit nach dem ArbNErfG jedenfalls nicht die Zusammenhangszuständigkeit des ArbG nach § 2 Abs. 3 erreicht werden, weil das bei Ansprüchen, die in die ausschließliche Zuständigkeit eines anderen Gerichts fallen, nicht möglich ist (Abs. 3 aE; Rz. 215).

190 Wenn die **Anhängigkeit** des neben dem Vergütungsanspruch eingeklagten **rechtswegfremden Anspruches** vollständig wieder **entfällt** (zB durch Vergleich, Klagerücknahme, übereinstimmende Erledigungserklärung), wird die ursprünglich fehlende Rechtswegzuständigkeit des ArbG hergestellt[4]. Falls dagegen umgekehrt zunächst nur ein Vergütungsanspruch vor dem ArbG eingeklagt und diese Klage nachträglich **um einen rechtswegfremden Anspruch erweitert** wird, sind die Konsequenzen für die Rechtswegzuständigkeit umstritten. Zum Teil wird vertreten, der gesamte Rechtsstreit sei dann von Amts wegen an das LG zu verweisen[5]. Nach aA soll die Rechtswegzuständigkeit des ArbG für den Vergütungsanspruch gem. § 261 Abs. 3 Nr. 2 ZPO erhalten bleiben[6]. Nach hier vertretener Ansicht bleibt das ArbG für den Vergütungsanspruch zuständig, während der rechtswegfremde Anspruch gem. § 17a Abs. 2 Satz 1 GVG von Amts wegen an das LG zu verweisen ist[7]. Der Fortbestand der arbeitsgerichtlichen Rechtswegzuständigkeit für den Vergütungsanspruch ergibt sich aus § 17 Abs. 1 Satz 1 GVG. Diese Vorschrift ist auch der Grund dafür, dass eine Vergütungsklage, die von vornherein mit einem unter § 39 Abs. 1 ArbNErfG fallenden Anspruch verbunden ist, nach hM hinsichtlich der Rechtswegzuständigkeit anders zu behandeln ist als ein nachträglich verbundener Anspruch (Rz. 189); denn nach § 17 Abs. 1 Satz 1 GVG ändert eine nachträgliche Veränderung der Umstände eben nichts an der ursprünglich gegebenen Rechtswegzuständigkeit.

cc) Erstreckung der Prüfungskompetenz auf rechtswegfremde Fragen

191 Soweit im Rahmen einer ausschließlich auf Vergütung gerichteten Klage streitig ist, ob eine Vergütung überhaupt wirksam festgestellt oder festgesetzt wurde, handelt es sich nur um eine **Vorfrage**, über die von den ArbG mit zu entscheiden ist[8] (zur Vorfragenkompetenz s. schon Rz. 19 ff.). Wird diese Vorfrage verneint, ist der Rechtsstreit gem. § 17a Abs. 2 Satz 1 GVG von Amts wegen an das LG zu verweisen.

192 Ferner erstreckt sich die Rechtswegzuständigkeit auf solche Ansprüche, die nur der Vorbereitung der Zahlungsklage dienen, also auf **Auskunfts- und Rechnungslegungsansprüche**[9]. Unerheblich ist, ob diese Ansprüche im Wege der Stufenklage gem. § 254 ZPO oder in einem selbständigen Rechtsstreit geltend gemacht werden. Allerdings dürfen die Auskunfts- und Rechnungslegungsansprüche nicht darauf abzielen,

---

1 *Gift/Baur*, Urteilsverfahren, Teil C Rz. 184; *Kissel/Mayer*, § 13 GVG Rz. 186; *Schwab*, Arbeitnehmererfindungsrecht, § 39 ArbNErfG Rz.7.
2 *Gift/Baur*, Urteilsverfahren, Teil C Rz. 191; GMP/*Schlewing*, § 2 Rz. 114; GWBG/*Waas*, § 2 Rz. 98; *Kissel/Mayer*, § 13 GVG Rz. 186; MünchArbR/*Jacobs*, § 342 Rz. 42.
3 GK-ArbGG/*Schütz*, § 2 Rz. 193 f.
4 *Gift/Baur*, Urteilsverfahren, Teil C Rz. 191; *Kissel/Mayer*, § 13 GVG Rz. 186.
5 *Gift/Baur*, Urteilsverfahren, Teil C Rz. 192.
6 GMP/*Schlewing*, § 2 Rz. 114; *Kissel/Mayer*, § 13 GVG Rz. 186.
7 So auch BAG v. 21.8.1996 – 5 AZR 1011/94, AP Nr. 42 zu § 2 ArbGG 1979, Bl. 2 R f.; GMP/*Schlewing*, § 2 Rz. 114.
8 LAG Hamm v. 12.2.1954 – 4 Sa 16/54, AP Nr. 1 zu § 2 ArbGG 1953 (Ls. 4); *Gift/Baur*, Urteilsverfahren, Teil C Rz. 186; GMP/*Schlewing*, § 2 Rz. 116; GWBG/*Waas*, § 2 Rz. 96.
9 GMP/*Schlewing*, § 2 Rz. 113; GWBG/*Waas*, § 2 Rz. 96; *Kissel/Mayer*, § 13 GVG Rz. 186.

erst die Höhe des Zahlungsanspruchs zu ermitteln; dieser muss vielmehr auch bei Auskunftsklagen nach Art und Höhe bereits festgestellt oder festgesetzt sein[1].

dd) Rechtswegfremde Forderungen bei Widerklage und Aufrechnung

Wenn eine in die ausschließliche Zuständigkeit der Patentkammer beim LG fallende Forderung im Wege der **Widerklage** in einem ArbG-Prozess geltend gemacht wird, besteht Einigkeit, dass das ArbG zur Entscheidung über die Widerklage nicht zuständig ist[2]. Vielmehr ist die Widerklage gem. § 145 Abs. 2 ZPO abzutrennen und nach § 17a Abs. 2 GVG von Amts wegen an das zuständige LG zu verweisen. Insoweit gilt das Gleiche wie für eine Streitigkeit über eine Werkmietwohnung, die im Wege der Widerklage vor ein ArbG gebracht wurde, obwohl sie in die ausschließliche Rechtswegzuständigkeit der ordentlichen Gerichte fällt (Rz. 24).

193

Umstritten ist dagegen die Rechtswegzuständigkeit des ArbG, wenn in einem ArbG-Prozess eine Gegenforderung zur **Aufrechnung** gestellt wird, die in die **ausschließliche Rechtswegzuständigkeit der ordentlichen Gerichte** fällt (zB Schadensersatzforderung wegen Pflichtverletzung im Zusammenhang mit einer ArbN-Erfindung; **§ 39 Abs. 1 ArbNErfG**). Die Frage ist zu verneinen[3]. Insoweit ist der **Rechtsstreit** vor dem ArbG entweder nach § 148 ZPO **auszusetzen**, bis der Beklagte über seine Aufrechnungsforderung ein rechtskräftiges Urteil des LG erstritten hat (Rz. 31), **oder** über die Klageforderung ist durch **Vorbehaltsurteil** nach § 302 ZPO zu entscheiden, und für das Nachverfahren über die Aufrechnungsforderung ist der Rechtsstreit gem. § 17a Abs. 2 GVG an das zuständige LG zu verweisen (Rz. 32).

194

b) Vergütungsansprüche für technische Verbesserungsvorschläge

Technische Verbesserungsvorschläge sind Vorschläge für technische Neuerungen, die nicht patent- oder gebrauchsmusterfähig sind (§ 3 ArbNErfG). Sie werden von der Rechtswegzuweisung an die ordentlichen Gerichte in § 39 Abs. 1 ArbNErfG nicht erfasst, weil diese Vorschrift ausdrücklich nur für Erfindungen gilt[4]. Da Ansprüche (auch Vergütungsansprüche) im Zusammenhang mit technischen Verbesserungsvorschlägen aus dem Arbeitsverhältnis resultieren, werden sie mangels anderweitiger ausschließlicher Rechtswegzuweisung schon von der Regelung in § 2 Abs. 1 Nr. 3 Buchst. a erfasst. Nur für Vergütungsansprüche wegen qualifizierter Verbesserungsvorschläge, die gem. § 20 ArbNErfG dem ArbGeb insofern eine Vorzugsstellung einräumen, als dieser den Verbesserungsvorschlag unter Ausschluss von Mitbewerbern allein verwerten darf, geht die Regelung in § 2 Abs. 2 derjenigen in Nr. 3 Buchst. a als die speziellere Vorschrift vor[5]. Die sachliche Berechtigung dafür liegt darin, dass die Parteien hier ebenso wie bei Vergütungsstreitigkeiten wegen Erfindungen die Möglichkeit haben sollen, die Rechtswegzuständigkeit der ordentlichen Gerichte zu vereinbaren, was bei Anwendung von Nr. 3 Buchst. a nicht möglich wäre (Rz. 38).

195

4. Vergütungsstreitigkeiten in Urheberrechtssachen (Abs. 2 Buchst. b)

Urheberrechte schützen den Schöpfer eines Werkes der Literatur, Wissenschaft und Kunst (§§ 7, 2 UrhG) in seinen geistigen und persönlichen Beziehungen zum Werk und in der Nutzung des Werkes (§ 11 Satz 1 UrhG). Für Streitigkeiten aus einem der im Urhebergesetz geregelten Rechtsverhältnisse (Urheberrechtsstreitsachen) ist gem. § 104 Satz 1 UrhG der ordentliche Rechtsweg gegeben. Das gilt etwa für Auseinandersetzungen zwischen ArbN und ArbGeb über die Nutzung von Computerprogrammen, die der ArbN geschaffen oder eingebracht hat[6]. Zuständig sind die nach § 105 UrhG eingerichteten Spruchkörper für Urheberrechtsstreitigkeiten bei den Amts- und Landgerichten. Für Urheberrechtsstreitigkeiten aus Arbeits- oder Dienstverhältnissen, die ausschließlich Ansprüche auf Leistung einer vereinbarten Vergütung zum Gegenstand haben, bleiben gem. § 104 Satz 2 UrhG der Rechtsweg zu den Gerichten für Arbeitssachen und der Verwaltungsrechtsweg unberührt. Eine solche Rechtswegzuweisung zu den ArbG enthält für Streitigkeiten aus Arbeitsverhältnissen § 2 Abs. 2 Buchst. b. Die Verwaltungsgerichte sind zuständig bei Urhebervergütungsstreitigkeiten, an denen nicht ArbN, sondern Beamte beteiligt sind.

196

Ebenso wie in den Fällen nach § 2 Abs. 2 Buchst. a ist auch für den Zahlungsanspruch nach Buchst. b die Rechtswegzuständigkeit der ArbG nur für solche Urheberrechtsstreitigkeiten gegeben, in denen es **aus-**

197

---

1 Gift/Baur, Urteilsverfahren, Teil C Rz. 187.
2 Gift/Baur, Urteilsverfahren, Teil C Rz. 189; GK-ArbGG/Schütz, § 2 Rz. 191.
3 Wie hier GMP/Schlewing, § 2 Rz. 116; aM Schwab, Arbeitnehmererfindungsrecht, § 39 ArbNErfG Rz. 6.
4 BAG v. 30.4.1965 – 3 AZR 291/63, BAGE 17, 151 (153).
5 So auch Gift/Baur, Urteilsverfahren, Teil C Rz. 193 aE.
6 BAG v. 21.8.1996 – 5 AZR 1011/94, AP Nr. 42 zu § 2 ArbGG 1979.

schließlich um die Zahlung einer vereinbarten Vergütung geht. Ist die Vereinbarung als solche umstritten, handelt es sich dabei um eine Vorfrage für den Zahlungsanspruch, über die von den ArbG mitentschieden wird. Verneint das ArbG eine wirksame Vergütungsvereinbarung, ist der Rechtsstreit von Amts wegen an das zuständige ordentliche Gericht zu verweisen (§ 17a Abs. 2 GVG). Gleiches gilt nach hM, wenn von vornherein mit der Vergütungsklage auch andere Urheberrechtsstreitigkeiten verbunden sind (vgl. Rz. 189 f.). Die ordentlichen Gerichte sind ferner zuständig, wenn nicht über die Zahlung der vereinbarten Vergütung, sondern über die angemessene Höhe der zu vereinbarenden Vergütung gestritten wird[1]. Das folgt nicht nur aus dem klaren Wortlaut des § 2 Abs. 2 Buchst. b, sondern vor allem daraus, dass die Frage der Angemessenheit eine urheberrechtliche Materie betrifft, für die die Sachkompetenz der spezialisierten Spruchkörper bei den ordentlichen Gerichten gefragt ist[2].

III. Zusammenhangszuständigkeit nach § 2 Abs. 3

198 § 2 Abs. 3 erstreckt die Rechtswegzuständigkeit der ArbG auf Streitigkeiten, die nicht in den Katalog von § 2 Abs. 1 und Abs. 2 fallen und daher an sich in die Rechtswegzuständigkeit der ordentlichen Gerichte gehören. Solche ursprünglich rechtswegfremden Streitigkeiten können dann vor die ArbG gebracht werden, wenn sie mit einer dort anhängigen Streitigkeit in einem rechtlichen oder unmittelbar wirtschaftlichen Zusammenhang stehen. § 2 Abs. 3 regelt für Zusammenhangsklagen nur die Zuständigkeit der ArbG. Eine vergleichbare Vorschrift für den umgekehrten Fall, in dem eine arbeitsrechtliche Streitigkeit im Zusammenhang mit einer allgemeinen bürgerlich-rechtlichen Streitigkeit steht und mit dieser bei einem ordentlichen Gericht anhängig gemacht wird, gibt es nicht.

1. Sinn des Abs. 3

199 Die Rechtswegzuständigkeit für Zusammenhangsklagen hat den Sinn, die Teilung rechtlich oder innerlich zusammengehörender Verfahren zwischen den ordentlichen Gerichten und den Gerichten für Arbeitssachen im gebotenen Umfang zu verhindern[3]. Daran hat sich durch die Entwicklung des § 2 von einer Regelung der sachlichen Zuständigkeit zu einer solchen der Rechtswegzuständigkeit aufgrund des 4. VwGO-ÄndG nichts geändert[4].

2. Fakultative Zuständigkeit

200 Mit dieser Zuständigkeitsregelung soll der Rechtsstreit nicht etwa gegen den Willen des Klägers den ordentlichen Gerichten entzogen werden. § 2 Abs. 3 begründet keine ausschließliche, sondern nur eine fakultative Zuständigkeit (können... gebracht werden). Der Kläger kann sich also aussuchen, ob er die rechtswegfremde bürgerliche Rechtsstreitigkeit vor dem ordentlichen oder gem. § 2 Abs. 3 vor dem ArbG anhängig macht. Im Rahmen dieser Wahlmöglichkeit kann die Rechtswegzuständigkeit auch zwischen den Parteien **vereinbart** werden[5]. Wenn für Zusammenhangsklagen die Zuständigkeit der ordentlichen Gerichte vereinbart wurde, kann das trotzdem angerufene ArbG nicht etwa durch rügelose Einlassung zuständig werden[6]; denn § 39 ZPO gilt nicht für die Rechtswegzuständigkeit[7]. Nur wenn in der rügelosen Einlassung eine Aufhebung oder Abänderung der Rechtswegvereinbarung liegt, kann auf diese Weise wieder die Rechtswegzuständigkeit des ArbG begründet werden[8].

201 Die fakultative Zuständigkeit nach § 2 Abs. 3 kann auch durch **Schiedsvereinbarung** beseitigt werden. Die Einschränkungen der §§ 101 ff. für die Zulässigkeit von Schiedsvereinbarungen gelten gem. § 4 nur für die ausschließliche Zuständigkeit nach § 2 Abs. 1 und 2.

3. Voraussetzungen des Abs. 3

202 Die Zusammenhangsklage muss mit einer anhängigen Streitigkeit iSv. § 2 Abs. 1 oder 2 in einem rechtlichen oder unmittelbar wirtschaftlichen Zusammenhang stehen, und sie darf nicht in eine andere ausschließliche Rechtswegzuständigkeit fallen.

---

1 ArbG Bamberg v. 16.7.1969 – 1 Ca 62/69 C, ARSt. 1970, 46; *Gift/Baur*, Urteilsverfahren, Teil C Rz. 198; GK-ArbGG/*Schütz*, § 2 Rz. 200.
2 ArbG Bamberg v. 16.7.1969 – 1 Ca 62/69 C, ARSt. 1970, 46; *Gift/Baur*, Urteilsverfahren, Teil C Rz. 198.
3 BAG v. 27.2.1975 – 3 AZR 136/74, AP Nr. 1 zu § 3 ArbGG 1953, Bl. 4.
4 Nach Ansicht von *Kluth*, NZA 2000, 1275, ist § 2 Abs. 3 durch die Entwicklung verfassungswidrig geworden.
5 GMP/*Schlewing*, § 2 Rz. 129; GK-ArbGG/*Schütz*, § 2 Rz. 205b; GWBG/*Waas*, § 2 Rz. 105.
6 AM GMP/*Schlewing*, § 2 Rz. 129; GWBG/*Waas*, § 2 Rz. 105; *Kissel/Mayer*, § 13 GVG Rz. 187.
7 ArbG Passau v. 29.10.1991 – 4 Ca 650/91, BB 1992, 359 (Ls.).
8 GK-ArbGG/*Schütz*, § 2 Rz. 205, 222.

a) Anhängige Hauptklage iSv. Abs. 1, 2

Beim ArbG muss eine Streitigkeit iSv. § 2 Abs. 1 oder Abs. 2 (die sog. Hauptklage) anhängig sein. Eine (mangels Feststellungsinteresses) unzulässige Zwischenfeststellungsklage auf Feststellung gerade des Rechtsverhältnisses, von dessen rechtlicher Qualifikation die Rechtswegzuständigkeit abhängt, reicht als Hauptklage iSv. § 2 Abs. 3 nicht aus[1]. Denn mit einer solchen Klage könnte die Zusammenhangszuständigkeit immer herbeigeführt werden, was dem gesetzlichen Zweck des § 2 Abs. 3 widersprechen würde. Muss die Hauptklage mangels Rechtswegzuständigkeit des ArbG gem. § 17a Abs. 2 GVG in einen anderen Rechtsweg verwiesen werden, gilt das automatisch auch für die Zusammenhangsklage. 203

Ob die Hauptklage abgesehen von der Rechtswegzuständigkeit **zulässig und begründet** ist, spielt für die Rechtswegzuständigkeit hinsichtlich der Zusammenhangsklage keine Rolle[2]. Ebenso ist es unerheblich, ob es sich bei der Hauptstreitigkeit um eine Klage oder um ein Gesuch auf **einstweiligen Rechtsschutz** handelt[3]; allerdings muss die Möglichkeit bestehen, dass über die Haupt- und die Zusammenhangsklage einheitlich entschieden wird (Rz. 214). Umstritten ist, ob es sich bei der Hauptklage auch um einen sog. **Sic-non-Fall** (Rz. 235) handeln kann, bei dem der Bestand eines Arbeitsverhältnisses gleichermaßen für die Rechtswegzuständigkeit und für die Begründetheit der Klage von Bedeutung ist[4]. Das BAG lehnt eine so begründete Zusammenhangszuständigkeit ab[5]. Wenn mit einer solchen Klage eine rechtswegfremde Streitigkeit verbunden wird, bestehe die Gefahr einer Rechtswegmanipulation durch die klagende Partei, weil in den Sic-non-Fällen die bloße Rechtsbehauptung des Klägers, er sei ArbN, ausreiche (Rz. 238). Eine Rechtswegerschleichung könne auch nicht durch Anwendung des Grundsatzes von Treu und Glauben verhindert werden[6], weil es dafür an handhabbaren und hinreichend klaren Kriterien fehle. Allerdings ist es zweifelhaft, ob diese Lösung des BAG auch in solchen Fällen sachgerecht ist, in denen für eine Rechtswegerschleichung keine Anhaltspunkte bestehen[7]. 204

Die arbeitsrechtliche Hauptklage muss bei Einreichung der Zusammenhangsklage entweder schon beim ArbG **anhängig sein** oder **gleichzeitig mit ihr anhängig gemacht werden**. Anhängigkeit bedeutet Einreichung bei Gericht; Zustellung an den Beklagten ist nicht erforderlich. Entgegen dem Gesetzeswortlaut wird die Rechtswegzuständigkeit für die Zusammenhangsklage auch dann (nachträglich) begründet, wenn die **Hauptklage später anhängig** gemacht wird. Der ursprüngliche Mangel der Rechtswegzuständigkeit wird dadurch geheilt[8]. Es wäre sachwidrig, wenn in solchen Fällen der Kläger erst die Zusammenhangsklage zurücknehmen müsste, sie anschließend aber sofort wieder erheben könnte[9]. 205

Wenn die bei Einreichung der Zusammenhangsklage vorhandene **Anhängigkeit der Hauptklage nachträglich wieder wegfällt**, etwa durch Teilurteil, Vergleich, Klagerücknahme oder übereinstimmende Erledigungserklärung, bleibt für die Zusammenhangsklage die Rechtswegzuständigkeit des ArbG gem. § 17 Abs. 1 Satz 1 GVG erhalten[10]. Das gilt allerdings nicht, wenn die Rücknahme der die Zuständigkeit begründenden Hauptklage erfolgt, bevor der Beklagte zur Hauptsache verhandelt hat. Damit wird einer möglichen Rechtswegerschleichung entgegengewirkt, wenn eine Partei von vornherein in Betracht gezogen hat, 206

---

1 BAG v. 28.10.1993 – 2 AZB 12/93, AP Nr. 19 zu § 2 ArbGG 1979, Bl. 3 R.
2 LAG Köln v. 5.3.1997 – 4 Ta 253/96, LAGE § 2 ArbGG 1979 Nr. 22, S. 8; *Gift/Baur*, Urteilsverfahren, Teil C Rz. 202; GMP/*Schlewing*, § 2 Rz. 123; GWBG/*Waas*, § 2 Rz. 111; *Kissel/Mayer*, § 13 GVG Rz. 188; aM MünchArbR/*Jacobs*, § 342 Rz. 48.
3 GWBG/*Waas*, § 2 Rz. 109.
4 So LAG Hessen v. 20.1.2000 – 2 Ta 739/99, NZA 2000, 1304; LAG Köln v. 2.7.1996 – 4 Ta 90/96, LAGE § 2 ArbGG 1979 Nr. 21, S. 2; LAG München v. 26.2.1998 – 3 Ta 1/98, NZA-RR 1999, 438 (Ls.); LAG Rh.-Pf. v. 26.6.2002 – 2 Ta 455/02, NZA-RR 2003, 263; LAG Sa.-Anh. v. 24.1.2001 – 8 Ta 211/00, NZA-RR 2002, 42.
5 BAG v. 15.2.2005 – 5 AZB 13/04, NJW 2005, 1146 (1147); BAG v. 11.6.2003 – 5 AZB 43/02, BB 2003, 1906 (1907 f.); ebenso LAG Berlin v. 22.7.2005 – 10 Ta 1331/05, NZA-RR 2006, 98 (99); LAG Nds. v. 5.5.2003 – 13 Ta 79/03, NZA-RR 2004, 324 (326).
6 So aber LAG Köln v. 5.3.1997 – 4 Ta 253/96, LAGE § 2 ArbGG 1979 Nr. 22, S. 8; LAG Köln v. 22.4.2002 – 8 (13) Ta 8/02, NZA-RR 2002, 547; s. auch LAG Sa.-Anh. v. 24.1.2001 – 8 Ta 211/00, NZA-RR 2002, 42 (44); BVerfG v. 31.8.1999 – 1 BvR 1389/97, NZA 1999, 1234 f.; krit. dazu *Kluth*, NZA 2000, 463.
7 Bejahend LAG Nds. v. 5.5.2003 – 13 Ta 79/03, NZA-RR 2004, 324 (326).
8 LAG Düsseldorf v. 28.11.1991 – 7 Ta 321/91, LAGE § 2 ArbGG 1979 Nr. 10; GMP/*Schlewing*, § 2 Rz. 119; GWBG/*Waas*, § 2 Rz. 109; Hauck/Helml/Biebl/*Helml*, § 2 Rz. 51; *Kissel/Mayer*, § 13 GVG Rz. 188; *Wieser*, Arbeitsgerichtsverfahren, Rz. 33.
9 S. nochmals LAG Düsseldorf v. 28.11.1991 – 7 Ta 321/91, LAGE § 2 ArbGG 1979 Nr. 10.
10 LAG Köln v. 23.10.2015 – 11 Ta 77/15 Rz. 15; LAG Köln v. 28.2.1995 – 13 Ta 300/94, AP Nr. 37 zu § 2 ArbGG 1979; *Gift/Baur*, Urteilsverfahren, Teil C Rz. 209; GMP/*Schlewing*, § 2 Rz. 124; GWBG/*Waas*, § 2 Rz. 112; *Kissel/Mayer*, § 13 GVG Rz. 188; *Wieser*, Arbeitsgerichtsverfahren, Rz. 35; aM noch BAG v. 15.8.1975 – 5 AZR 217/75, AP Nr. 32 zu § 2 ArbGG 1953 – Zuständigkeitsprüfung.

vor Beginn der streitigen Verhandlung die Hauptklage zurückzunehmen[1]. Konnte die Rechtswegzuständigkeit des ArbG für die Hauptklage bis zu deren Wegfall noch nicht geprüft werden, ist im Rahmen der Rechtswegzuständigkeit für die Zusammenhangsklage zu klären, ob das ArbG für die zuvor anhängige Hauptklage zuständig war[2].

207 Anders ist der Fall zu beurteilen, wenn die Hauptklage anhängig bleibt, aber nachträglich nur noch auf einen solchen Sachverhalt gestützt wird, dessen Beurteilung nicht der Zuständigkeit der Gerichte für Arbeitssachen unterliegt. Dann hat es nämlich keinen Sinn mehr, bei der Arbeitsgerichtsbarkeit ein Bündel von Ansprüchen zu behalten, von denen nach dem – geänderten – Vortrag kein einziger zur Zuständigkeit der Arbeitsgerichtsbarkeit gehört[3].

b) Zusammenhangsklage

aa) Bürgerliche Rechtsstreitigkeit

208 Gegenstand der Zusammenhangsklage muss eine bürgerliche Rechtsstreitigkeit sein. Das ergibt sich zwar nicht aus dem Wortlaut des § 2 Abs. 3, in dem nur für die gleichzeitig anhängige Rechtsstreitigkeit nach § 2 Abs. 1 oder 2 ihre bürgerlich-rechtliche Natur verlangt wird. Die Regelung stammt jedoch aus der Zeit, in der das Verhältnis zwischen den ArbG und den ordentlichen Gerichten wegen ihrer besonderen Sachnähe noch als eine Frage der sachlichen Zuständigkeit angesehen wurde. Schon damals wurde der Zweck der Regelung nur darin gesehen, eine Teilung zusammengehörender Verfahren zwischen den ordentlichen und den ArbG zu verhindern[4]. Daran hat sich durch die Neuordnung der Rechtswege durch das 4. VwGO-ÄndG nichts geändert. Deshalb kommen nach wie vor als Zusammenhangsklagen nur solche in Betracht, für die sonst die Rechtswegzuständigkeit der ordentlichen Gerichte gegeben ist[5]. Öffentlich-rechtliche Streitigkeiten scheiden für eine Zusammenhangsklage aus. Gleiches gilt für betriebsverfassungsrechtliche Streitigkeiten; darüber muss vielmehr gem. § 2a im Beschlussverfahren entschieden werden.

bb) Rechtlicher oder unmittelbar wirtschaftlicher Zusammenhang

209 Kernvoraussetzung des § 2 Abs. 3 ist der rechtliche oder unmittelbar wirtschaftliche Zusammenhang zwischen der ursprünglich rechtswegfremden Streitigkeit und der anhängigen Hauptklage. Verneint das Gericht diesen Zusammenhang, wird die Zusammenhangsklage abgetrennt (§ 145 ZPO) und von Amts wegen an das zuständige Gericht in der ordentlichen Gerichtsbarkeit verwiesen (§ 17a Abs. 2 GVG).

210 Für einen **rechtlichen Zusammenhang** wird allgemein verlangt, dass sich auch die Zusammenhangsstreitigkeit aus dem Arbeitsverhältnis ergeben oder durch dieses bedingt sein müsse[6]. Ein **unmittelbar wirtschaftlicher Zusammenhang** wird bejaht, wenn Haupt- und Zusammenhangsstreitigkeit auf einem einheitlichen Lebenssachverhalt beruhen und nicht nur rein zufällig eine Verbindung zueinander haben[7]. Auf Grundlage dieser theoretischen Definition bleibt jedoch unklar, wie im Einzelfall der rechtliche vom wirtschaftlichen Zusammenhang abzugrenzen ist und für welche Streitigkeiten, die nicht schon von der ausschließlichen Zuständigkeit nach dem weit auszulegenden § 2 Abs. 1 Nr. 3 erfasst werden, ein rechtlicher Zusammenhang mit der Hauptklage zu bejahen ist. Richtigerweise sollte auf eine Differenzierung zwischen dem rechtlichen und dem unmittelbar wirtschaftlichen Zusammenhang verzichtet werden, weil das erstens kaum sinnvoll möglich und zweitens für die identische Rechtsfolge ohne Bedeutung ist[8]. Auch in Rspr. und Schrifttum werden ohne genaue Unterscheidung der rechtliche und der wirtschaftliche Zusammenhang häufig zusammen bejaht[9]. Mit der gesonderten Erwähnung des rechtlichen und des wirtschaftlichen Zusammenhangs hat der Gesetzgeber nur zum Ausdruck gebracht, dass ein Zusammenhang im weitesten Sinne ausreicht. Deshalb besteht Einigkeit darüber, dass diese Voraussetzung im Interesse der Prozessöko-

---

1 BAG v. 29.11.2006 – 5 AZB 47/06, DB 2007, 1204 (Ls.).
2 *Gift/Baur*, Urteilsverfahren, Teil C Rz. 209.
3 BAG v. 27.2.1975 – 3 AZR 136/74, AP Nr. 1 zu § 3 ArbGG 1953, Bl. 4; ebenso GWBG/*Waas*, § 2 Rz. 109; *Kissel/Mayer*, § 13 GVG Rz. 188.
4 S. nochmals BAG v. 27.2.1975 – 3 AZR 136/74, AP Nr. 1 zu § 3 ArbGG 1953, Bl. 4.
5 *Gift/Baur*, Urteilsverfahren, Teil C Rz. 199; GK-ArbGG/*Schütz*, § 2 Rz. 216; GWBG/*Waas*, § 2 Rz. 107.
6 BAG v. 11.9.2002 – 5 AZB 3/02, NZA 2003, 62 (63); *Gift/Baur*, Urteilsverfahren, Teil C Rz. 140, 212; GK-ArbGG/*Schütz*, § 2 Rz. 150, 214.
7 BAG v. 11.9.2002 – 5 AZB 3/02, NZA 2003, 62 (63); BAG v. 18.8.1997 – 9 AZB 15/97, NZA 1997, 1362 (1363); LAG Bremen v. 22.6.1949 – Sa 23/49, RdA 1951, 75 f.; GMP/*Schlewing*, § 2 Rz. 118.
8 Zutreffend GWBG/*Waas*, § 2 Rz. 114.
9 S. nur LAG Köln v. 28.2.1995 – 13 Ta 300/94, AP Nr. 37 zu § 2 ArbGG 1979, Bl. 2; vgl. auch *Gift/Baur*, Urteilsverfahren, Teil C Rz. 213; GWBG/*Waas*, § 2 Rz. 114.

nomie weit auszulegen ist[1]. Ein einheitlicher Lebenssachverhalt reicht aus. Der vorausgesetzte Zusammenhang muss anders als in § 2 Abs. 1 Nr. 4 Buchst. a nicht zu dem Arbeitsverhältnis bestehen, sondern zu einer anhängigen Streitigkeit iSv. § 2 Abs. 1 Nr. 1–10 oder von Abs. 2.

Beispiele für Streitigkeiten, die in einem Zusammenhang mit einer Streitigkeit aus dem Arbeitsverhältnis stehen können: Ein ArbGeb verlangt von einem ArbN und einem kollusiv mit diesem zusammenwirkenden unternehmensfremden Dritten Schadensersatz wegen vorsätzlicher Schädigung[2]. Ein ArbN oder ein ArbGeb klagt einen Direktanspruch gegen die Versicherung der jeweils anderen Seite ein. Der Kläger macht neben Ansprüchen aus dem Arbeitsverhältnis solche Ansprüche geltend, die ihm in seiner Eigenschaft als Organ (Geschäftsführer einer GmbH; Mitglied des Aufsichtsrates) zustehen. Ein ArbN ist neben seinem Arbeitsverhältnis auch als freier Mitarbeiter tätig und macht aus beiden Rechtsverhältnissen Ansprüche geltend[3]. Der negativen Feststellungsklage eines ArbN gegen seinen ehemaligen ArbGeb bezüglich der Wirksamkeit eines nachvertraglichen Wettbewerbsverbots schließt sich der neue ArbGeb an, weil er von dem bisherigen ArbGeb auf Unterlassung der Beschäftigung des ArbN in Anspruch genommen wird[4]. Entsprechendes gilt, wenn ein ArbGeb seinen bisherigen ArbN auf Einhaltung eines nachvertraglichen Wettbewerbsverbots und gleichzeitig den neuen ArbGeb auf Unterlassung der Beschäftigung in Anspruch nimmt. Der Gläubiger, der den Vergütungsanspruch des ArbN gepfändet hat, macht gegen den ArbGeb als Drittschuldner neben dem Vergütungsanspruch auch einen Schadensersatzanspruch gem. § 840 Abs. 2 Satz 2 ZPO wegen fehlerhafter Drittschuldnerauskunft geltend[5]. Zwar sind für Auskunfts- und Schadensersatzansprüche des Pfändungsgläubigers gegen den ArbGeb als Drittschuldner nach § 840 ZPO grds. die ordentlichen Gerichte zuständig[6]; aber wenn sie im Zusammenhang mit einer unter § 2 Abs. 1 Nr. 3 stehenden Streitigkeit geltend gemacht werden, ist die Rechtswegzuständigkeit gem. § 2 Abs. 3 gegeben. Die gemeinsame Einrichtung der Tarifvertragsparteien der Bauwirtschaft nimmt neben einem ausländischen ArbGeb auch dessen Auftraggeberunternehmen auf Zahlung von Urlaubskassenbeiträgen in Anspruch (§§ 15, 14, 5 Nr. 3 AEntG)[7].

cc) Parteien der Zusammenhangsklage

An der Zusammenhangsklage werden häufig, müssen aber nicht notwendig dieselben Parteien wie an der Hauptklage beteiligt sein. Die Zusammenhangsklage kann also auch von einem oder gegen einen an der Hauptklage nicht beteiligten **Dritten** erhoben werden[8], sofern für diesen nicht ein anderes Gericht ausschließlich zuständig ist. Als Dritte kommen vor allem Bürgen und Versicherungen der Parteien der Hauptklage sowie betriebsfremde Gesamtschuldner, die gleichzeitig mit einem ArbN in Anspruch genommen werden[9], in Betracht. Erforderlich ist nur, dass mindestens eine Partei immer an der Haupt- und an der Zusammenhangsklage beteiligt ist[10].

Beispiele für die Beteiligung Dritter: Ein ArbGeb nimmt nicht nur einen ArbN, sondern auch einen Dritten aus einer gemeinsam begangenen unerlaubten Handlung (Entwendung und gemeinsame Verwendung von Geschäftsunterlagen) in Anspruch[11]. Der von einem ArbN verklagte ArbGeb erhebt gegen den ArbN und einen Geschäftsführer Widerklage auf Schadensersatz wegen gemeinsamer Vollmachtsüberschreitung[12]. Der negativen Feststellungsklage eines ArbN gegen seinen ehemaligen ArbGeb bezüglich der Wirksamkeit eines nachvertraglichen Wettbewerbsverbots schließt sich der neue ArbGeb an, der von dem bisherigen ArbGeb auf Unterlassung der Beschäftigung in Anspruch genommen wird[13].

---

1 GMP/*Schlewing*, § 2 Rz. 121; GWBG/*Waas*, § 2 Rz. 114; *Kissel/Mayer*, § 13 GVG Rz. 190.
2 LAG Köln v. 9.7.2009 – 7 Ta 220/08, Rz. 10 f.
3 LAG Köln v. 28.2.1995 – 13 Ta 300/94, AP Nr. 37 zu § 2 ArbGG 1979.
4 BAG v. 18.8.1997 – 9 AZB 15/97, NZA 1997, 1362.
5 Vgl. BAG v. 23.9.1960 – 5 AZR 258/59, BAGE 10, 39 (42 ff.); LAG Köln v. 17.11.1989 – 9 Sa 906/89, LAGE § 12a ArbGG 1979 Nr. 14.
6 BAG v. 31.10.1984 – 4 AZR 535/82, BAGE 47, 138.
7 Noch zu § 8 Satz 2, § 1 Abs. 3, § 1a AEntG aF: BAG v. 11.9.2002 – 5 AZB 3/02, NZA 2003, 62.
8 *Gift/Baur*, Urteilsverfahren, Teil C Rz. 217; GMP/*Schlewing*, § 2 Rz. 125; GK-ArbGG/*Schütz*, § 2 Rz. 212a; GWBG/*Waas*, § 2 Rz. 108; *Kissel/Mayer*, § 13 GVG Rz. 189.
9 Zu einem solchen Fall LAG Köln v. 9.7.2009 – 7 Ta 220/08 (Schadensersatzklage gegen einen ArbN und einen unternehmensfremden Dritten wegen vorsätzlicher Schädigung des ArbGeb in kollusivem Zusammenwirken).
10 BAG v. 11.9.2002 – 5 AZB 3/02, NZA 2003, 62 (63); BAG v. 2.12.1992 – 5 AS 13/92, AP Nr. 24 zu § 2 ArbGG 1979; LAG Köln v. 23.10.2015 – 11 Ta 77/15 Rz. 15.
11 OLG Zweibrücken v. 28.4.1997 – 2 W 7/97, NZA-RR 1998, 225 (226).
12 BAG v. 2.12.1992 – 5 AS 13/92, AP Nr. 24 zu § 2 ArbGG 1979.
13 BAG v. 18.8.1997 – 9 AZB 15/97, NZA 1997, 1362.

dd) Geltendmachung der Zusammenhangsstreitigkeit

214 Die Zusammenhangsklage kann vom Kläger der Hauptklage im Wege der **anfänglichen Klagehäufung** oder der **nachträglichen Klageerweiterung** erhoben werden. Im letzten Fall müssen die Voraussetzungen der §§ 263 ff. ZPO für eine Klageänderung vorliegen; sie werden durch § 2 Abs. 3, der lediglich die Rechtswegzuständigkeit erweitert, nicht ersetzt. Unter den Voraussetzungen des § 533 ZPO ist eine Klageerweiterung um die Zusammenhangsklage auch noch in der Berufungsinstanz möglich, dagegen nicht mehr in der Revisionsinstanz[1]. Der Beklagte der Hauptklage kann die Zusammenhangsstreitigkeit im Wege der **Aufrechnung**[2] (Rz. 28) oder der **Widerklage**[3] (Rz. 23) anhängig machen. Die Widerklage ist ebenfalls unter den Voraussetzungen des § 533 ZPO noch in der Berufungsinstanz, nicht mehr dagegen in der Revisionsinstanz zulässig[4]. § 2 Abs. 3 greift auch ein, wenn der rechtswegfremde Anspruch lediglich hilfsweise geltend gemacht wird. Ein an der Hauptstreitigkeit nicht beteiligter Dritter kann eine **selbstständige Zusammenhangsklage** einreichen. In allen Fällen ist es unerheblich, ob es sich um eine Leistungs-, Feststellungs- oder Gestaltungsklage handelt. Nach dem Sinn des § 2 Abs. 3 (Rz. 199) muss es allerdings möglich sein, dass über die Haupt- und die Zusammenhangsklage einheitlich verhandelt und entschieden wird. Das ist nicht gewährleistet, wenn nur eine von beiden Streitigkeiten im Mahn- oder Eilverfahren ausgetragen wird[5].

ee) Keine ausschließliche andere Rechtswegzuständigkeit

215 Für die Zusammenhangsklage darf keine ausschließliche andere Rechtswegzuständigkeit bestehen. Das ist etwa der Fall bei Streitigkeiten über Werkmietwohnungen[6] (Rz. 24), bei Streitigkeiten in ArbN-Erfindungs- oder Urheberrechtssachen iSv. § 39 Abs. 1 ArbNErfG (Rz. 189) und § 104 Satz 1 UrhG (Rz. 196), bei Wettbewerbsstreitigkeiten gem. § 13 Abs. 1 UWG[7], bei Kennzeichenstreitigkeiten nach § 140 MarkenG[8] sowie bei öffentlich-rechtlichen Streitigkeiten, über die die Verwaltungs-, Sozial- oder Finanzgerichte zu entscheiden haben. Die ausschließliche Zuständigkeit der ordentlichen Gerichte kann auch auf einer Parteivereinbarung beruhen (Rz. 200).

4. Folgen der Zusammenhangszuständigkeit

216 Falls die Rechtswegzuständigkeit nach § 2 Abs. 3 gegeben ist, richtet sich das Verfahren auch für die Zusammenhangsklage nach dem ArbGG. Auch hinsichtlich der Zusammenhangsklage gilt § 12a, so dass die obsiegende Partei keinen Anspruch auf Erstattung der Anwaltskosten hat. Über Haupt- und Zusammenhangsklage kann getrennt durch Teilurteil (§ 301 ZPO) entschieden werden.

IV. Zuständigkeit kraft Vereinbarung zwischen juristischen Personen und Organvertretern nach § 2 Abs. 4

217 § 2 Abs. 4 ermöglicht es in engen Grenzen, die Zuständigkeit der ArbG durch Parteivereinbarung auf an sich rechtswegfremde Streitigkeiten zu erweitern. In der anwaltlichen Praxis wird eine solche Vereinbarung empfohlen[9].

1. Sinn des Abs. 4

218 Streitigkeiten zwischen juristischen Personen und solchen Personen, die kraft Gesetzes allein oder als Mitglieder eines Vertretungsorgans der juristischen Person zu deren Vertretung berufen sind, fallen nicht unter den Katalog des § 2 Abs. 1 und auch nicht unter Abs. 2. Zwar können juristische Personen ArbGeb sein, aber ihre kraft Gesetzes vertretungsbefugten Personen gelten gem. § 5 Abs. 1 Satz 3 nicht als ArbN. Da diese Personen jedoch oft nach ihrer Stellung im Unternehmen mit den leitenden Angestellten vergleichbar sind, soll für die Vertragsparteien zumindest die Möglichkeit eröffnet werden, ihre Streitigkeiten

---

1 Thomas/Putzo/*Reichold*, § 559 ZPO Rz. 2 mN.
2 LAG Schl.-Holst. v. 14.9.1994 – 2 Ta 75/94, LAGE § 2 ArbGG 1979 Nr. 18.
3 LAG Hessen v. 20.1.2000 – 2 Ta 739/99, NZA 2000, 1304.
4 Thomas/Putzo/*Reichold*, § 559 ZPO Rz. 2.
5 Gift/Baur, Urteilsverfahren, Teil C Rz. 205, 215; GMP/*Schlewing*, § 2 Rz. 128; Wieser, Arbeitsgerichtsverfahren, Rz. 34; aA GWBG/*Waas*, § 2 Rz. 113.
6 Dazu BAG v. 28.11.2007 – 5 AZB 44/07, NJW 2008, 1020 (1021).
7 BAG v. 10.6.2010 – 5 AZB 3/10, NJW 2010, 3387 (3388).
8 Dazu OLG Hamburg v. 15.1.2008 – 3 W 200/07, NZA-RR 2009, 445 (Benutzung einer während des Arbeitsverhältnisses registrierten Domain nach Beendigung des Arbeitsverhältnisses für ein fremdes Unternehmen).
9 *Gravenhorst*, Anm. zu LAG Sachsen-Anhalt v. 20.4.1995 – 7 Ta 7/95, LAGE § 2 ArbGG 1979 Nr. 16, S. 2.

ebenfalls vor den ArbG auszutragen[1]. Wenn eine ehemals vertretungsbefugte Person allerdings eine Streitigkeit aus dem nach Beendigung des Anstellungsverhältnisses wieder aufgelebten Arbeitsverhältnis mit dem ArbGeb austrägt, richtet sich die Rechtswegzuständigkeit nicht nach § 2 Abs. 4, sondern nach Abs. 1 Nr. 3.

2. Vereinbarung der Rechtswegzuständigkeit

Die Zuständigkeitsvereinbarung für den Rechtsweg entspricht zwar der Gerichtsstandsvereinbarung in § 38 ZPO, hat aber in § 2 Abs. 4 eine spezielle Rechtsgrundlage[2]. Deshalb brauchen für sie weder die sachlichen noch die formellen Voraussetzungen des § 38 ZPO vorzuliegen[3]. Die Vereinbarung kann vielmehr schriftlich oder mündlich, ausdrücklich oder konkludent erfolgen. Die Erklärung eines Prozessbevollmächtigten in der Güteverhandlung, mit der Verhandlung vor dem ArbG einverstanden zu sein, kann dafür ausreichen[4]. Eine **rügelose Einlassung** genügt jedoch entgegen verbreiteter Ansicht[5] nicht; denn § 39 ZPO gilt nicht für die Rechtswegzuständigkeit[6]. Allerdings ist stets zu prüfen, ob in der rügelosen Einlassung eine (konkludent mögliche) Vereinbarung der Rechtswegzuständigkeit liegt. Die Voraussetzungen für das Zustandekommen und die Wirksamkeit einer solchen Vereinbarung richten sich nach dem BGB. 219

Die Rechtswegvereinbarung kann in jedem **Einzelfall** oder als **generelle Vereinbarung** im Anstellungsvertrag, im Gesellschaftsvertrag oder in der Satzung der juristischen Person getroffen werden[7]. Eine Regelung im **Tarifvertrag** ist dagegen für die gesetzlichen Vertreter der juristischen Person als Nicht-ArbN nicht bindend[8], sofern sie nicht durch Bezugnahme zum Gegenstand des Anstellungsvertrages gemacht wird. 220

3. Parteien der Vereinbarung

Die Rechtswegzuständigkeit kann nach § 2 Abs. 4 nur zwischen juristischen Personen des Privatrechts und ihren kraft Gesetzes vertretungsbefugten Personen vereinbart werden. 221

a) Juristische Personen des Privatrechts

Auf der einen Seite der Vereinbarung muss eine juristische Person des Privatrechts stehen. Das sind insb. die AG (§ 1 Abs. 1 AktG), die GmbH (§ 13 Abs. 1 Satz 1 GmbHG), die KGaA (§ 278 Abs. 1 AktG), die eG (§ 17 Abs. 1 GenG), der VVaG (§ 15 VAG), die private Stiftung (§ 80 BGB), die bergrechtliche Gewerkschaft und der eV (§ 21 BGB). Keine juristischen Personen sind die OHG, die KG, die BGB-Gesellschaft und nicht rechtsfähige Vereine wie zB die Gewerkschaften. Angesichts des unmissverständlichen Wortlauts von § 2 Abs. 4 können sie keine wirksamen Rechtswegvereinbarungen abschließen, selbst wenn sie parteifähig sind[9]. 222

Aufgrund der ausdrücklichen Beschränkung auf juristische Personen **des Privatrechts** scheiden juristische Personen des öffentlichen Rechts als Partei einer Rechtswegvereinbarung iSv. § 2 Abs. 4 aus. Das gilt für Gemeinden, Körperschaften und Anstalten des öffentlichen Rechts, selbst wenn sie mit ihren Organvertretern bürgerlich-rechtliche Anstellungsverträge schließen[10]. Streitigkeiten zwischen diesen Parteien gehören vor die Verwaltungsgerichte. 223

b) Kraft Gesetzes vertretungsbefugte Personen

Auf der anderen Seite der Vereinbarung muss eine Person stehen, die kraft Gesetzes zur Vertretung der juristischen Person befugt ist. In Betracht kommen der Geschäftsführer bei der GmbH (§ 35 Abs. 1 Satz 1 GmbHG) und der persönlich haftende Gesellschafter bei der KGaA (§ 278 AktG iVm. §§ 161, 125 HGB), ferner die Mitglieder eines Vertretungsorgans wie des Vorstandes bei der AG (§ 78 Abs. 1 Satz 1 AktG), der eG (§ 24 Abs. 1 Satz 1 GenG), des Vereins (§ 26 BGB) oder der Stiftung (§§ 86, 26 BGB). Unschädlich 224

---

[1] GK-ArbGG/*Schütz*, § 2 Rz. 15a; GWBG/*Waas*, § 2 Rz. 118.
[2] LAG Sa.-Anh. v. 20.4.1995 – 7 Ta 7/95, LAGE § 2 ArbGG 1979 Nr. 16.
[3] *Gift/Baur*, Urteilsverfahren, Teil C Rz. 228; GMP/*Schlewing*, § 2 Rz. 135; GK-ArbGG/*Schütz*, § 2 Rz. 221.
[4] LAG Sa.-Anh. v. 20.4.1995 – 7 Ta 7/95, LAGE § 2 ArbGG 1979 Nr. 16.
[5] GWBG/*Waas*, § 2 Rz. 118; *Kissel/Mayer*, § 13 GVG Rz. 192.
[6] Wie hier GK-ArbGG/*Schütz*, § 2 Rz. 222; GMP/*Schlewing*, § 2 Rz. 135; *Gravenhorst*, Anm. zu LAG Sachsen-Anhalt v. 20.4.1995 – 7 Ta 7/95, LAGE § 2 ArbGG 1979 Nr. 16, S. 3 f.
[7] GMP/*Schlewing*, § 2 Rz. 135; GWBG/*Waas*, § 2 Rz. 118; *Kissel/Mayer*, § 13 GVG Rz. 192.
[8] GWBG/*Waas*, § 2 Rz. 118; *Kissel/Mayer*, § 13 GVG Rz. 192.
[9] GMP/*Schlewing*, § 2 Rz. 132; GK-ArbGG/*Schütz*, § 2 Rz. 219; *Kissel/Mayer*, § 13 GVG Rz. 192; MünchArbR/*Jacobs*, § 342 Rz. 50; aM GWBG/*Waas*, § 2 Rz. 118.
[10] *Gift/Baur*, Urteilsverfahren, Teil C Rz. 225; GMP/*Schlewing*, § 2 Rz. 132; GWBG/*Waas*, § 2 Rz. 118.

ist es, wenn die gesetzliche Vertretungsbefugnis intern an die Mitwirkung eines weiteren Vertreters gebunden ist[1]. Auf jeden Fall muss die Person aber kraft Gesetzes vertretungsbefugt sein. Gleichgestellt sind die besonderen Vertreter des Vereins kraft Satzung (§ 30 BGB)[2]. Dagegen gehört der lediglich rechtsgeschäftlich Bevollmächtigte nicht zu diesem Personenkreis; er wird idR allerdings ArbN sein, so dass für seine Streitigkeiten mit der juristischen Person als dem ArbGeb schon die Rechtswegzuständigkeit nach § 2 Abs. 1 Nr. 3 gegeben ist.

4. Beschränkung auf bürgerliche Rechtsstreitigkeiten

225 Nach dem Wortlaut des § 2 Abs. 4 kann die Rechtswegzuständigkeit für bürgerliche Rechtsstreitigkeiten vereinbart werden. Nach dem Sinn dieser Regelung, für Streitigkeiten der juristischen Personen mit Organvertretern den gleichen Rechtsweg zu ermöglichen wie für solche mit leitenden Angestellten, können aber mit den bürgerlichen Rechtsstreitigkeiten nur solche iSv. § 2 Abs. 1, 2 gemeint sein. Durch die Vereinbarung nach § 2 Abs. 4 sollen nämlich die Parteien nur erreichen können, dass bei Streitigkeiten zwischen ihnen keine andere Rechtswegzuständigkeit gilt als bei Streitigkeiten mit ArbN; dagegen sollen die Parteien nicht den Zuständigkeitskatalog des § 2 Abs. 1, 2 erweitern können[3].

5. Folgen der Vereinbarung

226 Die Vereinbarkeit des Rechtsweges nach § 2 Abs. 4 begründet die Rechtswegzuständigkeit für Streitigkeiten der Organvertreter oder ihrer Hinterbliebenen (§ 2 Abs. 1 Nr. 4, 5) mit den juristischen Personen (§ 2 Abs. 1 Nr. 3, Abs. 3), mit gemeinsamen Einrichtungen und Sozialeinrichtungen (§ 2 Abs. 1 Nr. 4) und mit dem Träger der Insolvenzsicherung (§ 2 Abs. 1 Nr. 5) sowie für Streitigkeiten mit anderen Organvertretern oder ArbN (§ 2 Abs. 1 Nr. 9). Ferner können bei einer entsprechenden Hauptklage vor dem ArbG auch Zusammenhangsklagen gem. § 2 Abs. 3 vor die ArbG gebracht werden, sofern für sie keine ausschließliche andere Rechtswegzuständigkeit gegeben ist[4].

C. Prüfung der Rechtswegzuständigkeit

227 Die Rechtswegzuständigkeit muss für jeden prozessualen Anspruch gesondert geprüft werden[5]. Ist sie im Fall einer objektiven Klagehäufung auch unter Berücksichtigung der Zusammenhangszuständigkeit nach § 2 Abs. 3 nur für einen Teil der Ansprüche zu bejahen, muss das Verfahren hinsichtlich der übrigen Ansprüche abgetrennt und an das zuständige Gericht im zulässigen Rechtsweg verwiesen werden. Gleiches gilt für eine Widerklage, für die der Rechtsweg zu dem ArbG (auch nach § 2 Abs. 3) nicht gegeben ist.

I. Prüfung von Amts wegen

228 Die Rechtswegzuständigkeit ist eine Sachurteilsvoraussetzung. Sie ist auch ohne Rüge des Beklagten von Amts wegen zu prüfen[6]. Das ergibt sich zwar im Gegensatz zu anderen Sachurteilsvoraussetzungen nicht aus § 56 ZPO, versteht sich aber aus Sicht des Gesetzgebers von selbst[7]. Die Notwendigkeit der Zuständigkeitsprüfung von Amts wegen folgt im Übrigen aus § 17a Abs. 2 Satz 1 GVG. Danach hat bei Unzulässigkeit des beschrittenen Rechtsweges das angerufene Gericht den Rechtsstreit von Amts wegen zu verweisen. Die Rüge einer Partei ist nur dann erforderlich, wenn eine Vorabentscheidung über den Rechtsweg begehrt wird (§ 17a Abs. 3 Satz 2 GVG), die das Gericht zwar auch von Amts wegen treffen kann, aber nicht muss (§ 17a Abs. 3 Satz 1 GVG).

II. Beschränkung der Rechtswegprüfung auf die 1. Instanz

229 Die Prüfung der Rechtswegzuständigkeit obliegt dem in 1. Instanz zuständigen ArbG. Das Gericht, das über ein Rechtsmittel gegen eine Entscheidung des ArbG in der Hauptsache entscheidet, prüft nicht mehr, ob der beschrittene Rechtsweg zulässig ist (§ 17a Abs. 5 GVG). Die Regelung des § 17a Abs. 5 GVG ist für

---

1 GMP/*Schlewing*, § 2 Rz. 133.
2 *Gift/Baur*, Urteilsverfahren, Teil C Rz. 227; GMP/*Schlewing*, § 2 Rz. 133; GK-ArbGG/*Schütz*, § 2 Rz. 220.
3 *Gift/Baur*, Urteilsverfahren, Teil C Rz. 229; GK-ArbGG/*Schütz*, § 2 Rz. 223; *Kissel/Mayer*, § 13 GVG Rz. 192.
4 GK-ArbGG/*Schütz*, § 2 Rz. 223; GWBG/*Waas*, § 2 Rz. 118; aA GMP/*Schlewing*, § 2 Rz. 136.
5 BAG v. 24.4.1996 – 5 AZB 25/95, AP Nr. 1 zu § 2 ArbGG 1979 – Zuständigkeitsprüfung, Bl. 4; BGH v. 28.2.1991 – III ZR 53/90, NJW 1991, 1686; *Kissel*, NJW 1991, 945 (951); *Schwab*, NJW 1991, 657 (663).
6 BGH v. 3.4.1992 – V ZR 83/91, NJW 1992, 1757; BAG v. 17.4.1964 – 5 AZR 224/63, BAGE 15, 325 (327).
7 BT-Drs. 11/7030, S. 37.

das LAG als Berufungsgericht in § 65 übernommen worden und ergibt sich für das BAG als Revisionsgericht aus § 73 Abs. 2.

Nur der Verweisungsbeschluss des ArbG gem. § 17a Abs. 2 Satz 1 GVG und die Bejahung der Rechtswegzuständigkeit durch Vorabentscheidung gem. § 17a Abs. 3 GVG sind mit der sofortigen **Beschwerde** angreifbar (§ 17a Abs. 4 Satz 3 GVG). Auf diesem Wege kann also doch das LAG mit der Prüfung der Rechtswegzuständigkeit befasst werden. Falls das LAG gegen seine Entscheidung die Rechtsbeschwerde (vgl. § 48 Rz. 74) zulässt (§ 17a Abs. 4 Satz 4, 5 GVG), wird die Rechtswegzuständigkeit auch durch das BAG überprüft. 230

III. Maßgeblicher Zeitpunkt für die Rechtswegzuständigkeit

Die Rechtswegzuständigkeit muss bei Eintritt der Rechtshängigkeit (§§ 253, 261, 271 ZPO) vorliegen. Eine nach diesem Zeitpunkt eintretende Veränderung der Umstände lässt die einmal bestehende Rechtswegzuständigkeit nicht wieder entfallen (§ 17 Abs. 1 Satz 1 GVG). Umgekehrt ist es dagegen möglich, dass der bei Eintritt der Rechtshängigkeit vorhandene Mangel der Rechtswegzuständigkeit nachträglich geheilt wird[1]. Das wird zB dann angenommen, wenn für die zuerst eingereichte rechtswegfremde Klage nachträglich die Zusammenhangszuständigkeit nach § 2 Abs. 3 begründet wird (Rz. 205). Bezogen auf den Zeitpunkt der Rechtshängigkeit ist die Rechtswegzuständigkeit in jedem Stadium des erstinstanzlichen Verfahrens zu prüfen. Insbesondere kann die fehlende Rechtswegzuständigkeit auch noch im Laufe des Verfahrens gerügt werden[2]. 231

IV. Grundlage der Rechtswegprüfung

Grundlage der Rechtswegprüfung ist der Streitgegenstand[3]. Er wird vom Kläger durch den Antrag und den Tatsachenvortrag bestimmt[4]. Einigkeit besteht darin, dass es grds. nur auf die vom Kläger vorgetragenen Tatsachen, nicht auf deren rechtliche Bewertung durch den Kläger ankommt[5]. Eine Ausnahme wird nur bei den sog. Sic-non-Fällen zugelassen (Rz. 235). 232

Grundsätzlich müssen die Voraussetzungen für die Rechtswegzuständigkeit ebenso wie die anderen Sachurteilsvoraussetzungen feststehen, also entweder **unstreitig oder bewiesen** sein. Umstritten ist lediglich, ob bei den Sachurteilsvoraussetzungen der Strengbeweis erforderlich[6] oder der Freibeweis zulässig ist[7]. Allerdings müssen nach der Rspr. der ordentlichen Gerichte solche zuständigkeitsbegründenden Tatsachen, die gleichzeitig notwendige Tatbestandsmerkmale des materiellen Anspruchs sind, nicht schon im Rahmen des Zuständigkeitsstreits bewiesen werden; vielmehr ist für die Zuständigkeitsfrage insoweit die Richtigkeit des Klägervortrags zu unterstellen, so dass eine Sachentscheidung ergehen kann[8]. 233

Auch die Voraussetzungen für die Rechtswegzuständigkeit nach § 2 können gleichzeitig für die Begründetheit der Klage von Bedeutung sein. Das gilt insbesondere (aber nicht nur) für den Streit darüber, ob eine Partei ArbN ist und in einem Arbeitsverhältnis zur anderen Partei steht. Müsste schon in der Rechtswegprüfung darüber Beweis erhoben werden, könnte das ArbG niemals durch Sachurteil das Nichtbestehen eines Arbeitsverhältnisses feststellen. Gerade dafür ist aber die Rechtswegzuständigkeit der ArbG nach § 2 Abs. 1 Nr. 3 Buchst. b gegeben. Daraus ergibt sich, dass jedenfalls nicht immer die rechtswegrelevanten Tatsachen für die Bejahung der Rechtswegzuständigkeit unbestritten oder bewiesen sein müssen. Andererseits darf dem Kläger nicht die Möglichkeit eingeräumt werden, durch bloße Behauptung rechtswegbegründender Tatsachen die Zuständigkeit der ArbG zu erschleichen. Allgemein werden folgende **Fallgruppen** unterschieden: 234

---

1 BGH v. 3.4.1992 – V ZR 83/91, NJW 1992, 1757; *Gift/Baur*, Urteilsverfahren, C Rz. 245; *Kissel*, NJW 1991, 945 (948).
2 GWBG/*Waas*, § 2 Rz. 129; zur früheren Rechtslage schon BAG v. 17.4.1964 – 5 AZR 224/63, BAGE 15, 325 (327).
3 BGH v. 27.10.2009 – VIII ZB 42/08, NZA-RR 2010, 99 (100 Rz. 18 f.); BAG v. 24.4.1996 – 5 AZB 25/95, AP Nr. 1 zu § 2 ArbGG 1979 – Zuständigkeitsprüfung mwN; LAG Frankfurt v. 26.2.2014 – 16 Ta 497/13, ZIP 2014, 1147 (1148); *Walker*, ZZP 123 (2010), 185 (186).
4 BAG v. 28.10.1993 – 2 AZB 12/93, AP Nr. 19 zu § 2 ArbGG 1979, Bl. 2 R.
5 BAG v. 29.4.1994 – 3 AZB 17/93 (A), AP Nr. 26 zu § 2 ArbGG 1979; BGH v. 11.2.1994 – V ZR 254/92, NJW 1994, 1283; *Gift/Baur*, Urteilsverfahren, Teil C Rz. 246; GK-ArbGG/*Schütz*, § 2 Rz. 273; *Kissel*, NJW 1991, 945 (947 f.).
6 So zB Stein/Jonas/*Jacoby*, § 56 ZPO Rz. 9 mwN.
7 So zB Musielak/Voit/*Weth*, § 56 ZPO Rz. 5 mwN.
8 BGH v. 24.9.1952 – II ZR 19/51, BGHZ 7, 184 (186); OLG Celle v. 9.6.1966 – 7 U 111/65, OLGZ 1967, 309 (310); OLG Nürnberg v. 28.11.1984 – 9 U 3061/84, NJW 1985, 1296 (1297).

1. Sic-non-Fälle

235 In den sog. Sic-non-Fällen kann der eingeklagte Anspruch ausschließlich auf eine Anspruchsgrundlage gestützt werden, deren Prüfung gem. § 2 in die Zuständigkeit der ArbG fällt. Dann sind die für die Rechtswegzuständigkeit maßgeblichen Tatsachen **gleichzeitig Voraussetzung für die Begründetheit der Klage (doppelrelevante Tatsache bei einer einzigen in Betracht kommenden Anspruchsgrundlage).** Hauptbeispiel ist die auf Feststellung des Bestehens eines Arbeitsverhältnisses gerichtete Klage (Statusklage)[1]. Hier ist die Tatsachenbehauptung, es liege ein Arbeitsverhältnis zwischen dem Kläger und dem Beklagten vor, für die Rechtswegzuständigkeit (§ 2 Abs. 1 Nr. 3 Buchst. b) und für die Begründetheit der Klage unverzichtbare Voraussetzung. Gleiches gilt bei einer Kündigungsschutzklage, wenn der Kläger die Feststellung beantragt, dass durch eine bestimmte Kündigung sein Arbeitsverhältnis nicht aufgelöst worden sei[2]; denn die beantragte Feststellung setzt ebenso wie die Rechtswegzuständigkeit voraus, dass zwischen den Parteien überhaupt ein Arbeitsverhältnis bestanden hat. Ferner handelt es sich um einen Sic-non-Fall, wenn eine Kündigungsschutzklage ausschließlich mit dem Kündigungsschutzgesetz begründet wird, für dessen Anwendbarkeit der Kläger ArbN sein muss[3]. Schließlich kann auch bei Zahlungsklagen ein Sic-non-Fall vorliegen, zB bei einer Klage auf Gehaltszahlung während der verlängerten Kündigungsfristen des § 622 BGB und bei einer Klage auf Urlaubsabgeltung; denn in beiden Fällen hängen sowohl die Rechtswegzuständigkeit als auch die Begründetheit der Klage davon ab, ob der Kläger ArbN ist[4].

236 **Kein Sic-non-Fall** liegt dagegen vor, wenn die Kündigungsklage zusätzlich auf einen Grund gestützt wird, der auch dann zum Erfolg der Klage führen kann, wenn der Kläger nicht ArbN, sondern freier Dienstnehmer ist[5]. Ebenfalls liegt allein aufgrund der Geltendmachung einer Bruttolohnforderung kein Sic-non-Fall vor; denn eine solche Forderung kann auch im Rahmen eines freien Dienstverhältnisses bestehen[6]. Auch wenn die Klage auf Rückzahlung von Provisionen gerichtet ist und wenn es streitig ist, ob der Beklage ArbN oder selbständiger Handelsvertreter ist, liegt kein Sic-non-Fall vor; die Klage kann in beiden Fällen begründet sein[7]. Schließlich liegt kein Sic-non-Fall vor, wenn der Geschäftsführer einer GmbH gegen die Kündigung seines Anstellungsverhältnisses klagt und geltend macht, er sei in Wirklichkeit ArbN gewesen[8]; denn der Fiktion des § 5 Abs. 1 Satz 1 gilt unabhängig von der Qualifikation des Anstellungsverhältnisses nicht als ArbN, so dass auf jeden Fall die ordentlichen Gerichte zuständig sind[9]. Etwas anderes kann nur dann gelten, wenn der Streit nicht das der Organstellung zugrunde liegende Rechtsverhältnis, sondern eine davon zu unterscheidende Rechtsbeziehung betrifft.

237 In den Sic-non-Fällen ist nach der überzeugenden[10] Rspr. des für Rechtswegfragen allein zuständigen 5. Senats des BAG die Rechtswegzuständigkeit des ArbG schon dann zu unterstellen, wenn der Kläger **schlüssig Tatsachen vorträgt**, aus denen sich seine ArbN-Eigenschaft[11] oder jedenfalls die Eigenschaft als arbeitnehmerähnliche Person[12], die gem. § 5 Abs. 1 Satz 2 als ArbN iSd. ArbGG gilt, ergibt. Eine Beweiserhe-

---

1 BAG v. 24.4.1996 – 5 AZB 25/95, AP Nr. 1 zu § 2 ArbGG 1979 – Zuständigkeitsprüfung; LAG Berlin v. 22.7.2005 – 10 Ta 1331/05, NZA-RR 2006, 98; BGH v. 27.10.2009 – VIII ZB 42/08, NZA-RR 2010, 99 (101).
2 BAG v. 19.12.2000 – 5 AZB 16/00, NZA 2001, 285; BAG v. 17.1.2001 – 5 AZB 18/00, NZA 2001, 341 (342); ebenso BAG v. 17.2.2003 – 5 AZB 37/02, NZA 2003, 517 für den Fall, dass in einem einheitlichen Klageantrag die Feststellung begehrt wird, die Kündigung des Vertragsverhältnisses sei unwirksam und das Arbeitsverhältnis bestehe unverändert fort; LAG MV v. 7.7.2014 – 3 Ta 21/14, NZA-RR 2014, 492 (Kündigungsschutzklage eines Amateur-Fußballtrainers).
3 BAG v. 9.10.1996 – 5 AZB 18/96, AP Nr. 2 zu § 2 ArbGG 1979 – Zuständigkeitsprüfung; BAG v. 18.12.1996 – 5 AZB 25/96, AP Nr. 3 zu § 2 ArbGG 1979 – Zuständigkeitsprüfung, Bl. 3.
4 LAG Köln v. 3.4.2001 – 4 Ta 307/00, NZA-RR 2001, 547 f.
5 BAG v. 25.6.1997 – 5 AZB 41/96, NZA 1997, 1363 (1365): Missachtung der vertraglichen Kündigungsfrist.
6 BAG v. 26.9.2002 – 5 AZB 19/01, NJW 2003, 161 (162); LAG Berlin v. 22.7.2005 – 10 Ta 1331/05, NZA-RR 2006, 98.
7 BGH v. 27.10.2009 – VIII ZB 42/08, NZA-RR 2010, 99 (101).
8 BAG v. 6.5.1999 – 5 AZB 22/98, NZA 1999, 839; LAG Hamm v. 19.5.2005 – 2 Ta 662/04, NZA-RR 2006, 46 (47).
9 BAG v. 23.8.2001 – 5 AZB 9/01, NZA 2002, 52; vgl. auch LAG Schl.-Holst. v. 5.10.2001 – 5 Ta 72/01, NZA-RR 2002, 324 (325).
10 Ebenso LAG Hessen v. 28.4.1998 – 9 Sa 2439/97, NZA 1999, 616; LAG Sachsen v. 5.8.1997 – 9 Ta 93/97, NZA-RR 1998, 318 f.; ferner die Rspr. der ordentlichen Gerichte, s. nur KG v. 30.1.2001 – 5 W 8942/00, NJW-RR 2001, 1509 (1510). Zustimmend auch GMP/*Schlewing*, § 2 Rz. 161; GK-ArbGG/*Schütz*, § 2 Rz. 279 ff.; GWBG/*Waas*, § 2 Rz. 133; *Hager*, Anm. zu BAG v. 24.4.1996 – 5 AZB 25/95, AP Nr. 1 zu § 2 ArbGG 1979 – Zuständigkeitsprüfung, Bl. 6; *Hager*, FS Kissel 1994, S. 327 (335); *Walker*, ZZP 123 (2010), 185 (187).
11 BAG v. 8.11.2006 – 5 AZB 36/06, NZA 2007, 53; BAG v. 24.4.1996 – 5 AZB 25/95, AP Nr. 1 zu § 2 ArbGG 1979 – Zuständigkeitsprüfung, Bl. 4 R; BAG v. 9.10.1996 – 5 AZB 18/96, AP Nr. 2 zu § 2 ArbGG 1979 – Zuständigkeitsprüfung; BAG v. 25.6.1997 – 5 AZB 41/96, NZA 1997, 1363 (1364 f.); BGH v. 27.10.2009 – VIII ZB 42/08, NZA-RR 2010, 99 (101 f.).
12 BAG v. 19.12.2000 – 5 AZB 16/00, NZA 2001, 285.

bung ist dann im Rahmen der Rechtswegprüfung nicht erforderlich. Könnte das ArbG bei schlüssig vorgetragenen, aber nicht bewiesenen Tatsachen keine abweisende Sachentscheidung treffen, sondern müsste es den Rechtsstreit gem. § 17a Abs. 2 GVG verweisen, wäre das Adressatgericht zwar an die Verweisungsgründe nicht gebunden, würde im Zweifel aber doch die Klage aus den Gründen der Verweisung in der Sache abweisen[1]. Die Verweisung wäre also nur ein sinnloser[2] Umweg, um dasselbe Ergebnis (Sachabweisung) durch ein anderes Gericht zu erreichen. Daran kann niemand interessiert sein: Der Kläger hat kein berechtigtes Interesse daran, dass seine Klage von einem anderen als von dem selbst ausgewählten Gericht abgewiesen wird. Der Beklagte hat ebenfalls kein schutzwürdiges Interesse an einer Verweisung in einen anderen Rechtsweg, wenn er die begehrte Sachabweisung auch sofort erhalten kann. Deshalb zwingt in solchen Fällen auch die nach § 17a Abs. 2 Satz 1 GVG notwendige Anhörung beider Parteien nicht zu einer Beweiserhebung im Rahmen der Rechtswegprüfung[3]. Schließlich liegt auch kein unzulässiger Eingriff in eine andere Rechtswegzuständigkeit vor; denn das ArbG entscheidet nur über eine Frage, für die es auch zuständig ist. Die Entscheidung wird lediglich im Rahmen der Begründetheit und nicht im Rahmen der Zulässigkeit getroffen.

Wenn der Tatsachenvortrag des Klägers unschlüssig ist, reicht ausnahmsweise sogar die bloße **Rechtsbehauptung** des Klägers für die Bejahung der Rechtswegzuständigkeit aus[4]. Diese ist also allein aufgrund der Rechtsansicht des Klägers, nach seinem Vortrag lägen die rechtswegbegründenden Tatsachen vor, zu unterstellen. Sowohl der Tatsachenvortrag als auch die rechtliche Bewertung der Tatsachen durch den Kläger sind doppelt relevant. Es wäre sachlich nicht gerechtfertigt, für die Unterstellung der Rechtswegzuständigkeit den zwar schlüssigen, aber bestrittenen und nicht bewiesenen Vortrag ausreichen zu lassen, nicht aber den zwar unstreitigen oder bewiesenen, aber unschlüssigen Vortrag. In beiden Fällen kommt im Ergebnis nur eine abweisende Sachentscheidung in Betracht, und keine Partei hat ein berechtigtes Interesse daran, dass diese Sachentscheidung in einem anderen Rechtsweg ergeht. 238

Zusammenfassend lässt sich also festhalten, dass in allen sog. Sic-non-Fällen im Ergebnis die bloße Rechtsbehauptung für die Bejahung der Rechtswegzuständigkeit ausreicht. Aber das ist eine Ausnahme. Außerhalb der sic-non-Fälle bleibt es dabei, dass die rechtswegbegründenden Tatsachen vom Kläger dargelegt und ggf. bewiesen werden müssen[5] (Rz. 232 f.). 239

2. Aut-aut-Fälle

In den sog. Aut-aut-Fällen macht der Kläger einen Anspruch geltend, der entweder auf eine arbeitsrechtliche oder auf eine bürgerlich-rechtliche Grundlage gestützt werden kann, die sich aber **gegenseitig ausschließen (nicht doppelrelevante Tatsache für eine von mehreren sich gegenseitig ausschließenden Anspruchsgrundlagen)**. Typisches Beispiel ist die Klage auf Zahlung (und ggf. auf Abrechnung) einer Vergütung aus einem Rechtsverhältnis, das der Kläger für ein Arbeitsverhältnis, der Beklagte dagegen für ein – nicht arbeitnehmerähnliches – freies Mitarbeiterverhältnis oder für ein Gesellschaftsverhältnis hält[6]. In beiden Fällen kann der Anspruch begründet sein, aber es kann nur eine Anspruchsgrundlage (Arbeitsverhältnis oder anderes Rechtsverhältnis) eingreifen, und nur bei Vorliegen eines Arbeitsverhältnisses haben die ArbG über die Klage zu entscheiden (§ 2 Abs. 1 Nr. 3 Buchst. a). Ein weiteres Beispiel ist die Klage gegen die 240

---

1 BAG v. 24.4.1996 – 5 AZB 25/95, AP Nr. 1 zu § 2 ArbGG 1979 – Zuständigkeitsprüfung.
2 BVerfG v. 31.8.1999 – 1 BvR 1389/97, NZA 1999, 1234; BAG v. 18.12.1996 – 5 AZB 25/96, AP Nr. 3 zu § 2 ArbGG 1979 – Zuständigkeitsprüfung, Bl. 3 R.
3 S.a. BVerfG v. 31.8.1999 – 1 BvR 1389/97, NZA 1999, 1234 (1235): keine Verletzung des rechtlichen Gehörs.
4 BAG v. 26.10.2012 – 10 AZB 60/12, ZIP 2013, 335 (336) mit Anm. *Bross*, EWiR 2013, 305; BAG v. 8.11.2006 – 5 AZB 36/06, NZA 2007, 53; so für den Fall des streitigen unschlüssigen Vortrags BAG v. 24.4.1996 – 5 AZB 25/95, AP Nr. 1 zu § 2 ArbGG 1979 – Zuständigkeitsprüfung, Bl. 5; BAG v. 15.3.2000 – 5 AZB 70/99, ZIP 2000, 899 (901); BAG v. 18.12.1996 – 5 AZB 25/96, AP Nr. 3 zu § 2 ArbGG 1979 – Zuständigkeitsprüfung; LAG Hamburg v. 28.3.2007 – 6 Sa 85/06, SpuRt 2007, 217; LAG Köln v. 16.6.2010 – 5 Ta 164/10, NZA-RR 2010, 490; LAG Köln v. 3.4.2001 – 4 Ta 307/00, NZA-RR 2001, 547; LAG Köln v. 6.11.1996 – 10 Ta 227/96, LAGE § 2 ArbGG 1979 Nr. 23, S. 3; LAG München v. 28.10.2008 – 1 SHa 27/08, NZA-RR 2009, 218; LAG Sachsen v. 5.8.1997 – 9 Ta 93/97, NZA-RR 1998, 318; gebilligt von BVerfG v. 31.8.1999 – 1 BvR 1389/97, NZA 1999, 1234; aM LAG Berlin-Brandenburg v. 27.12.2012 – 10 Ta 1906/12, ZIP 2013, 695 (696); LAG Saarland v. 18.12.1997 – 2 Ta 39/97, NZA-RR 1998, 316 (317 f.): begrenzte Schlüssigkeitsprüfung; GK-ArbGG/*Schütz*, § 2 Rz. 284 f.: Grenze bei handgreiflich unrichtiger Behauptung; *Joussen*, SAE 2007, 207 ff. (bei Einordnung des Rechtsverhältnisses als öffentlich-rechtlich); skeptisch auch LAG Hessen v. 12.8.1997 – 16 Ta 231/97, NZA 1998, 221 (222); ablehnend wohl auch BGH v. 27.10.2009 – VIII ZB 42/08, NZA-RR 2010, 99 (100).
5 LAG M-V v. 3.11.2016 – 3 Ta 29/16, NZA-RR 2017, 155 (Rz. 19 f.).
6 BAG v. 24.4.1996 – 5 AZB 25/95, AP Nr. 1 zu § 2 ArbGG 1979 – Zuständigkeitsprüfung, Bl. 4 R; zur Rechtslage vor 1991 schon BAG v. 13.3.1964 – 5 AZR 144/63, AP Nr. 26 zu § 2 ArbGG 1953 – Zuständigkeitsprüfung; vgl. ferner KG v. 30.1.2001 – 5 W 8942/00, NJW-RR 2001, 1509 (1510).

fristlose Kündigung des Rechtsverhältnisses, das der Kläger als Arbeitsverhältnis und der Beklagte als freies Dienstverhältnis einordnet, mit der Begründung, die Voraussetzungen des § 626 BGB lägen nicht vor. Auch diese Klage kann unabhängig von der Einordnung des Rechtsverhältnisses begründet sein. Aber ebenso, wie sich bei Leistungsklagen die in Betracht kommenden arbeitsrechtlichen und nicht arbeitsrechtlichen Anspruchsgrundlagen gegenseitig ausschließen, schließen sich auch hier die Feststellungen, ob durch die angegriffene Kündigung ein Arbeitsverhältnis oder ein anderes Rechtsverhältnis beendet wurde, gegenseitig aus[1]. In solchen Aut-aut-Fällen kann nach der zutreffenden Rspr. des BAG die bloße Rechtsansicht des Klägers, er sei ArbN, die arbeitsgerichtliche Zuständigkeit nicht begründen[2]. Vielmehr muss der Tatsachenvortrag des Klägers zu seiner ArbN-Eigenschaft **zumindest schlüssig** sein; andernfalls stünde der Rechtsweg weitgehend zur Disposition des Klägers.

241 Ausdrücklich offen gelassen hat der 5. Senat, ob der schlüssige Tatsachenvortrag des Klägers ausreicht oder ob er **im Bestreitensfalle** bewiesen werden muss. Eine verbreitete Ansicht hält insoweit den schlüssigen Tatsachenvortrag für ausreichend[3]. Gegen diese Ansicht spricht allerdings § 17a Abs. 2 Satz 1 GVG. Danach hat das Gericht vor der Prüfung seiner Rechtswegzuständigkeit beide Parteien anzuhören. Die Anhörung des Beklagten hat aber nur dann Sinn, wenn eine Orientierung des Gerichts allein am schlüssigen Klägervortrag nicht ausreicht[4]. Davon abgesehen bestünde die Gefahr der Rechtswegerschleichung, wenn allein aufgrund des bestrittenen und unbewiesenen Klägervortrags für die Rechtswegzuständigkeit das Vorliegen eines Arbeitsverhältnisses unterstellt würde; denn gem. § 17 Abs. 2 Satz 1 GVG entscheidet das Gericht den Rechtsstreit unter allen in Betracht kommenden rechtlichen Gesichtspunkten, also auch im Hinblick auf die rechtswegfremde Anspruchsgrundlage. Daher ist es sachgerecht, in den Aut-aut-Fällen einen **Beweis der rechtswegbegründenden ArbN-Eigenschaft** zu verlangen[5]. Der Beweis ist nur dann entbehrlich, wenn feststeht, dass der Kläger zumindest arbeitnehmerähnliche Person iSv. § 5 Abs. 1 Satz 2 ist (Rz. 82 mwN). Bei Nichtbeweisbarkeit ist der Rechtsstreit dann ohne Sachprüfung an das zuständige Gericht des zulässigen Rechtsweges zu verweisen.

3. Et-et-Fälle

242 In den seltenen sog. Et-et-Fällen lässt sich der geltend gemachte Anspruch **sowohl** auf eine arbeitsrechtliche **als auch** auf eine nicht arbeitsrechtliche Grundlage stützen, die sich **nicht gegenseitig ausschließen (nicht doppelrelevante Tatsache für eine von mehreren konkurrierenden Anspruchsgrundlagen)**. Beispiel: Ein Unternehmer schließt für einen von ihm eingesetzten Kraftfahrer, dessen ArbN-Status streitig ist, eine Insassenunfallversicherung ab. Nach einem Unfall erhält er von der Versicherungsgesellschaft die Versicherungssumme. Der Kraftfahrer nimmt ihn auf Herausgabe der Versicherungssumme in Anspruch[6]. Hier kommt im Falle der ArbN-Eigenschaft des Kraftfahrers ein Anspruch aus dem Arbeitsvertrag (§ 2 Abs. 1 Nr. 3 Buchst. a) und unabhängig von der ArbN-Eigenschaft ein Anspruch aus § 816 Abs. 2 BGB iVm. § 44 Abs. 1 VVG in Betracht, für den die ordentlichen Gerichte zuständig sind. Wenn die Rechtswegzuständigkeit des ArbG für den arbeitsrechtlichen Anspruch gegeben ist, weil die ArbN-Eigenschaft bewiesen wird, entscheidet das Gericht gem. § 17 Abs. 2 Satz 1 GVG auch über die andere Anspruchsgrundlage. Es kann sich dann sogar darauf beschränken, nur den allgemeinen bürgerlich-rechtlichen Anspruch zu prüfen, wenn es diesen bejaht. Fraglich ist dagegen, ob das angerufene ArbG auch ohne Feststellung der ArbN-Eigenschaft sogleich den an sich rechtswegfremden Anspruch (§ 816 Abs. 2 BGB iVm. § 44 Abs. 1

---

1 Deshalb ist die Annahme von Et-et-Fällen in BAG v. 10.12.1996 – 5 AZB 20/96, AP Nr. 4 zu § 2 ArbGG 1979 – Zuständigkeitsprüfung, und in LAG Nds. v. 28.1.2000 – 5 Ta 550/99, NZA-RR 2000, 315, zweifelhaft.
2 BAG v. 10.12.1996 – 5 AZB 20/96, AP Nr. 4 zu § 2 ArbGG 1979 – Zuständigkeitsprüfung, Bl. 3 R; LAG Köln v. 1.8.2001 – 11 Ta 130/01, NZA-RR 2002, 156; LAG Nds. v. 28.1.2000 – 5 Ta 550/99, NZA-RR 2000, 315 f.
3 GemS OGB v. 29.10.1987 – GemS-OGB 1/86, BGHZ 102, 280 (284); v. 10.4.1986 – GemS-OGB 1/85, BGHZ 97, 312 (314); BGH (GS) v. 22.3.1976 – GSZ 2/75, BGHZ 67, 81 (84); 23.3.1976 – GSZ 1/75, BGHZ 66, 229 (232); OLG Dresden v. 10.5.2004 – 15 W 0325/04, NZA-RR 2005, 215 (216); OLG Köln v. 23.5.1996 – 19 W 22/96, NJW 1997, 470; LAG Hamm v. 18.1.1995 – 4 Sa 993/94, LAGE § 48 ArbGG 1979 Nr. 11; Hauck/Helml/Biebl/*Helml*, § 2 Rz. 5 f.; *Reinicke*, ZIP 1997, 1525 (1527); MünchKommZPO/*Zimmermann*, § 13 GVG Rz. 13.
4 *Hager*, FS Kissel, 1994, S. 327 (338 f.); *Hager*, Anm. zu BAG v. 24.4.1996 – 5 AZB 25/95, AP Nr. 1 zu § 2 ArbGG 1979 – Zuständigkeitsprüfung, Bl. 7 R.
5 BAG v. 30.8.1993 – 2 AZB 6/93, NJW 1994, 604; KG v. 30.1.2001 – 5 W 8942/00, NJW-RR 2001, 1509 (1510); LAG Köln v. 24.7.2007 – 9 Ta 140/07, NZA-RR 2007, 661 (662); BGH v. 27.10.2009 – VIII ZB 42/08, NZA-RR 2010, 99 (101); BGH v. 27.10.2009 – VIII ZB 45/08 mit zust. Anm. *Pohlmann*, EWiR 2010, 569; *Gift/Baur*, Urteilsverfahren, Teil C Rz. 261; *Dütz/Singer*, AuR 1994, 354 (356); GMP/*Schlewing*, § 2 Rz. 162 f.; GK-ArbGG/*Schütz*, § 2 Rz. 286; *Hager*, Anm. zu BAG v. 24.4.1996 – 5 AZB 25/95, AP Nr. 1 zu § 2 ArbGG 1979 – Zuständigkeitsprüfung, Bl. 7 f.; *Kissel*, NZA 1995, 345 (353); *Walker*, ZZP 123 (2010), 185 (190).
6 Vgl. den ähnlichen Fall bei BAG v. 11.3.1965 – 5 AZR 129/64, AP Nr. 28 zu § 2 ArbGG 1953 – Zuständigkeitsprüfung (allerdings bei unstreitigem ArbN-Status).

VVG) prüfen darf. Nach richtiger Ansicht reicht jedenfalls allein die Rechtsbehauptung des Klägers, er sei ArbN, für die Begründung der Rechtswegzuständigkeit ebenso wenig aus wie in den Aut-aut-Fällen[1]. Es ist **zumindest ein schlüssiger Tatsachenvortrag** zur ArbN-Stellung erforderlich. Ob die schlüssig vorgetragenen Tatsachen notfalls auch bewiesen werden müssen, ist nach wie vor umstritten[2]. Richtigerweise sind die sog. Et-et-Fälle nicht anders zu behandeln als die sog. Aut-aut-Fälle. In beiden Fallgruppen muss die Gefahr einer Rechtswegerschleichung verhindert werden. Deshalb müssen die **rechtswegbegründenden Tatsachen** nicht nur schlüssig vorgetragen, sondern **notfalls bewiesen** werden. Nur dieses Ergebnis passt zu der in § 17a Abs. 2 Satz 1 GVG geregelten Notwendigkeit, beide Parteien zur Rechtswegbestimmung anzuhören. § 17 Abs. 2 Satz 1 GVG steht nicht entgegen; denn die dort geregelte Kompetenz, den Rechtsstreit unter allen in Betracht kommenden rechtlichen Gesichtspunkten zu entscheiden, setzt voraus, dass die Zulässigkeit des Rechtsweges feststeht. Das ist aber nicht der Fall, wenn die rechtswegbegründenden Tatsachen streitig und nicht bewiesen sind.

V. Entscheidung über die Rechtswegzuständigkeit und Rechtsmittel

In welcher Form das ArbG über die Rechtswegzuständigkeit entscheidet, hängt vom Ergebnis der Rechtswegprüfung ab. Hält das ArbG die Rechtwegzuständigkeit für gegeben, kann es das ohne besonderen Ausspruch **inzident** durch Erlass eines Sachurteils zum Ausdruck bringen. Eine Berufung gegen die Sachentscheidung kann dann nicht auf das Fehlen der Rechtswegzuständigkeit gestützt werden (§ 65; § 17a Abs. 5 GVG). 243

Das ArbG kann die Zulässigkeit des Rechtsweges auch durch **Vorabentscheidung** beschließen (§ 17a Abs. 3 Satz 1 GVG). Das Gericht sollte von dieser in sein Ermessen gestellten Möglichkeit Gebrauch machen, wenn Zweifel an der Rechtswegzuständigkeit bestehen. Dann können die Parteien nämlich die Entscheidung über die Zulässigkeit des Rechtsweges in dem Rechtsmittelverfahren nach § 17a Abs. 4 GVG überprüfen lassen (vgl. auch § 48 Rz. 43). Falls eine Partei die Rechtswegzuständigkeit rügt, muss es einen solchen Beschluss erlassen (§ 17a Abs. 3 Satz 2 GVG). Gegen die Vorabentscheidung ist gem. § 17a Abs. 4 Satz 3 GVG die sofortige Beschwerde an das LAG statthaft. Die Regelung des § 17a Abs. 3 GVG über die Vorabentscheidung durch Beschluss schließt als Spezialregelung ein Zwischenurteil nach § 280 ZPO aus[3]. 244

Falls das ArbG den beschrittenen Rechtsweg für unzulässig hält, hat es den Rechtsstreit nach Anhörung der Parteien von Amts wegen an das zuständige Gericht des zulässigen Rechtsweges zu **verweisen** (§ 17a Abs. 2 Satz 1 GVG). Eine Abweisung durch Prozessurteil kommt nicht in Betracht[4]. Gegen den Verweisungsbeschluss ist gem. § 17a Abs. 4 Satz 3 GVG ebenso wie gegen die Vorabentscheidung die sofortige Beschwerde an das LAG statthaft. 245

D. Sonstige Zuständigkeitsarten

Neben der in § 2 geregelten Rechtswegzuständigkeit gibt es noch die sachliche, die örtliche, die internationale und die funktionelle Zuständigkeit. Hierzu trifft § 2 keine Regelung. 246

I. Sachliche Zuständigkeit

Nach der sachlichen Zuständigkeit richtet es sich, ob im Zivilprozess in der 1. Instanz das AG oder das LG zuständig ist. Im ArbG-Prozess stellt sich die Frage nur sehr selten; denn nach § 8 Abs. 1 sind im ersten Rechtszug unabhängig vom Streitgegenstand und von der Höhe des Streitwertes grds. immer die ArbG zuständig. Ausnahmen finden sich nur in dem im Jahr 2014 neu gefassten § 97 Abs. 2 und in dem zeitgleich neu eingefügten § 98 Abs. 2, wonach in den dort geregelten besonderen Beschlussverfahren das LAG in erster Instanz zuständig ist, sowie in dem nicht praxisrelevanten § 158 Nr. 5 SGB IX, wonach für Streitigkeiten behinderter ArbN nach dem SGB IX im Geschäftsbereich des Bundesnachrichtendienstes im 247

---

[1] BAG v. 10.12.1996 – 5 AZB 20/96, AP Nr. 4 zu § 2 ArbGG 1979 – Zuständigkeitsprüfung, Bl. 3 R; LAG MV v. 19.11.2015 – 3 Ta 38/15, NZA-RR 2016, 100 Rz. 21; GK-ArbGG/*Schütz*, § 2 Rz. 286, 290.
[2] Bejahend BGH v. 27.10.2009 – VIII ZB 45/08 mit zust. Anm. *Pohlmann*, EWiR 2010, 569 f.; *Ascheid*, Urteils- und Beschlussverfahren, Rz. 397; GMP/*Schlewing*, § 2 Rz. 165, 167 f.; *Hager*, FS Kissel, 1994, S. 327 (341); *Krasshöfer-Pidde/Molkenbur*, NZA 1991, 623 (624); *Walker*, ZZP 123 (2010), 185 (190); verneinend GK-ArbGG/*Schütz*, § 2 Rz. 290; Hauck/Helml/Biebl/*Helml*, § 2 Rz. 5, 6; offengelassen von BAG v. 10.12.1996 – 5 AZB 20/96, AP Nr. 4 zu § 2 ArbGG 1979 – Zuständigkeitsprüfung, Bl. 3 R.
[3] *Ascheid*, Urteils- und Beschlussverfahren, Rz. 415; GWBG/*Waas*, § 2 Rz. 129.
[4] BAG v. 24.4.1996 – 5 AZB 25/95, AP Nr. 1 zu § 2 ArbGG 1979 – Zuständigkeitsprüfung.

ersten und letzten Rechtszug das BAG zuständig ist. Somit hat die sachliche Zuständigkeit im ArbG-Prozess nur eine begrenzte Bedeutung[1] (vgl. Rz. 3 f.; § 48 Rz. 12).

II. Örtliche Zuständigkeit

248 Die örtliche Zuständigkeit im Urteilsverfahren richtet sich in erster Linie aufgrund der Verweisung in § 46 Abs. 2 nach den §§ 12 ff. ZPO. Ergänzende Sonderregelungen zur örtlichen Zuständigkeit finden sich in § 48. Diese Vorschrift enthält in Abs. 1a eine Regelung zum besonderen Gerichtsstand des Arbeitsortes und in Abs. 2 eine Regelung dazu, dass in engen Grenzen im TV die örtliche Zuständigkeit eines an sich örtlich unzuständigen ArbG vereinbart werden kann. Einzelheiten zur örtlichen Zuständigkeit im Urteilsverfahren sind zusammenhängend kommentiert bei § 48 Rz. 113 ff.

III. Internationale Zuständigkeit

249 Die internationale Zuständigkeit spielt eine Rolle bei Rechtsstreitigkeiten mit Auslandsberührung, insbesondere wenn ein ausländischer ArbN im Inland oder ein deutscher ArbN im Ausland oder im Inland bei einem ausländischen ArbGeb beschäftigt wird. Sie bestimmt, unter welchen Voraussetzungen für die Entscheidung solcher Rechtsstreitigkeiten ein deutsches ArbG zuständig ist.

1. Zusammenhang zwischen örtlicher und internationaler Zuständigkeit

250 Grundsätzlich ergibt sich die internationale Zuständigkeit aus den Vorschriften über die örtliche Zuständigkeit (**Doppelfunktionalität**)[2]. Zwar verteilt die örtliche Zuständigkeit die Streitsachen unter die deutschen erstinstanzlichen Gerichte, während die internationale Zuständigkeit regelt, ob eine Streitsache mit Auslandsberührung von deutschen oder ausländischen Gerichten entschieden werden soll. Aber die örtliche und die internationale Zuständigkeit sind in ihren Voraussetzungen miteinander verknüpft[3]. Wenn nach den §§ 12 ff. ZPO die örtliche Zuständigkeit eines ArbG in Deutschland gegeben ist, wird dadurch die internationale Zuständigkeit deutscher Gerichte indiziert[4]. Kommt es für die örtliche Zuständigkeit nach § 29 ZPO auf den **Erfüllungsort** an, richtet sich dieser nach dem anzuwendenden materiellen Recht, für das wiederum die Regelungen des deutschen Internationalen Vertragsrechts in der Rom I-VO[5], welche mit Wirkung zum 17.12.2009 die Art. 27 ff. EGBGB abgelöst hat[6], maßgeblich sind[7].

251 Für den **internationalen Gerichtsstand des Vermögens** (§ 23 Satz 1, 1. Fall ZPO) wird allerdings verlangt, dass der Rechtsstreit einen hinreichenden **Bezug zum Inland** aufweist[8]. Daran fehlt es jedenfalls dann, wenn beide Parteien ihren Sitz oder Wohnsitz und ihren gewöhnlichen Aufenthaltsort im Ausland haben, fremde Staatsangehörigkeit besitzen, ihr Rechtsverhältnis sich nach ausländischem materiellen Recht richtet und nicht mit dem in Deutschland belegenen Vermögen zusammenhängt. Auch die bloße Existenz eines Bankkontos dürfte nicht ausreichen[9], zumal der Inlandsbezug sonst leicht missbräuchlich herbeigeführt werden könnte. Dagegen liegt ein hinreichender Inlandsbezug etwa dann vor, wenn das Arbeitsverhältnis zwischen den Parteien ausschließlich für eine Beschäftigung in Deutschland geschlossen und auch

---

1 GK-ArbGG/*Schütz*, § 2 Rz. 55; GWBG/*Benecke*, § 48 Rz. 5.
2 BAG v. 8.12.2010 – 10 AZR 562/08, NZA-RR 2012, 320 (322 Rz. 15); BGH (GSZ) v. 14.6.1965 – GSZ 1/65, BGHZ 44, 46 (47); BGH v. 18.4.1985 – VII ZR 359/83, BGHZ 94, 156 (157 f.); BGH v. 27.3.1991 – XII ZR 113/90, NJW 1991, 2212; BGH v. 11.12.1991 – XII ZR 245/90, NJW 1992, 974; BAG v. 9.10.2002 – 5 AZR 307/01, NZA 2003, 339 (340); BAG v. 5.12.1966 – 3 AZR 207/66, BAGE 19, 164 (170); BAG v. 10.4.1975 – 2 AZR 128/74, BAGE 27, 99 (103); BAG v. 10.4.1975 – 2 AZR 128/74, DB 1975, 1186; BAG v. 26.2.1985 – 3 AZR 1/83, NJW 1985, 2910 (2911); BAG v. 17.7.1997 – 8 AZR 328/95, AP Nr. 13 zu § 38 ZPO – Internationale Zuständigkeit; BAG v. 25.6.2013 – 3 AZR 138/11, NZA-RR 2014, 46 (47) mit Anm. *Mankowski*, EWiR 2014, 63.
3 BGH (GSZ) v. 14.6.1965 – GSZ 1/65, BGHZ 44, 46 (47).
4 BGH v. 18.4.1985 – VII ZR 359/83, BGHZ 94, 156 (157); BGH v. 2.7.1991 – XI ZR 206/90, BGHZ 115, 90 (91).
5 Verordnung EG Nr. 593/2008 des Europäischen Parlaments und des Rates vom 17.6.2008 über das auf vertragliche Schuldverhältnisse anzuwendende Recht (Rom I), ABl. EU 2008 Nr. L 177 vom 4.7.2008, S. 6.
6 Gesetz zur Anpassung der Vorschriften des Internationalen Privatrechts an die Verordnung (EG) Nr. 593/2008 vom 25.6.2009, BGBl. I S. 1574.
7 So noch zu Art. 27 ff. EGBGB BAG v. 20.4.2004 – 3 AZR 301/03, NZA 2005, 297.
8 BAG v. 12.12.2001 – 5 AZR 255/00, DB 2002, 1889; BAG v. 17.7.1997 – 8 AZR 328/95, NZA 1997, 1182; BGH v. 2.7.1991 – XI ZR 206/90, NJW 1991, 3092 (3093); LAG Hessen v. 16.11.1999 – 4 Sa 463/99, NZA-RR 2000, 401; LAG Köln v. 28.2.2001 – 7 Sa 1069/00, NZA-RR 2002, 41.
9 *Däubler*, NZA 2003, 1297 (1300).

ausschließlich dort vollzogen wurde[1]. Selbst ein vorübergehender Arbeitseinsatz im Inland kann ausreichen, wenn er nicht ganz unerheblich ist[2].

2. Internationale Zuständigkeit nach der EuGVVO (Brüssel Ia-VO)

Für Angehörige verschiedener Mitgliedstaaten der Europäischen Gemeinschaften war bis zum 28.2.2002 die internationale Zuständigkeit in Zivil- und Handelssachen im Brüsseler Übereinkommen über die gerichtliche Zuständigkeit und die Vollstreckung gerichtlicher Entscheidungen in Zivil- und Handelssachen (**EuGVÜ**) **vom 27.9.1968**[3] geregelt. Mit Wirkung zum 1.3.2002 ist das EuGVÜ für alle EU-Staaten[4] durch die VO (EG) Nr. 44/2001 des Rates über die gerichtliche Zuständigkeit und die Anerkennung und Vollstreckung von Entscheidungen in Zivil- und Handelssachen (**EuGVVO = Brüssel I-VO**) **vom 22.12.2000**[5] ersetzt worden[6]. Die VO (EG) Nr. 44/2001 ist am 9.1.2015 außer Kraft getreten. Seit 10.1.2015 gilt eine neue Fassung, die **VO (EU) Nr. 1215/2012** vom 12.12.2012 (**Brüssel Ia-VO**). Im Verhältnis zwischen den EU-Staaten und den EFTA-Staaten (Island, Schweiz, Norwegen) gilt das weitgehend der EuGVVO entsprechende **Lugano-Übereinkommen vom 30.10.2007**[7], das an die Stelle des Abkommens **vom 16.9.1988**[8] getreten ist. Schon die EuGVVO in der Fassung der Brüssel I-VO hatte im Wesentlichen die Bestimmungen des EuGVÜ übernommen. Sie gelten auch nach der Brüssel Ia-VO ua für zivilrechtliche Streitigkeiten auf dem Gebiet des Arbeitsrechts[9] vor den ArbG[10] (vgl. Art. 1 Abs. 1 EuGVVO). Sie gehen denjenigen der ZPO vor[11]. Nach der EuGVVO gibt es ebenfalls den allgemeinen internationalen Gerichtsstand des Wohnsitzes (Art. 4 EuGVVO) sowie verschiedene besondere Gerichtsstände nach Art. 7, 8 EuGVVO, u.a. des Erfüllungsortes, der unerlaubten Handlung, der Zweigniederlassung und der Widerklage. Bei Streitigkeiten über das Arbeitsverhältnis oder über Ansprüche aus dem Arbeitsverhältnis[12] sind die Gerichtsstände der Art. 20 ff. EuGVVO von Bedeutung. Klagen gegen den ArbGeb können vor den Gerichten des Mitgliedstaats erhoben werden, in dem der ArbGeb seinen Wohnsitz oder eine Zweigniederlassung hat (Art. 20 Abs. 2, 21 Abs. 1 Buchst. a EuGVVO), in dem der ArbN seinen gewöhnlichen Arbeitsort hat (s. dazu auch § 48 Abs. 1a zur örtlichen Zuständigkeit) hat oder in dem die Niederlassung des ArbGeb liegt, der den ArbN eingestellt hat (Art. 21 Abs. 1 Buchst. b, Abs. 2 EuGVVO). Klagen gegen den ArbN können nur vor den Gerichten des Mitgliedstaats erhoben werden, in dessen Hoheitsgebiet der ArbN seinen Wohnsitz hat (Art. 22 Abs. 1 EuGVVO)[13]. Alle besonderen Zuständigkeitsregeln der EuGVVO sind nach der Rspr. des EuGH zur früheren Fassung der EuGVVO strikt auszulegen und einer Erweiterung nicht zugänglich[14]. Daran dürfte sich auch durch die Neufassung nichts geändert haben[15].

3. Internationale Zuständigkeit nach § 15 AEntG

Die internationale Zuständigkeit deutscher ArbG für Klagen von ArbN, die in die Bundesrepublik Deutschland entsandt sind oder waren, auf Gewährung der Mindestarbeitsbedingungen nach den §§ 2, 8, 14 AEntG ergibt sich aus § 15 Satz 1 AEntG. Gleiches (nicht nur für die internationale, sondern auch für die Rechtswegzuständigkeit[16]) gilt gem. § 15 Satz 2 AEntG auch für Klagen von gemeinsamen Einrichtungen der Tarifvertragsparteien nach § 5 Nr. 3 AEntG in Bezug auf die ihr zustehenden Beiträge. Darunter fallen etwa Klagen von Urlaubs- und Lohnausgleichskassen der Bauwirtschaft gegen ausländische ArbGeb aus EU-Mitgliedstaaten auf Zahlung der tarifvertraglich vorgesehenen Beiträge für die nach Deutschland

---

1 LAG Köln v. 28.2.2001 – 7 Sa 1069/00, NZA-RR 2002/41.
2 *Däubler*, NZA 2003, 1297 (1300).
3 BGBl. II S. 774.
4 Seit 1.7.2007 Geltung auch für Dänemark (Abl. L 94 vom 4.4.2007, S. 70).
5 ABl. EG 2001 Nr. L 12, 1.
6 S. dazu *Mauer*, FA 2002, 130.
7 ABl. EU 2007 L 399 S. 3.
8 BGBl. II 1988 S. 221.
9 BAG v. 20.9.2012 – 6 AZR 253/11, NZA 2013, 797 (799); BAG v. 24.9.2009 – 8 AZR 306/08, NZA-RR 2010, 604 (606).
10 EuGH v. 13.11.1979 – Rechtssache 25/79, RIW 1980, 285; zu den EuGVVO-Gerichtsständen in Arbeitsstreitigkeiten *Junker*, NZA 2005, 199 (201 ff.).
11 BAG v. 25.6.2013 – 3 AZR 138/11, NZA-RR 2014, 46 (47) mit Anm. *Mankowski*, EWiR 2014, 63; BAG v. 8.12.2010 – 10 AZR 562/08, NZA-RR 2012, 320 (322, Rz. 15); BAG v. 24.9.2009 – 8 AZR 306/08, NZA-RR 2010, 604 (606).
12 Dazu *Däubler*, NZA 2003, 1297.
13 LAG Nds. v. 29.6.2016 – 13 Sa 1152/15, NZA-RR 2016, 611 Rz. 28.
14 EuGH v. 22.5.2008 – C-462/06, NZA 2008, 724 (725) Rz. 28.
15 Vgl. auch LAG Nds. v. 29.6.2016 – 13 Sa 1152/15, NZA-RR 2016, 611 Rz. 29.
16 BAG v. 11.9.2002 – 5 AZB 3/02, NZA 2003, 62 (63), wo allerdings missverständlich von sachlicher Zuständigkeit gesprochen wird.

entsandten Bauarbeiter[1] sowie für die Inanspruchnahme eines Unternehmens, das nach § 14 AEntG für die Erfüllung der Beitragspflicht wie ein Bürge haftet[2]. Umstritten ist die internationale Zuständigkeit für Beitragsklagen der Sozialkassen des Baugewerbes gegen Personen mit Sitz in einem Beitrittsland der EuGVVO, die sich nicht auf das AEntG stützen[3]. § 15 AEntG begründet keine eigene internationale Zuständigkeit deutscher ArbG, wenn keine grenzüberschreitende Entsendung von ArbN vorliegt[4].

4. Internationale Zuständigkeit kraft Vereinbarung

254 Die internationale Zuständigkeit kann grds. auch **vereinbart werden**[5]. Dadurch kann ein deutsches ArbG international für zuständig (Prorogation) oder für unzuständig (Derogation) erklärt werden. Es gelten die Voraussetzungen der §§ 38, 40 ZPO[6] (§ 48 Rz. 137 ff.). Unabhängig von den dort geregelten Zulässigkeitsvoraussetzungen wird die Vereinbarung eines ausländischen Gerichts als unwirksam angesehen, wenn dort die Rechtsverfolgung aus rechtlichen oder tatsächlichen Gründen unmöglich ist[7], wenn es für den ArbN unzumutbar ist, seine Rechte vor ausländischen Gerichten durchzusetzen[8], oder wenn der Rechtsstreit keinerlei Bezug zum vereinbarten internationalen Gerichtsstand hat[9]. Nach § 310 Abs. 4 Satz 2 BGB unterliegen formularmäßige Gerichtsstandsvereinbarungen einer Angemessenheitskontrolle nach § 307 BGB. Im Rahmen der Angemessenheitsprüfung kann etwa die einschränkende Zulässigkeitsvoraussetzung des Art. 23 EuGVVO (Rz. 255) berücksichtigt werden[10]. Das Gericht eines Mitgliedstaates, das in einer wirksamen Gerichtsstandsvereinbarung als zuständiges Gericht bestimmt ist, ist auch dann international zuständig, wenn die Parteien über die Wirksamkeit desjenigen Vertrages streiten, dessen Bestandteil die Gerichtsstandvereinbarung bildet[11].

255 Im **Anwendungsbereich der EuGVVO** ergeben sich die **Voraussetzungen für die Vereinbarung** der internationalen Zuständigkeit aus Art. 25 EuGVVO. Danach sind solche Vereinbarungen zwar auch unter Nichtkaufleuten möglich; bei individuellen Arbeitsverträgen (Art. 20 EuGVVO) gilt allerdings die Schranke des Art. 23 EuGVVO[12]. Der Begriff des individuellen Arbeitsvertrags ist nicht nach nationalen Kriterien, sondern für alle Mitgliedstaaten gemeinsam autonom auszulegen. Bei einem individuellen Arbeitsvertrag handelt es sich nach der Rspr. des EuGH[13] und des BAG[14] um eine Vereinbarung, in der sich eine Person verpflichtet, während einer bestimmten Zeit für eine andere Person nach deren Weisungen Leistungen zu erbringen, für die sie als Gegenleistung eine Vergütung erhält. Nach Art. 23 EuGVVO sind Vereinbarungen über die internationale Zuständigkeit nur wirksam, wenn sie nach der Entstehung der Streitigkeit getroffen wurden (Nr. 1) oder wenn sie für den ArbN günstig sind, weil sie ihm die Befugnis einräumen, andere als die in Art. 21 EuGVVO genannten Gerichtsstände zu wählen (Nr. 2). Außerdem können nach Art. 23 Nr. 2 EuGVVO nur zusätzliche Gerichtsstände vereinbart werden[15]; die Vereinbarung einer ausschließlichen Zuständigkeit unter Ausschluss der Gerichtsstände nach Art. 20, 21 EuGVVO ist unwirksam[16]. Vergleichbare Einschränkungen wie in Art. 23 EuGVVO enthält bei Streitigkeiten aus individuellen Arbeitsverträgen Art. 17 Abs. 5 des Lugano-Übereinkommens[17].

---

1 LAG Hessen v. 17.8.1998 – 16 Sa 2329/97, AuR 1999, 146.
2 BAG v. 11.9.2002 – 5 AZB 3/02, NZA 2003, 62 (63).
3 Verneinend ArbG Wiesbaden v. 10.11.1999 – 3 Ca 1157/99, NZA-RR 2000, 321 (325); bejahend *Däubler*, NZA 2003, 1297 (1301).
4 BAG v. 2.7.2008 – 10 AZR 355/07, NZA 2008, 1084 (1085).
5 BAG v. 5.9.1972 – 3 AZR 212/69, AP Nr. 10 zu § 242 BGB – Ruhegehalt.
6 BGH v. 26.1.1979 – V ZR 75/76, AP Nr. 10 zu § 38 ZPO – Internationale Zuständigkeit.
7 BAG v. 29.6.1978 – 2 AZR 973/77, NJW 1979, 1119 (1120).
8 BAG v. 20.7.1970 – 3 AZR 417/69, AP Nr. 4 zu § 38 ZPO – Internationale Zuständigkeit; BAG v. 5.9.1972 – 3 AZR 212/69, AP Nr. 159 zu § 242 BGB – Ruhegehalt.
9 LAG Düsseldorf v. 16.5.1972 – 8 Sa 126/72, DB 1972, 1347 (1348).
10 *Däubler*, NZA 2003, 1297 (1302).
11 EuGH v. 3.7.1997 – Rs. C-269/95, WM 1997, 1549 (1552); BGH v. 30.3.2006 – VII ZR 249/04, ZIP 2006, 1013 (1014 f.).
12 Dazu *Junker*, NZA 2005, 199 (201).
13 EuGH v. 10.9.2015 – Rs. C-47/14, NZA 2016, 183 Rz. 41 (noch zum früheren Art. 18 EuGVVO).
14 BAG v. 20.10.2015 – 9 AZR 525/14, NZA 2016, 254 Rz. 18 (noch zum früheren Art. 18 EuGVVO).
15 Noch zum früheren Art. 21 EuGVVO EuGH v. 19.7.2012 – Rs. C-376/11, NZA 2012, 935 (938).
16 BAG v. 20.12.2012 – 2 AZR 481/11, NZA 2013, 925 (928).
17 Dazu BAG v. 8.12.2010 – 10 AZR 562/08, NZA-RR 2012, 320 (323 Rz. 23 ff.).

5. Internationale Zuständigkeit durch rügelose Einlassung

Schließlich kann die internationale Zuständigkeit unter den Voraussetzungen des § 39 ZPO auch durch **rügelose Einlassung** des Beklagten begründet werden[1]. Im Anwendungsbereich der EuGVVO ergibt sich das aus Art. 26 EuGVVO. Eine vergleichbare Regelung enthält Art. 24 des Lugano-Übereinkommens[2]. Nach dieser Norm ist die zuständigkeitsbegründende Wirkung der rügelosen Einlassung anders als nach § 39 ZPO nicht von einer vorherigen Belehrung durch das Gericht über die internationale Zuständigkeit und die Folgen einer rügelosen Einlassung abhängig[3]. Die Wahrnehmung eines Gütetermins und materielle Einwendungen gegen den Klageanspruch in der Güteverhandlung stellen noch keine rügelose Einlassung dar[4].

6. Prüfung der internationalen Zuständigkeit und Entscheidung

Die internationale Zuständigkeit ist wie die örtliche Zuständigkeit Sachurteilsvoraussetzung und von Amts wegen zu prüfen. Das gilt auch für die Berufungs- und die Revisionsinstanz[5]. Die §§ 65, 73 Abs. 2 und § 48 Abs. 1 Nr. 1, wonach der beschrittene Rechtsweg und die örtliche Zuständigkeit in den höheren Instanzen nicht mehr geprüft wird, beziehen sich nicht auf die internationale Zuständigkeit der deutschen ArbG[6]. Wenn allerdings in der Berufungsinstanz die internationale Zuständigkeit nur wegen Fehlens der (nicht mehr zu prüfenden) örtlichen Zuständigkeit gerügt wird, ist diese Rüge unbeachtlich, sofern nur ein anderes deutsches ArbG örtlich und damit international zuständig ist[7]. Ein Wegfall der internationalen Zuständigkeit nach Rechtshängigkeit ist gem. § 261 Abs. 3 Nr. 2 ZPO unschädlich.

Falls das angerufene Gericht die **internationale Zuständigkeit deutscher ArbG verneint**, ist die Klage unzulässig und abzuweisen. Eine Verweisung an ein ausländisches Gericht gibt es nicht[8]. Die internationale Zuständigkeit kann **nicht im Vorabentscheidungsverfahren nach § 17a GVG** geklärt[9], allerdings durch Zwischenurteil nach § 280 ZPO bejaht werden[10].

IV. Funktionelle Zuständigkeit

Bei der funktionellen Zuständigkeit geht es um die Frage, welches Rechtspflegeorgan innerhalb des ArbG zuständig ist. Hier kommt es auf die Zuständigkeitsabgrenzung zwischen der Kammer (zB §§ 57, 58) und dem Vorsitzenden der Kammer (§§ 53–56) sowie zwischen dem Richter, dem Rechtspfleger (§ 9 Abs. 3 iVm. §§ 3 Nrn. 3 und 4, 20 Nrn. 1, 4, 5 und 21, 29 RPflG; danach Zuständigkeit zB im Mahnverfahren gem. § 46 Abs. 2, § 20 Nr. 1 RPflG) und dem Urkundsbeamten der Geschäftsstelle (§ 7 iVm. § 26 RPflG: Aufgaben der Geschäftsstelle, soweit nicht der Rechtspfleger zuständig ist) an. Liegt die funktionelle Zuständigkeit beim Vollstreckungsgericht, sind nicht die ArbG, sondern die AG zuständig (§ 764 ZPO).

§ 2a Zuständigkeit im Beschlussverfahren

(1) Die Gerichte für Arbeitssachen sind ferner ausschließlich zuständig für
 1. Angelegenheiten aus dem Betriebsverfassungsgesetz, soweit nicht für Maßnahmen nach seinen §§ 119 bis 121 die Zuständigkeit eines anderen Gerichts gegeben ist;
 2. Angelegenheiten aus dem Sprecherausschussgesetz, soweit nicht für Maßnahmen nach seinen §§ 34 bis 36 die Zuständigkeit eines anderen Gerichts gegeben ist;

---

1 BAG v. 15.11.1972 – 5 AZR 276/72, AP Nr. 1 zu § 38 ZPO – Internationale Zuständigkeit.
2 Zur rügelosen Einlassung nach Art. 24 Lugano-Übereinkommen BAG v. 23.3.2016 – 5 AZR 767/14, Rz. 14.
3 *Däubler*, NZA 2003, 1297 (1301); *Geimer/Schütze*, Europäisches Zivilverfahrensrecht, Art. 24 EuGVVO (aF) Rz. 16; MünchKommZPO/*Gottwald*, Art. 24 EuGVVO Rz. 5.
4 BAG v. 24.9.2009 – 8 AZR 306/08, NZA-RR 2010, 604 (606 f.); BAG v. 2.7.2008 – 10 AZR 355/07, NZA 2008, 1084 (1086).
5 BAG v. 26.2.1985 – 3 AZR 1/83, NJW 1985, 2910 (2911); BAG v. 5.9.1972 – 3 AZR 212/69, AP Nr. 159 zu § 242 BGB – Ruhegehalt; BGH v. 16.12.2003 – XI ZR 474/02, BGHZ 157, 224 (227).
6 BGH (GSZ) v. 14.6.1965 – GSZ 1/65, BGHZ 44, 46; BGH v. 30.5.1983 – II ZR 135/82, NJW 1983, 2772, jeweils zum Nachprüfungsverbot der §§ 512a, 549 Abs. 2 ZPO aF (heute § 513 Abs. 2, § 545 Abs. 2 ZPO); BGH v. 16.12.2003 – XI ZR 474/02, BGHZ 157, 224 (227) zu § 513 Abs. 2 ZPO).
7 BAG v. 18.6.1971 – 5 AZR 13/71, AP Nr. 5 zu § 38 ZPO – Internationale Zuständigkeit.
8 Zöller/*Geimer*, IZPR, Rz. 95.
9 LAG Rh.-Pf. v. 15.10.1991 – 10 Ta 159/91, NZA 1992, 138.
10 BAG v. 23.11.2000 – 2 AZR 490/99, NZA 2001, 683; ErfK/*Koch*, § 1 ArbGG Rz. 5.

3. Angelegenheiten aus dem Mitbestimmungsgesetz, dem Mitbestimmungsergänzungsgesetz und dem Drittelbeteiligungsgesetz, soweit über die Wahl von Vertretern der Arbeitnehmer in den Aufsichtsrat und über ihre Abberufung mit Ausnahme der Abberufung nach § 103 Abs. 3 des Aktiengesetzes zu entscheiden ist;

3a. Angelegenheiten aus den §§ 177, 178 und 222 [bis 31.12.2017: §§ 94, 95, 139] des Neunten Buches Sozialgesetzbuch;

3b. Angelegenheiten aus dem Gesetz über Europäische Betriebsräte, soweit nicht für Maßnahmen nach seinen §§ 43 bis 45 die Zuständigkeit eines anderen Gerichts gegeben ist;

3c. Angelegenheiten aus § 51 des Berufsbildungsgesetzes;

3d. Angelegenheiten aus § 10 des Bundesfreiwilligendienstgesetzes;

3e. Angelegenheiten aus dem SE-Beteiligungsgesetz vom 22. Dezember 2004 (BGBl. I S. 3675, 3686) mit Ausnahme der §§ 45 und 46 und nach den §§ 34 bis 39 nur insoweit, als über die Wahl von Vertretern der Arbeitnehmer in das Aufsichts- oder Verwaltungsorgan sowie deren Abberufung mit Ausnahme der Abberufung nach § 103 Abs. 3 des Aktiengesetzes zu entscheiden ist;

3f. Angelegenheiten aus dem SCE-Beteiligungsgesetz vom 14. August 2006 (BGBl. I S. 1911, 1917) mit Ausnahme der §§ 47 und 48 und nach den §§ 34 bis 39 nur insoweit, als über die Wahl von Vertretern der Arbeitnehmer in das Aufsichts- oder Verwaltungsorgan sowie deren Abberufung zu entscheiden ist;

3g. Angelegenheiten aus dem Gesetz über die Mitbestimmung der Arbeitnehmer bei einer grenzüberschreitenden Verschmelzung vom 21. Dezember 2006 (BGBl. I S. 3332) mit Ausnahme der §§ 34 und 35 und nach den §§ 23 bis 28 nur insoweit, als über die Wahl von Vertretern der Arbeitnehmer in das Aufsichts- oder Verwaltungsorgan sowie deren Abberufung mit Ausnahme der Abberufung nach § 103 Abs. 3 des Aktiengesetzes zu entscheiden ist;

4. die Entscheidung über die Tariffähigkeit und die Tarifzuständigkeit einer Vereinigung;

5. die Entscheidung über die Wirksamkeit einer Allgemeinverbindlicherklärung nach § 5 des Tarifvertragsgesetzes, einer Rechtsverordnung nach § 7 oder § 7a des Arbeitnehmer-Entsendegesetzes und einer Rechtsverordnung nach § 3a des Arbeitnehmerüberlassungsgesetzes;

6. die Entscheidung über den nach § 4a Absatz 2 Satz 2 des Tarifvertragsgesetzes im Betrieb anwendbaren Tarifvertrag.

(2) In Streitigkeiten nach diesen Vorschriften findet das Beschlussverfahren statt.

A. Bedeutung des § 2a	
I. Gegenstand der Regelung 1	
1. Ausschließliche Rechtswegzuständigkeit (Abs. 1) 2	
2. Beschlussverfahren als richtige Verfahrensart (Abs. 2) 5	
II. Geschichtliche Entwicklung des § 2a 6	
III. Bedeutung des § 2a für besondere Verfahrensarten 12	
IV. Erstreckung der Prüfungskompetenz auf rechtswegfremde Gegenstände 15	
1. Vorfragen 16	
2. Widerantrag 18	
3. Aufrechnung 19	
V. Aufbau des § 2a 20	
B. Rechtswegzuständigkeit nach § 2a (Abs. 1) 21	
I. Angelegenheiten aus dem BetrVG (Nr. 1) .. 22	
1. Umfassende Zuständigkeit der Arbeitsgerichte 23	
2. Abgrenzung gegenüber nicht erfassten vertretungsrechtlichen Angelegenheiten 24	
a) Personalvertretungsrechtliche Angelegenheiten	
aa) Grundsatz: Zuständigkeit der Verwaltungsgerichte 25	
bb) Ausnahme: Zuständigkeit der Arbeitsgerichte bei NATO-Bediensteten ... 26	
b) Angelegenheiten des kirchlichen Mitarbeitervertretungsrechts 27	
3. Fallgruppen von Angelegenheiten aus dem BetrVG 29	
a) Errichtung, Zusammensetzung und Amtszeiten von Organen des BetrVG 30	
b) Mängel, Anfechtung und Nichtigkeit der Wahl von Organen 33	
c) Mitwirkungsrechte und Befugnisse von Organen 34	
d) Kosten des Organs, Schadensersatz und Erstattungsansprüche von Organmitgliedern und Dritten 38	
e) Streitigkeiten zwischen verschiedenen Organen 40	
f) Rechte von Organmitgliedern 41	
aa) Betroffenheit als Organmitglied 42	

bb) Betroffenheit als Arbeitnehmer	44
cc) Rechte aus § 78a BetrVG	47
g) Rechte von Arbeitnehmern	50
aa) Vergütungsansprüche	51
bb) Weiterbeschäftigungsanspruch	52
cc) Individualrechte aus den §§ 81 ff. BetrVG	53
dd) Betriebsverfassungsrechtliche Rechte	54
h) Rechte von Arbeitnehmergruppen aus dem BetrVG	55
i) Betriebsverfassungsrechtliche Rechte von Gewerkschaften	56
j) Zustimmung von Behörden	59
4. Betriebsverfassungsrechtliche Streitigkeiten außerhalb des BetrVG	60
a) Streitigkeiten aus anderen arbeitsrechtlichen Gesetzen	61
b) Betriebsverfassungsrechtliche Angelegenheiten aus der InsO	62
c) Streitigkeiten aus einer tarifvertraglich gestalteten Betriebsverfassung	65
5. Verhältnis zwischen Beschlussverfahren und Einigungsstellenverfahren	67
a) Grundsatz: Arbeitsgerichtliche Zuständigkeit nur in Rechtsstreitigkeiten	68
b) Ausnahmen	69
aa) Arbeitsgerichtliche Zuständigkeiten in Regelungsstreitigkeiten	70
bb) Zuständigkeit der Einigungsstelle in Rechtsstreitigkeiten	71
c) Arbeitsgerichtliche Zuständigkeit aufgrund eines Einigungsstellenspruchs	73
d) Vorabentscheidung über das Bestehen eines Mitbestimmungsrechts vor Tätigkeit der Einigungsstelle	76
6. Straf- und Bußgeldsachen	78
II. Angelegenheiten aus dem SprAuG (Nr. 2)	79
III. Angelegenheiten aus den Mitbestimmungsgesetzen (Nr. 3)	81
1. Erfasste Mitbestimmungsgesetze	82
2. Anfechtung der Wahl	84
3. Nichtigkeit der Wahl	85
4. Verfahrensstreitigkeiten	86
5. Abberufungsstreitigkeiten	88
6. Verlust der Wählbarkeit	90
7. Nicht von Nr. 3 erfasste Streitigkeiten von Arbeitnehmervertretern im Aufsichtsrat	91
IV. Angelegenheiten aus dem Neunten Buch Sozialgesetzbuch – SGB IX (Nr. 3a)	93
1. Angelegenheiten der Schwerbehindertenvertretung (§§ 177, 178 SGB IX)	94
a) Schwerbehindertenvertretung in Betrieben	95
b) Schwerbehindertenvertretung in Dienststellen	97
c) Persönliche Rechtsstellung der Vertrauensperson der Schwerbehinderten	98
2. Angelegenheiten des Werkstattrats (§ 139 SGB IX)	100
V. Angelegenheiten aus dem EBRG (Nr. 3b)	101
VI. Angelegenheiten aus dem BBiG (Nr. 3c)	104
VII. Angelegenheiten aus § 10 des BFDG (Nr. 3d)	105a
VIII. Angelegenheiten aus dem SEBG (Nr. 3e)	106
IX. Angelegenheiten aus dem SCEBG (Nr. 3f)	107
X. Angelegenheiten aus dem MgVG (Nr. 3g)	108
XI. Entscheidung über die Tariffähigkeit und die Tarifzuständigkeit (Nr. 4)	109
1. Vereinigung	110
2. Tariffähigkeit	111
3. Tarifzuständigkeit	113
4. Gewerkschaftseigenschaft	115
5. Verfahrensbesonderheiten nach § 97	116
XII. Entscheidung über die Wirksamkeit einer Allgemeinverbindlicherklärung nach § 5 TVG oder einer Rechtsverordnung nach §§ 7, 7a AEntG oder § 3a AÜG (Nr. 5)	116a
XIII. Entscheidung über den nach § 4a Abs. 2 Satz 2 TVG im Betrieb anwendbaren Tarifvertrag (Nr. 6)	116b
C. Prüfung der Rechtswegzuständigkeit und der richtigen Verfahrensart	117
I. Prüfung von Amts wegen	118
II. Entscheidung und Rechtsmittel	121
1. Entscheidung über die Rechtswegzuständigkeit	122
2. Entscheidung über die richtige Verfahrensart	124
D. Sonstige Zuständigkeiten	127
I. Örtliche Zuständigkeit	128
II. Internationale Zuständigkeit	130
III. Funktionelle Zuständigkeit	131

Schrifttum: *Adlhoch,* Anfechtung der Wahl zur Schwerbehindertenvertretung im öffentlichen Dient, NZA 2004, 1372; *Boemke,* Internationale Zuständigkeit in betriebsverfassungsrechtlichen Angelegenheiten, DB 2012, 802; *Bulla,* Die Konkurrenz von arbeitsgerichtlichen Urteils- und Beschlussverfahren, RdA 1978, 209; *Bungert/Gotsche,* Die deutsche Rechtsprechung zur SE, ZIP 2013, 649; *Busemann,* Aktuelle Rechtsprechung zum Verfahrensrecht des ArbGG-Beschlussverfahrens – Zulässigkeit und Beteiligungsprobleme, NZA-RR 2014, 457; *Dütz,* Rechtskraftgrenzen im arbeitsgerichtlichen Beschlussverfahren, Arbeitsrecht in der Bewährung (FS Kehrmann), 1997, S. 349; *Düwell,* Mehr Zuständigkeiten für die Arbeitsgerichtsbarkeit, NZA 1991, 929; *Düwell,* Reform des Rechtswegs bei Beendigung von Arbeitsverhältnissen schwerbehinderter Menschen, FA 2005, 366; *Fischer,* Betriebsratliche Rechtsdurchsetzung von gleichgelagerten betrieblichen Arbeitnehmeransprüchen – Alternative zur Massenklage?, RdA 2003, 269; *Fischer,* Zeitarbeit zwischen allen (Tarif-)Stühlen? – oder: Gewerkschaften in den Untiefen der Tarifzuständigkeit, RdA 2013, 326; *Gottwald,* Rechtsweg bei Streitigkeiten zwischen Schwerbehindertenvertretung und Dienststellenleitung, PersV 2004, 111; *Hanau,* Die Anfechtung der BR-Wahl, DB 1986, Beil. 4; *Heil/Erhardt,* Versetzung eines Arbeitnehmers in Unternehmen der Privatwirtschaft, ZAP 1999 (Fach 17), 469; *Herbst,* Das arbeitsgerichtliche Beschlussverfahren, AiB

1998, 383; *Hoffmann*, Der Rechtsweg zu den Arbeitsgerichten, AuA 1997, 265; *Kerwer*, Die Arbeitsgerichtsbarkeit, JuS 1999, 250; *Kissel*, Arbeitsrecht und Gerichtsverfassung, RdA 1999, 53; *Konzen*, Die Präjudizialität rechtskräftiger arbeitsgerichtlicher Beschlüsse im nachfolgenden Individualprozess, FS Zeuner, 1994, S. 401; *Lamster*, Anfechtung der Wahl zur Schwerbehindertenvertretung, NZA 2004, 301; *Lembke*, Die Aussetzung von Verfahren zur Prüfung der Tariffähigkeit einer Organisation (hier: CGZP), NZA 2008, 451; *Maul-Sartori*, Der neue § 98 ArbGG, NZA 2014, 1305; *Matthes*, Die Anträge des Arbeitgebers nach § 78a Abs. 4 BetrVG und § 9 Abs. 4 BPersVG, NZA 1989, 916; *Molkenbur*, Verfahrensrechtliche Probleme des arbeitsgerichtlichen Beschlussverfahrens, DB 1992, 425; *Müller-Glöge*, Arbeitsrecht und Verfahrensrecht, RdA 1999, 80; *Richardi*, Kirchliche Arbeitsgerichtsordnung für die Bistümer der Katholischen Kirche, NJW 2005, 2744; *Salamon*, Grenzen der Durchsetzung von Individualansprüchen im Beschlussverfahren, NZA 2015, 85; *Schwab*, Neuerungen im arbeitsgerichtlichen Verfahren, NZA 1991, 657; *Thon*, Die Antragstellung im arbeitsgerichtlichen Beschlussverfahren, AuR 1996, 175; *Ulber*, Tariffähigkeit und Tarifzuständigkeit der CGZP als Spitzenorganisation?, NZA 2008, 438; *Ulrici*, Internationale Zuständigkeit nach der Brüssel I-VO im arbeitsgerichtlichen Beschlussverfahren, in: Uffmann/Dahm, Vielfalt oder Chaos – Aktuelle Probleme und Entwicklungen im deutschen und europäischen Arbeitsrecht, 2013, 19; *Walker*, Das Verfahren nach § 98 ArbGG zur Feststellung der Wirksamkeit einer Allgemeinverbindlicherklärung oder Rechtsverordnung, Jahrbuch des Arbeitsrechts 52 (2015), 95; *Walker*, Die Abgrenzung zwischen Urteils- und Beschlussverfahren im Arbeitsgerichtsprozess, FS 50 Jahre Bundesarbeitsgericht, 2004, S. 1365; *Wißmann*, Die Arbeitnehmerbeteiligung in der „deutschen" SE vor Gericht, FS für Richardi, 2007, S. 841.

A. Bedeutung des § 2a

I. Gegenstand der Regelung

1 Nach Art. 19 des Bundesteilhabegesetzes vom 23.12.2016[1] wird ab 1.1.2018 in § 2a Abs. 1 Nummer 3a die Angabe „94, 95, 139" durch die Angabe „177, 178 und 222" ersetzt. Dabei handelt es sich um eine redaktionelle Folgeänderung aufgrund der Neufassung des SGB IX.

§ 2a hat zwei Regelungsgegenstände. Abs. 1 gehört im Zusammenhang mit den §§ 2 und 3 zu dem Regelungskomplex hinsichtlich der Frage, welche Streitigkeiten von den ArbG zu entscheiden sind. Abs. 2 regelt, welches die zutreffende Verfahrensart für die in Abs. 1 genannten Angelegenheiten ist.

1. Ausschließliche Rechtswegzuständigkeit (Abs. 1)

2 Mit Zuständigkeit iSv. § 2a Abs. 1 ist ebenso wie mit derjenigen nach § 2 die **Rechtswegzuständigkeit** gemeint (zur Einordnung der Zuständigkeit als Rechtswegzuständigkeit s. § 2 Rz. 3 f.). § 2a reiht sich damit zusammen mit den §§ 2 und 3 ein in die Rechtswegregelungen des § 13 GVG (ordentliche Gerichte), des § 40 VwGO (Verwaltungsgerichte), des § 51 SGG (Sozialgerichte) und des § 33 FGO (Finanzgerichte). Anders als bei der Rechtswegzuständigkeit im arbeitsgerichtlichen Urteilsverfahren kann man bei derjenigen im Beschlussverfahren nach § 2a nicht von einer besonderen Sachnähe im Verhältnis zur ordentlichen Gerichtsbarkeit sprechen. Für § 2a spielt es nämlich keine Rolle, ob es um **bürgerliche oder um öffentlich-rechtliche** Streitigkeiten geht. Das Charakteristische der Angelegenheiten iSd. § 2a besteht vielmehr darin, dass es weitestgehend um Streitigkeiten mit kollektiven Auswirkungen geht. Von ihrer Bedeutung stehen diejenigen aus dem BetrVG im Vordergrund.

3 Die 13 Fallgruppen sind in § 2a Abs. 1 Nr. 1-6 **abschließend** aufgelistet (**Enumerationsprinzip**). Der abschließende Charakter der Vorschrift ergibt sich schon daraus, dass die aufgelisteten Angelegenheiten im Laufe der Zeit immer nur punktuell und im Zusammenhang mit neu erlassenen oder neu gefassten Gesetzen ergänzt wurden.

4 § 2a regelt eine **ausschließliche** Rechtswegzuständigkeit der Gerichte für Arbeitssachen. Die Rechtswegzuständigkeit im Beschlussverfahren kann durch eine Vereinbarung zwischen den Beteiligten weder ausgeschlossen noch hergestellt werden[2]. Ebenso wenig lässt sich eine an sich nicht gegebene Rechtswegzuständigkeit nach § 2a durch rügelose Einlassung begründen. Wenn das im Beschlussverfahren angerufene ArbG seine Rechtswegzuständigkeit verneint, hat es den Rechtsstreit von Amts wegen an das zuständige Gericht des zulässigen Rechtsweges zu verweisen (§ 17a Abs. 2 Satz 1 GVG; Rz. 118). Das Adressatgericht ist an die rechtskräftige Verweisung gebunden (§ 17a Abs. 2 Satz 3 GVG).

---

[1] BGBl. I S. 3234.
[2] GMP/*Matthes*/*Schlewing*, § 2a Rz. 2; GK-ArbGG/*Ahrendt*, § 2a Rz. 3.

2. Beschlussverfahren als richtige Verfahrensart (Abs. 2)

Über die Angelegenheiten des § 2a Abs. 1 haben die ArbG im Beschlussverfahren zu entscheiden. Zum Teil wird § 2a daher auch als eine Regelung der Verfahrenszuständigkeit angesehen[1]. Das arbeitsgerichtliche Beschlussverfahren ist von dem Amtsermittlungsgrundsatz geprägt und unterscheidet sich dadurch wesentlich vom arbeitsgerichtlichen Urteilsverfahren und vom Zivilprozess. Einzelheiten zum Beschlussverfahren sind in den §§ 80 ff. geregelt. Beschlussverfahren und Urteilsverfahren schließen sich gegenseitig aus[2]. Eine Verbindung von Angelegenheiten, über die im Urteilsverfahren zu entscheiden ist, mit solchen iSv. § 2a Abs. 1 zum Zwecke der gleichzeitigen Verhandlung und Entscheidung gem. § 147 ZPO ist nicht möglich[3] (s. zu einem Sonderfall aber Rz. 49). Im Beschlussverfahren gibt es auch keine Zusammenhangszuständigkeit wie gem. § 2 Abs. 3 für solche Streitigkeiten, für die das Urteilsverfahren die richtige Verfahrensart ist. Wenn das angerufene ArbG sich zwar für rechtswegzuständig hält, aber nicht in der vom Antragsteller gewählten Verfahrensart, muss es gem. § 48 Abs. 1 von Amts wegen in die richtige Verfahrensart (Urteilsverfahren statt Beschlussverfahren oder umgekehrt) übergehen. Eine Abweisung als unzulässig im Hinblick auf die gewählte Verfahrensart kommt nicht in Betracht (Einzelheiten: § 48 Rz. 100).

II. Geschichtliche Entwicklung des § 2a

Die Regelung über die Zuständigkeit der ArbG im Beschlussverfahren war im ArbGG 1953 noch in den § 2 integriert. In der damaligen Fassung des § 2 Abs. 1 Nr. 4 waren konkrete betriebsverfassungs- und mitbestimmungsrechtliche Angelegenheiten abschließend aufgelistet.

§ 2 ArbGG 1953 wurde durch § 124 BetrVG 1972[4] neu gefasst. Die enumerative Aufzählung betriebsverfassungs- und mitbestimmungsrechtlicher Angelegenheiten wurde durch Regelungen ersetzt, aus denen später die heutigen Nummern 1 und 3 des § 2a Abs. 1 hervorgegangen sind. Die erfassten mitbestimmungsrechtlichen Angelegenheiten wurden durch das MitBestG vom 4.5.1976[5] hinsichtlich der Wahl der ArbN-Vertreter im Aufsichtsrat nach dem MitbestG erweitert. In der Nr. 3 wurde später infolge der Einführung des DrittelbG durch das „Zweite Gesetz zur Vereinfachung der Wahl der Arbeitnehmervertreter in den Aufsichtsrat" vom 18.5.2004[6] die Angabe „Betriebsverfassungsgesetz 1952" durch das Wort „Drittelbeteiligungsgesetz" ersetzt.

Durch die Arbeitsgerichtsnovelle vom 21.5.1979[7] wurden die Zuständigkeiten im Beschlussverfahren dann aus § 2 ausgegliedert und in dem neuen § 2a zusammengefasst. Der heutige Abs. 2, wonach über die genannten Streitigkeiten im Beschlussverfahren zu entscheiden ist, ist aus dem früheren § 8 hervorgegangen.

Alle bis hierhin genannten Änderungen haben in der Sache gegenüber dem jeweils vorherigen Rechtszustand keine entscheidende Änderung bedeutet. Insbesondere die generalklauselartige Fassung des heutigen § 2a Abs. 1 Nr. 1 anstelle der früheren Aufzählung von Einzeltatbeständen soll lediglich sicherstellen, dass wirklich alle betriebsverfassungsrechtlichen Angelegenheiten von der Rechtswegzuständigkeit der ArbG im Beschlussverfahren erfasst werden[8]. Auch die Ausdehnung des heutigen § 2a Abs. 1 Nr. 4 von der Tariffähigkeit auf die Tarifzuständigkeit war lediglich eine gesetzgeberische Klarstellung der schon vorher praktizierten Auslegung der entsprechenden Vorschrift[9].

Eine inhaltliche Erweiterung erfuhr § 2a durch das SprAuG vom 20.12.1988[10], welches zur Einfügung der heutigen Nr. 2 führte. Die Nr. 3a über die Zuständigkeit in Angelegenheiten aus dem SGB IX wurde durch das Gesetz zur Reform des Sozialhilferechts vom 23.7.1996[11] eingefügt und durch das Arbeitsgerichtsbeschleunigungsgesetz vom 30.4.2000[12] geändert. Seit Inkrafttreten des Gesetzes über die europäischen Betriebsräte vom 28.10.1996[13] fallen auch bestimmte Angelegenheiten aus diesem Gesetz unter die Rechts-

---

1 MünchArbR/*Jacobs*, § 345 Rz. 2.
2 So schon BAG v. 10.10.1969 – 1 AZR 5/69, BAGE 22, 156.
3 GMP/*Matthes/Schlewing*, § 2a Rz. 95; GWBG/*Greiner*, § 80 Rz. 9; *Lepke*, RdA 1974, 226 (229).
4 BGBl. I S. 41 ff.
5 BGBl. I S. 1153.
6 BGBl. I S. 974.
7 BGBl. I S. 545.
8 BAG v. 24.2.1987 – 1 ABR 18/85, NZA 1987, 639; BAG v. 26.4.1992 – 10 ABR 63/91, NZA 1992, 1135.
9 BAG v. 27.11.1964 – 1 ABR 13/63, BAGE 329 (332).
10 BGBl. I S. 2312.
11 BGBl. I S. 1088.
12 BGBl. I S. 333.
13 BGBl. I S. 1548.

wegzuständigkeit im Beschlussverfahren nach Nr. 3b. Die durch Gesetz vom 8.8.2002[1] eingefügte Nr. 3c trägt dem Umstand Rechnung, dass durch dasselbe Gesetz für Auszubildende in außerbetrieblichen Einrichtungen in § 18a BBiG eine eigene Interessenvertretung geschaffen wurde. In der Nr. 3c wurde infolge der Neuregelung des BBiG durch das Gesetz zur Reform der beruflichen Bildung vom 23.3.2005[2] der § 18a BBiG durch § 51 BBiG ersetzt.

11 Die Ergänzungen der heutigen Nr. 3e–g des § 2a beruhen auf Neuregelungen zur Sicherung der ArbN-Mitbestimmung im Gesellschaftsrecht. Durch Art. 2 des Gesetzes zur Einführung der Europäischen Gesellschaft (SEEG) vom 22.12.2004 (SEBG)[3] wurde das SE-Beteiligungsgesetz (SEBG) in Kraft gesetzt, und damit zusammenhängend wurde durch Art. 6 SEEG in § 2a Abs. 1 die Nr. 3d (heute Nr. 3e) neu eingefügt. Das Gesetz zur Einführung der Europäischen Genossenschaft und zur Änderung des Genossenschaftsrechts vom 14.8.2006 (SCEBG)[4] hatte die Einfügung der Nr. 3e (heute Nr. 3f), das „Gesetz zur Umsetzung der Regelungen über die Mitbestimmung der ArbN bei einer Verschmelzung von Kapitalgesellschaften aus verschiedenen Mitgliedstaaten" vom 21.12.2006 (MgVG)[5] die Einfügung der Nr. 3f (heute Nr. 3g) zur Folge.

11a Die Einfügung der Nr. 3d erfolgte durch Art. 6 Nr. 2 des Gesetzes zur Einführung eines Bundesfreiwilligendienstes vom 28.4.2011[6], das am 3.5.2011 in Kraft getreten ist. Nach § 10 des BFDG wählen die Freiwilligen Sprecherinnen und Sprecher, die ihre Interessen gegenüber den Einsatzstellen, Trägern, Zentralstellen und zuständigen Bundesbehörden vertreten. Da das Wahlverfahren und die Interessenwahrnehmung selbst zu Streitigkeiten führen können und dann feststehen muss, vor welchen Gerichten sie geklärt werden können, wurde aufgrund einer Stellungnahme des Bundesrats im Gesetzgebungsverfahren[7] in der neuen Nr. 3d Streitigkeiten der Interessenvertretung dem arbeitsgerichtlichen Beschlussverfahren zugewiesen.

11b Nr. 5 wurde im Jahr 2014 durch Art. 2 Nr. 1 des Tarifautonomiestärkungsgesetzes[8] eingefügt (zum Gesetzgebungsverfahren s. die Nachweise in Rz. 116a). Danach entscheiden die ArbG auch über die Wirksamkeit einer Allgemeinverbindlicherklärung nach § 5 TVG oder einer Rechtsverordnung nach §§ 7, 7a AEntG oder § 3a AÜG im Beschlussverfahren.

11c Zuletzt wurde Nr. 6 durch das Tarifeinheitsgesetz vom 3.7.2015[9] mit Wirkung zum 10.7.2015 eingefügt. Danach sind die ArbG ausschließlich zuständig für die Entscheidung darüber, welcher Tarifvertrag bei einer Tarifkollision im Betrieb nach § 4a Abs. 2 Satz 2 TVG Anwendung findet.

III. Bedeutung des § 2a für besondere Verfahrensarten

12 Die Rechtswegzuständigkeit im Beschlussverfahren gilt nicht nur für das normale Erkenntnisverfahren, sondern auch für das Verfahren auf Erlass einer **einstweiligen Verfügung** (§ 85 Abs. 2). Da die Vorschriften des Achten Buches der ZPO, die über § 85 Abs. 2 Satz 2 grds. Anwendung finden, keine eigene Regelung zum Rechtsweg enthalten, gilt auch insoweit § 2a.

13 Ferner ist § 2a für die Rechtswegzuständigkeit im **Zwangsvollstreckungsverfahren** von Bedeutung, sofern dort das Prozessgericht zuständig ist. Das betrifft die Handlungs- und Unterlassungsvollstreckung nach §§ 887, 888, 890 ZPO (dazu § 85 Rz. 23, Rz. 24, Rz. 30 ff.) sowie die Vollstreckungsgegenklage nach § 767 ZPO, sofern sie sich gegen die Vollstreckung aus einem arbeitsgerichtlichen Beschluss richtet.

14 Dagegen können Angelegenheiten des § 2a **niemals** im **Mahnverfahren** oder im **Urkundsprozess** geltend gemacht werden. Beide Verfahrensarten gibt es im Beschlussverfahren nicht[10]. Das folgt für das Mahnverfahren aus § 46a Abs. 2. Danach können im Mahnverfahren nur solche Ansprüche geltend gemacht werden, die sonst im Urteilsverfahren eingeklagt würden. Das Mahnverfahren wäre auch mit dem im Beschlussverfahren geltenden Untersuchungsgrundsatz nicht vereinbar. Das Urkundenverfahren, das gem. § 46 Abs. 2 Satz 2 schon im Urteilsverfahren keine Anwendung findet (dazu § 2 Rz. 10), spielt auch im Beschlussverfahren keine Rolle; denn die §§ 80 ff. stellen eine in sich geschlossene Verfahrensregelung dar,

---

1 BGBl. I S. 3140.
2 BGBl. I S. 931.
3 BGBl. I S. 3675.
4 BGBl. I S. 1911.
5 BGBl. I S. 3332.
6 BGBl. I S. 687.
7 BT-Drs. 17/4803, S. 23 (24).
8 BGBl. I S. 1348.
9 BGBl. I S. 1130.
10 S. für das Mahnverfahren GMP/*Germelmann*, § 46a Rz. 2; GWBG/*Greiner*, § 80 Rz. 30.

und § 80 Abs. 2 verweist zwar auf bestimmte Regelungen zum Urteilsverfahren, aber gerade nicht allgemein auf die ZPO.

IV. Erstreckung der Prüfungskompetenz auf rechtswegfremde Gegenstände

Das ArbG kann ebenso wie im Urteilsverfahren auch im Beschlussverfahren mit Einzelfragen konfrontiert werden, über die für sich gesehen in einem anderen Rechtsweg oder in der anderen Verfahrensart zu entscheiden wäre. 15

1. Vorfragen

Im Beschlussverfahren können rechtliche Vorfragen entscheidungserheblich sein, über die bei gesonderter Geltendmachung im Urteilsverfahren oder in einem anderen Rechtsweg entschieden werden müsste. So kann im Rahmen einer betriebsverfassungsrechtlichen Streitigkeit das Bestehen eines Arbeitsverhältnisses (§ 2 Abs. 1 Nr. 3b) eine Rolle spielen, sofern es auf die Mitgliedschaft eines Beteiligten im BR ankommt (vgl. § 24 Nr. 3 BetrVG). Im Rahmen von Streitigkeiten über die Wahl von ArbN-Vertretern in den Aufsichtsrat (§ 2a Abs. 1 Nr. 3) können sich gesellschaftsrechtliche Vorfragen stellen wie diejenige, ob ein bisheriges Aufsichtsratsmitglied ausgeschieden ist und ob für dieses schon ein anderes Mitglied nachgerückt ist[1]. Auch derartige **verfahrens- oder rechtswegfremde Vorfragen** können und müssen vom ArbG **innerhalb des Beschlussverfahrens** geklärt werden[2] (zur vergleichbaren Problematik im Urteilsverfahren s. § 2 Rz. 19). 16

Umgekehrt können betriebsverfassungsrechtliche und andere **unter § 2a fallende Angelegenheiten als Vorfragen** für eine andere rechtshängige Streitigkeit in den dafür zulässigen Verfahren mit entschieden werden[3]. Das gilt etwa für die Prüfung der Mitgliedschaft im BR, die wegen § 15 KSchG im Rahmen einer Kündigungsschutzklage (§ 2 Abs. 1 Nr. 3 Buchst. b) von Bedeutung sein kann. Allein die abstrakte Möglichkeit, eine solche Streitigkeit im Urteilsverfahren oder in einem anderen Rechtsweg anhängig zu machen, reicht allerdings nicht aus, um bezüglich der betriebsverfassungsrechtlichen Fragen eine Verfahrenszuständigkeit des angerufenen Gerichts in der gewählten Verfahrensart zu bejahen. Eine Ausnahme gilt gem. § 97 Abs. 5 nur für Angelegenheiten nach Nr. 4, wenn also die Tariffähigkeit oder Tarifzuständigkeit Vorfrage für eine Streitigkeit im Urteilsverfahren ist. Dieses muss dann ausgesetzt werden, weil über solche Fragen nur im Beschlussverfahren nach § 97 entschieden werden soll. 17

2. Widerantrag

Ein der Widerklage im Urteilsverfahren vergleichbarer Widerantrag ist im arbeitsgerichtlichen Beschlussverfahren grds. möglich[4]. Allerdings muss der Gegenstand des Widerantrags vom **Zuständigkeitskatalog des Abs. 1** erfasst sein. Andernfalls kann darüber im Beschlussverfahren nicht entschieden werden. Vielmehr ist der Widerantrag dann nach § 145 Abs. 2 ZPO abzutrennen und gem. § 17a Abs. 2 GVG (iVm. § 80 Abs. 3, § 48 Abs. 1) von Amts wegen an das zuständige Gericht im zulässigen Rechtsweg zu verweisen oder (bei anderer Verfahrensart) gesondert im Urteilsverfahren zu verhandeln (zur vergleichbaren Problematik im Urteilsverfahren s. § 2 Rz. 25). 18

3. Aufrechnung

Auch eine Aufrechnung ist im Beschlussverfahren grds. zulässig[5]. Sie spielt allerdings keine große Rolle; denn wegen der gem. § 387 BGB notwendigen Gleichartigkeit der Forderungen kommt sie praktisch nur bei Geldforderungen in Betracht, und in allen Fallgruppen des § 2a dürften gegenseitige Geldforderungen zwischen dem Antragsteller und einem anderen Beteiligten kaum einmal gegeben sein. Das gilt auch in betriebsverfassungsrechtlichen Angelegenheiten, denn gegen den vermögenslosen BR als solchen hat der ArbGeb niemals Geldforderungen. Immerhin ist eine Aufrechnung des ArbGeb zB mit einem Schadensersatz- oder Bereicherungsanspruch gegen eine Geldforderung eines einzelnen BR-Mitglieds zB auf Erstattung von vorgelegten Schulungskosten denkbar. Über die Aufrechnungsforderung kann **auch dann** im arbeitsgerichtlichen Beschlussverfahren mit entschieden werden, **wenn sie nicht vom Katalog des § 2a** 19

---

1 Dazu BAG v. 21.12.1965 – 1 ABR 12/65, BAGE 18, 61; BAG v. 3.10.1989 – 1 ABR 12/88, AP Nr. 28 zu § 76 BetrVG 1952.
2 Vgl. ferner GMP/*Matthes*/*Schlewing*, § 2a Rz. 11, 73 f.; GK-ArbGG/*Ahrendt*, § 2a Rz. 16a; Hauck/Helml/Biebl/ *Hauck*, § 2a Rz. 3.
3 GMP/*Matthes*/*Schlewing*, § 2a Rz. 13; GK-ArbGG/*Ahrendt*, § 2a Rz. 16a.
4 *Herbst*/*Bertelsmann*/*Reiter*, Arbeitsgerichtliches Beschlussverfahren, Rz. 168, 195; *Wieser*, Arbeitsgerichtsverfahren, Rz. 663; vgl. auch BAG v. 17.12.1974 – 1 ABR 131/73, BAGE 26, 403 (409 f.).
5 GMP/*Matthes*/*Schlewing*, § 2a Rz. 95; *Wieser*, Arbeitsgerichtsverfahren, Rz. 652.

Abs. 1 erfasst wird und über ihre selbständige Geltendmachung daher im Urteilsverfahren entschieden werden müsste[1], ferner dann, wenn für ihre isolierte Geltendmachung die (nicht ausschließliche) Rechtswegzuständigkeit der ordentlichen Gerichte gegeben wäre (zur vergleichbaren Problematik im Urteilsverfahren s. § 2 Rz. 26 ff.).

V. Aufbau des § 2a

20 § 2a regelt in **Abs. 1** 13 Fälle, in denen die ArbG ausschließlich zuständig sind. **Abs. 2** bestimmt, dass in allen genannten Streitigkeiten das Beschlussverfahren stattfindet. Die Vorschrift verweist insoweit auf die §§ 80 ff.

B. Rechtswegzuständigkeit nach § 2a (Abs. 1)

21 § 2a Abs. 1 regelt die Rechtswegzuständigkeit der ArbG für e13 Fallgruppen:

I. Angelegenheiten aus dem BetrVG (Nr. 1)

22 Nr. 1 erfasst bis auf die ausdrücklich ausgenommenen §§ 119–121 BetrVG (dazu Rz. 78) alle Angelegenheiten aus dem BetrVG.

1. Umfassende Zuständigkeit der Arbeitsgerichte

23 Die generalklauselartige Formulierung der Nr. 1 wurde bewusst gewählt, um für alle betriebsverfassungsrechtlichen Streitigkeiten eine umfassende Zuständigkeit der ArbGe im Beschlussverfahren sicherzustellen[2]. Für Streitigkeiten über die durch das BetrVG geregelte Ordnung des Betriebs und die gegenseitigen Rechte und Pflichten der Betriebspartner als Träger dieser Ordnung wird das arbeitsgerichtliche Beschlussverfahren als die dafür geschaffene und besonders geeignete Verfahrensart angesehen[3].

2. Abgrenzung gegenüber nicht erfassten vertretungsrechtlichen Angelegenheiten

24 Gleichzeitig liegt in dem Wortlaut der Nr. 1 eine Negativabgrenzung gegenüber personalvertretungsrechtlichen Angelegenheiten, für die das BetrVG nicht gilt (§ 130 BetrVG). Für sie gelten vielmehr die Personalvertretungsgesetze des Bundes und der Länder.

a) Personalvertretungsrechtliche Angelegenheiten

aa) Grundsatz: Zuständigkeit der Verwaltungsgerichte

25 Für personalvertretungsrechtliche Streitigkeiten ist die Rechtswegzuständigkeit der Verwaltungsgerichte gegeben (§§ 83, 106 BPersVG). Für das Verfahren bei den Verwaltungsgerichten gelten die Vorschriften des ArbGG über das Beschlussverfahren entsprechend (§ 83 Abs. 2 BPersVG). Falls eine personalvertretungsrechtliche Streitigkeit vom Verwaltungsgericht zu Unrecht, aber gem. § 17a Abs. 2 Satz 3 GVG für das ArbG bindend an dieses verwiesen wurde, entscheidet auch das ArbG im Beschlussverfahren.

bb) Ausnahme: Zuständigkeit der Arbeitsgerichte bei NATO-Bediensteten

26 Eine Ausnahme von der Rechtswegzuständigkeit der Verwaltungsgerichte in personalvertretungsrechtlichen Angelegenheiten gilt für die Streitigkeiten aus den **Betriebsvertretungen der zivilen Beschäftigten** bei den in der Bundesrepublik Deutschland stationierten NATO-Streitkräften. Für sie gilt das NATO-Truppenstatut[4], das Zusatzabkommen zum NATO-Truppenstatut[5] sowie das Unterzeichnungsprotokoll zum Zusatzabkommen[6]. Gemäß Art. 56 Abs. 9 des Zusatzabkommens zum NATO-Truppenstatut gelten für die

---

1 GMP/*Matthes/Schlewing*, § 2a Rz. 95.
2 BAG v. 24.2.1987 – 1 ABR 18/85, NZA 1987, 639; BAG v. 26.5.1992 – 10 ABR 63/91, NZA 1992, 1135; BCF/*Friedrich*, ArbGG, § 2a Rz. 3; GMP/*Matthes/Schlewing*, § 2a Rz. 8; GK-ArbGG/*Ahrendt*, § 2a Rz. 6; GWBG/*Waas*, § 2a Rz. 4.
3 BAG v. 16.7.1985 – 1 ABR 9/83, AP Nr. 17 zu § 87 BetrVG 1972 – Lohngestaltung; BAG v. 22.10.1985 – 1 ABR 47/83, BAGE 50, 37 (40).
4 Vom 19.6.1951 (BGBl. II S. 1190).
5 Vom 3.8.1959 (BGBl. II S. 1218); auszugsweise abgedruckt in der Textsammlung Nipperdey I, Nr. 53.
6 Vom 3.8.1959 (BGBl. II S. 1313).

Betriebsvertretungen der zivilen ArbN grds. die für die zivilen Bediensteten bei der Bundeswehr maßgeblichen Vorschriften des **Bundespersonalvertretungsgesetzes**[1]. Für diejenigen Streitigkeiten aus dem materiell-rechtlich dem Personalvertretungsrecht zugeordneten Betriebsvertretungsrecht, für die das BPersVG in § 83 gerichtliche Entscheidungen vorsieht, sind jedoch nach Abs. 9 des Unterzeichnungsprotokolls zu Art. 56 Abs. 9 des Zusatzabkommens nicht die Verwaltungsgerichte, sondern die **ArbGe im Beschlussverfahren** zuständig[2].

b) Angelegenheiten des kirchlichen Mitarbeitervertretungsrechts

Das BetrVG findet nicht nur auf den öffentlichen Dienst, sondern auch auf Religionsgemeinschaften und ihre karitativen und erzieherischen Einrichtungen keine Anwendung (§ 118 Abs. 2 BetrVG). Auf sie sind auch das SprAuG (§ 1 Abs. 3 SprAuG) und das BPersVG (§ 112 BPersVG) nicht anwendbar. Diese Regelungen beruhen auf Art. 140 GG iVm. § 137 Abs. 3 WRV. Danach können die Religionsgesellschaften ihre Angelegenheiten innerhalb der Schranken des für alle geltenden Gesetzes selbständig ordnen und verwalten. Dazu gehört auch das Recht, die Einrichtung, Organisation und Befugnisse ihrer Mitarbeitervertretungen selbst zu regeln[3]. Davon haben die großen Kirchen, die allerdings öffentlich-rechtlich organisiert sind und deshalb gem. § 130 BetrVG ohnehin nicht unter das BetrVG fallen, Gebrauch gemacht. Für die katholische Kirche finden sich die maßgeblichen Vorschriften in den Mitarbeitervertrungsordnungen – MAVO der Diözesen, die auf einer Rahmenverordnung[4] für eine MAVO beruhen, und für die evangelische Kirche in ihrem „Zweiten Kirchengesetz über Mitarbeitervertretungen bei den Dienststellen der evangelischen Kirche in Deutschland 2013 – MVG-EKD"[5]. Das Selbstbestimmungsrecht der Religionsgemeinschaften hat auch Auswirkungen auf den Rechtsschutz. Streitigkeiten aus dem kirchlichen Mitarbeitervertretungsrecht gehören weder zu den betriebsverfassungsrechtlichen Angelegenheiten iSv. § 2a Abs. 1 Nr. 1 noch zum Personalvertretungsrecht. Für sie sind die **staatlichen Gerichte überhaupt nicht zuständig**[6]. Die Rechtskontrolle erfolgt vielmehr durch die von den Religionsgemeinschaften selbst eingerichteten Rechtsprechungsorganen. Das sind bei der katholischen Kirche in erster Instanz die kirchlichen Arbeitsgerichte und in zweiter Instanz der kirchliche Arbeitsgerichtshof (§ 1, § 2 Abs. 1 der Kirchlichen Arbeitsgerichtsordnung – KAGO)[7]. In der evangelischen Kirche entscheiden in erster Instanz die Kirchengerichte und in zweiter Instanz der Kirchengerichtshof der Evangelischen Kirche in Deutschland (§ 56 MVG-EKD).

Die **Zuständigkeit der ArbGe** im Beschlussverfahren ist deshalb nur dann gegeben, wenn darüber gestritten wird, ob die Voraussetzungen des § 118 Abs. 2 BetrVG überhaupt vorliegen[8]. Macht ein ArbN einer Religionsgemeinschaft **arbeitsvertragliche Ansprüche** geltend, die auf die Mitarbeitervertretungsordnung gestützt sind, oder wehrt er sich unter Berufung auf die Mitarbeitervertretungsordnung gegen eine das Arbeitsverhältnis betreffende Maßnahme des ArbGeb, sind dafür ebenso wie bei entsprechenden Streitigkeiten von BR-Mitgliedern gem. § 2 Abs. 1 Nr. 3 die ArbGe im Urteilsverfahren zuständig. In diesem Verfahren haben die staatlichen Gerichte dann das kirchliche Arbeitsrecht anzuwenden[9].

3. Fallgruppen von Angelegenheiten aus dem BetrVG

Zu den betriebsverfassungsrechtlichen Angelegenheiten gehören in erster Linie solche, in denen es um eine Regelung unmittelbar aus dem BetrVG geht (so der Wortlaut von Nr. 1). Ob das in Anspruch genommene Recht aus dem BetrVG wirklich besteht, ist unerheblich[10]; das ist erst eine Frage der Begründetheit. Für die Rechtswegzuständigkeit reicht es vielmehr aus, wenn das in Anspruch genommene Recht – falls es

---

1 Dazu BAG v. 6.2.1985 – 4 AZR 127/83, AR-Bl. Stationierungsstreitkräfte, E Nr. 35; BAG v. 26.6.1985 – 4 AZR 585/83, AR-Bl. Stationierungsstreitkräfte, E Nr. 36.
2 Dazu BAG v. 11.9.2013 – 7 ABR 18/11, NZA 2014, 323 Rz. 12, 14 (Streitigkeit zwischen Hauptschwerbehindertenvertretung und ArbGeb); BAG v. 21.8.1979 – 6 ABR 77/77, AP Nr. 4 zu Art. 56 ZA-NATO-Truppenstatut; BAG v. 12.2.1985 – 1 ABR 3/83, BAGE 48, 81 (84).
3 BVerfG v. 11.10.1977 – 2 BvR 206/76, BB 1977, 1702.
4 In der Fassung des Beschlusses der Vollversammlung der Deutschen Bischofskonferenz vom 20.11.1995, zuletzt geändert durch Beschluss vom 25.6.2007.
5 Gesetz vom 12.11.2013, ABl. EKD 2013 S. 425.
6 BAG v. 11.3.1986 – 1 ABR 26/84, NZA 1986, 685; BAG v. 25.4.1989 – 1 ABR 88/87, BAGE 61, 376; BAG v. 9.9.1992 – 5 AZR 456/91, NZA 1993, 597.
7 In der Fassung des Beschlusses der Vollversammlung der Deutschen Bischofskonferenz vom 25.2.2010, die am 1.7.2010 in Kraft getreten ist. Zur KAGO in der Fassung vom 1.7.2005, s. *Richardi*, NJW 2005, 2744.
8 *Fitting*, § 118 BetrVG Rz. 63.
9 GMP/*Matthes/Schlewing*, § 2a Rz. 34; GK-ArbGG/*Ahrendt*, § 2a Rz. 54.
10 BAG v. 26.6.1996 – 1 AZB 4/96, NZA 1996, 1061 (1062); LAG Nürnberg v. 19.4.2005 – 9 Ta 34/05, NZA-RR 2005, 655 (656); OVG Berlin v. 2.9.2003 – OVG 70 PV 3/03, NZA-RR 2003, 672; GWBG/*Waas*, § 2a Rz. 4.

besteht – seine Grundlage im BetrVG hat. Das kann auch dann der Fall sein, wenn das betriebsverfassungsrechtliche Rechtsverhältnis (zB Mitgliedschaft im BR) zur Zeit der Rechtshängigkeit des Beschlussverfahrens schon beendet ist, sofern das Recht auf das früher bestehende Rechtsverhältnis gestützt ist (zB Aufwendungsersatz eines früheren BR-Mitglieds)[1]. An den Streitigkeiten aus dem BetrVG ist der ArbGeb oft, aber nicht notwendig beteiligt (s. zB Rz. 40). Sie lassen sich in folgende Fallgruppen einteilen:

a) Errichtung, Zusammensetzung und Amtszeiten von Organen des BetrVG

30 Alle Streitigkeiten im Zusammenhang mit der Frage, ob ein Betrieb überhaupt betriebsratsfähig ist und welche im BetrVG oder in einem Tarifvertrag[2] vorgesehenen Organe zu **errichten** sind, gehören in das Beschlussverfahren. Insoweit spielt es keine Rolle, ob die Streitigkeit vom ArbGeb, von einer Gewerkschaft, vom BR oder von ArbN vor das ArbG gebracht wird und ob ein positiv oder negativ formulierter Antrag gestellt wird. Inhaltlich wird im Zweifel darum gestritten, ob die nach dem BetrVG erforderlichen **Schwellenwerte** in § 1 BetrVG für die Errichtung eines BR, in § 27 BetrVG für die Bildung eines Betriebsausschusses, in § 60 BetrVG für die Errichtung einer Jugend- und Auszubildendenvertretung, in § 106 BetrVG für die Bildung eines Wirtschaftsausschusses[3] und in § 115 BetrVG für die Wahl einer Bordvertretung erreicht sind. Im Zusammenhang mit diesen Schwellenwerten kann der Streit um die ArbN-Eigenschaft von Beschäftigten[4], um die Einordnung von Beschäftigten bei den leitenden Angestellten (§ 5 Abs. 3, 4 BetrVG)[5] oder bei den jugendlichen ArbN bzw. Auszubildenden (§ 60 BetrVG) gehen, um die „ständige" Beschäftigung (vgl. §§ 1, 106 BetrVG), um die Wahlberechtigung (§§ 7, 61 BetrVG) und um die Wählbarkeit (§§ 8, 61 BetrVG) von ArbN[6]. Ferner kann die Errichtung von Organen davon abhängig sein, ob überhaupt ein **Betrieb** oder eine **betriebsratsfähige Organisationseinheit** (§§ 4, 18 Abs. 2 BetrVG) vorhanden ist[7], ob mehrere Unternehmen einen gemeinsamen Betrieb haben (§ 1 Abs. 1 Satz 2, Abs. 2 BetrVG)[8], ob mehrere Betriebe zu einem Unternehmen gehören (§ 47 BetrVG) und ob ein Konzern vorliegt (§ 54 BetrVG).

31 Ferner gehören Streitigkeiten um die **Größe** (§§ 9[9], 27 Abs. 1, § 47 Abs. 5[10], §§ 62, 107 BetrVG) und **Zusammensetzung** dieser Organe (§§ 47, 55, 107 BetrVG) in das Beschlussverfahren. Dabei werden wiederum Fragen der ArbN-Eigenschaft, der Wahlberechtigung und der Wählbarkeit im Vordergrund stehen. Die Zusammensetzung kann auch im Hinblick auf den Ausschluss eines Mitglieds (§ 23 Abs. 1 BetrVG)[11], das Erlöschen der Mitgliedschaft (§ 24 BetrVG) und das Nachrücken eines Ersatzmitglieds (§ 25 BetrVG) sowie die Abberufung durch den BR aus dem GesamtBR[12] umstritten sein. Auch dann ist das Beschlussverfahren die richtige Verfahrensart, selbst wenn der Kern des Streits (wie zB die Beendigung des Arbeitsverhältnisses als Grund für das Erlöschen des Amtes gem. § 24 Nr. 3 BetrVG) im Individualarbeitsrecht liegt.

32 Unter § 2a Abs. 1 Nr. 1 fallen schließlich auch Streitigkeiten über Beginn und Ende der **Amtszeit** des BR (§§ 21, 13 BetrVG) sowie über seine Auflösung wegen grober Verletzung betriebsverfassungsrechtlicher Pflichten (§ 23 Abs. 1 Satz 1 BetrVG)[13].

b) Mängel, Anfechtung und Nichtigkeit der Wahl von Organen

33 Die Geltendmachung von **Wahlmängeln** (zB unwirksam gewählter[14] oder gerichtlich bestellter[15] Wahlvorstand, fehlerhafte Maßnahmen des Wahlvorstandes, Ungültigkeit eines Wahlvorschlags, fehlerhafte

---

1 BAG v. 10.10.1969 – 1 AZR 5/69, BAGE 22, 156; LAG Hamm v. 5.1.1979 – TaBV 118/78, EzA § 40 BetrVG 1972 Nr. 42.
2 GMP/*Matthes/Schlewing*, § 2a Rz. 40; GWBG/*Waas*, § 2a Rz. 12.
3 BAG v. 28.9.1971 – 1 ABR 4/71, BAGE 23, 450 (453).
4 BAG v. 10.2.1981 – 6 ABR 86/78, BAGE 35, 59 (61 ff.).
5 BAG v. 23.1.1986 – 6 ABR 22/82, BAGE 51, 19 (21 f.).
6 BAG v. 28.4.1964 – 1 ABR 1/64, BAGE 16, 1 (2 f.).
7 BAG v. 28.9.1971 – 1 ABR 4/71, BAGE 23, 450 ff.; vgl. auch BAG v. 25.9.1986 – 6 ABR 68/84, BAGE 53, 119 (123 f.).
8 BAG v. 13.2.2013 – 7 ABR 36/11, NZA-RR 2013, 521; BAG v. 7.8.1986 – 6 ABR 57/85, NZA 1987, 131; BAG v. 29.1.1987 – 6 ABR 23/85, NZA 1987, 707.
9 BAG v. 18.1.1989 – 7 ABR 21/88, NZA 1989, 724.
10 BAG v. 15.8.1978 – 6 ABR 56/77, BAGE 31, 58.
11 BAG v. 8.12.1961 – 1 ABR 8/60, BAGE 12, 107 (108).
12 BAG v. 15.12.1961 – 1 ABR 6/60, BAGE 12, 128 (130).
13 BAG v. 22.6.1993 – 1 ABR 62/92, NZA 1994, 184.
14 BAG v. 3.6.1975 – 1 ABR 98/74, BAGE 27, 163 (165); BAG v. 15.12.1972 – 1 ABR 8/72, BAGE 24, 480.
15 BAG v. 19.3.1974 – 1 ABR 87/73, DB 1974, 1775; BAG v. 26.2.1992 – 7 ABR 37/91, NZA 1992, 942.

[Nicht-]Aufnahme in eine Wählerliste) erfolgt im Beschlussverfahren. Auch Streitigkeiten um den Wahltermin, die Wahlkosten (§ 20 Abs. 3 BetrVG)[1] und die Unterstützung des Wahlvorstandes durch den ArbGeb[2] fallen unter § 2a Abs. 1 Nr. 1. Gleiches gilt für die **Anfechtung** der Wahl des BR (§ 19 BetrVG)[3] oder der Jugend- und Auszubildendenvertretung (§ 63 Abs. 2 BetrVG). Die Feststellung der Nichtigkeit der Wahl ist zwar im Gesetz nicht ausdrücklich vorgesehen, aber bei schweren Wahlfehlern allgemein anerkannt[4]. Sie erfolgt ebenfalls im Beschlussverfahren[5]. Nur wenn die Wirksamkeit der Wahl als Vorfrage in einem individualrechtlichen Rechtsstreit (zB in einem Kündigungsschutzverfahren) von Bedeutung ist, kann darüber im Urteilsverfahren mit entschieden werden[6].

c) Mitwirkungsrechte und Befugnisse von Organen

Alle Streitigkeiten um Unterrichtungs-, Auskunfts-[7], Anhörungs-, Beratungs-, Einsichts-[8], Zustimmungs-[9] und Mitbestimmungsrechte[10] des BR und anderer Organe gehören zu den Angelegenheiten aus dem BetrVG. Deshalb sind Anträge auf (positive oder negative) Feststellung eines bestimmten **Mitwirkungsrechts** im Beschlussverfahren zu entscheiden. Das gilt auch, wenn es um Maßnahmen gegenüber ehemaligen Beamten der Deutschen Bundespost oder gegenüber Bundesbahnbeamten geht, die von den Nachfolgeunternehmen übernommen wurden, und bei denen darüber gestritten wird, ob ein Mitbestimmungsrecht überhaupt besteht[11]. In das Beschlussverfahren gehören ferner Streitigkeiten um die **Wirksamkeit oder den Inhalt** einer **Betriebsvereinbarung**[12] oder eines **Einigungsstellenspruches**[13], um die abredegemäße **Durchführung einer Betriebsvereinbarung**[14] sowie um die Rechte des BR aus einer Betriebsvereinbarung[15] oder einem Einigungsstellenspruch. Falls allerdings die Wirksamkeit einer Betriebsvereinbarung oder eines Einigungsstellenspruchs als Vorfrage für eine individualrechtliche Streitigkeit (zB auf Zahlung einer Zulage oder Berechtigung einer Abmahnung oder Kündigung) von Bedeutung ist, ist über sie im Urteilsverfahren zu entscheiden[16]. Die ArbN können nicht die Kosten für die Geltendmachung ihrer Individualansprüche durch Einschaltung des BR auf den ArbGeb abwälzen[17].

Das Beschlussverfahren ist ferner in denjenigen Mitwirkungsangelegenheiten die richtige Verfahrensart, in denen im BetrVG ausdrücklich die **Entscheidung durch das ArbG** vorgesehen ist. Das betrifft die Besetzung einer Einigungsstelle (§ 76 Abs. 2 Satz 2, 3 BetrVG, § 100), die gerichtliche Ersetzung der erforderlichen Einigung über die mit der betrieblichen Berufsbildung beauftragte Person (§ 98 Abs. 5 BetrVG), die gerichtliche Ersetzung der erforderlichen Zustimmung des BR zu einer personellen Einzelmaßnahme (§ 99 Abs. 4 BetrVG)[18] oder einer außerordentlichen Kündigung eines BR-Mitglieds (§ 103 Abs. 2 BetrVG)[19]

---

1 BAG v. 8.4.1992 – 7 ABR 56/91, NZA 1993, 415 f.
2 LAG Hamm v. 27.5.1977 – 3 Ta BV 35/77, DB 1977, 1269.
3 BAG v. 13.10.2004 – 7 ABR 6/04, NZA 2005, 480 (482); BAG v. 12.10.1976 – 1 ABR 14/76, BAGE 28, 212; BAG v. 14.1.1983 – 6 ABR 39/82, BAGE 41, 275 (278).
4 BAG v. 28.11.1977 – 1 ABR 36/76, BB 1978, 1011; BAG v. 11.4.1978 – 6 ABR 22/77, BB 1978, 1467; BAG v. 12.10.1961 – 5 AZR 423/60, BB 1962, 48.
5 BAG v. 13.3.1991 – 7 ABR 5/90, BAGE 67, 316; BAG v. 4.10.1977 – 1 ABR 37/77, DB 1978, 449; BAG v. 9.2.1982 – 1 ABR 36/80, BAGE 41, 5 (12).
6 BAG v. 27.4.1976 – 1 AZR 482/75, NJW 1976, 2229.
7 BAG v. 21.10.2014 – 1 ABR 10/13, NZA 2015, 311 (Vorlage- und Auskunftspflicht des ArbGeb nach § 99 BetrVG).
8 BAG v. 18.9.1973 – 1 ABR 7/73, BAGE 25, 292 (293 ff.) (Einsicht in Bruttolohnlisten).
9 BAG v. 10.9.2014 – 1 ABR 75/12, NZA 2015, 240 (Zustimmungsverweigerungsrecht des BR nach § 99 BetrVG bei Beschäftigung von LeiharbN).
10 ZB BAG v. 21.10.2014 – 1 ABR 10/13, NZA 2015, 311; BAG v. 30.9.2014 – 1 ABR 106/12, NZA 2015, 314; BAG v. 24.4.1979 – 1 ABR 43/77, BAGE 31, 372 ff.
11 BAG v. 26.6.1996 – 1 AZB 4/96, NZA 1996, 1061; BVerwG v. 22.2.1998 – 6 P 3.97, AP Nr. 14 zu § 2a ArbGG 1979; OVG Berlin v. 2.9.2003 – OVG 70 PV 3/03, NZA-RR 2003, 672.
12 BAG v. 15.4.2014 – 1 ABR 2/13, AP BetrVG 1972 § 29 Nr. 9; BAG v. 8.12.1970 – 1 ABR 20/70, BAGE 23, 122 (123); BAG v. 1.12.1992 – 1 ABR 28/92, NZA 1993, 508 (Wirksamkeit von Betriebskollektivverträgen); BAG v. 26.5.1992 – 10 ABR 63/91, BAGE 70, 281; BAG v. 17.7.1964 – 1 ABR 3/64, BAGE 16, 177 (179); BAG v. 9.2.1984 – 6 ABR 10/81, BAGE 45, 132 (136) (zur Nachwirkung einer BV).
13 BAG v. 22.7.2014 – 1 ABR 96/12, NZA 2014, 1151; BAG v. 22.1.2013 – 1 ABR 85/11, NZA 2014, 448.
14 BAG v. 18.1.2005 – 3 ABR 21/04, NZA 2006, 167 (170).
15 BAG v. 17.10.1989 – 1 ABR 75/88, NZA 1990, 441.
16 *Fitting*, § 77 BetrVG Rz. 229; GMP/*Matthes/Schlewing*, § 2a Rz. 45; GK-ArbGG/*Ahrendt*, § 2a Rz. 41; GWBG/*Waas*, § 2a Rz. 17; *Richardi*, § 77 BetrVG Rz. 219.
17 BAG v. 18.1.2005 – 3 ABR 21/04, NZA 2006, 167 (171).
18 BAG v. 27.5.1982 – 6 ABR 105/79, BAGE 39, 102.
19 BAG v. 7.5.1986 – 2 ABR 27/85, NZA 1986, 719; BAG v. 22.8.1974 – 2 ABR 17/74, BAGE 26, 219 (221).

bzw. die Versetzung eines BR-Mitglieds, die zu einem Verlust des Amtes oder der Wählbarkeit führen würde (§ 103 Abs. 3 BetrVG), die Anordnung der Aufhebung einer vorläufigen personellen Einzelmaßnahme (§ 101 BetrVG)[1] und der Entlassung betriebsstörender ArbN (§ 104 BetrVG).

36 Der Anspruch des BR nach **§ 23 Abs. 3 Satz 1 BetrVG** auf Vornahme, Duldung oder Unterlassung einer Handlung bei groben Verstößen des ArbGeb gegen seine betriebsverfassungsrechtlichen Pflichten gehört zu den Angelegenheiten des § 2a Abs. 1 Nr. 1. Der vom BAG anerkannte sog. **allgemeine Unterlassungsanspruch** des BR bei mitbestimmungswidrigen Maßnahmen des ArbGeb in sozialen Angelegenheiten[2] und im Zusammenhang mit Auswahlrichtlinien nach § 95 BetrVG ist ebenfalls im Beschlussverfahren geltend zu machen. Soweit entgegen der hier vertretenen Ansicht ein solcher allgemeiner Unterlassungsanspruch auch in wirtschaftlichen Angelegenheiten, nämlich auf Unterlassung von Kündigungen und anderen Maßnahmen im Rahmen einer Betriebsänderung vor Abschluss des Interessenausgleichsverfahrens, anerkannt wird[3], wäre dieser Anspruch ebenfalls im Beschlussverfahren geltend zu machen.

37 Ebenso wie Streitigkeiten über Mitwirkungsrechte sind hinsichtlich der richtigen Verfahrensart auch solche über eigene **Befugnisse des BR** zu beurteilen. Streitigkeiten zB über die Terminierung von BR-Sitzungen (§ 30 BetrVG) oder Betriebsversammlungen (§ 44 BetrVG)[4] oder über die vorgesehenen Themen auf der Tagesordnung einer Betriebsversammlung (§ 45 BetrVG)[5] gehören daher zu den Angelegenheiten des § 2a Abs. 1 Nr. 1.

37a Verfolgt der BR einen Anspruch gegen den ArbGeb wegen Behinderung der Betriebsratstätigkeit nach **§ 78 Satz 1 BetrVG**, handelt es sich um eine Angelegenheit aus dem BetrVG. Das gilt auch, wenn der BR auf diese Norm einen eigenen Anspruch auf Entfernung einer gegen den BR-Vorsitzenden ergangenen Abmahnung aus der Personalakte stützt[6]. Ob ein solcher Anspruch wirklich besteht, ist eine Frage der Begründetheit des Antrags. Richtigerweise handelt es sich bei dem Anspruch auf Entfernung einer Abmahnung um ein höchstpersönliches Recht des von der Abmahnung betroffenen BR-Mitglieds, so dass ein entsprechender Antrag des BR unbegründet ist[7]. Zur vergleichbaren Problematik beim Antrag einer Schwerbehindertenvertretung auf Entfernung einer gegen die Vertrauensperson erteilten Abmahnung s. Rz. 99.

d) Kosten des Organs, Schadensersatz und Erstattungsansprüche von Organmitgliedern und Dritten

38 Streitigkeiten über die Kosten, die durch die Tätigkeit des BR (**§ 40 Abs. 1 BetrVG**) und der anderen betriebsverfassungsrechtlichen Organe (§ 20 Abs. 3[8], § 51 Abs. 1, § 59 Abs. 1, § 65 Abs. 1, § 73 Abs. 2, § 76a Abs. 1 BetrVG[9]) entstehen, sowie über die Pflicht des ArbGeb nach **§ 40 Abs. 2 BetrVG**, für die BR-Tätigkeit Räume, Sachmittel, Informations- und Kommunikationstechnik sowie Büropersonal zur Verfügung zu stellen, gehören ebenfalls zu den typischen Angelegenheiten aus dem BetrVG[10]. Insoweit ist es unerheblich, ob der BR vom ArbGeb die Eingehung von Verbindlichkeiten, den Vorschuss von Kosten oder die Erstattung von ausgelegten Kosten verlangt. Ferner spielt es keine Rolle, ob eine Kostenerstattung nach § 40 BetrVG vom BR als Organ oder von einem einzelnen BR-Mitglied verlangt wird, welches die Kosten vorgelegt hat[11].

39 Zu den Kosten in diesem Sinne gehören auch solche, die der BR für die **Beauftragung eines Rechtsanwaltes** verlangt[12], sowie die Kosten für die Teilnahme an einer **Schulungs- oder Bildungsveranstaltung** nach § 37 Abs. 6 BetrVG, auf der notwendige BR-Kenntnisse vermittelt werden. Wird ein solcher Kostenerstat-

---

1 BAG v. 18.6.1991 – 1 ABR 53/90, NZA 1991, 852.
2 BAG v. 3.5.1994 – 1 ABR 24/93, BAGE 76, 364; BAG v. 23.7.1996 – 1 ABR 13/96, NZA 1997, 274; 11.12.2001 – 1 ABR 3/01, SAE 2003, 85 (87) mit Anm. *Walker/Gaumann*; kritisch dazu etwa *Bengelsdorf*, SAE 1996, 139 (141); *Konzen*, NZA 1995, 865 (869); *Walker*, DB 1995, 1961 (1963) und SAE 1995, 99 (101 f.).
3 Zum Meinungsstand und zu den jeweiligen Argumenten s. § 85 Rz. 110 ff. mwN.
4 BAG v. 9.3.1976 – 1 ABR 74/74, DB 1976, 1291; BAG v. 8.3.1977 – 1 ABR 18/75, DB 1977, 962.
5 BAG v. 13.9.1977 – 1 ABR 67/75, BAGE 29, 281 ff. (Einladung eines bestimmten Referenten während eines Wahlkampfes).
6 BAG v. 9.9.2015 – 7 ABR 69/13, NZA 2016, 57 Rz. 13; BAG v. 4.12.2013 – 7 ABR 7/12, NZA 2014, 803 Rz. 12.
7 BAG v. 9.9.2015 – 7 ABR 69/13, NZA 2016, 57 Rz. 25; BAG v. 4.12.2013 – 7 ABR 7/12, NZA 2014, 803 Rz. 39.
8 BAG v. 26.6.1973 – 1 ABR 21/72, BAGE 25, 236 (239); BAG v. 8.4.1992 – 7 ABR 56/91, NZA 1993, 415.
9 BAG v. 26.7.1989 – 7 ABR 72/88, EzA § 2a ArbGG 1979 Nr. 1.
10 BAG v. 20.8.2014 – 7 ABR 60/12, NZA 2015, 1530; BAG, 28.4.1967, AP Nr. 7 zu § 39 BetrVG; BAG v. 31.10.1972 – 1 ABR 7/72, BAGE 24, 459; BAG v. 21.4.1983 – 6 ABR 70/82, BAGE 42, 259; BAG v. 17.2.1993 – 7 ABR 19/92, NZA 1993, 854.
11 BAG v. 28.8.1991 – 7 ABR 46/90, NZA 1973, 72; BAG v. 18.1.1989 – 7 ABR 89/87, BAGE 60, 385 (387).
12 BAG v. 5.11.1981 – 6 ABR 24/78, BAGE 36, 315 (Rechtsanwalt des BR im Einigungsstellenverfahren); BAG v. 3.10.1978 – 6 ABR 102/76, BAGE 31, 93; BAG v. 26.11.1974 – 1 ABR 16/74, BAGE 26, 376 ff.

tungsanspruch an den beauftragten Rechtsanwalt oder an den Träger der Schulungsveranstaltung abgetreten, ändert dadurch nichts an der betriebsverfassungsrechtlichen Einordnung des Anspruchs, so dass auch die Geltendmachung durch den Zessionar im Beschlussverfahren erfolgen muss[1]. Schließlich gehört zu den betriebsverfassungsrechtlichen Streitigkeiten über die Kosten des BR die Geltendmachung von **Schadensersatz- und Erstattungsansprüchen** durch einzelne BR-Mitglieder für solche Schäden, die ihnen in Ausübung ihrer Amtstätigkeit entstanden sind[2]. Auch über **Schadensersatzansprüche nach § 717 Abs. 2 ZPO**, die etwa einem ArbGeb, der zur Abwendung der Zwangsvollstreckung Zahlungen an den Rechtsanwalt des BR erbracht hat, nach Aufhebung des Zahlungstitels zustehen können (dazu § 85 Rz. 42), entscheidet das ArbG im Beschlussverfahren[3].

Wenn es dagegen um Kosten geht, die ein BR-Vorsitzender unter Überschreitung der Erforderlichkeits- und Verhältnismäßigkeitsgrenzen **durch die Hinzuziehung eines externen Beraters gem. § 111 Satz 2 BetrVG** anlässlich von Interessenausgleichsverhandlungen verursacht hat, und der Berater ihn **analog § 179 Abs. 1 BGB** auf Zahlung des vereinbarten Honorars in Anspruch nimmt[4], ist die Rechtswegzuständigkeit der ordentlichen Gerichte gegeben und nicht etwa diejenige des BAG nach § 2a[5]. Zwar geht es bei dieser persönlichen Haftung des BR-Vorsitzenden im Wesentlichen um Fragen aus dem BetrVG. Aber Streitgegenstand ist dann keine Angelegenheit aus dem BetrVG, sondern der Anspruch des Beraters gegen den BR-Vorsitzenden als Vertreter ohne Vertretungsmacht. 39a

e) Streitigkeiten zwischen verschiedenen Organen

Nicht nur über die Rechte von betriebsverfassungsrechtlichen Organen gegenüber dem ArbGeb, sondern auch über Streitigkeiten zwischen verschiedenen Organen des BetrVG ist im Beschlussverfahren zu entscheiden. Das betrifft etwa den Antrag einer Gewerkschaft nach § 23 Abs. 1 BetrVG auf Ausschluss eines Mitglieds aus dem BR oder auf Auflösung des BR wegen grober Verstöße gegen das BetrVG. Entsprechendes gilt für die Geltendmachung des gewerkschaftlichen Teilnahmerechts an einer BR-Sitzung gem. § 31 BetrVG. Ferner kommen Streitigkeiten zwischen dem BR und der Jugend- und Auszubildendenvertretung in Betracht, wenn diese zB gem. § 66 Abs. 1 BetrVG die Aussetzung eines BR-Beschlusses verlangt, wenn sie gem. § 67 Abs. 1 BetrVG das Recht zur Teilnahme an einer BR-Sitzung oder gem. § 68 BetrVG an einer gemeinsamen Besprechung zwischen dem ArbGeb und dem BR in Anspruch nimmt oder wenn es um die Durchsetzung ihrer allgemeinen Aufgaben nach § 70 BetrVG geht. 40

f) Rechte von Organmitgliedern

Soweit es um Rechte von einzelnen Mitgliedern des BR oder der Jugend- und Auszubildendenvertretung geht, ist hinsichtlich der Einordnung bei den Angelegenheiten aus dem BetrVG zu unterscheiden (zur rechtspolitischen Kritik an dieser Unterscheidung s. § 2 Rz. 112): 41

aa) Betroffenheit als Organmitglied

Macht eine natürliche Person in ihrer Eigenschaft als Mitglied eines Organs der Betriebsverfassung **Rechte gegenüber dem ArbGeb** geltend, handelt es sich um eine Angelegenheit iSv. Abs. 1 Nr. 1, über die im **Beschlussverfahren** entschieden wird. Das betrifft etwa den Freistellungsanspruch eines BR-Mitglieds nach § 37 Abs. 2[6], 6, 7 BetrVG[7], den Anspruch nach § 37 Abs. 3 BetrVG auf Freizeitausgleich oder Vergütungsausgleich für außerhalb der Arbeitszeit geleistete BR-Tätigkeit[8], den Anspruch auf Erstattung von vorgelegten BR-Kosten nach § 40 BetrVG[9], den Honoraranspruch des Vorsitzenden[10] und der Beisitzer einer Einigungsstelle nach § 76a BetrVG[11] und den Anspruch auf Erstattung der Kosten, die zur Durchsetzung 42

---

1 BAG v. 15.1.1992 – 7 ABR 23/90, NZA 1993, 189; LAG Düsseldorf v. 26.4.2017 – 12 TaBV 110/16 Rz. 33.
2 BAG v. 3.3.1983 – 6 ABR 4/80, BAGE 42, 71.
3 BAG v. 12.11.2014 – 7 ABR 86/12, NZA 2015, 252.
4 Zu einer solchen Klage BGH v. 25.10.2012 – III ZR 266/11, NZA 2012, 1382.
5 Vgl. *Walker*, FS v. Hoyningen-Huene, 2014, S. 535 (536).
6 BAG v. 27.6.1990 – 7 ABR 43/89, BAGE 65, 230 (234).
7 BAG v. 6.11.1973 – 1 ABR 8/73, BAGE 25, 348 (351); GMP/*Matthes/Schlewing*, § 2a Rz. 19.
8 GMP/*Matthes/Schlewing*, § 2a Rz. 19; *Walker*, FS 50 Jahre BAG, 2004, S. 1365 (1369 f.); aM BAG v. 26.2.1992 – 7 AZR 201/91, NZA 1993, 423; BAG v. 27.6.1990 – 7 ABR 43/89, NZA 1991, 430; BAG v. 21.5.1974 – 1 ABR 73/73, BAGE 26, 156; GK-ArbGG/*Ahrendt*, § 2a Rz. 19.
9 BAG v. 28.8.1991 – 7 ABR 46/90, NZA 1992, 72; BAG v. 31.10.1972 – 1 ABR 7/72, DB 1973, 528; BAG v. 18.1.1989 – 7 ABR 89/87, NZA 1989, 641; vgl. auch LAG Rh.-Pf. v. 6.12.2001 – 4 Sa 1070/01, NZA-RR 2002, 383.
10 BAG v. 15.12.1978 – 6 ABR 64/77, BB 1979, 1293.
11 BAG v. 6.4.1973 – 1 ABR 20/72, BAGE 25, 174 (178); BAG v. 11.5.1976 – 1 ABR 15/75, BAGE 28, 103 (104 f.); BAG v. 13.1.1981 – 6 ABR 106/78, DB 1981, 1192.

dieses Honoraranspruches aufgewendet werden mussten¹. Alle genannten Ansprüche beruhen nicht auf dem Arbeitsverhältnis, sondern sie resultieren allein aus dem Amt. Das ergibt sich daraus, dass sie einem ArbN, der kein Organmitglied ist, nicht zustehen können. Entsprechendes gilt für vergleichbare Ansprüche der Vertrauensperson der Schwerbehinderten (§ 94 Abs. 1 Satz 1 SGB IX)², wie in Nr. 3a (dazu Rz. 93 ff.) ausdrücklich geregelt ist. Die Entscheidung im Beschlussverfahren, zB über die Voraussetzungen für eine Freistellung, ist für ein späteres Urteilsverfahren etwa über einen Vergütungsanspruch, über die Berechtigung einer Abmahnung oder über die Wirksamkeit einer Kündigung **präjudiziell**³.

43 Für **organinterne Streitigkeiten zwischen einem Organ** (zB **BR**) **und seinen Mitgliedern** über deren Rechte und Pflichten nach dem BetrVG ist ebenfalls das **Beschlussverfahren** die richtige Verfahrensart. Dazu gehören die Anfechtung der Wahl des Vorsitzenden durch ein Mitglied⁴, Streitigkeiten um die Wahl der freizustellenden BR-Mitglieder (§ 38 Abs. 2 BetrVG)⁵, über die Bildung und Besetzung von Ausschüssen⁶, über die Wirksamkeit von Beschlüssen⁷, über interne Zuständigkeiten zB für die Abhaltung von Sprechstunden, über die Entsendung von Mitgliedern zu Schulungs- und Bildungsveranstaltungen nach § 37 Abs. 6 BetrVG, auf denen notwendige BR-Kenntnisse vermittelt werden, über die Entsendung von Mitgliedern in den GBR gem. § 47 Abs. 2 BetrVG oder in den Wirtschaftsausschuss gem. § 107 Abs. 2 BetrVG sowie Streitigkeiten über die Einsicht⁸ in Sitzungsprotokolle oder andere Unterlagen und deren Herausgabe⁹.

bb) Betroffenheit als Arbeitnehmer

44 Soweit es um Rechte oder Pflichten einer natürlichen Person geht, die zwar Organmitglied ist, in der umstrittenen Angelegenheit aber in ihrer Eigenschaft als ArbN betroffen ist, liegt keine betriebsverfassungsrechtliche Angelegenheit vor. Vielmehr sind die ArbG gem. § 2 Abs. 1 Nr. 3 im **Urteilsverfahren** zuständig (§ 2 Rz. 111). Das gilt vor allem, wenn das Organmitglied **Vergütungsansprüche** für die Zeiten einer Amtstätigkeit (§ 20 Abs. 3, § 37 Abs. 2, 3 BetrVG) oder einer Schulungsteilnahme (§ 37 Abs. 6, 7 BetrVG) geltend macht¹⁰. Zwar kann in solchen Vergütungsstreitigkeiten die allein entscheidende Frage eine Norm aus dem BetrVG und deren Tatbestandsvoraussetzungen betreffen¹¹. Das ändert aber nichts daran, dass der Vergütungsanspruch auf dem Arbeitsverhältnis beruht¹² und auch jedem anderen ArbN, der nicht Organmitglied ist, zusteht. Allein der Umstand, dass dieser Anspruch für Zeiten, in denen keine Arbeitsleistung erbracht wird, für Organmitglieder von anderen (nämlich betriebsverfassungsrechtlichen) Voraussetzungen abhängen kann, macht aus der arbeitsvertraglichen noch keine betriebsverfassungsrechtliche Angelegenheit¹³. Auch **Schadensersatzansprüche** von Organmitgliedern gegen den ArbGeb wegen Verletzung einer arbeitsvertraglichen (Neben-)Pflicht oder aus unerlaubter Handlung gehören zu den Streitigkeiten nach § 2 Abs. 1 Nr. 3 Buchst. d und damit in das Urteilsverfahren¹⁴. Gleiches gilt umgekehrt für Schadensersatzansprüche des ArbGeb oder einzelner ArbN gegen ein BR-Mitglied wegen Pflichtverletzung (§ 280 Abs. 1 BGB) oder aus unerlaubter Handlung (zB wegen Verletzung des Rechts am Gewerbebetrieb, eines Schutzgesetzes oder des allgemeinen Persönlichkeitsrechts)¹⁵. Das gilt auch dann,

---

1 BAG v. 26.7.1989 – 7 ABR 72/88, AP Nr. 4 zu § 2a ArbGG 1979; BAG v. 17.7.1994 – 7 ABR 107, 3, AP Nr. 4 zu § 76a BetrVG 1972.
2 BAG v. 21.9.1989 – 1 AZR 465/88, NZA 1990, 362 f.
3 Allg. Ansicht; s. nur BAG v. 6.5.1975 – 1 ABR 135/73, DB 1975, 1706; *Dütz*, AuR 1973, 353 (370); *Fitting*, § 37 BetrVG Rz. 253; GK-ArbGG/*Ahrendt*, § 2a Rz. 28; *Richardi/Thüsing*, § 37 BetrVG Rz. 211. Allgemein zur Präjudizialität arbeitsgerichtlicher Beschlüsse für den nachfolgenden Individualprozess *Konzen*, FS Zeuner, 1994, S. 401.
4 BAG v. 16.2.1973 – 1 ABR 18/72, DB 1973, 1254; BAG v. 13.11.1991 – 7 ABR 8/91, NZA 1992, 944.
5 BAG v. 8.4.1992 – 7 ABR 71/91, NZA 1993, 270; BAG v. 26.2.1987 – 6 ABR 54/85, NZA 1987, 750.
6 BAG v. 19.3.1974 – 1 ABR 44/73, DB 1974, 1629; BAG v. 8.4.1992 – 7 ABR 71/91, NZA 1993, 270.
7 GMP/*Matthes/Schlewing*, § 2a Rz. 43.
8 BAG v. 27.5.1982 – 6 ABR 66/79, DB 1982, 2578.
9 BAG v. 3.4.1957 – 1 AZR 289/55, BAGE 4, 46 (50 f.) (Herausgabe von Unterlagen durch einen ehemaligen BR-Vorsitzenden an den BR).
10 BAG v. 30.1.1973 – 1 ABR 22/72, DB 1973, 1025; BAG v. 18.6.1974 – 1 ABR 119/73, AP Nr. 16 zu § 37 BetrVG 1972; BAG v. 26.9.1990 – 7 AZR 208/89, NZA 1991, 694; BAG v. 9.9.1992 – 7 AZR 492/91, NZA 1993, 468; BAG v. 11.5.1973 – 1 ABR 3/73, DB 1973, 1659; GK-BetrVG/*Weber*, § 37 Rz. 300 ff.; *Richardi/Thüsing*, § 37 BetrVG Rz. 203; *Walker*, FS 50 Jahre BAG, 2004, S. 1365 (1371).
11 Deshalb zum Beschlussverfahren neigend GMP/*Matthes/Schlewing*, § 2a Rz. 17; wie hier aber GK-ArbGG/ *Ahrendt*, § 2a Rz. 23.
12 BAG v. 19.7.1977 – 1 AZR 376/74, DB 1977, 2101; vgl. auch BAG v. 9.9.1992 – 7 AZR 492/91, NZA 1993, 468.
13 BAG v. 24.4.1979 – 6 AZR 69/77, DB 1979, 1755.
14 LAG BW v. 22.9.1959 – 6 Ta 12/59, DB 1959, 1170 (1171); *Fitting*, § 75 BetrVG Rz. 178; *Walker*, FS 50 Jahre BAG, 2004, S. 1365 (1372).
15 GWBG/*Waas*, § 2 Rz. 52; *Richardi*, § 77 BetrVG Rz. 15; aM GMP/*Matthes/Schlewing*, § 2a Rz. 22.

wenn die Pflicht- oder Rechtsgutverletzung in der Verletzung einer Amtspflicht wie der besonderen Verschwiegenheitspflicht nach § 79 BetrVG liegt[1].

Auch bei Streitigkeiten über die richtige Höhe der Vergütung für (ehemalige) BR-Mitglieder unter Berücksichtigung der betriebsüblichen beruflichen Entwicklung vergleichbarer ArbN nach § 37 Abs. 4 BetrVG ist nach § 2 Abs. 1 Nr. 3 Buchst. a das Urteilsverfahren die richtige Verfahrensart[2]. Gleiches gilt für den Anspruch eines (ehemaligen) BR-Mitglieds auf eine Beschäftigung mit solchen Tätigkeiten, die derjenigen von vergleichbaren ArbN ohne Amt entspricht (§ 37 Abs. 5 BetrVG)[3]; denn auch der Anspruch auf angemessene Beschäftigung ist ein solcher aus dem Arbeitsverhältnis, der lediglich betriebsverfassungsrechtlich ausgestaltet ist. 45

Außer über Vergütungsansprüche von Organmitgliedern ist auch über den allgemeinen und besonderen **Weiterbeschäftigungsanspruch** und über **Kündigungsschutzklagen** immer im Urteilsverfahren zu entscheiden[4]. Das gilt selbst dann, wenn es allein um die Voraussetzungen des § 102 Abs. 5 Satz 1 BetrVG, des § 103 BetrVG oder um ein Fehlverhalten geht, das nicht nur arbeitsvertragliche Pflichten betrifft, sondern gleichzeitig untrennbar mit der Amtsausübung verbunden ist. Der Anspruch eines BR-Mitglieds auf **Entfernung einer Abmahnung aus der Personalakte** ist ebenfalls grds. im Urteilsverfahren zu verfolgen[5]. Denn dabei handelt es sich um einen Individualanspruch, der auf einer entsprechenden Anwendung des § 1004 Abs. 1 Satz 1 BGB beruht[6]. Insoweit spielt es keine Rolle, ob dieser Anspruch damit begründet wird, dass es für die Abmahnung an jeglicher Pflichtverletzung fehlt oder dass sie auf eine nicht relevante Amtspflichtverletzung gestützt wird. Etwas anderes gilt allenfalls dann, wenn der Anspruch auf Entfernung einer Abmahnung sich gleichzeitig gegen eine Störung oder Behinderung der Tätigkeit als BR-Mitglied nach § 78 Satz 1 BetrVG richtet[7]. Einen solchen Fall nimmt die Rspr. an, wenn eine Abmahnung allein auf eine Amtspflichtverletzung des BR-Mitglieds gestützt wurde. Dann lasse sich der Entfernungsanspruch sowohl kollektivrechtlich als auch individualrechtlich begründen. Das im Beschlussverfahren angerufene ArbG könne den Rechtsstreit gem. § 48 iVm. § 17 Abs. 2 GVG unter allen in Betracht kommenden rechtlichen Gesichtspunkten entscheiden[8]. Voraussetzung für diese Lösung ist, dass man mit dem BAG von einem einheitlichen Streitgegenstand ausgeht[9]. Falls allerdings die abgemahnte Amtspflichtverletzung Tätigkeiten des BR-Mitglieds betrifft, für die der BR gar nicht zuständig ist, kann in der Abmahnung auch keine Störung oder Behinderung der BR-Tätigkeit liegen; dann bleibt es dabei, dass für den Entfernungsanspruch das Urteilsverfahren die richtige Verfahrensart ist[10]. 46

cc) Rechte aus § 78a BetrVG

Um einen Sonderfall geht es, wenn ein Mitglied der Jugend- und Auszubildendenvertretung gerichtlich feststellen lassen will, dass im Anschluss an das Berufsausbildungsverhältnis zwischen ihm und dem ArbGeb gem. **§ 78a Abs. 2 BetrVG** ein Arbeitsverhältnis zustande gekommen ist. Dabei handelt es sich um eine bürgerliche Streitigkeit über das Bestehen oder Nichtbestehen eines Arbeitsverhältnisses. Dafür sind die ArbG gem. § 2 Abs. 1 Nr. 3 Buchst. b im **Urteilsverfahren** zuständig[11] (s. § 2 Rz. 114). Zwar liegt der Rechtsgrund für das Zustandekommen des Arbeitsverhältnisses im Betriebsverfassungsrecht. Aber für § 2 Abs. 1 Nr. 3 Buchst. b kommt es nicht auf den Grund für das Bestehen des Arbeitsverhältnisses an. Aus den genannten Gründen ist das Urteilsverfahren auch die richtige Verfahrensart für ein negatives Feststellungsbegehren des ArbGeb, wenn dieser allein die Voraussetzungen des § 78a Abs. 2 BetrVG bestreitet[12]. 47

Falls dagegen der ArbGeb nach **§ 78a Abs. 4 Satz 1 BetrVG** die Feststellung beantragt, dass wegen Unzumutbarkeit der Weiterbeschäftigung ein Arbeitsverhältnis nach § 78a Abs. 2 BetrVG nicht begründet 48

---

1 *Fitting*, § 79 BetrVG Rz. 45; GK-BetrVG/*Oetker*, § 79 BetrVG Rz. 91; *Walker*, FS 50 Jahre BAG, 2004, S. 1365 (1378).
2 BAG v. 31.10.1985 – 6 AZR 129/83, AP Nr. 5 zu § 46 BPersVG, Bl. 2 (zu § 46 Abs. 3 Satz 3 BPersVG).
3 *Fitting*, § 37 BetrVG Rz. 253; GK-BetrVG/*Weber*, § 37 Rz. 305.
4 BAG v. 23.8.1984 – 2 AZR 391/83, NZA 1985, 254; *Walker*, FS 50 Jahre BAG, 2004, S. 1365 (1371 f.).
5 Zu Abmahnungsstreitigkeiten vgl. etwa BAG v. 15.7.1992 – 7 AZR 466/91, NZA 1993, 220.
6 ZB BAG v. 9.9.2015 – 7 ABR 69/13, NZA 2016, 57 Rz. 39.
7 LAG Nds. v. 26.1.2016 – 2 Ta 1/16, NZA-RR 2016, 301 Rz. 23 ff.
8 BAG v. 9.9.2015 – 7 ABR 69/13, NZA 2016, 57 Rz. 30 ff.; BAG v. 4.12.2013 – 7 ABR 7/12, NZA 2014, 803 Rz. 46 ff.
9 **Krit.** dazu *Salamon*, NZA 2015, 85 (87 ff.).
10 LAG Nds. v. 26.1.2016 – 2 Ta 1/16, NZA-RR 2016, 301 Rz. 16 ff.
11 Allg. Ansicht; vgl. nur BAG v. 29.11.1989 – 7 ABR 67/88, NZA 1991, 233; GK-BetrVG/*Oetker*, § 78a Rz. 116; *Walker*, FS 50 Jahre BAG, 2004, S. 1365 (1370).
12 BAG v. 29.11.1989 – 7 ABR 67/88, NZA 1991, 233; GK-BetrVG/*Oetker*, § 78a Rz. 117; *Richardi/Thüsing*, § 78a BetrVG Rz. 53; *Walker*, FS 50 Jahre BAG, 2004, S. 1365 (1375 f.).

wird oder (falls der Antrag erst nach Beendigung des Berufsausbildungsverhältnisses gestellt wird) ein begründetes Arbeitsverhältnis aufzulösen ist, findet das **Beschlussverfahren** statt[1] (s. § 2 Rz. 114). Das ergibt sich schon aus dem Wortlaut des § 78a Abs. 4 BetrVG. Danach steht dem ArbGeb kein Klagerecht, sondern ein Antragsrecht zu. Außerdem bestimmt die Vorschrift ausdrücklich, dass in dem Verfahren der BR und ggf. andere Vertretungen „Beteiligte" sind. Ob es sinnvoll ist, dass über die Voraussetzungen des § 78a Abs. 2 und diejenigen des Abs. 4 BetrVG, die jeweils für die Begründung bzw. den Fortbestand eines Arbeitsverhältnisses mit einem Jugendvertreter von Bedeutung sind, in verschiedenen Verfahrensarten entschieden wird[2], mag rechtspolitisch diskussionswürdig sein. Die derzeitige Gesetzeslage und der Meinungsstand dazu sind jedoch eindeutig.

49 Falls der ArbGeb seinen Feststellungsantrag auf Nichtbegründung eines Arbeitsverhältnisses sowohl mit dem Nichtvorliegen der Voraussetzungen des **§ 78a Abs. 2 als auch** mit der Unzumutbarkeit der Weiterbeschäftigung nach **Abs. 4 BetrVG** begründet, stellt sich die Frage, ob er dafür gezwungen ist, sowohl ein Urteilsverfahren als auch ein Beschlussverfahren zu betreiben[3]. Dieses unpraktische Ergebnis lässt sich vermeiden, wenn man in diesem Fall ein einheitliches Beschlussverfahren für zulässig hält[4]. Das lässt sich damit begründen, dass auch bei einem Auflösungsantrag nach § 78a Abs. 4 Satz 1 Nr. 2 BetrVG über die der Auflösung vorgreifliche Frage, ob überhaupt ein (aufzulösendes) Arbeitsverhältnis nach Abs. 2 begründet wurde, im Beschlussverfahren mitentschieden wird.

g) Rechte von Arbeitnehmern

50 Streitigkeiten zwischen dem ArbGeb und solchen ArbN, die keine Organmitglieder sind, können sich nicht aus dem (gar nicht vorhandenen) Amt, sondern in aller Regel (zu Ausnahmen s. Rz. 54) nur aus dem Arbeitsverhältnis ergeben. Über sie ist daher **meistens** gem. § 2 Abs. 1 Nr. 3 **im Urteilsverfahren** zu entscheiden. Das gilt selbst dann, wenn der Anspruch von den Tatbestandsvoraussetzungen einer Norm aus dem BetrVG abhängt.

aa) Vergütungsansprüche

51 Dazu gehören in erster Linie Vergütungsansprüche für Zeiten, in denen keine Arbeitsleistung erbracht wurde (versäumte Arbeitszeit während des Besuchs der Sprechstunde des BR gem. § 39 Abs. 3 BetrVG oder während der Teilnahme an einer Betriebsversammlung gem. § 20 Abs. 3, § 44 Abs. 1 BetrVG)[5] (s. § 2 Rz. 113). Ferner wird über Zahlungsansprüche aus Sozialplänen[6] und auf Nachteilsausgleich nach § 113 Abs. 3 BetrVG[7] im Urteilsverfahren entschieden.

bb) Weiterbeschäftigungsanspruch

52 Der Weiterbeschäftigungsanspruch des ArbN ist selbst dann im Urteilsverfahren einzuklagen, wenn er allein auf § 102 Abs. 5 Satz 1 BetrVG gestützt wird[8] (s. § 2 Rz. 113); denn auch in diesem Fall geht es um den aus dem Arbeitsverhältnis folgenden Beschäftigungsanspruch im gekündigten Arbeitsverhältnis, dessen Voraussetzungen durch § 102 Abs. 5 BetrVG nur modifiziert sind. Umgekehrt geht es auch bei der Entbindung des ArbGeb von der Weiterbeschäftigungspflicht nach § 102 Abs. 5 Satz 2 BetrVG um eine Streitigkeit aus dem Arbeitsverhältnis, für die das Urteilsverfahren die richtige Verfahrensart ist (s. § 2 Rz. 113).

cc) Individualrechte aus den §§ 81 ff. BetrVG

53 Bei den Rechten des einzelnen ArbN aus den §§ 81 ff. BetrVG handelt es sich trotz ihrer Verankerung unmittelbar im BetrVG nicht um betriebsverfassungsrechtliche Rechte, sondern um solche aus dem Arbeitsverhältnis. Sie stehen in einem engen sachlichen Zusammenhang mit dem Schutz des Persönlichkeitsrechts des ArbN. Die ArbGebPflichten, die die Kehrseite dieser Individualrechte der ArbN bilden, bestehen

---

1 Heute ganz hM; vgl. nur BAG v. 5.4.1984 – 6 AZR 70/83, NZA 1984, 333; BAG v. 11.1.1995 – 7 AZR 574/94, NZA 1995, 647; GK-BetrVG/*Oetker*, § 78a Rz. 206 mwN; *Walker*, FS 50 Jahre BAG, 2004, S. 1365 (1376 f.).
2 Anders noch BAG v. 23.3.1976 – 1 ABR 7/76, AP Nr. 3 zu § 78a BetrVG 1972 (Urteilsverfahren auch beim Antrag nach Abs. 4).
3 So BAG v. 29.11.1989 – 7 ABR 7/76, EzA § 78a BetrVG Nr. 20.
4 So überzeugend *Kraft/Raab*, Anm. zu BAG v. 29.11.1989 – 7 ABR 67/88, EzA § 78a BetrVG Nr. 20 S. 29 ff.; auch angedeutet in BAG v. 11.1.1995 – 7 AZR 574/94, NZA 1995, 647; zustimmend *Houben*, NZA 2006, 769 (771); *Walker*, FS 50 Jahre BAG, 2004, S. 1365 (1377 f.).
5 BAG v. 1.10.1974 – 1 AZR 394/73, DB 1975, 310; *Walker*, FS 50 Jahre BAG, 2004, S. 1365 (1373).
6 BAG v. 17.10.1989 – 1 ABR 75/88, NZA 1990, 441; *Walker*, FS 50 Jahre BAG, 2004, S. 1365 (1374).
7 BAG v. 8.11.1988 – 1 AZR 687/87, NZA 1989, 278.
8 BAG v. 12.9.1985 – 2 AZR 324/84, NZA 1986, 424.

im Wesentlichen schon unabhängig von den §§ 81 ff. BetrVG und deshalb auch in betriebsratslosen Betrieben als arbeitsvertragliche Nebenpflichten[1]. Für Streitigkeiten über den Bestand und den Inhalt der Individualrechte nach den §§ 81 ff. BetrVG sind daher gem. § 2 Abs. 1 Nr. 3 Buchst. a die ArbG im Urteilsverfahren zuständig[2].

dd) Betriebsverfassungsrechtliche Rechte

Wenn dagegen der einzelne ArbN einen Antrag in einer betriebsverfassungsrechtlichen Angelegenheit (zB Anfechtung [§ 19 Abs.1, Abs. 2 Satz 1 BetrVG] oder Feststellung der Nichtigkeit einer Wahl oder der Unwirksamkeit einer Betriebsvereinbarung) beim ArbG stellt, ist das **Beschlussverfahren** die richtige Verfahrensart. Selbst wenn ein solcher Antrag mangels Antragsbefugnis oder mangels Rechtsschutzinteresses unzulässig oder wegen fehlender Aktivlegitimation unbegründet ist, muss darüber doch im Beschlussverfahren entschieden werden[3]. 54

h) Rechte von Arbeitnehmergruppen aus dem BetrVG

Auch Rechte aus dem BetrVG, die einer ArbN-Gruppe von einer bestimmten Mindestgröße zustehen, sind im **Beschlussverfahren** geltend zu machen. Das betrifft den Antrag auf gerichtliche Bestellung eines Wahlvorstandes (§ 16 Abs. 2 BetrVG), den Antrag auf Ausschluss eines Mitglieds aus dem BR (§ 23 Abs. 1 BetrVG), aus dem GBR (§ 48 BetrVG) oder aus dem KBR (§ 56 BetrVG), den Antrag auf Beiziehung eines Gewerkschaftsbeauftragten zu einer BR-Sitzung (§ 31 BetrVG) und den Antrag auf Einberufung einer außerordentlichen Betriebsversammlung (§ 43 Abs. 3 BetrVG). 55

i) Betriebsverfassungsrechtliche Rechte von Gewerkschaften

Ein **Antrag nach § 17 Abs. 4 BetrVG** auf Bestellung eines Wahlvorstandes[4] sowie ein **Antrag nach § 23 Abs. 3 BetrVG** auf Vornahme, Duldung oder Unterlassung einer Handlung wegen einer groben Pflichtverletzung des ArbGeb gehören in das Beschlussverfahren. 56

Wenn eine Gewerkschaft für sich oder einen bestimmten Beauftragten[5] gegenüber dem ArbGeb etwa ein **Zutrittsrecht** zum Betrieb geltend macht, ist zu unterscheiden: Bei dem Zutrittsrecht nach § 2 Abs. 2 BetrVG[6], im Zusammenhang mit der Bestellung des Wahlvorstandes nach § 17 BetrVG[7], zwecks Teilnahme an einer Betriebsversammlung nach § 46 Abs. 1 Satz 1 BetrVG[8] oder an einer Sitzung des Wirtschaftsausschusses[9] handelt es sich um eine Angelegenheit aus dem BetrVG. Insoweit spielt es keine Rolle, ob der Streit um die Gewerkschaftseigenschaft, ihr Vertretensein im Betrieb oder um die anderen Voraussetzungen des Zugangsrechts geht[10]. Wenn das Zutrittsrecht der Gewerkschaft dagegen als Bestandteil der Koalitionsfreiheit beansprucht wird (zB Zutritt zwecks Mitgliederwerbung im Betrieb oder zwecks Verteilung der Gewerkschaftszeitung an Mitglieder), ist darüber gem. § 2 Abs. 1 Nr. 2 im Urteilsverfahren zu entscheiden (s. § 2 Rz. 74 mit zahlreichen Nachweisen). 57

Äußerst umstritten ist, ob der sog. **gewerkschaftliche Unterlassungsanspruch** gegen tarifwidrige Vereinbarungen zwischen dem ArbGeb und dem BR im Beschlussverfahren oder im Urteilsverfahren zu verfolgen ist. Schon der Bestand eines solchen Unterlassungsanspruchs ist zweifelhaft[11]. Der 1. Senat des BAG[12] hat einen gewerkschaftlichen Unterlassungsanspruch aus einer analogen Anwendung der § 1004 Abs. 1 Satz 2, § 823 Abs. 1 BGB iVm. Art. 9 Abs. 3 GG (Verletzung der Koalitionsfreiheit als sonstiges Recht durch tarifwidrige Vereinbarungen) hergeleitet. Er hat in mehreren Entscheidungen das **Beschlussverfahren** nach § 2a Abs. 1 Nr. 1 als die zutreffende Verfahrensart angesehen, weil es um eine Angelegenheit aus 58

---

1 Fitting, § 81 BetrVG Rz. 1 f.; GK-BetrVG/Franzen, Vor § 81 Rz. 11 ff.; HWGNRH/Rose, Vor § 81 BetrVG Rz. 8; MünchArbR/v. Hoyningen-Huene, § 212 Rz. 24; Richardi/Thüsing, Vor § 81 BetrVG Rz. 5.
2 BAG v. 24.4.1979 – 6 AZR 69/77, DB 1979, 1755; Fitting, § 81 BetrVG Rz. 28; GK-BetrVG/Franzen, § 81 Rz. 26; Richardi/Thüsing, § 81 BetrVG Rz. 26; Walker, FS 50 Jahre BAG, 2004, S. 1365 (1374 f.).
3 GMP/Matthes/Schlewing, § 2a Rz. 16; GK-ArbGG/Ahrendt, § 2a Rz. 21.
4 BAG v. 4.11.1960 – 1 ABR 4/60, BAGE 10, 154 ff.
5 BAG v. 18.3.1964 – 1 ABR 12/63, DB 1964, 992.
6 BAG v. 6.6.1973 – 1 ABR 24/72, BAGE 25, 242 ff.
7 BAG v. 25.3.1992 – 7 ABR 65/90, NZA 1993, 134.
8 BAG v. 14.2.1967 – 1 ABR 7/66, BAGE 19, 236 f.; BAG v. 25.3.1992 – 7 ABR 65/90, NZA 1993, 134.
9 BAG v. 18.11.1980 – 1 ABR 31/78, DB 1981, 1240.
10 GWBG/Waas, § 2a Rz. 16.
11 Ablehnend etwa Bauer, NZA 1999, 957; Buchner, NZA 1999, 897; Löwisch, BB 1999, 2080; Reuter, SAE 1999, 262; Thüsing, DB 1999, 1552; Trappehl/Lambrich, NJW 1999, 3217; Walker, ZfA 2000, 29 (38 ff.).
12 BAG v. 20.4.1999 – 1 ABR 72/98, NZA 1999, 887.

dem BetrVG gehe[1]. Das **überzeugt nicht**. Das BetrVG spielt in der vom 1. Senat des BAG zitierten Anspruchsgrundlage überhaupt keine Rolle. Materiell geht es um die Verletzung der Koalitionsfreiheit. Dabei handelt es sich nicht um eine Angelegenheit des BetrVG. Selbst wenn tarifwidrige Individualvereinbarungen durch eine vorher abgeschlossene Regelungsabrede vorbereitet und der BR somit unterstützend eingebunden wurde, ändert das nichts daran, dass die Rechtsgrundlage, die Voraussetzungen und die Rechtsfolgen des gewerkschaftlichen Unterlassungsanspruchs außerhalb des Betriebsverfassungsrechts liegen, so dass über den Anspruch gem. § 2 Abs. 1 Nr. 2 im Urteilsverfahren entschieden werden müsste[2] (s. § 2 Rz. 76). Der Praxis kann allerdings nur geraten werden, sich auf die Rspr. des 1. Senats, wonach über den gewerkschaftlichen Unterlassungsanspruch im Beschlussverfahren zu entscheiden ist, einzustellen.

j) Zustimmung von Behörden

59　Nach § 37 Abs. 7 BetrVG (Geeignetheit von Schulungs- und Bildungsveranstaltungen) kommt es auf die Anerkennung durch eine Behörde an. Da § 2a nicht auf bürgerliche Streitigkeiten beschränkt ist, sondern auch **öffentlich-rechtliche Angelegenheiten** aus dem BetrVG erfasst, ist über Anträge auf Anerkennung durch die Behörde im **arbeitsgerichtlichen Beschlussverfahren** zu entscheiden[3].

4. Betriebsverfassungsrechtliche Streitigkeiten außerhalb des BetrVG

60　Um betriebsverfassungsrechtliche Angelegenheiten kann es auch dann gehen, wenn die für die Streitigkeit maßgebliche Rechtsgrundlage zwar außerhalb des BetrVG liegt, aber inhaltlich zum Betriebsverfassungsrecht gehört. Diese Fälle werden ebenfalls von Nr. 1 erfasst, so dass im Beschlussverfahren zu entscheiden ist[4]. Das folgt aus dem Zweck dieser Vorschrift, eine umfassende Zuständigkeit im Beschlussverfahren für schlechthin alle betriebsverfassungsrechtlichen Streitigkeiten zu sichern[5] (s. schon Rz. 23).

a) Streitigkeiten aus anderen arbeitsrechtlichen Gesetzen

61　Das gilt etwa für Streitigkeiten zwischen dem ArbGeb und dem BR im Zusammenhang mit der Anzeige- und Beratungspflicht des ArbGeb bei Massenentlassungen nach § 17 KSchG, ferner im Zusammenhang mit den Überwachungsaufgaben des BR nach § 93 SGB IX, mit einer durch Tarifvertrag zugelassenen Betriebsvereinbarung nach § 21a JArbSchG, mit den Mitwirkungsrechten des BR nach § 14 AÜG, mit den Rechten des BR nach § 9 ASiG sowie mit der Beteiligung des BR bei der Bestellung eines Sicherheitsbeauftragten nach § 22 SGB VII. Diese Auflistung ist nicht abschließend. Streitigkeiten zwischen dem ArbGeb und dem BR betreffen immer betriebsverfassungsrechtliche Angelegenheiten.

b) Betriebsverfassungsrechtliche Angelegenheiten aus der InsO

62　Für betriebsverfassungsrechtliche Angelegenheiten nach der InsO ist die Zuständigkeit der ArbG im Beschlussverfahren ausdrücklich angeordnet. Das betrifft zwei Verfahren im Zusammenhang mit einer vom Insolvenzverwalter beabsichtigten Betriebsänderung:

63　In dem einen Verfahren geht es um den Antrag des Insolvenzverwalters beim ArbG auf gerichtliche Zustimmung zur Durchführung einer geplanten Betriebsänderung nach **§ 122 Abs. 1 InsO**, wenn zwischen dem BR und dem Insolvenzverwalter nicht innerhalb von drei Wochen nach Verhandlungsbeginn oder schriftlicher Aufforderung zu Verhandlungen ein Interessenausgleich zustande gekommen ist. Für dieses Zustimmungsverfahren gelten die Vorschriften des ArbGG über das Beschlussverfahren entsprechend; Verfahrensbeteiligte sind der Insolvenzverwalter und der BR (§ 122 Abs. 2 Satz 2 InsO). Gegen den Beschluss des ArbG findet nicht die Beschwerde an das LAG, sondern nur die Rechtsbeschwerde an das BAG statt, falls sie im Beschluss des ArbG zugelassen wird (§ 122 Abs. 3 Satz 1, 2 InsO).

1　BAG v. 13.3.2001 – 1 AZB 19/00, NZA 2001, 1037; BAG v. 20.4.1999 – 1 ABR 72/98, NZA 1999, 887 (889); ebenso LAG BW v. 7.12.2007 – 20 TaBV 7/06, AuR 2008, 185 (187); zustimmend *Berg/Platow*, DB 1999, 2362 (2367 f.); BCF/*Friedrich*, § 2a Rz. 3a; GK-ArbGG/*Ahrendt*, § 2a Rz. 41, 50.
2　*Bauer*, NZA 1999, 957 (958); *Buchner*, NZA 1999, 897 (899); *Löwisch*, BB 1999, 2080 (2081); *Reuter*, SAE 1999, 262 (265); *Walker*, ZfA 2000, 29 (49 f.); *Walker*, FS 50 Jahre BAG, 2004, S. 1365 (1380 f.).
3　BAG v. 11.8.1993 – 7 ABR 52/92, NZA 1994, 517 (518); BAG v. 18.12.1973 – 1 ABR 35/73, DB 1974, 923; BAG v. 30.8.1989 – 7 ABR 65/87, BB 1990, 1556; BAG v. 11.8.1993 – 7 ABR 52/92, SAE 1994, 240; OVG Hamburg v. 7.3.1988 – OVG Bf IV 46/87, NZA 1989, 235; *Fitting*, § 37 BetrVG Rz. 263; GK-BetrVG/*Weber*, § 37 Rz. 320; *Wieser*, Arbeitsgerichtsverfahren, Rz. 42.
4　BCF/*Friedrich*, § 2a Rz. 3; GMP/*Matthes/Schlewing*, § 2a Rz. 10; GK-ArbGG/*Ahrendt*, § 2a Rz. 13.
5　BAG v. 19.5.1978 – 6 ABR 25/75, DB 1978, 2225; BAG v. 19.2.1975 – 1 ABR 55/73, BAGE 27, 33.

Von der Antragsmöglichkeit nach § 122 Abs. 1 Satz 1 InsO bleibt gem. § 122 Abs. 1 Satz 3 InsO das Recht 64
des Verwalters unberührt, das Verfahren nach § 126 InsO zu betreiben. Danach kann der Insolvenzverwalter beim ArbG die Feststellung beantragen, dass die Kündigung der Arbeitsverhältnisse bestimmter ArbN durch dringende betriebliche Erfordernisse bedingt und sozial gerechtfertigt ist. Voraussetzung für diesen Antrag ist, dass im Betrieb kein BR existiert oder dass trotz rechtzeitiger und umfassender Unterrichtung des BR innerhalb von drei Wochen nach Verhandlungen oder schriftlicher Aufforderung zur Aufnahme von Verhandlungen ein Interessenausgleich nach § 125 Abs. 1 InsO nicht zustande gekommen ist. Auch für dieses Feststellungsverfahren gelten die Vorschriften des ArbGG über das Beschlussverfahren entsprechend (§ 126 Abs. 2 InsO), obwohl es jedenfalls dann, wenn gar kein BR existiert, nicht um eine betriebsverfassungsrechtliche Streitigkeit im engeren Sinne geht. An dem Verfahren sind der Insolvenzverwalter, der BR und die betroffenen ArbN, sofern sie mit der Kündigung nicht einverstanden sind, beteiligt.

c) Streitigkeiten aus einer tarifvertraglich gestalteten Betriebsverfassung

Soweit die Betriebsverfassung durch betriebsverfassungsrechtliche Normen eines Tarifvertrags näher ausgestaltet wird, fällt eine Streitigkeit aus der so gestalteten Betriebsverfassung ebenfalls unter Nr. 1, auch wenn Rechtsgrundlage dafür letztlich der Tarifvertrag ist. Das gilt für Streitigkeiten einer gem. § 3 BetrVG tariflich vereinbarten abweichenden Vertretungsstruktur oder einer gem. § 117 Abs. 2 BetrVG tariflich bestimmten zusätzlichen betriebsverfassungsrechtlichen Vertretung[1] und für den Streit über Bestehen, Nichtbestehen und Umfang von tariflich begründeten Rechten oder Pflichten betriebsverfassungsrechtlicher Organe[2]. Ferner ist das Beschlussverfahren die richtige Verfahrensart für Streitigkeiten im Zusammenhang mit einer gem. § 76 Abs. 8 BetrVG durch Tarifvertrag vorgesehenen tariflichen Schlichtungsstelle anstelle einer Einigungsstelle und einer durch Tarifvertrag vereinbarten betrieblichen Schlichtungsstelle für solche Angelegenheiten, in denen die gesetzliche Zuständigkeit der Einigungsstelle nicht gegeben wäre[3]. 65

Die Zuständigkeit im Beschlussverfahren hat sich früher auch auf Streitigkeiten über die **Zustimmung** 66
oder Nichtzustimmung **der obersten Arbeitsbehörde des Landes oder des Bundesministers für Arbeit und Soziales** zu der tariflichen Vereinbarung über eine zusätzliche betriebsverfassungsrechtliche Vertretung nach den § 3 Abs. 2, § 117 Abs. 2 Satz 2 BetrVG (jeweils in der Fassung bis 27.7.2001) erstreckt[4]. Seit der am 28.7.2001 in Kraft getretenen Betriebsverfassungsreform ist eine derartige Zustimmung allerdings nicht mehr erforderlich, so dass sich die Frage nach der richtigen Verfahrensart nicht mehr stellt.

5. Verhältnis zwischen Beschlussverfahren und Einigungsstellenverfahren

Die Zuständigkeit der ArbG in Angelegenheiten des BetrVG ist von derjenigen der Einigungsstelle nach 67
§ 76 BetrVG abzugrenzen.

a) Grundsatz: Arbeitsgerichtliche Zuständigkeit nur in Rechtsstreitigkeiten

Grundsätzlich entscheidet das ArbG nur in Rechtsstreitigkeiten, nicht dagegen in Regelungsstreitigkeiten 68
nach dem BetrVG. Regelungsstreitigkeiten sind Meinungsverschiedenheiten zwischen ArbGeb und BR darüber, wie eine in ihre gemeinsame Zuständigkeit fallende Angelegenheit geordnet werden soll. Für die Entscheidung von Regelungsstreitigkeiten ist nach § 76 BetrVG die Einigungsstelle oder eine gem. § 76 Abs. 8 BetrVG eingerichtete tarifliche Schlichtungsstelle zuständig. Ein arbeitsgerichtliches Beschlussverfahren anstelle des Einigungsstellenverfahrens ist unzulässig.

b) Ausnahmen

Von dem genannten Grundsatz gibt es Ausnahmen, allerdings nur, soweit sie gesetzlich angeordnet sind. 69

aa) Arbeitsgerichtliche Zuständigkeiten in Regelungsstreitigkeiten

Einerseits sind die ArbG für einzelne Regelungen zuständig. Das gilt für die Bestellung des Wahlvorstandes 70
nach § 16 Abs. 2 und nach § 17 Abs. 4 BetrVG. Über den entsprechenden Antrag entscheidet das ArbG nach § 2a Abs. 1 Nr. 1 im Beschlussverfahren. Ferner trifft das ArbG eine Regelung, wenn es gem. § 76

---

[1] BAG v. 5.11.1985 – 1 ABR 56/83, AP Nr. 4 zu § 117 BetrVG 1972.
[2] BAG v. 16.7.1985 – 1 ABR 9/83, NZA 1986, 235.
[3] Vgl. LAG Hamm v. 21.10.1977 – 3 TaBV 57/77, EzA § 76 BetrVG 1972 Nr. 19.
[4] OVG Hamburg v. 7.3.1988 – OVG Bf IV 46/87, NZA 1989, 235; *Fitting*, 20. Aufl., § 3 BetrVG Rz. 72; GMP/*Matthes/Schlewing*, 5. Aufl., § 2a Rz. 52; GK-ArbGG/*Ahrendt*, § 2a Rz. 15; aA *Dütz*, AuR 1973, 353 (369); *Grunsky*, 7. Aufl., § 2a Rz. 8; *Hess/Schlochauer/Glaubitz*, 5. Aufl., § 3 BetrVG Rz. 17; *Richardi*, 7. Aufl., § 3 BetrVG Rz. 67.

Abs. 2 Satz 2, 3 BetrVG in dem besonderen Beschlussverfahren nach § 100 den Vorsitzenden für eine Einigungsstelle bestellt oder die Zahl der Einigungsstellenmitglieder festlegt.

bb) Zuständigkeit der Einigungsstelle in Rechtsstreitigkeiten

71 Umgekehrt ist die Einigungsstelle ausnahmsweise auch für die Entscheidung von Rechtsstreitigkeiten zuständig. Dazu gehören die Entscheidungen darüber, ob bei der Festlegung der zeitlichen Lage der Teilnahme von BR-Mitgliedern an Schulungs- und Bildungsveranstaltungen betriebliche Notwendigkeiten hinreichend berücksichtigt sind (§ 37 Abs. 6, Abs. 7 BetrVG), ob die Wahl der gem. § 38 BetrVG freizustellenden BR-Mitglieder sachlich vertretbar ist (§ 38 Abs. 2 BetrVG), sowie Entscheidungen über den Umfang der Auskunftspflicht des Unternehmers gegenüber dem Wirtschaftsausschuss (§ 109 BetrVG)[1]. In diesen Fällen ist ein arbeitsgerichtliches Beschlussverfahren anstelle eines Einigungsstellenverfahrens unzulässig[2].

72 Ferner ist die Einigungsstelle für die Klärung von Rechtsfragen zuständig, soweit diese als **Vorfragen** für die Entscheidung der Regelungsstreitigkeit von Bedeutung sind. Das gilt erstens für die Prüfung ihrer eigenen Zuständigkeit[3]. Weiter muss die Einigungsstelle prüfen, ob ihr Spruch mit höherrangigem Recht (auch mit Tarifvertrag) vereinbar ist und ob er die Belange des Betriebs und der betroffenen ArbN angemessen berücksichtigt (§ 76 Abs. 5 Satz 3 BetrVG). Außerdem können sich rechtliche Vorfragen hinsichtlich des eigenen Verfahrens der Einigungsstelle ergeben (zB § 76 Abs. 3 BetrVG).

c) Arbeitsgerichtliche Zuständigkeit aufgrund eines Einigungsstellenspruches

73 Von diesen Ausnahmefällen abgesehen ist in einem Regelungsstreit die Zuständigkeit des ArbG erst dann gegeben, wenn ein Spruch der Einigungsstelle vorliegt. Dieser ist noch kein Vollstreckungstitel. Ansprüche aus dem Einigungsstellenspruch müssen – sofern sie nicht freiwillig erfüllt werden – gerichtlich geltend gemacht werden; dabei geht es um Rechtsstreitigkeiten. Falls etwa der BR die Unterlassung von Maßnahmen verlangt, die gegen einen Einigungsstellenspruch verstoßen, liegt eine betriebsverfassungsrechtliche Rechtsstreitigkeit iSv. § 2a Abs. 1 Nr. 1 vor. Vor allem aber unterliegt der Einigungsstellenspruch selbst der arbeitsgerichtlichen Überprüfung. Diese erfolgt ebenfalls gem. § 2a Abs. 1 Nr. 1 im Beschlussverfahren[4], sofern die Wirksamkeit des Einigungsstellenspruchs nicht nur als Vorfrage in einem Urteilsverfahren (zB Anspruch eines ArbN auf Zahlung der in einer Betriebsvereinbarung vorgesehenen Zulage) von Bedeutung ist.

74 Hinsichtlich des **Umfangs der arbeitsgerichtlichen Überprüfung** ist zu unterscheiden[5]: Soweit die Einigungsstelle über **eine Rechtsfrage entschieden** hat (dazu soeben Rz. 71 f.), unterliegt der Spruch einer umfassenden Rechtskontrolle im Beschlussverfahren in tatsächlicher, materieller und verfahrensrechtlicher Hinsicht[6]. Bei einer unzutreffenden Entscheidung der Rechtsfrage durch die Einigungsstelle kann das ArbG selbst entscheiden, falls insoweit ein Beteiligter einen Antrag stellt. Falls nur die Aufhebung des Einigungsstellenspruches beantragt ist, trifft das ArbG keine eigene Sachentscheidung[7].

75 Die **Entscheidung einer Regelungsfrage** unterliegt einer eingeschränkten Rechtskontrolle, und zwar im Hinblick darauf, ob die Einigungsstelle überhaupt zuständig war, ob die wesentlichen Verfahrensvorschriften eingehalten wurden und ob der Spruch mit höherrangigem Recht (auch mit einem Tarifvertrag) vereinbar ist. Außerdem ist der Spruch darauf überprüfbar, ob die Einigungsstelle die Grenzen ihres Ermessens überschritten hat (§ 76 Abs. 5 Satz 3, 4 BetrVG). Diese Ermessenskontrolle muss bei einem Spruch im verbindlichen Einigungsstellenverfahren innerhalb von zwei Wochen nach Zuleitung des Beschlusses beantragt werden (§ 76 Abs. 5 Satz 4 BetrVG). Im freiwilligen Einigungsstellenverfahren (§ 76 Abs. 6 BetrVG) gilt diese zeitliche Beschränkung nicht. Nimmt das ArbG eine Überschreitung des Ermessens an, kann es keine eigene Ermessensentscheidung treffen. Es ist darauf beschränkt, den Spruch der Einigungsstelle aufzuheben. Dann ist das Einigungsstellenverfahren, das mangels eines wirksamen Spruches noch nicht beendet

---

1 Vgl. BAG v. 11.7.2000 – 1 ABR 43/99, NZA 2001, 402.
2 GWBG/*Waas*, § 2a Rz. 22.
3 BAG v. 22.10.1981 – 6 ABR 69/79, DB 1982, 811; BAG v. 24.11.1981 – 1 ABR 42/79, DB 1982, 1413; GK-BetrVG/*Kreutz/Jacobs*, § 76 Rz. 123.
4 GK-BetrVG/*Kreutz/Jacobs*, § 76 Rz. 142.
5 Einzelheiten: GK-BetrVG/*Kreutz/Jacobs*, § 76 Rz. 145 ff.
6 BAG v. 18.4.1989 – 1 ABR 2/88, BAGE 61, 305 (311); BAG v. 18.1.1994 – 1 ABR 43/93, ZIP 1994, 970 (971); BAG v. 11.7.2000 – 1 ABR 43/99, NZA 2001, 402; GK-BetrVG/*Kreutz/Jacobs*, § 76 Rz. 151; aM noch BAG v. 8.8.1989 – 1 ABR 61/88, AP Nr. 6 zu § 106 BetrVG 1972, Bl. 4 ff. für einen Einigungsstellenspruch nach § 109 BetrVG (nur Prüfung der Zuständigkeit und der Ermessensausübung).
7 GWBG/*Waas*, § 2a Rz. 23.

ist, fortzuführen[1], falls die Beteiligten nicht übereinstimmend darauf verzichten. Über die Ermessensgrenzen hinaus kann das ArbG **keine Zweckmäßigkeitskontrolle** vornehmen.

d) Vorabentscheidung über das Bestehen eines Mitbestimmungsrechts vor Tätigkeit der Einigungsstelle

Wenn der ArbGeb bei einem Streit mit dem BR darüber, ob in einer bestimmten Angelegenheit überhaupt ein Mitbestimmungsrecht des BR besteht, an der Bildung einer Einigungsstelle nicht mitwirkt, kann der BR das Beschlussverfahren nach § 100 einleiten. Unabhängig davon haben aber beide Seiten die Möglichkeit, in einem Beschlussverfahren das Bestehen oder Nichtbestehen des umstrittenen Mitbestimmungstatbestandes vorab feststellen zu lassen. Ein solches Verfahren ist auch dann möglich, wenn die Einigungsstelle zwar schon (freiwillig oder nach § 100) gebildet ist, aber noch keinen Spruch gefällt hat. Der ArbGeb ist nicht etwa auf die nachträgliche gerichtliche Anfechtung eines Einigungsstellenspruches beschränkt[2]. Und selbst die Rechtshängigkeit eines Verfahrens nach § 100 steht der Zulässigkeit eines Vorabentscheidungsverfahrens nicht entgegen; denn im Verfahren nach § 100 geht es um einen anderen Gegenstand. Deshalb führt auch die rechtskräftige Abweisung eines Antrags nach § 100 wegen offensichtlicher Unzuständigkeit nicht zur Unzulässigkeit eines Feststellungsantrags über den Bestand des Mitbestimmungsrechts[3].

Umgekehrt ist auch bei Rechtshängigkeit eines Vorabentscheidungsverfahrens ein Antrag nach § 100 zulässig, und ein anhängiges Verfahren nach § 100 braucht nicht bis zum Abschluss des Vorabentscheidungsverfahrens ausgesetzt zu werden[4]. Gleiches gilt für ein parallel schon laufendes Einigungsstellenverfahren; denn die Einigungsstelle hat ihre Zuständigkeit selbst zu prüfen[5]. Eine Aussetzung des Einigungsstellenverfahrens ist nur im Einverständnis zwischen BR und ArbGeb möglich[6]. Dagegen ist die rechtskräftige Entscheidung im Beschlussverfahren über das Bestehen des Mitbestimmungsrechts sowohl für das Verfahren nach § 100 als auch für das Einigungsstellenverfahren bindend[7].

6. Straf- und Bußgeldsachen

Von der Rechtswegzuständigkeit der ArbG in Angelegenheiten des BetrVG sind die **§§ 119–121 BetrVG** ausdrücklich ausgenommen. Dabei geht es um Strafvorschriften wegen Straftaten gegen Betriebsverfassungsorgane und ihre Mitglieder (§ 119 BetrVG) und wegen Geheimnisverletzung durch Amtsträger (§ 120 BetrVG) sowie um Bußgeldvorschriften wegen Verletzung von betriebsverfassungsrechtlichen Aufklärungs- und Informationspflichten (§ 121 BetrVG). Für diese Angelegenheiten ist die **Rechtswegzuständigkeit der ordentlichen Gerichte** gegeben. Das folgt für die Strafsachen aus § 13 GVG und für das gerichtliche Verfahren nach einem Einspruch gegen einen Bußgeldbescheid aus §§ 68 ff. OWiG.

II. Angelegenheiten aus dem SprAuG (Nr. 2)

Nach Nr. 2 besteht die Rechtswegzuständigkeit der ArbG im Beschlussverfahren auch für die Angelegenheiten aus dem SprAuG. Die Vorschrift ist durch das SprAuG vom 20.12.1988[8] in § 2a Abs. 1 eingefügt worden. Es handelt sich um eine der Nr. 1 vergleichbare Generalklausel, die eine umfassende Zuständigkeit für alle Sprecherausschussangelegenheiten sicherstellt. Ausgenommen sind lediglich die den §§ 119–121 BetrVG entsprechenden Straf- und Bußgeldsachen der §§ 34–36 SprAuG. Für sie ist die Rechtswegzuständigkeit der ordentlichen Gerichte gegeben (§ 13 GVG, §§ 68 ff. OWiG). Zu den von Nr. 2 geregelten Angelegenheiten nach dem SprAuG gehören auch Streitigkeiten aus den gem. § 38 SprAuG vom BMAS erlassenen Wahlordnungen.

Dagegen handelt es sich bei der **Frage, ob ein ArbN überhaupt leitender Angestellter** iSv. § 5 Abs. 3, 4 BetrVG, § 1 Abs. 1 SprAuG ist, um eine betriebsverfassungsrechtliche Angelegenheit iSd. Nr. 1. Ob in die-

---

1 BAG v. 30.1.1990 – 1 ABR 2/89, NZA 1990, 571.
2 BAG v. 24.11.1981 – 1 ABR 42/79, DB 1982, 1413; BAG v. 6.12.1983 – 1 ABR 43/81, BAGE 44, 285 (290); BAG v. 28.7.1981 – 1 ABR 65/79, BAGE 36, 138 (140).
3 BAG v. 25.4.1989 – 1 ABR 91/87, NZA 1989, 976.
4 BAG v. 24.11.1981 – 1 ABR 42/79, DB 1982, 1413; LAG Düsseldorf v. 13.12.1973 – 1 TaBV 63/73, EzA § 98 ArbGG 1979 Nr. 4; LAG Hamm v. 2.10.1978 – 3 TaBV 67/78, EzA § 148 ZPO Nr. 5; *Dütz*, AuR 1973, 353 (368); GMP/*Matthes/Schlewing*, § 2a Rz. 106.
5 GMP/*Matthes/Schlewing*, § 2a Rz. 107; GK-ArbGG/*Ahrendt*, § 2a Rz. 95 f.
6 AM GWBG/*Waas*, § 2a Rz. 19 (Aussetzung analog § 148 ZPO möglich).
7 GMP/*Matthes/Schlewing*, § 2a Rz. 108; GK-ArbGG/*Ahrendt*, § 2a Rz. 95; GWBG/*Waas*, § 2a Rz. 19.
8 BGBl. I S. 2312.

sen Fällen die Rechtswegzuständigkeit mit der Anwendung von Nr. 1 oder von Nr. 2 begründet wird, hat freilich keine rechtlichen Auswirkungen. Das in § 18a BetrVG vorgesehene Verfahren, wonach die Zuordnung der leitenden Angestellten bei Wahlen zum BR und zum Sprecherausschuss durch einen Vermittler erfolgt, schließt die Klärung dieser Rechtsfrage auf dem Rechtsweg nicht aus (§ 18a Abs. 5 Satz 1 BetrVG). Falls sich die Zuordnung zu den leitenden Angestellten in einem Urteilsverfahren als Vorfrage stellt (zB wegen § 14 Abs. 2 KSchG, § 102 BetrVG oder § 31 Abs. 2 SprAuG in einem Kündigungsschutzprozess, der unter § 2 Abs. 1 Nr. 3 Buchst. b fällt), ist darüber in diesem Verfahren mit zu entscheiden[1].

III. Angelegenheiten aus den Mitbestimmungsgesetzen (Nr. 3)

81 Nach Nr. 3 ist die Rechtswegzuständigkeit der ArbG im Beschlussverfahren in Angelegenheiten aus den Mitbestimmungsgesetzen über die Wahl der ArbN-Vertreter in den Aufsichtsrat und über ihre Abberufung gegeben.

1. Erfasste Mitbestimmungsgesetze

82 Nr. 3 nennt Angelegenheiten aus dem **MitbestG**[2], dem **MontanMitbestGErgG**[3] und dem **DrittelbG**[4]. Nach allen diesen Gesetzen werden die ArbN-Vertreter im Aufsichtsrat von der Belegschaft oder durch Delegierte gewählt (§ 9 MitbestG; § 7 MontanMitbestGErgG; § 5 DrittelbG).

83 **Nicht** erwähnt ist das **MontanMitbestG**[5]. Für Angelegenheiten im Zusammenhang mit der Wahl der ArbN-Vertreter in den Aufsichtsrat nach dem MontanMitbestG sind die ArbG daher nicht zuständig[6]. Vielmehr ist insoweit der **Rechtsweg zu den ordentlichen Gerichten** gegeben[7]. Der Grund dafür liegt darin, dass nur nach dem MontanMitbestG auch die ArbN-Vertreter im Aufsichtsrat wie die Vertreter der Anteilseigner von dem dafür vorgesehenen Wahlorgan, nämlich der Hauptversammlung (§ 119 Abs. 1 Nr. 1 AktG), gewählt werden (vgl. § 6 MontanMitbestG). Für die Nichtigkeit und Anfechtung dieser Wahlen gelten die §§ 250–252 AktG. Zuständig für die Anfechtungsklage nach § 251 AktG und die Klage auf Feststellung der Nichtigkeit nach § 250 Abs. 2 AktG sind gem. § 251 Abs. 3, § 250 Abs. 3 iVm. § 246 Abs. 3 Satz 1 AktG in 1. Instanz die LG. Diese Zuständigkeit der ordentlichen Gerichte erstreckt sich auch auf gerichtliche Verfahren, in denen Fehler bei der dem eigentlichen Wahlverfahren vorgeschalteten Auswahl durch die BR geltend gemacht werden[8].

2. Anfechtung der Wahl

84 Gemäß § 22 MitbestG, § 10m MontanMitbestGErgG und § 11 DrittelbG ist die Wahl der ArbN-Vertreter in den Aufsichtsrat und gem. § 21 MitbestG, § 10l MontanMitbestGErgG auch die Wahl der Delegierten jeweils beim ArbG anfechtbar. Über solche Anfechtungsstreitigkeiten entscheiden die ArbG nach Abs. 1 Nr. 3 im Beschlussverfahren.

3. Nichtigkeit der Wahl

85 Unter Nr. 3 fällt auch die Geltendmachung der Nichtigkeit der Wahl der Aufsichtsratsmitglieder, sofern davon ArbN-Vertreter betroffen sind[9]. Zwar enthalten das MitbestG, das MontanMitbestGErgG und das DrittelbG keine Vorschriften über die Nichtigkeit der Wahl von Aufsichtsratsmitgliedern der ArbN. Es besteht jedoch kein Streit darüber, dass die Wahl ebenso wie diejenige des BR nichtig sein kann, wenn in grober und offensichtlicher Weise gegen wesentliche Verfahrensvorschriften oder -grundsätze verstoßen worden ist, so dass auch der Anschein einer dem Gesetz entsprechenden Wahl nicht mehr besteht[10]. Die Nichtigkeit der Aufsichtsratswahl kann nicht nur mit einem Feststellungsantrag beim ArbG, sondern auch als Vorfrage in jedem anderen gerichtlichen Verfahren geltend gemacht werden. Wenn aber beim ArbG die Feststellung der Nichtigkeit beantragt wird, entscheidet dieses im Beschlussverfahren.

---

1 Zu einem solchen Fall BAG v. 25.3.1976 – 1 AZR 192/75, DB 1976, 1064.
2 Vom 4.5.1976 (BGBl. I S. 1153).
3 Vom 7.8.1956 (BGBl. I S. 707).
4 Vom 18.5.2004 (BGBl. I S. 974).
5 Vom 21.5.1951 (BGBl. I S. 347).
6 Dazu BAG v. 24.5.1957 – 1 ABR 3/56, BAGE 4, 181.
7 MünchArbR/*Wißmann*, § 283 Rz. 10.
8 MünchArbR/*Wißmann*, § 283 Rz. 10.
9 *Ulmer/Habersack/Henssler*, § 6 MitbestG Rz. 80.
10 Vgl. BAG v. 28.11.1977 – 1 ABR 36/76, BB 1978, 1011; BAG v. 10.6.1983 – 6 ABR 50/82, DB 1983, 2142; GK-BetrVG/*Kraft*, 7. Aufl., § 76 BetrVG 1952 Rz. 84; MünchArbR/*Wißmann*, § 280 Rz. 37 mwN.

4. Verfahrensstreitigkeiten

Es kann auch schon während des Ablaufes der Wahl zu Streitigkeiten kommen, deren gerichtliche Entscheidung noch rechtzeitig vor der Wahl begehrt wird, damit erst gar nicht ein Anfechtungs- oder Nichtigkeitsgrund entsteht. Auch dabei handelt es sich um Angelegenheiten iSv. Nr. 3, sofern es um die Wahl der ArbN-Vertreter in den Aufsichtsrat geht[1]. Das gilt jedenfalls für alle Einwände gegen die Ordnungsmäßigkeit der Wahl, die später zur Anfechtung oder Nichtigkeit der Wahl führen könnten. Aber auch solche Wahlmängel, die später mangels Auswirkung auf das Wahlergebnis keine Anfechtung rechtfertigen würden, können während des Ablaufs der Wahl gerichtlich geltend gemacht werden. Beispielhaft erwähnt seien Streitigkeiten um das aktive und passive Wahlrecht[2], um Amtszeiten, Nachrücken und Nachwahlen[3] und über die Wirksamkeit von Bestimmungen im Wahlausschreiben[4]. Zu den von Nr. 3 erfassten Verfahrensstreitigkeiten gehören auch solche über den Anspruch eines ArbN auf Erstattung von Rechtsanwaltskosten, sofern diese durch die Wahl verursacht wurden[5].

86

Die Frage nach der Rechtswegzuständigkeit stellt sich auch in dem **Sonderfall**, in dem darüber gestritten wird, ob die ArbN einer mitbestimmten KG oder eines abhängigen Konzernunternehmens oder nach den §§ 4, 5 MitbestG für die Wahl der ArbN-Vertreter im Aufsichtsrat beim herrschenden Unternehmen bzw. bei der persönlich haftenden Gesellschafterin wahlberechtigt sind (vgl. die ausdrückliche Regelung in § 2 DrittelbG). Zum Teil wird vertreten, diese Frage sei im sog. Statusverfahren nach den § 96 Abs. 4, §§ 97, 98 AktG vor dem LG zu klären[6]. Dieses Verfahren ist jedoch nur bei einem Streit oder der Ungewissheit über die Zusammensetzung des Aufsichtsrates vorgesehen. Das Statusverfahren ist also die richtige Verfahrensart, wenn es darum geht, wie sich die Konzernzugehörigkeit eines Unternehmens auf die Größe des Aufsichtsrates sowie darauf auswirkt, ob das MitbestG überhaupt anwendbar ist[7]. Falls dagegen allein um die Wahlberechtigung von ArbN bei den Wahlen zum Aufsichtsrat im herrschenden Unternehmen bzw. bei der persönlich haftenden Gesellschafterin gestritten wird, sind die ArbG nach § 2a Abs. 1 Nr. 3 zuständig[8].

87

5. Abberufungsstreitigkeiten

Die Rechtswegzuständigkeit im Beschlussverfahren nach Nr. 3 ist ferner gegeben, wenn über die Abberufung von ArbN-Vertretern im Aufsichtsrat zu entscheiden ist. Die Voraussetzungen für eine Abberufung ergeben sich aus § 23 MitbestG, aus § 10n MontanMitbestGErgG sowie aus § 12 DrittelbG. Nach hM kann die Abberufung angefochten werden, obwohl es dafür an einer ausdrücklichen Rechtsgrundlage fehlt, und zwar gem. § 2a Abs. 1 Nr. 3 im arbeitsgerichtlichen Beschlussverfahren[9]. Die Anfechtbarkeit lässt sich mit einer entsprechenden Anwendung des § 22 MitbestG und des § 11 DrittelbG über die Anfechtung der Wahl von Aufsichtsratsmitgliedern begründen. Daraus folgt, dass vom ArbG nur die Einhaltung der wesentlichen Verfahrensvorschriften im Abberufungsverfahren zu prüfen ist.

88

Ausdrücklich **ausgenommen** von der Rechtswegzuständigkeit nach Nr. 3 ist die Abberufung von ArbN-Vertretern im Aufsichtsrat nach **§ 103 Abs. 3 AktG**. Dabei geht es um eine Abberufung durch das Gericht aus wichtigem Grund auf Antrag des Aufsichtsrats. Dafür sind nach § 375 Nr. 3 FamFG die AG zuständig.

89

6. Verlust der Wählbarkeit

Umstritten ist die Rechtswegzuständigkeit für Streitigkeiten darüber, ob das **Aufsichtsratsamt** eines derjenigen ArbN-Vertreter, die im Unternehmen beschäftigt sein müssen, **durch Verlust der Wählbarkeit** nach § 24 Abs. 1 MitbestG oder § 10o MontanMitbestGErgG **erloschen** ist. Die Problematik hat eine gewisse Sachnähe zur Wahl und Abberufung von Aufsichtsratsmitgliedern. Deshalb bejahen die arbeits-

90

---

1 Unstreitig; s. nur BAG v. 25.5.2005 – 7 ABR 42/04, NZA 2005, 1250 (1251); GMP/*Matthes/Schlewing*, § 2a Rz. 70; GK-ArbGG/*Ahrendt*, § 2a Rz. 68; GWBG/*Waas*, § 2a Rz. 27, 28; MünchArbR/*Wißmann*, § 280 Rz. 40.
2 BAG v. 25.8.1981 – 1 ABR 61/79, DB 1982, 546; BAG v. 27.1.1993 – 7 ABR 37/92, NZA 1993, 949; LAG Hamburg v. 31.1.1979 – 5 TaBV 8/78, DB 1979, 899; LAG Hamm v. 17.8.1977 – 3 TaBV 46/77, EzA § 5 MitbestG Nr. 1.
3 BAG v. 24.5.1957 – 1 ABR 9/56, DB 1957, 723; BAG v. 3.10.1989 – 1 ABR 12/88, DB 1990, 1142.
4 BAG v. 31.1.1969 – 1 ABR 10/68, BAGE 21, 312.
5 BAG v. 25.5.2005 – 7 ABR 42/04, NZA 2005, 1250 (1251).
6 LAG Düsseldorf v. 24.1.1978 – 5 TaBV 105/77, DB 1978, 987; OLG Düsseldorf v. 20.6.1978 – 19 W 3/78, DB 1978, 1358.
7 GK-ArbGG/*Ahrendt*, § 2a Rz. 66.
8 LAG Hamm v. 17.8.1977 – 3 TaBV 46/77, EzA § 5 MitbestG Nr. 1; GMP/*Matthes/Schlewing*, § 2a Rz. 72; GK-ArbGG/*Ahrendt*, § 2a Rz. 65; *Ulmer/Habersack/Henssler*, § 6 MitbestG Rz. 83.
9 *Ulmer/Habersack/Henssler*, § 23 MitbestG Rz. 26; MünchArbR/*Wißmann*, § 280 Rz. 43.

gerichtliche Rspr. und ein Teil des Schrifttums die Zuständigkeit der ArbG im Beschlussverfahren[1]. Gegen die arbeitsgerichtliche Rechtswegzuständigkeit im Beschlussverfahren spricht allerdings, dass der nachträgliche Verlust der Wählbarkeit nicht unmittelbar die Wahl betrifft, sondern die zum Gesellschaftsrecht gehörende allgemeine Rechtsstellung des Aufsichtsratsmitglieds. Der Wegfall der Wählbarkeit ändert nichts daran, dass die Wahl wirksam gewesen ist, und er ist auch kein Abberufungsgrund. Deshalb ist nach Ansicht des BGH und eines Teils des Schrifttums für solche Streitigkeiten die Rechtswegzuständigkeit der ordentlichen Gerichte gegeben[2].

7. Nicht von Nr. 3 erfasste Streitigkeiten von Arbeitnehmervertretern im Aufsichtsrat

91 Alle **Streitigkeiten** von ArbN-Vertretern im Aufsichtsrat, die **nichts mit ihrer Wahl oder ihrer Abberufung zu tun haben**, werden auch von § 2 Abs. 1 Nr. 3 nicht erfasst. Das gilt etwa für Streitigkeiten um die Befugnisse oder Pflichten der Aufsichtsratsmitglieder[3], um Vergütungs-, Aufwendungsersatz- oder Schadenersatzansprüche des ArbN-Vertreters im Aufsichtsrat gegen das Unternehmen[4] oder umgekehrt um Schadenersatzansprüche des Unternehmens gegen das Aufsichtsratsmitglied[5]. In diesen Fällen ist die Rechtswegzuständigkeit der **ordentlichen Gerichte** gegeben[6].

92 Wenn ein ArbN-Vertreter im Aufsichtsrat gleichzeitig ArbN im Unternehmen ist, sind **Streitigkeiten** aus seiner Wahl oder Abberufung streng von denjenigen **aus dem Arbeitsverhältnis** zu trennen. Für Letztgenannte ist die Rechtswegzuständigkeit der ArbG im **Urteilsverfahren** nach § 2 Abs. 1 Nr. 3 gegeben. Das gilt etwa für Vergütungsansprüche, auch wenn sie für die Zeit einer Aufsichtsratstätigkeit geltend gemacht werden. Die Mitgliedschaft im Aufsichtsrat und die behauptete Aufsichtsratstätigkeit im fraglichen Zeitraum sind dann Vorfragen, über die im Urteilsverfahren mit entschieden wird. Dieses ist ferner die richtige Verfahrensart für Streitigkeiten wegen Benachteiligungen von ArbN-Aufsichtsratsmitgliedern nach § 26 MitbestG, § 10k MontanMitbestGErgG und § 9 DrittelbG[7] sowie für Kündigungsschutzklagen von ArbN im Aufsichtsrat, auch wenn die Kündigung auf Pflichtverletzungen im Rahmen der Aufsichtsratstätigkeit beruht[8].

IV. Angelegenheiten aus dem Neunten Buch Sozialgesetzbuch – SGB IX (Nr. 3a)

93 Die Nr. 3a wurde erst durch das Gesetz zur Reform des Sozialhilferechts vom 23.7.1996[9] eingefügt. Sie regelte ursprünglich die Rechtswegzuständigkeit der ArbG im Beschlussverfahren nur für die Angelegenheiten des Werkstattrats nach dem früheren § 54c SchwbG. Durch das Arbeitsgerichtsbeschleunigungsgesetz vom 30.4.2000[10] wurde die Rechtswegzuständigkeit auf Angelegenheiten der Schwerbehindertenvertretung nach den früheren §§ 24, 25 SchwbG erweitert. Durch Gesetz vom 19.6.2001[11] wurde das SchwbG als Neuntes Buch in das SGB integriert. An die Stelle der §§ 24, 25 und 54c SchwbG sind die §§ 94, 95 und 139 SGB IX getreten.

Nach dem Bundesteilhabegesetz vom 23.10.2016[12] wird ab 1.1.2018 in § 2a Abs. 1 Nummer 3a die Angabe „94, 95, 139" durch die Angabe „177, 178 und 222" ersetzt. Dabei handelt es sich um eine redaktionelle Folgeänderung aufgrund der Neufassung des SGB IX. Im Folgenden sind bereits die neuen Vorschriften zitiert.

---

1 S. etwa BAG v. 25.10.2000 – 7 ABR 18/00, NZA 2001, 461; aus der Sachentscheidung in einem Streit über den Verlust der Wählbarkeit ist zu ersehen, dass das ArbG seine Rechtswegzuständigkeit im Beschlussverfahren bejaht hat. Vgl. auch BAG v. 31.1.1969 – 1 ABR 10/68, DB 1969, 927; *Fitting*, 20. Aufl., § 76 BetrVG 1952 Rz. 186; GK-ArbGG/*Ahrendt*, § 2a Rz. 67a.
2 BGH v. 21.2.1963 – II ZR 76/62, AP Nr. 12 zu § 76 BetrVG 1952 (allerdings noch unter Geltung des ArbGG 1953, in dem es den heutigen § 2a noch nicht gab); *Wißmann/Kleinsorge/Schubert*, § 24 MitbestG Rz. 19; GMP/*Matthes/Schlewing*, § 2a Rz. 76; *Ulmer/Habersack/Henssler*, § 24 MitbestG Rz. 9; *Raiser/Veil/Jacobs*, § 24 MitbestG Rz. 4.
3 OLG Düsseldorf v. 15.10.1973 – 6 U 131/72, AuR 1974, 251.
4 *Ulmer/Habersack/Henssler*, § 26 MitbestG Rz. 20.
5 *Ulmer/Habersack/Henssler*, § 26 MitbestG Rz. 21; noch zum früheren § 76 BetrVG 1952: *Dietz/Richardi*, 6. Aufl., § 76 BetrVG 1952 Rz. 227; *Fitting*, 20. Aufl., § 76 BetrVG 1952 Rz. 188; *Wiesner*, DB 1977, 1747.
6 GMP/*Matthes/Schlewing*, § 2a Rz. 77; GK-ArbGG/*Ahrendt*, § 2a Rz. 68; GWBG/*Waas*, § 2a Rz. 27, 28.
7 GK-ArbGG/*Ahrendt*, § 2a Rz. 69; *Ulmer/Habersack/Henssler*, § 26 MitbestG Rz. 20.
8 BAG v. 4.4.1974 – 2 AZR 452/73, DB 1974, 1067.
9 BGBl. I S. 1088.
10 BGBl. I S. 333.
11 BGBl. I S. 1046.
12 BGBl. I S. 3234.

1. Angelegenheiten der Schwerbehindertenvertretung (§§ 177, 178 SGB IX)

Unter den Voraussetzungen des § 177 SGB IX werden in Betrieben und Dienststellen Schwerbehindertenvertretungen gewählt. In § 177 SGB IX sind die Wahl und die Amtszeit, in § 178 SGB IX die Aufgaben der Schwerbehindertenvertretung geregelt. 94

a) Schwerbehindertenvertretung in Betrieben

Soweit Schwerbehindertenvertretungen in Betrieben eingerichtet sind, für die das Betriebsverfassungsrecht gilt, haben die §§ 177, 178 SGB IX Parallelen im BetrVG. Außerdem ist hinsichtlich der Wahlanfechtung, des Wahlschutzes und der Wahlkosten in § 177 Abs. 6 SGB IX ausdrücklich die sinngemäße Anwendung des BetrVG angeordnet. Deshalb liegt es nahe, Streitigkeiten der Schwerbehindertenvertretung aus Betrieben ebenfalls im arbeitsgerichtlichen Beschlussverfahren zu entscheiden. 95

Für Streitigkeiten im Zusammenhang mit der Wahl, der Amtszeit und den Aufgaben und Befugnissen der Schwerbehindertenvertretung ist daher die **Rechtswegzuständigkeit der ArbG im Beschlussverfahren klargestellt**[1]. Das ist auch sachgerecht, weil diese Befugnisse ihre Grundlage nicht im Arbeitsverhältnis des jeweiligen Vertrauensmannes oder der jeweiligen Vertrauensfrau haben (dann wäre das Urteilsverfahren die richtige Verfahrensart), sondern in dem wahrgenommenen Amt der Schwerbehindertenvertretung. Diese ist aber ebenso wie der BR oder der Sprecherausschuss ein Organ der Verfassung des Betriebes. Die Regelung der Rechtswegzuständigkeit in Nr. 3a erfasst nach ihrem Sinn auch die Konzern-, Gesamt-, Bezirks- und Hauptschwerbehindertenvertretung nach § 180 SGB IX, auch wenn diese Vorschrift in Nr. 3a nicht genannt ist[2]. Insoweit besteht eine planwidrige Regelungslücke, die durch eine entsprechende Anwendung des § 2a Abs. 1 Nr. 3a zu schließen ist; denn es geht bei der Wahl auch dieser ArbN-Vertretung um eine kollektivrechtliche Materie, für die das arbeitsgerichtliche Beschlussverfahren die richtige Verfahrensart ist[3]. 96

b) Schwerbehindertenvertretung in Dienststellen

Umstritten ist, ob die Rechtswegzuständigkeit der ArbG im Beschlussverfahren unabhängig davon besteht, ob die Schwerbehindertenvertretung in einem Betrieb oder in einer Dienststelle eingerichtet ist. Vor Einfügung der heutigen Nr. 3a in § 2a hat die Rspr. unter Geltung des § 24 Abs. 6 Satz 2 SchwbG angenommen, dass für Angelegenheiten von Schwerbehindertenvertretungen in Dienststellen der **Rechtsweg zu den Verwaltungsgerichten** gegeben ist[4]. Diese Ansicht wurde auch unter der Geltung der Nr. 3a und nach Ersetzung des § 24 Abs. 6 Satz 2 SchwbG durch den wortgleichen § 94 Abs. 6 Satz 2 SGB IX (ab 1.1.2018: § 177 Abs. 6 Satz 2 SGB IX) weiter vertreten mit der Begründung, der Gesetzgeber habe an der vorherigen Rechtslage nichts ändern wollen[5]. Die wohl hM, insbesondere das BAG, leitet dagegen aus dem Wortlaut der Nr. 3a ab, die in den Angelegenheiten aus den §§ 94, 95, 139 SGB IX (ab 1.1.2018: §§ 177, 178, 222 SGB IX) immer die Gerichte für Arbeitssachen ausschließlich zuständig sind; mit dieser Regelung habe der Gesetzgeber eine verbindliche Zuweisung an die ArbG vorgenommen[6]. Damit dürfte der Streit für die Praxis entschieden sein. Auch für Angelegenheiten der Schwerbehindertenvertretung in einer Dienststelle ist deshalb nach § 2a Abs. 1 Nr. 3a der Rechtsweg zu den ArbG gegeben. 97

c) Persönliche Rechtsstellung der Vertrauensperson der Schwerbehinderten

Die persönliche Rechtsstellung der Vertrauensperson der Schwerbehinderten ist in § 179 Abs. 3–6 SGB IX näher ausgestaltet. Diese Vorschrift ist in § 2a Abs. 1 Nr. 3a gerade nicht genannt. Soweit die persönliche Rechtsstellung ihre **Grundlage im Arbeitsverhältnis** hat, ist – wie bei BR-Mitgliedern – nach wie vor das **Urteilsverfahren** die richtige Verfahrensart[7]. Das gilt etwa für Kündigungs- und Versetzungsschutzklagen 98

---

1 So schon vorher BAG v. 21.9.1989 – 1 AZR 465/88, NZA 1990, 362 für die Beteiligungsrechte der Schwerbehindertenvertretung im weitesten Sinne gegenüber dem ArbGeb oder anderen Organen der Betriebsverfassung. Ebenso BVerwG v. 4.10.1993 – 6 P 30.92, AP Nr. 9 zu § 2a ArbGG 1979.
2 GK-ArbGG/*Ahrendt*, § 2a Rz. 72.
3 BAG v. 22.3.2012 – 7 AZB 51/11, NZA 2012, 690 (691).
4 BAG v. 21.9.1989 – 1 AZR 465/88, NZA 1990, 362 (363 f.); BVerwG v. 17.3.1983 – 6 P 30.83, Die Personalvertretung 1984, 320.
5 Ausdrücklich *Lamster*, NZA 2004, 301; *Schaub*, NZA 2000, 344; im Ergebnis ebenso GMP/*Matthes*/*Schlewing*, 4. Aufl, § 2a Rz. 23; s. auch 1. Aufl.
6 BAG v. 11.11.2003 – 7 AZB 40/03, NZA-RR 2004, 657 f.; ebenso (auch schon vorher) *Adlhoch*, NZA 2004, 1372 (1373); GK-ArbGG/*Ahrendt*, § 2a Rz. 71; GMP/*Matthes*/*Schlewing*, § 2a Rz. 25.
7 BAG v. 30.3.2010 – 7 AZB 32/09, NZA 2010, 668 (669); BAG v. 21.9.1989 – 1 AZR 465/88, NZA 1990, 362; ebenso GK-ArbGG/*Ahrendt*, § 2a Rz. 72.

(vgl. § 179 Abs. 3 SGB IX); denn sie betreffen den Bestand bzw. den Inhalt des Arbeitsverhältnisses (§ 2 Abs. 1 Nr. 3 Buchst. b). Soweit es dabei auf die Rechtsstellung als Vertrauensperson der Schwerbehinderten ankommt (zB § 179 Abs. 3 SGB IX iVm. § 15 KSchG), handelt es sich nur um eine Vorfrage. Gleiches gilt, wenn für die Zeit einer Amtstätigkeit oder einer Schulungsteilnahme der Vergütungsanspruch geltend gemacht wird. Dieser Anspruch resultiert aus dem Arbeitsverhältnis. Die aus dem Amt folgenden Freistellungsvoraussetzungen sind nur Vorfragen.

99 Die persönlichen Befugnisse und Pflichten der Vertrauensperson der Schwerbehinderten können ihre **Grundlage** aber **auch im Amt** haben. Deshalb muss wie bei BR-Mitgliedern etwa bei Streitigkeiten über die Freistellung für die Amtstätigkeit und für die Teilnahme an Schulungs- und Bildungsveranstaltungen sowie über die Schulungskosten (§ 179 Abs. 4 SGB IX) im **Beschlussverfahren** entschieden werden; denn die entsprechenden Ansprüche ergeben sich aus dem Amt und nicht aus dem Arbeitsverhältnis[1]. Gleiches gilt für den Anspruch auf Arbeitsbefreiung zum Ausgleich für eine betriebsbedingt außerhalb der Dienstzeit durchgeführte Amtstätigkeit (vgl. Rz. 49 f.) und für Rechtsstreitigkeiten über die Pflicht des ArbGeb aus § 179 Abs. 8 Satz 1 SGB IX, die Kosten der Schwerbehindertenvertretung zu tragen[2]. Zwar ist § 179 Abs. 8 SGB IX in § 2a Abs. 1 Nr. 3a nicht genannt; aber diese Vorschrift ist wegen des kollektiven Charakters der Streitigkeiten nach § 179 Abs. 8 SGB IX analog anzuwenden. Auch wenn um die Zustimmungsersetzung nach den § 99 Abs. 4, § 103 Abs. 2, 3 BetrVG gestritten wird, die wegen der einem BR-Mitglied vergleichbaren Rechtsstellung (§ 179 Abs. 3 Satz 1 SGB IX) bei Kündigungen und anderen personellen Einzelmaßnahmen erforderlich sein kann, liegt eine betriebsverfassungsrechtliche Streitigkeit vor, die ins Beschlussverfahren gehört. Begehrt die Vertrauensperson der Schwerbehinderten Entfernung einer ihr erteilten Abmahnung aus der Personalakte, ist das Beschlussverfahren auch dann die richtige Verfahrensart, wenn in der Abmahnung eine Störung der Amtstätigkeit liegen kann[3]. Gleiches gilt, wenn der Entfernungsanspruch durch die Schwerbehindertenvertretung wegen Behinderung ihrer Tätigkeit geltend gemacht wird[4]; ob ein eigener Entfernungsanspruch der Schwerbehindertenvertretung besteht, ist eine Frage der Begründetheit. Zur vergleichbaren Problematik beim Anspruch eines BR-Mitglieds auf Entfernung einer Abmahnung s. Rz. 37a, Rz. 46.

2. Angelegenheiten des Werkstattrats (§ 222 SGB IX)

100 In § 222 SGB IX ist die Mitwirkung behinderter Menschen in den Werkstätten für behinderte Menschen geregelt. Betroffen sind solche behinderte Menschen, die im Arbeitsbereich anerkannter Werkstätten beschäftigt, aber nicht ArbN sind, sondern zu den Werkstätten in einem arbeitnehmerähnlichen Rechtsverhältnis stehen (§ 221 Abs. 1 SGB IX). Gemäß § 222 Abs. 1 SGB IX wirken sie unabhängig von ihrer Geschäftsfähigkeit durch gewählte Werkstatträte in denjenigen Angelegenheiten der Werkstatt mit, die ihre Interessen berühren. Gegenstand, Art und Umfang der Mitwirkung sowie Einzelheiten zur Durchführung der Wahl sollen gem. § 227 Abs. 2 SGB IX durch (eine bisher nicht erlassene) Rechtsverordnung des BMAS bestimmt werden. Streitigkeiten über das aktive und passive Wahlrecht, das Wahlverfahren, die Mitbestimmungsrechte und die Rechtsstellung der Mitglieder im Werkstattrat werden im arbeitsgerichtlichen Beschlussverfahren entschieden. Die Beteiligtenfähigkeit des Werkstattrats ergibt sich aus § 10.

V. Angelegenheiten aus dem EBRG (Nr. 3b)

101 Nach Nr. 3b ist die Zuständigkeit der ArbG im Beschlussverfahren auch in Angelegenheiten aus dem Gesetz über Europäische Betriebsräte (EBRG) vom 28.10.1996[5] gegeben. Danach sind in gemeinschaftsweit tätigen Unternehmen mit einer bestimmten ArbN-Zahl (vgl. §§ 2-4 EBRG) zwischen der zentralen Unternehmensleitung und einem besonderen Verhandlungsgremium mit ArbN-Vertretern (§§ 8 ff. EBRG) zwecks grenzüberschreitender Unterrichtung und Anhörung der ArbN europäische Betriebsräte (EBR) oder Verfahren zur Unterrichtung und Anhörung der ArbN zu vereinbaren (§ 1 Abs. 1 EBRG). Die Nr. 3b ist vergleichbar mit den Nrn. 1 und 2 generalklauselartig formuliert. Sie bezieht sich auf alle Streitigkeiten über die Anwendbarkeit des EBRG (§§ 2 ff. EBRG), über den Auskunftsanspruch einer ArbN-Vertretung gegen die Unternehmensleitung hinsichtlich der Anzahl der ArbN und ihrer Verteilung auf die Mitglied-

---

1 Wie hier LAG Nds. v. 7.8.2008 – 7 TaBV 148/07, Rz. 45; LAG Nürnberg v. 22.10.2007 – 6 Ta 155/07, ZTR 2008, 116 Rz. 20; LAG Sachsen v. 2.10.2009 – 2 TaBVGa 4/09, Rz. 55 ff.; GMP/*Matthes/Schlewing*, § 2a Rz. 26; aM LAG Düsseldorf, Kammer Köln v. 11.7.1977 – 19 Sa 39/77, EzA § 23 SchwbG Nr. 2.
2 BAG v. 30.3.2010 – 7 AZR 32/09, NZA 2010, 668 (669 f.).
3 LAG Nürnberg v. 10.11.2015 – 2 Ta 132/15, Rz. 23.
4 LAG Nürnberg v. 10.11.2015 – 2 Ta 132/15, Rz. 20 ff.
5 BGBl. I S. 1548; neu gefasst durch Gesetz vom 7.12.2011 (BGBl. I S. 2650).

staaten (§ 5 EBRG), über Aufgaben, Bildung, Zusammensetzung, Tagung und Kosten des besonderen Verhandlungsgremiums (§§ 8 ff. EBRG), über den Inhalt und die Durchführung der Vereinbarungen über grenzüberschreitende Unterrichtung und Anhörung (§§ 17 ff. EBRG), über die Einrichtung und Zusammensetzung eines EBR kraft Gesetzes (§§ 21 ff. EBRG) sowie über dessen Geschäftsführung (§§ 25 ff. EBRG), Kosten (§ 39 EBRG) und Mitwirkungsrechte (§§ 29 ff. EBRG), über die allgemeinen Grundsätze der Zusammenarbeit und über Geheimhaltungspflichten (§§ 34 f. EBRG) sowie über die Fortgeltung und den Inhalt von solchen Vereinbarungen, die schon vor Inkrafttreten des EBRG über die grenzüberschreitende Unterrichtung und Anhörung bestanden (§ 41 EBRG).

Ausdrücklich **ausgenommen** sind lediglich die §§ **43–45 EBRG**. Sie enthalten (ähnlich wie die §§ 119–121 BetrVG und §§ 34–36 SprAuG) Straf- und Bußgeldvorschriften. Insoweit ist gem. § 13 GVG und §§ 68 ff. OWiG der Rechtsweg zu den **ordentlichen Gerichten** gegeben. 102

Soweit um die **persönliche Rechtsstellung** eines Mitglieds des besonderen Verhandlungsgremiums (§§ 8 ff. EBRG) oder des EBR kraft Gesetzes (§§ 21 ff. EBRG) gestritten wird, ist für die Verfahrensart wie bei BR-Mitgliedern und anderen Amtsträgern zu unterscheiden: Bei einem Streit über den Inhalt oder Bestand des Arbeitsverhältnisses ist die Zuständigkeit des ArbG im Urteilsverfahren gegeben (§ 2 Abs. 1 Nr. 3), in dem über Vorfragen aus dem EBRG mitentschieden wird. Falls dagegen über Rechte und Pflichten aus dem Amtsverhältnis oder um dessen Bestand gestritten wird, greift § 2a Nr. 3b ein. 103

VI. Angelegenheiten aus dem BBiG (Nr. 3c)

Nr. 3c sieht die Zuständigkeit im Beschlussverfahren in Angelegenheiten im Zusammenhang mit der **Interessenvertretung von Auszubildenden in außerbetrieblichen Bildungseinrichtungen** nach § 51 BBiG vor. Außerbetriebliche Bildungseinrichtungen sind solche, die einen Produktions- oder Dienstleistungsbetrieb lediglich nachahmen. Die Auszubildenden in solchen Einrichtungen gehören nicht zur Belegschaft des Ausbildungsbetriebes, weil sie nicht im Rahmen des arbeitstechnischen Zwecks des Betriebes ausgebildet werden und nicht in den Betrieb integriert sind. Sie sind daher auch nicht zum BR oder zur Jugend- und Auszubildendenvertretung wählbar. Deshalb sieht § 51 BBiG[1] für sie eine eigene Interessenvertretung vor. 104

Die Zusammensetzung, die Amtszeit und die Durchführung der Wahl der Interessenvertretung, insbesondere die Feststellung der Wahlberechtigung und Wählbarkeit sowie Art und Umfang der Beteiligung werden vom Bundesministerium für Bildung und Forschung durch Rechtsverordnung geregelt (§ 52 BBiG). Für Streitigkeiten im Zusammenhang mit diesen Fragen sind nach Nr. 3c die ArbG im Beschlussverfahren ausschließlich zuständig. Das entspricht der Zuständigkeit für Angelegenheiten nach Nr. 1 und Nr. 3a. 105

VII. Angelegenheiten aus § 10 des BFDG (Nr. 3d)

Durch Gesetz vom 28.4.2011 wurde mit Wirkung zum 3.5.2011 die Nr. 3d neu eingefügt[2]. Danach erstreckt sich die Rechtswegzuständigkeit der ArbG im Beschlussverfahren auf Streitigkeiten im Zusammenhang mit der Beteiligung von Freiwilligen nach § 10 des BFDG. Die Freiwilligen nach dem BFDG engagieren sich für das Allgemeinwohl, insbesondere im sozialen, ökologischen und kulturellen Bereich sowie im Bereich des Sports, der Integration und des Zivil- und Katastrophenschutzes (§ 1 Satz 1 BFDG). Zwischen ihnen und dem Bund besteht kein Arbeitsverhältnis, sondern ein öffentliches Dienstverhältnis eigener Art (dazu schon § 2 Rz. 175a)[3]. Dieses Rechtsverhältnis unterfällt nicht dem BetrVG, so dass es für die Freiwilligen keine BR gibt. Allerdings wählen die Freiwilligen gem. § 10 Satz 1 BFDG Sprecherinnen und Sprecher, die ihre Interessen gegenüber den Einsatzstellen, Trägern, Zentralstellen und der zuständigen Bundesbehörde vertreten. Einzelheiten zum Wahlverfahren regelt gem. § 10 Satz 2 BFDG das Bundesministerium für Familie, Senioren, Frauen und Jugend durch Rechtsverordnung, die nicht der Zustimmung des Bundesrates bedarf. Auf Anregung des Bundesrates[4] wurde für Streitigkeiten im Zusammenhang mit dem Wahlverfahren und der Interessenwahrnehmung der Freiwilligen gegenüber den Einsatzstellen, Trägern, Zentralstellen und der zuständigen Bundesbehörde die Nr. 3d über die Rechtswegzuständigkeit der ArbG im Beschlussverfahren eingefügt. Für bürgerliche Rechtsstreitigkeiten zwischen den Freiwilligen und den genannten 105a

---

1 § 18a BBiG aF (entspricht § 51 BBiG) eingefügt durch Gesetz vom 8.8.2002, BGBl. I, S. 3140.
2 BGBl. I S. 687.
3 BT-Drs. 17/4803, S. 17, 18.
4 BT-Drs. 17/4803, S. 23.

Stellen ist gem. § 2 Abs. 1 Nr. 8a die Rechtswegzuständigkeit der ArbG im Urteilsverfahren gegeben (dazu § 2 Rz. 175a).

VIII. Angelegenheiten aus dem SEBG (Nr. 3e)

106 Nach Nr. 3e ist die Rechtswegzuständigkeit der ArbG in Angelegenheiten des SE-Beteiligungsgesetzes vom 22.12.2004 – SEBG[1] gegeben. Das SEBG regelt die Beteiligungsrechte der ArbN in der Europäischen Gesellschaft (SE). Das Gesetz weist Strukturähnlichkeiten mit dem EBRG (Rz. 101 ff.) auf. Nach § 1 Abs. 2 SEBG ist vorrangig eine Vereinbarung zwischen den Leitungen der beteiligten Gesellschaften und dem nach den §§ 4 ff. SEBG zu bildenden besonderen Verhandlungsgremium über die ArbN-Beteiligung in der SE zu treffen (zum Inhalt s. § 21 SEBG). Kommt es nicht zu einer solchen Vereinbarung, gilt die in den §§ 22 ff. SEBG geregelte ArbN-Beteiligung kraft Gesetzes, wozu auch die Errichtung eines SE-BR (§ 23 SEBG) gehört. Für Streitigkeiten zB über Bildung, Wahl und Zusammensetzung des besonderen Verhandlungsgremiums (§§ 5 ff. SEBG), über das Verhandlungsverfahren (§§ 11 ff. SEBG), über Abschluss und Inhalt der Beteiligungs-Vereinbarung nach § 21 SEBG[2], über Bildung, Geschäftsführung, Aufgaben und Kostenfreistellung des SE-BR (§§ 22 ff. SEBG), über die Mitbestimmung kraft Gesetzes nach §§ 34 ff. SEBG, soweit es um die Wahl von ArbN-Vertretern in das Aufsichts- oder Verwaltungsgremium oder ihre Abberufung geht (außer Abberufung nach § 103 Abs. 3 AktG, dazu Rz. 89) sowie über die Grundsätze der Zusammenarbeit und die Vorschriften zur Geheimhaltung, zum Schutz der ArbN-Vertreter, zum Missbrauchsverbot und zum Errichtungs- und Tendenzschutz (§§ 40 ff. SEBG), ist nach Nr. 3a die Rechtswegzuständigkeit der ArbG gegeben. Ausgenommen sind – wie nach dem EBRG (Rz. 102) – lediglich die Straf- und Bußgeldvorschriften der §§ 45 und 46 SEBG; insoweit ist der Rechtsweg zu den ordentlichen Gerichten gegeben.

IX. Angelegenheiten aus dem SCEBG (Nr. 3f)

107 Nr. 3f sieht die Rechtswegzuständigkeit der ArbG in Angelegenheiten nach dem SCE-Beteiligungsgesetz vom 14.8.2006 – SCEBG[3] vor. Darin geht es um die ArbN-Beteiligung in der Europäischen Genossenschaft. Das SCEBG ist in seiner Zielsetzung, seinem Aufbau und seinem Inhalt dem SEBG vergleichbar. Sein Ziel besteht darin, die erworbenen Beteiligungsrechte an Unternehmensentscheidungen zu sichern (§ 1 Abs. 1 Satz 2 SCEBG). Das erfolgt vorrangig durch eine Beteiligungsvereinbarung (§ 21 SCEBG) zwischen den Leitungen und dem nach §§ 4 ff. SCEBG zu bildenden besonderen Verhandlungsgremium, andernfalls durch die Geltung der in den §§ 22 ff. SCEBG geregelten Mitbestimmung kraft Gesetzes, zu der auch die Bildung eines SCE-BR gehört. Alle Angelegenheiten aus dem SCEBG mit Ausnahme der Straf- und Bußgeldangelegenheiten nach §§ 47 und 48 SCEBG werden von Nr. 3f erfasst. Soweit es um die Mitbestimmung kraft Gesetzes nach §§ 34 bis 39 SCEBG geht, betrifft das allerdings nur Streitigkeiten über die Wahl der ArbN-Vertreter in das Aufsichts- oder Verwaltungsgremium sowie deren Abberufung.

X. Angelegenheiten aus dem MgVG (Nr. 3g)

108 In Nr. 3g wird die Rechtswegzuständigkeit der ArbG auf Angelegenheiten aus dem Gesetz über die Mitbestimmung der ArbN bei grenzüberschreitenden Verschmelzungen vom 21.12.2006 – MgVG[4] erstreckt. Dieses Gesetz bezweckt die Sicherung der Mitbestimmungsrechte der ArbN in den Unternehmensorganen, und zwar dann, wenn ihre Gesellschaften grenzüberschreitend zu einer neu entstehenden Gesellschaft verschmolzen werden (vgl. § 1 Abs. 1 MgVG). Diese Sicherung ist auf drei Wegen möglich (§ 1 Abs. 2 MgVG): Der erste besteht darin, dass das nationale Recht des Mitgliedstaats, in dem die aus der grenzüberschreitenden Verschmelzung hervorgehende Gesellschaft ihren Sitz hat, einen ausreichenden Schutz zur Sicherung der Mitbestimmungsrechte der ArbN gewährt. Wenn das nicht der Fall ist, wird eine Vereinbarung zwischen den Leitungen und dem nach §§ 6 ff. MgVG zu bildenden besonderen Verhandlungsgremium über die Mitbestimmungsrechte der ArbN in der neu entstehenden Gesellschaft getroffen (zum Inhalt s. § 22 MgVG). Kommt es nicht zu einer solchen Vereinbarung, gilt die in den §§ 23 ff. MgVG geregelte Mitbestimmung kraft Gesetzes. Für alle Angelegenheiten aus diesem Gesetz mit Ausnahme der Straf- und Bußgeldangelegenheiten nach den §§ 34, 35 MgVG sind nach Nr. 3g die ArbG zuständig. Soweit

---

1 BGBl. I S. 3675, 3686.
2 S. dazu den Hinweis von *Bungert/Gotsche*, ZIP 2013, 649 (659) auf zwei Entscheidungen des ArbG Stuttgart.
3 BGBl. I S. 1911, 1917.
4 BGBl. I S. 3332.

es um die Mitbestimmung kraft Gesetzes nach §§ 23–28 MgVG geht, betrifft das allerdings nur Streitigkeiten über die Wahl der ArbN-Vertreter in das Aufsichts- oder Verwaltungsgremium sowie deren Abberufung (außer Abberufung nach § 103 Abs. 3 AktG, dazu Rz. 89).

XI. Entscheidung über die Tariffähigkeit und die Tarifzuständigkeit (Nr. 4)

Gemäß Nr. 4 ist die Zuständigkeit des ArbG im Beschlussverfahren für die Entscheidung über die Tariffähigkeit und Tarifzuständigkeit einer Vereinigung gegeben. 109

1. Vereinigung

Mit Vereinigung iSv. Nr. 4 sind ArbN- und ArbGeb-Vereinigungen gemeint. Im Einzelnen gehören dazu Gewerkschaften, ArbGeb-Verbände und Spitzenorganisationen (vgl. § 2 Abs. 2, 3 TVG). Über den Wortlaut hinaus greift die Vorschrift aber auch dann ein, wenn (zB wegen Mitgliedschaft in einem ArbGeb-Verband) über die Tariffähigkeit oder -zuständigkeit eines einzelnen ArbGeb gestritten wird[1], was aber selten vorkommen dürfte. 110

2. Tariffähigkeit

Tariffähigkeit ist die Fähigkeit, Partei eines Tarifvertrags iSd. TVG zu sein. Sie kommt gem. § 2 Abs. 1 TVG **Gewerkschaften, einzelnen ArbGeb** und **ArbGeb-Vereinigungen** zu. Nach § 2 Abs. 3 TVG können auch **Spitzenorganisationen**, also Zusammenschlüsse von Gewerkschaften und ArbGeb-Vereinigungen (§ 2 Abs. 2 TVG), Partei eines Tarifvertrags sein, wenn der Abschluss von Tarifverträgen zu ihren satzungsgemäßen Aufgaben gehört. 111

Nicht jede Vereinigung von ArbGeb oder ArbN ist tariffähig. Hinsichtlich der Voraussetzungen ist manches streitig, aber es gibt doch eine ständige Rspr.[2]. Weitgehende Einigkeit besteht darüber, dass die Vereinigung alle **Merkmale einer Koalition** (freiwilliger Zusammenschluss auf privatrechtlicher Grundlage, auf Dauer angelegt, gegnerfrei, unabhängig, Wahrung und Förderung der Arbeits- und Wirtschaftsbedingungen als Zweck, demokratische Willensbildung, Anerkennung des geltenden Tarifrechts) erfüllen muss[3]. Ferner ist **Tarifwilligkeit** erforderlich, die sich aus der Satzung der Vereinigung ergeben muss[4]. Schließlich gehört (wenn schon nicht zur Koalitionseigenschaft – str.) zur Tariffähigkeit einer ArbN-Vereinigung[5] eine hinreichende **soziale Mächtigkeit**[6], also die notwendige Durchsetzungskraft gegenüber dem sozialen Gegenspieler, wozu auch eine hinreichend leistungsfähige Organisation gehört. Insbesondere wegen dieser Voraussetzung haben Streitigkeiten über die Gewerkschaftseigenschaft von jüngeren ArbN-Vereinigungen wie der Christlichen Gewerkschaft Metall (CGM)[7], der Christlichen Gewerkschaft für Zeitarbeit und Personal-Service-Agenturen (CGZP)[8], der Gewerkschaft für Kunststoffgewerbe und Holzverarbeitung (GKH)[9] sowie der ArbN-Vereinigung „medsonet. Die Gesundheitsgewerkschaft e.V."[10], die alle nicht im DGB organisiert sind, durchaus einen praktischen Anwendungsbereich, zumal die Tariffähigkeit Vorfrage für zahlreiche Streitigkeiten (zB für individualrechtliche Ansprüche aus einem Tarifvertrag und für die Zulässigkeit eines Streiks um einen Tarifvertrag) sein kann. 112

---

1 GMP/*Matthes/Schlewing*, § 2a Rz. 83; GK-ArbGG/*Ahrendt*, § 2a Rz. 78; GWBG/*Waas*, § 2a Rz. 39.
2 Zusammenfassend BAG v. 14.12.2010 – 1 ABR 19/10, NZA 2011, 289 (295 Rz. 67); BAG v. 5.10.2010 – 1 ABR 88/09, NZA 2011, 300 (302 Rz. 30 ff.).
3 Brox/Rüthers/Henssler, Arbeitsrecht, Rz. 667; ErfK/*Franzen*, § 2 TVG Rz. 6 ff.
4 BVerfG v. 20.10.1981 – 1 BvR 404/78, NJW 1982, 815; BAG v. 10.9.1985 – 1 ABR 32/83, NJW 1986, 1708; BAG v. 25.11.1986 – 1 ABR 22/85, NZA 1987, 492.
5 Nach BAG v. 20.11.1990 – 1 ABR 62/89, NZA 1991, 428 nicht bei einer ArbGeb-Vereinigung; krit. dazu ErfK/*Franzen*, § 2 TVG Rz. 11.
6 S. nur BAG v. 14.12.2010 – 1 ABR 19/10, NZA 2011, 289 (295, Rz. 67); BAG v. 5.10.2010 – 1 ABR 88/09, NZA 2011, 300 (302 f. Rz. 32 ff.); ErfK/*Franzen*, § 2 TVG Rz. 7, 11 ff.
7 Zur Tariffähigkeit der CGM BAG v. 28.3.2006 – 1 ABR 58/04, NZA 2006, 1112; LAG BW v. 1.10.2004 – 4 TaBV 1/04, NZA 2005, 85 (86 ff.).
8 Zur Tariffähigkeit der CGZP BAG v. 14.12.2010 – 1 ABR 19/10, NZA 2011, 289; LAG Berlin-Brandenburg v. 7.12.2009 – 23 TaBV 1016/09; ArbG Berlin v. 1.4.2009 – 35 BV 17008/08; ArbG Limburg v. 19.11.2008 – 1 Ca 541/08; ArbG Osnabrück v. 15.1.2007 – 3 Ca 535/06. Zur Aussetzung eines arbeitsgerichtlichen Verfahrens zwecks Prüfung der entscheidungserheblichen Tariffähigkeit der CGZP BAG v. 28.1.2008 – 3 AZB 30/07, NZA 2008, 489.
9 BAG v. 5.10.2010 – 1 ABR 88/09, NZA 2011, 300.
10 BAG v. 11.6.2013 – 1 ABR 33/12, NZA-RR 2013, 641.

3. Tarifzuständigkeit

113 Die Tarifzuständigkeit bestimmt, mit welchem räumlichen, fachlichen und persönlichen Geltungsbereich eine tariffähige Partei Tarifverträge abschließen kann[1]. Sie ist eine rechtliche Eigenschaft der ArbGeb- oder ArbN-Vereinigung und kommt dem Verband als solchem zu. Für die **ArbN- und ArbGeb-Vereinigungen** ist die Tarifzuständigkeit nicht vorgegeben, sondern sie wird von ihnen im Rahmen ihrer Autonomie in der **Satzung** selbst festgelegt[2]. Das gilt auch für die Tarifzuständigkeit eines **Spitzenverbandes**, die aber durch die satzungsmäßig festgelegte Reichweite der Tarifzuständigkeit seiner Mitgliedsverbände begrenzt ist[3]. Um die Tarifzuständigkeit geht es auch, wenn um die Zulässigkeit und die Wirkungen einer Mitgliedschaft ohne Tarifbindung (**OT-Mitgliedschaft**) gestritten wird[4]; dahinter steckt nämlich die Frage, ob der Verband seine Tarifzuständigkeit in persönlicher Hinsicht auf einen Teil seiner Mitglieder beschränken kann. Der **einzelne ArbGeb**, der nach § 2 Abs. 1 TVG tariffähig ist, ist für alle seine Betriebe tarifzuständig.

114 Streit über die Tarifzuständigkeit kann es trotz der Organisation der meisten Gewerkschaften nach dem Industrieverbandsprinzip vor allem hinsichtlich der fachlichen Zuständigkeit für bestimmte Betriebe geben. Soweit es an der Tarifzuständigkeit fehlt, ist ein abgeschlossener Tarifvertrag unwirksam[5], oder er bindet jedenfalls nicht die ArbGeb und ArbN, die nicht unter den verbleibenden räumlichen, fachlichen und personellen Geltungsbereich des Tarifvertrags fallen. Ein Streik zwecks Erzwingung eines Tarifvertrags, für dessen Abschluss dem ArbGeb-Verband die Tarifzuständigkeit fehlt, ist unzulässig. Diese Beispiele zeigen, dass die Tarifzuständigkeit als **Vorfrage für** die Entscheidung von zahlreichen **anderen Rechtsstreitigkeiten** von Bedeutung sein kann, die dann – ebenso wie bei einem Streit über die Tariffähigkeit – gem. § 97 Abs. 5 bis zur Entscheidung über die Tarifzuständigkeit im Beschlussverfahren ausgesetzt werden müssen.

4. Gewerkschaftseigenschaft

115 Über den Gesetzeswortlaut hinaus werden von der hM, insbesondere von der Rspr. des BAG[6], auch Streitigkeiten über die Gewerkschaftseigenschaft zu den Angelegenheiten des Abs. 1 Nr. 4 gezählt[7]. Das wird mit dem Sachzusammenhang zwischen Tariffähigkeit und Gewerkschaftseigenschaft begründet. Dieser ergibt sich aus § 2 Abs. 1 TVG, wonach auf ArbN-Seite nur Gewerkschaften tariffähig sind. Jeder Streit um die Gewerkschaftseigenschaft ist damit auch ein Streit um die Tariffähigkeit, selbst wenn es im Einzelfall nicht darum geht. Deshalb werden nach der Rspr. Streitigkeiten um die Gewerkschaftseigenschaft auch dann von Abs. 1 Nr. 4 erfasst, wenn sie sich in anderem Zusammenhang als mit § 2 Abs. 1 TVG stellen, zB dann, wenn es um Gewerkschaftsrechte einer ArbN-Vereinigung nach dem Betriebsverfassungsrecht oder um die Parteifähigkeit nach § 10[8] geht. Das ist konsequent, wenn man mit der Rspr. einen für alle Gesetze einheitlichen Gewerkschaftsbegriffs vertritt[9]. Diese Rspr. zur Anwendung des Abs. 1 Nr. 4 auf Streitigkeiten um die Gewerkschaftseigenschaft ist im Schrifttum überwiegend auf Zustimmung gestoßen[10].

5. Verfahrensbesonderheiten nach § 97

116 Für das Beschlussverfahren nach Abs. 1 Nr. 4, Abs. 2 enthält § 97 Sonderregelungen hinsichtlich der Antragsberechtigung (Abs. 1), der Übersendung von rechtskräftigen Beschlüssen an die obersten Arbeitsbehörden des Bundes und des betroffenen Landes (Abs. 3) sowie der erleichterten Wiederaufnahme des

---

1 BAG v. 18.7.2006 – 1 ABR 36/05, NZA 2006, 1225 Nr. 33 mwN; BAG v. 27.9.2005 – 1 ABR 41/04, NZA 2006, 273 Nr. 36; BVerwG v. 25.7.2006 – 6 P 17/05, NZA 2006, 1371 (1372).
2 BAG v. 11.6.2013 – 1 ABR 32/12, NZA 2013, 1363 (1366 Rz. 29); BAG v. 17.4.2012 – 1 ABR 5/11, NZA 2012, 1104 (1108 Rz. 53); BAG v. 19.11.1985 – 1 ABR 37/83, NZA 1986, 480; BAG v. 12.11.1996 – 1 ABR 33/96, NZA 1997, 609; BAG v. 27.9.2005 – 1 ABR 41/04, NZA 2006, 273 Nr. 36, 38; BAG v. 18.7.2006 – 1 ABR 36/05, NZA 2006, 1225 Nr. 41 mwN.
3 *Rieble*, DB 2001, 2194 (2195 f.).
4 BAG v. 18.7.2006 – 1 ABR 36/05, NZA 2006, 1225 Nr. 51 ff.; BAG v. 23.10.1996 – 4 AZR 409/95 (A), NZA 1997, 383 (384).
5 BAG v. 27.11.1964 – 1 ABR 13/63, DB 1964, 778.
6 BAG v. 14.12.2004 – 1 ABR 51/03, SAE 2006, 94 (96); BAG v. 16.1.1990 – 1 ABR 10/89 und 1 ABR 93/88, NZA 1990, 623 ff. (626 ff.); 25.11.1986 – 1 ABR 22/85, BAGE 53, 347; BAG v. 15.3.1977 – 1 ABR 16/75, DB 1977, 772; 23.4.1971 – 1 ABR 26/70, DB 1971, 1577.
7 S.a. BVerwG v. 25.7.2006 – 6 P 17/05, NZA 2006, 1371 (1372).
8 Dazu BAG v. 22.12.1960 – 2 AZR 140/58, AP Nr. 25 zu § 11 ArbGG 1953.
9 BAG v. 22.12.1960 – 2 AZR 140/58, AP Nr. 25 zu § 11 ArbGG 1953; BAG v. 6.7.1956 – 1 AZB 18/55, BAGE 4, 351; BAG v. 25.11.1986 – 1 ABR 22/85, BAGE 53, 347.
10 *Dütz*, ArbRdG 20, 33 (46); GMP/*Matthes/Schlewing*, § 97 Rz. 6; GK-ArbGG/*Ahrendt*, § 2a Rz. 78; MünchArbR/ *Jacobs*, § 345 Rz. 50.

Verfahrens (Abs. 4). Außerdem regelt § 97 Abs. 5 die Verpflichtung zur Aussetzung eines anderen Rechtsstreits, dessen Entscheidung von der Tariffähigkeit oder Tarifzuständigkeit abhängt. Diese Vorschrift stellt sicher, dass über die Tariffähigkeit und Tarifzuständigkeit wirklich immer in einem Beschlussverfahren und nicht als Vorfrage in einem Urteilsverfahren (auch nicht in einem anderen Rechtsweg) entschieden wird[1].

XII. Entscheidung über die Wirksamkeit einer Allgemeinverbindlicherklärung nach § 5 TVG oder einer Rechtsverordnung nach §§ 7, 7a AEntG oder § 3a AÜG (Nr. 5)

Durch das Tarifautonomiestärkungsgesetz[2] wurde in § 2a Abs. 1 die Nr. 5 neu eingefügt. Danach sind die ArbGe nunmehr auch ausschließlich zuständig für die Entscheidung über die Wirksamkeit einer Allgemeinverbindlicherklärung nach § 5 des Tarifvertragsgesetzes, einer Rechtsverordnung nach § 7 oder § 7a des ArbN-Entsendegesetzes und einer Rechtsverordnung nach § 3a des Arbeitnehmerüberlassungsgesetzes. Bisher lag die Rechtswegzuständigkeit bei den Verwaltungsgerichten. Ausweislich der Begründung des Entwurfs der Bundesregierung[3] soll dadurch sichergestellt werden, dass nur noch die Gerichte für Arbeitssachen, die aufgrund ihrer Befassung mit Fragen des Arbeits- und Tarifrechts besonders sachkundig sind, über die Wirksamkeit einer Allgemeinverbindlichkeitserklärung nach TVG oder einer Rechtsverordnung nach AEntG oder AÜG zu entscheiden haben. Das Beschlussverfahren wird insbesondere wegen des dort geltenden Amtsermittlungsgrundsatzes als die richtige Verfahrensart angesehen. Einzelheiten dieses besonderen Beschlussverfahrens sind in § 98 geregelt.

116a

XIII. Entscheidung über den nach § 4a Abs. 2 Satz 2 TVG im Betrieb anwendbaren Tarifvertrag (Nr. 6)

Die Nr. 6 wurde durch das Tarifeinheitsgesetz vom 3.7.2015[4] mit Wirkung zum 10.7.2015 eingefügt. Für die Entscheidung darüber, welcher von mehreren kollidierenden Tarifverträgen nach dem gleichzeitig neu in das TVG aufgenommenen § 4a Abs. 2 Satz 2 TVG in einem Betrieb Anwendung findet, sind also ausschließlich die ArbG zuständig. Die Zuständigkeit im Beschlussverfahren wurde deshalb gewählt, weil angesichts der Breitenwirkung der Entscheidung die im Beschlussverfahren geltenden Grundsätze, insbesondere die Verpflichtung zur Amtsermittlung, als besonders geeignet angesehen wurden[5]. Für die Entscheidung über den im Betrieb anwendbaren Tarifvertrag bei Tarifkollision hat der Gesetzgeber in § 99 ein besonderes Beschlussverfahren geregelt. Gegen das Tarifeinheitsgesetz wurde Verfassungsbeschwerde eingelegt. Die mündliche Verhandlung hat bereits stattgefunden[6]. Von der Entscheidung über die Verfassungsmäßigkeit hängt auch das Schicksal des § 99 und der Regelung über die Rechtswegzuständigkeit nach § 2a Abs. 1 Nr. 6 ab.

116b

C. Prüfung der Rechtswegzuständigkeit und der richtigen Verfahrensart

Nach § 2a hat das ArbG sowohl seine Rechtswegzuständigkeit als auch die Frage zu prüfen, ob der Antragsteller die richtige Verfahrensart gewählt hat. Hinsichtlich der Regeln, nach denen diese Prüfung zu erfolgen hat, kann zumindest in Bezug auf die Zulässigkeit des Rechtsweges weitgehend auf die entsprechenden Ausführungen zur Rechtswegzuständigkeit im Urteilsverfahren verwiesen werden (§ 2 Rz. 227 ff.).

117

I. Prüfung von Amts wegen

Die **Rechtswegzuständigkeit** nach Abs. 1 ist Voraussetzung dafür, dass eine Sachentscheidung ergehen darf. Sie ist von Amts wegen zu prüfen, und zwar vorrangig vor der Frage, ob das Urteils- oder das Be-

118

---

1 BAG v. 23.10.1996 – 4 AZR 409/95 (A), NZA 1997, 383.
2 BGBl. I S. 1348. Materialien: Regierungsentwurf v. 11.4.2014: BR-Drs. 147/14; BT-Drs. 18/1558; Beschlussempfehlung und Bericht des Ausschusses für Arbeit und Soziales v. 2.7.2014: BT-Drs. 18/2010; Bericht des Haushaltsausschusses v. 2.7.2014: BT-Drs. 18/2011; Beschluss des Bundestages v. 3.7.2014, BR-Drs. 288/14;Zustimmung des Bundesrates v. 11.7.2014: BR-Drs. 288/14 (Beschluss).
3 BR-Drs. 147/14, S. 48.
4 BGBl. I S. 1130.
5 BT-Drs. 18/4062, S. 16.
6 S. den Bericht von *Jahn*, NJW 2017, Heft 3 S. IX.

schlussverfahren die richtige Verfahrensart ist[1]. Die Prüfung von Amts wegen ergibt sich ebenso wie für das Urteilsverfahren aus § 17a Abs. 2 Satz 1 GVG, wonach bei Unzulässigkeit des beschrittenen Rechtsweges der Rechtsstreit von Amts wegen zu verweisen ist. Allerdings wird die Zulässigkeit des Rechtsweges nur in der 1. Instanz geprüft, nicht mehr durch das Rechtsmittelgericht (§ 17a Abs. 5 GVG). Maßgeblich ist der Zeitpunkt, in dem das Verfahren rechtshängig wird. Ein späterer Wegfall der Voraussetzungen ist für die Rechtswegzuständigkeit unschädlich (§ 17 Abs. 1 Satz 1 GVG). Die nachträgliche Heilung eines bei Eintritt der Rechtswegzuständigkeit vorhandenen Mangels ist dagegen möglich.

119 **Grundlage der Rechtswegprüfung** ist der Streitgegenstand, der vom Antragsteller durch den Antrag und den Tatsachenvortrag festgelegt wird[2]. Die für die Rechtswegzuständigkeit maßgeblichen Tatsachen müssen grds. unstreitig oder bewiesen sein. Handelt es sich allerdings um doppelrelevante Tatsachen, von deren Vorliegen gleichzeitig die Begründetheit des Antrags abhängt (Sic-non-Fälle), genügt für die Bejahung der Rechtswegzuständigkeit der schlüssige Vortrag des Antragstellers, so dass eine Sachentscheidung ergehen kann, selbst wenn (nach Beweiserhebung) das Vorliegen der doppelrelevanten Tatsache verneint wird (Einzelheiten zur vergleichbaren Problematik im Urteilsverfahren s. § 2 Rz. 235 ff.).

120 Auch die Frage, ob das **Beschlussverfahren die richtige Verfahrensart** ist, wird von Amts wegen geprüft. Das folgt aus dem zwingenden Charakter des § 2a (Rz. 5) sowie daraus, dass § 48 Abs. 1 hinsichtlich der Verfahrensart ebenso auf § 17a Abs. 2 Satz 1 GVG verweist wie hinsichtlich des Rechtsweges (dazu § 48 Rz. 96 ff.). Beschluss- und Urteilsverfahren schließen sich gegenseitig aus, und die Beteiligten können über die Verfahrensart nicht disponieren[3]. Bei der Prüfung der richtigen Verfahrensart werden zT die für die Sic-non-Fälle entwickelten Grundsätze (§ 2 Rz. 235 ff.) nicht angewendet[4].

II. Entscheidung und Rechtsmittel

121 Die Form der Entscheidung und damit auch die Statthaftigkeit von Rechtsmitteln hängen vom Ergebnis der Rechtswegprüfung ab. Im Einzelnen kann auch hier zwischen der (vorrangigen) Entscheidung über die Rechtswegzuständigkeit und derjenigen über die richtige Verfahrensart unterschieden werden.

1. Entscheidung über die Rechtswegzuständigkeit

122 Hinsichtlich der Entscheidung über die Rechtswegzuständigkeit gilt Gleiches wie im Urteilsverfahren (§ 2 Rz. 243 ff.): Hält das angerufene ArbG seine **Rechtswegzuständigkeit** für **gegeben**, kann es das inzident durch Erlass einer Sachentscheidung zum Ausdruck bringen. Gegen den Beschluss ist zwar unter den allgemeinen Voraussetzungen die Beschwerde statthaft. Diese kann aber nicht auf das Fehlen der Rechtswegzuständigkeit gestützt werden (§§ 88, 65 ArbGG; § 17a Abs. 5 GVG). Das ArbG kann seine Rechtswegzuständigkeit auch durch Vorabentscheidung feststellen (§ 17a Abs. 3 Satz 1 GVG). Dagegen ist die sofortige Beschwerde statthaft (§ 17a Abs. 4 Satz 3 GVG). Eine Vorabentscheidung ist erforderlich, wenn die Rechtswegzuständigkeit von einem Beteiligten gerügt wird (§ 17a Abs. 3 Satz 2 GVG).

123 Wenn das ArbG seine **Rechtswegzuständigkeit verneint** (zB in einer personalvertretungsrechtlichen oder einer nicht unter Abs. 1 Nr. 3 fallenden mitbestimmungsrechtlichen Angelegenheit), hat es das Verfahren von Amts wegen an das zuständige Gericht des zulässigen Rechtsweges zu verweisen (§ 17a Abs. 2 Satz 1 GVG). Gegen den Verweisungsbeschluss ist gem. § 17a Abs. 4 Satz 3 GVG die sofortige Beschwerde an das LAG gegeben.

2. Entscheidung über die richtige Verfahrensart

124 Wenn das ArbG die Wahl des **Beschlussverfahrens** durch den Antragsteller für **zutreffend** hält, kann es das inzident durch Verhandlung im Beschlussverfahren und Entscheidung in Beschlussform zum Ausdruck bringen. Eine dagegen eingelegte Beschwerde kann nicht mit Einwänden gegen die Verfahrensart begründet werden (§§ 88, 65; § 48 Abs. 1 ArbGG iVm. § 17a Abs. 5 GVG). Das ArbG kann das Beschlussverfahren auch durch Vorabentscheidung für anwendbar erklären (§ 17a Abs. 3 Satz 1 GVG) und damit den Beteiligten die Möglichkeit geben, die richtige Verfahrensart im Wege der sofortigen Beschwerde durch das LAG klären zu lassen (§ 17a Abs. 4 Satz 3 GVG). Wenn ein Beteiligter die Verfahrensart rügt, muss das Gericht dazu eine Vorabentscheidung treffen (§ 17a Abs. 3 Satz 2 GVG).

---

1 GMP/*Matthes/Schlewing*, § 2a Rz. 92.
2 *Walker*, FS 50 Jahre BAG, 2004, S. 1365 (1367 f.).
3 BAG v. 9.12.1975 – 1 ABR 7/75, DB 1976, 442; BAG v. 5.4.1984 – 6 AZR 70/83, DB 1984, 1992.
4 LAG Hessen v. 12.5.1997 – 12 Ta 35/97, NZA-RR 1997, 1360.

Falls das Gericht im Gegensatz zum Antragsteller nicht das Beschlussverfahren, sondern das **Urteilsverfahren** für die **richtige Verfahrensart** hält, gelten gem. § 48 Abs. 1 ebenso wie bei der Wahl des unzulässigen Rechtsweges die §§ 17–17b GVG entsprechend. Das ArbG hat entsprechend § 17a Abs. 2 Satz 1 GVG nach Anhörung der Beteiligten von Amts wegen durch Beschluss auszusprechen, dass das Beschlussverfahren nicht die richtige Verfahrensart ist, und es hat das Verfahren an die für das Urteilsverfahren nach der Geschäftsverteilung zuständige Kammer zu verweisen oder (bei eigener Zuständigkeit) selbst in das Urteilsverfahren überzugehen. Gegen den Beschluss ist entsprechend § 17a Abs. 4 Satz 3 GVG die sofortige Beschwerde statthaft. 125

Die in § 48 Abs. 1 vorgesehene entsprechende Anwendung der §§ 17–17b GVG auch auf die Entscheidung über die Verfahrensart (Einzelheiten dazu s. § 48 Rz. 96 ff.) wirft verschiedene Fragen auf und wird deshalb zum Teil als rechtspolitisch verfehlt kritisiert[1]. Unabhängig davon, ob man das in § 48 Abs. 1 angeordnete Verfahren bei der Wahl einer unrichtigen Verfahrensart für sachgerecht hält, ist die gesetzliche Regelung jedoch eindeutig und einer abweichenden Auslegung nicht zugänglich. 126

D. Sonstige Zuständigkeiten

Ebenso wie im Urteilsverfahren gibt es auch im Beschlussverfahren neben der Rechtswegzuständigkeit noch die örtliche (zum Urteilsverfahren s. § 48 Rz. 113 ff.), internationale (zum Urteilsverfahren s. § 2 Rz. 249 ff.) und funktionelle (zum Urteilsverfahren s. § 2 Rz. 259) Zuständigkeit. Die sachliche Zuständigkeit, die im Zivilprozess in der 1. Instanz entweder beim AG oder beim LG liegt, spielt nur in den besonderen Beschlussverfahren nach § 97 und § 98 (jeweils Abs. 2) eine Rolle. Im Übrigen ist gem. § 8 Abs. 1 im ersten Rechtszug immer das ArbG zuständig. 127

I. Örtliche Zuständigkeit

Die örtliche Zuständigkeit im Beschlussverfahren richtet sich nach § 82. Sie liegt in Angelegenheiten der **Nrn. 1, 2, 3a, 3c, 3d** bei demjenigen ArbG, in dessen Bezirk der Betrieb liegt (§ 82 Abs. 1 Satz 1). Bei betriebsübergreifenden Streitigkeiten (auch nach **Nr. 3**) kommt es auf den Sitz des Unternehmens an (§ 82 Abs. 1 Satz 2). In den Angelegenheiten der **Nr. 3b** richtet sich die örtliche Zuständigkeit nach dem Sitz des Unternehmens oder (bei gemeinschaftsweit tätigen Unternehmensgruppen; vgl. dazu § 2 Abs. 1 EBRG) des herrschenden Unternehmens (§ 82 Abs. 2). Für Streitigkeiten aus den Gesetzen über die Europäische Gesellschaft (**Nr. 3e**) und über die Europäische Genossenschaft (**Nr. 3f**) ist der Sitz der Europäischen Gesellschaft/Genossenschaft für die örtliche Zuständigkeit maßgebend (§ 82 Abs. 3, 4). In Angelegenheiten aus dem Gesetz über die Mitbestimmung bei einer grenzüberschreitenden Verschmelzung (**Nr. 3g**) richtet sich die örtliche Zuständigkeit danach, in welchem Bezirk die aus der Verschmelzung hervorgehende Gesellschaft ihren Sitz hat (§ 82 Abs. 5). 128

Keine eigene Regelung enthält § 82 zur örtlichen Zuständigkeit in den Angelegenheiten von **Abs. 1 Nr. 4, 5 und 6**. Solche finden sich aber für die besonderen Beschlussverfahren zur Entscheidung über die Tariffähigkeit und Tarifzuständigkeit einer Vereinigung in § **97 Abs. 2** (dazu § 97 Rz. 25) und zur Entscheidung über die Wirksamkeit einer AVE oder RechtsVO in § **98 Abs. 2** (dazu § 98 Rz. 16). Für die örtliche Zuständigkeit zur Entscheidung über den bei einer Tarifkollision im Betrieb anwendbaren TV verweist § 99 Abs. 2 auf § 82 Abs. 1 Satz 1 (dazu § 99 Rz. 10). Die Regelungen zur örtlichen Zuständigkeit sind zwingend. Deshalb kann die örtliche Zuständigkeit im Beschlussverfahren nicht durch Vereinbarung zwischen den Beteiligten (dazu im Urteilsverfahren § 48 Rz. 137 ff.) oder durch rügelose Einlassung (dazu im Urteilsverfahren § 48 Rz. 145 ff.) begründet werden (vgl. § 40 Abs. 2 ZPO). 129

II. Internationale Zuständigkeit

§ 82 hat als Regelung der örtlichen Zuständigkeit auch Auswirkungen auf die **internationale Zuständigkeit** der ArbG in Streitigkeiten mit Auslandsberührung. Nach dem Grundsatz der Doppelfunktionalität ergibt sich **aus den Vorschriften über die örtliche Zuständigkeit** auch die internationale Zuständigkeit (Einzelheiten s. § 2 Rz. 250). Wenn also nach § 82 ein Gerichtsstand im Inland gegeben ist, wird dadurch die internationale Zuständigkeit deutscher ArbG indiziert. 130

Umstritten ist, ob für die internationale Zuständigkeit in betriebsverfassungsrechtlichen Angelegenheiten vorrangig die **EuGVVO** (dazu schon § 2 Rz. 252) maßgeblich ist. Das wird von der hM mit der Begrün- 130a

---

1 GMP/*Matthes/Schlewing*, § 2a Rz. 99 ff.

dung verneint, betriebsverfassungsrechtliche Angelegenheiten gehörten nicht zu den Zivil- und Handelssachen iSd. EuGVVO[1]. Diese seien auf individualrechtliche Streitigkeiten zugeschnitten[2]. Für die Ansicht spricht, dass auch der Gesetzgeber in § 46b das Europäische Mahnverfahren nur für das Urteilsverfahren vorgesehen hat, obwohl die EuMVVO nach ihrem Art. 2 Abs. 1 ebenfalls in Zivil- und Handelssachen anwendbar ist. Nach der Gegenansicht[3] sei dagegen der Begriff der Zivil- und Handelssachen so weit auszulegen, dass er alle Streitigkeiten erfasse, in denen es nicht um die Ausübung von Hoheitsgewalt gehe, also auch solche nach dem BetrVG.

III. Funktionelle Zuständigkeit

131 Die funktionelle Zuständigkeit im Beschlussverfahren betrifft vor allem das Verhältnis zwischen der Kammer (§ 80 Abs. 2, § 57, 58) und dem Vorsitzenden der Kammer (§ 80 Abs. 2, §§ 53–56). Der Rechtspfleger hat im Beschlussverfahren weniger Aufgaben als im Urteilsverfahren, zumal es kein Mahnverfahren (vgl. § 20 Nr. 1 RPflG) gibt und die Prozesskostenhilfe (vgl. § 20 Nr. 4, 5 RPflG) nur in denjenigen Fällen eine Rolle spielt, in denen eine natürliche Person beteiligt ist. Der Urkundsbeamte ist funktionell zuständig für die Aufgaben der Geschäftsstelle, soweit nicht der Rechtspfleger zuständig ist (§ 7 iVm. § 26 RPflG).

§ 3 Zuständigkeit in sonstigen Fällen

Die in den §§ 2 und 2a begründete Zuständigkeit besteht auch in den Fällen, in denen der Rechtsstreit durch einen Rechtsnachfolger oder durch eine Person geführt wird, die kraft Gesetzes an Stelle des sachlich Berechtigten oder Verpflichteten hierzu befugt ist.

I. Bedeutung 1	3. Rechtsnachfolge im weiteren Sinne 18
II. Anwendungsbereich 2	a) Auf Schuldnerseite 19
III. Zweck 3	b) Auf Gläubigerseite 21
IV. Rechtsnachfolge 4	4. Betriebsübergang nach § 613a BGB 22
1. Rechtsnachfolge kraft Gesetzes 5	**V. Prozessstandschaft** 24
a) Gesamtrechtsnachfolge 6	1. Fälle der gesetzlichen Prozessstandschaft 25
b) Einzelrechtsnachfolge 9	2. Gewillkürte Prozessstandschaft 29
2. Rechtsnachfolge kraft Vereinbarung 16	**VI. Maßgeblicher Zeitpunkt** 30
a) Auf Gläubigerseite 16	**VII. Grundlage der Rechtswegprüfung** 31
b) Auf Schuldnerseite 17	

Schrifttum: *Brinkmann*, Die Insolvenzanfechtung gegenüber Arbeitnehmern – Reflexionen über ein juristisches Lehrstück in drei Akten, ZZP 125 (2012), 197; *Hess*, Der Rechtsweg für die Insolvenzanfechtung von Erfüllungshandlungen des Schuldners am Beispiel rückständiger Lohnzahlungen des Arbeitgebers an die Arbeitnehmer, NZI 2009, 705; *Huber*, Insolvenzanfechtung rückständiger Lohnzahlungen beim Arbeitnehmer, NJW 2009, 1928; *Humberg*, Rechtswegeröffnung bei der Insolvenzanfechtung von Lohnzahlungen – ein Fall für den Gemeinsamen Senat der obersten Gerichtshöfe des Bundes, NZI 2009, 834; *Jacobs*, Rechtsweg bei Anfechtungsklage des Insolvenzverwalters gegen Arbeitnehmer des Insolvenzschuldners, NJW 2009, 1932; *Kirchhof*, Zuständigkeit der Arbeitsgerichte für Anfechtungsklagen?, ZInsO 2008, 1293; *Kreft*, Zum Rechtsweg für insolvenzrechtliche Anfechtungsklagen, ZInsO 2009, 578; *Walker*, Insolvenzanfechtungsklagen gegen Arbeitnehmer auf Vergütungsrückzahlung, FS für J.-H. Bauer, 2010, S. 1029. S. ferner die Nachweise zu §§ 2 und 2a.

I. Bedeutung

1 § 3 erstreckt die Rechtswegzuständigkeit der ArbG auf solche Streitigkeiten, die nicht unmittelbar von den §§ 2, 2a erfasst werden, weil andere als die dort genannten Parteien an der Streitigkeit beteiligt sind. Die

---

1 LAG Berlin-Brandenburg v. 8.2.2011 – 7 Ta BV 2744/10, NZA-RR 2011, 491 (Ls.).
2 Stein/Jonas/*Wagner*, Art. 1 EuGVVO Rz. 15.
3 *Boemke*, DB 2012, 802 (803 ff.); ebenso *Ulrici*, in: Uffmann/Dahm, Vielfalt oder Chaos – aktuelle Probleme und Entwicklungen im deutschen und europäischen Arbeitsrecht, 2013, S. 19 (26 ff.), der lediglich die Verfahren zur Bestellung des Einigungsstellenvorsitzenden, zur Bestimmung der Anzahl der Beisitzer einer Einigungsstelle und zur Berufung oder Ersetzung des Wahlvorstandes ausnehmen will.

Regelung wurde durch die Arbeitsgerichtsnovelle vom 21.5.1979[1], die ua. zu einer vollständigen Neuordnung der Zuständigkeitsvorschriften führte, eingefügt. Schon vorher war nach § 2 Abs. 4 Satz 1 aF die (damals noch sachliche) Zuständigkeit der ArbG auch dann gegeben, wenn die in § 2 Abs. 1–3 aF aufgelisteten Streitigkeiten im Urteilsverfahren von dem Rechtsnachfolger einer Partei oder einem Prozessführungsbefugten geführt wurden[2]. Aus der Bezugnahme des heutigen § 3 auf die §§ 2, 2a folgt, dass auch die Rechtswegzuständigkeit nach § 3 eine **ausschließliche Zuständigkeit** ist[3]. Sie kann nicht durch Parteivereinbarung außer Kraft gesetzt werden.

II. Anwendungsbereich

Durch die Ausgliederung dieser Regelung in einen selbständigen § 3 wurde klargestellt, dass die Zuständigkeit bei Rechtsnachfolge nicht nur im Urteils-, sondern auch im Beschlussverfahren nach § 2a gilt. Außerdem bezog sich der alte § 2 Abs. 4 Satz 1 zumindest nach seiner systematischen Stellung nicht auf die Zuständigkeit bei Zusammenhangsklagen, die damals noch in § 3 Abs. 1 aF geregelt war. Die heutige Erstreckung der Rechtswegzuständigkeit auf Streitigkeiten, an denen Rechtsnachfolger der in §§ 2, 2a genannten Parteien und Beteiligten oder Prozessführungsbefugte beteiligt sind, erfasst dagegen unmissverständlich **alle Streitigkeiten nach §§ 2, 2a**, also auch die Zusammenhangsstreitigkeit nach § 2 Abs. 3.

2

III. Zweck

§ 3 will verhindern, dass über Inhalt und Umfang arbeitsrechtlicher Pflichten iSd. §§ 2, 2a verschiedene Gerichte entscheiden müssten, je nachdem, ob die Streitigkeit von einer unmittelbar betroffenen Partei oder von ihrem Rechtsnachfolger oder einem Prozessstandschafter geführt wird. Dadurch soll die Sachkompetenz der ArbG für alle arbeitsrechtlichen Streitigkeiten gesichert werden[4], die eben nicht an die Rechtsstellung der Prozessparteien anknüpft, sondern an den arbeitsrechtlichen Inhalt der Streitigkeit[5]. Außerdem soll durch § 3 gewährleistet werden, dass über arbeitsrechtliche Streitigkeiten unabhängig von der Rechtsstellung der Prozessbeteiligten nach einer einheitlichen Verfahrensordnung verhandelt und dass übereinstimmende Ergebnisse erzielt werden[6].

3

IV. Rechtsnachfolge

Rechtsnachfolge im engeren Sinn bedeutet, dass die Pflichten des Schuldners oder die Rechte des Gläubigers kraft Gesetzes (Rz. 5 ff.) oder kraft Rechtsgeschäfts (Rz. 16 ff.) von einer Person auf eine andere übergehen[7]. Der Begriff der Rechtsnachfolge iSv. § 3 ist aber nach allgemeiner Ansicht weiter auszulegen[8]. Das ergibt sich aus dem Zweck der Norm, alle Streitigkeiten mit einer arbeitsrechtlichen Materie iSd. §§ 2, 2a unabhängig von der Rechtsstellung der Parteien und Beteiligten dem ArbG zuzuordnen. Deshalb werden auch solche Fälle erfasst, in denen der Dritte nicht an die Stelle des Schuldners oder des Gläubigers tritt, sondern als zusätzlicher Schuldner oder Gläubiger derselben Verpflichtung hinzukommt (Rz. 18 ff.)[9]. Lediglich auf Hinterbliebene des ArbN, die nicht Erbe sind, wird § 3 nicht angewendet; denn für ihre Streitig-

4

---

1 BGBl. I S. 545.
2 Zur historischen Entwicklung der Vorgängerregelungen des heutigen § 3 s. GK-ArbGG/*Schütz*, § 3 Rz. 1.
3 *Gift/Baur*, Urteilsverfahren, Teil C Rz. 242; GMP/*Schlewing*, § 3 Rz. 3; GK-ArbGG/*Schütz*, § 3 Rz. 2; GWBG/*Waas*, § 3 Rz. 3.
4 BAG v. 23.10.1990 – 3 AZR 23/90, AP Nr. 18 zu § 2 ArbGG 1979.
5 BAG v. 13.6.1997 – 9 AZB 38/96, AP Nr. 5 zu § 3 ArbGG 1979; GWBG/*Waas*, § 3 Rz. 4.
6 BAG v. 15.3.2000 – 5 AZB 70/99, ZIP 2000, 899 (900); BAG v. 23.10.1990 – 3 AZR 23/90, AP Nr. 18 zu § 2 ArbGG 1979.
7 BAG v. 20.3.2002 – 5 AZR 25/01, NZA 2002, 695.
8 BAG v. 17.9.2014 – 10 AZB 4/14, NZA 2015, 1405 Rz. 15; BAG v. 5.12.2013 – 10 AZB 25/13, NZA 2014, 221 (222); BGH v. 14.7.2011 – III ZB 75/10, NZA-RR 2011, 603 (604); BAG v. 27.2.2008 – 5 AZB 43/07, NZA 2008, 549; BAG v. 31.3.2009 – 5 AZB 98/08, ZIP 2009, 831; BAG v. 9.7.2003 – 5 AZB 34/03, ZIP 2003, 1617 (1618); BAG v. 20.3.2002 – 5 AZR 25/01, NZA 2002, 695; BAG v. 15.3.2000 – 5 AZB 70/99, ZIP 2000, 899 (900); BAG v. 13.6.1997 – 9 AZB 38/96, AP Nr. 5 zu § 3 ArbGG 1979; BAG v. 23.10.1990 – 3 AZR 23/90, AP Nr. 18 zu § 2 ArbGG 1979; BGH v. 2.4.2009 – IX ZB 182/08, NJW 2009, 1968 (1972); GMP/*Schlewing*, § 3 Rz. 5; GK-ArbGG/*Schütz*, § 3 Rz. 5; GWBG/*Waas*, § 3 Rz. 6; *Walker*, FS J.-H. Bauer, 2010, S. 1029 (1034).
9 BAG v. 20.3.2002 – 5 AZR 25/01, NZA 2002, 695; BAG v. 15.3.2000 – 5 AZB 70/99, ZIP 2000, 899 (901); BAG v. 23.10.1990 – 2 AZR 23/90, AP Nr. 18 zu § 2 ArbGG 1979; LAG Nürnberg v. 29.3.2004 – 5 Ta 153/03, NZA-RR 2005, 214.

keiten ergibt sich die Rechtswegzuständigkeit schon aus § 2 Abs. 1 Nrn. 4, 5 und 9 analog (§ 2 Rz. 143, Rz. 162, Rz. 177). Im Einzelnen lassen sich folgende Fallgruppen unterscheiden:

1. Rechtsnachfolge kraft Gesetzes

5 Eine gesetzliche Rechtsnachfolge bei einer der Parteien nach §§ 2, 2a kann in Form der Einzel- oder der Gesamtrechtsnachfolge eintreten.

a) Gesamtrechtsnachfolge

6 Gesamtrechtsnachfolger beim Tod einer natürlichen Person sind gem. §§ 1922, 1967 BGB deren **Erben**. Wenn die Erben eines ArbN Gläubiger oder Schuldner eines arbeitsrechtlichen Anspruches sind, ist die Zuständigkeit der ArbG nach § 3 auch dann gegeben, wenn der Anspruch erst nach dem Erbfall in der Person des Erben entstanden ist, seine Grundlage aber in dem Arbeitsverhältnis des Erblassers hatte (Rz. 30). Bei der Verschmelzung (§§ 2 ff. UmwG), Spaltung (§§ 123 ff. UmwG) und bei der Vermögensübertragung (§§ 174 ff. UmwG) von Personenhandelsgesellschaften, Kapitalgesellschaften und den anderen in § 3 UmwG genannten verschmelzungsfähigen Rechtsträgern ist der **übernehmende Rechtsträger** Gesamtrechtsnachfolger (§ 20 Abs. 1 Nr. 1, § 131, § 176 Abs. 3 UmwG). Bei der lediglich formwechselnden Umwandlung gem. §§ 190 ff. UmwG (s. § 202 Abs. 1 Nrn. 1, 2 UmwG) findet dagegen keine Rechtsnachfolge statt, weil der Rechtsträger (in der neuen Rechtsform) weiter besteht[1].

7 Als Fälle der Gesamtrechtsnachfolge werden schließlich die **Privatisierung volkseigener Betriebe** in den neuen Bundesländern[2] sowie die Auflösung einer öffentlich-rechtlichen Körperschaft unter gleichzeitiger **Übernahme durch eine andere Körperschaft** angesehen[3].

8 Selbst wenn der Kläger sich irrtümlich für den Gesamtrechtsnachfolger eines früheren ArbGeb gehalten und deshalb Leistungen an frühere ArbN erbracht hat, ist für seine **Rückzahlungsklage** die Rechtswegzuständigkeit der ArbG nach § 3 gegeben[4].

b) Einzelrechtsnachfolge

9 Gesetzliche Fälle der Einzelrechtsnachfolge sind solche, in denen ein Dritter Leistungen erbringt und deshalb die Ansprüche des Leistungsempfängers gegen seinen Schuldner kraft Gesetzes auf den leistenden Dritten übergehen.

10 **Beispiele:** Der ArbGeb erwirbt gem. **§ 6 EFZG** in der Höhe, in der er Entgeltfortzahlung an einen erkrankten ArbN leistet, dessen Ansprüche gegen einen anderen ArbN wegen einer im Zusammenhang mit dem Arbeitsverhältnis begangenen unerlaubten Handlung (§ 2 Abs. 1 Nr. 9). Nach einer gemeinsam begangenen unerlaubten Handlung gegen den ArbGeb (§ 2 Abs. 1 Nr. 3 Buchst. d) erwirbt einer der beteiligten ArbN gem. **§ 426 Abs. 2 BGB** in Höhe seines Ausgleichsanspruchs die Forderung des ArbGeb gegen den mithaftenden Gesamtschuldner (§ 840 Abs. 1 BGB). Der Bürge eines ArbN erwirbt gem. **§ 774 BGB** die gesicherte Forderung des ArbGeb gegen den ArbN zB auf Rückzahlung eines ArbGebDarlehens (§ 2 Abs. 3). Der Träger der Insolvenzsicherung erwirbt gem. **§ 9 Abs. 2 BetrAVG** bei Insolvenz des ArbGeb die dem ArbN zustehenden Ruhegeldansprüche gegen den ArbGeb (§ 2 Abs. 1 Nr. 3 Buchst. a, c). Der Sozialleistungsträger erwirbt gem. **§ 115 SGB X** die Ansprüche des ArbN gegen den ArbGeb in der Höhe, in der er wegen Nichterfüllung der Entgeltansprüche durch den ArbGeb Sozialleistungen an den ArbN erbringt. Wenn der ArbGeb das Entgelt hinterlegt hat, sind auch für den Prätendentenstreit nach § 812 BGB auf Einwilligung in die Auszahlung gem. § 3 die ArbG zuständig[5]. Die BA, die Insolvenzgeld an den ArbN leistet, erwirbt gem. **§ 169 Satz 1 SGB III** den Anspruch des ArbN auf Arbeitsentgelt (§ 2 Abs. 1 Nr. 3 Buchst. a)[6].

11 Wenn dagegen der Träger der Unfallversicherung nach der Leistung an den verletzten ArbN wegen vorsätzlicher oder grob fahrlässiger Verursachung des Arbeitsunfalls durch den ArbGeb oder einen anderen Betriebsangehörigen ArbN nach **§ 110 SGB VII** Regress nimmt, handelt es sich dabei nicht um einen übergegangenen, sondern um einen originär eigenen Anspruch des Unfallversicherungsträgers. Dieser ist daher auch bei weitester Auslegung nicht Rechtsnachfolger des ArbN. Für die Regressstreitigkeiten sind daher

---

1 Ebenso BCF/*Bader*, ArbGG, § 3 Rz. 4; GK-ArbGG/*Schütz*, § 3 Rz. 13.
2 GMP/*Schlewing*, § 3 Rz. 6; GK-ArbGG/*Schütz*, § 3 Rz. 14.
3 BAG v. 16.3.1994 – 8 AZR 639/92, AP Nr. 10 zu § 419 BGB – Funktionsnachfolge.
4 BAG v. 28.10.1997 – 9 AZB 34/97, NZA 1998, 165.
5 BAG v. 12.6.1997 – 9 AZB 5/97, NJW 1997, 2774.
6 Dazu ArbG Münster v. 2.9.2004 – 3 Ca 563/04, ZIP 2004, 2159.

wegen ihres bürgerlich-rechtlichen Charakters die ordentlichen Gerichte zuständig[1]. Gleiches gilt, wenn der ArbN im Zusammenhang mit dem Arbeitsverhältnis einen Dritten (zB den Eigentümer der vom Arb-Geb geleasten Betriebsmittel) schädigt und deshalb von diesem auf Schadensersatz verklagt wird. In diesem Fall sind die ordentlichen Gerichte auch dann zuständig, wenn der Schaden des Dritten von einer Versicherung beglichen wird und diese übergegangenen Ansprüche des Dritten einklagt[2]. Ferner liegt die Rechtswegzuständigkeit bei den ordentlichen Gerichten, wenn die BA den Beschäftigten einer GmbH Insolvenzgeld zahlt und gegen den Geschäftsführer Schadensersatzansprüche wegen Insolvenzverschleppung aus § 826 BGB geltend macht[3]. Nicht Rechtsnachfolger des ArbGeb ist der von diesem mit der Veröffentlichung einer Stellenanzeige beauftragte Rechtsanwalt oder sonstige Dritte, der von einem Bewerber auf Entschädigung gem. § 15 Abs. 2 AGG in Anspruch genommen wird[4]. Für die Klage gegen den Dritten sind daher die ordentlichen Gerichte zuständig.

Als Einzelrechtsnachfolger kraft Gesetzes wird auch der Gläubiger des ArbN bei der **Pfändung**[5] und bei der **Verpfändung**[6] zB des Lohnanspruches angesehen. Zwar bleibt der ArbN auch nach der Verpfändung oder der bloßen Pfändung Inhaber der Forderung[7]. Aber durch den Überweisungsbeschluss wird der Gläubiger bei der (wenig praxisrelevanten) Überweisung an Zahlungs statt Inhaber der gepfändeten Forderung (§ 835 Abs. 2 ZPO), und bei der (üblichen) Überweisung zur Einziehung wird er – wie der Gläubiger bei der Verpfändung (§ 1282 Abs. 1 BGB) – anstelle des Schuldners zur Einziehung der Forderung im eigenen Namen berechtigt (§ 836 Abs. 1 ZPO). Dieses Einziehungsrecht ermöglicht nicht nur die Geltendmachung eines fremden Rechts, sondern dient der Verwirklichung der eigenen materiellen Berechtigung (Pfandrecht). Deshalb wird die Einziehungsbefugnis eher der Rechtsnachfolge als der bloßen gesetzlichen Prozessstandschaft zugeordnet[8], die aber ebenfalls für die Anwendung des § 3 ausreichen würde (Rz. 24 ff.). Für den Einziehungsprozess ist dieselbe Rechtswegzuständigkeit wie für die Pfändung oder Verpfändung mögliche Klage des Schuldners (ArbN) gegen den Drittschuldner (ArbGeb) gegeben[9]. Das gilt unabhängig davon, ob ein tatsächlich bestehender oder ein wegen Lohnverschleierung nach § 850h Abs. 2 ZPO fingierter Vergütungsanspruch gepfändet ist[10].

Klagt der Pfändungsgläubiger gegen den Drittschuldner nicht auf Erfüllung, sondern auf **Schadensersatz** wegen unzureichender oder falscher Drittschuldnerauskunft (**§ 840 Abs. 2 Satz 2 ZPO**), macht er insoweit keinen übergegangenen Anspruch des ArbN, sondern einen originär eigenen Anspruch geltend. Für diese Streitigkeiten sind die ordentlichen Gerichte zuständig[11]. Dieser Schadensersatzanspruch kann aber als Zusammenhangsklage gem. § 2 Abs. 3 mit dem Erfüllungsanspruch vor dem ArbG geltend gemacht werden (§ 2 Rz. 211). Für eine auf Schadensersatz nach § 840 Abs. 2 Satz 2 ZPO geänderte ursprüngliche Zahlungsklage bleibt die Rechtswegzuständigkeit des ArbG bestehen[12].

Wird nicht der Vergütungsanspruch des ArbN gepfändet, sondern das bereits an ihn **ausgezahlte Geld** oder sein **Anspruch gegen die kontoführende Bank**, handelt es sich bei den daraus folgenden Streitigkeiten nicht um solche iSd. §§ 2, 2a. Deshalb greift auch § 3 nicht ein. Vielmehr sind die ordentlichen Gerichte zuständig[13]. Gleiches gilt für einen Antrag auf **Zusammenrechnung von Einkünften nach § 850e ZPO**, der beim Vollstreckungsgericht gestellt werden muss[14].

---

1 BAG v. 19.12.1967 – 1 AZR 185/67, AP Nr. 1 zu § 640 RVO; BGH v. 28.9.1971 – VI ZR 216/69, NJW 1972, 107; BGH v. 27.11.1956 – VI ZR 206/55, NJW 1957, 384; GK-ArbGG/*Schütz*, § 3 Rz. 18; *Kissel*/*Mayer*, § 13 GVG Rz. 136; aM (Sozialgerichte) GMP/*Schlewing*, § 3 Rz. 7; *Ostrowicz*/*Künzl*/*Scholz*, Handbuch des arbeitsgerichtlichen Verfahrens, Rz. 20.
2 BAG v. 7.7.2009 – 5 AZB 8/09, NZA 2009, 919 f.
3 BAG v. 20.3.2002 – 5 AZR 25/01, NZA 2002, 695; LAG Rh.-Pf. v. 8.1.2002 – 4 Ta 1464/01, NZA-RR 2002, 215.
4 LAG Hamm v. 26.5.2008 – 2 Ta 732/07, AuR 2008, 363 (Ls.).
5 BAG v. 15.3.2000 – 5 AZB 70/99, ZIP 2000, 899 (901); BGH v. 23.2.1977 – IV ZR 222/75, BGHZ 68, 127 (129).
6 BAG v. 23.10.1990 – 3 AZR 23/90, AP Nr. 18 zu § 2 ArbGG 1979.
7 Zur Pfändung *Brox*/*Walker*, Zwangsvollstreckungsrecht, Rz. 618.
8 Stein/Jonas/*Bork*, vor § 50 ZPO Rz. 43.
9 Für die Pfändung *Schuschke*/Walker, § 835 ZPO Rz. 7.
10 BGH v. 23.2.1977 – VIII ZR 222/75, BGHZ 68, 127; ArbG Passau v. 26.6.2006 – 2 Ca 185/06 D, NZA-RR 2006, 541 (542); Schuschke/Walker/*Kessal-Wulf*/*Lorenz*, § 850h ZPO Rz. 13.
11 BAG v. 31.10.1984 – 4 AZR 535/82, AP Nr. 4 zu § 840 ZPO; BSG v. 12.2.1998 – B 6 SF 1/97 R, NJW 1998, 895 f.; LAG BW v. 23.8.2004 – 15 Ta 21/04, NZA-RR 2005, 273; ArbG Passau v. 26.6.2006 – 2 Ca 185/06 D, NZA-RR 2006, 541 (542); *Gift*/*Baur*, Urteilsverfahren, Teil C Rz. 236; GMP/*Schlewing*, § 3 Rz. 9; GK-ArbGG/*Schütz*, § 3 Rz. 22; GWBG/*Waas*, § 3 Rz. 8; *Kissel*/*Mayer*, § 13 GVG Rz. 194.
12 BSG v. 12.2.1998 – B 6 SF 1/97 R, NJW 1998, 895 (896); Schuschke/Walker, § 840 ZPO Rz. 14.
13 *Gift*/*Baur*, Urteilsverfahren, Teil C Rz. 236; GWBG/*Waas*, § 3 Rz. 8.
14 BAG v. 24.4.2002 – 10 AZR 42/01, AP Nr. 5 zu § 850e ZPO mit Anm. *Walker*; LAG Schl.-Holst. v. 5.12.2000 – 1 Sa 401b/00, NZA-RR 2001, 322 (323).

15 Schließlich kann ein Gesetz vorsehen, dass durch **privatrechtsgestaltenden Verwaltungsakt** eine Einzelrechtsnachfolge begründet wird. Beispiel: § 111 des Schulgesetzes NRW vom 15.2.2005[1] bestimmt, dass nach Auflösung einer Ersatzschule das Land für die Verbindlichkeiten einer Ersatzschule aus betrieblicher Altersversorgung den Planstelleninhaberinnen und Planstelleninhabern und ihren Hinterbliebenen gegenüber haftet. Für eine Zahlungsklage eines Lehrers gegen das Land sind deshalb gem. § 3 die ArbG zuständig[2].

2. Rechtsnachfolge kraft Vereinbarung

a) Auf Gläubigerseite

16 Auf Gläubigerseite tritt eine Rechtsnachfolge im engen Sinne durch **Abtretung** der Forderung ein. Für die Anwendung von § 3 kommt es nicht auf die Wirksamkeit der Abtretung an. Maßgeblich ist nur, dass es sich um eine Streitigkeit iSv. §§ 2, 2a aus (behauptetem) abgetretenem Recht handelt (Rz. 31). Ein Beispiel bildet die Abtretung des Kostenerstattungsanspruchs des BR nach § 40 BetrVG an den von ihm beauftragten Rechtsanwalt. Wenn dieser seinen Honoraranspruch dann als Zessionar gegen den Arbeitgeber geltend macht, ist darüber im Beschlussverfahren zu entscheiden[3]. Macht der Abtretungsgläubiger Rechte geltend, die nicht von den §§ 2, 2a erfasst werden, greift ebenso wie bei entsprechenden Klagen des Pfändungsgläubigers (Rz. 14) § 3 nicht ein. Eine Zusammenrechnung verschiedener Einkünfte nach § 850e ZPO zwecks Ermittlung der nach § 400 BGB iVm. §§ 850 ff. ZPO abtretbaren Forderung kann deshalb das ArbG als Prozessgericht im Einziehungsprozess gegen den Schuldner nicht vornehmen. Dafür ist allein das Vollstreckungsgericht zuständig[4].

b) Auf Schuldnerseite

17 Vertragliche Rechtsnachfolge auf Schuldnerseite tritt bei der **befreienden Schuldübernahme** gem. §§ 414 f. BGB ein. Hier wird der Übernehmer Rechtsnachfolger des alten Schuldners. Von der nach § 415 Abs. 1 BGB erforderlichen Genehmigung der Schuldübernahme durch den Gläubiger hängt die Anwendung des § 3 nicht ab. Es reicht aus, wenn es in der Streitigkeit iSv. §§ 2, 2a um einen Anspruch gegen den (angeblichen) Schuldübernehmer geht (Rz. 31). Eine Rechtsnachfolge auf Schuldnerseite liegt ferner vor bei der **Firmenfortführung nach § 25 HGB** und bei dem **Eintritt eines Gesellschafters in das Geschäft eines Einzelkaufmannes gem. § 28 Abs. 1 HGB**.

3. Rechtsnachfolge im weiteren Sinne

18 Für § 3 reicht eine Rechtsnachfolge im weiteren Sinne aus (Rz. 4). Dabei tritt ein Dritter nicht an die Stelle des Schuldners oder des Gläubigers, sondern er führt den Rechtsstreit an Stelle der in §§ 2, 2a genannten Prozesspartei oder er kommt als zusätzlicher Schuldner oder Gläubiger derselben Verpflichtung hinzu[5].

a) Auf Schuldnerseite

19 Daher gilt auf Schuldnerseite etwa beim **Schuldbeitritt** der Beitretende, bei der **Bürgschaft** der Bürge als Rechtsnachfolger iSv. § 3[6]. Ferner ist die Rechtswegzuständigkeit nach dieser Vorschrift gegeben, wenn ein GmbH-Gesellschafter im Wege der prozessualen **Durchgriffshaftung** verklagt wird[7]. Gleiches gilt, wenn

---

1 GV.NRW 2005 S. 102.
2 So schon zu dem früheren § 11 Ersatzschulfinanzierungsgesetz NRW vom 27.6.1961 (GV NW S. 732) BAG v. 23.10.1990 – 3 AZR 23/90, AP Nr. 18 zu § 2 ArbGG 1979.
3 LAG Düsseldorf v. 26.04.2017 – 12 TaBV 110/16 Rz. 33.
4 BAG v. 24.4.2002 – 10 AZR 42/01, AP Nr. 5 zu § 850e ZPO mit Anm. *Walker*; LAG Schl.-Holst. v. 5.12.2000 – 1 Sa 401b/00, NZA-RR 2001, 322 (323).
5 BAG v. 9.7.2003 – 5 AZB 34/03, ZIP 2003, 1617 (1618); BAG v. 20.3.2002 – 5 AZR 25/01, NZA 2002, 695; BAG v. 15.3.2000 – 5 AZB 70/99, ZIP 2000, 899 (901); BAG v. 23.10.1990 – 2 AZR 23/90, AP Nr. 18 zu § 2 ArbGG 1979; BGH v. 16.11.2006 – IX ZB 57/06, ZIP 2007, 94 (95) mit zust. Anm. *Weitzmann*, EWiR 2007, 353.
6 BAG v. 15.3.2000 – 5 AZB 70/99, ZIP 2000, 899 (901); BAG v. 23.10.1990 – 3 AZR 23/90, AP Nr. 18 zu § 2 ArbGG 1979; GMP/*Schlewing*, § 3 Rz. 10; GK-ArbGG/*Schütz*, § 3 Rz. 29, 32; GWBG/*Waas*, § 3 Rz. 6; *Kissel/Mayer*, § 13 GVG Rz. 196; MünchArbR/*Jacobs*, § 342 Rz. 35.
7 BAG v. 5.12.2013 – 10 AZB 25/13, NZA 2014, 221 (222); BGH v. 14.7.2011 – III ZB 75/10, NZA-RR 2011, 603 (604); BAG v. 20.3.2002 – 5 AZR 25/01, NZA 2002, 695; BAG v. 13.6.1997 – 9 AZB 38/98, AP Nr. 5 zu § 3 ArbGG 1979; BAG v. 23.10.1990 – 3 AZR 23/90, AP Nr. 18 zu § 2 ArbGG 1979, Bl. 2 R; BAG v. 11.11.1986 – 3 AZR 186/85, AP Nr. 2 zu § 3 ArbGG 1979; BAG v. 21.10.1966 – 3 AZR 119/66, BAGE 19, 100 (103); LAG Rh.-Pf. v. 8.1.2002 – 4 Ta 1464/01, NZA-RR 2002, 215; GMP/*Schlewing*, § 3 Rz. 10; *Kissel/Mayer*, § 13 GVG Rz. 196; *Wieser*, Arbeitsgerichtsverfahren, Rz. 53; aM GWBG/*Waas*, § 3 Rz. 7 (Zuständigkeit nach Abs. 1 Nr. 3 Buchst. a).

ein ArbN arbeitsvertragliche Ansprüche nach den Grundsätzen der Konzernhaftung gegen die Konzernobergesellschaft der ArbGebin als Mitschuldnerin geltend macht; denn nach diesen Grundsätzen haftet die Obergesellschaft für arbeitsvertragliche Ansprüche wie bei der Schuldübernahme oder der Durchgriffshaftung neben der Gesellschaft[1]. Schließlich ist auch der Insolvenzverwalter, der von einem ArbN gem. § 61 InsO auf Schadensersatz wegen Ausfalls von als Masseverbindlichkeit festgestellter Entgeltansprüche oder nach § 60 InsO für einen von ihm begründeten arbeitsrechtlichen Anspruch in Anspruch genommen wird, Rechtsnachfolger des ArbGeb (ErsatzArbGeb) iSv. § 3[2].

Der **vollmachtlose Vertreter** des ArbGeb, der nach § 179 Abs. 1 BGB von dem ArbN auf Erfüllung oder Schadensersatz in Anspruch genommen wird, ist – wenn man ihn nicht schon als ArbGeb ansieht (§ 2 Rz. 86) – jedenfalls Rechtsnachfolger iSv. § 3[3]. Entsprechendes gilt für den **persönlich haftenden Gesellschafter** einer OHG oder KG. Falls man ihn entgegen der hier vertretenen Ansicht nicht schon dem ArbGeb gleichstellt (§ 2 Rz. 88), muss er im Rahmen des § 3 zumindest als Rechtsnachfolger der Gesellschaft angesehen werden[4]. Dagegen ist der **Kommanditist** auch hinsichtlich seiner Einstandspflicht nach § 171 HGB weder ArbGeb (§ 2 Rz. 88) noch dessen Rechtsnachfolger, denn er rückt weder allein noch zusammen mit dem ArbGeb in dessen Schuldnerstellung ein[5].

b) Auf Gläubigerseite

Entsprechendes wie für die erweiterte Rechtsnachfolge auf Schuldnerseite gilt auch für die Gläubigerseite. Beim **Vertrag zugunsten Dritter** (§ 328 BGB) und beim **Vertrag mit Schutzwirkung für Dritte** (vgl. § 311 Abs. 3 BGB) gilt der Dritte als Rechtsnachfolger iSv. § 3[6], sofern er nicht schon als Hinterbliebener an einer Streitigkeit iSv. § 2 Abs. 1 Nrn. 4, 5 beteiligt ist.

4. Betriebsübergang nach § 613a BGB

Beim rechtsgeschäftlichen Betriebsübergang nach § 613a BGB kommt § 3 grds. nicht zur Anwendung. Der Erwerber tritt in die Rechte und Pflichten aus den im Zeitpunkt des Übergangs bestehenden Arbeitsverhältnissen ein (§ 613a Abs. 1 Satz 1 BGB). Für Streitigkeiten aus diesen Arbeitsverhältnissen ist die Rechtswegzuständigkeit der ArbG schon nach § 2 Abs. 1 Nr. 3 Buchst. a gegeben. Wenn gegen den Erwerber Ansprüche aus früheren Arbeitsverhältnissen geltend gemacht werden, die beim Betriebsübergang schon beendet waren, haftet der Erwerber dafür nicht. Eine solche Klage ist deshalb unbegründet. Die Rechtswegzuständigkeit der ArbG ist in diesem Fall allerdings gegeben, weil der Erwerber als (angeblicher) Rechtsnachfolger des Veräußerers in Anspruch genommen wird[7]. Für Streitigkeiten zwischen den ArbN und dem Veräußerer aus dem bis zum Betriebsübergang zwischen ihnen bestehenden Arbeitsverhältnissen bleibt die Rechtswegzuständigkeit nach § 2 Abs. 1 Nr. 3 erhalten[8]. Macht der Erwerber einen Anspruch gegen den Veräußerer geltend, weil er dessen nach § 613a Abs. 2 BGB fortbestehende Verpflichtung erfüllt hat, ist er insoweit nicht Rechtsnachfolger des betroffenen ArbN. Für die Klage sind die ordentlichen Gerichte zuständig[9].

In **betriebsverfassungsrechtlichen Streitigkeiten** nach § 2a Abs. 1 Nr. 1 tritt bei einem Betriebsübergang der Erwerber automatisch in die verfahrensrechtliche Stellung des Veräußerers als Beteiligter eines anhän-

---

1 BAG v. 15.3.2000 – 5 AZB 70/99, ZIP 2000, 899.
2 BAG v. 5.12.2013 – 10 AZB 25/13, NZA 2014, 221 (222); BGH v. 14.7.2011 – III ZB 75/10, NZA-RR 2011, 603 (604); BAG v. 27.2.2008 – 5 AZB 43/07, NZA 2008, 549; BAG v. 31.3.2009 – 5 AZB 98/08, ZIP 2009, 831; BAG v. 9.7.2003 – 5 AZB 34/03, ZIP 2003, 1617 (1618); ebenso, wenn auch mit anderer Begründung, BGH v. 16.11.2006 – IX ZB 57/06, ZIP 2007, 94 (95) mit zust. Anm. *Weitzmann*, EWiR 2007, 353; LAG Nürnberg v. 29.3.2004 – 5 Ta 153/03, NZA-RR 2005, 214 (zu § 60 InsO).
3 BAG v. 5.12.2013 – 10 AZB 25/13, NZA 2014, 221 (222); BAG v. 7.4.2003 – 5 AZB 2/03, NZA 2003, 813 (814); LAG Hamm v. 6.1.1997 – 9 Ta 172/96, LAGE § 3 ArbGG 1979 Nr. 1.
4 GMP/*Schlewing*, § 3 Rz. 10.
5 BAG v. 23.6.1972 – 9 AZR 308/91, AP Nr. 23 zu § 2 ArbGG 1979.
6 BAG v. 15.3.2000 – 5 AZB 70/99, ZIP 2000, 899 (901); BAG v. 23.10.1990 – 3 AZR 23/90, AP Nr. 18 zu § 2 ArbGG 1979; BAG v. 21.10.1966 – 3 AZR 119/66, BAGE 19, 100 (103); GK-ArbGG/*Schütz*, § 3 Rz. 30; GWBG/*Waas*, § 3 Rz. 9.
7 *Gift/Baur*, Urteilsverfahren, Teil C Rz. 237; GMP/*Schlewing*, § 3 Rz. 11; GK-ArbGG/*Schütz*, § 3 Rz. 35; GWBG/*Waas*, § 3 Rz. 6.
8 *Gift/Baur*, Urteilsverfahren, Teil C Rz. 237; GK-ArbGG/*Schütz*, § 3 Rz. 36; GWBG/*Waas*, § 3 Rz. 9.; *Kissel/Mayer*, § 13 GVG Rz. 197.
9 *Gift/Baur*, Urteilsverfahren, Teil C Rz. 237; GK-ArbGG/*Schütz*, § 3 Rz. 37.

gigen Beschlussverfahrens ein[1]. Das beruht aber nicht auf einer Rechtsnachfolge iSv. § 3, sondern auf seiner betriebsverfassungsrechtlichen Betroffenheit als gegenwärtiger Betriebsinhaber.

V. Prozessstandschaft

24 Die Rechtswegzuständigkeit der ArbG ist nach § 3 auch dann gegeben, wenn eine Streitigkeit nach §§ 2, 2a durch eine Person geführt wird, die kraft Gesetzes anstelle des sachlich Berechtigten oder Verpflichteten dazu befugt ist (Prozessstandschaft). Der sachlich Berechtigte oder Verpflichtete seinerseits muss keine Partei iSd. §§ 2, 2a, sondern kann auch deren Rechtsnachfolger sein. § 3 erfasst daher auch den Fall, in dem Rechtsnachfolge und Prozessführungsbefugnis miteinander kombiniert sind, wie zB bei der Klage gegen den Insolvenzverwalter des Rechtsnachfolgers des ArbGeb[2].

1. Fälle der gesetzlichen Prozessstandschaft

25 Kraft Gesetzes prozessführungsbefugt sind der **Insolvenzverwalter** (§§ 80[3], 93 InsO[4]), der **Nachlassverwalter** (§ 1985 Abs. 1, § 1984 Abs. 1 Satz 3 BGB), der **Testamentsvollstrecker** (§§ 2212, 2213 Abs. 1 Satz 1 BGB), der **Nießbrauchsverwalter** (§ 1052 BGB) und der **Zwangsverwalter** (§ 152 ZVG). Sie können einen Rechtsstreit anstelle einer der in §§ 2, 2a genannten Parteien als Partei kraft Amtes führen.

26 Allerdings ist stets genau zu prüfen, ob diese Verwalter den Rechtsstreit wirklich als Prozessstandschafter bzw. Rechtsnachfolger für einen anderen oder selbst als Partei führen, weil sie einen originär eigenen Anspruch geltend machen. Diese Frage stellte sich bis zum Jahr 2010 bei **Anfechtungsklagen des Insolvenzverwalters**, mit denen dieser gem. § 143 Abs. 1, § 129 ff. InsO von den ArbN des insolventen ArbGeb Vergütungszahlungen zurückfordert. Nach Ansicht des **BAG** und eines Teils der Lit. vor allem zum Arbeitsrecht[5] handele der Insolvenzverwalter bei der Anfechtung einer Vergütungszahlung im Interesse der Masse, die das dem Insolvenzverfahren unterliegende Vermögen des insolventen ArbGeb darstelle. Damit sei er in einem weiten Sinne Rechtsnachfolger des ArbGeb. Dagegen sahen der **BGH**[6] und ein Teil der Lit. vor allem zum Insolvenzrecht[7] den Insolvenzverwalter bei Anfechtungsklagen nicht einmal im weitesten Sinn als Rechtsnachfolger des ArbGeb an. Dieser sei unter keinen Umständen zur Insolvenzanfechtung berechtigt, so dass der Insolvenzverwalter insoweit auch nicht an seine Stelle treten könne. Das Insolvenzanfechtungsrecht stehe von vornherein ausschließlich dem Insolvenzverwalter zu. Dieser handele weder rechtlich anstelle des insolventen ArbGeb noch wirtschaftlich in dessen Interesse. Die Insolvenzanfechtung erfolge vielmehr im Interesse der Gesamtheit der Gläubiger, und sie diene dazu, eine möglichst hohe gleichmäßige Gläubigerbefriedigung zu erreichen. Das habe mit der Rechtsstellung und den Interessen des ArbGeb, der keinesfalls an einer Gläubigergleichbehandlung interessiert sein müsse, nichts zu tun. Bei der Insolvenzanfechtung gegenüber ArbN sei der Insolvenzverwalter daher weder Rechtsnachfolger noch Prozessstandschafter des ArbGeb. Der Streit zwischen dem BAG und dem BGH um die Einordnung des anfechtenden Insolvenzverwalters als Rechtsnachfolger des ArbGeb hat sich allerdings durch eine (wenig überzeugende)[8]

---

1 BAG v. 28.9.1988 – 1 ABR 37/87, AP Nr. 55 zu § 99 BetrVG, Bl. 2.
2 Vgl. BAG v. 15.3.2000 – 5 AZB 70/99, ZIP 2000, 899 (900): Klage gegen den Verwalter im Gesamtvollstreckungsverfahren (Prozessführungsbefugten) der Konzernobergesellschaft (Rechtsnachfolgerin) der ArbGebin nach den Grundsätzen der Konzernhaftung; LAG Hessen v. 19.6.2017 – 10 Ta 524/16 Rz. 16 (Klage einer gemeinsamen Einrichtung der Tarifvertragsparteien nach § 2a Abs. 1 Nr. 6 gegen den Insolvenzverwalter des Arbeitgebers).
3 Dazu LAG Berlin v. 6.12.2002 – 9 Ta 1726/02, NZA 2003, 630 (631).
4 Dazu ArbG Düsseldorf v. 23.6.2004 – 10 Ca 1430/04, NZA 2004, 1181; ArbG Münster v. 2.9.2004 – 3 Ca 563/04, ZIP 2004, 2159 (2160).
5 BAG v. 27.2.2008 – 5 AZB 43/07, NZA 2008, 549; BAG v. 31.3.2009 – 5 AZB 98/08, ZIP 2009, 831 (832). Zustimmend *Berkowsky*, NZI 2008, 422 und 669 (671); *Cranshaw*, jurisPR-InsR 23/2008; *GMP/Schlewing*, § 3 Rz. 14; *Jacobs*, NJW 2009, 1931; *Jacobs*, FS Kreutz, 2010, S. 145 (158); *Zwanziger*, BB 2009, 668.
6 BGH v. 2.4.2009 – IX ZB 182/08, NJW 2009, 1968 (1972 f.).
7 *Bork/Jacoby*, Handbuch des Insolvenzanfechtungsrechts, 2006, 472; *Braun/de Bra*, InsO, 4. Aufl. 2010, § 129 Rz. 49; FK-InsO/*Dauernheim*, 5. Aufl. 2009, § 143 Rz. 45; *Graf-Schlicker/Huber*, InsO, 2. Aufl. 2010, § 143 Rz. 6; *Häsemeyer*, Insolvenzrecht, 4. Aufl. 2007, Rz. 21.106; *Jaeger/Henckel*, InsO, Bd. 4, 2008, § 143 Rz. 169; *Kreft*, ZIP 2013, 241; *Kissel/Mayer*, GVG, 6. Aufl. 2010, § 13 Rz. 176, 372a; *Kreft*, HK-InsO, 4. Aufl. 2008, § 129 Rz. 94; *Paulus* in Kübler/Prütting/Bork, InsO, Loseblatt, § 143 Rz. 41; MünchKommInsO/*Kirchhof*, 2. Aufl. 2008, § 146 Rz. 30; MünchKommZPO/*Zimmermann*, 3. Aufl. 2008, GVG § 13 Rz. 95, 96; *Nerlich/Römermann*, InsO, Loseblatt, § 129 Rz. 120; *Ries*, ZInsO 2007, 1037; *Uhlenbruck/Hirte*, InsO, 12. Aufl. 2003, § 143 Rz. 63; *Walker*, FS J.-H. Bauer, 2010, S. 1030 (1034 ff.); *Zenker*, NJW 2008, 1038 (1039); *Zöller/Lückemann*, 28. Aufl. 2010, GVG § 13 Rz. 32.
8 S. etwa die deutliche Kritik von *Bork*, EWiR 2010, 765 f. (nicht gerade dogmatisches Hochreck); *Kreft*, ZIP 2013, 241 (242 ff.) (verfassungswidrig); *Ries*, ZInsO 2010, 2382.

Entscheidung des GmS-OGB erledigt. Dieser hat auf Vorlage des BGH[1] mit Beschluss vom 27.9.2010[2] die Rechtswegzuständigkeit der ArbG nach § 2 Abs. 1 Nr. 3 Buchst. a (bürgerliche Rechtsstreitigkeit aus dem Arbeitsverhältnis) mit der Begründung bejaht, der Insolvenzverwalter sei für die Dauer des Insolvenzverfahrens faktischer ArbGeb. Danach braucht man für die Rechtswegzuständigkeit auf § 3 also gar nicht zurückzugreifen.

Wenn allerdings der Insolvenzverwalter vom Finanzamt nach § 143 InsO die **Rückgewähr der vom Arb-** 26a **Geb entrichteten Lohn- und Annexsteuern** verlangt und das in Anspruch genommene Land sich mit einer Klage dagegen wehrt, ist der Rechtsweg zu den ordentlichen Gerichten gegeben. Dieser Rechtsstreit ist nämlich auf die insolvenzrechtlich geprägte Rückabwicklung einer steuerrechtlichen Beziehung zwischen dem ArbGeb und dem Fiskus gerichtet, und das Land wehrt sich nicht als Rechtsnachfolger des ArbN gegen den Rückzahlungsanspruch[3].

Keine Rechtsnachfolge oder Prozessstandschaft auf ArbGebSeite liegt vor, wenn nach der Zahlung von Ar- 26b beitsvergütung durch einen **Dritten** gem. § 267 BGB dessen Insolvenzverwalter im Wege der Insolvenzanfechtung die Rückzahlung begehrt[4]. Da der Dritte nicht ArbGeb war, klagt der Insolvenzverwalter auch bei der Rückforderung nicht anstelle des ArbGeb.

Weitere Gesetze enthalten Sondervorschriften für eine gesetzliche Prozessstandschaft. Nach **§ 25 HAG** 27 sind die Länder befugt, im eigenen Namen den Anspruch auf Nachzahlung von Minderbeträgen iSd. § 24 HAG an die Berechtigten (Heimarbeiter oder Gleichgestellten) gerichtlich geltend zu machen. Diese Klagebefugnis erstreckt sich auf Auskunfts- und Rechnungslegungsansprüche[5].

Nach **Art. 56 Abs. 8 Satz 2, 3 des Zusatzabkommens zum NATO-Truppenstatut** vom 3.8.1959[6] sind Kla- 28 gen von Zivilbediensteten der Streitkräfte aus dem Arbeitsverhältnis gegen die Bundesrepublik Deutschland zu richten[7]. Klagen für den ArbGeb werden von der Bundesrepublik Deutschland erhoben. An dieser Rechtslage hat sich durch die Herstellung der Einheit Deutschlands nichts geändert[8]. Das gilt nicht nur für Erfüllungs-, Schadensersatz- und Kündigungsschutzklagen, sondern auch für Klagen, die zB auf Unterlassung von Persönlichkeitsrechtsverletzungen durch elektronische Überwachung mit versteckten Videokameras[9] oder auf Ausstellung eines von der Dienststelle der Stationierungsstreitkräfte zu erlassenden Zeugnisses[10] gerichtet sind.

2. Gewillkürte Prozessstandschaft

Trotz der Beschränkung des Wortlauts auf die Prozessführungsbefugnis kraft Gesetzes entspricht es all- 29 gemeiner Ansicht, dass die Vorschrift auch bei der gewillkürten Prozessstandschaft anwendbar ist[11]. Das ist sachgerecht, weil sich durch die Einschaltung eines gewillkürten Prozessstandschafters an der arbeitsrechtlichen Materie des Rechtsstreits nichts ändert. Nur durch Anwendung des § 3 kann verhindert werden, dass durch die Prozessführungsermächtigung an einen Dritten der Rechtsstreit den ArbGen entzogen wird. Fehlen die Voraussetzungen für die gewillkürte Prozessstandschaft (wirksame Ermächtigung zur Prozessführung; schutzwürdiges Eigeninteresse an der Geltendmachung fremder Rechte[12]), ist die Klage als unzulässig abzuweisen[13], aber nicht mangels Rechtswegzuständigkeit, sondern mangels Prozessführungsbefugnis.

---

1 BGH v. 2.4.2009 – IX ZB 182/08, NJW 2009, 1968 (1972 f.).
2 GmS-OGB v. 27.9.2010 – GmS-OGB 1/09, ZIP 2010, 2418.
3 BAG v. 17.9.2014 – 10 AZB 4/14, NZA 2015, 1405 Rz. 16 mit Anm. *Hess*, EWiR 2015, 95.
4 BGH v. 19.7.2012 – IX ZB 27/12, ZIP 2012, 1681 (1683).
5 BAG v. 10.4.1984 – 3 AZR 60/82, AP Nr. 4 zu § 25 HAG.
6 BGBl. II 1961 S. 1218.
7 Zur Vertretung der Bundesrepublik Deutschland im Prozess und zum Passivrubrum s. GK-ArbGG/*Schütz*, § 3 Rz. 50.
8 BAG v. 15.5.1991 – 5 AZR 115/90, AP Nr. 23 zu § 611 BGB – Persönlichkeitsrecht, Bl. 2.
9 BAG v. 15.5.1991 – 5 AZR 115/90, AP Nr. 23 zu § 611 BGB – Persönlichkeitsrecht.
10 BAG v. 29.1.1986 – 4 AZR 479/84, NZA 1987, 384 (Ls.).
11 BCF/*Bader*, ArbGG, § 3 Rz. 6; *Gift/Baur*, Urteilsverfahren, Teil C Rz. 241; GMP/*Schlewing*, § 3 Rz. 17; GK-ArbGG/*Schütz*, § 3 Rz. 52; GWBG/*Waas*, § 3 Rz. 11; Hauck/Helml/Biebl/*Helml*, § 3 Rz. 14; *Kissel/Mayer*, § 13 GVG Rz. 195.
12 S. nur BAG v. 21.10.1982 – 1 AZR 411/80, AP Nr. 76 zu Art. 9 GG – Arbeitskampf.
13 S. nur BAG v. 12.9.1984 – 1 AZR 342/83, AP Nr. 81 zu Art. 9 GG – Arbeitskampf, Bl. 6 Rf.

VI. Maßgeblicher Zeitpunkt

30 § 3 greift nur ein, wenn die Streitigkeit von vornherein nicht von einer der in §§ 2, 2a genannten Parteien, sondern von einem Rechtsnachfolger oder von einem Prozessführungsbefugten geführt wird[1]. Dabei spielt es keine Rolle, ob der geltend gemachte Anspruch noch in der Person des Rechtsvorgängers oder sogleich in der Person des Rechtsnachfolgers entstanden ist. Im letzten Fall muss er seinen Ursprung aber in einem in den §§ 2, 2a genannten Rechtsverhältnis haben. **Beispiel:** Verpflichtung zur Vorschussrückzahlung beim Tod des ArbN vor Beginn des Zeitraumes, für den die Leistung bestimmt war. Treten die Voraussetzungen für eine Rechtsnachfolge erst nach Rechtshängigkeit ein, bleibt die zuvor nach §§ 2, 2a bestehende Rechtswegzuständigkeit schon nach § 17 Abs. 1 Satz 1 GVG bestehen. Einer Anwendung des § 3 bedarf es dann nicht.

VII. Grundlage der Rechtswegprüfung

31 Grundlage der Rechtswegprüfung nach § 3 ist wie bei § 2 (Rz. 232 ff.) der Tatsachenvortrag des Klägers oder Antragstellers. Da die Voraussetzungen für die rechtswegbegründende Rechtsnachfolge gleichzeitig für die Begründetheit der Klage von Bedeutung ist, handelt es sich um sog. **doppelrelevante Tatsachen**. Wer etwa als Rechtsnachfolger aufgrund einer Abtretung klagt, kann auch in der Sache nur obsiegen, wenn er die Abtretung im Bestreitensfalle nachweisen kann. Ebenso kann die Klage eines ArbN gegen die Konzernobergesellschaft seiner ArbGebin nach den Grundsätzen der Konzernhaftung (Rz. 18) auch in der Sache nur Erfolg haben, wenn die Voraussetzungen für die Konzernhaftung vorliegen[2]. Bei derartigen doppelrelevanten Tatsachen reicht wie in anderen Sic-non-Fällen (§ 2 Rz. 235) für die Bejahung des Rechtswegzuständigkeit die bloße Rechtsbehauptung des Klägers oder Antragstellers aus, auf seiner Seite oder auf der Seite des Prozessgegners seien die Voraussetzungen des § 3 gegeben[3]. Auf die Beweisbarkeit der Tatsache kommt es im Rahmen der Rechtswegprüfung nicht an.

§ 4 Ausschluss der Arbeitsgerichtsbarkeit

In den Fällen des § 2 Abs. 1 und 2 kann die Arbeitsgerichtsbarkeit nach Maßgabe der §§ 101 bis 110 ausgeschlossen werden.

I. Zweck und Regelungsgehalt des § 4	IV. Rechtsfolgen des Schiedsvertrages gem. § 4 iVm. §§ 101 ff. 14
1. Gesetzgeberischer Zweck 1	V. Die Unstimmigkeit des § 4 15
2. Inkonsequenz von Rechtsprechung und Literatur 3	VI. Anwendungsbereich des § 4 und Privatautonomie 28
II. Die Zulässigkeit von Schiedsgutachtenverträgen 6	1. Betriebsverfassungsrechtliche Streitigkeiten ... 29
III. Zulässigkeit eines schiedsgerichtlichen Vorverfahrens 12	2. Nachvertragliche Vereinbarungen 31

Schrifttum: *Baumgärtel*, Wesen und Begriff der Prozesshandlung, 1972; *Däubler*, TVG, 4. Aufl. 2016; *Dütz*, Die Beilegung von Arbeitsstreitigkeiten in der Bundesrepublik Deutschland, RdA 1978, 291; *Dütz*, Vertragliche Spruchstellen für Arbeitsrechtsstreitigkeiten, in Arbeitsleben und Rechtspflege, FS G. Müller, 1981, S. 129; *Francken*, Das Arbeitsrecht als Multi-Door-Courthouse, NJW 2006, 1103; *Friedemann*, Das Verfahren der Einigungsstelle für Interessenausgleich und Sozialplan, 1997; *Germelmann*, Bühnenschiedsgerichte und Arbeitsgerichtsbarkeit, NZA 1994, 12; *Germelmann*, in: Festschrift für Adomeit, 2008, S. 201; *Gramm*, Gerichte für Arbeitssachen und Schiedsgerichte, RdA 1967, 41; *Gruber*, Die Schiedsgerichtsbarkeit in Arbeitsstreitigkeiten in den USA und in Deutschland, 1998; *Grunsky*, Die Schlichtung arbeitsrechtlicher Streitigkeiten und die Rolle der Gerichte, NJW 1978, 1832; *Hentzen*, Die Schiedsvereinbarung zum Anstellungsvertrag bei Beendigung der Organstellung – zur Reichweite von § 4 ArbGG, in: Justo Iure (Festgabe für Otto Sandrock zum 65. Geburtstag), 1995, S. 181; *Heyne*, in Bender/Maihofer/Vogel, Handbuch des Verfassungsrechts, 2. Aufl. 1994; *Kirchner*, Vereinbarte Schlichtung und vereinbarte Schiedsgerichtsbarkeit – Abgrenzungsprobleme, RdA 1966, 1; *Kornblum*, Probleme der schiedsrichterlichen Unabhängigkeit, 1968; *Lachmann*,

---

1 GMP/*Schlewing*, § 3 Rz. 2; GK-ArbGG/*Schütz*, § 3 Rz. 8; GWBG/*Waas*, § 3 Rz. 4.
2 BAG v. 15.3.2000 – 5 AZB 70/99, ZIP 2000, 899 (901).
3 BAG v. 15.3.2000 – 5 AZB 70/99, ZIP 2000, 899 (901); ErfK/*Koch*, § 3 ArbGG Rz. 1; GK-ArbGG/*Schütz*, § 3 Rz. 9; GMP/*Schlewing*, § 3 Rz. 4; GWBG/*Waas*, § 3 Rz. 10; Hauck/Helml/Biebl/*Helml*, § 3 Rz. 2; aM *Gift/Baur*, Urteilsverfahren, Teil C Rz. 243.

Schiedsgerichtsbarkeit aus der Sicht der Wirtschaft, AnwBl 1999, 241; *Langer*, Schiedsgerichte in Arbeitssachen, in: Die Arbeitsgerichtsbarkeit – FS zum 100-jährigen Bestehen des Deutschen Arbeitsgerichtsverbands, 1994, S. 465; *Löwisch*, Fragen des schiedsrichterlichen Verfahrens zwischen Tarifvertragsparteien nach § 101 Abs. 1 ArbGG, ZZP 103 (1990), 22; *Oetker*, Betriebsvereinbarung zum Einigungsstellenverfahren bei Auslegungsstreitigkeiten, SAE 1991, 301; *Prütting*, Schlichten statt Richten?, JZ 1985, 261; *Ramm*, Schiedsgerichtsbarkeit, Schlichtung und Rechtsprechungslehre, ZRP 1989, 136; *Reupke*, Bühnenschiedsgericht in der Bewährung, 1997; *Röckrath*, Zur Zuständigkeit für die Sachentscheidung nach Aufhebung eines Schiedsspruchs, NZA 1994, 678; *Sareika*, Zu den Begriffen der Schiedsgerichtsbarkeit, ZZP 90 (1977), 285; *Schreiber*, Der Schiedsvertrag in Arbeitsstreitigkeiten, ZfA 1983, 31; *Schütze*, Schiedsgericht und Schiedsgerichtsverfahren, 5. Aufl. 2012; *Söllner*, „Schlichten ist ein Richten", ZfA 1982, 1; *Vogel*, Die Bühnenschiedsgerichtsbarkeit – Ein Modell für Tarifvertragsgerichte zur arbeitsrechtlichen Streitbeilegung?, NZA 1999, 26; *Vollmer*, Das Schiedsgutachtenrecht, Bestandsaufnahme und Fragen der Praxis, BB 1984, 1010; *Walter*, Prozessuale Fragen des Schiedsvertrages und der Schiedsgutachteneinrede, JZ 1988, 1083; *Walter*, Dogmatik der unterschiedlichen Verfahren zur Streitbeilegung, ZZP 103 (1990), 141; *Wittmann*, Struktur- und Grundprobleme des Schiedsgutachtensvertrages, 1978; *Zimmerling*, Arbeitsrechtliche Konkurrentenklage und Eingruppierungsklage im öffentlichen Dienst, 1999.

I. Zweck und Regelungsgehalt des § 4

1. Gesetzgeberischer Zweck

Rspr.[1] und Lit.[2] betonen die sich aus § 4 ergebende ausschließliche Zuständigkeit der Arbeitsgerichtsbarkeit. § 4 eröffne lediglich die Möglichkeit, die Arbeitsgerichtsbarkeit in den Fällen des § 2 Abs. 1 und Abs. 2 nach Maßgabe der §§ 101–110 für eng begrenzte Teilbereiche auszuschließen[3]. Durch § 4 soll insbesondere im Interesse des ArbN sichergestellt werden, dass das materielle Arbeitsrecht in jedem Fall mit Hilfe staatlicher Gerichte uneingeschränkt Anwendung findet[4]. Nach dem eindeutigen Wortlaut des § 4 ist eine Durchbrechung der ausschließlichen Zuständigkeit der Gerichte für Arbeitssachen nur im Urteils- und nicht im Beschlussverfahren möglich[5]. Die **Schiedsgerichtsabrede** kann nur **durch Tarifvertragsparteien** geschlossen werden, nicht aber auch in einer Betriebsvereinbarung oder in einem Sozialplan[6]. Voraussetzung ist weiterhin, dass der Kläger zu dem ArbN-Kreis der Bühnenkünstler, Filmschaffenden und Artisten zählt (§ 101 Abs. 2 Satz 1)[7]. Begründet wird diese Ausnahme der Zulässigkeit eines Schiedsgerichtes mit den „branchenspezifischen Besonderheiten", die einen „besonders fachkundigen Spruchkörper anstelle der staatlichen Arbeitsgerichtsbarkeit" erfordern[8]. Weiterhin sei insbesondere im Beschlussverfahren gem. § 2a der Abschluss von Schiedsverträgen unzulässig[9]. § 4 enthalte eine Sonderregelung zur objektiven Schiedsfähigkeit, also der Befugnis der Parteien, einen konkreten Streit der Entscheidung durch ein Schiedsgericht zu überantworten[10]. Die Betriebsparteien können sich jedoch verpflichten, bei betriebsverfassungs-

---

1 S. zB BAG, 27.10.1987 – 1 AZR 80/96, NZA 1988, 207; BAG v. 15.1.1989 – 5 AZR 590/88, NZA 1990, 392; BAG v. 20.11.1990 – 1 ABR 45/89, NZA 1991, 473; BAG v. 10.4.1996 – 10 AZR 722/95, NZA 1996, 942; BAG v. 22.1.1997 – 10 AZR 486/96, NZA 1997, 837; BAG v. 6.8.1997 – 7 AZR 156/96, NZA 1998, 220; BAG v. 14.1.2004 – 4 AZR 581/02, NZA-RR 2004, 590.
2 S. zB *Dietz/Nikisch*, § 4 ArbGG Rz. 1 ff.; GMP/*Germelmann*, § 4 Rz. 1; GK-ArbGG/*Schütz*, § 4 Rz. 1 und 3; GWBG/*Waas*, § 4 Rz. 2; Hauck/Helml/Biebl/*Helml*, § 4 Rz. 1; ErfK/*Koch*, 60, § 4 ArbGG, Rz. 1; *Kirchner*, RdA 1966, 1; *Gramm*, RdA 1967, 41 ff.; *Dütz*, RdA 1978, 291 (294); *Dütz*, FS G. Müller, 1981, S. 129; *Schreiber*, ZfA 1983, 31; *Ramm*, ZRP 1989, 136 (139); *Löwisch*, ZZP 103 (1990), 22; *Langer*, S. 465 f.; *Hentzen*, S. 181 (182), mwN in Fn. 2; *Reupke*, S. 223.
3 Nach BAG v. 23.8.1963 – 1 AZR 469/62, NJW 1964, 268, verstößt die in § 101 ff. geregelte Schiedsgerichtsbarkeit nicht gegen Art. 92 GG oder Art. 101 GG. Gleiches hat der BGH v. 3.7.1975 – II ZR 78/73, NJW 1976, 1009 judiziert für das schiedsrichterliche Verfahren gem. §§ 1025 ff. ZPO. Die Lit. betont die Verfassungskonformität des schiedsrichterlichen Verfahrens, so zB *Prütting/Gehrlein*, ZPO, 8. Aufl. 2016, 1025 Rz. 5. Ausführlich zur Zulässigkeit von Schiedsgutachtenverträgen GK-ArbGG/*Schütz*, § 4 Rz. 31 ff.
4 GWBG/*Waas*, § 4 Rz. 2; GMP/*Germelmann*, § 4 Rz. 1.
5 GWBG/*Waas*, § 4 Rz. 4 sowie GK-ArbGG/*Schütz*, § 4 Rz. 5.
6 BAG v. 27.10.1987 – 1 AZR 80/86, NZA 1988, 207; BAG v. 20.11.1990 – 1 ABR 85/89, NZA 1991, 473; s. im Übrigen BAG v. 15.11.1989 – 5 AZR 590/88, NZA 1990, 392 sowie BAG v. 6.8.1997 – 7 AZR 156/96, NZA 1998, 220; GMP/*Germelmann*, § 4 Rz. 5; Hauck/Helml/Biebl/*Helml*, § 4 Rz. 3.
7 BAG v. 15.11.1989 – 5 AZR 590/88, NZA 1990, 292; BAG v. 6.8.1997 – 7 AZR 156/96, NZA 1998, 220; BAG v. 14.1.2004 – 4 AZR 581/02, NZA-RR 2004, 590.
8 *Röckrath*, NZA 1994, 678. Nach *Germelmann*, NZA 1994, 12 kommt der Schiedsgerichtsbarkeit angesichts des Umstrukturierungsprozesses im deutschen Bühnenbereich eine steigende Bedeutung zu.
9 BAG v. 27.10.1987 – 1 AZR 80/86, NZA 1988, 207; BAG v. 20.11.1990 – 1 ABR 45/89, NZA 1991, 473; LAG Nds. v. 11.5.2012 – 6 TaBV 5/12; GMP/*Germelmann*, § 4 Rz. 4; GK-ArbGG/*Schütz*, § 4 Rz. 5; *Friedemann*, Das Verfahren der Einigungsstelle für Interessenausgleich und Sozialplan, 1997, Rz. 82; *Schreiber*, ZfA 1981, 35; *Langer*, S. 467; *Oetker*, SAE 1991, 301.
10 *Hentzen*, S. 184; s. hierzu auch *Grunsky*, NJW 1978, 1832 (1833).

rechtlichen Meinungsverschiedenheiten den Konfliktfall zunächst über ein förmliches Verfahren einer innerbetrieblichen Einigung zuzuführen. Ein solches Verfahren ist keine nach § 4 unzulässige Schiedsvereinbarung, sondern eine den Betriebsparteien durch § 76 Abs. 6 BetrVG eröffnete Möglichkeit, eine innerbetriebliche Streitigkeit ohne Anrufung der ArbG beizulegen[1]. Das BAG hat klargestellt, dass die Vorschriften der §§ 4 und 101 dem Verfahrensrecht angehören und nicht den (materiellen) Inhalt individueller Ansprüche regeln[2]. Weiter hat das BAG judiziert, dass § 4 einem zwischen den Betriebsparteien vor Anhängigkeit eines Beschlussverfahrens vereinbarten Rechtsmittelverzicht nicht entgegensteht[3].

2 Es wird geltend gemacht, dass das materielle Arbeitsrecht durch die **mit arbeitsrechtlich erfahrenen Juristen besetzten** ArbG gestaltet werden müsse. Dieses Verfahren führe auch zu größerer Rechtssicherheit und einer Garantie für die einheitliche Rechtsanwendung[4]. Die Lit. weist darauf hin, dass die Schiedsgerichte nicht selten eine freiere Stellung gegenüber dem materiellen Recht beanspruchen und auch keine echte Unabhängigkeit genießen[5]. Unter Bezugnahme auf die Gesetzesmaterialien[6] wird die Einschränkung der Schiedsgerichtsbarkeit mit der Stärkung der staatlichen Arbeitsgerichtsbarkeit begründet. Ein wesentlicher Grund für die nur beschränkte Zulassung der Schiedsgerichte habe sich aus der Befürchtung des Gesetzgebers ergeben, dass den ArbG ein wesentlicher Teil ihrer legitimen Aufgaben durch private Gerichte genommen werden könnte. In der Lit. wird diese Befürchtung als verständlich angesehen. Sie entspreche der historischen Erfahrung, dass die Arbeitsgerichtsbarkeit nach 1933 immer mehr eingeschränkt wurde und schließlich ihre Eigenständigkeit verlor, als sie 1937 organisatorisch den AG angegliedert wurde[7].

2. Inkonsequenz von Rechtsprechung und Literatur

3 Rspr. und Lit. sind jedoch **nicht konsequent**. Trotz des Schutzzweckes der deutschen Arbeitsgerichtsbarkeit lässt die Rspr. bei Sachverhalten mit Auslandsbezug eine Derogation der deutschen ArbG grds. zu[8]. Auch ist die weitgehende Zulassung von Schiedsgutachten mit dem weitgehenden Ausschluss der Schiedsgerichtsbarkeit kaum zu vereinbaren[9].

4 Rspr. und Lit. sind weiterhin inkonsequent, soweit ein Schiedsgerichtsverfahren in den Fällen der Zusammenhangsklage gem. § 2 Abs. 3[10] vereinbart werden kann. Dies bedeutet, dass die Rechtsstreitigkeiten, die an sich gem. § 4 iVm. § 2 Abs. 1 und 2 der staatlichen Arbeitsgerichtsbarkeit nicht entzogen werden können, sehr wohl im Falle des Sachzusammenhanges gem. § 2 Abs. 3 vor ein Schiedsgericht gebracht werden können. Zur Begründung wird darauf verwiesen, dass § 4 nicht ausdrücklich Bezug nehme auf § 2 Abs. 3[11]. Damit muss die **Stärkung der Arbeitsgerichtsbarkeit** und der **besondere Schutz der ArbN** (als Argumen-

---

1 BAG v. 20.11.1990 – 1 ABR 45/89, NZA 1991, 473; BAG v. 16.8.2011 – 1 ABR 22/10, NZA 2012, 342; BAG v. 23.2.2016 – 1 ABR 5/14, NZA 2016, 972; s. hierzu *Becker*, DB 2016, 2179.
2 BAG v. 14.1.2004 – 4 AZR 581/02, NZA-RR 2004, 590.
3 BAG v. 8.9.2010 – 7 ABR 73/09, NZA 2011, 934.
4 GMP/*Germelmann*, § 4 Rz. 1; GK-ArbGG/*Schütz*, § 4 Rz. 4; GWBG/*Waas*, § 4 Rz. 2; Hauck/Helml/Biebl/*Helml*, § 4 Rz. 1; hingegen wird in der zivilprozessualen Lit. betont, dass beim Schiedsgericht eine noch höhere juristische Qualität zu erreichen ist als in der staatlichen Gerichtsbarkeit, da die Mitglieder eines Schiedsgerichtes ungehindert von Geschäftsverteilungsplänen – aus dem Kreise hervorragend geeigneter Experten – ausgewählt werden können (ohne geographische Grenzen), vgl. *Lachmann*, AnwBl 1999, 241 (243).
5 GMP/*Germelmann*, § 4 Rz 1; GK-ArbGG/*Schütz*, § 4 Rz. 4; GWBG/*Waas*, § 4 Rz. 2.
6 BT-Drs. I/3516, S. 34: „Es muss davon ausgegangen werden, dass das ArbGG im Gegensatz zur ZPO den Einzelschiedsvertrag im Hinblick auf die Schutzbedürftigkeit der ArbN grds. ablehnt. Diese Schutzbedürftigkeit muss auch hinsichtlich der höheren Angestellten bejaht werden." Hierzu vor allem *Schreiber*, ZfA 1983, 35 sowie *Langer*, S. 467.
7 Gegen eine Einschränkung der Schiedsgerichtsbarkeit werden in Rspr. und Lit. kaum Bedenken erhoben; s. allerdings *Ramm*, ZRP 1989, 136 (139). Rechtspolitisch wird eine Änderung gefordert von *Gruber*, S. 223 ff. sowie *Vogel*, NZA 1999, 26.
8 Vgl. BAG v. 5.12.1966 – 3 AZR 207/66, BAGE 19, 164 (170); BAG v. 29.6.1978 – 5 AZR 973/77, NJW 1979, 1119; BAG v. 27.1.1983 – 2 AZR 188/81, NJW 1984, 1320; BAG v. 20.7.1990 – 3 AZR 417/89, NJW 1990, 2180. Maßgeblich ist hierbei die Erwägung, dass eine solche Derogation regelmäßig mit der Wahl ausländischen materiellen Rechtes verbunden sei; nunmehr einschränkend GMP/*Germelmann*, § 4 Rz. 6; GK-ArbGG/*Schütz*, § 4 Rz. 16 ff.
9 BAG v. 16.10.1957 – 4 AZR 257/55, AP Nr. 27 zu § 3 TOA; LAG BW v. 30.3.1960 – 7 Sa 11, 12/60, AP Nr. 1 zu § 317 BGB; LAG Hamm v. 23.4.1980 – 14 Sa 1527/79; LAG Sachsen v. 16.8.1995 – 2 (12) Sa 468/95. Die Lit. ist insoweit zum Teil entschieden anderer Auffassung, so zB GWBG/*Waas*, § 4 Rz. 7; Stein/Jonas/*Schlosser*, vor § 1025 ZPO Rz. 42; *Schreiber*, ZfA 1983, 31 (41 ff.); *Dütz*, FS G. Müller, 1981, S. 142 ff.
10 Hierzu BAG v. 28.10.1993 – 2 AZB 12/93, NZA 1994, 234 sowie § 3 Rz. 198 ff.; nach Auffassung von *Germelmann*, NZA 1994, 12 (13) ist der notwendige rechtliche oder tatsächliche Zusammenhang eng auszulegen.
11 *Dietz/Nikisch*, § 4 Rz. 13; GMP/*Germelmann*, § 4 Rz. 8; Hauck/Helml/Biebl/*Helml*, § 4 Rz. 10; Stein/Jonas/*Schlosser*, vor § 1025 ZPO Rz. 18.

te für die Begründung des weitgehenden Ausschlusses der Schiedsgerichtsbarkeit) zurücktreten, wenn es einer der Parteien gelingt, eine Zusammenhangsklage zu erheben (zB im Wege der Widerklage)[1].

Zuzustimmen ist allerdings der Lit., soweit es um die **fakultative Zuständigkeit der Arbeitsgerichtsbarkeit** gem. § 2 Abs. 4 geht. Insoweit ist die Vereinbarung der Zuständigkeit eines Schiedsgerichtes uneingeschränkt möglich. Da ursprünglich die Zuständigkeit des AG oder LG gegeben war und demzufolge bei einem Schiedsgerichtsverfahren §§ 1025 ff. ZPO Anwendung finden, gelten in diesem Fall konsequenterweise die §§ 1025 ff. ZPO[2]. 5

II. Die Zulässigkeit von Schiedsgutachtenverträgen

Für die Abgrenzung von Schiedsvertrag und Schiedsgutachten kommt es nach hM darauf an, ob der Dritte nur ein **Element der Entscheidung begutachten oder** anstelle des staatlichen Gerichtes **endgültig entscheiden soll**. Im letzten Fall handelt es sich um einen Schiedsvertrag, nicht um ein Schiedsgutachten[3]. Unerheblich ist es, ob die Parteien die richtige Bezeichnung (Schiedsgutachter oder Schiedsrichter) gewählt haben[4]. Entscheidend ist, ob die angerufene(n) Person(en) im Rechtsstreit abschließend entscheiden soll(en). Gesetzliche Anhaltspunkte für das Schiedsgutachten liefern die Regelungen der §§ 317 ff. BGB, wonach vereinbart werden kann, dass die Bestimmung der vertraglichen Leistung von einem Dritten vorgenommen werden soll. Die Schiedsgutachtenabrede muss sich allerdings im Rahmen der Billigkeit (§ 75 BetrVG) halten[5]. 6

Umstritten ist in der zivil- und zivilverfahrensrechtlichen Diskussionen[6] vor allem, ob das Schiedsgutachten **ausschließlich materiell**-rechtlich erklärt werden kann[7] oder **gemischt materiell-prozessrechtlich**[8] bzw. **allein prozessual**[9]. Die praktischen Unterschiede dieser Auffassung sind – wenn man die §§ 317 ff. BGB nicht auch auf Prozessverträge anwendet – sehr groß: Nach der materiell-rechtlichen Auffassung unterliegt das Schiedsgutachten nur im Ergebnis einer Kontrolle, nämlich dahin, ob es offenbar unbillig bzw. unrichtig ist (§ 319 BGB). Dagegen bestehen keine verfahrensmäßigen Voraussetzungen für das Schiedsgutachten, zB ob die Schiedsgutachter unabhängig sind und ob rechtliches Gehör gewährt wird. Es fehlt die Kontrolle des Verfahrens[10]. 7

Im arbeitsgerichtlichen Verfahren stellt sich bereits die grundsätzliche Frage, ob § 4 der **Vereinbarung eines Schiedsgutachtens** generell entgegensteht[11]. Die Rspr. des BAG ist alles andere als einheitlich. Im Jahre 1957 vertrat das BAG die Auffassung, dass der Schiedsgutachtervertrag mit den materiell-rechtlichen Wirkungen der §§ 317, 319 BGB auch im Arbeitsverhältnis zulässig sei[12]. Im Jahre 1976 hat das BAG die Frage, 8

---

1 S. hierzu BAG v. 3.6.1996 – 5 AS 34/95; Stein/Jonas/*Roth*, § 33 ZPO Rz. 40; GMP/*Matthes*, § 2 Rz. 119 ff. Gemäß § 16 des Tarifvertrags über die Bühnenschiedsgerichtsbarkeit – Bühnenschiedsgerichtsordnung (BSchGO) DBV/GDBA idF v. 1.1.2009 wird die Erhebung der Widerklage ausdrücklich für zulässig erklärt, „wenn der Gegenanspruch mit dem in der Klage geltend gemachten Anspruch oder dem gegen dieselben vorgebrachten Verteidigungsmitteln im Zusammenhang steht." Dahinstehen mag die Frage, ob und inwieweit durch einen Tarifvertrag die Zuständigkeitsregelung der §§ 2 ff. modifiziert werden kann.
2 GMP/*Germelmann*, § 4 Rz. 12; GK-ArbGG/*Schütz*, § 4 Rz. 15; GWBG/*Waas*, § 4 Rz. 8; Hauck/Helml/Biebl/*Helml*, § 4 Rz. 8; Natter/Gross/*Wieker*, § 4 Rz. 3; Dietz/Nikisch, § 4 ArbGG Rz. 13; Wieczorek/*Schütze*, § 1025 ZPO Rz. 35; *Schütze*, 5. Aufl. 2012, Rz. 623.
3 Wieczorek/*Schütze*, § 1025 ZPO Rz. 58 ff.; GK-ArbGG/*Schütz*, § 4 Rz. 3; Rosenberg/Schwab/Gottwald, § 174 Rz. 18 ff.; *Walter*, ZZP 103 (1990), 141 (148 ff.) (mwN) in Fn. 20; *Wittmann*, S. 155 ff.; s. zu den Begriffen in der Schiedsgerichtsbarkeit *Sareika*, ZZP 90 (1977), 285 ff.
4 BGH v. 24.6.1968 – II ZR 88/67, BB 1969, 463.
5 BAG v. 20.1.2004 – 9 AZR 393/03, NZA 2004, 994.
6 Ausführlich hierzu Stein/Jonas/*Schlosser*, § 1025 Rz. 42 ff.
7 So insbesondere die Rspr., RG v. 23.5.1919 – II 22/19, RGZ 96, 57; BGH v. 25.6.1952 – II ZR 104/51, BGHZ 6, 335; BGH v. 20.3.1953 – V ZR 5/52, BGHZ 9, 138; ebenso Palandt/*Heinrichs*, § 317 BGB Rz. 3; Soergel/*Wolf*, § 317 BGB Rz. 21; MünchKomm/*Münch*, vor § 1025 ZPO Rz. 3; BLAH, vor § 1025 ZPO Rz. 16; *Vollmer*, BB 1984, 1010 (1012). S. hierzu auch *Germelmann*, FS Adomeit, 2008, S. 201 ff. (206 ff.).
8 *Dütz*, FS G. Müller, 1981, S. 129 ff. (133); *Baumgärtel*, Wesen und Begriff der Prozesshandlung, 1972, S. 251; *Kornblum*, Probleme der schiedsrichterlichen Unabhängigkeit, 1968, S. 102; MünchKomm/*Würdinger*, § 317 BGB Rz. 40 ff.; Rosenberg/Schwab/Gottwald, § 174 Rz. 19; *Walter*, ZZP 103 (1990), 141 (153); *Wittmann*, S. 76.
9 Stein/Jonas/*Schlosser*, vor § 1025 ZPO Rz. 42; *Walter*, JZ 1988, 1083.
10 *Walter*, ZZP 103 (1990), 141 (153).
11 Ausführlich hierzu GK-ArbGG/*Schütz*, § 4 Rz. 31 ff. GWBG/*Waas*, § 4 Rz. 7; *Ahrens*, Anm. zu BAG v. 22.1.1997 – 10 AZR 468/96, EzA § 4 Tarifvertragsgesetz Schiedsgutachten 1; *Germelmann*, FS Adomeit, 2008, S. 201 ff., 207 weist zutreffend darauf hin, dass der Wortlaut des § 4 für die Frage, inwieweit die Vereinbarung von Schiedsgutachtenverträge zulässig ist, nicht aussagekräftig ist.
12 BAG v. 16.10.1957 – 4 AZR 257/55, NJW 1958, 315.

inwieweit die Arbeitsgerichtsbarkeit durch einen Schiedsgutachtervertrag ausgeschlossen werden könne, dh. durch eine Regelung, wonach ein Dritter oder eine Kommission feststellt, ob ein Tatbestandsmerkmal einer Norm gegeben bzw. nicht gegeben ist, als ungeklärt bezeichnet[1]. Im Jahre 1979 hat das BAG judiziert, dass es dahingestellt bleiben könne, ob ein Schiedsgutachtervertrag als Prozessregelung im arbeitsgerichtlichen Verfahren statthaft sei, nachdem das ArbGG 1953 das Schiedsgutachterverfahren der §§ 106, 107 ArbGG 1926 nicht übernommen habe[2]. Die Instanzgerichte waren überwiegend der Auffassung, dass Schiedsgutachten in Arbeitssachen zulässig sind[3].

9   Eine **teilweise Klärung** erfolgte durch ein Urteil des BAG aus dem Jahre 1997[4]. Das BAG geht jedenfalls in den Fällen, in denen der Tarifvertrag einen tarifvertraglichen Anspruch überhaupt nur für den Fall einräumt, dass die Schiedsgutachterstelle eine tatbestandliche Voraussetzung des Anspruchs bejaht, von der Zulässigkeit eines Schiedsgutachtens aus. Die Entscheidung der Schiedsgutachterstelle kann vom Gericht nur **nur auf Verfahrensfehler** sowie daraufhin überprüft werden, ob sie **grob unbillig** ist. Diese Entscheidung des BAG ist zutreffend, da anderenfalls der ArbN überhaupt keinen Anspruch hätte[5]. Eine unzulässige Schiedsgerichtsvereinbarung liegt hiernach erst dann vor, wenn einer dritten Stelle nicht nur die Feststellung von Tatsachen, sondern darüber hinaus auch deren verbindliche Subsumtion unter einzelne Tatbestandsmerkmale, etwa im Bereich der Ausfüllung unbestimmter Rechtsbegriffe, übertragen wird[6].

10 Die Lit. ist insoweit gespalten. Wohl überwiegend wird ein Schiedsgutachten für zulässig erachtet[7]. Dies wird damit begründet, dass die Möglichkeit des Schiedsgutachtens sich aus § 317 BGB ergebe und nicht durch die prozessrechtliche Regelung des § 4 ausgeschlossen werde. Hierbei vertritt ein Teil der Lit. die Auffassung, dass Tarifverträge Schiedsgutachterstellen vorsehen können, denen die Feststellung bestimmter Tatsachen als Anspruchsvoraussetzungen obliegt[8]. Ein Teil der Lit. lehnt die Zulässigkeit von Schiedsgutachten im Hinblick auf die „eindeutige" Regelung des § 4 ab[9]. Diese Auffassung sowie die Entscheidung des LAG München[10] ist konsequent, wenn auch realitätsfern. Das **Bedürfnis nach Schiedsgutachten** ist in der gerichtlichen Praxis **offenkundig**. Schiedsgutachten dienen häufig auch einer Beschleunigung des Verfahrens.

11 Da § 4 als verfahrensrechtliche Norm das Schiedsgutachten überhaupt nicht erwähnt, lässt sich das Schiedsgutachten ausschließlich materiell-rechtlich erklären. Aus § 4 ergibt sich lediglich, inwieweit ein Schiedsgutachten Bindungswirkung für die staatliche Gerichtsbarkeit hat.

III. Zulässigkeit eines schiedsgerichtlichen Vorverfahrens

12 Nach allgemeiner Auffassung wird ein schiedsgerichtliches Vorverfahren von der Regelung des § 4 nicht erfasst[11]. Auf ein schiedsgerichtliches Vorverfahren finden somit die Bestimmungen der §§ 101 ff. keine Anwendung. Ein schiedsgerichtliches Vorverfahren hat nicht den Ausschluss der Arbeitsgerichtsbarkeit

---

1 BAG v. 8.12.1976 – 5 AZR 613/75, AP Nr. 3 zu § BetrVG 1972.
2 BAG v. 31.1.1979 – 4 AZR 378/77, AP Nr. 2 zu § 1 TVG – Tarifverträge: Bundesbahn; ebenso BAG v. 23.10.1985 – 4 AZR 151/84; s. hierzu *Oetker*, SAE 1991, 301 ff.
3 LAG BW v. 30.3.1960 – 7 Sa 11, 12/60, AP Nr. 1 zu § 317 BGB; LAG Hessen v. 1.8.1961 – 5 Sa 89/61 – DB 1962, 574; LAG Bremen v. 15.8.1969 – 2 Sa 53/69, AP Nr. 21 zu § 611 BGB – Akkordlohn sowie LAG Bremen v. 9.5.1978 – 7 Sa 210/77, AuR 1979, 59; LAG Hamm v. 23.4.1980 – 14 Sa 1527/79; LAG Sachsen v. 16.8.1995 – 2 (12) Sa 468/95; aA LAG München v. 29.11.1988 – 2 Sa 673/88, LAGE § 3 LFZG Nr. 3.
4 BAG v. 22.1.1997 – 10 AZR 268/96, NZA 1997, 837; s. hierzu *Ahrens*, EzA § 4 TVG Schiedsgutachten Nr. 1 (Anmerkung).
5 Demzufolge ist die Begeisterung, mit der diese Entscheidung des BAG von *Ahrens*, Anm. zu BAG, EzA § 4 TVG Schiedsgutachten Nr. 1 aufgenommen wird, nicht gerechtfertigt.
6 BAG v. 14.12.1999 – 1 AZR 175/99; BAG v. 20.1.2004 – 9 AZR 393/03, NZA 2004, 994.
7 Hauck/Helml/*Helml*, § 4 Rz. 8; Düwell/Lipke/*Voßkühler*, § 101 Rz. 14; MünchKomm/*Würdinger*, § 317 BGB Rz. 35; Palandt/*Heinrichs*, § 317 BGB Rz. 4; Soergel/*Wolf*, § 317 BGB Rz. 17; Schwab/*Walter*, Kap. 36 Rz. 3; ErfK/*Koch*, § 4 ArbGG Rz. 4.
8 Wiedemann/*Thüsing*, 7. Aufl. 2007, § 1 TVG Rz. 594 ff.; Däubler/Reim/*Ahrendt*, TVG, 4. Aufl. 2016, § 1 Rz. 1242 f.
9 GWBG/*Waas*, § 4 Rz. 7; Stein/Jonas/*Schlosser*, vor § 1025 ZPO Rz. 43 ff.; *Schreiber*, ZfA 1983, 31 (41 ff.); *Dütz*, FS G. Müller, 1981, S. 142.
10 LAG München v. 29.11.1988 – 2 Sa 673/88, NZA 1989, 599: Eine Vereinbarung in einem Prozessvergleich, dass die Feststellung der Arbeitsunfähigkeit bindend durch einen bestimmten Arzt getroffen werden soll, sei als unzulässige Schiedsgutachtenabrede unwirksam.
11 *Germelmann*, FS Adomeit, 2008, S. 201, 202. Gleiches gilt für verbandsrechtliche Streitigkeiten, s. hierzu GMP/*Germelmann*, § 4 Rz. 11.

zur Folge, so dass die (ausschließliche) Zuständigkeit der Arbeitsgerichtsbarkeit nicht berührt wird[1]. Derartige **schiedsgerichtliche Vorverfahren sind geregelt** im Betriebsverfassungsrecht (§ 76 Abs. 6 BetrVG)[2], bei Ausbildungsstreitigkeiten (§ 111 Abs. 2), vor dem Seemannsamt (vgl. § 111 Abs. 1 Satz 2) und nach dem Arbeitnehmererfindungsgesetz (§§ 28 ff. ArbNErfG)[3]; ebenso wenig bestanden Bedenken gegen die früheren Schiedsstellen für Arbeitsrecht in den neuen Bundesländern[4]. Zulässig sind weiterhin Paritätische Kommissionen für Verbesserungsvorschläge[5], sonstige Kommissionen zur Prüfung der Bewerbung eines Arbeitsplatzes bzw. zur Eingruppierung[6] und die Entscheidung einer Verwaltungskommission betreffend die Auslegung einer Versorgungsordnung[7]. Entscheidend ist stets, dass in diesen Fällen der ArbN ohne Weiteres eine gerichtliche Klärung herbeiführen kann und das ArbG nicht an das Votum der „Gutachterstelle" gebunden ist.

Das BAG hat diese Rechtsauffassung bestätigt für die Schlichtungsstelle gem. § 13 Abs. 2 Satz 2 FG Baden-Württemberg[8]. Diese Bestimmung regele dem Normgehalt nach keine die gesetzliche Überprüfung ausschließliche Entscheidungskompetenz der Schlichtungsstelle, sondern verlange lediglich, die Schlichtungsstelle bei Uneinigkeit zwischen der Frauenvertreterin und der Dienststelle über den Umfang der Freistellung einzuschalten[9]. Ein schiedsgerichtliches Vorverfahren kann enden mit einer urteilsähnlichen Entscheidung, an die das **ArbG** freilich **nicht gebunden** ist[10]. Erst recht kann das ArbG angerufen werden, wenn es im Vorverfahren zu keiner Entscheidung gekommen ist (zB wegen einer Pattsituation)[11].

Die prinzipielle Unzulässigkeit des Ausschlusses der Schiedsgerichtsbarkeit hat für die „Betriebsjustiz" zur Folge, dass jegliche von einer betrieblichen „Gerichtsbarkeit" verhängte Strafe vom ArbG überprüft werden kann, ohne dass es des Rückgriffes auf Art. 92 GG bedarf[12]. Auch wenn die Prüfungskompetenz der ArbG wegen des dem ArbGeb zukommenden Ermessensspielraums bei der Verhängung einer Betriebsstrafe eingeschränkt ist, kann eine Betriebsstrafe in entsprechender Anwendung der Grundsätze des § 343 BGB herabgesetzt werden[13]. Die Arbeitsvertragsparteien können zwar im Arbeitsvertrag die Anrufung einer (kirchlichen) Schlichtungsstelle vereinbaren; eine derartige Vertragsklausel begründet keine prozesshindernde Einrede des Beklagten[14].

Das in § 111 Abs. 2 gesetzlich vorgesehene **Schlichtungsverfahren** für Streitigkeiten zwischen Auszubildenden und den Ausbildenden ist von einer tariflich oder vertraglich vorgesehenen Schlichtung zu unterscheiden. Das insoweit vorgesehene Schlichtungsverfahren vor der Handwerksinnung, der Industrie und Handelskammer oder einer sonstigen zuständigen Stelle (§ 111 Abs. 2) tritt nicht in die Stelle des arbeitsgerichtlichen (Güte-) Verfahrens. Die Anrufung dieses Schlichtungsausschusses ist lediglich Prozessvoraussetzung einer Klage[15].

---

1 GMP/*Germelmann*, § 4 Rz. 11; GK-ArbGG/*Schütz*, § 4 Rz. 25 ff.; ErfK/*Koch*, § 4 ArbGG Rz. 3; BCF/*Bader*, § 4 Rz. 2; Hauck/Helml/Biebl/*Helml*, § 4 Rz. 5; *Dütz*, FS G. Müller, 1981, S. 131; *Söllner*, ZfA 1982, 1 (14 f.).
2 BAG v. 20.11.1990 – 1 ABR 45/89, NZA 1991, 473; das BAG wendet auch auf das Verfahren der betrieblichen Einigungsstelle die Vorschriften der ZPO über das schiedsgerichtliche Verfahren entsprechend an, vgl. BAG v. 9.5.1995 – 1 ABR 56/94, NZA 1996, 156; BAG v. 11.9.2001 – 1 ABR 5/91, NZA 2002, 572; zustimmend *Schwab/Walter*, Kap. 36 Rz. 1a.
3 Ausführlich hierzu *Dütz*, RdA 1978, 296; *Dütz*, FS G. Müller, 1981, S. 131.
4 GMP/*Germelmann*, § 4 Rz. 10.
5 BAG v. 20.1.2004 – 9 AZR 393/03, NZA 2004, 994; LAG Hamm v. 7.12.2007 – 7 Sa 1354/07.
6 LAG Hamm v. 8.2.2008 – 10 Sa 1345/07; LAG BW v. 2.2.2009 – 4 TaBV 1/09; LAG Frankfurt am Main v. 18.11.2008 – 4 TaBV 298/07; ArbG Wuppertal v. 11.9.2008 – 1 Ta 791/08.
7 LAG Düsseldorf v. 27.1.2009 – 17 Sa 1244/08, NZA-RR 2009, 388.
8 Gesetz zur Förderung der beruflichen Chancen für Frauen und der Vereinbarung von Familie und Beruf im öffentlichen Dienst des Landes Baden-Württemberg vom 21.12.1995, GBl. Bad.-Württ. 1995, S. 890.
9 BAG v. 21.11.2002 – 6 AZR 53/01, NZA 2003, 1280.
10 BAG v. 20.11.1990 – 1 ABR 45/89, NZA 1991, 473.
11 BAG v. 8.12.1976 – 5 AZR 613/75, AP Nr. 3 zu § 113 BetrVG 1972 m. zust. Anm. *Wiedemann/Willemsen*; LAG Düsseldorf v. 16.4.1986 – 6 Sa 266/86, EzB § 111 ArbGG Rz. 17.
12 So aber *Zöller*, ZZP 83 (1970), 365 ff.; s. im Übrigen die Nachweise bei *Prütting*, JZ 1985, 261 (266) m. Fn. 72.
13 GWBG/*Waas*, § 4 Rz. 3 sowie *Zöller*, ZZP 83 (1970), 87 ff.
14 BAG v. 18.5.1999 – 9 AZR 682/98, NZA 1999, 1350; zustimmend GK-ArbGG/*Mikosch*, § 101 Rz. 2; Hauck/Helml/Biebl/*Helml*, § 4 Rz. 9; aA LAG Berlin v. 17.1.1994 – 9 Sa 101/93, ZTR 1994, 290 sowie OLG Saarbrücken v. 8.12.2004 – 1 U 98/04–75, nv.; gegen LAG Berlin auch *Zimmerling*, Arbeitsrechtliche Konkurrentenklage und Eingruppierungsklage im öffentlichen Dienst, 1999, Rz. 106 ff. S. weiterhin GMP/*Germelmann*, § 4 Rz. 5a.
15 GMP/*Prütting*, § 111 Rz. 19.

IV. Rechtsfolgen des Schiedsvertrages gem. § 4 iVm. §§ 101 ff.

14 Nach Maßgabe der §§ 101–110 können die Tarifvertragsparteien die Arbeitsgerichtsbarkeit allgemein oder für den Einzelfall ausschließen (s. hierzu die Kommentierung zu § 101 ff.). Schiedsverträge zwischen Tarifvertragsparteien und Dritten sind hingegen unzulässig. Der **Schiedsvertrag** begründet die Zuständigkeit der Schiedsgerichts- und **schließt** die staatliche **Arbeitsgerichtsbarkeit** grds. **aus** (§ 101 Abs. 1, Abs. 2 Satz 1). Eine gleichwohl vor einem staatlichen Gericht erhobene Klage ist gem. § 102 Abs. 1 als unzulässig abzuweisen, wenn sich der Beklagte auf den Schiedsvertrag beruft (s.a. § 102 Rz. 10 ff.). Eine Verweisung des Rechtsstreites vom ArbG an das Schiedsgericht ist nicht zulässig[1]. Lässt der Beklagte die Rüge des Schiedsvertrages in der Revisionsinstanz fallen, so bildet der **Schiedsvertrag kein Prozesshindernis** mehr[2]. Das BAG hat, bevor es über den Klageanspruch in der Sache entscheidet, die Zulässigkeit der Klage zu prüfen, sofern der Beklagte die Einrede des Schiedsvertrages schon vor dem ArbG erhoben hat und noch in der Revisionsinstanz aufrecht erhält[3].

V. Die Unstimmigkeit des § 4

15 Nach dem Wortlaut des § 4 kann die Arbeitsgerichtsbarkeit
- in den Fällen des § 2 Abs. 1 und 2
- nach Maßgabe der §§ 101–110 ausgeschlossen werden.

§ 2 Abs. 1[4] regelt die Zuständigkeit der Gerichte für Arbeitssachen. Es entsprach dem Willen des Gesetzgebers, insoweit die **Zuständigkeit der ArbG zu erweitern**[5]. Zugleich wurde § 2 Abs. 2 dahin gehend geändert, dass die zuvor in § 39 Abs. 2 ArbNErfG und in § 104 Abs. 2 des UrhG geregelte Zuständigkeit der Gerichte für Arbeitssachen für bestimmte Vergütungsansprüche bei ArbN-Erfindungen und Urheberrechtsstreitigkeiten in das ArbGG übernommen worden ist. Eine Änderung des geltenden Rechtszustandes war hiermit nicht beabsichtigt[6].

16 § 2 Abs. 1 Nr. 1 betrifft die bürgerlichen Rechtsstreitigkeiten zwischen Tarifvertragsparteien oder zwischen diesen und Dritten aus Tarifverträgen oder über das Bestehen oder Nichtbestehen von Tarifverträgen. Insoweit ist grds. die Zuständigkeit der Gerichte für Arbeitssachen begründet. Gemäß §§ 4, 101 Abs. 1 können für bürgerliche Rechtsstreitigkeiten zwischen Tarifvertragsparteien aus Tarifverträgen über das Bestehen oder Nichtbestehen von Tarifverträgen die Parteien des Tarifvertrags die Arbeitsgerichtsbarkeit allgemein oder für den Einzelfall durch die ausdrückliche Vereinbarung ausschließen, dass die Entscheidung durch ein Schiedsgericht erfolgen soll. Diese gesetzgeberische Regelung ist „stimmig".

17 Gemäß § 2 Abs. 1 Nr. 2–10 ist die Zuständigkeit der Gerichte für Arbeitssachen ebenfalls begründet. Gemäß § 101 Abs. 2 können für bürgerliche Rechtsstreitigkeiten aus dem Arbeitsverhältnis, das sich nach einem Tarifvertrag bestimmt, die Parteien des Tarifvertrags die Arbeitsgerichtsbarkeit im Tarifvertrag durch die ausdrückliche Vereinbarung ausschließen, dass die **Entscheidung durch ein Schiedsgericht** erfolgen soll, wenn der persönliche Geltungsbereich des Tarifvertrags überwiegend **Bühnenkünstler, Filmschaffende und Artisten** umfasst.

18 Vorliegen muss somit eine **Rechtsstreitigkeit aus einem Arbeitsverhältnis**, beide Streitparteien müssen **tarifgebunden** sein, und im Übrigen muss **der persönliche Geltungsbereich** des Tarifvertrags überwiegend Bühnenkünstler, Filmschaffende etc. betreffen. Man kann ohne Weiteres feststellen, dass diese Voraussetzungen bei den in § 2 Abs. 1 Nr. 4–10 aufgeführten speziellen Rechtsverhältnissen unter keinen Umständen erfüllt sein können. Weder handelt es sich hierbei um Streitigkeiten „aus einem Arbeitsverhältnis" (insoweit mag man noch bei § 2 Abs. 1 Nr. 4 Zweifel haben)[7], noch handelt es sich beiderseits um tarifgebundene Parteien (weder ist der Träger der Insolvenzsicherung noch der Träger des Entwicklungsdienstes etc. tarifgebunden), und im Übrigen betreffen die §§ 2 Abs. 1 Nr. 5–10 allenfalls zufällig einen

---

1 GK-ArbGG/*Mikosch*, § 102 Rz. 6; Stein/Jonas/*Leipold*, § 281 ZPO Rz. 3.
2 BAG v. 30.9.1987 – 4 AZR 233/87, MDR 1988, 259.
3 BAG v. 10.4.1996 – 10 AZR 722/95, NZA 1996, 942; GMP/*Germelmann*, § 102 Rz. 6. § 73 Abs. 2 iVm. § 65, wonach das Revisionsgericht nicht prüft, ob der beschrittene Rechtsweg – zu den ArbG – zulässig ist, gilt nicht für das Verhältnis der ArbG zu den nach §§ 101 ff. ArbGG zulässigerweise errichteten Schiedsgerichten.
4 In der Fassung des Art. 1 § 2 des Gesetzes zur Beschleunigung und Bereinigung des arbeitsgerichtlichen Verfahrens vom 21.5.1979, BGBl. I S. 545.
5 BT-Drs. 8/1567, S. 26 ff.
6 BT-Drs. 8/1567, S. 27.
7 S. hierzu *Germelmann*, NZA 1994, 12 (13).

Bühnenkünstler, Filmschaffenden etc. Man muss deshalb konstatieren, dass in den Fällen des § 2 Abs. 1 Nr. 5–10 die Schiedsgerichtsbarkeit gem. §§ 101 ff. unter keinen Umständen begründet werden kann.

Dem **Gesetzgeber** ist hierbei offensichtlich ein **Redaktionsfehler** unterlaufen: Ursprünglich enthielt § 2 Abs. 1 Nr. 1–3[1] eine Regelung, die dem derzeitigen Rechtszustand in § 2 Abs. 1 Nr. 1–3[2] in etwa vergleichbar ist. In § 2 Abs. 1 Nr. 4[3] war das Beschlussverfahren geregelt. Das Beschlussverfahren findet nunmehr seine gesetzliche Regelung in § 2a[4]. § 4[5] regelte, dass in den Fällen des § 2 Abs. 1 Nr. 1–3 die Arbeitsgerichtsbarkeit nach Maßgabe der §§ 101–110 ausgeschlossen werden konnte. Aufgrund der Änderung des § 2 Abs. 1 im Jahre 1979 war auch eine Änderung des § 4 erforderlich. § 4 hätte nunmehr dahin gehend ergänzt werden müssen, dass die Arbeitsgerichtsbarkeit in den Fällen des § 2 Abs. 1 Nr. 1–3, Abs. 2 nach Maßgabe der §§ 101–110 ausgeschlossen werden kann. Dem Gesetzgeber ist jedoch ein Redaktionsfehler unterlaufen, indem nämlich § 4 im Jahre 1979 dahin gehend geändert wurde, dass nunmehr die Arbeitsgerichtsbarkeit in den Fällen des § 2 Abs. 1 und 2 nach Maßgabe der §§ 101–110 ausgeschlossen werden kann[6]. 19

Offen bleiben muss an dieser Stelle jedoch die Frage, ob der Begriff in § 2 Abs. 1 Nr. 3a „aus dem Arbeitsverhältnis" in gleicher Weise zu gebrauchen ist wie in § 101 Abs. 2 Satz 1 („aus einem Arbeitsverhältnis"). Wollte man dies bejahen (wofür immerhin der Wortlaut streitet), so hätte der Gesetzgeber fehlsam in § 4 den Ausschluss der Arbeitsgerichtsbarkeit in allen Fällen des § 2 Abs. 1 und Abs. 2 ermöglicht, tatsächlich hat er nur den Ausschluss der Arbeitsgerichtsbarkeit in den Fällen des § 2 Abs. 1 Nr. 1–3 und Abs. 2 gemeint, wobei diese Regelung kollidiert mit § 101 Abs. 2 Satz 1, wonach ausschließlich bei Rechtsstreitigkeiten „aus einem Arbeitsverhältnis" – somit nicht einmal im Falle einer Kündigung[7] – die Tarifvertragsparteien die Zuständigkeit eines Schiedsgerichtes zu Lasten der staatlichen Arbeitsgerichtsbarkeit begründen können (s. hierzu § 101 Rz. 28 ff.). 20

Einstweilen frei 21–27

VI. Anwendungsbereich des § 4 und Privatautonomie

Bei der Interpretation des § 4 sind – abgesehen von der gesetzgeberischen Fehlleistung (vgl. oben Ziff. V) – von Verfassungs wegen gegenüber der herrschenden Auffassung zwei Einschränkungen vorzunehmen. 28

1. Betriebsverfassungsrechtliche Streitigkeiten

In Rspr. und Lit. wird weitgehend die Auffassung vertreten, dass im **Beschlussverfahren** gem. § 2a der Abschluss von Schiedsverträgen unzulässig sei, da die dem Beschlussverfahren zugewiesenen Materien in § 4 nicht erwähnt seien[8]. Ob es einen sachlichen Grund für den Ausschluss der Schiedsgerichtsbarkeit im Rahmen der Zuständigkeit des § 2a gibt und ob somit verfassungsrechtliche Bedenken bestehen, wird idR nicht erörtert[9]. Wenn indes die Tarifvertragsparteien durch Tarifnorm dem Spruch einer Einigungsstelle verbindliche Wirkung zukommen lassen können[10], so ist nicht recht ersichtlich, warum die (möglichen) Vertragspartner einer Betriebsvereinbarung – zB in Ausfüllung einer durch den Tarifvertrag eingeräumten Öffnungsklausel[11] – nicht die Zuständigkeit eines Schiedsgerichtes für etwaige Streitigkeiten vereinbaren dürfen. Nach der Rspr. des BAG kann für die Überprüfung von Einigungsstellensprüchen nicht die aus- 29

---

1 Arbeitsgerichtsgesetz vom 3.9.1953, BGBl. I S. 1267.
2 Gemäß Art. 1 Ziff. 2 des Gesetzes zur Beschleunigung und Reinigung des arbeitsgerichtlichen Verfahrens vom 21.5.1979, BGBl. I S. 545.
3 Arbeitsgerichtsgesetz vom 3.9.1953, BGBl. I S. 1267.
4 Gemäß Art. 1 Ziff. 3 des Gesetzes zur Beschleunigung und Bereinigung des arbeitsgerichtlichen Verfahrens vom 21.5.1979, BGBl. I S. 545.
5 Arbeitsgerichtsgesetz v. 3.9.1953, BGBl. I S. 1267.
6 In den Gesetzesmaterialien heißt es hierzu knapp wie folgt: „Es handelt sich um eine Folgeänderung zu § 2", vgl. BT-Drs. 8/1567, S. 27.
7 Sofern man den Begriff „aus einem Arbeitsverhältnis" iSd. § 2 Abs. 1 Nr. 3 Buchst. a und § 101 Abs. 1 in gleicher Weise verwendet, vgl. GMP/*Schlewing*, § 2 Rz. 67 und Hauck/Helml/Biebl/*Helml*, § 2 Rz. 25.
8 BAG v. 27.10.1987 – 1 AZR 80/86, NZA 1988, 207; BAG v. 20.11.1990 – 1 ABR 45/89, NZA 1991, 473; GMP/*Germelmann*, § 4 Rz. 2; GK-ArbGG/*Mikosch*, § 101 Rz. 1; *Friedemann*, Das Verfahren der Einigungsstelle für Interessenausgleich und Sozialplan, 1997, Rz. 82; *Schreiber*, ZfA 1981, 35; *Langer*, S. 467; *Oetker*, SAE 1991, 301.
9 S. zB GK-ArbGG/*Schütz*, § 4 Rz. 5 ff.
10 S. zB BAG v. 14.1.2004 – 4 AZR 581/02, NZA-RR 2004, 590.
11 BAG v. 19.10.2002 – 1 AZR 573/01, NZA 2003, 393.

schließliche Zuständigkeit eines Schiedsgerichtes vereinbart werden[1]. Das BAG begründet seine Rspr. ausschließlich mit dem Wortlaut des § 4. Indes wäre dem gesetzgeberischen Willen gem. § 4 auch dann Rechnung getragen, wenn der Spruch der Einigungsstelle nur wegen eines Rechtsfehlers angefochten werden kann und dem ArbG insoweit lediglich die Überprüfungskompetenz eines Revisionsgerichtes zukommt. Wird allerdings durch eine Betriebsvereinbarung für das betriebliche Vorschlagswesen ein Ausschuss eingesetzt, der die tatsächlichen Voraussetzungen für eine Prämierung in einem besonders geregelten Verfahren feststellen soll, so hat dieser Ausschuss eine Stellung, die der eines Schiedsgutachters entspricht, wobei die Gerichte nur eine eingeschränkte Überprüfbarkeit der Feststellung eines paritätisch eingesetzten Prämienausschusses hat[2] (s. hierzu die Regelung in § 110 für das Verfahren gem. §§ 101 ff.; vgl. hierzu auch § 110 Rz. 9 ff.).

30 Ausweislich der **Gesetzesmaterialien**[3] dient der Ausschluss der Schiedsgerichtsbarkeit der Schutzbedürftigkeit der ArbN, während Tarifvertragsparteien durchaus die Möglichkeit haben sollten, Streitigkeiten des kollektiven Arbeitsrechtes durch ein von ihnen selbst errichtetes Schiedsgericht entscheiden zu lassen. Das Betriebsverfassungsrecht gehört gemeinhin zum kollektiven Arbeitsrecht[4], so dass bereits nach den Motiven des Gesetzgebers eine Schiedsabrede nicht ausgeschlossen ist. Diese Schiedsabrede kann sich auch auf die Klärung von Rechtsfragen beziehen.[5] Die Beteiligten können im Beschlussverfahren auch daran interessiert sein, eine Entscheidung ohne Öffentlichkeitsbeteiligung herbeizuführen. Zwar kann auch im Beschlussverfahren die Öffentlichkeit gem. § 80 Abs. 2 iVm. § 52 ausgeschlossen werden (vgl. hierzu § 80 Rz. 35), jedoch sind die Voraussetzungen des § 52 nicht immer erfüllt und dennoch besteht der einvernehmliche Wunsch, ohne Öffentlichkeitsbeteiligung eine Einigung herbeizuführen.

2. Nachvertragliche Vereinbarungen

31 Im Hinblick auf die Schutzbedürftigkeit des ArbN ist es **unzulässig**, bereits mit Abschluss des Arbeitsvertrages oder in einer sonstigen Norm[6] die **staatliche Gerichtsbarkeit auszuschließen**. Es steht außer Frage, dass kein ArbN gegen seinen Willen um den Schutz der staatlichen Gerichtsbarkeit gebracht werden darf. Dies schließt jedoch keineswegs aus, dass nach Ausspruch einer Kündigung oder gar nach Beendigung des Arbeitsvertrages sich die Arbeitsvertragsparteien auf die Zuständigkeit eines Schiedsgerichtes verständigen können. Beide Parteien können Interesse daran haben, dass die noch offenen Rechtsfragen in einem Schiedsgerichtsverfahren (ohne Öffentlichkeitsbeteiligung) geklärt werden. So kann ein leitender Angestellter Wert darauf legen, dass der Inhalt eines Zeugnisses oder auch die Zahlung einer Prämie (die Rückschlüsse auf die Höhe seiner Vergütung zulässt) nicht in einer öffentlichen Verhandlung beim ArbG erörtert werden. Die Möglichkeit der Verständigung auf ein Schiedsgericht, zu dem beide Parteien Vertrauen haben und von dem erwartet wird, dass es die Angelegenheit schnell und sachgem. zu einem Abschluss bringt, ist ein hohes, durch Art. 2 Abs. 1 GG geschütztes Rechtsgut[7]. Ein Ausschluss der Schiedsgerichtsbarkeit kommt insoweit nicht in Betracht[8].

§ 5 Begriff des Arbeitnehmers

(1) Arbeitnehmer im Sinne dieses Gesetzes sind Arbeiter und Angestellte sowie die zu ihrer Berufsausbildung Beschäftigten. Als Arbeitnehmer gelten auch die in Heimarbeit Beschäftigten und die ihnen Gleichgestellten (§ 1 des Heimarbeitsgesetzes vom 14. März 1951 – Bundesgesetzbl. I S. 191 –) sowie sonstige Personen, die wegen ihrer wirtschaftlichen Unselbständigkeit als arbeitnehmerähnliche Personen anzusehen sind. Als Arbeitnehmer gelten nicht in Betrieben einer juristischen Per-

---

1 BAG v. 27.10.1987 – 1 AZR 80/86, NZA 1988, 207; BAG v. 20.11.1990 – 1 ARB 45/98, NZA 1991, 473 (477). Zustimmend GMP/*Germelmann*, § 4 Rz. 4; GK-ArbGG/*Schütz*, § 4 Rz. 6; ErfK/*Koch*, § 4 ArbGG Rz. 2; Hauck/Helml/Biebl/*Helml*, § 4 Rz. 3.
2 BAG v. 20.1.2004 – 9 AZR 23/03; BAG v. 20.1.2004 – 9 AZR 393/03, DB 2004, 1049.
3 BT-Drs. I/3516 vom 27.6.1952, S. 34; kritisch hierzu *Gruber*, S. 223 ff.
4 S. zuletzt BAG v. 8.2.1995 – 10 AZR 518/94, AP Nr. 28 zu § 113 BetrVG 1972.
5 AA BAG v. 20.11.1990 – 1 ARB 45/98, NZA 1991, 473 (477).
6 So zB in der Satzung einer Kommune, vgl. LAG Saarland v. 7.12.1960 – Sa 52/60.
7 Die privaten Schiedsgerichte entlasten die staatlichen Gerichte; sie geben zudem eine erhöhte Gewähr für Rechtsfrieden, weil die Beteiligten sich den/die Schiedsrichter selbst ausgesucht haben, so ausdrücklich *Heyne* in Bender/Maihofer/Vogel, Handbuch des Verfassungsrechts, 2. Aufl. 1994, S. 1596 ff.
8 Nachdem die Streitigkeit entstanden ist, kann es dem ArbN überlassen bleiben, ob die Entscheidung von einem staatlichen Gericht oder von einem privaten Schiedsgericht gefällt werden soll, so auch *Grunsky*, NJW 1978, 1832 (1833) unter Hinweis auf die Bestimmung des § 38 ZPO. Zustimmend *Francken*, NJW 2006, 1103 (1106).

son oder einer Personengesamtheit Personen, die kraft Gesetzes, Satzung oder Gesellschaftsvertrags allein oder als Mitglieder des Vertretungsorgans zur Vertretung der juristischen Person oder der Personengesamtheit berufen sind.
(2) Beamte sind als solche keine Arbeitnehmer.
(3) Handelsvertreter gelten nur dann als Arbeitnehmer im Sinne dieses Gesetzes, wenn sie zu dem Personenkreis gehören, für den nach § 92a des Handelsgesetzbuchs die untere Grenze der vertraglichen Leistungen des Unternehmers festgesetzt werden kann, und wenn sie während der letzten sechs Monate des Vertragsverhältnisses, bei kürzerer Vertragsdauer während dieser, im Durchschnitt monatlich nicht mehr als 1 000 Euro auf Grund des Vertragsverhältnisses an Vergütung einschließlich Provision und Ersatz für im regelmäßigen Geschäftsbetrieb entstandene Aufwendungen bezogen haben. Das Bundesministerium für Arbeit und Soziales und das Bundesministerium der Justiz und für Verbraucherschutz können im Einvernehmen mit dem Bundesministerium für Wirtschaft und Energie die in Satz 1 bestimmte Vergütungsgrenze durch Rechtsverordnung, die nicht der Zustimmung des Bundesrates bedarf, den jeweiligen Lohn- und Preisverhältnissen anpassen.

I. Geschichtliche Entwicklung	1
II. **Arbeitgeber**	4
III. **Arbeitnehmer**	
1. Allgemeines	5
2. Allgemeiner, materiell-rechtlicher Arbeitnehmerbegriff	12
3. Arbeiter und Angestellte	22
4. Freie Mitarbeiter, Falschbezeichnung	24
5. Hauptkriterien des Arbeitnehmerbegriffes ..	27
a) Leistung von Arbeit	31
b) Privatrechtlicher Vertrag	34
c) Persönliche Abhängigkeit	39
aa) Umkehrschluss aus § 84 HGB	42
bb) Weisungsgebundenheit	44
cc) Nutzung technischer Anlagen	50
dd) Eingliederung in die betriebliche Organisation	51
ee) Einengende Vertragsgestaltung	52
6. Besondere Beschäftigungsbereiche	53
a) Medien	54
b) Dozenten; Lehrer; Lehrbeauftragte an Hochschulen	65
7. Weitere Einzelfälle	74
8. Zu ihrer Berufsausbildung Beschäftigte	146
a) Begriff der „Berufsausbildung"	147
b) Beschäftigung iSd. § 5 Abs. 1 Satz 1	151
c) Einzelfälle	159
d) Schlichtungsausschüsse im Handwerk ...	166e
9. Besondere Personengruppen	167
a) Tätigkeit aufgrund religiöser oder karitativer Motive	168
b) Arbeit zur Heilung, sittlichen Besserung oder Erziehung	176
c) Entwicklungshelfer; freiwilliges soziales Jahr	184
d) Ehrenamtliche Tätigkeit	185a
10. Arbeitnehmer in Personalvertretungssachen	186
IV. **Gleichgestellte Personen**	188
1. In Heimarbeit Beschäftigte und die ihnen Gleichgestellten	189
a) Allgemeines	189
b) Heimarbeiter und Hausgewerbetreibende	190
c) Heimarbeitern Gleichgestellte	195
d) Reichweite	198
2. Arbeitnehmerähnliche Personen	199
a) Allgemeines	199
b) Wirtschaftliche Abhängigkeit	203
c) Vergleichbare soziale Schutzbedürftigkeit	209
d) Wahlfeststellung	211
3. Besondere Beschäftigungsbereiche	212
a) Telearbeit	212
b) Franchise	223
4. Weitere Einzelfälle zu arbeitnehmerähnlichen Personen	229
5. Scheinselbständigkeit	248
V. **Handelsvertreter (§ 5 Abs. 3)**	251
1. Allgemeines	252
2. Das Merkmal der „Selbständigkeit"	255
a) Allgemeines	255
b) Einzelfälle	259
3. Der Fiktionstatbestand des § 5 Abs. 3	263
4. Keine Sonderbehandlung bei Arbeitnehmerähnlichkeit	268
VI. **Gesetzliche Vertreter (§ 5 Abs. 1 Satz 3)** ..	269
1. Allgemeines	270
2. Nichteingreifen der Fiktion des § 5 Abs. 1 Satz 3 bei weiterer Rechtsbeziehung	274c
3. Besondere Konstellationen	275
a) Unterbliebene oder unwirksame Organbestellung	275
b) Vorgeschaltetes Arbeitsverhältnis	275a
c) Wiederaufleben von „ruhendem" Arbeitsverhältnis?	276
d) Beendigung der Organstellung und (zeitweise) Fortsetzung der Tätigkeit	284
4. Gesetzliche Vertretungsorgane juristischer Personen	287
a) Allgemeines	287
b) GmbH	289
c) Verein	296
d) Andere juristische Personen; Einzelfälle	298
5. Gesetzliche Vertreter von Personengesamtheiten	301
6. Rechtswidrige Rechtswegverweisung	306c
VII. **Beamte (§ 5 Abs. 2)**	307
VIII. **Rechtswegbestimmung**	315

Schrifttum: *Adomeit*, Der Schein-Scheinselbständige, NJW 1999, 2086; *Bauer*, Die Anwendung arbeitsrechtlicher Schutzvorschriften auf den Fremdgeschäftsführer, DB 1979, 2178; *Bauer*, Zuständigkeitsprobleme bei Streitigkeiten der GmbH und GmbH & Co. KG mit ihren Geschäftsführern, GmbH-Rundschau 1981, 109; *Bauer/Baeck/Schuster*, Scheinselbständigkeit – Kriterien und Auswege, 2000; *Bauschke*, Auf dem Weg zu einem neuen Arbeitnehmerbegriff, RdA 1994, 209; *Bauschke*, Arbeitnehmer I, AR Blattei SD; *Bauschke*, Arbeitnehmer II, AR Blattei SD 110.1; *Bauschke*, Freie Mitarbeiter, AR Blattei SD 720; *Bauschke*, Rechtsweg – Dienstleistungen in einem Verein, AR-Blattei ES 160. 5.2 Nr. 102; *Beckmann/Zwecker*, Bekämpfung der Scheinselbständigkeit – Zur Anwendung von § 7 Abs. 4 SGB IV nF auf Franchisevereinbarungen, NJW 1999, 1614; *Berger-Delhey/Alfmeier*, Freier Mitarbeiter oder Arbeitnehmer? NZA 1991, 257; *Berndt*, Arbeitnehmer oder freier Mitarbeiter – Zur aktuellen Diskussion um die Scheinselbständigkeit, BB 1998, 894; *Berndt*, Von der Scheinselbständigkeit zur Förderung der Selbständigkeit, NJW 2000, 464; *Beuthien/ Wehler*, Stellung und Schutz der freien Mitarbeiter im Arbeitsrecht, RdA 1978, 2; *Blanke*, Die Auflösung des Arbeitnehmerbegriffs, NK 2003, 7; *Boemke*, Zivilrechtsweg bei Klagen aus Franchiseverträgen, JuS 1999, 14; *Boemke*, Das Telearbeitsverhältnis, BB 2000, 147; *Bolle*, Der arbeits- und sozialversicherungsrechtliche Status von Versicherungsvermittlern, NJW 2001, 422; *Bopp*, Aktuelle Rechtsprechungsübersicht zum Individualarbeitsrecht, 8. Aufl. 2009; *Brand*, Das Gesetz zur Bekämpfung der Scheinselbständigkeit – ein in weiten Teilen überschätztes Gesetz, DB 1999, 1162; *Braun*, Die Franchisenehmer, AuA 1998, 403; *Buchner*, Das Recht der Arbeitnehmer, der Arbeitnehmerähnlichen und der Selbständigen – jedem das Gleiche oder jedem das Seine?, NZA 1998, 1144; *Buchner*, Von Scheinselbständigen und Scheinlösungen – Das „Gesetz zur Förderung der Selbständigkeit", DB 1999, 2514; *Bumiller*, Der Franchisenehmer zwischen Zivil- und Arbeitsgerichtsbarkeit, NJW 1998, 2953; *Buschbeck-Bülow*, Franchise-System und Betriebsverfassung, BB 1990, 1061; *Däubler*, Arbeitnehmerähnliche Personen im Arbeits- und Sozialrecht, ZIAS 2000, 326; *Dörr*, Die Rundfunkfreiheit und der Status der freien Mitarbeiter, ZTR 1994, 355; *Ehlers*, Zur Arbeitnehmereigenschaft von Nichtsesshaften, die in Einrichtungen der freien Wohlfahrtspflege beschäftigt sind, NZA 1989, 832; *von Einem*, „Abhängige Selbständigkeit", BB 1994, 60; *Falder*, Geschäftsführer bei Auslandsgesellschaften, NZA 2000, 868; *Fenn*, Die Mitarbeit in den Diensten Familienangehöriger, 1970, 494; *Figge*, Zusätzliche Änderungen in der Sozialversicherung zum Jahreswechsel 2002/2003, DB 2003, 150; *Fischer*, Die Geschäftsführerin und andere Organvertreter auf dem Weg zur Arbeitnehmereigenschaft, NJW 2011, 2329; *Fischer*, Europäischer Profi – Mannschaftssport, Arbeitsrecht gegen Wettbewerbsrecht, FA 2003, 136; *Flohr*, Arbeitnehmereigenschaft von Franchise-Nehmern, ZAP 2003, Fach 6, 377; *Franzen*, Der Franchise-Vertrag als Arbeitsvertrag?, FS BAG, 2004, S. 31; *Gaul/Otto*, Gesetze für moderne Dienstleistungen am Arbeitsmarkt – Änderungen durch den Vermittlungsausschuss, DB 2003, 94; *Gaul/Wisskirchen*, Das letzte Gesetz zur „Förderung der Selbständigkeit"? DB 1999, 2466; *Geck/Fiedler*, Alle Wege des Geschäftsführers führen zu den Arbeitsgerichten!, BB 2015, 1077; *Ginal*, Die arbeitsrechtliche Stellung des Fremdgeschäftsführers, GWR 2014, 408; *Goretzki/Hohmeister*, Scheinselbständigkeit – Rechtsfolgen im Sozialversicherungs-, Steuer- und Arbeitsrecht, BB 1999, 635; *Grams*, Anspruch auf Insolvenzgeld und Arbeitnehmereigenschaft des GmbH-Fremdgeschäftsführers, GmbHR 2003, 29; *Greiner*, Die Ich-AG als Arbeitnehmer, DB 2003, 1058; *Griebeling*, Die Merkmale des Arbeitsverhältnisses, NZA 1998, 1137; *Griebeling*, Der Arbeitnehmerbegriff und das Problem der „Scheinselbständigkeit", RdA 1998, 208; *Grimm*, Anm. zu BAG vom 22.10.2014 – 10 AZB 46/14, jM 2015, 329; *Hanau/Strick*, Die Abgrenzung von Selbständigen und Arbeitnehmern (Beschäftigten) im Versicherungsaußendienst, DB-Beilage 14/1998; *Hanau/Strick*, Qual der Wahl: Arbeitnehmer oder Selbständiger, AuA 1998, 185; *Haupt/Wollenschläger*, Virtueller Arbeitsplatz – Scheinselbständigkeit bei einer modernen Arbeitsorganisationsform; *Heinze*, Maßgebliche Vergütungsbestandteile im Rahmen des § 5 Abs. 3 Satz 1 ArbGG, FA 2011, 362; *Henssler*, Das Anstellungsverhältnis der Organmitglieder, RdA 1992, 289; *Henssler*, Arbeitsrecht und Anwaltsrecht, RdA 1999, 38; *Henssler*, Fremdpersonaleinsatz durch On-Site-Werkverträge und Arbeitnehmerüberlassung – offene Fragen und Anwendungsprobleme des neuen Rechts, RdA 2017, 83; *Herschel*, Neue Fragen zu arbeitnehmerähnlichen Personen, AuR 1982, 336; *Heyll*, Die Anwendung von Arbeitsrecht auf Organmitglieder, 1994; *Hilger*, Rundfunkfreiheit und „freie Mitarbeiter", RdA 1981, 265; *Hilger*, Zum „Arbeitnehmer-Begriff", RdA 1989, 1; *Hilpert*, Sport und Arbeitsrecht, RdA 1997, 92; *Hochrathner*, Die Statusrechtsprechung des 5. Senats des BAG seit 1994; *Hochrathner*, Rechtsprobleme rückwirkender Statusfeststellun gen, NZA 1999, 1016; *Hoffmann*, Die neuere Rechtsprechung des BAG zur Scheinselbständigkeit, FA 2001, 69; *Hohenstatt/Naber*, Sind Fremd-Geschäftsführer Arbeitnehmer im Sinne der Massenentlassungsrichtlinie?, NZA 2014, 637; *Hohlfeld*, Zur sachlichen Zuständigkeit der Arbeitsgerichte für die Kündigungsschutzklage eines GmbH-Geschäftsführers bei Fortbestehen eines früheren Arbeitsverhältnisses, GmbHR 1988, 184; *Hohmeister/Geretzki*, Verträge über freie Mitarbeiter, 1999; *Holthausen*, Die janusköpfige Rechtsstellung des GmbH-Geschäftsführers im Arbeitsrecht, NZA-RR 2002, 281; *Horn/Henssler*, Der Vertriebsfranchisenehmer als selbständiger Unternehmer, ZIP 1998, 589; *von Hoyningen-Huene*, Der „freie Mitarbeiter" im Sozialversicherungsrecht, BB 1987, 1730; *Hromadka*, Arbeitnehmerbegriff und Arbeitsrecht, NZA 1997, 569; *Hromadka*, Arbeitnehmerähnliche Personen – Rechtsgeschichte, dogmatische und rechtspolitische Überlegungen, NZA 1997, 1249; *Hromadka*, Arbeitnehmer oder freier Mitarbeiter, NJW 2003, 1847; *Hümmerich*, Arbeitsverhältnis als Wettbewerbsgemeinschaft – Zur Abgrenzung von Arbeitnehmern und Selbständigen, NJW 1998, 2625; *Hunold*, Subunternehmer und freie Mitarbeiter, 3. Aufl. 1996; *Hunold*, Die Rechtsprechung zu Statusfragen, NZA-RR 1999, 505; *Hunold*, Arbeitnehmerähnliche – Welches Recht gilt für diese Personen?, AuA 1999, 354; *Jaeger*, Die Zuständigkeit des Arbeitsgerichts und Geltung des Kündigungsschutzes für Geschäftsführer, NZA 1998, 961; *Junker*, Auswirkungen der neueren EuGH-Rechtsprechung auf das deutsche Arbeitsrecht, NZA 2011, 950; *Kamanabrou*, Das Anstellungsverhältnis des GmbH-Geschäftsführers im Licht neuerer Rechtsprechung, DB 2002, 146; *Kanz*, Die arbeitnehmerähnliche Person bei den deutschen Rundfunkanstalten in der arbeitsrechtlichen Judikatur, FS 25 Jahre Arbeitsgemeinschaft Arbeitsrecht im DAV, 2005, S. 61; *Kappus*, Rechtsfragen der Telearbeit, 1986; *Kessler*, Selbständigkeit oder Unselbständigkeit, FS 75 Jahre BFH-RFH 1993, 563; *Köhl*, Die Einschränkung der Haftung des GmbH-Geschäftsführers nach den Grundsätzen des innerbetrieblichen Schadensausgleichs, DB 1996, 2597; *Köhler*, Der Arbeitnehmerbegriff im Sport, 2008; *Körner*, Telearbeit – neue Form der Erwerbsarbeit, alte Regeln?, NZA 1999, 1190; *Kossens*, Hartz II: Ich-AG, Mini-Jobs und Scheinselbständigkeit, AuA 2003, 21; *Kreuder,* Arbeitnehmereigenschaft und „neue Selbständigkeit" im Lichte der Privatautonomie, AuR 1996, 386; *Kunz/Kunz,* Freie-Mitarbeiter-Verträge als Alternative zur Festanstellung?, DB 1993, 326; *Kunze,* Der neue § 12a TVG, eine kritische Würdigung, UFITA 1974, 19; *Laskowski,* Prostituierte – Arbeitnehmerinnen im Sinne des Arbeitsrechts, AuR 1998, 255; *Lieb,* Beschäftigung und Produktionsdauer – selbständige oder unselbständige Tätigkeit, RdA 1977, 210; *Linnekohl,* Der „Kurierdienstfahrer" als selbständiger Gewerbetreibender; *Lipke,* Die Aufgliederung der Arbeitnehmerschaft in Arbeiter und Angestellte, DB 1983, 111; *Loritz,* Die Mitarbeit im Rahmen von Gesellschaftsverträgen anstelle von Arbeitsverträgen, RdA 1992, 310; *Lücke,* Der Status des GmbH-Geschäftsführers: (K)ein Arbeitnehmer!?, NJOZ 2009, 3469; *Lunck,* Mutterschutz für die GmbH-Geschäftsführerin? – Deutsches Arbeitsrecht im Widerstreit mit Verfassungs- und Europarecht – FS Bauer 2010, S. 705 *Lunck/Rodenbusch,* Der unionsrechtliche Arbeitnehmerbegriff und seine Auswirkungen auf das deutsche Recht, GmbHR 2012, 188; *Lunk,* Der GmbH-Geschäftsführer und die Arbeitsgerichtsbarkeit – Das BAG macht den Weg frei!, NJW 2015, 528; *Lunk,* Der EuGH und die deutschen GmbH-Fremdgeschäftsführer – Auf dem Weg zum Arbeitnehmerstatus?, NZA 2015, 917; *Maschmann,* Arbeitsverträge und Verträge mit Selbständigen, NZA 2001, 21; *Mayer,* Aktuelles zur Scheinselbständigkeit, FS Däubler, 1999, S. 77; *Mayer,* Rolle rückwärts bei Scheinselbständigkeit: Mini-Jobs, AiB 2003, 69; *Menken,* Arbeitsrechtliche Probleme des Ehegattenarbeitsverhältnisses; *Mikosch,* Arbeitnehmerbegriff und Schutzzwecke des Arbeitsrechts, FS für M. Löwisch, 2007, S. 189; *Mohr,* Der Arbeitnehmerbegriff im Arbeits- und Steuerrecht, 1994; *Moll,* Zur arbeitsgerichtlichen Zuständigkeit für den Geschäftsführer in der GmbH & Co. KG, RdA 2002, 226; *Müller,* Der Gerichtsstand des Erfüllungsortes bei arbeitsgerichtlichen Klagen von Außendienstmitarbeitern, BB 2002, 1094; *Nägele,* Der Anstellungsvertrag des Geschäftsführers, BB 2001, 305; *Nagel,* Franchisenehmer und Arbeitsrecht, FS Däubler, 1999, 100; *Namendorf,* Der individualarbeitsrechtliche Status von GmbH-Geschäftsführern, 2003; *Nikisch,* Arbeitsrecht, Band 1, 3. Aufl. 1961; *Nolting,* Die individualarbeitsrechtliche und betriebsverfassungsrechtliche Beurteilung von Franchisesystemen, 1994; *Oberthür,* Zur Qualifizierung eines freien Mitarbeiters als arbeitnehmerähnliche Person, EWiR 2002, 383; *Oberthür/Lohr,* Der Handelsvertreter im Arbeits- und Sozialversicherungsrecht, NZA 2001, 126; *Otten,* Heim- und Telearbeit, 1. Aufl. 1996; *Pahde-Syrbe,* Arbeitnehmereigenschaft in Kleinbetrieben des privaten Rundfunks, AuR 1997, 195; *Peris,* Die Rechtsbeziehung zwischen angestelltem Chefarzt und Krankenhausträger, 2002; *Peter,* Kernfragen der Telearbeit, DB 1998, 573; *Pfarr,* Die arbeitnehmerähnliche Person – Neue Selbständigkeit und deren arbeitsrechtliche Beurteilung, FS Karl Kehrmann, 1997, S. 75; *Ponath,* Können Strafgefangene Arbeitnehmer sein?, BlStSozArbR 1982, 117; *Preis/Sagan,* Der GmbH-Geschäftsführerin der arbeits- und diskriminierungsrechtlichen Rechtsprechung des EuGH, BGH und BAG, ZGR 2013, 26; *Pünnel,* Rechtsbeziehungen in der Werkstatt für Behinderte nach der Werkstättenverordnung, AuR 1981, 230; *Rebhahn,* Der Arbeitnehmerbegriff in vergleichender Perspektive, RdA 2009, 154; *Reichelt,* Die arbeitsrechtliche Stellung der Rote-Kreuz-Schwestern, 2000; *Reinecke,* Neudefinition des Arbeitnehmerbegriffs durch Gesetz und Rechtsprechung? ZIP 1998, 581; *Reinecke,* Prozessuale und taktische Probleme bei der Geltendmachung der Arbeitnehmereigenschaft, DB 1998, 1282; *Reinecke,* Der Kampf um die Arbeitnehmereigenschaft – prozessuale, materielle und taktische Probleme, NZA 1999, 729; *Reinecke,* Der „Grad der persönlichen Abhängigkeit" als Abgrenzungskriterium für den Arbeitnehmerbegriff, FS Thomas Dieterich, 1999, 463; *Reinecke,* Arbeitsverhältnis oder öffentlich-rechtliches Rechtsverhältnis, ZTR 2016, 427; *Reinfelder,* Arbeitnehmer – Gesellschafter – Geschäftsführer, RdA 2016, 87; *Reiserer/Heß-Emmerich,* Der GmbH-Geschäftsführer im Arbeits- und Sozialversicherungsrecht, 2. Aufl. 2001; *Reiserer,* Der GmbH-Geschäftsführer in der GmbH und Co. KG, BB 1996, 2461; *Reiserer,* „Scheinselbständigkeit" – Arbeitnehmer oder Selbständiger? BB 1998, 1258; *Reiserer,* Endlich Schluss mit der „Scheinselbständigkeit"! Das neue Gesetz zur Förderung der Selbständigkeit, BB 2000, 94; *Reiserer,* Der GmbH-Geschäftsführer – ein Arbeitnehmer? DStR 2000, 31; *Reiserer,* Arbeitnehmerschutz für Geschäftsführer?, DB 2011, 2262; *Reiserer,* Arbeitnehmerschutz für Geschäftsführer? – EuGH und BAG leisten Schützenhilfe, BB 2016, 1141; *Reiserer/Freckmann,* Scheinselbständigkeit – heute noch ein schillernder Rechtsbegriff, NJW 2003, 180; *Reuter,* Die Wandlung des Arbeitnehmerbegriffs – Befund und Konsequenzen, FS Dieterich, 1999, S. 473; *Richardi,* „Scheinselbständigkeit" und arbeitsrechtlicher Arbeitnehmerbegriff, DB 1999, 958; *Richardi,* Der Arbeitsvertrag im Licht des neuen § 611a BGB, NZA 2017, 36; *Rohlfing,* Die Arbeitnehmereigenschaft von Auszubildenden und Umschülern im Sinne des Arbeitsrechts und des Betriebsverfassungsgesetzes, NZA 1997, 365; *Rohlfing,* Zum arbeitsrechtlichen Status von (Honorar-)Lehrkräften, NZA 1999, 1027; *Rolfs,* Aktuelle Entwicklungen im arbeitsgerichtlichen Verfahren, NZA-RR 2000, 1; *Rühle,* Kündigung der Werkstattverhältnisse von Schwerbehinderten, DB 2001, 1364; *Sasse,* Zur Zuständigkeit des Arbeitsgerichts für Streitigkeiten aus einem Umschulungsverhältnis, EWiR 2003, 143; *Schaub,* Heim- und Telearbeit sowie bei Dritten beschäftigte Arbeitnehmer im Referenten- und Regierungsentwurf zum BetrVG, NZA 2001, 364; *Scherer,* Verträge mit Praktikanten, NZA 1986, 280; *Schliemann,* Arbeitnehmerbegriff und Rechtsweg, FA 1998, 173; *Schmidt, Karsten,* Der Geschäftsführer einer GmbH & Co. KG als Nicht-Arbeitnehmer iSv. § 5 Abs. 1 Satz 3 ArbGG, GS für Meinhard Heintze, 2005, S. 775; *Schmidt/Schwerdtner,* Scheinselbständigkeit, 1. Aufl. 1999; *Schulte,* Geschäftsführer und ArbG – eine endliche Geschichte, ArbRB 2007, 340; *Spitzenverbände der Sozialversicherungsträger:* Versicherungsrechtliche Beurteilung von Handelsvertretern, BB 1999, 1552; *Stagat,* Der Rechtsweg des GmbH-Geschäftsführers zum Arbeitsgericht – Änderung der Rechtsprechung und Folgen für die Praxis, NZA 2015, 193; *Stein,* Das Bundesarbeitsgericht als Revisionsinstanz im Organhaftungsstreit, FS Egon Schneider, 1997, 307; *Stichler,* Rechtswegzuständigkeit bei Führungskräften, BB 1998, 1531; *Tiefenbacher,* AR-Blattei SD 120 „Arbeitnehmerähnliche Personen"; *Uffmann,* Vertragstypenzuordnung zwischen Rechtsformzwang und Privatautonomie im Bereich der „Neuen Selbständigkeit" – dargestellt am Beispiel der Honorarärzte, ZfA 2012, 1; *Vielmeier,* Zuständigkeit der Arbeitsgericht für Klagen von Fremdgeschäftsführern gegen die Gesellschaft, NZA 2016, 1241; *Walker,* Verfahrensrechtliche Aspekte der arbeitsrechtlichen Konkurrentenklage, FS Söllner, 2000, S. 1231; *Wank,* Arbeitnehmer und Selbständige, 1988; *Wank,* Die „neue Selbständigkeit", DB 1992, 90; *Wank,* Telearbeit, NZA Sonderheft 1999, 38; *Wank,* Telearbeit, NZA 1999, 225; *Wank,* Telearbeit, AR-Blattei SD 1565; *Wank,* Der Arbeitnehmerbegriff des BAG im Vergleich zum englischen und zum amerikanischen Recht, FS für Küttner, 2006, S. 5; *Wank,* Die personellen Grenzen des Europäischen Arbeitsrechts:

Arbeitsrecht für Nicht-Arbeitnehmer?, EuZA 2008, 172; *Wank*, Der Arbeitnehmer-Begriff im neuen § 611a BGB, AuR 2017, 140; *Wank/Maties*, Arbeitnehmer oder Gesellschaftsorgan oder Vereinsmitglied?, NZA 2007, 353; *Weber*, Ist die Rotkreuzkrankenschwester Arbeitnehmer ihrer Schwesternschaft?, Diss. 2008; Wedde, Aktuelle Rechtsfragen der Telearbeit, NJW 1999, 527; Weltrich, Zur Abgrenzung von Franchise- und Arbeitsvertrag, DB 1988, 806; *Willemsen/Müntefering*, Begriff und Rechtsstellung arbeitnehmerähnlicher Personen: Versuch einer Präzisierung, NZA 2008, 193; *Wohlgemuth*, Handkommentar Berufsbildungsgesetz, 2011; *Worzalla*, Arbeitsverhältnisse und sonstige Rechtsverhältnisse in der Rechtsprechung des BAG, FS BAG, 2004, S. 311; *Wrede*, Bestand und Bestandsschutz von Arbeitsverhältnissen in Rundfunk, Fernsehen und Presse, NZA 1999, 1019; *Ziemann*, Der arbeitsgerichtliche Statusprozess, MDR 1999, 513; *Zimmermann*, Die juristische Person als Handlungshilfe, FS Günther Wiese, 1998, S. 657 ff.

I. Geschichtliche Entwicklung

1 Durch das **ArbGG von 1926** erfolgte die erste wesentliche Vereinheitlichung der Zuständigkeitsregelungen der arbeitsgerichtlichen Sondergerichtsbarkeit für Streitigkeiten zwischen ArbN und ArbGeb. § 5 ArbGG 1926 definierte ArbN als Arbeiter, Angestellte und Lehrlinge. Den ArbN wurden durch § 5 Abs. 1 Satz 2 ArbGG 1926 Personen gleichgestellt, die, ohne in einem Arbeitsvertragsverhältnis zu stehen, im Auftrag und für Rechnung bestimmter anderer Personen Arbeit leisteten, und zwar auch dann, wenn sie die Roh- oder Hilfsstoffe selbst beschafften. Ausgenommen von der Zuständigkeit der ArbG wurden gem. § 5 Abs. 2 ArbGG 1926 die gesetzlichen Vertreter von juristischen Personen und von Personengesamtheiten des öffentlichen und privaten Rechtes, des Weiteren Personen in ihrer Eigenschaft als öffentliche Beamte sowie als Angehörige des Reichsheeres und der Reichsmarine.

2 Während der nationalsozialistischen Herrschaft blieb das ArbGG im Wesentlichen unverändert. Erst das **ArbGG von 1953** führte zu einer weiteren Vereinheitlichung des arbeitsgerichtlichen Verfahrens. Bspw. wurde der Begriff des Lehrlings durch den weiteren Begriff der „zu ihrer Berufsausbildung Beschäftigten" abgelöst. Die arbeitnehmerähnlichen Personen wurden durch das Merkmal der wirtschaftlichen Unselbständigkeit schärfer konturiert. Gleiches gilt für den „Vertreter von juristischen Personen und Personengesamtheiten".

3 Mit der **ArbGG-Novelle von 1979** wurde die Zuständigkeitsregelung für Handelsvertreter aus dem Handelsvertretergesetz in das ArbGG verlagert, § 5 Abs. 3. Die maßgebliche monatliche Bezugsgrenze wurde von 1 500 DM auf 2 000 DM angehoben. Seit dem 1.1.2002 ist der Betrag von 1 000 Euro maßgebend.

II. Arbeitgeber

4 § 5 enthält keine eigenständige Bestimmung des **Begriffes des ArbGeb**. Auszugehen ist insoweit vom allgemeinen ArbGeb-Begriff. ArbGeb ist hiernach jede natürliche oder juristische Person, die einen ArbN oder eine arbeitnehmerähnliche Person beschäftigt[1].

4a Fällt der ArbGeb in die Insolvenz, bleibt er zwar Vertrags-ArbGeb. Der **Insolvenzverwalter** ist aber aufgrund seiner materiell-rechtlichen Funktion als ArbGeb für die Dauer des Insolvenzverfahrens (faktischer) ArbGeb kraft Amtes. Daher sind für Klagen des Insolvenzverwalters gegen ArbN des insolventen Vertrags-ArbGeb die ArbG zuständig[2].

III. Arbeitnehmer

1. Allgemeines

5 Die Bestimmung des **Begriffes des ArbN** ist im ArbG-Prozess von zentraler Bedeutung. Aufgabe des ArbN-Begriffes ist es, den personellen Geltungsbereich des Arbeitsrechts festzulegen. Die Zuständigkeit der ArbG ist beschränkt auf Streitigkeiten zwischen ArbN und ArbGeb unter Einbeziehung bestimmter weiterer schutzwürdiger Personengruppen, wie zB den arbeitnehmerähnlichen Personen. § 5 ergänzt die Zuständigkeitsregel des § 2 für die Fälle, in denen der ArbN-Begriff, direkt oder indirekt, als Ausgangspunkt für die Zuständigkeit der ArbG dient.

6 § 5 enthält lediglich eine „Minimaldefinition" des ArbN-Begriffes. Das Gesetz beschränkt sich darauf, den Begriff durch die Benennung von Untergruppen zu konkretisieren. Hiernach sind ArbN iSd. ArbGG Ar-

---
[1] BAG v. 15.3.2011 – NZA 2011, 653 (Rz. 7); GmS-OBG v. 27.9.2010 – GmS-OBG 1/09, NZA 2011, 534 (Rz. 17); vgl. etwa Hauck/Helml/Biebl/*Helml*, § 2 Rz. 21, § 5 Rz. 1; ErfK/*Koch*, § 2 ArbGG Rz. 11; GMP/*Müller-Glöge*, § 5 Rz. 55; ErfK/*Preis*, § 611 BGB Rz. 183.; GK-ArbGG/*Schütz*, § 2 Rz. 72 ff., § 5 Rz. 189; HWK/*Kalb*, § 5 ArbGG Rz. 4.
[2] GmS-OBG v. 27.9.2010 – GmS-OBG 1/09, NZA 2011, 534 (Rz. 18).

beiter und Angestellte sowie die zu ihrer Berufsausbildung Beschäftigten, § 5 Abs. 1 Satz 1. Durch die Fiktion des § 5 Abs. 1 Satz 2 werden auch die in Heimarbeit Beschäftigten, die ihnen Gleichgestellten sowie die arbeitnehmerähnlichen Personen in den ArbN-Begriff mit einbezogen. Gesetzlich nicht definiert sind die Begriffe „Arbeiter" und „Angestellte". § 5 geht von dem **allgemeinen, materiell-rechtlichen ArbN-Begriff des Individualarbeitsrechts** aus (hierzu ausführlich sogleich Rz. 12 ff.). Die im materiellen Arbeitsrecht herrschenden Unklarheiten wirken sich dementsprechend auf die Auslegung des § 5 und damit den Anwendungsbereich des ArbGG aus.

Das Arbeitsrecht basiert auf dem ArbN-Schutzgedanken. Aufgrund dieser gesetzgeberischen Zielsetzung steht bei jeder Auslegung der sozialpolitische Zweck im Vordergrund. Es ist daher weniger eine methodische, zu einem gleichmäßigen ArbN-Begriff führende Abgrenzung vorzunehmen; vielmehr ist einer **funktionellen Betrachtungsweise** der Vorzug zu geben. Die Bestimmung des ArbN-Begriffes erfolgt mithin im Wege einer Einzelfallbetrachtung der jeweiligen Gesetze. Abzustellen ist hierbei auf die teleologische und systematische Zuordnung sowie den Normzweck. Auf eine gleichmäßige Begrifflichkeit kann es hingegen nicht ankommen. 7

Die fehlende legislative Festlegung des ArbN-Begriffes im ArbGG hat zur Folge, dass die Zuständigkeitsbestimmung der Arbeitsgerichtsbarkeit an der Entwicklung des materiellen Rechts teilnimmt. Das Arbeitsrecht beinhaltet ausschließlich Regelungen, die auf ArbN zugeschnitten sind. Der ArbN-Begriff des ArbGG und der des materiellen Rechtes müssen sich daher parallel zueinander entwickeln, um eine Entfernung des Arbeitsrechtes von der Arbeitswirklichkeit zu vermeiden. 8

Die **Auslegung** des ArbN-Begriffes ist **restriktiv** vorzunehmen. Die Notwendigkeit einer extensiven Auslegung besteht nicht, da auch arbeitnehmerähnliche Personen von § 5 erfasst sind. 9

Als **Auslegungshilfe** kann § 5 BetrVG dienen. Hierbei ist jedoch zu beachten, dass der betriebsverfassungsrechtliche ArbN-Begriff nicht mit dem arbeitsrechtlichen identisch ist. Abweichungen ergeben sich bspw. bei dem umfassten Personenkreis. 10

Rückschlüsse können desgleichen aus der **Negativdefinition des § 84 Abs. 1 Satz 2 HGB** gezogen werden, der die Abgrenzung des selbständigen Handelsvertreters vom abhängig beschäftigten kaufmännischen Angestellten regelt. Über diesen unmittelbaren Anwendungsbereich hinaus enthält die Vorschrift jedoch eine allgemeine gesetzgeberische Wertung, die bei der Abgrenzung des Dienstvertrages vom Arbeitsvertrag zu beachten ist, zumal dies die einzige Norm ist, die hierfür Kriterien enthält[1]. Unterliegt also der Beschäftigte hinsichtlich Zeit, Dauer und Ort der Ausführung der versprochenen Dienste einem umfassenden Weisungsrecht, ist er ArbN. Kann er im Wesentlichen die Arbeitsbedingungen frei gestalten, ist er freier Mitarbeiter. 11

2. Allgemeiner, materiell-rechtlicher Arbeitnehmerbegriff

Durch die Untergliederung des ArbN-Begriffes in „Arbeiter" und „Angestellte" ohne nähere Bestimmung dieser Begriffe verweist § 5 auf den materiell-rechtlichen ArbN-Begriff. Die **Bestimmung des ArbN-Begriffes** hat deshalb auf der Grundlage der Begriffsbestimmung des materiellen Rechtes zu erfolgen. Definition und Konturierung des Begriffs waren mangels einer gesetzlichen Regelung bislang allein der Rspr. und der Lehre vorbehalten. Seit dem 1.4.2017[2] ist der Arbeitsvertrag als Vertragstypus in Abgrenzung zu Dienst- und Werkvertrag in § 611a BGB definiert. Nach dessen Abs. 1 Satz 1 ist ArbN, wer „im Dienste eines anderen zur Leistung weisungsgebundener, fremdbestimmter Arbeit in persönlicher Abhängigkeit verpflichtet" ist. Ausweislich der Gesetzesbegründung ist durch diese Regelung eine „1:1-Kodifizierung einer gefestigten höchstrichterlichen Rechtsprechung" beabsichtigt, die „die Rechtslage in Deutschland unverändert lässt".[3] Auch in Zukunft ist daher auf die bislang von Rspr. und Lehre entwickelten Grundsätze zurückzugreifen. 12

Die Bestimmung des Begriffes des ArbN ist umstritten: Nach der bereits vom Reichsarbeitsgericht vertretenen und seitdem **herrschenden Begriffsbestimmung** in der Rspr. des **BAG** und nach der hL ist **ArbN, wer aufgrund eines privatrechtlichen Vertrages oder eines ihm gleichgestellten Rechtsverhältnisses im Dienst eines anderen in persönlicher Abhängigkeit zur Arbeit verpflichtet ist**[4]. Zur Abgrenzung wurde 13

---

1 BGH v. 21.10.1998 – VIII ZB 54/97, NZA 1999, 110; ebenso die st. Rspr. des BAG, vgl. etwa BAG v. 15.12.1999 – 5 AZR 770/98, NZA 2000, 481; BAG v. 22.4.1998 – 5 AZR 342/97, BAGE 88, 263; BAG v. 21.2.1990 – 5 AZR 162/89, AP Nr. 57 zu § 611 BGB – Abhängigkeit. Vgl. auch *Hunold*, NZA-RR 1999, 505.
2 BGBl. I S. 258.
3 BT-Drs. 18/9232 S. 4; vgl. hierzu kritisch *Wank*, AuR 2017, 140 (141).
4 BAG v. 17.4.2013 – 10 AZR 272/12, NZA 2013, 903 (Rz. 15); BAG v. 20.1.2010 – 5 AZR 99/09, AP Nr. 119 zu § 611 BGB (Rz. 13); BAG v. 30.9.1998 – 5 AZR 563/97, AP Nr. 103 zu § 611 BGB – Abhängigkeit; BAG v. 22.4.1998 – 5 AZR 191/97, AP Nr. 96 zu § 611 BGB – Abhängigkeit; BAG v. 13.1.1983 – 5 AZR 149/82, AP Nr. 42

ein Kriterienkatalog entwickelt. Wesentliches Merkmal ist die **persönliche Abhängigkeit** des ArbN vom ArbGeb bei der Arbeitsleistung. Weitere wichtige Merkmale sind die **betriebliche Eingliederung** und das **Weisungsrecht** des ArbGeb. In neueren Entscheidungen definiert das BAG wie folgt[1]:

„Der ArbN ist in die Arbeitsorganisation des ArbGeb eingegliedert. Die Eingliederung zeigt sich insbesondere darin, dass der Beschäftigte dem Weisungsrecht des ArbGeb unterliegt. Das **Weisungsrecht** kann **Inhalt, Durchführung, Zeit, Dauer und Ort der Tätigkeit** betreffen. ArbN ist namentlich der Mitarbeiter, der nicht im Wesentlichen frei seine Tätigkeit gestalten und seine Arbeitszeit bestimmen kann."

13a Zum Wesen des Arbeitsverhältnisses gehört auch der **Austausch von Lohn und Arbeit**[2]. Der ArbN verfolgt typischerweise das Ziel, für seine Arbeit ein Entgelt zu erhalten. Entscheidend ist dabei die objektiv festzustellende Austauschbeziehung, nicht die subjektive Erwerbsabsicht. Kein Arbeitsverhältnis liegt daher vor, wenn die Parteien jede Vergütungspflicht ausdrücklich ausschließen.

14 Maßgeblich sind die **tatsächlichen Umstände**, unter denen die Leistung zu erbringen ist, **nicht aber der Wortlaut der von den Parteien getroffenen Vereinbarung**. Umgekehrt sind einzelne Vorgänge zur Feststellung eines vom Vertragswortlaut abweichenden Vertragsinhalts nur dann maßgebend, wenn es sich nicht um untypische Einzelfälle, sondern um beispielhafte Erscheinungsformen einer durchgehend geübten Vertragspraxis handelt[3]. Eine wirtschaftliche Abhängigkeit ist weder erforderlich noch ausreichend. Sie indiziert allerdings eine persönliche Abhängigkeit. Zusätzlich ist eine Gesamtwürdigung aller Umstände vorzunehmen. Die Instanzgerichte sind dieser Definition mit wenigen Ausnahmen[4] gefolgt.

15 Der **BGH** hat sich bei der Definition des ArbN-Begriffes, der auch für die Zuständigkeit der Zivilgerichte von erheblicher Bedeutung ist, ausdrücklich der Rspr. des BAG angeschlossen. Er definiert den ArbN-Begriff wie das BAG unter Anwendung des sog. Kriterienkataloges (hierzu ausführlich Rz. 27 ff.) mit einer abschließenden Gesamtwürdigung[5].

16 Strömungen, die das Kriterium der **sozialen Schutzbedürftigkeit** anstelle oder neben dem der persönlichen Abhängigkeit verwenden wollen[6], überzeugen nicht. Das unsichere Merkmal der sozialen Schutzbedürftigkeit kann keinen formalrechtlichen Anspruch einer Person begründen, unter den besonderen Schutz des Arbeitsrechts zu fallen. Es ist nicht Zweckrichtung des Arbeitsrechts, jede sozial schutzbedürftige Person zu schützen.

17 Nach der von *Nikisch*[7] begründeten **Eingliederungstheorie** ist ArbN, wer im Dienste eines anderen beschäftigt und in dessen Betrieb eingegliedert ist. Nicht maßgeblich soll demgegenüber sein, ob ein Arbeitsvertrag besteht. Da nach der hM auch das vertragslose, faktische Arbeitsverhältnis die ArbN-Eigenschaft begründet, gelangt die Eingliederungstheorie letztlich zu gleichen Ergebnissen. Dennoch ist der von der hM im Regelfall als Voraussetzung für die ArbN-Eigenschaft geforderte privatrechtliche Vertrag nicht verzichtbar. Er ermöglicht die Abgrenzung des ArbN von anderen, gleichfalls abhängige Arbeit Leistenden, wie etwa Beamte oder zur Mitarbeit verpflichtete Familienangehörige[8].

18 Zudem gibt es Stimmen in der Lit., die den ArbN-Begriff **teleologisch** definieren wollen[9]. Entscheidend sei der Normzweck der arbeitsrechtlichen Regeln. Die Vertreter suchen eine Definition, die einen Sinnzusam-

---

zu § 611 BGB – Abhängigkeit; BAG v. 15.3.1978 – 5 AZR 819/76, EzA § 611 BGB – ArbN-Begriff Nr. 17; BAG v. 28.2.1962 – 4 AZR 141/61, AP Nr. 1 zu § 611 BGB – Abhängigkeit; GWBG/*Waas*, § 5 Rz. 5; Hauck/Helml/Biebl/ *Helml*, § 5 Rz. 4; GMP/*Müller-Glöge*, § 5 Rz. 4 f.; *Stahlhacke/Preis/Vossen*, Rz. 836; GK-ArbGG/*Schleusener*, § 5 Rz. 20; *Worzalla*, FS BAG, 2004, S. 311, 325 ff. Vgl. zur Statusrechtsprechung des 5. Senats des BAG: *Hochrathner*, NZA-RR 2001, 561 ff.

1 BAG v. 30.9.1998 – 5 AZR 563/97, AP Nr. 103 zu § 611 BGB – Abhängigkeit; BAG v. 3.6.1998 – 5 AZR 656/97, AP Nr. 97 zu § 611 BGB – Abhängigkeit; vgl. auch BAG v. 25.9.2013 – 10 AZR 282/12, AP Nr. 126 zu § 611 BGB Abhängigkeit; BAG v. 20.8.2003 – 5 AZR 610/02, NZA 2004, 39.
2 BAG v. 27.9.2012 – 2 AZR 838/11, NJW 2013, 1692 (Rz. 15); BAG v. 29.8.2012 – 10 AZR 499/11, NZA 2012, 1433 (Rz. 16); BAG v. 26.9.2002 – 5 AZB 19/01, NZA 2002, 1412; BAG v. 5.12.2002 – 6 AZR 216/01, DB 2004, 141; *Thüsing*, DB 2004, 2451, 2453; GMP/*Müller-Glöge*, § 5 Rz. 5.
3 BAG v. 11.8.2015 – 9 AZR 98/14, NZA-RR 2016, 288.
4 Vgl. etwa LAG Nürnberg v. 25.2.1998 – 4 Sa 670/97, LAGE § 611 BGB – Arbeitnehmerbegriff Nr. 34; LAG Köln v. 30.6.1995 – 4 Sa 63/95, LAGE § 611 BGB – Arbeitnehmerbegriff Nr. 29.
5 Vgl. bspw.: BGH v. 4.11.1998 – VIII ZB 12/98, NJW 1999, 218; BGH v. 21.10.1998 – VIII ZB 54/97, NZA 1999, 110.
6 *Beuthien/Wehler*, RdA 1978, 2; *Lieb*, RdA 1977, 210; jeweils im Anschluss an *Wiedemann*, Das Arbeitsverhältnis als Austausch- und Gemeinschaftsverhältnis, 1966, S. 14.
7 *Nikisch*, Arbeitsrecht, Band 1, S. 92, 93.
8 *Hueck/Nipperdey*, Bd. I, S. 38; GK-ArbGG/*Schleusener*, § 5 Rz. 21.
9 *Bauschke*, RdA 1994, 209; *Griebeling*, NZA 1998, 1137; *Kreuder*, AuR 1996, 386.

menhang zwischen der Tatbestandsseite (Wer ist ArbN?) und der Rechtsfolgenseite (Ist Arbeitsrecht anwendbar?) herstellt.

Im Rahmen dieses Ansatzes geht die Ansicht von *Wank* am Weitesten. *Wank* vertritt das sog. **Alternativmodell**[1], dessen Leitbegriff nicht die persönliche Abhängigkeit, sondern das „Unternehmerrisiko" ist. Entscheidend sei die Verteilung von Chancen und Risiken am Markt. ArbN sei, wer einem arbeitgeberischen Weisungsrecht derart unterworfen sei, dass er nur die Risiken einer Vertragsgestaltung trage, aber keine unternehmerischen Chancen wahrnehmen könne. Die Merkmale „Weisungsbindung" und „Eingliederung" seien zwar zur Abgrenzung geeignet; sie müssten aber zwingend um das Merkmal „ohne die Möglichkeit zu unternehmerischen Entscheidungen auf eigene Rechnung" ergänzt werden – entweder als ausdrücklich genanntes Merkmal oder als Auslegungsleitlinie für die beiden anderen Merkmale.[2] Selbständig sei demgegenüber, wer nur wenigen Weisungen unterliege und deshalb nicht nur das Risiko trage, sondern auch eigene Chancen wahrnehmen könne. Die auf der Grundlage dieses teleologischen Ansatzes herausgebildeten Kriterien für eine selbstständige Tätigkeit können wie folgt zusammengefasst werden:

- Freiwillige Übernahme des Unternehmerrisikos mit
- den damit verbundenen Chancen auf dem Markt und
- den Möglichkeiten der Beschäftigung von Mitarbeitern sowie
- der Aufbau einer eigenen Organisation mit eigenem Kapitaleinsatz.

Dieser Ansatz ist von der Rspr. zunächst teilweise aufgegriffen[3], dann aber ua. vom LAG Düsseldorf und vom BAG mit folgender Begründung verworfen worden[4]: Trotz der in einigen Fällen bestehenden mangelnden Trennschärfe sei der Begriff der Weisungsgebundenheit als konkretisierendes Moment der Arbeit in einer fremden Organisation zu sehen und bleibe weiterhin eines der maßgeblichen Abgrenzungskriterien. Es bestehe daher keine Notwendigkeit, von der herkömmlichen Definition abzuweichen. Gegen den von *Wank* gewählten Ansatz spricht zudem, dass er von einem dualen System ausgeht. Er unterscheidet lediglich zwischen ArbN und Selbständigen. Der Gesetzgeber hat aber an verschiedenen Stellen deutlich gemacht, dass er von einer Dreiteilung zwischen ArbN, Arbeitnehmerähnlichen und Selbständigen ausgeht.

Auch der **EuGH** hat sich im Rahmen des Gemeinschaftsrechts, insbesondere in der Entscheidung im **Fall Lawrie-Blum**[5], mit dem ArbN-Begriff auseinandergesetzt. Die Definition des ArbN-Begriffs sei nach objektiven Kriterien vorzunehmen. ArbN ist hiernach, wer während einer bestimmten Zeit für einen anderen nach dessen Weisungen Leistungen erbringt, für die er eine Vergütung erhält. Der EuGH versteht damit in Übereinstimmung mit der deutschen Rspr. die Weisungsgebundenheit des ArbN in Bezug auf seine Arbeitsleistung als wesentliches Tatbestandsmerkmal des ArbN-Begriffs[6]. Wie die Entscheidung im **Fall Danosa**[7] zeigt, ist der europäische ArbN-Begriff jedoch weiter als der nationale. Der EuGH entschied hier, dass ein Mitglied der Unternehmensleitung einer Kapitalgesellschaft ArbN iSd. RL 92/85/EWG (Mutterschutz) ist, wenn es seine Tätigkeit für eine bestimmte Zeit nach Weisung oder unter Aufsicht eines anderen Organs dieser Gesellschaft ausübt und als Gegenleistung für die Tätigkeit ein Entgelt enthält; ohne Bedeutung für den unionsrechtlichen ArbN-Begriff ist demgegenüber, wenn das Beschäftigungsverhältnis nach nationalem Recht ein freies Dienstverhältnis ist. Demnach muss eine Geschäftsführerin Kündigungsschutz nach dem Mutterschutzgesetz haben. Bestätigt ist dieses extensive Verständnis des ArbN-Begriffs des EuGH durch die Entscheidung **Balkaya**[8], wonach insbesondere Fremd-Geschäftsführer ArbN iSd. RL 98/59/EG sein können. Auch wird diskutiert, ob auch die übrigen arbeitsrechtlichen Schutzgesetze, die auf europäischen Richtlinien basieren, auf Fremd-Geschäftsführer anzuwenden sind[9]. Diese Rspr. hat indes

---

1 Vgl. etwa *Wank*, DB 1992, 90. Vgl. grundlegend: *Wank*, ArbN und Selbständige, 1988.
2 *Wank*, AuA 2017, S. 140 (152).
3 LAG Nürnberg v. 25.2.98 – 4 Sa 670/97, LAGE § 611 BGB – Arbeitnehmerbegriff Nr. 34; LAG Nürnberg v. 31.7.1996 – 2 Ca 4546/95, EzA Nr. 57 zu § 611 BGB – Arbeitnehmerbegriff; LAG Köln v. 30.6.1995 – 4 Sa 63/95, LAGE § 611 BGB – Arbeitnehmerbegriff Nr. 29.
4 BAG v. 19.11.1997 – 5 AZR 653/96, AP Nr. 90 zu § 611 BGB – Abhängigkeit; LAG Düsseldorf v. 4.9.1996 – 12 (6) (5) Sa 909/96, LAGE § 611 BGB – Arbeitnehmerbegriff Nr. 33; ArbG Passau v. 13.3.1998 – 4e Ca 906/97 E, BB 1998, 1266.
5 EuGH v. 3.7.1986 – Rs. 66/85, EuGHE I 1986, 2121.
6 Vgl. zu diesem Problemkreis auch die ausführlichen Darstellungen von: *Hromadka*, NZA 1997, 569; *Schmidt/ Schwerdtner*, Scheinselbständigkeit, Rz. 37 ff.
7 EuGH v. 11.11.2010 – C-232/09, NZA 2011, 143.
8 EuGH v. 9.7.2015 – C-229/14, NZA 2015, 861.
9 *Hohenstatt/Naber*, NZA 2014, 637; *Preis/Sagan*, ZGR 2013, 26; *Lunck/Rodenbusch*, GmbHR 2012, 188; *Reiserer*, DB 2011, 2262; *Junker*, NZA 2011, 950.

keine unmittelbaren Auswirkungen auf den ArbN-Begriff des § 5 und die Zuständigkeit der ArbG[1]. Ob ein gesetzlicher Vertreter iSd. § 5 Abs. 1 Satz 3 bspw. Kündigungsschutz genießt oder nicht, ist für den zulässigen Rechtsweg unerheblich. § 5 Abs. 1 Satz 3 basiert nicht auf einer europäischen Richtlinie, aufgrund der eine richtlinienkonforme Auslegung geboten wäre. Auch der Sinn und Zweck der Fiktion des § 5 Abs. 1 Satz 3 führt zu keinem anderen Ergebnis. Es gilt der allgemeine nationale Arbeitnehmerbegriff[2].

3. Arbeiter und Angestellte

22 ArbN iSv. § 5 Abs. 1 Satz 1 sind ua. Arbeiter und Angestellte. Auf die Unterscheidung kommt es im Regelfall nicht an. Wird die ArbN-Eigenschaft gem. § 5 bejaht, so ist für die in § 2 Abs. 1 genannten Fälle die ausschließliche Zuständigkeit der ArbG begründet.

23 Lediglich dann, wenn gem. § 17 Fachkammern für Arbeiter und Angestellte eingerichtet sind, spielt die Unterscheidung im Rahmen des ArbGG für die geschäftsplanmäßige Zuständigkeit der jeweiligen **Fachkammer** eine Rolle. Darüber hinaus wurde zwischen Arbeitern und Angestellten im Bereich der Rentenversicherung und in anderen sozialrechtlichen Bereichen unterschieden[3]. So war die Bundesversicherungsanstalt nur für Renten der Angestellten zuständig, während Arbeiter ihre Renten von den regional tätigen Landesversicherungsanstalten empfingen. Seit dem 1.10.2005 ist für Arbeiter und Angestellte einheitlich die „Deutsche Rentenversicherung Bund" zuständig.

4. Freie Mitarbeiter, Falschbezeichnung

24 Hingegen ist die Unterscheidung zwischen ArbN und freien Mitarbeitern im ArbGG von erheblicher Bedeutung, da das ArbGG auf freie Mitarbeiter nicht anwendbar ist[4]. Zahlreiche Tätigkeiten können sowohl im Rahmen eines Arbeitsverhältnisses als auch im Rahmen eines freien Mitarbeiterverhältnisses ausgeübt werden. Beide Vertragsverhältnisse unterscheiden sich durch den Grad der persönlichen Abhängigkeit, in der sich der zur Dienstleistung Verpflichtete befindet[5]. Kennzeichnend für einen **freien Mitarbeiter** ist, dass er aufgrund eines Dienstvertrages tätig ist und im Wesentlichen seine Tätigkeit frei gestalten und seine Arbeitszeit selbst bestimmen kann[6]. Die vertragliche Bestimmung des Status einer Person ist der Privatautonomie der Parteien entzogen. Daher bedarf es einer Definition des ArbN-Begriffes und damit der Abgrenzung zum freien Mitarbeiter.

24a Zur Feststellung, ob ein Arbeitsverhältnis oder ein Dienstverhältnis eines freien Mitarbeiters vorliegt, ist die von den Parteien **gewählte Bezeichnung** idR **nicht entscheidend**. Der Status eines Beschäftigten richtet sich danach, wie die Vertragsbeziehungen nach ihrem Geschäftsinhalt objektiv einzuordnen sind. Wird der Vertrag abweichend von den ausdrücklichen Vereinbarungen vollzogen, so ist idR die **praktische Durchführung des Vertragsverhältnisses** unter Berücksichtigung aller Umstände des Einzelfalles maßgeblich[7]. Zur Begründung hat das BAG ausgeführt, durch Parteivereinbarung könne die Bewertung einer Rechtsbeziehung als Arbeitsverhältnis nicht abbedungen und der Geltungsbereich des Arbeitnehmerschutzes nicht eingeschränkt werden. Bereits aus dieser Begründung folgt, dass die dargestellten Grundsätze nur für solche Fälle gelten, in denen die Parteien ihr Rechtsverhältnis gerade nicht als Arbeitsverhältnis bezeichnet haben, sondern etwa als freies Mitarbeiter- oder Dienstverhältnis.

24b Wenn die Vertragsparteien umgekehrt **ausdrücklich ein Arbeitsverhältnis** vereinbart haben, erfolgt hingegen regelmäßig keine objektive korrigierende Prüfung, ob das Vertragsverhältnis aufgrund der tatsächlichen Umstände nicht auch ein freies Dienstverhältnis sein könnte[8]. Haben die Parteien vereinbart, dass

---

1 GMP/*Müller-Glöge*, § 5 Rz. 45a; *Reiserer*, DB 2011, 2262; *Vielmeier*, NZA 2016, 1241.
2 Vgl. BAG v. 22.11.2016 – 9 AZB 41/16, ZTR 2017, 183; BAG v. 8.9.2015 – 9 AZB 21/15, NZA 2015, 1342.
3 Vgl. zur Abgrenzung des Angestellten vom Arbeiter: *Bopp*, Aktuelle Rechtsprechungsübersicht zum Individualarbeitsrecht, S. 130.
4 BAG v. 12.9.1996 – 5 AZR 1066/94, AP Nr. 1 zu § 611 BGB – Freier Mitarbeiter; BAG v. 13.11.1991 – 7 AZR 31/91, AP Nr. 60 zu § 611 BGB – Abhängigkeit.
5 BAG v. 13.3.2008 – 2 AZR 1037/06, NZA 2008, 878, Rz. 17; OLG Zweibrücken v. 12.10.2009 – 4 W 67/09, juris, Rz. 5.
6 BAG v. 26.5.1999 – 5 AZR 469/98, EzA § 611 BGB Nr. 75; OLG Köln v. 23.7.2015 – I-19 W-9/15, 19 W 9/15.
7 BAG v. 21.7.2015 – 9 AZR 484/14, NZA-RR 2016, 344; BAG v. 15.2.2012 – 10 AZR 111/11, NZA 2012, 733 (Rz. 14); BAG v. 20.1.2010 – 5 AZR 99/09, NZA 2010, 872 (Rz. 13); BAG v. 20.5.2009 – 5 AZR 31/08, NZA-RR 2010, 172 (Rz. 19); LAG Hamm v. 20.10.1999 – 2 Sa 248/99, AiB 2000, 634; BAG v. 26.5.1999 – 5 AZR 469/98, EzA § 611 BGB Nr. 75; BAG v. 24.6.1992 – 5 AZR 384/91, AP Nr. 61 zu § 611 – Abhängigkeit; *Reinecke*, FS Dieterich, S. 463; *Ziemann*, MDR 1999, 513; aA *Uffmann*, ZfA 2012, 1 für den Honorararztvertrag.
8 BAG v. 12.9.1996 – 5 AZR 1066/94, NZA 1997, 194; BAG v. 24.6.1992 – 5 AZR 384/91, AP § 611 BGB Abhängigkeit Nr. 61; BAG v. 1.11.1995 – 5 AZR 84/94, NZA 1996, 813; BAG v. 1.11.1995 – 5 AZR 880/94, NZA 1996, 816; LAG Nürnberg v. 22.10.2008 – 7 Ta 191/08, juris, Rz. 26; LAG Nürnberg v. 21.12.2007 – 7 Ta 208/07, NZA-RR

ein Arbeitsverhältnis vorliegen soll, ist auch ein freier Mitarbeiter als ArbN zu behandeln. Als ArbN ist nicht nur der Tätige zu behandeln, der die objektiven Voraussetzungen des ArbN-Begriffs erfüllt. Den Parteien eines Rechtsverhältnisses, dessen Inhalt die Erbringung einer Dienstleistung ist, steht es vielmehr frei, dem Tätigen auch dann den Status eines ArbN zuzuerkennen, wenn die objektiven Voraussetzungen eines ArbN fehlen. Es gibt keinen Rechtsgrundsatz, der es verbieten würde, einem Nicht-ArbN den Status eines ArbN zu gewähren. Soweit die Rspr. Statusvereinbarungen verworfen hat, diente dies dem Schutz des ArbN vor Fluchtversuchen des ArbGeb aus dem Arbeitsrecht, dh. vor der Umgehung arbeitsrechtlicher Schutzvorschriften durch falsche Bezeichnungen. Es besteht aber kein Anlass für eine korrigierende Statuskontrolle, wenn das Arbeitsverhältnis in der Etikettierung gerade nicht gemieden, sondern gesucht wird[1].

Voraussetzung für ein Abstellen auf die tatsächlichen Verhältnisse ist allerdings, dass dem Unternehmer das Verhalten der unmittelbar Handelnden nach den Grundsätzen der **Duldungs- und Anscheinsvollmacht zugerechnet** werden kann. Entscheidend ist demnach, ob der Unternehmer die abweichende Vertragsdurchführung hätte erkennen und verhindern können und ob der Beschäftigte nach Treu und Glauben annehmen konnte, der Unternehmer wisse davon und billige dies[2]. 24c

Der Bezeichnung des Vertragsverhältnisses durch die Parteien kommt nur dann eine **Indizwirkung** im Rahmen der bei jeder Statusbeurteilung erforderlichen Gesamtabwägung aller Umstände des Einzelfalls zu, wenn es zum einen nach dem Sachverhalt möglich ist, die Tätigkeit sowohl als ArbN als auch als freier Mitarbeiter zu leisten, und wenn zum anderen auch die tatsächliche Durchführung des Vertrages offen gehandhabt wird[3]. Allerdings handelt ein Dienstnehmer rechtsmissbräuchlich iSd. § 242 BGB, wenn er sich nachträglich darauf beruft, ArbN gewesen zu sein, obwohl er als freier Mitarbeiter tätig sein wollte und sich jahrelang allen Versuchen des Dienstgebers widersetzt hat, zu ihm in ein Arbeitsverhältnis zu treten[4]. 25

Ist der im Vertrag als „freier Mitarbeiter" bezeichnete Beschäftigte in Wirklichkeit als ArbN einzustufen, sind ausschließlich die ArbG zuständig. Enthält die tatsächliche Ausgestaltung eines Beschäftigungsverhältnisses hingegen sowohl Anhaltspunkte für ein Arbeitsverhältnis als auch Elemente, die für ein freies Mitarbeiterverhältnis sprechen, kommt es darauf an, ob nach dem Willen der Parteien die eine oder die andere Vertragsform gewollt war[5]. 26

Darlegungslast: Um seine Behauptung, nicht freier Mitarbeiter, sondern abhängig beschäftigter ArbN gewesen zu sein, überzeugend zu belegen, muss ein Kläger die gelebte Wirklichkeit der Rechtsbeziehungen mit dem behaupteten ArbGeb durch eine mosaikartige Darstellung einer Vielzahl von Einzeltatsachen transparent machen, um damit dem Gericht die Schlussfolgerung zu ermöglichen, in Wirklichkeit seien die Dienstleistungen in persönlicher Abhängigkeit erbracht worden. Dazu bedarf es einer genauen Beschreibung der einzelnen Tätigkeiten über einen längeren repräsentativen, aber kalendermäßig bestimmten Zeitraum hinweg, vor allem auch um prozessual dem Gericht die Möglichkeit zur Beweiserhebung über bestimmte Einzeltatsachen zu ermöglichen[6]. 26a

5. Hauptkriterien des Arbeitnehmerbegriffes

Das BAG zieht zur Bestimmung des ArbN-Begriffes einen **Kriterienkatalog**[7] heran. ArbN ist, wer aufgrund eines privatrechtlichen Vertrages in persönlicher, dh. weisungsgebundener Abhängigkeit fremdbestimmte Arbeit für ArbGeb leistet. Persönliche Abhängigkeit findet ihre Ausprägung insbesondere darin, dass der ArbN seine Leistung im Rahmen der vom ArbGeb bestimmten Arbeitsorganisation zu erbringen hat. Die Eingliederung in die betriebliche Arbeitsorganisation wird dadurch deutlich, dass der ArbN hin- 27

2008, 271; LAG Köln v. 2.6.2003 – 5 Ta 127/03; LAG Rh.-Pf. v. 17.4.2003 – 2 Ta 216/03, juris, Rz. 26; *Stoffels*, NZA 2000, 695.

1 LAG Nürnberg v. 21.12.2007 – 7 Ta 208/07, NZA-RR 2008, 271, das – sehr weitgehend – einen Arbeitnehmerstatus sogar deshalb bejaht hat, weil der ArbGeb erklärt hat, der Mitarbeiter sei bei ihm „in hauptberuflicher Tätigkeit angestellt".
2 BAG v. 20.7.1994 – 5 AZR 627/93, NZA 1995, 161.
3 BAG v. 9.6.2010 – 5 AZR 332/09, NJW 2010, 2455; LAG Köln v. 25.8.1999 – 2 Sa 611/99, DB 1999, 2648; BAG v. 29.1.1992 – 7 ABR 25/91, AP Nr. 47 zu § 5 BetrVG 1972; ErfK/*Preis*, § 611 BGB Rz. 47 f.; aA *Uffmann*, ZfA 2012, 1 für den Honorararztvertrag.
4 BAG v. 11.6.1996 – 5 AZR 708/95, NZA 1997, 818.
5 LAG Nürnberg v. 22.10.2008 – 7 Ta 191/08, juris, Rz. 25.
6 ArbG Hannover v. 5.9.2007 – 5 Ca 623/07, AE 2008, 62.
7 Vgl. etwa BAG v. 31.7.2014 – 2 AZR 422/13, NZA 2015, 101; BAG v. 13.3.2008 – 2 AZR 1037/06, NZA 2008, 878; BAG v. 20.11.1996 – 5 AZR 518/95, EzA § 611 BGB – Berufssport Nr. 9; BAG v. 10.5.1990 – 2 AZR 607/89, EzA § 611 BGB – ArbN-Begriff Nr. 36.

sichtlich Zeit, Dauer oder Ort der Ausführung seiner Tätigkeit, aber auch hinsichtlich des Inhalts und der Durchführung dem Weisungsrecht des ArbGeb unterliegt.

27a Die verschiedenen Abgrenzungsmerkmale sowie ihre Beurteilung sind im Laufe der Zeit immer wieder erweitert worden. Abstrakte, für alle Arbeitsverhältnisse geltende Kriterien lassen sich nicht aufstellen. Deshalb werden die jeweiligen Kriterien flexibel je nach Einzelfall herangezogen. Das BAG geht hierbei nach der sog. „**typologischen Methode**" vor.[1]

28 Hiernach ist es nicht erforderlich, dass in jedem Fall alle Kriterien erfüllt sind. Es existieren zB **kaum Ausschlusskriterien**, ohne deren Vorliegen eine ArbN-Eigenschaft grds. nicht bejaht werden kann. Das BAG hat weder Mindestvoraussetzungen, Wertigkeiten, Reihenfolgen usw. festgelegt noch Regeln aufgestellt, wie zu verfahren ist, wenn bestimmte Kriterien vorliegen und andere nicht. Vielmehr dienen die aufgestellten Kriterien nur als **Indizien für die Abgrenzung**.

29 Im Anschluss an die Anwendung des Kriterienkataloges ist deshalb zur endgültigen Bestimmung des Status einer Person eine **Gesamtbetrachtung** unter Würdigung der einzelnen Merkmale des Vertrages und seiner Durchführung vorzunehmen. Je nachdem, ob das Gesamtbild der Rechtsbeziehungen mehr im Bereich eines Arbeitsverhältnisses oder eines sonstigen Dienstverhältnisses einzuordnen ist, wird der Status bestimmt.

30 Aufgrund der im Laufe der Jahre heraus gebildeten Einzelfalljudikatur stellt die typologische Abgrenzung in Ermangelung einer gesetzlichen Definition eine praktikable Möglichkeit dar, den ArbN-Begriff unter Berücksichtigung der Erfordernisse der Rechtssicherheit festzulegen. Zu den Kriterien im Einzelnen:

a) Leistung von Arbeit

31 Erstes Begriffselement ist die Verpflichtung zur **Leistung von Arbeit**. Der ArbN schuldet in Abgrenzung zum Werkvertrag idR die Leistung von Arbeit, keinen bestimmten Arbeitserfolg. Unter Arbeit ist jede Dienstleistung im Sinne einer wirtschaftlich relevanten Betätigung zu verstehen, nicht aber nichtkommerzielle Betätigungen wie Spiel, Hobby, Freundschaftsdienste, Gefälligkeiten oder Sport[2]. Allerdings können Berufssportler durchaus ArbN sein[3]. Ein Vertrag, der keine Verpflichtung zur Dienstleistung begründet, ist kein Dienstvertrag und damit auch kein Arbeitsvertrag[4]. Daher ist auch eine **Rahmenvereinbarung**, die nur die Bedingungen der erst noch abzuschließenden Arbeitsverträge wiedergibt, selbst aber noch keine Verpflichtung zur Arbeitsleistung begründet, kein Arbeitsvertrag.

31a Nicht erforderlich ist, dass die Arbeitsleistung von vornherein festgelegt ist. Die vertragliche Vereinbarung kann auch beinhalten, dass die konkrete Verpflichtung zur Arbeitsleistung erst durch Weisung des ArbGeb iSd. § 106 Satz 1 GewO ausgelöst wird[5].

32 Die Art der Dienstleistung ist unerheblich. Es kommt nicht darauf an, ob es sich um eine körperliche oder geistige Arbeit, um eine einfache oder hochqualifizierte, eine aktive oder passive Tätigkeit handelt oder ob die Arbeit einem materiellen oder ideellen Zweck dient. Auch die **Arbeitsbereitschaft** kann unter Umständen eine Arbeitsleistung darstellen. Dies gilt jedenfalls dann, wenn sich der ArbN zur Verfügung halten muss und über seine Zeit nicht anders disponieren kann[6]. Die Arbeitsbereitschaft ist allerdings vom **Bereitschaftsdienst** abzugrenzen: Während Letzterer idR vor Ort stattfindet und bei Eintritt bestimmter Umstände sofort aktualisiert wird, ist Wesensmerkmal der Arbeitsbereitschaft, sich auf entsprechende Anforderung durch die ArbGeb-Seite zur Arbeit zu begeben.

33 Arbeit setzt ebenfalls keinen bestimmten Umfang der Tätigkeit voraus. Dementsprechend unterfallen sowohl **Gelegenheitsarbeiten, nebenberufliche Tätigkeiten** sowie **Teilzeit- und Aushilfsbeschäftigungen** dem Arbeitsbegriff[7].

---

1 Vgl. BAG v. 11.8.2015 – 9 AZR 98/14, NZA-RR 2016, 288; BAG v. 9.6.2010 – 5 AZR 332/09, AP Nr. 121 zu § 611 BGB Abhängigkeit; BAG v. 23.4.1980 – 5 AZR 426/79, AP Nr. 34 zu § 611 BGB Abhängigkeit; krit. ErfK/*Preis*, § 611 BGB Rz. 53 f. mwN.
2 *Preis*, Individualarbeitsrecht, 5. Aufl. 2017, Rz. 168; *Schaub*, Arbeitsrechts-Handbuch, § 8 Rz. 10; *Schliemann*, FA 1998, 173.
3 BAG v. 20.11.1996 – 5 AZR 518/95, EzA § 611 BGB – Berufssport Nr. 9; BAG v. 10.5.1990 – 2 AZR 607/89, EzA § 611 BGB – Arbeitnehmerbegriff Nr. 36.
4 BAG v. 15.2.2012 – 10 AZR 111/11, NZA 2012, 733; BAG v. 16.5.2012 – 5 AZR 268/11, NZA 2012, 974 (Rz. 17).
5 BAG v. 15.2.2012 – 10 AZR 111/11, NZA 2012, 733 (Rz. 15); BAG v. 31.7.2002 – 7 AZR 181/01, AP Nr. 2 zu § 4 TzBfG (Rz. 31).
6 BAG v. 19.1.2000 – 5 AZR 644/98, DB 2000, 1520; BAG v. 22.4.1998 – 5 AZR 191/97, AP Nr. 96 zu § 611 BGB – Abhängigkeit; *Bauschke* in AR-Blattei SD, ArbN I, Rz. 198.
7 BAG v. 16.3.1972 – 5 AZR 460/71, AP Nr. 10 zu § 611 BGB – Lehrer, Dozenten.

b) Privatrechtlicher Vertrag

Weiteres Kriterium ist das Erfordernis eines **privatrechtlichen Vertrages**, aufgrund dessen die Arbeitsleistung geschuldet wird. Das BAG hat die vertragliche Begründung der Arbeitspflicht zumindest dem Tatbestand nach als Voraussetzung des ArbN-Status auch zum Zwecke der Rechtswegbestimmung stets für unverzichtbar gehalten. Demzufolge sind ehemalige **Zwangsarbeiter** mangels Vertragsschlusses keine ArbN. Eine auf Zwang und der Androhung von Gewalt beruhende Leistung fremdnütziger Arbeit begründet keinen ArbN-Status[1]. Auf einen Vertragsschluss kann nur dann verzichtet werden, wenn ein Arbeitsverhältnis durch oder aufgrund eines Gesetzes begründet worden ist[2]. 34

Das Kriterium des **privatrechtlichen** Vertrages dient der Abgrenzung des Arbeitsverhältnisses von anderen Rechtsverhältnissen. Zunächst grenzt der Begriff „privatrechtliche" von öffentlich-rechtlichen Rechtsverhältnissen ab. Insbesondere Beamte, Lehrbeauftragte, bestimmte Dozenten sowie Straf- und Untersuchungsgefangene oder Sozialhilfeempfänger, die gemeinnützige und zusätzliche Arbeit leisten, und Asylbewerber fallen deshalb nicht unter den ArbN-Begriff. Es ist jedoch nicht ausgeschlossen, dass ein Mitglied dieses Personenkreises zu einem Dritten in einem Arbeitsverhältnis steht. Insoweit ist es dann ArbN iSd. § 5. 35

Nicht maßgeblich ist hingegen, ob die Person, deren Status zu bestimmen ist, mit **hoheitlichen Befugnissen** ausgestattet ist oder in öffentlich-rechtlichen Beziehungen zu ihren Mitgliedern, Abnehmern oder Benutzern steht. Entsprechend liegt bei Angestellten und Arbeitern des öffentlichen Dienstes ein privatrechtlicher Vertrag vor[3]. 36

Rechtsgrundlage für die Leistung von Diensten können auch andere als arbeitsrechtliche Grundlagen sein, wie zB vereinsrechtliche (vgl. Rz. 131 ff.) und familienrechtliche Bestimmungen (§§ 1619, 1356 BGB, vgl. Rz. 86 f.) oder kirchenrechtliche Grundsätze (vgl. hierzu Rz. 168 ff.). Solange sich die Beteiligten solcher Gruppen zur Erfüllung ihrer Aufgaben der Gestaltungsmittel des staatlichen Rechts bedienen, unterliegen sie nicht der Arbeitsgerichtsbarkeit. Eine Grenze stellt jedoch die Umgehung zwingender arbeitsrechtlicher Schutzbestimmungen dar[4]. Die bloße Behauptung, eine Religionsgemeinschaft zu sein, genügt nicht, um den Rechtsweg zu den ArbG auszuschließen. Es muss sich auch tatsächlich um eine solche handeln[5]. Die rechtliche Einordnung der Vertragsgrundlage grenzt den auf Arbeitsleistung gerichteten Austauschvertrag somit gegen alle anderen privatrechtlichen Rechtsgrundlagen für die Erbringung von Arbeitsleistung ab. 37

Auch bei sog. „**faktischen Arbeitsverhältnissen**" ist vom Kriterium des privatrechtlichen Vertrages zur Rechtswegbestimmung keine Ausnahme zu machen[6]. Ein faktisches Arbeitsverhältnis liegt vor, wenn die Arbeit einvernehmlich erbracht worden ist, eine Beschäftigung des ArbN zunächst von beiden Seiten gewollt war und ein Vertragsschluss tatbestandlich vorgelegen hat, sich jedoch nachträglich die vertragliche Grundlage als nichtig oder fehlerhaft erweist, so dass tatsächlich nur eine faktische Grundlage für die Arbeitsleistung besteht[7]. Die Zuständigkeit der ArbG setzt auch hier dem Tatbestand nach das Vorliegen eines Vertrages, wenn auch eines uU unwirksamen voraus[8]. 38

---

1 BAG v. 16.2.2000 – 5 AZB 71/99, AP Nr. 70 zu § 2 ArbGG 1979.
2 Vorgesehen ist dies etwa in Art. 12a Abs. 3 Satz 1 GG iVm. § 10 Arbeitssicherstellungsgesetz vom 9.7.1968 oder in § 10 AÜG. Hier wird der Vertragsschluss unter engen, verfassungsrechtlich zulässigen und gerichtlich überprüfbaren Voraussetzungen durch Hoheitsakt oder vom Gesetz selbst ersetzt. BAG v. 16.2.2000 – 5 AZB 71/99, AP Nr. 70 zu § 2 ArbGG 1979.
3 GK-ArbGG/*Schleusener*, § 5 Rz. 28. Nach hM folgt die Abgrenzung nach dem Grundsatz des § 130 BetrVG, vgl. etwa BAG v. 30.7.1987 – 6 ABR 78/85, NZA 1988, 402; BAG v. 7.11.1975 – 1 AZR 74/74, AP Nr. 1 zu § 130 BetrVG 1972; BAG v. 18.4.1967 – 1 ABR 10/66, AP Nr. 3 zu § 63 BetrVG.
4 BAG v. 29.8.2012 – 10 AZR 499/11, NZA 2012, 1433 (Rz. 18); BAG v. 6.7.1995 – 5 AZB 9/93, NZA 1996, 33; BAG v. 22.3.1995 – 5 AZB 21/94, NZA 1995, 823.
5 BAG v. 22.3.1995 – 5 AZB 21/94, NZA 1995, 823.
6 BAG v. 16.2.2000 – 5 AZB 71/99, AP Nr. 70 zu § 2 ArbGG 1979; GMP/*Müller-Glöge*, § 5 Rz. 6.
7 BAG v. 16.2.2000 – 5 AZB 71/99, AP Nr. 70 zu § 2 ArbGG 1979; BAG v. 30.4.1997 – 7 AZR 122/96, AP Nr. 20 zu § 812 BGB; BAG v. 15.1.1986 – 5 AZR 237/84, AP Nr. 66 zu § 1 LohnFG; BAG v. 19.7.1973 – 5 AZR 46/73, AP Nr. 19 zu § 611 BGB – Faktisches Arbeitsverhältnis; ErfK/*Preis*, § 611 BGB Rz. 145; *Schaub*, Arbeitsrechts-Handbuch, § 34 Rz. 48 ff.; GK-ArbGG/*Schütz*, § 2 Rz. 109a.
8 Vgl. etwa BAG v. 16.2.2000 – 5 AZB 71/99, AP Nr. 70 zu § 2 ArbGG 1979; BAG v. 14.1.1987 – 5 AZR 166/85, EzA § 611 BGB – Faktisches Arbeitsverhältnis Nr. 1; BAG v. 19.7.1973 – 5 AZR 46/73, AP Nr. 19 zu § 611 BGB – Faktisches Arbeitsverhältnis; BAG v. 7.6.1972 – 5 AZR 512/71, AP Nr. 18 zu § 611 BGB – Faktisches Arbeitsverhältnis.

c) Persönliche Abhängigkeit

39 Das Schlüsselkriterium des BAG zur Abgrenzung des ArbN vom freien Mitarbeiter ist die **persönliche Abhängigkeit**, also die Leistung der Arbeit im Dienst eines anderen[1]. ArbN kann nur eine **natürliche, nicht aber eine juristische** Person sein[2].

40 Das **BAG** versteht unter persönlicher Abhängigkeit ausschließlich die **rechtliche Abhängigkeit** des ArbN bei der Erbringung der Leistung. Die **wirtschaftliche Abhängigkeit** des zur Dienstleistung Verpflichteten vom Dienstberechtigten ist für die Feststellung der ArbN-Eigenschaft nicht entscheidend, auch wenn der ArbN idR vom ArbGeb wirtschaftlich abhängig ist[3].

41 Erforderlich ist ein „**hinreichender Grad persönlicher Abhängigkeit**". Dieser hängt von der Eigenart der jeweiligen Tätigkeit ab[4]. Das Arbeitsrecht ist gekennzeichnet durch die typische soziale Schutzbedürftigkeit des ArbN.

aa) Umkehrschluss aus § 84 HGB

42 Ausgehend von der Negativdefinition des § 84 HGB ist im Rahmen des Abgrenzungskriteriums der persönlichen Abhängigkeit derjenige ArbN, der aufgrund betrieblicher Eingliederung, Vertragsgestaltung bzw. -durchführung oder Weisungsgebundenheit **nicht im Wesentlichen frei seine Tätigkeit gestalten und seine Arbeitszeit bestimmen kann**[5]. Für die Abgrenzung entscheidend sind demnach in erster Linie die **Umstände der Dienstleistung**, nicht aber die Modalitäten der Entgeltzahlung oder andere formelle Merkmale, wie zB die Abführung von Steuern und SozVBeiträgen oder die Führung von Personalakten[6].

43 Die Rspr. hat auch in neueren Entscheidungen an diesen Abgrenzungskriterien festgehalten, wenngleich Akzentverschiebungen festzustellen sind. Während die ältere Rspr.[7] verstärkt auf die Zeitsouveränität abstellte, werden in neueren Entscheidungen Art und Organisation der Tätigkeit größere Bedeutung zugemessen[8]. Die Gewichtigkeit der Arbeitszeitsouveränität hat also tendenziell abgenommen[9]. Auch wenn der Begriff der persönlichen Abhängigkeit nicht in allen Fällen die notwendige Trennschärfe aufweist, ist er doch eines der maßgeblichen Kriterien zur Bestimmung des ArbN-Begriffes.

bb) Weisungsgebundenheit

44 Die persönliche Abhängigkeit wird u.a. durch die arbeitsvertragliche Verpflichtung, fremdbestimmte, abhängige Arbeit zu leisten, und die damit einhergehende **Weisungsgebundenheit** gegenüber dem ArbGeb begründet. Insbesondere das Direktionsrecht des ArbGeb gegenüber dem ArbN verdeutlicht die Weisungsgebundenheit. Sie ist ein wichtiges Merkmal zur Ausfüllung des Begriffes der persönlichen Abhängigkeit. Andererseits ist das Kriterium der Weisungsgebundenheit kein starres, von der Rspr. einheitlich angewandtes Kriterium, bei dessen Nichtvorliegen die ArbN-Eigenschaft bereits zu verneinen wäre. Besteht allerdings ein Weisungsrecht, so stellt dies ein starkes Indiz für die Klassifizierung des Rechtsverhältnisses als Arbeitsverhältnis dar.

45 Die Weisungsgebundenheit kann die **zeitliche, örtliche und inhaltliche Ausgestaltung** des Arbeitsverhältnisses umfassen, so zB die Einhaltung bestimmter Arbeitszeiten, die Anwesenheitspflicht, den Arbeitsort, die Vergütungs- und Abgabenmodalitäten, Urlaubsansprüche und das Recht zur Benutzung von Arbeitsmitteln[10].

---

1 BAG v. 30.9.1998 – 5 AZR 563/97, AP Nr. 103 zu § 611 BGB – Abhängigkeit; BAG v. 16.3.1994 – 5 AZR 447/92, AP Nr. 68 zu § 611 BGB – Abhängigkeit.
2 ErfK/*Preis*, § 611 BGB Rz. 184; *Bauer/Baeck/Schuster*, Scheinselbständigkeit, Rz. 330; GMP/*Müller-Glöge*, § 5 Rz. 6; HWK/*Kalb*, § 5 ArbGG Rz. 4.
3 BAG v. 30.9.1998 – 5 AZR 563/97, AP Nr. 103 zu § 611 BGB – Abhängigkeit; BAG v. 16.3.1994 – 5 AZR 447/92, AP Nr. 68 zu § 611 BGB – Abhängigkeit.
4 BAG v. 12.9.1996 – 5 AZR 104/95, AP Nr. 122 zu § 611 BGB – Lehrer, Dozenten.
5 BAG v. 26.5.1999 – 5 AZR 469/98, EzA § 611 BGB – Arbeitnehmerbegriff Nr. 75; vgl. auch BAG v. 9.6.2010 – 5 AZR 332/09, NJW 2010, 2455.
6 BAG v. 30.9.1998 – 5 AZR 563/97, AP Nr. 103 zu § 611 BGB – Abhängigkeit.
7 Vgl. etwa BAG v. 13.11.1991 – 7 AZR 31/91, NZA 1992, 1125; BAG v. 30.10.1991 – 7 ABR 19/91, NZA 1992, 407.
8 Vgl. etwa BAG v. 6.5.1998 – 5 AZR 347/97, NZA 1998, 873; BAG v. 12.9.1996 – 5 AZR 104/95, NZA 1997, 600; BAG v. 16.3.1994 – 5 AZR 447/92, NZA 1994, 1132; BAG v. 24.6.1992 – 5 AZR 384/91, NZA 1993, 174.
9 *Reinecke*, NZA 1999, 729.
10 LAG Köln v. 19.7.1999 – 3 Sa 74/99, NZA-RR 2000, 71; BAG v. 6.5.1998 – 5 AZR 347/97, AP Nr. 94 zu § 611 BGB – Abhängigkeit.

Ein die ArbN-Eigenschaft begründender hinreichender Grad persönlicher Abhängigkeit besteht zB selbst 46
dann nicht, wenn ein **Frachtführer** dem Weisungsrecht des Spediteurs insoweit unterliegt, als sein Transportfahrzeug einschließlich des Fahrers vertraglich ausschließlich dem Willen und den Anweisungen des Spediteurs unterstellt ist. Im konkreten Fall bestimmte der Spediteur Standort, Einsatz, Lackierung und Reinigungsgrad des Fahrzeugs. Die Weisungsgebundenheit bezog sich jedoch nur auf das Fahrzeug und den jeweiligen Fahrer. Hingegen war es dem Frachtführer selbst gestattet und nach den tatsächlichen Umständen auch möglich, als Fahrer einen Dritten einzusetzen. Er schuldete den Einsatz einer qualifizierten Person. Dementsprechend hätte er die vertragliche Möglichkeit nutzen können, an seiner Stelle einen Angestellten für den Spediteur fahren zu lassen und selbst einer anderen Tätigkeit nachzugehen. Ihm stand ein eigener Gestaltungsspielraum zu, der mit dem Status eines ArbN nicht zu vereinbaren ist[1].

Unterliegt eine Person hinsichtlich der **Arbeitszeit** vertraglich keinem Weisungsrecht, übt sie aber tatsächlich eine **Vollzeitbeschäftigung** für ihren ArbGeb aus, ist darin allein kein für ein Arbeitsverhältnis sprechendes Indiz zu sehen. Obgleich das BAG festgestellt hat, dass von der selbständigen Bestimmung der Arbeitszeit nichts mehr übrig bleibe, wenn der Unternehmer von seinem ArbGeb eine Ganztagstätigkeit verlange[2], ist allein die tatsächliche Ausübung der Vollzeittätigkeit zur Annahme eines Arbeitsverhältnisses nicht ausreichend. Maßgeblich ist vielmehr die übernommene Verpflichtung[3]. Nur wenn Inhalt des zwischen den Parteien bestehenden Rechtsverhältnisses ist, eine bestimmte Mindestzahl von Aufträgen anzunehmen und dabei notwendigerweise die für ein Vollzeitarbeitsverhältnis typische zeitliche Beanspruchung hinzunehmen, besteht ein Indiz für ein Arbeitsverhältnis. 47

Eine **fachliche Weisungsgebundenheit** ist nicht unbedingt erforderlich und für Dienste höherer Art auch 48
nicht immer typisch. Insbesondere bei hochqualifizierten Tätigkeiten, wie zB bei Ärzten, Anwälten oder wissenschaftlichen Angestellten, ist eine fachliche Selbständigkeit und Gestaltungsfreiheit unabdingbar. Diese Dienstverpflichteten können dennoch ArbN sein[4].

Allein durch die **Nichtausübung des Weisungsrechtes** über einen längeren Zeitraum hinweg wird ein 49
ArbN nicht zum freien Mitarbeiter. Soll ein Arbeitsverhältnis in ein freies Mitarbeiterverhältnis umgewandelt werden, muss dies unzweideutig vereinbart werden. Eine lediglich andere Bezeichnung des Rechtsverhältnisses reicht nicht aus[5].

Hat der Dienstleistungsverpflichtete die vertraglich geschuldete Leistung nicht in Person zu erbringen oder 49a
ist er dazu nicht in der Lage und kann er Dritte zur Leistung bestimmen, liegt idR. kein Arbeitsverhältnis vor[6]. Daher wurden von der Rspr. ein Organisator und Dirigent einer Kurkapelle[7], eine Zustellerin von Backwaren und Zeitungen an 365 Tagen im Jahr[8] und ein Videothekenbetreiber[9] nicht als ArbN angesehen.

cc) Nutzung technischer Anlagen

Ebenso hat die **Nutzung der technischen Anlagen des ArbGeb** für sich allein keine ausschlaggebende Bedeutung für die Begründung der ArbN-Eigenschaft[10]. 50

dd) Eingliederung in die betriebliche Organisation

Die **Eingliederung in die betriebliche Organisation** des ArbGeb ist ein Indiz für die ArbN-Eigenschaft. 51
Allerdings kann bei Fehlen dieses Indizes die ArbN-Eigenschaft nicht ohne Weiteres verneint werden[11].

---

1 BFH v. 2.12.1998 – X R 83/96, NZA-RR 1999, 376; BGH v. 21.10.1998 – VIII ZB 54/97, NZA 1999, 110.
2 BAG v. 17.5.1978 – 5 AZR 580/77, AP Nr. 28 zu § 611 BGB – Abhängigkeit.
3 BAG v. 19.1.2000 – 5 AZR 644/98, DB 2000, 1520; LAG Köln v. 19.7.1999 – 3 Sa 74/99, NZA-RR 2000, 71.
4 ArbG Kempten v. 5.11.1997 – 3 Ca 1317/97, BB 1998, 1007; OLG Köln v. 15.9.1993 – 2 W 149/93, BB 1994, 145; BAG v. 12.9.1993 – 5 AZR 1066/94, NZA 1997, 194; BAG v. 13.11.1991 – 7 AZR 31/91, NZA 1992, 1125; BAG v. 13.1.1983 – 5 AZR 149/82, AP Nr. 42 zu § 611 BGB – Abhängigkeit.
5 BAG v. 12.9.1996 – 5 AZR 1066/94, NZA 1997, 194.
6 BAG v. 20.1.2010 – 5 AZR 99/09, AP Nr. 119 zu § 611 BGB – Abhängigkeit (Rz. 15).
7 BAG v. 20.1.2010 – 5 AZR 99/09, AP Nr. 119 zu § 611 BGB – Abhängigkeit (Rz. 15).
8 LAG Köln v. 29.8.2010 – 2 Sa 478/11, LAGE Nr. 7 zu § 611 BGB 2002 – Arbeitnehmerbegriff (Rz. 29, 31).
9 LAG Hamm v. 7.6.2010 – 2 Ta 116/10, juris, Rz. 14.
10 BAG v. 19.1.2000 – 5 AZR 644/98, DB 2000, 1520.
11 BAG v. 30.11.1994 – 5 AZR 704/93, AP Nr. 74 zu § 611 BGB – Abhängigkeit.

ee) Einengende Vertragsgestaltung

52 Der hinreichende Grad persönlicher Abhängigkeit kann sich schließlich auch aus einer sehr detaillierten und den Freiraum für das Erbringen der geschuldeten Arbeitsleistung stark einengenden rechtlichen Vertragsgestaltung oder tatsächlichen Vertragsdurchführung ergeben[1].

6. Besondere Beschäftigungsbereiche

53 In einigen Grenzfällen hat die Rspr. zur näheren Ausgestaltung der Hauptabgrenzungskriterien weitere Gesichtspunkte herangezogen. Sie hat sich dabei auf bestimmte Personengruppen konzentriert.

a) Medien

54 Im Medienbereich ist häufig der arbeitsrechtliche Status von **Rundfunk- oder Fernsehmitarbeitern** problematisch. Viele dieser Tätigkeiten können sowohl als freier Mitarbeiter als auch als ArbN ausgeübt werden. Die Beschäftigungsverhältnisse im Medienbereich erfordern ein hohes Maß an Flexibilität und Vielfalt. Häufig wird projektbezogen gearbeitet. Bedingt wird dies durch die Aktualität der Arbeit und die persönliche Kreativität der Mitarbeiter, die für ein vielfältiges Programm unerlässlich ist. Aufgrund dieser besonderen Anforderungen unterscheiden sich die Beschäftigungsverhältnisse im Medienbereich von den klassischen Dauerarbeitsverhältnissen. Die Notwendigkeit der arbeitsrechtlichen Flexibilität führt zu einer besonderen sozialen Schutzbedürftigkeit der Beschäftigten.

55 Auf der anderen Seite hat das **BVerfG** dem BAG im Jahr **1982** vorgeschrieben, im Medienbereich bei der Anwendung der Grundsätze zur Definition der ArbN-Eigenschaft die in **Art. 5 Abs. 1 Satz 2 GG** verankerte Rundfunkfreiheit stärker zu berücksichtigen. Der Notwendigkeit der Beschäftigung freier Mitarbeiter solle größere Bedeutung geschenkt werden. Die besondere Rücksichtnahme auf die speziellen Anforderungen der Medienarbeit sei aber nur bei solchen Mitarbeitern angebracht, die auch an der inhaltlichen Gestaltung des Programms mitwirken. Nur für sie gelte das Flexibilitätserfordernis einer kreativen und vielfältigen Arbeit[2].

56 Nach einer Entscheidung des BVerfG aus dem Jahr **1992** kann ein Rundfunkmitarbeiter aber durchaus auch dann den arbeitsrechtlichen ArbN-Begriff erfüllen, wenn er Einfluss auf die inhaltliche Gestaltung des Programms hat[3].

57 Im Jahr **2000** bestätigte das **BVerfG**[4], dass die allgemein entwickelten Merkmale abhängiger Arbeit auch im Medienbereich anwendbar seien. Allerdings seien bei der Auslegung und Anwendung des Arbeitsrechts die verfassungsrechtlichen Anforderungen maßgeblich. Dem Einfluss der Rundfunkfreiheit könne zB dadurch Rechnung getragen werden, dass einzelne, in anderen Bereichen anerkannte, etwa gegen eine Befristung sprechende Merkmale zurückzutreten hätten. Das Verfassungsrecht stehe nur Regelungen und einer Rspr. entgegen, welche den Rundfunkanstalten die zur Erfüllung ihres Programmauftrages notwendige Freiheit und Flexibilität nähmen. Das BVerfG stellte ferner fest, dass die Rundfunkfreiheit nicht stets bei der Zuordnung zum ArbN-Begriff zu berücksichtigen sei. Vielmehr habe dies nur insoweit zu erfolgen, als bereits mit der Einordnung des Beschäftigungsverhältnisses als Arbeitsverhältnis der Schutz des Grundrechtes aus Art. 5 Abs. 1 Satz 2 GG versperrt werde. Dies sei nicht der Fall, wenn die Einordnung als Arbeitsverhältnis genügend Raum zur Berücksichtigung der Anforderungen der Rundfunkfreiheit lasse.

58 Das BAG beurteilt die Statusfrage seit dem Jahr 1983 in diesem **Spannungsfeld** zwischen **sozialer Schutzbedürftigkeit** der Beschäftigten auf der einen und der **Rundfunkfreiheit** auf der anderen Seite. Es unterscheidet entsprechend der Argumentation des BVerfG zwischen **programmgestaltenden Tätigkeiten** und solchen, bei denen der Zusammenhang zur Programmgestaltung fehlt. Letztere sind lediglich **ausführende Tätigkeiten**, wie zB die eines Nachrichtensprechers[5], Fernsehansagers, Kameraassistenten, Cutters[6] oder eines Übersetzers[7]. Hierunter fallen auch die in der Verwaltung tätigen Personen sowie diejenigen, die an

---

1 BAG v. 19.11.1997 – 5 AZR 653/96, EzA § 611 BGB – Arbeitnehmerbegriff Nr. 63; *Schliemann*, FA 1998, 173.
2 BVerfG v. 13.1.1982 – 1 BvR 848 1047/77, BVerfGE 59, 231.
3 BVerfG v. 3.12.1992 – 1 BvR 1462/88, EzA § 611 BGB – Arbeitnehmerbegriff Nr. 50.
4 BVerfG v. 22.8.2000 – 1 BvR 2121/94, NZA 2000, 1097; BVerfG v. 18.2.2000 – 1 BvR 624/98, NZA 2000, 653.
5 LAG Hamburg v. 1.4.2009 – 3 Sa 58/08.
6 BAG 17.4.2013 – 10 AZR 272/12, NZA 2013, 903 (Rz. 12); LAG Berlin-Brandenburg v. 2.6.2015 – 11 Sa 89/15.
7 BAG v. 22.4.1998 – 5 AZR 2/97, AP Nr. 24 zu § 611 BGB – Rundfunk.

einer Sendung mitwirken, ohne inhaltlichen Einfluss zu haben[1]. Soweit nicht besondere Umstände vorliegen, lässt sich diese Art von Mitarbeit idR nur im Rahmen von Arbeitsverhältnissen durchführen[2].

Programmgestaltende Tätigkeiten liegen demgegenüber bei Regisseuren, Moderatoren, Kommentatoren, Wissenschaftlern und Künstlern vor, eventuell auch bei Fernsehansagern, Musikredakteuren oder Musikmoderatoren. Bei programmgestaltenden Tätigkeiten wird die ArbN-Eigenschaft einer Person insbesondere dann bejaht, wenn der Sender innerhalb eines bestimmten zeitlichen Rahmens **über die Arbeitsleistung verfügen** kann[3]. Dies ist etwa dann der Fall, wenn ständige Dienstbereitschaft erwartet oder der Mitarbeiter in nicht unerheblichem Umfang ohne dahin gehende Vereinbarung zur Arbeit herangezogen wird, ihm also die Arbeiten letztlich „zugewiesen" werden. Die ständige Dienstbereitschaft kann sich sowohl aus den ausdrücklich getroffenen Vereinbarungen als auch aus der praktischen Durchführung der Vertragsbeziehungen ergeben. Muss ein Sender aufgrund seiner eigenen organisatorischen Maßnahmen mit der ständigen Dienstbereitschaft eines Mitarbeiters rechnen, um seinen Sendebetrieb planmäßig gestalten zu können, bringt er damit den Mitarbeiter in eine für ein Arbeitsverhältnis typische persönliche Abhängigkeit[4]. Ob ein Mitarbeiter einen eigenen Schreibtisch hat oder in einem Telefonverzeichnis aufgeführt ist, hat allein keine entscheidende Bedeutung[5]. Das regelmäßige Heranziehen eines Mitarbeiters zu Wochenenddiensten und der Umstand, dass die Absage solcher Einsätze zu nachteiligen Konsequenzen für den Mitarbeiter führt, sind hingegen starke Indizien für das Bestehen eines Arbeitsverhältnisses[6]. Dies gilt allerdings nicht, wenn der Mitarbeiter zwar regelmäßig am Wochenende eingesetzt wird, aber die Einsätze grds. mit ihm abgesprochen werden[7]. Auch bei nur geringer wöchentlicher Arbeitszeit, zB von vier Stunden, kann ein Arbeitsverhältnis bejaht werden[8]. 59

Die **Aufstellung von Dienstplänen** hat für die ArbN-Eigenschaft von programmgestaltenden und nicht programmgestaltenden Mitarbeitern verschiedene Bedeutung. Während Dienstpläne bei programmgestaltenden Mitarbeitern ein gewichtiges Indiz für eine abhängige Beschäftigung darstellen, sind sie bei der nicht programmgestaltenden Mitarbeit nur ein zusätzliches Indiz von geringer Bedeutung[9]. Hingegen ist das Aufführen eines weiteren Mitarbeiters in Dienstplänen, ohne vorherige Absprache mit ihm erstellt werden, ein deutliches Indiz für seine Stellung als ArbN, selbst wenn er hat das Recht hat, einzelne Einsätze abzulehnen[10]. Werden Dienstpläne für Nachrichtensprecher im Fernsehen aufgrund ins Einzelne gehender Vorgaben der Sprecher erstellt und haben die Sprecher die Möglichkeit, geplante Einsätze jederzeit untereinander zu tauschen und geplante Einsätze ersatzlos abzugeben, spricht dies gegen das Vorliegen eines Arbeitsverhältnisses[11]. 60

Das aus der einseitigen Aufnahme in Dienstpläne folgende Indiz für die ArbN-Stellung des so eingesetzten Mitarbeiters wird durch die Auswirkungen des **Bestandsschutz-Tarifvertrags** in seiner Aussagekraft deutlich gemindert. Zwar können Tarifverträge nicht bestimmen, welche Mitarbeiter eines Senders ArbN und welche arbeitnehmerähnliche Personen sind; allerdings lässt sich eine Art. 5 GG gerecht werdende Zurückhaltung bei der Verwendung des ArbN-Begriffs im Medienbereich mit dem ausreichenden tariflichen Schutz des Einzelnen in Fragen der Entgeltsicherheit, der bezahlten Dienstunfähigkeit, des Urlaubs und des Beendigungsschutzes rechtfertigen. So ist der Bestandsschutz-Tarifvertrag jedenfalls dazu geeignet, die eindeutige Zuordnung einzelner Aspekte (zB Dienstplan) zum Status des ArbN zu beeinflussen, wenn sie auch dem Typus des bestandsgeschützten freien Mitarbeiters zugeordnet werden können[12]. 61

Ein Arbeitsverhältnis kann auch dann vorliegen, wenn der Mitarbeiter zwar das Programm mitgestaltet, aber weitgehend **inhaltlichen Weisungen** unterliegt, ihm also nur ein geringes Maß an Eigeninitiative, 62

---

1 BAG v. 19.1.2000 – 5 AZR 644/98, DB 2000, 1520.
2 BAG v. 22.4.1998 – 5 AZR 92/97, AP Nr. 25 zu § 611 BGB – Rundfunk; BAG v. 30.1.1994 – 5 AZR 704/93, NZA 1995, 622.
3 BAG v. 17.4.2013 – 10 AZR 272/12, NZA 2013, 903 (Rz. 18).
4 BAG v. 16.6.1998 – 5 AZN 154/98, AP Nr. 44 zu § 5 ArbGG 1979; BAG v. 7.5.1980 – 5 AZR 293/78, DB 1980, 1996.
5 BAG v. 9.6.1993 – 5 AZR 123/92, EzA § 611 BGB – Arbeitnehmerbegriff Nr. 51.
6 LAG Köln v. 13.8.1998 – 5 (4) Sa 161/98, NZA-RR 1999, 119.
7 BAG v. 22.4.1998 – 5 AZR 191/97, NZA 1998, 1275; LAG Köln v. 30.1.1997 – 5 Sa 1233/96, NZA-RR 1997, 283.
8 BAG v. 11.3.1998 – 5 AZR 522/96, EzA § 611 BGB – Arbeitnehmerbegriff Nr. 64.
9 BAG v. 20.9.2000 – 5 AZR 61/99, BB 2001, 888; BAG v. 22.4.1998 – 5 AZR 92/97, AP Nr. 25 zu § 611 BGB – Rundfunk.
10 BAG v. 20.9.2000 – 5 AZR 61/99, BB 2001, 888; BAG v. 16.6.1998 – 5 AZN 154/98, AP Nr. 44 zu § 5 ArbGG 1979; BAG v. 30.11.1994 – 5 AZR 704/93, EzA § 611 BGB – Arbeitnehmerbegriff Nr. 55.
11 LAG Hamburg v. 1.4.2009 – 3 Sa 58/08, juris, Rz. 79.
12 BAG v. 20.9.2000 – 5 AZR 61/99, NZA 2001, 551; BVerfG v. 22.8.2000 – 1 BvR 2121/94, NZA 2000, 1097.

Selbständigkeit und Gestaltungsfreiheit verbleibt[1]. Allerdings sind programmgestaltende Mitarbeiter nicht schon deshalb ArbN, weil sie bei ihrer Arbeit auf den Apparat der Anstalt und das Mitarbeiterteam angewiesen sind[2] oder in ein festes Programmschema eingebunden sind und ein Programmverlauf vorgegeben ist[3]. Ebenso wenig stellt die Dauer der ausgeübten Tätigkeit ein Abgrenzungsmerkmal dar. Sowohl ein freies Mitarbeiterverhältnis als auch ein Arbeitsverhältnis kann als Dauerverpflichtung ausgestaltet sein[4].

63 Bei der Arbeit der programmgestaltenden Mitarbeiter kann auch innerhalb eines Vertragsverhältnisses zwischen einem vorbereitenden Teil, einem journalistisch-schöpferischen oder künstlerischen Teil und dem technischen Teil der Ausführung unterschieden werden. Je größer die gestalterische Freiheit, desto mehr wird die Gesamttätigkeit von der journalistisch-schöpferischen Tätigkeit geprägt. So sind etwa bei einem selbständig arbeitenden Regisseur die vorbereitenden Tätigkeiten, wie zB die Recherchen, nur unselbständige Teile seiner schöpferischen Arbeit, auch wenn sie in zeitlicher Hinsicht häufig überwiegen[5].

64 Insgesamt geht die **Tendenz der Rspr.** des BAG dahin, eher den Schutz der in den Medien Beschäftigten in den Mittelpunkt zu stellen, obwohl in den Entscheidungen stets die Bedeutung der Rundfunkfreiheit betont wird.

b) Dozenten; Lehrer; Lehrbeauftragte an Hochschulen

65 **Dozenten**, die auf privatrechtlicher Basis beschäftigt sind, können sowohl als ArbN als auch als freie Mitarbeiter tätig werden. Grundsätzlich gelten auch für Unterrichtstätige die allgemeinen Abgrenzungsmerkmale. Entscheidend ist, wie intensiv die Lehrkraft in den Unterrichtsbetrieb eingebunden ist und in welchem Umfang sie den Unterrichtsinhalt, die Art und Weise seiner Erteilung, ihre Arbeitszeit und die sonstigen Umstände der Dienstleistung mitgestalten kann.

66 **Lehrer**, die stundenweise an **Grundschulen, Berufsschulen** oder an **allgemein bildenden Schulen** unterrichten, sind nach der Rspr. des BAG idR ArbN, auch wenn sie den Unterricht nebenberuflich erteilen[6].

67 **Abgrenzungsschwierigkeiten** bestehen bei Lehrkräften, die nicht an allgemeinbildenden Schulen beschäftigt sind:

68 Insbesondere mit dem Status von **Volkshochschullehrern** und **Musikschullehrern** hat sich die Rspr. mehrfach befasst. Dozenten, die außerhalb schulischer Lehrgänge unterrichten, sind regelmäßig freie Mitarbeiter, auch wenn es sich bei ihrem Unterricht um aufeinander abgestimmte Kurse mit vorher festgelegtem Programm handelt[7]. Sie sind dagegen ArbN, wenn die Parteien dies vereinbart haben oder im Einzelfall festzustellende Umstände hinzutreten, aus denen sich ergibt, dass der für das Bestehen eines Arbeitsverhältnisses erforderliche Grad persönlicher Abhängigkeit erreicht ist[8]. Solche Umstände können etwa im vom Schulträger beanspruchten Recht liegen, die zeitliche Lage der Unterrichtsstunden einseitig zu bestimmen oder das Rechtsverhältnis umfassend durch einseitig erlassene Dienstanweisungen zu regeln. Das BAG bejaht die ArbN-Eigenschaft von Volkshochschullehrern zunehmend, wenn sie in den Schulbetrieb eingegliedert sind und nicht nur stundenweise unterrichten[9].

69 Der **fünfte Senat des BAG** hingegen nimmt zur Bestimmung der ArbN-Eigenschaft eine **typisierende Betrachtungsweise** vor. Maßgeblich sei der Unterrichtsgegenstand. Ist aufgrund staatlicher Prüfungserfordernisse der Lernstoff bereits vorgegeben, wie zB bei Lehrgängen zur Erlangung des Hauptschulabschlusses oder der Fachoberschulreife, so spreche dies für einen ArbN-Status. Demnach seien Lehrkräfte, die in

---

1 BAG v. 22.4.1998 – 5 AZR 191/97, AP Nr. 96 zu § 611 BGB – Abhängigkeit; BAG v. 9.6.1993 – 5 AZR 123/92, EzA § 611 BGB – Arbeitnehmerbegriff Nr. 51.
2 BAG v. 19.1.2000 – 5 AZR 644/98, DB 2000, 1520; BAG v. 22.4.1998 – 5 AZR 191/97, AP Nr. 96 zu § 611 BGB – Abhängigkeit.
3 BAG v. 20.5.2009 – 5 AZR 31/08, NZA-RR 2010, 172; BAG v. 14.3.2007 – 5 AZR 499/06, NZA-RR 2007, 424.
4 BAG v. 19.1.2000 – 5 AZR 644/98, DB 2000, 1520; BAG v. 22.4.1998 – 5 AZR 191/97, AP Nr. 96 zu § 611 BGB – Abhängigkeit.
5 BAG v. 9.6.1993 – 5 AZR 123/92, NZA 1994, 169.
6 BAG v. 19.11.1997 – 5 AZR 21/97, DB 1998, 1288; BAG v. 12.9.1996 – 5 AZR 104/95, AP Nr. 122 zu § 611 BGB – Lehrer, Dozenten; BAG v. 12.9.1996 – 5 AZR 1066/94, NZA 1997, 194; BAG v. 24.6.1992 – 5 AZR 384/91, AP Nr. 61 zu § 611 BGB – Abhängigkeit; BAG v. 14.1.1982 – 2 AZR 254/81, AP Nr. 65 zu § 620 BGB – Befristeter Arbeitsvertrag; LAG Berlin v. 18.6.1963 – 5 Sa 39/63, DB 1964, 1558; BAG v. 16.3.1972 – 5 AZR 460/71, AP Nr. 10 zu § 611 BGB – Lehrer, Dozenten.
7 BAG v. 12.9.1996 – 5 AZR 1066/94, NZA 1997, 194; BAG v. 13.11.1991 – 7 AZR 31/91, EzA § 611 BGB – Arbeitnehmerbegriff Nr. 45; LAG Köln v. 25.11.2014 – 11 Ta 279/14.
8 BAG v. 12.9.1996 – 5 AZR 104/95, AP Nr. 122 zu § 611 BGB – Lehrer, Dozenten; BAG v. 24.6.1992 – 5 AZR 384/91, AP Nr. 61 zu § 611 BGB – Abhängigkeit.
9 BAG v. 26.7.1995 – 5 AZR 22/94, AP Nr. 79 zu § 611 BGB – Abhängigkeit.

schulischen Kursen Unterricht erteilen und somit der Fachaufsicht unterliegen, ebenfalls im Bereich der Allgemeinbildung tätig und idR ArbN[1].

Der **siebte Senat des BAG**[2] verfolgt eine eher **individualisierende Betrachtungsweise**. Ausschlaggebend sei, inwieweit die Lehrkraft in zeitlicher Hinsicht dem Weisungsrecht der Schule untergeordnet sei. Dem Gegenstand des Unterrichts wird dagegen geringere Bedeutung beigemessen. Entscheidend sei zB, ob der Stundenplan vor dem Vertragsschluss schon festgestanden habe oder ob der Beschäftigte noch gestaltend Einfluss nehmen konnte. Ein für ein Arbeitsverhältnis sprechendes Indiz sei weiterhin, dass der Schulträger außerhalb der Unterrichtszeit über die Arbeitskraft des Dienstverpflichteten verfügen könne, entweder weil die Lehrkraft an Fortbildungsveranstaltungen und Dienstbesprechungen teilnehmen müsse oder weil sie verpflichtet sei, zusätzliche Aufgaben zu übernehmen, wie zB Pausenaufsicht zu führen. Ein freies Mitarbeiterverhältnis liege hingegen vor, wenn der Inhalt der Dienstleistung und die Arbeitszeiten im Einzelnen vertraglich geregelt und damit dem Weisungsrecht des ArbGeb entzogen worden seien. Die Bindung an einen Rahmenplan sei unerheblich. Nur methodisch-didaktische Anweisungen des ArbGeb könnten zu einer persönlichen Abhängigkeit führen. 70

Dozenten an der baden-württembergischen Berufsakademie sind ArbN[3], ebenso wie Lehrer an **Abendgymnasien oder -realschulen**[4] und Lehrkräfte für Schulabschlusslehrgänge[5]. 71

Lehrbeauftragte an Hochschulen des Landes Berlin sind keine ArbN; es besteht ein öffentlich-rechtliches Dienstverhältnis eigener Art und kein Arbeitsverhältnis[6]. Der nebenamtlich tätige **Dozent eines Wirtschaftsinstitutes**, mit dem eine thematisch festgelegte Lehrveranstaltung vereinbart ist, ist kein ArbN[7]. 72

Programmlehrkräfte an ausländischen Schulen, die zu dem ausländischen Staat in einem Arbeitsverhältnis stehen und zusätzlich zu dem vom ausländischen Staat gezahlten Arbeitsentgelt aufgrund eines Zuwendungsbescheides des Bundesverwaltungsamtes – Zentralstelle für das Auslandsschulwesen – eine monatliche Zuwendung erhalten, sind nicht ArbN der Bundesrepublik Deutschland[8]. 73

Ein Selbständiger, der neben seiner selbständigen Tätigkeit im Rahmen von **Qualifizierungs- und Umschulungsmaßnahmen** der Arbeitsgemeinschaft nach § 44b SGB II als **Ausbilder** und **Coach** weisungsfrei unterrichtet und als Betreuungs- und Anlernperson auch keine methodisch-didaktischen Vorgaben von seinem Vertragspartner erhält, soll im Hinblick auf seine Unterrichtstätigkeit nicht zwingend als ArbN anzusehen sein[9]. 73a

Ein bei einer **Justizvollzugsanstalt** als „nicht hauptamtliche Lehrkraft" zum ergänzenden Aufbauunterricht eingestellter Lehrer ist ArbN, wenn sich sein Unterrichtseinsatz nach den Weisungen des ArbGeb richtet. Dass er bei der inhaltlichen Ausgestaltung und Durchführung seines Unterrichts im Wesentlichen frei von Weisungen ist, steht der ArbN-Eigenschaft nicht entgegen[10]. 73b

7. Weitere Einzelfälle

- **Ärzte**, die die Position eines **Chefarztes** oder eines ärztlichen Direktors innehaben, sind trotz fehlender fachlicher Weisungsgebundenheit ArbN, wenn sie – abgesehen von der fachlichen Seite – im Wesentlichen weisungsgebunden, zB hinsichtlich der Dienstzeiten und vom Krankenhausträger persönlich abhängig sind[11]. Das Recht zur eigenen Liquidation gegenüber den Privatpatienten des Krankenhauses ist kein Indiz für ein selbständiges Dienstverhältnis[12]. Der in eine fremde Praxis eingegliederte, als „Vorbereitungsassis- 74

---

1 BAG v. 19.11.1997 – 5 AZR 21/97, DB 1998, 1288; BAG v. 12.9.1996 – 5 AZR 104/95, AP Nr. 122 zu § 611 BGB – Lehrer, Dozenten. Abweichend: LAG Köln v. 3.8.2000 – 5 Sa 390/00, BB 2001, 49; BAG v. 13.11.1991 – 7 AZR 31/91, EzA § 611 BGB – Arbeitnehmerbegriff Nr. 45.
2 BAG v. 30.10.1991 – 7 ABR 19/91, NZA 1992, 407. Vgl. auch BAG v. 13.11.1991 – 7 AZR 31/91, EzA § 611 BGB – Arbeitnehmerbegriff Nr. 45.
3 LAG BW v. 4.7.1996 – 14 Sa 112/95, BB 1997, 683.
4 BAG v. 20.1.2010 – 5 AZR 106/09, AP Nr. 120 zu § 611 BGB – Abhängigkeit; BAG v. 12.9.1996 – 5 AZR 104/95, AP Nr. 122 zu § 611 BGB – Lehrer, Dozenten.
5 LAG Köln v. 3.8.2000 – 5 Sa 390/00, BB 2001, 49.
6 ArbG Berlin v. 5.7.2001 – 60 Ca 23612/00, NZA-RR 2002, 221.
7 BSG v. 28.2.1980 – 8a RU 88/78, AP Nr. 17 zu § 611 BGB – Lehrer, Dozenten.
8 BAG v. 24.10.2001 – 5 AZR 33/00, NZA 2002, 527.
9 ArbG Nürnberg v. 31.3.2009 – 3 Ca 6657/08.
10 BAG v. 15.2.2012 – 10 AZR 301/10, NZA 2012, 731 (Rz. 18, 24).
11 BAG v. 22.11.2016 – 9 AZB 41/16, ZTR 2017, 183 (Bejahung der Arbeitnehmereigenschaft eines ärztlichen Direktors).
12 BSG v. 23.10.1970 – 2 RU 6/69, AP Nr. 28 zu § 611 BGB – Ärzte, Gehaltsansprüche; BAG v. 27.7.1961 – 2 AZR 255/60, AP Nr. 24 zu § 611 BGB – Ärzte, Gehaltsansprüche; *Preis*, Rz. 186; ErfK/*Preis*, § 611 BGB Rz. 85.

tent" tätige Zahnarzt kann ArbN sein[1]. Ein **Betriebsarzt** kann seine Tätigkeit als freier Mitarbeiter oder im Rahmen eines Arbeitsverhältnisses ausüben. Für die Zuordnung ist neben den Umständen, unter denen die Dienstleistung zu erbringen ist, in Zweifelsfällen der Parteiwille ausschlaggebend[2]. Ob dem Betriebsarzt im Betrieb ein voll ausgestatteter Arztraum zur Verfügung steht, ist nicht entscheidend[3]. Ein **Honorararzt** im Krankenhaus ist kein ArbN, auch wenn er die Einrichtungen des Krankenhauses nutzt und mit anderen Mitarbeitern des Krankenhauses zusammenarbeitet[4]. Gleiches gilt für einen **fachärztlichen Praxisvertreter**, der auf Basis eines Honorarvertrags die Praxis in der gewohnten Weise in den Räumen und mit den Instrumenten des vertretenen Praxisinhabers zu den gewohnten Sprechstundenzeiten fortführt[5]. Ein approbierter **Arzt**, der zeitweise für eine Polizeibehörde tätig wird, etwa um Blutproben zur Bestimmung des Blutalkoholgehalts zu entnehmen, und der jeden Einsatz nach der ärztlichen Gebührenordnung abrechnet, wird regelmäßig aufgrund eines unabhängigen Dienstvertrages tätig[6]. Ärzte in einer **Praxisgemeinschaft** arbeiten idR als Selbständige, weil sie sich lediglich die Räumlichkeiten und Mitarbeiter teilen, ansonsten aber selbständig abrechnen und für sich selbständig tätig sind[7]. **Niedergelassene Ärzte**, die neben ihrer freiberuflichen vertragsärztlichen Tätigkeit in einer Bereitschaftsdienstzentrale **Bereitschaftsdienst** auf Honorarbasis leisten, sind keine ArbN[8]. Gleiches gilt sinngemäß für **ärztliche Gutachter** des medizinischen Dienstes der Krankenkasse[9]. Zur möglichen **Doppelstellung eines Professors und Ärztlichen Direktors** als Beamter und ArbN vgl. Rz. 308.

75 • Ein **Assessor**, der in einer Rechtsanwaltskanzlei innerhalb der Bürozeiten mit juristischer Sachbearbeitung betraut ist, ist grds. ArbN. Im Zweifel gilt dies auch bei Vereinbarung einer zweiwöchigen Probezeit, in welcher der Assessor in der Kanzlei arbeitet, um sich darüber zu orientieren, ob er mit dem die Kanzlei betreibenden Rechtsanwalt ein Sozienverhältnis begründen will[10].

76 • **Asylbewerber**, die bei staatlichen, kommunalen bzw. gemeinnützigen Trägern tätig sind, sind keine ArbN, da den Arbeiten eine öffentlich-rechtliche Verpflichtung zugrunde liegt[11].

76a • Ein **Au-pair-Verhältnis** kann bei entsprechender Ausgestaltung – so bei detaillierten teilzeitarbeitsverhältnis-ähnlichen Regelungen hinsichtlich der Verpflichtung zur Mithilfe im Haushalt und bei der Kinderbetreuung, der Dienstzeiten, der Freizeit und des Urlaubs – ein Arbeitsverhältnis sein[12].

76b • **Ausbilder/Coach** im Rahmen von Qualifizierungs- und Umschulungsmaßnahmen der Arbeitsgemeinschaft nach § 44b SGB II vgl. Rz. 73a.

77 • Ein **Ausgleicher** („Handicapper") im Pferderennsport, der mit seiner Tätigkeit nicht an einen bestimmten Ort gebunden ist, über seine Zeit im Wesentlichen frei verfügen kann und kein festes Gehalt, sondern einen Anteil an den Ausgleichergebühren bezieht, überdies sein Einkommen selbst versteuert und keinen Anspruch auf Urlaub hat, ist kein ArbN[13].

78 • Der **Betreuer** einer Jugendfreizeitstätte ist kein ArbN, wenn er während der Öffnungszeiten in zeitlich festgelegtem Umfang Veranstaltungen für Jugendliche betreut. Voraussetzung ist, dass er über Art und zeitliche Lage seiner Tätigkeit entsprechend den Wünschen der Betreuten und seinen eigenen Neigungen mitbestimmen kann[14]. Ebenso wenig ist ArbN die Betreuerin eines städtischen Jugendhauses, die keinen Weisungen hinsichtlich ihrer Arbeit unterliegt und deren Arbeitszeiten und -modalitäten bereits im Betreuervertrag geregelt sind[15]. Der Status der in der Betreuung und Beratung tätigen Personen hängt maßgeblich von den Arbeitsumständen des Einzelfalles ab. Sind zB **Ehe-, Erziehungs- und Lebensberater** verpflichtet, an regelmäßigen Teamsitzungen der jeweiligen Einrichtung teilzunehmen, so sind sie als ArbN

---

1 LAG Köln v. 11.8.2014 – 6 Ta 192/14, GesR 2014, 700.
2 LAG Köln v. 25.8.1999 – 2 Sa 611/99, DB 1999, 2648.
3 LAG München v. 2.8.1984 – 7 Sa 632/83, BB 1985, 198.
4 LAG Hessen v. 30.11.2015 – 16 Sa 583/15, GesR 2016, 317; LAG Hessen v. 14.1.2013 – 16 Sa 1213/12, KHE 2013/2; s. aber LSG Berlin-Brandenburg v. 17.4.2014 – L 1 KR 405/12.
5 LAG Thür. v. 22.8.2011 – 6 Ta 73/11, juris, Rz. 17.
6 BSG v. 22.2.1973 – 2 RU 110/71, AP Nr. 9 zu § 539 RVO.
7 *Bauschke*, in AR-Blattei SD, ArbN I, Rz. 304.
8 LAG Rh.-Pf. v. 3.5.2010 – 11 Ta 163/09, juris, Rz. 33.
9 BAG v. 21.7.2015 – 9 AZR 484/14, NZA-RR 2016, 344.
10 LAG Hessen v. 1.6.1995 – 12 Ta 447/94, NZA-RR 1996, 64; LAG Hamm v. 20.7.1989 – 16 Sa 33/89, NZA 1990, 228.
11 OFD Erfurt, Vfg. v. 15.3.1999 – S 2331 A-08-St 332, NZA 1999, 1150.
12 ArbG Bamberg v. 27.10.2003 – 1 Ca 1162/03, AR-Blattei ES 160.5.2 Nr. 110.
13 BAG v. 13.12.1962 – 2 AZR 128/62, AP Nr. 3 zu § 611 BGB – Abhängigkeit.
14 BAG v. 9.5.1984 – 5 AZR 195/92, AP Nr. 45 zu § 611 BGB – Abhängigkeit.
15 BAG v. 20.10.1993 – 7 AZR 235/93.

anzusehen[1]. Dagegen ist ein in der Behindertenfürsorge tätiger Psychologe, der Zeit und Ort seiner Tätigkeit frei bestimmen kann, freier Mitarbeiter[2].

- Wird ein **Betriebswirt** in einer Rechtsanwaltskanzlei zur Bearbeitung von Steuer- und Buchhaltungsangelegenheiten beschäftigt, so kann er je nach Ausgestaltung des Beschäftigungsverhältnisses ArbN oder freier Mitarbeiter sein. Entscheidend ist der Grad der Weisungsgebundenheit und der Eingliederung in die Arbeitsorganisation der Kanzlei. Gegen eine ArbN-Eigenschaft spricht nicht, dass die restlichen Arbeiten abends und an den Wochenenden zu Hause erledigt werden[3]. 79

- Eine **Bürogehilfin** ist grds. ArbN, da bereits die Begrifflichkeit der Gehilfin „Zuarbeit" bedeutet. Eine Zuarbeit kann nur nach inhaltlichen Vorgaben hinsichtlich der Art und Ausführung der Arbeit durch denjenigen, dem zugearbeitet wird, erfolgen[4]. 80

- Der **Chorleiter** eines Laienchores, der zwar eine bestimmte Monatsvergütung erhält, aber nur in geringem Umfang tätig wird, in der musikalischen Gestaltung frei ist, die zeitliche Lage der Proben und Auftritte des Chores mitbestimmt und dabei uneingeschränkt für andere Chöre arbeiten darf, ist kein ArbN. Auf diesen Status hat auch die durch einen Mustervertrag gewährte Entgeltfortzahlung im Krankheitsfall und die Zubilligung von Erholungsurlaub keinen Einfluss[5]. 81

- **Co-Piloten** von Verkehrsflugzeugen sind in aller Regel ArbN. Werden sie in Dienstplänen aufgeführt, die ohne vorherige Absprache mit ihnen erstellt werden, so ist dies ein starkes Indiz für ihre ArbN-Eigenschaft[6]. 82

- In der früheren **DDR** galt ein zumindest teilweise abweichender ArbN-Begriff. Die Entscheidung, ob zum Zeitpunkt des Wirksamwerdens des Beitritts der neuen Bundesländer zur Bundesrepublik Deutschland ein Arbeitsverhältnis vorlag, erfolgte nach DDR-Recht. Hauptkriterien des Arbeitsrechtsverhältnisses in Abgrenzung zum Zivilrechtsverhältnis waren Dauer und Stetigkeit der Arbeitsleistung, die Bindung an bestimmte Arbeitszeiten, die Weisungsgebundenheit im Kollektiv, die Bindung an die Arbeitsdisziplin sowie die Erfüllung von Nebenpflichten. Es bestand keine Freiheit der Rechtsformenwahl[7]. Der **Lehrbeauftragte an einer Hochschule** stand regelmäßig nicht in arbeitsvertraglichen Beziehungen[8]. **Berufsrichter** in der ehemaligen DDR waren ArbN[9]. Ehemalige **NVA-Soldaten**, die mit dem Beitritt im Jahr 1990 Soldaten der Bundeswehr geworden sind, seitdem seitens privatrechtlichen Arbeitsverhältnissen keine ArbN; sie befinden sich in einem öffentlich-rechtlichen Dienstverhältnis besonderer Art[10]. Auch **Strafgefangene**, die zu Arbeitsleistungen in Industriebetrieben herangezogen wurden, waren keine ArbN. Dem steht nicht entgegen, dass das zugrunde liegende Strafurteil für rechtsstaatswidrig erklärt und aufgehoben wurde. Für diese Streitigkeiten sind die Verwaltungsgerichte zuständig[11]. In der DDR waren Mitglieder von **Produktionsgenossenschaften des Handwerks (PGH)** zur Arbeitsleistung verpflichtet. Dennoch waren sie keine ArbN. Diese Rechtslage ist durch den Einigungsvertrag nicht geändert worden. Neben den Mitgliedschaftsverhältnissen sind keine Arbeitsverhältnisse begründet worden, obwohl eine dahin gehende statuarische Regelung möglich gewesen wäre[12]. Das ArbG ist deshalb nicht zuständig für die Klage eines früheren PGH-Mitglieds auf Auszahlung von Geschäftsguthaben, die im Rahmen der Umwandlung der PGH in eine eingetragene Genossenschaft als Geschäftsanteile eingebracht wurden[13]. Dasselbe gilt für Mitglieder von **Landwirtschaftlichen Produktionsgemeinschaften (LPG)**. Sie waren ebenfalls keine ArbN. Auch dies ist nach dem Einigungsvertrag unverändert geblieben. Allerdings wurde durch das Gesetz zur Änderung des Landwirtschaftsanpassungsgesetzes und anderer Gesetze vom 3.7.1991 bewirkt, dass die nach dem LPG-Gesetz aF bestehenden Genossenschaftsverhältnisse mit ex-nunc-Wirkung in Mitgliedschaftsverhältnisse nach dem LPG-Gesetz nF und daneben bestehende Arbeitsverhältnisse aufgespalten wurden. Mit In- 83

---

1 ArbG Freiburg v. 7.6.1991 – L 4 Kr 2123/89, ARST 1993, 75; GK-ArbGG/*Schleusener*, § 5 Rz. 39.
2 BAG v. 9.9.1981 – 5 AZR 477/79, AP Nr. 38 zu § 611 BGB – Abhängigkeit.
3 OLG Köln v. 15.9.1993 – 2 W 149/93, BB 1994, 145.
4 LAG Hessen v. 27.10.1998 – 9 Sa 1068/98, NZA-RR 1999, 435.
5 ArbG Hanau v. 2.1.1997 – 2 Ca 570/96, ARST 1997, 141.
6 BAG v. 16.3.1994 – 5 AZR 447/92, NZA 1994, 1132.
7 BAG v. 25.2.1993 – 8 AZR 370/92, EzA § 611 BGB – Arbeitnehmerstatus-DDR Nr. 1.
8 LAG Berlin v. 16.12.1991 – 9 Sa 76/91, BB 1992, 639.
9 LAG Berlin v. 26.4.1993 – 9 Ta 7/93, NZA 1993, 958.
10 LAG Köln v. 28.2.1992 – 6 (2) Ta 1/92, LAGE § 48 ArbGG 1979 Nr. 6. Vgl. auch GK-ArbGG/*Schleusener*, § 5 Rz. 41.
11 LAG Sachsen v. 13.4.1994 – 2 Sa 254/93, BB 1994, 1504.
12 BAG v. 13.6.1996 – 8 AZR 20/94, NZA 1997, 542; LAG Berlin v. 13.1.1992 – 9 Ta 1/92, LAGE § 48 ArbGG 1979 Nr. 5; LAG Berlin v. 11.9.1991 – 6 Ta 8/91, LAGE § 2 ArbGG 1979 Nr. 9.
13 LAG Thür. v. 24.10.1996 – 8 Ta 129/96, nv.

krafttreten entfiel eine genossenschaftliche Verpflichtung zur Arbeitsleistung. Seit diesem Zeitpunkt werden die LPG-Mitglieder aufgrund von Arbeitsverhältnissen beschäftigt[1].

84 • Ein **Dolmetscher**, der einmal in der Woche für vier Stunden in einer Anwaltskanzlei beschäftigt ist, ist mangels Eingliederung in den Kanzleibetrieb kein ArbN[2].

85 • **Dozenten**, vgl. bereits Rz. 65 ff., Rz. 231.

86 • **Ehegattenarbeitsverhältnisse**, die vor allem in Hinblick auf steuerrechtliche Fragen eine Rolle spielen, sind von lediglich familiärer Mithilfe abzugrenzen. Im ArbG-Prozess ist in diesem Zusammenhang von Bedeutung, ob das Ehegattenarbeitsverhältnis nur aus steuerrechtlichen Motiven vorgeschoben ist, ob also ein Scheingeschäft iSd. § 117 BGB vorliegt. Gelegentliche und geringfügige Hilfeleistungen im häuslichen Bereich, die üblicherweise auf familienrechtlicher Grundlage erbracht werden, sind zu unterscheiden von einem von den Ehepartnern ernsthaft gewollten und vereinbarungsgemäß durchgeführten entgeltlichen Beschäftigungsverhältnis, das zur Annahme eines Ehegattenarbeitsverhältnisses führen kann[3]. Der Annahme eines Arbeitsverhältnisses steht grds. nicht entgegen, dass die Abhängigkeit unter Ehegatten im Allgemeinen weniger stark ausgeprägt ist und dass das Weisungsrecht deshalb gewissen Einschränkungen unterliegt. Die Vereinbarung eines der Leistung nicht entsprechenden niedrigen Entgeltes spricht nur dann gegen ein Arbeitsverhältnis, wenn aus dem Missverhältnis zwischen Leistung und Gegenleistung das Fehlen eines rechtsgeschäftlichen Bindungswillens zu schließen ist[4]. Im Rahmen der Gesamtwürdigung ist die Nichtauszahlung des vereinbarten Arbeitsentgelts ein gewichtiges Indiz gegen die Annahme eines Arbeitsverhältnisses[5]. Dies gilt auch, wenn das Entgelt als Darlehen ohne Zins- oder Rückzahlungsvereinbarung überlassen wird[6]. Ein Arbeitsverhältnis kann nicht allein deswegen verneint werden, weil das verdiente Entgelt auf ein gemeinsames Konto der Ehepartner (sog. Oder-Konto) überwiesen wird[7]. Leistet der Ehemann Dienst in einer Offenen Handelsgesellschaft, die von seiner Ehefrau und deren Brüdern als Gesellschaftern betrieben wird, folgt daraus allein noch kein Anspruch des Ehemannes gegen die Offene Handelsgesellschaft auf Vergütung. Ein solcher Anspruch setzt vielmehr voraus, dass zwischen dem Ehemann und der Gesellschaft ausdrücklich oder konkludent dienstvertragliche Beziehungen begründet worden sind[8].

87 • Eine ähnliche Problematik besteht bei **Eltern-Kind-Verträgen**. Auch hier muss zwischen der Mitarbeit auf der familienrechtlichen Grundlage des § 1619 BGB und einem Arbeitsverhältnis unterschieden werden. Maßgeblich sind die Umstände des Einzelfalles[9]. Von Bedeutung ist insbesondere die Höhe der gewährten Leistungen in Form von Geld oder Sachbezügen sowie deren Verhältnis zu Art und Umfang der im Betrieb verrichteten Tätigkeit. Ein Arbeitsverhältnis ist anzunehmen, wenn der Beschäftigte auf die Verwertung seiner Arbeitskraft angewiesen ist und damit in dem Betrieb nicht nur gelegentlich mitarbeitet, sondern wie ein ArbN eingegliedert, dem Weisungsrecht des ArbGeb unterworfen ist und für seine Mitarbeit ein angemessenes Entgelt bezieht[10]. Werden dem in der **Familie** lebenden Angehörigen neben Kost, Wohnung und Kleidung nur geringe Barbeträge, vergleichbar dem Taschengeld, gewährt, so spricht dies gegen ein Arbeitsverhältnis[11]. Im Hinblick auf die Veränderungen der tatsächlichen Verhältnisse in der heutigen Zeit ist die Existenz echter Arbeitsverhältnisse zwischen Eltern und Kindern auch in landwirtschaftlichen Betrieben in weiterem Umfang anzunehmen als früher[12]. Das Bestehen eines Arbeitsverhältnisses ist dementsprechend auch nicht für den Familienangehörigen ausgeschlossen, der in der sicheren Erwartung der späteren Hofübernahme mitarbeitet[13]. Ein weiteres Indiz für das Vorliegen des behaupteten Arbeitsverhältnisses ist, ob die Beteiligten alle Folgerungen in sozialversicherungsrechtlicher und steuerrechtlicher Hinsicht aus dem Arbeitsverhältnis gezogen haben oder nicht[14]. Unter besonderen Umständen kann sogar

---

1 BAG v. 16.2.1995 – 8 AZR 714/93, EzA § 611 BGB – Arbeitnehmerstatus-DDR Nr. 2; BGH v. 21.1.1993 – BLw 45/92, MDR 1993, 547; BGH v. 30.4.1992 – BLw 5/92, BGHZ 118, 179.
2 LAG Berlin v. 11.4.1988 – 9 Sa 2/86, LAGE § 611 BGB – Arbeitnehmerbegriff Nr. 6.
3 BFH v. 22.11.1996 – VI R 20/94, AP Nr. 6 zu § 611 BGB – Ehegatten-Arbeitsverhältnis.
4 BFH v. 28.7.1983 – IV R 103/82, NJW 1984, 1487.
5 BSG v. 23.6.1994 – 12 RK 50/93, AP Nr. 4 zu § 611 BGB – Ehegatten-Arbeitsverhältnis; BSG v. 21.4.1993 – 11 RAr 67/92, AP Nr. 2 zu § 611 BGB – Ehegatten-Arbeitsverhältnis.
6 BFH v. 23.4.1975 – I R 208/72, BStBl. II 1975, 579.
7 BVerfG v. 7.11.1995 – 2 BvR 802/90, AP Nr. 5 zu § 611 BGB – Ehegatten-Arbeitsverhältnis.
8 BAG v. 19.7.1973 – 5 AZR 46/73, NJW 1974, 380.
9 BFH v. 17.2.1955 – IV 520/53 U, NJW 1955, 1615. Vgl. auch *Fenn*, DB 1974, 1062 und 1112.
10 BSG v. 5.4.1956 – 3 RK 65/55, BB 1956, 856; GK-ArbGG/*Schleusener*, § 5 Rz. 48.
11 BSG v. 29.3.1962 – 3 RK 85/59, BSGE 17, 1.
12 BFH v. 17.2.1955 – IV 520/53 U, NJW 1955, 1615.
13 BSG v. 29.3.1962 – 3 RK 85/59, BSGE 17, 1.
14 BFH v. 17.2.1955 – IV 520/53 U, NJW 1955, 1615.

eine **Mutter**, die als Hausgehilfin ihrer berufstätigen Tochter tätig ist, in einem Arbeitsverhältnis stehen. Entscheidend ist hierbei, ob die Mutter im Haushalt der Tochter wohnt und ob die Tochter ohne die Hilfe der Mutter eine fremde Hausgehilfin beschäftigen müsste. Ersteres spricht gegen die Annahme eines Arbeitsverhältnisses[1]. Ein **Kommanditist**, der aufgrund einer im Gesellschaftsvertrag begründeten Dienstpflicht für die Kommanditgesellschaft arbeitet und dessen weisungsbefugter Gesellschafter sein Vater ist, steht jedenfalls dann nicht in einem Arbeitsverhältnis, wenn die vereinbarten Vorabentnahmen nicht vom Umfang der Dienstleistung abhängig sind. Die Weisungsunterworfenheit ist dann familienrechtlicher Art[2].

- Das Rechtsverhältnis zwischen einem **Entwicklungshelfer** und einem ausländischen Projektträger kann ein Arbeitsverhältnis sein. Der Entwicklungsdienstvertrag zwischen dem Entwicklungshelfer und dem Träger des Entwicklungsdienstes begründet kein Arbeitsverhältnis, sondern ein Rechtsverhältnis eigener Art. Hierauf sind arbeitsrechtliche Bestimmungen nur insoweit anwendbar, als es sich aus den §§ 4 f. EhfG ergibt[3]. Gemäß **§ 2 Abs. 1 Nr. 7** (vgl. dort Rz. 151 ff.) ist bei Streitigkeiten mit dem Träger des Entwicklungsdienstes in jedem Fall der Rechtsweg zu den ArbG eröffnet. 88

- Bei einem **Erbfall** verliert der **Miterbe**, der bisher ArbN der Einzelfirma des Erblassers war, seine ArbN-Stellung. Er wird durch den Erbfall ArbGeb, da der Erbfall kraft Gesetzes zum Erwerb der ArbGeb-Rechte durch die Mitglieder der Erbengemeinschaft führt[4]. 88a

- Verpflichtet sich ein **Erfinder**, unter Verwertung bereits von ihm gemachter oder noch zu machender Erfindungen eine Maschine zu entwickeln und später bei ihrem Bau mitzuarbeiten, so liegt ein Arbeitsvertrag vor, wenn der Erfinder auch persönlich von dem Dienstherrn abhängig ist, dh. im Wesentlichen dessen Weisungen unterliegt. Dem steht nicht entgegen, dass er bei seiner ausschließlich erfinderischen Tätigkeit weisungsfrei ist[5]. 89

- **Familienangehörige**, vgl. Rz. 87 (Eltern-Kind-Verträge). 90

- **Familienhelferinnen** sind aufgrund der Eingliederung in die Arbeitsorganisation und der Weisungsrechte des ArbGeb regelmäßig ArbN. Aus der Möglichkeit, die Arbeitszeit frei zu bestimmen, ergibt sich noch keine Stellung als freie Mitarbeiterin[6]. 91

- Ein freiberuflicher Tierarzt, der nebenberuflich zum **Fleischbeschautierarzt** gegen Einzelvergütung (Gebührenanteile) bestellt wird, steht insoweit zu der Bestellungsbehörde in einem privatrechtlichen Arbeitsverhältnis[7]. 92

- **Fleischzerleger** sind regelmäßig ArbN[8]. Hat hingegen ein Fleischzerleger im Rahmen der ihm zugewiesenen Arbeiten in erheblichem Umfang die Möglichkeit, auch für andere Auftraggeber tätig zu werden, und kann er den Umfang der Dienstleistung in Absprache mit den Arbeitskollegen weitgehend eigenständig gestalten, so sprechen diese Umstände für eine Selbständigkeit. Ein weiteres Indiz für diese Einordnung ist, dass sich der Dienstnehmer in freier Weise für dieses Rechtsverhältnis entschieden hat und nicht dazu bereit gewesen wäre, dieselbe Arbeit zu den Bedingungen eines Arbeitsverhältnisses zu verrichten[9]. 93

- Ob **Fotomodelle** ArbN sind, hängt von den Umständen des Einzelfalles ab. Ausreichend für die Annahme einer abhängigen Tätigkeit ist die Integration in eine übergeordnete Arbeitsorganisation. Das OLG Düsseldorf nahm zunächst an, es komme maßgeblich darauf an, in welchem Ausmaß die Modelle Weisungen der Kunden oder ihrer Repräsentanten hinsichtlich der Arbeitsausführung in zeitlicher, fachlicher und örtlicher Hinsicht unterliegen und ob diese Weisungen typisch für ein Arbeitsverhältnis seien[10]. In einer weiteren Entscheidung aus dem Jahr 1987 hat das OLG Düsseldorf festgestellt, dass arbeitstechnische Anweisungen für sich allein keine Eingliederung in den Betrieb des Auftraggebers begründen. Eine Eingliederung in eine übergeordnete Arbeitsorganisation könne nur dann angenommen werden, wenn die Modelle sich für einen Auftraggeber in Bereitschaft hielten, um diese Tätigkeit nicht zu verlieren, und der 94

---

1 BFH v. 6.10.1961 – VI 244/61 U, AP Nr. 5 zu § 611 BGB – Arbeitsverhältnis zwischen Eltern und Kindern.
2 BAG v. 8.1.1970 – 3 AZR 436/67, NJW 1970, 829.
3 BAG v. 27.4.1977 – 5 AZR 129/76, EzA § 611 BGB – Arbeitnehmerbegriff Nr. 10.
4 LAG Hamm v. 4.1.2012 – 2 Ta 337/11, FamRZ 2012, 1907 (Rz. 24).
5 BAG v. 8.2.1962 – 2 AZR 252/60, AP Nr. 1 zu § 611 BGB – Erfinder.
6 BAG v. 6.5.1998 – 5 AZR 347/97, AP Nr. 94 zu § 611 BGB – Abhängigkeit.
7 BSG v. 24.11.1967 – 3 RK 3/65, AP Nr. 11 zu § 611 BGB – Fleischbeschauer-Dienstverhältnis; BAG v. 16.12.1965 – 5 AZR 304/65; BAG v. 23.7.1965 – 5 AZR 307/64; BAG v. 24.1.1964 – 5 AZR 263/63, AP Nrn. 4, 8, 9 zu § 611 BGB – Fleischbeschauer-Dienstverhältnis.
8 LG Oldenburg v. 17.3.1995 – I Qs 43/94-W, BB 1995, 1697; OLG Düsseldorf v. 15.9.1994 – 5 Ss (Owi) 302/94-(Owi) 159/94 I, BB 1995, 522.
9 ArbG Passau v. 13.3.1998 – 4e Ca 906/97 E, BB 1998, 1266.
10 OLG Düsseldorf v. 6.11.1975 – 8 U 19/75, NJW 1976, 1638.

95 • Werden **Fotoreporter** pauschal bezahlt und sind sie derart in den Arbeitsablauf einer Zeitungsredaktion eingebunden, dass sie faktisch die Übernahme von Aufträgen nicht ablehnen können, sind sie ArbN[3]. Pauschal bezahlte **Bildberichterstatter**, die in der Übernahme der Fototermine frei sind, jedoch monatlich eine bestimmte Anzahl von Bildern liefern müssen, sind keine ArbN[4].

96 • Der **Frachtverkehr** ist seit jeher von der Aufteilung der Funktionen auf **Frachtführer** und Spediteure gekennzeichnet. In der letzten Zeit ist der Status des Frachtführers häufig im Zusammenhang mit dem Stichwort der Scheinselbständigkeit diskutiert worden; denn in diesem Bereich haben sich zunehmend franchiseähnliche Gestaltungen durchgesetzt. Zuweilen besitzen Fahrer nur ein Fahrzeug und fahren nur für einen Auftraggeber. Sie treten ferner einheitlich auf, dh. die Fahrzeuge tragen Farbe und Schriftzug des Spediteurs, oder es wird eine einheitliche Firmenkleidung getragen. Bei der Tätigkeit von Frachtführern ist für die Feststellung der ArbN-Eigenschaft zu berücksichtigen, dass der Gesetzgeber den Frachtführer iSd. § 425 HGB grds. als selbständigen Gewerbetreibenden eingeordnet hat, obgleich dieser schon nach den gesetzlichen Bestimmungen weitreichenden Weisungsrechten unterliegt (§§ 408 ff. HGB)[5]. Daher übt der Frachtführer idR ein selbständiges Gewerbe aus. Dies gilt auch dann, wenn er als Einzelperson ohne weitere Mitarbeiter nur für einen Spediteur tätig ist und beim Transport ein mit den Farben und dem Firmenlogo des Spediteurs ausgestattetes, eigenes Fahrzeug einsetzt[6]. Für eine unselbständige Tätigkeit des Frachtführers spricht nicht, dass er seine Fuhraufträge termingebunden auszuführen hat, da die Termingebundenheit der Arbeit zum Wesen der Beförderung von Gütern gehört und sich auch in den gesetzlichen Vorschriften (§§ 417, 419 HGB) widerspiegelt[7]. Wird die Tätigkeit des Spediteurs jedoch stärker eingeschränkt, als es aufgrund gesetzlicher Regelungen oder wegen versicherungsrechtlicher Obliegenheiten geboten ist, so kann das Rechtsverhältnis als Arbeitsverhältnis einzustufen sein. Dies ist der Fall, wenn dem Frachtführer aufgrund der vorgegebenen Organisation kaum noch Gestaltungsmöglichkeiten verbleiben, weil Arbeitszeit und -dauer, Ausrüstung sowie Wartungsarbeiten usw. im Einzelnen vorgeschrieben sind[8]. Das BAG hat die ArbN-Eigenschaft eines Frachtführers verneint, der nur für einen Auftraggeber fährt, bei dem weder Dauer noch Beginn und Ende der täglichen Arbeitszeit vorgeschrieben sind und der die – nicht nur theoretische – Möglichkeit hat, auch Transporte für eigene Kunden auf eigene Rechnung durchzuführen[9]. Auch der BGH hat die ArbN-Eigenschaft eines Frachtführers mangels hinreichender persönlicher Abhängigkeit verneint, wobei entscheidend darauf abgestellt wurde, dass sich die Weisungsgebundenheit nur auf das Fahrzeug und den jeweiligen Fahrer bezog, es dem Frachtführer aber sowohl nach dem Vertrag als auch nach der tatsächlichen Durchführung gestattet war, einen Dritten als Fahrer einzusetzen. Ein solcher Gestaltungsspielraum ist mit dem ArbN-Status unvereinbar[10]. Ob der Frachtführer diesen Gestaltungsspielraum nutzt, ist nicht entscheidend.

97 Auch ein **Subunternehmer** eines **Paketdienst-Systems**, der mit 18 selbst ausgewählten ArbN und eigenen Fahrzeugen in einem ihm überlassenen Bezirk den Zustelldienst organisiert und durchführt, ist kein ArbN[11]. Unerheblich ist insoweit die Verpflichtung, bei der Auslieferung der Frachtsendungen bestimmte Terminvorgaben einzuhalten. Denn auch im Rahmen von Dienst- und Werkverträgen können seitens des Dienstberechtigten oder des Bestellers Termine für die Erledigung der Arbeit bestimmt werden, ohne dass daraus eine zeitliche Weisungsabhängigkeit folgt[12].

98 • Ein **Fußball-Lizenzspieler** der Bundesliga ist ArbN. Nach dem Vertrag ist die Dispositionsbefugnis des Vereins hinsichtlich des Einsatzes im Spiel und im Training, ferner hinsichtlich der Erhaltung der Arbeitskraft einschließlich der Lebensführung usw. stark ausgeprägt[13].

---

1 OLG Düsseldorf v. 18.9.1987 – (Owi) 306/87, 229/87 I, EzA § 5 ArbGG 1979 Nr. 5.
2 BSG v. 12.12.1990 – 11 RAr 73/90, NZA 1991, 907; OLG Düsseldorf v. 6.11.1975 – 8 U 19/75, NJW 1976, 1638.
3 BAG v. 16.6.1998 – 5 AZN 154/98, EzA § 611 BGB – Arbeitnehmerbegriff Nr. 65.
4 BAG v. 29.1.1992 – 7 ABR 25/91, EzA § 5 BetrVG 1972 Nr. 52.
5 LAG Rh.-Pf. v. 19.10.2009 – 8 Ta 222/09.
6 LAG Rh.-Pf. v. 5.3.2010 – 10 Ta 10/10; LAG Rh.-Pf. v. 19.10.2009 – 8 Ta 222/09.
7 LAG Rh.-Pf. v. 5.3.2010 – 10 Ta 10/10, juris, Rz. 20.
8 BAG v. 19.11.1997 – 5 AZR 653/96, EzA § 611 BGB – Arbeitnehmerbegriff Nr. 63; LAG Düsseldorf v. 4.9.1996 – 12 (6) (5) Sa 909/96, LAGE § 611 BGB – Arbeitnehmerbegriff Nr. 33.
9 BAG v. 30.9.1998 – 5 AZR 563/97, AP Nr. 103 zu § 611 BGB – Abhängigkeit.
10 BGH v. 21.10.1998 – VIII ZB 54/97, EzA Nr. 30 zu § 5 ArbGG 1979.
11 LAG Köln v. 5.3.1997 – 4 Ta 253/96, NZA-RR 1998, 373.
12 ArbG Freiburg v. 28.10.1998 – 2 Ca 335/98, nv.; vgl. *Hunold*, NZA-RR 1999, 505.
13 BAG v. 23.4.1995 – 9 AZR 856/94, AP Nr. 40 zu § 11 BUrlG.

- **Gesellschafter** können, soweit sie nicht zum Vertretungsorgan der Gesellschaft gehören[1], durchaus (auch) deren ArbN sein. Es hängt letztlich von den getroffenen Vereinbarungen ab, ob neben den gesellschaftsrechtlichen Rechtsbeziehungen weitere Vertragsbeziehungen bestehen. Für die Abgrenzung zwischen Arbeits- und Dienstverhältnis ist insoweit entscheidend, ob nach der tatsächlichen Ausgestaltung die geleistete Arbeit in persönlicher Abhängigkeit erbracht wird, während die gewählte Bezeichnung nicht maßgeblich ist[2]. Bspw. kann der **Minderheits-GmbH-Gesellschafter** ArbN sein, wenn der Geschäftsführer ihm gegenüber weisungsbefugt ist[3]. Umgekehrt fehlt es an der arbeitnehmertypischen Weisungsgebundenheit beim nicht treuhänderisch gebundenen Mehrheitsgesellschafter oder beim Minderheitsgesellschafter, dem eine Sperrminorität zusteht, ohne dass es auf die tatsächliche Ausübung der Leitungsmacht durch den Gesellschafter ankäme[4].

99

- Auch bei einer **Handwerkstätigkeit**, zB der eines **Heizungsbauers**, kann im Einzelfall entsprechend der tatsächlichen Parteiabrede ein freies Mitarbeiterverhältnis vorliegen. Ein solcher Fall ist zu bejahen, wenn die Abrede mit einem Empfänger von Altersrente auf dessen ausdrücklichen Wunsch und für einen vorübergehenden Arbeitsbedarf getroffen wird. Dies gilt insbesondere, wenn Umfang, Zeitpunkt und Dauer der Arbeit vorher abgesprochen werden müssen und die Vergütung bei behaupteter Gewerbeanmeldung des Rentners nur auf dessen nachträgliche Rechnungsstellung fällig sein soll[5].

100

- Die Tätigkeit der **Hausaufgabenbetreuung** im offenen Ganztag einer Schule ist als selbständige Tätigkeit anzusehen, wenn die Hausaufgabenbetreuung inhaltlich nicht vorgegeben, die Lage der Arbeitszeit zuvor konkret vereinbart worden ist und Weisungen insoweit nicht erfolgen. Dem steht die Erstellung eines Stundenplans für den Ganztag nicht entgegen, weil er nur der organisatorischen Abwicklung des Ganztages dient[6].

100a

- Übt ein Rentner nebenberuflich eine Tätigkeit als **Hausmeister** aus, besteht kein Arbeitsverhältnis, sofern er im Rahmen dieser Tätigkeit im Krankheits- oder Urlaubsfall selbst Ersatz stellen muss, auf seine Kosten für die Treppenhausreinigung zu sorgen hat und wenn er sich darüber hinaus als erfolgsabhängig honorierter Makler betätigt. Insbesondere, weil der Rentner in dem vom OLG Köln entschiedenen Fall die Arbeiten nicht persönlich auszuführen hatte, sondern auf durch ihn eingestellte Dritte übertragen konnte, übernahm er ein Risiko, das über das normale Risiko eines ArbN hinausging und mit dem eines Subunternehmers vergleichbar ist[7]. Vgl. auch Rz. 237.

101

- Ein **Helfer im freiwilligen sozialen Jahr** steht in keinem Arbeitsverhältnis zum Träger. Bei dieser Tätigkeit steht nicht die für ein Arbeitsverhältnis typische Verpflichtung zur Leistung fremdbestimmter Arbeit, sondern die Vermittlung von sozialen Erfahrungen im Vordergrund[8]. Für Rechtsstreitigkeiten mit dem Träger ist gem. **§ 2 Abs. 1 Nr. 8** dennoch die Zuständigkeit der ArbG gegeben.

102

- Eine **Interviewerin** wurde aufgrund der Umstände des konkreten Falls nicht als ArbNin angesehen[9]. S. aber Rz. 237c.

102a

- Eine **juristische Person**, etwa eine GmbH, kann als solche niemals ArbN sein. Sie kann die Arbeit nicht in persönlicher Abhängigkeit erbringen[10].

103

- **Kanalsteurer** im Nord-Ostsee-Kanal sind im Verhältnis zum Verein der Kanalsteurer nicht ArbN, sondern Mitglied des Vereins. Der Verein nimmt lediglich ArbGeb-Funktionen wahr, ohne selbst ArbGeb zu sein. Die Kanalsteurer stehen vielmehr in einem Arbeitsverhältnis zum Reeder. Sie werden zur Vornahme von Dienstverrichtungen auf dem Schiff, wenn auch nur vorübergehend, angestellt und gehören damit zur Schiffsbesatzung[11].

103a

---

1 Vgl. BAG v. 10.4.1991 – 4 AZR 467/90, EzA § 611 BGB – Arbeitnehmerbegriff Nr. 39 zu Mitarbeitern eines Zimmerunternehmens, die zugleich alle Gesellschafter und auch Geschäftsführer waren.
2 BAG v. 28.11.1990 – 4 AZR 198/90, EzA § 611 BGB – Arbeitnehmerbegriff Nr. 37.
3 LAG Hessen v. 1.12.1989 – 15 Sa 1414/88, DB 1990, 2223.
4 BAG v. 6.5.1998 – 5 AZR 612/97, EzA § 611 BGB – Arbeitnehmerbegriff Nr. 68.
5 LAG Köln v. 7.4.1994 – 10 Sa 1305/93, NZA 1994, 1090.
6 LAG Düsseldorf v. 18.3.2013 – 9 Sa 1746/12, ZTR 2013, 459 (Rz. 64).
7 OLG Köln v. 13.8.1993 – 11 W 38/93, AP Nr. 5 zu § 12a TVG.
8 Vgl. § 1 Abs. 1 Nr. 2 des Gesetzes zur Förderung des freiwilligen sozialen Jahres; BAG v. 12.2.1992 – 7 ABR 42/91, AP Nr. 52 zu § 5 BetrVG 1972.
9 OLG Zweibrücken v. 12.10.2009 – 4 W 67/09.
10 Vgl. OLG Oldenburg v. 15.12.1961 – 1 U 39/60, AP Nr. 50 zu § 2 ArbGG 1953; GK-ArbGG/*Schleusener*, § 5 Rz. 61; *Hueck/Nipperdey*, Bd. I, S. 172.
11 LAG Schl.-Holst. v. 14.8.2008 – 2 Ta 145/08, juris, Rz. 18; LAG Schl.-Holst. v. 12.3.1998 – 16 W 17/98, OLGR Schleswig 1998, 327; RG v. 22.5.1925 – III 161/24, RGZ 111, 37.

103b • Die **Kommanditisten einer KG** können Dienstleistungen für die Gesellschaft aufgrund eines Gesellschaftsvertrages oder auch im Rahmen eines Arbeits- oder Dienstverhältnisses erbringen. Ergibt sich die Verpflichtung, die Arbeitskraft zur Verfügung zu stellen, aus dem Gesellschaftsvertrag, sind sie keine ArbN. Die erbrachten Dienstleistungen sind dann Gesellschafterbeiträge iSd. § 161 Abs. 2, § 105 Abs. 2 HGB[1].

104 • Auch bei einem **Kommissionär** kann es sich je nach tatsächlicher Ausgestaltung des Vertragsverhältnisses um einen ArbN oder zumindest um eine arbeitnehmerähnliche Person handeln[2].

105 • Bei **Künstlern** ist zu differenzieren: Bühnen- und Unterhaltungskünstler, Filmschauspieler, Regisseure, Musiker (vgl. Rz. 116) und Artisten sind in aller Regel ArbN, für die bei bestehender Tarifbindung meist Tarifverträge eingreifen. Demgegenüber ist ein Künstler, der auf der Jubiläumsveranstaltung eines Unternehmens einmalig eine von ihm selbst gestaltete Zaubershow darbietet, kein ArbN[3]. Eine Ausnahme kann auch für **Zirkusartisten** gelten, die eine fest umrissene Leistung („Todesradnummer") anbieten, hinsichtlich deren Durchführung sie keinen Weisungen unterliegen und sie vertraglich weder verpflichtet sind, die Leistung höchstpersönlich zu erbringen, noch ein Tätigwerden für Dritte ausgeschlossen ist[4]. Bei **Spitzenschauspielern, Intendanten, Stardirigenten, Solisten** von Rang muss meist die freie künstlerische Entfaltung ermöglicht werden, so dass sie die Zuerkennung eines hohen Maßes an Selbständigkeit beanspruchen können[5]. Es ist daher häufig zum Werkvertrag abzugrenzen. Dementsprechend ist ein **Theaterintendant**, der mehrere Jahre hindurch nebenberuflich jeweils vier Wochen eine Freilichtaufführung bei den Karl-May-Festspielen in Bad Segeberg leitete und der den wesentlichen Teil seiner Einkünfte aus seiner hauptberuflichen Tätigkeit als Theaterintendant bezog, kein ArbN. Ausschlaggebend war in dem vom BAG entschiedenen Fall, dass der Theaterintendant bei der Inszenierung freie Hand hatte, also bei der Ausübung seiner dem Gegenstand nach festgelegten Arbeit im Wesentlichen frei war[6]. Ein Regievertrag, mit dem ein **Gastregisseur** für ein Theater die Inszenierung eines bestimmten Bühnenwerkes übernimmt, ist ein Werkvertrag, wenn der Regisseur die Vergütungsgefahr trägt. Im konkreten Fall verlor der Regisseur seinen Vergütungsanspruch, wenn die Inszenierung des Bühnenwerkes aus irgendeinem, nicht allein vom anderen Vertragspartner zu vertretenden Grund nicht zustande kam[7]. Bei **Opernsängern** ist eine selbständige Tätigkeit im Rahmen eines Gastspiels jedenfalls dann anzunehmen, wenn sich nur für die Übernahme einer Rolle, wenn auch in mehreren Aufführungen innerhalb einer Spielzeit, verpflichten[8]. Als Selbständiger ist auch ein **Organisator** und **Dirigent** einer Kurkapelle anzusehen, der die Durchführung der musikalischen Veranstaltung als Ganzes, insbesondere auch die Auswahl der Musiker, und nicht nur die Tätigkeit eines Dirigenten schuldet[9]. Vgl. auch unter **Musiker** (Rz. 116), **Orchestermusiker** (Rz. 117) und **Schauspieler beim Fernsehen** (Rz. 129).

106 • **Kundenberater**, die Kunden ihres Dienstherrn in der Bedienung von Geräten gem. den Terminwünschen und in den Räumen dieser Kunden nach inhaltlichen Vorgaben des Dienstherrn zu unterweisen haben, sind regelmäßig ArbN[10].

107 • Ein **Kurierdienstfahrer**, der allein entscheidet, ob, wann und in welchem Umfang er tätig werden will, und für ausgeführte Frachtaufträge das volle vom ArbGeb zu leistende Entgelt erhält, ist kein ArbN des Unternehmens, das die Frachtaufträge annimmt und an die Kurierdienstfahrer weitergibt[11].

108 • **Kurzzeitbeschäftigungen** (zB die an wenigen Sonntagsstunden erfolgende Auswertung von Lottoscheinen durch Studenten) stehen der Annahme eines Arbeitsverhältnisses nicht entgegen[12].

109 • **Lehrbeauftragte an Hochschulen** können, wenn der Lehrauftrag durch eine einseitige Maßnahme der Hochschule erteilt wird, nur den Verwaltungsrechtsweg beschreiten, da sie in einem öffentlich-rechtlichen Dienstverhältnis besonderer Art stehen[13].

---

1 LAG Hamm v. 4.7.2007 – 2 Ta 863/06, juris, Rz. 20; BAG v. 11.5.1978 – 3 AZR 21/77, AP Nr. 2 zu § 161 HGB.
2 BAG v. 8.9.1997 – 5 AZB 3/97, EzA § 5 ArbGG 1979 Nr. 25.
3 BAG v. 6.12.1974 – 5 AZR 418/74, EzA § 611 BGB – Abhängigkeit Nr. 18.
4 BAG v. 11.8.2015 – 9 AZR 98/14, NZA-RR 2916, 188.
5 Vgl. BFH v. 24.5.1973 – IV R 118/72, AR-Blattei ES 1030 Nr. 13; GK-ArbGG/*Schleusener*, § 5 Rz. 63; *Reich*, Der Künstler und sein Recht, 1992, S. 147.
6 BAG v. 16.8.1977 – 5 AZR 290/76, AP Nr. 23 zu § 611 BGB – Abhängigkeit.
7 BSG v. 24.6.1981 – 12 RK 35/80, AP Nr. 16 zu § 611 BGB – Bühnenengagementsvertrag.
8 BFH v. 24.5.1973 – IV R 118/72, AR-Blattei ES, 1030 Nr. 13. Vgl. ausführlich zum Streitstand des arbeitsrechtlichen Status von Künstlern: GK-ArbGG/*Schleusener*, § 5 Rz. 63.
9 BAG v. 20.1.2010 – 5 AZR 99/09, AP Nr. 119 zu § 611 BGB – Abhängigkeit (Rz. 15).
10 BAG v. 6.5.1998 – 5 AZR 247/97, NZA 1999, 205; LAG Düsseldorf v. 5.2.1997 – 2 Sa 1461/96, nv.
11 BAG v. 27.6.2001 – 5 AZR 561/99, BB 2001, 2220; *Linnekohl*, BB 2002, 622.
12 BAG v. 8.2.1963 – 1 AZR 391/62, AP Nr. 7 zu § 1 LFZG Berlin mit zust. Anm. *Schnorr von Carolsfeld*.
13 GK-ArbGG/*Schütz*, § 2 Rz. 63.

- **Lehrer**, vgl. Rz. 65 ff., Rz. 231, Rz. 240.

- **Leih-ArbN** iSd. AÜG sind ArbN des Verleihers. Allerdings kann auch der Entleiher ihnen gegenüber ArbGeb-Funktionen haben, woraus sich Ansprüche zwischen Leih-ArbN und Entleiher ergeben können, für die die ArbG zuständig sind[1]. Leih-ArbN können gem. § 10 Abs. 1 Satz 1 AÜG auch ArbN des Entleihers werden, wenn der Vertrag zwischen dem Verleiher und dem Leih-ArbN mangels erforderlicher ArbN-Überlassungserlaubnis nach § 9 Abs. 1 Nr. 1 AÜG[2] oder mangels ausdrücklicher Bezeichnung der ArbN-Überlassung als solche nach § 9 Abs. 1 Nr. 1a AÜG oder wegen Überschreitens der Überlassungshöchstdauer nach § 9 Abs. 1 Nr. 1b AÜG unwirksam ist.

- Der **Lektor** eines Verlages, der mit den Vorarbeiten für die Herausgabe eines Buches beauftragt ist und für den wesentlichen Teil seiner Aufgaben Arbeitszeit und -ort selbst bestimmt, ist freier Mitarbeiter, auch wenn er aufgrund gelegentlich notwendiger Zusammenarbeit auf die Arbeitszeit der Verlagsangestellten Rücksicht nehmen muss[3]. Eine Tätigkeit als Lektor für eine TV-Produktionsfirma ist kein Arbeitsverhältnis, sondern ein freies Mitarbeiterverhältnis, wenn zwar für Gutachten Abgabetermine beachtet werden müssen, eine sachliche Eingrenzung der Stoffrecherche besteht und Tätigkeitsberichte zu erstellen sind, dies aber ohne fachliche Weisungsgebundenheit und ohne jede Arbeitszeitkontrolle stattfindet. Auch die einmalige Urlaubsabsprache und das Anmieten von Büroräumen auf Anraten des Auftraggebers reicht nicht zur Eingliederung in den Betrieb aus[4].

- **Lohnschlächter**, die in Arbeitsgemeinschaften zusammengeschlossen sind und auf Schlachthöfen im Stücklohn das von den Auftraggebern angelieferte Vieh für diese schlachten, stehen in einem Arbeitsverhältnis zu den jeweiligen Auftraggebern[5].

- **Mannequins**, vgl. Fotomodelle Rz. 94.

- Personen, die lediglich in einem **mittelbaren Arbeitsverhältnis** zum ArbGeb tätig sind, sind ebenfalls ArbN. Ein mittelbares Arbeitsverhältnis liegt vor, wenn ein ArbN von einem Mittelsmann beschäftigt wird, der seinerseits selbst ArbN eines Dritten ist, und die Arbeit mit Wissen des Dritten unmittelbar für diesen geleistet wird[6].

- Nebenberuflich tätige **Musiker**, die regelmäßig am Wochenende in einer Gastwirtschaft bei Tanzveranstaltungen spielen, sind ArbN des Gastwirts. Spielt eine Kapelle nur gelegentlich, zB zu besonderen Anlässen bei dem Gastwirt auf, so ist zumeist eine Selbständigkeit der Kapelle gegenüber dem Gastwirt anzunehmen. Ebenso ist ein Arbeitsverhältnis zum Gastwirt von vornherein zu verneinen, wenn die Kapelle gegenüber Dritten als selbständige Gesellschaft oder der Leiter der Kapelle als ArbGeb der Musiker auftritt[7]. Kein ArbN ist idR ein **Musikbearbeiter („Arrangeur")**, der sich innerhalb der vom Auftraggeber gesetzten Bearbeitungsfristen seine Arbeitszeit frei einteilen kann[8].

- **Orchestermusiker** bei einer Rundfunkanstalt, die ständig zu Orchesterdiensten herangezogen werden, sind ArbN[9]. Anderseits ist durchaus die Beschäftigung eines Musikers als freier Mitarbeiter möglich, etwa bei solistischen Leistungen. Es kommt auf die Umstände des Einzelfalles an[10]: Ist ein von einer Orchestergesellschaft als freier Mitarbeiter beschäftigter Musiker zeitlich im Wesentlichen in derselben Weise und in demselben Umfang wie andere im Anstellungsverhältnis beschäftigte Musiker in den Orchesterbetrieb eingegliedert, so spricht dies für ein Arbeitsverhältnis[11]. Darüber hinaus sind die verfassungsrechtlichen Vorgaben zu berücksichtigen, die die Annahme eines freien Dienstverhältnisses bei der Beschäftigung von programmgestaltenden Mitarbeitern begünstigen, vgl. hierzu Rz. 59.

- Zu **Ordensschwestern, Ordensgeistlichen** und sonstigen **Ordensangehörigen** vgl. Rz. 168 ff.

---

1 BAG v. 15.3.2011 – 10 AZB 49/10, NZA 2011, 653 (Rz. 10); LAG Hamm v. 4.8.2003 – 2 Ta 739/02, NZA-RR 2004, 106; GMP/*Müller-Glöge*, § 5 Rz. 18.
2 BAG v. 28.6.2000 – 7 AZR 100/99, NZA 2000, 1160; GMP/*Müller-Glöge*, § 5 Rz. 18.
3 BAG v. 27.3.1991 – 5 AZR 194/90, NZA 1991, 933.
4 ArbG Berlin v. 8.1.2004 – 78 Ca 26918/03, NZA-RR 2004, 546.
5 BSG v. 15.12.1971 – 3 RK 11/69, AP Nr. 2 zu § 611 BGB – Gruppenarbeitsverhältnis.
6 BAG v. 21.2.1990 – 5 AZR 162/89, AP Nr. 57 zu § 611 BGB – Abhängigkeit; GMP/*Müller-Glöge*, § 5 Rz. 18.
7 BFH v. 10.9.1976 – VI R 80/74, BB 1977, 176.
8 BAG v. 21.9.1977 – 5 AZR 373/76, RdA 1977, 392.
9 BAG v. 22.8.2001 – 5 AZR 502/99, ArbRB 2002, 65; BAG v. 7.5.1980 – 5 AZR 593/78, AP Nr. 36 zu § 611 BGB – Abhängigkeit; BAG v. 14.2.1974 – 5 AZR 298/73, AP Nr. 12 zu § 611 BGB – Abhängigkeit.
10 BAG v. 22.8.2001 – 5 AZR 502/99, ArbRB 2002, 65; BAG v. 14.2.1974 – 5 AZR 298/73, AP Nr. 12 zu § 611 BGB – Abhängigkeit.
11 BAG v. 22.8.2001 – 5 AZR 502/99, ArbRB 2002, 65; BAG v. 3.10.1975 – 5 AZR 427/74, AP Nr. 16 zu § 611 BGB – Abhängigkeit.

118a • Eine **Pflegekraft** iSd. § 77 SGB XI steht in einem öffentlich-rechtlichen Beschäftigungsverhältnis zu dem sie beauftragenden Sozialversicherungsträger. Sie ist daher keine ArbN. Für Streitigkeiten aus diesem Verhältnis sind nicht die ArbG, sondern die Sozialgerichte zuständig[1].

119 • Ein im Außendienst tätiger **Pharmaberater**, dessen Arbeitskraft in zeitlich hohem Maß in Anspruch genommen wird, der der Nachweispflicht von Arbeitsunfähigkeitszeiten unterliegt, der Schulungen besuchen muss und der regelmäßig über seine durchgeführten Besuche zu berichten hat, ist ArbN[2]. Dies ist jedenfalls anzunehmen, wenn der Pharmaberater gehalten ist, in dem ihm zugewiesenen Gebiet pro Arbeitstag durchschnittlich zehn Arztbesuche auszuführen, dazu die Einzelnachweise der Gespräche darzulegen und zweimal wöchentlich Besuchsberichte zu übermitteln hat[3].

119a • Ein **Postulant** und **angehender Novize** ist kein ArbN, weil es an der synallagmatischen Verpflichtung der Arbeits- und der Lohnzahlungspflicht fehlt[4]. Er ist auch kein zu seiner Berufsausbildung Beschäftigter, vgl. Rz. 165a.

120 • **Programmgestaltende Tätigkeiten** vgl. Rz. 59.

121 • **Prokuristen** sind in aller Regel ArbN des Unternehmens, in dessen Diensten sie stehen. Sie können leitende Angestellte sein[5].

122 • Das LAG Köln hat – dem von *Wank* aufgrund seines teleologischen Ansatzes vertretenen Alternativmodell (vgl. Rz. 19 f.) folgend – **Propagandistinnen**, die an einem angemieteten Verkaufsstand in einem Kaufhaus Gebrauchsgegenstände propagieren und verkaufen, als ArbN desjenigen Unternehmens eingestuft, für das sie aufgrund eines Vertragsverhältnisses in dem Kaufhaus des anderen Unternehmens tätig werden[6]. Gleiches gilt, wenn studentische Hilfskräfte als Promoter für eine bestimmte Produktgruppe nach kurzer Schulung im Rahmen einer Tourenplanung, in denen Einsatzorte, -tage und -zeiten verbindlich festgelegt sind, in Warenhäusern eingesetzt werden[7]. Auch Entscheidungen anderer Gerichte lassen die Tendenz erkennen, Propagandisten als ArbN des Auftraggebers zu qualifizieren[8]. Demgegenüber hat das LAG Hamm sowohl die ArbN-Eigenschaft als auch die Arbeitnehmerähnlichkeit einer in einem Lebensmittelmarkt auf der Basis aktionsbezogener Vertragsverhältnisse tätigen **Promoterin** verneint, da sie ihre Tätigkeit nicht in Person zu erbringen hatte, die zeitlichen Rahmenbedingungen lediglich durch die Ladenöffnungszeiten und die zu erwartende Kundenfrequenz vorgegeben waren und die keine arbeitsbegleitenden Weisungen erhielt, da sich kein Vorgesetzter vor Ort aufhielt[9].

122a • Bei einem **studentischen Prorektor** ist der tatsächliche Leistungsaustausch nicht im Sinne eines Arbeitsvertragsabschlusses aussagefähig, wenn das Verhalten der Parteien auf der Wahrnehmung öffentlich-rechtlicher Befugnisse beruht. In solch einer Konstellation können die Parteien zwar einen Arbeitsvertrag abschließen, müssen es aber nicht. Wenn ihr Verhalten keinen über die Ausübung der öffentlich-rechtlich gegebenen Befugnisse hinausgehenden Erklärungswert hat, wird kein Arbeitsverhältnis begründet und der Prorektor ist kein ArbN[10].

123 • Eine in einem Saunaclub tätige **Prostituierte**, die lediglich für die Nutzung der Räumlichkeiten bezahlt, aber ansonsten keine weitergehenden Verpflichtungen gegenüber demjenigen, der die Räume zur Verfügung stellt, hat, ist keine ArbN[11]. Entgegen der früher vertretenen Auffassung, dass die in einem Bordell tätigen Prostituierten keine ArbN der Bordellwirtin sind, da ein dahin gehender Dienstvertrag wegen § 138 Abs. 1 BGB nichtig ist, ist dies nach Inkrafttreten des Prostitutionsgesetzes im Jahr 2002 nicht mehr vertretbar. Ein Dienst- oder Arbeitsvertrag mit einer Prostituierten kann aufgrund der dem Gesetz zugrunde liegenden Wertung und dem Wandel der Anschauungen in der Bevölkerung nicht mehr per se als sitten-

---

1 LAG Hessen v. 14.11.2011 – 4 Ta 443/11, juris, Rz. 10.
2 LAG Hamm v. 5.10.1989 – 16 Sa 762/89, DB 1990, 2027.
3 LAG Hamm v. 13.10.1989 – 5 Sa 746/89, DB 1990, 2027.
4 LAG Rh.-Pf. v. 16.7.2009 – 3 Ta 164/09, KirchE 54, 51.
5 BAG v. 13.7.1995 – 5 AZB 37/94, EzA § 5 ArbGG 1979 Nr. 10.
6 LAG Köln v. 30.6.1995 – 4 Sa 63/95, LAGE § 611 BGB – Arbeitnehmerbegriff Nr. 29. Anders: BGH v. 11.3.1982 – I ZR 27/80, AP Nr. 3 zu § 84 HGB: Handelsvertreterinnen, jedenfalls aber bei von Fall zu Fall durchgeführten Werbeaktionen selbständige Gewerbetreibende. Vgl. zur Abgrenzung zwischen selbständiger Tätigkeit und abhängiger Beschäftigung: BSG v. 11.3.1997 – 12 BK 46/96, RegNr. 23179.
7 LAG Köln v. 23.6.2004 – 5 Ta 187/06, LAGReport 2005, 191.
8 Vgl. etwa LSG Berlin v. 14.8.1996 – L 15 Kr 16/95, AP Nr. 83 zu § 611 BGB – Abhängigkeit; LAG Hamburg v. 10.2.1999 – 5 Sa 95/96.
9 LAG Hamm v. 11.7.2005 – 2 Ta 576/04.
10 BAG v. 9.4.2014 – 10 AZR 590/13.
11 LAG Hessen v. 12.8.1997 – 16 Ta 231/97, MDR 1998, 228.

widrig eingestuft werden.¹ Nur wenn im Einzelfall weitere Umstände wie zB die Ausbeutung einer Willensschwäche iSv. § 138 Abs. 2 BGB hinzukommen, kann der Vertrag sittenwidrig sein.

- Ein **Rechtsanwalt** oder ein **Assessor**, der sich vertraglich einem anderen Rechtsanwalt verpflichtet, diesem seine gesamte Arbeitskraft zur Verfügung zu stellen und andere Mandate nicht anzunehmen, dem ein bestimmtes Arbeitsgebiet sowie Mandate zugewiesen und entzogen werden können, von dem vertraglich erwartet wird, dass er zu den üblichen Bürozeiten in der Kanzlei anwesend ist und der schließlich nicht an Gewinn und Verlust beteiligt wird, ist ArbN². Betreibt er hingegen eine eigene – wenn auch nicht besonders umfangreiche – Anwaltspraxis, arbeitet er unabhängig von Weisungen, ist auch nicht an die Bürostunden gebunden und erhält sein Entgelt in Form eines zeitabhängigen Honorars nebst Mehrwertsteuer, so kann dies eine andere Beurteilung des Status rechtfertigen³. Rechtsanwälte, die in den Vermögensämtern der Landkreise der neuen Bundesländer an Aufgaben nach dem Vermögensgesetz mitwirkten, konnten auch freie Mitarbeiter sein. Sie waren nicht verpflichtet, ihre ganze Arbeitskraft einzusetzen, und konnten nebenbei ihre Kanzleien weiterbetreiben⁴. Der **Partner** einer **Anwalts-GmbH**, in dessen „Anstellungsvertrag" Dauer und Lage der Arbeitszeit nicht festgelegt sind und der seine Tätigkeit im Wesentlichen frei gestalten kann, ist nicht ArbN⁵. Gleiches gilt für einen Rechtsanwalt, der als internationaler Partner tätig sein soll und in dessen Vertrag sich weder Regelung zur Arbeitszeit, Vergütung, Entgeltfortzahlung im Krankheitsfall noch zum Urlaub finden⁶. Wird das Arbeitsverhältnis mit einem angestellten Rechtsanwalt beendet und mit ihm anstelle einer Abfindungsvereinbarung ein separater Mandatierungsvertrag abgeschlossen, wonach er künftig freiberuflich Beratungsleistungen für den bisherigen ArbGeb erbringen soll, so ist bei einem Streit um Honoraransprüche aus dem Vertrag die Zuständigkeit der ArbG nicht gegeben⁷. 124

- Allein die Übergabe von einigen Handakten durch einen Rechtsanwalt an einen **Referendar** mit dem Angebot der Fertigung von schriftlichen Stellungnahmen spricht mangels konkreter Angaben zur Art und Weise der Erstellung der Arbeiten noch nicht für ein Arbeitsverhältnis. Von einer fachlichen Weisungsgebundenheit kann nicht ausgegangen werden. Vielmehr liegt ein freies Dienstverhältnis auf Stundenlohnbasis vor. Ein Streit über die dafür geschuldete Vergütung ist vor den Zivilgerichten auszutragen⁸. 124a

- Eine **Reiseleiterin** einer deutschen Reiseagentur, die in der Dominikanischen Republik für die Fluggäste den Transfer zum Hotel zu organisieren und Sprechstunden im Hotel abzuhalten hat, in denen sie Exkursionen ins Landesinnere gegen Provision verkauft, ist nicht schon deshalb ArbN. Maßgeblich sind die Umstände des Einzelfalles. Ist sie nur durch Ankunfts- und Abflugzeiten der Flüge, Anzahl der Urlauber und deren Unterbringung an zeitliche und örtliche Vorgaben gebunden, so reicht dies nicht für eine ArbN-Eigenschaft aus. Diese Vorgaben kennzeichnen lediglich den Inhalt der vertraglich geschuldeten Leistung⁹. 125

- Ein **Rundfunkgebührenbeauftragter**, der Schwarzhörer aufspürt, kann – selbst wenn er nur für einen Vertragspartner tätig ist – je nach Ausgestaltung der vertraglichen Beziehungen freier Mitarbeiter oder ArbN sein. Entscheidend ist hierbei, ob er im Wesentlichen frei seine Tätigkeit gestalten und seine Arbeitszeit bestimmen kann. Der Rundfunkermittler ist kein ArbN, wenn er innerhalb seines Prüfgebietes und der von ihm zu bearbeitenden Datenblätter selbst entscheiden kann, in welcher Reihenfolge, zu welcher Zeit und in welchem Umfang er die vermeintlichen Rundfunkteilnehmer besucht. Nicht maßgeblich ist, ob er nur für einen einzigen Vertragspartner tätig ist¹⁰. 126

- **Rundfunkmitarbeiter** vgl. Rz. 54 ff. 127

- Ein **Sargträger**, der sechs Jahre lang jeden Morgen auf dem Friedhof einfindet, um dort die Termine für den nächsten Tag in Empfang zu nehmen, und der anschließend die ihm zugeteilte Kolonne mit einem firmeneigenen Fahrzeug in firmeneigener Kleidung zur Verrichtung der Dienste zu den Beerdigungen der 128

---

1 Vgl. hierzu BGH v. 8.11.2007 – III ZR 102/07, NJW 2008, 140 (Rz. 13); *Armbrüster*, NJW 2002, 2763.
2 OLG Bdb. v. 7.2.2002 – 14 W 10/01, NJW 2002, 1659; LAG Hessen v. 1.6.1995 – 12 Ta 447/94, NZA-RR 1996, 64; LAG BW v. 14.3.1985 – 7 Sa 107/84, BB 1985, 1534. Für Assessor: LAG Hamm v. 20.7.1989 – 16 Sa 33/89, NZA 1990, 228; BSG v. 30.11.1978 – 12 RK 32/77, AP Nr. 31 zu § 611 BGB – Abhängigkeit.
3 LAG Hessen v. 16.3.1990 – 13 Sa 151/89, LAGE § 611 BGB – Arbeitnehmerbegriff Nr. 16.
4 BAG v. 3.6.1998 – 5 AZR 656/97, AP Nr. 97 zu § 611 BGB – Abhängigkeit.
5 ArbG Berlin v. 9.10.2003 – 1 Ca 4598/03, NZA-RR 2004, 328.
6 LAG Hessen v. 20.2.2012 – 13 Ta 468/11, juris, Rz. 13..
7 LAG Köln v. 24.7.2007 – 9 Ta 140/07, NZA-RR 2007, 661.
8 LAG Sachsen v. 13.9.2004 – 4 Ta 191/04 (6), LAGE § 5 ArbGG 1979 Nr. 10.
9 LAG Düsseldorf v. 3.12.1996 – 8 Sa 1174/96, AR-Blattei ES, 720 Nr. 23.
10 BAG v. 30.8.2000 – 5 AZB 12/00, DB 2001, 824 (arbeitnehmerähnliche Person); BAG v. 26.5.1999 – 5 AZR 469/98, EzA § 611 BGB – Arbeitnehmerbegriff Nr. 75; BFH v. 2.12.1998 – X R 83/96, NZA-RR 1999, 376; LAG Hamm v. 7.7.2016 – 17 Sa 1840/15.

anderen Friedhöfe fährt, ist auch dann ArbN, wenn er auf Betreiben der ArbGeb ein entsprechendes Gewerbe angemeldet hat[1].

129 • Ein **Schauspieler beim Fernsehen**, der eine tragende Rolle spielt, ist nicht ohne Weiteres ArbN der Rundfunkanstalt. Die vertragliche Verpflichtung, sich an Text, Regieanweisung usw. zu halten, ergibt sich aus der Natur der Sache. Die Abhängigkeit von Team und Apparat ist bei Schauspielern in Fernseh-Spielproduktionen als Indiz für eine ArbN-Eigenschaft nur geeignet, wenn eine über die vereinbarte Produktion hinaus angelegte Dauerbeziehung existiert[2].

130 • Hauptamtliche (aktiv tätige) Mitglieder von **Scientology** sind keine ArbN, wenn sie ihre Arbeitszeit im Wesentlichen frei gestalten und durch ihr Stimmrecht in der Mitgliederversammlung Einfluss auf Leitung, Organisation und Entscheidungen nehmen können – auch wenn sie Beschlüsse nur im Rahmen der von der Muttergesellschaft in den USA vorgegebenen Richtlinien fassen können. Ein Verein kann in seiner Satzung die Leistung von Diensten in persönlicher Abhängigkeit als Mitgliedsbeitrag vorsehen. Vereinsrechtliche Arbeitspflichten dürfen aber nicht gegen §§ 134, 138 BGB verstoßen und damit zwingende arbeitsrechtliche Schutzbestimmungen umgehen[3].

131 • Im Bereich des **Sports** gilt:

131a Ein **Sportler** kann seine Sportleistung auf der Grundlage unterschiedlicher rechtlicher Grundlagen (insbesondere Arbeits- oder Dienstvertrag, Mitgliedschaft in einem Verein) oder auch ohne eine entsprechende Rechtsgrundlage erbringen. Ob ein Sportler ArbN ist, bestimmt sich in erster Linie danach, ob er zur Erbringung der Sportleistung verpflichtet ist, wem gegenüber diese Verpflichtung besteht – etwa ggü. dem Sportverein als Teilnehmer an einer Sportveranstaltung, ggü. einem Veranstalter oder einem Dritten (etwa Sponsor) –, um welche Sportart es sich handelt (Mannschafts- oder Einzelsport) und wie der Betrieb der Sportart organisiert ist[4].

131b Im **Fußballsport** existieren gem. § 8 der Spielordnung des DFB drei Formen von Sportlern, die am vom DFB oder dem Ligaverband organisierten Spielbetrieb teilnehmen: Nicht-Amateur mit Lizenz („**Lizenzspieler**"), ist, wer das Fußballspiel aufgrund eines mit einem Lizenzverein oder einer Kapitalgesellschaft geschlossenen schriftlichen Vertrages betreibt und durch Abschluss eines schriftlichen Lizenzvertrages mit dem Ligaverband zum Spielbetrieb zugelassen ist. Lizenzspieler sind ArbN ihres Vereins[5]. **Amateur** ist, wer aufgrund eines Mitgliedschaftsverhältnisses Fußball spielt und als Entschädigung kein Entgelt bezieht, sondern seine nachgewiesenen Auslagen und allenfalls einen pauschalierten Aufwendungsersatz iHv. monatlich bis zu 249,99 Euro erstattet erhält. Amateure sind keine ArbN ihres Vereins[6]. **Nicht-Amateur ohne Lizenz** ist, wer über sein Mitgliedschaftsverhältnis hinaus einen schriftlichen Vertrag mit seinem Verein abgeschlossen hat und über seine nachgewiesenen Auslagen hinaus Vergütungen oder andere geldwerte Vorteile von mindestens 250 Euro monatlich erhält. Er ist ArbN, wenn er aufgrund der jeweiligen Vertragsgestaltung und -abwicklung seine Leistung für den Verein in einer für ein Arbeitsverhältnis typischen persönlichen Abhängigkeit erbringt, die über die bereits durch die Vereinsmitgliedschaft begründete Weisungsgebundenheit hinausgeht. Erhält ein Spieler, der bisher keinerlei Beziehungen zu dem Verein hatte, für die Teilnahme an den Trainingsstunden und Spielen des Vereins ein Entgelt und wird durch seinen Einsatz der Fremdbedarf des Vereins befriedigt, ist dies der Fall[7].

131c Nebenberufliche **Trainer von Amateurvereinen** sind idR freie Mitarbeiter. Dass sie sich an die von dem Verein zugeteilten Trainingsstätten und -stunden zu halten haben, begründet keine hinreichende persönli-

---

1 LAG Düsseldorf v. 9.9.1997 – 8 Sa 756/97, NZA-RR 1998, 193.
2 LAG Bremen v. 25.10.1989 – 2 Sa 32/89, BB 1990, 780; aA MünchArbR/*Pallasch*, Bd. 2, § 335 Rz. 7, 8: Er ordnet Filmschauspieler, auch Spitzendarsteller, eindeutig als ArbN ein. Die persönliche Abhängigkeit ergebe sich aus der Notwendigkeit einer örtlichen, zeitlichen und inhaltlichen Koordination, die zur Herstellung eines Filmes unerlässlich sei.
3 BAG v. 26.9.2002 – 5 AZB 19/01, NZA 2002, 1412; vgl. auch BAG v. 22.3.1995 – 5 AZB 21/94, NZA 1995, 823. Zustimmend *Bauschke*, in AR-Blattei ES 160. 5. 2 Nr. 102.
4 Vgl. *Fritzweiler*, in Praxishandbuch Sportrecht, S. 297–301.
5 BAG v. 23.4.1996 – 9 AZR 856/94, AP Nr. 40 zu § 1 BUrlG; BAG v. 24.11.1992 – 9 AZR 564/91, AP Nr. 34 zu § 11 BUrlG; BAG v. 24.2.1972 – 5 AZR 414/71, AP Nr. 10 zu § 11 BUrlG; BAG v. 16.1.1971 – 5 AZR 339/70, BAGE 23, 171; vgl. auch *Hausch*, Langfristige Arbeitsverträge bei Lizenzfußballspielern, S. 6–14, mit umfänglicher Darstellung des Streitstandes; kritisch zur ArbN-Eigenschaft von hoch bezahlten Spitzensportlern im Mannschaftssport jüngst *Fischer*, FA 2003, 136.
6 Vgl. BAG v. 10.5.1990 – 2 AZR 607/89, AP Nr. 51 zu § 611 BGB – Abhängigkeit.
7 LAG Rh.-Pf. v. 3.4.1998 – 10 Sa 1061/88, LAGE § 611 BGB – Berufssport Nr. 3. Vgl. auch BAG v. 17.6.1999 – 5 AZB 23/98, NZA 1999, 1175 (Motorrad-Rennfahrerin); ArbG Bielefeld v. 12.7.1989 – 2 Ca 2132/88, NZA 1989, 968 (Tennisspielerin); OLG Stuttgart v. 17.11.1977 – 3 U 108/77, ArbuR 1978, 125 (Tischtennisspieler).

che Abhängigkeit[1]. Ein Trainer eines Amateur-Fußballvereines mit einem befristeten „Dienstvertrag als freier Mitarbeiter", der erkennbar vom Mustervertrag für Trainer des DFB abweicht, ist freier Mitarbeiter[2]. Verpflichtet sich ein nebenberuflich tätiger Trainer aber gegen ein Bruttogehalt von 1432 Euro, wöchentlich mindestens viermal am zweistündigen Training, an den wöchentlichen Spielerbesprechungen und an den angesetzten Spielen des Vereins teilzunehmen, so ist er als ArbN anzusehen[3].

Der **Trainer einer Fußball-Oberligamannschaft**, der, neben dem Trainervertrag über eine Vollzeitbeschäftigung mit dem Verein, einen Arbeitsvertrag mit einer Sponsorenfirma abgeschlossen hat, dort jedoch von jeder Arbeitsleistung freigestellt ist, und der dem Präsidium/Vorstand des Vereins unterstellt ist, ist ArbN des Vereins[4]. Enthält demgegenüber der Vertrag des Trainers in Abweichung vom Mustervertrag der DFL weder eine Weisungsbindung noch ein Nebentätigkeitsverbot, ist die ArbN-Eigenschaft zu verneinen[5]. Im konkreten Fall handelte es sich um ein prominentes ehemaliges Mitglied der englischen Fußball-Nationalmannschaft, das für eineinhalb Trainingsstunden in der Woche monatlich ein Honorar iHv. rund 5000 Euro erhielt und daneben als Fernsehkommentator, Spielervermittler und Honorardozent auftrat. 131d

Die nebenamtliche Tätigkeit eines **Sportmanagers** eines Vereins kann sowohl im Rahmen eines Arbeitsverhältnisses als auch im Rahmen eines Dienstverhältnisses eines freien Mitarbeiters erbracht werden. Ist der Sportmanager bei einer monatlichen Vergütung von 800 Euro in seiner Arbeitszeitgestaltung sowie in der Handhabung und Gestaltung der ihm übertragenen Aufgaben im Wesentlichen frei, ist er weder ArbN noch arbeitnehmerähnliche Person[6]. Die Rücksichtnahme auf Trainings- und Spielzeiten begründet noch keine weisungsabhängige Eingliederung in eine fremde Organisation. Vielmehr handelt es sich lediglich um die Rahmenbedingungen für die geschuldeten selbständigen Leistungen. 131e

- Wer für einen **Steuerberater** die Vorbereitungsarbeiten für Steuererklärungen und Jahresabschlüsse an selbst gewählten Tagen zu Hause bzw. im Buchhaltungsbüro seiner Ehefrau erledigt, ist idR freier Mitarbeiter[7]. Dies gilt insbesondere dann, wenn er auch Buchhaltungsarbeiten für andere Auftraggeber ausführt. 132

- **Stromableser** können auch dann ArbN sein, wenn die Vertragsparteien „freie Mitarbeit" vereinbart haben und das Ablesen in Ausnahmefällen auch durch einen zuverlässigen Vertreter erfolgen darf[8]. 133

- **Studenten**, die nach einer mehrwöchigen Einarbeitung als Sitz- und Sonderwachen in der Intensivstation eines Universitätsklinikums für geeignet gehalten werden und aufgrund dessen in den Kreis der zukünftig zu Sitzwachen heranzuziehenden studentischen Hilfskräfte aufgenommen werden, stehen in einem dauernden Teilzeitarbeitsverhältnis[9]. Auch die im Vertrieb eines Verlages als Abrufkräfte beschäftigten Studenten sind idR ArbN[10]. Ebenso ArbN sind aufgrund befristeter Verträge an einem wissenschaftlichen Institut tätige **Doktoranden**, auch wenn deren Beschäftigung nur der weiteren Ausbildung der Doktoranden dienen soll[11]. ArbN sind auch die Studenten, die im Pfortendienst einer Klinik tätig sind. Dagegen spricht nicht, dass sie die Möglichkeit haben, die Arbeitszeiten selbst zu organisieren und abzusprechen[12]. Unternehmen, die Studenten bei der Erstellung ihrer Diplomarbeit mit Rat und Tat unterstützen, begründen hierdurch selbst dann kein Arbeitsverhältnis, wenn sie auch noch ein pauschales Entgelt zahlen[13]. 134

- Ob ein **Tankstellenbesitzer** vergleichbar einem Handelsvertreter seine Tätigkeit und seine Arbeitszeit im Wesentlichen frei bestimmen kann, ist eine Einzelfallentscheidung, die nach der Gesamtschau der Beziehungen zwischen Tankstellenbesitzer und Unternehmen zu treffen ist[14]. Wer gegen Provision ständig da- 135

---

1 LAG Hamm v. 13.3.2012 – 2 Ta 680/11, SpuRt 2012, 216; LAG Köln v. 1.8.1998 – 11 Ta 106/97, AR-Blattei ES, 1480 Nr. 26 (Fußballtrainer); ArbG Kempten v. 5.11.1997 – 3 Ca 1317/97, BB 1998, 1007 (Tennistrainer); LAG Düsseldorf v. 26.3.1992 – 7 Ta 20/92, LAGE § 611 BGB – Arbeitnehmerbegriff Nr. 25 (Übungsleiter); LAG Hessen v. 27.10.1964 – 5 Sa 136/64, AP Nr. 4 zu § 611 BGB – Abhängigkeit (Fußballtrainer).
2 LAG Köln v. 1.8.1998 – 11 Ta 106/97, AR-Blattei ES, 1480 Nr. 26.
3 Offengelassen in: BAG v. 10.5.1990 – 2 AZR 607/89, AP Nr. 51 zu § 611 BGB – Abhängigkeit.
4 LAG Thür. v. 1.3.2002 – 1 Ta 84/01, vgl. auch LAG München v. 19.3.1999 – 9 Ta 26/99.
5 LAG Köln v. 1.8.1997 – 11 Ta 106/97, AR-Blattei ES, 1480 Nr. 26.
6 LAG Hamm v. 14.3.2007 – 2 Ta 751/06.
7 LAG Berlin v. 29.5.1989 – 9 Sa 17, 35/89, BB 1989, 1554; LAG Köln v. 23.3.1988 – 7 Sa 1378/87, DB 1988, 1403.
8 BFH v. 24.7.1992 – VI R 126/88, DB 1993, 208.
9 BAG v. 19.1.1993 – 9 AZR 53/92, NZA 1993, 988.
10 BAG v. 20.10.1993 – 7 AZR 657/92, AfP 1994, 72.
11 BAG v. 14.3.1967 – 1 ABR 5/66, AP Nr. 3 zu § 61 BetrVG 1972. Im Einzelfall ArbN-Eigenschaft verneinend: ArbG Bonn v. 27.11.2008 – 1 Ca 4192/03.
12 LAG Köln v. 27.8.1992 – 5 Sa 521/92, LAGE § 620 BGB Nr. 28.
13 BSG v. 11.2.1993 – 7 RAr 52/92, BSGE 72, 105.
14 LAG Hessen v. 3.12.1975 – 4 Sa 9/75, BB 1976, 1178.

mit betraut ist, im Namen und für Rechnung einer Treibstoffgesellschaft deren Produkte von seiner Tankstelle aus zu vertreiben, ist nicht ArbN, sondern Handelsvertreter, sofern der Treibstoffgesellschaft kein Direktionsrecht hinsichtlich der Ausführung der Arbeit im Einzelfall zusteht[1].

136 • **Tankwarte** sind regelmäßig ArbN[2].

137 • Festangestellte **Taxifahrer** sind idR ArbN. Aushilfstaxifahrer können sowohl als freie Mitarbeiter als auch als ArbN tätig werden. Gegen die für ein Arbeitsverhältnis erforderliche persönliche Abhängigkeit sprechen zB eine kurze Dauer der Einsätze, die weitestgehende Bestimmung der zu erbringenden Dienstleistung bereits im Vertrag, die Möglichkeit, sich bei der Zentrale jederzeit „abzumelden" und Aufträge nicht durchzuführen, die fehlende Mindestarbeits-, Präsenz- oder Bereitschaftszeit. Allein die Tatsache, dass dem Fahrer durch die Taxizentrale eine bestimmte Fahrt zugeteilt wird, die er dann grds. ausführen muss, reicht für die Annahme eines Arbeitsverhältnisses nicht aus, da er insoweit einem freien Taxiunternehmer gleichsteht. Zeitliche Vorgaben oder die Verpflichtung, bestimmte Termine für die Erledigung der übertragenen Aufgabe einzuhalten, sind kein wesentliches Merkmal für ein Arbeitsverhältnis[3].

138 • Ein staatlich geprüfter **Techniker** mit eigener Betriebsstätte, der im Betrieb eines anderen arbeitet, jedoch den Beginn und das Ende seiner täglichen Arbeitszeit sowie die Pausen selbst bestimmen kann, wird regelmäßig nicht im Rahmen arbeitsvertraglicher Beziehungen für den anderen tätig[4].

139 • Zur **Telearbeit** s. Rz. 212 ff.

• Ein **Telefonist**, dessen Aufgabe darin besteht, Telefonlisten mit vorformulierten Fragen abzuarbeiten und dessen Arbeitszeit üblicherweise, jedoch nicht zwingend drei Stunden täglich beträgt, ist jedenfalls dann kein ArbN, wenn er die Lage und die Verteilung seiner Arbeitszeit frei bestimmen kann und die beworbenen Produkte nicht näher kennt. Mit der Selbständigkeit eines Vermittlers ist es durchaus vereinbar, dass er fachlichen Weisungen unterliegt[5].

140 • Ein **Toilettenpächter**, der auf einem Rheindampfer das Friseurhandwerk ausübt und auch Toilettenartikel auf eigene Rechnung verkauft, ist kein ArbN[6]. Gleiches gilt für einen die Toiletten einer Luxusgaststätte wartenden, Pachtzins entrichtenden Pächter, der auch zum selbständigen Verkauf von Toilettenartikeln berechtigt ist[7].

141 • Der Arbeitnehmerstatus einer **Unternehmensberaterin** ist vom LAG Köln – insoweit vor allem auf die Vertragsbenennung und die Vertragsgestaltung abstellend – verneint worden. Erscheint danach der Dienstnehmer als freier Mitarbeiter, so wird er auch durch die praktische Vertragsdurchführung nicht zum ArbN, vorausgesetzt er kann selbst allein darüber entscheiden, wann er arbeitet und wann nicht. Gegenüber diesem entscheidenden Gesichtspunkt treten andere, wie zB der Dauercharakter der Rechtsbeziehung, Abgabe von Terminplänen, Aufnahme in betriebliche Verzeichnisse und das Angewiesensein auf den Apparat des Betriebes, zurück[8]. Gleichfalls wurde der ArbN-Status eines Unternehmensberaters verneint, der bei einer großen amerikanischen Unternehmensberatung im Rang eines sog. „**Vice President**" bzw. „**Officer**" tätig war, zugleich zum Geschäftsführer der deutschen GmbH bestellt war, Einzelvertretungsbefugnis besaß, nur rund 0,1 % der Aktien hielt, im Außenverhältnis ebenso wie nur 250 weitere Mitarbeiter (von weltweit insgesamt 14 000) die Bezeichnung „Partner" führte, zwar an die allgemeinen Vorgaben eines weltweit geltenden Handbuchs für Officer gebunden war, jedoch über Jahre hinweg nur einige wenige konkrete, zudem inhaltlich wenig präzise Weisungen erhielt, die noch dazu nicht von besonders hoher Bedeutung waren (zB Teilnahme an Meeting, Unterbrechung von Urlaub)[9].

141a • Bei der Tätigkeit für einen **Verein** hängt es von den Umständen des Einzelfalles ab, ob ein Arbeitsverhältnis vorliegt oder ob Rechtsgrundlage für die Leistung der Dienste die Vereinsmitgliedschaft ist; denn der Mitgliedsbeitrag nach § 58 Nr. 2 BGB kann auch in der Leistung von Diensten bestehen[10]. Rechtsgrund der Beitragsleistung ist nicht ein schuldrechtlicher gegenseitiger Austauschvertrag, sondern die Vereinssatzung mit der Beitragsabrede. Durch Ausübung der Mitgliedschaftsrechte kann das Vereinsmitglied auf

---

1 BSG v. 11.8.1966 – 3 RK 57/63, AP Nr. 5 zu § 611 BGB – Abhängigkeit.
2 BAG v. 12.6.1996 – 5 AZR 960/94, AP Nr. 87 zu § 611 BGB – Abhängigkeit.
3 BAG v. 29.5.1991 – 7 ABR 67/90, EzA § 19 BetrVG 1972 Nr. 31.
4 LAG Berlin v. 4.1.1994 – 9 Ta 25/93, LAGE § 611 BGB – Arbeitnehmerbegriff Nr. 26.
5 LAG München v. 22.1.2004 – 3 Ta 440/03, NZA-RR 2004, 365.
6 LAG Düsseldorf v. 21.3.1957 – 2 Sa 22/57, AP Nr. 6 zu § 5 ArbGG 1953.
7 BSG v. 4.7.1962 – 3 RK 23/53, AP Nr. 4 zu § 165 RVO.
8 LAG Köln v. 26.6.1998 – 11 Sa 1665/97, AR-Blattei ES 720 Nr. 25.
9 Detailreich: LAG Hessen v. 13.12.2007 – 10 Ta 153/07, NZA-RR 2008, 605, für Booz Allen Hamilton.
10 Soergel/*Hadding*, 13. Aufl. § 58 BGB Rz. 3; *Sauter/Schweyer/Waldner*, Der eingetragene Verein, 18. Aufl. Rz. 120.

die Vereinsgeschicke Einfluss nehmen. Allerdings darf die Begründung vereinsrechtlicher Arbeitspflichten nicht gegen die §§ 134, 138 BGB verstoßen und damit zwingende arbeitsrechtliche Schutzbestimmungen umgehen[1].

- Die Tätigkeit als Vertrauensperson im Rahmen der **Vermittlung von Finanzprodukten**, bei der diese in den Betriebsräumen des Vertragspartners nach Maßgabe eines Leitfadens und vorgegebener Telefonliste zu bestimmten Zeiten Kunden anruft, um Termine für Handelsvertreter des Vertragspartners zu vereinbaren ist ein Arbeitsverhältnis, auch wenn eine **Kontakt-Honorar-Vereinbarung** geschlossen wurde[2]. 141b

- Ein **Versicherungsmakler**, der im laufenden Anstellungsverhältnis mit seinem ArbGeb einen „**Vertriebspartner-Vertrag**" abschließt, bleibt ArbN, wenn er im Kern weiterhin die gleichen Tätigkeiten ausübt und entgegen der vertraglichen Vereinbarung keine vierteljährliche Provisionsabrechnung vornimmt. Auch wenn der Vertrag vorsieht, dass der Versicherungsmakler Ort, Zeit sowie Art und Weise seiner Tätigkeit selbst bestimmen kann, kommt es auf die tatsächliche Durchführung des Vertrags an[3]. Vgl. auch Rz. 237b. 141c

- **Vertreter ausländischer Kreditinstitute** mit Sitz außerhalb der EU, die im Inland nach § 53 Abs. 2 KWG bestellt sind, sind zur Geschäftsführung und zur Vertretung berechtigt; sie gelten daher nicht als ArbN[4]. Vgl. auch Rz. 300. 142

- Zu **Volkshochschuldozenten** bereits Rz. 68. 143

- **Zeitungszusteller** können je nach Umfang und Organisation der übernommenen Tätigkeit ArbN oder Selbständige sein. In der Regel handelt es sich um ArbN, wenn die Zeitungszustellung an bestimmte Tage gebunden ist, Weisungen des Verlages befolgt werden müssen, keine Konkurrenzerzeugnisse vertrieben werden dürfen und Urlaub sowie Entgeltfortzahlung im Krankheitsfall gewährt werden[5]. Kann hingegen der Zusteller das übernommene Arbeitsvolumen in der vorgegebenen Zeit nicht bewältigen, so dass er weitere Mitarbeiter einsetzen muss, spricht dies gegen die Annahme eines Arbeitsverhältnisses[6]. Ebenso ist der Zeitungszusteller nicht als ArbN angesehen worden, der bei geringer zeitlicher Inanspruchnahme zwischen 9 und 12 Uhr in einem vorgegebenen Bezirk eine einmal pro Woche erscheinende Sonntagszeitung zuzustellen hatte und sich dabei von mithelfenden Familienangehörigen oder sonstigen Personen vertreten lassen durfte[7]. Gegen die ArbN-Eigenschaft spricht hingegen nicht, dass der Zeitungszusteller für mehrere Verlage oder Agenturen tätig wird oder dass er die Zustellung nicht stets „in Person" durchführen muss, sondern sich der Mithilfe von Familienangehörigen oder anderen Personen bedienen kann[8]. 144

- **Zivildienstleistende** sind keine ArbN. Vielmehr ist § 5 Abs. 2 entsprechend anzuwenden[9]. Keine ArbN sind auch **Freiwillige** nach dem Bundesfreiwilligengesetz[10]. Für bürgerliche Rechtsstreitigkeiten zwischen ihnen und dem Bund oder den Einsatzstellen sind nach § 2 Abs. 1 Nr. 8a ArbGG gleichwohl die Arbeitsgerichte zuständig. 144a

- **Zirkusartisten**: vgl. Rz. 105. 144b

- Ehemalige **Zwangsarbeiter** sind keine ArbN, da kein privatrechtlicher Vertrag zwischen den Parteien bestand[11]. Vgl. bereits Rz. 34. 145

8. Zu ihrer Berufsausbildung Beschäftigte

Auch die zu ihrer Berufsausbildung Beschäftigten sind ArbN iSd. ArbGG, § 5 Abs. 1 Satz 1. Dies steht im Einklang mit § 10 Abs. 2 BBiG, wonach grds. auf den Berufsausbildungsvertrag die für den Arbeitsvertrag geltenden Rechtsvorschriften und Rechtsgrundsätze anzuwenden sind. Die Rechtsnatur des Berufsausbil- 146

---

1 BAG v. 26.9.2002 – 5 AZB 19/01, NZA 2002, 1412.
2 LAG Köln v. 26.6.2012 – 11 Sa 95/12, juris, Rz. 15.
3 OLG München v. 20.3.2014 – 7 W 315/14, MDR 2014, 730 (Rz. 12).
4 BAG v. 15.10.1997 – 5 AZR 32/97, EzA § 5 ArbGG 1979 Nr. 26.
5 LAG Hamm v. 8.9.1977 – 8 Sa 468/77, EzA § 611 BGB – Arbeitnehmerbegriff Nr. 12; LAG BW v. 25.2.1991 – 10 TaBV 5/90, LAGE § 611 BGB – Arbeitnehmerbegriff Nr. 111; ArbG Hanau v. 16.8.1990 – BV 2/90, DB 1991, 51; vgl. auch GK-ArbGG/*Schleusener*, § 5 Rz. 94.
6 LAG Köln v. 29.8.2010 – 2 Sa 478/11, LAGE Nr. 7 zu § 611 BGB 2002 – Arbeitnehmerbegriff (Rz. 29, 31); LG Darmstadt v. 9.3.2000 – 5 T 1294/99, NZA-RR 2001, 631; BAG v. 16.7.1997 – 5 AZR 312/96, AP Nr. 4 zu § 611 BGB – Zeitungsausträger.
7 Zweifelhaft, so aber ArbG Oldenburg v. 7.6.1996 – 3 Ca 819/95, DB 1996, 2446.
8 LAG Düsseldorf v. 5.3.1996 – 16 Sa 1532/95, BB 1996, 2692.
9 LG Frankenthal v. 10.2.2003 – 8 T 140/02, NZA 2003, 752.
10 ErfK/*Koch*, § 2 ArbGG Rz. 23.
11 BAG v. 16.2.2000 – 5 AZB 71/99, AP Nr. 70 zu § 2 ArbGG 1979.

dungsverhältnisses ist für die arbeitsgerichtliche Zuständigkeit daher unerheblich[1]. Ist nach dem ArbGG die ArbN-Eigenschaft eines zu seiner Berufsbildung Beschäftigten zu bejahen, so gilt gleichfalls das der Berufsausbildung zugrunde liegende Vertragsverhältnis als Arbeitsverhältnis iSd. § 2. Die Zuständigkeit der ArbG ist dann gem. § 2 Abs. 1 Nr. 3 bei Vorliegen der übrigen Voraussetzungen gegeben[2].

a) Begriff der „Berufsausbildung"

147 Der Begriff der **„zu ihrer Berufsausbildung Beschäftigten"** wird im ArbGG nicht näher definiert. § 5 Abs. 1 BetrVG enthält eine wortgleiche Formulierung. Auch dort findet sich keine nähere Kennzeichnung.

148 Was unter Berufsausbildung zu verstehen ist, bestimmt sich im Ausgangspunkt nach § 1 BBiG: Nach § 1 Abs. 1 BBiG ist **Berufsausbildung** ein Teilbereich der Berufsbildung. Zur Berufsbildung zählen daneben die **berufliche Fortbildung**, die **berufliche Umschulung** und die **Berufsausbildungsvorbereitung**. Die Berufsausbildungsvorbereitung dient nach § 1 Abs. 2 BBiG dem Ziel, durch die Vermittlung von Grundlagen für den Erwerb beruflicher Handlungsfähigkeit an eine Berufsausbildung in einem anerkannten Ausbildungsberuf heranzuführen. Die Berufsausbildung hat nach § 1 Abs. 3 BBiG die für die Ausübung einer qualifizierten beruflichen Tätigkeit in einer sich wandelnden Arbeitswelt notwendigen beruflichen Fertigkeiten, Kenntnisse und Fähigkeiten (berufliche Handlungsfähigkeit) in einem geordneten Ausbildungsgang zu vermitteln und dabei den Erwerb der erforderlichen Berufserfahrungen zu ermöglichen. Demgegenüber dient die berufliche Fortbildung gem. § 1 Abs. 4 BBiG dazu, die berufliche Handlungsfähigkeit zu erhalten und anzupassen oder zu erweitern und beruflich aufzusteigen. Die berufliche Umschulung soll gem. § 1 Abs. 5 BBiG zu einer anderen beruflichen Tätigkeit befähigen.

149 Allerdings deckt sich der in § 5 Abs. 1 verwendete Begriff der **„Berufsausbildung"** nicht mit dem Begriff des § 1 Abs. 3 BBiG. Berufsausbildung iSd. ArbGG ist nicht nur die Berufsausbildung iSd. § 1 Abs. 3 BBiG, sondern umfasst **alle Bereiche der Berufsbildung nach § 1 Abs. 1 BBiG** und geht sogar noch darüber hinaus. Auch wenn Auszubildende nicht in den Geltungsbereich des BBiG fallen, können sie gleichwohl im Rahmen der betrieblichen Ausbildung zu ihrer Berufsausbildung beschäftigt und deshalb ArbN iSd. § 5 Abs. 1 Satz 1 sein[3]. Deshalb kann auch für Streitigkeiten aus einem **Fortbildungs- oder Umschulungsverhältnis** der Rechtsweg zu den ArbG eröffnet sein[4], vgl. auch Rz. 151 ff., vor allem Rz. 154. Neben der Berufsausbildung iSd. § 1 Abs. 3 BBiG sind die ArbG ferner zuständig für Streitigkeiten zwischen Auszubildenden bzw. Umschülern und sonstigen Bildungseinrichtungen iSd. § 2 Abs. 1 Nr. 3 BBiG, sofern das Rechtsverhältnis auf einem privatrechtlichen Vertrag beruht, zB Berufsakademien oder Berufskollegs (vgl. Rz. 160a).

150 **Berufsausbildung** iSd. ArbG-Verfahrens ist demnach jede auf **privatrechtlicher Vereinbarung** (zur Ausbildung im Strafvollzug vgl. Rz. 166b) beruhende Maßnahme zur Vermittlung beruflicher Kenntnisse und Fähigkeiten auf betrieblicher und außerbetrieblicher Ebene, unabhängig davon, ob der Auszubildende eine Vergütung erhält[5]. Der Auszubildende muss aber dem Weisungsrecht des Ausbildenden hinsichtlich Inhalt, Ort und Zeit seiner Tätigkeit unterworfen sein[6]. Auch **Volontäre**, Teilnehmer an berufsvorbereitenden Maßnahmen, **Rehabilitanden**, **Anlernlinge** und **Praktikanten** können darunter fallen.

b) Beschäftigung iSd. § 5 Abs. 1 Satz 1

151 Zuständig sind die ArbG nur, wenn eine „Beschäftigung" zur Berufsausbildung erfolgt. Dem Tatbestandsmerkmal der **Beschäftigung** kommt für die Rechtswegbestimmung eigenständige Bedeutung zu[7]. Der Ausdruck „Beschäftigte" in § 5 Abs. 1 Satz 1 stellt den notwendigen Bezug der Streitigkeit von Parteien eines Berufsbildungsverhältnisses zum Arbeitsrecht her. Der Gesetzgeber des ArbGG 1953 hat ihn nicht ohne Grund in den Gesetzestext aufgenommen. § 5 Abs. 1 Satz 1 ArbGG 1926 lautete noch: „Arbeitnehmer im Sinne des Gesetzes sind Arbeiter und Angestellte einschließlich der Lehrlinge." In § 2 Nr. 2 des Gesetzes

---

1 BVerwG v. 19.9.2000 – 1 C 13/00, NJW 2001, 1513. Zur Streitfrage, ob das Berufsausbildungsverhältnis ein Arbeitsverhältnis oder ein Rechtsverhältnis besonderer Art ist, vgl. GMP/*Müller-Glöge*, § 5 Rz. 20; Wohlgemuth/*Banke*, § 10 BBiG Rz. 19.
2 GMP/*Müller-Glöge*, § 5 Rz. 23.
3 BAG v. 27.9.2006 – 5 AZB 331/06, NZA 2006, 1432.
4 Vgl. zuletzt BAG v. 15.4.2015 – 9 AZB 10/15, AP Nr. 103 zu § 2 ArbGG 1979; BAG v. 15.10.2003 – 5 AZB 48/03, EzB-VjA § 5 ArbGG Nr. 13; BAG v. 24.9.2002 – 5 AZB 12/02, EzA § 5 ArbGG 1979 Nr. 37; LAG Köln v. 12.1.2015 – 7 Ta 227/14.
5 BAG v. 27.9.2006 – 5 AZB 33/06, NZA 2006, 1432; BAG v. 24.9.2002 – 5 AZB 12/02, EzA § 5 ArbGG 1979 Nr. 37; BAG v. 24.9.1981 – 6 ABR 7/81, DB 1982, 606; BAG v. 10.2.1981 – 6 ABR 86/78, BB 1981, 1901.
6 BAG v. 15.4.2015 – 9 AZB 10/15; HWK/*Kalb* § 5 ArbGG Rz. 6; ErfK/*Koch* § 5 ArbGG Rz. 3.
7 BAG v. 24.9.2002 – 5 AZB 12/02, EzA § 5 ArbGG 1979 Nr. 37.

wurde auch das „Lehrverhältnis" besonders erwähnt. Der Gesetzgeber wollte Zweifel an der Zuständigkeit der ArbG ausschließen[1]. Das ArbGG 1953 hat auf die Erwähnung des Lehrverhältnisses in seinem § 2 Nr. 2 verzichtet und den Ausdruck „Lehrlinge" durch „die zu ihrer Berufsausbildung Beschäftigten" ersetzt. In der Begründung des Gesetzesentwurfs (abgedruckt in RdA 1951, 463 ff.) heißt es dazu, auf diese Weise werde „klargestellt, dass nicht nur ‚die Lehrlinge' im engeren Sinne, sondern auch diejenigen zu ihrer Berufsausbildung Beschäftigten, die zur Arbeitsleistung verpflichtet sind, als Arbeitnehmer im Sinne des Arbeitsgerichtsgesetzes gelten". Es wurde deshalb nicht nur als Merkmal des Lehrverhältnisses im engeren Sinne angesehen, vertraglich zur Arbeit in fremden Diensten verpflichtet zu sein. Auch eine „Beschäftigung zur Ausbildung" lag nur vor, wenn der Betreffende aufgrund eines privatrechtlichen Vertrages im Dienste eines anderen zur Arbeit verpflichtet war[2]. § 1 Abs. 1 Satz 1 ArbGG 1953 wurde unverändert in das ArbGG 1979 übernommen. In dem Tatbestandsmerkmal „Beschäftigte" kommt das dargelegte Verständnis deshalb weiterhin zum Ausdruck. Die Annahme, dem Gesetzeswortlaut komme insoweit keine Bedeutung zu, ist weder sachlich noch methodisch gerechtfertigt.

Im Rahmen des gleich lautenden **§ 5 Abs. 1 BetrVG** hat das BAG den Begriff der zu ihrer Berufsausbildung „Beschäftigten" eng ausgelegt. Es hat darauf abgestellt, an welchem **Ort die Berufsausbildung** stattfindet. § 2 Abs. 1 BBiG unterscheidet für die unterschiedlichen Bereiche der Berufsausbildung zwischen drei Durchführungsorten: Berufsbildung wird durchgeführt 152

- in Betrieben der Wirtschaft oder in vergleichbaren Einrichtungen außerhalb der Wirtschaft, insbesondere des öffentlichen Dienstes, der Angehörigen freier Berufe und in Haushalten (betriebliche Berufsbildung);
- in berufsbildenden Schulen (schulische Berufsbildung);
- in sonstigen Berufsbildungseinrichtungen außerhalb der schulischen und betrieblichen Berufsbildung (außerbetriebliche Berufsbildung).

Als „Beschäftigung" iSd. § 5 Abs. 1 BetrVG wäre nur die auf privatrechtlicher Grundlage durchgeführte Ausbildung **in Betrieben** und vergleichbaren Einrichtungen außerhalb der Wirtschaft (§ 2 Abs. 1 Nr. 1 BBiG) anzusehen. Sie zeichnet sich dadurch aus, dass die Auszubildenden innerhalb der arbeitstechnischen Zwecke des Produktions- oder Dienstleistungsbetriebs oder einer vergleichbaren Einrichtung betrieblichpraktisch unterwiesen werden und selbst beruflich aktiv sind. Die Auszubildenden müssen an dem über die Berufsbildung als solche hinausreichenden Betriebszweck beteiligt sein. Nicht erforderlich ist, dass die Auszubildenden eine Geldleistung erhalten[3]. Findet demgegenüber die praktische Berufsausbildung in einem reinen Ausbildungsbetrieb oder einer sonstigen Berufsbildungseinrichtung iSd. § 2 Abs. 1 Nr. 3 BBiG statt, so vollzieht sie sich nicht innerhalb des Betriebszwecks. Sie ist vielmehr selbst Gegenstand des Betriebszwecks. Die Auszubildenden gehören dann nicht zur Belegschaft iSd. § 5 BetrVG und sind nicht wahlberechtigt zum BR des Betriebs[4]. 153

Für die Frage, welcher Rechtsweg für Streitigkeiten aus einem Berufs(aus)bildungsverhältnis eröffnet ist, kommt es allerdings auf den betriebsverfassungsrechtlichen ArbN-Begriff nicht an. **§ 5 hat einen weiteren Anwendungsbereich als § 5 Abs. 1 BetrVG**[5]. Dies zeigt insbesondere die Regelung des § 5 Abs. 1 Satz 1, die im BetrVG keine Entsprechung findet. Auch die Existenz des § 5 Abs. 1 Satz 2 („arbeitnehmerähnlich") und in gewisser Weise auch die des § 5 Abs. 3 lassen die Absicht des Gesetzgebers erkennen, den Anwendungsbereich des ArbGG weit zu ziehen. § 5 hat auch einen weiteren Anwendungsbereich als § 1 Abs. 1 BBiG[6]. **Die ArbG sollen auch außerhalb des „klassischen" Arbeits- und Berufsausbildungsverhältnisses für sachnahe Streitigkeiten zuständig sein**[7]. Diese gesetzgeberische Absicht verlangt auch im Rahmen des § 5 Abs. 1 Satz 1 Beachtung. Ihr entspricht eine **weite Auslegung** der Vorschrift. Hinzu kommt, dass die neuere Rspr. zu § 5 Abs. 1 BetrVG vor allem auf der Erwägung beruht, eine weite Auslegung der Vorschrift 154

---

1 Vgl. *Dersch/Volkmar*, 2. Aufl. 1927, § 5 ArbGG Rz. 3b, bb, unter Hinweis auf die Gesetzesbegründung.
2 *Dietz/Nikisch* ArbGG, 1954, § 5 ArbGG Rz. 34, 38.
3 BAG v. 6.11.2013 – 7 ABR 76/11, NZA 2014, 678 (Rz. 26).
4 BAG v. 26.1.1994 – 7 ABR 13/92, EzA § 5 BetrVG 1972 Nr. 57; BAG v. 28.7.1992 – 1 ABR 22/92, AP Nr. 7 zu § 87 BetrVG 1972 – Werkmietwohnungen, unter C I 1 der Gründe; vgl. auch BAG v. 6.11.2013 – 7 ABR 76/11, NZA 2014, 678 (Rz. 28).
5 BAG v. 24.9.2002 – 5 AZB 12/02, EzA § 5 ArbGG 1979 Nr. 37; BAG v. 24.2.1999 – 5 AZB 10/98, EzA § 5 ArbGG 1979 Nr. 32 (Umschulungsverhältnis); BAG v. 21.5.1997 – 5 AZB 30/96, EzA § 5 ArbGG 1979 Nr. 22; *Rohlfing*, NZA 1997, 365 mwN. AA offenbar: Hauck/Helml/*Helml*, § 5 Rz. 13, die unter Berufung auf BAG v. 26.1.1994 – 7 ABR 13/92, AP Nr. 54 zu § 5 BetrVG 1972 als Voraussetzung für die ArbN-Eigenschaft ansehen, dass es sich um eine betriebliche Ausbildung handelt.
6 BAG v. 27.9.2006 – 5 AZB 331/06, NZA 2006, 1432; LAG Köln v. 14.10.2009 – 10 Ta 255/09, juris, Rz. 16 f.
7 BAG v. 24.2.1999 – 5 AZB 10/98, NZA 1999, 557; LAG Köln v. 14.10.2009 – 10 Ta 255/09, juris, Rz. 16 f.

führe zu unausgewogenen, dem Sinn der Betriebsverfassung nicht entsprechenden Ergebnissen[1]. Auf die Frage der Rechtswegbestimmung sind diese Erwägungen nicht übertragbar. Daher kann diese Rspr. weder für die Auslegung des § 5 Abs. 1 Satz 2 noch für die Auslegung des § 5 Abs. 1 Satz 1 maßgebend sein[2].

155 „Beschäftigte" iSd. § 5 Abs. 1 Satz 1 können grds. nicht nur diejenigen sein, die sich in einer betrieblichen Ausbildung iSd. § 2 Abs. 1 BBiG befinden, sondern auch Auszubildende **außerhalb der betrieblichen Berufsbildung**, etwa in **berufsbildenden Schulen** und sonstigen Berufsbildungseinrichtungen (zB Berufsakademie, Berufskolleg[3]). Ausschlaggebend für die Stellung als Beschäftigter sind weder der jeweilige Lernort gem. § 2 Abs. 1 BBiG noch die jeweilige Lehrmethode als solche. **Entscheidend ist nicht, wo und wie die Ausbildung erfolgt** – ob in Betrieb, Schule oder sonstiger Einrichtung, ob überwiegend praktisch, innerhalb eines laufenden Produktions- oder Dienstleistungsprozesses oder überwiegend theoretisch, systematisch geordnet und lehrplanmäßig außerhalb eines solchen Prozesses. **Maßgeblich ist** stattdessen – wie für das Vorliegen eines Arbeitsverhältnisses auch –, **welche vertraglichen Rechte und Pflichten die Parteien des Ausbildungsvertrages für die Durchführung des Ausbildungsverhältnisses begründet haben**. Eine **Beschäftigung** iSv. § 5 Abs. 1 Satz 1 liegt regelmäßig dann vor, wenn der Auszubildende dem Weisungsrecht des Ausbildenden hinsichtlich des Inhalts, der Zeit und des Orts der Tätigkeit unterworfen ist[4]. Ein praktischer Ausbildungsteil ist danach nicht erforderlich[5].

156 „Beschäftigung" iSd. § 5 Abs. 1 Satz 1 liegt auch dann noch vor, wenn Betriebe der Wirtschaft oder vergleichbare Einrichtungen innerbetriebliche oder **überbetriebliche Stätten** zur Vermittlung einer berufspraktischen Ausbildung errichten, in denen die Auszubildenden die vertraglich geschuldete Berufsausbildung erfahren. Beispiele sind Lehrwerkstätten oder Ausbildungszentren. „Sonstige Berufsbildungseinrichtungen" sind zB Berufsbildungs- oder Berufsförderungswerke oder außerbetriebliche Ausbildungsstätten[6].

157 Demgegenüber liegt eine „Beschäftigung" regelmäßig dann **nicht** vor, wenn das Rechtsverhältnis keinerlei über einen bloßen Leistungsaustausch hinausgehenden Inhalt hat. Es fehlt dann an jeder Nähe zum regulären Arbeitsverhältnis. Besucht etwa der Auszubildende eine private Schule im Bereich der Wirtschaft oder eine sonstige Bildungseinrichtung, ist aber dieser gegenüber weder zur pünktlichen und regelmäßigen Teilnahme noch zum Ablegen einer (Zwischen-)Prüfung noch zur Einhaltung von mehr als bloßen Hausordnungsregeln, sondern allenfalls zur Zahlung von Entgelt verpflichtet, so kann von einer Leistung im Dienste der Ausbildungsstätte keine Rede sein. Es handelt sich umgekehrt um ein Dienstverhältnis mit dem Auszubildenden als Dienstherrn. Es schuldet dann nur der Ausbildende die Lehre und nicht auch der Auszubildende das Lernen. Für Streitigkeiten aus einem solchen Ausbildungsverhältnis ist der Rechtsweg zu den ArbG nicht eröffnet.

158 Gehen dagegen die wechselseitigen Pflichten über die mit dem unmittelbaren Leistungsaustausch verbundenen hinaus, ist insbesondere der Auszubildende weitergehenden Pflichten und Weisungen unterworfen, so kann der für eine Beschäftigung notwendige Bezug zum Arbeitsverhältnis gegeben sein. Das ist etwa anzunehmen, wenn der privatrechtliche Ausbildungsvertrag eine Pflicht des Auszubildenden zum Schulbesuch festlegt, deren Nichteinhaltung kündigungsbewehrt ist, wenn er Ordnungs- und Verhaltensmaßregeln vorsieht, die über den Charakter einer reinen Hausordnung hinausgehen, wenn er die Teilnahme an Zwischenprüfungen vorschreibt oder er bestimmte Verpflichtungen für die Zeit nach dem Ende der Ausbildung vorsieht. Hier schuldet nicht nur der Ausbildende die Lehre, sondern auch – und sei es mittelbar – der Auszubildende das Lernen. Maßgebend sind die Umstände des Einzelfalles[7].

158a Eine Beschäftigung liegt bspw. vor, wenn den **Umschüler** nach dem privatrechtlichen Umschulungsvertrag nicht nur die Pflicht zur Zahlung der Lehrgangsgebühren trifft, sondern er auch zur pünktlichen Teilnahme verpflichtet ist, sich in diesem Rahmen der Leitungsmacht des Ausbildenden unterworfen hat, dieser im Einzelnen den Gegenstand sowie Methode der Umschulung bestimmt, während der Umschüler Leistungen zu erbringen und durch Zwischenprüfungen, Klausuren, Tests, Arbeitserproben oder ähnliche Maßnahmen nach Weisung des Ausbilders nachzuweisen hat[8] (vgl. auch Rz. 166c). Die Tätigkeit des Um-

---

1 BAG v. 21.7.1993 – 7 ABR 35/92, NZA 1994, 713.
2 BAG v. 24.9.2002 – 5 AZB 12/02, EzA § 5 ArbGG 1979 Nr. 37. So auch *Rohlfing*, NZA 1997, 365 (368, 369).
3 BAG v. 27.9.2006 – 5 AZB 33/06, NZA 2006, 1432.
4 BAG v. 24.9.2002 – 5 AZB 12/02, EzA § 5 ArbGG 1979 Nr. 37 (Umschulungsverhältnis); BAG v. 24.2.1999 – 5 AZB 10/98, EzA § 5 ArbGG 1979 Nr. 32 (Umschulungsverhältnis); LAG München v. 12.2.2009 – 11 Ta 512/08, EzB § 2 ArbGG Nr. 8 (von ARGE geförderte Umschulungsmaßnahme). Vgl. zum Umschulungsverhältnis: *Sasse*, EWiR 2003, 143.
5 LAG Berlin v. 6.12.2004 – 16 Ta 2297/04, LAGE § 2 ArbGG 1979 Nr. 47.
6 BAG v. 24.2.1999 – 5 AZB 10/98, EzA § 5 ArbGG 1979 Nr. 32.
7 BAG v. 24.9.2002 – 5 AZB 12/02, EzA § 5 ArbGG 1979 Nr. 37.
8 BAG v. 15.10.2003 – 5 AZB 48/03, EzB-VjA § 5 ArbGG Nr. 13, Rz. 21.

schülers muss **keinen eigenen wirtschaftlichen Wert** für den Ausbildenden besitzen. Das wirtschaftliche Interesse des Ausbilders ist lediglich typischerweise vorhanden. Die im Rahmen der Berufsbildung Beschäftigten können aber auch unabhängig von einer wirtschaftlichen Bedeutung der Dienste für den Vertragspartner tätig werden[1].

c) Einzelfälle

- Für Streitigkeiten aus einem Schulungsvertrag über eine Ausbildung zum **Altenpfleger** gem. dem AltpflG kann der Rechtsweg zu den Gerichten für Arbeitssachen eröffnet sein[2]. 159

- Der **Anlernling**, der für eine Tätigkeit im Unternehmen angelernt wird, steht meist in einem echten Arbeitsverhältnis. 159a

- Teilnehmer an einer **beruflichen Rehabilitation** (vgl. §§ 33 ff. SGB IX) sind gem. § 36 Satz 2 SGB IX keine ArbN[3]. Macht der berufliche Rehabilitand allerdings Ansprüche geltend, die nur einem ArbN oder Auszubildenden iSd. BBiG zustehen können, sind die ArbG nach der Sic-non-Rspr. zuständig[4]. 160

- Auch wenn bspw. **Berufsakademiestudenten**, deren Ausbildung nach dem Berufsakademiegesetz des Landes Baden-Württemberg vom 1.2.2000 (GBl. S. 197) an der Studienakademie (Lernort Theorie) und an einer betrieblichen Ausbildungsstätte stattfindet, nicht in den Geltungsbereich des BBiG fallen[5], können sie gleichwohl im Rahmen der betrieblichen Ausbildung zu ihrer Berufsausbildung beschäftigt und deshalb ArbN iSd. § 5 Abs. 1 Satz 1 sein. Zu eng dürfte es sein, wenn das LAG Hamm eine Berufsausbildung iSd. § 5 Abs. 1 Satz 1 deshalb verneint, weil die Prüfungs- bzw. Studienordnung die Ableistung des Betriebspraktikums nicht voraussetzt, es sich bei dem Betriebspraktikum vielmehr um eine Art Stipendium in der vorlesungsfreien Zeit handelt[6]. 160a

- Der Teilnehmer an einer Maßnahme zur beruflichen Weiterbildung iSd. § 77 SGB III („**Bildungsgutschein**") kann „zu [seiner] Berufsausbildung beschäftigt" sein (§ 5 Abs. 1 Satz 1 ArbGG), auch wenn die Maßnahme ausschließlich in den Räumen des Bildungsträgers als Unterricht im Klassenverband durchgeführt wird[7]. 160b

Einstweilen frei 161

- Für Klagen aus einem Berufsausbildungsvertrag ist trotz einer dem Vertrag zugrunde liegenden **finanziellen Förderung** durch die BA der Rechtsweg zu den ArbG gegeben[8]. 162

- Die nicht in den normalen Betriebsablauf eines Luftfahrtunternehmens eingegliederte **Fliegerschule**, die dem Pilotennachwuchs in einem Ausbildungsgang von 24 Monaten die theoretischen Kenntnisse und praktischen Fähigkeiten zum Erwerb des Verkehrsflugzeugführerscheins ua. vermittelt, stellt entweder eine berufsbildende Schule nach § 2 Abs. 1, 2. Alt. BBiG oder eine sonstige Berufsbildungseinrichtung iSd. § 2 Abs. 1, 3. Alt. BBiG dar[9]. § 5 Abs. 1 Satz 1 greift aufgrund der gebotenen weiten Auslegung (vgl. hierzu Rz. 153 ff.) ein, obgleich der ArbN-Begriff des § 5 Abs. 1 BetrVG nicht erfüllt ist. 163

- **Helfer im freiwilligen sozialen oder ökologischen Jahr** sind nicht zu ihrer Berufsausbildung Beschäftigte. Das Ziel dieser Tätigkeiten ist nicht das Erlernen eines bestimmten Berufes, sondern vielmehr das Vermitteln sozialer Erfahrungen und die Stärkung des Verantwortungsbewusstseins für das Gemeinwohl[10]. Für bürgerliche Rechtsstreitigkeiten zwischen ihnen und den Trägern oder den Einsatzstellen sind nach § 2 Abs. 1 Nr. 8 ArbGG gleichwohl die Arbeitsgerichte zuständig. 164

---

1 BAG v. 15.10.2003 – 5 AZB 48/03, EzB-VjA § 5 ArbGG Nr. 13, Rz. 21; BAG v. 24.9.2002 – 5 AZB 12/02, EzA § 5 ArbGG 1979 Nr. 37.
2 LAG Sachsen v. 16.3.2006 – 3 Ta 39/06, EzA-SD 2006 Nr. 16, 19.
3 BAG v. 16.4.2003 – 7 ABR 27/02, NZA 2003, 1105. Ebenso bereits zur Vorgängernorm des § 56 AFG: BAG v. 26.1.1994 – 7 ABR 13/92, EzA § 5 BetrVG 1972 Nr. 57. AA: LAG Rh.-Pf. v. 18.11.1998 – 3 Ta 200/98, AuR 1999, 146.
4 BAG v. 22.2.1996 – 5 AZB 9/95.
5 Dazu BAG v. 16.10.2002 – 4 AZR 429/01, BB 2003, 906. Vgl. auch LAG BW v. 30.7.2004 – 5 Ta 12/04, LAGReport 2005, 96 für staatlich anerkanntes Berufskolleg für Schauspielkunst.
6 LAG Hamm v. 13.10.2006 – 2 Ta 6/06, NZA-RR 2007, 97 für ein Betriebspraktikum im Rahmen eines Stipendienvertrages nach dem sog. Soester Modell.
7 LAG Berlin v. 6.12.2004 – 16 Ta 2297/04, LAGE § 2 ArbGG 1979 Nr. 47.
8 LAG Rh.-Pf. v. 18.11.1998 – 3 Ta 200/98, MDR 1999, 552.
9 BAG v. 24.2.1999 – 5 AZB 10/98, EzA § 5 ArbGG 1979 Nr. 32.
10 BAG v. 12.2.1992 – 7 ABR 42/91, AP Nr. 52 zu § 5 BetrVG 1972.

164a • Ein **Hospitationsvertrag**, der die berufliche und sprachliche Fortbildung sowie die Stellung von Kost und Logis beinhaltet, ist jedenfalls als berufsausbildungsähnlicher Vertrag (§ 26 BBiG) zu werten und begründet damit über § 5 Abs. 1 Satz 1die Zuständigkeit der ArbG[1].

164b • Die sich aus dem Ausbildungsvertrag zur **Kinder- und Jugendpsychotherapeutin** herleitenden wechselseitigen Rechte und Pflichten rechtfertigen die Zuständigkeit der ArbG[2].

165 • **Lernschwestern** und **Krankenpflegeschüler** sind zu ihrer Berufsausbildung beschäftigt[3].

165a • Ein **Postulant** und **angehender Novize** ist kein zu seiner Berufsausbildung Beschäftigter, da er idR keinem Direktionsrecht eines Ausbildenden unterliegt und ihm auf betrieblicher Ebene keine Kenntnisse, beruflichen Fähigkeiten und Fertigkeiten vermittelt werden, die für die Arbeitswelt notwendig oder zweckmäßig sind[4]. Vgl. zur fehlenden ArbN-Eigenschaft Rz. 119a.

166 • Für **Praktikanten** – also für diejenigen, die eine Zeitlang praktisch in einem Betrieb arbeiten, um sich auf einen Beruf vorzubereiten und sich die hierfür notwendigen praktischen Kenntnisse und Erfahrungen anzueignen[5] – ergibt sich die Zuständigkeit der ArbG ebenso wie bei Volontären (vgl. Rz. 166d) aus der gebotenen weiten Auslegung des § 5 Abs. 1 Satz 1 (vgl. Rz. 154 ff.)[6] – selbst dann, wenn keine Vergütung gezahlt wird[7]. Dies gilt auch für die Vermittlung praktischer Kenntnisse und Erfahrungen auf **Hochschul- und Fachhochschulebene**. Das Vorliegen eines **Hochschulpraktikantenvertrags**, der grds. kein Arbeitsvertrag ist, steht dem nicht entgegen, wenn die Parteien selbst das Verhältnis als Arbeitsverhältnis bezeichnen und der Vertrag die Rechte und Pflichten des Praktikanten umfangreich regelt[8]. Die zu § 5 BetrVG[9] und zu § 1 KSchG[10] ergangene Rspr. lässt sich daher nicht übertragen. Das Sächsische LAG[11] will Studenten, die innerhalb ihres Studiums und als dessen Bestandteil ein Praktikum absolvieren, um in einem Forschungscamp die für den Abschluss des Studiums erforderliche Diplomarbeit zu erstellen, vom ArbN-Begriff ausnehmen. Diese seien nicht vom BBiG erfasst. Durch die Neufassung des § 3 Abs. 2 Nr. 1 BBiG werde nunmehr ausdrücklich klargestellt, dass die berufliche Bildung in berufsqualifizierenden oder vergleichbaren Studiengängen an Hochschulen durchgeführt werde, nicht als Berufsbildung iSd. § 1 Abs. 1 BBiG gelte. Dies überzeugt nicht, da verkannt wird, dass sich der in § 5 Abs. 1 verwendete Begriff der Berufsausbildung nicht mit dem in § 1 Abs. 3 BBiG deckt und in einem weiteren Sinne zu verstehen ist, vgl. Rz. 149, Rz. 154.

166a • **Referendare**, die in einem öffentlich-rechtlichen Ausbildungsverhältnis oder in einem Beamtenverhältnis auf Widerruf stehen, unterfallen nicht § 5[12]. Gleiches gilt für sonstige Auszubildende, die in einem Beamten- oder Soldatenverhältnis stehen.

166b • Die Ausbildung im **Strafvollzug** erfolgt regelmäßig in einem öffentlich-rechtlichen Rechtsverhältnis. Die ArbG sind demnach nicht zuständig[13]. Anders liegt es, wenn eine **Umschulung** einer Strafgefangenen zur Köchin aufgrund einer Umschulungsvereinbarung mit eine juristischen Person des Privatrechts erfolgt. Hierbei handelt es sich um einen privatrechtlichen Vertrag, so dass die Gerichte für Arbeitssachen zuständig sind[14].

166c • Für Streitigkeiten aus einem **Umschulungsverhältnis** kann der Rechtsweg zu den ArbG eröffnet sein[15].

166d • Auch **Volontäre**, dh. Personen, die eine betriebliche Ausbildung für ein bestimmtes Gebiet durchlaufen, ohne einen bestimmten Beruf zu erlernen oder eine vollständige Berufsausbildung zu erlangen, fallen aufgrund der vom Gesetzgeber bezweckten weiten Auslegung des personellen Anwendungsbereiches des § 5

---

1 LAG MV v. 27.11.2012 – 3 Ta 24/12, juris, Rz. 23.
2 LAG Köln v. 14.10.2009 – 10 Ta 255/09, juris, Rz. 15; aA LAG Baden-Württemberg v. 12.11.2014 – 4 Ta 31/14.
3 BAG v. 29.10.1957 – 3 AZR 411/55, AP Nr. 10 zu § 611 BGB – Lehrverhältnis.
4 LAG Rh.-Pf. v. 16.7.2009 – 3 Ta 164/09, KirchE 54, 51.
5 BAG v. 5.8.1965 – 2 AZR 439/64, AP Nr. 2 zu § 21 KSchG 1951.
6 GK-ArbGG/*Schleusener*, § 5 Rz. 103 f. Ohne Begründung im Ergebnis ebenso: GMP/*Müller-Glöge*, § 5 Rz. 21 f.; Hauck/Helml/Biebl/*Helml*, § 5 Rz. 13; Düwell/Lipke/*Krasshöfer*, § 5 Rz. 12.
7 LAG Hamm v. 18.6.2007 – 2 Ta 661/06, juris, Rz. 18.
8 LAG Hamm v. 2.9.2013 – 2 Ta 18/13, juris, Rz. 64.
9 BAG v. 30.10.1991 – 7 ABR 11/91, AP Nr. 2 zu § 5 BetrVG 1972 (Ausbildung zum Modellstudiengang „Betriebswirtschaft mit Schwerpunkt Wirtschaftsinformatik" der TFH Berlin).
10 BAG v. 18.11.1999 – 2 AZR 89/99, AP Nr. 11 zu § 1 KSchG 1969 Wartezeit.
11 LAG Sachsen v. 9.3.2009 – 4 Ta 16/09, juris, Rz. 29 f.
12 GMP/*Müller-Glöge*, § 5 Rz. 22; ErfK/*Koch*, § 5 Rz. 4; vgl. auch BAG v. 28.6.1989 – 5 AZR 274/88, NZA 1990, 663; GK-ArbGG/*Schleusener*, § 5 Rz. 106.
13 BAG v. 18.11.1986 – 7 AZR 311/85, EzA § 2 ArbGG 1979 Nr. 8.
14 LAG Hessen v. 3.12.2010 – 8 Ta 217/10, juris, Rz. 8.
15 BAG v. 15.10.2003 – 5 AZB 48/03, EzB-VjA § 5 ArbGG Nr. 13.

Abs. 1 in die Zuständigkeit der ArbG[1]. Eine Ausnahme besteht nur dann, wenn der Volontär nicht zur Arbeitsleistung verpflichtet ist oder sein Praktikum Teil einer öffentlich-rechtlich geregelten Schul- oder Hochschulausbildung ist[2].

d) Schlichtungsausschüsse im Handwerk

Im Bereich des **Handwerks** können die Handwerksinnungen zur Beilegung von Streitigkeiten zwischen Auszubildenden und Ausbildenden gem. § 111 Abs. 2 Schlichtungsausschüsse einrichten. Diese Ausschüsse sind bei bestehendem Berufsausbildungsverhältnis iSd. BBiG für Streitigkeiten aus dem Ausbildungsverhältnis, zB über die Wirksamkeit der Kündigung eines Auszubildenden, zuständig. Vor Anrufung des Schlichtungsausschusses ist die Klage unzulässig. Die vorherige Durchführung des Schlichtungsverfahrens ist vom ArbG von Amts wegen zu prüfen. 166e

9. Besondere Personengruppen

Bei einigen Personengruppen ist der **ArbN-Status problematisch**, auch wenn sie nicht ausdrücklich von § 5 ausgenommen werden. Dies gilt insbesondere für karitativ oder religiös motivierte Arbeit, obgleich im Arbeitsverhältnis grds. auch unentgeltliche Arbeit geleistet werden kann. 167

a) Tätigkeit aufgrund religiöser oder karitativer Motive

Zu diesen Personen zählen diejenigen, die eine Tätigkeit nicht vornehmlich zu Erwerbszwecken sondern vorwiegend aufgrund religiöser oder karitativer Motive ausüben. Sie werden aufgrund von vereins- oder kirchenrechtlichen Grundsätzen tätig. Eine arbeitsvertragliche Grundlage besteht daneben idR nicht. Die Grenze ausschließlich vereinsrechtlicher Arbeitspflichten ist erreicht, wenn sie zur Umgehung zwingender arbeitsrechtlicher Schutzbestimmungen führen[3]. 168

Nicht hierher zählen Personen, die aus karitativen oder religiösen Motiven einen bestimmten Beruf gewählt und ergriffen haben. Sie können zumindest als arbeitnehmerähnliche Personen einzuordnen sein[4]. Umgekehrt können sich **Religionsgemeinschaften** zur Erfüllung ihrer Aufgaben der Gestaltungsfreiheit des staatlichen Rechts bedienen, etwa durch den Abschluss von Arbeitsverträgen. Sodann haben die Religionsgemeinschaften das für alle geltende Gesetz zu beachten. Arbeitsrechtliche Streitigkeiten kirchlicher Bediensteter sind der staatlichen Arbeitsgerichtsbarkeit unterworfen[5]. 169

Nach dem hergebrachten (nationalen) Verständnis des ArbN sind **Schwestern des Deutschen Roten Kreuzes** keine ArbN der Schwesternschaft[6]. Sie werden nicht in persönlicher Abhängigkeit tätig, da ihnen Mitgliedschaftsrechte zustehen, mit denen sie die Geschicke des Vereines und auch der Arbeitsorganisation beeinflussen können. Rote-Kreuz-Schwestern wählen eine Vertretung, den Schwesternbeirat. Ferner haben sie zB das Recht, die Oberin zu wählen und abzuwählen und über die Wirtschaftsplanung mitzuentscheiden. Maßgeblich für die Rechtsstellung der Schwestern zu ihrem Orden sind die Bestimmungen der Satzung. Es fehlt zudem an wirtschaftlicher Abhängigkeit und an sozialer Schutzbedürftigkeit. Dementsprechend sind die Rotkreuzschwestern auch keine arbeitnehmerähnlichen Personen iSd. § 5 Abs. 1[7]. Auch eine Schwester, die kein Mitglied der Schwesternschaft ist, aber die Schwesternordnung als für sich verbindlich erachtet und sich deshalb dem Lebenskreis der Schwestern anschließt, ist rechtlich wie ein Mitglied zu behandeln[8]. Für die Geltendmachung von Ansprüchen, die sich aus der Mitgliedschaft ergeben, besteht demnach keine Zuständigkeit der ArbG. Daran ändern auch jüngste Entwicklungen in der Rspr. des EuGH zur Anwendung der Leiharbeitsrichtlinie RL 104/2008[9] und des BAG zur Anwendung des AÜG[10] auf Schwestern des Deutschen Roten Kreuzes nichts. Der national geprägte Arbeitnehmerbegriff des § 5 ArbGG bleibt davon unberührt (vgl. schon Rz. 21). 170

---

1 Vgl. GMP/*Müller-Glöge*, § 5 Rz. 22; ErfK/*Koch*, § 5 ArbGG Rz. 3; GK-ArbGG/*Schleusener*, § 5 Rz. 103.
2 GMP/*Müller-Glöge*, § 5 Rz. 22.
3 BAG v. 6.7.1995 – 5 AZB 9/93, AP Nr. 22 zu § 5 ArbGG 1979; BAG v. 26.9.2002 – 5 AZB 19/01, NZA 2002, 1412. Vgl. auch bereits Rz. 130, Rz. 141a zur Scientology-Tätigkeit.
4 GWBG/*Waas*, § 5 Rz. 15.
5 LAG Rh.-Pf. v. 17.8.2007 – 2 Ta 166/07, KirchE 50, 94.
6 BAG v. 23.6.2010 – 7 ABR 1/09, NZA 2010, 1302; BAG v. 6.7.1995 – 5 AZB 9/93, AP Nr. 22 zu § 5 ArbGG 1979. Vgl. auch *Weber*, Ist die Rotkreuzkrankenschwester AN ihrer Schwesternschaft?, Diss. 2008.
7 BAG v. 6.7.1995 – 5 AZB 9/93, AP Nr. 22 zu § 5 ArbGG 1979.
8 BAG v. 18.2.1956 – 2 AZR 294/54, AP Nr. 1 zu § 5 ArbGG 1953.
9 EuGH v. 17.11.2016 – C-216/15, NZA 2017, 41.
10 BAG v. 21.2.2017 – 1 ABR 62/12, NZA 2017, 662; s. auch den Vorlagebeschluss BAG v. 17.3.2015 – 1 ABR 62/12 (A), NZA 2015, 1144.

171 Auch für Streitigkeiten zwischen **Angehörigen eines religiösen Ordens** und dem Orden selbst besteht keine Zuständigkeit der ArbG[1].

172 Indes kann ein **Arbeitsverhältnis zu einem Dritten** außerhalb des Ordens oder der Schwesternschaft und unabhängig von der Zugehörigkeit zum Orden oder zur Schwesternschaft durchaus bestehen.

173 Umstritten ist, ob der Rechtsweg zu den ArbG eröffnet ist, wenn keine unmittelbare vertragliche Beziehung zwischen dem Mitglied eines Ordens oder einer Schwesternschaft und dem ArbGeb vorliegt, sondern der ArbGeb lediglich einen Vertrag mit dem Orden geschlossen hat, in dem dieser sich verpflichtet, eines seiner Mitglieder zur Ausführung der Arbeit zu entsenden (**sog. Gestellungsvertrag**). Auch wenn der Beschäftigte in einer solchen Konstellation keine Lohnansprüche hat, können andere Streitigkeiten zwischen dem Beschäftigten und dem ArbGeb entstehen (zB Schadensersatzansprüche wegen gesundheitsgefährdender Verhältnisse am Arbeitsplatz). Es wird die Auffassung vertreten, dass das Ordens- oder Schwesternschaftsmitglied in derartigen Fällen zumindest als arbeitnehmerähnliche Person zu behandeln sei. Allein das Bestehen von korporationsrechtlichen Mitgliedschaftsrechten sei kein Grund, den ArbN-Status anzuzweifeln[2]. Andere verneinen richtigerweise auch hier einen ArbN-Status. So hat das **LAG Hamm** die ArbN-Ähnlichkeit eines aufgrund eines Gestellungsvertrages im Berufsschuldienst als Religionslehrer tätigen **Ordensangehörigen** wegen seiner nicht auf Erwerb gerichteten Motivation und der Existenz eines Ordensgestellungsvertrags abgelehnt[3]. Auch das **BAG** hat die ArbN-Eigenschaft der Mitglieder der **DRK-Schwesternschaft** verneint, wenn sie nicht in einem von der Schwesternschaft selbst getragenen, sondern aufgrund eines Gestellungsvertrags in einem von einem Dritten betriebenen Krankenhaus tätig sind. Die Pflicht, in der karitativen Krankenpflege tätig zu werden, gründe sich allein auf die Zugehörigkeit zur Schwesternschaft. An dieser Rechtsgrundlage ändere sich auch dann nichts, wenn die Schwestern in einem von einem Dritten betriebenen Krankenhaus tätig seien. Die vereinsrechtlichen Verpflichtungen, aufgrund deren die Schwestern tätig würden, könnten nicht zugleich als arbeitsrechtliche Rechte und Pflichten gegenüber dem Krankenhausträger und vereinsrechtliche Rechte und Pflichten gegenüber der Schwesternschaft qualifiziert werden. Dies gelte insbesondere vor dem Hintergrund, dass das Tätigwerden im Krankenhaus gerade die von den Schwestern aufgrund ihrer Mitgliedschaftsverhältnisse zu erbringende Erfüllungshandlung darstelle[4]. Indes können DRK-Schwestern in einem solchen Fall der Gestellung dem Geltungsbereich des AÜG unterfallen (vgl. Rz. 170)[5].

174 Ist hingegen eine Vereinbarung einer sog. **Gastschwester** mit einer DRK-Schwesternschaft e.V. getroffen worden, durch die sich die Schwester verpflichtet, in einem von der Schwesternschaft besetzten Krankenhaus gegen Entgelt zu arbeiten, ist das Vorliegen eines Arbeitsverhältnisses zur DRK-Schwesternschaft zu bejahen. Durch diesen Arbeitsvertrag sollte aber bislang kein Arbeitsverhältnis zum jeweiligen Krankenhausträger, auch nicht iVm. dem Gestellungsvertrag entstehen[6]. Diese Rspr. dürfte vor dem Hintergrund der jüngsten Entwicklungen in der Rspr. zur Anwendbarkeit der Leiharbeitsrichtlinie und des AÜG auf DRK-Schwestern im Fall der Gestellung überholt sein (vgl. Rz. 170).

175 Die Einordnung der **DRK-Schwestern** als ArbN iSd. § 5 BetrVG weicht teilweise von der vorgeschilderten, sich auf das ArbGG beziehenden BAG-Rspr. ab.

b) Arbeit zur Heilung, sittlichen Besserung oder Erziehung

176 Personen, deren Beschäftigung nicht vordringlich ihrem Erwerb, sondern vorwiegend ihrer **Heilung, Wiedereingewöhnung, sittlichen Besserung oder Erziehung** dient, unterfallen nicht dem Anwendungsbereich des § 5. Sie sind – wie auch gem. § 5 Abs. 2 Nr. 4 BetrVG – keine ArbN.

177 In der Regel fehlt es schon am Tätigwerden aufgrund eines privatrechtlichen Vertrages, da der Beschäftigung solcher Personen meist ein **öffentlich-rechtliches Verhältnis** zugrunde liegt. Nach § 40 VwGO sind dann die Verwaltungsgerichte ausschließlich zuständig. Allerdings kann § 5 auch bei Vorliegen eines pri-

---

1 BAG v. 7.2.1999 – 5 AZR 84/89, EzA § 13 GVG Nr. 1; LAG Hamm v. 9.9.1971 – 8 Sa 448/71, AP Nr. 3 zu § 611 BGB – Ordensangehörige; GMP/*Müller-Glöge*, § 5 Rz. 24 f.
2 *Bauschke*, in: AR-Blattei SD, ArbN II, Rz. 64; GWBG/*Waas*, § 5 Rz. 15; *Mayer-Maly*, Anm. zu AP Nr. 3 zu § 611 BGB – Ordensangehörige; GMP/*Müller-Glöge*, § 5 Rz. 25; MünchArbR/*Richardi*, Bd. 1, § 17 Rz. 35 ff.
3 LAG Hamm v. 9.9.1971 – 8 Sa 448/71, AP Nr. 3 zu § 611 BGB – Ordensangehörige; *Börgmann*, Anm. zu AP Nr. 18 zu § 99 BetrVG 1972 – Einstellung; GK-ArbGG/*Schelusener*, § 5 Rz. 108.
4 BAG v. 22.4.1997 – 1 ABR 74/96, AP Nr. 18 zu § 99 BetrVG 1972 – Einstellung; BAG v. 20.2.1986 – 6 ABR 5/85, EzA § 5 BetrVG 1972 Nr. 45.
5 BAG v. 21.2.2017 – 1 ABR 62/12, NZA 2016, 662.
6 BAG v. 4.7.1979 – 5 AZR 8/78, AP Nr. 10 zu § 611 BGB – Rotes Kreuz.

vatrechtlichen Vertrages ausgeschlossen sein, zB wenn es sich um Personen einer privaten Heilanstalt handelt.

Zu der von der Zuständigkeit der ArbG ausgenommenen Personengruppe zählen ua. **Fürsorgezöglinge, Patienten in Krankenhäusern** oder Heilanstalten, **Teilnehmer von Rehabilitations- oder Umschulungsverfahren, Nichtsesshafte** und **Drogenkranke**. Ihre Beschäftigung dient vorwiegend der Rehabilitation oder Resozialisierung, nicht aber der Vermittlung beruflicher Kenntnisse und Fähigkeiten. Die Zielvorgaben des § 5 Abs. 2 Nr. 4 BetrVG lassen erkennen, dass die Beschäftigung hauptsächlich als Mittel zur Behebung physischer, psychischer oder sonstiger in der Person des Beschäftigten liegender Mängel eingesetzt wird[1]. 178

Unter diese Personengruppe fallen auch arbeitsunfähige Personen, die ihre bisherige Tätigkeit nur teilweise verrichten und durch die **stufenweise Wiederaufnahme der Tätigkeit** wieder besser in das Erwerbsleben eingegliedert werden sollen. Während der Wiedereingliederungszeit ruhen idR die arbeitsvertraglichen Hauptleistungspflichten. Das Wiedereingliederungsverhältnis ist ein Rechtsverhältnis eigener Art (§ 305 BGB aF bzw. § 311 BGB) und kein Arbeitsverhältnis[2]. 179

Strafgefangene stehen im Allgemeinen weder in einem Arbeits- noch in einem Berufsausbildungsverhältnis. Allerdings ist hier zu differenzieren: Der Beschäftigung innerhalb der Strafanstalt liegt ein öffentlich-rechtliches Verhältnis zugrunde. Dasselbe gilt für Strafgefangene, die aufgrund des besonderen öffentlich-rechtlichen Gewaltverhältnisses in einem Privatbetrieb außerhalb der Anstalt arbeiten. Bei diesen Strafgefangenen ist kein Arbeitsverhältnis zur Anstalt gegeben[3]. Für die Überprüfung der Versagung einer Zuweisung von Arbeit zu bestimmten freien Trägern gem. §§ 37, 39 StVollzG sind daher nicht die Gerichte für Arbeitssachen, sondern die Strafvollstreckungskammern zuständig[4]. Wird der Gefangene hingegen als **Freigänger** außerhalb der Anstalt – wenn auch unter Überwachung – in einem Privatbetrieb tätig, so kann ein Arbeitsverhältnis mit dem Dritten vorliegen. Die ArbG sind in diesem Fall zuständig[5]. Das **BAG** hat diese Frage allerdings bisher ausdrücklich offen gelassen[6]. Ebenfalls kann ein Arbeitsvertrag mit einem Dritten bestehen, wenn ein **Fürsorgezögling** oder ein **Heilanstaltsinsasse** unter Aufsicht der Institution bei einem Dritten beschäftigt wird. 180

Die Zuständigkeit der ArbG für Streitigkeiten mit **Sozialhilfeempfängern**, die im Rahmen von § **19 Abs. 2** BSHG idF vom 23.3.1994 mit gemeinnützigen Aufgaben beschäftigt werden, bestimmt sich nach der vom Sozialamt gewählten Rechtsform der Heranziehung[7]. 181

Bis zur Abschaffung durch das Job-AQTIV-Gesetz[8] konnte ein ArbGeb mit förderungsbedürftigen Arbl. mit Zustimmung der AA einen sog. **Eingliederungsvertrag** gem. den §§ 229 bis 233 SGB III aF[9] schließen, den die AA durch bestimmte Leistungen förderte. Unabhängig davon, ob ein Arbeitsverhältnis vorlag oder nicht, begründete § 232 Abs. 3 SGB III aF hierfür die Zuständigkeit der ArbG. 182

Für **Schwerbehinderte**, die **in geschützten Werkstätten** tätig sind, ist unabhängig von der Eingruppierung ihres Beschäftigungsverhältnisses für Rechtsstreitigkeiten aus den in § 138 SGB IX geregelten Rechtsverhältnissen gem. § 2 Abs. 1 Nr. 10 ohnehin die Zuständigkeit der ArbG eröffnet[10]. 183

c) Entwicklungshelfer; freiwilliges soziales Jahr

§ 2 Abs. 1 Nr. 7 eröffnet für Rechtsstreitigkeiten mit dem Träger des Entwicklungsdienstes den ArbG-Weg, obgleich der Entwicklungshelfervertrag kein Arbeitsverhältnis begründet (vgl. Rz. 88, § 2 Rz. 171 ff.). 184

Entsprechendes gilt für Helfer im freiwilligen sozialen Jahr nach § 2 Abs. 1 Nr. 8 (vgl. Rz. 164, § 2 Rz. 174 f.). 185

---

1 BAG v. 25.10.1989 – 7 ABR 1/88, EzA § 5 BetrVG 1972 Nr. 48.
2 BAG v. 28.7.1999 – 4 AZR 192/98, EzA § 74 SGB V Nr. 3; BAG v. 19.4.1994 – 9 AZR 462/92, EzA § 74 SGB V Nr. 2; BAG v. 29.1.1992 – 5 AZR 37/91, EzA § 74 SGB V Nr. 1.
3 BAG v. 3.10.1978 – 6 ABR 46/76, EzA § 5 BetrVG 1972 Nr. 33; BAG v. 24.4.1969 – 5 AZR 438/68, AP Nr. 18 zu § 5 ArbGG 1953; KG v. 29.6.2015 – 2 Ws 132/15 Vollz, NZA-RR 2015, 602.
4 LAG Berlin-Brandenburg v. 3.6.2009 – 13 Ta 1102/09, juris, Rz. 7.
5 LAG Hamm v. 5.2.1991 – 7 Ta 31/91, NStZ 1991, 455; GMP/*Müller-Glöge*, § 5 Rz. 27.
6 BAG v. 3.10.1978 – 6 ABR 46/76, AP Nr. 18 zu § 5 BetrVG 1972.
7 Zu den unterschiedlichen Rechtsformen der Heranziehung vgl. GK-ArbGG/*Schütz*, § 2 Rz. 68 f.
8 Vom 10.12.2001, verkündet im BGBl. I 2001 Nr. 66 v. 14.12.2001, S. 3443.
9 Ab dem 1.1.1998; vor diesem Zeitpunkt nach den §§ 54a–c AFG.
10 Vgl. LAG Berlin v. 7.6.1978 – 5 TaBV 2/78, AuR 1978, 346; *Pünnel*, AuR 1978, 44; *Pünnel*, AuR 1981, 230.

d) Ehrenamtliche Tätigkeit

185a Ehrenamtlich tätige Personen sind keine ArbN. Denn mit einem Arbeitsverhältnis ist typischerweise die Vereinbarung oder zumindest berechtigte Erwartung verbunden, eine angemessene Gegenleistung für die versprochenen Dienste zu erhalten. Charakteristisch für die ehrenamtliche Tätigkeit ist aber gerade, dass sie unentgeltlich und ohne Vergütungserwartung erfolgt. Allerdings darf die Beauftragung zu ehrenamtlicher Tätigkeit nicht zu einer Umgehung zwingender arbeitsrechtlicher Schutzbestimmungen führen[1].

10. Arbeitnehmer in Personalvertretungssachen

186 In personalvertretungsrechtlichen Streitigkeiten vor den Verwaltungsgerichten gelten die Vorschriften des ArbGG über das Beschlussverfahren. § 83 Abs. 2 BPersVG erklärt ebenso wie die entsprechenden Vorschriften der Landespersonalvertretungsgesetze die Vorschriften für entsprechend anwendbar (vgl. § 80 Rz. 17 f.). Soweit die in Bezug genommenen Vorschriften des ArbGG den ArbN-Begriff zugrunde legen, muss an die Stelle des ArbN-Begriffes des § 5 derjenige des Personalvertretungsrechts treten. Das Personalvertretungsrecht stellt auf den **Beschäftigten** ab. Hierzu zählen neben den Angestellten, Arbeitern und den zu ihrer Berufsausbildung Beschäftigten auch die Beamten und Richter. Beschäftigt sind in einer Dienststelle jedoch nur diejenigen, die an der Erfüllung der Aufgaben teilhaben, die der Dienststelle obliegen.

187 Bspw. sind studentische oder akademische **Tutoren** an Hochschulen Beschäftigte dieser Dienststelle und damit ArbN iSd. Vorschriften über das personalvertretungsrechtliche Beschlussverfahren, ohne dass es darauf ankäme, ob sie auf Dauer oder nur kurzfristig zur Aushilfe oder Vertretung beschäftigt werden[2]. Demgegenüber sind Angestellte, die aufgrund eines mit einem Hochschullehrer abgeschlossenen Dienstvertrages für ein von Dritten finanziertes Forschungsvorhaben arbeiten, keine Beschäftigten; sie können jedoch ArbN des Hochschullehrers sein[3].

IV. Gleichgestellte Personen

188 § 5 Abs. 1 Satz 2 fingiert für das ArbGG die ArbN-Eigenschaft von Heimarbeitern und ihnen Gleichgestellten (hierzu Rz. 189 ff.) sowie sonstigen Personen, die wegen ihrer wirtschaftlichen Unselbständigkeit als arbeitnehmerähnliche Personen anzusehen sind (hierzu Rz. 199 ff.). § 5 Abs. 3 beinhaltet eine Gleichstellungsfiktion auch für Handelsvertreter, sofern bestimmte Voraussetzungen vorliegen (hierzu Rz. 251 ff.). Entsprechend dem gesetzgeberischen Willen besteht im Rahmen dieser Gleichstellung eine ausschließliche Zuständigkeit der ArbG für Personengruppen, die ansonsten keinen Zugang zur Arbeitsgerichtsbarkeit hätten.

1. In Heimarbeit Beschäftigte und die ihnen Gleichgestellten

a) Allgemeines

189 Die **in Heimarbeit Beschäftigten** und die ihnen Gleichgestellten gelten als ArbN. Durch die Fortentwicklungen im Bereich der Kommunikation und Datenverarbeitung ist in den letzten Jahren die Problematik dieser Personengruppe verstärkt zutage getreten. Die Zunahme von fast ausschließlich am Computer auszuführenden Tätigkeiten macht die Anwesenheit der Beschäftigten an der Arbeitsstätte zunehmend entbehrlich[4]. Auch (hoch) qualifizierte Tätigkeiten können Heimarbeit iSv. § 2 Abs. 1 Satz 1 HAG sein[5].

b) Heimarbeiter und Hausgewerbetreibende

190 Die Gruppe der in Heimarbeit Beschäftigten besteht gem. § 1 Abs. 1 HAG aus den Heimarbeitern und den Hausgewerbetreibenden. Sie sind wirtschaftlich vom Unternehmer abhängig. Sie bedürfen wegen dieser Abhängigkeit eines besonderen Schutzes.

191 Eine **Legaldefinition** des **Heimarbeiters** enthält § 2 Abs. 1 HAG:

HAG: § 2 Abs. 1

„Heimarbeiter im Sinne dieses Gesetzes ist, wer in selbst gewählter Arbeitsstätte (eigener Wohnung oder selbst gewählter Betriebsstätte) allein oder mit seinen Familienangehörigen (Absatz 5) im Auftrag von Gewerbetreibenden

---

1 BAG v. 29.8.2012 – 10 AZR 499/11, NZA 2012, 1433 (Rz. 16, 18).
2 BVerwG v. 5.5.1978 – 6 P 8/78, BVerwGE 55, 363; BVerwG v. 18.3.1981 – 6 P 17/79, BVerwGE 62, 45.
3 BVerwG v. 30.6.1980 – 6 P 9/80, AP Nr. 1 zu § 4 LPVG Hamburg; GMP/*Müller-Glöge*, § 5 Rz. 29.
4 *Schaub*, NZA 2001, 364.
5 BAG v. 14.6.2016 – 9 AZR 305/15, NZA 2016, 1453.

oder Zwischenmeistern erwerbsmäßig arbeitet, jedoch die Verwertung der Arbeitsergebnisse dem unmittelbar oder mittelbar auftraggebenden Gewerbetreibenden überlässt. Beschafft der Heimarbeiter die Roh- und Hilfsstoffe selbst, so wird hierdurch seine Eigenschaft als Heimarbeiter nicht beeinträchtigt."

Eine erwerbsmäßige Tätigkeit in diesem Sinne setzt voraus, dass die Tätigkeit auf eine **gewisse Dauer** angelegt ist und zum Lebensunterhalt beitragen soll. Nicht erforderlich ist, dass mit den erzielten Einkünften der Lebensunterhalt auch tatsächlich bestritten werden könnte[1]. 192

Der Begriff des **Hausgewerbetreibenden** wird in § 2 Abs. 2 HAG definiert. 193

HAG: § 2 Abs. 2

„Hausgewerbetreibender im Sinne dieses Gesetzes ist, wer in seiner eigenen Arbeitsstätte (eigener Wohnung oder Betriebsstätte) mit nicht mehr als zwei fremden Hilfskräften (Absatz 6) oder Heimarbeitern (Absatz 1) im Auftrag von Gewerbetreibenden oder Zwischenmeistern Waren herstellt, bearbeitet oder verpackt, wobei er selbst wesentlich am Stück mitarbeitet, jedoch die Verwertung der Arbeitsergebnisse dem unmittelbar oder mittelbar auftraggebenden Gewerbetreibenden überlässt. Beschafft der Hausgewerbetreibende die Roh- und Hilfsstoffe selbst oder arbeitet er vorübergehend unmittelbar für den Absatzmarkt, so wird hierdurch seine Eigenschaft als Hausgewerbetreibender nicht beeinträchtigt."

Für die **rechtliche Einordnung eines Rechtsverhältnisses** als Heimarbeitsverhältnis ist entsprechend der zur Abgrenzung des ArbN vom freien Mitarbeiter aufgestellten Grundsätze (vgl. hierzu Rz. 24 ff.) der Geschäftsinhalt entscheidend. Die Bezeichnung oder die von den Parteien gewünschte Rechtsfolge ist demgegenüber unerheblich. Der Geschäftsinhalt kann sich aus den Vereinbarungen und der praktischen Durchführung der Verträge ergeben. Bei Widersprüchen ist die tatsächliche Durchführung maßgeblich[2]. Das Bestehen eines Heimarbeitsverhältnisses iSd. § 2 HAG ist jedoch nicht davon abhängig, dass eine besondere wirtschaftliche Abhängigkeit vom Unternehmer und eine besondere soziale Schutzbedürftigkeit bestehen[3]. Dies ist nur für Heimarbeitern Gleichgestellte (hierzu Rz. 195 f.) iSd. § 1 Abs. 2 HAG erforderlich. 194

c) Heimarbeitern Gleichgestellte

Nach **§ 1 Abs. 2 HAG** können bestimmte Personen den in Heimarbeit Beschäftigten gleichgestellt werden, wenn dies wegen ihrer Schutzbedürftigkeit gerechtfertigt erscheint. Zu den gleichstellungsfähigen Personen gehört bspw. der sog. **Zwischenmeister**, der in § 2 Abs. 3 HAG näher beschrieben wird. 195

HAG: § 2 Abs. 3

„Zwischenmeister im Sinne dieses Gesetzes ist, wer, ohne Arbeitnehmer zu sein, die ihm vom Gewerbetreibenden übertragene Arbeit an Heimarbeiter oder Hausgewerbetreibende weitergibt."

Ob die besondere **Schutzbedürftigkeit** gegeben ist, ist nach den Kriterien zu beurteilen, die auch für die Abgrenzung von ArbN und arbeitnehmerähnlichen Personen maßgeblich sind. Entscheidend ist das Merkmal der **wirtschaftlichen Unselbständigkeit**. Die Anzahl der Auftraggeber ist für die Statusbestimmung unerheblich. Die ArbN-Stellung wird gegenüber jedem einzelnen Auftraggeber fingiert[4]. 196

Die **Gleichstellung** erfolgt durch den Heimarbeitsausschuss mit Zustimmung der zuständigen Arbeitsbehörde. Die **Rechtsnatur der Gleichstellungsentscheidung** ist umstritten[5]. Die förmliche Gleichstellung begründet unabhängig von ihrer Rechtmäßigkeit die ArbN-Eigenschaft der gleichgestellten Personen iSv. § 5 Abs. 1 Satz 2 selbst dann, wenn es sich nur um eine **partielle Gleichstellung** iSd. § 1 Abs. 3 Satz 2 HAG handelt[6]. Liegt eine Gleichstellungsentscheidung für bestimmte Personengruppen oder Gewerbezweige vor, so müssen die Gleichstellungsvoraussetzungen nicht jeweils für die einzelne Person geprüft werden. Ausreichend ist, dass der jeweilige Beschäftigte zu der in der Entscheidung genannten Personengruppe gehört[7]. 197

---

1 BAG v. 14.6.2016 – 9 AZR 305/15, NZA 2016, 1453; BAG v. 12.7.1988 – 3 AZR 569/86, AP Nr. 10 zu § 2 HAG.
2 BAG v. 3.4.1990 – 3 AZR 258/88, AP Nr. 11 zu § 2 HAG.
3 Vgl. BAG v. 14.6.2016 – 9 AZR 305/15, NZA 2016, 1453; so aber LAG Hamm v. 10.10.2005 – 2 Ta 332/05.
4 GMP/*Müller-Glöge*, § 5 Rz. 32.
5 Vgl. zum Streitstand: Schaub/*Vogelsang*, § 163 Rz. 20 f.; MünchArbR/*Heenen*, Bd. 2, § 315 Rz. 22.
6 GMP/*Müller-Glöge*, § 5 Rz. 30.
7 MünchArbR/*Heenen*, Bd. 2, § 315 Rz. 20; GMP/*Müller-Glöge*, § 5 Rz. 30.

d) Reichweite

198 Die ArbG sind nur zuständig für Streitigkeiten zwischen den in Heimarbeit Beschäftigten oder ihnen Gleichgestellten einerseits und dem jeweiligen Auftraggeber oder Zwischenmeister andererseits. Denn nur in diesem Verhältnis gelten sie als ArbN. Für Streitigkeiten der Zwischenmeister mit ihren jeweiligen Auftragebern ist der Weg zu den ArbG nur eröffnet, wenn die Zwischenmeister gleichgestellt worden sind. Ist dies nicht der Fall, kommt es auch nicht darauf an, ob der Zwischenmeister den Status einer arbeitnehmerähnlichen Person aufweist. Die Regelung, wann Personen aus dem Bereich der Heimarbeit ArbN sind, ist **abschließend**[1].

198a Beschäftigen Hausgewerbetreibende oder Gleichgestellte **fremde Hilfskräfte**, sind sie diesen gegenüber ArbGeb. Die Zuständigkeit der ArbG für Rechtsstreitigkeiten mit fremden Hilfskräften ergibt sich daher schon nach § 2 Abs. 1[2].

2. Arbeitnehmerähnliche Personen

a) Allgemeines

199 **Arbeitnehmerähnliche Personen** sind vornehmlich Beschäftigte, die im Rahmen eines Dienst- oder Werkvertrages formell selbständig tätig werden und als freie Mitarbeiter die Arbeitszeit und den Arbeitsort weitgehend selbst bestimmen können, aber wegen ihrer **sozialen Stellung** (hierzu Rz. 209 f.) und ihrer **wirtschaftlichen Situation** (hierzu Rz. 203 ff.) mit einem ArbN vergleichbar sind und daher schutzbedürftig erscheinen.

200 Der Begriff der arbeitnehmerähnlichen Person ist nicht legaldefiniert, wird aber in einigen Vorschriften verwendet. Bspw. ermöglicht **§ 12a TVG** den Abschluss von Tarifverträgen auch für diese Personengruppe. Hiervon hat vor allem der Medienbereich Gebrauch gemacht. Letztlich setzt auch § 12a TVG eine Unterscheidung zwischen ArbN und arbeitnehmerähnlichen Personen voraus, ohne dass Abgrenzungskriterien benannt werden. Mangels ausreichender Tarifmacht können die Tarifparteien aber nicht festlegen, wer den Status einer arbeitnehmerähnlichen Person erhält und wer nicht. § 12a TVG ist nicht tarifdispositiv[3]. Ein weiteres Beispiel ist **§ 2 Satz 2 BUrlG**, wonach als ArbN iSd. BUrlG auch solche Personen gelten, „die wegen ihrer wirtschaftlichen Unabhängigkeit als arbeitnehmerähnliche Personen anzusehen sind". Auch hier fehlt es an einer näheren Definition der arbeitnehmerähnlichen Person.

201 Mangels Legaldefinition haben Rspr. und Rechtslehre den Begriff der arbeitnehmerähnlichen Person näher ausgestaltet. Hierbei haben sie dem Umstand Rechnung getragen, dass es Arbeitsformen zwischen dem abhängig beschäftigten ArbN und dem echten, selbständigen Unternehmer gibt. Heranzuziehende **Kriterien** sind die persönliche Selbständigkeit, die fehlende betriebliche Eingliederung, die wirtschaftliche Abhängigkeit und die einem ArbN vergleichbare soziale Stellung.

202 Arbeitnehmerähnliche Personen sind zwischen der Gruppe der ArbN und der Gruppe der Selbständigen angesiedelt. Sie sind **keine ArbN**. Arbeitnehmerähnliche Personen unterscheiden sich von ArbN durch das **wesentlich geringere Maß der persönlichen Abhängigkeit**. Dies folgt idR aus ihrer fehlenden oder gegenüber ArbN geringeren Weisungsgebundenheit, häufig auch aus der fehlenden oder geringeren Eingliederung in die betriebliche Organisation[4]. Sie können daher Arbeitszeit und -ort im Wesentlichen frei bestimmen.

b) Wirtschaftliche Abhängigkeit

203 An die Stelle des bei ArbN erforderlichen Merkmals der persönlichen Abhängigkeit tritt bei ArbN-Ähnlichen das Merkmal der **wirtschaftlichen Abhängigkeit** vom Auftraggeber (zur daneben erforderlichen sozialen Schutzbedürftigkeit noch Rz. 209 f.). Wirtschaftliche Abhängigkeit ist gegeben, wenn der Dienstverpflichtete auf die Verwertung seiner Arbeitskraft angewiesen ist und die Einkünfte aus der Tätigkeit für den Vertragspartner zur Sicherung seiner **wirtschaftlichen Existenzgrundlage** angewiesen ist.[5] Die wirt-

---

1 MünchArbR/*Heenen*, Bd. 2, § 315 Rz. 16; GMP/*Müller-Glöge*, § 5 Rz. 31.
2 GMP/*Müller-Glöge*, § 5 ArbGG Rz. 31.
3 BAG v. 2.10.1990 – 4 AZR 106/90, EzA § 12a TVG Nr. 1.
4 BAG v. 30.8.2000 – 5 AZB 12/00, DB 2001, 824; BAG v. 22.2.1999 – 5 AZB 56/98, RzK I 10a Nr. 43; BAG v. 15.4.1993 – 2 AZB 32/92, BB 1993, 2163; BAG v. 28.6.1973 – 5 AZR 568/72, AP Nr. 2 zu § 2 BUrlG; ArbG Düsseldorf v. 17.10.2000 – 11 Ca 3311/00, NZA-RR 2001, 183; LAG Rh.-Pf. v. 7.7.2008 – 6 Ta 95/08, juris, Rz. 49.
5 BAG v. 21.12.2010 – 10 AZB 14/10, NZA 2011, 309; BAG v. 21.2.2007 – 5 AZB 52/06, NZA 2007, 699; BAG v. 8.6.1967 – 5 AZR 461/66, AP Nr. 6 zu § 611 BGB – Abhängigkeit; LAG Hamm v. 25.5.2016 – 2 Ta 28/16.

schaftliche Existenz muss also weitgehend von diesem einen Beschäftigungsverhältnis abhängen[1]. Dies ist insbesondere gegeben, wenn der Dienstverpflichtete seine Arbeitskraft aufgrund seiner zeitlichen Einbindung bei einem Auftraggeber keinen weiteren Auftraggebern mehr anbieten kann[2]. Nicht erforderlich hingegen ist die Diensterbringung ausschließlich für einen Auftraggeber, solange zumindest der Schwerpunkt der Tätigkeit bei einem Auftraggeber liegt[3]. Die wirtschaftliche Unselbständigkeit muss also im Verhältnis der Parteien des Beschäftigungsverhältnisses zueinander gegeben sein und darf sich nicht erst durch eine Gesamtschau der Situation des Betroffenen ergeben[4]. Ist eine Person von mehreren Personen dergestalt abhängig, dass der Wegfall jedes einzelnen Auftraggebers auch zugleich den Wegfall der Existenzgrundlage bedeuten würde, so ist der Status einer arbeitnehmerähnlichen Person zu verneinen. Gleiches gilt, wenn bei Wegfall eines Auftraggebers die Existenzgrundlage des Beschäftigten nur deshalb nicht wegfällt, weil andere Aufträge weiterbestehen oder die Möglichkeit besteht, neue Aufträge zu erlangen[5]. Eine Ausnahme hiervon bildet der Fall, dass eine Person von zwei Auftraggebern gleichermaßen wirtschaftlich abhängig ist, die aber konzernmäßig verbunden sind und der Person gemeinsam gegenüberstehen. In dieser Konstellation ist die Person arbeitnehmerähnlich, obwohl der Wegfall jedes einzelnen Auftraggebers zugleich der Wegfall der Existenzgrundlage bedeute[6].

Die Partei, die ihre Anerkennung als arbeitnehmerähnliche Person erstrebt, hat ihre gesamten wirtschaftlichen Einkommens- und Vermögensverhältnisse **darzulegen**[7]. Dabei kann die die wirtschaftliche Existenzgrundlage bildende Vergütung, auch in einer Beteiligung an Umsätzen oder Gewinnen bestehen. Die wirtschaftliche Gegenleistung kann auch – bei ansonsten fehlender Vergütung – darin zum Ausdruck kommen, dass die betreffende Person Geschäftsanteile deutlich unter ihrem Verkehrswert erhält[8]. Nicht erfasst wird aber die bloße Gewährung einer **Verdienstmöglichkeit** nach einer für den selbständig Tätigen geltenden Gebühren- oder Vergütungsordnung. In diesem Fall bestimmt sich die Höhe der Vergütung nicht aus dem Vertrag, sondern nach Art und Umfang der selbständig ausgeübten Tätigkeit[9]. Der Bezug eines monatlichen **Gründungszuschusses** nach § 57 SGB III aF steht der Annahme von wirtschaftlicher Abhängigkeit nicht entgegen[10].

203a

Wenngleich § 12a TVG den Begriff der arbeitnehmerähnlichen Person nicht definiert, sondern voraussetzt, bieten für die Frage der wirtschaftlichen Abhängigkeit § 12a Abs. 1 Nrn. 1 a und b TVG und die dort geregelte Höhe der Einkünfte einen wichtigen Anhaltspunkt[11]. Hiernach hängt die Regelbarkeit im Tarifvertrag davon ab, ob die Beschäftigten überwiegend für eine Person tätig sind oder ihnen von einer Person im Durchschnitt **mehr als die Hälfte des Entgelts** zusteht, das ihnen für ihre Erwerbstätigkeit insgesamt zusteht. Eine Ausnahme gilt für Personen, **die künstlerische, schriftstellerische, journalistische oder ähnliche Leistungen** erbringen. Gemäß **§ 12a Abs. 3 TVG** gelten solche Beschäftigte bereits dann als arbeitnehmerähnliche Personen, wenn sie von einer Person im Durchschnitt mindestens ein Drittel ihres Entgeltes erhalten, das ihnen für ihre Erwerbstätigkeit insgesamt zusteht. Bei Streitigkeiten zwischen einem **freien Journalisten** und dem Verlag ist die Zuständigkeit der ArbG gem. § 5 Abs. 1 Satz 2 gegeben, soweit der Journalist § 3 des Tarifvertrags für arbeitnehmerähnliche freie Journalisten an Tageszeitungen unterliegt[12].

204

---

1 BAG v. 30.8.2000 – 5 AZB 12/00, DB 2001, 824 (Rundfunkgebührenbeauftragter); BAG v. 11.4.1997 – 5 AZB 33/96, EzA § 5 ArbGG 1979 Nr. 20; BAG v. 17.10.1990 – 5 AZR 639/89, AP Nr. 9 zu § 5 ArbGG 1979; BGH v. 23.2.1977 – VIII ZR 222/75, BGHZ 68, 127; OLG Karlsruhe v. 24.10.2001 – 9 W 91/01, DB 2002, 379 (EDV-Kräfte); ArbG Düsseldorf v. 17.10.2000 – 11 Ca 3311/00, NZA-RR 2001, 183 (Franchise-Vertriebspartner). Vgl. auch *Oberthür*, EWiR 2002, 383.
2 BAG v. 21.12.2010 – 10 AZB 14/10, NZA 2011, 309, 310 (Rz. 12).
3 BAG v. 11.4.1997 – 5 AZB 32/96, EzA § 5 ArbGG 1979 Nr. 23.
4 BAG v. 28.6.1973 – 5 AZR 568/72, AP Nr. 2 zu § 2 BUrlG.
5 BAG v. 28.6.1973 – 5 AZR 568/72, AP Nr. 2 zu § 2 BUrlG.
6 LAG Berlin-Brandenburg v. 31.8.2010 – 6 Ta 1011/10, NZA-RR 2010, 657 (Rz. 14).
7 LAG Rh.-Pf. v. 16.7.2004 – 9 Ta 110/04; LAG Köln v. 1.8.2001 – 11 Ta 130/01, NZA-RR 2002, 156; ArbG Hannover v. 5.9.2007 – 5 Ca 623/06.
8 LAG Köln v. 29.9.2003 – 13 Ta 77/03, NZA-RR 2004, 553 für designierten Gesellschafter einer Unternehmensberatung, dem für seine Mitarbeit nach Ablauf einer Probezeit vergünstigt Gesellschaftsanteile übertragen werden sollen.
9 BAG v. 21.2.2007 – 5 AZB 52/06, NZA 2007, 699, für selbständige Hebamme; BAG v. 15.4.1993 – 2 AZB 32/92, BB 1993, 2163.
10 BAG v. 21.12.2010 – 10 AZB 14/10, NZA 2011, 309, 310 (Rz. 13).
11 LAG Rh.-Pf. v. 28.7.2016 – 5 Ta 113/16; LAG Köln v. 28.7.2005 – 2 Ta 253/05, ArbuR 2006, 134; LAG Schl.-Holst. v. 28.5.1986 – 3 Sa 15/86, NZA 1986, 763; vgl. auch BAG v. 17.10.1990 – 5 AZR 639/89, AP Nr. 9 zu § 5 ArbGG 1979. Ebenso: GMP/*Müller-Glöge*, § 5 Rz. 36.
12 LAG Schl.-Holst. v. 28.5.1986 – 3 Sa 15/86, NZA 1986, 763.

205 Auf **Art** und **Umfang** der geleisteten Dienste kommt es wie bei ArbN **nicht** an. Auch Personen mit qualifizierten Tätigkeiten können arbeitnehmerähnlich sein[1]. Voraussetzung für die Annahme einer wirtschaftlichen Existenzgrundlage ist aber eine **gewisse Dauer** des Beschäftigungsverhältnisses[2]. Ein Zeitraum von sechs Monaten ist jedenfalls ausreichend, um eine Person als arbeitnehmerähnlich zu qualifizieren. Insoweit kann eine Parallele zu dem sog. Einfirmenvertreter iSd. § 92a HGB gezogen werden, für den unter bestimmten Voraussetzungen die Gleichstellungsfiktion gem. § 5 Abs. 3 greift (hierzu noch Rz. 263 ff.). Bei diesem kommt es auf seine durchschnittlichen Einkünfte der letzten sechs Monate an[3].

206 Die Gleichstellung erfolgt nur für das Beschäftigungsverhältnis mit dem Auftraggeber, von dem der Beschäftigte das Entgelt erhält, auf dem seine wirtschaftliche Existenzgrundlage beruht. Streitigkeiten mit **anderen Auftraggebern** erfasst die Fiktion des § 5 Abs. 1 Satz 2 hingegen nicht[4].

207 Die wirtschaftliche Abhängigkeit von einer Person **ohne Pflicht zur Gegenleistung** begründet keinen arbeitnehmerähnlichen Status. Dementsprechend ist ein Student, dessen Studium durch einen Dritten in der Erwartung finanziert wird, dass der Unterstützte später in seinem Betrieb tätig sein wird, ohne dass dieser sich dazu tatsächlich verpflichtet hat, keine arbeitnehmerähnliche Person[5].

208 **Maßgeblicher Zeitpunkt** für das Vorliegen des Kriteriums der wirtschaftlichen Unselbständigkeit ist die **Anspruchsentstehung**. Die spätere Änderung der Situation wirkt sich nicht mehr auf die Zuständigkeit der ArbG aus.

c) Vergleichbare soziale Schutzbedürftigkeit

209 **Die wirtschaftliche Abhängigkeit** für sich allein **ist** allerdings **nicht ausreichend**, um den Status einer Person als arbeitnehmerähnlich zu qualifizieren. Daneben muss der wirtschaftlich Abhängige seiner gesamten sozialen Stellung nach einem ArbN **vergleichbar sozial schutzbedürftig** sein[6]. Eine vergleichbare soziale Schutzbedürftigkeit liegt vor, wenn das Maß der Abhängigkeit nach der Verkehrsanschauung einen solchen Grad erreicht, wie es im Allgemeinen nur in einem Arbeitsverhältnis vorkommt, und die geleisteten Dienste nach ihrer sozialen Typik mit denen eines ArbN vergleichbar sind. Maßgeblich hierfür sind die gesamten Umstände des Einzelfalles unter Berücksichtigung der Verkehrsanschauung. Soziale Schutzbedürftigkeit in diesem Sinne kann insbesondere dann vorliegen, wenn der Vertragspartner aufgrund eines Dienstvertrages überwiegend für eine Person tätig ist, die geschuldete Leistung persönlich und im Wesentlichen ohne Mitarbeit von ArbN erbringt[7]. Eine geschäftsführende Tätigkeit schließt die Annahme einer ArbN-Ähnlichkeit nicht grds. aus[8]. Ein weiterer zu berücksichtigender Umstand ist die **Höhe der Vergütung**, die die Person neben der Vergütung aus dem Beschäftigungsverhältnis, das die arbeitnehmerähnliche Stellung begründen soll, erzielt.

209a Erzielt der Dienstnehmer Bezüge, wie sie für Geschäftsführer oder Vorstandsmitglieder typisch sind, ergänzt um weitreichende Ansprüche bei Krankheit, Alter und Berufsunfähigkeit, und nimmt er – wenn auch zusammen mit anderen – die wesentlichen ArbGeb-Funktionen wahr, fehlt es an einer vergleichbaren sozialen Schutzbedürftigkeit[9]. Gleiches gilt, wenn die Einkünfte aus Erwerbstätigkeit zB eine Höhe von jährlich 280 000 DM (entsprechen 143 162 Euro) erreichen und der Beschäftigte noch über weitere Einnahmen (Beamtenpension, Berufsunfähigkeitsrente) verfügt; es fehlt dann an der für einen ArbN typischen Notwendigkeit, seine Arbeitskraft zur Existenzerhaltung zu verwerten, so dass eine arbeitnehmerähnliche Stellung zu verneinen ist[10]. Dies gilt auch dann, wenn die Person zu ihrer Existenzsicherung auf den Ab-

---

1 BAG v. 30.8.2000 – 5 AZB 12/00, NZA 2000, 1359 (Rundfunkgebührenbeauftragter); BAG v. 17.6.1999 – 5 AZB 23/98, NZA 1999, 1175 – Motorrad-Rennfahrerin; BAG v. 17.12.1968 – 5 AZR 86/68, DB 1969, 1420 (Theaterintendant); BAG v. 16.12.1957 – 3 AZR 92/55, AP Nr. 3 zu § 611 BGB – Lehrer, Dozenten (Lehrbeauftragter an einer Hochschule); LAG Berlin v. 18.5.1998 – 11 Ta 2/98, NZA 1998, 943 (als Repetitor tätiger Rechtsanwalt).
2 BAG v. 2.10.1990 – 4 AZR 106/90, EzA § 12a TVG Nr. 1; BAG v. 6.12.1974 – 5 AZR 418/74, AP Nr. 14 zu § 611 BGB – Abhängigkeit.
3 LAG Köln v. 2.6.1999 – 2 Sa 138/99, NZA-RR 2000, 65.
4 BAG v. 28.6.1973 – 5 AZR 568/72, AP Nr. 2 zu § 2 BUrlG.
5 BAG v. 17.2.1973 – 5 AZR 466/72, BB 1973, 751.
6 BAG v. 30.8.2000 – 5 AZB 12/00, DB 2001, 824; BAG v. 22.2.1999 – 5 AZB 56/98, RzK I 10a Nr. 43; BAG v. 16.7.1997 – 5 AZB 29/96, AP Nr. 37 zu § 5 ArbGG 1979; BAG v. 11.4.1997 – 5 AZB 33/96, EzA § 5 ArbGG 1979 Nr. 20; BAG v. 15.4.1993 – 2 AZB 32/92, BB 1993, 2163; BAG v. 2.10.1990 – 4 AZR 106/90, EzA § 12a TVG Nr. 1; BAG v. 28.6.1973 – 5 AZR 568/72, AP Nr. 2 zu § 2 BUrlG mit zustimmender Anmerkung von *Hueck*; OLG München v. 24.11.1998 – 29 W 3071/98, OLGR 1999, 279; LAG Hessen v. 1.6.1995 – 12 Ta 447/94, NZA-RR 1996, 64.
7 LAG Hamm v. 19.5.2006 – 2 Ta 476/05, juris, Rz. 16; ErfK/*Preis*, § 611 BGB Rz. 110.
8 LAG Köln v. 16.9.2013 – 11 Ta 331/12, juris, Rz. 24; BAG v. 25.7.1996 – 5 AZB 5/96, NZA 1997, 62.
9 BAG v. 22.2.1999 – 5 AZB 56/98, RzK I 10a Nr. 43 für geschäftsführenden Direktor der Staatlichen Bühnen.
10 BAG v. 2.10.1990 – 4 AZR 106/90, EzA § 12a TVG Nr. 1.

schluss dieses Vertrages angewiesen ist[1]. Allerdings sind nur solche anderweitigen Einkünfte zu berücksichtigen, die aus dem persönlichen Einsatz des Beschäftigten resultieren. Einkünfte aus Vermietung oder Verpachtung, Zinseinkünfte aus Spareinlagen etc. sind ungeeignet, die Annahme wirtschaftlicher Abhängigkeit von Aufträgen eines einzelnen Unternehmers auszuschließen; es handelt sich um Einkünfte, wie sie jeder ArbN neben seinem Arbeitseinkommen beziehen kann[2]. Beschäftigt der Dienstnehmer seinerseits in eigenem Namen wie ein Unternehmer ArbN, spricht auch dies gegen eine soziale Schutzbedürftigkeit[3]. Umgekehrt spricht für eine soziale Schutzbedürftigkeit und damit für eine ArbN-Ähnlichkeit, wenn die Verdienstmöglichkeiten nicht höher als die eines vergleichbaren Angestellten liegen, der Arbeitszeitaufwand sogar größer ist und der Beschäftigte ein wirtschaftliches Risiko trägt[4].

Wenn zwischen den Parteien gerade das Zustandekommen des Vertrages oder eine Verschuldenshaftung bei Vertragsschluss streitig ist, kann die wirtschaftliche Abhängigkeit nur festgestellt werden, wenn **hypothetisch die ordnungsgemäße Abwicklung des Vertrages** zugrunde gelegt wird. Kommt ein Vertrag nicht zur Durchführung oder ist zwischen den Parteien streitig, ob überhaupt ein Vertrag zustande gekommen ist, bestimmt sich die Zuständigkeit der ArbG nach dem Umfang der wirtschaftlichen Abhängigkeit, die bei Erfüllung des streitigen Vertrages gegeben gewesen wäre[5]. 209b

Um der sozialen Schutzbedürftigkeit dieses Personenkreises gerecht zu werden, ist der Begriff der arbeitnehmerähnlichen Person im Rahmen des § 5 weit auszulegen. Für eine **weite Auslegung** spricht auch der systematische Zusammenhang. § 5 Abs. 1 Satz 2 erwähnt Heimarbeiter, ihnen Gleichgestellte und arbeitnehmerähnliche Personen. Der Gesetzgeber bringt hiermit zum Ausdruck, dass er einen umfassenden Personenkreis in den Anwendungsbereich dieser Norm einbeziehen möchte. Die Tendenz des Gesetzgebers geht dahin, die ArbN-Ähnlichen verstärkt in den Schutz des Arbeitsrechts einzubeziehen[6]. Bspw. werden durch § 138 SGB IX (früher: § 54b SchwbG) die Rechtsverhältnisse der Schwerbehinderten in Werkstätten für Behinderte überwiegend als „arbeitnehmerähnliche Rechtsverhältnisse" eingestuft[7]. 210

d) Wahlfeststellung

Für die Prüfung der Zuständigkeit der ArbG ist letztlich unerheblich, ob der Kläger oder der Beklagte ArbN oder arbeitnehmerähnliche Person ist. Insoweit ist eine **Wahlfeststellung zulässig**[8]. 211

3. Besondere Beschäftigungsbereiche

a) Telearbeit

Die Entwicklung und Verbreitung neuer Informations- und Kommunikationstechnologien führt zu einer zunehmenden Verlagerung der Arbeit von der Betriebsstätte zur privaten Arbeitsstätte oder zum mobilen Arbeitsplatz. Diese Dezentralisierung bewirkt einen Wandel des bisherigen Industrie- und Dienstleistungssystems. In diesem Zusammenhang gewinnt die Arbeitsform der Telearbeit zunehmend an Bedeutung, die in verschiedenen Gestaltungsformen existiert: 212

- **Rein häusliche Telearbeit:** Die Beschäftigten werden ausschließlich zu Hause tätig. 213

- **Telearbeit in Nachbarschafts- und Satellitenbüros oder Telecentern:** Eine Gruppe von Beschäftigten ist an einem gemeinsamen Arbeitsplatz außerhalb des Betriebes tätig. 214

- **Alternierende Telearbeit:** Der Beschäftigte hat noch einen betrieblichen (Teil-)Arbeitsplatz. Hierunter fällt auch die **mobile Telearbeit**, bei der der Beschäftigte an verschiedenen Orten, zB im Außendienst, arbeitet. 215

---

1 LAG Köln v. 18.5.2009 – 4 Ta 72/09, für Golflehrer mit durchschnittlichen monatlichen Einkünften von 8 000 Euro.
2 GMP/*Müller-Glöge*, § 5 Rz. 35; *Willemsen/Müntefering*, NZA 2008, 193, 196 (eigenes Erwerbseinkommen). AA LAG Rh.-Pf. v. 12.12.2008 – 7 Ta 202/08.
3 BGH v. 21.10.1998 – VIII ZB 54/97, EzA § 5 ArbGG 1979 Nr. 30; BGH v. 27.1.2000 – III ZB 67/99, EzA § 2 ArbGG 1979 Nr. 50.
4 BGH v. 4.11.1998 – VIII ZB 12/98, DB 1999, 152.
5 LAG Köln v. 28.7.2005 – 2 Ta 253/05, ArbuR 2006, 134 für Schauspieler.
6 BAG v. 30.8.2000 – 5 AZB 12/00, DB 2001, 824; ArbG Düsseldorf v. 17.10.2000 – 11 Ca 3311/00, NZA-RR 2001, 183. Vgl. zB das „Arbeitsschutzgesetz" vom 7.8.1996, das in § 2 Abs. 2 Nr. 3 ausdrücklich seine Geltung für Personen, die, wegen ihrer wirtschaftlichen Unselbständigkeit als arbeitnehmerähnliche Personen anzusehen sind, feststellt.
7 *Rühle*, DB 2001, 1364 zu § 54b SchwbG.
8 BAG v. 21.12.2010 – 10 AZB 14/10, NZA 2011, 309; BGH v. 4.11.1998 – VIII ZB 12/98, DB 1999, 152; BAG v. 8.9.1997 – 5 AZB 3/97, NZA 1997, 1302; BAG v. 16.7.1997 – 5 AZB 29/96, AP Nr. 37 zu § 5 ArbGG 1979; BAG v. 14.1.1997 – 5 AZB 22/96, AP Nr. 41 zu § 2 ArbGG 1979.

216 **Voraussetzung** für die Annahme eines Telearbeitsplatzes ist die jedenfalls zeitweise räumliche Trennung des Arbeitsplatzes vom Betrieb des Auftraggebers sowie die Ausübung einer auf programmgesteuerte Arbeitsmittel (Informations- und Kommunikationstechnik) gestützten Tätigkeit. Nach herrschender Ansicht ist weitere Voraussetzung, dass der Arbeitsplatz mit einer Zentrale durch elektronische Kommunikationsmittel verbunden ist[1].

217 Die im Rahmen der Telearbeit Beschäftigten können **entweder ArbN** oder **ArbN-Ähnliche, Heimarbeiter oder Selbständige** sein. Hingegen fallen Telearbeiter nach überwiegender Auffassung **nicht** unter den Begriff der **Hausgewerbetreibenden**. Nach der Legaldefinition des § 2 Abs. 2 HAG ist Hausgewerbetreibender, wer Waren herstellt, bearbeitet oder verpackt; dies ist bei Telearbeitern idR nicht der Fall[2]. Letztlich haben die verschiedenen Ausgestaltungsmöglichkeiten der Telearbeit (Rz. 213 ff.) Einfluss auf die Beurteilung des ArbN-Status. Spezielle gesetzliche Regelungen existieren nicht. Daher ist auf die allgemeinen Kriterien zur Abgrenzung der ArbN-Eigenschaft zurückzugreifen[3]. Maßgebliches Kriterium für die Begründung der ArbN-Eigenschaft ist demnach die persönliche Abhängigkeit. Auf den ersten Blick erscheint im Falle der Telearbeit das im Rahmen des Merkmals der persönlichen Abhängigkeit zusätzlich geforderte Kriterium der Eingliederung in die betriebliche Organisation problematisch. Allerdings ist der Begriff „Betrieb" nicht räumlich, sondern organisatorisch zu verstehen. Dies bestätigt nunmehr auch § 5 Abs. 1 BetrVG, wonach die ArbN-Eigenschaft unabhängig davon ist, ob die Beschäftigung „im Betrieb, im Außendienst oder mit Telearbeit" erfolgt.

218 Ist der Telearbeitsplatz **online mit dem Betrieb verbunden**, ist eine ständige Kontroll- oder Kontaktmöglichkeit zwischen dem Betrieb und dem Beschäftigten gegeben. Der Auftraggeber kann exakt nachvollziehen, zu welchen Zeiten der Beschäftigte tätig war. Dementsprechend kann er auch bestimmte Vorgaben machen. Dies führt zu einer persönlichen Abhängigkeit des Beschäftigten. Ein in dieser Art beschäftigter Telearbeiter ist **idR ArbN**[4].

219 Gleiches gilt nach allgemeiner Auffassung auch für die **alternierende** und **mobile Telearbeit** (vgl. Rz. 215) sowie für die **informationstechnisch gestützte Sachbearbeitung**, wie sie zB im Versicherungsbereich vorkommt. Diese Formen der Telearbeit werden regelmäßig im Rahmen bestehender Arbeitsverhältnisse ausgeübt. Auch wenn das Arbeitsergebnis außerhalb des Betriebes erzielt wird, besteht meist eine fachliche Weisungsgebundenheit gegenüber einem Vorgesetzten. Hinzu kommt, dass die Beschäftigten idR ihre Tätigkeit nur unter Nutzung der betrieblichen Einrichtungen oder gemeinsam mit den im Betrieb tätigen Mitarbeitern oder unter Rückkopplung mit der betrieblichen EDV-Anlage ausüben können[5].

220 Ist der Beschäftigte dagegen **offline** tätig, fehlt diese Kontrollmöglichkeit des Auftraggebers; denn es wird nur das Arbeitsergebnis übermittelt. Die Entstehung ist für den Auftraggeber nicht nachvollziehbar. Dies spricht gegen die Annahme einer persönlichen Abhängigkeit und damit auch gegen eine ArbN-Eigenschaft. Allerdings ist die technische Anbindung an den Betrieb kein für sich allein ausschlaggebendes Kriterium. **Weitere Kriterien** sind zB ständige Rufbereitschaft, Vorgabe kurzer Erledigungszeiten, kurze Ankündigungsfristen, Bestimmung der Arbeitszeit, elektronische Weisungen, elektronische Kontrollmöglichkeiten des Auftraggebers, die Art und Weise der Urlaubsgewährung oder das Arbeitsvolumen. Dementsprechend kann im Einzelfall ein Beschäftigter auch bei einer Offline-Tätigkeit derart in die Betriebsorganisation eingebunden sein, dass ein Arbeitsverhältnis vorliegt.

221 Liegen die Voraussetzungen des ArbN-Begriffes nicht vor, so kann die **Telearbeit** auch **im Rahmen von Heimarbeit** geleistet werden, sofern die weiteren Voraussetzungen des § 2 Abs. 1 HAG erfüllt sind[6]. Voraussetzung des Merkmals der persönlichen Selbständigkeit eines in Heimarbeit Beschäftigten ist, dass der Auftraggeber nicht jederzeit durch Weisungen in den Arbeitsablauf eingreifen kann und dass keine unmittelbare Arbeitszeitkontrolle stattfindet. Eine Ergebniskontrolle ist unschädlich[7]. Fehlt zB bei einem Online-Telearbeitsplatz die zuvor dargestellte Kontrollmöglichkeit, so kann auch ein solcher Arbeitsplatz unter

---

1 MünchArbR/*Heenen*, Bd. 2, § 316 Rz. 1; *Otten*, Heim- und Telearbeit, C, Rz. 5.
2 MünchArbR/*Heenen*, Bd. 2, § 316 Rz. 19; *Otten*, Heim- und Telearbeit, C, Rz. 76; GK-ArbGG/*Schleusener*, § 5 Rz. 125; aA *Wedde*, NJW 1999, 527. Näher hierzu noch nachfolgend Rz. 221 f.
3 OLG Karlsruhe v. 24.10.2001 – 9 W 91/01, DB 2002, 379 (arbeitnehmerähnliche Person); *Boemke*, BB 2000, 147; *Haupt/Wollenschläger*, NZA 2001, 289; MünchArbR/*Heenen*, Bd. 2, § 316 Rz. 4 ff.; *Körner*, NZA 1999, 1190; *Oberthür*, EWiR 2002, 383; *Otten*, Heim- und Telearbeit, C, Rz. 30; *Peter*, DB 1998, 573.
4 *Boemke*, BB 2000, 147; MünchArbR/*Heenen*, Bd. 2, § 316 Rz. 7; *Kappus*, S. 55, 68 ff.; *Körner*, NZA 1999, 1190; *Wank*, NZA 1999, 225.
5 MünchArbR/*Heenen*, Bd. 2, § 316 Rz. 10 ff.; *Körner*, NZA 1999, 1190; *Peter*, DB 1998, 573.
6 BAG v. 14.6.2016 – 9 AZR 305/15, NZA 2016, 1453.
7 MünchArbR/*Heenen*, Bd. 2, § 316 Rz. 13.

Heimarbeit fallen. Ist allerdings die für eine Heimarbeit wesentliche Mitarbeit von Familienangehörigen, zB aus Geheimhaltungsgründen, ausgeschlossen, scheidet der Status des Heimarbeiters aus[1].

Telearbeit ist typischerweise **Angestelltentätigkeit**. Eine Angestelltentätigkeit steht dem Rechtsverhältnis eines Heimarbeiters iSd. § 2 Abs. 1 HAG nicht entgegen[2]. Auch **höherqualifizierte Angestelltentätigkeiten** können unter das HAG fallen. Dies war in der Vergangenheit nicht unumstritten. Ursprüngliche Zielrichtung des HAG waren einfache häusliche Tätigkeiten. Nachdem im Jahre 1974 der Gesetzestext von „gewerbsmäßig" auf „erwerbsmäßig" geändert wurde, schließt der Wortlaut nunmehr keine Tätigkeitsart mehr aus und ist auch nicht einschränkend auszulegen[3]. Problematisch erweist sich allerdings die im HAG vorgeschriebene Entgeltregelung. Gemäß den §§ 8, 20 HAG müssen zu Beginn der Heimarbeit alle Entgelte als Stückentgelte ausgewiesen sein. Bei einigen höherqualifizierten Tätigkeiten, wie zB der eines Programmierers, dürfte die Einhaltung dieser zwingenden Entgeltregelung zu Schwierigkeiten führen[4]. 222

b) Franchise

Im Handels- und Vertriebsbereich kommt es bei der Statusbestimmung von Außendienstmitarbeitern häufig zu Abgrenzungsschwierigkeiten. Sie sind aufgrund ihrer Tätigkeit unabhängiger vom Betrieb und dem Auftraggeber als die Beschäftigten, die sich täglich in der Betriebsstätte aufhalten. Einen Schwerpunkt in dieser Diskussion bilden die Franchisenehmer. Die Problematik wird häufig im Zusammenhang mit dem Thema der „Scheinselbständigkeit" aufgeworfen (vgl. Rz. 248 ff.). 223

Franchising ist eine Vertriebsform, die dem Franchisenehmer gegen Entgeltzahlung an den Franchisegeber erlaubt, bestimmte Schutzrechte, wie zB Warenzeichen, Urheberrechte, Patente oder Ladenschilder, zum Zweck der Vermarktung von Waren oder Dienstleistungen zu nutzen[5]. Die Ausgestaltung dieser Verträge ist sehr unterschiedlich. Zur Bestimmung des ArbN-Status muss im Rahmen einer Gesamtwürdigung der Schwerpunkt der Tätigkeit ermittelt und dementsprechend die **Einordnung je nach Einzelfall** vorgenommen werden. Grundsätzlich ist eine Einordnung des Franchisenehmers als ArbN, freier Mitarbeiter oder arbeitnehmerähnliche Person denkbar. 224

Das **OLG Düsseldorf** vertritt die Auffassung, dass bei Vorliegen von franchise-spezifischen Gestaltungen **generell keine wirtschaftliche oder persönliche Abhängigkeit** begründet werden könne. Allein die Vertragsform schließe dies aus. Erst wenn der Franchisenehmer nicht mehr in der Lage sei, das Marktgeschehen durch eigene unternehmerische Entscheidungen wie Werbung oder Binnenkommunikation mit der Systemzentrale zu steuern, könne Unselbständigkeit und wirtschaftliche Abhängigkeit angenommen werden[6]. 225

Das **BAG** lehnt dies richtigerweise ab. Nach allgemeinen Grundsätzen ist nicht darauf abzustellen, wie ein Rechtsverhältnis bezeichnet wird; entscheidend ist der tatsächliche Geschäftsinhalt (vgl. Rz. 24 f.). Bei einem Franchisevertrag kann nichts anderes gelten. Auch hier ist die Statusbestimmung durch die Wahl einer bestimmten Vertragsbezeichnung der Privatautonomie der Parteien entzogen. Deshalb ist nach der Rspr. des BAG das Vorliegen einer den ArbN-Status begründenden persönlichen Abhängigkeit grds. auch im Rahmen eines Franchisevertrages möglich. Ob eine Partei ArbN bzw. arbeitnehmerähnlich sei, richte sich ausschließlich danach, ob sie persönlich abhängig oder zwar rechtlich selbständig, aber wirtschaftlich abhängig und einem ArbN vergleichbar schutzbedürftig sei. Allein das Bestehen von franchisetypischen Pflichten und spezifischen systembedingten Abhängigkeiten für einen Franchisenehmer schließe die Annahme eines Arbeitsverhältnisses nicht aus. Im Gegenteil könnten gerade die franchisetypischen Abhängigkeiten zumindest für die ArbN-Ähnlichkeit des Franchisenehmers sprechen[7]. Auch der **BGH** hat sich der Sichtweise des BAG angeschlossen[8]. 226

---

1 Otten, Heim- und Telearbeit, C, Rz. 82; Wedde, NJW 1999, 527.
2 Vgl. zB Wedde, NJW 1999, 527. Allein Otten hält das gesetzlich nicht normierte Kriterium „heimarbeitstypisch" für erforderlich. „Heimarbeitstypisch" sei eine sich in der Aufgabe wiederholende Tätigkeit. Höher qualifizierte Tätigkeiten in Heimarbeit seien damit ausgeschlossen, vgl. Otten, Heim- und Telearbeit, C, Rz. 22, 77.
3 BAG v. 14.6.2016 – 9 AZR 305/15, NZA 2016, 1453; AR Blattei SD/Bauschke, ArbN II, Rz. 130; Boemke, BB 2000, 147; MünchArbR/Heenen, Bd. 2, § 316 Rz. 13; Peter, DB 1998, 573; Wedde, NJW 1999, 527.
4 Körner, NZA 1999, 1190; Peter, DB 1998, 573.
5 Vgl. EG-VO 4087/88 vom 30.11.1988, ABl. EG L 359, S. 46.
6 OLG Düsseldorf v. 20.3.2002 – 6 W 59/01, OLGR Düsseldorf 2003, 67; OLG Düsseldorf v. 18.3.1998 – 6 W 2/97, EzA § 5 ArbGG 1979 Nr. 28; OLG Düsseldorf v. 30.1.1998 – 16 U 1812/96, NJW 1998, 2978. Ebenso: LAG Rh.-Pf. v. 12.7.1996 – 4 Ta 21/96, LAGE § 611 BGB – Arbeitnehmerbegriff Nr. 32.
7 BAG v. 16.7.1997 – 5 AZB 29/96, AP Nr. 37 zu § 5 ArbGG 1979 mit Anm. Kreuder; so auch ArbG Düsseldorf v. 17.10.2000 – 11 Ca 3311/00, NZA-RR 2001, 183; anders OLG Saarbrücken v. 11.4.2011 – 5 W 71/11, juris, Rz. 58.
8 BGH v. 16.10.2002 – VIII ZB 27/02, BGHZ 152, 213 mit zustimmender Anmerkung Flohr, ZAP 2003, Fach 6, 377; BGH v. 27.1.2000 – III ZB 67/99, EzA § 2 ArbGG 1979 Nr. 50; BGH v. 4.11.1998 – VIII ZB 12/98, DB 1999, 152.

227 Dementsprechend ist die **ArbN-Ähnlichkeit** eines Franchisenehmers **zu bejahen**, wenn die Einkünfte aus dieser Tätigkeit seine alleinige Existenzgrundlage darstellen und es ihm praktisch weder während noch außerhalb der Tätigkeit (zB wegen der Arbeitszeit oder des Arbeitsumfangs) kaum noch möglich ist, eine andere Erwerbstätigkeit in nennenswertem Umfang auszuüben. Die Berechtigung, Angestellte zu beschäftigen, die die Tätigkeit für den Franchisenehmer übernehmen können, steht der ArbN-Ähnlichkeit nur entgegen, wenn auch die realistische Möglichkeit besteht, sie zu nutzen. Die Einstellung eines Angestellten erscheint häufig nur dann unrealistisch, wenn sich der Franchisenehmer vor der Aufnahme seiner Franchisetätigkeit bereits eine betriebliche Existenzgrundlage geschaffen hat[1]. Ist ein Franchisenehmer Weisungen im Rahmen der praktischen Umsetzung des Franchisevertrages unterworfen, die für ein Arbeitsverhältnis typisch sind, soll der Feststellung der ArbN-Eigenschaft nicht entgegenstehen, dass er zur Erfüllung seiner Aufgaben selbst ArbN einstellen kann, wenn der Franchisenehmer sich selbst für befugt hält, über deren Fortbestand zu entscheiden[2]. Die Übernahme einer Service-Station für **Schuhmacher- und Schlüsseldienstleistungen** im Lebensmittelmarkt kann selbst dann als „arbeitnehmerähnlich" iSd. § 5 Abs. 1 Satz 2 anzusehen sein, wenn der Betreiber die Preise seiner Dienstleistungen und Verkaufsprodukte selbst bestimmen kann[3].

228 Mit diesen Entscheidungen hat die Rspr. auf der Grundlage des derzeit geltenden ArbN-Begriffes zumindest eine Tendenz zur Behandlung solcher Vertragsgestaltungen erkennen lassen.

4. Weitere Einzelfälle zu arbeitnehmerähnlichen Personen

229 • **Ärzte:** Ein **Belegarzt** ist ein nicht am Krankenhaus angestellter Arzt, der berechtigt ist, die Belegpatienten im Krankenhaus unter Inanspruchnahme der hierfür bereitgestellten Dienste, Einrichtungen und Mittel vollstationär oder teilstationär zu behandeln, ohne hierfür vom Krankenhaus eine Vergütung zu erhalten, und der neben der Versorgung seiner Krankenhauspatienten eine eigene vertragsärztliche Tätigkeit ausüben darf. Es fehlt ihm an einer sozialen Stellung, die ihn einem ArbN vergleichbar schutzbedürftig erscheinen lässt. Er ist daher keine arbeitnehmerähnliche Person[4]. Gleiches gilt für einen **niedergelassenen Arzt**, der neben seiner selbständigen Tätigkeit in einer Bereitschaftsdienstzentrale **Bereitschaftsdienst** auf Honorarbasis leistet. Er ist nach seiner gesamten sozialen Stellung nicht einem ArbN vergleichbar sozial schutzwürdig, auch wenn er von der Möglichkeit der freiberuflichen vertragsärztlichen Tätigkeit nur in eingeschränktem Umfang Gebrauch macht und dabei lediglich geringe Einkünfte erzielt[5]. **Demgegenüber** kann der Leitende **Arzt einer Spezialklinik**, der aufgrund eines Beratervertrages tätig geworden ist, als arbeitnehmerähnliche Person angesehen werden, wenn er wirtschaftlich abhängig war und in ähnlicher Weise wie ein angestellter Arzt tätig geworden ist (im konkreten Fall: monatlich gleichbleibende Zahlungen von 7 000 Euro und Präsenzpflicht)[6].

229a • Ist ein **Au-pair-Mädchen** für die Gastfamilie in nicht unerheblichem zeitlichen Umfang tätig und erhält es als Gegenleistung Unterhalt und ein Taschengeld, ist es zumindest dann arbeitnehmerähnliche Person, wenn es aufgrund seiner wirtschaftlichen Lage auf den Unterhalt und das Taschengeld zur Sicherung seiner wirtschaftlichen Existenz angewiesen ist. Dass die Stellung auch deshalb eingegangen wurde, um das Gastland kennen zu lernen und die deutsche Sprache zu erlernen, ändert daran nichts. Denn das Zustandekommen eines Dienst- oder Arbeitsvertrages setzt nicht ausschließlich wirtschaftliche Motive des Dienstverpflichteten voraus[7].

229b • **Behinderte Menschen** im Arbeitsbereich anerkannter Werkstätten stehen, wenn sie nicht ArbN sind, zu den Werkstätten in einem arbeitnehmerähnlichen Rechtsverhältnis, soweit sich aus dem zugrunde liegenden Sozialleistungsverhältnis nichts anderes ergibt, § 138 SGB IX.

230 • Bei einem **Berater**, der aufgrund eines von vornherein auf drei Monate befristeten Vertragsverhältnisses tätig wird, fehlt aufgrund der kurzen Dauer idR die erforderliche wirtschaftliche Abhängigkeit. Jedenfalls hat die Partei, die ihre Einstufung als arbeitnehmerähnlich erstrebt, ihre gesamten Vermögensverhältnisse darzulegen[8].

---

[1] BGH v. 4.11.1998 – VIII ZB 12/98, DB 1999, 152; BAG v. 16.7.1997 – 5 AZB 29/96, AP Nr. 37 zu § 5 ArbGG 1979 mit Anm. *Kreuder*.
[2] Zweifelhaft, so aber LAG Bremen v. 21.2.2007 – 2 Sa 206/05, juris, Rz. 236, für Videothek.
[3] LAG Nürnberg v. 20.8.2002 – 6 Ta 63/02, AR-Blattei ES 120, Nr. 17.
[4] OLG München v. 29.3.2007 – 21 W 1179/07, AZR 2007, 130.
[5] LAG Rh.-Pf. v. 3.5.2010 – 11 Ta 163/09, juris, Rz. 33.
[6] LAG Hamm v. 23.7.2007 – 2 Ta 76/97, NZA-RR 2008, 324 (Ls.).
[7] ArbG Hanau v. 8.2.1996 – 2 Ca 772/95, DB 1996, 2446.
[8] LAG Köln v. 3.7.1998 – 11 Ta 94/98, ARST 1999, 16.

- Ein **Berufssänger mit Künstler-Exklusivvertrag** ist arbeitnehmerähnliche Person[1], wenn er auch seiner gesamten sozialen Stellung nach einem ArbN vergleichbar sozial schutzbedürftig ist. Dies ist der Fall, wenn sich der Berufssänger zu einer bestimmten Anzahl von Produktionen pro Jahr verpflichtet, darüber hinaus exklusiv auch für zusätzliche Aufnahmen zur Verfügung steht und der Auftraggeber über die Wahl des Produzenten entscheidet. 230a

- Eine **Callcenteragentin** ist eine arbeitnehmerähnliche Person iSv. § 5 Abs. 1 Satz 2, wenn sie ihr Entgelt im Auftragszeitraum ausschließlich von der Auftraggeberin erhält[2]. 230b

- Wer als **Dozent** für ein gewerbliches Weiterbildungsinstitut tätig ist, kann arbeitnehmerähnliche Person sein. Eine Stellung als freier Mitarbeiter steht dem nicht entgegen. Beinhaltet die Unterrichtstätigkeit die Verpflichtung des Dozenten, über mehrere Wochen hinweg vollschichtig Blockunterricht zu erteilen, so ist dies ein erhebliches Indiz für eine einem ArbN vergleichbare Schutzbedürftigkeit[3]. Zur Abgrenzung zum Handelsvertreter vgl. dort Rz. 262b. 231

- Sog. **Ein-Euro-Jobber** sind keine arbeitnehmerähnlichen Personen. Sie sind auf die Mehraufwandsentschädigung nicht angewiesen, weil sie noch weiterhin Alg II beziehen[4]. Zwischen dem „erwerbsfähigen Leistungsberechtigten" und dem privaten Dritten kommt gem. § 16d Abs. 7 Satz 2 SGB II kein privatrechtliches Dienstverhältnis, sondern ein „Sozialverhältnis" zustande, so dass für Streitigkeiten im Zusammenhang mit einer Kündigung der Arbeitsgelegenheit die Sozialgerichte zuständig sind. 231a

- Ein selbständiger **Erfinder**, der das seine Erfindung auswertende Unternehmen berät, kann eine arbeitnehmerähnliche Person sein[5]. 232

- Ein **Frachtführer** (vgl. auch Rz. 46), dem es vertraglich gestattet ist, einen Dritten als Fahrer einzusetzen, ist keine arbeitnehmerähnliche Person, sofern der Einsatz des Dritten auch tatsächlich durchführbar ist. Die Möglichkeit der Leistungserbringung durch Dritte führt zu einer unternehmerischen Dispositionsfreiheit, die mit dem Status eines unselbständigen ArbN unvereinbar ist. Es fehlt dann an der dem ArbN vergleichbaren sozialen Schutzbedürftigkeit[6]. Anders kann dies sein, wenn der Frachtführer nur einen Auftraggeber hat, ganzjährig durch diesen beschäftigt ist und die aus dieser Tätigkeit erzielten Einkünfte die Existenzgrundlage des Frachtführers bilden[7]. 233

- Ein **Fremd-Geschäftsführer einer GbR**, dessen dort bezogene Vergütung seine wesentliche Existenzgrundlage darstellt, ist jedenfalls eine arbeitnehmerähnliche Person.[8] 234

- Der **Geschäftsführer einer Betriebskrankenkasse**, auf den § 5 Abs. 1 Satz 3 nicht anzuwenden ist, kann im Verhältnis zum ArbGeb, mit dem er einen Dienstvertrag geschlossen hat, arbeitnehmerähnliche Person sein, wenn er seinen Lebensunterhalt aus dieser Haupttätigkeit bestreitet. Die Ausübung von Nebenbeschäftigungen bei kleineren Betriebskrankenkassen ist unschädlich, solange eine wirtschaftliche Abhängigkeit von der Hauptbeschäftigung besteht[9]. 235

- Ein **Gesellschafter** einer von ihm mit seinem ehemaligen ArbGeb gegründeten **Gesellschaft bürgerlichen Rechts** gilt als arbeitnehmerähnliche Person, wenn er in der gleichen Art und Weise nach Gründung der Gesellschaft als Monteur für seinen ehemaligen ArbGeb und jetzigen geschäftsführenden Gesellschafter tätig ist, weder seine eigene Arbeitszeit festlegen noch seine Terminplanung unabhängig gestalten kann und in der Verwertung seiner Arbeitskraft nahezu ausschließlich von dem jetzigen Geschäftsführer und ehemaligen ArbGeb zur Sicherung seiner Existenzgrundlage abhängig ist. Der Rechtsweg zu den ArbG ist in diesem Fall eröffnet[10]. 235a

- Eine **GmbH**, die in eigenen Betriebsräumen mit eigenen Arbeitskräften für einen anderen Unternehmer weisungsgemäß Arbeiten an den von dem Unternehmer gelieferten Stoffen verrichtet, ist weder eine arbeitnehmerähnliche noch eine in Heimarbeit beschäftigte oder einem Heimarbeiter gleichgestellte Person[11]. 235b

---

1 LAG Köln v. 3.5.2002 – 10 Ta 16/02, ZUM 2002, 840.
2 LAG Berlin v. 6.5.2003 – 13 Ta 726/03, ARST 2003, 259.
3 BAG v. 11.4.1997 – 5 AZB 33/96, DB 1997, 1676.
4 LAG Berlin v. 27.3.2006 – 3 Ta 349/06, LAGE § 2 ArbGG 1979 Nr. 50; ArbG Bautzen v. 26.5.2005 – 2 Ca 2151/05; ArbG Chemnitz v. 16.8.2005 – 12 Ca 2238/05, DB 2006, 1688.
5 BAG v. 13.9.1956 – 2 AZR 605/54, NJW 1956, 1812.
6 BGH v. 21.10.1998 – VIII ZB 54/97, EzA § 5 ArbGG 1979 Nr. 30.
7 LAG Köln v. 29.5.2006 – 14 (5) Sa 1343/05.
8 LAG Hamm v. 14.4.2010 – 2 Ta 817/09, juris, Rz. 22.
9 BAG v. 25.7.1996 – 5 AZB 5/96, NZA 1997, 62.
10 LAG Rh.-Pf. v. 7.7.2008 – 6 Ta 95/08, juris, Rz. 51.
11 OLG Oldenburg v. 15.12.1961 – 1 U 39/60, AP Nr. 50 zu § 2 ArbGG 1953.

236 • Ein (designierter) **GmbH-Gesellschafter** mit einem Gesellschaftsanteil von 15 % kann arbeitnehmerähnliche Person der Gesellschaft sein. Mit einem solchen Anteil verfügt er nicht über eine gesetzliche Sperrminorität und damit nicht über ein solches Maß an Selbstbestimmung, das jedwede arbeitsrechtliche Beziehung von vornherein ausschlösse[1].

236a • Ein **Golflehrer** ist selbst dann keine arbeitnehmerähnliche Person, wenn er zwar zu seiner Existenzsicherung auf den Vertrag angewiesen ist, jedoch monatliche Einkünfte zwischen 3 480 Euro und 14 000 Euro bezieht und zusätzlich noch weitere Verdienstmöglichkeiten durch den Verkauf von Golfzubehör hat[2].

237 • Übt jemand eine Tätigkeit als **Hausmeister** aus, ohne zur Sicherung seiner Existenz darauf angewiesen zu sein, so wird er dadurch nicht zur arbeitnehmerähnlichen Person. Es fehlt das Merkmal der wirtschaftlichen Abhängigkeit, weil diese Nebentätigkeit nicht die wirtschaftliche Existenzgrundlage bildet. Das gilt auch dann, wenn die Nebentätigkeit eine nicht unwesentliche Aufbesserung der Altersversorgung darstellt.[3] Arbeitnehmerähnlich ist der Hausmeister jedoch, wenn er persönlich zur Leistung verpflichtet ist und alleine mit dieser Vergütung für seine soziale Sicherung sorgen muss, und sie nicht die Höhe erreicht, die die soziale Schutzbedürftigkeit entfallen lässt[4].

237a • Eine selbständige **Hebamme**, die aufgrund eines Belegvertrages im Krankenhaus tätig wird, ist im Verhältnis zum Krankenhausträger keine arbeitnehmerähnliche Person[5].

237b • Eine **Immobilienmaklerin**, die aufgrund eines **Vertriebspartnervertrags** tätig ist und sich aussuchen kann, für wen sie Maklerleistungen erbringt, ist keine ArbN oder arbeitnehmerähnliche Person. Denn ihre wirtschaftliche Existenz bestimmt sich nach Art und Umfang der selbstständig ausgeübten Tätigkeit als Immobilienmaklerin[6].

237c • Eine **freiberufliche Interviewerin** ist als arbeitnehmerähnliche Person anzusehen, wenn für die Wochentage im Einzelnen Vorgaben hinsichtlich Zeit, Umfang, Inhalt und Ort der Einsatzintervalle gemacht sind[7].

238 • Der Abschluss eines Kommissionsvertrages schließt nicht aus, dass es sich bei dem „**Kommissionär**" um einen ArbN oder eine arbeitnehmerähnliche Person handelt. Vertragsgegenstand müssen Leistungen für den anderen Vertragspartner sein. Dies ist bei einer Verkaufstätigkeit auch dann der Fall, wenn der Verkauf – wie bei Kommissionsgeschäften (§ 383 HGB) – im eigenen Namen erfolgen soll[8].

239 • Ein **Künstler**, der auf einer Jubiläumsveranstaltung einmalig eine Zaubershow darbietet, ist keine arbeitnehmerähnliche Person. Das einmalige Auftreten ist nicht geeignet, eine wirtschaftliche Abhängigkeit des Künstlers vom Veranstalter zu begründen[9].

240 • **Lehrbeauftragte** an Hochschulen und hochschulähnlichen Instituten, denen der Lehrauftrag nur für ein Semester erteilt wurde, befinden sich in einem freien Dienstverhältnis, das eine arbeitnehmerähnliche Stellung begründet[10].

240a • Bei einer Beschäftigung nach § 16d SGB II (früher: § 19 Abs. 2 Halbs. 1 Alt. 2 BSHG), bei der Hilfe zum Lebensunterhalt und eine angemessene **Mehraufwandsentschädigung** gewährt wird, besteht kein bürgerlich-rechtliches, sondern ein öffentlich-rechtliches Beschäftigungsverhältnis, denn die Normen, die das Rechtsverhältnis zwischen dem Maßnahmeträger und dem Hilfebedürftigen regeln, gehören zum öffentlichen Recht[11]. Nach § 16d SGB II begründen diese Arbeiten kein Arbeitsverhältnis iSd. Arbeitsrechts. Vgl. auch Rz. 231a.

240b • Ein Beschäftigter in einer **ehemaligen Produktionsgenossenschaft der DDR**, die in eine eingetragene Genossenschaft umgewandelt wurde, ist auch dann keine arbeitnehmerähnliche Person, wenn er aufgrund seiner Weisungsgebundenheit wirtschaftlich und persönlich von der Genossenschaft abhängig ist. Etwas anderes gilt nur dann, wenn mittels statuarischer Bestimmung festgelegt worden ist, dass neben dem Mit-

---

1 LAG Köln v. 29.9.2003 – 13 Ta 77/03, NZA-RR 2004, 553; vgl. auch LAG Rh.-Pf. v. 10.12.2009 – 5 Ta 203/09, juris, Rz. 26.
2 LAG Köln v. 18.5.1009 – 4 Ta 72/09, juris, Rz. 20.
3 OLG Köln v. 13.8.1993 – 11 W 38/93, AP Nr. 5 zu § 12a TVG.
4 LAG Rh.-Pf. v. 23.6.2005 – 12 Ta 78/05, juris, Rz. 13.
5 BAG v. 21.2.2007 – 5 AZB 52/06, NZA 2007, 699.
6 LAG Rh.-Pf. v. 14.11.2011 – 10 Ta 203/11, juris, Rz. 15.
7 LG Frankfurt v. 9.4.2010 – 4 O 73/09, juris, Rz. 17.
8 BGH v. 27.1.2000 – III ZB 67/99, EzA § 2 ArbGG 1979 Nr. 50; BAG v. 8.9.1997 – 5 AZB 3/97, NZA 1997, 1302.
9 BAG v. 6.12.1974 – 5 AZR 418/74, AP Nr. 14 zu § 611 BGB – Abhängigkeit.
10 BAG v. 16.12.1957 – 3 AZR 92/55, AP Nr. 3 zu § 611 BGB – Lehrer, Dozenten.
11 LAG Berlin v. 2.12.2005 – 8 Ta 1987/05, LAGE § 2 ArbGG 1979 Nr. 39; Vorinstanz hatte Arbeitnehmerähnlichkeit bejaht. Ebenso: ArbG Bautzen v. 26.5.2005 – 2 Ca 2151/05.

gliedschafts- auch ein Arbeitsverhältnis bestehen soll. Ansonsten wird der Beschäftigte ausschließlich aufgrund der Mitgliedschaft in der Genossenschaft tätig. Dies spricht gegen einen arbeitnehmerähnlichen Status[1].

- Ein **Rechtsanwalt**, der aufgrund eines Gesellschaftsvertrages iSd. § 705 BGB Partner einer den berufsrechtlichen Anforderungen entsprechenden Anwaltssozietät ist, ist selbst dann keine arbeitnehmerähnliche Person, wenn er von der Sozietät wirtschaftlich abhängig ist. Wer im Rahmen eines auf Gleichrangigkeit, Gegenseitigkeit und Zusammenarbeit in der Ausübung der anwaltlichen Tätigkeit ausgerichteten Gesellschaftsvertrages tätig wird, dem fehlt die erforderliche soziale Schutzbedürftigkeit[2]. Ein Rechtsanwalt ist aber dann einem ArbN vergleichbar sozial schutzbedürftig, wenn seinem vollen Unternehmerrisiko nach außen (insbesondere der gesamtschuldnerischen Haftung als „Schein"-Sozius) kein angemessener Ausgleich gegenübersteht, wie ihn typischerweise ein selbständiger Anwalt erhält[3]. Beschäftigte Anwälte, die keine Sozien sind und auch nicht an Gewinnen und Verlusten beteiligt werden, sondern ein monatliches Pauschalhonorar beziehen, sind arbeitnehmerähnliche Personen. Der Umstand, dass für einen Rechtsanwalt die Möglichkeit besteht, aus einem Beschäftigungsverhältnis heraus eine eigene Kanzlei zu gründen, führt nicht dazu, dass es grds. an der sozialen Schutzbedürftigkeit fehlt[4]. Der **Partner** einer **Anwalts-GmbH**, in dessen „Anstellungsvertrag" Dauer und Lage der Arbeitszeit nicht festgelegt sind und der seine Tätigkeit im Wesentlichen frei gestalten kann, ist weder ArbN noch arbeitnehmerähnliche Person[5]. 241

- Ein **Repetitor**, der mit dem wesentlichen Teil seiner Arbeitskraft gegen ein monatliches Bruttogehalt von rund 1 000 Euro als Dozent in einem juristischen Repetitorium tätig ist, ist arbeitnehmerähnlich[6]. 242

- Ein **Rundfunkgebührenbeauftragter** kann arbeitnehmerähnliche Person sein. Er ist wirtschaftlich abhängig, wenn er neben dieser Tätigkeit keiner anderen Beschäftigung nachgeht. In diesem Fall stellt die aus seiner Tätigkeit als Rundfunkgebührenbeauftragter erzielte Vergütung die einzige wirtschaftliche Existenzgrundlage dar. Er ist auch einem ArbN vergleichbar sozial schutzbedürftig, wenn die Höhe seiner monatlichen Einkünfte etwa 2 200 Euro beträgt und die Notwendigkeit besteht, seine Dienste für den Auftraggeber persönlich zu erbringen[7]. S. a. Rz. 126. 243

- Ein **Selbständiger** erlangt nicht aufgrund eines **Nebenberufes** eine arbeitnehmerähnliche Stellung. Dementsprechend ist der selbständige Betreiber eines Kiosks, der nebenberuflich aufgrund eines Postagenturvertrages eine Vertretertätigkeit ausübt, nicht arbeitnehmerähnlich. Wird eine selbständige Tätigkeit im Hauptberuf ausgeübt, fehlt es an der sozialen Schutzbedürftigkeit[8]. 244

- Eine Arbeitnehmerähnlichkeit eines im **Telefonmarketing** Beschäftigten kann zu bejahen sein, wenn er seine Tätigkeit in den Räumlichkeiten des Auftraggebers ausübt, der ihm Preise und Konditionen vorgibt, er eine monatliche Provision mit einer Mindestgarantie iHv. 1 500 Euro erhält und Wochenberichte zu fertigen hat[9]. 244a

- Ein **Theaterintendant** kann arbeitnehmerähnliche Person sein. Obwohl ein Theaterintendant im Allgemeinen in hohem Maße ArbGeb-Funktionen wahrnimmt, die gegen einen arbeitnehmerähnlichen Status sprechen[10], kann im Einzelfall eine abweichende Beurteilung gerechtfertigt sein. So liegt eine wirtschaftliche Abhängigkeit des Intendanten vor, wenn er auf das verhältnismäßig geringe Gehalt des Auftraggebers angewiesen ist und keine wesentlichen Nebeneinkünfte aus anderen Tätigkeiten erzielt oder solche nicht zu erwarten sind[11]. 245

---

1 BAG v. 13.6.1996 – 8 AZR 20/94, NZA 1997, 542; aA LAG Berlin v. 11.9.1991 – 6 Ta 8/91, LAGE § 2 ArbGG 1979 Nr. 9.
2 BAG v. 15.4.1993 – 2 AZB 32/92, BB 1993, 2163; vgl. auch LAG Köln v. 3.2.2011 – 6 Ta 409/10, NZA-RR 2011, 211 (Rz. 17).
3 OLG Bdb. v. 7.2.2002 – 14 W 10/01, NJW 2002, 1659; OLG München v. 24.11.1998 – 29 W 3071/98, OLGR München/Bamberg/Nürnberg 1999, 279; LAG Hessen v. 1.6.1995 – 12 Ta 447/94, NZA-RR 1996, 64; LAG Köln v. 6.5.2005 – 4 Ta 40/05, MDR 2006, 35 bei durchschnittlichen Monatseinkünften von 2 440 Euro und Pflicht zur persönlichen Leistungserbringung.
4 OLG München v. 24.11.1998 – 29 W 3071/98, OLGR München/Bamberg/Nürnberg 1999, 279. Vgl. aber zur Darlegungslast auch LAG Schl.-Holst. v. 20.12.2005 – 1 Ta 200/04.
5 ArbG Berlin v. 9.10.2003 – 1 Ca 4598/03, NZA-RR 2004, 229.
6 LAG Hamm v. 22.8.1989 – 11 Sa 24/89, AP Nr. 7 zu § 5 ArbGG 1979 mit Anm. *Rapsch*.
7 BAG v. 30.8.2000 – 5 AZB 12/00, NZA 2000, 1359.
8 OLG Karlsruhe v. 22.7.1998 – 19 W 55/98, NZA-RR 1998, 463.
9 LAG Hamm v. 19.5.2006 – 2 Ta 476/05.
10 Vgl. etwa BAG v. 22.2.1999 – 5 AZB 56/98, RzK I 10a Nr. 43.
11 BAG v. 17.12.1968 – 5 AZR 86/68, DB 1969, 1420.

246 • Bestellt die **Treuhandanstalt** als Alleingesellschafterin im Rahmen eines Generalvertrages einen Liquidator für eine Vielzahl wechselnder Treuhandgesellschaften, so führt dies zu Dienstverhältnissen des **Liquidators** mit den einzelnen Treuhandgesellschaften. Daneben kann der Liquidator aber auch in einem Arbeitsverhältnis oder arbeitnehmerähnlichem Rechtsverhältnis zur Treuhandanstalt stehen. Indiz für seine wirtschaftliche Abhängigkeit ist ua, dass der Liquidator für seine Tätigkeit für die verschiedenen Gesellschaften eine gleich bleibende Vergütung pro Monat erhält[1].

246a • Auf **Vertragshändlerverträge** ist Handelsvertreterrecht entsprechend anzuwenden. Die Zuständigkeit der ArbG kann daher nur nach § 5 Abs. 3 Satz 1 begründet sein. Eine Bewertung als arbeitnehmerähnliche Person scheidet aus[2].

247 • Die tatsächliche Inanspruchnahme der **Zustellerin einer Sonntagszeitung**, die einmal pro Woche drei Stunden tätig ist, ist zu gering, als dass sich hieraus eine persönliche Abhängigkeit ergeben könnte. Wegen des geringen Umfangs der Tätigkeit und des geringen finanziellen Ertrages ist auch eine wirtschaftliche Abhängigkeit der Zustellerin zu verneinen. Sie ist weder ArbNin noch arbeitnehmerähnlich[3].

5. Scheinselbständigkeit

248 In den letzten Jahren ist die sog. Scheinselbständigkeit aufgrund des vermehrten Auftretens neuer Beschäftigungsformen (zB Telearbeit, Franchising), nicht zuletzt aber aufgrund der Finanzierungsengpässe der gesetzlichen Renten- und SozV zunehmend in die juristische Diskussion geraten. Zu beobachten ist eine Zunahme der Selbständigentätigkeiten, auf die die sozialversicherungsrechtlichen, aber auch die arbeitsrechtlichen Schutzbestimmungen keine Anwendung mehr finden. Diese Entwicklung zeigt sich insbesondere bei der Entstehung immer kleinerer Firmeneinheiten bis hin zu Ein-Mann-Subunternehmen. **Arbeitsrechtlich** unterfällt ein Rechtsverhältnis, das nur zum Schein als Selbständigenverhältnis ausgestaltet und bezeichnet wird, in Wirklichkeit aber nach dem von der Rspr. entwickelten Kriterienkatalog ein Arbeitsverhältnis darstellt, gleichwohl dem arbeitsrechtlichen Schutzbereich (vgl. auch Rz. 250).

249 Der Gesetzgeber hat auf diese Tendenz im Wirtschaftsleben zunächst mit dem **Gesetz zu Korrekturen in der Sozialversicherung und zur Sicherung der Arbeitnehmerrechte vom 19.12.1998**[4] reagiert. Abgelöst wurde dieses Gesetz durch das rückwirkend zum 1.1.1999 in Kraft getretene **Gesetz zur Förderung der Selbständigkeit vom 20.12.1999**[5].

249a Hiermit wurde in § 7 Abs. 4 Satz 1 SGB IV ein **Kriterienkatalog** und eine **Vermutungsregelung** zur Abgrenzung abhängiger Beschäftigung von selbständiger Tätigkeit eingeführt. Danach war Scheinselbständiger, wer mindestens drei der folgenden fünf Merkmale erfüllte:
– die Person beschäftigt keinen mehr als nur geringfügig tätigen ArbN;
– Beschäftigung auf Dauer und im Wesentlichen nur für einen Auftraggeber;
– der Auftraggeber oder ein vergleichbarer Auftraggeber lässt entsprechende Tätigkeiten regelmäßig durch ArbN verrichten;
– die Tätigkeit lässt typische Merkmale unternehmerischen Handelns nicht erkennen;
– die Tätigkeit entspricht dem äußeren Erscheinungsbild nach der Tätigkeit, die zuvor für denselben Auftraggeber aufgrund eines Arbeitsverhältnisses ausgeübt worden ist.

249b Durch das Zweite Gesetz für moderne Dienstleistungen am Arbeitsmarkt („**Hartz II**")[6] ist der Kriterienkatalog des § 7 Abs. 4 SGB IV ersatzlos gestrichen worden. Dieser Gesetzesänderung dürfte kaum Bedeutung zukommen: Schon bislang kamen die Vermutungskriterien nur zur Anwendung, wenn der Beschäftigte seinen Mitwirkungspflichten nach § 206 SGB V, § 196 Abs. 1 SGB VI nicht nachgekommen ist. Die **vom BSG entwickelten Abgrenzungskriterien** der abhängigen Beschäftigung von der Selbständigkeit bleiben trotz der Änderung durch „Hartz II" weiter bestehen, zumal im Sozialversicherungsrecht weiterhin der **Amtsermittlungsgrundsatz** (§ 20 SGB X) Anwendung findet[7].

250 Allerdings kommt es **auf die jeweilige sozialrechtliche Einordnung arbeitsrechtlich nicht an**, da versicherungspflichtige Beschäftigung nach § 7 Abs. 1 SGB IV, § 25 Abs. 1 SGB III und Arbeitsverhältnis nicht

---

1 BAG v. 29.12.1997 – 5 AZB 38/97, DB 1998, 1291.
2 LAG Nds. v. 5.5.2003 – 13 Ta 79/03, NZA-RR 2004, 324.
3 ArbG Oldenburg v. 7.6.1996 – 3 Ca 819/95, NZA-RR 1997, 162.
4 BGBl. I 1998, S. 3843.
5 BGBl. I 2000, S. 2.
6 Gesetz vom 23.12.2002, BGBl. I 2002, S. 4621.
7 Ebenso: *Gaul/Otto*, DB 2003, 94 (96).

deckungsgleich sind[1]. Deshalb können als „Ich-AG" handelnde Personen arbeitsrechtlich durchaus ArbN ihrer Auftraggeber sein, solange der Gesetzgeber Gegenteiliges noch nicht klargestellt hat[2]. Entscheidend sind insoweit die allgemeinen Abgrenzungskriterien.

V. Handelsvertreter (§ 5 Abs. 3)

Für **Handelsvertreter sind die ArbG nur ausnahmsweise** unter den Voraussetzungen des § 5 Abs. 3 **zuständig**. § 5 Abs. 3 ist gegenüber § 5 Abs. 1 Satz 2 („Arbeitnehmerähnliche") lex spezialis (vgl. Rz. 268) und beinhaltet lediglich eine prozessuale Gleichstellung der erfassten selbständigen Einfirmenvertreter mit ArbN. Die Anwendung materiellen Arbeitsrechts regelt diese Vorschrift nicht[3].

1. Allgemeines

Der Begriff des Handelsvertreters ist in § 84 Abs. 1 HGB legaldefiniert[4]. Insbesondere die Abgrenzung zu den angestellten Außendienstmitarbeitern gestaltet sich zuweilen schwierig[5]. Entscheidend ist, ob ein Vertreter selbständig tätig ist oder nicht (zum Merkmal der Selbständigkeit noch Rz. 255a ff.). Fehlt es an der Selbständigkeit, so gilt er gem. **§ 84 Abs. 2 HGB als (kaufmännischer) Angestellter**. In diesem Fall besteht eine ausschließliche Zuständigkeit der ArbG.

§ 84 Abs. 1 HGB:
„Handelsvertreter ist, wer als selbständiger Gewerbetreibender ständig damit betraut ist, für einen anderen Unternehmer (Unternehmer) Geschäfte zu vermitteln oder in dessen Namen abzuschließen. Selbständig ist, wer im Wesentlichen frei seine Tätigkeit gestalten und seine Arbeitszeit bestimmen kann."

Gemäß § 84 Abs. 1 Satz 2 HGB ist ein Vertreter selbständig und damit Handelsvertreter, wenn er seine Tätigkeit im Wesentlichen frei gestalten („**Tätigkeitsgestaltungsfreiheit**") und seine Arbeitszeit selbst bestimmen kann („**Arbeitszeithoheit**"). Ob die Befugnisse wahrgenommen werden, ist nicht entscheidend[6]. Wird die Selbständigkeit bejaht, sind – soweit nicht die Fiktion des § 5 Abs. 3 eingreift (hierzu noch Rz. 263 ff.) – die ordentlichen Gerichte zuständig. Entsprechendes gilt für **Versicherungsvertreter** gem. § 92 HGB[7].

Im Bereich der Vermittlung von Geschäften und Versicherungen für Dritte ist die Abgrenzung zum unselbständigen Angestellten ausschließlich anhand der beiden gesetzlichen Merkmale vorzunehmen. Eines Rückgriffes auf die übrigen entwickelten Grundsätze zur Abgrenzung des Arbeitsverhältnisses vom Rechtsverhältnis eines freien Mitarbeiters bedarf es nicht. Zwar sind auch im Rahmen des § 84 Abs. 1 Satz 2 HGB alle **Umstände des Einzelfalles** zu berücksichtigen und in ihrer Gesamtheit zu würdigen[8]; die heranzuziehenden Anknüpfungspunkte müssen sich jedoch den gesetzlichen Unterscheidungsmerkmalen zuordnen lassen[9].

2. Das Merkmal der „Selbständigkeit"

a) Allgemeines

Eine Beschränkung der Grundfreiheiten iSd. § 84 Abs. 1 Satz 2 HGB durch Vertrag oder Weisung ist dann nicht gegeben, wenn sie dem **gesetzlichen Leitbild des Handelsvertreters** entspricht. Ansatzpunkt für die Ermittlung des Leitbildes sind die gesetzlichen Rahmenbedingungen der Tätigkeit des Handelsvertreters, die vor allem durch die Vorschriften der §§ 84 ff. HGB gesteckt werden.[10] Erst dann, wenn die vertragliche

---

1 BAG v. 30.8.2000 – 5 AZB 12/00, NZA 2000, 1359; BAG v. 15.12.1999 – 5 AZR 3/99, NZA 2000, 534; ErfK/*Rolfs*, § 7 SGB IV Rz. 2; GMP/*Müller-Glöge*, § 5 Rz. 14.
2 GMP/*Müller-Glöge*, § 5 Rz. 14.
3 BAG v. 24.10.2002 – 6 AZR 632/00, NZA 2003, 668 zur Anwendbarkeit des § 9 AGBG auf Handelsvertreterverträge.
4 Vgl. zu den gesetzlichen Neuregelungen: *Oberthür/Lohr*, NZA 2001, 126.
5 Vgl. zur Frage des Gerichtsstandes bei Außendienstmitarbeitern: ArbG Leipzig v. 14.2.2002 – 17 Ca 52/02, BB 2002, 683 (Vertriebsbeauftragter); ArbG Lübeck v. 12.1.2001 – 6 Ca 3479/00, NZA 2002, 231; *Müller*, BB 2002, 1094.
6 LAG Nürnberg v. 26.1.1999 – 7 Sa 658/98, BB 1999, 793.
7 Vgl. zu dem arbeits- und sozialversicherungsrechtlichen Status von Versicherungsvermittlern: *Bolle*, NJW 2001, 422.
8 BAG v. 21.2.1990 – 5 AZR 162/89, AP Nr. 57 zu § 611 BGB – Abhängigkeit.
9 BAG v. 15.12.1999 – 5 AZR 3/99, NZA 2000, 534; OLG Sa.-Anh. v. 8.3.2004 – 7 W (Hs) 3/04, OLGR Naumburg 2004, 303.
10 OLG Sa.-Anh. v. 8.3.2004 – 7 W (Hs) 3/04, OLGR Naumburg 2004, 303.

255a Die **Selbständigkeit** eines Vertreters und damit seine Handelsvertretereigenschaft **ist zu verneinen**, wenn die handelsvertretertypische Selbständigkeit in erheblichem Umfang eingeschränkt wird und dem Vertreter zugleich sämtliche Vorteile genommen werden, welche grds. mit der Stellung eines selbständigen Handelsvertreters verbunden sind. Das ist insbesondere dann der Fall, wenn letztlich nur die Übernahme des Marktrisikos bleibt[1]. Häufige Einschränkungen sind zB die Verpflichtungen, den Weisungen des Auftraggebers uneingeschränkt Folge zu leisten, detaillierte Berichte abzuliefern, regelmäßig in den Betriebsräumen zu arbeiten, vorgeschriebene Tourenpläne einzuhalten, nach vorgegebenen Adresslisten oder zu vorgeschriebenen Zeiten zu arbeiten oder das Verbot, Untervertreter einzustellen. Fehlt es an der notwendigen Selbständigkeit, handelt es sich um einen kaufmännischen Angestellten, der als ArbN ohne Weiteres der Zuständigkeit des ArbG unterfällt.

Handhabung zwischen den Parteien stärkere Einschränkungen vorsieht, als sie aufgrund gesetzlicher Regelungen und Obliegenheiten geboten sind, kann dies die Annahme eines Arbeitsverhältnisses rechtfertigen.

256 **Keine Weisungsgebundenheit** begründen vertragliche Pflichten, die lediglich Konkretisierungen der Vorgaben aus § 86 HGB oder der aufsichts- und wettbewerbsrechtlichen Vorschriften sind. Beschränkungen erhalten erst dann Bedeutung für die Statusbestimmung, wenn sie über das für einen Handelsvertreter Übliche hinausgehen[2]. Nicht gegen die Selbständigkeit spricht folglich das Vorliegen eines **Konkurrenz- oder Wettbewerbsverbotes**[3]. Dass solche Einschränkungen hinzunehmen sind, ergibt sich aus der **Interessenwahrungspflicht der §§ 92, 86 HGB**, die auch für einen selbständigen Handelsvertreter gilt. Hieraus folgt, dass der Handelsvertreter auch ohne ausdrücklich vereinbartes Wettbewerbsverbot nicht für Konkurrenten des Unternehmers und damit zu dessen Nachteil tätig werden darf. Für die Frage der Einschränkung der Arbeitszeithoheit ist auf das rechtliche Dürfen abzustellen. Faktische Zwänge (zB Kundenwünsche bzgl. Gesprächstermine, Erreichbarkeit der Kunden nur zu bestimmten Zeiten), berühren die Selbständigkeit eines Vertreters nicht[4].

257 Der Rahmen für zulässige Weisungen ist insbesondere in der Versicherungswirtschaft wegen der Vielgestaltigkeit und Schwierigkeit des Versicherungsrechtes und der hohen finanziellen Risiken nicht zu eng zu ziehen[5]. Ein **Versicherungsvertreter**, der vertraglich verpflichtet ist, ein Mindestarbeitsvolumen zu leisten, einmal pro Woche die Räumlichkeiten des Auftraggebers aufzusuchen und dem ein bestimmter regionaler Bezirk vorgegeben ist, ist dennoch ein selbständiger Handelsvertreter[6]. Auch eine Berichtspflicht gegenüber dem Auftraggeber begründet keine persönliche Abhängigkeit; denn auch Handelsvertreter sind gem. § 86 Abs. 2 HGB typischerweise einer Tätigkeitskontrolle unterworfen. Dies gilt gleichfalls für die Bindung an die Geschäftspolitik und an die zu vermittelnden Produkte[7]. Ein Versicherungsvertreter hat den Status eines Selbständigen, wenn er als Vergütung nur Provisionszahlungen ohne festes Entgelt bezieht, die Betriebsausstattung aus eigenen Mitteln aufzubringen hat und lediglich eine bestimmte Büroorganisation und Anzahl von Vertragsabschlüssen anstreben soll[8].

258 Nach der Rspr. des BAG ist **nicht** darauf abzustellen, ob das Unternehmen die gleichen Aufgaben, die ein Handelsvertreter wahrnimmt, auch von ArbN ausführen lässt oder lassen könnte. Aus diesem Umstand lassen sich keine Rückschlüsse auf die Rechtsnatur des Dienstverhältnisses ziehen. Entscheidend ist die im Einzelfall zu bestimmende persönliche Abhängigkeit des jeweiligen Dienstnehmers[9].

b) Einzelfälle

259 Ein **Versicherungsangestellter**, der im Innendienst gegen festes Gehalt arbeitet, bleibt auch insoweit ArbN, wie er nebenbei und gelegentlich mit Billigung seines ArbGeb für diesen Versicherungsverträge gegen vereinbarte Provision vermittelt[10].

---

1 OLG Düsseldorf v. 5.12.1997 – 16 U 220/96, NZA-RR 1998, 145.
2 LAG Nürnberg v. 29.1.1999 – 7 Sa 658/98, BB 1999, 793; vgl. auch Oberthür/Lohr, NZA 2001, 126.
3 BAG v. 15.2.2005 – 5 AZB 13/04, NZA 2005, 487; OLG Nürnberg v. 26.2.2009 – 12 W 307/09, OLGR Nürnberg 2009, 473 Rz. 49; OLG Celle v. 4.6.2007 – 11 U 293/06, OLGR Celle 2008, 177, Rz. 10.
4 LAG Hamm v. 20.9.2004 – 2 Ta 644/03, juris, Rz. 17; OLG Sa.-Anh. v. 8.3.2004 – 7 W (Hs) 3/04, OLGR Naumburg 2004, 303 für Vermögensberater.
5 BAG v. 20.9.2000 – 5 AZR 271/99, NZA 2001, 210; ArbG Berlin v. 17.2.1997 – 5 Ca 35498/96, VersR 1997, 827.
6 BAG v. 15.12.1999 – 5 AZR 169/99, NZA 2000, 1162; BAG v. 15.12.1999 – 5 AZR 3/99, NZA 2000, 534.
7 BAG v. 20.9.2000 – 5 AZR 271/99, NZA 2001, 210; BAG v. 15.12.1999 – 5 AZR 566/98, NZA 2000, 447.
8 LG Osnabrück v. 14.6.1999 – 1AR 3/99, BB 1999, 1926.
9 BAG v. 15.12.1999 – 5 AZR 566/98, NZA 2000, 447.
10 BAG v. 25.10.1967 – 3 AZR 453/66, AP Nr. 3 zu § 92 HGB.

Das im Anstellungsvertrag eines **Bausparkassenvertreters** vereinbarte Wettbewerbsverbot, wonach der Betroffene nur für das vertragsgebundene Unternehmen, nicht aber für andere Unternehmen als Handelsvertreter tätig werden darf, selbst wenn diese in anderen Sparten tätig sind, ist mit der Selbständigkeit zu vereinbaren[1]. Ist ein **Vermittler von Versicherungs- und Bausparverträgen** in seiner Arbeits- und Urlaubszeitgestaltung frei und unterliegt keinem generellen Weisungsrecht des Unternehmers, steht seiner Qualifizierung als selbständiger Handelsvertreter nicht entgegen, dass der Unternehmer ihm bei der Abarbeitung von „Störfällen" Hilfestellung durch Übergabe von Kundenadressen und Terminplänen leistet, hohe Provisionsvorschüsse ohne Vorgabe eines Mindestsolls zahlt, im Einzelfall zur Erteilung von produktbezogenen Weisungen befugt ist, und dem Vertreter eine mit § 86 HGB in Einklang stehende vertragliche Pflicht zur Berichterstattung auferlegt, die sich jedoch nicht zur umfassenden Kontrolle verdichtet und somit seine Freiheit zur ungestörten Gestaltung seiner Tätigkeit nicht beeinträchtigt[2].

260

Ein **Vertriebsdirektor**, in dessen Vertrag zwar einige Regelungen für eine Selbständigkeit sprechen (wie zB eine erfolgsabhängige Provisionsregelung), der aber andererseits mit umfangreichen Aufgaben in den Bereichen Führung, Organisation, Konzeption, Präsentation und Information betraut ist, dessen Arbeits- und Urlaubsanspruch fest geregelt sind und der einem umfassenden Weisungsrecht des Auftraggebers unterliegt, ist unselbständig und damit ArbN[3].

261

Schließen sich mehrere selbständige Versicherungsvertreter zur gemeinsamen Berufsausübung in einer **Agentur** zusammen, begründet die in dem Gesellschaftsvertrag vereinbarte wechselseitige Verpflichtung der Partner zur Einbringung ihrer vollen Arbeitskraft regelmäßig keine entsprechende Verpflichtung im Verhältnis zu dem Versicherungsunternehmen, mit dem alle Partner individuelle Agenturverträge geschlossen haben[4].

262

Auf **Vertragshändlerverträge** ist Handelsvertreterrecht jedenfalls dann entsprechend anzuwenden, wenn der Vertragshändler durch den Rahmenvertrag handelsvertretertypische Rechte und Pflichten übernommen hat und in erheblichem Umfang Aufgaben erfüllt, wie sie auch vom Handelsvertreter wahrgenommen werden[5]. Dabei vertreibt der Vertragshändler Waren des Herstellers im eigenen Namen und auf eigene Rechnung, ist aber in die Verkaufsorganisation des Herstellers eingegliedert. Eine Zuständigkeit der ArbG kann sich daher nur nach § 5 Abs. 3 Satz 1 ergeben[6].

262a

Ein **Studienleiter auf Provisionsbasis** ist dann selbständiger Handelsvertreter, wenn er hinsichtlich Arbeitsumfang, Arbeitszeit und der Gestaltung seiner Tätigkeit weitgehend frei von Weisungen Dritter ist[7].

262b

3. Der Fiktionstatbestand des § 5 Abs. 3

Grundsätzlich sind Handelsvertreter selbständige Kaufleute, so dass für sie **keine Zuständigkeit der ArbG** gegeben ist. Unter folgenden, in § 5 Abs. 3 normierten Voraussetzungen **gelten selbständige Handelsvertreter jedoch als ArbN** iSd. ArbGG:

263

§ 5 Abs. 3 erfasst den in § 92a HGB erwähnten sog. **Einfirmenvertreter**. Dies ist derjenige, dem die Vermittlung von Geschäften vertraglich nur für ein Unternehmen gestattet (vertraglicher Ausschluss) oder dem eine Tätigkeit für weitere Unternehmen nach Art und Umfang der von ihm verlangten Tätigkeit nicht möglich ist (faktischer Ausschluss)[8]. Ein Wettbewerbsverbot, die Bezeichnung „hauptberuflich" im Handelsvertretervertrag oder das Gebot, die volle Arbeitskraft der Erfüllung des Vertrags zu widmen, begründen für sich allein noch nicht die Eigenschaft als Einfirmenvertreter, da damit die Tätigkeit für nicht im Wettbewerb stehende Unternehmen nicht ausgeschlossen ist[9]. Anders ist die Lage bei dem im Vertrag enthaltenen Verbot anderweitiger gewerblicher Betätigungen oder bei einem Verbot anderer Vertretungen mit

264

---

1 BAG v. 15.12.1999 – 5 AZR 770/98, NZA 2000, 481; BAG v. 15.12.1999 – 5 AZR 3/99, NZA 2000, 534.
2 OLG Hamm v. 7.2.2003 – 35 W 11/02, OLGR Hamm 2003, 240.
3 BGH v. 4.3.1998 – VIII ZB 25/97, DB 1998, 1460.
4 BAG v. 20.9.2000 – 5 AZR 271/99, NZA 2001, 210.
5 LAG Nds. v. 5.5.2003 – 13 Ta 79/03, NZA-RR 2004, 324; BGH v. 9.10.2002 – VIII ZR 95/01, NJW-RR 2003, 98.
6 LAG Nds. v. 5.5.2003 – 13 Ta 79/03, NZA-RR 2004, 324.
7 LAG Hamm v. 13.9.2004 – 2 Ta 471/03, juris, Rz. 14.
8 BGH v. 16.10.2014 – VII ZB 16/14, NZA-RR 2015, 156; LAG Schleswig-Holstein – 3 Ta 117/16, ZVertriebsR 2017, 55.
9 BGH v. 18.7.2013 – VII ZB 45/12, NJW-RR 2013, 1511; OLG Köln v. 23.5.2016 – 19 W 7/16; OLG Frankfurt v. 8.1.2010 – 22 W 55/09, juris, Rz. 13; OLG Nürnberg v. 26.2.2009 – 12 W 307/09, OLGR Nürnberg 2009, 473 Rz. 49; LAG Rh.-Pf. v. 17.3.2008 – 10 Ta 7/08, juris, Rz. 13; OLG Bdb. v. 24.7.2007 – 12 W 25/07, juris Rz. 14; OLG Dresden v. 10.5.2004 – 15 W 0325/04, NZA-RR 2005, 215; OLG Karlsruhe v. 12.5.2006 – 1 W 18/06, VersR 2007, 207; OLG Celle v. 22.11.2004 – 11 W 97/04, OLGR Celle 2005, 82.

Genehmigungsvorbehalt, solange die Genehmigung noch nicht erteilt ist[1]. Ob der Handelsvertreter von der Möglichkeit, für andere Unternehmen tätig zu werden, Gebrauch macht, ist demgegenüber nicht entscheidend[2]. Am Status des Einfirmenvertreters ändert nichts, wenn eine weitere, keine Handelsvertretertätigkeit darstellende Tätigkeit in einem anderen Unternehmen ausgeübt wird. Wird die Tätigkeit als Einfirmenvertreter nur nebenberuflich ausgeübt, so steht dies der Fiktion des § 5 Abs. 3 entgegen[3]: Die Einfirmenvertreter sind aufgrund ihrer besonderen wirtschaftlichen Abhängigkeit in den Schutzbereich des Arbeitsrechtes einbezogen worden, und zwar selbst dann, wenn materiell-rechtlich der ArbN-Status fehlt[4]. Erfolgt die Tätigkeit jedoch nur im Nebenberuf neben einer anderen Tätigkeit, so fehlt dem Beschäftigten die die Schutzbedürftigkeit begründende wirtschaftliche Abhängigkeit.

265 Weitere Voraussetzung für die Anwendbarkeit von § 5 Abs. 3 ist, dass der Vertreter während der letzten sechs Monate des Vertragsverhältnisses, bei kürzerer Vertragsdauer während dieser, im Durchschnitt **monatlich nicht mehr als 1 000 Euro an Vergütung**, einschließlich Provision und Ersatz für Aufwendungen, abzüglich nicht verdienter Vorschüsse, bezogen hat. Für die Verdienstgrenze sind nach zutreffender Ansicht nur die **tatsächlich verdienten und** auch **erfüllten** Ansprüche auf Provisionen und Auslagen maßgebend. Dagegen kommt es nicht darauf an, ob dem Vertreter noch weitere, unerfüllte Ansprüche zustehen[5]. Vor allem die zivilrechtliche Judikatur geht hingegen davon aus, dass die unbedingt entstandenen Ansprüche zu berücksichtigen seien, ohne dass es darauf ankommen soll, ob und auf welche Weise sie erfüllt worden sind[6]. Für die erstere Auffassung spricht nicht nur eine wörtliche Auslegung („bezogen"), sondern auch der Schutzzweck des Gesetzes. § 5 Abs. 3 ist im Zusammenhang mit der Kostenregelung des § 12a zu sehen. Der Zugang zum Gericht soll für einen schutzbedürftigen Personenkreis nicht mit dem Risiko erschwert werden, ggf. auch die Anwaltskosten des Gegners zu tragen. Provisionsgutschriften aus der Vermittlung von Versicherungsverträgen, die bestimmten Haftungszeiten unterliegen, sind bis zur tatsächlich erfolgten Stornierung als endgültig anzusehen[7]. Allein die Tatsache, dass der Kläger sich eines Anspruchs berühmt, der im Falle seines Bestehens zur Zuständigkeit der ordentlichen Gerichte führen würde, kann die über § 5 Abs. 3 begründete Zuständigkeit der Gerichte für Arbeitssachen nicht ausschließen[8].

265a Nach beiden vorstehend dargestellten Auffassungen sind **Provisionsvorschüsse**, deren Auszahlung unter Rückforderungsvorbehalt steht, nicht als „bezogene Vergütung" zu berücksichtigen[9]. Anderes gilt für „Provisionsvorschüsse", wenn sie im Falle der vorzeitigen Kündigung nicht zurückzuzahlen sind; sie sind nicht anders zu bewerten, als tatsächlich verdiente Provisionen[10]. Ein gezahlter Vorschuss ist zudem zu berücksichtigen, wenn er nachträglich durch einen unbedingt entstandenen Provisionsanspruch gedeckt wird[11].

---

1 BGH v. 21.10.2015 – VII ZB 8/15, NJW 2016, 316; BAG v. 15.2.2005 – 5 AZB 13/04, NZA 2005, 487; LAG Hamm v. 18.2.2009 – 2 Ta 863/07; OLG Bdb. v. 17.4.2007 – 3 W 8/07, VersR 2008, 1066 Rz. 11; LAG Hamm, 18. 7 2007 – 2 Ta 279/07, juris, Rz. 11; OLG Karlsruhe v. 21.6.2006 – 15 W 16/06, VersR 2007, 207; OLG Düsseldorf v. 1.6.2005 – I-16 W 24/05, OLGR Düsseldorf 2005, 540; OLG Köln v. 6.4.2005 – 19 W 8/05, OLG Köln 2005, 309; OLG Sa.-Anh. v. 8.3.2004 – 7 W (Hs) 3/04, OLG Naumburg 2004, 303; LAG Nürnberg v. 21.5.2001 – 7 Ta 95/01, NZA-RR 2002, 327. AA: LAG BW v. 23.2.2005 – 6 Ta 1/05, VersR 2005, 832; ErfK/*Koch* § 5 ArbGG Rz. 12.
2 OLG Brandenburg v. 24.7.2007 – 12 W 25/07, juris, Rz. 17.
3 LAG Hessen v. 6.8.1968 – 5 Sa 679/67, AP Nr. 2 zu § 92a HGB; GK-ArbGG/*Schleusener*, § 5 Rz. 156; Großkommentar HGB/*Brüggemann*, § 92a Rz. 22. AA: BAG v. 15.2.2005 – 5 AZB 13/04, NZA 2005, 487; OLG Saarbrücken v. 9.5.2005 – 5 W 92/05, VersR 2006, 1216; GMP/*Müller-Glöge*, § 5 Rz. 41; Düwell/Lipke/*Krasshöfer*, § 5 Rz. 8; HWK/*Kalb*, § 5 ArbGG Rz. 12; GWBG/*Waas*, § 5 Rz. 32.
4 BAG v. 24.10.2002 – 6 AZR 632/00, NJW 2003, 2627; OLG Bdb. v. 17.4.2007 – 3 W 8/07, VersR 2008, 1066 Rz. 14.
5 BGH v. 9.12.1963 – VII ZR 113/62, BB 1964, 223; OLG Schl.-Holst. v. 17.5.1999 – 16 W 20/99, OLGR 1999, 269; LAG Nds. v. 1.3.2006 – 11 Ta 393/05, AE 2006, 210; LAG Hessen v. 12.4.1995 – 7 Ta 127/95, NZA 1995, 1071; LAG Sa.-Anh. v. 30.12.2003 – 3 Ta 331/03; GMP/*Müller-Glöge*, § 5 Rz. 42; ErfK/*Koch*, § 5 Rz. 12; GK-ArbGG/*Schleusener*, § 5 Rz. 160; Natter/Gross/*Perschke*, § 5 Rz. 64; BCF/*Bader*, § 5 Rz. 11. Offen lassend: BAG v. 20.10.2009 – 5 AZB 30/09, NZA 2009, 1411.
6 BGH v. 12.2.2008 – VIII ZB 3/07, MDR 2008, 578; OLG Schleswig v. 28.5.2009 – 16 W 60/09, OLGR Schleswig 2009, 618; OLG Hamm v. 27.3.2008 – 18 W 23/06; OLG Köln v. 15.9.2008 – 19 W 18/08, OLG Köln 2009, 567; OLG München v. 22.6.2007 – 7 W 1079/07, OLG München 2008, 540; OLG Köln v. 15.5.2007 – 19 W 21/07, OLG Köln 2007, 758; OLG Karlsruhe v. 30.5.2006 – 7 W 29/06, OLG Karlsruhe 2006, 803; OLG Düsseldorf v. 1.6.2005 – I-16 W 24/05, OLGR Düsseldorf 2005, 540; MünchKomm HGB/*von Hoyningen-Huene*, 2. Aufl. § 92a HGB Rz. 6.
7 OLG Hamm v. 27.3.1998 – 35 W 3/98, OLGR Hamm 1998, 192.
8 BAG v. 20.10.2009 – 5 AZB 30/09, NZA 2009, 1411.
9 BGH v. 9.12.1963 – VII ZR 113/62, NJW 1964, 497; LAG Rh.-Pf. v. 14.3.2007 – 11 Ta 57/07, juris, Rz. 24: OLG Karlsruhe v. 12.5.2006 – 1 W 18/06, VersR 2007, 207; OLG Düsseldorf v. 1.6.2005 – I-16 W 24/05, OLGR Düsseldorf 2005, 540; OLG Hamm v. 4.7.2005 – 18 W 25/05; HWK/*Kalb*, § 5 ArbGG Rz. 12.
10 BGH v. 28.6.2011 – VIII ZB 91/10, NJW-RR 2011, 1255 (Ls.); LAG Hamm v. 7.10.2013 – 2 Ta 118/13, LAGE § 5 ArbGG 1979 Nr. 19; LAG Rh.-Pf. v. 14.3.2007 – 11 Ta 57/07, juris, Rz. 26; *Heinze*, FA 2012, 362.
11 BGH v. 21.10.2015 – VII ZB 8/15; ErfK/*Koch* § 5 Rz. 12.

Vergütungsmindernd zu berücksichtigen ist, wenn der Handelsvertreter nach den mit dem Unternehmen getroffenen Vereinbarungen zwingend dessen Betriebsmittel (zB Notebook) benutzen muss und hierfür einen Mietzins zu entrichten hat[1]. Nach anderer Auffassung soll es ohne Bedeutung sein, welche Mittel dem Handelsvertreter nach Abzug von Aufwendungen und Kosten verbleiben; entscheidend sei allein der Bruttoverdienst[2]. Letzte Auffassung überzeugt nicht, weil hierdurch der Schutzgedanke des § 5 Abs. 3 leer liefe. Eine Vergütung ist auch dann iSd. § 5 Abs. 3 nicht „bezogen", wenn sie mit (darlehenshalber zinslos) geleisteten Vorschüssen verrechnet wird, auch wenn durch die Verrechnung der Vergütungsanspruch erfüllt wird[3]. Entscheidend ist nicht die Erfüllung, sondern angesichts des Gesetzeswortlautes („bezogen") der tatsächliche Zufluss. Aus diesem Grunde ist in die Berechnung der Durchschnittsvergütung auch eine während des Sechs-Monats-Zeitraumes ausgezahlte Stornoreserve einzubeziehen, selbst wenn sie schon vor dem Sechs-Monats-Zeitraum verdient worden ist[4]. Nicht vergütungsmindernd zu berücksichtigen sind Gegenansprüche des Unternehmers auf Rückzahlung bereits gezahlter Provisionen jedenfalls dann, wenn sie vor dem Zeitraum der letzten sechs Monate vor Vertragsbeendigung entstanden sind[5].

265b

Abzustellen ist grds. auf den Verdienst der **letzten sechs Monate** vor Klageerhebung, unabhängig davon, wie viel der Vertreter zum Zeitpunkt des Entstehens der streitigen Ansprüche verdient hat. Die für die Einbeziehung einer Person in die Zuständigkeit der Arbeitsgerichtsbarkeit maßgebliche besondere Schutzbedürftigkeit muss zum Zeitpunkt der Klageerhebung vorliegen. Es würde dem Sinn des Gesetzes widersprechen, wenn auch der gut verdienende Handelsvertreter noch Ansprüche vor dem ArbG geltend machen könnte, nur weil diese zu einer Zeit entstanden sind, als er noch schutzbedürftig war[6]. Die letzten sechs Monate sind auch dann maßgebend, wenn der Handelsvertreter in diesem Zeitraum nicht gearbeitet und nichts verdient hat[7]. Bei der Bemessung des maßgeblichen Zeitraumes haben auch die Monate nicht außer Acht zu bleiben, in denen das Vertragsverhältnis im Rechtssinne bereits gestört war, zB weil der Vertreter aufgrund schon bestehender Meinungsverschiedenheiten, aber noch nicht erfolgter Klageerhebung seine Tätigkeit für das Unternehmen bereits ganz oder teilweise eingestellt hat[8]. Zu einer solchen einschränkenden Auslegung des § 5 Abs. 3 besteht keine Veranlassung. Das Gesetz trägt Schwankungen in der Höhe des Verdienstes schon dadurch Rechnung, dass es nicht auf das Einkommen im letzten Beschäftigungsmonat abstellt, sondern auf den Durchschnitt der letzten sechs Monate vor Beendigung des Vertragsverhältnisses. Damit hat der Gesetzgeber auch Fälle berücksichtigt, in denen der Verdienst des Handelsvertreters aufgrund mangelnder Aktivitäten in den letzten Monaten des Vertragsverhältnisses zurückgeht. Dass der Handelsvertreter möglicherweise versuchen könnte, durch Untätigbleiben den Rechtsweg zu den Gerichten für Arbeitssachen „zu erschleichen", steht dem nicht entgegen. Zum einen sind die Rechtswege zu den ordentlichen Gerichten und den Gerichten für Arbeitssachen gleichwertig, so dass es allein darum geht, durch die Anwendung des § 5 Abs. 3 den gesetzlichen Richter (Art. 101 GG) zu bestimmen. Dieser muss aber eindeutig feststellbar sein. Damit wäre es nicht zu vereinbaren, abweichend vom Wortlaut des § 5 Abs. 3 auf einen Zeitpunkt abzustellen, der häufig wegen streitigen Vortrags zur noch geleisteten Arbeit schwer feststellbar ist. Zum anderen kann der Unternehmer das Vertragsverhältnis zum Handelsvertreter kündigen, wenn dieser grob gegen seine Pflichten aus dem Handelsvertretervertrag verstößt, indem er die Vermittlungstätigkeit einstellt[9].

266

Das **Bundesministerium** für Arbeit und Soziales und das Bundesministerium der Justiz und für Verbraucherschutz sind gem. § 5 Abs. 3 Satz 2 ArbGG und § 92a Abs. 1 HGB ermächtigt, im Einvernehmen mit dem Bundesministerium für Wirtschaft und Technologie die Verdienstgrenze entsprechend den jeweiligen Lohn-

267

---

1 OLG Frankfurt v. 19.2.2006 – 24 W 78/06, NZA-RR 2007, 256 für Notebook. Anders, wenn sich die Mietzinsverpflichtung nicht aus dem Handelsvertretervertrag, sondern aus einer gesonderten Vereinbarung ergibt, vgl. OLG Karlsruhe v. 12.5.2006 – 1 W 18/06, VersR 2007, 207.
2 BGH v. 12.2.2008 – VIII ZB 51/06, MDR 2008, 578; OLG Schl.-Holst. v. 28.5.2009 – 16 W 60/09, OLGR Schleswig 2009, 618; OLG Hamm v. 25.3.2008 – 18 W 31/06, für gemieteten Computer.
3 AA: OLG Köln v. 15.9.2008 – 19 W 18/08, OLGR Köln 2009, 567; OLG Karlsruhe v. 30.5.2006 – 7 W 29/06, OLGR Karlsruhe 2006, 803.
4 LAG Sa.-Anh. v. 30.12.2003 – 3 Ta 331/03.
5 BGH v. 4.2.2015 – VII ZB 36/14, DB 2015, 613.
6 GMP/*Müller-Glöge*, § 5 Rz. 42.
7 BAG v. 15.2.2005 – 5 AZB 13/04, NZA 2005, 487; OLG Bdb. v. 17.4.2007 – 3 W 8/07, VersR 2008, 1066 Rz. 12; OLG Stuttgart v. 11.5.1966 – 13 U 22/66, BB 1966, 1396; OLG Saarbrücken v. 9.5.2005 – 5 W 92/05, VersR 2006, 1216.
8 OLG Hamm v. 24.7.2014 – 18 W 30/14; OLG Hamm v. 4.2.2010 – I-18 W 24/09, 18 W 24/09, juris, Rz. 24 f.; ErfK/*Koch*, § 5 ArbGG Rz. 12. AA: OLG Schl.-Holst. v. 17.5.1999 – 16 W 20/99, OLGR 1999, 269; OLG Frankfurt v. 27.3.1997 – 25 W 18/97, NZA-RR 1997, 399; LAG Hamm v. 20.9.2004 – 2 Ta 644/03, juris, Rz. 20; *Oberthür/Lohr*, NZA 2001, 126; GK-ArbGG/*Schleusener*, § 5 Rz. 161.
9 Dies verkennend: OLG Celle v. 22.11.2004 – 11 W 97/04, OLGR Celle 2005, 82.

und Preisverhältnissen zu erhöhen. Von dieser Ermächtigung ist bisher kein Gebrauch gemacht worden. Die durch die Rechtshängigkeit einmal begründete Zuständigkeit eines ordentlichen Gerichts bleibt von einer späteren Anhebung der Verdienstgrenze unberührt (§ 261 Abs. 3 Nr. 2 ZPO, § 17 Abs. 1 Satz 1 GVG).

4. Keine Sonderbehandlung bei Arbeitnehmerähnlichkeit

268 Liegen die Voraussetzungen des § 5 Abs. 3 nicht vor, ist bei Handelsvertretern die Zuständigkeit der ordentlichen Gerichte gegeben. Nach überwiegender und zutreffender Ansicht kommt es nicht darauf an, ob der Handelsvertreter in diesen Fällen noch als **arbeitnehmerähnliche Person** angesehen werden kann. Vereinzelt wird demgegenüber bei Nichtvorliegen der Voraussetzungen des § 5 Abs. 3 (zB weil der Einfirmenvertreter mehr als 1 000 Euro monatlich verdient) eine Prüfung für erforderlich gehalten, ob der Vertreter als arbeitnehmerähnliche Person wirtschaftlich von dem Unternehmer abhängig ist, mit der Folge einer hierüber begründeten Zuständigkeit der ArbG. Begründet wird diese Ansicht mit der gesetzgeberischen Intention bei der Einfügung des § 5 Abs. 3 im Jahr 1979. Der Gesetzgeber habe die Rechtsstellung der Einfirmenvertreter verbessern wollen. Es sei deshalb nicht anzunehmen, dass er Personen, die ohne diese Änderung in den Anwendungsbereich des § 5 gefallen wären, nunmehr ausnehmen wollte[1]. **Gegen diese Auffassung** spricht allerdings, dass § 5 Abs. 3 die Zuständigkeit der ArbG **abschließend regelt** und der Vorschrift des § 5 Abs. 1 in dem Bereich der arbeitnehmerähnlichen Personen als **speziellere Norm** vorgeht[2]. Das Gesetz unterscheidet zudem an verschiedenen Stellen – gerade auch in neueren gesetzlichen Regelungen – zwischen Handelsvertretern und arbeitnehmerähnlichen Personen. Beispiele hierfür sind § 12a Abs. 4 TVG und auch § 5. Dies spricht dafür, die Einfirmenvertreter nicht zu den arbeitnehmerähnlichen Personen zu zählen. Für eine einheitliche Behandlung dieser Personengruppen besteht folglich keine gesetzliche Grundlage[3].

VI. Gesetzliche Vertreter (§ 5 Abs. 1 Satz 3)

269 § 5 Abs. 1 Satz 3 beinhaltet eine weitere **Fiktion:** Unabhängig von ihrer materiell-rechtlichen Rechtsstellung gelten Personen, die aufgrund von Gesetz, Satzung oder Gesellschaftsvertrag allein oder als Mitglied des Vertretungsorgans zur Vertretung von juristischen Personen oder Personengesamtheiten berufen sind, **nicht als ArbN**.

1. Allgemeines

270 Sowohl für Streitigkeiten dieser Personen aus der Organstellung als auch aus dem zugrunde liegenden Anstellungsverhältnis zur juristischen Person oder zur Personengesamtheit sind die ordentlichen Gerichte und nicht die ArbG zuständig. Grund für diese Regelung ist, dass solche Personen regelmäßig ArbGeb-Funktionen ausüben. Deshalb wäre es nicht gerechtfertigt, sie als ArbN zu behandeln. Die Entscheidungen des EuGH im Fall **Danosa**[4] **und Balkaya**[5] führen zu keiner Änderung dieser Grundsätze (vgl. Rz. 21). Etwas anderes kann gelten, wenn über ein unabhängig von der Organstellung bestehendes Rechtsverhältnis, etwa als **ruhendes Arbeitsverhältnis** (hierzu noch Rz. 276 ff.), gestritten wird[6]. Zur Ausnahme im Fall einer Mehrpersonen-Geschäftsführung vgl. Rz. 292a.

271 Ob eine Person gesetzliche Vertretungsmacht besitzt oder nicht, richtet sich allein nach den **tatsächlichen Gegebenheiten** und nicht nach dem im Gesetz vorgesehenen Regelfall. **Die Fiktion des § 5 Abs. 1 Satz 3 gilt unabhängig davon**, ob das der Organstellung zugrunde liegende Rechtsverhältnis materiell-rechtlich ein freies Dienstverhältnis oder ein Anstellungsverhältnis ist. Auch wenn das Anstellungsverhältnis zwischen juristischer Person und Vertretungsorgan wegen starker interner Weisungsabhängigkeit **materiell-rechtlich als Arbeitsverhältnis** anzusehen sein sollte (etwa bei **eingeschränkten Kompetenzen im Innenverhältnis**, zB aufgrund des Gesellschafts- oder Anstellungsvertrages) und deshalb dem materiellen Ar-

---

1 GWBG/*Waas*, § 5 Rz. 22 sowie die Vorauflage.
2 BGH v. 21.10.2015 – VI ZB 8/15, NJW 2016, 316; BGH v. 18.7.2013 – VII ZB 42/15, NJW-RR 2013, 1511; BGH v. 27.10.2009 – VIII ZB 42/08, NJW 2010, 873 (Rz. 23); LAG Hamm v. 18.3.2015 – 2 Ta 662/14; LAG Rh.-Pf. v. 17.3.2008 – 10 Ta 7/08, 10 Ta 6/08, juris, Rz. 16.
3 BGH v. 25.10.2000 – VIII ZB 30/00; BAG v. 15.7.1961 – 5 AZR 472/60, AP Nr. 1 zu § 92a HGB mit zust. Anm. *Hefermehl*; LAG Nds. v. 5.5.2003 – 13 Ta 79/03, NZA-RR 2004, 324; MünchArbR/*Jacobs*, § 342 Rz. 34; *Oberthür/Lohr*, NZA 2001, 126; GMP/*Müller-Glöge*, § 5 Rz. 44; GK-ArbGG/*Schleusener*, § 5 Rz. 162; HWK/*Kalb*, § 5 ArbGG Rz. 11; Düwell/Lipke/*Krasshöfer*, § 5 Rz. 8.
4 EuGH v. 11.11.2010 – C-232/09, NZA 2011, 143.
5 EuGH v. 9.7.2015 – C-229/14, NZA 2015, 861.
6 BAG v. 23.8.2001 – 5 AZB 9/01, DB 2001, 2660; BAG v. 6.5.1999 – 5 AZB 22/98, AP Nr. 46 zu § 5 ArbGG 1979.

beitsrecht unterliegt, sind zur Entscheidung von Rechtsstreitigkeiten aus dieser Rechtsbeziehung wegen § 5 Abs. 1 Satz 3 ArbGG, § 13 GVG die ordentlichen Gerichte berufen[1]. Auch eine gegenständliche Beschränkung der Vertretungsmacht, etwa auf Gesamtvertretung, auf die laufenden Geschäfte oder auf Geschäfte bestimmter Art oder nur bis zu einer gewissen Größenordnung schließt die Anwendbarkeit des § 5 Abs. 1 Satz 3 nicht aus[2]. Auch die Beschränkung der Vertretungsmacht durch Eröffnung der Insolvenz und die Wahrnehmung der Tätigkeit des Organs durch den Insolvenzverwalter ist für die Anwendbarkeit von § 5 Abs. 1 Satz 3 unbeachtlich[3]. Ggf. haben die ordentlichen Gerichte in einem solchen Fall daher materielles Arbeitsrecht anzuwenden. Nach Sinn und Zweck des § 5 Abs. 1 Satz 3 sollen für „Hausstreitigkeiten" im ArbGeb-Bereich die ArbG nicht zuständig sein. Die sog. sic-non-Rspr. des BAG ist nicht einschlägig, da es in den Fällen des § 5 Abs. 1 Satz 3 an der notwendigen Doppelrelevanz der Frage fehlt, ob das zwischen den Parteien bestehende Vertragsverhältnis als Arbeitsverhältnis zu qualifizieren ist (vgl. Rz. 316)[4].

Zum **Nichteingreifen der Fiktion des § 5 Abs. 1 Satz 3** für eine etwa bestehende **weitere Rechtsbeziehung** (zB ruhendes Arbeitsverhältnis) vgl. Rz. 274c ff. | 271a

Damit die Fiktion greift, muss die Person eine **gesetzliche Vertretungsmacht** innehaben (vgl. hierzu Rz. 287 ff., Rz. 301 ff.). Beruht die Vertretungsmacht hingegen auf einem **Rechtsgeschäft**, wie zB bei einem **Prokuristen** oder einem **Generalbevollmächtigten**, greift § 5 Abs. 1 Satz 3 nicht ein. Hieran vermag auch der Umstand nichts zu ändern, dass die Prokura im Gesellschaftsvertrag vorgesehen ist oder das Organmitglied die Gesellschaft nur zusammen mit einem Prokuristen vertreten kann[5]. Zum „Geschäftsführer" der **OHG** vgl. Rz. 306a. | 272

Maßgeblich sind allein die Gegebenheiten zum **Zeitpunkt** der Entstehung des streitigen Anspruches. Unerheblich ist, ob die Vertretungsmacht zum Zeitpunkt der Klageerhebung noch besteht. Für Ansprüche, die ihren **Entstehungsgrund** im Anstellungsverhältnis zur juristischen Person etc. haben, sind die ordentlichen Gerichte zuständig[6]. | 273

Konzern: Nach st. Rspr. des BAG schließt § 5 Abs. 1 Satz 3 die Zuständigkeit der Gerichte für Arbeitssachen nur für Streitigkeiten mit solchen juristischen Personen oder Personengesamtheiten aus, deren Vertreter die Organvertreter sind[7]. Soweit sie daneben noch zu einem Dritten – auch zu einem Konzernunternehmen – in einem Arbeitsverhältnis stehen, bleiben für Streitigkeiten aus diesem Arbeitsverhältnis weiter die ArbG zuständig[8]. Dies gilt selbst dann, wenn die Kündigung dieses Arbeitsverhältnisses mit Vorgängen aus der Tätigkeit als Geschäftsführer der Tochter-GmbH begründet wird[9]. Bspw. gilt der Geschäftsführer einer abhängigen GmbH, dessen Bestellung ein Vertragsverhältnis mit dem herrschenden Unternehmen zugrunde liegt, nur im Verhältnis zur GmbH nicht als ArbN[10]. Wer aufgrund der Vertragsbeziehung mit der Alleingesellschafterin für eine Vielzahl wechselnder Tochtergesellschaften als Geschäftsführer oder Liquidator tätig ist, kann trotz seiner Organstellung bei den Tochtergesellschaften durchaus ArbN oder arbeitnehmerähnliche Person der Alleingesellschafterin sein[11]. Wird ein ArbN zum Geschäftsführer einer | 274

---

1 BAG v. 3.12.2014 – 10 AZB 98/14, NZA 2015, 180; BAG v. 4.2.2013 – 10 AZB 78/12, NZA 2013, 397 (Rz. 15); BAG v. 26.10.2012 – 10 AZB 60/12, NZA 2013, 54 (Rz. 16); BAG v. 23.8.2011 – 10 AZB 51/10, AP Nr. 69 zu § 5 ArbGG 1979 (Rz. 12); BAG v. 3.2.2009 – 5 AZB 100/08, NZA 2009, 651; BAG v. 17.12.2008 – 5 AZB 69/08, NZA-RR 2009, 330; BAG v. 20.8.2008 – 5 AZB 79/02, NZA 2003, 3290 ff.; BAG v. 23.8.2001 – 5 AZB 9/01, NZA 2002, 52; BAG v. 6.5.1999 – 5 AZB 22/98, AP Nr. 46 zu § 5 ArbGG 1979; LAG-Berlin-Brandenburg v. 19.2.2015 – 15 Ta 242/15, juris; LAG Hamm v. 2.10.2015 – 2 Ta 249/15, juris; LAG Hamm v. 13.6.2007 – 2 Ta 80/07, juris, Rz. 30; LAG Nürnberg v. 2.4.2007 – 4 Ta 38/07, NZA-RR 2007, 490; LAG Rh.-Pf. v. 25.9.2006 – 10 Ta 152/06, juris, Rz. 3; LAG Köln v. 21.3.2006 – 7 Ta 14/06, EzA-SD, Nr. 13, 15; LAG Hamm v. 19.5.2005 – 2 Ta 662/04, NZA-RR 2006, 46.
2 BAG v. 17.12.2008 – 5 AZB 69/08, NZA-RR 2009, 330 mwN.
3 BAG v. 4.2.2013 – 10 AZB 78/12, NZA 2013, 397 (Rz. 14); OLG Jena v. 14.3.2001 – 7 U 913/00, NZA-RR 2001, 468; OLG Celle v. 21.9.1998 – 9 W 119/98, OLGR 1999, 47; LAG Hamm v. 20.11.1974 – 3 Sa 753/74, DB 1975, 1132.
4 LAG Köln v. 26.11.2009 – 7 Ta 210/09; LAG Hamm v. 13.6.2007 – 2 Ta 80/07.
5 GMP/*Müller-Glöge*, § 5 Rz. 50.
6 BAG v. 20.5.1998 – 5 AZB 3/98, NZA 1998, 1247 für Pensionsansprüche eines GmbH-Geschäftsführers, dessen Anwartschaften aus einem vorgehenden Arbeitsverhältnis in das anschließende Dienstverhältnis übernommen worden sind.
7 BAG v. 10.7.1980 – 3 AZR 68/79, AP Nr. 1 zu § 5 ArbGG 1979; BAG v. 17.1.1985 – 2 AZR 96/84, AP Nr. 2 zu § 5 ArbGG 1979; BAG v. 15.4.1982 – 2 AZR 1101/79, AP Nr. 1 zu § 14 KSchG 1969. Ebenso zum Steuerrecht: BFH v. 19.2.2004 – VI R 122/00, BB 2004, 1089.
8 BAG v. 25.6.1997 – 5 AZB 41/96, NZA 1997, 1363; BAG v. 27.10.1960 – 5 AZR 578/59, AP Nr. 14 zu § 5 ArbGG 1953. Vgl. auch BAG v. 23.8.2001 – 5 AZB 9/01, NZA 2002, 52.
9 Vgl. etwa BAG v. 22.2.1974 – 2 AZR 289/73, AP Nr. 19 zu § 5 ArbGG 1953.
10 BAG v. 21.2.1994 – 2 AZB 28/93, AP Nr. 17 zu § 5 ArbGG 1979, zu II 3b bb (3) der Gründe. Vgl. auch *Hueck*, ZfA 1985, 25; GMP/*Müller-Glöge*, § 5 Rz. 48, 49.
11 BAG v. 29.12.1997 – 5 AZB 38/97, DB 1998, 1291 für die Treuhandanstalt.

konzernabhängigen Gesellschaft bestellt, so liegt darin allein noch keine Aufhebung des Arbeitsverhältnisses mit der Obergesellschaft[1].

274a Die gesetzgeberische Wertung schließt es aus, den Rechtsweg für die nach § 5 Abs. 1 Satz 3 der Zuständigkeit der Gerichte für Arbeitssachen ausdrücklich entzogenen Rechtsstreitigkeiten unter den erleichterten Voraussetzungen der **Zusammenhangsklage** des § 2 Abs. 3 zu eröffnen[2].

274b Gemäß **§ 2 Abs. 4** kann die Zuständigkeit der ArbG für bürgerliche Rechtsstreitigkeiten zwischen juristischen Personen des Privatrechtes und Organmitgliedern vereinbart werden. Allerdings kann nach überwiegender Ansicht eine solche **Prorogationsvereinbarung** nur bei den in § 2 Abs. 4 genannten juristischen Personen und nicht auch bei Personengesamtheiten getroffen werden[3]. Der Anwendungsbereich des § 2 Abs. 4 kann nicht auf Personengesamtheiten ausgedehnt werden. Er ist insoweit enger als der des § 5 Abs. 1 Satz 3 (vgl. auch § 2 Rz. 221).

2. Nichteingreifen der Fiktion des § 5 Abs. 1 Satz 3 bei weiterer Rechtsbeziehung

274c Die **Fiktion des § 5 Abs. 1 Satz 3** greift allerdings **nicht** ein, wenn der Rechtsstreit zwischen dem Mitglied des Vertretungsorgans und der juristischen Person nicht das der Organstellung zugrunde liegende Rechtsverhältnis, sondern eine daneben bestehende **weitere Rechtsbeziehung** betrifft[4]. Für einen solchen Rechtsstreit kann deshalb nach den allgemeinen Grundsätzen der Rechtswegbestimmung – etwa im Sic-non-Fall – die Zuständigkeit der ArbG begründet sein. Voraussetzung für die Möglichkeit des Bestehens einer weiteren Rechtsbeziehung ist eine klar unterscheidbare und trennbare Doppelstellung als ArbN und Organvertreter. Dies ist etwa der Fall, wenn Ansprüche aus einem neben dem Organ-Anstellungsvertrag bestehenden **ruhenden Arbeitsverhältnis** geltend gemacht werden (vgl. hierzu Rz. 276 ff.). Ein solches kann bspw. bestehen, weil es ausdrücklich vereinbart worden ist oder der ursprüngliche Arbeitsvertrag des zwischenzeitlich zum Geschäftsführer oder Vorstand bestellten ArbN mangels schriftlichen Geschäftsführer-/Vorstands-Anstellungsvertrages mit dem bisherigen ArbGeb nicht formgerecht iSd. § 623 BGB aufgehoben worden ist[5].

274d In Einzelfällen wurde angenommen, das ursprüngliche Arbeitsverhältnis bestehe nicht als ruhendes fort, sondern werde **konkludent um die Tätigkeit als Geschäftsführer erweitert**, was nicht am Schriftformerfordernis des § 623 BGB scheitere[6]. Denn durch die Bestellung zum Geschäftsführer als solche werde noch keine schuldrechtliche Beziehung zwischen der Gesellschaft und dem Geschäftsführer begründet[7]. Bildet lediglich das nur inhaltlich geänderte Arbeitsverhältnis die Grundlage für die Geschäftsführerbestellung, greift mangels „weiterer Rechtsbeziehung" die Fiktion des § 5 Abs. 1 Satz 3 ein, so dass der Rechtsweg zu den ArbG nicht eröffnet ist.

274e Eine solche **konkludente Erweiterung des Arbeitsvertrages auf die Organtätigkeit ist jedoch abzulehnen**[8]. Der unmittelbare Organvertreter gilt aufgrund seiner förmlichen Position entweder nicht als ArbN oder fällt nicht mehr unter den Schutz von bestimmten Gesetzen. Er verliert damit wesentliche ArbN-Rechte, unbeschadet der Tatsache, dass er ArbN uU bleibt. Gerade vor dem inhaltlichen Verlust der ArbN-Stellung will aber die Formvorschrift des § 623 BGB (auch) schützen. Außerdem wäre es inkonsequent, bei der Bestellung zum Organ den Abschluss eines Dienstverhältnisses anzunehmen[9], durch das der voran-

---

1 BAG v. 25.10.2007 – 6 AZR 1045/08, NZA 2008, 168; BAG v. 20.10.1995 – 5 AZB 5/95, NZA 1996, 200.
2 BAG v. 11.6.2003 – 5 AZB 43/02, NZA 2003, 1163; LAG Köln v. 18.10.2007 – 7 Ta 206/07; LAG Berlin-Brandenburg v. 18.9.2007 – 8 Ta 1822/07, juris, Rz. 30.
3 GWBG/*Waas*, § 5 Rz. 42; ErfK/*Koch*, § 5 ArbGG Rz. 10; GK-ArbGG/*Schleusener*, § 5 Rz. 164; GMP/*Müller-Glöge*, § 5 Rz. 51.
4 BAG v. 15.11.2013 – 10 AZB 28/13, GmbHR 2014, 137 (Rz. 17); BAG v. 3.2.2009 – 5 AZB 100/08, NZA 2009, 651; BAG v. 23.8.2001 – 5 AZB 9/01, NZA 2002, 52; BAG v. 6.5.1999 – 5 AZB 22/98, AP Nr. 46 zu § 5 ArbGG 1979; BAG v. 12.7.1990 – 2 AZR 2/90, RzK I 10a Nr. 12; LAG Rh.-Pf. v. 2.3.2010 – 5 Ta 282/09, juris, Rz. 49; LAG Hamm v. 27.1.2010 – 2 Ta 630/09, juris, Rz. 15; LAG Köln v. 26.11.2009 – 7 Ta 210/09, juris, Rz. 24; LAG Rh.-Pf. v. 12.1.2009 – 7 Ta 233/08 (Arbeitsvertrag mit Komplementär-GmbH, GF-Vertrag mit der KG); LAG Sachsen v. 7.7.2008 – 4 Ta 117/08, LAGE § 5 ArbGG 1979 Nr. 13.
5 BAG v. 4.2.2013 – 10 AZB 78/12, NZA 2013, 397 (Rz. 11); BAG v. 26.10.2012 – 10 AZB 60/12, NZA 2013, 54 (Rz. 18); BAG v. 15.3.2011 – 10 AZB 32/10, NZA 2011, 874 (Rz. 12); LAG Sachsen v. 7.7.2008 – 4 Ta 117/08, LAGE § 5 ArbGG 1979 Nr. 13; LAG Rh.-Pf. v. 30.3.2005 – 11 Ta 21/05, MDR 2005, 1420.
6 LAG Berlin-Brandenburg v. 16.1.2009 – 6 Ta 174/09, LAGE § 5 ArbGG 1979 Nr. 14 (Geschäftsführerbestellung nach vorheriger Tätigkeit als „leitender Angestellter"). Ähnlich wohl LAG Hamm v. 30.4.2008 – 2 Ta 738/07.
7 BAG v. 25.10.2007 – 6 AZR 1045/06, AP § 14 KSchG 1969 Nr. 15.
8 So zutreffend: LAG Nds. v. 5.3.2007 – 17 Ta 618/06, NZA-RR 2007, 522; LAG Bremen v. 2.3.2006 – 3 Ta 9/06, NZA-RR 2006, 321; *Rost*, FS Wißmann, 2005, S. 61/67; KR/*Rost*, § 14 KSchG Rz. 14b f.
9 So die BAG-Rspr. bereits vor in Kraft treten des § 623 BGB, vgl. Rz. 279a mit Nachweisen.

gegangene Arbeitsvertrag idR konkludent aufgehoben wird und nur dann, wenn eine solche Aufhebung an der Nichtwahrung der Schriftform des § 623 BGB scheitert, eine konkludente Erweiterung des Arbeitsvertrages zu unterstellen.

Bei der Bestellung zum Vorstandsmitglied ist eine solche ohnehin von vornherein ausgeschlossen: Wird ein ArbN zum Vorstand bestellt, ohne dass dem eine schriftliche Vereinbarung zugrunde liegt, wird das ursprüngliche Arbeitsverhältnis nicht wirksam aufgehoben (§ 623 BGB). Auch eine Ablösung des Arbeitsvertrages durch inhaltliche Erweiterung auf ein „Vorstands-Arbeitsverhältnis" kommt nicht ohne Weiteres in Betracht, weil ein Vorstand wegen der ihm nach § 76 Abs. 1 AktG zugewiesenen autonomen Leitungsbefugnis und der damit verbundenen Weisungsungebundenheit kein ArbN ist[1]. In einem solchen Fall ist der Rechtsweg zu den ArbG zu Streitigkeiten über die Beendigung des Arbeitsverhältnisses nach Abberufung gegeben. Diese Rechtsstreitigkeit betrifft ein von der Organstellung klar zu trennendes weiteres Rechtsverhältnis, für das die Fiktion des § 5 Abs. 1 Satz 3 nicht eingreift. 274f

Zur vorgeschalteten **Erprobung von Geschäftsführer** in einem Arbeitsverhältnis vgl. Rz. 275c. 274g

3. Besondere Konstellationen

a) Unterbliebene oder unwirksame Organbestellung

Der Ausschlusstatbestand des § 5 Abs. 1 Satz 3 ArbGG greift bereits dann ein, wenn der Dienstnehmer zum Organ bestellt werden soll, seine Bestellung als Organ dann aber unterbleibt[2]. Ein Dienstnehmer, der zum Geschäftsführer einer GmbH bestellt werden sollte, wird nicht dadurch zum ArbN, dass die **Bestellung zum Geschäftsführer unterblieben** ist. Ist ein Anstellungsvertrag geschlossen worden, in dem die Bestellung zum Organvertreter von vornherein vorgesehen war, wird dieser ohne Hinzutreten besonderer Umstände nicht schon deswegen zum Arbeitsvertrag, weil es nicht zu einer Bestellung zum Geschäftsführer gekommen ist[3]. Dies gilt erst recht, wenn eine bereits vollzogene Bestellung aus irgendeinem Grund **unwirksam** sein soll[4]. Ebenso ist für einen Schadensersatzanspruch wegen **Verschulden bei der Anbahnung** eines Vertragsverhältnisses, das zu einer Geschäftsführerbestellung führen soll, der Rechtsweg zu den ArbG nicht gegeben[5]. 275

b) Vorgeschaltetes Arbeitsverhältnis

Hiervon zu unterscheiden ist der Fall, dass nicht von Anfang an eine Einstellung als Vertretungsorgan erfolgt, bei der sich nur die Bestellung verzögert, sondern **zunächst eine Einstellung als ArbN** stattfindet, mit der zunächst eine organschaftliche Vertretung nicht verbunden ist. So ist bspw. der Rechtsweg zu den ArbG gegeben, wenn der Vertrag zunächst eine Einstellung als ArbN, nämlich als Generalsekretär, und erst später die Bestellung zum Vorstand des Vereins ohne Änderung der Arbeitsaufgaben durch eine im Folgejahr in der Hauptversammlung zu beschließende Satzungsänderung vorsieht, welche zum Kündigungszeitpunkt aber noch nicht im Vereinsregister eingetragen war. Ein leitender Angestellter kann nicht bereits im Vorgriff auf eine lediglich beabsichtigte und zeitlich unbestimmte Satzungsänderung als satzungsmäßiger Organvertreter iSv. § 5 Abs. 1 Satz 3 behandelt werden[6]. Entsprechendes gilt bei einem zunächst zur Erprobung als leitender Angestellter Beschäftigten, der erst zu einem späteren Zeitpunkt im Falle der Bewährung zum Geschäftsführer bestellt werden soll[7]. 275a

Verzögert jedoch ein als Geschäftsführer Eingestellter im Hinblick auf eine befürchtete Kündigung die Eintragung seiner Bestellung ins Handelsregister, um vor dem ArbG Kündigungsschutzklage erheben zu können, handelt es sich um eine **rechtsmissbräuchliche Erschleichung des Rechtsweges**; das ArbG wäre dann nicht zuständig[8]. 275b

---

1 LAG Berlin-Brandenburg v. 20.1.2010 – 7 Ta 2656/09, juris, Rz. 11.
2 BAG v. 6.5.1999 – 5 AZB 22/98, AP Nr. 46 zu § 5 ArbGG 1979; LAG Schl.-Holst. v. 10.11.2010 – 3 Ta 146/10, juris, Rz. 6; LAG Sa.-Anh. v. 13.7.2004 – 8 Ta 72/04, LAGE § 2 ArbGG 1979 Nr. 45a; ArbG Düsseldorf v. 27.11.2007 – 6 Ca 6528/07, AE 2008, 331.
3 BAG v. 25.6.1997 – 5 AZB 41/96, NZA 1997, 1363.
4 LAG Sa.-Anh. v. 13.7.2004 – 8 Ta 72/04, LAGE § 2 ArbGG 1979 Nr. 45a.
5 LAG Köln v. 7.11.2007 – 2 Ta 291/97, juris, Rz. 3.
6 LAG Hessen v. 5.8.2002 – 9 Ta 199/02, juris, Rz. 19.
7 LAG Köln v. 29.9.2003 – 13 Ta 77/03, NZA-RR 2004, 553.
8 Vgl. zur Rechtswegerschleichung: BVerfG v. 31.8.1999 – 1 BvR 1389/97, NZA 1999, 1234; LAG Nds. v. 28.1.2000 – 5 Ta 550/99, LAGE § 2 ArbGG 1979 Nr. 34; LAG Düsseldorf v. 18.12.1997 – 15 Ta 298/97; LAG Köln v. 5.3.1997 – 4 Ta 253/96, LAGE § 2 ArbGG 1979 Nr. 22; LAG Hessen v. 5.8.2002 – 9 Ta 199/02.

275c Wird der ArbN entsprechend einer bereits in seinem Anstellungsvertrag getroffenen Regelung nach vorgeschalteter **Erprobung** später zum Geschäftsführer bestellt, so wird damit das Arbeitsverhältnis inhaltlich automatisch umgewandelt und nicht aufgelöst, weshalb die Schriftform des § 623 BGB dafür nicht beachtet werden muss[1]. Ab dem Zeitpunkt der Bestellung zum Organ greift die Fiktion des § 5 Abs. 1 Satz 3 ein (vgl. hierzu Rz. 271). An einer Doppelstellung als ArbN und Organ (hierzu Rz. 271a) fehlt es in diesem Fall in Ermangelung einer klar unterscheidbaren weiteren Rechtsbeziehung. Stand der Geschäftsführer allerdings zuvor in keinerlei vertraglicher Beziehung zur Gesellschaft und wird in dem Anstellungsvertrag eine der Bestellung vorgeschaltete **Probezeit** vorgesehen, gilt die Fiktion des § 5 Abs. 1 Satz 3 auch in der Probezeit[2].

c) Wiederaufleben von „ruhendem" Arbeitsverhältnis?

276 Problematisch ist, wie die Rechtsstellung eines Mitarbeiters, der **zunächst** in einem **Arbeitsverhältnis** zur juristischen Person oder Personengesamtheit stand und anschließend eine Organstellung innehatte, nach Verlust dieser Organstellung zu beurteilen ist[3].

Zahlreiche Entscheidungen zum Themenkreis der Vertretungsorgane beschäftigt sich mit Konstellationen, in denen ein Mitarbeiter zunächst aufgrund eines Arbeitsverhältnisses tätig war und später in eine Organstellung, zB eine Stellung als Geschäftsführer, in der juristischen Person oder Personengesamtheit berufen worden ist[4].

277 Vor allem der **zweite Senat des BAG**[5] vertrat **bis 1993** die Auffassung, dass bei Fehlen einer ausdrücklichen oder konkludenten, den ursprünglichen Anstellungsvertrag aufhebenden Vereinbarung im Zweifel anzunehmen sei, dass zB der Geschäftsführer einer GmbH mit seiner Bestellung nicht endgültig den bisher erworbenen Bestandsschutz seines Arbeitsverhältnisses aufgeben wollte, sondern dass das Arbeitsverhältnis während seiner Geschäftsführertätigkeit lediglich ruhe. Bei Verlust der Organstellung lebe das **ruhende Arbeitsverhältnis** dann wieder auf. Dies gelte jedoch nur, wenn der durch die Beendigung des Arbeitsverhältnisses eintretende Verlust des Bestandsschutzes nicht bspw. durch eine höhere Vergütung im Geschäftsführer-Dienstverhältnis aufgewogen werde. Diese Auffassung hatte zur Folge, dass im Falle eines ruhenden Arbeitsverhältnisses bei einer gleichzeitig mit oder erst nach Abberufung aus der Organstellung ausgesprochenen Kündigung die Fiktion des § 5 Abs. 1 Satz 3 nicht greift und eine Zuständigkeit der ArbG gegeben ist.

278 In einer **Entscheidung vom 7.10.1993** ließ es der **zweite Senat** in einem obiter dictum dahinstehen, ob er an dieser Auffassung weiter festhält. Er deutete an, es spreche eher eine Vermutung dafür, dass Parteien, die einen neuen Dienstvertrag abschließen, damit im Zweifel den alten Arbeitsvertrag aufheben wollen[6]. Eine derartige Vermutung gelte jedenfalls dann, wenn der ArbN aufgrund eines Probearbeitsvertrages für eine spätere Geschäftsführertätigkeit getestet werden sollte. Ist dies mit Erfolg geschehen, habe der Probevertrag seinen Zweck erfüllt und sei aufgehoben[7].

279 Diese Zweifel hat der **fünfte Senat des BAG** aufgegriffen. Er geht davon aus, dass im Fall des Abschlusses eines vollständig neuen Vertrages im Zweifel nicht angenommen werden kann, dass daneben ein ruhendes Arbeitsverhältnis fortbestehen soll, insbesondere nicht bei Gewährung einer höheren Vergütung. Bereits eine nur geringe Anhebung der Bezüge sei ausreichend für diese Annahme[8]. Dem hat sich zwischenzeitlich auch der **zweite Senat ausdrücklich angeschlossen**[9].

279a Nach nunmehr **gefestigter Rspr.** liegt in dem Abschluss eines Geschäftsführer- oder Vorstands-Dienstvertrages durch einen angestellten Mitarbeiter **im Zweifel die konkludente Aufhebung des bisherigen Arbeitsverhältnisses**[10]. Nach dem Willen der vertragsschließenden Parteien soll regelmäßig neben dem

---

1 LAG Berlin-Brandenburg v. 5.7.2007 – 6 Ta 1319/07, NJ 2007, 571.
2 LAG Köln v. 12.1.2012 – 12 Ta 274/11, NZA-RR 2012, 327.
3 *Holthausen*, NZA-RR 2002, 281; *Kamanabrou*, DB 2002, 146; *Nägele*, BB 2001, 305.
4 *Holthausen*, NZA-RR 2002, 281; *Kamanabrou*, DB 2002, 146; *Nägele*, BB 2001, 305.
5 BAG v. 12.3.1987 – 2 AZR 336/86, EzA § 5 ArbGG 1979 Nr. 4; BAG v. 9.5.1985 – 2 AZR 330/84, AP Nr. 3 zu § 5 ArbGG 1979. Vgl. auch LAG Düsseldorf v. 4.11.1993 – 14 Ta 201/93, LAGE § 5 ArbGG 1979 Nr. 4.
6 BAG v. 7.10.1993 – 2 AZR 260/93, EzA § 5 ArbGG 1979 Nr. 9.
7 BAG v. 7.10.1993 – 2 AZR 260/93, EzA § 5 ArbGG 1979 Nr. 9; LAG Düsseldorf v. 4.11.1993 – 14 Ta 201/93, LAGE § 5 ArbGG 1979 Nr. 4.
8 BAG v. 28.9.1995 – 5 AZB 4/95, AP Nr. 24 zu § 5 ArbGG 1979. Vgl. auch LAG Köln v. 26.2.1997 – 8 Sa 1368/96, LAGE § 5 ArbGG 1979 Nr. 6.
9 BAG v. 25.4.2002 – 2 AZR 352/01, NZA 2003, 272; BAG v. 8.6.2000 – 2 AZR 207/99, NZA 2000, 1013.
10 BAG v. 24.10.2013 – 2 AZR 1078/12, NZA 2014, 540 (Rz. 24); BAG v. 3.2.2009 – 5 AZB 100/08, NZA 2009, 651; BAG v. 19.7.2007 – 6 AZR 774/06; BAG v. 19.7.2007 – 6 AZR 875/06; BAG v. 14.6.2006 – 5 AZR 592/05, NZA

Dienstverhältnis nicht noch ein Arbeitsverhältnis ruhend fortbestehen. Dem ArbN muss im Regelfall klar sein, dass er, wenn anderes nicht vereinbart wird, mit dem Abschluss eines Geschäftsführer-Dienstvertrages seinen Status als ArbN aufgibt. Die vertraglichen Beziehungen werden auf eine neue Grundlage gestellt, die bisherige Grundlage verliert ihre Bedeutung. Für Altfälle, auf die § 623 BGB noch keine Anwendung findet, ist nicht entscheidend, ob der ArbN den Geschäftsführer- bzw. Vorstandsdienstvertrag mit einer anderen Gesellschaft oder unmittelbar mit seinem ArbGeb abschließt[1]. Wird bspw. ein **ArbN einer KG** vor Geltung des § 623 BGB zum Geschäftsführer der Komplementär-GmbH bestellt, so wird im Zweifel mit dem Abschluss des Geschäftsführer-Dienstvertrages das bisherige Arbeitsverhältnis aufgehoben[2]. Unter Geltung des § 623 BGB wahrt dagegen der schriftliche Geschäftsführer-Dienstvertrag nur dann das Formerfordernis für eine Vereinbarung über die Auflösung des Arbeitsverhältnisses, wenn die Parteien des Geschäftsführer-Dienstvertrags und des Arbeitsvertrags **identisch** sind. Andernfalls gibt es kein schriftliches Rechtsgeschäft zwischen ArbN und ArbGeb, in dem die Vereinbarung über die Aufhebung des Arbeitsverhältnisses liegen kann[3]. Das Arbeitsverhältnis bleibt dann bestehen.

Eine **andere Auslegung** kommt **nur in Ausnahmefällen** in Betracht, für die zumindest deutliche Anhaltspunkte vorliegen müssen. Hierzu zählt etwa die nur für eine kurze Zeit befristete Übertragung der Geschäftsführerstellung bei sonst unveränderten Vertragsbedingungen. Dagegen spricht zB die Verbesserung der Vergütung in dem Geschäftsführerverhältnis gegen ein ruhend gestelltes Arbeitsverhältnis. Ebenso können die Hoffnung auf eine günstige wirtschaftliche Entwicklung oder ein erhöhtes Sozialprestige den Entschluss zum endgültigen Wechsel in eine Geschäftsführerposition tragen. Für die Beurteilung des Parteiwillens können ferner die Stellung des ArbN im Unternehmen und die Gründe der Geschäftsführer- bzw. Vorstandsbestellung von Bedeutung sein. Es macht einen Unterschied, ob ein untergeordneter oder ein leitender Mitarbeiter zum Geschäftsführer bestellt wird. Erfolgt die Bestellung nur pro forma, werden die Parteien eine Aufhebung des Arbeitsverhältnisses regelmäßig nicht beabsichtigen. Allein die Dauer des vorangegangenen Arbeitsverhältnisses steht jedoch der Vermutung des Beendigungswillens nicht entgegen[4]. **Ein einvernehmlich aufgehobenes Arbeitsverhältnis lebt nicht wieder auf, wenn der ehemalige ArbN als Organ abberufen wird**; ebenso wenig entsteht ein neues Arbeitsverhältnis[5]. 279b

Bei nach dem 1.5.2000 abgeschlossenen Geschäftsführer- bzw. Vorstandsdienstverträgen kann eine konkludente Aufhebung des bisherigen Arbeitsverhältnisses nur angenommen werden, wenn das **Schriftformerfordernis des § 623 BGB** gewahrt ist[6]. Letzteres wird häufig übersehen. Auch bei der Heranziehung älterer BAG-Entscheidungen ist daher Vorsicht geboten, da § 623 BGB, der ein Schriftformerfordernis für Aufhebungsverträge konstituiert, erst am 1.5.2000 eingeführt worden ist. Allerdings muss die Aufhebung nicht ausdrücklich, sondern kann **auch konkludent** erfolgen – sofern die notwendige Schriftform gewahrt ist. So wird das Schriftformerfordernis des § 623 BGB für die Aufhebung eines Arbeitsvertrages regelmäßig durch den Abschluss eines schriftlichen Geschäftsführer- oder Vorstandsdienstvertrags gewahrt; denn aus diesem ergibt sich (zumindest konkludent) hinreichend deutlich die Beendigung des Arbeitsverhältnisses, soweit nicht etwas anderes vereinbart wird[7]. Wird hingegen ein ArbN, mit dem zunächst ein schriftlicher Arbeitsvertrag bestand, nach längerer Tätigkeit durch mündlichen Vertrag und Eintragung im Handelsregister zum Geschäftsführer einer GmbH bestellt, ist der frühere Arbeitsvertrag wegen Verstoßes gegen § 623 BGB durch die Bestellung nicht konkludent aufgehoben worden, sondern nur ruhend gestellt; wird der Geschäftsführer später abberufen und sodann das „Anstellungsverhältnis" gekündigt, sind für die Kündigungsschutzklage die ArbG zuständig[8]; die Fiktion des § 5 Abs. 1 Satz 3 greift nicht ein (hierzu bereits 280

2006, 1154; BAG v. 24.11.2005 – 2 AZR 614/04, NZA 2006, 366; BAG v. 25.4.2002 – 2 AZR 352/01, NZA 2003, 272; BAG v. 8.6.2000 – 2 AZR 207/99, NZA 2000, 1013; LAG Rh.-Pf. v. 26.10.2005 – 2 Ta 206/05, juris, Rz. 18; LAG Nürnberg v. 2.4.2007 – 4 Ta 38/07, NZA-RR 2007, 490.
1 BAG v. 14.6.2006 – 5 AZR 592/05; BAG v. 24.11.2005 – 2 AZR 614/04, NZA 2006, 366.
2 BAG v. 24.11.2005 – 2 AZR 614/04, NZA 2006, 366.
3 BAG v. 24.10.2013 – 2 AZR 1078/12, NZA 2014, 540 (Rz. 25).
4 LAG Hamburg v. 19.11.2008 – 4 Ta 20/08, juris, Rz. 25.
5 BAG v. 5.6.2008 – 2 AZR 754/06, NZA 2008, 1002; BAG v. 24.11.2005 – 2 AZR 614/04, NZA 2006, 366; LAG Hamburg v. 19.11.2008 – 4 Ta 20/08.
6 So zu Recht auch GMP/*Müller-Glöge*, § 5 Rz. 45d. Vgl. auch der ausdrückliche Vorbehalt des BAG v. 25.4.2002 – 2 AZR 352/01, NJW 2003, 918.
7 BAG v. 3.2.2009 – 5 AZR 100/08, NZA 2009, 651; BAG v. 19.7.2007 – 6 AZR 875/06; BAG v. 19.7.2007 – 6 AZR 774/06, NZA 2007, 1095, mwN.; LAG Sa.-Anh. v. 13.7.2004 – 8 Ta 72/04, LAGE § 2 ArbGG 1979 Nr. 45a Rz. 15 f.; LAG Nds. v. 26.6.2006 – 5 Sa 2100/05, juris, Rz. 13. AA LAG Nds. v. 5.3.2007 – 17 Ta 618/06, NZA-RR 2007, 522.
8 BAG v. 15.11.2013 – 10 AZB 28/13, GmbHR 2014, 137 (Rz. 18); BAG v. 4.2.2013 – 10 AZB 78/12, NZA 2013, 397 (Rz. 11); BAG v. 26.10.2012 – 10 AZB 55/12, GmbHR 2013, 253 (Rz. 21); BAG v. 26.10.2012 – 10 AZB 60/12, NZA 2013, 54; zutreffend bereits: LAG Sachsen v. 7.7.2008 – 4 Ta 117/08, LAGE § 5 ArbGG 1979 Nr. 13; LAG Bremen v. 2.3.2006 – 3 Ta 9/06, NZA-RR 2006, 321.

Rz. 274c ff.). Gleiches gilt, wenn ein ArbN einer Konzernobergesellschaft zum Geschäftsführer einer Tochter-GmbH bestellt wird, ohne dass hierüber ein schriftlicher Dienstvertrag abgeschlossen worden wäre[1]. Die Fiktion des § 5 Abs. 1 Satz 3 greift auch dann nicht mehr ein, wenn ein ArbN aufgrund einer formlosen Abrede zum Geschäftsführer bestellt wird und nach Abberufung als Geschäftsführer Ansprüche aus dem Arbeitsverhältnis geltend macht. Dies gilt sowohl für Ansprüche, die vor und nach der Bestellung als Geschäftsführer entstanden sind, als auch für solche, die er während seiner Tätigkeit als Geschäftsführer erworben hat[2].

280a Ein **zusätzliches Erschwernis** der formgerechten Aufhebung eines vorhergehenden Arbeitsverhältnisses ergibt sich aus den **unterschiedlichen Vertretungsverhältnissen**: Eine GmbH (AG) muss beim Abschluss eines Geschäftsführerdienstvertrages (Vorstandsdienstvertrages) im Regelfall durch ihre Gesellschafter (ihren Aufsichtsrat) vertreten werden, während die Aufhebung eines vorhergehenden Anstellungsvertrages durch die Geschäftsführung (den Vorstand oder die Personalabteilung) erfolgen müsste. Allerdings kann im Einzelfall eine **Duldungs- oder Anscheinsvollmacht** vorliegen oder aber von einer **nachträglichen Genehmigung** durch konkludentes Verhalten des zuständigen Organs auszugehen sein; die Genehmigung unterliegt ebenso wie die Vollmachterteilung gem. § 167 Abs. 2 BGB nicht den Formerfordernissen des § 623 BGB[3]. Teils wird auch eine Annexkompetenz der Gesellschafter (bzw. des Aufsichtsrates) zur Aufhebung des Arbeitsvertrages wegen der Sachnähe zur Bestellungskompetenz gem. § 46 Nr. 5 GmbHG angenommen[4].

281 Vor dem Wechsel der Rspr. hatte das BAG bspw. entschieden, dass sich das Arbeitsverhältnis eines Angestellten einer KG, der zum **Geschäftsführer der Komplementär-GmbH** bestellt wird, in ein freies Dienstverhältnis zur KG umwandelt, wenn die Beschränkung der Geschäftsführertätigkeit nicht über das bei Fremdgeschäftsführern übliche Maß hinausgeht und alle zuvor geschlossenen Arbeitsverträge aufgehoben worden sind[5].

282 Wird ein ArbN der Muttergesellschaft zum **Geschäftsführer einer konzernabhängigen Gesellschaft** bestellt, so liegt darin allein noch keine (stillschweigende) Aufhebung des Arbeitsverhältnisses mit der Muttergesellschaft. Eine Aufhebung ist zumindest dann nicht anzunehmen, wenn der Anstellungsvertrag insbesondere hinsichtlich der Entgeltvereinbarung unverändert geblieben ist[6].

283 Die Arbeitsgerichtsbarkeit bleibt für Streitigkeiten aus einem **früheren Arbeitsverhältnis** auch dann zuständig, wenn der ArbN zwischenzeitlich Mitglied im Vertretungsorgan geworden ist, sofern das Arbeitsverhältnis und nicht das Organ-Dienstverhältnis den wesentlichen rechtlichen Anknüpfungspunkt bildet[7].

d) Beendigung der Organstellung und (zeitweise) Fortsetzung der Tätigkeit

284 Der **Verlust der Organstellung** als solcher führt – wenn nicht weitere Umstände hinzutreten (hierzu Rz. 285) – **nicht** automatisch zur **Umwandlung** des zuvor bestehenden Dienstverhältnisses in ein Arbeitsverhältnis[8]. Endet die Organstellung also durch Zeitablauf, Abberufung, Widerruf, Formwechsel oder Amtsniederlegung, so besteht das Dienstverhältnis bis zu seinem Ablauf oder seiner Kündigung fort. Bei der Abberufung handelt es sich um einen körperschaftlichen Akt, der das Verhältnis zwischen den Gesellschaftsorganen betrifft, aber an der schuldrechtlichen Grundlage des Tätigwerdens nichts ändert. Es bleiben weiterhin die ordentlichen Gerichte zuständig[9]. Auch dann, wenn das Anstellungsverhältnis eines abberufenen GmbH-Geschäftsführers – zB aufgrund eines **Abwicklungsvertrages** – noch einige Monate über die bei ordentlicher Kündigung geltende Frist weiter fortgesetzt wird, handelt es sich lediglich um eine Abwicklung des Geschäftsführer-Dienstvertrages[10]. Gleiches gilt bei einem Verlust der Organstellung

---

1 Vgl. auch LAG Hamburg v. 1.8.2005 – 5 Ta 9/05.
2 BAG v. 23.8.2011 – 10 AZB 51/10, AP Nr. 69 zu § 5 ArbGG 1979 (Rz. 16).
3 LAG Sa.-Anh. v. 13.7.2004 – 8 Ta 72/04, LAGE § 2 ArbGG 1979 Nr. 45a Rz. 16.
4 LAG Hamburg v. 19.11.2008 – 4 Ta 20/08, juris, Rz. 32 (nachfolgend BAG v. 3.2.2009 – 5 AZB 100/08, NZA 2009, 669).
5 BAG v. 13.5.1992 – 5 AZR 344/91, ZIP 1992, 1496.
6 BAG v. 20.10.1995 – 5 AZB 5/95, EzA § 5 ArbGG 1979 Nr. 13.
7 BAG v. 20.5.1998 – 5 AZB 3/98, NZA 1998, 1247.
8 BAG v. 26.10.2012 – 10 AZB 60/12, NZA 2013, 54 (Rz. 16); BAG v. 14.6.2006 – 5 AZR 592/05, NZA 2006, 1154; BAG v. 11.2.1994 – 2 AZB 28/93, AP Nr. 17 zu § 5 ArbGG 1979; BAG v. 25.6.1997 – 5 AZB 41/96, NZA 1997, 1363; OLG Schl.-Holst. v. 15.2.2010 – 16 W 8/10, NZA-RR 2010, 321; OLG Rostock v. 22.7.2008 – 1 W 11/08, GmbHR 2009, 314; LAG Hamm v. 4.5.2016 – 2 Ta 556/15, juris; LAG Hamm v. 30.7.2007 – 2 Ta 354/07, juris, Rz. 37; LAG Hamm v. 6.8.2003 – 2 Ta 89/03, juris, Rz. 14.
9 BAG v. 25.6.1997 – 5 AZB 41/96, NZA 1997, 1363; LAG Köln v. 1.12.2003 – 4 Ta 283/03, FA 2004, 160.
10 BAG v. 14.6.2006 – 5 AZR 592/05, NZA 2006, 1154; LAG Hamm v. 12.1.2007 – 2 Ta 286/06, juris, Rz. 20.

durch Umwandlung (zB AG in GmbH) und anschließender Fortsetzung der Tätigkeit in einer Position unterhalb der Organebene[1].

Die Fiktionswirkung des § 5 Abs. 1 Satz 3 besteht nur für die Dauer der Organstellung. Daher kann dem Geschäftsführer einer GmbH nach seiner Abberufung oder Amtsniederlegung der Rechtsweg zu den ArbG eröffnet sein.[2] Dies gilt auch dann, wenn die Beendigung der Organstellung erst nach Eingang der Klage bei Gericht[3] oder während des Beschwerdeverfahrens nach § 17a GVG erfolgt.[4] Die Beendigung der Organstellung ist nicht nur bei sog. sic-non-Fällen beachtlich.[5] Soweit das BAG früher für das Ende der Fiktionswirkung auf eine wirksame Abberufung im Zeitpunkt der Klageerhebung[6] oder die wirksame Abberufung im Zeitpunkt des Zugangs der Kündigung[7] abgestellt hat, hält es an dieser Rspr. nicht mehr fest. Die Zuständigkeit der ArbG besteht indes nach dem Ende der Fiktionswirkung nur dann, wenn die allgemeinen Voraussetzungen der §§ 2 ff. gegeben sind, insbesondere also ein bürgerlicher Rechtsstreit zwischen ArbGeb und ArbN vorliegt (was ggf. für jeden Streitgegenstand gesondert zu prüfen ist)[8]. 285

Eine Zuständigkeit der Arbeitsgerichte besteht auch dann, wenn das Dienstverhältnis nach Beendigung der Organstellung auf eine **neue Grundlage** gestellt und **als Arbeitsverhältnis fortgesetzt** wird und es sich auf diese Weise in ein Arbeitsverhältnis umwandelt. Eine solche Umwandlung ist grds. möglich. Ob eine solche Umwandlung erfolgt ist, hängt – sofern es an einer ausdrücklichen Vereinbarung fehlt – vornehmlich von den Umständen des Einzelfalles und insbesondere dem zu ermittelnden Willen der Parteien ab. Fehlt es an **Anhaltspunkten** dafür, ist im Zweifel nicht von einer Umwandlung und Fortsetzung als Arbeitsverhältnis, sondern lediglich von einer Abwicklung des Dienstverhältnisses auszugehen. Sieht jedoch ein Dienstvertrag für den Fall einer Abberufung des Dienstnehmers aus seiner Stellung als Vorstandsmitglied oder Geschäftsführer vor, dass das durch diesen Vertrag geregelte Anstellungsverhältnis als Arbeitsverhältnis weitergeführt wird, so ist darin ein über die Abberufung hinausgehender Umstand zu sehen, aus dem sich ergibt, dass das Dienstverhältnis infolge der Abberufung zum **(Anschluss-)Arbeitsverhältnis** geworden ist[9]. Ebenso liegt es, wenn ein Geschäftsführer nach Abberufung als Kellner und Koch zu einem Stundenlohn von 8 Euro beschäftigt wird, weil diese Tätigkeit so weit von der Typik eines organschaftlichen Vertreters einer juristischen Person entfernt ist, dass sie nicht mehr als Fortsetzung des Geschäftsführer-Dienstvertrages gewertet werden kann[10]. Vereinbaren die Parteien nach der Kündigung des Geschäftsführervertrages eine Weiterbeschäftigung des Betreffenden – ohne wesentliche Änderung seiner Arbeitsaufgaben – im Rahmen eines Arbeitsverhältnisses, so lässt dies mangels abweichender Vereinbarungen regelmäßig auf den Parteiwillen schließen, die **Beschäftigungszeit** als Geschäftsführer auf das neu begründete Arbeitsverhältnis **anzurechnen**[11]. 286

4. Gesetzliche Vertretungsorgane juristischer Personen

a) Allgemeines

Die Fiktion des § 5 Abs. 1 Satz 3 gilt für die **gesetzlichen Vertretungsorgane** juristischer Personen. Zu den juristischen Personen zählen Aktiengesellschaften, eingetragene Vereine, Genossenschaften, Gesellschaften mit beschränkter Haftung, Kommanditgesellschaften auf Aktien, Versicherungsvereine auf Gegenseitigkeit, 287

---

1 BGH v. 10.1.2000 – II ZR 251/98, NZA 2000, 376; BAG v. 20.8.1998 – 2 AZR 12/98; LAG Köln v. 15.8.2001 – 7 Sa 1403/00, BB 2002, 788.
2 BAG v. 8.9.2015 – 9 AZB 21/15, NZA 2015, 1342; BAG v. 22.10.2014 – 10 AZB 46/14, NZA 2015, 60; BAG v. 3.12.2014 – 10 AZB 98/14, NZA 2015, 180; LAG Hamm v. 4.5.2016 – 2 Ta 26/16; LAG Hamm v. 2.10.2015 – 2 Ta 249/15; *Lunk*, NJW 2015, 528; *Stagat*, NZA 2015, 193.
3 BAG v. 8.9.2015 – 9 AZB 21/15, NZA 2015, 1342; BAG v. 22.10.2014 – 10 AZB 46/14, NZA 2015, 60; BAG v. 3.12.2014 – 10 AZB 98/14, NZA 2015, 180.
4 BAG v. 22.10.2014 – 10 AZB 46/16, NZA 2015, 60.
5 BAG v. 8.9.2015 – 9 AZB 21/15, NZA 2015, 1342; aA LAG Chemnitz v. 18.3.2015 – 4 Ta 300/14 und LAG Chemnitz v. 18.3.2015 – 4 Ta 237/14 (6), NZA-RR 2015, 493.
6 BAG v. 15.11.2013 – 10 AZB 28/13, GmbHR 2014, 137; BAG v. 26.10.2012 – 10 AZB 55/12, GmbHR 2013, 253; vgl. auch OLG München v. 27.10.2014 – 7 W 2097/14, NZA-RR 2014, 660 und LAG Rheinland-Pfalz v. 21.10.2014 – 6 Ta 123/14, GmbHR 2014, 1259 NZA 2010, 1302.
7 BAG v. 6.5.1999 – 5 AZB 22/98, AP Nr. 46 zu § 5 ArbGG 1979.
8 BAG v. 22.10.2014 – 10 AZB 46/16, NZA 2015, 60; LAG Hamm v. 7.6.2016 – 2 Ta 492/15; LAG Hamm v. 4.5.2016 – 2 Ta 556/15; LAG MV v. 19.11.2015 – 3 Ta 38/15, NZA-RR 2016, 100; LAG Köln v. 30.3.2015 – 5 Ta 91/15; *Reinfelder*, RdA 2016, 87 (96); *Vielmeier*, NZA 2016, 1241 (1243 f.).
9 LAG Berlin v. 21.2.2006 – 6 Ta 2215/05, LAGE § 5 ArbGG 1979 Nr. 10a.
10 LAG Köln v. 5.10.2009 – 4 Ta 317/09, juris, Rz. 6.
11 BAG v. 24.11.2005 – 2 AZR 614/04, NZA 2006, 366.

die englische Limited, die SE, bergrechtliche Gewerkschaften, private Stiftungen und Körperschaften des öffentlichen Rechts.

288 Gesetzliche Vertretungsorgane sind bei der **Aktiengesellschaft** gem. § 78 AktG, beim **eingetragenen Verein** gem. § 26 BGB, bei der **Stiftung** gem. § 86 BGB, bei der **eingetragenen Genossenschaft** nach § 24 GenG und bei einem **Versicherungsverein auf Gegenseitigkeit** gem. den § 34 Abs. 1 Satz 2 VAG iVm. § 78 Abs. 1 AktG der **Vorstand**. Bei einem eingetragenen Verein kann auch der in § 30 BGB genannte besondere Vorstand gesetzliches Vertretungsorgan sein (hierzu Rz. 297). Bei der **GmbH** ist der Geschäftsführer nach § 35 GmbHG, bei der **Kommanditgesellschaft auf Aktien** der persönlich haftende Gesellschafter gem. § 278 AktG iVm. den §§ 161, 125 HGB gesetzliches Vertretungsorgan. Bei der eingliedrigen **SE** sind lediglich die Mitglieder des Verwaltungsrates Organ der Gesellschaft[1]. Diese Personen sind keine ArbN.

b) GmbH

289 Der **Geschäftsführer einer Vor-GmbH** gilt nicht als deren ArbN. § 5 Abs. 1 Satz 3 ist auf die Vor-GmbH anzuwenden. Rechtlich unerheblich ist in diesem Zusammenhang, ob dem Geschäftsführer im Innenverhältnis nur die Stellung eines ArbN eingeräumt worden ist. Allein die Bestellung zum Geschäftsführer führt zur gesetzlichen Fiktion[2].

290 Sind in einer GmbH alle Mitarbeiter gleichzeitig Gesellschafter und Geschäftsführer, so sind sie keine ArbN. Sie handeln als Organe der Gesellschaft. In einem solchen Fall bestehen allenfalls organschaftliche Abhängigkeiten, jedoch keine im arbeitsrechtlichen Sinne[3].

291 Für die Klage eines **ehemaligen Geschäftsführers einer GmbH** auf Anpassung seines betrieblichen Ruhegeldes sind die ordentlichen Gerichte auch dann zuständig, wenn die Vereinbarung über die Gewährung des Ruhegeldes zu einer Zeit getroffen wurde, in der der ehemalige Geschäftsführer noch ArbN der GmbH war. Durch die Übernahme der in der Zeit als ArbN erworbenen Anwartschaften in das Anstellungsverhältnis als Geschäftsführer sind aus den Ansprüchen aus dem Arbeitsverhältnis Ansprüche aus dem Geschäftsführer-Dienstverhältnis geworden[4]. Für **Betriebsrentenansprüche**, die aus einer Versorgungszusage gegenüber einem Geschäftsführer einer GmbH resultieren, sind die ordentlichen Gerichte zuständig, auch wenn der Anspruchsteller vorher oder nachher noch als ArbN tätig gewesen ist[5].

292 Grundsätzlich erstreckt sich die Fiktion des § 5 Abs. 1 Satz 3 auf Streitigkeiten sowohl aus der Organstellung als auch aus dem Anstellungsverhältnis. Für beide Streitigkeiten besteht keine Zuständigkeit der ArbG (vgl. Rz. 270).

292a Ob materiell-rechtlich das **Anstellungsverhältnis eines stellvertretenden GmbH-Geschäftsführers** ausnahmsweise ein Arbeitsverhältnis sein kann, ist umstritten. Bei Vertretern juristischer Personen ist zu unterscheiden zwischen der Organstellung und dem dieser zugrunde liegenden Anstellungsverhältnis. **Teilweise wird vertreten**, das Anstellungsverhältnis sei notwendigerweise ein freies Dienstverhältnis, da eine ArbN-Eigenschaft mit der Organstellung grds. unvereinbar sei. Der Geschäftsführer sei Repräsentationsorgan der Gesellschaft. Sie werde erst durch ihn handlungsfähig. Der Inhalt der geschuldeten Dienste schließe eine Weisungsabhängigkeit gegenüber der Gesellschaft zwingend aus[6]. Das **BAG** lehnt diese Ansicht richtigerweise zumindest in Bezug auf eine **Mehrpersonen-Geschäftsführung** ab und nimmt an, dass das Anstellungsverhältnis eines stellvertretenden GmbH-Geschäftsführers im Einzelfall ein Arbeitsverhältnis sein könne[7]. Bei einer solchen Konstellation seien die Repräsentation der Gesellschaft, die unternehmerische Willensbildung und die Wahrnehmung von ArbGeb-Funktionen auch dann noch möglich, wenn einzelne Mitglieder der Geschäftsführung wegen entsprechender Weisungsabhängigkeit materiell-rechtlich als ArbN anzusehen seien. Die Gegenansicht übersieht, dass sich zumindest im Falle einer Mehrpersonen-Geschäftsführung Organstellung und Weisungsabhängigkeit nicht zwingend ausschließen. Durch den Anstellungsvertrag wird materiell-rechtlich zwar idR ein freies Dienstverhältnis begründet. Im Einzelfall kann

---

1 LAG Köln v. 10.9.2008 – 2 Ta 153/08, juris, Rz. 5.
2 BAG v. 13.5.1996 – 5 AZB 27/95, EzA § 5 ArbGG 1979 Nr. 14. Vgl. zu der Rechtsstellung des GmbH-Geschäftsführers: *Holthausen*, NZA-RR 2002, 281; *Kamanabrou*, DB 2002, 146; *Nägele*, BB 2001, 305.
3 BAG v. 10.4.1991 – 4 AZR 467/90, AP Nr. 54 zu § 611 BGB – Abhängigkeit.
4 BAG v. 20.5.1998 – 5 AZB 3/98, NZA 1998, 1247.
5 LAG Köln v. 13.3.2006 – 6 Ta 63/06, juris (Ls.).
6 BGH v. 26.3.1984 – II ZR 120/83, BGHZ 91, 217; BGH v. 29.1.1981 – II ZR 92/80, BGHZ 79, 291; OLG Frankfurt v. 11.5.1999 – 5 W 11/99, OLGR 1999, 203; MünchArbR/*Richardi*, Bd. 1, § 17 Rz. 56.
7 BAG v. 26.5.1999 – 5 AZR 664/98, EzA § 611 BGB – Arbeitnehmerbegriff Nr. 76. Ebenso: *Köhl*, DB 1996, 2597; *Schaub*, Arbeitsrechts-Handbuch, § 14 Rz. 2.

es sich aber auch um ein Arbeitsverhältnis handeln. Ob das Anstellungsverhältnis ein Arbeitsverhältnis ist, hängt nicht vom Umfang der Vertretungsbefugnis im Innenverhältnis ab, sondern richtet sich nach den allgemeinen Kriterien zur Abgrenzung eines Arbeits- von einem freien Dienstverhältnis. Indes ist **für das Eingreifen des § 5 Abs. 1 Satz 3 ohne Belang, ob im Einzelfall materiell-rechtlich ein Arbeitsverhältnis vorliegt** (vgl. bereits Rz. 271). Der im Handelsregister eingetragene **stellvertretende Geschäftsführer** einer GmbH ist Organ der Gesellschaft, da nach § 44 GmbHG die für Geschäftsführer gegebenen Vorschriften auch für den stellvertretenden Geschäftsführer gelten. Mithin ist für das der Bestellung zugrunde liegende Rechtsverhältnis die ordentliche Gerichtsbarkeit zuständig. Zwar hat sich das BAG in seiner Entscheidung vom 26.5.1999 mit der Frage auseinander gesetzt, ob und unter welchen Voraussetzungen das Anstellungsverhältnis eines stellvertretenden GmbH-Geschäftsführers materiell-rechtlich als Arbeitsverhältnis anzusehen ist; dies erfolgte jedoch nur, weil das BAG an die im Vorabverfahren vom LAG rechtskräftig (fälschlich) bejahte Zulässigkeit des Rechtswegs zu den ArbG gebunden war, § 17a Abs. 1, Abs. 5 GVG[1].

Der **Gesellschafter einer GmbH**, dem mehr als 50 % der Stimmen zustehen, kann selbst dann kein ArbN 293 dieser Gesellschaft sein, wenn er nicht deren Geschäftsführer ist[2]. Grundsätzlich können zwar auch Gesellschafter einer GmbH ArbN dieser Gesellschaft sein. Voraussetzung ist aber, dass der Geschäftsführer der GmbH ihnen gegenüber weisungsbefugt ist. Hat ein Gesellschafter als Kapitaleigner einen so großen Einfluss auf die Gesellschaftsführung, dass er letztlich auch die Leitungsmacht hat, so unterliegt er nicht der Weisungsbefugnis des Geschäftsführers. Auch der **Minderheitsgesellschafter** ist bei Bestehen einer **Sperrminorität** regelmäßig kein ArbN[3]. Ob der Mehrheitsgesellschafter in einem solchen Fall seine Leitungsmacht tatsächlich ausübt, ist nicht maßgeblich[4].

Erlischt die Organstellung eines GmbH-Geschäftsführers im Fall der **Verschmelzung** mit einer anderen 294 GmbH (§§ 46 ff. UmwG) und geht der Anstellungsvertrag gem. § 20 Abs. 1 UmwG auf die übernehmende GmbH über, sind die Gerichte für Arbeitssachen für den Rechtsstreit wegen der Kündigung des Anstellungsvertrages nur dann zuständig, wenn neben dem Anstellungsverhältnis als Geschäftsführer ein gleichzeitig übergegangenes Arbeitsverhältnis ruhend fortbestand[5].

Wird eine GmbH im Wege des **Formwechsels** in eine GmbH & Co. KG umgewandelt, endet mit der Ein- 294a tragung der Umwandlung ins Handelsregister die Organstellung des Geschäftsführers der GmbH. Für einen Streit über die Wirksamkeit der nachfolgenden Kündigung des der Organstellung zugrunde liegenden Vertragsverhältnisses durch die GmbH & Co. KG sind die Gerichte für Arbeitssachen nur zuständig, wenn zwischen der GmbH & Co. KG und dem (ehemaligen) Geschäftsführer nach Vollzug des Formwechsels ausdrücklich oder konkludent ein weiteres, als Arbeitsverhältnis zu qualifizierendes Rechtsverhältnis begründet worden ist[6]. Der Verlust der Organstellung führt nicht automatisch zur Umwandlung des einmal begründeten freien Dienstverhältnisses in ein Arbeitsverhältnis[7].

Der **Geschäftsführer einer abhängigen GmbH**, dessen Bestellung ein Vertragsverhältnis mit der Mutter- 295 gesellschaft zugrunde liegt, gilt nur im Verhältnis zur GmbH nicht als ArbN. Für Streitigkeiten mit der Muttergesellschaft können die ArbG zuständig sein[8], und zwar selbst dann, wenn die Kündigung dieses Arbeitsverhältnisses mit Vorgängen aus seiner Tätigkeit als Geschäftsführer der Tochter-GmbH begründet wird[9].

c) Verein

Der **Vorstand eines eingetragenen Vereines** kann neben seiner Stellung als Mitglied des Vertretungs- 296 organs auch ArbN des Vereines sein. Die **Doppelstellung** setzt voraus, dass die Vorstandstätigkeit und die Tätigkeit als ArbN unterscheidbar und trennungsfähig sind. Rührt der geltend gemachte Anspruch allein

---

1 Vgl. den ausdrücklichen Hinweis in BAG v. 26.5.1999 – 5 AZR 664/98, EzA § 611 BGB – Arbeitnehmerbegriff Nr. 76, unter I. der Gründe.
2 BAG v. 17.9.2014 – 10 AZB 43/14, NZA 2014, 1293; LAG Thüringen v. 7.4.2014 – 1 Ta 31/14; LAG Berlin-Brandenburg v. 22.3.2013 – 8 Sa 2232/12, juris, Rz. 12; BAG v. 6.5.1998 – 5 AZR 612/97, NZA 1998, 939 (Rz. 31).
3 BAG v. 17.9.2014 – 10 AZB 43/14, NZA 2014, 1293.
4 BVerwG v. 8.3.1999 – 5 C 5/98, NZA 1999, 826; BAG v. 6.5.1998 – 5 AZR 612/97, AP Nr. 95 zu § 611 BGB – Abhängigkeit.
5 Vgl. zu § 25 Abs. 2 Satz 1 KapErhG in der Fassung bis 31.12.1994: BAG v. 21.2.1994 – 2 AZB 28/93, EzA § 2 ArbGG 1979 Nr. 28.
6 LAG Hessen v. 6.11.2002 – 16 Ta 246/02, EzA-SD 2003, Nr. 2, 22.
7 BAG v. 21.2.1994 – 2 AZB 28/93, AP Nr. 17 zu § 5 ArbGG 1979.
8 BAG v. 20.10.1995 – 5 AZB 5/95, EzA § 5 ArbGG 1979 Nr. 13.
9 BAG v. 22.2.1974 – 2 AZR 289/73, DB 1974, 1243. Vgl. auch *Hueck*, ZfA 1985, 25.

aus der ArbN-Tätigkeit, so ist der Rechtsweg zu den ArbG gegeben. Wird allerdings nur ein (einheitlicher) Vertrag abgeschlossen, so ist im Zweifel auch nur ein einheitliches Rechtsverhältnis anzunehmen[1].

297 **Besondere Vertreter eines Vereines** nach § 30 BGB gelten nach der Negativfiktion des § 5 Abs. 1 Satz 3 nur dann nicht als ArbN, wenn ihre Vertretungsmacht auf der Satzung beruht. Das ist nur der Fall, wenn die Satzung die Bestellung ausdrücklich zulässt[2]. Für das Eingreifen der Negativfiktion des § 5 Abs. 1 Satz 3 genügt es, wenn einem besonderen Vertreter die laufenden Geschäfte eines Vereins gem. § 30 Satz 1 BGB zur alleinigen Erledigung übertragen worden sind, auch wenn vertraglich die Bestellung eines weiteren „Geschäftsführers" vorbehalten, jedoch nicht realisiert worden ist und zudem im Widerspruch zur Satzung stünde[3]. Der **Geschäftsführer eines DRK-Kreisverbandes eV** ist besonderer Vertreter iSv. § 30 BGB, wenn die Satzung des DRK-Kreisverbandes dem Geschäftsführer die ordnungsgemäße Abwicklung der laufenden Angelegenheiten zuweist und die im Arbeitsvertrag des Geschäftsführers in Bezug genommene Geschäftsordnung des Kreisvorstandes vorsieht, dass der vom Vorstand bestellte Kreisgeschäftsführer einen nicht unerheblichen Teil der laufenden Geschäfte eigenverantwortlich zu erledigen hat[4]. Für den **Geschäftsführer eines wirtschaftlichen Vereins** gilt die Fiktionswirkung des § 5 Abs. 1 Satz 3 jedenfalls dann nicht, wenn er nach der Satzung des Vereins dem Vorstand nur mit beratender Funktion angehört und die ihm erteilte Vertretungsbefugnis durch Rechtsgeschäft des Vorstands erteilt ist[5].

d) Andere juristische Personen; Einzelfälle

298 Auf den **Geschäftsführer einer Betriebskrankenkasse**, der einen Dienstvertrag mit dem ArbGeb abgeschlossen hat, für dessen Betrieb die Kasse errichtet worden ist, ist § 5 Abs. 1 Satz 3 nicht anzuwenden. Die Betriebskrankenkasse ist eine rechtsfähige Körperschaft des öffentlichen Rechtes mit Selbstverwaltung. Der Geschäftsführer ist kein Organvertreter der Gesellschaft, für die die Kasse errichtet worden ist, sondern nur Geschäftsführer der Kasse. Er kann im Verhältnis zum ArbGeb deshalb arbeitnehmerähnliche Person sein[6].

298a Für die Klage gegen eine Kündigung, welche das der Organstellung eines Vorstandsmitgliedes der **Genossenschaft** zugrunde liegende Anstellungsverhältnis betrifft, ist der Rechtsweg zu den ArbG **nicht** eröffnet. Das gilt auch, wenn die Bestellung zum Vorstandsmitglied noch nicht rechtswirksam erfolgt oder das Vorstandsmitglied bereits abberufen war[7].

299 Der **Geschäftsführer einer Kreishandwerkerschaft** als Körperschaft des öffentlichen Rechtes ist gesetzlicher Vertreter iSv. § 5 Abs. 1 Satz 3, wenn er die Kreishandwerkerschaft kraft Satzung in den laufenden Geschäften vertritt. Das gilt auch dann, wenn die Parteien ausdrücklich einen „Arbeitsvertrag" geschlossen haben[8].

299a Der **Geschäftsführer eines Landesinnungsverbandes** als juristische Person des privaten Rechts (§§ 79, 80 HandwO) ist kein ArbN iSd. gesetzlichen Fiktion des § 5 Abs. 1 Satz 3, wenn er nach der Satzung iVm. § 83 Abs. 1 Nr. 3 HandwO zur Vertretung des Vorstands in Geschäften der laufenden Verwaltung berufen ist[9].

299b Der **Geschäftsführer einer Industrie- und Handelskammer**, der nach der Satzung für die Geschäfte der laufenden Verwaltung allein vertretungsberechtigt ist, ist nach der gesetzlichen Fiktion des § 5 Abs. 1 Satz 3 kein ArbN[10].

300 Nach § 53 Abs. 2 Nr. 1 des Gesetzes über das Kreditwesen (KWG) haben bestimmte **ausländische Kreditinstitute** mindestens zwei natürliche Personen mit Wohnsitz im Geltungsbereich dieses Gesetzes zu bestellen, die zur Geschäftsführung und Vertretung des Unternehmens befugt sind. Die derart bestellten Personen sind Vertreter einer juristischen Person und gelten deshalb nicht als ArbN[11].

---

1 BVerwG v. 8.3.1999 – 5 C 5/98, NZA 1999, 826; BAG v. 15.10.1997 – 5 AZB 32/97, AR-Blattei ES, 160. 5. 2 Nr. 79; BAG v. 28.9.1995 – 5 AZB 4/95, AP Nr. 24 zu § 5 ArbGG 1979; LAG Düsseldorf v. 29.11.1996 – 15 Ta 320/96, LAGE § 5 ArbGG 1979 Nr. 5.
2 BAG v. 5.5.1997 – 5 AZB 35/96, EzA § 5 ArbGG 1979 Nr. 21; LAG Köln v. 16.9.2013 – 11 Ta 331/12, juris, Rz. 26; LG Chemnitz v. 5.2.2001 – 11 T 2375/00, NotBZ 2001, 427.
3 LAG Berlin v. 28.4.2006 – 6 Ta 702/06, MDR 2006, 1119.
4 LAG Sachsen v. 5.9.1996 – 9 Ta 113/96, ZTR 1997, 38.
5 LAG Nürnberg v. 5.3.2001 – 1 Ta 47/01, ZTR 2001, 236.
6 BAG v. 25.7.1996 – 5 AZB 5/96, EzA § 5 ArbGG 1979 Nr. 15.
7 LAG Sa.-Anh. v. 13.7.2004 – 8 Ta 72/04, LAGE § 2 ArbGG 1979 Nr. 45a.
8 BAG v. 11.4.1997 – 5 AZB 32/96, EzA § 5 ArbGG 1979 Nr. 23; vgl. auch LAG Hamm v. 13.6.2007 – 2 Ta 80/07.
9 LAG Nds. v. 4.2.2002 – 17 Ta 429/01, NZA-RR 2002, 491.
10 BAG v. 22.7.1998 – 5 AS 30/98.
11 BAG v. 15.10.1997 – 5 AZB 32/97, AR-Blattei ES, 160. 5. 2 Nr. 79.

Der **Werkleiter von Eigenbetrieben** vertritt als Mitglied der Werkleitung nicht „die" Gemeinde als juristische Person iSd. von § 5 Abs. 1 Satz 3 geforderten umfassenden Zuständigkeit, sondern lediglich hinsichtlich der Angelegenheiten der von der juristischen Person gebildeten Untereinheit „Eigenbetrieb", darüber hinaus in Abhängigkeit von den Weisungen des eigentlichen gesetzlichen Vertreters der Gemeinde. Hierbei handelt es sich nicht nur um eine unschädliche gegenständliche Beschränkung der Vertretungsbefugnis. Vielmehr nehmen Werkleiter von Eigenbetrieben nicht die Repräsentantenstellung ein, die nach dem Zweck des § 5 Abs. 1 Satz 3 die Austragung des Streits im ArbGeb-Lager vor den ArbG ausschließen soll[1]. 300a

5. Gesetzliche Vertreter von Personengesamtheiten

Personengesamtheiten iSd. § 5 Abs. 1 Satz 3 sind die nicht rechtsfähigen Gesellschaften und Vereinigungen, auch wenn sie im Prozess parteifähig sind. Hierzu zählen die Offene Handelsgesellschaft (OHG), die Kommanditgesellschaft (KG), die Gesellschaft bürgerlichen Rechtes (GbR), der nichtrechtsfähige Verein und die Gewerkschaften. 301

Gesetzliche Vertretungsorgane sind bei der **OHG** gem. § 125 HGB und der **KG** gem. den §§ 161, 170 HGB die persönlich haftenden Gesellschafter. Bei der **Reederei** ist der Korrespondent-Reeder zur gesetzlichen Vertretung berufen, § 493 Abs. 3 HGB. Bei der **Gesellschaft bürgerlichen Rechtes** sind dies gem. den §§ 709, 710 BGB entweder alle Gesellschafter oder diejenigen, denen nach dem Gesellschaftsvertrag die Geschäftsführung übertragen worden ist. Der **nichtrechtsfähige Verein** und die **Gewerkschaften** werden analog § 26 BGB durch ihren Vorstand vertreten. Diese Personen gelten nicht als ArbN. 302

Dementsprechend zählt der **Kommanditist** unabhängig von seinen Befugnissen im Innenverhältnis nicht zu den Vertretungsorganen der KG. Die Fiktion des § 5 Abs. 1 Satz 3 greift für ihn nicht[2]. 303

Der Geschäftsführer der **Komplementär-GmbH** einer GmbH & Co. KG ist kraft Gesetzes zur Vertretung dieser Personengesamtheit berufen und gilt daher nach § 5 Abs. 1 Satz 3 **nicht als ArbN** iSd. ArbGG. Dies hat nunmehr der für Rechtswegfragen allein zuständige fünfte Senat des BAG unter ausdrücklicher Aufgabe der bisherigen st. Rspr.[3] mit folgender zutreffender Begründung festgestellt[4]: Die Vertretungsbefugnis des Geschäftsführers der Komplementär- GmbH einer GmbH & Co. KG beruht auf den gesetzlichen Regelungen von § 161 Abs. 2, § 125, § 170 HGB iVm. § 35 Abs. 1 GmbHG. Komplementärin der KG ist die GmbH. Sie ist damit nach § 161 Abs. 2, § 125, § 170 HGB vertretungsberechtigt. Die GmbH ihrerseits wird nach § 35 Abs. 1 GmbHG durch ihren Geschäftsführer vertreten. Im Unterschied zur GmbH ergibt sich die Vertretungsbefugnis des Geschäftsführers der Komplementär-GmbH einer GmbH & Co. KG nicht aus einer gesetzlichen Bestimmung, sondern aus einer zweistufigen Prüfung. Dem Wortlaut des § 5 Abs. 1 Satz 3 ist jedoch nicht zu entnehmen, dass nur Personen, die unmittelbar eine juristische Person oder Personengesamtheit kraft Gesetzes, Satzung oder Gesellschaftsvertrags vertreten, nicht als ArbN gelten[5]. Erforderlich ist allein, dass die betreffende Person kraft Gesetzes, Satzung oder Gesellschaftsvertrags allein oder als Mitglied eines Vertretungsorgans zur Vertretung der juristischen Person oder Personengesamtheit berufen ist. Das trifft auf den Geschäftsführer der Komplementär-GmbH einer GmbH & Co. KG zu. **§ 5 Abs. 1 Satz 3 ist keine eng auszulegende Ausnahmevorschrift**. Diese Vorschrift wäre nur dann eine Ausnahmevorschrift, wenn die dort aufgeführten Personen regelmäßig ArbN wären. Dies ist jedoch nicht der Fall. Wer zu dem in § 5 Abs. 1 Satz 3 aufgeführten Personenkreis gehört, ist daher nach allgemeinen Auslegungsgrundsätzen zu ermitteln. Nach **Sinn und Zweck** des § 5 Abs. 1 Satz 3 gehört der Geschäftsführer der Komplementär-GmbH zu den Personen, die nicht als ArbN gelten. Er vertritt bei einer GmbH & Co. KG den ArbGeb, verkörpert ihn im Wortsinne und nimmt ArbGeb-Funktionen für die KG wahr. Er ist 304

---

1 BAG v. 17.12.2008 – 5 AZB 69/08, NZA-RR 2009, 330.
2 BAG v. 26.6.1967 – 3 AZR 341/66, AP Nr. 30 zu § 2 ArbGG 1953.
3 Vgl. etwa BAG v. 13.7.1995 – 5 AZB 37/94, AP Nr. 23 zu § 5 ArbGG 1979; BAG v. 15.4.1982 – 2 AZR 1101/79, AP Nr. 1 zu § 14 KSchG 1969; BAG v. 10.7.1980 – 3 AZR 68/79, AP Nr. 1 zu § 5 ArbGG 1979. Dem folgend der überwiegende Teil des Schrifttums und der Instanzgerichte: LAG Düsseldorf v. 14.9.1998 – 15 Ta 119/98, LAGE § 5 ArbGG 1979 Nr. 7; LAG Köln v. 14.10.2002 – 11 Ta 273/02, ZIP 2003, 1101; LAG Berlin v. 27.5.2003 – 3 Ta 733/03; GWBG/*Waas*, § 5 Rz. 39; *Jaeger*, NZA 1998, 961 (966 f.); *Reinecke*, ZIP 1997, 1525 (1529); *Schwab*, NZA 1987, 839 (840). Vgl. bereits RAG v. 21.12.1932 – RAG 353/32, ARS 16, 528 (529 f.).
4 BAG v. 20.8.2003 – 5 AZB 79/02, NZA 2003, 1108. Ebenso: LAG Rh.-Pf. v. 12.1.2009 – 7 Ta 233/08, juris, Rz. 30; LAG Berlin-Brandenburg v. 5.7.2007 – 6 Ta 1319/07, NZA 2007, 571; LAG Nds. v. 5.3.2007 – 17 Ta 618/06, NZA-RR 2007, 522; LAG Hamm v. 31.8.2004 – 13 Sa 340/04, LAGReport 2005, 239; OLG München v. 10.4.2003 – 7 W 656/03, DB 2003, 1503; GMP/*Müller-Glöge*, § 5 Rz. 47; *Moll*, RdA 2002, 226 (228). Weitergehend sogar LAG Hamm v. 18.8.2004 – 2 Ta 172/04, ZIP 2004, 2251.
5 Ebenso: OLG München v. 10.4.2003 – 7 W 656/03, DB 2003, 1503 (1504); OLG Hamm v. 27.3.1998 – 8 W 2/98, NZA-RR 1998, 372; *Moll*, RdA 2002, 226 (227).

eine arbeitgebergleiche Person¹. Insoweit unterscheidet er sich aus Sicht der ArbN nicht vom Geschäftsführer einer GmbH, die ihre ArbGeb ist. Ein Rechtsstreit zwischen der KG und dem Geschäftsführer der Komplementär-GmbH ist demzufolge in gleicher Weise ein Streit im ArbGeb-Lager wie ein Rechtsstreit zwischen dem Geschäftsführer einer GmbH und dieser Gesellschaft. Nach dem Sinn und Zweck der Norm und der gesamten Konzeption des Gesetzgebers hinsichtlich der Verteilung der Zuständigkeitsbereiche unter den verschiedenen Gerichtsbarkeiten **werden von § 5 Abs. 1 Satz 3 auch Organvertreter erfasst, die die Gesellschaft** aufgrund gestufter Vertretungsbefugnisse **mittelbar gesetzlich vertreten.**

304a Der **Director** der **Komplementär-Limited einer KG** ist kraft Gesetzes zur Vertretung dieser Personengesamtheit berufen und gilt daher nach § 5 Abs. 1 Satz 3 jedenfalls dann nicht als ArbN iSd. ArbGG, wenn auf den Anstellungsvertrag mit der KG deutsches Recht Anwendung findet².

304b Zur stillschweigenden Aufhebung des Arbeitsverhältnisses des ArbN einer KG beim Abschluss eines Geschäftsführervertrages mit der **Komplementär-GmbH** vgl. Rz. 279a.

305 Wer als **Gesamtprokurist einer GmbH & Co. KG** tätig ist, ist regelmäßig deren ArbN. Nach bisheriger Rspr. des BAG wird er nicht allein dadurch freier Dienstnehmer, dass er zum Mitgeschäftsführer der Komplementär-GmbH bestellt wird. Sind ihm als Geschäftsführer nicht dieselben Befugnisse wie als Gesamtprokurist der KG eingeräumt worden, so habe er lediglich formal die Stellung eines Organvertreters der Komplementär-GmbH inne³. Es ist zu erwarten, dass das BAG auch in diesem Punkt seine Rspr. aufgeben wird und im Falle der Bestellung des Gesamtprokuristen zum Mitgeschäftsführer der Komplementär-GmbH die ArbN-Eigenschaft verneinen wird (vgl. zuvor Rz. 304).

306 Der Gesellschafter einer **Gesellschaft bürgerlichen Rechts** kann wegen Zusammenfallens von Anspruch und Verpflichtung in einer Person nicht ArbN der Gesellschaft sein⁴.

306a Der lediglich rechtsgeschäftlich Bevollmächtigte sog. „**Geschäftsführer**" einer **OHG** fällt selbst dann nicht unter die Fiktion des § 5 Abs. 1 Satz 3, wenn die Vollmacht weit gezogen ist und die Möglichkeit der Bestellung eines „Geschäftsführers" bereits im Gesellschaftsvertrag vorgesehen ist. Gesetzliche Vertreter einer OHG sind nach § 125 HGB (nur) deren Gesellschafter. Soweit das BAG (vgl. Rz. 297) entschieden hat, dass ein besonderer Vertreter nach § 30 Satz 1 BGB eine Organstellung innehat, wenn die Satzung die Bestellung unzweideutig gestattet, ist dieser Fall nicht vergleichbar, da es sich bei der vereinsrechtlichen Vorschrift um einen besonderen gesetzlichen Vertretungstatbestand handelt⁵. Vgl. auch Rz. 272.

306b Aus dem gleichen Grund ist für Klagen eines angestellten „**Geschäftsführers**" einer **Einzelhandelsfirma** der Rechtsweg zu den ArbG eröffnet; § 5 Abs. 1 Satz 3 greift nicht ein, weil es an einer organschaftlichen Vertretung einer juristischen Person oder einer Personengesamtheit fehlt⁶.

6. Rechtswidrige Rechtswegverweisung

306c Wird ein Rechtsstreit unter Verkennung von § 5 Abs. 1 Satz 3 vom ordentlichen Gericht an die Arbeitsgerichtsbarkeit verwiesen, so entfaltet der Verweisungsbeschluss keine gesetzliche Bindungskraft⁷. Zwar sind gem. § 17a Abs. 2 Satz 3 GVG, § 48 Abs. 1 ArbGG rechtskräftige Verweisungsbeschlüsse für das Gericht, an das der Rechtsstreit verwiesen worden ist, bindend. Bei krassen Rechtsverletzungen kommt eine Durchbrechung der gesetzlichen Bindungswirkung jedoch ausnahmsweise in Betracht.

VII. Beamte (§ 5 Abs. 2)

307 Beamte sind gem. § 5 Abs. 2 **keine** ArbN. Ihre Arbeitspflicht beruht auf einem öffentlich-rechtlichen Dienstverhältnis und nicht auf einem privatrechtlichen Vertrag. Für Streitigkeiten aus dem Beamtenverhältnis sind gem. § 126 Abs. 1 BRRG, § 172 BBG ausschließlich die Verwaltungsgerichte zuständig. Diese **Rechtswegverweisung** gilt unabhängig von dem jeweiligen Beamtenstatus, also sowohl für Beamte auf Zeit,

---

1 BVerwG v. 26.9.2002 – 5 C 53/01, Buchholz 436.61 § 7 SchwbG Nr. 5.
2 LAG Hamm v. 31.5.2013 – 2 Ta 560/12, juris, Rz. 17; LAG BW v. 12.2.2010 – 6 Ta 11/09, ArbuR 2011, 177.
3 BAG v. 13.7.1995 – 5 AZB 37/94, EzA § 5 ArbGG 1979 Nr. 10.
4 LAG Hessen v. 7.8.2001 – 2 Sa 106/01, NZA-RR 2002, 263; vgl. auch OLG Köln v. 5.10.2000 – 12 U 62/00, BB 2001, 538. Arbeitsverhältnisse können dagegen vorliegen, wenn eine Gesellschaft bürgerlichen Rechts polnische Bauhandwerker, die für die Gesellschaft bauliche Arbeitsleistungen erbringen, für maximal drei Monate „als Gesellschafter" aufnimmt, LAG Hessen v. 20.3.2000 – 16 Sa 591/99, NZA-RR 2001, 156.
5 LAG Hamm v. 19.1.2007 – 18 Ta 593/06, NZA-RR 2007, 262.
6 LAG Nürnberg v. 28.6.2004 – 9 Ta 124/04, LAGE § 5 ArbGG 1979 Nr. 9.
7 BAG v. 12.7.2006 – 5 AS 7/06, NZA 2006, 1004. AA: BGH v. 16.12.2003 – X ARZ 363/03, NZA 2004, 341.

Widerruf oder Lebenszeit. Gleiches gilt für **Richter** und **Soldaten**. Auch **Kirchenbeamte** sind von § 5 Abs. 2 erfasst. Für Kirchenbeamte sind die kirchlichen Gerichte zuständig[1]. Keine Beamten iSd. § 5 Abs. 2 sind sog. Dienstordnungsangestellte, obgleich deren Rechtsstellung weitgehend der der Beamten angeglichen ist[2]. Gleiches gilt für öffentlich-rechtliche Dienstverhältnisse sui generis. Ein solches liegt vor, wenn ein Hoheitsträger einseitig hoheitliche Aufgaben überträgt und das Verhältnis im Wesentlichen öffentlich-rechtlich ausgestaltet ist[3].

Der Status als Beamter muss zum **Zeitpunkt** der Streitigkeit nicht mehr bestehen. Entscheidend ist die Rechtsnatur des geltend gemachten Anspruches. Besteht neben dem Beamtenverhältnis ein **Arbeitsverhältnis zu einem Dritten**, so sind für Streitigkeiten aus diesem Arbeitsverhältnis die ArbG zuständig. Die Zuständigkeit wird nicht dadurch berührt, dass die Nebentätigkeit beamtenrechtlich unzulässig ist. Ob neben einem fortbestehenden Beamtenverhältnis ein Arbeitsverhältnis zu einem privaten ArbGeb begründet worden ist, ist eine Frage des Einzelfalls. Wird ein Beamter ohne Fortzahlung seiner Dienstbezüge beurlaubt, wird der Wille zur Begründung eines Arbeitsverhältnisses regelmäßig vorliegen. Bei einer Beurlaubung unter Fortzahlung der Beamtenbezüge wird, wenn ausdrückliche Erklärungen fehlen, ein entsprechender rechtsgeschäftlicher Wille vielfach weniger eindeutig sein. Dies wird insbesondere dann gelten, wenn die Aufgaben eines beurlaubten Beamten bei der privaten Einrichtung seinen Dienstpflichten als Beamter entsprechen oder diese jedenfalls gleichwertig sind, und die fortgezahlten Beamtenbezüge zugleich eine Vergütung der Tätigkeit für die private Einrichtung darstellen[4]. 308

Eine Besonderheit besteht in **Personalvertretungssachen:** § 83 Abs. 2 BPersVG und die entsprechenden Vorschriften der Landespersonalvertretungsgesetze erklären die Vorschriften des ArbGG über das Beschlussverfahren für entsprechend anwendbar (vgl. § 80 Rz. 17 f.). Insoweit können Beamte auch ArbN iSd. ArbGG sein (vgl. auch Rz. 186). 309

Werden Beamte eines **Nachfolgeunternehmens der Deutschen Bundespost** einem anderen Unternehmensteil zugewiesen und nimmt der BR hierfür ein Mitbestimmungsrecht nach § 99 BetrVG in Anspruch, so ist für die Entscheidung über den Streit, ob ein solches Mitbestimmungsrecht besteht, der Rechtsweg zu den ArbG eröffnet[5]. Hingegen ist für Klagen eines der **Deutschen Bahn AG** zugewiesenen Beamten der Rechtsweg zu den Verwaltungsgerichten auch dann gegeben, wenn er gegen die Deutsche Bahn AG oder seinen Dienstherrn das Beamtenverhältnis betreffende Ansprüche aus einem Sozialplan geltend macht[6]. 310

Für Klagen der Beamten der **Deutschen Post AG** auf Abschluss eines Arbeitsvertrages unter gleichzeitiger Beurlaubung gem. § 4 Abs. 3 Postpersonalrechtsgesetz sind die Gerichte für Arbeitssachen nicht zuständig[7]. 311

Für Vergütungsansprüche einer **ausländischen Rechtsreferendarin** aus ihrem Ausbildungsverhältnis zum Land Hessen (juristischer Vorbereitungsdienst außerhalb eines Beamtenverhältnisses auf Widerruf) ist der Rechtsweg zu den Verwaltungsgerichten gegeben[8]. 312

Für Klagen von **Beamten des Luftfahrt-Bundesamtes**, die bei einer Flugsicherungsgesellschaft eingesetzt werden, auf Umzugskostenhilfe aus einer Betriebsvereinbarung ist der Rechtsweg zu den ArbG nicht gegeben[9]. 313

Nicht erfasst von § 5 Abs. 2 sind die **Arbeiter und Angestellten des öffentlichen Dienstes**. Sie sind ArbN. 314

Zivildienstleistende sind in entsprechender Anwendung von § 5 Abs. 2 keine ArbN[10]. 314a

---

1 BAG v. 7.2.1990 – 5 AZR 84/89, NJW 1990, 2082; LAG Rh.-Pf. v. 14.4.2008 – 2 Ta 244/07.
2 BAG v. 7.4.1992 – 1 AZR 322/92, NZA 1992, 1144 ff.; BAG v. 16.5.1955 – 2 AZR 22/53, AP Nr. 7 zu § 2 ArbGG 1953.
3 BAG v. 14.9.2011 – 10 AZR 466/10, AP Nr. 188 zu § 611 BGB – Lehrer, Dozenten (Ls.); BAG v. 18.7.2007 – 5 AZR 854/06, NZA-RR 2008, 103.
4 ArbG Ulm v. 3.2.2010 – 4 Ca 440/09, für Doppelstellung einer Professorin und Ärztlichen Direktorin als Beamtin und Arbeitnehmerin.
5 BAG v. 26.6.1996 – 1 AZB 4/96, NZA 1996, 1061.
6 BAG v. 24.10.1997 – 10 AZB 28/97, EzA § 2 ArbGG 1979 Nr. 42.
7 BAG v. 16.6.1999 – 5 AZB 16/99, EzA § 13 GVG Nr. 2.
8 BAG v. 28.6.1989 – 5 AZR 274/88, AP Nr. 13 zu § 2 ArbGG 1979.
9 LAG Hessen v. 9.3.1999 – 2 Ta 427/98.
10 LG Frankenthal v. 10.2.2003 – 8 T 140/02, NZA 2003, 752.

VIII. Rechtswegbestimmung

315 Für Rechtswegfragen, bei denen es auf die ArbN-Eigenschaft ankommt, ist derzeit der **neunte Senat des BAG** zuständig. Der zuvor seit dem 1.1.1996 zuständige **fünfte Senat des BAG** hat in seinem grundlegenden Beschluss aus dem Jahr 1996 für die Prüfung der Rechtswegzuständigkeit **Fallgruppen** aufgestellt[1]. Zu unterscheiden ist zwischen Sic-non-, Aut-aut- und Et-et-Fällen.

316 Zu den sog. **Sic-non-Fällen** gehören die Fälle, in denen der Anspruch ausschließlich auf eine arbeitsrechtliche Anspruchsgrundlage gestützt werden kann, jedoch fraglich ist, ob deren Voraussetzungen vorliegen. Hauptbeispiel ist die auf Feststellung des Bestehens eines Arbeitsverhältnisses gerichtete Klage (zB Kündigungsschutzklage). Ebenso liegt es, wenn die Parteien in der Sache über die Höhe der von einem Einfirmenvertreter iSd. § 92a HGB verdienten Provisionen streiten und dabei gleichzeitig im Streit ist, ob die in § 5 Abs. 3 Satz 1 festgelegte Vergütungsgrenze (hierzu Rz. 263 ff.) überschritten ist[2]. Die entsprechenden Tatsachenbehauptungen des Klägers sind hier „doppelrelevant"; sie sind nämlich sowohl für die Rechtswegzuständigkeit als auch für die Begründetheit der Klage maßgebend (zum Verhältnis zu § 5 Abs. 1 Satz 3 s. dort Rz. 271). Für die Begründung der Zulässigkeit reicht die einseitige schlüssige Behauptung aller erforderlichen Tatsachen durch den Kläger aus, so dass es für die Bestimmung des Rechtswegs grds. nur auf den klägerischen Vortrag ankommt. Ob im Falle des Bestreitens durch die Beklagten die Tatsachen zutreffen, wird erst im Rahmen der Begründetheit festgestellt (Einzelheiten: § 2 Rz. 237)[3].

317 Davon zu unterscheiden sind die **Aut-aut-Fälle**, in denen ein Anspruch entweder auf eine arbeitsrechtliche oder eine bürgerlich-rechtliche Anspruchsgrundlage gestützt werden kann, die in Betracht kommenden Anspruchsgrundlagen sich jedoch gegenseitig ausschließen. Dazu gehört etwa die Klage auf Zahlung des vereinbarten Entgelts für geleistete Arbeit aus einem Rechtsverhältnis, das der Kläger für ein Arbeitsverhältnis, die Beklagte dagegen für ein – nicht arbeitnehmerähnliches – freies Mitarbeiterverhältnis hält. In solchen Fällen kann nach der zutreffenden Rspr. des BAG die bloße Rechtsansicht des Klägers, er sei ArbN, die arbeitsgerichtliche Zuständigkeit nicht begründen. Vielmehr muss er die Tatsachen, aus denen er seine ArbN-Eigenschaft herleitet, im Bestreitensfall beweisen[4].

318 Als **Et-et-Fälle** werden schließlich die Fälle bezeichnet, in denen ein einheitlicher Anspruch widerspruchslos sowohl auf eine arbeitsrechtliche als auch auf eine nicht arbeitsrechtliche Anspruchsgrundlage gestützt werden kann (zu den Einzelheiten der Rechtswegbestimmung s. § 2 Rz. 232 ff.).

§ 6 Besetzung der Gerichte für Arbeitssachen

(1) Die Gerichte für Arbeitssachen sind mit Berufsrichtern und mit ehrenamtlichen Richtern aus den Kreisen der Arbeitnehmer und Arbeitgeber besetzt.

(2) (weggefallen)

I. Allgemeines ... 1	5. Richtervertretungen ... 43
II. Der Berufsrichter ... 6	III. Der ehrenamtliche Richter ... 46
1. Voraussetzungen der Ernennung zum Richter . 10	1. Voraussetzungen der Ernennung ... 49
2. Rechtsstellung des Berufsrichters ... 18	2. Berufung zum ehrenamtlichen Richter ... 54
a) Sachliche Unabhängigkeit ... 19	3. Rechtsstellung des ehrenamtlichen Richters ... 61
b) Persönliche Unabhängigkeit ... 29	4. Heranziehung zu den Sitzungen ... 72
3. Straf- und zivilrechtliche Verantwortlichkeit . . 32	5. Freistellung und Entschädigung ... 74
4. Ausschluss und Ablehnung ... 34	6. Fortbildung ... 87
a) Ausschluss ... 34	7. Beendigung des Amtes ... 89
b) Ablehnung wegen Befangenheit ... 37	
c) Selbstablehnung ... 42	

---

1 BAG v. 24.4.1996 – 5 AZB 25/95, EzA § 2 ArbGG 1979 Nr. 31. Nachfolgend: BAG v. 17.1.2001 – 5 AZB 18/00, NJW 2001, 1374; BAG v. 19.12.2000 – 5 AZB 16/00, NJW 2001, 1373; BAG v. 18.12.1996 – 5 AZB 25/96, AP Nr. 3 zu § 2 ArbGG 1979 – Zuständigkeitsprüfung.
2 OLG Hamm v. 8.10.2009 – I-18 W 57/08, 18 W 57/08, juris, Rz. 20.
3 LAG Schleswig-Holstein v. 8.6.2016 – 5 Ta 47/16; OLG Hamm v. 8.10.2009 – I-18 W 57/08, 18 W 57/08.
4 BAG v. 10.12.1996 – 5 AZB 20/96, NZA 1997, 674; LAG Schl.-Holst. v. 21.4.2008 – 2 Ta 30/08. Hierzu ausführlich und mit Nachweisen: § 2 Rz. 240. AA allerdings die zivilgerichtliche Rspr., vgl. etwa OLG Hamm v. 8.10.2009 – I-18 W 57/08, 18 W 57/08, juris, Rz. 26 ff. mwN.

Schrifttum: *Bader,* Die Kopftuch tragende Schöffin, NJW 2007, 2964; *Bader,* Die elektronische Gerichtsakte und die ehrenamtlichen Richterinnen und Richter in der Arbeitsgerichtsbarkeit, NZA 2016, 16; *Creutzfeldt,* Ehrenamtliche Richter in der Arbeitsgerichtsbarkeit, AuA 1995, 263; *Ellbogen,* Das Akteneinsichtsrecht der Schöffen, DRiZ 2010, 136; *Flotho,* Richterpersönlichkeit und Richterauslese, DRiZ 1988, 167; *Gäntgen,* Die ehrenamtlichen Richterinnen und Richter in der Arbeitsgerichtsbarkeit, RdA 2015, 201; *Hanau,* Arbeitsrechtliche Bekenntnisse, RdA 2000, 314; *Hartmann,* Kostengesetze, 47. Aufl. 2017; *Kiel,* 100 Jahre gewerkschaftlicher Rechtsschutz, AuR 1995, 317; *Lieber/Sens,* Ehrenamtliche Richter, Wiesbaden, 1999; *Liebscher,* Ablehnung von Richtern, ArbR 2010, 288; *Meyer/Höver/Bach/Oberlack,* JVEG, 26. Aufl. 2014; *Müller,* Stellung, Aufgabe und Bedeutung der ehrenamtlichen Richter in der Arbeitsgerichtsbarkeit, FS Johannes Broermann, Berlin, 1982, S. 569 ff.; *Natter,* Die Entschädigung der ehrenamtlichen Richter für Verdienstausfall bei flexibler Arbeitszeitgestaltung, AuR 2006, 264; *Papier,* Die richterliche Unabhängigkeit und ihre Schranken, NJW 2001, 1089; *Priewe,* Die Notwendigkeit eines verbesserten Kündigungsschutzes für ehrenamtliche Richter/innen, AuR 2012, 389; *Röger,* Die Religionsfreiheit des Richters im Konflikt mit der staatlichen Neutralitätspflicht, DRiZ 1995, 471; *Schuldt,* Die ehrenamtlichen Richter bei den Gerichten für Arbeitssachen, AuR 1960, 103; *Staats,* Deutsches Richtergesetz, 1. Aufl., 2012; *Stein,* Legitimation, Praxisnähe, Transparenz – zur Rolle der ehrenamtlichen Richter in der Arbeitsgerichtsbarkeit, BB 2007, 2681; *Vossler,* Die „Dienstliche Erklärung" des abgelehnten Richters, MDR 2014, 10.

I. Allgemeines

Die Gerichte für Arbeitssachen sind **Kollegialgerichte.** § 6 behandelt deren Besetzung und sieht die Zusammenstellung der Spruchkörper für jeden Rechtszug sowohl mit Berufsrichtern als auch mit ehrenamtlichen Richtern vor[1].

Bei den **ArbG und LAG** werden **Kammern** gebildet, die mit einem Berufsrichter und zwei ehrenamtlichen Richtern, jeweils einem von Seiten der ArbN und einem von Seiten der ArbGeb, besetzt sind (§ 16 Abs. 1 und 2, § 35 Abs. 1 und 2).

Beim **BAG** bestehen **Senate,** die sich – mit Ausnahme des Großen Senates – aus jeweils drei Berufsrichtern – von denen einer der Vorsitzende ist – und zwei ehrenamtlichen Richtern zusammensetzen (§ 41 Abs. 2). Bei bestimmten Entscheidungen wird ausnahmsweise ein nur aus Berufsrichtern bestehender Senat tätig (§ 72a Abs. 5 Satz 3, § 74 Abs. 2 Satz 3, § 94 Abs. 2 Satz 3 iVm. § 74 Abs. 2 Satz 3; vgl. auch § 41 Rz. 15 ff.).

Der **Große Senat** dient der Wahrung der Rechtseinheit in der Arbeitsgerichtsbarkeit und der Rechtsfortbildung. Er besteht nach § 45 Abs. 5 aus dem Präsidenten des BAG, je einem Berufsrichter der Senate, in denen der Präsident nicht den Vorsitz führt[2], und je drei ehrenamtlichen Richtern aus den Kreisen der ArbGeb und ArbN, die durch das Präsidium für ein Geschäftsjahr bestimmt werden.

Die **Einzelheiten zur Besetzung** der ArbG ergeben sich aus §§ 16 ff., für die LAG aus §§ 35 ff. und für das BAG aus §§ 41 ff.

II. Der Berufsrichter

Abgesehen vom BAG werden die Berufsrichter ausschließlich als Vorsitzende einer Kammer tätig. Die **Ernennung zum Vorsitzenden** eines ArbG oder LAG erfolgt auf Vorschlag der zuständigen obersten Behörde des Landes entsprechend den landesrechtlichen Vorschriften (§§ 18, 36 DRiG; vgl. hierzu § 18 Rz. 9 ff.).

Art. 98 Abs. 4 GG überlässt es den Ländern, **Richterwahlausschüsse** einzurichten oder darauf zu verzichten, und bestimmt nur, dass dort, wo von der Einrichtung eines Richterwahlausschusses Gebrauch gemacht wird, die Landesbehörde über die Anstellung der Richter gemeinsam mit dem Richterwahlausschuss entscheidet. Die Länder haben die Kompetenzen ihrer Richterwahlausschüsse unterschiedlich geregelt. Die Richterwahlausschüsse sind teilweise zuständig bei der Berufung neuer Richter, bei Beförderungsentscheidungen – hier zum Teil nur im Konfliktfall – oder zur Herbeiführung von Stichentscheiden bei nicht behebbaren Meinungsverschiedenheiten zwischen Präsidialrat und oberster Dienstbehörde.

Folgende Länder haben von der Möglichkeit des Art. 98 Abs. 4 GG Gebrauch gemacht und Richterwahlausschüsse eingerichtet:

– Baden-Württemberg
– Berlin und Brandenburg (als gemeinsamer Richterwahlausschuss Berlin-Brandenburg)
– Bremen
– Hamburg

---

1 Zur historischen Entwicklung vgl. *Richter,* in: Lieber/Sens, S. 137 ff.
2 Der Präsident führt den Vorsitz traditionell im ersten Senat.

- Hessen
- Rheinland-Pfalz
- Schleswig-Holstein
- Thüringen.

Die Mitwirkungsrechte und die Verfahrensabläufe der Richterwahlausschüsse sind in den Ländern unterschiedlich geregelt (zB Art. 109 Verf BB, Art. 63 Verf HA,, Art. 127 Abs. 3 Verf HE, Art. 76 Verf MV, Art. 43 Verf SH, Art. 89 Verf TH).

9 Die **Bundesrichter** – anders als die Berufsrichter 1. und 2. Instanz – werden gem. § 42 nach den Vorschriften des Richterwahlgesetzes gewählt und vom BMAS im Einvernehmen mit dem BMJV ernannt (vgl. § 42 Rz. 7 ff.).

1. Voraussetzungen der Ernennung zum Richter

10 Das **Deutsche Richtergesetz** (DRiG) enthält die zwingenden Regelungen über die Berufung und Rechtsstellung der Berufsrichter. Berufsrichter ist, wer durch Aushändigung einer Urkunde zum Berufsrichter ernannt worden ist (§ 17 DRiG). Die Aushändigung der Urkunde stellt einen Hoheitsakt dar, durch den das öffentlich-rechtliche Dienstverhältnis des Richters zum Staat begründet wird. Für den Bereich der Arbeitsgerichtsbarkeit ergeben sich **die weiteren Besonderheiten der Ernennung** aus § 18 (vgl. insbes. § 18 Rz. 9 ff.).

11 Es gibt verschiedene **Statusformen**. Berufsrichter können nur als Richter auf Lebenszeit, auf Zeit, auf Probe oder kraft Auftrags berufen werden (§ 8 DRiG). Die Ernennung auf Lebenszeit bildet nach § 28 Abs. 1 DRiG die Regel. Das Richterverhältnis auf Zeit (§ 11 DRiG) kommt seiner Natur nach nur für solche Aufgaben in Betracht, die auf bestimmte Zeit wahrzunehmen sind; nach geltendem Recht ist es nur für das BVerfG vorgesehen. Der Richter auf Probe (§ 12 DRiG) muss seine Eignung für die Anstellung auf Lebenszeit noch unter Beweis stellen. Das Richterverhältnis kraft Auftrags (§ 14 DRiG) ist eine besondere Statusform für Beamte auf Lebenszeit oder auf Zeit, die in den Richterberuf überwechseln möchten.

12 **Im Bereich der ArbG** kommen die drei Statusformen des Richters auf Lebenszeit, des Richters auf Probe und des Richters kraft Auftrags (für die beiden letztgenannten Statusformen so ausdrücklich § 18 Abs. 7) in Betracht. Vorsitzende Richter an den LAG müssen Richter auf Lebenszeit sein (§ 36). Die berufsrichterlichen Mitglieder des BAG müssen neben der Befähigung zum Richteramt das 35. Lebensjahr vollendet haben (§ 42 Abs. 2).

13 Die **allgemeinen Berufungsvoraussetzungen** ergeben sich aus § 9 DRiG. Neben der deutschen Staatsangehörigkeit gem. Art. 116 GG sind weitere erforderliche Voraussetzungen die Pflicht zur Verfassungstreue sowie die Befähigung zum Richteramt, die sich aus §§ 5–7 DRiG ergibt (hierzu unter Rz. 14). Ferner wird **soziale Kompetenz** als erforderlich vorausgesetzt. Als Elemente dieser sozialen Kompetenz sind in den Beratungen zum Gesetz zur Reform der Juristenausbildung vom 11. Juli 2002 (BGBl. I S. 2592), durch das § 9 DRiG neu gefasst worden ist, u.a. Leistungsbereitschaft und Belastbarkeit, Konflikt- und Entschlussfähigkeit, Kooperationsfähigkeit, soziales Verständnis, gesellschaftliches Engagement, Gerechtigkeitssinn und verantwortungsbewusste Ausübung der der Rspr. übertragenen Macht genannt (Beschlussempfehlung und Bericht des Rechtsausschusses, BT-Drs. 14/8629, S. 7 ff.)[1]. Hinzu kommt die Fähigkeit, sich gegenüber Nichtjuristen verständlich ausdrücken und ihnen komplexe Begriffe und Fragestellungen erläutern zu können[2].

14 Die §§ 5–7 DRiG regeln den Erwerb der Befähigung zum Richteramt. Die **Befähigung zum Richteramt** erwirbt, wer ein idR vierjähriges, mindestens aber zweijähriges **rechtswissenschaftliches Studium an einer Universität** mit der ersten Prüfung und einen anschließenden zweijährigen Vorbereitungsdienst (Referendariat) mit der zweiten Staatsprüfung abschließt. Die erste Prüfung besteht aus einer universitären Schwerpunktbereichsprüfung und einer staatlichen Pflichtfachprüfung (§§ 5, 5a DRiG). Der Vorbereitungsdienst (**Referendariat**) ist ein Ausbildungsverhältnis, welches den Zweck hat, dem geprüften Rechtskandidaten die für die Erlangung der Befähigung zum Richteramt erforderlichen praktischen Fähigkeiten zu vermitteln (§ 5b DRiG). Hierfür muss die Ausbildung bei den Pflichtstationen ordentliches Gericht in Zivilsachen, Staatsanwaltschaft oder Gericht in Strafsachen, Verwaltungsbehörde, Rechtsanwalt sowie bei einer oder mehreren weiteren Wahlstationen, bei denen eine sachgerechte Ausbildung gewährleistet ist, durchgeführt werden. Die Einzelheiten der Ausbildung, insbesondere auch die Reihenfolge der Stationen, werden durch

---

1 Hierzu im Einzelnen *Schmidt-Räntsch*, § 9 DRiG Rz. 23; *Flotho*, DRiZ 1988, 167.
2 BVerwG v. 22.9.2016 – 2 C 29/15, NVwZ-RR 2017, 199.

Landesrecht geregelt (vgl. die Übersicht der AusbO bei § 5 DRiG in Schönfelder, Deutsche Gesetze). Eine Pflichtstation bei einem ArbG oder LAG ist nicht zwingend vorgesehen, weil als ordentliche Gerichte in Zivilsachen auch die AG, LG oder OLG in Betracht kommen. Die für das Richteramt der Arbeitsgerichtsbarkeit in Frage kommenden Kandidaten haben aber idR mindestens eine Station bei einem Gericht der Arbeitsgerichtsbarkeit verbracht. An die Referendarzeit schließt sodann die Zweite Staatsprüfung (§ 5d Abs. 3 DRiG). Daneben ist jeder ordentliche Professor der Rechte an einer Universität – auch wenn er nicht zwei Staatsprüfungen abgelegt hat und kein Universitätsamt mehr bekleidet[1] – zum Richteramt befähigt (§ 7 DRiG). Da Voraussetzung für Promotion und Habilitation idR die Ablegung der ersten juristischen Staatsprüfung ist, nicht aber das erfolgreiche Bestehen der zweiten juristischen Staatsprüfung, kann ggf. das zweite Examen fehlen. Dagegen reicht für das Richteramt weder die Befähigung zum höheren Verwaltungsdienst, noch eine durch fachfremde Studien oder Ausbildungen erreichte arbeitsrechtliche Vorbildung.

Zum **Richter auf Lebenszeit** kann ernannt werden, wer nach Erwerb der Befähigung zum Richteramt mindestens drei Jahre im richterlichen Dienst tätig gewesen ist, wobei richterlicher Dienst iSd. § 10 Abs. 1 DRiG jede Wahrnehmung eines Richteramtes – gleichgültig ob Rspr. oder sonstige den Gerichten durch Gesetz übertragene Aufgaben – erfasst[2]. Ferner können bestimmte Vortätigkeiten angerechnet werden (§ 10 Abs. 2 DRiG). Die Aufzählung der anrechenbaren Tätigkeiten ist in § 10 Abs. 2 DRiG abschließend und setzt bei einer Anrechnung von mehr als zwei Jahren dieser Tätigkeiten als zusätzliches Kriterium besondere Kenntnisse und Erfahrungen des zu Ernennenden voraus. Anrechenbar sind folgende Tätigkeiten

- Nr. 1 als Beamter des höheren Dienstes,
- Nr. 2 im deutschen öffentlichen Dienst oder im Dienst einer zwischenstaatlichen oder überstaatlichen Einrichtung, wenn die Tätigkeit nach Art und Bedeutung der Tätigkeit in einem Amt des höheren Dienstes entsprochen hat,
- Nr. 3 als habilitierter Lehrer des Rechts an einer deutschen wissenschaftlichen Hochschule,
- Nr. 4 als Rechtsanwalt, Notar oder als Assessor bei einem Rechtsanwalt oder Notar,
- Nr. 5 in anderen Berufen, wenn die Tätigkeit nach Art und Bedeutung wie die unter den Nrn. 1–4 genannten Tätigkeiten geeignet war, Kenntnisse und Erfahrungen für die Ausübung des Richteramtes zu vermitteln.

Der **Richter auf Probe** (§ 12 DRiG) muss seine Eignung für die Anstellung auf Lebenszeit noch unter Beweis stellen. Eine Entlassung kommt nur unter den Voraussetzungen des § 22 DRiG in Betracht. Nach § 22 Abs. 1 DRiG kann der Richter auf Probe bis zum Ablauf des zweiten Jahres nach Ernennung ohne besonderen Grund entlassen werden, jedoch nur zum Ablauf einer bestimmten Zeit. Nach Ablauf des zweiten Jahres lässt § 22 Abs. 2 DRiG eine Entlassung nur mangels Eignung für den Richterdienst – ggf. nach Ablehnung durch den Richterwahlausschuss – zu. Lediglich die Entlassung wegen pflichtwidrigen Verhaltens (§ 22 Abs. 3 DRiG) ist an keine Frist gebunden[3]. Während es keinen Rechtsanspruch auf die Ernennung nach Ablauf der in § 10 Abs. 1 DRiG geregelten Dreijahresfrist gibt, hat der Richter auf Probe spätestens nach Ablauf von fünf Jahren nach seiner Ernennung einen Anspruch auf Ernennung auf Lebenszeit (§ 12 Abs. 2 DRiG). Die fünf Jahre sind keine Regel-, sondern eine Ausnahmefrist[4].

Ein Beamter auf Lebenszeit oder auf Zeit kann zum **Richter kraft Auftrags** ernannt werden, wenn er später als Richter auf Lebenszeit verwendet werden soll (§ 18 iVm. § 14 DRiG). Diese Vorschrift ist maßgeblich für Wechsler aus dem Beamtendienst, die allerdings die Befähigung zum Richteramt erworben haben müssen. Das Richteramt kraft Auftrags hat einen dem Richteramt auf Probe vergleichbaren Zweck, nämlich die Prüfung der Geeignetheit. Der Richter kraft Auftrags behält gem. § 15 DRiG seinen Beamtenstatus; die Rechte und Pflichten aus dem Beamtenverhältnis ruhen für die Dauer seiner Berufung zum Richter kraft Auftrags. Die Dauer des Richterverhältnisses kraft Auftrags ist gem. § 16 Abs. 1 DRiG auf zwei Jahre begrenzt. Eine Entlassung kann innerhalb der in § 22 Abs. 1 DRiG vorgesehenen Fristgrenzen ohne besonderen Grund erfolgen. Das Richteramt kraft Auftrags endet von Gesetz wegen, wenn der Betreffende das angebotene Richteramt ablehnt (§ 16 Abs. 1 Satz 2 DRiG).

---

1 *Staats*, § 7 Rz. 4.
2 Zu den Einzelheiten *Schmidt-Räntsch*, § 10 DRiG Rz. 6.
3 Vgl. auch BGH v. 30.3.1987 – RiZ (R) 6/86, NJW 1987, 2516; hierzu auch ausführlich *Schmidt-Räntsch*, § 22 DRiG Rz. 6 ff.
4 OVG Mecklenburg-Vorpommern v. 15.1.2015 – 2 M 108/14.

2. Rechtsstellung des Berufsrichters

18 Während die wesentlichen Statusfragen des Richterdienstrechts durch das DRiG und durch das gem. § 71 DRiG in Bezug genommene Beamtenstatusgesetz (BeamtStG) unmittelbar selbst geregelt sind, sind die Länder für die Richter im Landesdienst nach § 71 DRiG verpflichtet, die Rechtsverhältnisse der Richter – soweit das DRiG nichts anderes bestimmt – auf der Grundlage des Beamtenstatusgesetzes zu regeln. Dementsprechend haben die Länder **Landesrichtergesetze** verabschiedet.

a) Sachliche Unabhängigkeit

19 Der Berufsrichter ist gem. Art. 97 Abs. 1 GG unabhängig und nur dem Gesetz unterworfen. Die §§ 25 und 26 DRiG garantieren im Anschluss an die Vorschriften des GG dem Richter die Unabhängigkeit. Zur sachlichen Unabhängigkeit gehört die **Weisungsfreiheit** sowohl von anderen Staatsgewalten als auch von Gruppen und Einrichtungen des Wirtschaftslebens und des sozialen Lebens. Die sachliche Unabhängigkeit verfolgt das Ziel, eine gerechte und von sachfremden Einflüssen freie Rspr. zu ermöglichen[1]. Daher untersteht der Richter gem. § 26 DRiG der Dienstaufsicht nur, soweit nicht seine Unabhängigkeit beeinträchtigt wird (zum Spannungsverhältnis zwischen richterlicher Unabhängigkeit und Dienstaufsicht vgl. § 15 Rz. 26 ff.). Aus der Weisungsfreiheit folgt nicht nur die Freiheit von jeglicher Einflussnahme der Exekutive, sondern auch, dass der Richter bei der **Einteilung seiner Dienstzeit** in dem durch den Arbeitsaufwand und die notwendigen Sitzungen eingeschränkten Rahmen frei ist. Er kann seine Tätigkeit – sofern sie nicht die Präsenz am Gericht erfordert – außerhalb fester Dienstzeiten innerhalb des Gerichts[2] oder auch an einem anderen Ort erledigen. Bei einem Richter orientiert sich die von ihm zu erbringende Arbeitsleistung grds. an dem **Arbeitspensum**, welches ein durchschnittlicher Richter vergleichbarer Position in der für Beamte geltenden regelmäßigen wöchentlichen Arbeitszeit bewältigt[3]. Der Pflicht des Richters, die ihm übertragenen Arbeiten zu erledigen, sind allerdings durch seine Arbeitsfähigkeit Grenzen gesetzt. Kein Richter ist verpflichtet, über seine Leistungsfähigkeit hinaus zu arbeiten[4]. Überschreitet das zugewiesene Arbeitspensum die so zu bestimmende Arbeitsleistung – auch unter Berücksichtigung zumutbarer Maßnahmen wie zB eines vorübergehenden erhöhten Arbeitseinsatzes – erheblich, kann der Richter nach pflichtgemäßer Auswahl unter sachlichen Gesichtspunkten die Erledigung der ein durchschnittliches Arbeitspensum übersteigenden Angelegenheiten zurückstellen. Die richterliche Unabhängigkeit bleibt dabei gewährleistet, da der Richter – nach entsprechender Anzeige der Überlastung – für die nach pflichtgemäßer Auswahl zurückgestellten Aufgaben und die dadurch begründete verzögerte Bearbeitung dienstaufsichtsrechtlich nicht zur Verantwortung gezogen werden kann[5].

20 Der Richter ist **nicht verpflichtet, die Rspr. höherer Instanzen zu übernehmen**. Auch wenn ein Richter immer wieder bewusst von der höchstrichterlichen Rspr. abweicht und seine Entscheidungen deshalb mehrfach in der Rechtsmittelinstanz korrigiert worden sind, kann ihm dies dienstrechtlich nicht vorgehalten werden. Insbesondere besteht für das Verhältnis ArbG und LAG nach Maßgabe des § 68 grds. ein Zurückverweisungsverbot wegen eines vom ArbG verursachten Verfahrensmangels. Diese Regelung verfolgt den Zweck, das arbeitsgerichtliche Verfahren zu konzentrieren und zu beschleunigen (zu den Einzelheiten und Ausnahmen vgl. § 68 Rz. 2 ff.). Allerdings hat sich der Richter mit der höchstrichterlichen Rspr. auseinanderzusetzen und wird diese idR zitieren und sich kritisch mit ihr auseinandersetzen, insbesondere wenn er von ihr abweichen will. Ferner ist gem. § 64 Abs. 3 Nr. 3 bei entscheidungserheblicher Abweichung von einem anderen Urteil des im Rechtszug übergeordneten LAG die Berufung zuzulassen. Ebenso hat das LAG bei Abweichungen anderer Urteile gleichrangiger oder übergeordneter Instanzen gem. § 72 Abs. 2 Nr. 2 die Revision zuzulassen. Im Verhältnis BAG zu LAG kann der Rechtsstreit mit konkreten Auflagen zur anderweitigen Verhandlung und Entscheidung zurückverwiesen werden (§ 72 Abs. 7, § 76 Abs. 6, § 96a Abs. 2). Das Berufungsgericht hat dann die rechtliche Beurteilung, die der Aufhebung zugrunde gelegt ist, auch seiner Entscheidung zugrunde zu legen (§ 563 Abs. 2 ZPO). Ausnahmen gelten auch für Entscheidungen des BVerfG (Art. 94 Abs. 2 GG, § 31 BVerfGG).

21 Trotz Unabhängigkeit ist der Richter in der Wahl seiner Äußerungen und Verhaltensweisen nicht uneingeschränkt frei; geschützt ist nur der Kernbereich richterlicher Tätigkeiten[6]. **Äußerungen von Richtern als Amtswalter**, die nach dem objektiven Erklärungsinhalt im Namen des Staates geschehen, gehören nicht in den Geltungsbereich der grundgesetzlich geschützten Meinungsfreiheit nach Art. 5 GG; hier gibt nicht

---

1 *Papier*, NJW 2001, 1989.
2 BGH v. 25.9.2002 – RiZ (R) 2/01, NJW 2003, 282.
3 OLG Karlsruhe v. 23.1.2017 – 2 Ws 336/16.
4 LG Mannheim v. 17.4.2003 – 5 KLs 15 Js 24957/00, DRiZ 2004, 261.
5 BVerfG v. 23.5.2012 – 2 BvR 610/12, 2 BvR 625/12, NJW 2012, 2334.
6 Zum Kernbereich der richterlichen Tätigkeit vgl. *Schmidt-Räntsch*, § 26 DRiG Rz. 28.

eine Privatperson ihre Meinung kund, sondern ein staatliches Organ spricht. So bedarf die nach außen wirkende Gerichtsentscheidung einer weitestgehend von persönlichen Eigenheiten des Richters freien Ausformung. Insbesondere sind unangemessene Gestaltungen zu unterlassen, wenn sie zu einer Herabwürdigung der Parteien führen können[1].

Der Richter hat sich auch bei **politischer Betätigung** so zu verhalten, dass das Vertrauen in seine Unabhängigkeit nicht gefährdet wird; er unterliegt insoweit einem Mäßigungsgebot nach § 39 DRiG[2]. Er darf zwar seine Auffassung zu bestimmten Fragen – auch in den allgemeinen oder wissenschaftlichen Medien – unter Hinweis auf seine Rechtsstellung äußern, hat dabei aber eine gewisse Zurückhaltung zu wahren, was sowohl den Stil als auch den Inhalt der Äußerungen betrifft. Das Mäßigungsgebot gilt nach § 39 DRiG innerhalb und außerhalb des Richteramtes, wobei allerdings nicht zwingend die gleichen Maßstäbe in beiden Bereichen anzulegen sind. § 39 DRiG zielt mit seinem Mäßigungsgebot in erster Linie auf die Amtstätigkeit des Richters, weil hier das Vertrauen der Öffentlichkeit in die Unabhängigkeit des Richters am ehesten gefährdet werden kann. Je weiter sich der konkret angesprochene Lebensbereich von der Amtstätigkeit entfernt, umso milder werden die Maßstäbe sein können[3]. 22

Ob und inwieweit die aktive **Mitgliedschaft des Richters in Vereinigungen** ein Problem darstellt, lässt sich nicht verallgemeinern. Die passive Mitgliedschaft in Gewerkschaften, Vertretungskörperschaften von Gemeinden und Gemeindeverbänden und verfassungstreuen politischen Parteien ist unproblematisch; dies folgt aus dem Grundsatz der Koalitionsfreiheit nach Art. 9 Abs. 3 GG und wurde vom BVerfG auch für die Mitarbeit eines Richters der Arbeitsgerichtsbarkeit in einem Arbeitskreis der Gewerkschaft ÖTV dadurch zugunsten des Richters entschieden, dass die von einem Großunternehmen mit dem Ziel der Richterablehnung eingereichte Verfassungsbeschwerde nicht angenommen wurde[4]. Vereinigungen, die es sich bekanntermaßen zum Ziel gesetzt haben, Rechtsstreite vor Gerichten zu führen oder in sonstiger Weise einseitige Interessen zu vertreten, darf der Berufsrichter allerdings nicht angehören. 23

Die **aktive politische Tätigkeit und Übernahme politischer Ämter** darf nur in „angemessener" Form erfolgen. Der Berufsrichter verletzt seine Pflicht zur Wahrung der Unabhängigkeit, wenn er politische Ideen und Auffassungen in aufhetzender oder in andere Personen verletzender Weise kundtut. Kritik am Staat ist aber im Gegensatz zur Auflehnung gegen den demokratischen Rechtsstaat zulässig. Allerdings folgt aus dem Gebot der Unabhängigkeit, dass sich der Richter insbesondere in seiner Rechtsprechungstätigkeit – sowohl in der mündlichen Verhandlung als auch in seinen Urteilen – jeglicher politischen Betätigung zu enthalten hat[5]. Gleiches gilt hinsichtlich Äußerungen außerhalb der richterlichen Tätigkeit – etwa in den Medien – bzgl. eines in seinem Spruchkörper anhängigen Verfahrens[6]. 24

Weiterer Ausdruck der besonderen Stellung des Richters ist seine **äußerliche Erscheinung**. Der Berufsrichter soll bei Ausübung seines Amtes, insbesondere bei den Verhandlungen und zur Verkündung einer Entscheidung, eine **Robe** tragen, welche vor allem der Schaffung einer äußeren Distanz und Neutralität dient[7]. Die Amtstracht soll den Richter in seiner Stellung als Organ der Rechtspflege sichtbar machen und damit die Person hinter Dienst und Recht zurücktreten lassen. Die Richterrobe ist bei den Gerichten 1. und 2. Instanz schwarz mit Samtbesatz, beim BAG karmesinrot. Ehrenamtliche Richter tragen keine Robe[8]. 25

Hinsichtlich des **Spannungsverhältnisses zwischen Religionsfreiheit und Neutralitätsgebot** und dem damit verbundenen äußeren Erscheinungsbild des Richters wird der Verzicht auf eine erkennbare religiöse Prägung des äußeren Erscheinungsbildes als unerlässlich für die Aufrechterhaltung des öffentlichen Vertrauens in die richterliche Neutralität angesehen, da aus Sicht der betroffenen Öffentlichkeit kein Raum für eine innere Differenzierung zwischen privater Zuordnung der Glaubensdemonstration einerseits und richterlicher Tätigkeit andererseits bleibe[9]. 26

Zur Sicherung der Unabhängigkeit ist es den Richtern untersagt, außerdienstlich **Rechtsgutachten** zu erstatten oder **entgeltlich Rechtsauskünfte** zu erteilen (§ 41 DRiG). Jedoch ist **wissenschaftliche Tätigkeit**, 27

---

1 Zum Urteil in Reimform LAG Hamm v. 21.2.2008 – 8 Sa 1736/07.
2 BVerfG v. 30.8.1983 – 2 BvR 1334/82, NJW 1983, 2691; BVerwG v. 29.10.1987 – 2 C 72/86, NJW 1988, 1748.
3 Zu den Einzelheiten *Schmidt-Räntsch*, § 39 DRiG Rz. 6 ff.
4 BVerfG v. 15.3.1984 – 1 BvR 200/84, NJW 1984, 1874; vgl. auch BAG v. 29.10.1992 – 5 AZR 377/92, NZA 1993, 238; *Hanau*, RdA 2000, 314.
5 Anwendungsbeispiele bei *Schmidt-Räntsch*, § 39 DRiG Rz. 22 ff.
6 Vgl. auch *Hanau*, RdA 2000, 314 f.
7 BVerwG v. 9.6.1983 – 2 C 34/80, NJW 1983, 2589 mit dem Hinweis auf § 89 HessBG iVm. § 2 HessRiG; OLG Frankfurt v. 7.11.1985 – DGH 5/84, NJW 1987, 1209; zB Anordnung über die Amtstracht bei den Gerichten, AV des JM v. 8.8.2006 (3152-Z.5) des Landes NRW.
8 Anders beim ArbG und LAG Hamburg.
9 Ausführlich hierzu *Röger*, DRiZ 1995, 471.

insbesondere Veröffentlichung von Büchern, Kommentaren und Aufsätzen sowie die Weiterbildung auf Seminar- und Tagungsveranstaltungen, erlaubt. Weiteres zu **Nebentätigkeiten** – insbesondere die Frage ihrer Anzeigepflicht oder Genehmigungspflicht bzw. Genehmigungsfähigkeit regeln für die Richter im Bundesdienst die §§ 64–69a BBG und für die Richter im Landesdienst die entsprechenden landesrechtlichen Vorschriften.

28 Das Amt eines **Schiedsrichters oder Schlichters**, insbesondere die Position des Vorsitzenden einer Einigungsstelle (§ 76 BetrVG; vgl. auch Verf. Einigungsstelle Rz. 57 ff.), dürfen Richter nur nach vorheriger dienstrechtlicher Genehmigung übernehmen (§ 40 DRiG)[1]. Die Nebentätigkeit darf dem Richter nur genehmigt werden, wenn die Beteiligten des Einigungsstellenverfahrens ihn gemeinsam beauftragen oder wenn er von einer unbeteiligten Stelle – insbesondere durch arbeitsgerichtliche Entscheidung im Einigungsstelleneinsetzungsverfahren gem. § 100 ArbGG – benannt ist. Die Genehmigung ist zu versagen, wenn der Richter zur Zeit der Entscheidung über die Erteilung der Genehmigung mit der Sache befasst ist oder nach der Geschäftsverteilung befasst werden kann (§ 40 Abs. 1 Satz 2 DRiG, § 100 Abs. 1 Satz 5 ArbGG).

b) Persönliche Unabhängigkeit

29 Neben der sachlichen Unabhängigkeit ist der Richter auch persönlich unabhängig (Art. 97 Abs. 2 GG). Der auf Lebenszeit (Rz. 15) ernannte Richter kann nur kraft richterlicher Entscheidung aufgrund gesetzlich genau normierter Voraussetzungen vor Ablauf seiner Amtszeit **entlassen**, dauernd oder zeitweise **seines Amtes enthoben** oder **in den Ruhestand versetzt** werden (§§ 63, 64 DRiG iVm. §§ 5, 10 BDG). Dies kann der Fall sein, wenn ein Richter seiner Pflicht zur Verfassungstreue nach Maßgabe der jeweiligen Gesetze (für die Richter des Bundes § 46 DRiG) nicht nachkommt. Auch die **Versetzung** eines auf Lebenszeit ernannten Richters ist nur bei Vorliegen entsprechender organisatorischer Zwänge - wie bei einer Veränderung der Gerichtsorganisation - möglich. Gemeint sind Maßnahmen, die den Bedarf an Richtern bei dem betroffenen Gericht so einschneidend verringern, dass Richterämter entfallen[2]. Ein Richter auf Lebenszeit darf gem. § 37 DRiG grds. nur mit seiner Zustimmung abgeordnet werden, wobei die **Abordnung** immer auf eine bestimmte Zeit auszusprechen ist. So werden beispw. – idR. nach entsprechender Interessenbekundung – Richter unterer Gerichte zur Eignungserprobung an obere Gerichte abgeordnet[3]. Zwingende Gründe für einen Einsatz nicht planmäßiger Richter an anderen Gerichten kann auch der Ausfall eines planmäßigen Richters sein, der von den im Geschäftsverteilungsplan genannten Vertretern nicht bewältigt werden kann[4]. Zur Vertretung eines Richters darf ein Richter auf Lebenszeit ohne seine Zustimmung längstens für zusammen drei Monate innerhalb eines Geschäftsjahres an andere Gerichte desselben Gerichtszweigs abgeordnet werden[5]. Richter auf Probe (Rz. 16) dürfen dagegen während ihrer Probezeit ohne zeitliche Obergrenze an ein Gericht, eine Behörde der Gerichtsverwaltung oder an eine Staatsanwaltschaft versetzt werden (§ 13 DRiG).

30 Ein Richter auf Lebenszeit darf – außer im Wege der Abordnung – bei einem Gericht keine richterlichen Aufgaben wahrnehmen, ohne dass ihm ein Richteramt bei diesem Gericht übertragen wird. Diese Vorschrift sichert die persönliche Unabhängigkeit des Richters in Bezug auf seine Unversetzbarkeit und Unabsetzbarkeit. § 18 Abs. 3 sieht zwar die Möglichkeit der **Übertragung eines weiteren Richteramtes** bei einem anderen ArbG vor. Aus dem Gesichtspunkt der persönlichen Unabhängigkeit bedarf es – obwohl im Wortlaut des § 27 Abs. 2 DRiG[6] nicht ausdrücklich aufgeführt – der Zustimmung des Richters zu der Übertragung eines weiteren Richteramtes, denn die Übertragung eines weiteren Richteramtes hat immer zugleich die Reduzierung des bisherigen Aufgabenkreises zur Folge[7]. Hat allerdings der Geschäftsvertei-

---

1 Zur Wirksamkeit eines Spruchs bei fehlender Nebentätigkeit vgl. BGH v. 10.3.2016 – I ZB 99/14, NJW-RR 2016, 892.
2 BGH v. 19.12.2003 – AR(Ri) 1/03, NVwZ-RR 2004, 467; BGH v. 6.10.2011 – RiZ (R) 9/10, MDR 2012, 435: Versetzung aus der Arbeits- in die Sozialgerichtsbarkeit.
3 BVerfG v. 22.6.2006 – 2 BvR 957/05, juris.
4 Allerdings ist die Verwendung nicht planmäßiger Richter zur Vertretung nicht gerechtfertigt, wenn die Arbeitslast des Gerichts deshalb nicht bewältigt werden kann, weil es unzureichend mit Planstellen ausgestattet ist oder vorhandene offene Planstellen nicht zeitnah besetzt werden; BVerfG v. 18.6.2015 – 8 AZN 881/14, juris.
5 Zur Rechtsstellung des Richters vgl. auch *von Bargen*, Die Rechtsstellung der Richterinnen und Richter in Deutschland, DRiZ 2010, 100.
6 § 27 DRiG:(1) Dem Richter auf Lebenszeit und dem Richter auf Zeit ist ein Richteramt bei einem bestimmten Gericht zu übertragen.(2) Ihm kann ein weiteres Richteramt bei einem anderen Gericht übertragen werden, soweit ein Gesetz dies zulässt.
7 *Schmidt-Räntsch*, § 27 DRiG Rz. 22; BGH v. 23.8.1976 – RiZ (R) 2/76, NJW 1977, 248 für den Fall, dass die Übertragung einer Versetzung gleichkommt, nämlich auf das weitere Richteramt mehr als die Hälfte der Arbeitskraft des Richters entfallen würde.

lungsplan für ein bestimmtes Geschäftsjahr zur Folge, dass ein Richter den bisherigen Beschäftigungsort ganz oder teilweise wechseln muss, weil sich die Spruchkörper eines Gerichts an verschiedenen Orten befinden, so liegt darin weder eine Versetzung noch die Übertragung eines weiteren Richteramtes[1].

Die Richter auf Lebenszeit treten nach Erreichen der Altersgrenze in den **Ruhestand** (§ 76 DRiG). Der Landesgesetzgeber ist verpflichtet, die Regelaltersgrenze für Richter im Landesdienst durch Gesetz festzulegen. 31

3. Straf- und zivilrechtliche Verantwortlichkeit

Die **strafrechtliche Verantwortlichkeit** des Richters ist eingeschränkt, soweit es um den Inhalt einer richterlichen Entscheidung geht. Wegen eines Urteils, das in einem ordnungsgemäßen Verfahren ergangen ist, kann ein Richter nur dann strafrechtlich zur Verantwortung gezogen werden, wenn er sich der **Rechtsbeugung** (§ 339 StGB) schuldig gemacht hat. Dies setzt voraus, dass ein Richter sich mit mindestens bedingtem Vorsatz hinsichtlich eines Verstoßes gegen geltendes Recht sowie einer Bevorzugung oder Benachteiligung in schwerwiegender Weise von Recht und Gesetz entfernt hat[2]. Die bloße Unvertretbarkeit einer Entscheidung begründet keine Rechtsbeugung[3]. Allerdings kann Rechtsbeugung vorliegen, wenn ein Richter, der gem. § 41 ZPO vom Richteramt ausgeschlossen ist (hierzu auch Rz. 34 ff.), die Zuständigkeit aus sachfremden Motiven an sich zieht[4]. Für eine Verurteilung wegen Rechtsbeugung ist für jedes einzelne Mitglied eines Spruchkörpers der Nachweis erforderlich, dass er für die von ihm als Unrecht erkannte, das Recht beugende Entscheidung gestimmt hat. Ein überstimmter Richter macht sich weder als Mittäter noch als Gehilfe strafbar[5]. Ferner macht der Richter sich gem. § 331 Abs. 2, § 336 StGB strafbar, wenn er auf einen Vorteil für eine bestimmte richterliche Handlung abzielt (**Bestechlichkeit, Vorteilsannahme, Vorteilsgewährung**). 32

Eine **besondere zivilrechtliche Haftung** des Richters besteht nur ganz ausnahmsweise, wenn er sich strafrechtlich relevant verhalten hat. Dies ergibt sich aus § 839 Abs. 2 BGB, wonach die Haftung bei der Amtspflichtverletzung eingeschränkt ist (sog. „**Spruchrichterprivileg**"). Das Richterspruchprivileg findet seinen Grund in den im Rechtsstaatsprinzip verankerten Grundsätzen der Rechtssicherheit und des Rechtsfriedens[6]. Verletzt nach § 839 Abs. 2 BGB ein Beamter bei dem Urteil in einer Rechtssache seine Amtspflicht, so ist er für den daraus entstehenden Schaden nur dann verantwortlich, wenn die Pflichtverletzung in einer Straftat besteht. Diesem Ziel entspricht die Erstreckung des Haftungsprivilegs des § 839 Abs. 2 BGB auch auf solche richterlichen Maßnahmen, die objektiv darauf gerichtet sind, die Rechtssache durch Urteil zu entscheiden, also die Grundlagen für die Sachentscheidung zu gewinnen. Hierzu gehört auch die Verfahrensgestaltung im Rahmen des durch das ArbGG und die ZPO eingeräumten Ermessens. Eine gerichtliche Untätigkeit unterfällt dagegen nicht dem Haftungsprivileg[7]. 33

4. Ausschluss und Ablehnung

a) Ausschluss

Ausschluss und Ablehnung dienen demselben Ziel: Es sollen nur Richter urteilen, die dem rechtlich zu würdigenden Sachverhalt und den daran Beteiligten mit der erforderlichen Distanz des unbeteiligten und deshalb am Verfahren uninteressierten „Dritten" gegenüberstehen. Der Unterschied besteht darin, dass der **Ausschluss** eines Richters von der Mitwirkung **kraft Gesetzes** eintritt, was das Gericht deklaratorisch feststellt. Im Falle der **Befangenheit** ist die Entscheidung des Gerichts **konstitutiv**[8]. 34

Der Ausschluss von der Ausübung des Richteramtes richtet sich nach § 41 ZPO, der aufgrund der Verweisungsnorm des § 46 Abs. 2 auch im arbeitsgerichtlichen Verfahren Anwendung findet. Bei den in § 41 Nr. 1–6 ZPO genannten und nach hM abschließenden (vgl. § 49 Rz. 16 und dort insbesondere Fn. 5) gesetzlichen Ausschließungsgründen handelt es sich um unwiderlegbare Vermutungen des Gesetzgebers hin-

---

1 BGH v. 30.11.1984 – RiZ (R) 9/84, NJW 1985, 1084.
2 BGH v. 22.1.2014 – 2 StR 479/13, NJW 2014, 1192; BVerfG v. 14.7.2016 – 2 BvR 661/16, NJW 2016, 3711.
3 BGH v. 19.12.1996 – 5 StR 472/96, NJW 1997, 1445; BGH v. 4.9.2001 – 5 StR 92/01, NJW 2001, 3275.
4 BGH v. 20.9.2000 – 2 StR 276/00, NStZ-RR 2001, 243.
5 OLG Sa.-Anh. v. 6.10.2008 – 1 Ws 504/07, NJW 2008, 3585.
6 BVerfG v. 5.3.2013 - 1 BvR 2457/08, NVwZ 2013, 1004.
7 BVerfG v. 22.8.2013 – 1 BvR 1067/12, NJW 2013, 3630 auch zur Abgrenzung, wann eine das verfassungsrechtliche Gebot der Verfahrensbeschleunigung nicht mehr wahrende richterliche Behandlung der Rechtssache vorliegen kann, welche wegen überlanger Prozessdauer einen Amtshaftungsanspruch begründen könnte.
8 Vgl. auch Arbeitsrechtslexikon/*Schwab*, „Arbeitsrichter" S. 2.

sichtlich der Voreingenommenheit[1]. Liegt ein Ausschließungsgrund vor, ist dem Richter kraft Gesetzes jegliche Amtshandlung verwehrt.

35 **Ausschlussgründe** gem. § 41 ZPO sind die Folgenden:
1. Selbstbeteiligung (hierzu § 49 Rz. 19 ff.);
2. in Sachen seines – auch ehemaligen – Ehegatten (hierzu § 49 Rz. 25 f.);
2a. in Sachen seines – auch ehemaligen – Lebenspartners (vgl. § 49 Rz. 27);
3. in Sachen eines Verwandten oder Verschwägerten (s. § 49 Rz. 28 ff.);
4. in Sachen, in denen er eine Partei vertreten hat (hierzu § 49 Rz. 33 ff.);
5. in Sachen, in denen er als Zeuge oder Sachverständiger vernommen ist (vgl. § 49 Rz. 40 ff.);
6. in Sachen der Vorbefassung (s. § 49 Rz. 44 ff.);
7. in Sachen wegen überlanger Gerichtsverfahren, wenn er in dem beanstandeten Verfahren in einem Rechtszug mitgewirkt hat, auf dessen Dauer der Entschädigungsanspruch gestützt wird (vgl. § 49 Rz. 51c);
8. in Sachen, in denen er an einem Mediationsverfahren oder einem anderen Verfahren der außergerichtlichen Konfliktbeilegung mitgewirkt hat (vgl. § 49 Rz. 51d).

36 Besteht ein Ausschlussgrund, so ergibt sich nach § 41 ZPO in jedem Stadium des Verfahrens eine **Prüfungspflicht von Amts** wegen, also ohne dass ein Antrag der Parteien vorliegen muss. Der ausgeschlossene Richter hat sich kraft Gesetzes jeder richterlichen Tätigkeit zu enthalten. An seine Stelle tritt der nach dem Geschäftsverteilungsplan bestimmte Vertreter (hierzu § 6a Rz. 94 ff.) bzw. im Fall der ehrenamtlichen Richter der nächste ehrenamtliche Richter nach der Liste (vgl. § 31 Rz. 16 ff.). Die Ausschließung betrifft nur ein einzelnes, bestimmtes Verfahren. Bei Zweifeln über die Ausschließung entscheidet die angerufene Kammer bzw. der Senat unter Ausschluss des betroffenen Richters. Ein Rechtsmittel gegen den Beschluss findet nicht statt (§ 49 Abs. 3).

b) Ablehnung wegen Befangenheit

37 Das materielle Recht der **Ablehnung wegen Befangenheit** richtet sich gem. § 46 Abs. 2 ArbGG nach §§ 42 ff. ZPO. Die Besorgnis der Befangenheit kann zur Ablehnung einer Gerichtsperson führen. Hierfür muss ein Grund vorliegen, der geeignet ist, Misstrauen gegen die Unparteilichkeit eines Richters zu rechtfertigen (§ 42 Abs. 2 ZPO).

38 **Befangenheit** wird definiert als unsachliche innere Einstellung des Richters zu den Beteiligten oder zum Gegenstand des konkreten Verfahrens[2]. Besorgnis der Befangenheit liegt vor, wenn bei objektiver und vernünftiger Betrachtung einer Partei Gründe die Annahme rechtfertigen, dass die Gerichtsperson nicht unparteilich urteilen wird[3]. Entscheidend ist, dass Tatsachen vorliegen, die bei objektiver Betrachtung die Befürchtung der Partei als berechtigt erscheinen lassen[4]. Wegen der Einzelheiten zur Befangenheit wird auf die Kommentierung zu § 49 verwiesen (hierzu insbesondere § 49 Rz. 62 ff.).

39 Das **Ablehnungsverfahren** bedarf eines Antrags; es wird nicht von Amts wegen durchgeführt. Hinsichtlich der Form des Ablehnungsgesuchs durch einen Beteiligten gilt § 44 ZPO. Das Ablehnungsgesuch kann mündlich oder schriftlich bei der Kammer oder dem Senat angebracht werden, dem die abgelehnte Person angehört oder zu Protokoll der Geschäftsstelle – auch jedes anderen Gerichtes (§ 129a ZPO) – angebracht werden. Das Gesuch ist bis zur Entscheidung frei widerruflich. Inhaltlich muss aus dem Gesuch die abgelehnte Person eindeutig hervorgehen; eine namentliche Nennung ist nur verzichtbar, wenn sich die Person zweifelsfrei aus den Umständen ergibt. Trifft ein Ablehnungsgrund auf mehrere Richter zu, können alle zugleich abgelehnt werden[5], nicht jedoch „das Gericht" als Ganzes[6]. Es müssen ferner die Tatsachen angegeben werden, denen zufolge der Richter abgelehnt werden soll. Sie sind glaubhaft zu machen, wobei das Mittel der Versicherung an Eides statt nicht zulässig ist (§ 44 Abs. 2 Satz 1 Halbs. 2 ZPO). Zur Glaubhaftmachung kann aber auf das Zeugnis des abgelehnten Richters Bezug genommen werden (§ 44 Abs. 2 Satz 2 ZPO). Die Ablehnung kann sich nur auf den konkreten Rechtsstreit beziehen. Eine Frist für die Ablehnung

---
1 Zöller/Vollkommer, § 41 ZPO Rz. 1.
2 Zöller/Vollkommer, § 42 ZPO Rz. 8.
3 BAG v. 6.8.1997 – 4 AZR 789/95 (A), AP Nr. 5 zu § 49 ArbGG 1979; BAG v. 29.10.1992 – 5 AZR 377/92, AP Nr. 9 zu § 42 ZPO; BVerfG v. 3.3.1966 – 2 BvE 2/64, BVerfGE 20, 9.
4 BVerfG v. 5.4.1990 – 2 BvR 413/88, NJW 1990, 2457.
5 BAG v. 31.1.1968 – 1 ABR 2/67, AP Nr. 2 zu § 41 ZPO.
6 BSG v. 26.11.1965 – 12 RJ 94/65, AP Nr. 1 zu § 42 ZPO.

ist nicht vorgesehen. Ablehnen kann eine Partei bis zur Stellung von Anträgen, ausnahmsweise auch noch später bis ins Tatbestandsberichtigungsverfahren (§ 320 ZPO). Wird allerdings ein Richter, bei dem die Partei sich in die Verhandlung eingelassen oder Anträge gestellt hat, abgelehnt, so ist glaubhaft zu machen, dass der Ablehnungsgrund erst später entstanden oder der Partei erst später bekannt geworden ist (§ 44 Abs. 4 ZPO). Nach Beendigung der Instanz kann sich eine Partei nicht mehr darauf berufen, bei einem Richter dieser Instanz habe die Besorgnis der Befangenheit bestanden[1].

Ablehnungsberechtigt sind insbesondere die Parteien und die Streitgehilfen (§ 67 ZPO). Der Prozessbevollmächtigte hat kein selbständiges Ablehnungsrecht aus eigener Person, kann den Antrag aber für seine Partei stellen[2]. 40

Der abgelehnte Richter hat sich über den Ablehnungsgrund **dienstlich zu äußern**[3]. Die **Entscheidung über das Ablehnungsgesuch** ergeht durch Beschluss (§ 46 ZPO). Dabei gilt das Verbot der Selbstentscheidung (§ 45 Abs. 1 ZPO). Eine Ausnahme hiervon gilt allerdings jedenfalls dann, wenn zur Entscheidung über die Unzulässigkeit eines Ablehnungsgesuchs schon deswegen nicht in eine Sachprüfung einzutreten ist, weil nicht erkennbar ist, dass das Gesuch überhaupt auf einen Grund gestützt werden soll, der die Besorgnis der Befangenheit auslösen könnte, bspw. weil der Antrag ersichtlich nur den Rechtsfindungsprozess stören und Verfahrenskomplikationen auslösen soll, indem ein Antragsteller jede Gerichtsperson mit Befangenheitsanträgen überzieht[4]. Gegen den Beschluss findet kein Rechtsmittel statt (§ 49 Abs. 3). 41

c) Selbstablehnung

Der Richter kann sich auch **selbst ablehnen**, wenn er der Auffassung ist, dass entweder ein Ausschließungsgrund nach § 41 ZPO vorliegt oder er sich für befangen hält. Bei Vorliegen eines Grundes, der die Besorgnis der Befangenheit begründet, kann der Richter nicht von sich aus ausscheiden; auch in diesem Fall bedarf es der Entscheidung der zuständigen Stelle über die Befangenheit (hierzu ausführlich § 49 Rz. 125). 42

5. Richtervertretungen

Die Richtervertretungen zählen zu den **Personalvertretungen im öffentlichen Dienst**. Sie repräsentieren in eigenem Namen die bei einem Gericht beschäftigten Richter. Abweichend vom Personalvertretungsrecht für die Beamten und Angestellten, von dem die Richter wegen ihrer besonderen Stellung ausgenommen sind, haben die Richtergesetze des Bundes und der Länder neben dem **Richterrat** den **Präsidialrat** als besonderes Vertretungsorgan eines Gerichts oder eines Gerichtszweiges eingeführt. Dem Präsidialrat sind mit dem Recht zur Stellungnahme in wichtigen Personalangelegenheiten Befugnisse zur Kontrolle der im gewaltengeteilten Rechtsstaat unvermeidbaren personellen Einflussnahme der Exekutive auf die rechtsprechende Gewalt eingeräumt. Wahl und Aufgaben des **Richterrats und des Präsidialrats beim BAG** sind in §§ 49–60 DRiG geregelt. Sie bestehen aus gewählten Richtern des BAG (§§ 50, 51 DRiG). Ihre Rechte sind in den §§ 52–55 DRiG abschließend geregelt. Während § 52 DRiG auf die entsprechenden Vorschriften des BPersVG verweist, regeln gem. §§ 72–75 DRiG entsprechende **Landesrichtergesetze die Richtervertretungen bei den ArbG und LAG**. § 74 DRiG hat die Organisation und die Struktur der Präsidialräte der Richter im Landesdienst weitgehend der Landesgesetzgebung überlassen. Die Länder sind insbesondere berufen, nähere Bestimmungen über das Wahlverfahren, die Wahlberechtigung und die Wählbarkeit zu erlassen[5]. Die Richtervertretungen sind in verwaltungsrechtlichen Streitverfahren (§ 60 DRiG) **beteiligungsfähig**. Sie haben in den Belangen, in denen sie ein Beteiligungsrecht haben, insbesondere **Anspruch auf rechtliches Gehör**. Die Mitgliedschaft in einer Richtervertretung ist ein **Ehrenamt**, das sowohl durch ein Benachteiligungsverbot geschützt ist als auch zu seiner Durchführung entsprechende Freistellungsansprüche beinhaltet. 43

Richterräte werden in der Arbeitsgerichtsbarkeit bei den LAG und bei den übrigen ArbG bestimmt[6]. Bei den LAG werden ferner **Bezirksrichterräte** gebildet. Im Bereich eines Bundeslandes werden **Hauptrichterräte** bei der obersten Dienstbehörde gebildet. Teilweise ist eine gemeinsame Beteiligung von Richterräten und Personalräten vorgesehen. Ihre Aufgaben und Befugnisse entsprechen im Wesentlichen den Aufgaben 44

---

1 BAG v. 18.3.1964 – 4 AZR 63/63, NJW 1964, 293.
2 BayObLG v. 21.11.1974 – 1 Z 102/74, NJW 1975, 699; OLG Karlsruhe v. 27.5.1986 – 12 W 21/86, NJW-RR 1987, 126.
3 *Vossler*, MDR 2014, 10.
4 BAG v. 7.2.2012 – 8 AZA 20/11, NZA 2012, 526; LAG Köln v. 29.6.2012 – 10 Ta 364/11.
5 Zur Wahl der Präsidialräte vgl. auch BVerfG v. 16.12.1975 – 2 BvL 7/74, NJW 1976, 889.
6 In NRW übernehmen die Richterräte bei den LAG bspw. zugleich die Vertretung der ArbG mit weniger als vier wahlberechtigten Richtern (§ 15 Abs. 1 Nr. 4b LRiG); bei den LAG werden Bezirksrichterräte gebildet (§ 15 Abs. 2 Nr. 3 LRiG).

der Personalvertretungen nach den Bundes- und Landespersonalvertretungsgesetzen, auf deren Vorschriften in den Richtergesetzen verwiesen wird (§ 55, 73 DRiG). Gemäß § 73 DRiG hat der Richterrat mindestens folgende Aufgaben: Beteiligung an allgemeinen und sozialen Angelegenheiten der Richter und gemeinsame Beteiligung mit der Personalvertretung an allgemeinen und sozialen Angelegenheiten, die sowohl Richter als auch Bedienstete des Gerichts betreffen.

45 Für jeden Gerichtszweig wird ein **Präsidialrat** gewählt. Die Präsidialräte wirken bei Entscheidungen über statusrechtliche Angelegenheiten der einzelnen Richter mit (§§ 55, 75 DRiG). Sie sind gem. § 55 Satz 1 DRiG vor jeder Ernennung oder jeder Wahl eines Richters – unabhängig von der Statusform – zu beteiligen. Zuständig ist der Präsidialrat des Gerichtes, an dem der Richter verwendet werden soll. Sie haben des Weiteren ein Beteiligungsrecht bei Ernennungen von Richtern für ein Amt mit höherem Endgrundgehalt als dem eines Eingangsamtes (§ 75 Abs. 1 DRiG). Dem Präsidialrat sind neben dem Antrag der Dienstbehörde auch die Bewerbungsunterlagen und – bei Zustimmung des Betroffenen – die Personalakten zur Verfügung zu stellen. Er gibt sodann innerhalb eines Monats eine schriftlich begründete Stellungnahme ab, die zu den Personalakten zu nehmen ist. Eine Entscheidung darf erst nach Eingang der Stellungnahme oder Ablauf der Frist zur Stellungnahme ergehen (§ 57 DRiG). Gemäß § 75 Abs. 2 DRiG können den Präsidialräten weitere Aufgaben von dem zuständigen Gesetzgeber übertragen werden.

III. Der ehrenamtliche Richter

46 Ehrenamtlicher Richter ist der Oberbegriff für die Personen, die, ohne Berufsrichter zu sein, aufgrund eines Gesetzes mit vollem Stimmrecht in einem Gericht mitwirken[1]. § 44 Abs. 1 DRiG ermöglicht die Beteiligung ehrenamtlicher Richter, wenn ein entsprechendes Gesetz dies vorsieht.

47 In der ordentlichen Zivilgerichtsbarkeit entscheiden die Kammern für Handelssachen in der Besetzung mit einem Mitglied des LG als Vorsitzendem und zwei ehrenamtlichen Richtern, soweit nicht nach den Vorschriften der Prozessgesetze an Stelle der Kammer der Vorsitzende zu entscheiden hat (§ 105 GVG), sowie landwirtschaftliche Beisitzer in Verfahren über Landwirtschaftssachen (§ 2 Abs. 2 des Gesetzes über das gerichtliche Verfahren in Landwirtschaftssachen). Ehrenamtliche Richter gibt es ferner bei den Sozialgerichten (§§ 3, 12, 33, 40 SGG), den Verwaltungsgerichten (§ 5 Abs. 3, § 9 Abs. 3 VwGO), den Finanzgerichten (§ 5 Abs. 3 FGO) sowie bei den Strafgerichten (Schöffen; §§ 26, 76 GVG). § 6 eröffnet diese **Möglichkeit und Verpflichtung der Mitwirkung ehrenamtlicher Richter für die Arbeitsgerichtsbarkeit**.

48 Die ehrenamtlichen Richter sind in der Arbeitsgerichtsbarkeit zahlenmäßig in der 1. und 2. Instanz überlegen. Durch die Beteiligung ehrenamtlicher Richter soll die Erfahrung der beteiligten Berufskreise genutzt und eine größere Akzeptanz der Urteile erzielt werden. Die ehrenamtlichen Richter von ArbGeb- und ArbN-Seite haben die **Aufgabe**, ihren Sachverstand aus der betrieblichen Praxis und ihre Erfahrungen in die Rechtsfindung bei den ArbG-Streitigkeiten einzubringen[2]. Das Geschehen soll transparent und die Rspr. soll vermittelt werden[3].

1. Voraussetzungen der Ernennung

49 Die ehrenamtlichen Richter werden aufgrund von **Vorschlagslisten** „in angemessenem Verhältnis unter billiger Berücksichtigung von Minderheiten" (§§ 20, 37, 43) ermittelt. Vorschlagsberechtigt sind die dort genannten Organisationen (hierzu ausführlich § 20 Rz. 3 ff.).

50 Wer als ehrenamtlicher Richter berufen werden will, muss bestimmte **allgemeine Voraussetzungen** erfüllen. § 21 nennt die persönlichen Voraussetzungen für die Berufung zum ehrenamtlichen Richter. Der ehrenamtliche Richter 1. Instanz muss das 25. Lebensjahr vollendet haben. Es sind nur Personen zu berufen, die im Bezirk des ArbG als ArbN oder ArbGeb tätig sind oder wohnen. Vom Amt des ehrenamtlichen Richters ist ausgeschlossen, wer infolge Richterspruchs die Fähigkeit zur Bekleidung öffentlicher Ämter nicht besitzt oder wegen einer vorsätzlichen Tat zu einer Freiheitsstrafe von mehr als sechs Monaten verurteilt worden ist, wer wegen einer Tat angeklagt ist, die den Verlust der Fähigkeit zur Bekleidung öffentlicher Ämter zur Folge haben kann und wer das passive Wahlrecht zum Deutschen Bundestag nicht besitzt. Beamte und Angestellte eines Gerichts für Arbeitssachen dürfen dort ebenfalls nicht als ehrenamtliche Richter berufen werden. Diese Voraussetzungen sind zwingend und unabdingbar[4]. Ferner sollen Personen, die in Vermögensverfall geraten sind, nicht berufen werden (zu den Einzelheiten § 21 Rz. 35 ff.). Eine ju-

---

1 *Schmidt-Räntsch*, § 44 DRiG Rz. 3.
2 Vgl. hierzu *Schuldt*, AuR 1960, 103; *Müller*, FS Broermann, 1982, S. 573.
3 *Stein*, BB 2007, 2681.
4 LAG Bremen v. 20.2.1987 – AR 4/87, DB 1987, 2576.

ristische Ausbildung wird nicht verlangt und liegt auch nur selten vor; die ehrenamtlichen Richter sind aber häufig BR oder Personalleiter und verfügen als solche über vertiefte Kenntnisse im Arbeitsrecht.

§ 22 ergänzt die Vorschrift über die Berufungsvoraussetzungen als ehrenamtlicher Richter (§ 21) um die Klarstellung, wer **ehrenamtlicher Richter der ArbGeb-Seite** werden kann. Gemäß § 37 Abs. 2, § 43 Abs. 3 gilt die Norm entsprechend auch für die ehrenamtlichen Richter der LAG und des BAG. 51

§ 23 regelt die weiteren Berufungsvoraussetzungen als **ehrenamtlicher Richter der ArbN-Seite**. Die ehrenamtlichen Richter aus ArbN-Kreisen müssen ArbN oder diesen Gleichgestellte iSd. § 23 sein. Diese Vorschrift gilt entsprechend für die ehrenamtlichen Richter der LAG (§ 37 Abs. 2) und des BAG (§ 43 Abs. 3). 52

Für eine Ernennung in 2. und 3. Instanz sind die **besonderen Voraussetzungen für die LAG** nach § 37 Abs. 1 **und für das BAG** nach § 43 Abs. 2 zu beachten. Für die 2. Instanz sieht § 37 Abs. 1 vor, dass die ehrenamtlichen Richter das 30. Lebensjahr vollendet haben und möglichst fünf Jahre ehrenamtliche Richter in der 1. Instanz gewesen sind. Die ehrenamtlichen Richter beim BAG müssen neben besonderen Kenntnissen und Erfahrungen auf dem Gebiet des Arbeitsrechts und des Arbeitslebens das 35. Lebensjahr vollendet haben; sie sollen ebenfalls mindestens fünf Jahre ehrenamtliche Richter eines Gerichts für Arbeitssachen gewesen sein (§ 43). 53

2. Berufung zum ehrenamtlichen Richter

Ehrenamtliche Richter werden unter der Maßgabe der §§ 20 ff. für ein Gericht der ersten beiden Rechtszüge von der obersten Arbeitsbehörde des Landes (§ 20 Satz 2, § 37 Abs. 2) und beim BAG vom BMAS (§ 43 Abs. 1 Satz 1) **für fünf Jahre berufen**. Die ehrenamtlichen Richter sind in angemessenem Verhältnis unter billiger Berücksichtigung der Minderheiten den Vorschlagslisten von Gewerkschaften und ArbGeb-Verbänden zu entnehmen (§ 20 Abs. 2). Gemäß § 44 Abs. 1a DRiG sollen in den Verfahren zur Wahl, Ernennung oder Berufung ehrenamtlicher Richter Frauen und Männer angemessen berücksichtigt werden (weitere Einzelheiten zur Berufung vgl. § 20 Rz. 3 ff.). 54

Wiederberufung ist – auch mehrfach – möglich und auch üblich. Sie bewirkt eine neue fünfjährige Amtszeit. 55

Nach- bzw. Ergänzungsberufungen können notwendig werden, wenn die Zahl der ehrenamtlichen Richter nicht mehr ausreicht, um die Rechtsprechungsaufgaben ordnungsgemäß wahrzunehmen (zur Berufungsdauer vgl. § 20 Rz. 21). 56

Der ehrenamtliche Richter ist vor seiner ersten Dienstleistung durch den Vorsitzenden in öffentlicher Sitzung des Gerichts gem. § 45 Abs. 2 DRiG zu **vereidigen**. Er wird mit dem gesetzlich vorgeschriebenen Eid auf seine ordnungsgemäße Erfüllung der Dienstobliegenheiten verpflichtet (hierzu § 20 Rz. 23 ff.). Ist eine Vereidigung unterblieben, hat ein Nichtrichter bei der Urteilsfindung mitgewirkt[1]. 57

Es ist grds. eine **staatsbürgerliche Pflicht**, das Amt des ehrenamtlichen Richters zu übernehmen; es wird in der Praxis allerdings nur solchen Personen angetragen, die hierfür Interesse bekundet haben. Im Übrigen kann der ehrenamtliche Richter nur unter der Maßgabe des § 24 sein Amt ablehnen, wobei § 24 Abs. 1 Nr. 1–5 die möglichen Ablehnungsgründe aufzählt (vgl. § 24 Rz. 4 ff.). 58

Angaben über die **Zahl** der zu berufenden ehrenamtlichen Richter nennt das Gesetz nicht. Die ehrenamtlichen Richter werden durch den Geschäftsverteilungsplan des jeweiligen Gerichts, an das sie berufen sind, den einzelnen oder allen Kammern zugeteilt und zu den jeweiligen Sitzungen anhand der Reihenfolge auf einer Liste herangezogen, die zu Beginn des Geschäftsjahres aufgestellt wird (§§ 31, 39, 43). 59

Das **Berufungsverfahren** endet mit Zustellung des Berufungsschreibens (zum Berufungsverfahren ausführlich § 20 Rz. 15 ff.). 60

3. Rechtsstellung des ehrenamtlichen Richters

Auch wenn das **DRiG** gem. § 2 hauptsächlich für Berufsrichter gilt, finden sich – mittlerweile – hier einige Regelungen, die die Rechtsstellung der ehrenamtlichen Richter betreffen. Geregelt sind insbesondere in § 44 DRiG sowie § 44a DRiG und § 44b DRiG[2] die **Bestellung und Abberufung der ehrenamtlichen** 61

---

1 BVerwG v. 11.7.2014 – 2 B 70/13.
2 Die Entscheidung über die Abberufung ist unanfechtbar. Der abberufene ehrenamtliche Richter kann binnen eines Jahres nach Wirksamwerden der Entscheidung die Feststellung beantragen, dass die Voraussetzungen des § 44a Abs. 1 nicht vorgelegen haben. Über den Antrag entscheidet das nächsthöhere Gericht durch unanfechtbaren Beschluss. Ist das nächsthöhere Gericht ein oberstes Bundesgericht oder ist die Entscheidung von einem obersten Bundesgericht getroffen worden, entscheidet ein anderer Spruchkörper des Gerichts, das die Entscheidung getrof-

Richter. Vor seiner ersten Sitzung ist der ehrenamtliche Richter zu vereidigen (§ 45 Abs. 2 Satz 1 DRiG; hierzu auch Rz. 57).

62 Der ehrenamtliche Richter hat grds. die gleichen **Rechte und Pflichten** wie der Berufsrichter. Gem. § 44 Abs. 2 DRiG kann ein ehrenamtlicher Richter vor Ablauf seiner Amtszeit nur unter den gesetzlich bestimmten Voraussetzungen und gegen seinen Willen nur durch Entscheidung des Gerichts abberufen werden. Besondere **Abberufungsgründe** für die ehrenamtlichen Richter der Arbeitsgerichtsbarkeit sind in § 27 vorgesehen. § 45 Abs. 1 DRiG bestimmt, dass der ehrenamtliche Richter in gleichem Maße wie ein Berufsrichter unabhängig ist. Damit ist er in der Sache unabhängig und nur dem Gesetz unterworfen (Art. 97 Abs. 1 GG). Zur **Unabhängigkeit** gehört die Weisungsfreiheit sowohl von anderen Staatsgewalten als auch von Gruppen und Einrichtungen des Wirtschaftslebens und des sozialen Lebens. § 45 Abs. 1a Satz 1 DRiG normiert ein **Benachteiligungsverbot**, wonach jede Einschränkung der Tätigkeit als ehrenamtlicher Richter untersagt ist. Er hat gegenüber seinem ArbGeb einen **Freistellungsanspruch** für die Zeit seiner Amtstätigkeit (§ 45 Abs. 1a Satz 2 DRiG; hierzu Rz. 74). Ferner besteht **Sonderkündigungsschutz** gem. § 45 Abs. 1a Satz 3 DRiG. Hiernach ist eine Kündigung aus Anlass der Übernahme oder der Ausübung des Amtes untersagt[1]. Die ordentliche oder außerordentliche Kündigung aus anderen Gründen bleibt erlaubt, sofern sie nicht durch andere Gesetze eingeschränkt ist[2].

63 Wichtigste Pflicht ist die **Unparteilichkeit**. Der ehrenamtliche Richter ist im Interesse der Rechtsfindung und Gerechtigkeit zur Objektivität gegenüber den am Verfahren beteiligten Personen verpflichtet. Ob das Tragen **religiöser Symbole** die staatliche Neutralität beeinträchtigt, ist nicht unumstritten[3]. Jedenfalls besteht keine Verpflichtung zum Tragen bestimmter Kleidung während der Sitzungen[4]; der ehrenamtliche Richter trägt insbesondere auch keine Robe[5]. Der ehrenamtliche Richter ist nicht an Weisungen oder Empfehlungen der ihn benennenden Organisationen, sondern **nur an Recht und Gesetz** (Art. 20 Abs. 3 GG) **gebunden und seinem Gewissen unterworfen**. Zu seinen Pflichten gehört auch die **Wahrung des Beratungsgeheimnisses**. Er hat über den Hergang bei der Beratung und Abstimmung auch nach Beendigung seines Dienstverhältnisses zu schweigen (§ 43 DRiG).

64 Gemäß der Verweisung in § 45 Abs. 9 DRiG regelt im Übrigen das ArbGG die Stellung der ehrenamtlichen Richter abschließend. Es wird diesbezüglich auf die jeweilige Kommentierung der §§ 20–31, 37–39 und 43–44 verwiesen[6].

65 Die ehrenamtlichen Richter haben bei ihrem **Einsatz bei Gericht** grds. die gleichen Rechte wie der Kammervorsitzende (Art. 97 Abs. 1 GG, § 44 Abs. 2, § 45 Abs. 1 DRiG). Sie werden aber nur in einem Teil des Verfahrens, nämlich der Kammersitzung beteiligt, während der Berufsrichter die vorhergehende Güteverhandlung (§ 54) mit den sich anschließenden Entscheidungsbefugnissen (§ 55) allein vornimmt. Die ehrenamtlichen Richter haben in der mündlichen Verhandlung ein Fragerecht gegenüber Zeugen, Parteien und Sachverständigen (§ 136 Abs. 2, § 396 Abs. 3 ZPO) sowie bei Beratung und Abstimmung ein volles Stimmrecht und können den jeweiligen Berufsrichter beim ArbG und LAG wegen ihrer personellen Überzahl daher auch überstimmen (§ 192 Abs. 1, §§ 195, 196 GVG). Sie tragen im Gegensatz zum Berufsrichter bei den Sitzungen keine Robe, sondern nur eine der Bedeutung des Richteramtes und ihrer Stellung angemessene Privatkleidung[7]. Die Möglichkeiten eines **Ausschlusses** oder einer **Ablehnung** richten sich nach den §§ 41 ff. ZPO (vgl. hierzu auch Rz. 34 ff.)[8]. Die Urteile werden von den ehrenamtlichen Richtern

---

fen hat. Ergibt sich nach den Sätzen 3 und 4 kein zuständiges Gericht, so entscheidet das OLG, in dessen Bezirk die Entscheidung getroffen worden ist.

1 Vgl. zur Notwendigkeit eines effektiven Kündigungsschutzes auch *Priewe*, AuR 2012, 389 ff.
2 Vgl. auch Art. 110 Abs. 1 Satz 2 der Verfassung des Landes Brandenburg, wonach eine Kündigung während der Amtszeit nur zulässig ist, wenn Tatsachen vorliegen, welche den ArbGeb oder Dienstherren zur außerordentlichen Kündigung berechtigen; hierzu auch LAG Berlin-Brandenburg v. 21.12.2009 – 105a 2193/09 und 105a 2194/09.
3 Die Besetzungsrüge wegen einer kopftuchtragenden ehrenamtlichen Richterin wurde abgelehnt: KG Berlin v. 9.10.2012 – (3) 121 Ss 166/12 (120/12), NStZ-RR 2013, 156; Einzelfallprüfung: LG Bielefeld v. 16.3.2006 – 3221b E H 68, NJW 2007, 3014; anders LG Dortmund v. 7.11.2006 – 14 (VIII) Gen Str K, NJW 2007, 313; hierzu auch *Bader*, NJW 2007, 2964; vgl. auch BVerfG v. 27.1.2015 – 1 BvR 471/10, NJW 2015, 1359: pauschales Kopftuchverbot für Lehrkräfte an öffentlichen Schulen verletzt Glaubens- und Bekenntnisfreiheit; EuGH v.14.3.2017 – C-157,15: Kopftuchverbot in Betrieben kann zulässig sein; kein Konflikt mit einem unternehmensinternen Neutralitätsgebot.
4 LAG Hamburg v. 19.3.1991 – 6 SHa 21/90; hierzu auch Rz. 65.
5 Anders beim ArbG und LAG Hamburg, hier werden Roben für ehrenamtliche Richter bereitgestellt.
6 Zu den anfänglichen Umsetzungsschwierigkeiten für die neuen Bundesländer *Creutzfeld*, AuR 1995, 263.
7 *Stein*, BB 2007, 2681: Anders in Hamburg, wo durch das Tragen von durch die ArbG zur Verfügung gestellter Roben die Gleichberechtigung der ehrenamtlichen Richter unterstrichen werden soll; zur angemessenen Kleidung *Bader*, NJW 2007, 2964.
8 Vgl. auch zur Befangenheit eines Rechtssekretärs, der als Prozessvertreter in vergleichbaren Verfahren tätig war BAG v. 7.11.2012 – 7 AZR 646/10 (A), NZA 2013, 1180.

nur in der 2. und 3. Instanz mitunterzeichnet. Zu den weiteren Einzelheiten zur Rechtsstellung der ehrenamtlichen Richter vgl. unten Rz. 72 ff. sowie zu ihren Beteiligungsrechten vgl. § 16 Rz. 18 ff.

Die **persönliche Rechtsstellung** der ehrenamtlichen Richter ist durch § 45 Abs. 1a Satz 1 DRiG bzw. die entsprechenden Landesrichtergesetze[1] sowie § 26 besonders gesichert. § 26 bestimmt, dass niemand in der Übernahme oder Ausübung des Amtes als ehrenamtlicher Richter beschränkt oder wegen der Übernahme oder Ausübung benachteiligt werden darf. Zuwiderhandlungen werden mit Geldstrafe, in schweren Fällen mit Freiheitsstrafe bis zu einem Jahr bestraft, wenn nicht nach anderen Gesetzen eine schwerere Strafe verwirkt ist. Entsprechend gilt § 26 gem. § 37 Abs. 2, § 43 Abs. 3 für die ehrenamtlichen Richter der LAG und des BAG. 66

Da es sich um ein **Ehrenamt** im Interesse der Rechtspflege handelt, stehen für den ehrenamtlichen Richter privatrechtliche Verpflichtungen zurück. So hat der ehrenamtliche Richter mit seiner Berufung verschiedene Pflichten übernommen, wie bspw. die Verpflichtung, sich zu den angeordneten Sitzungen – rechtzeitig – einzufinden (**Präsenzpflicht**) und das Richteramt ordnungsgemäß wahrzunehmen. Dabei umfasst die Verpflichtung zur Übernahme des Ehrenamtes nicht nur das Einbringen von Arbeitszeit, sondern auch von Freizeit[2]. Die Verletzung dieser Pflichten kann durch Ordnungsstrafen geahndet werden (§ 28). 67

Die **straf- und zivilrechtliche Verantwortlichkeit** entspricht der eines Berufsrichters; der ehrenamtliche Richter ist insbesondere Spruchrichter iSd. § 839 Abs. 2 BGB[3]. Der Haftungsausschluss gilt nicht bei als Rechtsbeugung zu qualifizierenden Fehlverhalten oder bei Pflichtwidrigkeiten, die mit einer Verweigerung oder Verzögerung der Amtsausübung im Zusammenhang stehen (vgl. hierzu Rz. 32 ff.). 68

Erleidet der ehrenamtliche Richter in Ausübung seines Amtes einen Unfall, ist er gem. § 2 Abs. 1 Nr. 10 SGB VII **gesetzlich unfallversichert**. Hierdurch werden etwaige Gesundheitsschäden abgedeckt, die bei der Teilnahme an einer Sitzung, dem Weg von und zur Sitzung oder der Teilnahme an einer Einführungs- und Fortbildungsveranstaltung – soweit er hierzu von der zuständigen staatlichen Stelle herangezogen wird –, sowie bei Teilnahme an Wahl und Sitzungen des Ausschusses der ehrenamtlichen Richter (§§ 29, 38) oder einer Heranziehung nach § 44 entstehen. 69

Bei grober Pflichtverletzung kann eine **Amtsenthebung** nach § 27 in Betracht kommen. Ziel der Maßnahme nach § 27 ist die Entfernung des ehrenamtlichen Richters aus dem Amt, wenn dieser durch sein Verhalten als Richter nicht (mehr) tragbar ist und dadurch dem Ansehen und dem Funktionieren der Rechtspflege Schaden zufügt. Entsprechende Vorschriften gelten für die ehrenamtlichen Richter bei den LAG und dem BAG (§ 37 Abs. 2, § 43 Abs. 3). 70

Die ehrenamtlichen Richter sind – obwohl sie vollwertige Mitglieder der Spruchkörper sind – nicht am Präsidium beteiligt (§ 6a), sie haben aber durch die Möglichkeit einer Ausschussbildung nach § 29 ein **Mitwirkungsrecht bei der Gerichtsverwaltung**. Der Ausschuss ist bspw. vor der Geschäftsverteilung (§ 6a), vor der Verteilung der ehrenamtlichen Richter auf die Kammern und vor der Aufstellung der Liste über die Heranziehung der ehrenamtlichen Richter zu den Sitzungen (§ 31) zu hören. Für die LAG regelt dies § 38, der auf diese Norm verweist. Beim BAG ist ein besonderer Ausschuss nach § 44 Abs. 1 vorgesehen. 71

4. Heranziehung zu den Sitzungen

Die ehrenamtlichen Richter sind – unabhängig vom Streitwert – sowohl im Urteils- als auch im Beschlussverfahren heranzuziehen. Dies gilt auch für einstweilige Verfügungsverfahren – im Urteilsverfahren zumindest, sofern nach mündlicher Verhandlung entschieden wird –. Ausnahmen bestehen bspw. für nichtstreitige Urteile, Entscheidungen über die örtliche Zuständigkeit und Verfahren auf Einsetzung einer Einigungsstelle gem. § 100 (vgl. hierzu insbesondere § 16 Rz. 28 ff.) 72

Das Präsidium eines Gerichts kann in dem richterlichen Geschäftsverteilungsplan die bei dem Gericht berufenen ehrenamtlichen Richter allen Kammern zuweisen (vgl. § 31 Rz. 7). Es erfolgt sodann die **Aufstellung einer Liste** innerhalb der Kammer durch den Vorsitzenden zu Beginn des Geschäftsjahres oder die ausdrückliche oder stillschweigende Übernahme einer vom Präsidium vorgeschlagenen Liste (vgl. § 31 Rz. 7). Die **Reihenfolge der Heranziehung** ehrenamtlicher Richter zu den einzelnen Sitzungen liegt nicht im Belieben des Vorsitzenden, sondern ergibt sich aus § 31. Entsprechende Regelungen finden sich für die LAG in § 39 und für das BAG in § 43 Abs. 3, der auf diese Norm verweist. Die ehrenamtlichen Richter 73

---

[1] § 6 LRiG NRW verweist bspw. – soweit bundesrechtlich nichts anderes bestimmt ist – auf die Vorschriften des Landesbeamtengesetzes für Ehrenbeamte.
[2] BAG v. 22.1.2009 – 6 AZR 78/08, AP Nr. 2 zu § 29 TVöD.
[3] Palandt/*Thomas*, BGB, § 839 BGB Rz. 67.

werden in der Reihenfolge der jeweiligen Liste zu den Sitzungen herangezogen. Bei der Heranziehung zu den einzelnen Sitzungen ist der Vorsitzende an die Reihenfolge gebunden (hierzu § 31 Rz. 16 ff.).

5. Freistellung und Entschädigung

74 Für den Zeitraum seiner richterlichen Tätigkeit ist der ehrenamtliche Richter von seiner Arbeitsleistung zu entbinden (§ 45 Abs. 1a Satz 2 DRiG). Richterliche Tätigkeit ist dabei nicht nur die Teilnahme an der Sitzung, sondern auch die Vor- und Nachbereitung (zB gesonderte Abschlussberatung, Unterschriftsleistung), aber auch die Ausschusstätigkeit (§§ 29, 38) oder die Teilnahme an Fortbildungsveranstaltungen (hierzu Rz. 87 ff.). Der ehrenamtliche Richter kann sein Ehrenamt auch ohne – wirksame – Sanktionsfolge nach ordnungsgemäßer Information des ArbGeb über den bevorstehenden Einsatz ohne formelle Beurlaubung ausüben. Verstößt der ArbGeb gegen diesen **Freistellungsanspruch**, macht er sich nach § 26 Abs. 2 strafbar.

75 Da das Amt des ehrenamtlichen Richters ein Ehrenamt ist, erhält er kein Entgelt, sondern **Aufwendungsersatz** nach dem Gesetz über die Vergütung von Sachverständigen, Dolmetscherinnen, Dolmetschern, Übersetzerinnen und Übersetzern sowie die Entschädigung von ehrenamtlichen Richterinnen, ehrenamtlichen Richtern, Zeuginnen, Zeugen und Dritten (Justizvergütungs- und -entschädigungsgesetz – JVEG) vom 5.5.2004 (BGBl. I S. 718), zuletzt geändert durch Art. 5 Abs. 2 des Gesetzes vom 11.10.2016 (BGBl. I S. 2222), welcher die mit der Sitzungsteilnahme verbundenen finanziellen Aufwendungen weitgehend abdecken soll. Das JVEG hat mit Wirkung zum 1.7.2004 das bis dahin geltende Gesetz über die Entschädigung der ehrenamtlichen Richter (EhrRiEG) ersetzt.

76 Die Entschädigung der ehrenamtlichen Richter gehört nicht zu den Barauslagen des Gerichts und ist deshalb nicht vom Kostenschuldner des Verfahrens als Teil der Gerichtskosten zu erstatten, sondern fällt – wie die übrigen sonstigen personellen und sachlichen Aufwendungen für die Einrichtung der Arbeitsgerichtsbarkeit – der **Staatskasse** zur Last. Das JVEG enthält eine abschließende Regelung[1].

77 Das Entschädigungsverfahren ist dadurch geprägt, dass eine Entschädigung nur auf – formlosen – **Antrag** (§ 2 JVEG) des ehrenamtlichen Richters bei der von der Gerichtsverwaltung bestimmten Anweisungsstelle gezahlt wird. Auf Antrag ist ein angemessener Vorschuss zu bewilligen, wenn dem ehrenamtlichen Richter erhebliche Fahrtkosten oder sonstige Aufwendungen entstanden sind oder voraussichtlich entstehen werden (§ 3 JVEG), was regelmäßig nur für die von weiter anreisenden ehrenamtlichen Richter beim BAG relevant wird.

78 Über den – formlosen – Entschädigungsantrag wird durch **Beschluss des Gerichts** entschieden, an dem dieser tätig ist (§ 4 Abs. 1 Nr. 1 JVEG). Gegen den Beschluss ist die nicht fristgebundene Beschwerde möglich, wenn der Beschwerdewert von 200 Euro erreicht oder die Beschwerde zugelassen ist (§ 4 Abs. 3 JVEG); der ordentliche Rechtsweg ist ausgeschlossen[2]. Beschwerdeberechtigt sind nur der ehrenamtliche Richter und die Staatskasse. Die Entscheidung trifft das Gericht ohne die Hinzuziehung der ehrenamtlichen Richter.

79 Der **Anspruch erlischt**, wenn er nicht binnen drei Monaten ab Beendigung der Amtsperiode geltend gemacht wird (§ 2 Abs. 1 JVEG). Für den Fristlauf kommt es damit nicht auf die Beendigung der Tätigkeit in dem jeweiligen Einzelverfahren an. Die Frist kann auf Antrag verlängert werden. Eine Bezifferung des Antrags ist nicht notwendig. Der ehrenamtliche Richter kann auch auf seinen Anspruch **verzichten**. Soweit der Entschädigungsanspruch nicht erloschen ist, **verjährt** er nach § 2 Abs. 3 JVEG nach drei Jahren.

80 Gemäß § 15 JVEG erhält der ehrenamtliche Richter als **Entschädigung** Fahrtkostenersatz gem. § 5 JVEG, Entschädigung für Aufwand gem. § 6 JVEG, Ersatz für sonstige Aufwendungen gem. § 7 JVEG, Entschädigung für Zeitversäumnis gem. § 16 JVEG, Entschädigung für Nachteile bei der Haushaltsführung (gem. § 17 JVEG) sowie Entschädigung für Verdienstausfall gem. § 18 JVEG. Entschädigt wird nicht nur die Teilnahme an Sitzungen, sondern auch die an Einführungs- und Fortbildungsveranstaltungen – soweit er hierzu von der zuständigen staatlichen Stelle herangezogen wird (§ 15 Abs. 3 Ziffer 1 JVEG) - sowie die Teilnahme an Wahl und Sitzungen des Ausschusses der ehrenamtlichen Richter nach § 15 Abs. 3 Ziffer 2 JVEG iVm. §§ 29, 38.

81 Die Entschädigung wird für die **notwendige aufgewandte Zeit** einschließlich notwendiger Reise- und Wartezeiten, jedoch für höchstens zehn Stunden je Tag gewährt. Die letzte bereits begonnene Stunde wird voll angerechnet (§ 15 Abs. 2 JVEG).

---

[1] *Hartmann*, JVEG Grdz. Rz. 6.
[2] *Hartmann*, JVEG § 4 Rz. 21.

Der **Zeitaufwand** der einzelnen ehrenamtlichen Richter ist unterschiedlich. In jedem Fall ist die Teilnahme an der Sitzung nebst Vorberatung und anschließender Beratung notwendige Zeit. Die Vorbereitungszeit variiert und hängt von der Praxis der Gerichte und von der Instanz ab. In 1. Instanz wird der ehrenamtliche Richter regelmäßig erst am Sitzungstag in einer Vorberatung im Wege der summarischen Wiedergabe des Akteninhalts durch den Vorsitzenden in den Sach- und Streitstand eingeführt. In 2. Instanz werden überwiegend zur Vorbereitung die in der Berufungsinstanz von den Parteien zur Akte gereichten Schriftsätze nebst Anlagen an die ehrenamtlichen Richter ein bis zwei Wochen vor dem Sitzungstermin übersandt. Beim BAG wird dem ehrenamtlichen Richter vorab das Votum des Berichterstatters nebst der Revisionsschriftsätze und der angegriffenen Entscheidung zur Verfügung gestellt (vgl. § 43 Rz. 39). Notwendige Zeit ist auch die Zeit einer vor dem Sitzungstag vorgenommenen **Akteneinsicht**[1]. Dies gilt allerdings entgegen der vorgenannten Entscheidung des LAG Bremen auch für den Fall, dass die Akteneinsicht nicht ausdrücklich durch den Vorsitzenden Richter angeordnet worden ist, denn dem ehrenamtlichen Richter steht es frei, sich die erforderlichen Informationen im Wege des Aktenstudiums zu beschaffen. Der ehrenamtliche Richter nimmt eine Richteraufgabe wahr, die eine vollständige Information über den Streitstoff erfordert.[2]

82

Für die **Höhe der Entschädigung** ist es entscheidend, ob der ehrenamtliche Richter erwerbstätig ist, ob ihm ein Verdienstausfall entsteht und/oder ob er über ein bestimmtes Maß hinaus zum Sitzungsdienst herangezogen wird. Der Grundbetrag der Entschädigung beträgt derzeit bei Zeitversäumnis 6 Euro je Stunde (§ 16 JVEG). Nach § 18 JVEG wird dem ehrenamtlichen Richter neben der **Entschädigung für Zeitversäumnis** eine zusätzliche **Entschädigung für den Verdienstausfall** gewährt, die sich nach dem regelmäßigen Bruttoverdienst einschließlich des vom ArbGeb zu tragenden SozV-Beiträge richtet, jedoch höchstens 24 Euro je Stunde beträgt. Die weiteren in § 18 JVEG vorgesehenen Erhöhungen der Tagessätze bei mehrtägigen Heranziehungen sind in der Arbeitsgerichtsbarkeit nicht relevant. Der Entschädigungsanspruch nach JVEG geht grds. dem Anspruch auf Vergütung gem. § 616 BGB gegenüber dem ArbGeb vor. Obergrenze für eine Entschädigung sind zehn Stunden je Tag (§ 15 Abs. 2 Satz 2 JVEG). Wird der ehrenamtliche Richter in seiner Freizeit zur gerichtlichen Tätigkeit herangezogen, so scheidet eine Verdienstausfallentschädigung aus, weil der ehrenamtliche Richter „nur einen Verlust an Freizeit erleidet"[3]. Dies gilt auch, wenn der ehrenamtliche Richter als ArbN nach einer in seinem Betrieb bestehenden Gleitzeitregelung autonom darüber befinden kann, an welchen Tagen er Arbeitsleistungen zu erbringen hat; auch hier entsteht idR durch seine gelegentliche Heranziehung als ehrenamtlicher Richter in der jeweiligen Sitzungszeit kein nach § 18 JVEG zu erstattender Verdienstausfall, sondern es wird lediglich eine Entschädigung wegen Zeitversäumnis gem. § 16 JVEG gezahlt[4]. Die als ehrenamtliche Richter tätigen ArbN, die unter den Anwendungsbereich des TVöD fallen, sind aus § 29 Abs. 2 Satz 1 TVöD verpflichtet, für die Ausübung des Ehrenamtes Gleitzeit in Anspruch zu nehmen und erhalten keinen Anspruch auf Zeitgutschrift, wenn die Ausübung des Ehrenamtes außerhalb der Gleitzeit erfolgt[5]. Wer nicht erwerbstätig ist, aber einen eigenen Haushalt für mehrere Personen führt, erhält neben den 6 Euro Grundbetrag noch 14 Euro je Stunde – beschränkt auf maximal zehn Stunden täglich – als **Entschädigung für Nachteile bei der Haushaltsführung** (§ 17 Satz 1 JVEG). Eine solche Entschädigung steht auch einem teilzeitbeschäftigten ehrenamtlichen Richter zu[6], aber insgesamt nur demjenigen, der den Haushalt überwiegend führt[7].

83

Der ehrenamtliche Richter erhält **Fahrtkostenentschädigung** nach § 5 JVEG. Nutzt er öffentliche Beförderungsmittel, also Straßenbahn, Eisenbahn, Flugzeug etc., werden die tatsächlich entstandenen Auslagen bis zur Höhe der entsprechenden Kosten für die Benutzung der 1. Bahnklasse einschließlich der Auslagen für Platzreservierung und Gepäckbeförderung ersetzt. Wird ein Kraftfahrzeug verwendet, beträgt der Fahrtkostenersatz 0,30 Euro pro Kilometer (§ 5 Abs. 2 Ziffer 2 JVEG) zur Abgeltung der Anschaffungs-, Unterhaltungs- und Betriebskosten sowie zur Abgeltung der Abnutzung des Kraftfahrzeugs zuzüglich der regelmäßig anfallenden baren Auslagen, insbesondere der Parkentgelte und/oder etwaig anfallender Straßennutzungsgebühren. Höhere als die vorbezeichneten Fahrtkosten werden ersetzt, soweit dadurch Mehr-

84

---

1 LAG Bremen v. 14.6.1990 – 3 Sa 132/89, DB 1990, 2073; anders OVG Münster v. 27.9.1989 – 6 E 158/89, EzA § 16 ArbGG 1979 Nr. 2.
2 *Künzl*, Anm. zu OVG Münster v. 27.9.1989 – 6 E 158/89, EzA § 16 ArbGG 1979 Nr. 2; *Bader*, NZA 2016, 16: auch zur elektronischen Gerichtsakte; *Ellbogen*, DRiZ 2010, 136; aA *Wolmerath*, Rz. 184.
3 Übersichtlich bei *Natter*, AuR 2006, 264, 266.
4 LAG BW v. 7.3.2005 – 3 Ta 31/05, ArbuR 2006, 286; aA *Wolmerath* in der Anm. zu LAG BW, jurisPR-ArbR 2/2006 Anm. 3.
5 BAG v. 22.1.2009 – 6 AZR 78/08, NZA 2009, 735; VG Koblenz v. 4.11.2008 – 2 K 356/08. KO zum entsprechenden Anspruch eines Beamten.
6 OLG München v. 19.12.2013 – 4c Ws 1/13; Rpfleger 2014, 288.
7 OLG Köln v. 29.12.2015 – 2 Ws 797/15.

beträge an Vergütung oder Entschädigung erspart werden oder höhere Fahrtkosten wegen besonderer Umstände notwendig sind, zB in einem Eilfall (kurzfristiger Einsatz von der Hilfsliste oder im Fall eines Einstweiligen Verfügungsverfahrens) oder bei extrem schlechter Wetterlage[1]. Tritt der ehrenamtliche Richter die Reise zum Sitzungsort von einem anderen als dem Wohnort an, so werden grds. nur die Kosten der Reise vom Wohnort zum Sitzungsort ersetzt.

85 Dem Entschädigungsgedanken liegt als Prinzip zugrunde, dass der durch die Wahrnehmung des Ehrenamtes entstandene **Verdienstausfall** aufgefangen wird. Dies setzt aber nicht voraus, dass der Lohnausfall vollständig abgedeckt wird. Bleibt eine Differenz, so ist der ArbGeb nach § 616 Satz 1 BGB zur Zahlung des Unterschiedsbetrages verpflichtet, denn hiernach verliert der zur Dienstleistung Verpflichtete den Anspruch auf Vergütung nicht dadurch, dass er für eine verhältnismäßig nicht erhebliche Zeit durch einen in seiner Person liegenden Grund ohne sein Verschulden an der Dienstleistung verhindert wird[2].

86 Die ehrenamtlichen Richter, die innerhalb der Gemeinde, in der der Termin stattfindet, weder wohnen noch berufstätig sind, erhalten zudem ein **Tagegeld**, dessen Höhe sich nach § 4 Abs. 5 Satz 2 EStG bestimmt (§ 6 JVEG) und bei notwendiger auswärtiger Übernachtung ein **Übernachtungsgeld** nach den Bestimmungen des Bundesreisekostengesetzes – BRKG (§ 6 Abs. 2 JVEG). Das Übernachtungsgeld beträgt ohne belegmäßigen Nachweis 20 Euro (§ 7 Abs.1 BRKG). Höhere nachgewiesene Übernachtungskosten werden erstattet, soweit sie notwendig sind (§ 7 Abs. 1 Satz 2 BRKG).

6. Fortbildung

87 Zur Frage, ob und wie der ehrenamtliche Richter fortzubilden ist, sagt das ArbGG nichts aus. Ein **Aus- und Fortbildungsanspruch** besteht gesetzlich bspw. in Brandenburg, wo er in der Landesverfassung niedergelegt ist. Der ArbGeb ist in jedem Fall verpflichtet, einen bei ihm beschäftigten ehrenamtlichen Richter zu Schulungsveranstaltungen für ehrenamtliche Richter **freizustellen**, soweit die Inanspruchnahme sachdienlich ist und sich in angemessen Grenzen hält. Allerdings besteht hierfür nach Auffassung der Rspr. keine Lohnfortzahlungspflicht[3]. Dies ist jedoch nicht unumstritten, da gerade in dieser Nichtverpflichtung Gefahr für die richterliche Unabhängigkeit bestehe, weil bei freiwilliger Zahlung die Grenze zur „Wohlverhaltensprämie" in bedenkliche Nähe rücken könnte[4].

88 Nach dem JVEG (§ 15 Abs. 3 Nr. 1) erhalten die ehrenamtlichen Richter nur für die Schulungen **Kostenersatz**, für die sie von staatlichen Stellen herangezogen wurden[5]. Nimmt ein ehrenamtlicher Richter an einer Einführungs- oder Fortbildungsveranstaltung seiner Gewerkschaft oder Vereinigung bzw. des Verbandes teil, so erhält er wegen des insoweit eindeutigen Wortlauts keine Entschädigung.

7. Beendigung des Amtes

89 Grundsätzlich dauert eine **Amtsperiode** fünf Jahre. Wird der Richter nicht wiedergewählt, endet seine Amtszeit.

90 Das Amt des ehrenamtlichen Richters kann, abgesehen von seinem Amtsablauf, auch – auf eigenen Antrag – durch **Niederlegung** enden. Die Niederlegung ist im Einzelnen in § 24 geregelt, so dass auf die dortige Kommentierung (vgl. § 24 Rz. 4 ff.) verwiesen wird.

91 Das Verfahren zur **Amtsentbindung** regeln § 21 Abs. 5 iVm. § 37 Abs. 2, § 43 Abs. 3. Danach ist von seinem Amt als ehrenamtlicher Richter zu entbinden, wer trotz Fehlens einer notwendigen Berufungsvoraussetzung als ehrenamtlicher Richter berufen wurde bzw. bei dem eine derartige Voraussetzung später wegfällt (§ 21 Abs. 5 Satz 1; hierzu § 21 Rz. 44 ff.).

92 Schließlich ist der ehrenamtliche Richter als Disziplinarmaßnahme **seines Amtes zu entheben**, wenn er seine Amtspflicht grob verletzt (§§ 27, 37 Abs. 2, § 43 Abs. 3).

---

1 Einzelheiten bei *Hartmann*, § 5 JVEG Rz. 20.
2 LAG Bremen v. 14.6.1990 – 3 Sa 132/89, BB 1990, 2050; *Wolmerath*, Rz. 184.
3 BAG v. 25.8.1982 – 4 AZR 1147/79, AP Nr. 1 zu § 26 ArbGG 1979.
4 *Grunsky*, Anm. zu BAG v. 25.8.1982 – 4 AZR 1147/79, AP Nr. 1 zu § 26 ArbGG 1979; vgl. auch *Wolmerath*, Rz. 207.
5 Zur Kritik hieran vgl. auch *Kiel*, AuR 1995, 317.

§ 6a Allgemeine Vorschriften über das Präsidium und die Geschäftsverteilung

Für die Gerichte für Arbeitssachen gelten die Vorschriften des Zweiten Titels des Gerichtsverfassungsgesetzes nach Maßgabe der folgenden Vorschriften entsprechend:
1. Bei einem Arbeitsgericht mit weniger als drei Richterplanstellen werden die Aufgaben des Präsidiums durch den Vorsitzenden oder, wenn zwei Vorsitzende bestellt sind, im Einvernehmen der Vorsitzenden wahrgenommen. Einigen sich die Vorsitzenden nicht, so entscheidet das Präsidium des Landesarbeitsgerichts oder, soweit ein solches nicht besteht, der Präsident dieses Gerichts.
2. Bei einem Landesarbeitsgericht mit weniger als drei Richterplanstellen werden die Aufgaben des Präsidiums durch den Präsidenten, soweit ein zweiter Vorsitzender vorhanden ist, im Benehmen mit diesem wahrgenommen.
3. Der aufsichtführende Richter bestimmt, welche richterlichen Aufgaben er wahrnimmt.
4. Jeder ehrenamtliche Richter kann mehreren Spruchkörpern angehören.
5. Den Vorsitz in den Kammern der Arbeitsgerichte führen die Berufsrichter.

I. Allgemeines 1	bb) Aufstellung des Geschäftsverteilungsplans 58
II. Das Präsidium 3	cc) Inhalt 69
1. Zusammensetzung und Größe des Präsidiums . 5	b) Zuweisung der Richter und Vertretungsregelungen 77
a) Plenarpräsidium 7	aa) Zuweisung der Richter zu den Spruchkörpern 78
b) Gewähltes Präsidium 11	bb) Vertretungsregeln 84
2. Wahl des Präsidiums 12	c) Sonstige Aufgaben des Präsidiums 91
a) Aktive und passive Wahlberechtigung 13	5. Verfahrensordnung der Präsidien 93
b) Wahlverfahren 19	a) Grundsätze 94
c) Amtszeit und Wahlperiode 30	b) Beschlussfassung 100
d) Vorzeitiges Ausscheiden von Präsidiumsmitgliedern 34	6. Anfechtung der Maßnahmen des Präsidiums .. 111
e) Anfechtung der Wahl 39	a) Anfechtung des Geschäftsverteilungsplans .. 112
3. Beschlussfähigkeit und Vertretung 46	b) Anfechtung der Einzelanordnung durch den betroffenen Richter 114
4. Aufgaben und Befugnisse des Präsidiums 52	c) Anfechtung von Einzelanordnungen durch außenstehende Personen 117
a) Zuweisung der richterlichen Aufgaben 53	
aa) Gegenstand der Geschäftsverteilung ... 54	

Schrifttum: *Felix*, Materiell fehlerhafter Geschäftsverteilungsplan des Bundesfinanzhofs?, BB 1991, 2193; *Fischer*, Zum Grundsatz der Richteröffentlichkeit von Sitzungen des Präsidiums, DRiZ 1979, 203; *Frauendorf*, Zur richterlichen Selbstverwaltung im demokratischen Rechtsstaat, DÖV 1980, 553; *Gloria*, Verfassungsrechtliche Anforderungen an die gerichtlichen Verteilungspläne, DÖV 1988, 849; *Kellermann*, Probleme des gesetzlichen Richters, 1971; *Kornblum*, Bemerkungen zur Anfechtbarkeit gerichtlicher Geschäftsverteilungspläne, FS Schiedermair, 1976, S. 331; *Müller*, Anm. zu BGH vom 7.6.1977 – 5 StR 224/77 –, NJW 1978, 899; *Rößler*, Zur möglichen Fehlerhaftigkeit des Geschäftsverteilungsplanes des Bundesfinanzhofs, BB 1991, 2343; *Schickedanz*, Wahlpflicht für die Präsidiumswahl?, DRiZ 1996, 328; *Schorn/Stanicki*, Die Präsidialverfassung der Gerichte aller Rechtswege, 2. Aufl. 1975; *Stanicki*, Nochmals: Die neuen Präsidien und ihre Wahl, DRiZ 1972, 414; *Stanicki*, Geschäftsordnung für das Präsidium, DRiZ 1972, 51; *Wömpner*, Das befangene Präsidiumsmitglied, DRiZ 1982, 404.

I. Allgemeines

Das Präsidialrecht ist ein wesentlicher Kernbereich des Gerichtsverfassungsrechts. Es dient der **allgemeinen Justizgewährungspflicht** des Staates, der **Gewähr des gesetzlichen Richters** gem. Art. 101 Abs. 1 Satz 2 GG sowie der **Stärkung der richterlichen Unabhängigkeit**, die durch Art. 97 GG gewährleistet wird. 1

Für das Präsidium und die Geschäftsverteilung der Gerichte für Arbeitssachen gelten die §§ 21a–i GVG mit einigen Besonderheiten für die ArbG und LAG, die in § 6a Nr. 1–5 enthalten sind. § 21b GVG regelt gemeinsam mit der Wahlordnung (WahlO) die Wahl zum Präsidium. Die §§ 21a, c und d GVG betreffen die Zusammensetzung des Präsidiums. Aufgaben und Befugnisse des Präsidiums sind in § 21e GVG, § 6a 2

Nr. 3 geregelt. § 21g und f GVG sind für die spruchkörperinterne Geschäftsverteilung beim BAG relevant. Schließlich ergeben sich aus § 21i GVG Teilfragen aus dem besonderen Verfahrensrecht des Präsidiums.

II. Das Präsidium

3 Nach § 21a GVG, § 6a Nr. 1 ist **zwingend bei jedem Gericht** – unabhängig von der Anzahl der Richterplanstellen – **ein Präsidium zu bilden**. Der Gesetzgeber zeigt, dass er die Wahrnehmung von Präsidiumsaufgaben auch bei einem nur mit einem Vorsitzenden besetzten Gericht für notwendig hält. Auch hier kann eine Geschäftsverteilung erforderlich sein, wenn etwa wegen überobligatorischer Belastung eine vorübergehende Abordnung anderer Richter an das Gericht erfolgt.

4 Das Präsidium ist ein **richterliches Selbstverwaltungsorgan** zur Wahrnehmung von Aufgaben der Gerichtsverwaltung und als solches ein nicht weisungsgebundenes Rechtspflegeorgan, das in richterlicher Unabhängigkeit (Art. 97 GG, § 25 DRiG) entscheidet[1]. Die unterschiedliche Größe der Gerichte macht verschiedene Organisationsformen erforderlich, die hinsichtlich der Zusammensetzung und Größe variieren.

1. Zusammensetzung und Größe des Präsidiums

5 Die Zusammensetzung des Präsidiums regelt § 21a Abs. 2 GVG. Nach § 21a Abs. 2 GVG ist Vorsitzender und damit Mitglied des Präsidiums stets der Präsident oder der aufsichtführende Richter. Aufsichtführender Richter ist nach § 15 Abs. 2 der Richter, der die Geschäfte der Verwaltung und der Dienstaufsicht führt (vgl. auch § 15 Rz. 41). Der **Vorsitzende des Präsidiums** ist in Eilfällen zu Maßnahmen der Geschäftsverteilung berufen (§ 21i Abs. 2 GVG; hierzu Rz. 48 und Rz. 95); seine Vertretung regelt sich nach § 21c und h GVG (hierzu Rz. 50).

6 Die Größe des Präsidiums und damit die **Zahl der Präsidiumsmitglieder** richtet sich nach der Anzahl der Richterplanstellen am Ablauf des Tages, welcher dem Tag, an dem das Geschäftsjahr beginnt, um sechs Monate vorhergeht (§ 21d GVG). Planstellen sind die im Haushalt ausgewiesenen Berufsrichterstellen für ein Gericht, unabhängig von ihrer tatsächlichen Besetzung. Je nach Größe des Gerichts ist zwischen einem gewählten Präsidium und einem Plenarpräsidium zu unterscheiden.

a) Plenarpräsidium

7 Ohne Wahlverfahren, also **kraft Amtes**, gehören bei einem Gericht bis zu einschließlich sieben Richterplanstellen dem Präsidium alle wählbaren Richter an, also alle Richter auf Lebenszeit, die nicht für mehr als drei Monate abgeordnet oder beurlaubt sind (vgl. zur aktiven und passiven Wahlberechtigung auch Rz. 13 ff.). Man nennt diese Form des Präsidiums auch **Plenarpräsidium**. Die Zahl der Präsidiumsmitglieder verändert sich je nach Zahl der vorhandenen wählbaren Richter.

8 § 6a Nr. 1 bestimmt im Falle des Plenarpräsidiums als Sonderregelung für die **ArbG mit nur einer Richterplanstelle**, dass die Aufgaben des Präsidiums durch den Vorsitzenden wahrgenommen werden.

9 Bei einem **ArbG mit zwei, aber weniger als drei Richterplanstellen** werden die Aufgaben des Präsidiums im Einvernehmen der beiden Vorsitzenden wahrgenommen. Auf die Wählbarkeit des Richters nach § 21b Abs. 1 GVG, also darauf, ob die Planstelle mit einem Richter auf Lebenszeit besetzt ist, kommt es in diesem Fall nicht an. Einvernehmen bedeutet die Erteilung der vorherigen Zustimmung im Sinne einer völligen Willensübereinstimmung (zum Begriff des Einvernehmens vgl. auch § 40 Rz. 16). Bei Nichteinigung entscheidet das Präsidium des LAG oder, soweit ein solches nicht besteht, der Präsident des Gerichtes (§ 6a Nr. 1 Satz 2).

10 Bei einem **LAG mit weniger als drei Richterplanstellen** werden die Aufgaben des Präsidiums durch den Präsidenten im Benehmen mit dem weiteren Vorsitzenden wahrgenommen (§ 6a Nr. 2). LAG mit weniger als drei Berufsrichtern gibt es in der Praxis nicht mehr. Der Begriff des Benehmens bedeutet weniger als das in Nr. 1 vorausgesetzte Einvernehmen, denn hier entscheidet letztlich der Präsident allein, ist aber gehalten, vorher den weiteren Vorsitzenden anzuhören (zum Begriff des Benehmens auch § 42 Rz. 12).

b) Gewähltes Präsidium

11 Hat das Gericht mindestens acht Richterstellen, ist das Präsidium zu wählen. Ein Präsidium ist auch dann zu wählen, wenn die achte Richterplanstelle seit Jahren nicht besetzt worden ist[2]. Kraft Gesetzes gehört

---

1 BGH v. 20.3.1959 – 4 StR 416/58, NJW 1959, 1093.
2 OLG Koblenz v. 26.1.1996 – 12 VAs 1/96, DRiZ 1996, 329.

dem Präsidium der Präsident des Gerichts bzw. bei Gerichten ohne die Planstelle eines Präsidenten der aufsichtführende Richter als Vorsitzender an (§ 21a Abs. 1 GVG). Im Übrigen wird gem. § 21a Abs. 2 Nr. 1–4 GVG eine bestimmte Anzahl weiterer Mitglieder gewählt. Bei einem gewählten Präsidium bestimmt sich die **Größe des Präsidiums** nach der Zahl der Richterplanstellen des Gerichts. Planstellen sind die im Haushaltsplan ausgewiesenen Stellen. Teilzeitstellen zählen für § 21a Abs. 1 GVG als Vollstellen. Hiernach gibt es vier Organisationsformen; das Präsidium besteht entweder aus vier (bei 8–19 Richterplanstellen), aus sechs (bei 20–39 Richterplanstellen), aus acht (bei 40–79 Richterplanstellen) oder aus zehn (bei 80 und mehr Richterplanstellen) gewählten Mitgliedern.

2. Wahl des Präsidiums

§ 21b GVG enthält für das zu wählende Präsidium die Regelungen über die Wahl der Mitglieder des Präsidiums, die Amtszeit und die Wahlanfechtung. 12

a) Aktive und passive Wahlberechtigung

Aktiv wahlberechtigt sind die Richter auf Lebenszeit, wenn ihnen bei diesem Gericht ein Richteramt übertragen ist (§ 10 DRiG; vgl. auch § 6 Rz. 15). Hierzu gehören auch die Präsidenten und die sonstigen aufsichtführenden Richter und deren Vertreter. Ferner sind wahlberechtigt die Richter auf Probe (§ 12 DRiG; hierzu § 6 Rz. 16) und die Richter kraft Auftrags (§ 14 DRiG). Eine Mindestdauer der Beschäftigung wird nicht vorausgesetzt. Nicht entscheidend ist auch der Umfang des übertragenen Richteramtes; auch teilbeschäftigte Richter haben volles Stimmrecht. Ferner sind aktiv wahlberechtigt die an das betreffende Gericht für mindestens drei Monate abgeordneten Richter, wenn sie Aufgaben der Rspr. wahrnehmen. Entscheidend ist nur die vorgesehene Dauer der Abordnung. 13

Wählbar sind nur die Richter auf Lebenszeit, denen bei dem Gericht ein Richteramt übertragen ist (§ 10 DRiG; vgl. insbesondere § 6 Rz. 15), sofern sie nicht für mehr als drei Monate beurlaubt oder abgeordnet sind (hierzu Rz. 15). Nicht wählbar sind die Richter auf Probe und die Richter kraft Auftrags sowie alle Richter, die bei dem Gericht, in dem gewählt wird, nur im Abordnungsverhältnis tätig sind, selbst wenn die Abordnung länger als drei Monate dauert[1]. Nicht wählbar sind ferner die aufsichtführenden Richter, die kraft Gesetzes dem Präsidium angehören (hierzu Rz. 5). 14

Der Richter auf Lebenszeit, der von dem betreffenden Gericht aus **für mehr als drei Monate an ein anderes Gericht abgeordnet, für mehr als drei Monate beurlaubt** (Sonderurlaub, Elternzeit) oder aber **an eine Behörde abgeordnet** ist, hat weder das aktive noch das passive Wahlrecht in dieser Zeit. Grund der Regelung ist, dass der Gesetzgeber davon ausgeht, dass ein für eine längere Zeit abwesender Richter in Gefahr gerät, die in personeller und persönlicher Hinsicht erforderlichen, für die Wahl der Präsidiumsmitglieder maßgeblichen Kenntnisse zu verlieren[2]. Der Verlust der Wahlberechtigung tritt bereits mit dem Zeitpunkt des Wirksamwerdens der Abordnung oder Beurlaubung ein, falls sie für mehr als drei Monate angeordnet ist. Bei der Abordnung an eine Verwaltungsbehörde ist die Dauer im Gegensatz zur Abordnung an andere Gerichte unerheblich, so dass die Wahlberechtigung sofort entfällt. Die **sonstige Verhinderung** des Richters, das Richteramt auszuüben, zB wegen Krankheit oder Mutterschutz, schließt dagegen die Wahlberechtigung nicht aus, selbst wenn sie länger als drei Monate dauert[3]. 15

Ein **doppeltes Wahlrecht** ist möglich. Ist ein Vorsitzender gleichzeitig Richter an einem anderen Gericht (§ 18 Abs. 3; vgl. hierzu auch § 18 Rz. 24 ff.), so ist er an beiden Gerichten wahlberechtigt und wählbar. 16

Maßgeblicher Zeitpunkt für die Feststellung des aktiven und passiven Wahlrechtes ist der Wahltag. Zweifelsfälle entscheidet der Wahlvorstand. Die tatsächliche Wahlberechtigung ist nicht von der Eintragung in das Wahlverzeichnis gem. § 2 Abs.1 WahlO abhängig. Die Eintragung ist jedoch formelle Voraussetzung für die Ausübung des Wahlrechts, weshalb die Verzeichnisse bis zum Wahltag aktualisiert werden müssen[4]. 17

Ehrenamtliche Richter sind weder wahlberechtigt noch wählbar. Die Interessen der ehrenamtlichen Richter bei den ArbG und LAG nimmt nach §§ 29, 38 der Ausschuss der ehrenamtlichen Richter wahr. Vor Erstellung des Geschäftsverteilungsplans und Zuordnung der ehrenamtlichen Richter beim BAG sind nach § 44 Abs. 1 die beiden lebensältesten ehrenamtlichen Richter aus den Kreisen der ArbN und der ArbGeb zu hören. 18

---

1 *Kissel/Mayer*, § 21b GVG Rz. 9.
2 *Kissel/Mayer*, § 21b GVG Rz. 1.
3 *Zöller/Lückemann*, § 21b GVG Rz. 8.
4 OLG Rostock v. 22.3.2004 – I Ws 70/04.

b) Wahlverfahren

19 Die Wahl ist nach **demokratischen Grundsätzen** ausgerichtet, unmittelbar und geheim (§ 21b Abs. 3 Satz 1 GVG). Das Verfahren im Einzelnen bestimmt sich nach der aufgrund § 21b Abs. 5 GVG erlassenen Wahlordnung für die Präsidien der Gerichte (GerPräsWO) vom 19.9.1972 (BGBl. I S. 1821), zuletzt geändert durch Art. 209 Abs. 2 des Gesetzes v. 19.4.2006 (BGBl. I S. 866). In § 21b Abs. 3 Satz 2 GVG hat der Gesetzgeber eine Öffnungsklausel für abweichende landesrechtliche Wahlvorschriften geschaffen.

20 Für die ordnungsgemäße Durchführung der Wahl, zu der auch die Vorbereitung und die Feststellung des Wahlergebnisses gehören, hat der **Wahlvorstand** zu sorgen, der aus mindestens drei wahlberechtigten Mitgliedern des Gerichts besteht und von dem amtierenden Präsidium nach pflichtgemäßem Ermessen spätestens zwei Monate vor Ablauf des Geschäftsjahres, in dem die Wahl stattfinden muss, zu bestellen ist (§ 1 GerPräsWO). Die Abberufung eines einmal bestellten Wahlvorstands oder einzelner Wahlvorstandsmitglieder ist unzulässig[1].

21 Der Wahlvorstand setzt den **Zeitpunkt der Wahl** fest (§ 3 GerPräsWO). Die Wahl zum Präsidium soll spätestens zwei Wochen vor Ablauf des Geschäftsjahrs stattfinden. Sie darf nicht in das neue Geschäftsjahr verlegt werden, auch wenn eine größere Anzahl von Richtern mit Ablauf des Geschäftsjahres ausscheidet[2].

22 **Wahlvorschläge** gibt es nicht. Der Wahlvorstand stellt die **Wahlverzeichnisse** (§ 2 GerPräsWO) auf und fertigt die **Wahlbekanntmachung**, die spätestens einen Monat vor dem Wahltag durch Aushang veröffentlicht werden muss (§ 4 GerPräsWO).

23 Um die geheime Stimmabgabe zu sichern, muss der Wahlvorstand im Wahllokal geeignete Vorkehrungen treffen. Dem Prinzip der Unmittelbarkeit dient die vorgeschriebene **Urnenwahl**. Das Wahlrecht wird durch Einwurf eines Stimmzettels in einem Wahlumschlag in die Urne ausgeübt (§§ 5, 6 GerPräsWO). Ferner ist **Briefwahl** möglich, wenn ein Richter an der persönlichen Stimmabgabe verhindert ist (§ 7 GerPräsWO).

24 Der **Stimmzettel** muss – in alphabetischer Reihenfolge – alle wählbaren Personen beinhalten; nicht aufzunehmen sind die Richter, die dem Präsidium noch weitere zwei Jahre angehören sowie die nichtwählbaren Richter (hierzu Rz. 14 f.), insbesondere der Präsident bzw. der aufsichtführende Richter, der dem Präsidium bereits kraft Gesetzes angehört (§ 5 Abs. 2 GerPräsWO).

25 Jeder Wahlberechtigte hat so viele Stimmen, wie Mitglieder zu wählen sind (**Blockwahl**). Ein Stimmzettel ist zwar nicht ungültig, wenn der Wähler nicht die vorgeschriebene Anzahl Namen angekreuzt, sondern weniger Kandidaten gewählt hat[3]. Gemäß § 21b Abs. 2 GVG darf jeder Wahlberechtigte aber höchstens die vorgeschriebene Zahl an Richtern wählen, so dass sein Stimmzettel ungültig ist, wenn er zu viele Kandidaten wählt.

26 Nach überwiegender Auffassung besteht – wie sich aus dem Wortlaut des § 21b Abs. 2 Satz 1 GVG mit dem Wort „wählt" ergibt – für die wahlberechtigten Richter eine **Wahlpflicht**, deren Verletzung Dienstaufsichtsmaßnahmen nach § 26 DRiG nach sich ziehen kann, weil die Wahlverweigerung sich als Versäumung eines Dienstgeschäftes darstellt[4]. Sie rechtfertigt sich aus der Aufgabenstellung des Präsidiums, insbesondere aus der Notwendigkeit der Bestimmung des gesetzlichen Richters, die das Bestehen eines Präsidiums voraussetzt. Die Verletzung der Wahlpflicht hat jedoch keine Auswirkungen auf die Wirksamkeit der Wahl und wird in der Praxis auch nicht dienstrechtlich verfolgt.

27 Es gilt für die Wahl der **Grundsatz der Richteröffentlichkeit**, der besagt, dass die Richter während der gesamten Wahlzeit im Wahlraum anwesend sein können; dies gilt ebenso für die Teilnahme an der Feststellung des Wahlergebnisses (§ 6 Abs. 1, § 8 Abs. 1 GerPräsWO). Dadurch ist der Wahlvorstand bei der Ausübung seines Amtes der Kontrolle der Wähler ausgesetzt.

28 Der Wahlvorstand stellt nach Ablauf der Wahlzeit das Wahlergebnis fest. Gewählt sind nach dem **Mehrheitswahlprinzip** die Richter, welche die meisten Stimmen auf sich vereinigen (§ 21b Abs. 3 Satz 2 GVG). Bei Stimmgleichheit entscheidet das Los (§ 21b Abs. 3 Satz 3 GVG).

29 Es bedarf keiner Annahme der Wahl. Die durch die Mehrheit der Stimmen gewählten Präsidiumsmitglieder können die Wahl weder ablehnen noch ihr Amt während der Dauer der Wahlzeit niederlegen. Es be-

---

1 *Kissel/Mayer*, § 21b GVG Rz. 15.
2 Hess. VGH v. 17.12.1986 – 1 TH 3235/86, NJW 1987, 1219.
3 *Zöller/Lückemann*, § 21b GVG Rz. 3.
4 BVerwG v. 23.5.1975 – VII A 1/73, AP Nr. 1 zu § 21b GVG; *Zöller/Lückemann*, § 21b GVG Rz. 2 mwN; aA *Schickedanz*, DRiZ 1996, 328 wegen des fehlenden Hinweises zur Wahlpflicht sowohl im GVG selbst als auch in der Wahlordnung.

steht vielmehr eine **Pflicht zur Ausübung dieses Präsidiumsamtes**, da dies zu den mit dem Richteramt verbundenen Dienstpflichten und Obliegenheiten gehört[1].

c) Amtszeit und Wahlperiode

Nach dem Willen des Gesetzgebers gilt eine **Wahlperiode** von zwei Jahren, um die Stetigkeit der Arbeit des Präsidiums zu gewährleisten. Dieses Ergebnis wird nach § 21b Abs. 4 Satz 2 GVG dadurch erzielt, dass alle zwei Jahre die Hälfte der Präsidiumsmitglieder auszuscheiden hat. Die zum ersten Mal ausscheidenden Mitglieder werden durch das Los bestimmt.

Nach dem ersten Ausscheiden der Hälfte der Mitglieder durch das Los gehören grds. alle gewählten Mitglieder dem Präsidium für eine Periode von vier Jahren an. Die **Amtszeit** des Präsidiums beträgt nach § 21b Abs. 4 GVG also vier Jahre entsprechend der Wahlperiode bei den gesetzgebenden Körperschaften.

Eine **vorzeitige Beendigung der Amtszeit** kann es dann nur noch geben, wenn die Größe des Präsidiums sich nach § 21d GVG ändert und ein großes Präsidium in ein kleines oder ein kleines in ein großes Präsidium umzubilden ist.

§ 21d GVG:

(1) Für die Größe des Präsidiums ist die Zahl der Richterplanstellen am Ablauf des Tages maßgebend, der dem Tage, an dem das Geschäftsjahr beginnt, um sechs Monate vorhergeht.

(2) Ist die Zahl der Richterplanstellen bei einem Gericht mit einem Präsidium nach § 21a Abs. 2 Satz 1 Nr. 1 bis 3 unter die jeweils genannte Mindestzahl gefallen, so ist bei der nächsten Wahl, die nach § 21b Abs. 4 stattfindet, die folgende Zahl von Richtern zu wählen:
1. bei einem Gericht mit einem Präsidium nach § 21a Abs. 2 Nr. 1 vier Richter,
2. bei einem Gericht mit einem Präsidium nach § 21a Abs. 2 Nr. 2 drei Richter,
3. bei einem Gericht mit einem Präsidium nach § 21a Abs. 2 Nr. 3 zwei Richter.

Neben den nach § 21b Abs. 4 ausscheidenden Mitgliedern scheidet jeweils ein weiteres Mitglied, das durch das Los bestimmt wird, aus.

(3) Ist die Zahl der Richterplanstellen bei einem Gericht mit einem Präsidium nach § 21a Abs. 2 Nr. 2 bis 4 über die für die bisherige Größe des Präsidiums maßgebende Höchstzahl gestiegen, so ist bei der nächsten Wahl, die nach § 21b Abs. 4 stattfindet, die folgende Zahl von Richtern zu wählen:
1. bei einem Gericht mit einem Präsidium nach § 21a Abs. 2 Nr. 2 sechs Richter,
2. bei einem Gericht mit einem Präsidium nach § 21a Abs. 2 Nr. 3 fünf Richter,
3. bei einem Gericht mit einem Präsidium nach § 21a Abs. 2 Nr. 4 vier Richter.

Hiervon scheidet jeweils ein Mitglied, das durch das Los bestimmt wird, nach zwei Jahren aus.

Gemäß § 10 RPflGAnpG idF des Gesetzes vom 7.12.1995 (BGBl. I S. 1590) galten die Vorschriften, die sich auf die paritätische Besetzung der Präsidien beziehen, in den **neuen Bundesländern** nicht; wählbar waren alle wahlberechtigten Richter. Zum 1.1.2000 war eine Neuwahl aller Präsidien durchzuführen. Seit diesem Zeitpunkt gilt das GVG ohne Einschränkungen auch in den Gerichten für Arbeitssachen der neuen Bundesländer.

d) Vorzeitiges Ausscheiden von Präsidiumsmitgliedern

Scheidet ein gewähltes Mitglied des Präsidiums aus dem Gericht aus, wird es für mehr als drei Monate an ein anderes Gericht abgeordnet oder für mehr als drei Monate beurlaubt, wird es an eine Verwaltungsbehörde abgeordnet oder wird es kraft Gesetzes Mitglied des Präsidiums, so tritt an seine Stelle der durch die letzte Wahl Nächstberufene (§ 21c Abs. 2 GVG). Das **Ausscheiden** ist definiert als **dauernde Verhinderung**. Sie liegt insbesondere in allen Fällen des Verlustes der Wählbarkeit vor (§ 21b Abs. 1 Satz 2 und 3 GVG; vgl. Rz. 15 f.).

Scheidet ein Mitglied aus, ist **Nächstberufener** sodann der Richter, der nach dem Stimmenverhältnis der letzten Präsidiumswahl die meisten Stimmen – mindestens aber eine Stimme – hat und zum Zeitpunkt des Eintritts noch wählbar ist[2]. Grundlage der Entscheidung ist das vom Wahlvorstand festgestellte Ergebnis der letzten Wahl. Der Nächstberufene iSd. § 21c Abs. 2 GVG wird auch dann durch das Ergebnis der letzten Wahl bestimmt, wenn das ausgeschiedene Mitglied aufgrund der vorangegangenen Wahl in das Präsidium gekommen war.

---
1 BVerwG v. 23.5.1975 – VII A 1/73, AP Nr. 1 zu § 21b GVG.
2 Zöller/*Lückemann*, § 21c GVG Rz. 7.

36 **Scheiden aus dem Präsidium gleichzeitig zwei Mitglieder aus,** von denen das eine aufgrund der vorletzten und das andere aufgrund der letzten Wahl in das Präsidium gekommen war, so stellt das Präsidium durch Auslosung fest, wer von den Nächstberufenen für das eine und wer für das andere Mitglied nachrückt[1]. Maßgeblich ist die Ersatzliste der letzten vorangegangenen Wahl für die laufende Wahlperiode, auch wenn der Ausgeschiedene in früherer Wahl gewählt wurde[2].

37 Der Nächstberufene tritt gem. § 21c Abs. 2 GVG an die Stelle des Ausscheidenden und damit in die **Amtszeit** des ausgeschiedenen Präsidiumsmitglieds ein.

38 Sofern mangels Stimme kein Mitglied nachrücken kann, findet eine **Nachwahl** statt.

e) Anfechtung der Wahl

39 § 21b Abs. 6 GVG enthält die **Voraussetzungen für eine Wahlanfechtung.** Sie setzt nach dem Gesetzeswortlaut voraus, dass bei der Wahl ein **Gesetz verletzt** worden ist. Unter dem Begriff „Gesetz" sind alle Rechtsnormen zu verstehen, welche die Präsidiumswahl zum Gegenstand haben, also insbesondere auch die Vorschriften der Wahlordnung[3]. Es muss sich aber um eine **wesentliche Vorschrift** handeln, deren Verletzung nicht völlig unbedeutend ist[4].

40 Die **Wahlanfechtung ist zulässig,** wenn geltend gemacht wird, bei der Wahl sei ein Gesetz verletzt worden. Die Darlegung einer objektiven Gesetzesverletzung reicht als **Anfechtungsgrund** aus. Einer subjektiven Beschwer des Anfechtenden bedarf es nicht[5]. Als Anfechtungsgrund genügt bspw. das Vorbringen eines Richters, er oder einer der Kollegen sei, obwohl man zu den wählbaren Richtern gehöre, auf dem Stimmzettel nicht angeführt.

41 Die Anfechtung einer Wahl zum Präsidium nach § 21b Abs. 6 GVG hat Erfolg, wenn **die Rechtsverletzung erwiesen ist und nicht ausgeschlossen werden kann, dass sie das Wahlergebnis beeinflusst haben kann.** Dabei genügt grds. die nur abstrakte Möglichkeit eines Kausalzusammenhangs zwischen der Rechtsverletzung und dem Ergebnis der angefochtenen Wahl nicht. Es ist vielmehr auf die konkrete Rechtsverletzung unter Berücksichtigung des konkreten Ergebnisses der angefochtenen Wahl abzustellen. Allerdings ist bei schweren Rechtsverletzungen – etwa bei Nichtzulassung einer wahlberechtigten Person – stets von der Möglichkeit einer Beeinträchtigung des Wahlergebnisses auszugehen[6].

42 Eine Einschränkung findet die Anfechtungsmöglichkeit dadurch, dass nicht jedermann bei einer Gesetzesverletzung die Wahl anfechten kann, sondern – wie sich aus dem Verweis auf § 21b Abs. 1 Satz 1 GVG ergibt – nur die am Wahltag wahlberechtigten Richter **Anfechtungsberechtigte** sind[7]. Die gegenteilige Auffassung mit Hinweis darauf, dass auch der nicht wahlberechtigte Richter durch die Tätigkeit des Präsidiums betroffen werden könne, verkennt, dass das Präsidium nicht Vertretungsorgan der Richter, sondern in erster Linie unabhängiges Rechtspflegeorgan ist, sowie die Tatsache, dass der Hinweis auf die Wahlberechtigung sich aus dem Gesetzeswortlaut ergibt[8]. Die Befugnis zur Anfechtung der Wahl eines Gerichtspräsidiums entfällt aber nicht durch späteren Verlust der Wahlberechtigung[9].

43 Eine **Anfechtungsfrist** ist nicht festgesetzt[10]. Sie ist deshalb nicht notwendig, weil die Entscheidungen auch des fehlerhaft gewählten Präsidiums grds. als gültig behandelt werden.

44 Das **Anfechtungsverfahren** erfolgt im Übrigen entsprechend den Vorschriften des Gesetzes über das Verfahren in Familiensachen und in den Angelegenheiten der freiwilligen Gerichtsbarkeit – FamFG (§ 21b Abs. 6 Satz 4 GVG). Verfahrensbeteiligte im Anfechtungsverfahren sind der Anfechtungskläger und das Präsidium. Über die Wahlanfechtung der Präsidiumswahl bei den ArbG und LAG entscheidet die beim LAG bestimmte Kammer, beim BAG ein durch den Geschäftsverteilungsplan bestimmter Senat. Die erfolgreiche Anfechtung wirkt ex nunc (§ 21b Abs. 6 Satz 3 GVG) und hat zur Folge, dass neu zu wählen ist. Eine weitere Beschwerde ist nicht zulässig[11].

---

1 BGH v. 18.10.1990 – III ZB 35/90, NJW 1991, 1183.
2 Zöller/*Lückemann*, § 21c GVG Rz. 7.
3 OVG Münster v. 9.4.1987 – 1 E 8/87, NJW 1988, 723.
4 *Kissel/Mayer*, § 21b GVG Rz. 19.
5 Thüringer LSG v. 6.4.2006 – L 1 SF 51/06.
6 OLG Rostock v. 22.3.2004 – 1 Ws 70/04.
7 *Kissel/Mayer*, § 21b GVG Rz. 18.
8 AA Zöller/*Lückemann*, § 21b GVG Rz. 20.
9 OVG Münster v. 9.4.1987 – 1 E 8/87, NJW 1988, 723.
10 Thüringer LSG v. 6.4.2006 – L 1 SF 51/06; OVG Münster v. 9.4.1987 – 1 E 8/87, NJW 1988, 723; kritisch hierzu *Schorn/Stanicki*, S. 63.
11 OVG Münster v. 9.4.1987 – 1 E 8/87, NJW 1988, 723.

Wegen der besonderen Bedeutung des Präsidiums für das Funktionieren einer geordneten Rechtspflege 45
führt auch im Falle einer erfolgreichen Anfechtung das gewählte Präsidium die Geschäfte so lange fort,
bis das neue Präsidium gewählt ist. Ein Wahlverstoß beeinträchtigt auch nicht die **Gültigkeit der Präsidiumsbeschlüsse**. Ein Rechtsmittel gegen eine gerichtliche Entscheidung kann hierauf nicht gestützt werden; insbesondere kann keine Besetzungsrüge auf Wahlverstöße gestützt werden. Auch der einzelne von
einer Entscheidung des Präsidiums betroffene Richter hat den vor der Auflösung des Präsidiums getroffenen Entscheidungen Folge zu leisten[1].

3. Beschlussfähigkeit und Vertretung

Die Entscheidungen des Präsidiums ergehen in Form des **Beschlusses**. Seine Beschlüsse fasst das Präsidium grds. in einer von dem Vorsitzenden einzuberufenden Sitzung nach vorangegangener Beratung (zur Form der Beschlussfassung vgl. Rz. 100 ff.). 46

Die **Beschlussfähigkeit** des Präsidiums ist durch § 21i GVG bestimmt. Sie setzt neben der zwingenden 47
Anwesenheit des Vorsitzenden oder seiner Vertretung nach Abs. 1 grds. die Anwesenheit der Hälfte der
gewählten Mitglieder voraus. Beim Plenarpräsidium kommt es in analoger Anwendung des Abs. 1 auf die
Zahl der Mitglieder insgesamt an.

§ 21i Abs. 2 GVG regelt die sog. **Notzuständigkeit** des Präsidenten oder des aufsichtführenden Richters 48
wegen besonderer Eilbedürftigkeit, wenn ein beschlussfähiges Präsidium nicht rechtzeitig einberufen werden kann. Sofern eine Entscheidung des Präsidiums nicht rechtzeitig ergehen kann, werden die in § 21e
GVG bezeichneten Anordnungen von dem Vorsitzenden des Präsidiums getroffen. Die Gründe für die getroffene Anordnung sind schriftlich niederzulegen. Die Anordnung ist dem Präsidium unverzüglich zur
Genehmigung vorzulegen. Sie ersetzt einen Präsidiumsbeschluss und bleibt in Kraft, solange das Präsidium
nicht anderweitig beschließt. Gegenstand der Notzuständigkeit können alle dem Präsidium zustehenden
Befugnisse sein (hierzu Rz. 95 ff.).

§ 21c Abs. 1 GVG betrifft die **Vertretung der Mitglieder kraft Amtes**. Ein **Vertretungsfall** setzt voraus, dass 49
es dem betroffenen Präsidiumsmitglied vorübergehend tatsächlich oder rechtlich unmöglich ist, die richterlichen Funktionen auszuführen, wie bspw. wegen Krankheit oder Urlaub. Das planmäßige Ausscheiden hingegen kennzeichnet die dauernde Verhinderung und hat ein Nachrücken zur Folge (hierzu Rz. 34 ff.).

Der Vorsitzende des Präsidiums wird im Falle der Verhinderung durch den von der Justizverwaltung bestellten ständigen Vertreter (§ 21h GVG) auch im Präsidium vertreten. Der **Vertreter** ist nicht kraft Gesetzes Mitglied des Präsidiums. Er hat aber, auch wenn er kein gewähltes Mitglied ist, ohne Stimmrecht jederzeit – auch ohne Vertretungsfall – die Möglichkeit, an den Sitzungen des Präsidiums teilzunehmen (§ 21c
Abs. 1 Satz 2 GVG). Sein **Recht der beratenden Teilnahme** dient der umfassenden Meinungsbildung des
Präsidiums und soll ihm ermöglichen, ohne weitere Vorbereitung und Information jederzeit die Vertretung übernehmen zu können[2]. Ist auch der Vertreter verhindert, findet eine weitere Vertretung nicht statt.
Ist der Vertreter gleichzeitig gewähltes Mitglied des Präsidiums, wird er selbst nicht vertreten (Abs. 1 Satz 3;
hierzu Rz. 51). 50

Die **übrigen Mitglieder** werden gem. § 21c Abs. 1 Satz 3 GVG nicht bei Verhinderung vertreten, sondern 51
nur bei Verlust der Mitgliedschaft durch den durch die letzte Wahl Nächstberufenen ersetzt. Die **Ausscheidungsgründe**, die zum Verlust der Mitgliedschaft vor Ablauf der Wahlperiode führen können, sind in
§ 21c Abs. 2 GVG abschließend geregelt. Bei Verhinderung ist allerdings die Beschlussfähigkeit nach § 21i
Abs. 1 GVG zu überprüfen (vgl. Rz. 47).

4. Aufgaben und Befugnisse des Präsidiums

Die Vorschrift des § 21e GVG enthält die Anordnung der Aufgaben und Befugnisse des Präsidiums. Die 52
Aufgaben des Präsidiums ergeben sich insbesondere aus § 21e Abs. 1 GVG. Das Präsidium bestimmt die
Besetzung der Spruchkörper, regelt die Vertretung und verteilt die Geschäfte. Es trifft diese Anordnungen
vor dem Beginn des Geschäftsjahres für dessen Dauer. Die Anordnungen nach Abs. 1 dürfen im Laufe
des Geschäftsjahres nur geändert werden, wenn dies wegen Überlastung oder ungenügender Auslastung
eines Richters oder Spruchkörpers oder infolge Wechsels oder dauernder Verhinderung einzelner Richter
nötig wird. Vor der Änderung ist den Vorsitzenden Richtern, deren Spruchkörper von der Änderung der
Geschäftsverteilung berührt wird, Gelegenheit zu einer Äußerung zu geben (§ 21e Abs. 3 GVG). Das Prä-

---

1 Zur Möglichkeit der Erlangung einstweiligen Rechtsschutzes nach § 123 VwGO vgl. aber auch OVG Hamburg v.
  19.9.1986 – Bs V 144/86, NJW 1987, 1215; Hess. VGH v. 17.12.1986 – 1 TH 3235/86, NJW 1987, 1219.
2 Zöller/*Lückemann*, § 21c GVG Rz. 5.

sidium kann ferner anordnen, dass ein Richter oder Spruchkörper, der in einer Sache tätig geworden ist, für diese nach einer Änderung der Geschäftsverteilung zuständig bleibt (§ 21e Abs. 4 GVG). Soll ein Richter für Aufgaben der Justizverwaltung ganz oder teilweise freigestellt werden, so ist das Präsidium vorher zu hören (§ 21e Abs. 6 GVG).

a) Zuweisung der richterlichen Aufgaben

53 Hauptaufgabe des Präsidiums ist die Verteilung der Richterdienstgeschäfte durch Erstellung des Geschäftsverteilungsplans. Der **Geschäftsverteilungsplan** ist nach Anhörung des Ausschusses der ehrenamtlichen Richter (§ 29) zu beschließen.

aa) Gegenstand der Geschäftsverteilung

54 Der Geschäftsverteilungsplan **besetzt die Spruchkörper**, regelt die Vertretung der Richter und weist den Spruchkörpern die Rechtsprechungsaufgaben zu. Hierdurch wird der verfassungsrechtlich garantierte Richter (Art. 101 Abs. 1 Satz 2 GG) festgelegt.

55 Nicht Aufgabe des Geschäftsverteilungsplans ist die **Festlegung der Art der Tätigkeit der aufsichtführenden Richter**. Der aufsichtführende Richter bestimmt nach § 6a Nr. 3 selbst, welche richterlichen Aufgaben er wahrnimmt. Sinn und Zweck der Regelung ist, dem aufsichtführenden Richter die Entscheidung zu überlassen, welche Arbeitsbelastung sich durch richterliche Aufgaben mit den Justizverwaltungsgeschäften und den Pflichten als Vorsitzender des Präsidiums angemessen vereinbaren lässt[1]. Aufsichtführende Richter sind diejenigen, die nach § 15 Abs. 2 die Geschäfte der Dienstaufsicht und Verwaltung führen (hierzu § 15 Rz. 41). Es handelt sich mithin um die Präsidenten der Gerichte (für diese bereits § 21e Abs. 1 Satz 3 GVG) bzw. Direktoren der ArbG. Für die Arbeitsgerichtsbarkeit hat dies eine Relevanz, wenn der Geschäftsverteilungsplan nicht auf dem in der ersten Instanz überwiegend üblichen Rotationsprinzip beruht (hierzu Rz. 71) – bei einem solchen System kann sich der aufsichtführende Richter im Hinblick auf das Abstraktionsprinzip (vgl. Rz. 69) keine einzelnen Rechtsstreite heraussuchen –, sondern bspw. die Verteilung nach Sachgebieten festgelegt ist oder gem. § 30 Fachkammern eingerichtet sind. In jedem Fall darf sich der aufsichtführende Richter nicht auf rein verwaltungstechnische Aufgaben beschränken, sondern er muss auch richterliche Aufgaben wahrnehmen.

56 Nicht unumstritten ist, ob der aufsichtführende Richter auch allein bestimmt, in welchem Umfang die richterlichen Geschäfte neben den Verwaltungsgeschäften durchzuführen sind oder es zur **Festlegung des Umfangs der richterlichen Tätigkeit der aufsichtführenden Richter** eines Mehrheitsbeschlusses durch das Präsidium bedarf. Hierzu ist der Wortlaut nicht eindeutig. Er entspricht dem § 21e Abs. 1 Satz 3 GVG zur vergleichbaren Regelung für die Präsidenten der ordentlichen Gerichte, für den in Rspr. und Lit. vertreten wird, dass die Festlegung des Umfangs Sache des Präsidiums sei[2]. Anderseits können aufsichtführende Richter der 1. und 2. Instanz den Umfang ihrer Arbeitsbelastung idR – bspw. durch die Auswahl eines Sachgebiets – nur unmaßgeblich beeinflussen. Daher wird vertreten, der Sinn einer angemessenen Entlastung, wie er § 6a Nr. 3 innewohnt, könne nur dann verwirklicht werden, wenn man diese Vorschrift auch auf die Bestimmung des Umfangs der Aufgaben ausdehnt[3]. In der Praxis spielt dieser Meinungsstreit selten eine Rolle, weil das Präsidium häufig den idR abgewogenen Vorschlägen des jeweiligen aufsichtführenden Richters zu seiner Entlastung folgt. Nicht maßvolle und damit ungerechtfertigte Entlastungsregelungen können allerdings die Rechte der übrigen Richter verletzen, so dass sie ggf. den Rechtsweg beschreiten können (hierzu Rz. 115).

57 Nicht Gegenstand der Geschäftsverteilung ist die Festlegung der **Zahl der Spruchkörper** – Kammern und Senate. Diese wird für die 1. und 2. Instanz von den obersten Landesbehörden bestimmt (§ 17 Abs. 1, § 35 Abs. 3), für die 3. Instanz einvernehmlich durch das BMAS und das BMJV (§ 41 Abs. 3). Die Entscheidung über die Zahl der Kammern wird einerseits durch haushaltsrechtliche Gesichtspunkte und andererseits durch den Geschäftsanteil bestimmt.

bb) Aufstellung des Geschäftsverteilungsplans

58 Es gilt das **Vorauswirkungsprinzip**. Alle Geschäfte müssen im Voraus verteilt werden. Der gesetzliche Richter muss vorbestimmt sein. Der Geschäftsverteilungsplan wirkt daher immer nur für die Zukunft. Eine Rückwirkung ist ausgeschlossen.

---

1 So *Kissel/Mayer*, § 21e GVG Rz. 126.
2 OVG Bdb. v. 27.3.2000 – 2 B 57/00, BDVR-Rundschreiben 2000, 156; *Kissel/Mayer*, § 21e GVG Rz. 126.
3 GMP/*Prütting*, § 6a Rz. 55.

Für die Geltung des Geschäftsverteilungsplans gilt das **Jährlichkeitsprinzip**. Der für das Geschäftsjahr geschlossene Geschäftsverteilungsplan tritt am Ende des Geschäftsjahres automatisch außer Kraft und muss für jedes Jahr in vollem Umfang neu beschlossen werden[1]. Gegen das Jährlichkeitsprinzip wird aber nicht verstoßen, wenn der Geschäftsverteilungsplan über Jahre immer wortgleich beschlossen wird[2]. 59

Der Gesetzgeber hat nicht ausdrücklich festgelegt, dass das **Geschäftsjahr** mit dem Kalenderjahr identisch ist, obwohl er hiervon ausgegangen ist. Zwar gilt der Grundsatz der Verfahrensautonomie, nach dem das Präsidium in der Gestaltung des Verfahrens frei ist, sofern nicht besondere gesetzliche Verfahrensvorschriften bestehen[3]. In der Praxis spielt die Frage, ob von Gericht zu Gericht ein anderes Geschäftsjahr gelten darf, jedoch keine Rolle, da bei den Gerichten der Arbeitsgerichtsbarkeit die gleichmäßige Übung besteht, das Geschäftsjahr mit dem Kalenderjahr gleichzusetzen[4]. Eine Regelung, die über die Dauer des betreffenden Geschäftsjahres hinaus in die weitere Zukunft greift, ist genauso wirkungslos wie eine Regelung, die von vornherein nur einen bestimmten Teil des Jahres erfasst[5]. 60

Für das neue Geschäftsjahr werden nicht nur die neu eingehenden, sondern mit konstitutiver Wirkung auch diejenigen Sachen (erneut) zugewiesen, die bereits aufgrund der alten Geschäftsverteilung verteilt waren (**Vollständigkeitsprinzip**). 61

Maßgebend für die **Beurteilung der Zuständigkeit eines Spruchkörpers** ist der im Zeitpunkt der Entscheidung geltende Geschäftsverteilungsplan[6]. 62

Eine **Änderung** des für ein Geschäftsjahr im Voraus erstellten Geschäftsverteilungsplans ist im laufenden Geschäftsjahr nur ausnahmsweise unter den Voraussetzungen des § 21e Abs. 3 GVG durch Präsidiumsbeschluss möglich. Es muss sich stets um solche Änderungen handeln, die notwendig sind, um eine geordnete Rechtspflege aufrechtzuerhalten und sicherzustellen. Besteht eine solche Notwendigkeit, kann das Präsidium nach pflichtgemäßem Ermessen alle Maßnahmen treffen, mit denen eine geordnete Rechtspflege gewährleistet wird. 63

Als **Abänderungsgründe** kommen nach § 21e Abs. 3 GVG in Betracht: Überlastung oder ungenügende Auslastung eines Richters oder Spruchkörpers sowie Wechsel oder Verhinderung einzelner Richter. **Überlastung** ist die nicht nur kurzfristige Mehrbelastung – zB durch vermehrten Geschäftsanfall – eines Spruchkörpers, die nicht mehr ordnungsgemäß bewältigt werden kann, während die **ungenügende Auslastung** – zB durch Abnahme des Geschäftsanfalls – die umgekehrten Vorzeichen beinhaltet. **Richterwechsel** ist jede Veränderung im Bestand der dem Gericht zugewiesenen Richter bezogen auf den Beginn des Geschäftsjahres. Vor allem in der Praxis relevant sind die Fälle der Pensionierung, der Versetzung von Proberichtern oder der Abordnung von Richtern zum Zwecke der Erprobung oder zur Aushilfe bei anderen Gerichten oder aufgrund von Bewerbungen vorübergehend an Behörden sowie die Ernennung eines berufsrichterlichen Beisitzers beim BAG oder Vorsitzenden oder die Ernennung eines neuen Präsidenten, welcher gem. § 6a Abs. 1 Satz 3, Abs. 3 Satz 1 nicht gezwungen ist, die vom Vorgänger ausgefüllte richterliche Aufgabe zu übernehmen. Der Geschäftsverteilungsplan ist auch zu ändern, wenn durch Zuweisung einer neuen Planstelle ein neuer Richter eingesetzt wird. Eine **dauernde Verhinderung** liegt vor, wenn sich zwar die Zahl der Richter nicht ändert, es aber einem oder mehreren Richtern tatsächlich oder rechtlich auf voraussichtlich längere Zeit nicht möglich ist, die übertragenen Aufgaben zu erfüllen. Hauptfall ist hierbei länger andauernde Erkrankung, wobei es keine festen Zeitgrenzen gibt, sondern das vorausschauende Ermessen des Präsidiums maßgeblich ist. Ein Abänderungsgrund kann vorliegen, wenn der Dienst für länger als zwei Monate nicht aufgenommen werden kann, weil bei hoher Arbeitsbelastung der Richter der Arbeitsgerichtsbarkeit einerseits eine länger andauernde Vertretung – auch der terminierten Sitzungen – durch andere Kollegen in der Praxis nicht durchführbar ist, andererseits Terminverlegungen bis zur Genesung des Richters zu einer für die Parteien schwer hinnehmbaren Verlängerung der Verfahrensdauer führen dürften. 64

Über die in § 21e Abs. 3 GVG genannten Gründe hinaus sind als **sonstige Abänderungsgründe** die Zuweisung neuer Geschäftsaufgaben an das Gericht, der Entzug bisheriger Geschäftsaufgaben sowie die Korrektur offensichtlicher Fehler anerkannt[7]. Nicht hierunter fallen die Berichtigung von Schreibfehlern oder offensichtlichen Unrichtigkeiten, die keine Gestaltungsänderung darstellen und analog § 319 ZPO jederzeit 65

---

1 BVerwG v. 30.10.1984 – 9 C 67/82, NJW 1985, 822.
2 BAG v. 20.8.2002 – 3 AZR 133/02, AP Nr. 2 zu § 586 ZPO.
3 Zu dem Meinungsstreit *Schorn/Stanicki*, S. 28.
4 Zu den möglichen Gefahren bei einer Abweichung vom Kalenderjahr *Stanicki*, DRiZ 1972, 414.
5 BGH v. 4.7.1961 – 1 StR 225/61, NJW 1961, 1685.
6 BVerwG v. 30.10.1984 – 9 C 67/82, NJW 1985, 822; BVerwG v. 18.10.1990 – 3 C 19/88, NJW 1991, 1370.
7 OLG Oldenburg v. 19.10.1984 – 2 Ws 475/84, NJW 1985, 2658; *Schorn/Stanicki*, S. 133.

66 Die **Entscheidung** darüber, ob ein Abänderungsgrund vorliegt, trifft das Präsidium ebenso wie Entscheidungen bei Streitigkeiten über die Auslegung des Geschäftsverteilungsplans durch Beschluss. Die Entscheidung des Präsidiums ist bindend, bis ihre Rechtswidrigkeit festgestellt ist (hierzu Rz. 111 ff.).

67 Welche Änderungen nötig sind, um den Geschäftsbetrieb des Gerichts aufrechtzuerhalten, entscheidet das Präsidium nach pflichtgemäßem **Ermessen**. Auch Hilfskammern können errichtet werden[2].

68 Ein **Abänderungsbeschluss** für eine zurückliegende Zeit ist wirkungslos; das Präsidium kann nur Anordnungen für die Zukunft treffen. Allerdings dürfen nicht nur neu eingehende Sachen verteilt werden, sondern die Änderung kann auch bereits anhängige Verfahren einschließen.

cc) Inhalt

69 Alle Geschäftsaufgaben müssen im Voraus auf die bei einem Gericht vorhandenen Richter nach allgemeinen, abstrakten, sachlich-objektiven Merkmalen verteilt werden (**Abstraktionsprinzip**)[3]. Die Zuweisung einzelner konkret bezeichneter – ausgesuchter – Sachen an einen Spruchkörper ist mit dem Abstraktionsprinzip nicht vereinbar[4].

70 Im Rahmen der allgemeinen Grundsätze wählt das Präsidium das jeweilige **Verteilungssystem** für die Geschäftsaufgaben nach pflichtgemäßem Ermessen. Je nach Art und Größe des Gerichts bieten sich unterschiedliche Systeme sowie auch Mischformen an.

71 Die Geschäftsverteilung orientiert sich **in der Praxis der Gerichte** nach folgenden Kriterien:
– meistens nach dem zeitlichen Eingang der Sachen (Rotationsprinzip), also in der Reihenfolge des Eingangs bei Gericht bzw. nach der Reihenfolge der Registrierung, wobei die Reihenfolge des Eingangs festzulegen ist[5],
– an den Anfangsbuchstaben einer Partei[6],
– nach Sachgebieten (bspw. öffentlicher Dienst; Betriebsverfassungsrecht; Disziplinarmaßnahmen gegen ehrenamtliche Richter),
– nach räumlichen Bezirken,
– im Rechtsmittelverfahren nach dem Gericht der Vorinstanz.

72 Auch das Bestehen von **Fachkammern** (vgl. § 17 Rz. 9 ff. und § 30 Rz. 3 ff.), kann bei der Zuteilung Berücksichtigung finden, ebenso wie die allgemein erfolgende Zuweisung an Hilfskammern – soweit gebildet –, um Überlastungen auszugleichen[7].

73 Die Frage, ob und in welchem Umfang einer Kammer wegen anderweitiger Belastung – Verwaltungsaufgaben, Krankheit oder Abordnung – **Entlastung** bewilligt wird, ist ebenfalls eine von dem Präsidium zu klärende Entscheidung. In der Praxis werden als Mittel der Entlastung Akten des Bestandes nach einem abstrakten System auf die anderen Kammern verteilt und/oder die betroffene Kammer für einen bestimmten Zeitraum von Neueingängen ausgenommen.

74 Vielfach werden Rechtsstreitigkeiten, die in einem engen Zusammenhang stehen, einem Spruchkörper zugeordnet. Sollen **Parallelsachen** von einem Spruchkörper erledigt werden, hat der Geschäftsverteilungsplan die Voraussetzungen der Zuteilung oder Übernahme genau festzulegen. Allerdings dürfen nicht für einzelne Geschäfte bestimmte Richter ausgesucht werden, so dass auch hier abstrakte Kriterien, bspw. Übernahme durch den Spruchkörper mit der niedrigsten Endnummer oder Übernahme aller einstweiligen Verfügungsverfahren durch den mit der Hauptsache befassten Spruchkörper, aufgestellt werden müssen[8].

---

1 *Kissel/Mayer*, § 21e GVG Rz. 111.
2 BAG v. 24.3.1998 – 9 AZR 172/97, AP Nr. 4 zu § 21e GVG.
3 Hierzu BVerwG v. 18.10.1990 – 3 C 19/88, NJW 1991, 1370; generell hinsichtlich der Eignung der Geschäftsverteilungspläne zur Vermeidung der Ad-hoc-Bestellung *Kellermann*, S. 40 ff.
4 BAG v. 26.9.2007 – 10 AZR 35/07, ArbRB 2007, 359; BGH v. 4.4.1957 – 4 StR 82/57, NJW 1957, 800; BVerwG v. 18.10.1990 – 3 C 19/88, NJW 1991, 1370.
5 BAG v. 24.3.1998 – 9 AZR 172/97, BB 1989, 1956.
6 Zu den Bedenken bei einem Abstellen auf den Anfangsbuchstaben des Klägers, das durch gezielte Abtretungen die Möglichkeit zur Wahl des Richters eröffnet, vgl. auch LG Frankfurt v. 9.11.1987 – 2/24 S 242/87, NJW 1988, 70; *Zöller/Lückemann*, § 21e GVG Rz. 13.
7 BAG v. 24.3.1998 – 9 AZR 172/97, BB 1989, 1956.
8 BAG v. 20.8.2002 – 3 AZR 133/02, AP Nr. 2 zu § 586 ZPO.

Unzulässig ist bspw. eine Regelung im Geschäftsverteilungsplan, die vorsieht, dass in Sachen, die in mehreren Kammern anhängig sind und bei denen eine Verbindung in Frage kommt (§ 147 ZPO), die Verbindung durch die Kammer erfolgen soll, in der die zuerst eingegangene Sache anhängig ist[1]. In der Praxis finden sich oftmals Zuweisungen von Rechtsstreitigkeiten identischer Parteien oder bei den LAG die Bündelung von Parallelstreitigkeiten bei einseitiger Parteiidentität in einer Berufungskammer.

Bedenken bestehen angesichts einer Regelung, die einen sog. **Eildienst** für einstweilige Verfügungsverfahren und Arrestanträge einrichtet, nach dem ein Richter an bestimmten Tagen zuständig ist, insbesondere, wenn diese Regelung für nur einen relativ kurzen Zeitraum – und nicht für das gesamte Geschäftsjahr – beschlossen wird. Einer solchen Regelung steht nicht nur einerseits das Jährlichkeitsprinzip, sondern andererseits auch das Abstraktionsprinzip entgegen. Durch vorherige Einsicht in den Geschäftsverteilungsplan kann vor der Einreichung eines entsprechenden Antrags durch die Partei die ihr genehme Kammer – zumindest soweit es den Berufsrichter betrifft – durch den Zeitpunkt der Antragstellung ausgewählt werden. Durch die Regelungen vieler Geschäftsverteilungspläne, die später folgende Hauptsache und/oder Rechtsstreitigkeiten mit Parteiidentität der das Eilverfahren behandelnden Kammer zuzuordnen, schlägt eine derartige Wahl uU auch auf alle Folgeverfahren durch.

Gegen eine Regelung des jährlichen Geschäftsverteilungsplans, nach der alle noch anhängigen Sachen auf einen anderen Spruchkörper übergehen, ist nichts einzuwenden[2]. Eine neue Geschäftsverteilung muss aber die bereits erfolgte **Zuteilung der schon anhängigen Sachen** nicht berücksichtigen (§ 21e Abs. 4 GVG).

b) Zuweisung der Richter und Vertretungsregelungen

Das **Gebot der vorschriftsmäßigen Besetzung** des Gerichts und der Bestimmbarkeit des gesetzlichen Richters iSd. Art. 101 Abs. 1 Satz 2 GVG gilt nicht nur für das Gericht als organisatorische Einheit oder das erkennende Gericht als Spruchkörper, sondern auch für die im Einzelfall zur Entscheidung berufenen Richter.

aa) Zuweisung der Richter zu den Spruchkörpern

Die **Bestimmung der Zuweisung** bedeutet, dass das Präsidium festzulegen hat, wer Vorsitzender der Spruchkörper ist und wie viele und welche ehrenamtlichen Richter dem Spruchkörper zugeteilt werden. Dabei muss der Geschäftsverteilungsplan die zur Entscheidung der anhängig werdenden Verfahren berufenen Richter so eindeutig und genau wie möglich bestimmen. Vermeidbares Auslegungsermessen muss ausgeschaltet werden; jede unnötige Unbestimmtheit ist verboten[3].

Jeder **Berufsrichter** ist einem Spruchkörper zuzuteilen. Dabei verfügt das Präsidium über ein weites Ermessen, wie die an einem Gericht tätigen Richter eingesetzt werden. Das Ermessen hat sich zwar in erster Linie an den anfallenden richterlichen Geschäften im Interesse der Rechtsschutzsuchenden zu orientieren, muss aber auch die den einzelnen Richter schützenden Individualregelungen (bspw. § 84 Abs. 2 SGB IX) berücksichtigen[4]. Steht ein Richter nur mit einem Teil seiner Arbeitskraft zur Verfügung, muss der Geschäftsverteilungsplan erkennen lassen, mit welchem Teil seiner Arbeitskraft der Richter dem jeweiligen Spruchkörper zugewiesen ist[5]. Ein **ehrenamtlicher Richter** kann gem. § 6a Nr. 4 auch mehreren Spruchkörpern angehören. Daher kann das Präsidium in dem richterlichen Geschäftsverteilungsplan die bei dem Gericht berufenen ehrenamtlichen Richter allen Kammern zuweisen[6]. Die Zuteilung hat immer für die Dauer eines Geschäftsjahres zu erfolgen. Es darf kein Richter von der Zuweisung ausgenommen werden[7]. Gegen das Präsidium, das einen Richter – auch ehrenamtlichen Richter – von der Zuteilung ausnimmt, kann eine einstweilige Anordnung ergehen, durch die das Präsidium zur Erstellung eines bestimmten Geschäftsverteilungsplans angehalten wird[8].

Die **Zahl der Richter** wird nicht vom Präsidium bestimmt. Sie wird von den zuständigen Behörden durch Ernennung und Abordnung (§§ 18, 36, 37, 42 DRiG) und Bestimmung der Zahl der Kammern und Senate

---

1 BAG v. 22.3.2001 – 8 AZR 565/00, AP Nr. 59 zu Art. 101 GG.
2 BVerwG v. 18.10.1990 – 3 C 19/88, NJW 1991, 1370.
3 BVerfG v. 24.3.1964 – 2 BvR 42/63, NJW 1964, 1020.
4 VG Frankfurt v. 11.11.2011 – 9 L 3208/11.F.
5 BGH v. 24.10.1973 – 2 StR 613/72, NJW 1974, 109.
6 BAG v. 16.10.2008 – 7 AZN 427/08, AP Nr. 63 zu § 72a ArbGG 1979.
7 BVerfG v. 25.2.1964 – 2 BvR 411/61, NJW 1964, 1019.
8 Hess. VGH v. 14.12.1977 – VIII TG 4/77, AP Nr. 6 zu § 43 ArbGG 1985 in Abweichung zu BVerwG v. 28.11.1975 – VII C 47/73, AP Nr. 1 zu § 21e GVG.

(§ 17 Abs. 1, § 35 Abs. 3, § 41 Abs. 3) festgesetzt. Das Präsidium ist an die zahlenmäßigen Vorgaben der Senate und Kammern sowie der zugeteilten Richter gebunden.

81 § 6a Nr. 5 bestimmt, dass den **Vorsitz in den Kammern** der ArbG und LAG die Berufsrichter führen. Abweichend von § 21f Abs. 1 GVG sind die Vorsitzenden Richter bei den ArbG nicht notwendig Richter auf Lebenszeit, da auch Richter auf Probe (§ 12 DRiG) und Richter kraft Auftrags (§ 14 DRiG) nach § 18 Abs. 7 eingesetzt werden können (hierzu § 6 Rz. 10 ff.). An den LAG können dagegen nur Richter auf Lebenszeit als Vorsitzende tätig werden (§ 36). Im Falle der Erprobung (vgl. § 36 Rz. 6) führen Richter am ArbG, die bereits gem. § 10 DRiG auf Lebenszeit ernannt sind, für die Dauer ihrer Erprobung den Vorsitz der entsprechenden Erprobungskammer beim LAG.

82 Eine Geschäftsverteilung, die **für eine Kammer keinen Vorsitzenden** bestimmt, soll jedenfalls dann gesetzeswidrig sein, wenn für diese Kammer eine Planstelle vorhanden ist[1]. Ebenso unzulässig ist die Zuweisung von Geschäftsaufgaben an einen **namentlich nicht benannten** Richter „NN". Das Präsidium darf nur einem Richter Zuständigkeiten übertragen, den es kennt[2]. Davon abzugrenzen ist allerdings der Umstand, dass eine Planstelle vorübergehend unbesetzt ist und das Präsidium über die Besetzung dieser Stelle zu Beginn des Geschäftsjahres noch nicht entscheiden und insoweit eine Zuweisung noch nicht vornehmen kann[3].

83 Aufgabe des Präsidiums des zuständigen LAG ist auch die **Zuweisung von vorübergehenden Vertretern** iSd. § 19 Abs. 2. Hierbei handelt es sich um die Vertretung durch einen auswärtigen Richter in dem Fall, in dem die Vertretung des vorübergehend verhinderten Vorsitzenden gerichtsintern mit Hilfe des bestehenden Geschäftsverteilungsplans nicht möglich ist (hierzu insbesondere § 19 Rz. 6 ff.). Der Geschäftsverteilungsplan ist dann zu ändern (vgl. Rz. 63).

bb) Vertretungsregeln

84 Die **Vertretung der Berufsrichter** hat gem. § 21e Abs. 1 Satz 1 GVG nach generellen abstrakten Merkmalen vor dem Vertretungsfall durch das Präsidium festzustehen. Für jeden Richter ist ein ständiger Vertreter zu bestimmen, dem die Erledigung der jeweiligen Geschäftsaufgabe obliegt. Dies schließt ein, dass auch für den Fall der Verhinderung des geschäftsplanmäßigen Vertreters und des Vertreters des Vertreters usw. Vorsorge durch eine lückenlose Vertretung getroffen ist (Ringvertretung)[4].

85 Jeder Eintritt eines Vertreters setzt eine **vorübergehende Verhinderung** voraus, also die tatsächliche oder die rechtliche Unmöglichkeit, die konkrete Aufgabe wahrzunehmen. Die klassischen Fälle der **tatsächlichen Verhinderung** sind Urlaub, Dienstbefreiung, Krankheit, Kur, Teilnahme an Fortbildungsveranstaltungen oder Ausübung des Ehrenamtes als Richter- oder Präsidialrat. **Rechtlich verhindert** wäre bspw. ein vom Dienst enthobener Richter. Weitere Verhinderungsgründe, die spezialgesetzlich geregelt sind, sind die Ausschließung oder Ablehnung eines Richters (§§ 41 ff. ZPO; hierzu auch § 6 Rz. 34 ff.). Die Verhinderung ist vorübergehend, wenn eine Wiederaufnahme der Tätigkeit generell in absehbarer Zeit wieder in Betracht kommt[5]. Die Verhinderung ist nur dann förmlich durch den Präsidenten oder den aufsichtführenden Richter festzustellen, wenn sie nicht offenkundig ist[6]. Die Verhinderung und damit der Vertretungsfall sind offensichtlich, wenn nach außen in Erscheinung tretende klar objektivierbare Sachverhalte vorliegen, die die (vorübergehende) Verhinderung ohne weiteres erkennen lassen. Nach st. Rspr. ist das über die vorgenannten Gründe hinaus bei kurzfristiger Abordnung oder Unerreichbarkeit anzunehmen[7].

86 Die **Vertretungsregelung des § 21f Abs. 2 GVG** spielt für die Gerichte 1. und 2. Instanz keine Rolle, da weitere Mitglieder der Spruchkörper ehrenamtliche Richter sind, die nach § 6a Nr. 5 den Vorsitz einer Kammer nicht führen dürfen. Für das BAG ist dagegen die Regelung des § 21f GVG uneingeschränkt anwendbar. Bei Verhinderung des Vorsitzenden ist nach dieser Vorschrift vom Präsidium ein Mitglied des Senats zum Vertreter zu bestimmen. Ist auch der Vertreter verhindert, so führt das dienstälteste Mitglied, bei gleichem Alter das lebensälteste Mitglied des Senats den Vorsitz.

87 Die Geschäftsverteilung innerhalb der Spruchkörper regelt § 21g GVG. Hiernach werden die Geschäfte innerhalb eines mit mehreren Richtern besetzten Spruchkörpers durch Beschluss aller dem Spruchkörper

---

1 BGH v. 1.2.1979 – 4 StR 657/78, NJW 1979, 1052.
2 BGH v. 1.2.1979 – 4 StR 657/78, NJW 1979, 1052; BGH v. 29.5.1987 – 3 StR 242/86, NJW 1988, 1397.
3 Vgl. hierzu auch *Kissel/Mayer*, § 21e GVG Rz. 137.
4 Hierzu auch *Müller*, NJW 1978, 899.
5 Zu den Einzelheiten vgl. Zöller/*Lückemann*, § 21e GVG Rz. 39 ff.
6 BGH v. 31.1.1983 – II ZR 43/82, DRiZ 1983, 234.
7 BGH v. 26.11.1979 – II ZR 31/79, DRiZ 1980, 147.

angehörenden Berufsrichter auf die Mitglieder verteilt. Der Beschluss bestimmt vor Beginn des Geschäftsjahres für dessen Dauer, nach welchen Grundsätzen die Mitglieder an den Verfahren mitwirken; er kann nur geändert werden, wenn dies wegen Überlastung, ungenügender Auslastung, Wechsels oder dauernder Verhinderung einzelner Mitglieder des Spruchkörpers nötig wird. Diese Vorschrift findet nur Anwendung für die **spruchkörperinterne Geschäftsverteilung beim BAG**. Die Verteilung der Geschäfte innerhalb eines mit mehreren Richtern besetzten Spruchkörpers gehört damit zu den richterlichen Aufgaben des Senats und unterliegt nicht dem Einwirkungsbereich der Geschäftsverteilung durch das Präsidium. Ausschließlich nach § 21g Abs. 1 GVG richtet sich bspw. die Bestimmung des Berichterstatters. Die Grundsätze der Verteilung der Geschäfte durch den Vorsitzenden sind mit denen der Geschäftsverteilung durch das Präsidium vergleichbar, so dass auf die dortigen Ausführungen verwiesen werden kann (Rz. 58 ff.).

Keine Geltung hat § 21g GVG für die **spruchkörperinterne Verteilung der Kammern 1. und 2. Instanz**. Dies liegt daran, dass die Kammern der ArbG und LAG jeweils nur mit einem Berufsrichter besetzt sind. Die ehrenamtlichen Richter werden nach Maßgabe des § 6a Nr. 4 einer einzelnen, mehreren oder allen Kammern des Gerichts zugewiesen (Rz. 79) und sodann in der vorgesehenen Reihenfolge der Listen zu den Kammersitzungen herangezogen. Zur Heranziehung kann insoweit auf die Ausführungen zu §§ 31, 39 verwiesen werden. Der Geschäftsverteilungsplan sieht jedoch für den Fall der Verhinderung eines ehrenamtlichen Richters vor, welcher Ersatzrichter nach welchen Kriterien auf der Hilfsliste herangezogen wird (vgl. § 31 Rz. 13 ff.). 88

§ 21g Abs. 2 GVG regelt den Fall der **Einteilung eines überbesetzten Spruchkörpers**, dem mehr Richter zugewiesen sind, als dieser nach dem Gesetz für die Entscheidung braucht. Die Überbesetzung eines Senats beim BAG ist möglich, wenn das Präsidium die Besetzung eines Senats mit mehr als drei Berufsrichtern für unvermeidbar erachtet, um eine geordnete Rechtspflege zu ermöglichen. Eine Überbesetzung darf dabei die Zahl der zugewiesenen Mitglieder nicht verdoppeln, da ausgeschlossen sein muss, dass innerhalb eines Spruchkörpers zwei getrennte personell verschiedene Sitzgruppen gebildet werden können[1] (vgl. auch § 41 Rz. 19 ff.). Beim BAG sind teilweise Senate mit vier Berufsrichtern besetzt. Der Vorsitzende des entsprechenden Senats muss für diesen Fall nach allgemeinen, abstrakten, sachlich-objektiven Merkmalen vor Beginn des Geschäftsjahres die Grundsätze bestimmen, nach denen sich die konkrete Besetzung der Richterbank bestimmt. Auch die Vertretung eines etwa verhinderten Mitglieds des Spruchkörpers muss abstrakt und von vornherein festgelegt sein. Inhaltlich ist der Mitwirkungsplan mit dem Geschäftsverteilungsplan vergleichbar[2]. 89

Verstöße gegen § 21g GVG bei Einteilung eines überbesetzten Spruchkörpers können – da sie in der Arbeitsgerichtsbarkeit nur beim BAG als letzte Instanz relevant werden könnten – ausschließlich mit der Verfassungsbeschwerde (Art. 93 GG) angegriffen werden. Eine isolierte Anfechtung der spruchkörperinternen Geschäftsverteilung durch Prozessbeteiligte ist nicht möglich[3]. 90

c) Sonstige Aufgaben des Präsidiums

Das Präsidium hat nach § 21 Abs. 5 Satz 2 bei den LAG für jedes Geschäftsjahr im Voraus eine Kammer zu bestimmen, die über die **Amtsentbindung ehrenamtlicher Richter** (§ 27) entscheidet. 91

Außerdem ist das Präsidium nach § 21e Abs. 6 GVG berechtigt, sich zur **Freistellung eines Richters** für Aufgaben der Justizverwaltung (§ 4 Abs. 2 Nrn. 1, 4 DRiG) zu äußern. Aufgaben der Justizverwaltung können sowohl bei dem Gericht selbst als auch bei der zuständigen Arbeits- oder Justizbehörde wahrgenommen werden. Ein Zustimmungserfordernis durch das Präsidium normiert § 21e Abs. 6 GVG dagegen nicht. 92

5. Verfahrensordnung der Präsidien

Das Verfahren der Präsidien ist im GVG nicht abschließend geregelt. § 21e Abs. 2–9 GVG enthalten Verfahrensvorschriften, die durch eine **Geschäftsordnung**, die sich das Präsidium nach pflichtgemäßem Ermessen selbst geben kann, ergänzt werden können[4]. 93

---

[1] BVerfG v. 24.3.1964 – 2 BvR 42/63, NJW 1964, 1020; BGH v. 12.6.1985 – 3 StR 35/85, NJW 1985, 2840.
[2] Zu den weiteren Einzelheiten BVerfG v. 8.4.1997 – 1 PBvU 1/95, DB 1997, 961; OVG Hamburg v. 24.9.1993 – Bs IV 177/93, NJW 1994, 274.
[3] *Kissel/Mayer*, § 21g GVG Rz. 49, § 21e GVG Rz. 120.
[4] BVerwG v. 5.4.1983 – 9 CB 12/80, NJW 84, 575.

a) Grundsätze

94 Verschiedene Grundsätze des Verfahrensablaufs sind unabänderlich. So berät und entscheidet das Präsidium grds. in Sitzungen, die nach allgemeiner Ansicht **nicht öffentlich** sind, da es sich hierbei nicht um gerichtliche Tätigkeit nach § 169 GVG handelt. Beratung und Abstimmung im Präsidium unterliegen der **Schweigepflicht**[1]. Die **Beschlussfähigkeit** liegt nur vor, wenn mindestens die Hälfte der gewählten Mitglieder anwesend ist (§ 21i Abs. 1 GVG).

95 Der Präsident bzw. der aufsichtführende Richter (§ 15 Abs. 2) vertritt als **Vorsitzender** das Präsidium nach außen und führt die Geschäfte (§ 21a Abs. 2, § 21c Abs. 1, § 21h GVG). In **Notfällen** handelt er anstelle des Präsidiums (§ 21i Abs. 2 GVG). Voraussetzung für ein alleiniges Handeln ist einerseits eine besondere Eilbedürftigkeit, also die Notwendigkeit, noch am selben Tage, an dem das Bedürfnis nach einer Regelung auftritt, oder jedenfalls in kürzester Frist danach, eine bestimmte Maßnahme zu treffen, und andererseits, dass das Präsidium nicht mehr rechtzeitig beschlussfähig zusammentreffen kann. Diese kann sich bspw. bei notwendigen Maßnahmen im Zusammenhang mit einem plötzlichen Ausfall eines Richters und zu diesem Zeitpunkt mangelnder Beschlussfähigkeit des Präsidiums ergeben.

96 **Eilanordnungen** entfalten zunächst die gleiche Wirkung wie Präsidiumsbeschlüsse; sie sind jedoch nur vorläufiger Natur und bedürfen der schnellstmöglich herbeizuführenden Billigung durch das Präsidium. Sie bleiben aber unabhängig von ihrer Genehmigung oder ihrer Versagung in Kraft, bis sie vom Präsidium – für die Zukunft – abgeändert oder aufgehoben werden[2].

97 Die **Präsidiumssitzungen** werden vom Vorsitzenden einberufen und geleitet. Eine Sitzung ist einzuberufen, wenn ein Bedürfnis hierfür besteht. Dies kann sich auch daraus ergeben, dass ein Präsidiumsmitglied die Beratung und Beschlussfassung zu einer Maßnahme nach § 21e Abs. 3 GVG für nötig hält.

98 Gemäß § 21e Abs. 2 und 3 GVG sind **Anhörungsrechte** zu wahren, über deren Art und Weise das Präsidium nach freiem Ermessen befindet. Vor der Geschäftsverteilung oder der Änderung des Geschäftsverteilungsplans im laufenden Geschäftsjahr sind alle Richter, die nicht Präsidiumsmitglied sind, – unabhängig von ihrer unmittelbaren Betroffenheit – zu hören. Hierdurch sollen den Richtern eine gewisse allgemeine Mitwirkungsmöglichkeit bei der Jahresgeschäftsverteilung eingeräumt und die Belange aller Spruchkörper berücksichtigt werden. Soll ein Richter einem anderen Spruchkörper zugeteilt oder sein Zuständigkeitsbereich geändert werden, so ist dem Betroffenen grds. vorher Gelegenheit zur Äußerung zu geben (§ 21e Abs. 5 GVG); die Anhörung kann nur in Eilfällen unterbleiben. Die fehlende Anhörung berührt nicht die Wirksamkeit der Geschäftsverteilungspläne[3]; sie muss allerdings nachgeholt werden.

99 Es war lange umstritten, ob Richter, die nicht Präsidiumsmitglieder sind, zu den Sitzungen zugelassen werden dürfen oder müssen. Dieser Meinungsstreit über die **Richteröffentlichkeit bei Präsidiumssitzungen** ist durch die Neufassung des § 21e Abs. 8 GVG überholt, der ausdrücklich die Zulassung von Richtern des Gerichts bei Beratungen und Abstimmungen des Präsidiums für die gesamte Dauer oder einen bestimmten Zeitraum vorsieht[4]. Die Entscheidung über die Zulassung der Richterschaft des Gerichts als Zuhörer bei der Beratung und Beschlussfassung bleibt damit dem Präsidium als Kernbereich seiner richterlichen Unabhängigkeit überlassen. Allerdings hat das Präsidium dabei pflichtgemäßes Ermessen auszuüben, dh. für den Ausschluss der Richterschaft bedarf es besonderer nachvollziehbarer Gründe.

b) Beschlussfassung

100 Entscheidungen des Präsidiums sind Entscheidungen eines Kollegialorgans, die im Wege des Beschlusses gefasst werden. Sie setzen die **Beschlussfähigkeit** des Präsidiums voraus, die neben der Anwesenheit des Vorsitzenden bzw. seines Vertreters (§ 21c Abs. 1 GVG) gem. § 21i Abs. 1 GVG die Anwesenheit von mindestens der Hälfte der gewählten Mitglieder des Präsidiums voraussetzt.

101 Umstritten ist, ob Beschlüsse des Präsidiums nur in Sitzungen gefasst werden dürfen oder auch das sog. **Umlaufverfahren**, also die nacheinander erfolgende Abstimmung im schriftlichen Verfahren außerhalb ei-

---

1 Allerdings ist umstritten, ob sich die Schweigepflicht aus § 43 DRiG analog oder unmittelbar ergibt bzw. aus der allgemeinen Pflicht zur Amtsverschwiegenheit als persönliche Dienstpflicht des Richters nach §§ 46, 71 DRiG folgt; vgl. den Meinungsstand bei *Kissel/Mayer*, § 21e GVG Rz. 22 mwN; hierzu auch *Fischer*, DRiZ 1979, 203.
2 *Zöller/Lückemann*, § 21i GVG Rz. 7.
3 BAG v. 24.3.1998 – 9 AZR 172/97, BB 1989, 1956.
4 § 21e Abs. 8 Satz 1 GVG:
Das Präsidium kann beschließen, dass Richter des Gerichts bei den Beratungen und Abstimmungen des Präsidiums für die gesamte Dauer oder zeitweise zugegen sein können.

ner Präsidiumssitzung, zulässig ist. Das Umlaufverfahren wird teilweise zu Recht abgelehnt[1]. Es ist bereits im Hinblick auf den Wortlaut des § 21i Abs. 1 GVG, der zur Beschlussfähigkeit die Anwesenheit von mindestens der Hälfte der gewählten Mitglieder vorsieht, eine gleichzeitige Anwesenheit in einer Sitzung zur Beschlussfassung notwendig. Die wohl überwiegende Ansicht hält dagegen das Umlaufverfahren bei Einverständnis aller mitwirkungsberechtigten Mitglieder für zulässig[2]. Das Präsidium könne aufgrund seiner Verfahrensautonomie von der Grundsatzregelung des § 21i Abs. 1 GVG abweichen, wenn alle Mitglieder dem zustimmen, was stillschweigend durch Mitwirkung geschehen könne. Diese Auffassung ist angesichts des Wortlautes des § 21i Abs. 1 GVG nicht ganz unbedenklich, denn wenn diese Norm nur die Beschlussfähigkeit regeln würde, hätte der Wortlaut „wenn die Hälfte der gewählten Mitglieder abstimmt" ausgereicht. Aus der dort normierten Anwesenheitsverpflichtung zeigt sich der Grundgedanke des Gesetzgebers, eine gleichzeitige Anwesenheit der abstimmenden Mitglieder vorauszusetzen, die einen direkten Austausch von Anregungen und Argumenten ermöglicht. Nur nach einem umfassenden Abwägen des „Für" und „Wider" kann eine Entscheidung getroffen werden. Jedenfalls wird man aber die Einberufung einer Sitzung verlangen müssen, wenn nur ein Mitglied die Entscheidung in einer Sitzung verlangt.

Die **Abstimmung in den Plenarpräsidien bei den Gerichten 1. Instanz** erfolgt gem. § 6a Nr. 1 einvernehmlich, dh. mit allseitiger Zustimmung. Bei Meinungsverschiedenheiten entscheidet des Präsidium des LAG, hilfsweise – sofern ein solches nicht besteht – der Präsident des LAG. 102

Die **Entscheidungen in den Plenarpräsidien 2. Instanz** – also bei weniger als drei Richterstellen – trifft nach Nr. 2 der Präsident des LAG im Benehmen mit dem zweiten Mitglied. Eine Entscheidung im Benehmen setzt allerdings keine Zustimmung des weiteren Mitglieds voraus, sondern erfordert nur eine vorherige Anhörung und Beratung. 103

Die **Abstimmung in den gewählten Präsidien** erfolgt ausschließlich durch die Präsidiumsmitglieder. Der Beschluss wird mit der Mehrheit der Stimmen gefasst (§ 21e Abs. 7 GVG). 104

Befangenheits- oder Ausschließungsgründe sind gesetzlich nicht vorgesehen; ein Mitglied darf also in jedem Fall an der Abstimmung teilnehmen[3]. Da die Ausschließung in die Rechte einzelner Präsidiumsmitglieder eingreift, hätte diese Einschränkung ihrer Position gesetzlich verankert werden müssen, zumal das Wesen des Geschäftsverteilungsplans in der Regelung eigener Angelegenheiten besteht und eine unmittelbare oder mittelbare Betroffenheit indiziert. Die Anerkennung eines Befangenheits- oder Ausschließungsgrundes wäre geeignet, die Tätigkeit des Präsidiums lahmzulegen. 105

Seine **Entscheidungen** trifft das Präsidium mit einfacher Mehrheit der anwesenden Mitglieder (§ 21e Abs. 7 GVG). Ergibt die Abstimmung eine **Stimmengleichheit**, ist nach § 21i Abs. 2 GVG entsprechend zu verfahren. In Eilfällen kann der Präsident bzw. der aufsichtführende Richter Anordnungen vorübergehend treffen (Rz. 48). Ansonsten gilt ein Antrag bei Stimmengleichheit als abgelehnt. **Stimmenthaltungen** sind unzulässig, da die Amtsausübungspflicht eine Abstimmungspflicht indiziert, und dürfen daher nicht berücksichtigt werden[4]. 106

Die gefassten Beschlüsse werden in der Praxis zu **Protokoll** gegeben. Eine Unterzeichnung aller mitwirkenden Präsidiumsmitglieder ist nicht notwendig; es reicht eine die Richtigkeit des Protokolls bestätigende Unterschrift – idR – des Vorsitzenden, ggf. auch des Protokollführers, sofern ein Mitglied hierzu bestimmt wurde[5]. 107

Die **Beschlüsse** werden den davon Betroffenen unverzüglich **bekannt gemacht** und – soweit es sich um Geschäftsverteilungspläne handelt – auf einer Geschäftsstelle des Gerichts zur Einsichtnahme ausgelegt (§ 21e Abs. 9 GVG). Die dem Geschäftsverteilungsplan eines ArbG oder LAG beigefügte Liste der zu den jeweiligen Sitzungen heranzuziehenden ehrenamtlichen Richter unterliegt dagegen nicht der strengen Offenlegungspflicht nach § 21e Abs. 9 GVG[6]. 108

---

1 MünchKommZPO/*Wolf*, § 21e GVG Rz. 51; *Müller*, NJW 1978, 899, der Bedenken zumindest anmeldet.
2 BVerwG v. 25.4.1991 – 7 C 11/90, NJW 1992, 254; Zöller/*Lückemann*, § 21i GVG Rz. 3.
3 BVerwG v. 28.11.1975 – VII C 47/73, NJW 1976, 1224; GMP/*Prütting*, § 6a Rz. 44; *Kissel/Mayer*, § 21e GVG Rz. 68; *Schorn/Stanicki*, S. 195; *Kornblum*, FS Schiedermair, 1976, S. 339 ff.; aA Zöller/*Lückemann*, § 21e GVG Rz. 27; *Wömpner*, DRiZ 1982, 404 zumindest für die Richter, die ein Anhörungsrecht iSd. § 21e Abs. 2, Abs. 3 Satz 2 und Abs. 5 haben; für die nach Abs. 2 nur anzuhörenden Nichtmitglieder bedürfte es der Ausschließung aber überhaupt nicht.
4 Str.; wie hier *Kissel/Mayer*, § 21e GVG Rz. 72; aA werden Stimmenthaltungen als Nein-Stimmen gezählt: GMP/*Prütting*, § 6a Rz. 42; GK-ArbGG/*Ascheid*, § 6a Rz. 74.
5 BVerwG v. 5.4.1983 – 9 CB 12/80, NJW 1984, 575; BVerwG v. 29.6.1984 – 6 C 35/83, NJW 1984, 2961.
6 BAG v. 21.6.2001 – 2 AZR 359/00, AP Nr. 5 zu § 21e GVG.

109 Die **Offenlegung des Geschäftsverteilungsplans** dient insbesondere dazu, den Verfahrensbeteiligten in einer einzelnen Rechtssache die Nachprüfung der ordnungsgemäßen Besetzung des Gerichts zu ermöglichen. Offen zu legen sind nicht nur die Jahresgeschäftsverteilungspläne, sondern auch die Änderungsbeschlüsse nach § 21e Abs. 3 GVG. Der Geschäftsverteilungsplan des BAG wird darüber hinaus im Bundesanzeiger veröffentlicht; er findet sich im Internet unter www.bundesarbeitsgericht.de. Die ArbG und LAG haben mittlerweile auch eigene Internetseiten, auf denen sie u.a. die Geschäftsverteilungspläne zugänglich machen.

110 Ein **Verstoß gegen die Offenlegungspflicht** macht den Geschäftsverteilungsplan nur fehlerhaft, nicht unwirksam. Präsidiumsbeschlüsse bedürfen zu ihrer Wirksamkeit nur einer die Richtigkeit des Protokolls bestätigenden Unterschrift. Die Auslage des Geschäftsverteilungsplans zur Einsicht ist kein Erfordernis für dessen Wirksamkeit[1].

6. Anfechtung der Maßnahmen des Präsidiums

111 Bei der Anfechtung von Maßnahmen des Präsidiums muss man zum einen zwischen dem Geschäftsverteilungsplan als Ganzem und Einzelmaßnahmen sowie zum anderen zwischen den Richtern und außenstehenden Parteien als Anfechtende unterscheiden.

a) Anfechtung des Geschäftsverteilungsplans

112 Die **Rechtsnatur des Geschäftsverteilungsplans** ist umstritten. Das Gesetz schweigt zu dieser Frage; ebenso wurde sie vom BVerfG ausdrücklich offen gelassen[2]. In Rspr. und Lit. wird er ua. als mit normativem Charakter versehene Rechtsnorm, innerdienstlicher Organisationsakt ohne Außenwirkung, Justizverwaltungsakt oder Selbstverwaltungsakt sui generis eingeordnet[3].

113 Der **Geschäftsverteilungsplan insgesamt** kann nach hM nicht – insbesondere nicht im Normenkontrollverfahren nach § 47 VwGO – angegriffen werden[4].

b) Anfechtung der Einzelanordnung durch den betroffenen Richter

114 Die **Einzelanordnung** eines Geschäftsverteilungsplans kann durch einen betroffen Richter, wenn sie dessen Rechte verletzt, angefochten werden[5]. Die in einem Geschäftsverteilungsplan vorgenommene Geschäftsverteilung wirkt auf die Rechtsstellung des einzelnen Richters ein, indem sie seine öffentlich-rechtlichen Berechtigungen und Verpflichtungen im Hinblick auf die von ihm wahrzunehmenden richterlichen Geschäfte regelt. Insbesondere die Zuteilung oder Nichtzuteilung von Geschäften kann einen Richter in seinem Amtsrecht, in seiner persönlichen Rechtsstellung gegenüber dem Staat und damit in seinen Rechten verletzen. Zur Klärung der Frage, ob dies der Fall ist, steht dem betroffenen Richter daher nach Art. 19 Abs. 4 Satz 1 GG der Rechtsweg offen[6]. Allerdings kann für die von einem Richter begehrte Feststellung, er sei aufgrund eines früheren, nicht mehr in Kraft befindlichen Geschäftsverteilungsplans nicht zur Wahrnehmung der ihm dort zugewiesenen richterlichen Tätigkeit verpflichtet gewesen, weil jener Geschäftsverteilungsplan fehlerhaft gewesen sei, nur dann ein berechtigtes Interesse bestehen, wenn sich aus der früheren Regelung der Geschäftsverteilung noch Auswirkungen auf seine Rechtsstellung ergeben können[7].

115 Der hierfür **zulässige Rechtsweg, die richtige Klageart und die Frage, wer Klagegegner ist**, sind umstritten. Überwiegend wird die **Feststellungsklage** – auch im Wege der einstweiligen Anordnung gem. § 123 VwGO[8] – vor dem Verwaltungsgericht gegen den Dienstherrn, da das Präsidium nicht rechts- und parteifähig sei, als zulässig angesehen[9]. Anderer Ansicht nach ist eine Klage gegen das Präsidium, welches nach § 61 Nr. 2 VwGO als Kollegialorgan der gerichtlichen Selbstverwaltung eine Vereinigung darstellt, zuläs-

---

1 BAG v. 21.6.2001 – 2 AZR 359/00, AP Nr. 5 zu § 21e GVG.
2 BVerfG v. 24.3.1964 – 2 BvR 42/63, NJW 1964, 1020.
3 Vgl. die Übersicht über den Meinungsstand bei *Rosenberg/Schwab/Gottwald*, § 22 IV 2d.
4 LAG Hessen v. 10.6.1988 – 2 Ta 197/88, BB 1988, 2180; VGH München v. 25.10.1978 – 271 IX 78, NJW 1979, 1471, OVG Lüneburg v. 28.10.1983 – 8 C 2/83, NJW 1984, 627.
5 BVerfG v. 3.12.1990 – 2 BvR 785/90, DRiZ 1991, 100.
6 BVerwG v. 28.11.1975 – VII C 47/73, NJW 1976, 1224; Hess. VGH v. 29.12.1981 – I TG 45/81, DRiZ 1984, 62; OVG NRW v. 30.5.1980 – 12 B 427/80, DÖD 1981, 46; Hamburgisches OVG v. 19.9.1986 – Bs V 144/86, NJW 1987, 1215; Bayerischer VGH v. 19.12.1977 – Nr. 241 III 77, DÖD 1978, 75.
7 BVerwG v. 14.4.1986 – 2 CB 54.84, DÖD 1986, 218.
8 VG Frankfurt v. 11.11.2011 – 9 L 3208/11.F.
9 BVerfG v. 3.12.1990 – 2 BvR 785/90, DRiZ 1991, 100; BVerwG v. 28.11.1975 – VII C 47/73, NJW 1976, 1224; OVG NRW v. 30.5.1980 – 12 B 427/80, DÖD 1981, 46; *Frauendorf*, DÖV 1980, 553.

sig[1]. Ferner wird auch die Feststellungsklage gegen den Präsidenten oder den Direktor des Gerichts, der als natürliche Person unmittelbar aus § 61 Nr. 1 VwGO beteiligungsfähig sei, für die richtige Klageart gehalten[2]. Teilweise wird im Übrigen die Zuständigkeit der **Richterdienstgerichte** nach § 78 DRiG befürwortet[3]. Die Zuständigkeit der Richterdienstgerichte ist in Zweifel zu ziehen, da die Entscheidungen des Präsidiums keine Maßnahmen der Dienstaufsicht gem. § 26 Abs. 3 DRiG darstellen[4]. Der richtige Rechtsweg ist – unabhängig von der Frage der Klageart und des Klagegegners – der Verwaltungsrechtsweg gegen eine öffentlich-rechtliche Streitigkeit nicht-verfassungsrechtlicher Art (§ 40 Abs. 1 Satz 1 VwGO). Das Präsidium ist jedenfalls als Vereinigung iSv. § 61 Nr. 2 VwGO am Prozess zu beteiligen[5].

Gegenüber **Maßnahmen, die ein Mitglied des Präsidiums bei Ausübung seiner Präsidiumstätigkeit in seiner richterlichen Unabhängigkeit beeinträchtigen**, kann nach § 26 Abs. 3 DRiG das Richterdienstgericht angerufen werden. Die Geschäftsverteilung durch das Präsidium eines Gerichts ist richterliche Tätigkeit. Infolgedessen sind auch in diesem Bereich alle den Inhalt einer Entscheidung betreffenden Maßnahmen der dienstaufsichtführenden Stelle unzulässig[6]. Es gibt allerdings keinen gerichtlichen Rechtsschutz innerhalb des Präsidiums, dh. der Mitglieder untereinander[7]. 116

c) Anfechtung von Einzelanordnungen durch außenstehende Personen

Die **unmittelbare Anfechtung von Einzelanordnungen** des Geschäftsverteilungsplans durch andere Personen, insbesondere Parteien eines Rechtsstreits, ist nicht möglich. Relevant werden diese Fälle bei fehlerhafter Besetzung einer Kammer oder eines Senates oder falscher Verteilung des Rechtsstreits. Ein Fehler in der Geschäftsverteilung hat nicht die Unwirksamkeit des gesamten Geschäftsverteilungsplans zur Folge, sondern führt nur zur fehlerhaften Besetzung des Spruchkörpers durch einen Richter, der zum Nachteil der Prozesspartei nicht ordnungsgemäß bestimmt war[8]. Insbesondere ist ein Normenkontrollverfahren nach § 47 VwGO nicht möglich, da sich aus der Anwendung des angegriffenen Geschäftsverteilungsplans keine öffentlich-rechtliche Streitigkeit ergibt[9]. 117

Wurde die **Besetzung eines Spruchkörpers durch das Präsidium fehlerhaft beschlossen**, so besteht für die Partei die Möglichkeit, den Verfahrensverstoß mit den allgemeinen Rechtsmitteln zu rügen. Gemäß Art. 101 Abs. 1 Satz 2 GG darf niemand seinem gesetzlichen Richter entzogen werden. Damit soll der Gefahr vorgebeugt werden, dass die Justiz durch eine Manipulation der rechtsprechenden Organe sachfremden Einflüssen ausgesetzt wird. Es soll vermieden werden, dass durch eine auf den Einzelfall bezogene Auswahl der zur Entscheidung berufenen Richter das Ergebnis der Entscheidung beeinflusst werden kann. Damit soll die Unabhängigkeit der Rspr. gewahrt und das Vertrauen der Rechtsuchenden und der Öffentlichkeit in die Unparteilichkeit und Sachlichkeit der Gerichte gesichert werden. Aus diesem Zweck folgt, dass der für die einzelne Sache zuständige Richter sich im Voraus möglichst eindeutig aus einer allgemeinen Regelung ergeben muss, was einen Bestand von Rechtssätzen voraussetzt, die für jeden Streitfall den Richter bezeichnen, der für die Entscheidung zuständig ist. Da der gesetzliche Richter iSv. Art. 101 Abs. 1 Satz 2 GG auch der im Einzelfall zur Mitwirkung berufene Richter ist, muss sich die abstrakt generelle Regelung bis auf die letzte Regelungsstufe erstrecken[10]. 118

Die möglichen **allgemeinen Rechtsmittel** hängen von dem Instanzenzug ab. Ist gegen das Urteil des ArbG die Berufung (§ 64) oder gegen einen Beschluss die Beschwerde (§ 87) zulässig und wird das Rechtsmittel eingelegt, kann wegen des Fehlers der Regelung in Geschäftsverteilungsplan der Rechtsstreit nicht an das ArbG zurückverwiesen (§ 68) oder das Urteil wegen der unrichtigen Besetzung aufgehoben werden. Wird aber eine gem. § 76 ausnahmsweise zugelassene Sprungrevision bzw. eine Sprungrechtsbeschwerde (§ 96a) eingelegt, ist der Mangel ein Revisionsgrund nach § 547 Nr. 1 ZPO. Findet gegen das Urteil des LAG die Revision (§ 72) oder gegen den Beschluss des LAG die Rechtsbeschwerde (§ 92) statt, liegt ebenfalls ein Revisionsgrund nach § 547 Nr. 1 ZPO vor. 119

---

1 Hess. VGH v. 14.12.1977 – VIII TG 4/77, AP Nr. 6 zu § 43 ArbGG 1953; Zöller/*Lückemann*, § 21e GVG Rz. 56a.
2 VGH BW v. 5.12.1978 – X 2676/78, DRiZ 1980, 147.
3 *Kornblum*, FS Schiedermaier, 1976, S. 331 (345); *Rosenberg/Schwab/Gottwald*, § 22 V 2d.
4 BHG v. 4.12.1989 – RiZ R 5/89, NJW 1991, 425.
5 Hess. VGH v. 29.12.1981 – I TG 45/81, DRiZ 1984, 62.
6 BGH v. 7.6.1966 – RiZ (R) 1/66, MDR 1967, 211.
7 Zum Meinungsstand insbesondere *Kissel/Mayer*, § 21e GVG Rz. 25.
8 LAG Hessen v. 10.6.1988 – 2 Ta 197/88, BB 1988, 2180; *Rößler*, BB 1991, 2343; vgl. aber auch *Felix*, BB 1991, 2193.
9 VGH München v. 25.10.1978 – 271 IX 78, NJW 1979, 1471; *Gloria*, DÖV 1988, 849.
10 BVerfG v. 8.4.1997 – 1 PBvU 1/95, BVerfGE 95, 322 (327 f.).

120 Ein **Revisionsgrund** liegt aber nur bei einem qualifizierten Verstoß im Sinne eines willkürlichen Verhaltens vor[1]. Voraussetzung ist daher, dass die Besetzung eine klar zutage liegende Gesetzesverletzung darstellt und auf objektiver Willkür beruht und nicht nur wegen einer irrigen Gesetzesauslegung oder einer irrtümlichen Abweichung von den Festsetzungen des Geschäftsverteilungsplans zustande gekommen ist. Würde man in jedem Fall der unrichtigen Besetzung die Revisionsrüge durchgreifen lassen, so könnte dies die Rechtspflege schwer stören und die Rechtssicherheit erheblich beeinträchtigen[2]. Willkürlich ist die Bestimmung des Richters aber bereits dann, wenn die Zuständigkeitsbestimmung von Fall zu Fall im Gegensatz zu einer normativen, abstrakt-generellen Vorherbestimmung erfolgt, also der gesetzliche Richter durch eine Ermessensentscheidung bestimmt werden kann[3].

121 Bei **Nichtzulassung der Revision** ist allerdings mit der fehlerhaften Besetzung die Nichtzulassungsbeschwerde gem. § 72a nicht begründet, da die Aufzählung der privilegierten Tatbestände in § 72a abschließend ist (hierzu § 72a Rz. 6). Wenn die Voraussetzungen für die Einlegung eines Rechtsmittels nicht gegeben sind, besteht aber ggf. die Möglichkeit einer **Nichtigkeitsklage** nach § 579 Abs. 1 Nr. 1 ZPO.

122 Ferner kann, da bei Entscheidung in fehlerhafter Besetzung auch ein Verstoß gegen Art. 101 Abs. 1 Satz 2 GG vorliegt, die fehlerhafte Besetzung nach Erschöpfung des Rechtswegs mit der **Verfassungsbeschwerde** (Art. 93 Abs. 1 Nr. 4a GG, § 13 Nr. 8a, §§ 90 ff. BVerfG) gerügt werden.

123 Eine **Heilung des Mangels** wegen rügeloser Einlassung kommt nicht in Betracht, da die Parteien auf die Vorschriften zur ordnungsgemäßen Besetzung des Gerichts nicht wirksam verzichten können (§ 295 Abs. 2 ZPO; vgl. auch § 16 Rz. 62 ff.).

§ 7 Geschäftsstelle, Aufbringung der Mittel

**(1) Bei jedem Gericht für Arbeitssachen wird eine Geschäftsstelle eingerichtet, die mit der erforderlichen Zahl von Urkundsbeamten besetzt wird. Die Einrichtung der Geschäftsstelle bestimmt bei dem Bundesarbeitsgericht das Bundesministerium für Arbeit und Soziales im Benehmen mit dem Bundesministerium der Justiz und für Verbraucherschutz. Die Einrichtung der Geschäftsstelle bestimmt bei den Arbeitsgerichten und Landesarbeitsgerichten die zuständige oberste Landesbehörde.
(2) Die Kosten der Arbeitsgerichte und der Landesarbeitsgerichte trägt das Land, das sie errichtet. Die Kosten des Bundesarbeitsgerichts trägt der Bund.**

I. Allgemeines 1	4. Aufgaben 19
II. Einrichtung der Geschäftsstelle 3	a) Rechtspfleger 22
1. Errichtung 5	b) Urkundsbeamte der Geschäftsstelle 28
2. Aufsicht 8	c) Rechtsantragstelle 33
3. Ausgestaltung und Besetzung 11	III. Aufbringung der Mittel 36
a) Ausgestaltung 11	
b) Besetzung 14	

Schrifttum: *Arnold/Meyer-Stolte/Rellermeyer/Hintzen/Manfred*, Rechtspflegergesetz, 9. Aufl. 2015; *Dörndorfer*, Rechtspflegergesetz, 2. Aufl. 2014; *Elzer*, Der Stationsreferendar als Urkundsbeamter, JuS 1996, 827; *Gruschwitz*, Die Übertragung von Aufgaben der Rechtspflege auf Referendare – Möglichkeiten und Grenzen, DRiZ 2012, 239.

I. Allgemeines

1 Die Entscheidung von Rechtsangelegenheiten bedarf der **Unterstützung durch nichtrichterliche Personen.** Soweit die Beamten und Beschäftigten innerhalb eines Gerichts die Rechtsprechungstätigkeit der Richter unmittelbar unterstützen, werden sie und die zur Durchführung ihrer Aufgaben erforderliche Ausstattung unter dem Begriff „Geschäftsstelle" zusammengefasst.

---

1 BVerwG v. 18.10.1990 – 3 C 19/88, NJW 1991, 1370; BVerfG v. 24.2.2009 – 1 BvR 182/09; BAG v. 23.3.2010 – 9 AZN 1030/09, NZA 2010, 779.
2 BAG v. 25.8.1983 – 6 ABR 31/82, AP Nr. 11 zu § 551 ZPO.
3 BVerfG v. 10.7.1990 – 1 BvR 984, 985/87, BVerfGE 82, 286 (298); BAG v. 26.9.1996 – 8 AZR 126/95, AP Nr. 3 zu § 39 ArbGG 1979; BAG v. 22.3.2001 – 8 AZR 565/00, AP Nr. 59 zu Art. 101 GG.

Der **Arbeitsablauf der Geschäftsstellen** ist durch allgemeine Verwaltungsvorschriften geregelt. Es sind insbesondere die Akten- und Geschäftsordnungen heranzuziehen. In den Geschäftsstellenordnungen ist vor allem die Organisation der Geschäftsstellen festgelegt (zur Geschäftsordnung des BAG § 44 Rz. 14 ff.). Die Aktenordnungen enthalten Regelungen über Aktenzeichen sowie die Führung der Akten und Register.

II. Einrichtung der Geschäftsstelle

Bei jedem Gericht für Arbeitssachen ist eine Geschäftsstelle einzurichten. § 7 Abs. 1 entspricht § 153 GVG, der die Einrichtung der Geschäftsstelle für die ordentlichen Gerichte regelt. Die Geschäftsstelle kann in **Abteilungen** eingeteilt werden. Diese werden wiederum überwiegend in Form von **Service-Einheiten** organisiert (hierzu Rz. 12).

Die Errichtung und Besetzung der Geschäftsstelle sind **Maßnahmen der Gerichtsverwaltung**, die abweichend von § 15, der sich mit der allgemeinen Verwaltung und Dienstaufsicht befasst, durch § 7 Abs. 1 geregelt werden (vgl. hierzu auch § 15 Rz. 7 ff.).

1. Errichtung

Zuständig für die Errichtung der **Geschäftsstelle beim BAG** ist das BMAS im Benehmen mit dem BMJV. Die Geschäftsstelle beim BAG ist entsprechend der Zahl der Senate in **zehn Senatsgeschäftsstellen** gegliedert und mit Beamten des gehobenen und mittleren Dienstes besetzt. Die Beamten des mittleren Dienstes sind für die Verwaltung der Verfahrensakten zuständig. Darüber hinaus sind sie als Urkundsbeamte und Kostenbeamte tätig. Die Beamten des gehobenen Dienstes sind Diplom-Rechtspfleger (FH). Sie leiten die jeweilige Senatsgeschäftsstelle und nehmen neben ihrer Tätigkeit als Urkundsbeamte die ihnen durch das Rechtspflegergesetz übertragenen Aufgaben wahr. Sie leisten weitere Tätigkeiten für die Senate, wie etwa die Vorbereitung von sog. Formalentscheidungen und überprüfen die Senatsentscheidungen u.a. im Hinblick auf die zitierten Fundstellen. Zudem erfolgt durch sie beim BAG – nicht so bei den LAG und ArbG – ein Korrekturlesen der Entscheidungen.

Die **Geschäftsstellen bei den LAG** werden durch die jeweilige oberste Landesbehörde eingerichtet. § 7 Abs. 1 Satz 4 aF ist mit dem Arbeitsgerichtsbeschleunigungsgesetz vom 20.1.2000[1] entfallen. Bis zur Abänderung war für die Durchführung der Aufgaben der Gerichtsverwaltung und Gerichtsorganisation Einvernehmen herzustellen. Nunmehr sind die Behörden nach Konzentration der ministeriellen Zuständigkeit an einer Stelle befugt, die innere Struktur und Ausstattung der Geschäftsstelle festzulegen.

Die für die Arbeitsgerichtsbarkeit zuständigen **obersten Landesbehörden** sind in der Kommentierung zu § 15 aufgelistet (hierzu § 15 Rz. 4).

2. Aufsicht

Die Geschäftsstellen unterstehen dem **Geschäftsleiter** des Gerichts, der für jedes ArbG vom Präsidenten des LAG aus dem Kreis der Beamten des gehobenen Dienstes bestellt wird.

Die **Aufgabe des Geschäftsleiters** besteht in der Unterstützung des Gerichtsleiters – des aufsichtführenden Richters des Gerichts (vgl. § 15 Rz. 39 ff.) – in den Verwaltungsangelegenheiten. Er hat für die ordnungsgemäße Erledigung der Aufgaben in allen Dienstzweigen mit Ausnahme des höheren Dienstes sowie der Rechtspfleger zu sorgen. Der Geschäftsleiter ist für den reibungslosen Ablauf des gesamten Geschäftsbetriebes verantwortlich und insoweit sachlich wie personell weisungsbefugt. Er ist im Rahmen seiner Zuständigkeit Vorgesetzter des nichtrichterlichen Dienstes. Der Gerichtsleiter kann in Verwaltungsangelegenheiten Aufgaben zur selbständigen Erledigung übertragen. IdR sind die Geschäftsleiter für Personalangelegenheiten, Personalmanagement, Geschäftsverteilung der nichtrichterlichen Dienstgeschäfte, Aus- und Fortbildungsangelegenheiten und Haushaltsangelegenheiten zuständig. Im Allgemeinen werden die Befugnisse durch Allgemeine Verwaltungsvorschriften der Justizministerien geregelt. Bei Bedarf können weitere Beamte des gehobenen Dienstes zu **Vertretern des Geschäftsleiters** bestimmt und ihnen Aufgaben zur selbständigen Erledigung zugewiesen werden.

Über **Einwendungen gegen Anordnungen** des Geschäftsleiters entscheidet der Gerichtsleiter. Bis zu dessen Entscheidung gelten die Anordnungen des Geschäftsleiters weiter.

---

[1] Gesetz zur Vereinfachung und Beschleunigung des arbeitsgerichtlichen Verfahrens v. 30.3.2000, BGBl. I S. 333.

3. Ausgestaltung und Besetzung

a) Ausgestaltung

11 Die Geschäftsstelle besteht bei Gerichten mit mehreren Spruchkörpern idR aus mehreren **Abteilungen**. In der Arbeitsgerichtsbarkeit ist die Unterteilung in Kammer- bzw. Senatsgeschäftsstellen üblich. Diese übernehmen grds. alle bei einer Kammer bzw. einem Senat anfallenden Geschäftsstellenaufgaben.

12 Die **Geschäftsverteilung innerhalb der Geschäftsstellen** wird durch den Gerichtsleiter bzw. bei Delegation durch den Geschäftsleiter geregelt. In vielen Bundesländern werden die Abteilungen in Form von **Service-Einheiten** organisiert, in welchen Beamte und Beschäftigte gemeinsam eingesetzt werden. Mehrere Service-Einheiten können dann ihrerseits zu sog. **Service-Gruppen** zusammengefasst werden.

13 Umstritten ist, ob **eine Geschäftsstelle für mehrere Gerichte** eingerichtet werden kann. Dies wird überwiegend unter Hinweis auf den Wortlaut des § 7 Abs. 1 zu Recht abgelehnt[1].

b) Besetzung

14 Bei dem **nichtrichterlichen Personal** sind für die Erledigung der Aufgaben unterschiedliche Qualifikationen erforderlich. In der Regel wird für die Geschäftsstelle ein Beamter des mittleren Dienstes oder ein Beschäftigter zum Geschäftsstellenverwalter bestimmt, der alle Aufgaben der Geschäftsstelle oder der Abteilung wahrnimmt. Grundsätzlich werden die Aufgaben durch die Urkundsbeamten wahrgenommen, sofern nicht durch besondere Vorschrift eine Übertragung auf den Rechtspfleger erfolgt (hierzu Rz. 24 ff.).

15 Die Geschäftsstelle ist zur Erledigung ihrer Tätigkeiten mit der **erforderlichen Zahl von Urkundsbeamten** zu besetzen. Welche Zahl an Urkundsbeamten erforderlich ist ist gesetzlich nicht geregelt. Die Zahl richtet sich nach dem Umfang der zu erledigenden Arbeit und dem Erfordernis, effektiven Rechtsschutz zu gewähren. Deren Bestimmung ist Sache der Justizverwaltung. Die Justizministerien haben für den richterlichen und den nichtrichterlichen Dienst in den Gerichtsbarkeiten ein **System der Personalbedarfsberechnung** entwickelt (Pebb§y). Hierzu wurden in mehreren Bundesländern über einen längeren Zeitraum durch Selbstaufschreibung Daten erhoben. Zunächst wurde eine bundeseinheitliche Basiszahl ermittelt, die sich aus der Summe der Bearbeitungszeit geteilt durch die Gesamtanzahl der Verfahren ergibt und damit die durchschnittliche Bearbeitungszeit pro Verfahren darstellt. In einem weiteren Schritt wurde die länderspezifische Jahresarbeitszeit ermittelt. Der Personalbedarf ergibt sich dann aus der Anzahl der Verfahren × Basiszahl geteilt durch die Jahresarbeitszeit.

16 Die **persönlichen Voraussetzungen der Urkundsbeamten** ergeben sich aus § 153 Abs. 2–5 GVG. § 153 GVG setzt Rahmenrecht; die näheren Ausführungen bleibt dem Bund bzw. den Ländern überlassen (§ 153 Abs. 4 Satz 1 GVG). Nach § 153 Abs. 2 GVG kann insbesondere grds. derjenige mit den Aufgaben eines Urkundsbeamten betraut werden, der den Vorbereitungsdienst von zwei Jahren abgeleistet und die Prüfung für den mittleren Justizdienst oder den mittleren Dienst bei der Arbeitsgerichtsbarkeit bestanden hat. Weitere Übertragungsmöglichkeiten sind in § 153 Abs. 3 und 5 GVG geregelt, insbesondere kann mit den Aufgaben eines Urkundsbeamten auch betraut werden, wer die Rechtspflegerprüfung oder die Prüfung für den gehobenen Dienst bei der Arbeitsgerichtsbarkeit bestanden hat (Abs. 3 Nr. 1), wer nach den Vorschriften über den Laufbahnwechsel die Befähigung für die Laufbahn des mittleren Justizdienstes erhalten hat (Abs. 3 Nr. 2) oder wer als anderer Bewerber nach den landesrechtlichen Vorschriften in die Laufbahn des mittleren Justizdienstes übernommen wurde (Abs. 3 Nr. 3).

17 Bund und Länder können ferner bestimmen, dass auch einer Person **Aufgaben als Urkundsbeamter übertragen** werden kann, die auf dem jeweiligen Sachgebiet einen der Ausbildung nach § 153 Abs. 2 GVG gleichwertigen Wissens- und Leistungsstand aufweist. Dies können je nach dem jeweiligen Landesrecht bspw. Rechtsreferendare, Beamtenanwärter oder Tarifangestellte sein.

18 Der Urkundsbeamte ist **Organ der Rechtspflege** und übt im Rahmen seines Aufgabenbereichs selbständige staatliche Tätigkeit aus[2]. Er ist in diesem Bereich nur Weisungen unterworfen, soweit ausdrücklich vorgesehen. Ein **Weisungsrecht** des Richters, dem er zugeordnet ist, besteht nicht. Für die **Ausschließung und Ablehnung** eines Urkundsbeamten gelten die Vorschriften über die Ablehnung eines Richters entsprechend (vgl. § 6 Rz. 34 ff. und § 49 Rz. 10).

---

1 GMP/*Prütting*, § 7 Rz. 3; GK-ArbGG/*Ascheid*, § 7 Rz. 3.
2 BAG v. 11.2.1985 – 2 AZB 1/85, AP Nr. 1 zu § 317 ZPO.

4. Aufgaben

Die Geschäftsstelle erledigt alle Aufgaben, die ihr nach Rechts- und Verwaltungsvorschriften obliegen oder im Interesse des Geschäftsbetriebs übertragen werden. Die Aufgaben der Geschäftsstelle sind **vor- und nachbereitende Rechtspflege** und gehören nicht zur Gerichtsverwaltung. Sie ergeben sich durch die Verweisung in § 46 Abs. 2, § 62 Abs. 2, § 64 Abs. 6 und § 72 Abs. 5 weitgehend aus den Vorschriften der ZPO, soweit nicht Sonderregelungen im ArbGG bestehen. Hierzu gehören insbesondere die Fertigung von Beschluss- und Verfügungsentwürfen einfacher Art, die Bearbeitung von Anträgen auf Zahlung von Vergütungen oder Entschädigungen für Zeugen, Sachverständige, Dolmetscher, Übersetzer etc., die Aktenverwaltung, der weitere Post- und Schreibdienst hinsichtlich der Gerichtsverfahren sowie die Protokollführung, Entscheidungsreinschrift und Zustellung.

Die nicht unmittelbar die Rechtspflege unterstützenden Tätigkeiten werden der **Gerichtsverwaltung** zugeordnet, was in der Praxis jedoch nicht einheitlich erfolgt; im Wesentlichen können hierzu das Zustellwesen, die Zahlstelle und die Bearbeitung der Statistik gehören (vgl. § 15 Rz. 11 ff.).

Grundsätzlich werden die Aufgaben durch die Urkundsbeamten wahrgenommen, sofern nicht durch besondere Vorschrift eine Übertragung auf den Rechtspfleger erfolgt (hierzu auch Rz. 28 ff.).

a) Rechtspfleger

Die **persönlichen Voraussetzungen** des Rechtspflegers unterscheiden sich von denen des Urkundsbeamten. Als Rechtspfleger können Beamte bestellt werden, welche einen Vorbereitungsdienst von drei Jahren abgeleistet und die Rechtspflegerprüfung bestanden haben (§ 2 Abs. 1 RPflG). In der Arbeitsgerichtsbarkeit können daneben auch solche Beamten zum Rechtspfleger bestellt werden, die die Prüfung zum gehobenen Dienst bei der Arbeitsgerichtsbarkeit erfolgreich abgelegt haben (§ 9 Abs. 3 Satz 2). Die **Ausbildung** zum Rechtspfleger wird an Fachhochschulen für öffentliche Verwaltung und Rechtspflege der Bundesländer, an Gerichten und bei Staatsanwaltschaften durchgeführt, wobei die Bezeichnungen der Bildungsstätten je nach Bundesland variieren. Im Rahmen der Einführung von Bachelor- und Masterabschlüssen sollen auch an den Fachhochschulen für öffentliche Verwaltung des Bundes und der Länder gestufte Studienabschlüsse durchgeführt werden. Näheres wird durch die Ausbildungs- und Prüfungsordnungen der einzelnen Bundesländer geregelt.

Der Rechtspfleger ist ein **eigenständiges Organ der Gerichtsverfassung** und nimmt die ihm durch ein Gesetz überwiesenen und zu seiner Zuständigkeit gehörenden Aufgaben selbständig und eigenverantwortlich war. Im Unterschied zu anderen Beamtenlaufbahnen ist er in seinem überwiegenden Aufgabenbereich **nicht an Weisungen von Vorgesetzten gebunden**. Seine **sachlich unabhängige und selbständige Stellung** ist bundeseinheitlich im Rechtspflegergesetz geregelt (§ 9 RPflG). Für die Rechtspfleger gelten gem. § 10 RPflG die Vorschriften des § 49 ArbGG iVm. §§ 41–48 ZPO über Ausschluss und Befangenheit entsprechend. Über die Ablehnung eines Rechtspflegers entscheidet der Richter (hierzu § 49 Rz. 11).

Nach § 9 Abs. 3 Satz 1 iVm. § 3 RPflG sind dem **Rechtspfleger in der Arbeitsgerichtsbarkeit insbesondere die in §§ 20, 21 und 24 RPflG genannten Aufgaben übertragen**. Es handelt sich um:
- das gesamte arbeitsgerichtliche **Mahnverfahren** nach § 46a (§ 20 Nr. 1 RPflG),
- verschiedene Maßnahmen im Verfahren über die **Prozesskostenhilfe** (§ 20 Nr. 4 RPflG), insbesondere die in § 118 Abs. 2 ZPO bezeichneten Maßnahmen einschließlich der Beurkundung von Vergleichen nach § 118 Abs. 1 Satz 3 Halbs. 2 ZPO, sofern vom Vorsitzenden dazu beauftragt, die Bestimmung des Zeitpunkts für die Einstellung und eine Wiederaufnahme von Zahlungen nach § 120 Abs. 3 ZPO, die Änderung und Aufhebung der Bewilligung von Prozesskostenhilfe nach § 120 Abs. 4, § 124 Nr. 2, 3 und 4 ZPO und die Festsetzung gem. § 55 RVG,
- die Erteilung der **vollstreckbaren Ausfertigung** nach § 20 Nr. 12 und Nr. 13 RPflG,
- das **Kostenfestsetzungsverfahren** in den Fällen, in denen die §§ 103 ff. ZPO anzuwenden sind, die Festsetzung der Vergütung des Rechtsanwalts nach § 11 RVG sowie die Festsetzung der Gerichtskosten in internationalen Angelegenheiten (§ 21 RPflG)[1],
- gem. § 24 Abs. 2 RPflG die **Aufnahme von Rechtsbehelfen** – soweit sie gleichzeitig begründet werden – sowie von **Klagen, Klageerwiderungen und anderen Anträgen oder Erklärungen**, die zur Niederschrift der Geschäftsstelle gegeben werden können, soweit sie nach Schwierigkeit und Bedeutung der Klageaufnahme vergleichbar sind (zB Anträge im einstweiligen Rechtsschutz).

---

1 LAG Köln v. 24.9.1999 – 10 Ta 142/99, NZA 2000, 102.

25 Bis auf die Bereiche des § 24 Abs. 2 RPflG muss der Rechtspfleger alle ihm übertragenen Aufgaben **zwingend** übernehmen. Er hat gem. § 4 Abs. 1 RPflG alle Maßnahmen zu treffen, die zur Erledigung dieser Geschäfte erforderlich sind. § 24 Abs. 2 RPflG stellt dagegen lediglich eine Sollvorschrift dar (zur Sonderaufgabe Rechtsantragstelle gem. § 24 Abs. 2, § 24a RPflG vgl. Rz. 33 ff.). Bei **Streit oder Ungewissheit darüber, ob ein Geschäft von dem Richter oder dem Rechtspfleger zu bearbeiten ist**, entscheidet der Richter über die Zuständigkeit durch unanfechtbaren Beschluss (§ 7 RPflG).

26 Gegen die **Entscheidungen des Rechtspflegers** ist das **Rechtsmittel** gegeben, das nach den allgemeinen verfahrensrechtlichen Vorschriften zulässig ist (§ 11 Abs. 1 RPflG). Hiernach ist nach der gesetzlichen Begründung das Rechtsmittel möglich, welches zulässig wäre, falls der Richter entschieden hätte[1]. Somit kommt grds. die sofortige Beschwerde gem. § 567 Abs. 1 ZPO in Betracht, wobei bei Prozesskostenhilfe-Entscheidungen die Einschränkung der Beschwerdeberechtigung der Staatskasse durch § 127 Abs. 3 ZPO zu beachten ist. Nur wenn gegen die Entscheidung nach den allgemeinen verfahrensrechtlichen Vorschriften ein Rechtsmittel nicht gegeben ist, findet binnen der für die sofortige Beschwerde geltenden Frist die Erinnerung statt (§ 11 Abs. 2 Satz 1 RPflG). Der Erinnerung kann der Rechtspfleger abhelfen (§ 11 Abs. 2 Satz 5 RPflG). Hilft der Rechtspfleger nicht ab, hat er die Erinnerung dem Richter vorzulegen, der abschließend entscheidet (§ 11 Abs. 2 Satz 6 RPflG).

27 Problematisch ist die **Verkennung der Aufgabenzuteilung**.
– Übernimmt der Urkundsbeamte entgegen der zwingenden Regelung in § 20 Satz 1 Nr. 12, § 21 Abs. 1 Nr. 1 und 2 und § 24 Abs. 1 RPflG eine dem Rechtspfleger zugewiesene Aufgabe, so ist das Geschäft unwirksam[2] (zum umgekehrten Fall s. Rz. 31).
– Hat der Richter ein Geschäft wahrgenommen, für das alleine der Urkundsbeamte zuständig ist (zB Erteilung der Vollstreckungsklausel), so ist die Maßnahme gem. § 8 Abs. 1 und Abs. 5 RPflG analog wirksam[3].
– Hat der zuständige Richter ein Geschäft wahrgenommen, das dem Rechtspfleger übertragen ist, so wird die Wirksamkeit des Geschäfts hierdurch nicht berührt (§ 8 Abs. 1 RPflG).
– Hat der Rechtspfleger ein Geschäft wahrgenommen, das ihm der Richter nach diesem Gesetz übertragen kann, so ist das Geschäft nicht deshalb unwirksam, weil die Übertragung unterblieben ist oder die Voraussetzungen für die Übertragung im Einzelfalle nicht gegeben waren (§ 8 Abs. 2 RPflG). Ein Geschäft ist auch nicht deshalb unwirksam, weil es der Rechtspfleger entgegen § 8 Abs. 3 RPflG iVm. § 5 Abs. 1 RPflG dem Richter nicht vorgelegt hat. Eine Vorlagepflicht besteht, wenn sich bei der Bearbeitung der Sache ergibt, dass eine Entscheidung des BVerfG oder eines für Verfassungsstreitigkeiten zuständigen Gerichts eines Landes nach Art. 100 GG einzuholen ist oder zwischen dem übertragenen Geschäft und einem vom Richter wahrzunehmenden Geschäft ein so enger Zusammenhang besteht, dass eine getrennte Behandlung nicht sachdienlich ist.
– Hat der Rechtspfleger ein Geschäft des Richters wahrgenommen, das ihm nach diesem Gesetz weder übertragen ist noch übertragen werden kann, so ist das Geschäft unwirksam (§ 8 Abs. 4 RPflG). Das gilt nicht, wenn das Geschäft dem Rechtspfleger durch eine Entscheidung nach § 7 RPflG zugewiesen worden war (hierzu Rz. 25).

b) Urkundsbeamte der Geschäftsstelle

28 Nach dem **Grundsatz der Aufgabenzuteilung** gilt im Verhältnis zwischen dem Rechtspfleger und dem Urkundsbeamten Folgendes: Alle Aufgaben, die nicht dem Rechtspfleger zugewiesen oder übertragen sind, werden durch den Urkundsbeamten wahrgenommen. Die Geschäftsstellenordnungen der Gerichte weisen die Geschäfte zu, sofern sie nicht bereits gesetzlich geregelt sind. Hier finden sich bspw. Regelungen zum Anlegen und Führen von Registern und Akten, über die Aufstellung von Statistiken und Übersichten, über die Angelegenheiten des Rechtshilfeverkehrs mit dem Ausland etc.[4]

29 Die **Aufgabenzuweisung** ergibt sich zum einen **aus dem ArbGG**. Aufgaben sind bspw. in den §§ 59, 90 Abs. 1 und § 95 geregelt, wonach ein Einspruch gegen ein Versäumnisurteil sowie Erklärungen der Beteiligten im Beschwerde- und Rechtsbeschwerdeverfahren zur Niederschrift der Geschäftsstelle eingereicht werden können. Nach § 81 ist die Geschäftsstelle ferner für die Entgegennahme prozessleitender Verfügungen im Beschlussverfahren zuständig. Nach § 50 ArbGG iVm. § 209 ZPO werden Urteile von Amts wegen

---
1 BT-Drucks. 13/10244 S. 6.
2 GMP/*Prütting*, § 7 Rz. 19; *Kissel/Mayer*, § 153 GVG Rz. 26.
3 Streitig; wie hier Zöller/*Lückemann*, § 153 GVG Rz. 6; *Dörndorfer*, § 8 Rz. 18 mwN.
4 Für NRW bspw. die Geschäftsstellenordnung für die Gerichte und Staatsanwaltschaften des Landes NRW (GStO), AV d. JM v. 10.2.2006 (2325-I.8), JMBl. NRW S. 62.

binnen drei Wochen seit Übergabe an die Geschäftsstelle zugestellt. Anträge auf Bewilligung von Prozesskostenhilfe oder Gesuche nach § 11a Abs. 1 nimmt der Urkundsbeamte entgegen.

Weitere Funktionen ergeben sich aus der ZPO. Den Urkundsbeamten obliegen folgende **Aufgaben aus der ZPO:** 30
- Beurkundungen wie Protokollierungen und Mitwirkung bei der Protokollberichtigung (§§ 159 ff., 164 ZPO),
- Niederlegung von Schriftstücken auf der Geschäftsstelle (§§ 133, 134, 142, 364, 411 ZPO),
- Aufnahme von Erklärungen (§§ 44, 103, 117, 118, 129, 129a, 248, 381, 386 ff., 406, 486, 569, 573, 702, 920, 924, 936 ZPO),
- Erteilung von Ausfertigungen, soweit nicht die Zuständigkeit des Rechtspflegers gegeben ist (§ 317 Abs. 4, §§ 724, 725 ZPO),
- Vornahme von Zustellungen (§§ 168, 173 ff. ZPO),
- Beglaubigung von Schriftstücken (§ 169 Abs. 2 ZPO),
- Bewirkung von Ladungen an Zeugen und Parteien (§§ 377, 497 ZPO),
- Bescheinigung der Verkündungs- und Zustelldaten (§ 315 Abs. 3 ZPO),
- Verwahrung von Urkunden (§ 443 ZPO),
- Akteneinsicht (§ 299 Abs. 1 und 3 ZPO),
- Rechtskraft- und Notfristzeugnisse (§ 706 ZPO).

Die **Übertragung der Aufgaben** des Urkundsbeamten **an einen Rechtspfleger** ist möglich. Der Rechtspfleger hat dann die Stellung eines Urkundsbeamten (§ 27 Abs. 1 RPflG). Übernimmt der Rechtspfleger ohne Übertragung Aufgaben des Urkundsbeamten, so wird hierdurch die Wirksamkeit der Maßnahme nicht berührt (§ 8 Abs. 5 RPflG). 31

Mit Aufgaben eines Urkundsbeamten kann je nach Landesrecht ggf. auch betraut werden, wer einen der Ausbildung des mittleren Justizdienstes gleichwertigen Wissens- und Leistungsstand aufweist, wie beispielsweise **Rechtsreferendare**[1]. 32

c) Rechtsantragstelle

Zur Geschäftsstelle gehört auch die Rechtsantragstelle. Hierbei handelt es sich um eine **besondere Einrichtung zur Aufnahme von Klagen, Anträgen und Erklärungen** solcher Parteien, die nicht selbständig in der Lage sind, ihre rechtlichen Angelegenheiten entsprechend den gesetzlichen Erfordernissen vorzubringen und insbesondere auch nicht anwaltlich oder gewerkschaftlich vertreten sind. 33

Wegen der Schwierigkeit und Bedeutung der Aufgabe gehört die **Führung der Rechtsantragstelle** in den Aufgabenbereich des Rechtspflegers (§ 24 Abs. 2 Nr. 3 RPflG). Teilweise werden Stationsreferendare bei den ArbG mit der zeitweiligen Führung der Rechtsantragstelle nach kurzer Einarbeitung betraut, was durch § 2 Abs. 5 RPflG möglich ist, der die zeitweilige Wahrnehmung der Geschäfte eines Rechtspflegers erlaubt. 34

Die **Aufgabe der Rechtsantragstelle** ist begrenzt. Die Rechtsantragstelle ist keine Rechtsberatungsstelle. Der Rechtspfleger hat jeden Anschein von Parteilichkeit zu vermeiden und darf keine Rechtsberatung betreiben. Der Rechtspfleger darf und muss aber als Organ der Gerichtsverfassung aus dem Prinzip der prozessualen Fürsorgepflicht auf die Richtigkeit und Vollständigkeit von Angaben und die Sachdienlichkeit von Anträgen sowie deren Schlüssigkeit hinwirken[2]. Auch darf und muss er auf Bedenken zur Zulässigkeit von Klagen und Anträgen hinweisen. 35

III. Aufbringung der Mittel

Zu den **Kosten** iSd. § 7 Abs. 2 gehören die Personal- und die Sachkosten. Die Geschäftsstelle ist insbesondere auch mit ausreichenden sachlichen Mitteln auszustatten. 36

Die **Pflicht zur Kostentragung** ist verteilt. Die Kosten der Geschäftsstellen der ArbG und LAG trägt das Land. Die Kosten der Geschäftsstelle des BAG trägt der Bund. Die erforderlichen Beträge werden im Haushalt der jeweiligen Bundes- oder Landesbehörde ausgewiesen. 37

---
1 BGH v. 22.2.2017 – 5 StR 605/16; BGH v. 4.6.1985 – 1 StR 18/85, NJW 1985, 3033; OLG Koblenz v. 11.10.1984 – 1 Ss 259/84, Rpfleger 1985, 77; Zöller/*Lückemann*, § 153 GVG Rz,. 5; *Elzer*, JuS 1996, 827; *Gruschwitz*, DRiZ 2012, 239.
2 Vgl. hierzu BVerfG v. 31.8.1992 – 2 BvR 1302/91, Rpfleger 1993, 56.

§ 8 Gang des Verfahrens

(1) Im ersten Rechtszug sind die Arbeitsgerichte zuständig, soweit durch Gesetz nichts anderes bestimmt ist.
(2) Gegen die Urteile der Arbeitsgerichte findet die Berufung an die Landesarbeitsgerichte nach Maßgabe des § 64 Abs. 1 statt.
(3) Gegen die Urteile der Landesarbeitsgerichte findet die Revision an das Bundesarbeitsgericht nach Maßgabe des § 72 Abs. 1 statt.
(4) Gegen die Beschlüsse der Arbeitsgerichte und ihrer Vorsitzenden im Beschlussverfahren findet die Beschwerde an das Landesarbeitsgericht nach Maßgabe des § 87 statt.
(5) Gegen die Beschlüsse der Landesarbeitsgerichte im Beschlussverfahren findet die Rechtsbeschwerde an das Bundesarbeitsgericht nach Maßgabe des § 92 statt.

I. Historische Entwicklung 1	2. Landesarbeitsgerichte 7
II. Regelungsgehalt der Vorschrift 2	3. Bundesarbeitsgericht 9
III. Der dreistufige Instanzenzug im Klageverfahren	4. Der Instanzenzug im Beschlussverfahren 10
1. Arbeitsgerichte 6	

Schrifttum: *Schwab*, Neuerungen im arbeitsgerichtlichen Verfahren, NZA 1991, 663.

I. Historische Entwicklung

1 Das **Urteilsverfahren** ist seit Inkrafttreten des ArbGG 1926 **dreistufig**[1]. Das **Beschlussverfahren** ist durch das ArbGG 1953 entsprechend dem Urteilsverfahren neu geregelt und **ebenfalls** dreistufig ausgestaltet worden[2]. Mit Wirkung vom 1.7.1979 ist durch die Beschleunigungsnovelle vom 21.5.1979[3] die Zuordnung der Rechtsstreitigkeiten iSd. §§ 2 ff. zum Urteilsverfahren einerseits sowie zum arbeitsgerichtlichen Beschlussverfahren andererseits neu vorgenommen worden. § 8 Abs. 1 wurde um den 2. Halbsatz ergänzt durch Art. 2 TarifautonomiestärkungsG[4]. Die in § 8 Abs. 1 geregelte funktionelle Zuständigkeit ist zwingend[5].

II. Regelungsgehalt der Vorschrift

2 In der Lit. ist streitig, ob § 8 eine Regelung der **sachlichen Zuständigkeit** enthält[6]; im Ergebnis besteht jedoch Einigkeit darüber, dass sich das Problem der sachlichen Zuständigkeit in der Arbeitsgerichtsbarkeit nicht stellt[7]. **Erstinstanzliches Gericht** ist stets das **ArbG**. Lediglich bei Entscheidungen über die Amtsenthebung und Amtsentbindung ehrenamtlicher Richter (somit bei gerichtsinternen Streitigkeiten) können LAG sowie BAG in erster und letzter Instanz tätig werden (vgl. § 21 Abs. 5, §§ 27, 28, 43 Abs. 3). Die Regelung ist zwingend. Von ihr kann durch Parteivereinbarung nicht abgewichen werden[8]. Die Sonderregelung des § 158 Nr. 5 SGB IX für den Geschäftsbereich des Bundesnachrichtendienstes, wonach bei Streitigkeiten von angestellten Schwerbehinderten nach dem SGB IX das BAG in erster und letzter Instanz zuständig ist[9], ist bislang noch nicht praxisrelevant geworden.

---

1 Ausführlich zur Entstehungsgeschichte GMP/*Prütting*, Einleitung Rz. 13 ff.
2 Ausführlich hierzu *Weth*, Das arbeitsgerichtliche Beschlussverfahren, S. 5 ff.
3 BGBl. I S. 545.
4 TarifautonomiestärkungsG v. 11.8.2014, BGBl. I S. 1348.
5 GK-ArbGG/*Bader*, § 8 Rz. 10.
6 So zB GMP/*Prütting*, § 8 Rz. 1; GWBG/*Waas*, § 8 Rz. 3; Hauck/Helml/Biebl/*Hauck*, § 8 Rz. 1; ErfK/*Koch*, § 8 ArbGG Rz. 1; Düwell/Lipke/*Dreher*, § 8 Rz. 1; aM GK-ArbGG/*Bader*, § 8 Rz. 3 sowie BCF/*Bader*, § 8 Rz. 1.
7 So Hauck/Helml/Biebl/*Hauck*, § 8 Rz. 3; Düwell/Lipke/*Dreher*, § 8 Rz. 1.
8 ErfK/*Koch*, § 8 ArbGG Rz. 1; GWBG/*Waas*, § 3 Rz. 4; BCF/*Bader*, § 8 Rz. 1.
9 S. hierzu auch ErfK/*Koch*, § 8 ArbGG Rz. 1; Hauck/Helml/Biebl/*Hauck*, § 8 Rz. 5. Von *Bader* in Bader/Creutzfeld/Friedrich, § 8 Rz. 1, wird offenkundig übersehen, dass es beim Bundesnachrichtendienst auch Angestellte gibt.

Das ArbGG verwendet in § 48 Abs. 1 den Begriff der **sachlichen Zuständigkeit**, um das Verhältnis zur allgemeinen Zivilgerichtsbarkeit zu charakterisieren. Besondere Folgerungen sind daraus nicht abzuleiten. Ursprünglich wollte man mit dem Begriff der sachlichen Zuständigkeit das Verhältnis zwischen AG und LG umschreiben. Früher nannte § 549 Abs. 2 ZPO aF die Zuständigkeit der Arbeitsgerichtsbarkeit neben der sachlichen Zuständigkeit[1]. Das BAG verwendet den Begriff „sachliche Zuständigkeit" ausschließlich im Zusammenhang mit der Zuständigkeitsregelung der §§ 2, 2a[2]. 3

Nach allgemeiner Auffassung regelt § 8 die Frage der **funktionellen Zuständigkeit**[3]. Diese gesetzlich nicht ausdrücklich geregelte Art der Zuständigkeit bezieht sich vor allem auf die Zuständigkeit im Rechtsmittelzug. Demzufolge ist es unerheblich, dass die Möglichkeit der Sprungrevision gem. § 76 bzw. der Sprungrechtsbeschwerde gem. § 96a nicht erwähnt wird. Irritierend ist allerdings, dass gem. § 8 Abs. 2 gegen Urteile der ArbG die Berufung an die LAG nach Maßgabe des § 64 Abs. 1 stattfindet, während gem. § 8 Abs. 4 gegen die Beschlüsse der ArbG und ihrer Vorsitzenden im Beschlussverfahren die Beschwerde an das LAG nach Maßgabe des § 87 stattfindet. Auch im Urteilsverfahren ist gem. § 55 Abs. 1 und 3 eine Alleinentscheidung durch den Vorsitzenden möglich. Demzufolge ist es für die Berufung gegen ein Urteil des ArbG gleichgültig, ob das Urteil des ArbG von der Kammer oder in den Fällen des § 55 Abs. 1 und 3 von dem Vorsitzenden allein gefällt worden ist. 4

Dass § 8 Abs. 4 ausdrücklich die *Beschlüsse des Vorsitzenden* erwähnt, wird in der Lit. damit begründet, dass im Beschlussverfahren die Entscheidung durch den Vorsitzenden die *absolute Ausnahme* sei, wobei die Formulierung des § 8 Abs. 4 speziell das besondere Verfahren über die Besetzung der Einigungsstelle gem. § 99 abdecke, bei welchem der Vorsitzende allein entscheidet[4]. Dies ist bereits deshalb zweifelhaft, weil § 99 Abs. 2 eine eigenständige Regelung enthält. So ist die Beschwerde innerhalb einer Frist von zwei Wochen einzulegen und zu begründen. Lediglich im Übrigen wird gem. § 99 Abs. 2 auf § 87 Abs. 2 und 3 ergänzend verwiesen (somit nicht einmal auf § 87 Abs. 1). Allerdings entspricht es der Terminologie des Gesetzgebers, bei Entscheidungen im Beschlussverfahren sowohl das betreffende Gericht als auch den Vorsitzenden gesondert zu erwähnen (so zB § 78 Abs. 1, § 83 Abs. 5, § 172 SGG). 5

III. Der dreistufige Instanzenzug im Klageverfahren

1. Arbeitsgerichte

Erste Instanz sind die **ArbG**. Sie sind zuständig für alle gem. §§ 2, 2a und 3 der Arbeitsgerichtsbarkeit zugewiesenen Angelegenheiten. Eine Differenzierung nach dem Streitgegenstand oder dem Streitwert gibt es nicht (vgl. §§ 23, 23a, 23b GVG einerseits und § 71 GVG andererseits)[5]. Ebenso wenig werden Rechtsstreitigkeiten wegen ihrer besonderen Bedeutung unmittelbar der 2. oder 3. Instanz zugewiesen (vgl. zB §§ 48, 50 VwGO). Die Regelung ist zwingend und kann im Einzelfall nicht durch Parteivereinbarung abbedungen werden[6]; auch wenn sich die Parteien darauf geeinigt haben, die Klage in 1. Instanz vor dem LAG zu erheben, ist die Klage unzulässig. Eine Verweisung an das ArbG kommt nicht in Betracht[7]. Lediglich in dem Ausnahmefall des § 158 Nr. 5 SGB IX für Rechtsstreitigkeiten aus dem SGB IX im Geschäftsbereich des Bundesnachrichtendienstes muss sich das angerufene ArbG für unzuständig erklären und den Rechtsstreit an das BAG verweisen[8]. Von dieser Grundregel der erstinstanzlichen Zuständigkeit der ArbG kann nur durch Gesetz abgewichen werden[9]. 6

2. Landesarbeitsgerichte

In 2. Instanz sind die **LAG** zuständig für die **Berufung gegen Urteile der ArbG** (§ 8 Abs. 2 iVm. § 64) und für die sofortige Beschwerde gegen **Beschlüsse** der ArbG (§ 64 Abs. 1 iVm. § 78). Die LAG sind weiterhin zuständig für die Beschwerde gegen die das Beschlussverfahren beendenden Entscheidungen der ArbG (§ 8 Abs. 4 iVm. § 87), über Beschwerden gegen verfahrensleitende Beschlüsse (§ 78) sowie bei einer Un- 7

---

[1] Musielak/*Ball*, 1. Aufl. 1999, § 549 ZPO Rz. 14; *Schwab*, NZA 1991, 663.
[2] BAG v. 30.8.1993 – 2 AZB 6/93, NZA 1994, 141 ff.; ebenso LAG Berlin v. 31.8.1992 – 9 Ta 12/92, LAGE § 2 ArbGG 1979 Nr. 12.
[3] GMP/*Prütting*, § 8 Rz. 1 und 8; GWBG/*Waas*, § 8 Rz. 2; Düwell/Lipke/*Dreher*, § 8 Rz. 1; Hauck/Helml/Biebl/ *Hauck*, § 8 Rz. 1 u. 4.
[4] GMP/*Schlewing*, § 98 Rz. 4.
[5] Ebenso Düwell/Lipke/*Dreher*, § 8 Rz. 2.
[6] BCF/*Bader*, § 8 Rz. 1; ErfK/*Koch*, § 8 ArbGG Rz. 1; GWBG/*Greiner*, § 8 Rz. 4.
[7] GWBG/*Waas*, § 8 Rz. 4; Hauck/Helml/Biebl/*Hauck*, § 8 Rz. 6; aA ErfK/*Koch*, § 8 ArbGG Rz. 1.
[8] Hauck/Helml/Biebl/*Hauck*, § 8 Rz. 5.
[9] GK-ArbGG/*Bader*, § 8 Rz. 2 unter Bezugnahme auf BR-Drs. 147/14 S. 48.

tätigkeitsbeschwerde bei einer Untätigkeit des erstinstanzlichen Gerichtes[1], sofern die begehrte Entscheidung ihrerseits überhaupt einem Rechtsmittel unterliegt[2]. Die LAG haben nunmehr auch zu entscheiden gem. § 9 Abs. 2 Satz 2 ArbGG iVm. § 201 Abs. 1 Satz 1 GVG über Klagen auf Entschädigung wegen unangemessener Dauer eines arbeitsgerichtlichen Verfahrens[3].

8 Die Statthaftigkeit der Berufung ergibt sich aus § 64 Abs. 2. Grundsätzlich ist das LAG an den von dem ArbG im Urteil festgesetzten **Wert des Streitgegenstandes** als Obergrenze gebunden[4] (vgl. § 64 Rz. 62 ff.). Im Beschlussverfahren ist eine Antragsänderung im Beschwerdeverfahren möglich, wenn der Antragsteller zunächst die Wirksamkeit der Bestellung des Wahlvorstandes angegriffen hat und nunmehr nach Durchführung der Wahl die Ungültigkeit der BR-Wahl geltend macht[5]. Sofern beim LAG lediglich der Kündigungsschutzrechtsstreit anhängig ist, ist das ArbG weiterhin für den Antrag auf Erlass einer einstweiligen Verfügung auf Weiterbeschäftigung zuständig[6].

3. Bundesarbeitsgericht

9 Das BAG ist zuständig für die **Entscheidungen gegen Endurteile des LAG** (§ 8 Abs. 3 iVm. § 72), über die **Sprungrevision** gegen das Urteil eines ArbG (§ 76), in den **Nichtzulassungsbeschwerdeverfahren** (§ 72a) sowie für die sofortige Beschwerde wegen verspäteter Absetzung des Urteils (§ 72b). Das BAG ist darüber hinaus weiter zuständig für die **Revisionsbeschwerde bei der Verwerfung einer Berufung** als unzulässig, sofern das LAG die sofortige Beschwerde wegen der Bedeutung der Rechtssache zugelassen hat (§ 77), und für die vom LAG zugelassene Rechtsbeschwerde (vgl. § 78 Rz. 74). **Im Beschlussverfahren** ist das BAG zuständig für die Rechtsbeschwerde **gegen Beschlüsse des LAG im Beschlussverfahren** (§ 8 Abs. 5 iVm. § 92), für die **Nichtzulassungsbeschwerde** (§ 92a) für die sofortige Beschwerde wegen verspäteter Absetzung der Beschwerdeentscheidung (§ 92b) und für die **Sprungrechtsbeschwerde** gegen die Beschlüsse der ArbG (§ 96a)[7]. Gemäß § 9 Abs. 2 Satz 2 ArbGG iVm. § 201 Abs. 1 Satz 2 GVG ist das BAG auch zuständig im Verfahren bei Entschädigungsansprüchen gem. § 198 GVG gegen den Bund.

4. Der Instanzenzug im Beschlussverfahren

10 Gem. § 8 Abs. 1 sind die ArbG erstinstanzlich für alle arbeitsgerichtlichen Beschlussverfahren zuständig. Eine Ausnahme gilt auf Grund Art. 2 Nr. 5 des Tarifautonomiestärkungsgesetzes durch den neu eingefügten § 98 (der bisherige § 98 wurde § 99), wonach für Verfahren nach § 2a Abs. 1 Nr. 5 das LAG zuständig ist, in dessen Bezirk die Behörde ihren Sitz hat, die den Tarifvertrag für allgemeinverbindlich erklärt oder die Rechtsverordnung erlassen hat[8]. Die Durchführung des erstinstanzlichen Verfahrens beim LAG entspricht im Übrigen der Durchführung des erstinstanzlichen Verfahrens beim ArbG[9].

§ 9 Allgemeine Verfahrensvorschriften und Rechtsschutz bei überlangen Gerichtsverfahren

(1) Das Verfahren ist in allen Rechtszügen zu beschleunigen.
(2) Die Vorschriften des Gerichtsverfassungsgesetzes über Zustellungs- und Vollstreckungsbeamte, über die Aufrechterhaltung der Ordnung in der Sitzung, über die Gerichtssprache, über die Wahrnehmung richterlicher Geschäfte durch Referendare und über Beratung und Abstimmung gelten in allen Rechtszügen entsprechend. Die Vorschriften des Siebzehnten Titels des Gerichtsverfassungsgesetzes sind mit der Maßgabe entsprechend anzuwenden, dass an die Stelle des Oberlandesgerichts

---

1 So beispielhaft im einstweiligen Verfügungsverfahren auf Genehmigung des Urlaubsantrages, wenn das ArbG die mündlichen Verhandlung langfristig auf einen Termin nach Urlaubsbeginn bestimmt. S. hierzu auch Musielak/Voit/*Stadtler*, § 252 ZPO Rz. 2.
2 LAG Rh.-Pf. v. 2.11.2011 – 8 Ta 217/11.
3 S. zu einem unrühmlichen Fall BVerfG v. 5.8.2013 – 1 BvR 2965/10, NZA 2013, 1229.
4 LAG Hessen v. 23.1.1996 – 9 Sa 1680/95. S. aber LAG Saarland v. 6.12.2000 – 1 Sa 77/2000, nv.
5 BAG v. 14.1.1983 – 6 ABR 39/82, AP Nr. 9 zu § 19 BetrVG 1972.
6 LAG Nürnberg v. 3.12.1982 – Sa 88/82, ARST 1983, 174; LAG BW v. 18.3.1988 – 2 Sa 1/88, LAGE § 102 BetrVG 1972 – Beschäftigungspflicht Nr. 9.
7 ErfK/*Koch*, § 8 ArbGG Rz. 1.
8 S. hierzu GK-ArbGG/*Bader*, § 8 Rz. 16b; LAG Berlin-Brandenburg v. 17.4.2015 – 2 BvL 5001/14 u.a., ArbuR 2015, 244.
9 GK-ArbGG/*Bader*, § 8 Rz. 17.

das Landesarbeitsgericht, an die Stelle des Bundesgerichtshofs das Bundesarbeitsgericht und an die Stelle der Zivilprozessordnung das Arbeitsgerichtsgesetz tritt.

(3) Die Vorschriften über die Wahrnehmung der Geschäfte bei den ordentlichen Gerichten durch Rechtspfleger gelten in allen Rechtszügen entsprechend. Als Rechtspfleger können nur Beamte bestellt werden, die die Rechtspflegerprüfung oder die Prüfung für den gehobenen Dienst bei der Arbeitsgerichtsbarkeit bestanden haben.

(4) Zeugen und Sachverständige erhalten eine Entschädigung oder Vergütung nach dem Justizvergütungs- und -entschädigungsgesetz.

(5) Alle mit einem befristeten Rechtsmittel anfechtbaren Entscheidungen enthalten die Belehrung über das Rechtsmittel. Soweit ein Rechtsmittel nicht gegeben ist, ist eine entsprechende Belehrung zu erteilen. Die Frist für ein Rechtsmittel beginnt nur, wenn die Partei oder der Beteiligte über das Rechtsmittel und das Gericht, bei dem das Rechtsmittel einzulegen ist, die Anschrift des Gerichts und die einzuhaltende Frist und Form schriftlich belehrt worden ist. Ist die Belehrung unterblieben oder unrichtig erteilt, so ist die Einlegung des Rechtsmittels nur innerhalb eines Jahres seit Zustellung der Entscheidung zulässig, außer wenn die Einlegung vor Ablauf der Jahresfrist infolge höherer Gewalt unmöglich war oder eine Belehrung dahin erfolgt ist, dass ein Rechtsmittel nicht gegeben sei; § 234 Abs. 1, 2 und § 236 Abs. 2 der Zivilprozessordnung gelten für den Fall höherer Gewalt entsprechend.

I. Allgemeines 1	2. Anforderungen an die Rechtsmittelbelehrung . 19
II. Das Beschleunigungsgebot des Abs. 1 2	3. Rechtsfolgen einer fehlerhaften oder unterbliebenen Rechtsmittelbelehrung 26
III. Die Anwendung gerichtsverfassungsrechtlicher Normen (Abs. 2) 5	a) Die Belehrung über die Unanfechtbarkeit der Entscheidung 26
IV. Die Wahrnehmung der Geschäfte durch den Rechtspfleger (Abs. 3) 7	b) Die Belehrung über die Anfechtbarkeit der Entscheidung 27
V. Die Entschädigung von Zeugen und Sachverständigen (Abs. 4) 9	c) Die fehlende Zustellung der Entscheidung . . 32
VI. Die Rechtsmittelbelehrung (Abs. 5) 1. Allgemeines 10	4. Heilung 34

I. Allgemeines

§ 9 besteht aus zahlreichen unterschiedlichen Regelungen, die in keinem inneren Zusammenhang stehen[1]. Neben dem Beschleunigungsgebot des Abs. 1 findet sich in Abs. 2 der Verweis auf die anwendbaren Vorschriften des GVG. In Abs. 3 wird die entsprechende Anwendung der Vorschriften bezüglich der Tätigkeit der Rechtspfleger normiert. Abs. 4 enthält einen Verweis auf das Justizvergütungs- und -entschädigungsgesetz (JVEG) für die Entschädigung von Zeugen und Sachverständigen. Abs. 5 stellt mit seinen Regelungen zur Rechtsmittelbelehrung und zum Lauf von Rechtsmittelfristen die mit Abstand bedeutsamste Regelung des § 9 dar.

II. Das Beschleunigungsgebot des Abs. 1

Um einer langen Verfahrensdauer entgegenzuwirken, enthält § 9 Abs. 1 den Grundsatz, das Verfahren in allen Rechtszügen zu beschleunigen. Er ist Ausprägung des verfassungsrechtlich gewährleisteten Gebotes des effektiven Rechtsschutzes[2]. Effektiver Rechtsschutz bedeutet „auch Rechtsschutz innerhalb angemessener Zeit.[3] „ Adressat der im arbeitsgerichtlichen Verfahren vorgesehenen Beschleunigungsgebote sind das Gericht und die Beteiligten. Ein zügiges Verfahren vor dem ArbG ist deshalb von besonderer Bedeutung, weil im arbeitsgerichtlichen Verfahren zumeist der sozial schutzwürdige ArbN klagt, der möglichst rasch Kenntnis über die Rechtslage erlangen soll, da die Ansprüche aus dem Arbeitsverhältnis seine Existenz sichern[4]. Dementsprechend ist insbesondere das Kündigungsschutzverfahren vorrangig zu behandeln, §§ 61a, 64 Abs. 8. Die Beschleunigungstendenz des ArbGG drückt sich in zahlreichen Einzelbestimmungen

---
1 GMP/Prütting, § 9 Rz. 1.
2 Vgl. BVerfG v. 5.8.2013 – 1 BvR 2965/10, NZA 2013, 1229 (1230), Rz. 18 f.
3 BVerfG, st. Rspr., vgl. nur BVerfG v. 16.12.1980 – 2 BvR 419/80, NJW 1981, 1499 f.
4 Vgl. BAG v. 16.4.2014 – 10 AZB 6/14 Rz. 11; GWBG/Waas, § 9 Rz. 2.

aus, die häufig von den für das Verfahren vor den ordentlichen Gerichten geltenden Regelungen nicht unerheblich abweichen.

3 Es ist insbesondere auf folgende Normen des ArbGG hinzuweisen:
- § 47 Abs. 1 und 2, § 80 Abs. 2. Zwischen der Zustellung der Klageschrift und dem Termin zur mündlichen Verhandlung (Einlassungsfrist) muss im arbeitsgerichtlichen Verfahren eine Woche liegen; § 274 Abs. 3 Satz 1 ZPO normiert dagegen eine Einlassungsfrist von zwei Wochen.
- § 49 Abs. 3. Gegen die Entscheidung bei Ablehnung von Gerichtspersonen findet kein Rechtsmittel statt; nach § 46 Abs. 2 ZPO findet gegen den Beschluss, durch den das Gesuch für unbegründet erklärt wird, sofortige Beschwerde statt.
- § 50 Abs. 1, § 80 Abs. 2. Die Zustellung der Urteile und Beschlüsse erfolgt innerhalb einer Frist von drei Wochen ab Übergabe an die Geschäftsstelle. Es besteht keine Möglichkeit, wie in § 317 Abs. 1 Satz 3 ZPO die Zustellung bis zu fünf Monate hinauszuschieben (§ 50 Abs. 1 Satz 2).
- § 54 Abs. 4. Erscheint eine Partei in der Güteverhandlung nicht oder ist die Güteverhandlung erfolglos, soll sich die weitere Verhandlung grds. unmittelbar anschließen. Ist das nicht möglich, soll zumindest die streitige Verhandlung alsbald stattfinden.
- § 55. Der Vorsitzende hat in den aufgezählten Fällen die Alleinentscheidungsbefugnis.
- §§ 56, 57 Abs. 1. Vorbereitung der streitigen Verhandlung (Kammerverhandlung), so dass grds. nur eine Kammerverhandlung erfolgt.
- § 56 Abs. 2, § 61a Abs. 5, § 67 Abs. 1 und 2, §83 Abs. 1a. Zurückweisung verspäteten Vorbringens.
- § 59 Satz 1. Die Einspruchsfrist beträgt beim Versäumnisurteil nur eine Woche, anders als nach § 339 Abs. 1 ZPO (zwei Wochen).
- § 60 Abs. 1. In der Regel findet kein besonderer Verkündungstermin statt. Ein Verkündungstermin kann nur bestimmt werden, wenn die sofortige Verkündung aus besonderen Gründen nicht möglich ist. Nach § 310 Abs. 1 ZPO kann ein Verkündungstermin ohne besonderen Grund anberaumt werden.
- § 61 Abs. 3. Ein über den Grund des Anspruchs vorab entscheidendes Zwischenurteil ist wegen der Rechtsmittel nicht als Endurteil anzusehen, dh. ein Zwischenurteil ist nicht separat anfechtbar.
- §§ 61a, 64 Abs. 8. Kündigungsverfahren sind vorrangig zu erledigen.
- § 66 Abs. 1 Satz 5. Berufungsbegründungsfrist und Berufungsbeantwortungsfrist können jeweils nur einmal verlängert werden (vgl. § 520 Abs. 2 ZPO).
- § 68. Die Zurückverweisung an das ArbG wegen Verfahrensmängeln ist im Urteilsverfahren unzulässig. Der in § 68 zum Ausdruck kommende Grundgedanke schließt im lediglich vorgeschalteten Rechtswegbestimmungsverfahren nach § 17a Abs. 4 GVG eine Zurückverweisung aus der Beschwerdeinstanz an das ArbG aus. Dieses Verfahren darf nicht durch Zurückverweisung von 2. zu 1. Instanz verzögert werden[1].
- § 74 Abs. 1 Satz 3. Die Revisionsbegründungsfrist kann nur einmal um nur einen weiteren Monat verlängert werden (vgl. § 551 Abs. 2 ZPO).
- § 91 Abs. 1 Satz 2. Im arbeitsgerichtlichen Beschlussverfahren ist eine Zurückverweisung an die 1. Instanz unzulässig.
- § 100. In den Fällen des § 76 Abs. 2 Satz 2 und 3 BetrVG hat der Vorsitzende die Alleinentscheidungskompetenz. Wegen fehlender Zuständigkeit der Einigungsstelle können Anträge nur zurückgewiesen werden, wenn die Einigungsstelle offensichtlich unzuständig ist. Die Einlassungs- und Ladungsfristen betragen 48 Stunden.

4 Die in den genannten Normen zum Ausdruck kommende Beschleunigungstendenz des arbeitsgerichtlichen Verfahrens wird in § 9 Abs. 1 zusammengefasst. § 9 hat aber insoweit keine konkreten Auswirkungen auf das arbeitsgerichtliche Verfahren als weder die Zurückweisung verspäteten Vorbringens[2] noch ein Rechtsmittel auf § 9 Abs. 1 gestützt werden kann[3]. Auch im Rahmen der Auslegung von verfahrensrechtlichen Ermessensnormen ist für die Berücksichtigung des § 9 Abs. 1 kein Raum[4]. Ein Ermessen des Rich-

---

1 BAG v. 17.2.2003 – 5 AZB 37/02, NZA 2003, 517 (518).
2 GMP/*Prütting*, § 9 Rz. 5; GWBG/*Waas*, § 9 Rz. 3.
3 GK-ArbGG/*Bader*, § 9 Rz. 19; BAG v. 13.5.1981 – 4 AZR 1080/78, BAGE 35, 251 (261).
4 GMP/*Prütting*, § 9 Rz. 7; aA die Rspr. vgl nur BVerfG v. 5.8.2013 – 1 BvR 2965/10, NZA 2013, 1229 (1230), Rz. 18 f.; BAG v. 4.12.1975 – 2 AZR 462/74, AP Nr. 33 zu § 518 ZPO, § 9 enthalte nicht nur einen allgemeinen Programmsatz. Er sei vielmehr bei der Auslegung von Verfahrensvorschriften zu beachten, die bei entsprechender Anwendung geeignet seien, die Verfahrensdauer zu verkürzen.

ters, „ob ein Verfahren zu einem langsamen oder zu einem schnellen Ende führt"[1], gibt es nämlich nicht[2]. Das Hessische LAG hat insoweit davon gesprochen, das allgemeine Beschleunigungsgebot des § 9 Abs. 1 habe, wenn sein Inhalt überhaupt über einen allgemeinen Programmsatz hinausgehe, jedenfalls keinen so bestimmten Inhalt, dass sich daraus eine konkrete Richtschnur für die Anwendung des pflichtgemäßen Ermessens herleiten lasse[3]. Es ist fraglich, ob § 9 nur einen allgemeinen Programmsatz darstellt oder ob er bei der Auslegung von Verfahrensvorschriften zu beachten ist, die bei entsprechender Anwendung geeignet sind, die Verfahrensdauer zu verkürzen. Das BAG hat darauf hingewiesen, dass der arbeitsrechtliche Beschleunigungsgrundsatz des § 9 Abs. 1 bei Rechtsstreitigkeiten über Entgeltansprüche des ArbN, die von einer Kündigung abhängen würden, über die bereits eine (nicht) rechtskräftige Entscheidung zugunsten des ArbN vorliege, regelmäßig eine Aussetzung des Verfahrens verbiete. Solle ein solches Verfahren nach § 148 ZPO ausgesetzt werden, müssten im Hinblick auf eine ermessensfehlerfreie Aussetzungsentscheidung des Gerichts besondere Gründe des Einzelfalls vorliegen, die das schützenswerte Interesse des ArbN an einer auch nur vorläufigen Existenzsicherung ausnahmsweise überwiegen würden. Der Gesichtspunkt der Prozesswirtschaftlichkeit, nämlich den Rechtsstreit über die Vergütung ggf. deutlich zu vereinfachen, könne dabei keine Rolle spielen[4]. Das BAG geht also davon aus, dass § 9 nicht nur einen allgemeinen Programmsatz enthält, sondern bei der Auslegung von Verfahrensvorschriften zu beachten ist, die bei entsprechender Anwendung geeignet sind, die Verfahrensdauer zu verkürzen[5]. Aufgrund der Regelung des § 9 Abs. 2 Satz 2 ArbGG iVm. §§ 198 ff. GVG, welche durch Art. 6 des am 3.12.2011 in Kraft getretenen Gesetzes über den Rechtsschutz bei überlangen Gerichtsverfahren und strafrechtlichen Ermittlungsverfahren[6] eingeführt wurde, kann eine Verletzung der Beschleunigungspflicht zumindest Schadensersatzansprüche zur Folge haben[7].

III. Die Anwendung gerichtsverfassungsrechtlicher Normen (Abs. 2)

§ 9 Abs. 2 bestimmt, welche Vorschriften des GVG für das arbeitsgerichtliche Verfahren in allen Rechtszügen entsprechend gelten, unabhängig davon, ob im Urteils- oder Beschlussverfahren entschieden wird. Im Einzelnen handelt es sich um folgende Normen:

- Wahrnehmung richterlicher Geschäfte durch Rechtsreferendare, **§ 10 GVG**[8].
- Zustellungs- und Vollstreckungsbeamte, wobei § 9 Abs. 2 ArbGG zur Zustellung selbst keine Regelung enthält, **§§ 154 und 155 GVG**.
- Aufrechterhaltung der Ordnung in der Sitzung, insbesondere Sitzungspolizei sowie Verhängung und Vollstreckung von Ordnungsstrafen, **§§ 176–183 GVG**.
- Gerichtssprache, **§§ 184–191a GVG**.
- Beratung und Abstimmung, **§§ 192–197 GVG**.
- Rechtsschutz bei überlangen Gerichtsverfahren und strafrechtlichen Ermittlungsverfahren, **§§ 198–201 GVG**.

Die Aufzählung in § 9 Abs. 2 ist nicht abschließend. Weitere Vorschriften des ArbGG weisen auf das GVG hin. So sind etwa gem. § 52 die Vorschriften des GVG über die Öffentlichkeit des Verfahrens (§§ 169 ff. GVG) – allerdings mit Einschränkungen – anwendbar. Nach **§ 6a ArbGG** sind die allgemeinen Vorschriften über das Präsidium und die Geschäftsverteilung – mit Einschränkungen – anwendbar (§§ 21a ff. GVG). Nach **§ 13 Abs. 2** sind die Vorschriften des GVG über die Rechtshilfe (§§ 156 ff. GVG), gem. **§ 48** die §§ 17, 17b GVG anwendbar.

---

1 So GWBG/*Waas*, § 9 Rz. 3.
2 So zu Recht GMP/*Prütting*, § 9 Rz. 7; aA GK-ArbGG/*Bader*, § 9 Rz. 14; LAG Nürnberg v. 29.5.2002 – 1 Ta 78/02; vgl. LAG Schl.-Holst. v. 25.9.1998 – 6 Ta 137/98, AP Nr. 5 zu § 178 ZPO und zum Ermessen im Verfahrensrecht, *Stickelbrock*, Inhalt und Grenzen richterlichen Ermessens im Zivilprozess, Köln 2002.
3 LAG Hessen v. 6.4.2004 – 1 Ta 106/04, juris Rz. 13; aA LAG Köln v. 19.6.2006 – 3 Ta 60/06, juris Rz. 8.
4 BAG v. 16.04.2014 – 10 AZB 6/14 Rz. 11.
5 BAG v. 4.12.1975 – 2 AZR 462/74, AP Nr. 33 zu § 518 ZPO.
6 BGBl. I 2011, S. 2302 ff.
7 *Germelmann*, Jahrbuch des Arbeitsrechts, Bd. 49, 2012, 41 (45).
8 Vgl. dazu im Einzelnen GK-ArbGG/*Bader*, § 9 Rz. 25 ff. sowie Musielak/*Wittschier*, § 10 GVG; Hahn, NJW 1973, 1782 f.

IV. Die Wahrnehmung der Geschäfte durch den Rechtspfleger (Abs. 3)

7 Satz 1 des Absatzes 3 behandelt die **Aufgaben**, Satz 2 die **Bestellung** des Rechtspflegers. Gemäß § 9 Abs. 3 Satz 1 gelten die Vorschriften über die Wahrnehmung der Geschäfte bei den ordentlichen Gerichten durch Rechtspfleger in allen Rechtszügen der Arbeitsgerichtsbarkeit entsprechend. Satz 1 verweist also auf das Rechtspflegergesetz und insbesondere auf dessen § 3, der regelt, welche Aufgaben dem Rechtspfleger übertragen werden. Da die in Nr. 1 und 2 des RPflG genannten Aufgaben bei den ArbG nicht anfallen[1], sind hier nur die in Nr. 3 und 4 genannten Aufgaben von Belang. Nach Nr. 3 ist der Rechtspfleger in bestimmten Verfahren (zB Verfahren der Zivilprozessordnung, Festsetzungsverfahren) für die in §§ 20–24a, 25, 25a RPflG aufgeführten Geschäfte zuständig (zB Mahnverfahren, Prozesskostenhilfe). Nach Nr. 4 ist der Rechtspfleger zuständig für die in §§ 29–31 RPflG aufgeführten Geschäfte im internationalen Rechtsverkehr und die Vollstreckung von Ordnungs- und Zwangsmitteln.

8 § 9 Abs. 3 Satz 2 regelt die Voraussetzungen der Bestellung des Rechtspflegers. Als Rechtspfleger können nur Beamte bestellt werden, die entweder die Rechtspflegerprüfung oder die Prüfung für den gehobenen Dienst bei der Arbeitsgerichtsbarkeit bestanden haben.

V. Die Entschädigung von Zeugen und Sachverständigen (Abs. 4)

9 Da das Erscheinen vor Gericht als Zeuge eine staatsbürgerliche Ehrenpflicht darstellt, erhalten Zeugen und Sachverständige nur dann eine Entschädigung für Zeitverlust und andere Nachteile, wenn dies ausdrücklich vorgeschrieben ist[2]. § 9 Abs. 4 verweist daher auf das Justizvergütungs- und -entschädigungsgesetz (JVEG). Ansprüche bestehen nur, soweit dies das Gesetz ausdrücklich vorsieht (§ 1 Abs. 1 Satz 2 JVEG).

VI. Die Rechtsmittelbelehrung (Abs. 5)

1. Allgemeines

10 **a) Alle Entscheidungen** – im Urteils- und im Beschlussverfahren –, die mit einem Rechtsmittel anfechtbar sind, müssen nach Satz 1 eine Rechtsmittelbelehrung enthalten[3]. Eine Belehrung ist gem. Satz 2 auch erforderlich, wenn die Entscheidung unanfechtbar ist. Dann geht die Belehrung dahin, dass kein Rechtsmittel gegeben ist. Wenn das Gesetz von **befristeten Rechtsmitteln** spricht, so kommt dem seit dem Zivilprozessreformgesetz vom 27.7.2001 kaum noch Bedeutung zu, da es das unbefristete Rechtsmittel der Beschwerde gem. § 567 Abs. 1 ZPO aF nicht mehr gibt. Das Erfordernis der Rechtsmittelbelehrung gewährleistet, dass die Beteiligten umfassend darüber informiert werden, ob die Entscheidung überhaupt anfechtbar ist und mit welchem Rechtsmittel sie angefochten werden kann[4]. Die Pflicht zur Belehrung besteht unabhängig davon, ob eine Partei durch einen Prozessbevollmächtigten vertreten ist[5].

11 **b)** Satz 1 erfasst nur **selbständig anfechtbare** Entscheidungen. Dementsprechend ist eine Belehrung nach § 9 Abs. 5 Satz 1 erforderlich bei allen Endurteilen (gem. § 300 ZPO), Teilurteilen (gem. § 301 ZPO), Vorbehaltsurteilen (gem. § 302 ZPO) und Beschlüssen (§§ 84, 91). Während Zwischenurteile gem. § 280 Abs. 2 ZPO selbständig anfechtbar sind und damit unter § 9 Abs. 5 Satz 1 fallen, sind Zwischenurteile gem. § 303 ZPO und solche nach § 61 Abs. 3 nicht selbständig anfechtbar. Die beiden zuletzt genannten Urteilsarten werden jedoch von § 9 Abs. 5 Satz 2 erfasst, so dass auch hier eine Belehrung zu erfolgen hat[6].

12 **c)** § 9 Abs. 5 bezieht sich nur auf **Rechtsmittel**, nicht jedoch auf Rechtsbehelfe. Der Gesetzgeber habe – so das BAG – bewusst von einer Belehrungspflicht über Rechtsbehelfe abgesehen. Soweit er im ArbG-Verfahren eine Rechtsbehelfsbelehrung für erforderlich gehalten habe, habe er dies bei den einzelnen Rechtsbehelfen ausdrücklich geregelt, zB bei den Einsprüchen gegen Versäumnisurteile (§ 59 Satz 3)[7].

13 Unter die Rechtsmittel fallen Berufung (§§ 64 ff.), Revision (§§ 72 ff.), Revisionsbeschwerde (§ 77), Beschwerde (§ 78) Beschwerde im Beschlussverfahren (§ 87 Abs. 1) und Rechtsbeschwerde (§§ 92 ff.). Auch Sprungrevision (§ 76) und Sprungrechtsbeschwerde (§ 96a) sind Rechtsmittel. Daher muss auch über sie

---

1 GMP/*Prütting*, § 9 Rz. 15.
2 GMP/*Prütting*, § 9 Rz. 16.
3 Zur Frage, ob eine Rechtsmittelbelehrung verfassungsrechtlich geboten ist, BVerfG v. 20.6.1995 – 1 BvR 166/93, AP Nr. 15 zu § 9 ArbGG 1979.
4 GWBG/*Waas*, § 9 Rz. 22.
5 GMP/*Prütting*, § 9 Rz. 35.
6 GMP/*Prütting*, § 9 Rz. 34; GK-ArbGG/*Bader*, § 9 Rz. 82; GWBG/*Waas*, § 9 Rz. 23.
7 BAG v. 1.4.1980 – 4 AZN 77/80, AP Nr. 5 zu § 72a ArbGG 1979.

belehrt werden[1]. Ob Anschlussberufung und Anschlussrevision Rechtsmittel darstellen, wird nicht einheitlich beurteilt[2]. Allerdings kommt eine Belehrung nach beiden Ansichten nicht in Betracht, da über die selbständigen Anschlussrechtsmittel bereits nach den allgemeinen Grundsätzen belehrt wird und eine Belehrung über unselbständige Anschlussrechtsmittel im Zeitpunkt des Urteilserlasses noch nicht möglich ist[3].

Bei Rechtsbehelfen, die nicht Rechtsmittel sind, muss keine Rechtsmittelbelehrung erfolgen, es sei denn, 14 sie ist auch für den konkreten Rechtsbehelf ausdrücklich gesetzlich angeordnet (zB Einspruch gegen Versäumnisurteil, § 59 Satz 3[4]). Ob bezüglich der Rechtsbehelfe, für die das Gesetz nicht ausdrücklich eine Rechtsbehelfsbelehrung anordnet, wenigstens ein Hinweis im Urteil enthalten sein muss, dass die Möglichkeit dieses Rechtsbehelfs besteht, hat das BAG bezüglich der Nichtzulassungsbeschwerde zunächst offen gelassen[5], später dann allerdings verneint (vgl. Rz. 16). Hinsichtlich des klaren Wortlauts des § 9 Abs. 5 und der deutlichen Unterschiede dieser Norm zu den Anordnungen in anderen Verfahrensordnungen (so spricht § 58 VwGO ausdrücklich davon, dass über Rechtsbehelfe zu belehren ist), ist im arbeitsgerichtlichen Verfahren davon auszugehen, dass ein solcher Hinweis bei **Rechtsbehelfen** nicht erforderlich ist[6]. Eine Belehrung über Rechtsbehelfe ist auch **nicht von Verfassungs wegen geboten**. Das hat das BAG für die Nichtzulassungsbeschwerde und die Gehörsrüge entschieden. Der verfassungsrechtliche Anspruch auf einen wirkungsvollen Rechtsschutz, der für den Bereich des Zivilprozesses durch Art. 2 Abs. 1 GG iVm. dem Rechtsstaatsprinzip (Art. 20 Abs. 3 GG) gewährleistet sei, gebiete eine Rechtsmittelbelehrung nur dann, wenn diese erforderlich sei, um unzumutbare Schwierigkeiten des Rechtswegs auszugleichen, die die Ausgestaltung eines Rechtsmittels andernfalls mit sich bringe. Das könne insbesondere dann der Fall sein, wenn die Formerfordernisse des Rechtsmittels zu kompliziert und so schwer zu erfassen seien, dass nicht erwartet werden könne, der Rechtsuchende werde sich in zumutbarer Weise darüber rechtzeitig Aufklärung verschaffen können. Diese könne insbesondere in Verfahren zutreffen, in denen kein Anwaltszwang bestehe. Möglichkeiten und Voraussetzungen einer Nichtzulassungsbeschwerde wegen Verstoßes gegen den Anspruch auf rechtliches Gehör könnten aber ohne Weiteres dem Gesetz, nämlich § 72a Abs. 1 und § 72 Abs. 2 Nr. 3 entnommen werden. Gleiches gelte für die in § 78a umfassend geregelte Anhörungsrüge[7].

Über außerordentliche Rechtsbehelfe wird nicht belehrt, so über die Wiederaufnahme des Verfahrens 15 (§ 79), Wiedereinsetzung in den vorigen Stand (§§ 233 ff. ZPO), Abänderungsklage (§ 323 ZPO), Vollstreckungsabwehrklage (§ 767 ZPO)[8] und Gehörsrüge (§ 78a)[9].

d) Umstritten ist die Rechtsnatur der **Nichtzulassungsbeschwerde**. Das BAG verneint die Einordnung in 16 die Rechtsmittel[10]. Der ein Rechtsmittel kennzeichnende Suspensiveffekt (Hemmung des Eintritts der Rechtskraft) und Devolutiveffekt (Entscheidung durch die höhere Instanz) müsse dazu führen, die angefochtene Entscheidung auf ihre volle Richtigkeit im Umfang ihrer Suspendierung überprüfen zu können. Im Nichtzulassungsverfahren könne aber nicht die volle Richtigkeit der angefochtenen Entscheidung überprüft werden. Das könne erst im Revisionsverfahren geschehen. Die Nichtzulassungsbeschwerde habe aus diesem Grunde keinen Devolutiveffekt[11]. Nach Auffassung des BAG reicht es daher jedenfalls aus, sich im Urteil ein Hinweis auf die Nichtzulassungsbeschwerde findet, also etwa in den Entscheidungsgründen der Satz erscheint: „Auf die Möglichkeit der Nichtzulassungsbeschwerde wird hingewiesen." Ob ein solcher Hinweis zwingend ist oder ggf. unterbleiben kann, hatte das BAG in seiner Entscheidung vom 1.4.1980 offen gelassen[12]. In seiner Entscheidung vom 9.7.2003 hingegen verneint das BAG eine gesetzliche Hinweispflicht. Eine „mindere" Form der Rechtsmittelbelehrung als Voraussetzung für den Beginn des Fristlaufs komme bei Unanwendbarkeit des § 9 Abs. 5 nicht in Betracht[13]. Ein solcher Hinweis sei auch

---

1 GMP/*Prütting*, § 9 Rz. 28; GWBG/*Waas*, § 9 Rz. 24; aA GK-ArbGG/*Bader*, § 9 Rz. 91.
2 Dagegen BAG v. 14.5.1976 – 2 AZR 539/75, NJW 1976, 2143; BAG v. 20.2.1997 – 8 AZR 15/96, NZA 1997, 901; dafür GMP/*Prütting*, § 9 Rz. 29.
3 GMP/*Prütting*, § 9 Rz. 29.
4 Nach Auffassung des LAG Nürnberg v. 10.5.1988 – 7 Sa 16/88, LAGE § 59 ArbGG Nr. 1 bedarf es in diesem Fall nur eines Hinweises nicht einer Rechtsmittelbelehrung. Dem ist nicht zu folgen.
5 BAG v. 1.4.1980 – 4 AZN 77/80, AP Nr. 5 zu § 72a ArbGG 1979.
6 BAG v. 22.7.2008 – 3 AZN 584/08, NJW 2009, 541 (542), Rz. 17.
7 BAG v. 22.7.2008 – 3 AZN 584/08, NJW 2009, 541 (542), Rz. 19 f.
8 GK-ArbGG/*Bader*, § 9 Rz. 91; GMP/*Prütting*, § 9 Rz. 23.
9 BAG v. 22.7.2008 – 3 AZN 584/08, NJW 2009, 541 (542), Rz. 17.
10 Vgl. BAG v. 9.7.2003 – 5 AZN 316/03, FA 2003, 371; BAG v. 22.7.2008 – 3 AZN 584/08, NJW 2009, 541 (542), Rz. 17.
11 BAG v. 1.4.1980 – 4 AZN 77/80, AP Nr. 5 zu § 72a ArbGG 1972, zustimmend *Müller-Glöge*, RdA 1999, 80 (86).
12 BAG v. 1.4.1980 – 4 AZN 77/80, AP Nr. 5 zu § 72a ArbGG 1972.
13 BAG v. 9.7.2003 – 5 AZN 316/03, FA 2003, 371; jetzt st. Rspr. vgl. BAG v. 22.7.2008 – 3 AZN 584/08, NJW 2009, 541 (542), Rz. 17; BAG v. 8.7.2008 – 3 AZB 31/08, NZA-RR 2008, 540 (541), Rz. 9.

nicht aus Gründen eines fairen Verfahrens erforderlich[1]. Die Gegenansicht geht zu Recht davon aus, dass die Nichtzulassungsbeschwerde ein Rechtsmittel ist[2]. Sie argumentiert, dass die Nichtzulassungsbeschwerde zwar nicht zu einer vollen sachlichen Überprüfung der angefochtenen Entscheidung führe, dass dies jedoch den Devolutiveffekt nicht hindere[3].

e) Für die **sofortige Beschwerde wegen verspäteter Absetzung des Berufungsurteils (§ 72b)** ist § 9 Abs. 5 nicht anwendbar (§ 72b Abs. 2 Satz 2). Über dieses **Rechtsmittel**[4] muss also nicht belehrt werden.

f) Adressat der Rechtsmittelbelehrung ist jeder, der die Entscheidung anfechten kann[5]. Das sind neben den Parteien und Beteiligten etwa Nebenintervenienten[6], Zeugen und Sachverständige in den Fällen der § 387 Abs. 3, § 390 ZPO[7].

g) Eine **falsche Rechtsmittelbelehrung** ersetzt nicht die Zulassung eines Rechtsmittels. Lässt also etwa das Berufungsgericht die Revision nicht zu und begründet die Nichtzulassung in den Entscheidungsgründen, so ersetzt die gleichwohl erteilte Rechtsmittelbelehrung, es könne von der Partei gegen das Urteil Revision eingelegt werden, nicht die nach § 72 Abs. 1 erforderliche Zulassungsentscheidung[8]. Die Rechtsmittelbelehrung ist zwar Bestandteil der Gerichtsentscheidung, stellt aber selbst keine Zulassung des Rechtsmittels dar und kann die Anfechtbarkeit eines Urteils nicht begründen[9]. Auch vermag der Antrag auf Zulassung der Sprungrevision die dafür erforderliche Zustimmung des Gegners nicht zu ersetzen, selbst wenn sich dies aus der unrichtigen Rechtsbehelfsbelehrung ergibt[10]. Allgemein gesprochen vermag eine unrichtige Rechtsmittelbelehrung **den Instanzenzug nicht zu eröffnen oder zu erweitern**[11]. Umgekehrt wird die **Zulässigkeit des Rechtsmittels nicht dadurch beeinträchtigt oder beseitigt**, dass das Gericht den Parteien eine Rechtsmittelbelehrung gegenteiligen Inhalts erteilt hat[12].

2. Anforderungen an die Rechtsmittelbelehrung

Nach dem Wortlaut des § 9 Abs. 5 ist über das Rechtsmittel, das Gericht, bei dem das Rechtsmittel einzulegen ist, die Anschrift des Gerichts und die einzuhaltende Form und Frist schriftlich zu belehren. Die Belehrung muss der Partei mit der gebotenen Eindeutigkeit Antwort auf die Frage geben, ob ein Rechtsmittel eingelegt werden kann oder nicht[13]; sie muss die Partei oder den Beteiligten in klarer und eindeutiger Weise informieren[14]. Eine Rechtsmittelbelehrung ist ordnungsgemäß iSd. § 9 Abs. 5 Satz 3, wenn es jeder der Parteien möglich ist, sich allein aus der Belehrung zu informieren[15]. Zweck der Rechtsmittelbelehrung ist es, den Rechtsunkundigen ohne Weiteres in die Lage zu versetzen, die für die Wahrnehmung seiner Rechte erforderlichen Schritte zu unternehmen[16].

Zweck der Rechtsmittelbelehrung kann es hingegen nicht sein – darauf hat das BAG zu Recht hingewiesen –, durch einen noch so vollständigen Inhalt der Rechtsmittelbelehrung auf alle Erfordernisse einer formgemäßen Rechtsmitteleinlegung und alle möglichen Fehler in diesem Zusammenhang hinzuweisen. Hier sei zu bedenken, dass eine derartige Rechtsmittelbelehrung umso unübersichtlicher und unverständlicher für die rechtsunkundige Partei sei, je mehr versucht werde, sie in jede Richtung hin vollständig abzufassen.[17] Erforderlich ist im Einzelnen:

---

1 BAG v. 9.7.2003 – 5 AZN 316/03, FA 2003, 371.
2 GK-ArbGG/*Bader*, § 9 Rz. 88; GMP/*Prütting*, § 9 Rz. 26; *Frohner*, BB 1980, 1164 f.
3 GMP/*Prütting*, § 9 Rz. 26 mwN.
4 GK-ArbGG/*Mikosch*, § 72b Rz. 5.
5 GWBG/*Waas*, § 9 Rz. 30; GK-ArbGG/*Bader*, § 9 Rz. 96.
6 GK-ArbGG/*Bader*, § 9 Rz. 96.
7 GK-ArbGG/*Bader*, § 9 Rz. 96.
8 BAG v. 20.9.2000 – 2 AZR 345/00, AP Nr. 43 zu § 72 ArbGG 1979; *Grunsky*, EWiR 2001, 3 f.
9 BAG v. 1.4.1982 – 6 AZR 18/81, AP Nr. 4 zu § 64 ArbGG 1979; BAG v. 4.4.1989 – 5 AZB 9/88, MDR 1989, 850; BAG v. 29.6.1992 – 5 AS 7/92, NZA 1992, 1049.
10 BAG v. 16.6.1998 – 5 AZR 67/97, NZA 1998, 1288 (1289).
11 BAG v. 29.6.1992 – 5 AS 7/92, NZA 1992, 1049; vgl. auch BAG v. 22.7.2008 – 3 AZB 26/08, NJW 2009, 935 (937), Rz. 25.
12 BAG v. 24.2.1988 – 4 AZR 614/87, DB 1988, 1325.
13 BAG v. 13.4.2005 – 5 AZB 76/04, NZA 2005, 836 (837).
14 LAG Hamm v. 7.2.1980 – 1 Ta 219/79, BB 1980, 265; GMP/*Prütting*, § 9 Rz. 37.
15 BAG v. 20.2.1997 – 8 AZR 15/96, mit zustimm. Kurzkommentar *Kreitner*, EWiR § 9 ArbGG 1/97, 819; BAG v. 13.4.2005 – 5 AZB 76/04, NZA 2005, 836 (837); LAG Erfurt v. 13.7.1995 – 4 Sa 45/94.
16 BAG v. 5.9.1974 – 2 AZB 32/74, AP Nr. 24 zu § 518 ZPO; BAG v. 13.4.2005 – 5 AZB 76/04, NZA 2005, 836 (837).
17 BAG v. 29.4.1983 – 7 AZR 148/81, BAGE 42, 303 (311) = AP Nr. 2 zu § 9 ArbGG 1979 mit Anm. *Grunsky*.

- **Angabe des statthaften Rechtsmittels** (also etwa Berufung, Revision oder Beschwerde) 20

- Korrekte und vollständige Angabe von **Form und Frist** für die Einlegung des Rechtsmittels[1]. Zur Belehrung über die Form gehört der Hinweis darauf, dass das Rechtsmittel schriftlich einzulegen ist[2], weiter der Hinweis darauf, dass vor den LAG und vor dem BAG Vertretungszwang besteht[3]. Der pauschale Hinweis auf den **Vertretungszwang** allein reicht allerdings nicht aus. Es müssen vielmehr im Einzelnen die Personen aufgezählt werden, die zur Rechtsmitteleinlegung befugt sind (Rechtsanwälte, Verbandsvertreter). Ein Hinweis darauf, dass Verbandsvertreter besondere Voraussetzungen erfüllen müssen (kraft Satzung oder Vollmacht zur Vertretung befugt, § 11), ist hingegen nicht erforderlich. Das BAG begründet das damit, dass mit dem Hinweis etwa auf den Vertreter einer Gewerkschaft in der Rechtsmittelbelehrung gewährleistet sei, dass die Partei, die Rechtsmittel einlegen wolle, sich an die Gewerkschaft wende. Damit sei gemeinhin sichergestellt, dass der Auftrag für die Rechtsmitteleinlegung an einen zur Prozessvertretung kraft Satzung oder Vollmacht befugten Gewerkschaftsvertreter gelange[4]. 21

- **Angabe des Gerichtes** (ggf. der Gerichte, § 569 Abs. 1 ZPO), bei dem das Rechtsmittel einzulegen ist (ggf. dass das Rechtsmittel zu Protokoll der Geschäftsstelle eingelegt werden kann, § 569 Abs. 3 ZPO), mit vollständiger postalischer Anschrift[5]. Die Postfachangabe reicht nicht aus, da nur die postalische Anschrift es dem Rechtsmittelführer ermöglicht, das Rechtsmittel unter Ausschöpfung der vollständigen Rechtsmittelfrist unmittelbar selbst dem Gericht zu überbringen[6]. Da inzwischen die Rechtsmitteleinlegung per Fax akzeptiert ist, ist auch die Angabe der Faxnummer erforderlich. Zwar beschränkt sich das Gesetz nur auf die Angabe der Anschrift. Die Formulierung des Gesetzes erfolgte aber zu einer Zeit, als die Rechtsmitteleinlegung nur schriftlich und nicht per Fax möglich war. Nachdem heute die Rechtsmitteleinlegung per Telefax und Computerfax möglich ist, müssen nach Sinn und Zweck der Norm auch diese Möglichkeiten in der Rechtsmittelbelehrung berücksichtigt werden. Soweit Rechtsmittel per E-Mail eingelegt werden können (vgl. § 46c), muss auch das Berücksichtigung in der Rechtsmittelbelehrung finden. 22

Die Rechtsmittelbelehrung ist Bestandteil des Urteils und von dem erkennenden Gericht zu erteilen und zu **unterschreiben**[7]. Die Formulierung der Rechtsmittelbelehrung darf nicht aufgrund von stichwortartigen Angaben dem Kanzleipersonal überlassen bleiben[8]. Die Belehrung kann nicht auf einem nachgeschalteten besonderen Blatt, auch wenn dieses mit dem Urteil verbunden ist, erteilt werden[9]. Es genügt auch nicht der von der Unterschrift des Richters oder der Richter gedeckte pauschale Hinweis auf eine angehängte oder auf der Rückseite befindliche ausführliche Rechtsmittelbelehrung, die als Bestandteil des Urteils bezeichnet wird[10]. Es muss vielmehr die Rechtsmittelbelehrung in ihrem voll ausformulierten Wortlaut unterschrieben sein[11]. Eine nicht vom Gericht unterschriebene Rechtsmittelbelehrung setzt die Rechtsmittelfrist nicht in Lauf[12]. Gleiches gilt für den Fall einer mit sofortiger Beschwerde anfechtbaren Entscheidung, wie zB der Aufhebung der Prozesskostenhilfebewilligung nach § 124 ZPO. Hierfür ist der Rechtspfleger gem. § 9 Abs. 3 Satz 1 ArbGG iVm. § 20 Nr. 4 RPflG zuständig. Dies bedeutet, dass die Rechtsmittelbelehrung des die Bewilligung von Prozesskostenhilfe aufhebenden Beschlusses vom Rechtspfleger unterschrieben sein muss. Anderenfalls ist die Rechtsmittelbelehrung fehlerhaft und setzt die Frist des § 9 Abs. 5 Satz 3 nicht in Gang[13]. 23

Eine Belehrung über die **Erforderlichkeit einer Begründung** und deren Form und Frist ist nicht geboten. Zur Begründung weist das BAG darauf hin, es sei über die Einlegung des Rechtsmittels zu belehren. Unter Einreichung der Berufung sei aber nur die Einreichung der Berufungsschrift selbst, nicht der Begründung zu verstehen. Die Rechtsmittelbelehrung brauche sich daher nur auf die Einlegung, nicht auch auf die Be- 24

---

1 BAG v. 16.6.1998 – 5 AZR 67/97, AP Nr. 6 zu § 1 TVG.
2 GMP/*Prütting*, § 9 Rz. 44.
3 BAG v. 29.4.1983 – 7 AZR 148/81, BAGE 42, 303 (309) = AP Nr. 2 zu § 9 ArbGG 1979 mit Anm. *Grunsky*; OVG Berlin-Brandenburg v. 23.6.2016 – OVG 61 PV 4.15 mwN und Anm. *Janssen*, jurisPR-ArbR 43/2016 Anm. 5.
4 BAG v. 29.4.1983 – 7 AZR 148/81, BAGE 42, 303 (309) = AP Nr. 2 zu § 9 ArbGG 1979 mit Anm. *Grunsky*.
5 BAG v. 6.3.1980 – 3 AZR 7/80, BAGE 33, 63 (65).
6 BAG v. 16.4.2003 – 7 ABR 27/02, NZA 2003, 1105 (1106).
7 BAG v. 30.9.1998 – 5 AZR 690/97, NZA 1999, 265; BAG v. 1.3.1994 – 10 AZR 50/93, NJW 1994, 3181.
8 LAG Hamm v. 9.8.1984 – 8 Ta 210/84, MDR 1984, 1052.
9 GK-ArbGG/*Bader*, § 9 Rz. 95.
10 BAG v. 1.3.1994 – 10 AZR 50/93, NZA 1994, 1053; LAG Hessen v. 18.9.1992 – 15 Sa 738/92, NZA 1993, 816; LAG Berlin v. 18.6.2002 – 2 Ta 945/02, LAGE § 118 ZPO 2002 Nr. 1.
11 GK-ArbGG/*Bader*, § 9 Rz. 95.
12 BAG v. 6.3.1980 – 3 AZR 7/80, BAGE 33, 63 (65); BAG v. 15.5.1984 – 1 AZR 532/80, NZA 1984, 98.
13 LAG Hessen v. 3.10.2003 – 16 Ta 470/02.

gründung des Rechtsmittels zu erstrecken[1]. Der Auffassung des BAG ist zuzustimmen. Zweck des § 9 Abs. 5 ist es nämlich, die Partei in die Lage zu versetzen, die zur Wahrnehmung ihrer Rechte notwendigen Schritte unternehmen zu können. Durch den Hinweis auf die Rechtsmittelfrist wird dem genügt. Die Partei kann dann einen Prozessbevollmächtigten aufsuchen, der für die Einhaltung der weiteren Anforderungen Sorge tragen muss[2]. Auch der Hinweis, dass in der Berufungsschrift die ladungsfähige Anschrift des Rechtsmittelbeklagten angegeben werden muss, ist entbehrlich[3]. Hierfür spricht ebenfalls, dass in diesem Stadium eine rechtskundige Vertretung stattfinden muss[4], bei dieser müsse aber vorausgesetzt werden, dass sie, sobald sie mit der Sache befasst sei, das Anliegen der Partei auch ohne Belehrung über die Einzelheiten der Berufungsschrift und des Berufungsverfahrens nach Maßgabe der ZPO sachgemäß vertrete[5]. Soweit *Bader*[6] mit Hinblick auf die ab dem 1.1.2002 geltende Änderung des § 66 Abs. 1 meint, dass nach neuem Recht davon auszugehen ist, dass die Begründungsfrist in die Rechtsmittelbelehrung aufzunehmen ist, da nunmehr der Fristbeginn für die Berufungs- und Revisionsfrist und für die entsprechenden Begründungsfristen einheitlich gestaltet sei, so überzeugt das nicht. Der Hinweis auf die Begründungsfrist ist nicht zwingend. Andererseits ist der Hinweis durchaus nützlich und daher zu empfehlen[7]. Die Rechtsmittelbelehrung braucht sich auch nicht darauf zu erstrecken, unter welchen Voraussetzungen eine Anschlussberufung zulässig ist[8].

25 Die Rechtsmittelbelehrung muss unzweideutig sein. Fügt der Richter seiner Entscheidung eine nicht eindeutige Belehrung bei, trägt das Risiko eines möglichen Missverständnisses nicht die Prozesspartei[9]. Eine Rechtsmittelbelehrung – wie die folgende – ist nicht eindeutig: „Gegen dieses Urteil kann Berufung eingelegt werden, sofern es sich um eine nicht vermögensrechtliche Streitigkeit handelt oder sofern es sich um eine vermögensrechtliche Streitigkeit handelt und der Wert des Beschwerdegegenstandes ... Euro übersteigt oder sofern es sich um eine vermögensrechtliche Streitigkeit handelt und die Berufung in dem Urteil des Arbeitsgerichts zugelassen worden ist."[10] Dieser Belehrung wird der Rechtsunkundige häufig nicht entnehmen können, ob ein Rechtsmittel gegeben ist und ob es daher sinnvoll ist, einen Rechtsanwalt aufzusuchen[11]. Um eine objektiv widersprüchliche und demzufolge unrichtige Rechtsmittelbelehrung handelt es sich ferner, wenn das Gericht im ersten Satz der Rechtsmittelbelehrung den zutreffenden Hinweis gibt, dass gegen das Urteil von der klagenden Partei Berufung eingelegt werden kann, es aber in einem zweiten Satz heißt, „für die klagende Partei sei gegen das Urteil kein Rechtsmittel gegeben". Nach Ansicht des BAG können beide Sätze der Rechtsmittelbelehrung, da beide den Kläger ansprechen, nicht losgelöst voneinander betrachtet werden und sind daher perplex[12]. Unrichtig ist auch die Belehrung, dass die Beschwerde „gleichzeitig oder innerhalb von zwei Monaten nach deren Einlegung" zu begründen sei. Diese Belehrung kann nämlich dahin verstanden werden, dass die Beschwerde bis zu drei Monate nach Zustellung der Entscheidung begründet werden kann[13].

3. Rechtsfolgen einer fehlerhaften oder unterbliebenen Rechtsmittelbelehrung

a) Die Belehrung über die Unanfechtbarkeit der Entscheidung

26 Ist eine Entscheidung unanfechtbar und wird in der Belehrung fälschlicherweise ein Rechtsmittel für statthaft erklärt, begründet dies nicht die Anfechtbarkeit der Entscheidung[14], vgl. auch Rz. 18. Entstehen einer

---

1 BAG v. 5.2.2004 – 8 AZR 112/03, NZA 2004, 540 (542); BAG v. 4.6.2003 – 10 AZR 586/02, NZA 2003, 1087 (1089); BAG v. 5.11.1954 – 1 AZB 28/54, NJW 1954, 1904 und BAG v. 7.9.1959 – 1 AZB 15/59, AP 12 zu § 9 ArbGG 1953; BAG v. 16.12.1957 – 1 AZB 36/57, AP Nr. 6 zu § 519 ZPO; BVerwG v. 17.4.2013 – 6 P 9/12, NJW 2013, 1617, Rz. 8; LAG Düsseldorf v. 31.5.2013 – 12 TaBV 49/13, juris Rz. 4; LAG Rh.-Pf. v. 2.7.2002 – 5 Sa 359/02, LAGE § 233 ZPO 2002 Nr. 1; GWBG/*Waas*, § 9 Rz. 30; aA *Dütz*, RdA 1980, 84; GK-ArbGG/*Bader*, § 9 Rz. 89b.
2 GMP/*Prütting*, § 9 Rz. 43.
3 BAG v. 5.9.1974 – 2 AZB 32/74, AP Nr. 24 zu § 518 ZPO.
4 GK-ArbGG/*Bader*, § 9 Rz. 89a; GWBG/*Waas*, § 9 Rz. 30.
5 BAG v. 5.9.1974 – 2 AZB 32/74, AP Nr. 24 zu § 518 ZPO.
6 GK-ArbGG/*Bader*, § 9 Rz. 89b.
7 BAG v. 4.6.2003 – 10 AZR 586/02, NZA 2003, 1087 (1089); LAG Rh.-Pf. v. 2.7.2002 – 5 Sa 359/02, LAGE § 233 ZPO 2002 Nr. 1.
8 BAG v. 20.2.1997 – 8 AZR 15/96, EWiR § 9 ArbGG 1/97, 819 (*Kreitner*).
9 LAG Hamm v. 7.2.1980 – 1 Ta 219/79, BB 1980, 265; BAG v. 13.4.2005 – 5 AZB 76/04, NZA 2005, 836.
10 GMP/*Prütting*, § 9 Rz. 39, vgl. LAG Bremen v. 24.7.2002 – 2 Sa 57/02, LAGE § 9 ArbGG 1979 Nr. 5 (mwN); BAG v. 1.3.1994 – 10 AZR 50/93, AP Nr. 10 zu § 9 ArbGG 1979.
11 So zu Recht GMP/*Prütting*, § 9 Rz. 40.
12 BAG v. 13.4.2005 – 5 AZB 76/04, NZA 2005, 836 (837).
13 OVG NRW v. 9.6.2004 – 1 A 2774/02. PVL, Rz. 26.
14 BAG v. 24.2.1982 – 5 AZR 347/80, DB 1982, 1731; BAG v. 10.12.1986 – 4 AZR 384/86, AP Nr. 3 zu § 566 ZPO mit Anm. *Walchshöfer*, 2316; LAG Berlin v. 5.11.1979 – 9 Sa 95/79, EzA § 64 ArbGG 1979 Nr. 5.

Partei jedoch Kosten durch die Rechtsmittelführung, so wird dies nach § 21 GKG behandelt[1]. Danach werden Kosten, die bei richtiger Behandlung der Sache nicht entstanden wären, nicht erhoben. Ist die Belehrung über die Unanfechtbarkeit unterblieben, so hat das keine Rechtsfolgen[2].

b) Die Belehrung über die Anfechtbarkeit der Entscheidung

Nach § 9 Abs. 5 **Satz 3 beginnt bei einer fehlerhaften Rechtsmittelbelehrung über die Anfechtbarkeit** einer Entscheidung die Rechtsmittelfrist nicht zu laufen. Gleiches gilt, wenn die Rechtsmittelbelehrung gänzlich unterblieben ist. (Zur Frage, was gilt, wenn eine Rechtsmittelbelehrung unterblieben ist, weil die Entscheidung nicht zugestellt wurde, vgl. Rz. 32 f.). Die Einlegung eines Rechtsmittels ist dann allerdings nicht unbefristet möglich. Um Rechtssicherheit herzustellen, schränkt Satz 4 die Möglichkeit der Rechtsmitteleinlegung dahin ein, dass sie grds. nur innerhalb eines Jahres seit Zustellung der Entscheidung zulässig ist. Die Jahresfrist ist eine Höchstfrist, innerhalb deren die Einlegung des Rechtsmittels erfolgen muss[3]. Ausnahmsweise ist die Rechtsmitteleinlegung auch nach Ablauf der Jahresfrist noch möglich (Satz 4, vgl. Rz. 30 f.). 27

Die geschilderte Rechtsfolge, dass die Rechtsmittelfrist nicht zu laufen beginnt, wird nicht durch jedweden Fehler in der Rechtsmittelbelehrung ausgelöst. Ist etwa die Partei durch die falsche Rechtsmittelbelehrung nicht beschwert, so beginnt die Rechtsmittelfrist zu laufen[4]. Keine Auswirkungen hat daher ein Fehler in einem Teil der Belehrung, der für den konkreten Fall völlig unbeachtlich ist[5]. Sind beide Parteien durch die Entscheidung beschwert, aber nur bei einer Partei ist die Rechtsmittelbelehrung unterblieben oder fehlerhaft erfolgt, so läuft die Frist nur für diese Partei nicht[6]. So kann sich etwa der ArbN nicht darauf berufen, die Rechtsmittelbelehrung sei falsch, weil der ArbGeb nicht darauf hingewiesen worden sei, dass er sich durch Vertreter von Vereinigungen von ArbGeb oder von Zusammenschlüssen solcher Vereinigungen vertreten lassen kann[7]. 28

Eine **teilweise fehlerhafte Rechtsmittelbelehrung** macht nicht in jedem Fall die ganze Rechtsmittelbelehrung unwirksam; nur die teilweise fehlerhafte Rechtsmittelbelehrung durch die eine Partei beschwert ist, macht die Rechtsmittelbelehrung im Ganzen unwirksam und setzt die Rechtsmittelfrist nicht in Gang[8]. Ist also über die Anfechtbarkeit der Entscheidung belehrt, ist aber die **Belehrung über die Anfechtungsfrist** falsch, so läuft, wenn in der Belehrung eine zu kurze Frist angegeben ist, die Jahresfrist. Wird eine längere als die gesetzlich vorgeschriebene Frist angegeben, so läuft die Rechtsmittelfrist „jedenfalls nicht vor dem angegebenen Zeitpunkt ab"[9], mangels Beschwer ist aber nicht die gesamte Rechtsmittelbelehrung unwirksam[10]. 29

Nach § 9 Abs. 5 **Satz 4** ist die Jahresfrist ausnahmsweise dann nicht anwendbar, wenn die Einlegung vor Ablauf der Jahresfrist infolge höherer Gewalt unmöglich war. Umstritten ist, ob höhere Gewalt vorliegt. Es reicht fehlendes Verschulden aus[11]. Insoweit hat *Prütting* im Einzelnen begründet, dass die in der Lit. teilweise geforderten gesteigerten Anforderungen, wonach die Fristversäumnis unter den gegebenen Umständen auch durch die größte, nach Lage des Falls vernünftigerweise gerade von dem Säumigen unter Berücksichtigung seiner Lage, Erfahrung und Bildung zu erwartende Sorgfalt nicht abgewendet werden konnte[12], heute nicht mehr gelten können[13]. Da § 9 Abs. 5 Satz 4 ArbGG auf § 234 Abs. 1 und 2 und § 236 ZPO verweist, ist im Falle höherer Gewalt ein Wiedereinsetzungsantrag notwendig[14], der innerhalb von zwei Wochen seit Wegfall des Hindernisses gestellt werden muss. 30

---

1 BAG v. 15.12.1986 – 2 AZR 289/86, DB 1987, 1204 unter Aufgabe von BAG v. 12.7.1955 – 2 AZR 66/53, BB 1955, 836.
2 GMP/*Prütting*, § 9 Rz. 54.
3 BAG v. 8.6.2000 – 2 AZR 584/99, AP Nr. 21 zu § 9 ArbGG 1979.
4 BAG v. 2.6.1986 – 6 AZB 2/86.
5 BAG v. 14.11.1975 – 3 AZR 609/75, AP Nr. 16 zu § 9 ArbGG 1953, hier war die Belehrung über die Divergenzrevision, die offensichtlich nicht in Betracht kam, falsch. Die Belehrung über die – in Betracht kommende – Streitwertrevision war hingegen richtig.
6 Vgl. BAG v. 20.2.1997 – 8 AZR 15/96, NZA 1997, 901 mwN.
7 BAG v. 29.4.1983 – 7 AZR 148/81, BAGE 42, 303 (311).
8 BAG v. 2.6.1986 – 6 AZB 2/86; BAG v. 14.11.1975 – 3 AZR 609/75, AP Nr. 16 zu § 9 ArbGG 1953.
9 BAG v. 23.11.1994 – 4 AZR 743/93, AP Nr. 12 zu § 9 ArbGG 1979.
10 LAG Nds. v. 24.5.1993 – 1 TaBV 28/93, LAGE § 9 ArbGG Nr. 3; aA GK-ArbGG/*Bader*, § 9 Rz. 100, die Rechtsmittelfrist werde überhaupt nicht in Gang gesetzt.
11 So GMP/*Prütting*, § 9 Rz. 51 mit eingehender Begründung.
12 So GK-ArbGG/*Bader*, § 9 Rz. 110 mwN.
13 GMP/*Prütting*, § 9 Rz. 50 ff.
14 GWBG/*Waas*, § 9 Rz. 38; aA GMP/*Prütting*, § 9 Rz. 52, nach dessen Auffassung zwar kein formaler Antrag notwendig ist, im Übrigen aber wie bei einem Wiedereinsetzungsantrag begründet werden muss. Insoweit haben die unterschiedlichen Auffassungen also kaum Auswirkungen für die Praxis.

31 Wenn eine Belehrung dahin gehend erfolgt ist, dass ein Rechtsmittel nicht gegeben ist, bedarf es keiner Wiedereinsetzung in den vorigen Stand, sondern es ist unbefristet die Rechtsmitteleinlegung möglich. Es kommt nicht darauf an, ob die Partei die wahre Rechtslage hätte erkennen können oder sogar erkannt hat, denn auch dieser Partei steht der Schutz des § 9 Abs. 5 Satz 4 zu, wobei jedoch ausnahmsweise eine Verwirkung in Betracht kommt[1].

c) Die fehlende Zustellung der Entscheidung

32 § 9 Abs. 5 sieht keine Rechtsfolge für den Fall vor, dass die betreffende gerichtliche Entscheidung nicht zugestellt worden ist. **Vor dem 1.1.2002, also vor der Änderung der § 66 Abs. 1 Satz 2, § 74 Abs. 1 Satz 2, galt:** § 516 ZPO stellt klar, dass für das zivilgerichtliche Verfahren bei gänzlich unterbliebener Zustellung die Rechtsmittelfrist fünf Monate ab Verkündung zu laufen beginnt. Man könnte nun daran denken, dass § 9 Abs. 5 Satz 4 ArbGG § 516 ZPO verdränge, so dass es bei der Jahresfrist bleibe[2]. Nach Ansicht des BAG müssen hingegen beide Fristen addiert werden. Mit Ablauf der Fünf-Monats-Frist beginne nicht die Rechtsmittelfrist, sondern die Jahresfrist des § 9 Abs. 5 zu laufen[3]. Grundsätzlich muss binnen einer Frist von insgesamt 17 Monaten nach der Verkündung des Urteils das Rechtsmittel eingelegt sein[4].

33 **Ab dem 1.1.2002** ist nicht mehr § 516 ZPO, sondern § 66 Abs. 1 Satz 2, § 74 Abs. 1 Satz 2 maßgebend. Danach beginnen Berufungs- und Berufungsbegründungsfrist bzw. Revisions- bzw. Revisionsbegründungsfrist mit der Zustellung des in vollständiger Form abgefassten Urteils, spätestens aber mit Ablauf von fünf Monaten nach der Verkündung. Obwohl § 66 Abs. 1 Satz 2, § 74 Abs. 1 Satz 2 die Regelung des § 516 ZPO aufgreifen, wird nun die Auffassung vertreten, die frühere Sichtweise lasse sich nicht aufrechterhalten[5]. Das BAG begründet das damit, § 66 Abs. 1 Satz 2 sei die gegenüber § 9 Abs. 5 speziellere Norm. Daher führe die unterbliebene Rechtsmittelbelehrung nicht gem. § 9 Abs. 5 Satz 3 und 4 zu einer Verlängerung der Berufungsfrist. Die Rechtsmittelfrist beginne spätestens fünf Monate nach Verkündung der arbeitsgerichtlichen Entscheidung zu laufen. In diesem Fall ende die Berufungsfrist mit Ablauf von sechs Monaten nach der Verkündung. Nur diese Gesetzesauslegung, die nach dem Gesamtzusammenhang der gesetzlichen Neuregelung nahe liege, diene der vom Gesetzgeber beabsichtigten Verfahrensbeschleunigung und sei geeignet, dem Umstand Rechnung zu tragen, dass § 9 Abs. 5 nur eine Rechtsmittelbelehrung über die Berufungsfrist, nicht aber über die Begründungsfrist vorschreibt. Würde man an der bisherigen Rspr. festhalten, so ließe sich kaum das absurde Ergebnis vermeiden, dass dann der Beginn der Berufungsbegründungsfrist nach fünf Monaten, der der Berufungsfrist erst nach 17 Monaten einträte[6]. Mit den Entscheidungen des BAG ist die Streitfrage für die Praxis geklärt. **Es beginnen die Fristen zur Einlegung und zur Begründung von Berufung und Revision spätestens mit Ablauf von fünf Monaten nach Verkündung des anzufechtenden Urteils, soweit dieses noch nicht in vollständig abgefasster Form zugestellt worden ist. Die Einlegungsfrist endet in diesem Fall mit Ablauf von sechs Monaten, die Berufungsbegründungsfrist mit Ablauf von sieben Monaten nach Verkündung des Urteils**[7]. Die Entscheidung des BAG vermag aber aus folgenden Gründen nicht zu überzeugen: § 9 Abs. 5 regelt die Rechtsmittelbelehrung bei befristeten Rechtsmitteln. Es lassen sich weder aus dem Wortlaut noch aus der Systematik noch aus der

---

1 GWBG/*Waas*, § 9 Rz. 39; BAG v. 13.4.2005 – 5 AZB 76/04, NZA 2005, 836 (838); LAG Hamm v. 24.8.2012 – 10 Ta 261/12, juris Rz. 11.
2 So wohl GMP/*Prütting*, § 9 Rz. 58a.
3 BAG v. 8.6.2000 – 2 AZR 584/99, NJW 2000, 3515; BAG v. 6.8.1997 – 2 AZB 17/97, NZA 1997, 54; BAG v. 5.8.1996 – 5 AZB 15/96, NZA 1996, 1175; BAG v. 14.9.1984 – 7 AZR 528/83, NJW 1985, 195; BAG v. 22.11.1966 – AZR 402/66, AP Nr. 14 zu § 9 ArbGG; BAG v. 16.8.1991 – 2 AZR 241/90, AP Nr. 2 zu § 15 SchwbG 1986; *Däubler*, EWiR 1993, 1157 f. zu § 9 ArbGG; BAG v. 28.4.1993 – 10 AZR 222/92, ZIP 1993, 1403; zust. *Vogg*, MDR 1993, 293 (296); *Kreitner*, EWiR 2001, 53 f.
4 BAG v. 6.8.1997 – 2 AZB 17/97, NZA 1998, 54.
5 Vgl. dazu LAG Thür. v. 10.10.2005 – 7/4/7 Sa 196/04, juris Rz. 13 ff.; LAG Köln v. 24.2.2005 – 10 Sa 927/04; LAG Hamburg v. 8.7.2004 – 7 Sa 20/04, juris Rz. 44; LAG München v. 18.5.2004 – 6 Sa 498/03, juris Rz. 19; LAG Hessen v. 13.1.2004 – 4 Sa 1201/03, juris Rz. 14; LAG Nürnberg v. 28.10.2002 – 5 SHa 5/02, LAGE ArbGG 1979 § 66 Nr. 18; LAG München v. 27.8.2003 – 7 Sa 535/03; LAG Köln v. 24.9.2003 – 3 Sa 232/03, LAGE ArbGG 1979 § 66 Nr. 20; GMP/*Germelmann*, § 66 Rz. 16; Hauck/Helml/Biebl/*Hauck/Biebl*, § 66 Rz. 10; *Schwab*, FA 2003, 258 ff.; Schmidt/Schwab/Wildschütz, NZA 2001, 1217 (1218); Schwab/Wildschütz/Heege, NZA 2003, 999 (1004, Fn. 53); *Künzl*, ZZP 118 (2005), 59.
6 BAG v. 28.10.2004 – 8 AZR 492/03, NZA 2005, 125; BAG v. 3.11.2004 – 4 AZR 531/03, juris Rz. 11 ff.; BAG v. 16.12.2004 – 2 AZR 611/03, NZA 2005, 1133; BAG v. 25.5.2005 – 5 AZR 566/04, NJW 2005, 3084; BAG v. 6.7.2005 – 4 AZR 35/04, juris Rz. 11; BAG v. 23.6.2005 – 2 AZR 423/04, NJW 2005, 3084; BAG v. 2.6.2005 – 2 AZR 177/04, juris Rz. 12; BAG v. 24.10.2006 – 9 AZR 709/05, NZA 2007, 228; so auch BVerwG v. 5.10.2011 – 6 P 18/10, NZA-RR 2012, 165 (166), Rz. 15 m. Anm. *Neumann*, jurisPR-BVerwG 2/2012 Anm. 2.
7 BAG v. 24.10.2006 – 9 AZR 709/05, NJW 2007, 862; vgl. auch LAG Nds. v. 22.1.2007 – 5 Sa 626/06, juris Rz. 56.

Geschichte des Gesetzes Anhaltspunkte dafür entnehmen, dass § 9 Abs. 5 bei Berufungen und Revisionen nicht gelten soll. Es gibt auch keinen Anhaltspunkt dafür, dass die früher vertretene Rechtsauffassung, die einen Widerspruch von § 9 Abs. 5 einerseits und §§ 66, 74 andererseits vermeidet, aufgegeben werden sollte. Im Übrigen ist es widersinnig, wenn bei einem zugestellten Urteil, das keine oder eine fehlerhafte Rechtsmittelbelehrung enthält, eine Jahresfrist gilt, während dann, wenn das Urteil erst gar nicht zugestellt wird, eine weit kürzere Frist gelten soll. Schließlich sind die Parteien gerade dann besonders schutzwürdig, wenn das Urteil nicht zugestellt wird. Letztlich lässt sich sicherlich den § 66 Abs. 1 und § 74 Abs. 2 nicht entnehmen, dass die Berufungsbegründungsfrist (Revisionsbegründungsfrist) vor der Berufungsfrist (Revisionsfrist) ablaufen kann. Nach sinnvoller Auslegung dieser Normen kann die Begründungsfrist erst nach Beginn der Einlegungsfrist laufen. Das vom BAG in den Raum gestellte absurde Ergebnis kann also bei sinnvoller Auslegung der § 66 Abs. 1, § 74 Abs. 1 nicht eintreten[1].

4. Heilung

Eine Heilung einer unterbliebenen oder fehlerhaften Rechtsmittelbelehrung ist möglich. 34
Der Mangel ist geheilt, wenn die Partei rechtzeitig das entsprechende Rechtsmittel eingelegt hat[2]. Das Gericht kann auch die Rechtsmittelbelehrung berichtigen bzw. fertigen und das Urteil erneut mit der Rechtsmittelbelehrung zustellen[3]. Dieses Ergebnis entspricht einhelliger Auffassung. Es sei nämlich nicht hinnehmbar, dass die obsiegende Partei ein Jahr lang mit der Anfechtung der Entscheidung rechnen müsse, obwohl der Fehler rechtzeitig erkannt worden sei, so dass eine Berichtigung jedenfalls nachgeholt werden könne[4]. Mit der Zustellung des Urteils samt zutreffender Rechtsmittelbelehrung beginnt dann die Rechtsmittelfrist zu laufen[5].

§ 10 Parteifähigkeit

Parteifähig im arbeitsgerichtlichen Verfahren sind auch Gewerkschaften und Vereinigungen von Arbeitgebern sowie Zusammenschlüsse solcher Verbände; in den Fällen des § 2a Abs. 1 Nr. 1 bis 3f sind auch die nach dem Betriebsverfassungsgesetz, dem Sprecherausschussgesetz, dem Mitbestimmungsgesetz, dem Mitbestimmungsergänzungsgesetz, dem Drittelbeteiligungsgesetz, dem § 222 [*bis 31.12.2017:* § 139] des Neunten Buches Sozialgesetzbuch, dem § 51 des Berufsbildungsgesetzes und den zu diesen Gesetzen ergangenen Rechtsverordnungen sowie die nach dem Gesetz über Europäische Betriebsräte, dem SE-Beteiligungsgesetz, dem SCE-Beteiligungsgesetz und dem Gesetz über die Mitbestimmung der Arbeitnehmer bei einer grenzüberschreitenden Verschmelzung beteiligten Personen und Stellen Beteiligte. Parteifähig im arbeitsgerichtlichen Verfahren sind in den Fällen des § 2a Abs. 1 Nr. 4 auch die beteiligten Vereinigungen von Arbeitnehmern und Arbeitgebern sowie die oberste Arbeitsbehörde des Bundes oder derjenigen Länder, auf deren Bereich sich die Tätigkeit der Vereinigung erstreckt. Parteifähig im arbeitsgerichtlichen Verfahren sind in den Fällen des § 2a Absatz 1 Nummer 5 auch die oberste Arbeitsbehörde des Bundes oder die oberste Arbeitsbehörde eines Landes, soweit ihr nach § 5 Absatz 6 des Tarifvertragsgesetzes Rechte übertragen sind.

I. Allgemeines 1	IV. Die Beteiligtenfähigkeit im Beschlussverfahren 16
II. Parteifähigkeit gem. § 50 ZPO 2	1. Streitigkeiten aus dem BetrVG (§ 2a Abs. 1 Nr. 1) 17
III. Parteifähigkeit im Urteilsverfahren (§ 10 Satz 1 Halbs. 1) 9	2. Streitigkeiten aus dem Sprecherausschussgesetz (§ 2a Abs. 1 Nr. 2) 26
1. Gewerkschaften 10	
2. Arbeitgebervereinigungen 14	
3. Spitzenorganisationen 15	

---

1 Vgl. zum Ganzen auch *Künzl*, ZTR 2001, 533 (534); GK-ArbGG/*Vossen*, § 66 Rz. 39; ErfK/*Koch*, § 66 ArbGG Rz. 12; *Holthaus/Koch*, RdA 2002, 140 (151); GK-ArbGG/*Ahrendt*, § 94 Rz. 15 zur Rechtsbeschwerde; HWK/*Kalb*, § 66 ArbGG Rz. 10.
2 Vgl. ErfK/*Koch*, § 9 ArbGG Rz. 10.
3 BAG v. 8.6.2000 – 2 AZR 584/99, NJW 2000, 3515; LAG Rh.-Pf. v. 28.1.1999 – 2 Ta 3/99, NZA 1999, 1239.
4 GMP/*Prütting*, § 9 Rz. 62.
5 BAG v. 8.6.2000 – 2 AZR 584/99, NJW 2000, 3515; GK-ArbGG/*Bader*, § 9 Rz. 101; GWBG/*Waas*, § 9 Rz. 41.

3. Streitigkeiten aus dem Mitbestimmungsgesetz, dem Mitbestimmungsergänzungsgesetz und dem Drittelbeteiligungsgesetz (§ 2a Abs. 1 Nr. 3) 27	11. Entscheidung über die Tariffähigkeit und die Tarifzuständigkeit einer Vereinigung (§ 2a Abs. 1 Nr. 4) 31
4. Streitigkeiten nach § 222 SGB IX (§ 2a Abs. 1 Nr. 3a) 28	12. Entscheidung über die Wirksamkeit einer Allgemeinverbindlicherklärung nach § 5 des Tarifvertragsgesetzes, einer Rechtsverordnung nach § 7 oder § 7a des Arbeitnehmerentsendegesetzes und einer Rechtsverordnung nach § 3a des Arbeitnehmerüberlassungsgesetzes (§ 2a Abs. 1 Nr. 5) 32a
5. Angelegenheiten aus dem Gesetz über Europäische Betriebsräte (§ 2a Abs. 1 Nr. 3b) . . . 29	
6. Angelegenheiten aus § 51 des Berufsbildungsgesetzes (§ 2a Abs. 1 Nr. 3c) 30	
7. Angelegenheiten aus § 10 des Bundesfreiwilligendienstgesetzes (§ 2a Abs. 1 Nr. 3d) 30a	**V. Die Prozessfähigkeit** 33
8. Angelegenheiten aus dem SE-Beteiligungsgesetz (§ 2a Abs. 1 Nr. 3e) 30b	1. Natürliche Personen 35
	2. Juristische Personen/Parteifähige Personengesamtheiten 37
9. Angelegenheiten aus dem SCE-Beteiligungsgesetz (§ 2a Abs. 1 Nr. 3f) 30c	3. Betriebsverfassungsrechtliche Stellen 40
10. Angelegenheiten aus dem Gesetz über die Mitbestimmung der Arbeitnehmer bei einer grenzüberschreitenden Verschmelzung (§ 2a Abs. 1 Nr. 3g) 30d	**VI. Die Prozessführungsbefugnis** 43
	VII. Die Prüfung der Partei- und Beteiligtenfähigkeit 44
	VIII. Der Zulassungsstreit und Doppelrelevanz . . 48

I. Allgemeines

1 § 10 ArbGG regelt iVm. § 50 ZPO die Parteifähigkeit im arbeitsgerichtlichen Urteilsverfahren und die Beteiligtenfähigkeit im Beschlussverfahren. Parteifähigkeit ist gem. § 50 ZPO die Fähigkeit, zulässigerweise Subjekt eines Rechtsstreits zu sein, Kläger und Beklagter im Urteilsverfahren, Antragsteller, Antragsgegner und sonstiger Beteiligter im Beschlussverfahren und Gläubiger und Schuldner im Vollstreckungsverfahren[1]. § 50 Abs. 1 ZPO knüpft die Parteifähigkeit an die Rechtsfähigkeit. § 10 ist hinsichtlich der Parteifähigkeit nicht abschließend. Vielmehr erweitert er die Parteifähigkeit über § 50 ZPO hinaus. **§ 10 Satz 1 Halbs. 1** erklärt Gewerkschaften, ArbGebVerbände und Zusammenschlüsse solcher Vereinigungen unabhängig von den Voraussetzungen des § 50 ZPO für parteifähig. **§ 10 Satz 1 Halbs. 2** und Satz 2 erweitern nochmals den Kreis derjenigen, die im arbeitsgerichtlichen Beschlussverfahren beteiligtenfähig sind[2]. § 10 ist nicht abschließend. So enthalten etwa die § 122 Abs. 2, § 126 Abs. 2 InsO Regelungen über die Beteiligtenfähigkeit und nennen den **Insolvenzverwalter, den BR** und bestimmte ArbN als Beteiligte.

II. Parteifähigkeit gem. § 50 ZPO

2 Wer nach § 50 Abs. 1 ZPO parteifähig ist, ist auch im arbeitsgerichtlichen Verfahren parteifähig (Urteilsverfahren) bzw. beteiligtenfähig (Beschlussverfahren)[3]. Parteifähig nach § 50 ZPO ist jede rechtsfähige Person; sie kann klagen (**aktive Parteifähigkeit**) und verklagt werden (**passive Parteifähigkeit**). Die Klage einer Partei, der die aktive Parteifähigkeit fehlt, ist als unzulässig abzuweisen. Gleiches gilt für eine Klage gegen eine Person, der die passive Parteifähigkeit fehlt. Die Parteifähigkeit ist Sachurteilsvoraussetzung. Ein Sachurteil kann also nur ergehen, wenn die Parteifähigkeit spätestens zum Zeitpunkt der letzten mündlichen Verhandlung vorliegt. Die Parteifähigkeit ist darüber hinaus Prozesshandlungsvoraussetzung; fehlt sie, ist die vorgenommene Prozesshandlung unwirksam[4]. Wer rechtsfähig und damit parteifähig ist, bestimmt sich nach materiellem Recht. Parteifähig sind daher **natürliche Personen** (gem. § 1 BGB), **juristische Personen des Privatrechts**, etwa eingetragene Vereine (§ 21 BGB), genehmigte Stiftungen (§ 80 BGB), Aktiengesellschaften (§ 1 AktG), Kommanditgesellschaften auf Aktien (§ 278 Abs. 1 AktG), Eingetragene Genossenschaften (§ 17 Abs. 1 GenG), Versicherungsvereine auf Gegenseitigkeit (§ 15 VAG), Gesellschaften mit beschränkter Haftung (§ 13 Abs. 1 GmbHG)[5]. Aktiv parteifähig ist auch die **Vor-Gesellschaft**, dh. die Gesellschaft zwischen Abschluss des Gesellschaftsvertrages und der Eintragung ins Handelsregister[6]; sie ist auch passiv parteifähig, wenn sie im Rechtsverkehr bereits wie eine juristische Person aufgetreten ist[7].

---

1 Musielak/Voit/*Weth*, § 50 ZPO Rz. 13.
2 BAG v. 29.11.1989 – 7 ABR 64/87, AP Nr. 3 zu § 10 ArbGG 1979.
3 BAG v. 19.9.2006 – 1 ABR 53/05, NZA 2007, 518 (519).
4 Vgl. zum Ganzen Musielak/Voit/*Weth*, § 50 ZPO Rz. 14.
5 Vgl. zum Ganzen GK-ArbGG/*Schleusener*, § 10 Rz. 3 ff.
6 BAG v. 8.11.1962 – 2 AZR 11/62, DB 1963, 383.
7 Musielak/Voit/*Weth*, § 50 ZPO Rz. 17.

Ein **Verlust der Parteifähigkeit** der juristischen Person tritt nicht schon mit der Auflösung, sondern erst 3
mit der Vollbeendigung der Gesellschaft ein. Diese liegt vor, wenn das gesamte Vermögen der Gesellschaft
verteilt ist, kein sonstiger Abwicklungsbedarf besteht und die Löschung im Handelsregister erfolgt ist[1]. Im
Aktivprozess bleibt die Parteifähigkeit einer aufgelösten und gelöschten juristischen Person schon deshalb
bestehen, weil sie sich eines Anspruchs berühmt und daher nicht von ihrer Vermögenslosigkeit ausgegangen werden kann[2]. Sofern während eines **Passivprozesses** das gesamte Vermögen der Gesellschaft verteilt
wird und daher keine Liquidationsmasse mehr vorhanden ist, dauert die Parteifähigkeit einer beklagten
juristischen Person noch bis zum Ende des anhängigen Prozesses fort[3]. Darüber hinaus bleibt auch die gelöschte juristische Person, unabhängig von der Frage, ob noch Haftungsmasse vorhanden ist, parteifähig,
wenn sonstiger Abwicklungsbedarf besteht, etwa ein Anspruch des Klägers auf Zeugniserteilung oder ein
Anspruch des Klägers auf Feststellung der Unwirksamkeit einer fristlosen Kündigung[4].

Die offene Handelsgesellschaft und die Kommanditgesellschaft sind, obwohl sie keine juristischen Per- 4
sonen sind, nach § 124 Abs. 1, § 161 Abs. 2 HGB parteifähig[5].

Juristische Personen des öffentlichen Rechts sind ebenfalls parteifähig. Parteifähig sind demnach alle 5
Körperschaften, Anstalten und Stiftungen des öffentlichen Rechts, so etwa die Bundesrepublik Deutschland, die Länder, die kommunalen Gebietskörperschaften, Religionsgemeinschaften, soweit sie die Voraussetzungen des Art. 140 GG iVm. Art. 137 Abs. 5 WRV erfüllen (die Bistümer der katholischen Kirche, die
Evangelische Kirche in Deutschland, die evangelischen Landeskirchen)[6], die staatlichen Hochschulen, die
Rundfunkanstalten, die Sozialversicherungsträger (§ 29 SGB IV), die Innungen (§ 53 HWO), die Handwerkskammern (§ 90 HWO), die Industrie- und Handelskammer (§ 3 IHKG).

Die Gesellschaft bürgerlichen Rechts ist seit der Entscheidung des BGH vom 29.1.2001 rechts- und par- 6
teifähig[7]. Dieser Grundsatzentscheidung hat sich das BAG in seinem Urteil vom 1.12.2004 angeschlossen
und klargestellt, dass die Gesellschaft bürgerlichen Rechts aktiv und passiv parteifähig ist[8]. Der nichtrechtsfähige Verein ist parteifähig. Er kann gem. § 50 Abs. 2 ZPO klagen und verklagt werden und hat im Prozess die Stellung eines rechtsfähigen Vereins.

Politische Parteien können gem. § 3 PartG unter ihrem Namen klagen und verklagt werden. Gleiches gilt 7
für ihre Gebietsverbände der jeweils höchsten Stufe, sofern die Satzung der Partei nichts anderes bestimmt.

Die Parteifähigkeit von Ausländern richtet sich im Grundsatz nach deren Heimatrecht (Art. 7 EGBGB[9] 8
iVm. Art. 1 Abs. 2a Rom I-VO). Danach unterliegt die Rechtsfähigkeit einer Person dem Recht des Staates,
dem die Person angehört. Parteifähig ist daher, wer nach seinem Heimatrecht rechtsfähig ist. Parteifähig
ist darüber hinaus wer nach seinem Heimatrecht parteifähig ist (str.)[10]. Ausnahmsweise kommt es nach
Art. 13 Rom I-VO nicht auf das Heimatrecht, sondern auf das deutsche Recht an.

III. Parteifähigkeit im Urteilsverfahren (§ 10 Satz 1 Halbs. 1)

§ 10 erweitert die Parteifähigkeit über § 50 ZPO hinaus und erklärt in Satz 1 Halbs. 1 Gewerkschaften, 9
ArbGebVerbände sowie Zusammenschlüsse solcher Vereinigungen unabhängig von den Voraussetzungen
des § 50 ZPO für parteifähig.

---

1 Musielak/Voit/*Weth*, § 50 ZPO Rz. 18.
2 Vgl. zum Ganzen Musielak/Voit/*Weth*, § 50 ZPO Rz. 18.
3 BAG v. 9.7.1981 – 2 AZR 329/79, NJW 1982, 1831.
4 BAG v. 9.7.1981 – 2 AZR 329/79, NJW 1982, 1831.
5 BAG v. 29.8.1985 – 6 ABR 63/82, NZA 1986, 400 f.
6 GK-ArbGG/*Schleusener*, § 10 Rz. 9.
7 BGH v. 29.1.2001 – 2 ZR 331/00, AP Nr. 9 zu § 50 ZPO; Bestätigung durch BGH v. 18.2.2002 – II ZR 331/00, NJW 2002, 1207. Nachfolgend BVerfG v. 2.9.2002 – 1 BvR 1103/02, NJW 2002, 2533 sowie BFH v. 18.5.2004 – IX R 83/00, NJW 2004, 2773.
8 In seinem Urt. v. 1.12.2004 – 5 AZR 597/03, BAGE 113, 50 (52) führt der 5. Senat aus: „Mit Beschluss vom 25.2.2004 hat der erkennende Senat im Anschluss an die Rechtsprechung des Bundesgerichtshofs die Auffassung vertreten, eine Gesellschaft bürgerlichen Rechts sei im Zivilprozess aktiv und passiv parteifähig. Um eine Anrufung des Großen Senats zu vermeiden, hat der Senat bei den anderen Senaten des Bundesarbeitsgerichts angefragt, ob an einer etwaigen abweichenden Rechtsprechung festgehalten werde. Auf diese Anfrage haben die anderen Senate mitgeteilt, es bestünden keine Einwände gegen die vom erkennenden Senat vertretene Rechtsauffassung bzw. an einer früheren abweichenden Rechtsprechung werde nicht festgehalten".
9 BAG v. 5.12.1966 – 3 AZR 207/66, BAGE 19, 164.
10 Musielak/Voit/*Weth*, § 50 ZPO Rz. 28.

1. Gewerkschaften

10 Nach § 10 sind die Gewerkschaften für alle Verfahren vor dem ArbG parteifähig[1]. Der Gewerkschaftsbegriff ist nicht gesetzlich definiert; er ist aber nach der Rspr. des BAG einheitlich zu verstehen[2]. Gewerkschaftseigenschaft kommt nur den ArbN-Vereinigungen zu, die tariffähig sind[3].

10a Ob der Frage der Tariffähigkeit für die Parteifähigkeit einer Vereinigung in Zukunft noch Bedeutung zukommt, ist fraglich. Das war vor Änderung des § 50 Abs. 2 ZPO durch das Gesetz zur Erleichterung elektronischer Anmeldungen zum Vereinsregister und anderer vereinsrechtlicher Änderungen[4] von Bedeutung, wenn nicht tariffähige ArbN-Vereinigungen, die nicht eingetragene Vereine waren, geklagt haben[5]. Nicht rechtsfähige Vereine waren nämlich nach § 50 Abs. 2 ZPO aF nicht aktiv parteifähig. Nachdem nach § 50 Abs. 2 ZPO nunmehr auch ein nicht rechtsfähiger Verein klagen und verklagt werden kann, ist ein nicht rechtsfähiger Verein unabhängig davon parteifähig, ob er tariffähig ist oder nicht[6].

10b Das BAG beschreibt die Voraussetzungen der Tariffähigkeit in st. Rspr. wie folgt: Eine ArbN-Vereinigung muss „sich als satzungsgemäße Aufgabe die Wahrnehmung der Interessen ihrer Mitglieder in deren Eigenschaft als ArbN gesetzt haben und willens sein, Tarifverträge abzuschließen. Sie muss frei gebildet, gegnerfrei, unabhängig und auf überbetrieblicher Grundlage organisiert sein und das geltende Tarifrecht als verbindlich anerkennen. Weiterhin ist Voraussetzung, dass die Arbeitnehmervereinigung ihre Aufgabe als Tarifpartnerin sinnvoll erfüllen kann. Dazu gehört einmal die Durchsetzungskraft gegenüber dem sozialen Gegenspieler, zum anderen eine gewisse Leistungsfähigkeit der Organisation."[7]

11 Nach einer in der Lit. vertretenen Auffassung sei es zwar richtig, für die Tariffähigkeit einer Vereinigung zu fordern, dass sie „mächtig" sei. Für eine Gewerkschaft iSd. §§ 10, 11 sei eine solche Mächtigkeit jedoch nicht erforderlich[8]. Da die Vereinigung entweder als rechtsfähiger oder als nicht rechtsfähiger Verein parteifähig ist, besteht keine Notwendigkeit, vom einheitlichen Gewerkschaftsbegriff des BAG abzuweichen.

12 Parteifähig sind auch **Untergliederungen von Gewerkschaften**, wenn sie körperschaftlich organisiert und gegenüber der Gesamtorganisation weitgehend selbständig sind[9]. Handelt es sich hingegen um eine lediglich räumlich organisatorisch verfasste Untergliederung einer Gewerkschaft, ist eine Parteifähigkeit zu verneinen[10]. Unterorganisationen einer Gewerkschaft (IG-Metall), wie Bezirksleitung oder Verwaltungsstelle, sind nicht parteifähig, weil sie nach der Satzung im Rahmen der zentral gegliederten Gesamtorganisation nur Hilfsaufgaben wahrnehmen und keine eigenständige Entscheidungsbefugnis haben[11].

13 Hat die Gewerkschaft es übernommen, ihren Mitgliedern umfassenden **Rechtsschutz** zu gewähren, so sind nach Ansicht des BGH an die **Sorgfaltspflichten** einer solchen **Gewerkschaft** dieselben Maßstäbe anzulegen wie bei der Vertretung durch einen Rechtsanwalt[12]. Ihrer satzungsmäßigen Verpflichtung zur Beratung und Rechtsvertretung kommt die Gewerkschaft dadurch nach, dass sie diese Leistungen entweder selbst übernimmt oder im Bedarfsfall Verträge zugunsten ihres Mitglieds mit Rechtsanwälten oder zB dem Deutschen Gewerkschaftsbund (DBG) schließt[13].

2. Arbeitgebervereinigungen

14 Auch ArbGebVereinigungen sind parteifähig gem. § 10 Satz 1 Halbs. 1. Voraussetzung ist, dass es sich um freiwillige, körperlich organisierte Zusammenschlüsse von ArbGeb zum Zweck der Regelung der Arbeits- und Wirtschaftsbedingungen handelt[14]. Im Gegensatz zu den Gewerkschaften erfordert die Tariffähigkeit

---

1 BAG v. 22.12.1960 – 2 AZR 140/58, AP Nr. 25 zu § 11 ArbGG 1953.
2 BAG v. 23.4.1971 – 1 ABR 26/70, AP Nr. 2 zu § 97 ArbGG 1953; BAG v. 15.3.1977 – 1 ABR 16/75, AP Nr. 24 zu Art. 9 GG; GK-ArbGG/*Schleusener*, § 10 Rz. 15; GWBG/*Waas*, § 10 Rz. 9.
3 BAG v. 23.4.1971 – 1 ABR 26/70, AP Nr. 2 zu § 97 ArbGG 1953; BAG v. 15.3.1977 – 1 ABR 16/75, AP Nr. 24 zu Art. 9 GG; BAG v. 25.9.1990 – 3 AZR 266/89, BAGE 66, 71: keine Beteiligtenfähigkeit bei Verlust der Tariffähigkeit durch Selbstauflösung während des Rechtsstreits; BAG v. 19.6.2006 – 1 ABR 53/05, AP Nr. 5 zu § 2 BetrVG 1972.
4 BGBl. I 2009, S. 3145.
5 Vgl. dazu etwa BAG v. 19.6.2006 – 1 ABR 53/05, AP Nr. 5 zu § 2 BetrVG 1972.
6 *Plum*, ZTR 2012, 377 (381).
7 BAG v. 28.3.2006 – 1 ABR 58/04, NZA 2006, 1112 (1114), Rz. 34 mwN.
8 Vgl. auch *Schleusener*, RdA 1999, 186.
9 BAG v. 19.11.1985 – 1 ABR 37/83, NZA 1986, 480 (481); LAG Hamm v. 4.8.1999 – 18 Sa 2151/98; LAG Hamm v. 31.5.2000 – 18 Sa 858/00.
10 ArbG Dresden v. 14.1.2004 – 1 Ca 3081/03, Rz. 68.
11 LAG Hessen v. 17.9.2008 – 9 SaGa 1442/08, NZA-RR 2009, 27 f.
12 BGH v. 10.1.2002 – III ZR 62/01, NZA 2002, 446 (447).
13 Vgl. dazu BGH v. 10.1.2002 – III ZR 62/01, NZA 2002, 446 (447).
14 GK-ArbGG/*Schleusener*, § 10 Rz. 18; GWBG/*Waas*, § 10 Rz. 14.

allerdings nicht, dass der ArbGebVerband eine bestimmte Durchsetzungskraft, dh. Mächtigkeit, besitzt, da § 2 Abs. 1 TVG auch dem einzelnen ArbGeb Tariffähigkeit zuerkennt[1].

3. Spitzenorganisationen

Gemäß § 10 Satz 1 Halbs. 1 sind auch Zusammenschlüsse von Gewerkschaften und Vereinigungen von ArbGebVerbänden, dh. sog. Spitzenorganisationen iSd. § 2 Abs. 2 TVG, unbeschränkt parteifähig, auch wenn sie nicht rechtsfähig sind[2]. Sie können daher auch als ArbGeb ihrer eigenen Beschäftigten klagen und verklagt werden[3]. Unerheblich ist, ob der Abschluss von Tarifverträgen zu den satzungsgemäßen Aufgaben einer Spitzenorganisation gehört, da § 2 Abs. 2 TVG nicht voraussetzt, dass Spitzenorganisationen selbst tariffähig sind[4].

IV. Die Beteiligtenfähigkeit im Beschlussverfahren

Wer im Urteilsverfahren parteifähig ist, ist auch im Beschlussverfahren beteiligtenfähig. § 10 behandelt lediglich die Frage der Beteiligtenfähigkeit, nicht die Frage, welche beteiligtenfähigen Personen oder Stellen im Beschlussverfahren zu beteiligen sind. Das regelt § 83 Abs. 3[5]. § 10 Satz 1 Halbs. 2 und Satz 2 erweitern aber den Kreis derjenigen, die im Beschlussverfahren beteiligtenfähig sind, über die im Urteilsverfahren Parteifähigen hinaus. Nach § 10 Satz 1 Halbs. 2 sind nämlich in den Fällen des § 2a Abs. 1 Nr. 1–3f solche Personen und Stellen beteiligtenfähig, die nach dem BetrVG, dem SprAuG, dem MitbestG, dem MontMitBestErgG, dem DrittelbG, dem § 222 SGB IX (ab 1.1.2018), dem § 51 BBiG und den zu diesen Gesetzen ergangenen Rechts-VO sowie dem EBRG, dem SE-Beteiligungsgesetz, dem SCE-Beteiligungsgesetz und dem MgVG mit eigenen Rechten ausgestattet sind. Darüber hinaus sollen nach § 10 Satz 2 in den Fällen des § 2a Abs. 1 Nr. 4 auch die beteiligten Vereinigungen von ArbN oder von ArbGeb sowie die oberste Arbeitsbehörde des Bundes oder derjenigen Länder, auf dessen Bereich sich die Tätigkeit der Vereinigung erstreckt, beteiligtenfähig sein. Dadurch soll diesen Personen und Stellen ermöglicht werden, die Befugnisse, die ihnen die genannten Gesetze einräumen, auch verfahrensrechtlich geltend zu machen[6], sobald die zu erwartende Entscheidung ihre Rechtsstellung unmittelbar berührt[7].

1. Streitigkeiten aus dem BetrVG (§ 2a Abs. 1 Nr. 1)

a) Zu den beteiligten Personen und Stellen nach § 2a Abs. 1 Nr. 1 gehört, wer durch das BetrVG bzw. die dazu ergangenen Wahlordnungen mit betriebsverfassungsrechtlichen Befugnissen ausgestattet ist. Zu den **beteiligtenfähigen Personen** gehören ua. Beauftragte der Gewerkschaften und ArbGebVerbände (§ 46 BetrVG), BR- und Aufsichtsratsmitglieder, Mitglieder der Schwerbehindertenvertretung (§ 32 BetrVG).

b) Eine **beteiligtenfähige Stelle** ist dann anzunehmen, wenn einer Personengesamtheit, deren Bestand vom Wechsel der Mitglieder unabhängig ist, betriebsverfassungsrechtliche Befugnisse zugeordnet sind[8]. Solche Stellen sind regelmäßig nicht rechtsfähig, so dass § 50 Abs. 1 ZPO nicht greift und ihnen durch § 10 Satz 1 Halbs. 2 erst die Möglichkeit gewährt wird, sich am Beschlussverfahren zu beteiligen[9]. Dabei ist nicht die Gesamtheit der ihr angehörenden Mitglieder, sondern die Stelle als solche beteiligtenfähig[10]. Die Mitglieder können als Zeugen, nicht aber als Partei vernommen werden[11].

Wird im Laufe des Verfahrens eine **betriebsverfassungsrechtliche Stelle durch ihren Funktionsnachfolger ersetzt**, also etwa der BR durch den neu gewählten BR abgelöst, wird das Beschlussverfahren mit dem Funktionsnachfolger fortgesetzt[12]. Es scheidet der alte BR aus dem anhängigen Beschlussverfahren aus; das Verfahren ist mit dem neuen BR fortzusetzen. Es findet ein **gesetzlicher Parteiwechsel** statt[13].

---

1 BAG v. 20.11.1990 – 1 ABR 62/89, AP Nr. 40 zu § 2 TVG.
2 GMP/*Matthes/Schlewing*, § 10 Rz. 15; GWBG/*Waas*, § 10 Rz. 15.
3 BAG v. 22.12.1960 – 2 AZR 140/58, DB 1961, 444; GMP/*Matthes/Schlewing*, § 10 Rz. 16.
4 GMP/*Matthes/Schlewing*, § 10 Rz. 15; GK-ArbGG/*Schleusener*, § 10 Rz. 20; aA GWBG/*Waas*, § 10 Rz. 15.
5 GK-ArbGG/*Schleusener*, § 10 Rz. 23; GMP/*Matthes/Schlewing*, § 10 Rz. 19 und § 83 Rz. 9.
6 GWBG/*Waas*, § 10 Rz. 18.
7 BAG v. 6.12.1977 – 1 ABR 28/77, AP Nr. 10 zu § 118 BetrVG 1972; BAG v. 10.2.1982 – 6 ABR 63/82, BAGE 49, 267 (270).
8 Vgl. BAG v. 19.9.2006 – 1 ABR 53/05, NZA 2007, 518 (519); GK-ArbGG/*Schleusener*, § 10 Rz. 31.
9 GMP/*Matthes/Schlewing*, § 10 Rz. 25.
10 GMP/*Matthes/Schlewing*, § 10 Rz. 26; GWBG/*Waas*, § 10 Rz. 21.
11 GK-ArbGG/*Schleusener*, § 10 Rz. 31.
12 Vgl. *Richter/Muschler*, ArbRAktuell 2016, 29 (30f.).
13 Vgl. *Weth*, Das arbeitsgerichtliche Beschlussverfahren, S. 177 mwN.

20 **Endet die Funktion oder Amtsperiode der betriebsverfassungsrechtlichen Stelle ohne Funktionsnachfolger**, also etwa ohne dass Neuwahlen stattfinden, so ist die Stelle weiterhin beteiligtenfähig, wenn nicht ausgeschlossen werden kann, dass der Stelle noch Rechte zustehen und dass die ausstehende Entscheidung noch Auswirkungen haben kann (str.)[1]. Eine nach § 10 Satz 1 Halbs. 2 beteiligtenfähige Stelle ist jedoch dann nicht mehr anzunehmen, wenn das letzte Mitglied durch Amtsniederlegung aus seinem Amt ausscheidet[2].

21 Die Beteiligtenfähigkeit des BR endet nicht mit der Stilllegung des Betriebs, solange ein die Stilllegung überdauernder Regelungsbedarf besteht[3]. Das Organ behält ein Restmandat bezogen auf alle sich im Zusammenhang mit der Stilllegung ergebenden Mitwirkungsrechte (§ 21b BetrVG).

22 Geht im Laufe eines Beschlussverfahrens der **Betrieb** des ArbGeb auf einen **neuen Inhaber über**, so wird der neue Betriebsinhaber anstelle des bisherigen Inhabers Beteiligter des anhängigen Verfahrens. Der bloße Wechsel des Betriebsinhabers ist ohne Bedeutung für die Rechtsstellung des in diesem Betrieb gewählten BR, solange die Identität des Betriebes fortbesteht[4].

23 Die Rspr. zählt **ArbGeb** und **ArbN** zutreffend nicht zu den Stellen iSd. § 10 Satz 1 Halbs. 2[5]. Deren Existenz wird vielmehr vom BetrVG vorausgesetzt und nicht erst durch das BetrVG begründet[6]. Ihre Parteifähigkeit richtet sich nach § 10 ArbGG iVm. § 50 ZPO.

24 **Einzelne beteiligtenfähige Stellen** nach dem BetrVG sind etwa BR (§§ 1, 7 ff. BetrVG), GBR (§§ 47 ff. BetrVG) und KBR (§§ 54 ff. BetrVG), die Jugend- und Auszubildendenvertretung (§§ 60 ff. BetrVG), die Gesamtjugendvertretung (§§ 72 f. BetrVG), Bordvertretung und SeeBR (§§ 114 ff. BetrVG), Betriebsversammlung (§§ 42 ff. BetrVG), Wahlvorstand (§ 16 BetrVG), Einigungsstelle (§ 76 BetrVG), tarifliche Schlichtungsstelle (§ 76 Abs. 8 BetrVG) und betriebliche Beschwerdestelle (§ 86 Satz 2 BetrVG), der Wirtschaftsausschuss (§§ 106 ff. BetrVG), der Betriebsausschuss (§ 27 BetrVG) und die nach § 28 BetrVG BR gebildeten Ausschüsse und die Arbeitsgruppen nach § 28a BetrVG. Verfahrensbeteiligte Stellen sind ebenfalls die Vertretungen der Schwerbehinderten nach § 32 BetrVG iVm. § 177 SGB IX[7]. Beteiligtenfähige Stelle ist auch eine eingetragene Niederlassung einer (ausländischen) AG. Sie ist zwar selbst keine eigenständige juristische Person. Als – nach §§ 13d, 13e HGB ins Handelsregister einzutragende – Niederlassung einer (ausländischen) AG ist sie aber zum selbständigen Abschluss von Rechtsgeschäften befugt. Sie kann also auch Arbeitsverträge abschließen. Hat sie dies getan, ist sie betriebsverfassungsrechtlich Ansprechpartnerin des BR und ArbGeb iSd. BetrVG. Als solche ist sie beteiligungsfähige Stelle nach § 10 Satz 1 Halbs. 2 ArbGG[8].

25 **c) Nicht als beteiligte Stellen anzuerkennen** sind Gruppen von ArbN, wenn einem Quorum bestimmte Rechte eingeräumt werden (vgl. § 19 Abs. 2, § 23 Abs. 1, § 48 BetrVG)[9]. Hier sind die einzelnen ArbN als natürliche Personen und nicht das genannte Quorum beteiligtenfähig[10]. Die Beteiligtenstellung des ArbN bei einer Wahlanfechtung ergibt sich daraus, dass er als Person einen Anspruch darauf hat, seine Vertreter in einer rechtmäßigen Wahl zu wählen[11]. Auch die im BR vertretenen Gruppen, welche bestimmte Vor-

---

1 Die Rspr. des BAG zu dieser Frage ist uneinheitlich, vgl. *Weth*, Das arbeitsgerichtliche Beschlussverfahren, S. 175 f. mwN. So geht etwa das BAG in seiner Entscheidung vom 14.11.1975 – 1 AZR 61/75, AP Nr. 1 zu § 18 BetrVG 1972 davon aus, der Wahlvorstand verliere seine Beteiligtenfähigkeit mit Einberufung des BR zur konstituierenden Sitzung. An dieser Entscheidung hält das BAG nicht fest. In der Entscheidung vom 25.8.1981 – 1 ABR 61/79, BAGE 37, 31 (35) heißt es: „Bedenken gegen die Zulässigkeit der Rechtsbeschwerde ergeben sich auch nicht daraus, dass die Antragsteller als Mitglieder des Betriebswahlvorstandes auftreten, dieser aber mit dem Abschluss der Aufsichtsratswahl funktionslos geworden ist. ... An seiner Entscheidung vom 14.11.1975, ..., dass nach dem Erlöschen des Amtes des Wahlvorstandes dieser nicht mehr berechtigt sei, Rechtsbeschwerde gegen einen zur Zeit seiner Tätigkeit in ungünstigem Sinne ergangenen Beschluss des Landesarbeitsgerichts einzulegen, hält der Senat nicht fest." Vgl. auch LAG Schl.-Holst. v. 27.3.2012 – 1 TaBV 12 b/11, juris Rz. 22.
2 BAG v. 12.1.2000 – 7 ABR 61/98, AP Nr. 5 zu § 24 BetrVG 1972; LAG Köln v. 19.10.2000 – 10 TaBV 27/00, AP Nr. 46 zu § 81 ArbGG 1979.
3 BAG v. 14.8.2001 – 1 ABR 52/00, NZA 2002, 109; BAG v. 12.1.2000 – 7 ABR 61/98, ZInsO 2000, 464; BAG v. 27.6.2006 – 1 ABR 18/05, Rz. 8; vgl. auch BAG v. 22.3.2016 – 1 ABR 10/14, BB 2016, 1790 (1791).
4 BAG v. 28.9.1988 – 1 ABR 37/87, AP Nr. 55 zu § 99 BetrVG 1972.
5 BAG v. 29.11.1989 – 7 ABR 64/87, DB 1990, 1568 ff.; *Weth*, Das arbeitsgerichtliche Beschlussverfahren, S. 87; aA GMP/*Matthes*/*Schlewing*, § 10 Rz. 31; GK-ArbGG/*Schleusener*, § 10 Rz. 33.
6 BAG v. 29.11.1989 – 7 ABR 64/87, NZA 1990, 615 (616); *Weth*, Das arbeitsgerichtliche Beschlussverfahren, S. 87.
7 BAG v. 21.9.1989 – 1 AZR 465/88, AP Nr. 1 zu § 25 SchwbG.
8 BAG v. 11.6.2002 – 1 ABR 43/01, NZA 2003, 226 (227); BAG v. 20.4.2005 – 7 ABR 20/04, NZA 2005, 1006 (1007); *Oetker*, Anm. aus AP Nr. 118 zu § 99 BetrVG 1972; GMP/*Matthes*/*Schlewing*, § 10 Rz. 31.
9 GMP/*Matthes*/*Schlewing*, § 10 Rz. 31.
10 GMP/*Matthes*/*Schlewing*, § 10 Rz. 31; GK-ArbGG/*Schleusener*, § 10 Rz. 37.
11 BAG v. 12.2.1985 – 1 ABR 11/84, AP Nr. 27 zu § 76 BetrVG 1952.

schlags-, Antrags- oder Wahlrechte haben (vgl. § 26 Abs. 2, § 27 Abs. 2, §§ 31, 47 Abs. 2 BetrVG), sind nicht als beteiligte Stelle anzuerkennen. Bei den entsprechenden Quoren handelt es sich um die Zusammenfassung der Rechte einzelner BR-Mitglieder. Folglich ist nicht die Gruppe als Stelle beteiligtenfähig, sondern sämtliche ihr angehörende BR-Mitglieder[1]. Ebenfalls nicht beteiligtenfähig iSd. § 10 Satz 1 Halbs. 2 sind nach Tarifverträgen zu bildende Paritätische Kommissionen, sofern diese lediglich als Einrichtungen zur Lösung von Meinungsverschiedenheiten der Betriebsparteien geschaffen wurden, ohne dass ihnen eigene betriebsverfassungsrechtliche Rechte übertragen wurden[2].

2. Streitigkeiten aus dem Sprecherausschussgesetz (§ 2a Abs. 1 Nr. 2)

Bei Angelegenheiten aus dem SprAuG sind insbesondere etwa der Sprecherausschuss (§ 1 SprAuG), der Gesamtsprecherausschuss (§§ 16 ff. SprAuG), der Unternehmenssprecherausschuss (§ 20 SprAuG), der Konzernsprecherausschuss (§§ 21 ff. SprAuG) und der Wahlvorstand (§ 7 SprAuG) als beteiligtenfähige Stellen zu nennen.

26

3. Streitigkeiten aus dem Mitbestimmungsgesetz, dem Mitbestimmungsergänzungsgesetz und dem Drittelbeteiligungsgesetz (§ 2a Abs. 1 Nr. 3)

Gemäß § 10 Satz 1 Halbs. 2, welcher auf das DrittelbG[3] verweist, sind die Vertreter der ArbN im Aufsichtsrat und die Wahlvorstände im Beschlussverfahren beteiligtenfähig. Bei Angelegenheiten aus dem MitbestG sind vor allem der Aufsichtsrat des Unternehmens sowie der BR (einschließlich des GBR und KBR) als Beteiligte zu erwähnen. Auch der Unternehmenswahlvorstand ist beteiligtenfähig iSd. § 10[4].

27

4. Streitigkeiten nach § 222 SGB IX (§ 2a Abs. 1 Nr. 3a)

§ 222 SGB IX löst § 139 SGB IX ab und tritt am 1.1.2018 in Kraft. Beteiligtenfähig im Beschlussverfahren sind auch der nach § 222 SGB IX in Werkstätten für Behinderte zu wählende Werkstattrat (§ 222 Abs. 2 SGB IX) und der Eltern- und Betreuerbeirat, sofern ein solcher errichtet wird (§ 222 Abs. 4 SGB IX).

28

5. Angelegenheiten aus dem Gesetz über Europäische Betriebsräte (§ 2a Abs. 1 Nr. 3b)

Beteiligte Stellen nach dem EBRG sind vor allem das besondere Verhandlungsgremium (§§ 8 ff. EBRG) sowie der EBR kraft Vereinbarung (§ 18 EBRG) oder kraft Gesetzes (§§ 21 ff. EBRG). Wenn das EBRG den nach dem BetrVG gebildeten ArbN-Vertretungen Rechte einräumt (zB § 5 Abs. 2, §§ 11, 35 Abs. 1 EBRG), kann die Beteiligtenfähigkeit der ArbN-Vertretung aus dem EBRG folgen[5].

29

6. Angelegenheiten aus § 51 des Berufsbildungsgesetzes (§ 2a Abs. 1 Nr. 3c)

§ 51 BBiG betrifft die Wahl einer besonderen Interessenvertretung. Sie wird von Auszubildenden gewählt, deren praktische Berufsbildung in einer sonstigen Berufsbildungseinrichtung außerhalb der schulischen und betrieblichen Berufsbildung stattfindet und die nicht wahlberechtigt zum BR nach § 7 des BetrVG, zur Jugend- und Auszubildendenvertretung nach § 60 BetrVG oder zur Mitwirkungsvertretung nach § 36 SGB IX sind (außerbetriebliche Auszubildende). Allerdings findet § 51 Abs. 1 BBiG keine Anwendung auf Berufsbildungseinrichtungen von Religionsgemeinschaften sowie auf andere Berufsbildungseinrichtungen, soweit sie eigene gleichwertige Regelungen getroffen haben (§ 51 Abs. 2 BBiG). Die Interessenvertretung nach § 51 Abs. 1 BBiG ist im arbeitsgerichtlichen Verfahren beteiligtenfähig. Ebenfalls beteiligtenfähig gem. § 10 im Beschlussverfahren ist nach Ansicht des BAG eine von den TV-Parteien eingerichtete **Konzernauszubildendenvertretung** (KAV). Zwar sei die KAV weder eine nach dem BetrVG beteiligte Stelle noch eine Stelle, die gem. § 18a BBiG (jetzt § 51 BBiG) gebildet worden wäre; weil die KAV aber mit Befugnissen nach §§ 72, 73 BetrVG ausgestattet sei, stelle sie eine Gremium dar, das gem. § 18 Abs. 2 BBiG als gleichwertig mit der besonderen Interessenvertretung iSd. § 18 Abs. 1 BBiG anzusehen sei. Dies rechtfertige zumindest eine entsprechende Anwendung des § 10 und sei ausreichend für die Fähigkeit, Beteiligte eines arbeitsgerichtlichen Beschlussverfahrens zu sein[6].

30

---

1 *Dietz*, RiA 1984, 145 (146 f.); GK-ArbGG/*Schleusener*, § 10 Rz. 37.
2 BAG v. 16.8.2011 – 1 ABR 30/10, NZA 2012, 873 (875), Rz. 13.
3 BGBl. I 2004, S. 974.
4 BAG v. 25.8.1981 – 1 ABR 61/79, BAGE 37, 31; LAG Hessen v. 24.4.2003 – 9 TaBvGa 48/03.
5 GK-ArbGG/*Schleusener*, § 10 Rz. 42.
6 BAG v. 24.8.2004 – 1 ABR 28/03, NZA 2005, 371 (372).

7. Angelegenheiten aus § 10 des Bundesfreiwilligendienstgesetzes (§ 2a Abs. 1 Nr. 3d)

30a Das Gesetz über den Bundesfreiwilligendienst regelt die Rechtsverhältnisse der Beschäftigten in Einsatzstellen nach dem Bundesfreiwilligendienstgesetz (BFDG). Gemäß § 1 BFDG engagieren sich Männer und Frauen im Bundesfreiwilligendienst für das Allgemeinwohl, insbesondere im sozialen, ökologischen und kulturellen Bereich, sowie im Bereich des Sports, der Integration und des Zivil- und Katastrophenschutzes. Der Begriff der Freiwilligen iSd. Gesetzes findet sich in § 2 BFDG. Die Angelegenheiten aus § 10 BFDG betreffen die Wahl von Sprecherinnen und Sprechern durch die Freiwilligen zur Interessenvertretung gegenüber Einsatzstellen, Trägern, Zentralstellen und der zuständigen Bundesbehörde.

8. Angelegenheiten aus dem SE-Beteiligungsgesetz (§ 2a Abs. 1 Nr. 3e)

30b Das Gesetz über die Beteiligung der ArbN in einer Europäischen Gesellschaft (SE-Beteiligungsgesetz – SEBG) hat das Ziel, die in einer SE erworbenen Rechte der ArbN auf Beteiligung an Unternehmensentscheidungen zu sichern (§ 1 Abs. 1 Satz 2 SEBG). Beteiligtenfähige Stellen nach dem SEBG sind die in dem Gesetz genannten Stellen und Organe der Mitbestimmung[1]. Insbesondere ist das besondere Verhandlungsgremium zu nennen, das die Aufgabe hat, mit den Leitungen eine schriftliche Vereinbarung über die Beteiligung der ArbN in der SE abzuschließen. Beteiligtenfähige Stellen sind darüber hinaus das Wahlgremium (§ 8 SEBG) und auf ArbGebSeite die Leitung (§ 13 iVm. § 2 Abs. 5 SEBG).

9. Angelegenheiten aus dem SCE-Beteiligungsgesetz (§ 2a Abs. 1 Nr. 3f)

30c Das Gesetz über die Beteiligung der ArbN und Arbeitnehmerinnen in einer Europäischen Genossenschaft (SCE-Beteiligungsgesetz – SCEBG) hat das Ziel, in einer Europäischen Genossenschaft die erworbenen Rechte der ArbN auf Beteiligung an Unternehmensentscheidungen zu sichern (§ 1 Abs. 1 Satz 1 SCEBG). Beteiligtenfähige Stellen sind alle im Gesetz genannten Stellen und Organe der Mitbestimmung[2], vor allem sind zu nennen das besondere Verhandlungsgremium, das Wahlgremium (§ 8 SCEBG) und auf ArbGeb-Seite die Leitung (§§ 13 iVm. 2 Abs. 5 SCEBG).

10. Angelegenheiten aus dem Gesetz über die Mitbestimmung der Arbeitnehmer bei einer grenzüberschreitenden Verschmelzung (§ 2a Abs. 1 Nr. 3g)

30d Mit Art. 6 des Gesetzes zur Einführung des Bundesfreiwilligendienstes vom 28.4.2011 (BGBl. I 2011, S. 687) ist § 2a Abs. 1 wie folgt geändert worden: „Die bisherigen Nummern 3 d bis f werden die Nummern 3 e bis g." (BGBl. I 2011, S. 691). Der Gesetzgeber hat aber offensichtlich vergessen, § 10 an die Änderung des § 2a Abs. 1 anzupassen. Es ist aber davon auszugehen, dass die Angelegenheiten nach § 2a Abs. 1 Nr. 3g – wie vor der Gesetzesänderung – auch jetzt noch von § 10 erfasst sind.

30e Das Gesetz über die Mitbestimmung der ArbN bei einer grenzüberschreitenden Verschmelzung (MgVG) hat das Ziel, die in den an der Verschmelzung beteiligten Gesellschaften erworbenen Mitbestimmungsrechte der ArbN zu sichern (§ 1 Abs. 1 Satz 2 MgVG). Als beteiligtenfähige Stellen sind alle im Gesetz genannten Stellen und Organe der Mitbestimmung, insbesondere das besondere Verhandlungsgremium, das Wahlgremium (§ 10 MgVG) und die Leitung (§ 2 Abs. 5 MgVG) zu nennen.

11. Entscheidung über die Tariffähigkeit und die Tarifzuständigkeit einer Vereinigung (§ 2a Abs. 1 Nr. 4)

31 Streitigkeiten über die Tariffähigkeit bzw. Tarifzuständigkeit einer Vereinigung sind gem. § 2a Abs. 1 Nr. 4, § 97 im Beschlussverfahren auszutragen. Nach § 10 Satz 2 sind die ArbN- und ArbGebVereinigungen, deren Tariffähigkeit oder Tarifzuständigkeit in Frage steht, in diesem Verfahren beteiligtenfähig. Dieser Regelung bedarf es, da im Urteilsverfahren und in den übrigen Beschlussverfahren die Beteiligung einer ArbN- bzw. ArbGebVereinigung deren Tariffähigkeit voraussetzt[3]. Auch wenn bei einem Streit um die Partei- oder Beteiligtenfähigkeit die Vereinigung ohnehin zu beteiligten wäre, macht dies die Regelung in § 10 Satz 2 nicht überflüssig. Diese Norm lässt eine Sachentscheidung über die Tariffähigkeit der Vereinigung zu, so dass die Klage bzw. der Antrag nicht bereits wegen fehlender Parteifähigkeit als unzulässig abzuweisen ist[4].

---

1 GK-ArbGG/*Schleusener*, § 10 Rz. 44.
2 Vgl. GK-ArbGG/*Schleusener*, § 10 Rz. 45.
3 GK-ArbGG/*Schleusener*, § 10 Rz. 46.
4 BAG v. 19.11.1985 – 1 ABR 37/83, AP Nr. 4 zu § 2 TVG; BAG v. 19.9.2006 – 1 ABR 53/05, NZA 2007, 518 (519); GMP/*Matthes*/*Schlewing*, § 10 Rz. 34 GK-ArbGG/*Schleusener*, § 10 Rz. 46; GWBG/*Waas*, § 10 Rz. 30.

Auch das Bundesministerium für Wirtschaft und Arbeit als oberste Arbeitsbehörde des Bundes und die 32
Arbeits- und Sozialministerien als obersten Arbeitsbehörden der Länder, auf deren Bereich sich die Tätigkeit der Vereinigung erstreckt, sind beteiligtenfähig. Beschränkt sich die Zuständigkeit der Vereinigung auf ein Bundesland, so ist nur die oberste Arbeitsbehörde dieses Landes zu beteiligen[1]. Verfahrensbeteiligter ist die Arbeitsbehörde selbst, nicht aber Bund oder Land als Rechtsträger[2].

12. Entscheidung über die Wirksamkeit einer Allgemeinverbindlicherklärung nach § 5 des Tarifvertragsgesetzes, einer Rechtsverordnung nach § 7 oder § 7a des Arbeitnehmerentsendegesetzes und einer Rechtsverordnung nach § 3a des Arbeitnehmerüberlassungsgesetzes (§ 2a Abs. 1 Nr. 5)

Mit Inkrafttreten des Tarifautonomiestärkungsgesetzes[3] zum 16.8.2014 wird § 2a Abs. 1 um eine Nr. 5 erweitert. 32a
Damit soll sichergestellt werden, dass nur noch die aufgrund ihrer Befassung mit Fragen des Arbeits- und Tarifrechtes besonders sachnahen Gerichte für Arbeitssachen über die Wirksamkeit einer Allgemeinverbindlicherklärung eines Tarifvertrages nach dem Tarifvertragsgesetz bzw. einer Rechtsverordnung nach § 7 oder § 7a des ArbN-Entsendegesetzes oder § 3a des Arbeitnehmerüberlassungsgesetzes zu entscheiden haben[4]. Um den Besonderheiten dieses neuen Beschlussverfahrens Rechnung zu tragen, wurde § 10 um einen Satz 3 ergänzt, dem zufolge in diesen Verfahren über die in § 10 Satz 1 Genannten hinaus das Bundesministerium für Arbeit und Soziales als oberste Arbeitsbehörde des Bundes wie auch die oberste Arbeitsbehörde eines Landes, soweit ihr die oberste Arbeitsbehörde des Bundes das Recht zur Allgemeinverbindlicherklärung übertragen hat, beteiligtenfähig sind[5].

V. Die Prozessfähigkeit

Die Prozessfähigkeit ist im ArbGG nicht ausdrücklich geregelt. Es sind daher sowohl im arbeitsgerichtlichen 33
Urteilsverfahren (gem. § 46 Abs. 2) als auch im arbeitsgerichtlichen Beschlussverfahren (gem. § 80 Abs. 2, § 46 Abs. 2) die §§ 51 ff. ZPO anwendbar. Unter **Prozessfähigkeit** versteht man die Fähigkeit einer Partei, Prozesshandlungen selbst oder durch von ihr bestimmte Vertreter wirksam vorzunehmen bzw. entgegennehmen zu können. Gemäß § 52 ZPO ist eine Partei prozessfähig, soweit sie sich durch Vertrag selbst verpflichten kann. Die Prozessfähigkeit ist Prozess- und Prozesshandlungsvoraussetzung. Sie hat die Aufgabe, einerseits prozessunfähige Personen vor den nachteiligen Folgen unsachgemäßer Prozessführung zu schützen und andererseits dem Interesse des Prozessgegners und des Gerichts an einem geordneten zielgerichteten Rechtsgang unter Vermeidung zweckwidrigen Prozesshandelns Rechnung zu tragen. Sie kann als prozessuale Handlungsfähigkeit bezeichnet werden[6]. Der Mangel der Prozessfähigkeit ist vom Gericht in jeder Lage des Verfahrens, auch noch in der Revisionsinstanz von Amts wegen zu beachten (vgl. § 56 Abs. 1 ZPO und unter Rz. 44 ff.).

Ist im Urteilsverfahren von einem Prozessunfähigen eine Klage eingereicht worden oder ist der Beklagte 34
prozessunfähig, so ist die Klage als unzulässig abzuweisen. Fehlt im Beschlussverfahren bei einer der Parteien die Prozessfähigkeit, wird der Antrag als unzulässig zurückgewiesen[7].

1. Natürliche Personen

Eine natürliche Person ist prozessfähig, wenn sie **unbeschränkt geschäftsfähig** ist. Das Prozessrecht kennt 35
keine der beschränkten Geschäftsfähigkeit gem. § 106 BGB entsprechende beschränkte Prozessfähigkeit[8]. Minderjährige sind in den Rechtsstreitigkeiten, die die in §§ 112, 113 BGB genannten Materien betreffen, voll geschäfts- und damit prozessfähig (**gegenständlich beschränkte Prozessfähigkeit**)[9].

Ein **Ausländer** ist prozessfähig, wenn er dies nach seinem Heimatrecht oder nach deutschem Recht ist (§ 55 36
ZPO)[10]. Bei **Staatenlosen** gilt das Recht des gewöhnlichen Aufenthaltes (vgl. Art. 5 Abs. 2 EGBGB), jedoch

---

1 BAG v. 20.11.1990 – 1 ABR 62/89, AP Nr. 40 zu § 2 TBG.
2 GWBG/*Waas*, § 10 Rz. 31.
3 Gesetz zur Stärkung der Tarifautonomie (Tarifautonomiestärkungsgesetz), BGBl. I 2014, S. 1348.
4 BR-Drucks. 147/14, S. 48.
5 BR-Drucks. 147/14, S. 48.
6 Musielak/Voit/*Weth*, § 52 ZPO Rz. 1.
7 Vgl. zum Ganzen *Weth*, Das arbeitsgerichtliche Beschlussverfahren, S. 156.
8 Musielak/Voit/*Weth*, § 52 ZPO Rz. 4.
9 Musielak/Voit/*Weth*, § 52 ZPO Rz. 3.
10 Musielak/Voit/*Weth*, § 55 ZPO Rz. 1.

kommt auch ihnen § 55 ZPO zugute, dh. sie sind auch dann prozessfähig, wenn ein Deutscher in der gleichen prozessualen Lage prozessfähig wäre[1].

2. Juristische Personen/Parteifähige Personengesamtheiten

37 Ob juristische Personen prozessfähig sind, ist umstritten. Die **hM** geht davon aus, dass juristische Personen prozessunfähig sind[2]. Als Begründung wird angeführt, dass es juristischen Personen nicht möglich sei, sich durch Verträge zu verpflichten, und es somit an der prozessualen Handlungsfähigkeit fehle. Dies sei nur physischen Personen möglich, nicht jedoch juristischen Personen oder Behörden, die ihrerseits nur durch ihre Organe bzw. gesetzlichen Vertreter handlungsfähig seien[3]. Man könne also nur sagen, dass den juristischen Personen die Handlungen ihrer Organe wie eigene zugerechnet würden[4].

38 Nach der **Mindermeinung** sind juristische Personen und rechtsfähige Personengesellschaften prozessfähig[5]. Erkenne man mit der im materiellen Recht vorherrschenden Sichtweise (Organtheorie) der juristischen Person eigene Handlungsfähigkeit zu[6], so müsse ihr auch Prozessfähigkeit zukommen. Vor allem nach der Anerkennung der Rechtsanwalts-GmbH als Prozessbevollmächtigter und der damit verbundenen Anerkennung einer bestimmten juristischen Person als prozessfähig, sei die hM nicht mehr haltbar[7]. Praktische Bedeutung kommt diesem Streit jedoch nicht zu[8], denn unstreitig haben die Organe juristischer Personen im Zivilprozess die Stellung von gesetzlichen Vertretern Prozessunfähiger; (nur) durch diese gesetzlichen Vertreter können juristische Personen handeln[9].

39 Wer vertretungsbefugt ist, richtet sich nach den jeweiligen Vorschriften des bürgerlichen bzw. öffentlichen Rechts:
   – **AG:** wird grds. vertreten durch den Vorstand (vgl. § 78 Abs. 1 AktG)[10];
   – **eG:** wird grds. vertreten durch den Vorstand[11];
   – **Europäische wirtschaftliche Vereinigung (EWIV):** wird idR vertreten durch die (einzelnen) Geschäftsführer (vgl. Art. 20 EWIV-VO);
   – **GmbH:** wird grds. vertreten durch den Geschäftsführer (vgl. § 35 Abs. 1 GmbHG)[12];
   – **KG:** wird vertreten durch jeden persönlich haftenden Gesellschafter (vgl. § 161 Abs. 2, § 170 HGB);
   – **KGaA:** wird grds. vertreten durch den/die persönlich haftenden Gesellschafter in Einzelvertretung (vgl. § 278 Abs. 2 AktG iVm. §§ 125, 161 Abs. 2, § 170 HGB);
   – **OHG:** wird vertreten durch den/die gesellschaftsführenden Gesellschafter (vgl. § 125 HGB);
   – **PartGG:** wird vertreten durch den/die Gesellschafter (vgl. § 7 Abs. 3 PartGG, § 125 HGB);
   – **Rechtsfähiger Verein:** wird vertreten durch den Vorstand (vgl. § 26 Abs. 2 Satz 1 BGB);
   – **Stiftung:** wird vertreten durch den Vorstand, soweit sich nicht aus der Verfassung etwas anderes ergibt (vgl. §§ 86, 26 Abs. 2 Satz 1 BGB);
   – bei **juristischen Personen in der Liquidation** sind grds. die Liquidatoren nach Maßgabe des jeweiligen Organisationsgesetzes zur Vertretung berechtigt (vgl. für die AG §§ 265, 269 AktG, für die KG § 161 Abs. 2, § 149 Satz 2 HGB, für die KGaA § 290 AktG, für die GmbH § 66 GmbHG, für Genossenschaften § 88 GenG, für die OHG § 149 Satz 2 HGB, für rechtsfähige Vereine § 48 BGB)[13].

---

1 Musielak/Voit/*Weth*, § 55 ZPO Rz. 3 mwN.
2 Vgl. *Rosenberg/Schwab/Gottwald*, ZPR, § 44 II 1 S. 225; GMP/*Matthes/Schlewing*, § 10 Rz. 40; auch BGH v. 28.6.1962 – I ZR 32/61, BGHZ 38, 71 (75); GMP/*Germelmann*, § 11 Rz. 15; GK-ArbGG/*Bader*, § 11 Rz. 14, *Rüggeberg*, NJW 1970, 309.
3 *Rüggeberg*, NJW 1970, 309.
4 *Rosenberg/Schwab/Gottwald*, ZPR, § 44 II 1.
5 Vgl. *Henssler*, NJW 1999, 241 (244).
6 *Beuthien*, NJW 1999, 1142 (1143).
7 *Zöller/Vollkommer*, § 52 ZPO Rz. 2.
8 *Rosenberg/Schwab/Gottwald*, ZPR, § 44 II 1 S. 225.
9 Musielak/Voit/*Weth*, § 51 ZPO Rz. 6.
10 Zu den Einzelheiten und Ausnahmen näher Musielak/Voit/*Weth*, § 51 ZPO Rz. 7.
11 Vgl. § 24 GenG, zu den Besonderheiten vgl. Musielak/Voit/*Weth*, § 51 ZPO Rz. 10.
12 Zu den Einzelheiten und Ausnahmen näher Musielak/Voit/*Weth*, § 51 ZPO Rz. 8.
13 Musielak/Voit/*Weth*, § 51 ZPO Rz. 11.

3. Betriebsverfassungsrechtliche Stellen

Ein Sonderproblem des Beschlussverfahrens stellt die Frage der Prozessfähigkeit betriebsverfassungsrechtlicher Stellen dar. Hier ist zu berücksichtigen, dass diesen regelmäßig ein gesetzlicher Vertreter fehlt. Allerdings ist einhellige Meinung in der Lit., dass diese Stellen im Prozess handlungsfähig sein müssen, da andernfalls die in § 10 erklärte Beteiligtenfähigkeit keine Bedeutung hätte[1]. Daher wird von der wohl hM angenommen, dass betriebsverfassungsrechtliche Stellen prozessfähig seien[2]. Allerdings ist dies nicht zwingend. Denn nach hM sind auch juristische Personen zwar partei-, aber nicht prozessfähig (vgl. Rz. 37 ff.). Für sie handeln im Prozess ihre gesetzlichen Vertreter. Auch hier ist es ebenso wie bei den juristischen Personen ohne praktische Bedeutung, ob man den betriebsverfassungsrechtlichen Stellen Prozessfähigkeit zuerkennt. Allerdings stellt sich die Frage, durch welche natürlichen Personen die betriebsverfassungsrechtlichen Stellen im Prozess handeln. 40

Hat die betriebsverfassungsrechtliche Stelle keinen Vorsitzenden, so ist einhellige Meinung, dass alle Mitglieder der Stelle gemeinschaftlich handeln müssen[3]. In diesem Fall findet eine Gesamtvertretung statt. Allerdings können die Mitglieder ein Mitglied rechtsgeschäftlich bevollmächtigen, sie im Verfahren zu vertreten. Hat die betriebsverfassungsrechtliche Stelle einen Vorsitzenden, ist umstritten, ob er als gesetzlicher Vertreter anzusehen ist. Vertreten wird hierzu sowohl die Ansicht, es fehle bei den betriebsverfassungsrechtlichen Stellen idR an einem gesetzlichen Vertreter[4] als auch die gegenteilige Ansicht, der Vorsitzende des BR sei gesetzlicher Vertreter[5]. Der letztgenannten Auffassung ist zuzustimmen. Ist nämlich der BR-Vorsitzende gesetzlicher Vertreter, sind seine Erklärungen und Prozesshandlungen unabhängig von einem Beschluss des BR wirksam. Dies widerspricht auch nicht dem § 26 Abs. 2 BetrVG. Die Formulierung in § 26 Abs. 2 BetrVG, nach der der Vorsitzende den BR im Rahmen der von diesem gefassten Beschlüsse vertritt, wäre dann als eine solche zu verstehen, die lediglich das Innenverhältnis regelt. Es würde einer der in der Rechtsordnung nicht seltenen Fälle vorliegen, dass das rechtliche Können über das rechtliche Dürfen hinausgeht[6]. Die Gegenauffassung, die davon ausgeht, der BR-Vorsitzende dürfe nur im Rahmen der von dieser Stelle gefassten Beschlüsse tätig werden, er sei nicht Vertreter im Willen, sondern nur in der Erklärung, seine nicht durch einen BR-Beschluss gedeckte Erklärung sei daher unwirksam[7], ist für die Praxis äußerst problematisch, weil der Prozess unnütz mit dem Risiko der Wirksamkeit des BR-Beschlusses belastet würde. 41

Macht die Jugendvertretung eigene Rechte gegenüber dem BR geltend, wird die betriebsverfassungsrechtliche Stelle durch den Vorsitzenden der Jugendvertretung im Prozess vertreten. In allen übrigen Fällen ist die Jugendvertretung gemeinsam vom Vorsitzenden der Jugendvertretung und des BR vertreten[8]. 42

VI. Die Prozessführungsbefugnis

Der formelle Parteibegriff ermöglicht die Begründung eines Prozessrechtsverhältnisses zwischen Personen (Kläger und Beklagter), die materiell-rechtlich keine Beziehung miteinander haben[9]. Damit besteht jedoch die Gefahr, dass sich jemand eigenmächtig zum Sachwalter fremder Angelegenheiten macht; Popularklagen wären möglich. Aufgabe der Prozessführungsbefugnis ist es, Popularklagen auszuschließen[10]. Die Prozessführungsbefugnis gibt Auskunft darüber, wer die richtige Partei ist, ob also der Kläger zur Geltendmachung des Anspruchs berechtigt ist und ob der Anspruch diesem Beklagten gegenüber geltend gemacht werden darf[11]. Die Prozessführungsbefugnis ist als Prozessvoraussetzung von Amts wegen zu prüfen[12]. Nur wenn sie vorliegt, kann eine Sachentscheidung ergehen. Die Prozessführungsbefugnis muss sowohl 43

---

1 Vgl. GMP/*Matthes/Schlewing*, § 10 Rz. 43; GWBG/*Greiner*, § 80 Rz. 11.
2 GMP/*Matthes/Schlewing*, § 10 Rz. 43.
3 GMP/*Matthes/Schlewing*, § 10 Rz. 43.
4 BAG v. 17.2.1981 – 1 AZR 290/78, AP Nr. 11 zu § 112 BetrVG 1972; GMP/*Matthes/Schlewing*, § 10 Rz. 43.
5 Vgl. *Weth*, Das arbeitsgerichtliche Beschlussverfahren, S. 158.
6 *Weth*, Das arbeitsgerichtliche Beschlussverfahren, S. 159.
7 BAG v. 17.2.1981 – 1 AZR 290/78, AP Nr. 11 zu § 112 BetrVG 1972.
8 *Weth*, Das arbeitsgerichtliche Beschlussverfahren, S. 160; vgl. dazu auch BAG v. 20.2.1986 – 6 ABR 25/85, AP Nr. 1 zu § 63 BetrVG 1972.
9 Vgl. nur BGH v. 24.1.1952 – III ZR 196/50, BGHZ 4, 328 (334); *Lüke*, ZZP 76 (1963), 1 (13).
10 Ganz hM vgl. Musielak/Voit/*Weth*, § 51 ZPO Rz. 14 mwN.
11 *Rosenberg/Schwab/Gottwald*, ZPR, § 46 I 1; *Lüke*, ZZP 76 (1963), 1 (19).
12 BGH v. 18.10.1995 – I ZR 126/93, BGHZ 131, 90 (91); Zöller/*Vollkommer*, vor § 50 ZPO Rz. 19; aA *Grunsky*, § 28 I 8, nach dessen Auffassung das Institut der Prozessführungsbefugnis die Existenzberechtigung verloren hat, weil schon das materielle Recht dafür sorgt, dass grds. nur der Rechtsinhaber selbst sein Recht mit Erfolg einklagen kann. Mit dieser Auffassung hat sich *Grunsky* nicht durchsetzen können.

bei dem Kläger als auch bei dem Beklagten vorliegen. Ist eine der Parteien nicht prozessführungsbefugt, ist die Klage als unzulässig abzuweisen[1]. Die Prozessführungsbefugnis stellt anders als die Partei- oder Prozessfähigkeit keine Prozesshandlungsvoraussetzung dar[2]. Alle Prozesshandlungen von bzw. gegenüber einem nicht Prozessführungsbefugten sind daher wirksam.

Prozessführungsbefugt ist, wer ein behauptetes Recht als eigenes in Anspruch nimmt bzw. gegen wen eine Rechtspflicht als eigene geltend gemacht wird oder wem kraft Gesetzes, kraft Hoheitsakt oder kraft besonderen Verwaltungs- und Verfügungsrechts die Befugnis zur Verfolgung fremder Rechte zusteht[3]. Die Geltendmachung fremder Rechte im eigenen Namen wird als Prozessstandschaft bezeichnet[4]. Erfolgt sie kraft gesetzlicher Ermächtigung, spricht man von gesetzlicher Prozessstandschaft, erfolgt sie aufgrund einer Ermächtigung seitens des Inhabers des Rechts, spricht man von gewillkürter Prozessstandschaft[5].

VII. Die Prüfung der Partei- und Beteiligtenfähigkeit

44 Das Gericht hat das Vorliegen der Partei- bzw. Beteiligtenfähigkeit in jeder Lage des Verfahrens von Amts wegen zu prüfen, wenn insoweit Bedenken auftreten (vgl. § 56 ZPO)[6]. Prüfung von Amts wegen bedeutet nicht Amtsermittlung; das Gericht hat nicht die Aufgabe, den Sachverhalt selbständig zu ermitteln, es gilt also nicht der Untersuchungsgrundsatz[7]. Erst wenn sich aufgrund des vorgetragenen Sachverhalts ausreichende Anhaltspunkte für das Nichtvorliegen einer Prozessvoraussetzung ergeben, wenn sich also die Möglichkeit eines Mangels der Prozessvoraussetzung nicht von der Hand weisen lässt, setzt die Prüfungspflicht des Gerichts ein[8]. Die Prüfung hat unabhängig von der Rüge einer Partei zu erfolgen, da die Prozessvoraussetzungen nicht der Parteidisposition unterliegen[9]. Ihr Mangel kann nicht durch Anerkenntnis, Verzicht oder rügelose Einlassung geheilt werden. Ein Geständnis der Prozessvoraussetzung begründenden Tatsachen ist für den Richter nicht bindend[10]. Ergeben sich für das Gericht Anhaltspunkte für das Nichtvorliegen einer Prozessvoraussetzung, hat es die Parteien auf seine Bedenken hinzuweisen (§ 139 Abs. 3 ZPO) und sie zur Behauptung der erforderlichen Tatsachen aufzufordern.

45 Das Gericht darf in die Sachprüfung grds. erst eintreten, wenn feststeht, dass die Prozessvoraussetzungen gegeben sind[11]. Maßgeblicher Zeitpunkt für das Vorliegen der einzelnen Prozessvoraussetzungen ist der Schluss der letzten mündlichen Verhandlung, möglicherweise also erst der Schluss der letzten mündlichen Verhandlung in der Revisionsinstanz[12].

46 Bei der Prüfung der Prozessvoraussetzungen ist das Gericht nicht an das sonst vorgeschriebene Beweisverfahren gebunden, es kann vielmehr Beweis im Wege des sog. Freibeweisverfahrens erheben[13]. Das Gericht ist daher bei der Auswahl und Verwertung seiner Beweismittel frei[14]. Es kann etwa Versicherungen an Eides statt verwerten oder amtliche Auskünfte einholen[15]. Eines Beweisbeschlusses bedarf es nicht[16]. Das Gericht muss, wenn sich Anhaltspunkte für die Prozessunfähigkeit ergeben, nach der Auffassung des BGH alles tun, um die Frage der Prozessfähigkeit zu klären. Eine Beweislastentscheidung kommt erst in Betracht, wenn sich nach Erschöpfung aller erschließbaren Erkenntnisquellen nicht klären lässt, ob Prozessunfähigkeit einer Partei vorliegt[17].

---

1 Zöller/*Vollkommer*, vor § 50 ZPO Rz. 19 mwN.
2 Allgemeine Meinung, vgl. nur BGH v. 14.12.1959 – V ZR 197/58, BGHZ 31, 279 (280).
3 *Lüke*, ZZP 76 (1963), 1 (18).
4 Zöller/*Vollkommer*, vor § 50 ZPO Rz. 20.
5 Vgl. zu den Einzelheiten Musielak/Voit/*Weth*, § 51 ZPO Rz. 17 ff.
6 Allg. Meinung, vgl. nur Musielak/Voit/*Weth*, § 50 ZPO Rz. 14; s.a. BAG v. 28.2.1974 – 2 AZR 191/73, AP Nr. 4 zu § 56 ZPO.
7 Allg. Meinung, vgl. nur BAG v. 6.5.1958 – 2 AZR 551/57, NJW 1958, 1699.
8 Allg. Meinung, vgl. nur BAG v. 20.1.2000 – 2 AZR 733/98, NZA 2000, 613; BAG v. 6.5.1958 – 2 AZR 551/57, NJW 1958, 1699.
9 Allg. Meinung, vgl. nur BAG v. 6.5.1958 – 2 AZR 551/57, NJW 1958, 1699.
10 BAG v. 6.5.1958 – 2 AZR 551/57, NJW 1958, 1699 (1670).
11 BGH v. 10.11.1999 – VIII ZR 78/98, NJW 2000, 738.
12 BGH v. 9.1.1996 – VI ZR 94/95, NJW 1996, 1059 (1060).
13 HM, vgl. nur BAG v. 20.1.2000 – 2 AZR 733/98, NZA 2000, 613.
14 BAG v. 20.1.2000 – 2 AZR 733/98, NZA 2000, 613.
15 Musielak/Voit/*Weth*, § 56 ZPO Rz. 5.
16 Musielak/Voit/*Weth*, § 56 ZPO Rz. 5.
17 Vgl. dazu und zur Beweislast, Musielak/Voit/*Weth*, § 56 ZPO Rz. 6.

Bei einem anfänglichen Mangel der Prozessfähigkeit ist die Klage durch Prozessurteil abzuweisen, wenn 47
der Mangel unbehebbar ist[1]. Liegt ein behebbarer Mangel vor, ist den Parteien Gelegenheit zur Behebung des Mangels zu geben[2]. Tritt der Mangel erst während des Rechtsstreits ein (nachträglicher Mangel), wird das Verfahren nach den §§ 239, 241, 246 ZPO unterbrochen[3]. Den Streit über das Vorliegen eines Mangels entscheidet das Gericht bei Zulässigkeit der Klage durch Zwischenurteil gem. § 280 ZPO, bei Unzulässigkeit durch klageabweisendes Endurteil[4].

VIII. Der Zulassungsstreit und Doppelrelevanz

Besteht über die Parteifähigkeit eines Beteiligten Streit (sog. **Zulassungsstreit**), so ist dieser im Zulassungs- 48
streit als parteifähig zu behandeln[5]. So ist ein BR als beteiligungsfähig zu behandeln, wenn Streit darüber besteht, ob die Beteiligungsfähigkeit des BR infolge Eingliederung in einen anderen Betrieb nicht mehr besteht[6]. Darüber hinaus ist es nach Auffassung des BAG bei **Doppelrelevanz rechtlich bedeutsamer Umstände** sowohl für die Zulässigkeit als auch für die Begründetheit des Antrages gerechtfertigt, das Vorliegen der Verfahrensvoraussetzungen anzunehmen, um eine der Rechtskraft fähige Sachentscheidung zu ermöglichen. Das BAG bejaht eine solche Doppelrelevanz für die Gewerkschaftseigenschaft. Davon hänge sowohl die Beteiligtenfähigkeit als auch die Tariffähigkeit ab. § 10 Satz 2 regele diesen Fall und ermögliche auch bei Unzulässigkeit des Antrags wegen fehlender Beteiligtenfähigkeit eine Sachentscheidung; er stelle also sicher, dass jedenfalls eine Sachentscheidung ergehen könne. Das BAG will den Gedanken aus § 10 Satz 2 auch auf andere ähnlich gelagerte Fälle der Doppelrelevanz übertragen. Nehme ein Verfahrensbeteiligter für sich Befugnisse aus § 46 BetrVG in Anspruch (Zutrittsrecht einer nicht tariffähigen ArbN-Koalition zu Betriebsversammlungen), könne eine Sachentscheidung ergehen[7]. So ist auch ein Wahlvorstand, dessen wirksame Bestellung in Frage steht, in einem auf den Abbruch und die Untersagung der BR-Wahl gerichteten Verfahren als beteiligtenfähig anzusehen, da es dem ArbGeb ansonsten nicht möglich wäre, die Durchführung der BR-Wahl zu verhindern. Die Nichtigkeit des Wahlvorstandes ist in diesen Fällen eine Frage der Begründetheit[8].

§ 11 Prozessvertretung

(1) Die Parteien können vor dem Arbeitsgericht den Rechtsstreit selbst führen. Parteien, die eine fremde oder ihnen zum Zweck der Einziehung auf fremde Rechnung abgetretene Geldforderung geltend machen, müssen sich durch einen Rechtsanwalt als Bevollmächtigten vertreten lassen, soweit sie nicht nach Maßgabe des Absatzes 2 zur Vertretung des Gläubigers befugt wären oder eine Forderung einziehen, deren ursprünglicher Gläubiger sie sind.

(2) Die Parteien können sich durch einen Rechtsanwalt als Bevollmächtigten vertreten lassen. Darüber hinaus sind als Bevollmächtigte vor dem Arbeitsgericht vertretungsbefugt nur

1. **Beschäftigte der Partei oder eines mit ihr verbundenen Unternehmens (§ 15 des Aktiengesetzes); Behörden und juristische Personen des öffentlichen Rechts einschließlich der von ihnen zur Erfüllung ihrer öffentlichen Aufgaben gebildeten Zusammenschlüsse können sich auch durch Beschäftigte anderer Behörden oder juristischer Personen des öffentlichen Rechts einschließlich der von ihnen zur Erfüllung ihrer öffentlichen Aufgaben gebildeten Zusammenschlüsse vertreten lassen,**

2. **volljährige Familienangehörige (§ 15 der Abgabenordnung, § 11 des Lebenspartnerschaftsgesetzes), Personen mit Befähigung zum Richteramt und Streitgenossen, wenn die Vertretung nicht im Zusammenhang mit einer entgeltlichen Tätigkeit steht,**

3. **selbständige Vereinigungen von Arbeitnehmern mit sozial- oder berufspolitischer Zwecksetzung für ihre Mitglieder,**

---

1 BGH v. 10.10.1985 – IX ZR 73/85, NJW-RR 1986, 157.
2 Vgl. Musielak/Voit/*Weth*, § 56 ZPO Rz. 7, mwN.
3 Musielak/Voit/*Weth*, § 56 ZPO Rz. 9.
4 Vgl. zum Ganzen Musielak/Voit/*Weth*, § 56 ZPO Rz. 11.
5 BAG v. 22.3.1988 – 3 AZR 350/86, EzA § 50 ZPO Nr. 2; Musielak/Voit/*Weth*, § 50 ZPO Rz. 15.
6 LAG Hessen v. 23.10.2008 – 9 TaBV 155/08, Rz. 20.
7 BAG v. 19.9.2006 – 1 ABR 53/05, NZA 2007, 518 (519).
8 BAG v. 27.7.2011 – 7 ABR 61/10, NZA 2012, 345 (346), Rz. 21.

4. Gewerkschaften und Vereinigungen von Arbeitgebern sowie Zusammenschlüsse solcher Verbände für ihre Mitglieder oder für andere Verbände oder Zusammenschlüsse mit vergleichbarer Ausrichtung und deren Mitglieder,
5. juristische Personen, deren Anteile sämtlich im wirtschaftlichen Eigentum einer der in Nummer 4 bezeichneten Organisationen stehen, wenn die juristische Person ausschließlich die Rechtsberatung und Prozessvertretung dieser Organisation und ihrer Mitglieder oder anderer Verbände oder Zusammenschlüsse mit vergleichbarer Ausrichtung und deren Mitglieder entsprechend deren Satzung durchführt, und wenn die Organisation für die Tätigkeit der Bevollmächtigten haftet.

Bevollmächtigte, die keine natürlichen Personen sind, handeln durch ihre Organe und mit der Prozessvertretung beauftragten Vertreter.

(3) Das Gericht weist Bevollmächtigte, die nicht nach Maßgabe des Absatzes 2 vertretungsbefugt sind, durch unanfechtbaren Beschluss zurück. Prozesshandlungen eines nicht vertretungsbefugten Bevollmächtigten und Zustellungen oder Mitteilungen an diesen Bevollmächtigten sind bis zu seiner Zurückweisung wirksam. Das Gericht kann den in Absatz 2 Satz 2 Nr. 1 bis 3 bezeichneten Bevollmächtigten durch unanfechtbaren Beschluss die weitere Vertretung untersagen, wenn sie nicht in der Lage sind, das Sach- und Streitverhältnis sachgerecht darzustellen.

(4) Vor dem Bundesarbeitsgericht und dem Landesarbeitsgericht müssen sich die Parteien, außer im Verfahren vor einem beauftragten oder ersuchten Richter und bei Prozesshandlungen, die vor dem Urkundsbeamten der Geschäftsstelle vorgenommen werden können, durch Prozessbevollmächtigte vertreten lassen. Als Bevollmächtigte sind außer Rechtsanwälten nur die in Absatz 2 Satz 2 Nr. 4 und 5 bezeichneten Organisationen zugelassen. Diese müssen in Verfahren vor dem Bundesarbeitsgericht durch Personen mit Befähigung zum Richteramt handeln. Eine Partei, die nach Maßgabe des Satzes 2 zur Vertretung berechtigt ist, kann sich selbst vertreten; Satz 3 bleibt unberührt.

(5) Richter dürfen nicht als Bevollmächtigte vor dem Gericht auftreten, dem sie angehören. Ehrenamtliche Richter dürfen, außer in den Fällen des Absatzes 2 Satz 2 Nr. 1, nicht vor einem Spruchkörper auftreten, dem sie angehören. Absatz 3 Satz 1 und 2 gilt entsprechend.

(6) In der Verhandlung können die Parteien mit Beiständen erscheinen. Beistand kann sein, wer in Verfahren, in denen die Parteien den Rechtsstreit selbst führen können, als Bevollmächtigter zur Vertretung in der Verhandlung befugt ist. Das Gericht kann andere Personen als Beistand zulassen, wenn dies sachdienlich ist und hierfür nach den Umständen des Einzelfalls ein Bedürfnis besteht. Absatz 3 Satz 1 und 3 und Absatz 5 gelten entsprechend. Das von dem Beistand Vorgetragene gilt als von der Partei vorgebracht, soweit es nicht von dieser sofort widerrufen oder berichtigt wird.

I. Allgemeines	1
II. Prozessführung durch die Partei	
1. Grundsatz des Selbstvertretungsrechts (Abs. 1 Satz 1)	2
2. Besonderheiten beim Einzug fremder oder der Partei zum Zweck der Einziehung auf fremde Rechnung abgetretener Forderungen (Abs. 1 Satz 2)	4
a) Abs. 1 Satz 2 Halbs. 1	4
b) Abs. 1 Satz 2 Halbs. 2	5
III. Prozessvertretung in der 1. Instanz	
1. Im Urteilsverfahren	6
a) Durch Rechtsanwälte (Abs. 2 Satz 1)	6
b) Durch andere Bevollmächtigte (Abs. 2 Satz 2)	7
aa) Beschäftigte (Abs. 2 Satz 2 Nr. 1)	8
bb) Unentgeltlich tätige Personen (Abs. 2 Satz 2 Nr. 2)	9
(1) Familienangehörige	10
(2) Volljuristen	11
(3) Streitgenossen	12
cc) Durch Verbände und abhängige juristische Personen (Abs. 2 Satz 2 Nr. 3–5)	13
(1) Selbständige Arbeitnehmervereinigungen mit sozial oder berufspolitischer Zwecksetzung (Abs. 2 Satz 2 Nr. 3)	14
(2) Gewerkschaften und Vereinigungen von Arbeitgebern (Abs. 2 Satz 2 Nr. 4)	17
(3) Verbandsabhängige juristische Personen (Abs. 2 Satz 2 Nr. 5)	18
(4) Organe und zur Prozessvertretung beauftragte Vertreter (Abs. 2 Satz 3)	20
c) Durch Beistände in der Verhandlung (Abs. 6)	31
aa) Auftreten als Beistand (Abs. 6 Satz 1–4)	32
(1) Zur Vertretung in der Verhandlung befugt	32
(2) Anwesenheit der Partei	33
(3) Prozessfähige Person	34
(4) Zurückweisung des Beistandes	35
bb) Stellung des Beistandes (Abs. 6 Satz 5)	36

2. Im Beschlussverfahren	37	IV. Prozessvertretung in der 2. Instanz (Abs. 4)	
3. Zurückweisung von Prozessvertretern (Abs. 3)	40	1. Im Urteilsverfahren	46
a) Zurückweisung von nach Abs. 2 nicht befugten Bevollmächtigten (Abs. 3 Satz 1–2)	41	2. Im Beschlussverfahren	51
		V. Prozessvertretung in der 3. Instanz (Abs. 4)	
b) Zurückweisung ungeeigneter Prozessvertreter (Abs. 3 Satz 3)	43	1. Im Urteilsverfahren	52
		2. Im Beschlussverfahren	54
c) Rechtsmittel	45	VI. Richter als Bevollmächtigte (Abs. 5)	56

I. Allgemeines

§ 11 ist durch Art. 11 Nr. 1 RBerNeuregelungsG vom 12.12.2007[1] neu gefasst worden. Die Neuregelung trägt dem Ziel der Rechtsangleichung der Verfahrensordnungen Rechnung und orientiert sich an den Regelungen der ZPO zur Prozessvertretung unter Berücksichtigung der in der Arbeitsgerichtsbarkeit geltenden Besonderheiten[2]. § 11 gibt Aufschluss darüber, inwieweit eine Partei im arbeitsgerichtlichen Verfahren den Prozess selbst führen kann oder durch wen sie sich vertreten lassen kann oder muss. Die Bestimmungen des § 11 über die Prozessvertretung gelten sowohl für das Urteils- als auch für das Beschlussverfahren. Die in § 11 geregelte **Postulationsfähigkeit** ist **Prozesshandlungsvoraussetzung**. Ihr Fehlen hat zur Folge, dass eine von einer nicht postulationsfähigen Partei vorgenommene Rechtshandlung unwirksam ist[3].

1

II. Prozessführung durch die Partei

1. Grundsatz des Selbstvertretungsrechts (Abs. 1 Satz 1)

§ 11 Abs. 1 Satz 1 ermöglicht es den Parteien im arbeitsgerichtlichen Verfahren, den Prozess selbst zu führen (Abs. 1 Satz 1). Im Gegensatz zu Verfahren vor den LAG und dem BAG herrscht vor den Gerichten 1. Instanz grds. kein Vertretungszwang (Ausnahme Abs. 1 Satz 2). Voraussetzung für ein wirksames Auftreten im arbeitsgerichtlichen Verfahren ist, dass die Partei parteifähig, prozessfähig sowie prozessführungsbefugt ist. Das Gericht hat den Mangel der Partei- und Prozessfähigkeit sowie der Prozessführungsbefugnis gem. § 46 Abs. 2 ArbGG iVm. § 56 ZPO von Amts wegen zu berücksichtigen.

2

Juristische Personen handeln durch ihre gesetzlichen Vertreter. Ist der BR im Beschlussverfahren Partei, so handelt der BR-Vorsitzende, § 26 Abs. 2 Satz 1 BetrVG (vgl. dazu § 10 Rz. 40 ff. und unten Rz. 37).

3

2. Besonderheiten beim Einzug fremder oder der Partei zum Zweck der Einziehung auf fremde Rechnung abgetretener Forderungen (Abs. 1 Satz 2)

a) Abs. 1 Satz 2 Halbs. 1

§ 11 Abs. 1 Satz 2 Halbs. 1 schränkt das Recht der Partei den Rechtsstreit selbst zu führen ein. So muss sich eine Partei, die eine fremde oder ihr zum Zweck der Einziehung auf fremde Rechnung abgetretene Geldforderung geltend macht, durch einen Rechtsanwalt als Bevollmächtigten vertreten lassen. Während die Einziehung fremder Forderungen im Namen und für Rechnung des Dritten erfolgt, werden die zu Einziehungszwecken abgetretenen Forderungen zwar im Namen des Besorgenden, aber für fremde Rechnung geltend gemacht; in beiden Fällen soll das wirtschaftliche Ergebnis in gleicher Weise dem Dritten zugute kommen[4]. § 11 Abs. 1 Satz 2 Halbs. 1 betrifft insbesondere die Fälle, in denen Forderungen aufgrund einer Inkassozession oder Inkassoermächtigung eingezogen werden[5]. Lässt sich die Partei nicht von einem Anwalt vertreten, gilt sie im Prozess als nicht postulationsfähig, so dass die von ihr vorgenommenen Prozesshandlungen unwirksam sind[6]. Nicht erfasst von § 11 Abs. 1 Satz 2 ist jedoch die Geltendmachung einer zur Sicherheit abgetretenen Forderung nach Eintritt des Sicherungsfalls[7]. Das hat seinen Grund darin, dass das wirtschaftliche Ergebnis der Partei selbst zugute kommt. Sie verfolgt also eigene Interessen, weswegen eine Einschränkung der Befugnis der Partei, den Prozess selbst zu führen, nicht gerechtfertigt ist[8]. Gleiches

4

---

1 BGBl. I 2007, S. 2840 (2852 f.).
2 BT-Drs. 16/3655, S. 93.
3 BAG v. 29.1.1992 – 7 ABR 29/91, NZA 1993, 379.
4 Vgl. BAG v. 24.3.1993 – 1 AZR 298/92, NJW 1993, 2701 (2703); BGH v. 28.2.1985 – I ZR 191/82, WM 1985, 1214 (1215).
5 BT-Drs. 16/3655, S. 86.
6 BT-Drs. 16/3655, S. 86.
7 BT-Drs. 16/3655, S. 86.
8 BT-Drs. 16/3655, S. 86, 87.

gilt für die gerichtliche Geltendmachung angekaufter Forderungen insoweit, als etwa Inkassounternehmen, die zulässigerweise Forderungen angekauft und nicht lediglich zu Einziehungszwecken erworben haben, diese im Parteiprozess selbst, also ohne das Erfordernis der Vertretung durch einen Rechtsanwalt, einklagen dürfen. Diese Fälle der Vollabsetzung erfasst § 11 Abs. 1 Satz 2 nicht[1]. Zur Prüfung der Postulationsfähigkeit ist in diesen Fällen ggf. der Kaufvertrag vorzulegen, aus dem sich der Vollerwerb ergibt[2].

b) Abs. 1 Satz 2 Halbs. 2

5   Kein Anwaltszwang besteht jedoch, wenn die Partei zum Kreis der in § 11 Abs. 2 Satz 2 Nr. 1–5 Genannten zählt und deswegen im Parteiprozess eines anderen als dessen Bevollmächtigter auftreten dürfte (§ 11 Abs. 1 Satz 2 Halbs. 2 Alt. 1). Die Einschränkung des Prozessführungsrechts nach § 11 Abs. 1 Satz 2 Halbs. 1 gilt auch nicht für Parteien, die eine Forderung einziehen, deren ursprünglicher Gläubiger sie waren (§ 11 Abs. 1 Satz 2 Halbs. 2 Alt. 2). Daher muss sich bspw. der ursprüngliche Gläubiger, der nach einer Sicherungsabtretung die Forderung als Prozessstandschafter des Sicherungszessionars einzieht, nicht von einem Anwalt als Bevollmächtigtem im Prozess vertreten lassen[3]. Ebenfalls kein Anwaltszwang besteht nach § 11 Abs. 1 Satz 2 Halbs. 2 Alt. 2 im Falle der Legalzession und der Ermächtigung des neuen Gläubigers durch den bisherigen Forderungsinhaber die Forderung im eigenen Namen geltend zu machen[4]; so kann etwa ein ArbN Vergütungsansprüche, die wegen der Zahlung von Arbeitslosengeld auf die Bundesagentur für Arbeit übergegangen sind, im Wege der gewillkürten Prozessstandschaft für die Bundesagentur geltend machen[5]. Eines Anwalts bedarf der ArbN daher vor dem ArbG nicht.

III. Prozessvertretung in der 1. Instanz

1. Im Urteilsverfahren

a) Durch Rechtsanwälte (Abs. 2 Satz 1)

6   Die Parteien können sich (in allen Instanzen) durch einen in der Bundesrepublik Deutschland zugelassenen **Rechtsanwalt vertreten lassen**. Hinsichtlich der Vertretung durch Rechtsanwälte gelten die allgemeinen Grundsätze, so dass bspw. Anwälte, die beim BGH zugelassen sind, vor den ArbG nicht vertretungsbefugt sind (vgl. § 172 BRAO). Für Syndikusanwälte gelten die Einschränkungen des § 46 BRAO[6]. Ein Rechtsanwalt kann im Rahmen seiner Prozessvollmacht anderen Personen Untervollmacht erteilen. Unterbevollmächtigt werden können andere Rechtsanwälte, postulationsfähige Personen eines Verbandes oder Unternehmens nach § 11 Abs. 2 Satz 2 Nr. 3–5 oder Stationsreferendare. Letztere jedoch nur für Verfahren vor den ArbG[7]. Zur Prozessvertretung ausländischer Rechtsanwälte in Deutschland vgl. ausführlich Musielak/Voit/*Weth*, ZPO, § 78 Rz. 28 f. Vor dem ArbG sind **Kammerrechtsbeistände** einem Rechtsanwalt gleichgestellt, § 3 Abs. 1 Nr. 3 RDGEG. Gemäß § 3 Abs. 2 Satz 1 Nr. 1 und 2 RDGEG gilt dies auch für **registrierte Erlaubnisinhaber**, soweit ihnen die gerichtliche Vertretung oder das Auftreten in der Verhandlung nach dem Umfang ihrer bisherigen Erlaubnis oder als Prozessagent durch Anordnung der Justizverwaltung nach § 157 Abs. 3 ZPO in der bis zum 30.6.2008 geltenden Fassung gestattet war.

b) Durch andere Bevollmächtigte (Abs. 2 Satz 2)

7   § 11 Abs. 2 Satz 2 führt abschließend die Personen und Organisationen auf, die neben den Rechtsanwälten zur Prozessvertretung vor den ArbG befugt sind[8]. Ob ein Prozessbevollmächtigter einer der in § 11 Abs. 2 Satz 2 Nr. 1–5 aufgezählten Personengruppe angehört, ist von ihm ggf. darzulegen und vom Gericht erforderlichenfalls im Wege des Freibeweises festzustellen[9].

aa) Beschäftigte (Abs. 2 Satz 2 Nr. 1)

8   Die Beschäftigten einer Partei können diese als Bevollmächtigte in einem Parteiprozess vertreten. Dies gilt allerdings nur dann, wenn die Partei nicht gem. § 11 Abs. 1 Satz 2 daran gehindert ist den Prozess selbst zu

---

1 Zöller/*Vollkommer*, § 79 ZPO Rz. 4.
2 BT-Drs. 16/3655, S. 87.
3 BT-Drs. 16/3655, S. 87.
4 BT-Drs. 16/3655, S. 87.
5 BAG v. 23.9.2009 – 5 AZR 518/08, NZA 2010, 781 (Ls.); BAG v. 19.3.2008 – 5 AZR 432/07, NJW 2008, 2204 (Ls.).
6 Vgl. BAG v. 19.3.1996 – 2 AZB 36/95, NZA 1996, 671.
7 GMP/*Germelmann*, § 11 Rz. 29; ErfK/*Koch*, § 11 ArbGG Rz. 4.
8 BT-Drs. 16/3655, S. 93; LAG Hamm v. 8.8.2011 – 1 Ta 374/11, juris Rz. 7.
9 BT-Drs. 16/3655, S. 87.

führen. Ist das der Fall, kann sie sich auch nicht durch einen Beschäftigten vertreten lassen. Der Begriff des Beschäftigten ist weit auszulegen; er erfasst alle öffentlich-rechtlichen oder privaten Beschäftigungsverhältnisse. Was die letztgenannten Beschäftigungsverhältnisse betrifft, so muss die Beschäftigung nicht auf einem Arbeitsvertrag beruhen; sie kann auch auf einem Dienstvertrag beruhen. Notwendig ist allerdings die Weisungsgebundenheit des Vertreters aus dem Beschäftigungsverhältnis[1]. Im Sinne von § 11 Abs. 2 Satz 2 Nr. 1 kommen als befugte Vertreter nur natürliche Personen in Betracht[2]. Aufgrund entsprechender Vollmacht kann ein Beschäftigter für die Partei unabhängig davon, ob es sich bei der Partei um eine natürliche Person (Einzelfirma), eine Personengesellschaft, eine juristische Person des privaten oder öffentlichen Rechts handelt, die Prozessvertretung übernehmen. Die Vertretungsbefugnis eines Beschäftigten erstreckt sich grds. auf die Vertretung seines ArbGeb bzw. Dienstherrn selbst[3]. Nach § 11 Abs. 2 Satz 2 Nr. 1 Alt. 2 kann die Prozessvertretung allerdings auch durch Beschäftigte eines mit der Prozesspartei verbundenen Unternehmens (§ 15 AktG) erfolgen. Aus der Prozessvollmacht muss sich in diesem Fall ergeben, dass der Vertreter für ein verbundenes Unternehmen auftritt. Zudem dürfen sich Behörden und juristische Personen des öffentlichen Rechts durch Beamte oder Angestellte anderer Behörden oder juristischer Personen des öffentlichen Rechts einschließlich der zur Erfüllung ihrer öffentlichen Aufgaben gebildeten Zusammenschlüsse vertreten lassen.

bb) Unentgeltlich tätige Personen (Abs. 2 Satz 2 Nr. 2)

Voraussetzung für eine Vertretung durch die in Nr. 2 genannten Personen ist zunächst, dass die Vertretung nicht im Zusammenhang mit einer entgeltlichen Tätigkeit steht. Dieses Erfordernis entspricht der Legaldefinition der Unentgeltlichkeit in § 6 RDG. Der Begriff der Unentgeltlichkeit ist eng auszulegen. Unentgeltlichkeit liegt nicht schon dann vor, wenn für die Prozessvertretung kein (gesondertes) Entgelt vereinbart ist[4]. Entgeltlichkeit ist anzunehmen, wenn die Prozessvertretung von einer Gegenleistung (Geldzahlung oder einem anderen Vermögensvorteil) abhängig ist[5]. Allerdings stehen freiwillige Geschenke im Rahmen des Üblichen, wie sie bei der Inanspruchnahme von Rechtsrat im Familien- und Bekanntenkreis weit verbreitet sind, der Unentgeltlichkeit nicht entgegen[6]. Aufwandsentschädigungen stellen ein Entgelt dar, wenn sie die aufgewandte Arbeitszeit honorieren; kein Entgelt stellt jedoch der Auslagenersatz von Schreib- und Portokosten sowie Fahrtkosten im üblichen Rahmen dar[7]. Die Prozessvertretung erfolgt auch entgeltlich, wenn eine Vergütung im Zusammenhang mit anderen beruflichen Tätigkeiten des Bevollmächtigten anfällt oder auch nur anfallen kann[8]. Entsprechendes gilt, wenn die Vertretung im Einzelfall ohne besonderes Entgelt erbracht wird, aber eine Mitgliedschaft in einer Vereinigung voraussetzt[9].

(1) Familienangehörige

Der Begriff der Familienangehörigen umfasst Verlobte, Ehegatten, Lebenspartner, Verwandte und Verschwägerte gerader Linie, Geschwister, Kinder der Geschwister, Ehegatten der Geschwister und Geschwister der Ehegatten, Geschwister der Eltern, Pflegeeltern und Pflegekinder (vgl. § 15 AO und § 11 LPartG).

(2) Volljuristen

Vertretungsbefugt sind die in § 5 Abs. 1 DRiG genannten Personen. Hierbei kommt es nicht darauf an, ob zur Partei familiäre, nachbarschaftliche oder enge persönliche Beziehungen bestehen. Auch ist es unerheblich, ob die Vertretung einmalig oder mehrmalig erfolgt. Eine Einschränkung kann sich aber für Richter nach § 11 Abs. 5 ergeben (vgl. Rz. 56).

(3) Streitgenossen

Erfasst wird die einfache und notwendige Streitgenossenschaft[10]. Durch die Regelung wird die Übernahme der unentgeltlichen Prozessvertretung durch einen Streitgenossen für einen anderen Streitgenossen aufgrund einer entsprechenden Bevollmächtigung ermöglicht, so dass eine Konzentration der Prozessführung

---

1 ErfK/Koch, § 11 ArbGG Rz. 3.
2 AG Nürtingen v. 8.7.2008 – 31 M 1937/08, juris Rz. 11.
3 Vgl. BT-Drs. 16/3655, S. 87.
4 BT-Drs. 16/3655, S. 87.
5 BT-Drs. 16/3655, S. 57.
6 BT-Drs. 16/3655, S. 57.
7 BT-Drs. 16/3655, S. 57.
8 BT-Drs. 16/3655, S. 57.
9 BT-Drs. 16/3655, S. 57.
10 BLAH, § 79 ZPO Rz. 17.

in einer Hand erreicht werden kann[1]. Zu denken ist etwa an die Fälle, in denen Nachbarn oder Anlieger einer Straße auf Kläger- oder Beklagtenseite verbunden sind und die Prozessführung nur einem Streitgenossen übertragen wollen[2].

cc) Durch Verbände und abhängige juristische Personen (Abs. 2 Satz 2 Nr. 3–5)

13 In § 11 Abs. 2 Satz 2 Nr. 3–5 sind die Verbände genannt, deren Vertreter bereits nach § 11 Abs. 1 Satz 2 und 3 ArbGG aF im arbeitsgerichtlichen Verfahren vertretungsbefugt waren. Neu ist, dass nunmehr die Gewerkschaft oder Vereinigung unmittelbar bevollmächtigt wird und nicht mehr deren Vertreter[3]. Vor Gericht handeln die Verbände durch ihre Organe oder mit der Prozessvertretung beauftragten Vertreter (§ 11 Abs. 2 Satz 3). Wie bisher kann ein Verband vor Gericht durch Mitarbeiter handeln, die dazu aufgrund der Satzung des Verbandes oder einer entsprechenden Ermächtigung befugt sind. Eine besondere Qualifikation der Mitarbeiter ist nicht erforderlich[4]. Die in § 11 Abs. 2 Satz 2 Nr. 3–5 vorgenommene Aufzählung der **Verbände** ist abschließend[5]. Demnach sind nur Gewerkschaften, Vereinigungen von ArbGeb, Zusammenschlüssen solcher Verbände und selbständigen Vereinigungen von ArbN mit sozial- oder berufspolitischer Zielsetzung postulationsfähig.

(1) Selbständige Arbeitnehmervereinigungen mit sozial oder berufspolitischer Zwecksetzung (Abs. 2 Satz 2 Nr. 3)

14 Im Verfahren vor den LAG fehlt diesen Vereinigungen die Postulationsfähigkeit[6] (vgl. § 11 Abs. 4 Satz 2). Vereinigungen von ArbN mit sozial- oder berufspolitischer Zielsetzung müssen wie die Gewerkschaften einen freiwilligen Zusammenschluss darstellen und gegnerfrei sein. Daher werden die **ArbN-Kammern im Saarland oder Bremen** nicht von § 11 Abs. 2 Satz 2 Nr. 3 erfasst, da es sich hierbei um Vereinigungen mit Zwangsmitgliedschaft handelt[7]. Zudem ist eine privatrechtliche Organisation erforderlich (zB rechtsfähiger oder nichtrechtsfähiger Verein oder GbR)[8]. Anders als die Gewerkschaften müssen diese Vereinigungen **nicht tariffähig** sein, da sie ansonsten eine Gewerkschaft darstellen würden[9].

15 Obwohl Nr. 3 von ArbN-Vereinigungen spricht und daher in erster Linie ArbN Mitglieder dieser Vereinigungen sind, soll nach weit verbreiteter Meinung in der Lit. die Mitgliedschaft einzelner ArbGeb unbeachtlich sein, sofern diese bei der Vertretung der sozial- oder berufspolitischen Interessen der ArbN keinen wesentlichen Einfluss ausüben können[10]. Verbände, in denen ArbN und ArbGeb in gleicher Weise organisiert sind, werden jedoch vom Wortlaut her nicht von § 11 Abs. 2 Satz 2 Nr. 3 erfasst, so zB **Kriegsopferoder Schwerbehindertenverbände**[11].

16 Eine **sozial- oder berufspolitische Zielsetzung** ist bereits gegeben, wenn der Verband allgemein sozial- oder berufspolitische Ziele im Interesse seiner Mitglieder verfolgt; diese Interessen müssen auch nicht zwingend gegenüber den ArbGeb vertreten werden[12]. Die Vertretung weiterer Ziele ist unschädlich, so dass auch **christliche ArbN-Vereinigungen**, soweit konfessionelle Einflüsse nicht überwiegen, sowie Beamtenvereinigungen, sofern sie die Organisation von ArbN in größerem Umfang zulassen, unter den Geltungsbereich des § 11 Abs. 2 Satz 2 Nr. 3 fallen[13]. Hingegen sind Vereinigungen mit **nur gesellschaftlicher Zielsetzung**, wie etwa Betriebssport- oder Bildungsvereine, oder Verbände mit **primär politischer Ausrichtung** nicht von § 11 Abs. 2 Satz 2 Nr. 3 erfasst[14].

(2) Gewerkschaften und Vereinigungen von Arbeitgebern (Abs. 2 Satz 2 Nr. 4)

17 Zu den Begriffen der **Gewerkschaft, der Vereinigung von ArbGeb** sowie des **Zusammenschlusses solcher Verbände** (sog. Spitzenorganisationen) vgl. oben § 10 Rz. 9 ff. Zu den **Vereinigungen von ArbGeb** iSd.

---

1 Zöller/*Vollkommer*, § 79 ZPO Rz. 7.
2 BT-Drs. 16/3655, S. 88.
3 BT-Drs. 16/3655, S. 93.
4 BT-Drs. 16/3655, S. 93; GMP/*Germelmann*, § 11 Rz. 50; GK-ArbGG/*Bader*, § 11 Rz. 82.
5 GK-ArbGG/*Bader*, § 11 Rz. 81.
6 GMP/*Germelmann*, § 11 Rz. 56.
7 BVerfG v. 18.12.1974 – 1 BvR 439/65, 1 BvR 259/66, BVerfGE 38, 281 (307).
8 GK-ArbGG/*Bader*, § 11 Rz. 84.
9 GWBG/*Waas*, § 11 Rz. 19.
10 GMP/*Germelmann*, § 11 Rz. 52; GK-ArbGG/*Bader*, § 11 Rz. 85.
11 LAG Nds. v. 24.1.1958 – 3 TA 11/58, BB 1958, 596; GK-ArbGG/*Bader*, § 11 Rz. 85.
12 GMP/*Germelmann*, § 11 Rz. 54.
13 GK-ArbGG/*Bader*, § 11 Rz. 86.
14 GWBG/*Waas*, § 11 Rz. 20.

§ 11 Abs. 2 Satz 2 Nr. 4 zählen auch die Innungen[1]. Sie sind nach § 54 Abs. 3 Nr. 1 HWO tariffähig. Die Innungsverbände sind als Zusammenschlüsse von Verbänden nach § 82 Satz 2 Nr. 3 HWO tariffähig. Kreishandwerkerschaften fallen dagegen nicht unter § 11 Abs. 2 Satz 2 Nr. 4, da in § 89 Abs. 1 Nr. 1 HWO nur die § 53 sowie § 55 HWO, nicht aber § 54 HWO für anwendbar erklärt wird[2]. Industrie- und Handelskammern sowie Handwerkskammern (vgl. § 90 Abs. 2 HWO) werden ebenfalls nicht von § 11 Abs. 2 Satz 2 Nr. 4 erfasst, da ihr Zusammenschluss nicht auf Freiwilligkeit beruht[3]. Das ist bei Handwerksinnungen anders. Sie sind freiwillige Zusammenschlüsse selbständiger Handwerker (vgl. § 52 Abs. 1, § 58 Abs. 1 HWO).

(3) Verbandsabhängige juristische Personen (Abs. 2 Satz 2 Nr. 5)

§ 11 Abs. 2 Satz 2 Nr. 5 sieht vor, dass unter bestimmten Voraussetzungen **eine juristische Person** als Prozessvertreter auftreten kann. Die in § 11 Abs. 2 Satz 2 Nr. 3 genannten selbständigen Vereinigungen von ArbN mit sozial- oder berufspolitischer Zielsetzung werden nicht von § 11 Abs. 2 Satz 2 Nr. 5 erfasst. Für eine Vertretung nach § 11 Abs. 2 Satz 2 Nr. 5 ist erforderlich, dass sich alle Gesellschaftsanteile in der Hand einer in § 11 Abs. 2 Satz 2 Nr. 4 genannten Organisation befinden, dass also die juristische Person **wirtschaftlich** völlig von der Organisation **abhängig** ist[4]. Demnach hindert schon die Übertragung eines Gesellschaftsanteiles auf eine dritte Person die Anwendung des § 11 Abs. 2 Satz 2 Nr. 5. 18

Wenn die Vertretung durch eine verbandsabhängige juristische Person und deren Beschäftigte erfolgen soll, ist erforderlich, dass die **Satzung** des Verbandes eine Vertretung durch Angestellte der juristischen Person auch vorsieht. Ausreichend ist aber auch, wenn der Verband durch eine vertretungsberechtigte Person diesen Angestellten eine Vollmacht erteilt[5]. Die juristische Person wiederum muss die Rechtsberatung und Prozessvertretung der Mitglieder der Organisation entsprechend der Satzung als **ausschließliche Aufgabe** durchführen. Der Verband muss auch für die Tätigkeit der Bevollmächtigten die **Haftung** übernehmen. 19

(4) Organe und zur Prozessvertretung beauftragte Vertreter (Abs. 2 Satz 3)

Nach § 11 Abs. 2 Satz 3 handeln Bevollmächtigte, die keine natürlichen Personen sind, durch ihre Organe und mit der Prozessvertretung beauftragten Vertreter. Den zur Prozessvertretung beauftragten Vertretern muss hierbei die Vertretungsbefugnis kraft Satzung oder Vollmacht des Verbandes eingeräumt worden sein. Als Verbandsvertreter können etwa Rechtssekretäre der Gewerkschaften oder Vertreter der ArbGeb-Verbände[6] oder Rechtsreferendare herangezogen werden[7]. 20

Handelt es sich um eine Vertretungsbefugnis kraft **Satzung**, muss die Satzung eine eindeutige Regelung über die Befugnis zur Prozessvertretung enthalten[8]. Dies gilt auch, wenn Vorstandsmitglieder oder Geschäftsführer den Verband vor dem ArbG vertreten können sollen. Es ist nicht zwingend, dass der Prozessvertreter selbst Mitglied des Verbandes bzw. ArbN des Verbandes ist[9]. 21

Bei der Vertretungsbefugnis kraft Vollmacht ist der Begriff der **Vollmacht** nicht identisch mit dem im Recht der Stellvertretung benutzten und in § 166 Abs. 2 Satz 1 BGB genannten[10]. Vielmehr genügt für die Erteilung die bloße **Zuweisung** einer arbeitsrechtlichen Angelegenheit an den Vertreter durch eine ausdrückliche und eindeutige **Willensentschließung des Verbandes**[11]. Sie ist die Beauftragung mit der Prozessführung durch den Verband[12]. Dabei ist eine allgemeine Bevollmächtigung möglich, die die generelle Verpflichtung durch den Verband festlegt, für seine Mitglieder im arbeitsgerichtlichen Verfahren tätig zu 22

---

1 BAG v. 27.1.1961 – 1 AZR 311/59, AP Nr. 26 zu § 11 ArbGG 1953; BAG v. 20.11.1970 – 3 AZR 477/69, AP Nr. 2 zu § 242 BGB – Ruhegehalt – Beamtenversorgung.
2 BAG v. 10.12.1960 – 2 AZR 490/59, AP Nr. 12 zu § 11 ArbGG 1953; BAG v. 27.1.1961 – 1 AZR 311/59, AP Nr. 26 zu § 11 ArbGG 1953.
3 GK-ArbGG/*Bader*, § 11 Rz. 96.
4 GMP/*Germelmann*, § 11 Rz. 74.
5 LAG Schl.-Holst. v. 9.4.1998 – 5 Sa 573/97, BB 1998, 1424.
6 BAG v. 21.11.1985 – 2 AZR 21/85, NZA 1986, 713; GMP/*Germelmann*, § 11 Rz. 85; vgl. *Bauer*, BB 1996, 1283 (1284).
7 BAG v. 10.6.1975 – 1 ABR 140/73, AP Nr. 1 zu § 73 BetrVG 1972; GMP/*Germelmann*, § 11 Rz. 85; GK-ArbGG/*Bader*, § 11 Rz. 82; vgl. *Winterstein*, NZA 1988, 574 (575).
8 GK-ArbGG/*Bader*, § 11 Rz. 82 mwN.
9 GMP/*Germelmann*, § 11 Rz. 81.
10 Allg. Meinung, vgl. GMP/*Germelmann*, § 11 Rz. 83; GWBG/*Waas*, § 11 Rz. 28.
11 BAG v. 22.6.1956 – 1 AZB 8/56, AP Nr. 10 zu § 11 ArbGG 1953.
12 BAG v. 10.6.1975 – 1 ABR 140/73, AP Nr. 1 zu § 73 BetrVG 1972.

werden[1]. Obschon diese generelle Erteilung den Regelfall darstellt, kann der Verband auch für einen Einzelfall einen Vertreter bevollmächtigen[2]. Daneben ist eine beschränkte Vollmacht nur für bestimmte Verfahren oder auch für nur eine Instanz möglich[3]. Dass die Verbandssatzung oder in deren Ausfüllung ergangene Rechtsschutzrichtlinien eine Rechtsschutzgewährung für die konkrete Art des Prozesses vorsehen, kann nicht verlangt werden. Ebenso wenig kommt es auf satzungsmäßige Beschränkungen des Verbandes zur Gewährung von Rechtsschutz für seine Mitglieder an[4]. Neben der Vollmacht ist zusätzlich eine **Prozessvollmacht** nach den allgemeinen zivilprozessrechtlichen Grundsätzen erforderlich (§§ 80 ff. ZPO).

23 Damit der Verbandsvertreter für die jeweilige Partei auftreten darf, muss diese entweder der Verband selbst, ein Zusammenschluss von Verbänden oder ein Mitglied des Verbandes sein[5]. Ein Gewerkschaftssekretär kann daher keinen ArbN vertreten, der nicht Mitglied der Gewerkschaft ist[6]. Der Verbandsvertreter ist folglich vom Eintritt des Vertretenen in den Verband bis zu dessen Austritt postulationsfähig. Es reicht jedoch nicht aus, dass ein ArbGeb nur Gastmitglied eines ArbGebVerbandes ist, ohne dass er wesentliche Mitgliedschaftsrechte besitzt[7].

24 Ist eine Partei **in verschiedenen Verbänden Mitglied** mit vollen Mitgliedschaftsrechten und ist diese doppelte Mitgliedschaft durch die Satzungen zugelassen, so steht der Partei bzgl. der Vertretung durch den jeweiligen Verbandsvertreter ein Wahlrecht zu[8]. Führen mehrere (notwendige oder einfache) **Streitgenossen** einen Prozess vor dem ArbG, so ist eine Vertretung durch einen Verbandsvertreter dann möglich, sofern einer der Streitgenossen in einem Verband organisiert ist. Der Vertreter kann dann alle Streitgenossen zusammen vertreten. So können sich etwa drei Wahlbeteiligte (§ 18 BetrVG) durch einen Gewerkschaftssekretär vertreten lassen, wenn auch nur einer von ihnen der betreffenden Gewerkschaft angehört[9].

25 Der Verbandsvertreter besitzt nicht die Stellung eines Rechtsanwalts. Für ihn gilt das anwaltliche Standesrecht nicht. Allerdings hat der Gesetzgeber den „Verbänden bzw. ihren Vertretern eine den Anwälten ähnliche Rechtsstellung zugestanden und dadurch eingeräumt, dass sie zu einer interessen- und sachgerechten Vertretung ihrer Mitglieder in der Lage sind. Dabei ging der Gesetzgeber davon aus, dass die Verbände in ihrem eigenen Interesse und im Interesse ihrer Mitglieder die Vertretung vor den ArbG durch besonders rechtskundige Personen vornehmen lassen. Dies hat sich in der Praxis bestätigt[10]."

26 Da der Verbandsvertreter vom Eintritt des Vertretenen in den Verband bis zu dessen Austritt postulationsfähig ist, sind alle Prozesshandlungen, die von ihm vor dem Beitritt des Vertretenen vorgenommen wurden, unwirksam, können von Letzterem aber nach dessen Eintritt genehmigt werden[11]. Tritt der Vertretene aus dem Verband aus, so bleiben die vom Vertreter getroffenen Maßnahmen wirksam[12]. Ist die Partei nicht ordnungsgem. vertreten worden, so liegen die Voraussetzungen eines **absoluten Revisionsgrundes** gem. § 547 Nr. 4 ZPO vor[13].

27 In der **mündlichen Verhandlung** ist der Verbandsvertreter einem Rechtsanwalt grds. gleichgestellt. Somit kann ihm zB der weitere Vortrag nicht deswegen untersagt werden, weil ihm die Fähigkeit zum geeigneten Vortrag fehlt, vgl. § 11 Abs. 3 Satz 3. Gemäß § 397 Abs. 2 ZPO kann der Prozessvertreter ferner auf Verlangen an Zeugen unmittelbare Fragen im Rahmen der Beweisaufnahme stellen; Gleiches gilt beim Sachverständigenbeweis und bei der Parteivernehmung, §§ 402, 451 ZPO[14]. Eine Missachtung dieses Rechtes kann nach § 355 Abs. 2 ZPO nur zusammen mit der Endentscheidung angefochten werden[15].

28 Schließlich sind Verbandsvertreter befugt, die Zustimmungserklärung zur Sprungrevision nach § 76 Abs. 1 gegenüber dem ArbG abzugeben[16]. Sie besitzen wie die Rechtsanwälte ein **Zeugnisverweigerungsrecht**

---

1 BAG v. 10.6.1975 – 1 ABR 140/73, AP Nr. 1 zu § 73 BetrVG 1972.
2 BAG v. 22.6.1956 – 1 AZB 8/56, AP Nr. 10 zu § 11 ArbGG 1953.
3 BAG v. 29.4.1983 – 7 AZR 148/81, AP Nr. 2 zu § 9 ArbGG 1979.
4 Vgl. BAG v. 28.4.2004 – 10 AZR 469/03, BAGE 110, 245 (250 f.) sowie BAG v. 6.9.2006 – 5 AZR 684/05, juris Rz. 15.
5 Vgl. BAG v. 16.11.1989 – 8 AZR 368/88, AP Nr. 11 zu § 11 ArbGG 1979 – Prozessvertreter.
6 BAG v. 16.5.1975 – 2 AZR 147/74, BAGE 27, 147.
7 BAG v. 20.2.1986 – 6 AZR 236/84, AP Nr. 8 zu § 11 ArbGG 1979 – Prozessvertreter.
8 GMP/*Germelmann*, § 11 Rz. 72.
9 Vgl. BAG v. 8.12.1970 – 1 ABR 20/70, AP Nr. 21 zu § 76 BetrVG.
10 BAG v. 13.10.1982 – 5 AZR 65/81, BAGE 40, 228 (232).
11 GK-ArbGG/*Bader*, § 11 Rz. 99.
12 GK-ArbGG/*Bader*, § 11 Rz. 99.
13 Vgl. BAG v. 16.5.1975 – 2 AZR 147/74, AP Nr. 35 zu § 11 ArbGG 1953.
14 Vgl. GWBG/*Waas*, § 11 Rz. 29.
15 GMP/*Germelmann*, § 11 Rz. 92.
16 BAG v. 13.10.1982 – 5 AZR 65/81, BAGE 40, 228.

gem. § 383 Abs. 1 Nr. 6 ZPO, sofern sie als Zeugen befragt werden. Ebenso ist das Verschulden des Vertreters dem Verschulden der Partei gem. § 85 Abs. 2 ZPO gleichzustellen[1]. Wichtig wird dies zB bei der rechtzeitigen Erhebung einer Kündigungsschutzklage gem. § 4 Satz 1 KSchG[2].

Hingegen greifen §§ 177, 178 GVG bei Verbandsvertretern nicht, womit weder **Ordnungsmittel** wegen ungebührlichem Verhalten, noch Maßnahmen zur Aufrechterhaltung der Ordnung verhängt werden können[3]. Hinsichtlich der **Zustellung von Urteilen** gilt gem. § 50 Abs. 2, dass die §§ 174, 178 Abs. 1 Nr. 2 ZPO auf die nach § 11 zur Prozessvertretung zugelassenen Personen entsprechend anzuwenden sind. 29

Soweit es um die vertragliche **Haftung** eines Verbandsvertreters gegenüber dem Mitglied einer Einzelgewerkschaft geht, ist eine solche regelmäßig zu verneinen. Weil ein Rechtsberatungsvertrag nur zwischen dem Verband selbst und dem Mitglied, aber nicht mit dem Verbandsvertreter iSv. § 11 zustande kommt, haftet der Verbandsvertreter grds. nicht persönlich für Fehler[4]. In den meisten Fällen fehlt es bereits an einem nach außen hervortretenden Willen des Rechtsuchenden, mit dem Verbandsvertreter persönlich einen Vertrag zu schließen. Regelmäßig möchte dieser nämlich nur Leistungen in Anspruch nehmen, auf die er nach der Satzung seiner Gewerkschaft einen Anspruch hat[5]. 30

c) Durch Beistände in der Verhandlung (Abs. 6)

§ 11 Abs. 6 regelt, unter welchen Voraussetzungen sich die Partei eines Beistandes bedienen darf, welche Anforderungen an seine Person zu stellen sind und welche prozessuale Stellung ihm zukommt. Unter einem **Beistand** versteht man denjenigen, der in der mündlichen Verhandlung neben der anwesenden Partei auftritt, um sie durch Ausführung der Parteirechte zu unterstützen. Nach überwiegender Auffassung zum alten Recht[6] konnte der Beistand nur im Parteiprozess die Parteirechte in der Verhandlung ausführen. Nach der nunmehr geltenden Regelung kann ein Beistand auch im Anwaltsprozess auftreten, seine Befugnisse bleiben aber auf die Rechte beschränkt, die auch der erschienen Partei zustehen[7]. 31

aa) Auftreten als Beistand (Abs. 6 Satz 1–4)

(1) Zur Vertretung in der Verhandlung befugt

Grundsätzlich sollen als Beistände nur Personen auftreten dürfen, die im Parteiprozess Vertreter sein können, gem. § 11 Abs. 2. In eng umgrenzten Ausnahmefällen kann das Gericht andere Personen als Beistand in der Verhandlung zulassen, nämlich wenn dies sachdienlich ist und hierfür nach den Umständen des Einzelfalls ein Bedürfnis besteht. Dies ist etwa dann der Fall, wenn der Beistand, ohne zu den nach § 11 Abs. 2 Satz 2 Nr. 2 vertretungsbefugten Familienangehörigen zu gehören, aufgrund eines besonderen Näheverhältnisses zu der Partei deren Vertrauen genießt[8]. Allein das Vorliegen besonderer juristischer Kenntnisse in der Person des Beistands genügt demgegenüber für eine Zulassung nicht, da die Partei sich hierfür auch eines Rechtsanwalts bedienen kann[9]. Stets zugelassen sind Personen oder Vereinigungen, die aufgrund spezialgesetzlicher Regelungen befugt sind, Parteien als Beistand in der Verhandlung zu begleiten. Dies betrifft etwa die in § 23 AGG genannten Antidiskriminierungsverbände[10]. 32

(2) Anwesenheit der Partei

Der Gesetzeswortlaut, nach dem die Partei mit dem Beistand erscheinen kann, lässt eindeutig erkennen, dass ein Beistandleisten allein in der mündlichen Verhandlung und nur in Anwesenheit der Partei möglich ist. Der gesetzliche Vertreter steht der Partei allerdings gleich[11]. Außer den Parteien können sich auch an- 33

---

1 BAG v. 28.5.2009 – 2 AZR 548/08, NZA 2009, 1052 Rz. 13 ff. zum Klageauftrag an eine Fachgewerkschaft; GWBG/*Waas*, § 11 Rz. 29 mwN.
2 LAG Rh.-Pf. v. 10.2.1982 – 1 Ta 149/81, EzA § 5 KSchG Nr. 15; LAG Berlin v. 28.8.1978 – 9 Ta 7/78, BB 1979, 167; GMP/*Germelmann*, § 11 Rz. 94.
3 GMP/*Germelmann*, § 11 Rz. 93.
4 OLG Düsseldorf v. 2.2.2004 – 24 U 171/03, MDR 2004, 998; OLG Düsseldorf v. 22.9.2005 – I-23 U 171/03, AuR 2005, 466; OLG Düsseldorf v. 7.11.2011 – 24 U 79/11, juris Rz. 4.
5 OLG Düsseldorf v. 22.9.2005 – I-23 U 171/03, AuR 2005, 466; OLG Düsseldorf v. 7.11.2011 – 24 U 79/11, juris Rz. 4.
6 Vgl. Musielak/Voit/*Weth*, 6. Aufl. 2008, § 90 ZPO Rz. 2.
7 BT-Drs. 16/3655, S. 91.
8 BT-Drs. 16/3655, S. 91.
9 BT-Drs. 16/3655, S. 91.
10 BT-Drs. 16/3655, S. 91.
11 Musielak/Voit/*Weth*, § 90 ZPO Rz. 3; Stein/Jonas/*Jacoby*, § 90 ZPO Rz. 3; BLAH, § 90 ZPO Rz. 3.

dere im eigenen Namen handelnde Verfahrensbeteiligte, wie zB der Nebenintervenient, eines Beistandes bedienen[1]. Auch in diesem Fall ist das Auftreten des Beistandes an deren Anwesenheit geknüpft.

(3) Prozessfähige Person

34 § 11 Abs. 6 setzt die Prozessfähigkeit des Beistandes voraus. Sie ist erforderlich, da der Beistand Prozesshandlungen vornehmen soll[2].

(4) Zurückweisung des Beistandes

35 Durch die Anwendbarkeit von § 11 Abs. 3 Satz 1 und 3 ist gewährleistet, dass das Gericht durch Beschluss sowohl Personen zurückweisen kann, die es nicht zugelassen hat und die auch nicht zum Kreis der nach § 11 Abs. 2 Satz 2 Vertretungsbefugten gehören, als auch Beiständen, die zu sachgemäßem Vortrag nicht in der Lage sind, den weiteren Vortrag untersagen kann. Diese Beschlüsse sind ebenso wenig anfechtbar wie die Zurückweisung eines auf Zulassung eines Beistands gerichteten Antrags. Einer Verweisung auf § 11 Abs. 3 Satz 2 bedarf es nicht, da der Beistand niemals selbst Prozesshandlungen vornimmt, sondern diese stets der notwendig mit erschienenen Partei zuzurechnen sind[3].

bb) Stellung des Beistandes (Abs. 6 Satz 5)

36 Der Beistand ist **nicht Prozessbevollmächtigter** der Partei[4]. Anders als der Stellvertreter wird er nicht anstelle der Partei, sondern neben ihr (oder ihrem gesetzlichen Vertreter) tätig;[5] er bedarf daher auch keiner Vollmacht[6]. Seine Legitimation ergibt sich daraus, dass die Partei ihn im Prozess mitbringt und für sich vortragen lässt[7]. Eine gerichtliche Beiordnung erfolgt nicht. Da die Rechtsposition des Beistandes an die Anwesenheit der Partei gebunden ist, endet sie, wenn sich die Partei aus dem Saal entfernt[8]. Der Beistand darf mit Wirkung für die Partei **alle Prozesshandlungen** vornehmen, zu denen die mündliche Verhandlung Anlass bietet[9]. Das von ihm Vorgetragene **gilt als Vortrag der Partei**, soweit es von dieser nicht sofort widerrufen oder berichtigt wird. Das Widerrufsrecht des § 11 Abs. 6 Satz 5 ist nicht auf tatsächliche Erklärungen beschränkt, sondern bezieht sich zB auch auf Anträge sowie auf Anerkenntnis- und Verzichtserklärungen[10]. Widerspricht die Partei nicht, dann eignet sie sich den Vortrag des Beistandes stillschweigend an. Daher muss in Bezug auf Irrtums- und Verschuldensprobleme allein auf ihre Person abgestellt werden[11]. Da sich die Rechtsstellung des Beistandes nur auf die mündliche Verhandlung erstreckt, haben **Zustellungen** nicht an ihn, sondern an die Partei zu erfolgen[12].

2. Im Beschlussverfahren

37 § 11 gilt auch im Beschlussverfahren (vgl. § 80 Abs. 2). Soweit der **BR** am Verfahren beteiligt ist, wird er – soweit vorhanden – durch seinen Vorsitzenden vertreten. Anderenfalls liegt Gesamtvertretung vor (vgl. dazu näher § 10 Rz. 40 ff.). Will der BR sich nicht selbst vertreten, kann er einen Verbandsvertreter oder auch einen Rechtsanwalt beauftragen, wobei sich die Kostenerstattung bei Letzterem nach § 40 BetrVG richtet[13].

38 Macht die **Jugendvertretung** eigene Rechte gegenüber dem BR geltend, wird die betriebsverfassungsrechtliche Stelle durch den Vorsitzenden der Jugendvertretung im Prozess vertreten. In allen übrigen Fällen wird die Jugendvertretung gemeinsam vom Vorsitzenden der Jugendvertretung und des BR vertreten[14].

---

1 Musielak/Voit/*Weth*, § 90 ZPO Rz. 3; Stein/Jonas/*Jacoby*, § 90 ZPO Rz. 3.
2 Musielak/Voit/*Weth*, § 90 ZPO Rz. 4; Wieczorek/*Smid/Hartmann*, § 90 ZPO Rz. 1.
3 BT-Drs. 16/3655, S. 91.
4 Musielak/Voit/*Weth*, § 90 ZPO Rz. 5; Zöller/*Vollkommer*, § 90 ZPO Rz. 1 f.
5 Musielak/Voit/*Weth*, § 90 ZPO Rz. 5.
6 Musielak/Voit/*Weth*, § 90 ZPO Rz. 5.
7 Musielak/Voit/*Weth*, § 90 ZPO Rz. 5.
8 Musielak/Voit/*Weth*, § 90 ZPO Rz. 5.
9 Musielak/Voit/*Weth*, § 90 ZPO Rz. 5.
10 Musielak/Voit/*Weth*, § 90 ZPO Rz. 5.
11 Musielak/Voit/*Weth*, § 90 ZPO Rz. 5.
12 Musielak/Voit/*Weth*, § 90 ZPO Rz. 5.
13 Vgl. dazu BAG v. 3.10.1978 – 6 ABR 102/76, AP Nr. 14 zu § 40 BetrVG 1972; BAG v. 4.12.1979 – 6 ABR 37/76, AP Nr. 18 zu § 40 BetrVG 1972.
14 *Weth*, Das arbeitsgerichtliche Beschlussverfahren, S. 160; vgl. dazu auch BAG v. 20.2.1986 – 6 ABR 25/85, AP Nr. 1 zu § 63 BetrVG 1972.

Im Beschlussverfahren gilt ebenso wie im Urteilsverfahren, dass der Verbandsvertreter nur postulationsfähig ist, wenn der Zusammenschluss, der Verband oder deren Mitglieder Partei sind. Nach hM genügt es bei betriebsverfassungsrechtlichen Stellen, wenn ein Mitglied des betriebsverfassungsrechtlichen Organs Mitglied des Verbandes ist, da Betriebsverfassungsorgane als solche nicht Mitglied einer Gewerkschaft sein können[1]. Die weiter gehende Ansicht, dass es genügen soll, dass die Gewerkschaft überhaupt im Betrieb vertreten ist[2], ist abzulehnen.   39

3. Zurückweisung von Prozessvertretern (Abs. 3)

Mit der Vorschrift wird das zuvor gesetzlich nicht geregelte Verfahren zum Ausschluss sowohl nicht zur Vertretung befugter als auch ungeeigneter Prozessvertreter erstmals festgelegt[3]. Für Beistände gilt § 11 Abs. 3 Satz 1 und 3 gem. § 11 Abs. 6 Satz 3 entsprechend.   40

a) Zurückweisung von nach Abs. 2 nicht befugten Bevollmächtigten (Abs. 3 Satz 1–2)

Das Gericht hat die Vertretungsbefugnis als Voraussetzung der Postulationsfähigkeit von Amts wegen zu prüfen und bei Zweifeln auf eine Klärung im Freibeweisverfahren hinzuwirken[4]. Liegen die Voraussetzungen des § 11 Abs. 2 nicht vor, muss ein konstitutiv wirkender Zurückweisungsbeschluss ausgesprochen werden. Ein Ermessen besteht im Gegensatz zu nach § 11 Abs. 3 Satz 3 ungeeigneten Bevollmächtigten nicht[5]. Der Beschluss muss den Anforderungen des § 329 ZPO entsprechen. Da der Beschluss unanfechtbar ist, muss er gem. § 329 ZPO nicht begründet werden[6].   41

Nach § 11 Abs. 3 Satz 2 entfaltet ein Zurückweisungsbeschluss nur Wirkung ex nunc. Dies dient der Rechtssicherheit und soll verhindern, dass eine Berufung auf die in der ersten Instanz nicht erkannte fehlende Vertretungsbefugnis gestützt werden kann[7]. Maßgeblicher Zeitpunkt ist der Erlass des Beschlusses[8]. Der Zurückweisungsbeschluss hat zur Folge, dass alle Prozesshandlungen des Bevollmächtigten und Zustellungen oder Mitteilungen an den Bevollmächtigten **bis zum Erlass** des Zurückweisungsbeschlusses wirksam sind. **Ab Erlass** des Zurückweisungsbeschlusses hat das Gericht jedoch alle Zustellungen an die Partei selbst oder einen neuen Prozessbevollmächtigten zu richten; der zurückgewiesene Bevollmächtigte kann keine wirksamen Prozesshandlungen mehr vornehmen[9].   42

b) Zurückweisung ungeeigneter Prozessvertreter (Abs. 3 Satz 3)

Die Regelung des § 11 Abs. 3 Satz 3 erfasst nur die in § 11 Abs. 2 Satz 2 Nr. 1–3 genannten Personen. Nicht von der Zurückweisungsmöglichkeit des § 11 Abs. 3 Satz 3 erfasst sind neben den Rechtsanwälten auch die Organisationen, denen die Befugnis zur Vertretung vor dem LAG zusteht (§ 11 Abs. 4 Satz 2). Sind nach § 11 Abs. 2 Satz 2 Nr. 1–3 grds. vertretungsbefugte Bevollmächtigte nicht in der Lage, das Sach- und Streitverhältnis sachgerecht darzustellen, kann das Gericht sie zurückweisen. Die Regelung des § 11 Abs. 3 Satz 3 ist an § 157 Abs. 2 ZPO aF angelehnt, erstreckt sich jedoch auf die gesamte Prozessvertretung[10]. Die Vorschrift eröffnet also ein pflichtgemäßes Ermessen[11], bei dessen Ausübung insbesondere die für den Prozess und die vertretene Partei mit einer unsachgemäßen Vertretung verbundenen Nachteile gegen das Interesse der vertretenen Partei, den Prozess mit dem von ihr benannten Bevollmächtigten fortzusetzen, gegeneinander abzuwägen sind[12]. Eine Zurückweisung des Bevollmächtigten ist möglich, wenn dieser nicht in der Lage ist das Sach- und Streitverhältnis sachgerecht darzustellen, also nicht zu einem geeigneten schriftlichen oder mündlichen Vortrag befähigt ist. Dies ist nicht nur bei geistigen oder körperlichen Mängeln denkbar, sondern auch wenn der Bevollmächtigte die Rechte seines Auftraggebers aus einem anderen Grund auf unabsehbare Zeit nicht wahrnehmen kann[13]. Von einer Unfähigkeit zur sachgerechten Darstellung ist auch auszugehen, wenn der Vortrag mit schwerwiegenden Mängeln behaftet ist oder die Verhand-   43

---

1 BAG v. 3.12.1954 – 1 AZR 381/54, BAGE 1, 196 (201); GMP/*Germelmann*, § 11 Rz. 95; GK-ArbGG/*Bader*, § 11 Rz. 132.
2 So noch *Grunsky*, ArbGG, 7. Aufl. 1995, § 11 Rz. 15.
3 *Sabel*, AnwBl 2008, 390 (393).
4 BT-Drucks. 16/3655, S. 89; Zöller/*Vollkommer*, § 79 ZPO Rz. 11.
5 BLAH, § 79 ZPO Rz. 25.
6 Zu den Ausnahmen vgl. Musielak/*Musielak*, ZPO, § 329 Rz. 5.
7 BT-Drs. 16/3655, S. 89.
8 BT-Drs. 16/3655, S. 89.
9 BT-Drs. 16/3655, S. 89.
10 BT-Drs. 16/3655, S. 89.
11 BLAH, § 79 ZPO Rz. 29.
12 *Sabel*, AnwBl 2008, 390 (393).
13 BFH 1985, 474 zu § 62 Abs. 2 FGO.

lung in hohem Maße gestört wird. Dies ist etwa bei Angetrunkenheit, lautem Schreien oder ungenügender Selbstbeherrschung bspw. bei dauerhaftem Reden trotz Wortentzugs der Fall[1]. Ist der Vortrag des Bevollmächtigten lediglich unbeholfen, so reicht das nicht aus, den Vortrag zurückzuweisen[2]. Es bestünde sonst die Gefahr einer Verletzung des rechtlichen Gehörs (Art. 103 Abs. 1 GG)[3]. Bei mangelnder Kenntnis der deutschen Sprache ist ein Dolmetscher zuzuziehen (§ 185 Abs. 1 Satz 1 GVG).

44 Sind die in § 11 Abs. 2 Satz 2 Nr. 1–3 bezeichneten Bevollmächtigten nicht in der Lage das Sach- und Streitverhältnis sachgerecht darzustellen, so kann ihnen das Gericht die weitere Vertretung durch unanfechtbaren Beschluss untersagen. In einem solchen Falle endet die Postulationsfähigkeit des Bevollmächtigten ab Wirksamkeit des Zurückweisungsbeschlusses[4]. Dies führt dazu, dass die Partei den Prozess fortan selbst führen oder einen neuen Prozessbevollmächtigten nach § 11 Abs. 2 bestellen muss[5].

c) Rechtsmittel

45 Grundsätzlich ist weder der Zurückweisungsbeschluss nach § 11 Abs. 3 Satz 1 noch der im Ermessen des Gerichts stehende Beschluss nach § 11 Abs. 3 Satz 3 anfechtbar.

IV. Prozessvertretung in der 2. Instanz (Abs. 4)

1. Im Urteilsverfahren

46 Vor den LAG besteht im Urteilsverfahren **Vertretungszwang**, § 11 Abs. 4 (zur Ausnahme s. Rz. 49). Postulationsfähig sind Rechtsanwälte (auch Rechtsanwaltsgesellschaften) und die in § 11 Abs. 2 Satz 2 Nr. 4 und 5 bezeichneten Organisationen. Dagegen fehlt ein Verweis auf die Vorschrift des § 11 Abs. 2 Satz 2 Nr. 3. Selbständige Vereinigungen von ArbN mit sozial- oder berufspolitischer Zwecksetzung sind daher im Verfahren vor den LAG nicht postulationsfähig[6]. Die Partei kann frei wählen, ob sie sich durch einen Rechtsanwalt oder eine in § 11 Abs. 2 Satz 2 Nr. 4 und 5 genannte Organisation vertreten lässt.

47 Ein Syndikus-Anwalt ist vertretungsbefugt, er darf allerdings nicht für seinen ArbGeb vor Gericht als Rechtsanwalt tätig werden (§ 46 Abs. 1 BRAO; vgl. dazu § 64 Rz. 116).

48 Die Partei selbst kann grds. keine Prozesshandlungen (weder im mündlichen Verfahren noch durch Schriftsätze) vornehmen und in der mündlichen Verhandlung nur durch ihren Prozessvertreter entgegennehmen. Eine Partei, die vor der Berufungsinstanz ohne postulationsfähigen Prozessvertreter erscheint, wird als säumig behandelt. Die Partei selbst kann auch keinen Prozessvergleich schließen[7]. Sie kann jedoch einen privatschriftlichen Vergleich mit dem Prozessgegner abschließen, der dem Gericht gegenüber mitgeteilt wird und damit zur Prozessbeendigung führen kann[8]. Umstritten ist die Frage, ob beim Beitritt eines Dritten zum Prozessvergleich Vertretungszwang herrscht[9]. Das BAG hat dies zu Recht bejaht.

49 **Nicht vom Vertretungszwang erfasst** sind Verfahren vor einem beauftragten oder ersuchten Richter und Prozesshandlungen, die vor dem Urkundsbeamten der Geschäftsstelle vorgenommen werden können (§ 11 Abs. 4 Satz 1). Daher ist zB anerkannt, dass die Partei in der 2. Instanz selbst Einspruch gegen ein Versäumnisurteil einlegen kann (§ 64 Abs. 7 iVm. § 59)[10].

50 Für die **Einlegung der Beschwerde** gegen Entscheidungen der ArbG sowie für deren Rücknahme gilt ebenfalls **kein Vertretungszwang**[11]. Dies ergibt sich aus § 78, welcher auf die Vorschriften der ZPO über die Beschwerde gegen Entscheidungen der AG verweist. § 569 Abs. 3 Nr. 1 ZPO lässt die Erklärung zu Protokoll der Geschäftsstelle ausreichen. Die Beschwerdeschrift muss jedoch den Anforderungen des § 569 Abs. 2 ZPO entsprechen. Die Partei ist allerdings nur für die jeweilige Prozesshandlung vom Prinzip des

---

1 Vgl. Musielak/*Stadler*, 6. Aufl. 2008, § 157 ZPO Rz. 6.
2 Vgl. BLAH, § 79 ZPO Rz. 28.
3 Musielak/*Stadler*, 6. Aufl. 2008, § 157 ZPO Rz. 6.
4 Zöller/*Vollkommer*, § 79 ZPO Rz. 11.
5 Thomas/Putzo/*Hüßtege*, § 79 ZPO Rz. 21.
6 LAG Hamm v. 15.5.1997 – 16 Sa 1235/96, NZA 1998, 502.
7 Dazu ausführlich GK-ArbGG/*Bader*, § 11 Rz. 115.
8 BAG v. 28.3.1963 – 2 AZR 379/62, NJW 1963, 1469.
9 Dafür: BAG v. 21.12.1972 – 5 AZR 324/72, NJW 1973, 918; GK-ArbGG/*Bader*, § 11 Rz. 115; *Bergerfurth*, JR 1983, 371 f.; dagegen: BGH v. 16.12.1982 – VII ZR 55/82, NJW 1983, 1433.
10 BAG, Großer Senat v. 10.7.1957 – GS 1/57, 1 AZR 434/55, BAGE 4, 207 = AP Nr. 5 zu § 64 ArbGG 1953 mit Anm. *Nikisch*; vgl. aber für die 3. Instanz unten.
11 Vgl. dazu GK-ArbGG/*Bader*, § 11 Rz. 117.

Vertretungszwangs befreit; in einem sich daran anschließenden Verfahren unterliegt sie dagegen dem Vertretungszwang (vgl. zu den Einzelheiten § 78 Rz. 32).

2. Im Beschlussverfahren

Gegen die das Verfahren beendenden Beschlüsse der ArbG findet die Beschwerde an das LAG statt, § 87 Abs. 1. § 11 Abs. 4, der den Vertretungszwang enthält, ist nicht auf das Beschlussverfahren anzuwenden. Das ergibt sich aus § 87 Abs. 2 Satz 2. Danach gilt für die Vertretung im Beschwerdeverfahren § 11 Abs. 1 bis 3 und 5. Die Partei kann sich also selbst vertreten oder durch eine nach § 11 Abs. 2 postulationsfähige Person **vertreten lassen**. Nach § 89 Abs. 1 gilt für die Einlegung und Begründung der Beschwerde § 11 Abs. 4 und 5 entsprechend. Deswegen muss sowohl die Beschwerdeschrift als auch die Beschwerdebegründung von einem Bevollmächtigten nach § 11 Abs. 4 unterzeichnet sein[1].

V. Prozessvertretung in der 3. Instanz (Abs. 4)

1. Im Urteilsverfahren

Im Urteilsverfahren vor dem BAG sind nur Rechtsanwälte und die in § 11 Abs. 2 Satz 2 Nr. 4 und 5 bezeichneten Organisationen postulationsfähig, § 11 Abs. 4. Allerdings müssen die in § 11 Abs. 2 Satz 2 Nr. 4 und 5 bezeichneten Organisationen in Verfahren vor dem BAG durch Personen mit Befähigung zum Richteramt handeln, § 11 Abs. 4 Satz 3. Die Notwendigkeit der Vertretung erfasst neben der Revisionseinlegung und -begründung auch die Nichtzulassungsbeschwerde[2]. Zur Vertretung ist jeder bei einem deutschen Gericht zugelassene Rechtsanwalt berechtigt[3]. Auch beim BGH zugelassene Rechtsanwälte können vor dem BAG auftreten, § 172 Abs. 1 BRAO. Hinsichtlich der Reisekosten für Rechtsanwälte, die nicht am Sitz des BAG ansässig oder wohnhaft sind, gilt, dass es einer Partei grds. nicht zuzumuten ist, für die Revisionsinstanz aus Kostenersparnisgründen einen in Erfurt ansässigen Rechtsanwalt zu beauftragen[4].

Ausnahmen vom Vertretungszwang gelten für Verfahren vor einem beauftragten oder ersuchten Richter und Prozesshandlungen, die vor dem Urkundsbeamten der Geschäftsstelle vorgenommen werden können, § 11 Abs. 4 Satz 1 (vgl. dazu Rz. 49). Der Einspruch gegen ein Versäumnisurteil des BAG kann nicht durch die Partei selbst eingelegt werden, da dieser nicht zur Niederschrift der Geschäftsstelle gegeben werden kann[5]. § 59 Satz 2 ist nicht für die Revisionsinstanz anwendbar, da § 72 Abs. 6 nicht auf ihn Bezug nimmt.

2. Im Beschlussverfahren

Gegen den das Verfahren beendenden Beschluss eines LAG findet die Rechtsbeschwerde an das BAG statt, wenn sie im Beschluss des LAG zugelassen worden ist oder im Beschluss des BAG nach § 92a Satz 2 zugelassen wird (§ 92 Abs. 1 Satz 1).

Im Rechtsbeschwerdeverfahren vor dem BAG kann sich die Partei selbst vertreten oder durch einen Bevollmächtigten vertreten lassen, § 92 Abs. 2 Satz 2 iVm. § 11 Abs. 1 und 2, da § 92 Abs. 2 Satz 2 nicht auf § 11 Abs. 4 verweist[6]. Auch eine Prozessvertretung durch Verbände oder Verbände mit sozial- oder berufspolitischer Zwecksetzung ist daher möglich[7]. Die Rechtsbeschwerdeschrift und die Rechtsbeschwerdebegründung müssen jedoch von einem Rechtsanwalt oder einem sonstigen Bevollmächtigten nach § 11 Abs. 4 unterzeichnet sein, § 94 Abs. 1[8]. Für die Nichtzulassungsbeschwerde gilt § 92a, der auf § 72a Abs. 2 bis 7 verweist. Damit gelten für die Nichtzulassungsbeschwerde im Beschlussverfahren dieselben Regelungen, wie für die Nichtzulassungsbeschwerde im Urteilsverfahren. Dazu gehört auch der Vertretungszwang bei Einlegung und Begründung der Nichtzulassungsbeschwerde. Im Übrigen besteht kein Vertretungszwang (s. § 92a Rz. 8)[9].

---

1 BVerwG v. 4.8.2010 – 6 P 12/09, NZA-RR 2010, 672, Rz. 10.
2 BAG v. 18.8.2015 – 7 ABN 32/15, BAGE 152, 209 (210); BAG v. 20.9.2011 – 9 AZN 582/11, NZA 2012, 175, Rz. 5.
3 BAG v. 23.2.2005 – 4 AZR 139/04, NZA 2005, 1193 (1195).
4 Vgl. BAG v. 12.10.1962 – 5 AZR 268/60, BAGE 13, 257.
5 BAG v. 4.5.1956 – 1 AZR 284/55, AP Nr. 44 zu § 72 ArbGG 1953.
6 BAG v. 18.8.2015 – 7 ABN 32/15, BAGE 152, 209 (210).
7 Vgl. BAG v. 20.3.1990 – 1 ABR 20/89, BAGE 64, 254.
8 BAG v. 18.8.2015 – 7 ABN 32/15, BAGE 152, 209 (210).
9 GK-ArbGG/*Mikosch*, § 92a Rz. 13; unklar insoweit das BAG v. 18.8.2015 – 7 ABN 32/15, BAGE 152, 209 (210).

VI. Richter als Bevollmächtigte (Abs. 5)

56 Abs. 5 ordnet eine Trennung von Richtertätigkeit und Prozessvertretung an[1]. Nach § 11 Abs. 5 Satz 1 ist es Berufsrichtern untersagt in Verfahren vor dem Gericht, dem sie angehören, als Bevollmächtigte aufzutreten. Zu Recht hat *Vollkommer* darauf hingewiesen, dass trotz des ungenauen Wortlautes der Vertretungsausschluss für das gesamte Verfahren und nicht nur für das Auftreten in der mündlichen Verhandlung gilt[2]. Könnte der Richter zum Gericht, dem er angehört, Schriftsätze einreichen, würde das dem Sinn und Zweck des § 11 Abs. 5, den Anschein von Voreingenommenheit des Gerichts zu vermeiden und Interessenkollisionen von vorneherein auszuschließen[3], zuwiderlaufen. Der Vertretungsausschluss betrifft sämtliche Verfahren vor dem Gericht, dem der Richter durch Geschäftsverteilung zugewiesen ist[4]. Für ehrenamtliche Richter beschränkt § 11 Abs. 5 Satz 2 das Vertretungsverbot auf den Spruchkörper, dem der ehrenamtliche Richter angehört. Nach § 11 Abs. 5 Satz 3 iVm. Abs. 3 Satz 1 und 2 ist der von der Vertretung ausgeschlossene Richter als Vertreter zurückzuweisen; allerdings sind die von ihm davor vorgenommenen Prozesshandlungen wirksam.

§ 11a Beiordnung eines Rechtsanwalts, Prozesskostenhilfe

(1) Die Vorschriften der Zivilprozessordnung über die Prozesskostenhilfe und über die grenzüberschreitende Prozesskostenhilfe innerhalb der Europäischen Union nach der Richtlinie 2003/8/EG gelten in Verfahren vor den Gerichten in Arbeitssachen entsprechend.

(2) Das Bundesministerium für Arbeit und Soziales wird ermächtigt, zur Vereinfachung und Vereinheitlichung des Verfahrens durch Rechtsverordnung mit Zustimmung des Bundesrates Formulare für die Erklärung der Partei über ihre persönlichen und wirtschaftlichen Verhältnisse (§ 117 Abs. 2 der Zivilprozessordnung) einzuführen.

I. Allgemeines 1	d) Keine Mutwilligkeit der Rechtsverfolgung . . 93
II. Prozesskostenhilfe	e) Erforderlichkeit der Beiordnung eines
1. Verfahrensarten 6	Rechtsanwalts 100
2. Berechtigte 12	4. Bewilligungsverfahren 109
3. Voraussetzungen 17	a) Zuständigkeit 109
a) Antrag 18	b) Rechtliches Gehör 111
aa) Inhalt, Form und Zeitpunkt 19	c) Entscheidung 114
bb) Abgabe einer Erklärung über die persönlichen und wirtschaftlichen Verhältnisse 30	d) Rechtsfolgen 122
	e) Rechtsmittel 130
b) Persönliche und wirtschaftliche Verhältnisse der Partei 40	f) Nachträgliche Abänderung 141
	g) Aufhebung der Bewilligung 147
aa) Einsatz des Einkommens 46	III. Beratungshilfe 151
(1) Einkommensarten 48	1. Anwendbarkeit im Arbeitsrecht 152
(2) Abzüge vom Einkommen 62	2. Gegenstand der Beratungshilfe 153
bb) Vermögensbegriff 72	3. Voraussetzungen 154
(1) Verwertbarkeit 73	4. Verfahren 155
(2) Zumutbarkeit 75	5. Rechtsfolgen 160
cc) Anzahl und Höhe monatlicher Raten . . 84	
c) Hinreichende Aussicht auf Erfolg 87	

Schrifttum: *Biebrach*, Einsatz der Arbeitskraft und Hilfsbedürftigkeit in der Prozesskostenhilfe, NJW 1988, 1769; *Brommann*, Prozesskostenhilfe und Gewerkschaftszugehörigkeit, RdA 1984, 342; *Christl*, Einkommen und Vermögen in der Prozesskostenhilfe, NJW 1981, 785; *Grunsky*, Die neuen Gesetze über die Prozesskosten- und die Beratungshilfe, NJW 1980, 2041; *Holch*, Prozesskostenhilfe – auf Kosten des Persönlichkeitsschutzes?, NJW 1981, 151; *Kohte*, Die wirtschaftlichen Voraussetzungen der Prozesskostenhilfe – unter besonderer Berücksichtigung des arbeitsgerichtlichen Verfahrens, DB 1981, 1174; *Liebscher*, Datenschutz bei der Datenübermittlung im Zivilverfahren, 1994; *Müller/Bauer*, Der Anwalt vor den Arbeitsgerichten, 3. Aufl. 1991; *Pentz*, Keine Akteneinsicht in Prozesskostenhilfeverfahren, NJW 1983, 1037; *Schmidt/Schwab/Wildschütz*, Die Auswirkungen der Reform des Zivilprozesses auf das

---

1 BT-Drs. 16/3655, S. 89.
2 Zöller/*Vollkommer*, § 79 ZPO Rz. 12.
3 Zöller/*Vollkommer*, § 79 ZPO Rz. 12.
4 BT-Drs. 16/3655, S. 90.

arbeitsgerichtliche Verfahren, NZA 2001, 1217; *Schneider,* Die prozessuale Bedeutung von Verstößen gegen den Zwang zur Benutzung des PKH-Vordrucks (§ 117 Abs. 4 ZPO), MDR 1982, 89; *Schneider,* Die Hinweispflicht im PKH-Prüfungsverfahren bei fehlenden Belegen, MDR 1986, 113; *Schrader/Siebert,* Die neue Prozesskostenhilfe und das Arbeitsrecht, NZA 2014, 348; *Schwab,* Prozesskostenhilfe ab dem 1.1.1995, NZA 1995, 115.

I. Allgemeines

Prozesskostenhilfe ist eine **staatliche Fürsorgeleistung im Bereich der Rechtspflege.** Wer eine Klage erhebt oder einen Antrag bei Gericht stellt, muss ggf. Gerichtskosten zahlen. Schreibt das Gesetz zudem eine anwaltliche Vertretung vor oder ist sie aus anderen Gründen angezeigt, entstehen weitere Kosten für die Beauftragung des Rechtsanwalts, die vor allem im Verfahren 1. Instanz aufgrund der Kostenprivilegierung in § 12a selbst bei Obsiegen nicht erstattet werden. Aus diesem Grunde kann einer Partei, die die Gerichts- und Anwaltskosten nicht oder nur teilweise aufbringen kann, auf Antrag Prozesskostenhilfe bewilligt werden. Die Bewilligung von Prozesskostenhilfe erfolgt für jeden Rechtszug gesondert (§ 119 Abs. 1 ZPO).   1

Die Vorschrift des § 11a wurde mit der **Neuregelung des ArbGG vom 3.9.1953** (BGBl. I S. 1267 [1269 f.]) eingeführt. Sie ging auf Beratungen des Ausschusses für Rechtswesen und Verfahrensrecht sowie des Ausschusses für Arbeit des Deutschen Bundestages zurück. Mit ihr ergänzte der Gesetzgeber die seinerzeit in § 11 Abs. 1 aF in beschränktem Umfang eröffnete Zulassung von Rechtsanwälten zur Prozessvertretung vor den ArbG. Der mittellosen Partei sollte durch Einführung des § 11a im Wege der **Anwaltsbeiordnung** Chancengleichheit im arbeitsgerichtlichen Prozess eingeräumt werden. Der Gesetzgeber bezweckte damit, die verbreitete Befürchtung, der anwaltlich vertretene Prozessgegner habe die größeren Erfolgsaussichten, gegenstandslos zu machen und der finanziell schwachen Partei zu einer gleichwertigen Stellung im Prozess zu verhelfen.   2

Mit dem **Gesetz über die Prozesskostenhilfe** (PKHG) vom 13.6.1980 (BGBl. I S. 677), das am 1.1.1981 in Kraft trat, wurde das bis dahin geltende Armenrecht abgelöst. Gemäß Abs. 3 der Vorschrift galt nunmehr das Prozesskostenhilferecht der §§ 114 ff. ZPO in der Arbeitsgerichtsbarkeit entsprechend.   3

Der Regelungsgehalt des § 11a hat mehrfach mittelbar über Gesetzesänderungen im Bereich des Prozesskostenhilferechts der ZPO Änderungen erfahren. **Das Gesetz zur Änderung von Vorschriften über die Prozesskostenhilfe vom 10.10.1994** (PKHÄndG; BGBl. I S. 2954), das am 1.1.1995 in Kraft trat, betraf die Regelungen der §§ 114–117 und § 127 ZPO. Weitere Änderungen ergaben sich durch das **Zivilprozessreformgesetz vom 27.7.2001** (BGBl. I S. 1887) hinsichtlich der §§ 115 und 127 ZPO. Ferner wurde durch die Umsetzung der EG-Richtlinie 2003/8/EG vom 27.1.2003 mit dem Gesetz zur Umsetzung gemeinschaftsrechtlicher Vorschriften über die grenzüberschreitende Prozesskostenhilfe in Zivil- und Handelssachen in den Mitgliedstaaten (**EG-Prozesskostenhilfegesetz**) vom 15.12.2004 (BGBl. I S. 3392) eine Verweisung auf die Vorschriften der ZPO über die grenzüberschreitende Prozesskostenhilfe innerhalb der Europäischen Union (§§ 1076 ff. ZPO) vorgenommen.   4

Durch das **Gesetz zur Änderung des Prozesskostenhilfe- und Beratungshilferechts vom 31.8.2013** (BGBl. I S. 3533) wurden nunmehr die Voraussetzungen für die Gewährung von Prozesskostenhilfe mit Wirkung ab 1.1.2014 geändert. Hierdurch wurden insbesondere mit Ablauf des 31.12.2013 die bisherigen Absätze 1–2a **aufgehoben**, die bei mittellosen Parteien unter bestimmten Voraussetzungen die **Beiordnung eines Rechtsanwalts in Prozessen vor dem ArbG** vorsahen. Einer Partei, die außerstande war, ohne Beeinträchtigung des für sie und ihre Familie notwendigen Unterhalts die Kosten des Prozesses zu bestreiten, und die nicht durch ein Mitglied oder einen Angestellten einer Gewerkschaft oder einer Vereinigung von ArbGeb vertreten werden konnte, war auf Antrag hin ein Rechtsanwalt beizuordnen, wenn die Gegenpartei durch einen Rechtsanwalt vertreten war. Die Beiordnung konnte nur unterbleiben, wenn sie aus besonderen Gründen nicht erforderlich oder die Rechtsverfolgung offensichtlich mutwillig war. Seit der aktuellen Neufassung ist die Vertretung einer bedürftigen Partei nur noch von der hinreichenden Erfolgsaussicht der Rechtsverfolgung oder -verteidigung abhängig.   5

§ 40 EGZPO enthält eine **Übergangsregelung.** Das alte Recht ist im Rechtszug anzuwenden, wenn vor seinem Inkrafttreten Prozesskostenhilfe für diesen Rechtszug beantragt war. Eine Maßnahme der Zwangsvollstreckung gilt als besonderer Rechtszug.   5a

II. Prozesskostenhilfe

1. Verfahrensarten

6 Die Vorschriften über die Bewilligung von Prozesskostenhilfe gelten für alle **selbständigen Gerichtsverfahren vor den deutschen ArbG**. Ganz überwiegend findet die Vorschrift des § 11a im **Urteilsverfahren** gem. § 2 Abs. 5, §§ 46 ff Anwendung. Die Bewilligung von Prozesskostenhilfe ist aber auch im arbeitsgerichtlichen **Beschlussverfahren** gem. § 80 ff. möglich. Wirtschaftliche Hilfsbedürftigkeit des hauptsächlich in Beschlussverfahren beteiligten BR (vgl. hierzu auch Rz. 11) wird grds. wegen der Kostenerstattungspflicht des ArbGeb nach § 40 BetrVG nicht vorliegen, denn zu den Kosten, die vom ArbGeb zu erstatten sind, gehören auch solche, die der gerichtlichen Geltendmachung von Rechten des BR dienen. Etwas anderes kann nur dann gelten, wenn der Anspruch gegen den ArbGeb ausnahmsweise nicht durchsetzbar ist, bspw. weil über sein Vermögen das Insolvenzverfahren eröffnet worden ist und die Masse zur Befreiung von den Verbindlichkeiten des BR nicht ausreicht[1]. In der Praxis relevanter sind in den Beschlussverfahren Prozesskostenhilfeanträge sonstiger vom Gesetz zu Beteiligender, bspw. des zur Kündigung anstehenden BR-Mitglieds im Zustimmungsersetzungsverfahren gem. § 103 BetrVG (zu den Beteiligten vgl. insbesondere § 83 Rz. 49 ff.).

7 Die Bewilligung von Prozesskostenhilfe kann gem. § 119 Abs. 2 ZPO auch – nur – für das **Zwangsvollstreckungsverfahren** erfolgen. Zuständig ist jeweils das Vollstreckungsgericht, für die Vollstreckung von Handlungen und Unterlassungen (§§ 887, 888, 890) mithin das Prozessgericht 1. Instanz.

8 § 11a findet dagegen keine Anwendung bei **Verfahren vor einem Ausschuss nach § 111 Abs. 2**, da es sich hierbei nicht um ein gerichtliches Verfahren handelt. Die Verhandlung vor dem Ausschuss ist lediglich Zulässigkeitsvoraussetzung für eine sich anschließende Klage vor dem ArbG. Einer vor Durchführung des Schlichtungsverfahrens eingereichten Klage fehlt die für eine Bewilligung von Prozesskostenhilfe nach § 114 ZPO erforderliche hinreichende Erfolgsaussicht, da diese – jedenfalls bis zum Abschluss des Schlichtungsverfahrens – als „derzeit unzulässig" abzuweisen wäre[2] (vgl. auch § 111 Rz. 37 f.).

9 Für das **Prozesskostenhilfeverfahren** oder das **Prozesskostenhilfebeschwerdeverfahren** selbst wird ebenfalls keine Prozesskostenhilfe bewilligt, weil Prozesskostenhilfe nur für die Prozessführung gewährt wird[3].

10 Zu differenzieren ist bei der Frage, ob Prozesskostenhilfe für ein Güterichter- oder Mediationsverfahren zu bewilligen ist. Handelt es sich um eine **Güterichtersitzung** gem. § 54 Abs. 6, wonach der Vorsitzende die Parteien für die Güteverhandlung sowie deren Fortsetzung vor einen hierfür bestimmten und nicht entscheidungsbefugten Richter (Güterichter) verweisen kann, so ist dies Teil des gerichtlichen Verfahrens, so dass insgesamt Prozesskostenhilfe bewilligt werden kann. Schlägt das Gericht den Parteien gem. § 54a eine **Mediation oder ein anderes Verfahren der außergerichtlichen Konfliktbeilegung** vor und entscheiden sich die Parteien für ein solches Verfahren der außergerichtlichen Konfliktbeilegung, ordnet das Gericht das Ruhen des gerichtlichen Verfahrens an und nimmt es entweder auf Antrag einer Partei oder nach drei Monaten wieder auf, es sei denn, die Parteien legen übereinstimmend dar, dass eine Mediation oder eine außergerichtliche Konfliktbeilegung noch betrieben wird. Hierbei entstehen ggf. Auslagen, die im Wege des Prozesskostenhilferechts nicht zu ersetzen sind, weil sie nicht Teil des gerichtlichen Verfahrens sind[4].

11 Die Beantragung und Bewilligung von Prozesskostenhilfe erfolgt **für jeden Rechtszug** besonders, wobei in einem höheren Rechtszug nicht zu prüfen ist, ob die Rechtsverfolgung oder Rechtsverteidigung hinreichende Aussicht auf Erfolg bietet oder mutwillig erscheint, wenn der Gegner das Rechtsmittel eingelegt hat (§ 119 Abs. 1 und 2 ZPO).

2. Berechtigte

12 Grundsätzlich sind alle **Verfahrensbeteiligten** prozesskostenhilfeberechtigt. Zu den Parteien des Prozesses gehören im Urteilsverfahren in erster Linie der **Kläger** und der **Beklagte** bzw. die **Beteiligten** eines Beschlussverfahrens. Ebenso sind **Streitgenossen** vom Parteibegriff der Vorschrift umfasst. Für die Bewilligung ist es dabei unerheblich, ob bereits einer von mehreren Streitgenossen durch einen Rechtsanwalt vertreten wird, da jeder einzelne Streitgenosse antragsbefugt ist. Die Voraussetzungen hierfür sind bei je-

---

1 LAG Sachsen v. 25.7.2008 – 4 Ta 264/07 (6), LAGE § 114 ZPO 2002 Nr. 9; Arbeitsrechtslexikon/*Schwab*, Prozesskostenhilfe: A I 1.4.
2 LAG Rh.-Pf. v. 4.8.2011 – 8 Ta 137/11; LAG Nürnberg v. 2.9.2009 – 4 Ta 85/09; LAG Düsseldorf v. 1.3.1990 – 14 Ta 371/89; hierzu aber mit Bedenken LAG Schl.-Holst. v. 20.1.2009 – 1 Ta 206/08.
3 BGH v. 29.6.2010 – VI ZA 3/09, NJW 2010, 3101; LAG Köln v. 3.2.2010 – 9 Ta 30/10; Zöller/*Geimer*, § 114 ZPO Rz. 3 mit Hinweisen zu etwaigen Ausnahmefällen.
4 Zöller/*Geimer*, § 118 ZPO Rz. 30.

dem Streitgenossen, der von seinem Antragsrecht Gebrauch macht, einzeln zu prüfen. Schließlich gehören die **Nebenintervenienten** zu den antragsberechtigten Parteien. Im Falle einer **Vertretung** sind grds. die Vermögensverhältnisse des Vertretenen und nicht des Vertreters entscheidend[1].

Antragsberechtigt sind zum einen **natürliche Personen**. Die Bewilligung von Prozesskostenhilfe ist bei einer natürlichen Person weder davon abhängig, dass es sich beim Antragsteller um einen deutschen Staatsangehörigen handelt, noch davon, dass der Antragsteller einen in der Bundesrepublik Deutschland gelegenen Wohn- und Aufenthaltsort hat[2]. 13

Die Berechtigung zur Beantragung von Prozesskostenhilfe besteht auch für **juristische Personen mit Sitz innerhalb der EU** und **parteifähige Vereinigungen**, wenn die Unterlassung der Rechtsverfolgung oder Rechtsverteidigung allgemeinen Interessen zuwiderlaufen würde (§ 116 Satz 1 Nr. 2 ZPO). Derartige parteifähige Vereinigungen sind in der arbeitsgerichtlichen Praxis vor allem die OHG oder KG, Gewerkschaften und nicht rechtsfähige Vereine gem. § 50 Abs. 2 ZPO (zum BR vgl. auch Rz. 6). Das **notwendige allgemeine Interesse** iSd. § 116 Satz 2 Nr. 3 ZPO als weitere Voraussetzung liegt vor, wenn außer den an der Führung des Rechtsstreits wirtschaftlich Beteiligten **ein erheblicher Kreis von Personen durch die Unterlassung der Rechtsverfolgung in Mitleidenschaft gezogen würde**. Das ist etwa dann der Fall, wenn die Partei ohne die Durchführung des Rechtsstreits gehindert wäre, der Allgemeinheit dienende Aufgaben zu erfüllen oder die Durchführung des Rechtsstreits dem Erhalt einer großen Zahl von Arbeitsplätzen dient. Gleiches gilt, wenn eine große Zahl von Kleingläubigern betroffen ist. Unerheblich ist das Einzelinteresse an einer richtigen Entscheidung oder die mögliche Beantwortung einer Rechtsfrage von allgemeiner Bedeutung. Ebenso wenig kommt es darauf an, ob im Falle des Obsiegens im Rechtsstreit die Partei in die Lage versetzt wird, rückständige Steuern oder sonstige Abgaben zu begleichen[3]. Auch eine als Gesellschaft bürgerlichen Rechts geführte Rechtsanwaltssozietät ist zwar eine parteifähige Vereinigung iSd. Prozesskostenhilferechts; die Durchsetzung von Gebührenforderungen rechtsberatender Berufe berührt aber idR keine allgemeinen Interessen[4]. 14

Gemäß § 116 Satz 1 Nr. 1 ZPO ist auch einer **Partei kraft Amtes** Prozesskostenhilfe zu gewähren, wenn die Kosten aus der verwalteten Vermögensmasse nicht aufgebracht werden können. Diese Vorschrift bezweckt insbesondere, dem **Insolvenzverwalter**[5] die Prozessführung zwecks Anreicherung der Insolvenzmasse zu erleichtern[5]. Bei Masseunzulänglichkeit (§ 208 InsO) ist grds. davon auszugehen, dass die Kosten eines Rechtsstreits nicht aus dem verwalteten Vermögen aufgebracht werden können[6]. Beantragt der Insolvenzverwalter ansonsten Prozesskostenhilfe für eine Klage, hat er die Forderungen der Gläubiger nach Art und Höhe vorzutragen, um dem Gericht die Beurteilung zu ermöglichen, ob den Gläubigern die Aufbringung der Kosten iSv. § 116 Satz 1 Nr. 1 ZPO zumutbar ist[7]. 15

Der Gesetzgeber hat mit der Einführung des **vorläufigen Insolvenzverwalters** die Möglichkeiten der Sicherung des Schuldnervermögens im Vorfeld der Eröffnung des Insolvenzverfahrens verstärkt. Er unterscheidet dabei zwischen dem „starken" vorläufigen Insolvenzverwalter, auf den die Verwaltungs- und Verfügungsbefugnis über das Vermögen des Schuldners übergeht (§ 22 Abs. 1 InsO), und dem „schwachen" vorläufigen Insolvenzverwalter, dessen Pflichten sich nach der Anordnung des Gerichts bestimmen (§ 22 Abs. 2 InsO)[8]. Ebenso wie der endgültige Insolvenzverwalter nach § 80 Abs. 1 InsO erhält bereits der **vorläufige „starke" Insolvenzverwalter** die volle Verwaltungs- und Verfügungsbefugnis über das Vermögen des Schuldners und ist damit Partei kraft Amtes. Allerdings soll der **vorläufige „schwache" Insolvenzverwalter** gem. § 21 Abs. 2 Nr. 1 InsO dann Partei kraft Amtes sein, wenn er Prozesse führt, die zur Sicherung der Masse unerlässlich sind[9]. 16

3. Voraussetzungen

Einer Partei wird gem. § 114 ZPO auf ihren Antrag gesondert für jede Instanz Prozesskostenhilfe bewilligt, wenn sie 17

---

1 Zöller/Geimer, § 114 ZPO Rz. 8.
2 LAG Hessen v. 23.8.2000 – 16 Ta 207/00, LAGE § 114 ZPO Nr. 38.
3 BAG v. 3.8.2011 – 3 AZB 8/11, AP Nr. 5 zu § 11a ArbGG 1979; BGH v. 10.2.2011 – IX ZB 145/09, NJW 2011, 1595.
4 BGH v. 10.2.2011 – IX ZB 145/09, NJW 2011, 1595.
5 BAG v. 8.5.2003 – 2 AZB 56/02, AP Nr. 25 zu § 9 ArbGG 1979.
6 BFH v. 19.2.2014 – V S 33/13 (PKH).
7 OLG Braunschweig v. 4.10.2012 – 2 W 164/12.
8 BGH v. 18.7. 2002 – IX ZR 195/01, NJW 2002, 3326.
9 Zöller/Geimer, § 116 ZPO Rz. 2; offengelassen für den starken vorläufigen Insolvenzverwalter: BAG v. 3.8.2011 – 3 AZB 8/11, AP Nr. 5 zu § 11a ArbGG 1979; hierzu auch OLG Hamm v. 27.5.2003 – 27 W 16/03.

1. nach ihren persönlichen und wirtschaftlichen Verhältnissen die Kosten zur Prozessführung nicht, nur teil- oder nur ratenweise aufbringen kann,
2. die beabsichtigte Rechtsverfolgung oder Rechtsverteidigung hinreichende Aussicht auf Erfolg bietet,
3. nicht mutwillig erscheint.

a) Antrag

18 Notwendige Voraussetzung für die Bewilligung von Prozesskostenhilfe ist ein entsprechender **Antrag** der hilfsbedürftigen Partei gem. § 117 ZPO. Eine Bewilligung von Amts wegen kennt das Gesetz nicht.

aa) Inhalt, Form und Zeitpunkt

19 Der Antrag ist beim **Gericht der Hauptsache zu stellen**. Wird Prozesskostenhilfe nur für die Vollstreckung beantragt, ist der Antrag beim **Vollstreckungsgericht** zu stellen.

20 Der **Antrag kann gleichzeitig mit der Klage eingereicht** werden. In diesem Fall wird mit der Einreichung des Prozesskostenhilfegesuches auch die Klage anhängig[1]. Einer fristgebundenen Klage, zB einer Entfristungs- oder Kündigungsschutzklage, die unter der **aufschiebenden Bedingung eines erfolgreichen PKH-Antrags** eingelegt wird, kommt aber keine rückwirkende Kraft zu[2], so dass die Rechtsprechung überwiegend davon ausgeht, die Frist des § 4 KSchG werde allein durch den PKH-Antrag nicht gewahrt; Voraussetzung für eine wirksame Erhebung einer Kündigungsschutzklage sei vielmehr, dass die Klage unbedingt erhoben wird[3]. Allerdings soll die nachträgliche Zulassung einer verfristeten Kündigungsschutzklage bei rechtzeitigem PKH-Antrag nicht im PKH-Bewilligungsverfahren zu klären sein, denn dieses Verfahren habe nicht den Zweck, über zweifelhafte Rechtsfragen, die möglicherweise einer höchstrichterlichen Klärung bedürfen, vorweg zu entscheiden[4].

21 In der Regel beantragt die Partei gleichzeitig die **Beiordnung eines Rechtsanwalts** ihrer Wahl. Die Beiordnung **muss ausdrücklich beantragt** werden[5]. Bei dem Anwalt muss es sich nicht um eine bestimmte Person handeln, sondern es kann auch eine Rechtsanwaltssozietät oder eine Rechtsanwaltsgesellschaft beigeordnet werden. Für das Gericht ist die Anwaltswahl des Antragstellers grds. bindend (§ 121 Abs. 1 und 2 ZPO). Beantragt die Partei lediglich, ihr Prozesskostenhilfe zu bewilligen, ohne auch anzugeben, ob sie Beiordnung wünscht, so kann in einem Verfahren, das nicht Anwaltsprozess ist, nicht unterstellt werden, dass zugleich auch Beiordnung eines Rechtsanwalts beantragt wird[6]. Es besteht jedoch gem. § 121 Abs. 5 ZPO auch die Möglichkeit für den Antragsteller, die Beiordnung eines namentlich nicht genannten Anwalts zu beantragen und einen Rechtsanwalt durch das Gericht bestimmen zu lassen. Diese Möglichkeit erlangt insbesondere dann praktische Bedeutung, wenn die Partei – aus welchen Gründen auch immer – keinen Anwalt findet[7].

22 Aus dem Antrag muss sich für das Gericht die vom Gesetz geforderte **hinreichende Aussicht auf Erfolg** schlüssig ergeben. In dem Antrag auf Prozesskostenhilfe ist daher gem. § 117 Abs. 1 Satz 2 ZPO das **Streitverhältnis darzustellen**. Der Antragsteller muss den Sachverhalt schildern, aus dem sich die objektiven Bewilligungsvoraussetzungen ergeben. Die **Beweismittel** sind anzugeben[8].

23 Das Gericht kann darüber hinaus gem. § 118 Abs. 2 Satz 2 ZPO **Erhebungen anstellen**, insbesondere die Vorlegung von Urkunden anordnen und Auskünfte einholen. Die **Anhörung von Zeugen und Sachverständigen** scheidet im Bewilligungsverfahren grds. aus, es sei denn, dass auf andere Weise nicht geklärt werden kann, ob die Rechtsverfolgung oder -verteidigung hinreichende Aussicht auf Erfolgt bietet und nicht mutwillig erscheint (§ 118 Abs. 2 Satz 3).

24 Der Antrag kann **zu Protokoll der Geschäftsstelle** erklärt werden, § 117 Abs. 1 Satz 1 Halbs. 2 ZPO. Wird die Bewilligung **schriftlich** beantragt, ist der Antrag als bestimmender Schriftsatz grds. zu unterzeichnen[9].

---

1 BGH v. 22.5.1996 – XII ZR 14/95.
2 LAG Nürnberg v. 23.10.2003 – 7 Ta 174/03, LAGE § 114 ZPO 2002 Nr. 1.
3 ZB. LAG Schl.-Holst. v. 10.5.2011 – 3 Ta 85/11; LAG Hamm v. 2.3.2012 – 18 Sa 1176/11; LAG Köln v. 18.02.2005 – 9 Ta 452/04 zum Antrag auf nachträgliche Klagezulassung gem. § 5 KSchG; aA LAG Hamm v. 14.6.2011 – 14 Ta 295/11, ArbR 2012, 100.
4 LAG Köln v. 3.3.2017 – 9 Ta 313/16 –.
5 LAG Schl.-Holst. v. 27.1.2005 – 2 Ta 14/05, NZA-RR 2005, 327.
6 BGH v. 17.9.2008 – IV ZR 343/07, NJW 2009, 440; OLG Nürnberg v. 1.7.2002 – 10 WF 1088/02, NJW 2002, 3715.
7 *Müller/Bauer*, Der Anwalt vor den Arbeitsgerichten, S. 167 f.
8 LAG Düsseldorf v. 28.10.1982 – 7 Ta 163/82, EzA § 117 ZPO Nr. 4 mit Anm. *Schneider*.
9 BGH v. 4.5.1994 – XII ZB 21/94, EzA § 117 ZPO Nr. 7.

Dabei ist die eigenhändige Unterzeichnung durch den Antragsteller nicht erforderlich; vielmehr reicht die Unterschrift eines Bevollmächtigten aus. Bei der Unterzeichnung durch einen Rechtsanwalt gilt § 88 Abs. 2 ZPO, so dass von dessen Bevollmächtigung auszugehen ist[1]. Bei der Stellvertretung durch eine andere Person hat diese ihre Bevollmächtigung ggf. schriftlich nachzuweisen.

Nach § 114 Satz 1 ZPO kann Prozesskostenhilfe lediglich für eine „beabsichtigte" Rechtsverfolgung gewährt werden. Eine **Rückwirkung der Bewilligung** vor Antragstellung ist ausgeschlossen. Dagegen kann Rückwirkung bis zu dem Zeitpunkt erstreckt werden, ab dem der Antragsteller durch einen formgerechten Bewilligungsantrag von seiner Seite aus alles für die Bewilligung Erforderliche oder Zumutbare getan hat[2]. Soweit die Voraussetzungen einer rückwirkenden Bewilligung vorliegen, sind aus der Staatskasse Tätigkeiten des beigeordneten Rechtsanwalts zu vergüten, die dieser auf die Hauptsache bezogen bei oder nach dem Eingang des Prozesskostenhilfeantrags erbracht hat[3]. Diese Begrenzung der Rückwirkung folgt aus dem Zweck der Prozesskostenhilfe. Der mittellosen Partei sollen die Prozesshandlungen ermöglicht werden, die für sie mit Kosten verbunden sind. Haben jedoch die Partei bzw. deren Prozessbevollmächtigter die aus ihrer Sicht notwendigen Prozesshandlungen schon vor der ordnungsgemäßen Beantragung der Prozesskostenhilfe vorgenommen, so hängen diese Prozesshandlungen nicht mehr davon ab, dass die Partei zuvor die entsprechenden Kosten – etwa durch einen Vorschuss gem. § 9 RVG – deckt. Eine weiter rückwirkende Bewilligung würde nur noch dazu dienen, einem Prozessbevollmächtigten durch die nachträgliche Bewilligung von Prozesskostenhilfe einen Zahlungsanspruch gegen die Staatskasse zu verschaffen; das ist nicht Zweck der Prozesskostenhilfe[4]. 25

Nach Abschluss der Instanz ist die Beantragung von Prozesskostenhilfe nicht mehr möglich[5]. Eine rückwirkende Bewilligung nach Beendigung des Verfahrens kann nur erfolgen, wenn der Antrag noch während des laufenden Verfahrens gestellt wurde und das Gericht entweder aus von ihm zu vertretenden Gründen nicht rechtzeitig über den Antrag entschieden hat oder dem Antragsteller die Nachreichung von Unterlagen über das Instanzende hinaus ausdrücklich nachgelassen hat[6]. 26

Abgeschlossen ist die Instanz hinsichtlich der Bewilligung von **Prozesskostenhilfe für einen Vergleich** erst dann, wenn die mündliche Verhandlung, in der der Vergleich protokolliert wird, geschlossen ist. Die für die Streitgegenstände eines Prozesses bewilligte Prozesskostenhilfe erstreckt sich ohne weiteres auch auf die Kosten des Prozessvergleichs, soweit kein Mehrwert anfällt[7]. Da vor dem Vergleichsschluss noch nicht feststeht, ob ein **Vergleichsmehrwert** anfällt, kann die Bewilligung von Prozesskostenhilfe für den etwaigen Mehrwert erst nach dem Vergleichsschluss erfolgen; hierzu bedarf es allerdings idR eines neuen Prozesskostenhilfeantrags, der erst nach der Protokollierung des Vergleichs gestellt werden kann, aber bis zum Schluss der mündlichen Verhandlung gestellt werden muss[8]. Bei Abschluss eines Vergleiches im schriftlichen Beschlussweg nach § 278 Abs. 6 ZPO ist die Instanz beendet, wenn der den Vergleich feststellende Beschluss den inneren Geschäftsbetrieb des Gerichts verlassen hat; dazu genügt die formlose, auch telefonische Bekanntgabe[9]. 27

Das Prozesskostenhilfegesuch hemmt die **Verjährung** nach Maßgabe von § 204 Abs. 1 Nr. 14, § 204 Abs. 2, § 209 BGB bis zu sechs Monate nach Ende des eingeleiteten Verfahrens[10]. 28

Ob der rechtzeitig bei Gericht gestellte Antrag auf Bewilligung von Prozesskostenhilfe unter gleichzeitiger Einreichung eines Entwurfs der Klageschrift und der vollständigen Unterlagen über die persönlichen und wirtschaftlichen Verhältnisse des Antragstellers rückwirkend eine **tarifliche Ausschlussfrist** wahrt, welche die gerichtliche Geltendmachung eines Anspruchs verlangt, sofern unverzüglich nach positiver oder negativer Entscheidung über den Antrag die Klage zugestellt wird, ist streitig[11]. 29

---

1 Zöller/*Geimer*, § 117 ZPO Rz. 2.
2 BAG v. 8.11.2004 – 3 AZB 54/03, BAGReport 2005, 379; BGH v. 30.9.1981 – IV b ZR 694/80, NJW 1982, 446; BGH v. 8.10.1991 – XI ZR 174/90, NJW 1992, 839.
3 BGH v. 10.10.1995 – VI ZR 396/94; BAG v. 16.2.2012 – 3 AZB 34/11, NJW 2012, 2828.
4 BAG v. 3.12.2003 – 2 AZB 19/03, MDR 2004, 415.
5 BAG v. 3.12.2003 – 2 AZB 19/03, MDR 2004, 415; LAG Köln v. 28.1.2009 – 7 Ta 75/08.
6 LAG Berlin v. 11.10.1989 – 9 Ta 11/89, LAGE § 122 ZPO Nr. 2; LAG Köln v. 8.4.2005 – 3 Ta 94/05; LAG Köln v. 13.3.2009 – 4 Ta 76/09, LAGE § 118 ZPO 2002 Nr. 2.
7 LAG Köln v. 27.4.2009 – 7 Ta 102/08.
8 BAG v. 16.2.2012 – 3 AZB 34/11, NJW 2012, 2828.
9 LAG Nürnberg v. 25.2.3013 – 2 Ta 24/13, Rpfleger 2013, 345.
10 BGH v. 2.12.2008 – XI ZR 525/07, NJW 2009, 1137.
11 So LAG Nds. v. 25.3.1999 – 16a Ta 119/99, LAGE § 4 TVG Ausschlussfristen Nr. 50; Arbeitsrechtslexikon/*Schwab*, Prozesskostenhilfe A II 2; anders aber LAG Köln v. 8.10.1997 – 2 Sa 587/97, LAGE LAGE § 4 TVG-Ausschlussfristen Nr. 45.

bb) Abgabe einer Erklärung über die persönlichen und wirtschaftlichen Verhältnisse

30 Die Partei hat dem Antrag auf Prozesskostenhilfe gem. § 117 Abs. 2 Satz 1 ZPO eine vollständig ausgefüllte **Erklärung über ihre persönlichen und wirtschaftlichen Verhältnisse** sowie entsprechende Belege beizufügen. Zur Vereinheitlichung und Vereinfachung des Verfahrens wurden für diese Erklärungen gem. der **Prozesskostenhilfeformularverordnung vom 6.1.2014** (PKHFV, BGBl. I S. 34) neue **Formulare** eingeführt, die von den Parteien zu verwenden sind. Ermächtigungsgrundlage für die VO ist § 11a Abs. 2.

31 Die **Verwendung der Formulare** ist für die Parteien grds. **zwingend** (zu Ausnahmen Rz. 34). Wird das Formular nicht benutzt oder nicht vollständig ausgefüllt, hat das Gericht zunächst eine Frist zu setzen, innerhalb derer der Vordruck einzureichen oder zu vervollständigen ist. Erfolgt sodann keine Nachreichung oder Ergänzung, ist der Antrag zurückzuweisen, jedenfalls soweit sich nicht die notwendigen Angaben aus den beigefügten Belegen eindeutig erschließen lassen[1].

32 Die Einreichung ungeordneter **Belege anstelle eines ordnungsgemäß ausgefüllten Antrags** reicht nicht aus (hierzu noch Rz. 30). Die beigefügten Belege sollen, was sich ohne Weiteres aus der Bedeutung dieses Begriffs erschließt, die im Vordruck enthaltenen Angaben nicht ersetzen, sondern „belegen" und ihre Überprüfung ermöglichen[2].

33 Beantragt eine Partei in der **Rechtsmittelinstanz** erneut Prozesskostenhilfe so hat sie idR wiederum ein Formular nebst Belegen vorzulegen. Die Bezugnahme auf das im früheren Rechtszug vorgelegte Formular genügt nur, wenn sie unmissverständlich mitteilt, dass sich ihre wirtschaftlichen Verhältnisse nicht geändert haben[3]. Der Lauf der Frist zur Begründung eines Rechtsmittels oder Rechtsbehelfs wird durch den Antrag auf Bewilligung von Prozesskostenhilfe dann nicht gehemmt, wenn das Rechtsmittel unbedingt eingelegt worden ist[4]. Wird Prozesskostenhilfe für ein nur beabsichtigtes Rechtsmittel beantragt, ohne dass zugleich das Rechtsmittel eingelegt wird, so muss das Gesuch innerhalb der Rechtsmittelfrist beim zuständigen Gericht eingereicht werden[5].

34 Eine **Ausnahme von dem Verwendungszwang** für Formulare bestimmt § 1 Abs. 2 der VO für **Parteien kraft Amtes, juristische Personen** und **parteifähige Vereinigungen**. Diese Personengruppen müssen ihren Antrag individuell begründen[6].

35 Darüber hinaus gelten Besonderheiten für **Sozialhilfeempfänger**. Für sie entfällt nach § 2 Abs. 2 PKH-VordruckVO die Verpflichtung, die Abschnitte E–J des Formulars auszufüllen, soweit sie der Erklärung über ihre persönlichen und wirtschaftlichen Verhältnissen den aktuellen Bewilligungsbescheid des Sozialamtes beifügen. Allerdings kann das Gericht ein vollständiges Ausfüllen des Formulars einschließlich der Abschnitte E–J anordnen.

36 Der Erklärung über die persönlichen und wirtschaftlichen Verhältnisse sind entsprechende **Belege beizufügen** (§ 117 Abs. 2 Satz 1 Halbs. 2 ZPO). Diese Belege dienen der **Glaubhaftmachung** der Erklärung, die das Gericht verlangen kann (§ 118 Abs. 2 ZPO). Üblich und stets erforderlich sind Belege über Einkünfte aus nicht selbständiger Tätigkeit, Renten, sonstigen Einnahmen sowie über die geltend gemachten Belastungen[7].

37 Unterlässt es die Partei, ihrer Erklärung die entsprechenden Belege beizufügen, **hat das Gericht auf das Fehlen hinzuweisen** und die Belege, die zur Glaubhaftmachung erforderlich sind, anzufordern. Dabei kann es dem Antragsteller eine angemessene **Frist zur Beibringung** setzen (§ 118 Abs. 2 Satz 4 ZPO). Ein Hinweis kann nur dann unterbleiben, wenn die Partei selbst auf das Fehlen von Belegen aufmerksam macht und verspricht, diese nachzureichen[8]. Eine Verpflichtung des Gerichts, sich die Belege selbst zu beschaffen, besteht nicht[9]. Kommt die Partei der Anordnung des Gerichts nicht nach, ist ihr Antrag zurückzuweisen. Allerdings handelt es sich bei der Frist nach § 118 Abs. 2 Satz 4 ZPO nicht um eine Ausschlussfrist, so dass nachgeholtes Vorbringen oder nachgereichte Belege berücksichtigt werden müssten, wenn

---

1 LAG Hamm v. 13.8.1981 – 1 Ta 131/81, MDR 1982, 83; Zöller/*Geimer*, § 117 ZPO Rz. 17; *Schneider*, MDR 1982, 89 (90 f.).
2 OLG Frankfurt v. 26.8.1996 – 6 WF 131/96.
3 BGH v. 12.6.2001 – XI ZR 161/01, NJW 2001, 2720.
4 BAG v. 12.2.1997 – 5 AZN 1106/96, NZA 1997, 791.
5 Arbeitsrechtslexikon/*Schwab*, Prozesskostenhilfe A II 1.
6 Zöller/*Geimer*, § 117 ZPO Rz. 18.
7 BGH v. 8.3.1989 – IV a ZR 221/87, NJW 1989, 3149.
8 VGH BW v. 19.4.1991 – A 16 S 335/91, JurBüro 1991, 1115 (1116).
9 Zöller/*Geimer*, § 117 ZPO Rz. 19a; *Schneider*, MDR 1986, 113 f.; aA LAG Düsseldorf v. 30.8.1984 – 7 Ta 182/84, EzA § 117 ZPO Nr. 6.

diese noch angekündigt werden und zumindest zeitnah eingehen[1]. Auch in der Beschwerdeinstanz könnten noch neue Belege nachgereicht oder neue Tatsachen vorgetragen werden.

Die Erklärung über die persönlichen und wirtschaftlichen Verhältnisse **ist grds. zu unterschreiben.** Dabei bedarf es keiner eigenhändigen Unterschrift des Antragstellers. Vielmehr kann das Erklärungsformular auch von einem Stellvertreter unterzeichnet werden[2]. Ist der Vordruck von einem Rechtsanwalt unterschrieben, ist in Anwendung von § 88 Abs. 2 ZPO von dessen Bevollmächtigung auszugehen. Bei der Unterzeichnung durch eine andere Person hat diese ihre Bevollmächtigung uU schriftlich nachzuweisen[3]. Unter bestimmten Voraussetzungen kann auch ein nicht unterzeichnetes Erklärungsformular ausreichend sein. Dies ist etwa bei einem vollständig ausgefüllten Formular der Fall, dessen Inhalt erkennbar von dem Antragsteller stammt, dieser hinter der Erklärung steht und die Unterzeichnung des Schriftstücks lediglich vergessen hat[4]. 38

In allen Fällen, in denen der Ausdruck auszufüllen ist, kann das Gericht gem. § 118 Abs. 2 Satz 1 Halbs. 2 ZPO verlangen, dass die Partei ihre Angaben insbesondere in Form einer **Versicherung an Eides statt** glaubhaft (§ 294 ZPO) macht. Kann der Antragsteller keine Angaben machen, etwa weil ihm die Höhe einer Arbeitslosenunterstützung noch unbekannt ist, kann das Gericht Auskünfte bei den zuständigen Behörden einholen (§ 118 Abs. 2 Satz 2 ZPO). 39

b) Persönliche und wirtschaftliche Verhältnisse der Partei

Nach den §§ 114 ff. ZPO hängt die Bewilligung von Prozesskostenhilfe neben der Erfolgsaussicht von den persönlichen und wirtschaftlichen Verhältnissen des Antragstellers ab. Die **Bedürftigkeit** der Partei beurteilt sich nach der Vorschrift des § 115 ZPO. Diese Vorschrift bestimmt, in welchem Umfang die Partei Einkommen und Vermögen für die Verfahrenskosten einzusetzen hat. In die Beurteilung der persönlichen und wirtschaftlichen Verhältnisse der Partei sind **Familienverhältnisse, Beruf, Vermögen, Einkommen und Lasten mit einzubeziehen.** Dies hat der Gesetzgeber in § 117 Abs. 2 Satz 1 ZPO im Wege der Legaldefinition klargestellt. 40

Die Bedürftigkeit ist ausschließlich nach der **Vermögenslage des Antragstellers** zu beurteilen. Dies gilt auch für den Fall, dass der Antragsteller ein durch Abtretung erlangtes Recht geltend macht. Anders ist die Sachlage zu beurteilen, wenn die Abtretung ein **rechtsmissbräuchliches Verhalten** darstellt, etwa weil ein vermögender Zedent einen bedürftigen Zessionar vorschiebt, um das eigene Kostenrisiko zu Lasten der Staatskasse zu verringern; in diesem Fall muss auch die Vermögenslage des Zedenten Berücksichtigung finden[5]. Macht der Antragsteller in **gesetzlicher Prozessstandschaft** (zB § 265 ZPO) ein fremdes Recht im eigenen Namen geltend, müssen die Voraussetzungen für die Bewilligung der Prozesskostenhilfe auch in der Person des Rechtsinhabers vorliegen. Dies ist von der antragstellenden Partei darzulegen und zu beweisen[6]. 41

Bei der Ermittlung des Einkommens des Antragstellers sind nur seine Einkünfte entscheidend. Es findet **keine Bildung eines Familieneinkommens** statt, wenn der Ehegatte der antragstellenden Partei eigene Einkünfte hat. Erst im Rahmen von § 115 Abs. 1 Satz 3 Nr. 2 Buchst. a ZPO findet eine Berücksichtigung des Ehegatteneinkommens in der Weise statt, dass sich der Unterhaltsfreibetrag für den Ehegatten um seine eigenen Einkünfte vermindert[7]. Bei eheähnlichen Lebensverhältnissen ist das Einkommen des Lebensgefährten ebenfalls nicht zu berücksichtigen[8]. 42

Unabhängig davon kann bei der Berücksichtigung der wirtschaftlichen Situation auch die Möglichkeit des Antragstellers, von seinem Ehepartner/Lebenspartner einen **Prozesskostenvorschuss** nach § 1360a Abs. 4 Satz 1 BGB zu erlangen, als einzusetzender Vermögenswert zu berücksichtigen sein. Er setzt voraus, dass es um einen Rechtsstreit geht, der eine persönliche Angelegenheit betrifft. Dazu gehören Bestandsstreitigkeiten deswegen, weil beide Ehegatten verpflichtet sind, mit ihrer Arbeit die Familie angemessen zu unterhalten und weil die Erwerbstätigkeit eine wesentliche Möglichkeit zur Entfaltung der geistigen und körper- 43

---

1 LAG Köln v. 19.8.2008 – 7 Ta 181/08; LAG Köln v. 25.7.2005 – 9 Ta 216/05.
2 GMP/*Germelmann*, § 11a Rz. 62; aA LAG Düsseldorf v. 28.10.1982 – 7 Ta 163/82, EzA § 117 ZPO Nr. 4 m. Anm. *Schneider*.
3 GK-ArbGG/*Bader*, § 11a Rz. 36; GMP/*Germelmann*, § 11a Rz. 54.
4 BGH v. 10.7.1985 – IVb ZB 47/85, NJW 1986, 62.
5 BGH v. 20.3.1967 – VII ZR 296/64, BGHZ 47, 289 (292); GMP/*Germelmann*, § 11a Rz. 17.
6 BGH v. 20.12.1984 – IX 132/84, KostRsp § 114 ZPO Nr. 100; OLG Celle v. 27.2.1986 – 14 W 4/86, NJW 1987, 783.
7 BAG v. 5.4.2006 – 3 AZB 61/04, AP Nr. 3 zu § 115 ZPO.
8 OLG Köln v. 4.12.1987 – 4 WF 251/87, FamRZ 1988, 306; aA LAG Rh.-Pf. v. 27.10.1987 – 2 Sa 585/87, NZA 1988, 177; OLG Koblenz v. 3.6.1991 – 13 WF 487/91, NJW-RR 1992, 1348.

lichen Fähigkeiten eines Ehegatten und damit zur Entfaltung seiner Persönlichkeit darstellt[1]. Dieser Vorschussanspruch gehört prozesskostenhilferechtlich zum Vermögen (§ 115 Abs. 3 Satz 1 ZPO) des Antragstellers.

44 Die Bewilligung von Prozesskostenhilfe scheidet aus, wenn bereits **vier Raten** die aus dem Vermögen aufzubringenden Teilbeträge **die Prozesskosten übersteigen würden** (§ 115 Abs. 4 ZPO).

45 **Maßgeblicher Zeitpunkt für die Beurteilung der wirtschaftlichen Verhältnisse** ist gem. § 115 Abs. 1 Satz 4 ZPO der tatsächliche Bewilligungszeitpunkt[2].

aa) Einsatz des Einkommens

46 Nach § 115 Abs. 1 ZPO hat die Partei für die Bestreitung der Kosten zunächst ihr Einkommen einzusetzen. Zum Einkommen gehören dabei alle **Einkünfte in Geld oder Geldeswert** (§ 115 Abs. 1 Satz 2 ZPO, § 82 Abs. 1 Satz 1 SGB XII). Maßgebend ist somit der **sozialrechtliche Einkommensbegriff**. Die Regeln der steuerrechtlichen Einkommensermittlung finden keine Anwendung[3]. Demnach kann bei der Ermittlung des Einkommens auf die VO zur Durchführung des § 82 SGB XII vom 28.11.1962 (BGBl. I S. 692), zuletzt geändert durch das Verwaltungsvereinfachungsgesetz vom 21.3.2005 (BGBl. I S. 818), zurückgegriffen werden. Die VO ist zwar für den Richter nicht bindend, kann aber als Beurteilungshilfe dienen[4].

47 Bei der Ermittlung des Einkommens sind nur solche Einkünfte zu berücksichtigen, die die Partei tatsächlich erhält. Keine Berücksichtigung finden demgemäß **nicht durchsetzbare Forderungen**. Ansprüche, die hingegen ohne Weiteres in naher Zukunft durchgesetzt werden können, sind dem Einkommen zuzurechnen[5]. Unerheblich ist, ob ein **Rechtsanspruch des Empfängers** auf die Forderungen besteht[6].

(1) Einkommensarten

48 Zu den Einkommensarten iSv. § 115 Abs. 1 Satz 1 ZPO gehören zunächst **Einkünfte aus nichtselbständiger Tätigkeit**. Hierbei ist vom durchschnittlichen Monatseinkommen des letzten vollen Kalenderjahres auszugehen[7] und das Einkommen zunächst **brutto** zu ermitteln[8]. Von dem Bruttoeinkommen sind anschließend gem. § 115 Abs. 1 Satz 3 ZPO bestimmte Beträge abzuziehen. Neben **Lohn** und **Gehalt** zählen zu den Einkünften aus nichtselbständiger Tätigkeit **sämtliche Zulagen**, wie zB Erschwerniszulagen und Vergütung für Überstunden- und Mehrarbeit, aber auch **Sonderzuwendungen** (Urlaubs- und Weihnachtsgeld, Gratifikationen) und **Tantiemen**. Handelt es sich um einmalige Bezüge handelt, die bspw. einmal pro Jahr gezahlt werden, sind sie für den Zeitraum, für den sie gewährt wurden, in monatliche Teilbeträge aufzuteilen (vgl. § 3 Abs. 3 Satz 2 und 3 der VO zur Durchführung des § 82 SGB XII)[9].

49 **Vermögenswirksame Leistungen** zählen nicht zum Einkommen. Bei diesen Leistungen handelt es sich um langfristige Anlagen, die zur Prozessfinanzierung nicht zur Verfügung stehen. Sie sind als besondere Belastungen vom Gehalt abzuziehen[10].

50 Bei **Essenszuschüssen** ist zu unterscheiden: Anrechenbares Einkommen liegt vor, wenn der Zuschuss an den ArbN direkt ausgezahlt wird. Etwas anderes gilt, wenn dem ArbN der Essenszuschuss nur indirekt zugutekommt. Dies ist der Fall, wenn er die Möglichkeit erhält, verbilligt Mahlzeiten einzunehmen. Hierin ist keine geldwerte Leistung zu sehen, die bei der Berechnung des Einkommens zu berücksichtigen ist[11].

51 **Sachbezüge** (bspw. Deputate oder Firmenfahrzeuge), die ständig auch zur privaten Benutzung überlassen werden, sind ebenfalls Einkünfte in Geldeswert und dem Einkommen zuzurechnen[12].

---

1 BAG v. 29.10.2007 – 3 AZB 25/07, NZA 2008, 967.
2 LAG Köln v. 14.11.2007 – 11 Ta 300/07.
3 Zöller/*Geimer*, § 115 ZPO Rz. 3.
4 LAG Düsseldorf v. 9.4.1986 – 14 Ta 3/86, LAGE § 115 ZPO Nr. 19; LAG Köln v. 7.6.1985 – 10 Sa 326/85, LAGE § 115 ZPO Nr. 12; *Christl*, NJW 1981, 785.
5 BVerwG v. 2.6.1965 – V C 63/64, BVerwGE 21, 208.
6 Zöller/*Geimer*, § 115 ZPO Rz. 4.
7 Zöller/*Geimer*, § 115 ZPO Rz. 12; OLG Köln v. 15.2.1993 – 2 W 15/93, FamRZ 1993, 1333.
8 GK-ArbGG/*Bader*, § 11a Rz. 66.
9 OLG Frankfurt v. 20.1.1982 – 1 Wf 140/81, FamRZ 1982, 418; Zöller/*Geimer*, § 115 ZPO Rz. 12.
10 Zöller/*Geimer*, § 115 ZPO Rz. 12 mwN.
11 GMP/*Germelmann*, § 11a Rz. 27; aA OLG Düsseldorf v. 15.11.1988 – 6 WF 232/88, FamRZ 1989, 883; Zöller/*Geimer*, § 115 ZPO Rz. 12 mwN: Hiernach sind Essenszuschüsse grds. außer Betracht zu lassen, um kleinliche Berechnungen zu vermeiden.
12 Zur Bewertung vgl. LAG Hamm v. 19.12.2008 – 14 Ta 464/08.

Ungenutzte Verdienstmöglichkeiten stellen idR kein Einkommen iSv. § 115 Abs. 1 ZPO dar[1]. Einer Prozesskostenhilfe beantragenden Partei können aber im Ausnahmefall fiktive Einkünfte zugerechnet werden, wenn sie **rechtsmissbräuchlich** handelt. Eine rechtsmissbräuchliche Antragstellung ist nicht nur bei vorsätzlicher Herbeiführung oder Aufrechterhaltung der Bedürftigkeit gegeben, sondern sie liegt auch dann vor, wenn die Partei es offenkundig leichtfertig unterlässt, eine tatsächlich bestehende und zumutbare Erwerbsmöglichkeit zu nutzen, und ihr deshalb die Beseitigung ihrer Bedürftigkeit ohne Weiteres möglich wäre. Das wäre bspw. der Fall, wenn die antragstellende Partei eine Arbeitsstelle aufgibt oder für einen tatsächlich geleisteten Arbeitseinsatz, der üblicherweise entlohnt wird, kein Entgelt verlangt[2]. In diesen Fällen ist bei der Beurteilung der Voraussetzungen für die Bewilligung von Prozesskostenhilfe ein fiktives Einkommen der Partei in erzielbarer Höhe zugrunde zu legen[3]. Liegen Umstände vor, die auf ungenutzte Erwerbsmöglichkeiten hindeuten, hat die Partei auf Verlangen des Gerichts darzulegen und glaubhaft zu machen, dass sie sich konkret um eine Verdienstmöglichkeit bemüht hat[4]. 52

Abfindungen für den Verlust des Arbeitsplatzes stellen kein Einkommen iSv. § 115 ZPO dar. Dabei ist es unerheblich, ob die Abfindung gem. §§ 9, 10 KSchG, aufgrund eines Vergleiches oder einer vertraglichen Vereinbarung geleistet wurde. Auch Sozialplanabfindungen und Nachteilsausgleichzahlungen nach § 113 BetrVG sind nicht dem Einkommen zuzurechnen. Sie fallen vielmehr unter den Vermögensbegriff des § 115 Abs. 3 ZPO[5]. Zum Einkommen zählen nur diejenigen Zuflüsse von Geld oder Geldeswert, die zur **Deckung des Lebensbedarfs innerhalb eines bestimmten Bedarfszeitraums** für eben diesen Zeitraum geleistet worden sind[6]. Abfindungen stellen jedoch Entschädigungen für den Verlust des Arbeitsplatzes dar, die der ArbN als Ausgleich für Nachteile erhält, die mit der Auflösung des Arbeitsverhältnisses verbunden sind. Sie werden somit nicht für einen bestimmten Bedarfszeitraum geleistet und sind aus diesem Grund im Gegensatz zum regelmäßigen Arbeitslohn als Vermögen zu definieren[7]. 53

Krankengeld, das anstelle von Arbeitsentgelt gezahlt und der Höhe nach als Anteil vom Arbeitsentgelt berechnet wird, zählt nur dann nicht zum Erwerbseinkommen, wenn es während der Arbeitslosigkeit gezahlt wird[8]. 54

Kindergeld wird im Sozialrecht als **Einkommen** der Person angesehen, an die es gezahlt wird[9]. Gezahlt wird das Kindergeld an die Eltern und nicht an die Kinder, so dass es als Einkommen der Eltern gilt. Eine Ausnahme von diesem Grundsatz ergibt sich aus § 82 Abs. 1 Satz 2 SGB XII, der auch im Rahmen des § 115 ZPO heranzuziehen ist: Soweit das Kindergeld zur Deckung des notwendigen Lebensunterhalts eines minderjährigen Kindes benötigt wird, ist es dessen Einkommen zuzurechnen[10]. Allerdings kann das Kindergeld nur bei der Einkommensermittlung derjenigen Person Berücksichtigung finden, an die es **tatsächlich gezahlt** wird. Aus diesem Grund ist die Auffassung abzulehnen, die den Kindergeldbetrag zwischen Vater und Mutter aus unterhaltsrechtlichen Gesichtspunkten hälftig aufteilen will[11]. Hiernach würden demjenigen Elternteil, der kein Kindergeld erhält, Einkünfte zugerechnet, die bei ihm tatsächlich nicht gegeben sind. 55

Renten stellen grds. Einkommen dar. Dies gilt auch für Renten nach dem Bundesversorgungsgesetz. Sie sind zwar nach § 82 Abs. 1 SGB XII vom Einkommensbegriff des SGB XII ausgenommen, nicht aber in § 115 Abs. 1 ZPO. Einkünfte aus Rentenleistungen finden bei der Ermittlung des einzusetzenden Einkommens ausnahmsweise dann keine Berücksichtigung, wenn dies ausdrücklich gesetzlich geregelt ist, wie zB in § 83 Abs. 2 SGB XII für Schmerzensgeldrenten nach § 253 Abs. 2 BGB[12]. 56

---

1 OLG Karlsruhe v. 26.3.1985 – 18 WF 15/85, NJW 1985, 1787; Zöller/*Geimer*, § 115 ZPO Rz. 6.
2 OLG Karlsruhe v. 26.3.1985 – 18 WF 15/85, NJW 1985, 1787; Zöller/*Geimer*, § 115 ZPO Rz. 6; aA OLG Bamberg v. 2.3.1994 – 2 WF 32/94, FamRZ 1995, 370 (371), Behandlung wie Vermögen.
3 OLG Köln v. 10.8.1994 – 27 WF 72/94, FamRZ 1995, 942.
4 OLG Koblenz v. 8.3.1996 – 13 WF 152/96, MDR 1997, 600; Brandenburgisches OLG v. 9.8.2007 – 13 WF 18/07, NJW-RR 2008, 734; *Biebrach*, NJW 1988, 1769 (1770).
5 LAG Hamm v. 7.3.2003 – 4 Ta 35/03, Bibliothek BAG; *Kohte*, DB 1981, 1174 (1175); aA Zöller/*Geimer*, § 115 ZPO Rz. 5.
6 BVerwG v. 24.4.1968 – V C 62/67, BVerwGE 29, 295 (297 f.); BVerwG v. 28.3.1974 – V C 29/73, BVerwGE 45, 135; LAG Bremen v. 17.4.1998 – 4 Ta 20/98, MDR 1998, 801 (802).
7 BAG v. 24.4.2006 – 3 AZB 12/05, NZA 2006, 751.
8 BAG v. 22.4.2009 – 3 AZB 90/08, AP Nr. 9 zu § 115 ZPO.
9 BGH v. 26.1.2005 – XII ZB 234/03, NJW 2005, 2393; OLG Nürnberg v. 27.1.2009 – 9 WF 1667/08, MDR 2009, 525; LAG Rh.-Pf. v. 3.12.2007 – 8 Ta 267/07; LAG BW v. 28.8.2001 – 19 Ta 1/01.
10 BGH v. 26.1.2005 – XII ZB 234/03, NJW 2005, 2393; Zöller/*Geimer*, § 115 Rz. 19 mwN zur Berechnung.
11 OLG Bamberg v. 8.2.1984 – 2 Wf 274/83, FamRZ 1984, 606 (607); Nachweise bei GMP/*Germelmann*, § 11a Rz. 29 f.
12 LSG BW v. 21.9.1987 – 17/PKH 244/87 B, JurBüro 1989, 667; Zöller/*Geimer*, § 115 ZPO Rz. 14 und 15.

57 **Einkünfte aus selbständiger Arbeit** sind bei der Ermittlung des Einkommens zu berücksichtigen (vgl. § 4 der VO zur Durchführung des § 82 SGB XII). Maßgebend für die Berechnung der monatlichen Einkünfte ist die Einnahmeüberschussrechnung des Vorjahres[1].

58 **Einkünfte aus Kapitalvermögen** – vermindert um die Kapitalertragssteuer sowie um die mit der Erzielung der Einkünfte verbundenen Ausgaben – sind dem Einkommen zuzurechnen (vgl. § 6 der VO zur Durchführung des § 82 SGB XII)[2]. Ebenso zum Einkommen zählen **Einkünfte aus Vermietung und Verpachtung**. Sie sind nach Abzug der für ihre Erzielung notwendigen Ausgaben beim Einkommen zu berücksichtigen (vgl. § 7 der VO zur Durchführung des § 82 SGB XII)[3].

59 **Unentgeltliches Wohnen** stellt kein Einkommen dar. Es findet vielmehr im Rahmen von § 115 Abs. 1 Satz 3 Nr. 3 ZPO dadurch Berücksichtigung, dass ein Abzug für die Kosten der Unterkunft entfällt[4].

60 Keine Einigkeit besteht darüber, ob **Leistungen nach SGB II** zu dem gem. § 115 ZPO zu berücksichtigenden Einkommen zählen. Davon wird regelmäßig nicht auszugehen sein, wenn die Partei Sozialleistungen nach dem SGB II oder SGB XII bezieht[5]. Die Zweckbindung der Hilfe zum Lebensunterhalt spricht gegen ihre Berücksichtigung bei der Einkommensberechnung. Die Leistungen können jedoch dann als Einkommen zu berücksichtigen sein, wenn die antragstellende Partei daneben weitere Einkünfte hat[6].

61 Nicht unter den Einkommensbegriff des § 115 Abs. 1 ZPO fallen **Leistungen für Kindererziehung** (§§ 294, 299 SGB VI)[7], **Erziehungsgeld** sowie **Elterngeld** bis zu einer bestimmten Höhe (§ 10 Abs. 2 BEEG)[8].

(2) Abzüge vom Einkommen

62 Das **Existenzminimum** der bedürftigen Partei darf mit den Kosten der Prozessführung nicht belastet werden. Nach § 115 Abs. 1 Satz 3 ZPO sind von dem Bruttoeinkommen des Antragstellers daher bestimmte Beträge abzusetzen.

63 Hierbei verweist die Vorschrift in Nr. 1a zunächst auf § 82 Abs. 2 SGB XII. Die hier genannten Beträge wie **Steuern, Pflichtbeiträge zur SozV** (Kranken-, Renten-, Pflege- und Unfallversicherung) und **Beiträge zur Arbeitsförderung** sowie **Beiträge zu öffentlichen oder privaten Versicherungen oder ähnlichen Einrichtungen**, soweit die Beiträge gesetzlich vorgeschrieben (zB freiwillige Mitgliedschaft in einer gesetzlichen KV oder RV, Kfz-Haftpflichtversicherung) oder nach Grund und Höhe angemessen sind (§ 82 Abs. 2 Nr. 3 SGB XII), sind abzuziehen. Von der Angemessenheit der Beiträge ist bei privaten Kranken-, Renten-, Unfall- und Sterbegeldversicherungen auszugehen. Des Weiteren sind Hausrat-, Haftpflicht-, Feuer- und Diebstahlversicherungen grds. als angemessen zu betrachten[9].

64 § 82 Abs. 2 Nr. 4 SGB XII iVm § 115 Abs. 1 Satz 3 Nr. 1 Buchst. a ZPO regelt die Abzugsfähigkeit von notwendigen Ausgaben, die mit der Erzielung des Einkommens verbunden sind. Hinsichtlich dieser sog. **Werbungskosten** kann auf § 3 Abs. 4–7 der VO zu § 82 SGB XII verwiesen werden[10]. Nach § 82 Abs. 2 Nr. 5 SGB XII sind auch das **Arbeitsförderungsgeld** und die **Erhöhungsbeträge des Arbeitsentgelts** iSv. § 43 SGB IX vom Einkommen abzuziehen. Arbeitsförderungsgeld erhalten Werkstätten für Behinderte, die es zusätzlich zu den Vergütungen nach § 41 SGB IX an die Behinderten auszahlen. **Fahrtkosten** zur Arbeitsstätte sind nach § 3 Abs. 4 Nr. 2a der VO zur Durchführung des § 82 SGB XII mit monatlich 5,20 Euro je Entfernungskilometer bei maximal 40 zu berücksichtigenden Kilometern abzugsfähig[11].

65 § 115 Abs. 1 Nr. 1 Buchst. b ZPO bestimmt **für Erwerbstätige weitere Freibeträge**, die vom Einkommen in Abzug zu bringen sind, weil zum sozialhilferechtlichen Mindestbedarf auch ein mit der Erwerbstätigkeit

---

1 BGH v. 18.2.1992 – VI ZB 49/91, JurBüro 1993, 106.
2 Zöller/*Geimer*, § 115 ZPO Rz. 14.
3 Zöller/*Geimer*, § 115 ZPO Rz. 14; GK-ArbGG/*Bader*, § 11a Rz. 63.
4 Zöller/*Geimer*, § 115 ZPO Rz. 14; GK-ArbGG/*Bader*, § 11a Rz. 64.
5 BGH v. 30.9.2009 – XII ZB 135/07, NJW 2009, 3658; OLG Koblenz v. 24.1.1992 – 13 WF 1154/91, FamRZ 1992, 966; OLG Köln v. 30.3.1993 – 25 WF 35/93, FamRZ 1993, 1472; OLG Karlsruhe v. 30.11.1993 – 2 WF 80/93, FamRZ 1994, 714; aA LSG Berlin-Brandenburg v. 17.2.2009 – L 5 B 625/08 A; LAG Rh.-Pf. v. 27.11.2007 – 3 Ta 246/07.
6 BGH v. 8.1.2008 – VIII ZB 18/06, NJW-RR 2008, 595: Weitere Einkünfte neben ALG II.
7 OLG Düsseldorf v. 12.7.1993 – 3 W 289/93, Rpfleger 1994, 28; LSG Berlin v. 31.8.1992 – L 13 Vs 17/92, FamRZ 1993, 343.
8 Vgl. zu den Einzelheiten insbes. Zöller/*Geimer*, § 115 ZPO Rz. 15 mwN.
9 GK-ArbGG/*Bader*, § 11a Rz. 67 und 68; GMP/*Germelmann*, § 11a Rz. 40 und 41; Düwell/Lipke/*Wolmerath*, § 11a Rz. 11.
10 Hierzu ausführlich ErfK/*Koch*, § 11a ArbGG Rz. 13.
11 LAG Schl.-Holst. v. 26.8.2008 – 2 Ta 142/08.

verbundener Mehraufwand gehört, der mit dem Abzug der Werbungskosten nur unzureichend berücksichtigt wird. Hiernach ist bei erwerbstätigen Antragstellern ein zusätzlicher Betrag iHv. 50 % des Regelsatzes nach § 28 Abs. 2 SGB XII abzusetzen. Die Norm erfasst selbständige wie unselbständige Erwerbstätige. Das BMJV gibt den Betrag, der vom 1. Juli bis zum 30. Juni des Folgejahres abgezogen werden kann, jährlich im Bundesgesetzblatt bekannt (vgl. § 115 Abs. 1 Satz 5 ZPO)[1].

Weitere Abzugspositionen vom Einkommen des Antragstellers ergeben sich aus § 115 Abs. 1 Satz 3 Nr. 2 Buchst. a und b ZPO. Nach dieser Regelung sind für die **Partei und ihren Ehegatten oder Lebenspartner** 110 % des jeweiligen Regelsatzes für den Haushaltsvorstand (**Eckregelsatz**) abzuziehen. Lebenspartner iSd. § 115 Abs. 1 Satz 3 Nr. 2 Buchst. a ZPO sind nur solche Paare, die vor einer zuständigen Behörde eine Lebenspartnerschaft begründet haben (§ 1 LPartG)[2]. Für **jede weitere Person**, die aufgrund einer **gesetzlichen Unterhaltspflicht** unterhaltsberechtigt ist, sind gem. § 115 Abs. 1 Nr. 2 Buchst. b ZPO 70 % des nach Nr. 2a festgestellten Freibetrages abzugsfähig (77 % des Eckregelsatzes). Maßgebend ist dabei der Regelsatz, der im Zeitpunkt der Bewilligungsentscheidung über den Prozesskostenhilfeantrag gilt. Die Beträge werden auch hier jährlich für den Zeitraum vom 1. Juli bis 30. Juni des Folgejahres vom BMJV im Bundesgesetzblatt bekannt gegeben[3]. Verfügt die unterhaltsberechtigte Person über **eigenes Einkommen**, so ist dieses von dem Unterhaltsfreibetrag in Abzug zu bringen (§ 115 Abs. 1 Satz 7 ZPO). Zuvor ist dieses Einkommen jedoch um die in § 82 Abs. 2 SGB XII genannten Beträge zu vermindern. Ist der Antragsteller gemeinsam mit seinem Ehegatten derselben Person unterhaltspflichtig, findet keine Aufteilung des Unterhaltsfreibetrages zwischen den Ehegatten statt. Bei jedem von ihnen ist vielmehr der Unterhaltsfreibetrag ungeteilt zu berücksichtigen[4].

Gewährt der Antragsteller den Unterhalt nicht durch Betreuung der unterhaltsberechtigten Person im eigenen Haushalt, sondern bspw. an studierende Kinder durch **Zahlung einer Geldrente**, ist diese an Stelle des Freibetrages vom Einkommen abzuziehen (§ 115 Abs. 1 Satz 8 ZPO). Dabei ist die Geldrente grds. in ihrer konkreten Höhe abzugsfähig. Wird jedoch ein übermäßig hoher Unterhaltsbetrag geleistet, so ist der Abzug auf ein angemessenes Maß zu beschränken[5]. Wird die Unterhaltsleistung teils durch Betreuung, teils durch Zahlung einer Rente erbracht, so ist die Betreuungsleistung zu schätzen, und es kann eine Addition der Beträge stattfinden[6].

Nach § 115 Abs. 1 Satz 3 Nr. 3 ZPO vermindert sich das Einkommen des Antragstellers um die **Kosten für Unterkunft und Heizung**. Von den Kosten umfasst sind der tatsächlich gezahlte Mietzins und die Mietnebenkosten einschließlich etwaiger Umlagen für Betriebskosten, nicht dagegen Aufwendungen für Wasser sowie für nicht zur Heizung verwendbare Energie, da diese Kosten bereits in dem Freibetrag nach § 115 Abs. 1 Satz 3 Nr. 2 ZPO enthalten sind[7]. Darüber hinaus beinhalten die Kosten für die Unterkunft die **Belastung durch Fremdmittel** für den Erwerb einer Wohnung oder eines Hauses sowie die Instandhaltungskosten[8]. Eine Abzugsfähigkeit der Unterkunftskosten besteht allerdings nicht, wenn sie in einem **auffälligen Missverhältnis** zu den Lebensverhältnissen der Partei stehen (§ 115 Abs. 1 Satz 3 Nr. 3 ZPO). Ein solches auffälliges Missverhältnis liegt vor bei offensichtlichem Luxus vor. Davon ist auszugehen, wenn die Unterkunftskosten mehr als die Hälfte des Nettoeinkommens betragen[9]. In diesem Fall ist das Einkommen um Kosten für die Unterkunft in angemessener Höhe zu vermindern[10]. Lebt ein Lebenspartner oder Angehöriger mit eigenem Einkommen im Haushalt des Antragstellers, ist sein Mietanteil im Verhältnis zum Einkommen der Partei aufzuteilen[11].

---

1 Zur Höhe der maßgebenden Beträge ab dem 1.1.2014, vgl. Bek. v. 6.12.2013 – I 4088 (PKHB 2014): 206 Euro.
2 Zöller/*Geimer*, § 115 ZPO Rz. 29.
3 Zur Höhe der maßgebenden Beträge ab dem 1.1.2017, vgl. Bek. v. 12.12.2016 – I S. 2869 (PKHB 2017): für Parteien, die ein Einkommen aus Erwerbstätigkeit erzielen 215,– Euro; für die Partei, ihren Ehegatten oder Lebenspartner 473 Euro, für jede weitere unterhaltsberechtigte Person in Abhängigkeit von ihrem Alter: Erwachsene 377 Euro, 15.–18. Lebensjahr 359 Euro, 7.–14. Lebensjahr 333 Euro und bis zur Vollendung des 6. Lebensjahrs 272 Euro.
4 Zöller/*Geimer*, § 115 ZPO Rz. 31; aA GMP/*Germelmann*, Rz. 36.
5 GK-ArbGG/*Bader*, § 11a Rz. 77; Zöller/*Geimer*, § 115 ZPO Rz. 32.
6 OLG Köln v. 19.1.1989 – 4 WF 11/89, FamRZ 1989, 524 (525).
7 BGH v. 8.1.2008 – VIII ZB 18/06, NJW-RR 2008, 595.
8 Zöller/*Geimer*, § 115 ZPO Rz. 35; aA LAG Schl.-Holst. v. 25.1.1989 – 5 Ta 211/88, LAGE § 115 ZPO Nr. 37; GK-ArbGG/*Bader*, § 11a Rz. 78 und 80.
9 OLG Brandenburg v. 16.10.2000 – 9 WF 187/00, FamRZ 2001, 1085.
10 Zöller/*Geimer*, § 115 ZPO Rz. 35.
11 Arbeitsrechtslexikon/*Schwab*, Prozesskostenhilfe A I 1. d.

69 § 115 Abs. 1 Satz 3 Nr. 4 ZPO regelt den **speziellen Mehrbedarf nach § 21 SGB II und nach § 30 SGB XII**. Solche Leistungen sind zunächst als Einkommen zu behandeln und sodann wieder pauschal abzuziehen[1].

70 § 115 Abs. 1 Satz 3 Nr. 5 ZPO bestimmt, dass vom Einkommen der Partei **weitere Beträge** absetzbar sind, soweit dies **mit Rücksicht auf besondere Belastungen** angemessen ist. § 1610a BGB gilt entsprechend, dh. werden für Aufwendungen infolge eines Körper- oder Gesundheitsschadens Leistungen in Anspruch genommen, dann wird vermutet, dass die Kosten der Aufwendungen nicht geringer sind als die Höhe dieser Leistungen. Bei der Auslegung des Begriffes der besonderen Belastungen ist an § 28 SGB XII anzuknüpfen. Als besondere Belastung sind alle Kosten anzusehen, die nicht durch den Regelsatz des § 28 SGB XII abgedeckt werden (vgl. § 1 RegelsatzVO)[2], wie bspw. Anwaltskosten aus früheren Prozessen[3], Ratenzahlungen aus anderen Verfahren mit Prozesskostenhilfe[4], Ausgaben für Nachhilfeunterricht[5], Aufwendungen für Fort- und Weiterbildungen[6], Kosten für zusätzliche ärztliche Behandlungen[7], Unterhaltsleistungen aufgrund von sittlichen Verpflichtungen[8], Belastungen im Zusammenhang mit Familienereignissen (Geburt, Heirat, Tod)[9], nicht jedoch die ratenweise Begleichung einer Geldstrafe[10].

71 Zu den besonderen Belastungen, die angemessen und damit vom Einkommen abzugsfähig sind, gehören des Weiteren Darlehensschulden und daraus resultierende **Abzahlungsverpflichtungen**. Ob es auf den Anlass und die Erforderlichkeit der Schuldaufnahme ankommt, ist streitig[11]. Zwar soll sich die Partei in ihrer Lebensführung nicht deshalb übermäßig einschränken, um den Rechtsstreit führen zu können, anderseits besteht kein Grund, die Allgemeinheit mit Prozesskosten zu belasten, wenn der Antragsteller aufgrund einer Kreditaufnahme bedürftig wird, die für Luxusausgaben erfolgt ist. Zahlungsverpflichtungen wegen Anschaffungskrediten, die in Kenntnis eines bevorstehenden Prozesses oder währenddessen eingegangen werden, bleiben in jedem Fall unberücksichtigt[12]. Eine Ausnahme gilt nur für den Fall, dass es sich um die Anschaffungen lebenswichtiger Güter handelt[13]. Schulden sind im Rahmen von § 115 ZPO als abzusetzender Betrag aber nur dann in Abzug zu bringen, wenn sie auch **tatsächlich getilgt** werden, denn nur dann stellen sie effektive Belastungen für den Antragsteller dar[14].

bb) Vermögensbegriff

72 Verfügt die antragstellende Partei über **einsetzbares Vermögen**, so hat sie zunächst hierauf Zugriff zu nehmen, soweit dies zumutbar ist (§ 115 Abs. 3 Satz 1 ZPO). Der Begriff des Vermögens entspricht dem Vermögensbegriff in § 90 SGB XII. Unter Vermögen wird hiernach die Gesamtheit der verwertbaren Güter einer Person verstanden, die in Geld geschätzt werden können und nicht zum Einkommen zählen. Hierzu gehören alle beweglichen und unbeweglichen Sachen, Forderungen und sonstige Rechte[15].

(1) Verwertbarkeit

73 Das Vermögen muss **verwertbar** sein. Eine Verwertbarkeit der Vermögensgegenstände ist anzunehmen, wenn sie tatsächlich bereitstehen und geeignet sind, die Hilfsbedürftigkeit zu beseitigen[16]. Die tatsächliche Verwertbarkeit ist in § 90 Abs. 2 SGB XII teilweise durch einen Katalog bestimmter Vermögensbestandteile ausgeschlossen (**Schonvermögen**). Der Katalog ist nicht abschließend.

---

1 Arbeitsrechtslexikon/*Schwab*, Prozesskostenhilfe A I 1.1 e.
2 Zöller/*Geimer*, § 115 ZPO Rz. 36.
3 OLG Köln v. 24.8.1992 – 16 W 39/92, FamRZ 1993, 579 (579 f.).
4 Arbeitsrechtslexikon/*Schwab*, Prozesskostenhilfe A I 1.1 f.
5 OLG Düsseldorf v. 29.8.1980 – 3 WF 191/80, FamRZ 1981, 75 (76).
6 GK-ArbGG/*Bader*, § 11a Rz. 80.
7 OLG Düsseldorf v. 29.8.1980 – 3 WF 190/80, FamRZ 1981, 76 (77).
8 OLG Bremen v. 3.6.1996 – 5 WF 59/96, FamRZ 1997, 76 (76 f.) mwN; OLG Stuttgart v. 15.10.2004 – 8 WF 112/04, MDR 2005. 413.
9 GK-ArbGG/*Bader*, § 11a Rz. 80.
10 BGH v. 12.1.2001 – XII ZB 181/10, NJW 2011, 1007.
11 LAG Nürnberg v. 4.10.1988 – 3 Ta 110/88, LAGE § 115 ZPO Nr. 32; OLG Hamm v. 1.6.1987 – 11W 55/87, Jur-Büro 1987, 1416; aA aber OLG Düsseldorf v. 24.3.1983 – 18 U 250/82, MDR 1984, 150; LAG Köln v. 22.7.2009 – 12 Sa 301/09.
12 LAG Nürnberg v. 4.10.1988 – 3 Ta 110/88, LAGE § 115 ZPO Nr. 32; OLG Hamm v. 1.6.1987 – 11 W 55/87, Jur-Büro 1987, 1416; OLG Bamberg v. 19.3.1986 – 2 WF 86/86, FamRZ 1986, 699 (700); LAG Köln v. 13.6.2003 – 7 Ta 250/01.
13 Zöller/*Geimer*, § 115 ZPO Rz. 38.
14 LAG Rh.-Pf. v. 17.3.2004 – 2 Ta 60/04, MDR 2004, 718.
15 GMP/*Germelmann*, § 11a Rz. 43.
16 BVerwG v. 24.4.1968 – VC 48/67, SozArb 1968, 455.

Nach dem Katalog des § 90 Abs. 2 SGB XII findet **Vermögen, das aus öffentlichen Mitteln zum Aufbau** 74
oder zur Sicherung einer Lebensgrundlage oder zur Gründung eines Hausstandes gewährt wird, keine Berücksichtigung (Nr. 1). Weiterhin wird der Antragsteller vor dem Verlust seiner **staatlich geförderten Altersvorsorge** iSv. Versicherungen oder Kapitalmarktprodukten („Riester-Rente") geschützt (Nr. 2). Ebenfalls unberücksichtigt bleibt **Vermögen, das zur baldigen Beschaffung oder Erhaltung eines Hausgrundstücks zu Wohnzwecken Behinderter, Blinder oder Pflegebedürftiger** dienen soll, soweit dieser Zweck durch eine Verwertung gefährdet würde (Nr. 3). Weiterhin ist der **angemessene Hausrat** unter Beachtung der bisherigen Lebensverhältnisse des Antragstellers von der Verwertung ausgeschlossen (Nr. 4). Das Gleiche gilt für **Gegenstände, die zur Aufnahme oder Fortsetzung der Berufsausbildung oder der Erwerbstätigkeit unentbehrlich sind** (Nr. 5); für **Familien- und Erbstücke**, deren Veräußerung für die Partei oder seine Familie eine besondere Härte bedeuten würde (Nr. 6); für **Gegenstände, die zur Befriedigung geistiger, besonders wissenschaftlicher oder künstlerischer Bedürfnisse dienen** und deren Besitz kein Luxus ist (Nr. 7), und für ein **angemessenes Hausgrundstück**, wenn der Antragsteller es allein oder mit seiner Familie bewohnt (Nr. 8)[1]. Darüber hinaus sind **kleinere Barbeträge oder sonstige Geldwerte** nicht verwertbar, wobei eine besondere Notlage der nachfragenden Person Berücksichtigung findet (Nr. 9). Als Leitlinie für die Höhe der Barbeträge oder sonstigen Geldwerte kann die VO zu § 90 Abs. 2 Nr. 9 SGB XII als Richtschnur herangezogen werden[2]; sie entfaltet allerdings keine rechtliche Bindungswirkung[3].

(2) Zumutbarkeit

Der Antragsteller hat sein Vermögen nur im Rahmen der **Zumutbarkeit** einzusetzen (§ 115 Abs. 3 Satz 1 75
Halbs. 2 ZPO). Die Zumutbarkeit der Verwertung ist neben der Frage, ob die Verwertung eines Vermögensbestandteils eine **besondere Härte** (§ 115 Abs. 3 Satz 2 ZPO, § 90 Abs. 3 SGB XII) für den Antragsteller darstellt, separat zu prüfen. Der Zumutbarkeitsmaßstab ist weiter auszulegen als die Härteklausel in § 90 Abs. 3 SGB XII. Die Härteregelung ermöglicht es, in besonders begründeten Einzelfällen Ausnahmen von den Grundsätzen des § 90 Abs. 1 und 2 SGB XII zuzulassen, so dass nicht sämtliches Vermögen außer dem Schonvermögen der Verwertung zugänglich ist. Die „normalen" Unannehmlichkeiten, die regelmäßig mit der Verwertung von Vermögensgegenständen für den Antragsteller verbunden sind, reichen jedoch nicht aus[4]. Unzumutbar kann hingegen die Verwertung eines Vermögensbestandteils auch aus persönlichen Gründen oder sittlichen Verpflichtungen sein. Ebenso kommt eine Unzumutbarkeit für den Antragsteller dann in Betracht, wenn ein Vermögensgegenstand nur zu einem erheblichen Mindererlös verwertet werden kann[5].

Bei der Beantragung von Prozesskostenhilfe kann es der antragstellenden Partei zuzumuten sein, ein durch 76
Veräußerung eines früheren Familienheims erlangtes Vermögen einzusetzen[6]. Allerdings kann der **Einsatz eines Hausgrundstücks** nicht verlangt werden, wenn die voraussichtlichen Gerichts- und Anwaltskosten verhältnismäßig gering sind oder der Einsatz des Hausgrundstücks voraussichtlich zu Einbußen führen würde, die die Kostenlast um ein Vielfaches übersteigen[7].

Nach Maßgabe der Umstände des Einzelfalles kann ein im Eigentum der Partei stehender **Personenkraft-** 77
wagen als einzusetzendes Vermögen iSv. § 115 Abs. 2 ZPO anzusehen sein und der Bewilligung von Prozesskostenhilfe entgegenstehen[8].

Abfindungen für den Verlust des Arbeitsplatzes sind dem Vermögen der Partei zuzurechnen, sobald sie 78
tatsächlich an die Partei gezahlt worden sind[9]. Dies kann insbesondere zu nachträglichen Änderungen der Entscheidung über die zu zahlenden Raten nach § 120 Abs. 4 ZPO führen. Maßgebend für die Frage, ob eine Abfindung, die der Antragsteller für den Verlust seines Arbeitsplatzes erhalten hat, der Verwertung zugänglich ist, ist folgende, zwischenzeitlich vom BAG angestellte Betrachtung[10]: Zunächst ist § 90 Abs. 2 Nr. 9 SGB XII mit der hierzu ergangenen VO anzuwenden; die Mindestbeträge (**Schonbeträge**), die sich hieraus ergeben, sind der Partei von ihrem Vermögen zu belassen. Dabei sind nicht nur die Abfindung,

---
1 Vgl. hierzu ErfK/*Koch*, § 11a ArbGG Rz. 23.
2 Derzeitige Schonbeträge für die Partei 2 600 Euro, für jede weitere unterhaltsberechtigte Person 256 Euro.
3 LAG Hamm v. 5.7.2010 – 14 Ta 529/09, LAGE § 115 ZPO 2002 Nr. 5.
4 GMP/*Germelmann*, § 11a Rz. 46; Musielak/*Fischer*, § 115 ZPO Rz. 48; vgl. auch § 90 Abs. 3 Satz 2 SGB XII.
5 GMP/*Germelmann*, § 11a Rz. 46.
6 Hierzu BGH v. 31.10.2007 – XII ZB 55/07, NJW-RR 2008, 302 mwN; LSG NRW v. 4.2.2009 – L 7 B 387/08 A.
7 LAG Nürnberg v. 9.12.2004 – 2 Ta 218/04, NZA-RR 2005, 497.
8 OVG Münster v. 30.9.1996 – 8 E 401/95, NJW 1997, 540.
9 BAG v. 24.4.2006 – 3 AZB 12/05, NZA 2006, 751; LAG Köln v. 24.10.2007 – 11 Ta 313/07, NZA-RR 2008, 322; LAG Köln v. 13.3.2008 – 7 Ta 250/07.
10 BAG v. 26.4.2006 – 3 AZB 54/04, MDR 2007, 95; LAG Hamm v. 18.9.2006 – 18 Ta 539/06.

sondern auch sämtliche kleineren Barbeträge und sonstigen Geldwerte iSv. § 90 Abs. 2 Nr. 9 SGB XII zu berücksichtigen[1]. Anschließend sind unter dem Gesichtspunkt der Zumutbarkeit iSv. § 115 Abs. 3 Satz 1 ZPO Umstände des Einzelfalls, bspw. die Höhe der Abfindung, das Vorhandensein eines neuen Arbeitsplatzes, die voraussichtliche Dauer der Arbeitslosigkeit oder die Lebensführung des Antragstellers zu berücksichtigen[2]. Da sich die Prognose über die (möglicherweise) entstehenden Kosten äußerst schwierig gestalten kann, empfiehlt das BAG eine Pauschalierung in Höhe des Schonbetrags für Ledige nach der VO zu § 90 Abs. 2 Nr. 9 SGB XII. Dieser Pauschalbetrag wird dann zusätzlich zu dem ohnehin nach § 90 Abs. 2 Nr. 9 SGB XII zu berücksichtigenden Schonbetrag des Antragstellers von der Abfindung abgezogen. Schließlich kommt die Härteregelung des § 90 Abs. 3 SGB XII zur Anwendung, wonach die Abfindungssumme dann nicht als Vermögensbestandteil einzusetzen wäre, wenn und soweit ihre Verwertung eine angemessene Lebensführung des Antragstellers erschweren würde. Da die Zumutbarkeitsregelung des § 115 Abs. 3 ZPO allerdings geringere Anforderungen stellt als die Härteregelung des § 90 Abs. 3 SGB XII, wird diese weitestgehend verdrängt und findet nur auf atypische, ungewöhnliche Lebenssachverhalte Anwendung[3].

79 Verfügbares Kapital ist grds. von der Partei einzusetzen. Hierzu zählen zum einen **Sparguthaben**. Auch **Lebensversicherungen und Investmentanlagen** sind Vermögen iSv. § 115 Abs. 3 ZPO, sofern sie nicht der Altersvorsorge dienen (wie bspw. „Riester-Rente")[4], soweit sie verwertbar und mit begründeter Aussicht tatsächlich realisierbar sind. Hierfür ist auch eine Beleihung in Betracht zu ziehen; einer Auflösung bedarf es nicht zwingend[5]. Deren Verwertung ist zumutbar, wenn der Wert der Versicherung im Rückkaufsfall nicht in voller Höhe realisiert werden kann[6] oder wenn der Rückkaufswert deutlich unter der Summe der gezahlten Beiträge liegt; Abschläge sind in Kauf zu nehmen[7]. Auch **Bausparverträge** sind einzusetzendes Vermögen; ihre Verwertung kann aber im Einzelfall unzumutbar sein, zB wenn die gesetzliche Sperrfrist noch nicht abgelaufen und der Bausparvertrag noch nicht zuteilungsreif ist[8].

80 Besteht eine **Rechtsschutzversicherung**, so stellt diese einen geldwerten Vermögensbestandteil dar, soweit die Versicherung die Gewährung von Rechtsschutz zugesagt hat. Ist der Anspruch hingegen nicht realisierbar, da eine Deckung nicht erteilt wird, ist ein einzusetzender Vermögenswert nicht gegeben[9]. Von der Partei kann nicht verlangt werden, dass sie bei Versagung des Rechtsschutzes zunächst gegen die Versicherung gerichtlich vorgeht[10]. Sofern eine Rechtsschutzzusage erfolgt ist, aber eine Selbstbeteiligung vorgesehen ist, kann in Höhe der Selbstbeteiligung Prozesskostenhilfe bewilligt werden[11].

81 Die Bewilligung von Prozesskostenhilfe kann ferner nur erfolgen, wenn für die antragstellende Partei keine Möglichkeit besteht, sich durch einen **Verbandsvertreter** im Prozess vertreten zu lassen. So stellt insbesondere die in der Praxis relevante Möglichkeit eines ArbN, zur Durchführung eines Arbeitsgerichtsprozesses **gewerkschaftlichen Rechtsschutz** in Anspruch zu nehmen, Vermögen iSd. § 115 ZPO dar, solange die Gewerkschaft Rechtsschutz nicht abgelehnt hat oder es als sicher erscheint, dass dies geschehen wird. Etwas anderes gilt nur dann, wenn eine erhebliche Störung des Vertrauensverhältnisses zwischen der Gewerkschaft und ihrem Mitglied vorliegt[12]. Davon ist bspw. bei der Durchführung eines Kündigungsschutzverfahrens auszugehen, wenn der BR, der mehrheitlich von den Mitgliedern seiner Gewerkschaft gestellt wird, der Kündigung zugestimmt hat[13]. Fehlende Vertretungsmöglichkeit ist anzunehmen, wenn der Verband die Vertretung der Partei ablehnt, obwohl ein Anspruch besteht; in diesem Fall ist es dem Verbandsmitglied grds. nicht zuzumuten, diesen Anspruch zunächst im Prozesswege gegen den Verband (im Wege eines einstweiligen Rechtsschutzverfahrens) durchzusetzen[14]. Etwas anderes gilt in den Fällen, in denen die

---

1 Für die etwaige Annahme eines weiteren Schonbetrages auch: LAG Köln v. 8.6.2012 – 5 TA 103/12, LAGE § 115 ZPO 2002 Nr. 7; LAG Nürnberg v. 24.8.1989 – 4 Ta 39/89, LAGE § 115 ZPO Nr. 40.
2 Ebenso GK-ArbGG/*Bader*, § 11a Rz. 87.
3 BAG v. 5.5.2006 – 3 AZB 62/04, NZA-RR 2006, 616.
4 LAG Köln v. 27.5.2009 – 9 Ta 199/09.
5 LAG Sa.-Anh. v. 1.2.2013 – 2 Ta 142/12; BAG v. 25.11.2008 – 3 AZB 55/08; LAG Düsseldorf v. 27.10.2009 – 3 Ta 638/09; LAG Berlin-Brandenburg v. 4.2.2010 – 10 Ta 2433/09; BGH v. 9.6.2010 – XII ZB 120/08, NJW 2010, 2887.
6 BAG v. 5.5.2006 – 3 AZB 62/04, NZA-RR 2006, 616; BGH v. 9.6.2010 – XII ZB 120/08, NJW 2010, 2887.
7 BVerwG v. 19.12.1997 – 5 C 7/96, NJW 1988, 1879.
8 BAG v. 26.4.2006 – 3 AZB 54/04, NZA 2007, 646.
9 LAG Rh.-Pf. v. 28.4.1988 – 1 Ta 76/88, LAGE § 115 ZPO Nr. 31; BGH v. 14.7.1981 – IVa ZR 9/81, ZIP 1981, 1034.
10 LAG Düsseldorf v. 12.11.1981 – 7 Ta 153/81, AnwBl 1982, 77.
11 LAG Rh.-Pf. v. 9.7.2011 – 1 Ta 118/12.
12 BAG v. 5.11.2012 – 3 AZB 23/12, AP Nr. 10 zu § 115 ZPO; LAG Bremen v. 8.11.1994 – 4 Sa 260, 267/94, NZA 1995, 912.
13 LAG Bremen v. 19.9.1984 – 2 Ta 28/84, ArbuR 1985, 229; vgl. auch *Oswalt*, AnwBl 1987, 484 f.; *Brommann*, RdA 1984, 342.
14 LAG Nds. v. 1.7.1983 – 12 Ta 18/83, AnwBl 1984, 164; LAG Schl.-Holst. v. 8.6.1983 – 4 Ta 80/83, NJW 1984, 830.

Partei durch vorsätzliches Verhalten die Ablehnung der Vertretung durch den Verband verursacht hat[1]. Dagegen hat der **BR die Möglichkeit zu wählen**, ob er seine Interessen in einem Beschlussverfahren gegen den ArbGeb selbst vertreten oder sich dazu eines Rechtsanwalts oder eines Vertreters einer Gewerkschaft bedienen will[2].

Der unterhaltsrechtliche Anspruch auf Gewährung eines **Prozesskostenvorschusses durch den Ehegatten** gem. § 1360a BGB stellt verwertbares Vermögen des Antragstellers dar. § 1360a BGB gilt gem. § 5 LPartG entsprechend für **Lebenspartner**. Voraussetzung für einen solchen Anspruch ist, dass der anstehende Rechtsstreit eine persönliche Angelegenheit darstellt. Der Begriff der persönlichen Angelegenheit ist eng auszulegen; erforderlich ist eine genügend enge Verbindung zu der Person oder den persönlichen Bedürfnissen des Ehegatten. Jedenfalls bei Bestandsstreitigkeiten soll nach Ansicht des BAG wegen der Bedeutung des Arbeitsverhältnisses für die Würde und die Persönlichkeitsentfaltung des ArbN eine persönliche Angelegenheit iSd. § 1360a BGB vorliegen[3]. Der Anspruch auf Prozesskostenvorschuss stellt somit einen Vermögensbestandteil dar, soweit er alsbald realisierbar ist und soweit seine Durchsetzung zumutbar und nicht mit Rechtseinbußen verbunden ist. Auf einen unsicheren Prozess über den Vorschuss muss sich der Antragsteller daher nicht einlassen. Darüber hinaus ist die Regelung des § 115 Abs. 1 Satz 3 Nr. 2 Buchst. a ZPO abschließend, so dass das Einkommen des Ehegatten nur in diesem Rahmen zu berücksichtigen ist[4].

82

Soweit sich der Antragsteller auf die Unzumutbarkeit beruft, hat er dies nach § 118 Abs. 2 ZPO **glaubhaft zu machen**, wenn das Gericht ihn hierzu auffordert. Er ist verpflichtet, die entsprechenden Tatsachen im Einzelnen vorzutragen und die dazugehörigen Belege beizubringen.

83

cc) Anzahl und Höhe monatlicher Raten

Die Partei hat nach § 115 Abs. 1 ZPO zunächst ihr Einkommen einzusetzen. Das ermittelte monatliche Einkommen ist dabei gem. § 115 Abs. 2 ZPO auf volle Euro abzurunden. Die bisherige Tabelle des § 115 Abs. 2 ZPO, aus der sich die Höhe der monatlichen Raten ergab, wurde abgeschafft und stattdessen der Abs. 2 vollständig neu gefasst. Nunmehr wird ab 1.1.2014 die **Prozesskostenhilfe-Rate durch Halbierung des einzusetzenden Einkommens ermittelt**. Der Ratenbetrag ist auf volle Euro abzurunden. Beträgt die Rate weniger als 10 Euro, ist von einer Ratenanordnung abzusehen. Macht das einzusetzende Einkommen mehr als 600 Euro aus, beträgt die Monatsrate 300 Euro zuzüglich des Teils des einzusetzenden Einkommens, der 600 Euro übersteigt.

84

Wird eine Ratenzahlungsverpflichtung festgesetzt, verbleibt es dabei, dass gem. § 115 Abs. 2 ZPO unabhängig von der Anzahl der Rechtszüge **höchstens 48 Monatsraten** aufzubringen sind. Maßgebend sind die tatsächlich geleisteten Raten, nicht der zeitliche Ablauf der 48 Monate. Entfällt die Ratenzahlungsverpflichtung zeitweilig wegen Verschlechterung der Einkommensverhältnisse, zählen die ratenfreien Monate bei der Berechnung der 48 Monate nicht mit. Das Gleiche gilt, wenn die Partei zunächst keine Raten zahlt, weil ihr Einkommen zu gering ist, und die Verpflichtung zur Ratenzahlung erst nach Verbesserung ihres Einkommens einsetzt. Anderenfalls entstünde eine Unvereinbarkeit mit § 120 Abs. 4 Satz 3 ZPO, denn hierdurch wird eine Änderung der Prozesskostenhilfe zum Nachteil der Partei ausgeschlossen, wenn seit der rechtskräftigen Entscheidung über die Hauptsache vier Jahre vergangen sind. Würden ratenfreie Monate bei der Berechnung der 48 Monate berücksichtigt, könnten keine Raten mehr nachgefordert werden, obwohl die Frist des § 120 Abs. 4 Satz 3 ZPO noch nicht abgelaufen ist[5].

85

Übersteigen die Kosten der Prozessführung **vier Monatsraten** nicht, so scheidet nach § 115 Abs. 3 ZPO die Bewilligung von Prozesskostenhilfe aus.

86

c) Hinreichende Aussicht auf Erfolg

Voraussetzung für die Bewilligung von Prozesskostenhilfe ist nach § 114 ZPO, dass im Zeitpunkt der Entscheidung über den Antrag auf Prozesskostenhilfe die beabsichtigte Rechtsverfolgung oder -verteidigung hinreichende Aussicht auf Erfolg hat[6].

87

---

1 LAG Hessen v. 8.6.1984 – 4 Ta 159/84, NZA 1984, 236; *Müller/Bauer*, Der Anwalt vor den Arbeitsgerichten, S. 162; Arbeitsrechtslexikon/*Schwab*, Prozesskostenhilfe A. I.4.; aA GK-ArbGG/*Bader*, § 11a Rz. 194.
2 BAG v. 4.12.1979 – 6 ABR 37/76, AP Nr. 18 zu § 40 BetrVG 1972.
3 BAG v. 5.4.2006 – 3 AZB 61/04, NZA 2006, 694; LAG Berlin-Brandenburg v. 26.6.2009 – 26 Ta 788/09, FamRZ 2010, 143; aA LAG Hamburg v. 19.4.1989 – 2 Ta 3/89, LAGE § 115 ZPO Nr. 36.
4 Vgl. auch BAG v. 5.4.2006 – 3 AZB 61/04, NZA 2006, 694.
5 *Zöller/Geimer*, § 115 ZPO Rz. 44 f.
6 LAG Köln v. 18.12.2006 – 4 Ta 449/06; LAG Köln v. 27.9.2006 – 2 Ta 383/06, EzA-SD 2006, Nr. 25, 16; LAG Rh.-Pf. v. 3.8.2007 – 8 Ta 186/07; LAG Rh.-Pf. v. 1.4.2008 – 9 Ta 53/08, NZA-RR 2008, 604.

88 Es besteht **eine hinreichende Erfolgsaussicht für die Rechtsverfolgung** dann, wenn das Gericht den Rechtsstandpunkt des Antragstellers aufgrund seiner Sachdarstellung und der vorhandenen Unterlagen für zutreffend oder zumindest für vertretbar hält[1]. Bei der Beurteilung der Erfolgsaussicht darf **der angelegte Maßstab nicht überspannt** werden. Anderenfalls würde der Zweck der Prozesskostenhilfe, nämlich die Angleichung der Situation von bemittelten und unbemittelten Parteien bei der Verwirklichung des Rechtsschutzes gefährdet[2]. Die Prüfung der Erfolgsaussichten darf nicht dazu führen, dass das Nebenverfahren der Prozesskostenhilfe an die Stelle des Hauptsacheverfahrens tritt. Durch die Gewährung von Prozesskostenhilfe soll dem Hilfesuchenden kein Rechtsschutz geboten werden, sondern für ihn soll lediglich die Möglichkeit geschaffen werden, seine Rechte wahrnehmen zu können[3]. Es ist deshalb ausreichend, wenn es das Gericht aufgrund einer **summarischen Prüfung der Sach- und Rechtslage** für möglich erachtet, dass der Antragsteller mit seinem Begehren durchdringen kann. Sein **Rechtsstandpunkt muss vertretbar erscheinen** und die Möglichkeit einer Beweisführung in tatsächlicher Hinsicht bestehen[4]. Von hinreichenden Erfolgsaussichten ist insbesondere auch bei ungeklärten Rechtsfragen[5] oder bei Zulassung der Berufung bzw. Revision wegen der grundsätzlichen Bedeutung der Sache auszugehen. Mangelnde Aussicht auf Erfolg ist andererseits anzunehmen, wenn die Klage unschlüssig oder das Verteidigungsvorbringen unerheblich ist[6].

89 Bei **Abschluss eines gerichtlichen Vergleichs** ist von hinreichenden Erfolgsaussichten der Klage auszugehen, soweit der Antragsteller mit seinem Begehren erfolgreich war. Verlangt die Partei darüber hinaus Prozesskostenhilfe für einen etwaigen Mehrwert, kommt es für die erforderliche Erfolgsaussicht nicht darauf an, ob der Partei Erfolgsaussichten zur Seite gestanden hätten, wenn über den zusätzlich in den Vergleich einbezogenen Gegenstand ein Prozess geführt worden wäre. Vielmehr besteht eine Erfolgsaussicht dann, wenn zu erwarten ist, dass ein Vergleich zustande kommt[7]. Für die Protokollierung eines Vergleichs, über den sich die Parteien vor Beantragung der Prozesskostenhilfe geeinigt haben, kann Prozesskostenhilfe hingegen nicht gewährt werden; hierbei handelt es sich weder um die Verfolgung noch um die Verteidigung von Rechten des Antragstellers[8].

90 In **Berufungs- oder Revisionsverfahren** hat das Gericht keine Erfolgsaussichten zu prüfen, wenn der Antragsteller in der vorherigen Instanz obsiegt hat (§ 119 Satz 2 ZPO). Dem Rechtsmittelgegner ist Prozesskostenhilfe grds. erst dann zu bewilligen, wenn das Rechtsmittel begründet worden ist und die Voraussetzungen für seine Verwerfung nicht gegeben sind[9].

91 Prozesskostenhilfe kann **beiden Parteien gleichzeitig** bewilligt werden, wenn die beiderseits schlüssigen Ausführungen durch Beweisanträge gestützt sind[10].

92 Der maßgebliche **Zeitpunkt für die Prüfung der Erfolgsaussicht** iSv. § 114 ZPO in der Hauptsache ist der Zeitpunkt der Entscheidungsreife des Prozesskostenhilfe-Antrags und demnach der Zeitpunkt, in dem das Prozesskostenhilfegesuch vollständig einschließlich der Erklärungen über die persönlichen und wirtschaftlichen Verhältnisse vorliegt und der Gegner angehört wurde[11].

d) Keine Mutwilligkeit der Rechtsverfolgung

93 § 114 Abs. 2 ZPO definiert mittlerweile das Merkmal der Mutwilligkeit für die Rechtsverfolgung oder -verteidigung. Hiernach ist ein **Vergleich anzustellen mit einer nicht bedürftigen Partei**, die trotz hinreichender Erfolgsaussichten bei verständiger Würdigung aller Umstände von einer Rechtswahrnehmung absehen würde. Bei der Beurteilung der Frage der Mutwilligkeit ist auf den Einzelfall abzustellen.

94 Mutwilligkeit ist bspw. gegeben, wenn ein Obsiegen der antragstellenden Partei **keinen nennenswerten wirtschaftlichen Vorteil** bringt[12].

---

1 BGH v. 14.12.1993 – VI ZR 235/92, NJW 1994, 1161.
2 BVerfG v. 7.4.2000 – 1 BvR 81/00, NZA 2000, 900; BVerfG v. 14.10.2003 – 1 BvR 901/03, NJW 2004, 1236; LAG Köln v. 30.12.2008 – 4 TA 410/08.
3 BVerfG v. 7.4.2000 – 1 BvR 81/00, NZA 2000, 900.
4 BGH v. 8.5.2013 – XII ZB 624/12, NJW 2013, 2198; BVerfG v. 4.2.2004 – 1 BvR 596/03, NJW 2004, 1789.
5 BVerfG v. 19.12.2008 – 1 BvR 1807/07, MDR 2008, 518; BGH v. 27.1.1982 – IVb ZB 925/80, NJW 1982, 1104.
6 GMP/*Germelmann*, § 11a Rz. 108.
7 BAG v. 16.2.2012 – 3 AZB 34/11, NZA 2012, 1390.
8 LAG Köln v. 18.12.2006 – 4 Ta 449/06.
9 BAG v. 15.2.2005 – 5 AZN 781/04 (A), NZA 2005, 431.
10 Zöller/*Geimer*, § 114 ZPO Rz. 27.
11 Arbeitsrechtslexikon/*Schwab*, Prozesskostenhilfe. A I 2; LAG Rh.-Pf. v. 1.4.2008 – 9 Ta 53/08, NZA-RR 2008, 604; vgl. hierzu auch Zöller/*Geimer*, § 119 ZPO Rz. 44 mwN.
12 Arbeitsrechtslexikon/*Schwab*, Prozesskostenhilfe: A I 3.

Ferner liegt Mutwilligkeit vor, wenn im Zeitpunkt der Antragstellung eindeutig klar erkennbar ist, dass 95
eine **Zwangsvollstreckung** aus einem obsiegenden Urteil **wegen fehlender Anerkennungsfähigkeit eines in Deutschland erstrittenen Titels in ausländischen Staaten aussichtslos** erscheint[1].

Mutwilligkeit iSv. § 114 Satz 1 ZPO liegt regelmäßig vor, wenn eine Partei ihre Ansprüche nicht in einer 96
Klage, sondern im Wege die Kosten der Rechtsverfolgung erhöhender **Teilklagen** geltend macht und nicht plausibel erklärt, aus welchen Gründen sie einen neuen Prozess anstrengt, **obwohl sie das gleiche Klageziel im Wege der Erweiterung einer bereits anhängigen Klage** hätte erreichen können[2]. Grundsätzlich müssen mehrere Kündigungsschutzklagen, bei denen kein rechtlicher oder tatsächlicher Zusammenhang vorliegt, zwar nicht im Wege der subjektiven Klagehäufung zur Kostenersparnis in einer Sammelklage verfolgt werden; das gilt aber nicht bei identischen Kündigungssachverhalten, die einheitlich zu entscheiden sind. Teilweise wird die mit einer Kündigungsschutzklage verbundene unbedingte **Klage auf vorläufige Weiterbeschäftigung** anstelle der Verfolgung des Beschäftigungsanspruchs im Wege eines unechten Hilfsantrages für mutwillig gehalten[3].

Mutwilligkeit kann auch vorliegen, wenn die Klageerhebung ohne vorherige außergerichtliche Anspruchsstellung erfolgt[4] oder wenn wegen einer **völlig unbestrittenen Forderung** Klage erhoben wird, anstatt das 97
billigere Mahnverfahren zu beschreiten (zB Lohnklage aus § 611 BGB wegen unstreitig geleisteter Arbeit bei finanziellem Zahlungsengpass des ArbGeb)[5]. Jedenfalls soll aber bei drohender Verzögerungsabsicht des Schuldners sogleich Zahlungsklage erhoben werden können[6].

Das Vorliegen dieses Ausschlussgrundes wird auch dann anzunehmen sein, wenn eine Partei eine Klage 98
auf Lohnzahlung fortführt, obwohl eine **wirksame (tarifliche) Ausschlussfrist**[7] eingreift oder der geltend gemachte Anspruch bereits **anderweitig rechtshängig** ist.

Auch für die Frage der Mutwilligkeit kommt es wie für die Frage der Erfolgsaussicht. auf den **Zeitpunkt** 99
der Entscheidungsreife an[8].

e) Erforderlichkeit der Beiordnung eines Rechtsanwalts

In der Regel wird mit der Bewilligung von Prozesskostenhilfe auch die Beiordnung eines Rechtsanwalts 100
beantragt. In der 1. Instanz, in der eine anwaltliche Vertretung nicht vorgeschrieben ist, wird der Anwalt des Vertrauens beigeordnet, wenn die Vertretung durch einen Rechtsanwalt erforderlich erscheint (§ 121 Abs. 2 ZPO). Nach § 11 Abs. 4 ist vor dem LAG und vor dem BAG eine Vertretung nicht nur durch Rechtsanwälte, sondern auch durch Verbandsvertreter – beim BAG solche mit Befähigung zum Richteramt, § 11 Abs. 4 S. 3 – möglich, daher ist auch hier § 121 Abs. 2 ZPO heranzuziehen.

Wann die Beiordnung eines Rechtsanwalts erforderlich erscheint, ist im Lichte des Art. 3 Abs. 1 GG iVm. 101
dem in Art. 20 Abs. 3 GG verbürgten Rechtsstaats- und dem in Art. 20 Abs. 1 GG verbürgten Sozialstaatsprinzip auszulegen. Die **Erforderlichkeit** ist im Einzelfall zu ermitteln nach Umfang, Schwierigkeit und Bedeutung der Sache für den Betroffenen und seiner Fähigkeit, seine Rechte selbst wahrzunehmen sowie sich mündlich und schriftlich auszudrücken. Auch darf bei Kenntnisstand und Fähigkeiten der Prozessparteien kein deutliches Ungleichgewicht bestehen. Nach diesen Grundsätzen muss die Situation von Bemittelten und Unbemittelten bei der Verwirklichung des Rechtsschutzes weitgehend angeglichen werden. Ein Rechtsanwalt ist beizuordnen, wenn ein Bemittelter in der Lage des Unbemittelten vernünftigerweise einen Rechtsanwalt mit der Wahrnehmung seiner Interessen beauftragt hätte[9]. Das gebietet eine auf die jeweilige Lage bezogene **Einzelfallprüfung** und lässt eine Herausbildung von Regelsätzen, nach denen der mittellosen Partei für bestimmte Verfahren immer oder generell ein Rechtsanwalt beizuordnen ist, wenn überhaupt, nur in engen Grenzen zu[10].

---

1 OLG Celle v. 29.8.1996 – 9 W 88/96, NJW 1997, 532.
2 BAG v. 17.2.2011 – 6 AZB 3/11, NZA 2011, 422; BAG v. 8.9.2011 – 3 AZB 46/10, NZA 2011, 1382; LAG BW v. 27. 11. 2009 – 1 Ta 19/09; LAG Schl.-Holst. v. 3.2.2010 – 2 Ta 206/09; LAG Köln v. 11.7.2008 – 11 Ta 185/08; LAG Düsseldorf v. 12.8.1985 – 7 Ta 282/85, LAGE § 114 ZPO Nr. 7; BGH v. 6.12. 2010 – II ZB 13/09, BB 2011, 357.
3 LAG Berlin v. 27.4.2006 – 17 Ta (Kost) 6012/06, DB 2006, 2412.
4 LAG Berlin-Brandenburg v. 13.3.2014 – 10 Ta 414/14; LAG Hamm v. 16.12.2004 – 4 Ta 355/04.
5 Arbeitsrechtslexikon/*Schwab*, Prozesskostenhilfe, A I 3.
6 LAG Nds. v. 23.3.2009 – 9 Ta 9/09.
7 LAG Köln v. 15.1.2009 – 4 Ta 491/08.
8 Zöller/*Geimer*, § 119 ZPO Rz. 44.
9 BVerfG v. 24.3.2011 – 1 BvR 1737/10, NJW 2011, 2039; BAG v. 18.5.2010 – 3 AZB 9/10, NJW 2010, 2748.
10 BAG v. 18.5.2010 – 3 AZB 9/10, NJW 2010, 2748.

102 Danach scheidet ein Ausnahmefall, in welchem die Erforderlichkeit einer Anwaltsbeiordnung zu verneinen wäre, bereits dann aus, wenn es sich bei dem Prozesskostenhilfe-Antragsteller **nicht ersichtlich um eine geschäftsgewandte Person handelt**. Der Prozesskostenhilfe-Antragsteller kann nicht darauf verwiesen werden, sich einer Rechtsantragstelle beim ArbG zu bedienen. Die Aufgabe der **Rechtsantragstelle** besteht darin, Formulierungshilfe bei der Aufnahme von Klagen oder anderen rechtlichen Eingaben zu leisten, nicht jedoch darin, einen Antragsteller in parteilicher Weise rechtsberatend bei seiner Prozessführung zu unterstützen[1].

103 Im Einzelnen gilt Folgendes: Ein **Kündigungsschutzverfahren** ist idR auch bei offensichtlich unzureichenden Kündigungsgründen kein einfacher Fall; dies gilt auch schon für den Gütetermin[2]. Es steht dagegen der Erforderlichkeit einer Anwaltsbeiordnung entgegen, wenn ein einfach gelagerter Sachverhalt vorliegt, in dem bspw. die **Zahlung von Lohn** aus bereits vorliegenden Lohnabrechnungen gefordert wird und Einwendungen nicht zu erwarten sind. Eine bemittelte Person würde in einem solchen Fall wegen der besonderen Kostenregelung des § 12a Abs. 1 Satz 1 regelmäßig auf die Zuziehung eines Rechtsanwalts verzichten, um sich nicht um den wirtschaftlichen Ertrag des gerichtlichen Vorgehens zu bringen[3]. Allerdings kann auch hier ausnahmsweise eine Beiordnung erforderlich sein, bspw. weil der ArbN der deutschen Sprache nicht – ausreichend – mächtig ist[4]. Ferner kann bei einem Streit um die **Formulierung eines qualifizierten Zeugnisses** eine Anwaltsbeiordnung erforderlich sein, nicht jedoch bei einem reinen **Antrag auf Erteilung eines solchen Zeugnisses**, insbesondere wenn dieses vorher weder gefordert noch verweigert wurde[5]. Einer Anwaltsbeiordnung bedarf es ggf. auch nicht, wenn bereits ein anderes (**unechtes**) **Musterverfahren beim BAG anhängig ist**[6].

104 Die Beiordnung eines **weiteren Rechtsanwalts neben dem Prozessbevollmächtigten** kommt gem. § 121 Abs. 4 ZPO nur im Falle einer Beweisaufnahme vor dem ersuchten Richter oder zur Vermittlung des Verkehrs mit dem Prozessbevollmächtigten in Betracht.

105 Es kann sowohl ein bestimmter **Rechtsanwalt**, eine **Rechtsanwaltssozietät** oder eine **Rechtsanwaltsgesellschaft** beigeordnet werden[7]. Eine Selbstbeiordnung des Anwalts in eigener Sache findet dagegen nicht statt[8].

106 Ein **auswärtiger Rechtsanwalt** wird gem. § 121 Abs. 3 ZPO grds. nur zu den Bedingungen eines im Gerichtsbezirk ansässigen Anwalts beigeordnet (vgl. hierzu aber auch Rz. 128). Der für den Fall der Bewilligung von Prozesskostenhilfe gestellte Beiordnungsantrag eines nicht bei dem Prozessgericht zugelassenen Rechtsanwalts enthält regelmäßig ein konkludentes Einverständnis mit einer dem Mehrkostenverbot des § 121 Abs. 3 ZPO entsprechenden Einschränkung der Beiordnung nur zu den Bedingungen eines am Prozessgericht zugelassenen Rechtsanwalts[9].

107 Im **Verfahren vor den LAG und dem BAG** ist die Vertretung durch einen Rechtsanwalt bereits erforderlich, wenn die Vertretung durch einen Verbandsvertreter nicht möglich oder nicht angebracht ist[10].

108 Die **Aufhebung der Beiordnung** des einer Partei gem. § 121 ZPO beigeordneten Rechtsanwalts setzt nach § 48 Abs. 2 BRAO das Vorliegen wichtiger Gründe voraus. Das ist der Fall, wenn das Vertrauensverhältnis zwischen Anwalt und Mandant nachhaltig und tief greifend gestört ist[11].

4. Bewilligungsverfahren

a) Zuständigkeit

109 Die **Entscheidung** über die Bewilligung von Prozesskostenhilfe trifft der **Vorsitzende des jeweiligen Spruchkörpers** ohne Hinzuziehung der ehrenamtlichen Richter. Diesem obliegt die alleinige Entscheidungsbefugnis auch in den Fällen, in denen über den Antrag im Rahmen einer Güteverhandlung oder

---

1 LAG Köln v. 23.7.2013 – 7 Ta 141/13.
2 LAG Köln v. 15.6.2012 – 5 Ta 161/12, ArbR 2012, 355.
3 LAG Köln v. 17.4.2013 – 4 Ta 80/13; LAG Köln v. 8.2.2012 – 1 Ta 382/11; LAG Schl.-Holst. v. 11.7.2005 – 2 Ta 158/05.
4 LAG Köln v. 27.3.3013 – 11 Ta 48/13.
5 LAG Schl.-Holst. v. 27.12.2007 – 1 Ta 258/07, LAGE § 121 ZPO 2002 Nr. 2.
6 BVerfG v. 18.11.2009 – BvR 2455/08, NJW 2010, 988; Arbeitsrechtslexikon/*Schwab*, Prozesskostenhilfe A I 5.
7 Zur Anwaltssozietät: BGH v. 17.9.2008 – IV ZR 343/07, NJW 2009, 440; zur Rechtsanwalts-GmbH: OLG Nürnberg v. 1.7.2002 – 10 WF 1088/02, NJW 2002, 3715.
8 BAG v. 14.11.2007 – 3 AZB 26/07, NZA 2008, 375.
9 BGH v. 10.10.2006 – XI ZB 1/06, NJW 2006, 3783; LAG München v. 7.1.2010 – 6 TA 1/10, NZA-RR 2010, 378.
10 BAG v. 14.11.2007 – 3 AZB 26/07, NZA 2008, 375.
11 BGH v. 15.9.2010 und 10.11.2010 – IV ZR 240/08.

eines Kammertermins entschieden wird[1]. Der Vorsitzende ist ebenfalls zuständig, Erhebungen hinsichtlich der persönlichen und wirtschaftlichen Verhältnisse des Antragstellers sowie zur Aufklärung des Sachverhalts zwecks Prüfung der hinreichenden Erfolgsaussicht bzw. etwaiger Mutwilligkeit anzustellen (§ 118 Abs. 2 ZPO). Für den Erlass von Auflagen, die Fristsetzung zur Glaubhaftmachung der Erklärung (§ 118 Abs. 2 Satz 4 ZPO) oder die Festsetzung von Ratenzahlungen (§ 120 ZPO) gilt das Gleiche.

Nach § 20 Nr. 4 Buchst. a RPflG kann der Vorsitzende diese **Aufgaben einem Rechtspfleger übertragen**. Gem. § 20 Abs. 2 RpflG wurden die Landesregierungen ermächtigt, durch Rechtsverordnung zu bestimmen, dass die Prüfung der persönlichen und wirtschaftlichen Verhältnisse nach den §§ 114 bis 116 ZPO einschließlich der in § 118 Absatz 2 ZPO bezeichneten Maßnahmen, der Beurkundung von Vergleichen nach § 118 Absatz 1 Satz 3 ZPO und der Entscheidungen nach § 118 Absatz 2 Satz 4 ZPO durch den Rechtspfleger vorzunehmen ist, wenn der Vorsitzende Richter das Verfahren dem Rechtspfleger insoweit überträgt. Eine solche Verordnung wurde beispielsweise in NRW erlassen.

b) Rechtliches Gehör

Das Gericht hat dem **Prozessgegner** vor der Bewilligung **Gelegenheit zur Stellungnahme** zu geben (§ 118 Abs. 1 Satz 1 Halbs. 1 ZPO).

Eine Anhörung ist nach § 118 Abs. 1 Halbs. 2 ZPO nur ausnahmsweise entbehrlich, wenn dies aus besonderen Gründen unzweckmäßig erscheint. Die Annahme eines solchen Ausnahmefalles sollte im Hinblick auf Art. 103 GG restriktiv gehandhabt werden. Die Gewährung des rechtlichen Gehörs kann ua. bei **eilbedürftigen Angelegenheiten** wie Arresten oder einstweiligen Verfügungen entbehrlich sein, wenn deren Erfolg von einer Überraschungswirkung abhängt, die durch die vorherige Anhörung des Gegners vereitelt würde. Des Weiteren ist die Gewährung rechtlichen Gehörs in Fällen **öffentlicher Zustellung** (§ 185 ZPO) unzweckmäßig, da die Anhörung dort ihren Schutz- und Informationszweck nicht erreichen kann[2].

Gegenstand der Anhörung ist allein die beabsichtigte Rechtsverfolgung bzw. Rechtsverteidigung des Antragstellers. Sie beschränkt sich letztlich auf das Vorliegen eines der Ausschlussgründe, also darauf, ob die Rechtsverfolgung ohne hinreichende Erfolgsaussicht oder offensichtlich mutwillig ist. Die Anhörung des Prozessgegners bezieht sich daher regelmäßig **nicht auf die persönlichen und wirtschaftlichen Verhältnisse** der antragstellenden Partei. Die diesbezügliche Erklärung und die zur Glaubhaftmachung hinzugefügten Belege dürfen dem Gegner nur mit ausdrücklicher Zustimmung des Antragstellers zugänglich gemacht werden (§ 117 Abs. 2 Satz 2 ZPO). Anderenfalls wäre der Schutz der persönlichen Daten nicht gewährleistet[3]. Aus diesem Grund ist für die Erklärung der Partei über ihre persönlichen und wirtschaftlichen Verhältnisse eine gesonderte **Beiakte** zur Prozessakte anzulegen. Wird die Prozessakte dem Prozessgegner zur Einsicht überlassen, ist die Beiakte vorher zu entnehmen.

c) Entscheidung

Die Entscheidung über die Bewilligung oder deren Ablehnung ergeht gem. § 127 Abs. 1 Satz 1 ZPO **ohne mündliche Verhandlung**. Es besteht indes die Möglichkeit, über den Antrag nach § 11a im Rahmen einer mündlichen Verhandlung über die Hauptsache zu entscheiden.

Die Entscheidung ergeht durch Beschluss, welcher **von dem Vorsitzenden zu unterzeichnen** ist[4]. Der **Beschluss** beinhaltet zunächst die Entscheidung darüber, ob der Bewilligung stattgegeben wird oder nicht. Die Bewilligung umfasst – soweit sie beantragt (hierzu Rz. 116) und im Beschluss nicht eingeschränkt wurde (hierzu Rz. 117) – das gesamte Verfahren vor dem erkennenden Gericht mit Ausnahme der Zwangsvollstreckung. Sie erfasst auch das nachträgliche Zulassungsverfahren nach § 5 KSchG in einem Kündigungsschutzprozess. Ein zusätzlicher Bewilligungsbeschluss ist hierfür nicht erforderlich.

Die Bewilligung bezieht sich nur auf **Anträge und Streitgegenstände**, die im Zeitpunkt der Antragstellung durch die Partei bei Gericht bereits anhängig sind. Wird nach Gewährung der Prozesskostenhilfe der Streitgegenstand der Klage erweitert oder Widerklage erhoben, hat die Partei diesbezüglich erneut einen Antrag zu stellen. Das gilt auch für den Fall, in dem einem gerichtlichen Vergleich Gegenstände mit umfasst werden, die zum Zeitpunkt der Entscheidung über den Beiordnungsantrag nicht anhängig waren.

---

1 GK-ArbGG/*Bader*, § 11a Rz. 204; nunmehr auch GMP/*Germelmann*, § 11a Rz. 79.
2 Zöller/*Geimer*, § 118 ZPO Rz. 3.
3 BVerfG v. 14.1.1991 – BvR 41/88, NJW 1991, 2078; BGH v. 15.11.1983 – VI ZR 100/83, NJW 1984, 741; *Schwab*, NZA 1995, 115 (117); *Holch*, NJW 1981, 151 (154 f.); *Liebscher*, Datenschutz bei der Datenübermittlung im Zivilverfahren, S. 78 ff.; *Pentz*, NJW 1983, 1037; Zöller/*Geimer*, § 118 ZPO Rz. 2; aA *Schrader/Siebert*, NZA 2014, 348.
4 BAG v. 18.5.2010 – 3 AZB 9/10, NJW 2010, 2748.

Stellt die Partei vor Vergleichsschluss einen weiteren Antrag auf Bewilligung der Prozesskostenhilfe hinsichtlich der zusätzlichen Streitgegenstände, die von einem Vergleich mit erfasst werden sollen, kann diese auf den gesamten Vergleich ausgedehnt werden.

117 Wird dem Antrag stattgegeben und ist ein Antrag auf **Beiordnung eines Anwalts** gestellt, ist auch darüber zu entscheiden, welcher Rechtsanwalt beigeordnet wird. Findet die Partei keinen Anwalt, der zur Übernahme der Vertretung bereit ist, bestimmt der Vorsitzende einen Rechtsanwalt, der ihr beigeordnet wird (§ 121 Abs. 5 ZPO). Die Beiordnung kann innerhalb eines Rechtszuges nicht auf einzelne Gebührentatbestände nach dem RVG beschränkt werden. Vielmehr wird die Frage, welche Gebührentatbestände entstanden sind, allein im Verfahren nach §§ 45 ff. RVG entschieden. Eine Beschränkung der Bewilligung der Prozesskostenhilfe auf einzelne Streitgegenstände oder Anträge ist hingegen möglich.

118 In dem Beschluss ist weiterhin festzulegen, ob und in welcher Höhe von der Partei **Monatsraten** zu zahlen sind und welche **Beträge** sie **aus ihrem Vermögen** aufzuwenden hat (§ 120 Abs. 1 Satz 1 ZPO). Im Verfahren vor den ArbG ist aufgrund der Regelung der § 6 Abs. 4, § 9 GKG ein Zeitpunkt für den Beginn der Ratenzahlungen zu bestimmen, der nach Abschluss der 1. Instanz liegt. Wird die Partei zur Ratenzahlung verpflichtet (§ 120 ZPO), beginnt diese Verpflichtung erst mit Wirksamwerden des Beschlusses, also mit dem ersten Kalendertag des darauf folgenden Monats, es besteht jedoch die Möglichkeit, einen anderen Zeitpunkt festzusetzen. Bei der Beiordnung eines Rechtsanwalts wird jedoch regelmäßig die **Verpflichtung zur Ratenzahlung danach** einsetzen. Die Vorschrift des § 9 GKG schließt lediglich einen Vorschuss auf die Gerichtskosten aus. Die Fälligkeit von Anwaltskosten, insbesondere das Recht, einen Gebührenvorschuss zu verlangen (§ 9 RVG), bleibt hiervon unberührt. Etwas anderes gilt nur dann, wenn der Anwalt ausdrücklich auf seinen Vorschuss verzichtet[1].

119 Der Beschluss muss bei fehlender Anfechtbarkeit nicht begründet werden[2]. Wird dem Antrag auf Bewilligung und/oder Beiordnung eines Rechtsanwalts **nicht oder nicht im vollen Umfang stattgegeben**, besteht eine **Begründungspflicht**, da anderenfalls der Anspruch der antragstellenden Partei auf rechtliches Gehör (Art. 103 GG) verletzt wird. Darüber hinaus könnte die Partei das Rechtsmittel der sofortigen Beschwerde (§ 127 Abs. 2 Satz 2 ZPO) nicht sachgerecht begründen, wenn ihr die Gründe für die Ablehnung nicht bekannt sind[3]. Enthalten die Gründe der Entscheidung **Angaben über die persönlichen und wirtschaftlichen Verhältnisse der Partei**, dürfen sie dem Gegner **nur mit Zustimmung der Partei zugänglich** gemacht werden (§ 127 Abs. 1 Satz 3 ZPO). Liegt eine Zustimmung nicht vor, darf dem Gegner nur eine Ausfertigung in abgekürzter Form übersandt werden, die keine Rückschlüsse auf die persönlichen und wirtschaftlichen Verhältnisse der Antrag stellenden Partei zulässt[4].

120 Ist gegen den Beschluss das Rechtsmittel der sofortigen Beschwerde gegeben, ist eine **Rechtsmittelbelehrung** gem. § 9 Abs. 5 Satz 1 erforderlich, da es sich hierbei um ein befristetes Rechtsmittel handelt. Ist kein Rechtsmittel gegeben, hat eine entsprechende Belehrung nach § 9 Abs. 5 Satz 2 zu erfolgen.

121 Die Entscheidung über die Bewilligung ist den Parteien, soweit der Vorsitzende sie nicht – unter Berücksichtigung des Datenschutzes besonders bei Ratenanordnungen im Hinblick auf die persönlichen und wirtschaftlichen Verhältnisse (§ 127 Abs. 1 Satz 3 ZPO; hierzu auch Rz. 119) – in der mündlichen Verhandlung verkündet, **formlos mitzuteilen** (§ 329 Abs. 2 ZPO). Besteht gegen die Entscheidung die **Möglichkeit der sofortigen Beschwerde**, ist der Beschluss gem. § 329 Abs. 3 ZPO **zuzustellen**. Die Zustellung erfolgt bei Bestellung eines Rechtsanwalts an den Prozessbevollmächtigten des Antragstellers[5]. Der Staatskasse wird die Entscheidung nicht von Amts wegen mitgeteilt (§ 127 Abs. 3 Satz 6 ZPO).

d) Rechtsfolgen

122 Die Rechtswirkungen der Bewilligung treten erst ab ordnungsgemäßer Verkündung (§ 329 Abs. 1 ZPO), formloser Mitteilung (§ 329 Abs. 2 ZPO) oder Zustellung (§ 329 Abs. 3 ZPO) der Entscheidung ein. Sie entfaltet damit grds. **nur Wirkung für die Zukunft**. Eine **rückwirkende Bewilligung** kommt jedoch ausnahmsweise in Betracht, wenn sich die Entscheidung über den rechtzeitig gestellten Antrag aus vom Gericht zu vertretenden Gründen verzögert hat. Die Wirkung kann allerdings nur bis zu dem Zeitpunkt zurückreichen, zu dem das Gericht frühestens eine Entscheidung hätte treffen können. Dies ist der Zeitpunkt, zu dem die Partei einen ordnungsgemäßen mit allen erforderlichen Unterlagen und Belegen versehenen Antrag bei

---

1 GK-ArbGG/*Bader*, § 11a Rz. 122.
2 BAG v. 7.2.2012 – 8 AZA 53/11 (F), NZA 2012, 524.
3 LAG Hamm v. 24.4.1981 – 1 Ta 57/81, DB 1981, 1940.
4 LAG Hamm v. 24.9.1987 – 8 Ta 251/87, DB 1988, 1124.
5 BAG v. 18.5.2010 – 3 AZB 9/10, NZA 2012, 524.

Gericht eingereicht hat[1]. Soweit der Rechtsstreit vor dem ArbG bereits beendet ist, kann auch für diesen Fall ausnahmsweise eine rückwirkende Bewilligung unter den oben genannten Voraussetzungen erfolgen[2].

Die Gewährung von Prozesskostenhilfe hat zur Folge, dass die Kosten für den beigeordneten Anwalt von der **Staatskasse** zu tragen sind (§ 122 Abs. 1 Nr. 1 Buchst. b ZPO). Darüber hinaus gehen die Gerichtskosten auf die Staatskasse über (§ 122 Abs. 1 Nr. 1 Buchst. a ZPO). Die Bewilligung von Prozesskostenhilfe führt idR dazu, dass der hilfsbedürftigen Partei die Kosten für den beigeordneten Anwalt und die Gerichtskosten **zinslos gestundet** werden. Je nach ihren persönlichen und wirtschaftlichen Verhältnissen kann allerdings auch eine vollkommene Kostenbefreiung stattfinden. 123

Wird die Partei zur **Ratenzahlung** verpflichtet (§ 120 ZPO), beginnt diese Verpflichtung mit Wirksamwerden des Beschlusses, also mit dem ersten Kalendertag des darauf folgenden Monats. Es besteht jedoch die Möglichkeit, einen anderen Zeitpunkt festzusetzen (hierzu auch Rz. 118). 124

Auf die Verpflichtung, **die dem Gegner entstandenen Kosten** zu erstatten, hat die Gewährung von Prozesskostenhilfe keinen Einfluss (§ 123 ZPO). Allerdings besteht im arbeitsgerichtlichen Verfahren 1. Instanz gem. § 12a hinsichtlich der Kosten der Gegenseite nur eine sehr eingeschränkte Erstattungspflicht, so dass die Vorschrift des § 123 ZPO dort im Regelfall nicht zur Anwendung gelangt. 125

Die Bewilligung der **Beiordnung eines Rechtsanwalts** hat zunächst zur Folge, dass der hilfsbedürftigen Partei ein Anwalt ihrer Wahl beigeordnet wird. Findet die Partei keinen vertretungsbereiten Anwalt, bestimmt der Vorsitzende einen Rechtsanwalt, der ihr beigeordnet wird (§ 121 Abs. 5 ZPO). Die Beiordnung ersetzt allerdings die Bevollmächtigung des Rechtsanwalts durch die Partei nicht[3]. 126

Die Bewilligung der Prozesskostenhilfe bewirkt darüber hinaus, dass der beigeordnete Anwalt keine Ansprüche auf Vergütung gegen seine Partei geltend machen kann (§ 122 Abs. 1 Nr. 3 ZPO). Vielmehr **trägt die Kosten** für den Rechtsanwalt **die Staatskasse**. Gemäß § 11a Abs. 3 ArbGG, § 122 Abs. 1 Nr. 1 Buchst. b ZPO geht der Vergütungsanspruch des Rechtsanwalts auf die Staatskasse über. Diesen Anspruch auf Vergütung kann die Staatskasse nur nach Maßgabe der vom Gericht getroffenen Bestimmungen gegen die Partei geltend machen. 127

Ein **auswärtiger Rechtsanwalt** – dies ist seit der Änderung des § 121 Abs. 3 ZPO zum 1.6.2007 ein Rechtsanwalt außerhalb des Bezirks des zuständigen Gerichts – kann nur beigeordnet werden, wenn dadurch keine zusätzlichen Kosten entstehen[4]. Das ist dann der Fall, wenn die Beiordnung zu den Bedingungen eines im Bezirk des Prozessgerichts niedergelassenen Rechtsanwalts erfolgt. Inwieweit einem auswärtigen Anwalt **Reisekosten aus der Staatskasse** zu ersetzen sind, beurteilt sich wie folgt: Wenn besondere Umstände für die Beiordnung eines zusätzlichen Verkehrsanwalts vorliegen (zB größere Entfernung zwischen Wohnort der Partei und einem im Gerichtsbezirk gelegenen Ort), erhält der außerhalb des Gerichtsbezirks ansässige beigeordnete Anwalt auch Reisekosten zum Gerichtsort bis zur Höhe der Kosten eines Verkehrsanwalts ersetzt. Die Erstattungsfähigkeit von anwaltlichen Reisekosten ist demnach zu den Kosten eines Verkehrsanwalts ins Verhältnis zu setzen; nur soweit die Kosten eines Verkehrsanwalts erspart werden, kann die Erstattungsfähigkeit angenommen werden[5]. 128

Die **Bewilligung endet** mit Abschluss der Instanz. Eine automatische Beendigung tritt ebenfalls mit dem Tod der Partei ein, da die verstorbene Partei keiner Hilfe mehr bedarf. Die Erben müssen ggf. erneut die Bewilligung beantragen[6]. 129

e) Rechtsmittel

Der **Antragsteller** kann sofortige Beschwerde nach Maßgabe des §§ 127 Abs. 2, 567 ff. ZPO gegen Entscheidungen der 1. Instanz einlegen, soweit seinem Antrag **nicht oder nicht voll entsprochen** wird. Eine teilweise Ablehnung des Antrags liegt vor, wenn die Bewilligung nur unter **Einschränkungen** oder nur für 130

---

1 LAG Hamm v. 4.12.2002 – 4 Ta 808/02, LAGE § 118 ZPO 2002 Nr. 2; LAG Hamm v. 25.11.2002 – 4 Ta 180/02, AR-Blattei ES 1290 Nr. 33; LAG Köln v. 22.2.1985 – 6 Ta BV 13/85, LAGE § 119 ZPO Nr. 3; LAG Schl.-Holst. v. 1.3.1988 – 5 Ta 34/88, LAGE § 119 ZPO Nr. 5.
2 LAG Hamm v. 4.12.2002 – 4 Ta 808/02, LAGE § 118 ZPO 2002 Nr. 2; LAG Berlin v. 31.7.2002 – 10 Ta 1070/02; BGH v. 30.9.1981 – IVb ZR 694/80, NJW 1982, 446.
3 GK-ArbGG/*Bader*, § 11a Rz. 207.
4 BAG v. 18.7.2005 – 3 AZB 65/03, NZA 2005, 1078; LSG BW v. 16.1.2007 – L 10 R 6432/06 PKH-B, NZS 2007, 224; LAG Rh.-Pf. v. 20.1.2006 – 2 Ta 16/06; LAG Köln v. 19.12.2005 – 3 Ta 391/05.
5 BAG v. 18.7.2005 – 3 AZB 65/03, NZA 2005, 1078; LSG BW v. 16.1.2007 – L 10 R 6432/06 PKH-B, NZS 2007, 224; LAG Rh.-Pf. v. 20.1.2006 – 2 Ta 16/06; LAG Hamm v. 18.11.2005 – 18 Ta 269/05; LAG Köln v. 19.12.2005 – 3 Ta 391/05.
6 Zöller/*Geimer*, § 124 ZPO Rz. 2a.

einen Teil der Streitgegenstände erfolgt. Eine teilweise Ablehnung liegt aber auch vor, wenn die Beiordnung zwar bewilligt wird, aber die Zahlung von Monatsraten oder Beträgen aus dem Vermögen festgesetzt worden ist. Bei der Festsetzung von **Ratenzahlungen** steht dem Antragsteller sowohl gegen die Zahlungsverpflichtung als solche als auch gegen die Höhe der einzelnen Raten die sofortige Beschwerde zu[1]. Eine Beschwerde kann zudem darauf gestützt werden, dass Prozesskostenhilfe erst beginnend mit einem späteren Zeitpunkt bewilligt wird als beantragt. Verweigert das LAG oder das BAG die Bewilligung von Prozesskostenhilfe für ein Rechtsmittelverfahren, ist der Beschluss unanfechtbar[2].

131 Soweit dem Antragsteller Prozesskostenhilfe bewilligt wurde, steht der **Gegenpartei** kein Rechtsmittel zu.

132 Wird die Bewilligung der Prozesskostenhilfe **mangels Erfolgsaussicht abgelehnt**, ist Voraussetzung für eine Beschwerde gem. § 127 Abs. 2 Satz 2 ZPO, dass der **Streitwert in der Hauptsache** den in § 511 ZPO genannten Betrag iHv. 600 Euro übersteigt, mithin die Hauptsache berufungsfähig ist (vgl. § 64 Abs. 2 Buchst. b). Eine Ausnahme hiervon gilt, wenn das Gericht die Ablehnung der Beiordnung ausschließlich darauf stützt, dass bei dem Antragsteller die **persönlichen und wirtschaftlichen Verhältnisse** für die Bewilligung der Prozesskostenhilfe nicht vorliegen (§ 127 Abs. 2 Satz 2 Halbs. 2 ZPO); in diesem Fall ist die sofortige Beschwerde uneingeschränkt statthaft. Darüber hinaus ist die sofortige Beschwerde für den Antragsteller bei **Bestandsschutzstreitigkeiten** ohne Wertbeschränkung zulässig (§ 46 Abs. 2 Satz 3).

133 Die **Notfrist** zur Einlegung der sofortigen Beschwerde beträgt abweichend von § 78 Satz 1 ArbGG, § 569 Abs. 1 ZPO **einen Monat** (§ 127 Abs. 2 Satz 3 ZPO). Sie beginnt mit Zustellung des Beschlusses.

134 **Nach Abschluss der Instanz** ist die Beschwerde unbegründet, weil dies einer rückwirkenden Bewilligung von Prozesskostenhilfe gleichkäme. Eine Ausnahme hiervon ist dann zu machen, wenn die Beschwerde zeitlich vor Abschluss der Instanz nicht mehr möglich war, etwa weil das ArbG trotz früherer Entscheidungsreife erst im Kammertermin, in dem das Urteil erging, über die Bewilligung von Prozesskostenhilfe entschieden hat[3].

135 Eine **Beschwerde der Staatskasse** findet nach § 127 Abs. 3 Satz 1 ZPO nur statt, wenn weder Monatsraten noch aus dem Vermögen zu zahlende Beträge festgesetzt worden sind. Die Beschwerde kann nach § 127 Abs. 3 Satz 2 ZPO nur darauf gestützt werden, dass die Partei nach ihren persönlichen und wirtschaftlichen Verhältnissen Zahlungen zu leisten hat. Dementsprechend ist das Beschwerderecht der Staatskasse auf den Fall beschränkt, dass Prozesskostenhilfe zwar bewilligt wurde, rechtsfehlerhaft jedoch weder Ratenzahlungen noch Zahlungen aus dem Vermögen angeordnet worden sind. Der Sinn des für die Staatskasse eingeräumten Beschwerderechts besteht darin, im Interesse der Haushaltsmittel der Länder zu Unrecht unterbliebene Zahlungsanordnungen nachträglich zu erreichen. Daher ist der Staatskasse auch nur in diesem beschränkten Umfang zu einer dahin gehenden Kontrolle von Bewilligungsentscheidungen, in denen Prozesskostenhilfe ohne Zahlungsanordnung bewilligt wurde, ein Beschwerderecht zugebilligt worden[4].

136 Die **Notfrist für die sofortige Beschwerde der Staatskasse beträgt einen Monat** und beginnt mit der **Bekanntgabe des Beschlusses** (§ 127 Abs. 3 Satz 3 ZPO). Unter Bekanntgabe ist jede Kenntniserlangung zu verstehen[5]. Dies resultiert daraus, dass der Staatskasse – anders als dem Antragsteller – der Bewilligungsbeschluss nicht förmlich mitgeteilt wird (§ 127 Abs. 3 Satz 6 ZPO). Darüber hinaus muss die Beschwerde gem. § 127 Abs. 3 Satz 4 und 5 ZPO **drei Monate** nach Verkündung der Entscheidung bzw. – bei nicht verkündeten Beschlüssen – nach Übergabe der unterschriebenen Erklärung an die Geschäftsstelle eingelegt werden. Das Beschwerderecht durch die Staatskasse ist somit in zeitlicher Hinsicht doppelt beschränkt.

137 Dem **beigeordneten Rechtsanwalt** steht kein eigenes Beschwerderecht zu, wenn eine Beiordnung abgelehnt oder die Bewilligung von PKH nachträglich gem. §§ 120a, 124 ZPO aufgehoben wird[6]. Der Anwalt ist jedoch beschwerdebefugt, wenn im Rahmen der Beiordnung seine eigenen Ansprüche gegenüber der Staatskasse eingeschränkt werden, bspw. weil Reisekosten versagt werden[7].

138 Die **Einlegung der Beschwerde** erfolgt beim ArbG oder beim LAG (§ 78 Satz 1 ArbGG, § 569 Abs. 1 Satz 1 ZPO; vgl. § 78 Rz. 29 ff.). Wird die Beschwerde beim LAG eingelegt, ist sie zunächst dem ArbG zur Prüfung einer Abhilfeentscheidung vorzulegen (§ 572 Abs. 1 Satz 1 Halbs. 1 ZPO). Trifft das ArbG eine **Abhilfeentscheidung**, weil es die sofortige Beschwerde für begründet erachtet, hat sich das Rechtsmittel erledigt.

---

1 GK-ArbGG/*Bader*, § 11a Rz. 157; GMP/*Germelmann*, § 11a Rz. 86; *Grunsky*, NJW 1980, 2041.
2 Zöller/*Geimer*, § 127 Rz. 10.
3 Arbeitsrechtslexikon/*Schwab*, Prozesskostenhilfe A IV.
4 BAG v. 5.11.2012 – 3 AZB 23/12, NZA 2013, 110.
5 Vgl. *Schmidt/Schwab/Wildschütz*, NZA 2001, 1217 (1224).
6 LAG Hamm v. 30.1.2002 – 4 Ta 216/01, NZA 2002, 998.
7 BAG v. 18.7.2005 – 3 AZB 65/03, NZA 2005, 1078; LAG Rh.-Pf. v. 20.1.2006 – 2 Ta 16/06.

Hilft es der Beschwerde nicht ab, ist diese unverzüglich dem Beschwerdegericht vorzulegen (§ 572 Abs. 1 Satz 1 Halbs. 2 ZPO). Eine Entscheidung trifft in diesem Fall **der Vorsitzende** beim LAG **ohne Hinzuziehung der ehrenamtlichen Richter** (§ 78 Satz 3). Das Beschwerdegericht hat die Voraussetzungen für eine Bewilligung in vollem Umfang zu prüfen und dabei auch **neue Tatsachen** zu berücksichtigen. Das Beschwerdegericht stellt eine zweite Tatsacheninstanz dar.

Gegen die Entscheidung des Beschwerdegerichts ist die **Rechtsbeschwerde** zum BAG statthaft, soweit diese vom Beschwerdegericht ausdrücklich zugelassen wird (§ 78 Satz 2 und 3 ArbGG, § 574 Abs. 1 Nr. 2 ZPO). Die Rechtsbeschwerde kommt im Hinblick auf die Kriterien von § 574 Abs. 2 ZPO im Verfahren über die Bewilligung von Prozesskostenhilfe nur wegen solcher Fragen in Betracht, die das Verfahren oder die persönlichen Voraussetzungen, nicht jedoch die bloß „hinreichenden" Erfolgsaussichten betreffen[1]. Die **Nichtzulassungsbeschwerde** ist nicht statthaft[2]. 139

Der **Gegenstandswert der anwaltlichen Tätigkeit** im Prozesskostenhilfe-Beschwerdeverfahren bestimmt sich nach dem Wert der Hauptsache[3]. Er ist nach § 33 RVG auf Antrag festzusetzen. **Kosten** im Beschwerdeverfahren werden nicht erstattet (§ 127 Abs. 4 ZPO). 140

f) Nachträgliche Abänderung

Verschlechtern oder verbessern sich die persönlichen oder wirtschaftlichen Verhältnisse der Partei nach Abschluss des Verfahrens nachhaltig, so sieht § 120 ZPO die nachträgliche gerichtliche **Abänderungsmöglichkeit** vor. Danach kann das Gericht die Entscheidung über die zu leistenden Ratenzahlungen bei wesentlichen Veränderungen der persönlichen oder wirtschaftlichen Verhältnisse abändern oder einen aus dem Vermögen zu zahlenden Betrag festsetzen. Im Fall des Bezugs laufenden monatlichen Einkommens ist „wesentlich", wenn die Differenz zu dem bisher veranschlagten Bruttoeinkommen nicht nur einmalig 100 Euro übersteigt (§ 120a Abs. 2 Satz 2 ZPO). Das gilt analog, wenn abzugsfähige Belastungen entfallen. 141

Nach § 120a Abs. 2 Satz 1 ZPO ist die Partei verpflichtet, eine wesentliche Änderung ihrer wirtschaftlichen Verhältnisse oder eine Anschriftenänderung von sich aus **unverzüglich dem Gericht mitzuteilen**[4]. § 120a Abs. 1 Satz 3 ZPO sieht vor, dass das Gericht jederzeit und regelmäßig unter Fristsetzung die Partei **zu einer Erklärung** über mögliche Veränderungen ihrer persönlichen und wirtschaftlichen Verhältnisse **auffordern kann**. Nach § 120a Abs. 4 ZPO ist die Partei nunmehr verpflichtet, auch bei der Überprüfung ihrer persönlichen und wirtschaftlichen Verhältnisse das **Prozesskostenhilfe-Formular** zu benutzen 142

Nach § 120a Abs. 3 ZPO hat die Partei **das durch das Verfahren Erlangte für die Kosten der Prozessführung einzusetzen**. Eine Abänderung scheidet aber aus, wenn die Partei auch bei rechtzeitiger Leistung des durch die Rechtsverfolgung Erlangten ratenfreie Prozesskostenhilfe erhalten hätte, bspw. wenn es dem Schonvermögen von § 90 SGB XII unterfällt. Diese Ausnahme sichert das jeweilige Existenzminimum der Partei. 143

Eine Änderung zum Nachteil der Partei ist ausgeschlossen, wenn seit der rechtskräftigen Entscheidung oder sonstigen Beendigung des Verfahrens **vier Jahre** vergangen sind (§ 120a Abs. 1 Satz 4 ZPO). 144

Gegen die nachträgliche Abänderung kann die Partei **sofortige Beschwerde** binnen Monatsfrist einlegen[5]. 145

Zuständig für das Verfahren der nachträglichen Abänderung ist gem. § 20 Nr. 4c RPflG der Rechtspfleger. 146

g) Aufhebung der Bewilligung

Unter den Voraussetzungen des § 124 ZPO soll das Gericht nach vorheriger Anhörung der Beteiligten die Bewilligung der Prozesskostenhilfe **aufheben**, wenn 147

1. die Partei durch unrichtige Darstellung des Streitverhältnisses die für die Bewilligung der Prozesskostenhilfe maßgebenden Voraussetzungen vorgetäuscht hat;
2. die Partei absichtlich oder aus grober Nachlässigkeit unrichtige Angaben über die persönlichen oder wirtschaftlichen Verhältnisse gemacht oder eine Erklärung nach § 120a Abs. 1 Satz 3 nicht oder ungenügend abgegeben hat;

---

1 BGH v. 22.11.2011 – VIII ZB 81/11, NJW-RR 2012, 125; Arbeitsrechtslexikon/*Schwab*, Prozesskostenhilfe A IV.
2 BAG v. 11.6.2009 – 9 AZA 8/09, AP Nr. 21 zu § 78 ArbGG 1979.
3 BGH v. 28.4.2011 – IX ZB 145/09; BGH v. 15.9.2010 – XII ZB 82/10, MDR 2010, 1350.
4 Zu den Folgen der Verletzung der Pflicht zur unverzüglichen Anschriftenänderung vgl. auch LAG Köln v. 22.9.2015 – 1 Ta 294/15, juris; LAG Berlin-Brandenburg v. 20.7.2015 – 21 Ta 975/15; NJW-Spezial 2016, 93.
5 Zu Einzelheiten vgl. Arbeitsrechtslexikon/*Schwab*, Prozesskostenhilfe A VI.

3. die persönlichen oder wirtschaftlichen Voraussetzungen für die Prozesskostenhilfe nicht vorgelegen haben; in diesem Fall ist die Aufhebung ausgeschlossen, wenn seit der rechtskräftigen Entscheidung oder sonstigen Beendigung des Verfahrens vier Jahre vergangen sind;
4. die Partei entgegen § 120a Abs. 2 Satz 1–3 dem Gericht wesentliche Verbesserungen ihrer Einkommens- und Vermögensverhältnisse oder Änderungen ihrer Anschrift absichtlich oder aus grober Nachlässigkeit unrichtig oder nicht unverzüglich mitgeteilt hat;
5. die Partei länger als drei Monate mit der Zahlung einer Monatsrate oder mit der Zahlung eines sonstigen Betrages im Rückstand ist.

148 Das Gericht kann ferner die Bewilligung der Prozesskostenhilfe aufheben, soweit die von der Partei beantragte Beweiserhebung aufgrund von Umständen, die im Zeitpunkt der Bewilligung der Prozesskostenhilfe noch nicht berücksichtigt werden konnten, **keine hinreichende Aussicht auf Erfolg bietet oder der Beweisantritt mutwillig erscheint.**

149 Gegen die Aufhebung kann die Partei **sofortige Beschwerde** binnen Monatsfrist einlegen[1]. Wird die Bewilligung wegen fehlender Mitwirkung aufgehoben, kann diese im Beschwerdeverfahren noch nachgeholt werden selbst wenn sie die ihr gesetzte Frist schuldhaft versäumt hat[2]. Haben rückständige Raten zur Aufhebung der Prozesskostenhilfe geführt, kann noch im Beschwerdeverfahren eine Zahlung aller rückständigen Raten nachgeholt werden[3].

150 **Zuständig** für das Aufhebungsverfahren ist gem. § 20 Nr. 4c RPflG der Rechtspfleger.

III. Beratungshilfe

151 Das Beratungshilfegesetz (**BerHG**)[4] bietet dem Rechtssuchenden Hilfe bei der Wahrnehmung von Rechten **außerhalb eines gerichtlichen Verfahrens** (§ 1 Abs. 1 BerHG).

1. Anwendbarkeit im Arbeitsrecht

152 Das BerHG findet gem. § 2 Abs. 2 Nr. 1 auf **arbeitsrechtliche Streitigkeiten** Anwendung. In seiner ursprünglichen Fassung vom 18.6.1980 waren Angelegenheiten, für deren Entscheidung die ArbGe zuständig sind, zunächst von der Beratung ausgeschlossen. Art. 8 des Einigungsvertrages vom 31.8.1990[5] iVm. der Anlage I Kapitel III Sachgebiet A (Rechtspflege) Abschnitt III Nr. 10[6] bestimmte zwischenzeitlich für die neuen Bundesländer die Anwendung des BerHG im Bereich des Arbeitsrechts; für die alten Bundesländer änderte sich jedoch die Rechtslage zunächst nicht. Das BVerfG hat mit Entscheidung vom 2.12.1992 den **Ausschluss arbeitsrechtlicher Angelegenheiten** in § 2 Abs. 2 Nr. 1 BerHG aF wegen **Verstoßes gegen Art. 3 Abs. 1 GG** für verfassungswidrig erklärt[7]. Aufgrund dieser Entscheidung hat der Gesetzgeber die heutige Rechtslage herbeigeführt, so dass Beratungshilfe nunmehr auch in Angelegenheiten geleistet wird, für deren Entscheidung die ArbGe zuständig sind. Dabei ist es gleichgültig, ob der Gegenstand der arbeitsrechtlichen Beratung bei einer gerichtlichen Auseinandersetzung im Urteils- oder Beschlussverfahren zu behandeln wäre[8].

2. Gegenstand der Beratungshilfe

153 Die Beratungshilfe besteht, soweit sie erforderlich ist, in **Beratung und Vertretung** (§ 2 Abs. 1 BerHG). Eine Vertretung ist erforderlich, wenn der Rechtssuchende nach der Beratung angesichts des Umfangs, der Schwierigkeit oder der Bedeutung der Rechtsangelegenheit für ihn seine Rechte nicht selbst wahrnehmen kann. Sie wird gem. § 3 Abs. 1 BerHG durch **Rechtsanwälte** und durch **Rechtsbeistände, die Mitglied einer Rechtsanwaltskammer sind**, gewährt. Darüber hinaus kann gem. § 3 Abs. 2 BerHG Beratungshilfe durch das **AG** erfolgen, soweit dem Anliegen des Rechtssuchenden durch eine sofortige Auskunft oder einen Hinweis auf anderweitige Möglichkeiten für Hilfe entsprochen werden kann. Gleiches gilt für die Fälle,

---

1 Zu Einzelheiten vgl. Arbeitsrechtslexikon/*Schwab*, Prozesskostenhilfe A VI.
2 BAG v. 18.11.2003 – 5 AZB 46/03, AP Nr. 1 zu § 124 ZPO.
3 LAG Rh.-Pf. v. 23.4.2012 – 10 Ta 18/12, MDR 2012, 934.
4 Beratungshilfegesetz vom 18.6.1980 (BGBl. I S. 689), durch Art. 2 des Gesetzes vom 31.8.2013 (BGBl. I S. 3533) geändert (BerHG).
5 BGBl. II S. 889.
6 BGBl. II S. 932.
7 BVerfG v. 2.12.1992 – 1 BvR 296/88, BVerfGE 88, 5.
8 GK-ArbGG/*Bader*, § 11a Rz. 213.

in denen dem Anliegen durch die Aufnahme eines Antrags oder einer Erklärung abgeholfen werden kann. Die Beratungshilfe wird beim AG durch den **Rechtspfleger** erteilt (§ 24a Abs. 1 Nr. 2 RPflG).

3. Voraussetzungen

Die Voraussetzungen, unter denen Beratungshilfe gewährt wird, sind in § 1 BerHG geregelt. Erforderlich ist zunächst gem. § 1 Abs. 1 BerHG ein **Antrag** des Rechtssuchenden. Voraussetzung ist weiterhin, dass der Rechtssuchende **die erforderlichen Mittel** für die Hilfe zur Wahrnehmung seiner Rechte nach seinen persönlichen und wirtschaftlichen Verhältnissen **nicht aufbringen kann** (§ 1 Abs. 1 Nr. 1 BerHG). Das ist immer dann der Fall, wenn ihm ein Anspruch auf Prozesskostenhilfe ohne eigenen Beitrag zu den Kosten zustünde (§ 1 Abs. 2 BerHG). Des Weiteren ist erforderlich, dass dem Rechtssuchenden **keine anderen Möglichkeiten für eine Hilfe** zur Verfügung stehen, deren Inanspruchnahme ihm zuzumuten sind (§ 1 Abs. 1 Nr. 2 BerHG). Schließlich darf nach § 1 Abs. 1 Nr. 3 BerHG die **Wahrnehmung der Rechte nicht mutwillig** sein. § 10 BerHG regelt die grenzüberschreitende Beratungshilfe innerhalb der EU. 154

4. Verfahren

Der Antrag auf Beratungshilfe kann durch den Rechtssuchenden **mündlich oder schriftlich** gestellt werden (§ 4 Abs. 2 Satz 1 BerHG). Aufgrund der Regelung des § 11 BerHG sind mit VO – aktuell vom 2.1.2014 – **Vordrucke** für die Stellung des Antrags eingeführt worden. In dem Antrag ist der **Sachverhalt** anzugeben, für den Beratungshilfe gewährt werden soll (§ 4 Abs. 2 Satz 2 BerHG). Darüber hinaus muss der Rechtssuchende seine **persönlichen und wirtschaftlichen Verhältnisse glaubhaft machen** (§ 4 Abs. 3 BerHG). Grundsätzlich ist der Antrag vor Inanspruchnahme der Beratung zu stellen. Wendet der Hilfesuchende sich jedoch unmittelbar an einen Rechtsanwalt, ist auch eine **nachträgliche Beantragung**, spätestens vier Wochen nach Beginn der Beratung, möglich (§ 6 Abs. 2 BerHG). 155

Der Antrag ist bei dem **AG** zu stellen (§ 4 Abs. 1 BerHG). Zuständig ist nach § 24a Abs. 1 Nr. 1 RPflG der **Rechtspfleger**. Dies gilt auch für Angelegenheiten im Bereich des Arbeitsrechts. **Örtlich** zuständig zur Entgegennahme ist das **AG, in dessen Bezirk der Rechtssuchende seinen allgemeinen Gerichtsstand hat** (§ 4 Abs. 1 Satz 1 BerHG, §§ 12 ff. ZPO). Hat der Rechtssuchende im Inland keinen allgemeinen Gerichtsstand, so ist das AG zuständig, in dessen Bezirk ein Bedürfnis für die Beratungshilfe auftritt (§ 4 Abs. 1 Satz 2 BerHG). 156

Der Rechtssuchende erhält bei Bewilligung der Beratungshilfe einen **Berechtigungsschein**. Die Angelegenheit, in der Beratungshilfe gewährt wird, ist in dem Berechtigungsschein genau bezeichnet (§ 6 Abs. 1 BerHG). Ein Berechtigungsschein wird vom AG nur dann nicht ausgestellt, wenn das Gericht die Beratungshilfe selbst ausführt. 157

Der Berechtigte ist in **der Wahl seines Rechtsanwalts** frei. Der Rechtsanwalt ist **verpflichtet, die Beratungshilfe zu übernehmen** (§ 49a Abs. 1 Satz 1 und Abs. 2 Satz 1 BRAO). Eine Ablehnung der Übernahme ist nur im Einzelfall aus wichtigem Grund möglich (§ 49a Abs. 1 Satz 2 und Abs. 2 Satz 2 BRAO). 158

Wird der Antrag auf Beratungshilfe zurückgewiesen, ist gegen die Entscheidung die **Erinnerung** statthaft (§ 7 BerHG). 159

5. Rechtsfolgen

Die Vergütung der Beratungsperson richtet sich nach den für die Beratungshilfe geltenden Vorschriften des Rechtsanwaltsvergütungsgesetzes. Die Beratungsperson, die nicht Rechtsanwalt ist, steht insoweit einem Rechtsanwalt gleich. Nach § 44 RVG iVm. Nr. 2500 des Vergütungsverzeichnisses (Anlage 1 zu § 2 Abs. 2 RVG) hat der Rechtsanwalt, der Beratungshilfe gewährt, **gegen den Rechtssuchenden** Anspruch auf eine **Gebühr iHv. 15 Euro als Festbetrag**; hierauf kann der Anwalt verzichten. Gemäß § 8 Abs. 2 BerHG sind Vergütungsvereinbarungen ansonsten nichtig. Darüber hinaus erfolgt die **Vergütung des Rechtsanwalts aus der Landeskasse**. Der in § 9 BerHG geregelte Kostenersatz durch den Gegner findet im Arbeitsrecht wegen der Regelung des § 12a Abs. 1 Satz 1 keine Anwendung. 160

§ 12 Kosten

Das Justizverwaltungskostengesetz und das Justizbeitreibungsgesetz gelten entsprechend, soweit sie nicht unmittelbar Anwendung finden. Bei Einziehung der Gerichts- und Verwaltungskosten leisten die Vollstreckungsbehörden der Justizverwaltung oder die sonst nach Landesrecht zuständigen Stel-

len den Gerichten für Arbeitssachen Amtshilfe, soweit sie diese Aufgaben nicht als eigene wahrnehmen. Vollstreckungsbehörde ist für die Ansprüche, die beim Bundesarbeitsgericht entstehen, die Justizbeitreibungsstelle des Bundesarbeitsgerichts.

I. Überblick über Regelungen und Begrifflichkeiten des Kostenrechts	1
II. Historische Entwicklung	10
III. Regelungsgegenstand des § 12	11
IV. Gebühren im Urteilsverfahren 1. Instanz	
1. Allgemeines	13
2. Gebühren bei Verweisung	15
3. Verzögerungsgebühr	17
4. Gebührentatbestände und Privilegierungen	27
a) Gebührengrundtatbestand	27
b) Vergleich	29
aa) Allgemeines	29
bb) Gerichtlicher Vergleich	33
cc) Außergerichtlicher Vergleich	38
c) Versäumnisurteil	39
d) Klagerücknahme, Anerkenntnis, Verzicht	40
aa) Allgemeines	40
bb) Einzelheiten zur Klagerücknahme	43
cc) Einzelheiten zu Anerkenntnis und Verzicht	47
e) Abgekürztes Urteil	50
f) Beschluss nach § 91a ZPO	54
V. Gebühren im Rechtsmittel- und Rechtsbehelfsverfahren	
1. Berufung	58
2. Revision	67
3. Beschwerde	70
4. Wiederaufnahmeklage	77
5. Abhilfe bei Verletzung des Anspruchs auf rechtliches Gehör	79
VI. Gebühren bei besonderen Verfahrensarten	
1. Mahnverfahren	80
2. Arrest und einstweilige Verfügung	83
3. Selbständiges Beweisverfahren	92
VII. Auslagen	95
VIII. Erhebung der Kosten	
1. Fälligkeit	99
2. Kostenvorschüsse	108
3. Kostenansatz	110
4. Kostenschuldner	115
IX. Gerichtskostenfreie Verfahren	118
X. Streitwertfestsetzung und Streitwertberechnung	
1. Allgemeines	122
2. Streitwertfestsetzung	124
a) Rechtsmittelstreitwert und Gebührenstreitwert	124
b) Wertfestsetzung auf Antrag gem. § 33 RVG	132
c) Voraussetzungen, Inhalt und Änderung der Wertfestsetzung	133
d) Rechtsmittel	138
3. Allgemeine Grundsätze der Streitwertberechnung	149
a) Bewertungsgrundlage und Bewertungszeitpunkt	149
b) Objektive Klagehäufung	152
c) Klage und Widerklage	160
d) Wechselseitig eingelegte Rechtsmittel	162
e) Subjektive Klagehäufung	163
f) Prozesstrennung und Prozessverbindung	165
g) Vermögensrechtliche und nichtvermögensrechtliche Streitigkeiten	166
4. Sonderregelungen des § 42 Abs. 1–2 GKG	170
a) Bestandsstreitigkeiten	171
aa) Begriff der Bestandsstreitigkeit	171
bb) Begriff des Arbeitsentgelts	174
cc) Regelstreitwert oder Streitwertobergrenze?	177
b) Rechtsstreitigkeiten über wiederkehrende Leistungen	181
aa) Begriff der wiederkehrenden Leistung	181
bb) Streitwert bei der Leistungsklage	183
cc) Streitwert bei der Feststellungsklage	191
c) Eingruppierungsstreitigkeiten	192
5. Einzelfälle (Streitwert-ABC)	198
(1) Abfindung	199
(2) Abmahnung	204
(3) Abrechnung	207
(4) Änderungskündigung	208
(5) Allgemeiner Feststellungsantrag	213
(6) Altersteilzeitvereinbarung	217
(7) Altersversorgung	218
(8) Anfechtung	219
(9) Arbeitnehmerähnliche Personen/Arbeitnehmer	222
(10) Arbeitsleistung	223
(11) Arbeitspapiere	224
(12) Arrest und einstweilige Verfügung	225
(13) Auflösungsantrag	226
(14) Auskunft	230
(15) Befangenheit	231
(16) Befristung und sonstige Beendigungstatbestände	232
(17) Berufsausbildung und Antrag nach § 78a BetrVG	233
(18) Beschlussverfahren	234
(19) Betriebsrat, Auskunft	238
(20) Betriebsrat, Beschlüsse, Betriebsvereinbarung	239
(21) Betriebsrat, Büroausstattung	240
(22) Betriebsrat, Wahl	241
(23) Betriebsrat, Zutrittsrecht	243
(24) Betriebsratsmitglied, Ausschluss	244
(25) Betriebsratsmitglied, Freistellung, Schulung	245
(26) Betriebsübergang	247
(27) Beweisverfahren, selbständiges	248
(28) Dienstwagen	249
(29) Direktionsrecht	250

(30)	Ehrverletzung	251	(45) Nachträgliche Klagezulassung	289
(31)	Einigungsstelle	252	(46) Nachweis	290
(32)	Entgeltklage	253	(47) Ordnungsgeld	290a
(33)	Entschädigungsantrag	257	(48) Praktikanten	291
(34)	Freistellung	258	(49) Sachverständigengutachten für BR	292
(35)	Handelsvertreter	260	(50) Schadensersatz	293
(36)	Herausgabeansprüche	261	(51) Statusklage	294
(37)	Insolvenz	262	(52) Stufenklage	295
(38)	Integrationsamt	264	(53) Teilzeitbegehren	296
(39)	Karenzentschädigung	265	(54) Urlaub, Sonderurlaub	297
(40)	Kündigung, Mehrzahl von Kündigungen	266	(55) Vergleich	299
(41)	Mitbestimmung in personellen Angelegenheiten	273	(56) Versetzung	307
			(57) Weiterbeschäftigungsantrag	308
(42)	Mitbestimmung in sozialen Angelegenheiten	280	(58) Wettbewerbsverbot	312
			(59) Wiederkehrende Leistungen	313a
(43)	Mitbestimmung in wirtschaftlichen Angelegenheiten	283	(60) Zeugnis	314
			(61) Zug um Zug	315
(44)	Nachteilsausgleich	288	(62) Zwangsvollstreckungsmaßnahmen	316

Schrifttum: *Arand/Faecks*, Gegenstandswert der Freistellung eines Arbeitnehmers bei Beendigung des Arbeitsverhältnisses, NZA 1998, 281; *Bader*, Neues Kostenrecht und Kostenausspruch im arbeitsgerichtlichen Urteil, NZA 2005, 971; *Bader/Nungeßer*, Die arbeitsgerichtliche Kostenentscheidung in besonderen Konstellationen, NZA 2007, 1200; *Becker/Glaremin*, Streitwertaddition beim mit uneigentlichem Hilfsantrag geltend gemachten Weiterbeschäftigungsanspruch?, NZA 1989, 207; *Binz/Dornhöfer/Petzold*, GKG, FamGKG, JVEG, 2. Aufl. 2009; *Brinkmann*, Zur Frage der Streitwertbegrenzung bei angefallenen Rückständen aus wiederkehrenden Leistungen, JurBüro 2003, 306; *Creutzfeldt*, Die Wertfestsetzung im arbeitsgerichtlichen Verfahren, NZA 1996, 961; *Creutzfeldt*, Zur nochmaligen Änderung des § 25 GKG, NZA 1998, 458; *Francken*, Das Gesetz zur Förderung der Mediation und das arbeitsgerichtliche Verfahren, NZA 2012, 836; *Hecker*, Streitwerte im Individual-Arbeitsrecht, AnwBl 1984, 116; *Hümmerich*, Die arbeitsgerichtliche Abfindung, NZA 1999, 342; *Jörchel/Bader*, Vereinheitlichung der arbeitsgerichtlichen Streitwerte, NZA 2013, 809; *Lappe*, Die Entwicklung des Gerichts- und Notarkostenrechts im Jahre 1986, NJW 1987, 1860; *Meier/Becker*, Streitwerte im Arbeitsrecht, 3. Aufl. 2012; *Meyer*, RVG Teil E – die wesentlichen Neuerungen im GKG, JurBüro 2004, 286; *Müller*, Praktische Probleme der seit 1.10.1996 geltenden arbeitsrechtlichen Vorschriften der Insolvenzordnung, NZA 1998, 1315; *Natter*, Die Auswirkungen des Gesetzes zur Modernisierung des Kostenrechts auf das arbeitsgerichtliche Verfahren, NZA 2004, 686; *Roloff*, Das moderne Kostenrecht im arbeitsgerichtlichen Verfahren, NZA 2007, 900; *Schäder*, Streitwert-Lexikon, Arbeitsrecht, 2000; *Schäfer*, Zum Streitwert bei einer Klage auf Erhöhung einer Betriebsrente, AGS 2003, 264; *Schwab*, Neuerungen im arbeitsgerichtlichen Verfahren, NZA 1991, 657; *Schwab*, Die Rechtsprechung des BAG zur Kombination einer Kündigungsschutzklage mit einer allgemeinen Feststellungsklage, NZA 1998, 342; *Schwab/Maatje*, Zulässigkeitsprobleme bei Verfahrens- und Wertbeschwerden, NZA 2011, 769; *Tschöpe/Ziemann/Altenburg*, Streitwert und Kosten im Arbeitsrecht; *Willemsen/Schipp/Reinhard/Meier*, Der Streitwertkatalog für die Arbeitsgerichtsbarkeit – eine kritische Stellungnahme, NZA 2013, 1112;.

I. Überblick über Regelungen und Begrifflichkeiten des Kostenrechts

Die in jedem Zivilprozess entstehenden Kosten setzen sich zusammen aus gerichtlichen und außergerichtlichen Kosten der Prozessbeteiligten. Das Gerichtskostengesetz (**GKG**) regelt im Einzelnen, wann welche **Gerichtskosten** erhoben werden. Demgegenüber stellten bis zum 30.6.2004 die Bestimmungen in § 12 zentrale Spezialvorschriften des Kostenrechts im arbeitsgerichtlichen Verfahren dar. § 12 enthielt alle Sonderregelungen für die Erhebung und Berechnung der Gerichtskosten durch die Gerichte für Arbeitssachen. Zum 1.7.2004 wurden die Gerichtskostenregelungen für alle Gerichtsbarkeiten einheitlich im GKG eingestellt. Die früheren Regelungen von § 12 – heute ist darin nur noch der frühere Abs. 6 enthalten – sind teilweise strukturell verändert, zum Teil unverändert in das GKG integriert worden. Somit ist heute für das **arbeitsgerichtliche** Verfahren **allein** das GKG für Erhebungen und Berechnungen von **Gerichtskosten maßgeblich**. Teil 8 der Anlage 1 des Kostenverzeichnisses (KV) des GKG enthält spezielle Vorschriften der einzelnen Gebührentatbestände aller drei arbeitsgerichtlicher Instanzen. Daneben finden Teil 9 der Anlage 1 (Auslagenersatz) sowie die allgemeine Gebührentabelle des GKG (Anlage 2 zu § 34 GKG) Anwendung; vgl. zu Kosten im Verfahren der Zwangsvollstreckung Rz. 316. 1

Gerichtskosten gibt es in Form einer streitwertabhängigen pauschalen **Verfahrensgebühr oder** aus einer streitwertunabhängigen **Festgebühr** in gesetzlich festgelegter Höhe.

2 Folgende Normen des GKG enthalten Regelungen, die für die Gerichtskosten im arbeitsgerichtlichen Verfahren von besonderer Bedeutung sind:

§ 1 GKG Geltungsbereich

(1) Für Verfahren vor den ordentlichen Gerichten
(...)
werden Kosten (Gebühren und Auslagen) nur nach diesem Gesetz erhoben.
(...)
(2) Dieses Gesetz ist ferner anzuwenden für Verfahren
4. vor den Gerichten für Arbeitssachen nach dem Arbeitsgerichtsgesetz (...)
(...)

§ 2 GKG Kostenfreiheit

(...)
(2) Für Verfahren vor den Gerichten für Arbeitssachen nach § 2a Abs. 1, § 103 Abs. 3, § 108 Abs. 3 und § 109 des Arbeitsgerichtsgesetzes sowie nach den §§ 122 und 126 der Insolvenzordnung werden Kosten nicht erhoben.
(...)

§ 6 GKG Fälligkeit der Gebühren im Allgemeinen

(...)
(3) In Verfahren vor den Gerichten für Arbeitssachen bestimmt sich die Fälligkeit der Kosten nach § 9.

§ 9 GKG Fälligkeit der Gebühren in sonstigen Fällen, Fälligkeit der Auslagen

(...)
(2) Im Übrigen werden die Gebühren und die Auslagen fällig, wenn
1. eine unbedingte Entscheidung über die Kosten ergangen ist,
2. das Verfahren oder der Rechtszug durch Vergleich oder Zurücknahme beendet ist,
3. das Verfahren sechs Monate ruht oder sechs Monate nicht betrieben worden ist,
4. das Verfahren sechs Monate unterbrochen oder sechs Monate ausgesetzt war oder
5. das Verfahren durch anderweitige Erledigung beendet ist.
(3) Die Dokumentenpauschale sowie die Auslagen für die Versendung von Akten werden sofort nach ihrer Entstehung fällig.

§ 11 GKG Verfahren nach dem Arbeitsgerichtsgesetz

In Verfahren vor den Gerichten für Arbeitssachen sind die Vorschriften dieses Abschnittes [Abschnitt 3, Vorschuss und Vorauszahlung] nicht anzuwenden; dies gilt für die Zwangsvollstreckung in Arbeitssachen auch dann, wenn das Amtsgericht Vollstreckungsgericht ist. Satz 1 gilt nicht in Verfahren wegen überlanger Gerichtsverfahren (§ 9 Absatz 2 Satz 2 des Arbeitsgerichtsgesetzes).

§ 22 GKG Streitverfahren, Bestätigungen und Bescheinigungen zu inländischen Titeln

(1) In bürgerlichen Rechtsstreitigkeiten mit Ausnahme der Restitutionsklage nach § 580 Nr. 8 der Zivilprozessordnung sowie in Verfahren nach § 1 Abs. 1 Satz 1 Nr. 14, Abs. 2 Nr. 1 bis 3 sowie Abs. 4 schuldet die Kosten, wer das Verfahren das Rechtszugs beantragt hat. Im Verfahren, das gemäß § 700 Abs. 3 der Zivilprozessordnung dem Mahnverfahren folgt, schuldet die Kosten, wer den Vollstreckungsbescheid beantragt hat. Im Verfahren, das nach Einspruch dem Europäischen Mahnverfahren folgt, schuldet die Kosten, wer den Zahlungsbefehl beantragt hat. Die Gebühr für den Abschluss eines gerichtlichen Vergleichs schuldet jeder, der an dem Abschluss beteiligt ist.
(2) In Verfahren vor den Gerichten für Arbeitssachen ist Absatz 1 nicht anzuwenden, soweit eine Kostenhaftung nach § 29 Nr. 1 oder 2 besteht. Absatz 1 ist ferner nicht anzuwenden, solange bei einer Zurückverweisung des Rechtsstreits an die Vorinstanz nicht feststeht, wer für die Kosten nach § 29 Nr. 1 oder 2 haftet, und der Rechtsstreit noch anhängig ist; er ist jedoch anzuwenden, wenn das Verfahren nach Zurückweisung sechs Monate geruht hat oder sechs Monate von den Parteien nicht betrieben worden ist.
(...)

§ 28 GKG Auslagen in weiteren Fällen

(1) Die Dokumentenpauschale schuldet ferner, wer die Erteilung der Ausfertigungen und Ablichtungen oder Ausdrucke beantragt hat. Sind Ablichtungen oder Ausdrucke angefertigt worden, weil die Partei oder der Beteiligte es unterlassen hat, die erforderliche Zahl von Mehrfertigungen beizufügen, schuldet nur die Partei oder der Beteiligte die Dokumentenpauschale.
(2) Die Auslagen nach Nummer 9003 des Kostenverzeichnisses schuldet nur, wer die Versendung der Akte beantragt hat.

(3) Im Verfahren auf Bewilligung von Prozesskostenhilfe einschließlich des Verfahrens auf Bewilligung grenzüberschreitender Prozesskostenhilfe ist der Antragsteller Schuldner der Auslagen, wenn
1. der Antrag zurückgenommen oder vom Gericht abgelehnt oder
2. die Übermittlung des Antrags von der Übermittlungsstelle oder das Ersuchen um Prozesskostenhilfe von der Empfangsstelle abgelehnt wird.

§ 29 GKG Weitere Fälle der Kostenhaftung

Die Kosten schuldet ferner,
1. wem durch gerichtliche oder staatsanwaltschaftliche Entscheidung die Kosten des Verfahrens auferlegt sind;
2. wer sie durch eine vor Gericht abgegebene oder dem Gericht mitgeteilte Erklärung oder in einem vor Gericht abgeschlossenen oder dem Gericht mitgeteilten Vergleich übernommen hat; dies gilt auch, wenn bei einem Vergleich ohne Bestimmung über die Kosten diese als von beiden Teilen je zur Hälfte übernommen anzusehen sind;
3. wer für die Kostenschuld eines anderen kraft Gesetzes haftet und
4. der Vollstreckungsschuldner für die notwendigen Kosten der Zwangsvollstreckung.

§ 34 GKG Wertgebühren

(1) Wenn sich die Gebühren nach dem Streitwert richten, beträgt die Gebühr bei einem Streitwert bis 500 Euro 35 Euro. Die Gebühr erhöht sich bei einem

Streitwert bis... Euro	für jeden angefangenen Betrag von weiteren... Euro	um... Euro
2 000	500	18
10 000	1 000	19
25 000	3 000	26
50 000	5 000	35
200 000	15 000	120
500 000	30 000	179
Über 500 000	50 000	180

Eine Gebührentabelle für Streitwerte bis 500 000 Euro ist diesem Gesetz als Anlage 2 beigefügt.
(2) Der Mindestbetrag einer Gebühr ist 15 Euro.

§ 35 GKG Einmalige Erhebung der Gebühren

Die Gebühr für das Verfahren im Allgemeinen und die Gebühr für eine Entscheidung werden in jedem Rechtszug hinsichtlich eines jeden Teils des Streitgegenstands nur einmal erhoben.

§ 38 GKG Verzögerung des Rechtsstreits

Wird außer im Fall des § 335 der Zivilprozessordnung durch Verschulden des Klägers, des Beklagten oder eines Vertreters die Vertagung einer mündlichen Verhandlung oder die Anberaumung eines neuen Termins zur mündlichen Verhandlung nötig oder ist die Erledigung des Rechtsstreits durch nachträgliches Vorbringen von Angriffs- oder Verteidigungsmitteln, Beweismitteln oder Beweiseinreden, die früher vorgebracht werden konnten, verzögert worden, kann das Gericht dem Kläger oder dem Beklagten von Amts wegen eine besondere Gebühr mit einem Gebührensatz von 1,0 auferlegen. Die Gebühr kann bis auf einen Gebührensatz von 0,3 ermäßigt werden. Dem Kläger, dem Beklagten oder dem Vertreter stehen gleich der Nebenintervenient, der Beigeladene, der Vertreter des Bundesinteresses beim Bundesverwaltungsgericht und der Vertreter des öffentlichen Interesses sowie ihre Vertreter.

§ 42 GKG Wiederkehrende Leistungen

(1) Bei Ansprüchen auf wiederkehrende Leistungen aus einem öffentlich-rechtlichen Dienst- oder Amtsverhältnis, einer Dienstpflicht oder einer Tätigkeit, die anstelle einer gesetzlichen Dienstpflicht geleistet werden kann, bei Ansprüchen von Arbeitnehmern auf wiederkehrende Leistungen [...] ist der dreifache Jahresbetrag der wiederkehrenden Leistungen maßgebend, wenn nicht der Gesamtbetrag der geforderten Leistungen geringer ist. [...]
(2) Für die Wertberechnung bei Rechtsstreitigkeiten vor den Gerichten für Arbeitssachen über das Bestehen, das Nichtbestehen oder die Kündigung eines Arbeitsverhältnisses ist höchstens der Betrag des für die Dauer eines Vierteljahres zu leistenden Arbeitsentgelts maßgebend; eine Abfindung wird nicht hinzugerechnet. Bei Rechtsstreitigkeiten über Eingruppierungen ist der Wert des dreijährigen Unterschiedsbetrags zur begehrten Vergütung maßgebend, sofern nicht der Gesamtbetrag der geforderten Leistungen geringer ist.

(3) Die bei Einreichung der Klage fälligen Beträge werden dem Streitwert hinzugerechnet; dies gilt nicht in Rechtsstreitigkeiten vor den Gerichten für Arbeitssachen. [...]

§ 62 GKG Wertfestsetzung für die Zuständigkeit des Prozessgerichts oder die Zulässigkeit des Rechtsmittels

Ist der Streitwert für die Entscheidung über die Zuständigkeit des Prozessgerichts oder Zulässigkeit des Rechtsmittels festgesetzt, ist die Festsetzung auch für die Berechnung der Gebühren maßgebend, soweit die Wertvorschriften dieses Gesetzes nicht von den Wertvorschriften des Verfahrensrechts abweichen. Satz 1 gilt nicht in Verfahren vor den Gerichten für Arbeitssachen.

§ 63 GKG Wertfestsetzung für die Gerichtsgebühren

(...)

(2) Soweit eine Entscheidung nach § 62 Satz 1 *[Wertfestsetzung für bei Antragseingang fällige Gebühren]* nicht ergeht oder nicht bindet, setzt das Prozessgericht den Wert für die zu erhebenden Gebühren durch Beschluss fest, sobald eine Entscheidung über den gesamten Streitgegenstand ergeht oder sich das Verfahren anderweitig erledigt. In Verfahren vor den Gerichten für Arbeitssachen oder der Finanzgerichtsbarkeit gilt dies nur dann, wenn ein Beteiligter oder die Staatskasse die Festsetzung beantragt oder das Gericht sie für angemessen hält.

(3) Die Festsetzung kann von Amts wegen geändert werden
1. von dem Gericht, das den Wert festgesetzt hat, und
2. von dem Rechtsmittelgericht wenn das Verfahren wegen der Hauptsache oder wegen der Entscheidung über den Streitwert, den Kostenansatz oder die Kostenfestsetzung in der Rechtsmittelinstanz schwebt.

Die Änderung ist nur innerhalb von sechs Monaten zulässig, nachdem die Entscheidung in der Hauptsache Rechtskraft erlangt oder das Verfahren sich anderweitig erledigt hat.

3 Die **Gerichtskosten** sind öffentliche Abgaben, die der Staat für die Inanspruchnahme der Dienstleistung des Gerichts fordert[1]. Sie sind Teil der Prozesskosten. Neben den Gerichtskosten entstehen der Prozesspartei im Zusammenhang mit einer Prozessführung regelmäßig außergerichtliche eigene Kosten, zB Verdienstausfall, Fahrtkosten, Porto- und Telefonkosten, Kosten für die Hinzuziehung eines Anwalts. Die Gerichtskosten setzen sich nach der Legaldefinition des § 1 Abs. 1 GKG zusammen aus **Gebühren** und **Auslagen**. Diese Unterscheidung der Gerichtskosten in Gebühren und Auslagen wird im Kostenrecht begrifflich streng durchgehalten. Gerichtliche Entscheidungen, aber auch der Wortlaut von Vergleichen haben dem aus Gründen der Bestimmbarkeit des Inhalts und Regelungsumfangs terminologisch Rechnung zu tragen[2].

4 Gerichts**gebühren** (s. Rz. 11–94) sind einmalig zu erhebende (§ 35 GKG) pauschale Abgaben aus Anlass einer besonderen Inanspruchnahme der Dienstleistungen der staatlichen Gerichtsbarkeit. Hierbei kommt es bei der Verfahrensgebühr nicht darauf an, ob und welcher Verwaltungsaufwand im Einzelfall tatsächlich entstanden ist[3]. Gebührentatbestände für das arbeitsgerichtliche Verfahren finden sich im **Teil 8 des Kostenverzeichnisses** zum GKG (Anlage 1 zu § 3 Abs. 2 GKG). Die **Höhe** der gerichtlichen Gebühren richtet sich auch für das Verfahren vor den Gerichten für Arbeitssachen nach der für alle Gerichtsbarkeiten geltenden **Gebührentabelle** zu § 34 GKG (Anlage 2 zum GKG). Dazu hat der Richter bei Verfahrensbeendigung den **Streitwert** für die Gerichtsgebühren des Verfahrens nach § 63 GKG **festzusetzen**, damit der Kostenbeamte verbindlich Kenntnis erhält, von welchem Wert er bei Anwendung der Gebührentabelle auszugehen hat. Das sozialpolitische Ziel der Kostenreduzierung im arbeitsgerichtlichen Verfahren wird durch niedrigere pauschale Gebührenansätze im Kostenverzeichnis erreicht (und nicht etwa durch eine andere Gebührentabelle für die Arbeitsgerichtsbarkeit).

5 Gerichtliche **Auslagen** (s. Rz. 95–98) sind Aufwendungen des Gerichts, die durch den einzelnen Rechtsstreit veranlasst und vom Kostenschuldner zu erheben sind (zB Postgebühren, Fotokopiekosten, Zeugenentschädigung, Kosten für Sachverständige und Dolmetscher, Schreibgebühren)[4]. Die dafür geltenden Auslagentatbestände sind in **Teil 9** des GKG-Kostenverzeichnisses normiert. Teil 9 gilt auch im Arbeitsgerichtsverfahren.

6 Keinem Gebührenprivileg unterfallende **Gerichtskosten werden** im arbeitsgerichtlichen Verfahren erst bei Verfahrensbeendigung **erhoben** (s. Rz. 99–107) durch den gerichtlichen Kostenansatz (s. Rz. 110–114) vom Kostenschuldner (s. Rz. 115–117), soweit bestimmte Verfahren nicht generell gerichtskostenfrei sind (s. Rz. 118–121).

7 Die traditionelle **Kostenprivilegierung** des arbeitsgerichtlichen Verfahrens findet in § 2 Abs. 2 GKG eine besondere Ausprägung. Hierin wird ua. die **völlige Gerichtskostenfreiheit** für alle Verfahren angeordnet,

---

1 *Hartmann*, Kostengesetze, Einl. II A Rz. 1.
2 GK-ArbGG/*Schleusener*, § 12 Rz. 8.
3 *Hartmann*, Kostengesetze, Einl. II A Rz. 7; GK-ArbGG/*Schleusener*, § 12 Rz. 9.
4 GK-ArbGG/*Schleusener*, § 12 Rz. 10.

in denen gem. § 2a ArbGG das Beschlussverfahren nach dem BetrVG, das Verfahren nach dem Sprecherausschussgesetz, für Entscheidungen über Wahl und Abberufung von ArbN-Vertretern in Aufsichtsräten sowie über die Tariffähigkeit und Tarifzuständigkeit einzelner Vereinigungen stattfindet. Kostenfrei sind zudem Verfahren auf Zustimmung des ArbG zur Durchführung einer Betriebsänderung nach § 122 InsO sowie Beschlussverfahren zum Kündigungsschutz nach § 126 InsO. Daneben gibt es eine Reihe von Kostenprivilegierungen, die den Zweck verfolgen, den Zugang zu den Gerichten für Arbeitssachen nicht durch hohe Kostenhürden zu vereiteln[1] (s.a. Rz. 167) oder das Gericht arbeitsmäßig zu entlasten. Bspw. enthält § 6 Abs. 3 GKG iVm. § 9 Abs. 2 GKG eine eigenständige **Fälligkeitsregelung** der Gerichtskosten. Nach § 11 GKG dürfen in Verfahren vor den ArbG generell keine **Kostenvorschüsse** verlangt werden. Im arbeitsgerichtlichen Verfahren entfällt die sog. **Zweitschuldnerhaftung** des § 22 Abs. 2 GKG. Nach Nr. 9005 KV-GKG werden Kosten für vom Gericht herangezogene **Dolmetscher und Übersetzer** in bestimmten Fällen nicht erhoben.

Die vorstehend skizzierten Regelungen über Kostentragung und Kostenfreiheit gelten auch, soweit Bund oder Länder Prozesspartei vor dem ArbG sind. Dagegen gilt die vor den Gerichten der ordentlichen Gerichtsbarkeit, der Finanz- und Sozialgerichtsbarkeit (§ 2 Abs. 1 Satz 1 GKG) angeordnete generelle **persönliche Kostenfreiheit von Bund und Ländern vor** dem ArbG gem. § 2 Abs. 4 Satz 1 GKG **nicht**. Mit der Regelung in § 2 Abs. 4 GKG will der Gesetzgeber eine nach dem früheren Rechtszustand bestehende Unterscheidung zwischen Rechtsstreiten über öffentlich-rechtliche Dienstverhältnisse vor dem Verwaltungsgericht und privatrechtliche Arbeitsverhältnisse vor dem ArbG beseitigen. De facto wird das allerdings nicht erreicht, wenn der Staatskasse wegen Prozessverlusts die Gerichtskosten gem. § 91 ZPO auferlegt werden. Gäbe es eine Kostenbefreiung, verbliebe der Staatskasse dann kein Kostenschuldner. So fließt das Geld allenfalls von einem Budget in ein anderes. Vorschriften über sachliche Kostenfreiheit bleiben indes möglich (§ 2 Abs. 4 Satz 2 GKG), spielen jedoch in der Praxis keine Rolle[2]. 8

Im Gebührenrecht gilt nach § 1 Abs. 1 Satz 1, Abs. 2 Nr. 4 GKG das **Enumerationsprinzip**. Das Gericht darf Auslagenersatz und Gebühren **nur in** den **gesetzlich festgelegten Fällen** erheben. Die gesetzlichen Gebührentatbestände für das arbeitsgerichtliche Verfahren aller drei Instanzen sind im Kostenverzeichnis zum GKG enthalten. Soweit es für einen Sachverhalt in dem Kostenverzeichnis an der Beschreibung eines Gebührentatbestandes fehlt, ist Gebührenfreiheit gegeben[3]. Bestimmte Verfahren sind generell **kostenfrei** (Rz. 118). Dies betrifft Gebühren und Auslagen. Dagegen beseitigt die (bloße) Gebührenfreiheit die Erhebung von Auslagen nicht. 9

II. Historische Entwicklung

Zur historischen Entwicklung des Gebührenrechts von § 57 des Gewerbegerichtsgesetzes vom 29.7.1890 bis zum am 1.7.2004 in Kraft getretenen 1. Kostenrechtsmodernisierungsgesetz vgl. 3. Aufl. Rz. 11–21. 10

Am **1.8.2013** ist das **2. Kostenrechtsmodernisierungsgesetz** in Kraft getreten. Es erhöhte in Anpassung an die wirtschaftliche Entwicklung in größerem Umfang die bisherigen Kosten und Gebühren durch Änderung des Kostenverzeichnisses und der Gebührentabelle. Insbesondere hat es nach rund neun Jahren Stagnation die **Rechtsanwaltsgebühren** spürbar angehoben. Es hat aber auch nach fast 20 Jahren erstmals wieder die **Gerichtsgebühren erhöht**. Dabei hat es für das arbeitsgerichtliche Verfahren die Differenz zur Höhe der Gerichtsgebühren in den übrigen Gerichtsbarkeiten beibehalten. Aus sozialpolitischen Erwägungen betragen die Gerichtsgebühren in der **Arbeitsgerichtsbarkeit** grds. nach wie vor nur 66 v.H. in der ersten Instanz und 80 v.H. in den beiden Oberinstanzen gegenüber dem Gebührenniveau des allgemeinen Zivilprozesses. Endet das Verfahren durch Urteil oder greift bei einer sonstigen Erledigung kein Gebührenprivileg, dann fallen ohne Rücksicht auf den Verfahrensverlauf nach der Nr. 8210 KV-GKG **pauschal** nur 2,0 Gerichtsgebühren beim ArbG (beim erstinstanzlichen ordentlichen Gericht sind das nach Nr. 1210 KV-GKG 3,0 Gebühren), nur 3,2 Gebühren beim LAG (Nr. 8220 KV-GKG) und nur 4,0 Gebühren beim BAG (Nr. 8230 KV-GKG) an. Richten sich die Gebühren nach dem Streitwert des Verfahrens, dann ergibt sich die Höhe der Gerichtsgebühren aus der Anlage 2 zu § 34 GKG, die auch im arbeitsgerichtlichen Verfahren gilt.

Die **Übergangsvorschrift** des § 71 Abs. 1 Satz 1 GKG stellt auf die Einleitung des Verfahrens ab. Verfahren, die vor dem 1.8.2013 anhängig geworden sind, richten sich nach der alten Fassung des GKG. Ab dem 1.8.2013 eingeleitete Verfahren sind nach der Neufassung zu berechnen. Beim Rechtsmittel, es gilt als neu-

---

1 Vgl. BVerfG v. 1.12.2010 – 1 BvR 1682/07, NZA 2011, 354.
2 GK-ArbGG/*Schleusener*, § 12 Rz. 12.
3 GK-ArbGG/*Schleusener*, § 12 Rz. 12.

es Verfahren, kommt es auf dessen Einlegung an (§ 71 Abs. 1 Satz 2 GKG), unabhängig davon, welches Gebührenrecht in der Vorinstanz gegolten hat.

Angehoben wurden auch pauschale **Festbeträge** im Teil 8 des KV-GKG. So beträgt zB die Mindestgebühr für einen Antrag auf Erlass eines Vollstreckungsbescheids 20 Euro (KV Nr. 8100). Weist das Gericht eine Rüge wegen Verletzung des rechtlichen Gehörs iSv. § 78a zurück, beläuft sich die Gerichtsgebühr auf 50 Euro (KV Nr. 8500). Verwirft oder weist das LAG eine sofortige Verfahrensbeschwerde iSv. § 567 ZPO oder eine Beschwerde gegen die Festsetzung des Gegenstandswerts der anwaltlichen Tätigkeit durch das ArbG nach § 33 Abs. 3 RVG[1] zurück, beträgt die Festgebühr 50 Euro (KV Nr. 8614). Festgebühren sind typische Entscheidungsgebühren, die nur anfallen, wenn das Gericht eine Entscheidung trifft und dabei ein Rechtsbegehren als unzulässig verwirft oder als unbegründet zurückweist.

III. Regelungsgegenstand des § 12

11   Der verbleibende Teil des § 12 (ehemals Abs. 6) regelt nur noch die unmittelbare bzw. entsprechende Anwendbarkeit des **Justizverwaltungskostengesetzes** und der **Justizbeitreibungsordnung** vom 11.3.1937 (ab 1.7.2017 **Justizbeitreibungsgesetz**) im arbeitsgerichtlichen Verfahren. Die Vorschrift dient der Klarstellung, da die Arbeitsgerichtsbarkeit beim Bund und einigen Bundesländern nicht bei dem Justizressort angesiedelt ist. Es könnte fraglich sein, ob dort die genannten Vorschriften auch in der Arbeitsgerichtsbarkeit gelten[2]. § 12 ordnet die Geltung der Justizvorschriften in diesen Fällen an.

Justizverwaltungskosten sind bspw. die Gebühren für Beglaubigungen und Bescheinigungen sowie für Justizverwaltungsangelegenheiten mit Auslandsbezug (Nr. 1, 5, 2 der Anlage zu § 2 Abs. 1 JVKostO). Bei der Einziehung der Kosten leisten die Vollstreckungsbehörden der Justizverwaltung oder die sonst nach Landesrecht zuständigen Stellen, zB die Justizkasse den Gerichten für Arbeitssachen gem. § 12 Satz 2 Amtshilfe, soweit sie diese Aufgaben nicht als eigene wahrnehmen.

12   Die **Beitreibung** (inkl. Vollstreckung) **von Gerichtskosten** – einschließlich etwaiger Justizverwaltungskosten – richtet sich nach dem Justizbeitreibungsgesetz. Die Beitreibung erfolgt im Verwaltungszwangsverfahren, da Gerichtskosten öffentliche Abgaben sind.[3] Vollstreckungsbehörde ist die Gerichtskasse (§ 2 Abs. 1 Satz 1 JBeitrO). Für Ansprüche, die beim BAG entstehen, ist Vollstreckungsbehörde die Justizbeitreibungsstelle des BAG, § 12 Satz 3.

IV. Gebühren im Urteilsverfahren 1. Instanz

1. Allgemeines

13   Im arbeitsgerichtlichen Urteilsverfahren 1. Instanz fällt gem. Nr. 8210 KV-GKG eine einmalige (§ 35 GKG) **(Verfahrens)Gebühr** in Form einer **Pauschalgebühr** iHv. **zwei Gebühren** an. Der konkrete Aufwand des Gerichts mit dem Verfahren spielt keine Rolle. Die einmalige Gebühr deckt sämtliche Handlungen des Gerichts im gesamten erstinstanzlichen Verfahren ab[4], soweit nicht für bestimmte Handlungen innerhalb der Instanz ausdrücklich gesonderte Kosten vorgesehen sind. Gegenüber der ordentlichen Gerichtsbarkeit (drei Gebühren) sowie dem Verfahren vor dem LAG (3,2 Gebühren) und dem BAG (vier Gebühren) stellt dies eine gewichtige Kostenprivilegierung des erstinstanzlichen Verfahrens dar (vgl. auch Rz. 10). Der Zugang zum ArbG soll der Partei nicht durch hohe Gerichtskosten erschwert werden. Entstandene gerichtliche **Auslagen** nach Teil 9 der Anlage 1 werden dem Kostenschuldner zusätzlich berechnet. Die Höhe der einmaligen Gebühr hängt vom Streitwert ab. Sie beträgt bei einem Streitwert bis 500 Euro **mindestens 35 Euro** (§ 34 Abs. 2 GKG). Die nach oben hin offene Staffelung der Gebühren ab 35 Euro ergibt sich im Einzelnen aus § 34 GKG iVm. der Anlage 2 zum Kostenverzeichnis. Werden in einem Verfahren **mehrere Streitgegenstände** im Wege objektiver Klagehäufung verfolgt (vgl. Rz. 152 ff.), dann werden diese gem. § 39 Abs. 1 GKG zusammengerechnet, soweit nichts anderes – zB aus § 45 GKG – bestimmt ist. Da nur noch eine (aus dem höchsten Wert errechnete) Pauschalgebühr anfällt, wird der Streitwert bei Teilerledigungen nicht mehr nach einzelnen Verfahrensabschnitten festgesetzt.

---

1 Gebührenfrei nach § 33 Abs. 9 RVG ist hier nur das Verfahren über die Festsetzung als solche. Demgegenüber ist auch eine unzulässige oder unbegründete Beschwerde gegen die Festsetzung des Streitwerts für die Gerichtsgebühren nach § 68 Abs. 1 Satz 1 iVm. § 63 Abs. 2 GKG gem. § 68 Abs. 3 GKG gerichtsgebührenfrei.
2 Natter/Gross/*Pfitzer/Augenschein*, § 12 Rz. 3.
3 GK-ArbGG/*Schleusener*, § 12 Rz. 402; *Hartmann*, Kostengesetze, JBeitrO, Grundzüge, Rz. 1.
4 GK-ArbGG/*Schleusener*, § 12 Rz. 35.

Die **Verfahrensgebühr entsteht** mit der **Anhängigkeit** des **Rechtsstreits**. Dies ergibt sich aus dem gebührenrechtlichen Instanzbegriff. Abweichend von den Regelungen der ZPO beginnt das Verfahren gebührenrechtlich mit der Einreichung der Klage[1]. Nach der Vorbemerkung 8 des KV-GKG entfällt die Pauschgebühr bei Beendigung des Verfahrens durch einen gerichtlichen Vergleich. Da die Gebührenbefreiung mangels Einschränkung auch bei vergleichsweiser Beendigung vor der Güteverhandlung oder sogar vor Zustellung der Klageschrift erfolgen soll, muss die Pauschgebühr bereits mit Eingang der Klageschrift bei Gericht entstehen. Anders als in der ordentlichen Gerichtsbarkeit werden die Gebühren jedoch erst bei Beendigung des Verfahrens **fällig** (Rz. 99).

14

2. Gebühren bei Verweisung

Die Berechnung der **Gerichtskosten** bei Verweisung des Rechtsstreits von der ordentlichen Gerichtsbarkeit in die Arbeitsgerichtsbarkeit oder von der Arbeitsgerichtsbarkeit in die ordentliche Gerichtsbarkeit richtet sich nach § 17b Abs. 2 GVG, § 4 Abs. 1 GKG. Der Verweisungsbeschluss selbst ist gerichtskostenfrei[2]. Der Teil des Verfahrens vor dem verweisenden Gericht ist gem. § 17b Abs. 2 Satz 1 GVG iVm. § 4 Abs. 1 GKG das gerichtliche Gebührenrecht betreffend als Teil des Verfahrens vor dem Adressatengericht zu behandeln. Die Verfahrensabschnitte vor und nach der Verweisung bilden **kostenrechtlich eine Einheit**[3]. Nach Verweisung ist das Verfahren einheitlich nach den Gebührenvorschriften des übernehmenden Gerichts zu berechnen.[4]. Wird also an das ArbG verwiesen, dann greifen die Kostenbestimmungen für die Gerichte für Arbeitssachen und somit ist auf Teil 8 des Kostenverzeichnisses abzustellen. Bereits gezahlte Gebühren (etwa beim zum ArbG verweisenden AG oder LG) werden auf die endgültig zu zahlenden Kosten vom Adressatengericht angerechnet. Gerichtliche[5] **Mehrkosten**, die durch Anrufung eines unzuständigen Gerichts entstanden sind, werden nach § 4 Abs. 2 Satz 1 GKG nur erhoben, wenn der Kläger die Einschlagung des falschen Rechtsweges verschuldet hat. Trifft ihn kein verschuldeter Tatsachen- oder Rechtsirrtum, so werden ihm bereits gezahlte Mehrkosten erstattet.

15

Erfolgt im Hauptsacheverfahren die **Zurückverweisung** einer Sache zur anderweitigen Verhandlung an das Gericht der **unteren Instanz**, werden dort das frühere und das weitere Verfahren gebührenrechtlich als ein ununterbrochenes Verfahren behandelt (§§ 37, 35 GKG), so dass Gebühren aus dem früheren Verfahren wieder entfallen können, wenn das weitere Verfahren mit Vergleich endet. Das Vorabverfahren nach §§ 17a, 17b GVG ist kostenrechtlich nach den Bestimmungen für das Beschwerdeverfahren zu behandeln (§§ 567 ff. ZPO). Hat das ArbG den Rechtsstreit wegen Unzulässigkeit des Rechtswegs durch Beschluss an ein ordentliches Gericht verwiesen, so kann ein Beteiligter hiergegen sofortige Beschwerde gem. § 17a Abs. 4 Satz 3 GVG iVm. §§ 567 ff. ZPO einlegen. Kommt das LAG zum Schluss, dass der Rechtsweg zum ArbG gegeben ist, hebt es den Verweisungsbeschluss auf und stellt fest, dass der Rechtsweg zu den Gerichten für Arbeitssachen eröffnet ist. Für den Fall einer Zurückverweisung in die 2. Instanz vgl. Rz. 60.

16

3. Verzögerungsgebühr

Die Gerichte für Arbeitssachen sind in **allen Instanzen** berechtigt, eine Verzögerungsgebühr zu verhängen. **§ 38 GKG** ist in **Nr. 8700 KV-GKG** ausdrücklich erwähnt. Über den Umgang mit dieser Verzögerungsgebühr besteht ein weitgefächertes Meinungsspektrum. Teilweise wird vertreten, die Praxis mache von der Möglichkeit des § 38 GKG zu selten Gebrauch[6]. Darüber hinaus wird betont, die Verzögerungsgebühr habe im ArbG-Verfahren im Hinblick auf den hier herrschenden Beschleunigungsgrundsatz (§ 9 Abs. 1) besondere Bedeutung[7].

17

Demgegenüber dürfte im Zweifel eher **zurückhaltend** von einer **Verzögerungsgebühr** Gebrauch gemacht werden. Im Einzelfall kann es angebracht sein, den persönlichen und wirtschaftlichen Verhältnissen der Partei und den betrieblichen Möglichkeiten einer Rechtsanwaltskanzlei mit Verständnis zu begegnen. Dies entspricht – soweit ersichtlich – der arbeitsgerichtlichen Praxis, die von der Möglichkeit der Verzögerungsgebühr kaum Gebrauch macht.

---

1 *Hartmann*, Kostengesetze, § 35 GKG Rz. 5.
2 *Zöller/Lückemann*, § 17b GVG Rz. 4 verweist auf § 281 Abs. 3 ZPO, vgl. Erläuterungen dort: Zöller/*Greger*, § 281 ZPO Rz. 22.
3 Tschöpe/Ziemann/*Ziemann*, Teil 2 A I. 1 a); Zöller/*Greger*, § 281 ZPO Rz. 22.
4 GMP/*Germelmann*, § 12 Rz. 14.
5 Zur Erstattungspflicht von Rechtsanwaltskosten vgl. § 12a Rz. 39.
6 *Schrader*, DRiZ 1974, 290 (291); *Hartmann*, Kostengesetze, § 38 GKG Rz. 2.
7 *Tschischgale/Satzky*, Kostenrecht, S. 101; vgl. *Schneider*, JurBüro 1976, 5 (6).

18 Die Verzögerungsgebühr sieht einen **strafähnlichen Rechtsnachteil** vor[1]. Sie will schuldhaftes prozesswidriges Verhalten einer Partei sühnen und zu einem ordnungsgemäßen zügigen Verfahrensablauf beitragen. Als strafähnliche Gebühr steht sie neben den sonstigen Gebühren des Kostenverzeichnisses[2]. Diese Gebühr ist zudem von den Gebührenprivilegierungen ausgenommen. Sie kann auch gegen die PKH-Partei verhängt werden. So bringt etwa die nachträgliche Einigung auf einen Vergleich die Verzögerungsgebühr nicht in Wegfall[3].

19 Die Verhängung einer Verzögerungsgebühr geschieht durch nach § 329 ZPO zuzustellenden Beschluss und ist in das **pflichtgemäße Ermessen** des Gerichts gestellt. Dabei muss im Einzelfall die finanzielle Belastung tatsächlich gerechtfertigt sein. Der betroffenen Partei ist nach allgemeinen Grundsätzen vor Erlass des Beschlusses **rechtliches Gehör** zu gewähren[4]. Die Gebühr ist nur gegen die Partei festzusetzen, auch wenn ihr Prozessbevollmächtigter die Verzögerung verschuldet hat. Da für den Beschluss keine mündliche Verhandlung vorgeschrieben ist, erlässt ihn außerhalb der Kammerverhandlung der Vorsitzende allein (vgl. § 53 Abs. 1 Satz 1), in mündlicher Kammerverhandlung die Kammer.

20 Die Verzögerungsgebühr beträgt im Grundsatz **eine volle Gebühr**, unabhängig von der Instanz. Sie kann je nach Lage des Falls bis auf 1/4 der vollen Gebühr ermäßigt werden (vgl. § 38 Abs. 1 Satz 2 GKG). Dabei spielen insbesondere der Grad des Verschuldens, die Umstände der Verzögerung und ggf. die Höhe des Streitwerts eine Rolle. Die Festlegung der **Höhe** der Verzögerungsgebühr ist in das **pflichtgemäße Ermessen** des Gerichts gestellt[5]. Der Streitwert für die Bemessung der Gebühr ist nach dem Wert der Hauptsache im Zeitpunkt der Auferlegung der Verzögerungsgebühr zu bestimmen, sofern sich die Verzögerung auf das ganze Verfahren auswirkt[6]. Die Gebührenhöhe richtet sich folglich nach der Tabelle der Anlage zu § 34 GKG. Maßgeblich ist die einfache Gebühr und nicht etwa die zweifache Pauschgebühr der Nr. 8210[7].

21 Die Verhängung einer Verzögerungsgebühr kommt in zwei Fällen in Betracht. In der ersten Variante wird durch das Verhalten einer Partei oder ihres Vertreters die **Vertagung** einer mündlichen Verhandlung oder die Anberaumung eines neuen Termins zur mündlichen Verhandlung nötig. Im zweiten Fall wird die Erledigung des Rechtsstreits durch **nachträgliches Vorbringen** von Angriffs- oder Verteidigungsmitteln, Beweismitteln oder Beweiseinreden verzögert, die früher hätten vorgebracht werden können. Eine **Verzögerung** liegt immer dann vor, wenn durch das Verhalten der Partei der prozessordnungsgemäße Ablauf verhindert wird, insbesondere wenn gegen die Prozessförderungspflichten der §§ 282, 296 ZPO oder § 9 Abs. 1, § 61a Abs. 1 verstoßen wird[8]. Allerdings ist der Verzögerungsbegriff von § 34 GKG nicht identisch mit dem Begriff aus den Präklusionsnormen (vgl. dazu § 67 Rz. 29 ff.). Das Verhalten der Partei muss (mono-) **kausal** für die längere Verfahrensdauer sein. Wäre der Termin ohnehin verlegt worden oder hat der Vorsitzende durch ungenügende oder nicht zeitige Terminsvorbereitung oder durch Verletzung seiner rechtzeitigen Hinweispflicht (§ 139 ZPO) die Verzögerung mitverursacht, scheidet die Verhängung der Gebühr aus[9].

22 Bei der **Vertagung** und bei der Anberaumung eines neuen Termins muss die Verzögerung von einer Partei oder ihrem Vertreter **verschuldet** sein. Prozessual zulässiges Verhalten stellt kein schuldhaftes Verhalten dar[10]. Demnach wird im Fall der Versäumung eines Verhandlungstermins unter Inkaufnahme eines Versäumnisurteils (sog. „Flucht in die Säumnis") grds. keine Verzögerungsgebühr verhängt[11], da die Partei von den gesetzlich zulässigen Verzögerungsmitteln grds. Gebrauch machen darf. Für das Verschulden reicht **einfache Fahrlässigkeit** aus. Diese ist gegeben, wenn die von einem Prozessbeteiligten oder einem Vertreter zu verlangende Sorgfalt außer Acht gelassen wird[12]. Der nachträgliche Vortrag hätte objektiv und subjektiv früher geliefert werden können und müssen. Grobe Fahrlässigkeit oder eine Verschleppungsabsicht sind nach dem Wortlaut der Vorschrift nicht erforderlich. Sie werden jedoch idR der Anlass für die Erhebung einer Verzögerungsgebühr sein.

---

1 Vgl. OLG Düsseldorf v. 17.7.1995 – 2 WF 156/95, MDR 1995, 1172.
2 GMP/*Germelmann*, § 12 Rz. 43; GK-ArbGG/*Schleusener*, § 12 Rz. 111.
3 Vgl. GMP/*Germelmann*, § 12 Rz. 43; GK-ArbGG/*Schleusener*, § 12 Rz. 111.
4 BFH v. 13.6.1969 – VI B 3/69, NJW 1970, 112; GK-ArbGG/*Schleusener*, § 12 Rz. 111.
5 *Tschischgale/Satzky*, Kostenrecht, S. 100; *Hartmann*, Kostengesetze, § 38 GKG Rz. 20, 26.
6 *Hartmann*, Kostengesetze, § 38 GKG Rz. 27.
7 GK-ArbGG/*Schleusener*, § 12 Rz. 111.
8 Binz/Dornhöfer/Petzold/*Zimmermann*, § 38 Rz. 4.
9 AA Binz/Dornhöfer/Petzold/*Zimmermann*, § 38 Rz. 13 mwN.
10 OLG Düsseldorf v. 17.7.1995 – 2 WF 156/95, MDR 1995, 1172; *Hartmann*, Kostengesetze, § 38 GKG Rz. 8.
11 LAG Hamm v. 9.5.2001 – 9 Ta 162/01, DB 2001, 1424; eine Verzögerungsgebühr kommt allerdings in Betracht, wenn eine Verschleppungsabsicht offen zutage tritt: LAG Sa.-Anh. v. 8.5.2000 – 2 (3) Ta 77/00, AnwBl 2001, 444.
12 Vgl. *Hartmann*, Kostengesetze, § 38 GKG Rz. 8.

Beispiele für ein **Verschulden**: Die Partei beauftragt ohne berechtigten Grund einen Anwalt erst kurz vor 23
dem Kammertermin und die Voraussetzungen für eine Präklusion evtl. verspäteten Sachvortrags liegen
nicht vor. Die Partei zahlt ihrem Anwalt keinen/verspätet Vorschuss, so dass dieser (zunächst) nicht auftritt und sich das Verfahren deshalb hinauszögert.

Bei **nachträglichem Vorbringen** von Angriffs- oder Verteidigungsmitteln, Beweismitteln oder Beweiseinreden, muss eine Verzögerung tatsächlich eingetreten sein. Die bloße Möglichkeit der Verzögerung reicht 24
nicht aus. Die Verzögerungsgebühr kann nicht verhängt werden, wenn nachträgliches Vorbringen von
dem Gericht als verspätet zurückgewiesen wird. In diesem Fall ist keine Verzögerung eingetreten[1].

Die Verzögerungsgebühr wird gem. §§ 6 Abs. 3, 9 Abs. 2 GKG erst **fällig**, wenn das Verfahren in dem 25
jeweiligen Rechtszug beendet ist, sechs Monate ruht oder sechs Monate von den Parteien nicht betrieben
worden ist oder wenn das Verfahren für sechs Monate ausgesetzt oder für sechs Monate unterbrochen
wurde. Die Bewilligung von **Prozesskostenhilfe** hindert das Gericht nicht, gegen die hilfsbedürftige Partei
eine Verzögerungsgebühr festzusetzen. Die Gebühr ist dann ohne Rücksicht auf die Prozesskostenhilfebewilligung einzuziehen[2].

Gegen die Festsetzung einer Verzögerungsgebühr durch das ArbG findet nach Maßgabe von § 69 GKG das 26
Rechtsmittel der **Beschwerde** zum LAG statt. Dabei prüft das ArbG die Zulässigkeit und Begründetheit der
Beschwerde. Bei Nichtabhilfe und Vorlage entscheidet das LAG durch den Vorsitzenden. Gegen die Beschwerdeentscheidung des LAG sowie gegen die Verhängung einer Verzögerungsgebühr im zweitinstanzlichen Verfahren durch das LAG oder im drittinstanzlichen Verfahren durch das BAG ist gem. § 69 Satz 2
GKG iVm. § 66 Abs. 3 Satz 3 GKG kein Rechtsmittel gegeben. Hier kommt nur eine Gegenvorstellung (vgl.
§ 78 Rz. 104 ff.) in Betracht. Das Beschwerdeverfahren ist gerichtsgebührenfrei, (Rechtsanwalts-)Kosten
der Gegenseite werden nicht erstattet (§ 69 Satz 2, § 66 Abs. 8 GKG).

4. Gebührentatbestände und Privilegierungen

a) Gebührengrundtatbestand

Nach dem Gebührengrundtatbestand von Teil 8 Nr. 8210 KV-GKG fällt in erster Instanz für das „**Verfah-** 27
ren im Allgemeinen" eine einmalige Pauschalgebühr iHv. zwei Gebühren an (s. Rz. 5). Weitere Gebührentatbestände (etwa eine Urteilsgebühr) gibt es nach dem Kostenverzeichnis für das Prozessverfahren vor
dem ArbG nicht mehr. Auch entfällt eine Festsetzung des Gebührenstreitwerts nach einzelnen Verfahrensabschnitten, weil stets einheitlich eine Pauschalgebühr für das gesamte Verfahren anfällt.

Aus **sozialpolitischen Erwägungen** gibt es im gesamten arbeitsgerichtlichen Verfahren eine Reihe von **Ge-** 28
bührenprivilegien, mitunter mit der Tendenz, dass eine Beendigung des Verfahrens ohne Urteil oder
sonst ohne Inanspruchnahme des Gerichts gebührenrechtlich honoriert wird, und zwar je früher desto höher ist der Nachlass.

b) Vergleich

aa) Allgemeines

Die gerichtliche **Gebühr entfällt** nach der **Vorbemerkung 8** von Teil 8 des KV-GKG durch einen vor Ge- 29
richt abgeschlossenen Vergleich. Der Vergleich bewirkt nach dem Gesetzeswortlaut nur Gebührenfreiheit,
nicht hingegen Kostenfreiheit. **Auslagen** sind demnach ggf. zu **erheben**. Die Befreiung von der Gerichtsgebühr erfolgt auch nach streitiger Verhandlung, da die Vorbem. Nr. 8 keine Einschränkung enthält, sondern ganz allgemein von der „Beendigung des Verfahrens" spricht. Außerdem ist die Vorbem. „vor die
Klammer gezogen worden", so dass sie folglich für **alle** nachfolgenden **Abschnitte** von Teil 8 Geltung erlangt, also auch in den Oberinstanzen aber nur für die dort angefallenen Gerichtsgebühren. Die Gerichtsgebühr entfällt oder reduziert sich nur, wenn der Vergleich zugleich eine ausdrückliche oder mittelbar aus
§ 98 ZPO sich ergebende **Kostenregelung** beinhaltet die nicht nach § 91a ZPO dem Gericht überlassen ist[3]. Der Entlastungseffekt tritt somit nur ein, wenn sich das Gericht nach Vergleichsabschluss im
Rahmen von § 91a ZPO nicht mehr mit der Sache befassen muss (vgl. Nr. 8211 Nr. 3 KV-GKG). Zum
Streitwert vgl. Rz. 299 ff.

Die Gebührenprivilegierung greift auch ein, wenn der **Regelungsumfang** des Vergleichs den **Streitgegen-** 30
stand des Klageverfahrens **übersteigt**. Die Kostenbefreiung gilt somit auch für die Einbeziehung von An-

---

1 GMP/*Germelmann*, § 12 Rz. 44.
2 Vgl. *Hartmann*, Kostengesetze, § 38 GKG Rz. 22; GK-ArbGG/*Schleusener*, § 12 Rz. 111.
3 BAG v. 16.4.2008 – 6 AZR 1049/06, NZA 2008, 783; *Roloff*, NZA 2007, 900 (908).

sprüchen in den Vergleich, die nicht rechtshängig gewesen sind. In erweiternder Auslegung ist die Kostenfreiheit auch auf die Einbeziehung von Ansprüchen zu erstrecken, die eine am Prozess nicht beteiligte Person betreffen, wenn diese zB dem Verfahren zum Zwecke des Vergleichsabschlusses beigetreten ist. Die dergestalt in den Vergleich einbezogene Person wird zwar nicht Partei des Verfahrens, sie gilt aber kostenmäßig für den Prozessvergleich als Partei[1].

31 Ein Vergleichsschluss, der die Gebühr entfallen lässt, setzt einen **Vergleichsvertrag iSd. § 779 BGB** voraus. Die Parteien müssen dabei einen unsicheren, ungewissen oder bestrittenen Rechtszustand zwischen ihnen endgültig klären. Wesensmerkmal des Vergleichs ist dabei das **gegenseitige** Nachgeben[2]. Beide Parteien müssen mit Rücksicht auf den Streit oder die Ungewissheit ein Zugeständnis machen. Ein einseitiges Nachgeben ist unzureichend; ansonsten liegt ein Anerkenntnis oder ein Verzicht vor. Es bedarf eines beiderseitigen Zugeständnisses, sei es im Verhältnis zur streitigen Forderung auch nur sehr gering. So reicht ein „**Nachgeben bei den Kosten**". Es reicht aus, wenn die Parteien die Kosten gegeneinander aufheben oder infolge des Verzichts auf eine Kostenregelung die Gerichtskosten gem. § 98 Satz 2 iVm. § 92 Abs. 1 Satz 2 ZPO als geteilt und die außergerichtlichen Kosten gem. § 98 Satz 2 ZPO als gegeneinander aufgehoben gelten[3].

32 Erforderlich ist die **vollständige** Beendigung des Verfahrens. Die bloße Erledigung eines **Teils** von mehreren Streitgegenständen durch **Vergleich** führt nur zu einer teilweisen Entlastung des Gerichts. Dies bewirkt keinen Wegfall oder keine Reduzierung der Pauschalgebühr, wie sich aus dem Wortlaut der Vorbem. 8 KV-GKG ergibt. Es tritt folglich zB keine teilweise Gebührenfreiheit im Umfang des Werts des Streitgegenstandes ein, der durch den Teil-Vergleich erledigt worden ist.[4]. Die Gebühr errechnet sich auch dann aus dem **vollen** Wert des Verfahrens. Allerdings könnte ein anderer Privilegierungstatbestand – etwa Nr. 8210 Anmerkung 2 des KV-GKG – erfüllt sein.

bb) Gerichtlicher Vergleich

33 Der vor Gericht geschlossene Vergleich – sei es im Gütetermin oder in der Kammerverhandlung – löst ohne Weiteres die **Gerichtskostenbefreiung** nach der Vorbem. 8 des KV-GKG aus. Dabei ist es ohne Bedeutung, ob der Vergleich vor einem sachlich oder örtlich unzuständigen Gericht geschlossen wurde[5]. Soweit eine Klage vor einem unzuständigen ArbG erhoben wurde, kann im Einzelfall der Versuch einer gütlichen Einigung durchaus sinnvoll sein. Der Vergleich ist **in jeder Verfahrensart**, insbesondere auch im Prozesskostenhilfeverfahren, möglich. Soweit eine entsprechende Beauftragung vorliegt, kann der Vergleich auch zu Protokoll des Rechtspflegers erklärt werden (§ 20 Nr. 4a RPflG)[6].

34 Ein gerichtlicher Vergleich liegt auch vor in den **beiden** Varianten von **§ 278 Abs. 6 Satz 1 ZPO**. Durch den Abschluss eines schriftlichen Vergleichs nach § 278 Abs. 6 ZPO entsteht für den **Rechtsanwalt** neben einer Verfahrensgebühr, einer Einigungsgebühr auch noch eine Terminsgebühr nach Nr. 3104 RVG-VV[7]. Nach der Vorbem. 3 Abs. 3 RVG-VV kann die Terminsgebühr auch anfallen bei der Wahrnehmung von außergerichtlichen Besprechungen[8].

35 Schließen die Parteien in einem **Mediationsverfahren** über ein ausgesetztes gerichtliches Verfahren vor dem nicht entscheidungsbefugten Güterichter (§ 54 Abs. 6) eine gütliche Vereinbarung ab, so schaffen sie damit einen Vollstreckungstitel iSd. § 794 Abs. 1 Nr. 1 ZPO. Diese stellt einen gerichtlichen Vergleich iSd. Vorbem. 8 dar (§ 54 Rz. 100)[9]. Im Übrigen werden die Landesregierungen nach § 69b Satz 1 GKG ermächtigt, die vor den Gerichten der Länder zu erhebenden Verfahrensgebühren bei einer einvernehmlichen Konfliktbeilegung weiter zu ermäßigen oder entfallen zu lassen.

36 Die Pauschgebühr entfällt mit „**Beendigung des Verfahrens**". Beim Prozessvergleich ist der Rechtsstreit bereits mit dem Abschluss des Vergleiches beendet. Die Rechtshängigkeit erlischt mit dem Wirksamwer-

---

1 GMP/*Germelmann*, § 12 Rz. 28.
2 BAG v. 15.11.2016 – 3 AZR 582/15.
3 GK-ArbGG/*Schleusener*, § 12 Rz. 47; GMP/*Germelmann*, § 12 Rz. 24; LAG München v. 25.1.1966 – 4 Sa 552/65, RdA 1966, 280; vgl. auch BAG v. 29.3.2006 – 3 AZB 69/05, ArbRB 2006, 203 für die anwaltliche Erledigungsgebühr bei einer Vereinbarung im Kündigungsschutzprozess der „Rücknahme" einer Kündigung; aA *Vollstädt* in 3. Auflage Rz. 40 und wohl *Tschischgale/Satzky*, Kostenrecht, S. 93, 94.
4 BAG v. 16.4.2008 – 6 AZR 1049/06, NZA 2008, 783; BCF/*Creutzfeld*, §§ 12, 12a Rz. 16; *Bader/Nungeßer*, NZA 2007, 1200.
5 LAG Bremen v. 26.8.1964 – 2 Ta 17/64, BB 1964, 1125; GMP/*Germelmann*, § 12 Rz. 22; BLAH, Anhang zu § 307 ZPO Rz. 16.
6 Vgl. GMP/*Germelmann*, § 12 Rz. 23.
7 BAG v. 20.6.2006 – 3 AZB 78/05, NZA 2006, 1060; BGH v. 3.7.2006 – II ZB 31/05, NJW 2007, 160.
8 BAG v. 17.2.2014 – 10 AZB 81/13 beim Mitvergleichen eines Verfahrens in einem anderen Verfahren.
9 *Francken*, NZA 2012, 836 (839, 841).

den des Vergleichs im Umfang der vergleichsweisen Regelung[1]. Ist der Vergleich unter dem Vorbehalt des Widerrufs oder des Rücktritts einer oder beider Parteien abgeschlossen, wird der Vergleich erst mit Ablauf der Widerrufsfrist bestandskräftig. Er ist in diesem Fall erst mit Bestandskraft wirksam abgeschlossen iSd. Vorbem. 8 des KV-GKG. Die Kostenbefreiung tritt erst mit der **Bestandskraft des Vergleichs** ein.

Ein **Streit** über die **Wirksamkeit** eines **Prozessvergleichs** (vgl. Rz. 299 ff.) unterliegt nicht dem Kostenprivileg der Vorbem. 8 des KV-GKG. Dies gilt auch dann, wenn in diesem Rechtsstreit die Wirksamkeit des Prozessvergleichs durch Urteil festgestellt wird. Für dieses Verfahren entsteht eine weitere Gebühr entsprechend Nr. 8210 KV-GKG[2]. 37

cc) Außergerichtlicher Vergleich

Kostenfreiheit tritt nach dem Wortlaut der Vorbem. 8 des KV-GKG nicht ein, wenn ein außergerichtlicher Vergleich dem Gericht bloß mitgeteilt wird[3]. Der außergerichtliche Vergleich bewirkt wegen der Doppelnatur des Prozessvergleichs[4] keine gebührenrechtlich maßgebliche Beendigung des Verfahrens. Das Prozessrechtsverhältnis ist allein durch die materiell-rechtliche Streitbeilegung noch nicht beendet. Dies kann geschehen durch Klagerücknahme, übereinstimmende Erledigungserklärung beider Parteien gem. § 91a ZPO (vgl. hierzu Rz. 29) oder durch gerichtliche Protokollierung, auch in der Form des § 278 Abs. 6 ZPO. Erst recht entfällt die Gebühr nicht, wenn sich die Parteien erst nach Verkündung des Urteils vor Ablauf der Berufungsfrist vergleichen. 38

c) Versäumnisurteil

Wird das Verfahren in der 1. Instanz durch ein Versäumnisurteil beendet, führt dies zu keiner Gebührenreduzierung. Es wird die volle Pauschgebühr (iHv. 2,0 Gebühren) erhoben, wie aus der Anm. 2 zu Nr. 8210 KV-GKG folgt. Schließen die Parteien im weiteren Verfahren nach Erlass eines Versäumnisurteils einen Vergleich, ist nach § 98 ZPO zu beachten, dass bei fehlender Kostenregelung die Kosten des Rechtsstreits gegeneinander aufgehoben werden; dies gilt auch für frühere Versäumniskosten[5]. Siehe zum Zusammentreffen von Versäumnisurteil und Klagerücknahme Rz. 41. 39

d) Klagerücknahme, Anerkenntnis, Verzicht

aa) Allgemeines

Die Klagerücknahme, das Anerkenntnis sowie der Verzicht werden gebührenrechtlich gleich behandelt. Soweit das Verfahren durch einen der drei genannten Tatbestände **vor** einer **streitigen** Verhandlung endet, tritt nach Anm. 2 zu Nr. 8210 des KV-GKG **volle** Gebührenfreiheit ein[6]. Die Verfahrensbeendigung durch Klagerücknahme, Anerkenntnis und Verzicht **nach** Beginn der **streitigen** Verhandlung führt hingegen gem. Nr. 8211 Nr. 1 und Nr. 2 KV-GKG zu einer Reduzierung auf eine **0,4 Gebühr**. 40

Die **streitige Verhandlung beginnt** mit der Antragstellung iSd. § 137 Abs. 1 ZPO im Kammertermin oder in einer sich unmittelbar an die Güteverhandlung anschließenden weiteren Verhandlung (§ 54 Abs. 4, § 55 Abs. 3). Die Güteverhandlung ist im arbeitsgerichtlichen Verfahren zwar schon Teil der mündlichen Verhandlung (§ 54 Abs. 1 Satz 1), aber keine „streitige" Verhandlung iSd. Nr. 8210 des KV-GKG. Dies gilt auch dann, wenn in der Güteverhandlung die Anträge oder geänderte Anträge gestellt werden. Bis zum Kammertermin sollen die Parteien Gelegenheit haben, ihre Rechtspositionen zu überdenken oder sich außergerichtlich zu einigen und in Vollzug der Einigung – sofern man keinen zur Zwangsvollstreckung geeigneten Titel benötigt – die Klage unkonventionell zurückzunehmen. IdR entstehen dem Kläger in diesem Fall trotz der formellen Kostenfolge aus § 269 Abs. 3 Satz 2 ZPO im Hinblick auf § 12a Abs. 1 Satz 1 keine finanziellen Nachteile. Nur selten fallen zu erhebende Zustellungskosten an (s. Rz. 98). Ist allerdings zuvor ein (Teil-)Urteil oder Versäumnisurteil ergangen, so dass danach die Gerichtsgebühren nicht mehr entfallen (s. Rz. 42), ist eine Klagerücknahme nicht zu empfehlen. Der Beklagte gegen den Versäumnisurteil ergangen ist, trägt gem. § 344 ZPO die durch die Säumnis verursachten Kosten. Dies gilt auch dann, wenn der Kläger später die Klage mit der Kostenfolge aus § 269 Abs. 3 Satz 2 ZPO zurücknimmt[7] (s. zum Zusam- 41

---

1 BGH v. 22.12.1982 – V ZR 89/80, BGHZ 86, 184 (186 f.).
2 Vgl. hierzu näher GMP/*Germelmann*, § 12 Rz. 26.
3 Vgl. BCF/*Creutzfeld*, §§ 12, 12a Rz. 16.
4 Vgl. dazu ausführlich Arbeitsrechtslexikon/*Schwab*: Vergleich IV.
5 Empfehlung für Kostenregelung: „Die Kosten des Rechtsstreits werden gegeneinander aufgehoben mit Ausnahme der Kosten des Versäumnisurteils vom …, die der … trägt.".
6 GK-ArbGG/*Schleusener*, § 12 Rz. 46; GMP/*Germelmann*, § 12 Rz. 18; *Tschischgale/Satzky*, Kostenrecht, S. 91.
7 BGH v. 13.5.2004 – V ZB 559/03, NJW 2004, 2309.

mentreffen von Versäumnisurteil und Vergleich Rz. 39). Die sonstigen nicht durch die Säumnis verursachten Kosten des Verfahrens trägt aber der die Klage zurücknehmende Kläger.

42 Allgemeine Voraussetzung für die Privilegierung ist allerdings, dass der Rücknahme, dem Verzicht oder dem Anerkenntnis kein anderes Urteil als die in Nr. 8211 Nr. 2 des KV-GKG aufgezählten (Anerkenntnis- oder Verzichtsurteil oder Urteil, welches nach § 313a Abs. 2 ZPO weder Tatbestand noch Entscheidungsgründe benötigt) vorausgegangen ist, wie sich aus Nr. 8211 des KV-GKG ergibt. Insbesondere ein (im Gütetermin) erlassenes **Versäumnisurteil** oder ein Teilurteil lassen bei späterer Klagerücknahme die Privilegierung nicht entfallen. In diesen sonstigen Fällen musste das Gericht bereits urteilsbezogene Leistungen erbringen.

bb) Einzelheiten zur Klagerücknahme

43 Die **Rücknahme der Klage** ist gem. § 269 Abs. 2 Satz 1 ZPO dem Gericht gegenüber zu **erklären**. Die Erklärung kann durch Einreichung eines Schriftsatzes oder in der mündlichen Verhandlung erfolgen (§ 269 Abs. 2 Satz 2 ZPO). Je nachdem, ob die Rücknahme in der Verhandlung vor oder nach dem Stellen der Anträge erklärt wird, tritt die völlige Gebührenbefreiung nach Anm. 2 zu Nr. 8210 des KV-GKG oder eine Reduzierung auf eine 0,4 Gebühr nach Nr. 8211 Nr. 1 des KV-GKG ein.

44 Beschränkt sich die Klagerücknahme auf **einzelne** von mehreren Klageanträgen oder auf abgrenzbare **Teile** eines Klageantrags, kommt es zu keiner Gebührenermäßigung, auch nicht bezüglich des zurückgenommenen Teils. Die Gebührenermäßigung soll nur eintreten, wenn eine inhaltlich zu begründende Entscheidung des Gerichts entbehrlich ist[1]. Dies ergibt sich aus Nr. 8211 des KV-GKG, in der von der Beendigung des „gesamten" Verfahrens gesprochen wird. Folglich sind nach dem GKG in arbeitsgerichtlichen Verfahren nur Klagerücknahmen kostenprivilegiert, die den gesamten Rechtsstreit beenden. Bei Klageteilrücknahmen bleibt es bei der vollen Gebühr aus dem ursprünglichen Streitwert. § 36 Abs. 3 GKG ist in diesem Fall somit nicht anzuwenden[2]. Wird vor dem Kammertermin die Klage teilweise zurückgenommen und der noch anhängige Rest im Kammertermin insgesamt verglichen, ist das Verfahren wegen des Vergleichs gerichtsgebührenfrei[3]. Die teilweise Klagerücknahme sperrt keine anderen Privilegierungen, sondern hat nur per se keine Privilegierungen zur Folge.

45 Die **Klagerücknahme** wird **fingiert**, wenn das **Verfahren** nach Säumnis oder Nichtverhandeln beider Seiten in der Güteverhandlung **sechs Monate geruht** hat. Die Parteien verhandeln iSd. § 54 Abs. 5 Satz 1, wenn sie bezogen auf die Herbeiführung einer gütlichen Einigung Erklärungen abgeben. Das ist etwa der Fall, wenn sie übereinstimmend das Ruhen des Verfahrens wegen Vergleichsverhandlungen anregen[4]. Als Ausnahmebestimmung mit dem scharfen Schwert der fingierten Klagerücknahme ist § 54 Abs. 5 Satz 1 nicht erweiternd auszulegen. Die Fiktion der Klagerücknahme ergibt sich aus § 54 Abs. 5 Satz 4, der § 269 Abs. 3–5 ZPO für entsprechend anwendbar erklärt. Die Fiktion der Klagerücknahme schlägt auch auf den Gebührentatbestand durch. Es liegt eine Beendigung des Verfahrens durch Klagerücknahme ohne streitige Verhandlung entsprechend der Anm. 2 zu Nr. 8210 des KV-GKG vor. Die Gerichtsgebühren entfallen vollständig[5].

46 Das **Ruhen oder Nichtbetreiben eines Verfahrens** führt – soweit nicht die fingierte Klagerücknahme des Ausnahmetatbestandes von § 54 Abs. 5 Satz 4 gegeben ist – zu **keinerlei Kostenprivilegierung**. Eine Beendigung des Verfahrens tritt nicht ein, so dass eine Kostenprivilegierung nach Anm. 2 zu Nr. 8210 oder Nr. 8211 Nr. 1 des KV-GKG nicht in Betracht kommt. Das Verfahren bleibt vielmehr anhängig und kann von den Parteien wieder aufgenommen werden. Erst nach einem Ruhen oder Nichtbetreiben des Verfahrens von sechs Monaten ist gem. § 9 Abs. 2 Nr. 3 GKG die angefallene volle Pauschgebühr **fällig** (s. Rz. 105)[6].

cc) Einzelheiten zu Anerkenntnis und Verzicht

47 Die Verfahrensbeendigung aufgrund **Anerkenntnisses** bzw. **Verzichts** ist nach der Anm. 2 zu Nr. 8210 bzw. Nr. 8211 Nr. 2 des KV-GKG ebenfalls kostenrechtlich privilegiert. Mitunter schließen die Prozessparteien bei Anerkennung der Hauptsache gleichwohl formell einen Vergleich ab. Das Nachgeben einer Partei

---

1 LAG Hamm v. 10.4.2006 – 16 Sa 2427/04, LAGE § 3 GKG 2004 Nr. 1; *Bader*, NZA 2005, 971.
2 LAG Hamm v. 10.4.2006 – 16 Sa 2427/04, LAGE § 3 GKG 2004 Nr. 1; LAG Hessen v. 12.12.2005 – 13 Ta 569/05; Hauck/Helml/Biebl/*Helml*, § 12 Rz. 9.
3 Natter/Gross/*Pfitzer*/Augenschein, § 12 Rz. 19.
4 BAG v. 22.4.2009 – 3 AZB 97/08, NZA 2009, 804.
5 LAG Rh.-Pf. v. 20.2.1991 – 9 Ta 27/91, LAGE § 54 ArbGG 1979 Nr. 4; GK-ArbGG/*Schleusener*, § 12 Rz. 46.
6 GK-ArbGG/*Schleusener*, § 12 Rz. 46; GMP/*Germelmann*, § 12 Rz. 18.

iSv. § 779 BGB erschöpft sich hier in einer **gegenseitigen Aufhebung der Kosten** (vgl. Rz. 31), das ist auch ein Vergleich. Wer hierin keinen Vergleich, sondern ein Anerkenntnis bzw. einen Verzicht sieht, kommt vor Stellung der Anträge im Kammertermin bei den Gerichtskosten zu derselben Kostenfolge.

Zu beachten ist, dass die **Kostenprivilegierung** nicht schon bei Erklärung des Anerkenntnisses oder des Verzichts gem. §§ 306, 307 ZPO eintritt, sondern **erst nach Erlass des entsprechenden Urteils**. Die Beendigung des Verfahrens tritt nämlich nicht schon durch die Erklärung der Partei (so bei der Klagerücknahme), sondern erst durch die gerichtliche Entscheidung ein. 48

Anerkenntnis und Verzicht sind **bedingungsfeindlich**, so dass sie ohne Vorbehalt erklärt werden müssen[1]. Hiervon unberührt bleibt die Möglichkeit, Anerkenntnis und Verzicht auf einen **Teil** des **Streitgegenstands** zu beschränken, soweit der Teil abgrenzbar ist und somit für diesen Teil ein Teilurteil ergehen könnte[2]. Ein Teilanerkenntnis oder ein Teilverzicht bewirkt dann allerdings keine Gebührenprivilegierung, da keine Beendigung des „gesamten Verfahrens" erreicht wird. 49

e) Abgekürztes Urteil

Die Pauschgebühr reduziert sich gem. Nr. 8211 Nr. 2 des KV-GKG auf 0,4, soweit das gesamte Verfahren nach streitiger Verhandlung durch ein Urteil beendet wird, welches nach § 313a Abs. 2 ZPO ohne Tatbestand und ohne Entscheidungsgründe ergehen kann. Dies ist nach § 313a Abs. 2 ZPO der Fall, wenn das Urteil in dem Termin, in dem die mündliche Verhandlung geschlossen worden ist, verkündet wird (**sog. „Stuhlurteil"**) und beide Parteien auf Rechtsmittel gegen das Urteil verzichten. Unter das Gebührenprivileg fällt somit nicht das Urteil, das in einem gesonderten Termin verkündet worden ist; dieses muss nach § 60 Abs. 4 Satz 2 vollständig abgefasst sein, so dass eine Privilegierung entfällt. Weiter ist nach § 313a Abs. 2 ZPO erforderlich, dass die durch das Urteil beschwerte Partei auf **Rechtsmittel verzichtet** (vgl. zum Berufungsverzicht § 64 Rz. 214 ff.) hat. Nach dem klaren Wortlaut von § 313a Abs. 2 ZPO sind somit solche Urteile nicht privilegiert, die mangels hinreichender Höhe des Werts des Beschwerdegegenstandes von § 64 Abs. 2 Buchst. b kraft Gesetzes nicht berufungsfähig sind[3] und das ArbG die Berufung auch nicht nach § 64 Abs. 2 Buchst. a zugelassen hat. Die Nr. 8211 Nr. 2 KV-GKG verweist nur auf § 313 Abs. 2 und nicht auf § 313a Abs. 1 ZPO, in dem die nicht berufungsfähigen Urteile behandelt werden. 50

Der Verzicht kann gem. § 313a Abs. 3 ZPO vor Verkündung des Urteils, er muss spätestens binnen **einer Woche nach** dem Schluss der mündlichen Verhandlung gegenüber dem Gericht erklärt werden. Ist das Urteil nur für eine Person anfechtbar, so ist es ausreichend, wenn diese Partei wirksam den Verzicht erklärt. Diese Bestimmung dient der Entlastung der Gerichte. Überschreiten die Parteien die Ein-Wochen-Frist, so macht dies den Verzicht nicht unwirksam[4] und das Kostenprivileg bleibt erhalten, sofern das Gericht im Urteil dann noch von Tatbestand und Entscheidungsgründen absieht[5]. Hiervon dürfte es ggf. keinen Gebrauch machen, wenn es im Zeitpunkt der (verspäteten) Verzichtserklärung das Urteil schon abgesetzt hat. Macht das Gericht von der Abkürzung Gebrauch, spielt es für die Gebührenermäßigung keine Rolle, ob im konkreten Fall eine Arbeitsersparnis bei Gericht erfolgt ist oder nicht. 51

Das abgekürzte Urteil ist gem. § 313a Abs. 4 ZPO in verschiedenen **Ausnahmefällen nicht zulässig**. Für das arbeitsgerichtliche Verfahren gewinnt insbesondere § 313a Abs. 4 Nr. 4 ZPO an Bedeutung. Im Falle der „Verurteilung zu künftig fällig werdenden **wiederkehrenden Leistungen**" wie bei einer Klage auf künftiges Arbeitsentgelt oder Leistungen aus betrieblicher Altersversorgung bedarf es somit stets einer Urteilsbegründung[6]. Gleiches gilt für ein Urteil mit **Auslandsbezug**, bei dem zu erwarten ist, dass es im Ausland vollstreckt oder anerkannt werden soll. 52

Das **Gebührenprivileg** der Nr. 8211 Nr. 2 des KV-GKG greift ein, **sofern die Voraussetzungen** des § 313a Abs. 2 ZPO für ein abgekürztes Urteil **vorliegen** (Verkündung am Verhandlungstag und Rechtsmittelverzicht). Nicht erforderlich ist es, dass das Gericht von der Möglichkeit des Verzichts auf eine Begründung des Urteils Gebrauch macht[7]. Die Gebührenprivilegierung greift hingegen nicht ein, wenn das Gericht irrtümlich von den Voraussetzungen des § 313a Abs. 2 ZPO ausgeht und auf eine Begründung verzichtet. 53

---

1 BGH v. 19.6.1985 – IVb ZR 38/84, NJW 1985, 2713 (2716); BLAH, Einf. §§ 306, 307 ZPO Rz. 4.
2 BAG v. 26.10.1979 – 7 AZR 752/77, NJW 1980, 1484 (1486); GMP/*Germelmann*, § 12 Rz. 19 f.
3 Ebenso Natter/Gross/*Pfitzer/Augenschein*, § 12 Rz. 25; aA GMP/*Germelmann*, § 12 Rz. 37 f.
4 Zöller/*Vollkommer*, § 313a Rz. 6; Musielak/*Musielak*, § 313a Rz. 5; Arbeitsrechtslexikon/*Schwab*: Kosten des Arbeitsgerichtsverfahrens II.2; aA GMP/*Germelmann*, § 12 Rz. 37.
5 OLG München v. 26.3.2015 – 11 W 365/15, NJW 2015, 1765.
6 Vgl. hierzu auch GK-ArbGG/*Schleusener*, § 12 Rz. 60.
7 Zöller/*Vollkommer*, § 313a Rz. 6.

Dies ergibt sich aus dem Wortlaut des Tatbestandes der Nr. 8211 Nr. 2 des KV-GKG, nach dem die Begründung „nach § 313a Abs. 2 ZPO" fehlen muss[1].

Die Ermäßigungsmöglichkeit besteht jedoch nicht mehr, wenn bereits ein anderes als ein Anerkenntnis- oder Verzichtsurteil oder ein Urteil, welches nach § 313a Abs. 2 ZPO weder Tatbestand noch Entscheidungsgründe benötigt, ergangen ist[2].

f) Beschluss nach § 91a ZPO

54 Bedarf es eines gerichtlichen Beschlusses nach § 91a ZPO, dann bewirkt dies keine Kostenprivilegierung für das gesamte Verfahren, weil sich das Gericht bei seiner inhaltlich zu begründenden Entscheidung mit der Sache befassen muss. Muss bei einer **übereinstimmenden** Erledigungserklärung beider Parteien dagegen keine gerichtliche Entscheidung über die Kosten ergehen, weil die Parteien hierüber eine ausdrückliche Regelung getroffen haben oder die Kostenfolge sich bei einem Vergleich mittelbar aus § 98 ZPO ergibt oder beide Parteien aus sonstigen Gründen auf eine Kostenentscheidung verzichten, dann tritt eine Gebührenprivilegierung ein[3].

55 Das **Ausmaß** einer Privilegierung hängt davon ab, in welchem Stadium des Verfahrens die übereinstimmende Erledigung des Verfahrens erklärt wird. Wird das Verfahren **vor** streitiger Verhandlung übereinstimmend für erledigt erklärt, entfällt die Gebühr gänzlich (Anm. 2 zu Nr. 8210 KV-GKG). Bei einer übereinstimmenden Erledigungserklärung **nach** einer streitigen Verhandlung ermäßigt sich die Gebühr auf 0,4. Dafür darf allerdings, wie bei den anderen Privilegierungstatbeständen, kein anderes Urteil als die in Nr. 8211 Nr. 2 KV-GKG genannten, vorab ergangen sein. Zu den Gerichtsgebühren bei übereinstimmender Erledigungserklärung im einstweiligen Rechtsschutzverfahren vgl. Nr. 8311 des KV-GKG.

56 Die übereinstimmende Erledigungserklärung im arbeitsgerichtlichen Verfahren beruht häufig auf einem **außergerichtlichen Vergleich**. Ein Beschluss nach § 91a ZPO ist bei einem Vergleich – ob gerichtlich oder außergerichtlich – möglich, wenn die Sonderregelung des § 98 ZPO durch Parteivereinbarung ausgeschlossen ist. Lassen die Parteien in ihrem Vergleich die Kostentragung ausdrücklich offen und fordern sie hierzu eine gerichtliche Kostenentscheidung nach § 91a ZPO, tritt keine Privilegierung ein[4]. Ein Kostenbeschluss ist indes nur erforderlich, wenn zu erhebende Kosten angefallen sind. Dies ist bei einem außergerichtlichen Vergleich regelmäßig der Fall, da dieser zu keinem Wegfall der Gebührenpflicht führt (vgl. Rz. 38).

57 Die **einseitige** Erledigungserklärung bewirkt keine Gebührenprivilegierung. Gebühren fallen in **vollem** Umfang an, denn es ergeht ein streitiges Urteil, bei dem die Kostenentscheidung nicht auf § 91a ZPO, sondern auf §§ 91 oder 92 ZPO beruht.

V. Gebühren im Rechtsmittel- und Rechtsbehelfsverfahren

1. Berufung

58 Im Berufungsverfahren können – im Unterschied zur Zivilgerichtsbarkeit mit 4 Gebühren – maximal 3,2 Gebühren anfallen. Die alte Rechtslage mit einer Verfahrensgebühr und einer Urteilsgebühr ist durch die einheitliche Verfahrensgebühr der Nr. 8220 KV-GKG, die pauschalisierend das Verfahren im Allgemeinen abdeckt, abgelöst worden. Eine Urteilsgebühr gibt es nicht[5]. Sie widerspräche dem gewollten **Pauschalsystem**. Die Erwähnung einer Entscheidungsgebühr in § 35 GKG betrifft nur die Fälle, in denen eine solche im Kostenverzeichnis noch besteht (zB Nrn. 8612, 8614, 8500)[6].

59 Die Verfahrensgebühr der Nr. 8220 KV-GKG wird für das Berufungsverfahren im Allgemeinen erhoben. Sie **entsteht** mit dem Einreichen der Rechtsmittelschrift und erfasst alle gerichtlichen Tätigkeiten des LAG, für die keine gesonderten Gebührentatbestände gegeben sind[7]. Ihre Höhe ergibt sich aus dem Rechtsbegehren der Parteien im Berufungsverfahren. Enthält der Berufungsschriftsatz **keinen Antrag** und reicht der Berufungsführer auch innerhalb der Begründungsfrist keine Begründung ein, so dass das Rechtsmittel anschließend als unzulässig verworfen wird, dann richtet sich die Höhe der Beschwer aus dem Wert seiner Beschwer aus dem angefochtenen Urteil. Das gilt auch dann, wenn der Berufungsführer nach Ablauf der

---

[1] Ebenso: GMP/*Germelmann*, § 12 Rz. 39.
[2] BCF/*Creutzfeldt*, §§ 12, 12a Rz. 21.
[3] *Roloff*, NZA 2007, 900 (908).
[4] BAG v. 16.4.2008 – 6 AZR 1049/06, NZA 2008, 783.
[5] Natter/Gross/*Pfitzer*/*Augenschein*, § 12 Rz. 31.
[6] Binz/Dornhöfer/Petzold/*Zimmermann*, § 35 Rz. 1; aA GMP/*Germelmann* § 12 Rz. 59.
[7] Hauck/Helml/Biebl/*Helml*, § 12 Rz. 15.

Begründungsfrist einen reduzierten Klageantrag einreicht[1]. Anderes gilt, wenn ihm Wiedereinsetzung wegen Versäumung der Begründungsfrist gewährt wird, weil dann das Rechtsmittel als rechtzeitig eingelegt gilt.

Ein vor dem LAG abgeschlossener **Vergleich** lässt, ebenso wie im erstinstanzlichen Verfahren, gem. der Vorbem. 8 des KV-GKG die pauschale **Verfahrensgebühr** für das Berufungsverfahren (3,2 Gebühr) entfallen. Dies gilt auch, wenn die Parteien den Vergleich vor dem LAG nach einer **Zurückverweisung** durch das Revisionsgericht schließen, da bei einer Zurückverweisung das frühere und das weitere Verfahren gem. §§ 37, 35 GKG eine einheitliche und bisher noch nicht abgeschlossene Instanz bilden[2]. Der Vergleich muss allerdings das gesamte Verfahren erledigen. Die Verfahrensgebühr fällt nicht weg, wenn der Vergleich erst **nach Verkündung** des Berufungsurteils vor Ablauf der Rechtsmittelfrist abgeschlossen wird[3], denn die Berufungsinstanz ist mit Verkündung des Berufungsurteils kostenrechtlich abgeschlossen[4]. 60

Neben dem gänzlichen Wegfall der Gebühren bei Vergleichsschluss bestehen auch im Berufungsverfahren Privilegierungstatbestände, bei deren Vorliegen sich die volle Verfahrensgebühr reduziert. Die **Reduzierung** ist dabei umso größer, je früher das Rechtsmittelverfahren beendet wird.[5] 61

Die **Beendigung** des Berufungsverfahrens **vor** dem **Eingang** der **Berufungsbegründungsschrift** beim LAG durch Berufungsrücknahme oder Klagerücknahme reduziert die pauschale Verfahrensgebühr gem. Nr. 8221 des KV-GKG auf eine 0,8 Gebühr nach der Gebührentabelle zum GKG. Der Rücknahme steht die übereinstimmende Erledigungserklärung nach § 91a ZPO vor Eingang der Berufungsbegründung gleich, wenn keine gerichtliche Entscheidung über die offen gelassene Kostentragungspflicht nach § 91a ZPO ergeht (vgl. Rz. 54). Keine Rolle spielt, ob der Vorsitzende bereits vor Eingang der Berufungsbegründung Termin anberaumt hatte, den er wegen der Rücknahmehandlung dann wieder aufheben muss. Legen **beide Parteien Berufung** ein, dann müssen zur Erlangung der Kostenprivilegierung beide Rechtsmittel vor dem maßgeblichen Zeitpunkt zurückgenommen werden. Eine bereits eingelegte Anschlussberufung verliert wegen ihrer Akzessorietät zur Hauptberufung (vgl. § 64 Rz. 191) gem. § 524 Abs. 4 ZPO kraft Gesetzes ihre Wirkung mit Rücknahme der Berufung. Die Anschlussberufung muss daher nicht eigens zurückgenommen werden.

Eine Gebührenermäßigung gibt es auch bei einer (Klage- oder Berufungs-) **Rücknahme vor** dem **Schluss** der **mündlichen Verhandlung**. Eine Reduzierung auf eine 1,6 Gebühr (hälftige Gebühr) tritt ein, wenn die Rücknahme der Berufung oder der Klage nach Eingang der Berufungsbegründung aber vor Verfahrensbeendigung erfolgt, Nr. 8222 Nr. 1 KV-GKG. Dass schon einmal eine streitige Verhandlung stattgefunden hatte, an deren Ende die Verhandlung geschlossen wurde, dann aber neuer Termin anberaumt wurde, ist unschädlich. Dann war gerade kein Verhandlungsschluss eingetreten, weil mehrere Verhandlungstermine eine Einheit bilden. Das LAG muss nach dem Verhandlungsschluss ein Urteil fällen. 62

Eine hälftige Gebühr fällt auch an, wenn das LAG „nur" ein Anerkenntnis- oder Verzichtsurteil oder ein Urteil, welches nach § 313a Abs. 2 ZPO weder Tatbestand noch Entscheidungsgründe enthält (zu den näheren Einzelheiten vgl. Rz. 50 ff.), erlassen muss. Bei letzteren ist erforderlich, dass die Parteien sowohl auf die **Revision** als auch auf die Einlegung einer **Nichtzulassungsbeschwerde** (§ 72a) **verzichten**. Ohne Kenntnis der Entscheidungsgründe ist eine Nichtzulassungsbeschwerde im Hinblick auf § 72 Abs. 2 Nr. 1–3 zwar schwerlich verzichtbar. Auf der anderen Seite gibt es zahlreiche Verfahren, die so einfach strukturiert und klar gelagert sind (etwa nach einer eindeutigen Beweisaufnahme), dass eine Nichtzulassungsbeschwerde offensichtlich nicht in Frage kommen kann, insbesondere wenn die Verfahrensgestaltung durch das LAG erkennbar keine Kritikpunkte erkennen lässt. 63

Eine Ermäßigung auf eine 1,6 Gebühr tritt ebenfalls bei einer übereinstimmenden Erledigungserklärung ein, die keine Kostenentscheidung mehr erfordert.

Sind im Berufungsverfahren **mehrere Ermäßigungstatbestände** erfüllt oder trifft ein Ermäßigungstatbestand mit einem **Teilvergleich** zusammen, dann fallen nach Nr. 8222 Satz 2 KV-GKG auch nur die hälftigen Gebühren an. 64

Nr. 8223 KV-GKG betrifft den Tatbestand von § 313a **Abs. 1 Satz 2** ZPO, wonach ein Rechtsmittel gegen die Entscheidung des LAG unzweifelhaft nicht gegeben ist. Das ist der Fall im Verfahren des **einstweiligen Rechtsschutzes**, weil hier das LAG die letzte Instanz ist. Hiernach ermäßigt sich die Gebühr auf 2,4, wenn das Urteil wegen des Verzichts der Parteien keine schriftliche Begründung enthält. 65

---

1 OLG Hamburg v. 14.8.2012 – 12 UF 64/12, NJW 2012, 3523.
2 *Tschischgale/Satzky*, Kostenrecht, S. 102; GK-ArbGG/*Schleusener*, § 12 Rz. 44.
3 So nunmehr auch GK-ArbGG/*Schleusener*, § 12 Rz. 53.
4 *Hartmann*, Kostengesetze, § 35 GKG Rz. 3, 5.
5 *Meyer*, JurBüro 2004, 286 (287).

66 Alle Privilegierungstatbestände setzen eine Beendigung des **gesamten** Verfahrens voraus. **Teilerledigungen** wirken für sich allein nicht gebührenermäßigend. Sie lösen weder die Privilegierungstatbestände aus noch wirken sie streitwertmindernd.[1] Den Privilegierungstatbeständen ist eine zusätzliche Einschränkung gemein, die mit der Einschränkung der Privilegierung des Verfahrens erster Instanz identisch ist. Die Privilegierungstatbestände kommen dann nicht zur Geltung, wenn schon ein Urteil ergangen ist, welches nicht in Nr. 8222 Nr. 2 des KV-GKG genannt ist.

2. Revision

67 Die Gebühren- und Privilegierungstatbestände der Revisionsinstanz entsprechen strukturell denen der Berufungsinstanz (vgl. Rz. 58–66). Die Höhe der pauschalen Verfahrensgebühr für das Revisionsverfahren beträgt gem. Nr. 8230 des KV-GKG **4,0 Gebühren**. Da die Vorbem. 8 von Teil 8 für sämtliche Verfahren gilt, entfallen auch in der Revisionsinstanz die Gebühren für die Revisionsinstanz, sofern das gesamte Verfahren durch einen **Vergleich** beendet wird.

68 Eine Ermäßigung der Gebühr auf 0,8 tritt nach Nr. 8231 KV-GKG ein, wenn das Verfahren vor Eingang der Revisionsbegründungsschrift bei Gericht beendet wird. Dem steht es gleich, wenn das Verfahren ohne das Erfordernis einer Kostenentscheidung übereinstimmend für erledigt erklärt wird.

69 Sollte die Revision oder die Klage zwischen Eingang der Revisionsbegründung und vor dem Schluss der mündlichen Verhandlung zurückgenommen werden (Nr. 8232 Nr. 1 KV-GKG), ein Anerkenntnis- oder ein Verzichtsurteil ergehen (Nr. 8232 Nr. 2 KV-GKG) oder übereinstimmende Erledigungserklärungen nach § 91a ZPO vorliegen, die keine Kostenentscheidungen mehr erfordern, tritt eine Ermäßigung der vier Gebühren auf 2,4 ein. Diese Privilegierung kann allerdings nur eingreifen, wenn im Vorfeld kein Urteil, welches nicht Anerkenntnis- oder Verzichtsurteil ist, erlassen wurde. Dies dürfte in der Revisionsinstanz nur selten der Fall sein.

3. Beschwerde

70 Im **Beschwerdeverfahren** kann eine Beschwerdegebühr nach Nr. 8610–8614 des KV-GKG entstehen. Im **Rechtsbeschwerde**verfahren zum BAG gelten die weitgehend ähnlichen Kostenbestimmungen der Nrn. 8620–8624 des KV-GKG.

Die **Beschwerdegebühr** deckt alle Kosten des Beschwerdeverfahrens inkl. der Beschwerdeentscheidung ab mit Ausnahme eventuell entstandener gerichtlicher Auslagen[2]. Die Bemessung des **Streitwerts** bei Nrn. 8612 und 8613 (Nichtzulassungsbeschwerde) erfolgt gem. § 48 GKG iVm. § 3 ZPO nach dem Wert der Hauptsache, soweit der Rechtsbehelf reicht (vgl. § 72a Rz. 92). Bei allen anderen Gebührentatbeständen fallen bezifferte **Festgebühren** an. Kommt es im Beschwerdeverfahren zu einem Vergleichsabschluss, der das gesamte Verfahren beendet, entfällt die Gebühr gem. der Vorbemerkung 8 wieder.

71 Die Beschwerdeverfahren im ArbG-Prozess lassen sich **kostenrechtlich in drei Gruppen** aufteilen[3]. Einige Beschwerdeverfahren sind stets gebührenpflichtig. Andere sind aufgrund gesetzlicher Anordnung stets gebührenfrei. Die Beschwerdeverfahren der dritten Gruppe sind Entscheidungsgebühren, die nur anfallen, wenn die Beschwerde verworfen oder zurückgewiesen wird, im Übrigen sind sie gebührenfrei.

72 Die Beschwerdeverfahren aus Nr. 8610 des KV-GKG sind unabhängig vom Ausgang des Verfahrens **stets gebührenpflichtig**. Für sie wird eine Fixgebühr von 70 Euro berechnet. Der Gebührentatbestand aus Nr. 8610 des KV-GKG enthält eine **abschließende Aufzählung**[4]. Er umfasst die sofortigen Beschwerden gegen ein Zwischenurteil über den Antrag auf Zurückweisung einer Nebenintervention (§ 71 Abs. 2 ZPO), einen Kostenbeschluss bei Erledigung der Hauptsache (§ 91a Abs. 2 ZPO), eine Kostenentscheidung nach Erledigung der Hauptsache durch Verurteilung aufgrund eines Anerkenntnisses (§ 99 Abs. 2 ZPO) und einen Beschluss bei Klagerücknahme (§ 269 Abs. 5 ZPO). Die Gebühr entfällt bei diesen Verfahren nicht, sondern ermäßigt sich nach Nr. 8611 KV-GKG auf 50 Euro bei einer Beendigung des Verfahrens ohne gerichtliche Entscheidung.

73 Bestimmte Beschwerdeverfahren sind aufgrund **ausdrücklicher** gesetzlicher **Regelung generell gebührenfrei**. Sie unterfallen somit nicht den Gebührentatbeständen aus Nr. 8610–8614 des KV-GKG. Hierzu zählen die Beschwerden nach § 83 Abs. 5, § 78 ArbGG im insgesamt kostenfreien Beschlussverfahren nach § 2

---

1 LAG Hamm v. 10.4.2006 – 16 Sa 2427/04, LAGE § 3 GKG 2004 Nr. 1; LAG Hessen v. 12.12.2005 – 13 Ta 569/05.
2 GK-ArbGG/*Schleusener*, § 12 Rz. 99; GMP/*Germelmann*, § 12 Rz. 69.
3 Vgl. auch die ausführliche Darstellung in GK-ArbGG/*Schleusener*, § 12 Rz. 98 ff.
4 GK-ArbGG/*Schleusener*, § 12 Rz. 99.

Abs. 2 GKG[1]. Gebührenfrei sind ferner die statthaften[2] Beschwerden gegen den Ansatz der Gerichtskosten (§ 66 Abs. 8 GKG), die Auferlegung einer Verzögerungsgebühr (§§ 38, 69 GKG) gegen den Ansatz der Gerichtsvollzieherkosten (§ 5 Abs. 2 Satz 2 GvKostG) sowie gegen die Festsetzung des Streitwerts für die Gerichtsgebühren (§ 63 Abs. 2, §68 Abs. 3 GKG). Die Kostenfreiheit aus § 2 Abs. 2 GKG erstreckt sich aber **nicht** auf die nach § 33 Abs. 3 RVG vom Rechtsanwalt erhobene Beschwerde gegen die Festsetzung des Gegenstandswerts der anwaltlichen Tätigkeit (s. Rz. 121). Weiterhin sind gebührenfrei die Beschwerden in den Verfahren zur gerichtlichen Festsetzung von Entschädigungen für Zeugen, Sachverständige, Dolmetscher, Übersetzer und ehrenamtliche Richter (§§ 4 Abs. 3–9 JVEG) sowie zur Festsetzung der Vergütung des beigeordneten Rechtsanwalts (§ 56 Abs. 2 Satz 2 RVG).

In Verfahren der Gebührentatbestände von Nr. 8612, 8614 KV-GKG wird eine **Entscheidungsgebühr** in Form einer Fixgebühr nur erhoben, **soweit die Beschwerde verworfen oder zurückgewiesen** worden ist. Bei der Auffangnorm von **Nr. 8614** KV-GKG beträgt sie 50 Euro. Erfolgt nur eine **teilweise** Verwerfung oder Zurückweisung, so kann das Gericht bei Nr. 8614 KV-GKG die Gebühr nach billigem Ermessen auf die Hälfte ermäßigen oder gar keine Gebühr erheben. Eine Quotelung nach dem Grad des Misserfolgs der Beschwerde lässt der Wortlaut der Anm. zu Nr. 8614 KV-GKG nicht zu. Dies wäre auch im Hinblick auf die Mindesthöhe einer Gebühr von 15 Euro (§ 34 Abs. 2 GKG) nicht sinnvoll. Damit können die Kosten ganz, nicht oder zur Hälfte auferlegt werden. Bei einem bloß geringen Erfolg besteht idR keine Veranlassung zur Halbierung der Kostenlast[3]. Ist das Rechtsmittel überwiegend begründet, sollten keine Verfahrenskosten auferlegt werden[4]. Bei **Stattgabe** der Beschwerde durch das LAG oder bei Beendigung des Verfahrens **ohne gerichtliche Entscheidung** – etwa infolge einer Beschwerderücknahme – ist das Verfahren gebührenfrei[5]. Bei einer Beendigung des Verfahrens durch übereinstimmende Erledigungserklärung nach § 91a ZPO ist mangels einer Sonderregelung in Nr. 8614 KV-GKG das Beschwerdeverfahren gebührenfrei. Der Auffangtatbestand Nr. 8614 KV-GKG erfasst die **breite Palette** der **Verfahrensbeschwerden** von § 78 iVm. §§ 567 ff. ZPO, wie etwa Beschwerden gegen Entscheidungen im Verfahren der Prozesskostenhilfe, aber auch die sofortigen Beschwerden gegen die Entscheidung des ArbG über den Rechtsweg (§ 17a Abs. 4 Satz 3 GVG)[6]. 74

Hilft das ArbG gem. § 572 Abs. 1 ZPO der Beschwerde **ab**, – bis dahin ist die eingelegte Beschwerde eine Art Gegenvorstellung – dann ist kein Beschwerdeverfahren entstanden[7] (vgl. § 78 Rz. 43), so dass auch keine Festgebühr nach Nr. 8614 KV-GKG anfällt[8]. Die Beschwerde entsteht erst – nach Nichtabhilfe – mit Vorlage durch das ArbG zum LAG. 75

Die Beschwerdeverfahren gegen die **Nichtzulassung der Revision** lösen eine 1,6 Gebühr gem. Nr. 8612 des KV-GKG aus, soweit die Beschwerde vom BAG verworfen oder zurückgewiesen wird. Ansonsten fallen für dieses Verfahren keine Gebühren an. 76

Wird die Beschwerde zurückgenommen oder wird das Beschwerdeverfahren durch anderweitige Erledigung beendet, kommt es nach Nr. 8613 des KV-GKG zu einer Reduzierung der Gebühr auf 0,8. Ist die Beschwerde erfolgreich und lässt das BAG die Revision zu, entfällt die Gerichtsgebühr.

4. Wiederaufnahmeklage

Mit der Wiederaufnahmeklage (§ 79 ArbGG iVm. § 578 ZPO) ficht eine Partei eine rechtskräftige Entscheidung vor dem Gericht an, das diese Entscheidung erlassen hat. Mangels Devolutiveffekt ist die Wiederaufnahmeklage somit **kein Rechtsmittel**, sondern ein gesetzlicher Rechtsbehelf **zur Beseitigung der Rechtskraft** aus der Entscheidung des Ausgangsverfahrens (vgl. § 79 Rz. 4). Die Wiederaufnahmeklage wirkt aber wie ein Rechtsmittel. Im Erfolgsfall hebt das Gericht sein angefochtenes Urteil auf und erlässt zugleich ein neues Urteil. 77

Für die Wiederaufnahmeklage werden die Gebühren der jeweils betroffenen Instanz erhoben (1. Instanz: Nr. 8210 KV-GKG, Berufung: Nr. 8220 KV-GKG, Revision: Nr. 8230 KV-GKG)[9]. Zwar sieht das Gebührenverzeichnis in seinem Teil 8 keinen Gebührentatbestand für eine „Wiederaufnahmeklage" vor. Den- 78

---

1 GK-ArbGG/*Schleusener*, § 12 Rz. 105.
2 Unstatthafte Beschwerden sind nicht gebührenfrei: BGH v. 3.3.2014 – IX ZB 4/14, weil sich die Gebührenfreiheit nur auf die im Gesetz genannten – also statthaften – Verfahren bezieht; aA OLG Koblenz v. 23.8.2012 – 5 W 466/12.
3 LAG Rh.-Pf. v. 27.7.2011 – 1 Ta 141/11.
4 LAG Rh.-Pf. v. 29.6.2011 – 1 Ta 117/11; LAG München v. 5.5.2011 – 3 Ta 169/11, ArbRB 2011, 176.
5 GK-ArbGG/*Schleusener*, § 12 Rz. 102.
6 GMP/*Germelmann*, § 48 ArbGG Rz. 131,
7 HWK/*Kalb*, § 78 Rz. 18; *Schwab/Maatje*, NZA 2011, 769.
8 Unklar: Natter/Gross/*Pfitzer/Augenschein*, § 12 Rz. 49.
9 GMP/*Germelmann*, § 12 Rz. 57; *Güntner*, AuR 1960, 140; KG v. 14.12.1938 – 20 Wa 182/38, JW 1939, 181.

noch liegt kein Verstoß gegen das **Enumerationsprinzip** (Rz. 9) vor. Die Wiederaufnahmeklage eröffnet neu eine Instanz. Hierbei handelt es sich zwar um dieselbe Instanz, deren Entscheidung der Kläger anficht[1]. Gleichwohl handelt es sich um einen neuen und **selbständigen Verfahrensabschnitt** mit eigenem Streitgegenstand, der auf die rückwirkende Beseitigung des rechtskräftigen Urteils abzielt[2]. Demnach fallen nach Wiedereröffnung des erstinstanzlichen Verfahrens bzw. der Berufungs- und Revisionsinstanz die entsprechenden Verfahrensgebühren erneut an. Zur Kostenentscheidung s. § 79 Rz. 30.

5. Abhilfe bei Verletzung des Anspruchs auf rechtliches Gehör

79 Die Rüge wegen Verletzung des Anspruchs auf rechtliches Gehör richtet sich nach § 78a ArbGG und ist ein förmlicher Rechtsbehelf. Sie findet Anwendung in allen drei Instanzen. Die Rüge dient in schneller und kostengünstiger Art und Weise der Selbstkorrektur durch den Instanzrichter bei Verletzung des rechtlichen Gehörs (Art. 103 Abs. 1 GG) in Verfahren mit unanfechtbaren Endentscheidungen. Zugleich soll die Flut der auf das Verfahrensgrundrecht gestützten Verfassungsbeschwerden eingedämmt werden(vgl. § 78a Rz. 2). Bei Erfolg führt die Rüge gem. § 78a Abs. 5 Satz 2 zur Zurückversetzung des Verfahrens in den Stand, in dem es sich vor dem Schluss der mündlichen Verhandlung befunden hat (vgl. § 78a Rz. 50)[3]. Für das Rügeverfahren fällt nach Nr. 8500 des KV-GKG eine Entscheidungsgebühr nur an, wenn die **Rüge** in **vollem** Umfang **verworfen oder zurückgewiesen** wird. Diese Gerichtsgebühr beträgt in allen Instanzen 50 Euro. Im Übrigen ist das Rügeverfahren gebührenfrei (zu den Rechtsanwaltsgebühren vgl. § 78a Rz. 57). Die Nr. 8500 des KV-GKG greift nur für Rügen von § 78a und erfasst keine sonstigen Verfahren.

VI. Gebühren bei besonderen Verfahrensarten

1. Mahnverfahren

80 Der Erlass eines **Mahnbescheids** ist im arbeitsgerichtlichen Verfahren im Unterschied zum Verfahren der ordentlichen Gerichtsbarkeit noch gerichtsgebührenfrei. Das gilt auch für den Europäischen Zahlungsbefehl[4]. Legt der Antragsgegner Widerspruch gegen den Mahnbescheid ein, bleibt das Mahnverfahren noch gebührenfrei. Wird aber ein Antrag nach § 46a Abs. 4 Satz 1 auf Durchführung der mündlichen Verhandlung gestellt und geht es damit in das streitige Verfahren über, dann entsteht die pauschale Verfahrensgebühr von Nr. 8210 Anm. Nr. 1 (vgl. zur Fälligkeit Rz. 103). Wird der Mahnantrag zurückgenommen oder kein Antrag auf Durchführung der mündlichen Verhandlung gestellt oder trotz fehlenden Widerspruchs kein Antrag auf Erlass eines Vollstreckungsbescheids nach § 699 Abs. 1 Satz 1 ZPO gestellt, entsteht keine Gebühr. Im Mahnverfahren löst erst der Antrag nach § 46a Abs. 1 ArbGG iVm. § 699 ZPO auf Erlass eines **Vollstreckungsbescheids** nach Nr. 8100 KV-GKG eine **Gebühr von 0,4** aus, mindestens jedoch 26 Euro. Bei Erlass des Vollstreckungsbescheids trägt diese Gebühr der Schuldner.

81 Maßgebend für die **Höhe** der **Gebühr** aus der Nr. 8100 KV-GKG ist der Betrag über den der Vollstreckungsbescheid (zuletzt) beantragt wird[5]. Wird der Antrag iSv. § 699 Abs. 1 Satz 1 ZPO vor der Entscheidung zurückgenommen, kommt nach der Anm. zu Nr. 8100 des KV-GKG keine Gebühr zum Ansatz. Verändert sich nach Erlass des Vollstreckungsbescheids der Streitwert, (falls sich der Einspruch nur gegen einen Teil des Vollstreckungsbescheids richtet oder das Klageverfahren spätere Änderungen erfährt), so bleibt dies für die Berechnung der Gebühr aus Nr. 8100 KV-GKG unbeachtlich[6].

82 Die entstandene Gebühr nach Nr. 8100 KV-GKG bleibt nach Einspruchseinlegung des Schuldners auch nach **Übergang des Mahn- in das Prozessverfahren** bestehen. Es erfolgt allerdings nach Anm. 1 zu Nr. 8210 des KV-GKG eine Anrechnung der Mahngebühr auf die dann angefallene 2-fache Verfahrensgebühr von Nr. 8210 KV-GKG, so dass die Wahl des Mahnverfahrens bei Widerspruch oder Einspruch im Verhältnis zur allgemeinen Klageerhebung keine zusätzliche und damit negative Kostenfolge hat. Beide Wege der Beschreitung des Klageweges kosten gleich viel. Entfällt später die Verfahrensgebühr, entfällt nicht zwangsläufig auch die Gebühr von Nr. 8100 KV-GKG. Die Gebühr für den Erlass des Vollstreckungsbescheids entfällt nach der Anm. zu Nr. 8100 (nicht nach der Anm. 2 zu Nr. 8210 KV-GKG) nach dem Übergang in das streitige Verfahren, wenn dieses ohne streitige Verhandlung endet, sofern kein Versäumnisurteil vorausgegangen ist. Gebührenfreiheit tritt ebenfalls bei einem Vergleichsschluss ein, sofern

---

1 BGH v. 18.5.1995 – X ZR 52/93, KostRsp. GKG § 27 Nr. 5; *Hartmann*, Kostengesetze, § 35 GKG Rz. 17; Zöller/*Greger*, § 578 ZPO Rz. 4.
2 MünchKommZPO/*Braun*, Vor § 578 Rz. 4, 6; vgl. Musielak/*Musielak*, § 578 ZPO Rz. 4 mwN.
3 Düwell/Lipke/*Oesterle*, § 78a Rz. 54.
4 Natter/Gross/*Pfitzer/Augenschein*, § 12 Rz. 10.
5 BCF/*Creutzfeldt*, §§ 12, 12a Rz. 23.
6 GMP/*Germelmann*, § 12 Rz. 48.

dieser Vergleich das gesamte Verfahren beendet (Vorbem. 8), da diese Bestimmung für alle Gebührentatbestände des Teils 8 des KV-GKG gilt.

2. Arrest und einstweilige Verfügung

Zur **Höhe** des **Streitwerts** s. Rz. 225. 83

Die Verfahren des vorläufigen Rechtsschutzes unterliegen **eigenen Gebührentatbeständen**. Diese Gebührentatbestände sind für das Verfahren vor dem Gericht der Hauptsache in Nr. 8310 und 8311 und für das Berufungsverfahren in Nr. 8320–8323 des KV-GKG enthalten. Das Gericht der Hauptsache ist regelmäßig das ArbG. Es kann aber auch das LAG sein, wenn der Hauptprozess in der Berufung vor dem LAG schwebt und hier erstmals um einstweiligen Rechtsschutz ersucht wird. Gebühren für den einstweiligen Rechtsschutz entstehen **unabhängig von einer Gebührenerhebung in dem Verfahren der Hauptsache**. Beide Verfahren sind unabhängig voneinander gebührenpflichtig und richten sich nach den ihnen jeweils zugrunde liegenden Streitwerten, welche durchaus unterschiedlich sein können[1]. Evtl. Privilegierungen im (späteren) Hauptsacheverfahren erfassen das Arrest- und Eilverfahren nicht, weil beide Verfahren kostenmäßig eigenständig sind.

Im 1. Rechtszug ist die Gebührenstruktur im Arrest- und Eilverfahren gerade umgekehrt wie im Hauptsacheverfahren: Während im Hauptsacheverfahren nach Nr. 8210 KV-GKG sofort die volle Verfahrensgebühr anfällt, die dann durch privilegierte Tatbestände ermäßigt wird oder nachträglich wieder entfällt, entsteht im einstweiligen Rechtsschutz nach Nr. 8310 KV-GKG zunächst nur eine reduzierte Gebühr von 0,4, die durch die (arbeitsintensiven) Umstände von Nr. 8311 KV-GKG dann auf 2,0 Gebühren erhöht wird. 84

Für das Verfahren im Allgemeinen wird für Anträge auf Anordnung, Abänderung oder Aufhebung eines Arrestes oder einer einstweiligen Verfügung in der 1. Instanz eine **0,4-Gebühr** berechnet, sofern die Entscheidung antragsgemäß durch **Beschluss** ergeht und vom Gegner nicht widersprochen wird[2]. Eine Privilegierung für die **Antragsrücknahme** ohne mündliche Verhandlung besteht im Gegensatz zu den Gebührentatbeständen im Hauptsacheverfahren nicht, im Verfahren des einstweiligen Rechtsschutzes bleibt die 0,4-Gebühr bestehen. Nur wenn das Eilverfahren durch **Vergleich** erledigt wird, entfällt nach der Vorbem. 8 von Teil 8 KV-GKG die 0,4-Gebühr. 85

Wird durch ein **Urteil** entschieden **oder** ergeht ein Beschluss nach § 91a ZPO oder § 269 Abs. 3 Satz 3 ZPO, erhöht sich die **Gebühr auf 2,0**. Folgt der Beschluss allerdings einer zuvor mitgeteilten Einigung der Parteien über die Kostentragung oder der Kostenübernahmeerklärung einer Partei, tritt die Erhöhung nicht ein. Gleiches gilt, wenn durch ein Anerkenntnis- oder Verzichtsurteil entschieden wird oder durch ein Urteil, welches nach § 313a Abs. 2 ZPO wegen Rechtsmittelverzichts keinen Tatbestand und keine Entscheidungsgründe benötigt (Anm. zu Nr. 8311 KV-GKG). Ergeht über **Teile** des Verfahrensgegenstandes kein Urteil – etwa bei Teilvergleich oder teilweiser Antragsrücknahme – dann wird trotzdem wegen des Urteils über den verbleibenden Rest die 2,0-Gebühr aus dem Gesamtwert des höheren Eingangsverfahrens berechnet[3]. 86

Ein Antrag auf **Aufhebung oder Abänderung** eines Arrestes oder einer einstweiligen Verfügung **wegen Nichterhebung der Klage in der Hauptsache** bzw. wegen veränderter Umstände (§ 926 Abs. 2, § 927 [936] ZPO) löst nach der Vorbem. 8.3 eine (weitere) eigenständige 0,4-Gebühr aus. Diese Gebühr steht neben einer 0,4 Gebühr nach Nr. 8310 des KV-GKG, die ursprünglich für die Anordnung des vorläufigen Rechtsschutzes erhoben wurde. Zur **Fälligkeit** der Gerichtsgebühren s. Rz. 104. 87

Erlässt das **AG als Gericht der Zwangsbereitschaft** im Falle des § 942 ZPO eine einstweilige Verfügung, bilden nach der Vorbem. 8.3 Satz 2 das Verfahren vor dem AG und dem ArbG als Gericht der Hauptsache kostenrechtlich eine Einheit[4]. Es finden einheitlich die Vorschriften des ArbGG Anwendung. Im einstweiligen Rechtsschutzverfahren entstandene Anwaltskosten sind daher gem. § 12a Abs. 1 Satz 1 nicht erstattungsfähig[5]. 88

---

1 GMP/*Germelmann*, § 12 Rz. 53.
2 GK-ArbGG/*Schleusener*, § 12 Rz. 85.
3 Natter/Gross/*Pfitzer*/*Augenschein*, § 12 Rz. 41.
4 GK-ArbGG/*Schleusener*, § 12 Rz. 81; LAG Hamm v. 24.4.1980 – 8 Ta 40/80, MDR 1980, 698 (699); *Wenzel*, BB 1983, 1225.
5 LAG Hamm v. 24.4.1980 – 8 Ta 40/80, MDR 1980, 698 (699); *Wenzel*, BB 1983, 1225 (1226); aA LAG Bremen v. 8.3.1982 – 3 Ta 64/81, BB 1982, 2188.

89 Der erstinstanzliche Beschluss, durch den ein Antrag auf Anordnung eines Arrestes oder einer einstweiligen Verfügung zurückgewiesen wird, kann mit der **Beschwerde** angegriffen werden. Für die Beschwerde wird nach Nr. 8330 des KV-GKG eine 1,2-Gebühr berechnet. Diese verringert sich bei Beendigung des gesamten Verfahrens durch Zurücknahme der Beschwerde auf 0,8 (Nr. 8331 des KV-GKG).

90 Im **Berufungsverfahren** des Eilrechtsschutzes fällt – wie beim Hauptsacheverfahren – für das Verfahren im Allgemeinen eine 3,2 Gebühr gem. Nr. 8320 KV-GKG an. Da die Gebührentatbestände des Eilrechtsschutzes im Berufungsverfahren inhaltlich mit denen der Berufung im Hauptsacheverfahren sowohl in den Tatbeständen als auch in der Höhe übereinstimmen, wird hierzu auf die Ausführungen zur Berufung im Hauptsacheverfahren verwiesen (Rz. 58 ff.). Weil es im Eilrechtsschutz gem. § 72 Abs. 4 keine 3. Instanz gibt, ist die Gebührenprivilegierung von Nr. 8322 Anm. 2, letzter Teil (§ 313a Abs. 2 ZPO), inhaltslos. Verzichten die Parteien nach § 313a Abs. 1 Satz 2 ZPO auf die Darstellung von Entscheidungsgründen, ermäßigt sich die allgemeine Verfahrensgebühr (Nr. 8320 KV-GKG) nach Maßgabe von Nr. 8323 KV-GKG idR auf 2,4 Gebühren.

91 Die Gebührentatbestände von Nrn. 8320 ff. KV-GKG sind auch dann anzuwenden, wenn das **LAG** gem. § 943 Abs. 1 ZPO als **Gericht der Hauptsache** in einem laufenden Berufungsverfahren wegen eines Antrags im Verfahren des vorläufigen Rechtsschutzes angegangen wird[1].

3. Selbständiges Beweisverfahren

92 Der Antrag auf Durchführung eines selbständigen Beweisverfahrens gem. §§ 485 ff. ZPO löst unabhängig von seinem Verlauf **stets eine Gebühr** von 0,6 gem. Nr. 8400 des KV-GKG aus. Dies gilt mangels gesetzlicher Differenzierung im Kostenverzeichnis für das Verfahren vor dem ArbG und vor dem LAG gleichermaßen. Die **Gebühr deckt das gesamte Verfahren ab** und wird erst mit Verfahrensbeendigung fällig[2]. Gebührenvergünstigungen, die für das Verfahren der Hauptsache vorgesehen sind, sind auf das Beweisverfahren nicht anwendbar[3]. So wird etwa bei einer Rücknahme des Antrags die Gebühr nicht reduziert. Allerdings erfasst bei einem **Vergleich** im Beweisverfahren oder im Hauptsacheverfahren die Vorbem. Nr. 8 von Teil 8 des KV-GKG auch die Gebühr von Nr. 8400 KV-GKG[4].

93 Die Kosten des selbständigen Beweisverfahrens gehören zu den Kosten des Hauptprozesses[5]. Dort hat das Gericht zu bestimmen, wer die Kosten des Beweissicherungsverfahrens trägt. Kommt es zu keinem Hauptsacheverfahren, findet § 494a ZPO Anwendung. **Kostenschuldner** (Rz. 115) ist zunächst nach § 22 Abs. 1 GKG der **Antragsteller des Beweisverfahrens**. Er hat die Kosten nach Abschluss des Beweisverfahrens zu erstatten. Sobald eine Entscheidung im Hauptsacheverfahren ergangen ist, welcher der Gegner gem. § 29 Nr. 1 GKG auch die Kosten des Beweisverfahrens zu tragen hat, kann er **Erstattung im Wege des Gesamtschuldnerausgleichs** (vgl. § 31 Abs. 1 GKG) verlangen[6]. Die Kosten des Beweisverfahrens nach Nr. 8400 KV-GKG entfallen nicht nachträglich durch Klagerücknahme in der Hauptsache. Die Zuordnung der Kosten des Beweisverfahrens zum späteren Hauptsacheverfahren ändert hieran nichts[7].

94 Das Beweisverfahren und damit auch die Erhebung der Gebühr ist beschränkt auf die **im Antrag bezeichneten beweisbedürftigen Tatsachen**, § 487 Nr. 2 ZPO[8]. Die Sicherung neuer Tatsachen oder die Vernehmung weiterer Zeugen erfordert einen neuen Antrag, der seinerseits wieder gebührenpflichtig ist. Dies gilt nur dann nicht, wenn lediglich eine Ergänzung oder Berichtigung des früheren Antrags vorliegt[9].

VII. Auslagen

95 Auslagen sind gerichtliche **Aufwendungen, die durch den einzelnen Rechtsstreit veranlasst** und vom Kostenschuldner zu erheben sind. Zu den Auslagen zählen insbesondere Zustellungs-, Fotokopierkosten, Entschädigungen für Zeugen, Sachverständige und Dolmetscher. Für die Erstattung von Auslagen gilt das **Enumerationsprinzip** (vgl. Rz. 9). Demnach dürfen Auslagen nur dann erhoben werden, wenn es für sie

---

1 Natter/Gross/*Pfitzer/Augenschein*, § 12 Rz. 43.
2 GMP/*Germelmann*, § 12 Rz. 50, 52.
3 GK-ArbGG/*Schleusener*, § 12 Rz. 94.
4 Natter/Gross/*Pfitzer/Augenschein*, § 12 Rz. 45.
5 GMP/*Germelmann*, § 12 Rz. 52.
6 GK-ArbGG/*Schleusener*, § 12 Rz. 94.
7 GMP/*Germelmann*, § 12 Rz. 51.
8 GMP/*Germelmann*, § 12 Rz. 50.
9 *Tschischgale/Satzky*, Kostenrecht, S. 99.

einen Auslagentatbestand gibt[1]. Die **Fälligkeit** der Auslagenerstattung stimmt mit der Fälligkeit der Gerichtsgebühren (Rz. 99) gem. § 6 Abs. 3 iVm. § 9 Abs. 2 GKG überein. Im GKG finden sich Erstattungstatbestände für Auslagen in **Teil 9** des KV-GKG.

Bei der Frage der Erhebung von Auslagen des Gerichts ist die kostenrechtliche Begrifflichkeit (vgl. Rz. 3) zu beachten. Die **Gebührenfreiheit** steht demnach einer **Auslagen**erhebung grds. **nicht entgegen**, da kostenrechtlich Auslagen keine Gebühren sind (Rz. 5)[2]. Nach Abs. 1 der Vorbem. zu Teil 9 werden Auslagen jedoch in einem **gebührenfreien Beschwerdeverfahren** (insbesondere in den Fällen der Nrn. 8612, 8614, 8623 KV-GKG, s. Rz. 74) nicht erhoben, wenn die Beschwerde begründet ist und die Kosten nicht dem Gegner auferlegt (der Gegner trägt die Kosten bei erfolgreichen Beschwerden in Fällen, in denen er Partei des Beschwerdeverfahrens ist, zB bei den Beschwerdeverfahren von § 48 Abs. 1 ArbGG oder §§ 887, 888 ZPO) werden. Die **Kostenfreiheit** eines Verfahrens in den Fällen von Rz. 73 (insbesondere in Beschlussverfahren) bewirkt, dass dort auch keine gerichtlichen Auslagen erstattet werden müssen. 96

Zu den Auslagen gehören die Kosten für die Heranziehung von **Dolmetschern und Übersetzern**. Diese Kosten müssen nach der Sonderregelung der Nr. 9005 Abs. 5 KV-GKG nicht erstattet werden, wenn folgende drei Voraussetzungen kumulativ erfüllt sind: Das Gericht muss den Dolmetscher oder Übersetzer ausdrücklich **herangezogen haben**. Es muss zudem eine ausländische natürliche oder juristische Person – nicht lediglich ein ausländischer Vertreter einer deutschen Person – am Verfahren Prozesspartei sein[3]. Die Vernehmung von ausländischen Zeugen in einem zwischen Deutschen geführten Prozess führt dagegen nicht zur Kostenbefreiung[4]. Schließlich verlangt Nr. 9005 Abs. 5 KV-GKG, dass die Gegenseitigkeit verbürgt ist. **Verbürgung** der **Gegenseitigkeit** bedeutet, dass eine deutsche Partei ebenfalls keine Dolmetscher- und Übersetzerkosten erstatten müsste, wenn sie in dem betreffenden Staat als Partei vor einem dortigen ArbG stünde[5]. Die Verbürgung ist mit Italien, der Türkei und Indien jeweils durch formelle Vereinbarung erfolgt[6]. Für Portugal, Belgien und Luxemburg gilt der Bundesregierung zufolge die Verbürgung der Gegenseitigkeit ohne formelle Vereinbarung, da dort die innerstaatlichen Rechtsordnungen jeweils eine der Nr. 9005 Abs. 5 vergleichbare Regelung enthalten[7]. Eine **staatenlose Partei** ist nach Nr. 9005 Abs. 5 bereits dann von den Kosten befreit, wenn nur das Gericht im Verfahren Dolmetscher oder Übersetzer herangezogen hat. Kosten für vom Gericht herangezogene **Gebärdensprachdolmetscher für hörbehinderte Menschen** werden gem. Nr. 9005 Abs. 3 und Abs. 4 des KV-GKG grds. nicht erhoben. Gleiches gilt nach Nr. 9005 Abs. 3 des KV-GKG für die Kosten von Übersetzern, die von **blinden oder sehbehinderten Menschen** in Anspruch genommen werden müssen. 97

Für gerichtliche **Auslagen für Zustellungen** von Schriftstücken sieht Nr. 9002 KV-GKG unabhängig von der tatsächlichen Höhe im Einzelfall die Erhebung eines **Pauschalbetrages** iHv. **3,50 Euro** vor. In Verfahren, in denen eine streitwertabhängige Gebühr erhoben wird, bleiben bis zu zehn Zustellungsauslagen pro Instanz unberücksichtigt, sie werden mit der Verfahrensgebühr abgegolten. Dies betrifft zB die Urteilsverfahren in allen Instanzen, Verfahren des einstweiligen Rechtsschutzes oder die Nichtzulassungsbeschwerden der Nrn. 8612, 8613 KV-GKG. Dagegen greift die Kostenprivilegierung nicht beim Anfallen einer Entscheidungs- oder Festgebühr (zB im Falle von Nr. 8614 KV-GKG) oder wenn bei nicht streitwertabhängigen Verfahren nur die Gerichtsgebühren entfallen. Der Wortlaut der Anm. zu Nr. 9002 („soweit... mehr als 10 Zustellungen anfallen") lässt darauf schließen, dass erst ab der 11. Zustellung (was in der Praxis eher selten ist), eine Berechnung stattfindet. 98

VIII. Erhebung der Kosten

1. Fälligkeit

Kosten **entstehen**, wenn das gerichtliche Verfahren – etwa durch Klageerhebung oder Rechtsmitteleinlegung – beginnt. Die Gerichtskosten werden indes gem. § 6 Abs. 3 GKG iVm. § 9 Abs. 2 GKG erst **fällig**, 99

---

1 Natter/Gross/*Pfitzer*/*Augenschein*, § 12 Rz. 88; *Hartmann*, Kostengesetze, GKG, KV, Übersicht Nr. 9000 Rz. 1; vgl. zu Einzelheiten GK-ArbGG/*Schleusener*, § 12 Rz. 119 ff.
2 GK-ArbGG/*Schleusener*, § 12 Rz. 115; vgl. *Hartmann*, Kostengesetze, GKG, KV, Übersicht Nr. 9000 Rz. 5.
3 GMP/*Germelmann*, § 12 Rz. 89.
4 Arbeitsrechtslexikon/*Schwab*, Kosten des Arbeitsgerichtsverfahrens II.2; LAG Bremen v. 26.11.1997 – 4 Sa 158/96, LAGE § 12 ArbGG 1979 Nr. 5.
5 GMP/*Germelmann*, § 12 Rz. 91.
6 Vereinbarung mit Italien v. 24.3.1982, BArbBl. 1982 Nr. 7/8, S. 44; Vereinbarung mit der Türkei v. 1.6.1981, BArbBl. 1981 Nr. 9, S. 61; Vereinbarung mit Indien v. 8.1.1981, BArbBl. 1981 Nr. 4, S. 40.
7 Bericht der Bundesregierung, BT-Drs. 10/966 v. 7.2.1984, S. 2; GK-ArbGG/*Schleusener*, § 12 Rz. 130; aA für Portugal: LAG Hessen v. 22.3.1999 – 9/6 Ta 339/98, ARST 1999, 284.

wenn das gesamte[1] **Verfahren** im jeweiligen Rechtszug **beendet** ist, **sechs Monate** geruht hat, sechs Monate von den Parteien nicht betrieben worden ist oder sechs Monate unterbrochen oder sechs Monate ausgesetzt war. Als Ausnahme davon werden nach § 9 Abs. 3 GKG eine evtl. anfallende **Dokumentenpauschale** (Nr. 9000 KV-GKG) sowie Auslagen für **Versendung** und die elektronische Übermittlung von Akten in pauschaler Höhe von 12 Euro (Nr. 9003 KV-GKG) sofort nach ihrer Entstehung fällig. Kostenschuldner der Dokumentenpauschale ist allein die Partei, die den jeweiligen Aufwand verursacht hat (§ 28 Abs. 1 Satz 2 GKG). Für die Versendung gilt § 28 Abs. 2 GKG. Diese Pauschale fällt mangels Versendung nicht an, wenn der Anwalt die Akte bei Gericht abholt oder sie in sein Anwaltsfach im Gerichtsgebäude eingelegt wird. Zur Kostentragungspflicht im Verhältnis zwischen Rechtsanwalt und eigener Partei vgl. BGH vom 6.4.2011[2].

100 Die **Beendigung** des Verfahrens kann etwa durch alle Urteile mit einer unbedingten Kostenentscheidung, Vergleich, übereinstimmende Erledigungserklärung, Klage- bzw. Rechtsmittelrücknahme und in den höheren Instanzen auch durch einen Verwerfungsbeschluss erfolgen. Ein **Urteil** muss eine Kostenentscheidung und braucht keine Sachentscheidung zu haben. Es beendet das Verfahren nicht schon mit seiner Verkündung, sondern erst mit der Zustellung nach § 50 Abs. 1. Bei Erlass eines **Versäumnisurteils** wird die Verfahrensbeendigung mit rechtzeitigem Einspruch rückwirkend zwar wieder aufgehoben. Es hat trotzdem eine unbedingte Kostenentscheidung, so dass – wie bei Rechtsmitteleinlegung – auch hier mangels Ausnahmeregelung trotz Einspruchseinlegung die Fälligkeit eintritt[3].

101 Bei einem gerichtlichen **Vergleich** ist zu differenzieren: Ein in der mündlichen Verhandlung abgeschlossener und protokollierter unwiderruflicher Prozessvergleich (§ 160 Abs. 3 Nr. 1, § 162 ZPO) führt unmittelbar zur Verfahrensbeendigung[4]. Kommt ein Vergleich in der Form des § 278 Abs. 6 ZPO zustande, ist der Prozess erst mit Zustellung des Feststellungsbeschlusses beendet[5]. Bei Vereinbarung eines Widerrufsvorbehalts endet das Verfahren bei fehlendem Widerruf mit Ablauf der Widerrufsfrist.

102 Bei **Klage- oder Rechtsmittelrücknahme** (§§ 269, 516, 565 ZPO) ist das Verfahren mit der Rücknahme beendet. Ist für die Rücknahme die Zustimmung des Gegners (§ 269 Abs. 1 ZPO) erforderlich, endet das Verfahren mit der Erklärung bzw. Fiktion der Zustimmung (§ 269 Abs. 2 Satz 1, Satz 4 ZPO). Die Kostenentscheidung, die nach einer Rücknahme der Klage bzw. des Rechtsmittels oder auch nach einer übereinstimmenden Erledigungserklärung noch aussteht, hat keinen Einfluss auf die Fälligkeit der Kosten, weil diesen Zeitpunkt die Parteien beeinflussen könnten[6].

103 Das **Mahnverfahren** hat unterschiedliche **Beendigungszeitpunkte**. Weist das Gericht den Antrag auf Erlass eines Mahnbescheids zurück, was noch keine Gerichtskosten auslöst (vgl. Rz. 80), ist das Verfahren mit der zurückweisenden Entscheidung (§ 691 ZPO) beendet. Steht dem Antragsteller hiergegen die Beschwerde nach § 691 Abs. 3 Satz 1 ZPO zu, endet das Verfahren mit dem ungenutzten Ablauf der Beschwerdefrist bzw. mit der Beschwerdeentscheidung. Wird der Antrag auf Erlass eines **Vollstreckungsbescheids** zurückgewiesen, steht dem Antragsteller die sofortige Beschwerde nach § 567 ZPO zu. In diesem Fall endet das Verfahren mit dem ungenutzten Ablauf der Beschwerdefrist bzw. mit der Zustellung der Rechtskraft erlangenden Beschwerdeentscheidung (§§ 572, 577 ZPO). Kann der Antrag auf Erlass des Vollstreckungsbescheids hingegen fehlerfrei wiederholt werden, endet das Verfahren erst sechs Monate nach der Zurückweisung (§ 701 Satz 2 ZPO)[7]. Wird nach Zustellung eines Mahnbescheids kein Widerspruch eingelegt, aber kein Vollstreckungsbescheid beantragt, tritt Beendigung gem. § 701 Satz 1 ZPO mit Ablauf von sechs Monaten ein. Nach Erlass eines Vollstreckungsbescheids endet das Mahnverfahren mit dem ungenutzten Ablauf der einwöchigen Widerspruchs- bzw. Einspruchsfrist (§ 700 Abs. 1, § 339 Abs. 1 ZPO iVm. § 59). Geht das Mahnverfahren aufgrund eines Widerspruchs oder Einspruchs in das streitige Verfahren über, so werden Kosten trotz Beendigung des Mahnverfahrens erst mit Beendigung des streitigen Verfahrens fällig[8].

104 Das **einstweilige Rechtsschutzverfahren** wird durch Erlass einer gerichtlichen Entscheidung **beendet**. Wird gegen die Anordnung eines Arrestes oder einer einstweiligen Verfügung Widerspruch (§ 924 ZPO) eingelegt, endet das Verfahren insgesamt erst mit der Entscheidung über den Widerspruch. Demgegenüber wird bei der Aufhebungsklage nach § 927 ZPO das frühere Verfahren nicht wieder aufgenommen; es wird

---

1 GMP/*Germelmann*, § 12 Rz. 76; GK-ArbGG/*Schleusener*, § 12 Rz. 378.
2 BGH v. 6.4.2011 – IV ZR 232/08, NJW 2011, 3041.
3 GMP/*Germelmann*, § 12 Rz. 77.
4 BAG v. 9.7.1981 – 2 AZR 788/78, AP Nr. 4 zu § 620 BGB – Beendigung.
5 Zöller/*Greger*, § 278 ZPO Rz. 30.
6 GMP/*Germelmann*, § 12 Rz. 78.
7 Zöller/*Vollkommer*, § 701 ZPO Rz. 3.
8 GK-ArbGG/*Schleusener*, § 12 Rz. 383; aA *Tschischgale/Satzky*, Kostenrecht, S. 77.

vielmehr ein gesondertes Verfahren in Gang gesetzt, das wiederum mit einer gerichtlichen Entscheidung endet[1]. Zu den **Gerichtsgebühren** im einstweiligen Rechtsschutz s. Rz. 91–98.

Kosten werden unabhängig von der Verfahrensbeendigung nach Ablauf von **sechs Monaten** fällig, wenn das **Verfahren** auf Anordnung des Gerichts gem. §§ 251, 251a Abs. 3 ZPO **geruht** hat (§ 9 Abs. 2 Nr. 3 GKG). Gebührenbefreiung tritt allerdings entsprechend der Anm. 2 zu Nr. 8210 des KV-GKG ein, wenn der **Sonderfall** des Nichterscheinens bzw. Nichtverhandelns beider Parteien in der Güteverhandlung nach § 54 Abs. 5 Satz 4 vorliegt (Rz. 45, 46). 105

Die Fälligkeit der Kosten wird schließlich durch **Nichtbetreiben des Verfahrens** ausgelöst. Dies ist insbesondere bei gänzlicher Untätigkeit der Parteien der Fall. Darüber hinaus liegt ein Nichtbetreiben vor, wenn die ausgetauschten Schriftsätze das Verfahren offenkundig nicht voranbringen bzw. erkennbar auf Zeitgewinn abzielen[2]. Die Parteien können ein Verfahren jedoch nur betreiben (bzw. nicht betreiben), wenn sie wirksam Prozesshandlungen vornehmen können. Fehlt es an dieser Voraussetzung – etwa weil das Verfahren unterbrochen oder ausgesetzt wurde (§§ 239 ff., 246 ff., 249 Abs. 2 ZPO) –, so kann schon begrifflich kein Nichtbetreiben iSd. § 6 Abs. 3 GKG iVm. § 9 Abs. 2 Nr. 3 GKG vorliegen. 106

Kosten werden auch fällig, wenn das Verfahren sechs Monate lang **unterbrochen** oder **ausgesetzt** war (§ 9 Abs. 2 Nr. 4 GKG). Praktische Bedeutung erlangen diese Tatbestände insbesondere bei Insolvenzeröffnung. Bei Unterbrechung bzw. Aussetzung ist nicht absehbar, wann das Verfahren fortgesetzt werden kann[3]. In beiden Fällen kommt es nicht darauf an, ob eine Kostenentscheidung durch das Gericht erlassen oder eine sonstige Kostenregelung getroffen wurde[4]. Ob in beiden Fällen das jeweilige Verfahren statistisch erledigt werden kann, ergibt sich aus der jeweiligen Aktenordnung der Bundesländer. 107

Unter einer **Unterbrechung** versteht man den Stillstand eines Verfahrens kraft Gesetzes, der ohne Antrag unabhängig von der Kenntnis des Gerichts eintritt[5]. Die häufigsten Fälle der Unterbrechung sind in den §§ 239–245 ZPO enthalten. Gem. § 240 ZPO wird ein Verfahren etwa unterbrochen, wenn über das Vermögen einer Partei das **Insolvenz**verfahren eröffnet wurde und das Verfahren betroffen ist. Die Unterbrechung dauert an, bis das Insolvenzverfahren beendet ist oder bis das Verfahren nach den für das Insolvenzverfahren geltenden Vorschriften aufgenommen wurde. Die Sechs-Monats-Frist beginnt mit dem objektiven Eintritt der Unterbrechung[6].

Die **Aussetzung** ist der Stillstand des Verfahrens kraft gerichtlicher Anordnung, der stets einen Beschluss des Gerichts erfordert. Ein besonders ausgestalteter Fall der Aussetzung ist das Ruhen des Verfahrens, der indes in § 9 Abs. 2 Nr. 3 GKG ausdrücklich geregelt ist. Mit dem Erlass des Aussetzungsbeschlusses beginnt der Lauf der Sechs-Monats-Frist von § 9 Abs. 2 Nr. 4 GKG[7]. Beendet wird die Aussetzung durch ihre Aufhebung (§ 150 ZPO) oder durch die Aufnahme des Rechtsstreits (§ 250 ZPO).

2. Kostenvorschüsse

In der Arbeitsgerichtsbarkeit werden gem. § 11 GKG – im Gegensatz zur ordentlichen Gerichtsbarkeit (§§ 12 ff. GKG) – keine Kostenvorschüsse für Gerichtsgebühren und Auslagen erhoben. Dieses Verbot erstreckt sich auch auf die **Zwangsvollstreckung**. Es gilt selbst dann, wenn das AG gem. § 764 Abs. 1 ZPO Vollstreckungsgericht ist. Vollstreckt der Gerichtsvollzieher aus einem arbeitsgerichtlichen Titel erhebt er zwar keine Gebühren-, wohl aber Auslagenvorschüsse (§ 4 Abs. 1 Satz 4 GvKostG)[8]. Gegen die Erhebung eines unberechtigten bzw. zu hohen Vorschusses ist die Erinnerung nach § 766 ZPO das richtige Rechtsmittel[9]. 108

Eine Ausnahme von der Ausnahme besteht nach § 11 Satz 2 GKG in Verfahren für den Rechtsschutz bei **überlangen Gerichtsverfahren** iSv. §§ 198 ff. GVG iVm. § 9 Abs. 2 Satz 2 ArbGG. Hier findet § 12 GKG Anwendung. Erst nach Zahlung des Gebührenvorschusses ist die Klage zuzustellen; die Vorschusspflicht entfällt, wenn für dieses Verfahren schon vor Klageerhebung Prozesskostenhilfe bewilligt worden ist (§ 14 Nr. 1 GKG). Eine nachträgliche Bewilligung führt nicht zum rückwirkenden – sei es mit ex-tunc-oder ex-nunc Wirkung – Wegfall des geleisteten Vorschusses. 109

---

1 GK-ArbGG/*Schleusener*, § 12 Rz. 382.
2 *Tschischgale/Satzky*, Kostenrecht, S. 77 Fn. 22; GMP/*Germelmann*, § 12 Rz. 81.
3 *Natter*, NZA 2004, 686 (687).
4 *Hartmann*, Kostengesetze, § 9 GKG Rz. 5.
5 *Meyer*, § 9 GKG Rz. 12.
6 *Meyer*, § 9 GKG Rz. 12.
7 *Meyer*, § 9 GKG Rz. 13.
8 GMP/*Germelmann*, § 12 Rz. 75; *Tschischgale/Satzky*, Kostenrecht, S. 279 f.
9 BLAH, § 766 ZPO Rz. 33.

3. Kostenansatz

110 Sind die Gerichtskosten fällig, dann werden sie gem. § 66 GKG vom Gericht „angesetzt". Unter dem Kostenansatz ist somit die **Erstellung der Kostenrechnung** für die angefallenen Gerichtskosten zugunsten der Staatskasse zu verstehen. Die Aufstellung der Kostenrechnung nimmt der Kostenbeamte des nach § 19 GKG zuständigen Gerichts anhand des vom Gericht nach § 63 GKG festgesetzten Streitwerts vor[1]. War das Verfahren im ersten Rechtszug bei mehreren Gerichten anhängig, ist nach § 66 Abs. 1 Satz 3 GKG das zuletzt damit befasste Gericht auch für solche Gebühren zuständig, die beim anderen Gericht angefallen sind. Einzelheiten zum Kostenansatz sind in §§ 4 ff. KostVfg geregelt, die neben dem GKG Anwendung finden. Die Höhe der Kosten ergeben sich aus der der Höhe nach offenen Tabelle der Anlage 2 zu § 34 GKG. Der Mindestbetrag einer Gebühr ist 15 Euro, was insbesondere bei Ermäßigungstatbeständen eine Rolle spielen kann.

111 Die Kostenrechnung ergeht in Form eines **Verwaltungsaktes**[2]. Der Kostenbeamte untersteht bei der Aufstellung der Kostenrechnung der Verwaltungsaufsicht durch die Vorstände der Justizbehörden und durch die Kostenprüfungsbeamten (§§ 41 f. KostVfg). Diese können den weisungsgebundenen Kostenbeamten im Verwaltungswege anweisen, einen falschen Kostenansatz zu **berichtigen** (§§ 42, 43 Satz 1 KostVfg). Erkennt der Kostenbeamte selbst die Unrichtigkeit eines Kostenansatzes, so muss er eine Berichtigung von Amts wegen vornehmen (§ 35 Abs. 2 Satz 1 KostVfg). Die Berichtigung kann von ihm zudem auf Erinnerung auch zum Nachteil des Kostenschuldners erfolgen, ohne dass eine Anhörung erforderlich ist[3]. Überprüfbar ist nur die Entscheidung über den Kostenansatz, nicht ob die Hauptsache oder die gerichtliche Kostenentscheidung richtig waren[4]. Allerdings muss der Kostenbeamte bei der Berichtigung die vierjährige Verjährungsfrist nach § 5 GKG und die Ausschlussfrist gem. § 20 GKG beachten. Nach § 20 Satz 1 GKG dürfen **Kosten** wegen irrigen Ansatzes nur **nachgefordert** werden, wenn der berichtigte Ansatz dem Zahlungspflichtigen vor Ablauf des nächsten Kalenderjahres, nachdem die Entscheidung Rechtskraft erlangt oder das Verfahren sich anderweitig erledigt hat, mitgeteilt worden ist.

112 Eine Berichtigung im Verwaltungswege ist nur möglich, solange keine **gerichtliche Entscheidung** hierüber ergangen ist (§ 19 Abs. 5 Satz 1 GKG). Eine gerichtliche Entscheidung liegt vor, wenn der Richter (bzw. der Rechtspfleger, wenn er in der Sache zuständig war) im Erinnerungs- oder Beschwerdeverfahren durch Beschluss eine Entscheidung über den Kostenansatz getroffen hat[5]. Hierbei ist es nicht nötig, dass die Entscheidung bereits Rechtskraft erlangt hat[6]. Keine gerichtliche Entscheidung – und damit die Möglichkeit der Berichtigung – liegt vor, wenn bisher lediglich Erinnerung eingelegt wurde[7]. Nach einer gerichtlichen Entscheidung kommt eine Berichtigung im Verwaltungsweg nur bei einer nachträglich geänderten Streitwertfestsetzung in Betracht (§ 19 Abs. 5 Satz 2 GKG).

113 Der Kostenschuldner und die Staatskasse, vertreten idR durch den Bezirksrevisor, können gegen den Kostenansatz in der Form des § 66 Abs. 5 GKG **Erinnerung** einlegen (§ 66 Abs. 1 Satz 1 GKG). Der **Bezirksrevisor** kann die Erinnerung sowohl zum Vor- als auch zum Nachteil des Kostenschuldners einlegen[8]. Zuständiges Gericht ist das Gericht, bei dem die Kosten angesetzt worden sind (§ 66 Abs. 1 Satz 1 GKG). Die Erinnerung des **Kostenschuldners** wird zunächst dem Kostenbeamten vorgelegt, der die Möglichkeit der Abhilfe hat. Bei Nichtabhilfe legt der Kostenbeamte die Akten dem zuständigen Prüfungsbeamten – idR dem Bezirksrevisor – vor (§ 35 Abs. 2 Satz 2 KostVfg). Soweit der Prüfungsbeamte die Einwände für begründet hält, weist er den Kostenbeamten zur Änderung an. Hilft der Kostenbeamte der Erinnerung nicht ab und weist auch der Prüfungsbeamte den Kostenbeamten nicht zur Abhilfe an, dann legt dieser die Akten dem allein zuständigen Vorsitzenden zur Beschlussfassung vor (§ 45 Abs. 2 Sätze 2, 3 KostVfg). Der Vorsitzende ändert den Kostenansatz selbst oder weist den Kostenbeamten zur Änderung an, soweit er die Erinnerung für begründet hält[9]. Der Vorsitzende kann den Kostenansatz nicht zum Nachteil des Erinnerungsführers abändern, da er bei seiner Entscheidung an den Antrag des Erinnerungsführers gebunden ist (ne ultra petita)[10].

---

1 GK-ArbGG/*Schleusener*, § 12 Rz. 399.
2 *Meyer*, § 66 GKG Rz. 9; *Lappe*, Justizkostenrecht, S. 13; GMP/*Germelmann*, § 12 Rz. 84; GK-ArbGG/*Schleusener*, § 12 Rz. 400.
3 *Meyer*, § 19 GKG Rz. 13, 18 und § 66 GKG Rz. 28.
4 BGH v. 22.4.2014 – II ZR 125/12, NJW 2014, 2509.
5 OLG Koblenz v. 25.4.1956 – 1 U 605/55, NJW 1957, 796 (798); *Meyer*, § 19 GKG Rz. 18.
6 *Meyer*, § 19 GKG Rz. 18.
7 *Meyer*, § 19 GKG Rz. 16.
8 *Meyer*, § 66 GKG Rz. 10.
9 *Meyer*, § 66 GKG Rz. 61.
10 *Meyer*, § 66 GKG Rz. 61.

Gegen den Beschluss des Vorsitzenden über die Erinnerung ist nach Maßgabe von § 66 Abs. 2 und 3 GKG die unbefristete **Beschwerde** das statthafte Rechtsmittel. Der Vorsitzende des LAG entscheidet endgültig. Allenfalls eine Rüge nach § 69a GKG ist bei einer Gehörsverletzung noch möglich. Erinnerung und Beschwerde haben keine aufschiebende Wirkung (§ 66 Abs. 6 GKG). Das Beschwerdeverfahren ist nach § 66 Abs. 8 GKG gerichtsgebührenfrei, aber nicht auslagenfrei. Kosten werden nicht erstattet. 114

4. Kostenschuldner

Wer Schuldner der Gerichtskosten ist, bestimmt sich auch im arbeitsgerichtlichen Verfahren nach den allgemeinen Bestimmungen der §§ 22–33 GKG. Dabei gilt der **Grundsatz**, dass derjenige die Gerichtskosten zu tragen hat, der das Verfahren in der jeweiligen Instanz **beantragt** hat (Antrags- oder Veranlassungsschuldner, § 22 Abs. 1 GKG). Das gilt auch, wenn der Prozess durch das Mahnverfahren eingeleitet worden ist (vgl. § 22 Abs. 1 Satz 2 GKG). Kostenschuldner kann auch die Partei sein, der durch gerichtliche Entscheidung die Kosten **auferlegt** worden sind (§ 29 Nr. 1 GKG), oder wer die Kosten durch Erklärung oder in einem Vergleich **übernommen** hat (Übernahmeschuldner), § 29 Nr. 2 GKG), oder wer für die Kostenschuld eines anderen **haftet** (§ 29 Nr. 3 GKG). Für Zwangsvollstreckungskosten haftet der Vollstreckungsschuldner (§ 29 Nr. 4 GKG). Vgl. zum Umfang der Kostentragungspflicht mit den Besonderheiten des arbeitsgerichtlichen Verfahrens auch § 12a Rz. 1 ff. 115

Als **arbeitsrechtliche Sonderregelung** schließt § 22 Abs. 2 Satz 1 GKG allerdings die sog. **Zweitschuldnerhaftung** nach § 22 Abs. 1 GKG aus, wenn bereits ein Kostenschuldner nach § 29 Nr. 1 (Entscheidungsschuldner) oder Nr. 2 GKG (Übernahmeschuldner) haftet. § 29 Nr. 2 GKG betrifft insbesondere die ausdrückliche Übernahme der Gerichtskosten im Vergleich, aber auch bei einem Vergleich ohne Kostenregelung, wenn die Kosten gem. § 98 ZPO von beiden Parteien je zur Hälfte als übernommen gelten[1]. Im arbeitsgerichtlichen Verfahren soll die obsiegende Partei dagegen geschützt werden, die Gerichtskosten selbst dann tragen zu müssen, wenn sie von der unterliegenden Gegenpartei nicht zu erlangen sind, weil der Zugang zum ArbG aus sozialpolitischen Gründen nicht durch allzu belastende Kostenregelungen erschwert werden soll[2]. Das Risiko des Ausfalls des Entscheidungs- oder Übernahmeschuldners trägt somit die Staatskasse. Durch den Ausschluss der Zweitschuldnerhaftung sollte in erster Linie der obsiegende ArbN bei Zahlungsunfähigkeit seines ArbGeb geschützt werden. Diese Regelung gilt aber auch zugunsten des ArbGeb[3]. Der Ausschluss der Zweitschuldnerhaftung bewirkt, dass nach § 30 Satz 2 GKG bereits gezahlte Kosten von der Staatskasse zurückerstattet werden müssen, wenn die Kosten durch eine spätere Entscheidung einem anderen – möglicherweise zahlungsunfähigen – Kostenschuldner auferlegt werden[4]. Die Zweitschuldnerhaftung ist gem. § 22 Abs. 2 Satz 2 GKG zudem ausgeschlossen, wenn nach einer Zurückverweisung des Rechtsstreits ein Schuldner nach § 29 Nr. 1 oder 2 GKG nicht feststeht. Dies gilt jedoch nicht, wenn das Verfahren nach der Zurückverweisung sechs Monate geruht hat bzw. von den Parteien nicht betrieben worden ist. In diesen Fällen ist ein Zugriff auf den Zweitschuldner möglich, da die Gebühren nach § 6 Abs. 3 GKG iVm. § 9 Abs. 2 GKG fällig werden (Rz. 105). 116

Die **Zweitschuldnerhaftung** bei **Schreibauslagen** (§ 28 GKG) wird in § 22 Abs. 2 GKG nicht ausgeschlossen. Auch im ArbG-Verfahren ist deshalb gem. § 28 Abs. 1 Satz 1 GKG derjenige Zweitschuldner der Schreibauslagen, der die Erteilung von Ausfertigungen und Abschriften beantragt hat (vgl. Rz. 99). 117

IX. Gerichtskostenfreie Verfahren

Nach § 2 Abs. 2 GKG werden in bestimmten arbeitsgerichtlichen Verfahren keine Kosten erhoben. Die Gerichtskosten fallen dort der Staatskasse zur Last. Die Verfahren sind abschließend aufgezählt. Es handelt sich um das **Beschlussverfahren** gem. § 2a Abs. 1 sowie die Verfahren der **Ablehnung eines Schiedsrichters** (§ 103 Abs. 3), der **Niederlegung der Ausfertigung eines Schiedsspruchs beim ArbG** (§ 108 Abs. 3), der **Vollstreckbarkeitserklärung eines Schiedsspruchs** (§ 109), dem Verfahren zur gerichtlichen Zustimmung für die **Durchführung einer Betriebsänderung** (§ 122 InsO) und dem **Beschlussverfahren zum Kündigungsschutz** (§ 126 InsO). 118

Die Kostenfreiheit gilt für sämtliche anfallenden Gerichtskosten. **Gerichtsgebühren und Auslagen** werden gleichermaßen nicht erhoben. **Außergerichtliche Kosten** – etwa für die Hinzuziehung eines eigenen Ver- 119

---

1 Tschöpe/Ziemann/Altenburg/*Ziemann*, Teil 2 A Rz. 27.
2 Arbeitsrechtslexikon/*Schwab*, Kosten des Arbeitsgerichtsverfahrens II. 3.
3 *Grunsky*, 7. Aufl., § 12 Rz. 26.
4 GMP/*Germelmann*, § 12 Rz. 87.

fahrensbevollmächtigten – muss im Grundsatz jede Partei/jeder Beteiligte selbst tragen[1], es sei denn, es gibt eine gesetzliche Norm, die einen Erstattungsanspruch gegenüber einem Dritten vorsieht. So ist zB bestimmt, dass außergerichtliche Kosten des BR oder für ein Verfahren im Zusammenhang mit einer BR-Wahl grds. der ArbGeb (§ 40 Abs. 1, § 20 Abs. 3 Satz 1 BetrVG) zu tragen hat[2].

120 Da bei den Verfahren nach § 2 Abs. 2 GKG keine Gerichtskosten entstehen, ergeht keine Kostenentscheidung nach §§ 91 ff. ZPO[3] und auch **keine Streitwertfestsetzung** im Beschluss oder separat nach § 63 Abs. 2 GKG[4]. Für die Berechnung von Anwaltsgebühren muss daher eine Festsetzung des Gegenstandswerts nach § 33 Abs. 1 RVG beantragt werden[5].

121 Die Kostenfreiheit aus § 2 Abs. 2 GKG erstreckt sich **nicht** auf kostenpflichtige **Verfahren, die lediglich anlässlich eines kostenfreien Verfahrens** durchgeführt werden. Dies gilt etwa für die Beschwerde des **Rechtsanwalts** des BR gegen die Festsetzung des Gegenstandswerts nach § 33 Abs. 3 RVG[6]. Es liegen hier zwei voneinander unabhängige Verfahren vor. Der seine eigenen Interessen verfolgende Anwalt gehört nicht zum privilegierten Personenkreis von § 2a. Eine unmittelbare Anwendung des § 2 Abs. 2 GKG auf die kostenpflichtige Streitwertbeschwerde kommt daher nicht in Betracht. Für eine analoge Anwendung fehlt es an der Vergleichbarkeit beider Verfahren. In den nach § 2 Abs. 2 GKG kostenfreien Verfahren geht es um betriebsverfassungsrechtliche Rechtspositionen. Dagegen hat die Wertbeschwerde nach § 33 Abs. 3 RVG nur finanzielle Ansprüche der Verfahrensbevollmächtigten zum Gegenstand[7]. Demgegenüber greift die Gebührenfreiheit, wenn der **ArbGeb** gegen die Gegenstandswertfestsetzung für den Rechtsanwalt des BR wegen behaupteter Überhöhung Beschwerde nach § 33 Abs. 3 RVG einlegt. Dies betrifft die Höhe seiner Freistellung von BR-kosten und unterfällt dem Normzweck von § 2 Abs. 2 GKG.

X. Streitwertfestsetzung und Streitwertberechnung

1. Allgemeines

122 Der **Streitwert** entscheidet über die Höhe der **Gerichtsgebühren**, soweit Gerichtsgebühren anfallen. Die Höhe dieser Gebühren richtet sich nach der Anlage 2 zu § 34 GKG. Gleichfalls ist der Streitwert für die Berechnung der **anwaltlichen Gebühren** ausschlaggebend. Der für die gerichtlichen Gebühren festgesetzte Wert ist grds. auch für die Gebühren des Rechtsanwalts maßgebend (§ 32 Abs. 1 RVG). Die beiden Gebührenwerte können jedoch voneinander abweichen, wenn der Gegenstand der anwaltlichen Tätigkeit nicht mit dem Gegenstand übereinstimmt, auf den sich die gerichtliche Tätigkeit erstreckt[8]. Soweit Gerichtsgebühren nicht anfallen, erfolgt die Berechnung und die Festsetzung des Gebührenstreitwerts nur auf Antrag des Rechtsanwalts (s. Rz. 130, Rz. 132, Rz. 145).

123 Grundlage für die Streitwertberechnung ist der **Streitgegenstand**[9]. Der Streitgegenstand bemisst sich dem prozessual zweigliedrigen Streitgegenstandsbegriff zufolge nach dem Klageantrag und dem ihn stützenden **mitgeteilten Lebenssachverhalt**[10]. Ausgehend von diesem Streitgegenstand wird der Streitwert gem. §§ 42 Abs. 2–4, §§ 48 ff. GKG, §§ 3–9 ZPO berechnet. In Anwendung dieser Vorschriften bzw. der Vorgängerregelung des § 12 Abs. 7 aF hat sich eine umfangreiche und vielfach uneinheitliche Streitwertrechtsprechung herausgebildet. Durch die Meinungsvielfalt (vgl. auch Rz. 198) war der gebotene Grundsatz, dass die Festsetzung des Streitwerts möglichst einfach und vorausberechenbar sein soll, nicht immer hinreichend beachtet worden[11]. Mit der Integration des § 12 Abs. 7 aF ins GKG trat weder eine inhaltliche Gesetzesänderung noch eine Vereinheitlichung der Rspr. ein.

---

1 GK-ArbGG/*Schleusener*, § 12 Rz. 419 für Beschlussverfahren nach den §§ 80 ff. ArbGG.
2 BAG v. 3.10.1978 – 6 ABR 102/76, AP Nr. 14 zu § 40 BetrVG 1972; DKK/*Schneider*, § 20 BetrVG Rz. 27 ff.
3 BAG v. 31.10.1972 – 1 ABR 7/72, AP Nr. 2 zu § 40 BetrVG 1972.
4 GK-ArbGG/*Schleusener*, § 12 Rz. 418.
5 BAG v. 20.10.1999 – 7 ABR 25/98, MDR 2000, 588.
6 LAG Köln v. 7.9.2007 – 10 Ta 224/07; LAG Hamm v. 19.3.2007 – 10 Ta 97/07; LAG Rh.-Pf. v. 26.11.2007 – 1 Ta 256/07; aA LAG MV v. 16.11.2000 – 1 Ta 67/00, MDR 2001, 337 (339); OVG NRW v. 23.2.1989 – CL 18/88, NWVBl. 1989, 291 (292); Hessischer VGH v. 10.3.1992 – HPV TL 2697/90, JurBüro 1994, 242; *Wenzel*, DB 1977, 722 (722 f.).
7 GMP/*Germelmann*, § 12 Rz. 142.
8 OLG Bamberg v. 22.12.1980 – 6 W 48/80, JurBüro 1981, 923 (924); OLG Saarbrücken v. 10.12.1990 – 9 WF 168/90, JurBüro 1991, 835; *Hartmann*, Kostengesetze, § 23 RVG Rz. 7.
9 GMP/*Germelmann*, § 12 Rz. 6.
10 Vgl. hierzu nur Zöller/*Vollkommer*, Einl. ZPO Rz. 63.
11 LAG Berlin v. 29.5.1998 – 7 Ta 129/97 und 17.7.1998 – 7 Ta 17/98, LAGE § 12 ArbGG 1979 – Streitwert Nr. 114, 119; GMP/*Germelmann*, § 12 Rz. 119.

2. Streitwertfestsetzung

a) Rechtsmittelstreitwert und Gebührenstreitwert

Die Bedeutung des vom ArbG im Urteil nach **§ 61 Abs. 1** festzusetzenden Streitwerts für die gerichtlichen Gebühren war lange Zeit heftig umstritten[1]. Durchgesetzt hat sich die heute – wenn überhaupt – allein noch Sinn machende Auffassung des BAG im Urteil vom 2.3.1983[2]. Der im Urteil festgesetzte Wert ist ein reiner **Rechtsmittelstreitwert**, dem für die Gebührenberechnung keine Bedeutung zukommt. Als solcher verfolgt er den Zweck, den Parteien mit Urteilserlass Klarheit zu verschaffen, ob sie gegen das Urteil ein Rechtsmittel einlegen können oder nicht. Er dient insbesondere der Feststellung, ob eine Partei durch das Urteil mit mehr als 600 Euro iSv. § 64 Abs. 2 Buchst. b beschwert ist. Die durch das arbeitsgerichtliche Urteil erlittene Beschwer kann grds. nicht höher sein als der im Urteil festgesetzte Streitwert[3] (vgl. § 64 Rz. 62–65 und § 61 Rz. 13). 124

Der im Urteil festgesetzte Streitwert ist als reiner Rechtsmittelstreitwert als solcher **unanfechtbar**, er ist nach § 318 ZPO bindend. Er kann weder isoliert noch im Berufungsverfahren angefochten werden[4], weil die Anfechtbarkeit eines Urteils wegen des Laufs der Rechtsmittelfristen nicht unklar und in der Schwebe bleiben kann. Vor dem Gesetz zur Beschleunigung und Bereinigung des arbeitsgerichtlichen Verfahrens vom 21.5.1979[5] entschied nach § 64 Abs. 2 der im Urteil festgesetzte Streitwert über die Zulässigkeit der Berufung[6]. Hierzu hatte die Streitwertfestsetzung im Urteil eine zentrale Bedeutung. Nunmehr ist der glaubhaft zu machende Wert des Beschwerdegegenstands von über 600 Euro maßgeblich (vgl. § 64 Rz. 63). Nach der aktuellen Gesetzeslage stellt sich im ganz überwiegenden Anwendungsbereich die Frage der Sinnhaftigkeit von § 61 Abs. 1. Die Norm kann überhaupt nur Bedeutung erlangen, wenn die beschwerte Partei völlig unterlegen ist. Hinzu kommt, dass auch dann der Wert des Beschwerdegegenstandes iSv. § 64 Abs. 2 Buchst. b ohnehin nach anderen Kriterien ermittelt wird wie der Urteilsstreitwert[7]. Die Höhe des Urteilsstreitwerts ist nach § 46 Abs. 2 ArbGG iVm. §§ 2, 3–9 ZPO festzusetzen[8] und bezieht sich nur auf solche Ansprüche, über die im Urteil entschieden wird. 125

Nicht selten wird in der Praxis der **Rechtsmittelstreitwert** des Urteils **auch** für die **Berechnung** der Gerichts- und Anwalts**gebühren herangezogen**[9]. Wenngleich dies in den meisten Fällen prozessökonomisch ist und zu richtigen Ergebnissen führt, ist diese Handhabung dogmatisch nicht richtig und stimmt mit § 62 Satz 2 GKG nicht überein. Im arbeitsgerichtlichen Verfahren ist der Rechtsmittelstreitwert wegen seiner andersartigen Funktion nicht für den Gebührenstreitwert maßgeblich und ist nicht selten auch höhenmäßig unterschiedlich. Insbesondere in solchen Fällen, in denen der Gebührenwert vom Rechtsmittelwert abweicht, besteht ein Bedürfnis für eine gesonderte Festsetzung des Streit- bzw. Gegenstandswerts. Das ist etwa der Fall, wenn es in einem Verfahren zu einem Teilvergleich oder einer teilweisen Klagerücknahme kommt oder ein Teilurteil ergeht oder ein Beteiligter meint, das Gericht habe den Streitwert des Urteils falsch ermittelt und er diesen zur Gebührenberechnung nicht verwenden will. 126

Zunächst gilt es **Begrifflichkeiten** zu unterscheiden, die im GKG und im RVG streng getrennt werden. Grundsätzlich richten sich die Gerichtsgebühren nach dem **Streitwert** einer Rechtssache (§ 3 Abs. 1 GKG). Soweit es um die reinen Rechtsanwaltskosten geht, nennt § 2 Abs. 1 RVG diesen Wert den **Gegenstandswert**. Nicht selten werden in der Praxis die beiden Begriffe aus Ungenauigkeit synonym verwendet, ohne dass dies praktische Konsequenzen hat. Schädlich ist dagegen, wenn die Falschbezeichnung zu einer unrichtigen Gesetzesanwendung führt. 127

Die Festsetzung des Streitwerts für die zu erhebenden **Gerichtsgebühren** erfolgt nach Abschluss der Instanz durch gerichtlichen **Beschluss**, wenn eine Partei, ihr Rechtsanwalt oder ein sonstiger ein Interesse nachweisender Beteiligter oder die Staatskasse (zuständig ist der Bezirksrevisor) die Festsetzung vorher **beantragt** hat, § 63 Abs. 2 Satz 2 GKG. Eine Festsetzung erfolgt außerdem auch ohne einen solchen Antrag, wenn das Gericht sie für angemessen erachtet. Die Angemessenheit der Wertfestsetzung **von Amts wegen** ist unter Wahrung pflichtgemäßen Ermessens vom ArbG zu beurteilen. Das ist etwa der Fall, wenn der Gebührenstreitwert rechtliche oder tatsächliche Schwierigkeiten aufweist, so dass der Kostenbeamte anfal- 128

---

1 Vgl. nur: *Schäfer/Schmidt*, DB 1980, 1490; *Strobelt*, DB 1981, 2381; *Schwab*, NZA 1991, 657.
2 BAG v. 2.3.1983 – 5 AZR 594/82, AP Nr. 6 zu § 64 ArbGG 1979.
3 BAG v. 16.5.2007 – 2 AZB 53/06, NZA 2007, 830; BAG v. 2.3.1983 – 5 AZR 594/82, AP Nr. 6 zu § 64 ArbGG 1979.
4 GK-ArbGG/*Schleusener*, § 12 Rz. 137, 354.
5 BGBl. I S. 545 (551 f.).
6 Vgl. § 64 Abs. 1 ArbGG 1953 idF v. 3.9.1953, BGBl. I S. 1267 (1277 f.): mind. 300 DM.
7 Zu Recht kritisch Natter/Gross/*Pfitzer/Augenschein*, § 12 Rz. 59.
8 BAG v. 4.6.2008 – 3 AZB 37/08, NZA-RR 2009, 555.
9 Vgl. Düwell/Lipke/*Krönig*, § 12 Rz. 73; GK-ArbGG/*Schleusener*, § 12 Rz. 350.

lende Gerichtsgebühren zutreffend errechnen und in Ansatz bringen kann (s. Rz. 110). In einer Oberinstanz hat auch eine durch einen Verbandsvertreter vertretene Partei ein Antragsrecht, wenn Kostenerstattungsansprüche für sie im Raume stehen[1].

129 Der separate Streitwertbeschluss ergeht neben einer Streitwertfestsetzung im Urteil[2]. Ein **Beschluss** nach § 63 GKG ist insbesondere dann **geboten**, wenn der Urteilsstreitwert mit dem Gebührenstreitwert nicht identisch ist (vgl Rz. 126). Der Beschluss über den Gebührenstreitwert ist – im Gegensatz zum Rechtsmittelstreitwert im Urteil – nach Maßgabe von § 68 Abs. 1 Satz 3, § 63 Abs. 3 Satz 2 GKG beschwerdefähig. Die Festsetzung des Urteilsstreitwerts bindet das Gericht nicht bei der Festsetzung des Gebührenstreitwerts[3]. Es ist gerade der Sinn einer eigenständigen Festsetzung nach § 63 GKG, mögliche Fehler korrigieren zu können. Auch werden die beiden Streitwerte teilweise unterschiedlich berechnet (vgl. zB § 5 Halbs. 2 ZPO für den Rechtsmittelstreitwert und § 45 Abs. 1 Satz 1 GKG für den Gebührenstreitwert). Eine nach **Zeitabschnitten gestaffelte** Festsetzung des Streitwerts für die Gerichtsgebühren gibt es in aller Regel **nicht** mehr, weil eine Pauschalgebühr für das gesamte Verfahren anfällt (vgl. Rz. 13, Rz. 151). Nur bei den Rechtsanwaltsgebühren kann eine Festsetzung nach Verfahrensabschnitten in Frage kommen.

130 Im arbeitsgerichtlichen Verfahren richten sich in vermögensrechtlichen Streitigkeiten (s. Rz. 166 ff.) die **Höhe** der **Gerichtsgebühren** gem. § 48 Abs. 1 Satz 1 GKG nach den für die Zulässigkeit des Rechtsmittels geltenden Vorschriften über den Wert des Streitgegenstands, soweit nichts anderes bestimmt ist. Somit ist der Streitwert nach den §§ 3–9 ZPO zu ermitteln. Dabei setzt das Gericht den Wert gem. **§ 3 ZPO** nach freiem **Ermessen** anhand des wirtschaftlichen Interesses des Klägers nach objektiven Gesichtspunkten fest (s. Rz. 167). Zu den bindenden Spezialvorschriften, die entweder eigenständig den Wert bestimmen oder das Ermessen von § 3 ZPO binden, zählen im arbeitsgerichtlichen Verfahren insbesondere § 42 GKG (dreifacher Jahresbetrag, höchstens Vierteljahresverdienst, kein Gesamtbetrag bei rückständigen und zukünftigen Leistungen), § 43 GKG (keine Berücksichtigung von Nebenforderungen), § 44 GKG (maßgebend nur der höhere Anspruch, also keine Addition) und § 45 GKG (Einschränkung bei der Zusammenrechnung von bestimmten Ansprüchen). In nichtvermögensrechtlichen Streitigkeiten (hierzu zählen im Urteilsverfahren vor dem ArbG insbesondere Klagen auf Widerruf oder Unterlassung ehrverletzender Äußerungen) ist der Streitwert nach den Kriterien von § 48 Abs. 2 Satz 1 GKG zu ermitteln[4].

131 Setzt das Gericht den Streitwert für die **Gerichtsgebühren** nach § 63 GKG fest, dann ist diese Festsetzung gem. § 32 Abs. 1 RVG **auch** für die **Rechtsanwaltsgebühren** maßgeblich. Der Streitwertbeschluss nach § 63 GKG erfasst auf diese Weise nicht nur die Gerichts- sondern auch die Anwaltsgebühren. Daher verleiht § 32 Abs. 2 RVG dem Rechtsanwalt das Recht, im eigenen Namen die Festsetzung des Streitwerts für die Gerichtsgebühren (§ 63 GKG) beantragen zu können, obwohl der Anwalt nicht Schuldner der Gerichtsgebühren sein kann. Konsequenterweise erhält er nach § 32 Abs. 2 RVG auch das Recht, im eigenen Namen den Streitwertbeschluss für die Gerichtsgebühren anfechten zu können. Die Vorgehensweise nach § 63 GKG iVm. § 32 RVG ist der primär im Gesetz vorgesehene Weg zur gleichzeitigen Festsetzung von Gerichts- und Rechtsanwaltsgebühren. Innerhalb des RVG ist § 32 RVG die Grundnorm, die durch § 33 RVG ergänzt wird.

b) Wertfestsetzung auf Antrag gem. § 33 RVG

132 Ergeht keine Festsetzung des Streitwerts für die Gerichtsgebühren durch Beschluss nach § 63 GKG, kann das Gericht eine **Wertfestsetzung nach § 33 RVG** vornehmen: Fehlt es an einem für die Gerichtsgebühren maßgebenden Wert, so ist der Rechtsanwalt befugt, den Wert des Gegenstands seiner eigenen Tätigkeit durch Beschluss des ArbG festsetzen zu lassen (**§ 33 Abs. 1 RVG**). Die Festsetzung des Gegenstandswerts nach § 33 Abs. 1 RVG ist gegenüber der Festsetzung nach § 63 GKG mit der Ausstrahlungswirkung auf § 32 Abs. 1 RVG subsidiär[5]. Bei seiner Vorgehensweise hat der Rechtsanwalt nicht die Möglichkeit, zwischen den Festsetzungsverfahren gem. § 33 Abs. 1 RVG oder § 32 RVG zu wählen[6]. Soweit ein Beteiligter, insbesondere durch Falschbezeichnung einen im Einzelfall unzulässigen Weg der Wertfestsetzung wählt, ist dies durch das Gericht im Wege der Auslegung zu berichtigen, da Prozessanträge auslegungsfähig sind. Ein unzulässiger Antrag gem. § 32 Abs. 2 RVG ist somit in einen zulässigen Antrag nach § 33 RVG, ein

---

1 Tschöpe/Ziemann/Altenburg/*Ziemann*, Teil 1 A Rz. 641.
2 GK-ArbGG/*Schleusener*, § 12 Rz. 137.
3 Tschöpe/Ziemann/Altenburg/*Ziemann*, Teil 1, A Rz. 637.
4 Vgl. dazu Natter/Gross/*Pfitzer/Augenschein*, § 12 Rz. 71; Tschöpe/Ziemann/Altenburg/*Ziemann*, Teil 1 A Rz. 465 ff.
5 ErfK/*Koch*, § 12 ArbGG Rz. 13.
6 BAG v. 30.11.1984 – 2 AZN 572/82 (B), AP Nr. 9 zu § 12 ArbGG 1979; LAG Düsseldorf v. 5.12.2006 – 6 Ta 583/06; LAG Nürnberg v. 15.9.1992 – 6 Ta 114/92, JurBüro 1993, 172; Arbeitsrechtslexikon/*Schwab*, Streitwert/Gegenstandswert III.3.

nach § 33 RVG unzulässiger Antrag ist in einen zulässigen Antrag gem. § 63 GKG iVm. § 32 Abs. 2 RVG umzudeuten. Es kann in beiden Fällen davon ausgegangen werden, dass der Rechtsanwalt in jedem Fall die zutreffende Festsetzung des Gebührenwerts begehrt und im Zweifelsfall den richtigen Weg beschreiten will[1]; ggf. hat das Gericht nach § 139 ZPO aufzuklären.

c) Voraussetzungen, Inhalt und Änderung der Wertfestsetzung

Vor der Festsetzung sowie der Änderung eines Streitwerts ist den Parteien und deren Vertretern, bei Prozesskostenhilfe auch dem Bezirksrevisor, gem. Art. 103 GG **rechtliches Gehör** zu gewähren[2]. Dies gilt im Grundsatz auch bei einfacher Sachlage (Zahlungsantrag ohne Änderung während des Verfahrens). Eine Anhörung ist im Sinne einer mutmaßlichen Einwilligung – wenn überhaupt – allenfalls entbehrlich, wenn die Festsetzung aus sich heraus nach Grund und Höhe klar und eindeutig ist; dies gilt aber nicht, wenn für das Gericht ein Ermessensspielraum besteht. Die Anhörung kann ggf. durch die Aufnahme einer entsprechenden Absichtserklärung des Gerichts im Protokoll des Gütetermins oder der Kammerverhandlung erfolgen. Sind die Parteien anwaltlich vertreten, müssen neben den Prozessbevollmächtigten auch die zahlungspflichtigen Parteien angehört werden[3].

133

Der Festsetzungsbeschluss ist idR zu **begründen**, weil sich allein aus der Begründung für die Parteien die Erfolgsaussichten eines Rechtsmittels gegen den Beschluss ergeben[4]. Einer Begründung bedarf es jedenfalls dann, wenn die Angaben der Parteien zur Streitwerthöhe auseinander gehen oder sich auch keine Anhaltspunkte in den Akten finden, die unzweifelhaft auf den festgesetzten Betrag hindeuten. Unterbleibt eine Begründung, so muss sie spätestens im Rahmen der Abhilfeentscheidung (Rz. 141) nachgeholt werden[5]. Einer **Rechtsmittelbelehrung** bedarf der nach § 63 GKG ergehende Beschluss **nicht**[6]. Die Sechs-Monats-Frist von § 68 Abs. 1 Satz 3 iVm. § 63 Abs. 3 Satz 2 GKG ist kein Rechtsmittel iSv. § 9 Abs. 5, sondern eine Ausschlussfrist. Ist ein nach § 63 GKG ergehender Beschluss irrtümlich mit einer Rechtsmittelbelehrung nach § 33 Abs. 3 RVG versehen, läuft gem. § 9 Abs. 5 Satz 4 keine Rechtsmittelfrist. Es greift dann die Sechs-Monats-Frist von § 63 Abs. 3 Satz 2 GKG.

134

Eine **Änderung** des **Beschlusses von Amts wegen** durch das ArbG ist gem. § 63 Abs. 3 Satz 2 GKG innerhalb von sechs Monaten nach Rechtskraft der Entscheidung in der Hauptsache oder anderweitiger Erledigung zulässig. Erkennt das Gericht die Unrichtigkeit eines festgesetzten Streitwerts, liegt die Änderung nicht in seinem Ermessen, sondern es besteht eine Amtspflicht zur Abänderung[7]. Eine Änderung scheidet jedoch aus, wenn das LAG zuvor die erstinstanzliche Festsetzung auf eine Beschwerde hin bestätigt oder geändert hat[8].

135

Das **LAG** ist auch außerhalb des Beschwerdeverfahrens befugt und bei Erkennen einer **unrichtigen** Streitwertfestsetzung sogar verpflichtet, eine **Änderung** des **erst**instanzlich festgesetzten Streitwerts von Amts wegen vorzunehmen. Diese Befugnis besteht, solange die Hauptsache oder die Entscheidung über den Streitwert, den Kostenansatz[9] oder die Kostenfestsetzung beim LAG anhängig ist (§ 63 Abs. 3 Satz 1 GKG). Die Abänderungsbefugnis besteht auch bei einem unzulässigen aber grundsätzlich statthaften Rechtsmittel[10]. Eine Abänderung sollte der Vorsitzende des LAG nur vornehmen, wenn er eine solche Entscheidung für geboten erachtet, etwa wenn die erstinstanzliche Festsetzung mit geltenden Grundsätzen nicht vereinbar ist[11]. Setzt die höhere Instanz durch Beschluss einen anderen Gebührenstreitwert fest, so ist ein Rechtsmittel gegen diese Entscheidung gem. § 68 Abs. 2 Satz 6 GKG iVm. § 66 Abs. 3 Satz 3 GKG ausgeschlossen.

136

Das **LAG** setzt für ein Rechtsmittelverfahren eigenständig einen anderen Gerichtsgebührenstreitwert fest, wenn der Streitgegenstand zwischen den Instanzen **erweitert** wurde (§ 47 Abs. 2 Satz 2 GKG). Dies gilt jedoch nicht bei einer bloßen Wertsteigerung bei gleich bleibendem Streitgegenstand[12]. Hat eine Klage

137

---

1 Vgl. BVerfG v. 8.8.2013 – 1 BvR 1314/13, NJW 2014, 291; BAG v. 17.12.2015 – 2 AZR 304/15, NZA 2016, 568.
2 Zöller/Herget, § 3 ZPO Rz. 9.
3 GK-ArbGG/Schleusener, § 12 Rz. 368.
4 Vgl. BLAH, § 329 ZPO Rz. 4; Hartmann, Kostengesetze, § 63 GKG Rz. 28.
5 OLG Nürnberg v. 25.1.2001 – 4 W 4558/00, MDR 2001, 893.
6 LAG Köln v. 8.8.1991 – 11 Ta 127/91, LAGE § 10 BRAGO Nr. 4; Schwab/Maatje, NZA 2011, 769 (773, Fn. 35).
7 GK-ArbGG/Schleusener, § 12 Rz. 354.
8 OLG Hamm v. 5.9.1989 – 4 W 29/89, MDR 1990, 63.
9 LAG Nürnberg v. 15.8.2014 – 4 Ta 103/14, NZA-RR 2014, 560.
10 LAG Düsseldorf v. 4.4.2017 – 4 Ta 131/17.
11 Einschränkend: GMP/Germelmann, § 12 Rz. 9, wofür das Gesetz aber keinen Anhalt bietet.
12 GK-ArbGG/Schleusener, § 12 Rz. 156. § 14 Abs. 2 Satz 3 GKG aF verwies auf § 15 GKG aF. Hiernach war bei einer Erhöhung des Streitwerts der höhere Wert für den Streitwert maßgebend, vgl. Gerichtskostengesetz in der Bekanntmachung v. 15.12.1975, BGBl. I S. 3047 (3052). Mit Aufhebung des § 14 Abs. 2 Satz 3 durch das Kosten-

d) Rechtsmittel

138 Das ArbG setzt nach § 63 Abs. 2 Satz 1 GKG den Wert für die zu erhebenden **Gerichtsgebühren** durch Beschluss fest, sobald sich das Verfahren in der Instanz durch gerichtliche Entscheidung oder anderweitig erledigt hat[2]. Gegen den erstinstanzlich ergehenden Wertfestsetzungsbeschluss kann die Partei oder der Prozessbevollmächtigte **Beschwerde gem. § 68 GKG** erheben, sofern der Beschwerdewert 200 Euro übersteigt. Berechnet wird der **Beschwerdewert** von 200 Euro nicht nach der Differenz zwischen dem festgesetzten und dem begehrten Streitwert, sondern nach der Differenz (inkl. MWSt), um die sich der Beschwerdeführer bei den unterschiedlichen Streitwerten kostenmäßig verbessern will[3]. Unabhängig vom Beschwerdewert kann das ArbG das Rechtsmittel der Beschwerde bei einer kosten- oder streitwertrechtlichen grundsätzlichen Bedeutung zulassen[4]. Die Beschwerde von § 68 GKG gegen die Festsetzung der Gerichtsgebühr unterliegt keinem Vertretungszwang und ist nicht fristgebunden. Jedoch können die Beteiligten nach § 68 Abs. 1 Satz 3 GKG iVm. § 63 Abs. 3 Satz 2 GKG nur innerhalb einer sechsmonatigen Ausschlussfrist nach Erledigung des Verfahrens eine Abänderung des Streitwertbeschlusses beantragen.

139 Die Beschwerde ist nicht mangels **Beschwer** unzulässig, wenn der Beschwerdeführer im Rahmen der Anhörung keine Stellungnahme abgibt oder sein bloßes Einverständnis mit dem vom Gericht beabsichtigten Streitwert erklärt hat und eine entsprechende Wertfestsetzung erfolgt ist[5]. Ein formeller **Rechtsmittelverzicht** muss wegen der Tragweite einer solchen Entscheidung unmissverständlich erklärt worden sein[6].

140 Im Beschwerdeverfahren nach § 68 GKG findet eine vollständige Überprüfung der Streitwertfestsetzung statt. Bei **Ermessensentscheidungen** findet keine Einschränkung der Überprüfung auf bloße Ermessensfehler statt, weil das LAG auch im Beschwerdeverfahren Tatsachengericht ist und umfassend im Rahmen von § 286 ZPO den gesamten Prozessstoff des Beschwerdegegenstandes zu würdigen hat. Zudem besteht weder eine Bindung an die gestellten Anträge (§ 308 ZPO), noch greift das sog. Verschlechterungsverbot ein[7]. Der nach § 63 Abs. 2 GKG festzusetzende Streitwert kann unter den Voraussetzungen von § 63 Abs. 3 GKG ohnehin jederzeit von Amts wegen abgeändert werden, da der Staat nur die korrekten Gebühren erheben darf aber auch muss. Dann scheidet auch eine Bindung an die Beschwerdeanträge aus.

141 Auf die Beschwerde hat der Vorsitzende des ArbG zunächst die Zulässigkeit und Begründetheit des Vorbringens zu überprüfen und eine **(Nicht-)Abhilfeentscheidung** zu treffen; bei Nichtabhilfe muss er die Beschwerde dem LAG vorlegen (§ 68 Abs. 2 Satz 6 GKG iVm. § 66 Abs. 3 GKG). Das gilt auch bei einer unzulässigen Beschwerde oder wenn der Beschwerdewert bei einer teilweisen Abhilfe bezüglich des verbleibenden Restes unter die 200 Eurogrenze absinkt, weil das ArbG keine Verwerfungskompetenz hat. Ein Rechtsmittel gegen den auf die Beschwerde ergehenden Beschluss des Vorsitzenden des LAG ist nicht gegeben (§ 68 Abs. 2 Satz 6 GKG iVm. § 66 Abs. 3 Satz 3 GKG).

142 Das Verfahren auf **Festsetzung** der Gerichtsgebühren ist mit der Verfahrensgebühr abgegolten. Im Unterschied zu § 33 Abs. 9 RVG ist ein **Beschwerde**verfahren gegen die Festsetzung der Gerichtsgebühren gem. § 68 Abs. 3 Satz 1 GKG gerichtsgebührenfrei, weil es letztlich um die korrekten Gerichtsgebühren geht. Die Festgebühr aus Nr. 8614 KV-GKG kann hier nicht anfallen. Eine Kostenerstattung besteht weder für das Festsetzungs- noch für das Beschwerdeverfahren (§ 68 Abs. 3 Satz 2 GKG). Eine Beschwerde wegen der Streitwertfestsetzung durch das **LAG** oder **BAG** ist nicht statthaft. Infrage kommen kann hier allenfalls eine Gegenvorstellung (vgl. § 78 Rz. 108) oder eine Anhörungsrüge nach Maßgabe von § 69a GKG. Die

---

rechtsänderungsgesetz 1994, BGBl. I S. 1325 (1326), kann eine bloße Wertsteigerung für den Streitwert nicht mehr relevant sein.
1 AA für Wertpapiere: BGH v. 30.7.1998 – III ZR 56/98, NJW-RR 1998, 1452.
2 *Creutzfeldt*, NZA 1998, 458.
3 LAG Rh.-Pf. v. 24.9.2007 – 1 Ta 208/07, NZA-RR 2008, 270; vgl. zum Beschwerdewert in **PKH-Sachen** mit und ohne Ratenzahlung, *Schwab/Maatje*, NZA 2011, 769; LAG Rh.-Pf. v. 22.2.2011 – 1 Ta 229/10; LAG Sa.-Anh. v. 26.8.2013 – 1 Ta 40/13, NZA-RR 2013, 604.
4 *Natter*, NZA 2004, 686 (689).
5 So aber LAG Thür. v. 30.8.1999 – 8 Ta 108/99, AE 2000, 71 und *Vollstädt* in 3. Aufl. § 12 Rz. 138.
6 *Schwab/Maatje*, NZA 2011, 769 (773); LAG Rh.-Pf. v. 2.7.2009 – 1 Ta 141/09.
7 LAG Nürnberg v. 8.12.2008 – 4 Ta 148/08, JurBüro 2009, 196; LAG Thür. v. 14.11.2000 – 8 Ta 134/00, MDR 2001, 538 mwN; GK-ArbGG/*Schleusener*, § 12 Rz. 361 mwN.

Gebührenfreiheit von § 68 Abs. 3 GKG gilt jedenfalls nicht für eine unstatthafte Beschwerde gegen einen Wertfestsetzungsbeschluss des LAG (§ 68 Abs. 1 Satz 5 iVm. § 66 Abs. 3 Satz 2 GKG) oder des BAG[1]. Ist die Beschwerde zwar statthaft, aber nach § 68 Abs. 1 nur unzulässig, dürfte vom Wortlaut von Abs. 3 her die Gebührenfreiheit und fehlende Kostenerstattung gegeben sein.

Einstweilen frei 143

Die Beschwerde nach § 68 GKG setzt voraus, dass ein Streitwert festgesetzt wurde. Lehnt das Gericht einen Antrag auf Streitwertfestsetzung ab, ist die **sofortige Beschwerde** nach § 567 Abs. 1 Nr. 2 ZPO statthaft. 144

Entfallen Gerichtsgebühren, zB bei einem Vergleich (Vorbem. Nr. 8 von Teil 8) oder Klagerücknahme (iSv. Nr. 8210 Anm. 2 KV-GKG), dann besteht kein Bedürfnis, dass das Gericht etwa für den Kostenbeamten den Streitwert für die Gerichtsgebühren nach § 63 GKG festsetzt[2]. Trotzdem gibt es eine breite Meinung[3], die auch in diesem Fall unter Hinweis auf die Gesetzesfassung für die allein verbleibenden Rechtsanwaltsgebühren eine Streitwertfestsetzung für die Gerichtsgebühren vornehmen will. Weder der Wortlaut[4] von § 33 Abs. 1 RVG und schon gar nicht die Interessenlage im arbeitsgerichtlichen Verfahren verlangen angesichts der Sonderregelungen zB von § 12a Abs. 1 Satz 1 ArbGG oder § 6 Abs. 3, § 9 Abs. 2, § 68 Abs. 3 GKG einerseits und § 33 Abs. 9 RVG andererseits oder Wegfall der Vorschusspflicht das Beschreiten des völlig andersartigen und andere Interessen verfolgenden Weges von § 63 GKG. 145

Fallen nach § 2 Abs. 2 GKG **keine** Gerichtsgebühren an **oder** sind sie im Zeitpunkt der Antragstellung vollständig **entfallen**, können die Beteiligten beantragen – das Gericht setzt hier nicht von Amts wegen fest –, dass das Prozessgericht den Gegenstandswert für die **Rechtsanwaltsgebühren gem. § 33 Abs. 1 RVG** festsetzt. Ein solcher **Antrag** ist erst zulässig, wenn die Vergütung fällig ist (§ 33 Abs. 2, § 8 RVG). Er kann auch gestellt werden, wenn trotz bereits nach § 63 GKG iVm. § 32 Abs. 1 RVG festgesetztem Streitwert Gerichts- und Anwaltsgebühren differieren, insbesondere wenn sich gerichtliche und anwaltliche Tätigkeit nicht auf denselben Gegenstand beziehen. Bei der Festsetzung des Gegenstandswerts ist das Prozessgericht nicht an einen möglichen betragsmäßig genannten Betrag gebunden, der in § 308 Abs. 1 ZPO genannte „ne-ultra-petitum"-Grundsatz gilt hier nicht. Vielmehr ist der richtige, ggf. höhere Wert festzusetzen. Dem Festsetzungsantrag kommt im Rahmen der Gegenstandswertfestsetzung nur eine verfahrenseinleitende Bedeutung zu[5]. 146

Gegen die erstinstanzliche Festsetzung des Gegenstandswerts der anwaltlichen Tätigkeit nach § 33 Abs. 1 RVG kann eine **Beschwerde** gem. § 33 Abs. 3 Satz 1 und 3 RVG nur binnen **zwei Wochen** nach Zustellung des Festsetzungsbeschlusses eingelegt werden. Fehlt es an einem Zustellungswillen des Gerichts – etwa wenn der Beschluss den Parteien nur formlos mitgeteilt wird –, dann kann die Beschwerde auch noch nach Ablauf eines Jahres eingelegt werden. Die Jahresfrist von § 9 Abs. 5 Satz 4 greift nach ihrem Wortlaut nicht, wenn keine Zustellung erfolgt ist. Vgl. zu Fristverlängerung und -ende bei fehlendem Zustellungswillen § 78 Rz. 27. Nach LAG Schl. Holst. soll dann wohl keine Frist gelten[6]. Ist die Zustellung seitens des ArbG gewollt, aber mit Mängeln behaftet, findet § 189 ZPO Anwendung. Auch hier muss der Beschwerdegegenstand 200 Euro übersteigen (s. Rz. 138) oder vom ArbG wegen grundsätzlicher Bedeutung zugelassen sein. **Beschwerdebefugt** ist nur ein Beteiligter, für den der Gegenstandswert auch festgesetzt wurde; nur dann beschwert ihn der Festsetzungsbeschluss. Wegen § 12a Abs. 1 Satz 1 stehen sich bezüglich erstinstanzlicher außergerichtlicher Kosten nur die Partei und ihr eigener Anwalt gegenüber. Die Gegenpartei nebst ihrem Anwalt sind daher nur dann (mittelbar) an der Wertfestsetzung zu beteiligen, wenn sie vor dem ArbG selbst einen eigenen Festsetzungsantrag gestellt haben oder wegen des Verfahrens vor dem LAG bzw. BAG ein Kostenausgleich infrage kommt. Der Beschwerdeführer muss mit seinem Rechtsmittel eine ihn belastende **Beschwer** angreifen[7]; er muss also durch die Festsetzung betroffen und seiner Meinung nach benachteiligt sein. Im Beschwerdeverfahren nach § 33 Abs. 3 RVG gilt – im Gegensatz zu § 68 GKG – das **Verschlechterungsverbot**. Auch besteht in der Parteidisposition unterfallenden Rechtsmittelverfahren des § 33 Abs. 3 RVG nach § 308 Abs. 1 ZPO eine Bindung des Gerichts an den Umfang der Anfech- 147

---

1 BGH v. 3.3.2014 – IV ZB 4/14, NJW 2014, 1597; aA OLG Koblenz v. 23.8.2012 – 5 W 466/12, NJW-Spezial 2013, 60.
2 So zutreffend LAG Hessen v. 21.1.1999 – 15/6 Ta 630/98, NZA 1999, 156; LAG Sa.-Anh. v. 15.3.2004 – 11 Ta 35/04; ErfK/*Koch*, § 12 ArbGG Rz. 13; *Schwab/Maatje*, NZA 2011, 769 (771); GMP/*Germelmann*, § 12 Rz. 9.
3 Nach zB LAG Düsseldorf v. 5.12.2006 – 6 Ta 583/06; LAG BW v. 4.4.2005 – 3 Ta 44/05, kommt eine Festsetzung nach § 33 RVG nur in Betracht, wenn im Verfahren generell gerichtsgebührenfrei ist (s. Rz. 122) ist; vgl. die umfangreiche Zusammenstellung der beiden Meinungen bei Tschöpe/Ziemann/Altenburg/*Ziemann*, Teil 1 A Rz. 684 bis 688.
4 Er ist auf das ordentliche Verfahren zugeschnitten. Auch fehlt es doch gerade im Zeitpunkt der Antragstellung an einem schon vom Gericht festgesetzten Wert.
5 Vgl. BVerfG v. 21.4.2009 – 1 BvR 2310/06, NJW 2009, 2521.
6 LAG Schl.-Holst. v. 5.9.2016 – 1 Ta 89/16, NZA-RR 2017, 157.
7 LAG Rh.-Pf. v. 5.12.2011 – 1 Ta 233/11; LAG Köln v. 21.10.2013 – 7 Ta 231/13, NZA-RR 2014, 153.

tung. **Gerichtsgebühren**frei ist gem. § 33 Abs. 9 Satz 1 RVG nur das Festsetzungsverfahren. Im Beschwerdeverfahren kann bei negativem Verfahrensausgang die Festgebühr von Nr. 8614 KV-GKG anfallen (vgl. Rz. 74).

148 Ein **Rechtsmittel gegen** die auf die Beschwerde ergehende Entscheidung des **LAG** bzw. gegen die erstmalige Wertfestsetzung durch das LAG ist nicht gegeben (§ 33 Abs. 4 Satz 3 RVG).

3. Allgemeine Grundsätze der Streitwertberechnung

a) Bewertungsgrundlage und Bewertungszeitpunkt

149 Die Streitwertberechnung orientiert sich nicht ausschließlich am Antrag, sondern – was nicht selten verkannt wird – auch am **objektiven wirtschaftlichen Wert** des Streitgegenstands[1]. So ist der Streitwert einer Klage auf Befreiung einer Verbindlichkeit nicht allein nach dem bezifferten Schuldbetrag, sondern nach ihrer zu schätzenden wirtschaftlichen Bedeutung zu bemessen, wenn eine künftige Inanspruchnahme des Klägers in der Zukunft angesichts seiner finanziellen Verhältnisse und der Schadenshöhe ausgeschlossen erscheint[2].

Den Streitwert müsste der Antragssteller bei jedem Antrag gem. § 61 GKG angeben. Im Zivilprozess dient die Wertangabe der Zuständigkeitsabgrenzung zwischen AG und LG und der Berechnung des Gebührenvorschusses. Im ArbG-Prozess liegt die erstinstanzliche Zuständigkeit grds. stets beim ArbG. Gebührenvorschüsse werden nicht erhoben. **§ 61 GKG spielt somit im ArbG-Prozess kaum eine Rolle**[3]. Im Übrigen ist das Gericht an die Wertangabe nicht gebunden[4]. Eine Streitwert- oder Gebührenvereinbarung zwischen Anwalt und Partei hat nur für die Berechnung der Anwaltsgebühren Bedeutung. Die Wertfestsetzung für die Gerichtsgebühren bleibt hiervon unberührt[5].

150 Für die Streitwertberechnung ist der jeweilige **Klageantrag** maßgebend. Unerheblich ist, ob der Antrag tatsächlich in der mündlichen Verhandlung gestellt wird, da die Klage kostenrechtlich bereits mit Eingang der Klageschrift beim ArbG als erhoben gilt[6]. Nur mittelbar hinter dem Antrag stehende **wirtschaftliche Interessen bzw. Zwecke** erhöhen den Streitwert nicht[7]. So ist etwa die Bedeutung eines Verfahrens als Musterprozess für die Höhe des Streitwerts belanglos[8]. Die grundsätzliche Bedeutung bzw. Schwierigkeit eines Prozesses, der Aufwand der Partei oder ihres Prozessbevollmächtigten oder das Interesse der Öffentlichkeit wirken sich ebenfalls nicht streitwerterhöhend aus[9]. Auch **Schlüssigkeit und Erfolgsaussichten** der Klage haben auf die Streitwertberechnung keinen Einfluss. Sie könnten allenfalls bei der Auslegung des tatsächlichen unklar und nicht eindeutig formulierten Rechtsbegehrens eine Rolle spielen[10]. Der Kostenstreitwert einer Instanz erhöht sich nicht, wenn die gerichtliche Entscheidung fehlerhaft entgegen **§ 308 ZPO** über die Anträge der Parteien hinausgeht. Für gerichtliche Fehler müssen die Parteien nicht auch noch höhere Gebühren zahlen. So ist etwa bei einer unwirksamen Versetzung nur die entsprechende gestellte Feststellungsantrag des ArbN maßgeblich. Deutet das Gericht darüber hinaus die unwirksame Versetzung in eine Änderungskündigung um und prüft deren Wirksamkeit, kann dies den Streitwert nicht erhöhen[11].

151 **Maßgebender Zeitpunkt** für die Streitwertberechnung ist gem. § 40 GKG der Zeitpunkt der die **Instanz einleitenden** Antragstellung. Ändert sich der Klageantrag während der Instanz, muss differenziert werden. Spätere Wertsteigerungen oder Wertverluste bei gleich bleibendem Streitgegenstand oder eine teilweise Klagerücknahme sind nach § 40 GKG[12] für die Streitwertberechnung unbeachtlich. Die **Änderung des Streitgegenstands** durch eine **Klageerweiterung** bewirkt indes eine Änderung des Streitwerts. Eine Klageerweiterung wird wirksam mit Einreichung des neuen Antrags. Sie führt grds. gem. § 39 Abs. 1 GKG zu

---

1 BGH v. 14.7.2011 – III ZR 23/11, NJW-RR 2012, 60; LAG Rh.-Pf. v. 16.1.2012 – 1 Ta 269/11.
2 BGH v. 14.7.2011 – III ZR 23/11, MDR 2011, 1075; LAG Rh.-Pf. v. 19.5.2010 – 1 Ta 32/10.
3 Vgl. hierzu GK-ArbGG/*Schleusener*, § 12 Rz. 154.
4 *Schneider/Herget*, Streitwert-Kommentar, Rz. 250; *Hartmann*, Kostengesetze, § 61 GKG Rz. 10.
5 OLG Frankfurt v. 10.1.1980 – 17 W 79/79, JurBüro 1980, 579 (580); *Hartmann*, Kostengesetze, § 32 RVG Rz. 5.
6 OLG Bamberg v. 5.7.1973 – 5 W 39/73, JurBüro 1973, 856; GK-ArbGG/*Schleusener*, § 12 Rz. 149.
7 LAG Hamm v. 3.3.1976 – 8 Ta BV 78/75, DB 1976, 1019 (Bedeutung der Feststellungsklage für ein vertragliches Wettbewerbsverbot).
8 LAG Hamm v. 30.7.1981 – 8 Ta 147/81, AR-Blattei – ES 160.13.116 (Ls.).
9 LAG Hamm v. 3.3.1976 – 8 Ta BV 78/75, DB 1976, 1019; GMP/*Germelmann*, § 12 Rz. 103.
10 Vgl. zur Auslegung eines Weiterbeschäftigungsantrags als uneigentlicher Hilfsantrag: BAG v. 30.8.2011 – 2 AZR 668/10.
11 LAG Berlin v. 27.11.1978 – 9 Sa 49/78, EzA § 140 BGB Nr. 6.
12 Nach § 15 Abs. 1 GKG aF (Gerichtskostengesetz v. 15.12.1975, BGBl. I S. 3047 [3052]) war bei einer Werterhöhung der höhere Wert maßgeblich. § 15 Abs. 1 GKG aF wurde durch das Kostenrechtsänderungsgesetz v. 24.6.1994, BGBl. I S. 1325 (1326), neu gefasst.

einer Erhöhung des Streitwerts, sofern nichts, zB in § 45 GKG, anderes bestimmt ist. Mit Eingang der Klageerweiterung fällt die nach Addition der beiden Einzelstreitwerte errechnete erhöhte Gerichtsgebühr nach der Gesamtsumme an. Daher entstehen durch die Änderung des Streitgegenstands auch keine ggf. unterschiedlich zu bewertenden Verfahrensabschnitte (mehr)[1]. Allenfalls für Rechtsanwaltsgebühren (zB Einigungsgebühr) kann es geboten sein, den Gegenstandswert nach Verfahrensabschnitten gem. § 33 Abs. 1 RVG festzusetzen[2]. Wird ein Verfahren in seinen **Teilen unterschiedlich beendet** (zB durch Teilklagerücknahme, -vergleich oder -urteil), sind gesonderte Streitwerte für die jeweiligen Verfahrensteile nach dem jetzigen Gebührensystem nicht zu bilden. Die durch Addition aller Streitgegenstände errechnete Verfahrensgebühr fällt aus dem Gesamtwert an (vgl. auch Rz. 13, Rz. 129).

b) Objektive Klagehäufung

152 Bei der objektiven Klagehäufung (§ 260 ZPO) erfolgt grds. eine **Streitwertaddition** sämtlicher jemals im Verfahren anhängig gemachter Streitgegenstände (§ 39 Abs. 1 GKG)[3]. Trotz prozessualer Selbständigkeit ist eine Addition ausgeschlossen, soweit mehrere Ansprüche wirtschaftlich identisch sind[4]. Ist mit einem nichtvermögensrechtlichen Anspruch ein aus ihm hergeleiteter vermögensrechtlicher Anspruch verbunden, dann ist nach § 48 Abs. 3 GKG nur ein Anspruch, und zwar der höhere, maßgebend. Eine Addition scheidet auch aus, wenn eine bestimmte Klageforderung auf mehrere Klagegründe gestützt wird. Der **Grundsatz** der Addition erfährt eine Vielzahl von weiteren Durchbrechungen:

153 Früchte, Nutzungen, Zinsen und Kosten sind **Nebenforderungen**. Ihr Wert wird im Bereich des GKG dem Wert der Hauptforderung nicht hinzugerechnet, wenn sie in Abhängigkeit mit ihrer Hauptforderung kumulativ geltend gemacht werden (§ 43 Abs. 1 GKG). Das gilt selbst dann, wenn etwa Zinsen oder Kosten (zB Mahnkosten) des Verfahrens ausgerechnet und betragsmäßig dem Hauptanspruch dazugeschlagen werden[5]. Betrifft dagegen die prozessuale Maßnahme allein die Nebenforderung oder die Kosten des Rechtsstreits, so ist deren Wert anzusetzen. Ist etwa die Hauptforderung erledigt und wird die Nebenforderung als Hauptforderung geltend gemacht, zählt dieser Wert.

Beim Zahlungsverzug des ArbGeb können ArbN gem. § 288 Abs. 5 Satz 1 BGB eine **Schadenspauschale** iHv. **40 Euro** geltend machen. Diese Norm gilt auch im Arbeitsrecht. Unabhängig davon, ob hier materiell-rechtlich § 12a Abs. 1 Satz 1 eingreift, stellt sich die Frage ihrer Bewertung beim Streitwert. Dieser Anspruch ist als „Kosten" iSv. § 43 Abs. 1 GKG eine Nebenforderung, wenn die Pauschale kumulativ mit der Hauptforderung eingeklagt wird[6], sie bleibt also außer Ansatz. Werden die 40 Euro dagegen isoliert eingeklagt, bilden sie den Streitwert dieses Klageverfahrens.

154 Die **Stufenklage** ist ein Sonderfall einer objektiven Klagehäufung. Hier (vgl. Rz. 295) verbindet der Kläger den Antrag auf Auskunftserteilung, Rechnungslegung, Vorlegung eines Vermögensverzeichnisses (1. Stufe), Abgabe einer eidesstattlichen Versicherung (2. Stufe) mit einem Antrag auf Herausgabe oder Zahlung (3. Stufe). Für die Streitwertberechnung ist wegen ihrer wirtschaftlichen Identität nur der höhere der verbundenen Ansprüche maßgebend (§ 44 GKG). Alle Anträge, also auch der idR höchste Zahlungsantrag werden bereits mit Erhebung der Stufenklage rechtshängig. Daher muss zur Wertermittlung auf den Zeitpunkt des Eingangs der Klageschrift abgestellt werden (§ 40 GKG). Ggf. ist der höchste Anspruch im Wege der Schätzung zu ermitteln[7].

155 Bei der **Verbindung** eines **nicht vermögensrechtlichen** mit einem aus ihm **hergeleiteten vermögensrechtlichen** Anspruch (§ 48 Abs. 3 GKG) wird nur der höhere der verbundenen Ansprüche für die Streitwertberechnung berücksichtigt. Dies gilt etwa für den Fall, dass eine Gewerkschaft gegenüber einer konkurrierenden Gewerkschaft die Unterlassung bestimmter Äußerungen und gleichzeitig Schadensersatz nach § 824 BGB verlangt[8].

156 Die Streitwerte von **Haupt- und Hilfsantrag** sind gem. § 45 Abs. 1 Satz 2 GKG nur dann beide zu addieren, wenn eine streitige gerichtliche Entscheidung über beide ergeht. Mit der Verknüpfung von Haupt- und Hilfsantrag stellt der Kläger für den Fall, dass er mit seinem Hauptantrag nicht durchdringt, einen zusätzlichen Antrag. Tritt die Bedingung ein, und zwar das Unterliegen mit dem Hauptantrag (beim ech-

---

1 Natter/Gross/*Pfitzer*/*Augenschein*, § 12 Rz. 77.
2 LAG Hamm v. 21.4.1981 – 8 Ta 38/81, EzA § 12 ArbGG 1979 – Streitwert Nr. 4.
3 GK-ArbGG/*Schleusener*, § 12 Rz. 161.
4 BGH v. 10.3.2011 – VII ZB 3/10; *Schumann*, NJW 1982, 2800.
5 BGH v. 25.3.1998 – VIII ZR 298/97, NJW 1998, 2060.
6 *Tiedemann*, ArbRB 2015, 312; *Korch*, NJW 2015, 2212.
7 Binz/Dornhöfer/Petzold/*Zimmermann*, § 44 Rz. 2.
8 GK-ArbGG/*Schleusener*, § 12 Rz. 298.

ten Hilfsantrag, will er das eine **oder** das andere) und ergeht folglich eine Entscheidung über den Hilfsantrag, dann entscheidet das Gericht über zwei zu addierende Streitgegenstände. Sind Haupt- und Hilfsantrag **wirtschaftlich identisch** iSv. § 45 Abs. 1 Satz 3 GKG darf nicht addiert werden[1]; maßgeblich ist für die Streitwertberechnung dann der Wert des höheren Anspruchs. Das gilt auch in nichtvermögensrechtlichen Angelegenheiten[2]. Die Vorschriften des GKG finden für die Wertfestsetzung nach § 23 Abs. 3 RVG analoge Anwendung, soweit im RVG keine Spezialregelung besteht. Wirtschaftlich – der prozessuale Streitgegenstand spielt also keine Rolle – identisch sind Ansprüche, wenn der eine nur aus dem anderen folgt und auf dasselbe Interesse ausgerichtet ist oder nur den Zweck verfolgt, ihm als Voraussetzung oder Begründung zu dienen. Wirtschaftlich identisch (vgl. auch Rz. 160) sind die in ein Eventualverhältnis gestellten Ansprüche, wenn sie nicht in der Weise nebeneinander bestehen können, dass – die vom Kläger im Antrag gesetzte Bedingung weggedacht – allen stattgegeben werden könnte. Das ist also der Fall, wenn bei der Stattgabe eines Antrags notwendigerweise der andere abgewiesen werden muss[3]. Eine Zusammenrechnung erfolgt gem. § 45 Abs. 4 GKG ebenfalls, wenn über den Hilfsanspruch ein gerichtlicher[4] Vergleich geschlossen wurde. Dagegen bleibt der Hilfsantrag nach § 45 Abs. 1 Satz 2 GKG gänzlich **unberücksichtigt**, soweit über ihn **keine Entscheidung** ergangen ist[5]. Das Gleiche gilt auch, wenn im Verfahren hilfsweise mit einer bestrittenen Gegenforderung aufgerechnet wird (§ 45 Abs. 3 GKG). Kein Haupt- und Hilfsverhältnis liegt vor, wenn für **einen** Streitgegenstand nur eine Hilfsbegründung mit unterschiedlichen rechtlichen Argumenten geliefert wird.

157 Der sog. **uneigentliche oder unechte Hilfsantrag** (der Kläger will das eine **und** das andere) fällt nach früherer h.M. nicht unter § 45 Abs. 1 Satz 2, Abs. 4 GKG. Danach ist er bei unbedingter Antragstellung im Zeitpunkt seiner Erhebung für die Streitwertberechnung zu berücksichtigen. So werden etwa der allgemeine Weiterbeschäftigungsantrag (s. Rz. 309), der Zahlungsantrag auf wiederkehrende Leistungen, (insbesondere Vergütung), s. Rz. 181, Rz. 182 oder der Auflösungsantrag, s. Rz. 226, des ArbN nach §§ 9, 10 KSchG **im Rahmen einer Kündigungsschutzklage** regelmäßig als unechter Hilfsantrag gestellt. Der unechte Hilfsantrag wird nicht als Hilfsbegehren für den Fall der Erfolglosigkeit des Hauptantrags, sondern für den Fall des Obsiegens mit dem Hauptantrag gestellt. Im Zeitpunkt der Klage- bzw. Rechtsmitteleinreichung (§ 40 GKG) – dh. im Zeitpunkt des Entstehens der Gebühren (Rz. 14, Rz. 99) – soll der Beklagte nach dem Vorbringen – sofern der Hilfsantrag nicht eingeschränkt ist – des Klägers, der den Streitgegenstand bestimmt, aus **beiden** Anträgen verurteilt werden. Aus der Sicht des Klägers liegt daher kein Fall iSd. § 45 Abs. 1 Satz 2 GKG, sondern ein Fall der kumulativen Klagehäufung vor. Die vorbehaltlose Antragsfassung beim unechten Hilfsantrag stellt kein prozessuales Eventualverhältnis her. Sie kennzeichnet vielmehr die materiell-rechtliche Abhängigkeit der beiden Ansprüche voneinander[6]. Die **Streitwerte beider Anträge** werden daher grds jedenfalls beim unbedingt (vgl. Rz. 311 bezüglich der Antragsfassungen) verfolgten allgemeinen Weiterbeschäftigungsantrag **zusammengerechnet**[7]. Die Gegenauffassung[8], die echte und unechte Hilfsanträge gleich behandelt, sieht keinen Unterschied darin, ob ein Hilfsantrag für den Fall des Unterliegens oder Obsiegens verfolgt werde. Der Gesetzeswortlaut von § 45 Abs. 1 Satz 2 GKG differenziere insoweit nicht. Allerdings ist ein Hilfsanspruch nach dem eindeutigen Gesetzeswortlaut nur zu berücksichtigen, wenn auch eine Entscheidung über ihn ergeht oder in einem Prozessvergleich eine ausdrückliche Regelung über ihn getroffen wird. Die bloße Tatsache, dass ein Prozessvergleich abgeschlossen wird, in dem das Arbeitsverhältnis zu einem bestimmten Zeitpunkt beendet worden ist, stellt noch keine Regelung über den Weiterbeschäftigungsantrag für die Zeit nach dem Kündigungs-/Beendigungstermin dar[9].

---

1 Nicht derselbe Streitgegenstand liegt vor, wenn sich der Hauptantrag auf das Bestehen eines Arbeitsverhältnisses, der Hilfsantrag auf das Bestehen eines Handelsvertretervertrages bezieht: LAG Nürnberg v. 26.7.2000 – 6 Ta 180/00, NZA-RR 2001, 53.
2 LAG BW v. 26.3.2013 – 5 Ta 53/13; LAG Düsseldorf v. 9.1.2017 – 4 Ta 630/16.
3 OLG Zweibrücken v. 19.8.2014 – 4 U 147/08, NJW-RR 2015, 318.
4 § 19 Abs. 4 GKG aF ist nur bei gerichtlichen, nicht bei außergerichtlichen Vergleichen anwendbar: LAG Nürnberg v. 26.7.2000 – 6 Ta 180/00, NZA-RR 2001, 53.
5 LAG Hamburg v. 28.12.2015 – 6 Ta 24/15, NZA-RR 2016, 159.
6 LAG Sachsen v. 4.4.1996 – 6 Ta 48/96, NZA-RR 1997, 150 f.
7 LAG Düsseldorf v. 29.8.1997 – 7 Ta 191/97, AE 1999, 123; LAG Berlin v. 27.11.2000 – 7 Ta 6117/2000 (Kost), AE 2001, 43 (44); LAG München v. 8.12.2016 – 2 Ta 247/16, ArbRB 2017, 146.
8 BGH v. 17.3.2004 – XII ZR162/00, MDR 2004, 1437; BAG v. 30.8.2011 – 2 AZR 668/10; BAG v. 13.8.2014 – 2 AZR 871/12, NZA 2014, 1359; LAG Hessen v. 1.8.2013 – 1 Ta 145/13; LAG Köln v. 19.7.2016 – 4 Ta 155/16 mit zustim. Anm. *Gravenhorst*, jurisPR-ArbR 12/2017, Nr. 6;Tschöpe/Ziemann/Altenburg/*Ziemann*, Teil 1 A Rz. 407; Natter/Gross/*Pfitzer/Augenschein*, § 12 Rz. 85 bis 87; LAG Düsseldorf v. 2.12.2009 – 6 Ta 723/09; *Creutzfeld*, NZA 1996, 961.
9 LAG Hessen v. 22.7.2015 – 1 Ta 212/15, NZA-RR 2015, 663; LAG Sachsen v. 17.1.2017 – 4 Ta 183/16; BAG v. 13.8.2014 – 2 AZR 871/12, NZA 2014, 1359.

Die **Hilfsaufrechnung** erhöht grds. den Streitwert um den Wert der Gegenforderung, soweit eine Entscheidung über die Gegenforderung ergeht (§ 45 Abs. 3 GKG). Die Streitwerte werden addiert, da bei der Hilfsaufrechnung das Gericht die Berechtigung von streitiger Klageforderung und streitiger Gegenforderung überprüft. Hier muss das Gericht zwei Ansprüche überprüfen und hat somit doppelte Arbeit[1]. Vor diesem Hintergrund ist § 45 Abs. 3 GKG nicht anwendbar auf die **Hauptaufrechnung**. Hierbei erklärt der Beklagte die Aufrechnung mit einer streitigen Gegenforderung, ohne die Klageforderung zu bestreiten. Das Gericht muss letztlich nur die Berechtigung der Gegenforderung klären und führt keine wirtschaftliche Werthäufung herbei. Auch bei der Hilfsaufrechnung erfolgt somit keine Streitwertaddition, wenn die Gegenforderung nicht bestritten und damit eine Überprüfung durch das Gericht entbehrlich wird[2]. 158

Die Streitwertaddition unterbleibt nach allgemeiner Meinung, wenn sich ein Antrag nur als **rechtliche oder natürliche Folge** aus einem anderen Antrag darstellt (zB Klage auf Leistung und Duldung). Des Weiteren werden Streitwerte von Anträgen nicht addiert, die **wirtschaftlich denselben Streitgegenstand** haben[3] oder die letztlich auf der Klärung einer einzigen Rechtsfrage beruhen. Wirkt sich etwa die grundlegende Rechtsfrage bei der täglichen Arbeit an verschiedenen Stellen und auf vielfältige Weise aus, führen die verschiedenen Facetten der rechtlichen Auswirkungen der Grundsatzfrage zu keiner Erhöhung[4]. Wirtschaftliche Identität besteht auch bei einem Gleichlauf von Primärverteidigung und Hilfsaufrechnung, wenn primäre Verteidigung und Hilfsaufrechnung als eine einheitliche Verteidigung gegen den Klageanspruch zu werten sind[5]. Derartige wirtschaftliche Identität (vgl. Rz. 156) liegt bspw. auch vor, wenn ein ArbN zugleich eine Kündigungsschutzklage und eine Zahlungsklage gerichtet auf zukünftige Leistungen erhebt (Rz. 254 ff.). 159

c) Klage und Widerklage

Die Gegenstandswerte von Klage und Widerklage sind grds. zu **addieren** (§ 45 Abs. 1 Satz 1 GKG). Das Zusammenrechnungsverbot aus § 5 Halbs. 2 ZPO spielt nur für die Zuständigkeitsabgrenzung zwischen AG und LG eine Rolle[6]. Für den Gebührenstreitwert ist es unbeachtlich[7]. Betreffen Klage und Widerklage bei **wirtschaftlicher** Betrachtung ein identisches Interesse, findet also keine „wirtschaftliche Werthäufung" statt, dann zählt nur der höhere Wert (§ 45 Abs. 1 Satz 3 GKG)[8]. Dies ist nach der von der Rspr. entwickelten **Identitätsformel** (vgl. auch Rz. 156) der Fall, wenn die Ansprüche aus Klage und Widerklage nicht in einer Weise nebeneinander stehen können, dass das Gericht beiden stattgeben kann, sondern die Verurteilung nach dem einen Antrag notwendigerweise die Abweisung des anderen Antrags nach sich zieht. Können sowohl Klage als auch Widerklage jeweils abgewiesen werden, dann schließen sie sich nicht zwangsläufig gegeneinander aus, weil dann über zwei wirtschaftlich selbständige Ansprüche vom Gericht entschieden werden kann, was dann zu einer Addition führt[9]. 160

Auf die **Hilfswiderklage** sind die Grundsätze über die Wertberechnung bei Hilfsanträgen gem. § 45 Abs. 1 Satz 2, Abs. 3 GKG entsprechend anwendbar (Rz. 156)[10]. Die Streitwerte für Klage und Hilfswiderklage sind somit zusammenzurechnen, soweit eine Entscheidung über die Hilfswiderklage ergeht und beide nicht denselben wirtschaftlichen Gegenstand iSv. § 45 Abs. 1 Satz 3 GKG betreffen. Tritt der Eventualfall für den Widerklage erhoben wird, nicht ein, kann nicht addiert werden[11]. 161

d) Wechselseitig eingelegte Rechtsmittel

Bei wechselseitig eingelegten Rechtsmitteln oder einer Anschließung erfolgt **grds. eine Addition** der Gegenstandswerte (§ 45 Abs. 2 iVm. Abs. 1 Satz 1 GKG). Für die Addition müssen sich die Rechtsmittel zum 162

---

1 BGH v. 6.10.2004 – IV ZR 287/03, NJW-RR 2005, 506.
2 Vgl. zur Aufrechnung ausführlich GK-ArbGG/*Schleusener*, § 12 Rz. 173 ff.
3 Stein/Jonas/*Roth*, § 5 ZPO Rz. 6; Zöller/*Herget*, § 5 ZPO Rz. 8.
4 „Wenn es sei, dass..., dann hat das per se zur Folge, dass...", LAG Rh.-Pf. v. 24.11.2008 – 1 Ta 193/08.
5 KG v. 15.8.2014 – 21 W 23/14, NJW-RR 2015, 319.
6 Zur Bedeutung des Zusammenrechnungsverbots für den Rechtsmittelstreitwert vgl. einerseits: OLG Düsseldorf v. 13.5.1992 – 11 U 81/91, NJW 1992, 3246; andererseits: BAG v. 3.1.1955 – 2 AZR 529/54, AP Nr. 24 zu § 72 ArbGG; BGH 28.9.1994 – XII ZR 50/94, NJW 1994, 3292; GK-ArbGG/*Schleusener*, § 12 Rz. 163; Zöller/*Herget*, § 5 ZPO Rz. 2.
7 Musielak/*Heinrich*, § 5 ZPO Rz. 2, 15.
8 LAG Rh.-Pf. v. 24.10.2011 – 1 Ta 181/11; BGH v. 6.10.2004 – IV ZR 287/03; *Schneider/Herget*, Streitwert-Kommentar, Rz. 3094.
9 Vgl. OLG Düsseldorf v. 11.11.2008 – 10 W 114/08, NJW 2009, 1515.
10 *Hartmann*, Kostengesetze, § 45 GKG Rz. 33; *Schneider*, MDR 1988, 462 (463 f.).
11 Tschöpe/Ziemann/Altenburg/*Ziemann*, Teil 1 A Rz. 424 f.

einen auf verschiedene Streitgegenstände (§ 45 Abs. 2 iVm. Abs. 1 Satz 3 GKG), zum anderen aber auf dasselbe Urteil beziehen[1]. Das ist etwa der Fall, wenn mit den beiden Rechtsmitteln gegen Teilansprüche aus demselben Rechtsverhältnis vorgegangen wird. Werden von beiden Parteien Rechtsmittel gegen verschiedene Urteile eingelegt, handelt es sich um getrennte Rechtsmittelverfahren. Sie sind bis zu einer möglichen Verbindung nach § 147 ZPO jeweils selbständig zu bewerten. Beziehen sich beide Rechtsmittel auf denselben Gegenstand (vgl. Rz. 160), werden die Einzelwerte nicht zusammengezählt, es entscheidet der höhere Wert. Bezieht sich ein Rechtsmittel auf den Hauptanspruch und das gegnerische auf eine Nebenforderung scheitert eine eigentlich gebotene Addition an § 43 Abs. 1 GKG.

e) Subjektive Klagehäufung

163 Die Streitwertberechnung bei subjektiver Klaghäufung hängt maßgeblich davon ab, ob Gesamtschuldnerschaft hinsichtlich der streitigen Forderung besteht. Besteht **keine Gesamtschuldnerschaft**, ist eine **Addition** der einzelnen Streitwerte vorzunehmen. Machen etwa verschiedene ArbN eines ArbGeb ihre Entgeltansprüche in demselben Prozess geltend, werden alle Ansprüche addiert. Treten die ArbN als Gesamtgläubiger (zB als Akkordgruppe) oder Gesamtschuldner (zB mehrere Erben eines Unternehmens) eines einzigen Anspruchs auf, ist für den Streitwert nur dieser eine Anspruch maßgebend[2].

164 Die Klage eines ArbN gegen Betriebsveräußerer und Betriebserwerber mit unterschiedlichen Streitgegenständen im Zusammenhang mit einer Kündigung anlässlich eines **Betriebsübergangs** (Rz. 247) führt grds. zu einer Addition der Streitwerte. ZB besteht hinsichtlich des Kündigungsschutzantrags gegen den alten ArbGeb und des Weiterbeschäftigungsantrags gegen den neuen ArbGeb keine Gesamtschuldnerschaft. Verklagt ein ArbN hingegen in einem Prozess zwei ArbGeb, die er in Bezug auf seine Forderung für Gesamtschuldner hält, so tritt keine Streitwertverdoppelung auf[3]. Bei getrennten Prozessen muss für das erste Verfahren der volle, für das zweite ein geringerer Streitwert festgesetzt werden. Diese Grundsätze dürften auch dann gelten, wenn dem ArbN von mehreren ArbGeb gekündigt worden ist, etwa weil in einem Konzern unklar ist, welches Unternehmen ArbGeb oder wenn das Vorliegen eines Betriebsübergangs offen ist[4]. Hier ist der ArbN praktisch zur Erhebung von mehreren Kündigungsschutzklagen gezwungen[5]. Bei unklaren Rechtslagen hat das BAG[6] – zu Recht – neuerdings eine „Betriebsübergang-Feststellungsklage" nach § 256 ZPO mit dem Entstehen einer notwendigen Streitgenossenschaft (§ 62 ZPO) in Erwägung gezogen. Diese Klage richtet sich als subjektive Klagehäufung gegen beide „Arbeitgeber" gemeinsam. Der Antrag lautet „festzustellen, dass das Arbeitsverhältnis vor Zugang der Kündigung von der Bekl. zu 1) auf die Bekl. zu 2) übergegangen ist". Hier kann die Entscheidung nur einheitlich gegenüber beiden Beklagten ergehen. Dieses Verfahren hat keinen durch Addition zu erhöhenden Streitwert.

f) Prozesstrennung und Prozessverbindung

165 Durch Prozesstrennung und Prozessverbindung **ändert sich der Streitgegenstand** und somit auch der Streitwert. Diese prozessuale Gestaltung hat mitunter erhebliche Auswirkungen auf die Höhe der Gerichtsgebühren: Bei der Prozesstrennung können Gebühren doppelt anfallen[7]. Die Prozessverbindung kann in seltenen Fällen zu einer Gebührenreduzierung führen. Bei einer Prozessverbindung bleiben die jeweiligen Pauschgebühren für die einzelnen Verfahren erhalten, da die Gebühren mit der jeweiligen Klageeinreichung gem. § 40 GKG entstanden sind. Die Verbindung der Verfahren kann die bereits entstandenen Pauschgebühren nicht in Wegfall bringen. Vor der Prozessverbindung entstandene Pauschgebühren der einzelnen Verfahren können zusammengerechnet nur wieder entfallen, wenn nach der Verbindung ein privilegierender Gebührentatbestand eingreift[8].

g) Vermögensrechtliche und nichtvermögensrechtliche Streitigkeiten

166 Eine Streitigkeit ist **vermögensrechtlich**, wenn der ihr zugrunde liegende Anspruch auf einer vermögensrechtlichen Beziehung beruht, auf Geld oder auf Geldeswert gerichtet ist[9]. Eine vermögensrechtliche Bezie-

---

1 *Hartmann*, Kostengesetze, § 45 GKG Rz. 35.
2 GK-ArbGG/*Schleusener*, § 12 Rz. 162.
3 Vgl. Zöller/*Herget*, § 5 ZPO Rz. 8.
4 Vgl. BAG v. 13.12.2012 – 6 AZR 348/11, NZA 2013, 669.
5 Vgl. *Meier/Becker*, Streitwerte im Arbeitsrecht, Rz. 214; Arbeitsrechtslexikon/*Schwab*: Kündigungsschutzklage/-prozess II.
6 BAG v. 24.9.2015 – 2 AZR 562/14, NZA 2016, 366.
7 Vgl. LAG Hamm v. 23.6.1983 – 8 Ta 142/83, KostRsp. ArbGG § 12 Nr. 74 mit Anm. *Schneider*.
8 GK-ArbGG/*Schleusener*, § 12 Rz. 40.
9 Vgl. *Hartmann*, Kostengesetze, § 48 GKG Rz. 5.

hung stellt bspw. das Arbeitsverhältnis dar. Das Verfahren, mit dem die Feststellung des Bestehens oder Nichtbestehens eines Arbeitsverhältnisses begehrt wird, ist daher eine vermögensrechtliche Streitigkeit[1]. Gleiches gilt auch für den Streit über die Wirksamkeit einer Abmahnung, da durch den Ausspruch der Abmahnung die vermögensrechtliche Beziehung zwischen den Arbeitsvertragsparteien in Frage gestellt wird.

Bei vermögensrechtlichen Streitigkeiten richtet sich die Streitwertberechnung in erster Linie nach § 48 Abs. 1 Satz 1 GKG, soweit im GKG, zB in § 42 Abs. 1–2 GKG nichts anderes bestimmt ist (s. Rz. 130). Bei den in § 48 Abs. 1 GKG verwiesenen Bestimmungen ist insbesondere die Grundnorm von § 3 ZPO von zentraler Bedeutung. Danach bestimmt das Gericht den Streitwert nach „freiem" Ermessen. Hierbei muss es sein **Ermessen pflichtgemäß ausüben**, indem es den vollen Wert ermittelt und festsetzt. Auf Billigkeitsgesichtspunkte wie die persönlichen Verhältnisse der Parteien kann es keine Rücksicht nehmen. Für die Streitwertberechnung ist allein der objektive Wert zu ermitteln[2]. Er bemisst sich nach dem Klageantrag des Klägers unter Bewertung des mit seinem Rechtsbegehren verfolgten unmittelbaren wirtschaftlichen Interesses und dessen objektiver Bedeutung (s. Rz. 149). Für das arbeitsgerichtliche Verfahren enthalten die § 42 Abs. 1 Satz 1, § 42 Abs. 2, § 42 Abs. 3 GKG eigene Sonderregelungen. Sie konkretisieren die nach § 3 ZPO zu treffende Ermessensentscheidung bei der Festsetzung der Höhe des Streitwertes, indem sie aus sozialpolitischen Gesichtspunkten den Gang zum ArbG nicht durch hohe Kostenhürden erschweren wollen. Bei der Streitwertbemessung sind auch **verfassungsrechtliche** Aspekte zu beachten Die Festsetzung der Verfahrenskosten darf im arbeitsgerichtlichen Verfahren wegen des Anspruchs auf nachhaltigen Rechtsschutz nicht in einer Weise erfolgen, die dem Betroffenen die Anrufung des ArbG praktisch unmöglich macht. Diese Aspekte sind Ausprägungen des Grundrechts auf effektiven Rechtsschutz aus Art. 2 Abs. 1 iVm. Art. 20 Abs. 3 GG[3]. Insbesondere ein effektiver **Kündigungsschutz** – der ArbGeb bräuchte nur eine Vielzahl von kurz hintereinander folgenden Kündigungen auszusprechen (!) – darf nicht durch kaum zu stemmende Kosten ausgehöhlt oder über die Kostenschiene letztlich obsolet werden. Nach der genannten Entscheidung des BVerfG vom 1.12.2010 sind sogar tarifliche Ausschlussfristen verfassungswidrig, die so ausgestaltet sind, dass sie dem ArbN den Zugang zum ArbG kostenmäßig faktisch unmöglich machen. Mit dieser Rechtslage dürfte allein schon von daher die Auffassung unvereinbar sein, die § 42 Abs. 2 Satz 1 GKG wegen seines Ausnahmecharakters nur bei Bestandsschutzstreitigkeiten anwenden will[4]. Die Kosteneigenheiten des arbeitsgerichtlichen Verfahrens sind viel umfassender. Den Streitwertsondernormen, zB in § 42 GKG, §12a Abs. 1 Satz 1 ArbGG, kein Vertretungszwang vor dem ArbG und insbesondere den zahlreichen Vorschriften zur Kostenbegrenzung des arbeitsgerichtlichen Verfahrens im GKG (zB keine Vorschusspflicht, geringere Gerichtsgebühren, allgemeine Gebührenprivilegien) lässt sich in toto ein Plan des Gesetzes entnehmen, arbeitsgerichtliche Verfahren aus sozialpolitischen Erwägungen heraus möglichst so auszugestalten, dass der Gang zum ArbG erleichtert und finanziell beschritten werden kann. Zumindest enthält § 42 Abs. 2 GKG insoweit eine gewisse Ausstrahlungswirkung über ihren unmittelbaren Anwendungsbereich hinaus. All diese Wertungen haben in die Ermessensausübung im Rahmen von § 3 ZPO mit einzufließen. Deshalb stellt sich nicht die Frage, ob § 42 Abs. 2 Satz 1 GKG analogiefähig ist oder nicht, sondern es geht stets um die richtige Ermessensausübung bei § 3 ZPO und hier und hier sind für Verfahren ohne gesetzliche Regelung die gesamten einschlägigen Rechtsnormen zu beachten. Es ist – wie bei allen Fragen der Gesetzesauslegung – auch in die Ermessensentscheidung mit einzubeziehen, wie wohl der Gesetzgeber die jeweilige Rechtsfrage voraussichtlich geregelt hätte.

Eine Streitigkeit ist **nichtvermögensrechtlich**, wenn der ihr zugrunde liegende Anspruch weder auf einer vermögensrechtlichen Beziehung beruht noch auf Geld oder auf Geldeswert gerichtet ist. Nicht vermögensrechtlich sind bspw. die Streitigkeiten um eine Richterablehnung (Rz. 231) oder die Unterlassung ehrverletzender Äußerungen (Rz. 130, Rz. 251).

Bei nichtvermögensrechtlichen Streitigkeiten bemisst sich der Streitwert für die Gerichtsgebühren nach § 48 Abs. 2 Satz 1 GKG. Hiernach ist der Wert des Streitgegenstands unter Berücksichtigung aller Umstände des Einzelfalls, insbesondere des Umfangs und der Bedeutung der Sache und der Vermögens- und Ein-

---

1 BAG v. 24.3.1980 – 6 AZB 1/80, AP Nr. 1 zu § 64 ArbGG 1979; LAG Berlin v. 7.1.1980 – 9 Sa 100/79, EzA § 64 ArbGG 1979 Nr. 1.
2 GK-ArbGG/*Schleusener*, § 12 Rz. 181.
3 BVerfG v. 1.12.2010 – 1 BvR 1682/07, NZA 2011, 354; BVerfG v. 16.11.1999 – 1 BvR 1821/94; Tschöpe/Ziemann/Altenburg/*Ziemann*, Teil 1 A Rz. 9.
4 So LAG BW v. 26.8.2013 – 5 Ta 94/13, NZA-RR 2013, 550; *Willemsen/Schipp/Reinhard/Meier*, NZA 2013, 1112. Das überzeugt nicht. Es gibt keinen rechtsdogmatischen Grundsatz, dass angeblich eine Ausnahmeregelung – § 42 Abs. 2 GKG ist zudem eine Spezial- und keine Ausnahmeregelung – nicht analogiefähig sein soll.

kommensverhältnisse der Parteien, nach Ermessen zu bestimmen[1]. Auf den Hilfswert von § 23 Abs. 3 Satz 2 RVG von 5 000 Euro ist hier nicht abzustellen. Die Bindung der Entscheidung an vorgenannte Umstände erfordert im Ergebnis eine Entscheidung nach „**billigem**" **Ermessen**[2].

4. Sonderregelungen des § 42 Abs. 1–2 GKG

170 Die Regelungen zur Streitwertberechnung in § 42 Abs. 1–2 GKG enthalten **Kernvorschriften** zur Verwirklichung eines **kostengünstigen arbeitsgerichtlichen Verfahrens** (s. Rz. 167). § 42 Abs. 1–2 GKG begrenzt als lex specialis die Höhe des Streitwerts in den vermögensrechtlichen Streitigkeiten über Bestandsschutz, wiederkehrende Leistungen und Eingruppierungen. Durch die Streitwertbegrenzung entstehen geringere Gerichtsgebühren. Dies gilt ebenso für die Rechtsanwaltsgebühren, denn die Wertfestsetzung für die Gerichtsgebühren ist grds. auch für die Rechtsanwaltsgebühren maßgeblich (§ 32 Abs. 1 RVG).

a) Bestandsstreitigkeiten

aa) Begriff der Bestandsstreitigkeit

171 Als Bestandsstreitigkeit iSd. § 42 Abs. 2 Satz 1 GKG wird jedes Verfahren bezeichnet, das den **Bestand** oder das **Zustandekommen** eines rechtswirksamen Arbeitsverhältnisses zum Gegenstand hat[3]. Der Begriff der Bestandsstreitigkeit ist demnach nicht auf den Kündigungsrechtsstreit beschränkt. Auch der Streit über die Wirksamkeit einer Befristung (Rz. 232), eines Aufhebungsvertrags, einer Anfechtung (Rz. 219) des Arbeitsverhältnisses oder die Weiterbeschäftigung eines Jugend- und Auszubildendenvertreters nach § 78a BetrVG (Rz. 233) fällt unter § 42 Abs. 2 GKG. Eine Änderungskündigung ist ebenfalls nach § 42 Abs. 2 Satz 1 GKG zu bewerten (Rz. 208).

172 § 42 Abs. 2 Satz 1 GKG ist auf Streitigkeiten über den Bestand von **Arbeitsverhältnissen** anwendbar. Hierbei ist der ArbN-Begriff des § 5 Abs. 1 maßgebend. Demnach findet § 42 Abs. 2 Satz 1 GKG über seinen Wortlaut hinaus Anwendung auf Berufsausbildungsverhältnisse (Rz. 233), Beschäftigungsverhältnisse von Heimarbeitern, ihnen Gleichgestellten und sonstigen Personen, die wegen ihrer wirtschaftlichen Unselbständigkeit als **arbeitnehmerähnliche Personen** anzusehen sind. Zum Handelsvertreter nach § 5 Abs. 3 s. Rz. 260.

173 Maßgeblich ist nicht, ob tatsächlich ein Arbeitsverhältnis vorliegt. Für § 42 Abs. 2 Satz 1 GKG reicht es aus, wenn das vom Kläger bestimmte **Klagebegehren** auf **Feststellung** eines **Arbeitsverhältnisses** gerichtet ist. Somit greift die Privilegierung auch ein, wenn bei der Rechtsprüfung kein Arbeitsverhältnis, sondern etwa das Vorliegen eines freien Dienstverhältnisses festgestellt wird[4]. Die Privilegierung des § 42 Abs. 2 Satz 1 GKG greift indes nicht ein, wenn das in Frage stehende Beschäftigungsverhältnis zwischen den Parteien unstreitig als freies Mitarbeiterverhältnis eingeordnet wird[5]. Hier erfolgt die Wertfestsetzung nach § 3 ZPO nach freiem Ermessen. Bei § 3 ZPO kann im Rahmen des Ermessens zB auch § 42 Abs. 1 Satz 1 GKG berücksichtigt werden[6].

bb) Begriff des Arbeitsentgelts

174 Zum Arbeitsentgelt iSd. § 42 Abs. 3 Satz 1 GKG gehören alle Beträge, die der ArbGeb dem ArbN im Fall des Annahmeverzugs schuldet. Maßgeblich für die **Höhe** ist der **Bruttolohn**, den der ArbN bei Fortbestand des Arbeitsverhältnisses in den ersten **drei Monaten nach** dem strittigen **Beendigungszeitpunkt** bei regelmäßigem Verlauf erzielen könnte[7]. Wird eine Kündigung während einer unentgeltlichen Freistellung (Erziehungsurlaub, Sabbat-Jahr, freiwilliger Wehrdienst) ausgesprochen, ist das erste Quartal nach Ablauf des Freistellungszeitraums für die Höhe des Arbeitsentgelts maßgebend[8]. Bei einer Nettolohnvereinbarung ist

---

1 Zur nichtvermögensrechtlichen Streitigkeit vgl. *Hartmann*, Kostengesetze, § 48 GKG Rz. 4 ff.
2 GK-ArbGG/*Schleusener*, § 12 Rz. 179.
3 Vgl. GMP/*Germelmann*, § 12 Rz. 97.
4 BAG v. 9.4.1965 – 3 AZR 182/64, AP Nr. 16 zu § 72 ArbGG 1953 – Streitwertrevision; LAG Nürnberg v. 26.7.2000 – 6 Ta 180/00, NZA-RR 2001, 53; LAG Düsseldorf v. 17.1.2002 – 7 Ta 475/01, NZA-RR 2002, 324.
5 OLG Köln v. 8.9.1994 – 19 W 31/94, NJW-RR 1995, 318; für den Handelsvertreter vgl. auch LAG Nürnberg v. 26.7.2000 – 6 Ta 180/00, NZA-RR 2001, 53.
6 BGH v. 9.6.2005 – III ZR 21/04, NZA 2006, 287; LAG Düsseldorf v. 5.2.1998 – 3 Sa 1837/96, LAGE § 12 ArbGG 1979 – Streitwert Nr. 112 (Feststellungsabschlag von 20 %); aA für Provisionsansprüche eines Handelsvertreters: LAG Nürnberg v. 26.7.2000 – 6 Ta 180/00, NZA-RR 2001, 53 (54).
7 BAG v. 19.7.1973 – 2 AZR 190/73, EzA § 12 ArbGG Nr. 1; GMP/*Germelmann*, § 12 Rz. 105; Natter/Gross/*Pfitzer/Augenschein*, § 12 Rz. 73.
8 LAG Köln v. 12.8.1999 – 13 Ta 232/99, MDR 1999, 1449 (Erziehungsurlaub).

der Nettolohn auf den Bruttolohn hochzurechnen. Hier schuldet der ArbGeb letztlich auch den Bruttolohn, wenn er zum Abführen von Steuern und SozV-Abgaben verpflichtet ist[1].

Zum Brutto- bzw. Nettolohn werden alle regelmäßig anfallenden **Zuschläge, Prämien sowie Naturalleistungen** mit Entgeltcharakter hinzugerechnet. Teil des Arbeitsentgelts ist auch die Einräumung von Nebenverdienstmöglichkeiten bei fortbestehendem Arbeitsverhältnis[2]. Unberücksichtigt bleiben hingen Aufwendungsersatz, wie Fahrtkostenpauschale[3] und Trennungsentschädigung[4]. Eine Abfindung nach §§ 9, 10 KSchG zählt gem. § 42 Abs. 3 Satz 1 Halbs. 2 GKG ebenfalls nicht zum Arbeitsentgelt (Rz. 199). 175

Die Berücksichtigung von **Sonderzahlungen** wie ein 13. Monatsgehalt, Urlaubs- oder Weihnachtsgeld, die nur zu bestimmten Terminen im Jahr ausgezahlt werden, ist **umstritten**. Nicht angebracht ist es idR, für die Berücksichtigung der Sonderleistungen allein auf den zufälligen Termin der Beendigung des Arbeitsverhältnisses abzustellen. Zwar ist für die Streitwertberechnung das Arbeitsentgelt maßgebend, das der ArbN in den ersten drei Monaten nach dem strittigen Beendigungszeitpunkt verlangen kann. Hiernach dürften Sonderleistungen dem Grunde nach nur dann Berücksichtigung finden, wenn die Auszahlung in den Dreimonatszeitraum des § 42 Abs. 2 Satz 1 GKG fiele. Soweit Vergütungsbestandteile nicht mit den regelmäßigen Bezügen anfallen, sondern nur zu bestimmten Zeitpunkten ausbezahlt werden, zählen sie mit, und soweit bei vorzeitiger Beendigung des Arbeitsverhältnisses ein anteiliger Anspruch auf sie besteht[5]. Hat die Sonderleistung dabei erkennbar und ausschließlich den Charakter eines zusätzlichen jährlichen – insbesondere bei anteiliger Auszahlung – Entgelts, ist sie Arbeitsentgelt iSd. § 42 Abs. 2 Satz 1 GKG. Sie wird dann jeden Monat anteilig verdient und ist daher in Höhe eines Zwölftels zum monatlichen Arbeitsentgelt hinzuzurechnen. Soweit die Sonderzahlung im öffentlichen Dienst nach dem Zuwendungstarifvertrag nicht mehr mit den Novemberbezügen, sondern monatlich anteilig ausbezahlt wird, zählt sie nunmehr mit, falls kein Rückforderungsanspruch bei vorzeitiger Beendigung besteht[6]. Die Bezeichnung einer Sonderleistung als „13. Monatsgehalt" kann auf Entgeltcharakter, die Bezeichnung als „Weihnachtsgeld" oder „Urlaubsgeld" eher nicht auf anrechenbare (anteilige) Leistungen hindeuten[7]. Haben solche Leistungen nicht primär Entgeltcharakter, zählen sie nicht. Bezweckt die Sonderleistung hingegen Anerkennung für bewiesene und Anreiz zu künftiger Betriebstreue, liegt kein ausschließlicher Entgeltcharakter, sondern Gratifikationscharakter vor. Für das Vorliegen des Gratifikationscharakters sprechen insbesondere Stichtagsregelungen, Rückzahlungs- und Kürzungsklauseln[8]. Auch die Bezeichnung als „Gratifikation" kann auf den Gratifikationscharakter hindeuten. Aber auch ohne die ausdrückliche Bezeichnung hat eine Sonderleistung im Zweifel Gratifikationscharakter, um eine einheitliche und durchsichtige Wertfestsetzung zu gewährleisten[9]. Sonderleistungen mit Gratifikationscharakter werden nicht jeden Monat anteilig verdient und sind daher kein Arbeitsentgelt iSd. § 42 Abs. 3 Satz 1 GKG. Sie können demnach nicht berücksichtigt werden[10]. 176

cc) Regelstreitwert oder Streitwertobergrenze?

Nach § 42 Abs. 2 Satz 1 GKG ist für Rechtsstreitigkeiten in Bestandsschutzsachen für die Streitwertfestsetzung für die Gerichtsgebühren **höchstens** der Betrag des für die Dauer eines **Vierteljahres** zu leistenden Arbeitsentgelts maßgeblich. Das GKG enthält damit eine eigenständige Norm zur Bewertung solcher Streitigkeiten. Sie ist lex specialis und keine Ausnahmevorschrift[11]. Der Vierteljahresverdienst wird vor diesem Hintergrund teilweise als Regelstreitwert, teilweise als Obergrenze für den Streitwert bei Bestandsstreitigkeiten angesehen. 177

---

1 LAG Nürnberg v. 15.8.2014 – 4 Ta 103/14, NZA-RR 2014, 560; LAG Düsseldorf v. 7.1.1991 – 7 Ta 414/90, LAGE § 12 ArbGG 1979 – Streitwert Nr. 89; GK-ArbGG/*Schleusener*, § 12 Rz. 253; aA (Nettolohn): LAG Berlin v. 7.1.1981 – 2 Ta 96/80 (Kost), AuR 1981, 353; GMP/*Germelmann*, § 12 Rz. 105.
2 LAG Hamm v. 29.1.1976 – 8 Ta 116/75, AnwBl 1976, 166; GK-ArbGG/*Schleusener*, § 12 Rz. 254; aA GMP/*Germelmann*, § 12 Rz. 104.
3 LAG Köln v. 14.7.2003 – 2 Ta 191/03; LAG BW v. 16.8.1984 – 1 Ta 119/84, AuR 1985, 197.
4 LAG Hessen v. 12.4.1966 – 5 Sa 227/65, AP Nr. 14 zu § 12 ArbGG 1953.
5 Natter/Gross/*Pfitzer/Augenschein*, § 12 Rz. 73.
6 S. zur früheren Rechtslage: BAG v. 4.9.1996 – 4 AZN 151/96, AP Nr. 19 zu § 12 ArbGG 1979.
7 Vgl. LAG Hessen v. 15.8.1999 – 15 Ta 137/99, NZA-RR 1999, 660.
8 BAG v. 24.3.1981 – 4 AZR 395/78, EzA § 12 ArbGG 1979 – Streitwert Nr. 5.
9 BAG v. 4.9.1996 – 4 AZN 151/96, AP Nr. 19 zu § 12 ArbGG 1979.
10 BAG v. 4.9.1996 – 4 AZN 151/96, AP Nr. 19 zu § 12 ArbGG 1979; LAG Hessen v. 12.8.1999 – 15 Ta 137/99, NZA-RR 1999, 660; GK-ArbGG/*Schleusener*, § 12 Rz. 254; GMP/*Germelmann*, § 12 Rz. 104; für eine Berücksichtigung von Gratifikationen: *Müller/Bauer*, Der Anwalt vor den Arbeitsgerichten, S. 315.
11 AA LAG BW v. 26.8.2013 – 5 Ta 94/13, NZA-RR 2013, 550; *Willemsen/Schipp/Reinhard/Meier*, NZA 2013, 1112.

178 Das **BAG** und ihm folgend einige LAG knüpfen an den Wortlaut „höchstens" an und halten den Vierteljahresverdienst für die Streitwert**obergrenze** bei Bestandsstreitigkeiten. Dies entspreche zudem dem sozialen Schutzzweck von § 42 Abs. 2 Satz 1 GKG. Dieser erfordere nach dem Willen des Gesetzgebers eine möglichst niedrige Festsetzung von Streitwerten in Bestandsschutzstreitigkeiten[1]. Das Gericht habe im Rahmen von § 48 Abs. 1 GKG sein nach § 3 ZPO auszuübendes Ermessen an diesen gesetzlichen Vorgaben auszurichten. Da das Gesetz einen Höchstrahmen vorgibt, sei im Einzelfall zu klären, unter welchen Voraussetzungen der Vierteljahresverdienst (nicht) auszuschöpfen sei[2]. Im Rahmen des pflichtgemäß auszuübenden Ermessens[3] müsse das wirtschaftliche Interesse des Klägers am Ausgang des Rechtsstreits berücksichtigt werden. Der Wert des wirtschaftlichen Interesses richte sich danach, welche Werthaltigkeit das Arbeitsverhältnis im Kündigungszeitpunkt habe. Dafür sei grds. maßgeblich, wie stark das in Frage stehende Arbeitsverhältnis und damit der Bestandsschutz bisher verfestigt seien. Hierbei hat das BAG wegen der Vielzahl der Fälle eine typisierende Betrachtungsweise vorgenommen. Hat das **Arbeitsverhältnis bis zu sechs Monaten** bestanden, so sei der Streitwert mit einem Monatsgehalt anzusetzen. Bei einer **Bestandsdauer zwischen sechs und zwölf Monaten** betrage der Streitwert regelmäßig zwei Monatsverdienste[4]. Bei Arbeitsverhältnissen, die **länger als zwölf Monate** bestanden haben oder die nur aus wichtigem Grund bzw. nur mit behördlicher Zustimmung gekündigt werden können, hat das BAG den Wert von drei Monatsentgelten für angemessen gehalten[5].

179 Dieser Auffassung ist die überwiegende Anzahl der LAG nicht gefolgt. Sie stellen allein auf den Antrag ab und üben ihr Ermessen von § 3 ZPO immer mit der Ausschöpfung des Höchstrahmens aus. Enthalte der Antrag keine Beschränkungen, ist stets der volle Vierteljahresverdienst anzusetzen. Danach handelt es sich beim Vierteljahresverdienst um einen **Regelstreitwert**[6]. Die Festsetzung eines Streitwerts unterhalb des Vierteljahresverdienstes sei nur ausnahmsweise zulässig, wenn dem Klageantrag oder seiner Begründung ein niedrigeres wirtschaftliches Interesse innewohne. Nur innerhalb dieses begrenzten Rahmens dürfe das Ermessen nach § 3 ZPO ausgeübt werden. Der Regelstreitwert könne bspw. unterschritten werden, wenn die Umwandlung einer fristlosen in eine ordentliche Kündigung begehrt wird und die Kündigungsfrist die Dauer von drei Monaten nicht erreicht[7]. Regelmäßig sei das Begehren des klagenden ArbN jedoch auf die Feststellung gerichtet, dass sein Arbeitsverhältnis nicht durch eine bestimmte Kündigung aufgelöst ist. Das hierin zum Ausdruck kommende wirtschaftliche Interesse ziele damit ohne jegliche Rücksicht von Erfolgsaussichten auch im kurzfristig bestehenden Arbeitsverhältnis im Ergebnis auf den **unbestimmten Fortbestand des Arbeitsverhältnisses** in der Zukunft ab. Dieser Auffassung hat sich nunmehr auch die **Streitwertkommission** (s. Rz. 198) in ihrem Vorschlag vom März 2014 angeschlossen (StWKat. A Nr. 19).

180 Die Auffassung des BAG aus dem Jahr 1984 war nicht überzeugend, was die 2. Stufe (Bestandsdauer zwischen sechs und zwölf Monaten) angeht. Weshalb ein Arbeitsverhältnis nach zwölf Monaten verfestigter sein soll wie nach sechs Monaten ist weder rechtlich noch empirisch erkennbar. Ob es allerdings dem sozialen Schutzzweck von § 42 Abs. 2 Satz 1 GKG (vgl. Rz. 167) entspricht, dass ein auch nur wenige Tage dauerndes Arbeitsverhältnis wirtschaftlich genauso werthaltig sein soll wie ein langjährig bestehendes Arbeitsverhältnis muss sehr bezweifelt werden. Die 6-Monatsgrenze von § 1 Abs. 1 KSchG enthält bezüglich

---

1 BAG v. 30.11.1984 – 2 AZN 572/82 (B), AP Nr. 9 zu § 12 ArbGG 1979.
2 BAG v. 30.11.1984 – 2 AZN 572/82 (B), AP Nr. 9 zu § 12 ArbGG 1979; LAG Nürnberg v. 5.5.1986 – 1 Ta 3/85, LAGE § 12 ArbGG – Streitwert Nr. 53; LAG Berlin v. 19.8.2003 – 17 Ta (Kost) 6063/03, EzA-SD 2003, Nr. 18, 14; LAG Bremen v. 29.1.1986 – 2 Ta 66/85, KostRsp ArbGG § 12 Nr. 144 mit Anm. *Schneider*; LAG BW v. 8.10.1986 – 3 Ta 95/86, LAGE § 12 ArbGG 1979 – Streitwert Nr. 58 mit Anm. *Schneider*; LAG Schl.-Holst. v. 28.5.2002 – 1 Ta 74/02, NZA-RR 2003, 219; Sächsisches LAG v. 24.3.1998 – 1 Ta 76/98, AE 1998, 32; LAG Rh.-Pf. v. 16.1.2012 – 1 Ta 269/11; für das Schrifttum vgl. etwa *Tschischgale/Satzky*, Kostenrecht, S. 39 f.; GK-ArbGG/*Schleusener*, § 12 Rz. 236 f.
3 Einige Instanzgerichte nehmen eine Wertfestsetzung nach billigem Ermessen vor, so dass auch außerhalb des Arbeitsverhältnisses liegende Umstände wie Lebensalter, Familienstand und Kinderzahl berücksichtigt werden können, vgl. etwa LAG Rh.-Pf. v. 14.1.1991 – 9 Ta 3/91, LAGE § 12 ArbGG 1979 – Streitwert Nr. 88.
4 LAG Berlin v. 19.8.2003 – 17 Ta (Kost) 6063/03, EzA – SD 2003, Nr. 18, 14.
5 BAG v. 30.11.1984 – 2 AZN 572/82 (B), AP Nr. 9 zu § 12 ArbGG 1979; LAG Rh.-Pf. v. 11.5.2009 – 1 Ta 114/09; nach LAG Sachsen v. 2.11.1999 – 4 Ta 308/99, NZA-RR 2001, 326: drei Bruttomonatsverdienste bei einem Bestand des Arbeitsverhältnisses von 6–12 Monaten; ebenso der (erste) Entwurf eines Streitwertkatalogs.
6 LAG Köln v. 17.7.2002 – 7 Ta 116/02, AR-Blattei ES 160.13 Nr. 238;LAG München v. 13.1.1986 – 5 Ta 211/85, LAGE § 12 ArbGG 1979 – Streitwert Nr. 51; LAG Hessen v. 21.1.1999 – 15/6 Ta 630/98, LAGE § 12 ArbGG 1979 – Streitwert Nr. 116; LAG Schl.-Holst. v. 23.8.1984 – 4 Ta 89/84, AnwBl 1985, 99; nunmehr auch ohne jegliche Begründung: BAG v. 19.10.2010 – 2 AZN 194/10, JurBüro 2011, 88; vgl. für das Schrifttum: Natter/Gross/*Pfitzer/Augenschein*, § 12 Rz. 74; GMP/*Germelmann*, § 12 Rz. 100 ff.
7 LAG Hamm v. 27.6.1985 – 8 Ta 184/85, LAGE § 12 ArbGG 1979 – Streitwert Nr. 38; LAG Hessen v. 21.1.1999 – 15/6 Ta 699/98, LAGE § 12 ArbGG 1979 – Streitwert Nr. 117; LAG Hessen v. 28.4.2006 – 13/17 Ta 142/06, AE 2007, 276.

der wirtschaftlichen Werthaltigkeit eines solchen Arbeitsverhältnisses ein nachhaltiges Gewicht. Zudem weiß jeder ArbN, dass er sich in den Anfangsmonaten des Arbeitsverhältnisses in der „Probezeit" befindet und sich möglichst unauffällig verhalten muss, weil er gegen eine Entlassung noch weitgehend schutzlos ist. Gerade dieser Umstand ist ein werthaltiger Faktor, der in die Streitwertbemessung mit einzufließen hat. Nur gegen eine Auflösung aus konkreten spezifischen Gründen (zB Mutterschutz, §§ 138, 242 BGB, § 1 AGG) ist auch ein nur wenige Tage bestehendes Arbeitsverhältnis faktisch auf Dauer geschützt, aber nicht generell. Mit der **Zukunftsorientierung** eines Antrages in einem Bestandsschutzstreit hat dieser wertbildende Faktor nichts zu tun, weil dieser wirtschaftlich und objektiv zu bestimmen ist. Im Übrigen ist es unserer Rechtsordnung weitgehend fremd, dass ein gesetzlich eingeräumtes Ermessen (§ 3 ZPO) eigentlich gar nicht, sondern vollständig einseitig nur in eine Richtung ausgeübt wird. Hier negiert das Gericht bewusst, dass ihm das Gesetz einen Spielraum einräumt. Hätte der Gesetzgeber diese Praxis gewollt[1], müsste § 42 Abs. 2 Satz 1 GKG – etwa wie § 42 Abs. 1 Satz 1 Alt. 4 GKG – anders gefasst sein[2]. Nur selten hat sich eine Rspr. so über den Gesetzeswillen hinweggesetzt wie bei dieser Rechtsfrage.

Da auch die **Streitwertkommission** (s. Rz. 198) in ihrem Vorschlag vom März 2014 generell auch bei kurzfristigen Arbeitsverhältnissen in den ersten sechs Monaten bei fehlender Antragsbegrenzung die Höchstgrenze von § 42 Abs. 2 Satz 1 GKG voll ausschöpft, hat sich diese Sicht in der Praxis letztlich durchgesetzt.

b) Rechtsstreitigkeiten über wiederkehrende Leistungen

aa) Begriff der wiederkehrenden Leistung

Bei Klagen von ArbN auf wiederkehrende Leistungen ist nach § 42 Abs. 1 Satz 1 Alt. 4 GKG der dreifache Jahresbetrag solcher Leistungen festzusetzen, sofern nicht der Gesamtbetrag der geforderten Leistungen geringer ist. Wiederkehrende Leistungen sind **gleichartige Leistungen, die in gewissen Zeitabschnitten aus demselben Schuldverhältnis fällig werden**[3]. Gem. § 42 Abs. 3 Satz 1 GKG ist die Berücksichtigung von Rückständen bei der Festsetzung des Streitwerts ausgeschlossen, so dass die bei Einreichung der Klage fälligen Beträge in Rechtsstreitigkeiten vor den Gerichten für Arbeitssachen dem Streitwert nicht hinzugerechnet werden. Dies bedeutet im Umkehrschluss, dass der Begriff der wiederkehrenden Leistung in § 42 Abs. 1 Satz 1 Alt. 4 GKG nur **zukünftige Leistungen** erfasst[4]. Eine weitere Begrenzung des Streitwerts ist allenfalls möglich, wenn die hierfür maßgebliche wirtschaftliche Bedeutung des Klageantrags eine andere Beurteilung erfordert. Das ist nicht der Fall, wenn der Versorgungsempfänger den Gesamtbetrag seiner monatlichen Betriebsrente einklagt, anstatt nur den streitigen Teilbetrag („Spitzenbetragsklage")[5].

Wiederkehrende Leistungen iSd. § 42 Abs. 1 Satz 1 Alt. 4 GKG sind in erster Linie **Arbeitsentgelt, Prämien, Ruhegelder** und **Betriebsrenten**[6]. Darüber hinaus gehören auch **Versorgungsansprüche** eines ArbN gegenüber einer Unterstützungskasse zu den wiederkehrenden Leistungen[7]. Ferner greift § 42 Abs. 1 Satz 1 Alt. 4 GKG bei einer **Insolvenzsicherungsklage** gegen den Pensionssicherungsverein[8]. Selbst bei Ansprüchen eines Organmitglieds einer juristischen Person richtet sich die Streitwertberechnung nach § 42 Abs. 1 Satz 1 Alt. 4 GKG, wenn der Streit aufgrund Zuständigkeitsvereinbarung oder bindender Prozessverweisung vor das ArbG gelangt ist[9]. Auch wiederkehrende Leistungen, die ein ArbN als monatlich fällig werdender Schadensersatz verfolgt, fallen darunter[10]. Zu ihrer Bewertung im Falle einer Antragstellung als uneigentlicher Hilfsantrag, s. Rz. 157.

bb) Streitwert bei der Leistungsklage

Zur Erlangung **wiederkehrender**, dh. künftiger Leistungen kann der Kläger eine Leistungsklage erheben. Die Zulässigkeit bestimmt sich nach §§ 257 ff. ZPO. Für die Streitwertberechnung ist der **dreijährige Bezug** maßgebend, sofern nicht der Gesamtbetrag der geforderten Leistungen im Zeitpunkt der Klageerhebung geringer ist (§ 42 Abs. 1 Satz 1 GKG). Die nur abstrakte Möglichkeit eines geringeren Werts steht

---

1 Vgl. auch BVerfG v. 1.12.2010 – 1 BvR 1682/07, NZA 2011, 354.
2 ZB „... bei Rechtsstreitigkeiten ... ist der Vierteljahresverdienst anzusetzen, soweit nicht ein kürzerer Zeitraum ...".
3 GMP/*Germelmann*, § 12 Rz. 128.
4 *Meier/Becker*, Streitwerte im Arbeitsrecht, Rz. 308.
5 BAG v. 8.3.2017 – 3 AZN 886/16 (A); s. auch BAG v. 23.9.2015 – 3 AZR 391/13 (A).
6 BAG v. 22.9.2015 – 3 AZR 391/13 (A), NZA 2015, 1471.
7 LAG BW v. 2.12.1980 – 1 Ta 134/80, BetrAV 1982, 21; LAG BW v. 2.12.1980 – 1 Ta 134/80, AP Nr. 1 zu § 12 ArbGG 1979.
8 GK-ArbGG/*Schleusener*, § 12 Rz. 330.
9 GK-ArbGG/*Schleusener*, § 12 Rz. 330.
10 Tschöpe/Ziemann/Altenburg/*Ziemann*, Teil 1 A Rz. 595.

einer Ausschöpfung des dreijährigen Bewertungszeitraums nicht entgegen. Der volle Streitwert wird daher auch bei Kündbarkeit eines Arbeitsverhältnisses vor Ablauf der Dreijahresfrist[1] und bei fortgeschrittenem Alter eines Klägers bei Ruhegeldansprüchen[2] festgesetzt. Der Anteil ist dagegen maßgebend, wenn das frühere Ende des Arbeitsverhältnisses im Zeitpunkt der Klageerhebung definitiv feststeht. Wird das frühere Ende erst im Laufe des Rechtsstreits festgelegt, ändert dies an der entstandenen vollen Gebührenhöhe nichts (s. Rz. 151, Rz. 14).

184 Erhebt ein ArbN nach einer **Kündigung** binnen der Drei-Wochen-Frist von §§ 4, 13 Abs. 1 KSchG **lediglich eine Zahlungsklage auf künftig fällig werdendes Arbeitsentgelt**, dann bestimmt zunächst nur die Zahlungsklage den Streitwert. Grundsätzlich muss der ArbN angesichts der unwiderleglichen Vermutung der sozialen Rechtfertigung nach §§ 7, 4 KSchG eine Kündigungsschutzklage erheben, was gem. § 6 KSchG auch noch nach Ablauf von drei Wochen im Laufe des gesamten erstinstanzlichen Verfahrens möglich ist[3]. Erhebt der ArbN im Rahmen von § 6 KSchG eine solche Feststellungsklage, wird daraus ein Kündigungsschutzverfahren mit seinem Streitwert. Ein Verfahren, das lediglich einen Zahlungsantrag zum Gegenstand hat, erscheint dann nahe zu liegen, wenn das KSchG auf das betreffende Arbeitsverhältnis nicht anwendbar ist oder der ArbN nur die im Kündigungsschreiben enthaltene Kündigungsfrist angreift.

185 Ist zwischen den Parteien **nur** ein bestimmter **Anspruchsteil streitig**, zB die Zahlung einer Zulage, dann ist es angebracht, nur diese streitigen Beträge einzuklagen, Geht der Antrag auf zukünftige Leistungen auf den vollen Vergütungsanspruch, dann ist der Antrag auszulegen, ob nur der streitige oder auch der unstreitige Teil, also der gesamte Vergütungsanspruch Streitgegenstand sein soll. Ist mangels gegenteiliger Anhaltspunkte letzteres der Fall, sollte der Beklagte den unstreitigen Betrag gem. § 93 ZPO sofort anerkennen. Trotzdem ist der Streitwert entsprechend dem Antrag aus dem vollen Gesamtbetrag zu errechnen. Dann trägt der Kläger hinsichtlich des unstreitigen Teils die Verfahrenskosten[4].

186 Stellt der Kläger im Rahmen eines **Kündigungsschutzverfahrens** kumulativ einen (Zahlungs-)Antrag auf wiederkehrende Leistungen, geht § 42 Abs. 2 Satz 1 GKG vor (s. Rz. 254–256).

187 Bei einer Klage auf **rückständige und zukünftige Leistungen** bestimmt § 42 Abs. 3 Satz 1 Halbs. 2 GKG, dass im arbeitsgerichtlichen Verfahren bis zur Klageerhebung entstandene Rückstände dem Streitwert nicht hinzugerechnet werden. Für den Streitwert ist demnach – selbst wenn rückständige Beträge beziffert kumulativ mit verfolgt werden – trotzdem höchstens der dreijährige Leistungsbezug maßgebend (§ 42 Abs. 1 Satz 1 GKG). Werden wiederkehrende Leistungen für einen 36 Monate unterschreitenden Zeitraum verfolgt, zählt die Addition der einzelnen Monatsbeträge, so dass dann die 36-Monatsgrenze folglich nicht erreicht wird. Übersteigen die Beträge die 36- Monatsgrenze, tritt die Limitierung nach § 42 Abs. 1 Satz 1 Alt. 4 GKG ein. Das Hinzurechnungsverbot des § 42 Abs. 3 Satz 1 GKG kann vereinzelt zu unverhältnismäßig niedrigen Streitwerten führen. Macht etwa der Kläger mit seiner Klage zum größten Teil Rückstände und nur zu einem sehr geringen Teil zukünftige Leistungen geltend, bleiben bei der Streitwertberechnung die Rückstände unberücksichtigt[5]. **Werden** bei Klageeingang **zukünftige** Leistungen im Laufe des Rechtsstreits durch Zeitablauf **zu rückständigen** Leistungen, so ändert das am 36-Monatswert nichts, sofern nicht der Gesamtbetrag der insgesamt bei Klageeingang verfolgten zukünftigen Leistungen unter der 36-Monatsgrenze liegt. § 42 Abs. 3 Satz 1 GKG stellt auf „bei Klageeinreichung" fällige Beträge ab. Dies entspricht auch dem allgemeinen Grundsatz des § 40 GKG, wonach es bei Veränderungen auf den Zeitpunkt der Klageerhebung ankommt (vgl. Rz. 14, Rz. 151). Bei Klageeinreichung zukünftige Leistungen bleiben dies gebührenrechtlich auch dann, wenn sie im Laufe des Rechtsstreits zu rückständigen werden. Die bloße Antragsumstellung wegen inzwischen eingetretener Fälligkeit bewirkt gem. § 264 Nr. 2 ZPO **keine Änderung des Streitgegenstands**. Es wird weiterhin um die gleichen Leistungen gestritten. Bleiben dieselben Leistungen Streitgegenstand kann der Streitwert nicht von der unterschiedlichen Formulierung der Anträge abhängen[6]. Der ursprüngliche Klageantrag bleibt daher für die Streitwertberechnung maßgeblich.

---

1 Dreijahresbezug: LAG Nds. v. 12.3.1980 – 4 Ta 4/80, JurBüro 1980, 1375 (1377); LAG Saarland v. 23.12.1987 – 2 Ta 30/87, JurBüro 1988, 725 (726); Natter/Gross/*Pfitzer*/*Augenschein*, § 12 Rz. 75; *Meier*/*Becker*, Streitwerte im Arbeitsrecht, Rz. 305; aA (geringerer Streitwert): LAG BW v. 8.11.1985 – 1 Ta 202/85, LAGE § 12 ArbGG 1979 – Streitwert Nr. 48.
2 Dreijahresbezug: GMP/*Germelmann*, § 12 Rz. 131; vgl. aber auch BGH v. 28.11.1955 – II ZR 19/55, BGHZ 19, 172 (176).
3 Vgl. hierzu BAG v. 21.7.2005 – 6 AZR 592/04, NZA 2006, 162; BAG v. 23.4.2008 – 2 AZR 699/06, NZA-RR 2008, 466; BAG v. 26.9.2013 – 2 AZR 682/12, NZA 2014, 443.
4 Vgl. BAG v. 14.2.2012 – 3 AZB 59/11, NZA 2012, 469.
5 Vgl. hierzu den Beschl. des LAG Hamm v. 9.10.1986 – 8 Ta 155/86, MDR 1987, 169, dem Anträge zugrunde lagen, in denen Rückstände der vergangenen 44 Monate und künftige Leistungen für weitere vier Monate gefordert wurden.
6 Vgl. auch LAG Bremen v. 24.3.1988 – 4 Sa 316, 335/87, LAGE § 12 ArbGG 1979 – Streitwert Nr. 69.

Vereinzelt wurde nach der früheren Gesetzeslage erwogen, den Streitwert mit Rückständen bis zur Grenze 188
des Dreijahresbezugs **aufzufüllen**[1]. Diese Auffassung **verstößt** jedoch gegen den **klaren Wortlaut** des § 42
Abs. 3 Satz 1 GKG[2]. Demnach bleiben die bei Klageeingang fälligen Beträge außer Betracht[3].

Schließlich bleiben Rückstände unberücksichtigt, wenn eine **Aufrechnung** des Beklagten diese Rückstände 189
erfasst[4].

Werden **lediglich Rückstände**, dh. nur bereits fällig gewordene Ansprüche eingeklagt, ist der entsprechend 190
eingeklagte Betrag als Streitwert festzusetzen; die **Höchstgrenze des dreijährigen Bezugs** aus § 42 Abs. 1
Satz 1 GKG gilt für Rückstände nicht analog[5]. Nach der **Gegenauffassung**[6] müsse die Höchstgrenze sowohl
für denjenigen gelten, der sofort auf künftige Leistung klagt, als auch für denjenigen, der zunächst abwartet
und im Nachhinein die rückständige Vergütung einfordert. Für eine Ungleichbehandlung sei kein Grund
ersichtlich. Der Grund für die Ungleichbehandlung liegt jedoch im unterschiedlichen Charakter rückständiger und künftig fällig werdender Leistungen. Rückstände sind in ihrem zeitlichen und materiellen Umfang
bestimmt. Der Streitwert kann anhand eines konkreten Werts festgesetzt werden. Bei künftig wiederkehrenden Leistungen ist deren zukünftiges Ende ungewiss. Um diese Ungewissheit zu beseitigen, ist hier eine
Begrenzung des Streitwerts auf den dreijährigen Bezug notwendig.

cc) Streitwert bei der Feststellungsklage

Anstelle einer Leistungsklage kann zur Erlangung wiederkehrender Leistungen auch eine **Feststellungskla-** 191
ge erhoben werden. Für die Streitwertberechnung gelten im Wesentlichen die Ausführungen zur Leistungsklage (Rz. 183). Auch hier richten sich die Gerichtsgebühren nach der wirtschaftlichen Bedeutung des
Rechtsstreits. Die **positive** Feststellungsklage wird bei wiederkehrenden Leistungen jedoch in Ausübung des
Ermessens nach § 3 ZPO regelmäßig mit nur **80 %** des Werts der entsprechenden Leistungsklage bewertet.
Der Abschlag wird vorgenommen mit der Begründung, das Feststellungsurteil biete mangels Vollstreckbarkeit weniger Rechtsschutz als ein Leistungsurteil[7]. Dem folgt nunmehr das BAG[8] mit dem Hinweis auf den
Wortlaut von § 42 Abs. 1 Satz 1 GKG für den Bereich des Gebührenrechts nicht mehr. Es stellt hier allein
noch auf die **wirtschaftliche** Bedeutung des Rechtsstreits für die Parteien ab. Von daher besteht zwischen
Leistungsklage und positiver Feststellungsklage kein Unterschied, sodass grundsätzlich (s. zum Bereich der
betrieblichen Altersversorgung Rz. 218) auch **kein Abschlag** vorzunehmen ist. Bei der negativen Feststellungsklage ist ohnehin der ungekürzte Dreijahresbetrag festzusetzen, weil diese bei dem vom Kläger angestrebten Obsiegen dieselbe anspruchsvernichtende Wirkung hat wie eine Leistungsklage[9]. Der ungekürzte
Dreijahresbetrag wird ebenfalls für die Feststellungsklage des folgenden Falls festgesetzt: **Neben** dem **Feststellungsantrag** auf künftige Leistungen wird ein **Leistungsantrag** auf rückständige Leistungen erhoben.
Hierbei werden in beiden Anträgen jeweils Leistungen für Zeiträume von **mehr als drei Jahren** geltend
macht. Da Rückstände für den Streitwert gem. § 42 Abs. 3 Satz 1 GKG außer Betracht bleiben, ist für den
Leistungsantrag kein Wert festzusetzen. Hierdurch wird der Streitwert insgesamt ausreichend begrenzt, so
dass für einen **Abschlag** beim positiven Feststellungsantrag kein Bedürfnis besteht[10].

c) Eingruppierungsstreitigkeiten

Die Eingruppierung ist die **Festlegung** der für die Entlohnung des ArbN maßgebenden **Lohn- bzw. Ge-** 192
haltsgruppe. Diese kann sich aus einem Tarifvertrag, einer Betriebsvereinbarung, einem betriebsüblichen
Entlohnungsschema oder aus einer vom ArbGeb einseitig geschaffenen Vergütungsordnung ergeben. Der
Begriff der Eingruppierung ist weit zu verstehen. Er erfasst auch Um-, Höher-, Herabgruppierungen einen

---

1 *Meier/Becker*, Streitwerte im Arbeitsrecht, Rz. 307; LAG Hamm v. 9.10.1986 – 8 Ta 155/86, MDR 1987, 169.
2 Vgl. zu den unterschiedlichen Gesetzesfassungen: Natter/Gross/*Pfitzer/Augenschein*, § 12 Rz. 76.
3 GMP/*Germelmann*, § 12 Rz. 133.
4 LAG Hamm v. 19.8.1982 – 8 Ta 193/82, BB 1982, 1860; *Meier/Becker*, Streitwerte im Arbeitsrecht, Rz. 307; GK-ArbGG/*Schleusener*, § 12 Rz. 335.
5 GMP/*Germelmann*, § 12 Rz. 133; *Tschischgale/Satzky*, Kostenrecht, S. 44; *Meier/Becker*, Streitwerte im Arbeitsrecht, Rz. 308; *Lappe*, NJW 1987, 1860 (1863).
6 BAG v. 10.12.2002 – 3 AZR 197/02 (A), AP Nr. 24 zu § 12 ArbGG 1979 mit zust. Anm. *Brinkmann*, JurBüro 2003, 306 und abl. Anm. *Schäfer*, AGS 2003, 264. GK-ArbGG/*Schleusener*, § 12 Rz. 334; LAG Hamm v. 9.10.1986 – 8 Ta 155/86, MDR 1987, 169.
7 BAG v. 18.4.1961 – 3 AZR 313/59, AP Nr. 6 zu § 3 ZPO; LAG BW v. 11.11.2014 – 5 Ta 122/14, NZA-RR 2015, 98; Tschöpe/Ziemann/Altenburg/*Ziemann*, Teil 1 A Rz. 596; GMP/*Germelmann*, § 12 Rz. 132; zweifelnd Natter/Gross/*Pfitzer/Augenschein*, § 12 Rz. 75.
8 BAG v. 22.9.2015 – 3 AZR 391/13 (A), NZA 2015, 1471.
9 LAG Rh.-Pf. v. 20.10.2010 – 1 Ta 220/10.
10 LAG Köln v. 27.11.1992 – 14 (11) Ta 225/92, LAGE § 12 ArbGG 1979 – Streitwert Nr. 95.

Bewährungsaufstieg und das „Hineinwachsen" in eine andere Vergütungsgruppe[1]. Das gilt auch bei einem Streit, nach welchem Tarifwerk die Vergütung zu bezahlen ist, weil es auch hier um die zutreffende Eingruppierungsnorm geht[2]. Da § 42 Abs. 2 Satz 2 GKG die Eingruppierungsklage zudem ähnlich wie Abs. 1 Satz 1 regelt, kann sie als eine Sonderregelung für wiederkehrende Leistungen angesehen werden; s. hierzu auch § 46 Rz. 144.

193 Bei Eingruppierungsstreitigkeiten in der Privatwirtschaft, aber vornehmlich im **öffentlichen Dienst** überwiegt **in der Praxis die Feststellungsklage**. Ein Leistungsurteil müsste neben Aussagen zur Zahlungspflicht auch die Vergütungshöhe regeln. Das erweist sich oftmals als schwierig und wegen der Befriedungsfunktion der Feststellungsklage als nicht notwendig. Auch ein Feststellungsurteil hat Auswirkungen auf die Möglichkeit des Bewährungsaufstiegs, Urlaubsansprüche, Ortszuschläge usw. Die Eingruppierungsfeststellungsklage gleicht somit einer Statusklage[3]. Wegen dieser spezifischen Art ist bei der Eingruppierungsfeststellungsklage nicht der übliche Feststellungsabschlag von 20 % vorzunehmen[4].

194 Bei der Eingruppierungsfeststellungsklage ist der dreijährige **unterschiedliche** Bruttobetrag als Streitwert festzusetzen, der **zwischen derzeit bezahlter und begehrter Vergütung** liegt (§ 42 Abs. 2 Satz 2 GKG). Nur der streitige Differenzbetrag, um den sich der Kläger verbessern will, bildet den Streitwert. Zum Begriff der Vergütung zählen nur Leistungen mit Entgeltcharakter, die der ArbN bei Obsiegen zusätzlich zum bisherigen Entgelt fordern kann. Der Streitwert ist nicht mit dem dreijährigen Unterschiedsbetrag zu bemessen, wenn der Gesamtbetrag der geforderten Leistungen geringer ist. Bis zur Klageerhebung entstandene Rückstände sind auch hier für den Streitwert grds. unbeachtlich.

195 Sofern Eingruppierungen **keine messbaren Vergütungsdifferenzen** zur Folge haben (zB verbesserte Aufstiegschancen), ist eine Streitwertberechnung anhand § 42 Abs. 2 Satz 2 GKG nicht möglich. In diesem Fall ist der Streitwert entsprechend § 42 Abs. 1 Satz 1 GKG nach Ermessen zu bestimmen. Es gilt jedoch nach dem Gedanken des § 42 Abs. 2 Satz 2 GKG eine Höchstgrenze. Der Streitwert darf nicht höher als die dreijährige Vergütungsdifferenz sein, die zwischen der streitigen Tarifgruppe und der nächst höheren Tarifgruppe liegt[5].

196 Begehrt der Kläger die Eingruppierung in eine bestimmte Vergütungsgruppe und **hilfsweise** die Eingruppierung in eine **darunter** liegende Vergütungsgruppe, erfolgt grds. eine Differenzberechnung nach den höchsten Vergütungsdifferenzen. Es ist schon sehr fraglich, ob hier überhaupt ein Haupt- und Hilfsverhältnis vorliegt oder ob die niedrigere Vergütungsgruppe nur ein weniger von der Höchstforderung ist. Wird im Einzelfall eine echte hilfsweise Geltendmachung vom Kläger begehrt, greift § 45 Abs. 1 Satz 3 GKG. Entscheidend ist somit, ob das Gericht über den Hilfsantrag entscheidet, nur dann wird addiert.

197 Bei Eingruppierungsstreitigkeiten sind **sowohl Feststellungs- als auch Leistungsklagen** zulässig. Die Beschränkung auf Feststellungsklagen findet im Wortlaut des § 42 Abs. 2 Satz 2 GKG keine Stütze. Dort wird nur bestimmt, dass bei Eingruppierungsstreitigkeiten der Streitwert auf das 36-fachen Differenzbetrag festgesetzt wird. Der Wortlaut trifft keine Aussage über die statthafte Klageart. Dies gilt sowohl für Eingruppierungen als auch für wiederkehrende Leistungen. Zudem ist die Leistungsklage die Regel und die Feststellungsklage eher subsidiär. So kann eine unzulässige Leistungsklage ggf. in eine Feststellungsklage umgedeutet werden[6], aber nicht umgekehrt. Für die Streitwertberechnung bei der Leistungsklage gelten daher die Ausführungen zum Streitwert der Feststellungsklage entsprechend (Rz. 193).

5. Einzelfälle (Streitwert-ABC)

198 In kaum einem anderen Rechtsgebiet gab es derart **divergierende** gerichtliche **Entscheidungen** in gleicher Sache wie bei der Festsetzung der Höhe des Streitwerts im arbeitsgerichtlichen Verfahren. Das liegt an weitestgehend fehlenden einschlägigen gesetzlichen Bestimmungen. Auch gibt es hier (leider) keine oberste Instanz (BAG), die die maßgebliche Rspr. prägen kann, da die Bestimmungen über die Rechtsbeschwerde der §§ 574 ff. ZPO nicht die Wertbeschwerden der § 33 Abs. 3 RVG bzw. § 68 Abs. 1 GKG erfassen[7]. Die

---

1 GMP/*Germelmann*, § 12 Rz. 134.
2 AA Tschöpe/Ziemann/Altenburg/*Ziemann*, Teil 1 A Rz.357; LAG Schl.-Holst. v. 19.3.2009 – 6 Ta 24/09.
3 Tschöpe/Ziemann/Altenburg/*Ziemann*, Teil 1 A Rz.355; vgl. *Tschischgale/Satzky*, Kostenrecht, S. 46.
4 GMP/*Germelmann*, § 12 Rz. 136; LAG Berlin v. 16.9.2002 – 17 Ta (Kost) 6093/02, Bibliothek BAG; LAG Düsseldorf v. 13.12.2007 – 6 Ta 641/07, RVGReport 2008, 277; LAG BW v. 12.7.1990 – 8 Ta 79/90, JurBüro 1991, 665 (665 f.); vgl. BAG v. 24.3.1981 – 4 AZR 395/78, EzA § 12 ArbGG 1979 – Streitwert Nr. 5; iE ebenso: *Satzky*, RdA 1979, 23 (25); LAG Berlin v. 7.12.1987 – 9 Sa 92/87, LAGE § 12 ArbGG 1979 – Streitwert Nr. 68; GK-ArbGG/*Schleusener*, § 12 Rz. 261.
5 GMP/*Germelmann*, § 12 Rz. 137.
6 BAG v. 27.10.2010 – 7 ABR 36/09, NZA 2011, 527.
7 BAG v. 17.3.2003 – 2 AZB 21/02, NZA 2003, 682.

§ 68 Abs. 1 Satz 5 iVm. § 66 Abs. 3 Satz 3 GKG und § 33 Abs. 4 Satz 3 RVG schließen dies ausdrücklich aus. Dieser unbefriedigende Befund veranlasste die Präsidentinnen/Präsidenten der deutschen LAG auf ihrem Jahrestreffen in Berlin 2012, eine **Streitwertkommission** zu bilden[1]. Deren Aufgabe war es, **Empfehlungen** ohne jegliche Verbindlichkeit für die Festsetzung von Streitwerten in den praktisch wichtigsten Fallkonstellationen zu geben. Die Vorschläge sollen dem unabhängigen Richter Lösungswege aufzeigen. Selbstverständlich wollen sie zur Beseitigung der Misere einer völlig uneinheitlichen Rspr. beitragen. Schließlich müssen alle Beteiligten des Verfahrens die Kostenfrage einigermaßen verlässlich und möglichst bundeseinheitlich abschätzen können.

Der Kommission ist es gelungen, nach Anhörung der interessierten Verbände sich am 9.7.2014 auf einen **Streitwertkatalog** zu einigen[2]. Die Lösungen sollen aber nicht statisch bleiben. Deshalb hat die Kommission im Frühjahr 2016 erneut über mögliche Änderungen/Klarstellungen/Ergänzungen beraten und solche in moderaten Rahmen beschlossen[3]. Insbesondere sollen keine verfahrensübergreifenden Quotelungen mehr stattfinden, die Aussagen des Katalogs sind verfahrensbezogen. Wegen seiner besonderen Bedeutung sind nachstehend die abschließenden Empfehlungen der **überarbeiteten Fassung v. 5.4.2016** übernommen, im Folgenden „StWKat.".

(1) Abfindung

Der Wert einer Auflösungsabfindung darf dem Streitwert eines Kündigungsschutzverfahrens **nicht hinzugerechnet** werden (StWKat. Nr. A 1). § 42 Abs. 2 Satz 1 Halbs. 2 GKG ist eine anderweitige Bestimmung iSv. § 39 Abs. 1 GKG. Dies gilt insbesondere für die nach §§ 9, 10 KSchG vom Gericht festgesetzte oder in entsprechender Anwendung dieser Bestimmungen in einem Vergleich vereinbarte Abfindung als Teil der Beilegung eines Bestandsschutzverfahrens[4]. Eine Hinzurechnung unterbleibt selbst dann, wenn die Höhe der Abfindung den Streitwert des Kündigungsschutzverfahrens erheblich übersteigt. Das Hinzurechnungsverbot gilt unabhängig davon, ob die Höhe der Abfindung konkret beziffert oder in das Ermessen des Gerichts gestellt ist[5].

Der Grund für das Hinzurechnungsverbot liegt in der **Senkung des Kostenrisikos**. Auch haben die Abfindung nach §§ 9, 10 KSchG und die Kündigungsschutzklage **dieselbe wirtschaftliche Identität**: den Fortbestand des Arbeitsverhältnisses als Existenzgrundlage[6]. Bei der Abfindung soll der Fortbestand des Arbeitsverhältnisses lediglich durch einen Geldbetrag ersetzt werden[7]. Hinzu kommt, dass eine Abfindung nach §§ 9, 10 KSchG nicht isoliert, sondern nur innerhalb eines anhängigen Kündigungsrechtsstreits geltend gemacht werden kann. Der Streitwert einer Abfindung nach §§ 9, 10 KSchG beläuft sich in der gerichtlichen Praxis regelmäßig auf ein halbes Bruttomonatsgehalt je Beschäftigungsjahr[8]. Der Streitwert darf jedoch nach dem Schutzzweck des § 42 Abs. 2 Satz 1 GKG drei Bruttomonatsgehälter nicht übersteigen[9].

Das Hinzurechnungsverbot gilt auch für einen **gerichtlichen Vergleich**, in dem die Zahlung einer Abfindung entsprechend §§ 9, 10 KSchG anlässlich der Beendigung des Arbeitsverhältnisses vereinbart wird[10]. Ferner gilt es im Rahmen der **außergerichtlichen anwaltlichen Tätigkeit**, durch die ein Aufhebungsver-

---

1 In die Kommission wurden damals entsandt: Dr. *Norbert Schwab*, PräsLAG Rheinland-Pfalz (mittlerweile a.D., ausgeschieden auf eigenen Wunsch im Mai 2014) als Kommissionsvorsitzender, Dr. *Peter Bader*, PräsLAG Hessen (mittlerweile a.D., ausgeschieden auf eigenen Wunsch im Mai 2014), *Sabine Kallmann*, PräsLAG Bremen (mittlerweile a.D., ausgeschieden auf eigenen Wunsch und ersetzt durch ihren Nachfolger *Thorsten Beck*, PräsLAG Bremen), Dr. *Helmut Nause*, PräsLAG Hamburg, *Gabriele Jörchel*, VzPräsLAG Hessen (mittlerweile PräsLAG Hessen, ab Mai 2014 Kommissionsvorsitzende), *Georg Goeke*, VzPräsLAG Düsseldorf (ausgeschieden auf eigenen Wunsch nach Eintritt in den Ruhestand, im Sommer 2013 ersetzt durch *Werner Ziemann*, VRLAG Hamm), *Norbert Roth*, VRLAG Nürnberg, Dr. *Martin Amels*, VRLAG Thüringen, *Pierre Goltzsche*, VRLAG Hessen, *Hans-Georg Dutt*, DirArbG Neunkirchen, *Reinhard Engshuber*, VRLAG Sachsen-Anhalt. Noch vor April 2016 kamen hinzu *Hans-Jürgen Augenschein*, VzPräsLAG Baden-Württemberg, *Martin Dreßler*, VRLAG Berlin-Brandenburg und Dr. *Ludger Backhaus*, VRLAG Köln.
2 S. dazu *Jörchel/Bader*, NZA 2013, 809. Der Kommission war es wichtig, alle Vorschläge **einstimmig** zu erstellen, um eine breite Akzeptanz zu erlangen. War dies nicht möglich, unterblieb eine Empfehlung. Nur beim Beschlussverfahren hat sie in einem Fall (B Nr. 13.2) einen Alternativvorschlag unterbreitet (s. dazu Rz. 276).
3 Vgl. zu Einzelheiten mit vollständigem Katalog vom 5.4.2016: *Jörchel*, NZA 2016, 926.
4 *Meier/Becker*, Streitwerte im Arbeitsrecht, Rz. 77; *Tschöpe/Ziemann/Altenburg/Ziemann*, Teil 1, A, Rz. 21 ff.
5 Vgl. BAG v. 26.6.1986 – 2 AZR 522/85, NZA 1987, 139; *Stahlhacke/Bader*, § 12 Rz. 31.
6 LAG BW v. 14.5.2012 – 5 Ta 52/12.
7 Vgl. GK-ArbGG/*Schleusener*, § 12 Rz. 190.
8 Beispiele aus der gerichtlichen Praxis bei *Hümmerich*, NZA 1999, 342 (348 ff.).
9 LAG Berlin v. 30.11.1987 – 9 Sa 102/87, MDR 1988, 346; aA LAG Düsseldorf v. 30.4.1981 – 25 Ta 32/81, EzA § 12 ArbGG 1979 – Streitwert Nr. 3: Der Streitwert ist auf den Betrag der Zahlungsklage festzusetzen.
10 LAG Rh.-Pf. v. 24.4.2007 – 1 Ta 81/07; LAG Sachsen v. 8.1.2010 – 4 Ta 247/09.

trag mit einer Abfindungsvereinbarung zustande kommt[1]. Das gilt auch, wenn ein Rechtsanwalt einen Aufhebungsvertrag mit Abfindung aushandelt, nachdem eine Betriebsvereinbarung die Möglichkeiten für den ArbN eröffnet, im Betrieb zu verbleiben oder gegen Abfindung auszuscheiden. Auch hier steht die auszuhandelnde Abfindung im Synallagma iSv. §§ 9,10 KSchG mit dem Verlust des Arbeitsverhältnisses[2]. Die Betriebsvereinbarung schafft ähnlich wie die allgemeine Vertragsfreiheit nur ein Wahlrecht für den ArbN.

202 Das **Hinzurechnungsverbot** gilt indes **nicht ausnahmslos**. Es ist zu unterscheiden zwischen Abfindungen iSv. §§ 9, 10 KSchG und anderen Entschädigungen, die auf anderen Rechtsgrundlagen beruhen. Abfindungen aus **Rationalisierungsabkommen**[3], **Sozialplänen**[4] oder nach **§ 113 Abs. 3 BetrVG**[5] werden entgegen § 42 Abs. 2 Satz 1 Halbs. 2 GKG für die Streitwertberechnung berücksichtigt (StWKat. A Nr. 1). Sie haben gegenüber dem Kündigungsschutzverfahren einen eigenständigen Streitgegenstand (s. Rz. 227). Werden sie im Verfahren als **Hilfsantrag** geltend gemacht, sind sie gem. § 45 Abs. 1 Satz 2 GKG zu bewerten (s. Rz. 156 f.), wenn eine Entscheidung über sie ergeht[6]. Diese Abfindungsleistungen kann der ArbN nur bei Wirksamkeit der zugrunde liegenden Kündigung geltend machen. Sie mildern lediglich die im Verlust des Arbeitsplatzes liegende Härte, stellen jedoch keine Ersatzleistung für das Arbeitsverhältnis dar[7]. Der Streitwert richtet sich nach der **Höhe der Abfindung**. Der Streitwert einer Abfindung nach § 113 BetrVG ist nach freiem Ermessen zu schätzen (§ 3 ZPO). Maßgebend ist hierbei der Betrag, den das Gericht nach schlüssigem Klägervortrag für angemessen halten muss[8]. Enthält ein Vergleich eine Regelung über einen solchen rechtlich oder tatsächlich unklaren Anspruch – das gilt auch bei einem sog. Gesamtpaket einer Vereinbarung – ist er streitwerterhöhend.

203 Der Streitwert richtet sich allein nach dem Abfindungsbetrag, wenn der Bestand des Arbeitsverhältnisses nicht mehr in Streit steht, sondern nur dessen Zahlung gerichtlich oder außergerichtlich gefordert wird[9]. Der volle Zahlungsbetrag zählt dabei auch, wenn ein Parteienstreit allein über das Zustandekommen einer Abfindungsleistung nach Grund und/oder Höhe besteht[10].

Wird in der **Rechtsmittelinstanz** isoliert nur um eine Auflösung als solche gem. §§ 9, 10 KSchG gestritten, gilt § 42 Abs. 2 Satz 1 GKG: Ist hier der Bestand des Arbeitsverhältnisses dagegen nicht mehr im Streit und wird nur noch isoliert um die Abfindungshöhe gestritten, ist der streitige Differenzbetrag, höchstens jedoch das Vierteljahresentgelt maßgebend (StWKat. A Nr. 1)[11].

(2) Abmahnung

204 Das Verfahren über eine formelle arbeitgeberseitige Rüge, insbesondere die Berechtigung, Wirksamkeit oder Entfernung einer Abmahnung ist eine vermögensrechtliche Streitigkeit (Rz. 166)[12]. Die Streitwertberechnung richtet sich demgemäß nach § 3 ZPO. In der Rspr. haben die Streitwerte von 1/3 eines Monatsgehaltes bis zu drei Bruttomonatsgehältern variiert[13]. Die Mehrheit der Gerichte und der StWKat. A Nr. 2 nehmen indes – unabhängig von der Anzahl und der Art der darin enthaltenen Vorwürfe – pauschal eine Bewertung mit **einem Bruttomonatsgehalt** pro Abmahnung vor[14]. Dieser Mittelwert ist angemessen

---

1 Vgl. BAG v. 16.5.2000 – 9 AZR 279/99, MDR 2001, 174; LAG Düsseldorf v. 8.1.2001 – 7 Ta 533/00, MDR 2001, 598; aA *Meier/Becker*, Streitwerte im Arbeitsrecht, Rz. 80 f., die unter „Rechtsstreitigkeiten" iSv. § 12 Abs. 7 Satz 1 Halbs. 2 nur gerichtliche Verfahren verstehen.
2 Verkannt von LG Mannheim v. 31.7.2014 – 3 O 59/13, ArbRB 2015, 48.
3 LAG Hamm v. 15.10.1981 – 8 Ta 137/81, DB 1981, 2388.
4 LAG Schl.- Holst. v. 26.10.2009 – 5 Ta 176/09, AE 2010, 64: Keine Hinzurechnung erfolgt allerdings bei einer Sozialplanabfindung, bei der die Gewährung davon abhängt, dass das Arbeitsverhältnis nicht beendet ist; GK-ArbGG/*Schleusener*, § 12 Rz. 190; GMP/*Germelmann*, § 12 Rz. 124.
5 LAG Hamburg v. 19.9.2003 – 4 Ta 16/03, EzA – SD 2003, Nr. 22, 15; LAG Köln v. 2.3.1999 – 12 Ta 71/99, AE 1999, 123.
6 LAG Düsseldorf v. 25.10.2010 – 2 Ta 505/10.
7 Vgl. LAG Berlin v. 17.3.1995 – 1 Ta 6, 8/95, NZA 1995, 1072; *Hecker*, AnwBl 1984, 116 (123).
8 Vgl. hierzu Richardi/*Annuß*, § 113 Rz. 49–53; BAG v. 18.10.2011 – 1 AZR 335/10, NZA 2012, 221.
9 LAG Rh-Pf. v. 27.4.2015 – 8 Ta 12/15, ArbRB 2016, 107.
10 LAG Düsseldorf v. 20.7.1987 – 7 Ta 198/87, LAGE § 12 ArbGG 1979 – Streitwert Nr. 66; LAG Düsseldorf v. 30.4.1981 – 25 Ta 32/81, EzA § 12 ArbGG 1979 – Streitwert Nr. 3 (jedenfalls bei einer vom Ausgang des Kündigungsschutzverfahrens unabhängigen Abfindung).
11 AA GMP/*Germelmann*, § 12 Rz. 123, der den vollen Abfindungsbetrag annimmt.
12 BAG v. 24.2.1982 – 5 AZR 347/80, AP Nr. 3 zu § 64 ArbGG 1979.
13 LAG Rh.-Pf. v. 15.7.1986 – 1 Ta 84/86, LAGE § 12 ArbGG 1979 – Streitwert Nr. 60 (1/2 Bruttomonatsgehalt); LAG Köln v. 19.12.1985 – 3 Sa 810/85, BB 1986, 600 (1/2 Bruttomonatsgehalt); LAG Düsseldorf v. 5.1.1989 – 7 Ta 400/88, JurBüro 1989, 954 (zwei Bruttomonatsgehälter).
14 LAG Rh.-Pf. v. 17.1.2006 – 9 Ta 305/05; LAG Hamm v. 16.4.2007 – 6 Ta 49/07, LAGE § 42 GKG 2004 Nr. 6a; LAG Berlin v. 27.11.2000 – 7 Ta 6117/2000 (Kost), AE 2001, 43 (44).

und zutreffend. Die Abmahnung beinhaltet zwar eine Gefährdung für den Bestand des Arbeitsverhältnisses. Sie ist aber nur Vorstufe zur Kündigung, die ihrerseits mit dem Vierteljahresentgelt zu bewerten ist.

Bei **mehreren Abmahnungen** ist grds. für jede Abmahnung ein Streitwert anzusetzen. Wird die Entfernung mehrerer selbständiger Abmahnungen in **einem** Prozessverfahren im Wege der objektiven Klagehäufung geltend gemacht, ist im Rahmen der Ermessensausübung von § 3 ZPO als Ausstrahlungswirkung von § 42 Abs. 2 Satz 1 GKG eine Begrenzung auf höchstens drei Monatsvergütungen vorzunehmen (**StWKat. A Nr. 2.2**), da die Abmahnungen nur Vorstufe zur Kündigung sind[1]. Bei einem Streit wegen mehrerer Abmahnungen ist im Rahmen von § 3 ZPO zu **differenzieren:** 205

– Werden sie in einem engen zeitlichen Zusammenhang unabhängig voneinander in mehreren Schreiben erklärt, dann sind sie letztlich als eine einheitliche ArbGeb-Maßnahme zu sehen. Hiervon wird in der Praxis insbesondere dann Gebrauch gemacht, wenn mehrere Pflichtverletzungen gleichzeitig gerügt werden sollen. Da nach der Rspr.[2] die gesamte Abmahnung entfernt werden muss, wenn auch nur ein Vorwurf nicht zutrifft, werden aus taktischen Gründen mehrere abzumahnende Pflichtverletzungen in mehreren Schreiben erklärt. Dann sind bei Beachtung des wirtschaftlichen Wertes der gesamten Maßnahme die erste Abmahnung mit einer Monatsvergütung und die einzelnen weiteren Abmahnungen idR mit jeweils etwa 1/3 Monatsentgelt, in ihrer Gesamtsumme höchsten mit drei Monatsvergütungen zu bewerten[3]. Ob sie in einem oder in mehreren und damit die gesamte Prozessführung verteuernden Verfahren angegriffen werden, hat angesichts des zu ermittelnden objektiven wirtschaftlichen Werts der Gesamtmaßnahme auf den Streitwert keinen Einfluss. Das sind Fragen aus dem Mandantenverhältnis.

– Handelt es sich bei dem vorgenannten Fall um weitestgehend inhaltsgleiche Vorwürfe (zB: 20 separate Abmahnschreiben, weil der ArbN an 20 im Einzelnen genannten Tagen zu unterschiedlichen Zeiten verspätet die Arbeit aufgenommen hat), ist ein am Einzelfall orientierter höherer Abschlag vorzunehmen[4].

– Haben unterschiedliche Abmahnungen weder zeitlich noch inhaltlich miteinander etwas zu tun, ist bei der Ermessensausübung von § 3 ZPO kein Abschlag vorzunehmen.

Der ArbN kann neben der Entfernung der Abmahnung aus der Personalakte **zugleich den Widerruf bzw. die Rücknahme** der in der Abmahnung abgegebenen Erklärung begehren. In diesem Fall liegen zwar zwei gesonderte Streitgegenstände vor[5]. Die Entfernung der Abmahnung hat nur die Vernichtung der entsprechenden Urkunde zur Folge. Sie führt indes nicht zu dem Verbot, die entfernte Abmahnung nicht mehr zum Nachteil des ArbN heranzuziehen. Widerruf bzw. Rücknahme zielen hingegen auf Beseitigung des ungerechtfertigten Vorwurfs ab, welcher der Abmahnung zugrunde liegt. Trotzdem erhöht dies den Streitwert wegen wirtschaftlicher Identität nicht[6] 206

(3) Abrechnung

Der Anspruch des ArbN auf Erstellung einer reinen Lohnabrechnung nach § 108 GewO, der ggf. auch kumulativ mit einer Vergütungsklage verfolgt wird, bezweckt nicht, dem ArbN erst als Grundlage für eine bezifferbare Zahlungsklage wie etwa die Stufenklage (vgl. Rz. 154 und Rz. 295) zu dienen. Sie ist auch keine separate Auskunftsklage (Rz. 230), die isoliert den Zweck verfolgt wie eine Stufenklage. Anhand der Abrechnung soll der ArbN erkennen können, warum er gerade den ausgezahlten Betrag erhält[7]. Der Anspruch nach § 108 GewO wird mit 5 % der Vergütung für den geltend gemachten Abrechnungszeitraum bewertet (**StWKat. A Nr. 3**). Zahlreiche Gerichte nehmen hier einen Pauschalbetrag an[8]. Ein Festbetrag erleichtert zwar die Festsetzung, dient aber nicht der Einzelfallgerechtigkeit, so dass den Empfehlungen des StWKat. zu folgen ist. 207

---

1 LAG Hessen v. 24.5.2000 – 15 Ta 16/00, NZA-RR 2000, 438; *Meier/Becker*, Streitwerte im Arbeitsrecht, Rz. 86 ff.
2 ZB LAG Hamm v. 10.1.2006 – 19 Sa 1258/05, NZA-RR 2006, 290; BAG, 13.3. 1991 – 5 AZR 133/90, NZA 1991, 768.
3 LAG Nürnberg v. 30.7.2014 – 4 Ta 83/14, NZA-RR 2014, 561; LAG Sachsen v. 23.2.2015 – 4 Ta 182/15, NZA-RR 2015, 268.
4 Ebenso LAG Sa.-Anh. v. 25.1.2013 – 1 Ta 169/12, NZA-RR 2013, 314.
5 LAG Schl.-Holst. v. 13.12.2000 – 6 Ta 59/00, NZA-RR 2001, 496: Entfernung und Widerruf bzw. Rücknahme werden mit je einem halben Monatsverdienst bewertet.
6 Zutreffend GK-ArbGG/*Schleusener*, § 12 Rz. 194.
7 Vgl. BAG v. 12.7.2006 – 5 AZR 646/05, NZA 2006, 1294.
8 LAG Rh.-Pf. v. 24.4.2008 – 1 Ta 38/08 setzt 300 Euro, im Verfahren 27.6.2007 – 1 Ta 154/07 100 Euro an; LAG Berlin-Brandenburg v. 21.9.2011 – 17 Ta (Kost) 6084/11 nimmt 100 Euro an; vgl. Tschöpe/Ziemann/Altenburg/*Ziemann*, Teil 1 A Rz. 56–63.

(4) Änderungskündigung

208 Der ArbN kann auf eine arbeitgeberseitige Änderungskündigung unterschiedlich reagieren. **Nimmt** er das Änderungsangebot vorbehaltlos **an**, kommt es gar nicht erst zum Streit zwischen den Vertragsparteien. Maßgebend ist nunmehr der geänderte Inhalt des Arbeitsverhältnisses. Bei **Ablehnung** des Änderungsangebots wird die Änderungskündigung zur Beendigungskündigung. Ihr Streitwert bemisst sich anhand des Vierteljahresentgelts nach § 42 Abs. 2 Satz 1 GKG[1]. Probleme ergeben sich nur bei der **unter Vorbehalt angenommen** Änderungskündigung, weil die Parteien hier letztlich nur um die Vertragsbedingungen streiten. Dabei ist zu differenzieren, ob die Änderungskündigung eine Änderung der Entgelthöhe bezwecken soll oder/und sonstige Vertragsbedingungen betroffen sind. Die Änderungsschutzklage will hier ihrem Wesen nach nicht den Arbeitsplatz, also die Existenzgrundlage des ArbN, sondern nur den Erhalt der bisherigen Arbeitsbedingungen erreichen. Im Rahmen des richterlichen Ermessens von § 3 ZPO (vgl. hierzu Rz. 167) ist dieses im Vergleich mit einer Bestandsschutzstreitigkeit von § 4 KSchG idR weniger gewichtige Ziel zu beachten.

209 Bei **Annahme** eines Änderungsangebotes **unter Vorbehalt** der arbeitsgerichtlichen Überprüfung ist die Rspr. im Hinblick auf die Streitwertberechnung uneinheitlich: Das BAG[2] und einige LAG[3] setzen den Streitwert gem. § 42 Abs. 2 Satz 1 GKG auf den **dreifachen Jahresbetrag des Werts der Änderung** fest. Der Wert der Änderung sei nach § 3 ZPO vom Gericht **nach freiem Ermessen** festzusetzen. Der Streitwert dürfe aber die in § 42 Abs. 2 Satz 1 GKG genannte Höchstgrenze nicht überschreiten. Ansonsten bestünde die Gefahr eines Wertungswiderspruchs zwischen den Streitwerten von Beendigungs- und Änderungskündigung[4]. § 42 Abs. 2 Sätze 1 und 2 GKG seien hingegen nicht direkt auf die Änderungskündigung anwendbar. Sie bestimmten die Streitwertberechnung nur für die dort genannten Streitigkeiten. Es werde nicht mehr über das Bestehen oder Nichtbestehen eines Arbeitsverhältnisses gestritten, sondern nur über die Frage, ob die Änderungen der Arbeitsbedingungen sozial gerechtfertigt sind[5]. Abzustellen sei auf das Interesse des ArbN an der Aufrechterhaltung seiner bisherigen Leistungsbedingungen. Da dieses Interesse unbefristet bestehe, sei der für Klagen aus zukünftige und unbefristete Leistungen geltende Maßstab des § 42 Abs. 1 Satz 1 GKG zugrunde zu legen.[6]

210 Einige Instanzgerichte bewerten die Änderungskündigung ähnlich, und zwar mit dem **Wert der dreijährigen Vergütungsdifferenz** nach § 42 Abs. 1 Satz 1 GKG. Änderungen, die nicht die Vergütung betreffen, seien mit ihrem wirtschaftlichen Wert zu bemessen. Dieser sei gem. § 3 ZPO nach freiem Ermessen zu schätzen[7]. § 42 Abs. 2 GKG sei auf die Änderungskündigung nicht anwendbar. Nach Annahme unter Vorbehalt stünde nicht mehr der Bestand, sondern nur noch der Inhalt des Arbeitsverhältnisses im Streit. Zum Inhalt des Arbeitsverhältnisses gehöre indes die Höhe einer wiederkehrenden Leistung bzw. die jeweilige Eingruppierung nach § 42 Abs. 1 Satz 1 GKG. Allerdings gelte die Höchstgrenze des Vierteljahresentgelts aus § 42 Abs. 2 Satz 1 GKG trotzdem entsprechend, um eine höhere Bewertung der Änderungskündigung gegenüber der Beendigungskündigung zu verhindern.

211 Schließlich bemessen einige LAG den **Streitwert nach § 42 Abs. 2 Satz 1 GKG** mit maximal einem Vierteljahresverdienst. Hierbei haben sich zwei Auffassungen herausgebildet. Einerseits wird die Änderungskündigung mit der **dreimonatigen Vergütungsdifferenz** mindestens jedoch mit einem Bruttomonatsgehalt bewertet[8]. Dieser Wert könne die sonstigen materiellen oder immateriellen Nachteilen wie zB Prestigeverlust erhöht werden. Bei einer Änderung, die den Vergütungssektor nicht berühre, sei der Streitwert nach freiem Ermessen zu schätzen (§ 3 ZPO). Andererseits wird die Änderungskündigung pauschal mit **1–3 Bruttomonatsgehältern** bewertet[9]. Der Gegenstandswert der anwaltlichen Tätigkeit sei wie bei einer Been-

---

1 LAG Rh.-Pf. v. 25.7.2007 – 1 Ta 179/07, NZA-RR 2007, 604.
2 BAG v. 23.3.1989 – 7 AZR 527/85, EzA § 12 ArbGG 1979 – Streitwert Nr. 64.
3 LAG Rh.-Pf. v. 27.12.2010 – 1, Ta 268/10; LAG BW v. 17.8.2009 – 5 Ta 49/09; für das Schrifttum: Auffahrt/Schönherr/*Heither*, § 12 Rz. 26/22; ErfK/*Koch*, § 12 ArbGG Rz. 18; mwN GK-ArbGG/*Schleusener*, § 12 Rz. 202.
4 LAG Köln v. 12.5.2005 – 7 Ta 32/05, NZA-RR 2006, 47 f.; BAG v. 23.3.1989 – 7 AZR 527/85, EzA § 12 ArbGG 1979 – Streitwert Nr. 64.
5 LAG BW v. 17.6.2005 – 3 Ta 78/05.
6 LAG Köln v. 22.3.2005 – 9 Ta 100/05.
7 LAG Hessen v. 18.2.1999 – 15/6 Ta 352/98, MDR 1999, 945.
8 LAG Sachsen v. 31.5.2006 – 1 Ta 97/06; LAG Bdb. v. 29.12.1999 – 6 Ta 221/99, JurBüro 2000, 309; LAG Thür. v. 14.12.1999 – 8 Ta 180/99, AuR 2000, 318; für das Schrifttum: GMP/*Germelmann*, § 12 Rz. 120; Hauck/Helml/Biebl/*Helml*, § 12 Rz. 33; *Tschischgale/Satzky*, Kostenrecht, S. 35.
9 LAG Sa.-Anh. v. 12.12.2006 – 1 Ta 169/06; LAG Rh.-Pf. v. 15.11.2005 – 9 Ta 257/05; LAG Sachsen v. 22.2.2016 – 4 Ta 275/15 (1) (zwei Monatsgehälter); LAG Düsseldorf v. 8.11.1990 – 7 Ta 355/90, LAGE § 12 ArbGG 1979 – Streitwert Nr. 87 (zwei Monatsgehälter); LAG Berlin v. 30.11.2000 – 7 Ta 6088/00 (Kost), AE 2001, 45 (zwei Monatsgehäl-

digungskündigung einzustufen, da beide Fälle die Frage betreffen, ob das Arbeitsverhältnis zu den bisherigen Bedingungen ende oder fortbestehe[1].

Die Festsetzung des Streitwerts der Änderungsschutzklage ist nach dem StWKat. A Nr. 4 bei einer Änderungskündigung **mit** einer **Vergütungsänderung** oder beim Vorliegen sonstiger messbarer wirtschaftlicher Nachteile **richtigerweise** auf (wie BAG, s. Rz. 209) die 3-fache Jahresdifferenz dieser Vergütungsteile, mindestens jedoch auf eine Monatsvergütung und höchstens auf drei Monatsvergütungen vorzunehmen. Dabei ist darauf Bedacht zu nehmen, dass die idR vorliegende Reduzierung der Vergütung bzw. Erhöhung seiner eigenen Aufwendungen, um etwa zum neuen Arbeitsplatz zu gelangen, im Einzelfall den betroffenen ArbN unterschiedlich stark belasten kann. Insoweit hat das Gericht – soweit auf die Monatsvergütung abzustellen ist – den konkreten Einzelfall bewertend einen Ermessensrahmen zwischen einer und drei Monatsvergütungen. Die Annahme einer pauschalen Festgrenze, etwa von 1 oder 2 Monatsvergütungen, diene nicht der Einzelfallgerechtigkeit. Zielt die Änderungskündigung dagegen nicht auf die Vergütungshöhe ab, sondern will sie nur **sonstige Arbeitsbedingungen** (zB anderer Arbeitsort, Übertragung einer geänderten Tätigkeit bei gleichbleibender Vergütung, hierarchische Stellung im Betrieb, Entzug einzelner Befugnisse bis hin zu einer „kalten" Kündigung) ändern, dann ist der Wert anhand der Umstände des Einzelfalls nach § 3 ZPO festzulegen. Liegt keine messbare Vergütungsänderung vor, dann können die neuen Arbeitsbedingungen den ArbN aus objektiver Sicht betrachtet im Einzelfall sehr unterschiedlich belasten. Der Streitwert beträgt dann je nach dem Grad der Vertragsänderung mindestens ein Monatsentgelt und unter Beachtung der Höchstgrenze von § 42 Abs. 2 Satz 1 GKG höchstens drei Monatsentgelte.

(5) Allgemeiner Feststellungsantrag

Im Rahmen von Kündigungsschutzverfahren wird regelmäßig aus Gründen anwaltlicher Vorsorge neben dem Antrag nach § 4 KSchG **kumulativ** gem. § 256 Abs. 1 ZPO ein allgemeiner Feststellungsantrag (sog. **Schleppnetzantrag**) gestellt. Insbesondere vor der Einführung des Schriftformerfordernisses für Kündigungen in § 623 BGB war dieser Schutzantrag besonders angezeigt. Mit diesem Antrag wird die Feststellung begehrt, dass das Arbeitsverhältnis im Zeitpunkt der letzten mündlichen Verhandlung **ungekündigt fortbesteht**, womit er über die punktuelle Feststellung der Unwirksamkeit einer bestimmten Kündigung hinausgeht[2]. Er wird allein oder kumulativ im Wege der objektiven Klagehäufung als eigenständiger Klageantrag[3] gestellt, wenn etwa ein möglicher Beendigungstatbestand im Raum steht oder Streit besteht, ob ein (wirksames) Arbeitsverhältnis (noch) vorliegt, weiter fortbesteht oder wieder begründet worden ist. Der allgemeine Feststellungsantrag iSv. § 256 Abs. 1 ZPO Antrag ist – richtig gesagt: bleibt – bei fehlenden Anhaltspunkten für einen weiteren Beendigungstatbestand im Zeitpunkt der letzten mündlichen Verhandlung vor dem Tatsachengericht mangels **Rechtsschutzinteresses** unzulässig, weil er einen weiteren Beendigungstatbestand mangels Existenz nicht „einfangen" konnte. Soweit tatsächlich eine weitere Kündigung ausgesprochen wird, muss der ArbN unter teilweiser Einschränkung des allgemeinen Feststellungsantrags (§ 264 Nr. 2 ZPO) einen weiteren Feststellungsantrag nach § 4 KSchG stellen. Mit Stellung eines konkreten Klageantrags nach § 4 KSchG verliert die allgemeine Feststellungsklage in Bezug auf diesen konkreten Beendigungstatbestand ihre prozessuale Bedeutung. Sie bewirkt lediglich, dass die Frist des § 4 KSchG für Folgekündigungen nicht nochmals eingehalten werden muss, weil der vorsorglich gestellte Antrag eine solche schon fristgemäß erfasst hat[4].

Vor diesem Hintergrund ist dieser neben punktuellen Bestandsschutzanträgen zusätzlich verfolgte allgemeine Feststellungsantrag (§ 256 Abs. 1 ZPO) bei der **Berechnung des Streitwerts nicht zu berücksichtigen**[5]. Diese zutreffende Auffassung wird auch im StWKat. A Nr. 17.2 vertreten. Der allgemeine Feststellungsantrag hat bis zum Vorliegen eines weiteren Beendigungstatbestands, insbesondere zusätzliche Kündigung, keinen eigenständigen wirtschaftlichen Wert[6]. Insbesondere nach Ausspruch einer Folgekündigung ist ein weiterer punktueller Klageantrag nach § 4 KSchG erforderlich, der sodann nach den Grundsätzen bei Aus-

---

ter); LAG Sa.-Anh. v. 6.7.1999 – 5 Ta 101/99, AE 1999, 169 (drei Monatsgehälter); *Schneider*, Anm. zu BAG v. 23.3.1989 – 7 AZR 527/85, EzA § 12 ArbGG 1979 – Streitwert Nr. 64 (1–3 Monatsgehälter je nach Einzelfall).
1 LAG Sa.-Anh. v. 12.12.2006 – 1 Ta 169/06.
2 BAG v. 18.12.2014 – 2 AZR 163/14, NZA 2015, 635; vgl. im Einzelnen *Schwab*, NZA 1998, 342.
3 BAG v. 26.9.2013 – 2 AZR 682/12, NZA 2014, 443.
4 BAG v. 13.3.1997 – 2 AZR 512/96, NZA 1997, 844 (846).
5 Ebenso: LAG Nürnberg v. 1.8.2003 – 6 Ta 98/03, Bibliothek BAG; LAG Hamm v. 3.2.2003 – 9 Ta 520/02, NZA-RR 2003, 321; LAG Bremen v. 29.3.2000 – 4 Ta 15/00, LAGE § 12 ArbGG 1979 – Streitwert Nr. 120; LAG Thür. v. 3.6.1996 – 8 Ta 76/96, LAGE § 12 ArbGG 1979 – Streitwert Nr. 106; LAG Köln v. 8.9.1998 – 4 Ta 207/98, LAGE § 12 ArbGG 1979 – Streitwert Nr. 115; GMP/*Germelmann*, § 12 Rz. 111.
6 LAG Bremen v. 29.3.2000 – 4 Ta 15/00, LAGE § 12 ArbGG 1979 – Streitwert Nr. 120; LAG Thür. v. 3.6.1996 – 8 Ta 76/96, LAGE § 12 ArbGG 1979 – Streitwert Nr. 106; LAG Köln v. 12.12.1996 – 3 Ta 274/96, LAGE § 12 ArbGG

spruch einer **Mehrzahl von Kündigungen** zu bewerten ist (Rz. 267). Dieses Ergebnis entspricht letztendlich auch dem Schutzzweck des § 42 Abs. 2 Satz 1 GKG, der einer gesonderten Bewertung eines aus Gründen anwaltlicher Vorsorge erhobenen Antrags entgegensteht[1]. Erhebt der ArbN im Verfahren nur einen allgemeinen Feststellungsantrag mit dem Zweck, das Arbeitsverhältnis zu sichern, dann ist dieser isolierte Antrag entsprechend § 42 Abs. 2 Satz 1 GKG mit grds. drei Monatsvergütungen zu bewerten (StWKat. A Nr. 17.1).

215 Demgegenüber wird (in Zeiten vor dem StWKat.) aufgrund der Reichweite des allgemeinen Feststellungsantrags teilweise eine **gesonderte Bewertung** vorgenommen. Der Streitwert wird dabei zum Teil mit 1/10 des Werts der Kündigungsschutzklage bemessen[2], zum Teil wird er mit einem Bruttomonatsgehalt bewertet[3].

216 Einstweilen frei

(6) Altersteilzeitvereinbarung

217 Der Streitwert einer Altersteilzeitvereinbarung richtet sich nach den Regeln der Bewertung einer **Änderungskündigung** mit Vergütungsänderung (s. Rz. 212). Er entspricht dem Wert des dreijährigen Unterschiedsbetrags zwischen der Vergütung mit und ohne Altersteilzeitvereinbarung[4], mindestens jedoch eine Monatsvergütung und höchstens drei Monatsvergütungen (**StWKat. A Nr. 5**).

(7) Altersversorgung

218 Laufende Leistungen aus dem Bereich der betrieblichen Altersversorgung sind wiederkehrende Leistungen (s. dazu Rz. 191). Ihre Bewertung richtet sich gem. § 42 Abs. 1 Satz 1 GKG nach dem dreifachen Jahresbezug[5], wenn nicht der Gesamtbetrag der geforderten Leistungen geringer ist; s. Rz. 181 f. Geht der Streit nur um die Höhe, dann entscheidet der 36-fache Differenzbetrag. Macht ein ArbN **vor** Eintritt des **Versorgungsfalles** Rechte auf zukünftige betriebliche Altersversorgung geltend, so ist unklar, ob diese Ansprüche zukünftig tatsächlich entstehen bzw. zur Auszahlung gelangen. Während des noch laufenden Arbeitsverhältnisses bestehen zunächst nur **Anwartschaften**, für die § 42 Abs. 1 Satz 1 GKG nicht gilt. Diese Rechtssituation schlägt sich auf den wirtschaftlichen Wert des Rechtsstreits nieder. Da nicht feststeht, ob der ArbN als Betriebsrentner tatsächlich einmal eine Betriebsrente beziehen wird, nimmt das BAG[6] nunmehr einen pauschalen Abschlag iHv. 30 % vom 36-fachen monatlichen Differenzbetrag vor.

(8) Anfechtung

219 Die Frage der Wirksamkeit einer Anfechtung des **Arbeitsvertrags** ist eine Bestandsstreitigkeit (Rz. 171). Ihre Bewertung richtet sich nach dem Vierteljahresverdienst des § 42 Abs. 2 Satz 1 GKG[7].

220 Die Anfechtungsklage nach § **129 InsO** unterfällt nicht § 182 InsO. Ihr Streitwert richtet sich nach den allgemeinen Vorschriften[8].

221 Wird ein **Prozessvergleich** angefochten oder seine Nichtigkeit geltend gemacht, dann wird das bisherige Verfahren fortgesetzt. Das abgeschlossene und das neue Verfahren bilden prozessual eine Einheit[9]. Der (neue) Streitwert richtet sich dann nicht nach dem (ggf. höheren) Wert des angefochtenen Vergleichs, sondern nach dem Wert der ursprünglich gestellten Anträge; es gilt somit grds. der Streitwert des ursprünglichen Verfahrens. Der (ggf. höhere) Wert des Vergleichs oder das Interesse an seiner Wirksamkeit ist nur maßgeblich, wenn neben der Fortsetzung des ursprünglichen Rechtsstreits nach § 256 Abs. 2 ZPO auch die Feststellung der Wirksamkeit des Vergleichs beantragt wird[10].

1979 – Streitwert Nr. 108; *Schwab*, NZA 1998, 342 (346); anders LAG Hamm v. 3.2.2003 – 9 Ta 520/02, NZA-RR 2003, 321.
1 So auch LAG Düsseldorf v. 27.7.2000 – 7 Ta 249/00, NZA-RR 2000, 613 (614); LAG Köln v. 8.9.1998 – 4 Ta 207/98, LAGE § 12 ArbGG 1979 – Streitwert Nr. 115.
2 LAG Berlin v. 26.1.2001 – 17 Ta 6017/01 (Kost), AE 2002, 40.
3 LAG Hamm v. 2.11.1998 – 9 Ta 358/98, AE 1999, 47 (48); ebenso: *Meier/Becker*, Streitwerte im Arbeitsrecht, Rz. 246.
4 In diesem Sinne wohl auch: *Meier/Becker*, Streitwerte im Arbeitsrecht, Rz. 91.
5 *Meier/Becker*, Streitwerte im Arbeitsrecht, Rz. 115; *Schäder*, Streitwert-Lexikon Arbeitsrecht, S. 35.
6 BAG v. 22.9.2015 – 3 AZR 391/13 (A), NZA 2015, 1471.
7 GMP/*Germelmann*, § 12 Rz. 97; Hauck/Helml/Biebl/*Helml*, § 12 Rz. 25;.
8 Tschöpe/Ziemann/Altenburg/*Ziemann*, A Teil 1 Rz. 432.
9 LAG Rh.-Pf. v. 22.2.2011 – 1 Ta 9/11.
10 BGH v. 19.9.2012 – V ZB 56/12, NJW 2013, 470.

(9) Arbeitnehmerähnliche Personen/Arbeitnehmer

Die arbeitnehmerähnlichen Personen sind in § 5 Abs. 1 den ArbN verfahrensrechtlich gleichgestellt. Der Streit über das Bestehen eines Beschäftigungsverhältnisses einer arbeitnehmerähnlichen Person ist daher eine Bestandsstreitigkeit iSv. § 42 Abs. 2 Satz 1 GKG. Sie ist mit dem Wert des Vierteljahresentgelts zu bewerten[1].

Der Streit, ob ein Beschäftigter ArbN oder zB **leitender Angestellter** iSv. § 5 Abs. 3 BetrVG ist, ist mit dem Hilfswert von § 23 Abs. 3 S. 2 RVG zu veranschlagen. Geht es um mehrere Beschäftigte, ist zu addieren, wenn unterschiedlich zu bewertende Einzelfälle mit unterschiedlichen Aufgabenbereichen vorliegen[2]. S. auch Rz. 294.

(10) Arbeitsleistung

Für die Klage eines ArbGeb gegen den ArbN auf Erbringung vertraglich geschuldeter Arbeitsleistung nach § 611 Abs. 1 BGB existiert keine spezielle Streitwertregelung. Die Streitwertberechnung ist uneinheitlich. Eine solche Klage auf Arbeitsleistung ist wie ein (Weiter-)Beschäftigungsantrag des ArbN (Rz. 308) zu bewerten[3]. Zum Teil wird der Streitwert mit dem **für die Arbeitsleistung zu zahlenden Arbeitsentgelt** bemessen[4]. Hiernach wäre der Streitwert gem. § 42 Abs. 1 Satz 1 Alt. 4 GKG in Höhe des dreifachen Jahresbezugs festzusetzen. Letzteres ist abzulehnen, weil gerade die Arbeitsleistung des ArbN und nicht seine Vergütung dem wirtschaftlichen Bestreben des klagenden ArbGeb und dem Klageziel entspricht.

(11) Arbeitspapiere

Arbeitspapiere sind alle Arten von Dokumenten, die für die berufliche Tätigkeit des ArbN von Bedeutung sind. Die Rspr. bewertete Ansprüche auf Herausgabe von Arbeitspapieren im Rahmen des § 3 ZPO bislang oftmals mit bezifferten Festbeträgen, was sicherlich im Einzelfall die Kostenerstellung erleichtert, aber nicht der Einzelfallgerechtigkeit dient. So wird etwa der Streit über die Herausgabe von Arbeitspapieren mit jeweils 250–300 Euro bewertet. Hierunter fallen die Lohnsteuerkarte und der SozV-Nachweis sowie die Erteilung einer Verdienstbescheinigung[5]. In gleicher Höhe wird ein Streit über die Arbeitsbescheinigung nach § 312 SGB III bewertet (früher § 133 AFG)[6], die schriftliche Mitteilung über den Fortbestand des Arbeitsverhältnisses zur Vorlage bei der Krankenversicherung[7] und das Berichtsheft in der Form eines Ausbildungsnachweises[8]. Das LAG Hessen[9] hat im Hinblick auf die Geldentwertung die Werte für Klagen auf Ausfüllung und/oder Herausgabe von Arbeitspapieren drastisch von 250 Euro gleich auf 500 Euro verdoppelt. Richtig dürfte es wegen der Einzelfallgerechtigkeit sein, auch solche Streitigkeiten nach der Verdiensthöhe des jeweiligen ArbN zu bewerten[10]. Der StwKat. (A Nr. 7) nimmt für reine Bescheinigungen, zB hinsichtlich sozialversicherungsrechtlicher Vorgänge, Urlaub oder Lohnsteuer, oder für einen Nachweis nach dem NachweisG: pro Arbeitspapier bzw. Nachweis 10 % einer Monatsvergütung an. Dieser Auffassung ist zu folgen.

(12) Arrest und einstweilige Verfügung

Für die Bewertung eines Arrest- bzw. einstweiligen Verfügungsverfahrens bemisst sich der Streitwert nach § 53 Abs. 1 Nr. 1 GKG iVm. § 3 ZPO. Hiernach wird grds. wegen der bloß vorläufig regelnden Anordnung des Gerichts ein reduzierter Wert des Hauptsachestreitwerts festgesetzt[11]. Je nach Einzelfall sind bei der Ermessensausübung von § 3 ZPO idR 50 % des Hauptsachestreitwerts anzunehmen (StWKat. A Nr. 16.2). Führt allerdings das einstweilige Verfügungsverfahren zu einer Vorwegnahme der Hauptsache, dann ist bis

---

1 *Müller/Bauer*, Der Anwalt vor den Arbeitsgerichten, S. 322 f.; aA *Hecker*, AnwBl 1984, 116 (120).
2 LAG Hamm v. 26.7.2016 – 7 Ta 175/16, NZA-RR 2016, 610.
3 GK-ArbGG/*Schleusener*, § 12 Rz. 208; Tschöpe/Ziemann/Altenburg/*Ziemann*, Teil 1 A Rz. 109.
4 *Meier/Becker*, Streitwerte im Arbeitsrecht, Rz. 96 f.
5 LAG Hamm v. 18.4.1985 – 8 Ta 92/85, LAGE § 3 ZPO Nr. 1; LAG Hessen v. 23.4.1998 – 15/6 Ta 426/99, NZA-RR 1999, 382; weitere Nachweise bei: *Schäder*, Streitwert-Lexikon Arbeitsrecht, S. 32.
6 LAG Hamm v. 18.4.1985 – 8 Ta 92/85, LAGE § 3 ZPO Nr. 1; GK-ArbGG/*Schleusener*, § 12 Rz. 209; *Schäder*, Streitwert-Lexikon Arbeitsrecht, S. 32 mwN.
7 LAG Köln v. 13.12.1999 – 13 (7) Ta 366/99, MDR 2000, 670.
8 LAG Sachsen v. 14.2.2001 – 2 Sa 10/01, MDR 2001, 960.
9 LAG Hessen v. 9.7.2003 – 15 Ta 123/03, ArbuR 2003, 399; ebenso (1000 DM) *Meier/Becker*, Streitwerte im Arbeitsrecht, Rz. 95.
10 *Meier/Becker*, Streitwerte im Arbeitsrecht, Rz. 93, 95; vgl. auch LAG Köln v. 12.11.1997 – 8 Ta 271/97, AE 1998, 36.
11 Vgl. die Nachweise bei GK-ArbGG/*Schleusener*, § 12 Rz. 210.

(13) Auflösungsantrag

226 Der Auflösungsantrag, der im Rahmen einer Kündigungsschutzklage nach §§ 9, 10 oder 13 Abs. 1 Satz 3–5, Abs. 2, § 14 Abs. 2 Satz 2 KSchG gestellt wird, **erhöht** aus sozialpolitischen Gesichtspunkten den **Streitwert** der Kündigungsschutzklage von einem Vierteljahresentgelt **nicht** (StWKat. A Nr. 1)[1]. Nach § 42 Abs. 2 Satz 1 Halbs. 2 GKG ist eine Abfindung nicht streitwerterhöhend. Eine solche setzt zwingend einen entsprechenden Parteiantrag voraus. Auch wenn ein Kündigungsschutzantrag und ein Auflösungsantrag unterschiedliche Streitgegenstände betreffen, so führt erst die Kombination der beiden Anträge zu einem Abfindungsanspruch. Den will der Gesetzgeber ausdrücklich nicht bewertet haben. Wird in der Rechtsmittelinstanz nicht mehr über die Wirksamkeit der Kündigung, sondern isoliert nur noch über die Auflösung gestritten, gilt auch dann § 42 Abs. 2 Satz 1 GKG, weil Kündigungsschutzantrag und Auflösungsantrag ihre Einheitlichkeit nicht verlieren, wenn der erste Antragsteil nicht mehr im Streit steht. Auch wird nach wie vor um die Beendigung des Arbeitsverhältnisses gestritten. Steht hier isoliert nur die Abfindungshöhe in Streit (vgl. zum Vorliegen einer Beschwer § 64 Rz. 19, Rz. 20), ist maßgebend der streitige Differenzbetrag, höchstens jedoch das Vierteljahresentgelt. Ist ein Streit über Grund **und** Höhe gesetzlich limitiert, muss dies auch bei einem Streit „nur" über die Höhe gelten, selbst wenn die streitige Summe höher ist als der Vierteljahresverdienst.

227 Wird hingegen über eine **Sozialplanabfindung**, über eine tarifliche Abfindung oder über einen **Nachteilsausgleich** nach § 113 Abs. 1 BetrVG gestritten, richtet sich der Wert nach dem streitigen Betrag (s. Rz. 202). Solche Ansprüche unterfallen nicht der Sonderregelung von § 42 Abs. 2 Satz 1 Halbs. 2 GKG. Werden solche Ansprüche mittels Hilfsantrags verfolgt, gelten die Grundsätze von § 45 Abs. 1 Satz 2, Abs. 3 GKG, s. Rz. 156 f.

228 Eine in einem sog. Auflösungs**vergleich** in entsprechender Anwendung der §§ 9, 10 KSchG (ArbN gibt sein Arbeitsverhältnis auf, als Gegenleistung erhält er Geld) vereinbarte Abfindung ist nicht streitwerterhöhend. Zusätzliche Vereinbarungen im Vergleich über andere streitige oder zumindest unklare Abfindungen, zB aus einem Sozialplan oder Tarifvertrag oder über einen Nachteilsausgleich iSv. § 113 BetrVG können zu einer Werterhöhung führen.

229 Demgegenüber wird (wurde) der Auflösungsantrag vereinzelt auch neben einem Kündigungsschutzantrag wertmäßig berücksichtigt. Dies wird mit dem **eigenen Streitgegenstand** des Auflösungsantrags begründet[2]. Diese Ansicht widerspricht der gesetzlichen Vorgabe des § 42 Abs. 2 Satz 1 Halbs. 2 GKG.

(14) Auskunft

230 Auskunft kann als **separater** Anspruch **oder** auch als **Teil** einer Stufenklage (s. Rz. 154) gefordert werden. Zur Bewertung der Stufenklage s. Rz. 295. Der **Auskunftsantrag** ist in beiden Fallvarianten eine vermögensrechtliche Streitigkeit (s. Rz. 166). Der Streitwert für den Auskunftsanspruch ist idR. deutlich niedriger als der im Ergebnis letztlich bezweckte Zahlungsanspruch, weil die Auskunft das Leistungsbegehren nur vorbereiten, erleichtern oder helfen soll, es zu präzisieren. Die Streitwertberechnung richtet sich gem. § 3 ZPO nach den Umständen des Einzelfalls. Sind die Umstände des Auskunftsbegehrens dem Kläger weitgehend bekannt, ist ein geringer Bruchteil eines zu schätzenden Leistungsbegehrens anzusetzen[3]. Je geringer dagegen die Kenntnis der maßgeblichen Umstände zur Realisierung des Zahlungsanspruchs ist, desto mehr steigt der Wert des Auskunftsbegehrens[4]. Auf diese Weise dürfte der Streitwert oftmals zwischen 10–50 % der zu erwartenden Vergütung sein (StWKat. A Nr. 10.1). Die für den Fall der Nichterteilung der Auskunft hilfsweise geltend gemachte **Entschädigung** nach § 61 Abs. 2 Satz 1 soll nicht den Hauptanspruch, sondern den Schaden abdecken, der durch die Auskunftsverweigerung entsteht. Damit stellt die Entschädigung das wirtschaftliche Interesse dar (vgl. zum Entschädigungsantrag auch Rz. 257)[5]. Zum Wert des Beschwerdegegenstands iSv. § 64 Abs. 2 Buchst. b für den zur Auskunft verurteilten Beklagten im **Berufungsverfahren** in Bezug auf die **Statthaftigkeit** des Rechtsmittels s. § 64 Rz. 65.

---

1 Ebenso: LAG Hamburg v. 1.4.2011 – 5 Ta 8/11; LAG Köln v. 19.4.2011 – 9 Ta 17/97.
2 *Meier/Becker*, Streitwerte im Arbeitsrecht, Rz. 101 ff.; LAG Berlin v. 30.12.1999 – 7 Ta 6121/99, DB 2000, 484; aA LAG Berlin v. 12.5.2006 – 17 Ta (Kost) 6061/06.
3 Vgl. Rechtsprechungsübersicht bei Tschöpe/Ziemann/Altenburg/*Ziemann*, Teil 1 A Rz. 146 ff.
4 BGH v. 20.3.2002 – IV ZR 3/01; LAG Rh.-Pf. v. 1.3.2010 – 1 Ta 29/10.
5 GK-ArbGG/*Schleusener*, § 12 Rz. 218.

(15) Befangenheit

Das Verfahren zur Ablehnung eines Richters oder eines Sachverständigen wegen Befangenheit kann Teil eines Urteils- oder Beschlussverfahrens sein (vgl. etwa § 19 Abs. 1 Nr. 3 RVG). In diesem Fall findet keine gesonderte Bewertung statt[1]. Ist die Ablehnung indes Gegenstand eines selbständigen Verfahrens (etwa eines nach § 49 Abs. 3 unzulässigen aber trotzdem beschrittenen Beschwerdeverfahrens), ist sie als nichtvermögensrechtliche Streitigkeit nach den Grundsätzen von § 48 Abs. 2 GKG zu bewerten[2]. Die Streitwertberechnung auf der Grundlage des § 48 Abs. 2 GKG ist uneinheitlich. Zum Teil wird der Streitwert nach dem gesamten Gegenstandswert des Hauptsacheverfahrens bemessen, zum Teil wird nur ein Bruchteil des Gegenstandswerts des Hauptsacheverfahrens angesetzt[3]. Letzterer Ansicht ist zu folgen. Gegenstand des Ablehnungsverfahrens ist nicht die Hauptsache, sondern das Bemühen um einen unparteiisch geführten und zu entscheidenden Prozess[4].

231

(16) Befristung und sonstige Beendigungstatbestände

Rechtsstreite über die Wirksamkeit einer Befristungsabrede, einer auflösenden Bedingung, einer Anfechtung des Arbeitsvertrags, einer Eigenkündigung und eines Auflösungs- oder Aufhebungsvertrags sind Streitigkeiten über die Beendigung eines Arbeitsverhältnisses iSd. § 42 Abs. 2 Satz 1 GKG (StWKat. A Nr. 11)[5]. Ihr Streitwert ist grds. mit dem Wert des Vierteljahresentgelts zu bemessen (vgl. Rz. 171–176).

232

(17) Berufsausbildung und Antrag nach § 78a BetrVG

Streitigkeiten über den Bestand eines Ausbildungsverhältnisses sind Bestandsstreitigkeiten iSv. § 42 Abs. 2 Satz 1 GKG[6]. Entsprechend ist der Streitwert generell nach dem Betrag der für die Dauer eines Vierteljahres zu leistenden Ausbildungsvergütung zu bemessen, und zwar in beiden Fällen von § 78a Abs. 4 BetrVG. Das Weiterbeschäftigungsverlangen eines Auszubildenden nach § 78a Abs. 4 **Nr. 1** BetrVG hat das LAG Köln[7] mit zwei Monatsausbildungsvergütungen bewertet. Jedenfalls bei der Ermittlung des Streitwerts eines Verfahrens nach § 78a Abs. 4 **Nr. 2** BetrVG ist idR. der volle Streitwertrahmen des § 42 Abs. 2 Satz 1 GKG auszuschöpfen, da die Auflösung eines bereits kraft gesetzlicher Fiktion begründeten unbefristeten Arbeitsverhältnisses begehrt wird[8].

233

(18) Beschlussverfahren

In Beschlussverfahren ergeht weder eine Kostenentscheidung noch eine Streitwertfestsetzung von Amts wegen. Der Gegenstandswert der anwaltlichen Tätigkeit im Beschlussverfahren ist nach einhelliger Auffassung (s.a. Rz. 145) nach § 33 Abs. 1 RVG festzusetzen. Eine Festsetzung des Streitwerts für Gerichtsgebühren ist nicht möglich, weil solche wegen der Kostenfreiheit des Beschlussverfahrens (§ 2 Abs. 2 GKG) nicht anfallen können. Damit muss eine Gegenstandswertfestsetzung nach § 33 Abs. 1 RVG beantragt werden. Der Gegenstandswert der anwaltlichen Tätigkeit ist nach § 23 Abs. 3 Satz 2 Halbs. 1 RVG nach **billigem Ermessen** festzusetzen. Das Beschlussverfahren zwischen ArbGeb und BR ist in aller Regel eine nichtvermögensrechtliche Streitigkeit, weil es hier ganz überwiegend um Mitbestimmungsrechte des BR in Form der Teilhabe des BR an der Gestaltung des betrieblichen Geschehens geht. Ausschlaggebend ist der Rechtscharakter des jeweiligen Anspruchs. Die Wahrnehmung betriebsverfassungsrechtlicher Beteiligungsrechte hat keinen vermögensrechtlichen Charakter[9]. Gleichwohl sind auch in diesem Verhältnis vermögensrechtliche Streitigkeiten (s. Rz. 166–167) nicht ausgeschlossen. So geht es etwa bei Auseinandersetzungen über bezifferbare Ansprüche auf Sachmittel, wegen Über- bzw. Unterdotierung eines Sozialplans oder Ersatz von der Höhe nach feststehenden BR-Kosten um wirtschaftliche Interessen. Bei einer vermögensrechtlichen Streitigkeit ist der Gegenstandswert nach § 23 Abs. 1 RVG, § 48 Abs. 1 GKG letztlich nach § 3 ZPO festzusetzen. Bei nichtvermögensrechtlichen Verfahren bzw. bei Fehlen tatsächlicher Anhaltspunkte für

234

---

[1] LAG Köln v. 19.3.1996 – 7 (6) Ta 267/95, AnwBl 1996, 644.
[2] *Schneider*, MDR 1968, 888 (890); GK-ArbGG/*Schleusener*, § 12 Rz. 192 mwN.
[3] Vgl. die Nachweise bei *Schneider*, MDR 1968, 888 (889); *Hartmann*, Kostengesetze, Anh. I § 48 GKG (§ 3 ZPO) Rz. 10 f.
[4] Ebenso: *Schneider*, MDR 1968, 888 (890).
[5] Ebenso GK-ArbGG/*Schleusener*, § 12 Rz. 245.
[6] BAG v. 22.5.1984 – 2 AZB 25/82, AP Nr. 7 zu § 12 ArbGG 1979; LAG Düsseldorf v. 12.4.1984 – 7 Ta 92/84, EzA § 12 ArbGG 1979 – Streitwert Nr. 30; LAG Hamm v. 27.11.1986 – 8 Ta 222/86, LAGE § 12 ArbGG 1979 – Streitwert Nr. 57; aA *Hecker*, AnwBl 1984, 116 (119) (Vierteljahresbezug eines Gesellen im ersten Berufsjahr).
[7] LAG Köln v. 20.2.2006 – 2 Ta 468/05, NZA-RR 2006, 434.
[8] Vgl. LAG Hamburg v. 26.10.2006 – 7 Ta 18/06, NZA-RR 2007, 154; LAG Thür. v. 20.3.2007 – 8 Ta 26/07.
[9] BAG v. 9.11.2004 – 1 ABR 11/02, NZA 2005, 70.

eine Schätzung bemisst sich der Streitwert nach § 23 Abs. 3 Satz 2 Halbs. 2 RVG. Dieser sieht einen Wert von 5 000 Euro vor. Nach überwiegender und richtiger Auffassung[1] handelt es sich bei den **5 000 Euro** nach dem Wortlaut der Norm um keinen Regel-, sondern um einen reinen **Hilfswert**. Auf diesen darf erst zurückgegriffen werden, wenn alle sachbezogenen Möglichkeiten für eine individuelle Bewertung ausgeschöpft sind[2]. Solche Anhaltspunkte können sich aus der wirtschaftlichen Interessenlage der Beteiligten, einer möglichen Berührung finanzieller Ansprüche einzelner ArbN, Bedeutung, Umfang und Schwierigkeit der Sache sowie dem Arbeitsaufwand des Verfahrensbevollmächtigten[3] ergeben. Es ist auch der Umstand zu berücksichtigen, dass der ArbGeb gem. § 40 Abs. 1 BetrVG die Kosten des BR zu tragen hat, was nicht zu einer unangemessenen Belastung führen darf, da auch sonst im Rahmen der Kostentragungspflicht des ArbGeb die Aspekte der Erforderlichkeit und Angemessenheit zählen[4]. Bei der Ermessensausübung sind sowohl das Interesse des Antragstellers wie auch des Antragsgegners an der beantragten Maßnahme zu berücksichtigen. Auch dann wenn auf den Hilfswert zurückgegriffen werden muss, so ist der Wert von 5 000 Euro nicht statisch, sondern je nach Lage des Falles niedriger oder höher, jedoch nicht über 500 000 Euro hinaus anzusetzen. Das Gericht hat also auch in den Fällen des Abstellens auf den Hilfswert, stets eine Einzelfallbewertung vorzunehmen, ob eine Veränderung nach oben oder unten angezeigt ist. Es hat ggf. falladäquate Abstufungen vorzunehmen, die zugleich tragenden Grundsätzen des Arbeitsgerichtsprozesses ausreichend Rechnung tragen. Dabei kann auch auf typisierende Bewertungsgrundsätze abgestellt werden, die zu einer gleichförmigen und den Gleichbehandlungsgrundsatz wahrenden Rechtsanwendung gelangen[5].

235 Bezieht sich ein einheitlicher Mitbestimmungsvorgang nicht nur auf einen, sondern auf eine **Vielzahl von ArbN**, enthält der StWKat. in B Nr. 13.7 für **Massenverfahren** eine **Staffel** zur Erhöhung der Einzelwerte. Dies betrifft vornehmlich nach § 99 BetrVG, wenn eine der dort genannten Maßnahmen nicht nur einen ArbN, sondern mehrere betrifft, so dass im Grundsatz für jeden einzelnen ArbN eine einzelfallbezogene Prüfung vorzunehmen ist. Die bei individueller Betroffenheit zum Tragen kommende Staffel geht von folgenden Grundsätzen und Staffelstufen aus: Bei Massenverfahren mit wesentlich gleichem Sachverhalt, insbesondere bei einer einheitlichen unternehmerischen Maßnahme und parallelen Zustimmungsverweigerungsgründen und/oder vergleichbaren Eingruppierungsmerkmalen, erfolgt – ausgehend von den Grundsätzen in den unterschiedlichen Mitbestimmungstatbeständen – ein linearer Anstieg des Gesamtwerts, wobei als Anhaltspunkt folgende Staffelung für eine Erhöhung angewendet wird:
– beim 2. bis einschließlich 20. parallel gelagerten Fall wird für jeden ArbN der für den Einzelfall ermittelte Ausgangswert mit 25 % bewertet,
– beim 21. bis einschließlich 50. parallel gelagerten Fall wird für jeden ArbN der für den Einzelfall ermittelte Ausgangswert mit 12,5 % bewertet,
– ab dem 51. parallel gelagerten Fall wird für jeden ArbN der Ausgangswert mit 10 % bewertet.

Keine Massensache in diesem Sinne liegt vor, wenn durch eine einheitliche Maßnahme ganz allgemein alle ArbN oder eine bestimmte Gruppe von ArbN des Betriebes betroffen sind, ohne dass Einzelfälle zu beurteilen sind; s. zB Rz. 239. Werden jeweils unterschiedlich zu beurteilende und zu prüfende Einzelfälle in einem Verfahren betrieben, werden alle addiert ohne Abschlag[6].

236 Bei der Erstattung von Rechtsanwaltskosten für seinen Verfahrensbevollmächtigten hat der BR das Prinzip der Erforderlichkeit von § 40 BetrVG zu beachten. Bei einem auf einem einheitlichen Lebenssachverhalt beruhenden Massenverfahren hat er Rücksicht auf das **Kosteninteresse** des **ArbGeb** zu nehmen. Er hat bei solchen Massenverfahren die Rechtsverfolgung grds. in **einem** kostengünstigeren Beschlussverfahren und nicht in jeweils separaten Einzelverfahren zu betreiben[7].

237 Eine **Antragshäufung** im Beschlussverfahren, auch in Form von **Haupt- und Hilfsantrag**, führt grds. zu einer Addition bei unterschiedlichen Streitgegenständen (s. Rz. 152 ff.). Wird ein Hilfsantrag gestellt, dann ist dieser zusätzlich zu bewerten, wenn über ihn eine Entscheidung ergeht und wenn mit dem zusätzlichen Antrag ein selbständiger Streitgegenstand verfolgt wird. Stellt ein weiterer Antrag – gleichgültig ob zusätzlich oder als Hilfsantrag verfolgt – nur die rechtliche oder natürliche Folge aus einem Antrag dar oder

---

1 Vgl. zum Meinungsstand: Tschöpe/Ziemann/Altenburg/*Paschke*, Teil 1 B Rz. 40-42.
2 LAG Rh.-Pf. v. 1.3.2010 – 1 Ta 24/10; LAG MV v. 16.11.2000 – 1 Ta 67/00, MDR 2001, 337 (338); LAG Hamm v. 12.6.2001 – 10 TaBV 50/01, NZA-RR 2002, 472; *Bertelsmann*, Gegenstandswerte in arbeitsgerichtlichen Beschlussverfahren, S. 18 f. mwN; Arbeitsrechtslexikon/*Schwab*: Streitwert/Gegenstandswert II.
3 LAG Rh.-Pf. v. 30.8.2007 – 1 Ta 194/07, NZA-RR 2007, 658.
4 LAG Köln v. 4.6.2007 – 9 Ta 104/07, NZA-RR 2008, 158.
5 LAG Hamm v. 26.7.2016 – 7 Ta 175/16, NZA-RR 2016, 610.
6 LAG Hamm v. 26.7.2016 – 7 Ta 175/16, Feststellung von unterschiedlich zu bewertenden ArbN als leitende Angestellte.
7 BAG v. 29.7.2009 – 7 ABR 95/07, NZA 2009, 1223.

beziehen sich beide im Wesentlichen auf denselben Streitgegenstand, scheidet eine Addition wegen wirtschaftlicher Identität aus; es entscheidet der höhere. Zum Gegenstandswert bei einzelnen Beschlussverfahren, vgl. die entsprechenden Stichworte.

Streiten die Parteien um die Frage, ob betriebliche Einheiten einen Betrieb, gemeinsamen Betrieb, Betriebsteil darstellen, ist eine Bewertung nach § 23 Abs. 3 S. 2 RVG vorzunehmen (s. StWKat. B Nr. 16.2). Vielfach dürften Umfang, Bedeutung und umfassende Rechtsfolgenklärung des Verfahrens eine Erhöhung des Hilfswerts rechtfertigen. Nach LAG Sachsen[1] sind bei einer umfassenden **Klärung** des **Betriebsbegriffs** auf die Grundsätze für eine Bewertung einer Wahlanfechtung (s. Rz. 242) abzustellen. Diese Sichtweise erscheint fraglich, weil bei einer Wahlanfechtung letztlich eine teure Wahlwiederholung im Raum steht. So weit will man es mit der begehrten frühen Feststellung gerade nicht kommen lassen. 237a

(19) Betriebsrat, Auskunft

Strebt der BR, gestützt auf § 80 Abs. 2 Satz 1 BetrVG, die Erteilung von Auskünften einschließlich der Übergabe von Unterlagen im Zusammenhang mit der Arbeitszeit an, ist idR die Festsetzung des Hilfswerts von § 23 Abs. 3 Satz 2 Halbs. 2 RVG iHv. 5 000 Euro angemessen[2].Gleiches gilt allgemein für geltend gemachte **Informations- und Beratungsansprüche**. Dabei kann im Einzelfall unter Bewertung vom Gegenstand der Mitbestimmungsrechts und der Bedeutung des Einzelfalls sowie des Aufwands eine Herauf- oder Herabsetzung des Wertes erfolgen (**StWKat. B Nr. 9.1**). 238

Begehrt der BR zur Verrichtung seiner erforderlichen Aufgaben die Hinzuziehung eines **Sachverständigen/** einer **Auskunftsperson**, dann handelt es sich bei Streitigkeiten[3] über das Bestehen und den Umfang eines solchen Anspruchs um eine nichtvermögensrechtliche Angelegenheit. Ausgehend vom Hilfswert des § 23 Abs. 3 Satz 2 RVG kann gerade hier einzelfallabhängig eine Herauf- oder Herabsetzung erfolgen (StWKat. B Nr. 9.2). Insbesondere die zu erwartende angemessene Vergütung der Person dürfte zu schätzen sein.

(20) Betriebsrat, Beschlüsse, Betriebsvereinbarung

Beschlussverfahren über die **Wirksamkeit** von BR-Beschlüssen (etwa wegen Ladungsmangel, Teilnahme eines falschen Ersatzmitglieds oder Wahrung der Nichtöffentlichkeit der BR-Sitzung) sind nach § 23 Abs. 3 Satz 2 Halbs. 2 RVG zu bewerten. Dabei können mehrere mangelhafte Beschlüsse je nach Inhalt zu einer Erhöhung des Hilfswerts führen[4]. Beantragt der BR die Feststellung, eine bestimmte **Betriebsvereinbarung** sei im Betrieb (nicht/nicht mehr) anwendbar, so ist diese nichtvermögensrechtliche Streitigkeit gem. § 23 Abs. 3 Satz 2 RVG zu bewerten. Gleiches gilt etwa bei einem Streit über das Bestehen eines Mitbestimmungsrechts oder über Einhaltung, Auslegung und Reichweite einer Betriebsvereinbarung. Je nach Bedeutung, Streitumfang und Schwierigkeit dürfte oftmals der Hilfswert zu erhöhen sein. Dagegen ist auf die Staffelung einer **Massensache** (Rz. 235) hier nicht abzustellen, weil die maßgeblichen Rechtsfragen allgemein zu klären sind und nicht etwa unmittelbare Auswirkungen auf ganz bestimmte individuell betroffene ArbN des Betriebes hat, bei denen eine einzelfallbezogene Prüfung vorzunehmen ist[5]. Ansonsten müsste in einer großen Vielzahl von Beschlussverfahren stets auf die Staffel für Massesachen abgestellt werden, weil BR-Arbeit letztlich Interessenwahrnehmung der ArbN-schaft insgesamt oder Gruppen davon darstellt. 239

(21) Betriebsrat, Büroausstattung

Der Antrag des BR, ihm ein eigenes abschließbares BR-Büro (inklusive der Aushändigung von Schlüsseln) ohne direkten Zugang dritter Personen zur Verfügung zu stellen, ist ein nichtvermögensrechtlicher Gegenstand und wird von mehreren LAG mit dem 1,5-fachen Hilfswert des § 23 Abs. 3 Satz 2 RVG in Ansatz gebracht[6]. 240

Bei der Büroausstattung selbst (Schreibtisch, Computer, abschließbarer Regalschrank und Ähnliches) handelt es sich um vermögensrechtliche Streitigkeiten, so dass der Gegenstandswert anhand der Höhe der angefallenen Kosten/des Wertes der Aufwendungen beziffert werden kann. Dauernde periodisch wiederkehrende Kosten, zB Mietzinszahlungen sind mit höchstens 36 Monatsaufwendungen zu veranschlagen (StWKat. B Nr. 14.1).

---

1 LAG Sachsen v. 11.8.2014 – 4 Ta 96/14 (2), NZA-RR 2015, 50.
2 LAG Hamm v. 23.1.2006 – 13 TaBV 176/05.
3 Vgl. dazu BAG v. 11.11.2009 – 7 ABR 26/08, NZA 2010, 353.
4 LAG Sachsen v. 9.4.2001 – 4 Ta 371/00, BB 2001, 1689.
5 LAG Rh.-Pf. v. 16.1.2009 – 1 Ta 2/09, NZA-RR 2009, 332; aA LAG Hamburg v. 28.12.2015 – 6 Ta 24/15, NZA-RR 2016, 159.
6 LAG Hamm v. 23.8.2004 – 13 TaBV 78/04; LAG Hamm v. 25.6.2003 – 10 TaBV 74/03; LAG BW v. 2.4.1992 – 8 Ta 5/92, JurBüro 1992, 601.

(22) Betriebsrat, Wahl

241 Streitigkeiten über die Bestellung des **Wahlvorstands** sind grds. mit dem Hilfswert nach § 23 Abs. 3 Satz 2 RVG zu bewerten. Besteht zusätzlicher Streit über die Größe des Wahlvorstandes bzw. über Einzelpersonen, dann führen diese zusätzlichen Streitpunkte grds. zu einer Erhöhung jeweils um den $^1/_2$ Hilfswert. Bezieht sich der Streit um die Zurverfügungstellung von **Unterlagen**, dazu zählt auch das Verlangen auf Herausgabe der Wählerlisten, dann sind diese Punkte mit dem 1/2 Hilfswert von § 23 Abs. 3 Satz 2 RVG zu bewerten. Maßnahmen innerhalb des Wahlverfahrens (inkl. einstweilige Verfügungen) zB auf **Abbruch der Wahl** sind mit dem 1/2 Wert der Wahlanfechtung anzusetzen; gleiches gilt idR für ein Verfahren auf Zulassung einer Wählerliste zur Wahl[1].

242 Wird die **Betriebsratswahl** gem. § 19 BetrVG **angefochten**, dann richtet sich der Gegenstandswert (inkl. der Prüfung der Nichtigkeit der Wahl) nach der Größe des BR. Bei einem BR mit einem Mitglied beläuft er sich auf den doppelten Hilfswert von § 23 Abs. 3 Satz 2 RVG. Besteht der gewählte BR aus mehreren Personen, dann erfolgt eine Wertsteigerung nach der Staffel von § 9 BetrVG mit einer jeweiligen Erhöhung um den 1/2 Hilfswert für jede weitere Stufe der Staffel (StWKat. B Nr. 2)[2].

(23) Betriebsrat, Zutrittsrecht

243 Der Streit über das Zutrittsrecht des BR-Vorsitzenden zum Betrieb ist anhand des Hilfswerts des § 23 Abs. 3 Satz 2 Halbs. 2 RVG und nicht das dreifache Bruttomonatseinkommen des BR-Vorsitzenden zu bewerten[3].

(24) Betriebsratsmitglied, Ausschluss

244 Das Beschlussverfahren nach § 23 Abs. 1 BetrVG über den Ausschluss eines BR-Mitglieds aus dem Gremium wird mit zwei Bruttomonatsgehältern des auszuschließenden BR-Mitglieds bewertet[4]. Dem dürfte nicht zu folgen sein, weil mit einem solchen Verfahren in den Kernbereich des BR-Gremiums eingegriffen werden soll. Hier findet § 23 Abs. 3 S. 2 RVG Anwendung, wobei idR der doppelte Hilfswert zutreffend sein dürfte.

(25) Betriebsratsmitglied, Freistellung, Schulung

245 Soll ein BR-Mitglied im **Einzelfall** nach § 37 Abs. 2 oder Abs. 3 BetrVG von seiner Arbeitspflicht freigestellt werden, dann ist der Gegenstandswert nicht nur in Höhe der Dauer der für die Freistellung aufzuwendenden Arbeitsvergütung festzusetzen, weil es weitergehend um die ordnungsgemäße Erledigung von BR-Aufgaben geht. Die Grundsätze von § 23 Abs. 3 Satz 2 RVG finden Anwendung, wobei gerade hier Anlass und Dauer der Freistellung eine Einzelfallbewertung angezeigt erscheinen lässt (StWKat. B Nr. 8.1). Eine einstweilige Verfügung wird nach den Grundsätzen von Rz. 225 bewertet. Geht es im Verfahren nur um die **Höhe** der Erstattung der Schulungskosten, sind diese individuell nach dem geltend gemachten Betrag zu bewerten; es geht hier nur um Geld. Das Schulungsbedürfnis des BR, also der Kollektivbezug, spielt hier keine Rolle mehr; das war für die Freistellung maßgebend.

Verfolgt der BR mit seinem Antrag dagegen eine (zusätzliche) **dauerhafte** Freistellung eines BR-Mitglieds nach § 38 BetrVG, so ist hierfür idR der doppelte Hilfswert von § 23 Abs. 3 Satz 2 RVG festzusetzen (StWKat. B Nr. 8.2). Das gilt grds. unabhängig davon, ob das vollständig freizustellende BR-Mitglied in Teilzeit oder Vollzeit arbeitet. Wird dagegen nur eine anteilige dauerhafte Freistellung begehrt, ist der doppelte Hilfswert entsprechend zu reduzieren. Da aber auch hier die grundsätzliche Frage einer dauerhaften Freistellung zu klären ist, wird der einfache Hilfswert allenfalls bei ganz kurzfristigen Freistellungen zu unterschreiten sein.

246 Ist Anlass der Freistellung die streitige Teilnahme des BR-Mitglieds an einer **Schulungs- und Bildungsveranstaltung** im Rahmen von § 37 Abs. 6 BetrVG, dann besteht eine konkrete Schätzungsgrundlage im Rahmen von § 23 Abs. 3 Satz 2 RVG. Das sind sämtliche zur Erstattung zu erwartenden bzw. mitgeteilten Kosten der Veranstaltung, inkl. Fahrtkosten (StWKat. B Nr. 14.2). Besteht eine solch sachnahe Schätzungsgrundlage, dann bedarf es auch bei einer nichtvermögensrechtlichen Streitigkeit, die letztlich die ordnungsgemäße Aufgabenerfüllung des BR sichern soll, gem. § 23 Abs. 3 Satz 2 RVG keines Rückgriffs auf das letzte

---

1 LAG Schl.-Holst v. 15.7.2014 – 1 Ta 98/14, NZA-RR 2014, 564.
2 Ähnlich: BAG v. 17.10.2001 – 7 ABR 42/99; bezugnehmend darauf: LAG Bremen v. 16.2.2007 – 3 Ta 4/07; LAG Rh.-Pf. v. 21.5.2007 – 1 Ta 117/07.
3 LAG Hamm v. 27.10.2006 – 10 Ta 675/06, NZA-RR 2007, 153.
4 LAG Düsseldorf v. 11.5.1999 – 7 Ta 143/99, LAGE § 8 BRAGO Nr. 41.

Mittel, den pauschalen Hilfswert[1]. Nimmt man hier eine vermögensrechtliche Streitigkeit an, dann besteht ohnehin ein bezifferbarer Anspruch in Höhe der Gesamtkosten.

(26) Betriebsübergang

Beim Betriebsübergang (vgl. Rz. 164) kann der ArbN im Hinblick auf § 613a Abs. 4 BGB Klage gegen den bisherigen ArbGeb erheben auf Feststellung, dass das Arbeitsverhältnis durch eine von diesem ausgesprochene Kündigung nicht aufgelöst worden ist, wenn dieser etwa das Arbeitsverhältnis aus „betriebsbedingten" Gründen gekündigt hat. In diesem Fall gelten streitwertmäßig keine Besonderheiten. Der ArbN kann zugleich auch gegen den behaupteten Betriebsübernehmer auf Feststellung klagen, dass mit ihm das beim bisherigen ArbGeb begründete Arbeitsverhältnis gem. § 613a BGB fortbesteht. Gegen den neuen ArbGeb kann er kumulativ aber neben der Feststellungsklage auch auf Beschäftigung/Weiterbeschäftigung klagen. Bei diesem Procedere handelt es sich um zwei Streitgegenstände, die nach allgemeinen Gesichtspunkten (StWKat. Nrn. 19 und 24) mit vier Monatsvergütungen zu bewerten sind. Die Bestandsschutzklage gegen den Veräußerer und eine Feststellungs- bzw. Bestandsschutzklage in demselben Verfahren gegen den Erwerber sind trotz subjektiver Klagehäufung wegen wirtschaftlicher Identität (streitiger Betriebsübergang) als ein Beendigungstatbestand mit dem Vierteljahresverdienst zu bewerten (StWKat. A Nr. 13)[2]. Wirtschaftlich identisch, also nicht streitwerterhöhend ist das Verfahren auch, wenn sich etwa gegen den bisherigen ArbGeb eine Bestandsschutzklage richtet und gegen den neuen ArbGeb Annahmeverzugsvergütung iSv. StWKat. A Nr. 6 geltend gemacht wird.

247

Ein alleiniger Streit in der Rechtsmittelinstanz über den Bestand des Arbeitsverhältnisses mit dem Betriebserwerber ist mit drei Monatsvergütungen zu veranschlagen.

(27) Beweisverfahren, selbständiges

Der Streitwert eines selbständigen Beweisverfahrens richtet sich grds. nach dem Wert der Hauptsache bzw. des Teils der Hauptsache, auf den sich die Beweiserhebung bezieht(vgl. Rz. 92–94).

248

(28) Dienstwagen

Der Streitwert einer Klage auf dauernde Herausgabe eines Dienstwagens bemisst sich gem. §§ 3, 6 ZPO nach dem Verkehrswert (Restwert) des Fahrzeugs im Zeitpunkt der Klageerhebung[3]. Der Streit über die zur Verfügungstellung oder über die Entziehung eines vom ArbGeb dem ArbN auch zur privaten Nutzung überlassenen Dienstwagens ist gem. § 42 Abs. 1 Satz 1 GKG in Höhe der steuerlichen Bewertung, des monatlichen geldwerten Vorteils, der privaten Nutzungsmöglichkeit zu bemessen[4]. Er kann auch auf den 36-fachen monatlichen Sachbezugswert festgesetzt werden[5], soweit er nicht für einen geringeren Zeitraum geltend gemacht wird.

249

(29) Direktionsrecht

Der Streit über den Umfang des arbeitgeberseitigen Weisungsrechts ist vermögensrechtlicher Natur[6]. Dieser wird vielfach in Form einer Feststellungs-, Leistungs- oder Beschäftigungsklage ausgetragen. Maßgebend ist das wirtschaftliche Interesse des Klägers am Bestand/Fortbestand der streitbefangenen Arbeitsbedingung(en)[7]. Eine solche Streitigkeit über den bestehenden Inhalt des Arbeitsverhältnisses kann in aller Regel nicht das Interesse am Fortbestand des gesamten Arbeitsverhältnisses wie bei einer Beendigungs- oder Änderungskündigung (§ 42 Abs. 2 Satz 1 GKG) erreichen. Ein solcher Streit wird im Rahmen der Ermessensausübung von § 3 ZPO (vgl. dazu Rz. 167) grds. mit einer Monatsvergütung, bei objektiv besonders schwerwiegenden Belastungen – insbesondere solchen, die einer „kalten" Kündigung gleichkommen – für den Kläger mit bis zu maximal drei Monatsvergütungen bewertet (StWKat. A Nr. 14). Die Regel werden eine bis zwei Monatsvergütungen sein, je nach der Schwere der Belastung[8].

250

---

1 Auf den Hilfswert stellen ab: LAG Schl.-Holst. v. 11.10.2013 – 1 Ta 163/13, NZA-RR 2014, 96; LAG Sachsen v. 7.4.2014 – 4 Ta 270/13, NZA-RR 2014, 497; LAG Düsseldorf v. 9.1.2017 – 4 Ta 630/16: 4/5 des Hilfswerts für eine viertägige Veranstaltung.
2 Ebenso LAG Sachsen v. 21.5.2012 – 4 Ta 90/12, NZA-RR 2013, 262.
3 LAG Düsseldorf v. 2.12.2009 – 6 Ta 732/09; LAG Schl.-Holst. v. 8.12.2000 – 3 Sa 266/00.
4 LAG Hamm v. 30.6.2000 – 9 Ta 150/00 unter Hinweis auf BAG v. 2.12.1999 – 8 AZR 849/98; LAG Rh.-Pf. v. 8.5.2008 – 1 Ta 49/08.
5 LAG Berlin v. 27.11.2000 – 7 Ta 6117/2000 (Kost), AE 2001, 43 (44); LAG Hamburg v. 2.8.2012 – 7 Ta 11/12.
6 BAG v. 10.8.1989 – 6 AZR 776/87; *Meier/Becker*, Streitwerte im Arbeitsrecht, Rz. 126.
7 Tschöpe/Ziemann/*Ziemann*, Teil 1 A Rz. 72.
8 Ähnlich LAG Hamburg v. 21.5.2014 – 6 Ta 13/14, NZA-RR 2014, 611.

(30) Ehrverletzung

251 Bei Klagen auf Widerruf oder Unterlassung ehrverletzender Äußerungen ist zwischen persönlichem Ehrschutz des Betroffenen und der Wahrung seiner wirtschaftlichen Belange zu differenzieren[1]. Der Unterlassungsanspruch zum Schutz der persönlichen Ehre ist nichtvermögensrechtlicher Art. Er ist daher grds. nach § 48 Abs. 2 GKG unter Berücksichtigung aller Umstände des Einzelfalls zu bewerten. § 48 Abs. 2 GKG enthält keinen Regelstreitwert. Dennoch wird mitunter auf den Hilfswert von § 23 Abs. 3 Satz 2 RVG von 5 000 Euro zurückgegriffen[2]. Auch wenn dies dogmatisch nicht möglich ist, so ist dieser Wert doch eine zu meist vertretbaren Ergebnissen führende Größe. Je nach den Umständen des Einzelfalls kann der Streitwert jedoch auch unter[3] oder über dem Hilfswert anzusiedeln sein. Solche Umstände des Einzelfalls sind insbesondere die Schwere der Ehrverletzung sowie die Anzahl der Personen, die von der Ehrverletzung Kenntnis erlangt haben. Ferner ist die Situation von Bedeutung, aus der heraus die Ehrverletzung stattgefunden hat[4]. Anders zu beurteilen ist die Situation, wenn es um die Wahrung der wirtschaftlichen Interessen des Betroffenen geht. In Betracht kommen hier das Interesse am ungestörten Bestand des Arbeitsverhältnisses und die Wahrung der Chancen auf dem Arbeitsmarkt. Nach LAG Baden-Württemberg[5] soll es sich bei Widerrufs- und Unterlassungsklagen wegen ehrverletzenden Äußerungen im Zusammenhang mit dem Arbeitsverhältnis regelmäßig um eine vermögensrechtliche Streitigkeit handeln. Die Festsetzung des Streitwerts richtet sich dann nach § 48 Abs. 1 GKG iVm. § 3 ZPO. Das gilt auch, wenn ein Schadensersatzanspruch wegen geschäftlicher Einbußen durch ehrverletzende Äußerungen geltend gemacht wird[6].

251a Zur Bewertung einer **Eingruppierungsstreitigkeit** s. Rz. 192–197.

(31) Einigungsstelle

252 Eine nichtvermögensrechtliche Streitigkeit um die Errichtung und/oder Besetzung der Einigungsstelle (§ 76 Abs. 2 Sätze 2 und 3 BetrVG, § 99 ArbGG) wird von den Instanzgerichten sehr unterschiedlich bewertet[7]. Der StWKat. B Nr. 4.1–4.3 sieht hierfür folgende Werte vor:

Der Streit um die offensichtliche **Unzuständigkeit** der Einigungsstelle iSv. § 99 Abs. 1 Satz 2 ArbGG wird – je nach Regelungsmaterie – höchstens mit dem Hilfswert von § 23 Abs. 3 Satz 2 RVG bewertet. Geht es im Verfahren auch/nur um die Person des Vorsitzenden, ist diese Frage (zusätzlich) mit $^1/_4$ in Höhe des Hilfswerts zu bewerten. Geht es (auch) um die Anzahl der Beisitzer, dann ist auch hierfür $^1/_4$ des Hilfswerts (zusätzlich) in Ansatz zu bringen.

(32) Entgeltklage

253 Ein bezifferter Klageantrag bemisst sich allein nach dem verlangten Nominalwert. Der Streitwert der Klage eines ArbN auf beziffertes **rückständiges Entgelt** ist mit dem eingeklagten Betrag anzusetzen (Rz. 190). Die Streitwertberechnung bei einer Klage auf **zukünftiges Entgelt** richtet sich demgegenüber nach § 42 Abs. 1 Satz 1 Halbs. 1 GKG. Ist es grds. der Wert des dreijährigen Bezugs festzusetzen. Klagt der ArbN zugleich **Rückstände und zukünftiges Entgelt** ein, so sind die Rückstände gem. § 42 Abs. 3 Satz 1 Halbs. 2 GKG nicht zu berücksichtigen (vgl. zu den Einzelheiten Rz. 187 f.). Für **wiederkehrende Leistungen** s. Rz. 181–190. Der Streitwert einer Zahlungsklage auf einen **Bruttobetrag abzüglich** eines (geleisteten) **Nettobetrags** bestimmt sich aus der Differenz der beiden Beträge; s. auch § 64 Rz. 72[8]. Zur **40-Euro-Schadenspauschale** aus § 288 Abs. 5 BGB s. Rz. 153. Zu **Feststellungsanträgen** s. Rz. 191.

254 Besonderheiten ergeben sich bei einer **Verbindung einer Kündigungsschutzklage mit einer Entgeltklage**. Hierbei sind drei Fallgestaltungen denkbar. Unproblematisch ist, wenn der ArbN durch objektive Klagehäufung **Rückstände** einklagt, die bereits **vor dem streitigen Beendigungszeitpunkt** fällig geworden sind. Wegen der Unabhängigkeit vom Kündigungsschutzverfahren wird der Wert der Vergütung dem Streitwert des Feststellungsantrags hinzugerechnet[9].

---

1 Vgl. auch: GK-ArbGG/*Schleusener*, § 12 Rz. 260.
2 BAG v. 2.3.1998 – 9 AZR 61/96 (A), NZA 1998, 670.
3 LAG Sachsen v. 16.11.2007 – 4 Ta 242/07: 3000 Euro.
4 *Meier/Becker*, Streitwerte im Arbeitsrecht, Rz. 130.
5 LAG BW v. 6.3.2008 – 3 Ta 45/08.
6 LAG Rh.-Pf. v. 29.4.2010 – 1 Ta 82/10.
7 Vgl. hierzu im Einzelnen: *Bertelsmann*, Gegenstandswerte in arbeitsgerichtlichen Beschlussverfahren, S. 48 ff.; Tschöpe/Ziemann/Altenburg/*Paschke*, Teil 1 B Rz. 248–252; *Vollstädt* in 3. Aufl. Rz. 230.
8 LAG Düsseldorf v. 5.4.2017 – 4 Ta 135/17.
9 BAG v. 16.1.1968 – 2 AZR 156/66, AP Nr. 17 zu § 12 ArbGG 1953; LAG Nds. v. 17.9.1984 – 10 Ta 19/84, AnwBl 1985, 97 (98); GMP/*Germelmann*, § 12 Rz. 112. In diesem Sinne wohl auch: LAG Hamm v. 16.11.1998 – 9 Ta 511/98, AE 1999, 123.

Problematisch ist demgegenüber, wenn der ArbN in einem Kündigungsschutzprozess kumulativ bereits 255
fällige **Annahmeverzugsansprüche** geltend macht, die von der Unwirksamkeit der streitigen Kündigung
unmittelbar abhängen. Deren Begründetheit steht und fällt mit dem Ausgang der Bestandsstreitigkeit,
weil sie in ihrem Bestehen vom Bestandsschutzverfahren abhängen. Es gibt eine Reihe von LAG, die gem.
§ 39 Abs. 1 GKG beide Werte addieren[1]. Nach der wohl überwiegenden Auffassung sind in der vorgenannten Fallkonstellation beide Anträge für den Zeitraum der Bewertung der Bestandsstreitigkeit wirtschaftlich identisch. Es kann daher nur der höhere Antrag berücksichtigt werden[2]. Diese Ansicht ist zutreffend (StWKat. A Nr. 6). Wird in einer Bestandsstreitigkeit im Wege der Klagehäufung Annahmeverzugsvergütung geltend gemacht, bei der die Vergütung ausschließlich vom streitigen Fortbestand des Arbeitsverhältnisses abhängt, so besteht im Umfang der Bewertung des Kündigungsschutzverfahrens, also idR für die ersten drei Monate nach dem Beendigungszeitpunkt gem. § 45 Abs. 1 Satz 3 GKG, eine wirtschaftliche Identität zwischen Bestandsstreit und Annahmeverzug, weshalb keine Wertaddition erfolgt. Sind die Vergütungsansprüche allerdings vom Ausgang der Bestandsstreitigkeit nicht allein abhängig[3], sondern stehen noch andere Anspruchsvoraussetzungen im Streit, besteht keine wirtschaftliche Identität[4].

Werden Kündigungsschutz- und Leistungsantrag in **getrennten Verfahren** geltend gemacht, so hat jedes Verfahren wegen seiner prozessualen Selbständigkeit einen eigenen Streitwert (vgl. Vorbemerkung zum StWKat.). Auch bei wirtschaftlicher Identität zwischen den beiden Streitgegenständen ist das zweite Verfahren mit dem vollen allgemeinen Wert zu veranschlagen, weil es prozessbezogen zu bewerten ist. Probleme können sich allenfalls im Mandantenverhältnis und mit einer evtl. Rechtsschutzversicherung stellen. Auch ist bei diesem Procedere mit einer Ablehnung von Prozesskostenhilfe wegen Mutwilligkeit iSv. § 114 Abs. 2 ZPO zu rechnen[5].

Werden in einem Verfahren, üblicherweise kumulativ mit einer Bestandsschutzstreitigkeit **rein zukunfts-** 256
bezogene Vergütungsansprüche gem. § 259 ZPO verfolgt[6], dann sind gerade solche wirtschaftlich identisch mit der Bestandsschutzstreitigkeit. Zwar handelt es sich hierbei um eine Klage auf zukünftige Leistungen iSv. § 42 Abs. 1 Satz 1 GKG. Eine solche Klage muss jedoch im Rahmen von § 3 ZPO auch an § 42 Abs. 2 Satz 1 GKG gemessen werden. Eine solche Klage nach § 259 ZPO wird mit **einer Monatsvergütung** bemessen[7].

(33) Entschädigungsantrag

Neben dem Antrag auf Verurteilung zur Vornahme einer Handlung kann der Entschädigungsantrag nach 257
§ 61 Abs. 2 Satz 1 gestellt werden. Dieser bewirkt wegen wirtschaftlicher Identität jedoch **keine Streitwerterhöhung**[8]. Zur Verbindung des Entschädigungsantrags mit einem Auskunftsantrag vgl. Rz. 230.

(34) Freistellung

Für eine Freistellungsvereinbarung kann nach heute durchgehender Auffassung ein eigenständiger Streit- 258
wert festzusetzen sein[9]. Eine in einem **Vergleich** vereinbarte Freistellung von der Arbeitspflicht bis zum Beendigungszeitpunkt des Arbeitsverhältnisses tangiert nicht die Vergütungsfrage, sondern beinhaltet einseitig nur die Entbindung von der Arbeitspflicht, indem sie in das vertragliche Synallagma der beiderseitigen Hauptleistungspflichten einseitig eingreift. Die Höhe des Streitwerts ist indes umstritten. Einige LAG

---

1 So etwa LAG Düsseldorf v. 26.8.2010 – 2 Ta 507/10; LAG Köln v. 13.11.2014 – 6 Ta 311/14, ArbRB 2015, 302.
2 BAG v. 16.1.1968 – 2 AZR 156/66, AP Nr. 17 zu § 12 ArbGG 1953; LAG Rh.-Pf. v. 27.7.2011 – 1 Ta 134/11; LAG BW v. 22.2.2010 – 5 Ta 29/10; nunmehr auch LAG Sachsen v. 23.6.2015 – 4 Ta 7/15 (8); aA ausschließlich § 12 Abs. 7 Satz 1aF (heute: § 42 Abs. 2 Satz 1 GKG): LAG Nürnberg v. 1.8.2003 – 6 Ta 98/03; Stein/Jonas/*Roth*, § 2 ZPO Rz. 128.
3 Etwa wenn das Gericht Annahmeverzugsansprüche – unabhängig vom Ausgang der Bestandsstreitigkeit – wegen fehlender Leistungswilligkeit oder -fähigkeit des ArbN abweist.
4 LAG Nürnberg v. 2.7.2015 – 4 Ta 60/15, NZA-RR 2015, 492.
5 LAG Hamburg v. 17.2.2011 – 6 AZB 3/11, NZA 2011, 422; BAG v. 8.9.2011 – 3 AZB 46/10, NZA 2011, 1382.
6 Vgl. zur Zulässigkeit und Begründetheit einer rein zukunftsbezogenen Klage: BAG v. 24.10.2013 – 2 AZR 1078/12, ArbRB 2014, 167; BAG v. 28.1.2009 – 4 AZR 904/07, NZA 2009, 444 (Rz. 42); BAG v. 9.4.2008 – 4 AZR 104/07 (Rz. 28).
7 Ebenso LAG Hamm v. 30.1.2002 – 9 Ta 591/00, NZA-RR 2002, 380; LAG Rh.-Pf. v. 20.1.2009 – 1 Ta 1/09.
8 LAG Hamburg v. 11.1.2008 – 8 Ta 13/07; GK-ArbGG/*Schleusener*, § 12 Rz. 265; aA LAG Sachsen v. 27.5.2016 – 4 Ta 28/16 (3), ArbRB 2016, 238 bei „besonderen Umständen".
9 LAG Sa.-Anh. v. 26.8.2013 – 1 Ta 40/13, NZA-RR 2013, 606; GK-ArbGG/*Schleusener*, § 12 Rz. 313 f. mwN; aA LAG Hamm v. 17.3.1994 – 8 Ta 465/93, NZA 1994, 912: Bewertung nur bei Rechtshängigkeit des Entgelt- bzw. Beschäftigungsanspruchs; LAG Köln v. 12.12.2007 – 11 Ta 159/07 mwN, ArbuR 2008, 232: keine Erhöhung des Gegenstandswerts, sofern die Parteien nicht schon vor Abschluss des Vergleichs über die Frage der Freistellung des ArbN gerichtlich oder außergerichtlich gestritten haben.

haben als Streitwert die volle auf den Freistellungszeitraum entfallende Bruttovergütung angesetzt[1]. Andere LAG berücksichtigen lediglich einen Bruchteil dieser Vergütung[2]. Dabei wird teilweise zwischen widerruflicher und unwiderruflicher Freistellung[3] bzw. zwischen Freistellung ohne Anrechnung anderweitigen Verdienstes und mit Anrechnung anderweitigen Verdienstes unterschieden[4]. Vereinzelt wird pauschal ein Bruttomonatsgehalt angesetzt, weil die Freistellung das „Gegenstück" zum Beschäftigungsanspruch ist[5]. Schließlich bewerten einige LAG die Freistellungsvereinbarung mit 10 % des Einkommens während des Freistellungszeitraums[6].

259 Die in einem gerichtlichen oder außergerichtlichen Vergleich vereinbarte Freistellung von der Arbeitspflicht ist wie folgt zu bewerten: **25 % der Vergütung** für den Zeitraum der tatsächlichen Freistellung durch den Vergleich, **höchstens** jedoch **eine** Monatsvergütung. Voraussetzung hierfür ist aber, dass sich der ArbN eines Anspruchs auf oder eines Rechts zur Freistellung berühmt hat, weil nur dann eine zusätzlich zu bewertende Regelung im Vergleich getroffen wird[7]. Dann wird die Freistellung nur zukunftsbezogen ab dem Zeitpunkt des Vergleichsabschlusses bewertet, weil der Vergleich grds. nur insoweit in das noch laufende restliche Vertragsverhältnis gestaltend eingreifen kann (so zutreffend StWKat. A Nr. 22.1.4). Etwaige Zeiten einer einseitig vom ArbGeb zuvor erklärten tatsächlichen Freistellung spielen somit wertmäßig keine Rolle. Hatten sich die Parteien bereits vor Abschluss des gerichtlichen Vergleichs bindend über eine Freistellung verständigt und wurde diese Einigung im Vergleich nicht abgeändert, dann gestaltete der Vergleich das Vertragsverhältnis hierzu nicht. Nicht vergleichserhöhend ist auch eine Freistellung im Vergleich, wenn zuvor der Beschäftigungsanspruch Streitgegenstand war. Dann liegt eine verfahrensbezogene Einigung vor, die keinen Mehrvergleich erzeugt[8]. Wurde in einer Bestandsschutzstreitigkeit ein Beschäftigungs-/Weiterbeschäftigungsantrag gestellt[9], dann besteht zwischen einem solchen Antrag und einer im Vergleich vereinbarten Freistellung eine wirtschaftliche Identität[10], weil nur einer der beiden Ansprüche begründet sein kann (vgl. Rz. 156). Es findet eine Anrechnung gem. § 45 GKG statt, wertmäßig ist der höhere entscheidend. Das gilt auch, wenn eine vergleichsweise Freistellung in einer reinen Beschäftigungsklage vereinbart wird.

(35) Handelsvertreter

260 Für den Einfirmenvertreter nach § 5 Abs. 3 gilt die Streitwertregel des § 42 Abs. 2 Satz 1 GKG. Maßgebend ist demnach das vierteljährliche Provisionseinkommen[11]. Für andere Handelsvertreter wird der Streitwert nach § 3 ZPO berechnet.

(36) Herausgabeansprüche

261 Der Streitwert eines Herausgabeanspruchs richtet sich nach dem Verkehrswert der herauszugebenden Sache (§ 6 ZPO). Dieser ist gem. § 3 ZPO nach freiem Ermessen zu schätzen[12].

---

1 LAG Köln v. 27.7.1995 – 13 Ta 144/95, AR-Blattei, ES, Arbeitsgerichtsbarkeit XIII Entsch. Nr. 199; LAG Sa.-Anh. v. 20.9.1995 – 1 (3) Ta 93/95, LAGE § 12 ArbGG 1979 – Streitwert Nr. 104.
2 LAG Schl.-Holst. v. 12.1.1981 – 5 Ta 88/80, AnwBl 1981, 503 (25 % der Vergütung); LAG Berlin v. 27.11.2000 – 7 Ta 6117/2000 (Kost), AE 2001, 43 (44) (25 % der Vergütung); LAG Rh.-Pf. v. 19.6.2002 – 2 Ta 531/02, MDR 2002, 1397; für das Schrifttum: Arand/Faecks, NZA 1998, 281 (284) (50 % der Vergütung); GMP/Germelmann, § 12 Rz. 126 (25 % der Vergütung).
3 LAG Düsseldorf v. 6.5.2008 – 6 Ta 136/08, (10 % bei widerruflicher, 25 % bei unwiderruflicher Freistellung); LAG Berlin v. 20.10.2000 – 7 Ta 6077/00 (Kost), AE 2000, 212.
4 LAG Berlin v. 1.10.2001 – 17 Ta 6136/01 (Kost), NZA 2002, 406; LAG Schl.-Holst. v. 20.5.1998 – 3 Ta 37/98, LAGE § 12 ArbGG 1979 – Streitwert Nr. 113; LAG Sa.-Anh. v. 22.11.2000 – 1 Ta 133/00, NZA-RR 2001, 435; LAG Düsseldorf v. 29.8.1997 – 7 Ta 191/97, AE 1999, 123.
5 LAG Hamburg v. 14.9.2016 – 6 Ta 23/16, NZA-RR 2016, 662; LAG Hessen v. 12.8.1999 – 15 Ta 137/99, NZA-RR 1999, 660 (661); LAG Hessen v. 23.4.1999 – 15/6 Ta 426/98, NZA-RR 1999, 382 (383): Bewertung jedoch nur für eine zukünftige Freistellung.
6 LAG Düsseldorf v. 6.5.2008 – 6 Ta 136/08; LAG Rh.-Pf. v. 17.10.2008 – 1 Ta 192/08 mwN, JurBüro 2009, 139; vgl. auch GK-ArbGG/Schleusener, § 12 Rz. 314 mwN.
7 LAG Rh.-Pf. v. 15.11.2016 – 5 Ta 184/16, NZA-RR 2017, 154.
8 LAG Hamburg v. 14.9.2016 – 6 Ta 23/16, NZA-RR 2016, 662.
9 Vgl. dazu: Tschöpe/Ziemann/Altenburg/Ziemann, Teil 1 A Rz 412.
10 LAG Köln v. 8.2.2011 – 5 Ta 6/11.
11 GK-ArbGG/Schleusener, § 12 Rz. 273.
12 Zöller/Herget, § 3 Rz. 16 – Herausgabe; LAG Rh-Pf. v. 16.10.2008 – 1 Ta 190/08.

(37) Insolvenz

Der Antrag des Insolvenzverwalters auf Feststellung, dass die **Kündigung der Arbeitsverhältnisse bestimmter ArbN** durch dringende betriebliche Erfordernisse bedingt und sozial gerechtfertigt ist (§ 126 Abs. 1 Satz 1 InsO), wird unterschiedlich bewertet. Zum Teil erfolgt die Bewertung entsprechend § 42 Abs. 2 Satz 1 GKG in Höhe des Vierteljahresverdienstes[1]. Zum Teil wird der Antrag nach § 23 Abs. 3 Satz 2 RVG bewertet (Schätzung nach billigem Ermessen ausgehend vom Hilfswert von 5000 Euro)[2]. Dies erscheint nicht zutreffend, weil das RVG keine Regeln über den Streitwert für die Gerichtgebühren enthält. Eine gegen den Insolvenzverwalter gerichtete Kündigungsschutzklage ist wie eine Kündigungsschutzklage im „normalen" Verfahren zu bewerten.[3]

262

Der Streitwert für eine nach § 180 InsO erhobene Klage auf Feststellung einer **Forderung**, deren Bestand vom Insolvenzverwalter oder einem Insolvenzgläubiger bestritten wird, richtet sich nach § 182 InsO[4]. Maßgebend ist der Betrag, der bei der Verteilung der Insolvenzmasse für die Forderung zu erwarten ist. Zur Feststellung der Quote und der idR vorzunehmenden Schätzung hat das jeweilige Tatsachengericht bei seiner Ermessensentscheidung sämtliche ihm im Zeitpunkt seiner Entscheidung vorliegenden Erkenntnismöglichkeiten auszuschöpfen. Auf die Auskunft des Insolvenzverwalters wird oftmals abzustellen sein; ggf. ist auch eine Auskunft des Insolvenzgerichts einzuholen. Falls keine Quote zu erwarten ist, wird auf den niedrigsten Streitwert der jeweiligen Gebührentabelle abgestellt[5]. Auf § 182 InsO ist auch abzustellen, wenn sich bei einer Klage zur Durchsetzung einer Masseverbindlichkeit der Insolvenzverwalter auf die **Masseunzulänglichkeit** beruft. Maßgeblicher Zeitpunkt für die Berechnung ist die Aufnahme des Verfahrens gegen den Insolvenzverwalter.[6]

263

(38) Integrationsamt

Das (verwaltungsrechtliche) Verfahren vor dem Integrationsamt wegen des Antrags des ArbGeb auf Zustimmung zur Kündigung eines schwerbehinderten Menschen wird überwiegend nach § 52 Abs. 2 GKG mit einem Streitwert von 5 000 Euro bewertet[7]. Gleiches gilt für das Widerspruchsverfahren sowie ein mögliches verwaltungsgerichtliches Verfahren. Auf § 42 Abs. 2 Satz 1 GKG ist nicht abzustellen, weil § 52 Abs. 2 GKG die speziellere Norm ist.[8]. Wird in einem Vergleich mit der Beendigung des Arbeitsverhältnisses mit aufgenommen, dass das Widerspruchs- bzw. Anfechtungsklageverfahren zur Zustimmung zur Kündigung erledigt wird, dann führt diese Verpflichtung nicht zur verwaltungsrechtlichen Erledigung des dortigen Verfahrens. Sie erhöht auch nicht den arbeitsgerichtlichen Vergleichswert, weil sie als Modalität der Beendigung des Arbeitsverhältnisses nur eine Annexregelung zur umfassenden Gesamtbeilegung des arbeitsgerichtlichen Rechtsstreits darstellt[9].

264

(39) Karenzentschädigung

Klagt der ArbN die im Rahmen eines Wettbewerbsverbots (Rz. 312) vereinbarte Karenzentschädigung ein, so ist der Streitwert die eingeklagte Summe[10]. Streiten die Parteien über die Wirksamkeit eines im Arbeitsvertrag aufgenommenen nachvertraglichen Wettbewerbsverbots und ergeben sich im Einzelfall keine konkreten Anhaltspunkte für die Streitwertberechnung, richtet sich der Streitwert nach der in den §§ 74 ff. HGB vorgeschriebenen Mindestentschädigung[11].

265

---

1 *Meier/Becker*, Streitwerte im Arbeitsrecht, Rz. 140 f.
2 *Müller*, NZA 1998, 1315 (1320 f.).
3 GK-ArbGG/*Schleusener*, § 12 Rz. 275; LAG Düsseldorf v. 12.10.1988 – 7 Ta 300/88, JurBüro 1989, 955.
4 BAG v. 7.12.2016 – 4 AZR 414/14, NZA 2017, 597; BGH v. 21.12.2006 – VII ZR 200/05; LAG Rh.-Pf. v. 1.3.2010 – 1 Ta 16/10.
5 Vgl. LAG Köln v. 5.1.1994 – 10 Ta 192/93, AnwBl 1995, 380; aA OLG Frankfurt v. 14.5.1986 – 8 U 240/85, ZIP 1986, 1063: 10 % des Forderungsbetrages, wenn keine Konkursquote zu erwarten ist.
6 BGH v. 27.2.1980 – 1 ZR 13/78, ZIP 1980, S. 429; GK-ArbGG/*Schleusener*, § 12 Rz. 275.
7 Streitwertkatalog für die Verwaltungsgerichtsbarkeit Nr. 39.1; OVG Schleswig v. 11.2.2014 – 3 O 45/12: 5000 Euro; OVG NRW v. 22.1.2009 – 12 E 1215/08 mwN: 5 000 Euro.
8 AA Hessischer VGH v. 23.12.1987 – 9 TE 3288/86, AnwBl 1988, 646 (647).
9 LAG Hamm v. 9.8.2007 – 6 Ta 292/07; LAG Nürnberg v. 24.2.2016 – 4 Ta 16/16, NZA-RR 2016, 274; Tschöpe/Ziemann/Altenburg/*Ziemann*, Teil 1 A Rz. 455.
10 *Schäder*, Streitwert-Lexikon Arbeitsrecht, S. 45.
11 LAG Köln v. 12.11.2007 – 7 Ta 295/07, AE 2008, 154–155.

(40) Kündigung, Mehrzahl von Kündigungen

266 Zur Bewertung einer Kündigungsschutzklage wegen **einer** Kündigung s. StWKat. A Nr. 19 und oben Rz. 167 und 177–180.

267 Die Bemessung des Streitwerts bei Ausspruch **mehrerer** Kündigungen oder die Bewertung von Streitigkeiten über mehrere Beendigungstatbestände wird sehr unterschiedlich durchgeführt. Hierzu werden von unterschiedlichsten Gerichten diverse Auffassungen vertreten[1]. Noch weiter erschwert wird die Ermittlung der Streitwerte, wenn mehrere Beendigungstatbestände in mehreren jeweils eigenständigen Verfahren und nicht kostengünstiger im Wege der objektiven Klagehäufung in einem Verfahren angegriffen werden. Das BAG hat in einem Beschluss aus dem Jahr 1984 für mehrere Bestandsschutzanträge in einem Verfahren insgesamt nur einmal den Vierteljahreswert angesetzt. Dabei hat das BAG neben dem Schutzzweck des § 42 Abs. 2 Satz 1 GKG maßgeblich auf die **wirtschaftliche Identität der** in einem Prozess angegriffenen **Beendigungstatbestände** abgestellt. Vor diesem Hintergrund blieb indes ausdrücklich offen, ob bei einem längeren zeitlichen Abstand zwischen den Kündigungen eine gesonderte Bewertung der Folgekündigung möglich sei[2]. Auch das LAG Rheinland-Pfalz hat im Jahr 2005 mehrere im Streit stehende Kündigungen höchstens mit drei Bruttomonatsverdiensten bewertet[3]. Im Gegensatz dazu will das BAG in seinem Beschluss vom 19.10.2010[4] mehrere in getrennten Verfahren angegriffene Kündigungen mit dem Hinweis auf eine fehlende Rechtsgrundlage für eine Anrechnung wohl mit jeweils drei Monatsvergütungen bewerten. Die Frage, ob ein Anwalt durch eine solche Verfahrensgestaltung vermeidbare Kosten verursacht, sei für die Bemessung des Streitwerts ohne Bedeutung. Das ist eine Frage, ob er sich wegen Verletzung des Mandantenvertrags seiner Partei gegenüber schadensersatzpflichtig macht. Der Schaden besteht nicht nur in den höheren Anwalts-, sondern auch in den höheren Gerichtsgebühren. Im Rahmen der Prozesskostenhilfe ist eine solche ohne begründeten Anlass (zB effektive Rechtsverfolgung) vorgenommene Verfahrensgestaltung als mutwillig iSv. § 114 Abs. 2 ZPO anzusehen[5]. Die nicht begründete Auffassung des BAG vom 19.10.2010 negiert, dass § 42 Abs. 2 Satz 1 GKG ausdrücklich von „Rechtsstreitigkei**ten**" spricht, also den Plural verwendet und § 3 ZPO dem Richter zudem einen Ermessensspielraum einräumt (s. Rz. 167). Auch dürfte diese Auffassung verfassungsrechtlichen Vorgaben nicht gerecht werden[6].

268 Die Rspr. der LAG ist unterschiedlich. Einige LAG knüpfen für die Bewertung der zweiten Kündigung an den **zeitlichen Abstand** zur ersten Kündigung an[7]. Andere LAG wiederum stellen auf den zeitlichen Abstand zwischen den Beendigungszeitpunkten ab[8], wobei teilweise ein Bruttomonatsgehalt als Mindestwert für die zweite Kündigung angesehen wird[9].

269 Nach einem anderen Ansatz soll die Addition der Streitwerte für die verschiedenen Kündigungen davon abhängen, ob der Kläger die Kündigungen in **einem oder in mehreren** Verfahren angreift. Eine selbständige Bewertung und Addition der Streitwerte könne nur bei mehreren Verfahren erfolgen. Soweit die Unwirksamkeit der Kündigungen in einem Verfahren geltend gemacht werde, gelte insgesamt die Obergrenze des § 42 Abs. 2 Satz 1 GKG[10]. Diese Auffassung dürfte dem Gesetzeswortlaut und der Ratio (vgl. Rz. 180) von § 42 Abs. 2 Satz 1 GKG am ehesten gerecht werden, sie hat sich in der Praxis aber nicht durchgesetzt.

270 Die **Streitwertkommission** (s. Rz. 198) stellt für Folgekündigungen ausgehend vom Wortlaut des § 42 Abs. 2 Satz 1 GKG nicht nur eine prozessuale, sondern zutreffend die in erster Linie gebotene wirtschaftliche Betrachtungsweise[11] an.

---

1 Vgl. zB ErfK/*Koch*, § 12 ArbGG Rz. 16.
2 BAG v. 6.12.1984 – 2 AZR 754/79 (B), NZA 1985, 296 (297).
3 LAG Rh.-Pf. v. 11.3.2005 – 6 Ta 24/05, NZA-RR 2005, 386; später hat die Beschwerdekammer diese Rspr. aufgegeben.
4 BAG v. 19.10.2010 – 2 AZN 191/10.
5 Vgl. BAG v. 17.2.2011 – 6 AZB 3/11, NZA 2011, 422; BAG v. 8.9.2011 – 3 AZB 46/10, NZA 2011, 1382.
6 Vgl. dazu BVerfG v. 1.12.2010 – 1 BvR 1682/07, NZA 2011, 354; Tschöpe/Ziemann/Altenburg/*Ziemann*, Teil 1 A Rz. 9.
7 LAG Schl.-Holst. v. 8.2.2007 – 1 Ta 285/06; LAG Köln v. 19.7.1984 – 3 Ta 113/84, EzA § 12 ArbGG 1979 – Streitwert Nr. 29; LAG Hamm v. 24.5.1984 – 8 Ta 130/84, AnwBl 1985, 98.
8 LAG Nds. v. 17.4.2001 – 3 Ta 118/01, NZA-RR 2001, 495; LAG Berlin v. 10.4.2001 – 17 Ta 6052/01, NZA-RR 2001, 438; LAG Düsseldorf v. 20.2.1996 – 7 Ta 7/96, MDR 1996, 752.
9 LAG Hamm v. 27.6.1985 – 8 Ta 184/85, LAGE § 12 ArbGG 1979 – Streitwert Nr. 38; LAG Hessen v. 21.1.1999 – 15/6 Ta 630/98, LAGE § 12 ArbGG 1979 – Streitwert Nr. 116; vgl. auch *Meier/Becker*, Streitwerte im Arbeitsrecht, Rz. 212.
10 LAG Nds. v. 3.1.1984 – 12 Ta 26/83, AnwBl 1985, 99; LAG Nürnberg v. 23.6.1987 – 4 Ta 10/87, LAGE § 12 ArbGG 1979 – Streitwert Nr. 71; vgl. LAG München v. 20.7.2000 – 3 Ta 326/00, MDR 2000, 1254; LAG Rh.-Pf. v. 18.4.1986 – 1 Ta 63/86, LAGE § 12 ArbGG 1979 – Streitwert Nr. 59; LAG München v. 8.1.2010 – 10 Ta 349/08.
11 Vgl. dazu für den Gebührenstreitwert: BAG v. 22.9.2015 – 3 AZR 391/13 (A), NZA 2015, 1471.

Werden mehrere Beendigungstatbestände im Wege der objektiven Klagehäufung in **einem Verfahren** angegriffen, so gilt: Für jede Folgekündigung **mit Veränderung** des Beendigungszeitpunkts ist die Entgeltdifferenz zwischen den verschiedenen Beendigungszeitpunkten, höchstens jedoch die Vergütung für ein Vierteljahr für jede Folgekündigung festzusetzen. Die erste Kündigung – regelmäßig bewertet mit der Vergütung für ein Vierteljahr – ist stets die mit dem frühesten Beendigungszeitpunkt, auch wenn sie später ausgesprochen und/oder später angegriffen wird (StwKat. A Nr. 20.3). Eine Wertänderung im Laufe eines Verfahrens entspricht zwar nicht § 40 GKG, sie trägt aber zur Entwirrung und der Einzelfallgerechtigkeit bei atypischen Prozessverläufen bei. Ein Verstoß gegen § 40 GKG ist eher hinnehmbar als ein Verstoß gegen den mit verfassungsrechtlichen Bezügen[1] ausgestatteten § 42 Abs. 2 Satz 1 GKG. Folgekündigungen, die den Beendigungszeitpunkt in Bezug auf eine weitere Kündigung **nicht verändern**, bleiben wegen wirtschaftlicher Identität außer Ansatz (StWKat. A Nr. 20.2).

Die vorgenannten Grundsätze gelten jeweils für die betreffende **Instanz**. Sie gelten also auch in den Oberinstanzen. Fallen Klagen gegen einzelne Kündigungen im Laufe des Verfahrens in einer Instanz weg, gelten die Grundsätze ab diesem Zeitpunkt für die in dieser Instanz verbleibenden Verfahren wegen dieser Kündigungen. 271

Werden Folgekündigungen in **verschiedenen Verfahren** angegriffen (s. dazu Rz. 267 und Vorbem. zum StWKat. Rz. 198), dann gelten die vorgenannten Grundsätze auch in den jeweiligen Einzelverfahren. Auch wenn die Kündigungen in einzeln zu bewertenden Verfahren angegriffen werden, verändert sich ihre objektive Werthaltigkeit durch die Art ihrer prozessualen Verfolgung nicht. Der StWKat. enthält keine Regelung welcher Wert gilt, wenn eine dieser Folgekündigungen in Bezug auf ein anderes Klageverfahren zu keiner Veränderung des Beendigungszeitpunkts führt. Da dieses Verfahren dann wohl nicht den Wert „0" haben dürfte, müsste eine solche Kündigung bei Anwendung des Ermessens von § 3 ZPO mit idR einer Monatsvergütung zu bewerten sein. Eine geringere Bewertung ist dann vorzunehmen – in der Praxis wohl selten –, wenn beide Kündigungen, die miteinander verglichen werden, den Einmonatszeitraum unterschreiten, insbesondere wenn kurze unterschiedliche Kündigungsfristen im Streit stehen[2]. 272

(41) Mitbestimmung in personellen Angelegenheiten

Die Wertfestsetzung in Beschlussverfahren deren Gegenstand personelle Einzelmaßnahmen sind, ist breit gefächert. Weitgehend ist man sich einig, dass sie nichtvermögensrechtliche Streitigkeiten iSv. § 23 Abs. 3 Satz 2 RVG sind[3]. Entscheidend für die Festsetzung sind die Aspekte des Einzelfalles, zB die Dauer und Bedeutung der Maßnahme und die wirtschaftlichen Auswirkungen, die zur Erhöhung oder Verminderung des Wertes führen können. 273

Trotz ihres individualrechtlichen Bezugs regeln die Normen die Mitbestimmungsrechte des BR in Bezug auf der Teilhabe an der Gestaltung der betrieblichen Geschehensabläufe für die ArbN des Betriebs und sind als solche zu bewerten. Wegen ihrer Ausstrahlung in den individualrechtlichen Bereich ist vornehmlich umstritten, ob bei den **Zustimmungsersetzungsverfahren** nach § 99 Abs. 4, § 100 Abs. 2, § 103 Abs. 2 BetrVG im Rahmen des billigen Ermessens **§ 42 Abs. 1–3 GKG analog** angewandt werden kann. Einige LAG verneinen dies. Die Zustimmungsersetzungsverfahren seien den Streitigkeiten des § 42 Abs. 1 Satz 2 GKG allenfalls vorgeschaltet[4]. Wegen ihres Charakters als nichtvermögensrechtliche Streitigkeit sei ein Rückgriff auf § 42 Abs. 2 Satz 1 nicht möglich[5]. Zahlreiche LAG orientieren demgegenüber die Bewertung an § 42 Abs. 2 Satz 1, weil bei der Bewertung von Beschlussverfahren (vgl. Rz. 234) ua. auch auf das wirtschaftliche Interesse des ArbGeb abzustellen sei[6]. Daher sei es naheliegend, die Vergütung des letztlich betroffenen ArbN heranzuziehen. Das zeige sich insbesondere bei versagter Zustimmung zur beabsichtigten Einstellung eines ArbN. Wenngleich er nicht Beteiligter iSv. § 83 Abs. 1 Satz 2 des Beschlussverfahrens sei, sei die Zustimmung notwendige Voraussetzung zu seiner tatsächlichen Beschäftigung. Eine für den BR positive Entscheidung wegen einer höheren Eingruppierung des ArbN entfalte zudem für diesen eine präjudizielle Wirkung im Individualverhältnis.

---

1 Vgl. BVerfG v. 1.12.2010 – 1 BvR 1682/07, NZA 2011, 354; Tschöpe/Ziemann/Altenburg/*Ziemann*, Teil 1 A Rz. 9.
2 ZB wenn es in beiden Verfahren nur um die Einhaltung einer kurzen Kündigungsfrist von unter einem Monatszeitraum geht.
3 Vgl. nur LAG Rh.-Pf. v. 26.11.2007 – 1 Ta 188/07.
4 ZB LAG Berlin-Brandenburg v. 26.2.2015 – 17 Ta (Kost) 6014/15; LAG Schl.-Holst. v. 21.5.2015 – 1 Ta 103/15, NZA-RR 2015, 664; LAG BW v. 29.9.2009 – 5 Ta 104/11.
5 LAG Düsseldorf v. 6.2.2006 – 6 Ta 54/06; LAG BW v. 14.5.2013 – 5 Ta 55/13; LAG Nürnberg v. 20.12.2013 – 2 Ta 156/13, NZA-RR 2014, 212.
6 ZB LAG Hamburg v. 20.11.2006 – 8 Ta 14/06, NZA-RR 2007, 441; LAG Düsseldorf v. 26.8.2008 – 6 Ta 456/08; LAG Saarland v. 31.3.2011 – 2 Ta 11/11; vgl. Übersicht bei Tschöpe/Ziemann/Altenburg/*Paschke*, Teil 1 B Rzn. 189 ff.

274 Der **Streitwertkatalog** bietet bei den Mitbestimmungstatbeständen von **§ 99 BetrVG** eine Alternativempfehlung (StWKat. B Nr. 13.2–13.4) an. Danach können als Anhaltspunkte für die Bewertung dienen, der **Hilfswert** von § 23 Abs. 3 Satz 2 RVG **oder** die Regelung von **§ 42 Abs. 2 Satz 1 GKG**, wobei bei letzterer eine Orientierung am 2-fachen Monatsverdienst des ArbN sachgerecht erscheint. Bei beiden Vorgehensweisen sind die Aspekte des Einzelfalles entscheidend, zB die Dauer und Bedeutung der Maßnahme und die wirtschaftlichen Auswirkungen, die zur Erhöhung oder Verminderung des Wertes führen können. In die anzustellende Gesamtschau bei einer Schätzung können als „tatsächliche Anhaltspunkte" iSv. § 42 Abs. 3 Satz 2 Halbs. 2 auch die individualrechtlichen Auswirkungen mit einbezogen werden. Auf den Hilfswert sei aber nur dann zurückzugreifen, wenn eine individuelle Bewertung ausscheidet. Diese sei vorliegend aber mit § 42 Abs. 2 Satz 1 GKG bei Einstellung, Ein-/Umgruppierung oder Versetzung von ArbN gerade gegeben[1]. Daher sei in solchen Fällen vielfach auf die Bewertung einer entsprechenden Klage im Urteilsverfahren abzustellen. Dagegen spricht für das Abstellen auf den Hilfswert von § 23 Abs. 3 Satz 2 RVG, dass es im Verfahren nach § 99 Abs. 4 BetrVG nicht primär um die individuellen Belange des betroffenen ArbN geht, sondern um die innerbetriebliche Lohngerechtigkeit und die Transparenz der betrieblichen Vergütungspraxis. Vielfach differieren die Ergebnisse beider Auffassungen nicht wesentlich. Das LAG Nürnberg[2] wendet den Hilfswert an. Es stellt bei einer Einstellung von bis zu drei Monaten auf 1/3 des Hilfswerts, von über drei Monaten auf 2/3 des Hilfswerts und bei über sechs Monaten auf den vollen Hilfswert ab. Ganz überwiegend schematisch auf § 42 Abs. 2 Satz 1 GKG abzustellen darf nicht dazu verleiten, den Einzelfall aus den Augen zu verlieren. Gerade wenn es etwa um die Bewertung von Mitbestimmungsrechten bei der **Einstellung** von teilzeitbeschäftigten ArbN geht, können bedeutende Mitbestimmungsfragen im Raum stehen, während im Einzelfall etwa betroffene Vollzeitbeschäftigte weitgehend unproblematisch sein können. Auch kann etwa der wiederholte stundenweise kurzfristige Einsatz von (studentischen) Aushilfen in personeller Hinsicht eine ungleich geringere Bedeutung haben[3], als etwa die Besetzung von Schlüsselpositionen im Betrieb. 274a

274a Streiten die Betriebspartner in einem Verfahren nach § 99 Abs. 4 BetrVG etwa um die Ein- oder Umgruppierung **mehrerer ArbN**, richtet sich der Gegenstandswert nach der Summe der Einzelstreitwerte, wenn für jeden ArbN jeweils ein eigenständiger Streitgegenstand gegeben ist, sodass eine entsprechende Vielzahl von unterschiedlichen Einzeleingruppierungen zu prüfen ist[4]. Weisen dagegen die verschiedenen ArbN keine individuellen Besonderheiten auf, weil alle weitgehend dieselben Tätigkeiten verrichten, sodass nur eine einheitliche Prüfung vorzunehmen ist, liegt ein Massenverfahren nach Rz. 235 vor.

275 Die konkrete Gegenstandswerthöhe wird bei den **verschiedenen Verfahren** unterschiedlich hoch festgesetzt.
Der Antrag nach **§ 103 Abs. 2 BetrVG** zur Ersetzung der Zustimmung zur **außerordentlichen Kündigung** ist im Rahmen von § 23 Abs. 3 Satz 2 RVG mit dem Vierteljahresverdienst von § 42 Abs. 2 Satz 1 GKG zu bewerten (StWKat. B Nr. 17)[5]. § 42 Abs. 2 Satz 1 GKG bietet konkrete Anhaltspunkte für eine Schätzung iSv. § 23 Abs. 3 Satz 2 RVG, weil das Verfahren nach § 103 BetrVG für ein nachfolgendes Kündigungsschutzverfahren präjudizielle Wirkung hat und es de facto schon hier um den Fortbestand des Arbeitsverhältnisses geht. Zum Hilfswert kommt man somit nicht.

276 In den übrigen Zustimmungsersetzungsverfahren gilt allenfalls eine beschränkte Rechtskraftwirkung. Daher muss der Gegenstandswert unter Berücksichtigung der konkreten Interessen von BR und ArbGeb festgesetzt werden. Er dürfte regelmäßig unter den in §§ 42 Abs. 1–3 GKG genannten Werten liegen[6]. Die Gegenstandswerthöhe bei einem Verfahren nach **§ 99 Abs. 4 BetrVG** hängt von der zugrunde liegenden personellen Maßnahme ab. Das Verfahren bei einer **Einstellung** ist nach der Bedeutung des Einzelfalls zu bewerten (s. Rz. 274). Ist Hintergrund des Verfahrens eine **Versetzung**, dann kommt es auch hier nach beiden Vorgehensweisen auf die Bedeutung der Maßnahme an. Dieser ist dann ausgehend vom Hilfswert nach „tatsächlichen Anhaltspunkten" iSv. § 23 Abs. 3 Satz 2 Halbs. 2 RVG festzusetzen. Als solche sind durchaus auch die individualrechtlichen Auswirkungen in die Schätzung mit einzubeziehen. Wer die Wertfestsetzung insbesondere auf § 42 Abs. 2 Satz 1 GKG stützt[7], kommt direkt auf die Festsetzung von

---

1 LAG Hamm v. 21.8.2014 – 7 Ta 353/14, NZA-RR 2015, 49.
2 LAG Nürnberg v. 20.12.2013 – 2 Ta 156/13, NZA-RR 2014, 212; ebenso LAG Schl.-Holst. v. 9.7.2013 – 5 Ta 108/13, NZA-RR 2013, 606, offenbar ohne Einzelfallprüfung.
3 LAG Nürnberg v. 21.7.2005 – 9 Ta 137/05, LAGE § 23 RVG Nr. 1 (bis zu 1/8 bzw. 1/16 des Hilfswerts).
4 Insoweit ebenso LAG Köln v. 28.10.2014 – 7 Ta 250/13, NZA-RR 2015, 99.
5 Ebenso: LAG BW v. 2.11.2009 – 5 Ta 113/09, NZA-RR 2010, 102; LAG Rh.-Pf. v. 29.9.2010 – 1 Ta 189/10, NZA-RR 2011, 214; abweichend: LAG Schl.-Holst. v. 27.4.2007 – 1 Ta 178/06, NZA-RR 2007, 541: zwei Bruttomonatsgehälter.
6 Ebenso: GMP/*Germelmann*, § 12 Rz. 145 mwN.
7 So LAG Hamburg v. 17.5.2013 – 2 Ta 8/13, NZA-RR 2013, 431.

etwa ein bis drei Monatsgehältern (vgl. auch Rz. 250), angelehnt an die für eine Versetzung im Urteilsverfahren (StWKat. A Nr.14) geltenden Grundsätze (StWKat. B Nr. 13.4). Stellt man bei der **Eingruppierung** nicht auf § 23 Abs. 3 Satz 2 RVG ab, dann ist die Orientierung an § 42 Abs. 2 Satz 2 GKG vorzunehmen. Bei der 36-fachen Monatsdifferenz erfolgt ein Abschlag iHv. 25 % wegen der nur beschränkten Rechtskraftwirkung des Beschlussverfahrens für den fraglichen ArbN (StWKat. B Nr. 13.3). Zutreffender dürfte es sein, wegen des kollektivrechtlichen Bezugs des Verfahrens von § 99 Abs. 4 BetrVG mit einem teilweise eigenständigen Überprüfungsrahmen auf § 23 Abs. 3 S. 2 RVG abzustellen[1]. Hier dürfte oftmals der Hilfswert maßgeblich sein.

Das Verfahren über eine vorläufige personelle Maßnahme nach **§ 100 BetrVG** wird mit dem 1/2 Wert des Verfahrens nach § 99 Abs. 4 BetrVG bewertet (StWKat. B Nr. 13.5). Es wird dem Wert des Verfahrens nach § 99 Abs. 4 BetrVG hinzugerechnet. 277

Sind **mehrere** personelle **Einzelmaßnahmen (Massenverfahren)** iSd. § 99 Abs. 1 BetrVG Gegenstand eines Beschlussverfahrens, indem nicht nur ein, sondern eine Vielzahl von ArbN von der einheitlichen unternehmerischen Maßnahme betroffen sind, dann sind wegen der erheblich größeren Bedeutung der Maßnahme und der wirtschaftlichen Auswirkungen eines solchen Verfahrens die für eine Einzelperson geltenden Grundsätze zu erhöhen. Hier findet eine Erhöhung **gestaffelt nach** der **Anzahl** der betroffenen ArbN entsprechend den Grundsätzen von Rz. 235 statt (StWKat. B Nr. 13.7)[2]. 278

Der separate Antrag nach **§ 101 BetrVG**, dem ArbGeb die **Aufhebung von (vorläufigen) personellen Maßnahmen** aufzugeben, ist spiegelbildlich wie die vom BR versagte Zustimmung zur Ergreifung dieser Maßnahme zu bewerten. Das Verfahren nach **§ 101 BetrVG** wird daher wie das Verfahren nach § 99 Abs. 4 BetrVG bewertet (StWKat. B Nr. 13.6). Wird er als kumulativer Antrag oder als Widerantrag vom BR im Verfahren nach §§ 99, 100 BetrVG geltend gemacht, dürfte er mit dem $^1/_2$ Hilfswert zu bewerten sein, weil die Angriffe des BR auch im Rahmen der Entscheidung über die Anträge des ArbGeb hätten geprüft werden müssen[3]. 279

(42) Mitbestimmung in sozialen Angelegenheiten

Bei arbeitsgerichtlichen Beschlussverfahren um die Verletzungen von Mitbestimmungsrechten in sozialen Angelegenheiten – sie sind in der Praxis besonders variantenreich – ist regelmäßig eine Bestimmung des Gegenstandswerts gem. § 23 Abs. 3 Satz 2 Halbs. 1 RVG nach billigem Ermessen vorzunehmen. Bei Fehlen tatsächlicher Anhaltspunkte für eine Schätzung und bei nichtvermögensrechtlichen Verfahren bemisst sich der Gegenstandswertwert nach dem Hilfswert von 5 000 Euro (§ 23 Abs. 3 Satz 2 Halbs. 2 RVG). Auf den Hilfswert kann aber erst zurückgegriffen werden, wenn andere Anhaltspunkte für eine Wertfestsetzung ausgeschöpft sind und nicht vorliegen[4]. Am Vorliegen solcher Umstände scheitert es gerade bei der Mitbestimmung in sozialen Angelegenheiten nicht selten. Daher wird in der Praxis oft auf den Hilfswert festgesetzt. 280

Streiten die Beteiligten über das Bestehen eines Mitbestimmungsrechts, dann ist grds. auf den Hilfswert des § 23 Abs. 3 Satz 2 RVG abzustellen. Abhängig vom Gegenstand des Mitbestimmungsrechts und der Bedeutung des Einzelfalls kann eine Herauf- oder Herabsetzung des Werts ohne Staffelung erfordern (StWKat. B Nr. 10). Hier sind insbesondere die organisatorischen und wirtschaftlichen Auswirkungen der streitigen Maßnahme, die Anzahl der betroffenen ArbN, die Bedeutung, der Umfang und die tatsächlichen und rechtlichen Schwierigkeiten des Verfahrens und andere Gegebenheiten wertbildende Faktoren. Die Umstände des Einzelfalls bestimmen das billige Ermessen des § 23 Abs. 3 Satz 2 Halbs. 1 RVG[5]. In diesem Zusammenhang hat dem Gericht ein breiter Spielraum zu. 281

Sowohl für den allgemeinen **Unterlassungsanspruch** im Rahmen von § 87 BetrVG als auch den Anspruch nach § 23 Abs. 3 BetrVG findet eine Festsetzung auf den Wert des streitigen Mitbestimmungs- oder Mitwirkungsrechts statt (StWKat. B Nr. 15). Da gerade in diesem Zusammenhang der Einzelfall völlig differieren und unterschiedlich gewichtet sein kann, ist es – wie in anderen Bereichen des Beschlussverfahrens auch – nicht möglich, hier präzisere allgemein zutreffende Festlegungen zu treffen. 282

---

1 LAG Sachsen v. 18.11.2014 – 4 Ta 168/14, NZA-RR 2015, 96.
2 Der Empfehlung folgend: LAG Nürnberg v. 20.12.2013 – 2 Ta 156/13, NZA-RR 2014, 212.
3 LAG Hamm v. 17.9.2012 – 10 Ta 259/12; LAG Köln v. 21.6.2006 – 2 Ta 195/06; LAG Nürnberg v. 20.12.2013 – 2 Ta 156/13.
4 LAG Rh.-Pf. v. 31.8.2000 – 3 Ta 918/00, NZA-RR 2001, 325; LAG MV v. 16.11.2000 – 1 Ta 67/00, MDR 2001, 337 (338); LAG Düsseldorf v. 12.2.2008 – 6 Ta 44/08, NZA-RR 2009, 276; *Bertelsmann*, Gegenstandswerte in arbeitsgerichtlichen Beschlussverfahren, S. 18 f. mwN; *Schäder*, Streitwert-Lexikon Arbeitsrecht, S. 85 mwN.
5 LAG Rh.-Pf. v. 1.3.2010 – 1 Ta 24/10, AE 2010, 268.

(43) Mitbestimmung in wirtschaftlichen Angelegenheiten

283 Der Streit zwischen BR und ArbGeb über die Einrichtung eines **Wirtschaftsausschusses** wird mit dem doppelten Hilfswert des § 23 Abs. 3 Satz 2 Halbs. 2 RVG bewertet[1]. Geht es um die Realisierung des **Verhandlungsanspruchs**, dann ist vom Hilfswert des § 23 Abs. 3 Satz 2 RVG auszugehen. Je nach den Umständen des Einzelfalls, zB Inhalt und Bedeutung der Regelungsfrage, ist eine Erhöhung oder ein Abschlag vorzunehmen (StWKat. B Nr. 1).

284 Das **einstweilige Verfügungsverfahren** gegen die **Durchführung einer Betriebsänderung** vor Abschluss eines Interessenausgleichs wird nach der Bedeutung des Verfahrens für den BR bewertet. Da eine einstweilige Regelung die Betriebsänderung nicht dauerhaft beseitigen will, ist – je nach Einzelfall – grds. ein Abschlag bis zu 50 % des Hauptsachestreitwerts vorzunehmen (StWKat. B Nr. 7.2). Bei Unterlassungsansprüchen ist der Wert des streitigen Mitbestimmungs- bzw. Mitwirkungsrechts zu ermitteln (StWKat. Nr. 15).

Die Bedeutung des Verfahrens ist nach dem Interesse des BR an der Sicherung seines Beteiligungsrechts zu bemessen. Dieses Interesse deckt sich aber nicht mit dem Bestandsschutzinteresse der ArbN.

285 Das Verfahren über die **Anfechtung** eines Einigungsstellenspruchs über einen **Sozialplan** ist eine vermögensrechtliche Streitigkeit, weil es nicht um Beteiligungsrechte des BR, sondern um den angemessenen finanziellen Umfang des Sozialplans geht. Ausgehend von den unterschiedlichen Interessenlagen von ArbGeb und BR ist nach Auffassung des BAG, der der StWKat. B Nr. 6 folgt, zu differenzieren:

286 Bei der Anfechtung des Sozialplans durch den **ArbGeb** wegen behaupteter Überdotierung wird der Gegenstandswert durch die Höhe der Differenz zwischen dem tatsächlich beschlossenen Sozialplanvolumen und dem Volumen, welches der ArbGeb als äußerstenfalls akzeptabel beziffert hat, bestimmt.[2] In diesem Fall ist der Gegenstandswert nach § 23 Abs. 1 RVG, § 48 Abs. 1 GKG letztlich nach § 3 ZPO festzusetzen. Die Kappungsgrenze von § 23 Abs. 3 Satz 2, letzte Alt. GKG für die Gerichtsgebühren greift nicht, sie fallen im Beschlussverfahren nicht an. In vermögensrechtlichen Streitigkeiten greift sie allenfalls, wenn deren Wert nicht feststeht.

287 Wird der Einigungsstellenspruch durch den **BR** aufgrund eines behaupteten zu niedrigen Gesamtvolumens angefochten, ist der Gegenstandswert nach billigem Ermessen im Rahmen von § 23 Abs. 3 Satz 2 Alt. 1 RVG festzusetzen. Anders als bei der Anfechtung des Sozialplans durch den ArbGeb wegen Überdotierung, fehlt es nach der zutreffenden Auffassung des BAG an einer feststehenden äußersten Grenze des Werts der anwaltlichen Tätigkeit, da kein Interesse des BR an der Angabe eines „realistischen" Betrags zu erkennen ist. Der BR könne mit der Angabe eines unrealistisch hohen Volumens des Sozialplans einen großen Verhandlungsspielraum schaffen, ohne das Gebührenrisiko tragen zu müssen[3]. Das billige Ermessen sei deshalb gem. § 23 Abs. 3 Satz 2 Halbs. 2 RVG wie bei nichtvermögensrechtlichen Streitigkeiten auszuüben. In diesem Fall gilt die Höchstgrenze von 500 000 Euro.

(44) Nachteilsausgleich

288 Wird über einen Anspruch auf Zahlung eines Nachteilsausgleichs nach § 113 Abs. 1 BetrVG gestritten, richtet sich der Wert nach dem streitigen Betrag. Wird der Anspruch als Hilfsantrag verfolgt, gelten die Grundsätze von § 45 Abs. 1 Satz 2 und 4 GKG (s. Rz. 202). Eine im Vergleich vereinbarte Zahlung eines nicht rechtshängigen Anspruchs auf Zahlung eines Nachteilsausgleichs kann zu einer Werterhöhung führen (StWKat. A Nr. 1). Dies ist in aller Regel der Fall, es sei denn der Anspruch ist nach Grund und Höhe unstreitig und ist auch kein zweifelhafter Teil eines im Vergleich geregelten Gesamtpakets einer Auseinandersetzung.S. zur Bewertung: Abfindung, Rz. 199.

(45) Nachträgliche Klagezulassung

289 Der bloße Antrag auf nachträgliche Klagezulassung (§ 5 KSchG) ist mangels eines Gebührentatbestandes im GKG gerichtsgebührenfrei[4]. Ergeht ausnahmsweise ein Zwischenurteil gem. § 5 Abs. 4 Satz 3 KSchG, muss es wie ein Endurteil durch Berufung angefochten werden. Im Zwischenurteil hat das ArbG nach § 61 Abs. 1 den Rechtsmittelstreitwert festzusetzen. Der Streitwert für die Gerichtsgebühren richtet sich nach dem Wert der Hauptsache und somit nach § 42 Abs. 2 Satz 1 GKG.

---

1 LAG Bremen v. 13.12.1984 – 4 Ta 81/84, DB 1985, 768.
2 BAG v. 9.11.2004 – 1 ABR 11/02 (A), NZA 2005, 70.
3 BAG v. 20.7.2005 – 1 ABR 23/03, DB 2005, 2086 m. Anm. *Stamer* = NZA 2005, 1136.
4 *Meier/Becker*, Streitwerte im Arbeitsrecht, Rz. 258; GK-ArbGG/*Schleusener*, § 12 Rz. 295.

(46) Nachweis

Der schriftliche Nachweis nach § 2 Abs. 1 Satz 1 NachwG beträgt 10 % einer Monatsvergütung des ArbN (s. Rz. 212).

(47) Ordnungsgeld

Wird zusammen mit dem Antrag in der Hauptsache auf Unterlassung zusätzlich sogleich ein Antrag auf **Androhung** eines Ordnungsgeldes gestellt für den Fall der Zuwiderhandlung gegen die Verpflichtung, dann ist dieser mit der Verfahrensgebühr in der Hauptsache abgegolten. Dieser Antrag will hauptsächlich die Bereitschaft des Gläubigers signalisieren, notfalls ein Vollstreckungsverfahren einleiten zu wollen[1]. Wird dagegen ein Ordnungsgeldantrag gestellt wegen eines **Verstoßes gegen** eine **titulierte Unterlassungsverpflichtung**, ist idR von einem Bruchteil des Wertes der Hauptsache auszugehen[2]. Je nach der Schwere des Verstoßes, der Gefahr weiterer Wiederholungen sowie dem Grad des Verschuldens und der Bedeutung der Unterlassung für die Beteiligten ist der Wert anzusetzen, oft eine Spanne zwischen 1/3 und 1/5 des Wertes der Hauptsache.

(48) Praktikanten

Der Streit über den Bestand eines Praktikantenverhältnisses ist entsprechend § 42 Abs. 2 Satz 1 GKG mit dem dreifachen Monatsbezug zu bewerten[3].

(49) Sachverständigengutachten für BR

Bei der Einholung eines Sachverständigengutachtens oder bei der Hinzuziehung eines Sachverständigen im Rahmen von § 80 Abs. 3 BetrVG – zB zur gutachterlichen Beratung im Zusammenhang mit einer Betriebsvereinbarung – sind zwei Sachverhalte zu unterscheiden: Begehrt der BR vom ArbGeb lediglich die **Kostenübernahme**, bemisst sich der Gegenstandswert anhand der geltend gemachten Sachverständigenkosten[4]. Das LAG Köln[5] stellt auch hier auf § 23 Abs. 3 Satz 2 RVG und die Bedeutung des Mitbestimmungsrechts im Einzelfall ab. Besteht allerdings Streit über die **Erforderlichkeit der Hinzuziehung** und/oder oftmals auch Angemessenheit der Honorarforderung eines Sachverständigen, handelt es sich um eine nichtvermögensrechtliche Streitigkeit. Sie ist nach den Grundsätzen von § 23 Abs. 3 Satz 2 RVG zu bewerten, im Zweifel mit dem Hilfswert von 5 000 Euro[6]. Beim bloßen Streit über die Angemessenheit der Honorarforderung ist im Rahmen von § 23 Abs. 3 Satz 2 RVG mit starkem Gewicht auch auf die Vergütungsdifferenz abzustellen.

(50) Schadensersatz

Der Streitwert einer Schadensersatzklage entspricht dem eingeklagten Betrag. Wird er mittels einer positiven Feststellungsklage (s. Rz. 191) eingefordert, ist ein Feststellungsabschlag iHv. 20 % vorzunehmen[7]. Verlangt der ArbN Schadensersatz wegen künftig entgehender Gehaltsbezüge, handelt es sich um wiederkehrende Leistungen (s. Rz. 181–190). Diese sind nach § 42 Abs. 1 Satz 1 Alt. 4 GKG zu bewerten. Dies gilt selbst dann, wenn die Bezüge in einer Summe geltend gemacht werden[8].

(51) Statusklage

Die Klage auf Feststellung der **ArbN-Eigenschaft** ist als Streit über das Bestehen eines Arbeitsverhältnisses zu werten und wird nach § 42 Abs. 2 Satz 1 GKG mit dem dreifachen Monatsverdienst bewertet[9].

Der Antrag des BR auf Feststellung, dass ein ArbN ein/kein **leitender Angestellter** iSd. § 5 Abs. 3 BetrVG ist, stellt eine nichtvermögensrechtliche Streitigkeit dar und muss regelmäßig mit dem Hilfswert des § 23

---

1 LAG Rh.-Pf. v. 16.1.2009 – 1 Ta 2/09; LAG BW v. 24.5.2007 – 9 Ta 2/07; LAG Hamburg v. 28.12.2015 – 6 Ta 24/15, NZA-RR 2016, 159; aA LAG Schl.-Holst. v. 24.7.2006 – 2 Ta 86/06.
2 LAG Hamburg v. 20.1.2015 – 5 Ta 1/13, FA 2015, 85.
3 LAG Hessen v. 20.6.1984 – 6 Ta 156/84, AnwBl 1985, 100.
4 LAG Hamm v. 12.6.2001, 10 TaBV 50/01, NZA-RR 2002, 472.
5 LAG Köln v. 14.8.2006 – 14 Ta 265/06, NZA-RR 2007, 31.
6 LAG Köln v. 14.8.2006 – 14 Ta 265/06, NZA-RR 2007, 31.
7 *Schäder*, Streitwert-Lexikon Arbeitsrecht, S. 62.
8 LAG Hamm v. 27.9.1990 – 8 Ta 222–224/90, LAGE § 12 ArbGG 1979 – Streitwert Nr. 86.
9 BAG v. 9.4.1965 – 3 AZR 182/64, AP Nr. 16 zu § 72 ArbGG 1953 – Streitwertrevision.

Abs. 3 Satz 2 RVG in Ansatz gebracht werden, soweit keine besonderen Umstände eine abweichende Bewertung erfordern[1]. S. auch Rz. 222.

(52) Stufenklage

295 Für die Streitwertberechnung ist nur der höhere der in einer Stufenklage (s. zu ihren Eigenheiten Rz. 154) verbundenen Ansprüche maßgebend (§ 44 GKG). Den Anspruch auf Rechnungslegung, Buchauszug oder Auskunft (s. Rz. 230) macht der Kläger im Rahmen eines einheitlichen Vorgehens geltend, um durch die erhaltenen Informationen den Leistungsantrag (3. Stufe) beziffern zu können. Der mit der 1. Stufe geltend gemachte Anspruch ist daher mit einem Bruchteil des zu schätzenden Werts des Anspruchs zu bemessen, den der Kläger letztlich durchsetzen will[2]. Der Wert kann sich ändern, wenn der Antrag höher oder niedriger bewertet wird, als ursprünglich geschätzt[3].

(53) Teilzeitbegehren

296 Das Begehren eines ArbN zur Reduzierung der Arbeitszeit nach dem Teilzeit- und Befristungsgesetz ist eine spezielle Ausprägung der Änderung eines bestehenden Arbeitsverhältnisses[4] und damit gem. § 3 ZPO iVm. § 42 Abs. 1 Satz 1, Abs. 2 Satz 1 GKG nach freiem Ermessen zu bestimmen. Die rechtliche Situation der Teilzeitklage ist vergleichbar mit derjenigen der **Änderungskündigungsschutzklage** (s. Rz. 208 ff.). Die LAG wenden daher auf das Teilzeitbegehren überwiegend die Regeln zur Streitwertberechnung bei Änderungskündigungen an[5]. Dieser zutreffenden Auffassung hat sich auch die Streitwertkommission angeschlossen (StWKat. A Nrn. 4 und 8).

(54) Urlaub, Sonderurlaub

297 Der Streit über das **Bestehen** eines Urlaubsanspruchs ist mit dem Wert des Vergütungsanspruchs für den Urlaubszeitraum festzusetzen. Die Klage auf Urlaubsgewährung zielt auf die Befreiung von der Arbeitspflicht ab[6]. Geht der Streit nur über den zu gewährenden Urlaubszeitraum, also die **Lage** des Urlaubs, wird gelegentlich – unsystematisch und methodisch kaum vertretbar – auf den Hilfswerts des § 23 Abs. 3 Satz 2 Halbs. 2 RVG von 5000 Euro, oder nur einen Teil davon abgestellt[7]. Das LAG Bremen zieht auch beim Streit um den konkreten Urlaubszeitraum das für die Dauer des Urlaubs zu zahlende Entgelt heran[8]. Letzterer Auffassung ist im Grundsatz zu folgen, weil es sich hierbei um eine vermögensrechtliche Streitigkeit handelt; allerdings kann idR nicht das volle Entgelt in Ansatz gebracht werde, weil dieses außer Streit steht. Je nach den Umständen des Einzelfalls (zB Schulferien der Kinder, etwaige bereits getätigte Aufwendungen) dürfte im Allgemeinen auf die Hälfte des zu zahlenden Entgelts im Rahmen von § 3 ZPO abzustellen sein.

298 Der Antrag eines ArbN, ihm für die Dauer von fünf Jahren unbezahlten **Sonderurlaub gem. § 50 BAT** zu gewähren, hat das LAG München wie einen Weiterbeschäftigungsantrag mit einem Bruttomonatsgehalt bewertet[9]. Der Wert auf Gewährung von Sonderurlaub bestimmt sich nach dem Interesse an der begrenzten Freistellung. Dieser wird durch die Dauer und den Zweck der Freistellung, nicht jedoch nach dem Entgeltanspruch bestimmt[10]. Bei einer fünfjährigen Freistellung scheinen mindestens drei Monatsvergütungen angemessen zu sein.

---

1 LAG Hamm v. 9.11.2006 – 13 Ta 508/06, NZA-RR 2007, 96; LAG Hamm v. 28.5.1976 – 8 TaBV 45/75; GK-ArbGG/*Schleusener*, § 12 Rz. 483 mwN.
2 GK-ArbGG/*Schleusener*, § 12 Rz. 165.
3 *Meier/Becker*, Streitwerte im Arbeitsrecht, Rz. 106 mwN.
4 Vgl. hierzu Tschöpe/Ziemann/Altenburg/*Ziemann*, Teil 1 A Rz. 71 ff.
5 LAG Köln v. 12.5.2011 – 2 Ta 87/11; LAG Rh.-Pf. v. 8.3.2011 – 1 Ta 27/11; LAG Berlin v. 4.9.2001 – 17 Ta 6121/01, NZA-RR 2002, 104; LAG Düsseldorf v. 7.2.2008 – 6 Ta 688/07; LAG Nds. v. 14.12.2001 – 17 Ta 396/01, NZA-RR 2002, 550; aA (Bewertung gem. § 48 Abs. 1 GKG, § 3 ZPO mit einer Monatsvergütung): LAG BW v. 1.7.2010 – 5 Ta 128/10, NZA-RR 2011, 45.
6 BAG v. 17.5.2011 – 9 AZR 189/10, NZA 2011, 1032.
7 LAG Köln v. 23.9.1991 – 3 Ta 183/91, LAGE § 8 BRAGO Nr. 16.
8 LAG Bremen v. 22.10.2008 – 1 Ta 61/08, DB 2009, 240; LAG Köln v. 13.9.2011 – 4 Ta 245/11.
9 LAG München v. 13.1.2000 – 8 Ta 1203/99, AE 2000, 73; zu Recht aA GK-ArbGG/*Schleusener*, § 12 Rz. 307, der die Bewertung in diesem Fall für zu niedrig hält.
10 LAG Berlin v. 6.9.2002 – 17 Ta (Kost) 6084/02; LAG Sachsen v. 15.2.2005 – 4 Ta 396/04.

(55) Vergleich

Zum Anfallen bzw. Entfallen von **Gerichtskosten** und zum Wesen eines Vergleichs: s. für den gerichtlichen Vergleich Rz. 29–37 und für den außergerichtlichen Rz. 38. 299

Der Wert des Gegenstands der **anwaltlichen** Tätigkeit (Vergleichswert) berechnet sich nach den allgemeinen Grundsätzen (vgl. Abfindung Rz. 199 ff., Freistellung Rz. 258 f.). Ein Vergleichsmehrwert spielt – angesichts des Pauschalsystems für die Gerichtskosten – nur für die Rechtsanwaltsgebühren eine Rolle. Oftmals werden in einem Vergleich noch weitergehende nicht rechtshängige Ansprüche mit einbezogen, die den Vergleichswert erhöhen können. Die Festsetzung eines **Vergleichsmehrwerts**[1] kommt nur für solche Regelungen eines Vergleichs infrage, die andere Punkte als den Gegenstand der gerichtlichen Auseinandersetzung betreffen. Ob die Einbeziehung von solchen zusätzlichen Punkten in einem gerichtlichen Vergleich einen Vergleichsmehrwert auslöst, hängt vom Inhalt der getroffenen Regelungen ab.

Für das Auslösen einer Einigungsgebühr kommt es nicht auf den Abschluss eines Vergleichs iSv. § 779 BGB, sondern auf eine Einigung an. Eine **Einigung** iSv. Nr. 1000 RVG-VV setzt voraus, dass der Rechtsanwalt mitgewirkt haben muss bei einem Vertrag, durch den 300

– der Streit über ein Rechtsverhältnis beseitigt wird,
– oder die Ungewissheit über ein Rechtsverhältnis beseitigt wird,
– oder die Unsicherheit über die Verwirklichung eines Anspruchs beseitigt wird.

Werden in einen Vergleich etwa zur Klarstellung **unstreitige** und zudem noch gewisse Ansprüche einbezogen, ist umstritten, ob dies zu einem **Vergleichsmehrwert** führt. Zum Teil wird vertreten, dass bei unstreitigen Ansprüchen schon kein Vergleich iSd. § 779 BGB vorläge. Der Rechtsanwalt habe insoweit nicht an einer gebührenauslösenden „Einigung" iSv. Nr. 1000 RVG-VV mitgewirkt. Hierzu gehöre wesensmäßig ein Verhandeln mit Lösungsfindung. Eine Werterhöhung sei somit **nicht** gerechtfertigt[2]. Zum Teil wird der Wert des unstreitigen Anspruchs **in voller Höhe** festgesetzt. Der Kläger erhalte durch die Einbeziehung in den Vergleich eine Mehrleistung in Form eines vollstreckbaren Titels[3]. Eine Vergleichsregelung könne auch eine Regelung von begleitenden Umständen oder Folgewirkungen des Vergleichs beinhalten. Dies könne die Vergleichsbereitschaft einer Partei positiv beeinflussen. Wer für die Einbeziehung eines unstreitigen Anspruchs in einen Vergleich ein Titulierungsinteresse anerkennt, bewertet diesen Anspruch nicht in voller Höhe, sondern nur am Interesse für die Schaffung des Titels[4]. Der Wert dieses Interesses wird regelmäßig nur einen **Bruchteil des Anspruchswerts** betragen, der unterschiedlich zwischen 10–25 % bewertet wird[5]. 301

Nach StWKat. A Nr. 22.1 fällt ein Vergleichsmehrwert nur an, wenn durch den Vergleichsabschluss ein weiterer Rechtsstreit und/oder außergerichtlicher Streit erledigt und/oder die Ungewissheit über ein Rechtsverhältnis beseitigt werden. Dies entspricht dem Wortlaut der Nr. 1000 RVG-VV und damit der Gesetzeslage. 302

Wird zur Beseitigung einer Ungewissheit in einen Vergleich eine vollstreckbare Regelung aufgenommen, wird ein solcher Anspruch voll bewertet. Es muss somit hinsichtlich des mitverglichenen Anspruchs ein zumindest noch offener Zustand bestanden haben. Es reicht, wenn im Rahmen eines im Vergleich geschnürten **Gesamtpakets** die zusätzliche Regelung zur Abschlussbereitschaft beigetragen und diese zumindest erhöht hat (vgl. die Beispiele von StWKat. A Nr. 22.1.1 bis 22.1.4). Zur Gesamtlösung gehört auch, wenn der Vergleich einen bislang unstreitigen Anspruch unter Veränderung oder Gestaltung seines Inhalts einbezieht[6]. Das Vorliegen dieser Voraussetzungen muss im Einzelfall erkennbar oder dargetan werden, um zu einem höheren Vergleichswert zu gelangen. Unstreitige und von niemand auch nur im Ansatz in

---

1 *Meier/Becker*, Streitwerte im Arbeitsrecht, Rz. 268.
2 LAG Köln v. 6.1.2010 – 8 Ta 210/09; LAG Hamm v. 10.12.2009 – 6 Ta 541/09; LAG Berlin-Brandenburg v. 12.3.2009 – 17 Ta (Kost) 6011/09, JurBüro 2009, 431; LAG Rh.-Pf. v. 6.8.2007 – 1 Ta 181/07, AGS 2007, 634; LAG BW v. 23.12.2009 – 5 Ta 158/09.
3 LAG Düsseldorf v. 25.10.2010 – 2 Ta 603/10; LAG Düsseldorf v. 8.3.2007 – 6 Ta 67/07.
4 OLG Koblenz v. 16.1.1984 – 13 WF 1238/83, AnwBl 1984, 204 (205).
5 LAG Hessen v. 23.4.1999 – 15/6 Ta 426/98, NZA-RR 1999, 382 (383); OLG Zweibrücken v. 20.1.1978 – 6 WF 48/77, MDR 1978, 496 (497): 1/2; OLG Hamm v. 27.3.1985 – 5 WF 373/84, AnwBl 1985, 385 (386): 1/10; im Übrigen vgl. *Schneider/Herget*, Streitwert-Kommentar, Rz. 5693 ff. mwN, der den Bruchteil je nach Einzelfall verschieden hoch bemisst; zur Bewertung des Titulierungsinteresses beim Zeugnis vgl. GK-ArbGG/*Schleusener*, § 12 Rz. 315 mwN; LAG Hessen v. 9.7.2003 – 15 Ta 123/03, ArbuR 2003, 399.
6 LAG Hamburg v. 14.9.2016 – 6 Ta 23/16, NZA-RR 2016, 662.

Zweifel gezogene Ansprüche[1] können zu keinem Vergleichsmehrwert führen. Ist dagegen ein Anspruch unstreitig und gewiss, aber seine **Durchsetzung** ungewiss, dann besteht ein objektives Interesse an der Schaffung eines Vollstreckungstitels. Ein solches **Titulierungsinteresse** wird mit 20 % des Wertes des Anspruchs veranschlagt. Macht der ArbN im Kündigungsschutzverfahren keinen Freistellungsanspruch geltend oder berühmt sich der ArbGeb keines Suspendierungsrechts, führt eine Freistellungsvereinbarung in einem Vergleich zu keinem Vergleichsmehrwert[2].

Werden im Vergleich bei der zusätzlich darin übernommenen Verpflichtung zur Erteilung eines qualifizierten **Zeugnisses/Zwischenzeugnisses** inhaltliche Festlegungen mit geregelt, dann ist der Zeugnisanspruch in voller Höhe mit einer Monatsvergütung streitwerterhöhend[3] (StWKat. A Nr. 26.2); s. auch Rz. 314. Bei inhaltlichen Festlegungen insbesondere zum Leistungs- und Führungsverhalten liegt eine typische Situation einer „Ungewissheit" vor, die durch die Festschreibungen vermieden werden soll.

303 In einem Vergleich können die übliche **allgemeine Ausgleichsklausel** sowie **reine Vollzugsregeln** vereinbart werden. Diese setzen die zentrale Einigung über Fortbestand bzw. Beendigung des Arbeitsverhältnisses lediglich pauschal um. Sie haben keinen eigenen Vergleichswert, wenn es hinsichtlich dieser Zusatzregelungen keine speziellen Streitpunkte gegeben hat[4]; StWKat. A Nr. 22.1.5. Es gelten die vorgenannten Gesichtspunkte.

304 In einem Vergleich wird bisweilen die **vorzeitige oder spätere Beendigung** eines Arbeitsverhältnisses durch Veränderung der Kündigungsfrist vereinbart. Zugleich werden die Vergütungsansprüche für den Zeitraum zwischen den Beendigungszeitpunkten in einen Abfindungsanspruch iSv. §§ 9, 10 KSchG umgewandelt. Allein wegen der Schaffung eines Abfindungsanspruchs ist die „Umwandlung" nicht streitwerterhöhend (§ 42 Abs. 2 Satz 1 Halbs. 2 GKG). Dann müsste auch der Zahlungsanspruch streitig und zu bewerten gewesen sein, es dürfte also keine wirtschaftliche Identität mit dem Wert des Kündigungsschutzverfahrens bestanden haben (vgl. Rz. 255). Allein die **Veränderung der Kündigungsfrist** erhöht den Vergleichswert in einer Bestandsschutzstreitigkeit nicht. Darf der Gegenstandswert schon bei erfolgreicher Kündigungsschutzklage, also bei unbefristetem Fortbestand des Arbeitsverhältnisses, den Vierteljahresverdienst nicht überschreiten, dann muss dies erst recht dann gelten, wenn die Kündigung lediglich abgemildert, indem zB die Kündigungsfrist im Vergleich nur verlängert wird[5].

305 Die Vergleichsparteien können neben der Auflösung des bestehenden Arbeitsverhältnisses zu dem in der Kündigung vorgesehenen Zeitpunkt ein **neues Arbeitsverhältnis** zu unveränderten Bedingungen vereinbaren. Letzterer Vereinbarung kommt jedoch kein eigener Vergleichswert zu. Bei Erfolg der Kündigungsschutzklage hätte der ArbN eine Beschäftigung auch ohne die Vereinbarung eines neuen Arbeitsverhältnisses erreicht. Sofern kein über die Wirksamkeit der Kündigung hinausgehender Streit bestanden hat, sind beide Vereinbarungen daher wirtschaftlich identisch[6]. Wird dagegen in einem Vergleich nicht die (zeitweilige) Fortsetzung des Arbeitsverhältnisses zwischen den Prozessparteien vereinbart, sondern verpflichtet sich die Beklagte dafür zu sorgen, dass der ArbN bei einem **anderen ArbGeb** (etwa Transfergesellschaft) weiterbeschäftigt wird, dann haben sie insoweit eine substantiell zusätzlich zu bewertende Regelung getroffen, die nicht Gegenstand des bisherigen Verfahrens war[7].

306 Für den Wert eines Rechtsstreits, in dem eine Partei die **Feststellung der Unwirksamkeit eines Prozessvergleichs** begehrt, ist grds. der Wert der ursprünglichen Anträge zugrunde zu legen (vgl. Rz. 219)[8].

(56) Versetzung

307 Siehe Direktionsrecht einerseits (Rz. 250) und Mitbestimmung in personellen Angelegenheiten andererseits (Rz. 273).

---

1 Etwa dass dem ArbN nach Beendigung des Arbeitsverhältnisses durch einen sog. Abfindungsvergleich ein qualifiziertes Zeugnis zu erteilen ist (s. LAG Hamburg, 29.12. 2010 – 4 Ta 27/10, NZA-RR 2011, 152) oder die Arbeitspapiere auszufüllen und zu übergeben sind.
2 LAG Schl.-Holst. v. 3.11.2016 – 6 Ta 98/16, NZA-RR 2017, 97.
3 LAG Schl.-Holst. v. 5.9.2016 – 1 Ta 89/16, NZA-RR 2017, 157.
4 LAG Hessen v. 23.4.1999 – 15/6 Ta 426/98, NZA-RR 1999, 382 (383).
5 LAG Rh.-Pf. v. 6.6.2007 – 1 Ta 105/07 und 13.8.2010 – 1 Ta 139/10.
6 BAG v. 18.1.1996 – 8 AZR 440/94 (A), AP Nr. 18 zu § 12 ArbGG 1979; aA LAG Hamm v. 22.3.2000 – 13 Sa 717/99, AE 2000, 162: Die Wiedereinstellungsvereinbarung ist mit drei Bruttomonatsgehältern zu bewerten.
7 LAG Rh.-Pf. v. 13.8.2010 – 1 Ta 139/10.
8 BGH v. 19.9.2012 – V ZB 56/12, NJW 2013, 470.

(57) Weiterbeschäftigungsantrag

Nach der Rspr. des BAG besteht nach erstinstanzlichem Obsiegen in einer Kündigungsschutzklage regelmäßig ein Anspruch des ArbN auf vertragsgemäße Weiterbeschäftigung über den im Kündigungsschreiben angegebenen Beendigungszeitpunkt hinaus bis zur rechtskräftigen Entscheidung über die Wirksamkeit der Kündigung[1]. Dieser Anspruch wird regelmäßig schon im erstinstanzlichen Kündigungsschutzverfahren durch einen entsprechenden Weiterbeschäftigungsantrag geltend gemacht. 308

Die Bewertung des Weiterbeschäftigungsantrags ist heftig umstritten (vgl. Rz. 157). Der Streit hat dabei zwei unterschiedliche Aspekte. Zum Teil wird formell darauf abgestellt, ob der Weiterbeschäftigungsantrag als **unechter Hilfsantrag** oder als Hauptantrag gestellt wird (vgl. zu dieser Problematik Rz. 157). Einem unechten Hilfsantrag wird eine Berücksichtigung bei der Bemessung des Streitwerts versagt, wenn keine gerichtliche Entscheidung über ihn ergeht[2]. Aber auch einem Hauptantrag wird teilweise kein eigener Streitwert zugebilligt[3]. Als unechter Hilfsantrag sei er gem. § 45 Abs. 1 Satz 2, Abs. 4 GKG nur zu bewerten, wenn im Urteil über ihn entschieden wird oder die Parteien eine ausdrückliche Regelung darüber in einem Vergleich getroffen haben[4]. Die bloße Tatsache, dass ein Prozessvergleich abgeschlossen wird, in dem das Arbeitsverhältnis zu einem bestimmten Zeitpunkt beendet worden ist, stellt dann noch keine Regelung über den Weiterbeschäftigungsantrag dar. 309

Richtig dürfte eine Differenzierung sein: Wird der Weiterbeschäftigungsantrag vom Wortlaut her **unbedingt** gestellt und stellt der Kläger dies auch noch ausdrücklich schriftsätzlich klar, dann ist er zusätzlich zu bewerten, weil die Gerichtsgebühr bereits mit Klageeinreichung entstanden ist (vgl. Rz. 13, Rz. 14). Dass ein solcher Antrag in der Sache nicht sinnvoll erscheint, weil er objektiv nicht den Interessen des klagenden Arbeitnehmers entspricht[5], darauf kommt es nicht an; auch wohlverstandenen Eigeninteressen widersprechende unbegründete Verfahren haben einen Streitwert. Mögliche prozesstaktische Überlegungen zwischen Anwalt und Mandant sind allein deren Sache[6]. Allerdings entspricht es wegen der Rechtslage einem fairen Umgang des Gerichts mit den Parteien, bei einem bloß formell unbedingten Klageantrag den Kläger gem. § 139 ZPO danach zu befragen, ob der Weiterbeschäftigungsantrag tatsächlich unbedingt gestellt werden soll oder nur bedingt für den Fall des Obsiegens im Kündigungsschutzverfahren. Es gibt auch Fälle, in denen keine tieferen Überlegungen angestellt wurden. Wird dagegen der Weiterbeschäftigungsantrag nur **bedingt** gestellt für den Fall des Obsiegens (ggf. bedarf es einer entsprechenden Auslegung des Antrags[7]), dann ist er gem. § 45 Abs. 1 Satz 2 GKG nur zu bewerten, wenn tatsächlich eine gerichtliche Entscheidung über ihn ergeht. Keine den Vergleichswert erhöhende Regelung (§ 45 Abs. 4 GKG) stellt es dar, wenn etwa die Parteien das Arbeitsverhältnis einvernehmlich – ob mit oder ohne Abfindung – beenden[8]. Dann liegt gerade keine Parteivereinbarung über eine mögliche Weiterbeschäftigung vor. Ein allgemeiner Weiterbeschäftigungsantrag ist im Revisionsverfahren grds. nicht zu bewerten, wenn dort der Rechtsstreit mit Rechtskraft erledigt wird. Die vorläufige Weiterbeschäftigung wird dann gegenstandslos. 309a

Streit besteht auch hinsichtlich der **Höhe des Streitwerts** des Weiterbeschäftigungsantrags. Die überwiegende Zahl der LAG nimmt eine Festsetzung mit **einem Bruttomonatsgehalt** vor[9]. Demgegenüber war insbesondere bei den LAG in Nordrhein-Westfalen eine Festsetzung mit zwei Bruttomonatsgehältern verbreitet[10]. Das BAG hat in einer Entscheidung aus dem Jahr 1996 eine solche Festsetzung des Streitwerts 310

---

1 Grundlegend: BAG v. 27.2.1985 – GS 1/84, DB 1985, 2197.
2 LAG Düsseldorf v. 8.11.1990 – 7 Ta 356/90, JurBüro 1991, 418; BAG v. 13.8.2014 – 2 AZR 871/12, NZA 2014, 1359; GMP/*Germelmann*, § 12 Rz,118; *LAG Sachsen v. 25.1.2017 – 4 Ta 293/16.*
3 LAG Schl.-Holst. v. 14.9.1984 – 5 Ta 110/84, LAGE § 12 ArbGG 1979 – Streitwert Nr. 34; Stein/Jonas/*Roth*, § 2 ZPO Rz. 129; LAG Schl.-Holst. v. 14.9.1984 – 5 Ta 110/84, KostRsp. ArbGG § 12 Nr. 110: keine Berücksichtigung wegen des sozialen Schutzzwecks von § 12 Abs. 7 Satz 1.
4 BGH v. 17.3.2004 – XII ZR162/00, MDR 2004, 1437; BAG, 30. 8 2011 – 2 AZR 668/10; LAG Hessen v. 1.8.2013 – 1 Ta 145/13; LAG Düsseldorf v. 2.12.2009 – 6 Ta 723/09; Tschöpe/Ziemann/Altenburg/*Ziemann*, Teil 1 A Rz. 407; Natter/Gross/*Pfitzer/Augenschein*, § 12 Rz. 85 bis 87; LAG Düsseldorf v. 2.12.2009 – 6 Ta 723/09.
5 Vgl. BAG v. 30.8.2011 – 2 AZR 668/10 (A).
6 Natter/Gross/*Pfitzer/Augenschein*, § 12 Rz. 85.
7 Vgl. dazu BGH v. 21.6.2016 – II ZR 305/14; BAG v. 23.3.2016 – 5 AZR 758/13, NZA 2016, 1229 (1231).
8 LAG Hessen v. 22.7.2015 – 1 Ta 212/15, NZA-RR 2015, 663; aA LAG München v. 8.12.2016 – 2 Ta 247/16, ArbRB 2017, 146.
9 LAG Nds. v. 17.4.2001 – 3 Ta 118/01, NZA-RR 2001, 495; LAG Nürnberg v. 25.6.1999 – 2 Ta 56/99, BB 1999, 1929; LAG Berlin v. 27.11.2000 – 7 Ta 6117/2000 (Kost), AE 2001, 43 (44); LAG Rh.-Pf. v. 2.6.2004 – 2 Ta 113/04; NZA-RR 2005, 326.
10 LAG Düsseldorf v. 25.6.1987 – 7 Ta 187/87, AnwBl 1987, 554; LAG Hamm v. 29.7.1998 – 9 Ta 58/98, AE 1999, 48, LAG Köln v. 31.7.1995 – 13 Ta 114/95, NZA 1996, 840. Vgl. auch LAG Köln v. 16.10.2007 – 9 Ta 298/07, NZA-RR 2008, 380 mwN.

nicht beanstandet[1]. Eine Bewertung mit 1¹/₂ Bruttomonatsgehältern ist gelegentlich anzutreffen[2]. Vereinzelt werden indes auch deutlich niedrigere Streitwerte angesetzt[3].

311 Richtig ist, sowohl dem **Beschäftigungs-** als auch dem **Weiterbeschäftigungsantrag** und dem Weiterbeschäftigungsantrag nach § 102 Abs. 5 BetrVG im Hinblick auf § 42 Abs. 2 Satz 1 GKG bei der Ausübung des Ermessens von § 3 ZPO (s. hierzu Rz. 159) einen eigenen Wert beizumessen und alle Anträge jeweils mit **einer Monatsvergütung** zu bewerten (StWKat. A Nrn. 12 und 24).

(58) Wettbewerbsverbot

312 Klagt der ArbGeb wegen Verletzung eines vertraglich vereinbarten Wettbewerbsverbots auf **Unterlassung** von Wettbewerb, ist für sein wirtschaftliches Interesse und damit für den Streitwert grds. die Umsatzeinbuße maßgebend, die der ArbGeb infolge des wettbewerbswidrigen Verhaltens des ArbN zukünftig[4] zu befürchten hat. Zumeist fehlt es jedoch an verwertbaren Rechengrößen. Zudem ist zu berücksichtigen, dass die Streitwertberechnung möglichst einfach und vorausberechenbar sein soll (Rz. 198). Es kann daher der Wert der entsprechenden **Karenzentschädigung als Streitwert** zugrunde gelegt werden[5]. Der Unterlassungsanspruch wird wegen des drohenden Zeitablaufs idR nur im Verfahren der **einstweiligen Verfügung** (s. Rz. 225) durchgesetzt werden können, so dass dieses nach den Grundsätzen von StWKat. A Nr. 16.1 bzw. 16.2 bewertet wird[6].

313 Auch bei der Klage eines ArbN auf **Feststellung der Unwirksamkeit** eines nachvertraglichen Wettbewerbsverbots ist im Interesse einer einfachen Streitwertberechnung der Streitwert auf den Wert der gesetzlich vorgeschriebenen Mindestentschädigung festzusetzen[7].

(59) Wiederkehrende Leistungen

313a S. hierzu Rz. 181–190.

(60) Zeugnis

314 Der Anspruch auf Erteilung oder Berichtigung eines **einfachen** Zeugnisses stellt substantiell eine Arbeitsbescheinigung dar. Solche Ansprüche sind mit **10 %** einer Monatsvergütung zu bewerten (StWKat. A Nrn. 25.1 und 7.1).

Der Anspruch auf Erteilung eines **qualifizierten** Zeugnisses, also mit einer Beurteilung von Leistung und Führung sowie der Zeugnisberichtigungsanspruch werden – unabhängig von Art und Inhalt des Abänderungsverlangens – mit **einer Monatsvergütung** bewertet (StWKat. A Nr. 25.2)[8]. Im Interesse einer klaren praktischen Vorhersehbarkeit ist hier eine Pauschalbewertung vorzunehmen. Diese Sichtweise beugt einer nicht mehr überschaubaren Verästelung vor. Sie vermeidet daher eine Einzelfallbetrachtung und gilt auch für das kurze Arbeitsverhältnis. Zur Bewertung in einem gerichtlichen Vergleich als Vergleichsmehrwert: vgl. Rz. 302.

(61) Zug um Zug

315 Die Streitwertberechnung erfolgt ohne Rücksicht darauf, ob die einer Klage zugrunde liegende Forderung noch von einer Gegenleistung abhängt[9]. Der Streitwert einer Zug-um-Zug-Verurteilung ist in voller Höhe anzusetzen.

---

1 Vgl. BAG v. 18.1.1996 – 8 AZR 440/94 (L) A, DB 1996, 1348.
2 Vgl. LAG Saarland v. 12.12.1989 – 1 Ta 37/89, LAGE § 19 GKG Nr. 9; LAG München v. 28.3.1984 – 4 Ta 18/84, JurBüro 1984, 1399.
3 LAG Bremen v. 20.11.1980 – 4 Ta (5H) 42/80, KostRsp. ArbGG § 12 Nr. 30 (1/3 Bruttomonatsgehalt); LAG Berlin v. 13.3.2001 – 17 Ta 6026/01, LAGE § 12 ArbGG – Streitwert Nr. 121 (1/3 Bruttomonatsgehalt); LAG Rh.-Pf. v. 23.7.1982 – 1 Ta 121/82, AnwBl 1983, 36 (1/2 Bruttomonatsgehalt).
4 LAG Thür. v. 8.9.1998 – 8 Ta 89/98.
5 LAG Nürnberg v. 25.6.1999 – 2 Ta 56/99, BB 1999, 1929.
6 LAG Hamm v. 23.12.1980 – 8 Ta 148/80, DB 1981, 648.
7 LAG Schl.-Holst. v. 31.5.2012 – 6 Ta 86/12; LAG Köln v. 12.11.2007 – 7 Ta 295/07; Düwell/Lipke/*Krönig*, § 12 Rz. 61; aA *Meier/Becker*, Streitwerte im Arbeitsrecht, Rz. 303.
8 Das hat schon weitgehend einhelliger Auffassung entsprochen: vgl. nur LAG Hamburg v. 29.12.2010 – 4 Ta 27/10, NZA-RR 2011, 152.
9 GK-ArbGG/*Schleusener*, § 12 Rz. 294; vgl. BAG v. 18.4.1961 – 3 AZR 313/59, AP Nr. 6 zu § 3 ZPO.

(62) Zwangsvollstreckungsmaßnahmen

Für Zwangsvollstreckungsmaßnahmen sieht das Gebührenverzeichnis zum ArbGG keine Gebührentatbestände vor. Gemäß dem Enumerationsprinzip (Rz. 9) dürften somit hier keine Gerichtsgebühren für Zwangsvollstreckungsmaßnahmen erhoben werden. Dies gelte auch für Zwangsvollstreckungsmaßnahmen infolge eines vorläufigen Rechtsschutzverfahrens[1]. Dann wäre wegen der Anwaltsgebühren nur der Gegenstandswert nach § 25 RVG festzusetzen. Diese Auffassung scheint nicht richtig. Nach § 62 Abs. 2 Satz 1 finden im arbeitsgerichtlichen Verfahren die Bestimmungen des 8. Buches der ZPO Anwendung. Insoweit enthält das ArbGG eine Verweisung auf ein vollständiges abgeschlossenes Kapitel der ZPO. Nach § 1 Nr. 5 GKG gilt das GKG auch für die Gerichte für Arbeitssachen. Daraus kann geschlossen werden, dass der **Teil 2** der **GKG-KV**, der eine eigene Regelung für die Zwangsvollstreckung nach der ZPO enthält – unabhängig davon, welches Gericht bei den einzelnen Vollstreckungsarten aus arbeitsgerichtlichen Titeln gerade Vollstreckungsgericht ist, im arbeitsgerichtlichen Verfahren auch dann Anwendung findet, wenn nicht das AG, sondern das ArbG Vollstreckungsgericht ist[2]. Im Übrigen gelten im arbeitsgerichtlichen Verfahren unstreitig auch die Bestimmungen von Teil 9 des GKG-KV. Die **Gerichtsgebühren** für die Zwangsvollstreckung sind nach Nrn. 2110-2119 KV GKG Festgebühren. Eine Streitwertfestsetzung ist daher insoweit entbehrlich.

316

Der Streitwert einer Zwangsvollstreckung nach §§ 887, 888 ZPO ist für die **Anwaltsgebühren** nach § 25 RVG festzusetzen. Die Höhe ist gem. § 25 Abs. 1 Nr. 3 RVG nach dem Interesse des Vollstreckungsgläubigers an der zu erwirkenden Handlung, nicht nach den Vollstreckungskosten oder der Höhe des Ordnungsgelds zu bestimmen[3]. Entscheidend ist daher der zu schätzende Wert der zu erzwingenden Handlung[4]. Dies ist idR der Wert der Hauptsache. Bei der Vollstreckung von **Unterlassungstiteln** ist auf das am Einzelfall ausgerichtete Interesse des Gläubigers an der Unterlassung abzustellen. Das dürfte ebenfalls so hoch wie das Interesse an der Verurteilung selbst sein[5]. Bei einer **Vollstreckungsabwehrklage** ist das Interesse an der Einstellung der Vollstreckung entscheidend. Das ist idR der Wert der zu beseitigenden Verpflichtung.

§ 12a Kostentragungspflicht

(1) In Urteilsverfahren des ersten Rechtszugs besteht kein Anspruch der obsiegenden Partei auf Entschädigung wegen Zeitversäumnis und auf Erstattung der Kosten für die Zuziehung eines Prozessbevollmächtigten oder Beistands. Vor Abschluss der Vereinbarung über die Vertretung ist auf den Ausschluss der Kostenerstattung nach Satz 1 hinzuweisen. Satz 1 gilt nicht für Kosten, die dem Beklagten dadurch entstanden sind, dass der Kläger ein Gericht der ordentlichen Gerichtsbarkeit, der allgemeinen Verwaltungsgerichtsbarkeit, der Finanz- oder Sozialgerichtsbarkeit angerufen und dieses den Rechtsstreit an das Arbeitsgericht verwiesen hat.

(2) Werden im Urteilsverfahren des zweiten und dritten Rechtszugs die Kosten nach § 92 Abs. 1 der Zivilprozessordnung verhältnismäßig geteilt und ist die eine Partei durch einen Rechtsanwalt, die andere Partei durch einen Verbandsvertreter nach § 11 Abs. 2 Satz 2, Nr. 4 und 5 vertreten, so ist diese Partei hinsichtlich der außergerichtlichen Kosten so zu stellen, als wenn sie durch einen Rechtsanwalt vertreten worden wäre. Ansprüche auf Erstattung stehen ihr jedoch nur insoweit zu, als ihr Kosten im Einzelfall tatsächlich erwachsen sind.

I. Allgemeines 1	b) Ausschluss der Erstattung von Vertretungskosten 14
II. Historische Entwicklung 9	c) Erstattungsfähige Kosten 19
III. Kostenerstattung im Urteilsverfahren 1. Instanz 12	aa) Tatsächliche Aufwendungen der Partei . 20
1. Beschränkung der Kostenerstattung, § 12a Abs. 1 Satz 1 13	bb) Hypothetische Parteikosten 25
a) Ausschluss der Entschädigung wegen Zeitversäumnis 13	d) Ausschluss materiell-rechtlicher Kostenerstattungsansprüche 27
	e) Kostenübernahme durch Vergleich 30

---

1 GK-ArbGG/*Schleusener*, § 12 Rz. 24 f.; *Vollstädt* in 3. Aufl., § 12 Rz. 283.
2 Ebenso Natter/Gross/*Pfitzer*/*Augenschein*, § 12 Rz. 54.
3 LAG Hamburg v. 13.1.2011 – 7 Ta 2/11; LAG Sachsen v. 15.1.2000 – 4 Ta 351/00.
4 LAG Rh.-Pf. v. 2.6.2009 – 1 Ta 98/09; Tschöpe/Ziemann/Altenburg/*Ziemann*, A Rz. 630 f.
5 OLG Nürnberg v. 8.3.1984 – 3 W 662/84; LAG Hessen v. 25.4.2014 – 1 Ta 63/14, NZA-RR 2014, 496.

2. Hinweispflicht, § 12a Abs. 1 Satz 2 33	3. Verfahren vor Schiedsgericht und Auszubildenausschuss 49
a) Inhalt 34	
b) Ausnahmen 35	4. Verfahren vor dem Integrationsamt 51
c) Rechtsfolgen bei Verletzung der Hinweispflicht 36	V. Kostenerstattung im Urteilsverfahren 2. und 3. Instanz 53
d) Beweislast und Beweissicherung 37	1. Grundsätze der Erstattung nach § 91 ZPO 54
3. Erstattungspflicht bei Verweisung des Rechtsstreits, § 12a Abs. 1 Satz 3 39	2. Erstattung von Reisekosten des Prozessbevollmächtigten 56
IV. Anwendungsbereich der besonderen Kostentragungspflicht	3. Kostenteilung in 2. und 3. Instanz, § 12a Abs. 2 61
1. Urteilsverfahren 45	VI. Verjährung der Kostenerstattungsansprüche 65
2. Beschlussverfahren 47	

Schrifttum: *Bauer*, Checkliste für außergerichtliche Aufhebungsverträge und Prozeßvergleiche in Kündigungs(schutz)sachen, NZA 1989, 256; *Becker-Eberhard*, Grundlagen der Kostenerstattung bei der Verfolgung zivilrechtlicher Ansprüche, 1985; *Behr*, Kosten des erfolglos geführten Drittschuldnerprozesses, JurBüro 1994, 257; *Brill*, Der außergerichtliche Vergleich und das arbeitsgerichtliche Verfahren, DB 1965, 254; *Brill*, Die Kostentragungspflicht nach dem neuen Arbeitsgerichtsgesetz, AuR 1979, 367; *Brill*, Zur Erstattungsfähigkeit der Kosten der Verbandsvertreter im Arbeitsgerichtsprozeß, DB 1966, 1354; *von Eicken/Lappe/Madert*, Die Kostenfestsetzung, 21. Aufl. 2013; *Frölich*, Erstattung von Detektivkosten im Arbeitsverhältnis, NZA 1996, 464; *Geller*, Die Erstattung außergerichtlicher Kosten im Verfahren vor den Arbeitsgerichten, AuR 1954, 114; *von Gierke-Braune/Hiekel*, Verweisung vom ordentlichen Gericht an das Arbeitsgericht, Rpfleger 1985, 226; *Grunsky*, Die wichtigsten Neuerungen des Gesetzes zur Beschleunigung und Bereinigung des arbeitsgerichtlichen Verfahrens, BB 1979, 949; *Güntner*, Erstattung von Aufwendungen der Verbandsvertreter im Verfahren vor dem Landesarbeitsgericht, BB 1953, 322; *Güntner*, Zivilrechtliche Vertretungskosten im arbeitsgerichtlichen Verfahren, NJW 1971, 1975; *Haas*, Die Erstattung von RA-Kosten im arbeitsgerichtlichen Verfahren erster Instanz, JurBüro 1990, 429; *Hansens*, Zur Erstattungsfähigkeit von Anwaltskosten für die Durchführung eines Arbeitsgerichtsprozesses gegen den Drittschuldner als Kosten der Zwangsvollstreckung gegen den Schuldner, JurBüro 1983, 1; *Hoechst*, Die kostenrechtliche Benachteiligung der Verbandsvertretung im arbeitsrechtlichen Verfahren, AuR 1978, 330; *Kronisch*, Zur Erstattungsfähigkeit von außergerichtlichen Kosten des Beigeladenen im verwaltungsrechtlichen Kündigungsschutzverfahren, NVwZ 1993, 251; *Lepke*, Detektivkosten als Schadensersatz im Arbeitsrecht, DB 1985, 1231; *Loritz*, Die Konkurrenz materiellrechtlicher und prozessualer Kostenerstattung, 1981; *Lüttschwager*, Die Kostenfestsetzung in der Arbeitsgerichtsbarkeit, AuR 1959, 106, 143; *Ostermeier*, Die Erstattung vorprozessualer Anwaltskosten im Arbeitsrecht, NJW 2008, 551; *Petersen*, Kostenfestsetzung oder Klageerhebung im Falle der Anwaltskostenübernahme im Vergleich vor dem Arbeitsgericht, AuR 1958, 146; *Philippsen/Schmidt/Schäfer/Busch*, Die Beschleunigungsnovelle zum Arbeitsgerichtsgesetz, NJW 1979, 1330; *Rewolle*, Die Bedeutung der Hinweispflicht des Rechtsanwalts gemäß § 12a Abs. 1 Satz 2 ArbGG 1979, BB 1979, 1353; *Schaub*, Die Erstattung außergerichtlicher Kosten bei den Arbeitsgerichten erster Instanz, NJW 1968, 480; *Schneider*, Problemfälle aus der Prozeßpraxis, MDR 1988, 547; *Tschischgale/Satzky*, Das Kostenrecht in Arbeitssachen, 3. Aufl. 1982; *Weimar*, Grundsatzfragen der Kostenregelung im arbeitsgerichtlichen Verfahren, NZA 2003, 540; *Weimar*, Kostenbelehrungspflicht des Prozessvertreters im besonderen arbeitsgerichtlichen Urteilsverfahren, ArbuR 2003, 172; *Wenzel*, Der zukünftige Arbeitsgerichtsprozess – Gefahr einer vereitelten Reform, ZRP 1978, 206; *Wenzel*, Die Kostenerstattung im Verfahren über eine einstweilige Verfügung des Amtsgerichts, über deren Rechtmäßigkeit vor dem Arbeitsgericht zu verhandeln ist (§ 942 ZPO), BB 1983, 1225; *Wenzel*, Reisekosten der Partei, des Wahlanwalts und des beigeordneten Anwalts im Arbeitsgerichtsprozess, MDR 1980, 540; *Ziege*, Die Hinweispflicht des Rechtsanwalts nach § 12a Abs. 1 Satz 2 ArbGG, AnwBl 1980, 178.

I. Allgemeines

1 Die Vorschrift des § 12a regelt die Besonderheiten des **Umfangs der Kostentragungs- und Kostenerstattungspflicht** im arbeitsgerichtlichen Urteilsverfahren. Die Regelung beschränkt die Pflicht zur Kostentragung und Kostenerstattung gem. §§ 91 ff. ZPO. Die Vorschrift des § 12a gewinnt dabei in erster Linie für die **Erstattung außergerichtlicher Kosten** Bedeutung. Der prozessuale Kostenerstattungsanspruch nach § 91 ZPO umfasst zwar neben den außergerichtlichen Kosten auch die Gerichtskosten. Auf Gerichtskosten sind jedoch nur im Verfahren vor den ordentlichen Gerichten Vorschüsse zu leisten (§ 12 GKG, § 379 ZPO), weswegen hier nach Abschluss der Instanz häufig Kostenerstattungsansprüche entstehen. Im Verfahren vor den ArbG besteht demgegenüber Vorschussfreiheit (s. § 11 Halbs. 1 GKG), so dass es diesbezüglich regelmäßig nicht zu Erstattungsansprüchen kommt.

2 Kostentragung und Kostenerstattung richten sich im **Zivilprozess** grds. nach **§§ 91 ff. ZPO**. Nach diesen Vorschriften hat die unterliegende Partei die dem Gegner erwachsenen Kosten zu erstatten, soweit sie zur zweckentsprechenden Rechtsverfolgung oder Rechtsverteidigung notwendig waren. Die Kostenerstattung umfasst die Entschädigung des Gegners für Zeitversäumnis (§ 91 Abs. 1 Satz 2 ZPO) und die Erstattung der gesetzlichen Gebühren und Auslagen des Rechtsanwalts der obsiegenden Partei (§ 91 Abs. 2 Satz 1

Halbs. 1 ZPO). In der **Kostengrundentscheidung** befindet das Gericht gem. § 308 Abs. 2 ZPO von Amts wegen über die entsprechende Kostentragungspflicht der Parteien. Die Feststellung des zu erstattenden Geldbetrages erfolgt anschließend im **Kostenfestsetzungsverfahren nach §§ 103 ff. ZPO** durch den Rechtspfleger (§ 21 Nr. 1 RPflG). All diese gesetzlichen Bestimmungen gelten grds. auch im ArbG-Prozess[1].

Für das **arbeitsgerichtliche Urteilsverfahren 1. Instanz** ist der Umfang der Kostenerstattungspflicht der unterliegenden Partei gegenüber den Vorschriften der ZPO durch die Sonderregelung des § 12a Abs. 1 Satz 1 erheblich eingeschränkt. Der Anspruch der obsiegenden Partei auf **Entschädigung wegen Zeitversäumnis** und auf Erstattung der **Kosten für die Zuziehung eines Prozessbevollmächtigten** oder Beistandes wird ausgeschlossen. Es verbleiben lediglich Erstattungsansprüche wegen tatsächlicher Aufwendungen der Partei und wegen hypothetischer Parteikosten. Dies führt in der Praxis regelmäßig dazu, dass die außergerichtlichen Kosten nicht erstattet werden, obgleich Erstattungsansprüche häufig – wenn auch in geringem Umfang – bestehen. 3

Die Einschränkung der Erstattungspflicht der unterliegenden Partei ist sozialpolitisch motiviert[2]. Ihr **Zweck** ist es, auch im Falle des Unterliegens ein kostengünstiges Verfahren zu gewährleisten und auf diese Weise das **Kostenrisiko der Parteien zu beschränken**[3]. Damit soll insbesondere der – wirtschaftlich meist schwächere – ArbN geschützt werden, der andernfalls aufgrund des Kostenrisikos daran gehindert sein könnte, seine Ansprüche aus dem Arbeitsverhältnis gerichtlich zu verfolgen[4]. Dieser Zweck beschränkt den Anwendungsbereich der Vorschrift indes nicht auf die Einschränkung von Erstattungsansprüchen gegen den ArbN. Die Vorschrift gilt aufgrund des Prinzips der Waffengleichheit der Parteien auch zugunsten des ArbGeb[5]. Dies gilt selbst dann, wenn am Verfahren kein ArbN beteiligt ist[6]. 4

Der Ausschluss der Kostenerstattung ist **verfassungsgemäß**. Dies entspricht allgemeiner Auffassung[7]. Das **BVerfG** hat die Verfassungsmäßigkeit des § 61 ArbGG 1953, dem Vorläufer des § 12a, bestätigt[8]. Die arbeitsgerichtliche Rspr. stimmt in dieser Beurteilung mit dem BVerfG überein[9]. Weder der Anspruch auf rechtliches Gehör gem. Art. 103 Abs. 1 GG noch der Gleichheitssatz des Art. 3 Abs. 1 GG noch das Rechtsstaatsprinzip sind verletzt. Auch im Hinblick auf Art. 3 Abs. 3 GG, Art. 9 Abs. 3 GG, Art. 14 GG und Art. 19 Abs. 4 GG bestehen keine verfassungsrechtlichen Bedenken[10]. 5

Dem Prozessvertreter obliegt hinsichtlich der besonderen Kostentragungspflicht gem. § 12a Abs. 1 Satz 2 eine **Hinweispflicht**. Diese Verpflichtung ist vor Abschluss der Vereinbarung durch den Prozessvertreter zu erfüllen. Die Hinweispflicht soll sicherstellen, dass die Partei im Zeitpunkt der Beauftragung eines Prozessbevollmächtigten Kenntnis von dem unabhängig vom Ausgang des Verfahrens bestehenden Kostenrisiko hat[11]. Die Partei kann so die Zweckmäßigkeit der Durchführung des Verfahrens aus Kostengründen beurteilen. Zudem kann sie eine **wohl überlegte Entscheidung über die Hinzuziehung eines Prozessvertreters** treffen[12]. 6

Die Erstattungsbeschränkung greift gem. § 12a Abs. 1 Satz 3 nicht ein, soweit ein **unzuständiges Gericht** angerufen und anschließend der Rechtsstreit an das ArbG verwiesen wird. In diesem Fall sind dem Beklagten vor dem unzuständigen Gericht entstandenen Kosten vom Kläger zu erstatten. Grundlage der 7

---

1 GK-ArbGG/*Schleusener*, § 12a Rz. 4; GWBG/*Waas*, § 12a Rz. 2; Hauck/Helml/Biebl/*Helml*, § 12a Rz. 1; *Tschischgale/Satzky*, S. 159.
2 Begr. RegE 1979, BT-Drs. 8/1567, S. 29; *Becker-Eberhard*, Kostenerstattung, S. 196; GK-ArbGG/*Schleusener*, § 12a Rz. 1; *Kronisch*, NVwZ 1993, 251 (252).
3 BAG v. 23.9.1960 – 5 AZR 258/59, AP Nr. 3 zu § 61 ArbGG 1953 – Kosten m. Anm. *Bötticher*; GMP/*Germelmann*, § 12a Rz. 2a; *Haas*, JurBüro 1990, 429.
4 BAG v. 23.9.1960 – 5 AZR 258/59, AP Nr. 3 zu § 61 ArbGG 1953 – Kosten m. Anm. *Bötticher*; *Becker-Eberhard*, Kostenerstattung, S. 196; *Haas*, JurBüro 1990, 429; *Kronisch*, NVwZ 1993, 251 (252); *Schneider*, Anm. zu EzA § 91 ZPO Nr. 4 (unter I 1b).
5 BAG v. 16.5.1990 – 4 AZR 56/90, NZA 1991, 27 (28); BAG v. 23.9.1960 – 5 AZR 258/59, AP Nr. 3 zu § 61 ArbGG 1953 – Kosten m. Anm. *Bötticher*; LAG Köln v. 30.10.1964 – 8 Sa 398/64, MDR 1965, 238 (239); *Becker-Eberhard*, Kostenerstattung, S. 197; *Kronisch*, NVwZ 1993, 251 (253).
6 *Becker-Eberhard*, Kostenerstattung, S. 197.
7 Vgl. nur GMP/*Germelmann*, § 12a Rz. 6; Hauck/Helml/Biebl/*Helml*, § 12a Rz. 2.
8 BVerfG v. 20.7.1971 – 1 BvR 231/69, AP Nr. 12 zu § 61 ArbGG 1953 – Kosten.
9 LAG BW v. 17.12.1984 – 1 Ta 226/84, AnwBl 1986, 106 (107); LAG Hessen v. 23.8.1965 – I Ta 46/65, AP Nr. 8 zu § 61 ArbGG 1953 – Kosten; LAG Schl.-Holst. v. 16.8.1963 – 2 Ta 21/63, AP Nr. 7 zu § 61 ArbGG 1953 – Kosten.
10 BVerfG v. 20.7.1971 – 1 BvR 231/69, AP Nr. 12 zu § 61 ArbGG 1953 – Kosten (unter II 4).
11 Begr. RegE 1979, BT-Drs. 8/1567, S. 29.
12 *Müller/Bauer*, Der Anwalt vor den Arbeitsgerichten, S. 359; *Rohlfing/Rewolle/Bader*, § 12a Anm. I 2; *Weimar*, ArbuR 2003, 172 f.

Erstattung der Mehrkosten ist insoweit die allgemeine Regelung des § 48 Abs. 1 iVm. § 17b Abs. 2 Satz 2 GVG[1].

8 Die Einschränkung der Erstattungspflicht der unterliegenden Partei gilt nicht für die Verfahren vor den LAG und dem BAG. Dies ist für die Verfahren der dritten Instanz durch Art. 18 2. KostRMoG klargestellt worden[2]. Für das arbeitsgerichtliche **Urteilsverfahren 2. und 3. Instanz** enthält § 12a Abs. 2 Satz 1 indes eine weitere Besonderheit. Diese Besonderheit beruht auf der Möglichkeit, sich auch vor den Gerichten der 2. und 3. Instanz durch einen Verbandsvertreter kostengünstig vertreten zu lassen, wobei vor dem BAG der Verbandsvertreter über die Befähigung zum Richteramt verfügen muss (vgl. § 11 Abs. 4 Satz 3). Soweit eine Partei in einem zweit- oder drittinstanzlichen Verfahren von dieser Möglichkeit Gebrauch macht, wohingegen die andere Partei durch einen Rechtsanwalt vertreten wird, und die Kosten nach § 92 Abs. 1 ZPO verhältnismäßig geteilt werden, greift die **Fiktion des § 12a Abs. 2 Satz 1** ein. Die durch einen Verband vertretene Partei wird hinsichtlich der außergerichtlichen Kosten so gestellt, als sei sie durch einen Rechtsanwalt vertreten worden. Die anteilige Übernahme der durch die anwaltliche Vertretung einseitig verursachten außergerichtlichen Kosten wird somit ausgeschlossen. Zweck dieser Vorschrift ist die **Beseitigung einer Kostenbenachteiligung** derjenigen Partei, die durch einen Verbandsvertreter vertreten wird und damit ihrerseits um Kostenreduzierung bemüht ist[3].

II. Historische Entwicklung

9 Die Regelung des § 12a wurde durch die **Beschleunigungsnovelle zum ArbGG 1979**[4] neu in das Gesetz eingefügt. In dieser Vorschrift wurden verschiedene **Regelungsgegenstände zur Kostentragung** im arbeitsgerichtlichen Verfahren **systematisch zusammengefasst**. Die Regelung der Kostentragungspflicht aus der Vorschrift des § 61 Abs. 1 Satz 2 ArbGG 1953[5] wurde mit leichten redaktionellen Änderungen in § 12a Abs. 1 Satz 1 übernommen. Die weiteren Regelungsgegenstände des § 12a, die ihre Grundlage zuvor überwiegend in richterlicher Rechtsfortbildung hatten, wurden erstmals kodifiziert.

10 Die Regelung der **Kostentragungspflicht in § 12a Abs. 1 Satz 1** hat ihren Ursprung bereits in § 61 Abs. 1 Satz 2 ArbGG 1926[6]. Die Vorschrift lautet: „Ein Anspruch der obsiegenden Partei auf Entschädigung wegen Zeitversäumnis und auf Erstattung der Kosten für die Zuziehung eines Prozessbevollmächtigten oder Beistands besteht nicht." Im ArbGG 1953[7] wurde diese Vorschrift mit gleichem Wortlaut beibehalten. Ein Vorläufer des Erstattungsausschlusses findet sich bereits in § 52 des Gewerbegerichtsgesetzes des Jahres 1890[8]. Diese Vorschrift ließ für den Fall einer durch besondere Umstände gerechtfertigten Vertretung einer Partei (anwaltliche Vertretung war gesetzlich ausgeschlossen) eine vom Gericht nach freiem Ermessen festzulegende angemessene Auslagenerstattung zu[9]. Durch die Beschleunigungsnovelle zum ArbGG 1979[10] wurde die Vorschrift des **§ 61 Abs. 1 Satz 2 ArbGG 1953 aus systematischen Gründen**[11] in den neu geschaffenen § 12a aufgenommen.

11 Die Vorschrift über die eingeschränkte Erstattungspflicht in § 12a Abs. 1 Satz 1 wurde durch die Beschleunigungsnovelle zum ArbGG 1979[12] um einige Regelungsgegenstände ergänzt. Zum einen wurde in § 12a Abs. 1 Satz 2 eine **Hinweispflicht** auf die eingeschränkte Kostenerstattung festgeschrieben, die sich allerdings für Rechtsanwälte schon zuvor aus dem Standesrecht ergeben hatte[13] und deren Kodifizierung insoweit lediglich der Verdeutlichung diente[14]. Zum anderen wurde im Zuge der ArbGG-Novelle auch die Vor-

---

1 LAG Hamm v. 16.7.1997 – 8 Ta 197/87, LAGE § 12a ArbGG Nr. 10 (bzgl. § 281 Abs. 3 Satz 2 ZPO aF); GK-ArbGG/*Schleusener*, § 12a Rz. 58; *Tschischgale/Satzky*, S. 185 (bzgl. § 281 Abs. 3 Satz 2 ZPO aF).
2 Zweites Gesetz zur Modernisierung des Kostenrechts vom 23.7.2013, BGBl. I S. 2586.
3 Begr. RegE 1979, BT-Drs. 8/1567, S. 29.
4 Gesetz zur Beschleunigung und Bereinigung des arbeitsgerichtlichen Verfahrens vom 21.5.1979, BGBl. I S. 545. Vgl. ferner die Bekanntmachung der Neufassung des ArbGG vom 2.7.1979, BGBl. I S. 853.
5 ArbGG vom 3.9.1953, BGBl. I S. 1267.
6 ArbGG vom 23.12.1926, RGBl. I S. 507.
7 ArbGG vom 3.9.1953, BGBl. I S. 1267.
8 Gesetz betreffend die Gewerbegerichte vom 29.7.1890, RGBl. S. 141.
9 Vgl. GK-ArbGG/*Schleusener*, § 12a Rz. 1.
10 Gesetz zur Beschleunigung und Bereinigung des arbeitsgerichtlichen Verfahrens vom 21.5.1979, BGBl. I S. 545. Vgl. ferner die Bekanntmachung der Neufassung des ArbGG vom 2.7.1979, BGBl. I S. 853.
11 Begr. RegE 1979, BT-Drs. 8/1567, S. 29.
12 Gesetz zur Beschleunigung und Bereinigung des arbeitsgerichtlichen Verfahrens vom 21.5.1979, BGBl. I S. 545. Vgl. ferner die Bekanntmachung der Neufassung des ArbGG vom 2.7.1979, BGBl. I S. 853.
13 GMP/*Germelmann*, § 12a Rz. 31; *Rewolle*, BB 1979, 1353.
14 Begr. RegE 1979, BT-Drs. 8/1567, S. 29.

schrift des § 12a Abs. 1 Satz 3 geschaffen. Sie sollte eine Klärung der umstrittenen Frage herbeiführen, inwieweit der Kläger nach einer **Verweisung des Rechtsstreits an das ArbG** diejenige Kosten zu erstatten hat, die vor dem unzuständigen Gericht entstanden sind[1]. Der Gesetzgeber wollte sich insoweit der hM anschließen[2]. Eine Beendigung des Streits ist allerdings trotz der gesetzlichen Regelung erst deutlich später durch eine Entscheidung des BAG gelungen (vgl. Rz. 40 ff.). Schließlich wurde mit der ArbGG-Novelle 1979 die Vorschrift des § 12a Abs. 2 über die **Kostenteilung im zweiten Rechtszug bei gemischter Vertretung** eingefügt, die durch das Zweite KostenRMoG ausdrücklich auf den dritten Rechtszug erstreckt worden ist[3].

III. Kostenerstattung im Urteilsverfahren 1. Instanz

Die Kostenerstattung ist im Urteilsverfahren 1. Instanz gegenüber dem zivilgerichtlichen Verfahren stark eingeschränkt. Die sozialpolitische Zwecksetzung erlaubt eine **weite Auslegung des Begriffs „Urteilsverfahren"**, wenngleich die Anwendung des § 12a in Verfahren vor dem ArbG, die nicht mit einem Urteil enden, umstritten ist (hierzu Rz. 45). Teilweise wurde aufgrund der sozialpolitischen Zwecksetzung des § 12a die Forderung einer entsprechenden Anwendung der Vorschrift im Beschlussverfahren erhoben[4]. Eine solche Erweiterung des Anwendungsbereichs über die Grenzen des Wortlautes hinaus dürfte indes nicht möglich sein (hierzu Rz. 47). 12

1. Beschränkung der Kostenerstattung, § 12a Abs. 1 Satz 1

a) Ausschluss der Entschädigung wegen Zeitversäumnis

Der Ausschluss des Anspruchs auf „Entschädigung wegen Zeitversäumnis" erfasst **jeglichen Zeitaufwand der Partei** für die Durchführung des Prozesses. Dazu gehört insbesondere der Zeitaufwand für die **Wahrnehmung von Gerichtsterminen**. Dies gilt auch bei gerichtlicher Anordnung des persönlichen Erscheinens gem. § 51 Abs. 1 Satz 1[5]. Ausgeschlossen ist außerdem die Erstattung von **Verdienstausfall**, da dieser unmittelbar durch die Zeitversäumnis bedingt ist[6]. Soweit über den Verdienstausfall durch die Abwesenheit der Partei ein Schaden entsteht oder Kosten für eine Ersatzkraft anfallen, können auch diese nicht liquidiert werden[7]. Nicht erstattungsfähig sind zudem die Kosten für den Arbeitsaufwand für **vorbereitende Handlungen** zur Durchführung des Prozesses, etwa für die Klageerhebung, das Anfertigen von Schriftsätzen, die Durchführung eigener Ermittlungen und das Aufsuchen des Prozessbevollmächtigten oder des Gerichts[8]. Dies dürfte sich indes bereits aus allgemeinen zivilprozessualen Grundsätzen ergeben[9], ohne dass es eines Rückgriffs auf § 12a Abs. 1 Satz 1 bedarf[10]. 13

b) Ausschluss der Erstattung von Vertretungskosten

Der Ausschluss der Erstattung von Vertretungskosten gilt für Aufwendungen für die „Zuziehung eines Prozessbevollmächtigten oder Beistandes". Der Erstattungsausschluss gilt damit für alle Aufwendungen, die sich durch das Einschalten einer **vertretungsberechtigten Mittelsperson** zwischen Partei und Gericht ergeben[11]. Er gilt – neben den Kosten für einen Rechtsanwalt (hierzu Rz. 15 ff.) – auch für die Kosten der Rechtsbeistände, der Verbandsvertreter und sonstiger Bevollmächtigter aus dem Familien- oder Bekanntenkreis. **Rechtsbeistände** können zwar nach § 11 Abs. 3 nicht vor dem ArbG auftreten. Sie können die Parteien jedoch außerhalb der mündlichen Verhandlung beraten oder Schriftsätze einreichen[12]. Vertretung 14

---

1 BT-Drs. 8/2535, S. 35.
2 Vgl. etwa LAG Hamm v. 20.6.1961 – 2 Ta 41/61, BB 1961, 789; LAG Düsseldorf v. 22.9.1960 – 7 Ta 29/60, DB 1960, 1187; GK-ArbGG/*Schleusener*, § 12a Rz. 61 mwN.
3 Zweites Gesetz zur Modernisierung des Kostenrechts vom 23.7.2013, BGBl. I S. 2586.
4 *Grunsky*, 7. Aufl., § 12a Rz. 8.
5 LAG Düsseldorf v. 3.7.1963 – 8 Ta 17/63, AP Nr. 29 zu § 91 ZPO m. Anm. *Tschischgale*; GMP/*Germelmann*, § 12a Rz. 16; GWBG/*Waas*, § 12a Rz. 10; *Müller/Bauer*, Der Anwalt vor den Arbeitsgerichten, S. 353; GK-ArbGG/*Schleusener*, § 12a Rz. 30.
6 *Dietz/Nikisch*, § 61 Rz. 11; *Geller*, AuR 1954, 114 (115); GMP/*Germelmann*, § 12a Rz. 16; GWBG/*Waas*, § 12a Rz. 10; *Lüttschwager*, AuR 1959, 106; *Müller/Bauer*, Der Anwalt vor den Arbeitsgerichten, S. 353; *Tschischgale/Satzky*, Kostenrecht, S. 165.
7 LAG Hessen v. 16.10.1967 – 1 Ta 52/67, NJW 1968, 863 (863); GK-ArbGG/*Schleusener*, § 12a Rz. 30; aA *Tschischgale/Satzky*, Kostenrecht, S. 165.
8 GMP/*Germelmann*, § 12a Rz. 16; Hauck/Helml/*Biebl/Helml*, § 12a Rz. 11.
9 Vgl. Zöller/*Herget*, § 91 ZPO, Rz. 13 – Allgemeiner Prozessaufwand.
10 GK-ArbGG/*Schleusener*, § 12a Rz. 30.
11 Stein/Jonas/*Bork*, § 91 ZPO Rz. 114; GMP/*Germelmann*, § 12a Rz. 13; GK-ArbGG/*Schleusener*, § 12a Rz. 35.
12 GK-ArbGG/*Schleusener*, § 12a Rz. 35.

oder Beistand aus dem Familien- oder Bekanntenkreis ist in der 1. Instanz nicht unüblich. In allen Fällen ist eine Erstattung der Kosten ausgeschlossen.

15 Der Ausschluss der Kostenerstattung betrifft in der Praxis in erster Linie die Kosten für **Rechtsanwälte**. Der Erstattungsausschluss greift ganz allgemein und ohne Einschränkung. Er gilt für die Rechtsanwälte, die aufgrund Geschäftsbesorgungsvertrages tätig werden, ebenso wie für Rechtsanwälte, die in ihrer Eigenschaft als **gesetzlicher Vertreter** oder als **Partei kraft Amtes** auftreten[1]. Ein Rechtsanwalt, der sich in eigener Sache selbst vertritt, ist ebenso erfasst. § 91 Abs. 2 Satz 3 ZPO ist ausgeschlossen[2]. Schließlich sind **Verkehrsanwälte** und **Unterbevollmächtigte** vom Erstattungsausschluss betroffen[3].

16 Zu den Kosten für die Zuziehung eines Prozessbevollmächtigten gehören die **Gebühren und Auslagen nach dem RVG**. Dies sind insbesondere Verfahrens- und Geschäftsgebühr sowie Auslagen für die Herstellung und Überlassung von Dokumenten, Entgelte für Post- und Telekommunikationsdienstleistungen und Reisekosten (§ 46 RVG iVm. Nr. 7000 ff. VV zum RVG)[4]. Auch **vorprozessuale Kosten**, etwa für ein Mahnschreiben oder für ein Rechtsgutachten über die Erfolgsaussichten, sind von dem Ausschluss erfasst. Dies gilt unabhängig davon, ob später ein Prozess geführt wird oder nicht[5]. Die auf die Anwaltskosten entfallende Mehrwertsteuer ist ebenfalls betroffen[6].

17 Der Erstattungsausschluss gilt auch für die Hinzuziehung eines **Verbandsvertreters**. Nach § 11 Abs. 1 Satz 2 können sich die Parteien vor den ArbG durch Vertreter von Gewerkschaften oder von Vereinigungen von ArbGeb oder von Zusammenschlüssen solcher Verbände vertreten lassen, sofern diese Personen kraft Satzung oder Vollmacht zur Vertretung befugt sind und der Zusammenschluss, der Verband oder das Mitglied auch Partei ist. Gleiches gilt für die Prozessvertretung durch Vertreter von selbständigen Vereinigungen von ArbN mit sozial- oder berufspolitischer Zwecksetzung. Verbandsvertreter nehmen die Vertretung ihrer Verbandsmitglieder im Allgemeinen unentgeltlich wahr[7]. Die **Verbandssatzung** kann jedoch auch bestimmen, dass der Rechtsschutz für das Mitglied nur gegen Zahlung einer **Vergütung** oder gegen Erstattung sämtlicher **Barauslagen** zur Verfügung gestellt wird[8]. Dann handelt es sich bei diesen Aufwendungen des Mitglieds um Kosten für die Prozessvertretung iSd. § 12a Abs. 1 Satz 1, die dem Erstattungsausschluss unterliegen[9]. Nicht zu den Vertretungskosten zählt hingegen der allgemeine Mitgliedsbeitrag, da dieser kein Entgelt für die konkrete Prozessvertretung darstellt[10].

18 Der Ausschluss der Entschädigung wegen Zeitversäumnis und auf Erstattung der Kosten für die Zuziehung eines Prozessbevollmächtigten gilt nach dem Wortlaut des § 12a für die **obsiegende „Partei"**. Bei teilweisem Obsiegen und Unterliegen greift die Beschränkung für die anteiligen Erstattungsansprüche beider Parteien. Die Erstattungsbeschränkung gilt darüber hinaus nach allgemeiner Auffassung nicht nur für die Parteien des Rechtsstreits, sondern auch für Streithelfer, dh. **Nebenintervenienten** und **Streitverkündete**, sofern ihnen eigene Vertretungskosten entstanden sind[11]. Diese Einbeziehung der Streithelfer entgegen dem Wortlaut des § 12a Abs. 1 Satz 1 im Wege der erweiternden Auslegung ist aufgrund der sozialpolitischen Zwecksetzung der Vorschrift gerechtfertigt.

c) Erstattungsfähige Kosten

19 Alle **außergerichtlichen Kosten der Partei**, die nicht in § 12a Abs. 1 Satz 1 genannt sind, bleiben erstattungsfähig. Es gelten insoweit die Grundsätze der §§ 91 ff. ZPO[12]. Damit sind sämtliche Aufwendungen der Partei zu erstatten, die nicht auf der Einschaltung eines Prozessbevollmächtigten beruhen. Dabei ist die

---

1 LAG Tübingen v. 24.5.1954 – Sa 11/54, BB 1954, 873; GMP/*Germelmann*, § 12a Rz. 13; *Haas*, JurBüro 1990, 429; *Tschischgale/Satzky*, Kostenrecht, S. 166.
2 LAG Hessen v. 6.5.1953 – II LA – B – 23/53, NJW 1953, 1080; GMP/*Germelmann*, § 12a Rz. 13; GK-ArbGG/*Schleusener*, § 12a Rz. 38; *Haas*, JurBüro 1990, 429.
3 GMP/*Germelmann*, § 12a Rz. 13; *Haas*, JurBüro 1990, 429; *Tschischgale/Satzky*, Kostenrecht, S. 166.
4 GMP/*Germelmann*, § 12a Rz. 15; Hauck/Helml/Biebl/*Helml*, § 12a Rz. 9; Stein/Jonas/*Bork*, § 91 ZPO Rz. 114.
5 BAG v. 14.12.1977 – 5 AZR 711/76, AP Nr. 14 zu § 61 ArbGG 1953 – Kosten m. Anm. *Mes*; GWBG/*Waas*, § 12a Rz. 12; *Haas*, JurBüro 1990, 429 (432); *Müller/Bauer*, Der Anwalt vor den Arbeitsgerichten, S. 351 f.; aA *Ostermeier*, NJW 2008, 551.
6 Hauck/Helml/Biebl/*Helml*, § 12a Rz. 9.
7 *Brill*, DB 1966, 1354 (1355); GK-ArbGG/*Schleusener*, § 12a Rz. 35.
8 *Brill*, DB 1966, 1354 (1355); GK-ArbGG/*Schleusener*, § 12a Rz. 35; *Güntner*, BB 1953, 322; Stein/Jonas/*Bork*, § 91 ZPO Rz. 118.
9 GK-ArbGG/*Schleusener*, § 12a Rz. 35; *Tschischgale/Satzky*, Kostenrecht, S. 166.
10 *Brill*, DB 1966, 1354 (1355); *Tschischgale/Satzky*, Kostenrecht, S. 174.
11 LAG BW v. 27.9.1982 – 1 Ta 182/82, AP Nr. 2 zu § 12a ArbGG 1979; GMP/*Germelmann*, § 12a Rz. 14; GWBG/*Waas*, § 12a Rz. 11.
12 GK-ArbGG/*Schleusener*, § 12a Rz. 9; Hauck/Helml/Biebl/*Helml*, § 12a Rz. 1.

Erstattung jedoch gem. § 91 Abs. 1 Satz 1 ZPO auf die Kosten beschränkt, die **zur zweckentsprechenden Rechtsverfolgung oder Rechtsverteidigung notwendig** waren. Demnach hat jede Partei die Kosten ihrer Prozessführung so gering zu halten, wie sich dies mit der vollen Wahrung ihrer berechtigten prozessualen Belange vereinbaren lässt[1]. Zur Beurteilung wird ein konkreter, an objektiven Gesichtspunkten ausgerichteter Maßstab angelegt, der die Berücksichtigung subjektiver Vorstellungen der Partei über die Notwendigkeit ausschließt[2].

aa) Tatsächliche Aufwendungen der Partei

In erster Linie sind Aufwendungen der Partei zu erstatten, die infolge der Wahrnehmung eines Gerichtstermins erwachsen. Dies sind insbesondere **Reisekosten und Verpflegungskosten, ggf. Übernachtungskosten**[3]. Die Höhe der Kosten wird gem. § 91 Abs. 1 Satz 2 Halbs. 2 ZPO nach den Vorschriften der §§ 19 ff. JVEG ermittelt[4]. Bei der Reise ist grds. das verkehrsgünstigste und billigste Verkehrsmittel zu benutzen. Höhere Reisekosten eines schnelleren Verkehrsmittels lassen sich aufgrund des Ausschlusses der Entschädigung wegen Zeitversäumnis nicht damit rechtfertigen, dass hierdurch Zeit erspart worden sei[5]. Besonderheiten ergeben sich bei einer **zentralen Prozessführung** durch die Rechtsabteilung eines Unternehmens oder einer Behörde. Hier wird die Notwendigkeit von Reisekosten zum Gerichtsort abgelehnt, wenn sich auch am Gerichtsort selbst, nämlich in der Zweigniederlassung des Unternehmens bzw. in der Außenstelle der Behörde, ein geeigneter Mitarbeiter für die Wahrnehmung des Gerichtstermins hätte finden lassen[6]. 20

Die Erstattungspflicht umfasst die Kosten der Partei für **Informationsreisen** zu ihrem Prozessbevollmächtigten[7]. Diese Kosten gelten allerdings nur insoweit als notwendig und damit erstattungsfähig, als es sich um die **einmalige und erste Information** handelt[8]. In manchen Fällen wird die Notwendigkeit von Reisen zum Prozessbevollmächtigten und damit die Erstattungsfähigkeit der Kosten gänzlich abgelehnt. Ein solcher Ausnahmefall liegt vor, wenn ein besonders einfacher Sachverhalt aus dem Lebens- und Geschäftsbereich der Partei Gegenstand des Prozesses war und eine schriftliche Information des Prozessbevollmächtigten durch die Partei nach deren geschäftlicher Gewandtheit möglich gewesen wäre[9]. 21

Erstattungsfähig sind ferner notwendige **Schreibauslagen** sowie **Porto- und Telekommunikationskosten** für die Anfertigung und Übersendung von Schriftsätzen[10]. Aufwendungen für **Fotokopien** sind erstattungsfähig, soweit der Kostenaufwand zur zweckentsprechenden Rechtsverfolgung oder Rechtsverteidigung notwendig erscheint[11]. Dies ist dann der Fall, wenn die Fotokopien zur Substantiierung des Sachvortrages erforderlich sind. Nicht erforderlich sind Fotokopien, mit denen Rechtsausführungen belegt werden, auch wenn es sich um eine umstrittene Rechtsfrage handelt. Dies gilt auch bei unveröffentlichten Entscheidungen[12]. 22

Problematisch ist die Erstattung von **Detektivkosten**. Kosten für die Einschaltung eines Detektivs, die zur Vorbereitung der Verteidigung gegen eine konkrete Kündigungsschutzklage aufgewandt worden sind, können zu den erstattungsfähigen Kosten gehören[13]. Dies erfordert zunächst, dass die Ermittlungen des Detek- 23

---

1 BAG v. 14.11.2007 – 3 AZB 35/07, NJW 2008, 1340 (1341); BLAH, § 91 ZPO Rz. 29; *Schneider*, Anm. zu EzA § 91 ZPO Nr. 4 (unter I 2c); Zöller/*Herget*, § 91 ZPO Rz. 12.
2 BLAH, § 91 ZPO Rz. 29; GMP/*Germelmann*, § 12a Rz. 21.
3 *Haas*, JurBüro 1990, 429; Hauck/Helml/Biebl/*Helml*, § 12a Rz. 11; Stein/Jonas/*Bork*, § 91 ZPO Rz. 112.
4 GMP/*Germelmann*, § 12a Rz. 16; Stein/Jonas/*Bork*, § 91 ZPO Rz. 112; *Tschischgale/Satzky*, Kostenrecht, S. 165.
5 LAG Hessen v. 6.9.1965 – 1 Ta 36/65, AP Nr. 9 zu § 61 ArbGG 1953 – Kosten; GMP/*Germelmann*, § 12a Rz. 16, 21; Hauck/Helml/Biebl/*Helml*, § 12a Rz. 11; vgl. aber GK-ArbGG/*Schleusener*, § 12a Rz. 27 ff., der Flugreisekosten für erstattungsfähig hält, wenn dadurch weitere Kosten – etwa Übernachtungskosten – erspart werden.
6 LAG Berlin v. 6.7.1994 – 2 Ta 44/94, DB 1994, 1628; LAG Nürnberg v. 23.11.1992 – 7 Ta 154/92, LAGE § 91 ZPO Nr. 20; LAG Nds. v. 11.12.1989 – 14 Ta 235/87, LAGE § 91 ZPO Nr. 15; LAG Hamm v. 17.3.1977 – 8 Ta 15/77, AP Nr. 15 zu § 61 ArbGG 1953 – Kosten; OLG Köln v. 24.3.1993 – 17 W 290/92, JurBüro 1993, 681; LAG Hessen v. 19.10.2011 – 13 Ta 381/11; GK-ArbGG/*Schleusener*, § 12a Rz. 25; GMP/*Germelmann*, § 12a Rz. 21; *Schneider*, Anm. zu EzA § 91 ZPO Nr. 4 (unter IV).
7 BAG v. 23.9.1960 – 5 AZR 258/59, AP Nr. 3 zu § 61 ArbGG 1953 – Kosten m. Anm. *Bötticher*; Dietz/Nikisch, § 61 Rz. 11; GK-ArbGG/*Schleusener*, § 12a Rz. 22; *Lüttschwager*, AuR 1959, 106 (107); *Schaub*, NJW 1968, 480 (481); Stein/Jonas/*Bork*, § 91 ZPO Rz. 114.
8 OLG Hamm v. 20.9.1985 – 23 W 467/85, AnwBl 1987, 48; Zöller/*Herget*, § 91 ZPO Rz. 13 – Reisekosten a).
9 OLG Nürnberg v. 6.11.2000 – 4 W 3669/00, MDR 2001, 597; OLG Hamm v. 20.12.1983 – 23 W 502/83, MDR 1985, 59; OLG Koblenz v. 3.4.1981 – 14 W 180/81, JurBüro 1981, 1071; Stein/Jonas/*Bork*, § 91 ZPO Rz. 115; Zöller/*Herget*, § 91 ZPO Rz. 13 – Reisekosten a).
10 GK-ArbGG/*Schleusener*, § 12a Rz. 19, 20; *Haas*, JurBüro 1990, 429.
11 GK-ArbGG/*Schleusener*, § 12a Rz. 21; Hauck/Helml/Biebl/*Helml*, § 12a Rz. 10.
12 LAG Hamm v. 14.5.1981 – 8 Ta 68/81, MDR 1981, 789; GK-ArbGG/*Schleusener*, § 12a Rz. 21.
13 Vgl. hierzu *Frölich*, NZA 1996, 464 (465); *Lepke*, DB 1985, 1231 (1234).

tivs **prozessbezogen** sind[1]. Die Detektivkosten müssen gerade im Hinblick auf den vorliegenden Rechtsstreit verursacht worden sein[2]. Dies erfordert indes nicht, dass der Prozess bei Einschaltung des Detektivs schon anhängig ist. In vielen Fällen dient die Beauftragung einer Detektei der unmittelbaren Prozessvorbereitung, da es dem Auftraggeber darauf ankommen wird, eine etwaige Kündigung auch vor Gericht aufrechterhalten zu können[3]. Eine hinreichende Prozessbezogenheit ist demnach auch gegeben, sofern der Detektiv eingeschaltet wurde, um einen kündigungsrelevanten Sachverhalt aufzuklären[4]. Die Erstattung der Kosten erfordert ferner, dass sie **notwendig** gewesen sind[5]. Die Kosten des Detektivs sind dann notwendig, wenn seine Einschaltung bei vernünftiger Würdigung aller zum Zeitpunkt der Beauftragung gegebenen Umstände objektiv geboten war[6]. Voraussetzung ist demnach das Vorliegen bestimmter Verdachtsmomente, die bestätigt oder entkräftet werden sollen[7]. Der Auftraggeber muss dem Detektiv einen genau umrissenen Ermittlungsauftrag erteilen und sich über dessen Ermittlungen gezielt unterrichten lassen[8]. Auch dürfen die Ermittlungen nicht einfacher oder billiger auszuführen gewesen sein[9]. Schließlich müssen die Ermittlungsergebnisse des Detektivs in den Prozess eingeführt werden[10]. Umstritten ist hingegen, ob die Ermittlungen den Prozesserfolg beeinflusst oder gefördert haben müssen[11].

24 In Einzelfällen können auch **Kosten für ein Gutachten** zu den erstattungsfähigen Kosten gehören[12]. Rechtsgutachten sind allerdings grds. nicht erstattungsfähig[13]. Bei Sachverhaltsgutachten ist zwischen vorprozessualen und prozessualen Gutachten zu unterscheiden. Eine Erstattungsfähigkeit setzt in jedem Falle Prozessbezogenheit des Gutachtens voraus[14]. Die Kosten eines Gutachtens, das **vor einem Rechtsstreit** eingeholt wurde, sind erstattungsfähig, wenn dieses Gutachten zur Rechtsverfolgung[15] oder -verteidigung[16] erforderlich war. Wird ein Gutachten **während eines Rechtsstreits** eingeholt, so sind die entstandenen Kosten grds. nicht zu ersetzen, da es dem Gericht obliegt, Beweis zu erheben und Gutachten einzuholen[17]. Eine Kostenerstattungspflicht kann sich ausnahmsweise aber aus dem Gesichtspunkt der Waffengleichheit beider Parteien ergeben, zB wenn die Partei über keine hinreichende eigene Sachkenntnis verfügt oder ein bereits eingeholtes Gutachten entkräftet werden soll[18]. Verlangt das Gericht Substantiierung, die ohne Einholung eines Gutachtens nicht möglich ist, ist die Notwendigkeit des Gutachtens ebenfalls gegeben[19]. Umstritten

---

1 BAG v. 26.9.2013 – 8 AZR 1026/12; BAG v. 28.5.2009 – 8 AZR 226/08, NZA 2009, 1300 mwN; LAG Düsseldorf v. 4.4.1995 – 7 Ta 243/94, NZA 1995, 808; LAG Nürnberg v. 12.9.1994 – 7 Ta 104/94, NZA 1995, 808; LAG Hamm v. 28.8.1991 – 15 Sa 437/91, DB 1992, 431; OLG Köln v. 21.7.1993 – 17 W 165/93, JurBüro 1994, 227; LAG Düsseldorf v. 13.7.1989 – 7 Ta 151/89, JurBüro 1989, 1702; LAG Düsseldorf v. 19.8.2003 – 16 Ta 350/03, JurBüro 2004, 34; Stein/Jonas/*Bork*, § 91 ZPO Rz. 54a; BLAH, § 91 ZPO Rz. 91.
2 OLG München v. 18.6.1993 – 11 W 1592/93, JurBüro 1994, 226.
3 Vgl. LAG Hamm v. 28.8.1991 – 15 Sa 437/91, DB 1992, 431; *Frölich*, NZA 1996, 464 (465).
4 LAG Hamm v. 28.8.1991 – 15 Sa 437/91, DB 1992, 431; *Frölich*, NZA 1996, 464 (465); aA LAG Nürnberg v. 12.9.1994 – 7 Ta 104/94, NZA 1995, 808.
5 LAG Köln v. 23.2.1993 – 12(5) Ta 22/93, LAGE § 91 ZPO Nr. 21; OLG München v. 18.6.1993 – 11 W 1592/93, JurBüro 1994, 226; OLG Hamm v. 31.8.1992 – 23 W 92/92, JurBüro 1993, 293; *Frölich*, NZA 1996, 464 (465).
6 OLG München v. 18.6.1993 – 11 W 1592/93, JurBüro 1994, 226.
7 LAG Köln v. 23.2.1993 – 12 (5) Ta 22/93, LAGE § 91 ZPO Nr. 21; BLAH, § 91 ZPO Rz. 91.
8 OLG Koblenz v. 24.10.1990 – 14 W 671/90, NJW-RR 1991, 894; Stein/Jonas/*Bork*, § 91 ZPO Rz. 54b.
9 OLG München v. 18.6.1993 – 11 W 1592/93, JurBüro 1994, 226; OLG Hamm v. 31.8.1992 – 23 W 92/92, JurBüro 1993, 293; *Frölich*, NZA 1996, 464 (466).
10 OLG München v. 18.6.1993 – 11 W 1592/93, JurBüro 1994, 226; Zöller/*Herget*, § 91 ZPO Rz. 13 - Detektivkosten.
11 Dafür OLG München v. 18.6.1993 – 11 W 1592/93, JurBüro 1994, 226; OLG Düsseldorf v. 22.10.1968 – 13 W 95/68, NJW 1969, 560; Thomas/Putzo/*Putzo*, § 91 ZPO Rz. 57; dagegen: OLG Koblenz v. 10.4.2006 – 11 WF 99/06, OLGR Koblenz 2006, 1017; OLG Frankfurt v. 12.10.1970 – 6 W 525/69, NJW 1971, 1183; OLG Hamm v. 13.10.1982 – 23 W 236/82, VersR 1983, 498; Stein/Jonas/*Bork*, § 91 ZPO Rz. 54a; *Lepke*, DB 1985, 1231 (1232); *Frölich*, NZA 1996, 464 (466).
12 Vgl. hierzu GK-ArbGG/*Schleusener*, § 12a Rz. 32.
13 BVerfG v. 25.5.1993 – 1 BvR 397/87, NJW 1993, 2793; *Schneider*, MDR 1988, 547; Zöller/*Herget*, § 91 ZPO Rz. 13. Denkbar ist eine Erstattungspflicht allenfalls bei Gutachten über ausländisches Recht oder seltene Rechtsfragen; vgl. MünchKommZPO/*Giebel*, § 91 Rz. 163.
14 MünchKommZPO/*Giebel*, § 91 Rz. 158 mwN.
15 OLG Düsseldorf v. 31.1.1995 – 23 W 5, 6/95, NJW-RR 1996, 572; OLG München v. 13.1.1986 – 11 WF 1567/85, MDR 1986, 324.
16 MünchKommZPO/*Giebel*, § 91 Rz. 158.
17 OLG Hamburg v. 22.5.1997 – 8 W 94/97, MDR 1997, 785.
18 OLG Karlsruhe v. 26.3.2007 – 15 W 7/07, BauR 2007, 1450; OLG Koblenz v. 7.5.2002 – 14 W 250/02, Rpfleger 2002, 483; OLG Zweibrücken v. 11.12.1996 – 3 W 152/96, NJW-RR 1997, 613; LAG Köln v. 23.9.2010 – 7 Ta 383/09; MünchKommZPO/*Giebel*, § 91 Rz. 162; Zöller/*Herget*, § 91 ZPO Rz. 13 – Privatgutachten.
19 OLG Koblenz v. 27.12.2001 – 14 W 852/01, VersR 2002, 1531; OLG Stuttgart v. 14.9.1995 – 14 U 27/95, NJW-RR 1996, 255; Zöller/*Herget*, § 91 Rz. 13 – Privatgutachten.

ist, inwiefern die Erstattungsfähigkeit der Kosten eines Privatgutachtens voraussetzt, dass das Gutachten den Prozess tatsächlich gefördert hat[1].

bb) Hypothetische Parteikosten

Die Erstattung von Kosten für die Hinzuziehung des Prozessbevollmächtigten ist trotz des Erstattungsausschlusses für Vertretungskosten in § 12a Abs. 1 Satz 1 in dem Umfang möglich, in dem durch seine Beauftragung Parteikosten erspart wurden[2]. Dies ergibt sich aus dem **allgemeinen Grundsatz des Kostenerstattungsrechts**, nach dem auch nicht erstattungsfähige Kosten in der Höhe zu erstatten sind, als durch sie erstattungsfähige Kosten erspart wurden (sog. hypothetische Parteikostenerstattung)[3]. Hintergrund dieser Regelung ist, dass durch den Ausschluss der Kostenerstattung zwar einerseits das Kostenrisiko für die unterliegende Partei beschränkt, ihr jedoch andererseits kein ungerechtfertigter Kostenvorteil durch Hinzuziehung eines Prozessvertreters durch den Gegner verschafft werden soll[4]. Insofern sind in einer **hypothetischen Berechnung** die Kosten zu ermitteln, die der obsiegenden Partei bei eigenem Tätigwerden entstanden und zu erstatten gewesen wären. In derselben Höhe sind auch die Kosten ihres Prozessbevollmächtigten erstattungsfähig. 25

Als hypothetische Parteikosten kommen insbesondere **ersparte Reisekosten** der Partei zum Gericht in Betracht[5]. Soweit eine Partei eigene Reisekosten vermeidet, indem sie einen Rechtsanwalt hinzuzieht, so sind die Anwaltsgebühren und -auslagen in Höhe der erstattungsfähigen Reisekosten von der unterlegenen Partei zu tragen. Diese Möglichkeit der Kostenerstattung wird vielfach übersehen[6]. Die Berücksichtigung der hypothetischen Parteikosten darf allerdings nicht über die tatsächlich aufgewandten Vertretungskosten hinausgehen[7]. Umgekehrt ist die Partei aber – anders als im ordentlichen Zivilprozess – nicht verpflichtet, einen Prozessbevollmächtigten einzuschalten, auch wenn dadurch möglicherweise eigene Kosten erspart würden und somit geringere Kosten als bei eigener Durchführung des Prozesses entstünden[8]. 26

d) Ausschluss materiell-rechtlicher Kostenerstattungsansprüche

Der Ausschluss der Kostenerstattung erfasst neben dem prozessualen Kostenerstattungsanspruch aus § 91 ZPO auch materiell-rechtliche Kostenerstattungsansprüche[9]. Der Zweck des Erstattungsausschlusses darf nicht durch die Zulassung materiell-rechtlicher Kostenerstattungspflichten unterlaufen werden[10]. Dies 27

---

1 Dagegen: OLG Düsseldorf v. 31.1.1995 – 23 W 5, 6/95, NJW-RR 1996, 572; OLG Frankfurt v. 13.8.1980 – 20 W 245/80, AnwBl 1981, 114; LAG Hamm v. 9.8.1984 – 8 Ta 193/84, EzA § 91 ZPO Nr. 6; Zöller/*Herget*, § 91 ZPO Rz. 13 – Privatgutachten; MünchKommZPO/*Giebel*, § 91 Rz. 162; BLAH, § 91 ZPO Rz. 103; GK-ArbGG/*Schleusener*, § 12a Rz. 32; dafür: OLG Düsseldorf v. 27.2.1997 – 10 W 21/97, NJW-RR 1997, 1431; GMP/*Germelmann*, § 12a Rz. 26.
2 LAG Schl.-Holst. v. 11.3.2009 – 6 Ta 33/09; LAG Rh.-Pf. v. 23.8.2007 – 11 Ta 169/07; LAG Köln v. 15.10.1982 – 1/10 Ta 140/82, EzA § 91 ZPO Nr. 3; LAG Hamm v. 24.6.1971 – 8 Ta 2/71, DB 1971, 1727; LAG Berlin v. 20.10.1960 – 2 Ta 13/60, AP Nr. 4 zu § 61 ArbGG 1953 – Kosten m. Anm. *Tschischgale*; LAG Düsseldorf v. 30.9.1957 – 7 Ta 50/57, AP Nr. 1 zu § 61 ArbGG 1953 – Kosten.
3 GK-ArbGG/*Schleusener*, § 12a Rz. 45, 46; *Rohlfing/Rewolle/Bader*, § 12a Anm. II 3; *Schaub*, NJW 1968, 480 (481); *Tschischgale/Satzky*, Kostenrecht, S. 167.
4 GMP/*Germelmann*, § 12a Rz. 22; *Tschischgale/Satzky*, Kostenrecht, S. 167; *Wenzel*, MDR 1980, 540.
5 LAG Schl.-Holst. v. 11.3.2009 – 6 Ta 33/09; LAG Rh.-Pf. v. 23.8.2007 – 11 Ta 169/07; LAG München v. 27.6.2001 – 1 Ta 44/01, NZA-RR 2002, 161; LAG Düsseldorf v. 10.4.1986 – 7 Ta 390/85, LAGE § 12a ArbGG 1979 Nr. 6; GWBG/*Waas*, § 12a Rz. 12; *Müller/Bauer*, Der Anwalt vor den Arbeitsgerichten, S. 353; *Rohlfing/Rewolle/Bader*, § 12a Anm. II 3.
6 *Müller/Bauer*, Der Anwalt vor den Arbeitsgerichten, S. 353.
7 LAG Düsseldorf v. 30.9.1957 – 7 Ta 50/57, AP Nr. 1 zu § 61 ArbGG – Kosten; LAG Düsseldorf v. 10.4.1986 – 7 Ta 390/85, LAGE § 12a ArbGG 1979 Nr. 6; LAG Berlin-Brandenburg v. 22.2.2012 – 17 Ta (Kost) 6010/12; GK-ArbGG/*Schleusener*, § 12a Rz. 46; *Rohlfing/Rewolle/Bader*, § 12a Anm. II 3.
8 LAG Hessen v. 6.9.1965 – 1 Ta 36/65, AP Nr. 9 zu § 61 ArbGG 1953 – Kosten; LAG Hessen v. 27.5.1968 – 1 Ta 16/68, AP Nr. 31 zu § 91 ZPO; GMP/*Germelmann*, § 12a Rz. 24; GK-ArbGG/*Schleusener*, § 12a Rz. 22; Stein/Jonas/*Bork*, § 91 ZPO Rz. 114; *Wenzel*, MDR 1980, 540; aA *Tschischgale/Satzky*, Kostenrecht, S. 167 f.
9 BAG v. 30.4.1992 – 8 AZR 288/91, DB 1992, 2351; BAG v. 27.10.2005 – 8 AZR 546/03, NZA 2006, 259; BAG 11.3.2008 – 3 AZN 1311/07, RVGreport 2009, 192; BAG v. 23.9.1960 – 5 AZR 258/59, AP Nr. 3 zu § 61 ArbGG 1953 – Kosten m. Anm. *Bötticher*; 18.12.1972 – 5 AZR 248/72, AP Nr. 7 zu § 61 ArbGG 1953 – Kosten m. Anm. *Lüke*; v. 14.12.1977 – 5 AZR 711/76, DB 1978, 895 (896); 30.4.1992 – 8 AZR 288/91, AP Nr. 6 zu § 12a ArbGG 1979; GMP/*Germelmann*, § 12a Rz. 8; Hauck/Helml/Biebl/*Helml*, § 12a Rz. 7; *Lepke*, DB 1985, 1231 (1233); *Loritz*, Die Konkurrenz materiellrechtlicher und prozessualer Kostenerstattung, S. 69; aA Stein/Jonas/*Bork*, Vor § 91 ZPO Rz. 17, § 91 ZPO Rz. 113.
10 BAG v. 30.4.1992 – 8 AZR 288/91, AP Nr. 6 zu § 12a ArbGG 1979; GMP/*Germelmann*, § 12a Rz. 8; GWBG/*Waas*, § 12a Rz. 4.

wäre der Fall, wenn eine Kostenerstattung auf Grundlage einer materiell-rechtlichen Norm möglich wäre. Aus diesem Grunde scheiden **Schadensersatzansprüche** aus, die auf Verzug oder auf der Verletzung einer prozessualen Pflicht beruhen und für den Geschädigten das Unterliegen im Prozess zur Folge haben[1]. So kann zB kein Schadensersatzanspruch aus § 823 Abs. 2 BGB iVm. § 263 StGB geltend gemacht werden, wenn ein ArbN in einem Kündigungsschutzprozess einen (versuchten) Prozessbetrug begeht und hierdurch dem ArbGeb Kosten in Höhe der Beweisgebühr entstanden sind[2]. Nicht ausgeschlossen sind demgegenüber materiell-rechtliche Kostenerstattungsansprüche, die im Beschlussverfahren geltend zu machen sind, wie Honoraransprüche von Beisitzern in einer betrieblichen Einigungsstelle[3].

27a Der Ausschluss von Kostenerstattungsansprüchen nach § 12a Abs. 1 Satz 1 findet seine Grenze, wenn eine Prozesspartei dessen Wirkung **vorsätzlich und sittenwidrig zur Schädigung des Prozessgegners** einsetzt. Dies ist etwa der Fall, wenn eine Partei seinen Prozessgegner mit einer erkannt unbegründeten Klage zum Zwecke der finanziellen Schädigung durch Aufbürdung der nach § 12a zu tragenden Anwaltskosten überzieht[4]. In diesen Fällen der vorsätzlichen sittenwidrigen Schädigung nach § 826 BGB können die Prozesskosten bei der Gegenpartei geltend gemacht werden. Dies ist mit Blick auf den Schutzzweck des § 12a, dem Schutz des ArbN vor dem Kostenrisiko eines Prozesses (vgl. Rz. 4), sowie mit Blick auf das Verbot rechtsmissbräuchlichen Verhaltens gerechtfertigt. Solche Fallgestaltungen werden allerdings naturgem. nur selten anzutreffen sein. Keineswegs ausreichend zur Begründung eines solchen materiell-rechtlichen Erstattungsanspruchs aus § 826 BGB ist etwa die bloße Erhebung einer unbegründeten Widerklage auf Schadensersatz wegen Verletzung arbeitsvertraglicher Pflichten in einem Kündigungsschutzprozess über eine verhaltensbedingte Kündigung.

27b Umstritten ist die Frage, ob die **Verzugspauschale nach § 288 Abs. 5 BGB** bei arbeitsrechtlichen Zahlungsansprüchen ausgeschlossen ist[5]. Nach dem Sinn und Zweck der Vorschrift, die auf Art. 6 der EU-Richtlinie (2011/7/EU) zur Bekämpfung von Zahlungsverzug im Geschäftsverkehr beruht, dient die Pauschale dem Ersatz von Beitreibungskosten. Da § 12a Abs. 1 die Erstattung von Rechtsverfolgungskosten ausschließt, wird teilweise ein Wertungswiderspruch zur Regelung des § 288 Abs. 5 BGB erkannt, der dessen Anwendung auf arbeitsrechtliche Zahlungsansprüche ausschließe[6]. In der Tat können Rechtsverfolgungskosten dem Begriff der Beitreibungskosten unterfallen. Wie § 288 Abs. 5 Satz 3 BGB jedoch zeigt, findet eine Anrechnung der Pauschale nur statt, „soweit" der Schadensersatz durch Kosten der Rechtsverfolgung begründet ist. Damit wird zugleich deutlich, dass die Pauschale auch eine Entschädigung für andere Kosten darstellt, die nicht Rechtsverfolgungskosten sind. Richtigerweise handelt es sich hiermit um eine Pauschale, die unabhängig von einem tatsächlichen Verzugsschaden zu erbringen ist[7], und vor ihrer Einführung dem deutschen Recht fremd war[8]. Daher steht § 12a Abs. 1 einer Anwendung von § 288 Abs. 5 BGB nicht entgegen.

28 Eine Kostenübernahme auf Grundlage einer **privatrechtlichen Vereinbarung** ist grds. möglich[9]. Dies ist unstreitig für einen Vergleich, mit dem ein anhängiger Rechtsstreit beendet wird (vgl. Rz. 30). Darüber hinaus sind auch sonstige Vereinbarungen, zB Kostenübernahmeverträge vor Anhängigkeit eines Rechtsstreits zulässig. Die Regelung des § 12a hindert dies nicht, da sie kein gesetzliches Verbot iSd. § 134 BGB beinhaltet[10]. Dies wird nicht immer mit hinreichender Deutlichkeit zum Ausdruck gebracht[11]. Eine Kostenübernahme in Formulararbeitsverträgen in Abweichung von § 12a kann indes zu Lasten des ArbN nicht

---

1 GMP/*Germelmann*, § 12a Rz. 8; Hauck/Helml/Biebl/*Helml*, § 12a Rz. 7; *Schaub*, NJW 1968, 480; ArbG Heilbronn v. 22.5.2001 – 1 Ca 198/01, NZA-RR 2002, 494.
2 Vgl. zu diesem Fall: BAG v. 30.4.1992 – 8 AZR 288/91, AP Nr. 6 zu § 12a ArbGG 1979.
3 LAG Hamm v. 10.2.2012 – 10 TaBV 67/11.
4 Vgl. ArbG Leipzig v. 10.5.2006 – 17 Ca 7564/05, LAGE § 826 BGB 2002, Nr. 1 m. Anm. *Müller*; GK-ArbGG/ *Schleusener*, § 12a Rz. 41; ausdrücklich offen gelassen von BAG 23.9.1960 – 5 AZR 258/59, AP ArbGG 1953 § 61 Kosten Nr. 3.
5 In diesem Sinne ArbG Düsseldorf v. 13.1.2017 – 14 Ca 3558/16; ArbG Nürnberg v. 11.11.2016 – 12 Ca 6016/15; ArbG Düsseldorf v. 12.5.2013 – 2 Ca 5416/15; *Diller*, NZA 2015, 1095 (1096); aA LAG Köln v. 22.11.2016 – 12 Sa 524/16; LAG Baden-Württemberg v. 13.10.2016 – 3 Sa 34/16; *Lembke*, NZA 2016, 1501 (1505).
6 ArbG Düsseldorf v. 13.1.2017 – 14 Ca 3558/16; ArbG Nürnberg v. 11.11.2016 – 12 Ca 6016/15; ArbG Düsseldorf v. 12.5.2013 – 2 Ca 5416/15; *Diller*, NZA 2015, 1095 (1096).
7 LAG Köln v. 22.11.2016 – 12 Sa 524/16; LAG Baden-Württemberg v. 13.10.2016 – 3 Sa 34/16.
8 BT-Drucks. 18/1309, S. 11, 19.
9 *Bauer*, NZA 1989, 256 (260); GWBG/*Waas*, § 12a Rz. 5.
10 LAG Hamm v. 26.2.1991 – 8 Sa 1497/90, LAGE § 12a ArbGG Nr. 15; GK-ArbGG/*Schleusener*, § 12a Rz. 49.
11 S. nur GMP/*Germelmann*, § 12a Rz. 28; BAG v. 30.4.1992 – 8 AZR 288/91, AP Nr. 6 zu § 12a ArbGG 1979, das von einem Ausschluss eines jeden Kostenerstattungsanspruchs spricht.

wirksam vereinbart werden. Solche Vereinbarungen fallen der Inhaltskontrolle gem. § 307 Abs. 1 BGB zum Opfer, da sie mit dem gesetzlichen Leitbild des § 12a nicht vereinbar sind.

Ein Kostenerstattungsanspruch kann auf einem **Schadensersatzanspruch aus § 840 Abs. 2 Satz 2 ZPO** wegen schuldhafter Verletzung der Auskunftspflicht des Drittschuldners beruhen. Die Frage nach dem Ausschluss dieses Anspruchs durch § 12a Abs. 1 Satz 1 war lange Zeit stark umstritten. Von der Rspr. wurde der Ausschluss angenommen[1], von der hM in der Lit. abgelehnt[2]. Sodann hat das BAG unter Abkehr von seiner bisherigen Rspr. in Übereinstimmung mit der hL entschieden: § 12a Abs. 1 Satz 1 schließt einen Anspruch auf Ersatz der Anwaltskosten, die in dem arbeitsgerichtlichen Verfahren auf Zahlung des gepfändeten Lohns entstanden sind, nicht aus[3]. Zur Begründung verweist das BAG zu Recht auf den erkennbaren Zweck des § 12a Abs. 1 Satz 1, einen sonst nach prozessualen Vorschriften bestehenden Kostenerstattungsanspruch (§ 91 ZPO) auszuschließen. Im Fall des § 840 Abs. 2 Satz 2 ZPO kann dieser Zweck jedoch nicht erreicht werden, da dem mit der Drittschuldnerklage erfolglos gebliebenen Pfändungsgläubiger ein solcher Anspruch ohnehin auch nach allgemeinen zivilrechtlichen Grundsätzen nicht zusteht. Auch der Schutzgedanke der Vorschrift wird nach zutreffender Ansicht des BAG nicht missachtet, da ein Schutz des ArbGeb vor Kosten gegenüber einem Dritten, dem Pfändungsgläubiger, mit der gesetzlichen Regelung nicht bezweckt ist. Der Schadensersatzanspruch kann demzufolge im Wege der Klageänderung im anhängigen Drittschuldnerprozess vor dem ArbG geltend gemacht werden[4]. Der Schadensersatzanspruch kann allerdings nicht im Kostenfestsetzungsverfahren nach §§ 103 ff. ZPO berücksichtigt werden, da es sich dabei nicht um Kosten iSd. Rechts der Kostenfestsetzung handelt[5]. 29

e) Kostenübernahme durch Vergleich

Den Parteien ist es trotz der gesetzlichen Regelung des § 12a Abs. 1 Satz 1 unbenommen, eine umfassende Kostenerstattungspflicht durch Parteivereinbarung (vgl. Rz. 28) festzulegen[6]. Dies kann insbesondere in einem **gerichtlichen oder außergerichtlichen Vergleich** geschehen[7]. Dabei empfiehlt es sich, die Kostentragung ausdrücklich und detailliert unter Berücksichtigung der gesetzlichen Vorgaben zu regeln. Enthält der Vergleich nur eine Bestimmung über „die Kosten des Rechtsstreits", so gelten hierfür im Zweifel die arbeitsgerichtlichen Kostenbestimmungen. Dann sind unter den Kosten des Rechtsstreits nur die nach § 12a Abs. 1 Satz 1 erstattungsfähigen Kosten zu verstehen[8]. Fehlt eine Kostenregelung gänzlich, so gelten gem. § 98 ZPO die Kosten als gegeneinander aufgehoben[9]. 30

Eine durch Vergleich erfolgte Kostenübernahme kann nicht im **Kostenfestsetzungsverfahren gem. §§ 103 ff. ZPO** gegen die andere Partei festgesetzt werden[10]. Der **Prozessvergleich** ist zwar gem. § 794 Abs. 1 Nr. 1 ZPO ein vollstreckbarer Titel iSd. § 103 Abs. 1 ZPO und kann somit Grundlage eines Kostenfestsetzungsver- 31

---

1 BAG v. 23.9.1960 – 5 AZR 258/59, AP Nr. 3 zu § 61 ArbGG 1953 – Kosten m. Anm. *Bötticher*; BAG v. 2.5.1968 – 5 AZR 190/67, AP Nr. 10 zu § 61 ArbGG 1953 – Kosten m. Anm. *Grunsky*; BAG v. 18.12.1972 – 5 AZR 248/72, AP Nr. 13 zu § 61 ArbGG 1953 – Kosten m. Anm. *Lüke*.
2 BLAH, 48. Aufl. 1990, § 840 ZPO Anm. 3 C; *Becker-Eberhard*, Kostenerstattung, S. 207; *Grunsky*, 6. Aufl. 1990, § 12a Rz. 3; *Hansens*, JurBüro 1983, 1 (3); *Loritz*, Die Konkurrenz materiellrechtlicher und prozessualer Kostenerstattung, S. 69 f.; *Schaub*, NJW 1968, 480 (483 f.).
3 BAG v. 16.5.1990 – 4 AZR 56/90, NZA 1991, 27. Ebenso LAG BW v. 24.8.1993 – 10 Sa 39/93, JurBüro 1994, 135; LAG Düsseldorf v. 14.2.1995 – 16 Sa 1996/94, BB 1995, 1248.
4 LAG BW v. 24.8.1993 – 10 Sa 39/93, JurBüro 1994, 135; *Behr*, JurBüro 1994, 257; GMP/*Germelmann*, § 12a Rz. 12; GK-ArbGG/*Schleusener*, § 12a Rz. 44.
5 BAG v. 16.11.2005 – 3 AZB 45/05, NZA 2006, 344.
6 LAG Düsseldorf v. 27.5.2004 – 16 Ta 274/04, MDR 2004, 1147; LAG Hamm v. 26.2.1991 – 8 Sa 1497/90, NZA 1992, 524; *Brill*, DB 1965, 254 (257); GMP/*Germelmann*, § 12a Rz. 28; GK-ArbGG/*Schleusener*, § 12a Rz. 49; GWBG/*Waas*, § 12a Rz. 5; Hauck/Helml/Biebl/*Helml*, § 12a Rz. 5.
7 Hauck/Helml/Biebl/*Helml*, § 12a Rz. 5; GK-ArbGG/*Schleusener*, § 12a Rz. 49; GMP/*Germelmann*, § 12a Rz. 28; *Weimar*, NZA 2003, 540 (541).
8 BAG v. 27.10.2005 – 4 AZR 546/03, NZA 2006, 259 ff.; LAG Düsseldorf v. 12.8.1955 – 4 Ta 20/55, AP Nr. 9 zu § 61 ArbGG 1953 m. Anm. *Tschischgale*; LAG Hamburg v. 8.5.1987 – 1 Ta 2/87, MDR 1987, 962; Sächsisches LAG v. 10.12.2010 – 3 Sa 473/10; GK-ArbGG/*Schleusener*, § 12a Rz. 49, 156.
9 Zur Anwendbarkeit der Vorschrift auf den außergerichtlichen Vergleich vgl. BLAH, § 98 ZPO Rz. 8, 9; Zöller/*Herget*, § 98 ZPO, Rz. 5.
10 LAG Düsseldorf v. 27.5.2004 – 16 Ta 274/04, MDR 2004, 1147; LAG Hessen v. 4.8.1999 – 9 Ta 570/99, NZA-RR 2000, 500; LAG Rh.-Pf. v. 28.8.1990 – 9 Ta 186/90, NZA 1992, 141; LAG Düsseldorf v. 1.4.1986 – 7 Ta 93/86, LAGE § 12a ArbGG 1979 Nr. 9; LAG Düsseldorf v. 13.5.1982 – 7 Ta 106/82, EzA § 12a ArbGG 1979 Nr. 3; LAG Hamm v. 24.2.1972 – 8 Ta 83/71, MDR 1972, 546; LAG Hamm v. 13.3.1954 – 2 Ta 33/54, NJW 1954, 1504; *von Eicken/Lappe/Madert*, Die Kostenfestsetzung, Rz. C 8; GMP/*Germelmann*, § 12a Rz. 7, 29 f.; GK-ArbGG/*Schleusener*, § 12a Rz. 157; *Schaub*, NJW 1968, 480 (483); *Tschischgale/Satzky*, Kostenrecht, S. 168.

fahrens sein. Vor diesem Hintergrund wird teilweise im Interesse der Prozessökonomie eine Kostenfestsetzung für den privatrechtlichen Erstattungsanspruch aus dem Vergleich befürwortet[1]. Richtigerweise ist eine Festsetzung der vergleichsweise übernommenen Kosten im Verfahren nach §§ 103 ff. ZPO jedoch abzulehnen. Zutreffend ist mit der hM darauf abzustellen, dass das Kostenfestsetzungsverfahren gem. §§ 103 ff. ZPO nur für die Festsetzung der gesetzlichen Prozesskosten geschaffen wurde[2]. Für den ArbG-Prozess enthält § 12a Abs. 1 Satz 1 mit dem Erstattungsausschluss aber gerade ein **öffentlich-rechtliches Festsetzungsverbot**[3]. Der Gläubiger ist zur Durchsetzung seines Erstattungsanspruchs auf einen neuen Prozess verwiesen. Aus diesem Grund sollte im Vergleich selbst der genaue Betrag der zu erstattenden Kosten beziffert werden[4]. Dann hält der Gläubiger bereits mit dem gerichtlichen Vergleich einen vollstreckbaren Titel für die Kostenerstattung in der Hand. Auf ein Kostenfestsetzungsverfahren oder einen erneuten Prozess kommt es in diesem Fall nicht mehr an.

32 Der **außergerichtliche Vergleich** kann unstreitig keine Grundlage für ein Kostenfestsetzungsverfahren gem. §§ 103 ff. ZPO sein, da er keinen vollstreckbaren Titel iSd. § 794 Abs. 1 Nr. 1 ZPO darstellt[5].

2. Hinweispflicht, § 12a Abs. 1 Satz 2

33 Gemäß § 12a Abs. 1 Satz 2 ist vor Abschluss der Vereinbarung über die anwaltliche Vertretung auf den Ausschluss der Kostenerstattung nach Satz 1 hinzuweisen. Für Rechtsanwälte bestand diese Pflicht schon vor der gesetzlichen Konkretisierung nach **anwaltlichem Standesrecht**. Das Standesrecht verlangt einen Hinweis auf alle Umstände, die für die Partei von Bedeutung sind, insofern auch auf besondere Kosten[6]. Die Hinweispflicht trifft seit der gesetzlichen Konkretisierung auch den **Verbandsvertreter** und sonstige Prozessbevollmächtigte[7]. Wird das Mandat durch einen Verkehrsanwalt übermittelt, so ist davon auszugehen, dass die Hinweispflicht gegenüber dem Mandanten dem Verkehrsanwalt selbst obliegt, nicht dem auswärtigen Prozessbevollmächtigten[8].

a) Inhalt

34 Der Hinweis muss sich auf den Ausschluss sowohl der **Entschädigung wegen Zeitversäumnis** als auch der **Erstattung der Prozessvertreterkosten** beziehen[9]. Hinsichtlich der Kosten des Prozessvertreters ist zu beachten, dass die Kosten für vorprozessuale Tätigkeiten ebenfalls vom Erstattungsausschluss erfasst sind (vgl. Rz. 13). Somit ist auch dann darauf hinzuweisen, dass die Kosten von der Partei selbst zu tragen sind, wenn lediglich eine Beratung oder ein Mahnverfahren ohne anschließende Klageerhebung und Prozess erfolgen soll[10]. Auf Verlangen der Partei ist die voraussichtliche Höhe der Kosten zu beziffern[11]. Der Hinweis muss vor Abschluss des Vertrages über die Vertretung erfolgen. Er allein rechtfertigt noch keine Gebührenerhebung[12].

---

1 LAG Hessen v. 9.7.1958 – II LAB 54/58, NJW 1958, 1415; LAG München v. 4.12.1978 – 1 Ta 90/78, AnwBl 1979, 67; *Müller/Bauer*, Der Anwalt vor den Arbeitsgerichten, S. 358; *Petersen*, AuR 1958, 146 (147).
2 LAG Düsseldorf v. 27.5.2004 – 16 Ta 274/04, MDR 2004, 1147; LAG Rh.-Pf. v. 28.8.1990 – 9 Ta 186/90, NZA 1992, 141; LAG Düsseldorf v. 1.4.1986 – 7 Ta 93/86, LAGE § 12a ArbGG 1979 Nr. 9; LAG Düsseldorf v. 13.5.1982 – 7 Ta 106/82, EzA § 12a ArbGG 1979 Nr. 3; LAG Hamm v. 24.2.1972 – 8 Ta 83/71, MDR 1972, 546; LAG Hamm v. 13.3.1954 – 2 Ta 33/54, NJW 1954, 1504; GMP/*Germelmann*, § 12a Rz. 30; GK-ArbGG/*Schleusener*, § 12a Rz. 157; *Tschischgale/Satzky*, Kostenrecht, S. 168.
3 GK-ArbGG/*Schleusener*, § 12a Rz. 157; *Tschischgale/Satzky*, Kostenrecht, S. 168.
4 GK-ArbGG/*Schleusener*, § 12a Rz. 157; HWK/*Kalb*, § 12a Rz. 8; *Lüttschwager*, AuR 1959, 143 (147); *Tschischgale/Satzky*, Kostenrecht, S. 169.
5 BAG v. 12.10.1962 – 5 AZR 268/60, AP Nr. 27 zu § 91 ZPO m. Anm. *Pohle*; GK-ArbGG/*Schleusener*, § 12a Rz. 156; *Müller/Bauer*, Der Anwalt vor den Arbeitsgerichten, S. 357; *Rohlfing/Rewolle/Bader*, § 12a Anm. II 4.
6 *Brill*, AuR 1979, 367; *Grunsky*, BB 1979, 949 (950); *Müller/Bauer*, Der Anwalt vor den Arbeitsgerichten, S. 358; *Rewolle*, BB 1979, 1353; *Wenzel*, ZRP 1978, 206 (208); *Wlotzke/Schwedes/Lorenz*, § 12a Rz. 3.
7 GWBG/*Waas*, § 12a Rz. 16; GMP/*Germelmann*, § 12a Rz. 31.
8 *Ziege*, AnwBl 1980, 178 (180).
9 GMP/*Germelmann*, § 12a Rz. 32; GWBG/*Waas*, § 12a Rz. 17; Hauck/Helml/Biebl/*Helml*, § 12a Rz. 3.
10 GMP/*Germelmann*, § 12a Rz. 32; *Müller/Bauer*, Der Anwalt vor den Arbeitsgerichten, S. 359; *Rewolle*, BB 1979, 1353.
11 Hauck/Helml/Biebl/*Helml*, § 12a Rz. 3.
12 GMP/*Germelmann*, § 12a Rz. 32; *Müller/Bauer*, Der Anwalt vor den Arbeitsgerichten, S. 359; *Ziege*, AnwBl 1980, 178 (180).

b) Ausnahmen

Die Belehrungspflicht besteht nicht, wenn die Partei **kein Kostenrisiko** trägt[1]. Daher erübrigt sich der Hinweis eines Verbandsvertreters, sofern die Vertretung für das Mitglied nach der Satzung kostenlos erfolgt.[2] Dies gilt jedoch nur in den Fällen, in denen das Mitglied auch hinsichtlich der Barauslagen von einer Erstattung freigestellt ist[3]. Kein Kostenrisiko besteht ferner, wenn der Mandant rechtsschutzversichert ist und die Rechtsschutzversicherung die volle Kostenübernahme bereits zugesagt hat[4]. Dagegen entfällt die Hinweispflicht nicht bei einer Beiordnung nach § 11a bzw. bei einer Inanspruchnahme von Prozesskostenhilfe[5]. Wegen § 12a Abs. 1 Satz 1 muss die Partei auch bei Obsiegen mit dem Erlass eines Nachzahlungsbeschlusses gem. § 11a Abs. 1 iVm. § 120a Abs. 1 Satz 2 ZPO rechnen[6]. Des Weiteren erübrigt sich die Hinweispflicht dann, wenn der Erstattungsausschluss **der Partei bereits bekannt** ist, etwa in Fällen ständiger Vertretung bei arbeitsgerichtlichen Auseinandersetzungen[7]. Hier dürfte die einmalige Belehrung vor der ersten Mandatserteilung genügen[8]. 35

c) Rechtsfolgen bei Verletzung der Hinweispflicht

Die Rechtsfolgen einer Verletzung der Hinweispflicht sind im Gesetz nicht geregelt. Die Hinweispflicht ist eine vorvertragliche Pflicht. Das Unterlassen eines rechtzeitigen Hinweises stellt somit ein Verschulden bei Vertragsschluss (§ 311 BGB) dar. Dies kann zu einer **Schadensersatzpflicht** des Vertreters gegenüber der Partei führen[9]. Das hierfür erforderliche Verschulden ist auch dann zu bejahen, wenn der Vertreter den Hinweis aus Unkenntnis seiner Pflicht unterlassen hat (Fahrlässigkeit)[10]. Voraussetzung des Anspruchs ist ein Schaden der Partei. Dieser entsteht nur, sofern die Partei bei erfolgtem Hinweis den Prozessbevollmächtigten nicht beauftragt und damit Vertretungskosten erspart hätte. Die Kosten wären nur dann erspart worden, wenn die Partei im Falle des Hinweises statt des Rechtsanwaltes einen Verbandsvertreter kostenlos in Anspruch genommen oder den Prozess selbst geführt hätte[11]. Der Schadensersatzanspruch der Partei kann gegen den Vergütungsanspruch des Prozessvertreters aufgerechnet werden[12]. Macht die Partei die fehlende Belehrung als Einwendung im Kostenfestsetzungsverfahren nach § 11 RVG geltend, so wird die vereinfachte Kostenfestsetzung gem. § 11 Abs. 4 RVG ausgesetzt und der Rechtsanwalt zur Durchsetzung seines Vergütungsanspruchs auf den Prozessweg verwiesen[13]. 36

d) Beweislast und Beweissicherung

Fraglich ist, wer die Darlegungs- und Beweislast hinsichtlich der ordnungsgemäßen Belehrung trägt. Grundsätzlich trägt der **Geschädigte die Beweislast** für die objektiven und subjektiven Voraussetzungen eines Schadensersatzanspruchs[14]. Im Fall eines Schadensersatzbegehrens der Partei müsste der Anwalt demnach nur substantiiert darlegen, dass er den Mandanten ordnungsgem. belehrt hat[15]. Der BGH nimmt jedoch eine **Umkehr der Beweislast** an, wenn eine vertraglich begründete Aufklärungspflicht zu einer freien Ent- 37

---

1 GMP/*Germelmann*, § 12a Rz. 33; *Müller/Bauer*, Der Anwalt vor den Arbeitsgerichten, S. 360; GWBG/*Waas*, § 12a Rz. 16; *Ziege*, AnwBl 1980, 178 (179).
2 *Brill*, AuR 1979, 367; GWBG/*Waas*, § 12a Rz. 16; *Wlotzke/Schwedes/Lorenz*, § 12a Rz. 3.
3 GWBG/*Waas*, § 12a Rz. 16.
4 GMP/*Germelmann*, § 12a Rz. 33; Hauck/Helml/Biebl/*Helml*, § 12a Rz. 3; *Müller/Bauer*, Der Anwalt vor den Arbeitsgerichten, S. 360; *Ziege*, AnwBl 1980, 178 (179). aA GK-ArbGG/*Schleusener*, § 12a Rz. 39.
5 LAG Rh.-Pf. v. 4.3.2011 – 10 Ta 33/11; GMP/*Germelmann*, § 12a Rz. 34; *Müller/Bauer*, Der Anwalt vor den Arbeitsgerichten, S. 360; GK-ArbGG/*Schleusener*, § 12a Rz. 39.
6 OLG Düsseldorf v. 2.6.1995 – 3 W 197/95, FamRZ 1995, 1592; OLG Hamm v. 25.1.1993 – 11 W 50/92, FamRZ 1993, 1474; Thomas/Putzo/*Seiler*, § 120a ZPO Rz. 2, 12.
7 GMP/*Germelmann*, § 12a Rz. 33; *Müller/Bauer*, Der Anwalt vor den Arbeitsgerichten, S. 359; *Ziege*, AnwBl 1980, 178 (179).
8 *Müller/Bauer*, Der Anwalt vor den Arbeitsgerichten, S. 359.
9 GMP/*Germelmann*, § 12a Rz. 35; Hauck/Helml/Biebl/*Helml*, § 12a Rz. 3; *Müller/Bauer*, Der Anwalt vor den Arbeitsgerichten, S. 360; *Rohlfing/Rewolle/Bader*, § 12a Anm. I 2; *Ziege*, AnwBl 1980, 178 (179) jeweils zur Rechtslage vor der Schuldrechtsreform (culpa in contrahendo).
10 *Müller/Bauer*, Der Anwalt vor den Arbeitsgerichten, S. 360; *Ziege*, AnwBl 1980, 178 (179).
11 LG München I v. 5.11.1980 – 15 S 10511/80, AnwBl 1981, 68; GK-ArbGG/*Schleusener*, § 12a Rz. 39; GMP/*Germelmann*, § 12a Rz. 36; *Rewolle*, BB 1979, 1353.
12 GMP/*Germelmann*, § 12a Rz. 35; GK-ArbGG/*Schleusener*, § 12a Rz. 39; Hauck/Helml/Biebl/*Helml*, § 12a Rz. 3.
13 LAG BW v. 14.2.1980 – 1 Ta 121/79, BB 1980, 320; LAG Hamburg v. 31.3.1987 – 1 Ta 13/86, MDR 1987, 962; GK-ArbGG/*Schleusener*, § 12a Rz. 39; *Ziege*, AnwBl 1980, 178 (180).
14 *Müller/Bauer*, Der Anwalt vor den Arbeitsgerichten, S. 361; Palandt/*Grüneberg*, Vorbem. vor § 249 BGB Rz. 128.
15 *Ziege*, AnwBl 1980, 178 (180).

scheidung des Vertragspartners darüber führen soll, ob er das aufgezeigte Risiko auf sich nehmen will oder nicht[1]. Diese Grundsätze werden auch im Anwendungsbereich des § 12a Abs. 1 Satz 2 maßgeblich sein, der eine entsprechende Aufklärungspflicht sogar gesetzlich festschreibt[2].

38 Eine bestimmte Form des Hinweises ist im Gesetz nicht vorgeschrieben, so dass eine **mündliche Belehrung** grds. ausreicht[3]. Eine mündliche Belehrung wird jedoch vor dem Hintergrund der Beweislast im Streitfall kaum ausreichen. Demnach ist für die Belehrung die Schriftform dringend anzuraten. Unzureichend ist dabei die Belehrung in **gedruckten Mandatsbedingungen**, die dem neuen Mandanten zur Unterschrift vorgelegt oder ausgehändigt werden. Der Hinweis scheitert in diesem Fall regelmäßig daran, dass er nicht „vor Abschluss der Vereinbarung" iSd. Vorschrift erfolgt ist[4]. Besagt die Klausel aus diesem Grund, dass die Belehrung „vor Auftragserteilung" vorgenommen wurde, so kann sie als nachteilige Bestimmung über die Beweislast gem. § 309 Nr. 12b BGB oder als Überraschungsklausel gem. § 305c Abs. 1 BGB unwirksam sein[5]. Zu empfehlen ist insofern, **gesondert unterschriebene Empfangsbekenntnisse** als Beweispapiere zu verwenden[6]. Bei mündlicher Belehrung erleichtert eine schriftliche Bestätigung unter Angabe von Grund, Ort und Zeit die Beweissicherung[7].

3. Erstattungspflicht bei Verweisung des Rechtsstreits, § 12a Abs. 1 Satz 3

39 Der **Ausschluss der Kostenerstattung** durch § 12a Abs. 1 Satz 1 gilt gem. Satz 3 **nicht für Kosten**, die dem Beklagten dadurch entstanden sind, dass der Kläger ein unzuständiges Gericht der ordentlichen Gerichtsbarkeit, der allgemeinen Verwaltungsgerichtsbarkeit, der Finanz- oder Sozialgerichtsbarkeit angerufen und dieses den Rechtsstreit **an das ArbG verwiesen** hat. Gemäß § 48 Abs. 1 finden vielmehr die allgemeinen zivilprozessualen Regelungen Anwendung. Dies sind § 91 Abs. 1 und 2 ZPO über die Erstattungspflicht der unterliegenden Partei, wenn der Beklagte in der Hauptsache obsiegt und im Falle des Obsiegens § 17b Abs. 2 Satz 2 GVG, wonach der Kläger die durch die Anrufung des unzuständigen Gerichts entstandenen Mehrkosten auch dann zu tragen hat, wenn er in der Hauptsache obsiegt[8].

40 Über den Begriff der Kosten bzw. Mehrkosten und damit den **Umfang der Erstattungspflicht** bestand in der Rspr. und Lit. ein heftiger Streit[9]. Nach der herrschenden Auffassung sollten **sämtliche vor dem unzuständigen Gericht entstandenen Kosten** erstattungsfähig sein, und zwar einschließlich der Anwaltskosten für die Vertretung vor dem Gericht des unzuständigen Rechtswegs[10]. **Diese Auffassung hat sich nach einer Entscheidung des BAG aus dem Jahr 2004 durchgesetzt**[11]. Begründet wird diese Auffassung mit dem Charakter des § 12a Abs. 1 Satz 3 als Spezialregelung gegenüber § 17b Abs. 2 Satz 2 GVG. § 17b Abs. 2 Satz 2 GVG und der diesem entsprechende § 281 Abs. 3 Satz 2 ZPO gehen von dem grundsätzlichen Fall der Kostenerstattungspflicht für die unterliegende Prozesspartei aus und berücksichtigen dabei nicht die Sonderregelung des § 12a Abs. 1 Satz 1[12]. Der Gesetzgeber habe bei der Neuregelung der Verweisungsvorschriften der §§ 17 ff. GVG die Regelung des § 12a Abs. 1 Satz 3 unverändert gelassen. § 12a Abs. 1 Satz 3 spreche zudem ganz allgemein von „Kosten" und nicht nur – wie § 17b Abs. 2 Satz 2 GVG – von „Mehrkosten". Schließlich habe nach der Begründung der Gesetzesnovelle 1979, mit der § 12a Abs. 1 Satz 3 eingefügt worden ist, der Gesetzgeber gerade die Absicht verfolgt, die bis dahin konträren Auffassungen über die Erstattungsfähigkeit von Anwaltskosten bei Verweisungen von den ordentlichen Gerichten an die

---

1 BGH v. 5.7.1973 – VII ZR 12/73, NJW 1973, 1688.
2 So auch *Müller/Bauer*, Der Anwalt vor den Arbeitsgerichten, S. 361; *Rewolle*, BB 1979, 1353 (1354).
3 *Brill*, AuR 1979, 367 (368); *Wlotzke/Schwedes/Lorenz*, § 12a Rz. 3.
4 *Müller/Bauer*, Der Anwalt vor den Arbeitsgerichten, S. 361; *Ziege*, AnwBl 1980, 178 (180).
5 *Müller/Bauer*, Der Anwalt vor den Arbeitsgerichten, S. 361; *Ziege*, AnwBl 1980, 178 (180).
6 *Müller/Bauer*, Der Anwalt vor den Arbeitsgerichten, S. 362, mit Formulierungsvorschlag im Anhang A III (S. 409); *Ziege*, AnwBl 1980, 178 (180), mit Formulierungsvorschlag.
7 *Müller/Bauer*, Der Anwalt vor den Arbeitsgerichten, S. 362.
8 LAG Hamm v. 16.7.1987 – 8 Ta 197/87, LAGE § 12a ArbGG Nr. 10 (bzgl. § 281 Abs. 3 Satz 2 ZPO aF); GWBG/*Waas*, § 12a Rz. 15; *Tschischgale/Satzky*, S. 185 (bzgl. § 281 Abs. 3 Satz 2 ZPO aF); GK-ArbGG/*Schleusener*, § 12a Rz. 59.
9 Hierzu ausführlich GK-ArbGG/*Schleusener*, § 12a Rz. 58ff.
10 LAG Thür. v. 14.8.2000 – 8 Ta 87/2000, NZA-RR 2001, 106; LAG Hessen v. 8.3.1999 – 9/6 Ta 651/98, NZA-RR 1999, 498; LAG Köln v. 3.1.2008 – 8 Ta 377/07, NZA-RR 2008, 491; LAG Hessen v. 30.7.2009 – 13 Ta 360/09, NZA-RR 2010, 155; GMP/*Germelmann*, § 12a Rz. 19; GK-ArbGG/*Schleusener*, § 12a Rz. 59, 61; GWBG/*Waas*, § 12a Rz. 15; *Müller/Bauer*, Der Anwalt vor den Arbeitsgerichten, S. 352.
11 BAG v. 1.11.2004 – 3 AZB 10/04, NZA 2005, 429.
12 BAG v. 1.11.2004 – 3 AZB 10/04, NZA 2005, 429 (430).

ArbG iSd. hM zu klären und festzuschreiben[1]. Diese hM ging schon vor der gesetzlichen Neuregelung von der Erstattungsfähigkeit aller Kosten des unzulässigen Rechtsweges aus[2].

Nach gegenteiliger Ansicht handelt es sich bei den **Mehrkosten nur um die Differenz** zwischen den beim Beklagten tatsächlich entstandenen Kosten und den Kosten, die auch bei unmittelbarer Anrufung des zuständigen ArbG erwachsen wären[3]. § 12a Abs. 1 Satz 3 habe **keinen Strafcharakter**, sondern solle den Beklagten lediglich vor Nachteilen bewahren, die der Kläger durch die Anrufung des falschen Gerichts verursacht. Entstünden indes keine Nachteile, weil die entstandenen Gebühren auch im Fall der unmittelbaren Anrufung des zuständigen Gerichts entstanden wären, fände auch keine Erstattung statt[4]. Letztendlich stelle **§ 17b Abs. 2 GVG die Rechtsgrundlage für die Kostenerstattung** dar, der lediglich von Mehrkosten spreche. Die unterschiedlichen Auffassungen sind vornehmlich für die Erstattung von **Anwaltsgebühren** von Bedeutung, da diese aufgrund der Regelung des § 20 Satz 1 RVG iVm. § 15 Abs. 2 Satz 2 RVG auch im Fall der Verweisung nur einmal für den gesamten Prozess erhoben werden können. 41

Einstweilen frei 42

Nicht erstattungsfähig sind die Kosten einer vom Beklagten erhobenen **Widerklage vor dem unzuständigen Gericht**[5]. 43

Wird zunächst das unzuständige ArbG angerufen und der Rechtsstreit dann **an das ordentliche Gericht verwiesen**, so sind die vor dem ArbG erwachsenen Kosten wegen der Regelung des § 12a Abs. 1 Satz 1 grds. nicht erstattungsfähig[6]. Sie werden jedoch dann erstattungsfähig, wenn sie in dem späteren Verfahren vor dem ordentlichen Gericht erneut anfallen[7]. 44

IV. Anwendungsbereich der besonderen Kostentragungspflicht

1. Urteilsverfahren

Der Erstattungsausschluss nach § 12a Abs. 1 Satz 1 erfasst **jedes erstinstanzliche Erkenntnisverfahren vor den ArbG, auf das auch die §§ 91 ff. ZPO Anwendung finden**[8]. § 12a Abs. 1 Satz 1 gilt seinem Wortlaut zufolge zwar nur für das Urteilsverfahren. Der Begriff des Urteilsverfahrens ist indes – ebenso wie in § 46 Abs. 1 – als Gegensatz zum Beschlussverfahren nach §§ 80 ff. zu verstehen[9]. Demnach beschränkt sich die Vorschrift nicht auf Verfahren, die mit einem Urteil beendet werden. Sie erstreckt sich vielmehr auch auf das **Mahnverfahren**[10] sowie auf das **Verfahren des Arrestes und der einstweiligen Verfügung** nach §§ 916 ff. ZPO, welches trotz seiner Stellung im achten Buch der ZPO nicht als Vollstreckungsverfahren, sondern als summarisches Erkenntnisverfahren gilt[11]. Die Vorschrift ist ferner in der **Vollstreckungs-** 45

---

1 BAG v. 1.11.2004 – 3 AZB 10/04, NZA 2005, 429; LAG Thür. v. 14.8.2000 – 8 Ta 87/2000, NZA-RR 2001, 106; LAG Hessen v. 8.3.1999 – 9/6 Ta 651/98, NZA-RR 1999, 498; GMP/*Germelmann*, § 12a Rz. 19.
2 LAG Nds. v. 21.12.1990 – 8 Ta 312/90, Rpfleger 1991, 218; LAG Hamm v. 16.7.1987 – 8 Ta 197/87, LAGE § 12a ArbGG 1979 Nr. 10; LAG Hessen v. 15.5.1984 – 6 Ta 134/84, AnwBl 1985, 104; LAG Hessen v. 8.3.1999 – 9/6 Ta 651/98, DB 1999, 1276; LAG BW v. 29.9.1983 – 1 Ta 181/83, NJW 1984, 86; LAG München v. 15.3.1984 – 1 Ta 45/84, AnwBl 1985, 103; LAG Nürnberg v. 8.10.1986 – 4 Ta 7/86, LAGE § 12a ArbGG 1979 Nr. 8; LAG Rh.-Pf. v. 13.3.1986 – 1 Ta 36/86, LAGE § 12a ArbGG 1979 Nr. 7; LAG Schl.-Holst. v. 7.9.1988 – 5 Ta 134/88, LAGE § 12a ArbGG 1979 Nr. 11; *von Gierke-Braune/Hiekel*, Rpfleger 1985, 226 (229); *Güntner*, NJW 1971, 1975 (1976).
3 LAG Bremen v. 5.7.1996 – 2 Ta 30/96, NZA-RR 1997, 26; LAG Bremen v. 20.2.1986 – 2 Ta 9/85, LAGE § 12a ArbGG 1979 Nr. 4; LAG Rh.-Pf. v. 13.3.1986 – 1 Ta 36/86, LAGE § 12a ArbGG 1979 Nr. 7; *Tschischgale/Satzky*, Kostenrecht, S. 186 f.; *Wlotzke/Schwedes/Lorenz*, § 12a Rz. 4.
4 LAG Bremen v. 20.2.1986 – 2 Ta 9/85, LAGE § 12a ArbGG 1979 Nr. 4; *Tschischgale/Satzky*, Kostenrecht, S. 186 f.
5 LAG BW v. 9.8.1984 – 1 Ta 134/84, NZA 1985, 132; GWBG/*Waas*, § 12a Rz. 15.
6 OLG Bdb. v. 9.3.2000 – 8 W 246/99, NZA-RR 2001, 161; OLG München v. 16.11.1970 – 11 W 1591/70, AP Nr. 11 zu § 61 ArbGG 1953 – Kosten.
7 OLG Hessen v. 10.6.1983 – 20 W 109/83, MDR 1983, 941 (942); OLG München v. 16.11.1970 – 11 W 1591/70, AP Nr. 11 zu § 61 ArbGG 1953 – Kosten; OLG München v. 15.1.1988 – 11 W 629/88, AnwBl 1989, 108; *Güntner*, NJW 1971, 1975 (1976); *Müller/Bauer*, Der Anwalt vor den Arbeitsgerichten, S. 353.
8 GMP/*Germelmann*, § 12a Rz. 5; Hauck/Helml/Biebl/*Helml*, § 12a Rz. 6; *Tschischgale/Satzky*, Kostenrecht, S. 164.
9 GMP/*Germelmann*, § 12a Rz. 5; GK-ArbGG/*Schleusener*, § 12a Rz. 12.
10 GWBG/*Waas*, § 12a Rz. 3; GK-ArbGG/*Schleusener*, § 12a Rz. 91; *Haas*, JurBüro 1990, 429 (432); *Schaub*, NJW 1968, 480 (482).
11 LAG Bremen v. 8.3.1982 – 3 Ta 64/81, BB 1982, 2188; LAG BW v. 7.11.1988 – 1 Ta 78/88, LAGE § 12a ArbGG 1979 Nr. 12; LAG Hamm v. 24.4.1980 – 8 Ta 40/80, MDR 1980, 698; *Haas*, JurBüro 1990, 429 (432); *Rohlfing/Rewolle/Bader*, § 12a Anm. II 2; *Schaub*, NJW 1968, 480 (482); *Wenzel*, BB 1983, 1225 (1226); Zöller/*Vollkommer*, Vor § 916 ZPO Rz. 3.

abwehrklage gem. § 767 ZPO[1] und im **Drittschuldnerprozess**[2] anwendbar. Schließlich ist das **selbständige Beweisverfahren** nach §§ 485 ff. ZPO von dem Erstattungsausschluss erfasst, das als vorweggenommene Beweisführung dem Rechtsstreit der Instanz zuzuordnen ist[3].

46 Der Ausschluss der Kostenerstattung gilt hingegen **nicht im Verfahren der Zwangsvollstreckung**, da dieses nicht Bestandteil des erstinstanzlichen Erkenntnisverfahrens ist, sondern diesem nachfolgt[4]. Der Gläubiger kann die notwendigen Kosten des Verfahrens somit unter den Voraussetzungen des § 788 ZPO geltend machen.

2. Beschlussverfahren

47 Der Ausschluss der Erstattungspflicht nach § 12a Abs. 1 Satz 1 findet im **Beschlussverfahren gem. §§ 80 ff.** keine Anwendung[5]. Dies ergibt zum einen der Wortlaut der Vorschrift, die sich ausdrücklich nur auf das Urteilsverfahren bezieht. Zum anderen handelt es sich bei dem Beschlussverfahren um ein Verfahren eigener Art, in dem Gebühren und Auslagen gem. § 2 GKG nicht erhoben werden. Zudem stehen sich im Beschlussverfahren nicht zwei Parteien iSd. § 91 ZPO gegenüber[6]. Aus diesem Grund wird nach st. Rspr. im Beschlussverfahren **keine Kostenentscheidung** iSd. §§ 91 ff. ZPO getroffen[7]. Für die Anwendung der besonderen prozessualen Kostentragungsregelung des § 12a Abs. 1 Satz 1 besteht insofern kein Bedürfnis[8]. Eine Kostenerstattungspflicht kann sich jedoch aus materiell-rechtlichen Ansprüchen ergeben, etwa aus Ansprüchen eines BR-Mitglieds gegen den ArbGeb gem. § 40 Abs. 1 BetrVG oder aus entsprechenden Ansprüchen in den Personalvertretungsgesetzen. Diese Erstattungsansprüche bleiben unberührt, da der Ausschluss der Erstattungspflicht nach § 12a Abs. 1 Satz 1 gerade keine Anwendung findet[9]. Die im Beschlussverfahren anfallenden Anwaltskosten trägt nach alledem grds. der Auftraggeber. Er kann aber möglicherweise seinerseits bei einem Dritten auf materiell-rechtlicher Grundlage Rückgriff nehmen.

48 Etwas anderes gilt für das **Beschlussverfahren zum Kündigungsschutz nach § 126 Abs. 1 InsO**. § 126 Abs. 3 Satz 1 InsO verweist ausdrücklich auf die Vorschrift des § 12a Abs. 1 Satz 1 und 2. In diesem Beschlussverfahren müssen ArbN, die sich anwaltlich vertreten lassen, die erstinstanzlichen Kosten des Verfahrens mithin selbst tragen[10].

3. Verfahren vor Schiedsgericht und Auszubildendenausschuss

49 Im **schiedsgerichtlichen Verfahren** nach §§ 101 ff. findet die Kostentragungsregelung des § 12a Abs. 1 Satz 1 keine Anwendung[11]. Das Schiedsgericht ist in seiner Entscheidung über die Kostentragungspflicht nicht an die §§ 91 ff. ZPO gebunden, sondern frei[12]. Dementsprechend beansprucht auch § 12a Abs. 1 Satz 1 als Sonderregelung zu §§ 91 ff. ZPO keine Geltung. Eine Ausnahme gilt nur dann, wenn der Schiedsvertrag selbst eine Kostenregelung iSd. § 12a statuiert. Nimmt der Vertrag jedoch bloß auf „die Vorschrif-

---

1 LAG Berlin v. 8.1.1981 – 2 Ta 100/80 (Kost), AnwBl 1981, 504; LAG Düsseldorf v. 9.6.2005 – 16 Ta 299/05, LAGE § 12a ArbGG 1979 Nr. 23; LAG Düsseldorf v. 30.5.2003 – 16 Ta 162/03, MDR 2003, 1021; GMP/*Germelmann*, § 12a Rz. 27; GK-ArbGG/*Schleusener*, § 12a Rz. 94; *Haas*, JurBüro 1990, 429 (433); Hauck/Helml/Biebl/*Helml*, § 12a Rz. 6.
2 LAG BW v. 12.9.1985 – 1 Ta 168/85, LAGE § 12a ArbGG 1979 Nr. 3; LAG Hamm v. 14.12.1978 – 8 Ta 195/78, MDR 1979, 347; GMP/*Germelmann*, § 12a Rz. 27; *Rohlfing/Rewolle/Bader*, § 12a Anm. I 1.
3 GK-ArbGG/*Schleusener*, § 12a Rz. 95; *Haas*, JurBüro 1990, 429 (432); *Schaub*, NJW 1968, 480 (482); *Tschischgale/Satzky*, Kostenrecht, S. 158, dort Fn. 2.
4 LAG Berlin v. 17.2.1986 – 9 Sa 110/85, LAGE § 9 KSchG Nr. 1 m. Anm. *Schneider*; LAG BW v. 12.9.1985 – 1 Ta 168/85, LAGE § 12a ArbGG 1979 Nr. 3; GK-ArbGG/*Schleusener*, § 12a Rz. 94; *Haas*, JurBüro 1990, 429 (433); *Schaub*, NJW 1968, 480 (482); *Tschischgale/Satzky*, Kostenrecht, S. 166.
5 BAG v. 2.10.2007 – 1 ABR 59/06, NZA 2008, 372 (373); BAG v. 27.7.1994 – 7 ABR 10/93, NZA 1995, 545 (546); GK-ArbGG/*Schleusener*, § 12a Rz. 99; GMP/*Germelmann*, § 12a Rz. 37; Hauck/Helml/Biebl/*Helml*, § 12a Rz. 6; *Lüttschwager*, AuR 1959, 143 (148); GWBG/*Waas*, § 12a Rz. 19; aA *Grunsky*, 7. Aufl., § 12a Rz. 8.
6 BAG v. 27.7.1994 – 7 ABR 10/93, NZA 1995, 545 (546); *Tschischgale/Satzky*, Kostenrecht, S. 192.
7 BAG v. 7.7.1954 – 1 ABR 2/54, AP Nr. 1 zu § 13 BetrVG m. Anm. *Bühring*; BAG v. 21.6.1957 – 1 ABR 1/56, AP Nr. 2 zu § 81 ArbGG 1953 m. Anm. *Pohle*; BAG v. 22.2.1963 – 1 ABR 8/62, AP Nr. 9 zu § 92 ArbGG 1953 m. Anm. *Tschischgale*; BAG v. 31.10.1972 – 1 ABR 7/72, AP Nr. 2 zu § 40 BetrVG 1972 m. Anm. *Richardi*; LAG Hamm v. 12.12.1984 – 12 TaBV 104/84, LAGE § 80 ArbGG 1979 Nr. 1.
8 GMP/*Germelmann*, § 12a Rz. 37; Hauck/Helml/Biebl/*Helml*, § 12a Rz. 4; *Lüttschwager*, AuR 1959, 143 (148); *Tschischgale/Satzky*, Kostenrecht, S. 192.
9 GMP/*Germelmann*, § 12a Rz. 37; Stein/Jonas/*Bork*, § 91 ZPO Rz. 121; GWBG/*Waas*, § 12a Rz. 19.
10 Hierzu näher GMP/*Germelmann*, § 12a Rz. 3.
11 GMP/*Germelmann*, § 12a Rz. 2; *Tschischgale/Satzky*, Kostenrecht, S. 194.
12 BLAH, § 1057 ZPO Rz. 3; *Tschischgale/Satzky*, Kostenrecht, S. 194; Zöller/*Geimer*, § 1057 ZPO Rz. 2.

ten der Zivilprozessordnung" Bezug, so gelten zwar die §§ 91 ff. ZPO, nicht aber die arbeitsrechtlichen Sondervorschriften[1].

Die Regelung des § 12a Abs. 1 findet schließlich für Verfahren vor einem **Ausschuss nach § 111 Abs. 2 Satz 1** keine Anwendung[2]. Diese Vorschrift sieht die fakultative Bildung von Ausschüssen für den Bereich des Ausbildungswesens für Streitigkeiten zwischen Ausbilder und Auszubildenden vor.

4. Verfahren vor dem Integrationsamt

Bislang ungeklärt ist die Frage, ob § 12a Abs. 1 Satz 1 auf die außergerichtlichen Kosten eines **verwaltungsgerichtlichen Kündigungsschutzverfahrens** entsprechende Anwendung findet. Ein solches verwaltungsgerichtliches Kündigungsschutzverfahren findet statt, wenn bei Vorliegen eines **besonderen Kündigungsschutzes** (etwa § 85 SGB IX, § 9 Abs. 3 Satz 1 MuSchG oder § 18 Abs. 1 Satz 2 BEEG) eine behördliche Entscheidung über die beantragte Zustimmung zu einer Kündigung angefochten wird. In einem solchen verwaltungsgerichtlichen Verfahren muss gem. § 162 Abs. 3 VwGO über die außergerichtlichen Kosten des Beigeladenen, dh. des ArbN oder ArbGeb, entschieden werden. Das Verwaltungsgericht kann die Kosten aus Gründen der Billigkeit der unterliegenden Partei auferlegen.

Richtigerweise dürfen **Sinn und Zweck** des § 12a Abs. 1 Satz 1 auch im verwaltungsgerichtlichen Kündigungsschutzverfahren nicht außer Acht gelassen werden. Sinn und Zweck der Vorschrift ist es, dem ArbN durch ein geringes Kostenrisiko die gerichtliche Durchsetzung seiner Rechte zu erleichtern. Dieses gesetzgeberische Ziel beansprucht gerade dann Beachtung, wenn das Gesetz die Rechte des ArbN in besonderer Weise absichert, dh. ihm mit bestimmten Vorschriften einen besonderen Kündigungsschutz gewährt. Die Berücksichtigung des Schutzgedankens des § 12a Abs. 1 Satz 1 scheitert dabei weder an der fehlenden gesetzlichen Verweisung noch an der Selbständigkeit des verwaltungsrechtlichen Verfahrens[3]. Gerade im Rahmen der **Billigkeitsentscheidung des Gerichts** kann der Schutzzweck der Vorschrift des § 12a Abs. 1 Satz 1 auch ohne eine ausdrückliche Verweisung beachtet werden[4]. Im Ergebnis ist damit bei einem vergeblichen Anfechtungsprozess des ArbN gegen die Zustimmung einer Behörde zur Kündigung die Auferlegung der außergerichtlichen Kosten des beigeladenen ArbGeb entsprechend § 12a Abs. 1 Satz 1 ausgeschlossen[5]. Das Prinzip der prozessualen Waffengleichheit gebietet die Anwendung des § 12a Abs. 1 Satz 1 dann allerdings nicht nur zugunsten des ArbN, sondern auch zugunsten des ArbGeb[6].

V. Kostenerstattung im Urteilsverfahren 2. und 3. Instanz

Die Vorschrift des § 12a Abs. 1 Satz 1 gilt ausdrücklich nur für das Urteilsverfahren 1. Instanz. Für die 2. und 3. Instanz findet hingegen **§ 91 ZPO** uneingeschränkt Anwendung[7].

1. Grundsätze der Erstattung nach § 91 ZPO

Erstattungsfähig sind zum einen gem. § 91 Abs. 1 Satz 1 ZPO alle zur zweckentsprechenden Rechtsverfolgung **notwendigen Aufwendungen** der obsiegenden Partei. Dazu zählen Reisekosten, Verpflegungs- und Übernachtungskosten, Schreibauslagen, Porto- und Telekommunikationskosten sowie Detektivkosten der obsiegenden Partei (vgl. Rz. 20 ff.). Zum anderen ist gem. § 91 Abs. 1 Satz 2 ZPO die **Zeitversäumnis** wegen notwendiger Terminswahrnehmung zu entschädigen. Die Partei kann insoweit ihren **Verdienstausfall** geltend machen[8]. Er wird gem. § 91 Abs. 1 Satz 2 Halbs. 2 ZPO nach den Vorgaben des § 22 JVEG beziffert.

Darüber hinaus werden nach § 91 Abs. 2 Satz 1 Halbs. 1 ZPO die **Kosten für einen Rechtsanwalt** erstattet. Im ArbG-Prozess 2. Instanz betrifft diese Erstattungspflicht auch die **Kosten für einen Verbandsvertreter**, da Verbandsvertreter in dieser Instanz gem. § 11 Abs. 2 den Rechtsanwälten gleichgestellt sind. Kosten entstehen der Partei für die Hinzuziehung eines Verbandsvertreters allerdings nur dann, wenn dieser nach

---

1 GMP/*Germelmann*, § 12a Rz. 2.
2 GMP/*Germelmann*, § 12a Rz. 2.
3 So aber GMP/*Germelmann*, § 12a Rz. 4.
4 GK-ArbGG/*Schleusener*, § 12a Rz. 102.
5 So auch *Kronisch*, NVwZ 1993, 251 (253).
6 *Kronisch*, NVwZ 1993, 251 (253).
7 GWBG/*Waas*, § 12a Rz. 20; Hauck/Helml/Biebl/*Helml*, § 12a Rz. 18; Rohlfing/Rewolle/*Bader*, § 12a Anm. III; *Wenzel*, MDR 1980, 540 (542).
8 BLAH, § 91 ZPO Rz. 294; GK-ArbGG/*Schleusener*, § 12a Rz. 72; Zöller/*Herget*, § 91 ZPO Rz. 13 – Allgemeiner Prozessaufwand.

den Bestimmungen der Verbandssatzung eine Vergütung verlangt oder Barauslagen geltend macht (vgl. Rz. 17). Zur Gebührenerhebung nach dem RVG ist der Verbandsvertreter hingegen grds. nicht befugt[1]. Etwas anderes gilt ausnahmsweise dann, wenn der Verbandsvertreter selbst Rechtsanwalt ist und in dieser Eigenschaft vor Gericht auftritt[2]. Die erstattungsfähigen Kosten für die Hinzuziehung eines Verbandsvertreters sind aber der Höhe nach begrenzt auf die Kosten, die bei Beauftragung eines Rechtsanwalts entstanden wären[3].

2. Erstattung von Reisekosten des Prozessbevollmächtigten

56 Bei der Erstattung von **Reisekosten des Prozessbevollmächtigten** im zweit- und drittinstanzlichen Verfahren ergeben sich häufig Streitfragen. Die **Erstattungsfähigkeit** von Reisekosten eines Rechtsanwalts der obsiegenden Partei wird **in § 91 Abs. 2 ZPO eingeschränkt.** Nach § 91 Abs. 2 Satz 1 Halbs. 2 ZPO werden Reisekosten eines Rechtsanwalts, der weder im Bezirk des Prozessgerichts niedergelassen ist noch am Ort des Prozessgerichts wohnt, nur insoweit erstattet, als die Zuziehung zur zweckentsprechenden Rechtsverfolgung oder Rechtsverteidigung notwendig war.

57 § 91 Abs. 2 ZPO findet im zweiten und dritten Rechtszug ohne Einschränkung Anwendung. Die früher bestehenden Unsicherheiten haben sich mit der **Abschaffung des Lokalitätsprinzips** im Zivilprozess und der damit einhergehenden **Neufassung des § 91 Abs. 2 ZPO** erledigt[4]. Aufgrund der Neufassung des § 91 Abs. 2 ZPO, der nunmehr anstelle der Zulassung an die Niederlassung im Bezirk des Prozessgerichts anknüpft, ergeben sich im arbeitsgerichtlichen Verfahren keine Besonderheiten mehr.

58 Die Zivilgerichte haben sich mit der Frage der „**Notwendigkeit**" iSd. § 91 Abs. 2 ZPO in zahlreichen Entscheidungen befasst[5]. Die Rspr. ist vielfältig und uneinheitlich. Jedenfalls für die Vertretung vor dem BAG in Revisionsverfahren kann jedoch auf die Grundsätze des BAG in seiner Entscheidung vom 12.10.1962 verwiesen werden[6]. Trotz des in § 11 normierten Grundsatzes der örtlich freien Wahl des Rechtsvertreters hat jede Partei gleichwohl die Pflicht, **die Kosten des Rechtsstreits möglichst gering zu halten.** Aus diesem Grund können Reisekosten nicht für jeden beliebigen auswärtigen Rechtsanwalt als notwendig erachtet werden. Andererseits wäre es unbillig, die gesetzlich festgeschriebene Befugnis der Parteien, im ArbG-Prozess den Anwalt ihres Vertrauens an jedem Ort wählen zu können, durch eine restriktive Handhabung der Kostenerstattung wieder einzuschränken[7]. Unter Zugrundelegung dieser Aspekte ist es daher sachgerecht, die notwendigen Reisekosten anhand der **typischen Gegebenheiten des ArbG-Prozesses** zu bestimmen. Solche Gegebenheiten können regionale Tarifverträge, differenzierte betriebsverfassungsrechtliche oder andere betriebsbezogene Regelungen, Besonderheiten des Landesarbeitsrechts und regionale Eigentümlichkeiten des jeweiligen Wirtschaftszweiges sein[8].

59 Einstweilen frei

60 Für die **Reisekosten eines Verbandsvertreters** zu einem LAG gelten die aufgestellten Grundsätze über die Notwendigkeit der Kosten entsprechend[9]. Die Erstattung richtet sich für sie jedoch nicht nach den entsprechenden Vorschriften des RVG, sondern nach § 91 Abs. 1 Satz 2 Halbs. 2 ZPO iVm. § 5 JVEG[10].

3. Kostenteilung in 2. und 3. Instanz, § 12a Abs. 2

61 Eine Sonderregelung für die **verhältnismäßige Kostenteilung** im Urteilsverfahren 2. und 3. Instanz nach § 92 Abs. 1 ZPO enthält § 12a Abs. 2 Satz 1. Sofern die eine Partei durch einen Rechtsanwalt, die andere Partei durch einen Verbandsvertreter vertreten ist, ist Letztere hinsichtlich der außergerichtlichen Kosten

---

1 LAG Hamm v. 18.11.1993 – 8 Ta 61/93, DB 1994, 336; GMP/*Germelmann*, § 12a Rz. 40; GK-ArbGG/*Schleusener*, § 12a Rz. 87, 55.
2 GMP/*Germelmann*, § 12a Rz. 41; Hauck/Helml/Biebl/*Helml*, § 12a Rz. 18.
3 GMP/*Germelmann*, § 12a Rz. 40; Grunsky/*Waas*, § 12a Rz. 20; Hauck/Helml/Biebl/*Helml*, § 12a Rz. 18; Rohlfing/Rewolle/*Bader*, § 12a Anm. IV; Stein/Jonas/*Bork*, § 91 ZPO Rz. 118; *Tschischgale*/*Satzky*, Kostenrecht, S. 175.
4 Neufassung des § 91 Abs. 2 Satz 1 ZPO aufgrund des Gesetzes zur Stärkung der Selbstverwaltung der Rechtsanwaltschaft vom 26.3.2007 mit Wirkung zum 1.6.2007, BGBl. I S. 357. Vgl. zur früheren Problematik: Schwab/Weth/*Vollstädt*, 2. Auflage, § 12a Rz. 57; GK-ArbGG/*Schleusener*, § 12a Rz. 76.
5 Vgl. die zahlreichen Nachweise bei GK-ArbGG/*Schleusener*, § 12a Rz. 79 ff.
6 BAG v. 12.10.1962 – 5 AZR 268/60, BAGE 13, 256; zustimmend LAG Bremen v. 8.6.2004 – 3 Ta 23/04, NZA-RR 2004, 1325.
7 BAG v. 12.10.1962 – 5 AZR 268/60, BAGE 13, 256 (263).
8 BAG v. 12.10.1962 – 5 AZR 268/60, BAGE 13, 256 (264).
9 LAG Düsseldorf v. 3.7.1963 – 8 Ta 17/63, AP Nr. 29 zu § 91 ZPO m. Anm. *Tschischgale*; Rohlfing/Rewolle/*Bader*, § 12a Anm. IV; *Wenzel*, MDR 1980, 540 (543).
10 GK-ArbGG/*Schleusener*, § 12a Rz. 89; AA *Brill*, DB 1966, 1353 (1356).

so zu stellen, als wenn sie durch einen Rechtsanwalt vertreten worden wäre. Eine verhältnismäßige Kostenteilung iSd. § 92 Abs. 1 ZPO würde im ArbG-Prozess bei **gemischter Vertretung** zu unbilligen Ergebnissen führen. Für die Kostenteilung werden die Kosten beider Parteien addiert und dann im Verhältnis ihres Obsiegens bzw. Unterliegens aufgeteilt[1]. Diejenige Partei, die im ArbG-Prozess durch einen Verbandsvertreter vertreten wird, verursacht aber idR weitaus geringere außergerichtliche Kosten als die anwaltlich vertretene Partei, da die Vertretung nach der Verbandssatzung meist kostenlos erfolgt (vgl. Rz. 17). Bei der Kostenteilung hat diese Partei dann anteilig mehr außergerichtliche Kosten zu tragen, als dem Verhältnis ihres Unterliegens entspricht[2]. Zur Vermeidung dieser Unbilligkeit ordnet § 12a Abs. 2 Satz 1 an, dass auf Seiten des Verbandsvertreters für die Kostenausgleichung **fiktive Anwaltskosten** zugrunde gelegt werden. Im Kostenfestsetzungsverfahren gem. §§ 103 ff. ZPO sind somit für einen Verbandsvertreter die fiktiven Gebühren und Auslagenpauschalen nach RVG anzusetzen. Sie brauchen nicht gesondert angemeldet zu werden, sondern werden von Amts wegen berücksichtigt[3]. Entstehen darüber hinaus individuelle Kosten, sind diese für die Kostenfestsetzung mitzuteilen[4].

Werden **beide Parteien durch einen Verbandsvertreter vertreten**, so ist § 12a Abs. 2 entsprechend anzuwenden, wenn die jeweiligen Vertretungskosten in unterschiedlicher Höhe anfallen. Im Kostenfestsetzungsverfahren sind dann für beide Parteien die Kosten des teureren Verbandes einzusetzen[5]. 62

Ansprüche auf Erstattung stehen der Partei gem. § 12a Abs. 2 Satz 2 jedoch nur insoweit zu, als ihr Kosten im Einzelfall tatsächlich erwachsen sind. Die Partei hat also kein Recht, die anteilige Erstattung der im Kostenfestsetzungsverfahren zugrunde gelegten fiktiven Anwaltskosten zu verlangen, sofern sie nicht tatsächlich einen entsprechenden Betrag an ihren Prozessvertreter zu zahlen hat. 63

§ 12a Abs. 2 ist in **anderen Verfahren vor dem LAG** entsprechend anwendbar, in denen eine Kostenteilung gem. § 92 Abs. 1 ZPO möglich ist. Dies ist etwa im Beschwerdeverfahren nach § 78 Abs. 1 iVm. §§ 567 ff. ZPO der Fall[6]. Eine Ausnahme stellt allerdings das Beschwerdeverfahren des Beschlussverfahrens dar, da dort eine Kostenentscheidung nach §§ 91 ff. ZPO nicht ergeht (hierzu näher Rz. 47)[7]. Im **Urteilsverfahren vor dem BAG** wird eine Anwendung der Vorschrift seit dem 1. August 2013 ausdrücklich angeordnet[8]. Eine gemischte Vertretung ist hier ebenfalls denkbar, da gem. § 11 Abs. 4 Satz 3 eine Vertretung durch einen Verbandsvertreter möglich ist, soweit dieser über die Befähigung zum Richteramt verfügt. 64

VI. Verjährung der Kostenerstattungsansprüche

Die Kostenerstattungsansprüche unterliegen gem. § 195 BGB der regelmäßigen Verjährungsfrist von drei Jahren. Bereits vor der Schuldrechtsreform war die regelmäßige Verjährungsfrist – von vormals 30 Jahren – für Kostenerstattungsansprüche maßgeblich[9]. Diese lange Verjährungsfrist von 30 Jahren gilt nunmehr nach § 197 Abs. 1 Nr. 3 BGB nur noch für rechtskräftig festgestellte Kostenerstattungsansprüche. 65

§ 13 Rechtshilfe

(1) Die Arbeitsgerichte leisten den Gerichten für Arbeitssachen Rechtshilfe. Ist die Amtshandlung außerhalb des Sitzes eines Arbeitsgerichts vorzunehmen, so leistet das Amtsgericht Rechtshilfe.

---

1 *Brill*, AuR 1979, 367 (368); *Hoechst*, AuR 1978, 330; *Philippsen/Schmidt/Schäfer/Busch*, NJW 1979, 1330 (1331); *Tschischgale/Satzky*, Kostenrecht, S. 175; *Wlotzke/Schwedes/Lorenz*, § 12a Rz. 7.
2 *Brill*, AuR 1979, 367 (368); *Tschischgale/Satzky*, Kostenrecht, S. 175; *Wlotzke/Schwedes/Lorenz*, § 12a Rz. 7.
3 LAG Hamm v. 28.2.1980 – 8 Ta 25/80, EzA § 12a ArbGG 1979 Nr. 1; GMP/*Germelmann*, § 12a Rz. 43; GK-ArbGG/*Schleusener*, § 12a Rz. 90; GWBG/*Waas*, § 12a Rz. 21; Hauck/Helml/Biebl/*Helml*, § 12a Rz. 19; *Rohlfing/Rewolle/Bader*, § 12a Anm. VI.
4 LAG Hamm v. 28.2.1980 – 8 Ta 25/80, EzA § 12a ArbGG 1979 Nr. 1; GMP/*Germelmann*, § 12a Rz. 43; GWBG/*Waas*, § 12a Rz. 21; *Müller/Bauer*, Der Anwalt vor den Arbeitsgerichten, S. 356; *Rohlfing/Rewolle/Bader*, § 12a Anm. VI.
5 LAG Düsseldorf v. 19.9.1958 – 7 Ta 50/58, AP Nr. 13 zu § 91 ZPO; aA GMP/*Germelmann*, § 12a Rz. 44; GWBG/*Waas*, § 12a Rz. 21.
6 GMP/*Germelmann*, § 12a Rz. 45.
7 GMP/*Germelmann*, § 12a Rz. 45. GWBG/*Waas*, § 12a Rz. 19; *Stein/Jonas/Bork*, § 92 ZPO Rz. 10.
8 Zweites Gesetz zur Modernisierung des Kostenrechts vom 23.7.2013, BGBl. I S. 2586.
9 OLG Frankfurt v. 14.3.1977 – 20 W 1061/76, MDR 1977, 665; OLG München v. 13.5.1971 – 11 W 1042/71, NJW 1971, 1755; *Tschischgale/Satzky*, Kostenrecht, S. 176.

(2) Die Vorschriften des Gerichtsverfassungsgesetzes über Rechtshilfe und des Einführungsgesetzes zum Gerichtsverfassungsgesetz über verfahrensübergreifende Mitteilungen von Amts wegen finden entsprechende Anwendung.

I. Allgemeines 1	c) Ablehnung 21
II. Historische Entwicklung 7	d) Rechtsmittel 25
III. Rechtshilfe im Inland	6. Kosten 30
1. Rechtshilfe durch die Arbeitsgerichte 8	IV. Rechtshilfeverkehr mit dem Ausland
2. Rechtshilfe gegenüber Gerichten für Arbeitssachen 10	1. Anwendbare Vorschriften 31
3. Rechtshilfe gegenüber anderen Behörden 12	2. Rechtshilfeersuchen im Ausland 34
4. Rechtshilfe durch das Amtsgericht 13	3. Rechtshilfe für ausländische Behörden 36
5. Rechtshilfeersuchen 16	V. Datenübermittlung nach dem EGGVG
a) Zuständigkeit, Form, Inhalt 16	1. Allgemeines 37
b) Durchführung der Rechtshilfe 19	2. Regelungsgehalt 40

Schrifttum: *Isensee/Kirchhof*, Handbuch des Staatsrechts der Bundesrepublik Deutschland, Bd. VI, 3. Aufl. 2008; *Linke*, Internationales Zivilprozessrecht, 2. Aufl. 1995; *Wollweber*, Justitias langer Arm, NJW 1997, 2488.

I. Allgemeines

1 Alle Behörden des Bundes und der Länder sind gem. **Art. 35 Abs. 1 GG** zu gegenseitiger Rechts- und Amtshilfe verpflichtet. Der Begriff der Behörde des Art. 35 Abs. 1 GG umfasst nicht zuletzt die Gerichte aller Gerichtsbarkeiten[1]. Unter einer Hilfeleistung ist jede Tätigkeit zu verstehen, die eine Behörde auf Ersuchen einer anderen Behörde vornimmt, um deren Durchführung von Aufgaben zu ermöglichen oder zu erleichtern[2]. Diese verfassungsrechtlichen Begriffsbestimmungen gelten auch für das zivil- und arbeitsgerichtliche Verfahren.

2 Art. 35 GG hat darüber hinaus für die Rechtshilfe der ArbG weiter gehende Bedeutung. Er beinhaltet eine vollständige und **verfassungsunmittelbare Regelung der Amts- und Rechtshilfe**[3]. Diese verfassungsrechtliche Regelung ist auch ohne oder neben einer einfachrechtlichen Umsetzung und Ausgestaltung anwendbar. Vor diesem Hintergrund ist die vielfach gebrauchte Bezeichnung des Art. 35 GG als Rahmenvorschrift[4] zumindest erläuterungsbedürftig. Der einfache Gesetzgeber ist zwar befugt und auch gehalten, Voraussetzungen und Umfang der Amts- und Rechtshilfe in den einzelnen Gerichtsbarkeiten zu konkretisieren. Notwendige Voraussetzung für die Gewährung von Amts- und Rechtshilfe ist diese einfachgesetzliche Ausgestaltung hingegen nicht.

3 Die begriffliche **Unterscheidung zwischen Rechts- und Amtshilfe** ist uneinheitlich und im Einzelnen umstritten. Sie richtet sich nach herkömmlicher Auffassung nach der **ersuchten Behörde**[5]: Ist die ersuchte Behörde ein Gericht, so handelt es sich um Rechtshilfe. Wird eine andere Behörde als ein Gericht um Hilfe ersucht, so handelt es sich um Amtshilfe. Nicht unter den Begriff der Rechtshilfe fällt demnach etwa die Mitteilung von Akten gem. § 13 Abs. 2 iVm. § 168 GVG. Diese Regelung verpflichtet lediglich die öffentliche Behörde, nicht hingegen die Gerichte[6]. Sie regelt damit einen klassischen Fall der Amtshilfe, obgleich sie im GVG unter der Titelüberschrift „Rechtshilfe" zu finden ist. Die Unterscheidung zwischen Amts- und Rechtshilfe wird in der verfassungsrechtlichen Lit. vielfach für entbehrlich gehalten[7]. Im zivil- und arbeitsgerichtlichen Verfahren hingegen hat die Trennung von Rechts- und Amtshilfe praktische Bedeutung und ist deswegen erforderlich. Die Beschwerdemöglichkeit gem. § 159 GVG ist nur bei Vorliegen

---

1 von Münch/Kunig/*Gubelt*, Art. 35 GG Rz. 3; Sachs/*Erbguth*, Art. 35 GG Rz. 6.
2 Vgl. BAG v. 15.7.1960 – 1 AZR 496/58, BAGE 9, 324 (326); Maunz/Dürig/*Maunz*, Art. 35 GG Rz. 1.
3 *Isensee* in: Isensee/Kirchhof, Handbuch des Staatsrechts der Bundesrepublik Deutschland, Bd VI, § 126 Rz. 227.
4 Vgl. nur OLG Düsseldorf v. 8.1.1957 – 12 W 24/56, NJW 1957, 1037; Dreier/*Bauer*, Art. 35 GG Rz. 18 mwN.
5 Maunz/Dürig/*Maunz*, Art. 35 GG Rz. 3.
6 Vgl. nur MünchKommZPO/*Zimmermann*, § 168 GVG Rz. 1.
7 von Münch/Kunig/*Gubelt*, Art. 35 GG Rz. 9; Dreier/*Bauer*, Art. 35 GG Rz. 13 mwN in Fn. 56; kritisch Sachs/*Erbguth*, Art. 35 GG Rz. 11, der auf die „funktionelle Einordnung der Hilfeleistung" abstellt. Vgl. auch *Kissel*, § 156 GVG Rz. 2 ff. mwN.

eines Rechtshilfeersuchens gegeben, nicht jedoch hinsichtlich eines Amtshilfeersuchens (vgl. Rz. 25)[1]. Neben dem oben beschriebenen Kriterium der ersuchten Behörde setzt gerichtliche Rechtshilfe iSd. § 13, §§ 156 ff. GVG das Ersuchen nach einer vom **Schutz der gerichtlichen Unabhängigkeit umfassten richterlichen Tätigkeit** voraus[2]. Dieses Kriterium ist auch in der verfassungsrechtlichen Lit. weitgehend anerkannt[3]. Man kann insoweit von Rechtshilfe im engeren Sinne sprechen.

Typische **Beispiele für Rechtshilfe** (im engeren Sinne) sind die Vernehmung von Zeugen und die Entgegennahme von Parteierklärungen aus Anlass des persönlichen Erscheinens der Partei. **Beispiele für Amtshilfe** sind das Erteilen von Auskünften, das Übersenden von Akten, das Gewähren von Akteneinsicht, das Bereitstellen sächlicher Hilfsmittel und technischer Einrichtungen sowie das Überlassen von Verwaltungspersonal oder Räumlichkeiten[4]. 4

§ 13 regelt die **Rechtshilfe** innerhalb der Arbeitsgerichtsbarkeit **im Inland**. Über die Amtshilfe enthält § 13 selbst keine Bestimmung, jedoch werden über die Verweisung auf die Regelungen des GVG einige Vorschriften über die Amtshilfe in Bezug genommen. Die Rechtshilfe mit dem Ausland wird durch die gem. § 46 Abs. 2 entsprechend anwendbaren §§ 183, 363 ZPO, die Rechtshilfeordnung für Zivilsachen, das Konsulargesetz, durch zwischenstaatliche Abkommen sowie durch die EGVO Nr. 1348/2000 und 1206/2001 geregelt (hierzu näher Rz. 31 ff.). 5

Die Vorschrift des § 13 Abs. 1 wird **ergänzt** durch die Regelungen über „**Rechtshilfe**" im GVG (13. Titel, §§ 156–168), die gem. § 13 Abs. 2 entsprechend anzuwenden sind. Die Verweisung des § 13 Abs. 2 auf den gesamten 13. Titel des GVG ist indes zu weit. Im arbeitsgerichtlichen Verfahren sind nicht sämtliche Vorschriften dieses Titels anwendbar und **nur einige von praktischem Interesse**. Besondere Bedeutung haben § 157 GVG (Konkretisierung des Rechtshilfegerichts), § 158 GVG (Ablehnung des Rechtshilfeersuchens), § 159 GVG (Rechtsmittel) und § 164 GVG (Kosten). Die Vorschrift des § 156 GVG (Rechtshilfepflicht) bleibt ergänzend neben § 13 Abs. 1 Satz 1 bestehen (vgl. Rz. 12). § 160 GVG betrifft **Vollstreckungen, Ladungen und Zustellungen**. Diese geschehen innerhalb der Bundesrepublik Deutschland stets unmittelbar durch das jeweilige Gericht. Eine Rechtshilfe ist weder erforderlich noch zulässig[5]. §§ 161, 168 GVG betreffen die **Beauftragung eines Gerichtsvollziehers** und die **Mitteilung von Akten**. Diese beiden Vorschriften regeln damit zwar Gegenstände von praktischer Bedeutung, diese werden jedoch in der Form der Amtshilfe abgewickelt. Die Beauftragung eines Gerichtsvollziehers kann unmittelbar oder aber unter Mitwirkung der Geschäftsstelle des ArbG erfolgen. Die Anwendung der §§ 162, 163 GVG (Vollstreckung von Freiheitsstrafen) und § 167 GVG (Verfolgung von Flüchtlingen über Landesgrenzen) schließlich scheidet innerhalb des arbeitsgerichtlichen Verfahrens aus. 6

II. Historische Entwicklung

Die Vorschrift des § 13 hat eine wenig bewegte historische Entwicklung. Sie geht zurück auf § 13 des ArbGG 1926[6]. Als dessen Vorläufer ist bereits § 60 des Gewerbegerichtsgesetzes von 1890[7] anzusehen, wonach die „ordentlichen Gerichte [...] den Gewerbegerichten nach Maßgabe der Bestimmungen des Gerichtsverfassungsgesetzes Rechtshülfe zu leisten" hatten. Der heutige Wortlaut des § 13 Abs. 1 wurde durch § 13 ArbGG 1953[8] eingeführt und ist seitdem unverändert. § 13 Abs. 2 geht von seinem Wortlaut auf § 13 ArbGG 1926 zurück. Die Regelung wurde jedoch mit Wirkung zum 1.6.1998 durch Art. 14 des **Justizmitteilungsgesetzes** und Gesetzes zur Änderung kostenrechtlicher Vorschriften und anderer Gesetze (JuMiG)[9] ergänzt. Demnach sind nunmehr die – ebenfalls durch das JuMiG[10] neu geregelten – §§ 12 ff. EGGVG über die verfahrensübergreifenden Mitteilungen von Amts wegen auch im ArbG-Verfahren entsprechend anwendbar (hierzu unter Rz. 37 ff.). 7

---

1 Zöller/*Lückemann*, § 159 GVG Rz. 1; BLAH, Übers. vor § 156 GVG Rz. 2 f.
2 MünchKommZPO/*Zimmermann*, Vor § 156 GVG Rz. 3; *Kissel*, § 156 GVG Rz. 22 ff..
3 Vgl. Dreier/*Bauer*, Art. 35 GG Rz. 13.
4 BLAH, Übers. vor § 156 GVG Rz. 2; MünchKommZPO/*Zimmermann*, Vor § 156 GVG Rz. 4; von Münch/Kunig/*Gubelt*, Art. 35 GG Rz. 10.
5 MünchKommZPO/*Zimmermann*, § 160 GVG Rz. 1; *Kissel*, § 160 GVG Rz. 1.
6 Arbeitsgerichtsgesetz vom 23.12.1926, RGBl. I S. 507 (509).
7 Gesetz betreffend die Gewerbegerichte vom 29.7.1890, RGBl. S. 141 (155).
8 Arbeitsgerichtsgesetz vom 3.9.1953, BGBl. I S. 1267 (1270).
9 Justizmitteilungsgesetz und Gesetz zur Änderung kostenrechtlicher Vorschriften und anderer Gesetze v. 18.6.1997, BGBl. I S. 1430 (1437).
10 Art. 1 JuMiG, BGBl. I 1997 S. 1430 (1430 ff.).

III. Rechtshilfe im Inland

1. Rechtshilfe durch die Arbeitsgerichte

8 Rechtshilfe wird gem. § 13 Abs. 1 Satz 1 durch „die Arbeitsgerichte" geleistet. **Rechtshilfegericht** kann damit nach dem Wortlaut der Vorschrift innerhalb der Arbeitsgerichtsbarkeit ausschließlich ein **Gericht 1. Instanz** sein. Ein Rechtshilfeersuchen an ein Gericht höherer Instanz ist unzulässig. Diese Beschränkung gilt jedoch nur für Rechtshilfe im engeren Sinne (Rz. 3). Das Rechtshilfeersuchen ist an das ArbG zu richten, in dessen Bezirk die Amtshandlung vorzunehmen ist (§ 13 Abs. 2 iVm. § 157 Abs. 1 GVG). Ist das ersuchte Gericht örtlich nicht zuständig, so leitet es das Ersuchen gem. § 158 Abs. 2 Satz 2 GVG an das zuständige Gericht weiter.

9 Die Amtshandlung muss **außerhalb des Gerichtsbezirkes** des um Rechtshilfe ersuchenden Gerichts vorzunehmen sein. Innerhalb des eigenen Bezirkes ist die Amtshandlung durch das Gericht selbst vorzunehmen (vgl. aber für LAG Rz. 11). Andere ArbG haben ein etwaiges Ersuchen gem. § 158 Abs. 2 Satz 2 GVG an das örtlich zuständige ersuchende Gericht zurückzuleiten. Soweit eine Beweisaufnahme nicht an der Gerichtsstelle selbst, gleichwohl aber innerhalb des Gerichtsbezirkes möglich ist, kann die Durchführung der Beweisaufnahme gem. § 58 Abs. 1 dem Vorsitzenden übertragen werden.

2. Rechtshilfe gegenüber Gerichten für Arbeitssachen

10 Die ArbG haben den „Gerichten für Arbeitssachen" Rechtshilfe zu leisten. Der **Kreis der ersuchenden Gerichte** ist demnach innerhalb der Arbeitsgerichtsbarkeit **nicht beschränkt**. Ersuchende Gerichte können mithin die ArbG, die LAG und das BAG sein.

11 Die Beschränkung der Möglichkeit des Rechtshilfeersuchens auf Amtshandlungen außerhalb des eigenen Bezirkes (vgl. Rz. 9) gilt **nicht für LAG**. LAG können grds. auch ArbG innerhalb des eigenen Bezirkes um Rechtshilfe ersuchen. Bei Ersuchen zur Durchführung einer Beweisaufnahme sollte hiervon jedoch nur sehr zurückhaltend Gebrauch gemacht werden[1]. Die Möglichkeit der Übertragung auf den Vorsitzenden gem. § 64 Abs. 7, § 58 Abs. 1 ist stets vorrangig zu erwägen.

3. Rechtshilfe gegenüber anderen Behörden

12 Die ArbG leisten nach dem Wortlaut des § 13 Abs. 1 Satz 1 nur den Gerichten für Arbeitssachen Rechtshilfe. Unter Hinweis auf diese Formulierung wird teilweise eine Verpflichtung zur Rechtshilfe für **Gerichte anderer Rechtswege** pauschal abgelehnt. In jedem Rechtszweig werde die erforderliche Rechtshilfe selbst geleistet[2]. Vor dem Hintergrund des **Art. 35 GG**, nach dem sich „alle Behörden des Bundes und der Länder" gegenseitig Rechts- und Amtshilfe leisten, kann dem nicht gefolgt werden. Art. 35 GG beinhaltet eine vollständige und verfassungsunmittelbare Regelung der Amts- und Rechtshilfe (Rz. 2). Damit begründet Art. 35 GG zwar kein subjektives Recht auf Unterstützung der ersuchenden Behörde, jedoch **eine Verpflichtung der ersuchten Behörde**, die begehrte Hilfeleistung durchzuführen[3]. Es besteht demnach jedenfalls insoweit eine Verpflichtung der ArbG zur Rechts- und Amtshilfe, als die Gerichte des jeweils anderen Rechtsweges hierzu nicht in der Lage sind[4]. Teilweise wird eine derartige Verpflichtung zur rechtswegübergreifenden Rechts- und Amtshilfe in anderen Prozessordnungen ausdrücklich angeordnet (vgl. etwa § 5 Abs. 1 SGG). Teilweise wird eine entsprechende Verpflichtung aus einer verfassungskonformen Auslegung gewonnen werden können (vgl. etwa § 13 Abs. 2 Satz 1 iVm. § 156 GVG). Außerhalb des Anwendungsbereiches solcher Vorschriften steht gleichwohl der Wortlaut des § 13 einer „verfassungsunmittelbaren" Rechts- und Amtshilfe nicht entgegen.

4. Rechtshilfe durch das Amtsgericht

13 An Stelle der ArbG leisten gem. § 13 Abs. 1 Satz 2 die AG Rechtshilfe, wenn die Amtshandlung, um deren Vornahme ersucht wird, **außerhalb des Sitzes eines ArbG** vorzunehmen ist. Hintergrund dieser Regelung ist der Zuschnitt der AG-Bezirke, der gegenüber den ArbG-Bezirken zumeist kleiner ist. Die angeordnete Zuständigkeit der AG für die Rechtshilfehandlung soll es ermöglichen, die mit dem kleineren Zuschnitt der Bezirke verbundene Ortsnähe der AG auszunutzen und damit Reisekosten zu sparen[5].

---

1 Vgl. GK-ArbGG/*Bader*, § 13 Rz. 24.
2 GWBG/*Waas*, § 13 Rz. 3.
3 Vgl. Sachs/*Erbguth*, Art. 35 GG Rz. 14; BAG v. 15.7.1960 – 1 AZR 496/58, BAGE 9, 324 (326); Dreier/*Bauer*, Art. 35 GG Rz. 17 mwN.
4 MünchKommZPO/*Zimmermann*, Vor § 156 GVG Rz. 6.
5 GWBG/*Waas*, § 13 Rz. 4.

§ 13 Abs. 1 Satz 2 zwingt das ersuchende ArbG nicht, das ortsnähere AG anstelle des örtlich zuständigen ArbG einzuschalten. Die Regelung stellt **eine Ermessensvorschrift** dar[1]. Das ersuchende Gericht kann demnach im Rahmen pflichtgemäßen Ermessens wählen, ob es das ortsnähere AG oder das ArbG beauftragt. Die gegenteilige Ansicht[2], nach der die Zuständigkeit der AG bei Vorliegen der tatbestandlichen Voraussetzungen zwingend festgeschrieben sei, überzeugt nicht. Eine derartige Auslegung stünde im Widerspruch zu dem entsprechend anwendbaren § 166 GVG. Nach dieser Regelung ist die Vornahme von Amtshandlungen durch die Gerichte auch außerhalb des eigenen Gerichtsbezirkes zulässig. Da die Inanspruchnahme der Rechtshilfe außerhalb des eigenen Gerichtsbezirkes in das Ermessen des ersuchenden Gerichts gestellt ist, muss sich dieses Ermessen auch auf die Frage erstrecken, ob sich das ersuchende Gericht an das ArbG oder das AG wendet. Diese Auslegung überschreitet die **Grenze des Wortlautes** der Vorschrift nicht. § 13 Abs. 1 Satz 2 verpflichtet lediglich das AG verbindlich, dem Rechtshilfeersuchen eines ArbG nachzukommen. Eine entsprechende Verpflichtung an das ersuchende Gericht, das Ersuchen nur an das AG zu richten, beinhaltet der Wortlaut nicht. Dies zeigt ein Vergleich zu § 157 GVG. In dieser Vorschrift ist verbindlich festgelegt, dass ein Rechtshilfeersuchen an ein bestimmtes Gericht, nämlich das AG, „zu richten" ist[3]. Eine solche eindeutige Verpflichtung fehlt in § 13. Schließlich spricht für die Auslegung des § 13 Abs. 1 Satz 2 als Ermessensregelung die spezifische Sachkenntnis der ArbG, die bei der Ausführung der Rechtshilfehandlung erforderlich sein kann[4]. Dieser Gesichtspunkt wird insbesondere bei einer Beweisaufnahme vor dem ersuchten Gericht von maßgeblicher Bedeutung sein. 14

Die praktische Relevanz der Streitfrage ist gering. Wollte man von einer verbindlichen Festschreibung der AG als zu ersuchende Gerichte iSd. § 13 Abs. 1 Satz 2 ausgehen, bliebe ein fehlerhaftes Ersuchen eines ArbG ohne Konsequenzen für das weitere Verfahren. Die Revision wird sich nicht erfolgreich auf den Verstoß gegen § 13 Abs. 1 Satz 2 stützen lassen, da weder ein absoluter noch ein relativer Revisionsgrund vorliegt. Darüber hinaus wird auch eine Rüge des Entzugs des gesetzlichen Richters (Art. 101 Abs. 1 Satz 2 GG) mit einer Verfassungsbeschwerde keinen Erfolg haben. Zwar gilt auch im Bereich der Rechtshilfe das Prinzip des gesetzlichen Richters[5]. Jedoch stellt nicht jeder Verstoß gegen eine verfahrensrechtliche Vorschrift einen Entzug des gesetzlichen Richters dar. Dies gilt nur, wenn die Verfahrensvorschrift willkürlich unrichtig angewendet wird[6]. Selbst wenn ein Ermessen des Gerichts verneint wird, dürfte demnach lediglich ein error in procedendo vorliegen, der nicht als Entzug des gesetzlichen Richters anzusehen ist. 15

5. Rechtshilfeersuchen

a) Zuständigkeit, Form, Inhalt

Der **Vorsitzende** ist grds. für das Ersuchen an ein anderes Gericht um Rechtshilfe allein zuständig (§ 53 Abs. 1 Satz 1). Dies gilt indes nicht für das Ersuchen um eine Beweisaufnahme durch ein anderes Gericht. Bei dem Ersuchen nach einer **Beweisaufnahme** im Wege der Rechtshilfe beschränkt sich die Alleinzuständigkeit des Vorsitzenden auf das Abfassen des Schreibens an das ersuchte Gericht. Diesem Ersuchen muss ein Beweisbeschluss der Kammer zugrunde liegen, in dem die Entscheidung zur Durchführung der Beweisaufnahme im Wege der Rechtshilfe enthalten ist (vgl. § 362 Abs. 1 ZPO iVm. § 46 Abs. 2 Satz 1). 16

Das Ersuchen ist nach § 13 Abs. 2 iVm. § 157 Abs. 1 GVG an das ArbG bzw. AG zu richten, in dessen Bezirk die Amtshandlung vorgenommen werden soll. Das Ersuchen ist dabei an das **Gericht als Gerichtsbehörde** zu senden. Die Übertragung des Ersuchens an den zuständigen Spruchkörper innerhalb des ersuchten Gerichts ist Sache des Geschäftsverteilungsplanes des ersuchten Gerichts. 17

Dem Gesetz sind keine weiteren Formvorschriften zu entnehmen. Im Rahmen der gerichtlichen Aktenführung ist jedoch auf **Schriftform** zu achten. Diese kann sich aus der Übersendung der Originalakten mit einem entsprechenden Rechtshilfevermerk oder aus einem gesonderten schriftlichen Ersuchen ergeben[7]. Mittelbar ergeben sich aus der Kompetenzverteilung zwischen ersuchendem und ersuchtem Gericht weitere Anforderung an die Form bzw. den **Inhalt des Ersuchens**. Der ersuchte Richter ist „verlängerter Arm" des Prozessrichters des ersuchenden Gerichts[8]. Daraus folgt für das Rechtshilfeersuchen, dass 18

---

1 So auch GMP/*Germelmann*, § 13 Rz. 8; Hauck/Helml/Biebl/*Helml*, § 13 Rz. 3; GK-ArbGG/*Bader*, § 13 Rz. 25; GWBG/*Waas*, § 13 Rz. 4.
2 *Grunsky*, 7. Aufl., § 13 Rz. 3.
3 Vgl. auch Anm. *Baumgärtel* zu LAG Schl.-Holst. v. 28.3.1957 – 3 Ta 12/57, AP Nr. 1 zu § 13 ArbGG 1953.
4 Vgl. dazu LAG Schl.-Holst. v. 28.3.1957 – 3 Ta 12/57, AP Nr. 1 zu § 13 ArbGG 1953 m. Anm. *Baumgärtel*.
5 Dazu MünchKommZPO/*Zimmermann*, Vor § 156 GVG Rz. 3; *Kissel*, § 156 GVG Rz. 23.
6 BVerfG v. 2.6.2009 – 1 BvR 2295/08, NJW-RR 2010, 268 (269); BVerfG v. 3.11.1992 – 1 BvR 137/92, BVerfGE 87, 282 (284 ff.); *von Münch/Kunig*, Art. 101 GG Rz. 33 f.
7 MünchKommZPO/*Zimmermann*, § 157 GVG Rz. 3.
8 BAG v. 23.1.2001 – 10 AS 1/01, NZA 2001, 743 (744); BGH v. 28.11.1952 – I ZB 15/52, JZ 1953, 230 (231).

es das ersuchte Gericht und die Amtshandlung, um die ersucht wird, so **eindeutig** wie möglich beschreiben muss und dem ersuchten Richter keinen eigenen Entscheidungsspielraum überlassen darf. Das Ersuchen muss „aus sich heraus verständlich" sein[1]. Ist das Ersuchen nicht hinreichend bestimmt, ist es nicht ordnungsgemäß[2]. In diesem Falle kann die Durchführung des Rechtshilfeersuchens abgelehnt[3], jedenfalls aber bei gleichzeitiger Anregung der Rücknahme des Ersuchens zurückgestellt werden[4] (zur Ablehnung im Einzelnen Rz. 21 ff.).

b) Durchführung der Rechtshilfe

19 Auf Seiten des ersuchten Gerichts ist für die Durchführung der Rechtshilfehandlung ebenfalls der **Vorsitzende** zuständig. Er nimmt gem. § 53 Abs. 1 Satz 2 die Amtshandlungen aufgrund eines Rechtshilfeersuchens ohne Hinzuziehung der ehrenamtlichen Richter vor.

20 Die alleinige Zuständigkeit des Vorsitzenden Richters gilt auch für die **Durchführung einer Beweisaufnahme** im Wege der Rechtshilfe. Dabei ist zu beachten, dass diese Beweisaufnahme nicht öffentlich ist[5]. Die Parteiöffentlichkeit ist jedoch gem. § 357 Abs. 1 ZPO durch formlose Mitteilung zu gewährleisten. Die Beweisaufnahme ist auf das Beweisthema zu beschränken. Eine Vereidigung des Zeugen darf nur aufgrund einer entsprechenden Anweisung im Rechtshilfeersuchen vorgenommen werden.

c) Ablehnung

21 Das Ersuchen um Rechtshilfe darf gem. § 13 Abs. 2, § 158 Abs. 1 GVG nicht abgelehnt werden. Es besteht damit grds. eine **Durchführungspflicht**. Das Ablehnungsverbot greift indes nicht im Hinblick auf Ersuchen von Gerichten anderer Rechtszweige[6]. § 158 Abs. 1 GVG ist hier weder direkt noch entsprechend anwendbar. Gleichwohl darf ein rechtswegübergreifendes Rechtshilfeersuchen nicht ohne Weiteres abgelehnt werden, da Art. 35 GG grds. die Verpflichtung der ersuchten Behörde begründet, die begehrte Hilfeleistung durchzuführen (vgl. Rz. 12). Abgelehnt ist ein Ersuchen, wenn die Durchführung der ersuchten Amtshandlung seitens des ersuchten Gerichts endgültig verweigert wird[7].

22 Eine **Ausnahme von dem Grundsatz der Durchführungspflicht** ist in § 158 Abs. 2 Satz 1 GVG geregelt, wenn ein nicht im Rechtszug vorgesetztes Gericht um eine Handlung ersucht, die **nach dem Recht des ersuchten Gerichts verboten ist**. Die Vorschrift ist im Hinblick auf das „vorgesetzte Gericht" unklar gefasst und im Übrigen schwer verständlich. Ein Gericht ist nur dann im Rechtszug vorgesetzt, wenn es sich um **das konkret (örtlich) vorgesetzte Gericht** handelt. Dabei kommt es auf die allgemeine instanzielle Überordnung an[8]. Nicht entscheidend ist, ob das Gericht (die Kammer) auch als Rechtsmittelgericht im konkreten Fall zuständig wäre[9]. Der positive Regelungsgehalt der Vorschrift lässt sich wie folgt formulieren: Ersuchen aller Gerichte, die dem ersuchten Gericht nicht konkret örtlich vorgesetzt sind, können wegen rechtlicher Unzulässigkeit abgelehnt werden. Demgegenüber können Ersuchen eines im Rechtszug konkret örtlich vorgesetzten Gerichts auch dann nicht abgelehnt werden, wenn die erstrebte Handlung rechtlich unzulässig ist. Das ersuchte Gericht hat in diesem Falle lediglich die Möglichkeit, Bedenken geltend zu machen und die Durchführung bis zur Klärung auszusetzen. Bei einem entsprechenden Vorgehen hat das ersuchte Gericht aber jedenfalls die nicht von Bedenken erfassten Handlungen vorab durchzuführen[10].

23 Die Vorschrift des § 158 Abs. 2 Satz 1 GVG ist als Ausnahmeregelung eng auszulegen[11]. **Verboten** iSd. § 158 GVG ist eine Handlung, wenn sie **schlechthin unzulässig** ist[12], bzw. wenn die Vornahme gegen Bundes- oder Landesrecht verstößt[13]. Ob die vorzunehmende Handlung verboten ist, hat das ersuchte Ge-

---

1 MünchKommZPO/*Zimmermann*, § 157 GVG Rz. 5; *Kissel*, § 156 GVG Rz. 34 ff.
2 *Kissel*, § 158 GVG Rz. 17 mwN.
3 Zöller/*Lückemann*, § 158 GVG Rz. 1.
4 *Kissel*, § 158 GVG Rz. 10.
5 GK-ArbGG/*Bader*, § 13 Rz. 17.
6 *Kissel*, § 158 GVG Rz. 3.
7 MünchKommZPO/*Zimmermann*, § 158 GVG Rz. 4.
8 MünchKommZPO/*Zimmermann*, § 158 GVG Rz. 3; Zöller/*Lückemann*, § 158 GVG Rz. 2.
9 BLAH, § 158 GVG Rz. 3; *Kissel*, § 158 GVG Rz. 5.
10 *Kissel*, § 158 GVG Rz. 48.
11 BAG v. 23.1.2001 – 10 AS 1/01, NZA 2001, 743 (744); BAG v. 26.10.1999 – 10 AS 5/99, NZA 2000, 791; BGH v. 31.5.1990 – III ZB 52/89, NJW 1990, 2936 mwN; OLG Brandenburg v. 1.12.2008 – 13 W 58/08, OLGR Brandenburg 2009, 349.
12 BAG v. 23.1.2001 – 10 AS 1/01, NZA 2001, 743 (744); BGH v. 31.5.1990 – III ZB 52/89, NJW 1990, 2936 mwN; ausf. *Kissel*, § 158 GVG Rz. 11 ff.
13 BAG v. 16.1.1991 – 4 AS 7/90, NZA 1991, 364 (365) mwN.

richt zu überprüfen[1]. Das Verbot muss feststehen, im Zweifelsfalle ist dem Ersuchen zu entsprechen[2]. Zu den verbotenen Amtshandlungen gehören insbesondere solche, die **Grundrechte des Betroffenen** (etwa Schutz der Intimsphäre) oder den **Datenschutz** verletzen[3]. Ebenfalls abgelehnt werden muss ein Ersuchen, das auf die Vernehmung einer Partei oder eines gesetzlichen Vertreters als Zeuge gerichtet ist. Ferner kann der Richter ein Gesuch ablehnen, wenn sich bereits aus dem Beweisbeschluss ergibt, dass durch ein objektiv ungeeignetes Beweismittel Beweis erhoben werden soll[4]. Schließlich muss das Rechtshilfegesuch aus sich heraus verständlich sein. Ein Beweisbeschluss muss daher – im Hinblick auf § 359 ZPO – eine ausreichende Grundlage für eine Vernehmung darstellen[5]. Ist das ersuchte Gericht nicht in der Lage, allein aufgrund des Beweisbeschlusses den gewünschten Beweis durchzuführen, kann es das Gesuch ablehnen[6].

Die Prüfung **allgemeiner verfahrensrechtlicher Vorschriften** obliegt dem ersuchten Gericht demgegenüber nicht. Für die Ordnungsmäßigkeit des Verfahrens ist allein das ersuchende Gericht verantwortlich. Die Nachprüfung fällt somit **nicht in die Kompetenz des ersuchten Gerichts**. Dementsprechend überprüft das ersuchte Gericht auch nicht, ob der vom Prozessgericht erlassene Beweisbeschluss gegen die Prozessvorschrift des § 375 ZPO verstößt. Dies ist ausschließlich im Rechtszug des Prozessgerichts zu überprüfen. Das ersuchte Gericht wird im Rahmen der Rechtshilfe nur als „verlängerter Arm" des Prozessgerichts tätig[7]. Ebenso wenig darf das ersuchte Gericht die Rechtshilfe ablehnen, weil es die **Zweckmäßigkeit** oder Notwendigkeit der ersuchten Amtshandlung in Zweifel zieht[8]. Der ersuchte Richter ist ferner nicht befugt, über die Zulässigkeit eines Beweisantrages oder die **Beweiserheblichkeit** zu befinden[9]. Das ersuchte Gericht kann das Rechtshilfegesuch des Weiteren nicht mit der Begründung ablehnen, es handele sich hierbei um die Erhebung eines unzulässigen **Ausforschungsbeweises**[10]. Dies ist jedoch im Einzelnen umstritten[11]. Da die Abgrenzung zwischen verfahrensrechtlich zulässiger Beweiserhebung und unzulässigem Ausforschungsbeweis zumeist sehr schwierig und umstritten ist und dem Prozessgericht ein nicht unerheblicher Entscheidungsspielraum zusteht, obliegt eine solche Kontrolle indes richtigerweise nur dem im Rechtszug übergeordneten Gericht[12]. Weiterhin kann ein Rechtshilfegesuch nicht mit der Begründung abgelehnt werden, dass die ersuchte Handlung vom ersuchenden Gericht selbst vorgenommen werden könnte[13]. Ebenso wenig vermag eine abweichende Rechtsauffassung des ersuchten Gerichts eine Ablehnung zu rechtfertigen[14].

d) Rechtsmittel

Das zulässige Rechtsmittel gegen die Entscheidung des ersuchten Gerichts ist gem. § 13 Abs. 2 iVm. § 159 Abs. 1 GVG die **(Rechtshilfe-)Beschwerde**[15]. Diese kann sich einerseits gegen die Ablehnung des Ersuchens durch das ersuchte Gericht sowie die Stattgabe entgegen § 158 Abs. 2 Satz 1 GVG richten. Die Beschwerde ist nur in Bezug auf Rechtshilfeersuchen gegeben, nicht dagegen in Bezug auf Amtshilfeersuchen. In Amtshilfesachen steht nur die Dienstaufsichtsbeschwerde zur Verfügung[16].

Wurde das ArbG um Rechtshilfe ersucht und hat es das Ersuchen abgelehnt bzw. ihm entgegen § 158 Abs. 2 Satz 1 GVG stattgegeben, ist das LAG gem. § 13 Abs. 2 iVm. § 159 Abs. 1 GVG das zuständige **Beschwerdegericht**. Wurde dagegen das AG gem. § 13 Abs. 1 Satz 2 um Rechtshilfe ersucht, so ist die Beschwerde beim OLG einzulegen. Das ArbG bzw. das AG können der Beschwerde abhelfen.

---

1 BLAH, § 158 GVG Rz. 7.
2 Vgl. MünchKommZPO/*Zimmermann*, § 158 GVG Rz. 10.
3 BLAH, § 158 GVG Rz. 5 mwN.
4 BAG v. 26.10.1999 – 10 AS 5/99, NZA 2000, 791 (792).
5 BAG v. 16.1.1991 – 4 AS 7/90, NZA 1991, 364 (365).
6 BAG v. 26.10.1999 – 10 AS 5/99, NZA 2000, 791 (792) mwN; LAG Hamm v. 28.6.2016 – 1 SHa 8/16.
7 BAG v. 23.1.2001 – 10 AS 1/01, NZA 2001, 743 (744); LAG Hamm v. 28.6.2016 – 1 SHa 8/16.
8 BAG v. 26.10.1999 – 10 AS 5/99, NZA 2000, 791; BAG v. 31.5.1990 – III ZB 52/89, NJW 1990, 2936 (2937); BLAH, § 158 GVG Rz. 7.
9 BGH v. 28.11.1952 – I ZB 15/52, JZ 1953, 230 (231).
10 BAG v. 26.10.1999 – 10 AS 5/99, NZA 2000, 791; LAG Hamm v. 28.6.2016 – 1 SHa 8/16; offengelassen von BAG v. 16.1.1991 – 4 AS 7/90, NZA 1991, 364 (365).
11 Ausführlich zur Problematik *Kissel*, § 158 GVG Rz. 33; GMP/*Germelmann*, § 13 Rz. 5 will bei Offensichtlichkeit des Ausforschungsbeweises eine Ablehnung zulassen; s. a. BGH v. 28.11.1952 – I ZB 15/52, JZ 1953, 230 m. Anm. *Schwoerer* sowie die Vorinstanz OLG Freiburg v. 7.4.1952 – 2 W 9/52, JZ 1953, 229.
12 Ebenso BAG v. 26.10.1999 – 10 AS 5/99, NZA 2000, 791.
13 *Kissel*, § 158 GVG Rz. 40 ff. mwN.
14 BLAH, § 158 GVG Rz. 7 mwN.
15 *Kissel*, § 159 GVG Rz. 1; BLAH, § 159 GVG Rz. 1.
16 BLAH, § 159 GVG Rz. 2; MünchKommZPO/*Zimmermann*, § 159 GVG Rz. 2.

27 Das ersuchende Gericht und die Beteiligten sind **beschwerdeberechtigt**. Beteiligte sind die im Hauptverfahren Rechtsmittelberechtigten[1]. Zeugen und ähnliche Personen sind dagegen nicht beschwerdeberechtigt, da sie nicht in ihren Rechten betroffen und auch nicht im Hauptverfahren zur Einlegung von Rechtsmitteln berechtigt sind[2].

28 Das Rechtsmittel gegen die Beschwerdeentscheidung ist die **weitere Beschwerde**. Die weitere Beschwerde gegen Entscheidungen des LAG ist zum BAG gegeben (§ 13 Abs. 2 iVm. § 159 Abs. 1 Satz 3 GVG)[3]. Die weitere Beschwerde setzt gem. § 159 Abs. 1 Satz 2 GVG voraus, dass die Rechtshilfe durch das Beschwerdegericht für unzulässig erklärt wurde und zusätzlich ersuchendes und ersuchtes Gericht den Bezirken verschiedener LAG angehören. Auch hier kann das LAG abhelfen. Wurde dem Rechtshilfeersuchen dagegen vom LAG stattgegeben, ist die weitere Beschwerde ausgeschlossen. Die Entscheidungen des OLG über Rechtshilfebeschwerden in Rechtshilfeersuchen nach § 13 Abs. 1 Satz 2 unterliegen der weiteren Beschwerde zum BGH.

29 Die Beschwerde und die weitere Beschwerde sind nicht fristgebunden. Die Beschwerde und weitere Beschwerde sind schriftlich oder zu Protokoll der Geschäftsstelle des Beschwerdegerichts einzulegen.

6. Kosten

30 Über die Kosten, die durch Rechtshilfehandlungen entstehen, ergeht keine gesonderte Entscheidung. Die Kosten der Rechtshilfe fallen unter die **einheitliche Gebühr** nach Nr. 8210 der Anlage zum GKG. Sie werden dem ersuchten Gericht gem. § 164 Abs. 1 GVG nicht erstattet. Die Entschädigungen von Zeugen sind vom ersuchenden Gericht entsprechend der Festsetzung des ersuchten Gerichts anzusetzen und einzuziehen[4]. Kostenrechtlich bestehen keine Unterschiede zwischen dem Ersuchen an ein ArbG und demjenigen an ein AG gem. § 13 Abs. 1 Satz 2. Auch in diesem Fall werden Kostenvorschüsse nicht erhoben[5].

IV. Rechtshilfeverkehr mit dem Ausland

1. Anwendbare Vorschriften

31 Der Rechtshilfeverkehr mit dem Ausland umfasst die Durchführung ausländischer Rechtshilfeersuchen durch deutsche Gerichte sowie umgekehrt die Durchführung deutscher Rechtshilfeersuchen im Ausland. Dabei gehört nach der Definition des § 2 Abs. 1 der Rechtshilfeordnung für Zivilsachen (ZRHO)[6] zum **Begriff der Rechtshilfe** in Zivilsachen „jede gerichtliche oder behördliche Hilfe in einer bürgerlichen Rechtsangelegenheit, die entweder zur Förderung eines inländischen Verfahrens im Ausland oder zur Förderung eines ausländischen Verfahrens im Inland geleistet wird". Die ZRHO beschreibt damit eine Rechtshilfe im weiteren Sinne. Dies wird verdeutlicht durch § 5 ZRHO, der Rechtshilfe bei Beweisaufnahmen, für Zustellungen, zur Vollstreckung, bei Verfahrensüberleitungen und als Verfahrenshilfe unterscheidet. Die ZRHO stellt die wichtigste Grundlage der verwaltungstechnischen Durchführung von Rechtshilfeersuchen mit Auslandsbezug dar. Sie findet im arbeitsgerichtlichen Verfahren mit wenigen Modifikationen Anwendung[7].

32 Die ZRHO wird als Verwaltungsvorschrift durch die einschlägigen **Staatsverträge** überlagert[8]. Hierzu zählen insbesondere das Haager Übereinkommen über den Zivilprozess v. 1.3.1954[9], das Haager Übereinkommen über die Beweisaufnahme im Ausland in Zivil- oder Handelssachen v. 18.3.1970[10] sowie weitere internationale Abkommen. Dabei ist zu beachten, dass das Haager Übereinkommen über die Beweisaufnahme im Ausland in Zivil- oder Handelssachen v. 18.3.1970 das Haager Übereinkommen über den Zivilprozess für die Staaten ersetzt, die Vertragsstaaten beider Abkommen sind. Für diese Staaten ist der zweite Ab-

---

1 MünchKommZPO/*Zimmermann*, § 159 GVG Rz. 6.
2 *Kissel*, § 159 GVG Rz. 8; aA MünchKommZPO/*Zimmermann*, § 159 GVG Rz. 6; Zöller/*Lückemann*, § 159 GVG Rz. 2; BLAH, § 159 GVG Rz. 3.
3 Vgl. BAG v. 16.1.1991 – 4 AS 7/90, NZA 1991, 364.
4 GK-ArbGG/*Bader*, § 13 Rz. 22.
5 GMP/*Germelmann*, § 13 Rz. 7; GK-ArbGG/*Bader*, § 13 Rz. 22.
6 V. 19.10.1956 (Bundesanzeiger 1957 Nr. 63, S. 1) idF v. 28.10.2011 (Bundesanzeiger 2012, Beilage Nr. 38a).
7 Vgl. die Gemeinsame Anordnung des Bundesministeriums für Arbeit und Sozialordnung und des Bundesministeriums für Justiz über den Rechtshilfeverkehr mit dem Ausland auf dem Gebiet der Arbeitsgerichtsbarkeit in der Fassung vom 1.2.2013 gültig ab dem 15.2.2013; auch abgedruckt bei GK-ArbGG/*Bader*, § 13 Rz. 28a.
8 S. nur etwa *Linke*, Internationales Zivilprozessrecht, 2. Aufl. 1995, Rz. 455.
9 BGBl. 1958 II S. 576 und BGBl. 1959 II S. 1388.
10 BGBl. 1977 II S. 1472; s. dazu im Einzelnen die Zusammenstellung bei BLAH, Anhang zu § 363 ZPO.

schnitt (Art. 8–16, „Rechtshilfeersuchen") des Haager Übereinkommens über den Zivilprozess v. 1.3.1954 obsolet.

Die grundlegenden Vorschriften der **Zivilprozessordnung**, die die Rechtshilfe mit dem Ausland betreffen, befinden sich in §§ 183 f., 363, 364, 369 ZPO, die gem. § 46 Abs. 2 im arbeitsgerichtlichen Verfahren entsprechende Anwendung finden. Diese Vorschriften befassen sich mit im Ausland zu bewirkenden Zustellungen sowie im Ausland vorzunehmenden Beweisaufnahmen. Auch diese Vorschriften haben jedoch angesichts zunehmender staatsvertraglicher Regelungen nur eingeschränkte praktische Bedeutung. Sie werden für die Mitgliedsstaaten der EU durch die VO (EG) Nr. 1348/2000 und die VO (EG) Nr. 1206/2001 ergänzt. 33

2. Rechtshilfeersuchen im Ausland

Das Ersuchen um Rechtshilfe im Ausland ist vom **Vorsitzenden des Prozessgerichts** zu verfassen (vgl. §§ 363 Abs. 1, 183 Abs. 1 ZPO)[1]. Es ist über die Prüfungsstelle entweder an den Konsul bzw. Gesandten des Bundes oder unmittelbar an die zuständige Behörde im Ausland zu senden. Diesen verfahrenstechnischen Rahmen geben die Vorschriften über eine im Ausland zu bewirkende Zustellung (§ 183 ZPO) ebenso wie die Vorschriften über das Ersuchen um eine Beweisaufnahme im Ausland (§ 363 ZPO) vor. Diese Regelungen der Zivilprozessordnung werden durch §§ 15, 16 KonsG unwesentlich ergänzt[2] und im Übrigen durch die bestehenden Staatsverträge ausgefüllt. Ein Ersuchen um Beweisaufnahme an eine ausländische Behörde ist auf diplomatischem oder konsularischem Wege zu bewirken, wenn nicht aufgrund zwischenstaatlicher Vereinbarungen der unmittelbare Verkehr mit der ausländischen Behörde möglich ist[3]. Einen solchen unmittelbaren Verkehr sieht innerhalb der EU Art. 2 der VO (EG) Nr. 1206/2001 für den Regelfall vor. Erleichterungen bei Zustellungen innerhalb der EU ergeben sich aus der VO (EG) Nr. 1348/2000. 34

Jedes Rechtshilfeersuchen an eine ausländische Behörde unterliegt der Überprüfung durch die **Prüfungsstelle**. Die Prüfungsstelle kontrolliert gem. § 9 Abs. 1 Satz 1 ZRHO, ob ausgehende Ersuchen um Rechtshilfe „zur Weiterleitung geeignet sind". Nach der Gemeinsamen Anordnung der obersten Arbeitsbehörden und der Landesjustizverwaltungen ist Prüfungsstelle iSd. § 9 ZRHO der **Präsident des jeweiligen LAG**[4]. 35

3. Rechtshilfe für ausländische Behörden

Nach Art. 2 des Haager Übereinkommens über die Beweisaufnahme im Ausland in Zivil- oder Handelssachen v. 18.3.1970 bestimmt jeder Staat eine **zentrale Behörde zur Entgegennahme von Rechtshilfeersuchen**, die von einem anderen Vertragsstaat ausgehen. In der Bundesrepublik Deutschland ist in jedem Bundesland eine solche zentrale Behörde eingerichtet. In der Regel sind dies die **Landesjustizminister**[5]. Die Beweisaufnahme durch diplomatische oder konsularische Vertreter[6] bzw. Beauftragte wird durch Art. 15 ff. dieses Übereinkommens sowie die dazu ergangenen Erklärungen geregelt. 36

V. Datenübermittlung nach dem EGGVG

1. Allgemeines

Die Regelung des § 13 Abs. 2 wurde ebenso wie die Vorschriften der §§ 12 ff. EGGVG, auf die § 13 Abs. 2 nunmehr ergänzend verweist, mit Wirkung zum 1.6.1998 durch das **Justizmitteilungsgesetz**[7] in Kraft gesetzt. Die Vorschriften des EGGVG über verfahrensübergreifende Mitteilungen von Amts wegen sollen dem **Recht auf informationelle Selbstbestimmung**, wie es vom BVerfG im Volkszählungsurteil[8] aus dem allgemeinen Persönlichkeitsrecht (Art. 2 Abs. 1 GG iVm. 1 Abs. 1 GG) abgeleitet wurde, Rechnung tragen. Die Übermittlung und Verwendung personenbezogener Daten sollen für den Bereich des Mitteilungswesens 37

---

1 Muster für Rechtshilfeersuchen ins Ausland bei *Schaub*, Formularsammlung, 9. Aufl., § 84.
2 Gesetz über die Konsularbeamten, ihre Aufgaben und Befugnisse (Konsulargesetz) v. 11.9.1974, BGBl. I S. 2317.
3 GK-ArbGG/*Bader*, § 13 Rz. 28; GMP/*Germelmann*, § 13 Rz. 11.
4 GK-ArbGG/*Bader*, § 13 Rz. 28a.
5 Vgl. die Bekanntmachung v. 23.12.1994, BGBl. II 1995 S. 77; auch abgedruckt bei BLAH, § 363 ZPO Anh. I Ubk Art. 2 Rz. 1.
6 S. dazu auch das Gesetz über die Konsularbeamten, ihre Aufgaben und Befugnisse (Konsulargesetz) v. 11.9.1974, BGBl. I S. 2317.
7 Justizmitteilungsgesetz und Gesetz zur Änderung kostenrechtlicher Vorschriften und anderer Gesetze v. 18.6.1997, BGBl. I S. 1430.
8 BVerfG v. 15.12.1983 – 1 BvR 209/83, 269/83, 362/83, 420/83, 440/83 und 484/83, BVerfGE 65, 1.

entsprechend den Vorgaben des Volkszählungsurteils „bereichsspezifisch und präzise" bestimmt werden[1]. Dabei wird teilweise bezweifelt, ob der in dem umfangreichen Regelungswerk der §§ 12 ff. EGGVG zum Ausdruck kommende gesetzgeberische Aufwand gerechtfertigt war[2]. Teilweise wird jedoch auch eine unzureichende Ausrichtung der Vorschriften am Recht auf informationelle Selbstbestimmung gerügt[3].

38 Die Vorschriften der § 13 Abs. 2 iVm. §§ 12 ff. EGGVG betreffen ausschließlich den Bereich des **gerichtlichen Mitteilungswesens**. Andere Bereiche der Erhebung, Nutzung und Übermittlung personenbezogener Daten sind nicht erfasst. Die Erhebung und Nutzung personenbezogener Daten innerhalb des arbeitsgerichtlichen Verfahrens sowie die (auch verfahrensübergreifende) Datenübermittlung auf Ersuchen richten sich nach dem einschlägigen Verfahrensrecht[4]. Der Anwendungsbereich der §§ 12 ff. EGGVG ist damit gering. Er ist auf die Mitteilung personenbezogener Daten durch die ArbG an öffentliche Stellen des Bundes oder eines Landes auf eigene Veranlassung für andere Zwecke als die des Verfahrens, für die die Daten erhoben worden sind, beschränkt (vgl. § 12 Abs. 1 Satz 1 EGGVG).

39 Einen eigenen Katalog zur Begriffsbestimmung enthalten die §§ 12 ff. EGGVG nicht. Die **Begriffsbestimmung** ist entsprechend den Regelungen des Bundesdatenschutzgesetzes vorzunehmen[5]. Nach § 3 Abs. 1 BDSG sind personenbezogene Daten Einzelangaben über persönliche oder sachliche Verhältnisse einer bestimmten oder bestimmbaren natürlichen Person. Öffentliche Stellen des Bundes sind ua. gem. § 2 Abs. 1 BDSG die Behörden, Organe der Rechtspflege und andere öffentlich-rechtlich organisierte Einrichtungen des Bundes, der bundesunmittelbaren Körperschaften, Anstalten und Stiftungen des öffentlichen Rechts sowie deren Vereinigungen ungeachtet ihrer Rechtsform. Öffentliche Stellen der Länder sind gem. § 2 Abs. 2 BDSG die Behörden, die Organe der Rechtspflege und andere öffentlich-rechtlich organisierte Einrichtungen eines Landes, einer Gemeinde, eines Gemeindeverbandes und sonstiger der Aufsicht des Landes unterstehender juristischer Personen des öffentlichen Rechts sowie deren Vereinigungen ungeachtet ihrer Rechtsform. Darüber hinaus wird der Anwendungsbereich der §§ 12–22 EGGVG auf öffentlich-rechtliche Religionsgemeinschaften erstreckt, soweit bei ihnen ausreichende Datenschutzmaßnahmen getroffen werden.

2. Regelungsgehalt

40 Die Regelungen der §§ 12 ff. EGGVG enthalten zunächst **Mitteilungsermächtigungen** an die übermittelnde Behörde, die an bestimmte Voraussetzungen geknüpft sind. Die Datenübermittlung ist in erster Linie dann zulässig, wenn dies in einer **bereichsspezifischen Regelung** vorgesehen ist (vgl. § 13 Abs. 1 Nr. 1 EGGVG). Fehlt es an einer derartigen bereichsspezifischen Regelung, kommt eine Übermittlung der Daten nach § 13 Abs. 1 Nr. 2–5 EGGVG in Betracht. Dies ist etwa der Fall, wenn der Betroffene **eingewilligt** hat oder die Übermittlung **offensichtlich im Interesse des Betroffenen** liegt und nicht anzunehmen ist, dass er seine Einwilligung verweigern würde. Schließlich kann eine Datenübermittlung durch die ArbG gem. § 13 Abs. 2 zulässig sein, wenn eine Mitteilungsermächtigung der §§ 14–17 EGGVG eingreift. Im arbeitsgerichtlichen Verfahren ist hier allenfalls § 17 EGGVG zu beachten, nach dem eine Übermittlung zur Verfolgung von Straftaten oder Ordnungswidrigkeiten zulässig ist.

41 Die Vorschriften der §§ 12 ff. EGGVG enthalten **keine Verpflichtung zur Übermittlung personenbezogener Daten** an andere Stellen. Eine solche Verpflichtung kann sich jedoch aus bereichsspezifischen Regelungen ergeben, wie sie in § 13 Abs. 1 Nr. 1 EGGVG bezeichnet sind.

42 Die Übermittlung von Daten ist **untersagt**, wenn eine bundes- oder landesgesetzliche Verwendungsregelung entgegensteht (§ 12 Abs. 3 EGGVG). Die Prüfung der Zulässigkeit der Übermittlung obliegt der übermittelnden Stelle (§ 12 Abs. 4 EGGVG), also dem betreffenden ArbG.

43 Schließlich ist darauf hinzuweisen, dass nach § 21 EGGVG – ähnlich wie in § 19 BDSG – dem Betroffenen nur auf Antrag **Auskunft über die übermittelten Daten** und deren Empfänger zu erteilen ist. Der Antrag muss schriftlich gestellt werden und die nötigen Angaben enthalten, die zur Auffindung der Daten erforderlich sind.

44 Der **Rechtsschutz** gegen eine unzulässige Übermittlung von Daten richtet sich gem. § 22 EGGVG nach §§ 23–30 EGGVG. Die Datenübermittlung ist dabei als „sonstige Maßnahme" iSd. § 23 Abs. 1 EGGVG anzusehen. Der Rechtsschutz nach § 23 EGGVG ist jedoch aus Gründen der Vermeidung eines zweigleisi-

---

1 BVerfG v. 15.12.1983 – 1 BvR 209/83, 269/83, 362/83, 420/83, 440/83 und 484/83, BVerfGE 65, 1 (46).
2 Zöller/*Lückemann*, Vorbemerkungen zu §§ 12–22 EGGVG Rz. 2.
3 *Wollweber*, NJW 1994, 2488.
4 Zöller/*Lückemann*, Vorbemerkungen zu §§ 12–22 EGGVG Rz. 3.
5 Zöller/*Lückemann*, § 12 EGGVG Rz. 2.

gen Rechtsschutzes nur subsidiär. Er greift nicht ein, wenn der Mitteilungsempfänger auf Grundlage der übermittelten Daten eine Entscheidung getroffen hat. Die Rechtmäßigkeit der Datenübermittlung wird dann in dem Verfahren über die Rechtmäßigkeit der jeweiligen Entscheidung inzident überprüft[1].

§ 13a Internationale Verfahren

Die Vorschriften des Buches 11 der Zivilprozessordnung über die justizielle Zusammenarbeit in der Europäischen Union finden in Verfahren vor den Gerichten für Arbeitssachen Anwendung, soweit dieses Gesetz nichts anderes bestimmt.

I. Allgemeines 1	VI. Die Europäischen Vollstreckungstitel nach der Verordnung (EG) Nr. 805/2004 (Abschnitt 4: §§ 1079–1086 ZPO) 6
II. Die von der ZPO im 11. Buch in Bezug genommenen Europäischen Verordnungen und Richtlinien 2	VII. Das Europäische Mahnverfahren nach der Verordnung (EG) Nr. 1896/2006 (Abschnitt 5: §§ 1087–1096 ZPO) 9
III. Die Zustellung nach der Verordnung (EG) Nr. 1393/2007 (Abschnitt 1: §§ 1067–1071 ZPO) 3	VIII. Keine Anwendung des Europäischen Verfahrens für geringfügige Forderungen nach der Verordnung (EG) Nr. 861/2007 (Abschnitt 6: §§ 1097–1109 ZPO) 10
IV. Die Beweisaufnahme nach der Verordnung (EG) Nr. 1206/2001 (Abschnitt 2: §§ 1072–1075 ZPO) 4	IX. Die gerichtliche Zuständigkeit und die Anerkennung und Vollstreckung von Entscheidungen in Zivil- und Handelssachen nach der Verordnung (EU) Nr. 1215/2012 (Abschnitt 7: §§ 1110–1117 ZPO) 11
V. Die Prozesskostenhilfe nach der Richtlinie 2003/8/EG (Abschnitt 3: §§ 1076–1078 ZPO) 5	

Schrifttum: *Alio*, Die Neufassung der Brüssel I-Verordnung, NJW 2014, 2395; *Reichel*, Das EG-Vollstreckungstitel-Durchführungsgesetz und die Auswirkungen auf das arbeitsgerichtliche Verfahren, NZA 2005, 1096; *Röthel/Sparmann*, Das europäische Mahnverfahren, WM 2007, 1101; *Vollkommer/Huber*, Neues Europäisches Zivilverfahrensrecht in Deutschland – Das Gesetz zur Verbesserung der grenzüberschreitenden Forderungsdurchsetzung und Zustellung, NJW 2009, 1105.

I. Allgemeines

§ 13a ist mit Wirkung vom 21.10.2005 durch Art. 2 Abs. 2 des **EG-Vollstreckungstitel-Durchführungsgesetzes** vom 18.8.2005 in das ArbGG eingefügt worden und zuletzt durch Art. 4 Nr. 1 des Gesetzes zur Verbesserung der grenzüberschreitenden Forderungsdurchsetzung und Zustellung vom 30.10.2008 geändert worden. § 13a ordnet an, dass die Vorschriften des Buches 11 der ZPO über die justizielle Zusammenarbeit in der Europäischen Union auch in den Verfahren vor den Gerichten für Arbeitssachen Anwendung finden, soweit das ArbGG nichts anderes bestimmt.

II. Die von der ZPO im 11. Buch in Bezug genommenen Europäischen Verordnungen und Richtlinien

Das 11. Buch der ZPO, auf das § 13a verweist, regelt
- im ersten Abschnitt die **Zustellung** nach der Verordnung (EG) Nr. 1393/2007 des Europäischen Parlaments und des Rates vom 13.11.2007 über die Zustellung gerichtlicher und außergerichtlicher Schriftstücke in Zivil- oder Handelssachen in den Mitgliedstaaten (§§ 1067–1071 ZPO),
- im zweiten Abschnitt die **Beweisaufnahme** nach der Verordnung (EG) Nr. 1206/2001 des Rates vom 28.5.2001 über die Zusammenarbeit zwischen den Gerichten der Mitgliedstaaten auf dem Gebiet der Beweisaufnahme in Zivil- oder Handelssachen (§§ 1072–1075 ZPO),
- im dritten Abschnitt die **Prozesskostenhilfe** nach der Richtlinie 2003/8/EG des Rates vom 27.1.2003 zur Verbesserung des Zugangs zum Recht bei Streitsachen mit grenzüberschreitendem Bezug durch

---
1 Zöller/*Lückemann*, § 22 EGGVG Rz. 3.

Festlegung gemeinsamer Mindestvorschriften für die Prozesskostenhilfe in derartigen Streitsachen (§§ 1076–1078) und
- im vierten Abschnitt die **Europäischen Vollstreckungstitel** nach der Verordnung (EG) Nr. 805/2004 des Europäischen Parlaments und des Rates zur Einführung eines europäischen Vollstreckungstitels für unbestrittene Forderungen (§§ 1079–1086),
- im fünften Abschnitt das **Europäische Mahnverfahren** nach der Verordnung (EG) Nr. 1896/2006 des Europäischen Parlaments und des Rates vom 12.12.2006 zur Einführung eines Europäischen Mahnverfahrens (§§ 1087–1096 ZPO),
- im sechsten Abschnitt das **Europäische Verfahren für geringfügige Forderungen** nach der Verordnung (EG) Nr. 861/2007 des Europäischen Parlaments und des Rates vom 11.7.2007 zur Einführung eines europäischen Verfahrens für geringfügige Forderungen (§§ 1097–1109 ZPO),
- Im siebten Abschnitt die Verordnung über die gerichtliche Zuständigkeit und die **Anerkennung und Vollstreckung** in Zivil- und Handelssachen nach der Verordnung (EU) Nr. 1215/2012 des Europäischen Parlaments und des Rates vom 12.12.2012 (§§ 1110–1117 ZPO).

III. Die Zustellung nach der Verordnung (EG) Nr. 1393/2007 (Abschnitt 1: §§ 1067–1071 ZPO)

3   Über die Regelung des § 13a finden für den Bereich der Zustellung die §§ 1067–1071 ZPO Anwendung. Diese Vorschriften stellen die Durchführungsvorschriften zur Verordnung (EG) Nr. 1393/2007 des Europäischen Parlaments und des Rates vom 13.11.2007 über die Zustellung gerichtlicher und außergerichtlicher Schriftstücke in Zivil- oder Handelssachen in den Mitgliedstaaten (EuZustVO) dar. Ziel der Verordnung ist die Beschleunigung der Zustellung gerichtlicher und außergerichtlicher Schriftstücke, indem engere Beziehungen zwischen den für die Zustellung der Schriftstücke zuständigen Personen oder Behörden und den zustellenden bzw. die Zustellung veranlassenden Personen oder Behörden geschaffen werden. Zu diesem Zweck müssen die Mitgliedstaaten „Übermittlungs"- und „Empfangsstellen" benennen, die die betreffenden Schriftstücke übermitteln bzw. in Empfang nehmen. Außerdem bestimmt jeder Mitgliedstaat eine Zentralstelle, die ua. Informationsaufgaben wahrnimmt und nach Lösungswegen suchen soll, wenn bei der Zustellung Schwierigkeiten auftreten. Die Verordnung (EG) Nr. 1393/2007 hat die Verordnung (EG) Nr. 1348/2000 aufgehoben.

IV. Die Beweisaufnahme nach der Verordnung (EG) Nr. 1206/2001 (Abschnitt 2: §§ 1072–1075 ZPO)

4   § 13a ordnet darüber hinaus die Geltung der §§ 1072–1075 ZPO an, mit denen die Verordnung (EG) Nr. 1206/2001 des Rates vom 28.5.2001 über die Zusammenarbeit zwischen den Gerichten der Mitgliedstaaten auf dem Gebiet der Beweisaufnahme in Zivil- oder Handelssachen ergänzt und umgesetzt wird. Die Verordnung gilt als unmittelbar anwendbares Recht in allen EU-Staaten außer in Dänemark und ist anwendbar für die Beweisaufnahme in einem Zivilprozess als auch für die Beweisaufnahme in einem selbständigen Beweisverfahren.

V. Die Prozesskostenhilfe nach der Richtlinie 2003/8/EG (Abschnitt 3: §§ 1076–1078 ZPO)

5   Für die Prozesskostenhilfe verweist § 13a auf die Vorschriften der §§ 1076–1078 ZPO. Deren Regelungsinhalte beruhen auf der Richtlinie 2003/8/EG des Rates vom 27.1.2003 zur Verbesserung des Zugangs zum Recht bei Streitsachen mit grenzüberschreitendem Bezug durch Festlegung gemeinsamer Mindestvorschriften für die Prozesskostenhilfe in derartigen Streitsachen.

VI. Die Europäischen Vollstreckungstitel nach der Verordnung (EG) Nr. 805/2004 (Abschnitt 4: §§ 1079–1086 ZPO)

6   Für Vollstreckungstitel über unbestrittene Forderungen ordnet § 13a die Geltung der §§ 1079–1086 ZPO an. Diese Vorschriften sind Folge der Verordnung (EG) Nr. 805/2004 des Europäischen Parlaments und des Rates zur Einführung eines Europäischen Vollstreckungstitels für unbestrittene Forderungen, die der

justiziellen Zusammenarbeit in der Europäischen Union zuzuordnen ist. Daraus ergibt sich die Einstellung der Durchführungsvorschriften in das 11. Buch der ZPO[1].

Gem. Art. 3 Abs. 1 der Verordnung (EG) Nr. 805/2004 gilt eine Forderung auf dem Gebiet des Zivil- und Handelsrechts als unbestritten, wenn 7
- der Schuldner ihr im Gerichtsverfahren durch Anerkenntnis oder Vergleich zugestimmt hat (lit. a);
- der Schuldner ihr im gerichtlichen Verfahren nach den maßgeblichen Rechtsvorschriften zu keiner Zeit widersprochen hat (lit. b);
- der Schuldner vor Gericht säumig war (lit. c);
- der Schuldner die Forderung ausdrücklich in einer öffentlichen Urkunde anerkannt hat (lit. d)[2].

Als Konsequenz der Verordnung (EG) Nr. 805/2004 sind ab dem 21.10.2005 für bestimmte Titel über unbestrittene Forderungen die §§ 1082–1086 ZPO in Kraft. Dazu gehören insbesondere Vollstreckungsbescheide, Anerkenntnis- und Versäumnisurteile sowie Prozessvergleiche und öffentliche Urkunden. Für diese Titel schafft die Verordnung (EG) Nr. 805/2004 zwischen den EU-Mitgliedstaaten (mit Ausnahme Dänemarks) das Vollstreckbarerklärungsverfahren ab und ermöglicht insoweit, dass sich der Gläubiger im Vollstreckungsmitgliedstaat unmittelbar an die zuständigen Vollstreckungsorgane wenden kann. Damit ist innerhalb der Europäischen Union die Möglichkeit einer effizienteren grenzüberschreitenden Vollstreckung geschaffen worden. Voraussetzung ist, dass das innerstaatliche Verfahren bestimmten Mindeststandards entspricht. 8

VII. Das Europäische Mahnverfahren nach der Verordnung (EG) Nr. 1896/2006 (Abschnitt 5: §§ 1087–1096 ZPO)

Zudem ist auch die **Verordnung** (EG) Nr. 1896/2006 **zur Einführung eines Europäischen Mahnverfahrens** von Bedeutung. Die Durchführungsbestimmungen zur Verordnung (EG) Nr. 1896/2006 enthalten die §§ 1087–1096 ZPO. Allerdings ist im Bereich der Arbeitsgerichtsbarkeit die Sonderregelung des § 46b zu beachten. Deswegen ist das arbeitsrechtliche Europäische Mahnverfahren im Gegensatz zur ordentlichen Gerichtsbarkeit (ausschließliche Zuständigkeit des AG Wedding Berlin, § 1087 ZPO) bei keinem Gericht konzentriert (vgl. § 46b Abs. 2)[3]. Die Verordnung (EG) Nr. 1896/2006 ist am 31.12.2006 in Kraft getreten und ist gem. Art. 33 Abs. 1 in wesentlichen Teilen ab dem 12.12.2008 anwendbar. Während der europäische Gesetzgeber mit der Verordnung zur Einführung eines europäischen Vollstreckungstitels einem nationalen Vollstreckungstitel europaweite Geltung verschafft, wird mit der Verordnung zur Einführung eines europäischen Mahnverfahrens erstmals ein europaweites eigenständiges Erkenntnisverfahren geschaffen, das die Erlangung des Titels (selbst) regelt[4]. Neben dem europäischen Mahnverfahren kann das nationale Auslandsmahnverfahren zulässig sein (§ 32 AVAG)[5]. 9

VIII. Keine Anwendung des Europäischen Verfahrens für geringfügige Forderungen nach der Verordnung (EG) Nr. 861/2007 (Abschnitt 6: §§ 1097–1109 ZPO)

Die §§ 1097–1109 ZPO enthalten die Durchführungsvorschriften zur Verordnung (EG) Nr. 861/2007 über das Europäische Verfahren für geringfügige Forderungen. Im Bereich des Arbeitsrechts ist die Verordnung (EG) Nr. 861/2007 nach ihrem Art. 2 Abs. 2 Buchst. f allerdings nicht anwendbar. 10

---

1 Vgl. BT-Drs. 15/5222, S. 9 (rechte Spalte).
2 *Reichel*, NZA 2005, 1096 (1097).
3 *Vollkommer/Huber*, NJW 2009, 1105 (1106).
4 *Röthel/Sparmann*, WM 2007, 1101.
5 Vgl. im Einzelnen *Röthel/Sparmann*, WM 2007, 1101 (1105).

IX. Die gerichtliche Zuständigkeit und die Anerkennung und Vollstreckung von Entscheidungen in Zivil- und Handelssachen nach der Verordnung (EU) Nr. 1215/2012 (Abschnitt 7: §§ 1110–1117 ZPO)

11 Die Verordnung (EU) Nr. 1215/2012 des Europäischen Parlaments und des Rates vom 12.12.2012 über die gerichtliche Zuständigkeit und die Anerkennung und Vollstreckung von Entscheidungen in Zivil- und Handelssachen (EuGVVO) hat die Verordnung (EG) Nr. 44/2001 mit Wirkung ab dem 10.1.2015 ersetzt.

12 Innerhalb der Europäischen Union richtet sich die internationale Zuständigkeit in arbeitsrechtlichen Individualstreitigkeiten für ab dem 10.1.2015 eingeleitete Verfahren nach Art. 20–23 EuGVVO. Für Verfahren, die vor dem 10.1.2015 eingeleitet worden sind, findet nach Art. 66 EuGVVO allerdings noch die Verordnung (EG) Nr. 44/2001 Anwendung.

13 Nach der EuGVVO sind Urteile von Gerichten in Mitgliedstaaten der EU unmittelbar – einer Vollstreckbarerklärung des Vollstreckungstitels bedarf es also nicht – zu vollstrecken[1].

14 Das Vollstreckungsverfahren nach der EuGVVO lässt sich wie folgt skizzieren. Voraussetzung für eine Vollstreckung ist das Vorliegen einer vollstreckbaren Entscheidung[2]. Art. 2 Buchst. a EuGVVO enthält die Legaldefinition des Begriffes „Entscheidung". Gemäß Art. 40 EuGVVO können die im ersuchten Staat vorgesehenen Sicherungsmaßnahmen eingeleitet werden, um zu verhindern, dass der Schuldner vor der Vollstreckung über seine Vermögenswerte zum Nachteil des Gläubigers verfügt. Die Vollstreckung findet unmittelbar aus dem ausländischen Titel statt. Die in Art. 42 EuGVVO aufgeführten Unterlagen sind der zuständigen Vollstreckungsbehörde für die Vollstreckung vorzulegen. Vor der Vollstreckung ist dem Schuldner die Bescheinigung nach Art. 53 EuGVVO und gegebenenfalls die zu vollstreckende Entscheidung zuzustellen (vgl. Art. 43 I EuGVVO). Gemäß Art. 46 EuGVVO hat der Vollstreckungsschuldner die Möglichkeit die Versagung der Vollstreckung zu beantragen. Die Vollstreckung ist zu versagen, wenn einer der Versagungsgründe nach Art. 45 EuGVVO gegeben ist.

15 Soweit der Anwendungsbereich der Verordnung (EG) Nr. 805/2004 (unbestrittene Forderungen) neben der EuGVVO gegeben ist, kann der Gläubiger alternativ zur EuGVVO nach der Verordnung (EG) Nr. 805/2004 vorgehen[3].

---

1 *Alio*, NJW 2014, 2395.
2 *Alio*, NJW 2014, 2395 (2396).
3 Zöller/*Geimer*, Art. 39 EuGVVO Rz. 56; Musielak/*Stadler*, Europäisches Zivilprozessrecht Rz. 17.

Zweiter Teil. Aufbau der Gerichte für Arbeitssachen

Erster Abschnitt. Arbeitsgerichte

§ 14 Errichtung und Organisation

(1) In den Ländern werden Arbeitsgerichte errichtet.
(2) Durch Gesetz werden angeordnet
1. die Errichtung und Aufhebung eines Arbeitsgerichts;
2. die Verlegung eines Gerichtssitzes;
3. Änderungen in der Abgrenzung der Gerichtsbezirke;
4. die Zuweisung einzelner Sachgebiete an ein Arbeitsgericht für die Bezirke mehrerer Arbeitsgerichte;
5. die Errichtung von Kammern des Arbeitsgerichts an anderen Orten;
6. der Übergang anhängiger Verfahren auf ein anderes Gericht bei Maßnahmen nach den Nummern 1, 3 und 4, wenn sich die Zuständigkeit nicht nach den bisher geltenden Vorschriften richten soll.

(3) Mehrere Länder können die Errichtung eines gemeinsamen Arbeitsgerichts oder gemeinsamer Kammern eines Arbeitsgerichts oder die Ausdehnung von Gerichtsbezirken auch über die Landesgrenzen hinaus, auch für einzelne Sachgebiete, vereinbaren.
(4) Die zuständige oberste Landesbehörde kann anordnen, dass außerhalb des Sitzes des Arbeitsgerichts Gerichtstage abgehalten werden. Die Landesregierung kann ferner durch Rechtsverordnung bestimmen, dass Gerichtstage außerhalb des Sitzes des Arbeitsgerichts abgehalten werden. Die Landesregierung kann die Ermächtigung nach Satz 2 durch Rechtsverordnung auf die zuständige oberste Landesbehörde übertragen.
(5) Bei der Vorbereitung gesetzlicher Regelungen nach Absatz 2 Nr. 1 bis 5 und Absatz 3 sind die Gewerkschaften und Vereinigungen von Arbeitgebern, die für das Arbeitsleben im Landesgebiet wesentliche Bedeutung haben, zu hören.

I. Allgemeines 1	3. Außenkammern (Nr. 5) 11
II. Errichtung der Arbeitsgerichte 4	IV. Gemeinsame Arbeitsgerichte mehrerer Bundesländer 13
III. Weitere organisatorische Maßnahmen (Abs. 2) 7	V. Gerichtstage 15
1. Aufhebung von Gerichten, Verlegung von Gerichtssitzen und Änderung der Gerichtsbezirke (Nrn. 1–3) 8	1. Einrichtung 16
2. Zuweisung einzelner Sachgebiete (Nr. 4) 9	2. Ausgestaltung 18
	VI. Anhörung 24

Schrifttum: *Düwell,* Das Erbe von Weimar: Unser Arbeitsrecht und seine Gerichtsbarkeit; RdA 2010, 129; *Kühnel,* Die Errichtung der Arbeitsgerichte, 1967; *Linsenmaier,* Die Arbeitsgerichtsbarkeit, www.bundesarbeitsgericht.de.

I. Allgemeines

§§ 14 ff. beinhalten die **gerichtsorganisatorischen Grundlagen** der Arbeitsgerichtsbarkeit. Die maßgebliche Fassung entspricht dem Gesetz zur Vereinfachung und Beschleunigung des arbeitsgerichtlichen Verfahrens vom 30.3.2000[1].   1

---

[1] Arbeitsgerichtsbeschleunigungsgesetz – BGBl. I S. 333.

2 Die Arbeitsgerichtsbarkeit ist aus der Organisation der ordentlichen Gerichtsbarkeit ausgegliedert. Sie hat spätestens durch die Neuregelung der §§ 17–17b GVG iVm. § 48 auch gesetzestechnisch volle Selbständigkeit als **eigener Rechtsweg** erlangt[1].

3 Der **Instanzenzug** beginnt sowohl im Urteilsverfahren bei Streitigkeiten aus dem Arbeitsverhältnis ohne Rücksicht auf den Wert des Streitgegenstandes (§ 2) als auch im Beschlussverfahren (§ 80) ausschließlich bei den ArbG.

II. Errichtung der Arbeitsgerichte

4 § 14 befasst sich mit der Errichtung und Organisation der erstinstanzlichen Gerichte. Die Errichtung und Organisation der weiteren Instanzgerichte sind für die LAG in den §§ 33 ff. – unter Verweis auf die Regelungen für die ArbG – und für das BAG in den §§ 40 ff. geregelt.

5 Die ArbG sind **Einrichtungen der Länder**. Die Länder sind zur Errichtung von ArbG verpflichtet. Die Errichtung bedarf gem. § 14 Abs. 2 eines Landesgesetzes.

6 Die ArbG und LAG sind auf den Internetseiten der zuständigen Ministerien mit Anschrift, Telefon- und Faxnummern sowie Zuständigkeitsbereichen aufgeführt; insoweit wird auf die Auflistung in § 15 Rz. 4 verwiesen. Im Übrigen haben die ArbG mittlerweile eigene Internetpräsentationen, auf denen sie auch die aktuell anstehenden Gerichtsverhandlungen, die Geschäftsverteilungspläne, die verkündeten Entscheidungen u.ä. veröffentlichen. In den einzelnen Bundesländern ist die Anzahl der ArbG in den letzten Jahren verringert worden[2]. Aktuell sind folgende ArbG eingerichtet:

Baden-Württemberg: Freiburg, Heilbronn, Karlsruhe, Lörrach, Mannheim, Pforzheim, Reutlingen, Stuttgart und Ulm

Bayern:

im Bezirk des LAG München: Augsburg, Kempten (Allgäu), Passau, München, Regensburg, Rosenheim

im Bezirk des LAG Nürnberg: Bamberg, Bayreuth, Nürnberg, Weiden i. d. Opf. und Würzburg

Berlin und Brandenburg: Berlin, Brandenburg, Cottbus, Eberswalde, Frankfurt/Oder, Neuruppin und Potsdam

Bremen: Bremen-Bremerhaven

Hamburg: Hamburg

Hessen: Darmstadt, Frankfurt am Main, Fulda, Gießen, Kassel, Offenbach am Main und Wiesbaden

Mecklenburg-Vorpommern: Neubrandenburg, Rostock, Schwerin und Stralsund

Niedersachsen: Braunschweig, Celle, Emden, Göttingen, Hameln, Hannover, Hildesheim, Lingen (Ems), Lüneburg, Nienburg (Weser), Oldenburg (Oldenburg), Osnabrück, Stade, Verden (Aller) und Wilhelmshaven

Nordrhein-Westfalen:

im Bezirk des LAG Köln: Aachen, Bonn, Köln, Siegburg

im Bezirk des LAG Düsseldorf: Düsseldorf, Duisburg, Essen, Krefeld, Mönchengladbach, Oberhausen, Solingen, Wesel, Wuppertal

im Bezirk des LAG Hamm: Arnsberg, Bielefeld, Bocholt, Bochum, Detmold, Dortmund, Gelsenkirchen, Hagen, Hamm, Herford, Herne, Iserlohn, Minden, Münster, Paderborn, Rheine, Siegen

Rheinland-Pfalz: Kaiserslautern, Koblenz, Ludwigshafen, Mainz und Trier

Saarland: Neunkirchen, Saarbrücken und Saarlouis

Sachsen: Bautzen, Chemnitz, Dresden, Leipzig und Zwickau

Sachsen-Anhalt: Dessau-Roßlau, Halle, Magdeburg und Stendal

Schleswig-Holstein: Elmshorn, Flensburg, Kiel, Lübeck und Neumünster

Thüringen: Erfurt, Gera, Nordhausen und Suhl

---

1 Zur rechtsgeschichtlichen Entwicklung vgl. *Düwell*, RdA 2010, 129 ff.; *Kühnel*, S. 16 ff.; *Linsenmaier*, www.bundesarbeitsgericht.de.

2 Vgl. bspw. die Veränderungen zu Schwab/Weth/*Liebscher*, 3. Aufl., § 14 Rz. 6.

III. Weitere organisatorische Maßnahmen (Abs. 2)

In § 14 Abs. 2 ist geregelt, dass bestimmte grundlegende organisatorische Entscheidungen der **Gesetzes-** 7
form bedürfen.

1. Aufhebung von Gerichten, Verlegung von Gerichtssitzen und Änderung der Gerichtsbezirke (Nrn. 1–3)

Weitere organisatorische Maßnahmen, die durch Landesgesetz angeordnet werden, finden sich in § 14 8
Abs. 2. Hiernach ist der Gesetzgeber nicht nur verpflichtet, Gerichte zu errichten, sondern auch weitere
organisatorische Maßnahmen zu treffen, sofern Bedürfnis für eine Umorganisation besteht. Dies bezieht
sich sowohl auf die Aufhebung eines Gerichts als auch auf die Verlegung des Gerichtssitzes oder Änderungen in der Abgrenzung der Gerichtsbezirke. Der Landesgesetzgeber ist in der Festlegung von Gerichtssitzen bzw. deren Abgrenzung frei.

2. Zuweisung einzelner Sachgebiete (Nr. 4)

Ebenfalls durch Landesgesetz können einzelne Sachgebiete an ein ArbG für die Bezirke mehrerer ArbG 9
zugewiesen werden.

Von der Möglichkeit der Zuweisung einzelner Sachgebiete hat nur das Saarland Gebrauch gemacht. Die 10
Fachkammer für den öffentlichen Dienst beim ArbG Saarbrücken ist zuständig für das gesamte Saarland.

3. Außenkammern (Nr. 5)

Soweit § 14 Abs. 2 Nr. 5 die Errichtung von Kammern des ArbG an anderen Orten vorsieht, handelt es 11
sich um auswärtige Kammern, die zwar organisatorisch einem ArbG zugeordnet sind, aber ihren ständigen
Sitz an einem anderen Ort dieses Gerichts haben. Die Außenkammern sind im Rahmen ihrer örtlichen
Zuständigkeit als Eingangsinstanz dann zuständig für alle Klagen und Anträge, für die nach dem ArbGG
der Rechtsweg zu den Gerichten für Arbeitssachen eröffnet ist. Dabei wird zumeist bei einer auswärtigen
Kammer eine eigene **Geschäftsstelle** (§ 7 Abs. 1) eingerichtet; dies ist jedoch nicht zwingend vorgeschrieben. Mehrere Außenkammern gibt es bspw. in Baden-Württemberg und Bayern. Die Zuständigkeit der
Kammern ergibt sich aus dem jeweiligen Geschäftsverteilungsplan.

Rechtsmittel, die vor einer Kammer des Gerichts zu verhandeln sind, können fristwahrend auch bei den 12
Außenkammern des Gerichtes eingelegt werden. Die Errichtung von Außenstellen soll dem Rechtsuchenden durch größere Nähe die Rechtsverfolgung erleichtern, ihm aber nicht zusätzliche Zuständigkeitsprüfungen auferlegen und ihm damit die Rechtsverfolgung wieder erschweren[1]. Haben die Parteien daher in
einem gerichtlichen Vergleich einen Widerruf vereinbart, kann der Vergleich auch fristgerecht durch Eingang eines Schriftsatzes beim Stammgericht widerrufen werden, es sei denn, die Parteien haben unmissverständlich und konkret ein auf eine Außenkammer räumlich eingeschränktes Widerrufsrecht festgelegt[2].

IV. Gemeinsame Arbeitsgerichte mehrerer Bundesländer

Durch Vereinbarung können mehrere Bundesländer die Errichtung eines gemeinsamen ArbG oder ge- 13
meinsamer Kammern eines ArbG bzw. die Ausdehnung von Gerichtsbezirken über die Landesgrenzen hinaus vereinbaren. Die Umsetzung erfordert einen Staatsvertrag zwischen den beteiligten Ländern und dessen anschließende Umsetzung durch entsprechende Landesgesetze[3].

Bislang ist von der Möglichkeit des § 14 Abs. 3 kein Gebrauch gemacht worden. Auch aus der am 1.1.2007 14
erfolgten Fusion der Berufungsgerichte Berlin und Brandenburg zum LAG Berlin/Brandenburg ergab sich
keine Änderung hinsichtlich der örtlichen Zuständigkeit, da die ArbG in Brandenburg und in Berlin weiterhin für ihre Bezirke zuständig blieben.

V. Gerichtstage

§ 14 Abs. 4 sieht vor, dass auf Anordnung der zuständigen obersten Landesbehörde außerhalb des Sitzes 15
des ArbG Gerichtstage abgehalten werden können.

---

1 BAG v. 23.9.1981 – 5 AZR 603/79, NJW 1982, 1118.
2 BAG v. 4.3.2004 – 2 AZR 305/03, AP Nr. 49 zu § 794 ZPO.
3 *Schaub*, Formularsammlung, § 74 II 1.

1. Einrichtung

16 Die Landesregierung kann entweder durch Rechtsverordnung iSd. Art. 80 GG die Gerichtstage selbst festlegen (§ 14 Abs. 4 Satz 2) oder aber durch Rechtsverordnung der zuständigen obersten Landesbehörde die Ermächtigung übertragen (§ 14 Abs. 4 Satz 3)[1].

17 Der **Zweck** der Einrichtung von Gerichtstagen lag in der Begünstigung der Rechtsuchenden, bei denen der Bezirk des ArbG eine relativ große Fläche umfasst und der Sitz des Gerichts aus weiter entfernten Teilen des Bezirks nur unter großen Schwierigkeiten aufzusuchen ist. Zwar wird sich allein mit dem Hinweis auf die notwendige Anfahrt zu einem Gericht heutzutage die Einrichtung von Gerichtstagen nicht mehr begründen lassen. Die Gerichtstage haben aber gleichwohl Vorteile, denn sie führen bei großen Bezirken aufgrund der örtlichen Nähe zu einer besonderen Kenntnis des Kammervorsitzenden von den arbeitsrechtlichen Besonderheiten der Region und ihrer ansässigen ArbGeb und ArbN und erleichtern damit die Arbeit in 1. Instanz. Allerdings sind sie insbesondere deswegen politisch umstritten, weil sie mit einem nicht unerheblichen Kosten- und Organisationsaufwand – Letzterer vor allem auch für die Vorsitzenden Richter, die ohne Geschäftsstelle und Bibliothek vor Ort mit Akten und Materialien ausgestattet anreisen müssen – verbunden sind.

2. Ausgestaltung

18 Der Gerichtstag wird als **Sitzungstag an einem anderen Ort** als dem Gerichtssitz abgehalten. Der bzw. die zuständigen Richter nehmen dabei regelmäßig die Güte- und Kammertermine an einem genau bezeichneten Ort wahr. In diesem Moment ist Gerichtsstelle des ArbG der Gerichtstag. Keine Gerichtstage gibt es in Brandenburg, Bremen, Saarland, Berlin, Hamburg, Sachsen-Anhalt und Thüringen. Zum 1.6.1996 wurden alle Gerichtstage in Niedersachsen und mit Wirkung zum 1.1.2005 in Hessen abgeschafft. In den übrigen Bundesländern gibt es in 1. Instanz Gerichtstage. In Sachsen und Rheinland-Pfalz gibt es zudem auch in 2. Instanz Gerichtstage.

19 Vom Gerichtstag ist die in § 46 Abs. 2 ArbGG iVm. § 219 Abs. 2 ZPO eröffnete Möglichkeit abzugrenzen, in Einzelfällen einen **Lokaltermin** abzuhalten. Nach § 219 Abs. 1 ZPO ist vorgesehen, dass die Termine an der Gerichtsstelle abgehalten werden, sofern nicht die Einnahme eines Augenscheins an Ort und Stelle, die Verhandlung mit einer am Erscheinen vor Gericht verhinderten Person oder eine sonstige Handlung erforderlich ist, die an der Gerichtsstelle nicht vorgenommen werden kann. Dieser Termin ist von dem Vorsitzenden des jeweiligen Spruchkörpers gem. § 216 ZPO zu bestimmen.

20 Eine **Vereinbarung der Parteien**, am eigentlichen Gerichtssitz statt am Gerichtstag zu verhandeln, bindet das Gericht nicht[2]. Eine Verhandlung am Gerichtssitz statt am Gerichtstag auf übereinstimmenden Antrag beider Parteien ist aber zulässig.

21 Umstritten ist, ob das ArbG auch **außerhalb des Gerichtstags eine „Gerichtstagssache"** an seinem Gerichtssitz verhandeln kann. So wird vertreten, dass die Terminierung dem freien Ermessen des Gerichts unterliegt, welches nur unter dem Gesichtspunkt der Rechtsverweigerung nachprüfbar ist; allerdings dürfe eine solche Entscheidung nicht zur eigenmächtigen Änderung des Geschäftsverteilungsplans und zum Entzug des gesetzlichen Richters führen[3]. Diese Ansicht wird nicht geteilt. Besteht die Anordnung zur Abhaltung der Gerichtstage, ist dieser zu folgen. Weder Präsidium noch Kammervorsitzender haben die Möglichkeit, hiervon ohne Einverständnis der Parteien abzuweichen[4].

22 Eine eigene **Geschäftsstelle** ist am Gerichtstag nicht notwendig und vorgesehen. Die gesamte Organisation und Verwaltung, oftmals auch ein Teil der von der Kammer im Übrigen wahrzunehmenden Termine, verbleiben am Gerichtssitz. Durch Geschäftsordnung kann vorgesehen werden, dass eine Kammer ausschließlich oder aber nur teilweise an einem Gerichtstag verhandelt.

23 Grundsätzlich wird die dreiwöchige Klagefrist des § 4 KSchG auch gewahrt, wenn die **Kündigungsschutzklage bei einem örtlich unzuständigen ArbG** erhoben wird. Der Grundsatz, dass die Klagefrist auch durch Einreichung der Klage bei einem örtlich unzuständigen ArbG gewahrt ist, gilt aber nicht, wenn die Kündigungsklage bei einer Stelle eingereicht wird, an der das ArbG lediglich Gerichtstage abhält (anders bei der Einlegung fristgebundener Anträge bei Außenkammern[5]). Geht dadurch die Klage verspätet bei

---

1 In NRW zB Verordnung über die Abhaltung von Gerichtstagen der Arbeits- und Sozialgerichte vom 30.10.2009.
2 LAG München v. 1.4.1980 – 7 Ta 23/80.
3 LAG München v. 1.4.1980 – 7 Ta 23/80, AMBl. BY 1980, C 37–39.
4 AA aber Düwell/Lipke/*Lipke*, § 14 Rz. 12.
5 BAG v. 23.9.1981 – 5 AZR 603/79, AP Nr. 2 zu § 64 ArbGG 1979.

der Geschäftsstelle am Sitz des ArbG ein, so können die Folgen der Fristversäumnis nur durch nachträgliche Zulassung der Kündigungsschutzklage beseitigt werden[1].

VI. Anhörung

Bei den Maßnahmen des § 14 Abs. 2 Nr. 1–5 sowie des Abs. 3, nicht jedoch bei der Einrichtung von Gerichtstagen nach Abs. 4, sind die Landesgesetzgeber verpflichtet, vorbereitend **die Vereinigungen von ArbN und ArbGeb zu hören, die für das Arbeitsleben im Landesgebiet wesentliche Bedeutung haben**. Die für das Landesgebiet maßgeblichen Vereinigungen von ArbN und ArbGeb sind insbesondere die Landesbezirke der Gewerkschaften einerseits sowie die Landesvereinigungen der ArbGeb andererseits (zum Begriff der Gewerkschaften und der ArbGeb-Verbände vgl. auch § 10 Rz. 10 ff.). 24

Die Vorschrift zeigt, dass den angeführten Vereinigungen angesichts ihrer Bedeutung hinsichtlich der Fortentwicklung des Arbeitsrechts und der Verantwortung, die sie in Bezug auf die soziale Selbstverwaltung und alle sich aus ihr ergebenden Aufgaben übernommen haben, Rechte hinsichtlich der Errichtung und Organisation der LAG und ArbG eingeräumt werden (so auch § 15 Abs. 1 Satz 2, 17 Abs. 1, 33 Satz 2, 34 Abs. 1 Satz 2, 35 Abs. 3 Satz 2). Das Anhörungsrecht besteht dagegen nicht bei der Bestimmung über die Anzahl der Senate beim BAG (hierzu § 41 Rz. 5). 25

Unter verfassungsrechtlichen Gesichtspunkten ist die **Beschränkung der Anhörungsverpflichtung** auf die genannten Adressaten nach der Rspr. des BVerfG zur Regelung des § 14 Abs. 5 als unbedenklich einzustufen[2]. 26

Das **Anhörungsrecht** erfasst nicht ein Zustimmungserfordernis, sondern bedeutet die Gelegenheit zur Äußerung über die zur Entscheidung ausstehende Angelegenheit, und zwar zum Sachverhalt wie auch zur rechtlichen Beurteilung. 27

Das **Unterlassen der erforderlichen Anhörung** führt zur Unwirksamkeit der Maßnahme, nicht jedoch dazu, dass das Gericht fehlerhaft besetzt ist. Eine Nichtigkeitsklage kann hierauf nicht gestützt werden. 28

§ 15 Verwaltung und Dienstaufsicht

(1) Die Geschäfte der Verwaltung und Dienstaufsicht führt die zuständige oberste Landesbehörde. Vor Erlass allgemeiner Anordnungen, die die Verwaltung und Dienstaufsicht betreffen, soweit sie nicht rein technischer Art sind, sind die in § 14 Abs. 5 genannten Verbände zu hören.

(2) Die Landesregierung kann durch Rechtsverordnung Geschäfte der Verwaltung und Dienstaufsicht dem Präsidenten des Landesarbeitsgerichts oder dem Vorsitzenden des Arbeitsgerichts oder, wenn mehrere Vorsitzende vorhanden sind, einem von ihnen übertragen. Die Landesregierung kann die Ermächtigung nach Satz 1 durch Rechtsverordnung auf die zuständige oberste Landesbehörde übertragen.

I. Allgemeines	1	b) Justizverwaltung	16
II. Ressortierung	2	c) Spezialvorschriften	22
III. Verwaltung und Dienstaufsicht (Abs. 1)	6	2. Dienstaufsicht	26
1. Geschäfte der Verwaltung	7	3. Anhörung	34
a) Gerichtsverwaltung	11	IV. Übertragung von Kompetenzen (Abs. 2)	39

Schrifttum: *Hager*, Verfassungsrechtliche Grenzen der Dienstaufsicht bei richterlicher Meinungskundgabe im Amt, DRiZ 1988, 325; *Kalb*, Zwischen Tradition und Umbruch, in: Arbeitsrecht und Sozialpartnerschaft, FS Peter Hanau, 1999, S. 19; *Koch*, „Ohne Substanz", DRiZ 1988, 158; *Kraushaar*, Die Arbeitsgerichte zwischen Arbeits- und Justizministerium, BB 1987, 2309; *Marqua*, Rechtspflegeministerien schaffen!, DRiZ 1987, 446; *Oetker*, Zum Rechtsweg gegen Justizverwaltungsakte der Arbeitsgerichte, MDR 1989, 600; *Schmidt-Räntsch*, Dienstaufsicht über Richter, 1985; *Zuck*, Verfassungsrechtliche Probleme eines Rechtspflegeministeriums, NJW 1969, 1099.

---

1 LAG Tübingen v. 27.1.1964 – 4 Ta 1/64.
2 BVerfG v. 22.10.1985 – 1 BvL 44/83, NJW 1986, 1095.

I. Allgemeines

1 Die Gerichte bedürfen zur Erfüllung ihrer Aufgaben als rechtsprechende Gewalt (Art. 92 GG) eines ausreichenden Verwaltungsapparates. § 15 regelt die Zuständigkeit für die Verwaltungsgeschäfte und die Dienstaufsicht über die ArbG 1. und 2. Instanz. Für das BAG obliegt die Aufsicht gem. § 40 Abs. 2 dem BMAS im Einvernehmen mit dem BMJV.

II. Ressortierung

2 Mit der Ressortierung wird die **Zuständigkeit für die Gerichtsverwaltung** geregelt. Soweit die ArbG und LAG der Dienstaufsicht unterstehen und Verwaltungsgeschäfte zu führen sind, ist die oberste Landesbehörde zuständig. Dabei steht es seit dem Erlass des Arbeitsgerichtsgesetz-Änderungsgesetzes vom 26.6.1990 (BGBl. I S. 1206) den Ländern frei, wie sie die Zuständigkeit für die ArbG und LAG regeln. Sie haben die Wahlmöglichkeit zwischen einer Zuordnung zu den obersten Arbeitsbehörden oder zu den Landesjustizverwaltungen[1].

3 Nach einer Entscheidung des VerfGH Münster vom 9.2.1999[2] zum NRW-Doppelministerium war allerdings die **Ressort-Fusion** per Organisationserlass vom 9.6.1998 zum Innen- und Justizministerium rechtswidrig. Die Ministerien wurden wieder getrennt; die Arbeitsgerichtsbarkeit ist seither dem Justizministerium zugeordnet.

4 Die ArbG und LAG ressortieren **in den einzelnen Bundesländern** wie folgt:

Baden-Württemberg: Justizministerium, Schillerplatz 4, 70173 Stuttgart; www.jum.baden-wuerttemberg.de für das LAG Baden-Württemberg in Stuttgart und die Kammern Freiburg und Mannheim und die ArbG des Landes Baden-Württemberg

Bayern: Staatsministerium für Arbeit und Soziales, Familie und Integration, Winzererstr. 9, 80797 München; www.stmas.bayern.de für die LAG München und Nürnberg und die ArbG des Freistaates Bayern

Berlin: Senatsverwaltung für Integration, Arbeit und Soziales, Oranienstr. 106, 10969 Berlin, www.berlin.de/sen/ais für das LAG Berlin/Brandenburg und das ArbG Berlin

Brandenburg: Ministerium der Justiz und für Europa und Verbraucherschutz, Heinrich-Mann-Allee 107, 14473 Potsdam; www.mdjev.brandenburg.de für die ArbG des Landes Brandenburg

Bremen: Der Senator für Justiz und Verfassung, Richtweg 16–22, 28195 Bremen, www.justiz.bremen.de für das LAG und das ArbG Bremen-Bremerhaven

Hamburg: Justizbehörde, Drehbahn 36, 20310 Hamburg; www.hamburg.de/justizbehoerde für das LAG und das ArbG Hamburg

Hessen: Ministerium der Justiz, Luisenstr. 13, 65185 Wiesbaden; www.justizministerium.hessen.de für das LAG Hessen und die ArbG des Landes Hessen

Mecklenburg-Vorpommern: Justizministerium, Puschkinstr. 19–21, 19055 Schwerin; www.regierung-mv.de für das LAG MV und die ArbG des Landes Mecklenburg-Vorpommern

Niedersachsen: Justizministerium, Am Waterlooplatz 1, 30169 Hannover; www.mj.niedersachsen.de für das LAG Niedersachsen und die ArbG des Landes Niedersachsen

Nordrhein-Westfalen: Ministerium der Justiz, Martin-Luther-Platz 40, 40212 Düsseldorf; www.justiz.nrw.de für die LAG Köln, Düsseldorf und Hamm und die ArbG des Landes NRW

Rheinland-Pfalz: Ministerium der Justiz, Ernst-Ludwig-Str. 3, 55116 Mainz; www.jm.rlp.de für das LAG Rh.-Pf. und die ArbG des Landes Rheinland-Pfalz

Saarland: Ministerium der Justiz, Franz-Josef-Röder-Str. 17, 66119 Saarbrücken; www.saarland.de/ministerium_justiz.htm für das LAG Saarland und die ArbG des Saarlandes

Sachsen: Staatsministerium der Justiz, Hospitalstr. 7, 01097 Dresden; www.justiz.sachsen.de für das LAG Sachsen und die ArbG des Freistaats Sachsen

Sachsen-Anhalt: Ministerium für Justiz und Gleichstellung, Domplatz 2–4, 39104 Magdeburg; www.mj.sachsen-anhalt.de für das LAG Sa.-Anh. und die ArbG des Landes Sachsen-Anhalt

Schleswig-Holstein: Ministerium für Justiz, Kultur und Europa Lorentzendamm 35, 24103 Kiel, www.schleswig-holstein.de/MJKE für das LAG Schl.-Holst. und die ArbG des Landes Schleswig-Holstein

---

1 Zur verfassungsrechtlichen Zulässigkeit und den Vor- und Nachteilen einer Änderung der Ressortzugehörigkeit vgl. *Kraushaar*, BB 1987, 2309; *Zuck*, NJW 1969, 1099; *Marqua*, DRiZ 1987, 446; *Koch*, DRiZ 1988, 158; zur Debatte um die Zusammenlegung von Arbeitsgerichten und ordentlichen Gerichten *Kalb*, FS Hanau, 1999, S. 27.
2 VerfGH NRW v. 9.2.1999 – VerfGH 11/98, DRiZ 1999, 99.

Thüringen: Ministerium für Migration, Justiz und Verbraucherschutz, Werner-Seelenbinder-Str. 5, 99096 Erfurt; www.thueringen.de/th4/justiz für das LAG Thüringen und die ArbG des Freistaats Thüringen

Mit dem Arbeitsgerichtsbeschleunigungsgesetz vom 30.3.2000 (BGBl. 2000 Teil I Nr. 14, S. 333) hat es der Bundesgesetzgeber im Interesse der Verwaltungsvereinfachung in das Ermessen der Landesregierung gelegt, den Erlass einer Rechtsverordnung den obersten Landesbehörden zu übertragen. Durch Art. 80 Abs. 1 Satz 1 GG können in einer bundesgesetzlichen Regelung nur die Landesregierungen, nicht aber die zuständigen obersten Landesbehörden zum Erlass einer Rechtsverordnung ermächtigt werden. Durch die neue Gesetzesfassung ist diese Befugnis auf die zuständige oberste Landesbehörde übertragen worden.

III. Verwaltung und Dienstaufsicht (Abs. 1)

Untrennbar mit der Notwendigkeit des institutionellen Bestehens der Gerichte verbunden sind die Verwaltungstätigkeit und die Dienstaufsicht, die für die Existenz und Funktionsfähigkeit der Gerichte unerlässlich sind.

1. Geschäfte der Verwaltung

Unter **Verwaltungstätigkeit** versteht man sowohl die Gerichtsverwaltung als auch die Justizverwaltung.

§ 15 Abs. 1 ist als **allgemeine Bestimmung** nur dann anzuwenden, wenn dieser Bereich nicht bereits durch spezielle Vorschriften geregelt wird, so bspw. durch die §§ 6a, 7, 16, 18, 20 (wegen der Einzelheiten vgl. auch Rz. 22 ff.).

Die **genaue Zuständigkeit** innerhalb der Verwaltung ist durch § 15 nicht geregelt, sondern ergibt sich aus der jeweiligen Maßnahme und der entsprechend anzuwendenden Bestimmung.

Maßnahmen der Verwaltung sind in allen Bereichen **rechtlich überprüfbar**, sobald sie andere in ihren Rechten berühren. Der Rechtsschutz ist abhängig von der Art der Maßnahme und dem betroffenen Adressaten. Soweit keine besonderen Rechtsbehelfe vorgesehen sind, ist gegen Maßnahmen der Justizverwaltung der Verwaltungsgerichtsweg nach § 40 VwGO gegeben. Spezielle Zuständigkeiten können sich aber aus der Besonderheit des Rechtsverhältnisses ergeben; so sind die ArbG als Rechtsweg zuständig für Personalangelegenheiten ihrer Angestellten, die Verwaltungsgerichte für ihre Beamten und die Dienstgerichte für ihre Richter. § 23 EGGVG, der den Rechtsweg bei Justizverwaltungsakten zu den ordentlichen Gerichten eröffnet, ist nicht anwendbar, da §§ 23 ff. EGGVG nur für Justizverwaltungsakte innerhalb der ordentlichen Gerichtsbarkeit (§ 12 GVG) gelten und nicht für Justizverwaltungsakte der anderen Gerichtsbarkeiten. Dies ergibt sich aus Zweck und Stellung der Norm im Gesetzesgefüge[1].

a) Gerichtsverwaltung

Die Gerichtsverwaltung ist die gesamte **behördliche verwaltende Tätigkeit**, die nicht unmittelbar die Erfüllung der Rechtsprechungsaufgaben beinhaltet, aber für den innerorganisatorischen Ablauf durch Schaffung der materiellen und personellen Voraussetzungen Sorge trägt.

Zur Gerichtsverwaltung gehört die **personelle Ausstattung** des Gerichts für alle Aufgabenbereiche im nichtrichterlichen Dienst und die gesamte Personalverwaltung einschließlich der Dienstaufsicht.

Gerichtsverwaltung ist auch die **Beschaffung und Verwaltung des Sachbedarfs**, wie bspw. die Bereitstellung der erforderlichen Gebäude und deren Energieversorgung einschließlich Inneneinrichtung sowie aller Arbeitsmittel von der Büroeinrichtung über Arbeitsgeräte bis zur Bibliothek einschließlich der Hausverwaltung.

Gerichtsverwaltung beinhaltet ferner die **Regelung und konkrete Durchführung des gesamten Dienstbetriebes**, und zwar sowohl die allgemeinen Regelungen durch Erlass von Durchführungsbestimmungen, die nichtrichterliche Geschäftsverteilung oder die Aktenordnung und die Aufstellung einer Wahlordnung für den Ausschuss der ehrenamtlichen Richter (vgl. § 29 Rz. 5) als auch deren konkrete Durchführung (Geschäftsstellen- und Kanzleidienst, Protokollführer). Überdies gehören dazu mittelbare Aufgaben wie Haushalts-, Kassen- und Rechnungswesen und die Statistik.

---

1 *Kissel/Mayer*, § 12 GVG Rz. 91; § 23 EGGVG Rz. 12; *Oetker*, MDR 1989, 600; anders OLG Schl.-Holst. v. 26.9.1988 – 12 VA 3/88, NJW 1989, 110.

15 Herkömmlicherweise erfasst der Bereich der Gerichtsverwaltung zudem die **Aus- und Fortbildung** des Nachwuchses aller Laufbahngruppen und die Beteiligung der gerichtlichen Praxis an der Ausbildung von Studenten und Referendaren. Auch die **Berufung von ehrenamtlichen Richtern** nach § 20 ist ein Akt der Gerichtsverwaltung. Schließlich ist die **allgemeine Rechts- und Amtshilfe** der Gerichte nach Art. 35 GG zu nennen.

b) Justizverwaltung

16 Justizverwaltung ist diejenige Tätigkeit der Justiz, die nicht Rechtspflege darstellt und gleichwohl unmittelbare **Außenwirkung** außerhalb eines anhängigen gerichtlichen Verfahrens entfaltet.

17 Aufgabe der Justizverwaltung ist bspw. die **Aufnahme von Klagen oder sonstiger Anträge** durch die Rechtsantragstelle (vgl. auch § 7 Rz. 33). Mündlich zu Protokoll der Geschäftsstelle können bspw. auch Einsprüche gegen Versäumnisurteile gem. § 59 Satz 2, Anträge im Beschlussverfahren des ersten Rechtszugs nach § 81 Abs. 1, neben Klagen auch Klageerwiderungen sowie sonstige Anträge und Erklärungen einer Partei, die zugestellt werden sollen gem. § 46 Abs. 2 ArbGG iVm. § 496 ZPO oder Beschwerden gem. § 90 Abs. 1 Satz 2, § 95 Satz 2 angebracht werden.

18 Auch die Gewährung von **Akteneinsicht durch Dritte** gem. § 299 Abs. 2 ZPO erfolgt als Maßnahme der Justizverwaltung[1]. Dritten, also am Verfahren nicht Beteiligten, kann Akteneinsicht (nur) gewährt werden, wenn sie ein rechtliches Interesse (§ 299 Abs. 2 ZPO) glaubhaft machen und schutzwürdige Interessen eines Beteiligten oder eines Dritten nicht entgegenstehen. Die Akteneinsicht durch Dritte gewährt grds. der Behördenleiter des Gerichts; die Delegation dieser Befugnis an den Vorsitzenden Richter ist jedoch nicht nur zulässig, sondern sogar die Regel. Im Gegensatz hierzu ist die Gewährung von **Akteneinsicht an Verfahrensbeteiligte** während des Verfahrens gem. § 299 Abs. 1 ZPO in richterlicher Unabhängigkeit zu gewähren.

19 Die Ausgabe von **Presseinformationen** und die gerichtlichen **Veröffentlichungen** sind ebenfalls klassischer Bestandteil der Justizverwaltung. Dabei steht der Gerichtsverwaltung grds. ein Ermessensspielraum hinsichtlich Art und Umfang der Auskunft zu. Für die Auskunft über Gerichtsentscheidungen sind allerdings die Pressefreiheit einerseits sowie der Grundsatz der Gerichtsöffentlichkeit als Bestandteil des Rechtsstaatsprinzips anderseits zu berücksichtigen. Insbesondere kann die grds. bestehende Veröffentlichungspflicht auch bereits vor Rechtskraft bestehen[2]. Bei der Veröffentlichung obliegt den Gerichten eine Neutralitätspflicht; bei der Herausgabe darf nicht nach dem wissenschaftlichen Niveau der Presseorgane unterschieden werden[3].

20 Ferner ist Teil der Justizverwaltung die Berechnung von **Kosten nach Beendigung des Rechtsstreits**. Die Berechnung der Kosten erfolgt gem. § 12 iVm. dem GKG und ist abzugrenzen von dem Kostenfestsetzungsverfahren nach §§ 103, 104 ZPO, das als selbständiges zur 1. Instanz gehörendes Nachverfahren als rechtsprechende Tätigkeit zu qualifizieren ist[4].

21 Schließlich gehört zur Justizverwaltung auch die Bearbeitung von **Dienstaufsichtsbeschwerden** (hierzu Rz. 26 ff.).

c) Spezialvorschriften

22 Ein großer Teil der Verwaltung ist durch spezielle Vorschriften geregelt. Die speziellen Vorschriften gehen § 15 als generelle Regelungen vor.

23 Viele Spezialregelungen finden sich **im ArbGG** selbst. So regeln § 7 Abs. 1 die Einrichtung von Geschäftsstellen und § 7 Abs. 2 die Kosten für die Geschäftsstelle. Die Verteilung der richterlichen Geschäfte richtet sich nach § 6a ArbGG iVm. §§ 21a ff. GVG und setzt ua. den Erlass eines Geschäftsverteilung voraus. § 16 Abs. 1 Satz 1 befasst sich mit der Bestimmung der Anzahl der Berufsrichter und der ehrenamtlichen Richter. Die Ernennung der Berufsrichter ist durch § 18 und die Berufung der ehrenamtlichen Richter durch § 20 geregelt. Disziplinarmaßnahmen den ehrenamtlichen Richtern gegenüber sind durch §§ 27, 28 vorgegeben. Die Vertretung des Vorsitzenden wird durch § 6a ArbGG iVm. § 21e Abs. 1 Satz 1 GVG, § 19 geregelt.

---

1 BVerfG v. 2.12.2014 – 1 BvR 3106/09, NJW 2015, 610; BGH v. 29.4.2015 – XII ZB 214/14, NJW 2015, 1827.
2 BVerfG v. 14.9.2015 – 1 BvR 857/15, NJW 2015, 3708; zur Abwägung mit Persönlichkeitsrechten BVerwG v. 1.10.2014 – 6 C 35/13, NJW 2015, 807.
3 BVerwG v. 26.2.1997 – 6 C 3/96, NJW 1997, 2694.
4 Hierzu Zöller/*Herget*, § 104 ZPO Rz. 21 „Verfahren".

Im Bereich der **Personalverwaltung** finden sich weiterhin Spezialregelungen in Gesetzen und Tarifen. Hier sind insbesondere für den richterlichen Bereich das DRiG und die Beamten- und Besoldungsgesetze anzuführen sowie für den nichtrichterlichen Bereich der TVöD. 24

Schließlich sind bei der Personalverwaltung den Richter- und Präsidialräten **Beteiligungsrechte** eingeräumt (hierzu im Einzelnen § 6 Rz. 43 ff.). 25

2. Dienstaufsicht

Unter der Dienstaufsicht iSd. § 15 als ein besonderer Teil der Verwaltung versteht man die Überwachung der ordnungsgemäßen Durchführung der Dienstgeschäfte. **Aufgabe der Dienstaufsicht** ist es sicherzustellen, dass die Mitarbeiter pflichtgemäß handeln und widrigenfalls zu pflichtgemäßem Handeln angehalten werden können. Die Dienstaufsicht betrifft alle Mitarbeiter des Gerichts einschließlich der Richter. 26

Aufgrund der besonderen Stellung des Richters nach dem Grundgesetz und der hierdurch garantierten richterlichen Unabhängigkeit (Art. 97 GG) wird bei dem Inhalt der **Dienstaufsicht über die Richter** herkömmlich zwischen Dienstaufsichtsmaßnahmen wegen des Verhaltens des Richters außerhalb und innerhalb der richterlichen Tätigkeit unterschieden. Art. 97 GG garantiert den Richtern Unabhängigkeit in zweierlei Hinsicht: In Art. 97 Abs. 1 GG sichert das Grundgesetz den Richtern die sachliche Unabhängigkeit zu, in Art. 97 Abs. 2 GG die persönliche Unabhängigkeit (hierzu § 6 Rz. 19 ff.). 27

Sachliche Unabhängigkeit bedeutet, dass die Richter ihre richterliche Tätigkeit frei von Weisungen und anderen Einflussnahmen ausschließlich an das Gesetz gebunden ausüben. Die Unabhängigkeit beeinflusst als beherrschendes Prinzip das gesamte Dienstverhältnis des Richters. Sie dient der Erfüllung der Justizgewährungspflicht durch den gewaltenteilenden Rechtsstaat. Die Unabhängigkeit ist Voraussetzung für eine objektive, von keiner Seite beeinflusste Rspr. und für die strenge Bindung des Richters an Gesetz und Recht. 28

Sachliche Unabhängigkeit kommt dem Richter allerdings nicht in allen Bereichen seiner Tätigkeit zu; vielmehr ist die Weisungsfreiheit nur auf den Bereich seiner spezifisch richterlichen Tätigkeit beschränkt. Der **Bereich der richterlichen Tätigkeit** wird allerdings weit interpretiert und umfasst nicht nur die eigentliche Spruchtätigkeit einschließlich der Verhandlungsführung[1], sondern alles, was der Richter zur Vor- und Nachbereitung seiner Entscheidungen unternimmt, also bspw. das Ansetzen von Terminen und das Berichtigen der Urteile. Über die Rspr. hinaus gehören zum richterlichen Bereich auch die Aufgaben, die zwar materiell keine Rspr. darstellen, den Richtern aber als richterliche Tätigkeit aufgegeben worden sind, wie bspw. die Geschäftsverteilung. In diesem Kernbereich ist jede Maßnahme der Dienstaufsicht, die den Inhalt einer Entscheidung berührt, unzulässig. 29

Bei der Ausübung richterlicher Tätigkeit kann nur die **ordnungswidrige Art der Ausführung eines Amtsgeschäfts oder seine schuldhaft verzögerte Bearbeitung** ermahnt werden. So könnte bspw. das ständig verspätete Absetzen von Entscheidungen um mehrere Monate als Dienstpflichtverletzung angesehen werden, wenn gesetzliche Gründe, die ausnahmsweise solche Vorgehensweisen rechtfertigen, nicht vorliegen[2]. Hierbei handelt es sich nach der Rspr. des Dienstgerichtes des Bundes um richterliche Tätigkeiten, die dem Kernbereich der Unabhängigkeit so weit entrückt sind, dass für diese die Garantie des Art. 97 Abs. 1 GG nicht in Anspruch genommen werden kann. Die Dienstaufsicht erstreckt sich außerdem auf die äußere Form der Erledigung richterlicher Geschäfte[3]. 30

Nicht in den Bereich der richterlichen Unabhängigkeit fällt die **Tätigkeit des Richters, die er im Bereich der Gerichts- und Justizverwaltung wahrnimmt**, zB die Bereitstellung der persönlichen und sachlichen Mittel für die Aufgaben der Gerichte oder sonstige auszuführende Verwaltungstätigkeiten. In diesen Bereichen ist eine Dienstaufsicht unter Maßgabe des § 26 DRiG bzw. der entsprechenden landesrichterlichen Vorschriften möglich. Außerhalb der richterlichen Tätigkeit hat der Richter sein gesamtes Verhalten darauf einzurichten, dass das Vertrauen in seine Unabhängigkeit nicht gefährdet wird (§ 39 DRiG). Insoweit 31

---

1 BGH v. 4.6.2009 – RiZ (R) 5/08, NJW 2010, 302: Beeinträchtigung der richterlichen Unabhängigkeit durch Kritik an der Verhandlungsführung des Richters in der dienstlichen Beurteilung.
2 BGH v. 5.10.2005 – RiZ (R) 5/04, NJW 2006, 692; Dienstgerichtshof Dresden v. 6.7.2007 – DGH 4/06, NJW-RR 2008, 936.
3 Vgl. zur Vereinbarkeit der Aufsicht nach § 26 DRiG mit der richterlichen Unabhängigkeit insb. BVerfG v. 22.10.1974 – 2 BvR 147/70, BVerfGE 38, 139; BGH v. 23.10.1963 – RiZ 1/62, NJW 1964, 2415; BGH v. 17.10.1977 – RiZ (R) 2/77, NJW 1978, 824 zur Einlassung in der mündlichen Urteilsbegründung; zu weiteren Einzelheiten *Schmidt-Räntsch*, Dienstaufsicht über Richter, S. 33 ff. mwN und Rechtsprechungsübersicht; zur Diskussion um den Begriff des Kernbereiches vgl. auch *Hager*, DRiZ 1988, 325.

unterliegt er allen Mitteln der Dienstaufsicht, da weder die sachliche noch die persönliche Unabhängigkeit bei der Wahrnehmung von Verwaltungsaufgaben tangiert werden[1].

32   Der Begriff der **Maßnahme der Dienstaufsicht** umfasst nicht nur unmittelbare Eingriffe, sondern auch alle Einflussnahmen einer für die Dienstaufsicht in Betracht kommenden Stelle, die sich auf die Tätigkeit des Richters nur mittelbar auswirken oder darauf abzielen[2]. Eine Maßnahme der Dienstaufsicht kann nur von demjenigen vorgenommen werden, dem die entsprechende Befugnis zur Dienstaufsicht zusteht[3]. **Mittel der Dienstaufsicht** gegenüber dem Richter sind ua. Vorhalt und Ermahnung. Während der Vorhalt der ordnungswidrigen Art der Ausführung eines Amtsgeschäftes die Kundgabe einer objektiven Feststellung zur Sache bedeutet, beinhaltet die Ermahnung zu einer ordnungsgemäßen und möglichst beschleunigten Bearbeitung einen Appell an das Verantwortungsbewusstsein des Richters[4]. Neben dem Vorhalt und der Ermahnung sehen einige Landesrichtergesetze weitere Disziplinarmaßnahmen wie Verweis, Geldbuße, Gehaltskürzung, Versetzung in ein Amt mit geringerem Endgrundgehalt, Entfernung aus dem Dienst, Kürzung oder Aberkennung des Ruhegehalts vor[5].

33   Über **Streitigkeiten bei der Abgrenzung** der richterlichen Unabhängigkeit von der Dienstaufsicht entscheiden die **Richterdienstgerichte** (vgl. § 26 Abs. 3 DRiG bzw. die entsprechenden Vorschriften der LRiG). Die Überprüfung einer Maßnahme der Dienstaufsicht ist aber darauf beschränkt, ob sie in die richterliche Unabhängigkeit aus Art. 97 Abs. 1 GG eingreift. Die Richterdienstgerichte befinden nach § 26 Abs. 3 DRiG hingegen nicht darüber, ob eine Maßnahme der Dienstaufsicht auch aus anderen Gründen rechtswidrig (beispielsweise sachlich unrichtig) und damit unzulässig ist[6]; vielmehr ist insoweit der Rechtsweg zu den Verwaltungsgerichten eröffnet[7].

3. Anhörung

34   Bei den Geschäften der Verwaltung wird zwischen Einzelmaßnahmen und allgemeinen Anordnungen differenziert. Wenn der Bereich der allgemeinen Anordnungen betroffen ist – soweit diese nicht rein technischer Art sind – sind die Verbände der ArbN und ArbGeb, die für das Arbeitsleben im Landesgebiet wesentliche Bedeutung haben, zu hören (§ 14 Abs. 5).

35   **Allgemeine Anordnungen** sind solche, die generelle Regelungen zum Gegenstand haben und sich nicht in einer einzelnen Weisung – wie bei typischen Verwaltungsakten – erschöpfen. Insbesondere kommen daher Rechtsverordnungen, Erlasse, Verfügungen, allgemeine Dienstanweisungen, Richtlinien und Sonderverordnungen in Betracht.

36   Da allgemeine Anordnungen „**rein technischer Art**" vom Anhörungsrecht nicht erfasst werden sollen, ist dieser Begriff zu definieren. Die hL argumentiert mit dem Schutzzweck der Norm und sieht ein Anhörungsrecht immer dann als gegeben, wenn durch die allgemeinen Regelungen Interessen der Verbände am reibungslosen Ablauf der Arbeitsgerichtsbarkeit berührt sind[8]. Insoweit wird man – dieser Ansicht folgend – Einzelheiten des Bürobetriebes oder Maßnahmen wie die Einführung von Sicherheitstüren, die Verteilung von Sitzungssälen etc. aus dem Anhörungsbereich herausnehmen können. Allgemeine Anordnungen, die einer Anhörung bedürfen, sind dagegen bspw. die Erstellung oder Änderung der Geschäftsordnung eines Gerichts oder der Aktenordnung.

37   Zur **Verwirklichung des Anhörungsrechtes** ist eine Zustimmung der Verbände nicht erforderlich; ihnen muss vielmehr nur Gelegenheit zur Äußerung über die zur Entscheidung stehenden Angelegenheiten gegeben werden (vgl. auch § 14 Rz. 24 f.).

38   Das **Unterlassen der gebotenen Anhörung** hat die Unwirksamkeit der erlassenen Regelung zur Folge[9].

---

1 BVerfG v. 22.10.1974 – 2 BvR 147/70, BVerfGE 38, 139.
2 BGH v. 12.10.2016 – RiZ (R) 6/13.
3 BGH v. 4.3.2015 – RiZ (R) 4/14, DRiZ 2016, 110.
4 Zu den Einzelheiten *Schmidt-Räntsch*, Dienstaufsicht über Richter, S. 25 ff.
5 ZB § 48 LRiG NRW.
6 BGH v. 31.1.1984 – RiZ (R) 3/83, NJW 1984, 2531; BGH v. 27.1.1995 – RiZ (R) 3/94, DRiZ 1995, 352; BGH v. 14.4.1997 – RiZ (R) 1/96, DRiZ 1997, 467.
7 BGH v. 3.12.2014 – RiZ (R) 1/14.
8 GMP/*Prütting*, § 15 Rz. 19; GK-ArbGG/*Dörner*, § 15 Rz. 15; Düwell/Lipke/*Lipke*, § 15 Rz. 5.
9 BVerfG v. 17.11.1959 – 2 BvL 76/58, NJW 1960, 1291.

IV. Übertragung von Kompetenzen (Abs. 2)

Die Geschäfte der Verwaltung und Dienstaufsicht können nach § 15 Abs. 2 übertragen werden. Seit Geltung des Arbeitsgerichtsbeschleunigungsgesetzes vom 30.3.2000 (BGBl. I S. 333) mit dem 1.5.2000 kann die Übertragung der Geschäfte nur noch durch **Rechtsverordnung** erfolgen. Derartige Rechtsverordnungen existieren bspw. in NRW und in Bayern, wo jeweils mehrere LAG bestehen. 39

Die **Übertragung der Geschäfte der Verwaltung und Dienstaufsicht** kann auf den Präsidenten des LAG oder aber an einen Vorsitzenden des ArbG erfolgen. Zur Erledigung der Gerichtsverwaltungsgeschäfte können weitere Richter als Dezernats- oder Geschäftsstellenleiter eingesetzt werden. In der Regel führen die Geschäfte nach § 15 der Präsident des BAG, die Präsidenten der LAG oder der ArbG bzw. die Direktoren der ArbG. Die **aufsichtführenden Richter** haben eine Doppelstellung, nämlich sowohl als Richter als auch als Organe der Justizverwaltung. Eine Geschäftsverteilung, die den aufsichtführenden Richter von richterlichen Aufgaben ausnimmt, ist unzulässig. In seiner Rechtsprechungstätigkeit wird der Präsident oder aufsichtführende Richter entsprechend der vom Präsidium getroffenen Regelung im Geschäftsverteilungsplan (§ 6a) vertreten. Die Vertretung in den Justizverwaltungsaufgaben richtet sich nach dem jeweiligen Landesrecht. In der Regel vertritt den Präsidenten oder aufsichtführenden Richter der als ständige Vertreter bestimmte Richter (Vizepräsident, stellvertretender Direktor). 40

Im Schrifttum ist umstritten, ob die **Übertragung von Maßnahmen iSd. § 15 auf jeden Vorsitzenden Richter eines ArbG** erfolgen kann oder lediglich auf den aufsichtführenden Richter, also den Direktor oder Präsidenten eines ArbG oder auf seine Stellvertreter erfolgen darf. Teilweise wird die Auswahl eines beliebigen Richters, den man für geeignet hält, als zulässig angesehen[1]. Nach weiterer Auffassung muss in der Praxis differenziert werden, ob es sich um eine dauerhafte oder vorübergehende Übertragung oder um eine Übertragung zur Probe handelt; für die Dienstaufsicht könne in jedem Fall unter den vorhandenen – auch abgeordneten – Richtern eine Auswahl getroffen werden[2]. Schließlich wird vertreten, das Gesetz meine lediglich den aufsichtführenden Richter[3]. Für die letztgenannte Ansicht gibt der Wortlaut der Norm nichts her, da die Verwaltung und Dienstaufsicht bei Vorhandensein mehrerer Vorsitzender nach Abs. 2 Satz 1 „einem von ihnen übertragen" werden kann[4]. 41

Bei der Aufgabenübertragung sind die Vorschriften der §§ 72–75 DRiG und mithin die **Beteiligungsrechte** von Richter- oder Präsidialrat zu beachten (vgl. auch § 6 Rz. 43 ff.). 42

Eine **Anhörung der Verbände vor Delegation** ist nach § 15 Abs. 1 Satz 3 nicht erforderlich[5]. Dies ergibt sich aus der Stellung der Regelung, die in Abs. 2 die Delegation behandelt und keine Verweisung auf Abs. 1 vorsieht. 43

§ 16 Zusammensetzung

(1) Das Arbeitsgericht besteht aus der erforderlichen Zahl von Vorsitzenden und ehrenamtlichen Richtern. Die ehrenamtlichen Richter werden je zur Hälfte aus den Kreisen der Arbeitnehmer und der Arbeitgeber entnommen.
(2) Jede Kammer des Arbeitsgerichts wird in der Besetzung mit einem Vorsitzenden und je einem ehrenamtlichen Richter aus Kreisen der Arbeitnehmer und Arbeitgeber tätig.

I. Allgemeines 1	4. Alleinentscheidungsrecht des Vorsitzenden . . . 28
II. Die Zusammensetzung der Arbeitsgerichte . . 3	a) Ausdrückliche Regelungen im ArbGG 29
III. Die Besetzung der Kammern 8	b) Sonstige Handlungen 33
1. Gütetermin 10	c) Sitzungspolizei 39
2. Kammerverhandlung 13	5. Fehlerhafte Besetzung und ihre Folgen 49
3. Beratung und Entscheidung 19	a) Heranziehung der falschen Richter 50

---

1 GMP/*Prütting*, § 15 Rz. 25.
2 Düwell/Lipke/*Lipke*, § 15 Rz. 7.
3 GK-ArbGG/*Dörner*, § 15 Rz. 16.
4 Insoweit auch BVerwG v. 4.11.1960 – VI C 163/58, AP Nr. 1 zu § 15 ArbGG 1953.
5 GK-ArbGG/*Dörner*, § 15 Rz. 17; GMP/*Prütting*, § 15 Rz. 26.

b) Keine volle Wahrnehmung der Richteraufgaben 54
c) Entscheidung durch den Vorsitzenden allein anstelle der Kammer 58
d) Entscheidung der Kammer anstelle des Vorsitzenden allein 60
e) Folgen 62

Schrifttum: *Bader,* Die Kopftuch tragende Schöffin, NJW 2007, 2964; *Bader,* Die elektronische Gerichtsakte und die ehrenamtlichen Richterinnen und Richter in der Arbeitsgerichtsbarkeit, NZA 2016, 16; *Bader/Hohmann/Klein,* Die ehrenamtlichen Richterinnen und Richter in der Arbeits- und Sozialgerichtsbarkeit, 13. Aufl. 2012; *Brill,* Stellung, Rechte und Pflichten der ehrenamtlichen Richter der Arbeitsgerichtsbarkeit, DB 1970, Beilage 4, 1; *Dütz,* Aktuelle Fragen zur Arbeitsgerichtsgesetz Novelle 1979, RdA 1980, 81; *Gehrmann,* Der demokratische Auftrag des ehrenamtlichen Richters und sein Informationsbedürfnis, DRiZ 1988, 126; *Ide,* Die Stellung der ehrenamtlichen Richter, in: Die Arbeitsgerichtsbarkeit, FS zum 100-jähr. Bestehen der Dt. Arbeitsgerichtsverbandes, 1994, S. 253; *Ide,* Gerichtsverfassung und Haushalt, RdA 1979, 228; *Krekeler,* Der Rechtsanwalt als Beistand des Zeugen und die Sitzungspolizei, NJW 1980, 980; *Rudolph,* Die Würde des Gerichts, DRiZ 1988, 155; *Schuldt,* Die ehrenamtlichen Richter bei den Gerichten für Arbeitssachen, AuR 1966, 103; *Wolmerath,* Der Ehrenamtliche Richter am Arbeitsgericht, in Lieber/Sens, Ehrenamtliche Richter, Wiesbaden, 1999, S. 129 ff.

I. Allgemeines

1 Die Vorschrift regelt die richterliche Besetzung der ArbG und der einzelnen Kammern als Spruchkörper der Gerichte 1. Instanz. Die Besetzung der Kammern mit zwei ehrenamtlichen Richtern (seinerzeit „Beisitzer" oder „Arbeitsrichter") neben einem Berufsrichter ist traditionell seit 1890 vorgesehen. Mit Inkrafttreten des ArbGG vom 23.12.1926 wurde das Ehrenamt im Wesentlichen mit den heutigen Befugnissen ausgestattet.

2 Durch die Beteiligung ehrenamtlicher Richter soll die Erfahrung der beteiligten Berufskreise genutzt und eine größere Akzeptanz der Urteile erzielt werden. Die ehrenamtlichen Richter von ArbGeb- und ArbN-Seite haben die Aufgabe, ihren Sachverstand aus der betrieblichen Praxis und ihre Erfahrungen in der Rechtsfindung bei den ArbG-Streitigkeiten einzubringen.

II. Die Zusammensetzung der Arbeitsgerichte

3 Das ArbG als Gericht 1. Instanz besteht aus der erforderlichen Zahl von Berufsrichtern und ehrenamtlichen Richtern. Die Zahl der erforderlichen Richter ist abhängig von der Anzahl der Kammern. Es existieren weder Mindest- noch Höchstzahlen.

4 Die **Festlegung der erforderlichen Zahl** von Kammern obliegt gem. § 17 der zuständigen obersten Landesbehörde nach Anhörung der Gewerkschaften und Vereinigungen von ArbGeb, die für das Arbeitsleben im Landesgebiet wesentliche Bedeutung haben (§ 14 Abs. 5). Im Übrigen ist allerdings der Begriff der „Erforderlichkeit" ständiger Streitpunkt. Die Justizministerien haben mittlerweile u.a. auch für den richterlichen Dienst ein System der **Personalbedarfsberechnung** (Pebb§y) entwickelt, das allerdings auch bei den Richtervereinigungen nicht unumstritten ist. Eine zu geringe Anzahl von Kammern führt jedenfalls zu einer Verlängerung der Verfahrensdauer (vgl. § 1 Rz. 35), dem Beschleunigungsgrundsatz (§§ 9, 56, 67) ggf. keine Rechnung mehr tragen kann[1].

5 Die **Zahl der Vorsitzenden Richter** muss nicht zwingend mit der Zahl der gebildeten Kammern identisch sein, da ein Richter mehreren Kammern vorsitzen kann[2] (vgl. auch § 6 Rz. 78 ff.).

6 **Der Vorsitzende Richter** muss Berufsrichter sein (hierzu § 6 Rz. 10 ff.). Er wird unter der Maßgabe von § 18 ernannt.

7 **Die ehrenamtlichen Richter** werden je zur Hälfte aus den Kreisen der ArbN (§ 23) und der ArbGeb (§ 24) entnommen. Soweit keine besonderen gesetzlichen Regeln bestehen, haben sie dieselben Rechte und Pflichten wie Berufsrichter (vgl. auch § 6 Rz. 61 ff.). Dies bedeutet insbesondere, dass sie unabhängig und nur dem Gesetz unterworfen sind (Art. 97 Abs. 1 GG, § 45 DRiG). Sie werden nach Maßgabe von § 20 für fünf Jahre berufen und können nach Maßgabe des § 27 ihres Amtes enthoben werden.

---

1 Hierzu ausführlich *Ide,* RdA 1979, 228.
2 GK-ArbGG/*Dörner,* § 16 Rz. 2.

III. Die Besetzung der Kammern

§ 16 Abs. 2 regelt die **Besetzung der einzelnen Spruchkörper** des ArbG. Die Kammern werden als Spruchkörper grds. mit einem Berufsrichter als Vorsitzenden Richter (§ 18) und zwei ehrenamtlichen Richtern, je einem aus dem Kreis der ArbN und dem Kreis der ArbGeb, besetzt (§§ 21–23). Bei der Besetzung sind insbesondere Art. 101 Abs. 1 Satz 2 GG und § 16 Satz 2 GVG zu beachten[1].

Die **Zuordnung der Richter** ist unterschiedlich: Während der Vorsitzende Richter einer oder mehreren Kammern durch Geschäftsverteilungsplan zugeordnet ist (vgl. § 6a Rz. 78 ff.), werden die ehrenamtlichen Richter in einer bestimmten Reihenfolge einer Liste herangezogen (hierzu insbesondere § 31 Rz. 16 ff.).

1. Gütetermin

Im **Urteilsverfahren** werden die obligatorischen Gütetermine in 1. Instanz von dem Vorsitzenden allein durchgeführt (§ 54). Hier erörtert der Berufsrichter das gesamte Streitverhältnis mit den Parteien unter freier Würdigung aller Umstände. Sehr viele der anhängigen Arbeitsgerichtsverfahren erledigen sich bereits – zumeist durch Vergleich (hierzu § 54 Rz. 15 ff.) – in der Güteverhandlung. Die Güteverhandlung kann gem. § 54 Abs. 1 Satz 5 mit Zustimmung der Parteien in einem weiteren Gütetermin fortgesetzt werden. Im Verfahren des **einstweiligen Rechtsschutzes** (Arrest oder einstweilige Verfügung) findet dagegen ein Gütetermin nicht statt (vgl. § 54 Rz. 3).

Im **Beschlussverfahren** kann gem. § 80 Abs. 2 Satz 2 ein Gütetermin vor dem Vorsitzenden durchgeführt werden. Durch das Arbeitsgerichtsbeschleunigungsgesetz vom 30.3.2000 (BGBl. 2000 Teil I Nr. 14, S. 333) wurde § 80 Abs. 2 um einen weiteren Satz ergänzt, durch den der Vorsitzende nach seinem Ermessen vor einem Anhörungstermin mit der Kammer einen Gütetermin ansetzen kann. In diesem Fall gelten die Vorschriften über das Güteverfahren entsprechend (vgl. auch § 80 Rz. 44).

Eine **Beteiligung der ehrenamtlichen Richter im Gütetermin** ist weder im Urteils- noch im Beschlussverfahren vorgesehen[2]. Die Anwesenheit der ehrenamtlichen Richter in der Güteverhandlung – dann möglich, wenn sich gem. § 54 Abs. 4 die weitere Verhandlung vor der Kammer anschließt – ist aber unschädlich[3] (hierzu auch § 54 Rz. 4). Zur Ausbildung zugewiesene **Referendare** können gem. § 9 Abs. 2 ArbGG iVm. § 10 GVG den Gütetermin dagegen sogar leiten (vgl. § 54 Rz. 5).

Von dem Gütetermin zu unterscheiden ist das durch § 54 Abs. 6 ermöglichte **Güterichterverfahren**. Hiernach kann der Vorsitzende den Parteien für die Güteverhandlung sowie deren Fortsetzung vor einen hierfür bestimmten und nicht entscheidungsbefugten Richter (Güterichter) verweisen. Das Güterichterverfahren ist ein freiwilliges Verfahren. Der Güterichter hat keine Entscheidungskompetenz, kann aber zur Lösungsfindung alle Methoden der Konfliktbeilegung einschließlich der Mediation einsetzen. Eine Beteiligung ehrenamtlicher Richter ist hier nicht vorgesehen.

2. Kammerverhandlung

Ist die Güteverhandlung gescheitert, ist sie gem. § 136 Abs. 4 ZPO zu schließen und Termin zur **streitigen Verhandlung** anzuberaumen. Der Schwerpunkt der Tätigkeit der ehrenamtlichen Richter entfaltet sich in den Sitzungen der Spruchkörper, denn die streitige Verhandlung findet vor der Kammer, also unter Beteiligung der ehrenamtlichen Richter statt (§ 57).

Die **Befugnisse des Vorsitzenden und der ehrenamtlichen Richter im Kammertermin** regeln unter Hinweis auf den Vorrang besonderer Bestimmungen § 53 Abs. 2, § 64 Abs. 7, § 72 Abs. 6. Insbesondere stehen bei der Mitwirkung und Urteilsfindung die ehrenamtlichen Richter dem Vorsitzenden gleich, denn sie sind vollwertige Richter des jeweiligen Spruchkörpers (Art. 97 Abs. 1 GG; § 44 Abs. 2, § 45 Abs. 1 DRiG).

Die **Stellung des Vorsitzenden** ist wegen des die Arbeitsgerichtsbarkeit beherrschenden Grundsatzes der Beschleunigung (§ 9 Abs. 1, §§ 56, 67) stärker als diejenige eines Vorsitzenden im zivilgerichtlichen Verfahren. Die streitige Verhandlung ist von dem Vorsitzenden möglichst so vorzubereiten, dass sie in einem Termin zu Ende geführt werden kann (§ 56). Er hat nach § 216 Abs. 2 ZPO[4] zu terminieren sowie gem.

---

1 Art. 101 Abs. 1 Satz 2 GG und § 16 Satz 2 GVG sind gleich lautend: Niemand darf seinem gesetzlichen Richter entzogen werden.
2 Zu der Durchführung von Güteverhandlungen durch ehrenamtliche Richter als Mediatoren vgl. *Wolmerath*, Der ehrenamtliche Richter am Arbeitsgericht, S. 133 ff.
3 AA aber *Bader* in Bader/Hohmann/Klein, Kap. XI Rz. 11.
4 § 216 Abs. 2 ZPO:
Der Vorsitzende hat die Termine unverzüglich zu bestimmen.

§ 136 Abs. 1 ZPO das Verfahren zu eröffnen und zu leiten (hierzu auch Rz. 17). Nach § 55 Abs. 4 Nr. 5 kann er vor der streitigen Verhandlung einen Beweisbeschluss erlassen, mit dem die Beweisaufnahme durch den ersuchten Richter, die schriftliche Beantwortung einer Beweisfrage nach § 377 Abs. 3 ZPO, die Einholung amtlicher Auskünfte oder eines schriftlichen Sachverständigengutachtens angeordnet werden kann. Ferner regelt er nach § 51 ArbGG, § 141 ZPO die Anordnung des persönlichen Erscheinens sowie die Verhängung von Maßnahmen gegen die nicht erschienene Partei (vgl. § 51). Die sonstigen Befugnisse der Richter richten sich aufgrund der Verweisung des § 53 Abs. 2 nach den Bestimmungen der ZPO über das landgerichtliche Verfahren (§§ 253 ff. ZPO).

16 In 1. Instanz findet die **Vorbereitung des Termins** gemeinsam mit den ehrenamtlichen Richtern idR am Terminstag vor der jeweiligen Verhandlung statt, wobei ihnen der Sachverhalt und die entscheidungserhebliche Rspr. regelmäßig mündlich in summarischer Zusammenfassung geschildert werden (**Vorberatung**). Konkrete Formvorschriften hierfür gibt es nicht; insbesondere ist es nicht üblich, dass den ehrenamtlichen Richtern vorab die Akten zur Einsicht überreicht oder umfangreiche Aktenauszüge gefertigt werden[1]. Die ehrenamtlichen Richter haben jedoch ein Recht auf Akteneinsicht (zur Vorbereitung in der 2. Instanz vgl. § 35 Rz. 9, zur Vorbereitung beim BAG § 43 Rz. 39; insgesamt hierzu auch Rz. 56).

17 In der Kammerverhandlung hat der Vorsitzende die **Prozess- und Sachleitung**. Er eröffnet, leitet und strukturiert die mündliche Verhandlung und erteilt den Parteien, Bevollmächtigten und ehrenamtlichen Richtern das Wort (§ 136 ZPO; vgl. auch § 57 Rz. 2 ff.). Ferner schließt er die Verhandlung, wenn nach Ansicht des Gerichts die Sache vollständig erörtert ist, und verkündet die Urteile und Beschlüsse des Gerichts (§ 136 Abs. 4 ZPO). Der Vorsitz kann ausschließlich von dem Berufsrichter übernommen werden; ein Tätigwerden der ehrenamtlichen Richter ohne den Vorsitzenden Richter ist unzulässig.

18 Die **Befugnisse der ehrenamtlichen Richter in der Verhandlung** sind umfangreich; ihre Tätigkeit hat während der Verhandlung volle Richterqualität. Die Beweisaufnahme an der Gerichtsstelle erfolgt vor der vollbesetzten Kammer (§ 58 Abs. 1). Die ehrenamtlichen Richter können **Fragen an Parteien, Zeugen und Sachverständige** richten. In der Regel erteilt der Vorsitzende den ehrenamtlichen Richtern auf ihre Bitte hin das Wort (§ 136 Abs. 2 Satz 1 und 2 ZPO[2], 396 Abs. 3 ZPO[3]); sie können allerdings auch über den Vorsitzenden Fragen stellen lassen. Der Vorsitzende muss grds. die Fragestellung durch die ehrenamtlichen Richter gestatten. Fragen dürfen allerdings nicht in einer Art erfolgen, die eine Voreingenommenheit oder vorweggenommene Würdigung erkennen lässt, welche erst noch einer abschließenden Beratung bedarf. Auch Fragen, die überhaupt nicht zur Sache gehören, kann der Vorsitzende zurückweisen[4]. Über eine **Beeidigung von Zeugen oder Sachverständigen** entscheidet gem. § 58 Abs. 2 ebenfalls die Kammer in Vollbesetzung (hierzu § 58 Rz. 45 und 55). Die Entscheidung darüber, ob eine auf die Sachleitung bezügliche Anordnung des Vorsitzenden oder eine von dem Vorsitzenden oder einem Gerichtsmitglied gestellte Frage von einer bei der Verhandlung beteiligten Person (Partei, Streithelfer, Zeuge oder Sachverständiger) als unzulässig beanstandet wird (§ 140 ZPO), sowie die **Entscheidung, ob die Sache erschöpfende Verhandlung gefunden hat und die Verhandlung zu schließen** ist (§ 136 Abs. 4 ZPO), steht ebenfalls der Kammer und nicht dem Vorsitzenden allein zu[5].

3. Beratung und Entscheidung

19 Die ehrenamtlichen Richter sind bis auf die Ausnahme der Alleinentscheidungsrechte durch den Vorsitzenden (hierzu Rz. 28) immer dann an den Entscheidungen zu beteiligen, wenn der jeweiligen Entscheidung eine mündliche Verhandlung vorausgeht.

20 Im **Verfahren auf Erlass einstweiligen Rechtsschutzes** bestehen gegenüber dem Urteilsverfahren keine Besonderheiten. Es gelten über § 62 Abs. 2, § 64 Abs. 7 die Vorschriften der ZPO (§ 922 Abs. 1, § 936 ZPO). Trifft das Gericht eine Entscheidung über Arrest oder einstweilige Verfügung ohne mündliche Verhandlung, so entscheidet der Vorsitzende nach § 53 allein. Bei einer Entscheidung nach mündlicher Verhandlung handelt die Kammer in voller Besetzung. Während im Falle des Arrestes die Entscheidung darüber, ob mit oder ohne mündliche Verhandlung entschieden wird, im pflichtgemäßen Ermessen des Vorsitzenden liegt, sieht § 62 Abs. 2 Satz 2 im einstweiligen Verfügungsverfahren eine Entscheidung ohne mündliche Ver-

---

1 Anregungen für eine bessere Information der ehrenamtlichen Richter hat *Peterek*, S. 12 f.
2 § 136 Abs. 1 und Abs. 2 ZPO:
(1) Der Vorsitzende eröffnet und leitet die Verhandlung.
(2) Er erteilt das Wort und kann es demjenigen, der seinen Anordnungen nicht Folge leistet, entziehen. Er hat jedem Mitglied des Gerichts auf Verlangen zu gestatten, Fragen zu stellen.
3 § 396 Abs. 3 ZPO gilt für die Beweisaufnahme und ist wortgleich mit § 136 Abs. 2 Satz 2 ZPO.
4 *Schuldt*, AuR 1966, 104 Fn. 11; anders aber *Bader* in Bader/Hohmann/Klein, Kap. XI Rz. 2.
5 Ausführlich hierzu *Bader* in Bader/Hohmann/Klein, Kap. XI Rz. 2 ff.

handlung nur in dringenden Fällen vor (hierzu § 62 Rz. 101). Nach einem Widerspruch gegen eine Entscheidung ohne mündliche Verhandlung entscheidet stets die Kammer durch Urteil (§§ 925, 936 ZPO). Im Beschlussverfahren entscheidet über den Antrag auf Erlass einer einstweiligen Verfügung nach § 85 Abs. 2 Satz 2 – ohne oder nach einer mündlichen Verhandlung – immer die vollbesetzte Kammer des Gerichts. § 944 ZPO, wonach in dringenden Fällen der Vorsitzende allein entscheidet, ist im Beschlussverfahren nicht anwendbar[1] (vgl. auch § 85 Rz. 68).

Ohne mündliche Verhandlung sind die ehrenamtlichen Richter auch in den weiteren vom Gesetz bestimmten Fällen zu beteiligen. Eine Beteiligung der ehrenamtlichen Richter ist vorgesehen bei Beschlüssen über **Verweisungen wegen der Zulässigkeit des Rechtswegs oder der Verfahrensart** nach § 48 Abs. 1 Nr. 2 ArbGG iVm. § 17a Abs. 4 GVG, nicht dagegen bei Entscheidungen über die örtliche Zuständigkeit, hier entscheidet der Vorsitzende allein, § 55 Abs. 1 Nr. 7[2]. Für die **Verwerfung eines Einspruchs gegen ein Versäumnisurteil** außerhalb der streitigen Verhandlung ist keine Kammerentscheidung, sondern eine Alleinentscheidung des Vorsitzenden vorgesehen, § 55 Abs. 1 Nr. 4a. Auch über die **Ablehnung von Gerichtspersonen** entscheidet stets die Kammer in voller Besetzung – allerdings ohne die abgelehnte Person (§ 49 Abs. 1 ArbGG; hierzu § 49 Rz. 134 ff.). In den Fällen der **Rüge der Verletzung des Anspruchs auf rechtliches Gehör** (§ 78a) entscheidet ebenfalls mit oder ohne mündliche Verhandlung die Kammer in Vollbesetzung (§ 78a Abs. 4-6). Die ehrenamtlichen Richter wirken gem. § 78 Abs. 6 Satz 2 nur dann nicht mit, wenn die Rüge als unzulässig verworfen wird oder sich gegen eine Entscheidung richtet, die ohne Hinzuziehung der ehrenamtlichen Richter erlassen wurde (vgl. zur Zuständigkeit auch § 78 Rz. 45 ff. und § 78a Rz. 53 f.). Ferner haben die ehrenamtlichen Richter bei einem Beschluss über die **Wiedereröffnung der mündlichen Verhandlung** gem. § 156 Abs. 1 ZPO mitzuwirken[3]. Dies wird man unter Berücksichtigung des Wortlauts des § 156 Abs. 1 ZPO[4] ausnahmslos anzunehmen haben. Bei der **Verwerfung der Berufung als unzulässig** nach mündlicher Verhandlung ist die Kammer eines LAG in voller Besetzung – also mit den ehrenamtlichen Richtern – zuständig, über die Verwerfung ohne mündliche Verhandlung entscheidet der Vorsitzende allein, § 66 Abs. 2 S. 2 (vgl. hierzu § 66 Rz. 87). Des Weiteren wirken die ehrenamtlichen Richter beim BAG bei **Entscheidungen über Nichtzulassungsbeschwerden**, die durch Beschluss mit oder ohne mündliche Verhandlung ergehen können, mit (§ 72a Abs. 5 Satz 2); dies gilt nicht für die Verwerfung einer Nichtzulassungsbeschwerde als unzulässig (§ 72a Abs. 5 Satz 3). Die **Entscheidung über eine Vorlage an den Großen Senat** trifft der angerufene Senat in der für Urteile erforderlichen Besetzung, d.h. mit den ehrenamtlichen Richtern gem. § 45 Abs. 3 Satz 3 (hierzu § 45 Rz. 22 f.). Schließlich hat die Kammer bei auf Antrag anberaumter mündlicher Verhandlung in derselben Besetzung wie beim Urteil über **Tatbestandsberichtigungsanträge** bezüglich eines Kammerurteils gem. § 320 Abs. 4 Satz 2 ZPO[5] zu entscheiden, nicht aber bei Tatbestandsberichtigungen ohne mündliche Verhandlung, § 55 Abs. 1 Nr. 10 (vgl. auch § 53 Rz. 9; zur Berichtigung wegen offensichtlicher Unrichtigkeit gem. § 319 ZPO vgl. Rz. 36).

Entscheidet das Gericht ohne mündliche Verhandlung durch Beschluss der Kammer oder des Senats, muss der Vorsitzende in der Akte dokumentieren, welche Richter zur Mitwirkung berufen sind. Die **Namen der mitwirkenden Richter sind im Rubrum aufzuführen**[6].

Die Kammer trifft ihre Entscheidungen nach **nichtöffentlicher und geheimer Beratung**. Die Beratung wird vom Vorsitzenden geleitet. Bei der Beratung und Abstimmung dürfen außer den zur Entscheidung berufenen Richtern nur die bei demselben Gericht zu ihrer juristischen Ausbildung beschäftigten Personen und die dort beschäftigten wissenschaftlichen Hilfskräfte zugegen sein, soweit der Vorsitzende deren Anwesenheit gestattet (§ 193 Abs. 1 GVG). Die geheime Beratung und Abstimmung verlangt grds. die mündliche Beratung über den Streitgegenstand im Beisein sämtlicher Richter. Eine Nachberatung im Wege der

---

1 BAG v. 28.8.1991 – 7 ABR 72/90, BB 1991, 2306.
2 So auch *Bader* in Bader/Hohmann/Klein, Kap. XI Rz. 29.
3 BAG v. 6.5.2015 – 2 AZN 984/14, NZA 2015, 956.
4 § 156 Abs. 1 ZPO:
  Das Gericht kann die Wiedereröffnung einer Verhandlung, die geschlossen war, anordnen.
5 § 320 ZPO:
  (1) Enthält der Tatbestand des Urteils Unrichtigkeiten, die nicht unter die Vorschriften des vorherstehenden Paragraphen fallen, Auslassungen, Dunkelheiten oder Widersprüche, so kann die Berichtigung binnen einer zweiwöchigen Frist durch Einreichung eines Schriftsatzes beantragt werden.
  (2) Die Frist beginnt mit der Zustellung des in vollständiger Form abgefassten Urteils. ...
  (3) Über den Antrag ist mündlich zu verhandeln, wenn eine Partei dies beantragt.
  (4) Das Gericht entscheidet ohne Beweisaufnahme. Bei der Entscheidung wirken nur diejenigen Richter mit, die bei dem Urteil mitgewirkt haben. Ist ein Richter verhindert, so gibt bei Stimmengleichheit die Stimme des Vorsitzenden und bei dessen Verhinderung die Stimme des ältesten Richters den Ausschlag. ...
6 LAG Hessen v. 23.6.2000 – 9 Ta 169/00.

Telefonkonferenz, bei der zeitgleich mit allen Teilnehmern kommuniziert werden kann, kann diese mündliche Beratung nicht ersetzen, sondern allenfalls (anschließend) ergänzen[1].

24 Vor Fassung des Ergebnisses erfolgt eine **Abstimmung** durch den Berufs- und die ehrenamtlichen Richter, bei der jede Stimme das gleiche Gewicht hat. Bei der Abstimmung stimmen die ehrenamtlichen Richter vor dem Vorsitzenden, und zwar in der Reihenfolge des jüngeren vor dem älteren ab (§ 9 Abs. 2 ArbGG iVm. § 197 GVG). Im Zweifel entscheidet die absolute Mehrheit (§ 9 Abs. 2 ArbGG iVm. § 196 Abs. 1 GVG); damit können die ehrenamtlichen Richter den Vorsitzenden auch überstimmen. **Stimmenthaltung** ist unzulässig.

25 Das Ergebnis der Abstimmung unterliegt genauso wie Hergang und Inhalt der Beratung dem **Beratungsgeheimnis** gegenüber jedermann (§§ 43, 45 Abs. 3 DRiG). Ein Verstoß gegen das Beratungsgeheimnis kann bei den ehrenamtlichen Richtern zur Amtsenthebung führen (§§ 27, 37 Abs. 2,§ 43 Abs. 3).

26 Grundsätzlich muss im arbeitsgerichtlichen Verfahren jedes **Urteil verkündet** werden (§ 60 Abs. 1, § 69 Abs. 1 Satz 2, § 75 Abs. 1). Dabei erfolgt die Urteilsverkündung idR. im Anschluss an die letzte mündliche Verhandlung (hierzu § 57 Rz. 13). Das Urteil muss zwar in dem Termin, in welchem die mündliche Verhandlung geschlossen wird, verkündet werden; dazu ist es aber nicht erforderlich, dass die Verkündung sogleich im Anschluss an die mündliche Verhandlung geschieht, sondern sie kann auch am Schluss des Sitzungstages erfolgen[2]. Ausnahmsweise darf in den beiden Tatsacheninstanzen ein besonderer Verkündungstermin anberaumt werden, wenn eine sofortige Urteilsverkündung im Anschluss an die letzte mündliche Verhandlung nicht möglich ist. Das BAG als Revisionsgericht kann über den Termin der Verkündung nach freiem Ermessen entscheiden.

27 Erfolgt die Verkündung des erstinstanzlichen Urteils im unmittelbaren Anschluss an die mündliche Verhandlung in Anwesenheit der ehrenamtlichen Richter, bedarf es nicht zwingend einer **Unterschrift** durch die ehrenamtlichen Richter. Erfolgt die Verkündung des erstinstanzlichen Urteils allerdings in Abwesenheit der ehrenamtlichen Richter, muss die Urteilsformel zuvor von sämtlichen Mitgliedern des Spruchkörpers unterschrieben sein (§ 60 Abs. 3 Satz 2). Das später gefertigte Urteil mit Tatbestand und Entscheidungsgründen wird in 1. Instanz nur vom Vorsitzenden unterzeichnet (§ 60 Abs. 2 Satz 1). In den Rechtsmittelinstanzen müssen stets neben der Urteilsformel auch Tatbestand und Entscheidungsgründe von allen Mitgliedern unterschrieben werden, um Gewähr dafür zu bieten, dass auch der gesamte Inhalt des Urteils der Auffassung der ehrenamtlichen Richter entspricht (§ 69 Abs. 1, § 75 Abs. 2). Im Beschlussverfahren gem. §§ 80 ff. gelten die Vorschriften über das Urteilsverfahren entsprechend, so dass die Beschlüsse in 1. Instanz nur bei Verkündung in Abwesenheit der ehrenamtlichen Richter, die Beschlüsse in der Beschwerde- und Rechtsbeschwerdeinstanz nebst Gründen stets von sämtlichen Mitgliedern des Gerichts zu unterzeichnen sind (§ 91 Abs. 2 Satz 2, § 96 Abs. 2). Ist ein ehrenamtlicher Richter an der Unterschriftsleistung verhindert, ist dies unter Angabe des Verhinderungsgrundes vom Vorsitzenden unter dem Urteil zu vermerken (§ 315 Abs. 1 Satz 2 ZPO). Als **Verhinderungsgründe** kommen insbesondere längerer Urlaub, Krankheit oder Ausscheiden aus dem Ehrenamt in Betracht. Der ehrenamtliche Richter darf sich dagegen nicht ohne einen Verhinderungsgrund weigern, das Urteil zu unterzeichnen, selbst wenn er für ein anderes Ergebnis gestimmt hat; notfalls kann die Unterschriftsleistung durch Ordnungsgeld erzwungen werden (§ 28) und/ oder ein Amtsenthebungsverfahren in Betracht kommen (§ 27).

4. Alleinentscheidungsrecht des Vorsitzenden

28 Der Vorsitzende Richter hat ausnahmsweise – mit oder ohne mündliche Verhandlung – eine Alleinentscheidungskompetenz. Der Vorsitzende handelt dann ohne die Mitwirkung der ehrenamtlichen Richter.

a) Ausdrückliche Regelungen im ArbGG

29 Der Vorsitzende beim ArbG hat im Urteilsverfahren das **Alleinentscheidungsrecht** in den Fällen des **§ 55 Abs. 1 iVm. § 64 Abs. 7**. Er entscheidet insbesondere **außerhalb der streitigen Verhandlung** allein bei:
- Nr. 1 über die Zurücknahme der Klage (§ 269 ZPO; hierzu auch § 55 Rz. 8 ff.);
- Nr. 2 über den Verzicht auf den geltend gemachten Anspruch (§ 306 ZPO; vgl. § 55 Rz. 15 ff.);
- Nr. 3 über das Anerkenntnis des geltend gemachten Anspruchs (§ 307 ZPO; Einzelheiten bei § 55 Rz. 20 ff.);
- Nrn. 4 und 5 im Falle der Säumnis einer oder beider Parteien (§§ 330 ff., 345 bzw. 251a ZPO; vgl. § 55 Rz. 24 ff.);

---

1 BAG v. 26.3.2015 – 2 AZR 417/14, NZA 2015, 1083; BGH v. 29.11.2013 – BLw 4/12, NJW-RR 2014, 243.
2 BGH v. 6.2.2004 – V ZR 249/03, NJW 2004, 1666.

- Nr. 4a: über die Verwerfung des Einspruchs gegen ein Versäumnisurteil oder einen Vollstreckungsbescheid als unzulässig;
- Nr. 6 über die einstweilige Einstellung der Zwangsvollstreckung (§§ 62, 707, 719, 769 ZPO; hierzu § 55 Rz. 28);
- Nr. 7 über die örtliche Zuständigkeit (§§ 12 ff. ZPO, §§ 17–17b GVG iVm. § 48 Abs. 1; hierzu § 55 Rz. 29);
- Nr. 8 über die Aussetzung und Anordnung des Ruhens des Verfahrens (§ 148 f. ZPO; vgl. § 55 Rz. 32 ff.);
- Nr. 9 wenn nur noch über die Kosten zu entscheiden ist;
- Nr. 10: bei Entscheidungen über die Tatbestandsberichtigung, wenn von den Parteien keine mündliche Verhandlung beantragt wurde (§ 46 Abs. 2 ArbGG iVm. § 320 Abs. 3 ZPO);
- Nr. 11: im Fall des § 11 Abs. 3 über die Zurückweisung des Bevollmächtigten oder die Untersagung der weiteren Vertretung.

Gemäß **§ 55 Abs. 2** kann der Vorsitzende in den Fällen des Abs. 1 Nr. 1, 3 und 4a–10 eine Entscheidung ohne mündliche Verhandlung treffen. Im Fall der Nr. 2 (Verzicht) bedarf es hierfür der Zustimmung der Parteien. **§ 83a Abs. 2** sieht vor, dass im Fall übereinstimmender Erledigungserklärungen im Beschlussverfahren eine Einstellung durch den Vorsitzenden alleine ergeht. Da über die einseitige Erledigungserklärung durch Beschluss im Erkenntnisverfahren gem. § 84 entschieden wird, hat in diesem Fall dagegen eine Beteiligung der ehrenamtlichen Richter zu erfolgen[1].

Für den Fall der **Säumnis einer Partei im Kammertermin** war umstritten, ob der Vorsitzende allein das Versäumnisurteil erlässt[2]. Nach der neuen Gesetzesfassung des § 55 Abs. 1, die zum 1.4.2008 in Kraft getreten ist, besteht die Alleinentscheidungsbefugnis des Vorsitzenden in den in Nr. 1–10 genannten Fällen nur außerhalb der streitigen Verhandlung. Erfolgt eine Entscheidung in Anwesenheit der ehrenamtlichen Richter, sind diese auch zu beteiligen.

Des Weiteren sieht § 55 Abs. 3 eine **Alleinentscheidung auf Antrag beider Parteien** für das Urteilsverfahren vor (hierzu auch § 55 Rz. 59 ff.). Diese Vorschrift ist nicht mangels Verweises in § 80 Abs. 2 auf das Beschlussverfahren anwendbar; dort hat immer eine Entscheidung in voller Kammerbesetzung zu ergehen. Ebenfalls nicht anwendbar ist § 55 Abs. 3 im Verfahren vor dem LAG. Zwar erlässt der Vorsitzende des LAG Beschlüsse und Verfügungen, die ohne mündliche Verhandlung ergehen, ebenfalls allein (§ 53 Abs. 1 Satz 1), er hat jedoch keine Alleinentscheidungsbefugnis nach § 55 Abs. 3, weil das LAG nur als Rechtsmittelgericht entscheidet und eine Güteverhandlung nicht stattfindet. Eine Alleinentscheidungsbefugnis besteht aber durch den Verweis in § 64 Abs. 7 in den Fällen des § 55 Abs. 1, 2 und 4.

Im **Verfahren vor dem LAG** gelten gem. § 64 Abs. 7 die Absätze 1, 2 und 4 des § 55 (hierzu auch § 64 Rz. 241) sowie über § 87 Abs. 2 Satz 1, § 83a Abs. 2. Die Alleinentscheidungsbefugnis des Vorsitzenden beim LAG wurde zudem durch § 66 Abs. 2 auf die Verwerfung einer unzulässigen Berufung sowie durch § 89 Abs. 3 auf die Verwerfung einer unzulässigen Beschwerde im Beschlussverfahren erweitert. Bei Tatbestandsberichtigungen gem. § 320 ZPO bleibt es bei der notwendigen Hinzuziehung der ehrenamtlichen Richter, da § 64 Abs. 7 keinen Bezug auf § 55 Abs. 1 Nr. 10 nimmt. Wegen der besonderen Bedeutung des landesarbeitsgerichtlichen Urteils für die Revision sollen die ehrenamtlichen Richter bei der Berichtigung des Tatbestandes beteiligt werden, auch wenn die Berichtigung außerhalb der mündlichen Verhandlung erfolgt.

Eine entsprechende Anwendung des § 55 ist im **Revisionsverfahren** nicht vorgesehen. § 72 Abs. 6 nennt diese Vorschrift nicht.

b) Sonstige Handlungen

Der Vorsitzende hat im Urteils- und Beschlussverfahren **prozessleitende Verfügungen** zu treffen und **Beschlüsse** zu erlassen. Dies ergibt sich aus § 53 Abs. 1, wonach er die nicht aufgrund einer mündlichen Verhandlung ergehenden Beschlüsse und Verfügungen erlässt, soweit nichts anderes bestimmt ist (hierzu auch § 53 Rz. 5). Diese Vorschrift gilt für das Berufungsverfahren nach § 64 Abs. 7 (vgl. insbesondere § 64 Rz. 240 ff. mit den Ausnahmeregelungen) und für das Revisionsverfahren nach § 72 Abs. 6 (vgl. § 72

---

[1] BAG v. 23.1.2008 – 1 ABR 64/06, AP Nr. 10 zu § 83a ArbGG 1979.
[2] Pflicht zur Alleinentscheidung: LAG Rh.-Pf. v. 4.3.1997 – 6 Sa 1235/96, NZA 1997, 1072; jedenfalls für die Berufungsinstanz LAG Berlin v. 14.7.1997 – 9 Sa 52/97, NZA 1998, 167; anders dagegen ArbG Bamberg v. 29.10.1997 – 1 Ca 675/97, NZA 1998, 904 ausdrücklich gegen eine Alleinentscheidungskompetenz; für ein Wahlrecht des Vorsitzenden: *Dütz*, RdA 1980, 81, 86.

Rz. 61 ff.) entsprechend. Beim BAG entscheidet dann anstelle des vollbesetzten Senats der Senat ohne die ehrenamtlichen Richter.

34 Sonstige weitere Befugnisse ergeben sich aus § 53 Abs. 2, der auf die Bestimmungen der ZPO über das landgerichtliche Verfahren verweist und dem Vorsitzenden neben der **Terminbestimmung** (§ 216 Abs. 2 ZPO) bzw. der **Aufhebung oder Verlegung von Terminen** (§ 227 Abs. 4 ZPO) die **Eröffnung, Leitung und Schließung der mündlichen Verhandlung** zuweist (§ 136 Abs. 1–4 ZPO; zur Aufgabe des Vorsitzenden als Sitzungspolizei vgl. Rz. 39 ff.). Die **Protokollführung** und die etwaige **Protokollberichtigung** obliegen ebenfalls dem Vorsitzenden allein (§§ 159, 163, 164 ZPO). Weiter behandelt der Vorsitzende alleine Anträge auf **Festsetzung des** für die anwaltliche Gebührennote zugrunde zu legenden **Gebührenstreitwerts**, auf **Bewilligung von Prozesskostenhilfe** (§ 11a Abs. 3 ArbGG iVm. § 114 ff. ZPO), **Kostenentscheidungen aufgrund übereinstimmender Erledigungserklärungen** nach § 91a Abs. 1 ZPO oder **Sanktionen gegen ausgebliebene Zeugen oder Sachverständige** (§§ 380, 381, 409 ZPO).

35 Die **Urteilsverkündung** obliegt dem Vorsitzenden nach Maßgabe der § 60 Abs. 3 Satz 1, § 75 Abs. 1 Satz 1 genauso wie die Abfassung und das Unterschreiben des Urteils in 1. Instanz (§ 60 Abs. 4). In 2. und 3. Instanz ist die Entscheidung von allen Kammer- bzw. Senatsmitgliedern zu unterschreiben (§ 69 Abs. 1 Satz 1, § 75, Abs. 2, § 91 Abs. 2 Satz 1, § 96 Abs. 2).

36 Der Vorsitzende 1. Instanz berichtigt allein durch entsprechenden Beschluss die von der Kammer entschiedenen Urteile, wenn eine **offensichtliche Unrichtigkeit** iSd. **§ 319 ZPO** vorliegt. Diese Alleinentscheidungskompetenz ergibt sich ebenfalls aus § 53. Es wird teilweise vertreten, dass ein Berichtigungsbeschluss gem. § 319 ZPO hinsichtlich eines Urteils der LAG oder BAG von den ehrenamtlichen Richtern mitzuunterzeichnen ist, weil diese auch bereits das Urteil mit unterschrieben haben[1]. Diese Auffassung widerspricht dem Wortlaut des § 64 Abs. 7, der § 53 uneingeschränkt für anwendbar erklärt, soweit nicht anderweitige gesetzliche Sonderregelungen bestehen (vgl. auch § 64 Rz. 240 ff.).

37 Der Vorsitzende wird allein im Rahmen von **Rechtshilfeersuchen** tätig (§ 53 Abs. 1 Satz 2, § 64 Abs. 7, § 72 Abs. 6).

38 Weitere Befugnisse des Vorsitzenden ergeben sich unmittelbar aus dem ArbGG. § 51 Abs. 1, § 64 Abs. 7 berechtigen den Vorsitzenden, das **persönliche Erscheinen der Parteien in jeder Lage des Rechtsstreits anzuordnen** oder die **Zulassung eines Prozessbevollmächtigten abzulehnen** (§ 51 Abs. 2). Vor der streitigen Verhandlung kann der Vorsitzende des ArbG oder LAG allein gem. § 55 Abs. 4 Satz 1 einen **Beweisbeschluss erlassen**, in dem die Beweisaufnahme durch den ersuchten Richter, eine schriftliche Beantwortung einer Beweisfrage nach § 377 Abs. 3 ZPO, die Einholung amtlicher Auskünfte, eine Parteivernehmung oder die Einholung eines schriftlichen Sachverständigengutachtens angeordnet werden können. Die **streitige Verhandlung** ist von ihm **vorzubereiten** (§ 56). Gemäß § 58 Abs. 1 Satz 2 kann die Beweisaufnahme dem Vorsitzenden übertragen werden. Die **Verfahrenseinstellung im Beschlussverfahren** nach §§ 80 ff. obliegt nach Rücknahme des Antrags bzw. der Beschwerde (§ 81 Abs. 2 Satz 2, § 89 Abs. 4 Satz 2) oder nach Erledigungserklärungen (§ 83a Abs. 2 Satz 1, § 90 Abs. 2, § 95 Satz 4) dem Vorsitzenden allein. Beim BAG entscheiden die Berufsrichter ohne Hinzuziehung der ehrenamtlichen Richter über **sofortige Beschwerden wegen verspäteter Absetzung des Berufungsurteils durch das LAG** (§ 72b Abs. 4 Satz 1). Im Übrigen entscheidet der Berufsrichter allein in **sonstigen Beschwerdeverfahren** gem. § 78 Satz 3, § 83 Abs. 5). Eine Alleinentscheidungskompetenz des Vorsitzenden besteht nach § 100 ferner bei der **Besetzung von Einigungsstellen** gem. § 76 Abs. 2 Satz 2 und 3 BetrVG (hierzu § 100 Rz. 33). Hier entscheidet sowohl im erstinstanzlichen Beschlussverfahren gem. § 100 Abs. 1 Satz 1 als auch im hiergegen möglichen Beschwerdeverfahren vor dem LAG gem. § 100 Abs. 2 Satz 3 der jeweilige Vorsitzende allein. Ferner hat der Vorsitzende gem. § 109 Abs. 1 Satz 1 allein über die **Vollstreckbarkeitserklärung eines Schiedsspruchs oder Vergleichs** zu entscheiden.

c) Sitzungspolizei

39 Die sitzungspolizeiliche Gewalt (§ 9 Abs. 2 ArbGG iVm. § 176 GVG) wird vom Vorsitzenden während der Gerichtsverhandlung ausgeübt, um ein geordnetes Verfahren, also auch die Beachtung der für das Verfahren maßgebenden gesetzlichen Regelungen zu sichern. Die Sitzungspolizei ist als Bestandteil der äußeren Verfahrensleitung der Prozessleitungsgewalt im weiteren Sinne zuzurechnen[2]. Hiervon abzugrenzen ist der Ausschluss der Öffentlichkeit gem. § 52 Satz 2 und 3 (hierzu insbesondere § 52 Rz. 12 ff.); hier entscheidet die Kammer im Kammertermin in Vollbesetzung und nur im Gütetermin der Vorsitzende allein.

---

1 *Bader* in Bader/Hohmann/Klein, Kap. XI Rz. 57.
2 § 176 GVG:
Die Aufrechterhaltung der Ordnung in der Sitzung obliegt dem Vorsitzenden.

§ 176 GVG enthält die Regelung der sog. „Sitzungspolizei" als **Generalklausel** und dient der Schaffung und Sicherung des äußerlichen Ablaufs einer Verhandlung und dadurch der Atmosphäre von Ruhe und Sachlichkeit, die eine objektive Prüfung aller entscheidungsrelevanten Umstände ermöglicht[1]. **Adressaten der Maßnahmen** nach § 176 GVG können sämtliche Verfahrensbeteiligte – insbesondere neben den Parteien auch Sachverständige, Dolmetscher sowie Zuhörer und ehrenamtliche Richter sein[2].

Der **Inhalt der Sitzungspolizei** ist im Gesetz nicht näher umschrieben und richtet sich nach der konkreten Situation. Umfasst sind alle Maßnahmen, die erforderlich sind, um den ungestörten Ablauf der Sitzung zu gewährleisten. Die Maßnahmen der Sitzungspolizei stellen prozessuale Maßnahmen dar, die im **pflichtgemäßen Ermessen des Vorsitzenden** stehen, wobei der Grundsatz der Verhältnismäßigkeit zu beachten ist. Das Ermessen endet, wenn der Vorsitzende es in einer Verhandlung seiner Pflicht zuwider unterlassen hat, der Würde des Gerichts Geltung zu verschaffen und die notwendige Ordnung herzustellen, insbesondere, wenn sich das Verhalten auf die Wahrheitsfindung auswirken kann oder eine psychische oder physische Beeinträchtigung für einen Verfahrensbeteiligten darstellt[3]. Zulässig sind zunächst im Rahmen der Generalklausel als **geeignete Maßnahmen** zur Herstellung der erforderlichen Ruhe und Atmosphäre insbesondere Anordnungen über Betreten und Verlassen des Sitzungssaals während der Verhandlung zur Vermeidung von Störungen, die Gestattung oder das Verbot von Lichtbildaufnahmen, Durchsuchungsanordnungen oder Maßnahmen gegen Störungen der Verhandlung durch Zuhörer wie bspw. die Ermahnung zur Ruhe oder das Untersagen bestimmter Ausdrucksweisen.

§§ 177, 178 GVG regeln die **Maßnahmen zur Aufrechterhaltung der Ordnung und die Möglichkeit der Festsetzung eines Ordnungsmittels wegen Ungebühr**. In diesen Vorschriften werden Parteien, Beschuldigte, Zeugen, Sachverständige oder bei der Verhandlung nicht beteiligte Personen genannt, die entweder den zur Aufrechterhaltung der Ordnung getroffenen Anordnungen nicht Folge leisten oder die sich in der Sitzung einer Ungebühr schuldig machen. Ferner kann gegen an der Verhandlung Beteiligte nach Gewährung rechtlichen Gehörs gem. § 178 GVG bei Ungebühr vorbehaltlich einer strafrechtlichen Verfolgung ein Ordnungsgeld bis zu 1 000 Euro oder Ordnungshaft bis zu einer Woche festgesetzt werden. Beispiele für Ungebühr sind fortwährendes Dazwischen-Sprechen oder Schimpfen trotz Verwarnung, grobe Beleidigungen, Drohungen oder Tätlichkeiten[4] (zu Maßnahmen gegenüber Prozessvertretern vgl. auch Rz. 46).

Träger der sitzungspolizeilichen Gewalt sind Vorsitzender und Gericht[5]. Die Aufrechterhaltung der Ordnung in der Sitzung obliegt allein dem Vorsitzenden (§ 176 GVG). Die **Anordnungen bezüglich der Ordnungsmittel** wegen Ungehorsam und Ungebühr gegenüber Personen, die an der Verhandlung nicht beteiligt sind, trifft ebenfalls der Vorsitzende allein (§ 177 Satz 2, § 178 Satz 2 GVG). Ordnungsmittel gegenüber am Verfahren Beteiligte (Parteien, Zeugen, Sachverständige) sind dagegen nur durch Kammer- bzw. Senatsbeschluss möglich (§ 178 Abs. 1 GVG).

Die **Vollstreckung** ist von dem Vorsitzenden unmittelbar zu veranlassen (§ 179 GVG). Der Vollzug selbst ist dem Rechtspfleger überlassen. Eine binnen einer Woche nach Bekanntmachung mögliche Beschwerde gegen ein Ordnungsmittel des ArbG gem. § 178 GVG hat keine aufschiebende Wirkung (§ 181 Abs. 2 GVG). Beschwerdegericht ist das zuständige LAG. Eine Beschwerde gegen durch das LAG oder das BAG verhängte Ordnungsmittel ist nicht möglich (§ 181 Abs. 1 GVG)

Der Umfang der Sitzungsgewalt erstreckt sich zwar auch auf **Prozessvertreter**[6]. § 176 GVG gibt jedenfalls dem Vorsitzenden das Recht, ein Fehlverhalten zu rügen und darauf hinzuwirken, dass ein solches nicht wiederholt wird. Da die §§ 177 und 178 GVG allerdings den Prozessbevollmächtigten als Adressaten eines Ordnungsgeldes oder einer Ordnungshaft nicht benennen, ist umstritten, ob für den Fall des extremen Fehlverhaltens eines Prozessbevollmächtigten, welches zu einer nachhaltigen Störung der Verhandlung führt, auch eine Entfernung des Vertreters oder sein Ausschluss beschlossen werden könnte[7]. Dies könnte bspw. nötig werden, wenn der Rechtsbeistand die Verhandlung erkennbar dahingehend missbraucht, eine geordnete und effektive Beweiserhebung zu erschweren oder zu verhindern und damit das Auffinden einer

---

1 Kisse/Mayer, § 176 GVG Rz. 1.
2 Bader, NJW 2007, 2964.
3 OVG Zweibrücken, Dienstgerichtshof für Richter v. 23.3.1987 – DSH 2/So, DRiZ 1988, 21; hierzu auch Rudolph, DRiZ 1988, 155.
4 Zöller/Lückemann, § 179 GVG Rz. 3.
5 OLG Karlsruhe v. 25.8.1976 – 2 Ws 143/76, NJW 1977, 309.
6 Für Maßnahmen nach § 176 GVG im Gegensatz zu Anordnungen nach §§ 177, 178 GVG auch Krekeler, NJW 1980, 980.
7 So BVerfG v. 18.2.1970 – 1 BvR 226/69, NJW 1970, 851; hiergegen LAG Nds. v. 29.9.2008 – 16 Ta 333/08, ArbuR 2009, 55.

materiell richtigen und gerechten Entscheidung zu beeinträchtigen[1]. Den Richtern, die nach der Verfassung im Namen des Volkes die rechtsprechende Gewalt ausüben (Art. 92 GG), ist von jedermann die schuldige Achtung zu erweisen. Gleichzeitig hat der Richter als Leiter der Verhandlung den Schutz von Würde und Persönlichkeit anderer Verfahrensbeteiligter zu gewährleisten. Die Möglichkeit einer Vertagung ist demgegenüber wegen des meist vorrangigen Beschleunigungsinteresses der Parteien kaum geeignet, um auf ein ohne erkennbaren und plausiblen Grund gezeigtes massives Fehlverhalten zu reagieren.

46 Nicht unumstritten ist ferner, ob die Hinwirkung des Vorsitzenden auf das **Tragen der Amtstracht**, also der Robe, möglich ist. Dies wurde im Jahre 1970 vom BVerfG und nachfolgend von einigen Obergerichten vor allem mit der Begründung vertreten, es bestehe ein erhebliches Interesse der Allgemeinheit daran, dass Gerichtsverhandlungen in guter Ordnung und angemessener Form durchgeführt werden können. Diesem Zweck diene es, wenn auch die an der Verhandlung beteiligten **Rechtsanwälte** eine Amtstracht tragen würden, um hierdurch aus dem Kreis der übrigen Teilnehmer an der Verhandlung herausgehoben zu werden; ihre Stellung als unabhängiges Organ der Rechtspflege werde sichtbar gemacht (§ 1 BRAO). Darin liege auch ein zumindest mittelbarer Nutzen für die Rechts- und Wahrheitsfindung im Prozess, denn die Übersichtlichkeit der Situation im Verhandlungsraum werde gefördert und zugleich ein Beitrag zur Schaffung jener Atmosphäre der Ausgeglichenheit und Objektivität geleistet, in der allein sich Rspr. in angemessener Form darstellen könne. Es sei daher Befugnis und Pflicht des Prozessgerichts, eine entsprechende Gestaltung und Durchführung des Verfahrens zu sichern[2]. Daher könne ein Anwalt ohne Robe in der betreffenden Sitzung nach § 176 GVG zurückgewiesen werden[3]. Dagegen wird eingewandt, dass die Pflicht zum Tragen der Robe lediglich standesrechtliche Pflicht der Rechtsanwälte sei und auf die Ordnungsgemäßheit der Verhandlung keinen Einfluss habe, so dass Ordnungsmaßnahmen hiergegen unzulässig seien[4]. Für einen in Robe, aber ohne Krawatte auftretenden Rechtsanwalt kann eine entsprechende Befugnis aus dieser Vorschrift aus Gründen der Verhältnismäßigkeit jedenfalls nicht hergeleitet werden[5]. In der Praxis sind Anwaltsroben in einigen Gerichtsbezirken mittlerweile sogar unüblich. Eine besondere **Kleiderordnung für ehrenamtliche Richter** besteht nicht. Sie haben sich allerdings der Bedeutung des Richteramtes angemessen zu kleiden (§ 6 Rz. 65; zum Verbot des Tragens eines Kopftuchs als religiöses Zeichen vgl. auch § 6 Rz. 16).

47 Eine Sondervorschrift im ArbGG stellt § 51 Abs. 2 dar, die allerdings nur für die Verfahren vor den ArbG gilt. Hiernach kann eine Entscheidung über die **Zurückweisung eines Prozessbevollmächtigten gem. § 51 Abs. 2** ergehen, wenn das persönliche Erscheinen einer Partei angeordnet war und diese unentschuldigt nicht erschienen ist, sofern dadurch der Zweck der Anordnung vereitelt wird. Der Zweck der Anordnung wird bspw. nicht erreicht, wenn der Vertreter nicht zur Aufklärung des Sachverhalts oder zur Abgabe der gebotenen Erklärungen in der Lage ist. Diese Entscheidung ist im Wege eines unanfechtbaren Beschlusses in voller Kammerbesetzung möglich. Wegen der weiteren Einzelheiten wird auf die Kommentierung zu § 51 verwiesen; dort insbesondere § 51 Rz. 32 ff.

48 Maßnahmen der Sitzungspolizei gem. §§ 176 ff. GVG sind nicht selbständig **anfechtbar**[6]. § 181 GVG eröffnet nur die Beschwerde gegen die Festsetzung von Ordnungsmitteln in den Fällen der §§ 178, 180 GVG. Die Maßnahmen nach § 176 GVG können nur ausnahmsweise bei offensichtlicher Fehlerhaftigkeit Gegenstand von Vorhalt und Ermahnung nach § 26 Abs. 2 DRiG sein[7].

5. Fehlerhafte Besetzung und ihre Folgen

49 Eine fehlerhafte Besetzung liegt vor, wenn der Spruchkörper nicht ordnungsgemäß zusammengestellt ist.

a) Heranziehung der falschen Richter

50 Eine fehlerhafte Besetzung des Gerichts liegt zum einen vor, wenn die falschen Richter herangezogen worden sind. Dies ist insbesondere der Fall, wenn die **Parität zwischen ehrenamtlichen Richtern** nicht beachtet wurde, also nicht je ein Richter aus den ArbN- und den ArbGeb-Kreisen herangezogen wurde. Die pa-

---

1 BVerfG v. 8.10.1974 – 2 BvR 747/73, NJW 1975, 103.
2 BVerfG v. 18.2.1970 – 1 BvR 226/69, NJW 1970, 851; BGH v. 25.10.1976 – AnwSt (R) 5/76 (EGH Stuttgart), NJW 1977, 398; OLG Karlsruhe v. 25.8.1976 – 2 Ws 143/76, NJW 1977, 309 unter Hinweis auf die gesetzliche Regelung in § 21 Abs. 1 Satz 1 BadWürttAGGVG; OLG Braunschweig v. 27.4.1995 – 1 W 12/95, NJW 1995, 2113; Bayerischer VerfGH v. 21.4.1972, BayVBl 1972, 337.
3 LG Mannheim v. 27.1.2009 – 4 Qs 52/08, NJW 2009, 1094.
4 LAG Nds. v. 29.9.2008 – 16 Ta 333/08, ArbuR 2009, 55.
5 LG Mannheim v. 27.1.2009 – 4 Qs 52/08, NJW 2009, 1094.
6 LAG Nds. v. 29.9.2008 – 16 Ta 333/08, ArbuR 2009, 55.
7 BGH v. 27.9.1976 – RiZ (R) 3/75, NJW 1977, 437 sowie die Kritik hieran in der Anm. *Wolf*, NJW 1977, 1063.

ritätische Besetzung ist – unabhängig von der Art des Rechtsstreits und der Stellung der Parteien – in Abs. 2 Satz 2 zwingend vorgesehen.

Grundsätzlich ist eine fehlerhafte Besetzung auch bei der **Mitwirkung der falschen ehrenamtlichen Richter**, die nach der Geschäftsverteilung bzw. der Reihenfolge der Liste nicht hätten herangezogen werden dürfen, gegeben. Aus Art. 101 Abs. 1 Satz 2 GG als dem Verbot der Entziehung des gesetzlichen Richters folgt, dass die Rechtsprechungsorgane nicht anders besetzt tätig werden dürfen, als es in den allgemeinen Normen der Gesetze und der Geschäftsverteilungspläne dafür vorgesehen ist. Gesetzlicher Richter bedeutet, dass der für die einzelne Sache zuständige Richter sich im Voraus möglichst eindeutig aus einer allgemeinen Regelung ergeben muss. Kennzeichen der Gewährleistung des gesetzlichen Richters ist die normative, abstrakt-generelle Vorherbestimmung des jeweils für die Entscheidung zuständigen Richters[1] (zu den Einzelheiten vgl. § 31 Rz. 16 ff.).

Umstritten ist, welche **Auswirkungen sich aus der fehlerhaften Heranziehung** ergeben können. Nach überwiegender Ansicht ist ein irrtümliches Übergehen unschädlich, da § 31 nur eine Sollvorschrift darstellt. Lediglich eine willkürliche Verletzung der Vorschriften über die Heranziehung der ehrenamtlichen Richter ist als Revisionsgrund geeignet. Willkürlich ist die Bestimmung des Richters dann, wenn die Zuständigkeitsbestimmung von Fall zu Fall im Gegensatz zu einer normativen, abstrakt-generellen Vorherbestimmung des Richters erfolgt[2]. Insbesondere wird man Willkür annehmen können, wenn in positiver Kenntnis der fehlerhaften Besetzung gleichwohl die Verhandlung durchgeführt und eine Entscheidung gefällt wird, selbst wenn die fehlerhafte Heranziehung auf einem Irrtum der Geschäftsstelle beruhte. Das Versehen der Geschäftsstelle ist dann kein bloßer Irrtum des Gerichts mehr; vielmehr hat dieses mit Durchführung der Verhandlung in Kenntnis diesen Mangels bewusst gegen die nach § 31 gebotene Heranziehung und gegen Art. 101 Abs. 1 Satz 2 GG verstoßen[3]. Das Revisionsgericht überprüft daher auch nicht, ob bei der Berufung der ehrenamtlichen Richter Verfahrensmängel unterlaufen sind oder Umstände vorgelegen haben, die die Berufung eines ehrenamtlichen Richters ausschließen[4].

Der ehrenamtliche Richter ist vor seiner ersten Dienstleistung durch den Vorsitzenden der Kammer oder des Senats, welcher er zugeteilt wurde, in öffentlicher Sitzung des Gerichts gem. § 45 Abs. 2 DRiG zu vereidigen. Eine Besetzungsrüge kann auch darauf gestützt werden, dass ein ehrenamtlicher Richter **nicht eidlich verpflichtet** war[5] (s.a. § 20 Rz. 23 ff. und § 6 Rz. 57).

b) Keine volle Wahrnehmung der Richteraufgaben

Die **Anwesenheit** jedes zur Entscheidung herangezogenen Richters während der Verhandlung ist notwendig. Nur wenn jeder einzelne Richter die wesentlichen Vorgänge in sich aufgenommen hat, ist er seiner Aufgabe gewachsen und kann sich selbständig und ohne wesentliche Hilfe der anderen Richter sein Urteil bilden und so an einer sachgerechten Entscheidung mitwirken. Eine fehlerhafte Besetzung liegt daher auch dann vor, wenn ein Richter nicht während der gesamten Verhandlung anwesend ist, zB wenn er während der Verhandlung den Sitzungssaal – auch kurzfristig – verlässt. Auch Vergleichsverhandlungen im Rahmen einer mündlichen Verhandlung vor dem erkennenden Gericht verlangen generell die volle Kammerbesetzung[6].

Zwar reicht eine **vorübergehende Beeinträchtigung der Aufmerksamkeit** durch Ermüdungserscheinungen noch nicht für eine unvorschriftsmäßige Besetzung aus[7], jedoch die Tatsache, dass ein mitwirkender Richter längere Zeit während der Verhandlung schläft[8]. Dies ist allerdings von den Parteien nachzuweisen, da geschlossene Augen iVm. gelegentlichem Absacken des Kopfes oder auch gelegentliches Aufschrecken bei Geräuschen nach Ansicht des BVerwG noch kein sicheres Anzeichen für das Schlafen eines Richters sind, sondern auch auf besonders konzentriertes Zuhören und Mitdenken schließen lassen könnten[9].

Fraglich ist, ob eine fehlerhafte Besetzung vorliegt, wenn der Vorsitzende die ehrenamtlichen Richter nicht ausreichend über den Prozessstoff informiert, diese also nicht über **umfassende Kenntnisse des Inhalts**

---

1 BAG v. 26.9.1996 – 8 AZR 126/95, AP Nr. 3 zu § 39 ArbGG 1979.
2 BAG v. 26.9.1996 – 8 AZR 126/95, AP Nr. 3 zu § 39 ArbGG 1979; BAG v. 23.3.2010 – 9 AZN 1030/09, NZA 2010, 779.
3 BAG v. 25.8.1983 – 6 ABR 31/82, AP Nr. 11 zu § 511 ZPO.
4 BAG v. 15.5.2012 – 7 AZN 423/12.
5 *Brill*, DB 1970, Beilage 4, S. 1.
6 BAG v. 23.6.2016 – 8 AZN 205/16; BAG v. 31.1.1958 – 1 AZR 477/57, AP Nr. 1 zu § 164 ZPO.
7 BGH v. 23.11.1951 – 2 StR 491/51, BGHSt 2, 10.
8 BVerwG v. 1.6.1973 – VI C 15/73, DRiZ 1973, 358.
9 BVerwG v. 24.1.1986 – 6 C 141/82, NJW 1986, 2721.

verfügen. Zwar steht auch das arbeitsgerichtliche Verfahren unter dem Grundsatz der Mündlichkeit (§ 128 Abs. 1 ZPO); wie im Zivilprozess beziehen sich die Parteien jedoch in der mündlichen Verhandlung regelmäßig nach § 137 Abs. 3 Satz 1 ZPO auf ihren schriftlichen Vortrag, so dass das Mündlichkeitsprinzip immer weiter zurückgedrängt wird. Aus diesem Grunde müssen die ehrenamtlichen Richter auf andere Weise über den Prozessstoff unterrichtet werden. Die Unterrichtung der ehrenamtlichen Richter in 1. Instanz erfolgt idR unmittelbar vor der Verhandlung am Sitzungstag durch mündliche Information des Vorsitzenden über den wesentlichen Akteninhalt und die entstehenden Rechtsprobleme. Von der Möglichkeit einer vollständigen Aktenreise wird in seltenen Fällen Gebrauch gemacht. Art, Umfang und Methode der Information liegen im pflichtgemäßen Ermessen des Vorsitzenden[1]. Allerdings ergibt sich bei ausdrücklichem Wunsch eines ehrenamtlichen Richters eine Verpflichtung zur Vorabübersendung erstinstanzlicher Urteile und/oder zur Akteneinsicht am Gerichtsort[2]. Eine Aktenübersendung an die ehrenamtlichen Richter ist in der Praxis nicht nur unüblich, sondern im Hinblick auf den üblicherweise recht kurzfristig vor einem Termin noch erfolgenden Posteingang undurchführbar. Eine fehlerhafte Besetzung liegt nur bei bewusster Fehl- oder Teilinformation oder Missachtung der vorgenannten Verpflichtung vor[3] (zur Vorbereitung der ehrenamtlichen Richter bei den LAG vgl. § 35 Rz. 9, beim BAG § 43 Rz. 39).

57 Ein **personeller Wechsel im Spruchkörper** einer Instanz während eines laufenden Rechtsstreits führt nicht zu einer ordnungswidrigen Zusammensetzung. Personelle Wechsel sind zum einen im Bereich der Vorsitzenden durch eine Änderung im Geschäftsverteilungsplan aufgrund eines Ausscheidens, einer Vertretungssituation oder einer Umorganisation der Kammern oder ihrer Verteilung (hierzu insbesondere § 6a Rz. 53 ff.) möglich. Dies kann sowohl zwischen Güte- und Kammertermin als auch zwischen mehreren Kammerterminen erfolgen. Ein Wechsel der ehrenamtlichen Richter ist vor allem dann notwendig, wenn mehrere Kammertermine durchgeführt werden müssen und der Geschäftsverteilungsplan keine Heranziehung der ehrenamtlichen Richter vorsieht, die einmal mit einem Rechtsstreit befasst sind; in diesem Fall werden die ehrenamtlichen Richter für den neuen Termin gem. § 31 nach Liste herangezogen. So kann bspw. die zuständige Kammer einen Beweisbeschluss erlassen, der sodann in einem späteren Beweisaufnahmetermin in vollkommen anderer Besetzung durchgeführt wird (zu den Problemen bei Fortsetzung eines Beweisaufnahmetermins vgl. auch § 31 Rz. 23 ff.).

c) Entscheidung durch den Vorsitzenden allein anstelle der Kammer

58 Trifft der Vorsitzende der Kammer des ArbG unter **fehlerhafter Anwendung der Vorschriften über seine Alleinentscheidungskompetenz** ohne Beteiligung der ehrenamtlichen Richter eine Entscheidung, so war das Gericht nicht ordnungsgemäß besetzt[4]. Dies hat zur Folge, dass eine Besetzungsrüge zulässig ist.[5]

59 Die Entscheidung des KreisG Rostock Land, Kammer für Arbeitsrecht, vom 19.2.1991[6], wonach im **Eilverfahren** auch nach mündlicher Verhandlung durch den Vorsitzenden allein entschieden werden kann, wenn aufgrund fehlender Vorschläge durch ArbGeb-Verbände oder Gewerkschaften die Bildung arbeitsrechtlicher Spruchkörper gem. § 16 Abs. 2 bei einem Gericht nicht möglich ist, ist zwischenzeitlich überholt; auch in den neuen Bundesländern sind mittlerweile genügend ehrenamtliche Richter ernannt.

d) Entscheidung der Kammer anstelle des Vorsitzenden allein

60 Entscheidet die Kammer statt des Vorsitzenden allein, ist streitig, ob sich hieraus Rechtsfolgen ergeben. Dies wird zum einen verneint mit Hinweis auf den Grundgedanken des mittlerweile aufgehobenen § 10 ZPO, der lautete: „Das Urteil eines Landgerichts kann nicht aus dem Grunde angefochten werden, weil die Zuständigkeit des Amtsgerichts begründet gewesen sei." Zwar galt § 10 ZPO unmittelbar nur für die sachliche Zuständigkeit im Verhältnis Amts- und Landgericht; aus seinem Grundgedanken heraus – kein Rechtsmittel für den, den die fehlerhafte Verfahrensgestaltung begünstigt – sollte sein Rechtsgedanke auch dann anzuwenden sein, wenn die Kammer anstelle des entscheidungsbefugten Einzelrichters entscheidet[7].

---

1 BAG v. 13.5.1981 – 4 AZR 1080/78, AP Nr. 1 zu § 1 TVG – Tarifverträge: Presse m. Anm. von *Herschel*.
2 *Gehrmann*, DRiZ 1988, 126; *Ide*, S. 260; *Bader*, NZA 2016, 16 auch zur Akteneinsicht bei der elektronischen Gerichtsakte.
3 BAG v. 25.1.1963 – 1 AZR 527/61, AP Nr. 3 zu § 43 ArbGG.
4 *Dütz*, RdA 1980, 81 (86).
5 *Bader* in Bader/Hohmann/Klein, Kap. IX Rz. 3.
6 Kreisgericht Rostock Land v. 19.2.1991 – Ga 2/91, AiB 1991, 331 m. Anm. *Schmitt* zur seinerzeitigen Situation in den neuen Bundesländern.
7 Zöller/*Herget*, 21. Aufl., § 10 ZPO Rz. 2; *Bader* in Bader/Hohmann/Klein, Kap. IX Rz. 3.

Richtigerweise ist auch die Entscheidung durch ein „Mehr" an Richtern wie eine fehlerhafte Besetzung des Gerichts zu behandeln. Schließlich besteht der Anspruch des Bürgers auf die Beurteilung einer Sache durch den oder die abstrakt zuvor bestimmten Personen und nicht auf eine beliebige Anzahl. Ferner verbietet sich wegen der abschließenden Regelung des ArbGG ohne entsprechende Verweisungsnorm eine Analogie[1]. 61

e) Folgen

Eine **Heilung** der angeführten Mängel – mit Ausnahme der fehlerhaften Vertretung des Berufsrichters (hierzu Rz. 69) – durch rügelose Einlassung kommt nicht in Betracht. Zwar kann die Verletzung einer das Verfahren und insbesondere die Form einer Prozesshandlung betreffenden Vorschrift nicht mehr gerügt werden, wenn die Partei auf die Befolgung der Vorschrift verzichtet oder wenn sie bei der nächsten mündlichen Verhandlung, die aufgrund des betreffenden Verfahrens stattgefunden hat oder in der darauf Bezug genommen ist, den Mangel nicht gerügt hat, obgleich sie erschienen ist und ihr der Mangel bekannt war oder bekannt sein musste (§ 295 Abs. 1 ZPO). Da die Parteien aber gem. § 295 Abs. 2 ZPO auf die Vorschriften zur ordnungsgemäßen Besetzung des Gerichts und damit auf den gesetzlichen Richter nicht wirksam verzichten können, findet eine Heilung nicht statt[2]. 62

Ist gegen das Urteil des ArbG die **Berufung** (§ 64) zulässig und wird sie eingelegt, kann wegen dieses Mangels allein der Rechtsstreit nicht an das ArbG zurückverwiesen (§ 68) oder das Urteil wegen der unrichtigen Besetzung aufgehoben werden. 63

Wird gem. § 76 **Sprungrevision** eingelegt, ist der Mangel ein Revisionsgrund nach § 547 Nr. 1 ZPO. 64

Besetzungsfehler werden nur auf **ausdrückliche Rüge** hin berücksichtigt. Ob das Urteil tatsächlich auf dem Verstoß beruht, ist unerheblich. Voraussetzung ist aber, dass die Besetzung eine klar zutage liegende Gesetzesverletzung darstellt und auf objektiver Willkür beruht und nicht nur wegen einer irrigen Gesetzesauslegung oder einer irrtümlichen Abweichung von den Festsetzungen des Geschäftsverteilungsplans zustande gekommen ist[3]. 65

Findet gegen das Urteil des LAG die **Revision** (§ 72) statt, liegt auch hier ein Revisionsgrund nach § 547 Nr. 1 ZPO vor. Bei Nichtzulassung der Revision ist allerdings mit der fehlerhaften Besetzung die Nichtzulassungsbeschwerde gem. § 72a nicht begründet. 66

In beiden Fällen besteht jedoch – wenn die Voraussetzungen für die Einlegung eines Rechtsmittels nicht gegeben sind – die Möglichkeit einer **Nichtigkeitsklage** nach § 579 Abs. 1 Nr. 1 ZPO[4]. 67

Ferner kann, da bei Entscheidung in fehlerhafter Besetzung auch ein Verstoß gegen Art. 101 Abs. 1 Satz 2 GG vorliegt, die fehlerhafte Besetzung nach Erschöpfung des Rechtswegs mit der **Verfassungsbeschwerde** (Art. 93 Abs. 1 Nr. 4a GG, § 13 Nr. 8a, § 90 ff. BVerfG) gerügt werden. 68

Bei der **fehlerhaften Vertretung durch einen unzuständigen Berufsrichter** für seinen Kollegen liegt ein Verstoß gegen die im Geschäftsverteilungsplan vorgesehene Vertretungsregelung vor (vgl. § 6a Rz. 84 ff.). Die Geschäftsverteilung innerhalb des Gerichts ist aber eine verzichtbare Norm iSd. § 295 Abs. 2 ZPO, deren Verletzung durch rügelose Einlassung geheilt werden kann. 69

§ 17 Bildung von Kammern

(1) Die zuständige oberste Landesbehörde bestimmt die Zahl der Kammern nach Anhörung der in § 14 Abs. 5 genannten Verbände.
(2) Soweit ein Bedürfnis besteht, kann die Landesregierung durch Rechtsverordnung für die Streitigkeiten bestimmter Berufe und Gewerbe und bestimmter Gruppen von Arbeitnehmern Fachkammern bilden. Die Zuständigkeit einer Fachkammer kann durch Rechtsverordnung auf die Bezirke anderer Arbeitsgerichte oder Teile von ihnen erstreckt werden, sofern die Erstreckung für eine sachdienliche Förderung oder schnellere Erledigung der Verfahren zweckmäßig ist. Die Rechtsverordnungen auf Grund der Sätze 1 und 2 treffen Regelungen zum Übergang anhängiger Verfahren

---

1 Ebenfalls: GK-ArbGG/*Dörner*, § 16 Rz. 11.
2 BGH v. 19.10.1992 – II ZR 171/91, NJW 1993, 600; Zöller/*Greger*, § 295 ZPO Rz. 4.
3 BVerfG v. 13.10.1970 – 2 BvR 618/68, NJW 1970, 2155.
4 Wegen der weiteren Einzelheiten vgl. Zöller/*Greger*, § 579 ZPO Rz. 2 ff.

auf ein anderes Gericht, sofern die Regelungen zur sachdienlichen Erledigung der Verfahren zweckmäßig sind und sich die Zuständigkeit nicht nach den bisher geltenden Vorschriften richten soll. § 14 Abs. 5 ist entsprechend anzuwenden.
(3) Die Landesregierung kann die Ermächtigung nach Absatz 2 durch Rechtsverordnung auf die zuständige oberste Landesbehörde übertragen.

I. Allgemeines 1	1. Errichtung der Fachkammern 11
II. Die Einrichtung von Kammern (Abs. 1) 2	2. Zuständigkeit der Fachkammern 14
III. Die Bildung von Fachkammern (Abs. 2) 9	3. Besetzung 21

Schrifttum: *Ide*, Gerichtsverfassung und Haushalt, RdA 1979, 228.

I. Allgemeines

1 § 17 betrifft die Bildung von Kammern und bezieht sich sowohl auf die Einrichtung von allgemeinen Kammern (Abs. 1) als auch auf die Einrichtung von speziellen Fachkammern (Abs. 2). Die entsprechende Vorschrift für die LAG ist § 35 Abs. 3 (vgl. § 35 Rz. 18 ff.). Die Einrichtung der Senate beim BAG regelt § 41 Abs. 3 (vgl. § 41 Rz. 3 ff.).

II. Die Einrichtung von Kammern (Abs. 1)

2 **Zuständig** für die Bestimmung der Spruchkörper eines ArbG und damit für die Festlegung der Anzahl der Kammern ist die zuständige oberste Landesbehörde (zu den obersten Landesbehörden im Einzelnen § 15 Rz. 4 ff.).

3 Die jeweilige oberste Landesbehörde hat vor Einrichtung der Kammern die Gewerkschaften und Vereinigungen von ArbGeb, die für das Arbeitsleben im Landesgebiet wesentliche Bedeutung haben, zu hören. Hierbei handelt es sich insbesondere um die Landesbezirke der Gewerkschaften einerseits und um die Landesvereinigungen der ArbGeb andererseits. Das **Anhörungsrecht** bedeutet die Gelegenheit zur Äußerung über die zur Entscheidung ausstehende Angelegenheit, und zwar zum Sachverhalt wie auch zur rechtlichen Beurteilung (zu den Einzelheiten § 14 Rz. 24 ff.).

4 § 17 Abs. 1 behandelt nicht nur die Errichtung von Kammern eines neuen ArbG, sondern auch die **Veränderung der Anzahl der Kammern** bei einem bereits bestehenden ArbG. In diesem Fall ist allerdings gem. § 29 Abs. 2 Satz 1 neben dem den Gewerkschaften und ArbGeb-Vereinigungen zustehenden Anhörungsrecht zusätzlich der Ausschuss der ehrenamtlichen Richter zu hören (vgl. § 29 Rz. 18).

5 Streitig ist die **Rechtsnatur des Errichtungsaktes**. Es dürfte sich mangels unmittelbarer Außenwirkung um eine rein interne Verwaltungshandlung handeln.

6 Die **Anzahl der zu bildenden Kammern** steht im Ermessen der Verwaltung. Die Entscheidung über die Zahl der Kammern wird einerseits durch haushaltsrechtliche Gesichtspunkte und andererseits durch den Geschäftsanteil bestimmt. Damit hat sich die Anzahl der Kammern vor allem auch im Hinblick auf die im ArbGG selbst normierten Beschleunigungsregeln (§§ 9, 56, 61a) an der Zahl der bisherigen und der zu erwartenden Eingänge zu orientieren, um dem Rechtsschutzbedürfnis der Parteien Rechnung zu tragen. Dies ergibt sich aus Art. 92 GG, der bestimmt, dass die rechtsprechende Gewalt den Richtern anvertraut ist; daraus folgt, dass die Verfassung in ihrer Substanz berührt wird, wenn entweder keine Gerichte eingerichtet werden oder die bestehenden Gerichte aus Mangel an ausreichenden Mitteln ihre Aufgaben nicht erfüllen können[1]. Für den richterlichen Dienst wurde zur Ermittlung der notwendigen Planstellen ein System der **Personalbedarfsberechnung** entwickelt (Pebb§y; hierzu im Einzelnen § 7 Rz. 15 und § 16 Rz. 4).

7 Die **Verteilung der Geschäfte auf die einzelnen Kammern** erfolgt nicht durch die oberste Landesbehörde, sondern im Wege richterlicher Selbstverwaltung durch das Präsidium in einem Geschäftsverteilungsplan (§ 6a ArbGG iVm. § 21e GVG; vgl. insbesondere § 6a Rz. 53 ff.).

---

1 *Ide*, RdA 1979, 228.

Das Präsidium ist auch zuständig für die Errichtung von **Hilfskammern**. Hilfskammern werden im Gegensatz zu ständigen Spruchkörpern bei vorübergehender Überlastung eines bestimmten ständigen Spruchkörpers eingerichtet; solche Fälle der Überlastung können entstehen durch vorübergehend zahlenmäßig erheblich gestiegene Geschäftsbelastung. Die Bildung eines derartigen Hilfsspruchkörpers ist jederzeit, auch schon zu Beginn des Geschäftsjahres, zulässig; sie darf jedoch im Ergebnis nicht zur Bildung eines ständigen Spruchkörpers führen, dh. sie muss befristet sein[1]. 8

III. Die Bildung von Fachkammern (Abs. 2)

Fachkammern können nach § 17 Abs. 2 gebildet werden, soweit ein Bedürfnis besteht. Fachkammern sind besondere Kammern, die sich nur mit Streitigkeiten bestimmter Berufe und Gewerbe und bestimmter Gruppen von ArbN beschäftigen. Die Zuständigkeit der Fachkammer kann sich dabei aus Tatsachen in der Person des ArbGeb, des ArbN oder einer bestimmten Gruppe von ArbN ergeben. Unter Gruppen sieht man in der Praxis insbesondere auch Personenkreise von ArbN an, die durch ihre Beschäftigung bei einem oder mehreren gleichartigen ArbGeb zusammengefasst sind. 9

Sinn und Zweck der Fachkammern bestehen darin, spezielles Wissen zu bestimmten Berufen, Berufsgruppen und Branchen zusammenzufassen, um dadurch insbesondere wirtschaftlichere und damit u.a. auch schnellere Verfahren zu ermöglichen. 10

1. Errichtung der Fachkammern

Zuständig für die Bildung von Fachkammern ist die Landesregierung, die jedoch die Ermächtigung gem. § 17 Abs. 3 durch Rechtsverordnung auf die zuständige oberste Landesbehörde übertragen kann (zur obersten Landesbehörde vgl. § 15 Rz. 2 ff.). 11

Vor der Bildung von Fachkammern sind gem. Abs. 2 Satz 4 die Gewerkschaften und Vereinigungen von ArbGeb zu hören (Abs. 1 Satz 2 unter Verweis auf § 14 Abs. 4 Satz 2). Hierbei handelt es sich insbesondere um die Landesbezirke der Gewerkschaften einerseits sowie die Landesvereinigungen der ArbGeb andererseits. Das **Anhörungsrecht** bedeutet – wie bei der Einrichtung von Kammern gem. § 17 Abs. 1 – die Gelegenheit zur Äußerung über die zur Entscheidung ausstehende Angelegenheit, und zwar zum Sachverhalt wie auch zur rechtlichen Beurteilung (vgl. auch Rz. 3). 12

Die Errichtung von Fachkammern steht im **Ermessen** der zuständigen Behörde; sie ist für kein Sachgebiet zwingend vorgeschrieben. Dies richtet sich, wie der Wortlaut der Norm vorgibt, nach den jeweiligen Bedürfnissen. Die Entscheidung hat damit nach pflichtgemäßem Ermessen zu erfolgen, wobei die Vor- und Nachteile einer Spezialisierung abzuwägen sind. Maßgebend kann die Zahl der zu erwartenden Streitigkeiten sein oder der Schwierigkeitsgrad einer Spezialmaterie, die Fachkenntnisse oder Erfahrung in den Verhältnissen der Gruppen, Berufe oder Gewerbe voraussetzt. 13

2. Zuständigkeit der Fachkammern

Die Fachkammer hat im Urteils- und Beschlussverfahren über Streitigkeiten aus dem Fachgebiet, für das sie gebildet ist, zu entscheiden. Eine **Zuständigkeit der Fachkammer** kann nicht durch Parteivereinbarung begründet werden, da eine Prorogation nach § 38 ZPO nur für das Gericht als Ganzes, namentlich für die örtliche, sachliche oder internationale Zuständigkeit, möglich ist. Die Geschäftsverteilung unterliegt dagegen nicht der Disposition der Parteien[2]. 14

Die **Festlegung der Zuständigkeit** einer Fachkammer erfolgt bereits mit ihrer Einrichtung. Sie kann durch Geschäftsverteilungsplan weder erweitert noch beschränkt werden. Durch Geschäftsverteilungsplan erfolgt aber die Zuordnung an eine bestimmte Fachkammer, wenn bei einem ArbG mehrere Fachkammern für dasselbe Sachgebiet eingerichtet wurden. 15

Fachkammern werden für **Bereiche mit besonderen Arbeitsbedingungen** so zB Bühnenstreitigkeiten, Seearbeitsrecht **oder den öffentlichen Dienst** gebildet. Von der Möglichkeit zur Einrichtung von Fachkammern ist in den Bundesländern in unterschiedlicher Weise Gebrauch gemacht worden. In Berlin sind bspw. Fachkammern für das Baugewerbe, den Handel, die Metallindustrie u.a. eingerichtet. Nicht zulässig ist dagegen die Bildung von Fachkammern für einzelne Streitgegenstände, zB Eingruppierungsstreitigkeiten, 16

---

1 Weitere Einzelheiten bei *Kissel/Mayer*, § 60 GVG Rz. 11 ff.
2 Zöller/*Vollkommer*, § 38 ZPO Rz. 3; Zöller/*Lückemann*, Vor § 93 GVG Rz. 4.

oder für bestimmte Verfahrensarten, zB Beschluss- oder Urteilsverfahren. Eine solche spezielle Zuordnung an allgemeine Kammern erfolgt in der Praxis aber zulässigerweise im Wege der Geschäftsverteilung.

17 Die **Zuweisung an die Fachkammer** ist von Amts wegen bei der Verteilung der eingegangenen Klagen und Anträge vorzunehmen, ohne dass es eines Antrages der Parteien bedürfte.

18 Die **Zuordnung zu einer falschen Kammer** des zuständigen ArbG – allgemeine Kammer statt Fachkammer oder falsche Fachkammer – hat zur Folge, dass innerhalb des zuständigen ArbG der Rechtsstreit der richtigen Kammer zur Übernahmeprüfung vorzulegen ist. Auch dieser Vorgang hat von Amts wegen im Rahmen der Regelungen des jeweiligen Geschäftsverteilungsplans zu erfolgen (vgl. auch § 6a Rz. 72 ff.). Die **Abgabe** erfolgt idR formlos; vorher ist den Parteien rechtliches Gehör zu gewähren. Eine Anfechtung der Abgabe ist nicht möglich.

19 Erfolgt entgegen der Zuordnung des Geschäftsverteilungsplans **keine Abgabe an die zuständige Kammer**, so hat eine fehlerhafte Besetzung entschieden (Art. 101 GG). Es besteht für die Partei die Möglichkeit, den Verfahrensverstoß mit den allgemeinen Rechtsmitteln zu rügen. Ist gegen das Urteil des ArbG die Berufung (§ 64) zulässig und wird sie eingelegt, kann wegen dieses Mangels der Rechtsstreit nicht an das ArbG zurückverwiesen (§ 68) oder das Urteil wegen der unrichtigen Besetzung aufgehoben werden. Wird aber gem. § 76 Sprungrevision eingelegt, ist der Mangel ein Revisionsgrund nach § 547 Nr. 1 ZPO. Ein Revisionsgrund liegt aber nur bei einem qualifizierten Verstoß im Sinne eines willkürlichen Verhaltens vor[1]. Findet gegen das Urteil des LAG die Revision (§ 72) statt, liegt ein Revisionsgrund nach § 547 Nr. 1 ZPO vor. Bei Nichtzulassung der Revision ist allerdings wegen der fehlerhaften Besetzung die Nichtzulassungsbeschwerde gem. § 72a nicht begründet. In beiden Fällen besteht – wenn die Voraussetzungen für die Einlegung eines Rechtsmittels nicht gegeben sind – die Möglichkeit einer Nichtigkeitsklage nach § 579 Abs. 1 Nr. 1 ZPO. Ferner kann, da bei Entscheidung in fehlerhafter Besetzung auch ein Verstoß gegen Art. 101 Abs. 1 Satz 2 GG vorliegt, die fehlerhafte Besetzung nach Erschöpfung des Rechtswegs mit der Verfassungsbeschwerde (Art. 93 Abs. 1 Nr. 4a GG, § 13 Nr. 8a, §§ 90 ff. BVerfGG) gerügt werden. Eine Heilung des Mangels wegen rügeloser Einlassung kommt nicht in Betracht, da die Parteien auf die Vorschriften zur ordnungsgemäßen Besetzung des Gerichts nicht wirksam verzichten können (§ 295 Abs. 2 ZPO).

20 § 17 Abs. 2 Satz 2 und 3 sehen die Möglichkeit der **Erstreckung der Zuständigkeit einer Fachkammer durch Rechtsverordnung auf die Bezirke anderer ArbG** vor. Voraussetzung ist, dass die Zuständigkeit für eine sachdienliche Förderung oder schnellere Erledigung der Verfahren zweckmäßig ist. Von der hM wird diese Regelung für nichtig gehalten, da für eine derartige Erstreckung aufgrund des sonst gegebenen Widerspruchs zu § 14 Abs. 2 Nrn. 4 und 6 ein Gesetz erforderlich sein soll[2].

3. Besetzung

21 Die **Entscheidungen der Fachkammern** ergehen in derselben Besetzung wie die der allgemeinen Kammern. Die Fachkammer besteht damit wie die allgemeine Kammer aus dem Vorsitzenden und ehrenamtlichen Richtern aus den Kreisen der ArbGeb und ArbN (§ 16 Abs. 2).

22 Allerdings sollen die **ehrenamtlichen Richter bei den Fachkammern** nicht allgemein aus den Kreisen der ArbN (§ 23) und ArbGeb (§ 22) ernannt werden, sondern gem. § 30 Satz 1 aus den Kreisen der ArbN und ArbGeb, für welche die Fachkammer gebildet ist. Die ehrenamtlichen Richter für die Fachkammern werden durch das Präsidium anhand der die Berufe enthaltenen Liste über die ehrenamtlichen Richter ermittelt. Das Präsidium prüft, ob ein ehrenamtlicher Richter für eine Fachkammer in Betracht kommt, und teilt diesen ggf. durch entsprechende Regelung im Geschäftsverteilungsplan der Fachkammer zu. Nach § 29 ist vorab der Ausschuss der ehrenamtlichen Richter zu hören. § 30 Satz 1 ist eine Sollvorschrift, deren Nichtbefolgung nicht zur fehlerhaften Besetzung des Spruchkörpers führt (vgl. auch § 30 Rz. 12).

23 Nach § 17 Abs. 2 Satz 2 besteht die Möglichkeit der Einrichtung **erweiterter Fachkammern** (vgl. Rz. 20). Sofern von dieser Möglichkeit Gebrauch gemacht wird, sind diese Kammern gem. § 30 Satz 3 zu besetzen. Die ehrenamtlichen Richter dieser Kammer sollen neben den nach Satz 1 und 2 vorausgesetzten Merkmalen aus allen Bezirken, für welche die Kammer zuständig ist, berufen werden, um den Zuständigkeitsbereich der erweiterten Fachkammer zu repräsentieren (vgl. § 30 Rz. 11).

---

1 BVerwG v. 18.10.1990 – 3 C 19/88, NJW 1991, 1370.
2 GMP/*Prütting*, § 17 Rz. 16; GK-ArbGG/*Dörner*, § 17 Rz. 7.

§ 18 Ernennung der Vorsitzenden

(1) Die Vorsitzenden werden auf Vorschlag der zuständigen obersten Landesbehörde nach Beratung mit einem Ausschuss entsprechend den landesrechtlichen Vorschriften bestellt.

(2) Der Ausschuss ist von der zuständigen obersten Landesbehörde zu errichten. Ihm müssen in gleichem Verhältnis Vertreter der in § 14 Abs. 5 genannten Gewerkschaften und Vereinigungen von Arbeitgebern sowie der Arbeitsgerichtsbarkeit angehören.

(3) Einem Vorsitzenden kann zugleich ein weiteres Richteramt bei einem anderen Arbeitsgericht übertragen werden.

(4)-(6) (weggefallen)

(7) Bei den Arbeitsgerichten können Richter auf Probe und Richter kraft Auftrags verwendet werden.

I. Ernennung der Vorsitzenden 1	II. Übertragung eines weiteren Richteramtes . . . 24
1. Persönliche Voraussetzungen 2	III. Pflichten und Rechte der Berufsrichter 28
2. Ernennungsverfahren 9	

Schrifttum: *Hanau*, Formelle und informelle Einflüsse der Verbände auf die Arbeitsgerichtsbarkeit, DRiZ 1992, 422; *Marqua*, Richterwahl im Gerede, DRiZ 1989, 226; *Müller-Graff/Roth*, Die Praxis des Richterberufs, Berlin 2000; *Priepke*, Richter im Wahlausschuss, DRiZ 1989, 229; *Staats*, DRiG, 1. Aufl. 2012; *Weigand*, Das Berliner Betriebspraktikum für angehende Richter/innen bei den Gerichten für Arbeitssachen, NZA 1996, 366; *Zitscher*, Wirtschaftsvolontariat für Richter, NZA 1990, 55.

I. Ernennung der Vorsitzenden

Die Vorsitzenden an den ArbG werden nach den landesrechtlichen Vorschriften bestellt. Es handelt sich bei dem in § 18 vorgesehenen Verfahren um die erstmalige Bestellung einer Person zum Berufsrichter eines ArbG. § 18 regelt dagegen nicht die Ernennung eines Richters zum aufsichtführenden Richter, also die Ernennung zum Direktor oder zum Präsidenten eines ArbG bzw. seiner Stellvertreter. 1

1. Persönliche Voraussetzungen

Die Ausbildung und persönliche Befähigung zum Richteramt am ArbG entspricht inhaltlich der Ausbildung und Befähigung zum Richter in den anderen Gerichtszweigen. Als Vorsitzende können nur **Berufsrichter** bestellt werden, welche die Befähigung zum Richteramt haben, § 6a Nr. 5. 2

Die **Voraussetzungen für die Berufung in das Richteramt** sind im Deutschen Richtergesetz (DRiG) geregelt. In das Richterverhältnis darf gem. § 9 DRiG nur berufen werden, wer Deutscher iSd. Artikels 116 des Grundgesetzes ist, die Gewähr dafür bietet, dass er jederzeit für die freiheitliche demokratische Grundordnung iSd. Grundgesetzes eintritt, die Befähigung zum Richteramt besitzt (hierzu Rz. 4) und über die erforderliche soziale Kompetenz verfügt. 3

Wer die Befähigung zum Richteramt hat, ergibt sich aus dem **Deutschen Richtergesetz** (DRiG); insbesondere sind die Rahmenvorschriften der §§ 5-7 DRiG maßgebend. Demnach kann nur Richter werden, wer ein rechtswissenschaftliches Studium an einer Universität, das Erste Juristische Staatsexamen, einen anschließenden Referendardienst und das Zweite Juristische Staatsexamen absolviert hat. Nach bestandenem Zweiten Staatsexamen liegt einschränkungslos die Befähigung zum Richteramt, also auch die Befähigung zur Tätigkeit als Richter am ArbG, vor. Zudem ist jeder ordentliche Professor der Rechte an einer Universität im Geltungsbereich dieses Gesetzes gem. § 7 DRiG zum Richteramt befähigt. Wegen weiterer Einzelheiten wird auf § 6 Rz. 14 verwiesen. 4

Seit dem 3.10.1990 gilt das DRiG auch in den neuen Bundesländern und dem früheren Ostberlin (Einigungsvertrag Anlage I Kap. III Sachgebiet A Abschnitt III Nr. 8). Hiernach konnte auch ein Bewerber mit dem Abschluss als **Diplomjurist** nach altem Recht in ein Richteramt berufen werden. 5

Die Bewerber auf die Position als Vorsitzender werden in der Praxis hauptsächlich nach ihren Leistungen im Ersten und Zweiten Staatsexamen und den Zeugnissen aus der Referendarzeit beurteilt. Die Auswahl unterliegt dem Gebot der Bestenauslese[1]. **Besondere Kenntnisse und Erfahrungen auf dem Gebiet des** 6

---

[1] *Staats*, DRiG, § 8 Rz. 19.

Arbeitsrechts in Studium oder Praxis werden zwar nicht zwingend vorausgesetzt[1]. Die fachliche Kompetenz gibt aber häufig den Ausschlag, insbesondere bei der Auswahl zwischen verschiedenen Bewerbern mit vergleichbarem Notenspiegel[2]. Entsprechende Spezialqualifikationen können insbesondere durch besondere Universitätskurse oder Stationen während des Vorbereitungsdienstes, durch Zusatzausbildungen (zB Fachanwaltslehrgang für Arbeitsrecht) oder im Rahmen einer beruflichen Praxis als Arbeitsrechtler erlangt werden. In Bayern werden bspw. Berufsanfänger nur selten sofort Richter; im Normalfall hat ein Vorsitzender Richter am ArbG bereits einige Jahre Berufserfahrung bspw. als Staatsanwalt oder in einer Verwaltungsbehörde.

7 Regelmäßig werden von den Behörden auch **Berufsanfänger und junge Beamte**, die in das Richterverhältnis wechseln wollen, zu Vorsitzenden ernannt. Sie sind dann zunächst Richter auf Probe oder Richter kraft Auftrags (hierzu Rz. 20 f.). Die Einstellung führt idR zur Anstellung, dh. der ersten Einweisung in eine Planstelle und Ernennung zum Richter auf Lebenszeit; die Entlassung aus dem Probedienst ist die Ausnahme (vgl. auch § 6 Rz. 16 ff.).

8 In einigen Ländern wird den Richtern die Möglichkeit der Absolvierung von **Wirtschafts- oder Betriebsvolontariaten** angeboten. Ziel ist insbesondere der Ausgleich von Erfahrungs- und Wissensdefiziten bei jungen Richtern und die Aktualisierung vorhandener Kenntnisse von Handel und Industrie. Das Praktikum in einem Betrieb der freien Wirtschaft basiert auf einer Vereinbarung der zuständigen Ministerien mit den Vereinigungen der ArbGeb- und ArbN-Verbände, erstreckt sich dabei regelmäßig auf alle Bereiche eines Betriebs von der Betriebsleitung bis zur Produktion und umfasst idR auch einen Abschnitt beim BR. Betriebspraktika werden generell außerhalb des eigenen Gerichtsbezirks absolviert[3].

2. Ernennungsverfahren

9 Zunächst erfolgt bei Bedarf an Richtern eine Ausschreibung im Justizamtsblatt oder in den einschlägigen Fachzeitschriften. Das **Vorschlagsrecht** obliegt der zuständigen obersten Landesbehörde (hierzu § 15 Rz. 4).

10 Sodann werden die qualifiziertesten Bewerber – ggf. unter Heranziehung einer bereits vorhandenen Bewerberliste – zu einem **Vorstellungsgespräch** geladen. Dieses findet entweder beim Personalreferenten oder Abteilungsleiter des zuständigen Ministeriums unter Anwesenheit des Präsidenten des LAG, für dessen Bezirk die Einstellung erfolgen soll, oder bei dem zuständigen LAG unter Beteiligung der sog. Personalfindungskommission statt.

11 Die **Entscheidung für einen bestimmten Bewerber** trifft die oberste Landesbehörde letztlich allein; sie muss jedoch die Landesjustizverwaltung anhören und deren Argumente zur Kenntnis nehmen.

12 Vor der Entscheidung muss eine **Beratung mit dem Ausschuss** nach § 18 Abs. 2 stattfinden. Der Ausschuss wird als ständiger Ausschuss von der obersten Arbeitsbehörde errichtet. Er ist kein Richterwahlausschuss, sondern ein beratendes Gremium. Beratung bedeutet Information, Anhörung und Austausch von Argumenten, durch die dem Ausschuss die Möglichkeit gegeben werden soll, auf die Entscheidung Einfluss zu nehmen. Die Beratung ist damit ein Mitwirkungsrecht. Ein Vetorecht steht dem Ausschuss nicht zu; die Behörde ist nicht gezwungen, dem Votum des Ausschusses Folge zu leisten.

13 Die **Zusammensetzung des Ausschusses** ist gesetzlich festgelegt. Andere als die in Abs. 2 iVm. § 14 Abs. 5 genannten Vertreter dürfen dem Ausschuss nicht angehören. Insoweit handelt es sich um eine abschließende Regelung, die eine bestimmte – paritätische – Besetzung vorsieht[4]. Dem Ausschuss gehören hiernach in gleichem Zahlenverhältnis Vertreter der Gewerkschaften, der ArbGeb-Vereinigungen und der Arbeitsgerichtsbarkeit an. Die zahlenmäßige Stärke des Ausschusses, das Verfahren für die Auswahl seiner Mitglieder und die Geschäftsordnung bestimmt die oberste Landesbehörde[5].

14 Vor der Ernennung der Berufsrichter ist gem. § 52 DRiG bzw. entsprechend der jeweiligen Landesrichtergesetze der **Präsidialrat** des Gerichts, bei dem der Richter verwendet werden soll, zu beteiligen. Dem Präsidialrat sind neben dem Antrag der Dienstbehörde auch die Bewerbungsunterlagen und – bei Zustimmung des Betroffenen – die Personalakten zur Verfügung zu stellen. Er gibt sodann innerhalb einer bestimmten Frist – nach dem DRiG innerhalb eines Monats – eine schriftlich begründete Stellungnahme ab, die zu den

---

1 Anders noch § 18 Abs. 3 ArbGG 1953.
2 Zur Notwendigkeit praktischen Wissens vgl. auch *Weigand*, NZA 1996, 366.
3 Vgl. hierzu auch *Zitscher*, NZA 1990, 55; *Müller-Graff/Roth*, Die Praxis des Richterberufs, S. 48 f.; *Weigand*, NZA 1996, 366.
4 GMP/*Prütting*, § 18 Rz. 17; GK-ArbGG/*Dörner*, § 18 Rz. 8 unter Hinweis auf die Effektivität.
5 Zum Einfluss der Verbände auf die Arbeitsgerichtsbarkeit durch Beteiligung am Ausschuss *Hanau*, DRiZ 1992, 422.

Personalakten zu nehmen ist. Eine Entscheidung darf erst nach Eingang der Stellungnahme oder Ablauf der Frist zur Stellungnahme ergehen (§ 57 DRiG).

Die **Ernennung** des Vorsitzenden erfolgt durch **Aushändigung einer Urkunde** (§ 17 DRiG). Es handelt sich dabei um einen Hoheitsakt, durch den das öffentlich-rechtliche Dienstverhältnis des Richters zum Staat bzw. Land begründet wird. Die Ernennungsurkunde wird idR persönlich ausgehändigt. Der Richter hat vor seiner ersten Amtshandlung den sog. **Richtereid**, der eine Verpflichtung auf das Grundgesetz enthält, in öffentlicher Sitzung eines Gerichts zu leisten (§ 38 Abs. 1 und 2 DRiG); der Eid kann für Richter in 1. und 2. Instanz eine Verpflichtung auf die jeweilige Landesverfassung enthalten und statt vor einem Gericht in anderer Weise öffentlich geleistet werden (§ 38 Abs. 3 DRiG). 15

Sofern nach dem jeweiligen Landesrecht **Richterwahlausschüsse** bestehen, sind diese neben dem Ausschuss nach § 18 Abs. 2 zu beteiligen. Die vorschlagsberechtigte Behörde muss dann zusätzlich nach Abschluss der Beratung den von ihr zur Ernennung in Aussicht genommenen Richter wählen lassen. Nach Art. 98 Abs. 4 GG ist es den Ländern freigestellt, ob sie Richterwahlausschüsse einrichten[1]. Die Richterwahlausschüsse sind in den einzelnen Bundesländern mit unterschiedlichen Kompetenzen ausgestattet und verschieden zusammengesetzt (hierzu § 6 Rz. 8)[2]. 16

Fehler im Ernennungsverfahren führen nur nach Maßgabe des § 18 DRiG zur **Nichtigkeit der Ernennung**. Eine Ernennung ist nichtig, wenn sie von einer sachlich unzuständigen Behörde ausgesprochen wurde. Eine Ernennung ist ferner nichtig, wenn der Ernannte im Zeitpunkt der Ernennung entweder nicht Deutscher iSd. Art. 116 des GG war oder nicht die Fähigkeit zur Bekleidung öffentlicher Ämter hatte. Die Nichtigkeit einer Ernennung zum Richter auf Lebenszeit kann erst geltend gemacht werden, nachdem ein Gericht sie rechtskräftig festgestellt hat, während sie bei Richtern auf Probe und Richtern kraft Auftrags kraft Gesetzes eintritt[3]. 17

§ 19 DRiG regelt abschließend die Fälle, in denen die Ernennung zurückzunehmen ist. Während Abs. 1 die obligatorischen Rücknahmefälle aufzählt, stehen sie gem. Abs. 2 im Ermessen des zuständigen Dienstherrn. Eine **Rücknahme der Ernennung** hat gem. § 19 Abs. 1 DRiG zu erfolgen, wenn der Ernannte nicht die Befähigung zum Richteramt besaß (§§ 5–7 DRiG; hierzu Rz. 4). Eine Ernennung ist auch dann zurückzunehmen, wenn die gesetzlich vorgeschriebene Beteiligung eines Richterwahlausschusses unterblieben war und dieser die nachträgliche Bestätigung abgelehnt hat. Fehler in der Besetzung und bei dem Zustandekommen des Beschlusses des Richterwahlausschusses wirken im Interesse der Rechtssicherheit demgegenüber nicht auf das Ernennungsverfahren zurück[4]. Die unterbliebene Beteiligung anderer Stellen ist für die Wirksamkeit der Ernennung zunächst ohne Bedeutung; dies gilt sowohl für das fehlende Benehmen zwischen den Behörden als auch für die fehlerhafte Beteiligung des Ausschusses nach Abs. 2. Dagegen ist die Ernennung zurückzunehmen, wenn sie durch Zwang, arglistige Täuschung oder Bestechung herbeigeführt wurde oder wenn nicht bekannt war, dass der Ernannte ein Verbrechen oder Vergehen begangen hatte, das ihn der Berufung in das Richterverhältnis unwürdig erscheinen lässt, und er deswegen rechtskräftig zu einer Strafe verurteilt war oder wird. Eine Ernennung kann gem. § 19 Abs. 2 DRiG zurückgenommen werden, wenn nicht bekannt war, dass der Ernannte in einem gerichtlichen Verfahren aus dem Dienst oder Beruf entfernt oder zum Verlust der Versorgungsbezüge verurteilt worden war. 18

Für die Rücknahme gelten Fristen, die vom Bund und den Ländern zu bestimmen sind. Gemäß § 46 DRiG iVm. § 13 Abs. 2 BBG gilt für Bundesrichter eine **Rücknahmefrist** von sechs Monaten. Die Ernennung zum Richter auf Lebenszeit oder zum Richter auf Zeit kann ohne schriftliche Zustimmung des Richters nur aufgrund **rechtskräftiger richterlicher Entscheidung** zurückgenommen werden (§ 19 Abs. 3 DRiG). 19

Einstweilen frei 20

Als **Vorsitzender** kann in 1. Instanz nach § 18 Abs. 7 sowohl der Richter auf Probe (§ 12 DRiG, hierzu Rz. 20 und § 6 Rz. 15 f.), der Richter kraft Auftrags (§ 14 DRiG; hierzu Rz. 21 und § 6 Rz. 17) oder der Richter auf Lebenszeit (§ 10 DRiG; hierzu § 6 Rz. 15) tätig werden. Die Ernennung auf Lebenszeit bildet allerdings nach § 28 Abs. 1 DRiG die Regel. 21

Die **Amtsbezeichnungen** der Richter sind in § 19a DRiG geregelt. Amtsbezeichnungen der Richter auf Lebenszeit sind jeweils mit einem das Gericht bezeichneten Zusatz „Richter *am Arbeitsgericht xy*", „Vorsitzender Richter am", „Direktor des", „Vizepräsident des" oder „Präsident des". Richter auf Probe führen 22

---

[1] Zum Vorteil der Richterwahlausschüsse vgl. *Vultejus*, AuR 1995, 251.
[2] Zu den verfassungsrechtlichen Gedanken *Marqua*, DRiZ 1989, 226; *Priepke*, DRiZ 1989, 229.
[3] Hierzu *Schmidt-Räntsch*, § 18 Rz. 17.
[4] BGH v. 16.9.2004 – III ZR 201/03, NJW 2004, 3784.

die Bezeichnung „Richter". Bei einer Abordnung – nicht aber bei einer Versetzung – wird die Amtsbezeichnung beibehalten. Der Status muss als solcher im Geschäftsverteilungsplan kenntlich gemacht werden (§ 29 Satz 2 DRiG). Die Vorschrift des § 29 Satz 1 DRiG, wonach bei einer gerichtlichen Entscheidung nicht mehr als ein Richter auf Probe, kraft Auftrags oder ein abgeordneter Richter mitwirken darf, ist für die arbeitsgerichtliche Praxis irrelevant. In 1. und 2. Instanz ist an den Entscheidungen jeweils maximal ein Berufsrichter beteiligt. Zum BAG werden nur Richter auf Lebenszeit gewählt.

23 Die in 1. Instanz vorhandene **Beförderungsstelle** bei Übertragung der Dienstaufsicht ist die des Direktors des ArbG. Bei einigen größeren ArbG ist diese Beförderungsstelle als Präsidentenamt ausgewiesen. Der Direktor bzw. Präsident des ArbG ist Leiter der Behörde ArbG, bleibt daneben aber auch als Vorsitzender mit Rechtsprechungsaufgaben betraut.

II. Übertragung eines weiteren Richteramtes

24 Grundsätzlich wird dem Richter auf Lebenszeit ein Richteramt bei einem bestimmten Gericht zugewiesen (§ 27 Abs. 1 DRiG). Nach § 27 Abs. 2 DRiG kann ihm jedoch ein **weiteres Richteramt bei einem anderen Gericht** übertragen werden, soweit ein Gesetz dies zulässt.

25 Eine **gesetzliche Ermächtigung** findet sich im ArbGG. § 18 Abs. 3 sieht vor, dass einem Vorsitzenden zugleich ein weiteres Richteramt als Vorsitzender bei einem anderen ArbG übertragen werden kann. Dies kann in der Praxis dann der Fall sein, wenn das Arbeitsaufkommen eine Aufteilung der Arbeitskraft erfordert, sei es, weil das Arbeitsvolumen bei einem Gericht zu gering ist, sei es, weil die Arbeitskraft bei anderen Gerichten verstärkt werden muss.

26 Ein **Richter auf Lebenszeit** darf – außer im Wege der Abordnung (§ 37 DRiG) – bei einem Gericht keine richterlichen Aufgaben wahrnehmen, ohne dass ihm ein Richteramt bei diesem Gericht übertragen ist. Diese Vorschrift sichert die persönliche Unabhängigkeit des Richters in Bezug auf seine Unversetzbarkeit und Unabsetzbarkeit (Art. 97 Abs. 2 Satz 1 GG). Aus diesem Grunde bedarf es – obwohl im Wortlaut des § 27 Abs. 2 DRiG nicht ausdrücklich aufgeführt – der Zustimmung des Richters zu der Übertragung eines weiteren Richteramtes, denn die Übertragung eines weiteren Richteramtes hat immer zugleich die Reduzierung des bisherigen Aufgabenkreises zur Folge[1]. Hat allerdings der Geschäftsverteilungsplan für ein bestimmtes Geschäftsjahr zur Folge, dass ein Richter den bisherigen Beschäftigungsort ganz oder teilweise wechseln muss, weil sich die Spruchkörper eines Gerichts an verschiedenen Orten befinden, so liegt darin weder eine Versetzung noch die Übertragung eines weiteren Richteramtes[2].

27 Soweit der Vorsitzende ein weiteres Richteramt wahrnimmt, ist er in diesem Fall **für das Präsidium** beider Gerichte aktiv und passiv **wahlberechtigt** (§ 6a Rz. 14).

III. Pflichten und Rechte der Berufsrichter

28 Die Vorsitzenden der ArbG sind wie alle Berufsrichter **sachlich und persönlich unabhängig** und nur dem Gesetz unterworfen (§ 25 DRiG, Art. 97 GG). Sie sind an Weisungen oder Empfehlungen im Hinblick auf die konkrete Entscheidung eines Rechtsstreits nicht gebunden (§ 26 DRiG iVm. den Landesrichtergesetzen, hierzu § 6 Rz. 19 ff.).

29 Die **allgemeinen Pflichten** der Richter ergeben sich, soweit in den Landesrichtergesetzen keine Besonderheiten bestehen, aus den §§ 38–43 DRiG. Gemäß § 38 DRiG ist der Richter zur Ableistung des Richtereids verpflichtet. Nach § 39 DRiG hat sich der Richter innerhalb und außerhalb seines Amtes, auch bei politischer Betätigung, so zu verhalten, dass das Vertrauen in seine Unabhängigkeit nicht gefährdet wird (hierzu ausführlicher § 6 Rz. 22 ff.). §§ 40–42 DRiG befassen sich mit **Nebentätigkeiten**. Nebentätigkeiten als Schiedsrichter dürfen gem. § 40 Abs. 1 DRiG nur genehmigt werden, wenn ein übereinstimmender Auftrag oder eine Benennung einer unbeteiligten Stelle vorliegt und ausgeschlossen ist, dass der Richter mit der Sache befasst ist oder werden kann. In der Praxis spielt dies vor dem Vorsitz einer betrieblichen Einigungsstelle – insbesondere gem. § 76 BetrVG – eine Rolle. Das ArbGG hat hierfür in § 100 Abs. 1 Satz 5 eine entsprechende Regelung, wonach eine gerichtliche Bestellung nur zulässig ist, wenn aufgrund der Ge-

---

1 *Schmidt-Räntsch*, § 27 Rz. 19; BGH v. 23.8.1976 – RiZ (R) 2/76, NJW 1977, 248 für den Fall, dass die Übertragung einer Versetzung gleichkommt, nämlich auf das weitere Richteramt mehr als die Hälfte der Arbeitskraft des Richters entfallen würde.
2 BGH v. 30.11.1984 – RiZ (R) 9/84, NJW 1985, 1084.

schäftsverteilung ausgeschlossen ist, dass der betreffende Richter mit der Überprüfung, Auslegung oder Anwendung des Spruchs der Einigungsstelle befasst wird (vgl. hierzu § 100 Rz. 49 f.). § 41 Abs. 1 DRiG stellt klar, dass ein Richter weder Rechtsgutachten erstellen noch entgeltlich Rechtsauskünfte erteilen darf. § 43 DRiG betrifft das Beratungsgeheimnis.

Die **strafrechtliche Verantwortlichkeit** des Richters ist eingeschränkt, soweit es um den Inhalt einer richterlichen Entscheidung geht. Wegen eines Urteils, das in einem ordnungsgemäßen Verfahren ergangen ist, kann ein Richter nur dann strafrechtlich zu Verantwortung gezogen werden, wenn er sich der Rechtsbeugung (§ 339 StGB) schuldig gemacht hat. Ferner macht der Richter sich gem. § 331 Abs. 2, § 336 StGB strafbar, wenn er auf einen Vorteil für eine bestimmte richterliche Handlung abzielt (hierzu § 6 Rz. 32). 30

Eine **besondere zivilrechtliche Haftung** des Richters besteht nur ganz ausnahmsweise, wenn er sich strafrechtlich relevant verhalten hat. Dies ergibt sich aus § 839 Abs. 2 BGB, wonach die Haftung bei der Amtspflichtverletzung eingeschränkt ist (sog. „Richterprivileg"; vgl. § 6 Rz. 33). 31

Richtern sind nur insoweit **Verwaltungsaufgaben** übertragen, als sie Mitglied einer Richtervertretung oder des Präsidiums sind. Zudem sieht § 15 Abs. 2 vor, dass die oberste Landesbehörde einzelnen Vorsitzenden der ArbG Geschäfte der Verwaltung übertragen kann (hierzu § 15 Rz. 41). Darüber hinaus werden die Geschäfte der Verwaltung von den Direktoren und Präsidenten bzw. den weiteren aufsichtführenden Richtern geführt; der Umfang der ihnen übertragenen Aufgaben variiert von Bundesland zu Bundesland. 32

Der **Arbeitsablauf des Richters in 1. Instanz** besteht bei Vollbeschäftigung idR aus der Leitung von zwei Sitzungstagen pro Woche, einer Güte- und einer Kammersitzung. Der Vorsitzende Berufsrichter hat die Sitzungen durch Terminierung und sonstige verfahrensleitende Verfügungen vorzubereiten. Im Gütetermin hat er das gesamte Streitverhältnis mit den Parteien unter freier Würdigung aller Umstände zu erörtern und auf eine möglichst gütliche Einigung hinzuwirken (§ 54 Abs. 1 iVm. § 57 Abs. 2). Ein Kammertermin für den Fall des Scheiterns einer gütlichen Einigung ist gem. § 56 Abs. 1 vorzubereiten. Vor der Kammersitzung findet nach entsprechender Aufarbeitung des gesamten Akteninhalts eine Vorberatung mit den ehrenamtlichen Richtern statt. Die Sitzungen erfordern weiterhin Nachbearbeitung wie bspw. die Kontrolle und Unterschrift der Sitzungsprotokolle, das Absetzen bzw. Fertigen der Urteile und Beschlüsse, deren evtl. Korrektur und Unterschrift. Als Prozessgericht ist der Richter auch teilweise für die Zwangsvollstreckung zuständig. Des Weiteren fällt täglich Post an, die im Rahmen der Dezernatsarbeit zu erledigen ist. Auch die Bewilligung von Prozesskostenhilfe oder die Festsetzung von Streitwerten für die anwaltliche Gebührenrechnung obliegen dem Richter. 33

Die Anzahl der vom Vorsitzenden in 1. Instanz zu bewältigenden Eingänge variiert von Gericht zu Gericht je nach Prozessaufkommen. So gehen bspw. im Bezirk des ArbG Köln pro Kammer monatlich ca. 60 neue Rechtsstreitigkeiten ein, die pro Kammer durch einen vollzeitig tätigen Berufsrichter zu behandeln sind (zur Anzahl der Klageverfahren vgl. auch § 1 Rz. 47 ff.). 34

Die **Besoldung** der Richter am ArbG und der Proberichter erfolgt nach der Bundesbesoldungsordnung R. Sie erhalten eine Vergütung nach R 1. 35

Die in 1. Instanz vorhandene **Beförderungsstelle** ist die des Direktors, des weiteren aufsichtführenden Richters oder des ständigen Vertreters des Direktors des ArbG. Der Direktor wird an einem Gericht mit vier und mehr Richterplanstellen nach R 2 vergütet, ansonsten nach R 1 mit einer Stellenzulage. Der ständige Vertreter des Direktors eines Gerichts mit acht oder mehr Planstellen erhält ebenfalls R 2. Für den weiteren aufsichtführenden Richter ist R 2 erst bei einem Gericht mit 15 und mehr Richterplanstellen vorgesehen. Bei einigen größeren ArbG ist diese Beförderungsstelle als Präsidentenamt ausgewiesen und wird nach R 3 – bei einem ArbG mit 41 und mehr Richterplanstellen nach R 4 – vergütet. Der Direktor bzw. Präsident eines ArbG ist Leiter des Gerichts und bleibt daneben Vorsitzender einer Kammer und als solcher mit Rechtsprechungsaufgaben betraut (vgl. auch § 6a Rz. 55; zur Besoldung der LAG-Richter vgl. § 36 Rz. 8). 36

§ 19 Ständige Vertretung

(1) Ist ein Arbeitsgericht nur mit einem Vorsitzenden besetzt, so beauftragt das Präsidium des Landesarbeitsgerichts einen Richter seines Bezirks mit der ständigen Vertretung des Vorsitzenden.
(2) Wird an einem Arbeitsgericht die vorübergehende Vertretung durch einen Richter eines anderen Gerichts nötig, so beauftragt das Präsidium des Landesarbeitsgerichts einen Richter seines Bezirks längstens für zwei Monate mit der Vertretung. In Eilfällen kann an Stelle des Präsidiums der

Präsident des Landesarbeitsgerichts einen zeitweiligen Vertreter bestellen. Die Gründe für die getroffene Anordnung sind schriftlich niederzulegen.

I. Allgemeines	1	III. Vorübergehende Vertretung	6
II. Ständige Vertretung	2	IV. Rechtsstellung der betroffenen Richter	11

I. Allgemeines

1 § 19 regelt die Fälle, in denen eine Vertretung durch Richter desselben Gerichtes nicht möglich ist. Dies kann sich deshalb ergeben, weil das Gericht nur mit einem Richter besetzt wäre oder anderweitig die Vertretung nicht gewährleistet sein kann.

II. Ständige Vertretung

2 Nach § 19 Abs. 1 bestimmt sich die Vertretung des Vorsitzenden eines ArbG, wenn das ArbG **nur mit einem Vorsitzenden besetzt** ist. Bei einem Gericht, das nur mit einem Richter besetzt ist, ist dieser Richter für alle anfallenden richterlichen Aufgaben zuständig. Eine Geschäftsverteilung ist begrifflich nicht möglich; es bedarf daher einer Regelung, wie dieser Richter im Verhinderungsfall vertreten wird.

3 Die ständige Vertretung eines nur mit einem Vorsitzenden besetzten Gerichts hat durch das Präsidium des LAG zu erfolgen, das einen Richter seines Bezirkes mit der ständigen Vertretung betraut. Die **Bestellung eines Vertreters** erfolgt nach allgemeinen Merkmalen und ist zwingend vorgeschrieben. Die Einzelzuweisung bestimmter Sitzungstage an einen Richter für einen verhältnismäßig kurzen Zeitraum wäre dagegen nicht möglich[1]. Vertretender Richter kann jeder Richter des LAG-Bezirks ohne Rücksicht auf seinen Status sein.

4 Der zum Vertreter zu bestellende Richter ist vorher **anzuhören** (§ 21e Abs. 5 GVG), seine Zustimmung ist jedoch nicht erforderlich. Eine Mitwirkung der Justizverwaltung oder des Präsidiums des zur Vertretung bestellten Richters ist nicht vorgesehen.

5 Eine praktische Relevanz dieser Vorschrift ist nicht gegeben, da alle ArbG mit mehr als nur einem Vorsitzenden besetzt sind.

III. Vorübergehende Vertretung

6 Von der regelmäßigen Vertretungsregelung nach § 19 Abs. 1 ist **die vorübergehend notwendig werdende, nicht generell erforderliche Vertretungsregelung** bei einem ArbG ohne Rücksicht auf die Anzahl der dortigen Richter zu unterscheiden, die durch § 19 Abs. 2 ermöglicht wird. Grundsätzlich wird die Vertretung des Vorsitzenden eines ArbG durch den Geschäftsverteilungsplan geregelt, wenn mehrere Vorsitzende bei dem Gericht ernannt sind (§ 6a; hierzu § 6a Rz. 84 ff.). Die Notwendigkeit einer weiteren Vertretungsregelung nach § 19 Abs. 2 ergibt sich aber dann, wenn durch die Mehrzahl von Verhinderungen oder Überlastung eines geschäftsplanmäßig zuständigen Richters und der geschäftsplanmäßig vorgesehenen Vertreter kein gesetzlicher Richter mehr vorhanden ist. In diesem Fall kann das Präsidium des LAG einen Richter seines Bezirkes mit der Vertretung beauftragen. § 19 dient damit nur der **Funktionsfähigkeit der Gerichte für eine zeitlich begrenzte Periode**.

7 Ob darüber hinaus aufgrund **starker Arbeitsbelastung und hoher Eingangszahlen oder wegen besonderer Ausfälle bei einem Gericht** eine vorübergehende Vertretung eingerichtet werden darf, obwohl noch weitere Vorsitzende vorhanden sind, ist streitig. Dies wird in der Lit. richtigerweise überwiegend dann für zulässig gehalten, wenn die verbliebenen Richter des ArbG wegen hoher Eingangszahlen die Vertretung des verhinderten Vorsitzenden nicht wahrnehmen können[2]. Da die Eingangszahlen gemessen an den Richterplanstellen vor allem in der Vergangenheit teilweise sehr hoch waren, war bei einigen Gerichten die Belastbarkeitsgrenze der einzelnen Richter erreicht und teilweise schon überschritten, so dass eine Übernahme weiterer – zu vertretender – Sitzungstage für einen längeren Zeitraum zu dem Risiko geführt hat, dass die eigene Kammer des Vertreters nicht mehr sachgerecht bearbeitet werden kann. Die Folge einer Vertretung nur in Eilfällen führt andererseits dazu, dass Rechtsstreitigkeit unbearbeitet bleiben, so dass sich die Verfahrensdauer nicht unerheblich verlängert. Um diese für Parteien und den ausfallenden Richter

---

1 OLG Bremen v. 14.4.1965 – Ss 19/65, NJW 1965, 1447.
2 GK-ArbGG/*Bader*, § 19 Rz. 2; Düwell/Lipke/*Lipke*, § 19 Rz. 3; Zöller/*Lückemann*, § 22b GVG Rz. 2.

gleichermaßen unangenehme Folge einer Nichtvertretung zu vermeiden, muss auch hier eine vorübergehende Vertretung nach § 19 eingerichtet werden können.

Umstritten ist, ob die Vertretung **über zwei Monate verlängert** werden darf, wenn der Vertretungsbedarf noch besteht. Dies wird mit dem Argument abgelehnt, dass eine Wiederholung der Beauftragung gegen die ausdrücklich vorgesehene Befristung verstieße. Bestehe das Vertretungsbedürfnis fort, müsse die Justizverwaltung eingreifen[1]. Anderer Ansicht nach ist eine Verlängerung zulässig, weil sie die Funktionsfähigkeit der Gerichte am ehesten gewährleiste[2]. Richtigerweise ist die Befristungsregelung mit ihrem Wortlaut „längstens" als abschließende Regelung ohne Verlängerungsoption anzusehen. Bei einem Vertretungsbedürfnis über zwei Monate hinaus muss von den zuständigen Behörden ggf. über die Anzahl der Kammern (§ 17), die Übertragung nach § 18 Abs. 3, die Abordnung (§ 37 DRiG) oder Versetzung anderer Richter (§ 30 DRiG) nachgedacht werden. 8

Befugt zur Bestellung des Vertreters ist das Präsidium des zuständigen LAG, in dessen Bezirk der Vertretungsfall eintritt. Es handelt sich bei der Bestellung des Vertreters um die Zuweisung eines Richters, die nach dem Gebot der vorschriftsmäßigen Besetzung des Gerichts und der Bestimmung des gesetzlichen Richters iSd. Art. 101 Abs. 1 Satz 2 GVG durch das Präsidium gem. § 6a vorgenommen wird (hierzu insbesondere § 6a Rz. 77 ff., Rz. 83). 9

In **Eilfällen** – bei besonders kurzfristigem Vertretungsbedarf – kann anstelle des Präsidiums der Präsident des LAG einen zeitweiligen Vertreter bestellen. Ein Eilfall liegt vor, wenn durch den bis zum Zusammentritt des Präsidiums vergehenden Zeitablauf eine dringend erforderliche Tätigkeit des gesetzlichen Richters nicht mehr rechtzeitig ermöglicht und damit die Gefahr der Entziehung des gesetzlichen Richters oder eine erhebliche Beeinträchtigung des Dienstbetriebes herbeigeführt würde[3]. Die betroffenen Richter sind zu hören. Über das Vorliegen eines Eilfalls entscheidet der Präsident nach pflichtgemäßem Ermessen. Die Gründe für die Anordnung sind schriftlich niederzulegen, um eine Kontrolle sicherzustellen (§ 19 Abs. 2 Satz 3). 10

IV. Rechtsstellung der betroffenen Richter

Der Vertreter bleibt während der Vertretung Angehöriger seines Gerichts mit allen Rechten und Pflichten. Gleichzeitig ist er auch beim Vertretungsgericht passiv und aktiv **wahlberechtigt** (vgl. § 6a Rz. 13 ff.). 11

Der betroffene Richter kann gegen die Maßnahmen nach § 19 Klage vor dem Verwaltungsgericht erheben[4]. Die Zuteilung oder Nichtzuteilung von Geschäften kann den Richter in seinem Amtsrecht und insbesondere in seiner persönlichen Unabhängigkeit (Art. 97 Abs. 1 GG) verletzen. Das Präsidium ist jedenfalls als Vereinigung iSv. § 61 Nr. 2 VwGO am Prozess zu beteiligen[5]. Wegen weiterer Einzelheiten zu Klageart und Klagegegner wird auf § 6a Rz. 115 verwiesen. 12

§ 20 Berufung der ehrenamtlichen Richter

(1) Die ehrenamtlichen Richter werden von der zuständigen obersten Landesbehörde oder von der von der Landesregierung durch Rechtsverordnung beauftragten Stelle auf die Dauer von fünf Jahren berufen. Die Landesregierung kann die Ermächtigung nach Satz 1 durch Rechtsverordnung auf die zuständige oberste Landesbehörde übertragen.

(2) Die ehrenamtlichen Richter sind in angemessenem Verhältnis unter billiger Berücksichtigung der Minderheiten aus den Vorschlagslisten zu entnehmen, die der zuständigen Stelle von den im Land bestehenden Gewerkschaften, selbständigen Vereinigungen von Arbeitnehmern mit sozial- oder berufspolitischer Zwecksetzung und Vereinigungen von Arbeitgebern sowie von den in § 22 Abs. 2 Nr. 3 bezeichneten Körperschaften oder deren Arbeitgebervereinigungen eingereicht werden.

---

1 *Zöller/Lückemann*, § 22b GVG Rz. 2.
2 *Kissel/Mayer*, § 22b GVG Rz. 7.
3 *Kissel/Mayer*, § 22b GVG Rz. 6.
4 BVerwG v. 28.11.1975 – VII C 47/73, NJW 1976, 1224; BGH v. 31.1.1984 – RiZ (R) 3/83, NJW 1984, 2531; *Zöller/Lückemann*, § 21e GVG Rz. 54.
5 Hess. VGH v. 29.12.1981 – I TG 45/81, DRiZ 1984, 62.

I. Allgemeines 1	IV. Berufungsdauer 21
II. Auswahl der ehrenamtlichen Richter 3	V. Vereidigung 23
III. Berufungsverfahren 15	

Schrifttum: *Bader/Hohmann*, Bindung an Vorschlagslisten bei der Berufung ehrenamtlicher Richterinnen und Richter in der Arbeits- und Sozialgerichtsbarkeit, NZA 2015, 321; *Bader/Hohmann/Klein*, Die ehrenamtlichen Richterinnen und Richter in der Arbeits- und Sozialgerichtsbarkeit, 13. Aufl. 2012; *Berger-Delhey*, Zur Mitwirkung ehrenamtlicher Richter in der Arbeits- und Sozialgerichtsbarkeit – Fehlertatbestände und Fehlerfolgen, RdA 1988, 15; *Berger-Delhey*, Stellung und Funktion der ehrenamtlichen Richter in der Arbeitsgerichtsbarkeit, BB 1988, 1662; *Creutzfeldt*, Ehrenamtliche Richter in der Arbeitsgerichtsbarkeit, AuA 1995, 263; *Faupel*, Ehrenamtliche Richter in der Arbeits- und Sozialgerichtsbarkeit, SozSich 1985, 375; *Gäntgen*, Die ehrenamtlichen Richterinnen und Richter in der Arbeitsgerichtsbarkeit, RdA 2015, 201; *Sommer*, Ehrenamtliche Richter und Unabhängigkeit der Gerichte, DRiZ 1992, 135; *Wüllenkemper*, Erneute Vereidigung mehrfach wiederbestellter ehrenamtlicher Richter?, DRiZ 2012, 92.

I. Allgemeines

1 Die Mitwirkung ehrenamtlicher Richter in der Arbeitsgerichtsbarkeit hat eine lange Tradition. Ihre Aufgabe besteht in der verantwortlichen Mitwirkung an der arbeitsrechtlichen Rspr. Durch die Heranziehung ehrenamtlicher Richter sollen die Kenntnisse und Erfahrungen der am Arbeitsleben Beteiligten durch Einbringung ihrer Sachkenntnisse genutzt und den arbeitsgerichtlichen Entscheidungen zu einer größeren Akzeptanz verholfen werden.

2 Die §§ 20–31 enthalten die Grundsätze für die Berufung und Stellung der ehrenamtlichen Richter aller Instanzen, soweit nicht die §§ 37–39 und 43–44 Besonderheiten für die 2. und 3. Instanz normieren. Ausschlussgründe ergeben sich insbesondere aus § 21. Daneben wird die Rechtsstellung der ehrenamtlichen Richter durch §§ 44–45a DRiG, in Landesrichtergesetzen sowie die Vorschriften des GVG geregelt (vgl. auch § 6 Rz. 46 ff.).

II. Auswahl der ehrenamtlichen Richter

3 Ehrenamtliche Richter werden nicht gewählt, sondern berufen. Von den in Abs. 2 genannten Organisationen werden der obersten Landesbehörde (hierzu § 15 Rz. 4) oder der durch die Landesregierung durch Rechtsverordnung beauftragten Stelle zunächst **Vorschlagslisten** erstellt. Dieser Umstand hat zur Folge, dass nur derjenige zum ehrenamtlichen Richter bestellt werden kann, der das Vertrauen seiner Gewerkschaft bzw. seines Interessenverbandes genießt und den diese Kreise als Repräsentanten ansehen.

4 Die **vorschlagsberechtigten Organisationen** sind die im Land bestehenden Gewerkschaften, selbständigen Vereinigungen von ArbN mit sozial- oder berufspolitischer Zwecksetzung, Vereinigungen von ArbGeb sowie die in § 22 Abs. 2 Nr. 3 aufgeführten Körperschaften nebst deren ArbGeb-Vereinigungen. § 22 Abs. 2 Nr. 3 nennt insbesondere Bund, Länder, Gemeinden, Gemeindeverbände, Körperschaften, Anstalten und Stiftungen des öffentlichen Rechts. Gewerkschaften sind freiwillige und auf Dauer angelegte tariffähige Vereinigungen von ArbN in körperschaftlich organisierter Form (weitere Einzelheiten § 10 Rz. 10). Nichtgewerkschaftliche Vereinigungen sind die selbständigen Vereinigungen von ArbN mit besonderer Zwecksetzung, also solche, die eine Neugestaltung der für die Ausübung eines Berufes erforderlichen Ausbildung anstreben oder für die Veränderung des Status bestimmter ArbN eintreten, ohne tariffähig sein zu müssen[1]. Hierzu gehören bspw. die Katholische ArbN-Bewegung und die Christlichen Gewerkschaften, soweit sie mangels Arbeitskampffähigkeit nicht tariffähig sind[2].

5 **Nicht vorschlagsberechtigt** sind dagegen die Spitzenorganisationen; diese können ihre Vorschläge nur im Namen der ihnen angeschlossenen Verbände einreichen.

6 Die **Bedeutung der Organisation im Land** ist dem Wortlaut des § 20 Abs. 2 entsprechend für die Frage der Vorschlagsberechtigung – im Gegensatz zu § 43 Abs. 1 bei der Erstellung der Vorschlagslisten für ehrenamtliche Richter beim BAG (hierzu § 43 Rz. 17 ff.) und anders als bei den Maßnahmen nach § 14 Abs. 2 Nr. 1–5 (vgl. auch § 14 Rz. 24) – nicht entscheidend. Es kommt lediglich auf ihr Bestehen an; dh., unabhängig von ihrem Sitz müssen sie im Gerichtsbezirk vertreten sein, also Mitglieder haben. Die Frage der

---

[1] Vgl. auch OVG Bremen v. 23.11.1971 – II A 150/70, GewArch 1973, 42 zur Verneinung bei der Angestelltenkammer Bremen.
[2] *Hohmann* in Bader/Hohmann/Klein, Kap. V Rz. 4.

Bedeutung kann allerdings für die Frage der Auswahl relevant werden, da sie in „angemessenem Verhältnis" zu erfolgen hat (hierzu Rz. 14).

Die **Einreichung der Vorschlagslisten** kann sowohl auf Eigeninitiative dieser Organisationen hin als auch aufgrund einer Anforderung der obersten Landesbehörde bzw. der beauftragten Stelle erfolgen. Vor der Aufforderung zur Einreichung von Listen hat die oberste Landesbehörde bzw. die beauftragte Stelle die Zahl der ehrenamtlichen Richter festzusetzen. Sofern keine Vorschlagslisten bestehen, hat die zuständige Stelle die Begründung oder Erneuerung anzufordern, wobei alle in Frage kommenden Organisationen iSd. Satzes 2 anzusprechen sind. 7

Der **Inhalt der Vorschlagsliste** hat sich auf ein bestimmtes Gericht und nicht auf eine Kammer zu beziehen. Die Verteilung der berufenen ehrenamtlichen Richter auf die einzelnen Kammern erfolgt durch den Geschäftsverteilungsplan (§ 6a; hierzu § 6a Rz. 78 ff.). Etwas anderes gilt nur für die Fachkammern (§ 17 Abs. 2). Da es für diese gem. § 30 ein besonderes Berufungsverfahren gibt (vgl. § 30 Rz. 13 ff.), ist eine eigene auf die Fachkammer bezogene Vorschlagsliste notwendig. Die Vorschlagslisten müssen – damit eine Überprüfung der Vorschläge möglich ist – sowohl die vorschlagsberechtigte Organisation als auch die vorgeschlagenen Personen enthalten. 8

Hinsichtlich der **in die Liste aufzunehmenden Personen** unterliegen die vorschlagsberechtigten Organisationen keinen Schranken mit Ausnahme des Umstandes, dass die Kandidaten die Voraussetzungen der §§ 21–23 zu erfüllen haben. Insbesondere können sie auch Nichtmitglieder oder Personen, die sich vorab nicht ausdrücklich zur Übernahme des Ehrenamtes bereit erklärt haben, aufnehmen. Allerdings sind gem. § 44 Abs. 1a DRiG bei der Berufung ehrenamtlicher Richter Frauen und Männer angemessen zu berücksichtigen, was sich bereits bei der Ausübung des Vorschlagsrechts widerspiegeln sollte. Wegen der gesetzlichen Vorgaben des § 21 und des Ablehnungsrechts nach § 24 Abs. 1 (hierzu § 24 Rz. 4 ff.) dürfte es sich jedoch in der Praxis empfehlen, bereits bei der Aufstellung der Listen vorher mit den Kandidaten Rücksprache zu nehmen. 9

In der Vorschlagsliste müssen für jeden Bewerber die **personenbezogenen Angaben** gemacht werden, die für die Überprüfung der Berufungsvoraussetzungen, das Nichtvorliegen von Amtsausschließungsgründen, die Anwendung der Auswahlkriterien sowie für die Beurteilung von Eignung und Qualifikation relevant sind. Zu beachten ist für die Fachkammern gem. § 17 die Sonderregelung in § 30 (vgl. auch § 30 Rz. 13). Für die Fachkammern ist eine separate Vorschlagsliste nötig[1]. Hinsichtlich der vorgeschlagenen Personen bedarf es daher folgender persönlicher Angaben: Geburtsname, Familienname, Vorname, Wohnanschrift, Geburtstag und -ort[2] sowie berufliche Angaben, wie Ausbildung, Art der Arbeitstätigkeit und Ort und Dauer der bisherigen Tätigkeit. Dies entspricht den Angaben, die in der Vorschlagsliste für Schöffen in § 36 GVG ausdrücklich angeführt sind[3]. Von der ernennenden Stelle wird ferner eine Auskunft aus dem Bundeszentralregister eingeholt[4]. 10

Es gibt – anders als bei der die Schöffen betreffenden Liste gem. § 36 Abs. 4 GVG, die die Aufnahme von mindestens doppelt so viel Personen, als bestimmt sind, vorsieht – **keine Mindestzahl** der Personen, die auf der Vorschlagsliste sein müssen. Wegen der Ablehnungsmöglichkeiten oder vorzeitigen Ausscheidensbzw. Niederlegungsmöglichkeiten (§ 24) sollten die Vorschlagslisten jedoch ausreichend Kandidaten enthalten. Ferner bezeichnen die Listen die **Reihenfolge der vorgeschlagenen Personen**, soweit die Anzahl der vorgeschlagenen Personen die Anzahl der benötigten Richter übersteigt. 11

Kommt die zuständige Stelle bei der gebotenen umfassenden Überprüfung der Liste dazu, einzelne oder mehrere vorgeschlagene ehrenamtliche Richter nicht zu benennen, kann sie **weitere Vorschläge anfordern**[5]. Die staatliche Auswahl ist nicht darauf beschränkt, auf der Liste zwischen geeigneten und ungeeigneten Richtern auszuwählen. Die für die Ernennung ehrenamtlicher Richter zuständige Stelle darf nicht an Vorschläge außerstaatlicher Gruppen gebunden sein[6] (vgl. auch § 43 Rz. 20). 12

---

1 *Bader/Hohmann*, NZA 2015, 321, 324.
2 GK-ArbGG/*Dörner*, § 20 Rz. 9 hält allerdings Geburtstag und -ort für überflüssig. Diesseits wird zumindest die Angabe des Geburtstages im Hinblick auf die Voraussetzung des Erreichens eines bestimmten Lebensalters vor Berufung als ehrenamtlicher Richter zum LAG (§ 37) bzw. zum BAG (§ 43) für notwendig gehalten.
3 GMP/*Prütting*, § 20 Rz. 23 fordert darüber hinaus noch die Angabe des Familienstandes.
4 *Gäntgen*, RdA 2015, 201, 202.
5 *Gäntgen*, RdA 2015, 201, 202; anders *Faupel*, SozSich 1985, 375.
6 BAG v. 28.8.1985 – 5 AZR 616/84, DB 1985, 2056; BAG v. 29.8.1985 – 6 ABR 63/82, DB 1986, 1024; BAG v. 10.9.1985 – 3 AZR 490/83, AP Nr. 49 zu § 74 HGB; BVerfG v. 9.12.1985 – 1 BvR 853, 1043, 1118/85, NJW 1986, 1324.

13 Streitig ist, ob eine **Bindung** der obersten Landesbehörde bzw. der beauftragten Stelle **an die in der Vorschlagsliste ausgewiesene Reihenfolge** besteht[1]. Eine so weitgehende Bindungswirkung – die dem Wortlaut der Norm „die ehrenamtlichen Richter sind ... *aus* den Vorschlagslisten zu entnehmen" nicht entspricht – wird im Wesentlichen damit begründet, dass das System des ArbGG die Beteiligung von Repräsentanten der genannten Organisationen an der Rspr. vorsehe; die oberste Landesbehörde dürfe daher nicht von sich aus – beliebig – eine Auswahl geeigneter Kandidaten innerhalb der Liste vornehmen. Verfassungsrechtliche Bedenken bestünden dagegen nicht; der Staat könne in ausreichender Weise Vorschläge überprüfen und ggf. Ergänzung verlangen[2]. Die oberste Landesbehörde dürfe daher lediglich überprüfen, ob bei den ehrenamtlichen Richtern die Berufungsvoraussetzungen (§§ 21–23, 37, 43) vorliegen. Ein Kandidat könne (nur) und müsse dann (zwingend) übergangen werden, wenn er die Berufungsvoraussetzungen nicht erfüllt. Nach anderer – hier auch vertretener - Ansicht besteht keine Bindung an die Vorschläge; allerdings muss die Auswahl anhand sachlicher Kriterien erfolgen[3]. Die zuständige Behörde hat darauf zu achten, dass die Auswahl in angemessenem Verhältnis erfolgt und dass sich die wirtschaftliche und soziologische Struktur des Gerichtsbezirks möglichst umfassend in der Zusammensetzung widerspiegelt, vor allem im Verhältnis Klein- zu Großbetrieben und Männer zu Frauen[4] (hierzu auch Rz. 14). Auch kann die fehlende Eignung eines ehrenamtlichen Richters zu berücksichtigen sein, die sich ggf. auch ohne Ausschlussgrund nach § 21 Abs. 2 Nr. 1 (hierzu auch § 21 Rz. 15 ff.) - bspw. wegen einer Verurteilung als ArbGeb nach § 266a StGB wegen vorsätzlichen Vorenthaltens und Veruntreuens von Arbeitsentgelt - ergeben könnte[5].

14 Die **Auswahl der ehrenamtlichen Richter** erfolgt in angemessenem Verhältnis unter billiger Berücksichtigung der Minderheiten aus den Vorschlagslisten, wobei die verschiedenen Organisationen entsprechend ihrer Bedeutung im Gerichtsbezirk zu berücksichtigen sind. Der Begriff des „angemessenen Verhältnisses" wird im Gesetz nicht näher definiert und ist damit auslegungsbedürftig. Die Bedeutung der einzelnen ArbN-Organisationen soll daher anhand ihrer Mitgliederzahl gemessen werden, während die Bedeutung der ArbGebVerbände sich an der Mitarbeiterzahl ihrer Mitglieder und deren Wirtschaftskraft orientieren soll[6]. Dabei sollte nach dem Sinn und Zweck der Beteiligung von ehrenamtlichen Richtern möglichst das gesamte Arbeitsleben des Gerichtsbezirkes repräsentiert werden. Ferner ist der in § 44 Abs. 1a DRiG normierte **Gleichberechtigungsgrundsatz** zu beachten, wonach bei der Berufung ehrenamtlicher Richter Frauen und Männer angemessen zu berücksichtigen sind. Es handelt sich hierbei aber um eine Sollvorschrift, bei deren Verstoß kein Besetzungsfehler vorliegen würde[7].

III. Berufungsverfahren

15 Die **Berufung** als ehrenamtlicher Richter erfolgt durch die oberste Landesbehörde oder durch die von der Landesregierung durch Rechtsverordnung beauftragte Stelle. Seit der Änderung durch das Arbeitsgerichtsbeschleunigungsgesetz v. 30.3.2000 (BGBl. 2000 Teil I Nr. 14, S. 333) ist es möglich, die Berufung der ehrenamtlichen Richter insbesondere auch dem zuständigen LAG zu übertragen. Die Berufungsvoraussetzungen sind in § 21 genannt.

16 Die Berufung erfolgt im Rahmen der Justizverwaltung (§ 15) durch **Verwaltungsakt**. Richterwahlausschüsse sind – auch sofern sie in den einzelnen Ländern bestehen (hierzu § 6 Rz. 7 und 8) – bei der Berufung ehrenamtlicher Richter nicht zu beteiligen. Die für die Ernennung zuständigen Stellen haben streng darauf zu achten, dass zum ehrenamtlichen Richter nur Personen ernannt werden dürfen, die die Gewähr dafür bieten, dass sie die ihnen von Verfassung und Gesetzes wegen obliegenden durch den Eid (hierzu Rz. 23 ff.) bekräftigten richterlichen Pflichten jederzeit uneingeschränkt erfüllen werden[8].

17 **Rechtsbehelf gegen eine Berufung** ist die verwaltungsgerichtliche Klage (§ 40 Abs. 1 VwGO), und zwar entweder als Anfechtungsklage gegen eine für fehlerhaft gehaltene Berufung oder als Verpflichtungsklage (§ 42 Abs. 1 VwGO), wenn ein Kandidat ungerechtfertigt übergangen (hierzu Rz. 19) oder eine Organisation nicht zur Erstellung einer Liste aufgefordert wurde[9].

---

1 GMP/*Prütting*, § 20 Rz. 31; GK-ArbGG/*Dörner*, § 20 Rz. 11; *Wolmerath*, Rz. 62; *Berger-Delhey*, RdA 1988, 15; *Berger-Delhey*, BB 1988, 1662.
2 BVerfG v. 9.12.1985 – 1 BvR 853/85, NJW 1986, 1324; *Sommer*, DRiZ 1992, 135.
3 *Hohmann* in Bader/Hohmann/Klein, Kap. V Rz. 21 ff.
4 *Creutzfeld*, AuA 1995, 264.
5 *Natter*/Gross, ArbGG, § 20 Rz. 23; *Gäntgen*, RdA 2015, 201, 202; *Bader/Hohmann*, NZA 2015, 321, 324.
6 GK-ArbGG/*Dörner*, § 20 Rz. 15; GMP/*Prütting*, § 20 Rz. 35: jedenfalls in der Regel.
7 *Schmidt-Räntsch*, § 44 DRiG Rz. 10.
8 BVerfG v. 6.5.2008 – 2 BvR 337/08, NZA 2008, 2568.
9 BVerfG v. 9.12.1985 – 1 BvR 853/85, NJW 1986, 1324; *Berger-Delhey*, RdA 1988, 15 (19), der eine Feststellungsklage gem. § 43 VwGO empfiehlt, welche allerdings wegen des Vorrangs der Gestaltungs- und Leistungsklage nach § 43

Klagebefugt ist jede vorschlagsberechtigte Organisation iSd. § 20 Abs. 2, die sich von der Maßnahme betroffen fühlt. Auch der einzelne Kandidat kann seine für fehlerhaft gehaltene Berufung – bspw. eine Berufung in einem unzutreffend ausgesuchten Bezirk – im Wege der Anfechtungsklage angreifen. 18

Ob ein nicht berücksichtigter Kandidat **gegen seine Nichtberücksichtigung klagen** kann, ist umstritten. Dies wird teilweise für den Fall, dass er nicht in die Liste aufgenommen wurde, genauso vertreten wie für den Fall, dass er trotz Aufnahme in die Liste nicht berufen worden ist[1]. Richtigerweise hat er jedoch keinen Rechtsschutz gegen die Nichtberufung oder Nichtberücksichtigung, da kein individueller Anspruch auf die Zuteilung eines Ehrenamtes besteht[2]. 19

Die Berufung ist mit **Zustellung des Berufungsschreibens** abgeschlossen[3]. Eine Ernennungsurkunde muss der ehrenamtliche Richter nicht zwingend erhalten, sie wird allerdings nach den jeweiligen Richtergesetzen in einigen Ländern ausgehändigt. 20

IV. Berufungsdauer

Die **Berufungsdauer** beträgt fünf Jahre[4]. Eine **erneute Berufung** des ehrenamtlichen Richters nach Ende seiner Amtszeit – in unmittelbarem Anschluss an seine Amtszeit oder auch nach einer zeitlichen Unterbrechung – ist möglich. Es gibt keine Höchstbegrenzung der möglichen Amtsperioden (zur Beendigung der Amtszeit vgl. § 21 Rz. 40 ff.). 21

Umstritten ist, ob **ausnahmsweise eine kürzere Berufungszeit für einen Nachberufenen** zulässig ist, sofern ein ehrenamtlicher Richter vor Ende der Amtszeit ausscheidet. In diesem Fall ist eine Ergänzungsberufung für den Rest der Amtszeit nicht zwingend erforderlich. Sie wird jedoch dann notwendig, wenn die Zahl der ehrenamtlichen Richter nicht mehr zur Erfüllung der Rechtsprechungsaufgaben ausreicht. Aus Gründen der praktischen Handhabung und im Interesse einer einheitlichen Amtsperiode wird daher in der Lit. vertreten, dass die Amtszeit des „Ersatzrichters" nach der Zeit endet, für die der zunächst ernannte Richter berufen war[5]. Nach diesseitiger Ansicht beginnt aber eine neue Amtszeit von fünf Jahren, da der Wortlaut des Gesetzes eine andere Auffassung nicht zulässt; die nachträglich berufenen ehrenamtlichen Richter sind keine „Ersatzpersonen" für die ausgeschiedenen Richter[6]. 22

V. Vereidigung

Der ehrenamtliche Richter ist vor seiner ersten Dienstleistung **durch den Vorsitzenden** der Kammer oder des Senats, welcher er zugeteilt wurde, in öffentlicher Sitzung des Gerichts gem. § 45 Abs. 2 DRiG zu vereidigen. Dienstleistung in diesem Sinne ist die Mitwirkung des ehrenamtlichen Richters an Verhandlung und Entscheidung. Die Vereidigung muss deshalb in öffentlicher Sitzung vor Stellung der Sachanträge, mit denen nach § 137 Abs. 1 ZPO die mündliche Verhandlung eingeleitet wird, erfolgen[7]. Er wird mit dem gesetzlich vorgeschriebenen Eid auf seine ordnungsgemäße Erfüllung der Dienstobliegenheiten verpflichtet. Über die Verpflichtung des ehrenamtlichen Richters ist gem. § 45 Abs. 8 DRiG ein **Protokoll** aufzunehmen. 23

Eine **erneute Vereidigung bei sich unmittelbar anschließender Berufung** in derselben Instanz ist nach dem eindeutigen Wortlaut des § 45 Abs. 2 Satz 2 DRiG[8] nicht notwendig; die gegenteilige Rspr[9] ist überholt. Lediglich eine zeitliche Unterbrechung macht eine neue Vereidigung notwendig[10]. Ob bei einer un- 24

Abs. 2 VwGO nur in Ausnahmefällen zulässig ist; gegen den Rechtsschutz für einen übergangenen Bewerber um ein ehrenamtliches Richteramt GMP/*Prütting*, § 20 Rz. 40.
1 *Berger-Delhey*, RdA 1988, 15 (19).
2 So auch GMP/*Prütting*, § 20 Rz. 40; GK-ArbGG/*Dörner*, § 20 Rz. 21; *Kissel/Mayer*, § 36 GVG Rz. 13; offengelassen wegen Nichtausschöpfen des Rechtswegs BbgVerfG. v. 20.2.1997 – VfGBbg 30/96, NJW 1997, 2942.
3 BAG v. 11.3.1965 – 5 AZR 129/64, AP Nr. 28 zu § 2 ArbGG 1953 – Zuständigkeitsprüfung.
4 Bis zum 30.4.2005 betrug die Berufungsdauer vier Jahre.
5 GMP/*Prütting*, § 20 Rz. 13; GK-ArbGG/*Dörner*, § 20 Rz. 16, der jedoch eine Berufung im Einzelfall für unzulässig hält; *Wolmerath*, Rz. 52.
6 *Hohmann* in Bader/Hohmann/Klein, Kap. V Rz. 48.
7 BAG v. 17.3.2010 – 5 AZN 1042/09, NZA 2010, 594.
8 § 45 Abs. 2 DRiG:
  Der ehrenamtliche Richter ist vor seiner ersten Dienstleistung in öffentlicher Sitzung des Gerichts durch den Vorsitzenden zu vereidigen. Die Vereidigung gilt für die Dauer des Amtes, bei erneuter Bestellung auch für die sich unmittelbar anschließende Amtszeit. ...
9 BVerwG v. 26.10.1962 – VII P 1/62, DB 1963, 138.
10 *Gäntgen*, RdA 2015, 201, 202; *Wüllenkemper*, DRiZ 2012, 92.

mittelbar anschließenden Amtszeit an eine Tätigkeit in einer Instanz eine erneute Vereidigung in einer anderen (meist nach Berufung beim ArbG eine Berufung zum LAG) Instanz erfolgen muss, ergibt sich nicht unmittelbar aus dem Gesetz. Aus dem Wortlaut „bei erneuter Bestellung" ist jedoch zu schließen, dass ausschließlich für den Fall einer weiteren Amtszeit bei demselben Gericht eine Vereidigung unterbleiben darf. Der zum LAG neu berufene ehrenamtliche Richter ist daher – auch bei zeitlich unmittelbarem Anschluss an sein Ehrenamt beim ArbG – vor seiner ersten Dienstleistung beim LAG erneut zu vereidigen[1].

25 § 45 Abs. 2–8 DRiG regelt die Leistung des Eides oder des Gelöbnisses. Die **Eidesformel** umschreibt die wesentlichen Pflichten des ehrenamtlichen Richters während seiner Dienstleistung, insbesondere seine Treuepflicht. Im Übrigen ist die Eidesformel landesrechtlich festgelegt. Gibt der ehrenamtliche Richter an, dass er aus Glaubens- oder Gewissensgründen keinen Eid leisten will, so kann ein Gelöbnis gesprochen werden. Dieses Gelöbnis steht dem Eid gleich. Der Eid bzw. das Gelöbnis können eine zusätzliche Verpflichtung auf die jeweilige Landesverfassung enthalten (§ 45 Abs. 7 DRiG). Über die verschiedenen Möglichkeiten der Vereidigung ist der berufene Richter vor der Eidesleistung durch den Vorsitzenden zu belehren (zur Vereidigung der ehrenamtlichen Richter beim BAG § 43 Rz. 26). Die Eidesformel soll von dem ehrenamtlichen Richter selbst gesprochen werden. Er liest sie ab oder spricht sie nach.

26 Die **Nichtvereidigung** eines ehrenamtlichen Richters vor Stellung der Sachanträge bildet einen absoluten Revisionsgrund nach § 547 Nr. 1 ZPO wegen nicht vorschriftsmäßiger Besetzung des Gerichts[2]. Die fehlerhafte oder fehlende Protokollierung der Vereidigung (hierzu Rz. 23) rechtfertigt dagegen keine Besetzungsrüge[3] (hierzu auch § 16 Rz. 53).

§ 21 Voraussetzungen für die Berufung als ehrenamtlicher Richter

(1) Als ehrenamtliche Richter sind Arbeitnehmer und Arbeitgeber zu berufen, die das 25. Lebensjahr vollendet haben und im Bezirk des Arbeitsgerichts tätig sind oder wohnen.

(2) Vom Amt des ehrenamtlichen Richters ist ausgeschlossen,

1. wer infolge Richterspruchs die Fähigkeit zur Bekleidung öffentlicher Ämter nicht besitzt oder wegen einer vorsätzlichen Tat zu einer Freiheitsstrafe von mehr als sechs Monaten verurteilt worden ist;
2. wer wegen einer Tat angeklagt ist, die den Verlust der Fähigkeit zur Bekleidung öffentlicher Ämter zur Folge haben kann;
3. wer das Wahlrecht zum Deutschen Bundestag nicht besitzt.

Personen, die in Vermögensverfall geraten sind, sollen nicht als ehrenamtliche Richter berufen werden.

(3) Beamte und Angestellte eines Gerichts für Arbeitssachen dürfen nicht als ehrenamtliche Richter berufen werden.

(4) Das Amt des ehrenamtlichen Richters, der zum ehrenamtlichen Richter in einem höheren Rechtszug berufen wird, endet mit Beginn der Amtszeit im höheren Rechtszug. Niemand darf gleichzeitig ehrenamtlicher Richter der Arbeitnehmerseite und der Arbeitgeberseite sein oder als ehrenamtlicher Richter bei mehr als einem Gericht für Arbeitssachen berufen werden.

(5) Wird das Fehlen einer Voraussetzung für die Berufung nachträglich bekannt oder fällt eine Voraussetzung nachträglich fort, so ist der ehrenamtliche Richter auf Antrag der zuständigen Stelle (§ 20) oder auf eigenen Antrag von seinem Amt zu entbinden. Über den Antrag entscheidet die vom Präsidium für jedes Geschäftsjahr im Voraus bestimmte Kammer des Landesarbeitsgerichts. Vor der Entscheidung ist der ehrenamtliche Richter zu hören. Die Entscheidung ist unanfechtbar. Die nach Satz 2 zuständige Kammer kann anordnen, dass der ehrenamtliche Richter bis zu der Entscheidung über die Entbindung vom Amt nicht heranzuziehen ist.

---

[1] *Hohmann* in Bader/Hohmann/Klein, Kap. VI Rz. 4.
[2] BAG v. 11.3.1965 – 5 AZR 129/64, NJW 1965, 1454.
[3] BFH v. 28.8.2007 – VII B 68/06, BFH/NV 2007, 2242; BVerwG v. 21.10.1980 – 2 WD 17/80, NJW 1981, 1110.

(6) Verliert der ehrenamtliche Richter seine Eigenschaft als Arbeitnehmer oder Arbeitgeber wegen Erreichens der Altersgrenze, findet Absatz 5 mit der Maßgabe Anwendung, dass die Entbindung vom Amt nur auf Antrag des ehrenamtlichen Richters zulässig ist.

I. Allgemeines 1	3. Fehlendes Wahlrecht zum Bundestag 26
II. Persönliche Voraussetzungen der Berufung .. 3	4. Interessenkollision aufgrund der beruflichen Stellung 29
1. Vollendung des 25. Lebensjahres 4	a) Ausschluss von Beamten und Angestellten eines Gerichts für Arbeitssachen 30
2. Tätigkeit als Arbeitgeber oder Arbeitnehmer oder Wohnsitz im Bezirk des Arbeitsgerichts .. 7	b) Prozessvertreter 33
3. Weitere ungeschriebene Berufungsvoraussetzungen 12	5. Vermögensverfall 35
III. Ausschlussstatbestände 14	IV. Beendigung der Amtszeit 40
1. Fehlen der Fähigkeit zur Bekleidung öffentlicher Ämter oder Verurteilung zu einer Freiheitsstrafe von mehr als sechs Monaten 15	1. Ende der Amtszeit nach Abs. 4 41
	2. Amtsentbindungsverfahren 44
a) Fehlende Fähigkeit zur Bekleidung öffentlicher Ämter 16	a) Entbindungsgründe 45
	b) Entbindungsverfahren 48
b) Verurteilung zur Freiheitsstrafe von mehr als sechs Monaten 19	3. Zeitweise Amtsentbindung 56
2. Anklage wegen einer Straftat 23	4. Beendigung wegen Erreichens der Altersgrenze 57

Schrifttum: *App*, Berufung zum ehrenamtlichen Richter trotz Konkursverfahrens?, BB 1987, 2016; *Bader/Hohmann/Klein*, Die ehrenamtlichen Richterinnen und Richter in der Arbeits- und Sozialgerichtsbarkeit, 13. Aufl. 2012; *Berger-Delhey*, Stellung und Funktion der ehrenamtlichen Richter in der Arbeitsgerichtsbarkeit, BB 1988, 1662; *Hohmann*, Die Arbeitgebereigenschaft als Voraussetzung des ehrenamtlichen Richteramts in der Arbeitsgerichtsbarkeit – Abgrenzungsprobleme, Nichteinhaltung der paritätischen Besetzung, prozessuale Folgen, RdA 2008, 337; *Jutzi*, Zulassung von Ausländern als ehrenamtliche Richter, DRiZ 1997, 377; *Keil*, Die Beurlaubung oder zeitweise Amtsentbindung ehrenamtlicher Richterinnen und Richter der Arbeitsgerichtsbarkeit, NZA 1993, 913; *Lemppenau*, Ehrenamtliche Richter als Parteiberater und Prozessvertreter, DRiZ 1992, 381; *Ostheimer/Wiegand/Hohmann*, Der ehrenamtliche Richter beim Arbeits- und Sozialgericht, 1991; *Reim*, Fachkenntnisse der ehrenamtlichen Richter – Überforderung bei der Entscheidungsfindung, DRiZ 1992, 139; *Röper*, Anspruch der Unionsbürger auf das Amt des ehrenamtlichen Richters, DRiZ 1998, 195; *Schuldt*, Das Ausscheiden der ehrenamtlichen Richter aus ihrer Tätigkeit bei den Gerichten für Arbeitssachen, AuR 1961, 172.

I. Allgemeines

§ 21 nennt die persönlichen Voraussetzungen für die Berufung zum ehrenamtlichen Richter. Die dort normierten Voraussetzungen sind zwingend und unabdingbar[1]. Daneben enthält die Norm Regelungen über das Ende der Amtszeit und die Amtsentbindung.

Die Vorschrift wird für die ehrenamtlichen Richter aus ArbGeb-Kreisen durch § 22, für die ehrenamtlichen Richter aus ArbN-Kreisen durch § 23 und für die Fachkammern durch § 30, ferner durch die besonderen Voraussetzungen für die LAG nach § 37 Abs. 1 und für das BAG nach § 43 Abs. 2 ergänzt.

II. Persönliche Voraussetzungen der Berufung

Die persönlichen Berufungsvoraussetzungen sind zu unterteilen in positive und negative Voraussetzungen. Die **positiven Voraussetzungen** sind in § 21 Abs. 1 angeführt.

1. Vollendung des 25. Lebensjahres

§ 21 Abs. 1 Satz 1 normiert eine **Altersgrenze nach unten**. Als ehrenamtliche Richter in 1. Instanz sind nur solche Personen zu berufen, die das 25. Lebensjahr vollendet haben. Diese Voraussetzung soll in erster Linie eine bestimmte Reife und Lebenserfahrung und in zweiter Linie auch die Akzeptanz bei den Parteien garantieren. Die Altersstufe erhöht sich für die LAG auf Vollendung des 30. Lebensjahres (§ 37 Abs. 1) und für das BAG auf Vollendung des 35. Lebensjahres (§ 43 Abs. 2).

---

1 LAG Bremen v. 20.2.1987 – AR 4/87, DB 1987, 2576.

5 **Maßgeblicher Zeitpunkt** für die Prüfung des Mindestalters ist der Zugang des Berufungsschreibens, da dieses das Berufungsverfahren abschließt[1].

6 Es besteht keine **Altersgrenze nach oben hin.** Der ehrenamtliche Richter kann allerdings nach § 24 Abs. 1 Nr. 1 mit Erreichen der Regelaltersgrenze nach dem SGB VI die Übernahme des Amtes ablehnen oder sein Amt niederlegen (hierzu auch Rz. 57).

2. Tätigkeit als Arbeitgeber oder Arbeitnehmer oder Wohnsitz im Bezirk des Arbeitsgerichts

7 Weitere Voraussetzung für die Berufung bei den ArbG und den LAG ist alternativ die Tätigkeit als ArbN oder ArbGeb im Bezirk des ArbG oder der Wohnsitz in dem Bezirk des ArbG, für das der ehrenamtliche Richter berufen wird. Vor der Gesetzesänderung des Abs. 1, welche zum 1.4.2008 in Kraft getreten ist, kam es auf den **Wohnort** nicht an, sondern nur auf den letzten Arbeitsort, was dem Sinn und Zweck der Regelung, das regionale Arbeitsleben zu repräsentieren, entsprach[2]. Diese Einschränkung wurde aufgehoben. Auch wer im Gerichtsbezirk seinen **Wohnsitz** hat, kann mit den betrieblichen Besonderheiten des Arbeitslebens in dem Gerichtsbezirk vertraut sein.

8 Liegt der Wohnsitz nicht im Gerichtsbezirk, kommt es weiterhin auf den **Tätigkeitsort** an. Zwar muss die Tätigkeit nicht ausschließlich im Gerichtsbezirk stattfinden, sie darf aber dort nicht lediglich völlig untergeordnete Bedeutung haben[3]. Es genügt nicht, dass an einem Dienstsitz außerhalb des Gerichtsbezirkes Befugnisse ausgeübt werden, die wegen eines im Gerichtsbezirk liegenden Zweigwerkes in den Bezirk hineinwirken[4]. Eine nur vorübergehende Verlagerung der beruflichen Tätigkeit in einen anderen Gerichtsbezirk, bspw. wegen einer kurzfristigen Abordnung, ist dagegen unschädlich[5].

9 **Besondere Fachkenntnisse** – insbesondere juristische Kenntnisse oder gar juristische Examina – werden nicht vorausgesetzt; jedermann kann ehrenamtlicher Richter werden[6]. In der Praxis werden von den vorschlagsberechtigten Organisationen allerdings Personen vorgeschlagen, welche über Erfahrungen im Bereich des Arbeitsrechts verfügen. Häufig sind sie selbst im Personalwesen tätig oder als Betriebsräte besonders geschult.

10 Eine bestimmte **Dauer der Berufstätigkeit** ist für die Berufung in 1. Instanz nicht von Belang. Für die 2. Instanz soll der Kandidat mindestens fünf Jahre als ehrenamtlicher Richter beim ArbG tätig gewesen sein (§ 37 Abs. 1); dies setzt – wegen des Verweises auf die §§ 20–28 in § 37 Abs. 2 – eine mindestens fünfjährige Berufstätigkeit voraus (hierzu allerdings auch Rz. 11). Für die 3. Instanz fordert § 43 Abs. 2 Satz 3 neben der gewünschten Vorerfahrung als ehrenamtlicher Richter der unteren Instanzen, dass der ehrenamtliche Richter „längere Zeit" in Deutschland als ArbN oder ArbGeb tätig gewesen ist, was dem Wortlaut nach jedenfalls eine mehr als fünfjährige Berufstätigkeit voraussetzt (vgl. § 43 Rz. 12).

11 Es gibt **Ausnahmen von dem Erfordernis der Berufstätigkeit**, die in §§ 22, 23 geregelt werden. ZB kann nach § 23 Abs. 1 auch ehrenamtlicher Richter aus Kreisen der ArbN sein, wer arbeitslos ist, also wer vorübergehend nicht in einem Arbeitsverhältnis steht, jedoch bereit und fähig ist, wieder als ArbN erwerbstätig zu werden (hierzu § 23 Rz. 8 f.). Bei einem auf mehrjährige Dauer ohne Bezüge beurlaubten Beamten fehlt es dagegen an dem Merkmal der Tätigkeit[7]. Ein Ruheständler ist nicht mehr ArbN und damit nicht zu berufen (weitere Einzelheiten § 23 Rz. 4). Bei Verlust der Eigenschaft als ArbN oder ArbGeb wegen des Erreichens der Altersgrenze sind die Sonderregelungen in § 21 Abs. 6 (hierzu Rz. 57 f.) zu beachten.

3. Weitere ungeschriebene Berufungsvoraussetzungen

12 Neben den in § 21 ausdrücklich genannten Berufungsvoraussetzungen bestehen noch weitere. Nicht nur die Berufsrichter, sondern auch die ehrenamtlichen Richter unterliegen einer **Pflicht zur besonderen Verfassungstreue**. Dies folgt – unbeschadet der Tatsache, dass Art. 33 Abs. 5 GG nur die hergebrachten Grundsätze des Berufsbeamtentums anerkennt und somit auf ehrenamtliche Richter nicht unmittelbar anzuwenden ist – aus der Funktion ehrenamtlicher Richter als den hauptamtlichen Richtern gleichberechtigte Organe staatlicher Aufgabenerfüllung. Die Grundentscheidung der Verfassung schließt es aus, dass der Staat zur Ausübung von Staatsgewalt Bürger in (Ehren-)Ämtern belässt, die mit der Ausübung staatlicher Gewalt verbunden sind, welche die freiheitliche demokratische, rechts- und sozialstaatliche Ordnung ab-

---

1 BAG v. 11.3.1965 – 5 AZR 129/64, AP Nr. 28 zu § 2 ArbGG 1953 – Zuständigkeitsprüfung.
2 Diesen Sonderfall übersieht GK-ArbGG/*Dörner*, § 21 Rz. 5.
3 LAG Schl.-Holst. v. 11.1.1996 – AR 4/96, NZA 1996, 504.
4 LAG Hamm v. 13.6.1991 – 8 AR 17/91, NZA 1991, 822 „Leiter Personal- und Sozialwesen".
5 *Hohmann* in Bader/Hohmann/Klein, Kap. II Rz. 22.
6 Zur Diskussion über die Anforderungen der Kenntnisse von ehrenamtlichen Richtern *Reim*, DRiZ 1992, 139.
7 VGH Bayern v. 19.2.1992 – 18 S 91.3270, PersR 1993, 240 red. Leitsatz.

lehnen und bekämpfen[1]. Diese Ansicht wird zwar teilweise abgelehnt mit dem Argument, dass ein Eingriff in die Rechtsstellung einer Person durch Aberkennung der Berufungsfähigkeit zum ehrenamtlichen Richter nur aufgrund gesetzlicher Regeln erfolgen darf[2]. Im Hinblick auf die verfassungsrechtlichen Anforderungen sollte aber eine Ausdehnung der in § 21 normierten Berufungsvoraussetzungen erfolgen, wenn die vorgeschlagene Person nicht iSd. Art. 33 Abs. 2 GG die Gewähr dafür bietet, jederzeit für die freiheitliche demokratische Grundordnung einzutreten. Die Mitverantwortung für demokratiefeindliche und rassistische Verlautbarungen oder anderweitige verfassungswidrige Betätigung kann daher nach der Rspr. auch zu einer Amtsenthebung nach Abs. 5 führen[3]. Ein Amtsenthebungsverfahren nach Abs. 5 (hierzu Rz. 48 ff.) setzt das Fehlen der Berufungsvoraussetzungen voraus, so dass im Umkehrschluss erst recht eine Berufung bei Fehlen der notwendigen Verfassungstreue unterbleiben kann.

§ 44a DRiG sieht verschiedene **Berufungshindernisse** vor. Nach Abs. 1 Nr. 1 soll zu dem Amt eines ehrenamtlichen Richters nicht berufen werden, wer gegen die Grundsätze der Menschlichkeit oder der Rechtsstaatlichkeit verstoßen hat. Für diesen gesetzlichen Berufungsausschluss kamen insbesondere Verstrickungen mit dem SED-Unrechts-Regime in Betracht. Erfasst wird jedes verbotene Verhalten im In- und Ausland[4]. Nach § 44a Abs. 1 Nr. 2 soll ferner nicht berufen werden, wer wegen einer Tätigkeit als hauptamtlicher oder inoffizieller Mitarbeiter des Staatssicherheitsdienstes der ehemaligen Deutschen Demokratischen Republik iSd. § 6 Abs. 4 des Stasi-Unterlagen-Gesetzes vom 20.12.1991 (BGBl. I S. 2272) oder als diesen Mitarbeitern nach § 6 Abs. 5 des Stasi-Unterlagen-Gesetzes gleichgestellte Person für das Amt eines ehrenamtlichen Richters nicht geeignet ist. Dabei muss das konkrete Tätigkeitsfeld so beschaffen gewesen sein, dass es zu einer gegen die Menschenwürde verstoßenden Bespitzelung geführt hat[5]. Nach § 44a Abs. 2 DRiG kann die für die Berufung zuständige Stelle zu diesem Zweck von dem Vorgeschlagenen eine schriftliche Erklärung verlangen, dass bei ihm die Voraussetzungen des Abs. 1 nicht vorliegen. Werden nachträglich relevante Umstände bekannt, muss der ehrenamtliche Richter gem. § 44b Abs. 1 DRiG von seinem Amt durch das Gericht im Wege der Amtsentbindung abberufen werden. Für das Verfahren sind die Regelungen in § 21 Abs. 5 heranzuziehen (hierzu Rz. 44 ff.). Die Entscheidung über die **Abberufung** nach § 44b DRiG ist unanfechtbar (Abs. 4 Satz 1). Der entbundene ehrenamtliche Richter kann binnen eines Jahres die Feststellung beantragen, dass die Abberufungsvoraussetzungen nicht vorgelegen haben (§ 44b Abs. 4 DRiG). Über den Antrag entscheidet bei den ehrenamtlichen Richtern der ArbG das zuständige LAG, bei den ehrenamtlichen Richtern der LAG oder des BAG jeweils ein anderer Spruchkörper des Gerichts, welches die Entscheidung getroffen hat.

III. Ausschlusstatbestände

§ 21 Abs. 2 führt die **negativen Tatbestände** auf, die einer Berufung als ehrenamtlicher Richter entgegenstehen.

1. Fehlen der Fähigkeit zur Bekleidung öffentlicher Ämter oder Verurteilung zu einer Freiheitsstrafe von mehr als sechs Monaten

Nach § 21 Abs. 2 Nr. 1 ist vom Amt des ehrenamtlichen Richters ausgeschlossen, wer infolge Richterspruchs die Fähigkeit zur Bekleidung öffentlicher Ämter nicht besitzt oder zu einer Freiheitsstrafe von mehr als sechs Monaten verurteilt wurde.

a) Fehlende Fähigkeit zur Bekleidung öffentlicher Ämter

Nach **§ 45 Abs. 1 StGB** verliert das Recht zur Bekleidung öffentlicher Ämter für die Dauer von fünf Jahren derjenige, welcher wegen eines Verbrechens zu einer Freiheitsstrafe von mindestens einem Jahr verurteilt wird. Ein Verbrechen iSd. StGB ist eine rechtswidrige Straftat, die im Mindestmaß mit Freiheitsstrafe von einem Jahr oder darüber bedroht ist (§ 12 Abs. 1 StGB).

Nach § 45 Abs. 2 StGB kann einem Verurteilten für die Dauer von zwei bis fünf Jahren die **Amtsfähigkeit aberkannt** werden, sofern das StGB dies weiterhin vorsieht. Eine Aberkennung als mögliche Nebenfolge ist vorgesehen bei:

---

[1] BVerfG v. 6.5.2008 – 2 BvR 337/08, NZA 2008, 2568.
[2] GMP/*Prütting*, § 21 Rz. 25.
[3] LAG Hamm v. 26.11.1992 – 8 AR 26/92, NZA 1993, 476; LAG Hamm v. 25.8.1993 – 8 AR 44/92, NZA 1994, 45.
[4] *Schmidt-Räntsch*, § 44a DRiG Rz. 3 ff.
[5] *Schmidt-Räntsch*, § 44a DRiG Rz. 7 ff. mit Beispielen.

- Friedensverrat, Hochverrat und Gefährdung des demokratischen Rechtsstaats (§§ 80 ff. iVm. § 92a StGB)
- Landesverrat und Gefährdung der äußeren Sicherheit (§§ 93 ff. iVm. § 101 StGB), Angriff gegen Organe und Vertreter ausländischer Staaten (§ 102 Abs. 1 iVm. § 102 Abs. 2 StGB)
- Wahlbehinderung, Wahlfälschung, Wählernötigung und Wählerbestechung (§§ 107, 107a, 108, 108b iVm. § 108c StGB)
- Sabotagehandlung an Verteidigungsmitteln und sicherheitsgefährdendem Nachrichtendienst (§§ 109e, 109f iVm. § 109i StGB)
- Straftaten im Amt (§§ 332, 335, 339, 340, 343, 344, 345 Abs. 1 und 3, §§ 348, 352–353b Abs. 1, §§ 355–357 iVm. § 358 StGB).

18 **Wirksam** wird der Verlust, öffentliche Ämter zu bekleiden, mit der formellen Rechtskraft des ihn aussprechenden Urteils (§ 45a Abs. 1 StGB), also mit dem Ablauf der Rechtsmittelfrist oder dem Erschöpfen der Rechtsmittel. Eine Wiederverleihung des Rechtes zur Bekleidung öffentlicher Ämter ist nach § 45b Abs. 1 StGB möglich, wenn der Verlust die Hälfte der Zeit, für die er dauern sollte, wirksam war und zu erwarten ist, dass der Verurteilte künftig keine vorsätzlichen Taten mehr begehen wird (vgl. aber auch Rz. 23 zur Anklage wegen einer Tat, die den Verlust der Fähigkeit zur Bekleidung öffentlicher Ämter zur Folge haben kann).

b) Verurteilung zur Freiheitsstrafe von mehr als sechs Monaten

19 Darüber hinaus sieht § 21 Abs. 2 Nr. 1 den Ausschluss vor, wenn eine Person wegen einer vorsätzlichen Tat – egal ob Vergehen oder Verbrechen – zu einer Freiheitsstrafe von mehr als sechs Monaten verurteilt wurde.

20 Die Verurteilung muss **rechtskräftig** sein[1]. § 21 Abs. 5 Satz 5 sieht bis zur Rechtskraft die Möglichkeit einer einstweiligen Anordnung vor (vgl. Rz. 50). Teilweise wird in der Lit. keine rechtskräftige Verurteilung vor einem Ausschluss verlangt, aber dafür soll nach erfolgreichem Rechtsmittel dem ausgeschlossenen Kandidaten bei der nächsten Berufung oder Ersatzberufung der Vorrang eingeräumt werden[2]. Dies entspricht nicht der Rechtslage, da sich ein Recht auf bevorzugte Behandlung nicht aus dem Gesetz ergibt, die Landesbehörde nicht an die Vorgabe der Reihenfolge in den Vorschlagslisten der Organisationen gebunden ist (vgl. § 20 Rz. 13) und ein Kandidat gegen eine Nichtberücksichtigung kein Rechtsmittel einlegen kann (vgl. § 20 Rz. 19).

21 Für einen Ausschluss nach § 21 Abs. 2 Nr. 1 reicht die Verurteilung zu einer **Bewährungsstrafe** (§ 56 StGB) aus[3]. Es ist insbesondere auch unerheblich, ob unabhängig davon eine Freiheitsstrafe tatsächlich angetreten wird.

22 Der Ausschluss gilt so lange, bis die Tat im Bundeszentralregister nach §§ 45 ff. BZRG getilgt, also die Straftat ein Jahr nach Eintritt der Tilgungsreife aus dem Register entfernt ist. Die **Tilgungsfrist** bei Straftaten eines Erwachsenen beträgt grds. fünf Jahre und steigert sich bspw. mit einer Verurteilung von über drei Monaten gem. § 46 Abs. 1 Nr. 2 BZRG auf zehn Jahre. Eine Tilgung erfolgt nicht bei Verurteilungen zu lebenslanger Freiheitsstrafe oder bei Anordnung der Unterbringung in der Sicherungsverwahrung oder in einem psychiatrischen Krankenhaus (§ 45 Abs. 3 BZRG).

2. Anklage wegen einer Straftat

23 § 21 Abs. 2 Nr. 2 erweitert die Ausschlussmöglichkeiten nach Nr. 1. Hiernach ist vom Amt des ehrenamtlichen Richters ausgeschlossen, wer wegen einer Tat angeklagt ist, die den Verlust der Fähigkeit zur Bekleidung öffentlicher Ämter zur Folge haben kann (hierzu Rz. 16 f.). Besteht unterhalb der Schwelle des Ausschließungsgrundes eine Verurteilung, die die persönliche Eignung des Richters in Frage stellt, kann dies ein Grund zur Nichtberufung sein[4] (hierzu § 20 Rz. 13).

24 Voraussetzung des Ausschlusses ist nicht bereits die Aufnahme des Ermittlungsverfahrens oder die Anordnung von Untersuchungshaft, sondern erst die Einreichung der Anklageschrift bei dem zuständigen Gericht (§ 170 Abs. 1 StPO) mit **hinreichendem Tatverdacht**. Andererseits bedarf es weder der Eröffnung

---

1 GMP/*Prütting*, § 21 Rz. 13; *Wolmerath*, Rz. 81.
2 GK-ArbGG/*Dörner*, § 21 Rz. 8 ff.
3 GMP/*Prütting*, § 21 Rz. 14.
4 *Natter*/Gross, § 20 Rz. 23.

des Hauptverfahrens (§ 207 StPO) noch einer „sicheren" Verurteilungsprognose; es genügt die **Wahrscheinlichkeit einer Verurteilung**.

Im Fall eines **späteren Freispruchs** bzw. **der Beibehaltung der Fähigkeit zur Bekleidung öffentlicher Ämter trotz Verurteilung** besteht kein Anspruch auf unmittelbare bevorzugte Wiederberufung[1] (hierzu auch Rz. 20).

3. Fehlendes Wahlrecht zum Bundestag

Das fehlende Wahlrecht führt nach § 21 Abs. 2 Nr. 3 zum Ausschluss. Nach §§ 12, 13 BWahlG ist **wahlberechtigt**, wer die deutsche Staatsangehörigkeit besitzt (Art. 116 GG), das 18. Lebensjahr vollendet und seit mindestens drei Monaten seinen Wohnsitz oder dauernden Aufenthalt in Deutschland hat. Wahlberechtigt sind bei Vorliegen der sonstigen Voraussetzungen gem. § 12 Abs. 2 BWahlG auch diejenigen Deutschen iSd. Art. 116 GG, die am Wahltag außerhalb der Bundesrepublik Deutschland leben, sofern sie nach Vollendung ihres 14. Lebensjahres mindestens drei Monate ununterbrochen in der Bundesrepublik Deutschland eine Wohnung innegehabt oder sich sonst gewöhnlich aufgehalten haben und dieser Aufenthalt nicht länger als 25 Jahre zurückliegt oder aus anderen Gründen persönlich und unmittelbar Vertrautheit mit den politischen Verhältnissen in der Bundesrepublik Deutschland erworben haben und von ihnen betroffen sind.

§ 13 BWahlG zählt auf, wann eine Person vom Wahlrecht ausgeschlossen ist. Dem Betroffenen darf nicht gem. § 13 Nr. 1 BWahlG aufgrund Richterspruchs das **Wahlrecht aberkannt** worden sein. Es darf gem. § 13 Nr. 2 BWahlG nicht nur durch einstweilige Anordnung ein **Betreuer für die Besorgung aller seiner Angelegenheiten** bestellt sein. Ferner darf sich der Betreffende nicht nach § 13 Nr. 3 BWahlG aufgrund einer Anordnung nach § 63 StGB iVm. § 20 StGB in einem psychiatrischen Krankenhaus befinden.

Die Wahlberechtigung zum Bundestag ist auch notwendige Voraussetzung für die Berufung von **Angehörigen der EU-Mitgliedstaaten**. Eine Abschaffung dieses Kriteriums wurde angesichts der wachsenden Zahl der in Deutschland lebenden Unionsbürger in der Lit. diskutiert[2].

4. Interessenkollision aufgrund der beruflichen Stellung

Die besondere berufliche Position kann ebenfalls zum Ausschluss führen.

a) Ausschluss von Beamten und Angestellten eines Gerichts für Arbeitssachen

Beamte und Angestellte des betreffenden Gerichts für Arbeitssachen dürfen nach § 21 Abs. 3 nicht als ehrenamtliche Richter berufen werden. Damit sind insbesondere die Rechtspfleger und Justizverwaltungsangestellten der Arbeitsgerichtsbarkeit vom Richteramt im eigenen Bezirk ausgeschlossen (s.a. Rz. 32).

Ob das Verbot auch dann gilt, wenn eine **Berufung für einen anderen Gerichtsbezirk** vorgesehen ist, weil der Beamte oder Angestellte einer weiteren Tätigkeit in einem anderen Bezirk nachgeht oder dort wohnhaft ist, ist unklar. Hierfür kann der Wortlaut sprechen, der nicht nach Gerichtsbezirken differenziert[3]. Dagegen wird aber zu Recht mit nachvollziehbarer Begründung argumentiert, dass es kein Bedürfnis für ein Vermeiden fachspezifischer Interessenkollisionen zwischen Amtstätigkeit und Richterpflichten gibt, wenn der ehrenamtliche Richter an einem ArbG berufen ist, bei dem er selbst nicht tätig ist[4].

Beamte oder Angestellte anderer Gerichtsbarkeiten können bei Vorliegen der weiteren Voraussetzungen gem. § 21 zu ehrenamtlichen Richtern berufen werden, da keine Gefahr einer fachspezifischen Interessenkollision besteht.

b) Prozessvertreter

Kein Ausschluss besteht hinsichtlich der Berufung von **Rechtsanwälten, Notaren und Verbandsvertretern**. Sie können zu ehrenamtlichen Richtern bestellt werden, wenn sie im Gerichtsbezirk als ArbN oder ArbGeb tätig sind. Anders als in der Verwaltungsgerichtsbarkeit (§ 22 Nr. 5 VwGO) und der Finanzgerichtsbarkeit (§ 19 Nr. 5 FGO) fehlt im ArbGG eine entsprechende Ausschlussnorm[5]. Allerdings kann ggf. im Einzelfall ein Ausschluss- oder Befangenheitsgrund vorliegen (vgl. hierzu auch § 6 Rz. 65).

---

1 GMP/*Prütting*, § 21 Rz. 12; *Wolmerath*, Rz. 85; aA *Hohmann* in Bader/Hohmann/Klein, Kap. IV Rz. 5.
2 Dagegen *Jutzi*, DRiZ 1997, 377; dafür *Röper*, DRiZ 1998, 195.
3 So bspw. *Hohmann* in Bader/Hohmann/Klein, Kap. IV Rz. 17.
4 GMP/*Prütting*, § 21 Rz. 21; *Ostheimer/Wiegand/Hohmann*, S. 18; GK-ArbGG/*Dörner*, § 21 Rz. 14.
5 Anders für Verbandsvertreter wohl GMP/*Prütting*, § 22 Rz. 19.

34 Auch wenn die **forensische Tätigkeit bei dem ArbG des Bezirkes**, an dem ein Rechtsanwalt oder Verbandsvertreter zum ehrenamtlichen Richter berufen ist, teilweise von Rspr. und Lit. wegen der Gefahr objektiver Interessenkollision[1] problematisiert wird, ergibt sich aus der gesetzlichen Wertung des § 41 Nr. 4 ZPO sowie aus § 11 Abs. 5 Satz 2[2], dass ein Richter von der Ausübung des Richteramtes kraft Gesetzes in Sachen, in denen er als Prozessbevollmächtigter oder Beistand einer Partei bestellt oder als gesetzlicher Vertreter einer Partei aufzutreten berechtigt ist oder gewesen ist, ausgeschlossen ist. In einem konkreten Rechtsstreit soll damit die Unparteilichkeit eines Verfahrens gesichert werden. Die Notwendigkeit, einen der oben genannten Kandidaten zwecks Verhinderung eines objektiven Interessenwiderstreits generell von der Berufung zum Richteramt auszunehmen, besteht daher nicht. Lediglich in konkreten Fällen ist der Betroffene auszuschließen oder abzulehnen, § 49 ArbGG, § 42 ZPO[3] (hierzu auch § 43 Rz. 13).

5. Vermögensverfall

35 § 21 wurde mit Wirkung vom 1.1.1999 durch Art. 25 des Einführungsgesetzes zur Insolvenzordnung vom 5.10.1994 (BGBl. I S. 2911) geändert. Die frühere Nr. 3 des Abs. 2 wurde aufgehoben, die vorsah, dass vom Amt des ehrenamtlichen Richters ausgeschlossen ist, wer durch gerichtliche Anordnung in der Verfügung über sein Vermögen beschränkt ist.

36 In § 21 Abs. 2 Satz 2 ist nun eine **Sollvorschrift** normiert. Personen, die in Vermögensverfall geraten sind, sollen nur im Ausnahmefall als ehrenamtliche Richter berufen werden. Damit ist die Vorschrift durch die Neuregelung weiter und weniger streng gefasst.

37 Erfasst wird nach Sinn und Zweck des Gesetzes weiterhin die gerichtlich angeordnete Beschränkung über das gesamte Vermögen. Eine Verfügungsbeschränkung über einzelne Gegenstände ist nicht ausreichend[4]. Zu den **gerichtlich angeordneten Verfügungsbeschränkungen** zählen insbesondere die Betreuung mit Einwilligungsvorbehalt, bei der das Vormundschaftsgericht anordnet, dass der Betreute zu einer Willenserklärung, die den Aufgabenkreis des Betreuers betrifft, dessen Einwilligung bedarf, soweit dies zur Abwendung einer erheblichen Gefahr für die Person oder das Vermögen des Betreuten erforderlich ist (§ 1903 BGB[5]) sowie bei Zahlungsunfähigkeit (§ 17 InsO[6]). Weitere Verfügungsbeschränkungen ergeben sich bei Eröffnung des Insolvenzverfahrens und einem damit verbundenen Übergang der Verwaltungs- und Verfügungsbefugnis nach § 80 InsO auf den Insolvenzverwalter. Nach der Insolvenzordnung geht die Verwaltungs- und Verfügungsbefugnis auch schon im Vorverfahren auf den vorläufigen Verwalter über, wenn seine Bestellung mit dem Erlass eines Verfügungsverbotes verbunden ist, § 21 Abs. 2 InsO[7].

38 Bei **Insolvenz einer KG** wird nur der Komplementär, nicht dagegen der Kommanditist in der Verfügung beschränkt. Der Ausschluss tritt nicht ein, wenn über das Vermögen einer Personenhandelsgesellschaft (OHG) ein Verfügungsverbot verhängt wird, da die Insolvenzeröffnung über das zur Gesellschaft gehörende Vermögen erfolgt, nicht aber über das Privatvermögen des einzelnen Gesellschafters und insofern keine generelle Verfügungsbeschränkung besteht[8].

---

1 BAG, Beschl. des Präsidiums v. 22. und 23.10.1975, AP Nr. 4 zu § 43 ArbGG 1953; GMP/*Prütting*, § 21 Rz. 28.
2 § 11 Abs. 5: Richter dürfen nicht als Bevollmächtigte vor dem Gericht auftreten, dem sie angehören. Ehrenamtliche Richter dürfen, außer in den Fällen des Absatzes 2 Satz 2 Nr. 1 (Beschäftigte der Partei oder eines mit ihr verbundenen Unternehmens), nicht vor einem Spruchkörper auftreten, dem sie angehören....
3 So auch im Ergebnis GK-ArbGG/*Dörner*, § 21 Rz. 17; *Lemppenau*, DRiZ 1992, 381; Hess. VGH v. 14.12.1977 – VIII TG 4/77, AP Nr. 6 zu § 43 ArbGG 1953 hält die gleichzeitige Tätigkeit „als in hohem Maße bedenklich", weil vereinbart da, der Gesetzgeber durch die paritätische Beteiligung ehrenamtlicher Richter aus den Kreisen der ArbN und ArbGeb von der Idealvorstellung richterlicher Neutralität abgerückt sei.
4 GMP/*Prütting*, § 21 Rz. 16.
5 § 1903 Abs. 1 BGB:
Soweit dies zur Abwendung einer erheblichen Gefahr für die Person oder das Vermögen des Betreuten erforderlich ist, ordnet das Betreuungsgericht an, dass der Betreute zu einer Willenserklärung, die den Aufgabenkreis des Betreuers betrifft, dessen Einwilligung bedarf (Einwilligungsvorbehalt). ....
6 § 17 InsO:
(1) Allgemeiner Eröffnungsgrund ist die Zahlungsunfähigkeit.
(2) Der Schuldner ist zahlungsunfähig, wenn er nicht in der Lage ist, die fälligen Zahlungspflichten zu erfüllen. Zahlungsunfähigkeit ist in der Regel anzunehmen, wenn der Schuldner seine Zahlungen eingestellt hat.
7 AA allerdings für den Gemeinschuldner nach altem Recht (KO und VglO): *App*, BB 1987, 2016, insbesondere unter dem Hinweis, dass noch nicht einmal der Verlust des Arbeitsplatzes für den ArbN nach § 23 Abs. 1 als Hinderungsgrund angesehen wird.
8 GMP/*Prütting*, § 21 Rz. 18; GK-ArbGG/*Dörner*, § 21 Rz. 12; *Hohmann* in Bader/Hohmann/Klein, Kap. IV Rz. 8.

Vermögensverfall liegt nach der Neuregelung aber bereits dann vor, sobald eine Person in das Schuldnerverzeichnis eingetragen ist[1]. Erfasst wird damit auch der Fall, in dem ein Eröffnungsantrag mangels Masse abgelehnt worden ist und damit ein **Eintrag ins Schuldnerverzeichnis** erfolgt (§ 26 InsO).

IV. Beendigung der Amtszeit

Erfolgt keine Neuberufung, endet das Amt nach Ablauf der fünfjährigen Berufungszeit automatisch (hierzu § 20 Rz. 21 f.). Neben den in § 24 genannten Niederlegungsgründen sieht § 21 Abs. 5 die Möglichkeit der Amtsentbindung vor. § 21 Abs. 4 normiert weitere Beendigungstatbestände.

1. Ende der Amtszeit nach Abs. 4

Nach § 21 Abs. 4 Satz 1 endet das Amt des ehrenamtlichen Richters automatisch, sobald er zum **ehrenamtlichen Richter eines höheren Rechtszugs** berufen wird, und zwar mit Beginn der neuen Amtszeit. Diese Vorschrift soll ua. verhindern, dass der ehrenamtliche Richter in 2. Instanz eine von ihm mitgetragene Entscheidung 1. Instanz zu entscheiden hat. Soll er wegen zeitlicher Überschneidung bei der Berufung einer von ihm vorab erstinstanzlich mitgetragenen Sache entscheiden, greift der Ausschließungsgrund nach § 41 Nr. 6 ZPO. Hiernach erfolgt ein Ausschluss, wenn jemand in einem früheren Rechtszug oder im schiedsgerichtlichen Verfahren an der angefochtenen Entscheidung mitgewirkt hat (vgl. § 49 Rz. 44 ff.).

Die Berufung darf nach § 21 Abs. 4 Satz 2 Halbs. 1 ausschließlich entweder für die ArbN-Seite oder die ArbGeb-Seite erfolgen. Daher endet die Berufung des Richters für die ArbGeb- oder ArbN-Seite – unabhängig von seinem subjektiven Empfinden – bei einem **Lagerwechsel** von der Position als ArbN zu der als ArbGeb oder umgekehrt, denn durch den Wechsel ist die Fortführung der Tätigkeit als ehrenamtlicher Richter mit dem Grundsatz der paritätischen Besetzung der Gerichte für Arbeitssachen unvereinbar[2] (zur Entbindung von Vertretern des öffentlichen Dienstes nach § 22 Abs. 2 Nr. 4 aufgrund der Zuweisung anderer Tätigkeiten vgl. § 22 Rz. 18). Ein automatischer Wechsel von einer auf die andere Richterseite ist mangels Legitimation durch die jeweilige Vorschlagsliste ausgeschlossen. Eine Ausnahme soll nur dann zu machen sein, wenn es sich um die Wahrnehmung von ArbGeb-Funktionen auf der ArbN-Seite selbst handelt, etwa bei einer Gewerkschaft oder einer „ausgelagerten" Einrichtung einer Gewerkschaft, zB der DGB-Rechtsschutz-GmbH[3]. Allerdings kann bei mehreren aufeinander folgenden Berufungen ein Kandidat hintereinander für die eine oder andere Seite berufen werden. Problematisch ist der Fall, wenn ein ehrenamtlicher Richter im Laufe seiner Berufung neben seiner Funktion als ArbGeb oder ArbN zugleich auch die andere Funktion wahrnimmt, etwa weil er neben einer Tätigkeit als ArbN ein eigenes Unternehmen gegründet hat. Die Folgen werden im Schrifttum und in der Rspr. kontrovers diskutiert. Während teilweise vertreten wird, die gleichzeitige Rechtsstellung sei unschädlich, der ehrenamtliche Richter könne sich vielmehr bereits zu Beginn seiner Amtszeit für die eine oder andere Seite entscheiden[4], wird andererseits im Hinblick auf das Vertrauen der Rechtsuchenden in eine paritätische Beteiligung der ehrenamtlichen Richter ein solches Wahlrecht abgelehnt und damit richtigerweise ein Amtsentbindungsgrund angenommen[5].

Ferner gilt nach § 21 Abs. 4 Satz 2 Halbs. 2 das **Verbot der gleichzeitigen Mehrfachberufung** unabhängig vom Instanzenzug. Ein ehrenamtlicher Richter darf mithin zur selben Zeit nur bei einem ArbG berufen sein. Die Mehrfachberufung bezieht sich nur auf die Tätigkeit in der Arbeitsgerichtsbarkeit und schließt die Bestellung in anderen Gerichtszweigen nicht aus.

2. Amtsentbindungsverfahren

§ 21 Abs. 5 sieht – wie auch § 44b DRiG für die Fälle von Berufungshindernissen nach § 44a DRiG – die Möglichkeit der Amtsentbindung vor.

a) Entbindungsgründe

Das Amtsentbindungsverfahren ist sowohl Folge der fehlenden persönlichen Voraussetzungen nach § 21 Abs. 1, als auch Folge der vorhandenen Ausschlussgründe nach § 21 Abs. 2. Es ist in den Fällen möglich,

---

1 Düwell/Lipke/*Wolmerath*, § 21 Rz. 6; GK-ArbGG/*Dörner*, § 21 Rz. 11a; *Hohmann* in Bader/Hohmann/Klein, Kap. IV Rz. 7.
2 BAG v. 19.8.2004 – 1 AS 6/03, AP Nr. 5 zu § 21 ArbGG 1979.
3 LAG BW v. 16.12.2014 – 1 SHa 34/14 mit zust. Anm. *Wolmerath* in jurisPR-ArbR 4/15 Anm. 6.
4 BAG v. 21.9.1999 – 1 AS 6/99, AP Nr. 5 zu § 43 ArbGG 1979; LAG Berlin-Brandenburg v. 23.4.2010 – 6 SHa-EhRi 7006/10, DB 2010, 1596.
5 LAG BW v. 16.7.2013 – 1 SHa 17/13, LAGE § 21 ArbGG 1979 Nr. 10 mwN.

46 in denen das bereits anfängliche Fehlen einer Berufungsvoraussetzung erst nachträglich bekannt wird, und in den Fällen, in denen eine Voraussetzung später wegfällt[1].

46 Verliert der ehrenamtliche Richter ohne Erreichen der Altersgrenze seine ArbGeb- oder ArbN-Stellung, so kann er von seinem Amt entbunden werden (vgl. Rz. 57). Fraglich ist, ob ein Entbindungsgrund vorliegt, wenn ein außerhalb des Gerichtsbezirks wohnender ehrenamtlicher Richter im Laufe seiner Berufungszeit die Tätigkeit dergestalt wechselt, dass er sie künftig außerhalb des Gerichtsbezirkes – vorübergehend oder dauerhaft – wahrnimmt[2]. Gleichermaßen ist fraglich, ob der Wechsel des Wohnorts, der allein Anknüpfungspunkt für die Berufung zu einem bestimmten Gericht gewesen ist, zur Entbindung führt. Dies wird man mit dem Wortlaut des § 21 Abs. 5 Satz 1 wohl für die Fälle des dauerhaften Wohnsitz- bzw. Arbeitsortwechsels annehmen müssen. Ein vorübergehender, also während der Berufungsdauer wieder beendeter Wechsel in Wohnort oder Arbeitsort ändert grds. an dem Zweck der Norm (hierzu Rz. 7 und 8) nichts. In diesen Fällen wird ein Entbindungsverfahren nur auf Antrag des ehrenamtlichen Richters eingeleitet werden können.

47 Die Amtsentbindung ist **ohne Ermessensspielraum** der entscheidenden Behörde bei Vorliegen der Voraussetzungen zwingende Folge, wobei die Tatbestandsvoraussetzungen im Zeitpunkt der Entscheidung vorliegen müssen. Nach der hier vertretenen Auffassung zum lediglich vorübergehenden Wechsel des Wohn- und/oder Arbeitsortes (hierzu Rz. 46) dürfte aber ein Ermessensspielraum bei der Frage, ob die Voraussetzungen dauerhaft oder nur vorübergehend weggefallen sind, mangels vom Gesetz vorgegebener fester Kriterien gegeben sein.

b) Entbindungsverfahren

48 Das Amtsentbindungsverfahren nach § 21 Abs. 5 erfolgt **auf Antrag** der zuständigen Stelle, also der obersten Landesbehörde oder der von der Landesregierung durch Rechtsverordnung beauftragten Stelle (§ 20; vgl. § 20 Rz. 15, § 15 Rz. 2). Das Entbindungsverfahren kann allerdings auch auf Antrag des betroffenen ehrenamtlichen Richters eingeleitet werden.

49 **Entscheidungsbefugt** über den Antrag der ehrenamtlichen Richter der 1. und 2. Instanz ist die vom Präsidium für jedes Geschäftsjahr im Voraus bestimmte Kammer des für den Bezirk zuständigen LAG.

50 **Bis zu einer Entscheidung über den Amtsentbindungsantrag** bleibt der ehrenamtliche Richter im Amt, dh. er wird weiterhin zu den Sitzungen geladen. Es kann aber gem. § 21 Abs. 5 Satz 5 durch die entscheidende Stelle im Wege der einstweiligen Anordnung von Amts wegen angeordnet werden, dass der ehrenamtliche Richter bis zu einer Entscheidung nicht heranzuziehen ist[3]. Die Entscheidung über eine **Suspendierung** steht im Ermessen der zuständigen Kammer. Ein Rechtsmittel gegen die vorläufige Suspendierung ist nicht gegeben[4]. Dies ergibt sich schon aus dem Zusammenhang mit § 21 Abs. 5 Satz 4, wonach die Entscheidung über die Amtsentbindung selbst auch unanfechtbar ist (hierzu Rz. 53).

51 Die Entscheidung über die Entbindung ergeht durch **Beschluss**. Es gelten für das Verfahren – Besetzung, Zustellung etc. – die allgemeinen Vorschriften des ArbGG. Da es sich um ein Disziplinarverfahren handelt, ist die Öffentlichkeit ausgeschlossen[5]. Vor der Entscheidung ist der betroffene Richter – zumindest mit Gelegenheit zur Äußerung im schriftlichen Verfahren – zu hören (§ 21 Abs. 5 Satz 3).

52 Der Beschluss ist schriftlich abzufassen, zu begründen und dem ehrenamtlichen Richter zuzustellen. Er wird mit seiner Verkündung **wirksam**. Hat eine Verkündung nicht stattgefunden, wird er mit Zustellung wirksam[6].

53 Die Entscheidung ist sodann **unanfechtbar** (§ 21 Abs. 5 Satz 4). Allenfalls die Verfassungsbeschwerde nach Art. 93 Abs. 1 Nr. 4a GG, §§ 90 ff. BVerfG kann dem entbundenen Richter wegen Verletzung des rechtlichen Gehörs (§ 103 Abs. 1 GG) Rechtsschutz bieten.

54 Die **unter der Beteiligung des entbundenen Richters ergangenen Entscheidungen** bleiben wirksam (§ 73 Abs. 2, § 79 Satz 2, §§ 88, 93 Abs. 2, alle unter Hinweis auf § 65). Das Revisionsgericht prüft insbesondere

---

1 LAG Schl.-Holst. v. 11.1.1996 – AR 5/96, NZA 1996, 672.
2 Kein Entbindungsgrund: OVG Bremen v. 30.9.1976 – PV S 2/76, BR ABl. 1977 Anlage 14, 5.
3 LAG Hamm v. 28.1.1993 – 8 AR 44/92, NZA 1993, 479; LAG Bremen v. 6.1.1995 – AR 27/94, AP Nr. 4 zu § 21 ArbGG 1979.
4 So ausdrücklich § 44b Abs. 3 Satz 2 DRiG über die Suspendierung beim Abberufungsverfahren nach § 44b DRiG; zu den möglichen prozessualen Folgen der Mitwirkung zweier ehrenamtlicher Richter desselben Kreises vgl. *Hohmann*, RdA 2008, 337.
5 GMP/*Prütting*, § 27 Rz. 13.
6 *Schuldt*, AuR 1961, 172 (175).

nicht, ob bei der Berufung der ehrenamtlichen Richter Verfahrensmängel unterlaufen sind oder Umstände vorgelegen haben, die die Berufung eines ehrenamtlichen Richters von seinem Amt ausschließen[1].

Die Bestimmung des **Gegenstandswertes** bei Amtsentbindungsverfahren erfolgt mit dem Vierteljahreseinkommen des ehrenamtlichen Richters in Analogie zu § 42 Abs. 2 GKG[2]. 55

3. Zeitweise Amtsentbindung

Besonders im Zusammenhang mit längerer **Elternzeit** oder **Mutterschaftsurlaub** taucht die Frage nach einer vorübergehenden Amtsentbindung auf. In diesen Fällen ist der ehrenamtliche Richter – bzw. im Falle des Mutterschaftsurlaubs ausschließlich die ehrenamtliche Richterin – für die Dauer einer diesbezüglichen Unterbrechung nicht als ArbGeb oder ArbN tätig. Dieser Fall ist nicht ausdrücklich gesetzlich geregelt. Es wird in der Lit. und Rspr. überwiegend die Möglichkeit einer zeitweisen Amtsentbindung anerkannt, wenn die Voraussetzungen für die Ernennung nur vorübergehend weggefallen sind und nicht mit hinreichender Sicherheit angenommen werden kann, dass diese Voraussetzungen vor Ablauf der Amtszeit wiedererlangt werden[3]. Teilweise wird diese Möglichkeit unter Hinweis auf § 44 Abs. 2 DRiG abgelehnt, wonach ein ehrenamtlicher Richter vor Ablauf seiner Amtszeit nur unter den gesetzlich genau bestimmten Voraussetzungen abberufen werden darf[4]. Die letztgenannte Auffassung ist richtig für die Fälle einer beabsichtigten Abberufung gegen den Willen des ehrenamtlichen Richters; eine vorübergehende Entbindung ohne Antrag ist unzulässig. Die **zeitweise Amtsentbindung auf Antrag des ehrenamtlichen Richters** ist jedoch möglich und widerspricht weder dem Sinn und Zweck des Gesetzes noch dem Schutz des Berufenen, der aus eigenem nachvollziehbarem Interesse für einen vorübergehenden Zeitraum von seinem Ehrenamt entbunden werden möchte. 56

4. Beendigung wegen Erreichens der Altersgrenze

Eine automatische Beendigung des Amtes wegen Erreichens einer bestimmten Altersgrenze sieht das Gesetz nicht vor. Beendet der ehrenamtliche Richter während der Berufungszeit wegen Erreichens der Altersgrenze seine Eigenschaft als ArbN oder ArbGeb, so endet seine Amtszeit vorzeitig nur auf seinen Antrag hin durch Entbindung (§ 21 Abs. 6). 57

Das Erreichen der Altersgrenze entspricht idR den Bestimmungen der gesetzlichen RV. Die Altersgrenzen sind insbesondere den §§ 35–37 sowie §§ 237, 237a SGB VI zu entnehmen. 58

§ 22 Ehrenamtlicher Richter aus Kreisen der Arbeitgeber

(1) Ehrenamtlicher Richter aus Kreisen der Arbeitgeber kann auch sein, wer vorübergehend oder regelmäßig zu gewissen Zeiten des Jahres keine Arbeitnehmer beschäftigt.

(2) Zu ehrenamtlichen Richtern aus Kreisen der Arbeitgeber können auch berufen werden

1. bei Betrieben einer juristischen Person oder einer Personengesamtheit Personen, die kraft Gesetzes, Satzung oder Gesellschaftsvertrag allein oder als Mitglieder des Vertretungsorgans zur Vertretung der juristischen Person oder der Personengesamtheit berufen sind;
2. Geschäftsführer, Betriebsleiter oder Personalleiter, soweit sie zur Einstellung von Arbeitnehmern in den Betrieb berechtigt sind, oder Personen, denen Prokura oder Generalvollmacht erteilt ist;
3. bei dem Bund, den Ländern, den Gemeinden, den Gemeindeverbänden und anderen Körperschaften, Anstalten und Stiftungen des öffentlichen Rechts Beamte und Angestellte nach näherer Anordnung der zuständigen obersten Bundes- oder Landesbehörde;

---

[1] BAG v. 15.5.2012 – 7 AZN 423/12; LAG Schl.-Holst. v. 11.1.1996 – AR 5/96, NZA 1996, 672.
[2] LAG Hamm v. 24.2.1993 – 8 AR 26/92, NZA 1993, 958.
[3] Vgl. LAG Bremen v. 6.1.1955 – AR 27/94, AP Nr. 4 zu § 21 ArbGG 1979, das die Anordnung nach § 21 Abs. 5 für die Dauer eines anhängigen Kündigungsschutzverfahrens des gekündigten Arbeitnehmervertreters vorsieht; LAG Hamm v. 17.2.1982 – 2 Ta 3/82, BB 1982, 741 zur Aufgabe eines Arbeitsverhältnisses zur Aufnahme eines Studiums für einen von vornherein befristeten Zeitraum, dort 10 Monate; *Berger-Delhey*, BB 1988, 1662 (1669); *Ostheimer/Wiegand/Hohmann*, S. 83.
[4] *Hohmann* in Bader/Hohmann/Klein, Kap. XXI Rz. 27; *Keil*, NZA 1993, 913, der zutreffender Weise für den Fall einer nicht auf Antrag des ehrenamtlichen Richters erfolgenden Amtsentbindung auf die Schwierigkeiten einer genauen zeitlichen Grenze hinweist.

4. Mitglieder und Angestellte von Vereinigungen von Arbeitgebern sowie Vorstandsmitglieder und Angestellte von Zusammenschlüssen solcher Vereinigungen, wenn diese Personen kraft Satzung oder Vollmacht zur Vertretung befugt sind.

I. Allgemeines 1	b) Leitende Angestellte 10
II. Grundsatz 2	c) Beamte und Angestellte im öffentlichen Dienst 15
III. Gleichstellung 3	d) Angehörige von Arbeitgebervereinigungen .. 19
1. Gleichstellung nach Abs. 1 4	3. Wegfall der Gleichstellungsvoraussetzungen .. 22
2. Gleichstellung nach Abs. 2 7	
a) Vertreter juristischer Personen oder Personengesamtheiten 8	

Schrifttum: *Bader/Hohmann/Klein*, Die ehrenamtlichen Richterinnen und Richter in der Arbeits- und Sozialgerichtsbarkeit, 13. Aufl. 2012; *Hohmann*, Die Arbeitgebereigenschaft als Voraussetzung des ehrenamtlichen Richteramts in der Arbeitsgerichtsbarkeit – Abgrenzungsprobleme, Nichteinhaltung der paritätischen Besetzung, prozessuale Folgen, RdA 2008, 337; *Hohmann*, Zugangsbarrieren für leitende Angestellte zum ehrenamtlichen Richteramt in der Arbeitsgerichtsbarkeit, NZA 2007, 958; *Molitor*, Die Arbeitsrichter aus den Kreisen der Arbeitgeber nach § 22 des Arbeitsgerichtsgesetzes, DB 1953, 866; *Schmidt*, Beamtenrechtlicher Ruhestand und ehrenamtlicher Richter am Arbeitsgericht, RiA 1976, 181; *Schuldt*, Die besondere Bedeutung der Eigenschaft als Arbeitnehmer oder Arbeitgeber für die Beisitzer bei den Gerichten für Arbeitssachen, AuR 1959, 213.

I. Allgemeines

1 § 22 ergänzt die Vorschrift über die Berufungsvoraussetzungen als ehrenamtlicher Richter (§ 21) um die Klarstellung, wer ehrenamtlicher Richter der ArbGeb-Seite werden kann. Gemäß § 37 Abs. 2, § 43 Abs. 3 gilt die Norm entsprechend auch für die ehrenamtlichen Richter der LAG und des BAG.

II. Grundsatz

2 Das ArbGG enthält keine Begriffsbestimmung für den ArbGeb. **ArbGeb** ist aber entsprechend der Definition aus dem materiellen Arbeitsrecht grds. jeder, der mindestens einen ArbN iSd. § 5 beschäftigt. ArbN ist nach ständiger höchstrichterlicher Rspr. wiederum, wer aufgrund eines privatrechtlichen Vertrages im Dienste eines anderen zur Leistung weisungsgebundener, fremdbestimmter Arbeit in persönlicher Abhängigkeit verpflichtet ist. ArbGeb können auch mehrere natürliche oder juristische Personen in ihrer Gesamtheit sein[1]. Ist ArbGeb eine Personenhandelsgesellschaft, also eine OHG oder KG, so sind die persönlich haftenden Gesellschafter (§§ 125, 161 HGB) ArbGeb[2], nicht dagegen der Kommanditist[3].

III. Gleichstellung

3 Um der ArbGeb-Seite zu ermöglichen, eine ausreichende Anzahl von ehrenamtlichen Richtern vorzuschlagen, ist § 22 weit gefasst und erfasst auch Personen, die im strengen Sinne nicht oder vorübergehend nicht ArbGeb sind, aber ArbGeb-Funktionen ausüben.

1. Gleichstellung nach Abs. 1

4 Die **vorübergehende Nichtausübung der ArbGeb-Eigenschaft** wird unter bestimmten Voraussetzungen durch § 22 Abs. 1 gleichgestellt. Der Verlust der ArbGeb-Eigenschaft führt zwar grds. zur Amtsentbindung (§ 21 Abs. 5 und 6; hierzu § 21 Rz. 45 ff.). Gleichgestellt werden dem ArbGeb nach § 22 Abs. 1 aber auch die Personen, die vorübergehend oder regelmäßig zu gewissen Zeiten des Jahres keine ArbN beschäftigen, wie dies typischerweise bei **Inhabern von Saison- und Kampagnebetrieben** der Fall ist. Voraussetzung ist allerdings, dass der Betrieb nicht endgültig aufgegeben wird.

---

1 BAG v. 27.3.1981 – 7 AZR 523/78, NJW 1984, 1703.
2 BAG v. 14.11.1979 – 4 AZR 3/78, NJW 1980, 1710; BAG v. 6.5.1986 – 1 AZR 553/84, NJW 1987, 92.
3 BAG v. 23.6.1992 – 9 AZR 276/91, AP Nr. 23 zu § 2 ArbGG 1979.

Fraglich ist, welchen Zeitraum der Begriff „**vorübergehend**" erfasst. So wird teilweise eine Unterbrechung von bis zu maximal einem Vierteljahr für unschädlich gehalten[1]. Richtigerweise verzichtet die hM auf eine genaue Fixierung des Zeitraums und differenziert stattdessen zwischen dem Willen zur endgültigen Betriebsaufgabe und dem Willen zu der nur vorübergehenden Nichtbeschäftigung[2]. Allerdings wird man von einer bestimmten Unterbrechungsdauer an – man kann wohl ein Jahr für maßgeblich halten – fordern können, dass die Bestrebungen zur künftigen Wiederaufnahme der ArbGeb-Stellung in irgendeiner Form nachvollziehbar dargelegt werden, da es von besonderer Bedeutung ist, dass die ArbGeb-Erfahrungen, über die die ehrenamtlichen Richter verfügen sollen, nicht aus der Vergangenheit stammen, sondern aus dem täglichen Leben der Gegenwart. 5

Ein **fristlos gekündigter ArbGeb-Vertreter** soll für den Zeitraum einer laufenden Kündigungsschutzklage nach § 21 Abs. 5 vorläufig nicht mehr herangezogen werden, wenn das von der obersten Arbeitsbehörde eingeleitete Entbindungsverfahren bis zum rechtskräftigen Abschluss des Kündigungsschutzprozesses ausgesetzt wird[3] (vgl. § 21 Rz. 50). Diese Auffassung ist im Hinblick auf die in § 22 fehlende Gleichstellung bei vorübergehender Arbeitslosigkeit, die sich ausdrücklich in § 23 Abs. 1 findet, richtig. 6

2. Gleichstellung nach Abs. 2

§ 22 Abs. 2 befasst sich mit der Gleichstellung von Personen, die im strengen Sinne nicht ArbGeb sind. 7

a) Vertreter juristischer Personen oder Personengesamtheiten

Nach § 22 Abs. 2 Nr. 1 kann auch derjenige zum ehrenamtlichen Richter berufen werden, der kraft Gesetzes, Satzung oder Gesellschaftsvertrag allein oder als Mitglied des Vertretungsorgans einer juristischen Person oder einer Personengesellschaft zur Vertretung berufen ist. Die Vorschrift entspricht § 5 Abs. 1 Satz 3. 8

Es handelt sich bei den **gesetzlichen Vertretern** insbesondere um 9
- Mitglieder des Vorstandes nach § 78 AktG (nicht jedoch Aufsichtsratsmitglieder);
- GmbH-Geschäftsführer nach § 35 GmbHG;
- Mitglieder des Vorstandes bei der eingetragenen Genossenschaft nach § 24 GenG;
- Mitglieder des Vorstandes gem. §§ 26, 30, 86 BGB bei dem eV und der Stiftung;
- bei der KGaA um den persönlich haftenden Gesellschafter gem. § 278 AktG iVm. §§ 61, 125 HGB;
- Gesellschafter einer OHG, sofern sie nicht durch Gesellschaftsvertrag von der Vertretung der Gesellschaft ausgeschlossen sind (§ 125 HGB);
- die persönlich haftenden Gesellschafter einer KG (§§ 161, 170 HGB).

b) Leitende Angestellte

§ 22 Abs. 2 Nr. 2 nennt weitere Personengruppen, die den ArbGeb gleichgestellt werden. Es handelt sich einerseits um Geschäftsführer, Betriebsleiter oder Personalleiter, soweit sie zur Einstellung von ArbN in dem Betrieb berechtigt sind und andererseits um sonstige Personen, denen Prokura oder Generalvollmacht erteilt wurde. 10

Der Begriff des Geschäftsführers iSd. § 22 Abs. 2 Nr. 2 meint nicht das Vertretungsorgan der GmbH; diese Funktion ist bereits durch § 22 Abs. 2 Nr. 1 gleichgestellt. Vielmehr ist dieser Begriff – wie auch der des Betriebsleiters und Personalleiters – untechnisch gemeint und bezeichnet **Personen mit übergeordneter Leitungsfunktion**, die in der Geschäftsleitung eines Unternehmens tätig sind. Die konkrete Bezeichnung der Person ist unerheblich; es kommt vielmehr auf die tatsächlichen Befugnisse an, die einer Vorgesetztenstellung mit Weisungsrechten und bedeutenden Entscheidungsspielräumen entsprechen müssen[4]. Während der **Geschäftsführer** iSd. § 22 leitende unternehmerische Aufgaben, zB im kaufmännischen, technischen und/oder organisatorischen Bereich wahrnimmt, führen **Betriebsleiter** eigenverantwortlich einen Betrieb innerhalb eines Unternehmens, während **Personalleiter** die für die Personalangelegenheiten der ArbN Verantwortlichen sind[5]. Ob stellvertretende Personalleiter, die lediglich Abwesenheitsvertreter sind, vom ehrenamtlichen Richteramt jedenfalls insoweit ausgeschlossen sind, als ihr Tätigwerden nicht den üb- 11

---
1 *Dersch/Volkmar*, § 22 ArbGG Rz. 2.
2 GMP/*Prütting*, § 22 Rz. 8; GK-ArbGG/*Dörner*, § 22 Rz. 3.
3 LAG Bremen v. 6.1.1995 – AR 27/94, AP Nr. 4 zu § 21 ArbGG 1979.
4 *Hohmann*, RdA 2008, 337.
5 Zur etwaigen Gleichstellung von Betriebsabteilungsleitern und stellvertretenden Personalleitern vgl. *Hohmann*, RdA 2008, 337.

lichen Zeitrahmen für Vertretungen überschreitet, ist streitig[1]. Auch der stellvertretende Personalleiter genießt unter der Voraussetzung der weiteren Befugnisse (hierzu Rz. 12) das Vertrauen der ArbGeb-Seite und betrachtet arbeitsrechtliche Angelegenheiten aus der ArbGeb-Perspektive, so dass auch diese Personengruppe den ehrenamtlichen Richtern der ArbGeb-Seite zuzuordnen ist.

12 Eine weitere Voraussetzung einer Gleichstellung der erstgenannten Personengruppe mit den ArbGeb ist die **Befugnis zur Einstellung**. Sie muss bei allen drei genannten Personenkreisen – Geschäftsführer, Betriebsleiter und Personalleiter – vorliegen[2]. Die gegenteilige Auffassung[3] lässt sich nicht mit dem Wortlaut der Norm vereinbaren. Alleinige oder vollkommen selbständige Einstellungsbefugnis ist dagegen nicht Voraussetzung; sie kann auch gemeinsam mit einem weiteren Vertreter ausgeübt oder von einem internen Zustimmungserfordernis abhängig gemacht werden, sofern sie sich nur als eine eigene Entscheidung des betreffenden Kandidaten darstellt[4]. Nach dem Wortlaut der Norm reicht die Befugnis zur Einstellung; die **Befugnis zur Entlassung** von ArbN ist keine zwingende Voraussetzung. Der Begriff des leitenden Angestellten – wie er in § 22 ArbGG verwendet wird – ist nicht identisch mit dem Begriff des leitenden Angestellten aus § 5 Abs. 3 BetrVG, wo die selbständige Einstellung und Entlassung von im Betrieb oder in der Betriebsabteilung beschäftigten ArbN vorausgesetzt wird[5].

13 Auch die Erteilung von **Prokura oder Generalvollmacht** kann zu einer Berufung der bevollmächtigten Person zum ArbGeb-Vertreter führen. Generalvollmacht kann durch jeden Betriebsinhaber erteilt werden und ermächtigt zur unbeschränkten Vertretung im Geschäftsbetrieb. Prokura wird im Unterschied hierzu gem. §§ 48 ff. HGB erteilt und führt zu einer nach außen nicht beschränkbaren Ermächtigung zum Abschluss von Geschäften, die der Betrieb eines Handelsgewerbes mit sich bringt, schließt aber bestimmte Grundstücksgeschäfte aus. Fraglich ist, ob eine Beschränkung im Innenverhältnis – wie sie bspw. bei § 5 Abs. 3 Satz 2 BetrVG gefordert wird, wonach die Prokura im Verhältnis zum ArbGeb nicht unbedeutend sein darf (Titelprokurist) – schadet. Dies wird richtigerweise unter Hinweis auf die im Wortlaut des § 22 fehlende Einschränkung verneint[6]. Es kommt mithin weder darauf an, ob Einzel- oder Gesamtprokura erteilt wurde noch auf etwaige Einschränkungen der Vertretungsmacht im Innenverhältnis.

14 Eine Einschränkung erfährt die Berufungsmöglichkeit nach § 22 Abs. 2 Nr. 2 durch § 30 Satz 2, wenn für die hier aufgeführten Personen **Fachkammern** gebildet werden. In diesem Fall kann die genannte Personengruppe nicht die ArbGeb-Seite repräsentieren (vgl. § 30 Rz. 7–9).

c) Beamte und Angestellte im öffentlichen Dienst

15 **Beamte und Angestellte einer juristischen Person des öffentlichen Rechts** können gem. § 22 Abs. 2 Nr. 3 nach näherer Anordnung der zuständigen obersten Bundes- oder Landesbehörde ebenfalls ehrenamtliche Richter aus ArbGeb-Kreisen sein. Es muss sich aber auch bei dieser Personengruppe um **Mitarbeiter in leitender Stellung** handeln, wie bspw. Verwaltungs- oder Abteilungsleiter, die arbeitgeberähnliche Funktionen wahrnehmen. Diese Voraussetzung ergibt sich – wenn auch nicht ausdrücklich in § 22 Abs. 2 Nr. 3 genannt – aus dem Gesamtzusammenhang der Norm, die lediglich Personen in Ausübung abgeleiteter ArbGeb-Funktionen für die ehrenamtlichen Richter aus ArbGeb-Kreisen berücksichtigen will. Schließlich soll der ehrenamtliche Richter aus den ArbGeb-Kreisen die Erfahrungen dieser Seite auch repräsentieren können[7].

16 Zu dem möglichen Personenkreis gehören – obwohl sie unzweifelhaft mit Leitungsbefugnissen ausgestattet sind – nicht **Minister und Staatssekretäre**. Diese Personen sind im Hinblick auf die Gewaltenteilung und Unabhängigkeit der Justiz vom ehrenamtlichen Richteramt ausgeschlossen[8].

17 Die Übernahme des Richteramtes ist **nicht genehmigungspflichtig**, da die Wahrnehmung von Ehrenämtern nicht als Nebentätigkeit gilt. Es besteht aber ggf. eine **Anzeigepflicht**.

---

1 So *Hohmann*, NZA 2007, 958 mwN.
2 So auch GMP/*Prütting*, § 22 Rz. 13 unter Hinweis auf die historische Auslegung der Norm.
3 So noch *Hohmann* in Bader/Hohmann/Klein, Kap. II Rz. 12 mit Hinweis darauf, dass durch diese Auslegung der Kreis der ArbGeb-Beisitzer vergrößert würde.
4 LAG Hamm v. 20.12.1990 – 8 AR 21/90, DB 1991, 240; vgl. auch LAG Bremen v. 25.4.1997 – AR 22/96, NZA 1989, 448; *Hohmann* in Bader/Hohmann/Klein, Kap. II Rz. 12.
5 *Hohmann*, RdA 2008, 337.
6 *Hohmann* in Bader/Hohmann/Klein, Kap. II Rz. 14.
7 LAG Hamm v. 25.4.1997 – AR 22/96, NZA 1998, 448; vgl. auch OVG Sa.-Anh. v. 24.4.2013 – 5 P 13/12; aA GK-ArbGG/*Dörner*, § 22 Rz. 6 unter Hinweis auf die fehlende Einschränkung im Gesetzestext.
8 *Hohmann* in Bader/Hohmann/Klein, Kap. IV Rz. 16; in Rz. 14 mit weiteren Ausführungen zum Berufsrichter.

Für die **Zulassung** von ehrenamtlichen Richtern der ArbGeb-Seite aus dem öffentlichen Dienst ist gesetzlich eine nähere Anordnung der zuständigen Bundes- oder Landesbehörde vorgesehen. Dabei ist die notwendige Trennung von Vorschlagsberechtigung gem. § 20 Abs. 3 iVm. § 22 Abs. 2 Nr. 3 und Berufungsberechtigung (hierzu § 20 Rz. 15 ff.) zu beachten[1]. 18

d) Angehörige von Arbeitgebervereinigungen

§ 22 Abs. 2 Nr. 4 sieht eine Sonderregelung mit der Möglichkeit der Berufung verschiedener Angehöriger von ArbGeb-Vereinigungen oder ihrer Zusammenschlüsse vor, die keinerlei Entsprechung im BetrVG oder sonstigem Arbeitsrecht hat. Zu ehrenamtlichen Richtern der ArbGeb-Seite können sowohl Mitglieder und Angestellte von Vereinigungen von ArbGeb als auch Vorstandsmitglieder und Angestellte von Zusammenschlüssen solcher Vereinigungen berufen werden. 19

Als **Angestellte** in diesem Sinne wird man insbesondere die Geschäftsführer der ArbGeb-Verbände ansehen können, die idR mit einer Vollmacht versehen sind[2]. Voraussetzung ist allerdings, dass die betreffenden Personen kraft Satzung oder kraft Vollmacht **zur Vertretung bestimmt** sind und rechtsgeschäftlich erhebliche Erklärungen abgeben können. 20

Mitglieder von ArbGeb-Vereinigungen sind regelmäßig nicht Einzelpersonen, so dass als ehrenamtliche Richter allenfalls **Einzelkaufleute**, die unter einer Firma handeln, in Frage kommen. Dieser Personenkreis wird gleichzeitig bereits ArbGeb nach § 22 Abs. 1 sein. 21

3. Wegfall der Gleichstellungsvoraussetzungen

Da die Heranziehung der Beisitzer ermöglichen soll, dass die unmittelbaren Anschauungen der Beteiligten im Arbeitsprozess verwertet werden, verfügt derjenige, der **wegen – vorgezogenen – Ruhestands oder Invalidität aus dem Berufsleben ausgeschieden ist**, nicht mehr über die Eigenschaft als ArbGeb, die ein ehrenamtlicher Richter bei den ArbG und LAG aufweisen muss. Dies ergibt sich zwar nicht aus dem Wortlaut der Norm, entspricht aber Sinn und Zweck der Besetzung der Kammern[3] (vgl. auch § 21 Rz. 57 f.). Ein **Wechsel der Position**, bspw. eine zum ehrenamtlichen Richter aus Kreisen der ArbGeb ernannte Person ist wegen geänderter Aufgabenstellung nunmehr als ArbN ohne wesentliche Leitungsbefugnisse tätig, führt nicht nur zum Wegfall der Gleichstellungsvoraussetzungen, sondern auch dazu, dass die Fortführung des Amtes mit dem Grundsatz der paritätischen Besetzung nicht mehr vereinbar ist. Der betreffende ehrenamtliche Richter kann auch nicht zur Wiederherstellung der paritätischen Besetzung der Arbgeb-Seite zugeordnet werden, da er nicht auf Vorschlag der Arbeitgeberseite berufen wurde. Daher entfällt bei einem „Lagerwechsel" die Voraussetzung für die Berufung des ehrenamtlichen Richters[4]. 22

Bei **Wegfall der Berufungsvoraussetzungen** nachträglich oder wegen geänderter Aufgabenstellung ist der ehrenamtliche Richter auf entsprechenden Antrag nach § 21 Abs. 5 von seinem Richteramt zu entbinden (vgl. § 21 Rz. 44 ff.). Dass es der Dienstherr somit praktisch in der Hand hat, der weiteren Ausübung des Richteramtes durch einen Mitarbeiter des öffentlichen Dienstes die Grundlage zu entziehen, steht nicht entgegen[5]. Zu der Problematik der Vereinbarkeit des Amtes als ehrenamtlicher Richter mit der Tätigkeit als **Prozessbevollmächtigter bei dem ArbG** vgl. § 21 Rz. 33 f. 23

§ 23 Ehrenamtlicher Richter aus Kreisen der Arbeitnehmer

(1) Ehrenamtlicher Richter aus Kreisen der Arbeitnehmer kann auch sein, wer arbeitslos ist.

(2) Den Arbeitnehmern stehen für die Berufung als ehrenamtliche Richter Mitglieder und Angestellte von Gewerkschaften, von selbständigen Vereinigungen von Arbeitnehmern mit sozial- oder berufspolitischer Zwecksetzung sowie Vorstandsmitglieder und Angestellte von Zusammenschlüssen von Gewerkschaften gleich, wenn diese Personen kraft Satzung oder Vollmacht zur Vertretung befugt sind. Gleiches gilt für Bevollmächtigte, die als Angestellte juristischer Personen, deren An-

---

1 Einzelheiten hierzu *Hohmann*, RdA 2008, 337.
2 *Molitor*, DB 1953, 866.
3 *Schuldt*, AuR 1959, 213; vgl. auch *Schmidt*, RiA 1976, 181.
4 LAG BW v. 17.12.2014 – 1 SH1 34/14, LAGE § 21 ArbGG 1979 Nr. 11.
5 LAG Hamm v. 13.6.1991 – 8 AR 8/91, NZA 1991, 821; zur Berufung der Bahnbeamten nach Privatisierung der Bahn vgl. auch LAG Schl.-Holst. v. 14.3.1996 – AR 14/96, LAGE § 21 ArbGG 1979 Nr. 9.

teile sämtlich im wirtschaftlichen Eigentum einer der in Satz 1 genannten Organisationen stehen, handeln und wenn die juristische Person ausschließlich die Rechtsberatung und Prozessvertretung der Mitglieder der Organisation entsprechend deren Satzung durchführt.

I. Allgemeines	1	III. Gleichstellung	7
II. Grundsatz	3	1. Gleichstellung nach Abs. 1	8
		2. Gleichstellung nach Abs. 2	10

Schrifttum: *Andelewski*, Auswirkungen des Altersteilzeitgesetzes auf die ehrenamtlichen Richter an Arbeits- und Landesarbeitsgerichten, NZA 2002, 655; *Bader/Hohmann/Klein*, Die ehrenamtlichen Richterinnen und Richter in der Arbeits- und Sozialgerichtsbarkeit, 13. Aufl. 2012; *Berger-Delhey*, Ruheständler als ehrenamtliche Richter in der Arbeitsgerichtsbarkeit, DB 1990, 1333.

I. Allgemeines

1 § 23 ergänzt die Vorschrift über die Berufungsvoraussetzungen als ehrenamtlicher Richter (§ 21) um die Klarstellung, wer ehrenamtlicher Richter der ArbN-Seite werden kann.

2 Die Vorschrift gilt entsprechend für die ehrenamtlichen Richter der LAG (§ 37 Abs. 2) und des BAG (§ 43 Abs. 3).

II. Grundsatz

3 Der Begriff des ArbN wird für das ArbGG in § 5 definiert. **ArbN** ist derjenige, der als Nichtselbständiger aufgrund freier Bereitschaft für einen anderen weisungsabhängig und fremdbestimmt Arbeit leistet. Unerheblich sind dabei Umfang oder Art der Tätigkeit, so dass sowohl befristet als auch in Teilzeit Beschäftigte genauso wie in Heim- oder mit Telearbeit Beschäftigte oder arbeitnehmerähnliche Personen hinzuzuzählen sind. Studenten oder Beamte sind dagegen keine ArbN. Wegen der weiteren Einzelheiten wird auf die Erläuterungen zu § 5 verwiesen.

4 Es besteht keine generelle Altersobergrenze, über die hinaus die Tätigkeit als ehrenamtlicher Richter ausgeschlossen ist. Ein **Ruheständler** ist jedoch nicht mehr ArbN und damit nicht zu wählen. Dies gilt sowohl für Vorruheständler als auch für ArbN in Altersteilzeit, die sich bereits in der Freistellungsphase befinden. Vorübergehend freigestellte ArbN in der Arbeitsphase der Altersteilzeit können dagegen bestellt werden[1].

5 **Erreicht der ehrenamtliche Richter während seiner Amtsdauer die Altersgrenze, die zum Verlust der ArbN-Eigenschaft führt,** kann er unabhängig davon, ob er tatsächlich in den Ruhestand tritt, nach § 21 Abs. 5 – aber wegen § 21 Abs. 6 nur auf eigenen Antrag hin – seines Amtes entbunden werden (hierzu § 21 Rz. 57 f.). Tritt der ehrenamtliche Richter also tatsächlich in den Ruhestand, verliert er zwar seine Eigenschaft als ArbN, womit die besondere Berufungsvoraussetzung nach § 23 wegfällt, er bleibt aber bis zum Ende seiner Berufungsdauer von fünf Jahren im Amt, sofern er keinen Entbindungsantrag stellt und entbunden wird.

6 ArbN iSd. § 23 ist nicht mehr derjenige, der wegen **Berufs- oder Erwerbsunfähigkeit** aus dem aktiven Arbeitsleben ausgeschieden ist[2]. Die Arbeitsplatzerfahrungen, die ein ehrenamtlicher Richter in den ArbG-Prozess einbringen soll, sollen nicht aus der Vergangenheit stammen, sondern aus dem täglichen Leben der Gegenwart. Deswegen ist die betroffene Person, sofern sie während der Amtsdauer aus dem aktiven Arbeitsleben ausscheidet, nach § 21 Abs. 5 Satz 1 wegen Verlustes der ArbN-Stellung ihres Amtes zu entbinden bzw. von vornherein wegen Fehlens der Berufungsvoraussetzungen nicht zu ernennen.

III. Gleichstellung

7 In § 23 sind abweichend vom Grundsatz des ArbN-Begriffs verschiedene Varianten angeführt, die zu einer Gleichstellung und damit zu einer Möglichkeit der Berufung führen.

---

1 BAG v. 25.10.2000 – 7 ABR 18/00, BAGE 96, 163; hierzu ausführlich *Andelewski*, NZA 2002, 655.
2 *Hohmann* in Bader/Hohmann/Klein, Kap. II Rz. 7.

1. Gleichstellung nach Abs. 1

Nach Abs. 1 sind den ArbN die Personen gleichgestellt, die arbeitslos, aber arbeitsfähig und arbeitswillig sind. Der Begriff der **Arbeitslosigkeit** wird in §§ 138 SGB III definiert. Nach dieser Vorschrift ist ein ArbN arbeitslos, der nicht in einem Beschäftigungsverhältnis steht (Beschäftigungslosigkeit), sich bemüht, seine Beschäftigungslosigkeit zu beenden (Eigenbemühungen) und den Vermittlungsbemühungen der Agentur für Arbeit zur Verfügung steht (Verfügbarkeit). Den Vermittlungsbemühungen der Agentur für Arbeit steht zur Verfügung, wer 1. eine versicherungspflichtige, mindestens 15 Stunden wöchentlich umfassende zumutbare Beschäftigung unter den üblichen Bedingungen des für sie oder ihn in Betracht kommenden Arbeitsmarktes ausüben kann und darf, 2. Vorschlägen der Agentur für Arbeit zur beruflichen Eingliederung zeit- und ortsnah Folge leisten kann, 3. bereit ist, jede Beschäftigung im Sinne der Nummer 1 anzunehmen und auszuüben, und 4. bereit ist, an Maßnahmen zur beruflichen Eingliederung in das Erwerbsleben teilzunehmen (§ 138 Abs. 5 SGB III). Ob tatsächlich ein Anspruch auf Arbeitslosengeld gem. § 136 SGB III besteht, ist unerheblich.

Dauer und Ursache der Arbeitslosigkeit sind **unerheblich**, notwendig sind jedoch **Bereitschaft, Fähigkeit und Wille**, wieder eine ArbN-Position zu erlangen. Ein (Um-)Schüler oder Student, der sein Arbeitsverhältnis beendet, um sich ausschließlich dem Studium zu widmen, ohne daneben einer abhängigen Arbeit nachzugehen, ist gem. § 139 Abs. 2 SGB III nicht mehr als arbeitslos anzusehen und daher nicht gem. Abs. 1 gleichzustellen[1].

2. Gleichstellung nach Abs. 2

Nach Abs. 2 können zu ehrenamtlichen Richtern auf der ArbN-Seite auch Mitglieder und Angestellte von Gewerkschaften, selbständigen ArbN-Vereinigungen mit sozial- und berufsspezifischer Zwecksetzung und Vorstandsmitglieder und Angestellte von Zusammenschlüssen von Gewerkschaften berufen werden, soweit sie kraft Satzung oder Vollmacht zur Vertretung befugt sind. Diese Vorschrift entspricht § 22 Abs. 2 Nr. 4 für die ArbGeb-Seite. Die **Mitgliedschaft in einer Gewerkschaft** allein erfüllt damit noch nicht die Voraussetzungen. Ein Ruheständler, der noch Gewerkschaftsmitglied ist, aber keine ArbN-Eigenschaft mehr hat, kann nicht ehrenamtlicher Richter sein[2] (vgl. auch Rz. 4). Die praktische Relevanz dieser Gleichstellungsregelung ist unbedeutend, weil Mitglieder und Angestellte von Gewerkschaften fast immer ArbN iSd. § 20 Abs. 1, § 23 Abs. 1 sind.

ArbN gleichgestellt sind ferner **Bevollmächtigte, die als Angestellte juristischer Personen handeln**. Voraussetzung ist einerseits, dass die Anteile dieser juristischen Personen sämtlich im wirtschaftlichen Eigentum einer in Satz 1 genannten Organisation, also einer Gewerkschaft, einer selbständigen Vereinigung von ArbN mit sozial- oder berufspolitischer Zwecksetzung oder eines Zusammenschlusses von Gewerkschaften, stehen. Zum anderen ist erforderlich, dass die vorgenannte juristische Person ausschließlich Rechtsberatung und Prozessvertretung ihrer Mitglieder entsprechend deren Satzung durchführt. Hier kommen vor allem Rechtssekretäre der verselbständigten Rechtsschutzabteilungen der Gewerkschaften (zB DGB Rechtsschutz GmbH) in Frage (vgl. aber auch zu etwaigen Befangenheitsgründen § 6 Rz. 65).

Übernimmt ein ehrenamtlicher Richter aus den Kreisen der ArbN während seiner Amtszeit eine Funktion auf der anderen Seite (**Lagerwechsel**), entfällt die Voraussetzung seiner Berufung (hierzu auch § 21 Rz. 42). Gründet bspw. ein ehrenamtlicher Richter neben einer Tätigkeit als ArbN ein eigenes Unternehmen, ist eine paritätische Beteiligung der ehrenamtlichen Richter nicht mehr gegeben, da die ArbG-Seite doppelt repräsentiert wird. Diese Folge ist in der Rspr. allerdings nicht unumstritten, denn teilweise wird vertreten, der ehrenamtliche Richter könne sich auch bereits zu Beginn seiner Amtszeit für die eine oder andere Seite entscheiden[3]. Richtigerweise wird andererseits im Hinblick auf das Vertrauen der Rechtssuchenden in eine paritätische Beteiligung der ehrenamtlichen Richter ein solches Wahlrecht abgelehnt[4]. Allerdings soll die Berufungsvoraussetzung eines ehrenamtlichen Richters aus den Kreisen der ArbN dann nicht entfallen, wenn er zwar – etwa als Vorstandsmitglied einer Gewerkschaft – ArbGeb-Funktionen ausübt, dabei aber weiterhin in die ArbN-Seite eingebunden ist.[5]

Zu der Problematik der Vereinbarkeit des Amtes als ehrenamtlicher Richter mit der **Tätigkeit als Prozessbevollmächtigter** bei dem ArbG vgl. § 21 Rz. 33 f.

---

1 LAG Bremen v. 22.9.1995 – AR 26/95, BB 1996, 539.
2 So auch *Berger-Delhey*, DB 1990, 1333.
3 LAG Berlin-Brandenburg v. 23.4.2010 – 6 SHa-EhRi 7006/10, DB 2010, 1596.
4 LAG BW v. 17.6.2013 – 1 SHa 17/13, LAGE § 21 ArbGG 1979 Nr. 10.
5 BAG v. 21.9.1999 – 1 AS 6/99, AP Nr. 5 zu § 43 ArbGG 1979.

§ 24 Ablehnung und Niederlegung des ehrenamtlichen Richteramts

(1) Das Amt des ehrenamtlichen Richters kann ablehnen oder niederlegen,
1. wer die Regelaltersgrenze nach dem Sechsten Buch Sozialgesetzbuch erreicht hat;
2. wer aus gesundheitlichen Gründen daran gehindert ist, das Amt ordnungsgemäß auszuüben;
3. wer durch ehrenamtliche Tätigkeit für die Allgemeinheit so in Anspruch genommen ist, dass ihm die Übernahme des Amtes nicht zugemutet werden kann;
4. wer in den zehn der Berufung vorhergehenden Jahren als ehrenamtlicher Richter bei einem Gericht für Arbeitssachen tätig gewesen ist;
5. wer glaubhaft macht, dass ihm wichtige Gründe, insbesondere die Fürsorge für seine Familie, die Ausübung des Amtes in besonderem Maße erschweren.

(2) Über die Berechtigung zur Ablehnung oder Niederlegung entscheidet die zuständige Stelle (§ 20). Die Entscheidung ist endgültig.

I. Allgemeines	1	4. Vorangehendes Richteramt	13
II. Ablehnungs- und Niederlegungsgründe	4	5. Sonstiger wichtiger Grund	15
1. Erreichen der Regelaltersgrenze	5	III. Verfahren	19
2. Verhinderung aus gesundheitlichen Gründen	7	IV. Folgen	25
3. Unzumutbarkeit wegen Ämterhäufung	9		

Schrifttum: *Berger-Delhey,* Stellung und Funktion der ehrenamtlichen Richter in der Arbeitsgerichtsbarkeit, BB 1988, 1662; *Priewe,* Die Notwendigkeit eines verbesserten Kündigungsschutzes für ehrenamtliche Richter/innen, AuR 2012, 389; *Schuldt,* Das Ausscheiden der ehrenamtlichen Richter aus ihrer Tätigkeit bei den Gerichten für Arbeitssachen, AuR 1961, 172.

I. Allgemeines

1 § 24 bringt zum Ausdruck, dass der ehrenamtliche Richter verpflichtet ist, das Amt zu übernehmen. Das Amt des ehrenamtlichen Richters ist ein **Ehrenamt**, welchem die Vorstellung der selbstverständlichen Übernahme staatsbürgerlicher Pflichten und Rechte zugrunde liegt. Es kann **ohne besondere Gründe nicht abgelehnt** werden.

2 § 24 regelt ferner die Fälle, in denen das Amt des ehrenamtlichen Richters ausnahmsweise nach seiner Annahme wieder **niedergelegt** werden kann.

3 Die Vorschrift gilt für die ehrenamtlichen Richter aller Instanzen (§ 37 Abs. 2, § 43 Abs. 3).

II. Ablehnungs- und Niederlegungsgründe

4 In § 24 Abs. 1 Nr. 1–5 sind Ablehnungs- und Niederlegungsgründe aufgeführt. Diese Auflistung ist **nicht abschließend.** Es kommt vielmehr auf Antrag des ehrenamtlichen Richters auch ohne Vorliegen der dort angeführten Gründe eine Amtsniederlegung mit Zustimmung der zuständigen Stelle dann in Betracht, wenn die Berufungsvoraussetzungen nach § 21 wegfallen, mithin die Voraussetzungen für ein zum Amtsverlust führendes Entbindungsverfahren vorliegen[1]. Würde man diese Fälle nicht einbeziehen, müsste ein förmliches Amtsenthebungsverfahren nach § 21 Abs. 5 – letztendlich mit dem gleichen Ergebnis – durchgeführt werden.

1. Erreichen der Regelaltersgrenze

5 Nach § 24 Abs. 1 Nr. 1 kann eine Person das Amt niederlegen, welche die Regelaltersgrenze nach dem Sechsten Buch Sozialgesetzbuch erreicht hat. Die Regelaltersgrenze wird gem. § 35 SGB VI mit Vollendung des 67. Lebensjahres erreicht. Unerheblich ist, ob diese Person zu diesem Zeitpunkt noch ArbGeb oder

---

[1] BAG v. 28.8.1959 – 1 AR 361/59, AP Nr. 1 zu § 43 ArbGG 1953; *Berger-Delhey,* BB 1988, 1662 (1669); aA wohl *Peterek,* S. 9, der von einer abschließenden Aufstellung in § 24 spricht.

ArbN ist. Gleichzeitig stellt die Vorschrift damit klar, dass es eine automatische Ämterbeendigung mit Eintritt in ein bestimmtes Alter nicht gibt, sondern im Ermessen des ehrenamtlichen Richters steht.

Verliert der bereits berufene ehrenamtliche Richter wegen Erreichens der Altersgrenze zugleich seine Eigenschaft als ArbN oder ArbGeb, so kann er auch einen Antrag auf Entbindung vom Amt nach Maßgabe des § 21 Abs. 6 stellen (vgl. § 21 Rz. 57 f.). 6

2. Verhinderung aus gesundheitlichen Gründen

Wer aus gesundheitlichen Gründen (früher „infolge Krankheit oder Gebrechen") nicht in der Lage ist, ein Amt als ehrenamtlicher Richter auszufüllen, kann dieses Ehrenamt gem. § 24 Abs. 1 Nr. 2 ablehnen oder niederlegen. Hierbei muss das Leiden keine Ausmaße annehmen, die zur Erwerbs- oder Berufsunfähigkeit oder – wie bspw. im Fall des Berufsrichters – zu einer Versetzung in den Ruhestand wegen Dienstunfähigkeit (§ 34 DRiG) führen. Die gesundheitliche Beeinträchtigung muss aber geeignet sein, im konkreten Fall an der Ausübung des Ehrenamtes zu hindern oder die Ausübung wesentlich zu erschweren. 7

Die gesundheitlichen Probleme sind ggf. durch Vorlage eines entsprechenden **ärztlichen Attestes** glaubhaft zu machen. Die Anforderung eines Attestes steht im Ermessen der zuständigen Behörde (zur Zuständigkeit § 20 Rz. 5). 8

3. Unzumutbarkeit wegen Ämterhäufung

§ 24 Abs. 1 Nr. 3 regelt die Fälle, in denen eine Person durch anderweitige ehrenamtliche Tätigkeit soweit in Anspruch genommen ist, dass die Übernahme eines weiteren Ehrenamtes nicht mehr zugemutet werden kann. 9

In § 24 Abs. 1 Nr. 3 sind nicht die Fälle geregelt, in denen eine Person bereits als ehrenamtlicher Richter in der Arbeitsgerichtsbarkeit tätig ist. Eine Mehrfachberufung innerhalb der Arbeitsgerichtsbarkeit ist nach § 21 Abs. 4 Satz 2 Halbs. 2 bereits ein Ausschließungsgrund (hierzu § 21 Rz. 41 ff.). Die ehrenamtliche Tätigkeit, die als Verhinderungsgrund gelten soll, kann vielmehr jeden Bereich betreffen, in dem Dienste für die Allgemeinheit vorgenommen werden. Ob hierfür eine Aufwandsentschädigung gezahlt wird, ist unerheblich. 10

In Betracht kommen insbesondere neben der Tätigkeit in der staatlichen und kommunalen Verwaltung, zB als Abgeordneter in Bundestag, Landtag oder einer Gemeindevertretung, die Belastungen als ehrenamtlicher Richter einer anderen Gerichtsbarkeit (ehrenamtliche Richter beim Sozialgericht gem. §§ 12, 33, 40 SGG, Handelsrichter gem. § 105 GVG, Beisitzer in Landwirtschaftssachen gem. § 2 LwVfG, Schöffen beim Strafgericht gem. §§ 29, 76 GVG, § 33 JGG oder ehrenamtliche Verwaltungsrichter nach § 9 VwGO). Aber auch privatrechtliche Tätigkeiten, die der Allgemeinheit dienen wie ehrenamtlicher Einsatz bei karitativen Einrichtungen, als Pfleger oder Vormund, oder Betätigung für politische Parteien sind als Ablehnungsgründe geeignet. 11

Im Einzelfall ist zu prüfen, ob das bereits übernommene Ehrenamt durch Umfang und Intensität einer Übernahme des Amtes als ehrenamtlicher Richter in der Arbeitsgerichtsbarkeit entgegensteht. Feste Zeiträume gibt es nicht (zur Ermessensausübung vgl. Rz. 18 und Rz. 22). 12

4. Vorangehendes Richteramt

Sich auf einen Grund nach § 24 berufen kann gem. § 24 Abs. 1 Nr. 4, wer in den unmittelbar vorausgegangenen zehn Jahren – zwei aufeinander folgende Richterperioden gem. § 20 (hierzu § 20 Rz. 21) – bereits als ehrenamtlicher Richter bei einem Gericht für Arbeitssachen – egal in welcher Instanz – tätig gewesen ist. Aus dem Wortlaut sowie aus Sinn und Zweck der Norm ergibt sich, dass die vorangegangene Richtertätigkeit insgesamt und auch im Verhältnis zur erneuten Berufung ohne Unterbrechung bestanden haben muss[1]. 13

Die Ausübung der Tätigkeit als ehrenamtlicher Richter bei einem anderen Gericht – bspw. dem Sozialgericht – unterfällt dagegen nicht dieser Norm. Eine Addition der Amtszeiten als ehrenamtlicher Richter verschiedener Gerichtsbarkeiten erfolgt nicht. Hier kommt allenfalls eine Unzumutbarkeit wegen Ämterhäufung in Betracht (hierzu Rz. 11 f.). 14

---

1 So auch Düwell/Lipke/*Wolmerath*, § 24 Rz. 8; *Schuldt*, AuR 1961, 172.

5. Sonstiger wichtiger Grund

15 Schließlich kann das Ehrenamt ablehnen oder niederlegen, wer glaubhaft macht, dass wichtige Gründe die Ausübung des Amtes in besonderem Maße erschweren. Hierbei handelt es sich um Fallgruppen der **Unzumutbarkeit**, die ausnahmsweise zu einer Entbindung führen. Dabei ist zu berücksichtigen, dass eine Heranziehung im Regelfall nur alle ein bis zwei Monate für einen Sitzungstag erfolgt, so dass die wichtigen Gründe schon einiges Gewicht haben müssen.

16 Lediglich als Beispiel führt § 24 Abs. 1 Nr. 5 die **Fürsorge für die eigene Familie** als Unzumutbarkeitsgrund auf. Zur Familie gehören alle Verwandten, sofern die sittliche Pflicht eine Fürsorge erfordert[1]. Es dürften auch die Lebensgefährten oder die Kinder des Lebensgefährten, mithin alle Personen, zu denen eine enge Bindung aufgebaut ist, wie sie im Regelfall zu der eigenen Familie besteht, hinzugezählt werden müssen. Insbesondere bei Vorliegen der Voraussetzungen für die Inanspruchnahme von Pflegezeit nach dem PflegeZG oder bei einem hohen Betreuungsbedarf minderjähriger Kinder dürfte die Ablehnung oder Niederlegung ohne großen Ermessensspielraum zugunsten des Betroffenen beschieden werden müssen (hierzu Rz. 22 f.).

17 Neben dem in § 24 Abs. 1 Nr. 5 angeführten Beispiel sind noch weitere Unzumutbarkeitsgründe denkbar. Umstritten ist, ob **berufliche Überlastung** – zB der Neuaufbau eines Unternehmens oder vorübergehende besondere wirtschaftliche Schwierigkeiten – eine Ablehnung rechtfertigen[2]. Jedenfalls umfasst die Verpflichtung zur Übernahme des Ehrenamtes nicht nur das Einbringen von Arbeitszeit, sondern auch von Freizeit. Der ehrenamtliche Richter soll sich sogar bemühen müssen, Einfluss auf die zeitliche Lage der Sitzung, zu der er herangezogen ist, zu nehmen und diese ggf. möglichst außerhalb seiner Arbeitszeit stattfinden zu lassen, was allerdings unpraktikabel ist, da die Sitzungen durch die Vorsitzenden Richter allein terminiert werden. Allenfalls bei Fortsetzungsterminen sowie bei Terminen zur Durchführung von Beweisaufnahmen oder einer Augenscheineinnahme kann eine zeitliche Abstimmung in Betracht kommen. Soweit der ehrenamtliche Richter selbst auf die Gestaltung seiner Arbeitszeit Einfluss nehmen kann, zB als Selbständiger oder bei Gleitzeitregelungen, ist er dazu verpflichtet, von dieser Möglichkeit Gebrauch zu machen[3]. Umstritten ist, ob eine **schlechte Verkehrsanbindung** zwischen Wohn- und Gerichtsort für eine Ablehnung oder Niederlegung einen wichtigen Grund darstellt[4]. So begründet jedenfalls richtigerweise eine Fahrtzeit von etwa einer Stunde zum Gericht noch keine unzumutbare Belastung[5]. Der Hinweis darauf, **man habe sich nicht auf die Aufnahme in die Vorschlagsliste beworben**, reicht dagegen nicht[6].

18 Die Prüfung, ob ein wichtiger Grund vorliegt, hat anhand jedes **konkreten Einzelfalles** zu erfolgen, wobei eine Abwägung zwischen dem Interesse der betroffenen Person einerseits und dem Interesse an der Gewährleistung einer ordnungsgemäßen Rechtsfindung in der Arbeitsgerichtsbarkeit andererseits zu erfolgen hat. Der zwangsweise Einsatz eines ehrenamtlichen Richters, der sich aus eigener Sicht hierzu nicht in der Lage fühlt, dient nicht dem Interesse des Bürgers an einer sachgerechten und verantwortungsvollen Rechtsfindung. Eine Ablehnung oder ein Niederlegungsantrag sollten daher nur dann negativ beschieden werden, wenn einer Stattgabe gewichtige Interessen – zB sind keine anderen Kandidaten oder Nachrücker vorhanden – entgegenstehen (hierzu auch Rz. 22).

III. Verfahren

19 Eine genau einzuhaltende **Form** sieht die Vorschrift nicht vor. Der ehrenamtliche Richter oder Kandidat stellt bei Vorliegen eines der Gründe nach § 24 Abs. 1 – im Falle der Ablehnung vor der Vereidigung – einen mündlichen oder schriftlichen Antrag bei der obersten Landesbehörde. Eine **Frist** sieht das Gesetz ebenfalls nicht vor.

20 **Entscheidungsträger** über die Berechtigung zur Niederlegung oder Ablehnung ist nach § 24 Abs. 2 die zuständige Stelle. Dies ist nach § 20 entweder die oberste Landesbehörde (hierzu § 15 Rz. 4) oder die von der Landesregierung durch Rechtsverordnung beauftragte Stelle.

---

1 *Schuldt*, AuR 1961, 173.
2 Dies bejahend: GMP/*Prütting*, § 24 Rz. 12; Düwell/Lipke/*Wolmerath*, § 24 Rz. 9; *Hohmann* in Bader/Hohmann/Klein, Kap. XXI Rz. 2; verneinend GK-ArbGG/*Dörner*, § 24 Rz. 6; s. auch OVG Saarlouis v. 2.2.2011 – 1 F 6/11 anlässlich des Vorbringens einer Gefährdung eines 400 Euro-Jobs.
3 BAG v. 22.1. 2009 – 6 AZR 78/08, AP Nr. 2 zu § 29 TVöD; hierzu auch *Priewe*, AuR 2012, 389.
4 Bejahend: *Hohmann* in Bader/Hohmann/Klein, Kap. XXI Rz. 2; anzweifelnd: GMP/*Prütting*, § 24 Rz. 12; verneinend: GK-ArbGG/*Dörner*, § 24 Rz. 6.
5 OVG Bautzen v. 28.4.2009 – 3 F 1/09, NJW 2009, 2473.
6 OVG Saarlouis v. 2.2.2011 – 1 F 6/11.

Bis zur Entscheidung über die Niederlegung führt der ehrenamtliche Richter sein Ehrenamt fort. Allerdings soll ein fristlos gekündigter ArbGeb-Vertreter für den Zeitraum der laufenden Kündigungsschutzklage nach § 21 Abs. 5 vorläufig nicht mehr herangezogen werden, wenn das von der obersten Arbeitsbehörde eingeleitete Entbindungsverfahren bis zum rechtskräftigen Abschluss des Kündigungsschutzprozesses ausgesetzt wird[1]. 21

Fraglich ist, ob die Entscheidung im **Ermessen** der zuständigen Stelle steht oder das Ministerium oder die beauftragte Stelle die Berechtigung der Ablehnung oder Niederlegung bei Vorliegen der Voraussetzungen anerkennen muss[2]. Gegen ein Ermessen bei den Tatbeständen Regelaltersgrenze und vorhergehende zehnjährige Tätigkeit als ehrenamtlicher Richter der Arbeitsgerichtsbarkeit sprechen die klaren Regelungen in § 24 Abs. 1 Nr. 1 und 4, welche im Falle ihres objektiven Vorliegens ein unbedingtes Ablehnungs- bzw. Niederlegungsrecht gewähren. Ein Ermessen besteht in diesen Fallgruppen nur bei der Frage des Umfangs der Nachprüfung, also der Entscheidung, ob und ggf. welche Nachweise vorzulegen sind. Die übrigen Tatbestandsmerkmale des § 24 Abs. 1 Nr. 2, 3 und 5 – gesundheitliche Gründe, Unzumutbarkeit oder sonstige wichtige Gründe – stehen jedoch im pflichtgemäßen Ermessen des Entscheidungsträgers, der hinsichtlich ihrer Gewichtung zwischen den angeführten Gründen und dem abgelehnten oder niederzulegenden Ehrenamt abzuwägen hat. 22

Die **Entscheidung** ist gem. § 24 Abs. 2 Satz 2 endgültig und damit unanfechtbar. Es wird jedoch in der Lit. aus verfassungsrechtlichen Erwägungen im Hinblick auf die Rechtsweggarantie (Art. 19 Abs. 4 GG[3]) teilweise der Rechtsweg für zulässig gehalten (hierzu Rz. 24). 23

Hinsichtlich der **Art des Rechtswegs** differieren sodann die Ansichten. Richtigerweise steht, sofern man den Rechtsweg erlaubt, gegen die Entscheidung der Verwaltungsbehörde als Verwaltungsakt gem. § 35 VwVfG der Rechtsweg zu den Verwaltungsgerichten gem. § 40 Abs. 1 VwGO offen[4]. Die Verweigerung der Ablehnung oder Niederlegung müsste dann mit der Anfechtungsklage (§ 42 Abs. 1 VwGO) angegriffen werden. Da allerdings in § 24 Abs. 2 Satz 2 eine eindeutige Regelung zum Rechtsweg getroffen wurde, die weder der Analogie noch der verfassungskonformen Erweiterung zugänglich ist, könnte allenfalls die Verfassungsmäßigkeit der Norm durch entsprechende Vorlage an das BVerfG geprüft werden, um auf diesem Wege Rechtsschutz zu erhalten[5]. 24

IV. Folgen

Der ehrenamtliche Richter hat sein **Ehrenamt so lange weiter auszuüben**, bis die Verwaltungsbehörde ihn von seinen Amtsobliegenheiten entbindet. Kommt er seinen Verpflichtungen nicht nach, hat er mit Ordnungsstrafen (§ 27) oder einer Amtsenthebung (§ 28) zu rechnen. 25

Ist der ehrenamtliche Richter seines Amtes entbunden, ist ggf. eine **Ergänzungsberufung** für den Rest der Amtszeit notwendig. Sie ist dann zwingend erforderlich, wenn die Zahl der ehrenamtlichen Richter nicht mehr zur Erfüllung der Rechtsprechungsaufgaben ausreichend ist. Aus Gründen der praktischen Handhabung und im Interesse einer einheitlichen Amtsperiode wird vertreten, dass die Amtszeit des „Ersatzrichters" nach der Zeit endet, für die der zunächst ernannte Richter berufen war[6]. Richtigerweise beginnt aber eine neue Amtszeit von fünf Jahren, da der Wortlaut des Gesetzes eine andere Auffassung nicht zulässt; die nachträglich berufenen ehrenamtlichen Richter sind keine „Ersatzpersonen" für die ausgeschiedenen Richter (vgl. auch § 20 Rz. 21 f.). 26

§ 25 (weggefallen)

---

1 LAG Bremen v. 6.1.1995 – AR 27/94, AP Nr. 4 zu § 21 ArbGG 1979.
2 Kein Ermessen: *Hohmann* in Bader/Hohmann/Klein, Kap. XXI Rz. 4.
3 Art. 19 Abs. 4 GG:
  Wird jemand durch die öffentliche Gewalt in seinen Rechten verletzt, so steht ihm der Rechtsweg offen. Soweit eine andere Zuständigkeit nicht gegeben ist, ist der ordentliche Rechtsweg gegeben.
4 GK-ArbGG/*Dörner*, § 24 Rz. 10 mit dem Hinweis darauf, dass § 24 Abs. 2 Satz 2 nur die Notwendigkeit eines vorgeschalteten Widerspruchsverfahrens negiere.
5 So auch *Peterek*, S. 10; *Hohmann* in Bader/Hohmann/Klein, Kap. XXI Rz. 6.
6 GMP/*Prütting*, § 20 Rz. 13; GK-ArbGG/*Dörner*, § 20 Rz. 16; *Wolmerath*, Rz. 52.

§ 26 Schutz der ehrenamtlichen Richter

(1) Niemand darf in der Übernahme oder Ausübung des Amtes als ehrenamtlicher Richter beschränkt oder wegen der Übernahme oder Ausübung des Amtes benachteiligt werden.

(2) Wer einen anderen in der Übernahme oder Ausübung seines Amtes als ehrenamtlicher Richter beschränkt oder wegen der Übernahme oder Ausübung des Amtes benachteiligt, wird mit Freiheitsstrafe bis zu einem Jahr oder mit Geldstrafe bestraft.

I. Allgemeines	1	III. Rechtsfolgen der Benachteiligung		14
II. Verbot der Beschränkung und Benachteiligung	4	1. Strafrechtliche Sanktionen		15
		2. Zivilrechtlicher Rechtsschutz		17
1. Schutzgut	5			
2. Verbotene Handlungen	10			

Schrifttum: *Priewe/Priewe*, Die Notwendigkeit eines verbesserten Kündigungsschutzes für ehrenamtliche Richter/innen, AuR 2012, 389.

I. Allgemeines

1 Die ehrenamtlichen Richter üben ein **Ehrenamt** aus; sie sind insoweit persönlich wie sachlich unabhängig (Art. 97 GG; § 44 Abs. 2 DRiG; hierzu § 6 Rz. 61 ff.). Da die Übernahme des Amtes und die Amtsführung mit erheblichem Zeitaufwand und sonstigen Benachteiligungen verbunden sein können, bedürfen ehrenamtliche Richter des besonderen Schutzes.

2 § 26 ist ein **Schutzgesetz**, das sowohl zivil- als auch strafrechtlichen Schutz gewährt (hierzu Rz. 14 ff.). § 26 bestimmt daher, dass niemand in der Übernahme oder Ausübung des Amtes als ehrenamtlicher Richter beschränkt oder wegen der Übernahme oder Ausübung benachteiligt werden darf. Zuwiderhandlungen werden mit Geldstrafe, in schweren Fällen mit Freiheitsstrafe bis zu einem Jahr bestraft, wenn nicht sogar nach anderen Gesetzen eine schwerere Strafe verwirkt ist.

3 Entsprechend gilt § 26 gem. § 37 Abs. 2, § 43 Abs. 3 für die ehrenamtlichen Richter der LAG und des BAG.

II. Verbot der Beschränkung und Benachteiligung

4 Die Übernahme und ordnungsgemäße Ausübung des Amtes als ehrenamtlicher Richter darf nicht dazu führen, dass eine Person – egal von wem – benachteiligt oder beschränkt wird.

1. Schutzgut

5 **Persönlich** erfasst § 26 die ehrenamtlichen Richter. Ehrenamtlicher Richter ist der Oberbegriff für die Personen, die, ohne Berufsrichter zu sein, aufgrund des § 6 mit vollem Stimmrecht in einem Gericht für Arbeitssachen mitwirken. Die Ernennung erfolgt gem. § 20 durch Aushändigung des Berufungsschreibens (hierzu § 20 Rz. 15 ff.). Geschützt sind sowohl die ehrenamtlichen Richter aus ArbN-Kreisen als auch diejenigen aus ArbGeb-Kreisen. Dem ArbGeb-Vertreter, der als leitender Angestellter zu seinem Unternehmen in einem Dienstverhältnis steht, können genauso Sanktionen drohen wie einem Unternehmer, der beispielsweise Boykottmaßnahmen durch seinen Verband ausgesetzt sein könnte.

6 **Zeitlich** umfasst der Schutz sowohl die Übernahme des Amtes (hierzu Rz. 7) als auch die Ausübung des Amtes (hierzu Rz. 8) als ehrenamtlicher Richter. Nach der hier vertretenen Auffassung besteht auch – ohne dass der Wortlaut des § 26 dies vorgibt – eine Nachwirkung (hierzu Rz. 9).

7 Streitig ist der genaue Zeitpunkt des **Beginns des Schutzes**. So wird kontrovers diskutiert, ob der Schutz des ehrenamtlichen Richters erst mit der tatsächlichen Übernahme des Amtes - also mit der Übersendung des Berufungsschreibens -, mit Aufnahme in die Vorschlagsliste oder sogar bereits mit dem Bemühen um Aufnahme in die Vorschlagsliste beginnt. Richtigerweise ist bereits das Bemühen um Aufnahme in die Liste geschützt, denn das Bemühen ist eine Vorstufe der Amtsausübung, welches bereits gegen Sanktionen

oder die Androhung von Sanktionen gesichert sein muss[1]. Der Schutz darf nicht davon abhängig gemacht werden, dass der Betroffene tatsächlich ernannt wird; es soll vielmehr verhindert werden, dass sich jemand aus Angst vor Sanktionen gar nicht erst in die Liste aufnehmen lässt. Zwar ist die Aufnahme in die Vorschlagsliste nicht zwingend von der vorherigen Zusage eines Kandidaten abhängig, jedoch empfiehlt sich eine vorherige Absprache im Hinblick auf die möglichen Ablehnungsgründe des § 24 (hierzu § 20 Rz. 9). Insoweit ist die Schutzsituation bspw. vergleichbar der eines Wahlbewerbers im BetrVG gem. § 15 Abs. 3 Satz 1 KSchG. Diese Auffassung widerspricht auch nicht dem Wortlaut der Norm, die Beschränkung und Benachteiligung „in der Übernahme" oder Ausübung verhindern will. Würde man unter „Amtsübernahme" allein die Entgegennahme des Berufungsschreibens verstehen, wäre der Hinweis darauf überflüssig, denn alles was danach kommt, ist „Ausübung des Amtes" (vgl. aber auch zum Freistellungsanspruch Rz. 10).

Amtsausübung ist die Mitwirkung der ehrenamtlichen Richter an der richterlichen Tätigkeit und umfasst die eigentliche richterliche Tätigkeit vom Aktenstudium bis zur Wahrnehmung der Sitzungen (hierzu § 6 Rz. 65 ff., § 16 Rz. 14 ff.). Geschützt wird aber auch jede sonstige im Zusammenhang mit der Position stehende Handlung, wie die Teilnahme an den Sitzungen des Ausschusses (§ 29) oder die Teilnahme an Schulungsveranstaltungen, die für die Wahrnehmung des Ehrenamtes im Interesse der Erhaltung und Förderung der Qualifikation – und zwar in angemessenen zeitlichen Grenzen – erforderlich sind[2] (vgl. § 6 Rz. 87 ff.). 8

Der Schutz endet nicht bereits mit Ablauf der Amtsperiode (§ 20 Abs. 1 Satz 1), Amtsentbindung (§ 21 Abs. 5, 6), Amtsniederlegung (§ 24) oder Amtsenthebung (§ 27). Auch wenn § 26 nicht ausdrücklich einen **Nachwirkungszeitraum** vorsieht, so ergibt sich aus Sinn und Zweck der Norm sowie im Hinblick auf den Wortlaut, wonach die Benachteiligung nicht *wegen* der Übernahme erfolgen darf, dass der Schutz auch dann bestehen bleiben muss, sofern eine Sanktion gezielt gegen die – seinerzeitige – Übernahme des Ehrenamtes gerichtet ist[3]. Da allerdings der – ehemalige – ehrenamtliche Richter die Beweislast für eine etwaige Benachteiligung trägt – vergleichbar mit der Darlegungs- und Beweislast bei Berufung auf die Sittenwidrigkeit oder Treuwidrigkeit einer Kündigung gem. §§ 138, 242 BGB[4] –, wird man an den notwendigen Ursachenzusammenhang mit fortschreitender Zeitdauer nach Amtsbeendigung höhere Anforderungen stellen müssen. 9

2. Verbotene Handlungen

Unter **Beschränkung** versteht man jede Androhung von rechtswidrigen Nachteilen für den Fall der Amtsübernahme. Hier kann bspw. die **Androhung** einer gem. § 45 Abs. 1a Satz 3 DRiG unzulässigen **Kündigung** (hierzu noch Rz. 20), **Versetzung** oder **Umgruppierung**, ein **Beförderungsausschluss** oder ein **Ausschluss von Sonderleistungen** genannt werden. Beschränkung ist ebenso die Verweigerung zur **Freistellung von der Arbeit**, sei es zur Amtsausübung, sei es zur Teilnahme an den erforderlichen Schulungsveranstaltungen. § 45 Abs. 1a Satz 2 DRiG verpflichtet den ArbGeb, ehrenamtliche Richter für die Zeit ihrer Amtstätigkeit von der Arbeitsleistung freizustellen. Aus diesem Grund kann ein ehrenamtlicher Richter nach entsprechender Information des ArbGeb über seinen bevorstehenden Einsatz auch ohne – wirksame – Sanktionsfolge der Arbeitsleistung fernbleiben, um sein Ehrenamt auszuüben. Ein Freistellungsanspruch für das Bemühen um die Bestellung als ehrenamtlicher Richter besteht jedoch nicht. Auch ist es unzulässig, bestimmte Bedingungen zu stellen, unter denen das Amt nur übernommen werden darf. 10

Eine **Benachteiligung** liegt vor, wenn der ehrenamtliche Richter wegen Übernahme oder Ausübung seines Amtes tatsächlich zu seinen Ungunsten behandelt wird. Dies wäre der Fall, wenn er bspw. durch eine Kündigung wegen seiner Tätigkeit seinen Arbeitsplatz verliert[5] (s. auch Rz. 20) oder aus dem Gerichtsbezirk zu dem Zweck versetzt wird, dass die Voraussetzungen für seine Berufung iSd. § 21 Abs. 1 Satz 2 (hierzu § 21 Rz. 7 ff.) entfallen. 11

§ 26 schützt den ehrenamtlichen Richter auch gegen **persönliche Angriffe** jedweder Art wegen Übernahme oder Ausübung seines Amtes. Der Schutz des § 26 wird auch gegenüber Kollegen, BR, Gewerkschaften und Presse wirksam. 12

---

1 *Natter*/Gross, § 26 Rz. 2; GMP/*Prütting*, § 26 Rz. 11; *Wolmerath*, Rz. 210.
2 BAG v. 25.8.1982 – 4 AZR 1147/79, BB 1984, 1362.
3 *Natter*/Gross, § 26 Rz. 2; GMP/*Prütting*, § 26 Rz. 19; GK-ArbGG/*Dörner*, § 26 Rz. 11; *Wolmerath*, Rz. 210.
4 Hierzu BAG v. 21.2.2001 – 2 AZR 15/00, AP Nr. 12 zu § 242 BGB Kündigung.
5 Ein besonderer Kündigungsschutz für ehrenamtliche Richter ist auch in Art. 110 Abs. 1 Satz 2 der Verfassung des Landes Brandenburg vorgesehen, wonach während der Amtszeit eine Entlassung nur möglich ist, wenn Tatsachen vorliegen, die den ArbGeb oder Dienstherren zur fristlosen Kündigung berechtigen.

13 Ferner kann ein **Lohnabzug** eine Benachteiligung darstellen; dies ist jedoch nicht der Fall, wenn der ehrenamtliche Richter für den Zeitraum der Amtstätigkeit keine volle Vergütung erhält, weil er nach dem Justizvergütungs- und -entschädigungsgesetz – JVEG (hierzu § 6 Rz. 83 ff.) entschädigt wird[1]. Allerdings ist der ArbGeb nach § 616 Abs. 1 BGB zum Ausgleich der Differenz verpflichtet, wenn die Entschädigung den Lohnausfall nicht deckt oder keine Entschädigung gezahlt wird (vgl. ausführlich § 6 Rz. 85). Es besteht dagegen **keine Lohnfortzahlungspflicht** des ArbGeb für **die Teilnahme des ehrenamtlichen Richters an einer entsprechenden Schulungsveranstaltung**, da der ehrenamtliche Richter ein staatliches Richteramt wahrnimmt und die damit verbundenen sachlichen und persönlichen Kosten schon im Interesse der Unabhängigkeit der staatlichen Rechtspflege der Staat, nicht jedoch der ArbGeb zu tragen hat[2]. Allerdings sieht das JVEG eine Vergütungspflicht des Staates nur für die Teilnahme an Einführungs- und Fortbildungsveranstaltungen vor, die von der zuständigen staatlichen Stelle gebilligt werden (vgl. auch § 6 Rz. 88).

III. Rechtsfolgen der Benachteiligung

14 § 26 sieht sowohl zivil- als auch strafrechtliche Folgen bei einem Verstoß gegen das Beschränkungs- und Benachteiligungsverbot vor.

1. Strafrechtliche Sanktionen

15 Die Beschränkung oder Benachteiligung stellt nach § 26 Abs. 2 eine strafbare Handlung dar, die mit Freiheitsstrafe bis zu einem Jahr oder mit Geldstrafe bestraft wird. Voraussetzung für die Strafbarkeit ist vorsätzliches Handeln bezogen auf die Tathandlung (§ 15 StGB).

16 Der Straftatbestand ist von Amts wegen durch die Staatsanwaltschaft zu verfolgen; eines entsprechenden Antrags durch den Betroffenen bedarf es nicht. Es handelt sich um ein Vergehen (§ 12 Abs. 2 StGB); der Versuch ist nicht strafbar (§ 23 Abs. 1 StGB). Das Drohen mit einer Kündigung ist als Androhung eines rechtswidrigen Nachteils bereits vollendete Tat und nicht erst Versuch.

2. Zivilrechtlicher Rechtsschutz

17 Die zivilrechtlichen Folgen sind nicht ausdrücklich geregelt. Da § 26 jedoch ein Schutzgesetz darstellt, kann der Betroffene nach § 823 Abs. 2 BGB iVm. § 45 Abs. 1a DRiG und § 26 ArbGG **Schadensersatz** verlangen, wenn die Benachteiligung schuldhaft erfolgt ist.

18 Gegen weitere zu befürchtende Verstöße gegen § 26 kann sich der ehrenamtliche Richter auch mittels der **Unterlassungsklage** nach § 1004 BGB analog zur Wehr setzen.

19 In besonders schweren Fällen hat ein in unzulässiger Weise benachteiligter ArbN gem. § 626 BGB ein **außerordentliches Kündigungsrecht**[3]. In diesem Fall sind Ehrenamt und Arbeitsverhältnis derart miteinander verknüpft, dass die Beeinträchtigung des Ehrenamtes die Fortsetzung des Arbeitsverhältnisses – auch bis zum Ablauf der ordentlichen Kündigungsfrist – unzumutbar macht.

20 § 26 ist zwar keine **Sonderkündigungsschutznorm** wie bspw. § 15 KSchG[4]. Maßnahmen, die eine Beschränkung oder Benachteiligung im Sinne dieses Gesetzes darstellen, sind aber gem. 134 BGB nichtig[5]. Die **Unwirksamkeit der Handlung** erfasst sowohl zweiseitige Rechtsgeschäfte als auch einseitige Willenserklärungen. So kann bspw. der ehrenamtliche Richter gegen eine wegen der Übernahme seines Amtes ausgesprochene Kündigung erfolgreich vor Gericht vorgehen oder die Unwirksamkeit einer vertraglichen Vereinbarung, mit der sich der ehrenamtliche Richter mit Nachteilen einverstanden erklärt hat (zB Aufhebungs- oder Änderungsvertrag) feststellen lassen. Anders als bei einer unwirksamen Kündigung wegen Diskriminierung, die über § 22 AGG bei ausreichenden Indizien zu einer Vermutung führt, die vom ArbGeb zu entkräften wäre[6], verbleibt bei einer Feststellungsklage wegen Benachteiligung nach § 26 allerdings die volle Darlegungs- und Beweislast für eine Benachteiligung und damit für die Nichtigkeit der Kündigung bei dem ehrenamtlichen Richter[7].

---

1 BAG v. 22.1.2009 – 6 AZR 78/08, AP Nr. 2 zu § 29 TVöD.
2 BAG v. 25.8.1982 – 4 AZR 1147/79, BB 1984, 1362.
3 *Wolmerath*, Rz. 214.
4 BVerfG v. 11.4.2000 – 1 BvL 2/00, EzA ArbGG § 26 Nr. 2.
5 Für die vergleichbare Vorschrift des Art. 48 Abs. 2 GG – Schutz des Bundestagsabgeordneten – BGH v. 6.5.1965 – II ZR 82/63, NJW 1965, 1958.
6 ZB BAG v. 23.7.2015 – 6 AZR 457/14, NJW 2016, 268.
7 So auch *Priewe/Priewe*, AuR 2012, 389 (391).

§ 27 Amtsenthebung der ehrenamtlichen Richter

Ein ehrenamtlicher Richter ist auf Antrag der zuständigen Stelle (§ 20) seines Amtes zu entheben, wenn er seine Amtspflicht grob verletzt. § 21 Abs. 5 Satz 2 bis 5 ist entsprechend anzuwenden.

I. Allgemeines 1	III. Verfahren und Folgen 15
II. Voraussetzungen der Amtsenthebung 4	IV. Weitere Haftung aus der Amtspflichtverletzung 25
1. Amtspflichten 5	
2. Grobe Verletzung der Amtspflichten 12	

Schrifttum: *Bader*, Die Kopftuch tragende Schöffin, NJW 2007, 2964; *Brill*, Stellung, Rechte und Pflichten der ehrenamtlichen Richter der Arbeitsgerichtsbarkeit, DB 1970, Beilage 4 Nr. 1; *Creutzfeldt*, Ehrenamtliche Richter in der Arbeitsgerichtsbarkeit, AuA 1995, 263; *Frehse*, Die Mitgliedschaft eines ehrenamtlichen Richters in einer verfassungsfeindlichen Partei, NZA 1993, 915; *Ide*, Die Stellung der ehrenamtlichen Richter, in: Die Arbeitsgerichtsbarkeit, FS zum 100-jähr. Bestehen des Dt. Arbeitsgerichtsverbandes, 1994, S. 253; *Schuldt*, Das Ausscheiden der ehrenamtlichen Richter aus ihrer Tätigkeit bei den Gerichten für Arbeitssachen, AuR 1961, 172; *Thiele*, Amtsenthebung der Arbeitsrichter bei grober Amtspflichtverletzung, RdA 1954, 453.

I. Allgemeines

Im Gegensatz zu § 21 Abs. 5, der sich mit der Amtsentbindung wegen Fehlens oder Wegfalls der Berufungsvoraussetzungen beschäftigt, behandelt § 27 die Fälle der groben Amtspflichtverletzung. Leichtere Verstöße werden nach § 28 geahndet. 1

Ziel der Maßnahme nach § 27 ist die Entfernung des ehrenamtlichen Richters aus dem Amt, wenn dieser durch sein Verhalten als Richter nicht mehr tragbar ist und dadurch dem Ansehen und dem Funktionieren der Rechtspflege Schaden zufügt. Die gesetzliche Möglichkeit der Amtsenthebung nach § 27 darf andererseits nicht als Disziplinierungsinstrument gehandhabt werden. 2

Entsprechende Vorschriften gelten für die ehrenamtlichen Richter bei den LAG und beim BAG (§ 37 Abs. 2, § 43 Abs. 3). 3

II. Voraussetzungen der Amtsenthebung

Ein ehrenamtlicher Richter kann seines Amtes nur enthoben werden, wenn er seine Amtspflichten grob verletzt. 4

1. Amtspflichten

Amtspflichten betreffen zunächst die **Anforderungen an das Verhalten** des Richters im Amt[1], also bei der Ausübung seiner Tätigkeit als ehrenamtlicher Richter der Arbeitsgerichtsbarkeit. 5

Folgende **Amtspflichtverletzungen bei der richterlichen Tätigkeit** kommen als Amtsenthebungsgründe in Betracht: 6

- Verweigerung der Eidesleistung bei Beginn der Amtsperiode vor Stellung der ersten Sitzungsanträge (§ 45 Abs. 2 DRiG);
- Nichterreichbarkeit trotz mehrfacher Aufforderung durch die Justizverwaltung, die postalische und telefonische Anschrift mitzuteilen[2];
- Wiederholtes unpünktliches und/oder ungebührliches Erscheinen zu den Sitzungen und das Nichteinhalten der Sitzungsordnung (hierzu auch § 6 Rz. 67);
- Vorbringen bewusst unwahrer Entschuldigungen;
- Verweigerung der Mitberatung und/oder Abstimmung bei den einzelnen Rechtsstreitigkeiten (§ 53 Abs. 2 ArbGG, §§ 192 ff. GVG); nicht aber das Festhalten an einer – möglicherweise unzutreffenden – Rechtsansicht[3];

---

1 *Brill*, DB 1970, Beilage Nr. 4, S. 1.
2 OLG Frankfurt v. 18.9.2006 – 1 AR 1/06, OLGR Frankfurt 2007, 179.
3 BVerfG v. 26.8.2013 – 2 BvR 225/13, NJW 2014, 206.

- Entscheiden in Ansehung der Person bzw. offensichtliche Parteilichkeit (hierzu auch § 6 Rz. 63);
- Verletzung der Verschwiegenheitspflicht (§ 45 Abs. 1, § 43 DRiG);
- Verweigerung der Unterschriftsleistung unter die Entscheidungen der LAG und des BAG (§ 60 Abs. 3 Satz 2, § 69 Abs. 1, § 75 Abs. 2)[1];
- Verletzung der Mitwirkungsverpflichtung an der Ausschussarbeit (§ 29);
- Bestechlichkeit (§ 334 StGB).

7 Das **Verhalten des ehrenamtlichen Richters außerhalb des Amtes** stellt nur ausnahmsweise eine Pflichtverletzung dar. Es kommt darauf an, ob die außeramtliche Handlung das Vertrauen in die Objektivität des ehrenamtlichen Richters gefährdet. Ein der Würde des Gerichts entsprechendes Verhalten ist nicht nur auf die Tätigkeit der ehrenamtlichen Richter in den Sitzungen beschränkt. Das Amt des Richters legt seinem Träger die Verpflichtung auf, sich auch außerhalb seiner Richtertätigkeit seines Amtes als würdig zu erweisen[2]. Dabei muss das außerdienstliche Verhalten nicht identisch sein mit den in § 21 Abs. 2 angeführten Ausschlussgründen. Die dort normierten Tatbestände führen bereits zu einem Amtsentbindungsverfahren nach § 21 Abs. 5 (hierzu § 21 Rz. 14–39, § 21 Rz. 45 ff.).

8 **Politische, gewerkschaftliche, religiöse und sozialpolitische Anschauungen oder Tätigkeiten** bilden keine Grundlage für die Amtsenthebung, jedenfalls solange es an einer konkreten Verletzung der Verhaltenspflichten fehlt, die ein Verbleiben im Richteramt untragbar erscheinen lässt. Allerdings gelten für die Amtsenthebung ehrenamtlicher Richter nicht die gleichen Maßstäbe wie für die Entlassung hauptamtlicher Richter (hierzu § 6 Rz. 29). Den ehrenamtlichen Richtern wird mit der Amtsenthebung nicht gleichzeitig die wirtschaftliche Existenzgrundlage entzogen. Daher ist eine Amtsenthebung auch ohne konkretes Dienstvergehen möglich[3].

9 Wann allerdings eine derartige konkrete Verletzung von Verhaltenspflichten vorliegt, wird in Rspr. und Lit. nicht einheitlich beantwortet. Während in der Rspr. die Verantwortlichkeit für ein Flugblatt mit Pauschalverdächtigungen gegen Ausländer nicht als konkrete Verletzung ausreicht[4], ist nach Auffassung der überwiegenden Ansicht in der Lit. die **Identifikation mit verfassungswidrigen Zielen** ausreichend[5]. So soll **die Mitgliedschaft in einer als verfassungsfeindlich beurteilten Partei** oder eine **frühere Tätigkeit für das MfS**[6] reichen, um ein Entbindungsverfahren einzuleiten. Nach einer Entscheidung des BVerfG aus dem Jahre 2008 kann auch die **Mitgliedschaft in einer Band**, die an einer Allianz von Rechtsextremisten teilnimmt und Lieder auf einer CD veröffentlicht hat, welche bundesweit der Beschlagnahme wegen Verstoßes gegen §§ 90a, 185, 187 StGB unterliegt, zur Amtsenthebung führen[7]. Ob eine ehrenamtliche Richterin des Amtes enthoben werden kann, die **aus religiösen Gründen während der Sitzung ein Kopftuch trägt**, ist ebenfalls umstritten[8] (vgl. hierzu auch § 6 Rz. 60).

10 Richtigerweise wird die Grenze des Zulässigen bei **bewusster Ausnutzung des Amtsbonus** für überschritten gehalten, insbesondere wenn dieser genutzt wird, um für politische Auffassungen zu werben und ihre besondere Qualität dadurch zu unterstreichen[9], oder wenn der ehrenamtliche Richter im Zusammenhang mit seiner politischen Überzeugung konkrete Straftaten begeht, ohne dass es bereits einer strafrechtlichen Verurteilung bedarf[10].

11 Die **Herabsetzung der Würde des Gerichts in der Öffentlichkeit**, zB durch herabwürdigende, beleidigende und unsachliche Kritik an den übrigen Mitgliedern des Gerichts, stellt einen Amtsenthebungsgrund dar[11].

---

1 Allerdings ist der ehrenamtliche Richter nach Beendigung der Amtszeit an der Unterschriftsleistung eines Urteils, an dem er noch mitgewirkt hat, welches aber erst nachher abgesetzt wurde verhindert, vgl. LAG München v. 2.2.2011 – 11 Sa 343/08.
2 BVerfG v. 26.8.2013 – 2 BvR 225/13, NJW 2014, 206; LAG Hessen v. 23.3.1950 – 1 AR 9/50, RdA 1951, 195 mit ablehnender Anm. *Kaßmann*; *Thiele*, RdA 1954, 453; *Schuldt*, AuR 1961, 172 (174).
3 BVerfG v. 6.5.2008 – 2 BvR 337/08, NZA 2008, 962.
4 LAG Hamm v. 26.11.1992 – 8 AR 26/92, NZA 1993, 476: herausgehobene Tätigkeit in der NPD.
5 GMP/*Prütting*, § 27 Rz. 7; *Ide*, S. 253.
6 Letzteres bejaht auch *Creutzfeldt*, AuA 1995, 263 (267).
7 BVerfG v. 6.5.2008 – 2 BvR 337/08, NZA 2008, 962.
8 LG Dortmund v. 7.11.2006 – 14 VIII Gen. Str. K, NJW 2007, 3013; differenzierend LG Bielefeld v. 16.3.2006 – 3221b E H 68, NJW 2007, 3014; ablehnend *Bader*, NJW 2007, 2964.
9 *Frehse*, NZA 1993, 915 (919).
10 LAG Hessen v. 23.3.1950 – 1 AR 9/50, RdA 1951, 195; *Brill*, DB 1970, Beilage Nr. 4, S. 1, 3; *Wolmerath*, Rz. 261.
11 GMP/*Prütting*, § 27 Rz. 7; GK-ArbGG/*Dörner*, § 27 Rz. 4; *Frehse*, NZA 1993, 915 (919).

2. Grobe Verletzung der Amtspflichten

Nicht jede geringfügige Amtspflichtverletzung führt zu den Folgen des § 27. Die Amtspflichtverletzung muss vielmehr „grob" sein. Da der Begriff nicht im Gesetz definiert ist, bedarf er der Auslegung. **Grob** ist eine Amtspflichtverletzung, wenn die dem Gericht übertragene **Rechtsprechungsaufgabe** bei unterlassener Amtsenthebung **gefährdet** wäre (objektives Merkmal), während gleichzeitig auf Seiten des ehrenamtlichen Richters eine **bewusste Missachtung** der zu beachtenden Amtspflichten vorliegt (subjektives Merkmal). 12

Generell wird eine schwerwiegende Zuwiderhandlung gegen die Pflichten eines ehrenamtlichen Richters gefordert. Einerseits wird auch bei Geringfügigkeit **ein wiederholtes und nachhaltiges pflichtwidriges Verhalten** des ehrenamtlichen Richters für grob gehalten[1]. Andererseits kann ein grober Verstoß aber auch bei einem einmaligen Fehlverhalten, das in sich bereits einen starken Bruch mit den Amtspflichten beinhaltet, gegeben sein, zB bei einmaliger, aber **bewusster Parteilichkeit unter Missachtung der Objektivität**. 13

Nicht entscheidend für die Ausfüllung des Merkmals „grob" ist dagegen der **Grad des Verschuldens**, so dass es unerheblich ist, ob der ehrenamtliche Richter vorsätzlich oder grob fahrlässig handelt. Eine grobe Amtspflichtverletzung kann ggf. auch schon bei einem fahrlässigen Verhalten vorliegen, wenn hierdurch das Ansehen der Rechtspflege des Gerichtes gefährdet ist. Dies kann der Fall sein, wenn der ehrenamtliche Richter immer wieder gegen eine Amtspflicht verstößt, zwar ohne dies zu beabsichtigen, aber auch ohne sein Verhalten dauerhaft zu ändern, und damit das notwendige Verantwortungsbewusstsein vermissen lässt. 14

III. Verfahren und Folgen

Das Amtsenthebungsverfahren wird nur durch **Antrag** der zuständigen Stelle eingeleitet. Die zuständige Stelle für die ehrenamtlichen Richter der ArbG und LAG bestimmt sich nach § 20 und ist entweder die oberste Landesbehörde (hierzu § 15 Rz. 4) oder die von der Landesregierung durch Rechtsverordnung beauftragte Stelle. Bei ehrenamtlichen Richtern beim BAG ist der Antrag des BMAS notwendig. 15

Für den **weiteren Verfahrensgang** verweist § 27 Satz 2 auf § 21 Abs. 5 Satz 2–5. Es gelten für das Verfahren – Besetzung, Zustellung etc. – die allgemeinen Vorschriften des ArbGG. Vor der Entscheidung ist der betroffene ehrenamtliche Richter – zumindest mit Gelegenheit zur Äußerung im schriftlichen Verfahren – zu hören (§ 21 Abs. 5 Satz 3). Die Öffentlichkeit ist von der mündlichen Verhandlung über den Ablehnungsantrag ausgeschlossen[2]. 16

Der ehrenamtliche Richter kann von Amts wegen durch einstweilige Anordnung bis zum Abschluss des Verfahrens von der Ausübung seines Amtes **vorläufig suspendiert** werden[3]. Das bedeutet, dass er bis zur Entscheidung nicht mehr heranzuziehen ist. 17

Die **Entscheidung** ergeht durch Richterspruch (**Beschluss**) der nach dem Geschäftsverteilungsplan jeweils zuständigen Kammer des LAG bzw. des vorbestimmten Senats des BAG (dies ist nach dem Geschäftsverteilungsplan 2017 der Erste Senat; vgl. auch § 41 Rz. 25 ff.). 18

Der Beschluss ist schriftlich abzufassen, zu begründen und dem ehrenamtlichen Richter zuzustellen. Er wird mit seiner Verkündung **wirksam**. Hat eine Verkündung nicht stattgefunden, wird er mit Zustellung wirksam[4]. 19

Eine **Anfechtung des Beschlusses** ist nicht möglich (§ 21 Abs. 5 Satz 4). Allenfalls die Verfassungsbeschwerde nach Art. 93 Abs. 1 Nr. 4a GG, §§ 90 ff. BVerfG kann dem entbundenen Richter wegen Verletzung des rechtlichen Gehörs (§ 103 Abs. 1 GG) Rechtsschutz bieten. 20

Bei **Stattgabe des Antrags** erlischt das Amt des ehrenamtlichen Richters für die Zukunft (ex nunc). Dies bedeutet, dass er von der Heranziehung zum Sitzungsdienst mit sofortiger Wirkung ausgeschlossen ist. Die unter der Beteiligung des seines Amtes enthobenen Richters bereits ergangenen Entscheidungen bleiben dagegen wirksam. 21

Eine **erneute Berufung** eines einmal enthobenen ehrenamtlichen Richters ist nicht zulässig[5]. 22

---
1 OVG Berlin v. 31.8.1978 – II L 13/78, NJW 1979, 1175.
2 *Wolmerath*, Rz. 264; GMP/*Prütting*, § 27 Rz. 13.
3 LAG Hamm v. 28.1.1993 – 8 AR 44/92, NZA 1993, 479.
4 *Schuldt*, AuR 1961, 172 (175).
5 GMP/*Prütting*, § 27 Rz. 15.

23 Bei **Ablehnung des Antrags** bleibt der ehrenamtliche Richter im Amt. Ein erneuter Amtsenthebungsantrag kann nicht auf denselben Pflichtverstoß gestützt werden.

24 Der **Streitwert** eines Amtsenthebungsverfahrens nach § 27 wird im Rahmen des § 23 RVG analog § 42 Abs. 2 Satz 1 GKG mit einem Quartalsbezug des ehrenamtlichen Richters im Rahmen seiner beruflichen Tätigkeit festgesetzt[1].

IV. Weitere Haftung aus der Amtspflichtverletzung

25 Ist die Amtspflichtverletzung nicht grob iSd. § 27, so obliegt es dem Vorsitzenden des Spruchkörpers, dem der ehrenamtliche Richter zugeteilt war, einen entsprechenden Antrag auf **Festsetzung eines Ordnungsgeldes** nach § 28 zu stellen.

26 Neben der Amtsenthebung kann der ehrenamtliche Richter bei grober Amtspflichtverletzung, durch die andere geschädigt werden, auch zivilrechtlich in Anspruch genommen werden. Bei schuldhafter Verletzung eines der in § 823 Abs. 1 BGB angeführten Rechtsgüter oder eines Schutzgesetzes iSd. § 823 Abs. 2 BGB – hierzu zählen auch einige Verfahrensvorschriften[2] – kann gegenüber dem ehrenamtlichen Richter eine **zivilrechtliche Schadensersatzhaftung** begründet werden, da der ehrenamtliche Richter nicht dem Haftungsprivileg nach § 839 Abs. 1 BGB unterfällt. § 839 Abs. 1 BGB, der bei Fahrlässigkeit vorsieht, dass eine Inanspruchnahme nur erfolgen kann, wenn der Verletzte nicht auf andere Weise Ersatz verlangen kann, ist nicht anwendbar. Diese Norm setzt den staatsrechtlichen Beamtenbegriff (Aushändigung einer Ernennungsurkunde) voraus.

27 Eine Haftung aus Art. 34 GG iVm. § 839 Abs. 2 BGB, der im Gegensatz zu § 839 Abs. 1 BGB wegen des haftungsrechtlichen Beamtenbegriffs den ehrenamtlichen Richter erfasst[3], kommt idR nicht in Betracht. Nach dieser Norm ist eine Haftung, wenn ein Beamter bei dem Urteil in einer Rechtssache seine Amtspflicht verletzt, nur vorgesehen, wenn die Pflichtverletzung in einer Straftat besteht. Da das sog. **Spruchrichterprivileg** auch dem ehrenamtlichen Richter zugute kommt, kommt eine Haftung nur ausnahmsweise bei Rechtsbeugung in Betracht (hierzu auch Rz. 29). Das Privileg erstreckt sich allerdings nicht auf pflichtwidrige Verweigerungen oder Verzögerungen der Amtsausübung (§ 839 Abs. 2 Satz 2 BGB); in diesem Fall kann es zu einer Staatshaftung nach Art. 34 GG, § 839 BGB kommen.

28 Einer **Haftung des ehrenamtlichen Richters gegenüber dem Staat** aufgrund disziplinarrechtlicher Vorschriften – insb. aus dem DRiG – stehen die insoweit abschließenden Vorschriften des ArbGG, §§ 27 und 28, entgegen[4]. Eine **Dienstaufsichtsbeschwerde** gegenüber einem ehrenamtlichen Richter wäre unzulässig. Insbesondere sind die **Dienstgerichte** nicht für ehrenamtliche Richter zuständig

29 Die **strafrechtliche Verantwortlichkeit** des ehrenamtlichen Richters ist eingeschränkt, soweit es um den Inhalt einer richterlichen Entscheidung geht. Wegen eines Urteils, das in einem ordnungsgemäßen Verfahren ergangen ist, kann ein Richter nur dann strafrechtlich zur Verantwortung gezogen werden, wenn er sich der Rechtsbeugung (§ 339 StGB) schuldig gemacht hat. Dies setzt die bewusst unrichtige Anwendung des geltenden Rechts zugunsten oder zum Nachteil einer Partei voraus. Ferner macht der ehrenamtliche Richter sich gem. § 331 Abs. 2, § 336 StGB strafbar, der einen Vorteil für sich oder einen Dritten als Gegenleistung dafür fordert, sich versprechen lässt oder annimmt, dass er eine richterliche Handlung vorgenommen hat, künftig vornehme oder eine richterliche Handlung unterlässt (zu Ausschließungs- und Ablehnungsgründen vgl. § 6 Rz. 34 ff., 69).

§ 28 Ordnungsgeld gegen ehrenamtliche Richter

Die vom Präsidium für jedes Geschäftsjahr im Voraus bestimmte Kammer des Landesarbeitsgerichts kann auf Antrag des Vorsitzenden des Arbeitsgerichts gegen einen ehrenamtlichen Richter, der sich der Erfüllung seiner Pflichten entzieht, insbesondere ohne genügende Entschuldigung nicht oder nicht rechtzeitig zu den Sitzungen erscheint, ein Ordnungsgeld festsetzen. Vor dem Antrag hat der Vorsitzende des Arbeitsgerichts den ehrenamtlichen Richter zu hören. Die Entscheidung ist endgültig.

---

1 LAG Hamm v. 24.2.1993 – 8 AZR 26/92, NZA 1993, 958.
2 Hierzu ausführlich Palandt/*Sprau*, § 823 BGB Rz. 61 ff.
3 MünchKommBGB/*Papier*, § 839 Rz. 279 mwN.
4 GMP/*Prütting*, § 27 Rz. 2.

Schrifttum: *Bader/Hohmann/Klein,* Die ehrenamtlichen Richterinnen und Richter in der Arbeits- und Sozialgerichtsbarkeit, 13. Aufl. 2012; *Gäntgen,* Die ehrenamtlichen Richterinnen und Richter in der Arbeitsgerichtsbarkeit, RdA 2015, 201.

I. Allgemeines

§ 28 regelt als Disziplinarmaßnahme auf Antrag des Vorsitzenden die Festsetzung eines Ordnungsgeldes gegen ehrenamtliche Richter. Es ist als Mittel dazu gedacht, den ehrenamtlichen Richter zur Pflichterfüllung anzuhalten.

Die Vorschrift findet über § 37 Abs. 2, § 43 Abs. 3 Anwendung auf die ehrenamtlichen Richter bei den LAG und dem BAG.

II. Tatbestandsvoraussetzungen

Die Verhängung eines Ordnungsgeldes kommt bei Amtspflichtverletzungen sowie bei der Verletzung der Pflichten zu korrektem außerdienstlichen Verhalten in Betracht, die nicht so schwerwiegend sind, dass sie eine Amtsenthebung nach § 27 rechtfertigen. Die Entscheidung, ob ein entsprechender Antrag gestellt wird, steht im **Ermessen** des Vorsitzenden, dem der ehrenamtliche Richter zugeordnet ist.

Voraussetzung für die Verhängung eines Ordnungsgeldes ist, dass der ehrenamtliche Richter sich seinen **Pflichten entzieht.** Hierbei kommt jeder Verstoß gegen seine Amtspflichten innerhalb und – sofern erheblich – auch außerhalb des Amtes in Betracht (hierzu auch § 27 Rz. 5 ff.). Das Nichterscheinen[1] oder das unpünktliche Erscheinen zu den Sitzungen sind nur beispielhaft angeführt. Daneben kann jede vergleichbare Pflichtverletzung – wie bspw. das vorzeitige Entfernen aus der Sitzung, die einmalige Abstimmungsverweigerung oder die Verweigerung der Unterschriftsleistung, die (erstmalige) Verletzung der Verpflichtung zur Amtsverschwiegenheit oder die Störung der Sitzungsleitung des Vorsitzenden – ein Ordnungsgeld nach sich ziehen. Weigert sich dagegen ein ehrenamtlicher Richter, während der Sitzungen ein Hemd mit einem weißen Kragen zu tragen, entzieht er sich der Erfüllung seiner Pflichten als ehrenamtlicher Richter nicht; ein Ordnungsgeld wäre unzulässig[2] (zur „Kleiderordnung" und zu religiösen Symbolen vgl. auch § 6 Rz. 63).

Vertreten wird teilweise, dass ein Ordnungsgeld auch **bei lediglich fahrlässigem Verhalten** verhängt werden kann[3]. Die Gegenmeinung folgert richtigerweise aus dem Wortlaut „entziehen", dass hiermit nur ein vorsätzliches Verhalten gemeint sein kann, durch welches der ehrenamtliche Richter seine Amtspflichten umgehen will[4]. Man wird aber, wenn eine Erklärung oder Entschuldigung für den Pflichtverstoß ausbleibt, nicht mehr von einem fahrlässigen Verhalten ausgehen können. Die Ausnahme rein fahrlässiger Verstöße steht auch nicht im Widerspruch zu § 27, wo bei fahrlässigem Verhalten sogar eine Amtsenthebung in Betracht kommen kann (vgl. § 27 Rz. 14). Zwar ist die Sanktion nach § 27 – Amtsenthebung – schwerwiegender als die Verhängung eines Ordnungsgeldes; das zur Amtsenthebung führende fahrlässige Fehlverhalten muss aber grob sein und kann – ständig wiederholt – stärkere Sanktionen erfordern als ein einmaliges bewusstes Fehlverhalten, welches in seinen Auswirkungen weniger massiv ist. Bei **wiederholten Verstößen** wird dagegen die Verhängung eines Ordnungsgeldes ggf. nicht ausreichen; hier kommen dann evtl. sogar Sanktionen nach § 27 (Amtsenthebung) in Betracht.

III. Verfahren

Die **Einleitung des Verfahrens** erfolgt durch die nach dem Geschäftsverteilungsplan des LAG zuständige Kammer bzw. gem. § 43 Abs. 3 durch den zuständigen Senat des BAG (nach der Geschäftsverteilung 2017 des BAG der Erste Senat, hierzu § 41 Rz. 25 ff.) auf Antrag des Vorsitzenden, bei dem der ehrenamtliche Richter seine Amtspflichten verletzt hat.

Der ehrenamtliche Richter ist **vor Antragstellung** durch den Vorsitzenden Richter, dem er zugeteilt war, **anzuhören** (§ 27 Satz 2 iVm. § 21 Abs. 5 Satz 3).

---

1 Hierzu auch VG Bremen v. 12.12.1995 – 2 E 119/95, DRiZ 1996, 329.
2 LAG Hamburg v. 19.3.1991 – 6 SHa 21/90; *Gäntgen,* RdA 2015, 201, 203.
3 GMP/*Prütting,* § 28 Rz. 7; Düwell/Lipke/*Wolmerath,* § 28 Rz. 4; *Klein* in Bader/Hohmann/Klein, Kap. XX Rz. 5.
4 GK-ArbGG/*Dörner,* § 28 Rz. 4.

8   **Vor einer Entscheidung** durch das LAG oder BAG über die Verhängung eines Ordnungsgeldes ist dem ehrenamtlichen Richter erneut durch die entscheidende Kammer oder den entscheidenden Senat **rechtliches Gehör** zu gewähren. Dies ergibt sich aus Art. 103 Abs. 1 GG.

9   Die Entscheidung ergeht sodann durch unanfechtbaren **Beschluss** (§ 27 Satz 2 iVm. § 21 Abs. 5 Satz 4). Der Beschluss ist dem ehrenamtlichen Richter zuzustellen.

10 Mit den Mitteln des Disziplinarrechts sollen nicht Rechtsverletzungen geahndet werden; vielmehr soll erzieherisch auf den Richter eingewirkt werden, um ihn für die Zukunft zu einer gewissenhaften Erfüllung seiner Amtspflichten anzuhalten[1]. Daher hat sich die konkrete – im Ermessen der entscheidenden Kammer oder des Senats stehende – Entscheidung über die **Höhe des Ordnungsgeldes** an der Schwere der Pflichtverletzung und ihren Auswirkungen zu bemessen. Die Höhe des Ordnungsgeldes liegt dabei zwischen 5 und 1 000 Euro (Art. 6 Abs. 1 Satz 1 EGStGB).

11 Halten die Kammer des LAG oder der entsprechende Senat des BAG den Verstoß für derart grob, dass **ein Amtsenthebungsverfahren nach § 27 in Betracht kommt**, ist das Verfahren auszusetzen und der obersten Landesbehörde (hierzu § 15 Rz. 4) Gelegenheit zur Prüfung zu geben, ob ein Antrag auf Amtsenthebung gestellt wird. Wird ein entsprechender Antrag gestellt, ist zunächst über das Amtsenthebungsverfahren nach § 27 zu entscheiden. Wird kein entsprechender Antrag gestellt oder wird der Antrag durch Beschluss abgelehnt, so ist das Verfahren nach § 28 fortzusetzen.

12 Auf einen **unanfechtbar abgelehnten Antrag nach § 28** kann wegen des gleichen Verstoßes kein Verfahren nach § 27 mehr eingeleitet werden, denn dem steht die materielle Rechtskraft des Ordnungsgeldbeschlusses nach § 28 entgegen. Allerdings kann der nicht sanktionierte Verstoß für die Frage der Abwägung in einem späteren Amtsenthebungsverfahren wegen weiterer Verstöße eine Rolle spielen, da neben dem objektiven Tatbestand bei § 27 auch die subjektive Seite zu berücksichtigen ist[2] (hierzu § 27 Rz. 12 ff.).

§ 29 Ausschuss der ehrenamtlichen Richter

(1) Bei jedem Arbeitsgericht mit mehr als einer Kammer wird ein Ausschuss der ehrenamtlichen Richter gebildet. Er besteht aus mindestens je drei ehrenamtlichen Richtern aus den Kreisen der Arbeitnehmer und der Arbeitgeber in gleicher Zahl, die von den ehrenamtlichen Richtern aus den Kreisen der Arbeitnehmer und der Arbeitgeber in getrennter Wahl gewählt werden. Der Ausschuss tagt unter der Leitung des aufsichtführenden oder, wenn ein solcher nicht vorhanden oder verhindert ist, des dienstältesten Vorsitzenden des Arbeitsgerichts.

(2) Der Ausschuss ist vor der Bildung von Kammern, vor der Geschäftsverteilung, vor der Verteilung der ehrenamtlichen Richter auf die Kammern und vor der Aufstellung der Listen über die Heranziehung der ehrenamtlichen Richter zu den Sitzungen mündlich oder schriftlich zu hören. Er kann den Vorsitzenden des Arbeitsgerichts und den die Verwaltung und Dienstaufsicht führenden Stellen (§ 15) Wünsche der ehrenamtlichen Richter übermitteln.

I. Allgemeines	1	a) Anrufungsrechte	15
II. Errichtung des Ausschusses	3	b) Anhörungsrechte	17
III. Befugnisse und Verfahren	13	2. Verfahren	22
1. Befugnisse	14	3. Rechte und Pflichten der Ausschussmitglieder	27

Schrifttum: *Bader/Hohmann/Klein*, Die ehrenamtlichen Richterinnen und Richter in der Arbeits- und Sozialgerichtsbarkeit, 13. Aufl. 2012; *Gürth*, Der ehrenamtliche Richter am Arbeitsgericht, AiB 1984, 154; *Ostheimer/Wiegand/Hohmann*, Der ehrenamtliche Richter beim Arbeits- und Sozialgericht, 1991; *Röhsler*, Der Beisitzerausschuss in Theorie und Praxis, AuR 1970, 65; *Schuldt*, Die Beisitzerausschüsse in der Arbeitsgerichtsbarkeit, AuR 1958, 336.

---

1 OVG Berlin v. 31.8.1978 – II L 13.78, DRiZ 1979, 1175; aA *Wolf*, Anm. zu OVG Berlin, NJW 1979, 1176.
2 AA GMP/*Prütting*, § 28 Rz. 12.

I. Allgemeines

§ 29 ergänzt die Tätigkeit der ehrenamtlichen Richter als vollwertige Mitglieder der Spruchkörper, die am Präsidium nicht beteiligt sind (§ 6a), durch ein **Mitwirkungsrecht bei der Gerichtsverwaltung**. Für die LAG ist das Mitwirkungsrecht durch § 38 garantiert, der auf diese Norm verweist. 1

Beim **BAG** ist ein besonderer Ausschuss nach § 44 Abs. 1 vorgesehen; hier werden die entsprechenden Aufgaben von den beiden lebensältesten ehrenamtlichen Richtern aus den Kreisen der ArbN und ArbGeb wahrgenommen (dazu § 44 Rz. 12 ff.). 2

II. Errichtung des Ausschusses

Ein Ausschuss ist bei jedem ArbG und LAG mit mehr als einer Kammer zu bilden. Diese **Größenordnung** erreichen derzeit alle ArbG, so dass an jedem erstinstanzlichen Gericht ein Ausschuss nach § 29 besteht. Bei den LAG ist der Ausschuss, unabhängig von deren Größenordnung, immer obligatorisch (§ 38 Satz 1). 3

Der Ausschuss ist **paritätisch besetzt** und besteht aus insgesamt mindestens sechs ehrenamtlichen Richtern der ArbGeb- und der ArbN-Kreise (§ 29 Abs. 1 Satz 2). Ist die Größe des Ausschusses durch landesrechtliche Vorschriften (hierzu Rz. 5) nicht geregelt, so bestimmen die ehrenamtlichen Richter die **Mitgliederzahl** bei Berücksichtigung der notwendigen Parität selbst. 4

Das Gesetz schreibt die näheren **Modalitäten des Wahlverfahrens** zur Besetzung des Ausschusses nicht vor. In einigen Bundesländern gibt es allerdings Richtlinien über die Wahl der Ausschussmitglieder, so in Baden-Württemberg, Bremen, Hamburg, Hessen, Rheinland-Pfalz, Schleswig-Holstein und Thüringen. Im Übrigen sind die ehrenamtlichen Richter in der Gestaltung und Durchführung der Wahl frei, soweit diese ordnungsgemäßen demokratischen Grundsätzen entspricht. 5

Die **Einleitung der Wahl** erfolgt entweder durch die nach den landesrechtlichen Ausführungsvorschriften bestimmte Stelle oder durch den aufsichtführenden Richter bzw. den Präsidenten des LAG, der die ehrenamtlichen Richter zur Wahl aufzufordern hat. 6

Grundsätzlich gilt für die **Durchführung der Wahl** jedoch Folgendes: Es bedarf der Bestellung eines Wahlvorstands[1]. Die Mitglieder werden in getrennten Wahlgängen gewählt, dh., die ehrenamtlichen Richter von ArbN- und von ArbGeb-Seite wählen jeweils unabhängig und getrennt voneinander ihre Vertreter. Aktiv und passiv wahlberechtigt sind alle bei dem Gericht berufenen ehrenamtlichen Richter einschließlich der für eine erweiterte Fachkammer nach § 30 Satz 3 Berufenen (vgl. hierzu § 30 Rz. 11 ff.). 7

Eine bestimmte **Amtsperiode des Ausschusses** ist im ArbGG nicht festgelegt. Sie wird zum Teil landesrechtlich geregelt; im Übrigen bestimmt der Ausschuss die Dauer seiner Amtszeit selbst. In der Lit. wird die Einführung einer vierjährigen Amtsperiode angeregt, da hierdurch eine aufwändige und ständige Neuwahl von Ausschussmitgliedern vermieden werden könne[2]. 8

Nach Ablauf seiner Amtsperiode ist ein neuer Ausschuss zu wählen. **Vorgezogene Wahlen** oder – wenn die Amtszeit nicht begrenzt wurde – **Neuwahlen** kommen in Betracht, wenn sämtliche Ausschussmitglieder aus dem Amt als ehrenamtlicher Richter ausgeschieden sind und nicht durch nachrückende Ersatzmitglieder ersetzt werden können. 9

Die jeweilige **Amtszeit der in den Ausschuss gewählten ehrenamtlichen Richter** endet mit ihrer Amtsperiode (§ 20 Abs. 1 Satz 1), im Falle der Niederlegung des Amtes (§ 24), mit Amtsenthebung (§ 27) oder durch Ablauf der Amtsperiode des Ausschusses. Schließt sich die sofortige Wiederernennung als ehrenamtlicher Richter an, so währt ihre Amtszeit als Ausschussmitglied bis zur Beendigung der Amtsperiode des Ausschusses weiter. Für einen neuen Ausschuss ist eine Wiederwahl der Mitglieder möglich, da keine Höchstamtszeit – weder als ehrenamtlicher Richter noch als Ausschussmitglied – besteht. 10

Die **Wahl von Ersatzmitgliedern** ist nicht zwingend. Obwohl der Ausschuss aus mindestens je drei ehrenamtlichen Richtern bestehen muss, sagt § 29 selbst nichts über seine Zusammensetzung oder die zwingende Parität bei den **Sitzungen** aus. Im Zweifel kann daher der Ausschuss auch in kleinerer Besetzung tagen (hierzu auch Rz. 22 ff.). Durch die von der Amtsperiode des Ausschusses unabhängige und ggf. abweichende Amtszeit der ehrenamtlichen Richter empfiehlt sich aber die Wahl von Ersatzmitgliedern, um zu häufige Neuwahlen zu vermeiden. Ein Ersatzmitglied kann bei dem dauerhaften Ausscheiden eines Mitglieds 11

---

1 *Ostheimer/Wiegand/Hohmann*, S. 64; *Wolmerath*, Rz. 272.
2 GMP/*Prütting*, § 29 Rz. 11a.

automatisch an dessen Stelle **nachrücken**, zumindest dann, wenn vorab bei der Wahl diese Möglichkeit festgelegt ist, denn auch Ersatzmitglieder sind gewählte Ausschussmitglieder[1].

12 Das **Fehlen der Ausschüsse** ist für die Ordnungsmäßigkeit der Besetzung der Gerichte ohne Bedeutung. Gerichtsentscheidungen werden hierdurch weder unwirksam noch angreifbar.

III. Befugnisse und Verfahren

13 Der Ausschuss ist ein Selbstverwaltungsorgan der ehrenamtlichen Richter und diesem Zweck entsprechend mit verschiedenen Befugnissen ausgestattet.

1. Befugnisse

14 Der Ausschuss ist zum einen **Interessenvertreter** der ehrenamtlichen Richter und zum anderen **beratendes Organ bei Maßnahmen der richterlichen Selbstverwaltung**, welche die Stellung der ehrenamtlichen Richter berühren.

a) Anrufungsrechte

15 Der Ausschuss ist als Vertretungsorgan der ehrenamtlichen Richter deren Interessenvertretung, welches **Wünsche übermitteln** kann (§ 29 Abs. 2 Satz 2). Die Wünsche können sich sowohl an die Vorsitzenden Richter als auch an die oberste Landesbehörde nach § 15, die im Bereich Verwaltung und Dienstaufsicht tätig ist, richten (hierzu § 15 Rz. 4).

16 Das **Anrufungsrecht** beinhaltet organisatorische Anregungen oder sonstige Verbesserungsvorschläge, welche die Stellung der ehrenamtlichen Richter berühren, wie Art und Zeit der Einberufung zu den Sitzungen, Umfang und Dauer der Sitzungen, Sitzungspausen oder Beratungstermine. Diese organisatorischen Maßnahmen obliegen im Übrigen dem freien Ermessen des Vorsitzenden (vgl. § 16 Rz. 13 ff.). Ferner sind Anregungen im verwaltungsorganisatorischen Bereich, zB zum Zeitpunkt der Ladung zur Sitzung, zur Dauer der Sitzungen, zu der Zuordnung zu Fachkammern (hierzu § 30 Rz. 15) oder zur Ausstattung der Gerichte denkbar.

b) Anhörungsrechte

17 Der Ausschuss hat im Übrigen Anhörungsrechte. **Anhörung** bedeutet, dass er in den nachfolgend aufgeführten Fällen rechtzeitig, umfassend und verständlich zu informieren ist und ausreichend Gelegenheit zu einer eventuellen Äußerung hat. Seine etwaige Stellungnahme gibt der Ausschuss gegenüber dem Direktor oder Präsidenten des Gerichts ab.

18 **Zwingende Anhörungsrechte** ergeben sich für den Ausschuss in den in § 29 Abs. 2 Satz 1 aufgeführten Fällen. Es handelt sich dabei insbesondere um
– die Bildung von Kammern oder Fachkammern (§§ 17, 35 Abs. 3),
– die Geschäftsverteilung (§ 6a),
– die Verteilung der ehrenamtlichen Richter auf die Kammern (§ 30 für die Fachkammern) und
– die Aufstellung der Listen über die Heranziehung der ehrenamtlichen Richter zu den Sitzungen (§§ 31, 39).

Aus dem Sinn des § 29 Abs. 2 Satz 1 wird – auch ohne ausdrückliche Erwähnung im Gesetzestext – ein zwingendes Anhörungsrecht vor einer Auflösung bestehender Kammern hergeleitet[2].

19 Das **Anhörungsverfahren** kann schriftlich oder mündlich erfolgen; eine bestimmte Form ist nicht vorgeschrieben. Der Ausschuss muss eine angemessene Zeit zur Äußerung haben. Ein Verzicht auf das Anhörungsrecht ist nicht möglich[3].

20 Der Ausschuss hat **kein Mitbestimmungsrecht**. Die Beschlüsse des Ausschusses sind zwar nach pflichtgemäßem Ermessen von den Vorsitzenden zu berücksichtigen, dürfen diese aber nicht in ihrer richterlichen Unabhängigkeit (Art. 97 GG; hierzu § 6 Rz. 19 ff.) beeinträchtigen.

---

1 *Röhsler*, AuR 1970, 65 (67); vermittelnd GMP/*Prütting*, § 29 Rz. 11.
2 GMP/*Prütting*, § 29 Rz. 18; *Hohmann* in Bader/Hohmann/Klein, Kap. XVII Rz. 14.
3 *Hohmann* in Bader/Hohmann/Klein, Kap. XVII Rz. 16.

Die **Verletzung der Pflicht zur vorherigen Anhörung** führt nicht zur Unwirksamkeit einer Maßnahme; insbesondere ist das Gericht bei einem Übergehen des Ausschusses nicht vorschriftswidrig besetzt[1]. Die fehlende Anhörung stellt aber ggf. eine Dienstpflichtverletzung dar, die im Wege der Dienstaufsicht bei der zuständigen Aufsichtsbehörde gerügt werden kann.

2. Verfahren

Der Ausschuss wird **einberufen** durch den aufsichtführenden Vorsitzenden, also den Direktor oder Präsidenten des ArbG oder den Präsidenten des LAG oder BAG bzw. seinen Stellvertreter. Sind die aufsichtführenden Richter verhindert, wird er durch den dienstältesten Vorsitzenden des Gerichts einberufen. Wie oft der Ausschuss einzuberufen ist, ist im Gesetz nicht geregelt. Er ist einzuberufen, wenn seine gesetzliche Zuständigkeit gegeben ist (vgl. Rz. 14–18). Der Ausschuss kann – sofern er iSd. § 29 Abs. 2 Satz 2 Wünsche zu übermitteln hat – eine Zusammenkunft bei dem aufsichtführenden Vorsitzenden anregen, der die Tagung dann nach freiem Ermessen anordnet. Auf Wunsch der Mehrheit der Ausschussmitglieder muss der Vorsitzende dem Verlangen nach einer Zusammenkunft aber nachkommen[2].

Die Mitglieder des Ausschusses werden unter **Mitteilung der Tagesordnungspunkte** geladen. Der Ausschuss tagt unter **Leitung** des aufsichtführenden Richters oder des Vorsitzenden des ArbG mit den anwesenden Mitgliedern. Es sind die auf der Tagesordnung stehenden Punkte ausreichend zu erörtern, wobei allen Beteiligten Gehör zu gewähren ist. Über die zu entscheidenden Punkte ist abzustimmen. Der Ausschuss kann sich für sein weiteres Verfahren eine Geschäftsordnung geben.

Seine **Entscheidungen** fasst der Ausschuss als demokratisches Gebilde mit der Mehrheit der Stimmen (einfache Mehrheit). Eine Mindestzahl an teilnehmenden Ausschussmitgliedern zur Beschlussfähigkeit des Ausschusses ist gesetzlich nicht vorgesehen; ebenfalls spielt es keine Rolle, ob der Ausschuss bei der konkreten Tagung tatsächlich paritätisch besetzt ist. Für verhinderte ordentliche Ausschussmitglieder können Ersatzmitglieder – soweit gewählt – teilnehmen.

Der Vorsitzende des Gerichts leitet zwar die Tagung, ist Diskussionspartner und nimmt Anregungen entgegen, er hat aber kein **Stimmrecht**, denn nach § 29 Abs. 1 Satz 2 besteht der Ausschuss ausschließlich aus ehrenamtlichen Richtern[3].

Die im Ausschuss gefassten **Beschlüsse, Anträge und Anregungen** hat der Vorsitzende sodann an die maßgebenden Stellen **weiterzuleiten** bzw. sich für ihre Durchsetzung zu verwenden. Dies ist idR der Direktor oder Präsident des Gerichts.

3. Rechte und Pflichten der Ausschussmitglieder

Die Ausschussmitglieder sind verpflichtet, an den Sitzungen des Ausschusses teilzunehmen. Die **Teilnahmepflicht** ist eine Amtspflicht iSd. §§ 27, 28. Bleiben die Ausschussmitglieder ohne genügende Entschuldigung fern, wäre die Verhängung von Ordnungsgeldern, bei wiederholtem grundlosen Fehlen sogar uU eine Enthebung des Amtes als ehrenamtlicher Richter möglich.

Die Ausschussmitglieder müssen für ihre Tätigkeit im Ausschuss freigestellt werden (vgl. § 6 Rz. 74). Sie dürften wegen ihrer Tätigkeit im Ausschuss nicht beschränkt oder benachteiligt werden (§ 26).

Die ehrenamtlichen Richter erhalten für ihre Tätigkeit im Ausschuss eine **Entschädigung** nach dem Justizvergütungs- und -entschädigungsgesetz – JVEG (hierzu § 6 Rz. 75 ff.).

§ 30 Besetzung der Fachkammern

Die ehrenamtlichen Richter einer Fachkammer sollen aus den Kreisen der Arbeitnehmer und der Arbeitgeber entnommen werden, für die die Fachkammer gebildet ist. Werden für Streitigkeiten der in § 22 Abs. 2 Nr. 2 bezeichneten Angestellten Fachkammern gebildet, so dürfen ihnen diese

---

1 GMP/*Prütting*, § 29 Rz. 19.
2 *Gürth*, AiB 1984, 160 lässt die Mehrheit einer Seite, der ArbN- oder der ArbGeb-Gruppe, genügen; *Hohmann* in Bader/Hohmann/Klein, Kap. XVII Rz. 24 lässt sogar das Verlangen oder die Anregung einzelner Ausschussmitglieder genügen.
3 *Wolmerath*, Rz. 283; *Gürth*, AiB 1984, 159; *Schuldt*, AuR 1958, 338; aA GK-ArbGG/*Dörner*, § 29 Rz. 5 unter Hinweis darauf, dass der Ausschuss unter „seiner" – des Vorsitzenden – Leitung tagt.

Angestellten nicht als ehrenamtliche Richter aus Kreisen der Arbeitgeber angehören. Wird die Zuständigkeit einer Fachkammer gemäß § 17 Abs. 2 erstreckt, so sollen die ehrenamtlichen Richter dieser Kammer aus den Bezirken derjenigen Arbeitsgerichte berufen werden, für deren Bezirke die Fachkammer zuständig ist.

I. Allgemeines	1	2. Streitigkeiten der in § 22 Abs. 2 Satz 2 genannten Personen	7
II. Besetzung der Fachkammern	3	3. Erweiterte Fachkammern	11
1. Grundsatz	4	III. Verfahren und Rechte	13

I. Allgemeines

1 Soweit bei einem Gericht gem. § 17 Abs. 2 Fachkammern gebildet sind, wird die Besetzung dieser Fachkammern mit den ehrenamtlichen Richtern durch § 30 geregelt. Es handelt sich hierbei um eine **Sondervorschrift**, die bei der Geschäftsverteilung vom Präsidium zu beachten ist (hierzu Rz. 13 ff.).

2 Fachkammern werden in verschiedenen Bereichen eingerichtet, in denen eine Spezialisierung des Vorsitzenden und eine besondere Sachkunde der ehrenamtlichen Richter für erforderlich gehalten wird. Ihre Einrichtung dient auch der Rechtsprechungsvereinheitlichung in den Instanzen sowie der vereinfachten Bearbeitung durch die Sachnähe. Fachkammern gibt und gab es bspw. für die Bereiche Öffentlicher Dienst, Handel, Bau, Metall-, Elektro-, Bekleidungs- und Textilgewerbe, Nahrungs- und Genussmittel, Hotel- und Gaststättengewerbe, Speditions-, Fuhr- und Verkehrsgewerbe, Hochseefischerei und Seeschifffahrt, Eisenbahn, Handwerk und Bühnenstreitigkeiten.

II. Besetzung der Fachkammern

3 § 30 differenziert zwischen den Fachkammern, den Fachkammern für Streitigkeiten der in § 22 Abs. 2 Nr. 2 bezeichneten Angestellten und den erweiterten Fachkammern.

1. Grundsatz

4 Die **Fachkammern für Streitigkeiten bestimmter Berufe oder Gewerbe** sollen nach § 30 Satz 1 mit ehrenamtlichen Richtern aus den ArbGeb- und ArbN-Kreisen der betreffenden Berufe oder Gewerbe besetzt werden. Das Präsidium hat diese Vorgabe bei der Aufstellung des Geschäftsverteilungsplans zu beachten.

5 Die teils in der Lit. vertretene Auffassung, wonach bei einer **Fachkammer, die für eine bestimmte ArbN-Gruppe zuständig ist**, die Besetzung mit kundigen ehrenamtlichen Richtern aus den ArbN-Kreisen ausreichend sein soll[1], dürfte nicht zutreffend sein. Auch die ehrenamtlichen Vertreter aus den ArbGeb-Kreisen sollen der das entsprechende Berufsbild beschäftigenden ArbGeb-Gruppe oder dem entsprechenden Gewerbe entnommen werden, wie sich aus dem eindeutigen Wortlaut der Norm ergibt. Nur wenn an einem ArbG nicht genügend Vertreter der Berufe oder Gewerbe zur Verfügung stehen, können die Fachkammern auch mit ehrenamtlichen Richtern anderer Bereiche besetzt werden.

6 § 30 Satz 1 ist eine Sollvorschrift, deren **Nichtbefolgung** nicht zur fehlerhaften Besetzung des Spruchkörpers führt (vgl. aber auch Rz. 8 zur fehlerhaften Besetzung im Falle der Fachkammern für leitende Angestellte).

2. Streitigkeiten der in § 22 Abs. 2 Satz 2 genannten Personen

7 Soweit für **Streitigkeiten der in § 22 Abs. 2 Satz 2 genannten Personen** – zur Einstellung befugte Geschäftsführer, Betriebsleiter und Personalleiter sowie Prokuristen oder Mitarbeiter mit Generalvollmacht – eine Fachkammer gebildet wurde, können diese Personengruppen nicht die ArbGeb-Seite als ehrenamtliche Richter repräsentieren (§ 30 Satz 2). Obwohl diese Personen bei „normalen" Kammern als ehrenamtliche Richter der ArbGeb-Kreise herangezogen würden, behandelt die Fachkammer nach § 30 ja gerade ihre Belange als ArbN. Satz 2 dient somit der Sicherstellung der paritätischen Besetzung der Kammer für diesen Sonderfall.

---

1 So bspw. GMP/*Prütting*, § 30 Rz. 3.

Ein **Verstoß gegen § 22 Abs. 2 Satz 2** führt im Gegensatz zu einem Verstoß gegen Satz 1 zu einer fehlerhaften Besetzung des Gerichts, die angegriffen werden kann[1]. Ist gegen das Urteil des ArbG die Berufung (§ 64) zulässig und wird sie eingelegt, kann wegen dieses Mangels der Rechtsstreit nicht an das ArbG zurückverwiesen (§ 68) oder das Urteil wegen der unrichtigen Besetzung aufgehoben werden. Wird aber gem. § 76 Sprungrevision eingelegt, kann der Mangel Revisionsgrund nach § 547 Nr. 1 ZPO sein.

Ein **Revisionsgrund** liegt nur bei einem qualifizierten Verstoß im Sinne eines willkürlichen Verhaltens vor[2]. Voraussetzung ist daher, dass die Besetzung eine klar zutage liegende Gesetzesverletzung darstellt und auf objektiver Willkür beruht. Findet gegen das Urteil des LAG die Revision (§ 72) statt, kann ein Revisionsgrund nach § 547 Nr. 1 ZPO vorliegen.

Bei **Nichtzulassung der Revision** ist allein mit der fehlerhaften Besetzung die Nichtzulassungsbeschwerde gem. § 72a nicht begründet. Es besteht jedoch – wenn die Voraussetzungen für die Einlegung eines Rechtsmittels nicht gegeben sind – die Möglichkeit einer Nichtigkeitsklage nach § 579 Abs. 1 Nr. 1 ZPO. Ferner kann, da bei Entscheidung in fehlerhafter Besetzung auch ein Verstoß gegen Art. 101 Abs. 1 Satz 2 GG vorliegt, die fehlerhafte Besetzung nach Erschöpfung des Rechtswegs mit der Verfassungsbeschwerde (Art. 93 Abs. 1 Nr. 4a GG, § 13 Nr. 8a, §§ 90 ff. BVerfG) gerügt werden.

3. Erweiterte Fachkammern

Nach § 17 Abs. 2 Satz 2 besteht die Möglichkeit, durch Rechtsverordnung die Zuständigkeit einer Fachkammer auf die Bezirke anderer ArbG zu erstrecken (hierzu § 17 Rz. 23). Sofern von dieser Möglichkeit Gebrauch gemacht wird, sind diese Kammern gem. § 30 Satz 1 zu besetzen. Die ehrenamtlichen Richter dieser Kammern sollen neben den nach § 30 Satz 1 und 2 vorausgesetzten Merkmalen aus allen Bezirken, für welche die Kammer zuständig ist, berufen werden, um den Zuständigkeitsbereich der erweiterten Fachkammer zu repräsentieren.

§ 30 Satz 3 ist – ebenso wie Satz 1 – eine Sollvorschrift, dh. der fehlende Einsatz auswärtiger ehrenamtlicher Richter begründet keinen revisiblen Verfahrensmangel. Nach teilweiser Rspr. ist zwar die erweiterte Kammer nicht vorschriftsmäßig besetzt, wenn ehrenamtliche Richter herangezogen werden, die außerhalb des Bezirkes des ArbG tätig sind, welches die bezirksübergreifende Kammer eingerichtet hat[3]. Diese Entscheidung setzt sich allerdings über den insoweit eindeutigen Wortlaut des Satzes 3 hinweg.

III. Verfahren und Rechte

Die ehrenamtlichen Richter für die Fachkammern werden durch das Präsidium anhand der die Berufe enthaltenen Vorschlagsliste über die ehrenamtlichen Richter **ermittelt**. Das Präsidium prüft, ob ein ehrenamtlicher Richter für eine Fachkammer in Betracht kommt, und teilt diesen ggf. durch entsprechende Regelung im Geschäftsverteilungsplan der Fachkammer zu. Streitig ist, ob für die Fachkammern eine separate Vorschlagsliste möglich ist[4] (vgl. hierzu auch § 20 Rz. 8).

Die Besetzung der Fachkammern mit den ehrenamtlichen Richtern bleibt für die **Dauer** der Geltung des Geschäftsverteilungsplans, der für ein Jahr aufgestellt wird (hierzu § 6a Rz. 59 f.), unverändert, es sei denn, ehrenamtliche Richter scheiden wegen Ablauf ihrer Amtszeit, Niederlegung des Amtes oder Amtsenthebung (§ 20 Abs. 1 Satz 1, § 21 Abs. 5 und 6, §§ 24, 27) vorzeitig aus.

Für den Zeitraum ihrer Zuordnung spielt ein **Berufs- oder Gewerbewechsel** eines ehrenamtlichen Richters keine Rolle für die Zuteilung zu einer besonderen Kammer[5]. Erst bei Aufstellung eines neuen Geschäftsverteilungsplans wird dieser Umstand berücksichtigt. Eine Ausnahme von diesem Grundsatz besteht jedoch im Fall eines **Lagerwechsels**. Der betreffende ehrenamtliche Richter kann auch nicht zur Wiederherstellung der paritätischen Besetzung der anderen Seite zugeordnet werden, da er auf Vorschlag der ursprünglichen Seite berufen wurde. Daher entfällt bei einem Lagerwechsel die Voraussetzung für die Berufung des ehrenamtlichen Richters (vgl. § 21 Rz. 42).

Ein Anspruch eines bestimmten ehrenamtlichen Richters auf **Einteilung zu einer bestimmten Fachkammer** besteht nicht; eine entsprechende Anregung kann er aber über den Ausschuss nach § 29 vorbringen (hierzu § 29 Rz. 16, Rz. 18). Im Übrigen entsprechen die **Rechte und Pflichten** der ehrenamtlichen Richter

---

1 GMP/*Prütting*, § 30 Rz. 10.
2 BVerwG v. 18.10.1990 – 3 C 19/88, NJW 1991, 1370.
3 LAG Bremen v. 20.2.1987 – AR 4/87, DB 1987, 2576.
4 So zB *Bader/Hohmann*, NZA 2015, 321 (324).
5 GK-ArbGG/*Dörner*, § 30 Rz. 4.

in den (erweiterten) Fachkammern denen der übrigen ehrenamtlichen Richter (vgl. § 6 Rz. 61 ff.). Die auswärtigen Richter der erweiterten Fachkammern können ihre Rechte über den Ausschuss nach § 29 wahrnehmen, für den sie passiv und aktiv wahlberechtigt sind (vgl. § 29 Rz. 5 ff.).

17 Für die erweiterten Fachkammern können auch ehrenamtliche Richter aus auswärtigen Bezirken berufen werden. Sofern **ehrenamtliche Richter aus fremden Bezirken** berufen werden, dürfen sie außerhalb dieser Fachkammer bei dem betreffenden ArbG nur eingesetzt werden, wenn sie dort ihren Wohnsitz haben. Ansonsten würde die besondere Berufungsvoraussetzung des § 21 Abs. 1 Satz 2 – Tätigkeit im Bezirk des ArbG oder dortiger Wohnsitz – fehlen.

§ 31 Heranziehung der ehrenamtlichen Richter

(1) Die ehrenamtlichen Richter sollen zu den Sitzungen nach der Reihenfolge einer Liste herangezogen werden, die der Vorsitzende vor Beginn des Geschäftsjahres oder vor Beginn der Amtszeit neu berufener ehrenamtlicher Richter gemäß § 29 Abs. 2 aufstellt.

(2) Für die Heranziehung von Vertretern bei unvorhergesehener Verhinderung kann eine Hilfsliste von ehrenamtlichen Richtern aufgestellt werden, die am Gerichtssitz oder in der Nähe wohnen oder ihren Dienstsitz haben.

I. Allgemeines 1	a) Regelung im Geschäftsverteilungsplan 25
II. Die Aufstellung der Liste 4	b) Keine Regelung im Geschäftsverteilungsplan 29
1. Die ordentliche Liste 5	3. Fehlerhafte Heranziehung der ehrenamtlichen Richter 30
2. Die Hilfsliste 13	
III. Heranziehung aus der Liste 16	IV. Rechte und Pflichten aus der Heranziehung
1. Grundsatz 17	1. Rechte 33
2. Fortsetzungstermin 23	2. Pflichten und Folgen 39

Schrifttum: *Bader/Hohmann/Klein*, Die ehrenamtlichen Richterinnen und Richter in der Arbeits- und Sozialgerichtsbarkeit, 13. Aufl. 2012; *Brill*, Stellung, Rechte und Pflichten der ehrenamtlichen Richter der Arbeitsgerichtsbarkeit, DB 1970, Beilage Nr. 4, 1; *Herschel*, Die ehrenamtlichen Richter der Arbeitsgerichtsbarkeit – Vorschläge zur Mehrung ihres Einflusses, AuR 1980, 321; *Ide*, Die Stellung der ehrenamtlichen Richter, in Die Arbeitsgerichtsbarkeit, in FS zum 100.-jähr. Bestehen des Dt. Arbeitsgerichtsverbandes, 1994, S. 253; *Kirchner*, Erneute Stellung der Anträge bei Richterwechsel (§ 137 Abs. 1 ZPO), NJW 1971, 2158.

I. Allgemeines

1 Die **Reihenfolge der Heranziehung der ehrenamtlichen Richter** zu den einzelnen Kammersitzungen obliegt nicht dem Belieben des Gerichts oder des Vorsitzenden, sondern ergibt sich aus § 31. Entsprechende Regelungen finden sich für die LAG in § 39 und für das BAG in § 43 Abs. 3 durch Verweisung auf diese Norm.

2 **Zweck der Norm** ist die Absicherung der verfassungsrechtlichen Garantie des gesetzlichen Richters (Art. 101 Abs. 1 Satz 2 GG). Sie soll die willkürliche Heranziehung einzelner ehrenamtlicher Richter verhindern. Kennzeichen der Gewährleistung des gesetzlichen Richters ist die normative, abstrakt-generelle Vorherbestimmung des jeweils für die Entscheidung zuständigen Richters[1]. Das Gebot des gesetzlichen Richters nach Art. 101 Abs. 1 Satz 2 GG gilt auch für den ehrenamtlichen Richter[2] (hierzu Rz. 30 ff.).

3 Die Aufstellung und Heranziehung von der Liste ist mithin von der **Verteilung der ehrenamtlichen Richter** auf eine Kammer, auf mehrere bestimmte Kammern oder auf alle Kammern zu unterscheiden. Die Verteilung der ehrenamtlichen Richter erfolgt jährlich vor Beginn des Geschäftsjahres für die Dauer dieses Geschäftsjahres (§ 6a, § 21e Abs. 1 Satz 1 GVG; vgl. hierzu § 6a Rz. 78 ff.).

---

1 BAG v. 26.9.1996 – 8 AZR 126/95, BAGE 84, 189; BAG v. 26.9.2007 – 10 AZR 35/07, NZA 2007, 1318.
2 BVerfG v. 23.8.1995 – 1 BvR 568/93, NZA 1996, 616.

II. Die Aufstellung der Liste

Die Aufstellung einer ordentlichen Liste ist zwingend vorgeschrieben[1] (Abs. 1), die Aufstellung der Hilfsliste steht im Ermessen (Abs. 2).   4

1. Die ordentliche Liste

Die Aufstellung der ordentlichen Liste erfolgt **zeitlich** im Voraus für das Geschäftsjahr. Im Laufe eines Geschäftsjahres darf die Liste mit den Namen der ehrenamtlichen Richter nicht verändert werden. Ausscheidende Richter werden gestrichen, neu bestellte Richter idR in der Reihenfolge ihrer Bestellung am Ende der Liste oder bei entsprechendem Listenturnus nach dem Anfangsbuchstaben nachgetragen (hierzu auch Rz. 10). Diese Verfahrensweise ermöglicht am ehesten die Kontrolle über die einzuhaltende Reihenfolge[2].   5

Die **Erstellung der Liste obliegt** dem Wortlaut nach den Vorsitzenden der jeweiligen Kammern. § 31 regelt aber nicht die Voraussetzung für die Zuweisung der ehrenamtlichen Richter zu den Spruchkörpern der ArbG – diese erfolgt vielmehr nach § 21e GVG iVm. §§ 6, 6a –, sondern nur die Aufstellung der Liste, nach deren Reihenfolge die ehrenamtlichen Richter herangezogen werden.   6

In der Praxis ist es überwiegend üblich, dass die ehrenamtlichen Richter der 1. und 2. Instanz allen Kammern eines Gerichts zugeteilt sind, was gem. § 6a Nr. 4 zulässig ist[3]. Daran anknüpfend stellt sich die weitere Frage, ob die **Aufstellung nur einer allgemeinen Liste für das gesamte Gericht** zulässig ist. Dies wird in der Lit. teilweise abgelehnt, weil eine allgemeine Liste Art. 101 GG nicht gerecht werde, da damit die konkrete Verteilung der ehrenamtlichen Richter auf die einzelnen Kammern offen bleibe[4]. Diese Auffassung überzeugt nicht. Die Intention des Gesetzgebers ist die gleichmäßige Heranziehung der ehrenamtlichen Richter nach einem vorher fest vorgegebenen Muster, welches jeden Anschein von Willkür vermeidet. Diesen Ansprüchen genügt eine nach den Vorschlägen des Präsidiums erstellte abstrakte Liste für alle Kammern, nach der bei den Ladungen vorgegangen wird[5].   7

Sind die ehrenamtlichen Richter allen Kammern eines Gerichts zugeteilt, stellt das Präsidium des Gerichts eine Liste – getrennt nach ehrenamtlichen Richtern der ArbGeb und der ArbN – auf, die dann von allen Vorsitzenden stillschweigend oder ausdrücklich gebilligt werden muss, damit das Verfahren rechtswirksam wird[6].   8

Nach welchen **Kriterien** die Liste aufgestellt wird, ist gesetzlich nicht geregelt. Erforderlich ist lediglich, dass abstrakte Regeln aufgestellt werden, die für jeden Fall von vornherein bestimmen, welche ehrenamtlichen Richter konkret heranzuziehen sind. § 31 wäre nicht Genüge getan, wenn die Reihenfolge der Heranziehung ehrenamtlicher Richter vom Umfang und von der Schwierigkeit der Sache abhinge[7].   9

Die **Reihenfolge der Aufnahme** der ehrenamtlichen Richter in die Liste ist ebenfalls nicht gesetzlich vorgeschrieben. In den meisten Fällen wird alphabetisch oder nach der Reihenfolge der Berufung der ehrenamtlichen Richter vorgegangen. Jedenfalls soll eine möglichst gleichmäßige Heranziehung aller ehrenamtlichen Richter gewährleistet werden, damit alle an der Richtertätigkeit teilnehmen können.   10

Vor Aufstellung der Liste ist der Ausschuss der ehrenamtlichen Richter nach § 29 Abs. 2 Satz 1 zu hören (hierzu § 29 Rz. 28).   11

Auch wenn die Liste nicht – wie der Geschäftsverteilungsplan – der strengen Offenlegungspflicht nach § 21e Abs. 9 GVG (hierzu § 6a Rz. 109) unterliegt[8], ist die **Einsichtnahme in die Liste** durch ehrenamtliche Richter sowie Prozessbeteiligte zur Prüfung, ob der gesetzliche Richter gewahrt ist, möglich[9].   12

---

1 BAG v. 30.1.1963 – 4 AZR 16/62, AP Nr. 2 zu § 39 ArbGG 1953.
2 *Ide*, S. 254, 262.
3 BAG v. 16.10.2008 – 7 AZN 427/08, AP Nr. 63 zu § 72a ArbGG 1979.
4 GMP/*Prütting*, § 31 Rz. 8.
5 BAG v. 16.10.2008 – 7 AZN 427/08, AP Nr. 63 zu § 72a ArbGG 1979.
6 BAG v. 30.1.1963 – 4 AZR 16/62, AP Nr. 2 zu § 39 ArbGG 1953; BAG v. 21.6.2001 – 2 AZR 359/00; SächsVerfGH v. 25.6.1998 – Vf. 7-IV-97, NZA-RR 1998, 461.
7 BAG v. 26.9.2007 – 10 AZR 35/07, NZA 2007, 1318.
8 BAG v. 21.6.2001 – 2 AZR 359/00, AP Nr. 5 zu § 21e GVG.
9 BVerfG v. 23.12.1997 – 1 BvR 116/94, NJW 1998, 369.

2. Die Hilfsliste

13 Für den Fall einer unvorhergesehenen Verhinderung eines ehrenamtlichen Richters besteht die Möglichkeit der Aufstellung einer Hilfsliste nach § 31 Abs. 2. Die Hilfsliste kann – ebenfalls – kammerübergreifend erstellt werden. In diese **Notliste** dürfen nur ehrenamtliche Richter aufgenommen werden, die am Gerichtssitz oder in dessen unmittelbarer Nähe wohnen oder ihren Dienstsitz haben und dadurch schnell erreichbar sind oder sich zu häufigem Einsatz bereit erklärt haben.

14 Die **Aufstellung der Hilfsliste** erfolgt nach den gleichen Grundsätzen wie die Aufstellung der ordentlichen Liste, so dass auf die dortigen Ausführungen verwiesen werden kann (vgl. Rz. 5 ff.). Sie kann – unabhängig vom Geschäftsjahr – zu jeder Zeit, wenn es notwendig erscheint, aufgestellt werden. Die Aufstellung einer Hilfsliste ist nicht zwingend.

15 Die nach § 6a ArbGG iVm. § 21e GVG zulässige Errichtung einer wegen Arbeitsüberlastung gebildeten Hilfskammer berechtigt auch zur **Zuweisung** von bereits zu dem Gericht berufenen und anderen Kammern zugewiesenen ehrenamtlichen Richtern an die Hilfskammer[1].

III. Heranziehung aus der Liste

16 Die ehrenamtlichen Richter werden in der Reihenfolge der Liste herangezogen. Bei der Heranziehung zu den einzelnen Sitzungen ist der Vorsitzende **an die Reihenfolge gebunden**, damit Manipulationen bei der Besetzung der Kammer ausgeschlossen sind. Ehrenamtliche Richter dürfen nur nach der Reihenfolge der Liste herangezogen und nicht aufgrund des Umfangs oder der Schwierigkeit der Sache im konkreten Einzelfall ausgewählt werden[2] (zu den Konsequenzen fehlerhafter Heranziehung vgl. auch Rz. 30 ff.). Im Durchschnitt werden die ehrenamtlichen Richter der 1. Instanz alle vier bis zwölf Wochen herangezogen.

1. Grundsatz

17 Die ehrenamtlichen Richter sind bis auf die Ausnahme der Alleinentscheidung durch den Vorsitzenden (hierzu § 16 Rz. 28 ff.) immer dann an den Entscheidungen zu beteiligen, wenn der jeweiligen Entscheidung eine mündliche Verhandlung vorausgeht, und somit für die **Kammersitzung** heranzuziehen. Die Gütesitzungen werden dagegen gem. § 54 Abs. 1 Satz 1 vom Vorsitzenden allein wahrgenommen (wegen der Einzelheiten vgl. § 16 Rz. 13 ff.). **Ohne mündliche Verhandlung** sind die ehrenamtlichen Richter auch in den weiteren vom Gesetz bestimmten Fällen zu beteiligen. Wegen der Einzelheiten wird auf § 16 Rz. 21 verwiesen.

18 Im **Verfahren auf Erlass einstweiligen Rechtsschutzes** bestehen gegenüber dem Urteilsverfahren keine Besonderheiten. Es gelten über § 62 Abs. 2, § 64 Abs. 7 die Vorschriften der ZPO (§ 922 Abs. 1, § 936 ZPO). Bei einer Entscheidung nach mündlicher Verhandlung handelt die Kammer in voller Besetzung. Im Beschlussverfahren entscheidet über den Antrag auf Erlass einer einstweiligen Verfügung in jedem Fall nach § 85 Abs. 2 Satz 2 – nach oder ohne mündliche Verhandlung – immer die vollbesetzte Kammer des Gerichts (vgl. § 62 Rz. 88 ff.).

19 Die ehrenamtlichen Richter werden für einen Sitzungstag der entsprechenden Kammer **geladen**, wenn sie auf der Liste an der Reihe sind (zu Fortsetzungsterminen vgl. Rz. 23 ff.). Dies geschieht idR einige Wochen im Voraus schriftlich. Sind die ehrenamtlichen Richter bereits geladen und wird sodann zeitlich vorangehend ein weiterer Sitzungstag anberaumt, ist eine **Umladung** nicht erforderlich. Es werden vielmehr zu dieser neu terminierten – vorangehenden – Sitzung dann die nächsten noch nicht geladenen ehrenamtlichen Richter auf der Liste herangezogen[3].

20 Der ehrenamtliche Richter kann seine Teilnahme an einer Sitzung nur absagen, wenn ein **Verhinderungsgrund** vorliegt, welcher sein Fernbleiben entschuldigt (hierzu auch Rz. 39). Als Verhinderungsgründe kommen insbesondere Urlaub, Krankheit, Dienstreise, Elternzeit oder Mutterschutz (zu Letzterem auch § 21 Rz. 56) in Betracht. Der Verhinderungsgrund ist ggf. nachzuweisen. In der Praxis werden die ehrenamtlichen Richter über die hierfür bestimmte Geschäftsstelle geladen, an welche sie sich im Falle einer Absage auch wenden, ohne mit dem Vorsitzenden unmittelbar Kontakt aufzunehmen.

---

1 BAG v. 24.3.1998 – 9 AZR 172/97, AP Nr. 4 zu § 21e GVG.
2 BAG v. 26.9.2007 – 10 AZR 35/07, ArbRB 2007, 359; BAG v. 23.3.2010 – 9 AZN 1030/09, NZA 2010, 779.
3 *Bader* in Bader/Hohmann/Klein, Kap. XIV Rz. 18.

Bei **rechtzeitig angekündigter Verhinderung** eines ehrenamtlichen Richters wird der auf der Liste Nächst- 21
folgende geladen. Die Verhinderung ist dann rechtzeitig angekündigt, wenn noch eine ordnungsgemäße
Ladung eines Nächstfolgenden erfolgen kann. In einem solchen Fall darf nicht auf die Hilfsliste zurückgegriffen werden. Da in 1. Instanz idR die Sitzung (zum Sitzungsbegriff vgl. Rz. 23) erst am Sitzungstag vorberaten wird und eine darüber hinausgehende Vorbereitung der ehrenamtlichen Richter auf den Prozessstoff des jeweiligen Sitzungstages nicht erfolgt, kann eine ordnungsgemäße Ladung des Nächstfolgenden
innerhalb weniger Tage – uU auch zum Folgetag – erfolgen.

Bei **unvorhergesehener und plötzlicher Verhinderung** eines ehrenamtlichen Richters, zB wegen kurzfris- 22
tiger Erkrankung am Termintag, hat dieser sich so früh wie möglich auf der Geschäftsstelle zu melden.
Plötzliche Verhinderungsgründe können sich auch noch in der Sitzung selbst, nämlich bei Ablehnung
oder im Falle eines Ausschließungsgrundes (§ 6 Rz. 69, Rz. 34 ff.) ergeben. In der 1. Instanz erhalten die
ehrenamtlichen Richter mit der Ladung noch keine Unterlagen, so dass sie auf etwaige Befangenheits-
oder Ausschließungsgründe nicht rechtzeitig hinweisen können. In diesen Fällen kann ein Vertreter aus
der Hilfsliste herangezogen werden. Die Heranziehung aus der Hilfsliste erfolgt nach der dort ausgewiesenen Reihenfolge. Existiert keine Hilfsliste, so wird dem verhinderten ehrenamtlichen Richter auf der
Liste Folgende herangezogen.

2. Fortsetzungstermin

Den **Begriff der Sitzung** legt man dahin gehend aus, dass darunter nicht die Verhandlung in einer be- 23
stimmten Sache insgesamt, sondern nur der einzelne Sitzungstag zu verstehen ist[1]. Eine derartige Auslegung ist verfassungsrechtlich unbedenklich[2]. In der Praxis besteht ein Sitzungstag nicht nur aus der Verhandlung eines Rechtsstreits, sondern es wird eine Vielzahl von Verfahren verhandelt. Für den Fall einer
ausnahmsweise notwendigen Vertagung – nach §§ 56, 57 soll die Verhandlung möglichst in einem Termin
zu Ende geführt werden – oder einer Verlegung eines Termins folgt aus der Definition des Begriffes „Sitzung" grundsätzlich, dass für den neuen Sitzungstag in der Reihenfolge der Liste die nächst folgenden ehrenamtlichen Richter herangezogen werden müssten.

Bei der Frage, ob der Vorsitzende bei einem Fortsetzungstermin auch **dieselben ehrenamtlichen Richter** 24
erneut heranziehen kann, ist der jeweilige Geschäftsverteilungsplan maßgebend (hierzu unter Rz. 25 ff.).

a) Regelung im Geschäftsverteilungsplan

Der Vorsitzende kann bei Vertagung eines Rechtsstreits dieselben ehrenamtlichen Richter noch einmal he- 25
ranziehen, wenn eine abstrakt-generelle, zu Beginn des Geschäftsjahres aufgestellte, jedes Ermessen ausschließende Regelung besteht (**Geschäftsverteilungsplan**), welche die Fortsetzung eines einmal begonnenen
Termins in derselben Kammerbesetzung vorsieht[3]. Die Fortsetzung eines Termins zur Beweisaufnahme
mit denselben Richtern entspricht dem Gebot der Unmittelbarkeit der Beweisaufnahme (§ 355 Abs. 1
ZPO), welches vorsieht, dass eine sachgerechte Beweisaufnahme und Beweiswürdigung die Beweiserhebung durch das entscheidende Gericht selbst voraussetzt. Nach dieser Norm erfolgt die Beweisaufnahme
vor dem Prozessgericht. Sie ist nur in den durch das Gesetz bestimmten Fällen einem Mitglied des Prozessgerichts oder einem anderen Gericht zu übertragen[4]. Die Glaubwürdigkeit von Zeugen kann das Tatsachengericht beurteilen, wenn entweder bei der Schlussverhandlung beteiligte Richter auch an der Beweisaufnahme miterlebt haben oder wenn das Ergebnis eines persönlichen Eindrucks aktenkundig ist und die
Prozessparteien sich hierzu haben äußern können. Durch eine eindeutige und jedes Ermessen ausschließende Regelung im Geschäftsverteilungsplan über die Frage der Fortsetzungsverhandlungen wird jeder
Anschein von Willkür bei der Heranziehung ehrenamtlicher Richter vermieden und gleichzeitig im Sinne
der Unmittelbarkeitsmaxime und des Beschleunigungsgrundsatzes des § 61a für Kündigungsverfahren gehandelt. Die Fortsetzung mit denselben Richtern zur Vernehmung der restlichen Zeugen dürfte der einfachere und schnellere Weg sein, so dass einer Regelung im Geschäftsverteilungsplan über die Fortsetzung
weiterer Termine in der gleichen Kammerbesetzung nichts entgegenzusetzen ist.

---

1 BAG v. 2.3.1962 – 1 AZR 258/61, DB 1962, 676.
2 BVerfG v. 6.2.1998 – 1 BvR 1788/97, NZA 1998, 445.
3 BAG v. 26.9.1996 – 8 AZR 126/95, AuR 1997, 125 m. Anm. *Otto*; BAG v. 16.11.1995 – 8 AZR 864/93, NZA 1996,
   589; anders noch BAG v. 19.6.1973 – 1 AZR 521/72, AP Nr. 47 zu Art. 9 GG – Arbeitskampf.
4 Vgl. hierzu auch Zöller/*Greger*, § 355 ZPO Rz. 1; BGH v. 19.9.1994 – II ZR 161/93, NJW-RR 1994, 1537.

26 Das **Fehlen einer Regelung,** nach der die Gerichtsbesetzung der ehrenamtlichen Richter im Fortsetzungstermin zwingend dieselbe bleibt, ist aber ebenfalls verfassungsrechtlich unbedenklich[1]. Ein Richterwechsel nach einer Beweiserhebung erfordert nicht zwingend deren Wiederholung, da das Gebot der Unmittelbarkeit gem. § 355 Abs. 1 ZPO durch § 309 ZPO[2] eingeschränkt wird. Nach dieser Norm müssen die entscheidenden Richter lediglich der letzten mündlichen Verhandlung und der Entscheidungsberatung beigewohnt haben. Daher ist es ausreichend, im Falle des Richterwechsels erneut alle Anträge (§ 297 ZPO) stellen zu lassen[3].

27 Beschließt ein Gericht bei einer Vertagung zulässigerweise die Verhandlung in gleicher Besetzung, dürfen die entsprechenden ehrenamtlichen Richter an dem weiteren Termintag nur zu der fortgesetzten Sache geladen werden. Wird ein **Fortsetzungstermin mit denselben ehrenamtlichen Richtern** durchgeführt, müssen für die übrigen Kammertermine an dem Sitzungstag die nach der Reihenfolge der Liste heranzuziehenden Richter geladen werden. Liegt zum Fortsetzungstermin ein Verhinderungsgrund des zulässigerweise wieder herangezogenen ehrenamtlichen Richters vor, so ist dann an seiner Stelle der nach der Reihenfolge der Liste nächstberufene ehrenamtliche Richter heranzuziehen[4].

28 Für den Fall der Aufhebung und Neuterminierung, also **Vertagung eines kompletten Sitzungstages** sind zu dem neuen Termin die bereits geladenen ehrenamtlichen Richter umzuladen. Dies entspricht dem Gebot, dass alle Richter möglichst gleichmäßig herangezogen werden sollen. Würden die ehrenamtlichen Richter einfach abgeladen und die Nachfolgenden auf der Liste herangezogen, würden die abgeladenen Richter nicht in ausreichendem Maße Gelegenheit zur Teilnahme an der Rspr. erhalten.

b) Keine Regelung im Geschäftsverteilungsplan

29 Die Fortsetzung der Verhandlung in gleicher Kammerbesetzung ohne entsprechende Regelung im Geschäftsverteilungsplan ist in keinem Fall möglich. Da § 31 jeden Anschein von Willkür vermeiden soll, darf die Heranziehung der Richter auch nicht vom Ermessen des Vorsitzenden abhängig sein. Eine Regelung, die es ins **Ermessen** einer Kammer stellt, ob in derselben Besetzung fortgesetzt wird oder nicht, ist verfassungsrechtlich nicht möglich, da sie gegen das Gebot der vorherigen abstrakten Festlegung des gesetzlichen Richters verstößt[5].

3. Fehlerhafte Heranziehung der ehrenamtlichen Richter

30 **Weicht der Vorsitzende willkürlich von der Reihenfolge ab,** liegt ein Verstoß gegen Art. 101 Abs. 1 Satz 2 GG vor[6]. Ein solcher Verstoß stellt einen absoluten Revisionsgrund nach § 547 Nr. 1 ZPO dar und bietet nach Erschöpfung des Rechtswegs die Möglichkeit einer Verfassungsbeschwerde (Art. 93 Abs. 1 Nr. 4a GG, § 80 ff. BVerfG). Selbst das Einverständnis der Parteien zur Weiterverhandlung durch die gleiche Kammerbesetzung ist unzureichend, da die Parteien auf den gesetzlichen Richter gem. § 295 Abs. 2 ZPO nicht verzichten können[7]. Weder die Parteien eines Urteilsverfahrens noch die Beteiligten eines Beschlussverfahrens können einzeln oder gemeinsam auf diese Grundlagen des Prozessrechts verzichten, deren Einhaltung nicht zuletzt auch im öffentlichen Interesse an einer geordneten Gerichtsbarkeit liegt[8]. Da in der Praxis die ehrenamtlichen Richter durch die Geschäftsstelle geladen werden und der Vorsitzende sich um

---

1 SächsVerfGH v. 25.6.1998 – Vf. 7-IV-97, NZA-RR 1998, 461.
2 § 309 ZPO:
Das Urteil kann nur von denjenigen Richtern gefällt werden, welche der dem Urteil zugrunde liegenden Verhandlung beigewohnt haben.
3 BAG v. 16.12.1970 – 4 AZR 98/70, NJW 1971, 1332; ablehnend Zöller/Vollkommer, § 309 ZPO Rz. 1; Kirchner, NJW 1971, 2158 mit dem Hinweis darauf, dass bei Richterwechsel auch andere Tatsachen, zB Geständnisfiktion des § 288 ZPO, Verzicht nach § 306 ZPO oder Anerkenntnis nach § 308 ZPO fortwirken.
4 BAG v. 16.10.1974 – 4 AZR 1/74, AP Nr. 81 zu §§ 22, 23 BAT.
5 BAG v. 16.11.1995 – 8 AZR 864/93, DB 1996, 838; BAG v. 26.9.1996 – 8 AZR 126/95, NZA 1997, 333; aA Brill, DB 1970 Beilage 4, S. 1 (5); – zumindest als gewünschter rechtspolitischer Ansatz Herschel, AuR 1980, 321 (325), wonach die Parteien in jedem Fall ein Recht darauf haben sollen, dass ihr Rechtsstreit möglichst von Anfang bis Ende von denselben Richtern verhandelt und entschieden wird; Peterek, S. 11, der dies für den Fall einer besonders schwierigen Materie, in der gerade die Beisitzer eingearbeitet sind, befürwortet.
6 BAG v. 2.3.1962 – 1 AZR 258/61, AP Nr. 11 zu § 39 ArbGG; BAG v. 19.6.1973 – 1 AZR 521/72, AP Nr. 47 zu Art. 9 GG – Arbeitskampf; BAG v. 16.11.1995 – 8 AZR 864/93, DB 1996, 838; BAG v. 24.3.1998 – 9 AZR 172/97, AP Nr. 4 zu § 21e GVG; BAG v. 22.3.2001 – 8 AZR 565/00, AP Nr. 59 zu Art. 101 GG; BAG v. 16.5.2002 – 8 AZR 412/01, BAGE 101, 145; BAG v. 26.9.2007 – 10 AZR 35/07, NZA 2007, 1318.
7 BAG v. 26.9.2007 – 10 AZR 35/07, ArbRB 2007, 359.
8 BAG v. 25.8.1983 – 6 ABR 31/82, AP Nr. 11 zu § 551 ZPO.

die Zusammensetzung des jeweiligen Spruchkörpers für den Verhandlungstag frühestens nach erfolgter Ladung kümmert, ist eine willkürliche Einflussnahme auf die Besetzung idR unwahrscheinlich.

Auf einen **irrtümlichen Verstoß** kann dagegen nach hM weder eine Revision noch eine Verfassungsbeschwerde gründen. Dies wird einerseits mit dem Charakter des § 31 als „Sollvorschrift" begründet[1], andererseits damit, dass die Rspr. auf die Willkür der richterlichen Maßnahme abstellt[2]. 31

Fehler bei der Heranziehung der ehrenamtlichen Richter in einer Sache führen weder bei willkürlicher noch bei irrtümlicher Handlung durch den Vorsitzenden im Wege des sog. „Domino-Effekts" dazu, dass in allen **Folgeterminen** der gesetzliche Richter nicht gewahrt wäre[3]. 32

IV. Rechte und Pflichten aus der Heranziehung

1. Rechte

Der ehrenamtliche Richter hat einen **Anspruch darauf, entsprechend der Reihenfolge der Liste geladen zu werden**. Wird er übergangen, liegt darin eine Amtspflichtverletzung des Vorsitzenden bzw. des ladenden Urkundsbeamten. 33

Die ehrenamtlichen Richter haben die gleichen **Rechte** wie der Kammervorsitzende (Art. 97 Abs. 1 GG, § 44 Abs. 2, § 45 Abs. 1 DRiG). Sie sind in der Sache **unabhängig und nur dem Gesetz unterworfen**. Zur Unabhängigkeit gehört die Weisungsfreiheit sowohl von anderen Staatsgewalten als auch von Gruppen und Einrichtungen des Wirtschaftslebens und des sozialen Lebens sowie der sie vorschlagenden Verbände (hierzu im Einzelnen § 6 Rz. 61 ff.). 34

Die Tätigkeit der ehrenamtlichen Richter hat **in der Kammersitzung** volle Richterqualität. Die ehrenamtlichen Richter haben ein Fragerecht gegenüber Zeugen, Parteien und Sachverständigen (139 Abs. 3 ZPO) sowie bei Beratung und Abstimmung ein volles Stimmrecht und können den Berufsrichter beim ArbG und LAG auch überstimmen (§ 192 Abs. 1, §§ 195, 196 GVG). Bei dem BAG sitzen neben zwei ehrenamtlichen Richtern drei Berufsrichter, so dass ein Überstimmen nur bei uneinheitlichem Votum der Berufsrichter möglich wäre. Wegen weiterer Einzelheiten wird auf § 16 Rz. 18 verwiesen. 35

Für den Zeitraum seiner richterlichen Tätigkeit hat der ehrenamtliche Richter einen **Freistellungsanspruch** von seiner Arbeitsleistung. Verstöße hiergegen können nach § 26 geahndet werden (vgl. § 26 Rz. 10). 36

Da das Amt des ehrenamtlichen Richters ein Ehrenamt ist, enthält er kein Entgelt, sondern nach dem Justizvergütungs- und -entschädigungsgesetz – JVEG **Aufwendungsersatz**. Eine Entschädigung wird für die notwendige aufgewandte Zeit – jedoch für höchstens zehn Stunden je Tag – gewährt. Wie viel Zeit der einzelne ehrenamtliche Richter aufwendet, ist unterschiedlich. In jedem Fall ist die Teilnahme an der Sitzung nebst Vorberatung und anschließender Beratung notwendige Zeit (zu weiteren Einzelheiten des Freistellungs- und Entschädigungsanspruchs vgl. § 6 Rz. 74 ff.). 37

Gemäß der Verweisung in § 45 Abs. 9 DRiG regelt im Übrigen das **ArbGG** die Stellung der ehrenamtlichen Richter abschließend (§§ 20–31, 37–39, 43–44). 38

2. Pflichten und Folgen

Die Ladung zu den Sitzungen hat angemessene Zeit vorher zu erfolgen. Die ehrenamtlichen Richter haben der Ladung zur Sitzung zu folgen. Die – **pünktliche und gebührliche** – **Teilnahme an den Sitzungen** ist eine Amtspflicht. Die ehrenamtlichen Richter sollten sich angemessen kleiden, tragen aber im Gegensatz zu den Berufsrichtern idR. (vgl. auch § 6 Rz. 63) keine Robe. Jede Verhinderung ist unverzüglich zu entschuldigen. Eines förmlichen Nachweises bedarf es idR nicht. Im Hinblick auf die Frage, ob ein Verhinderungsgrund vorliegt, ist aber die Angabe des Grundes für die Absage erforderlich, da nur anerkannte Verhinderungsgründe den ehrenamtlichen Richter von seiner Teilnahmeverpflichtung befreien (vgl. auch Rz. 22). 39

Wichtigste Pflicht ist die **Unparteilichkeit**. Der ehrenamtliche Richter ist im Interesse der Rechtsfindung und Gerechtigkeit entsprechend seinem geleisteten Richtereid zur Objektivität gegenüber den am Verfahren beteiligten Personen verpflichtet. Dies führt dazu, dass er Gründe, die zu einer Ablehnung oder Ausschließung aus dem Verfahren (§ 49) führen könnten, unverzüglich dem Vorsitzenden angeben muss (§ 48 40

---

1 BAG v. 30.1.1963 – 4 AZR 16/62, AP Nr. 2 zu § 39 ArbGG 1953.
2 BVerfG v. 3.11.1992 – 1 BvR 137/92, NJW 1993, 381; BAG v. 23.3.2010 – 9 AZN 1030/09, NZA 2010, 779.
3 BAG v. 7.5.1998 – 2 AZR 344/97, BB 1998, 2064.

ZPO: Selbstablehnung). Dabei hat der ehrenamtliche Richter gem. § 44 Abs. 3 ZPO eine dienstliche Äußerung abzugeben. Wegen der Einzelheiten wird auf die Kommentierung zu § 49 verwiesen.

41 Die ehrenamtlichen Richter haben an der Beratung und Abstimmung teilzunehmen und sind verpflichtet, ihre Stimme abzugeben; Stimmenthaltung ist unzulässig. Es gilt das Mehrheitsprinzip (§ 196 GVG), wobei die ehrenamtlichen Richter und der Berufsrichter über das gleiche Stimmrecht verfügen; die ehrenamtlichen Richter der ArbG und LAG können mithin den Berufsrichter „überstimmen". Die Abstimmung erfolgt meist formlos. Das Ergebnis der Abstimmung und der Gang der Beratungen unterliegt dem **Beratungsgeheimnis** gegenüber jedermann (§§ 43, 45 Abs. 3 DRiG).

42 Bei **Pflichtverletzung** kann die Verhängung eines Ordnungsgeldes und bei grober Pflichtverletzung sogar eine Amtsenthebung nach § 27 in Betracht kommen. Ziel der Maßnahme nach § 27 ist die Entfernung des Richters aus dem Amt, wenn dieser durch sein Verhalten als Richter nicht mehr tragbar ist und dadurch dem Ansehen und dem Funktionieren der Rechtspflege Schaden zufügt. Entsprechende Vorschriften gelten für die ehrenamtlichen Richter bei den LAG und beim BAG (§ 37 Abs. 2, § 43 Abs. 3).

§ 32 (weggefallen)

Zweiter Abschnitt. Landesarbeitsgerichte

§ 33 Errichtung und Organisation

In den Ländern werden Landesarbeitsgerichte errichtet. § 14 Abs. 2 bis 5 ist entsprechend anzuwenden.

I. Allgemeines	1	3. § 14 Abs. 4	11
II. Verweisung auf § 14 Abs. 2–5 ArbGG	4	4. Anhörung	14
1. § 14 Abs. 2	5	III. Aufstellung der Landesarbeitsgerichte	16
2. § 14 Abs. 3	9		

I. Allgemeines

Die organisatorischen Vorschriften für die LAG finden sich in den §§ 33–39, die ihrerseits wiederum auf die Regelungen für die ArbG verweisen. 1

§ 33 Satz 1 **verpflichtet die Länder zur Errichtung** von oberen Landesgerichten. In jedem Bundesland ist mindestens ein LAG eingerichtet, wobei sich deren Gerichtsbezirk regelmäßig mit dem Gebiet der Bundesländer deckt. In Bayern gibt es zwei LAG in München und Nürnberg, in NRW sogar drei LAG in Köln, Düsseldorf und Hamm. 2

Die LAG haben den **Rang oberer Landesgerichte** und stehen somit den Oberlandes- und Oberverwaltungsgerichten gleich. 3

II. Verweisung auf § 14 Abs. 2–5 ArbGG

§ 33 Satz 2 verweist auf § 14 Abs. 2–5. Soweit hier keine Ausführungen gemacht werden, wird daher auf die Kommentierung zu § 14 verwiesen. 4

1. § 14 Abs. 2

In § 14 Abs. 2 sind **weitere organisatorische Maßnahmen**, wie die Aufhebung von Gerichten, die Verlegung von Gerichtssitzen und die Änderung der Gerichtsbezirke (Nrn. 1–3), vorgesehen. Der Gesetzgeber ist nicht nur verpflichtet, Gerichte zu errichten, sondern er hat auch weitere organisatorische Maßnahmen zu treffen, sofern Bedürfnis für eine Umorganisation besteht. Dies bezieht sich sowohl auf die Aufhebung eines Gerichts als auch auf die Verlegung des Gerichtssitzes oder die Änderungen in der Abgrenzung der Gerichtsbezirke. Die Veränderung der Abgrenzung der Gerichtsbezirke der LAG eines Bundeslandes könnte derzeit nur in Bayern und NRW relevant werden, wo es mehrere LAG gibt. 5

Der Landesgesetzgeber ist in **der Festlegung von Gerichtssitzen bzw. deren Abgrenzung** frei (§ 14 Abs. 2 Nr. 2 und 3). Ebenfalls durch Landesgesetz können einzelne Sachgebiete an ein LAG für die Bezirke mehrerer LAG zugewiesen werden (§ 14 Abs. 2 Nr. 4). 6

Schließlich sieht § 14 Abs. 2 Nr. 5 die Errichtung von **auswärtigen Kammern** vor. Die auswärtigen Kammern bleiben organisatorisch dem LAG zugeordnet, haben aber ihren festen auswärtigen Sitz. Von dieser Möglichkeit wurde bislang nur in Baden-Württemberg Gebrauch gemacht. Beim LAG Baden-Württemberg mit Sitz in Stuttgart gibt es die Außenkammern Freiburg und Mannheim. 7

Rechtsmittel, die vor einer Kammer des LAG an seinem Sitz zu verhandeln sind, können fristwahrend auch bei den Außenkammern des LAG eingelegt werden[1]. Eine Berufung in einer Sache, die vor einem LAG eines Bundeslandes zu verhandeln ist, kann fristwahrend auch bei einem anderen LAG desselben Bundeslandes eingereicht werden[2]. 8

---

1 BAG v. 23.9.1981 – 5 AZR 603/79, NJW 1982, 1118.
2 Für LAG München und LAG Nürnberg in Bayern vgl. BAG v. 12.12.1968 – 1 AZB 35/68, RdA 1969, 62.

2. § 14 Abs. 3

9 Durch Vereinbarung können mehrere Bundesländer die **Errichtung eines gemeinsamen LAG oder gemeinsamer Kammern eines LAG bzw. die Ausdehnung von Gerichtsbezirken über die Landesgrenzen hinaus** vereinbaren. Die Umsetzung erfordert einen Staatsvertrag zwischen den beteiligten Ländern und anschließend den Erlass entsprechender Landesgesetze.

10 Von dieser Möglichkeit wurde mit dem 1.1.2007 aufgrund der Fusion der LAG Brandenburg und LAG Berlin zum gemeinsamen LAG Berlin/Brandenburg Gebrauch gemacht. Das LAG Berlin/Brandenburg ist für die Länder Berlin und Brandenburg zuständig und mithin Berufungsgericht für die ArbG Berlin, Brandenburg, Cottbus, Eberswalde, Frankfurt/Oder, Neuruppin und Potsdam.

3. § 14 Abs. 4

11 § 14 Abs. 4 sieht vor, dass auf Anordnung der zuständigen obersten Landesbehörde außerhalb des Sitzes des LAG **Gerichtstage** abgehalten werden können. Der Gerichtstag wird als Sitzungstag an einem anderen Ort als dem Gerichtssitz abgehalten. In diesem Falle ist Gerichtsstelle des LAG der Gerichtstag.

12 Bei dieser Organisationsmaßnahme bedarf es keines formellen Landesgesetzes; sie wird durch **Rechtsverordnung** der Landesregierung umgesetzt, oder die entsprechende Ermächtigung wird durch Rechtsverordnung der zuständigen obersten Landesbehörde (hierzu § 15 Rz. 4) übertragen, die dann ihrerseits eine VO erlässt.

13 Die **Kosten** eines am Sitz des LAG niedergelassenen Rechtsanwalts für die Reise zu einem auswärtigen Gerichtstag des LAG sind erstattungsfähig[1].

4. Anhörung

14 Bei den Maßnahmen des § 14 Abs. 2 Nr. 1–5 und Abs. 3, nicht jedoch bei der Einrichtung von Gerichtstagen nach § 14 Abs. 4, sind die Landesgesetzgeber verpflichtet, vorbereitend die für das Landesgebiet maßgeblichen Vereinigungen von ArbN (Gewerkschaften) und ArbGeb zu hören (hierzu § 14 Rz. 24).

15 Anhörung meint nicht Zustimmung, sondern bedeutet die Gelegenheit zur Äußerung über die zur Entscheidung stehende Angelegenheit, und zwar zum Sachverhalt wie auch zur rechtlichen Beurteilung.

III. Aufstellung der Landesarbeitsgerichte

16 Folgende LAG wurden errichtet:
LAG Baden-Württemberg (LAG BW), Kammern Stuttgart, Börsenstr. 6, 70174 Stuttgart; Kammern Freiburg, Habsburgerstr. 103, 79104 Freiburg; Kammern Mannheim, E7, 21, 68159 Mannheim; www.lag-baden-wuerttemberg.de; zuständig für die ArbG Freiburg, Heilbronn, Karlsruhe, Lörrach, Mannheim, Pforzheim, Reutlingen, Stuttgart und Ulm
LAG Berlin-Brandenburg, Magdeburger Platz 1, 10785 Berlin, www.berlin.de/gerichte/landesarbeitsgericht; zuständig für die ArbG Berlin, Brandenburg a.d. Havel, Cottbus, Eberswalde, Frankfurt/Oder, Neuruppin und Potsdam.
LAG Bremen, Am Wall 198, 28195 Bremen, www.landesarbeitsgericht.bremen.de; zuständig für das ArbG Bremen-Bremerhaven
LAG Düsseldorf (NRW), Ludwig-Erhard-Allee 21, 40227 Düsseldorf, www.lag-duesseldorf.nrw.de; zuständig für die ArbG Düsseldorf, Duisburg, Essen, Krefeld, Mönchengladbach, Oberhausen, Solingen, Wesel und Wuppertal
LAG Hamburg, Osterbekstraße 96, 22083 Hamburg, www.justiz.hamburg.de/landesarbeitsgericht; zuständig für das ArbG Hamburg
LAG Hamm (NRW), Marker Allee 94, 59071 Hamm, www.lag-hamm.nrw.de; zuständig für die ArbG Arnsfeld, Bielefeld, Bocholt, Bochum, Detmold, Dortmund, Gelsenkirchen, Hagen, Hamm, Herford, Herne, Iserlohn, Minden, Münster, Paderborn, Rheine und Siegen
LAG Hessen, Gutleutstr. 130, 60327 Frankfurt/Main, www.lag-frankfurt.justiz.hessen.de; zuständig für die ArbG Darmstadt, Frankfurt/Main, Fulda, Gießen, Kassel, Offenbach und Wiesbaden
LAG Köln (NRW), Blumenthalstraße 33, 50670 Köln, www.lag-koeln.nrw.de; zuständig für die ArbG Aachen, Bonn, Köln und Siegburg

---

1 LAG Nds. v. 5.6.1990 – 2 Ta 99/90, NdsRpfl. 1990, 258.

LAG Mecklenburg-Vorpommern (LAG MV), August-Bebel-Straße 15–20, 18055 Rostock, www.mv-justiz.de, zuständig für die ArbG Neubrandenburg, Schwerin, Stralsund und Rostock

LAG München (Bayern), Winzererstraße 104, 80797 München, www.arbg.bayern.de; zuständig für die ArbG Augsburg, Kempten, München, Passau, Regensburg und Rosenheim

LAG Niedersachsen, Siemensstraße, 10 30173 Hannover, www.landesarbeitsgericht.niedersachsen.de; zuständig für die ArbG Braunschweig, Celle, Emden, Göttingen, Hameln, Hannover, Hildesheim, Lingen, Lüneburg, Nienburg, Oldenburg, Osnabrück, Stade, Verden und Wilhelmshaven

LAG Nürnberg (Bayern), Roonstraße 20, 90429 Nürnberg, www.arbg.bayern.de; zuständig für die ArbG Bamberg, Kammer Coburg, Bayreuth, Kammer Hof, Nürnberg, Weiden, Kammer Schwandorf, Würzburg, Kammer Aschaffenburg, Kammer Schweinfurt

LAG Rheinland-Pfalz (LAG Rh.-Pf.), Ernst-Ludwig-Platz 1, 55116 Mainz, www.mjv.rlp.de; zuständig für die ArbG Kaiserslautern, Koblenz, Ludwigshafen, Mainz, Trier

LAG Saarland, Obere Lauerfahrt 10, 66121 Saarbrücken, www.arbeitsgerichte.saarland.de; zuständig für die ArbG Neunkirchen, Saarbrücken und Saarlouis

LAG Sachsen-Anhalt (LAG Sa.-Anh.), Thüringer Str. 16, 06122 Halle, www.lag.sachsen-anhalt.de; zuständig für die ArbG Dessau-Roßlau, Halle, Magdeburg und Stendal

LAG Sachsen, Zwickauer Str. 54, 09112 Chemnitz, www.justiz.sachsen.de; zuständig für die ArbG Bautzen, Bautzen Außenkammern Görlitz, Chemnitz, Dresden, Leipzig und Zwickau

LAG Schleswig-Holstein (LAG Schl.-Holst.), Deliusstraße 22, 24114 Kiel, www.schleswig-holstein.de/LAG; zuständig für die ArbG Elmshorn, Flensburg, Kiel, Lübeck und Neumünster

LAG Thüringen, Rudolfstr. 46, 99092 Erfurt, www.landesarbeitsgericht.thueringen.de; zuständig für die ArbG Erfurt, Gera, Nordhausen und Suhl.

§ 34 Verwaltung und Dienstaufsicht

(1) Die Geschäfte der Verwaltung und Dienstaufsicht führt die zuständige oberste Landesbehörde. § 15 Abs. 1 Satz 2 gilt entsprechend.

(2) Die Landesregierung kann durch Rechtsverordnung Geschäfte der Verwaltung und Dienstaufsicht dem Präsidenten des Landesarbeitsgerichts übertragen. Die Landesregierung kann die Ermächtigung nach Satz 1 durch Rechtsverordnung auf die zuständige oberste Landesbehörde übertragen.

I. Allgemeines

§ 34 Abs. 1 regelt die Verwaltung und Dienstaufsicht der LAG, soweit nicht Spezialbestimmungen in diesen Bereichen existieren. Die Norm verweist auf § 15 Abs. 1 Satz 3.

Unter **Geschäften der Verwaltung** versteht man sowohl die Gerichtsverwaltung als auch die Justizverwaltung. **Gerichtsverwaltung** ist die gesamte behördliche verwaltende Tätigkeit, welche nicht unmittelbar die Erfüllung der Rechtsprechungsaufgaben beinhaltet, aber für den innerorganisatorischen Ablauf durch Schaffung der materiellen und personellen Voraussetzungen Sorge trägt (zu den Einzelheiten § 15 Rz. 11 ff.). **Justizverwaltung** ist die Tätigkeit der Justiz, die nicht Rechtspflege darstellt und gleichwohl unmittelbare Außenwirkung außerhalb eines anhängigen gerichtlichen Verfahrens entfaltet (hierzu auch § 15 Rz. 16 ff.).

Dienstaufsicht als besonderer Teil der Verwaltung ist die Überwachung der ordnungsgemäßen Durchführung der Dienstgeschäfte (im Einzelnen § 15 Rz. 26).

Bei den Geschäften der Verwaltung wird ferner zwischen Einzelmaßnahmen und allgemeinen Anordnungen differenziert. Nur soweit der Bereich der **allgemeinen Anordnungen** betroffen ist und diese nicht rein technischer Art sind, sind die Verbände der ArbN und ArbGeb, die für das Arbeitsleben im Landesgebiet wesentliche Bedeutung haben, zu hören (§ 15 Abs. 1 Satz 3; hierzu § 15 Rz. 34 ff.).

Wegen weiterer Einzelheiten wird auf die Kommentierung zu § 15 verwiesen.

II. Ressortierung und Übertragung

6 Die LAG ressortieren – ebenso wie die ArbG – bei den jeweiligen Justiz- oder Arbeitsministerien. Wegen der Einzelheiten wird auf § 15 Rz. 4 verwiesen.

7 Die Landesregierung kann durch Rechtsverordnung Geschäfte der Verwaltung und Dienstaufsicht übertragen. Die **Übertragung der Geschäfte der Verwaltung und Dienstaufsicht** kann nur an den Präsidenten des LAG erfolgen (§ 34 Abs. 2 Satz 1). Dies ist in der Praxis überwiegend geschehen.

8 Die Landesregierung kann die **Ermächtigung zur Übertragung** durch Rechtsverordnung auf die zuständige oberste Landesbehörde (hierzu § 15 Rz. 4) übertragen (§ 34 Abs. 2 Satz 2).

9 Eine **Anhörung** der Verbände nach § 15 Abs. 1 Satz 3 ist vor einer Delegation nicht erforderlich.

§ 35 Zusammensetzung, Bildung von Kammern

(1) Das Landesarbeitsgericht besteht aus dem Präsidenten, der erforderlichen Zahl von weiteren Vorsitzenden und von ehrenamtlichen Richtern. Die ehrenamtlichen Richter werden je zur Hälfte aus den Kreisen der Arbeitnehmer und der Arbeitgeber entnommen.
(2) Jede Kammer des Landesarbeitsgerichts wird in der Besetzung mit einem Vorsitzenden und je einem ehrenamtlichen Richter aus den Kreisen der Arbeitnehmer und der Arbeitgeber tätig.
(3) Die zuständige oberste Landesbehörde bestimmt die Zahl der Kammern. § 17 gilt entsprechend.

I. Zusammensetzung 1	III. Anzahl der Kammern 18
II. Die Besetzung der Kammern 5	1. Bestimmung der Anzahl 19
1. Normale Besetzung 6	2. Die Bildung von Fachkammern 22
2. Fehlerhafte Besetzung 10	

Schrifttum: *Bötticher*, Die Richterbank der Landesarbeitsgerichte, NJW 1962, 87; *Isenhardt*, Das Berufungsverfahren, in Die Arbeitsgerichtsbarkeit, FS zum 100-jähr. Bestehen des Dt. Arbeitsgerichtsverbandes, 1994, S. 343; *Müller*, Die Frage der Senatsverfassung bei den Landesarbeitsgerichten, BB 1967, 1009; *Wenzel*, Die Richterbank der Landesarbeitsgerichte – kein Objekt für Reformen, AuR 1972, 145.

I. Zusammensetzung

1 Die Zusammensetzung der LAG wird durch § 35 geregelt. § 35 Abs. 1 entspricht im Wesentlichen § 16 Abs. 1, so dass auf die dortige Kommentierung verwiesen wird.

2 Das LAG muss aus dem Präsidenten sowie der erforderlichen Anzahl von Vorsitzenden (§ 36) und ehrenamtlichen Richtern (§ 37) bestehen. Die Erforderlichkeit richtet sich nach der Anzahl der eingerichteten Kammern (hierzu Rz. 21 ff.). Die **Festlegung der erforderlichen Zahl von Richtern** obliegt der zuständigen obersten Landesbehörde (hierzu § 15 Rz. 4) und muss im Einvernehmen mit der Landesjustizverwaltung bzw. der obersten Arbeitsbehörde erfolgen, wobei es weder Mindest- noch Höchstzahlen gibt. Sie ist abhängig von der Anzahl der Kammern, welche wiederum abhängig ist von haushaltsrechtlichen Erwägungen einerseits und dem Arbeitsanfall – also den Eingangszahlen – andererseits. Der Bedarf wird anhand einer **Personalbedarfsrechnung** PebbSy ermittelt (hierzu § 7 Rz. 15 und § 16 Rz. 4).

3 § 35 geht davon aus, dass die **Kammervorsitzenden am LAG** an diesem Gericht planmäßig angestellt und als Vorsitzende Richter am LAG ernannt sind. Die Heranziehung von nicht planmäßig angestellten Richtern kann nur aus Ausbildungsgesichtspunkten zum Zwecke der Erprobung oder aus anderen zwingenden Gründen – bspw. wegen unvorhergesehener Überbelastung des LAG – erfolgen[1]. Diese Möglichkeiten dürfen von der Justizverwaltung aber nicht dazu genutzt werden, Einsparungen vorzunehmen. Deshalb führen auch Erprobung, Krankheitsvertretung und Entlastungsabordnung zu einer verfassungswidrigen Gerichtsbesetzung, wenn die Arbeitslast des Gerichts deshalb nicht bewältigt werden kann, weil es unzureichend

---

1 BVerfG v. 3.7.1963 – 2 BvR 628/60, 2 BvR 247/61, NJW 1962, 1495; BAG v. 6.6.2007 – 4 AZR 411/06, NZA 2008, 1086.

mit Planstellen ausgestattet ist oder weil die Justizverwaltung es verabsäumt hat, offene Planstellen binnen angemessener Frist zu besetzen. Dementsprechend muss sich die Abordnung in zeitlichen und sachlichen Grenzen halten[1].

Die **ehrenamtlichen Richter** werden je zur Hälfte aus den Kreisen der ArbN (§ 23) und der ArbGeb (§ 22) entnommen. Sie werden für fünf Jahre berufen (§ 20). Die Berufungsvoraussetzungen ergeben sich aus § 21.

II. Die Besetzung der Kammern

§ 35 Abs. 2 regelt die Besetzung der einzelnen Spruchkörper des LAG. Dabei weisen in Arbeitsgerichtssachen die 1. und 2. Instanz die gleiche Zusammensetzung auf. Dies ist im Verhältnis zu den entsprechenden Instanzen anderer Gerichtsbarkeiten ungewöhnlich[2].

1. Normale Besetzung

Die Kammern werden als **Spruchkörper** mit einem Vorsitzenden und zwei ehrenamtlichen Richtern, je einem aus dem Kreis der ArbN und dem Kreis der ArbGeb, besetzt. Während der Vorsitzende einer oder mehreren Kammern durch Geschäftsverteilungsplan (§ 6a) zugeordnet ist, werden die ehrenamtlichen Richter in einer bestimmten Reihenfolge einer Liste herangezogen (§ 39).

Wegen der Darstellung der **Rechte und Pflichten der Richter** wird auf die Kommentierung zu § 16 verwiesen, wobei die meisten Regelungen, die auch für die Tätigkeit am ArbG gelten, über § 64 Abs. 7 herangezogen werden (hierzu § 16 Rz. 10 ff.).

Prozessual bestehen Besonderheiten. Insbesondere finden in 2. Instanz mangels Güteverhandlung die §§ 54 und 55 Abs. 3 keine Anwendung. Eine Zuweisung des Rechtsstreits an den Einzelrichter zur Vorbereitung der Entscheidung oder zur Entscheidung selbst ist nach § 64 Abs. 6 Satz 2 ausgeschlossen[3]. Daneben regeln weitere Besonderheiten die §§ 64 ff. Wegen der Einzelheiten wird auf die dortige Kommentierung verwiesen.

Die **Information der ehrenamtlichen Richter vor der Verhandlung** weicht zumeist von der Praxis der 1. Instanz ab. Anders als bei den ArbG, bei denen kurz vor der Sitzung mündlich über Sach- und Streitstand informiert wird, werden die ehrenamtlichen Richter der LAG bereits vor den Sitzungen mit dem Streitstoff vertraut gemacht. Beim LAG Köln oder beim LAG Rheinland-Pfalz bspw. übersendet ihnen die Geschäftsstelle ca. eine Woche vor dem Termin neben dem erstinstanzlichen Urteil Abschriften der Berufungsschrift, -begründung und -erwiderung zur Vorbereitung.

2. Fehlerhafte Besetzung

Eine fehlerhafte Besetzung des Gerichts liegt vor, wenn die falschen Richter herangezogen worden sind.

Das Gericht ist fehlerhaft besetzt, wenn die **Parität zwischen ehrenamtlichen Richtern** nicht beachtet wurde, also nicht je ein Richter aus den ArbN- und den ArbGeb-Kreisen herangezogen wurde. Diese Besetzung ist – unabhängig von der Art des Rechtsstreits und der Stellung der Parteien – in § 35 Abs. 2 Satz 2 zwingend vorgesehen.

Bei Willkür kann auch die Mitwirkung falscher ehrenamtlicher Richter einen Verstoß gegen den gesetzlichen Richter gem. Art. 101 Abs. 1 Satz 2 GG darstellen (hierzu auch § 16 Rz. 51). Auch wenn einer der mitwirkenden Richter **während fortdauernder Verhandlung den Sitzungssaal kurzfristig verlässt**, ist das LAG nicht mehr vorschriftsmäßig besetzt[4] (zur Verpflichtung der vollen Wahrnehmung von Richteraufgaben vgl. § 16 Rz. 54 ff.).

Besetzungsfehler werden nur auf **ausdrückliche Rüge** hin berücksichtigt. Ob das Urteil tatsächlich auf dem Verstoß beruht, ist unerheblich. Voraussetzung ist aber, dass die Besetzung eine klar zutage liegende Gesetzesverletzung darstellt und auf objektiver Willkür beruht und nicht nur wegen einer irrigen Gesetzes-

---

1 BAG v. 25.3.1971 – 2 AZR 187/70, AP Nr. 3 zu § 36 ArbGG 1953; BAG v. 6.6.2007 – 4 AZR 411/06, NZA 2008, 1086.
2 Zur Diskussion um die abweichende Besetzung *Müller*, BB 1967, 1009; *Bötticher*, NJW 1962, 87; *Wenzel*, AuR 1972, 147.
3 Hierzu *Isenhardt*, S. 345.
4 BAG v. 31.1.1958 – 1 AZR 477/57, AP Nr. 1 zu § 164 ZPO.

auslegung oder einer irrtümlichen Abweichung von den Festsetzungen des Geschäftsverteilungsplans zustande gekommen ist[1].

14 Findet gegen das Urteil des LAG die **Revision** (§ 72) statt, liegt ein Revisionsgrund nach § 547 Nr. 1 ZPO vor. Das Urteil kann durch das BAG allein wegen der fehlerhaften Besetzung aufgehoben und an das LAG zurückverwiesen werden (§ 563 ZPO).

15 Bei Nichtzulassung der Revision wäre uU. mit der fehlerhaften Besetzungsrüge die **Nichtzulassungsbeschwerde** gem. § 72a begründet[2].

16 Eine **Heilung des Mangels wegen rügeloser Einlassung** kommt nicht in Betracht, da die Parteien gem. § 295 Abs. 2 ZPO auf die Vorschriften zur ordnungsgemäßen Besetzung des Gerichts und damit auf den gesetzlichen Richter nicht wirksam verzichten können[3].

17 Es besteht – wenn die Voraussetzungen für die Einlegung eines Rechtsmittels nicht gegeben sind – die Möglichkeit einer **Nichtigkeitsklage** nach § 579 Abs. 1 Nr. 1 ZPO. Ferner kann, da bei Entscheidung in fehlerhafter Besetzung auch ein Verstoß gegen Art. 101 Abs. 1 Satz 2 GG vorliegt, die fehlerhafte Besetzung nach Erschöpfung des Rechtswegs mit der Verfassungsbeschwerde (Art. 93 Abs. 1 Nr. 4a, Art. 101 Abs. 1 Satz 2 GG, § 13 Nr. 8a, §§ 90 ff. BVerfG) gerügt werden.

III. Anzahl der Kammern

18 § 35 Abs. 3 befasst sich mit der Anzahl der Kammern. Wegen des Verweises in Satz 2 auf § 17 wird auf die dortige Kommentierung verwiesen (insbesondere § 17 Rz. 2 ff.).

1. Bestimmung der Anzahl

19 Die zuständige oberste Landesbehörde (hierzu § 15 Rz. 4) bestimmt die Anzahl der Kammern eines LAG (§ 35 Abs. 3 Satz 1). Sie hat dabei die Gewerkschaften und Vereinigungen von ArbGeb, die für das Arbeitsleben im Landesgebiet wesentliche Bedeutung haben, zu hören (§ 35 Abs. 3 Satz 2 iVm. § 17 Abs. 1 Satz 1 unter Verweis auf § 14 Abs. 5)

20 § 35 Abs. 3 regelt nicht nur die Zuständigkeit der obersten Landesbehörde für die Errichtung von Kammern eines neuen LAG, sondern auch wegen des Verweises auf § 17 für eine **Veränderung der Anzahl der Kammern** bei einem bereits bestehenden LAG. Wird die Anzahl der bestehenden Kammern verändert, ist gem. § 38 Satz 2 wegen des Verweises auf § 29 Abs. 2 Satz 1 der Ausschuss der ehrenamtlichen Richter zu hören (vgl. § 29 Rz. 18).

21 Die **Anzahl der zu bildenden Kammern** steht im Ermessen der Verwaltung. Sie hat sich jedoch an der Zahl der bisherigen und weiter zu erwartenden Eingänge zu orientieren, um dem Rechtsschutzbedürfnis der Parteien Rechnung zu tragen (hierzu auch Rz. 2 und § 35 Rz. 21). Allerdings bezieht sich die Befugnis der obersten Landesbehörde nur auf die Einrichtung von ständigen Kammern eines LAG; Hilfskammern wegen Überlastung einer (Regel-)Kammer werden ggf. vom Präsidium errichtet[4].

2. Die Bildung von Fachkammern

22 Fachkammern sind besondere Kammern, die sich nur mit Streitigkeiten bestimmter Berufe und Gewerbe und bestimmter Gruppen von ArbN beschäftigen. Bezweckt ist damit die Nutzung besonderer Fachkompetenz der in die Materie eingearbeiteten Richter und der ehrenamtlichen Richter. Zu den Einzelheiten kann auf die Kommentierung zu § 17 verwiesen werden (hierzu § 17 Rz. 11 ff.).

23 Die Fachkammern entscheiden in derselben **Besetzung** wie die allgemeinen Kammern. § 16 Abs. 2 ist anzuwenden (vgl. § 16 Rz. 8). Allerdings sind die ehrenamtlichen Richter bei den Fachkammern nicht allgemein aus den Kreisen der ArbN (§ 23) und ArbGeb (§ 22) zu ernennen, sondern gem. § 30 Satz 1 aus den Kreisen der ArbN und ArbGeb, für welche die Fachkammer gebildet ist. § 30, welcher die Besetzung der Fachkammern regelt, differenziert zwischen den Fachkammern, den Fachkammern für Streitigkeiten der in § 22 Abs. 2 Nr. 2 bezeichneten Angestellten und den erweiterten Fachkammern (vgl. § 30 Rz. 11, § 17 Rz. 21).

---

1 BVerfG v. 13.10.1970 – 2 BvR 618/68, NJW 1970, 2155.
2 BAG v. 23.3.2010 – 9 AZN 1030/09, NZA 2010, 779.
3 BGH v. 19.10.1992 – II ZR 171/91, NJW 1993, 600; Zöller/*Greger*, § 295 ZPO Rz. 4.
4 BAG v. 27.4.1972 – 5 AZR 404/71, AP Nr. 1 zu § 35 ArbGG 1953; BAG v. 24.3.1998 – 9 AZR 172/97, AP Nr. 4 zu § 21e GVG.

Die **Bildung von Fachkammern** obliegt dem Ermessen der Landesregierung, die jedoch die Ermächtigung gem. § 17 Abs. 3 durch Rechtsverordnung auf die zuständige oberste Landesbehörde übertragen kann. 24

Eine bestimmte **Anzahl oder Art von Fachkammern** ist nicht vorgeschrieben. Insbesondere ist es nicht zwingend erforderlich, dass in gleichem Maße Fachkammern bei einem der erstinstanzlichen ArbG des Bezirkes des LAG eingerichtet sind, genauso wenig wie die Einrichtung erstinstanzlicher Fachkammern die Errichtung entsprechender Fachkammern beim LAG bedingt. 25

Vor der Bildung von Fachkammern sind entsprechend § 35 Abs. 3 iVm. § 17 Abs. 1, § 14 Abs. 5 die Gewerkschaften und Vereinigungen von ArbGeb zu hören. **Anhörung** meint nicht Zustimmung, sondern bedeutet die Gelegenheit zur Äußerung über die zur Entscheidung anstehende Angelegenheit, und zwar zum Sachverhalt wie auch zur rechtlichen Beurteilung (vgl. auch § 14 Rz. 27). 26

§ 36 Vorsitzende

Der Präsident und die weiteren Vorsitzenden werden auf Vorschlag der zuständigen obersten Landesbehörde nach Anhörung der in § 14 Abs. 5 genannten Gewerkschaften und Vereinigungen von Arbeitgebern als Richter auf Lebenszeit entsprechend den landesrechtlichen Vorschriften bestellt.

I. Allgemeines

§ 36 regelt die Bestellung des Präsidenten und der weiteren Vorsitzenden des LAG. Diese werden auf Vorschlag der obersten Landesbehörde nach Anhörung der in § 14 Abs. 5 genannten Gewerkschaften und Vereinigungen von ArbGeb bestellt. 1

II. Voraussetzungen

Der **Präsident des LAG** ist der Leiter des Gerichts und zugleich als Vorsitzender einer Kammer mit Rechtsprechungstätigkeiten betraut. Er übt die unmittelbare bzw. mittelbare Dienstaufsicht über die Richter, Beamten und Beschäftigten des gesamten LAG-Bezirks aus (zur Dienstaufsicht § 15 Rz. 26 ff.). Der LAG-Bezirk entspricht – mit Ausnahme der LAG-Bezirke München und Nürnberg, die zu Bayern gehören, sowie Köln, Düsseldorf und Hamm, die zu NRW gehören – dem jeweiligen Bundesland (hierzu § 33 Rz. 16). 2

Der Vorsitzende Richter am LAG ist der Vorsitzende des Berufungsspruchkörpers. Er entspricht in seiner **Funktion, Stellung und Besoldung** (zu Letzterer Rz. 8) dem Senatsvorsitzenden beim Oberlandes- oder Oberverwaltungsgericht bzw. Landessozialgericht. 3

Als Vorsitzender kann nur ein **Berufsrichter** bestellt werden, der die Befähigung zum Richteramt hat, § 6a Nr. 5. Die weiteren Voraussetzungen ergeben sich aus dem DRiG; insbesondere aus §§ 5, 7 und 9 DRiG (vgl. § 6 Rz. 13 ff.). 4

Für die Tätigkeit am LAG schreibt § 36 darüber hinaus vor, dass der Präsident und die weiteren Vorsitzenden **Richter auf Lebenszeit** sein müssen. Dieses zusätzliche Erfordernis entspricht der besonderen Stellung und Verantwortung des Vorsitzenden am LAG, wo wegen der ausschließlich gegebenen Zulassungsrevision die überwiegende Mehrzahl der Verfahren mit Abschluss des Berufungsverfahrens rechtskräftig entschieden wird. Zum Richter auf Lebenszeit kann ernannt werden, wer nach Erwerb der Befähigung zum Richteramt mindestens drei Jahre im richterlichen Dienst tätig gewesen ist, wobei bestimmte Vortätigkeiten angerechnet werden können (§ 10 DRiG; hierzu vgl. im Einzelnen § 6 Rz. 5). Spätestens nach Ablauf von fünf Jahren hat der Richter auf Probe einen Anspruch auf Ernennung auf Lebenszeit (§ 12 Abs. 2 DRiG). Dies bedeutet allerdings nicht, dass ein Vorsitzender bei einem LAG als Richter auf Lebenszeit ernannt wird, sondern er wird in aller Regel bereits in 1. Instanz auf Lebenszeit ernannt. 5

Einem Ernennungsverfahren zum LAG geht idR eine erfolgreiche **Erprobung** bei dem LAG des Bezirks, dem der Richter angehört, voraus. Die Erprobungszeit, die den Einsatz des Richters als Kammervorsitzender vorsieht, dauert zwischen drei bis neun Monate; dies variiert von Bundesland zu Bundesland. In NRW, Berlin-Brandenburg und in Hessen gibt es Richtlinien, welche die Einzelheiten zur Erprobung festhalten. In Baden-Württemberg gibt es ein Personalentwicklungskonzept, nach dem die Erprobung mindestens neun Monate dauert. In Niedersachsen haben der Präsident des LAG und der Richterrat eine Dienstvereinbarung zur Erprobung abgeschlossen. Einige LAG haben eigens Hilfskammern für die Erprobung erstinstanzlicher Richter eingerichtet. 6

7 Nicht eindeutig ist dem Wortlaut der Norm zu entnehmen, ob es § 36 zulässt, dass **ein Vorsitzender zugleich auch Vorsitzender an einem weiteren LAG** sein kann. Im Gegensatz zu § 18 Abs. 3, der für die erstinstanzlichen Gerichte gilt (hierzu § 18 Rz. 24 ff.), wird hier diese Möglichkeit nicht ausdrücklich vorgesehen. Nach hM soll § 18 Abs. 3 analog auch für den Vorsitzenden bei einem LAG angewendet werden[1]. Die praktische Relevanz dieser Fragestellung ist aber gering, zumal es in Deutschland keinen derartigen Fall gibt und allenfalls in Bayern oder Nordrhein-Westfalen, also in Bundesländern mit mehreren LAG, diese Fallgestaltung relevant werden könnte. In jedem Fall darf ein Richter auf Lebenszeit – außer im Wege der Abordnung (§ 37 DRiG) – bei einem Gericht keine richterlichen Aufgaben wahrnehmen, ohne dass ihm ein Richteramt bei diesem Gericht übertragen ist.

8 Die **Besoldung** der Richter am LAG richtet sich nach der Bundesbesoldungsordnung R. Ein Vorsitzender Richter am LAG wird nach R 3 vergütet. Der Präsident eines LAG wird in einem Gericht mit bis zu 25 Richterplanstellen im Bezirk nach der Besoldungsstufe R 5 vergütet, als Präsident an einem LAG mit 26 und mehr Richterplanstellen im Bezirk nach R 6. Der Vizepräsident erhält als Vertreter eines nach R 6 alimentierten Präsidenten Vergütung nach R 3 mit Amtszulage.

III. Das Bestellungsverfahren

9 Das Bestellungsverfahren betreffend den Präsidenten und betreffend die weiteren Vorsitzenden ist gleich ausgestaltet. Die Bestellung erfolgt auf **Vorschlag** der zuständigen obersten Landesbehörde (hierzu § 15 Rz. 4) nach den jeweiligen landesrechtlichen Vorschriften, dies sind insbesondere die Landesrichtergesetze.

10 Nach Satz 1 unter Verweis auf § 14 Abs. 5 sind vorbereitend die für das Landesgebiet maßgeblichen Vereinigungen von ArbN (Gewerkschaften) und ArbGeb zu hören (hierzu § 14 Rz. 24). **Anhörung** meint nicht Zustimmung, sondern bedeutet die Gelegenheit zur Äußerung über die zur Entscheidung stehende Angelegenheit, und zwar zum Sachverhalt wie auch zur rechtlichen Beurteilung. Im Gegensatz zu § 18 Abs. 1 und 2, der neben der hier nicht erforderlichen Bildung eines besonderen Ausschusses eine Beratung vorsieht, bedarf es bei der Anhörung keines Austausches der Argumente im Sinne einer Diskussion, sondern nur der Entgegennahme der Argumente der Vereinigungen und ihrer Berücksichtigung vor Entscheidung[2].

11 Sofern **Richterwahlausschüsse** bestehen, sind diese vor der Bestellung zu beteiligen. Die vorschlagsberechtigte Behörde muss dann zusätzlich nach Abschluss der Beratung den von ihr zur Ernennung in Aussicht genommenen Richter wählen lassen. Nach Art. 98 Abs. 4 GG ist es den Ländern freigestellt, ob sie Richterwahlausschüsse einrichten (vgl. § 18 Rz. 16).

12 Die **Entscheidung** über die Bestellung des Präsidenten und der weiteren Vorsitzenden trifft die zuständige oberste Landesbehörde.

§ 37 Ehrenamtliche Richter

(1) **Die ehrenamtlichen Richter müssen das dreißigste Lebensjahr vollendet haben und sollen mindestens fünf Jahre ehrenamtliche Richter eines Gerichts für Arbeitssachen gewesen sein.**
(2) **Im Übrigen gelten für die Berufung und Stellung der ehrenamtlichen Richter sowie für die Amtsenthebung und die Amtsentbindung die §§ 20 bis 28 entsprechend.**

I. Allgemeines

1 § 37 ist eine Sondervorschrift für die Stellung und Berufung der ehrenamtlichen Richter der LAG. Neben einigen besonderen Berufungsvoraussetzungen (hierzu Rz. 2) richten sich ihre Stellung und Berufung gem. Abs. 2 nach den Vorschriften für die ehrenamtlichen Richter der ArbG, insbesondere nach den §§ 20–28. Es wird des Weiteren auf die Kommentierung zu § 6 Rz. 54 ff. verwiesen, wo neben Einzelheiten zur Rechtsstellung der ehrenamtlichen Richter auch die Bereiche Freistellung und Entschädigung angesprochen sind. Ihre Beteiligungsrechte im Gerichtsverfahren sind in § 16 Rz. 19 ff. beschrieben. Ergänzend zu

---

1 GMP/*Prütting*, § 36 Rz. 5; GK-ArbGG/*Bader*, § 36 Rz. 2; aA Düwell/Lipke/*Wolmerath*, § 36 Rz. 2.
2 GK-ArbGG/*Bader*, § 36 Rz. 4; dagegen GMP/*Prütting*, § 36 Rz. 4, der nur sprachliche Unterschiede, aber keine sachlichen Unterschiede der Formulierungen in § 18 und § 36 annimmt.

ihren Befugnissen und Pflichten im Verfahren vor den ArbG haben die ehrenamtlichen Richter der LAG das Urteil nebst Tatbestand und Entscheidungsgründen zu unterschreiben (§ 69 Abs. 1 Satz 1)[1].

II. Besondere Berufungsvoraussetzungen

§ 37 Abs. 1 fordert neben den allgemeinen Berufungsanforderungen besondere Voraussetzungen. Abweichend von § 21 wird ein bestimmtes **Alter** vorausgesetzt. Die ehrenamtlichen Richter an den LAG müssen bei ihrer Ernennung das 30. Lebensjahr vollendet haben.

Ferner sollen die ehrenamtlichen Richter beim LAG **Vorerfahrung** gesammelt haben und mindestens fünf Jahre ehrenamtlicher Richter eines Gerichtes für Arbeitssachen gewesen sein. Hierbei handelt es sich nicht um eine zwingende Voraussetzung. Dies ergibt sich aus der vom Gesetzgeber ausdrücklich gewählten unterschiedlichen Formulierung der Voraussetzungen in § 37 Abs. 1 Halbs. 1 und 2[2]. Da es sich mit dem Wortlaut „sollen" jedoch um eine dringende Empfehlung des Gesetzgebers handelt, dürfte eine Abweichung vom Vorliegen der Vorerfahrung nur dann in Betracht zu ziehen sein, wenn nicht genügend geeignete Personen zu ehrenamtlichen Richtern berufen werden könnten. Es ist auch nicht erforderlich, dass die **Vorerfahrung bei einem Gericht desselben Bundeslandes oder desselben Landesarbeitsgerichtsbezirkes** gesammelt wurde. Eine zusammenhängende fünfjährige Tätigkeit – unmittelbar vor Bestellung zum ehrenamtlichen Richter beim LAG – ist ebenfalls nicht erforderlich.

Bei einer **Berufung an eine Fachkammer 2. Instanz** ist es nicht erforderlich, dass der ehrenamtliche Richter vorab einer Fachkammer derselben Berufsgruppe oder desselben Gewerbes angehörte. Im Übrigen wird auf die Kommentierung zu § 30 verwiesen[3].

Wegen der weiteren Einzelheiten zu Voraussetzungen und Stellung der ehrenamtlichen Richter wird auf § 20 zum Berufungsverfahren, auf § 21 zu den allgemeinen Berufungsvoraussetzungen, § 22 zu den Besonderheiten für die ehrenamtlichen Richter aus Kreisen der ArbGeb und § 23 zu den Besonderheiten für die ehrenamtlichen Richter aus Kreisen der ArbN sowie auf § 24 zur Ablehnung und Niederlegung, § 26 zur Schutzvorschrift, § 27 zur Amtsenthebung und § 28 zum Ordnungsgeld verwiesen.

§ 38 Ausschuss der ehrenamtlichen Richter

Bei jedem Landesarbeitsgericht wird ein Ausschuss der ehrenamtlichen Richter gebildet. Die Vorschriften des § 29 Abs. 1 Satz 2 und 3 und Abs. 2 gelten entsprechend.

I. Allgemeines

Durch den Ausschuss werden die ehrenamtlichen Richter bei den LAG an der Gerichtsverwaltung beteiligt.

Bei den LAG ist der Ausschuss, anders als bei den ArbG (hierzu § 29 Rz. 3), – unabhängig von der Anzahl der bestehenden Kammern – obligatorisch (§ 38 Satz 1).

II. Zusammensetzung

Der Ausschuss ist **paritätisch besetzt** und besteht aus insgesamt mindestens sechs ehrenamtlichen Richtern der ArbGeb- und der ArbN-Kreise (§ 29 Abs. 1 Satz 2). Ist die Größe des Ausschusses durch landesrechtliche Vorschriften nicht geregelt, so bestimmen die ehrenamtlichen Richter die **Mitgliederzahl** selbst (zum Wahlverfahren vgl. § 29 Rz. 5 ff.).

Zur **Amtsperiode des Ausschusses** wird auf § 29 Rz. 8 verwiesen.

Zur **Amtszeit** des ehrenamtlichen Richters als Ausschussmitglied vgl. § 29 Rz. 10.

---

1 Zur Frage, wann eine Unterschrift durch den Vorsitzenden unter Angabe des Verhinderungsgrundes ersetzt werden kann auch BVerwG v. 9.7.2008 – 6 PB 17/08, NJW 2008, 3450.
2 GK-ArbGG/*Bader*, § 37 Rz. 6; so auch Düwell/Lipke/*Wolmerath*, § 39 Rz. 6.
3 Düwell/Lipke/*Wolmerath*, § 39 Rz. 7; GMP/*Prütting*, § 37 Rz. 4.

6   Das **Fehlen der Ausschüsse** ist für die Ordnungsmäßigkeit der Besetzung der LAG ohne Bedeutung (hierzu vgl. § 29 Rz. 12).

III. Aufgaben und Verfahren

7   Der Ausschuss ist zum einen **Interessenvertreter** der ehrenamtlichen Richter und zum anderen **beratendes Organ bei Maßnahmen der richterlichen Selbstverwaltung**, welche die Stellung der ehrenamtlichen Richter berühren.

8   Der Ausschuss ist als Vertretungsorgan der ehrenamtlichen Richter deren Interessenvertretung, welches **Wünsche übermitteln** kann (§ 38 Satz 2 iVm. § 29 Abs. 2 Satz 2; im Einzelnen hierzu § 29 Rz. 15 f.).

9   Der Ausschuss hat im Übrigen **Anhörungsrechte**, dh., er ist in den in § 29 Abs. 2 Satz 1 aufgeführten Fällen zu informieren und muss ausreichend Gelegenheit zur eventuellen Äußerung haben (vgl. § 29 Rz. 17 ff.).

10 Der Ausschuss hat **kein Mitbestimmungsrecht**; allerdings sind die Beschlüsse des Ausschusses nach pflichtgemäßem Ermessen der Vorsitzenden zu berücksichtigen.

11 Der Ausschuss wird **einberufen** durch den Präsidenten des LAG bzw. – bei dessen Fehlen oder Verhinderung – durch den Vizepräsidenten des LAG, ansonsten durch den dienstältesten Vorsitzenden des LAG (hierzu § 29 Rz. 22). Er tagt unter **Leitung** des Präsidenten des LAG bzw. seines Vertreters mit den anwesenden Mitgliedern (§ 29 Rz. 23). Seine **Entscheidungen** fasst er als demokratisches Gebilde mit der Mehrheit der Stimmen (hierzu § 29 Rz. 24). Die im Ausschuss gefassten Beschlüsse, Anträge und Anregungen hat der Präsident des LAG sodann an die maßgebenden Stellen weiterzuleiten bzw. sich für ihre Durchsetzung zu verwenden.

12 Die Ausschussmitglieder sind verpflichtet, an den Sitzungen des Ausschusses teilzunehmen. Die **Teilnahmepflicht** ist eine Amtspflicht iSd. §§ 27, 28. Bleiben die Ausschussmitglieder ohne genügende Entschuldigung fern, ist die Verhängung von Ordnungsgeldern, bei wiederholtem grundlosen Fehlen sogar uU eine Amtsenthebung möglich.

13 Die Ausschussmitglieder müssen für ihre Tätigkeit im Ausschuss **freigestellt** werden (vgl. § 6 Rz. 74). Sie dürften wegen ihrer Tätigkeit im Ausschuss nicht beschränkt oder benachteiligt werden (§ 26).

14 Die ehrenamtlichen Richter erhalten für ihre Tätigkeit im Ausschuss eine **Entschädigung** nach dem Justizvergütungs- und -entschädigungsgesetz – JVEG (vgl. § 6 Rz. 75 ff.).

15 Wegen weiterer Einzelheiten kann auf die Kommentierung zu § 29 verwiesen werden, da § 38 Satz 2 auf diese Regelung verweist.

§ 39 Heranziehung der ehrenamtlichen Richter

Die ehrenamtlichen Richter sollen zu den Sitzungen nach der Reihenfolge einer Liste herangezogen werden, die der Vorsitzende vor Beginn des Geschäftsjahrs oder vor Beginn der Amtszeit neu berufener ehrenamtlicher Richter gemäß § 38 Satz 2 aufstellt. § 31 Abs. 2 ist entsprechend anzuwenden.

I. Allgemeines

1   Nach welcher Reihenfolge die ehrenamtlichen Richter der LAG bei den einzelnen Sitzungen einzusetzen sind, ergibt sich aus § 39. Die Vorschrift verweist im Übrigen auf § 31 Abs. 2, so dass auf die dortige Kommentierung verwiesen werden kann (§ 31 Rz. 16 ff.).

2   Die Vorschrift dient der Absicherung der verfassungsrechtlichen Garantie des gesetzlichen Richters (Art. 101 Abs. 1 Satz 2 GG) und soll die willkürliche Heranziehung ehrenamtlicher Richter verhindern. Gesetzlicher Richter bedeutet, dass sich der für die einzelne Sache zuständige Richter im Voraus eindeutig aus einer allgemeinen Regelung ergeben muss (vgl. hierzu auch § 31 Rz. 2).

II. Aufstellung der Liste

Von der Verteilung der ehrenamtlichen Richter auf eine, mehrere bestimmte oder alle Kammern (§ 6a ArbGG, § 21e Abs. 1 Satz 1 GVG) zu unterscheiden ist die Aufstellung einer Liste innerhalb der Kammern oder des Gerichts. Die Aufstellung einer Liste ist zwingend vorgeschrieben[1]. 3

Die **Aufstellung der Liste** erfolgt zeitlich im Voraus für das Geschäftsjahr (hierzu § 31 Rz. 5). Die Erstellung der Liste obliegt, wenn die ehrenamtlichen Richter nur einer oder mehreren bestimmten Kammern oder Fachkammern zugeteilt sind, nicht dem Präsidium, sondern den Vorsitzenden der jeweiligen Kammern. Sie stellen eine Liste der ehrenamtlichen Richter – getrennt nach ArbGeb und ArbN – auf, nach der diese dann in der Reihenfolge herangezogen werden (vgl. § 31 Rz. 6 ff.). 4

Vor Aufstellung der Liste ist der Ausschuss der ehrenamtlichen Richter nach § 38 Satz 2 iVm. § 29 Abs. 2 Satz 1 zu hören (hierzu § 29 Rz. 18). 5

Für den Fall einer unvorhergesehenen Verhinderung eines ehrenamtlichen Richters besteht die Möglichkeit der Aufstellung einer **Hilfsliste** nach § 39 Satz 2 iVm. § 31 Abs. 2 (vgl. § 31 Rz. 13 ff.). 6

III. Heranziehung aus der Liste

Die ehrenamtlichen Richter werden in der Reihenfolge der Liste zu den Kammersitzungen herangezogen. Bei der Heranziehung zu den einzelnen Sitzungen ist der Vorsitzende an die Reihenfolge gebunden, damit Manipulationen bei der Besetzung der Kammer ausgeschlossen sind (vgl. § 31 Rz. 16 ff.). 7

Bei rechtzeitig angekündigter **Verhinderung** eines ehrenamtlichen Richters wird der auf der Liste Nächstfolgende geladen. Bei unvorhergesehener und plötzlicher Verhinderung eines ehrenamtlichen Richters, zB wegen kurzfristiger Erkrankung am Terminstag, kann auch ein Vertreter aus der Hilfsliste herangezogen werden. Die Heranziehung aus der Hilfsliste erfolgt nach der dort ausgewiesenen Reihenfolge. Existiert keine Hilfsliste, so wird der dem verhinderten ehrenamtlichen Richter auf der Liste Folgende herangezogen (wegen der weiteren Einzelheiten vgl. § 31 Rz. 19 ff.). 8

Zur Problematik des **Fortsetzungstermins** vgl. § 31 Rz. 23 ff. 9

Fehler bei der Heranziehung führen zu unterschiedlichen Folgen. Weicht der Vorsitzende willkürlich von der Reihenfolge ab, liegt ein Verstoß gegen Art. 101 Abs. 1 Satz 2 GG vor[2]. Auf einen irrtümlichen Verstoß kann dagegen nach hM weder eine Revision noch eine Verfassungsbeschwerde gründen. Jedoch führt eine weder willkürliche noch irrtümliche Heranziehung dazu, dass in allen Folgeterminen der gesetzliche Richter nicht gewahrt ist (hierzu eingehend § 31 Rz. 30 ff.). 10

Der ehrenamtliche Richter hat einen **Anspruch darauf, entsprechend der Reihenfolge der Liste geladen zu werden**. Wird er übergangen, liegt darin eine Amtspflichtverletzung des Vorsitzenden oder des ladenden Urkundsbeamten. 11

Ehrenamtliche Richter haben die gleichen **Rechte** wie der Kammervorsitzende (Art. 97 Abs. 1 GG, § 44 Abs. 2, § 45 Abs. 1 DRiG). Sie sind in der Sache **unabhängig und nur dem Gesetz unterworfen**. Zur Unabhängigkeit gehört die Weisungsfreiheit sowohl von anderen Staatsgewalten als auch von Gruppen und Einrichtungen des Wirtschaftslebens und des sozialen Lebens (zu weiteren Einzelheiten § 6 Rz. 61 ff.). 12

Für den Zeitraum seiner richterlichen Tätigkeit hat der ehrenamtliche Richter einen **Freistellungsanspruch** von seiner Arbeitsleistung und erhält **Aufwendungsersatz** nach dem Justizvergütungs- und -entschädigungsgesetz – JVEG (vgl. § 31 Rz. 36 f., § 6 Rz. 74 ff.). 13

Die Ladung zu den Sitzungen hat angemessene Zeit vorher zu erfolgen. Die ehrenamtlichen Richter haben der Ladung zur Sitzung zu folgen. Die – **pünktliche und gebührliche** – Teilnahme an den Sitzungen ist eine Amtspflicht. Bei Pflichtverletzung kann die Verhängung eines Ordnungsgeldes gem. § 37 Abs. 2 iVm. § 28 und bei grober Pflichtverletzung sogar eine Amtsenthebung nach § 37 Abs. 3 iVm. § 27 in Betracht kommen (§ 37 Abs. 2, § 43 Abs. 3). 14

---

[1] BAG v. 30.1.1963 – 4 AZR 16/62, AP Nr. 2 zu § 39 ArbGG 1953.
[2] BAG v. 2.3.1962 – 1 AZR 258/61, AP Nr. 11 zu § 39 ArbGG; BAG v. 16.11.1995 – 8 AZR 864/93, DB 1996, 838.

Dritter Abschnitt. Bundesarbeitsgericht

§ 40 Errichtung

(1) Das Bundesarbeitsgericht hat seinen Sitz in Erfurt.
(2) Die Geschäfte der Verwaltung und Dienstaufsicht führt das Bundesministerium für Arbeit und Soziales im Einvernehmen mit dem Bundesministerium der Justiz und für Verbraucherschutz. Das Bundesministerium für Arbeit und Soziales kann im Einvernehmen mit dem Bundesministerium der Justiz und für Verbraucherschutz Geschäfte der Verwaltung und Dienstaufsicht auf den Präsidenten des Bundesarbeitsgerichts übertragen.

I. Allgemeines	1	III. Verwaltung und Dienstaufsicht	15
II. Zuständigkeit		IV. Dokumentation und Veröffentlichungen	20
1. Allgemeines	9		
2. Eingangszahlen und Statistik	11		

Schrifttum: *Däubler*, Lokaltermine des Bundesarbeitsgerichts in den neuen Bundesländern, BB 1993, 660; *Grotmann-Höfling*, Die Arbeitsgerichtsbarkeit 2015 im Lichte der Statistik, AuR 2016, 497; *Jost*, Lokaltermine des Bundesarbeitsgerichts in den neuen Bundesländern, BB 1993, 662; *Loritz*, Gemeinsame Anmerkung zu den BAG-Beschlüssen vom 4.2.1993 – 4 AZR 541/92 – und vom 10.3.1993 – 4 AZR 541/92 (B) –, in SAE 1993, 317; *Walker*, Die mündliche Verhandlung vor dem BAG außerhalb der Gerichtsstelle, NZA 1993, 491.

I. Allgemeines

1 Das BAG ist die höchste Instanz in der Arbeitsgerichtsbarkeit und einer der fünf **obersten Gerichtshöfe des Bundes**. Beim BAG entscheiden **Senate**, die mit drei Berufsrichtern – einem Vorsitzenden und zwei Beisitzern – sowie zwei ehrenamtlichen Richtern aus den Kreisen der ArbGeb und ArbN besetzt sind. Die Senate entscheiden in 3. und letzter Instanz über die Revisionen gegen die Berufungsurteile der LAG und über die Rechtsbeschwerden gegen Beschlüsse der LAG im Beschlussverfahren (hierzu Rz. 2 f.). Als besonderer Spruchkörper besteht beim BAG der **Große Senat** (§ 45). Ihm gehören aus jedem Senat ein Berufsrichter, unter ihnen die Präsidentin des BAG, sowie je drei ehrenamtliche Richter aus Kreisen der ArbN und ArbGeb an. Welche Richter Mitglied des Großen Senats sind, bestimmt der Geschäftsverteilungsplan (hierzu § 45 Rz. 43).

2 Bei der Entscheidung über die Revision oder eine Rechtsbeschwerde trifft das BAG keine eigenen Feststellungen, sondern überprüft die vorinstanzliche Entscheidung darauf, ob Rechtsfehler enthalten sind. Neue Tatsachen finden – bis auf wenige Ausnahmen – keine Berücksichtigung. Dem BAG obliegt daher nicht nur die Verwirklichung der Gerechtigkeit im Einzelfall, sondern insbesondere auch **die Wahrung der Einheitlichkeit der Rechtsanwendung für das Arbeitsrecht sowie die Fortbildung des Rechts** in den Bereichen, in denen der Gesetzgeber unbewusst keine abschließenden Regelungen geschaffen oder bewusst die nähere Ausgestaltung den Gerichten überlassen hat. Obwohl seine Entscheidungen stets nur für den geprüften Einzelfall ergehen, sind sie gleichwohl von faktischer Bedeutung für die Rspr. der Instanzgerichte, da man sich weitgehend nach ihnen richtet, auch wenn – mit Ausnahme der Zurückverweisung der Sache zur anderweitigen Verhandlung und Entscheidung (§§ 75 und 92 iVm. § 563 Abs. 2 ZPO, § 76 Abs. 6 Satz 3, § 96a Abs. 2) – keine Bindungswirkung besteht (zur sachlichen Unabhängigkeit auch § 6 Rz. 20).

3 Das BAG nahm Ende April 1954 seine Tätigkeit auf. Es hatte zunächst zwei Senate; ein dritter Senat wurde Anfang 1956 gebildet. Zwischenzeitlich besteht das BAG aus **zehn Senaten**. Bis zur Gesetzesänderung am 23.7.1996 (GBl. I S. 1088) hatte das BAG von seiner Gründung an seinen **Sitz** in Kassel. Die letzte Gerichtssitzung in Kassel fand am 9.11.1999 statt. Mit dem heutigen § 40 Abs. 1 wurde festgelegt, dass das BAG seinen Sitz in Erfurt hat. Bereits 1994 war durch eine Änderung des ArbGG sichergestellt worden, dass das BAG neben den Verhandlungen in Kassel auch **Gerichtssitzungen in Erfurt** abhalten kann, die in den Räumen des LAG bzw. Landgerichts stattfanden. Dabei war die Zulässigkeit der Bestimmung eines Termins in Erfurt vor Schaffung des § 40 Abs. 1 umstritten[1]. Der Streit hat im Hinblick auf den am

---

1 BAG v. 4.2.1993 – 4 AZR 541/92, NZA 1993, 237; BAG v. 10.3.1993 – 4 AZR 541/92, SAE 1993, 315 über die gegen den vorgenannten Beschluss gefertigte Gegenvorstellung mit Kritik von *Loritz*; BAG v. 21.4.1993 – 4 AZR 541/92,

22.11.1999 erfolgten Umzug des BAG nach Erfurt keine Relevanz mehr. Die erste Sitzung in Erfurt fand am 24.11.1999 statt. Die **Kontaktdaten** des BAG lauten: Bundesarbeitsgericht, Hugo-Preuß-Platz 1, 99084 Erfurt, Telefon: 03 61-26 36-0; Telefax: 03 61-26 36-20 00 E-Mail: bag@bundesarbeitsgericht.de, www.bundesarbeitsgericht.de.

Beim BAG sind ca. 40 **Berufsrichter**, davon zehn Vorsitzende Richter, tätig. Die Richter des BAG werden auf Lebenszeit ernannt. Sie müssen die Befähigung zum Richteramt besitzen und das 35. Lebensjahr vollendet haben (§ 42). Die Richter werden von einem Richterwahlausschuss in nichtöffentlicher Sitzung durch geheime Abstimmung gewählt. Die Wahl bedarf der Zustimmung des BMAS. Die Richter werden dann vom Bundespräsidenten zu Richtern am Bundesarbeitsgericht ernannt (hierzu § 42 Rz. 9 ff.). Die Zuordnung der Richter zu den Senaten ergibt sich aus dem Geschäftsverteilungsplan (vgl. § 41 Rz. 25). 4

Die **ehrenamtlichen Richter** werden vom BMAS für die Dauer von fünf Jahren berufen. Eine wiederholte Berufung ist zulässig. Die ehrenamtlichen Richter müssen das 35. Lebensjahr vollendet und besondere Kenntnisse und Erfahrungen im Arbeitsrecht und Arbeitsleben haben. Sie sollen zuvor mindestens fünf Jahre ehrenamtliche Richter bei einem ArbG- oder LAG und längere Zeit als ArbN oder ArbGeb tätig gewesen sein (§ 43). Die Berufung erfolgt aufgrund von Vorschlagslisten von Gewerkschaften, Arbeitgeberverbänden, Gebietskörperschaften, Anstalten und Stiftungen des öffentlichen Rechts (hierzu § 42 Rz. 17 ff.). Beim BAG sind etwa 220 ehrenamtliche Richter – je zur Hälfte aus dem Kreis der ArbGeb und aus dem Kreis der ArbN – tätig. 5

Beim BAG sind ferner **wissenschaftliche Mitarbeiter** aus den verschiedenen Bundesländern tätig. Sie werden für einen Zeitraum von regelmäßig zwei Jahren an das BAG abgeordnet. Jedem Senat sind ein bis zwei wissenschaftliche Mitarbeiter zugeordnet. Die wissenschaftlichen Mitarbeiter sind idR Arbeitsrichter der 1. Instanz. Während ihrer Abordnung wirken sie jedoch nicht als Richter mit. Ihre Haupttätigkeit besteht darin, die Richter des BAG durch vorbereitende Arbeiten, insbesondere durch die Erstellung von Voten und die Prüfung einzelner Rechtsfragen, zu unterstützen. Ihre Vorberichte bilden die Grundlage zur Sitzungsvorbereitung durch den Berichterstatter (vgl. auch § 41 Rz. 13). 6

Vor dem BAG müssen sich die Parteien entweder **durch einen Rechtsanwalt vertreten lassen**, wobei zur Vertretung jeder bei einem deutschen Gericht zugelassene Rechtsanwalt unabhängig davon, ob er den Zusatztitel „Fachanwalt für Arbeitsrecht" trägt, berechtigt ist, oder durch die in § 11 Abs. 2 Satz 2 Nr. 4 und 5 bezeichneten Organisationen, die durch Personen mit Befähigung zum Richteramt handeln müssen. 7

§ 46b eröffnet die grundsätzliche Möglichkeit der **Einreichung elektronischer Schriftsätze** im gerichtlichen Verfahren und ist zugleich die Rechtsgrundlage für eine Rechtsverordnung der Gerichte darüber, ab welchem Zeitpunkt und in welcher elektronischen Form Schriftsätze eingereicht werden können. Gemäß Verordnung über den elektronischen Rechtsverkehr vom 9.3.2006 können seit dem 1.4.2006 beim BAG rechtswirksam **elektronische Dokumente** eingereicht werden. Verfahrensbeteiligte können seither Schriftsätze und sonstige Dokumente über eine gesicherte Verbindung direkt in ein elektronisches Postfach einlegen und sich auch für den Empfang von elektronischen Dokumenten ein Postfach einrichten. Die Software für dieses elektronische Postfach kann lizenzkostenfrei mit allen Zusatzprogrammen über die Internetseite des BAG – www.bundesarbeitsgericht.de – heruntergeladen werden. Für qualifiziert zu signierende Schriftsätze ist allerdings eine Signaturkarte erforderlich, mit der die Authentizität des Absenders sichergestellt werden kann. Wegen weiterer Einzelheiten wird auf die Kommentierung zu § 46b verwiesen. 8

II. Zuständigkeit

1. Allgemeines

Das BAG entscheidet nur über **Rechtsfragen**; es ist an die tatsächlichen Feststellungen des LAG gebunden. Die Entscheidung darüber, ob das angefochtene Berufungsurteil Rechtsfehler enthält, dient sowohl dem Interesse der Parteien an einem richtigen und sachgerechten Urteil als auch der Wahrung einer einheitlichen Rspr. und damit der Stärkung der Rechtssicherheit wie der Rechtsfortbildung. Der **Große Senat** ist zuständig, wenn ein Senat in einer Rechtsfrage von einer Entscheidung eines anderen Senats bzw. des Großen Senats abweichen will. Außerdem entscheidet der Große Senat in einer Frage von grundsätzlicher Bedeutung, wenn die Fortbildung des Rechts oder die Sicherung einer einheitlichen Rspr. dies erforderlich machen. 9

NZA 1994, 225; zur Diskussion um die Zulässigkeit von Lokalterminen des BAG vgl. auch *Walker*, NZA 1993, 491; *Däubler*, BB 1993, 660; *Jost*, BB 1993, 662; *Loritz*, SAE 1993, 317.

10 Im Einzelnen verhandelt und entscheidet das BAG über:
– Revisionen gegen Endurteile der LAG (§ 72);
– Sprungrevisionen gegen Urteile der ArbG (§ 76);
– Beschwerden über die Nichtzulassung der Revision durch das LAG (§ 72a);
– Revisionsbeschwerden gegen die Verwerfung einer Berufung als unzulässig durch Beschluss der LAG (§ 77);
– Rechtsbeschwerden, die das LAG als Beschwerdegericht oder als Berufungsgericht zugelassen hat (§ 78 ArbGG iVm. §§ 574 ff. ZPO);
– Rechtsbeschwerden gegen Beschlüsse der LAG im Beschlussverfahren (§ 92);
– Beschwerden über die Nichtzulassung der Rechtsbeschwerde durch die Beschwerdegerichte (§ 92a);
– Sprungrechtsbeschwerden gegen Beschlüsse der ArbG im Beschlussverfahren (§ 96a);
– Sofortige Beschwerden gegen verspätete Absetzung des Berufungsurteils bzw. der Beschwerdeentscheidung im Beschlussverfahren, §§ 72b, 92b;
– Rechtsbeschwerden gegen Beschlüsse über die Zulässigkeit eines Rechtswegs (§ 17a Abs. 4 GVG);
– ausnahmsweise erstinstanzlich bei Rechtsstreitigkeiten aufgrund des Schwerbehindertengesetzes im Geschäftsbereich des Bundesnachrichtendienstes (§ 158 Nr. 5 SGB IX);
– wenn ein in der Revisionsinstanz erlassenes Urteil auf Grund der § 579 (Nichtigkeitsklage), § 580 Nr. 4, 5 (Restitutionsklage) angefochten wird (§ 584 Abs. 1 ZPO)[1].

Die **Revision** gegen ein Endurteil (hierzu § 72 Rz. 12 f.) des LAG ist möglich, wenn sie **im Urteil zugelassen** wurde (§ 72 Abs. 1) oder **die Entscheidung der Nichtzulassung der Revision erfolgreich mit der Nichtzulassungsbeschwerde angefochten wurde** (§ 72a). Eine Zulassung ist gesetzlich vorgesehen, wenn es um eine **entscheidungserhebliche Rechtsfrage von grundsätzlicher Bedeutung** geht (§ 72 Abs. 2 Nr. 1; hierzu § 72 Rz. 24 ff.) oder wegen **Divergenz** (§ 72 Abs. 2 Nr.2). Divergenz liegt vor, soweit das Urteil des LAG von einer Entscheidung des BVerfG, des Gemeinsamen Senat der obersten Gerichtshöfe des Bundes oder des BAG oder – wenn das BAG über eine Rechtsfrage noch nicht entschieden hat – von einer Entscheidung einer anderen Kammer desselben oder eines anderen LAG abweicht und die Entscheidung auf dieser Abweichung beruht (hierzu § 72 Rz. 33 ff.). Gemäß § 72 Abs. 2 Nr. 3 ist die Revision zuzulassen, wenn ein absoluter Revisionsgrund gem. § 547 Nr.1–5 ZPO besteht oder eine entscheidungserhebliche Verletzung des Anspruchs auf rechtliches Gehör geltend gemacht wird oder vorliegt (hierzu § 72 Rz. 43 ff.). Unter den gleichen Voraussetzungen ist auch im Beschlussverfahren die Rechtsbeschwerde vom LAG zuzulassen (§ 92; hierzu vgl. § 92 Rz. 16 ff.) Das BAG ist an die Zulassung von Revision oder Rechtsbeschwerde gebunden (§ 72 Abs. 3, § 92 Abs. 1 Satz 2). Die Nichtzulassung der Rechtsbeschwerde kann ebenfalls selbständig durch Beschwerde angefochten werden (§ 92a). Ausnahmsweise kann in bestimmten Fällen eine Entscheidung des ArbG – unter Übergehung des LAG – mit einer zugelassenen **Sprungrevision** (§ 76) oder **Sprungrechtsbeschwerde** (§ 96a) unmittelbar beim BAG angefochten werden, wenn der Gegner bzw. die übrigen Beteiligten schriftlich zustimmen und wenn sie vom ArbG auf Antrag in der Endentscheidung oder nachträglich durch gesonderten Beschluss zugelassen wird. Wegen der Einzelheiten wird auf die Kommentierungen zu § 76 und § 96a verwiesen.

2. Eingangszahlen und Statistik

11 Im **Geschäftsjahr 2016** gingen beim BAG 882 Revisionen und 82 Rechtsbeschwerden in Beschlussverfahren und 1 172 Nichtzulassungsbeschwerden ein. Hinzu kamen 59 Revisions- bzw. Rechtsbeschwerden in Beschwerdeverfahren, 64 Anträge auf Bewilligung von Prozesskostenhilfe außerhalb eines anhängigen Verfahrens sowie zwei sonstige Verfahren.

12 Von den Nichtzulassungsbeschwerden waren 84 erfolgreich.

13 Dem **Großen Senat** (§ 45) lag 2016 kein Fall vor. Gegen verschiedene Entscheidungen des BAG sind **Beschwerden beim BVerfG** anhängig.

14 Die jeweils **aktuellen Angaben zur Statistik** sowie weitere Details – bspw. die Aufteilung der Verfahren nach Rechtsgebieten – können im Internet unter www.bmas.de eingesehen werden[2].

---

1 BAG v. 20.8.2002 – 3 AZR 133/02, AP Nr. 2 zu § 586 ZPO.
2 Einzelheiten auch bei *Grotmann-Höfling*, AuR 2016, 497.

III. Verwaltung und Dienstaufsicht

Die **Geschäfte der Verwaltung und der Dienstaufsicht** führt das BMAS im Einvernehmen mit dem BMJV (§ 40 Abs. 2 Satz 1). **Einvernehmen** in diesem Sinne bedeutet die Erteilung der vorherigen Zustimmung im Sinne einer völligen Willensübereinstimmung. Soweit ein Einvernehmen nicht erzielt wird, entscheidet die Bundesregierung (§ 117). Das **Fehlen des Einvernehmens** macht die Maßnahme rechtswidrig; hieran ändert auch eine nachträgliche Zustimmung nichts[1]. Das fehlende Einvernehmen kann von dem Betroffenen im Wege der Anfechtungsklage vor dem Verwaltungsgericht (§ 40 VwGO) geltend gemacht werden.

Einstweilen frei

Das BAG benötigt zur Erfüllung seiner Aufgaben Personal und Sachmittel für Geschäftsstelle (hierzu auch § 7 Rz. 5), Bibliothek, Dokumentationsstelle (hierzu Rz. 20), Schreibdienst, Wachtmeisterdienst und Druckerei. Für die Bereitstellung dieser Mittel und für die Regelung des gesamten Geschäftsbetriebs, einschließlich der Personalverwaltung, ist die **Verwaltungsabteilung des BAG** zuständig. Die für den Personal- und Sachaufwand **erforderlichen Mittel** werden dem BAG im Rahmen des Bundeshaushalts über ein eigenes Haushaltskapitel im Einzelplan des BMAS zugewiesen.

Die Verwaltungs- und Dienstaufsichtsgeschäfte können vom BMAS (hierzu Rz. 15) im Einvernehmen mit dem BMJV dem Präsidenten des BAG übertragen werden (§ 40 Abs. 2 Satz 2). Diese Regelung entspricht § 15 Abs. 2 Satz 1. Die **Übertragung** darf gem. dem Wortlaut dieser Norm nur an den Präsidenten des BAG, nicht an die weiteren Vorsitzenden der Senate erfolgen.

Gemäß § 2 der Geschäftsordnung des BAG (GO) (vgl. § 44 Rz. 16) leitet und beaufsichtigt der jeweilige **Präsident des BAG** den Geschäftsgang des Gerichts. Er regelt die Verteilung der Geschäfte auf die nichtrichterlichen Beschäftigten des Gerichts und ist ferner im Sinne der richter- und beamtenrechtlichen Vorschriften Vorgesetzter und Dienstvorgesetzter der nichtrichterlichen Bediensteten und Dienstvorgesetzter der Richter. Soweit nicht gesetzliche Vorschriften oder solche Vorschriften gelten, die das zuständige Bundesministerium aufgrund von Gesetzen erlassen hat, erlässt der Präsident die Bestimmungen über die zu führenden Geschäftsbücher, Kalender, Register, Listen und Dateien. Seine Vertretung ist in § 4 GO geregelt; diese übernimmt in erster Linie der Vizepräsident des BAG.

IV. Dokumentation und Veröffentlichungen

Die **Dokumentationsstelle** des BAG wertet die dokumentationswürdige Rspr. des BAG, der LAG, der ArbG, der Schiedsgerichte, der kirchlichen ArbG sowie supranationaler Gerichte in Arbeitsrechtsstreitigkeiten, die einschlägige Lit. aus Periodika (Fachzeitschriften, Jahrbüchern etc.), Festschriften und Sammelwerken sowie Dissertationen und Habilitationen und die einschlägigen Verwaltungsvorschriften aus Verkündungs- und Mitteilungsblättern aus, soweit ein Bezug zum Arbeitsrecht und zur Arbeitsgerichtsbarkeit besteht. Daneben führt die Dokumentationsstelle u.a. eine gerichtsinterne chronologische Sammlung der Entscheidungen des BAG.

Vom BAG werden **veröffentlicht:**
– Sammlung der Entscheidungen des BAG (Verlag Recht und Wirtschaft, Heidelberg);
– Jahresbericht, welcher regelmäßig im Bundesarbeitsblatt veröffentlicht wird;
– Geschäftsverteilungsplan, welcher im Bundesanzeiger und im Internet (www.bundesarbeitsgericht.de) veröffentlicht wird.

Im Internet sind auch jeweils aktuelle Pressemitteilungen zu finden.

Abdrucke älterer Entscheidungen des BAG können gegen Schreibauslagen bei der Pressestelle des BAG angefordert werden. Der Versand von Entscheidungen ab 1999 ist per E-Mail möglich. Im **Internet** werden zudem die Entscheidungen des laufenden und der letzten Jahre eingestellt (www.bundesarbeitsgericht.de).

---

[1] BVerwG v. 4.11.1960 – VI C 163/58, DVBl. 1961, 287.

§ 41 Zusammensetzung, Senate

(1) Das Bundesarbeitsgericht besteht aus dem Präsidenten, der erforderlichen Zahl von Vorsitzenden Richtern, von berufsrichterlichen Beisitzern sowie ehrenamtlichen Richtern. Die ehrenamtlichen Richter werden je zur Hälfte aus den Kreisen der Arbeitnehmer und der Arbeitgeber entnommen.
(2) Jeder Senat wird in der Besetzung mit einem Vorsitzenden, zwei berufsrichterlichen Beisitzern und je einem ehrenamtlichen Richter aus den Kreisen der Arbeitnehmer und der Arbeitgeber tätig.
(3) Die Zahl der Senate bestimmt das Bundesministerium für Arbeit und Soziales im Einvernehmen mit dem Bundesministerium der Justiz und für Verbraucherschutz.

I. Allgemeines 1	3. Überbesetzung 19
II. Anzahl der Senate 3	IV. Zuständigkeit und Zuordnung der Senate . . . 25
III. Besetzung der Senate 8	1. Allgemeine Zuordnung und Zuweisung der Geschäfte 26
1. Normale Besetzung 9	
2. Besetzung ohne ehrenamtliche Richter 15	2. Anzahl und Zuteilung der Richter 29

Schrifttum: *Kellermann*, Probleme des gesetzlichen Richters, 1971; *Schorn/Stanicki*, Die Präsidialverfassung der Gerichte aller Rechtswege, 2. Aufl. 1975.

I. Allgemeines

1 Das BAG besteht aus dem Präsidenten, dem Vizepräsidenten und der erforderlichen Anzahl von Vorsitzenden Richtern, von berufsrichterlichen Beisitzern sowie von ehrenamtlichen Richtern (§ 41 Abs. 1 Satz 1). Die Spruchkörper des BAG sind die Senate. Für jeden Senat ist ein Vorsitzender zu berufen.

2 Das BAG kann sich durch das Präsidium eine **Geschäftsordnung** (GO) geben, in der der Geschäftsgang geregelt wird (§ 44 Abs. 2). Nach § 2 der GO obliegt dem Präsidenten des BAG ua. die Leitung und die Beaufsichtigung des Geschäftsgangs des Gerichts. Vorschriften über die Richterversammlung ergeben sich aus § 4 der GO. Sitzungen, Geschäftsgänge im Senat und Vorschriften zur Berichterstattung finden sich in den §§ 5–7 GO (vgl. § 44 Rz. 16).

II. Anzahl der Senate

3 Die Zahl der Senate ist gesetzlich nicht festgelegt, sondern die **Bestimmung** trifft das BMAS (hierzu § 40 Rz. 15) im Einvernehmen mit dem BMJV (§ 41 Abs. 3). **Einvernehmen** in diesem Sinne bedeutet die Erteilung der vorherigen Zustimmung im Sinne einer völligen Willensübereinstimmung. Soweit ein Einvernehmen nicht erzielt wird, entscheidet die Bundesregierung (§ 117). Das **Fehlen des Einvernehmens** macht die Maßnahme rechtswidrig; hieran ändert auch eine nachträgliche Zustimmung nichts[1]. Das fehlende Einvernehmen kann von dem Betroffenen im Wege der Anfechtungsklage vor dem Verwaltungsgericht (§ 40 VwGO) geltend gemacht werden.

4 Streitig ist die **Rechtsnatur des Errichtungsaktes**. Teilweise wird vertreten, die Bestimmung der Anzahl der Senate sei ein Verwaltungsakt mit Außenwirkung und der Möglichkeit verwaltungsgerichtlichen Rechtsschutzes (§ 35 VwVfG, § 40 VwGO). Richtigerweise ist aber davon auszugehen, dass es sich mangels unmittelbarer Außenwirkung um eine reine interne Verwaltungshandlung handelt, die gerichtlich nicht anfechtbar ist[2].

5 Ein **Anhörungsrecht** der in § 14 Abs. 5 genannten Verbände (hierzu § 14 Rz. 24 ff.) wie bei den ArbG (§ 17 Abs. 1) und LAG (§ 35 Abs. 3) besteht bei der Bestimmung der Zahl der Senate nicht.

6 Beim BAG bestehen derzeit **zehn Senate** (zur Besetzung der Senate Rz. 8 f.). Die **Geschäftsverteilung** unter den Senaten erfolgt nach einzelnen Rechtsgebieten (hierzu Rz. 26).

7 Als besonderer Spruchkörper besteht beim BAG neben den zehn Senaten ein **Großer Senat**. Der Große Senat ist zuständig, wenn in einer Rechtsfrage ein Senat von der Entscheidung eines anderen Senats bzw.

---
1 BVerwG v. 4.11.1960 – VI C 163/58, DVBl. 1961, 287.
2 GMP/*Prütting*, § 41 Rz. 11; vgl. auch die weiteren Nachweise in § 17 Rz. 5.

des Großen Senats abweichen will. Ferner entscheidet der Große Senat in einer Frage von grundsätzlicher Bedeutung, wenn die Fortbildung des Rechts oder die Sicherung einer einheitlichen Rspr. dies erforderlich machen (§ 45). Hinsichtlich der Zusammensetzung des Großen Senats wird auf die Kommentierung zu § 45 verwiesen (vgl. insbes. § 45 Rz. 41).

III. Besetzung der Senate

Das BAG entscheidet in der Besetzung von Senaten mit Berufsrichtern und ehrenamtlichen Richtern. Nur in wenigen Fällen sieht das Gesetz eine Entscheidung ohne ehrenamtliche Richter vor (hierzu Rz. 15 ff.). 8

1. Normale Besetzung

Bei der Entscheidung über Revisionen und Rechtsbeschwerden werden gem. § 41 Abs. 2 die Senate in einer **Besetzung mit fünf Richtern** tätig. Sie besteht aus dem Vorsitzenden Richter des Senates, zwei weiteren Berufsrichtern (§ 42) und je einem ehrenamtlichen Richter aus den Kreisen der ArbN und der ArbGeb (§ 43). 9

Ein **Alleinentscheidungsrecht** für den Vorsitzenden des Senates besteht nicht. Zwar findet gem. § 72 Abs. 6 für das Revisionsverfahren auch § 53 Anwendung, der sich mit den Befugnissen des Vorsitzenden befasst; § 55 mit den dort aufgelisteten Alleinentscheidungsmöglichkeiten des Vorsitzenden findet dagegen im Verfahren vor dem BAG keine Anwendung. § 53 grenzt nur die Mitwirkung der ehrenamtlichen Richter gegenüber der Tätigkeit des einzigen Berufsrichters, nämlich des Vorsitzenden, ab. Aus diesem Grunde ist auch § 53 dahingehend auszulegen, dass die berufsrichterlichen Beisitzer – nicht aber die ehrenamtlichen Richter (hierzu auch Rz. 15) – an der Entscheidung mitwirken müssen[1]. 10

Den **Vorsitz** in der Verhandlung führt der Vorsitzende Richter. Die berufsrichterlichen Beisitzer können vertretungsweise den Vorsitz in der Verhandlung führen. Ihre Berufung zum Vertreter ist im Geschäftsverteilungsplan des BAG festgelegt (hierzu § 6a Rz. 84 ff.). Die ehrenamtlichen Richter dürfen hingegen den Vorsitz nicht übernehmen. 11

Die **ehrenamtlichen Richter** sind je zur Hälfte aus den Kreisen der ArbGeb und der ArbN zu berufen (vgl. hierzu auch §§ 22, 23). Ihre Berufungsvoraussetzungen ergeben sich aus den §§ 43 und 21. 12

Für jede Sache ernennt der Vorsitzende des Senats ein berufsrichterliches Mitglied zum **Berichterstatter** und bestimmt idR gleichzeitig den Termin. Der Berichterstatter stellt dem Vorsitzenden spätestens eine Woche vor dem Termin eine schriftliche Bearbeitung der Sache (Votum) mit den Akten zu (zur Berichterstattung vgl. auch § 7 GO; hierzu § 44 Rz. 16). Teilweise werden die Voten auch von **Wissenschaftlichen Mitarbeitern**, die aus den Kreisen der Berufsrichter der 1. Instanz für meistens zwei Jahre an das BAG abgeordnet und im Regelfall nacheinander zwei verschiedenen Senaten zugeordnet werden, für die jeweiligen Berichterstatter vorbereitet (vgl. auch § 40 Rz. 6). 13

Dem Vorsitzenden steht es frei, vor dem Verhandlungstermin eine **vorbereitende Bearbeitung** der Sache mit den übrigen berufsrichterlichen Mitgliedern anzuordnen, die am Termin teilnehmen. Eine Vorberatung im Kreis der Berufsrichter wird idR durchgeführt. Der Vorsitzende kann auch die an der Sitzung teilnehmenden ehrenamtlichen Richter, die durch Vorabübersendung der angefochtenen Entscheidung, der Schriftsätze und des Votums informiert werden (hierzu auch § 43 Rz. 39), um eine vorbereitende Stellungnahme bitten. 14

2. Besetzung ohne ehrenamtliche Richter

In einigen wenigen Fällen sieht das Gesetz vor, dass der Senat ohne die ehrenamtlichen Richter tätig wird (früher „Kleiner Senat" genannt). Dies gilt nach § 72 Abs. 6 iVm. § 53 Abs. 1 Satz 1 insbesondere für nicht aufgrund einer mündlichen Verhandlung ergehende Beschlüsse, soweit nichts anderes bestimmt ist[2]. 15

Es handelt sich um folgende Fälle: 16
- Verwerfung der Revision als unzulässig ohne vorherige mündliche Verhandlung (§ 74 Abs. 2 Satz 3 ArbGG iVm. § 552 ZPO);
- Verwerfung der Nichtzulassungsbeschwerde als unzulässig (§ 72a Abs. 5 Satz 3);
- Entscheidung über die Rechtsbeschwerde gegen die Verwerfung der Berufung als unzulässig durch Beschluss (§ 77 Satz 3);

---
1 BAG v. 2.6.1954 – 2 AZR 63/53, AP Nr. 1 zu § 53 ArbGG 1953; GMP/*Prütting*, § 41 Rz. 10.
2 BAG v. 12.5.1992 – 7 AZR 239/91, nv.; BAG v. 23.8.1999 – 4 AZR 686/98, NZA 2000, 279.

- Verwerfung der Rechtsbeschwerde im Beschlussverfahren als unzulässig durch Beschluss (§ 94 Abs. 2 Satz 3 iVm. § 74 Abs. 2 Satz 3);
- Entscheidungen über Rechtsbeschwerden gem. § 78 Satz 3 Halbs. 2, jedenfalls sofern sie ohne mündliche Verhandlung ergehen (hierzu im Einzelnen § 78 Rz. 98);
- Beschluss über die Kosten eines von den Parteien übereinstimmend für erledigt erklärten Rechtsstreits ohne mündliche Verhandlung (§ 91a Abs. 1 Satz 2 ZPO)[1]
- Weitere Beschwerde nach § 17a Abs. 4 GVG, jedenfalls sofern sie ohne mündliche Verhandlung ergeht[2] (vgl. hierzu § 78 Rz. 98).

17 In den oben genannten Fällen dürfen die ehrenamtlichen Richter nicht mitwirken. Ein **Verstoß hiergegen** hat zur Folge, dass das Gericht nicht ordnungsgemäß besetzt ist. Ob aber dieser Verstoß zu einer erfolgreichen Wiederaufnahmeklage nach § 579 Abs. 1 Satz 1 ZPO führen kann, ist umstritten. Dies wurde in der Lit. teilweise abgelehnt im Hinblick auf den Grundgedanken des seinerzeitigen und mittlerweile aufgehobenen § 10 ZPO[3]: kein Rechtsmittel für den, den die fehlerhafte Verfahrensgestaltung begünstigt[4].

17a Diesseitiger Ansicht nach ist auch die Entscheidung durch ein „Mehr" an Richtern wie eine fehlerhafte Besetzung des Gerichts zu behandeln, denn der Anspruch des Bürgers geht auf die Beurteilung einer Sache durch den oder die abstrakt zuvor bestimmten Personen und nicht auf eine beliebige Anzahl. Ferner verbietet sich wegen der abschließenden Regelung des ArbGG ohne entsprechende Verweisungsnorm eine Analogie[5].

18 Da bei Entscheidungen in fehlerhafter Besetzung ein Verstoß gegen Art. 101 Abs. 1 Satz 2 GG vorliegt, kann die fehlerhafte Besetzung mit der **Verfassungsbeschwerde** (Art. 93 Abs. 1 Ziff. 4a GG, § 13 Nr. 8a, §§ 90 ff. BVerfG) gerügt werden.

3. Überbesetzung

19 Einem überbesetzten Spruchkörper sind mehr Richter zugewiesen, als dieser nach dem Gesetz für die Entscheidung braucht. Gesetzlich braucht jeder Spruchkörper beim BAG drei Berufsrichter. Die Überbesetzung beim BAG ist nach hM möglich[6]. Dies ergibt sich bereits aus § 21a Abs. 2 GVG (vgl. § 6a Rz. 89 ff.), der nur für den Fall eines überbesetzten Spruchkörpers sinnvoll und verständlich ist. Für einen überbesetzten Spruchkörper muss allerdings in einem Mitwirkungsplan geregelt werden, welche Berufsrichter bei der Entscheidung welcher Verfahren mitwirken (hierzu Rz. 21).

20 Die Überbesetzung muss **maßvoll** sein[7]. Ein Spruchkörper darf jeweils nur weniger als das Doppelte seiner gesetzlichen Mitgliederzahl haben. Es muss ausgeschlossen sein, dass innerhalb eines Spruchkörpers zwei getrennte personell ausgestaltete Sitzgruppen gebildet werden können oder der Vorsitzende zwei Spruchkörper mit je verschiedenen Beisitzern bilden kann[8].

21 Die **spruchkörperinterne Geschäftsverteilung** ist Aufgabe der dem Spruchkörper angehörenden Berufsrichter, die hierüber durch Beschluss entscheiden (§ 21g Abs. 1 GVG). Der **Beschluss** bestimmt, nach welchen Grundsätzen die Berufsrichter an den Verfahren mitwirken. Er hat vor Beginn des Geschäftsjahrs für dessen Dauer zu ergehen und darf nur geändert werden, wenn es wegen Überlastung, ungenügender Auslastung, Wechsels oder dauernder Verhinderung einzelner Mitglieder des Spruchkörpers nötig wird (§ 21g Abs. 2 GVG). In Eilfällen – bspw. wegen kurzfristigen Ausfalls eines Richters – erlässt der Vorsitzende die erforderliche Regelung (§ 21g Abs. 5 GVG).

22 Der **Mitwirkungsplan** muss nach allgemeinen, abstrakten, sachlich-objektiven Merkmalen vor Beginn des Geschäftsjahres die **Grundsätze** bestimmen, nach denen sich die konkrete Besetzung der Richterbank bestimmt. Den Anforderungen an die Bestimmung des gesetzlichen Richters genügt es nicht, wenn ein Mit-

---

1 BAG v. 23.8.1999 – 4 AZR 686/98, NZA 2000, 279.
2 BAG v. 10.12.1992 – 8 AZB 6/92, AP Nr. 4 zu § 17a GVG.
3 § 10 ZPO idF bis 31.12.2001:
Das Urteil eines Landgerichts kann nicht aus dem Grunde angefochten werden, weil die Zuständigkeit des Amtsgerichts begründet gewesen sei.
4 GMP/*Prütting*, § 41 Rz. 8, § 16 Rz. 10.
5 GK-ArbGG/*Dörner*, § 16 Rz. 11; ErfK/*Schaub*, § 16 ArbGG Rz. 5.
6 BVerfG v. 8.4.1997 – 1 PBvU 1/95, NJW 1997, 1497; *Schorn/Stanicki*, S. 121; *Kellermann*, S. 128 ff.; Zöller/*Lückemann*, § 21e Rz. 9.
7 BGH v. 12.6.1985 – 3 StR 35/85, NJW 1985, 2840.
8 BVerfG v. 24.3.1964 – 2 BvR 42/63, NJW 1964, 1020.

wirkungsplan lediglich regelt, welcher Richter an welchen Tagen mitzuwirken hat und erst die Terminierung der einzelnen Sachen zur Bestimmung der konkreten Richterpersonen führt[1].

Im Rahmen der spruchkörperinternen Geschäftsverteilung muss für jedes Mitglied des Spruchkörpers auch eine **Vertretungsregelung** getroffen werden. Die Vertretung des Vorsitzenden wird gem. § 21f Abs. 2 GVG durch das Präsidium geregelt.

Entsprechend § 21e Abs. 9 GVG sind alle Anordnungen des Vorsitzenden auf der Geschäftsstelle zu sammeln und zur **Einsichtnahme** für jedermann bereitzuhalten[2].

IV. Zuständigkeit und Zuordnung der Senate

Die Zuständigkeit der Senate ist durch den Geschäftsverteilungsplan des BAG geregelt, welcher im Internet unter www.bundesarbeitsgericht.de/geschaeftsverteilung heruntergeladen werden kann.

1. Allgemeine Zuordnung und Zuweisung der Geschäfte

Die Zuständigkeit der Senate im Allgemeinen wird in der Vorbemerkung A zum Geschäftsverteilungsplan geregelt.

Die **Zuordnung richtet sich dabei nach der zu entscheidenden Rechtsfrage**, nicht nach dem Streitgegenstand. Bei mehreren Rechtsfragen ist der Schwerpunkt für die Zuordnung entscheidend. Maßgebend sind die angefochtene Entscheidung und die Rechtsmittelbegründung, wobei prozessuale Fragen sowie Ausschluss- und Verjährungsfristen außer Betracht bleiben. Betreffen mehrere gleichgewichtige Rechtsfragen denselben Streitgegenstand, so ist der beteiligte Senat mit der niedrigsten Ordnungszahl zuständig.

Die Zuweisung der Geschäfte an die Senate ist im **Geschäftsverteilungsplan** des BAG unter B geregelt. Für das jeweilige Geschäftsjahr werden den zehn Senaten des BAG spezielle Rechtsmaterien zugewiesen.

2. Anzahl und Zuteilung der Richter

Die Zahl der Richter am BAG wird vom BMAS (hierzu § 40 Rz. 15) im Einvernehmen mit dem BMJV festgesetzt. Nach § 1 Abs. 3 Satz 2 der Geschäftsordnung besteht jeder Senat **aus mindestens drei Berufsrichtern als ständigen Mitgliedern** (zur Überbesetzung Rz. 19 ff.).

Die **Zuteilung** der Berufsrichter und der ehrenamtlichen Richter an die Senate bestimmt das Präsidium durch den jährlich neu aufzustellenden Geschäftsverteilungsplan. Diesen beschließt das Präsidium des Gerichts nach § 21e GVG jeweils vor Beginn eines Geschäftsjahres.

IdR sind ca. 40 **Berufsrichter** (§ 42) den zehn Senaten zugeteilt. Ihre Zuordnung nebst Vertretungsregelung ergibt sich aus Teil C Ziffer 1 des Geschäftsverteilungsplanes, der ebenfalls im Internet unter www.bundesarbeitsgericht.de/geschaeftsverteilung abgedruckt ist.

Den zehn Senaten sind etwa 220 **ehrenamtliche Richter** (§ 43), jeweils ca. die Hälfte aus ArbN- und aus ArbGeb-Kreisen, fest zugeordnet. Die Einzelheiten ergeben sich aus C Ziffer 4 des Geschäftsverteilungsplans.

§ 42 Bundesrichter

(1) Für die Berufung der Bundesrichter (Präsident, Vorsitzende Richter und berufsrichterliche Beisitzer nach § 41 Abs. 1 Satz 1) gelten die Vorschriften des Richterwahlgesetzes. Zuständiges Ministerium im Sinne des § 1 Abs. 1 des Richterwahlgesetzes ist das Bundesministerium für Arbeit und Soziales; es entscheidet im Benehmen mit dem Bundesministerium der Justiz und für Verbraucherschutz.

(2) Die zu berufenden Personen müssen das fünfunddreißigste Lebensjahr vollendet haben.

---

1 Zu den weiteren Einzelheiten BVerfG v. 8.4.1997 – 1 PBvU 1/95, AuR 1997, 501 mit Anm. *Quack*; OVG Hamburg v. 24.9.1993 – Bs IV 177/93, NJW 1994, 274.
2 *Kissel/Mayer*, § 21g GVG Rz. 11.

I. Allgemeines 1	2. Berufungsverfahren 7
II. Berufung 2	3. Rechtsschutz 14
1. Besondere persönliche Voraussetzungen 3	III. Rechtsstellung 16

Schrifttum: *Berger-Delhey*, Das Bundesarbeitsgericht als „gesetzlicher Richter", DRiZ 1988, 121; *Gmach*, Parteizugehörigkeit der Bundesrichter zu Vultejus DRiZ 1995, 480, DRiZ 1996, 302; *Staats*, Deutsches Richtergesetz, 2012; *Vultejus*, Parteizugehörigkeit der Bundesrichter, DRiZ 1995, 393 und DRiZ 1996, 39.

I. Allgemeines

1 Diese Vorschrift beschäftigt sich mit der Berufung der Bundesrichter. Als Bundesrichter im Sinne dieser Vorschrift sind nur die berufsrichterlichen Senatsmitglieder anzusehen. Die **berufsrichterlichen Mitglieder** des BAG sind der Präsident und der Vizepräsident des BAG, die Vorsitzenden Richter und die Richter am BAG. Die Berufung der ehrenamtlichen Richter ist in § 43 geregelt.

II. Berufung

2 Nach § 42 Abs. 1 gelten beim BAG für die Berufung der Bundesrichter die Vorschriften des **Richterwahlgesetzes (RiWG)** vom 25.8.1950, zuletzt geändert durch Artikel 2 des Gesetzes vom 31.8.2015 (BGBl. I S. 1474). Gemäß § 1 RiWG werden die Richter der obersten Gerichtshöfe des Bundes von dem zuständigen Bundesministerium gemeinsam mit dem Richterwahlausschuss berufen und vom Bundespräsidenten ernannt. Bei der Berufung eines Richters an einen obersten Gerichtshof wirkt das für das jeweilige Sachgebiet zuständige Bundesministerium mit.

1. Besondere persönliche Voraussetzungen

3 Besondere persönliche Voraussetzungen ergeben sich zum einen aus § 9 iVm. §§ 5–7 DRiG, wonach die **Befähigung zum Richteramt** vorausgesetzt wird (vgl. § 18 Rz. 2 ff., § 6 Rz. 10 ff.).

4 Weitere Anforderungen normiert § 42 Abs. 2. Hiernach müssen die zu berufenden Personen am Tag der Aushändigung der Ernennungsurkunde das **35. Lebensjahr vollendet** haben.

5 **Besondere fachliche Voraussetzungen** werden von der Norm nicht gefordert. Der Bundesrichter muss insbesondere nicht – obwohl das idR der Fall ist – als Richter und insbesondere nicht als Richter der Arbeitsgerichtsbarkeit tätig gewesen sein.

6 In der Lit. wird unter dem Gesichtspunkt der richterlichen Unabhängigkeit und des Einflusses der Politik auf die Rspr. die **Parteizugehörigkeit** von Bundesrichtern diskutiert[1].

2. Berufungsverfahren

7 Bei der Berufung von Bundesrichtern sind die **verfassungsrechtlichen Vorgaben** des Art. 95 Abs. 2 GG zu berücksichtigen. Es entscheidet der für das jeweilige Sachgebiet zuständige Bundesminister gemeinsam mit dem Richterwahlausschuss. Die Berufung von Richtern an den obersten Gerichtshöfen des Bundes ist an Art. 33 Abs. 2 GG zu messen.

8 Das BMJV beruft den **Richterwahlausschuss** ein (§ 8 RiWG). Der zuständige Bundesminister oder sein Vertreter in der Bundesregierung führt – ohne Stimmrecht – den Vorsitz (§ 9 RiWG). Der Ausschuss besteht zur Hälfte aus den für das jeweilige Sachgebiet zuständigen Ministern der Länder (Mitglieder kraft Amtes gem. § 3 RiWG) und den vom Bundestag berufenen Mitgliedern, welche zwar zum Bundestag wählbar und im Rechtsleben erfahren, aber nicht Abgeordnete des Bundestages sein müssen (Mitglieder kraft Wahl, § 4 Abs. 1 RiWG). Besteht ein Verwandtschaftsverhältnis oder Schwägerschaft gem. § 41 Nr. 3 ZPO, sind die jeweiligen Mitglieder von der Mitwirkung bei der Wahl eines Richters ausgeschlossen (§ 7 RiWG). Dem Richterwahlausschuss werden zunächst die Personalakten der für das Richteramt Vorgeschlagenen vorgelegt. Zur Vorbereitung seiner Entscheidung bestellt der Richterwahlausschuss sodann zwei seiner Mitglieder als Berichterstatter. Aufgabe des Richterwahlausschusses ist die Prüfung der sachlichen und persönlichen Voraussetzungen des Kandidaten für das Amt (§ 11 RiWG). Hierzu gehören die Beachtung des vorgeschriebenen Mindestalters nach § 42 Abs. 2 und – falls der Kandidat noch nicht Richter war – der

---

1 Vgl. *Vultejus*, DRiZ 1995, 393 und DRiZ 1996, 39; *Gmach*, DRiZ 1996, 302; *Wagner*, DRiZ 1996, 39; *May*, DRiZ 1995, 480.

Berufungsvoraussetzungen nach § 9 DRiG. Der Richterwahlausschuss entscheidet in geheimer Abstimmung mit der Mehrheit seiner abgegebenen Stimmen (§ 12 Abs. 1 RiWG). Das zwischen dem Richterwahlausschuss und dem zuständigen Minister bestehende institutionelle Treueverhältnis verlangt, dass der Richterwahlausschuss jemanden wählt, dessen Wahl der zuständige Minister zustimmen kann[1].

Der **Vorschlag** einer Person zur Berufung kann entweder vom zuständigen Bundesminister (hierzu § 40 Rz. 15) oder von einem Mitglied des Richterwahlausschusses erfolgen (§ 10 Abs. 1 RiWG). 9

Ist eine Person als Richter am BAG vorgeschlagen worden, ist der **Präsidialrat** des BAG (hierzu auch Rz. 21) nach Maßgabe der §§ 55–57 DRiG zu beteiligen, der eine Stellungnahme abgeben, jedoch die Ernennung nicht verhindern kann. 10

Die **Entscheidung** über die Berufung von Bundesrichtern trifft der zuständige Minister (hierzu § 40 Rz. 15) im Benehmen mit dem BMJV (zum Benehmen Rz. 12). Der zuständige Minister hat ein Vetorecht und kann nach pflichtgemäßem Ermessen die Zustimmung zur Wahl verweigern, wenn er einen Kandidaten nicht für geeignet hält; dies hat er aber zu begründen[2]. Auch prüft er – nochmals – in eigener Zuständigkeit, ob der Gewählte die gesetzlichen Berufungsvoraussetzungen erfüllt und persönlich und fachlich geeignet ist. 11

Hält das BMAS den Kandidaten für geeignet, hat es das Benehmen mit dem BMJV herzustellen. **Benehmen** bedeutet, dass das BMJV angehört werden muss und dessen Argumente zur Kenntnis genommen werden[3]. Kommt eine Einigung mit ihm nicht zustande, entscheidet letztlich das BMAS allein. 12

Das BMAS hat die **Ernennung** nach § 13 RiWG sodann dem Bundespräsidenten vorzuschlagen, der sie vornimmt (Art. 60 Abs. 1 GG), nachdem er die Formalien des Wahlverfahrens überprüft hat. Ein materielles Prüfungsrecht der Eignung des Gewählten hat der Bundespräsident nicht[4]. Die Ernennung erfolgt durch Aushändigung einer Urkunde (§ 17 Abs. 1 DRiG). 13

3. Rechtsschutz

Da nach § 46 DRiG iVm. § 8 Abs. 1 Satz 2 BBG auch im richterlichen Dienst die Auslese der Bewerber nach den in **Art. 33 Abs. 2 GG** vorgesehenen Kriterien zu erfolgen hat, nach denen jeder Deutsche nach seiner Eignung, Befähigung und fachlichen Leistungen gleichen Zugang zu einem öffentlichen Amt hat, darf bei Besetzung einer Richterstelle gegen diesen Grundsatz nicht verstoßen werden[5]. 14

Ein übergangener Bewerber hat daher die Möglichkeit, gegen ein ermessensfehlerhaftes Übergehen **einstweiligen Rechtsschutz** (§ 123 Abs. 1 Satz 1, Abs. 3 VwGO, § 920 ZPO) zu suchen bzw. eine **Konkurrentenklage** einzureichen[6]. 15

III. Rechtsstellung

Die Rechtsstellung der Bundesrichter bestimmt sich nach §§ 46 ff. DRiG iVm. §§ 1 ff. BBG. Soweit dort nichts anderes bestimmt ist, gelten die **Vorschriften für Bundesbeamte entsprechend**. Im Übrigen wird auf die Kommentierung in § 6 Rz. 19 ff. verwiesen. 16

Speziell im **DRiG** sind die Befähigung zum Richteramt, Statusformen des Richterdienstes einschließlich Eintritt in den Ruhestand, Teilzeitbeschäftigung und Beurlaubung, Nichtigkeits-, Rücknahme- und Entlassungsgründe sowie die Gründe, aus denen eine Versetzung des Richters gegen seinen Willen zulässig ist, geregelt (hierzu auch § 6 Rz. 18 ff.). 17

Die Richter mit der Amtsbezeichnung „**Richter am BAG**" sind die sog. berufsrichterlichen Beisitzer der mit mindestens drei Berufsrichtern und zwei ehrenamtlichen Richtern besetzten Senate. Ihre Besoldung richtet sich nach R 6. 18

Die **Vorsitzenden Richter am BAG** leiten jeweils den ihnen durch Geschäftsverteilung zugewiesenen Senat. Sie werden idR aus dem Kreis der beisitzenden Richter ernannt. Über die Ernennung entscheidet das zuständige BMAS. Die Vorsitzenden Richter werden nach R 8 besoldet. 19

---

1 BVerfG v. 20.9.2016 – 2 BvR 2453/15, NJW 2016, 657.
2 BVerfG v. 20.9.2016 – 2 BvR 2453/15, NJW 2016, 3425.
3 Vgl. hierzu auch *Berger-Delhey*, DRiZ 1988, 121.
4 Streitig, wie hier GK-ArbGG/*Dörner*, § 42 Rz. 9; aA *Schmidt-Räntsch*, § 13 RichterwahlG Rz. 2 mwN.
5 BVerfG v. 20.9.2016 – 2 BvR 2453/15, NJW 2016, 3425.
6 VGH BW v. 7.8.1996 – 4 S 1929/96, NJW 1996, 2525.

20 Der **Präsident des BAG** ist Leiter des Gerichts sowie Vorsitzender eines Senats des BAG[1]. Gleichzeitig ist der Präsident Vorsitzender des Großen Senats des BAG sowie Mitglied des Gemeinsamen Senats der obersten Gerichtshöfe des Bundes (Art. 95 Abs. 3 GG iVm. dem Gesetz zur Wahrung der Einheitlichkeit der Rspr. der obersten Gerichtshöfe des Bundes – RsprEinhG – vom 19.6.1968, BGBl. I S. 611, zuletzt geändert durch Art. 144 Gesetz v. 31.8.2015 BGBl. I 1474). Der Präsident des BAG wird vom BMAS ernannt und nach Besoldungsgruppe R 10 vergütet.

21 **Richtervertretungen** beschäftigen sich mit allgemeinen, sozialen und personellen Angelegenheiten der Berufsrichter. Beim BAG werden ein Richter- und ein Präsidialrat errichtet (§ 49 DRiG). Der **Richterrat** besteht aus drei gewählten Richtern (§ 50 Abs. 1 Nr. 2 DRiG). Er ist für die Beteiligung an allgemeinen und sozialen Angelegenheiten der Richter zuständig. Seine Aufgaben und Befugnisse entsprechen im Wesentlichen den Aufgaben der Personalvertretung nach dem Bundespersonalvertretungsgesetz (§ 52 f. DRiG). Der **Präsidialrat** wird gem. § 54 DRiG gebildet und wirkt bei Entscheidungen über statusrechtliche Angelegenheiten der einzelnen Richter mit. Er ist insbesondere vor jeder Ernennung oder Wahl eines Richters bzw. vor Übertragung eines Richteramts an einem Gericht eines anderen Gerichtszweigs zu beteiligen (§§ 55 DRiG). Er gibt eine schriftlich begründete Stellungnahme über die persönliche und fachliche Eignung des Bewerbers oder Richters ab, die zu den Personalakten zu nehmen ist (§ 57 DRiG). Eine Entscheidung darf erst nach Eingang der Stellungnahme oder Ablauf der Frist zur Stellungnahme ergehen.

22 Für die Richter im Bundesdienst wird als **Dienstgericht** des Bundes ein besonderer Senat des BGH gebildet (§ 61 Abs. 1 DRiG). Die Befugnisse des Dienstgerichts sind in § 62 DRiG geregelt. Gemäß § 63 DRiG gelten für das Verfahren in Disziplinarsachen die Vorschriften des Bundesdisziplinargesetzes (BDG vom 9.7.2001, zuletzt geändert durch Art. 3 Gesetz v. 19.10.2016 BGBl. I S. 2362) sinngemäß.

§ 43 Ehrenamtliche Richter

(1) Die ehrenamtlichen Richter werden vom Bundesministerium für Arbeit und Soziales für die Dauer von fünf Jahren berufen. Sie sind im angemessenen Verhältnis unter billiger Berücksichtigung der Minderheiten aus den Vorschlagslisten zu entnehmen, die von den Gewerkschaften, den selbständigen Vereinigungen von Arbeitnehmern mit sozial- oder berufspolitischer Zwecksetzung und Vereinigungen von Arbeitgebern, die für das Arbeitsleben des Bundesgebietes wesentliche Bedeutung haben, sowie von den in § 22 Abs. 2 Nr. 3 bezeichneten Körperschaften eingereicht worden sind.

(2) Die ehrenamtlichen Richter müssen das fünfunddreißigste Lebensjahr vollendet haben, besondere Kenntnisse und Erfahrungen auf dem Gebiet des Arbeitsrechts und des Arbeitslebens besitzen und sollen mindestens fünf Jahre ehrenamtliche Richter eines Gerichts für Arbeitssachen gewesen sein. Sie sollen längere Zeit in Deutschland als Arbeitnehmer oder als Arbeitgeber tätig gewesen sein.

(3) Für die Berufung, Stellung und Heranziehung der ehrenamtlichen Richter sowie für die Amtsenthebung und die Amtsentbindung sind im Übrigen die Vorschriften der §§ 21 bis 28 und des § 31 entsprechend anzuwenden mit der Maßgabe, dass die in § 21 Abs. 5, § 27 Satz 2 und § 28 Satz 1 bezeichneten Entscheidungen durch den vom Präsidium für jedes Geschäftsjahr im Voraus bestimmten Senat des Bundesarbeitsgerichts getroffen werden.

I. Allgemeines 1	d) Tätigkeit als Arbeitgeber oder Arbeitnehmer 12
II. Berufung der ehrenamtlichen Richter 3	2. Auswahl der ehrenamtlichen Richter 17
1. Berufungsvoraussetzungen 4	3. Berufungsverfahren 21
a) Lebensalter 5	4. Rechtsstellung 28
b) Besondere Kenntnisse 7	III. Heranziehung zu den Sitzungen 36
c) Fünfjährige Tätigkeit bei einem Gericht für Arbeitssachen 10	

Schrifttum: *Düwell,* Die ehrenamtlichen Richter beim Bundesarbeitsgericht, in Lieber/Sens, Ehrenamtliche Richter, Wiesbaden 1999, S. 144; *Müller,* Das Bundesarbeitsgericht und die Verbände, AuR 1978, 14.

---

[1] Traditionell sitzt der Präsident dem Ersten Senat vor.

I. Allgemeines

Im Unterschied zur Berufung der berufsrichterlichen Mitglieder des BAG (§ 42) erfolgt die Berufung der ehrenamtlichen Richter nicht nach dem Richterwahlgesetz, sondern allein **durch das Bundesministerium für Arbeit und Soziales** (hierzu § 40 Rz. 15) **aus den Vorschlagslisten der Verbände**. § 43 regelt die Voraussetzungen der Berufung sowie die Heranziehung der ehrenamtlichen Richter[1]. 1

Das **Berufungsverfahren** (hierzu Rz. 21 ff.) entspricht im Wesentlichen dem Berufungsverfahren von ehrenamtlichen Richtern zu den ArbG (§ 20) und den LAG (§ 37). Durch Verweis auf die entsprechenden Vorschriften für die ehrenamtlichen Richter der 1. Instanz sind die Regelungen für die **Rechtsstellung** (Rz. 28 ff.) und **Heranziehung der ehrenamtlichen Richter** (Rz. 36 ff.) sowie für die **Amtsenthebung** (§ 27) und **Amtsentbindung** (hierzu auch § 21 Rz. 44 ff.) entsprechend mit der Maßgabe anzuwenden, dass die entsprechenden Entscheidungen von einem im Voraus bestimmten Senat des BAG getroffen werden (hierzu auch Rz. 28). 2

II. Berufung der ehrenamtlichen Richter

Für Berufung der ehrenamtlichen Richter zum BAG sind aufgrund der Verweisung in § 43 Abs. 3 insbesondere die **Vorschriften der §§ 21–23 entsprechend** anzuwenden, soweit nicht § 42 Abs. 2 besondere persönliche Voraussetzungen normiert. In Bezug genommen sind damit vor allem auch die **Ausschlusstatbestände des § 21 Abs. 2 und Abs. 3**. Hiernach sind Ausschlussgründe das Fehlen der Fähigkeit zur Bekleidung öffentlicher Ämter oder Verurteilung zu einer Freiheitsstrafe von mehr als sechs Monaten, die Anklage wegen einer Straftat, die den Verlust der Fähigkeit zur Bekleidung öffentlicher Ämter zur Folge haben kann, das Fehlen des Wahlrechts zum Bundestag, Vermögensverfall oder die Interessenkollision aufgrund der beruflichen Stellung als Beamter und Angestellter des BAG. Wegen der Einzelheiten wird auf die Kommentierung zu § 21 verwiesen (Rz. 14 ff.). Darüber hinaus bestehen weitere ungeschriebene Berufungsvoraussetzungen; hierzu § 21 Rz. 12 f.). 3

1. Berufungsvoraussetzungen

§ 43 Abs. 2 nennt die **besonderen persönlichen Voraussetzungen** für die Berufung zum ehrenamtlichen Richter beim BAG. Sie sind teils zwingend, teils als dringende Empfehlung ausgestaltet. 4

a) Lebensalter

Persönliche Voraussetzung für die Berufung als ehrenamtlicher Richter beim BAG ist die **Vollendung des 35. Lebensjahres**. Dieses Mindestalter, das übrigens auch für die Berufsrichter beim BAG gilt, ist eine zwingende Voraussetzung. Maßgeblicher Zeitpunkt ist der Zugang des Berufungsschreibens, da dieses das Berufungsverfahren abschließt[2]. 5

Nach oben hin besteht keine Altersgrenze. Der ehrenamtliche Richter kann allerdings nach § 43 Abs. 3 iVm. § 24 Abs. 1 Nr. 1 mit **Vollendung des 65. Lebensjahrs** die Übernahme des Amtes ablehnen oder sein Amt niederlegen (hierzu § 24 Rz. 5). 6

b) Besondere Kenntnisse

Die ehrenamtlichen Richter müssen für die Berufung zum BAG **besondere Kenntnisse auf dem Gebiet des Arbeitsrechts und des Arbeitslebens** haben. Welche Kenntnisse genau gefordert werden, teilt das Gesetz nicht mit. Jedoch ist aus dem zusätzlichen Erfordernis einer fünfjährigen Vorerfahrung als ehrenamtlicher Richter der Arbeitsgerichtsbarkeit sowie der längeren Tätigkeit als ArbGeb oder ArbN zu folgern, dass die besonderen Kenntnisse über eine allgemeine Berufserfahrung hinausgehen müssen; dies ergibt sich schon aus § 43 Abs. 2 Satz 2, der eine langjährige Berufserfahrung in Deutschland für wünschenswert hält (hierzu Rz. 12 ff.). 7

Die besonderen Kenntnisse werden bspw. durch eine **längere Tätigkeit in ArbGeb- oder ArbN-Verbänden oder in innerbetrieblichen Gremien wie BR oder Sprecherausschuss** erlangt. Es kann allerdings nicht gefordert werden, dass die Erfahrung eines ehrenamtlichen Richters aus ArbGeb-Kreisen auch (nur) 8

---

[1] Zur Verfassungsmäßigkeit der Norm insbesondere zur Heranziehung der ehrenamtlichen Richter aus Vorschlagslisten vgl. BAG v. 28.8.1985 – 5 AZR 616/84, DB 1985, 2056; BAG v. 29.8.1985 – 6 ABR 63/82, DB 1986, 1024; BAG v. 10.9.1985 – 3 AZR 490/83, DB 1986, 178; BAG v. 10.9.1985 – 1 ABR 32/83, AP Nr. 34 zu § 2 TVG.
[2] BAG v. 11.3.1965 – 5 AZR 129/64, AP Nr. 28 zu § 2 ArbGG 1953 – Zuständigkeitsprüfung.

als ArbGeb gesammelt worden sein muss; bei einem Wechsel aus der ArbN-Position reichen auch die in dieser Position – bspw. als langjähriger Belegschaftsvertreter – erlangten besonderen arbeitsrechtlichen Kenntnisse aus.

9 Es handelt sich bei den Anforderungen an besondere Kenntnisse um **zwingende Voraussetzungen** mit der Folge, dass bei Fehlen der besonderen Kenntnisse nach § 43 Abs. 3 iVm. § 21 Abs. 5 ein Amtsentbindungsverfahren stattfinden kann, weil dann eine obligatorische Berufungsvoraussetzung fehlt.

c) Fünfjährige Tätigkeit bei einem Gericht für Arbeitssachen

10 Durch die Voraussetzung einer fünfjährigen Tätigkeit bei einem Gericht der Arbeitsgerichtsbarkeit – der Zeitraum entspricht einer Amtsperiode – soll eine **spruchrichterliche Erfahrung** sichergestellt werden. Hier kommen alternativ sowohl eine Tätigkeit als ehrenamtlicher Richter bei den LAG als auch in 1. Instanz in Betracht.

11 Die Vorberufung als ehrenamtlicher Richter in einer der Tatsacheninstanzen ist – im Gegensatz zum geforderten Lebensalter und den verlangten besonderen Kenntnissen – **keine zwingende Voraussetzung**; dies ergibt sich aus der vom Gesetzgeber ausdrücklich gewählten unterschiedlichen Formulierung der Voraussetzungen in § 43 Abs. 2 Halbs. 1 „müssen" und in Halbs. 2 „sollen". Insbesondere ist keine zusammenhängende fünfjährige Tätigkeit – unmittelbar vor Bestellung zum ehrenamtlichen Richter beim BAG – erforderlich. Da es sich mit dem Wortlaut „sollen" jedoch um eine dringende Empfehlung des Gesetzgebers handelt, sollte eine Person ohne spruchrichterliche Vorerfahrung nur dann vorgeschlagen oder aus der Vorschlagsliste berufen werden, wenn nicht genügend geeignete Personen zu ehrenamtlichen Beisitzern bestellt werden könnten (zur Bindungswirkung an Vorschlagslisten beim BAG vgl. Rz. 20).

d) Tätigkeit als Arbeitgeber oder Arbeitnehmer

12 Die ehrenamtlichen Richter sollen nach § 43 Abs. 2 Satz 2 **längere Zeit in Deutschland als ArbGeb oder ArbN tätig** gewesen sein. Der **zeitliche Umfang** ist zwar nicht festgelegt. Da aber § 43 Abs. 2 Satz 1 bereits eine fünfjährige Amtsausübung als ehrenamtlicher Richter eines Gerichts für Arbeitssachen für die Berufung beim BAG empfiehlt, ist davon auszugehen, dass die ArbN- oder ArbGeb-Tätigkeit diesen vorgenannten Zeitraum jedenfalls nicht unterschreiten soll. Es ist nach dem Wortlaut dagegen nicht erforderlich, dass die Tätigkeit zeitlich unmittelbar vor der Berufung stattgefunden hat; wichtig ist nur die über einen längeren Zeitraum gesammelte Erfahrung, die genutzt werden soll. Insbesondere muss der ehrenamtliche Richter beim BAG nicht mehr zum Zeitpunkt seiner Berufung oder während der Dauer seiner Berufung als ArbN oder ArbGeb tätig sein[1].

13 Die **Art der Tätigkeit** ist offen. Allerdings wurde die Berufung eines **gleichzeitig vor dem BAG als Rechtsanwalt tätigen ehrenamtlichen Richters** aus dem Verfassungsgebot richterlicher Neutralität von dem Präsidium des BAG als unzulässig angesehen[2]. Das Präsidium darf aber die Zuteilung eines ehrenamtlichen Richters an einen Senat gegen dessen Willen im laufenden Geschäftsjahr deswegen nicht wieder aufheben, weil dieser später vor demselben Gericht auftritt[3] (vgl. hierzu auch § 21 Rz. 34 ff.).

14 § 22 ergänzt § 43 über die Berufungsvoraussetzungen um die Klarstellung, wer **ehrenamtlicher Richter der ArbGeb-Seite** und § 23 stellt klar, wer **ehrenamtlicher Richter der ArbN-Seite** werden kann. Wegen der Einzelheiten wird auf die Kommentierung zu §§ 22 und 23 verwiesen. **Übernimmt** ein ehrenamtlicher Richter aus den Kreisen der ArbN oder ArbGeb während seiner Amtszeit aktiv **eine Funktion auf der jeweils anderen Seite**, entfällt die Voraussetzung seiner Berufung. Dies folgt aus dem Grundsatz der paritätischen Besetzung der Gerichte für Arbeitssachen mit ehrenamtlichen Richtern beider Seiten[4]. Dabei ist eine abstrakte Betrachtungsweise anzustellen und nicht darauf abzustellen, ob sich der betroffene ehrenamtliche Richter nach seiner persönlichen Einschätzung trotz Wechsels der Stellung noch der ihn für das Amt vorschlagenden Seite verbunden fühlt. Allerdings entfällt die Berufungsvoraussetzung dann nicht, wenn der ehrenamtliche Richter – etwa als Vorstandsmitglied einer Gewerkschaft – zwar ArbGeb-Funktionen ausübt, dabei aber weiterhin in die ArbN-Seite eingebunden ist[5].

15 Die Voraussetzung einer längeren Berufstätigkeit in Deutschland ist nur als **Sollvorschrift** normiert. Gleichwohl wird im Schrifttum teilweise vertreten, dass das Fehlen jeglicher Berufserfahrung als AN oder ArbG

---

1 BAG v. 21.9.1999 – 1 AS 6/99, NZA 2000, 389.
2 Beschl. des Präsidiums des BAG v. 22. und 23.10.1975 – BB 1976, 934; Hess. VGH v. 14.12.1977 – VIII TG 4/77, AP Nr. 6 zu § 43 ArbGG 1953.
3 Hess. VGH v. 28.7.1982 – I OE 74/79, DB 1982, 2196.
4 BAG v. 19.8.2004 – 1 AS 6/03, AP Nr. 5 zu § 21 ArbGG 1979.
5 BAG v. 21.9.1999 – 1 AS 6/99, AuR 2000, 311.

gegen das Prinzip der Gruppenbesetzung des ArbG verstößt und wegen Fehlerhaftigkeit der Berufung des ehrenamtlichen Richters zu einem Amtsentbindungsverfahren führen könne[1]. Diese Ansicht berücksichtigt nicht den Wortlaut der Norm; der Gesetzgeber hat bewusst zwischen zwingenden und erwünschten Voraussetzungen unterschieden und hier – sowohl im Hinblick auf die erwünschte Vorerfahrung als ehrenamtlicher Richter als auch im Hinblick auf die Tätigkeit – „nur" eine dringende Empfehlung ausgesprochen.

Einstweilen frei 16

2. Auswahl der ehrenamtlichen Richter

Zur Auswahl der ehrenamtlichen Richter erfolgt zunächst von den in § 43 Abs. 1 Satz 2 genannten Organisationen die **Erstellung von Vorschlagslisten**. Es handelt sich dabei um Gewerkschaften, selbständige Vereinigungen von ArbN mit sozial- oder berufspolitischer Zwecksetzung und Vereinigungen von ArbGeb, die für das Arbeitsleben des Bundesgebiets wesentliche Bedeutung haben sowie die in § 22 Abs. 2 Nr. 3 aufgeführten Körperschaften nebst deren ArbGeb-Vereinigungen. § 22 Abs. 2 Nr. 3 nennt insbesondere Bund, Länder, Gemeinden, Gemeindeverbände, Körperschaften, Anstalten und Stiftungen des öffentlichen Rechts (vgl. § 20 Rz. 4). Im Gegensatz zu den in § 20 genannten Organisationen ist bei der Auswahl der ehrenamtlichen Richter beim BAG auch die Bedeutung der Vereinigung entscheidend[2]. 17

Die **Einreichung der Vorschlagslisten** kann sowohl auf Eigeninitiative dieser Organisationen hin als auch auf Anforderung des BMAS (hierzu § 40 Rz. 15) hin erfolgen. 18

Hinsichtlich **der in die Liste aufzunehmenden Personen** unterliegen die vorschlagsberechtigten Organisationen keinen Schranken. Insbesondere können sie auch Nichtmitglieder oder Personen, die sich vorab nicht ausdrücklich zur Übernahme des Ehrenamtes bereit erklärt haben, aufnehmen. 19

Das **Bundesministerium für Arbeit und Soziales** ist an diese Vorschlagslisten nicht gebunden (hierzu vgl. auch § 20 Rz. 12 f.), sondern kann die Zusammensetzung bestimmen und neue Listen anfordern. Das BMAS hat somit die Befugnis, die Zusammensetzung des BAG entscheidend zu bestimmen[3]. Eine **Bindung** besteht nur insoweit, als dass er die ehrenamtlichen Richter in angemessenem Verhältnis unter billiger Berücksichtigung der Minderheiten aus den Vorschlagslisten zu entnehmen hat (§ 43 Abs. 1 Satz 2). Verfassungsrechtliche Bedenken hiergegen bestehen nicht[4]. 20

3. Berufungsverfahren

Die Berufung als ehrenamtlicher Richter erfolgt nach § 43 Abs. 1 Satz 1 durch das BMAS, und zwar im Rahmen der Justizverwaltung (§ 15) durch Verwaltungsakt. Eine Mitwirkung durch das BMJV ist nicht vorgesehen. Die Berufung ist mit Zustellung des Berufungsschreibens abgeschlossen[5]. 21

Die **Berufungsdauer** beträgt – wie bei den ehrenamtlichen Richtern der Tatsacheninstanzen – fünf Jahre. Eine erneute Berufung des ehrenamtlichen Richters nach Ende seiner Amtszeit ist möglich. 22

Umstritten ist, ob **ausnahmsweise eine kürzere Berufungszeit** zulässig ist, sofern ein ehrenamtlicher Richter vor Ende der Amtszeit ausscheidet. In diesem Fall ist eine Ergänzungsberufung für den Rest der Amtszeit möglich und dann zwingend erforderlich, wenn die Zahl der ehrenamtlichen Richter nicht mehr zur Erfüllung der Rechtsprechungsaufgaben ausreichend ist. Es beginnt allerdings für den Nachrücker eine neue Amtszeit von fünf Jahren, da der Wortlaut des Gesetzes eine andere Auffassung nicht zulässt (vgl. § 20 Rz. 22). 23

Gegen die Berufung ist verwaltungsgerichtliche Klage (§ 40 Abs. 1 VwGO) möglich. Der einzelne Kandidat kann seine für fehlerhaft gehaltene Berufung im Wege der Anfechtungsklage angreifen. Ob er gegen eine Nichtberücksichtigung klagen kann, ist umstritten (vgl. § 20 Rz. 19). 24

Die Berufung der ehrenamtlichen Richter ist **nicht nichtig**, weil Mängel in dem Verfahren der Berufung bestehen[6]. 25

---

1 GMP/*Prütting*, § 43 Rz. 10.
2 Hierzu eingehend *Düwell* in Lieber/Sens, S. 144; *Müller*, AuR 1978, 14.
3 BAG v. 28.8.1985 – 5 AZR 616/84, DB 1985, 2056; BAG v. 29.8.1985 – 6 ABR 63/82, DB 1986, 1024; BAG v. 10.9.1985 – 3 AZR 490/83, AP Nr. 49 zu § 74 HGB mit kritischer Anm. *Beitzke*.
4 BVerfG v. 9.12.1985 – 1 BvR 853, 1043, 1118/85, NJW 1986, 1324.
5 BAG v. 11.3.1965 – 5 AZR 129/64, AP Nr. 28 zu § 2 ArbGG 1953 – Zuständigkeitsprüfung.
6 BAG v. 10.9.1985 – 3 AZR 490/83, DB 1986, 178.

26 Der ehrenamtliche Richter ist vor seiner ersten Dienstleistung durch den Vorsitzenden in öffentlicher Sitzung des Gerichts zu vereidigen. Der **Diensteid** bestimmt sich nach § 45 Abs. 3–5 DRiG. Wegen weiterer Einzelheiten wird auf § 20 Rz. 23 ff. verwiesen.

27 Sofern das Amt des ehrenamtlichen Richters nicht automatisch nach Ablauf der fünfjährigen Berufungszeit endet (§ 43 Abs. 1 Satz 1) sieht § 21 Abs. 5 die Möglichkeit der Amtsentbindung vor. Das **Amtsentbindungsverfahren** ist Folge der fehlenden persönlichen Voraussetzungen nach § 43 Abs. 2, § 21 Abs. 1 oder der Ausschlussgründe nach § 21 Abs. 2. Es ist sowohl in den Fällen möglich, in denen das von Beginn an gegebene Fehlen einer Berufungsvoraussetzung erst nachträglich bekannt wird als auch in den Fällen, in denen eine Voraussetzung später wegfällt (vgl. § 21 Rz. 45).

4. Rechtsstellung

28 Die allgemeine Rechtsstellung der ehrenamtlichen Richter richtet sich gem. § 43 Abs. 3 nach den Vorschriften für die ehrenamtlichen Richter der ArbG, insbesondere nach den §§ 21–28 und 31 mit der Maßgabe, dass die in §§ 21 Abs. 5, 27 Satz 2 und 28 Satz 1 bezeichneten Entscheidungen durch den vom Präsidium für jedes Geschäftsjahr im Voraus bestimmten Senat des BAG[1] getroffen werden.

29 Der ehrenamtliche Richter hat die gleichen Rechte wie der Berufsrichter. Er ist in der Sache unabhängig und nur dem Gesetz unterworfen (Art. 97 Abs. 1 GG). Zur **Unabhängigkeit** gehört die Weisungsfreiheit sowohl von anderen Staatsgewalten als auch von Gruppen und Einrichtungen des Wirtschaftslebens und des sozialen Lebens. Er ist nicht an Weisungen oder Empfehlungen der ihn benennenden Organisationen, sondern **nur an Recht und Gesetz** (Art. 20 Abs. 3 GG) **gebunden und seinem Gewissen unterworfen**.

30 Der ehrenamtliche Richter wird insbesondere durch § 44 Abs. 2 DRiG in seiner **persönlichen Unabhängigkeit** geschützt (vgl. § 6 Rz. 61). Im Übrigen ist seine persönliche Rechtsstellung durch § 43 Abs. 3 iVm. § 26 besonders gesichert. § 26 bestimmt, dass niemand in der Übernahme oder Ausübung des Amtes als ehrenamtlicher Richter beschränkt oder wegen der Übernahme oder Ausübung benachteiligt werden darf. Zuwiderhandlungen werden mit Geldstrafe, in schweren Fällen mit Freiheitsstrafe bis zu einem Jahr bestraft, wenn nicht nach anderen Gesetzen eine schwerere Strafe verwirkt ist.

31 Wichtigste Pflicht des ehrenamtlichen Richters ist die **Unparteilichkeit**. Zu seinen Pflichten gehört auch die **Wahrung des Beratungsgeheimnisses**. Der ehrenamtliche Richter hat über den Hergang bei der Beratung und Abstimmung auch nach Beendigung seines Dienstverhältnisses zu schweigen (§ 43 DRiG). Da es sich um ein Ehrenamt im Interesse der Rechtspflege handelt, stehen für den ehrenamtlichen Richter privatrechtliche Verpflichtungen zurück. So hat der ehrenamtliche Richter mit seiner Berufung verschiedene weitere Pflichten übernommen, wie bspw. die Verpflichtung, sich zu den angeordneten Sitzungen – rechtzeitig – einzufinden und das Richteramt ordnungsgemäß wahrzunehmen (vgl. auch § 27 Rz. 6, § 6 Rz. 65). **Die Verletzung seiner Pflichten** kann durch Ordnungsstrafen geahndet werden (§ 28). Bei grober Pflichtverletzung kann eine Amtsenthebung nach § 43 Abs. 3 iVm. § 27 in Betracht kommen.

32 Die **straf- und zivilrechtliche Verantwortlichkeit** entspricht der eines Berufsrichters; der ehrenamtliche Richter ist insbesondere Spruchrichter iSd. § 839 Abs. 2 BGB (vgl. § 6 Rz. 32 f.).

33 Die Möglichkeiten eines **Ausschlusses** oder einer **Ablehnung** richten sich nach den §§ 41 ff. ZPO. Insoweit kann auf die Ausführungen zu § 49 und unter § 6 Rz. 34 ff. verwiesen werden.

34 Die ehrenamtlichen Richter sind zwar als vollwertige Mitglieder der Spruchkörper nicht am Präsidium beteiligt (§ 6a), sie haben aber durch § 44 ein **Anhörungsrecht vor bestimmten Maßnahmen der Gerichtsverwaltung**.

35 Da das Amt des ehrenamtlichen Richters ein Ehrenamt ist, enthält er kein Entgelt, sondern **Aufwendungsersatz** nach dem Justizvergütungs- und -entschädigungsgesetz – JVEG, welcher die mit der Sitzungsteilnahme verbundenen finanziellen Aufwendungen weitgehend abdecken soll (vgl. § 6 Rz. 72 ff.).

III. Heranziehung zu den Sitzungen

36 Die ehrenamtlichen Richter sind im **Geschäftsverteilungsplan** durch das Präsidium einem bestimmten Senat zugeteilt. Ihre Namen sind alphabetisch aufgelistet (vgl. hierzu auch § 41 Rz. 32).

37 Die Heranziehung der ehrenamtlichen Richter erfolgt gem. § 43 Abs. 3 nach den Bestimmungen des § 31. Sie werden in der **Reihenfolge der Heranziehungsliste** zu den Sitzungen herangezogen. Dies gilt entspre-

---

1 Nach dem Geschäftsverteilungsplan für 2010 ist gem. B 1.4 der Erste Senat zuständig.

chend für die ebenfalls aufgestellte Hilfsliste. Wegen der Einzelheiten wird auf die Kommentierung zu § 31 verwiesen (zur Frage, wann die ehrenamtlichen Richter zu beteiligen sind vgl. auch § 16 Rz. 20 ff.).

Die **Ladung** der ehrenamtlichen Richter soll nach § 9 Abs. 1 der GO des BAG (vgl. § 44 Rz. 16) spätestens zwei Wochen vor der Sitzung, an der sie teilnehmen sollen, erfolgen. Sofern ein ehrenamtlicher Richter an der Teilnahme verhindert ist, soll er dies sofort nach Empfang der Ladung möglichst telegraphisch oder telefonisch der zuständigen Geschäftsstelle des BAG mitteilen, damit an seiner Stelle ein anderer ehrenamtlicher Richter rechtzeitig geladen werden kann. 38

Gemäß § 9 Abs. 3 der GO (hierzu § 44 Rz. 16) werden den geladenen ehrenamtlichen Richtern Abschriften der angefochtenen Entscheidung, der Schriftsätze und der schriftlichen Bearbeitung der Sache zur **Vorbereitung der Beratung** zur Verfügung gestellt. Die Unterlagen sind von den ehrenamtlichen Richtern vertraulich zu behandeln. 39

Bei der Heranziehung zu den einzelnen Sitzungen – gemeint ist der jeweilige Sitzungstag – ist der Vorsitzende **an die Reihenfolge der Liste gebunden**. Ist ein Richter unvorhergesehen verhindert, wird ein Vertreter von der Hilfsliste herangezogen. Weicht der Vorsitzende willkürlich von der Reihenfolge ab, liegt ein Verstoß gegen Art. 101 Abs. 1 Satz 2 GG vor. Ein solcher Verstoß bietet die Möglichkeit einer Verfassungsbeschwerde (Art. 93 Abs. 1 Nr. 4a, Art. 101 Abs. 1 Satz 2 GG, §§ 80 ff. BVerfG). 40

§ 44 Anhörung der ehrenamtlichen Richter, Geschäftsordnung

(1) Bevor zu Beginn des Geschäftsjahrs die Geschäfte verteilt sowie die berufsrichterlichen Beisitzer und die ehrenamtlichen Richter den einzelnen Senaten und dem Großen Senat zugeteilt werden, sind je die beiden lebensältesten ehrenamtlichen Richter aus den Kreisen der Arbeitnehmer und der Arbeitgeber zu hören.

(2) Der Geschäftsgang wird durch eine Geschäftsordnung geregelt, die das Präsidium beschließt. Absatz 1 gilt entsprechend.

I. Allgemeines	1	2. Zuteilung der Richter	8
II. Geschäftsverteilung	2	3. Beteiligung der ehrenamtlichen Richter	12
1. Verteilung der Geschäfte	3	III. Geschäftsordnung	14

I. Allgemeines

§ 44 regelt die Verteilung der Geschäfte des BAG sowie die Zuteilung der Berufsrichter und ehrenamtlichen Richter zu den einzelnen Senaten und die Beteiligung der ehrenamtlichen Richter an diesen Maßnahmen. Nach § 44 Abs. 2 kann sich das BAG durch das Präsidium eine Geschäftsordnung zur Bestimmung des Geschäftsganges geben, was in der Praxis geschehen ist. 1

II. Geschäftsverteilung

Zu Beginn des Geschäftsjahres werden die Geschäfte verteilt und die Richter den Senaten zugeteilt (§ 44 Abs. 1). 2

1. Verteilung der Geschäfte

Hauptaufgabe des Präsidiums beim BAG ist – wie in den unteren Instanzen – die Verteilung der Richterdienstgeschäfte durch Erstellung des **Geschäftsverteilungsplans**. Für die Geltung des Geschäftsverteilungsplans gilt das Jährlichkeitsprinzip. Das Geschäftsjahr des BAG ist regelmäßig das Kalenderjahr. Der für das Geschäftsjahr beschlossene Geschäftsverteilungsplan tritt am Ende des Geschäftsjahres automatisch außer Kraft und muss für jedes Jahr in vollem Umfang neu beschlossen werden. 3

Der Geschäftsverteilungsplan **besetzt die Spruchkörper, regelt die Vertretung der Richter und weist den Spruchkörpern die Rechtsprechungsaufgaben zu.** Hierdurch wird der verfassungsrechtlich garantierte Richter (Art. 101 Abs. 1 Satz 2 GG) festgelegt. 4

Nicht Gegenstand der Geschäftsverteilung ist **die Festlegung der Zahl der Spruchkörper**. Die Zahl der Senate wird gem. § 41 Abs. 3 vom BMAS (vgl. § 40 Rz. 15) im Einvernehmen mit dem BMJV bestimmt. 5

6 Für die Geschäftsverteilung durch das Präsidium gelten die gleichen Regeln wie für die ArbG und LAG. Es kann daher auf die Kommentierung zu § 6a verwiesen werden (vgl. § 6a Rz. 53 ff.).

7 Der jährliche Geschäftsverteilungsplan des BAG wird regelmäßig im Internet unter www.bundesarbeitsgericht.de sowie auch in den einschlägigen Fachzeitschriften **veröffentlicht**.

2. Zuteilung der Richter

8 Aufgabe des Präsidiums ist auch die Zuteilung der Berufsrichter und der ehrenamtlichen Richter auf die einzelnen Senate. Auch diesbezüglich kann auf die Kommentierung zu § 6a verwiesen werden (§ 6a Rz. 77 ff.).

9 Die **regelmäßigen Vertreter der Richter** werden in der im Geschäftsverteilungsplan angeführten Reihenfolge zu den Sitzungen nacheinander herangezogen. Eine Heranziehung zu einer Sitzung liegt vor, sobald durch Aktenvermerk der Geschäftsstelle der an der konkreten Sitzung teilnehmende Vertreter festgelegt ist.

10 Sind alle ordentlichen Mitglieder eines Senats verhindert, obliegt die Geschäftsführung des Senats dem ersten regelmäßigen Vertreter, bei dessen Verhinderung dem nächstberufenen Vertreter.

11 Im Falle der **Verhinderung** sowohl der ordentlichen Mitglieder als auch aller Vertreter des Senats sind die übrigen berufsrichterlichen Mitglieder des Gerichts in der alphabetischen Reihenfolge zur Vertretung berufen.

3. Beteiligung der ehrenamtlichen Richter

12 Vor der Verteilung der Geschäfte und Zuteilung der Richter (zur Aufstellung einer Liste für die Heranziehung vgl. § 43 Abs. 3, §§ 31, 29 Abs. 2) sind die ehrenamtlichen Richter insofern zu beteiligen, als von allen ehrenamtlichen Richtern des BAG jeweils die beiden lebensältesten ehrenamtlichen Richter aus den Kreisen der ArbN und ArbGeb zu hören sind. Die Verletzung der **Anhörungsverpflichtung** führt aber nicht zur Unwirksamkeit der Maßnahmen[1]. Eine Bindung des Präsidiums an die Vorschläge der ehrenamtlichen Richter besteht nicht[2].

13 Ein **Ausschuss** wie bei den ArbG gem. § 29 und bei den LAG gem. § 38 wird nicht gebildet. Die Äußerung und Weiterleitung von Wünschen der ehrenamtlichen Richter gem. § 29 Abs. 2 Satz 2, um auf die Verwaltungstätigkeit Einfluss nehmen zu können, ist für das BAG nicht vorgesehen.

III. Geschäftsordnung

14 Das BAG kann sich durch Beschluss des Präsidiums eine Geschäftsordnung geben, nachdem es die beiden lebensältesten ehrenamtlichen Richter hierzu angehört hat. Hiervon hat das BAG zuletzt 2003 Gebrauch gemacht. Der Text der aktuell noch gültigen Geschäftsordnung ist in Rz. 16 abgedruckt.

15 **Inhaltlich** erfasst die Geschäftsordnung Regeln über die Organisation, Kompetenz und das Verfahren des BAG (Einzelheiten in Rz. 16). Die Geschäftsordnung hat **keine Außenwirkung**, sondern bindet nur im Innenverhältnis.

16 Derzeit gilt die Geschäftsordnung in der vom Bundesrat am 11.4.2003 genehmigten und am 16.7.2003 veröffentlichen Fassung (BAnz. Nr. 219). Sie hat am 1.6.2003 die bis dahin geltende Geschäftsordnung vom 9.11.1984 abgelöst.

§ 1 Senate

(1) Die Senate führen die Bezeichnung: „Erster Senat", „Zweiter Senat" usw.

(2) Jeder Berufsrichter gehört einem Senat als ständiges Mitglied an. Jeder Senat besteht einschließlich des Vorsitzenden aus mindestens drei Berufsrichtern.

§ 2 Präsident

(1) Der Präsident des Bundesarbeitsgerichts leitet und beaufsichtigt den Geschäftsgang des Gerichts. Er regelt insbesondere die Verteilung der Geschäfte auf die nichtrichterlichen Beschäftigten des Gerichts.

(2) Der Präsident ist im Sinne der richter- und beamtenrechtlichen Vorschriften Vorgesetzter und Dienstvorgesetzter der nichtrichterlichen Bediensteten und Dienstvorgesetzter der Richter.

---

1 GMP/*Prütting*, § 29 Rz. 19; § 44 Rz. 7.
2 Düwell/Lipke/*Wolmerath*, § 44 Rz. 2.

(3) Soweit nicht gesetzliche Vorschriften oder solche Vorschriften gelten, die das zuständige Bundesministerium auf Grund von Gesetzen erlassen hat, erlässt der Präsident die Bestimmungen über die zu führenden Geschäftsbücher, Kalender, Register, Listen und Dateien.

§ 3 Vertretung des Präsidenten

(1) In Angelegenheiten, für die eine Vertretung des Präsidenten nicht gesetzlich oder durch Geschäftsverteilungsplan geregelt ist, vertritt ihn der Vizepräsident.

(2) Ist auch dieser verhindert, so wird er nach der Reihenfolge des Dienstalters durch einen Vorsitzenden Richter oder bei Verhinderung aller Vorsitzenden Richter durch einen Richter am Bundesarbeitsgericht vertreten. Bei gleichem Dienstalter entscheidet das Lebensalter.

§ 4 Richterversammlung

(1) Der Präsident kann eine Versammlung der Richter einberufen. Auf Antrag des Präsidiums oder eines Drittels der Richter ist er hierzu verpflichtet.

(2) Die Einberufungsfrist beträgt in der Regel zwei Wochen. Bei der Einberufung ist die Tagesordnung mitzuteilen.

§ 5 Sitzungen

(1) Die Sitzungen der Senate sowie die Sitzungen des Großen Senats werden von den Vorsitzenden einberufen.

(2) Sitzungen der Senate finden an den vom Präsidenten festgelegten Wochentagen statt, soweit die Umstände des Einzelfalls nicht Abweichungen erfordern.

§ 6 Geschäftsgang im Senat

Der Vorsitzende des Senats regelt den Geschäftsgang im Senat, soweit nicht gesetzlich oder auf Grund dieser Geschäftsordnung etwas anderes bestimmt ist.

§ 7 Berichterstattung

Für jede Sache wird ein Berufsrichter des Senats zum Berichterstatter bestellt. Es kann ein Zweitberichterstatter bestellt werden. Der Berichterstatter leitet dem Vorsitzenden im Regelfall zwei Wochen, spätestens jedoch eine Woche vor dem Termin eine schriftliche Bearbeitung der Sache mit den Akten zu.

§ 8 Großer Senat

(1) Der Senat, der eine Entscheidung des Großen Senats einholen will, stellt die zu entscheidenden Rechtsfragen in einem Beschluss fest und übersendet mit diesem Beschluss auch die Akten der Rechtssache an den Vorsitzenden des Großen Senats.

(2) Es werden zwei Berufsrichter zu Berichterstattern bestellt. Alle Mitglieder des Großen Senats erhalten vor der Sitzung je einen Abdruck der schriftlichen Bearbeitung der Sache.

(3) Der Große Senat entscheidet durch einen mit Gründen versehenen Beschluss.

§ 9 Ehrenamtliche Richter

(1) Die ehrenamtlichen Richter sollen spätestens zwei Wochen vor der Sitzung geladen werden. Die Geschäftsstelle führt die Ladung aus.

(2) Ist ein ehrenamtlicher Richter an der Teilnahme verhindert, so soll er dies sofort dem Bundesarbeitsgericht mitteilen, damit an seiner Stelle ein anderer ehrenamtlicher Richter geladen werden kann.

(3) Abschriften der angefochtenen Entscheidung, der Schriftsätze und der schriftlichen Bearbeitung der Sache werden den ehrenamtlichen Richtern zur Vorbereitung der Beratung zur Verfügung gestellt. Sie sind vertraulich zu behandeln.

§ 10 Beratung und Abstimmung

Der Gang der Beratung, die Stimmabgaben der einzelnen Mitglieder und die von ihnen geltend gemachten Gründe werden nicht aufgezeichnet. Jedes Mitglied ist jedoch berechtigt, seine von der gefassten Entscheidung abweichende Ansicht mit kurzer Begründung in den Senatsakten (§ 16) niederzulegen; die abweichenden Äußerungen sind in einem verschlossenen Umschlag ohne Namensangabe zusammen mit den Senatsakten aufzubewahren.

§ 11 Form der Entscheidung

Soweit nicht gesetzlich geregelt, bestimmt der Präsident die formale Gestaltung der Entscheidungen. Beim Bundesarbeitsgericht wird ein Standardisierungskatalog geführt.

§ 12 Tatbestand und Entscheidungsgründe

Der Berichterstatter oder im Falle seiner Verhinderung der Vorsitzende oder der andere berufsrichterliche Beisitzer fertigt einen schriftlichen Entwurf des Tatbestands und der Entscheidungsgründe. Erhebt der Vorsitzende oder ein anderer Richter, der an der Entscheidung mitgewirkt hat, Bedenken und beseitigt sie der Verfasser nicht durch eine Änderung des Entwurfs, so stellt ein Senatsbeschluss die Fassung fest.

§ 13 Leitsätze

Die Berufsrichter des Senats beschließen, welchen Entscheidungen Leitsätze vorangestellt werden, und formulieren den Wortlaut.

§ 14 Siegel

Das Bundesarbeitsgericht führt zwei Siegel:
1. ein großes Bundessiegel, das nur bei förmlichen Ausfertigungen, insbesondere bei den Ausfertigungen der Urteile und Beschlüsse im Beschlussverfahren gebraucht wird;
2. ein kleines Bundessiegel.

§ 15 Geschäftsstelle

(1) Beim Bundesarbeitsgericht ist eine Geschäftsstelle eingerichtet. Diese ist in Senatsgeschäftsstellen gegliedert.

(2) Der Präsident bestimmt eine der Senatsgeschäftsstellen zur Geschäftsstelle des Großen Senats sowie für Angelegenheiten des Gemeinsamen Senats der obersten Gerichtshöfe des Bundes.

(3) Die Geschäftsstelle bereitet die Zuteilung der Rechtssachen gemäß dem Geschäftsverteilungsplan vor.

(4) Zu den Aufgaben der Senatsgeschäftsstellen gehört es, die Senatsentscheidungen auf Rechtschreibung und sonstige formale Richtigkeit sowie auf die Berücksichtigung des Standardisierungskatalogs hin zu überprüfen. In Zweifelsfällen ist Rücksprache mit den Berufsrichtern des Senats zu nehmen.

§ 16 Akten

Die im Verfahren vor dem Bundesarbeitsgericht entstehenden Akten verbleiben, soweit sie Voten enthalten, 40 Jahre, im Übrigen 10 Jahre beim Bundesarbeitsgericht. Akten des Großen Senats werden dauernd aufbewahrt. Nähere Bestimmungen über die Aufbewahrung der Akten und sonstigen Unterlagen und die weitere Behandlung nach Ablauf der Aufbewahrungsfristen trifft der Präsident.

§ 17 Bibliothek

Die Bibliothek des Bundesarbeitsgerichts beschafft, erschließt und verwaltet die benötigten fachlichen Informationen.

§ 18 Dokumentationsstelle

Die Dokumentationsstelle des Bundesarbeitsgerichts erfasst und erschließt die für das Arbeitsrecht und die Arbeitsgerichtsbarkeit bedeutsamen gerichtlichen Entscheidungen, das Schrifttum und wesentliche sonstige Dokumente.

§ 19 Inkrafttreten

(1) Diese Geschäftsordnung tritt mit Beginn des zweiten auf die Bestätigung durch den Bundesrat folgenden Kalendermonats in Kraft. Zugleich tritt die Geschäftsordnung vom 9. November 1984 außer Kraft.

(2) Die Geschäftsordnung wird im Bundesanzeiger bekanntgemacht.

§ 45 Großer Senat

(1) Bei dem Bundesarbeitsgericht wird ein Großer Senat gebildet.

(2) Der Große Senat entscheidet, wenn ein Senat in einer Rechtsfrage von der Entscheidung eines anderen Senats oder des Großen Senats abweichen will.

(3) Eine Vorlage an den Großen Senat ist nur zulässig, wenn der Senat, von dessen Entscheidung abgewichen werden soll, auf Anfrage des erkennenden Senats erklärt hat, dass er an seiner Rechtsauffassung festhält. Kann der Senat, von dessen Entscheidung abgewichen werden soll, wegen einer Änderung des Geschäftsverteilungsplanes mit der Rechtsfrage nicht mehr befasst werden, tritt der Senat an seine Stelle, der nach dem Geschäftsverteilungsplan für den Fall, in dem abweichend entschieden wurde, nunmehr zuständig wäre. Über die Anfrage und die Antwort entscheidet der jeweilige Senat durch Beschluss in der für Urteile erforderlichen Besetzung.

(4) Der erkennende Senat kann eine Frage von grundsätzlicher Bedeutung dem Großen Senat zur Entscheidung vorlegen, wenn das nach seiner Auffassung zur Fortbildung des Rechts oder zur Sicherung einer einheitlichen Rechtsprechung erforderlich ist.

(5) Der Große Senat besteht aus dem Präsidenten, je einem Berufsrichter der Senate, in denen der Präsident nicht den Vorsitz führt, und je drei ehrenamtlichen Richtern aus den Kreisen der Arbeitnehmer und Arbeitgeber. Bei einer Verhinderung des Präsidenten tritt ein Berufsrichter des Senats, dem er angehört, an seine Stelle.
(6) Die Mitglieder und die Vertreter werden durch das Präsidium für ein Geschäftsjahr bestellt. Den Vorsitz im Großen Senat führt der Präsident, bei Verhinderung das dienstälteste Mitglied. Bei Stimmengleichheit gibt die Stimme des Vorsitzenden den Ausschlag.
(7) Der Große Senat entscheidet nur über die Rechtsfrage. Er kann ohne mündliche Verhandlung entscheiden. Seine Entscheidung ist in der vorliegenden Sache für den erkennenden Senat bindend.

I. Allgemeines	1	c) Verfahren	35
II. Zuständigkeit	3	3. Verhältnis der Divergenz- und Grundsatzvorlage zueinander	39
1. Divergenzvorlage	8	III. Besetzung des Großen Senats	41
a) Rechtsfrage	9	IV. Verfahren und Entscheidung des Großen Senats	48
b) Abweichung	13	1. Verfahren	49
c) Entscheidungserheblichkeit	16	2. Entscheidung	54
d) Verfahren	21	3. Folge	59
e) Folgen der unterlassenen Vorlage	26		
2. Grundsatzvorlage	27		
a) Grundsätzliche Bedeutung	29		
b) Erforderlichkeit für Rechtsfortbildung oder Sicherung der Rechtseinheit	31		

Schrifttum: *Leisner*, Urteilsverfassungsbeschwerde wegen Nichtvorlage bei Abweichung, NJW 1989, 2446; *Maetzel*, Prozessuale Fragen zum Verfahren vor dem „Großen Senat", MDR 1966, 453; *Maetzel*, Bemerkungen zum Gemeinsamen Senat der obersten Gerichtshöfe, MDR 1968, 797; *May*, Verfahrensfragen bei der Divergenzanrufung des Großen Senats, DRiZ 1983, 305; *Oswald*, Ist Verfassungsbeschwerde gegen den Beschluss des Großen Senates eines obersten Bundesgerichts zulässig?, DVBl. 1974, 191; *Rodi*, Vorlageentscheidungen, gesetzlicher Richter und Willkür, DÖV 1989, 750; *Rüthers/Bakker*, Die Flucht vor dem gesetzlichen Richter, ZfA 1992, 199; *Schulte*, Rechtsprechungseinheit als Verfassungsauftrag, 1986.

I. Allgemeines

Beim BAG wird – wie bei allen obersten Bundesgerichten – nach Art. 95 Abs. 1 GG ein Großer Senat gebildet. Er wird eingeschaltet, wenn sich der erkennende Spruchkörper – der nach dem Geschäftsverteilungsplan zuständige Senat des BAG – in einer zweifelhaften Rechtsfrage der Entscheidung enthält und – nicht den gesamten Rechtsstreit, sondern – die isolierte Rechtsfrage dem Großen Senat vorlegt. Die Vorlage an den Großen Senat dient der Aufgabe der Rspr. zur **Wahrung von Rechtseinheit** und zur **Rechtsfortbildung**.

Es handelt sich bei dem Großen Senat **nicht um ein den Fachsenaten übergeordneter Spruchkörper** bzw. einen Rechtsmittelspruchkörper mit von den Prozessordnungen allgemein vorgesehener Nachprüfungskompetenz. Der Große Senat prüft die Zulässigkeit der Vorlage und entscheidet in Form eines Beschlusses, der in der vorliegenden Sache für den erkennenden Senat bindend ist (§ 45 Abs. 7 Satz 3; hierzu Rz. 61), allerdings nicht über den gesamten Rechtsstreit, sondern der Ausgangsrechtsstreit ist dann von dem erkennenden Senat fortzuführen (Rz. 59).

II. Zuständigkeit

Die **Zuständigkeit** des Großen Senats ist **abschließend** in § 45 Abs. 2–4 **geregelt**. Der Große Senat ist zuständig, wenn ein Senat in einer Rechtsfrage von einer Entscheidung eines anderen Senats bzw. des Großen Senats abweichen will (**Divergenz**; hierzu Rz. 8 ff.). Außerdem entscheidet der Große Senat in einer Frage von grundsätzlicher Bedeutung, wenn die Fortbildung des Rechts oder die Sicherung einer einheitlichen Rspr. dies erforderlich machen (**Grundsatzvorlage**, hierzu Rz. 27 ff.). Bei Divergenz muss der Große Senat unter den Voraussetzungen des § 45 Abs. 3 angerufen werden (hierzu Rz. 16 ff.), während bei Fragen von grundsätzlicher Bedeutung iSd. § 45 Abs. 4 (hierzu Rz. 31 ff.) die Anrufung des Großen Senates fakultativ ist.

4 **Vorlagen an den Großen Senat kommen nicht in Betracht,** wenn der erkennende Senat von der Auffassung eines Spruchkörpers abweichen will, der nicht unter § 45 Abs. 2 fällt, sich also die Abweichung auf eine frühere Auffassung desselben Senats, eines nicht mehr bestehenden Senats oder eines nicht mehr bestehenden Gerichts (zB RAG) bezieht (hierzu auch Rz. 17). Eine Vorlage kommt auch nicht in Betracht bei Abweichung von der Auffassung eines anderen deutschen Gerichtes. In dem Fall muss der Senat selbst entscheiden (zur Vorlage an den Gemeinsamen Senat wegen Abweichung von der Auffassung eines anderen obersten Gerichtshofs vgl. aber Rz. 5).

5 Bezieht sich die geplante Abweichung von der bisherigen Rspr. auf einen anderen obersten Gerichtshof des Bundes und nicht auf einen Senat des BAG, so entscheidet nicht der Große Senat, sondern **der Gemeinsame Senat der obersten Gerichtshöfe** (Art. 95 Abs. 3 GG iVm. dem Gesetz zur Wahrung der Einheitlichkeit der Rspr. der obersten Gerichtshöfe des Bundes vom 19.6.1968 – BGBl. I S. 661 – RsprEinhG). Der Zweck des Gemeinsamen Senates besteht in der **Sicherung einer einheitlichen Rspr. der obersten Gerichte**. Sein Sitz ist in Karlsruhe. Der Gemeinsame Senat der obersten Gerichtshöfe besteht aus den Präsidenten der obersten Gerichtshöfe, den Vorsitzenden Richtern der beteiligten Senate und je einem weiteren Richter der beteiligten Senate. Die zu entsendenden Richter und deren Vertreter werden von den Präsidien der Gerichtshöfe für die Dauer von zwei Geschäftsjahren bestimmt. Das Verfahren wird durch Vorlagebeschluss des erkennenden Senats eingeleitet (§ 11 Abs. 1 Satz 1 RsprEinhG). Die Entscheidung des Gemeinsamen Senats ist gem. § 16 RsprEinhG in der vorliegenden Sache für den erkennenden Senat bindend.

6 Für die Frage der **Verfassungsmäßigkeit einer Norm** ist nicht der Große Senat, sondern das **BVerfG** im Rahmen eines Normenkontrollverfahrens nach Art. 100 GG, § 13 Nr. 11, §§ 80 ff. BVerfGG zuständig. Die unterschiedlichen Vorlagen schließen sich gegenseitig aus. Beim **Normenkontrollverfahren** geht es um die Überprüfung einer Norm, auf deren Gültigkeit es bei der Entscheidung ankommt, die aber das vorlegende Gericht für verfassungswidrig hält. Vorlageberechtigt ist jede Kammer eines ArbG oder LAG oder ein Senat des BAG (vgl. auch unten das Kap. Arbeitsrechtliche Verfahren vor dem BVerfG und dem EuGH, insbesondere Verf. BVerfG/EuGH Rz. 65 ff.).

7 Der **Wahrung der Einheit des europäischen Gemeinschaftsrechts** wird schließlich im Rahmen eines Vorabentscheidungsverfahrens gem. Art. 267 AEUV nach Vorlage an den EuGH geklärt. Vorlageberechtigt sind die ArbG aller drei Instanzen. Die Vorlage erfolgt im Rahmen eines konkret anhängigen Verfahrens und betrifft entweder die Auslegung des EG-Vertrages, die Gültigkeit oder Auslegung von Handlungen der Organe der Gemeinschaft oder die Auslegung von Satzungen der durch den Rat geschaffenen Einrichtungen. Wegen der Einzelheiten wird auf das Kap. Arbeitsrechtliche Verfahren vor dem BVerfG und dem EuGH, insbesondere Verf. BVerfG/EuGH Rz. 97 ff. verwiesen.

1. Divergenzvorlage

8 Der Große Senat ist nach § 45 Abs. 2 zuständig, wenn in einer Rechtsfrage ein Senat von der vorhergehenden Entscheidung eines anderen Senats (**horizontale Divergenz**) bzw. einer Entscheidung des Großen Senats abweichen will (**vertikale Divergenz**).

a) Rechtsfrage

9 Die Divergenz muss bei einer Rechtsfrage auftreten, also bei der Frage, wie ein Geschehen gem. den Kriterien der Rechtsordnung einzuordnen ist[1]. Unerheblich ist, ob der **Rechtssatz** sich auf **unbestimmte Rechtsbegriffe** bezieht oder in einem **allgemeinen Erfahrungssatz** besteht[2]. Auch ungeschriebene Regeln, wie sie die Rspr. und Fachliteratur entwickelt hat, bilden Rechtssätze.

10 Die Rechtsfrage muss **klärungsfähig und -bedürftig** sein. Sie kann sowohl die Zulässigkeit als auch die Begründetheit betreffen. Ob sich eine Partei auf die Rechtsfrage berufen hat oder diese von Amts wegen zu prüfen ist, ist unerheblich. Erachtet ein Senat daher die Revision bereits für unzulässig, während die Rechtsfrage zur Begründetheit gehört, so ist die Vorlage ausgeschlossen.

11 **Ob die Rechtsfrage erheblich ist oder nicht**, entscheidet allein der erkennende Senat. Dabei ist zugrunde zu legen, ob die Rechtsfrage sowohl für die frühere als auch für die beabsichtigte Entscheidung tragend ist, dh. die Entscheidungen auf dieser Auffassung beruhen. Eine Vorlagepflicht besteht nicht, wenn die frühere Entscheidung nicht auf der dort geäußerten Rechtsauffassung beruhte oder wenn die Beantwortung der Rechtsfrage nur die Begründung, nicht aber das Ergebnis einer Entscheidung betraf oder betrifft[3].

---

1 Zur Abgrenzung der Rechts- von der Tatfrage insbesondere *Schulte*, S. 95 ff.
2 BAG v. 12.12.1968 – 1 AZR 238/68, BB 1969, 364.
3 BGH v. 15.2.2000 – XI ZR 10/98, NJW 2000, 1185; Zöller/*Lückemann*, § 132 GVG Rz. 4.

Für die Vorlage ist es unerheblich, **wo der frühere Rechtssatz enthalten ist**. In Betracht kommen alle Entscheidungen, die ein Verfahren beendet haben, also sowohl Urteile als auch Beschlüsse – veröffentlicht oder unveröffentlicht. Hierzu gehören auch Beschlüsse im Prozesskostenhilfeverfahren, in denen die Erfolgsaussicht unter Bildung abstrakter Rechtssätze dargestellt wurde[1]. Vorlagebeschlüsse an den Großen Senat des BAG, an das BVerfG oder Vorabentscheidungsersuchen an den EuGH sind dagegen keine divergenzfähigen Entscheidungen[2]. 12

b) Abweichung

Der Begriff der Abweichung ist mit der Regelung des § 72 Abs. 2 Nr. 2 zur Revisionszulassung identisch (vgl. auch § 72 Rz. 37 ff.). Danach liegt eine Abweichung vor, wenn in derselben Rechtsfrage ein abstrakter Rechtssatz anders als ein abstrakter Rechtssatz einer anderen Entscheidung ausgelegt wird und angewendet werden soll. Somit setzt Abweichung zwingend die **Identität der Rechtsfrage** voraus. Keine Abweichung besteht bei der Konkretisierung, Klarstellung oder Verdeutlichung bereits aufgestellter oder bei der Schöpfung neuer – nicht widersprechender – Rechtssätze. 13

Die Identität der Rechtsfrage liegt nicht nur dann vor, wenn sich die divergierenden Rechtssätze auf die **gleiche gesetzliche Bestimmung** beziehen, wenngleich bei der Auslegung derselben Rechtsnorm davon ausgegangen werden kann, dass auch dieselbe Rechtsfrage zu beurteilen ist. 14

Auch wenn die zu treffende Entscheidung auf **zwei verschiedenen Rechtsnormen** beruht, kann dieselbe Rechtsfrage betroffen sein, sofern neben dem Wortlaut der Vorschriften der gesamte Zusammenhang der Normkomplexe identisch ist[3]. Das gilt auch für den Fall, dass sich ein Spruchkörper in seiner Entscheidung mit einer Rechtsfrage auseinander setzt, die ein anderer Senat zu einer später allerdings aufgehobenen oder geänderten Gesetzesbestimmung vertreten hat. Voraussetzung ist, dass hierdurch der Regelungsgehalt der betroffenen Norm unberührt bleibt, dh. also nicht bereits durch die Gesetzesänderung eine inhaltliche Änderung der Norm verbunden ist[4]. Wegen der weiteren Einzelheiten wird auf die Kommentierung zu § 72 verwiesen. 15

c) Entscheidungserheblichkeit

Eine Vorlage bei der **horizontalen Divergenz** ist nur zulässig, wenn der Senat, von dessen Entscheidung abgewichen werden soll, auf **Anfrage** des erkennenden Senats erklärt, dass er an seiner Rechtsauffassung festhält (§ 45 Abs. 3 Satz 1). Eine vorsorgliche Vorlage unter der Bedingung, dass der andere Senat an seiner Auffassung festhalten will, ist nicht möglich. Vielmehr ist die Anrufung des Großen Senats ohne die vorherige Anfrage und Antwort unzulässig[5]. 16

Nicht divergenzfähig sind **Entscheidungen, die mittlerweile aufgegeben worden und** damit **überholt sind**. Rechtsfragen, die zwischenzeitlich gesetzlich geklärt sind, sind ebenfalls nicht vorzulegen[6]. Eine Vorlage ist auch dann nicht erforderlich, wenn die abweichend beantwortete Rechtsfrage inzwischen vom BVerfG mit Bindungswirkung für alle Fachgerichte geklärt ist[7]. Hat inzwischen die Zuständigkeit der Senate gewechselt, so ist der neue zuständige Senat zu befragen. Teilt der neue Senat die Auffassung des anfragenden Senates, bedarf es keiner Entscheidung durch den Großen Senat. 17

Eine Vorlage ist nicht notwendig, wenn der Fachsenat von der Entscheidung eines für die Rechtsfrage unzuständigen Senates abweicht, die dieser nur beiläufig – **obiter dictum** – getroffen hat[8]. Dies gilt auch dann, wenn die frühere Rechtsauffassung nur eine Hilfs- oder Alternativbegründung war[9]. Es fehlt insoweit an der Entscheidungserheblichkeit der ursprünglichen Entscheidung. 18

---

1 Kritisch *May*, DRiZ 1983, 306.
2 BAG v. 20.8.1986 – 8 AZN 244/86, AP Nr. 18 zu § 74a ArbGG 1979 – Divergenz zum Vorlagebeschluss an den Großen Senat; Düwell/Lipke/*Düwell*, § 45 Rz. 3.
3 BGH, Großer Senat für Zivilsachen v. 30.3.1953 – GSZ 1 bis 3/53, GSZ 1/53, GSZ 2/53, GSZ 3/53, BGHZ 9, 179; GemS OBG v. 6.2.1973 – GmS-OGB 1/72, NJW 1973, 1273; BVerwG v. 27.7.1990 – 6 PB 12/89, AP Nr. 25 zu § 45 ArbGG; BAG v. 24.3.1993 – 4 AZN 5/93, AP Nr. 29 zu § 72a ArbGG.
4 *Schulte*, S. 102.
5 AA *May*, DRiZ 1983, 305.
6 BGH v. 23.11.1954 – V ZR 18/52, BGHZ 15, 207.
7 BAG v. 18.3.2010 – 6 AZR 156/09, DB 2010, 1296.
8 BGH v. 1.11.1955 – 5 StR 186/55, BGHSt 9, 24; BAG v. 25.1.1957 – 1 AZR 139/56, AP Nr. 46 zu § 72 ArbGG 1953; BAG v. 16.1.1991 – 4 AZR 341/90, NZA 1991, 679.
9 BAG v. 19.11.1979 – 5 AZN 15/79, AP Nr. 2 zu § 72a ArbGG 1979; BAG v. 22.11.1979 – 3 AZN 24/79, AP Nr. 3 zu § 72a ArbGG 1979.

19 **Von seiner eigenen Rspr.** darf ein Senat ohne Vorlage an den Großen Senat abweichen, ohne dass es auf die konkrete personelle Besetzung des Senats ankommt. Ein Oberster Gerichtshof des Bundes ist, wenn er seine zugrunde liegende Rechtsauffassung inzwischen geändert hat und erneut mit derselben Sache befasst wird, an seine zunächst vertretene Rechtsauffassung nicht gebunden[1]. Eine Ausnahme besteht dann, wenn der erkennende Senat früher die Sache selbst dem Großen Senat vorgelegt hatte[2].

20 Auch wenn ein Senat von einer früheren Entscheidung eines anderen – seinerzeit zuständigen – Senats abweichen will, muss er nicht den Großen Senat anrufen, wenn er aufgrund eines **Wechsels der Geschäftsverteilung** für die zu entscheidende Rechtsfrage mittlerweile allein zuständig geworden ist[3] oder wenn sich ein Senat abweichend von den Entscheidungen eines anderen Senates jetzt der Entscheidung des Großen Senats oder des GemS anschließen will[4].

d) Verfahren

21 Eine Vorlage ist nur zulässig, wenn der Senat, von dessen Entscheidung abgewichen werden soll, auf **Anfrage** des erkennenden Senats erklärt, dass er an seiner Rechtsauffassung festhält (§ 45 Abs. 3 Satz 1). Die Anfrage erfolgt in Form eines Beschlusses, der den Parteien nach § 329 ZPO mitgeteilt wird. Im Verfahren der Revisionsbeschwerde entscheidet ein Senat auch dann in der nach § 77 Satz 2 vorgeschriebenen Besetzung, also ohne Zuziehung der ehrenamtlichen Richter, wenn er bei einem anderen Senat anfragt, ob dieser an seiner Rechtsauffassung festhält[5]. Ein Rechtsmittel gegen diesen Beschluss ist nicht gegeben.

22 **Zuständig für die Entscheidung über die Anfrage** ist der Senat von dessen Entscheidung abgewichen werden soll. Kann der Senat, von dessen Entscheidung abgewichen werden soll, wegen einer Änderung des Geschäftsverteilungsplanes mit der Rechtsfrage nicht mehr befasst werden, tritt der Senat an seine Stelle, der nach dem Geschäftsverteilungsplan für den Fall, in dem abweichend entschieden wurde, nunmehr zuständig wäre (§ 45 Abs. 3 Satz 2).

23 **Die Entscheidung trifft der angerufene Senat** in der für Urteile erforderlichen Besetzung, dh. mit den ehrenamtlichen Richtern (§ 45 Abs. 3 Satz 3), durch **Beschluss**. Ob ausnahmsweise der anrufende Senat ohne Hinzuziehung der ehrenamtlichen Richter entscheiden kann, wenn im Ausgangsverfahren über eine Rechtsbeschwerde oder über Rechtsfragen hinsichtlich der Zulässigkeit von Revision oder Rechtsbeschwerde zu entscheiden ist, ist nach dem Wortlaut des § 45 Abs. 2 Satz 3 fraglich. Dies wird aber in der Lit. unter Hinweis auf § 77 Satz 2 bzw. § 74 Abs. 2 Satz 3 und die amtliche Begründung zu § 45 Abs. 3 Satz 3 vertreten, damit sichergestellt ist, dass über den Zwischenbeschluss der Anrufung in derselben Besetzung entschieden wird wie bei der Entscheidung[6].

24 **Hält der befragte Senat an seiner Rechtsauffassung fest** – besteht also Entscheidungserheblichkeit –, so ist die zu entscheidende Rechtsfrage in einem Beschluss des vorlegenden Senats festzustellen und anschließend dem Vorsitzenden des Großen Senates zu unterbreiten. Die **Anrufung des Großen Senates** ist **obligatorisch**.

25 **Der Große Senat prüft vor seiner Entscheidung zunächst**, ob tatsächlich eine Divergenz vorliegt und eine interne Voranfrage erfolgt ist. Nicht geprüft wird von ihm dagegen, ob die Rechtsfrage tragend ist; dies entscheidet allein der vorlegende Senat (zum weiteren Verfahren Rz. 35 ff.).

e) Folgen der unterlassenen Vorlage

26 Wurde der Große Senat zu Unrecht nicht angerufen, so beeinträchtigt das nicht die Wirksamkeit der Entscheidung des Senates. Die Parteien sind allerdings ggf. dem gesetzlichen Richter entzogen, so dass Art. 101 Abs. 1 Satz 2 GG verletzt sein kann, **wenn die Anrufung des Großen Senates willkürlich unterblieben ist**, mithin auf unsachlichen und nicht mehr zu rechtfertigenden Erwägungen beruht. Die beschwerten Parteien können in diesem Fall die **Verfassungsbeschwerde** gem. Art. 93 Abs. 1 Nr. 4a GG erheben. Ein lediglich irrtümliches Unterlassen reicht nicht aus[7].

---

1 GemS OGB v. 6.2.1973 – GmS-OGB 1/72, NJW 1973, 1273.
2 Zöller/*Lückemann*, § 132 GVG Rz. 4.
3 BGH v. 24.6.1958 – VIII ZR 205/57, NJW 1958, 1133; Zöller/*Lückemann*, § 132 GVG Rz. 4.
4 *Kissel/Mayer*, § 132 Rz. 21.
5 BAG v. 19.6.1998 – 6 AZB 48/97, BB 1998, 1696.
6 Düwell/Lipke/*Düwell*, § 45 Rz. 13.
7 Zuletzt BVerfG v. 3.11.1992 – 1 BvR 137/92, NJW 1993, 381; zur Kritik an der Willkürschranke vgl. *Rüthers/Bakker*, ZfA 1992, 219; *Leisner*, NJW 1989, 2446; zustimmend *Rodi*, DÖV 1989, 750; GMP/*Prütting*, § 45 Rz. 36.

2. Grundsatzvorlage

Bei einer Vorlage nach § 45 Abs. 4 entscheidet der Große Senat in einer **Frage von grundsätzlicher Bedeu-** 27
tung, wenn die Fortbildung des Rechts oder die Sicherung einer einheitlichen Rspr. dies nach Auffassung des erkennenden Senats erforderlich machen[1]. Die Grundsatzvorlage ist damit auch möglich, wenn (noch) keine Rechtsprechungsdivergenz eingetreten ist.

Umstritten ist, ob es in den Fällen des § 45 Abs. 4 dem **freien Ermessen des Senates** obliegt, ob eine Frage 28
von grundsätzlicher Bedeutung vorgelegt wird. Dies wird im Hinblick auf den Wortlaut der Norm „kann" überwiegend vertreten[2]. Der Senat hat zwar einen weiten Beurteilungsspielraum bei der Konkretisierung des Begriffs der grundsätzlichen Bedeutung, muss aber bei Bejahung zwingend vorlegen. Die Normen über die Vorlage einer Rechtsfrage unterliegen dem Verfassungsgebot des gesetzlichen Richters, was zu einer Einschränkung des Ermessens führt[3].

a) Grundsätzliche Bedeutung

Eine Frage von grundsätzlicher Bedeutung ist dann anzunehmen, wenn sie über den Einzelfall hinaus für 29
eine Vielzahl von gleich oder ähnlich gelagerten Fällen richtungsweisend ist[4]. Dies ist der Fall bei **häufiger künftiger Entscheidungsrelevanz**. Allerdings ist die bloße Betroffenheit einer großen Zahl von Personen in einer Einzelfallkonstellation nicht ausreichend[5]. Grundsätzliche Bedeutung hat eine Rechtsfrage auch, wenn es sich um eine umstrittene **Frage von wesentlichem Gewicht** für die Rspr. oder das Rechtsleben handelt[6]. Dies ist der Fall, wenn eine Entscheidung durch die einzelnen Senate der Bedeutung der Rechtsfrage nicht gerecht wird, um eine Klärung herbeizuführen[7].

Der Begriff der „grundsätzlichen Bedeutung" in § 45 hat nicht die gleiche Bedeutung wie in § 72 Abs. 2 30
Nr. 1 im Rahmen der Revisionszulassung (hierzu § 72 Rz. 24 f.) oder in § 64 Abs. 3 Nr. 1 im Rahmen der Berufungszulassung (hierzu § 64 Rz. 96 f.). Hier ist eine graduelle Abstufung dieses Begriffes erforderlich, da im Verhältnis des § 64 Abs. 3 Nr. 1 zu § 72 Abs. 2 Nr. 1 ansonsten jede berufungsfähige Sache auch revisibel wäre bzw. auf der nächsten Ebene im Verhältnis von § 72 zu § 45 der Revisionssenat bei Zulassung der Revision automatisch an den Großen Senat vorlegen könnte[8]. Die Grundsatzbedeutung muss daher **gegenüber der für die Zulassung zur Revision maßgeblichen Bedeutung erhöhtes Gewicht** haben[9].

b) Erforderlichkeit für Rechtsfortbildung oder Sicherung der Rechtseinheit

Zur Rechtsfortbildung sind die einzelnen Senate berechtigt; sie prüfen auch allein, ob die Fortbildung des 31
Rechts oder die Sicherung einer einheitlichen Rspr. die Vorlage erfordert[10].

Rechtsfortbildung ist insbesondere dann notwendig, wenn Gesetzeslücken geschlossen werden müssen 32
oder eine Rechtslage festgestellt werden soll, die ein Einschreiten des Gesetzgebers erforderlich macht.

Eine **Vorlage zur Sicherung der Rechtseinheit** kommt dann in Betracht, wenn in der Rspr. – soweit nicht 33
durch die Divergenzbeschwerde erfasst – bisher unterschiedliche Auffassungen vertreten worden sind oder eine bisherige Rspr. bestätigt werden soll.

In Betracht kommen soll auch **ein Abweichen von Entscheidungen anderer Gerichte oder des eigenen** 34
Senats[11]. Dieser Ansicht kann nicht uneingeschränkt gefolgt werden. Eine grundsätzliche Bedeutung, die eine Vorlage des an sich zuständigen Fachsenats veranlassen kann, liegt nur dann vor, wenn über die Zuständigkeit des Fachsenates hinausgehende Rechtsfragen betroffen sind, so zB prozessuale Fragen mit Geltung für alle Bereiche oder die Berührung allgemeiner materiell-rechtlicher Fragen des Arbeitsrechts, die für die Rspr. aller oder mehrerer Senate eine Rolle spielen können[12].

---

1 Zu den verfassungsrechtlichen Bedenken der Zulässigkeit einer Grundsatzvorlage vgl. GK-ArbGG/*Dörner*, § 45 Rz. 31 ff. mwN.
2 *Kissel/Mayer*, § 132 GVG Rz. 38; vgl. auch die Rechtsprechungsbeispiele bei GK-ArbGG/*Dörner*, § 45 Rz. 41.
3 GMP/*Prütting*, § 45 Rz. 34; *Maetzel*, MDR 1966, 453 und MDR 1968, 799.
4 BAG v. 16.3.1962 – GS 1/61 (GS 2/61), BB 1962, 373.
5 BAG v. 28.7.2009 – 3 AZR 250/07, NZA 2010, 356.
6 BAG v. 27.2.1985 – GS 1/84, EzA § 611 BGB – Beschäftigungspflicht Nr. 9; BAG v. 19.9.1986 – 2 AZR 188/83, EzA § 77 BetrVG 1972 Nr. 17.
7 GMP/*Prütting*, § 45 Rz. 29.
8 GMP/*Prütting*, § 45 Rz. 29; GK-ArbGG/*Dörner*, § 45 Rz. 51; HWK/*Bepler*, § 45 ArbGG Rz. 11.
9 BAG v. 28.7.2009 – 3 AZR 250/07, NZA 2010, 356.
10 BAG v. 27.2.1985 – GS 1/84, AP Nr. 14 zu § 611 BGB – Beschäftigungspflicht.
11 GMP/*Prütting*, § 45 Rz. 33.
12 GK-ArbGG/*Dörner*, § 45 Rz. 52.

c) Verfahren

35 **Der vorlegende Senat** stellt in einem Beschluss fest, welche Rechtsfrage er wegen grundsätzlicher Bedeutung für die Rechtsfortbildung oder die Wahrung der Rechtseinheit klären lassen möchte.

36 Einer **Voranfrage** wie bei der Divergenzvorlage bedarf es nicht. Das Gesetz stellt allein auf die Auffassung des vorlegenden Senats ab (§ 45 Abs. 4).

37 Die Akten der Rechtssache werden sodann zusammen mit dem Beschluss des vorlegenden Senats dem Großen Senat unmittelbar zugestellt. Es werden dort zwei **Berichterstatter** bestellt, von denen einer dem vorlegenden Senat angehören soll. Wegen des weiteren Verfahrensablaufes wird auf die nachfolgenden Ausführungen (Rz. 48 ff.) verwiesen.

38 **Der Große Senat prüft** bei der Grundsatzvorlage zunächst, ob der erkennende Senat zu Recht eine grundsätzliche Bedeutung der Rechtssache angenommen hat[1]. Er ist nicht zur Beantwortung jeder vorgelegten Rechtsfrage verpflichtet, sondern kann in vollem Umfang nachprüfen, ob es sich um eine Frage von grundsätzlicher Bedeutung handelt. Verneint der Große Senat die grundsätzliche Bedeutung, hat er die Entscheidung abzulehnen.

3. Verhältnis der Divergenz- und Grundsatzvorlage zueinander

39 Eine Vorlage kann sich **kumulativ** auf Divergenz und auf sonstige grundsätzliche Bedeutung beziehen.

40 In der **Reihenfolge** ist die Divergenz als speziellerer Tatbestand immer vor der grundsätzlichen Bedeutung zu prüfen[2].

III. Besetzung des Großen Senats

41 § 45 Abs. 5 regelt die **Besetzung des Großen Senats.** Der Große Senat setzt sich aus dem Präsidenten des BAG und je einem berufsrichterlichen Mitglied der Senate, in denen der Präsident nicht den Vorsitz führt, sowie je drei ehrenamtlichen Richtern aus den Kreisen der ArbGeb und ArbN zusammen. Ist der Präsident verhindert, tritt ein Berufsrichter des Senats, dem er angehört – aktuell des Ersten Senats – an seine Stelle (§ 45 Abs. 5 Satz 2).

42 Der **Präsident** führt den **Vorsitz** im Großen Senat (§ 45 Abs. 6 Satz 2). Ist er verhindert, führt das dienstälteste Mitglied des Großen Senats den Vorsitz.

43 Die **weiteren Mitglieder** werden durch das Präsidium für die Dauer eines Geschäftsjahres bestimmt (§ 45 Abs. 6 Satz 1). Dabei ist zu beachten, dass jeder Senat durch einen seiner Berufsrichter vertreten wird (§ 45 Abs. 5 Satz 1). Im Übrigen ist das Präsidium bei der Auswahl der weiteren Mitglieder an keinerlei Vorgaben gebunden. Dies gilt sowohl für die Vorschläge des Senats als auch für die Vorschläge aus den Verbänden der ArbGeb und ArbN. Auch ist nicht vorgeschrieben, dass die Anzahl der Vorsitzenden und der beisitzenden Berufsrichter in einem bestimmten Verhältnis zueinander steht. In der Praxis liegen der Entscheidung des Präsidiums üblicherweise die Vorschläge aus den Senaten und den Verbänden zugrunde[3].

44 Vor der Zuteilung der übrigen Mitglieder besteht eine **Anhörungsverpflichtung der ehrenamtlichen Richter** gem. § 44 Abs. 1.

45 Da das BAG zehn Senate hat, setzt sich mithin der Große Senat aus **16 Mitgliedern** – dem Präsidenten des BAG, neun weiteren Berufsrichtern und sechs ehrenamtlichen Richtern, jeweils drei aus ArbGeb- und drei aus ArbN-Kreisen – zusammen.

46 Im **Geschäftsverteilungsplan** für 2017 ist die Zusammensetzung unter C Ziffer 3 für die Berufsrichter und unter C Ziffer 5 für die ehrenamtlichen Richter festgelegt. Einzelheiten können im Internet unter www.bundesarbeitsgericht.de/geschaeftsverteilungsplan eingesehen werden.

47 Die **Reihenfolge der Vertreter der Mitglieder des Großen Senats** ist ebenfalls im Geschäftsverteilungsplan festgelegt. Die Vorsitzenden Richter einschließlich Präsident und Vizepräsident werden nach der Regelung der Stellvertretung des Vorsitzenden im jeweiligen Senat vertreten. Die weiteren Richter werden zunächst durch die jeweiligen Vorsitzenden ihres Senats und sodann durch den stellvertretenden Vorsit-

---

1 BAG GS v. 27.2.1985 – GS 1/84, NJW 1985, 2968; BAG GS v. 17.12.1959 – GS 2/59, AP Nr. 21 zu § 616 BGB; BAG GS v. 16.3.1962 – GS 1/61 (GS 2/61), BB 1962, 373.
2 BSG GS v. 24.6.1985 – GS 1/84, AP Nr. 2 zu § 42 SGG; BGH v. 15.2.2000 – XI ZR 10/98, NJW 2000, 1185.
3 HWK/*Bepler*, § 45 ArbGG Rz. 2.

zenden und den ihnen nachfolgenden weiteren Richter ihres jeweiligen Senats vertreten, bei zwei nachfolgenden Richtern durch den im Dienstalter älteren Richter.

IV. Verfahren und Entscheidung des Großen Senats

Verfahren und Entscheidung sind teilweise in § 45 Abs. 6 und 7 sowie in § 8 der Geschäftsordnung (GO) des BAG (hierzu § 44 Rz. 16) geregelt. Im Übrigen richtet sich das Verfahren nach den Vorschriften über den die Anfrage auslösenden Rechtsstreit, idR also nach den Vorschriften über das Revisionsverfahren (§§ 72–77).

48

1. Verfahren

Der Große Senat **prüft** zunächst die **Zulässigkeit der Vorlage**. Dabei prüft er, ob ein Vorlagegrund – Divergenz im Fall des § 45 Abs. 2 oder grundsätzliche Bedeutung im Fall des § 45 Abs. 4 – vorliegt. Im Fall der Divergenz ist zudem vorab zu prüfen, ob die interne Voranfrage nach § 45 Abs. 3 gestellt wurde (§ 45 Abs. 3 Satz 1; hierzu auch Rz. 55). Er **prüft** des Weiteren die Frage seiner **Besetzung von Amts wegen**[1].

49

Mit dem Beschluss des vorlegenden Senats werden auch die Gerichtsakten dem Vorsitzenden des Großen Senats zugeleitet. Zur Vorbereitung der Entscheidungen des Großen Senats werden zwei Berufsrichter zu **Berichterstattern** ernannt, die ihre Berichte schriftlich erstatten (§ 8 Abs. 2 GO des BAG). Alle Mitglieder des Großen Senats erhalten vor der Sitzung je einen Abdruck der Voten.

50

Zur Entscheidung tritt der Große Senat zu einer **Sitzung** zusammen. Er kann gem. § 45 Abs. 7 Satz 2 nach seinem Ermessen **mit oder ohne mündliche Verhandlung** entscheiden. Ein schriftliches Umlaufverfahren ist nicht zulässig[2].

51

Ist nach erfolgter Vorlage die Rechtsfrage nicht mehr entscheidungserheblich, ist eine Rücknahme der Vorlage zulässig[3]

52

Die Entscheidung erfolgt durch **Abstimmung**. Im Falle der **Stimmengleichheit** gibt die Stimme des Präsidenten den Ausschlag (§ 45 Abs. 6 Satz 3). Einer vorherigen Anhörung der Parteien über diese Frage bedarf es nicht. Wohl aber ist den Parteien Gelegenheit zur Stellungnahme zur Vorlagefrage zu geben[4].

53

2. Entscheidung

Die Entscheidung ergeht durch **Beschluss**, der die Entscheidungsgründe enthält (§ 8 Abs. 3 GO des BAG; vgl. § 44 Rz. 16).

54

Ist die **Vorlage unzulässig**, wird die Entscheidung der Rechtsfrage abgelehnt. Über die Zulässigkeit der Vorlage kann durch Zwischenbeschluss (§§ 280, 303 ZPO) entschieden werden[5]. Zur Zulässigkeit gehört die Prüfung der Zuständigkeit des vorlegenden Senats für die zu beurteilende Rechtsfrage durch den Großen Senat und die Prüfung, ob ein Vorlagegrund gem. § 45 Abs. 2 oder 4 geltend gemacht wurde.

55

Ist die **Vorlage zulässig**, wird nur über die Rechtsfrage, nicht über den gesamten Rechtsstreit entschieden (§ 45 Abs. 7 Satz 1). Dabei ist der Große Senat aber nicht auf die Beantwortung der Frage mit „ja" oder „nein" beschränkt, sondern auch befugt, im Rahmen der Vorlagefrage differenzierte Antworten zu erteilen[6].

56

Das Verfahren vor dem Großen Senat unterliegt der **Dispositionsmaxime**. Zu einer Entscheidung kommt es daher nicht mehr, wenn die Zuständigkeit des Großen Senates wegfällt, weil sich der Rechtsstreit ohne Sachentscheidung anderweitig erledigt hat. Die Anrufung des Großen Senats erfolgt im Rahmen eines konkreten Verfahrens, über das die Parteien weiterhin nach den allgemeinen prozessualen Grundsätzen verfügen können[7]. Die Erheblichkeit der Vorlagefrage entfällt somit mit Klage- oder Revisionsrücknahme, Vergleich, übereinstimmender Erledigungsklärung, Anerkenntnis oder Verzicht im Ursprungsverfahren des vorlegenden Senats.

57

---

1 BSG v. 6.12.1972 – GS 1/79, BSGE 79, 145; BSG v. 24.6.1985 – GS 1/84, NZA 1985, 818.
2 GMP/*Prütting*, § 45 Rz. 42.
3 GMP/*Prütting*, § 45 Rz. 51.
4 *Kissel/Mayer*, § 138 GVG Rz. 9.
5 BAG GS v. 2.11.1983 – GS 1/82, DB 1984, 881.
6 BAG v. 21.4.1971 – GS 1/68, NJW 1971, 1668.
7 BAG v. 4.9.1987 – 8 AZR 487/80, NJW 1988, 990; BAG v. 25.4.1996 – 3 AZR 316/95, BB 1996, 2416.

58 Gegen die Entscheidung des Großen Senats ist kein **Rechtsmittel** gegeben. Rechtsmittel im engeren Sinne scheiden aus, weil keine übergeordnete Instanz gegeben ist. Die Entscheidung des Großen Senats kann nicht mit der Verfassungsbeschwerde angegriffen werden[1]. Eine **Verfassungsbeschwerde** kann allerdings uU bei Vorliegen der Voraussetzungen gegen die Entscheidung des später erkennenden Senats erhoben werden.

3. Folge

59 Nach der Entscheidung des Großen Senats ist den Parteien des Ausgangsrechtsstreits durch den vorlegenden Senat der Beschluss des Großen Senats zuzuleiten, und diese sind – sofern eine erneute mündliche Verhandlung vor dem erkennenden Senat erforderlich ist – von diesem zu laden (§ 138 Abs. 3 GVG). In jedem Fall ist der **Ausgangsrechtsstreit** fortzuführen.

60 Ob nach der Entscheidung des Großen Senats eine **weitere Verhandlung vor dem vorlegenden Senat** notwendig ist, richtet sich nach dem jeweiligen Verfahrensstand. Soweit die vorgelegte Rechtsfrage die Entscheidung des gesamten Verfahrens unmittelbar ermöglicht, bedarf es keiner erneuten mündlichen Verhandlung. Selbst wenn keine mündliche Verhandlung vor dem erkennenden Senat mehr nötig ist, ist vor seiner Entscheidung den Parteien erneut **rechtliches Gehör** zu gewähren[2].

61 Der erkennende Senat ist an die Entscheidung des Großen Senats hinsichtlich der konkreten Rechtsfrage **gebunden** (§ 45 Abs. 7 Satz 3)[3]. Eine darüber hinausgehende Bindungswirkung tritt nicht ein[4]. Ggf. kann in einem Rechtsstreit eine zweite Vorlage erfolgen, wenn eine weitere entscheidungserhebliche Rechtsfrage auftritt. In allen anderen Verfahren besteht diese Bindungswirkung unmittelbar nicht[5]. Will allerdings ein Senat von der dargelegten Rechtsauffassung des Großen Senats abweichen, muss er wiederum vorlegen.

62 Für das Verfahren vor dem Großen Senat entstehen keine zusätzlichen **Kosten**.

---

1 BVerfG v. 4.5.1971 – 1 BvR 761/67, NJW 1971, 1212; *Oswald*, DVBl. 1974, 191.
2 Zöller/*Lückemann*, § 138 GVG Rz. 3; *Maetzel*, MDR 1966, 453.
3 BAG v. 18.3.2009 – 4 AZR 64/08, AP Nr. 41 zu § 3 TVG.
4 HWK/*Bepler*, § 45 ArbGG Rz. 14.
5 Zöller/*Lückemann*, § 138 GVG Rz. 1.

Dritter Teil. Verfahren vor den Gerichten für Arbeitssachen

Erster Abschnitt. Urteilsverfahren

Erster Unterabschnitt. Erster Rechtszug

§ 46 Grundsatz

(1) Das Urteilsverfahren findet in den in § 2 Abs. 1 bis 4 bezeichneten bürgerlichen Rechtsstreitigkeiten Anwendung.
(2) Für das Urteilsverfahren des ersten Rechtszugs gelten die Vorschriften der Zivilprozessordnung über das Verfahren vor den Amtsgerichten entsprechend, soweit dieses Gesetz nichts anderes bestimmt. Die Vorschriften über den frühen ersten Termin zur mündlichen Verhandlung und das schriftliche Vorverfahren (§§ 275 bis 277 der Zivilprozessordnung), über das vereinfachte Verfahren (§ 495a der Zivilprozessordnung), über den Urkunden- und Wechselprozess (§§ 592 bis 605a der Zivilprozessordnung), über die Entscheidung ohne mündliche Verhandlung (§ 128 Abs. 2 der Zivilprozessordnung) und über die Verlegung von Terminen in der Zeit vom 1. Juli bis zum 31. August (§ 227 Abs. 3 Satz 1 der Zivilprozessordnung) finden keine Anwendung. § 127 Abs. 2 der Zivilprozessordnung findet mit der Maßgabe Anwendung, dass die sofortige Beschwerde bei Bestandsschutzstreitigkeiten unabhängig von dem Streitwert zulässig ist.

A. Das Urteilsverfahren und die anzuwenden Vorschriften der ZPO	
I. Begriff des Urteilsverfahrens (§ 46 Abs. 1) . .	1
II. Die Verweisungsregelung (§ 46 Abs. 2 Satz 1)	3
III. Ausdrücklich ausgenommene Vorschriften (§ 46 Abs. 2 Satz 2)	7
1. Vorschriften über den frühen ersten Termin zur mündlichen Verhandlung (§§ 275–277 ZPO)	8
2. Vorschriften über das vereinfachte Verfahren (§ 495a ZPO)	9
3. Urkunden- und Wechselprozess (§§ 592–605a ZPO)	10
4. Entscheidung ohne mündliche Verhandlung (§ 128 Abs. 2 ZPO)	12
5. Verlegung von Terminen in der Zeit vom 1. Juli bis 31. August (§ 227 Abs. 3 Satz 1 ZPO)	14
IV. Die eingeschränkte Verweisung auf § 127 Abs. 2 ZPO (§ 46 Abs. 2 Satz 3)	15
B. Allgemeine Verfahrensgrundsätze	
I. Mündlichkeitsprinzip	16
II. Parteimaxime	20
III. Beschleunigungsmaxime	23
1. Aussetzung bei Vorgreiflichkeit (§ 148 ZPO) .	23
2. Aussetzung bei Verdacht einer Straftat (§ 149 ZPO)	25a
IV. Die Unmittelbarkeit	26
C. Die Klagearten	55
I. Leistungsklage	56
1. Zahlungsklage	57
2. Herausgabeklage	61
3. Klage auf Weiterbeschäftigung	62
4. Klage auf Vornahme einer Handlung	62b
5. Unterlassungsklage	65
6. Klage auf Abgabe einer Willenserklärung . . .	65a
II. Feststellungsklage	66
1. Vorliegen eines Rechtsverhältnisses	67
2. Rechtsschutzinteresse und Subsidiarität	71
a) Besonderes Rechtsschutzinteresse	71
b) Zweifel an der Subsidiarität	72
c) Beispiele für die Zulässigkeit der Feststellungsklage	74
3. Die Zwischenfeststellungsklage nach § 256 Abs. 2 ZPO	78
III. Die Gestaltungsklage	80
D. Besondere Klagen	
I. Kündigungsschutzklage	82
1. Streitgegenstand und Klageantrag (§ 4 KSchG, § 256 ZPO)	82
a) Entwicklung der Rspr. des BAG	82
b) Das erforderliche Rechtsschutzinteresse . .	89
c) Der Klageantrag	93
aa) Bei der Beendigungskündigung	93
bb) Bei der Änderungskündigung	95
2. Die isolierte Feststellungsklage gem. § 256 ZPO	96
3. Die Kombination von Kündigungsschutzantrag und Leistungsantrag	97
4. Die Kombination von Kündigungsschutzantrag und Wiedereinstellungsantrag	99
5. Die Kombination von Kündigungsantrag und Weiterbeschäftigungsantrag	102
6. Der Antrag auf Auflösung des Arbeitsverhältnisses gem. §§ 9, 10 KSchG	106
7. Die Zulassung verspäteter Klagen gem. § 5 KSchG	111

II. Die Eingruppierungsklage 117
1. Streitgegenstand 117
2. Eingruppierungsfeststellungsklage 121
   a) Im Öffentlichen Dienst 121
   b) Gegen private Arbeitgeber 122
   c) Feststellung einer Fallgruppe 124
   d) Die Ausschlussfrist des § 37 TVöD/TV-L
      (= § 70 BAT) 126
3. Die Schlüssigkeit der Eingruppierungsklage .. 128
4. Die Darlegungs- und Beweislast 130
5. Rechtskraftprobleme im Eingruppierungsprozess 134
   a) Im Falle des Obsiegens 134
   b) Im Falle des Unterliegens im Vorprozess .. 135
   c) Hinweis für die Praxis 136
6. Rechtsschutzinteresse 137
7. Die Beweismittel 138
8. Nebenentscheidungen 142
   a) Prozesszinsen 142
   b) Verzugszinsen 143
   c) Streitwert 144

III. Arbeitsrechtliche Konkurrentenklage 145
1. Parallele zur beamtenrechtlichen Konkurrentenklage 145
2. Klageart und einstweiliges Verfügungsverfahren 146
   a) Die Klageart 146
      aa) Leistungs- und Feststellungsklage 146
      bb) Bescheidungsklage 148
      cc) Erledigung des Rechtsstreits 149
   b) Einstweiliges Verfügungsverfahren 153
3. Vorläufige Vollstreckbarkeit einer Bescheidungsklage 156
4. Die Rechtsstellung des ausgewählten Bewerbers im Prozess 159
5. Konkurrenz zwischen verschiedenen Konkurrentenklagen 163
6. Gerichtliche Überprüfungskompetenz 166

IV. Exkurs: Mobbingklage 168
1. Darlegungs- und Beweislast 168
2. Steuerrechtliche Behandlung der
   Entschädigung 171

Schrifttum: *Bader*, Kündigungsprozesse richtig führen – typische Fehler im Kündigungsprozess, NZA 1997, 905; *Beckschulze*, Der Wiedereinstellungsanspruch nach betriebsbedingter Kündigung, DB 1998, 417; *Berkowsky*, Kündigungsschutzklage und allgemeine Feststellungsklage – Eine „liaison dangereuse"?, NZA 2001, 801; *Boemke*, Kündigungsschutzklage (§ 4 KSchG) und allgemeine Feststellungsklage (§ 256 ZPO), RdA 1995, 211; *Boewer*, Der Streitgegenstand des Kündigungsschutzprozesses, NZA 1997, 359; *Boewer*, Der Wiedereinstellungsanspruch, NZA 1999, 1121, 1177; *Diller*, Neues zum richtigen Klageantrag im Kündigungsschutzverfahren, NJW 1996, 2141; *Diller*, Neues zum richtigen Klageantrag im Kündigungsschutzprozessverfahren, NJW 1998, 663; *Günzel*, Der Wiedereinstellungsanspruch bei Fortführung des Betriebs nach Ablauf der Kündigungsfrist, DB 2000, 1227; *Linck*, Der Wiedereinstellungsanspruch, FA 2000, 334; *Künzl*, Die Reform des Zivilprozesses – Auswirkungen auf das arbeitsgerichtliche Verfahren, ZTR 2001, 492, 533; *Meinel/Bauer*, Der Wiedereinstellungsanspruch, NZA 1999, 550; *Schmidt/Schwab/Wildschütz*, Die Auswirkungen in der Reform des Zivilprozesses auf das arbeitsgerichtliche Verfahren, NZA 2001, 1161; *Schwab*, Neuerungen im arbeitsgerichtlichen Verfahren, NZA 1991, 657; *Schwab*, Die Rspr. des BAG zur Kombination einer Kündigungsschutzklage mit einer allgemeinen Feststellungsklage, NZA 1998, 342; *Weißenfels*, Streitgegenstand in arbeitsrechtlichen Bestandsstreitigkeiten, BB 1996, 1326; *Weth/Kerwer*, Anm. zu BAG, Urt. v. 5.10.1995 – 2 AZR 909/94, SAE 1997, 295.

Spezialliteratur zur Eingruppierungsklage: *Bergwitz*, Zur Darlegungs- und Beweislast im BAT-Eingruppierungsprozess, ZTR 2001, 539; *Bredemeier/Neffke*, Eingruppierung im BAT und BAT-O, 2001; *Breier/Kiefer/Hoffmann/Dassau*, Eingruppierung u. Tätigkeitsmerkmale, Stand November 2009; *Clemens/Scheuring/Steingen/Wiese*, TVöD, Stand September 2009; *Clemens/Scheuring/Steingen/Wiese*, BAT, Stand September 2009; *Friedrich/Kloppenburg*, Vergütungskorrekturen und Nachweisrecht, RdA 2001, 293; *Friedrich/Kloppenburg*, Folgen rechtskräftiger Eingruppierungsentscheidungen, ZTR 2003, 314; *Fromm*, An den Grenzen rationaler Rechtsfindung – Grundprobleme des Eingruppierungsrechts des öffentlichen Dienstes, ZTR 1989, 211, 251; *Gewehr*, Die korrigierende Rückgruppierung – Eine Ausnahme, kein Grundsatz, ZTR 1997, 211; *Groeger* (Hrsg.), Arbeitsrecht im öffentlichen Dienst, 2. Aufl. 2014; *Kiefer*, Zur Darlegungs- und Beweislast im BAT-Eingruppierungsprozess – eine Erwiderung, ZTR 2002, 454; *Kösling*, Tarifliche Eingruppierungsklage, AuA 1994, 49; *Neumann*, Darlegungslast, Substantiierungspflicht und Schlüssigkeitsprüfung im Eingruppierungsprozess, NZA 1986, 729; *Steinke*, Eingruppierungsklage in Fallgruppen zulässig?, RiA 1985, 60; *Zimmerling*, Rechtskraftprobleme im Eingruppierungsprozess, NZA 1989, 418; *Zimmerling*, Arbeitsrechtliche Konkurrentenklage und Eingruppierungsklage im öffentlichen Dienst, 1999; *Zimmerling*, Zur Darlegungs- und Beweislast im BAT-Eingruppierungsprozess, ZTR 2002, 354; *Zimmerling*, Die Eingruppierung der Oberärzte, öAT 2010, 99; *Zimmerling*, Die Eingruppierung der Oberärzte, ZTR 2012, 371; *Zimmerling*, Die Eingruppierung von Lehrkräften, öAT 2013, 202.

Spezialliteratur zur arbeitsrechtlichen Konkurrentenklage: *Groeger* (Hrsg.), Arbeitsrecht im öffentlichen Dienst, 2. Aufl. 2014; *Kalenbach*, Bewerberauswahl im öffentlichen Dienst, öAT 2013, 7; *Lansnicker/Schwirtzek*, Die Konkurrentenklage im Arbeitsrecht, NJW 2003, 2481; *Martens*, Wettbewerb bei Beförderungen, ZBR 1992, 129; *Schnellenbach*, Konkurrenzen um Beförderungsämter – geklärte und ungeklärte Fragen, ZBR 1997, 169; *Seitz*, Die arbeitsrechtliche Konkurrentenklage, Diss. jur. 1995; *Thannheiser*, Die Konkurrentenklage für Arbeiter und Angestellte des öffentlichen Dienstes, PersR 1999, 47; *Walker*, Die arbeitsrechtliche Konkurrentenklage, FS LAG Rheinland-Pfalz, 1999, S. 603; *Walker*, Verfahrensrechtliche Aspekte der arbeitsrechtlichen Konkurrentenklage, FS Söllner 2000, S. 1231; *Wittkowski*, Die Konkurrentenklage im Beamtenrecht (unter besonderer Berücksichtigung des vorläufigen Rechtsschutzes), NJW 1993, 817; *Wittkowski*, Ansätze zur Lösung praktischer Probleme bei beamtenrechtlichen Konkurrentenanträgen, NVwZ 1995, 345; *Zimmerling*, Arbeitsrechtliche Konkurrentenklage und Eingruppierungsklage im öffentlichen Dienst, 1999; *Zimmerling*, Rechtsprobleme der arbeitsrechtlichen Konkurrentenklage, ZTR 2000, 489; *Zimmerling*, Konkurrenz zwischen Angestellten und Beamten im Beförderungsgeschehen, RiA 2002, 165; *Zimmerling*, Konkurrenz von Beamten und Angestellten im Stellenbesetzungsverfahren, ZfPR 2006, 117; *Zimmerling*, Aktuelle Probleme der arbeitsrechtlichen Konkurrentenklage, öAT 2011, 78.

A. Das Urteilsverfahren und die anzuwenden Vorschriften der ZPO

I. Begriff des Urteilsverfahrens (§ 46 Abs. 1)

Gemäß § 2 Abs. 5 findet in den **Rechtsstreitigkeiten nach § 2 Abs. 1–4** das Urteilsverfahren statt. Gemäß § 46 Abs. 1 findet in den in § 2 Abs. 1–4 bezeichneten bürgerlichen Rechtsstreitigkeiten das **Urteilsverfahren** Anwendung. Beide Bestimmungen sind somit identisch; die Lit. geht davon aus, dass § 46 Abs. 1 lediglich die Gesetzeslage wiederholt[1]. Der Begriff „Urteilsverfahren" wird im ArbGG nicht definiert. Er ist in erster Linie in Abgrenzung zu dem anderen arbeitsgerichtlichen Verfahren, dem in § 2a Abs. 2, § 80 ff. zur Entscheidung kollektiver Rechtsstreitigkeiten geregelten Beschlussverfahren[2], zu verstehen[3]. Die Verwendung des Begriffs „Urteilsverfahren" schließt keineswegs Mahnverfahren und Anträge auf Erlass einer einstweilige Verfügung aus; ebenso wenig besagt dieser Begriff, dass das Verfahren mit einem Urteil enden muss[4]. 1

Die **Anordnung** des Urteilsverfahrens ist für die Parteien **zwingend**. Sie können nicht beantragen, einen bürgerlich-rechtlichen Streit gem. § 2 in einem Beschlussverfahren entscheiden zu lassen[5]. Dies gilt natürlich auch, wenn ein Rechtsstreit irrtümlicherweise im Beschlussverfahren geführt wird (oder umgekehrt)[6]. Das Urteilsverfahren ist die für den Zivilprozess typische Verfahrensart, bei der aufgrund einer mündlichen Verhandlung nach den von den Parteien gestellten Anträgen und auf der Grundlage des Sachvortrages der Parteien vom Gericht durch Urteil entschieden wird, wobei das Gericht entgegen der Bestimmung des § 83 für das Beschlussverfahren den Sachverhalt nicht von Amts wegen erforscht[7]. 2

II. Die Verweisungsregelung (§ 46 Abs. 2 Satz 1)

Für das Urteilsverfahren des ersten Rechtszuges gelten gem. § 46 Abs. 2 Satz 1 die Vorschriften der ZPO über das Verfahren vor den AG entsprechend, soweit das ArbGG nichts anderes bestimmt. Für das Berufungsverfahren enthalten die Bestimmungen des § 64 Abs. 6 und 7 **Sonderregelungen**, für das Revisionsverfahren gilt § 72 Abs. 5 und 6. Arbeitsgerichtliche Sonderregelungen für das erstinstanzliche Verfahren enthalten bspw. § 9 (Beschleunigungsgrundsatz), § 47 (Ladung), § 51 (persönliches Erscheinen), § 52 (Öffentlichkeit), § 57 (richterliche Hinweispflicht), § 61a (Besondere Prozessförderung in Kündigungsverfahren und § 62 (Zwangsvollstreckung)[8]. Die arbeitsgerichtliche Judikatur hat sich ausdrücklich beschäftigt mit der Anwendung der Bestimmungen des § 292 ZPO[9], des § 340 Abs. 3 Satz 1 ZPO, wobei die säumige Partei gem. § 67 Abs. 1 mit dem verspäteten Sachvortrag auch in der Berufungsinstanz ausgeschlossen bleibt[10], mit der Führung des Urkundenbeweises, wobei dieser gem. § 416 ZPO durch Vorlage der Urschrift und nicht durch Vorlage einer Kopie zu führen ist[11], sowie mit der Bestimmungen des § 411a ZPO betreffend die Verwertung von Sachverständigengutachten aus anderen Verfahren[12]. 3

---

1 GMP/*Germelmann*, § 46 Rz. 2; GK-ArbGG/*Schütz*, § 46 Rz. 5; Hauck/Helml/Biebl/*Helml*, § 46 Rz. 1. Nach Auffassung von *Wieser*, Rz. 70 Fn. 2 ist § 46 Abs. 1 – ebenso wie § 80 Abs. 1 – überflüssig; nach Auffassung von Natter/Gross/*Pitzer*, § 46 Rz. 1 ist der Sinn dieser Regelung „unklar".
2 Ausführlich hierzu *Weth*, Das arbeitsgerichtliche Beschlussverfahren, 1995; s. zu den Unterschieden zwischen Urteils- und Beschlussverfahren *Wieser*, Rz. 71 ff.
3 GMP/*Germelmann*, § 46 Rz. 2; GK-ArbGG/*Schütz*, § 46 Rz. 4; GWBG/*Benecke*, § 46 Rz. 1; Hauck/Helml/Biebl/ *Helml*, § 46 Rz. 2.
4 GMP/*Germelmann*, § 46 Rz. 2; GK-ArbGG/*Schütz*, § 46 Rz. 7; GWBG/*Benecke*, § 2 Rz. 5 und § 46 Rz. 1; Hauck/ Helml/Biebl/*Helml*, § 46 Rz. 2.
5 BAG v. 25.11.1992 – 7 ABR 80/91; GMP/*Germelmann*, § 46 Rz. 3; GK-ArbGG/*Schütz*, § 46 Rz. 6; Düwell/Lipke/ *Kloppenburg*, § 46 Rz. 2; GWBG/*Benecke*, § 46 Rz. 1; Hauck/Helml/Biebl/*Helml*, § 46 Rz. 3.
6 BAG v. 5.4.1984 – 6 AZR 70/83, DB 1984, 1992; BAG v. 23.8.1984 – 6 AZR 32/84; BAG v. 21.9.1989 – 1 AZR 450/ 88, NZA 1990, 362.
7 GMP/*Germelmann*, § 46 Rz. 2; Hauck/Helml/Biebl/*Helml*, § 46 Rz. 2; *Wieser*, Rz. 71.
8 Ausführliche Darstellung bei GK-ArbGG/*Schütz*, § 46 Rz. 10 sowie BCF/*Creutzfeld*, § 46 Rz. 1.
9 LAG Hamm v. 12.1.2006 – 4 Sa 1511/05.
10 LAG Köln v. 27.9.2006 – 7 Sa 514/06.
11 LAG Hamm v. 10.1.2012 – 12 Sa 388/11.
12 LAG Hamm v. 25.10.2012 – 15 Sa 1890/11.

4 Im erstinstanzlichen arbeitsgerichtlichen Verfahren findet auch die Bestimmung des § 283 ZPO Anwendung. Diese Vorschrift ist anwendbar bei verspäteten Schriftsätzen, mögen diese vor dem Termin eingereicht oder erst im Termin übergeben worden sein sowie auf neues mündliches Vorbringen im Termin. § 283 ZPO sichert das rechtliche Gehör[1]. Die Einräumung eines Schriftsatznachlasses könnte jedoch zu einer Durchbrechung des Mündlichkeitsprinzips führen, dem nach dem Willen des Gesetzgebers im arbeitsgerichtlichen Verfahren eine weitergehende Geltung zukommen soll als im ordentlichen Zivilverfahren. Das BAG vertritt insoweit die Auffassung, dass die durch an sich verspätetes Vorbringen veranlasste Notwendigkeit, nach § 283 ZPO eine Erklärungsfrist einzuräumen, für sich allein noch keine Verzögerung des Rechtsstreites iSd. § 296 ZPO bedeute und demnach die **Einräumung eines Schriftsatznachlasses** möglich sei[2].

5 Die **gegenteilige Auffassung** stellt darauf ab, dass eine Verzögerung bereits dadurch bedingt ist, dass die Anwendung des § 283 ZPO zur Folge hat, dass – abweichend von § 60 Abs. 1 Satz 1 – ein besonderer Verkündungstermin anzuberaumen ist[3]. Wenn man jedoch das „strenge Mündlichkeitsprinzip" betont, das im Urteilsverfahren gilt[4], spricht mehr dafür, insoweit von einer Verpflichtung des Gerichtes zur Vertagung auszugehen, sofern die Partei ihr verspätetes Vorbringen hinreichend entschuldigt. Im Übrigen spricht auch der Wortlaut des § 57 Abs. 1 Satz 2 für eine – kurzfristige – Vertagung. Auch die Fristbestimmung in § 60 Abs. 1 Satz 2 lässt sich häufig nicht einhalten, wenn einer Partei noch ein Schriftsatznachlass einzuräumen ist[5].

6 Der verspätete Vortrag muss entscheidungserheblich sein. Die Anwendung von Präklusionsvorschriften setzt nämlich voraus, dass der Rechtsstreit ohne das verspätete Vorbringen insgesamt entscheidungsreif ist[6]. Eine Verzögerung liegt somit nicht vor, wenn der Rechtsstreit weder bei Zulassung noch bei Zurückweisung des verspäteten Vorbringens entscheidungsreif wäre[7].

6a Auch ein an einem arbeitsgerichtlichen Verfahren Nichtbeteiligter hat ggf. ein rechtliches Interesse iSv. § 299 Abs. 2 ZPO auf Einsicht in die Gerichtsakte des ArbG; ein rechtliches Interesse ist regelmäßig gegeben, wenn die erstrebte Kenntnis von dem Inhalt der Akten zur Verfolgung von Rechten oder zur Abwehr von Ansprüchen erforderlich ist[8]. § 299 Abs. 2 ZPO iVm. § 46 Abs. 2 Satz 1 ist die Grundlage für den Anspruch des Klägers auf ermessensfehlerfreie Entscheidung über seinen Antrag auf Akteneinsicht.

III. Ausdrücklich ausgenommene Vorschriften (§ 46 Abs. 2 Satz 2)

7 Gemäß § 46 Abs. 2 Satz 2 finden im arbeitsgerichtlichen Urteilsverfahren verschiedene Bestimmungen der ZPO keine Anwendung. Dies erklärt sich aus unterschiedlichen Verfahrensmaximen im arbeitsgerichtlichen Verfahren einerseits und im zivilprozessualen Verfahren vor dem AG/LG andererseits.

1. Vorschriften über den frühen ersten Termin zur mündlichen Verhandlung (§§ 275–277 ZPO)

8 Insoweit enthalten die §§ 54 und 56 eine **Sonderregelung**[9]. Die Fristsetzung erfolgt demzufolge nicht gem. den §§ 275, 276 ZPO, sondern gem. der Regelung in § 56. Die **Güteverhandlung ist gem. § 54 obligatorisch**[10]; es besteht jedoch keine Pflicht zum Stellen von Anträgen[11]. Von Bedeutung ist weiterhin die Bestimmung des § 61a, wonach im Kündigungsschutzverfahren eine besondere Prozessförderungspflicht des

---

1 Zöller/*Greger*, § 283 ZPO Rz. 1; Musielak/*Foerste*, § 283 ZPO Rz. 4.
2 BAG v. 2.3.1989 – 2 AZR 275/88, NZA 1989, 635; LAG Berlin-Brandenburg v. 12.3.2007 – 10 Sa 2042/06, LAGE § 296 ZPO 2002 Nr. 1; zweifelnd LAG Köln v. 2.6.1995 – 13 Sa 127/95, LAGE § 67 ArbGG 1979 Nr. 4. Von der Anwendbarkeit des § 283 ZPO gehen auch aus GMP/*Germelmann*, § 46 ZPO Rz. 26; GK-ArbGG/*Schütz*, § 46 Rz. 43 ff.; Hauck/Helml/*Helml*, § 46 Rz. 13.
3 LAG Köln v. 2.6.1995 – 13 Sa 127/95, LAGE § 67 ArbGG 1979 Nr. 4.
4 So GMP/*Prütting*, Einl. 219 sowie GMP/*Germelmann*, § 46 Rz. 28 ff.
5 Das unzulässige Bestreiten des Beklagten gem. § 138 Abs. 4 ZPO bedingt keine Verzögerung des Rechtsstreites, so dass der Beklagte weder einen Schriftsatznachlass noch eine Vertagung beanspruchen kann. Eine solche Tatsache ist der Inhalt eines vom Beklagten selbst gefertigtem Zeugnisses. S. hierzu LAG Hessen v. 2.12.1983 – 13 Sa 141/83.
6 BGH v. 14.1.1999 – VII ZTR 112/97, NJW-RR 1999, 787.
7 LAG Hamm v. 2.2.1995 – 4 Sa 1850/94, LAGE § 67 ArbGG 1979 Nr. 3; Musielak/*Huber*, § 296 ZPO Rz. 21; GK-ArbGG/*Schütz*, § 56 Rz. 58.
8 OVG Münster v. 16.1.2017 – 4 A 1606/16, DVBl 2017, 576.
9 Düwell/Lipke/*Kloppenburg*, § 46 Rz. 46 ff.
10 GMP/*Germelmann*, § 46 Rz. 26; GK-ArbGG/*Schütz*, § 46 Rz. 65.
11 LAG Berlin-Brandenburg v. 4.7.2013 – 13 Ta 1100/13.

Gerichtes besteht. Ein schriftliches Vorverfahren iSd. § 276 ZPO wäre mit dem Mündlichkeitsprinzip nicht zu vereinbaren, das im erstinstanzlichen arbeitsgerichtlichen Verfahren eine besondere Bedeutung hat[1]. Das ArbG ist demnach weder verpflichtet noch berechtigt, die §§ 275–277 ZPO anzuwenden. Wird gleichwohl nach diesen Bestimmungen eine Frist gesetzt, so bindet diese die Parteien nicht[2]. Im arbeitsgerichtlichen Verfahren kann gem. § 56 erst der Haupttermin durch das Setzen von Schriftsatzfristen vorbereitet werden, so dass ein Übergang von der Güteverhandlung in den Kammertermin – zumindest ohne Zustimmung der Parteien – nicht möglich ist[3].

2. Vorschriften über das vereinfachte Verfahren (§ 495a ZPO)

Da nach dem Willen des Gesetzgebers die mündliche Verhandlung sowie die Güteverhandlung obligatorisch ist, kann das ArbG sein Verfahren nicht selbst bestimmen, wie es § 495a ZPO den AG bei Streitigkeiten mit einem Streitwert bis zu 600 Euro gestattet. Wenn der Gesetzgeber die Regelung des § 495a ZPO rechtspolitisch für vertretbar erachtet, gibt es an sich keinen sachlichen Grund für eine Sonderbehandlung der Parteien des arbeitsgerichtlichen Verfahrens[4]. Die Nichtanwendbarkeit des § 495a ZPO hat zur Folge, dass auch bei Bagatellstreitigkeiten eine mündliche Verhandlung stattfinden muss, wobei wegen der Anwendbarkeit des § 313a ZPO das Urteil nicht einmal Tatbestand und Entscheidungsgründe enthalten muss.

9

3. Urkunden- und Wechselprozess (§§ 592–605a ZPO)

In Rspr. und Lit. besteht Einigkeit darüber, dass durch § 46 Abs. 2 Satz 2 **nicht die Zuständigkeit der Gerichte für Arbeitssachen geändert** wird[5]. Das Ergebnis ist zwangsläufig, da § 46 Abs. 2 Satz 2 keine Rechtswegbestimmung enthält, sondern lediglich eine Ausnahmeregelung hinsichtlich bestimmter Verfahrensarten (s. § 2 Rz. 8 ff.)[6]. Für Klagen aus abstrakten Schuldverhältnissen, die im Rahmen eines Arbeitsverhältnisses entstanden sind, bleibt die Arbeitsgerichtsbarkeit zuständig, wobei allerdings **keine Klage im Urkunden- und Wechselprozess** erhoben werden kann, vielmehr aus dem zugrunde liegenden Rechtsgeschäft zu klagen ist[7]. Die Lit. vermisst teilweise eine einleuchtende Begründung für den Ausschluss der Vorschriften über den Urkunden- und Wechselprozess[8]. Die in der Lit. insoweit teilweise gegebene Begründung, dem ArbN solle die Rigorosität des Urkunden- und Wechselprozesses nicht zugemutet werden[9], leuchtet nicht ein[10]. Einen Urkunden- und Wechselprozess, der im Zivilprozess dem Urkunden- bzw. Wechselinhaber schneller zu einem vorläufig vollstreckbaren Urteil verhelfen soll, bedarf es aber im arbeitsgerichtlichen Verfahren nicht, da zum einen gem. § 9 Abs. 1 das arbeitsgerichtliche Verfahren in jeder Lage zu beschleunigen und zum anderen ein arbeitsgerichtliches Urteil gem. § 62 Abs. 1 Satz 1 vorläufig vollstreckbar ist. Sofern jedoch ein Gericht der ordentlichen Gerichtsbarkeit zu Unrecht einen Urkundenprozess an das ArbG verweist und der Beklagte in I. Instanz in der Hauptsache verhandelt, ohne die Zuständigkeit des Gerichtes nicht rügt, ist das ArbG zur Entscheidung in diesem Urkundenprozess berufen[11]. Selbstverständlich muss insoweit jedoch auch die Zuständigkeit der Arbeitsgerichtsbarkeit gem. § 2 begründet sein[12].

10

Hingegen verbleibt es bei der **Zuständigkeit der ordentlichen Gerichtsbarkeit**, wenn ein ArbN aus einem ihm vom ArbGeb übergebenen Wechsel oder Scheck (zB für ausstehenden Lohn) beim ordentlichen Gericht klagt. Dem klägerischen Vorbringen ist idR nicht zu entnehmen, dass es sich um eine Angelegenheit handelt, die gem. § 2 Abs. 1 den Gerichten für Arbeitssachen zugewiesen ist[13]; der Beklagte behält sich

11

---

1 So kann selbst im Falle der Urteilsberichtigung gem. § 320 ZPO nicht auf die mündliche Verhandlung verzichtet werden, vgl. LAG Schl.-Holst. v. 14.9.1988 – 4 Ta 139/88. S. Rz. 16 ff.
2 GWBG/*Benecke*, § 46 Rz. 65; GK-ArbGG/*Schütz*, § 46 Rz. 19.
3 GMP/*Germelmann*, § 54 Rz. 65.
4 Ebenso BCF/*Creutzfeld*, § 46 Rz. 5.
5 BAG v. 7.11.1996 – 5 AZB 19/96, NZA 1997, 228; GMP/*Germelmann*, § 46 Rz. 27; Düwell/Lipke/*Kloppenburg*, § 46 Rz. 59; Hauck/Helml/Biebl/*Helml*, § 46 Rz. 9.
6 GMP/*Germelmann*, § 46 Rz. 32.
7 So ausdrücklich GMP/*Germelmann*, § 46 Rz. 33.
8 So bspw. *Weth*, FS 50 Jahre Saarländische Arbeitsgerichtsbarkeit 1947 bis 1997, S. 157 (169); *Müller-Glöge*, RdA 1999, 80 (81).
9 So GK-ArbGG/*Schütz*, § 46 Rz. 22.
10 Ebenso *Weth*, Das arbeitsgerichtliche Beschlussverfahren, S. 169.
11 BAG v. 9.11.1983 – 5 AZR 104/82.
12 LAG Düsseldorf v. 11.6.1996 – 15 Ta 100/96.
13 Der notwendige Inhalt der Klage ergibt sich aus § 592 ZPO; auf den Entstehungsgrund des Anspruches kommt es hiernach nicht an, vgl. Zöller/*Greger*, § 592 ZPO Rz. 2.

häufig in Kenntnis der Erfolglosigkeit einer Verteidigung gegen einen eingeklagten Wechsel oder Scheck lediglich die Geltungmachung seiner Rechte im Nachverfahren vor (§ 599 ZPO). Das ordentliche Gericht kann hiernach seine Unzuständigkeit überhaupt nicht erkennen[1]. Sofern das ordentliche Gericht erst im Nachverfahren erkennt, dass die Zuständigkeit der Gerichte bei Arbeitssachen gem. § 2 Abs. 1 gegeben ist, kommt nach Auffassung des BAG eine Verweisung an ein ArbG nicht mehr in Betracht[2]. Selbstverständlich kann ein fristlos gekündigtes Vorstandsmitglied (einer Sparkasse) im Urkundenverfahren auf Fortzahlung der Dienstbezüge beim ordentlichen Gericht klagen[3].

4. Entscheidung ohne mündliche Verhandlung (§ 128 Abs. 2 ZPO)

12 Nach dem Willen des Gesetzgebers ist im erstinstanzlichen arbeitsgerichtlichen Verfahren ein **Verzicht** auf die mündliche Verhandlung **nicht möglich**, und zwar auch nicht auf ausdrücklichem Wunsch der Parteien[4]. Der Grundsatz der Mündlichkeit hat zur Folge, dass erhebliches Parteivorbringen immer zum Gegenstand der mündlichen Verhandlung gemacht werden muss[5]. Grund dafür ist, dass die erstinstanzlichen Verfahren auftretende (häufig prozessunerfahrene) Parteien nicht durch Schriftlichkeit des Verfahrens in der Wahrnehmung ihrer Rechte behindert werden sollen[6]. Im zweitinstanzlichen Verfahren kann hingegen gem. § 128 Abs. 2 ZPO iVm. § 64 Abs. 6 ArbGG auf die mündliche Verhandlung verzichtet werden[7]. Anwendbar ist allerdings § 128 Abs. 3 und 4 ZPO, also eine Entscheidung ohne mündliche Verhandlung, wenn es nur noch um die Kosten geht[8]. Die Entscheidung muss durch Urteil unter Beteiligung der ehrenamtlichen Richter ergehen[9].

13 *Weth*[10] vertritt insoweit die Auffassung, dass die Entscheidung des Gesetzgebers über die Entscheidung ohne mündliche Verhandlung „unmittelbar einleuchtet und aus dem Wesen des arbeitsgerichtlichen Verfahren gut erklärbar ist". *Müller-Glöge*[11] formuliert vorsichtiger dahin gehend, dass sich die Unzulässigkeit des Verzichts auf mündliche Verhandlung „gut erklären" lässt. Indes ist es den Parteien zum Teil unangenehm, die Einzelheiten einer Kündigung (seien es die Kündigungsgründe oder die wirtschaftliche Lage des ArbGeb) in der mündlichen Verhandlung vor dem ArbG zu erörtern[12]. Diesen Interessen der Parteien kann jedoch gem. § 52 Satz 2 Rechnung getragen werden (Ausschluss der Öffentlichkeit von der Verhandlung). Das strikte Gebot auf Durchführung einer mündlichen Verhandlung lässt sich damit rechtfertigen, dass das Gericht in jeder Phase des Verfahrens auf eine gütliche Einigung hinzuwirken hat (§ 57 Abs. 2) und dass insoweit die mündliche Verhandlung der geeignete Ort ist[13].

5. Verlegung von Terminen in der Zeit vom 1. Juli bis 31. August (§ 227 Abs. 3 Satz 1 ZPO)

14 § 227 Abs. 3 Satz 1 ZPO stellt einen Ausgleich dar im Zivilprozess für die Abschaffung der Gerichtsferien[14]. Da es im Arbeitsgerichtsverfahren auch früher **keine Gerichtsferien** gab, bedarf es auch nicht der Anwendbarkeit des § 227 Abs. 3 Satz 1 ZPO. Im arbeitsgerichtlichen Verfahren müssen die Parteien auch während der Ferienmonate verhandlungsbereit sein[15]. Begründet wird dies mit dem Beschleunigungsgrundsatz[16]. Eine Terminsänderung kommt somit auch in der Hauptferienzeit nur bei Vorliegen eines er-

---

1 Rspr. und Lit. gehen insoweit teilweise von der Zuständigkeit der ordentlichen Gerichtsbarkeit aus, s. zB OLG Hamm v. 18.5.1979 – 7 U 52/79, NJW 1980, 1399; KG v. 26.1.1994 – 2 W 272/94, KGR Berlin 1994, 42; AG Essen v. 11.11.1987 – 20 C 594/87, MDR 1988, 327; *Dietz/Nikisch*, § 46 ArbGG Rz. 12; *Kirschner*, BB 1965, 1233; *Lieseck*, DRiZ 1970, 318; aA LG Düsseldorf v. 27.8.1986 – 41 O 124/86, JurBüro 1987, 624.
2 BAG v. 12.4.1972 – 5 AR 98/72, NJW 1972, 1216; BAG v. 12.11.1982 – 5 AS 2/82.
3 OLG Rostock v. 5.1.2005 – 6 U 122/04, OLGR Rostock 2005, 804.
4 LAG Schl.-Holst. v. 14.9.1988 – 4 Ta 139/88; GK-ArbGG/*Schütz*, § 46 Rz. 21; GMP/*Germelmann*, § 46 Rz. 28; Hauck/Helml/Biebl/*Helml*, § 46 Rz. 9.
5 BAG v. 2.7.2008 – 10 AZR 355/07, BAGE 127, 111-118; GMP/*Germelmann*, § 46 Rz. 37.
6 LAG Köln v. 30.1.1998 – 4 Sa 930/97, NZA 1998, 1284.
7 BAG v. 23.6.1993 – 5 AZR 248/92, NZA 1994, 381. Das BAG erörtert die Frage, ob ein Verzicht fernmündlich erklärt werden kann und stellt im Übrigen klar, dass auch auf die Einreichung weiterer Schriftsätze verzichtet werden kann. S. weiterhin Düwell/Lipke/*Kloppenburg*, § 46 Rz. 53.
8 Düwell/Lipke/*Kloppenburg*, § 46 Rz. 54; ErfK/*Koch*, § 46 ArbGG Rz. 2; BCF/*Creutzfeld*, § 46 Rz. 7; *Creutzfeldt*, RiA 2004, 281 ff. (286); *Künzl*, ZTR 2001, 492 (494).
9 Düwell/Lipke/*Kloppenburg*, § 46 Rz. 54.
10 Weth, Das arbeitsgerichtliche Beschlussverfahren, S. 169.
11 *Müller-Glöge*, RdA 1999, 80 (81).
12 Hierauf verweist ausdrücklich *Müller-Glöge*, RdA 1999, 80 (84).
13 GMP/*Germelmann*, § 57 Rz. 23 ff.
14 Gesetz zu Abschaffung der Gerichtsferien vom 28.10.1996, BGBl. I S. 1546.
15 GK-ArbGG/*Schütz*, § 46 Rz. 23; kritisch hierzu *Müller-Glöge*, RdA 1999, 80.
16 BCF/*Creutzfeld*, § 46 Rz. 8.

heblichen Grundes iSd § 227 Abs. 1 Satz 1 ZPO in Betracht. Dies ist im Allgemeinen bei urlaubsbedingter Abwesenheit einer Partei der Fall, sofern nicht überwiegende Interessen der Gegenseite dem entgegenstehen[1].

IV. Die eingeschränkte Verweisung auf § 127 Abs. 2 ZPO (§ 46 Abs. 2 Satz 3)

Gemäß § 46 Abs. 2 Satz 3 findet § 127 Abs. 2 ZPO mit der Maßgabe Anwendung, dass die sofortige Beschwerde bei Bestandsschutzstreitigkeiten unabhängig vom Streitwert zulässig ist. Diese Bestimmung konkretisiert nochmals den Grundsatz, dass in **Prozesskostenhilfesachen** die Möglichkeit der sofortigen Beschwerde an die Statthaftigkeit eines Rechtsmittels anknüpft. Die Einlegung einer Beschwerde im PKH-Verfahren ist nur möglich, wenn gegen das Urteil in der Hauptsache auch eine Berufung möglich wäre. Im PKH-Verfahren soll somit kein weitergehender Rechtsschutz als im Hauptsacheverfahren gewährt werden. Von Bedeutung ist dies vor allem im Kündigungsschutzprozess, da gem. § 64 Abs. 2 Buchst. c die Berufung stets zulässig ist[2].

B. Allgemeine Verfahrensgrundsätze

I. Mündlichkeitsprinzip

Gemäß § 128 Abs. 1 ZPO werden bürgerlich-rechtliche Streitigkeiten **grds. mündlich verhandelt** und aufgrund mündlicher Verhandlung entschieden. Dieses Prinzip ist im arbeitsgerichtlichen Verfahren noch verstärkt worden, indem die Ausnahmevorschriften der ZPO nicht zur Geltung kommen, die unter bestimmten Voraussetzungen eine Entscheidung ohne mündliche Verhandlung gestatten (§§ 275 ff., 495a ZPO). Die starke Ausprägung des Mündlichkeitsprinzips wird damit begründet, dass im erstinstanzlichen Verfahren häufig prozessunerfahrene Parteien auftreten, die nicht durch Schriftlichkeit des Verfahrens in der Wahrnehmung ihrer Rechte behindert werden sollen[3]. Der Grundsatz der Mündlichkeit der Verhandlung bedeutet, dass **ohne mündliche Verhandlung** das Gericht **keine Entscheidung erlassen** und Entscheidungsgrundlage nur der Prozessstoff sein darf, der Gegenstand der mündlichen Verhandlung war[4]. In Verbindung mit dem Verhandlungsgrundsatz ergibt sich hieraus, dass das Gericht grds. nur das verwerten darf, was die Parteien vorgetragen haben; selbst offenkundige Tatsachen dürfen nicht berücksichtigt werden, wenn sie nicht von der – darlegungspflichtigen – Partei aufgegriffen worden sind[5]. Ausreichend ist jedoch die Bezugnahme auf vorbereitete Schriftsätze bzw. Dokumente nach § 137 Abs. 3 Satz 1 ZPO sowie die Anträge nach § 97 Abs. 2 ZPO[6].

Da auch im arbeitsgerichtlichen Verfahren das Prinzip der **Einheit der mündlichen Verhandlung** gilt und demzufolge **mehrere Verhandlungstermine eine Einheit** bilden, jedoch das Urteil nach § 309 ZPO nur von denjenigen Richtern gefällt wird, die der letzten mündlichen Verhandlung beigewohnt haben, werden die Parteien bei einem **Richterwechsel** (Wechsel der ehrenamtlichen Richter) früheres nur mündlich vorgetragenes und nicht protokolliertes Vorbringen wiederholen müssen, um es zur Entscheidungsgrundlage werden zu lassen[7]. Ein Wechsel auf der Richterbank hätte hiernach zur Folge, dass die Möglichkeit der Zurückweisung verspäteten Vorbringens gem. § 67 ausgeschlossen ist, da alles Relevante in der letzten mündlichen Verhandlung – noch einmal – vorgetragen werden muss. Allerdings besteht in der Lit. Einigkeit darüber, dass gem. § 46 Abs. 2 sowohl die Bestimmung über die allgemeine Prozessförderungspflicht des § 282 ZPO als auch die Bestimmung über die Zurückweisung verspäteten Vorbringens in § 296 ZPO Anwendung findet[8].

---

1 GMP/*Germelmann*, § 46 Rz. 34; Düwell/Lipke/*Kloppenburg*, § 46 Rz. 60; GWBG/*Greiner*, § 46 Rz 66; *Müller-Glöge*, RdA 1999, 80;
2 GMP/*Germelmann*, § 46 Rz. 35; GK-ArbGG/*Schütz*, § 46 Rz. 16. S. hierzu LAG Hamm v. 23.1.2006 – 18 Ta 909/05, AE 2006, 134 sowie LAG Köln v. 27.3.2013 – 11 Ta 48/13.
3 BAG v. 2.7.2008 – 10 AZR 355/07, NZA 2008, 1084; LAG Köln v. 30.1.1998 – 4 Sa 930/97, NZA 1998, 1284 f.; GMP/*Germelmann*, § 46 Rz. 36; s. zur geschichtlichen Entwicklung des Mündlichkeitsprinzips nach der Reichs-CPO *Wieser*, Rz. 426.
4 BAG v. 23.1.1996 – 9 AZR 600/93, NJW 1996, 2749; GK-ArbGG/*Schütz*, § 46 Rz. 37; Düwell/Lipke/*Kloppenburg*, § 46 Rz. 23; GWBG/*Benecke*, § 46 Rz. 8; ErfK/*Koch*, § 46 ArbGG Rz. 5.
5 BAG v. 16.3.1972 – 5 AZR 435/71, AP Nr. 1 zu § 542 ZPO m. Anm. *Schumann*; BAG v. 30.9.1976 – 2 AZR 235/72, DB 1973, 1755; GMP/*Germelmann*, § 46 Rz. 36; Hauck/Helml/*Biebl/Helml*, § 46 Rz. 15.
6 GK-ArbGG/*Schütz*, § 46 Rz. 37.
7 Düwell/Lipke/*Kloppenburg*, § 46 Rz. 25 unter Bezugnahme auf *Schilken*, Zivilprozessrecht, 2. Aufl. 1996, Rz. 366.
8 GMP/*Germelmann*, § 57 Rz. 12 und 14; Düwell/Lipke/*Kloppenburg*, § 57 Rz. 14.

18 Dem § 54 Abs. 1 Satz 2 ist nach überkommener Auffassung zu entnehmen, dass der **Grundsatz des § 139 ZPO**, wonach das Gericht bei den Parteien auf einen **sachgerechten Vortrag** hinzuwirken hat, verstärkt gilt[1]. Sofern das Gericht erst nach Schluss der mündlichen Verhandlung erkennt, dass ein richterlicher Hinweis gem. § 139 ZPO zu geben ist, ist die mündliche Verhandlung wieder zu eröffnen (§ 156 ZPO)[2]. Die Entscheidung über die **Wiedereröffnung der Verhandlung** trifft das Gericht, somit die Kammer, in der Besetzung der letzten mündlichen Verhandlung[3], ggf. in einer Nachberatung[4]. Im arbeitsgerichtlichen Verfahren hat der Vorsitzende in der Güteverhandlung das Streitverhältnis mit den Parteien unter freier Würdigung aller Umstände zu erörtern, wobei er zur Aufklärung des Sachverhaltes alle Handlungen vornehmen kann, die sofort erfolgen können[5]. Gemäß § 139 ZPO hat das Gericht das Sach- und Streitverhältnis, soweit erforderlich, mit den Parteien nach der tatsächlichen und rechtlichen Seite zu erörtern und Fragen zu stellen. Es hat dahin zu wirken, dass die Parteien sich rechtzeitig und vollständig über alle erheblichen Tatsachen erklären, insbesondere ungenügende Angaben zu den geltend gemachten Tatsachen ergänzen, die Beweismittel bezeichnen und die sachdienlichen Anträge stellen. Auf einen Gesichtspunkt, den eine Partei erkennbar übersehen oder für unerheblich gehalten hat, darf das Gericht seine Entscheidung nur stützen, wenn es darauf hingewiesen und Gelegenheit zur Äußerung gegeben hat. Dasselbe gilt für einen Gesichtspunkt, den das Gericht anders beurteilt als beide Parteien[6]. Konsequenterweise findet auch die Bestimmung des § 283 ZPO (nachgelassener Schriftsatz) im arbeitsgerichtlichen Verfahren Anwendung (vgl. Rz. 4). Hat das ArbG einen besonderen Verkündungstermin anberaumt, zB weil die Parteien einen widerruflichen Vergleich geschlossen haben, haben die Parteien keine Möglichkeit, in der Zwischenzeit neue Tatsachen vorzutragen (§ 296a ZPO)[7].

19 Das **Mündlichkeitsprinzip** hat seine **besondere Stellung** im arbeitsgerichtlichen Verfahren somit **verloren**. Man wird es auf den Grundsatz reduzieren müssen: Ohne mündliche Verhandlung kein Urteil[8]. Bestätigt wird dieses Ergebnis durch die Streichung von „und 3" in § 46 Abs. 2 Satz 2 aF durch Art. 30 Nr. 3a ZPO-RG. Gemäß § 128 Abs. 3 ZPO kann eine Entscheidung ohne mündliche Verhandlung nur über die Kosten ergehen[9].

19a Gemäß § 128a ZPO iVm. § 46 Abs. 2 ist auch im arbeitsgerichtlichen Verfahren sowohl das Verhandeln als auch die Einvernahme von Zeugen per **Videokonferenz** zulässig[10]. Von dieser Möglichkeit wird im arbeitsgerichtlichen Verfahren bislang kaum Gebrauch gemacht. Eine Entscheidung über die Durchführung der mündlichen Verhandlung im Wege der Videokonferenz ergeht ohne mündliche Verhandlung (§ 128 Abs. 5 ZPO) und ohne Beteiligung der ehrenamtlichen Richter[11]. Zu der Parallelvorschrift in § 91a Abs. 1 FGO hat der BFA judiziert, dass die Entscheidung des Finanzgerichtes, eine Videokonferenz durchzuführen, nicht beschwerdefähig ist[12].

II. Parteimaxime

20 Im Zusammenhang mit dem Mündlichkeitsprinzip steht der Verhandlungsgrundsatz (**Beibringungsgrundsatz**)[13]. Danach kann das Gericht bei seiner Entscheidung nur von dem **Tatsachenvortrag der Parteien** ausgehen. Der Verhandlungsgrundsatz wird als prozessuale Ausprägung des Grundsatzes der Privatauto-

---

1 GMP/*Germelmann*, § 46 Rz. 42; s.a. Düwell/Lipke/*Kloppenburg*, § 54 Rz. 23 ff.
2 BAG v. 23.1.1996 – 9 AZR 600/93, NZA 1996, 838. Wird die mündliche Verhandlung nicht wieder eröffnet, so ist regelmäßig davon auszugehen, dass ein ursächlicher Zusammenhang zwischen Verfahrensmangel und Ergebnis nicht ausgeschlossen werden kann.
3 GMP/*Germelmann*, § 46 Rz. 37; GK-ArbGG/*Schütz*, § 46 Rz. 46; Hauck/Helml/Biebl/*Helml*, § 46 Rz. 14.
4 S. hierzu LAG Berlin-Brandenburg v. 10.5.2013 – 6 Ca 19/13 sowie LAG Nds. v. 24.1.2014 – 12 Sa 443/13, EzTöD 100 § 34 Abs 1 TVöD-AT Personenbedingte Kündigung Nr 9.
5 Hierzu GMP/*Germelmann*, § 54 Rz. 16 ff.; GK-ArbGG/*Schütz*, § 54 Rz. 30 ff.; Düwell/Lipke/*Kloppenburg*, § 54 Rz. 23 ff.
6 S. zum Umfang dieser Aufklärungspflicht des Gerichtes Zöller/*Greger*, § 139 ZPO Rz. 2 ff.; Musielak/*Stadler*, § 139 ZPO Rz. 5 ff.
7 GK-ArbGG/*Schütz*, § 46 Rz. 48 sowie GMP/*Germelmann*, § 46 Rz. 37.
8 So ausdrücklich GK-ArbGG/*Schütz*, § 46 Rz. 38.
9 ErfK/*Koch*, § 46 ArbGG Rz. 2; BCF/*Creutzfeld*, § 46 Rz. 7; *Creutzfeldt*, RdA 2004, 281 ff., (286); *Künzl*, ZTR 2001, 492 (494).
10 GWBG/*Benecke*, § 46 Rz. 9.
11 GK-ArbGG/*Schütz*, § 46 Rz. 52, 53.
12 BFH v. 28.7.2009 – I B 64/09 ua., BFH/NV 2010, 46.
13 S. hierzu BAG v. 17.11.2015 – 9 AZR 610/14, juris; BAG v. 21.9.2016 – 10 ABR 33/15, NZA Beilage 2017, Nr. 1, 12; LAG Hamm v. 28.6.2016 – 1 SHa 8/16, juris.

nomie verstanden[1]. Selbst offenkundige Tatsachen, die nicht vorgetragen worden sind, darf ein Gericht bei der Urteilsfindung nicht berücksichtigen[2]. Der Beibringungsgrundsatz verlangt einen schlüssigen Tatsachenvortrag der Parteien; für einen solchen genügt es nicht, wenn eine Partei lediglich Mutmaßungen aufstellt[3]. Das BAG hat mehrfach betont, dass der Beibringungsgrundsatz durch die Berücksichtigung abstrakter Möglichkeiten, die von keiner Partei behauptet worden sind und die sich auch nicht aufgrund allgemeiner Erfahrungen aufgedrängt haben, verletzt wird[4]. In neueren Entscheidungen geht das BAG allerdings davon aus, dass das Gericht seinem Urteil solche Tatsachen nicht zugrunde legen dürfe, deren Gegenteil offenkundig sei[5]. Die Parteimaxime steht im Spannungsverhältnis zur rechtlichen Aufklärungspflicht gem. § 139 ZPO, wonach das Gericht mit den Parteien die tatsächlichen und rechtlichen Streitfragen zu erörtern und darauf hinzuwirken hat, dass die Parteien sich über alle erheblichen Tatsachen vollständig erklären und ungenügende Angaben ergänzen[6]. Das Gericht hat auch auf fehlende Beweisantritte hinzuweisen[7]. Nach der Rspr. verstößt es gegen den Beibringungsgrundsatz, wenn anstelle eines geordneten Sachvortrages auf Schriftstücke verwiesen wird, aus denen das Gericht sich die erheblichen Tatsachen heraussuchen soll; soweit im Schriftsatz auf Urkunden Bezug genommen werden darf (§§ 131, 134 ff. ZPO), sind damit Beweismittel gemeint (§§ 415 ff. ZPO) und kein Vortrag[8]. Das Gericht ist (selbstverständlich) nicht an eine übereinstimmende Rechtsansicht der Parteien gebunden[9].

Nur in wenigen Bereichen wird die Parteimaxime eingeschränkt. So kann das ArbG gem. §§ 142–144 ZPO von Amts wegen die **Vorlage von Urkunden** verlangen; diese Entscheidung liegt grds. im pflichtgemäßen Ermessen des Tatsachengerichts[10]. Die Anordnung der Vorlage einer Urkunde, die sich im Besitz einer Partei oder eines Dritten befindet, setzt einen entsprechend substantiierten Vortrag zum Inhalt dieser Urkunde voraus[11]. Darüber hinaus tritt anstelle der Parteimaxime der Untersuchungsgrundsatz in den Fällen des § 293 ZPO. Ausländisches Recht[12], Satzungsrecht und vor allem das Zustandekommen des Tarifrechtes[13] kann das Gericht von Amts wegen ermitteln. Dies gilt bspw. für die Ermittlung der näheren, für die unterschiedlichen tariflichen Kündigungsfristen maßgeblichen Umstände[14]. 21

Im Übrigen unterliegt das Verfahren der **Dispositionsbefugnis**[15]. Die Parteien haben jederzeit die Möglichkeit, den Rechtsstreit durch Klagerücknahme, Anerkenntnis oder Vergleich zu beenden[16]. Sofern der Kläger den Erlass eines Versäumnisurteils beantragt, darf das ArbG kein streitiges Urteil erlassen. Die Verkündung eines Sachurteils lässt sich auch nicht mit dem arbeitsgerichtlichen Beschleunigungsgrundsatz 22

---

1 Düwell/Lipke/*Kloppenburg*, § 46 Rz. 6 ff.
2 BAG v. 20.1.1961 – 2 AZR 495/59, NJW 1961, 940; BAG v. 30.9.1976 – 2 AZR 402/75, AP Nr. 3 zu § 9 KSchG 1969; BAG v. 9.10.1979 – 6 AZR 1059/77, NJW 1980; BAG v. 15.11.2001 – 2 AZR 310/00, NJW 2002, 2972; ErfK/ *Koch*, § 46 ArbGG Rz. 5; GK-ArbGG/*Schütz*, § 46 Rz. 56.
3 BAG v. 20.5.2010 – 8 AZR 287/08 (A), NZA 2010, 1006; BAG v. 25.4.2013 – 8 AZR 287/08, DB 2013, 2509.
4 BAG v. 26.8.1997 – 9 AZR 61/96, NZA 1998, 712; BAG v. 14.3.2006 – 9 AZR 411/05.
5 BAG v. 17.4.1996 – 3 AZR 56/95, AP Nr. 35 zu § 16 BetrAVG; BAG v. 9.12.1997 – 1 AZR 318/97.
6 Bei einer Rüge der Verletzung des § 139 ZPO aF muss nach der Rspr. des BAG derjenige, der die Verletzung dieser Vorschrift rügt, im Einzelnen angeben, welche Fragen hätten gestellt werden müssen, und vor allem, was die Partei darauf erwidert hätte, s. zB BAG v. 24.8.1993 – 9 AZR 498/91, NZA 1994, 275; BAG v. 29.11.1995 – 5 AZR 422/94; BAG v. 21.11.1996 – 2 AZR 852/95, NZA 1997, 713.
7 GK-ArbGG/*Schütz*, § 46 Rz. 56b.
8 LAG Köln v. 26.7.2002 – 11 Sa 258/02.
9 Düwell/Lipke/*Kloppenburg*, § 46 Rz. 9.
10 BAG v. 13.2.1974 – 4 AZR 192/73, AP Nr. 4 zu § 70 BAT; BAG v. 28.4.1982 – 4 AZR 728/79, AP Nr. 60 zu §§ 22, 23 BAT 1975; LAG Hessen v. 23.1.1996 – 9 Sa 1680/95; s. im Übrigen Hauck/Helml/Biebl/*Helml*, § 46 Rz. 16; Musielak/*Stadler*, § 142 ZPO Rz. 1.
11 LAG Berlin v. 13.12.2002 – 6 Sa 1628/02.
12 Hierzu ErfK/*Koch*, § 46 ArbGG Rz. 6 sowie GK-ArbGG/*Schütz*, § 46 Rz. 58.
13 BAG v. 15.4.2008 – 9 AZR 159/07, NZA-RR 2008, 586; ErfK/*Koch*, § 46 ArbGG Rz. 7; GK-ArbGG/*Schütz*, § 46 Rz 59.
14 BAG v. 29.3.1957 – 1 AZR 208/55, AP Nr. 4 zu § 4 TVG – Tarifkonkurrenz; BAG v. 9.8.1995 – 6 AZR 1047/94, MDR 1996, 827; BAG v. 20.3.1997 – 6 AZR 865/95, NZA 1997, 896. Eine subjektive Beweislast besteht im Anwendungsbereich des § 293 ZPO nicht.
15 S. zur Dispositionsmaxime BAG v. 2.12.1999 – 2 AZR 843/98, NZA 2000, 733 sowie BAG v. 19.7.2016 – 3 AZR 134/15, NZA 2016, 1475.
16 GMP/*Germelmann*, § 46 Rz. 47; GK-ArbGG/*Schütz*, § 46 Rz. 55; Hauck/Helml/Biebl/*Helml*, § 46 Rz. 17; ErfK/ *Koch*, § 46 ArbGG Rz. 8. Anders die Kompetenz des BVerfG trotz zurückgenommener Verfassungsbeschwerde, s. BVerfG v. 14.7.1998 – 1 BvR 1640/97, NJW 1998, 2515.

rechtfertigen[1]. Eingeschränkt wird die Dispositionsbefugnis durch die fiktive Klagerücknahme in § 54 Abs. 5 Satz 4 ArbGG iVm. § 269 Abs. 3 ZPO[2]. (s. hierzu § 54 Rz. 42 ff.)

III. Beschleunigungsmaxime

1. Aussetzung bei Vorgreiflichkeit (§ 148 ZPO)

23 Für das arbeitsgerichtliche Verfahren wird eine **besondere Beschleunigungsmaxime** postuliert. Diese ergibt sich aus den Regelungen in § 9 Abs. 1, § 47 Abs. 1, § 50 Abs. 1, §§ 54–56, § 61a und § 64 Abs. 6[3] (s. hierzu § 9 Rz. 23 ff. sowie § 57 Rz. 8). Die Relevanz der Beschleunigungsmaxime ist gering[4]; so kann auf eine Verletzung der Beschleunigungsmaxime nicht einmal ein Rechtsmittel gestützt werden[5]. Weiter zeigt die Regelung in §§ 198 ff. GVG betreffend Rechtsschutz bei überlangen Gerichtsverfahren und strafrechtlichen Ermittlungsverfahren, dass der Gesetzgeber nicht zwischen den einzelnen Gerichtszweigen differenziert. Das ArbG hat beim Antrag auf Aussetzung eines Rechtsstreites gem. § 148 ZPO im Rahmen seines Ermessens den Beschleunigungsgrundsatz zu berücksichtigen[6]. Das Ermessen hat sich an dem gesetzgeberischen Zweck der Vorschrift auszurichten[7]. Auch wenn keine allgemein gültigen Zeitvorgaben bestehen, wann von einer unangemessen Verfahrensdauer auszugehen ist, richtet sich die Angemessenheit der Dauer eines Verfahrens nach den besonderen Umständen des Einzelfalles[8]. Einem erneuten Antrag auf Aussetzung des Verfahrens nach § 148 ZPO fehlt das Rechtsschutzbedürfnis, wenn ein früher gestellter Aussetzungsantrag in demselben Rechtsstreit bereits abschlägig beschieden wurde und sich die Sachlage nicht geändert hat; ob dem ersten Beschluss materielle Rechtskraft zukommt, bleibt offen[9].

23a Die Zurückverweisung des Rechtsstreites an das ArbG ist gem. § 68 ausgeschlossen[10]. Es besteht weitgehend Einigkeit dahin gehend, dass sich der Beschleunigungsgrundsatz vor allem an das Gericht wendet (vgl. auch § 64 Rz. 245).[11]. Weiterhin besteht Einigkeit darüber, dass ein Rechtsstreit wegen Zahlungsansprüche, die von der Unwirksamkeit einer Beendigung des Arbeitsverhältnisses abhängig sind, die Gegenstand eines noch nicht abgeschlossenen Verfahrens ist, nicht gem. § 148 ZPO aufgrund des Beschleunigungsgrundsatzes ausgesetzt werden darf[12].

24 Nach Auffassung des BAG wird der Beschleunigungsmaxime auch dadurch Rechnung getragen, dass im **Berufungsverfahren die Berufungsbegründungsfrist nur einmal verlängert** werden kann[13]. Indes darf dieses Argument nicht dafür missbraucht werden, einen Antrag auf Verlängerung der Berufungsbegründungsfrist über einen Monat hinaus abzulehnen, wenn feststeht, dass nach der üblichen Verfahrensdauer der Kammer dies nicht zu einer Verzögerung des Rechtsstreites führt[14]. Die unreflektierte Anwendung des

---

1 LAG Rh.-Pf. v. 4.3.1997 – 6 Sa 1235/96, NZA 1997, 1071.
2 S. zu den Grenzen der Anwendung des § 54 Abs. 5 Satz 4 LAG Saarland v. 9.6.2000 – 2 Ta 2/00, NZA-RR 2000, 546 sowie LAG Thür. v. 18.11.2009 – 8 TA 148/09. S. weiterhin BAG v. 22.4.2009 – 3 AZB 97/08, NZA 2009, 804.
3 GK-ArbGG/*Schütz*, § 46 Rz. 60; Hauck/Helml/Biebl/*Helml*, § 46 Rz. 21; Düwell/Lipke/*Kloppenburg*, § 46 Rz. 28; s. weiterhin *Weth*, Das arbeitsgerichtliche Beschlussverfahren, S. 166 f.; *Müller-Glöge*, RdA 1999, 80 (86).
4 GMP/*Prütting*, § 9 Rz. 3 sprechen insoweit von einer „wichtigen Zielvorgabe"; *Smid*, BB 1986, 2263 (2364) spricht von einem „symbolischen Wert" des § 9 Abs. 1. Nach Auffassung von *Weth*, Das arbeitsgerichtliche Beschlussverfahren, S. 167 ist das allgemeine Beschleunigungsgebot letztlich nichts mehr als die an sich selbstverständliche Mahnung an die Richter, das Verfahren nicht unnötig in die Länge zu ziehen; ebenso GWBG/*Waas*, § 9 Rz. 3.
5 BAG v. 13.5.1981 – 4 AZR 1080/78, NJW 1982, 302; GWBG/*Waas*, § 9 Rz. 3; *Grunsky*, RdA 1974, 201 (204); Düwell/Lipke/*Reinfelder*, § 9 Rz. 3.
6 LAG Berlin-Brandenburg v. 9.9.2009 – 13 Ta 1695/09; LAG Rh.-Pf. v. 30.9.2009 – 6 Ta 216/09.
7 LAG Köln v. 24.9.2013 – 11 Ta 156/13.
8 Eine Verfahrensdauer von mehr als 20 Jahren ist auf jeden Fall unangemessen; s. hierzu BVerfG v. 5.8.2013 – 1 BvR 2965/10, NZA 2013, 1229.
9 So LAG Hamm v. 14.4.2009 – 1 Ta 115/09.
10 LAG BW v. 24.2.2006 – 9 Ta 13/05. Das gilt auch dann, wenn bis zum Ablauf der Berufungsbegründungsfrist ein mit Gründen versehenes Endurteil nicht vorliegt, BAG v. 28.4.1993 – 10 AZR 222/92, DB 1993, 2034.
11 GK-ArbGG/*Bader*, § 9 Rz. 4; GWBG/*Waas*, § 9 Rz. 2; Düwell/Lipke/*Kloppenburg*, § 46 Rz. 36; *Weth*, Das arbeitsgerichtliche Beschlussverfahren, S. 167.
12 LAG Hessen v. 6.4.2004 – 1 Ta 106/04; LAG Rh.-Pf. v. 5.8.2005 – 2 Ta 184/05; LAG Köln v. 19.6.2006 – 3 Ta 60/06.
13 BAG v. 4.2.1994 – 8 AZB 16/93, NZA 1994, 907. Dieses Argument wäre jedoch nur dann richtig, wenn unmittelbar nach Ablauf von Berufungsbegründungs- und Berufungserwiderungsfrist das LAG Termin zur mündlichen Verhandlung bestimmt.
14 Ebenso GK-ArbGG/*Vossen*, § 66 Rz. 118; s. weiterhin GMP/*Germelmann*, § 66 Rz. 37 ff.; GWBG/*Benecke*, § 66 Rz. 9.

Beschleunigungsgebotes führt zu einer Verletzung des rechtlichen Gehörs[1]. Es entsteht allerdings der Eindruck, dass der Rückgriff auf die Beschleunigungsmaxime häufig nur eine Alibifunktion hat. So wird der Ausschluss des Rechtsmittels gegen die Entscheidung nach § 49 Abs. 3 – zurecht – als verfassungsmäßig angesehen und mit dem „besonderen arbeitsgerichtlichen Beschleunigungsgebot des § 9 Abs. 1 gerechtfertigt"[2].

In der Vergangenheit hat die Rspr. die Zulässigkeit einer Untätigkeitsbeschwerde bei Untätigkeit des Gerichtes anerkannt. Voraussetzung war eine willkürliche Untätigkeit des Gerichtes[3]. Indes sieht das Gesetz über den Rechtsschutz bei überlangen Gerichtsverfahren und strafrechtlichen Ermittlungsverfahren (in Kraft ab 3.12.2011) auch für das arbeitsgerichtliche Verfahren eine Verzögerungsrüge vor. Von daher wird nunmehr die Auffassung vertreten, dass eine Untätigkeitsbeschwerde nicht mehr statthaft ist[4]. Die Möglichkeit, Maßnahmen der Dienstaufsicht zu beantragen, wird von der Neuregelung nicht berührt[5]. 25

2. Aussetzung bei Verdacht einer Straftat (§ 149 ZPO)

Das Gericht kann, wenn sich im Laufe eines Rechtsstreites der Verdacht einer Straftat ergibt, deren Ermittlung auf die Entscheidung von Einfluss ist, die Aussetzung der Verhandlung bis zur Erledigung des Strafverfahrens anordnen. Voraussetzung für eine derartige Verfahrensaussetzung ist ein aus Sicht des Gerichts bestehender Verdacht einer strafbaren Handlung eines Prozessbeteiligten, deren Ermittlung auf die Entscheidung des Zivilprozesses von Einfluss ist. Ggf. muss das Gericht im Rahmen einer Ermessensentscheidung die Verzögerung des arbeitsgerichtlichen Verfahrens gegen den möglichen Erkenntnisgewinn im Strafverfahren abwägen. Eine Verfahrensaussetzung kommt dann in Betracht, wenn die Umstände streitig sind und die bessere Aufklärung dieser Umstände im Strafverfahren zu erwarten ist, so dass eine erneute Klärung im Zivilverfahren erspart wird[6]. Auf Grund der Neufassung des § 149 Abs. 2 ZPO durch die ZPO-Novelle v. 17.5.2011 (ZPO-RG)[7] ist auf Antrag einer der Parteien die mündliche **Verhandlung fortzusetzen, wenn** seit der Aussetzung **ein Jahr vergangen** ist, es sei denn, dass wichtige Gründe für die Aufrechterhaltung der Aussetzung sprechen. An das Vorliegen gewichtiger Gründe sind im Hinblick auf das Grundrecht auf wirkungsvollen Rechtsschutz (Art. 2 Abs. 1 GG iVm. Art. 20 Abs. 3 GG) und mit Blick auf die gerichtliche Verpflichtung zum Verhandeln zivilrechtlicher Ansprüche in angemessener Zeit aus Art. 6 Abs. 1 Satz 1 EMRK strenge Anforderungen zu stellen[8]. Damit wird die Möglichkeit einer Aussetzung des Verfahrens wegen des Verdachts einer Straftat eingeschränkt[9]. 25a

Die Frage der **Aussetzung** eines Verfahrens **gem. § 149 ZPO** stellt sich vor allem im **Kündigungsschutzprozess** (soweit die Kündigung auf eine strafbare Handlung oder den Verdacht einer strafbaren Handlung gestützt wird) oder auch im Zahlungsprozess (soweit der Schadensersatzanspruch auf eine strafbare Handlung gestützt wird). Nach Auffassung der ArbG steht die Aussetzung nach § 149 ZPO grds. im freien Ermessen des Gerichtes, wobei der das ArbG-Verfahren beherrschende Beschleunigungsgrundsatz vielfach nicht einmal erwähnt wird[10]. Nur ausnahmsweise vertreten die LAG die Auffassung, eine Aussetzung des Rechtsstreites komme nicht in Betracht, wenn nämlich ArbG und Staatsanwaltschaft über exakt den gleichen Sachverhalt zu entscheiden haben[11]. Häufig wird darauf hingewiesen, dass Sinn und Zweck der Ermessensentscheidung gem. § 149 ZPO sei, überflüssige Mehrarbeiten in parallel geführten Prozessen und sich widersprechende Entscheidungen zu vermeiden, wobei unter Umständen bessere Erkenntnismöglich- 25b

---

1 *Weth*, Die Zurückweisung verspäteten Vorbringens im Zivilprozess, S. 31 ff.; *Haug/Pfarr/Struck*, Möglichkeiten der Beschleunigung des arbeitsgerichtlichen Verfahrens, S. 24 ff.
2 BAG v. 14.2.2002 – 9 AZB 2/02, EzA § 49 ArbGG 1979 Nr. 8.
3 S. zur Untätigkeitsbeschwerde im ArbG-Verfahren LAG Sachsen v. 14.3.2008 – 4 Ta 347/07 (79) sowie LAG Köln v. 19.8.2011 – 4 Ta 233/11; a.M. LAG Rh.-Pf. v. 2.11.2011 – 8 Ta 218/11, sofern die begehrte Entscheidung ihrerseits nicht einem Rechtsmittel unterliegt.
4 BGH v. 20.11.2012 – VIII ZB 49/12, NJW 2013, 385; Zöller/*Heßler*, ZPO, § 567 Rz. 21a; GK-ArbGG/*Schütz*, § 46 Rz. 60a; Düwell/Lipke/*Oesterle*, § 78 Rz. 76.
5 Düwell/Lipke/*Oesterle*, § 78 Rz. 76 unter Bezugnahme auf *Althammer/Schäuble*, NJW 2012, 1 ff., 5.
6 S. zB LAG Düsseldorf v. 20.1.2015 – 16 Sa 458/14, LAGE § 149 ZPO 2002 Nr. 2.
7 Gesetz zur Reform des Zivilprozesses (Zivilprozessreformgesetz-ZPO-RG v. 17.5.2001, BGBl. I S. 1887 ff.
8 BVerfG v. 5.8.2013 – 1 BvR 2965/10, NJW 2013, 3432; LAG Sachsen v. 8.3.2012 – 4 Ta 17/12, juris; LAG BW v. 25.7.2014 – 17 Ta 8/14, FA 2014, 342; *Sievers*, jurisPR-ArbR 37/2014 Anm. 6.
9 *Schmidt/Schwab/Wildschütz*, NZA 2001, 1161 (1165) unter Hinweis auf BT-Drs. 14/6036, S. 121.
10 S. zB BAG v. 16.10.1967 – 5 AZR 464/66, NJW 1968, 565; LAG Berlin v. 1.4.1980 – 3 Ta 3/80; LAG Rh.-Pf. v. 27.11.1980 – 1 Ta 146/80; LAG Hessen v. 8.3.1988 – 13 Ta 66/88; LAG Hessen v. 26.2.1991 – 12 Ta 154/91, DB 1992, 48. Anders allerdings LAG Rh.-Pf. v. 11.4.2007 – 11 Ta 88/07 sowie LAG Berlin-Brandenburg v. 6.1.2011 – 7 Ta 2606/10.
11 LAG Hamm v. 16.7.1970 – 8 Ta 33/77, MDR 1970, 874; LAG Berlin v. 12.10.1981 – 9 Ta 3/81, AP Nr. 1 zu § 149 ZPO 1977.

keiten im Strafverfahren nutzbar gemacht werden können[1]. Das ArbG hat allerdings auch die Möglichkeit, den Rechtsstreit nur teilweise auszusetzen, soweit nämlich der Ausgang des Strafverfahrens für das arbeitsgerichtliche Verfahren von Bedeutung ist[2]. § 149 ZPO verlangt nach der Rspr. eine Abwägung zwischen dem Gebot der Verfahrensbeschleunigung einerseits und dem möglichen Erkenntnisgewinn im Strafverfahren andererseits[3]. Eine Aussetzung des arbeitsgerichtlichen Verfahrens kommt nicht in Betracht, wenn durch das Strafverfahren ein wesentlicher Erkenntnisgewinn hinsichtlich der entscheidungserheblichen Tatsachen nicht zu erwarten ist. Die **Entscheidungserheblichkeit** und der zu erwartende **Erkenntnisgewinn** sind in dem Aussetzungsbeschluss anzugeben[4].

25c Es stellt sich die Frage, inwieweit das „freie Ermessen" der Gerichte zum einem durch den **Beschleunigungsgrundsatz** des § 9 Abs. 1 ArbGG und zum anderen durch die Bestimmung des § 149 Abs. 2 ZPO eingeschränkt wird[5]. Mit dem Beschleunigungsgrundsatz ist es nicht zu vereinbaren, wenn bereits bei Aussetzung feststeht, dass binnen eines Jahres nicht damit gerechnet werden kann, dass der Strafprozess zu einem rechtskräftigen Abschluss gekommen ist[6]. Alsdann führt die – maximal mögliche – Aussetzung von einem Jahr lediglich dazu, dass der Abschluss des arbeitsgerichtlichen Verfahrens verzögert wird, ohne dass es maßgeblich auf die staatsanwaltlichen Ermittlungen ankommt. In einem derartigen Fall ist eine Aussetzung ermessensmissbräuchlich und auf eine sofortige Beschwerde gem. § 252 ZPO aufzuheben[7]. Gegen die Ablehnung der Aufnahme eines ausgesetzten Verfahrens ist die sofortige Beschwerde zulässig[8].

25d Die Regelung des § 149 Abs. 1 ZPO kollidiert mit dem strafprozessualen Grundsatz, dass kein Beschuldigter verpflichtet ist, sich selbst zu belasten. Die ArbG vertreten dennoch die Auffassung, dass die Beachtung dieses strafprozessualen Grundsatzes für sich gesehen eine Aussetzung der zivilprozessualen Verhandlung nach § 149 ZPO bis zur Erledigung des Strafverfahrens grds. nicht rechtfertigt[9].

IV. Die Unmittelbarkeit

26 Verhandlung und Beweisaufnahme finden vor dem erkennenden Gericht statt (§ 309 ZPO). Aus § 13 ergibt sich indes, dass der Grundsatz der Unmittelbarkeit die Rechtshilfe keineswegs ausschließt. Gleiches gilt für eine gem. § 128a ZPO iVm. § 46 Abs. 2 durchgeführte Videokonferenz (Verhandeln sowie Einvernahme von Zeugen)[10]. Entscheidungen gem. § 128a Abs. 1 und 2 ZPO sind gem. § 128a Abs. 3 Satz 2 ZPO nicht anfechtbar[11]. Gemäß § 160 Abs. 1 Nr. 4 ZPO ist im Falle des § 128a ZPO in das Protokoll der Ort aufzunehmen, von dem aus Zeugen etc. an der Verhandlung teilgenommen haben.

27–54 Einstweilen frei

C. Die Klagearten

55 Die Klagearten werden nach ihrem prozessualen Inhalt in **Leistungs-, Feststellungs- und Gestaltungsklagen** eingeteilt. **Maßgeblich** für die Einordnung ist der **Klageantrag**. Nach allgemeiner Auffassung sind die Prozessvoraussetzungen im arbeitsgerichtlichen Urteilsverfahren grds. keine anderen als im Zivilprozess[12]. Bei einer Leistungsklage bedeutet dies ua., dass ein Rechtsschutzinteresse vorliegt[13] und dass beim Begehren auf Verurteilung des Prozessgegners zur Zahlung eines Geldbetrages der Kläger grds. verpflichtet ist, den fraglichen Betrag zu beziffern[14]. Allerdings wird vielfach – weiter gehend als im Zivilprozess – eine

---

1 LAG Köln v. 31.10.2008 – 9 Ta 327/08; LAG Rh.-Pf. v. 6.5.2009 – 6 Ta 67/09; LAG Rh.-Pf. v. 17.7.2009 – 6 Ta 145/09; LAG Hamm v. 16.8.2013 – 1 Ta 332/13 m. Anm. *Oesterle*, jurisPR-ArbR 50/2013 Nr. 5.
2 LAG Rh.-Pf. v. 13.10.2009 – 3 Ta 160/09.
3 LAG Köln v. 30.8.2012 – 12 Ta 197/12.
4 LAG Berlin-Brandneburg v. 26.4.2010 – 10 Ta 399/10.
5 Hierzu LAG Saarland v. 8.11.2005 – 2 Ta 30/05, nv.
6 LAG Rh.-Pf. v. 11.1.2013 – 6 Ca 242/12.
7 Zur Aufhebungsmöglichkeit gem. § 252 ZPO s. Stein/Jonas/*Roth*, § 252 ZPO Rz. 8; Zöller/*Greger*, § 252 ZPO Rz. 3; Musielak/*Stadler*, § 252 ZPO Rz. 3.
8 LAG Sachsen v. 8.3.2012 – 4 Ta 17/12.
9 So zB LAG Düsseldorf v. 27.9.2001 – 7 Ta 357/01; LAG Rh.-Pf. v. 30.7.2009 – 7 Ta 147/09, LAG Hamm v. 10.5.2013 – 7 Ta 155/13.
10 GK-ArbGG/*Schütz*, § 46 Rz. 52; Zöller/*Greger*, § 128a Rz 1.
11 Ebenso für das finanzgerichtliche Verfahren BFH v. 28.7.2009 – I B 64–66/09.
12 GMP/*Germelmann*, § 46 Rz. 53; GK-ArbGG/*Schütz*, § 46 Rz. 82 ff.; GWBG/*Benecke*, § 46 Rz. 25 ff.
13 Hierzu BAG v. 18.12.1986 – 8 AZR 502/84, NZA 1987, 379; LAG Köln v. 20.6.1996 – 6 Sa 81/96 u. 6 (7) Sa 82/96.
14 LAG Berlin v. 3.12.1990 – 9 Sa 108/90.

Feststellungsklage trotz fehlender Vollstreckungsfähigkeit des Urteils für zulässig erachtet[1]. Auch soweit es um die Gewährung von Urlaub geht, hält das BAG eine Feststellungsklage für unbedenklich[2]. Von daher ist es nicht verwunderlich, dass nach Auffassung der Lit. die Feststellungsklage nach § 256 Abs. 1 ZPO iVm. § 46 Abs. 2 im arbeitsgerichtlichen Verfahren einen auffallend breiten Raum einnimmt[3]. Die – relativ seltene – Gestaltungsklage ist darauf gerichtet, durch ein rechtsbegründendes oder rechtsänderndes Urteil die Rechtslage zu verändern; die Gestaltungsklage findet überall dort Anwendung, wo das Gesetz für die Ausübung eines Gestaltungsrechtes Klage und Urteil voraussetzt (zB bei der Auflösung eines Arbeitsverhältnisses gegen Zahlung einer Abfindung gem. §§ 9, 10 KSchG)[4].

I. Leistungsklage

Mit einer **Leistungsklage** beantragt der Kläger die Verurteilung des Beklagten zur **Leistung, Duldung** oder **Unterlassung**. Eine Leistungsklage kann gerichtet sein auf Zahlung jeder Art, Herausgabe von Sachen, Beschäftigung und Weiterbeschäftigung einschließlich Wiedereinstellung, Abgabe einer Erklärung (Fertigung eines Zeugnisses oder Rücknahme einer Abmahnung) oder auf Unterlassung von Wettbewerb und anderen Störungen[5]. Der ArbN kann auch im Wege der arbeitsrechtlichen Konkurrentenklage die Untersagung der Besetzung einer Stelle vor Abschluss eines nicht ordnungsgem. durchgeführten Auswahlverfahrens erstreben (s. hierzu Rz. 145 ff.). 56

Bei einer Leistungsklage ist regelmäßig das **Rechtsschutzbedürfnis** zu bejahen. Etwas anderes gilt bei einer Leistungsklage gegen den Insolvenzverwalter wegen Forderungen aus einem von ihm abgeschlossenen Sozialplan. Insoweit fehlt der Leistungsklage das erforderliche Rechtsschutzbedürfnis, weil ein entsprechender Leistungstitel dauerhaft keine Vollstreckungsgrundlage wäre[6]. Sobald der Insolvenzverwalter die Masseunzulänglichkeit angezeigt hat, ist die Vollstreckung wegen einer Masseverbindlichkeit iSd. § 55 Abs. 1 Nr. 3, § 209 Abs. 1 Nr. 3 InsO unzulässig[7]. 56a

1. Zahlungsklage

Eine Klage auf **Zahlung von Arbeitsvergütung** erfasst alle Vergütungsansprüche, wie zB Lohn, Gehalt, Provisionen, Sonderzahlungen, Zuschläge, Lohnfortzahlung im Krankheitsfall, Urlaubsentgelt etc. Bei einer Leistungsklage auf Entgeltzahlung kann sowohl auf den **Brutto- als auch** auf den **Nettobetrag** geklagt werden[8]. Hierbei geht die Rspr. davon aus, dass der grundsätzliche Unterschied zwischen den Begriffen „Nettobetrag" und „Bruttobetrag" den im Arbeitsleben Stehenden regelmäßig bekannt ist. Besondere Rechtskenntnisse seien für diese allgemeine Unterscheidung nicht erforderlich[9]. Bei einer Nettolohnklage muss der Kläger die begehrte Zahlung ausdrücklich als „netto" bezeichnen. Erfolgt dies nicht, handelt es sich um den Normalfall einer Bruttolohnklage; diese muss im Antrag nicht kenntlich gemacht werden. Der Zusatz „brutto" ist keine Einschränkung eines ohne diesen Zusatz gestellten Antrages, sondern verdeutlicht nur, was von Gesetzes wegen gilt[10]. Bei einer Nettolohnklage gehört zur schlüssigen Begründung, dass der Kläger die für den Tag des Zuflusses des Arbeitsentgeltes geltenden Besteuerungsmerkmale im Einzelnen darlegt[11]. Zulässig ist auch eine Leistungsklage „Brutto abzüglich Netto"[12]. Entspricht das ArbG der Klage auf 57

---

1 S. beispielhaft LAG Schl.-Holst. v. 21.1.1997 – 1 Sa 467/96, NZA-RR 1998, 20.
2 BAG v. 8.3.1994 – 9 AZR 49/93, NZA 1994, 1095; BAG v. 13.2.1996 – 9 AZR 79/85, NZA 1996, 1103; LAG Schl.-Holst. v. 15.1.2013 – 1 Sa 138/12; ebenso GMP/*Germelmann*, § 46 Rz. 103. AA LAG Rh.-Pf. v. 17.10.2012 – 8 SA 222/12.
3 *Zimmer*, ZTR 1998, 448 (449); Arbeitsrechtslexikon/*Schwab*, Klage/Klagerücknahme, I.2.
4 GMP/*Germelmann*, § 46 Rz. 121 ff.; Düwell/Lipke/*Kloppenburg*, § 46 Rz. 132.
5 GMP/*Germelmann*, § 46 Rz. 54 ff.; GK-ArbGG/*Schütz*, § 46 Rz. 84 ff.; Düwell/Lipke/*Kloppenburg*, § 46 Rz. 121.
6 BAG v. 21.1.2010 – 6 AZR 785/08, DB 2010, 567.
7 BAG v. 17.1.2012 – 3 AZR 10/10, NZA-RR 2013, 86.
8 BAG GS v. 7.3.2001 – GS 1/00, NZA 2001, 1195; BAG v. 26.2.2003 – 5 AZR 223/02, NZA 2003, 922; BAG v. 21.7.3009 – 1 AZR 167/08, NZA 2009, 1213; GMP/*Germelmann*, § 46 Rz. 55; GK-ArbGG/*Schütz*, § 46 Rz. 87 ff.; Düwell/Lipke/*Kloppenburg*, § 46 Rz. 142 ff.. Nach Auffassung von Hauck/Helml/*Helml*, § 46 Rz. 34 ist die Klage grds. auf den Bruttobetrag zu richten.
9 BAG v. 24.1.2013 – 8 AZR 965/11, NZA-RR 2013, 400.
10 BAG v. 17.2.2016 – 5 AZN 981/15, NJW 2016, 1262 sowie BAG v. 4.8.2016 – 6 AZR 129/15, NZA-RR 2016, 627.
11 LAG Rh.-Pf. v. 24.10.2013 – 10 Sa 277/13, juris unter Bezugnahme auf BAG v. 26.02.2003 – 5 AZR 523/02, NZA 2003, 922.
12 LAG Nürnberg v. 22.5.1989 – 1 Ta 116/88, zum Streitwert für diese Leistungsklage.

Bruttoentgelt, so kann der Gerichtsvollzieher den gesamten Bruttobetrag vollstrecken[1], wobei der Kläger für die Abführung der Steuer und der SozV-Beiträge zu sorgen hat. Sofern der ArbGeb die Zahlung der auf den Bruttobetrag entfallenen LSt und SozV-Beiträgen nachweist, wird die Zwangsvollstreckung auf den Nettolohn beschränkt (§ 775 Nr. 4, 5, § 776 Satz 2 ZPO)[2]. Wird eine Nettolohnvergütung verlangt, bedarf es nicht der Überprüfung, ob die LSt sowie SozV-Beiträge abgeführt worden sind[3]. In der Lit. wird allerdings von einer Nettoklage wegen der sich hieraus ergebenden steuerrechtlichen Probleme abgeraten[4].

58 Bei einer **Bruttogehaltsklage** war streitig, ob **Zinsen** aus der Brutto- oder Nettovergütung verlangt werden konnten[5]. Auf Vorlage des 9. Senats des BAG nach § 45 Abs. 3 Satz 1[6] hat der Große Senat des BAG die Rechtsfrage wohl endgültig entschieden. Der ArbN kann Verzugszinsen nach § 288 Abs. 1 Satz 1 BGB aus der in Geld geschuldeten Bruttovergütung verlangen[7]. Werden Verzugszinsen nicht aus der im Geld geschuldeten Bruttovergütung, sondern von den sich aus einem Bruttobetrag ergebenden Nettobetrag verlangt, so ist auch der Nettobetrag zu beziffern, weil ansonsten die Zinsforderung nicht berechenbar und damit vollstreckbar ist[8].

59 Die Zahlungsklage betrifft idR **fällige Ansprüche**. Die Zulässigkeit einer Klage auf zukünftige Leistungen und wiederkehrende Leistungen richtet sich nach §§ 257–259 ZPO. Erforderlich ist, dass die materiell-rechtliche Geldforderung nicht von einer Gegenleistung abhängig sein darf. Diese Voraussetzung ist bei Klagen aus dem Arbeitsverhältnis in der Regel[9] nicht erfüllt. Der Abschluss eines Arbeitsvertrages reicht für die Anspruchsentstehung nicht aus; erforderlich ist die Erbringung der Arbeitsleistung oder ein sonstiger Rechtsgrund, wonach Arbeitsentgelt ohne Arbeitsleistung beansprucht werden kann[10]. Etwas Anderes gilt allerdings bei wiederkehrenden Leistungen, die von keiner Gegenleistung abhängig sind, wie zB Betriebsrentenansprüche. Insoweit können gem. § 258 ZPO grds. auch künftig fällig werdende Teilbeträge eingeklagt werden[11]. Etwas Anderes gilt bei einer Rückzahlungsverpflichtung aus gewährtem Darlehen bzw. Ruhegeldforderungen. In diesem Fall muss die Leistung kalendermäßig bestimmt oder bestimmbar sein[12]. Gemäß § 259 ZPO kann allerdings Klage auf zukünftige Leistung erhoben werden, wenn den Umständen nach die Besorgnis gerechtfertigt ist, dass der Schuldner sich der rechtzeitigen Leistung entziehen werde[13]. Streitig ist hierbei, ob im Zeitpunkt der letzten mündlichen Verhandlung die Leistungsmöglichkeit und -bereitschaft des ArbN auch für die Zukunft sicher feststehen muss[14]. Eine Besorgnis gem. § 259 ZPO wird auch dann bejaht, wenn sich der Schuldner entgegen einer früheren Aussage für nicht mehr verpflichtet hält[15], so kann bspw. die Wirksamkeit des Widerrufes der Altersgeldzusage streitig sein[16]. Bei einer Klage auf zukünftige Leistung gem. § 259 ZPO wegen zukünftiger Vergütungsansprüche sind die für den Anspruch maßgeblichen Bedingungen, unter denen er im Normalfall jeweils nach Ablauf des Zeitabschnitts entsteht, im Antrag zu benennen; das Unerwartete kann unberücksichtigt bleiben[17]. Der Antrag kann am Bestimmtheitserfordernis des § 253 Abs. 2 Nr. 2 ZPO scheitern. Danach muss der Antrag so be-

---

1 BGH v. 21.4.1966 – VII ZR 3/66, AP Nr. 13 zu § 611 BGB – Lohnanspruch; LAG Hessen v. 20.3.1961 – V Sa 224/60; OLG Frankfurt v. 29.1.1990 – 20 W 516/89, DB 1990, 1291; LG Mainz v. 2.7.1998 – 8 T 202/98, JurBüro 1998, 665.
2 LG Berlin v. 2.11.1992 – 81 T 448/92, DGVZ 1993, 27; GMP/*Germelmann*, § 46 Rz. 55; GK-ArbGG/*Schütz*, § 46 Rz. 87; *Sibben*, DGVZ 1989, 182.
3 LAG Rh.-Pf. v. 20.10.2004 – 9 Sa 383/04.
4 GK-ArbGG/*Schütz*, § 46 Rz. 89; *Berkowsky/Drews*, DB 1994, 1978; s. hierzu *Laschet/Kontny*, DStZ 2007, 607 sowie *Blomeyer*, RdA 2011, 203.
5 Ausführlich hierzu *Nägele/Stumpf*, FA 1998, 366.
6 BAG v. 11.8.1998 – 9 AZR 122/95, DB 1998, 2276.
7 BAG v. 7.3.2001 – GS 1/00, NZA 2001, 1195; LAG Düsseldorf v. 15.8.2016 – 9 Sa 318/16, ArbR 2016, 558; hierzu GMP/*Germelmann*, § 46 Rz. 55 sowie *Pairam*, FA 2001, 98.
8 BAG v. 10.11.2010 – 5 AZR 783/09, ZTR 2011, 229.
9 S. zu einem Ausnahmefall BAG v. 13.3.2002 – 5 AZR 755/00, ArbRB 2002, 290.
10 BAG v. 22.10.2014 – 5 AZR 731/12, NZA 2015, 501.
11 BAG v. 14.7.2015 – 3 AZR 594/13, juris; LAG Hamburg v. 30.6.2016 – 2 Sa 27/15, juris.
12 GMP/*Germelmann*, § 46 Rz. 61; GK-ArbGG/*Schütz*, § 46 Rz. 96; Hauck/Helml/Biebl/*Helml*, § 46 Rz. 32.
13 BAG v. 26.6.1959 – 2 AZR 25/57, AP Nr. 1 zu § 259 ZPO; BAG v. 26.5.1993 – 4 AZR 149/92, AP Nr. 2 zu § 12 AVR – Diakonisches Werk; GMP/*Germelmann*, § 46 Rz. 62; Hauck/Helml/Biebl/*Helml*, § 46 Rz. 38.
14 So BAG v. 18.12.1974 – 5 AZR 66/74, NJW 1975, 1336; aA LAG Düsseldorf v. 14.12.2000 – 11 Sa 1356/00, NZA-RR 2001, 46.
15 BAG v. 10.12.1992 – 8 AZR 20/92, NZA 1993, 899; BAG v. 14.5.1997 – 7 AZR 471/96, ZUM 1998, 84; BAG v. 29.10.1997 – 5 AZR 573/96, AP Nr. 134 zu § 611 BGB – Lehrer, Dozenten; GMP/*Germelmann*, § 46 Rz. 48; GK-ArbGG/*Schütz*, § 46 Rz. 97.
16 LAG Berlin v. 22.9.2000 – 6 Sa 1317/00, NZA-RR 2001, 492.
17 BAG v. 28.1.2009 – 4 AZR 904/07, NZA 2009, 444; LAG Köln v. 19.4.2013 – 4 Sa 121/12.

stimmt sein, dass die Zwangsvollstreckung aus dem beantragten Urteil ohne eine Fortsetzung des Streits im Vollstreckungsverfahren erwartet werden kann[1].

Soweit **sonstige Geldbeträge** von einer Arbeitsvertragspartei eingeklagt werden, handelt es sich um solche, für die keine Abgaben zu leisten sind. Zur Klarstellung empfiehlt es sich, diese Zahlungsansprüche exakt im Klageantrag zu bezeichnen (zB Schadensersatz/Schmerzensgeld[2], Rückzahlung von Ausbildungskosten[3] etc.)[4]. Verfehlt ist es, insoweit von Brutto- oder Nettobeträgen zu reden[5]. Bei Schadensersatzansprüchen ist ggf. die tarifliche Ausschlussfrist zu beachten[6]. 60

Ein etwaiger **Erstattungsanspruch** nach § 717 Abs. 2 ZPO ist auf die Wiederherstellung des früheren Zustandes gerichtet. Er geht auf den Ersatz des vollen Vollstreckungsschadens. Insoweit ist der Anspruch auf Rückzahlung des aufgrund eines Urteils gezahlten Bruttobetrages nicht auf den Nettobetrag beschränkt, den der ArbN erhalten hat, sondern es können neben den darauf entrichteten Steuern einschließlich des Solidaritätszuschlages nebst Zinsen auch die zugunsten des ArbN abgeführten ArbGebAnteile für Sozialversicherung direkt vom ArbN zurückverlangt werden[7]. 60a

2. Herausgabeklage

Im Wege der Herausgabeklage kann gestritten werden um die **Herausgabe von Arbeitspapieren**[8] oder um die Herausgabe von Geschäftspapieren (Rechnungsduplikaten, Kundenkorrespondenzen, Kontoauszügen)[9] oder um vom ArbN **eingebrachte Sachen** wie Arbeitskleidung oder Werkzeuge oder Rückgabe von **Arbeitsgegenständen**, die dem ArbN überlassen worden sind (wie zB Arbeitskleidung, Werkzeuge oder PKW)[10]. Zur hinreichenden Bestimmtheit iSd. § 253 Abs. 2 ZPO ist im Klageantrag der Gegenstand so genau zu bezeichnen, dass eine eindeutige Identifikation und somit eine entsprechende Vollstreckung möglich ist[11]. Ggf. ist eine Stufenklage zu erheben[12]. Nach § 254 ZPO kann die bestimmte Angabe der Leistungen, die der Kläger beansprucht, vorbehalten werden, wenn mit der Klage auf Rechnungslegung oder auf Vorlegung eines Vermögensverzeichnisses oder auf Abgabe einer eidesstattlichen Versicherung die Klage auf Herausgabe desjenigen verbunden wird, was der Beklagte aus dem zugrundeliegenden Rechtsverhältnis schuldet[13]. 61

3. Klage auf Weiterbeschäftigung

Die Klage auf Beschäftigung kann gerichtet sein auf **tatsächliche Beschäftigung nach erfolgter Freistellung** (zB in einem Ausbildungsverhältnis), auf vertragsgemäße Beschäftigung (bei unterwertiger Tätigkeit) sowie auf Weiterbeschäftigung nach erfolgter ArbGebkündigung[14]. Die Klage auf vertragsgemäße Beschäftigung ist zulässig, obwohl es sich nach der Rspr. um eine Klage gem. § 259 ZPO auf zukünftige Leistung handelt[15]. Ein ArbN hat grds. bis zum Ende der Kündigungsfrist einen Beschäftigungsanspruch. Ein Recht zu einer einseitigen Freistellung kann nur bestehen, wenn eine Weiterarbeit schwerwiegende Interessen 62

---

1 LAG Köln v. 19.4.2013 – 4 Sa 1122/12 unter Bezugnahme auf BGH v. 14.12.1998 – II ZR 330/97, NJW 1999, 954 sowie BAG v. 14.9.2010 – 1 ABR 32/09, NZA 2011, 364.
2 S. zur Schadensersatzklage wegen Mobbings BAG v. 25.10.2007 – 8 AZR 593/06, NZA 2008, 223; LAG Thür. v. 10.4.2001 – 5 Sa 403/00, NZA-RR 2001, 347 sowie LAG Rh.-Pf. v. 16.8.2001 – 6 Sa 415/01, NZA-RR 2002, 121; *Rieble/Klumpp*, FA 2002, 307 ff.; s. zur Schmerzensgeldklage wegen unberechtigter Kündigung *Zimmerling*, FA 2006, 136 ff.
3 S. zB BAG v. 5.7.2000 – 5 AZR 883/98, NZA 2001, 394.
4 GK-ArbGG/*Schütz*, § 46 Rz. 94.
5 So aber Hauck/Helml/Biebl/*Helml*, § 46 Rz. 37 ff.
6 BAG v. 18.12.2008 – 8 AZR 105/08, NZA-RR 2009, 314; hierzu *Ulrici*, JurisPR-ArbR 2009, Nr. 3.
7 BAG v. 18.12.2008 – 8 AZR 105/08, ZTR 2009, 432; LAG Hessen v. 28.1.2011 – 3 Sa 960/10; LAG Düsseldorf v. 13.3.2012 – 9 Sa 277/11.
8 GK-ArbGG/*Schütz*, § 46 Rz. 98; GMP/*Germelmann*, § 46 Rz. 70. Lautet der Vollstreckungstitel sowohl auf Herausgabe als auch auf Ausstellung der Arbeitspapiere, so muss zunächst die Herausgabevollstreckung nach § 883 ZPO erfolgen, vgl. LAG Berlin v. 7.1.1998 – 9 Ta 1/98, LAGE § 888 ZPO Nr. 40.
9 LAG Rh.-Pf. v. 4.10.2007 – 1 Ta 174/07.
10 LAG MV v. 8.10.2013 – 5 Sa 231/12; GK-ArbGG/*Schütz*, § 46 Rz. 98; Hauck/Helml/Biebl/*Helml*, § 46 Rz. 39.
11 GK-ArbGG/*Schütz*, § 46 Rz. 98.
12 LAG Rh.-Pf. v. 4.5.2015 – 2 Sa 403/14, juris.
13 LAG Rh.-Pf. v. 27.1.2015 – 6 Sa 402/14, juris unter Bezugnahme auf BGH v. 29.3.2011 – VI ZR 117/10, NJW 2011, 1815.
14 S. hierzu GMP/*Germelmann*, § 46 Rz. 64 ff.; GK-ArbGG/*Schütz*, § 46 Rz. 104 ff.
15 S. hierzu GMP/*Germelmann*, § 46 Rz. 66; GK-ArbGG/*Schütz*, § 46 Rz. 104 ff.

des ArbGeb beeinträchtigungen würde[1]. Bei der Klage auf Weiterbeschäftigung – auch nach Ablauf der Kündigungsfrist bis zur Entscheidung über die vom Kläger angegriffene Kündigung – handelt es sich um eine auf Vornahme einer unvertretbaren Handlung gerichteten Klage. Dem Bestimmtheitserfordernis des § 253 Abs. 2 Nr. 2 ZPO genügt es hierbei, wenn die Beschäftigung nach Art, Zeit und Ort im Antrag angegeben wird[2], wobei das Weiterbeschäftigungsurteil[3] nach § 888 ZPO und nicht nach § 894 ZPO zu vollstrecken ist[4]. Sofern zwischen den Parteien kein Streit über die auszuübende Tätigkeit besteht, ist ein auf „Beschäftigung zu unveränderten Arbeitsbedingungen" gerichteter Antrag als zulässig und vollstreckbar anzusehen[5]. Ein Klageantrag ist hinreichend bestimmt, wenn er den erhobenen Anspruch konkret bezeichnet, dadurch den Rahmen der gerichtlichen Entscheidungsbefugnis abstellt, Inhalt und Umfang der materiellen Rechtskraft der begehrten Entscheidung erkennen lässt und das Risiko eines Unterliegens des Klägers nicht durch vermeidbare Ungenauigkeit auf den Beklagten abwälzt und schließlich eine Zwangsvollstreckung aus dem Urteil ohne eine Fortsetzung des Streites im Vollstreckungsverfahren erwarten lässt[6].

62a Der Weiterbeschäftigungsanspruch kann sowohl gesondert als auch im Rahmen der objektiven Klagehäufung nach § 260 ZPO in einem Kündigungsschutzprozess oder neben anderen Ansprüchen geltend gemacht werden. Bei Ausspruch einer Kündigung ist (natürlich) die Erhebung einer Kündigungsschutzklage zwingend geboten[7]. Die Rspr. betont hierbei, dass der Kläger durch einen Weiterbeschäftigungsantrag innerhalb der Drei-Wochen-Frist des § 4 KSchG deutlich zum Ausdruck bringt, dass er sich gegen alle Beendigungstatbestände zur Wehr setzt[8]. Ein Weiterbeschäftigungsanspruch kann auch geltend gemacht werden im Zusammenhang mit einer Klage wegen Unwirksamkeit der Befristung[9]. Hingegen scheidet ein Anspruch des ArbN auf vorläufige Weiterbeschäftigung zu unveränderten Bedingungen grds. aus, wenn er das Angebot auf Vertragsänderung unter Vorbehalt angenommen hat[10]. Ein Kläger bringt durch seinen Weiterbeschäftigungsantrag in der Klageschrift nicht zum Ausdruck, dass er sich gegen alle künftigen Beendigungstatbestände zur Wehr setzen wolle[11].

4. Klage auf Vornahme einer Handlung

62b Die Klagen auf Vornahme einer Handlung können zB zum Gegenstand haben
– Klage auf Lohn und ggf. auf Bekanntgabe der Höhe der konkret verdienten Arbeitsvergütung (ggf. im Wege der Stufenklage)[12],
– Klage auf Rücknahme einer Abmahnung sowie deren Entfernung aus der Personalakte[13],
– Klage auf Erteilung und Berichtigung eines **Zeugnisses oder Zwischenzeugnisses**[14],
– Klage auf Herausgabe und Berichtigung von Arbeitspapieren[15],

---

1 LAG Hessen v. 19.8.2002 – 16 SaGa 1118/02; LAG Hessen v. 20.3.2013 – 18 SaGa 175/13.
2 BAG v. 15.4.2009 – 3 AZB 93/08, NZA 2009, 917; GMP/Germelmann, § 46 Rz. 64; GK-ArbGG/Schütz, § 46 Rz. 104 ff.; Hauck/Helml/Biebl/Helml, § 46 Rz. 43.
3 Bei der Frage der Bestimmtheit der Tenorierung kann auf eine etwaige im Tatbestand wiedergegebene Arbeitsplatzbeschreibung zurückgegriffen werden, vgl. LAG Köln v. 16.12.2004 – 3 (7) Ta 358/04, LAGE § 62 ArbGG 1979 Nr. 31; LAG München v. 1.8.2005 – 4 Ta 250/05.
4 LAG Köln v. 7.7.1987 – 9 Ta 128/87, LAGE § 888 ZPO Nr. 15; LAG Hamm v. 22.1.2008 – 7 Ta 10/08.
5 GMP/Germelmann, § 46 Rz. 64; GK-ArbGG/Schütz, § 46 Rz. 105.
6 BAG v. 15.4.2009 – 3 AZR 93/08, NZA 2009, 917; LAG Schl.-Holst. v. 6.9.2012 – 1 Ta 142/12, NZA-RR 2013, 101; LAG Hessen v. 15.2.2013 – 12 Ta 370/12; GK-ArbGG/Schütz, § 46 Rz. 105.
7 GMP/Germelmann, § 46 Rz. 65.
8 LAG Berlin-Brandenburg v. 18.6.2015 – 26 Sa 356/15, LAGE § 4 KSchG Nr. 60.
9 LAG Rh.-Pf. v. 28.1.2016 – 5 Sa 303/15, juris.
10 BAG v. 28.5.2009 – 2 AZR 844/07, NZA 2009, 954; BAG v. 22.10.2015 – 2 AZR 124/14, NZA 2016, 225.
11 LAG Berlin-Brandenburg v. 26.3.2015 – 26 Sa 1513,14 u.a., LAGE § 117 BetrVG 2001 Nr. 3.
12 BAG v. 11.3.1987 – 5 AZR 791/85; BAG v. 1.12.2004 – 5 AZR 664/03, NZA 2005, 289.
13 BAG v. 15.1.1986 – 5 AZR 17/84, NZA 1986, 421; BAG v. 14.12.1994 – 5 AZR 137/94, ZTR 1995, 175; LAG Schl.-Holst. v. 23.11.2014 – 5 Sa 202/04, LAGE § 273 BGB 2002 Nr. 1. Nach Beendigung des Arbeitsverhältnisses besteht ein derartiger Anspruch nicht mehr, es sei denn, dass die Abmahnung dem ArbN auch nach der Beendigung des Arbeitsverhältnisses noch schaden kann, vgl. BAG v. 14.9.1994 – 5 AZR 632/93, NZA 1995, 220.
14 BAG v. 3.3.1993 – 5 AZR 182/92, NZA 1993, 219; BAG v. 1.10.1998 – 6 AZR 176/97, DB 1999, 1120; BAG v. 12.2.2013 – 3 AZR 120/11, NZA 2014, 31.
15 BAG v. 20.2.1997 – 8 AZR 121/95, NZA 1997, 800. Für die Klage auf Berechtigung einer Lohnsteuerbescheinigung ist der Rechtsweg zum ArbG nach § 2 Abs. 1 Nr. 3 Buchst. e ArbGG nicht eröffnet, da es sich um eine Streitigkeit öffentlich-rechtlicher Natur handelt, so BAG v. 7.5.2013 – 10 AZB 8/13, NZA 2013, 862 sowie LAG Nürnberg v. 27.2.2013 – 3 Ta 31/13.

- Klage auf Urlaubsgewährung, wobei die Klage auch dann bestimmt iSv. § 253 Abs. 2 ZPO ist, wenn der Klageantrag keine zeitliche Festlegung des Urlaubs enthält[1],
- Klage auf Rechnungslegung[2] sowie Lohnabrechnung[3],
- Klage auf Zurverfügungstellung eines rauchfreien Arbeitsplatzes[4];
- Klage auf Widerruf und Rücknahme einer Abmahnung sowie deren Entfernung aus der Personalakte[5],
- Klage auf Erteilung von Auskünften[6],
- Klage auf Freistellung von einer Verbindlichkeit oder von Schadensersatzansprüchen[7],
- Klage auf Auskunft über die betriebliche Altersversorgung[8].

Bei der Zwangsvollstreckung ist zu differenzieren zwischen dem Antrag auf Vornahme einer **unvertretbaren Handlung** und einer **vertretbaren Handlung**. Soweit es um die Rücknahme einer Abmahnung geht, wird zum Teil die Anwendbarkeit des § 887 ZPO (vertretbare Handlung) bejaht[9], zum Teil wird für die Zwangsvollstreckung gem. § 888 ZPO (unvertretbare Handlung) plädiert[10]. Soweit es um die Erteilung eines qualifizierten Zeugnisses geht, wobei in dem den Kündigungsschutzprozess beendenden Vergleich lediglich die Endnote des Arbeitszeugnisses festgelegt wurde, ist eine Zwangsvollstreckung nicht möglich, vielmehr muss ggf. auf Erteilung eines Zeugnisses mit einem bestimmten Inhalt geklagt werden[11]. Die Verurteilung zur Weiterbeschäftigung betrifft die Vornahme einer unvertretbaren Handlung, nämlich die Zuweisung vertragsgemäßer Arbeit. Die Vollstreckung erfolgt nach § 888 ZPO[12].

63

Ein Sonderfall der Leistungsklage ist die Klage auf **Einwirkung einer Tarifvertragspartei auf ihre Mitglieder**, einen Tarifvertrag durchzuführen[13]. Grundsätzlich steht es dem Schuldner frei, wie er seine Verpflichtung zu erfüllen hat. Die Vollstreckung erfolgt gem. § 888 ZPO, wobei der Schuldner entscheiden kann, wie er die Verpflichtung erfüllen will[14]. Schließlich kann im Wege der Leistungsklage auch ein Anspruch auf **Unterlassung einer Arbeitszeitregelung** geltend gemacht werden; insoweit ist auch das Rechtsschutzinteresse zu bejahen. Generell kommen Unterlassungsklagen im **Arbeitskampfrecht** und im **Tarifrecht** in Betracht[15].

64

---

1 GK-ArbGG/*Schütz*, § 46 Rz. 112; Hauck/Helml/Biebl/*Helml*, § 46 Rz. 42; aA GMP/*Germelmann*, § 46 Rz. 73. Nach der Rspr. des BAG ist insoweit auch eine Feststellungsklage möglich, vgl. BAG v. 8.3.1994 – 9 AZR 49/93, NZA 1994, 1095; BAG v. 13.2.1996 – 9 AZR 79/85, NZA 1996, 1103.
2 BAG v. 28.10.1986 – 3 AZR 323/05; BAG v. 19.5.1998 – 9 AZR 394/97, AP Nr. 11 zu § 611 BGB – Treuepflicht; BAG v. 21.11.2000 – 9 AZR 655/99, NZA 2001, 1093; LAG Rh.-Pf. v. 8.8.1996 – 6 Ta 127/96; LAG Hamm v. 26.11.2004 – 10 Sa 2236/03.
3 LAG Düsseldorf v. 23.7.1998 – 7 Ta 209/98, LAGE § 888 ZPO Nr. 41; einem Antrag, das Arbeitsverhältnis ordnungsgem. abzurechnen, fehlt es indes an der hinreichenden Bestimmtheit iSv. § 253 Abs. 2 Nr. 2 ZPO, vgl. BAG v. 25.4.2001 – 5 AZR 395/99, NZA 2001, 1157.
4 BAG v. 17.2.1998 – 9 AZR 84/97, NJW 1999, 162; BAG v. 19.5.2009 – 9 AZR 241/08, NZA 2009, 775. Unter Umständen ist der ArbG nur verpflichtet, die Belastung durch Passivrauchen zu minimieren, nicht aber sie gänzlich auszuschließen, s. BAG v. 10.5.2016 – 9 AZR 347/15, NZA 2016, 1134.
5 BAG v. 14.12.1994 – 5 AZR 137/94, NZA 1996, 676; BAG v. 15.4.1999 – 7 AZR 716/97, NZA 1999, 1037. Der Anspruch auf Rücknahme und Entfernung der Abmahnung aus der Personalakte ergibt sich aus §§ 1004, 242 BGB, s. LAG Hessen v. 22.6.2010 – 12 Sa 829/09. Nach Beendigung des Arbeitsverhältnisses kann ein Anspruch auf Entfernung einer Abmahnung nur dann bestehen, wenn es objektive Anhaltspunkte dafür gibt, dass die Abmahnung dem ArbN noch schaden kann, BAG v. 17.11.2016 – 2 AZR 730/15, juris.
6 BAG v. 1.12.2004 – 5 AZR 664/03, NZA 2005, 289.
7 BAG v. 23.6.1988 – 8 AZR 300/85, NZA 1989, 181.
8 Düwell/Lipke/*Kloppenburg*, § 46 Rz. 301. Verneinend LAG Hamm v. 22.9.2016 – 11 Sa 1111/15, juris.
9 LAG Hamm v. 11.8.1983 – 1 Ta 245/83, DB 1983, 2257; LAG Köln v. 22.11.1990 – 12 (11) Ta 247/90, MDR 1991, 650.
10 LAG Hessen v. 25.6.1980 – 8 Ta 75/80, AuR 1981, 93; LAG Hamburg v. 29.1.1996 – 1 Ta 14/95, NZA-RR 1996, 422; LAG Rh.-Pf. v. 8.8.1996 – 6 Ta 127/96 (allerdings nur dann, wenn keine abrechnungsrelevanten Unterlagen mehr vorhanden sind, die eine Abrechnung durch Dritte zulassen, ansonsten muss der Gläubiger nach § 887 ZPO vorgehen); LAG Düsseldorf v. 23.7.1998 – 7 Ta 209/98, LAGE § 888 ZPO Nr. 41.
11 LAG Frankfurt am Main v. 22.10.2008 – 12 Ta 325/08; LAG Rh.-Pf. v. 1.4.2009 – 3 Ta 40/09; LAG Köln v. 4.7.2013 – 4 Ta 157/13.
12 LAG BW v. 9.11.2015 – 17 Ta 23/15, juris; GK-ArbGG/*Schütz*, § 46 Rz. 105a.
13 BAG v. 29.4.1992 – 4 AZR 432/91, NZA 1992, 846 sowie BAG v. 29.4.1992 – 4 AZR 469/91; BAG v. 25.1.2006 – 4 AZR 552/04, DB 2006, 217; LAG Hamburg v. 6.2.2013 – 5 Sa Ga 1/12, AIB 2013, 726; s. hierzu GMP/*Germelmann*, § 46 Rz. 71 sowie *Walker*, FS Schaub, 1998, S. 743.
14 GMP/*Germelmann*, § 46 Rz. 71 sowie *Walker*, FS Schaub, 1998, S. 743.
15 BAG v. 29.1.1985 – 1 AZR 179/84, DB 1985, 1697; BAG v. 20.4.1999 – 1 ABR 72/98, NZA 1999, 887; *Walker*, FS Wiese, 1998, S. 603 (613 f.).

5. Unterlassungsklage

65 Die Unterlassungsklage ist ein **besonderer Fall der Leistungsklage**. Ein ArbN kann im Wege der Leistungsklage einen Anspruch auf Unterlassen einer Arbeitszeitregelung geltend machen; insoweit ist auch das Rechtsschutzinteresse zu bejahen[1]. Die Unterlassungsklage kann darauf gerichtet sein, den vertragsbrüchigen ArbN die Ausübung einer Tätigkeit beim konkurrierenden Unternehmen zu untersagen[2]. Im Wege der Unterlassungsklage kann auch ein nachvertragliches Wettbewerbsverbot durchgesetzt werden[3]. Eine Klage auf Unterlassung von Äußerungen, weil der ArbG im Rahmen einer Zeugenbefragung vor dem Staatsanwalt den ArbN belastet hat, ist wegen des Zeugenprivilegs im Regelfall bereits unzulässig[4]. Im öffentlichen Dienst kommt der arbeitsrechtlichen Konkurrentenklage eine erhebliche praktische Bedeutung zu (ausführlich § 46 Rz. 145 ff.). Streitgegenstand einer Unterlassungsklage kann auch der Antrag eines ArbGebVerbandes auf Unterlassung von Streikaufrufen einer Gewerkschaft sein[5]. Der Antrag einer Gewerkschaft auf Unterlassung der Anwendung einer tarifnormwidrigen Regelung im Arbeitsverhältnis ihrer Mitglieder durch den ArbGeb muss hinreichend bestimmt sein iSd. § 253 Abs. 2 Nr. 2 ZPO und demzufolge im Unterlassungsantrag die Namen der tarifgebundenen, also gewerkschaftsangehörigen ArbN enthalten[6]. Die Vollstreckung erfolgt gem. § 890 ZPO[7]. In der Unterlassungsklage ist eine genaue Beschreibung der Handlung erforderlich, die unterlassen werden soll. Der ArbG braucht in seinem Klageantrag das zu schützende Betriebs- oder Geschäftsgeheimnis nicht zu offenbaren. Es muss jedoch so deutlich beschrieben werden, dass zu ersehen ist, was geschützt werden soll[8].

6. Klage auf Abgabe einer Willenserklärung

65a Besonderheiten gibt es bei der Klage auf Abgabe einer Willenserklärung. Leistungsklagen auf Abgabe einer Willenserklärung können auch im Arbeitsverhältnis gem. § 894 ZPO vollstreckt werden. Die Rspr. hat derartige Klagen bei der **Gewährung von Urlaub**[9] (für einen bestimmten Zeitraum), auf **Abschluss eines Vorruhestandsvertrages**[10], bei **Einstellung**[11] und **Wiedereinstellung**[12], weiterhin auf Abschluss eines Teilzeitarbeitsverhältnisses[13] oder eines Altersteilzeitvertrages anerkannt. Die Willenserklärung gilt erst mit der Rechtskraft des Urteils als abgegeben. Verurteilungen zum Abschluss eines Vertrages – darum geht es bei der Einstellung – sind typische Beispiele für den Anwendungsbereich des § 894 ZPO[14]. Die gem. § 894 Satz 1 ZPO als abgegeben geltende Willenserklärung muss den für einen solchen Vertrag notwendigen Mindestinhalt (essentialia negotii) umfassen; hierzu gehören die Art und Beginn der Arbeitsleistung[15]. Gemäß § 311a Abs. 1 BGB kommt auch die Verurteilung zur Abgabe einer Willenserklärung in Betracht, die auf eine Vertragsänderung zu einem in der Vergangenheit liegenden Zeitpunkt gerichtet ist; die rückwirkende Begründung eines Arbeitsverhätnisses durch Urteil ist zulässig[16]. Soweit gem. dem Klageantrag dem Beklagten ein Spielraum beim Vertragsinhalt gelassen wird, erfolgt die Zwangsvollstreckung nach der Rspr.

---

1 BAG v. 24.3.1998 – 9 AZR 172/97, NZA 1999, 17.
2 BAG v. 4.6.1985 – 3 AZR 265/83, NZA 1986, 640; GMP/*Germelmann*, § 46 Rz. 67; GK-ArbGG/*Schütz*, § 46 Rz. 115; BCF/*Creutzfeld*, § 46 Rz. 40; Düwell/Lipke/*Kloppenburg*, § 46 Rz. 129.
3 BAG v. 17.10.1969 – 3 AZR 442/68, DB 1970, 497; BAG v. 23.11.2004 – 9 AZR 595/03, NZA 2005, 411; Natter/Gross/*Pitzer*, § 46 Rz. 84.
4 LAG MV v. 9.12.2014 – 2 Sa 141/14, juris unter Bezugnahme auf BGH v. 28.2.2012 – VI ZR 79/11, NJW 2012, 1659.
5 BAG v. 24.4.2007 – 1 AZR 252/06, NZA 2007, 987.
6 BAG v. 20.4.1999 – 1 ABR 72/98, NZA 1999, 887.
7 GMP/*Germelmann*, § 46 Rz. 67; GK-ArbGG/*Schütz*, § 46 Rz. 115.
8 LAG Hamm v. 18.10.2013 – 10 SaGa 28/13, juris.
9 BAG v. 19.1.1962 – 5 AZR 195/61, DB 1962, 410; Düwell/Lipke/*Kloppenburg*, § 46 Rz. 367; GK-ArbGG/*Schütz*, § 46 Rz. 112 ff.
10 BAG v. 28.2.1989 – 3 AZR 468/87, NZA 1989, 684; LAG Bremen v. 17.11.1995 – 4 Sa 228/95, ZTR 1996, 276.
11 BAG v. 31.3.1976 – 5 AZR 104/74, NJW 1976, 178.
12 BAG v. 6.8.1997 – 7 AZR 557/96, NZA 1998, 254; BAG v. 4.12.1997 – 2 AZR 140/97, DB 1998, 1087; BAG v. 15.10.2013 – 9 AZR 972/12, NZA-RR 2014, 119; BAG v. 17.3.2015 – 9 AZR 702/13, NZA 2016, 124; LAG Nürnberg v. 15.1.1998 – 7 Ta 5/98, LAGE § 5 KSchG Nr. 91 sowie LAG Rh.-Pf. v. 9.11.2006 – 11 Sa 400/06; insoweit bestätigt durch BAG v. 21.8.2008 – 8 AZR 201/07, NJW 2009, 391. S. zur Wiedereinstellungszusage *Schrader/Straube*, NZA-RR 2003, 337 sowie zum Klageantrag bei der Wiedereinstellungszusage *Raab*, jurisPR-InsR 15/2015 Anm. 4.
13 BAG v. 27.4.2004 – 9 AZR 522/03, NZA 2004, 1225; LAG Berlin-Brandenburg v. 19.7.2007 – 18 Sa 1721/06.
14 BAG v. 24.9.2003 – 5 AZR 282/02, NZA 2003, 1332.
15 BAG v. 13.6.2012 – 7 AZR 459/10, AP Nr. 59 zu § 253 ZPO; BAG v. 13.3.2013 – 7 AZR 344/11; BAG v. 15.10.2013 – 9 AZR 572/12.
16 BAG v. 9.2.2011 – 7 AZR 91/10, NZA-RR 2012, 232; BAG v. 19.10.2011 – 7 AZR 471/10; BAG v. 19.10.2011 – 7 AZR 33/11, AP Nr. 60 zu § 307 BGB.

des BAG jedoch gem. § 890 ZPO[1]. Das BAG[2] hat judiziert, es sei nicht möglich, dass ein und derselbe Antrag zunächst entsprechend dem Wortlaut als (Weiter-) Beschäftigungsantrag im laufenden Arbeitsverhältnis zu verstehen und „hilfsweise" als Wiedereinstellungsantrag auszulegen sei. Ein nach § 888 Abs. 1 ZPO zu vollstreckender Anspruch auf tatsächliche Beschäftigung unterscheidet sich wesentlich von einem nach § 894 ZPO zu vollstreckenden Anspruch auf Abgabe einer Willenserklärung[3].

II. Feststellungsklage

Gemäß § 256 ZPO kann auf **Feststellung** des Bestehens oder Nichtbestehens eines Rechtsverhältnisses, auf Anerkennung einer Urkunde oder auf Feststellung ihrer Unechtheit Klage erhoben werden, wenn der Kläger ein rechtliches Interesse daran hat, dass das Rechtsverhältnis oder die Echtheit oder Unechtheit der Urkunde durch richterliche Entscheidung alsbald festgestellt wird. Die Feststellungsklage ist als positive (= behauptende) oder negative (= leugnende) möglich[4]. Vorliegen müssen ein hinreichend konkretes Rechtsverhältnis[5] sowie ein Feststellungsinteresse[6]. Streitgegenstand einer allgemeinen Feststellungsklage ist idR das Fortbestehen des Arbeitsverhältnisses im Zeitpunkt der letzten mündlichen Verhandlung in der Tatsacheninstanz[7].

1. Vorliegen eines Rechtsverhältnisses

Das **BAG** definiert das Rechtsverhältnis iSd. § 256 ZPO als „eine durch den konkreten Sachverhalt aufgrund einer Rechtsnorm gegebene Rechtsbeziehung einer Person zu einer anderen oder zu einem Rechtsgut"[8]; bzw. das „durch die Herrschaft der Rechtsnorm über einen konkreten Sachverhalt entstandene rechtliche Verhältnis einer Person zu einer anderen Person oder einem Sachgut"[9]. Die Feststellungsklage muss sich nicht zwangsläufig auf das Rechtsverhältnis in seiner Gesamtheit beziehen, auch einzelne Beziehungen und Folgen eines Rechtsverhältnisses können Gegenstand der Feststellungsklage sein (sog. Elementenfeststellungsklage)[10]. Dies setzt aber voraus, dass die Feststellungsklage auf einem einfacheren Wege zu einer abschließenden Klärung des Rentenanspruches führt[11]. Durch die Entscheidung über den Feststellungsantrag muss der Streit aber insgesamt beseitigt werden[12]. Schwierig wird allerdings die Abgrenzung zu einzelnen Vorfragen oder Elementen eines Rechtsverhältnisses, die nicht unter den Begriff des Rechtsverhältnisses fallen[13]. Sehr weitgehend ist insoweit die Rspr. des für die betriebliche Altersversorgung zuständigen Dritten Senats des BAG, wonach es möglich sei, selbständig auf die Anrechnung von Vordienstzeiten, die Berücksichtigung von Beschäftigungszeiten oder von Anwartschaftsansprüchen zur Berechnung der Rente zu klagen, ohne dass das Rechtsverhältnis als solches im Streit ist oder ein bestimmter Rentenanspruch festgestellt werden soll[14]. Das Rechtsverhältnis muss hinreichend konkret und gegenwärtig sein[15]. Entsprechendes gilt für die Frage, ob eine Klage auf Feststellung der anrechnungsfähigen Beschäftigungs- und Dienstzeiten gem. §§ 19, 20 BAT bzw. nunmehr gem. § 34 Abs. 3 TV-L/TVöD

---

1 So BAG v. 12.12.2000 – 9 AZR 706/99, ZTR 2001, 411 für die Klage auf Abschluss eines Altersteilzeitarbeitsverhältnisses, wobei der ArbN dem ArbGeb überlässt, ob dieses im Block- oder im Teilzeitmodell (§ 3 Abs. 2 Buchst. a und Buchst. b TV ATZ) durchgeführt werden soll.
2 BAG v. 17.3.2015 – 9 AZR 702/13, NZA 2016, 124.
3 Unter Bezugnahme auf BAG v. 19.9.2001 – 7 AZR 574/00, AIB 2002, 637.
4 Zöller/*Greger*, § 256 ZPO Rz. 2. S. zur negativen Feststellungsklage BAG v. 23.2.1967 – 3 AZR 237/66, AP Nr. 45 zu § 256 ZPO.
5 Zöller/*Greger*, § 256 ZPO Rz. 3; Musielak/*Foerste*, § 256 ZPO Rz. 2.
6 Zöller/*Greger*, § 256 ZPO Rz. 7 ff.; Musielak/*Foerste*, § 256 ZPO Rz. 7 ff. Ausführlich zu Rechtsverhältnis und Feststellungsinteresse s. *Habscheid*, ZZP 112 (1999), 37.
7 BAG v. 12.5.2005 – 2 AZR 426/04, NZA 2005, 1259; LAG BW v. 10.3.2016 – 18 Sa 29/15.
8 BAG v. 14.4.1966 – 2 AZR 503/63, AP Nr. 2 zu § 13 AZO; hierzu GK-ArbGG/*Schütz*, § 46 Rz. 141 ff.
9 BAG v. 10.5.1989 – 4 AZR 80/89, NZA 1989, 687; ebenso LAG Sachsen v. 31.7.1997 – 6 Sa 43/97.
10 BAG v. 2.2.1994 – 5 AZR 273/93, NZA 1994, 610; BAG v. 24.5.2006 – 7 AZR 365/05; BAG v. 19.5.2009 – 9 AZR 145/08, ZTR 2009, 487; BAG v. 13.10.2009 – 9 AZR 139/08, ZTR 2010, 79; BAG v. 3.7.2013 – 4 AZR 961/11, DB 2013, 2335.
11 BAG v. 19.2.2002 – 3 AZR 589/99.
12 BAG v. 14.12.2005 – 4 AZR 522/04, NZA 2006, 807.
13 BAG v. 19.9.1985 – 6 AZR 460/83, NZA 1986, 471; GMP/*Germelmann*, § 46 Rz. 76; GK-ArbGG/*Schütz*, § 46 Rz. 143 ff.; GWBG/*Benecke*, § 46 Rz. 33 ff. weist zu Recht darauf hin, dass in Wirklichkeit die hM darauf abstelle, ob ein schutzwertes Bedürfnis dafür bestehe, eine rechtskräftige Feststellung über eine Einzelfrage zu treffen.
14 BAG v. 18.11.1968 – 3 AZR 255/67, AP Nr. 134 zu § 242 BGB – Ruhegehalt; BAG v. 1.6.1970 – 3 AZR 166/69, AP Nr. 143 zu § 242 BGB – Ruhegehalt.
15 Düwell/Lipke/*Kloppenburg*, § 46 Rz. 132.

zulässig ist[1]. Die Erhebung einer Feststellungsklage ist natürlich zulässig, wenn ausschließlich sie in Betracht kommt (wie zB bei einer Klage des ArbN gegen den Insolvenzverwalter hinsichtlich der Einordnung der Ansprüche als Masseverbindlichkeiten im Rang des § 209 Abs. 1 Nr. 2 InsO)[2].

68 Nach Auffassung der **Rspr.** ist **in nachfolgenden Fällen** das Vorliegen eines Rechtsverhältnisses zu bejahen:
- Streit über den Fortbestand eines Arbeitsverhältnisses nach einer Kündigung, auf die das KSchG keine Anwendung findet[3],
- Streit über die Dauer des Arbeitsverhältnisses nach ordentlicher, nicht fristgerechter Kündigung[4],
- Streit über die ArbN-Eigenschaft (nach Arbeitsunfall auf Veranlassung der Berufsgenossenschaft)[5],
- Streit über die Wirksamkeit einer Eigenkündigung des ArbN[6],
- Streit über die Unwirksamkeit einer Befristung des Arbeitsverhältnisses[7],
- Streit über den Fortbestand eines Arbeitsverhältnisses nach Anfechtung eines Aufhebungsvertrages[8],
- Streit über die Annahme eines anderen Arbeitsplatzes „unter Vorbehalt" zwecks Vermeidung einer Beendigungskündigung ohne Ausspruch einer Änderungskündigung; erhebt der ArbN keine Feststellungsklage, so verliert er das Recht, sich gegenüber einer wirksamen Vertragsänderung auf seinen Vorbehalt zu berufen[9],
- Streit über den Umfang der Arbeitspflicht (Berücksichtigung einer Erhöhung der Unterrichtsverpflichtung bei Altersteilzeit)[10],
- Streit über die Anwendbarkeit eines Tarifvertrages[11],
- Streit über die Rechtsnatur eines Vertrages als Arbeitsvertrag (sog. Statusklage)[12],
- Streit über den Umfang des Urlaubs für behinderte Menschen[13] sowie über die Berechnung der Urlaubstage[14],
- Streit über den tariflichen Winterzusatzurlaub[15],
- Streit über den Anspruch eines Teilzeitbeschäftigten auf anteilige betriebliche Altersversorgung[16],
- Streit über die Beteiligung an einem Spielbank-Tronc[17],
- Streit über die Verpflichtung, Reisekosten zu erstatten[18] sowie tarifliche Auswärtszulagen zu zahlen[19],
- Streit über die Wirksamkeit einer auf das Direktionsrecht des ArbGeb gestützten Versetzung[20],
- Streit über eine Einzelanweisung des ArbGeb[21],

---

1 Verneinend LAG Sachsen v. 8.6.1994 – 2 Sa 137/84, DB 1994, 1684; bejahend LAG Hamburg v. 14.2.1996 – 5 Sa 80/95; LAG Thür. v. 12.6.1995 – 8 Sa 619/84, ZTR 1995, 410, bestätigt – insoweit jedoch ohne jegliche Diskussion der Rechtsfrage – durch BAG v. 18.4.1996 – 6 AZR 623/95, NZA 1997, 266.
2 BAG v. 31.3.2004 – 10 AZR 254/03, ZInsO 2005, 50; BAG v. 15.6.2004 – 9 AZR 431/03, NZA 2005, 354.
3 BAG v. 21.2.2001 – 2 AZR 15/00, NZA 2001, 833.
4 BAG v. 14.2.1996 – 2 AZR 176/95, NZA 1997, 97.
5 LAG Köln v. 7.10.1998 – 2 Sa 623/98 sowie LAG Thür. v. 17.2.2000 – 1 Sa 369/99.
6 BAG v. 24.10.1996 – 2 AZR 845/95, NZA 1997, 597; LAG Rh.-Pf. v. 23.6.1998 – 4 Ta 79/98, LAGE § 4 KSchG Nr. 42. Dieses Problem dürfte durch die Änderung des § 623 BGB (Erfordernis der Schriftform) entschärft sein, s. hierzu BAG v. 12.3.2009 – 2 AZR 894/07, NZA 2009, 840; LAG Hamm v. 11.6.2008 – 18 Sa 302/08; LAG Rh.-Pf. v. 4.9.2008 – 2 Sa 272/08.
7 BAG v. 8.4.2014 – 9 AZR 856/11, juris; GK-ArbGG/*Schütz*, § 46, Rz. 139.
8 BAG v. 10.12.1997 – 8 AZR 324/97, NZA 1999, 422 sowie BAG v. 28.11.2007 – 6 AZR 1108/06, NZA 2008, 34; LAG Hessen v. 18.1.1989 – 10 Ta 332/88 sowie BAG v. 28.8.2012 – 15 Sa 1710/11.
9 LAG Köln v. 27.2.1998 – 11 Sa 1084/97, LAGE § 2 KSchG Nr. 33.
10 BAG v. 19.5.2009 – 9 AZR 145/08, NZA 2010, 176.
11 BAG v. 6.6.2007 – 4 AZR 573/06, ZTR 2007, 551 sowie BAG v. 19.5.2010 – 4 AZR 796/08, ZTR 2010, 481.
12 BAG v. 23.4.1997 – 5 AZR 727/95, NZA 1997, 1246.
13 BAG v. 21.2.1995 – 9 AZR 675/93, NZA 1995, 746; BAG v. 21.2.1995 – 9 AZR 166/94, NZA 1995, 839; BAG v. 13.2.1996 – 9 AZR 79/95, NZA 1996, 1103.
14 BAG v. 15.1.2013 – 9 AZR 34/11, NZA 2013, 1091.
15 BAG v. 25.8.1992 – 9 AZR 347/91.
16 LAG Nds. v. 6.8.1993 – 3 Sa 1256/91, LAGE § 1 BetrAVG – Gleichbehandlung Nr. 4.
17 BAG v. 28.4.1993 – 4 AZR 329/92, NZA 1994, 85.
18 BAG v. 21.7.1993 – 4 AZR 471/92, NZA 1994, 663.
19 BAG v. 14.7.1988 – 6 AZR 89/86, ZTR 1989, 155.
20 BAG v. 26.1.1993 – 1 AZR 303/92, NZA 1993, 714 sowie BAG v. 25.8.2010 – 10 AZR 275/09, NZA 2010, 1355.
21 LAG Rh.-Pf. v. 5.7.2007 – 11 Sa 43/07.

- Streit über die Berücksichtigung der Wünsche des ArbN bei der Dienstplaneinteilung (im Wege des Direktionsrechtes)[1],
- Streit über die Verpflichtung zum Schadensersatz, sofern weiterer Schaden zu besorgen ist[2],
- Klage auf Gewährung einer Freischicht[3] sowie auf Zahlung einer Wechselschichtzulage[4],
- Streit zwischen Betrieb und Gewerkschaft über die Berechtigung der Gewerkschaft, im Betrieb Mitgliederwerbung zu betreiben[5],
- Streit über die Zulässigkeit einer Versetzung in einen Stellenpool zur Vermeidung betriebsbedingter Kündigungen[6],
- Streit über die tarifliche Eingruppierung (ausführlich hierzu Rz. 117 ff.).

Gegenstand einer Feststellungsklage kann auch ein Rechtsverhältnis zwischen einer Prozesspartei und einem Dritten sein. Erforderlich ist, dass zum Zeitpunkt der letzten mündlichen Verhandlung oder zumindest in einer konkreten nahen Zukunft die rechtliche Lage des Klägers von der Drittrechtsbeziehung beeinflusst werden könnte[7].

Unzulässig ist hingegen die **Feststellungsklage**, wenn lediglich **abstrakte Rechtsfragen** durch das Gericht geklärt werden sollen[8]. Hiernach soll unzulässig sein der Antrag auf Feststellung der Rechtswidrigkeit eines Streiks[9]; zu prüfen sei jedoch, ob nicht in Wahrheit mit dem Antrag auf Feststellung der Rechtswidrigkeit eines bestimmten Verhaltens letztlich ein Unterlassungsanspruch verfolgt werden soll, so dass der Klageantrag entsprechend auszulegen wäre[10]. Unzulässig ist weiterhin der Antrag einer Gewerkschaft auf Klärung der Tarifgebundenheit eines abstrakt bezeichneten Teils der Mitglieder eines ArbGebVerbandes[11]. Nicht absehbare künftige Ansprüche können nicht zum Gegenstand einer Feststellungsklage gemacht werden[12]. Weiterhin verneint wurde das Vorliegen eines Rechtsverhältnisses bei einer Klage auf Feststellung der Unwirksamkeit der angeordneten Arbeitszeit bzw. der Bewertung der Arbeitszeit (als Dienstbereitschaft oder Bereitschaftsdienst)[13]. Gleiches gilt schließlich für die Frage der Einbeziehung von Provisionen und Prämien bei der Berechnung des Urlaubsentgeltes und für die Vergütung im Krankheitsfall[14] sowie beim Klageantrag auf Feststellung der Unwirksamkeit einer tariflichen Rückgruppierung[15]. Unzulässig wird die Feststellungsklage, wenn während des Rechtsstreites ein zunächst gegenwärtiges Rechtsverhältnis durch Zeitablauf sich zu einem vergangenen Rechtsverhältnis wandelt, wenn sich aus der beantragten Feststellung keine Rechtswirkung für die Zukunft ergeben können[16].

Zusammenfassend ist festzuhalten, dass der Begriff des (Teil-)Rechtsverhältnisses, der einer Feststellung nach § 256 Abs. 1 ZPO zugänglich ist, sehr weit gefasst wird. Mangels Vorliegens eines Rechtsverhältnisses wird demzufolge eine Feststellungsklage nur selten unzulässig sein. Mit der Lit. ist davon auszugehen, dass im Grunde alleinentscheidend ist, ob für den Kläger ein schutzwertes Interesse an der Feststellung eines

---

1 LAG Köln v. 26.5.1997 – 3 Sa 214/97, NZA-RR 1997, 466.
2 BAG v. 5.5.1988 – 8 AZR 484/85, NZA 1989, 340; LAG Sa.-Anh. v. 7.11.1995 – 4 Sa 20/94.
3 BAG v. 10.3.1993 – 4 AZR 264/92, NZA 1993, 946.
4 BAG v. 5.6.1996 – 10 AZR 610/95, AP Nr. 40 zu § 15 BAT.
5 BAG v. 28.2.2006 – 1 AZR 461/04, ZTR 2006, 308.
6 BAG v. 27.10.2005 – 6 AZR 123/05, NZA 2006, 621; LAG Frankfurt am Main v. 22.9.2005 – 9 Sa 954/04; LAG Sachsen v. 1.3.2005 – 7 Sa 362/04. Ausführlich hierzu *Tribet*, NZA 2009, 513 ff.
7 BAG v. 8.2.1963 – 1 AZR 511/61, AP Nr. 42 zu § 256 ZPO; BAG v. 21.12.1982 – 1 AZR 411/80, DB 1983, 1098; BGH v. 16.6.1993 – VIII ZR 222/92, NJW 1993, 2539; GMP/*Germelmann*, § 46 Rz. 78; kritisch hierzu Zöller/*Greger*, § 256 ZPO Rz. 3b.
8 BAG v. 12.11.1959 – 2 AZR 650/57, DB 1960, 211; BAG v. 22.9.1992 – 9 AZR 404/90, NZA 1993, 429; BAG v. 14.12.2005 – 4 AZR 522/04, AP Nr. 94 zu § 256 ZPO 1977; BAG v. 27.3.2007 – 3 AZR 299/06, ZTR 2008, 34; BAG v. 4.12.2013 – 7 ABR 7/12, NZA 2014, 803; LAG Berlin v. 23.4.2001 – 10 Sa 174/01; LAG Rh.-Pf. v. 18.2.2010 – 10 Sa 570/09 sowie LAG Rh.-Pf. v. 17.10.2012 – 8 Sa 222/12; LAG BW v. 14.12.2016 – 4 TaBV 10/16, m. Anm. *Brackelmann*, AIB 2017, Nr. 4, 47.
9 BAG v. 5.3.1985 – 1 AZR 468/83, NZA 1985, 504.
10 BAG v. 21.12.1982 – 1 AZR 411/80, AP Nr. 76 zu Art. 9 GG – Arbeitskampf; zustimmend GMP/*Germelmann*, § 46 Rz. 78. Zweifelhaft, da die anwaltliche Vertretung der klagenden Partei eine derartige Interpretation ausschließt; das Gericht mag gem. § 139 ZPO verfahren, vgl. Musielak/*Stadler*, § 139 ZPO Rz. 10.
11 BAG v. 24.4.2007 – 1 ABR 27/06, NZA 2007, 1111.
12 BAG v. 31.8.2005 – 5 AZR 136/05.
13 BAG v. 14.4.1966 – 2 AZR 503/63, BAGE 18, 223; ABG v. 14.4.1966 – 2 AZR 216/64, BAGE 18, 256; zustimmend GWBG/*Benecke*, § 46 Rz. 33.
14 BAG v. 5.6.1985 – 5 AZR 459/83, NZA 1986, 290.
15 BAG v. 11.10.2006 – 4 AZR 564/05, ZTR 2007, 141.
16 BAG v. 21.7.2009 – 9 AZR 279/08; BAG v. 16.11.2011 – 4 AZR 834/09.

einzelnen Elementes des Rechtsverhältnisses besteht[1]. Das BAG hat allerdings betont, dass das Feststellungsinteresse für eine Feststellungsklage entfällt, wenn alle bis zum Schluss der mündlichen Verhandlung vorhandenen Beendigungstatbestände durch jeweils separate Anträge abgedeckt sind[2]. Das Feststellungsinteresse für eine Feststellungsklage nach § 256 Abs. 1 ZPO fehlt, wenn durch die Entscheidung kein Rechtsfrieden geschaffen wird, weil nur einzelne Elemente eines Rechtsverhältnisses zur Entscheidung des Gerichts gestellt werden[3].

2. Rechtsschutzinteresse und Subsidiarität

a) Besonderes Rechtsschutzinteresse

71 Nach der überkommenen Auffassung erfordert die Zulässigkeit der Feststellungsklage ein **besonderes rechtliches Interesse** des Klägers daran, dass das Rechtsverhältnis alsbald durch eine richterliche Entscheidung festgestellt wird. Hierbei handelt es sich um einen qualifizierten Fall des allgemeinen Rechtsschutzinteresses, dessen Vorliegen als Prozessvoraussetzung in jeder Lage des Verfahrens **von Amts wegen zu prüfen** ist[4]. Ein Feststellungsinteresse fehlt regelmäßig, wenn eine Klage auf Leistung möglich und zumutbar ist; insoweit kommt auch eine Stufenklage in Betracht[5]. Soweit sich die Feststellungsklage auf ein bereits beendetes Arbeitsverhältnis bezieht, bedarf das Rechtsschutzinteresse einer besonderen Begründung[6]. Für eine nur auf die Vergangenheit gerichtete Feststellung, aus der sich keinerlei Rechtsfolgen für die Zukunft mehr ergeben, besteht grds. kein Rechtsschutzbedürfnis[7]. Einer Klage auf Feststellung der Unwirksamkeit eines Tarifvertrages durch eine Gewerkschaft, die nicht Tarifvertragspartei des Tarifvertrages ist, fehlt es am erforderlichen Feststellungsinteresse nach § 256 Abs. 1 ZPO[8]. Wird eine Leistungsklage nachträglich wegen eingetretener Bezifferbarkeit möglich, entfällt grds. nicht das Feststellungsinteresse der bereits anhängigen Feststellungsklage nach § 256 Abs. 1 ZPO[9]. Verfehlt ist es, die Zulässigkeit der Klage dahingestellt sein zu lassen und zum materiellen Anspruch abweisend zu entscheiden, da sich insoweit hinsichtlich der Rechtskraft unterschiedliche Folgen ergeben[10].

b) Zweifel an der Subsidiarität

72 Allgemein wird auch in der arbeitsgerichtlichen **Rspr. und Lit.** die Auffassung vertreten, dass die **Feststellungsklage subsidiär** sei[11]. Rspr. und Lit. lassen allerdings zahlreiche Ausnahmen zu[12]. Hierbei wird der Grundsatz der Prozessökonomie immer häufiger betont[13]. Die These der Subsidiarität der Feststellungsklage ist im arbeitsgerichtlichen Verfahren in Zweifel zu ziehen. So kommt im arbeitsgerichtlichen Verfahren der Kündigungsschutzklage maßgebliche Bedeutung zu. Die Kündigungsschutzklage ist eine Feststellungsklage (vgl. § 4 Satz 1 KSchG)[14]. Weiterhin werden alle Statusklagen (bei Streitigkeit über die Rechtsnatur eines Vertrages als Arbeitsvertrag, arbeitnehmerähnliches Verhältnis oder freier Dienstvertrag) im Wege

---

1 Ebenso GMP/*Germelmann*, § 46 Rz. 80; GWBG/*Benecke*, § 46 Rz. 33.
2 BAG v. 18.8.2005 – 8 AZR 523/04, NZA 2006, 145.
3 BAG v. 21.4.2010 – 4 AZR 755/08, AP Nr. 101 zu § 256 ZPO 1977; BAG v. 15.3.2015 – 5 AZR 878/12, ZTR 2015, 661; BAG v. 30.11.2016 – 10 AZR 673/15, NZA 2017, 468.
4 BAG v. 10.12.1991 – 9 AZR 319/90, NZA 1992, 472; GMP/*Germelmann*, § 46 Rz. 74; Hauck/Helml/Biebl/*Helml*, § 46 Rz. 48 ff.
5 LAG Rh.-Pf. v. 26.8.2011 – 9 Sa 102/11 unter Bezugnahme auf BGH v. 3.4.1996 – VIII ZR 3/95, NJW 1996, 2097; LAG Schl.-Holst. v. 11.8.2011 – 5 Sa 25/11.
6 BAG v. 21.6.2000 – 5 AZR 782/98, NZA 2002, 164; BAG v. 20.7.2000 – 6 AZR 13/99, FA 2001, 152; BAG v. 17.10.2001 – 4 AZR 720/00, NZA 2002, 285.
7 BAG v. 9.11.2010 – 1 ABR 76/09.
8 BAG v. 9.12.2009 – 4 AZR 190/08, NZA 2010, 712.
9 BAG v. 25.9.2003 – 8 AZR 446/02, AP Nr. 256 zu § 613a BGB.
10 GMP/*Germelmann*, § 46 Rz. 85 ff.; GK-ArbGG/*Schütz*, § 46 Rz. 154; die prozessökonomischen Erwägungen bei Zöller/*Greger*, § 256 ZPO Rz. 7 können das gegenteilige Ergebnis nicht tragen.
11 So zB BAG v. 18.3.1997 – 9 AZR 84/96, NZA 1997, 1168; GMP/*Germelmann*, § 46 Rz. 88 ff.; GK-ArbGG/*Schütz*, § 46 Rz. 158; GWBG/*Benecke*, § 46 Rz. 47; Hauck/Helml/Biebl/*Helml*, § 46 Rz. 53; aA aus pragmatischen Erwägungen *Zimmer*, ZTR 1998, 484.
12 S. hierzu ErfK/*Koch*, § 46 ArbGG Rz. 24; Hauck/Helml/Biebl/*Helml*, § 46 Rz. 54 ff.; GK-ArbGG/*Schütz*, § 46 Rz. 158 ff.; GWBG/*Benecke*, § 46 Rz. 48.
13 BAG v. 19.2.2002 – 3 AZR 589/99; BAG v. 28.9.2005 – 5 AZR 181/04; LAG Rh.-Pf. v. 1.4.2004 – 11 Sa 1232/03.
14 GMP/*Germelmann*, § 46 Rz. 109 ff.; GK-ArbGG/*Schütz*, § 46 Rz. 131 ff.; GWBG/*Benecke*, § 46 Rz. 40; auch der entlassene ArbN, der nicht unter das KSchG fällt, kann die Kündigungsschutzklage in Form einer Feststellungsklage erheben, vgl. LAG Hamm v. 28.10.1998 – 4 Sa 2180/96.

der Feststellungsklage ausgetragen[1]. Gleiches gilt für die Frage der Zulässigkeit der Befristung eines Arbeitsverhältnisses[2]. Auch die Eingruppierungsklage[3] gegen den öffentlichen oder privaten ArbGeb wird in Form einer Feststellungsklage geführt (vgl. hierzu Rz. 121 ff.). Das BAG hält jede Feststellungsklage, der auch für die Zukunft Bedeutung zukommt, für zulässig; die Möglichkeit einer Zahlungsklage steht der Feststellungsklage nicht im Weg[4].

Grundsätzlich hält die Rspr. eine Feststellungsklage – anstelle der an sich möglichen Leistungsklage – gegen die öffentliche Hand für zulässig[5]. Zutreffend wird darauf hingewiesen[6], dass der Staat kein „Vermutungsmonopol" für rechtmäßiges Handeln habe. Das BAG betont allerdings, dass gegen öffentlich-rechtliche Körperschaften gerichtete Feststellungsklagen nicht schrankenlos zulässig seien; es müsse vielmehr erwartet werden, dass durch das Feststellungsurteil der Streit zwischen den Parteien endgültig beigelegt werde[7]. Ebenso wie bei der öffentlichen Hand (zur öffentlichen Hand zählen auch private Personen, die der Aufsicht des AG oder einer ähnlichen Institution des Öffentlichen Dienstes unterstehen, wie zB Insolvenzverwalter und Pfleger)[8] kann auch bei vielen anderen ArbGeb angenommen werden, dass diese sich an ein der Klage stattgebendes Feststellungsurteil halten, so dass keine Leistungsklage mehr erforderlich ist. 73

c) Beispiele für die Zulässigkeit der Feststellungsklage

Die Rspr. stellt darauf ab, ob ein Feststellungsurteil dem Rechtsfrieden dient[9] oder ob die Prozessökonomie die Feststellungsklage gebietet[10]. Dies ist der Fall bei einem Streit um die Fortgeltung einer Tarifbindung[11] ebenso wie bei einem Streit, welcher Tarifvertrag auf das Arbeitsverhältnis Anwendung findet[12]. Am Beispiel eines Rentners, der einen Anspruch auf Zusatzversorgung geltend gemacht hat, hat das BAG ausdrücklich postuliert, dass prozesswirtschaftliche Erwägungen gegen den Zwang zur Leistungsklage sprechen. Beiden Parteien sollen die schwierigen Berechnungen und die dafür erforderlichen notwendigen Feststellungen der Berechnungsgrundlage erst dann zugemutet werden, wenn geklärt ist, ob der vom ArbN geltend gemachte Anspruch überhaupt zusteht. Unerheblich sei, ob der ArbGeb öffentlich-rechtlich oder privatrechtlich organisiert sei[13]. Gleiches gilt, wenn der private ArbGeb im Prozess nicht in Abrede stellt, dass er einem für ihn ungünstigen Feststellungsurteil nachkommen werde[14]. Schließlich entspricht es einer gefestigten Rspr. des BAG, dass die Feststellungsklage trotz Möglichkeit der Leistungsklage zulässig ist, wenn die Bezifferung eines Schadens und damit die Leistungsklage erst nach Anhängigmachung des Feststellungsbegehrens möglich geworden ist[15]. Etwas Andres gilt allerdings, wenn die Bezifferung lange 74

---

1 BAG v. 24.6.1992 – 5 AZR 384/91, NZA 1993, 174; BAG v. 9.6.1993 – 5 AZR 123/92, NZA 1994, 169; BAG v. 21.6.2000 – 5 AZR 782/98, NZA 2002, 164; GK-ArbGG/*Schütz*, § 46 Rz. 122; Hauck/Helml/Biebl/*Helml*, § 46 Rz. 58 ff.
2 St. Rspr. des BAG, wobei die Zulässigkeit der Feststellungsklage heute nicht einmal erwähnt wird, s. zB BAG v. 22.4.1998 – 5 AZR 342/97, NZA 1998, 1336; BAG v. 11.11.1998 – 7 AZR 328/97, NJW 1999, 1350; BAG v. 20.1.1999 – 7 AZR 750/97, NZA 1999, 671.
3 S. BAG v. 13.5.2015 – 4 AZR 355/13, NZA-RR 2015, 644.
4 BAG v. 12.8.2009 – 7 AZR 218/08, NZA 2009, 1284.
5 St. Rspr. seit BAG v. 14.7.1954 – 1 AZR 105/54, BAGE 1, 51; GWBG/*Benecke*, § 46 Rz. 48 mwN; GMP/Germelmann, § 46 Rz. 89; Hauck/Helml/Biebl/*Helml*, § 46 Rz. 54; Zimmer, ZTR 1998, 450. Die Feststellungsklage ist auch zulässig, wenn zum Zeitpunkt der mündlichen Verhandlung das Ende der Befristung noch nicht unmittelbar bevorsteht, vgl. LAG Sachsen v. 9.9.1997 – 9 Sa 593/97.
6 GWBG/*Benecke*, § 46 Rz. 48.
7 BAG v. 15.11.1994 – 5 AZR 522/93, ZTR 1995, 324.
8 GMP/*Germelmann*, § 46 Rz. 90.
9 BAG v. 14.12.2005 – 4 AZR 522/04, AP Nr. 94 zu § 256 ZPO 1977; BAG v. 25.3.2015 – 5 AZR 874/12, ZTR 2015, 661; BAG v. 30.11.2016 – 10 AZR 673/15, NZA 2017, 468; LAG Rh.-Pf. v. 6.10.2010 – 7 Sa 114/10; LAG Köln v. 8.1.2013 – 11 Sa 1040/11.
10 BAG v. 21.5.1992 – 6 AZR 187/91; BAG v. 9.9.1992 – 2 AZR 142/92; BAG v. 19.5.2009 – 9 AZR 145/08, NZA 2010, 176; LAG Berlin-Brandenburg v. 26.7.2013 – 4 Ta 1158/13; LAG Köln v. 18.5.2010 – 12 Sa 38/10, DB 2010, 2044.
11 LAG Sachsen v. 24.1.1996 – 2 Sa 1093/95, LAGE § 256 ZPO Nr. 12; ArbG Freiburg v. 15.11.1995 – 8 Ca 231/95, AuR 1996, 361.
12 BAG v. 28.5.1997 – 4 AZR 663/95, NZA 1997, 1066; BAG v. 9.11.2005 – 5 AZR 533/05.
13 BAG v. 27.1.1998 – 3 AZR 415/96, AP Nr. 45 zu § 1 BetrAVG – Zusatzversorgungskasse.
14 BAG v. 23.7.1987 – 8 AZR 20/86, AP Nr. 11 zu § 7 BUrlG; LAG Schl.-Holst. v. 21.1.1997 – 1 Sa 467/96, NZA-RR 1998, 200; offen gelassen vom BAG v. 12.12.1989 – 8 AZR 349/88.
15 BAG v. 31.10.1958 – 1 AZR 632/57, AP Nr. 2 zu § 1 TVG – Friedenspflicht; BAG v. 20.12.1963 – 1 AZR 428/62, AP Nr. 32 zu Art. 9 GG – Arbeitskampf; BAG v. 18.3.1997 – 9 AZR 84/96, NZA 1997, 1168; hierzu GWBG/*Benecke*, § 46 Rz. 50.

vor Abschluss der 1. Instanz möglich und deshalb ohne Verzögerung der Sachentscheidung und ohne Instanzverlust einen Übergang zur Leistungsklage möglich ist[1].

75 Die **Feststellungsklage ist somit zulässig**, wenn das Feststellungsurteil trotz der fehlenden Vollstreckbarkeit kraft seiner nur inneren Wirkung geeignet ist, den **Kläger zum Ziel zu führen**[2]. Richtig ist, dass das **Feststellungsinteresse** idR **fehlt, wenn ein einfacherer Weg gegeben** ist, um dasselbe Ziel zu erreichen. Dies ist jedoch nicht stets der Fall, wenn eine Leistungs- bzw. Unterlassungsklage erhoben werden kann oder bereits anhängig ist[3]. Hierbei ist zu berücksichtigen, dass in vielen Fällen zwischen den Arbeitsvertragsparteien nur eine Rechtsfrage streitig ist (so bspw. die Anwendung eines Tarifvertrags oder der Umfang des Urlaubs), dass hingegen bei einer Leistungsklage (Zahlungsklage) darüber hinaus auch noch die Frage der richtigen Berechnung streitig sein könnte (was außerhalb des Rechtsstreites dem Lohnbüro oder dem Steuerberater überlassen wird)[4]. Weiterhin gibt es Rechtsstreitigkeiten, in denen es nicht möglich ist, einen vollstreckbaren Antrag zu formulieren, zB bei der Klage eines Krankenpflegers unter Berufung auf den Gleichbehandlungsgrundsatz auf Berücksichtigung am Bereitschaftsdienst im gleichen Umfang wie seine Kollegen, hilfsweise auf Zahlung der durchschnittlichen Bereitschaftsdienstvergütung seiner Kollegen. Diese Parteien wollen ohnedies nur geklärt haben, ob der ArbN am Bereitschaftsdienst teilnehmen darf oder kann; alles Weitere werden sie selbst regeln.

76 Demzufolge ist das besondere **Feststellungsinteresse** iSd. § 256 ZPO bereits dann **zu bejahen**, wenn zu erwarten steht, dass das **Gericht nach Erlass eines Urteils kein weiteres Mal** (wegen der fehlenden Vollstreckbarkeit der Entscheidung) **angerufen** wird[5]. Darüber hinaus hat das BAG die Feststellungsklage für zulässig erachtet, falls ein Feststellungsantrag auf ausdrückliches Anraten eines Instanzgerichtes gestellt worden ist[6] oder bei der Klage auf Gewährung von Urlaubsgeld, wenn zum Zeitpunkt der Klageerhebung das Urlaubsgeld (für die kommenden Jahre) noch nicht bezifferbar war[7]. Gleiches gilt beim Streit über die Zahlung einer tariflichen Zulage[8] oder bei einem Streit über die Anwendbarkeit eines Tarifvertrages[9].

77 Verfehlt ist aufgrund der besonderen tatsächlichen Situation im Arbeitsrechtsverhältnis die in der Lit. weit verbreitete Auffassung, dass auch bei einer Klage aus dem Arbeitsverhältnis der **Vorrang der Leistungsklage** im Hinblick auf die **Vollstreckungsmöglichkeit** geprüft werden müsse[10]. Derjenige ArbN, der bei bestehendem Arbeitsverhältnis aus einem Leistungsurteil gegen den ArbGeb die Zwangsvollstreckung durchführen will, kann in aller Regel rein prophylaktisch auch schon eine Kündigungsschutzklage erheben[11]. Es ist zulässig und legitim und vielleicht für das Arbeitsverhältnis auch noch erträglich, wenn sich ArbGeb und ArbN beim ArbG um die Klärung von Rechtsfragen streiten (bspw. über den anzuwendenden Tarifvertrag, über die richtige Eingruppierung oder den Urlaubsanspruch). Sofern im Übrigen das Arbeitsverhältnis noch intakt ist, wird der ArbGeb im Falle des Unterliegens einem Feststellungsurteil Folge leisten. Wenn der ArbN genötigt ist, die Zwangsvollstreckung zu betreiben, verbleibt faktisch nur noch die (einvernehmliche oder streitige) Beendigung des Arbeitsverhältnisses[12]. Rechtlich gesehen kann man von einem ArbN (im bestehenden Arbeitsverhältnis) nicht verlangen, dass er den Weg der Leistungsklage wählt, da die **Vollstreckung aus einem Leistungsurteil** nach der Rspr. zumindest die Stellung eines **Auflösungsantrages**

---

1 BAG v. 6.10.2011 – 6 AZR 172/10, NJW 2011, 3739 sowie BAG v. 17.3.2016 – 6 AZR 211/15, NZA 2016, 1220.
2 BAG v. 7.6.1979 – 3 AZR 134/78, AP Nr. 3 zu § 242 BGB – Ruhegehalt-Zusatzversorgung; BAG v. 19.2.2002 – 3 AZR 589/99; GMP/*Germelmann*, § 46 Rz. 88; GK-ArbGG/*Schütz*, § 46 Rz. 156.
3 So aber GMP/*Germelmann*, § 46 Rz. 88.
4 Häufig – sei es bei einer Eingruppierungsklage oder auch bei einer Kündigungsschutzklage – ist der ArbN überhaupt nicht in der Lage zu überprüfen, ob der rückständige Lohn für die Vergangenheit (verteilt auf mehrere Jahre) vom ArbGeb ordnungsgem. versteuert wurde (zB im Hinblick auf die Möglichkeiten des § 34 Abs. 3 EStG) und ob die Sozialversicherungsbeiträge zutreffend berechnet wurden. De facto ist der ArbN in der gleichen Rechtsposition wie bei einer Feststellungsklage, wenn der ArbGeb nach dem Feststellungsurteil freiwillig zahlt.
5 BAG v. 21.5.1992 – 6 AZR 187/91.
6 BAG v. 15.2.1990 – 6 AZR 386/88, NZA 1990, 848; BAG v. 24.3.1993 – 4 AZR 282/92, NZA 1994, 35.
7 BAG v. 18.3.1997 – 9 AZR 84/96, NZA 1997, 1168.
8 BAG v. 16.11.2005 – 10 AZR 383/05, ZTR 2006, 315.
9 BAG v. 9.11.2005 – 5 AZR 533/05; BAG v. 21.4.2010 – 4 AZR 755/08, AP Nr. 101 zu § 256 ZPO 1977; BAG v. 3.7.2013 – 4 AZR 961/11, DB 2013, 2335.
10 So zB GMP/*Germelmann*, § 46 Rz. 88; Hauck/Helml/Biebl/*Helml*, § 46 Rz. 53.
11 S. zB LAG Köln v. 12.12.1997 – 11 Sa 604/97, AnwBl 1998, 535: Bereits die Zustellung eines Zahlungsverbotes an die Banken des ArbGeb führte zur ordentlichen Kündigung, wobei das Gericht die Stellung des Auflösungsantrages des ArbGeb für gerechtfertigt hielt.
12 *Degel*, FS 50 Jahre Saarländische Arbeitsgerichtsbarkeit, 1997, S. 201 (240) verweist zu Recht darauf, dass eine Abmahnungsstreitigkeit häufig den Kündigungsprozess nach sich zieht; dies gilt erst recht bei einer Zwangsvollstreckung aus einem gerichtlichen Titel durch den ArbN.

gem. §§ 9, 10 KSchG durch den ArbGeb rechtfertigt[1]. Demzufolge ist bei der Klage eines ArbN, dessen Arbeitsverhältnis noch besteht, grds. die Feststellungsklage zulässig[2].

3. Die Zwischenfeststellungsklage nach § 256 Abs. 2 ZPO

Die **Zwischenfeststellungsklage** nach § 256 Abs. 2 ZPO ist unter denselben Voraussetzungen wie im Zivilprozess zulässig[3]. Ein besonderes Feststellungsinteresse ist nicht erforderlich; für spätere Zeiträume hat ein Kläger ein berechtigtes Interesse an der begehrten Feststellung iSv. § 256 Abs. 1 ZPO, wenn die Beklagte ihre Leistungspflicht bestreitet[4]. Sie kann **zugleich mit der Hauptklage** im Wege der objektiven Klagehäufung gem. § 260 ZPO oder auch zu einem späteren Zeitpunkt während des laufenden Prozesses gem. § 261 Abs. 2 ZPO anhängig gemacht werden. Die Zwischenfeststellungsklage hat den Zweck zu erreichen, dass die Rechtskraftwirkung ausgedehnt wird, da nur die tragenden Grundsätze der Entscheidung in Rechtskraft erwachsen können. Die Rechtskraftwirkung einer Zwischenfeststellungsklage ist gegenüber einer Feststellungsklage nach § 256 Abs. 1 ZPO nicht eingeschränkt. 78

Die **Voraussetzungen** für die Zulässigkeit der Zwischenfeststellungsklage sind ausschließlich in § 256 Abs. 2 ZPO geregelt; bei einer Eingruppierungsklage ist eine Zwischenfeststellungsklage nicht zulässig, da durch die in der Hauptsache ergehende Entscheidung die Rechtsbeziehungen umfassend klargestellt werden[5]. Die Zwischenfeststellungsklage ist unter erleichterten Voraussetzungen gegenüber der allgemeinen Feststellungsklage zulässig; für sie genügt idR die **Vorgreiflichkeit**, ohne dass daneben ein weiteres rechtliches Interesse an der alsbaldigen Feststellung des Rechtsverhältnisses erforderlich ist[6]. Die Zulässigkeit einer Zwischenfeststellungsklage setzt voraus, dass das Urteil über die Hauptsache die Rechtsbeziehung der Parteien nicht bereits erschöpfend regelt, sondern zumindest die Möglichkeit besteht, dass aus dem streitigen Rechtsverhältnis weitere Ansprüche zwischen den Parteien erwachsen[7]. Die für die Zulässigkeit der Zwischenfeststellungsklage erforderliche Vorgreiflichkeit fehlt, wenn die Klage zur Hauptsache unabhängig von der begehrten Feststellung abweisungsreif ist[8]. Die Zwischenfeststellungsklage kann auch noch im Berufungsverfahren erhoben werden[9]. 79

III. Die Gestaltungsklage

Gestaltungsklagen sind im arbeitsgerichtlichen Urteilsverfahren **selten**. Grundlage einer Gestaltungsklage ist ein sachlich-rechtlicher Anspruch auf Rechtsänderung. Der Gestaltungsklage kommt im Gegensatz zur Leistungs- und Feststellungsklage keine deklaratorische Wirkung zu, sie verändert vielmehr die Rechtslage und wirkt damit rechtsbegründend[10]. Nach Auffassung der Rspr. ist das Rechtsschutzbedürfnis bei einer Gestaltungsklage regelmäßig gegeben[11]. Folgende Gestaltungsklagen sind anerkannt: 80

---

1 S. zur Zurechenbarkeit des Verhaltens des Prozessbevollmächtigten (auch im Rahmen der Zwangsvollstreckung) KR/*Spilger*, § 9 KSchG Rz. 56. Das LAG Bremen v. 17.4.1964 – 1 Sa 22/64, BB 1964, 1486 betont insoweit zu Recht, dass das Wesen des Gerichtsverfahrens darin bestehe, Recht zu sprechen, nicht getroffene Entscheidungen zwangsweise zu vollstrecken.
2 S.a. *Zimmer*, ZTR 1998, 450: „Ein näherer Blick auf die Rechtswirklichkeit und das materielle Recht zeigt jedoch, dass es gute Gründe gibt, die Feststellungsklage ... für zulässig zu erachten."
3 GK-ArbGG/*Schütz*, § 46 Rz. 163 ff.; GWBG/*Benecke*, § 46 Rz. 51; GMP/*Germelmann*, § 46 Rz. 81 ff.; Düwell/Lipke/*Kloppenburg*, § 46 Rz. 137 ff.; *Habscheid*, ZZP 112 (1999), 37 (51 f.).
4 BAG v. 15.4.2014 – 3 AZR 83/12, NZA-RR 2014, 373; BAG v. 17.6.2014 – 3 AZR 529/12, juris; BAG v. 13.10.2016 – 3 AZR 438/15, EzA-SD 2017, Nr. 2.
5 BAG v. 24.4.1996 – 4 AZR 876/94, NZA 1997, 50.
6 BAG v. 15.1.1992 – 7 AZR 194/91, DB 1993, 1379; BAG v. 28.3.2005 – 5 AZR 565/04, NZA 2006, 107; BAG v. 25.9.2003 – 8 AZR 446/02, AP Nr. 256 zu § 613a BGB; BAG v. 17.9.2013 – 3 AZR 418/11; BAG v. 11.11.2014 – 3 AZR 849/11, AP Nr. 74 zu § 2 BetrAVG; LAG BW v. 28.11.2008 – 7 Sa 54/08; LAG Hamm v. 13.5.2016 – 16 A 1652/15, juris.
7 BAG v. 28.4.1993 – 4 AZR 329/92, NZA 1994, 85; BAG v. 28.3.2007 – 10 AZR 707/05, ZTR 2007, 443; LAG Rh.-Pf. v. 26.8.2011 – 9 Sa 102/11.
8 BAG v. 20.1.2010 – 5 AZR 986/08.
9 BAG v. 13.2.1992 – 6 AZR 638/89, NZA 1992, 891.
10 S. hierzu GMP/*Germelmann*, § 46 Rz. 121 ff.; GWBG/*Benecke*, § 46 Rz. 52; Hauck/Helml/Biebl/*Helml*, § 46 Rz. 72; Düwell/Lipke/*Kloppenburg*, § 46 Rz. 140; s. zur Rechtskraftwirkung eines Klage abweisenden Gestaltungsurteils BAG v. 26.8.1993 – 2 AZR 159/93, NZA 1994, 70.
11 BAG v. 13.3.2013 – 7 ABR 39/11.

- Klage auf Abänderung gem. § 323 ZPO von Ruhegeldzahlungen, wenn durch die unveränderte Weiterzahlung der Bestand des Unternehmens gefährdet wäre[1],
- Auflösung des Arbeitsverhältnisses durch das ArbG im Falle des § 78a Abs. 4 Nr. 2 BetrVG[2],
- Herabsetzung einer Vertragsstrafe gem. § 343 BGB und die Bestimmung der geschuldeten Leistung gem. § 315 Abs. 3 BGB[3],
- die Entbindung des ArbGeb von der Weiterbeschäftigungspflicht gem. § 102 Abs. 5 BetrVG[4],
- Antrag auf Auflösung eines Arbeitsverhältnisses gegen Zahlung einer Abfindung gem. § 9, § 10 KSchG[5],
- Klage wegen fehlender Vollstreckbarkeit eines Vergleiches gem. § 767 ZPO[6] sowie die Vollstreckungsabwehrklage gem. § 767 ZPO[7],
- Klage auf Leistungsbestimmung entsprechend § 319 Abs. 1 Satz 2 BGB im Rahmen des betrieblichen Vorschlagswesens[8].

81 Nach Auffassung des BAG **wirkt ein Gestaltungsurteil** grds. **ex nunc**. Soll ein Gestaltungsurteil die Rechtslage rückwirkend verändern, bedarf es hierfür einer ausdrücklichen gesetzlichen Regelung[9]. Bei einem Urteil gem. §§ 9, 10 KSchG ist darauf zu achten, dass das Abfindungsurteil (Zahlung einer Abfindung) im Gegensatz zu dem Gestaltungsurteil (Auflösung des Arbeitsverhältnisses) vorläufig vollstreckbar ist. Dies bedeutet nach hM, dass der Kläger des Kündigungsschutzprozesses vor Rechtskraft des Urteils des ArbG über die Auflösung des Arbeitsverhältnisses die Zwangsvollstreckung gem. § 62 aus dem Abfindungsurteil auf Zahlung des Abfindungsbetrages betreiben kann[10]. Der ArbGeb muss demnach im Kündigungsschutzprozess gem. § 62 Abs. 1 Satz 2 glaubhaft machen, dass die Zwangsvollstreckung ihm einen nicht zu ersetzenden Nachteil bringen würde, so dass das ArbG die vorläufige Vollstreckbarkeit im Urteil auszuschließen hat[11]. Wenn ein Arbeitsverhältnis durch ein rechtskräftiges Gestaltungsurteil beendet worden ist, obwohl der Auflösungsantrag rechtsmissbräuchlich gestellt worden war, dann kann ein in einem Folgeprozess eingeklagter Anspruch auf Ersatz des durch die Auflösung entstehenden Schadens wegen sittenwidriger Schädigung (§ 826 BGB) nur dann durchdringen, wenn der Kläger das Gestaltungsurteil entweder sittenwidrig erschlichen oder wenn er sittenwidrig ein von ihm selbst als unrichtig erkanntes Urteil ausgenutzt hat[12].

---

1 BAG v. 10.12.1971 – 3 AZR 190/71, AP Nr. 154 zu § 242 BGB – Ruhegehalt; BAG v. 11.9.1980 – 3 AZR 544/79, AP Nr. 9 zu § 7 BetrAVG; LAG Bremen v. 24.4.1963 – 1 Sa 53/62, DB 1963, 660.
2 BAG v. 15.1.1980 – 6 AZR 361/79, NJW 1980, 2271; GMP/*Germelmann*, § 46 Rz. 121; Hauck/Helml/Biebl/*Helml*, § 46 Rz. 72.
3 BAG v. 11.9.1980 – 3 AZR 185/80, AP Nr. 3 zu § 6 BetrAVG; LAG Schl.-Holst. v. 21.1.1997 – 1 Sa 467/96, NZA-RR 1998, 200; GMP/*Germelmann*, § 46 Rz. 121; GK-ArbGG/*Schütz*, § 46 Rz. 170; Hauck/Helml/Biebl/*Helml*, § 46 Rz. 72.
4 BAG v. 7.3.1996 – 2 AZR 432/95, NZA 1996, 930; ebenso zuvor bereits LAG Hamburg v. 13.4.1995 – 1 Sa 42/94.
5 BAG v. 9.12.1987 – 4 AZR 561/87, AP Nr. 4 zu § 62 ArbGG 1979; GMP/*Germelmann*, § 46 Rz. 121; GK-ArbGG/ *Schütz*, § 46 Rz. 167; GWBG/*Benecke*, § 46 Rz. 52; Hauck/Helml/Biebl/*Helml*, § 46 Rz. 72; *Wieser*, Rz. 127.
6 LAG Nds. v. 2.8.2007 – 6 Sa 486/07; LAG Sachsen-Anhalt v. 17.2.2015 – 6 Sa 550/13, juris.
7 GMP/*Germelmann*, § 46 Rz. 123 unter Bezugnahme auf BGH v. 5.4.2006 – IV ZR 139/05, NJW 2006, 1969.
8 BAG v. 16.12.2014 – 9 AZR 431/13, NZA-RR 2015, 229.
9 BAG v. 15.1.1980 – 6 AZR 361/79, NJW 1980, 2271; BAG v. 29.11.1989 – 7 ABR 67/88, AP Nr. 20 zu § 78a BetrVG 1972; BAG v. 7.3.1996 – 2 AZR 432/95, NZA 1996, 930.
10 BAG v. 9.12.1987 – 4 AZR 561/87, AP Nr. 4 zu § 62 ArbGG 1979; ebenso bereits LAG Hamm v. 17.7.1975 – 3 Sa 251/75, DB 1975, 1068; LAG BW v. 9.7.1986 – 7 Ta 5/86, DB 1986, 2192; LAG Hessen v. 22.1.1986 – 10 Ta 401/ 85; LAG Hessen v. 14.8.1986 – 3 Ta 178/86, NZA 1987, 211; aM LAG Berlin v. 17.2.1986 – 9 Sa 110/85, DB 1986, 753; LAG Hamburg v. 28.12.1982 – 1 Sa 6/82, DB 1983, 724; KR/*Spilger*, § 10 KSchG Rz. 14; *Wieser*, Rz. 127, wonach mit dem Urteil des ArbG der Abfindungsanspruch zwar begründet, jedoch erst mit der formellen Rechtskraft fällig werde.
11 Regelmäßig sind jedoch die Voraussetzungen für die Einstellung der Zwangsvollstreckung gem. § 62 Abs. 1 Satz 2 und 3 nicht erfüllt, s. hierzu GMP/*Germelmann*, § 62 Rz. 30 ff.
12 BAG v. 15.2.1973 – 2 AZR 16/72, AP Nr. 2 zu § 9 KSchG 1969; s. zu diesem Problem auch *Prütting/Weth*, Rechtskraftdurchbrechung bei unrichtigen Titeln, 2. Aufl. 1994, passim.

D. Besondere Klagen

I. Kündigungsschutzklage

1. Streitgegenstand und Klageantrag (§ 4 KSchG, § 256 ZPO)

a) Entwicklung der Rspr. des BAG

Die **Kündigungsschutzklage**[1] ist nach herrschender Auffassung keine Gestaltungsklage[2], sondern eine **Feststellungsklage**[3]. Die Feststellungsklage nach § 4 KSchG erfordert nicht die Darlegung eines besonderen Feststellungsinteresses; dieses Feststellungsinteresse ergibt sich aus der zwingenden Folgeregelung in § 7 KSchG[4]. Das sich aus der Rechtsfolge des § 7 KSchG ergebende Rechtsschutzinteresse muss nicht nur bei Erhebung der Kündigungsschutzklage, sondern auch noch zum Zeitpunkt der letzten mündlichen Verhandlung in der Berufungsinstanz vorliegen[5]. Die Rspr. des BAG zum Streitgegenstand einer Kündigungsschutzklage und dem richtigen Klageantrag zeichnet sich keineswegs durch Konsistenz aus, auch wenn das BAG hinsichtlich der Klage gem. § 4 KSchG stets die sog. „**punktuelle Streitgegenstandstheorie**"[6] vertritt. Das BAG hat nunmehr judiziert, dass ein Kläger die Frist des § 4 Satz 1 KSchG auch dann wahrt, wenn er binnen drei Wochen nach Zugang einer Kündigung eine allgemeine Feststellungsklage iSv. § 256 Abs. 1 ZPO erhebt, mit der er den Fortbestand des Arbeitsverhältnisses geltend macht und wenn er die fragliche Kündigung noch bis zum Schluss der mündlichen Verhandlung 1. Instanz – nunmehr konkret bezeichnet – in den Prozess einführt und auf sie bezogen einen punktuellen Kündigungsschutzantrag stellt[7].

82

Die Rspr. des BAG zur Kombination einer Kündigungsschutzklage mit einer allgemeinen Feststellungsklage (sog. „Schleppnetzantrag")[8] ist indes abwechslungsreich. *Schwab* spricht davon, dass das BAG mit seinem Urteil vom 13.3.1997[9] einen „auffallenden Meilenstein im Entwicklungsprozess gesetzt" habe[10]. *Weth/Kerwer* betonen hingegen, dass ein Ende der Diskussion über den Streitgegenstand des Kündigungsschutzprozesses nicht zu erwarten sei, „so lange die Rspr. des BAG durch Kehrtwendungen gekennzeichnet ist"[11]. *Diller* verweist in diesem Zusammenhang auf „eine Reihe fragwürdiger und widersprüchlicher Entscheidungen" des BAG[12]. Nach Auffassung von *Prütting* wird in der Rspr. des BAG eine „Linie deutlich, die mehr zur bestandsrechtlichen Theorie hin tendiert"[13].

83

---

1 Ausführlich *Bader*, NZA 1997, 905 zu den typischen Fehlern im Kündigungsprozess sowie KR/*Friedrich*, § 4 KSchG Rz. 279 ff. zum Streitgegenstand des Kündigungsschutzprozesses.
2 So aber *Bötticher*, BB 1981, 1954; *Berkowsky*, NJW 1982, 905 (908 f.); s. hierzu auch *Colneric*, AuR 1984, 105; *Coen*, DB 1984, 2459; *Künzl*, DB 1986, 1280; *Pallasch*, Anm. zu BAG v. 12.2.1992 – 5 AZR 297/90, EzA § 611 BGB Beschäftigungspflicht Nr. 52.
3 BAG v. 2.4.1987 – 2 AZR 418/86, NZA 1987, 808; BAG v. 12.5.2005 – 2 AZR 426/04, NZA 2005, 1259; ErfK/*Kiel*, § 4 KSchG Rz. 36; GMP/*Germelmann*, § 46 Rz. 109 ff.; *von Hoyningen-Huene/Linck*, 15. Aufl. 2013, § 4 KSchG Rz. 24. Nach Auffassung des BAG v. 20.12.2012 – 2 AZR 867/11, NZA 2013, 1003, handelt es sich der Sache nach um eine „Gestaltungsgegenklage".
4 BAG v. 11.2.1981 – 7 AZR 12/79, AP Nr. 8 zu § 4 KSchG 1969; ErfK/*Kiel*, § 4 KSchG Rz. 36 ff.; KR/*Friedrich*, § 4 KSchG Rz. 33. S. zu einem Ausnahmefall LAG Köln v. 15.7.2004 – 6 (9) Sa 195/04, LAGE § 4 KSchG Nr. 50.
5 LAG Hamm v. 4.6.2004 – 4 Sa 80/02.
6 BAG v. 13.11.1958 – 2 AZR 573/57, JZ 1960, 219 m. Anm. *Lüke*; BAG v. 10.12.1970 – 2 AZR 82/70, EzA § 3 KSchG Nr. 3; BAG v. 13.3.1997 – 2 AZR 512/96, NZA 1997, 844; BAG v. 12.5.2005 – 2 AZR 496/04, NZA 2005, 1259; BAG v. 16.2.2006 – 8 AZR 211/05, NZA 2006, 592; BAG v. 6.9.2007 – 2 AZR 264/06, NZA 2008, 636; BAG v. 15.12.2011 – 8 AZR 692/10, NZA-RR 2012, 570. Die Lit. stimmt der sog. „punktuellen Streitgegenstandstheorie" weitgehend zu, vgl. KR/*Friedrich*, § 4 KSchG Rz. 279; GMP/*Germelmann*, § 46 Rz. 110; GK-ArbGG/*Schütz*, § 46 Rz. 122; die sog. „bestandsrechtliche Theorie" wird vertreten von *Lüke*, JZ 1960, 203 (222); *Güntner*, AuR 1974, 97; *Zeuner*, MDR 1956, 257; zu den Unterschieden s. *Weth/Kerwer*, SAE 1997, 295.
7 BAG v. 26.9.2013 – 2 AZR 682/12, NZA 2014, 443.
8 S. hierzu ausführlich, KR/*Friedrich*, § 4 KSchG Rz. 292 ff.; *Bitter*, DB 1997, 1407. Die Rspr. weist zutreffend daraufhin, dass der „Schleppnetzantrag" eine reine Vorsorgemaßnahme ist, s. zB LAG Rh.-Pf. v. 14.11.2013 – 5 Ta 135/13.
9 BAG v. 13.3.1997 – 2 AZR 512/96, NZA 1997, 844.
10 *Schwab*, NZA 1998, 342. Er verweist weiter auf den Aufsatz von *Bitter*, einem Mitglied des 2. Senats des BAG, der „gleich noch in einer quasi authentischen Interpretation die Rechtsauffassung des klassischen Kündigungsschutzsenates erläutert", vgl. *Bitter*, DB 1997, 1407.
11 *Weth/Kerwer*, SAE 1997, 295. Das BAG hat sich letztmalig im Urt. v. 27.4.2006 – 2 AZR 360/05 mit dem Streitgegenstand im Kündigungsschutzprozess beschäftigt, NZA 2007, 229.
12 *Diller*, NJW 1998, 663; kritisch zu dieser Rspr. des BAG auch *von Hoyningen-Huene/Linck*, 15. Aufl. 2013, § 4 KSchG Rz. 123 ff. sowie *Bader*, NZA 1997, 905 (907).
13 GMP/*Prütting*, Einl. Rz. 199 ff.

84 Die Praxis hatte sich zunächst einmal an die beiden **Entscheidungen des BAG** vom 12.6.1986[1] sowie vom 21.1.1988[2] gehalten und eine Standardformulierung für die Antragstellung entwickelt, die jegliches Risiko auszuschließen schien. Dann ergingen jedoch im Jahr 1994 zwei Entscheidungen[3], die allgemeine Verwirrung verursachten[4]. Das BAG hat diese viel kritisierte Rspr. mit Entscheidungen aus den Jahren 1995[5] und 1997[6] modifiziert. Die widersprüchlichen Entscheidungen des BAG haben zahlreiche Autoren veranlasst, die Rspr. des BAG zu analysieren, zu kritisieren und für die Praxis verwertbar zu machen[7].

85 Das BAG hat in seinen beiden Urteilen aus dem Jahr 1994 zwar bekräftigt, dass mit der punktuellen **Kündigungsschutzklage** nach § 4 KSchG grds. eine **allgemeine Feststellungsklage** nach § 256 ZPO **verbunden** werden könne und dann sämtliche Folgekündigungen abgedeckt seien. Allerdings müsse sorgfältig im Einzelfall geprüft werden, ob tatsächlich eine allgemeine Feststellungsklage erhoben sei, wobei floskelhafte Formulierungen in der Klageschrift unmaßgeblich seien[8]. Selbst Klarstellungen des Klägers auf entsprechenden Hinweis des Gerichtes seien unbeachtlich, sofern sie erst nach Ablauf der dreiwöchigen Klagefrist gem. § 4 KSchG erfolgen[9]. In dem Urteil aus dem Jahr 1995 hat das BAG immerhin konzediert, dass die Rechtsvertreter den allgemeinen Feststellungsantrag nach § 256 ZPO in Kenntnis der bisherigen Rspr. des BAG[10] zur Vermeidung möglicher Rechtsverluste „durchaus bewusst und von daher ernst gemeint" gestellt haben könnten. Auch ist es nunmehr nicht mehr erforderlich, die weiteren Auflösungstatbestände innerhalb der dreiwöchigen Klagefrist gem. § 4 KSchG in den Prozess einzuführen, zumindest dann nicht, wenn die Sozialwidrigkeit der Kündigung innerhalb der verlängerten Anrufungsfrist nach § 6 Satz 1 bis zum Schluss der mündlichen Verhandlung erster Instanz geltend gemacht werden kann[11].

86 Das BAG betont auch noch in seiner Entscheidung aus dem Jahr 1997, dass der **Feststellungsantrag nach § 4 Satz 1 KSchG** „klar vom **Feststellungsantrag nach § 256 ZPO** abgegrenzt werden" müsse. Beide Klagen unterscheiden sich dadurch, dass bei der Feststellungsklage nach § 256 ZPO der Bestand des Arbeitsverhältnisses regelmäßig im Zeitpunkt der letzten mündlichen Verhandlung festgestellt wird, bei der Kündigungsschutzklage mit einem Klageantrag nach näherer Maßgabe des § 4 Satz 1 KSchG dagegen das Bestehen des Arbeitsverhältnisses bezogen auf den Kündigungstermin beurteilt werde[12]. Sofern eine oder mehrere Kündigungen erst nach Erhebung der Feststellungsklage nach § 256 ZPO ausgesprochen werden, erstreckt sich der allgemeine Feststellungsantrag stets auf alle Kündigungen, unabhängig davon, wann diese in den Prozess eingeführt wurden[13]. Der Streitgegenstand des allgemeinen Feststellungsantrages umfasst jedoch keine Sachverhalte, die sich erst nach der letzten mündlichen Verhandlung zutragen und die deshalb auch nicht von den Parteien zur Stützung ihrer Anträge vorgetragen sein können[14]. Das BAG hat

---

1 BAG v. 12.6.1986 – 2 AZR 426/85, NZA 1987, 273; s. hierzu *Habscheid*, RdA 1989, 88.
2 BAG v. 21.1.1988 – 2 AZR 581/86, NZA 1988, 651; s. hierzu *Schaub*, NZA 1990, 85, der konstatiert, dass die beiden Entscheidungen „Aufregung verursacht" haben; s. weiterhin *Künzl*, Erlanger FS für Schwab, 1990, S. 123, der sich mit dem „Abschied vom punktuellen Streitgegenstandsbegriff" befasst.
3 BAG v. 27.1.1994 – 2 AZR 484/93, NZA 1994, 812; BAG v. 16.3.1994 – 8 AZR 97/93, NZA 1994, 860.
4 Ausführung hierzu *Diller*, NZA 1994, 830.
5 BAG v. 5.10.1995 – 2 AZR 909/94, NZA 1996, 651; BAG v. 7.12.1995 – 2 AZR 772/94, NZA 1996, 334.
6 BAG v. 13.3.1997 – 2 AZR 512/96, NZA 1997, 844.
7 S. beispielhaft *Boemke*, RdA 1995, 211; *Kampen*, AuR 1996, 172; *Weißenfels*, DB 1996, 1326; *Diller*, NJW 1996, 2141; *Stahlhacke*, FS Wlotzke, 1996, S. 173; *Lüke*, JuS 1996, 869; *Boewer*, DB 1996, 2618; *Boewer*, NZA 1997, 359; *Bader*, NZA 1997, 905 (907 ff.); *Prütting*, FS Lüke, 1997, S. 617; *Weth/Kerwer*, SAE 1997, 295; *Diller*, NJW 1998, 663; *Schwab*, NZA 1998, 342.
8 Das BAG übersieht, dass die Klageschrift in einer Kündigungsschutzklage im Wesentlichen nur aus „floskelhaften Formulierungen" besteht. Zwar muss die Klageschrift die Voraussetzungen des § 253 Abs. 2 ZPO erfüllen, ansonsten genügt jedoch die Behauptung, dass das KSchG einschlägig ist. Soweit die fehlerhafte Anhörung des BR gerügt wird, genügt die Behauptung, dass ein BR existiert und dieser nicht ordnungsgem. angehört wurde. Die Darlegungs- und Beweislast für das Vorliegen des Kündigungsgrundes und die ordnungsgemäße Anhörung des BR obliegt dem ArbGeb.
9 Der notwendige Inhalt der Klageschrift ergibt sich aus § 253 Abs. 2 ZPO; s. hierzu KR/*Friedrich*, § 4 KSchG Rz. 195 ff.; fehlende Darlegungen zur Schlüssigkeit der Kündigungsschutzklage führen nicht zur Unzulässigkeit der Kündigungsschutzklage, vgl. BAG v. 11.9.1956 – 3 AZR 163/54, BAGE 3, 107; KR/*Friedrich*, § 4 KSchG Rz. 209 mwN.
10 BAG v. 21.1.1988 – 2 AZR 581/86, NJW 1988, 2691.
11 BAG v. 7.12.1995 – 2 AZR 772/94, NZA 1996, 334; s. hierzu KR/*Friedrich*, § 4 KSchG Rz. 208.
12 Ausführlich hierzu *von Hoyningen-Huene/Linck*, 15. Aufl. 2013, § 4 KSchG Rz. 124 ff.; KR/*Friedrich*, § 4 KSchG Rz. 33 ff. sowie 279 ff.
13 St. Rspr. des BAG, s. zB BAG v. 16.3.1994 – 8 AZR 97/93, NZA 1994, 860; s. hierzu auch KR/*Friedrich*, § 4 KSchG Rz. 302 mwN.
14 BAG v. 10.10.2002 – 2 AZR 622/01, NZA 2003, 684.

mehrfach betont, dass in einer Kündigungsschutzklage nach § 4 Satz 1 KSchG zugleich der Angriff auch gegen solche Kündigungen liege, die dem ArbN noch während des Laufs der von der ersten Kündigung ausgelösten Auflösungsfrist zugehen und innerhalb dieser Frist oder zeitlich mit ihrem Ablauf Wirkung entfalten sollen[1]. Demgegenüber ist Gegenstand der allgemeinen Feststellungsklage nach § 256 Abs. 1 ZPO die Frage, ob das Arbeitsverhältnis über den durch die Kündigung bestimmten Auflösungstermin hinaus bis zum Zeitpunkt der letzten mündlichen Verhandlung fortbestanden hat[2].

Einstweilen frei 87

Im **Urteil vom 15.3.2001**[3] hat das BAG hinsichtlich des Streitgegenstandes einer Kündigungsschutzklage mit eigenem Antrag nach § 4 Satz 1 KSchG noch einmal darauf hingewiesen, dass es ausschließlich um die Beendigung des Arbeitsverhältnisses durch eine konkrete, in dieser Klage angegriffene Kündigung zu dem in ihr vorgesehenen Termin geht (sog. punktueller Streitgegenstand). Gegenüber diesem engeren und spezielleren Streitgegenstand der Kündigungsschutzklage sei der Streitgegenstand der allgemeinen Feststellungsklage nach § 256 ZPO erweitert; er umfasst idR die Frage, ob ein Arbeitsverhältnis über diesen Termin hinaus im Zeitpunkt der letzten mündlichen Verhandlung in der Tatsacheninstanz fortbesteht[4]. Auch wenn der mit dem Antrag gem. § 4 KSchG verbundene Zusatz „sondern … fortbesteht" zunächst als unselbständiges Anhängsel zu werten war, da jegliche Ausführungen zu weiteren Beendigungsgründen in der Klageschrift fehlten, verfolge der Kläger ein eigenständiges Rechtsschutzziel, sobald er hierzu schlüssig vorträge. Nach Sinn und Zweck des Antrages sollte dieser vielmehr im Sinne eines echten Eventualverhältnisses nur für den Fall gestellt sein, dass die Klage mit den Kündigungsschutzanträgen nicht fristgerecht erhoben war, da anderenfalls die sonstigen Unwirksamkeitsgründe von diesem erfasst sind. 88

Die Rspr. betont weiterhin, dass der Erfolg im Kündigungsschutzprozess nach der **punktuellen Streitgegenstandstheorie zwingend** voraussetze, dass im Zeitpunkt des Zugangs der Kündigung ein Arbeitsverhältnis zwischen den Parteien besteht, was auch im Falle eines Betriebsüberganges gilt. Eine Kündigungsschutzklage ist unschlüssig und abzuweisen, wenn der gekündigte ArbN selbst vorträgt, dass der Betrieb oder selbständige Betriebsteil bereits vor Ausspruch der Kündigung aufgrund eines **Betriebsüberganges nach § 613a BGB** auf einen anderen Betriebserwerber übergegangen ist[5]. Nach der punktuellen Streitgegenstandstheorie muss somit der ArbN bei mehreren Kündigungen jede Einzelkündigung gesondert angreifen; aus dem Klagevortrag müssen sich weitere Tatsachen über andere Beendigungsbestände ergeben, aufgrund derer der Bestand des Arbeitsverhältnisses zweifelhaft sein könnte[6]. Ansonsten wird die punktuelle Streitgegenstandstheorie bemüht bei der Frage des **Streitwertes** bei mehreren mit der Klage angegriffenen Kündigungen[7]. 88a

b) Das erforderliche Rechtsschutzinteresse

Nach der Rspr. des BAG setzt die **Feststellungsklage** nach § 256 ZPO auch im Kündigungsschutzprozess ein **besonderes Feststellungsinteresse** voraus. Dieses bestehe nicht schon deshalb, weil eine bestimmt bezeichnete Kündigung ausgesprochen worden und wegen dieser ein Kündigungsschutzrechtsstreit anhängig sei. Es sei vielmehr erforderlich, dass der klagende ArbN durch Tatsachenvortrag weitere streitige Beendigungstatbestände in den Prozess einführe[8] oder wenigstens deren Möglichkeit darstelle und damit belege, warum dieser die Klage nach § 4 KSchG erweiternde Antrag zulässig sei, dh. warum an der – noch dazu 89

---

1 BAG v. 18.12.2014 – 2 AZR 163/14, NZA 2015, 635. S. hierzu *Lingemann/Siemer*, AP Nr. 79 zu § 4 KSchG 1969.
2 BAG v. 20.03.2014 – 2 AZR 171/12, NZA 2014, 1131; BAG v. 18.12.2014 – 2 AZR 163/14, NZA 2015, 635.
3 BAG v. 15.3.2001 – 2 AZR 141/00, NZA 2001, 1267.
4 BAG v. 15.3.2001 – 2 AZR 141/00, NZA 2001, 1267.
5 BAG v. 15.12.2011 – 8 AZR 632/10, NZA-RR 2012, 570; LAG Hamm v. 5.9.2012 – 2 Sa 459/12.
6 LAG Köln v. 22.11.2010 – 5 Sa 900/10, NZA-RR 2011, 244 unter Bezugnahme auf BAG v. 16.3.1994 – 8 AZR 97/93, NZA 1994, 860.
7 S. hierzu zB LAG Berlin v. 2.11.2005 – 17 Ta (Kost) 6073/05, MDR 2006, 358. Eine Streitwerterhöhung kommt natürlich nicht in Betracht, wenn der ArbGeb ein und dieselbe Kündigungserklärung sicherheitshalber auf mehreren Zustellwegen übermittelt, s. hierzu LAG Köln v. 2.11.2010 – 7 Ta 153/10. S. hierzu *Bader/Jörchel*, NZA 2013, 809 (812) (zum Streitwertkatalog in der Arbeitsgerichtsbarkeit).
8 LAG Hessen v. 1.8.2006 – 19 Ta 373/06, LAGE § 114 ZPO 1001 Nr. 6.

alsbaldigen – Klärung ein rechtliches Interesse bestehen soll[1]. Entscheidend ist der Zeitpunkt der letzten mündlichen Verhandlung[2].

90 Die **Rspr. des BAG ist praxisfern.** Jeder Kläger, der (substantiiert) die ordnungsgemäße Anhörung des BR bestreitet, muss damit rechnen, dass der Beklagte (vernünftigerweise) erneut eine BR-Anhörung durchführt und alsdann erneut eine Kündigung ausspricht[3]. Weiterhin kann der Kläger **Schriftsatzkündigungen** des Beklagten nicht ausschließen[4]. Der Rechtsanwalt ist nach der Rspr. des BGH stets verpflichtet, **den sichersten Weg** für die Durchsetzung der Interessen seines Mandanten zu **gehen**. Er darf hierbei nicht einmal auf den Fortbestand höchstrichterlicher Rspr. vertrauen[5]. Demzufolge bleibt dem Klägervertreter im Kündigungsschutzprozess gar nichts anderes übrig, als auch den Feststellungsantrag gem. § 256 ZPO zu stellen[6]. Darüber hinaus muss der ArbN zumindest in den Kündigungsprozessen, in denen das Arbeitsverhältnis wegen Laufens der Kündigungsfrist noch nicht beendet ist, damit rechnen, dass der ArbGeb weitere Kündigungen ausspricht, so dass bereits aus diesem Grunde der Feststellungsantrag gem. § 256 ZPO gerechtfertigt ist[7]. Ob sich der allgemeine Feststellungsantrag iSd. § 256 Abs. 1 ZPO streitwerterhöhend auswirkt, ist eine andere Frage. Nach ganz überwiegender Meinung wird der allgemeine Feststellungsantrag neben dem Kündigungsschutzantrag nicht gesondert bewertet, sofern kein weiterer Beendigungstatbestand streitig ist[8].

91 Sofern nach Stellung des allgemeinen Feststellungsantrages der ArbGeb eine **weitere Kündigung** ausgesprochen hat, steht fest, dass der allgemeine **Feststellungsantrag** gem. § 256 ZPO **zulässig ist** und demzufolge auch weitere Kündigungen erfasst, ohne dass es einer weiteren Darlegung bedarf[9]. Dies hat zur Folge, dass Folgekündigungen nicht mit einer gesonderten Kündigungsschutzklage angegriffen werden können; eine derartige Klage wäre wegen anderweitiger Rechtshängigkeit unzulässig[10]. Gleiches gilt, wenn wegen einer späteren Kündigung eine weitere Kündigungsschutzklage erhoben wird und danach in dem ersten Kündigungsschutzverfahren die Klage um den allgemeinen Feststellungsantrag erweitert wird. Diese Klageerweiterung ist wegen anderweitiger Rechtshängigkeit unzulässig[11]. Vom allgemeinen Feststellungsantrag sind jedoch nicht mehr die Kündigungen des ArbGeb erfasst, die nach dem Schluss der mündlichen Verhandlung vor dem ArbG ausgesprochen werden; diese sind demzufolge vom ArbN mit einer gesonderten Kündigungsschutzklage anzugreifen[12].

92 Hat der ArbN eine Feststellungsklage nach § 256 ZPO erhoben, sei der ArbGeb nach Auffassung des BAG aber nach Sinn und Zweck des § 4 KSchG hinreichend gewarnt, dass der ArbN sich gegen alle weiteren (eventuell vorsorglichen) Kündigungen wenden will, so dass die Einhaltung der Drei-Wochen-Frist für die Einführung der konkreten Kündigung in den Prozess **reine Förmelei** wäre[13]. Erforderlich ist lediglich,

---

1 BAG v. 13.3.1997 – 2 AZR 512/96, NZA 1997, 844, unter Bezugnahme auf BAG v. 27.1.1994 – 2 AZR 484/93, NZA 1994, 812; BAG v. 16.3.1994 – 8 AZR 97/93, NZA 1994, 860; kritisch zu dieser Rspr. Zöller/*Greger*, § 256 ZPO Rz. 11a. GMP/*Germelmann*, § 46 Rz. 110; GK-ArbGG/*Schütz*, § 46 Rz. 134. Nach Auffassung des LAG Köln v. 26.3.1998 – 5 Sa 1420/97, NZA-RR 1998, 398 ist ein Feststellungsinteresse für einen vom ArbN gestellten allgemeinen Feststellungsantrag regelmäßig zu bejahen, wenn der ArbGeb im Kündigungsschutzprozess einen Betriebsübergang behauptet.
2 BAG v. 12.5.2005 – 2 AZR 426/04, NZA 2005, 1259; LAG Rh.-Pf. v. 5.1.2006 – 6 Sa 615/05.
3 S. insoweit zur Darlegungslast einer ordnungsgemäßen Betriebsratsanhörung BAG v. 24.4.2008 – 8 AZR 520/07.
4 LAG Hessen v. 6.2.2012 – 7 Sa 800/11, LAG Hamm v. 22.2.2013 – 10 Sa 960/12. S. hierzu *Diller*, NZA 1994, 830 sowie *Schwab*, NZA 1998, 342.
5 BGH v. 30.9.1993 – IX ZR 211/92, NJW 1993, 3323.
6 Ebenso auch KR/*Friedrich*, § 4 KSchG Rz. 302 sowie GK-ArbGG/*Schütz*, § 46 Rz. 134. Von *Hoyningen-Huene/Linck*, 15. Aufl. 2013, § 4 KSchG Rz. 128 meinen hingegen, dass das Problem der sog. Schriftsatzkündigung nicht die Abweichung von der klaren gesetzlichen Regelung rechtfertigen könne, da es keinen Grund gebe „einer Prozesspartei das genaue Lesen eines Schriftsatzes zu ersparen". Dies grenzt allerdings an ein Urlaubsverbot für Fachanwälte für Arbeitsrecht, da in der Praxis nicht gewährleistet ist, dass der Vertreter stets über die erforderlichen arbeitsrechtlichen Kenntnisse verfügt und im Übrigen auch über genaue Aktenkenntnis.
7 Nach *von Hoyningen-Huene/Linck*, 15. Aufl. 2013, § 4 KSchG Rz. 130 ist für die Darlegung des Rechtsschutzinteresses erforderlich, dass der ArbN zum Zeitpunkt der letzten mündlichen Verhandlung konkret darlegt, dass sich der beklagte ArbGeb weiterer Auflösungstatbestände berühmt (unter Bezugnahme auf BAG v. 18.2.1993 – 2 AZR 518/92); Zöller/*Greger*, § 256 ZPO Rz. 11a.
8 LAG Düsseldorf v. 8.5.2007 – 6 Ta 99/07 sowie LAG Sa.-Anh. v. 4.2.2013 – 1 Ta 125/12; s. hierzu auch *Bader/Jörchel*, NZA 2013, 809 (813).
9 BAG v. 7.12.1995 – 2 AZR 772/94, NZA 1996, 334; *von Hoyningen-Huene/Linck*, 15. Aufl. 2013, § 4 KSchG Rz. 134; *Diller*, NJW 1998, 663.
10 *von Hoyningen-Huene/Linck*, 15. Aufl. 2013, § 4 KSchG Rz. 133 ff.; *Stahlhacke*, FS Wlotzke, S. 173 (186).
11 BAG v. 10.10.2002 – 2 AZR 622/01, NZA 2003, 684; Düwell/Lipke/*Kloppenburg*, § 46 Rz. 191.
12 GK-ArbGG/*Schütz*, § 46 Rz. 132.
13 BAG v. 13.3.1997 – 2 AZR 512/96, NZA 1997, 844.

dass die weitere Kündigung durch ergänzenden Tatsachenvortrag in den Prozess eingeführt wird[1]. Diese Argumentation ist erstaunlich. Dass eine vom ArbGeb ausgesprochene Abmahnung eine Warnfunktion hat, steht außer Frage[2]. Dass indes eine Kündigungsschutzklage des ArbN eine Warnfunktion für den ArbGeb habe, hat bislang noch niemand behauptet. Wenn ein ArbGeb sich dazu entschließt, einem ArbN zu kündigen, ist ihm bewusst, dass dieser Kündigungsschutzklage erheben kann. In der Erhebung dieser Kündigungsschutzklage jedoch eine Warnfunktion – auch im Hinblick auf spätere Kündigungen – zu sehen, ist schlichtweg abwegig[3]. Die Rspr. betont weiterhin, dass das Rechtsschutzinteresse für eine Kündigungsschutzklage nicht entfalle, wenn durch einseitige Erklärung des Kündigenden eine **Kündigungsrücknahme** erklärt werde; idR habe der ArbN ein berechtigtes rechtliches Interesse an der richtigen Feststellung, dass die **zurückgenommene** Kündigung rechtsunwirksam ist und das Arbeitsverhältnis nicht aufgelöst hat[4].

Nach ständiger Rspr. zu Feststellungs- und Leistungsanträgen besteht für die gerichtliche Entscheidung über Verpflichtungen aus einem konkreten Vorgang kein Rechtsschutzbedürfnis mehr, wenn der den Konflikt auslösende Vorgang abgeschlossen ist und keine Rechtsfolgen mehr erzeugt[5]. Weiterhin fehlt das Rechtsschutzbedürfnis, wenn eine Klage schlechthin sinnlos ist, wenn somit der Kläger unter keinen Umständen mit seinem prozessualen Begehren irgendeinen schutzwürdigen Vorteil erlangen kann[6]. 92a

c) Der Klageantrag

aa) Bei der Beendigungskündigung

In der **Praxis** wird man der Rspr. des BAG wie folgt entsprechen müssen: Der Kläger hat zwecks Erkennbarkeit des Willens, eine zusätzliche allgemeine Feststellungsklage zu erheben, **zwei separate Anträge** zu stellen[7]. 93

Formulierungsvorschlag:
„1. festzustellen, dass das zwischen den Parteien bestehende Arbeitsverhältnis durch die Kündigung des Beklagten vom … nicht aufgelöst worden ist,
2. festzustellen, dass das Arbeitsverhältnis auch nicht durch andere Beendigungstatbestände endet, sondern dass es über den … unverändert fortbesteht[8]."

In der **Klagebegründung** sollte auf die st. Rspr. des BAG zur Kombination einer Kündigungsschutzklage und einer allgemeinen Feststellungsklage verwiesen werden und darauf, dass der Kläger befürchtet, dass der Beklagte sich im Verlaufe des Rechtsstreites noch auf weitere Beendigungstatbestände berufen wird, deren Unwirksamkeit der Kläger bereits jetzt geltend macht[9]. Sofern der Feststellungsantrag nicht hinreichend begründet wird, wird er als unzulässig abgewiesen. Sofern bis zur mündlichen Verhandlung keine weitere Kündigung ausgesprochen wurde, ist der sogenannte „Schleppnetzantrag" unzulässig und sollte vernünftigerweise zurückgenommen werden[10]. Für das Berufungsverfahren hat der Kläger zu prüfen, ob trotz der hiermit verbundenen teilweisen Kostentragung es geboten ist, trotz des Obsiegens mit dem Kündigungsschutzantrag Berufung einzulegen[11]. Wird zunächst ausschließlich eine Feststellungsklage gem. § 256 Abs. 1 ZPO erhoben, so liegt in der nachträglichen Erhebung des Kündigungsschutzantrages iSd. § 4 KSchG grds. eine – gem. § 265 Nr. 2 ZPO, § 6 KSchG stets zulässige – Änderung des Feststellungsantra- 94

---

1 Düwell/Lipke/*Kloppenburg*, § 46 Rz. 190.
2 BAG v. 17.2.1994 – 2 AZR 616/93, AP Nr. 116 zu § 626 BGB; BAG v. 18.5.1994 – 2 AZR 626/93, NZA 1995, 65.
3 Die Argumentation des BAG geht völlig ins Leere, wenn eine erste Kündigung auf personenbedingte Gründe gestützt ist und die nächste Kündigung – berechtigterweise – auf betriebsbedingte Gründe.
4 LAG Sachsen v. 16.8.2006 – 2 Sa 4434/06.
5 BAG v. 26.7.2012 – 6 AZR 211/11, AP Nr. 14 zu § 1 TVG Tarifverträge Telekom; LAG Rh.-Pf. v. 2.6.2016 – 5 Sa 552/15, juris.
6 LAG Rh.-Rf. v. 23.7.2015 – 5 Sa 121/15, juris (Nichtzulassungsbeschwerde verworfen durch BAG v. 4.12.2015 – 4 AZN 948/15, juris).
7 Ebenso *Diller*, NZA 1994, 831; *Diller*, NJW 1998, 663 (664); *Schwab*, NZA 1998, 342 (347); GMP/*Germelmann*, § 46 Rz. 86a; Düwell/Lipke/*Kloppenburg*, § 46 Rz. 200; Zöller/*Greger*, § 256 ZPO Rz. 15b.
8 Der Klageantrag zu 2. kann auch in Rechtsstreitigkeiten gestellt werden, in denen nicht nur über die Kündigung des ArbGeb, sondern auch über eine angeblich vom ArbN ausgesprochene Eigenkündigung oder über die Anfechtung dieser Eigenkündigung gestritten wird, s. hierzu Weth/Kerwer, SAE 1997, 295 (300) sowie LAG Rh.-Pf. v. 8.2.2012 – 8 Sa 318/11.
9 Ebenso *Schwab*, NZA 1998, 342 (347). Im Ergebnis ist *Weth/Kerwer*, SAE 1997, 295 (300) zuzustimmen, dass für die allgemeine Feststellungsklage grds. ein Feststellungsinteresse besteht.
10 LAG BW v. 6.6.2016 – 9 Sa 9/16, juris; LAG Berlin-Brandenburg v. 25.8.2016 – 21 Sa 1493/15 u.a, juris.
11 Nach *Schwab*, NZA 1998, 342 (346) ist eine Kostenquotelung von 3/4 bis 2/3 für das positiv entschiedene Kündigungsschutzverfahren zu 1/4 bis 1/3 für den allgemeinen Feststellungsantrag anzunehmen, falls die Klage nach § 256 ZPO als unzulässig abgewiesen wird.

ges[1]. Der allgemeine Feststellungsantrag mit dem Ziel festzustellen, dass das Arbeitsverhältnis nicht durch den (wirksam angefochtenen) Aufhebungsvertrag beendet worden ist, bleibt ohne Erfolg, wenn eine ebenfalls ausgesprochene Kündigung das Arbeitsverhältnis wirksam zum gleichen Zeitpunkt beendet hat, zudem das Arbeitsverhältnis auch durch den (angefochtenen) Aufhebungsvertrag beendet werden sollte[2].

bb) Bei der Änderungskündigung

95 Mit der zum 1.1.2004 in Kraft getretenen gesetzlichen Neuregelung ist klargestellt, dass auch bei der Änderungskündigung grds. alle Unwirksamkeitsgründe innerhalb von drei Wochen geltend gemacht werden müssen[3]. Streitgegenstand der Änderungsschutzklage gem. § 4 Satz 2 KSchG ist nicht die **Wirksamkeit der Kündigung**, sondern der **Inhalt der** für das **Arbeitsverhältnis** geltenden **Vertragsbedingungen**[4].

Formulierungsvorschlag:
„festzustellen, dass die Änderung der Arbeitsbedingungen durch die Änderungskündigung vom ... rechtsunwirksam ist"[5].

Ordnet der ArbGeb eine Änderung der Arbeitsbedingungen im Wege des Direktionsrechtes an und spricht er zusätzlich eine darauf bezogene Änderungskündigung für den Fall aus, dass die Maßnahme nicht ohne eine Änderung des Arbeitsvertrages zulässig ist, kann der ArbN – falls er zugleich die einseitige Maßnahme gerichtlich angreift – seinen Änderungsschutzantrag nach § 4 Satz 2 KSchG unter die Bedingung stellen, dass über diesen nur zu entscheiden ist, wenn es nach Auffassung des Gerichtes für die streitgegenständliche Maßnahme einer Vertragsänderung bedarf[6]. Der **entsprechenden Anwendung** der §§ 2, 4 Satz 2 KSchG auf außerordentliche Änderungskündigungen steht nicht entgegen, dass § 13 Abs. 1 Satz 2 KSchG keine Verweisung auf § 2 KSchG enthält. Der Zweck des § 2 KSchG verlangt danach, dass der ArbN die Wirksamkeit auch einer außerordentlichen Änderungskündigung gerichtlich überprüfen lassen kann, ohne zugleich den Verlust des Arbeitsplatzes insgesamt riskieren zu müssen[7].

2. Die isolierte Feststellungsklage gem. § 256 ZPO

96 In **Bestandsschutzstreitigkeiten** kann es um die Rechtswirksamkeit von Kündigungen, Aufhebungsverträgen, Befristungs- und Bedingungsabreden und Anfechtungen gehen[8]. Insoweit ist der Klageantrag gem. § 256 ZPO zu formulieren[9]. Dieser Antrag ist auch zu wählen, wenn von der klagenden Partei der Ausspruch einer Kündigung durch die beklagte Partei bestritten wird. Stellt nämlich eine Erklärung nach ihrem objektiven Erklärungswert keine Kündigung dar, so fehlt es an dem in § 4 KSchG vorausgesetzten rechtlichen Interesse an der Erhebung einer Kündigungsschutzklage[10]. Unter den Voraussetzungen des § 256 ZPO kann auch der ArbGeb die gerichtliche Feststellung beantragen, dass trotz einer Kündigung des ArbN das Arbeitsverhältnis fortbesteht[11]. Das Interesse an alsbaldiger Feststellung kann bestehen, weil der ArbGeb aufgrund eines eventuellen Vertragsbruchs des ArbN Schadensersatzansprüche geltend machen möchte. Das Gericht ist gem. § 139 ZPO ggf. verpflichtet, bei Zweifeln auf die Konkretisierung eines Feststellungsantrages hinzuwirken (auch in der Berufungsinstanz)[12]. Im Rahmen einer Feststellungsklage ist es unzulässig, lediglich abstrakte Rechtsfragen durch das Gericht klären zu lassen[13]. Ebenso wenig wie die Wirksamkeit eines Rechtsgeschäfts einen zulässigen Gegenstand einer Feststellungsklage sein kann, liegt in der begehrten isolierten Feststellung der Folgen einer Kündigung einer Betriebsvereinbarung ein rechtliches Verhältnis einer Person bzw. eines Beteiligten zu einer anderen Person bzw. Beteiligten oder zu einer

---

1 LAG Sa.-Anh. v. 23.4.1997 – 4 Ta 231/96, MDR 1998, 724.
2 LAG Rh.-Pf. v. 24.1.2014 – 1 Sa 451/13, LAGE § 123 BGB 2002 Nr. 11.
3 S. hierzu ErfK/*Kiel*, § 4 KSchG Rz. 4 sowie KR/*Kreft*, § 2 KSchG Rz. 140 ff.
4 BAG v. 19.7.2012 – 2 AZR 25/11, NZA 2012, 1038.
5 So auch KR/*Kreft*, § 2 KSchG Rz. 140 ff.; GK-ArbGG/*Schütz*, § 46 Rz. 136.
6 BAG v. 17.12.2015 – 2 AZR 304/15, NZA 2016, 568; hierzu *Benecke*, AP Nr. 84 zu § 4 KSchG 1969.
7 BAG v. 28.10.2010 – 2 AZR 688/09, NZA-RR 2011, 155 unter Bezugnahme auf KR/*Rost*, 9. Aufl., § 2 KSchG Rz. 32. S. hierzu *Warzburg*, öAT 2011, 82 und *Feldmann*, ZTR 2011, 225.
8 GK-ArbGG/*Schütz*, § 46 Rz. 120 ff. sowie Rz. 144.
9 BAG v. 21.6.2000 – 4 AZR 370/99, NZA 2001, 271 mit Anmerkungen von *Gutzeit*, SAE 2001, 172 sowie *Berkowsky*, NZA 2001, 801. S. zu den Unterschieden zwischen Kündigungsschutzklage und allgemeiner Feststellungsklage ausführlich *Boemke*, RdA 1995, 211.
10 BAG v. 22.5.1980 – 2 AZR 613/78; KR/*Friedrich*, § 4 KSchG Rz. 44.
11 BAG v. 24.10.1996 – 2 AZR 845/95; Düwell/Lipke/*Kloppenburg*, § 46 Rz. 211; *Boemke*, RdA 1995, 211 (217).
12 GMP/*Germelmann*, § 46 Rz. 74; GK-ArbGG/*Schütz*, § 46 Rz. 46.
13 BAG v. 11.11.2009 – 7 AZR 387/08, AP Nr. 50 zu § 253 ZPO; GMP/*Germelmann*, § 46 Rz. 74; GK-ArbGG/*Schütz*, § 46 Rz. 140a.

Sache[1]. Wird ein zunächst gegenwärtiges Rechtsverhältnis während des Rechtsstreits durch Zeitablauf oder Änderung der tatsächlichen Umstände zu einem vergangenen, bleibt die Feststellungsklage nur zulässig, wenn sich aus erstrebten Feststellungen konkrete gegenwärtige oder zukünftige Rechtsfolgen ableiten lassen[2].

3. Die Kombination von Kündigungsschutzantrag und Leistungsantrag

Neben dem Kündigungsschutzantrag ist ein **Leistungsantrag** bspw. auf Entgeltzahlung[3] (s. Rz. 57 ff.), möglich[4]. Eine Leistungsklage auf Lohn umfasst nicht zugleich die Kündigungsschutzklage[5]. Hingegen sind durch Tarifvertrag normierte Ausschlussfristen dahingehend auszulegen, dass mit Erhebung einer Kündigungsschutzklage die davon abhängigen Ansprüche wegen Annahmeverzuges im Sinne der tariflichen Ausschlussfrist gerichtlich geltend gemacht sind; die Ansprüche müssen weder ausdrücklich bezeichnet noch beziffert werden[6]. Die Geltendmachung von Kündigungsschutzantrag und Zahlungsantrag in zwei getrennten Prozessen kann zu einem unbefriedigenden Ergebnis führen, sofern nämlich das LAG Kündigungsschutzklage und Zahlungsklage – am gleichen Tag – bescheidet und nur in einem der beiden Verfahren die Revision zulässt. Eine Aussetzung des Rechtsstreites über den Annahmeverzugslohn gem. § 148 ZPO kommt nach der Rspr. erst dann in Betracht, wenn die Vorgreiflichkeit des Kündigungsschutzverfahrens durch das Gericht positiv festgestellt werden kann[7].

Die **Kündigungsschutzklage unterbricht** nach der ständigen Rspr. des BAG die **Verjährung** hinsichtlich der Vergütungsansprüche **nicht** und hemmt die **Verjährung auch nicht**[8]. Die Lit. hält dies für unbefriedigend, weil der ArbN eine Zahlungsklage erheben muss, obwohl über die Kündigungsschutzklage, von deren Ausgang diese Ansprüche abhängen noch nicht rechtskräftig entschieden ist[9]. Etwas anderes gilt nach der Rspr., wonach die Erhebung einer Kündigungsschutzklage ein geeignetes Mittel ist, die Ansprüche, die während des Kündigungsstreites fällig werden und von dessen Ausgang abhängen, „geltend zu machen", sofern die einschlägige Verfallklausel nur eine formlose oder schriftliche Geltendmachung verlangt[10].

4. Die Kombination von Kündigungsschutzantrag und Wiedereinstellungsantrag

Der **Kündigungsschutzantrag** lässt sich mit einem **Wiedereinstellungsantrag** zwanglos **kombinieren**[11].

Formulierungsvorschlag:

„Es wird beantragt, den Beklagten zu verurteilen, das Angebot des Klägers/der Klägerin auf Abschluss eines Arbeitsvertrages zu den Bedingungen des gekündigten Arbeitsvertrages unter Anrechnung der bisher erworbenen Dauer der Betriebszugehörigkeit anzunehmen".[12]

Die auf Abgabe der Annahmeerklärung gerichtete Klage entspricht im Regelfall des mit einem der Wiedereinstellungsklage bekundeten Willens des ArbN; bereits in der entsprechenden Antragstellung ist regelmäßig die Abgabe des Angebotes des ArbN zu sehen[13]. Die Rspr. geht überwiegend davon aus, dass das

---

1 BAG v. 20.1.2015 – 1 ABR 1/14, NZA 2015, 765.
2 LAG Schl.-Holst. v. 9.12.2015 – 3 TaBV 39/15, juris.
3 Nach der Entscheidung des Großen Senats des BAG v. 7.3.2001 – GS 1/00, NZA 2001, 1195 kann die Klage auf Brutto- oder Nettolohn gerichtet sein.
4 BAG v. 8.4.1976 – 5 AR 79/76, AP Nr. 19 zu § 36 ZPO; GMP/*Germelmann*, § 46 Rz. 88; GK-ArbGG/*Dörner*, § 46 Rz. 66. S. zur Anwendung des § 148 ZPO LAG Hessen v. 4.9.1987 – 13 Ta 267/87, LAGE § 148 ZPO Nr. 18; LAG BW v. 20.6.1996 – 13 Ta 8/96, NZA-RR 1997, 151; GMP/*Germelmann*, § 46 Rz. 48a; GWBG/*Benecke*, § 46 Rz. 60.
5 BAG v. 21.7.2005 – 6 AZR 592/04, NZA 2006, 162; *von Hoyningen-Huene/Linck*, 15. Aufl. 2013, § 4 KSchG Rz. 47 ff.
6 BAG v. 19.9.2012 – 5 AZR 628/11, NZA 2013, 330.
7 LAG Hessen v. 3.7.2002 – 12 Ta 213/02, BB 2002, 2275; LAG Berlin-Brandenburg v. 9.9.2009 – 13 Ta 1695/09; LAG Schl.-Holst. v. 6.5.2009 – 5 Ta 91/09, NZA-RR 2009, 672.
8 BAG v. 1.2.1960 – 5 AZR 20/58, AP Nr. 1 zu § 209 BGB; BAG v. 29.5.1961 – 5 AZR 162/59, NJW 1961, 1787; BAG v. 7.11.1991 – 5 AZR 34/91, NZA 1992, 521; BAG v. 7.11.2002 – 2 AZR 2970/01, NZA 2003, 963; aA LAG Düsseldorf v. 13.2.1998 – 9 (13) Sa 1726/97, MDR 1998, 784.
9 KR/*Friedrich*, § 4 KSchG Rz. 37.
10 BAG v. 9.9.1990 – 2 AZR 579/89, NZA 1991, 226; LAG Sachsen v. 24.2.2016 – 4 Ta 33/15 (6), juris.
11 So bereits BAG v. 18.12.1980 – 2 AZR 1006/78, AP Nr. 22 zu § 102 BetrVG 1972; vgl. weiterhin BAG v. 27.2.1997 – 2 AZR 160/96, NZA 1997, 757; BAG v. 6.8.1997 – 7 AZR 557/96, NZA 1998, 254; BAG v. 4.12.1997 – 2 AZR 140/97, DB 1998, 1087; LAG Rh.-Pf. v. 11.1.2005 – 9 Ta 244/05. S. im Übrigen *von Hoyningen-Huene/Linck*, 15. Aufl. 2013, § 1 KSchG Rz. 253 ff.; *Meinel/Bauer*, NZA 1999, 575; *Boewer*, NZA 1999, 1121 (1177 ff.); *Beckschulze*, DB 1998, 417.
12 Ähnlich Düwell/Lipke/*Kloppenburg*, § 46 Rz. 374.
13 BAG v. 13.6.2012 – 7 AZR 669/10, AP Nr. 63 zu § 307 BGB; BAG v. 24.6.2015 – 7 AZR 541/13, NZA 2015, 1511.

Urteil auf **Wiedereinstellung gem. § 894** ZPO zu vollstrecken ist[1]. Zum Teil vertritt das BAG auch die Auffassung, dass eine Klage zugleich auf die Rechtsfolgen eines zu begründenden Arbeitsverhältnisses, wie zB Beschäftigung, gerichtet werden kann[2]. Auf die Wirksamkeit der Kündigung haben Gründe, die einen Wiedereinstellungsanspruch rechtfertigen können, keinen Einfluss. Nach der punktuellen Streitgegenstandstheorie (Rz. 82 ff.)[3] ist Gegenstand der Kündigungsschutzklage nur die Wirksamkeit der Kündigung; beim Wiedereinstellungsantrag geht es demgegenüber um die Herstellung eines neuen Arbeitsverhältnisses[4]. Ein nach § 888 Abs. 1 ZPO zu verstrickender Anspruch auf tatsächliche Beschäftigung unterscheidet sich wesentlich von einem nach § 894 ZPO zu verstrickenden Anspruch auf Abgabe einer Willenserklärung[5].

100 Bislang ist sich die Rspr. darin einig, dass lediglich **Gründe, die vor Ablauf der Kündigungsfrist** entstehen (zB geänderte Prognose nach einer betriebsbedingten Kündigung[6] oder nachträgliche Prognoseänderung bei krankheitsbedingter Kündigung[7]) einen **Wiedereinstellungsanspruch** rechtfertigen können; ausnahmsweise kommt jedoch ein Wiedereinstellungsanspruch des ArbN in Betracht, wenn nämlich die Weiterbeschäftigungsmöglichkeit erst nach Ablauf der Kündigungsfrist entsteht[8]. Beim Wiedereinstellungsanspruch kann es Probleme mit einer tarifvertraglichen Ausschlussfrist geben[9]. Es stellt sich die Frage, ob die tarifvertragliche Ausschlussfrist auch für den Wiedereinstellungsanspruch gilt[10]. Bedenklich erscheint dies, wenn man den Wiedereinstellungsanspruch aus dem Gedanken der (nachwirkenden) Fürsorgepflicht oder des Vertrauensschutzes herleitet[11]. Dies hätte nämlich zur Folge, dass ein gesetzlicher Anspruch aufgrund einer tarifvertraglichen Ausschlussklausel ausgeschlossen wird[12]. Voraussetzung des Wiedereinstellungsanspruches ist jedoch stets, dass dieser unverzüglich nach Kenntnis der tatsächlichen Umstände, die den Anspruch rechtfertigen, geltend gemacht wird. Nach Auffassung der Rspr. ist hierbei in Anlehnung an § 613a Abs. 6 BGB eine Frist von einem Monat nach Kenntniserlangung einzuhalten[13]. Der Wiedereinstellungsanspruch kann nur gegenüber dem früheren ArbGeb geltend gemacht werden. Erfolgte zwischenzeitlich ein Betriebsübergang, so besteht kein Wiedereinstellungsanspruch gegenüber dem Erwerber[14]. Unabhängig hiervon vertritt die Rspr. die Auffassung, dass ausnahmsweise ein Wiedereinstellungsanspruch

---

1 BAG v. 4.12.1997 – 2 AZR 140/97, DB 1998, 1087; BAG v. 15.10.2013 – 9 AZR 572/12; LAG Nürnberg v. 15.1.1998 – 7 Ta 5/98, LAGE § 5 KSchG Nr. 91. S. zur Formulierung des Klageantrages *Boewer*, NZA 1999, 1177 (1182).
2 BAG v. 27.2.1997 – 2 AZR 160/96, NZA 1997, 757. Unklar ist, ob bei der Wiedereinstellung ein Mitbestimmungsrecht des Betriebs- oder Personalrates besteht, s. hierzu LAG Hessen v. 12.5.1987 – 4 TaBV 267/86, ZTR 1988, 31 (verneint für die (einvernehmliche) Fortsetzung eines gekündigten Arbeitsverhältnisses) sowie OVG Münster v. 18.9.1995 – 1 A 4061/92 PVL, ZBR 1996, 190 (bejaht nach tatsächlicher Beendigung des Arbeitsverhältnisses aufgrund eines geschlossenen Vergleiches).
3 BAG v. 27.2.1997 – 2 AZR 160/96, NZA 1997, 757.
4 *Nägele* in Tschöpe (Hrsg.), Anwaltshandbuch Arbeitsrecht, 2. Aufl. 2000, Teil 3 D Rz. 333; *Bram/Rühl*, NZA 1990, 753.
5 BAG; 17.3.2015 – 9 AZR 702/13, juris unter Bezugnahme auf BAG v. 19.9.2001 – 7 AZR 574/00, EzA § 1 BeschFG 1985 Klagefrist Nr. 7.
6 BAG v. 27.2.1997 – 2 AZR 160/96, NZA 1997, 757; BAG v. 6.8.1997 – 7 AZR 557/96, NZA 1998, 254; LAG Köln v. 10.1.1989 – 4/2 Sa 860/88, DB 1989, 1475; LAG Köln v. 28.6.1996 – 12 Sa 403/96, LAGE § 611 BGB – Einstellungsanspruch Nr. 5; *von Hoyningen-Huene/Linck*, 15. Aufl. 2013, § 1 KSchG Rz. 254. S. weiterhin zum Wiedereinstellungsanspruch *Meinel/Bauer*, NZA 1999, 575; *Kleinebrink*, FA 1999, 138; *Boewer*, NZA 1999, 1121 sowie NZA 1999, 1177; *Günzel*, DB 2000, 1227; *Linck*, FA 2000, 334.
7 BAG v. 17.6.1999 – 2 AZR 639/98, NZA 1999, 1328; BAG v. 27.6.2001 – 7 AZR 662/99, NZA 2001, 1135.
8 BAG v. 25.9.2008 – 8 AZR 607/07, NZA-RR 2009, 469; BAG v. 24.2.2011 – 6 AZR 625/09, NZA-RR 2012, 148.
9 Das BAG hat mehrfach betont, dass eine tarifliche Ausschlussfrist dann beginnt, wenn feststeht, dass der ArbGeb mit einer Steuernachforderung rechnen muss, vgl. BAG v. 1.12.1967 – 3 AZR 459/66, BAGE 20, 230; BAG v. 19.1.1979 – 3 AZR 330/77, AP Nr. 21 zu § 670 BGB. Entsprechendes hat zu gelten, wenn der ArbGeb aufgrund einer geänderten Prognose mit der Geltendmachung eines Wiedereinstellungsanspruch des ArbN rechnen muss. Die tarifliche Ausschlussfrist läuft unabhängig von der Kenntnis des ArbN vom Wiedereinstellungsanspruch. Darüber hinaus muss der ArbN seine Wiedereinstellung entsprechend § 4 KSchG innerhalb von drei Wochen ab Kenntnis der Voraussetzung des Wiedereinstellungsanspruches geltend machen, vgl. BAG v. 12.11.1998 – 8 AZR 265/97, DB 1999, 485; s. hierzu *Kleinebrink*, FA 1999, 138 (140) sowie *Boewer*, NZA 1999, 1177 (1180).
10 Bejahend BAG v. 1.12.2004 – 7 AZR 37/04, ZTR 2005, 532 sowie LAG Rh.-Pf. v. 23.5.2005 – 7 Sa 105/05.
11 S. zB LAG Berlin v. 27.3.1996 – 18 Sa 140/95, sowie LAG Köln v. 31.7.1996 – 7 Sa 60/96, zur Fürsorgepflicht; *von Hoyningen-Huene/Linck*, 15. Aufl. 2013, § 1 KSchG Rz. 254 ff. zum Vertrauensschutz.
12 Nach Auffassung des BAG v. 10.10.1996 – 2 AZR 621/95, ist es im Hinblick auf Art. 9 Abs. 3 GG unbedenklich, dass tarifliche Ansprüche einer tariflichen Ausschlussklausel unterliegen (was nicht ernsthaft in Zweifel zu ziehen ist).
13 BAG v. 27.1.2011 – 8 AZR 326/09, NZA 2011, 1162; LAG Düsseldorf v. 26.9.2011 – 14 Sa 886/11; LAG Hessen v. 18.1.2016 – 16 Sa 725/15, juris.
14 BAG v. 28.10.2004 – 8 AZR 199/04, NZA 2005, 405 sowie BAG v. 19.10.2005 – 7 AZR 32/05, NZA 2006, 393.

nicht in Betracht kommt, wenn nämlich der Begründung eines Wiedereinstellungsanspruches berechtigte Interessen des ArbGeb entgegenstehen[1].

Nach neuerer Rspr. des BAG kann der **Wiedereinstellungsanspruch** auch **rückwirkend** geltend gemacht werden. Ggf. ist eine Auslegung des Klageantrages dahingehend erforderlich, ob die rückwirkende Wiedereinstellung etwa ab Klageerhebung oder der Abschluss eines neuen Arbeitsvertrages erst ab Rechtskraft einer dem Antrag stattgebende Entscheidung beantragt wird. Obwohl nach § 894 ZPO eine Willenserklärung erst mit Rechtskraft des Urteils als abgegeben gilt, kann dennoch der ArbN nach materiellem Recht Wiedereinstellung auch rückwirkend verlangen[2]. Die Weiterbeschäftigung erfordert, dass der ArbGeb dem ArbN einen funktionsfähigen Arbeitsplatz zur Verfügung stellt und vertragsgemäße Arbeit zuweist, dieser Anspruch des ArbN beinhaltet kein uneingeschränktes Zugangsrecht[3]. Nach Auffassung der Rspr. hat ein ArbN keinen Anspruch auf Wiedereinstellung in einem Kleinbetrieb, wenn es nach der wegen der (geplanten) Stilllegung ausgesprochenen Kündigung doch noch zu einem Betriebsübergang kommt[4].

101

5. Die Kombination von Kündigungsantrag und Weiterbeschäftigungsantrag

Der Antrag auf vorläufige Weiterbeschäftigung[5] kann im Kündigungsschutzprozess[6] als (uneigentlicher) **Hilfsantrag** neben dem Feststellungsantrag für den Fall gestellt werden, dass der Kündigungsschutzklage stattgegeben wird[7]. Der Weiterbeschäftigungsantrag kann im Kündigungsrechtsstreit im Wege der objektiven Klagehäufung geltend gemacht werden, er kann jedoch auch nur für den Fall gestellt werden, dass der Kündigungsschutzklage stattgegeben wird[8].

102

Formulierungsvorschlag:

Im Falle der Stattgabe des Kündigungsschutzantrages wird weiter beantragt, die beklagte Partei zu verurteilen, den Kläger/die Klägerin zu den bisherigen Bedingungen des Arbeitsverhältnisses (konkretisieren!) bis zum rechtskräftigen Abschluss des Verfahrens weiter zu beschäftigen.

Mit der Einschränkung, dass der Antrag nur für den **Fall des Erfolges** der Kündigungsschutzklage verfolgt werden soll, wird keine willkürliche Bedingung gesetzt; vielmehr hängt es allein von der Entscheidung des Gerichtes ab, ob noch eine Entscheidung über den Weiterbeschäftigungsantrag getroffen werden muss oder nicht. Es handelt sich um eine besondere Art einer Rechtsbedingung, die zulässig ist[9]. Es ist zulässig, wenn auch kostenmäßig ungünstig, den Weiterbeschäftigungsantrag unbedingt zu stellen[10]. Sofern der Kläger im Kündigungsschutzprozess versäumt, einen Antrag auf Weiterbeschäftigung zu stellen, so kann dies nach einem obsiegenden Urteil beim ArbG nicht im Wege der einstweiligen Verfügung nachgeholt werden; es mangelt insoweit am Verfügungsgrund[11]. Soweit es um das Weiterbeschäftigungsverlangen nach § 102 Abs. 5 Satz 1 BetrVG geht, hat das BAG die Frage offen gelassen, ob dieses Weiterbeschäftigungsverlangen spätestens zum Ablauf der Kündigungsfrist geltend gemacht werden muss[12]. Das Angebot einer Beschäftigung zur Meidung der Zwangsvollstreckung aus dem Weiterbeschäftigungsantrag beseitigt den Annahmeverzug nicht. Ob die angebotene Beschäftigung zumutbar iSd. § 11 Satz 1 Nr. 2 KSchG ist, hängt auch davon ab, ob die angebotene Arbeit vertragsgemäß ist[13].

103

---

1 BAG v. 9.11.2006 – 2 AZR 509/05, DB 2007, 861; LAG Hamm v. 2.12.2015 – 3 Sa 1243/15, juris.
2 BAG v. 9.11.2006 – 2 AZR 509/05, DB 2007, 861; LAG Berlin-Brandenburg v. 26.2.2016 – 6 Ta 241/16, NZA-RR 2016, 404.
3 LAG Berlin-Brandenburg v. 26.2.2016 – 6 Ta 241/16, NZA-RR 2016, 404 unter Bezugnahme auf *Leydecker/Heider/Fröhlich*, BB 2009, 2703, 2706.
4 LAG Düsseldorf v. 7.10.2015 – 4 Sa 1288/14, EzA-SD 2016, Nr. 4, 12.
5 ErfK/*Kiel*, § 4 KSchG Rz. 43; BCF/*Creutzfeld*, § 46 Rz. 55; *Noe*, AA 2009, 183.
6 S. hierzu – auch zu den Möglichkeiten des Vollstreckungsschutzes – BAG v. 27.2.1985 – GS 1/84, NZA 1985, 702; s. zu den praktischen Implikationen einer Prozessbeschäftigung *Podewils*, AnwZert ArbR 2/2014 Anm. 1 sowie *Boemke*, jurisPR-ArbR 30/2016 Anm. 2.
7 BAG v. 8.4.1988 – 2 AZR 777/87, NZA 1988, 741; BAG v. 17.3.2015 – 9 AZR 702/13, NZA 2016, 124; LAG Köln v. 1.3.2016 – 12 Sa 835/15, NZA-RR 2016, 485; s. hierzu *Bauer/Baeck*, EWiR 1988, 997; *Becker/Glaremin*, NZA 1989, 207; *Baur*, ZTR 1989, 375 (419 ff.); *Growe*, NZA 1996, 567. Der sich aus § 102 Abs. 5 BetrVG ergebende Weiterbeschäftigungsanspruch wird idR im einstweiligen Verfügungsverfahren geltend gemacht, s. zu den Einzelheiten *Fischer*, FA 1999, 310.
8 Düwell/Lipke/*Kloppenburg*, § 46 Rz. 298.
9 GMP/*Germelmann*, § 46 Rz. 113; GK-ArbGG/*Schütz*, § 46 Rz. 107 ff.; Düwell/Lipke/*Kloppenburg*, § 46 Rz. 296 ff.
10 So zB Düwell/Lipke/*Kloppenburg*, § 46 Rz. 296 ff.
11 LAG Köln v. 18.8.2000 – 12 Ta 189/00, MDR 2001, 282.
12 BAG v. 17.6.1999 – 2 AZR 608/99, NJW 2000, 236.
13 LAG Schl.-Holst. v. 21.3.2013 – 1 Sa 350/12, LAGE § 11 KSchG Nr. 1.

104 Für die Klage auf Weiterbeschäftigung ist ein **Rechtsschutzbedürfnis** nur dann zu bejahen, wenn der Antrag inhaltlich so bestimmt ist, dass aus ihm vollstreckt werden kann. Streitig ist hierbei, ob es ausreichend ist, dass die Weiterbeschäftigung „zu den bisherigen Bedingungen" verlangt wird[1], oder ob die Art der Tätigkeit zu bezeichnen ist, mit der der ArbN weiter beschäftigt werden soll[2]. Eine weiter gehende Konkretisierung des Klageantrages, zB Beschäftigung innerhalb der Normalschicht an einem näher bezeichneten Arbeitsplatz kommt jedoch nur dann in Betracht, wenn das Direktionsrecht des ArbGeb entsprechend eingeschränkt ist[3]. Lautet der Tenor der gerichtlichen Entscheidung auf „Weiterbeschäftigung zu unveränderten Arbeitsbedingungen", ist der Titel hinreichend bestimmt, wenn sich aus dem Tatbestand des Urteils die Beschäftigungssituation des ArbN erschließt[4]. Von einer Unmöglichkeit der Beschäftigung des ArbN, wenn dritte Personen (alleiniger Auftraggeber des ArbGeb, Arbeitskollegen) die Beschäftigung bzw. Mitarbeiter des ArbN (Gläubigers) ablehnen, kann nur dann ausgegangen werden, wenn der ArbGeb (Schuldner) zuvor alles in seiner Macht stehende unternommen hat, um die dritten Personen von ihrer ablehnenden Haltung abzubringen[5]. Ebenso kann der ArbGeb den Beschäftigungsanspruch nicht erfüllen, wenn der Arbeitsplatz weggefallen ist, was jedoch nicht bereits schon dann der Fall ist, wenn durch Umorganisation die Arbeiten des gekündigten ArbN auf andere ArbN aufgeteilt worden sind[6]. Ein Weiterbeschäftigungsanspruch kann nur für die Zukunft geltend gemacht werden[7]. Bei einer Verurteilung des ArbGeb zur Weiterbeschäftigung für einen zurückliegenden Zeitraum würde dieser zu etwas Unmöglichem verurteilt werden. Allerdings kann der ArbN ein rechtliches Interesse an der Feststellung haben, dass in einem zurückliegenden Zeitraum eine Beschäftigungspflicht des ArbGeb bestanden hat[8].

105 Eine **Aussetzung** des Prozesses über den Beschäftigungsanspruch gem. § 148 ZPO bis zum Abschluss des Kündigungsschutzrechtsstreites kommt regelmäßig wegen der Bedeutung des Beschäftigungsanspruches für den ArbN **nicht in Betracht**. Dies gilt erst recht, wenn der ArbN im Kündigungsschutzrechtsstreit ein obsiegendes Instanzurteil erhalten hat[9]. Die Weiterbeschäftigung erstreckt sich auf den Zeitraum bis zum rechtskräftigen Abschluss des Kündigungsschutzverfahrens. Der Weiterbeschäftigungsantrag geht ins Leere, wenn zwischenzeitlich der ArbGeb eine weitere Kündigung ausgesprochen hat[10]. Ein in der Berufungsschrift gestellter Auflösungsantrag des ArbGeb rechtfertigt es nicht allein, die Zwangsvollstreckung aus einem Weiterbeschäftigungstitel einzustellen[11]. Macht ein ArbGeb geltend, dass der erstinstanzlich ausgeurteilte Weiterbeschäftigungsantrag durch eine nach Schluss der mündlichen Verhandlung 1. Instanz ausgesprochene neue Kündigung entfallen ist, so kommt im Verfahren zur einstweilige Einstellung der Zwangsvollstreckung gem. § 62 Abs. 1 Satz 3 ArbGG eine analoge Anwendung von § 769 ZPO durch das Berufungsgericht nicht in Betracht, wenn die Folgekündigung noch innerhalb der Berufungsfrist ausgesprochen wurde. Der ArbGeb hätte sich entscheiden müssen, ob er auf die Berufung gegen den Weiterbeschäftigungsanspruch verzichtet und die Einwendung im Rahmen einer Vollstreckungsgegenklage mit der Möglichkeit einen Schutzantrag nach § 769 ZPO geltend machen will oder ob er die Berufung auch auf den

---

1 So LAG Schl.-Holst. v. 6.1.1987 – 6 Ta 157/86, NZA 1987, 322; LAG Hessen v. 13.7.1987 – 1 Ta 151/1987, NZA 1988, 175; LAG Hamm v. 21.11.1989 – 7 Ta 475/89, NZA 1990, 327; *Stahlhacke/Preis/Vossen*, Rz. 2236 ff. verweisen allerdings darauf, dass die übliche Formulierung „Weiterbeschäftigung zu den bisherigen Arbeitsbedingungen" oft nicht als ausreichend angesehen werde.
2 So LAG Hessen v. 27.11.1992 – 9 Ta 376/92, LAGE § 888 ZPO Nr. 30; sowie LAG Rh.-Pf. v. 28.10.2009 – 6 Ta 238/09; KR/*Etzel*, § 102 BetrVG Rz. 307 ff. Ein Weiterbeschäftigungstitel hat keinen vollstreckungsfähigen Inhalt (einschränkend s. § 62 Rz. 81), obwohl er die Weiterbeschäftigung „zu den bisherigen Arbeitsbedingungen" verlangt, obwohl der ArbGeb im Erkenntnisverfahren mit einer substantiierten Darlegung den Wegfall des Arbeitsplatzes behauptet und das ArbG diese Frage im Urteil offen gelassen hat, weil die Kündigung jedenfalls auch aus anderen Gründen unwirksam sei, vgl. LAG Köln v. 24.10.1995 – 13 (5) Ta 245/95, LAGE § 888 ZPO Nr. 36. Zur Konkretisierung der Anträge zur Effektivierung des Weiterbeschäftigungsanspruches s. *Growe*, NZA 1996, 567 (569 ff.).
3 *Süß*, NZA 1988, 722; *Growe*, NZA 1996, 568.
4 LAG Köln v. 16.12.2004 – 3 (7) Ta 358/04, LAGE § 62 ArbGG 1979 Nr. 31.
5 LAG Düsseldorf v. 7.7.1992 – 7 Ta 100/92, LAGE § 888 ZPO Nr. 25; großzügiger, BAG v. 27.2.1985 – GS 1/84, NZA 1985, 702.
6 LAG Hamm v. 29.11.1985 – 1 Ta 322/85, LAGE § 888 ZPO Nr. 5; *Stahlhacke/Preis/Vossen*, Rz. 2237. Sofern der ArbGeb den Beschäftigungsanspruch nicht erfüllen kann, weil der Arbeitsplatz weggefallen ist, scheidet die Vollstreckung nach § 888 ZPO aus, vgl. LAG Hamm v. 29.11.1985 – 1 Ta 322/85, LAGE § 888 ZPO Nr. 5.
7 LAG Düsseldorf v. 23.3.2011 – 2 Sa 1835/10; Düwell/Lipke/*Kloppenburg*, § 46 Rz. 300.
8 BAG v. 13.6.1985 – 2 AZR 410/84, NZA 1986, 562; BAG v. 21.3.1996 – 2 AZR 543/95, NZA 1996, 1030; Düwell/Lipke/*Kloppenburg*, § 46 Rz. 300.
9 LAG Köln v. 17.5.1991 – 5 Ta 107/91, NZA 1992, 84: Aussetzung nur in engen Grenzen; im Ergebnis ebenso LAG Hessen v. 23.4.1997 – 9 Ta 165/97. Im Ergebnis ebenso LAG Rh.-Pf. v. 6.1.2006 – 9 Ta 285/05.
10 LAG Rh.-Pf. v. 19.1.2005 – 10 Sa 849/04; *von Hoyningen-Huene/Linck*, 15. Aufl. 2013, § 4 KSchG Rz. 163.
11 LAG Rh.-Pf. v. 18.7.2016 – 5 Sa 271/16, juris sowie LAG Rh.-Pf. v. 13.10.2016 – 5 Sa 271/16, juris.

Weiterbeschäftigungsantrag erstreckt[1]. Die Vorgreiflichkeit eines gegen den Betriebsveräußerer geführten Kündigungsschutzverfahrens gem. § 148 ZPO für eine gegen den Betriebserwerber geführtes Kündigungsschutzverfahren betreffend eine Kündigung, die erst nach dem Kündigungstermin der ersten Kündigung zuging, ist zweifelhaft, wenn der Betriebsübergang schon vor Rechtshängigkeit der Kündigungsschutzklage gegen den Betriebsveräußerer stattfand, weil §§ 265, 325 ZPO dann keine Anwendung finden, die Rechtskraft sich also nicht auf den Erwerber erstreckt. Jedenfalls solange in keiner Weise absehbar ist, ob es darauf ankommt, dass das Arbeitsverhältnis zum Betriebserwerber bei Zugang von dessen Kündigung noch bestand, kommt eine Aussetzung des Kündigungsschutzverfahrens gegen den Erwerber nicht in Betracht[2].

6. Der Antrag auf Auflösung des Arbeitsverhältnisses gem. §§ 9, 10 KSchG

Gemäß § 9 Abs. 1 KSchG[3] hat das Gericht auf Antrag des ArbN oder ArbGeb das Arbeitsverhältnis gegen **Zahlung einer Abfindung aufzulösen**, wenn den Parteien eine **Fortsetzung** des Arbeitsverhältnisses **nicht zuzumuten** (§ 9 Abs. 1 Satz 1 KSchG für den Antrag des ArbN) bzw. eine den Betriebszwecken dienliche **weitere Zusammenarbeit zwischen den Parteien nicht zu erwarten** ist (bei einem Antrag des ArbGeb). Der Auflösungsantrag ist trotz seiner nach § 9 Abs. 2 KSchG gesetzlich angeordneten Rückwirkung auf den Kündigungszeitpunkt in die Zukunft gerichtet[4]. Die Kündigung darf im Übrigen nicht aus sonstigen Gründen (zB wegen Verletzung des Mitbestimmungsrechtes des BR) unwirksam sein[5]. Ausgeschlossen ist der Auflösungsantrag bei Ausspruch einer außerordentlichen Kündigung[6]. Das Auflösungsurteil ist nach allgemeiner Auffassung ein Gestaltungsurteil[7]. Zu beachten ist allerdings, dass nach hM der Kläger des Kündigungsschutzprozesses vor Rechtskraft des Urteils des ArbG über die Auflösung des Arbeitsverhältnisses die Zwangsvollstreckung aus dem Abfindungsurteil auf Zahlung des Abfindungsbetrages betreiben kann[8]. Ist der ArbGeb rechtskräftig zur Weiterbeschäftigung verurteilt worden, steht dies einem vom Kläger im Berufungsverfahren gestellten Auflösungsantrag entgegen[9].

106

Das **Gericht** kann **nicht von Amts** wegen die Auflösung des Arbeitsverhältnisses vornehmen, auch wenn es dieselbe für zweckmäßig erachten sollte. Es ist vielmehr an den Antrag der einen oder anderen Partei gebunden[10]. Streitig ist, ob das Gericht bei beiderseits gestelltem Auflösungsantrag zur Auflösung des Arbeitsverhältnisses gem. §§ 9, 10 KSchG gebunden ist oder ob das Gericht weiterhin verpflichtet ist, die Voraussetzungen des § 9 KSchG zu prüfen[11]. Der **Auflösungsantrag** ist eine **Prozesshandlung**[12], für welche die allgemeinen prozessualen Anforderungen gelten. Wie jede andere Prozesshandlung ist auch der Auflösungsantrag auslegungsfähig[13]. Sofern der ArbN lediglich einen Antrag auf Zahlung einer Abfindung stellt[14], ist der Antrag dahin gehend auszulegen, dass auch ein Antrag auf Auflösung des Arbeitsverhältnisses gestellt wird, da die Auflösung des Arbeitsverhältnisses notwendige Voraussetzung für den Abfin-

107

---

1 LAG BW v. 20.1.2016 – 19 Sa 63/15, LAGE § 62 ArbGG 1979 Nr. 35.
2 LAG Hessen v. 29.2.2016 – 14 Ta 488/15, juris.
3 Zu den verfassungsrechtlichen Anforderungen an die Auflösungsgründe des Arbeitsverhältnisses gem. § 9 KSchG s. BVerfG v. 22.10.2004 – 1 BvR 1944/01, NZA 2005, 41.
4 BAG v. 8.10.2009 – 2 AZR 682/08.
5 BAG v. 28.8.2008 – 2 AZR 63/07, NZA 2009, 275; BAG v. 28.5.2009 – 2 AZR 949/07.
6 BAG v. 28.8.2008 – 2 AZR 63/07, NZA 2009, 275; BAG v. 28.5.2009 – 2 AZR 949/07; BAG v. 12.3.2009 – 2 AZN 1110/08 (nv); LAG Saarland v. 30.11.2016 – 2 Sa 4/16, NZA-RR 2017, 247.
7 BAG v. 9.12.1987 – 4 AZR 561/87, NZA 1988, 329; BAG v. 27.9.2001 – 2 AZR 389/10, NZA 2002, 1171; GMP/*Germelmann*, § 46 Rz. 96; GK-ArbGG/*Schütz*, § 46 Rz. 172; GWBG/*Benecke*, § 46 Rz. 52; Hauck/Helml/Biebl/*Helml*, § 46 Rz. 72; Ausführlich zum Auflösungsantrag *Kessler*, NZA-RR 2002, 1.
8 BAG v. 9.12.1987 – 4 AZR 561/87, NZA 1988, 329; ebenso bereits LAG Hamm v. 17.7.1975 – 3 Sa 251/75, DB 1975, 1068; LAG BW v. 9.7.1986 – 7 Ta 5/86, DB 1986, 2192; LAG Hessen v. 22.1.1986 – 10 Ta 401/85; 14.8.1986 – 3 Ta 178/86, NZA 1987, 211; aM LAG Berlin v. 17.2.1986 – 9 Sa 110/85, LAGE § 9 KSchG Nr. 1; LAG Hamburg v. 28.12.1982 – 1 Sa 6/82, DB 1983, 724; KR/*Spilger*, § 10 KSchG Rz. 14; *Wieser*, Rz. 127, wonach mit dem Urteil des ArbG der Abfindungsanspruch zwar begründet, jedoch erst mit der formellen Rechtskraft fällig werde. *Stahlhacke/Preis/Vossen*, Rz. 2130 ff., folgen der hM, wenn das Arbeitsverhältnis vom ArbG zu einem nach der Verkündung liegenden Zeitpunkt aufgelöst und der Beklagte ohne Datierung zur Zahlung einer Abfindung verurteilt wird.
9 LAG München v. 12.4.2005 – 6 Sa 1377/04.
10 BAG v. 28.1.1961 – 2 AZR 482/59, AP Nr. 8 zu § 7 KSchG; KR/*Spilger*, § 9 KSchG Rz. 15; *von Hoyningen-Huene/Linck*, § 9 Rz. 23.
11 S. hierzu LAG Köln v. 29.6.2001 – 11 Sa 143/01, NZA-RR 2002, 356; *Haas*, FA 2009, 261 (264).
12 LAG Rh.-Pf. v. 27.8.2010 – 6 Sa 153/10; KR/*Spilger*, § 9 KSchG Rz. 19.
13 LAG Rh.-Pf. v. 27.4.2006 – 4 Sa 764/05; KR/*Spilger*, § 9 KSchG Rz. 19; *von Hoyningen-Huene/Linck*, 15. Aufl. 2013, § 9 KSchG Rz. 25.
14 Es ist nicht erforderlich, die Abfindung zu beziffern, vgl. BAG v. 26.6.1986 – 2 AZR 522/85, NZA 1987, 139; KR/*Spilger*, § 9 KSchG Rz. 22.

dungsantrag ist¹. Der ArbGeb bedarf für die Stellung eines Antrages auf Auflösung des Arbeitsverhältnisses gem. § 9 Abs. 1 Satz 2 KSchG nicht der Zustimmung des Integrationsamtes². Eine wegen fehlender Zustimmung des Integrationsamtes unwirksame Kündigung gem. § 85 SGB IX steht einem Auflösungsantrag nach § 9 KSchG grds. nicht entgegen³.

108 Der **Antrag** auf Auflösung des Arbeitsverhältnisses kann **bereits in der Klageschrift** gestellt werden; er kann aber auch später im Laufe des Verfahrens gestellt werden, und zwar **bis zum Ende der letzten mündlichen Verhandlung** in der Berufungsinstanz⁴. Dies hat zur Folge, dass der Kläger den Auflösungsantrag auch erst im Berufungsverfahren stellen kann, nachdem der ArbGeb Berufung eingelegt hat und obwohl der Antrag in 1. Instanz nicht gestellt worden ist. Dieser im Berufungsverfahren gestellte Antrag ist keine Klageänderung nach § 263 ZPO; er kann auch nicht als nachträgliches oder verspätetes Vorbringen zurückgewiesen werden⁵. Beim erstmals im Verhandlungstermin gestellten Auflösungsantrag sind die zur Begründung des Auflösungsantrages vorgebrachten Gründe notfalls gem. § 160 Abs. 4 Satz 1 ZPO zu protokollieren⁶. Problematisch ist, ob in der Rücknahme des Auflösungsantrages ein Verzicht auf diesen Antrag zu sehen ist, was vom BAG idR bejaht wird⁷. Nach Auffassung des LAG Rheinland-Pfalz ist die Kündigungsschutzklage nebst Auflösungsantrag nicht teilbar iSv. § 301 Abs. 1 ZPO. Über diese Anträge ist einheitlich zu entscheiden. Hat das ArbG allein über die Kündigungsschutzklage im Wege eines Teilurteils entschieden, findet § 68 keine Anwendung und der Rechtsstreit ist an das ArbG zurückzuverweisen⁸. Nunmehr hat das BAG unter Aufgabe seiner früheren Rspr. klargestellt, dass es in aller Regel ermessensfehlerhaft ist, über einen Kündigungsschutzantrag und über einen darauf bezogenen Auflösungsantrag eher zu entscheiden, als über einen zeitlich vorhergehenden Auflösungsantrag⁹. Indes vertritt das ArbG Berlin die Auffassung, dass bei Verbindung eines Kündigungsschutzantrages gem. § 4 Abs. 1 KSchG mit einem Auflösungsantrag gem. § 9 Abs. 1 Satz 1 KSchG bei ausschließlicher Entscheidungsreife der Kündigungsschutzklage im Hinblick auf das arbeitsgerichtliche Beschleunigungsgebot (§ 9 Abs. 1, § 61a Abs. 1 ArbGG) ggf. durch Teilurteil zu entscheiden ist, wenn über den Auflösungsantrag – etwa zur Wahrung von Schriftsatzfristen zum dortigen Streitstoff – nicht sofort entschieden werden kann¹⁰. Der Auflösungsantrag nach § 9 KSchG verbunden mit einem Hilfsantrag auf Feststellung, dass das Arbeitsverhältnis nicht durch die Kündigung aufgelöst worden ist, kann nach der Rspr. die Klagefrist nach §§ 4, 7 KSchG wahren¹¹.

109 Ein **Rechtsanwalt** ist idR verpflichtet, dem von ihm im Kündigungsschutzverfahren vertretenen ArbGeb zur **Stellung eines Auflösungsantrages** iSd. § 9 KSchG zu **raten** bzw. den Antrag zu stellen¹², da mit diesem Antrag nur vorteilhafte Rechtsfolgen für den ArbGeb verbunden sind¹³. Wird für die Kündigungsschutzklage Prozesskostenhilfe beantragt und schließen die Parteien einen Abfindungsvergleich, bevor über den Antrag entschieden worden ist, so ist die Abfindung als Vermögen des Antragstellers im Rahmen der § 115 Abs. 2 ZPO iVm. § 90 Abs. 3 SGB XII zu berücksichtigen¹⁴. Hält sich die Abfindung in den

---

1 BAG v. 13.12.1956 – 2 AZR 353/54, AP Nr. 5 zu § 7 KSchG; s. weiterhin BAG v. 21.5.2008 – 8 AZR 623/07; zur Höhe der zu beantragenden Abfindung s. *Hümmerich*, NZA 1999, 342.
2 BVerwG v. 11.5.2006 – 5 B 24/06.
3 LAG Rh.-Pf. v. 19.4.2007 – 11 Sa 7/07; *Wolmerath*, jurisPR-ArbR 39, 2007 Anm. 4.
4 KR/*Spilger*, § 9 KSchG Rz. 23; *von Hoyningen-Huene/Linck*, 15. Aufl. 2013, § 9 KSchG Rz. 29; Arbeitsrechtslexikon/*Schwab*, Auflösung des Arbeitsverhältnisses I.2.
5 KR/*Spilger*, § 9 KSchG Rz. 19 ff.; *von Hoyningen-Huene/Linck*, 15. Aufl. 2013, § 9 KSchG Rz. 30; *Bauer/Hahn*, DB 1990, 2471.
6 Arbeitsrechtslexikon/*Schwab*: Auflösung des Arbeitsverhältnisses I.2.
7 BAG v. 28.1.1961 – 2 AZR 482/59, AP Nr. 8 zu § 7 KSchG; BAG v. 26.10.1979 – 7 AZR 752/77, AP Nr. 5 zu § 9 KSchG 1969.
8 LAG Rh.-Pf. v. 10.7.1997 – 11 Sa 1144/96, NZA 1998, 903.
9 BAG v. 27.4.2006 – 2 AZR 360/05, NZA 2007, 229 unter Aufgabe von BAG v. 17.9.1987 – 2 AZR 2/87, RzK I 11a Nr. 16.
10 ArbG Berlin v. 13.1.2017 – 28 Ca 3744/16, juris entgegen BAG v. 4.4.1957 – 2 AZR 456/54, AP § 301 ZPO Nr. 1 sowie BAG v. 9.12.1971 – 2 AZR 118/11, BAGE 24, 57.
11 BAG v. 31.3.1993 – 2 AZR 467/92, NZA 1994, 237; LAG Hamm v. 2.12.1999 – 4 Sa 1153/99, ZiB 2000, 325; LAG Berlin-Brandenburg v. 31.5.2012 – 7 Ta 376/12.
12 Auch nach den neuen Regelungen des § 42 Abs. 4 Satz 1 Halbs. 2 GKG ist ein Auflösungsantrag nach § 9 KSchG streitwertmäßig nicht gesondert zu berücksichtigen, vgl. LAG Nürnberg v. 29.8.2005 – 2 Ta 109/85, NZA-RR 2006, 44.
13 Nach Auffassung des OLG Düsseldorf v. 18.11.1997 – 24 U 184/96, AnwBl 1998, 351, gilt dies auch für den ArbN-Vertreter (äußerst zweifelhaft, wenn der ArbN unbedingt am Bestehen des Arbeitsverhältnisses festhalten will).
14 LAG Hamburg v. 13.8.1997 – 1 Ta 3/97, LAGE § 115 ZPO Nr. 52; *Schwab*, LAGR 2003, 126 in Anm. zu LAG Hamm v. 29.5.2002 – 4 Ta 320/02, LAGR 2003, 125, das auf die Abfindung grds. nur iHv. 10 % Zugriff nimmt.

Grenzen des § 10 KSchG, kommt nach einem Teil der Rspr. eine Anrechnung hingegen nicht in Betracht[1]. Grundsätzlich sind Abfindungen, die gezahlt worden sind, als Vermögen verwertbar und deshalb einsetzbar, weshalb eine gezahlte Abfindung bei den Prozesskostenhilfe- bzw. der festgesetzten Ratenzahlung zu berücksichtigen ist[2]. Etwas anderes gilt, wenn durch die Abfindung sonstige Verbindlichkeiten der Partei getilgt werden[3]. Streitig ist weiterhin, wann die in einem Vergleich vereinbarte Abfindung fällig ist; nach der überwiegenden Rspr. ist die Abfindung erst mit der Beendigung des Arbeitsverhältnisses fällig[4].

Wird ein Kündigungsschutzprozess durch Vergleich und Zahlung einer Abfindung beendet, so wird der ArbGeb durch Zahlung an die **BA** im Falle eines **Forderungsüberganges** (§ 115 Abs. 1 SGB X) befreit. Der ArbGeb hat ggf. Vollstreckungsgegenklage zu erheben. Versäumt er die Vollstreckungsgegenklage, so kann er anschließend einen auf § 812 Abs. 1 Satz 1 BGB gestützten Anspruch im Wege der Leistungsklage gegenüber dem ArbN geltend machen[5]. 110

7. Die Zulassung verspäteter Klagen gem. § 5 KSchG

§ 5 KSchG regelt die Zulassung verspäteter Klagen. Diese Bestimmung gilt nunmehr in der Fassung vom 1.4.2008[6]. Gemäß § 5 Abs. 4 KSchG entscheidet das ArbG über die Klage und deren **nachträgliche Zulassung** stets und gemeinsam durch Urteil. Durch die Neufassung wurde ausschließlich Verfahrensrecht geändert; der materiell-rechtliche Kündigungsschutz bleibt unverändert[7]. Das BAG hat zwischenzeitlich betont, dass das Gericht über den Antrag auf nachträgliche Zulassung nur entscheiden darf, wenn es zu der Ansicht gelangt ist, der Kläger habe gegen eine ihn zugegangene und dem ArbG zurechenbare schriftliche Kündigungserklärung verspätet Klage erhoben[8]. Durch eine Äußerung des ArbGeb am letzten Tag der Klagefrist, man werde am nächsten Tag reden, wird der ArbN nicht arglistig von einer vorsorglichen Klageerhebung abgehalten[9]. Eine Erfolgsaussicht für die Gewährung der Prozesskostenhilfe besteht nicht, wenn bei Versäumung der Drei-Wochen-Frist nach § 4 Satz 1 KSchG der Antrag nach § 5 KSchG auf nachträgliche Zulassung der Klage damit begründet wird, dass die Rechtsantragsstelle des Amtsgerichtes es versäumt habe, auf die Drei-Wochen-Frist hinzuweisen[10]. 111

Zu den Pflichten des Rechtsanwalts gehört es bei Vorlage eines Kündigungsschreibens, die **Notierung der Klageerhebungsfrist** nach § 5 KSchG auf ihre Richtigkeit zu überprüfen und zwar unbeschadet der Frage, ob den Rechtsanwalt das Kündigungsschreiben zusammen mit der Handakte vorgelegt wird[11]. Beruht der **verspätete Eingang einer Kündigungsschutzklage** auf einem dem Büropersonal des klägerischen Prozessbevollmächtigten zuzurechnenden **Versehen** (zB Zahlendreher bei der Postleitzahl), so ist mangels Verschuldens der Partei oder ihres Prozessbevollmächtigten die Klage nachträglich zuzulassen[12]. Der Prozessbevollmächtigte des Klägers soll verpflichtet sein, auch ohne besonderen Anlass den rechtzeitigen Kla- 112

---

1 LAG Bremen v. 17.4.1998 – 4 Ta 20/98, MDR 1998, 801; Zöller/Geimer, § 115 ZPO Rz. 5.
2 LAG Hamm v. 20.6.2006 – 5 Ta 195/06; LAG Rh.-Pf. v. 17.8.2006 – 6 Ta 138/06; LAG Thür. v. 11.12.2006 – 8 Ta 157/06.
3 LAG Köln v. 7.1.2010 – 5 Ta 421/09.
4 BAG v. 15.7.2004 – 2 AZR 630/03, NZA 2005, 292; LAG Köln v. 21.9.1983 – 9 Ta 148/83, DB 1984, 568; LAG Düsseldorf v. 23.5.1989 – 16 Sa 475/89, LAGE § 9 KSchG Nr. 16; ArbG Passau v. 27.5.1997 – 3 Ca 651/97, BB 1997, 2114; aM OLG Köln v. 11.9.1995 – 2 W 107/85, NJW-RR 1986, 159; LAG Hamm v. 16.5.1991 – 8 Ta 181/91, MDR 1991, 773. Nach Auffassung des BAG ist ein Abfindungsanspruch gem. § 113 Abs. 3 BetrVG mit dem rechtlichen Ende des Arbeitsverhältnisses fällig, vgl. BAG v. 3.4.1990 – 1 AZR 131/89, EzA § 4 TVG – Ausschlussfrist Nr. 94.
5 BAG v. 9.10.1996 – 5 AZR 246/95, NZA 1997, 376. Vereinbarungen, mit denen der Beendigungszeitpunkt des Arbeitsverhältnisses zurückverlegt wird, haben keine Wirkung gegenüber Sozialleistungsträgern, wenn das Arbeitsverhältnis unstreitig fortbestand, gesicherte Geldansprüche bestanden und diese durch die Abfindung (teilweise) abgegolten wurden, s. im Übrigen BAG v. 23.9.1981 – 5 AZR 527/79, ZIP 1981, 1364; BAG v. 17.4.1986 – 2 AZR 308/85, AP Nr. 40 zu § 615 BGB.
6 S. hierzu Regierungsentwurf vom 15.11.2007, BR-Drs. 820/07, S. 9, 35; Francken/Natter/Rieker, NZA 2008, 377 (380); Rheinardt/Böggemann, NJW 2008, 1263 (1268); Schwab, FA 2008, 135.
7 ErfK/Kiel, § 5 KSchG Rz. 1.
8 BAG v. 28.5.2009 – 2 AZR 762/08, NZA 2009, 1052.
9 LAG Berlin-Brandenburg v. 2.11.2012 – 6 Sa 1754/12.
10 LAG Nürnberg v. 28.1.2016 – 3 Ta 192/15, NZA-RR 2016, 248. Die Rechtsantragsstelle des Amtsgerichtes sei nicht als zur Auskunftserteilung geeignete Stelle anzusehen.
11 LAG Hessen v. 5.6.2012 – 15 Sa 871/11; s. zu einem Irrtum bei der Fristberechnung durch den Rechtsanwalt BAG v. 22.3.2012 – 2 AZR 224/11, AP Nr. 19 zu § 5 KSchG 1969.
12 BAG v. 21.9.2000 – 2 AZR 63/00, NZA 2001, 406; LAG Köln v. 21.4.1997 – 5 Ta 76/97, LAGE § 5 KSchG Nr. 88. Die Rspr. des BGH stellt an die Sorgfaltspflicht des Rechtsanwalts wesentlich höhere Anforderungen, so BGH v. 3.12.1996 – XI ZB 20/96, NJW 1997, 468 sowie BGH v. 10.1.2000 – II ZB 14/99, NJW 2000, 1043. S. im Übrigen Arbeitsrechtslexikon/Schwab: Telefax IV.

geeingang zu überprüfen, wobei er diese Kontrolle aber auch geeignetem Büropersonal überlassen kann[1]. Generell ist zu konstatieren, dass die Rspr. den Vorwurf des Organisationsverschuldens beim Rechtsanwalt sehr schnell erhebt[2].

113 In der Vergangenheit war streitig, ob bei einer Rechtsvertretung durch die **DGB-Rechtsschutz GmbH** und unrichtiger Unterrichtung der DGB-Rechtsschutz GmbH durch eine Einzelgewerkschaft über den Lauf der Klagefrist eine nachträgliche Zulassung der Klage in Betracht kommt[3]. Das BAG hat nunmehr in zwei Entscheidungen klargestellt, dass sich der ArbN stets das Verhalten seiner Prozessbevollmächtigten an der Versäumung der Klagefrist nach § 85 Abs. 2 ZPO zurechnen lassen muss und hierbei nichts anderes gelten könne, wenn eine Fachgewerkschaft den Auftrag eines Mitglieds empfängt und die Prozessführung später an die DGB-Rechtsschutz GmbH abgibt[4]. Es mag zwar schwer zu vermitteln sein, dass ein ArbN, der alles ihm Zumutbare unverzüglich und richtig getan hat, sich Fehler von ihm beauftragter Dritter zurechnen lassen muss und deshalb seinen Arbeitsplatz verliert. Dies ist jedoch die zwangsläufige Folge der Verweisung in § 46 Abs. 2 Satz 1 auf den somit auch im arbeitsgerichtlichen Verfahren geltenden § 85 Abs. 2 ZPO, dass eine Partei, die ihren Rechtsstreit durch einen Vertreter führt, in jeder Weise so behandelt werden muss, als ob sie ihn selbst führen würde[5].

114 Die Rspr. hat einen Grund für eine nachträgliche Zulassung einer Kündigungsschutzklage bejaht, wenn ein ArbN die Klage zunächst deshalb falsch adressiert hat, weil er die **falsche Anschrift** des ArbG dem örtlichen Stadt- und Brancheninfo „Gewusst wo", das die falsche Adresse enthielt, entnommen hat[6]. Wenn mit einer psychischen Erkrankung die Unmöglichkeit verbunden ist, rechtzeitig Klage zu erheben, ist die verspätete Kündigungsschutzklage nachträglich zuzulassen[7]. Eine nachträgliche Zulassung der Kündigungsschutzklage wurde auch bejaht bei einer Abwesenheit im Ausland für die Dauer von knapp sechs Wochen[8]. Die Rspr. hat weiter betont, dass weder nach § 85 Abs. 2 ZPO noch nach § 278 BGB das Verschulden der während der Ortsabwesenheit des ArbN als Empfangsbotin beauftragten Tochter dem ArbN im Rahmen der nachträglichen Zulassung gem. § 5 KSchG zuzurechnen ist[9]. Das LAG Sachsen hat judiziert, dass ein Antrag auf nachträgliche Klagezulassung nicht stets schon deshalb begründet sei, wenn ein ArbN nach längerer Ortsabwesenheit außerhalb der Drei-Wochen-Frist das an seine Heimatadresse gerichtete Kündigungsschreiben vorfindet. Es komme weiter darauf an, dass die Abwesenheit unverschuldet war. Dieses ist außer beim Urlaub idR auch bei längerer Arbeitsunfähigkeit der Fall. Eine Überlegungsfrist bei § 4 KSchG von einem Tag sei zu kurz[10]. Bei einer Fristversäumnis auf Grund einer dem Prozessbevollmächtigten zurechenbaren Sorgfaltspflichtverletzung kommt die nachträgliche Zulassung einer Kündigungsschutzklage nicht in Betracht[11]. Gelangt ein Kündigungsschreiben in den Hausbriefkasten eines ArbN, kann er als Empfänger dieser Kündigung eine nachträgliche Klagezulassung nicht allein darauf stützen, dass dieses Schreiben aus unerklärlichen Gründen ihm nicht zur Kenntnis gelangt sei[12]. Selbst bei Verlust des Kündigungsschreibens (vor Kenntnis des ArbN), kann die Klagezulassungsfrist des § 5 Abs. 3 Satz 1 KSchG unter Berücksichtigung besonderer Umstände des Einzelfalls bereits dann beginnen, wenn der ArbN von einer nach ihrer Stellung im Unternehmen als zuständig informiert einzuschätzenden Person mündlich im Detail über Kündigungsart, Kündigungsdatum und Zustellungsmodalitäten informiert war[13]. Der Umstand, dass sich ein ArbN bei Ablauf einer Befristung im Ausland aufgehalten hat, rechtfertigt nicht die nachträg-

---

1 LAG Hamm v. 8.7.1998 – 12 Ta 167/98.
2 S. zB LAG Hamm v. 18.12.1997 – 16 Sa 968/97, LAGE § 233 ZPO Nr. 25; LAG Köln v. 28.1.2000 – 4 Sa 1370/99; LAG Rh.-Pf. v. 26.10.2000 – 4 Sa 606/00, NZA-RR 2001, 214.
3 LAG Köln v. 13.6.2006 – 4 Ta 159/06, NZA-RR 2007, 33. AA LAG Hamburg v. 18.5.2005 – 4 Ta 27/04, NZA-RR 2005, 489.
4 BAG v. 11.12.2008 – 2 AZR 472/08, NZA 2009, 692 sowie BAG v. 28.5.2009 – 2 AZR 548/08, NZA 2009, 1052. Hierzu *Dresen*, NZA 2009, 769 sowie *Lingemann/Ludwig*, NJW 2009, 2787.
5 *Dresen*, NZA 2009, 769 (771).
6 LAG Köln v. 12.4.2006 – 14 Ta 133/06, NZA-RR 2006, 492.
7 LAG Köln v. 9.3.2006 – 14 Ta 21/06. Allein ein Krankenhausaufenthalt ist nicht ausreichend für eine nachträgliche Zulassung der Kündigungsschutzklage, sofern der ArbN nicht objektiv daran gehindert war, eine Klage zu formulieren oder seine Rechte auf andere Weise wahrzunehmen, vgl. LAG Köln v. 1.3.2006 – 3 Ta 23/06, LAGE § 5 KSchG Nr. 112.
8 LAG Nürnberg v. 23.8.2005 – 6 Ta 136/05, MDR 2006, 274.
9 LAG Köln v. 28.12.2004 – 11 Ta 285/04, NZA-RR 2005, 384.
10 LAG Sachsen v. 11.5.2015 – 4 Ta 19/15 (6), LAGE § 5 KSchG Nr. 119 m. Anm. *Wagner*, FA 2015, 333.
11 LAG Sa.-Anh. v. 14.4.2015 – 6 Sa 358/14.
12 LAG Rh.-Pf. v. 19.2.2015 – 5 Sa 475/14.
13 LAG Hamm v. 18.12.2014 – 8 Sa 432/14.

liche Zulassung einer Entfristungsklage. Gleiches gilt, wenn der ArbN geltend macht, die dreiwöchige Klagefrist sei nicht bekannt gewesen[1].

Einstweilen frei   115–116

II. Die Eingruppierungsklage

1. Streitgegenstand

Bei einer Eingruppierungsklage[2] gem. § 22 BAT[3] bzw. nunmehr gem. § 12 TV-L bzw. § 12 TVöD[4] macht der Beschäftigte geltend[5], dass er die Tätigkeitsmerkmale einer höheren Vergütungsgruppe erfüllt und demzufolge einen Anspruch auf höhere Vergütung hat[6]. Der TV-L und TVöD sehen einen Bewährungsaufstieg nicht (mehr) vor. Bei der Eingruppierungsklage wird jedoch nicht nur über den Anspruch des Beschäftigten auf Höhergruppierung gestritten, sondern auch immer häufiger gegen eine vom ArbGeb vorgenommene korrigierende Rückgruppierung[7]. Im Bereich der Bundesländer wurde § 22 BAT durch § 12 TV-L iVm der Anlage A (Entgeltordnung) abgelöst. Von Ausnahmen abgesehen (wie zB Beschäftigte in der Datenverarbeitung) gibt es nunmehr für die Beschäftigten der Länder eine neue Rechtsgrundlage für die Eingruppierung[8]. Die Eingruppierung von Lehrkräften[9] richtet sich nach den Lehrer-Richtlinien der TdL[10]. Die Eingruppierung von Ärzten erfolgt gem. § 12 TV-Ärzte sowie § 16 TV-Ärzte/VKA[11]. Im November 2013 haben sich die Tarifvertragsparteien auf eine Entgeltordnung zum TVöD (Bund) geeinigt[12], im November 2016 geschah Gleiches für den Bereich der Kommunen[13].

117

---

1 LAG Köln v. 29.10.2014 – 5 Ta 366/14, LAGE § 17 TzBfG Nr. 7.
2 Zuständig ist das ArbG gem. § 2 Abs. 1 Nr. 3 Buchst. a, auch wenn ein freigestelltes Personalratsmitglied gegen seinen ArbGeb Anspruch auf höhere tarifliche Eingruppierung und Vergütung erhebt und sich hierbei auf das personalvertretungsrechtliche Benachteiligungsverbot beruft, vgl. BAG v. 31.10.1985 – 6 AZR 129/83, AP Nr. 5 zu § 46 BPersVG; BAG v. 26.9.1990 – 7 AZR 208/89, ZTR 1991, 344; OVG Koblenz v. 24.4.1985 – 5 A 8/84, DÖV 1985, 930. Der Eingruppierungsrechtsstreit einer Rote-Kreuz-Schwester ist hingegen vor den Zivilgerichten auszutragen, vgl. BAG v. 6.7.1995 – 5 AZB 9/93, NZA 1996, 33. LAG Düsseldorf v. 27.3.2012 – 17 TaBV 86/11 sowie LAG Düsseldorf v. 6.7.2012 – 6 TaBV 30/12, ZTR 2012, 650.
3 Ausführlich hierzu jeweils die Kommentierungen zu § 22 BAT sowie *Fromm*, ZTR 1989, 211 (251 ff.). Bezeichnend ist die von *Fromm* gewählte Überschrift des Aufsatzes (nach einem sechsjährigen Tätigkeit als Vorsitzender einer Fachkammer für den öffentlichen Dienst): „An den Grenzen rationaler Rechtsfindung – Grundprobleme des Eingruppierungsrechts des öffentlichen Dienstes." Im Gegensatz dazu lobt der frühere Vorsitzende des für Eingruppierungsstreitigkeiten zuständigen Revisionssenates des BAG diese Rspr. zum Tarifrecht „fast als Lehrstück zur Handhabung unbestimmter Rechtsbegriffe, zur Abgrenzung von allgemeinen und Einzelregelungen, zum Zusammenspiel von Tarifautonomie und Rechtsprechung", vgl. *Neumann*, RdA 1994, 370 (372); s.a. *Freitag*, FS Dieterich, 1999, S. 159.
4 S. hierzu die Kommentierung von *Bredemeier/Neffke*, TVöD/TV-L, 4. Aufl. 2013, § 12; *Burger/Weinmann*, TVöD, TV-L, 3. Aufl. 2016, §§ 12, 13 Rz. 8 ff.; *Groeger/Schlewing*, Teil 7, Rz. 271 ff.; s. weiterhin zu aktuellen Eingruppierungsfragen in der Rspr. *Müller*, öAT 2013, 155; zur Eingruppierung der technischen Beschäftigten (Ingenieure) *Müller*, öAT 2013, 114; zur Eingruppierung der Oberärzte *Zimmerling*, öAT 2010, 99 sowie *Zimmerling*, ZTR 2012, 371; zur Eingruppierung der Lehrkräfte *Zimmerling*, öAT 2013, 202.
5 In der Juristischen Datenbank juris findet man mehr als 13.000 Gerichtsentscheidungen zum Eingruppierungsrecht, davon ca. 4500 des BAG.
6 Die Eingruppierungsfeststellungsklage kann sich auch auf Zahlung einer Zulage gem. § 24 BAT richten, vgl. BAG v. 16.7.1975 – 4 AZR 433/74, AP Nr. 1 zu § 28 BMT-G II; BAG v. 23.4.1986 – 4 AZR 90/85, AP Nr. 118 zu § 22, § 23 BAT 1975; BAG v. 23.11.1994 – 4 AZR 883/93, AP Nr. 1 zu § 37 BMT II; BAG v. 25.9.1996 – 4 AZR 195/95, AP Nr. 31 zu §§ 22, 23 BAT – Sozialarbeiter; BAG v. 14.12.2005 – 4 AZR 474/04, NZA-RR 2006, 388; s. hierzu auch *Düwell/Lipke/Kloppenburg*, § 46 Rz. 328 ff. sowie GK-ArbGG/*Schütz*, § 46 Rz. 151 f.
7 BAG v. 30.5.1990 – 4 AZR 74/90, NZA 1990, 899; BAG v. 26.8.1992 – 4 AZR 210/92, ZTR 1993, 126; BAG v. 11.6.1997 – 10 AZR 724/95, NZA-RR 1998, 140; BAG v. 9.7.1997 – 4 AZR 635/95, NZA 1998, 494; BAG v. 18.2.1998 – 4 AZR 518/96, NZA 1998, 950; BAG v. 26.8.1998 – 4 AZR 280/97, ZTR 1999, 216; BAG v. 23.9.2009 – 4 AZR 220/08, ZTR 2010, 298; BAG v. 15.6.2011 – 4 AZR 737/09, ZTR 2012, 26; BAG v. 24.9.2015 – 2 AZR 680/14, ZTR 2016, 275. S. hierzu *Breier/Kiefer/Hoffmann/Dassau*, TVöD, § 22 BAT Rz. 30.120; *Bredemeier/Neffke/Zimmermann*, TVöD/TV-L, 4. Aufl. 2013, §§ 12, 13 Rz. 76 ff.; *Groeger/Schlewing*, Teil 7, Rz. 135 ff.; *Gewehr*, NZA 1997, 211; *Bergwitz*, ZTR 2001, 539; *Friedrich/Kloppenburg*, RdA 2001, 293; *Zimmerling*, ZTR 2002, 354. *Müller-Uri*, ZTR 2004, 176; *Seel*, öAT 2011, 97.
8 S. hierzu auch *Bredemeier/Neffke/Zimmermann*, TVöD/TV-L, 4. Aufl. 2013, §§ 12, 13 Rz. 3.
9 S. zum Begriff der „Lehrkraft" die Protokollerklärung zu § 44 Nr. 1 TV-L.
10 Hierzu *Zimmerling*, öAT 2013, 202.
11 Hierzu *Zimmerling*, öAT 2010, 99 sowie *Zimmerling*, ZTR 2012, 371.
12 S. hierzu *Krämer/Reinicke*, ZTR 2014, 1 sowie *Müller*, öAT 2014, 1.
13 S. hierzu *Nonath*, ZTR 2016, 551 ff. sowie *Nonath*, ZTR 2016, 611 ff.; *Günther*, öAT 2017, 1 ff. sowie *Günther*, AuA 2016, 478; *Dannenberg*, PersR 2017, 8 ff.

118 **Schlüsselbegriff des Eingruppierungsrechtes ist der Arbeitsvorgang.** Jeder Arbeitsvorgang ist als solcher zu bewerten und darf dabei hinsichtlich der Anforderung zeitlich nicht aufgespalten werden[1]. Das BAG betont immer wieder, dass „von dem von der Senats-Rspr. entwickelten Begriff des Arbeitsvorgangs auszugehen" sei[2]. Diesen Begriff des Arbeitsvorganges hat das BAG verstanden als eine unter Hinzurechnung der **Zusammenhangtätigkeiten**[3] bei Berücksichtigung einer sinnvollen, vernünftigen Verwaltungsübung nach tatsächlichen Gesichtspunkten abgrenzbare und rechtlich selbständig zu bewertende Arbeitseinheit der zu einem bestimmten Arbeitsergebnis führenden Tätigkeit eines ArbN[4]. Tatsächlich trennbare Tätigkeiten mit unterschiedlicher Wertigkeit können nicht zu einem Arbeitsvorgang zusammengefasst werden[5]. Die Definition des **Arbeitsvorgangs** einerseits in der Protokollerklärung zu § 22 Abs. 2 BAT und andererseits in der Protokollerklärung zu § 12 Abs. 1 TV-L ist nicht identisch. Soweit ersichtlich hat sich die Rspr. mit etwaigen Rechtsfolgen der unterschiedlichen Definition bislang nicht beschäftigt.

119 Der Begriff des „Arbeitsvorganges" ist ein **feststehender**, abstrakter, von den Tarifvertragsparteien vorgegebener **Rechtsbegriff**. Die Bestimmung des Arbeitsvorganges ist als Rechtsanwendung demzufolge Sache der Gerichte[6]. Hieraus ergibt sich, dass die Parteien nicht unstreitig stellen können, dass bestimmte Tätigkeiten einen Arbeitsvorgang im Rechtssinne bilden[7]. Weiterhin bedeutet dies, dass die Bildung des „Arbeitsvorganges" durch die Tatsachengerichte in vollem Umfang durch das BAG als Revisionsgericht[8] nachprüfbar ist[9] und dass das BAG den Begriff des Arbeitsvorganges anhand des unstreitigen Sachverhaltes selbst bestimmen kann[10]. Eine Einschränkung gilt allerdings bei der Verwendung von unbestimmten Rechtsbegriffen durch das LAG[11].

---

1 S. zu dem Begriff des Arbeitsvorganges ua. *Clemens/Scheuring/Steingen/Wiese*, TV-L, § 12 Rz. 207 ff.; *Bredemeier/Neffke/Zimmermann*, TVöD/TV-L, 4. Aufl. 2013, §§ 12, 13 Rz. 55 ff.; *Groeger/Schlewing*, Teil 7, Rz. 79 ff.; *Zimmerling*, Arbeitsrechtliche Konkurrentenklage, Rz. 92 ff. sowie 148 ff.; *Krasemann*, Das Eingruppierungsrecht des BAT/BAT-O, 8. Aufl. 2005, Kap. 12, Rz. 29 ff. *Neumann*, NZA 1986, 729; *Fromm*, ZTR 1989, 211 (214); *Schliemann*, ZTR 1999, 435.
2 So zB BAG v. 27.7.1994 – 4 AZR 593/93, ZTR 1995, 22; BAG v. 14.12.1994 – 4 AZR 151/93, AP Nr. 11 zu § 22, § 23 BAT – Sozialarbeiter; BAG v. 26.7.1995 – 4 AZR 218/94, NZA-RR 1996, 153 (154); BAG v. 15.11.1995 – 4 AZR 557/94, AP Nr. 209 zu § 22, § 23 BAT 1975; BAG v. 22.4.2009 – 4 AZR 166/08, ZTR 2009, 581; BAG v. 25.8.2010 – 4 AZR 5/09, ZTR 2011, 165; BAG v. 12.12.2012 – 4 AZR 199/11, ZTR 2013, 385; BAG v. 13.5.2015 – 4 AZR 355/13, ZTR 2015, 697; BAG v. 14.9.2016 – 4 AZR 364/13, juris.
3 BAG v. 10.12.2014 – 4 AZR 773/12, ZTR 2015, 646. Zusammenhangstätigkeiten sind solche Tätigkeiten, die aufgrund ihres inneren Zusammenhangs mit bestimmten, insbesondere höherwertigen Aufgaben eines Angestellten bei der tariflichen Bewertung von diesen nicht getrennt werden dürfen, sondern ihnen zuzurechnen sind; das Heraussuchen einer Akte gehört mithin zur Aktenbearbeitung. Auf der Grundlage der Rspr. sind als Arbeitsvorgänge angesehen worden: Tätigkeit des Betriebsleiters für die Gas- und Wasserversorgung einer Stadtgemeinde, Stoffsammlung für eine Dokumentation, Zeitungslektüre zur persönlichen Unterrichtung bei einem Redakteur, Erstellen von Bebauungsplänen bei einem vermessungstechnischen Angestellten, unterschriftsreife Bearbeitung von Anträgen auf Erteilung von Vertriebenenausweisen, vgl. – jeweils mit umfangreichen Nachweisen – *Breier/Kiefer/Hoffmann/Dassau*, TVöD, § 22 BAT Anh. 1; *Clemens/Scheuring/Steingen/Wiese*, TV-L, § 12 Rz. 212; *Groeger/Schlewing*, Teil 7, Rz. 86; *Bredemeier/Neffke/Zimmermann*, TVöD/TV-L, 4. Aufl. 2013, §§ 12, 13 Rz. 56 ff.
4 St. Rspr. des BAG, vgl. zB BAG v. 29.1.1986 – 4 AZR 465/84, BAGE 51, 59; BAG v. 19.3.1986 – 4 AZR 642/84, BAGE 51, 282; BAG v. 16.4.1986 – 4 AZR 595/84, AP Nr. 115, 116 und 120 zu § 22, § 23 BAT 1975; BAG v. 10.12.1997 – 4 AZR 228/96, AP Nr. 234 zu § 22, § 23 BAT 1975; BAG v. 30.9.2009 – 4 AZR 308/08. Berechtigte – wenn auch vergebliche – Kritik an dieser Rspr. *Fromm*, ZTR 1989, 211 (215 f.); denkbar ist, dass die gesamte Tätigkeit eines Angestellten nur einen Arbeitsvorgang bildet, wenn der Aufgabenkreis nicht weiter aufteilbar und einer rechtlichen Bewertung zugänglich ist, so zB BAG v. 30.1.1985 – 4 AZR 184/83, AP Nr. 101 zu § 23 BAT 1975; BAG v. 23.2.1983 – 4 AZR 222/80, AP Nr. 70 zu § 22, § 23 BAT 1975; BAG v. 24.6.1998 – 4 AZR 300/97, NZA-RR 1998, 521.
5 BAG v. 20.10.1993 – 4 AZR 45/93, ZTR 1993, 157; BAG v. 14.12.2005 – 4 AZR 560/04.
6 BAG v. 19.7.1978 – 4 AZR 31/77, AP Nr. 8 zu § 22, § 23 BAT 1975; BAG v. 26.7.1995 – 4 AZR 280/94, NZA-RR 1996, 153; BAG v. 28.1.2009 – 4 AZR 13/08, ZTR 2009, 481.
7 BAG v. 19.3.1980 – 4 AZR 300/78, AP Nr. 32 zu § 22, § 23 BAT 1975; BAG v. 24.10.1984 – 4 AZR 518/82, AP Nr. 97 zu § 22, § 23 BAT 1975.
8 Sofern die Revision nicht zugelassen ist, muss sich die Nichtzulassungsbeschwerde demzufolge beschäftigen mit dem Rechtsbegriff des Arbeitsvorganges in § 22, 23 BAT bzw. § 12 TVöD/TV-L; sofern sich die Nichtzulassungsbeschwerde lediglich dagegen wendet, wie im konkreten Fall die Berufungsinstanz die Arbeitsvorgänge des ArbN zugeschnitten hat, ist diese unzulässig, vgl. BAG v. 27.7.1988 – 4 AZN 348/88.
9 BAG v. 18.7.1990 – 4 AZR 25/90, AP Nr. 151 zu § 22, § 23 BAT 1975; BAG v. 22.1.1977 – 4 AZR 395/76, BAGE 29, 364 (370); BAG v. 26.7.1995 – 4 AZR 280/94, NZA-RR 1996, 153 (154); einen ausführlichen Überblick über die Rspr. zur Bildung eines Arbeitsvorganges geben *Breier/Kiefer/Hoffmann/Dassau*, TVöD, § 22 BAT Anh. 1.
10 BAG v. 29.1.1986 – 4 AZR 465/84, AP Nr. 115 zu § 22, § 23 BAT 1975 mwN; BAG v. 23.4.1986 – 4 AZR 19/85, AP Nr. 118 zu § 22, § 23 BAT 1975.
11 BAG v. 15.11.1995 – 4 AZR 557/94, AP Nr. 209 zu § 22, § 23 BAT 1975; BAG v. 10.12.1997 – 4 AZR 221/96, ZTR 1998, 271; BAG v. 28.1.2009 – 4 AZR 13/08, ZTR 2009, 481; im Hinblick auf diesen den Tatsacheninstanzen zu-

Die gesamte auszuübende Tätigkeit entspricht dann den Tätigkeitsmerkmalen der (angestrebten) Vergütungsgruppe, wenn zeitlich **mindestens zur Hälfte Arbeitsvorgänge** bearbeitet werden, die – für sich genommen – die Anforderung der Tätigkeitsmerkmale **der begehrten Vergütungsgruppe** erfüllen[1]. Demzufolge muss der Kläger die gesamte Tätigkeit quantifizieren[2]. Nach der Rspr. des BAG kann der Zeitaufwand für jeden Arbeitsvorgang mit Methoden ermittelt werden, wie sie für Organisationsuntersuchungen verwendet werden, zB qualifizierte Schätzung, Arbeitstagebuch, Laufzettelverfahren, Multimomentaufnahmen uÄ. Soweit kein statistisches Zahlenmaterial zur Verfügung steht, kommt zwar auch eine Schätzung der Zeitanteile gem. § 287 ZPO in Betracht, wobei jedoch die Schätzungsgrundlagen im Einzelnen anzugeben und zu erläutern sind[3]. Es ist allerdings auch möglich, dass die gesamte Übertragung der Tätigkeit ein einheitlicher Arbeitsvorgang ist[4]. 120

2. Eingruppierungsfeststellungsklage

a) Im Öffentlichen Dienst

Nach der Rspr. des BAG ist im öffentlichen Dienst die **Eingruppierungsfeststellungsklage allgemein üblich**; gegen deren Zulässigkeit bestehen keine Bedenken[5]. Dies gilt auch bei Beschränkung des Feststellungsantrags auf einen in der Vergangenheit liegenden Zeitraum[6] auch dann, wenn die Klage erst nach Beendigung des Arbeitsverhältnisses erhoben wird und die Nachzahlungsbeträge somit beziffert werden könnten[7]. Der Feststellungsantrag ist weiterhin zulässig, als er Zinsforderungen zum Gegenstand hat[8]. Das BAG hat im Jahre 2011 seine frühere Rspr., wonach in Eingruppierungsstreitigkeiten die Zinsen auf nachzuzahlende Differenzbeträge erst ab Rechtshängigkeit zu zahlen sind, aufgegeben, und zwar unter Hinweis auf den eindeutigen Wortlaut des § 286 Abs. 4 BGB[9]. Die Zulässigkeit der Feststellungsklage wurde dabei früher vom BAG mit dem Status des Beklagten als eines öffentlich-rechtlichen ArbGeb[10] begründet. In der neueren Rspr. stellt das BAG vor allem darauf ab, dass wegen der mit der Feststellungsklage ebenfalls erfassten Statusfrage auch eine Klärung für die Zukunft herbeigeführt wird, so dass das Rechtsschutzinteresse 121

---

stehenden Beurteilungsspielraum sah sich das BAG außerstande, den Prozentsatz der Arbeitszeit zu bestimmen, bei dessen Vorliegen das Merkmal selbständiger Leistung in erheblichem Umfang zu bejahen ist, s. BAG v. 22.3.1995 – 4 AZN 1105/94, NZA 1996, 42.

1 BAG v. 28.3.1979 – 4 AZR 446/77, AP Nr. 19 zu § 22, § 23 BAT 1975; es gibt aber auch Tarifverträge, die für eine Höhergruppierung fordern, dass mehr als 50 % der übertragenen Tätigkeiten den höherwertigen Tätigkeitsmerkmalen entsprechen, so zB § 2 Abs. 1 Bundes-Vergütungstarifvertrag, vgl. BAG v. 29.7.1992 – 4 AZR 502/91, AP Nr. 32 zu § 1 TVG – Tarifverträge Einzelhandel. S. hierzu auch Groeger/*Schlewing*, Teil 7, Rz. 79 ff.
2 Der Zeitraum, für den die Arbeitsvorgänge zu ermitteln sind, reicht von einem Monat (bei einfachen Arbeiten) bis zu sechs Monaten (bei schwierigen Arbeiten), vgl. BAG v. 26.4.1966 – 1 AZR 458/64, AP Nr. 2 zu § 22, § 23 BAT; BAG v. 14.8.1985 – 4 AZR 21/84, AP Nr. 109 zu §§ 22, 23 BAT 1975.
3 BAG v. 24.1.1979 – 4 AZR 377/77, PersV 1980, 164; BAG v. 14.2.1979 – 4 AZR 414/77, AP Nr. 15 zu § 22, § 23 BAT 1975; LAG Hamm v. 10.2.1999 – 18 Sa 837/98, ZTR 1999, 368.
4 BAG v. 1.3.1995 – 4 AZR 985/93, AP Nr. 2 zu § 1 TVG Tarifverträge Arbeiterwohlfahrt für Sozialarbeiter im Beratungs- und Betreuungstätigkeiten sowie BAG v. 20.5.2009 – 4 AZR 184/08, ZTR 2009, 636 für die Tätigkeit in der Schuldner- und Insolvenzberatung. BAG v. 24.2.2016 – 4 AZR 485/13, ZTR 2016, 510 für die Tätigkeit einer Sozialpädagogin; BAG v. 4.7.2012 – 4 AZR 673/10, ZTR 2013, 83; BAG v. 25.1.2017 – 4 AZR 379/15, ZTR 2017, 285; ArbG Wuppertal v. 15.10.2013 – 5 Ca 1287/13 für den einheitlichen Arbeitsvorgang „Streifengang" bei einer Politesse. Die Außendiensttätigkeit eines Streifenpolizisten ist kein einheitlicher Arbeitsvorgang, so LAG Hessen v. 5.7.2016 – 8 Sa 278/16, juris. S. hierzu auch Groeger/*Schlewing*, Teil 7, Rz. 84.
5 St. Rspr., zB BAG v. 19.3.1986 – 4 AZR 470/84, AP Nr. 114 zu § 22, § 23 BAT 1975; BAG v. 26.7.1995 – 4 AZR 280/94, AP Nr. 203 zu § 22, § 23 BAT 1975; BAG v. 10.12.1997 – 4 AZR 221/96, AP Nr. 237 zu §§ 22, 23 BAT 1975; *Zimmerling*, NZA 1989, 418 mwN in Fn. 7; *Zimmer*, ZTR 1998, 448 (451 f.). Groeger/*Schlewing*, Teil 7, Rz. 271 ff. De lege ferenda plädiert *Kösling*, AuA 1994, 49 für eine Erweiterung des § 101 Abs. 2 ArbGG dahin gehend, dass die Möglichkeit geschaffen werde, Streitigkeiten zwischen ArbN und ArbGeb über die tarifliche Eingruppierung anstelle dem ArbG einem Schiedsgericht zu unterstellen.
6 Vgl. zB BAG v. 2.12.1992 – 4 AZR 126/92, AP Nr. 30 zu § 22, § 23 BAT – Lehrer; BAG v. 6.3.1974 – 4 AZR 293/73, AP Nr. 2 zu § 21 MTB II; BAG v. 5.11.1986 – 4 AZR 640/85, AP Nr. 128 zu §§ 22, 23 BAT 1975; BAG v. 26.7.1995 – 4 AZR 280/94, AP Nr. 203 zu § 22, § 23 BAT 1975.
7 AA LAG Köln v. 20.9.2010 – 5 Sa 772/10; ErfK/*Koch*, § 46 ArbGG Rz. 27 sowie GMP/*Germelmann*, § 46 Rz. 106.
8 So zB BAG v. 21.1.1970 – 4 AZR 106/69, NJW 1970, 1207; BAG v. 9.2.1983 – 4 AZR 267/80, AP Nr. 1 zu § 21 MTL II; BAG v. 26.7.1995 – 4 AZR 280/94, AP Nr. 203 zu § 22, § 23 BAT 1975; BAG v. 11.6.1997 – 10 AZR 613/96, ZTR 1997, 512; BAG v. 30.10.2003 – 8 AZR 494/02, EzBAT §§ 22, 23 BAT M Nr. 117; LAG Sachsen v. 28.3.2006 – 7 Sa 462/05; Düwell/Lipke/*Kloppenburg*, § 46 Rz. 335 ff.; GMP/*Germelmann*, § 46 Rz. 107; Groeger/*Schlewing*, Teil 7, Rz. 279 ff.
9 BAG v. 26.1.2011 – 4 AZR 167/09, ZTR 2011, 488; s. hierzu *Richter*, ZTR 2011, 489 sowie *Kortmann*, öAT 2011, 157.
10 So zB BAG v. 3.9.1986 – 4 AZR 335/85, BAGE 53, 8; weitere Nachweise bei GWBG/*Benecke*, § 46 Rz. 33 ff.

zu bejahen ist[1]. Im Eingruppierungsprozess kommen noch hinzu die Schwierigkeiten, die ein nicht mit der Gehaltsabrechnung befasster Angestellter im Gegensatz zu dem über einen entsprechenden Apparat verfügenden ArbGeb bei der Berechnung der Vergütungsdifferenzen insbesondere für einen länger zurückliegenden Zeitraum hat. Die Eingruppierungsfeststellungsklage ist somit – verglichen mit der auch zulässigen – Leistungsklage prozessökonomischer[2]. Wenn der Kläger mit seinem Höhergruppierungsantrag die Höhergruppierung um zwei Vergütungsstufen erstrebt, ist in diesem Antrag ohne weiteres enthalten das Begehren um Höhergruppierung um eine Stufe; eines besonderen Hilfsantrages bedarf es insoweit nicht[3]. Soweit ein Kläger zusätzlich die Verpflichtung des Beklagten zur Zahlung der Differenzvergütung begehrt, handelt es sich um einen unselbständigen Antragsbestandteil, der bereits in der Eingruppierungsfeststellungsklage enthalten ist[4]. Üblicherweise wird der Klageantrag wie folgt formuliert:

Formulierungsvorschlag:
festzustellen, dass die beklagte Partei verpflichtet ist, der klagenden Partei Entgelt aus der Entgeltgruppe ... zu zahlen und die monatliche Bruttodifferenzbeträge zwischen dem Entgelt aus der Entgeltgruppe ... und dem Entgelt aus der Entgeltgruppe ... ab (Verzug, Rechtshängigkeit) mit 5%-Punkten über dem Basiszinssatz ab jeweiliger Fälligkeit zu verzinsen[5].

121a   Ein ArbGeb kann auf die Erhebung einer Eingruppierungsfeststellungsklage mit einer Feststellungswiderklage reagieren. Derartige Feststellungswiderklagen (zum Zwecke der Herabgruppierung des ArbN) sind zulässig[6]. Selbstverständlich kann der ArbN auch eine Leistungsklage erheben. Mangels Anwendbarkeit des § 258 ZPO ist er mit dieser Klage auf die Zahlung der bereits fälligen Entgeltdifferenz beschränkt[7].

b) Gegen private Arbeitgeber

122   Das BAG hat gegenüber privaten ArbGeb die Eingruppierungsfeststellungsklage früher für unzulässig gehalten[8]. Später hat das **BAG** auch **Eingruppierungsfeststellungsklagen gegen einen privaten ArbGeb zugelassen**, da sich die Eingruppierungsfeststellungsklage auch auf die Zukunft erstrecke[9]. Der Kläger eines Eingruppierungsrechtsstreites sei zumindest für die Zukunft an der Erhebung einer Leistungsklage gehindert, da er nicht im Voraus die Höhe der Differenzbeträge beziffern könne; im Übrigen könne auch keine Klage gem. § 258 ZPO erhoben werden[10]. Zwischenzeitlich ist es für das BAG völlig selbstverständlich, dass Eingruppierungsfeststellungsklagen generell auch im Bereich der Privatindustrie zulässig sind[11]. Das BAG erweckt heute den Eindruck, als habe es nie etwas anderes judiziert[12]. Die Kommentarliteratur hat

---

1 BAG v. 21.10.1992 – 4 AZR 69/92, AP Nr. 164 zu § 22, § 23 BAT 1975. Zum fehlenden Rechtsschutzbedürfnis bei einer ausschließlich in die Vergangenheit gerichteten Feststellungsklage s. BAG v. 3.3.1999 – 5 AZR 275/98, DB 1999, 1224 sowie GMP/*Germelmann*, § 46 Rz. 106.
2 *Zimmerling*, NZA 1989, 418 (419). S. zu dem Gedanken der Prozessökonomie bei einer Feststellungsklage BAG v. 23.8.2011 – 3 AZR 650/09, NZA 2012, 37 sowie LAG Hamm v. 28.8.2015 – 10 Sa 176/15, juris.
3 BAG v. 9.4.2008 – 4 AZR 124/07, NZA-RR 2009, 311. Nach Auffassung von Düwell/Lipke/*Kloppenburg*, § 46 Rz. 329 sollte vorsorglich ein Hilfsantrag gestellt werden.
4 BAG v. 21.3.2012 – 4 AZR 266/10; BAG v. 21.3.2012 – 4 AZR 374/10 AP Nr. 321 zu §§ 22, 23 BAT 1975.
5 S. zum Klageantrag auch ErfK/*Koch*, § 46 ArbGG Rz. 27; Düwell/Lipke/*Kloppenburg*, § 46 Rz. 329; Groeger/*Schlewing*, Teil 7, Rz. 285.
6 BAG v. 16.10.1963 – 4 AZR 426/62, AP Nr. 103 zu § 3 TO. A; BAG v. 6.12.1978 – 4 AZR 321/77, AP Nr. 11 zu § 22, § 23 BAT 1975. LAG Hamm v. 20.4.1999 – 5 Sa 1000/97, EzA-SD 1999, Nr. 18 11. Unerörtert bleibt die Frage, ob die Feststellungswiderklage begründet sein kann, solange nicht der Betriebs- oder Personalrat der (korrigierenden) Rückgruppierung zugestimmt hat, s. hierzu BAG v. 30.5.1990 – 4 AZR 74/90, NZA 1990, 899 sowie BAG v. 10.2.1999 – 10 ABR 42/98, NZA 1999, 1255.
7 Groeger/*Schlewing*, Teil 7, Rz. 278; *Zimmerling*, Arbeitsrechtliche Konkurrentenklage und Eingruppierungsklage, 1999, Rz. 204.
8 BAG v. 27.10.1970 – 4 AZR 485/69, AP Nr. 46 zu § 256 ZPO.
9 BAG v. 20.4.1988 – 4 AZR 678/87, AP Nr. 93 zu § 1 TVG – Tarifverträge Bau. S. hierzu ErfK/*Koch*, § 46 ArbGG, Rz. 27.
10 BAG v. 23.9.1992 – 4 AZR 30/92, AP Nr. 1 zu § 612 BGB – Diskriminierung. Die Eingruppierung kann im Übrigen auch in einem Beschlussverfahren zwischen ArbGeb und BR gem. § 99 BetrVG geklärt werden, s. hierzu BAG v. 27.6.2000 – 1 ABR 36/99, NZA 2001, 626.
11 S. zB BAG v. 23.9.2009 – 4 AZR 333/08, AP Nr. 95 zu § 1 TVG Tarifverträge: Einzelhandel sowie BAG v. 23.9.2009 – 4 AZR 334/08.
12 BAG v. 14.6.1995 – 4 AZR 250/94, AP Nr. 7 zu § 12 AVR – Caritasverband, betreffend den Caritasverband; BAG v. 10.7.1996 – 4 AZR 759/94, AP Nr. 4 zu § 49 ArbGG 1979, betreffend die Deutsche Post AG; BAG v. 23.10.1996 – 4 AZR 254/95, betreffend die Volkswagen AG; BAG v. 28.5.1997 – 10 AZR 580/96, betreffend die Deutsche Telekom AG; BAG v. 22.10.2008 – 4 AZR 735/07, AP Nr. 20 zu § 1 Tarifverträge: Chemie betreffend einen ArbGeb der chemischen Industrie.

keinerlei Bedenken gegen die Zulässigkeit einer Feststellungsklage gegen private ArbGeb[1] sowie gegen kirchliche ArbGeb[2]. Das LAG Hessen hat weiterhin judiziert, es bestehe für eine Eingruppierungsfeststellungsklage in der Privatwirtschaft kein Feststellungsinteresse (mehr), wenn der ArbGeb zwischenzeitlich Vergütung gem. den tariflichen Vergütungsvorschriften zahlt und er zudem die Erklärung abgibt, dass alle Vergütungsbestandteile zukünftig auf der Basis einer Vergütungshöhe entsprechend der begehrten Lohngruppe gezahlt werden[3].

Nach der Rspr. des BAG ist es ohne Weiteres zulässig, für den gleichen Zeitraum sowohl eine Zahlungsklage (in Form der Leistungsklage) als auch eine Eingruppierungsfeststellungsklage zu erheben. Insoweit sei die Feststellungsklage als Inzidentfeststellungsklage gem. § 256 Abs. 2 ZPO zulässig, da aus dem Rechtsverhältnis, dessen Feststellung begehrt werde, für die Folgezeit auch eine höhere Eingruppierung erwachse[4]. Erhebt ein ArbN eine Feststellungsklage und für den gesamten streitigen Zeitraum zugleich eine Leistungsklage auf den Bruttodifferenzlohn, so kann die Feststellungsklage dann unzulässig werden, wenn das Arbeitsverhältnis während des Rechtsstreits beendet wird[5]. 123

c) Feststellung einer Fallgruppe

Nach st. Rspr. des BAG ist eine Klage auf Feststellung einer bestimmten Fallgruppe innerhalb der Vergütungsgruppe **unzulässig**[6]. Etwas anderes gilt allerdings dann, wenn die Vergütungsgruppe nur eine in Betracht kommende Fallgruppe für die festgestellte Entgeltverpflichtung vorsieht[7]. In früheren Entscheidungen wurde behauptet, dass eine solche Klage lediglich ein Element eines Rechtsverhältnisses betreffe, aus welchem noch keine Rechtsfolge herzuleiten sei[8]. Die Rspr. könne nur dann die Fallgruppe überprüfen, wenn sich hieraus ggf. unmittelbar höhere Vergütungsansprüche (zB aufgrund des Bewährungsaufstieges) ergeben[9]. Weiterhin wurde vom BAG geltend gemacht, dass durch die Benennung einer konkreten Fallgruppe ein überschüssiges Stück einer möglichen rechtlichen Begründung einbezogen werde; nach der im öffentlichen Dienst jedoch allgemein üblichen Eingruppierungsfeststellungsklage soll das Klagebegehren unter jedem Gesichtspunkt – somit ohne uneingeschränkt – überprüft werden können[10]. Nachvollziehbar ist diese Rspr. nicht[11]. Das Problem der **richtigen** Fallgruppe stellte sich vor allem beim Bewährungsaufstieg gem. § 23a BAT/BAT-O (gem. Anlage 1a BAT)[12]. Diesen Bewährungsaufstieg gibt es seit dem Inkrafttreten des TVöD (1.10.2005) bzw. des TV-L (1.11.2006) nicht mehr (§ 17 Abs. 5 TVÜ-Länder, TVÜ-Bund sowie TVÜ-VKA)[13]. 124

Eingruppierungsrechtsstreitigkeiten aufgrund des Bewährungsaufstieges gibt es weiterhin außerhalb des öffentlichen Dienstes (wie zB beim Paritätischen Wohlfahrtsverband)[14]. Warum die Voraussetzungen für einen möglichen Bewährungsaufstieg erst nach Ablauf der Bewährungszeit und nicht bereits vorher im Hinblick auf die ausgeübte tariflich bewertete Tätigkeit geklärt werden sollen, ist nicht nachvollziehbar. Hinzu kommt, dass nach der neueren Rspr. des BAG der ArbGeb mit einer Leistung nicht in Verzug kommt, 125

---

1 GWBG/*Benecke*, § 46 Rz. 47; GMP/*Germelmann*, § 46 Rz. 108; GK-ArbGG/*Schütz*, § 46 Rz. 152; Düwell/Lipke/ *Kloppenburg*, § 46 Rz. 331.
2 BAG v. 21.5.2003 – 4 AZR 420/02, ZTR 2004, 147; BAG v. 14.1.2004 – 4 AZR 10/03, ZTR 2004, 643; zustimmend Groeger/*Schlewing*, Teil 7, Rz. 286.
3 LAG Hessen v. 7.5.2013 – 15 Sa 697/12.
4 BAG v. 10.12.1965 – 4 AZR 161/65, NJW 1966, 1140; BAG v. 24.4.1996 – 4 AZR 876/94, NZA 1997, 50; zustimmend Düwell/Lipke/*Kloppenburg*, § 46 Rz. 341.
5 LAG Köln v. 21.08.2009 – 4 Sa 913/08, ZTR 2010, 213.
6 BAG v. 9.7.1980 – 4 AZR 579/78, AP Nr. 14 zu § 23a BAT; BAG v. 28.4.1982 – 4 AZR 707/79, AP Nr. 62 zu § 22, § 23 BAT 1975; BAG v. 23.10.1985 – 4 AZR 216/84, AP Nr. 10 zu § 24 BAT; BAG v. 10.12.1997 – 4 AZR 221/96, AP Nr. 237 zu § 22, § 23 BAT 1975; BAG v. 22.1.2003 – 4 AZR 700/01, ZTR 2003, 453. Das LAG Düsseldorf v. 13.1.1994 – 12 (9) Sa 1730/93, vertritt die Auffassung, dass die Benennung einer bestimmten Fallgruppe im Klageantrag das Direktionsrecht des ArbGeb unzulässigerweise einenge.
7 BAG v. 16.4.1997 – 4 AZR 370/96, ZTR 1998, 32 sowie BAG v. 21.10.2015 – 4 AZR 663/14, NZA-RR 2016, 312.
8 Hierzu auch *Zimmer*, ZTR 1998, 448 (452) mwN in Fn. 45.
9 BAG v. 22.1.2003 – 4 AZR 700/01, ZTR 2003, 453; BAG v. 25.1.2006 – 4 AZR 613/04.
10 BAG v. 6.9.1972 – 4 AZR 422/71, AP Nr. 2 zu § 4 BAT; hierzu *Zimmer*, ZTR 1998, 448 (452). Nach Auffassung von Düwell/Lipke/*Kloppenburg*, § 46 Rz. 332 werde die Rspr. bei Begehren der Feststellung einer bestimmten Fallgruppe „rechtsgutachterlich" tätig.
11 Ausführliche Kritik auch bei *Steinke*, RiA 1985, 60 sowie *Zimmerling*, Arbeitsrechtliche Konkurrentenklage und Eingruppierungsklage, Rz. 120 ff.
12 S. hierzu Groeger/*Laber*, Teil 3 J, Rz. 7 ff.
13 Einzelheiten zum (früheren) Bewährungsaufstieg bei Groeger/*Laber*, Teil 3 J, Rz. 7 ff. S. zur Ausnahmeregelung gem. § 17 Abs. 5 Satz 1 TVöD iVm. § 8 TVÜ-Bund; BAG v. 14.9.2016 – 4 AZR 456/14, EzA-SD 2017, Nr. 3, 16.
14 S. zB LAG München v. 12.6.2013 – 11 Sa 164/13.

solange die Leistung in Folge eines Umstandes unterbleibt, den er nicht zu vertreten hat. Gemäß § 286 BGB ist der ArbGeb gehalten, im Einzelnen darzulegen und zu beweisen, dass die geschuldete Leistung zum Fälligkeitszeitpunkt unterblieben ist, ohne dass ihn ein Verschulden trifft[1]. Bei einer frühzeitigen (arbeitsgerichtlichen) Klärung der Fallgruppe innerhalb der Vergütungsgruppe weiß der ArbGeb hingegen genau, ab wann er ggf. eine höhere Vergütung dem ArbN zu zahlen hat. Das Risiko der (fehlenden) Kenntnis des ArbGeb wird nach der Rspr. auf den ArbN verlagert.

d) Die Ausschlussfrist des § 37 TVöD/TV-L (= § 70 BAT)

126 Beim Klageantrag ist die (tarifliche) **Ausschlussfrist** (zB) des § 37 TVöD/TV-L (= § 70 BAT) zu beachten. Hiernach kann eine Höhergruppierung nur für **maximal sechs Monate rückwirkend** ab der Stellung des entsprechenden Antrages geltend gemacht werden. Maßgeblicher Zeitpunkt für die Wahrung der tariflichen Ausschlussfrist ist der Zugang der schriftlichen Geltendmachung beim Arbeitsvertragspartner; § 167 ZPO ist nicht auf die außergerichtliche Geltendmachung eines Anspruchs zur Wahrung einer tariflichen Ausschlussfrist anwendbar[2]. An die Geltendmachung des Anspruchs sind keine zu strengen Anforderungen zu stellen; es genügt der ernstliche Hinweis auf den Anspruch[3] sowie auf die Erfüllung des Anspruchs[4]. Die an den ArbGeb gerichtete schriftliche Bitte „um Prüfung", ob die Voraussetzungen eines näher bezeichneten Anspruchs vorliegen, erfüllt jedoch nicht das Tatbestandsmerkmal der Geltendmachung des Anspruchs[5]. Gleiches gilt für den vom ArbN geäußerten Wunsch auf Überprüfung der Arbeitsplatzbewertung[6]. Dass ein Schreiben, in welchem der Angestellte nur um schriftliche Mitteilung der für ihn zutreffenden Vergütungsgruppe und Fallgruppe bittet, die tarifliche Ausschlussfrist für ein Höhergruppierungsbegehren nicht wahren kann, steht außer Frage[7]. Auch die alternative Geltendmachung zweier Vergütungs- bzw. Entgeltgruppen bei einem Höhergruppierungsverlangen wahrt die tarifliche Ausschlussfrist des § 37 TVöD/TV-L bzw. § 70 BAT[8].

127 Auch **ohne ausdrückliche Geltendmachung** ist davon auszugehen, dass der Angestellte des öffentlichen Dienstes, der nach § 37 TVöD/TV-L (= § 70 BAT) Höhergruppierungsansprüche schriftlich geltend macht, damit auch den Lauf der Ausschlussfrist für die vergangenen sechs Monate unterbrechen will[9]. Sofern ein Kläger in der Eingruppierungsklage kein Datum nennt, ab welchem die höhere Vergütung geltend gemacht wird, so kann der Klageantrag dahin gehend ausgelegt werden, das Höhergruppierungsbegehren beziehe sich auf die Zeit seit Klageeinreichung[10]. Richtigerweise muss man davon ausgehen, dass der ArbN mit einem Anspruch auf Höhergruppierung (bspw. um zwei Lohngruppen) inzident und hilfsweise einen Anspruch auf Höhergruppierung um eine Vergütungsgruppe geltend macht[11]. Dies gilt zumindest dann, wenn die höhere Vergütungsgruppe eine reine Aufbaufallgruppe darstellt[12]. Die Ausschlussfrist des § 37 TVöD/TV-L bezieht sich ebenso wie die des § 70 BAT auf Ansprüche aus dem Arbeitsverhältnis. Soweit es sich um laufende Ansprüche handelt, die monatlich neu entstehen (wie zB Vergütungsansprüche), greift die Ausschlussfrist auch für die Vergangenheit unter Berücksichtigung der Sechs-Monats-Frist[13]. Bei demselben Sachverhalt reicht die einmalige Geltendmachung eines Anspruches, um die Ausschlussfrist auch für später fällig werdende Leistungen unwirksam zu machen[14]. Erklärt der ArbGeb auf eine Forderung auf Zahlung nach Tarif, die Angelegenheit werde überprüft, kann es treuwidrig iSd. § 242 BGB sein, wenn sich der ArbGeb auf das (erneute) Eingreifen der Ausschlussfrist beruft, nachdem er zwar eine Neueingruppie-

---

1 BAG v. 26.1.2011 – 4 AZR 167/09, ZTR 2011, 488; hierzu Düwell/Lipke/*Kloppenburg*, § 46 Rz. 335.
2 BAG v. 16.3.2016 – 4 AZR 421/15, ZTR 2016, 564.
3 BAG v. 3.5.1972 – 4 AZR 259/71, AP Nr. 3 zu § 22, § 23 BAT – Krankenkassen; BAG v. 18.12.1986 – 6 AZR 13/85; BAG v. 9.7.1987 – 6 AZR 542/84; weiter gehend LAG Hessen v. 19.6.2001 – 2 Sa 3/01, FA 2002, 118; *Bredemeier/Neffke*, TVöD-TV-L, 4. Aufl. 2013, § 37 Rz. 18.
4 BAG v. 17.5.2011 – 8 AZR 366/00, ZTR 2001, 473 sowie LAG Hamburg v. 22.6.2010 – 4 Sa 8/10.
5 BAG v. 10.12.1997 – 4 AZR 228/96, AP Nr. 234 zu § 22, § 23 BAT 1975.
6 LAG Hamm v. 8.6.1995 – 4 Sa 1719/94.
7 LAG Hamm v. 4.6.1998 – 4 Sa 2152/95, ZTR 1998, 514.
8 LAG Hamburg v. 16.3.2010 – 2 Sa 200/09.
9 BAG v. 25.6.2009 – 6 AZR 384/08, ZTR 2009, 578; LAG Hessen v. 3.12.1996 – 9 Sa 521/96, ZTR 1997, 268.
10 BAG v. 28.1.1998 – 4 AZR 426/96, NZA-RR 1998, 473.
11 Ebenso *Friedrich/Kloppenburg*, ZTR 2003, 314 (319 ff.). AA LAG Köln v. 13.9.1985 – 9 Sa 193/85. Diese Auffassung wurde vom BAG – allerdings unter Hinweis auf die nur beschränkte Überprüfungsmöglichkeit des Revisionsgerichtes – gebilligt, vgl. BAG v. 25.6.1986 – 4 AZR 670/85. S. hierzu weiterhin Düwell/Lipke/*Kloppenburg*, § 46 Rz. 337.
12 So zB BAG v. 3.8.2005 – 10 AZR 559/04, ZTR 2006, 81; BAG v. 6.6.2007 – 4 AZR 505/06, ZTR 2008, 156; LAG Berlin-Brandenburg v. 8.6.2010 – 3 Sa 93/10.
13 BAG v. 25.6.2009 – 6 AZR 384/08, ZTR 2009, 578.
14 LAG Berlin-Brandenburg v. 11.4.2013 – 26 Sa 2397/12 u.a.

rung vorgenommen hatte, in der Folgezeit jedoch offensichtlich immer noch kein Entgelt nach Tarif bezahlt hat[1].

3. Die Schlüssigkeit der Eingruppierungsklage

Der Kläger einer Eingruppierungsklage hat diejenigen Tatsachen vorzutragen, aus denen der rechtliche Schluss möglich ist, dass er die beanspruchten Tätigkeitsmerkmale einschließlich der darin vorgesehenen **Qualifizierungen erfüllt**[2]. Die genaue **lückenlose Darstellung** der eigenen Tätigkeit und von Einzelaufgaben reicht für die schlüssige Darlegung von Heraushebungsmerkmalen nicht aus[3]. Der Kläger muss umfassend auch diejenigen Tatsachen vortragen, die zwischen den Arbeitsvertragsparteien unstreitig sind[4]. Erforderlich ist weiterhin, dass der Kläger darlegt, wie die Arbeiten ausgeführt werden und welche Tätigkeiten Zusammenhangstätigkeiten zur eigentlichen Aufgabe sind. Weiter muss dargelegt werden, welche Arbeitsergebnisse zu erarbeiten sind, da die Bestimmung des Arbeitsvorganges maßgeblich vom Arbeitsergebnis her zu erfolgen hat[5]. Der ArbN ist auch für das Vorliegen tarifvertraglicher Heraushebungsmerkmale[6] darlegungs- und beweispflichtig[7]. Rechtsausführungen sind jedoch insoweit nicht erforderlich[8]. Schließlich hat eine Quantifizierung der wahrzunehmenden Aufgaben zu erfolgen[9].

128

Weiterhin darzulegen sind die **persönlichen Anspruchsvoraussetzungen** (persönliche Daten, schulische Ausbildung, berufliche Ausbildung, Fort- und Weiterbildung, Qualifikationsnachweise etc.)[10]. Alsdann sind die sachlichen Anspruchsvoraussetzungen darzulegen (Erklärung, ob der Tarifvertrag für allgemein verbindlich erklärt worden ist, ob beiderseitige Tarifgebundenheit besteht oder ob der Tarifvertrag durch Einzelvertrag in Bezug genommen ist). Vorzulegen sind der Arbeitsvertrag, etwaige Nebenabreden, sofern vorhanden: Arbeitsplatzbeschreibung, Tätigkeits- und Tätigkeitsablaufbeschreibung, Organisationsplan, Geschäftsverteilungsplan und sonstige das Beschäftigungsverhältnis regelnde Direktiven. Abschließend ist die tägliche Arbeit darzustellen (aufgegliedert in Arbeitsvorgänge, auch wenn dies letztendlich eine Aufgabe des Gerichtes ist)[11].

129

4. Die Darlegungs- und Beweislast

In einem Eingruppierungsrechtsstreit trägt der **ArbN** nach den allgemeinen Regeln die **Darlegungs- und Beweislast**. Der Kläger muss diejenigen Tatsachen vortragen und im Bestreitensfalle beweisen, aus denen der rechtliche Schluss möglich ist, er erfülle die im Einzelfall für sich beanspruchten tariflichen Tätigkeitsmerkmale unter Einschluss der darin vorgesehenen Qualifizierungen[12]. Nach der Rspr. des BAG ergeben

130

---

1 LAG MV v. 14.7.2015 – 2 Sa 6/15, NZA-RR 216, 161.
2 Groeger/*Schlewing*, Teil 7, Rz. 301 ff. Der Kläger hat einen Anspruch auf Entbindung von der Schweigepflicht hinsichtlich seines Aufgabengebietes gegenüber dem ArbGeb, damit er im Eingruppierungsprozess die erforderlichen Tatsachen vortragen kann, vgl. LAG Nürnberg v. 30.9.1986 – 2 Sa 125/84, ZTR 1987, 246.
3 BAG v. 4.5.1994 – 4 AZR 447/93, ZTR 1994, 57. Das Gericht meint, die an die Darlegungslast gestellten Anforderungen seien nicht unzumutbar, da selbst die unbestimmten Rechtsbegriffe durch die Rspr. des BAG hinreichend konkretisiert seien.
4 BAG v. 19.3.1980 – 4 AZR 300/78, AP Nr. 32 zu § 22, § 23 BAT 1975; LAG Rh.-Pf. v. 11.8.2010 – 7 Sa 1/10.
5 Ausführlich hierzu *Neumann*, NZA 1986, 729 sowie *Fromm*, ZTR 1989, 211 (214 ff.) (der den Begriff des Arbeitsvorganges als „Zerlegungsanweisung" begreift).
6 So zB zu den tatsächlichen Voraussetzungen für die Annahme eines „großen Lagers" iSd Vergütungsgruppe K3 TGV (Tarifvertrag über die Tätigkeitsmerkmale der kaufmännischen und technischen Angestellten sowie der Meister der Brot- und Backwarenindustrie in Baden-Württemberg [Tarifgruppenverzeichnis]).
7 Groeger/*Schlewing*, Teil 7, Rz. 301 ff.
8 BAG v. 24.9.1980 – 4 AZR 727/78, AP Nr. 36 zu §§ 22, 23 BAT 1975; LAG Rh.-Pf. v. 11.8.2010 – 7 Sa 1/10.
9 BAG v. 3.5.1972 – 4 AZR 259/71, AP Nr. 3 zu § 22, § 23 BAT – Krankenkassen; BAG v. 17.10.1990 – 4 AZR 175/90; BAG v. 10.12.1997 – 4 AZR 228/96, AP Nr. 234 zu § 22, § 23 BAT 1975; LAG Köln v. 22.4.1993 – 10 Sa 896/92, ZTR 1993, 337; ausführlich hierzu *Zimmerling*, Arbeitsrechtliche Konkurrentenklage und Eingruppierungsklage, Rz. 140 ff.
10 LAG Schl.-Holst. v. 25.10.1990 – 4 Sa 204/90, zur Berufsausbildung; LAG Nürnberg v. 5.4.2005 – 7 Sa 432/04, ZTR 2005, 365 sowie LAG Saarland v. 7.2.2007 – 2 Sa 167/04, nv. zur erforderlichen Hochschulausbildung; LAG Rh.-Pf. v. 20.3.2007 – 3 Sa 995/06, juris zum persönlichen Geltungsbereich des Tarifvertrages auf Grund der Mitgliedschaft bei der (betreffenden) Gewerkschaft.
11 Zur Bildung von Arbeitsvorgängen gibt es eine reichhaltige Rspr. für die einzelnen Berufe, s. hierzu *Breier/Kiefer/Hoffmann/Dassau*, TVöD, § 22 BAT Anh. 1; *Clemens/Scheuring/Steingen/Wiese*, TV-L, § 12 Rz. 227 ff.; *Clemens/Scheuring/Steingen/Wiese*, TVöD § 12 Rz. 236 ff.; *Bredemeier/Neffke/Zimmermann*, TVöD/TV-L, 4. Aufl. 2013, §§ 12, 13 Rz. 55 ff.
12 BAG v. 4.5.1994 – 4 AZR 47/93, ZTR 1994, 507; BAG v. 10.12.1997 – 4 AZR 221/96, ZTR 1998, 271; BAG v. 12.5.2004 – 4 AZR 371/03; BAG v. 15.2.2006 – 4 AZR 645/04, ZTR 2006, 491; BAG v. 11.10.2006 – 4 AZR 534/05, DB 2007, 464; BAG v. 27.8.2008 – 4 AZR 470/07, ZTR 2009, 143; LAG Hamm v. 10.1.2008 – 11 Sa 754/07, juris;

sich aus dem Fehlen einer Arbeitsplatzbeschreibung keinerlei Nachteile für den ArbGeb; vielmehr wird betont, dass es in diesem Fall erst recht auf die Darlegung des ArbN ankomme[1]. Der Kläger muss auch darlegen, dass ihm seine Tätigkeit auf Dauer übertragen worden ist[2]. Es besteht auch keine Verpflichtung des ArbGeb, bei einer etwaigen Arbeitsplatzbeschreibung Vergütungs- und Fallgruppe anzugeben[3]. Ohne Bedeutung für die Eingruppierung des ArbGeb ist auch die bisherige – mitunter sogar jahrelang gezahlte – Vergütung[4]. Eine etwaige Umkehr der Beweislast wird von der Rspr. regelmäßig verneint[5].

130a Der ArbN kommt seiner Darlegungslast zunächst nach, indem er behauptet, eine jeweilige bestimmte, vom tariflichen Eingruppierungssystem auch so bezeichnete und als Berufsbezeichnung geläufige Tätigkeit (wie zB Altenpfleger) auszuüben, vor allem, wenn dies der im Arbeitsvertrag bezeichneten geschuldeten Tätigkeit entspricht. Sodann muss der ArbGeb abweichende Tätigkeiten behaupten; das Bestreiten mit Nichtwissen ist nicht ausreichend[6]. Die Rspr. betont weiterhin, dass im Falle **aufeinander aufbauender Vergütungsgruppen** mit Heraushebungsmerkmalen ein wertender Vergleich mit den nicht herausgehobenen Tätigkeiten erforderlich sei. Aus diesem Grunde habe der Kläger nicht nur seine eigene Tätigkeit im Einzelnen darzustellen. Er müsse darüber hinaus Tatsachen darlegen, die den erforderlichen wertenden Vergleich mit den nicht derart herausgehobenen Tätigkeiten ermöglichen[7]. Ein Anspruch auf Höhergruppierung ergibt sich nicht aus dem arbeitsrechtlichen Gleichbehandlungsgrundsatz[8]. Nach der Rspr. des BAG ergeben sich weder aus dem NachwG noch aus der EG-Nachweisrichtlinie (RL 91/533/EWG des Rates vom 14.10.1991) eine weitergehende Darlegungs- und Beweislast für den ArbGeb bzw. Erleichterungen der Darlegungs- und Beweislast für den ArbN[9]. Etwas anderes gilt nach der Rspr. allenfalls dann, wenn der ArbGeb – außerhalb des bloßen Normvollzuges eines Tarifvertrages – Leistungen nach einem eigenen abstrakt-generellen Prinzip nicht lediglich formuliert, sondern tatsächlich gewährt[10].

131 Die Rspr. des BAG und der Instanzgerichte verführt viele ArbGeb im Eingruppierungsprozess dazu, sich auf die Stellung eines Klageabweisungsantrages zu beschränken und den Sachvortrag des Klägers zu bestreiten. Indes scheidet im Bestreiten mit Nichtwissen aus, wenn der Beklagte im eigenen Unternehmensbereich Erkundigungen einziehen kann („**sekundäre Behauptungslast**")[11]. Bei einem unsubstantiierten Bestreiten des ArbGeb ist die Bestimmung des § 138 Abs. 3 ZPO heranzuziehen[12]. Bei der arbeitsrechtlichen Konkurrentenklage steht außer Frage, dass der abgelehnte Bewerber einen Anspruch darauf hat, rechtzeitig eine Begründung für seine Nichtberücksichtigung zu erhalten, damit die Gewährleistung effektiven Rechtsschutzes möglich ist[13]. Von daher liegt es nahe, dem ArbN auch bei der Eingruppierung einen entsprechenden Auskunftsanspruch zuzubilligen[14]; im Prozess besteht eine prozessuale Mitwirkungspflicht des ArbGeb[15].

LAG Köln v. 22.07.2010 – 7 Sa 425/10, juris; LAG Rh.-Pf. v. 28.10.2014 – 6 Sa 202/14, juris; LAG Saarland v. 30.11.2016 – 2 Sa 72/15, juris; s. hierzu auch *Friedrich/Kloppenburg*, RdA 2001, 293 ff. (298 ff.) sowie § 58 Rz. 107.
1 BAG v. 22.2.1989 – 4 AZR 550/88, ZTR 1989, 230; BAG v. 27.1.1993 – 4 AZR 486/92, NZA 1994, 710.
2 BAG v. 14.12.2005 – 4 AZR 474/04, ZTR 2006, 497; LAG Hessen v. 19.10.2012 – 10 Sa 1475/11.
3 BAG v. 8.6.2005 – 4 AZR 406/04, ZTR 2005, 582.
4 BAG v. 25.1.2006 – 4 AZR 613/04, ZTR 2006, 541.
5 S. zB LAG Bremen v. 28.9.2016 – 3 Sa 62/16, juris; s. weiterhin LAG Rh.-Pf. v. 27.10.2015 – 6 Sa 53/15, juris bei der korrigierenden Rückgruppierung.
6 LAG BW v. 16.5.2007 – 10 Sa 110/06; LAG Hessen v. 14.6.2013 – 14 Sa 1367/12.
7 BAG v. 26.1.2005 – 4 AZR 6/04, ZTR 2005, 640; LAG Rh.-Pf. v. 17.2.2012 – 9 Sa 617/11; LAG Düsseldorf v. 25.4.2013 – 5 Sa 17/13, öAT 2014, 12.
8 S. zB LAG Sa.-Anh. v. 23.6.2011 – 3 Sa 120/10 E, LAG Köln v. 11.6.2013 – 11 Sa 46/13.
9 BAG v. 16.2.2000 – 4 AZR 62/99, DB 2001, 596; BAG v. 17.5.2000 – 4 AZR 232/99, NZA 2001, 1395; Groeger/Schlewing, Teil 7, Rz. 317. Arbeitnehmerfreundlich hingegen LAG Sa.-Anh. v. 28.4.2009 – 9 Sa 425/08, EzB TVG § 4 Nr. 78.
10 LAG Hamm v. 1.9.2016 – 8 Sa 1861/15, juris.
11 S. zB BGH v. 15.11.1989 – VIII ZR 46/89, NJW 1990, 453; BGH v. 10.10.1994 – II ZR 95/93, NJW 1995, 130; OLG Saarbrücken v. 2.12.1998 – 1 U 506/98-93, nv.; GMP/*Prütting*, § 58 Rz. 81 betonen ausdrücklich, dass die Beweisnähe, der soziale Schutzgedanke, die Waffengleichheit der Prozessparteien usw. die Beweislast beeinflussen können. Das LAG BW v. 11.3.2011 – 4 Sa 9/10, verweist ausdrücklich auf die „sekundäre Behauptungslast" des Arb-Geb.
12 So zB LAG Thür. v. 13.1.1997 – 8 Sa 232/96, NZA-RR 1997, 234 im Rahmen der arbeitsrechtlichen Konkurrentenklage.
13 Ausführlich hierzu *Martens*, ZBR 1992, 129 (132); *Wittkowski*, NVwZ 1995, 345; *Schnellenbach*, ZBR 1997, 169 (174 f.).
14 S. hierzu ausführlich LAG Thür. v. 13.1.1997 – 8 Sa 232/96, NZA-RR 1997, 234 sowie *Seitz*, Die arbeitsrechtliche Konkurrentenklage, S. 64 ff.; *Walker* in FS 50 Jahre LAG Rheinland-Pfalz, 1999, S. 603 (614 ff.).
15 Hierbei ist auch zu berücksichtigen, dass sich aus dem Rechtsstaatsprinzip durchaus Beweiserleichterungen ergeben können, so zB BGH v. 13.1.1998 – VI ZR 242/96, NJW 1998, 1780 für den Arzthaftungsprozess bei einem groben ärztlichen Fehler sowie BVerwG v. 22.10.1992 – 3 B 26/92, Buchholz 427 207 § 1 7. FeststellungsDV Nr. 61

Diese **Rspr.** ist äußerst **arbeitgeberfreundlich** und **verfassungsrechtlich höchst bedenklich**[1]. Zwar hat die 132
Rspr. auch bislang die Auffassung vertreten, dass ein Gericht dem Kläger geeignete Hinweise für die
Schlüssigkeit der Klage geben müsse (§ 139 ZPO)[2], jedoch werden aus einer etwaigen Verletzung des § 139
ZPO keinerlei Konsequenzen gezogen[3]. Richtigerweise hat das ArbG aufgrund der Neufassung des § 139
Abs. 1 ZPO mit den Parteien die tatsächlichen und rechtlichen Probleme des Rechtsstreites zu erörtern
und Fragen zu stellen haben. Weiterhin kann das Gericht gem. § 142 Abs. 1 ZPO die erforderlichen Unterlagen anfordern[4]. Bei vielen (öffentlichen) ArbGeb gibt es eine „Bewertungskommission"[5]. Kommunale
ArbGeb holen häufig eine Stellungnahme des Kommunalen Arbeitgeberverbandes (KAV) zur richtigen Bewertung einer Stelle ein. Soweit sich die arbeitsrechtliche Judikatur mit der Anwendung des § 142 Abs. 1
ZPO beschäftigt hat, wurde eine Verpflichtung des ArbGeb zur Vorlage von Unterlagen abgelehnt[6]. Im
Übrigen wird von der Rspr. vom ArbN verlangt, dass er die Existenz der herausverlangten Unterlagen zunächst einmal nachweist[7].

Bei der **korrigierenden Rückgruppierung**[8] praktiziert das BAG eine **abgestufte Darlegungs- und Beweis-** 133
last. Hiernach kann sich der ArbN zunächst einmal auf die vom ArbGeb mitgeteilte Eingruppierung berufen. Alsdann ist der ArbGeb gehalten, die objektive Fehlerhaftigkeit der mitgeteilten Vergütungsgruppe,
dh. die fehlerhafte Bewertung der Tätigkeit im tarifvertraglichen Vergütungsgefüge darzulegen. Weiterhin
muss der ArbGeb darlegen, dass die Eingruppierung irrtümlich erfolgt ist, wobei an das Vorliegen eines
Irrtums keine hohen Anforderungen gestellt werden. Sobald der ArbGeb die irrtümliche Eingruppierung
dargelegt hat, ist es nunmehr Sache des ArbN, alle diejenigen Tatsachen darzulegen und zu beweisen, welche dem Gericht den Schluss ermöglichen, dass der ArbGeb bislang zutreffend eingruppiert war[9]. Allerdings hat das BAG nunmehr judiziert, dass eine wiederholte korrigierende Rückgruppierung des ArbN bei
unveränderter Tätigkeit und Tarifrechtslage regelmäßig unzulässig sei[10]. Das BAG hat weiter betont, dass
es idR dem öffentlichen ArbGeb nicht nach Treu und Glauben gem. § 242 BGB verwehrt sei, die vertraglich
vorgesehene Eingruppierung durch eine sogenannte korrigierende Rückgruppierung herzustellen. Die objektive Fehlerhaftigkeit einer Eingruppierung beinhaltet, dass sich der ArbGeb insoweit bei der Rechtsanwendung „geirrt" hat, als er unzutreffende Tatsachen zugrunde gelegt und/oder eine objektiv unzutreffende rechtliche Bewertung vorgenommen hat. Diese Grundsätze der korrigierenden Rückgruppierung
basieren auf der Erkenntnis, dass es sich bei der Eingruppierung nicht um einen konstitutiven rechtsgestaltenden Akt, sondern um einen Akt der Rechtsanwendung verbunden mit der Kundgabe einer Rechtsansicht
handelt[11]. Allerdings kann ausnahmsweise dem ArbGeb die Möglichkeit der korrigierenden Rückgruppierung verwehrt werden, wenn er nämlich für den ArbN einen entgegenstehenden Vertrauenstatbestand geschaffen hat. Längere Zeiträume einer fehlerhaften Eingruppierung reichen für sich genommen jedoch nicht
aus, um das Entstehen eines Vertrauenstatbestandes zu begründen[12].

Beim **Bewährungsaufstieg** ist das unsubstanziierte Bestreiten des ArbGeb unbeachtlich. Zwar setzt der Anspruch auf Höhergruppierung im Wege des Bewährungsaufstieges voraus, dass sich der ArbN während der 133a
maßgeblichen Bewährungszeit den in seiner ausübenden Tätigkeit auftretenden Anforderungen gewachsen
gezeigt hat, also jedenfalls ausreichende Leistungen erbracht hat. Grundsätzlich trägt der ArbN auch hierbei die Darlegungs- und Beweislast dafür, dass er sich im vorgenannten Sinne bewährt hat. Dieser Darlegung genügt jedoch der ArbN bereits dadurch, dass er vorträgt, er habe sich den Anforderungen gewach-

---

zur Beweisvereitelung. S. grds. zum Problem der Beweislastumkehr BVerfG v. 25.7.1979 – 2 BvR 878/74, AP Nr. 1
zu § 242 BGB – Arzthaftung.
1 *Zimmerling*, Arbeitsrechtliche Konkurrentenklage und Eingruppierungsklage, Rz. 229 ff. sowie *Zimmerling*, ZTR
2002, 354; aA *Kiefer*, ZTR 2002, 454.
2 BAG v. 6.7.1993 – 4 AZR 387/72, AP Nr. 70 zu § 22, § 23 BAT.
3 S. zB BAG v. 18.12.2003 – 8 AZR 550/02.
4 S. hierzu *Zöller/Greger*, § 142 ZPO Rz. 7; *Künzl*, ZTR 2001, 492 (496); *Schmidt/Schwab/Wildschütz*, NZA 2001,
1161 (1164). Selbst wenn die Urkunden unzulässigerweise angefordert sein sollten, so besteht kein Verwertungsverbot, s. hierzu BAG v. 27.10.1998 – 1 AZR 766/97, NZA 1999, 924.
5 S. zur Bedeutung einer Bewertungskommission LAG Berlin-Brandenburg v. 22.5.2008 – 5 Sa 2572/07.
6 S. zB LAG Rh.-Pf. v. 20.7.2011 – 7 Sa 622/10.
7 LAG Köln v. 16.7.2010 – 11 Sa 779/09.
8 Ausführlich hierzu *Clemens/Scheuring/Steingen/Wiese*, TVöD, § 12 Rz. 145 ff.; *Groeger/Schlewing*, Teil 7, Rz. 312 ff.
9 BAG v. 26.4.2000 – 4 AZR 157/99, ZTR 2001, 317; BAG v. 17.5.2000 – 4 AZR 237/99, ZTR 2001, 315; BAG v.
17.5.2000 – 4 AZR 232/99, ZTR 2001, 365; BAG v. 7.5.2008 – 4 AZR 206/07, ZTR 2008, 553; BAG v. 20.3.2013 – 4
AZR 521/11, ZTR 2013, 615; ausführlich hierzu *Bergwitz*, ZTR 2001, 539 (542) sowie *Kiefer*, ZTR 2002, 454
(458 f.); *Seel*, öAT 2011, 97.
10 BAG v. 23.8.2006 – 4 AZR 417/05, DB 2007, 291; BAG v. 23.9.2009 – 4 AZR 220/08, ZTR 2010, 298.
11 BAG v. 4.7.2012 – 4 AZR 673/10, ZTR 2013, 83; BAG v. 5.6.2014 – 6 AZR 1008/12, ZTR 2014, 530.
12 BAG v. 15.6.2011 – 4 AZR 737/09, ZTR 2012, 26; BAG v. 17.11.2016 – 6 AZR 487/15, BB 2017/308.

sen gezeigt, er habe sich bewährt und der ArbGeb habe ihn wegen Schlechtleistung auch nicht abgemahnt. Alsdann hat der ArbGeb Tatsachen vorzutragen, die zumindest Zweifel an einer Bewährung auslösen können[1]. Die Rspr. betont weiterhin, dass bei ungenügender Leistung des ArbN während der Bewährungszeit der ArbGeb verpflichtet ist, ihm dies zu eröffnen und ihm damit die Chance zu geben, sein Verhalten zu ändern und seine Leistungen zu verbessern[2].

5. Rechtskraftprobleme im Eingruppierungsprozess

a) Im Falle des Obsiegens

134 Nach heutiger Auffassung des BAG[3] steht das **rechtskräftige Urteil** im Erstprozess einem weiteren Prozess **nicht entgegen**[4]. Dies gilt erst recht, wenn der ArbN im Vorprozess nur eine Teilbetragsklage – nämlich für einen bestimmten Zeitraum – erhebt. Alsdann kann er anschließend für einen späteren Zeitraum die Eingruppierung in eine höhere Vergütungsgruppe begehren[5]. Erkennt der Kläger aufgrund eines arbeitsgerichtlichen Urteils, dass er eine weiter gehende Höhergruppierung geltend machen kann, so ist ihm hiernach die erneute Beschreitung des Rechtsweges nicht verwehrt[6].

b) Im Falle des Unterliegens im Vorprozess

135 Sofern im Vorprozess die Höhergruppierung aufgrund der geltend gemachten Wahrnehmung höherwertigerer Tätigkeit begehrt wurde, steht das Urteil des ArbG der **späteren Geltendmachung** der Höhergruppierung im Wege des Bewährungsaufstieges nicht entgegen; insoweit ist der Streitgegenstand nicht identisch[7]. Hingegen ist der Streitgegenstand[8] identisch, wenn im Zweitprozess sich der Kläger nunmehr auf den Gleichbehandlungsgrundsatz beruft, weil einige ArbN die erstrebte höhere Eingruppierung aufgrund rechtskräftiger Verurteilung erreicht haben, seine Klage hingegen – möglicherweise mangels Schlüssigkeit – rechtskräftig abgewiesen wurde[9]. Die Rspr. des BAG ist konsequent, wenn man mit dem BAG davon ausgeht, dass Sinn und Zweck der erhobenen Eingruppierungsfeststellungsklage (im Gegensatz zur Leistungsklage) nicht nur in der Prozessökonomie liegt, sondern auch in dem in der Zukunft zu sichernden Rechtsanspruch[10]; allerdings kann die Eingruppierungsfeststellungsklage auch auf einen in der Vergangenheit liegenden Zeitpunkt beschränkt werden[11]. Eine Leistungsklage kann nämlich nicht auf zukünftig fällig werdende Vergütungen gerichtet sein. § 258 ZPO ist nicht anwendbar, soweit der Kläger eine Gegenleistung schuldet[12]. Die Rechtskraft eines früheren Urteils hindert eine neue abweichende Entscheidung dann nicht, wenn dies durch eine nachträgliche Änderung des Sachverhaltes veranlasst wird[13]. Im Übrigen kann die Rechtskraft des im Vorprozess ergangenen Urteils der Klage nur dann entgegenstehen, wenn es sich um den gleichen Streitgegenstand handelt; eine Entscheidung über eine Vorfrage für die Entscheidung über den Streitgegenstand des ersten Prozesses ist insoweit unerheblich[14].

c) Hinweis für die Praxis

136 Auch bei der Eingruppierungsfeststellungsklage ist eine **Teilklage zulässig**. Deshalb gebietet es die anwaltliche Sorgfaltspflicht, insbesondere bei Zweifeln an den Erfolgsaussichten eines Eingruppierungsprozesses, die Eingruppierungsklage auf einen genau abgegrenzten Zeitraum zu beschränken (idR bis zur letzten

---

1 S. hierzu LAG München v. 5.4.2001 – 4 Sa 951/99, PersR 2002, 86 sowie LAG Berlin-Brandenburg v. 5.1.2009 – 10 Sa 244/08.
2 LAG Rh.-Pf. v. 15.12.2011 – 10 Sa 543/11.
3 S. zur früheren Auffassung des BAG: BAG v. 14.6.1966 – 1 AZR 267/65, MDR 1967, 366 m. Anm. *Bötticher*.
4 BAG v. 12.5.1971 – 4 AZR 247/70, MDR 1972, 83 sowie BAG v. 10.2.1982 – 4 AZR 383/79, AP Nr. 57 zu § 22, § 23 BAT 1975.
5 BAG v. 19.10.1983 – 4 AZR 340/81, AP Nr. 80 zu § 22, § 23 BAT 1975; s. hierzu auch Groeger/*Schlewing*, Teil 7, Rz. 287 ff.
6 *Zimmerling*, NZA 1989, 418; s. zum Problem der Rechtskraft im Beschlussverfahren gem. § 99 Abs. 4 BetrVG betreffend die Eingruppierung eines ArbN LAG Hamburg v. 23.1.1997 – 7 TaBV 4/96, NZA-RR 1997, 292.
7 BAG v. 18.7.1990 – 4 AZR 25/90, AP Nr. 151 zu § 22, § 23 BAT 1975; BAG v. 14.6.1995 – 4 AZR 250/94, AP Nr. 7 zu § 12 AVR – Caritasverband; BAG v. 10.12.1997 – 4 AZR 221/96, AP Nr. 237 zu § 22, § 23 BAT 1975.
8 S. zum Streitgegenstand bei der Eingruppierungsklage BAG v. 17.4.2002 – 5 AZR 400/00, DB 2003, 341.
9 BAG v. 20.4.1988 – 4 AZR 656/87; *Friedrich/Kloppenburg*, ZTR 2003, 314 ff.
10 Hierzu *Zimmerling*, NZA 1989, 418 (419) sowie Düwell/Lipke/*Kloppenburg*, § 46 Rz. 340.
11 Düwell/Lipke/*Kloppenburg*, § 46 Rz. 341.
12 BAG v. 21.3.1995 – 9 AZR 596/93, NZA 1995, 1109 zum Urlaubsanspruch; s. im Übrigen Zöller/*Greger*, § 258 ZPO Rz. 1.
13 LAG Nds. v. 31.3.2000 – 3 Sa 2551/97 E, ZTR 2000, 511.
14 BAG v. 2.7.2008 – 4 AZR 291/07, AP Nr. 454 zu § 1 TVG.

mündlichen Verhandlung in der letzten Tatsacheninstanz)[1]. Im Falle des Obsiegens im Eingruppierungsprozess steht – unabhängig von der Tenorierung – die zu zahlende Vergütung auch für die Zukunft fest. Im Falle des Unterliegens kann alsdann für den Zeitraum ab der letzten mündlichen Verhandlung in der Tatsacheninstanz eine neue Eingruppierungsklage mit einer besseren oder anderen Argumentation erhoben werden.

6. Rechtsschutzinteresse

Das LAG Berlin[2] hat das Rechtsschutzinteresse verneint, wenn der Kläger zum Zeitpunkt des Klageverfahrens übertariflich vergütet wurde und sein Verdienst höher war, als sich aus der angestrebten Vergütung ergeben würde. Im Revisionsverfahren hat das **BAG** das Rechtsschutzinteresse bejaht, da sich die Eingruppierungsfeststellungsklage auch in die Zukunft richte[3]. Hingegen hat die Rspr. das Rechtsschutzinteresse nicht verneint bei einer Klage auf tarifgerechte Eingruppierung, sofern der Kläger zwar die entsprechende Vergütung tatsächlich bezogen, der ArbGeb dies jedoch für eine übertarifliche Vergütung gehalten hat[4]. Weiterhin fehlt das Rechtsschutzinteresse für eine gegen den öffentlichen Dienstherrn gerichtete Eingruppierungsfeststellungsklage, sofern ein Angestellter von einer Körperschaft des öffentlichen Rechtes unbezahlt beurlaubt wird, um bei einer GmbH in ein Arbeitsverhältnis treten zu können, und seine Rückkehr in den öffentlichen Dienst auf absehbare Zeit nicht zu erwarten ist[5].

137

7. Die Beweismittel

Da im Bereich der Eingruppierungsfeststellungsklage für Beweislast und Beweisaufnahme die allgemeinen Grundsätze des Zivilprozesses gelten, ist ein **Ausforschungsbeweis** (vgl. § 58 Rz. 33) **unzulässig**[6]. Ausgehend hiervon hält das BAG auch den **Augenscheinsbeweis** für **unzulässig**, zumal es nicht Aufgabe des Gerichtes sein kann, über einen oder gar mehrere Tage hin am Arbeitsplatz des Klägers anwesend zu sein[7].

138

Als Beweismittel kommen hingegen in Betracht:

139

- Arbeitsplatzbeschreibung als Privaturkunde iSd. § 416 ZPO[8] oder als Urkunde gem. § 2 Abs. 1 Satz 2 Nr. 5 NachwG[9],
- Parteivernehmung des Behördenvertreters (für die Richtigkeit der Arbeitsplatzbeschreibung)[10],
- Aufzeichnungen des Angestellten (derartige Aufzeichnungen haben nur die Bedeutung von Privaturkunden)[11],
- Hinzuziehung eines Sachverständigen nach § 144 ZPO[12],
- Beiziehung der Akten von Amts wegen gem. § 143 ZPO (die Beiziehung der Akten liegt grds. im pflichtgemäßen Ermessen der Tatsachengerichte)[13],

---

1 So bereits *Zimmerling*, NZA 1989, 418 (420); zustimmend *Friedrich/Kloppenburg*, ZTR 2003, 314 (316); s.a. BAG v. 19.10.1983 – 4 AZR 340/81, AP Nr. 80 zu § 22, § 23 BAT 1975; aA LAG Hessen v. 19.11.1996 – 9 Sa 746/96.
2 LAG Berlin v. 23.10.1979 – 3 Sa 41/79.
3 BAG v. 1.12.1982 – 4 AZR 1267/79.
4 LAG Hessen v. 15.6.1981 – 9 Sa 1270/80.
5 BAG v. 8.11.1978 – 4 AZR 213/77, AP Nr. 10 zu § 50 BAT.
6 BAG v. 14.8.1985 – 4 AZR 21/84, AP Nr. 109 zu § 22, § 23 BAT 1975; BAG v. 29.10.1986 – 4 AZR 614/85, AP Nr. 14 zu § 1 TVG – Tarifverträge Rundfunk; LAG Hessen v. 7.1.1994 – 9 Sa 676/93, EzBAT § 22, § 23 BAT F2 VergGr III Nr. 1. Wurde trotz fehlender Schlüssigkeit des Sachvortrages des Klägers und damit entgegen dem Verbot des Ausforschungsbeweises gleichwohl eine Beweisaufnahme durchgeführt, besteht kein Verwertungsverbot, vgl. BAG v. 21.10.1998 – 4 AZR 629/97, NZA 1999, 324. S. weiterhin LAG BW v. 22.2.2006 – 13 Sa 42/05.
7 BAG v. 29.10.1986 – 4 AZR 614/85, AP Nr. 14 zu § 1 TVG – Tarifverträge Rundfunk ("schlechthin ungeeignetes Beweismittel"); anders noch BAG v. 28.4.1982 – 4 AZR 728/79, AP Nr. 60 zu § 22, § 23 BAT 1975, wonach die Einnahme des gerichtlichen Augenscheins im pflichtgemäßen Ermessen der Gerichte liege.
8 BAG v. 1.9.1982 – 4 AZR 1134/79, AP Nr. 68 zu § 22, § 23 BAT 1975 mwN; BAG v. 19.10.1983 – 4 AZR 340/81, AP Nr. 80 zu § 22, § 23 BAT 1975; LAG Hamm v. 28.8.1997 – 4 Sa 1926/96.
9 BAG v. 8.6.2005 – 4 AZR 406/04, ZTR 2005, 582.
10 Vgl. LAG Saarland v. 14.3.1997 – 1 Sa 159/96.
11 BAG v. 24.9.1980 – 4 AZR 727/78, BAGE 34, 158.
12 BAG v. 31.8.1988 – 4 AZR 133/88, AP Nr. 5 zu § 21 MTL II; BAG v. 21.10.1998 – 4 AZR 574/97, ZTR 1999, 266; BAG v. 21.10.1998 – 4 AZR 629/97, NZA 1999, 324; dies gilt auch bei Zweifeln an der Schlüssigkeit der Klage, wenn der Arbeitsrichter mangels technischer Kenntnisse den Sachvortrag nicht abschließend beurteilen kann.
13 BAG v. 13.2.1974 – 4 AZR 192/73, AP Nr. 4 zu § 70 BAT; BAG v. 28.4.1982 – 4 AZR 728/79, AP Nr. 60 zu § 22, § 23 BAT 1975; LAG Hessen v. 23.1.1996 – 9 Sa 1680/95.

- Vorlage der von der BA herausgegebenen „Blätter zur Berufskunde"[1],
- Vorlage eines vom ArbGeb ausgestellten Zwischenzeugnisses[2].

140 Ist trotz fehlender Schlüssigkeit des Sachvortrages des Klägers und damit entgegen dem Verbot des Ausforschungsbeweises gleichwohl eine **Beweisaufnahme** durchgeführt worden, so besteht kein **Verwertungsverbot**[3].

141 Die **Einholung von Auskünften der Tarifvertragsparteien** ist problematisch, insbesondere dann, wenn der Beklagte zugleich Tarifvertragspartei und Prozesspartei ist[4]. Unproblematisch ist jedoch eine Einholung von Auskünften der Tarifvertragsparteien, soweit es um die Frage geht, ob für bestimmte Berufszweige Tarifverträge bestehen, wann sie in Kraft getreten oder gekündigt worden sind, ob es zu den Tarifverträgen Protokollnotizen oder vergleichbare Unterlagen gibt oder ob sich eine bestimmte tarifliche Übung mit Billigung der Tarifvertragsparteien herausgebildet habe. Die Einholung derartiger Auskünfte liegt im pflichtgemäßen, revisionsgerichtlich nur beschränkt überprüfbaren Ermessen der Tatsachengerichte[5].

8. Nebenentscheidungen

a) Prozesszinsen

142 Es entspricht einer gefestigten Rspr. des BAG, dass der Kläger einen **Anspruch auf Zahlung von Prozesszinsen** hat (gem. § 291, § 288 Abs. 1 BGB)[6]. Die Zinsforderung kann ebenfalls im Wege der Feststellungsklage geltend gemacht werden[7]; allerdings erst ab dem auf die Rechtshängigkeit des Eingruppierungsbegehrens folgenden Tag (entsprechend § 187 Abs. 1 BGB)[8].

b) Verzugszinsen

143 Früher hat das BAG die Auffassung vertreten, dass ein weitergehender Zinsanspruch wegen Schuldnerverzugs (gem. §§ 284, 288 BGB) idR am fehlenden Verschulden des ArbG scheitert (§ 285 BGB). Insoweit haben Rspr. und Lit. auf die schwierige und zweifelhafte Rechtslage verwiesen, wonach ein Schuldner auf die für ihn günstigere Rechtsauffassung vertrauen könne, so dass auch ein unentschuldbarer Irrtum über die Rechtslage nicht eintrete[9]. Diese Rspr. hat nunmehr das BAG ausdrücklich aufgegeben und judiziert, dass der Schuldner gehalten sei, im Einzelnen darzulegen und ggf. zu beweisen, dass die geschuldete Leistung zum Fälligkeitszeitpunkt unterblieben ist, ohne dass ihn ein Verschulden trifft (§ 286 Abs. 4 BGB). Diese gesetzliche Beweislastverteilungsanordnung gelte auch für den öffentlichen ArbGeb in Eingruppierungsstreitigkeiten[10].

c) Streitwert

144 Gemäß § 42 Abs. 4 Satz 2 GKG ist bei Streitigkeiten über Eingruppierungen der **Wert des dreijährigen Unterschiedsbetrages** zur begehrten Vergütung maßgebend, sofern nicht der Gesamtbetrag der geforder-

---

1 *Schmalenberg* in Tschöpe (Hrsg.), Anwalts-Handbuch Arbeitsrecht, 6. Aufl. 2009, Teil 2 A Rz. 378 bezeichnet die „Blätter zur Berufskunde" als hilfreich.
2 LAG Hamm v. 28.8.1997 – 4 Sa 1926/96, nv.
3 BAG v. 21.10.1998 – 4 AZR 629/97, NZA 1999, 324; BAG v. 21.3.2012 – 4 AZR 254/10, AP Nr. 229 zu § 1 TVG Auslegung.
4 BAG v. 25.8.1982 – 4 AZR 1064/79, AP Nr. 55 zu § 616 BGB; BAG v. 29.10.1986 – 4 AZR 614/85, AP Nr. 14 zu § 1 TVG – Tarifverträge Rundfunk.
5 BAG v. 25.8.1982 – 4 AZR 1064/79, AP Nr. 55 zu § 616 BGB; BAG v. 16.10.1985 – 4 AZR 149/84, AP Nr. 108 zu § 22, § 23 BAT 1975.
6 BAG v. 4.10.1981 – 4 AZR 225/79, AP Nr. 49 zu § 22, § 23 BAT 1975; BAG v. 11.6.1997 – 10 AZR 613/96, AP Nr. 1 zu § 291 BGB; BAG v. 4.8.2016 – 6 AZR 237/15, ZTZ 2016, 701. S. hierzu auch GMP/*Germelmann*, § 46 Rz. 106; Düwell/Lipke/*Kloppenburg*, § 46 Rz. 335 ff. mit Hinweisen zum richtigen Zinsantrag.
7 So zB BAG v. 9.2.1983 – 4 AZR 267/80, AP Nr. 1 zu § 21 MTL II; BAG v. 26.7.1995 – 4 AZR 280/94, NZA-RR 1996, 153; BAG v. 11.6.1997 – 10 AZR 613/96, AP Nr. 1 zu § 291 BGB: Diese Feststellung diene der Klarstellung, ab wann und in welcher Höhe eine Verzinsung von nachzuzahlenden Lohndifferenzen zu erfolgen habe; ein Feststellungsinteresse iSd. § 256 ZPO sei zu bejahen.
8 BGH v. 8.10.1997 – 4 AZR 167/96, AP Nr. 2 zu § 23b BAT; Palandt/*Heinrichs*, § 187 BGB Rz. 1; Düwell/Lipke/ Kloppenburg, § 46 Rz. 335 ff.; Groeger/*Schlewing*, Teil 7, Rz. 279, 280.
9 BAG v. 7.10.1981 – 4 AZR 225/79, AP Nr. 49 zu § 22, § 23 BAT 1975; BAG v. 9.2.1983 – 4 AZR 267/80, AP Nr. 1 zu § 21 MTL II; BAG v. 11.6.1997 – 10 AZR 613/96, AP Nr. 1 zu § 291 BGB; BAG v. 12.3.2008 – 4 AZR 93/07, ZTR 2008, 602.
10 BAG v. 26.1.2011 – 4 AZR 167/09, ZTR 2011, 488; s. hierzu *Kortmann*, öAT 2011, 157 sowie *Richter*, ZTR 2011, 489.

ten Leistung geringer ist; bis zur Klageerhebung entstandene Rückstände werden nicht hinzugerechnet (s. § 12 Rz. 192). Nach der Rspr. entspricht der Streitwert der 36-fachen monatlichen Vergütungsdifferenz, nicht der 39-fachen monatlichen Vergütungsdifferenz zwischen den streitgegenständlichen Vergütungsgruppen[1]. Nach Auffassung des BAG ist der Streitwert ohne Berücksichtigung von Sonderleistungen wie Treueprämien, zusätzliche Urlaubsgelder und Gratifikationen festzusetzen[2]. Das BAG hat seine Rspr. ua. damit begründet, dass der Nichtansatz der Weihnachtsgratifikation „auch dem Grundsatz der Niedrighaltung der Kosten des Verfahrens gerecht"[3] werde. Bei der Berechnung der Höhe des dreijährigen Unterschiedsbetrages ist nicht auf die zurückliegenden Zeiträume, sondern auf die zukünftige Entwicklung abzustellen[4]. Sofern die Feststellungsklage nur für einen begrenzten Zeitraum von weniger als drei Jahren geführt wird, ist eine entsprechende Quotelung vorzunehmen[5]. Obwohl es sich um eine Feststellungsklage handelt, erfolgt nach der Rspr. kein Abschlag vom Wert des dreijährigen Unterschiedsbetrages zur begehrten Vergütung[6]. Unerheblich ist insoweit, ob es sich um eine Eingruppierungsklage im öffentlichen Dienst oder in der Privatwirtschaft handelt. Entscheidend ist, dass ein Feststellungsurteil endgültig zum Rechtsfrieden führt[7].

III. Arbeitsrechtliche Konkurrentenklage

1. Parallele zur beamtenrechtlichen Konkurrentenklage

Rspr.[8] sowie Lit.[9] gehen davon aus, dass die arbeitsrechtliche Konkurrentenklage der beamtenrechtlichen Konkurrentenklage nachgebildet sei und beide sich prozessrechtlich nicht grds. unterscheiden. Auch das BAG betont insoweit die Justizgewährleistungspflicht[10]. Zuständigkeitsbegründend ist die Tatsache, dass der Bewerber die Anstellung in einem Arbeitsverhältnis begehrt[11]. Bei **der arbeitsrechtlichen Konkurrentenklage** gibt es jedoch nach wie vor **eine Reihe ungeklärter Rechtsfragen**[12]. Eine arbeitsrechtliche Konkurrentenklage ist auch nur denkbar im Zusammenhang mit der zu besetzenden Stelle als öffentliches Amt iSd. Art. 33 Abs. 2 GG. Wenn diese Stelle bei einer Privatisierung im Wege des Betriebsüberganges auf einen privaten Betriebsnachfolger gem. § 613a Abs. 1 BGB übergeht, ist die Führung einer arbeitsrechtlichen Konkurrentenklage nicht mehr möglich[13]. 145

Nach der Rspr. des BVerwG steht der **Grundsatz der Ämterstabilität** der Klage eines unterlegenen Bewerbers auf Aufhebung der Ernennung nicht entgegen, wenn dieser daran gehindert worden ist, die Rechtsschutzmöglichkeiten zur Durchsetzung eines Bewerbungsverfahrensanspruchs vor der Ernennung des Mitbewerbers auszuschöpfen[14]. Der Dienstherr muss, wenn ein bei der Beförderungsauswahl unterlegener Mitbewerber eine einstweilige Anordnung auf vorläufige Untersagung der Beförderung des erfolgreichen Bewerbers beantragt hat, die Ernennung bis zum Abschluss dieses gerichtlichen Verfahrens unterlassen. Diese Rechtsfolge tritt unmittelbar kraft Verfassungsrecht (Art. 19 Abs. 4 GG) ein[15]. Das BAG hat dagegen 145a

---

1 S. zB LAG Berlin-Brandenburg v. 21.5.2010 – 3 Sa 1/10, juris; Streitwertekatalog Arbeitsgerichtsbarkeit 2013 Ziffer 17.1.
2 BAG v. 24.3.1981 – 4 AZR 395/78, AP Nr. 3 zu 12 ArbGG 1979; BAG v. 4.9.1996 – 4 AZN 151/96, NZA 1997, 283; Groeger/*Schlewing*, Teil 7, Rz. 323.
3 Trotz einer Kumulierung von Leistungsklage (für die Zeit vom 1.1.1993 bis 30.4.1995) und Feststellungsklage (für die Zeit ab 1.5.1995) verblieb es bei dem 36-fachen Differenzbetrag für drei Jahre, vgl. BAG v. 4.9.1996 – 4 AZN 151/96, NZA 1997, 283.
4 LAG Rh.-Pf. v. 26.6.2007 – 1 Ta 152/07.
5 LAG Berlin v. 7.12.1987 – 9 Sa 92/87, EzA § 12 ArbGG Nr. 58; LAG Hessen v. 21.1.1999 – 15/6 Ta 699/98, NZA-RR 1999, 159.
6 LAG Düsseldorf v. 13.12.2007 – 6 Ta 641/07, LAGE § 42 GKG Nr. 8.
7 LAG Düsseldorf v. 13.12.2007 – 6 Ta 641/07, LAGE § 42 GKG Nr. 8 unter Bezugnahme auf BAG v. 28.9.2005 – 10 AZR 34/05, AP Nr. 2 zu § 1 TVG Tarifverträge: Systemgastronomie.
8 BAG v. 5.3.1996 – 1 AZR 590/92 (A), NZA 1996, 751; BAG v. 2.12.1997 – 9 AZR 668/96, NZA 1998, 882; BAG v. 5.11.2002 – 9 AZR 451/01, ZTR 2003, 349.
9 So zB *von Münch/Kunig*, Art. 33 GG Rz. 34; GMP/*Germelmann*, § 46 Rz. 68. S. zu den verfahrensrechtlichen Aspekten der beamtenrechtlichen Konkurrenten- und Beurteilungsklage *Zimmerling*, PersV 2000, 205 ff.
10 BAG v. 12.10.2010 – 9 AZR 554/09, NZA-RR 2011, 216; differenzierend *Pützer*, RdA 2016, 287.
11 Düwell/Lipke/*Krasshöfer*, § 2 Rz. 28; aA OVG Münster v. 27.4.2010 – 1 E 404/10, NZA-RR 2010, 433.
12 Ausführlich hierzu *Zimmerling*, Arbeitsrechtliche Konkurrentenklage, 1999; *Zimmerling*, ZTR 2000, 489; *Zimmerling*, RiA 2002, 165; *Walker*, FS LAG Rheinland-Pfalz, 1999, S. 633; *Walker*, FS Söllner, 2000, S. 1231. Groeger/*Hauck-Scholz*, Teil 2 V, Rz. 130 ff.; *Pützer*, RdA 2016, 287; *Hauck-Scholz*, öAT 2016, 112.
13 LAG Sa.-Anh. v. 29.7.2008 – 8 Sa 600/07.
14 BVerwG v. 4.11.2010 – 2 C 16/09, NJW 2011, 695; s. hierzu *Battis*, DRiZ 2011, 174 sowie *Gärditz*, DVBl 2011, 1173.
15 OVG Saarlouis v. 29.5.2012 – 1 B 161/12, NVwZ-RR 2012, 692.

judiziert, dass der Anspruch des Bewerbers nach Art. 33 Abs. 2 GG auf Übertragung einer Stelle dem Grundsatz nach voraussetzt, dass diese noch nicht besetzt ist. Für eine Neubescheidung sei kein Raum, wenn die begehrte Stelle dem erfolgreichen Konkurrenten rechtswirksam auf Dauer übertragen worden ist[1]. Die Lit. vertritt insoweit die Auffassung, dass die endgültige Besetzung der Stelle durch den öffentlichen ArbGeb unerheblich ist, wenn das Gebot des effektiven Rechtsschutzes des Bewerbers verletzt wurde, weil dieses Vorrang vor der Organisationsgewalt des öffentlichen ArbGeb hat[2].

2. Klageart und einstweiliges Verfügungsverfahren

a) Die Klageart

aa) Leistungs- und Feststellungsklage

146 Zwischenzeitlich neigen die Instanzgerichte dazu, bei Rechtsschutzvereitelung durch den öffentlichen ArbGeb einen Wiederherstellungsanspruch zu bejahen[3]. Der Kläger kann sowohl im Wege einer Leistungs- als auch einer Feststellungsklage seine Einstellung bzw. die Übertragung einer **Beförderungsstelle** fordern[4]. Die Feststellungsklage wird insoweit aus Gründen der Prozessökonomie zugelassen[5]. Eine Klage auf Einstellung oder Übertragung einer **Beförderungsstelle** setzt den Nachweis durch den Kläger voraus, dass er der am besten geeignetste Bewerber ist. Unzureichend ist der Sachvortrag des abgelehnten Bewerbers, er halte es für **nahezu ausgeschlossen, dass drei andere Bewerber besser geeignet gewesen sein sollen**[6]. Sofern zwischen den Parteien nicht bereits ein Beschäftigungsverhältnis besteht, kann der Bewerber den Bewerbungsverfahrensanspruch nur mit Erfolg geltend machen, wenn er bereit ist, in die Dienste des ArbGeb zu treten[7].

147 Bei einem **ohne sachlichen Grund**[8] abgebrochenen Stellenbesetzungsverfahren kann der Bewerber regelmäßig die Fortführung des Stellenbesetzungsverfahrens beanspruchen (Bewerberverfahrensanspruch). Der Bewerberverfahrensanspruch verdichtet sich aber nur dann zu einem Übertragungsanspruch, wenn das Auswahlverfahren ordnungsgemäß abgeschlossen ist und die Auswahl nach den Kriterien des Art. 33 Abs. 2 GG zugunsten des Anspruchstellers ausgefallen ist oder hätte ausfallen müssen[9]. In der Regel verbleibt es bei dem Antrag auf Untersagung einer beabsichtigten Stellenbesetzung[10]. Nach Beendigung des Auswahlverfahrens und verbindlicher Stellenbesetzung können dem unterlegenen Bewerber Schadensersatzansprüche nach § 280 Abs. 1 BGB und § 823 Abs. 2 BGB iVm. Art. 33 Abs. 2 GG zustehen[11]. Soweit sich niemand auf die Ausschreibung bewirbt, der das Anforderungsprofil erfüllt, darf der Dienstherr das Stellenbesetzungsverfahren abbrechen[12].

bb) Bescheidungsklage

148 Während es in der Rspr. der LAGs umstritten war, ob die arbeitsrechtliche Konkurrentenklage in Form einer Bescheidungsklage möglich ist[13], hat das BAG in seinen Urteilen vom 2.12.1997 dezidiert entschieden, dass die arbeitsgerichtliche Konkurrentenklage als **Leistungsklage auf Neubescheidung** zulässig sei

---

1 BAG v. 18.9.2007 – 9 AZR 672/06, ZTR 2008, 339 sowie BAG v. 12.10.2010 – 9 AZR 554/09, NZA-RR 2011, 216. Die Verfassungsbeschwerde wurde vom BVerfG durch Beschluss v. 8.4.2014 – 1 BvR 845/11 – nicht zur Entscheidung angenommen, juris.
2 *Zimmerling*, öAT 2011, 78 (79) sowie *Kalenbach*, öAT 2013, 7 (8).
3 LAG Thür. v. 26.1.2012 – 6 Sa 393/10; LAG Saarland v. 13.2.2013 – 2 Sa 46/12; LAG Schl.-Holst. v. 8.6.2016 – 3 Sa 9/16, SchlHA 2017, 71.
4 BAG v. 12.10.2010 – 9 AZR 518/09, NZA 2011, 306.
5 BAG v. 3.9.1986 – 4 AZR 335/85, AP Nr. 124 zu § 22, § 23 BAT 1975; BAG v. 9.7.1997 – 7 AZR 424/96, NZA 1998, 752. Ein fehlerbehaftetes Stellenbesetzungsverfahren kann vom Dienstherrn jederzeit beendet werden, s. LAG Rh.-Pf. v. 7.4.2016 – 2 SaGa 10/15.
6 BAG v. 12.10.2010 – 9 AZR 554/09, NZA-RR 2011, 216.
7 BAG v. 19.5.2015 – 9 AZR 837/13, NZA 2015, 1074.
8 S. hierzu BVerwG v. 22.7.1999 – 2 C 40/98 sowie BayVGH v. 7.1.2013 – 3 CE 12.1828; BAG v. 24.3.2009 – 9 AZR 277/08, ZTR 2009, 502 sowie BAG v. 12.04.2016 – 9 AZR 673/14, ZTR 2016, 528.
9 LAG Sachsen v. 8.7.2011 – 8 Sa 507/10. Die arbeitsrechtliche Konkurrentenklage zielt in aller Regel auf die Zulassung zu einem Auswahlverfahren, s. zB LAG Köln v. 24.8.2012 – 5 Sa 120/12.
10 S. zB BAG v. 12.10.2010 – 9 AZR 518/09, NZA 2011, 306; LAG Thür. v. 16.11.2010 – 1 SaGa 6/10.
11 BAG v. 19.2.2008 – 9 AZR 70/07, ZTR 2008, 562; BAG v. 12.10.2010 – 9 AZR 554/09, NZA-RR 2011, 216. LAG Nürnberg v. 9.3.2010 – 7 Sa 338/08; LAG Saarland v. 13.2.2013 – 2 Sa 46/12, nv; LAG Hessen v. 28.6.2012 – 9 Sa 1456/11.
12 LAG Bremen v. 3.9.2013 – 1 Sa 167/11, juris.
13 Bejahend wohl LAG BW v. 26.4.1989 – 3 Sa 9/89, LAGE Art. 33 GG Nr. 3; verneinend LAG Saarland v. 12.5.1998 – 1 Sa 43/98, nv sowie LAG Schl.-Holst. v. 13.9.2007 – 4 Sa 531/06.

und dass insoweit auch ein Rechtsschutzbedürfnis bestehe[1]. Regelmäßig ist der öffentlich-rechtliche ArbGeb nur zur Neubescheidung von Bewerbungen verpflichtet, wenn er die ausgeschriebene Stelle noch nicht endgültig besetzt hat[2]. Es sei auch eine Klage auf Übertragung einer noch nicht besetzten Stelle möglich, wenn der ArbGeb keinen Ermessensspielraum hat[3]. Der Klageantrag sei § 113 Abs. 5 Satz 2 VwGO nachgebildet; anders als im verwaltungsgerichtlichen Verfahren bedürfe es im bürgerlich-rechtlichen Rechtsstreit, der mit dem Ziel der Übertragung einer Angestelltentätigkeit geführt wird, jedoch nicht der Aufhebung eines belastenden Verwaltungsakts. Prozessziel sei die Wiederholung der Auswahlentscheidung[4]. Irgend eine (weitere) Begründung für die Anwendbarkeit der Bescheidungsklage im arbeitsrechtlichen Konkurrentenstreit gibt das BAG nicht[5].

cc) Erledigung des Rechtsstreits

Nach Auffassung des BAG ist für eine **arbeitsrechtliche Konkurrentenklage kein Raum** (mehr), wenn die Beförderungsstelle dem erfolgreichen Konkurrenten **rechtswirksam auf Dauer übertragen** und nicht mehr verfügbar ist[6]. Die Beförderung oder Ernennung des erfolgreichen Bewerbers könne nicht rückgängig gemacht werden[7]. Ist hingegen die ausgeschriebene Stelle noch nicht besetzt, hat der zurückgewiesene Bewerber Anspruch auf die erneute Auswahl eines Bewerbers[8]. Dem verfahrensfehlerhaft zurückgewiesenen Bewerber stünden ggf. Schadensersatzansprüche zu, wenn ihm die Stelle hätte übertragen werden müssen[9]. Diese aus der beamtenrechtlichen Konkurrentenklage bekannten Grundsätze sind nach Auffassung des BAG auch auf die arbeitsrechtliche Konkurrentenklage anzuwenden. Gesichert werde der Zugang zum Amt (der Bewerbungsverfahrensanspruch[10]), hierbei sei auch der sich aus Art. 33 Abs. 2, Art. 19 Abs. 4, Art. 20 Abs. 3 GG folgende Justizgewährleistungsanspruch zu beachten[11]. 149

Einstweilen frei 150

Das BAG hat mehrfach betont, dass der mögliche Einstellungsanspruch aus Art. 33 Abs. 2 GG das Vorhandensein einer besetzungsfähigen und haushaltsrechtlich abgesicherten Stelle voraussetze, was nicht mehr der Fall sei, wenn die Stelle (rechtswidrigerweise) vergeben sei[12]. Der öffentliche ArbGeb sei nicht ver- 151

---

1 BAG v. 2.12.1997 – 9 AZR 668/96, NZA 1998, 882; BAG v. 2.12.1997 – 9 AZR 445/96, NZA 1998, 884; s. weiterhin BAG v. 7.9.2004 – 9 AZR 537/03, NZA 2005, 879 sowie BAG v. 18.9.2007 – 9 AZR 672/06, ZTR 2008, 339; LAG Nds. v. 26.11.2014 – 2 Sa 924/14, NZA-RR 2015, 159.
2 BAG v. 18.9.2007 – 9 AZR 672/06, ZTR 2008, 339.
3 BAG v. 21.1.2003 – 9 AZR 72/02, ZTR 2003, 463; BAG v. 5.3.1996 – 1 AZR 590/92, ZTR 1996, 416; GMP/*Germelmann*, § 46 Rz. 68; BCF/*Creutzfeld*, § 46 Rz. 41.
4 BAG v. 5.3.1996 – 1 AZR 590/92 (A), NZA 1996, 751; BAG v. 11.8.1998 – 9 AZR 155/97, ZBR 1999, 207; hierzu *Thannheiser*, PersR 1999, 47.
5 Die Rspr. des BAG ist in Ansehung der Rspr. der Verwaltungsgerichte zur Übertragbarkeit der Sondervorschriften für Anfechtungs- oder Verpflichtungsklage (§ 113 Abs. 1 Satz 4 VwGO sowie § 113 Abs. 5 Satz 2 VwGO) auf die allgemeine Leistungsklage höchst problematisch, s. hierzu *Zimmerling*, Arbeitsrechtliche Konkurrentenklage, Rz. 28 ff.; *Zimmerling*, ZTR 2000, 489 (490).
6 Hierbei stellt das BAG ab auf die Einräumung einer „gesicherten Rechtsposition", vgl. BAG v. 28.5.2002 – 9 AZR 751/00, NZA 2003, 146; aA LAG Düsseldorf v. 25.10.1994 – 3 Sa 1585/94, ZTR 1995, 184; BAG v. 18.9.2007 – 9 AZR 672/06, ZTR 2008, 939 sowie LAG Schl.-Holst. v. 8.6.2016 – 3 Sa 9/16, SchlHA 2017, 71. S. zur Erledigung der Konkurrentenklage *Laubinger*, ZBR 2010, 332 ff., 335 ff.
7 BAG v. 2.12.1997 – 9 AZR 668/96, NZA 1998, 882; BAG v. 2.12.1997 – 9 AZR 445/96, NZA 1998, 884; LAG Saarland v. 18.2.1999 – 2 Ta 2/99, nv.; LAG Hamm v. 18.5.2001 – 5 Sa 1942/00, NZA-RR 2002, 17 sowie LAG Hamm v. 14.8.2003 – 11 Sa 1743/02, NZA-RR 2004, 335.
8 BAG v. 11.6.2013 – 9 AZR 678/11, ZTR 2013, 556.
9 BAG v. 19.2.2008 – 9 AZR 70/07, ZTR 2008, 562; BAG v. 12.10.2010 – 9 AZR 554/09, NZA-RR 2011, 216; s.a. BGH v. 6.4.1995 – III ZR 183/94, NJW 1995, 2344; BVerwG v. 16.10.1991 – 2 B 115/91, NJW 1992, 927; LAG Hamm v. 13.5.1993 – 17 Sa 1598/92, ZTR 1993, 339; LAG Saarland v. 18.6.1997 – 1 Sa 285/96, nv.; LAG Nds. v. 28.6.2005 – 11 Sa 2131/04.
10 S. zum Bewerbungsverfahrensanspruch BVerfG v. 16.12.2015 – 2 BvR 1958/13, NVwZ 2016, 682; BVerfG v. 25.1.2017 – 2 BvR 2076/16, NVwZ 2017, 472; BVerwG v. 3.12.2014 – 2 A 3/13, NVwZ 2015, 1066; BVerwG v. 17.9.2015 – 2 C 27/14, NVwZ 2016, 1262. S. weiterhin zum Bewerbungsverfahrensanspruch BVerwG v. 21.12.2016 – 2 VR 1/16, juris; BAG v. 2.12.1997 – 9 AZR 445/96, NZA 1998, 882; BAG v. 19.5.2015 – 9 AZR 837/13, NZA 2015, 1074. In Anlehnung an die Rspr. der Verwaltungsgerichte wird auch von den Arbeitsgerichten von „Beförderung" und „Beförderungsamt" gesprochen, obwohl dies beamtenrechtliche Begriffe sind, s. zB LAG Hamm v. 18.5.2001 – 5 Sa 1942/00, NZA-RR 2002, 107.
11 BAG v. 18.9.2007 – 9 AZR 672/06, ZTR 2008, 339.
12 BAG v. 9.11.1994 – 7 AZR 19/94, AP Nr. 33 zu Art. 33 Abs. 2 GG; BAG v. 2.12.1997 – 9 AZR 445/96, ZTR 1998, 417. Ebenso LAG Rh.-Pf. v. 19.12.2007 – 8 Sa 536/07.

pflichtet, ein Amt mehrfach zu vergeben¹. Demgegenüber geht das BVerwG davon aus, dass das Haushaltsrecht nicht die gerichtliche Aufhebung einer Verwaltungsentscheidung ausschließe. Die gegenteilige Auffassung verletze Art. 19 Abs. 4 GG. Ein Dienstherr könne durch rechtswidriges Handeln keine vollendeten Tatsachen schaffen und dadurch den effektiven Rechtsschutz des Betroffenen vereiteln. Die Rechtsschutzgarantie des Art. 19 Abs. 4 GG gebietet, irreparable behördliche Entscheidungen soweit als möglich auszuschließen² und ggf. rückgängig zu machen³. Der Rechtsschutz ist im Verwaltungsprozess für den nicht berücksichtigten Beamten weitergehend als für den Tarifbeschäftigten im Arbeitsgerichtsprozess.

152 Entgegen der Rspr. des BAG kann von der **Erledigung** eines Rechtsstreites **keine Rede** sein, wenn eine höherwertige Stelle dem Angestellten zunächst nur **vorübergehend** (verbunden mit der Zahlung einer Zulage) **übertragen** wird oder wenn bei einer Neueinstellung ein Arbeitsvertrag abgeschlossen wird, wobei der ArbN Kündigungsschutz gem. § 1 Abs. 1 KSchG erst nach sechs Monaten erlangt und ihm während der Probezeit mit einer Frist von zwei Wochen zum Monatsende gekündigt werden kann (§ 53 Abs. 1 BAT)⁴. Insoweit führt das BAG aus, dass eine Besetzung eines Amtes erfolgt ist, wenn dem ausgewählten Bewerber eine **gesicherte Rechtsposition** eingeräumt wird⁵. Entgegen der Auffassung des BAG, kann von einer **gesicherten Rechtsposition** noch keine Rede sein, solange kein Kündigungsschutz besteht. Weiterhin wird man die Erledigung des Rechtsstreites verneinen müssen, wenn noch eine vergleichbare freie Stelle vorhanden ist und der ArbG dem ArbN eine Zusage auf Übertragung dieser Stelle erteilt, sofern er den Rechtsstreit gewinnt⁶.

152a Einstweilen frei

b) Einstweiliges Verfügungsverfahren

153 Ein **Verfügungsanspruch auf Beförderung** kommt nur ganz **ausnahmsweise** in Betracht⁷. Im Allgemeinen hat nämlich der ArbN (des öffentlichen Dienstes) keinen unmittelbaren Anspruch auf Beförderung⁸. Ein solcher Anspruch kann sich idR lediglich **aus einer vertraglichen Zusage** ergeben⁹. Ein Antrag auf Erlass einer einstweiligen Verfügung zur Untersagung der endgültigen Besetzung der ausgeschriebenen Stelle wird hingegen für zulässig erachtet und vielfach praktiziert¹⁰. Ein Verfügungsgrund zur Untersagung einer Stellenbesetzung bis zur Entscheidung über die Konkurrentenklage im Hauptsacheverfahren liegt jedoch nicht vor, wenn die Stelle jederzeit durch Versetzung des ausgewählten Beschäftigten wieder frei gemacht werden kann und ein Einfluss des von diesem Beschäftigten erworbenen Erfahrungsvorsprungs bei Besetzung dieser Stelle keine Rolle spielt¹¹.

Formulierungsvorschlag:

„Dem Verfügungsbeklagten wird untersagt, die Stelle des ... in der Abteilung ... bis zum Abschluss des Hauptsacheverfahrens anderweitig zu besetzen"¹².

Verfehlt ist die Beschränkung des Antrages bis zum Abschluss des erstinstanzlichen Verfahrens. Im Falle des Unterliegens in 1. Instanz hätte dies nämlich zur Folge, dass vor Anrufung der Berufungsinstanz der Verfügungsbeklagte vollendete Tatsachen schafft.

---

1 BAG v. 18.9.2007 – 9 AZR 672/06, ZTR 2008, 339; BAG v. 12.10.2010 – 9 AZR 554/09, NZA-RR 2011, 216; die beim BVerfG eingelegte Beschwerde wurde durch Beschluss v. 8.4.2014 – 1 BvR 845/11 nicht zur Entscheidung angenommen, juris.
2 BVerwG v. 13.9.2001 – 2 C 39/00, ZBR 2002, 178 m. Anm. *Schnellenbach*, ZBR 2002, 180.
3 BVerwG v. 4.11.2010 – 2 C 16/09, NJW 2011, 695; s. hierzu *v. Roetteken*, jurisPR-ArbR 19/2011, Anm. 6; *Battis*, DRiZ 2011, 174; *Gärditz*, DVBl. 2011, 173.
4 Ausführlich hierzu *Zimmerling*, RiA 2002, 165 (170 f.). Das LAG Nds. v. 6.9.2001 – 7 Sa 85/01, NZA-RR 2002, 111 hat die Besetzung der fraglichen Stelle mit der Feststellung verbunden, dass eine betriebsbedingte fristgerechte Kündigung der Beklagten nicht möglich sei.
5 BAG v. 12.10.2010 – 9 AZR 554/09, NZA-RR 2011, 216.
6 Ebenso im Verwaltungsprozess BVerwG v. 22.1.1998 – 2 C 8/97, DVBl 1998, 640.
7 LAG Berlin v. 12.7.1993 – 9 Sa 67/93, NZA 1994, 526.
8 BAG v. 26.7.1979 – 3 AZR 1107/77, DB 1979, 2429; LAG Düsseldorf v. 16.12.1986 – 3 Sa 1201/86, BB 1987, 1743; LAG Berlin v. 12.7.1993 – 9 Sa 67/93, NZA 1994, 526.
9 S. zu den Voraussetzungen einer einstweiligen Verfügung auf vorläufige Neubescheidung LAG Nds. v. 27.5.1994 – 3 Sa 2118/93, NVwZ-RR 1995, 584.
10 S. zB LAG MV v. 12.2.2014 – 2 Sa 182/13, juris; LAG Rh.-Pf. v. 20.8.2015 – 2 Sa Ga 5/15, juris; LAG Schl.-Holst. v. 8.6.2016 – 3 Sa 9/16, SchlHA 2017, 71; LAG Rh.-Pf. v. 31.8.2016 – 4 SaGa 5/16, öAT 2017, 18.
11 LAG Berlin-Brandenburg v. 14.10.2016 – 9 SaGa 1640/16, juris.
12 Ebenso *Reinhard/Kliemt*, NZA 2005, 546.

Nach Auffassung des BAG muss der nicht ausgewählte Mitbewerber ggf. vorläufigen Rechtsschutz in Anspruch nehmen; anderenfalls kann er später keine Schadensersatzansprüche mehr geltend machen[1]. Gleiches gilt für eine Amtshaftungsklage gem. § 839 Abs. 3 BGB[2]. 153a

Ein **einstweiliges Verfügungsverfahren** kann nur dann geführt werden, wenn der abgelehnte Bewerber rechtzeitig vor Vertragsabschluss von seiner Ablehnung erfahren hat, so dass er noch gerichtliche Hilfe in Anspruch nehmen kann. Im Anschluss an die Rspr. des BVerfG[3] sind sich das BVerwG[4] und das BAG[5] darüber einig, dass der nicht berücksichtigte Bewerber rechtzeitig über seine Ablehnung unterrichtet werden muss, so dass er noch Zeit genug hat, gerichtliche Hilfe in Anspruch zu nehmen[6]. Noch ungeklärt ist die Frage der Dauer der Wartefrist. Die Lit. geht zum Teil – unter Anlehnung an die Widerspruchsfrist – von einer Monatsfrist aus[7]; zum Teil wird allerdings auch eine Zwei-Wochen-Frist für ausreichend erachtet[8]. Von einer Monatsfrist geht auch das VG Hannover aus[9], während nach Auffassung des OVG Saarlouis eine zehntägige Ankündigungsfrist „gerade noch ausreichend" ist[10]. Sofern der abgelehnte Bewerber von der Auswahlentscheidung rechtzeitig unterrichtet worden ist, hat er nach der Rspr. ggf. unverzüglich vorläufigen Rechtsschutz in Anspruch zu nehmen. Sofern dies nicht geschieht, kann er nicht im Hauptsacheverfahren eine neue Auswahlentscheidung begehren[11]. Die Rspr. betont weiterhin, dass Rechtsschutz im Rahmen einer Konkurrentenklage grds. erst nach der Auswahlentscheidung erreicht werden kann; vorbeugender Rechtsschutz ist somit ausgeschlossen[12]. Der nicht berücksichtigte Bewerber hat nicht nur einen Anspruch auf Bekanntgabe des Namens des ausgewählten Bewerbers, sondern auch auf Bekanntgabe der maßgebenden Gründe für die Auswahlentscheidung; anderenfalls könne der nicht ausgewählte Bewerber nicht die Erfolgsaussichten eines etwaigen gerichtlichen Verfahrens abschätzen[13]. In der „probeweisen" Übertragung einer Stelle für die Dauer von drei Monaten, unter Gewährung einer Zulage nach § 24 Abs. 1 BAT wegen vorübergehender Übertragung einer höherwertigen Tätigkeit, liegt keine „endgültige" Übertragung[14]. 154

Sofern aus tatsächlichen Gründen keine mündliche Verhandlung (mehr) anberaumt werden kann, darf dennoch keine einstweilige Verfügung auf Untersagung des Abschlusses eines Arbeitsvertrages ergehen; der Antragsgegner würde insoweit in seinem Grundrecht auf rechtliches Gehör verletzt[15]. Richtigerweise hat insoweit eine auf Art. 19 Abs. 4 GG gestützte **Zwischenentscheidung** zu ergehen, so dass vorläufig die Schaffung vollendeter Tatsachen verhindert wird. Derartige „Hängebeschlüsse" können auch auf § 938 Abs. 1 ZPO gestützt werden[16]. Sie beenden das Verfahren nicht, verschaffen aber den unter einem besonderen Zeitdruck stehenden Gericht erst einmal den nötigen zeitlichen Raum, um sachgerecht über den vorläufigen Rechtsschutzantrag entscheiden zu können[17]. Bei der arbeitsrechtlichen Konkurrentenklage hat Entsprechendes zu gelten[18]. 155

---

1 BAG v. 28.5.2002 – 9 AZR 751/00, ZTR 2003, 146; LAG Nds. v. 28.6.2005 – 1 Sa 2131/04.
2 jurisPK-BGB/*Zimmerling*, 8. Aufl. 2016, § 839 Rz. 223 ff. für die beamtenrechtliche Schadensersatzklage.
3 BVerfG v. 19.9.1989 – 2 BvR 1576/88, NJW 1990, 501.
4 ZB BVerwG v. 29.8.1996 – 2 C 93/95, NJW 1997, 1321; ausführlich hierzu *Wittkowski*, NJW 1993, 817 (818 f.).
5 BAG v. 2.12.1997 – 9 AZR 668/96, NZA 1998, 882; BAG v. 2.12.1997 – 9 AZR 445/96, NZA 1998, 884.
6 Anderenfalls droht eine Schadensersatzklage, vgl. BGH v. 6.4.1995 – III ZR 183/94, NJW 1995, 2344; ausführlich hierzu *Höfling*, ZBR 1999, 73 (76); *Thannheiser*, PersR 1999, 47 (48 ff.).
7 So zB *Busch*, DVBl. 1990, 106 (108) sowie *Martens*, ZBR 1992, 129 (131 f.).
8 *Schnellenbach*, Beamtenrecht, 9. Aufl. 2017, § 3 Rz. 81; *Schnellenbach*, ZBR 1997, 169 (174 f.); *Wittkowski*, NJW 1993, 817 (819).
9 VG Hannover v. 18.10.1989 – 7 B 39/89, nv.
10 OVG Saarlouis v. 11.12.1990 – 1 W 150/90 sowie OVG Saarlouis v. 11.1.1991 – 1 W 185/90, nv.
11 LAG Frankfurt am Main v. 13.8.2004 – 3 Sa 1946/03. Das LAG Frankfurt am Main hat deshalb darauf verzichtet, aufzuklären, ob die streitige Position zwischenzeitlich „endgültig besetzt" war (sehr zweifelhaft!).
12 LAG Schl.-Holst. v. 13.9.2007 – 4 Sa 531/06.
13 So OVG Göttingen v. 29.5.2013 – 1 A 300/12.
14 LAG Hamm v. 1.6.2001 – 5 Sa 778/01, LAGR 2002, 14.
15 Bezeichnend ArbG Saarbrücken v. 29.9.1996 – 5c Ga 6/97, nv.
16 ArbG Bremen-Bremerhaven v. 7.4.2004 – 10 h BVGa 8/04, AiB 2008, 175; ArbG Bremen-Bremerhaven v. 21.4.2005 – 1 BVGa 14/05, AiB 2008, 175; ArbG Berlin v. 12.10.2007 – 24 Ga 16462/07, ArbuR 2008, 66.
17 St. Rspr. der Verwaltungsgerichte, s. zB OVG Saarlouis v. 15.12.1992 – 2 W 36/92, NVwZ-RR 1993, 391; VGH Kassel v. 23.8.1984 – 1 TG 2086/94, NVwZ-RR 1995, 302; OVG Berlin v. 3.2.1998 – 8 S 184/97, NVwZ-RR 1999, 212; BerlVerfGH v. 6.10.1998 – 26 A/98, NVwZ 1999, 1332; *Sodan/Ziekow/Puttler*, VwGO, 4. Aufl. 2014, § 123 Rz. 120; *Gärditz/Wollenschläger*, VwGO, 2013, § 123 Rz. 158 ff.; *Eyermann/Happ*, 14. Aufl. 2014, § 123 VwGO Rz. 60; *Kopp/Schenke*, 23. Aufl. 2017, § 123 VwGO Rz. 29, ausführlich hierzu *Zimmerling*, ZTR 2000, 495 f.
18 ArbG Saarbrücken v. 27.11.2007 – 63 Ga 18/97, nv.

155a Nach der Rspr. kann dem Rechtsschutzbegehren des Verfügungsklägers ein Verfügungsgrund (Eilbedürftigkeit) nicht abgesprochen werden, wenn der beklagte ArbGeb erklärt, dass er zunächst den Ausgang des Eilverfahrens abwarten werde, ehe er die bereits beschlossene Personalmaßnahme durchführe und den Arbeitsvertrag mit dem ausgewählten Bewerber abschließen werde, der Verfügungskläger jedoch das Unterlassen der Einstellung eines Bewerbers bis zum rechtskräftigen Abschluss des von ihm eingeleiteten Hauptsachverfahrens begehrt[1]. Wird entgegen einer im vorläufigen Rechtsschutzverfahren ergangenen Gerichtsentscheidung ein Mitbewerber eingestellt oder befördert, so kann der im vorläufigen Rechtsschutz obsiegende Verfügungskläger seinen Bewerbungsverfahrensanspruch im Hauptsacheverfahren weiter verfolgen. Dies setzt nicht die Möglichkeit voraus, die bereits erfolgte Ernennung aufzuheben[2].

3. Vorläufige Vollstreckbarkeit einer Bescheidungsklage

156 Gemäß § 62 Abs. 1 Satz 1 sind **Urteile der ArbG**[3], gegen die Einspruch oder Berufung zulässig ist, **vorläufig vollstreckbar**[4]. Bei einer arbeitsrechtlichen Konkurrentenklage – in Form der Leistungsklage – ist demzufolge im Falle des Obsiegens des Klägers der beklagte ArbGeb verpflichtet, eine neue Auswahlentscheidung zu treffen oder gar einen (neuen) Arbeitsvertrag auszufertigen, auch wenn er Berufung eingelegt hat[5]. Es wird hierbei behauptet, dass die vorläufige Vollstreckbarkeit einer erstinstanzlichen Entscheidung zu den „tragenden Grundsätzen des Arbeitsgerichtsprozesses" gehöre[6]. Auf die Erfolgsaussichten des Rechtsmittelverfahrens kommt es nach der hM nicht an[7].

157 § 62 Abs. 1 stellt ab auf das **Gläubiger-Schuldner-Verhältnis**. Bei der arbeitsrechtlichen Konkurrentenklage gibt es jedoch noch den **ausgewählten Bewerber**. Dieser betroffene „Dritte" darf prozessual nicht schlechter gestellt werden als der Kläger[8]. Ausgehend von der vorläufigen Vollstreckbarkeit gem. § 62 Abs. 1, würden auch zulasten des betroffenen „Dritten" insoweit vollendete Tatsachen geschaffen werden, als eine neue Auswahlentscheidung erfolgt oder der ArbGeb gar zum Abschluss eines (neuen) Arbeitsvertrages verpflichtet wird. Dies ist aufgrund des Prinzips der prozessualen Waffengleichheit[9] abzulehnen.

158 Im Übrigen ist Folgendes bedenkenswert: Das **BAG** betont ausdrücklich, dass die **Bescheidungsklage** analog § 113 Abs. 5 Satz 2 VwGO **zulässig ist**[10]. § 113 Abs. 5 VwGO bezieht sich ausschließlich auf die Verpflichtungsklage. Gemäß § 167 Abs. 2 VwGO können Urteile auf Anfechtungs- und Verpflichtungsklagen nur wegen der Kosten für vorläufig vollstreckbar erklärt werden. Die verwaltungsgerichtliche Judikatur wendet § 167 Abs. 2 VwGO jedoch über den Wortlaut hinaus auch auf Urteile an, die auf eine Leistungsklage ergehen, da es dem Wesen der Verwaltung grds. widerspreche, zu hoheitlichem Handeln durch ein Urteil angehalten zu werden, dessen Bestand noch in Frage steht[11]. Auch diese Erwägung spricht gegen die vorläufige Vollstreckbarkeit eines Bescheidungsurteils im Rahmen einer arbeitsrechtlichen Konkurrenten-

---

1 LAG Sachsen v. 21.3.2003 – 3 Sa 125/03, LAGE Art. 33 GG Nr. 14; LAG Rh.-Pf. v. 11.5.2006 – 4 Sa 208/06.
2 So – für die beamtenrechtliche Konkurrentenklage – BVerwG v. 21.8.2003 – 2 C 14/02, ZTR 2004, 272 und für die arbeitsrechtliche Konkurrentenklage BAG v. 24.3.2009 – 9 AZR 277/02, ZTR 2009, 502.
3 Sofern sie einen vollstreckungsfähigen Inhalt haben; bei Feststellungsurteilen ist dies regelmäßig nicht der Fall, GMP/*Germelmann*, § 46 Rz. 74 sowie § 62 Rz. 13.
4 Eine Einstellung gegen Sicherheitsleistung kennt das ArbGG nicht; sie wird deshalb von der hM abgelehnt, vgl. LAG Bremen v. 25.10.1982 – 4 Sa 265/82, AP Nr. 2 zu § 62 ArbGG 1979; LAG Hamm v. 9.8.1984 – 8 Ta 144/81, AP Nr. 3 zu § 62 ArbGG; GMP/*Germelmann*, § 62 Rz. 16; GK-ArbGG/*Vossen*, § 62 Rz. 5; Zweifel an der Richtigkeit dieses Alles-oder-Nichts-Prinzips bei *Müller-Glöge*, RdA 1999, 80 (88 f.).
5 Je nach Ausgang der neuen Auswahlentscheidung wird die Klage (erneut) von dem Kläger des Ausgangsverfahrens oder von dem ursprünglich ausgewählten Bewerber erhoben. Sofern die neue Auswahlentscheidung allerdings identisch ist mit der ersten, erscheint es sinnvoll, die neue Auswahlentscheidung im Wege der Klageerweiterung in das Berufungsverfahren einzuführen; der VGH Mannheim v. 7.4.1997 – 9 S 1955/96, nv. hat diese Möglichkeit in einem vergleichbaren Fall bejaht.
6 LAG Hamm v. 10.6.1988 – 8 Ca 254/88, MDR 1988, 892.
7 S. hierzu GMP/*Germelmann*, § 62 Rz. 20; aA *Groeger*, NZA 1994, 251.
8 Insoweit kann verwiesen werden auf die Rspr. des BVerfG zu § 80 Abs. 6 Satz 2 VwGO aF, s. BVerfG v. 19.6.1973 – 1 BvL 39/69 u. 1 BvL 14/72, NJW 1973, 2196.
9 BVerfG v. 19.12.1988 – 1 BvR 1492/88; BVerfG v. 19.12.1989 – 1 BvR 1336/89. Das BVerfG hat das Prinzip der Waffengleichheit idR erörtert im Zusammenhang mit der Frage der Gewährung von Prozesskostenhilfe, s.a. BVerfG v. 13.3.1990 – 2 BvR 94/88, NJW 1991, 413 sowie BVerfG v. 19.1.1994 – 2 BvR 2003/93, NVwZ 1994, Beilage 3, S. 17; *Sachs/Degenhart*, Art. 103 GG Rz. 49; *von Münch/Kunig*, GG Art. 103 Rz. 3; GMP/*Prütting*, Einl. Rz. 229.
10 BAG v. 24.1.2007 – 4 AZR 629/06, ZTR 2007, 566 sowie BAG v. 18.9.2007 – 9 AZR 672/06, ZTR 2008, 339.
11 VGH Kassel v. 5.11.1986 – 1 UE 700/85, NJW 1987, 1965; OVG Lüneburg v. 30.8.1989 – 12 L 85/89, NJW 1990, 1134; VGH Mannheim v. 24.3.1999 – 9 S 3012/98, DVBl. 1999, 992; ähnlich bereits BVerwG v. 26.8.1963 – VII C 126/63, MDR 1963, 1035; zustimmend *Eyermann/Schmidt*, 14. Aufl. 2014, § 167 VwGO Rz. 5.

klage. Die Anwendung des § 894 ZPO – bei einer Klage auf Abgabe einer Willenserklärung – kann vorliegend **ausgeschlossen** werden[1].

4. Die Rechtsstellung des ausgewählten Bewerbers im Prozess

Bei der beamtenrechtlichen Konkurrentenklage wird der **ausgewählte Bewerber** gem. § 65 VwGO beigeladen. Bei der arbeitsrechtlichen Konkurrentenklage ist eine § 65 VwGO vergleichbare Regelung nicht unmittelbar vorhanden. Allerdings ist denkbar, den ausgewählten Dritten im Wege der **Streitverkündung** gem. §§ 72 ff. ZPO oder im Wege der **Nebenintervention** gem. §§ 66 ff. ZPO in den Prozess zu involvieren[2]. 159

In der Lit. besteht Einigkeit darüber, dass der streitgenössische **Nebenintervenient** eine (eigentümliche) **Doppelstellung** habe[3]. Er gilt als Streitgenosse der unterstützten Partei[4], als notwendiger Streitgenosse, wenn die Voraussetzungen des § 62 ZPO gegeben sind; er wird aber nicht Partei, sondern Streitgehilfe der Partei, der er beitritt[5]. Die Fiktion der Streitgenossenschaft betrifft ausschließlich den Prozess, in welchem der streitgenössische Nebenintervenient weniger als eine Partei ist, aber mehr als ein gewöhnlicher Nebenintervenient[6]. Da der streitgenössische Nebenintervenient einen fremden Rechtsstreit führt[7], kann er nicht Zeuge sein; er gilt als Partei und kann demzufolge auch als Partei vernommen werden[8]. Der Nebenintervenient kann zwar Prozesshandlungen auch im Widerspruch zu den Handlungen und Erklärungen der Hauptpartei vornehmen und – auch gegen den Widerspruch der Hauptpartei – Angriffs- und Verteidigungsmittel vorbringen[9], er kann jedoch nicht die Klage zurücknehmen, ändern oder erweitern. Er kann auch keine Widerklage oder Zwischenfeststellungsklage erheben[10]. Hingegen kann der streitgenössische Nebenintervenient ein wirksames Anerkenntnis durch seinen Widerspruch verhindern[11]. Der streitgenössische Nebenintervenient unterliegt auch nicht den Schranken des § 67 Satz 1 Halbs. 2 ZPO und kann deshalb – auch gegen den Willen der Hauptpartei – Rechtsmittel einlegen und durchführen[12]. 160

Das Gesetz räumt dem streitgenössischen **Nebenintervenient** somit ein **eigenes Prozessführungsrecht** ein, das unabhängig vom Willen der von ihm unterstützten Hauptpartei ist[13]. Nach der Rspr. des BAG finden die Bestimmungen über die Nebenintervention (§§ 66 ff. ZPO) auch im arbeitsgerichtlichen Verfahren Anwendung[14]. Dies gilt auch für das arbeitsgerichtliche Beschlussverfahren[15]. Demzufolge kommt dem vom ArbGeb ausgewählten Bewerber in der arbeitsrechtlichen Konkurrentenklage die Rechtsstellung des streitgenössischen Nebenintervenienten gem. § 69 ZPO zu[16]. 161

---

1 S. hierzu *Zimmerling*, Arbeitsrechtliche Konkurrentenklage, Rz. 35 ff. sowie *Walker*, FS Söllner, 2000, S. 1248. Richtigerweise ist ggf. gem. § 888 ZPO zu vollstrecken, so auch GMP/*Germelmann*, § 46 Rz. 68.
2 Ausführlich hierzu *Zimmerling*, Arbeitsrechtliche Konkurrentenklage, Rz. 61 ff.; *Zimmerling*, RiA 2002, 165; *Walker*, FS Söllner, 2000, S. 1246. Im Ergebnis ebenso GMP/*Germelmann*, § 46 Rz. 68. S. zu Streitverkündung und Nebenintervention im Subventionsrecht EuG v. 19.6.2009 – T-48/04, WuW/E EU-R 1576 bis 1584.
3 Zöller/*Vollkommer*, § 69 ZPO Rz. 5; Musielak/*Weth*, § 69 ZPO Rz. 6; Rosenberg/Schwab/*Gottwald*, Zivilprozessrecht, § 50 Rz. 31 ff.
4 Voraussetzung der streitgenössischen Nebenintervention ist ein rechtliches Interesse des Dritten am Sieg der Hauptpartei, s. hierzu *Wieser*, ZZP 112 (1999), 439.
5 Musielak/*Weth*, § 69 ZPO Rz. 6; Rosenberg/Schwab/*Gottwald*, Zivilprozessrecht, § 50 Rz. 31. Streitig ist der Streitwert der Nebenintervention, der nicht identisch ist mit dem Streitwert der Klage, s. hierzu *Lappe*, NJW 1998, 1112.
6 Musielak/*Weth*, § 69 ZPO Rz. 6 ff.
7 Zöller/*Vollkommer*, § 69 ZPO Rz. 6; Musielak/*Weth*, § 69 ZPO Rz. 7; Rosenberg/Schwab/*Gottwald*, Zivilprozessrecht, § 50 Rz. 31.
8 OLG Hamm v. 29.8.1977 – 15 W 173/77, FamRZ 1978, 25.
9 Zöller/*Vollkommer*, § 69 ZPO Rz. 7; Musielak/*Weth*, § 69 ZPO Rz. 8 mwN in Fn. 42.
10 Zöller/*Vollkommer*, § 69 ZPO Rz. 6; Musielak/*Weth*, § 69 ZPO Rz. 7.
11 BGH v. 12.7.1993 – II ZR 65/92, NJW-RR 1993, 1253; LAG Saarland v. 2.7.1980 – 1 Sa 52/79, BB 1981, 304; Zöller/*Vollkommer*, § 69 ZPO Rz. 7; Musielak/*Weth*, § 69 ZPO Rz. 8.
12 BGH v. 26.3.1997 – IV ZR 137/96, NJW-RR 1997, 919; LAG Saarland v. 2.7.1980 – 1 Sa 52/79, BB 1981, 304; Zöller/*Vollkommer*, § 69 ZPO Rz. 7; Musielak/*Weth*, § 69 ZPO Rz. 8.
13 BGH v. 10.10.1994 – IVb ZB 23/91, NJW 1985, 386; Musielak/*Weth*, § 69 ZPO Rz. 48.
14 BAG v. 11.5.1983 – 4 AZR 545/80, AP Nr. 21 zu § 611 BGB – Bühnenengagementvertrag; BAG v. 15.1.1985 – 3 AZR 39/84, AP Nr. 3 zu § 67 ZPO; BAG v. 16.9.1986 – 3 AZR 72/85, AP Nr. 4 zu § 67 ZPO; BAG v. 21.6.2011 – 9 AZR 236/10, NZA 2011, 1274.
15 BAG v. 16.12.1986 – 1 ABR 35/85, AP Nr. 13 zu § 27 BetrVG 1972 – Ordnung des Betriebes; ausführlich hierzu *Weth*, Das arbeitsgerichtliche Beschlussverfahren, 1995, S. 212 ff.
16 Im Ergebnis ebenso LAG Rh.-Pf. v. 4.6.2008 – 8 SaGa 5/08 sowie LAG Rh.-Pfl. v. 24.2.2010 – 8 Sa 468/09, juris.

162 Dieses Ergebnis ergibt sich zwingend auch aus zu beachtenden verfassungsrechtlichen Vorgaben, nämlich **Art. 103 Abs. 1 GG**, aus dem Rechtsstaatsprinzip und dem Gleichbehandlungsgrundsatz. Im Hinblick auf Art. 103 Abs. 1 GG betont *Weth* zutreffend[1], dass der betroffene Dritte nicht von sich aus tätig werden müsse; vielmehr treffe das Gericht die Verpflichtung, ihn vom Verfahren zu unterrichten. Aus den verfassungsrechtlichen Vorgaben ergibt sich weiterhin, dass der betroffene Dritte wie jede Partei Rechtsmittel einlegen kann, solange die Verfahrensordnung die Einlegung eines Rechtsmittels überhaupt vorsieht[2].

5. Konkurrenz zwischen verschiedenen Konkurrentenklagen

163 Falls **mehrere Bewerber** aufgrund der ihrer Ansicht nach sachwidrigen Auswahlentscheidung gleichzeitig Konkurrentenklage erheben, kommt eine Verbindung gem. § 46 Abs. 2 ArbGG iVm. § 147 ZPO in Betracht. Die Klagen/Anträge auf Erlass einer einstweiligen Verfügung beziehen sich auf denselben, nur einmal zu besetzenden Arbeitsplatz und stehen deshalb in einem rechtlichen Zusammenhang iSd. § 147 ZPO.

164 Indes machen die Verwaltungsgerichte von der Parallelbestimmung des § 93 VwGO keinen Gebrauch. Dies ist wohl darauf zurückzuführen, dass in der Verwaltungsgerichtsbarkeit eine Zuweisung der Rechtsstreitigkeiten nach Sachgebieten erfolgt (Fachkammerprinzip)[3], parallel gelagerte Rechtsstreitigkeiten ohnedies von der gleichen Kammer zu entscheiden sind, so dass widersprechende Entscheidung praktisch ausgeschlossen sind. Im Arbeitsgerichtsverfahren wird zwar auch eine Verteilung nach Sachgebieten für zulässig erachtet[4], jedoch erfolgt in aller Regel die Zuteilung der Verfahren nach Eingang[5]. Damit ist nicht ausgeschlossen, dass widersprechende erstinstanzliche Entscheidungen bei mehreren die gleiche ausgeschriebene Stelle betreffende Konkurrentenklagen ergehen.

165 Eine **Verbindung verschiedener Konkurrentenklagen** hat zur Folge, dass jeder der Kläger/Antragsteller Einblick erhält in den Sachvortrag im Parallelverfahren und demzufolge auch weiß, wie der (nicht ausgewählte) Mitbewerber beurteilt ist bzw. welche sonstigen Qualifikationen er hat bzw. nicht hat. So ist es bei der beamtenrechtlichen Konkurrentenklage durchaus streitig, in welchem Umfang dem Mitbewerber Einsicht in die Personalakte des ausgewählten Bewerbers zu gewähren ist[6]. Da der gesetzliche Richter nicht disponibel ist, kommt eine Verbindung verschiedener Konkurrentenklagen – sofern nicht gemäß dem Geschäftsverteilungsplan zulässig – nicht in Betracht[7].

6. Gerichtliche Überprüfungskompetenz

166 Es besteht eine uneingeschränkte gerichtliche Überprüfungskompetenz bei der Prüfung der formalen Voraussetzungen des „Bewerbungsverfahrensanspruchs". Diese Überprüfungskompetenz bezieht sich unter anderem auf die Festlegung der Anforderungsprofils für die zu besetzende Stelle[8], hinsichtlich der ordnungsgemäßen Durchführung der Stellenausschreibung unter Einschluss der Wahrung der Rechte des Personalrates[9] und auch hinsichtlich der Prüfung einer etwaigen Befangenheit von Mitgliedern der Auswahlkommission[10]. Ebenfalls uneingeschränkt zu prüfen hat das Arbeitsgericht die Frage, ob der Funktionsvorbehalt zugunsten von Beamten bei der Ausschreibung einer zu besetzenden Stelle gerechtfertigt ist[11]. Auch soweit der ArbGeb eine Einschränkung des Kreises der Zugangsberechtigten vornimmt, prüft die Rspr. die Be-

---

1 In Musielak/*Weth*, vor § 64 ZPO Rz. 6 unter Bezugnahme auf BVerfG v. 14.4.1988 – BvR 544/86, NJW 1988, 1963.
2 Ausführlich hierzu *Zimmerling*, Arbeitsrechtliche Konkurrentenklage, Rz. 61 ff., 70 ff.
3 *Gärditz*, VwGO, 2013, § 4 Rz. 6.
4 Allerdings wurden nur in wenigen Ländern, zB im Saarland, Fachkammern für den öffentlichen Dienst eingerichtet. Die Rspr. hat eine Aufteilung nach Sachgebieten, zB öffentlicher Dienst, ausdrücklich für zulässig erklärt, vgl. BVerfG v. 11.6.1969 – 2 BvR 518/66, NJW 1969, 2192; BayVerfGH v. 16.1.1984 – Vf. 85 – VI/82 ua., NJW 1984, 2813.
5 S. im Übrigen GMP/*Prütting*, § 6a Rz. 49, der betont, dass in diesem Fall Manipulationen der Geschäftsstelle weitgehend ausgeschlossen werden müssen.
6 Hierzu VGH Kassel v. 17.10.1993 – 1 TJ 1795/93, DÖV 1994, 127; s. weiterhin für eine Auswahlentscheidung bei der Studienzulassung VG Saarlouis v. 9.4.1987 – 1 F 3/87, NVwZ 1987, 730.
7 S.a. *Zimmerling*, Arbeitsrechtliche Konkurrentenklage, Rz. 78 ff. sowie *Walker*, FS Söllner, 2000, S. 1250.
8 BAG v. 21.1.2003 – 9 AZR 72/02, ZTR 2003, 463; BAG v. 15.3.2005 – 9 AZR 142/04, ZTR 2005, 646. LAG Rh.-Pf. v. 12.1.2007 – 3 Sa 267/06; LAG Saarland v. 3.9.2008 – 2 Sa 50/08. Die notwendige Dokumentation des Anforderungsprofils erfolgt idR durch den Text der Stellenausschreibung, s. zB BVerwG v. 3.3.2011 – 5 C 16/10, NJW 2011, 2452 sowie LAG Rh.-Pf. v. 3.11.2016 – 2 Sa 131/16, juris.
9 S. hierzu *Lorse*, ZTR 2006, 14 ff.
10 LAG Nds. v. 20.1.2003 – 5 Sa 683/02, PersV 2003, 303.
11 BAG v. 11.8.1998 – 9 AZR 155/97, ZTR 1999, 225; BAG, 5. 11.2002 – 9 AZR 951/01, ZTR 2003, 349; LAG Hamm v. 18.5.2001 – 5 Sa 1942/00, NZA-RR 2002, 107; LAG MV v. 18.11.2014 – 2 SaGa 2/14, juris; ausführlich hierzu *Zimmerling*, ZfPR 2006, 117 ff.

rechtigung der Zugangskriterien[1]. Soweit es um die Einhaltung von Verfahrensvorschriften geht, wird von der Rspr. Folgendes gefordert:
- der ArbGeb muss vor der Besetzung ein Anforderungsprofil festlegen, das nicht im Belieben des öffentlichen ArbGeb steht, sowie das Anforderungsprofil dokumentieren[2],
- will der ArbGeb nachträglich einzelne in der Stellenausschreibung aufgeführte Anforderungskriterien ändern oder ihnen keine Bedeutung mehr zumessen, so hat er auch die Gründe für die Abweichung zu dokumentieren[3],
- die Dokumentation muss dem abgelehnten Bewerber zugänglich gemacht werden[4],
- der ArbGeb muss die Leistungen der einzelnen Bewerber bewerten und miteinander vergleichen,
- der ArbGeb muss die Bewertungen und wesentlichen Auswahlerwägungen schriftlich dokumentieren[5]; gefordert wird eine Transparenz der Auswahlentscheidung[6].

Werden diese Voraussetzungen nicht eingehalten, hat der (Verfügungs-) Kläger einen Anspruch auf Wiederholung der Auswahlentscheidung[7]. In der Lit. wird insoweit die Auffassung vertreten, der (Verfügungs-) Kläger müsse nicht darlegen, dass er unter Berücksichtigung des Art. 33 Abs. 2 GG der bestgeeignetste Bewerber für die Stelle sei; es sei ausreichend, wenn der (Verfügungs-) Kläger geltend mache, der ausschreibende ArbGeb hat einen Gesichtspunkt nicht berücksichtigt, der möglicherweise zu einer anderen Auswahlentscheidung geführt hätte[8]. Hingegen ist ein auf Art. 33 Abs. 2 GG iVm. § 280 BGB bzw. § 823 Abs. 2 BGB gestützter Schadensersatzanspruch nur dann gegeben, wenn sich jede andere Auswahlentscheidung des ArbGeb als rechtsfehlerhaft erwiesen hätte. Dies erfordert eine Reduktion des dem ArbGeb zustehenden Auswahlermessens auf Null[9].

Soweit es um die Leistungsbewertung geht, vertritt die Rspr. durchweg die Auffassung, dass bei einer Anwendung des Art. 33 Abs. 2 GG dem öffentlichen ArbGeb ein von der Verfassung gewährleisteter Beurteilungsspielraum zustehe, der nur beschränkt gerichtlicher Kontrolle unterliegt. Personalentscheidungen gehörten zum Kernbereich der Exekutive. Insoweit sei es grds. nicht Aufgabe der Gerichte, den besser geeigneten Bewerber zu bestimmen[10]. Dieser Rspr. kann in dieser Generalität nicht gefolgt werden. Es gibt sicherlich Leistungsbewertungen, die einer gerichtlichen Überprüfung nicht zugänglich sind. So ist es nicht zu beanstanden, wenn bei einer gleichlautenden Beurteilung zweier Angestellter vom ArbGeb auch berücksichtigt wird, dass einer der beiden Mitbewerber eine höher bewertete Stelle besetzt[11]. Ebenso wenig kann beanstandet werden, wenn eine Auswahlentscheidung unter prinzipiell gleich beurteilten Konkurrenten aufgrund eines Auswahlgespräches erfolgt[12]. Diese Auswahlentscheidung ist bereits aus rein tatsächlichen Gründen (fehlende Rekonstruierbarkeit des Auswahlgespräches) einer gerichtlichen Überprüfung nicht zugänglich. Hat indes ein ArbGeb des öffentlichen Dienstes keinerlei schriftliche Beurteilungen oder Dokumentationen über die Gründe für die Besetzung einer ausgeschriebenen Stelle mit einem bestimmten Bewerber erstellt, so kehrt sich die Beweislast um: Der ArbGeb hat darzulegen und zu beweisen, dass der abgelehnte Bewerber weniger geeignet war als der ausgewählte Bewerber[13].

167

---

1 BAG v. 15.3.2005 – 9 AZR 142/04, ZTR 2005, 649.
2 BAG v. 21.1.2003 – 9 AZR 72/02, ZTR 2003, 463; BAG v. 15.3.2005 – 9 AZR 142/04, ZTR 2005, 649; LAG Düsseldorf v. 7.5.2004 – 18 (14) Sa 164/04, NZA-RR 2005, 107; LAG Nürnberg v. 6.12.2005 – 7 Sa 192/05, NZA-RR 2006, 273; LAG Berlin-Brandenburg v. 7.5.2008 – 4 Sa 232/08, juris; LAG Thür. v. 10.1.2012 – 1 Sa Ga 5/11, juris; LAG Köln v. 24.8.2012 – 5 Sa 120/12, juris.
3 LAG Hamm v. 14.8.2003 – 11 Sa 1743/02, NZA-RR 2004, 335; LAG Rh.-Pf. v. 11.7.2006 – 2 Sa 304/06; LAG Köln v. 22.12.2011 – 13 SaGa 10/11.
4 Wie zB VG Frankfurt v. 30.9.2010 – 9 L 1372/10.F.
5 LAG Rh.-Pf. v. 20.08.2015 – 2 SaGa 5/15 sowie 15.12.2015 – 7 Sa 134/15, juris; LAG Schl.-Holst. v. 8.6.2016 – 3 Sa 9/16, SchlHA 2017, 71.
6 BAG v. 18.9.2007 – 9 AZR 672/06, ZTR 2008, 339; LAG Sachsen v. 8.7.2011 – 3 Sa 507/10, AE 2012, 69; LAG Schl.-Holst. v. 8.6.2016 – 3 Sa 9/16, SchlHA 2017, 71.
7 LAG Nürnberg, 6.12.2005 – 7 Sa 192/05, NZA-RR 2006, 273; LAG Schl.-Holst. v. 16.8.2011 – 1 SaGa 8a/11, NZA-RR 2012, 49; ArbG Saarbrücken v. 23.3.2007 – 63 Ga 3/07, nv.
8 *Korinth*, Einstweiliger Rechtsschutz im Arbeitsgerichtsverfahren, 3. Aufl., Kap.1 Rz. 308.
9 LAG Berlin-Brandenburg v. 3.8.2016 – 4 Sa 167/16, NZA-RR 2017, 9 unter Bezugnahme auf BAG v. 12.10.2010 – 9 AZR 554/09, NZA-RR 2011, 216.
10 BAG v. 21.1.2003 – 9 AZR 307/02, ZTR 2003, 572; BAG v. 27.9.2004 – 9 AZR 537/03, ZTR 2005, 205; LAG Sachsen v. 21.3.2003 – 3 Sa 125/03, LAGE Art. 33 GG Nr. 14.
11 LAG Hamm v. 3.8.2001 – 5 Sa 136/01.
12 S. hierzu OVG Saarlouis v. 18.9.1995 – 1 W 20/95, nv. sowie OVG Münster v. 12.12.2005 – 6 B 1845/05, NVwZ-RR 2006, 343; ebenso LAG Nds. v. 28.6.2005 – 1 Sa 2131/04 sowie LAG Rh.-Pf. v. 14.9.2006 – 4 Sa 428/06.
13 LAG BW v. 3.7.2009 – 9 Sa 56/08, DÖD 2010, 55 unter Bezugnahme BVerwG v. 21.8.2003 – 2 C 14/02, NJW 2004, 870; LAG Sachsen v. 8.7.2011 – 3 Sa 507/10, AE 2012, 66.

IV. Exkurs: Mobbingklage

1. Darlegungs- und Beweislast

168 Ein ArbN, der Schadensersatzansprüche wegen Mobbings gegen seinen ArbG geltend macht, trägt die Darlegungs- und Beweislast für das Vorliegen der behaupteten Pflichtverletzungen[1]. Das BAG hat sich in den letzten Jahren mit mehr als 50 Verfahren betreffend Mobbing beschäftigen müssen. Mobbing ist kein Rechtsbegriff und keine eigenständige Anspruchsgrundlage. Die unter diesem Obergriff zu subsumierende Verhaltensweisen können aber die Verletzung einer vertraglichen Nebenpflicht iSd. des § 241 Abs. 2 BGB darstellen und den ArbGeb auch zur Leistung von Schadensersatz verpflichten[2]. Streitgegenstand einer Mobbingklage kann ein Schmerzensgeldanspruch sein, wegen der Verletzung der Gesundheit (auf Grund der Handlungen von Vorgesetzten und Kollegen) und/oder auch ein Anspruch auf Ersatz des entstandenen materiellen Schadens[3]. Ein Anspruch auf Schadensersatz wegen „Mobbing" kann als vertraglicher Anspruch aus § 280 Abs. 1 Satz 1 BGB in Betracht kommen, aber auch als deliktischer Anspruch insbesondere aus § 823 Abs. 1 BGB bzw. § 831 BGB[4]. Eine Mobbingklage auf Zahlung von Schmerzensgeld ist in aller Regel erfolglos[5]. Häufig scheitert eine Mobbingklage auf Zahlung von Schmerzensgeld bereits an der Nichteinhaltung einer tarifvertraglichen Ausschlussfrist[6]. Bei (behauptetem) Mobbing beginnt die Ausschlussfrist wegen der systematischen, sich aus mehreren einzelnen Handlungen zusammensetzenden Verletzungshandlungen regelmäßig erst mit der zeitlich letzten Mobbinghandlung[7].

169 Der Kläger hat in einem Rechtsstreit die einzelnen Mobbinghandlungen, aus denen er die Beeinträchtigung seines Persönlichkeitsrechtes herleitet, konkret unter Angabe deren zeitlicher Lage zu bezeichnen[8]. Hilfreich kann ein „Mobbing-Tagebuch" sein, der Beweiswert wird jedoch relativiert, wenn dieses erst im Nachhinein – insbesondere im Hinblick auf einen anstehenden Prozess – gefertigt wird[9]. Ansprüche auf Schadensersatz und Schmerzensgeld können nur begründet sein, wenn der ArbN zumindest eine Pflichtwidrigkeit des ArbGeb oder ihm nach §§ 278, 831 BGB zurechenbare Arbeitskollegen belegen kann[10]. Ein ArbGeb haftet ggf. nicht nur wegen eigener Mobbinghandlungen, sondern auch aufgrund der Verletzung seiner Fürsorge- und Schutzpflichten gegenüber dem gemobbten ArbN[11]. Insoweit trägt der ArbN die Beweislast.

170 Der ArbGeb muss den ArbN vor Verletzungen seines Persönlichkeitsrechtes durch andere Beschäftigte insbesondere durch Mobbing schützen und die hierzu notwendigen organisatorischen Maßnahmen ergreifen; Gleiches gilt für Beleidigungen durch Vorgesetzte[12]. Der ArbN wird sich regelmäßig in einer Beweisnot befinden. Nach der Rspr. des BAG ist insoweit eine Parteianhörung gem. § 141 ZPO sowie eine Parteivernehmung nach §§ 445, 448 ZPO geboten[13]. Da ein Schmerzensgeldanspruch wegen Mobbings der kurzen regelmäßigen Verjährungsfrist von drei Jahren gem. §§ 195, 199 BGB unterliegt, kommt eine Verkürzung dieser Verjährungsfrist im Hinblick auf den Rechtsgedanken der Verwirkung nur bei Vorliegen ganz besonderer Umstände in Betracht[14]. In der Rspr. besteht Einigkeit darüber, dass im öffentlichen Dienst die Ausschlussfrist gem. § 37 TVöD/TV-L unabhängig von der Anspruchsgrundlage auch Schadensersatz- und Schmerzensgeldansprüche auf Grund vorsätzlicher Pflichtverletzungen und Verlet-

---

1 LAG Rh.-Pf. v. 19.11.2015 – 2 Sa 673/14, juris; LAG Rh.-Pf. v. 30.11.2015 – 3 Sa 371/15, juris; LAG Rh.-Pf. v. 6.6.2016 – 1 Sa 190/15, juris; LAG Rh.-Pf. v. 6.6.2016 – 1 Sa 189/15, EzA-SD 2016, Nr. 21, 8; LAG Rh.-Pf. v. 8.3.2017 – 4 Sa 294/16, juris.
2 BAG v. 25.10.2007 – 8 AZR 593/06, ZTR 2008, 215; BAG v. 22.7.2010 – 8 AZR 1012/08, NZA 2011, 93; LAG Rh.-Pf. v. 6.6.2016 – 1 Sa 190/15, juris.
3 BAG v. 15.9.2016 – 8 AZR 351/15, juris.
4 BAG v. 15.9.2016 – 8 AZR 351/15, juris.
5 S. zB LAG Rh.-Pf. v. 6.6.2016 – 1 Sa 190/15 sowie LAG Rh.-Pfl. v. 18.8.2016 – 5 Sa 61/16, juris.
6 S. beispielhaft ArbG Stuttgart v. 5.7.2016 – 30 Ca 7767/15. Nach Auffassung des LAG MV v. 21.7.2015 – 2 Sa 36/15, juris findet die tarifliche Ausschlussfrist bei Mobbing keine Anwendung.
7 BAG v. 16.5.2007 – 8 AZR 709/06, NZA 2007, 1154; LAG Rh.-Pf. v. 29.10.2015 – 2 Sa 193/15, juris.
8 Düwell/Lipke/*Kloppenburg*, § 58 Rz. 228.
9 LAG Rh.-Pf. v. 30.11.2015 – 3 Sa 371/15, juris.
10 LAG Rh.-Pf. v. 30.11.2015 – 3 Sa 371/15, juris.
11 LAG Rh.-Pf. v. 18.8.2016 – 5 Sa 61/16, juris; Düwell/Lipke/*Kloppenburg*, § 58 Rz. 228.
12 *Groeger/Grimm*, Arbeitsrecht im öffentlichen Dienst, 2. Aufl., Teil 3 A Rz. 51b.
13 BAG v. 16.5.2007 – 8 AZR 709/06, NZA 2007, 1154.
14 BAG v. 11.12.2014 – 8 AZR 838/13, juris.

zungen des allgemeinen Persönlichkeitsrechtes (somit auch Schmerzensgeldansprüche wegen Mobbings) umfasst[1].

2. Steuerrechtliche Behandlung der Entschädigung

Die Entschädigungszahlung des (ehemaligen) Arbeitgebers wegen Mobbing ist kein steuerpflichtiger Arbeitslohn. Insoweit wird eine Parallele gezogen zur Entschädigung gem. § 15 Abs. 2 AGG[2]. 171

§ 46a Mahnverfahren

(1) Für das Mahnverfahren vor den Gerichten für Arbeitssachen gelten die Vorschriften der Zivilprozessordnung über das Mahnverfahren einschließlich der maschinellen Bearbeitung entsprechend, soweit dieses Gesetz nichts anderes bestimmt. § 702 Absatz 2 Satz 2 *[bis zum 31.12.2017: § 690 Abs. 3 Satz 2]* der Zivilprozessordnung ist nicht anzuwenden.

(2) Zuständig für die Durchführung des Mahnverfahrens ist das Arbeitsgericht, das für die im Urteilsverfahren erhobene Klage zuständig sein würde. Die Landesregierungen werden ermächtigt, einem Arbeitsgericht durch Rechtsverordnung Mahnverfahren für die Bezirke mehrerer Arbeitsgerichte zuzuweisen. Die Zuweisung kann auf Mahnverfahren beschränkt werden, die maschinell bearbeitet werden. Die Landesregierungen können die Ermächtigung durch Rechtsverordnung auf die jeweils zuständige oberste Landesbehörde übertragen. Mehrere Länder können die Zuständigkeit eines Arbeitsgerichts über die Landesgrenzen hinaus vereinbaren.

(3) Die in den Mahnbescheid nach § 692 Abs. 1 Nr. 3 der Zivilprozessordnung aufzunehmende Frist beträgt eine Woche.

(4) Wird rechtzeitig Widerspruch erhoben und beantragt eine Partei die Durchführung der mündlichen Verhandlung, so gibt das Gericht, das den Mahnbescheid erlassen hat, den Rechtsstreit von Amts wegen an das Gericht ab, das in dem Mahnbescheid gemäß § 692 Absatz 1 Nr. 1 der Zivilprozessordnung bezeichnet worden ist. Verlangen die Parteien übereinstimmend die Abgabe an ein anderes als das im Mahnbescheid bezeichnete Gericht, erfolgt die Abgabe dorthin. Die Geschäftsstelle hat dem Antragsteller unverzüglich aufzugeben, seinen Anspruch binnen zwei Wochen schriftlich zu begründen. Bei Eingang der Anspruchsbegründung bestimmt der Vorsitzende den Termin zur mündlichen Verhandlung. Geht die Anspruchsbegründung nicht rechtzeitig ein, so wird bis zu ihrem Eingang der Termin nur auf Antrag des Antragsgegners bestimmt.

(5) Die Streitsache gilt als mit Zustellung des Mahnbescheids rechtshängig geworden, wenn alsbald nach Erhebung des Widerspruchs Termin zur mündlichen Verhandlung bestimmt wird.

(6) Im Fall des Einspruchs hat das Gericht von Amts wegen zu prüfen, ob der Einspruch an sich statthaft und ob er in der gesetzlichen Form und Frist eingelegt ist. Fehlt es an einem dieser Erfordernisse, so ist der Einspruch als unzulässig zu verwerfen. Ist der Einspruch zulässig, hat die Geschäftsstelle dem Antragsteller unverzüglich aufzugeben, seinen Anspruch binnen zwei Wochen schriftlich zu begründen. Nach Ablauf der Begründungsfrist bestimmt der Vorsitzende unverzüglich Termin zur mündlichen Verhandlung.

(7) Das Bundesministerium für Arbeit und Soziales wird ermächtigt, durch Rechtsverordnung mit Zustimmung des Bundesrates den Verfahrensablauf zu regeln, soweit dies für eine einheitliche maschinelle Bearbeitung der Mahnverfahren erforderlich ist (Verfahrensablaufplan).

(8) Das Bundesministerium für Arbeit und Soziales wird ermächtigt, durch Rechtsverordnung mit Zustimmung des Bundesrates zur Vereinfachung des Mahnverfahrens und zum Schutze der in Anspruch genommenen Partei Formulare einzuführen. Dabei können für Mahnverfahren bei Gerichten, die die Verfahren maschinell bearbeiten, und für Mahnverfahren bei Gerichten, die die Verfahren nicht maschinell bearbeiten, unterschiedliche Formulare eingeführt werden. Die Rechtsverordnung kann ein elektronisches Formular vorsehen; § 130c Satz 2 bis 4 der Zivilprozessordnung gilt entsprechend.

---

1 S. hierzu BAG v. 16.5.2007 – 8 AZR 709/06, juris sowie ArbG Stuttgart v. 5.7.2016 – 30 Ca 7767/15. Die gegenteilige Auffassung im Hinblick auf die Anwendung der Ausschlussfrist wird vertreten vom LAG MV v. 21.7.2015 – 2 Sa 36/15, juris.
2 FG Rh.-Pf. v. 21.3.2017 – 5 K 1594/14, EfG 2017, 835.

I. Allgemeines und rechtstatsächliche Bedeutung ... 1
II. Allgemeine und besondere Voraussetzungen des arbeitsgerichtlichen Mahnverfahrens
1. Rechtsweg und allgemeine Prozessvoraussetzungen ... 8
2. Örtliche Zuständigkeit ... 11
3. Zahlungsansprüche ... 13
4. Unzulässigkeit bei Zustellung durch öffentliche Bekanntmachung ... 15
III. Durchführung des Mahnverfahrens
1. Antrag auf Erlass eines Mahnbescheides ... 17
2. Entscheidung des Rechtspflegers/Urkundsbeamten der Geschäftsstelle ... 24
   a) Zurückweisung ... 25
   b) Erlass des Mahnbescheids ... 27
3. Widerspruch ... 31
4. Vollstreckungsbescheid ... 41
5. Einspruch gegen Vollstreckungsbescheid ... 48
IV. Kosten und Gebühren des Mahnverfahrens ... 54
V. Prozesskostenhilfe ... 57
VI. Die Ermächtigungsnormen des § 46a Abs. 7 und Abs. 8 ... 58

Schrifttum: *Grotmann-Höfling*, Die Arbeitsgerichtsbarkeit 2015 im Lichte der Statistik, AuR 2016, 497; *Francken/Natter/Rieker*, Die Novellierung des Arbeitsgerichtsgesetzes und des § 5 KSchG durch das SGGArbGG-Änderungsgesetz, NZA 2008, 377; *Reinhard*, Das Arbeitsgerichtsgesetz im Wandel der Gesetzgebung, JbArbR 46 (2009), 113; *Steffen/Steffen*, Das arbeitsgerichtliche Mahnverfahren, AR-Blattei SD 1180; *Treber*, Arbeitsrechtliche Neuerungen durch das „Gesetz zur Änderung des Bürgerlichen Gesetzbuches und des Arbeitsgerichtsgesetzes", NZA 1998, 856.

I. Allgemeines und rechtstatsächliche Bedeutung

1 Das **Mahnverfahren** ist – wahlweise anstelle der Erhebung einer Klage im Urteilsverfahren – eine selbständige Prozessart, mit der **Gläubiger arbeitsrechtliche Zahlungsansprüche** gerichtlich geltend machen und durchsetzen können. Es bezweckt, zügig und ohne großen finanziellen Aufwand einen **vollstreckungsfähigen Titel** gem. § 794 Abs. 1 Nr. 4 ZPO, den sog. **Vollstreckungsbescheid**, zu erhalten, wenn bei realistischer Betrachtung nicht zu erwarten ist, dass der Schuldner bzw. Antragsgegner Einwendungen gegen die geltend gemachte Forderung erheben wird. Nachteilig wirkt sich hingegen das Mahnverfahren aus, wenn sich die Verfahrensdauer durch Widerspruch und/oder Einspruch verlängert und im Ergebnis doch ein „normales" Klageverfahren durchzuführen ist.

2 § 46a wurde durch Art. 3 des Gesetzes zur Vereinfachung und Beschleunigung gerichtlicher Verfahren (Vereinfachungsnovelle) vom 3.12.1976[1] in das ArbGG 1953 eingefügt und nach der Neubekanntmachung des ArbGG im Jahre 1979 durch das Rechtspflege-Vereinfachungsgesetz (RpflVereinfG) vom 17.12.1990[2], das „Gesetz zur Änderung des Bürgerlichen Gesetzbuches und des Arbeitsgerichtsgesetzes" (BGBuaÄndG) vom 29.6.1998[3], durch Art. 15 des zweiten Justizmodernisierungsgesetzes (2. JuMoG) vom 22.12.2006[4], durch das Gesetz zur Änderung des Sozialgerichtsgesetzes und des Arbeitsgerichtsgesetzes vom 26.3.2008 (SGGArbGGÄndG)[5], durch Art. 3 Nr. 1 des Gesetzes zur Förderung des elektronischen Rechtsverkehrs mit den Gerichten (ERVGerFöG) vom 10.10.2013[6] mit Wirkung zum 1.7.2014 (s. Art. 26 Abs. 4), mehrfach sowie zuletzt durch Art. 16 Nr. 1 des Gesetzes zur Einführung der elektronischen Akte in der Justiz und zur weiteren Förderung des elektronischen Rechtsverkehrs vom 5.7.2017[7] mit Wirkung zum 1.1.2018 (s. Art. 33 Abs. 1) geändert. Ursprünglich hat das ArbGG das Mahnverfahren nicht ausdrücklich erwähnt. Man war sich jedoch auch schon damals darüber einig, dass die **Regelungen des 7. Buchs der ZPO** zum Mahnverfahren auch im **arbeitsgerichtlichen Verfahren** anzuwenden waren, soweit sich nicht **Besonderheiten** aus dem ArbGG ergaben[8]. Nunmehr verweist § 46a Abs. 1 Satz 1 ausdrücklich auf die **§§ 688–703d ZPO** (einschließlich der Vorschriften zur maschinellen Bearbeitung), wobei stets zu prüfen ist, ob es nicht **abweichende Bestimmungen im ArbGG** gibt, die entweder ausdrücklich oder aus systematischen Gründen einer Anwendung der Regelungen der §§ 688–703d ZPO entgegenstehen[9]. Insbesondere **§ 46a Abs. 1 Satz 2, Abs. 2–8** enthalten **Sonderregelungen für das arbeitsgerichtliche Mahnverfahren**.

3 Aus § 46a Abs. 2 Satz 1 ergibt sich zunächst, dass das arbeitsgerichtliche Mahnverfahren nur für **Zahlungsansprüche** anwendbar ist, die im **Urteilsverfahren** (§§ 2, 46 ff.) eingeklagt werden können. Zahlungs-

---
1 BGBl. I S. 3281.
2 BGBl. I S. 2847.
3 BGBl. I S. 1694; dazu *Treber*, NZA 1998, 856 ff.
4 BGBl. I S. 3416.
5 BGBl. I S. 444.
6 BGBl. I S. 3786.
7 BGBl. I S. 2208.
8 *Steffen/Steffen*, AR-Blattei, SD 1180, Rz. 3.
9 Vgl. Natter/Gross/*Natter/Pfitzer*, § 46a Rz. 1.

ansprüche, die hingegen im **Beschlussverfahren** (§§ 2a, 80 ff.) geltend zu machen sind, können nach allgemeiner Auffassung nicht im Wege des Mahnverfahrens eingeklagt werden[1]. Begründet wird dies im Wesentlichen damit, dass anderenfalls den Strukturen des Beschlussverfahrens nicht hinreichend Rechnung getragen werden könnte[2] und dass das Mahnverfahren mit dem Untersuchungsgrundsatz im Beschlussverfahren unvereinbar wäre (s. § 2a Rz. 14). Zwingend erscheint diese Argumentation jedoch nicht. Da Einigkeit darüber bestehen dürfte, dass im arbeitsgerichtlichen Beschlussverfahren auch vermögensrechtliche Ansprüche (somit auch Zahlungsansprüche, zB Reisekosten oder Aufwendungsersatz)[3] eingeklagt werden können (s. § 85 Rz. 5, Rz. 8 und Rz. 21) und dass entsprechende gerichtliche Entscheidungen (Beschlüsse) gem. § 85 Abs. 1 auch vollstreckungsfähig sind, erscheint de lege ferenda eine diesbezügliche Erweiterung des § 46a nicht unvernünftig.

Aus § 46a Abs. 2 aF (= § 46a Abs. 2 Satz 1 nF) ergab sich bislang, dass angesichts der dortigen speziellen Regelung zur örtlichen Zuständigkeit (s. Rz. 11 f.) eine **Zuständigkeitskonzentration** (vgl. § 689 Abs. 3 ZPO) ausschied. Der Gesetzgeber hat jedoch mit Wirkung ab 1.7.2014 den bisherigen § 46a Abs. 2 um die Sätze 2–5 ergänzt, die im Wesentlichen § 689 Abs. 3 ZPO entsprechen[4]. Hiermit wird für die Landesregierungen die Möglichkeit geschaffen, abweichend von der Regelung des Satzes 1 die Durchführung des Mahnverfahrens einem ArbG zu übertragen, das für die Bezirke mehrerer ArbG allein zuständig ist, wobei diese Zuweisung auf maschinell bearbeitete Verfahren beschränkt werden kann. Zugleich ist eine Ermächtigung zur Subdelegation auf die jeweils zuständige oberste Landesbehörde normiert[5]. Eine Konzentration des arbeitsgerichtlichen Mahnverfahrens an einem ArbG soll zudem durch Vereinbarung der betroffenen Länder, womit ein Staatsvertrag gemeint ist, auch über die jeweiligen Landesgrenzen hinaus geregelt werden können[6]. Nunmehr kann ebenso wie im zivilprozessualen Mahnverfahren auch im arbeitsgerichtlichen Mahnverfahren sowohl länderintern als auch länderübergreifend **ein zentrales Mahngericht** durch Rechtsverordnung bestimmt werden[7].

Durch die Regelung in § 46a Abs. 1 Satz 2, wonach § 702 Abs. 2 Satz 2 ZPO *[bis zum 31.12.2017:* § 690 Abs. 3 Satz 2 ZPO]*[8]* nicht anzuwenden ist, hat der Gesetzgeber ferner ausdrücklich festgelegt, dass im arbeitsgerichtlichen Mahnverfahren für **Rechtsanwälte** – abweichend vom amtsgerichtlichen Verfahren – keine Verpflichtung besteht, **Anträge** auf Erlass eines Mahnbescheids in **maschinell lesbarer Form** einzureichen, obgleich der Mahnantrag in dieser Form gestellt werden darf. Allerdings sind, soweit bekannt, bei keinem ArbG bisher die notwendigen technischen Voraussetzungen hierfür geschaffen worden. Schließlich besteht kein Anspruch darauf, dass die ArbG die maschinelle Bearbeitung ermöglichen, da das Mahnverfahren mittels der Formulare in Papierform ohne Weiteres durchgeführt werden kann, was im Hinblick auf Art. 19 Abs. 4 GG ausreichen dürfte. Soweit durch § 689 Abs. 1 Satz 4 ZPO die Akten des Mahnverfahrens elektronisch geführt werden können (§ 298a ZPO), geht dem die Regelung zur **elektronischen Akte** in § 46e vor.

Trotz der allgemeinen Verweisungsnorm des § 46 Abs. 2 Satz 1 auf die ZPO für das Urteilsverfahren ergibt sich aus § 46 Abs. 2 Satz 2, dass die Prozessart des Urkunden- (ua. Scheck-) und Wechselprozesses unzulässig ist, womit ein **arbeitsgerichtliches Urkunden- und Wechselmahnverfahren** (§ 703a ZPO) ausgeschlossen ist.

---

1 Dies gilt nach GMP/*Germelmann*, § 46a Rz. 2 auch für Zahlungsansprüche des Betriebsrates gegenüber dem ArbGeb; ebenso GK-ArbGG/*Bader*, § 46a Rz. 5; Düwell/Lipke/*Kloppenburg*, § 46a Rz. 5; Hauck/Helml/Biebl/*Helml/Klaner*, § 46a Rz. 1.
2 GK-ArbGG/*Bader*, § 46a Rz. 5.
3 Ausführlich hierzu *Fitting*, § 40 BetrVG Rz. 48 ff.
4 GK-ArbGG/*Bader*, § 46a Rz. 13 f.; Zöller/*Vollkommer*, § 689 ZPO Rz. 4.
5 In Hessen ist durch § 5 Nr. 2 der „Verordnung zur Übertragung von Verordnungsermächtigungen im Bereich der Justiz (Justizdelegationsverordnung – JustizDelegV) v. 21.12.2015 (GVBl. 2016 S. 2) die Ermächtigung auf den Minister der Justiz (HMdJ) übertragen worden, eine Zuständigkeitskonzentration bei den arbeitsgerichtlichen Mahngerichten herbeizuführen.
6 BT-Drs. 17/12634, S. 36; vgl. auch § 14 Abs. 2 ArbGG.
7 Es bleibt abzuwarten, ob angesichts der niedrigen Anzahl von Mahnverfahren (s. Rz. 7) von der Möglichkeit der Zuständigkeitskonzentration ähnlich flächendeckend wie in der ordentlichen Gerichtsbarkeit Gebrauch gemacht wird, GWBG/*Benecke*, § 46a Rz. 7a, wobei der Gesetzgeber auf das in § 689 Abs. 3 Satz 1 ZPO enthaltene ausdrückliche Erfordernis der schnelleren und rationelleren Bearbeitung durch eine Zuständigkeitskonzentration verzichtet hat.
8 Der Gesetzgeber hat mit Wirkung zum 1.1.2018 durch Art. 11 Nr. 5 und Nr. 10 Buchst. a des „Gesetzes zur Einführung der elektronischen Akte in der Justiz und zur weiteren Förderung des elektronischen Rechtsverkehrs" v. 5.7.2017 (BGBl. I S. 2208) die bisherige Regelung des § 690 Abs. 3 ZPO in die neuere allgemeine Regelung des § 702 Abs. 2 ZPO überführt (siehe BT-Drs. 18/9416, S. 78 f.).

7 In der arbeitsgerichtlichen Praxis spielt das Mahnverfahren angesichts **niedriger Verfahrenszahlen** lediglich eine untergeordnete Rolle[1]. Angesichts einer mittlerweile bundesweit einheitlichen Verfahrensstatistik ist zu konzedieren, dass zuletzt im **Kalenderjahr 2015** bundesweit insgesamt 77.964 Mahnverfahren anhängig gemacht wurden. Im Jahre 2014 waren es hingegen nur 62.546 Mahnverfahren, im Jahre 2013 59.074 Mahnverfahren, im Jahre 2012 53.412 Mahnverfahren und im Jahre 2011 insgesamt 74.311 Mahnverfahren. Die Schwankungsbreite bei der jährlichen Anzahl von Mahnverfahren hängt im Wesentlichen von der Anzahl der sog. Sozialkassenverfahren ab. So wurden von den 77.964 Mahnverfahren bundesweit im Jahre 2015 insgesamt 11.057 Mahnverfahren beim ArbG Berlin und 54.453 Mahnverfahren beim ArbG Wiesbaden anhängig gemacht, während hessenweit insgesamt 55.655 Mahnverfahren bei Arbeitsgerichten anhängig gemacht wurden. Damit wurden in Hessen nur rund 1.200 und bundesweit lediglich rund 12.500 sonstige Mahnverfahren anhängig gemacht. Bei den im Kalenderjahr 2015 bundesweit erledigten 374.095 Verfahren ging lediglich in 11.046 Fällen ein Mahnverfahren (dh. in rund 3% der Fälle) und in 3.434 Fällen ein Vollstreckungsbescheid (dh. in rund 1% der Fälle) voraus[2].

II. Allgemeine und besondere Voraussetzungen des arbeitsgerichtlichen Mahnverfahrens

1. Rechtsweg und allgemeine Prozessvoraussetzungen

8 Das arbeitsgerichtliche **Mahnverfahren** ist nur **zulässig**, wenn der **Rechtsweg zu den Gerichten für Arbeitssachen** eröffnet ist (s. §§ 2, 3 und 5 sowie die entsprechenden Kommentierungen). Daneben müssen, wie bei der Erhebung einer Klage, die **allgemeinen Prozessvoraussetzungen** für das Urteilsverfahren vorliegen, insbesondere deutsche Gerichtsbarkeit, Partei- und Prozessfähigkeit, ggf. gesetzliche Vertretung, Prozessführungsbefugnis und Rechtsschutzbedürfnis[3]. Schließlich müssen die **besonderen Voraussetzungen** für das Mahnverfahren vorliegen (s. Rz. 11 f.). Stirbt der Antragsteller oder Antragsgegner vor Erlass des Mahnbescheides, so darf kein Mahnbescheid mehr ergehen; ein dennoch erlassener Mahnbescheid ist als eine für oder gegen eine nicht existente Person ergehende Maßnahme unwirksam[4].

9 Das Vorliegen der allgemeinen und besonderen Prozessvoraussetzungen ist jedoch angesichts des Umstandes, dass der Antragsteller dem Mahnantrag keine Unterlagen beifügen muss, vom zuständigen Rechtspfleger bzw. Urkundsbeamten der Geschäftsstelle (UdG) in der Praxis nicht wirklich überprüfbar, selbst wenn man ihm ein begrenztes Prüfungsrecht einräumen würde, denn der Gesetzgeber hat auf eine materiellrechtliche **Schlüssigkeitsprüfung verzichtet**[5]. Der Antragsteller ist insbesondere nicht gehalten, im Mahnantrag die Voraussetzungen für das Bestehen des Rechtsschutzbedürfnisses substantiiert darzulegen[6]. Der Rechtspfleger bzw. UdG ist somit auf die Angaben im Mahnantrag beschränkt und kann Einwendungen gegen die Rechtswegeröffnung und das Vorliegen der Prozessvoraussetzungen nur bei einem konkreten Anlass geltend machen. Keinesfalls darf eine Prüfung von Amts wegen erfolgen. Es kann somit in der Praxis nicht ausgeschlossen werden, dass sich Antragsteller den **Rechtsweg** zu den Gerichten für Arbeitssachen **erschleichen**[7] und das Mahnverfahren missbrauchen, wobei sie sich dann ggf. nach § 826 BGB schadensersatzpflichtig machen. Gleichfalls kann einer etwaigen Zwangsvollstreckung mittels § 826 BGB begegnet werden, wenn der Vollstreckungsbescheid, der gem. § 794 Abs. 1 Nr. 4 ZPO einen Vollstreckungstitel darstellt, zu Unrecht erschlichen worden sein sollte[8].

10 Mit der Neufassung von § 48 ArbGG (seit 1.1.1991) sowie der §§ 17a, 17b GVG geht der Gesetzgeber von einem eigenständigen **Rechtsweg zu den Gerichten für Arbeitssachen** aus. Sofern sich entweder zu Beginn oder im Laufe des Mahnverfahrens Umstände ergeben, die die Eröffnung des Rechtswegs zu einer anderen Gerichtsbarkeit begründen würden, hat der Rechtspfleger bzw. UdG nach vorheriger Anhörung

---

1 S. Natter/Gross/*Natter*/*Pfitzer*, § 46a Rz. 2 zu den vermuteten Ursachen für die geringe praktische Bedeutung des arbeitsgerichtlichen Mahnverfahrens.
2 Statistisches Bundesamt, Fachserie 10, Reihe 2.8 (Rechtspflege – Arbeitsgerichte), Bericht für 2015, Wiesbaden (erschienen am 23.9.2016), Tabelle 1.1, S. 14–15, Tabelle 1.2, S. 16–17 und Tabelle 2.2, S. 34–35; s. auch *Grotmann-Höfling*, AuR 2016, 497 (498).
3 GK-ArbGG/*Bader*, § 46a Rz. 8; GMP/*Germelmann*, § 46a Rz. 3.
4 Zöller/*Vollkommer*, Vor § 688 ZPO Rz. 10; MünchKommZPO/*Schüler*, Vor § 688 ZPO Rz. 23; Musielak/Voit/*Voit*, § 688 ZPO Rz. 3. Der Tod des Prozessbevollmächtigten hat hingegen auf das Mahnverfahren keine Auswirkung, vgl. Zöller/*Vollkommer*, Vor § 688 ZPO Rz. 15; Musielak/Voit/*Voit*, § 688 ZPO Rz. 3.
5 GK-ArbGG/*Bader*, § 46a Rz. 8; Düwell/Lipke/*Kloppenburg*, § 46a Rz. 2 und Rz. 15.
6 Ausführlich hierzu Zöller/*Vollkommer*, § 688 ZPO Rz. 1.
7 GK-ArbGG/*Bader*, § 46a Rz. 7; Düwell/Lipke/*Kloppenburg*, § 46a Rz. 2.
8 HWK/*Ziemann*, § 46a ArbGG Rz. 17.

des Antragstellers – je nach Verfahrensstadium – entweder den Mahnantrag **zurückzuweisen**[1] oder – nach Widerspruch – den Antrag auf Erlass des Vollstreckungsbescheids **wegen fehlender Rechtswegeröffnung** zurückzuweisen. Eine Rechtswegverweisung scheidet aus, denn eine solche kann im arbeitsgerichtlichen Verfahren gem. § 48 Abs. 1 Nr. 2 ArbGG iVm. §§ 17 ff. GVG nur durch die Kammer des ArbG ergehen. Eine diesbezügliche Kompetenz des Rechtspflegers bzw. UdG im Mahnverfahren besteht insoweit nicht[2]. Sollte wider Erwarten eine Rechtswegverweisung doch durch einen Rechtspfleger, bspw. bei einem zentralen Mahngericht der ordentlichen Gerichtsbarkeit, erfolgen oder eine Abgabe der Rechtssache iSv. § 281 ZPO durch einen Rechtspfleger vom AG an das ArbG vorliegen, ist dieser Beschluss wegen greifbarer Gesetzeswidrigkeit unwirksam und es besteht keine Bindungswirkung. Die Rechtssache ist sodann wieder auszutragen und formlos an das Ausgangsgericht mit der Bitte um sachlich korrekte Behandlung zurückzureichen. Anders ist die Frage der Rechtswegzuständigkeit jedoch zu beurteilen, wenn der Antragsteller auf eine konkrete Rüge des Rechtspflegers bzw. UdG (s. Rz. 25) vor Zustellung des Antrags hin, in seinem Mahnantrag die Angabe des Gerichts entsprechend ändert. In einem solchen Fall erfolgt durch das zuerst angerufene Gericht eine formlose Abgabe bzw. Weiterleitung des Mahnantrags an das nunmehr vom Antragsteller als im Rechtsweg für zuständig erachtete Gericht. Damit werden die §§ 17 ff. GVG nicht umgangen, denn diese greifen erst nach Rechtshängigkeit ein[3], die in diesem frühen Verfahrensstadium noch nicht gegeben ist.

2. Örtliche Zuständigkeit

Die **örtliche Zuständigkeit** bestimmt sich im arbeitsgerichtlichen Mahnverfahren – abweichend von § 689 Abs. 2 Satz 1 ZPO (Wohnsitz des Antragstellers) im amtsgerichtlichen Verfahren – grds. nach **§ 46a Abs. 2 Satz 1** (s.a. § 48 Rz. 19). Örtlich zuständig für das Mahnverfahren ist vielmehr das ArbG, das für die im Urteilsverfahren erhobene Klage zuständig wäre, soweit nicht ein zentrales und/oder länderübergreifendes Mahngericht durch Rechtsverordnung bestimmt wurde. Die örtliche Zuständigkeit für das Klageverfahren selbst richtet sich nach den anwendbaren **allgemeinen, besonderen oder ausschließlichen Gerichtsständen** (§§ 12–37 ZPO), insbesondere §§ 12, 13, 17, 21, 29 und 32 ZPO, sowie nach § 48 Abs. 1a ArbGG. Daneben sind auch **wirksame Gerichtsstandsvereinbarungen** (§ 38 Abs. 2 und Abs. 3 ZPO) sowie Regelungen zur örtlichen Zuständigkeit in **Tarifverträgen** (§ 48 Abs. 2 ArbGG) zu beachten. Der Antragsteller muss sein etwaiges **Wahlrecht** nach § 35 ZPO zwischen verschiedenen Gerichtsständen, soweit nicht ein ausschließlicher Gerichtsstand gegeben ist, bereits im Mahnantrag ausüben[4]. Ist hingegen ein **zentrales Mahngericht** nach § 46a Abs. 2 Sätze 2–5 bestimmt worden, ist dessen Zuständigkeit **vorrangig**.

Soweit nach Rechtshängigkeit (dh. nach Zustellung des Mahnbescheides) Umstände eintreten, die nunmehr zu einer abweichenden **örtlichen Zuständigkeit** im Hinblick auf § 46a Abs. 2 Satz 1 führen würden, ist dies ohne Belang (§ 48 Abs. 1 ArbGG iVm. § 17 Abs. 1 Satz 1 GVG; sog. perpetuatio fori, vgl. § 261 Abs. 3 Nr. 2 ZPO)[5]. Etwas anderes gilt, wenn der (bereits erlassene) Mahnbescheid noch nicht zugestellt wurde oder nicht zugestellt werden kann und aufgrund der alsdann vom Gläubiger mitgeteilten neuen Zustellungsanschrift des Antragsgegners sich die örtliche Zuständigkeit eines anderen ArbG ergibt. Insofern ist umstritten, wer für die Entscheidung über die **Verweisung an das örtlich zuständige ArbG** funktionell innerhalb des ArbG zuständig ist, denn Verweisungen wegen örtlicher Unzuständigkeit sind gem. § 48 Abs. 1 Nr. 1 an sich dem Richter vorbehalten. Nach zutreffender Auffassung[6] kann in diesem Fall aber auch der **Rechtspfleger** nach Gewährung rechtlichen Gehörs des Antragstellers bzw. auf dessen Antrag hin, der letztlich eine notwendige Korrektur der Angabe nach § 690 Abs. 1 Nr. 2 ZPO darstellt, das **Mahnverfahren** ohne mündliche Verhandlung an das örtlich zuständige ArbG durch **Beschluss** verweisen[7]. Der Beschluss lautet dahingehend, dass sich das ArbG X (für das Mahnverfahren) für örtlich unzuständig er-

---

1 Natter/Gross/Natter/Pfitzer, § 46a Rz. 12.
2 GMP/Germelmann, § 46a Rz. 16 (allerdings bzgl. der sachlichen Zuständigkeit); GK-ArbGG/Bader, § 46a Rz. 16; Düwell/Lipke/Kloppenburg, § 46a Rz. 22; Steffen/Steffen, AR-Blattei, SD 1180, Rz. 63; Natter/Gross/Natter/Pfitzer, § 46a Rz. 12; HWK/Ziemann, § 46a ArbGG Rz. 21; s.a. § 48 Rz. 20; aA Zöller/Vollkommer, § 689 ZPO Rz. 5; Musielak/Voit/Voit, § 689 ZPO Rz. 4.
3 Hess. LAG v. 23.8.2016 – 8 Sa 480/16; s. auch Zöller/Vollkommer, § 689 ZPO Rz. 5 unter Bezugnahme auf BAG v. 13.5.1987 – 5 AZR 106/86, EzA § 209 BGB Nr. 3, wobei dieser Entscheidung noch nicht die seit dem 1.1.1991 geltende Rechtslage zugrunde lag.
4 GMP/Germelmann, § 46a Rz. 15; HWK/Ziemann, § 46a ArbGG Rz. 3; Zöller/Vollkommer, § 690 ZPO Rz. 16.
5 GK-ArbGG/Bader, § 46a Rz. 14; ebenso bereits zur früheren Rechtslage: BAG v. 2.8.1982 – 5 AR 146/82, AP Nr. 29 zu § 36 ZPO.
6 GK-ArbGG/Bader, § 46a Rz. 16 f.; Düwell/Lipke/Kloppenburg, § 46a Rz. 19a; Steffen/Steffen, AR-Blattei, SD 1180, Rz. 64; HWK/Ziemann, § 46a ArbGG Rz. 21; Natter/Gross/Natter/Pfitzer, § 46a Rz. 12, der dafür ein praktisches Bedürfnis sieht; aA GMP/Germelmann, § 46a Rz. 16; s.a. § 48 Rz. 20.
7 BAG v. 28.12.1981 – 5 AR 201/80, AP Nr. 28 zu § 36 ZPO = NJW 1982, 2792.

klärt und das Verfahren an das örtlich zuständige ArbG Y verweist. Dieser Beschluss ist zu begründen (§ 17a Abs. 2 Satz 2 GVG). Eine vorherige Anhörung des Antragsgegners ist nicht erforderlich (arg. ex. § 702 Abs. 2 ZPO, ab 1.1.2018: § 702 Abs. 3 ZPO)[1], aber zulässig. Nach § 8 RPflG ist allerdings auch ein Verweisungsbeschluss durch den Vorsitzenden zulässig. Sind mehrere Gerichte örtlich zuständig, kann der Antragsteller sein Wahlrecht ausüben, ansonsten bestimmt das ArbG das örtlich zuständige Gericht (§ 17a Abs. 2 Satz 2 GVG). Der Verweisungsbeschluss ist für die Parteien unanfechtbar (§ 48 Abs. 1 Nr. 1) und für das ArbG, an das verwiesen wird, – abgesehen von greifbar rechtswidrigen bzw. objektiv willkürlichen Fällen[2] – bindend (§ 17a Abs. 2 Satz 3 GVG), wobei die Bindungswirkung nur für das Mahnverfahren besteht[3]. Nach Überleitung in das streitige Verfahren kann der dortige Vorsitzende nach Gewährung rechtlichen Gehörs das Hauptsacheverfahren nach den allg. Vorschriften wegen fehlender örtlicher Zuständigkeit gem. § 48 Abs. 1 Nr. 1 verweisen[4].

3. Zahlungsansprüche

13   Im Wege des arbeitsgerichtlichen Mahnverfahrens können nur **Ansprüche auf Zahlung einer bestimmten Geldsumme in Euro** geltend gemacht werden (§ 688 Abs. 1 ZPO)[5], ggf. ist ein Forderungsbetrag, der in ausländischer Währung beziffert ist, in Euro umzurechnen. Der Mahnbescheid kann ausnahmsweise auch auf eine bestimmte Geldsumme **in ausländischer Währung** lauten, wenn die **Zustellung in bestimmten auswärtigen Staaten** gem. § 688 Abs. 3 ZPO iVm. § 32 Abs. 1 AVAG[6] zulässig ist[7]. Gemäß § 1 AVAG unterliegt die Ausführung der in Abs. 1-2 genannten zwischenstaatlichen Anerkennungs- und Vollstreckungsverträge sowie die Durchführung verschiedener weiterer Abkommen der Europäischen Union dem AVAG. Nach § 32 Abs. 1 AVAG findet das (arbeitsgerichtliche) Mahnverfahren auch statt, wenn die Zustellung des Mahnbescheides in einem anderen Vertrags- oder Mitgliedstaat erfolgen muss (Satz 1). In diesem Falle kann der mit dem Mahnbescheid verfolgte Anspruch auch die Zahlung einer bestimmten Geldsumme in ausländischer Währung (dh. nicht in Euro) zum Gegenstand haben (Satz 2). Innerhalb der EU erfolgt eine **Auslandszustellung** des Mahnbescheids auf Basis der §§ 1067 ff. ZPO, die die Verordnung (EG) Nr. 1393/2007 des Europäischen Parlaments und des Rates vom 13.11.2007 über die „Zustellung gerichtlicher und außergerichtlicher Schriftstücke in Zivil- oder Handelssachen in den Mitgliedstaaten (Zustellung von Schriftstücken) und zur Aufhebung der Verordnung (EG) Nr. 1348/2000 des Rates"[8] in nationales Recht umsetzen[9]. Im Übrigen richtet sich die Auslandszustellung nach §§ 183 f. ZPO.

14   Der **Zahlungsanspruch** muss **fällig**[10], **unbedingt** und darf nicht von einer noch **nicht erbrachten Gegenleistung** abhängig sein (§ 688 Abs. 2 Nr. 2 ZPO). Ausgeschlossen ist hiernach die Geltendmachung von Lohnansprüchen für die Zukunft und sonstige zukünftige Leistungen, die ihren Grund im synallagmatischen Austauschverhältnis haben und deren Gegenleistung noch nicht erbracht ist. Die Regelungen der §§ 257-259 ZPO (Klage auf zukünftige Leistung, Klage auf wiederkehrende Leistung und Klage wegen Besorgnis der Nichterfüllung) finden im Mahnverfahren keine Anwendung[11]. Streitig ist, ob im Falle einer Gegenleistung diese bereits zum Zeitpunkt des Erlasses des Mahnbescheides erbracht sein muss[12] oder ob es ausreichend ist, dass die Gegenleistung innerhalb der Widerspruchsfrist erbracht wird[13]. Der zuerst genannten Auffassung ist zuzustimmen, da der Rechtspfleger bzw. UdG seiner Entscheidung zum Erlass des

---

1   GK-ArbGG/*Bader*, § 46a Rz. 17.
2   Vgl. BGH v. 10.9.2002 – X ARZ 217/02, NJW 2002, 3634 mwN.
3   BAG v. 4.9.1973 – 5 AR 223/73, AP Nr. 14 zu § 36 ZPO; BAG v. 28.12.1981 – 5 AR 201/81, NJW 1982, 2792; GK-ArbGG/*Bader*, § 46a Rz. 17; HWK/*Ziemann*, § 46a ArbGG Rz. 21; Düwell/Lipke/*Kloppenburg*, § 46a Rz. 22.
4   Düwell/Lipke/*Kloppenburg*, § 46a Rz. 3.
5   GMP/*Germelmann*, § 46a Rz. 4; GK-ArbGG/*Bader*, § 46a Rz. 18 ff.
6   Gesetz zur Ausführung zwischenstaatlicher Verträge und zur Durchführung von Abkommen der Europäischen Union auf dem Gebiet der Anerkennung und Vollstreckung in Zivil- und Handelssachen (Anerkennungs- und Vollstreckungsausführungsgesetz – AVAG) in der Fassung der Neubekanntmachung v. 30.11.2015 (BGBl. I S. 2146).
7   GMP/*Germelmann*, § 46a Rz. 4; GK-ArbGG/*Bader*, § 46a Rz. 19 f.
8   ABl. EU Nr. L 324 S. 79 ff.
9   Das europäische Mahnverfahren nach der Verordnung (EG) Nr. 1896/2006 ist in § 46b geregelt.
10 GMP/*Germelmann*, § 46a Rz. 5; Hauck/Helml/Biebl/*Helml/Klaner*, § 46a Rz. 6. In der Lit. wird auch die Auffassung vertreten, es sei ausreichend, wenn die geltend gemachte Forderung noch bis zum Ablauf der Widerspruchsfrist fällig werde (was sich aus § 692 Abs. 1 Nr. 3 ZPO ergeben soll), s. insofern Natter/Gross/*Natter/Pfitzer*, § 46a Rz. 13; Musielak/Voit/*Voit*, § 688 ZPO Rz. 7; Steffen/Steffen, AR-Blattei, SD 1180, Rz. 12.
11 GMP/*Germelmann*, § 46a Rz. 5; HWK/*Ziemann*, § 46a ArbGG Rz. 7.
12 GK-ArbGG/*Bader*, § 46a Rz. 22; ErfK/*Koch*, § 46a ArbGG Rz. 3; Hauck/Helml/Biebl/*Helml/Klaner*, § 46a Rz. 6; Zöller/*Vollkommer*, § 688 ZPO Rz. 6.
13 GMP/*Germelmann*, § 46a Rz. 5; BLAH, § 688 ZPO Rz. 4.

Mahnbescheids keine Umstände zugrunde legen darf, die für ihn in der Zukunft liegen. Insofern lägen keine eindeutigen Entscheidungskriterien vor, und die Entscheidung wäre mit den Unsicherheiten einer Prognose behaftet[1]. Im Übrigen spricht der Wortlaut des § 690 Abs. 1 Nr. 4 ZPO für diese Auffassung. Auch die Geltendmachung einer Forderung, die **Zug-um-Zug** erbracht werden muss, ist im Mahnverfahren unzulässig[2]. Es ist zulässig, **mehrere Zahlungsansprüche** in einem Mahnantrag mit einem Gesamtbetrag geltend zu machen, wobei im Mahnantrag hinreichend aufzuschlüsseln ist, aus welchen Einzelforderungen sich der Gesamtbetrag zusammensetzt[3]. Werden hingegen **getrennte Mahnantragsverfahren** durchgeführt, können diese gerichtlicherseits nicht miteinander gem. § 147 ZPO verbunden werden. Auch **Zinsansprüche** müssen im Mahnantrag hinreichend bestimmt sein. Eine nähere Darlegung, ob es sich dabei um Verzugs- oder Fälligkeitszinsen handelt, ist dagegen nicht erforderlich[4].

4. Unzulässigkeit bei Zustellung durch öffentliche Bekanntmachung

Auch wenn die allgemeinen und besonderen Prozessvoraussetzungen für das Mahnverfahren vorliegen, kommt der Erlass eines **Mahnbescheides nicht** in Betracht, wenn dessen Zustellung **durch öffentliche Bekanntmachung** erfolgen müsste (§ 688 Abs. 2 Nr. 3 ZPO iVm. §§ 185–188 ZPO), da dies dem besonderen Charakter des Mahnverfahrens widersprechen würde[5]. Kann also der Antragsteller keine zustellungsfähige Anschrift des Antragsgegners beibringen, weil dieser bspw. unbekannten Aufenthalts ist, ist das Mahnverfahren unzulässig und der Mahnantrag zurückzuweisen (§ 691 Abs. 1 Satz 1 Nr. 1 ZPO), wobei der Antragsteller vorab zu hören ist (§ 691 Abs. 1 Satz 2 ZPO). Der Antragsteller ist auf den Klageweg zu verweisen. 15

Stellt sich erst im Laufe des Mahnverfahrens heraus, dass eine Zustellung nur durch eine öffentliche Bekanntmachung möglich wäre, ist der Antrag auf Erlass eines Mahnbescheides ebenfalls zurückzuweisen (§ 691 Abs. 1 ZPO) Nach hM ist in diesen Fällen eine **Abgabe in das streitige Verfahren** in entsprechender Anwendung des § 696 ZPO **unzulässig**, so dass der Antragsteller Klage erheben muss[6]. Zwar ist der Mindermeinung[7] zuzugeben, dass es nach Erlass des Mahnbescheids, ohne dass dieser allerdings zugestellt werden konnte, ein praktisches Bedürfnis gibt, durch dessen Abgabe und Überleitung in das streitige Verfahren eine (unnötige) Klageerhebung zu vermeiden. Allerdings ist es Sache des Antragstellers, sich vor Beantragung des Mahnbescheides zu versichern, ob dieser ohne öffentliche Bekanntmachung zugestellt werden kann[8]. Fehlt es an dieser Voraussetzung, wird der Mahnantrag nachträglich unzulässig und ist daher zurückzuweisen. Eine planwidrige Regelungslücke, die notwendige Voraussetzung für eine Analogie ist, besteht insofern nicht, zumal den Interessen des Antragstellers hinreichend durch § 691 Abs. 2 ZPO Rechnung getragen wird[9]. Hinzu kommt, dass ihm auch keine Kostennachteile drohen, denn Gerichtsgebühren entstehen im arbeitsgerichtlichen Mahnverfahren erst mit dem Antrag auf Erlass eines Vollstreckungsbescheids (s.a. Rz. 54). 16

III. Durchführung des Mahnverfahrens

1. Antrag auf Erlass eines Mahnbescheides

Das arbeitsgerichtliche Mahnverfahren wird nur auf **Antrag** durchgeführt. Das zur Benutzung **vorgeschriebene Formular** (§ 703c Abs. 2, § 702 Abs. 1 ZPO iVm. § 46a Abs. 8 Satz 1 ArbGG, s. Rz. 59)[10] bedarf der **handschriftlichen Unterzeichnung** (§ 690 Abs. 2 ZPO)[11], es sei denn, dass § 702 Abs. 2 ZPO [bis zum 31.12.2017: § 690 Abs. 3 ZPO] einschlägig ist[12]. Ansonsten gelten die üblichen Anforderungen, die an ei- 17

---

1 GK-ArbGG/*Bader*, § 46a Rz. 22.
2 GMP/*Germelmann*, § 46a Rz. 5.
3 BGH v. 17.11.2010 – VIII ZR 211/09, NJW 2011, 613 mwN.
4 GMP/*Germelmann*, § 46a Rz. 14.
5 GMP/*Germelmann*, § 46a Rz. 7; GK-ArbGG/*Bader*, § 46a Rz. 23.
6 GMP/*Germelmann*, § 46a Rz. 10; GK-ArbGG/*Bader*, § 46a Rz. 23; Düwell/Lipke/*Kloppenburg*, § 46a Rz. 7; Natter/Gross/*Natter/Pfitzer*, § 46a Rz. 13; MünchKommZPO/*Schüler*, § 688 ZPO Rz. 15 f.
7 Zöller/*Vollkommer*, § 688 ZPO Rz. 8 mwN; Musielak/Voit/*Voit*, § 688 ZPO Rz. 7.
8 BGH v. 17.6.2004 – IX ZB 206/03, NJW 2004, 2453 (2454).
9 GK-ArbGG/*Bader*, § 46a Rz. 23 mwN zum Streitstand.
10 Nach § 1 Abs. 1 Satz 2 Nr. 2 der Verordnung zur Einführung von Vordrucken für das arbeitsgerichtliche Mahnverfahren v. 15.12.1977 (BGBl. I S. 2625), die zuletzt durch Art. 5 des Gesetzes vom 11.3.2016 (BGBl. I S. 396) mit Wirkung ab dem 16.3.2016 geändert wurde (AGMahnVordrV), entfällt der Formularzwang, wenn der Antragsteller das Mahnverfahren maschinell betreibt oder wenn der Mahnbescheid im Ausland oder nach Art. 32 des Zusatzabkommens zum NATO-Truppenstatut vom 3.8.1959 (BGBl. II 1961, S. 1183, 1218) zuzustellen ist.
11 GMP/*Germelmann*, § 46a Rz. 12; GK-ArbGG/*Bader*, § 46a Rz. 25; Düwell/Lipke/*Kloppenburg*, § 46a Rz. 9 und 21.
12 S. GMP/*Germelmann*, § 46a Rz. 13 zum Einsatz der Datenverarbeitung zur Bearbeitung des Mahnantrages.

nen bestimmenden Schriftsatz gestellt werden, dh. ein bloßes Handzeichen (Paraphe), Faksimilestempel oder gedruckte Unterschriften reichen nicht aus[1]. Bei einer ohne Beanstandung jahrelang geduldeten Unterschrift durch das Gericht ist jedoch im Falle einer nunmehrigen Beanstandung Wiedereinsetzung in den vorherigen Stand zu bewilligen[2]. Die Einreichung eines Mahnantrags kann auf allen Übertragungswegen erfolgen, bei denen der Formularzwang (ggf. in Kopie) gewahrt bleibt, dh. die Übermittlung des unterzeichneten Formulars durch **Telefax** ist zulässig[3]. Die Einreichung eines Mahnbescheides per Computerfax dürfte hingegen praktisch ausscheiden, da hierbei das amtlich vorgeschriebene Formular (§ 46a Abs. 8 Satz 1) nicht verwendet werden kann. Beantragt ein **Prozessbevollmächtigter** den Mahnbescheid, bedarf es keines Nachweises der **Vollmacht**. Es genügt, wenn die ordnungsgemäße Bevollmächtigung versichert wird (§ 703 ZPO)[4]. Der beim ArbG eingereichte Mahnantrag wird dem Antragsgegner nicht mitgeteilt (§ 702 Abs. 2 ZPO; ab 1.1.2018: § 702 Abs. 3 ZPO); er erhält hiervon erst Kenntnis, wenn ihm der Mahnbescheid zugestellt wird (s. Rz. 27). Nach der AktO für die Arbeitsgerichtsbarkeit wird jedem Mahnantrag ein Ba-Aktenzeichen zugewiesen und er ist im Mahnregister einzutragen (§ 8 Abs. 1 AktO-ArbG).

18 Der notwendige **Inhalt des Mahnantrags** ergibt sich aus § 690 Abs. 1 Nr. 1–4 ZPO, dh. er muss die Bezeichnung der Parteien, ihrer gesetzlichen Vertreter und der Prozessbevollmächtigten (Nr. 1), die Bezeichnung des Gerichtes, bei dem der Antrag gestellt wird (Nr. 2), die Bezeichnung des Anspruches unter bestimmter Angabe der verlangten Leistung (Nr. 3) und die Erklärung, dass der Anspruch nicht von einer Gegenleistung abhängt und dass die Gegenleistung ggf. erbracht ist (Nr. 4), enthalten. Die Bezeichnung des Gerichtes, das für ein streitiges Verfahren örtlich zuständig ist (§ 690 Abs. 1 Nr. 5 ZPO), ist im arbeitsgerichtlichen Verfahren grds. entbehrlich, da hier bereits das ArbG für das Mahnverfahren zuständig ist, das auch für die Entscheidung des Rechtsstreites im Falle der Klageerhebung zuständig ist (§ 46a Abs. 2 Satz 1). Sofern allerdings nach § 46a Abs. 2 Sätze 2–5 ein zentrales Mahngericht bestimmt wurde, bedarf es nunmehr im Mahnantrag der Angabe, welches ArbG örtlich zuständig ist[5], damit der Rechtsstreit im Falles des Widerspruchs dahin abgegeben werden kann (§ 46a Abs. 4 Satz 1). Ein etwaig bestehendes Wahlrecht des Antragstellers nach § 35 ZPO ist dann bereits im Mahnantrag auszuüben.

19 Im Hinblick auf § 690 Abs. 1 Nr. 1 ZPO (**Bezeichnung der Parteien**, ihrer gesetzlichen Vertreter und ggf. der Prozessbevollmächtigten) ist darauf hinzuweisen, dass die Anforderungen an den Mahnantrag über diejenigen an eine Klageschrift hinausgehen (§ 253 Abs. 2 Nr. 1 ZPO). Sie entsprechen vielmehr denjenigen an ein Urteilsrubrum (§ 313 Abs. 1 Nr. 1 ZPO), da sie in dieser Form unmittelbar in den Vollstreckungsbescheid eingehen[6].

20 § 690 Abs. 1 Nr. 3 ZPO verlangt – neben der **Bezeichnung des Anspruchs** – nicht nur die **exakte Angabe eines Betrages**, sondern es müssen auch Angaben zur **zeitlichen Abgrenzung** des geltend gemachten Anspruchs gemacht werden, da anderenfalls weder zu erkennen ist, inwieweit die Verjährung unterbrochen ist, noch der Umfang der materiellen Rechtskraft (§ 322 ZPO) festgestellt werden kann. So ist zumindest schlagwortartig anzugeben, ob es sich bei dem geltend gemachten Zahlungsanspruch bspw. um **Lohn/Gehalt, Entgeltfortzahlung, Überstundenvergütung, Urlaubsvergütung, Urlaubsabgeltung** oder **Urlaubsgeld** handelt, da nur so der geltend gemachte Anspruch hinreichend **individualisierbar** und von anderen abzugrenzen ist[7]. Substantiierte Angaben zu Entstehungsgrund und zum Lebenssachverhalt, aus denen der Anspruch hergeleitet wird, sind hingegen grds. nicht erforderlich. Allerdings muss bspw. der **Zeitraum** bezeichnet sein, für den Lohn oder Überstundenvergütung in konkreter Höhe begehrt wird[8]. Bei der Geltendmachung von Schadensersatzansprüchen müssen Zeit und Art der schädigenden Handlung umrissen werden. Sollte der Platz auf dem Formular des Mahnantrags nicht ausreichen, ist es zwar zulässig, auf Anlagen zu verweisen, die dann aber auch dem Antragsgegner zugestellt werden müssen. Zur Individualisierung ist es aber nicht zwingend erforderlich, dem Mahnantrag ergänzende, den Anspruch konkretisierende (vorprozessuale) Urkunden oder Anlagen beizufügen[9], insbesondere dann nicht, wenn die Anlagen dem Antragsgegner bereits zuvor zugänglich gemacht wurden. Generell gilt ohnehin, dass der **Formularzwang**

---

1 BAG v. 29.7.1981 – 5 AZR 632/79, NJW 1982, 1116; GMP/*Germelmann*, § 46a Rz. 12.
2 BAG v. 18.6.1997 – 4 AZR 710/95, NZA 1997, 1234; BGH v. 28.9.1998 – II ZB 19/98, NJW 1999, 61.
3 GK-ArbGG/*Bader*, § 46a Rz. 25; GMP/*Germelmann*, § 46a Rz. 12; Hauck/Helml/Biebl/*Helml*/*Klaner*, § 46a Rz. 8.
4 Wird das Verfahren nach einem Widerspruch oder einem Einspruch in das streitige Verfahren übergeleitet, gelten bzgl. der Prozessvollmacht die allgemeinen Regelungen (§§ 80 ff. ZPO), insbesondere § 89 ZPO zum Mangel einer Prozessvollmacht.
5 Widersprüchlich GWBG/*Benecke*, § 46a Rz. 4 und Rz. 6; s.a. GK-ArbGG/*Bader*, § 46a Rz. 27, 31a.
6 GK-ArbGG/*Bader*, § 46a Rz. 29; Zöller/*Vollkommer*, § 690 ZPO Rz. 6; Steffen/*Steffen*, AR-Blattei, SD 1180, Rz. 26.
7 GMP/*Germelmann*, § 46a Rz. 14; GK-ArbGG/*Bader*, § 46a Rz. 30; Düwell/Lipke/*Kloppenburg*, § 46a Rz. 16; Musielak/Voit/*Voit*, § 690 ZPO Rz. 6; Steffen/*Steffen*, AR-Blattei, SD 1180, Rz. 24.
8 Vgl. BGH v. 13.10.2015 – II ZR 281/14, NJW 2016, 1083 (1084).
9 BAG v. 13.11.2014 – 6 AZR 869/13, Rz. 48, NZA 2015, 1259 (1263).

nur soweit gilt, wie das Formular nicht unvollständig, unzutreffend, fehlerhaft oder missverständlich ist, so dass im konkreten Einzelfall an dem Formular Streichungen, Berichtigungen oder Ergänzungen vorgenommen werden dürfen oder auf beigefügte Anlagen verwiesen werden darf (vgl. auch § 1 Abs. 3 AGMahnVordrV, s. Rz. 59)[1]. Bietet das Formular jedoch vollständige Eintragungsmöglichkeiten, ist es auch ausschließlich zu nutzen[2]. Aus den Angaben im Mahnantrag muss der Antragsgegner bzw. Schuldner im Ergebnis erkennen können, welchen Ansprüchen er sich konkret ausgesetzt sieht, damit er entscheiden kann, ob und, wenn ja, in welchem Umfang er sich gegen die Forderung zur Wehr setzen will[3]. Wird ein **Gesamtbetrag** geltend gemacht, ist im Mahnantrag bereits hinreichend aufzuschlüsseln, aus welchen selbständigen **Einzelforderungen** sich der Gesamtbetrag zusammensetzt, es sei denn der einheitliche Anspruch (zB eine Schadensersatzforderung) setzt sich lediglich aus mehreren **unselbständigen Rechnungsposten** zusammen[4]; im letztgenannten Fall kann eine Individualisierung im Streitverfahren nachgeholt werden[5]. Haupt- und Nebenforderungen sind im Mahnantrag gesondert aufzuführen. Auch **Zinsansprüche** müssen hinreichend bestimmt sein; sie müssen jedoch nicht berechnet werden; es genügt die Angabe von **Zinssatz und Laufzeit**. Weiter ist die Zinsbasis anzugeben, dh. aus welchem (Netto- oder Brutto-)Betrag die Zinsen verlangt werden[6], wobei Zinsen nach der Rspr. des BAG auch aus einem **Bruttobetrag** geltend gemacht werden können[7]. Eine nähere Darlegung, ob es sich bei den geltend gemachten Zinsansprüchen um Verzugs- oder Fälligkeitszinsen handelt, ist hingegen nicht erforderlich[8]. Anhand der Angaben zu dem geltend gemachten Zahlungsanspruch findet jedoch keine Schlüssigkeitsprüfung statt, wie sich aus § 692 Abs. 1 Nr. 2 ZPO ergibt[9]. Die gerichtliche Kontroll- bzw. Prüffunktion bezieht sich vielmehr ausschließlich auf die **Einhaltung der Formalien**[10]. Insofern erfüllt ein vorsätzliches Ausfüllen des Mahnantrags mit falschen Tatsachenbehauptungen den **Straftatbestand des Betrugs** gem. § 263 StGB. Der Umstand, dass die Angaben des Antragstellers nicht auf ihre Richtigkeit hin überprüft werden (§ 691 Abs. 1, § 692 Abs. 1 Nr. 2 ZPO), schließt die Annahme eines täuschungsbedingten Irrtums auf Seiten des bearbeitenden Rechtspflegers bzw. UdG nicht aus. Das Mahnverfahren soll die vereinfachte Durchsetzung gegebener Ansprüche ermöglichen, nicht aber der Durchsetzung unbegründeter Forderungen dienen. Als unabhängiges Organ der Rechtspflege (§ 1 RPflG) ist der Rechtspfleger der materiellen Gerechtigkeit verpflichtet (Art. 20 Abs. 3 GG). Er darf daher nicht sehenden Auges einen unrichtigen Titel schaffen. Hat er – aus welchen Quellen auch immer – Kenntnis davon, dass der zur Rechtfertigung eines Mahnantrags angebrachte Tatsachenvortrag entgegen der sich auch insoweit aus § 138 Abs. 1 ZPO ergebenden Verpflichtung zu wahrheitsgemäßem Vorbringen unwahr ist und der geltend gemachte Anspruch deshalb nicht besteht, muss er den Antrag zurückweisen. Erlässt er den beantragten Bescheid, geschieht dies daher regelmäßig in der allgemeinen – nicht notwendig fallbezogen aktualisierten – Vorstellung, dass die nach dem Verfahrensrecht ungeprüft zu übernehmenden tatsächlichen Behauptungen des Antragstellers pflichtgemäß aufgestellt wurden und wahr sind. Ist dies nicht der Fall, hat sich der Rechtspfleger in einem Irrtum befunden, der seine Entscheidung für den Erlass der Mahn- und Vollstreckungsbescheide und damit die für das Vermögen des Antragsgegners nachteiligen Verfügungen bestimmt hat, wodurch der Betrugstatbestand verwirklicht wird[11].

Der Mahnantrag muss im Übrigen erkennen lassen, dass der Rechtsweg zu den Gerichten für Arbeitssachen gegeben ist. Darüber hinaus muss der Antrag Angaben zu der örtlichen Zuständigkeit des angerufenen Gerichtes enthalten[12], sofern sich nicht bereits aus den im Mahnantrag angegebenen Adressen der Parteien die Zuständigkeit des angerufenen Gerichtes ableiten lässt[13]. 21

---

1 Vgl. BGH v. 13.2.2014 – VII ZB 39/13, MDR 2014, 495 (496), allerdings bezogen auf das Antragsformular für den Erlass eines Pfändungs- und Überweisungsbeschlusses.
2 Vgl. BGH v. 11.5.2016 – VII ZB 54/15, NJW 2016, 2668 ff., ebenfalls bezogen auf das Antragsformular für den Erlass eines Pfändungs- und Überweisungsbeschlusses.
3 Vgl. BGH v. 23.1.2008 – VIII ZR 46/07, NJW 2008, 1220 (1221); BAG v. 13.11.2014 – 6 AZR 869/13, Rz. 50, NZA 2015, 1259 (1263).
4 BAG v. 17.11.2010 – VIII ZR 211/09, NJW 2011, 613 mwN; MünchKommZPO/*Schüler*, § 690 ZPO Rz. 11.
5 BGH v. 10.10.2013 – VII ZR 155/11, NJW 2013, 3509 (3510).
6 GMP/*Germelmann*, § 46a Rz. 17; GK-ArbGG/*Bader*, § 46a Rz. 30; ErfK/*Koch*, § 46a ArbGG Rz. 4; Hauck/Helml/Biebl/*Helml/Klaner*, § 46a Rz. 8; Zöller/*Vollkommer*, § 690 ZPO Rz. 14.
7 BAG v. 7.3.2001 – GS 01/00, NZA 2001, 1195 ff.
8 GMP/*Germelmann*, § 46a Rz. 14.
9 Natter/Gross/*Natter/Pfitzer*, § 46a Rz. 14.
10 GK-ArbGG/*Bader*, § 46a Rz. 30 mwN; GMP/*Germelmann*, § 46a Rz. 11.
11 BGH v. 20.12.2011 – 4 StR 491/11, NStZ 2012, 322 (323); LAG Baden-Württemberg v. 4.8.2015 – 3 Sa 46/14.
12 GK-ArbGG/*Bader*, § 46a Rz. 32.
13 Im Ergebnis ebenso GMP/*Germelmann*, § 46a Rz. 14.

22 Der Antragsteller kann bereits im Mahnantrag den **Antrag auf Durchführung der mündlichen Verhandlung** stellen, erforderlich ist dies aber nicht (§ 696 Abs. 1 Satz 2 ZPO; s.a. Rz. 35).

23 Im Falle einer **Streitgenossenschaft** (§ 59 ZPO) muss von jedem und gegen jeden Streitgenossen ein eigener Mahnantrag verwendet werden[1], auch wenn die Angaben teilweise inhaltlich gleich lauten werden.

2. Entscheidung des Rechtspflegers/Urkundsbeamten der Geschäftsstelle

24 Funktionell zuständig für die **Entscheidung** über den Antrag auf Erlass des Mahnbescheids ist innerhalb des ArbG der **Rechtspfleger** (§ 9 Abs. 3 Satz 1 ArbGG iVm. § 3 Nr. 3a, § 20 Abs. 1 Nr. 1 RPflG), soweit nicht die Landesregierung durch Rechtsverordnung diese Aufgabe dem **Urkundsbeamten der Geschäftsstelle** (UdG) übertragen hat (§ 36b Abs. 1 Nr. 2 RPflG)[2]. Er hat von Amts wegen zu prüfen, ob die gesetzlichen Voraussetzungen für den Erlass des Mahnbescheids vorliegen.

a) Zurückweisung

25 Entspricht der Antrag **nicht den gesetzlichen Vorschriften** (§§ 688–690, 703c Abs. 2 ZPO), so ist er förmlich **zurückzuweisen** (§ 691 Abs. 1 Satz 1 ZPO)[3]. Dies gilt auch dann, wenn der Mahnbescheid nur wegen eines Teils des Anspruchs nicht erlassen werden kann. Eine vorherige **Anhörung des Antragstellers** ist stets erforderlich (§ 691 Abs. 1 Satz 2 ZPO). Dem Antragsteller soll damit Gelegenheit gegeben werden, etwaige formelle Mängel oder materiell-rechtliche Hindernisse auszuräumen, den Mahnbescheid zu beschränken oder ihn zurückzunehmen. Handelt es sich um behebbare Mängel, so hat der Rechtspfleger bzw. UdG auf diese Mängel hinzuweisen, ggfls. telefonisch, und eine angemessene Frist zur Beseitigung zu setzen verbunden mit dem Hinweis, dass bei fruchtlosem Fristablauf die förmliche Zurückweisung beabsichtigt ist[4]. Die Zurückweisung erfolgt durch einen zu **begründenden Beschluss** des Rechtspflegers bzw. UdG, wobei die Bezugnahme auf eine **Zwischenverfügung** bzw. ein Monierungsschreiben zulässig ist[5]. Die Kosten hat der Antragsteller zu tragen (§ 91 Abs. 1 Satz 1 ZPO analog)[6]. Der Zurückweisungsbeschluss ist von Amts wegen zuzustellen (s. § 691 Abs. 2 ZPO; § 329 Abs. 3 ZPO). Der Antragsgegner wird hiervon nicht unterrichtet[7]. Mit der Zurückweisung des Mahnantrags ist das Mahnverfahren aktenmäßig erledigt (§ 5 Abs. 1 Satz 3 AktO-ArbG).

26 Die den Antrag auf Erlass eines Mahnbescheides – außerhalb des maschinellen Verfahrens – zurückweisende **Entscheidung** unterliegt grds. **keinem Rechtsmittel** (§ 691 Abs. 3 Satz 2 ZPO). Gegen eine Zurückweisung durch den Rechtspfleger – § 11 Abs. 1 RPflG scheidet wegen § 691 Abs. 3 Satz 2 ZPO aus – ist nur der Rechtsbehelf der befristeten bzw. sofortigen Erinnerung gegeben (§ 11 Abs. 2 Satz 1 RPflG)[8], die binnen einer Notfrist von zwei Wochen (§ 569 Abs. 1 Sätze 1–2 ZPO) einzulegen ist[9]. Der Rechtspfleger kann der Erinnerung abhelfen (§ 11 Abs. 2 Satz 2 RPflG). Sodann entscheidet der (erstinstanzliche) Richter abschließend (§ 11 Abs. 2 Satz 3 RPflG)[10]. Er kann die Erinnerung zurückweisen oder den Rechtspfleger an-

---

1 Natter/Gross/*Natter/Pfitzer*, § 46a Rz. 14 aE.
2 Mittlerweile haben, soweit ersichtlich, erst zwei Bundesländer von der Delegation für das arbeitsgerichtliche Mahnverfahren Gebrauch gemacht: **Baden-Württemberg**, s. § 1 Abs. 1 Nr. 4 der „Verordnung zur Übertragung von Rechtspflegeraufgaben auf den Urkundsbeamten der Geschäftsstelle" (RPfl.AufgÜV BW) v. 13.9.2013 (GBl. 2013, S. 291), und **Niedersachsen**, s. § 1 der „Verordnung zur Übertragung von Rechtspflegeraufgaben auf den Urkundsbeamten der Geschäftsstelle" in Niedersachsen (Nds. RPflAufgÜbVO) vom 4.7.2005 (Nds. GVBl. S. 223).
3 Es ist in der Rspr. und Lit. umstritten, ob der Rechtspfleger bzw. UdG unvollständige oder offensichtlich unrichtige Angaben im Mahnantrag von Amts wegen berichtigen darf, sofern es sich nicht lediglich um Schreib- oder Rechenfehler handelt, s. hierzu einerseits BGH v. 29.9.1983 – VII ZR 31/81, NJW 1994, 242 sowie andererseits Musielak/Voit/*Voit*, § 691 ZPO Rz. 2 und Zöller/*Vollkommer*, § 691 ZPO Rz. 4.
4 BGH v. 29.9.1983 – VII ZR 31/83, NJW 1984, 242; GMP/*Germelmann*, § 46a Rz. 18a; GK-ArbGG/*Bader*, § 46a Rz. 37; Hauck/Helml/Biebl/*Helml/Klaner*, § 46a Rz. 10; Düwell/Lipke/*Kloppenburg*, § 46a Rz. 19; ErfK/*Koch*, § 46a ArbGG Rz. 5; Musielak/Voit/*Voit*, § 691 ZPO Rz. 3.
5 Musielak/Voit/*Voit*, § 691 ZPO Rz. 4 mwN; MünchKommZPO/*Schüler*, § 690 ZPO Rz. 4 f.
6 GK-ArbGG/*Bader*, § 46a Rz. 38; Düwell/Lipke/*Kloppenburg*, § 46a Rz. 18.
7 Zöller/*Vollkommer*, § 691 ZPO Rz. 4a; Musielak/Voit/*Voit*, § 691 ZPO Rz. 4.
8 Düwell/Lipke/*Kloppenburg*, § 46a Rz. 20; GK-ArbGG/*Bader*, § 46a Rz. 40. Unklar sind die Ausführungen zum statthaften Rechtsbehelf bei GMP/*Germelmann*, § 46a Rz. 19 und Hauck/Helml/Biebl/*Helml/Klaner*, § 46a Rz. 10, die einerseits auf § 11 Abs. 1 RPflG iVm. § 573 ZPO und andererseits auf § 11 Abs. 2 RPflG abstellen.
9 Sofern der UdG den Erlass des Mahnbescheids zurückgewiesen hat, ist wegen § 36b Abs. 1 Nr. 2, Abs. 3 RPflG die Erinnerung gem. § 573 ZPO gegeben, die binnen einer Notfrist von zwei Wochen einzulegen ist (§ 573 Abs. 1 Satz 1 ZPO); unklar ErfK/*Koch*, § 46a ArbGG Rz. 5.
10 LAG Düsseldorf v. 10.3.1994 – 7 Ta 29/94, Rpfleger 1994, 342; GMP/*Germelmann*, § 46a Rz. 19, GK-ArbGG/*Bader*, § 46a Rz. 40; Hauck/Helml/Biebl/*Helml/Klaner*, § 46a Rz. 10; Zöller/*Vollkommer*, § 691 ZPO Rz. 7; Musielak/Voit/*Voit*, § 691 ZPO Rz. 5.

weisen, den beantragten Mahnbescheid zu erlassen. Gegen die ablehnende Entscheidung des Richters ist hingegen kein Rechtsmittel mehr gegeben. Grundsätzlich dürfte daher die Anhörungsrüge nach § 78a in diesem Fall statthaft sein. Praktisch macht dies aber für den Antragsteller keinen Sinn, denn anstelle gegen die Zurückweisung des Mahnantrags weiter vorzugehen, stehen ihm prozessual erheblich wirkungsvollere Möglichkeiten offen. Soweit es sich um einen **behebbaren Mangel** handelt, kann er trotz erfolgter Zurückweisung des Mahnbescheides schlicht einen **neuen Mahnantrag** stellen. Dem Zurückweisungsbeschluss kommt nämlich **keine materielle Rechtskraft** zu (arg. ex. § 691 Abs. 2 ZPO)[1]. Dem Antragsteller steht es daher frei, seinen materiell-rechtlichen Anspruch – vorbehaltlich der Wahrung von Fristen – erneut im Mahnverfahren geltend zu machen[2] oder **Klage im normalen Urteilsverfahren** zu erheben[3]. § 691 Abs. 2 ZPO privilegiert sogar eine solche Klage, indem die Wirkungen der Rechtshängigkeit, die durch die Zustellung des Mahnbescheids erzielt werden sollten (Fristwahrung und/oder Hemmung der Verjährung nach § 204 Abs. 1 Nr. 3, § 209 BGB) rückwirkend mit der Einreichung, Anbringung bzw. Anhängigmachung des Antrags auf Erlass des Mahnbescheids eintreten, wenn innerhalb eines Monats seit der Zustellung des Beschlusses zur Zurückweisung des Mahnantrags Klage beim ArbG eingereicht und diese demnächst zugestellt wird (§ 167 ZPO)[4]. Die Monatsfrist ist keine Notfrist (§ 224 Abs. 1 Satz 2 ZPO), so dass eine Wiedereinsetzung in den vorigen Stand ausscheidet. Die Rückbeziehung der fristwahrenden, die Verjährung hemmenden Wirkung auf den Zeitpunkt des Mahnantrags setzt im Übrigen nicht voraus, dass den Antragsteller kein Verschulden an der Zurückweisung des Mahnantrags trifft. Deshalb tritt die Wirkung des § 691 Abs. 2 ZPO auch ein, wenn die an einen Mahnantrag zu stellenden Anforderungen gravierend missachtet werden[5]. Damit ein Mahnantrag nur deshalb nicht zurückgenommen wird, weil andernfalls die Vorteile des § 691 Abs. 2 ZPO verloren gingen, ist eine analoge Anwendung des § 691 Abs. 2 ZPO auf die Rücknahme des Mahnantrags zu befürworten. Die Rückbeziehung nach § 691 Abs. 2 ZPO tritt ferner gem. des eindeutigen Wortlauts ein, wenn Klage erhoben wird, nicht dagegen bei Einreichung eines zweiten Mahnantrags[6], der zur Vermeidung des Einwands der anderweitigen Rechtshängigkeit die Rücknahme des ursprünglichen Antrags beinhaltet. Allerdings wird § 691 Abs. 2 ZPO analog auf die Fälle angewandt, wo der Antragsteller den Mangel nach förmlicher Rüge im Mahnverfahren selbst heilt, so dass eine förmliche Zurückweisung ausscheidet und der Mahnbescheid nunmehr zu erlassen ist. Die Wirkung der Verjährungshemmung ist in analoger Anwendung des § 691 Abs. 2 ZPO aber nur dann gewahrt, wenn zwischen der Rüge des Gerichtes und der Behebung des Mangels höchstens ein Monat liegt[7]. Hier ist im Einzelfall sorgfältig abzugrenzen, ob ein neuer Antrag oder die Behebung eines Mangels des bisherigen Antrags gewollt ist.

b) Erlass des Mahnbescheids

Sind die gesetzlichen **Voraussetzungen erfüllt**, erlässt der Rechtspfleger bzw. UdG den **Mahnbescheid**, der im Ergebnis eine gerichtliche Zahlungsaufforderung ist. Der Inhalt des Mahnbescheides ergibt sich aus § 692 Abs. 1 Nr. 1–6 ZPO. Er enthält ua. den Hinweis, dass das Gericht die Schlüssigkeit des geltend gemachten Anspruchs nicht geprüft hat, und die Aufforderung an den Antragsgegner, binnen einer Frist ab Zustellung des Mahnbescheids entweder die behauptete Forderung (nebst Zinsen) zu erfüllen oder dem Gericht mitzuteilen, ob und inwieweit gegen die Forderung Widerspruch erhoben wird. Für den Widerspruch gilt § 9 Abs. 5 nicht[8]. Abweichend von § 692 Abs. 1 Nr. 3 ZPO beträgt die anzugebende **Widerspruchsfrist** gem. § 46a Abs. 3 lediglich **eine Woche** (s. Rz. 32)[9]. § 692 Abs. 1 Nr. 6 ZPO ist wegen § 46a Abs. 2 Satz 1 solange unbeachtlich, wie kein zentrales Mahngericht bestimmt wurde, denn in diesem Fall ist gem. § 692 Abs. 1 Nr. 1, § 690 Abs. 1 Nr. 5 ZPO das vom Antragsteller bezeichnete örtliche ArbG, an das der Rechtsstreit abgegeben werden soll, anzugeben (vgl. § 46a Abs. 4 Satz 1). Der Mahnbescheid muss

---

1 ErfK/*Koch*, § 46a ArbGG Rz. 5 stellt insoweit auf die fehlende Schlüssigkeitsprüfung ab.
2 GMP/*Germelmann*, § 46a Rz. 19; Düwell/Lipke/*Kloppenburg*, § 46a Rz. 20.
3 GMP/*Germelmann*, § 46a Rz. 19; GK-ArbGG/*Bader*, § 46a Rz. 41; Hauck/Helml/Biebl/*Helml/Klaner*, § 46a Rz. 10.
4 Hierauf weisen zutreffend BCF/*Bader*, § 46a Rz. 9 und Düwell/Lipke/*Kloppenburg*, § 46a Rz. 21 hin.
5 Musielak/Voit/*Voit*, § 691 ZPO Rz. 6. Dies wäre bspw. der Fall, wenn die Angaben in dem Mahnantrag den geltend gemachten Anspruch nicht hinreichend individualisieren. Zwar wäre die Klage dann mangels hinreichender Bestimmtheit unzulässig, aber eine unzulässige Klage hemmt dennoch die Verjährung, s. Hess. LAG v. 22.1.2014 – 18 Sa 290/13; kritisch zu dieser Problematik: *Grothe*, NJW 2015, 17 ff.
6 MünchKommZPO/*Schüler*, § 691 ZPO Rz. 29; Musielak/Voit/*Voit*, § 691 ZPO Rz. 6; aA Zöller/*Vollkommer*, § 691 ZPO Rz. 5.
7 BGH v. 21.3.2002 – VII ZR 230/01, BGHZ 150, 221 ff. = NJW 2002, 2794 ff.; Hess. LAG v. 23.8.2016 – 8 Sa 480/16.
8 GMP/*Germelmann*, § 46a Rz. 23.
9 S. zum Inhalt des Mahnbescheides auch: Hauck/Helml/Biebl/*Helml/Klaner*, § 46a Rz. 11; Düwell/Lipke/*Kloppenburg*, § 46a Rz. 23.

entweder handschriftlich **unterschrieben** oder mit einem entsprechenden **Stempelabdruck** (Faksimile) versehen werden (§ 692 Abs. 2 ZPO)[1]; bei **maschineller Bearbeitung** ist auch dieser nicht erforderlich (§ 703b Abs. 1 ZPO), vielmehr genügt die Anbringung des Gerichtssiegels in gedruckter Form auf dem Mahnbescheid[2]. Die **Zustellung des Mahnbescheides** an den Antragsgegner erfolgt **von Amts wegen** (§ 693 Abs. 1 ZPO), wobei sich anders als im Klageverfahren der Eintritt der Rechtshängigkeit nach § 46a Abs. 5 richtet (s. Rz. 39). Die Geschäftsstelle des ArbG setzt den Antragsteller formlos von der erfolgten Zustellung in Kenntnis (§ 693 Abs. 2 ZPO).

28 Im Falle einer **Streitgenossenschaft** (§ 59 ZPO) ergehen für jeden und gegen jeden Streitgenossen getrennte, teilweise inhaltlich gleich lautende, voneinander abhängige Mahnbescheide[3].

29 Soll durch die Zustellung des Mahnbescheides **eine Frist** gewahrt oder die **Verjährung** des geltend gemachten Anspruchs **gehemmt** (§ 204 Abs. 1 Nr. 3, § 209 BGB) werden, so tritt diese Wirkung nicht erst mit der Zustellung des Mahnbescheids beim Antragsgegner sondern bereits mit der **Einreichung oder Anbringung des Antrags** auf Erlass des Mahnbescheides beim ArbG ein, wenn die Zustellung des Mahnbescheids „demnächst" erfolgt (§ 167 ZPO)[4]. Geringe Verzögerungen zwischen Antragseingang und Zustellung sind unschädlich, wobei Verzögerungen, die aus der Verantwortungssphäre des Gerichts und dessen Sachbearbeitung herrühren, ohnehin nicht zulasten des Antragstellers wirken[5]. Geht der Mahnantrag, der an das zuständige ArbG gerichtet war, aus Versehen bei einem unzuständigen Gericht ein, das ihn weiterleitet, ist er zur ebenfalls zur Verjährungsunterbrechung geeignet[6]. Gleiches gilt, wenn der aus Versehen an das unzuständige ArbG adressierte Mahnantrag vor Fristablauf bei diesem eingeht, auf entsprechenden Antrag das Verfahren an das zuständige ArbG im Geschäftsgang abgegeben wird und der von diesem erlassene Mahnbescheid – nach Ablauf der Verjährungsfrist – demnächst zugestellt wird[7]. Im Hinblick auf § 48 Abs. 1 ArbGG iVm. § 17b Abs. 1 Satz 2 GVG gilt dies auch, wenn der Mahnantrag beim örtlich unzuständigen ArbG oder gar bei einem im Rechtsweg unzuständigen Gericht eingereicht wird und anschließend ordnungsgemäß an das örtlich zuständige ArbG per Beschluss verwiesen wird. Eine zeitliche Obergrenze, wann eine Zustellung noch als „demnächst" iSv. § 167 ZPO anzusehen ist, gibt es nicht. Vor dem Hintergrund des § 691 Abs. 2 ZPO (s. Rz. 26) ist jedoch im Regelfall davon auszugehen, dass eine Zustellung erst dann nicht mehr „demnächst" erfolgt, wenn ein nachlässiges Verhalten der Partei zu einer Verzögerung der Zustellung des Mahnbescheids von mehr als einem Monat führt. Anderenfalls stünde der Antragsteller, der Antragsmängel behebt, schlechter als derjenige, der stattdessen zum Klageverfahren übergeht[8]. Im Einzelfall kann es dem Antragsteller jedoch gem. § 242 BGB verwehrt sein, sich auf die verjährungshemmende Wirkung zu berufen, wenn er das **Mahnverfahren missbraucht**, indem er bewusst wahrheitswidrige Angaben (bspw. im Hinblick auf § 690 Abs. 1 Nr. 4 ZPO) macht[9].

30 Sofern ein **Insolvenzverfahren vor Zustellung des Mahnbescheids** über das Vermögen des Antragsgegners eröffnet wird, kann diesem der Mahnbescheid nicht mehr zugestellt werden. Es kommt zu einer Unterbrechung gem. §§ 240, 249 ZPO analog. Der Insolvenzgläubiger kann seine Forderung nach § 87 InsO nur noch im Insolvenzverfahren – durch **Anmeldung zur Tabelle** (vgl. §§ 174 ff. InsO) – verfolgen. Da für den Antragsteller durch die Eröffnung des Insolvenzverfahrens kein Nachteil entstehen darf, muss für die Anwendung des § 167 ZPO die Anmeldung zur Tabelle an die Stelle der Zustellung des Mahnbescheides treten. Wird das Insolvenzverfahren erst **nach Zustellung des Mahnbescheides**, jedoch vor Einlegung eines Widerspruches oder vor Erlass eines Vollstreckungsbescheides eröffnet, so sind §§ 240, 249 ZPO entsprechend heranzuziehen. Eine Aufnahme des Verfahrens gem. § 250 ZPO durch den Insolvenzverwalter scheidet aus, so dass auch die Forderung zur Insolvenztabelle angemeldet werden muss. Eine Insolvenzeröffnung **nach Erhebung des Widerspruchs** oder **nach Erlass eines Vollstreckungsbescheids** führt un-

---

1 GMP/*Germelmann*, § 46a Rz. 22; ErfK/*Koch*, § 46a ArbGG Rz. 6; Düwell/Lipke/*Kloppenburg*, § 46a Rz. 24.
2 Hauck/Helml/Biebl/*Helml/Klaner*, § 46a Rz. 11.
3 Düwell/Lipke/*Kloppenburg*, § 46a Rz. 6; s. zum Inhalt des Mahnantrages in diesen Fällen: Musielak/Voit/*Voit*, § 690 ZPO Rz. 3.
4 GK-ArbGG/*Bader*, § 46a Rz. 47; Düwell/Lipke/*Kloppenburg*, § 46a Rz. 25; Hauck/Helml/Biebl/*Helml/Klaner*, § 46a Rz. 11.
5 BAG v. 13.11.2014 – 6 AZR 869/13, Rz. 46 mwN, NZA 2015, 1259 (1263); vgl. hierzu bereits BAG v. 8.4.1981 – 5 AZR 1087/78.
6 BGH v. 1.2.1990 – IX ZR 188/89, NJW 1990, 1368; GK-ArbGG/*Bader*, § 46a Rz. 47.
7 BAG v. 13.5.1987 – 5 AZR 106/86, AP Nr. 3 zu § 209 BGB; GK-ArbGG/*Bader*, § 46a Rz. 48; Düwell/Lipke/*Kloppenburg*, § 46a Rz. 25.
8 BAG v. 13.11.2014 – 6 AZR 869/13, Rz. 46 mwN, NZA 2015, 1259 (1263).
9 BGH v. 16.7.2015 – III ZR 238/14, Rz. 23, NJW 2015, 3162 ff.; BGH v. 23.6.2015 – XI ZR 536/14, Rz. 24, NJW 2015, 3160 ff.; s. kritisch hierzu: *Regenfus*, NJW 2016, 2977 ff.

mittelbar zur Unterbrechung des Verfahrens nach §§ 240, 249 ZPO[1]. Der Insolvenzverwalter kann das Verfahren aufnehmen.

3. Widerspruch

Gegen einen erlassenen Mahnbescheid kann der Antragsgegner bei dem ArbG, das den Mahnbescheid erlassen hat, als **Rechtsbehelf** lediglich **Widerspruch** erheben (§ 694 Abs. 1 ZPO), der sich auch nur gegen einen Teil des Anspruchs richten kann. Bei einer Mehrheit von Antragsgegnern muss jeder für sich Widerspruch einlegen, lediglich bei notwendiger Streitgenossenschaft wirkt der Widerspruch des einen für den oder die anderen Streitgenossen[2]. 31

Gemäß § 46a Abs. 3 beträgt die **Widerspruchsfrist** – abweichend vom amtsgerichtlichen Mahnverfahren – **(nur) eine Woche**. Bei Zustellung des Mahnbescheids im **Ausland** beträgt die Widerspruchsfrist hingegen **einen Monat** (§ 688 Abs. 3 ZPO iVm. § 32 Abs. 3 AVAG, s. Rz. 13). Bei der Widerspruchsfrist handelt es sich allerdings weder um eine verbindliche Ausschlussfrist noch um eine Notfrist. Der Widerspruch kann solange eingelegt werden, wie der Vollstreckungsbescheid noch nicht erlassen ist (§ 694 Abs. 1 ZPO), also von dem Rechtspfleger bzw. UdG noch nicht verfügt, dh. noch nicht in den Geschäftsgang gegeben worden ist[3]. 32

Der Widerspruch ist **schriftlich** zu erheben. Ein formloses Widerspruchsschreiben reicht aus, obgleich das **amtliche Formular** – auf hellrotem Papier – verwendet werden soll (§ 692 Abs. 1 Nr. 5 ZPO)[4]. Legt ein **Prozessbevollmächtigter** den Widerspruch ein, bedarf es keines Nachweises der **Vollmacht**; es genügt, wenn die ordnungsgemäße Bevollmächtigung versichert wird (§ 703 ZPO). Der Widerspruch kann auch vor dem UdG (§ 702 Abs. 1 Satz 1 ZPO) und damit auch vor der Rechtsantragsstelle des ArbG eingelegt werden[5]. Sofern der Widerspruch bei einem anderen ArbG erhoben wird, wird die Erklärung erst mit Eingang beim zuständigen ArbG wirksam (§ 129a Abs. 2 ZPO), was insbesondere für die Wahrung der Widerspruchsfrist wichtig ist. Das Verzögerungsrisiko trägt der Widerspruchsführer. Der Widerspruch kann – wie jeder bestimmende Schriftsatz – zulässigerweise auch durch **Telefax** oder **Computerfax** eingelegt werden[6]. Eine einfache E-Mail ist hingegen unzulässig. Eine **Begründung** des Widerspruchs ist nicht erforderlich. Es muss aber zu erkennen sein, in welchem Umfang die Zahlungsverpflichtung bestritten wird. Dem Widerspruch soll die erforderliche Anzahl von **Abschriften** beigefügt werden (§ 695 Satz 2 ZPO), wobei die Nichtbeachtung dieser Formvorschrift der Wirksamkeit des Widerspruchs nicht entgegensteht. 33

Geht der **Widerspruch** erst nach Ablauf der einwöchigen Widerspruchsfrist und nach Verfügung des Vollstreckungsbescheides und somit **verspätet** ein, wird er als **Einspruch** gegen den Vollstreckungsbescheid behandelt, was dem Antragsgegner mitzuteilen ist (§ 694 Abs. 2 ZPO). Ist hingegen der Vollstreckungsbescheid noch nicht erlassen, dh. dass der Rechtspfleger bzw. UdG ihn noch nicht verfügt hat, ist auch ein verspäteter Widerspruch (noch) zulässig. Nach Erhebung eines rechtzeitigen Widerspruchs ist das Mahnverfahren beendet und es darf kein Vollstreckungsbescheid mehr ergehen. Dem Antragsteller wird seitens der Gerichts (Rechtspfleger bzw. UdG) der Widerspruch und der Zeitpunkt seines Eingangs (formlos) mitgeteilt (§ 695 Satz 1 ZPO), was in der Praxis durch Übersendung einer Abschrift des Widerspruchs samt des gerichtlichen Eingangsstempels erfolgt. Ergeht allerdings ein Vollstreckungsbescheid, obwohl ein Widerspruch eingelegt worden ist, ist der Widerspruch in entsprechender Anwendung von § 694 Abs. 2 Satz 1 ZPO als Einspruch zu behandeln bzw. entsprechend umzudeuten[7]. 34

Das weitere **Verfahren** ergibt sich bei rechtzeitigem Widerspruch aus § **46a Abs. 4**: Beantragt nun eine Partei die Durchführung der mündlichen Verhandlung, ist der Rechtsstreit zunächst, sofern das Mahnverfahren bei einem zentralen Mahngericht geführt wurde, von dem ArbG, das den Mahnbescheid erlassen hat, an das **im Mahnbescheid** gem. § 692 Abs. 1 Nr. 1, § 690 Abs. 1 Nr. 5 ZPO **bezeichnete ArbG abzuge-** 35

---

[1] S. zum Gesamten: Zöller/*Vollkommer*, Vor § 688 ZPO Rz. 16 f.; Musielak/Voit/*Voit*, § 688 ZPO Rz. 4. Bei einem Bestreiten der Forderung im Prüfungstermin durch den Insolvenzverwalter kann Feststellungsklage nach § 180 Abs. 1 InsO erhoben werden.
[2] GK-ArbGG/*Bader*, § 46a Rz. 10 mwN.
[3] GMP/*Germelmann*, § 46a Rz. 23; Düwell/Lipke/*Kloppenburg*, § 46a Rz. 26; GK-ArbGG/*Bader*, § 46a Rz. 56 und Rz. 63.
[4] GK-ArbGG/*Bader*, § 46a Rz. 6; Düwell/Lipke/*Kloppenburg*, § 46a Rz. 28; Zöller/*Vollkommer*, § 692 ZPO Rz. 5; Musielak/Voit/*Voit*, § 692 ZPO Rz. 3.
[5] GMP/*Germelmann*, § 46a Rz. 24; GK-ArbGG/*Bader*, § 46a Rz. 51; Steffen/*Steffen*, AR-Blattei, SD 1180, Rz. 39.
[6] Thomas/Putzo/*Reichold*, § 129 ZPO Rz. 11 ff.; GMP/*Germelmann*, § 46a Rz. 24; GK-ArbGG/*Bader*, § 46a Rz. 52.
[7] Zöller/*Vollkommer*, § 694 ZPO Rz. 6; Musielak/Voit/*Voit*, § 695 ZPO Rz. 3; Steffen/*Steffen*, AR-Blattei, SD 1180, Rz. 38.

ben (§ 46a Abs. 4 Satz 1 ArbGG, entspricht § 696 Abs. 1 Satz 1 ZPO). Die Amtspflicht zur **Abgabe** entfällt, wenn sich die örtliche Zuständigkeit für das Mahnverfahren bereits nach § 46a Abs. 2 Satz 1 gerichtet hat (s. Rz. 11). Bei der Abgabe erfolgt keine Zuständigkeitsprüfung, es wird lediglich geprüft, ob das angegebene ArbG existiert. Verlangen Antragsteller und Antragsgegner übereinstimmend die Abgabe an ein anderes, nicht im Mahnbescheid bezeichnetes ArbG, ist an dieses ArbG abzugeben (§ 46a Abs. 4 Satz 2, entspricht § 696 Abs. 1 Satz 2 ZPO). Diese Möglichkeit hat Bedeutung bei einer Falschbezeichnung oder bei einer zwischenzeitlichen Unzuständigkeit. Die Erklärungen zur Abgabe können zeitlich getrennt erfolgen, sie sind aber nur zu berücksichtigen, solange die Abgabe noch nicht vollzogen ist[1]. Nach § 696 Abs. 1 Satz 4 ZPO ist die Abgabe den Parteien mitzuteilen, sie ist unanfechtbar.

36 Die Geschäftsstelle – nicht der Vorsitzende – des unmittelbar oder nach Abgabe örtlich zuständigen ArbG hat dem Antragsteller sodann unverzüglich aufzugeben, seinen **Anspruch** binnen zwei Wochen **schriftlich zu begründen** (§ 46a Abs. 4 Satz 3). Zuvor ist allerdings die Rechtssache in das Prozessregister einzutragen und ihr ein Ca-Aktenzeichen zuzuweisen (§ 8 Abs. 5 AktO-ArbG). Wie diese Anspruchsbegründung inhaltlich ausgestaltet sein soll, legt § 46a Abs. 4 Satz 3 ArbGG im Unterschied zu § 697 Abs. 1 Satz 1 ZPO nicht fest. Dennoch sollte diese Regelung analog gelten, so dass die Anspruchsbegründung den Anforderungen, die an eine Klageschrift zu stellen sind (§ 253 Abs. 2 ZPO), ebenfalls genügen muss. Die Frist für die Einreichung der **Anspruchsbegründung** beträgt **zwei Wochen** (vgl. § 697 Abs. 1 Satz 2 ZPO). Diese Frist ist, da es sich um gesetzliche und nicht um eine richterliche Frist handelt, nicht verlängerbar (vgl. § 224 Abs. 2 ZPO)[2]. Der **Antrag auf Durchführung der mündlichen Verhandlung** kann vom Antragsteller bereits im Mahnantrag gestellt werden (s.a. Rz. 22), vom Antragsgegner im Widerspruch. Eine separate Antragstellung ist ebenfalls möglich. Sobald die Anspruchsbegründung eingegangen ist, bestimmt der Vorsitzende den Termin zur mündlichen Verhandlung von Amts wegen (§ 46a Abs. 4 Satz 4), wobei es sich hierbei um eine **Güteverhandlung iSv. § 54** handelt[3]. Dies gilt auch, wenn die Anspruchsbegründung verspätet eingeht, so dass die Versäumung der Zwei-Wochen-Frist sanktionslos ist[4]. Das Mahnverfahren ist dann beendet. Ein schriftliches Verfahren (§ 697 Abs. 2 ZPO) scheidet aus. Die Einlassungsfrist des § 47 Abs. 1 findet auf die dem Antragsgegner mit der Terminsladung zu übermittelnde Anspruchsbegründung keine Anwendung (s. § 47 Rz. 11 mwN). Solange hingegen keine Anspruchsbegründung vorliegt, wird nur dann Termin zur mündlichen Verhandlung (Güteverhandlung) bestimmt, wenn entweder nunmehr der Antragsgegner oder der Antragsteller bereits im Mahnantrag deren Durchführung gem. § 46a Abs. 4 Satz 5 beantragt (hat). Wird auf einen solchen Antrag des Antragsgegners und nunmehrigen Beklagten in Gütetermin bestimmt, kann der Vorsitzende außerhalb der Regelung des § 46a Abs. 4 dem Kläger eine Auflage zur Begründung des Anspruchs machen (§ 697 Abs. 3 Satz 2 ZPO). Dies ergibt jedoch nur dann Sinn, wenn er Güte- und Kammertermin zusammen anberaumt, da anderenfalls die Nichteinhaltung der vom Gericht gesetzten Frist für den Kläger folgenlos bleibt[5]. Sofern keine Anspruchsbegründung binnen der gesetzten Frist eingeht und weder ein Antrag des Antragsgegners noch des Antragstellers auf Durchführung der mündlichen Verhandlung gestellt wird, ist die Gerichtsakte auf Wiedervorlage nach sechs Monaten zu legen, um es dann wegen Nichtbetreibens nach sechs Monaten aktenmäßig weglegen zu können (§ 5 Abs. 1 AktO-ArbG)[6]. Gleiches gilt bereits in dem Fall, wenn nach Eingang des Widerspruchs keine Seite die Durchführung der mündlichen Verhandlung beantragt, wobei die Sechs-Monats-Frist bereits ab Eingang des Widerspruchs läuft[7]. Im Falle eines solchen Verfahrensstillstands endet die materiell-rechtliche Verjährungshemmung sechs Monate nach der letzten Prozesshandlung der Parteien oder des Gerichts (§ 204 Abs. 2 Satz 1 BGB). Wird jedoch vom Antragsgegner Widerspruch eingelegt und geht keine Anspruchsbegründung des Antragstellers ein, ist die Klage unschlüssig, sofern nicht ausnahmsweise der Mahnbescheid samt Anlagen als (verfrühte) Anspruchsbegründung angesehen werden kann, falls er die notwendigen Angaben enthält, um das Klagebegehren schlüssig darzulegen[8]. Die unschlüssige Klage ist dann – soweit keine Säumnissituation vorliegt – als unbegründet abzuweisen[9].

---

1 Zöller/*Vollkommer*, § 694 ZPO Rz. 3.
2 MünchKommZPO/*Schüler*, § 697 ZPO Rz. 12.
3 ErfK/*Koch*, § 46a ArbGG Rz. 7; Hauck/Helml/Biebl/*Helml/Klaner*, § 46a Rz. 14; Düwell/Lipke/*Kloppenburg*, § 46a Rz. 30; Natter/Gross/*Natter/Pfitzer*, § 46a Rz. 16; GMP/*Germelmann*, § 46a Rz. 25; GK-ArbGG/*Bader*, § 46a Rz. 60a; HWK/*Ziemann*, § 46a ArbGG Rz. 28; GWBG/*Benecke*, § 46a Rz. 10.
4 MünchKommZPO/*Schüler*, § 697 ZPO Rz. 13.
5 GMP/*Germelmann*, § 46a Rz. 25.
6 ErfK/*Koch*, § 46a ArbGG Rz. 7.
7 GK-ArbGG/*Bader*, § 46a Rz. 60a.
8 Hess. LAG v. 18.4.2012 – 18 Sa 837/11.
9 Zöller/*Vollkommer*, § 697 ZPO Rz. 10; Musielak/Voit/*Voit*, § 697 ZPO Rz. 6; aA OLG München v. 16.6.1987 – 5 U 5921/86, NJW-RR 1989, 1405; MünchKommZPO/*Schüler*, § 697 ZPO Rz. 6, 25, die für eine Abweisung als unzuläs-

Sofern der Widerspruch nur gegen einen **abtrennbaren Teil der geltend gemachten Forderung** erhoben wird, kann **hinsichtlich des übrigen Teils Vollstreckungsbescheid** ergehen. Sofern der Teilwiderspruch unklar ist, muss der Rechtspfleger bzw. UdG dem Antragsgegner Gelegenheit zur Klarstellung geben. Bis zu dieser Klarstellung gilt der Widerspruch als unbeschränkt eingelegt[1]. — 37

Der Widerspruch kann vom Antragsgegner bis zum Beginn der mündlichen Verhandlung zur Hauptsache zurückgenommen werden (§ 269 ZPO analog), wobei die **Rücknahme** auch zu Protokoll der Geschäftsstelle erklärt werden kann (§ 697 Abs. 4 ZPO)[2]. Der Beginn der mündlichen Verhandlung ist nach § 137 Abs. 1 ZPO der Zeitpunkt, zu dem der Antragsgegner bzw. Beklagte seinen (Abweisungs-)Antrag gestellt hat. Da im arbeitsgerichtlichen Verfahren zunächst nur eine Güteverhandlung stattfindet, kann der Antragsgegner seinen Widerspruch somit bis zu seiner Antragstellung im streitigen Verfahren zurücknehmen. Der Antragsteller seinerseits kann dann einen Vollstreckungsbescheid beantragen, soweit sich die Parteien nicht ggf. ohnehin vergleichsweise geeinigt haben. — 38

Nach § 46a Abs. 5 tritt die **Rechtshängigkeit der Streitsache im Falle des Widerspruchs** rückwirkend mit Zustellung des Mahnbescheids ein, wenn alsbald nach Erhebung des Widerspruchs Termin zur mündlichen Verhandlung (dh. Güteverhandlung, s. Rz. 36) bestimmt wird[3]. Die vergleichbare Regelung in § 696 Abs. 3 ZPO kommt, auch wenn seit 1.7.2014 wegen der Zulässigkeit einer Zuständigkeitskonzentration die Möglichkeit einer „Abgabe" besteht, im arbeitsgerichtlichen Verfahren nicht zur Anwendung, da § 46a Abs. 5 weiterhin unverändert gilt und diese Regelung spezieller ist (§ 46a Abs. 1 Satz 1). § 46a Abs. 5 knüpft vordergründig an die alsbaldige Terminsbestimmung durch den Vorsitzenden an, die aber ihrerseits entweder den Eingang der (fristgerechten) Anspruchsbegründung durch den Antragsteller oder einen Antrag auf Durchführung der mündlichen Verhandlung durch den Antragsgegner voraussetzt. Eine „alsbaldige" Terminsbestimmung iSv. § 46a Abs. 5 wird man unter Berücksichtigung, dass Rechtshängigkeit im Übrigen rückwirkend durch eine Zustellung „demnächst" iSv. § 167 ZPO eintritt, noch annehmen können, wenn innerhalb der Zwei-Wochen-Frist des § 46a Abs. 4 Satz 3 entweder die Anspruchsbegründung eingeht oder der Antragsgegner innerhalb dieser Frist die Durchführung der mündlichen Verhandlung beantragt[4]. Fehlt es an einer alsbaldigen Terminsbestimmung in diesem Sinne, tritt die Rechtshängigkeit erst mit der späteren Terminsbestimmung mit den Folgen des § 261 ZPO ein[5]. Es kommt dann zu keiner Rückbeziehung auf den Zeitpunkt der Zustellung des Mahnbescheids. In der Zwischenzeit kann somit Verjährung zum Nachteil des Antragstellers eintreten[6]. — 39

Die Bestimmung des § 46a Abs. 5 ist auch zu beachten bei der Geltendmachung von Ansprüchen aus dem Arbeitsverhältnis unter Berücksichtigung einer arbeits- oder tarifvertraglichen **zweistufigen Ausschlussfrist**. Hiernach können die Vertragsparteien vereinbaren, dass im Falle der Ablehnung eines Anspruches durch die Gegenpartei die Forderung binnen einer bestimmten Frist gerichtlich geltend zu machen ist. Dies bedeutet, dass bei Vorliegen einer zweistufigen Ausschlussfrist und Erhebung eines Widerspruches durch die andere Vertragspartei gegen den Erlass eines Mahnbescheides die Ausschlussfrist nur dann gewahrt ist, wenn alsbald nach Erhebung des Widerspruches Termin zur mündlichen Verhandlung bestimmt wird, was die fristgemäße Klagebegründung innerhalb der in § 46a Abs. 4 genannten Zwei-Wochen-Frist voraussetzt. Eine Wiedereinsetzung in den vorherigen Stand ist nicht möglich, da die Frist des § 46a Abs. 4 Satz 3 keine Notfrist ist[7]. — 40

4. Vollstreckungsbescheid

Ist der Mahnbescheid ordnungsgemäß erlassen und zugestellt worden, ist nach fruchtlosem **Ablauf der Widerspruchsfrist** des § 46a Abs. 3 durch den Antragsgegner vom ArbG auf Grundlage des Mahnbescheids der **Vollstreckungsbescheid** – auf hellgelbem Papier – zu erlassen (§ 699 Abs. 1 Satz 1 ZPO). Glei- — 41

---

sig plädieren, was aber abzulehnen ist, da angesichts der Rechtshängigkeitswirkung nach § 46a Abs. 5 kein Fall einer nicht-ordnungsgemäßen Klageerhebung vorliegt.
1 BGH v. 24.11.1982 – VIII ZR 286/81, BGHZ 85, 361 (366); GMP/*Germelmann*, § 46a Rz. 26; Düwell/Lipke/*Kloppenburg*, § 46a Rz. 29; Musielak/Voit/*Voit*, § 694 ZPO Rz. 5.
2 GK-ArbGG/*Bader*, § 46a Rz. 67.
3 Anders als im Klageverfahren (Rechtshängigkeit mit Klageerhebung, wenn die Zustellung demnächst iSv. § 167 ZPO erfolgt) tritt im Mahnverfahren die Rechtshängigkeit – auch rückwirkend – nicht mit Einreichung des Mahnantrags ein.
4 ArbG Berlin v. 5.7.2002 – 96 Ca 32470/01; GWBG/*Benecke*, § 46a Rz. 11 und Rz. 11a; aA LAG Hamm v. 5.12.2003 – 7 (8) Sa 1083/03.
5 GK-ArbGG/*Bader*, § 46a Rz. 61.
6 BeckOKArbR/*Hamacher*, § 46a ArbGG Rz. 25.
7 S. hierzu BAG v. 18.11.2004 – 6 AZR 651/03, NZA 2005, 516; ErfK/*Preis*, §§ 194–218 BGB Rz. 61 ff., insbesondere Rz. 65.

ches gilt, wenn rechtzeitig Widerspruch erhoben und dann später zurückgenommen wird (§ 697 Abs. 4 ZPO). Funktionell zuständig für den Erlass des Vollstreckungsbescheids ist innerhalb des ArbG wiederum der **Rechtspfleger** (§ 9 Abs. 3 Satz 1 iVm. § 3 Nr. 3a, § 20 Abs. 1 Nr. 1 RPflG), soweit nicht durch Rechtsverordnung diese Aufgabe dem **Urkundsbeamten der Geschäftsstelle** (UdG) übertragen wurde (§ 36b Abs. 1 Nr. 2 RPflG)[1].

42 Der Vollstreckungsbescheid darf nur auf **Antrag** des Antragstellers erlassen werden. Der Antrag darf nicht vor Ablauf der Wochenfrist für die Erhebung des Widerspruchs gestellt werden (§ 699 Abs. 1 Satz 2 Halbs. 1 ZPO iVm. § 46a Abs. 3). Insofern ist es teils umstritten, ob auf das Absendedatum[2] oder Zugangsdatum[3] bei Gericht abzustellen ist, solange dieses Datum nach Ablauf der Widerspruchsfrist liegt. Vorzugswürdig ist zwar grds. das Zugangsdatum, das im Unterschied zum Absendedatum objektiv bestimmbar ist. Allerdings ist im Hinblick auf die Erklärung, ob und inwieweit Zahlungen auf den Mahnbescheid geleistet wurden, ein Antrag nur dann wahrheitsgemäß (§ 138 Abs. 1 ZPO) und damit zulässig, wenn er nach Ablauf der Widerspruchsfrist unterzeichnet wurde[4]. Wird der Antrag auf Erlass eines Vollstreckungsbescheides bereits mit dem Antrag auf Erlass des Mahnbescheides verbunden, ist dieser verfrühte Antrag wegen der zwingenden Bestimmung des § 699 Abs. 1 Satz 2 ZPO zurückzuweisen. Auch kann der Antrag nicht vorsorglich gestellt werden, da dadurch die Bestimmung des § 699 Abs. 1 Satz 2 ZPO umgangen würde[5]. Es ist dann ein neuer Antrag zu stellen, wobei dies formlos unter Bezugnahme auf den bereits gestellten Antrag zusammen mit einer ergänzenden Erklärung, ob und inwieweit Zahlungen durch den Antragsgegner geleistet wurden, erfolgen kann[6].

43 Der **Antrag auf Erlass** eines **Vollstreckungsbescheides** muss binnen einer **Höchstfrist** von **sechs Monaten**, die mit Zustellung des Mahnbescheids beginnt, gestellt werden (§ 701 Satz 1 ZPO). Diese Frist ist eine **Ausschlussfrist**, die weder verkürzt noch verlängert werden kann und gegen deren Versäumung keine Wiedereinsetzung in den vorherigen Stand bewilligt werden kann[7]. Es entfallen sodann die Wirkungen des Mahnbescheids, dh. die Rechtshängigkeit des Streitsache (§ 700 Abs. 2 ZPO) entfällt rückwirkend. Dasselbe gilt, wenn der Erlass eines Vollstreckungsbescheids zwar rechtzeitig beantragt, dieser Antrag aber zurückgewiesen wird (§ 701 Satz 2 ZPO). Materiell-rechtlich fällt in diesem Falle die Hemmung der Verjährung nach § 204 Abs. 1 Nr. 3, § 209 BGB weg. Zugleich ist damit das Mahnverfahren aktenmäßig erledigt (§ 5 Abs. 1 Satz 3 AktO-ArbG).

44 Für den Antrag auf Erlass eines Vollstreckungsbescheides besteht **Formularzwang** (§ 703c Abs. 2 ZPO). Das Formular ist auszufüllen und zu unterschreiben, ggf. von dem Bevollmächtigten, der hierbei seine Bevollmächtigung lediglich versichern muss. Im Antrag muss mitgeteilt werden, ob und welche **Zahlungen** auf den Mahnbescheid geleistet worden sind (§ 699 Abs. 1 Satz 2 Halbs. 2 ZPO). Der Antrag wird dem Antragsgegner nicht mitgeteilt (§ 702 Abs. 2 ZPO; ab 1.1.2018: § 702 Abs. 3 ZPO).

45 Vor Erlass des Vollstreckungsbescheides hat der Rechtspfleger bzw. UdG von Amts wegen zu prüfen, ob die gesetzlichen Voraussetzungen vorliegen. Liegen sie vor, ist der Vollstreckungsbescheid von ihm zu erlassen (§ 699 Abs. 1 Satz 1 ZPO). Der Vollstreckungsbescheid kann nach § 699 Abs. 2 ZPO auf den Mahnbescheid gesetzt werden. Grundsätzlich wird ein Vollstreckungsbescheid **von Amts wegen zugestellt** (§ 50 Abs. 1 Satz 1 bzw. § 699 Abs. 4 Satz 1 ZPO). Eine Ausnahme regelt § 699 Abs. 4 Satz 2 ZPO. Hiernach kann die Zustellung des Vollstreckungsbescheides im Parteibetrieb beantragt werden[8]. In diesem Fall erhält der Antragsteller eine Ausfertigung für sich und eine für den Antragsgegner (§ 699 Abs. 4 Satz 2 ZPO). Möglich ist auch, anders als beim Mahnbescheid, eine **öffentliche Zustellung** des Vollstreckungsbeschei-

---

1 Mittlerweile haben, soweit ersichtlich, erst zwei Bundesländer von der Delegation für das arbeitsgerichtliche Mahnverfahren Gebrauch gemacht: **Baden-Württemberg**, s. § 1 Abs. 1 Nr. 4 der „Verordnung zur Übertragung von Rechtspflegeraufgaben auf den Urkundsbeamten der Geschäftsstelle" (RPfl.AufgÜV BW) v. 13.9.2013 (GBl. 2013, 291), und **Niedersachsen**, s. § 1 der „Verordnung zur Übertragung von Rechtspflegeraufgaben auf den Urkundsbeamten der Geschäftsstelle" in Niedersachsen (Nds. RPflAufgÜbVO) v. 4.7.2005 (Nds. GVBl. S. 223).
2 S. Zöller/*Vollkommer*, § 699 ZPO Rz. 2 mwN; Musielak/Voit/*Voit*, § 699 ZPO Rz. 3.
3 Natter/Gross/*Natter/Pfitzer*, § 46a Rz. 18.
4 MünchKommZPO/*Schüler*, § 699 ZPO Rz. 7 f.
5 GMP/*Germelmann*, § 46a Rz. 28; GK-ArbGG/*Bader*, § 46a Rz. 64; Zöller/*Vollkommer*, § 699 ZPO Rz. 3; Musielak/Voit/*Voit*, § 699 ZPO Rz. 3; HWK/*Ziemann*, § 46 ArbGG Rz. 30.
6 Zöller/*Vollkommer*, § 699 ZPO Rz. 4; GMP/*Germelmann*, § 46a Rz. 28.
7 LAG Berlin v. 6.11.1989 – 9 Ta 12/89, MDR 1990, 186 (187); Zöller/*Vollkommer*, § 701 ZPO Rz. 4; Musielak/Voit/*Voit*, § 689 ZPO Rz. 2.
8 S. hierzu BAG v. 2.8.1982 – 5 AR 146/82, NJW 1983, 472; GK-ArbGG/*Bader*, § 46a Rz. 74; eine Zustellung des Vollstreckungsbescheides im Parteibetrieb kommt in Betracht, wenn der Gläubiger zusammen mit der Zustellung zugleich einen Vollstreckungsversuch verbinden will, vgl. Musielak/Voit/*Voit*, § 699 ZPO Rz. 7.

des (§ 699 Abs. 4 Satz 3 ZPO)[1], was allerdings voraussetzt, dass der Mahnbescheid wirksam zugestellt worden ist und sich erst danach die Voraussetzungen für die öffentliche Zustellung (zB unbekannter Aufenthaltsort des Antragsgegners) ergeben haben.

Der Vollstreckungsbescheid steht gem. § 700 Abs. 1 ZPO einem **Versäumnisurteil gleich**. Im arbeitsgerichtlichen Verfahren bedeutet dies, dass er gem. § 62 Abs. 1 ohne Weiteres vorläufig vollstreckbar ist. Dementsprechend ist der Vollstreckungsbescheid auch gem. § 794 Abs. 1 Nr. 4 ZPO ein für die Zwangsvollstreckung geeigneter Titel. Die Streitsache gilt mittels einer Fiktion (weiterhin) als mit der Zustellung des Mahnbescheids rechtshängig geworden (§ 700 Abs. 2 ZPO). 46

Fehlt es hingegen an einer der gesetzlichen Voraussetzungen, ist der Antrag auf Erlass des Vollstreckungsbescheides, nachdem dem Antragsteller zuvor rechtliches Gehör gewährt und die Möglichkeit zur Abhilfe gegeben wurde, (teilweise) zurückzuweisen. Im Übrigen ist der Vollstreckungsbescheid zu erlassen. Die **Zurückweisung** geschieht durch **begründeten Beschluss** des Rechtspflegers bzw. des UdG. Einer vorherigen Anhörung des Antragsgegners bedarf es nicht, da ihm schon nicht der Antrag auf Erlass des Vollstreckungsbescheids zugeleitet wird (§ 702 Abs. 2 ZPO; ab 1.1.2018: § 702 Abs. 3 ZPO)[2]. Es ist in der Lit. zwar umstritten, ob der Zurückweisungsbeschluss dem Antragsteller formlos mitzuteilen[3] oder **förmlich zuzustellen**[4] ist. Wegen § 329 Abs. 3 ZPO und der Rechtsschutzmöglichkeiten muss aber eine förmliche Zustellung erfolgen, zumal nicht einzusehen ist, dass die Zurückweisung eines Antrags auf Erlass eines Mahnbescheids förmlich zuzustellen sein soll (s. Rz. 25), während die Zurückweisung des Antrags auf Erlass des Vollstreckungsbescheids formlos erfolgen können sollte. Gegen die Zurückweisung durch den Rechtspfleger ist unabhängig von einem Beschwerdewert die sofortige Beschwerde gem. § 11 Abs. 1 RPflG iVm. § 567 Abs. 1 Nr. 2 ZPO statthaft[5], die binnen einer Notfrist von zwei Wochen einzulegen ist (§ 569 Abs. 1 Sätze 1-2 ZPO). Mit der Zurückweisung des Antrags auf Erlass des Vollstreckungsbescheids ist das Mahnverfahren aktenmäßig erledigt (§ 5 Abs. 1 Satz 3 AktO-ArbG). Soweit der Antrag wegen des Kostenansatzes (teilweise) gem. § 699 Abs. 3 ZPO durch den Rechtspfleger zurückgewiesen wird, ist hiergegen gem. § 104 Abs. 3 ZPO iVm. § 11 Abs. 1 RPflG iVm. § 567 Abs. 1 Nr. 1 ZPO die sofortige Beschwerde statthaft, sofern die Beschwerdewertgrenze (200 Euro) gem. § 567 Abs. 2 ZPO überschritten wird. Sofern die Beschwerdewertgrenze nicht überschritten wird, ist der **Rechtsbehelf** der befristeten bzw. sofortigen Erinnerung gegeben (§ 11 Abs. 2 Satz 1 RPflG), die binnen einer Notfrist von zwei Wochen (§ 569 Abs. 1 Sätze 1-2 ZPO) einzulegen ist[6]. Der Rechtspfleger kann der sofortigen Beschwerde bzw. Erinnerung abhelfen. Sodann entscheidet der (erstinstanzliche) Richter abschließend. Er kann die sofortige Beschwerde bzw. Erinnerung zurückweisen oder den Rechtspfleger anweisen, den beantragten Vollstreckungsbescheid zu erlassen. Gegen die ablehnende Entscheidung des Richters ist kein Rechtsmittel mehr gegeben. 47

5. Einspruch gegen Vollstreckungsbescheid

Gegen einen arbeitsgerichtlichen Vollstreckungsbescheid kann der Antragsgegner als Rechtsbehelf lediglich Einspruch einlegen. Die **Einspruchsfrist** beträgt (nur) **eine Woche** (§ 59 Satz 1) und ist eine **Notfrist** (§ 224 Abs. 1 ZPO), so dass bei ihrer Versäumung unter den Voraussetzungen der §§ 233 ff. ZPO Wiedereinsetzung in den vorherigen Stand bewilligt werden kann[7]. Gleichwohl ist die kurze Einspruchsfrist eine nicht zu unterschätzende Haftungsfalle für Rechtsanwälte, die ansonsten überwiegend zivilrechtliche Mandate betreuen. Es ist umstritten, ob über die Möglichkeit des Einspruchs gegen einen Vollstreckungsbescheid und die Einspruchsfrist über die **Hinweispflicht** des § 59 Abs. 3 („Rechtsbehelfsbelehrung") hinaus 48

---

1 Zuständig für die Bewilligung der öffentlichen Zustellung des Vollstreckungsbescheides ist gem. § 3 Abs. 3, § 20 Nr. 1 RPflG weiterhin der Rechtspfleger.
2 Hauck/Helml/Biebl/*Helml/Klaner*, § 46a Rz. 13; Düwell/Lipke/*Kloppenburg*, § 46a Rz. 33; Zöller/*Vollkommer*, § 699 ZPO Rz. 18.
3 Ostrowicz/Künzl/Scholz/*Künzl*, Rz. 442; ErfK/*Koch*, § 46a ArbGG Rz. 8.
4 MünchKommZPO/*Schüler*, § 690 ZPO Rz. 31; Musielak/Voit/*Voit*, § 699 ZPO Rz. 5; Zöller/*Vollkommer*, § 699 ZPO Rz. 18; BCF/*Bader*, § 46a Rz. 15; GK-ArbGG/*Bader*, § 46a Rz. 75, der zur Begründung allerdings auf § 329 Abs. 2 Satz 2 ZPO abstellt.
5 Sofern der UdG den Erlass des Vollstreckungsbescheids zurückgewiesen hat, ist wegen § 36b Abs. 1 Nr. 2, Abs. 3 RPflG die Erinnerung gem. § 573 ZPO gegeben, die binnen einer Notfrist von zwei Wochen einzulegen ist (§ 573 Abs. 1 Satz 1 ZPO); s.a. Natter/Gross/*Natter/Pfitzer*, § 46a Rz. 19; BLAH, § 699 ZPO Rz. 26. Unklar bzgl. des statthaften Rechtsbehelfs hingegen: ErfK/*Koch*, § 46a ArbGG Rz. 8; GK-ArbGG/*Bader*, § 46a Rz. 72 und Rz. 75 f.; Hauck/Helml/Biebl/*Helml/Klaner*, § 46a Rz. 16.
6 MünchKommZPO/*Schüler*, § 699 ZPO Rz. 32 und 66; Zöller/*Vollkommer*, § 699 ZPO Rz. 19; BLAH, § 699 ZPO Rz. 27.
7 GK-ArbGG/*Bader*, § 46a Rz. 78; GMP/*Germelmann*, § 46a Rz. 33.

entsprechend den Anforderungen von § 9 Abs. 5 zu belehren ist (s.a. § 59 Rz. 63 und Rz. 65)[1], so dass die Belehrung bspw. auch vom Vorsitzenden zu unterschreiben wäre. Zwar ist der Einspruch nur ein **Rechtsbehelf** und kein Rechtsmittel iSv. § 9 Abs. 5, aber aus rechtsstaatlichen Gründen ist eine entsprechende Anwendung geboten. Für die Parteien eines Rechtsstreits sollten vollstreckungsfähige Entscheidungen des ArbG generell mit einer vom Vorsitzenden unterschriebenen Rechtsmittel- bzw. Rechtsbehelfsbelehrung abschließen. In der Praxis wird die Rechtsbehelfsbelehrung auf dem amtlichen Vordruck jedoch nicht unterschrieben.

49 Der Einspruch ist schriftlich oder durch Abgabe einer Erklärung zur Niederschrift der Geschäftsstelle einzulegen (§ 59 Satz 2). Der Einspruch bedarf der eigenhändigen Unterschrift[2]. Wie sich aus § 700 Abs. 3 Satz 3 ZPO ergibt, bedarf der Einspruch wegen des Ausschlusses von § 340 Abs. 3 ZPO **keiner Begründung**, dh. Angriffs- und Verteidigungsmittel sind im Einspruch nicht zu bezeichnen; hingegen sind die weiteren Bestimmungen für die Einspruchseinlegung gem. § 340 Abs. 1 und Abs. 2 ZPO zu beachten[3]. Ein verspäteter Widerspruch nach dem Erlass des Vollstreckungsbescheides als Einspruch zu behandeln[4]. Geht hingegen kein Einspruch ein, ist der Vollstreckungsbescheid rechtskräftig und das Mahnverfahren ist aktenmäßig erledigt (§ 5 Abs. 1 Satz 3 AktO-ArbG).

50 Im Falle des Einspruchs ist der Rechtsstreit zunächst, sofern das Mahnverfahren bei einem zentralen Mahngericht geführt wurde, von dem ArbG, das den Vollstreckungsbescheid erlassen hat, an das im Mahnbescheid gem. § 692 Abs. 1 Nr. 1, § 690 Abs. 1 Nr. 5 ZPO bezeichnete ArbG abzugeben (§ 700 Abs. 3 Satz 1 ZPO). Die Amtspflicht zur **Abgabe** entfällt, wenn sich die örtliche Zuständigkeit für das Mahnverfahren bereits nach § 46a Abs. 2 Satz 1 gerichtet hat (s. Rz. 11). Verlangen Antragsteller und Antragsgegner übereinstimmend die Abgabe an ein anderes, nicht im Mahnbescheid bezeichnetes ArbG, ist an dieses ArbG abzugeben (§ 700 Abs. 1 Satz 1 ZPO). Die Abgabe ist den Parteien mitzuteilen (§ 700 Abs. 3 Satz 2, § 696 Satz 4 ZPO)[5]. Der Vorsitzende des unmittelbar oder nach Abgabe örtlich zuständigen ArbG hat sodann von Amts wegen zu prüfen, ob der Einspruch an sich statthaft ist und ob er in der gesetzlichen Form und Frist eingelegt ist (§ 46a Abs. 6 Satz 1), dh. ein zentrales Mahngericht übernimmt diese Prüfung nicht. Zuvor ist allerdings die Rechtssache in das Prozessregister einzutragen und ihr ein Ca-Aktenzeichen zuzuweisen (§ 8 Abs. 5 AktO-ArbG).

51 Bei **unzulässigem Einspruch** ist nicht mehr Termin zur mündlichen Verhandlung anzuberaumen, was jedoch unter Geltung von § 46a Abs. 6 aF (bis 31.3.2008) von der Rspr. entgegen der überwiegend gegenteiligen Ansicht in der Lit. vertreten wurde[6]. Vielmehr ist der Einspruch kraft gesetzlicher Anordnung nunmehr **als unzulässig zu verwerfen** (§ 46a Abs. 6 Satz 2). Diese Entscheidung ergeht nach hM. durch **Urteil** (§ 341 Abs. 2 ZPO)[7]. Dieses ergeht außerhalb der streitigen Verhandlung **allein durch den Vorsitzenden**, wobei es ihm von Gesetzes wegen frei gestellt ist, ob er eine mündliche Verhandlung durchführt (§ 55 Abs. 1 Nr. 4a und Abs. 2 Satz 1)[8]. Wenn eine mündliche Verhandlung stattfindet, muss das Urteil hingegen von der Kammer unter Einbeziehung der ehrenamtlichen Richter erfolgen[9]. Gegen das Urteil, mit dem der Einspruch als unzulässig verworfen wird, ist das Rechtsmittel der Berufung nach allgemeinen Grundsätzen statthaft.

52 Bei **zulässigem Einspruch** gibt die Geschäftsstelle – nicht der Vorsitzende – dem Antragsteller unverzüglich auf, den Anspruch binnen zwei Wochen schriftlich zu begründen (§ 46a Abs. 6 Satz 3; § 697 Abs. 1

---

1 Bejahend GMP/*Prütting*, § 9 Rz. 24; GK-ArbGG/*Bader*, § 46a Rz. 74; widersprüchlich einerseits GMP/*Germelmann*, § 46a Rz. 31 und anderseits GMP/*Germelmann*, § 59 Rz. 22; wohl bejahend auch ErfK/*Koch*, § 46a ArbGG Rz. 8 und § 9 ArbGG Rz. 7; verneinend Düwell/Lipke/*Kloppenburg*, § 46a Rz. 36. Nach der Rspr. ist § 9 Abs. 5 ArbGG auf den Einspruch gegen einen Vollstreckungsbescheid weder direkt noch analog anwendbar, vgl. LAG Nürnberg v. 10.5.1988 – 7 Sa 16/88, LAGE § 59 ArbGG 1979 Nr. 1; LAG Köln v. 7.8.1998 – 11 Sa 1218/97, AP Nr. 19 zu § 9 ArbGG 1979; offen gelassen allerdings von LAG Rh.-Pf. v. 21.7.2005 – 11 Ta 165/05.
2 LAG BW v. 27.5.1993 – 16 Ta 6/93, NZA 1994, 575; GMP/*Germelmann*, § 46a Rz. 31; GK-ArbGG/*Bader*, § 46a Rz. 78.
3 GK-ArbGG/*Bader*, § 46a Rz. 78.
4 LAG Rh.-Pf. v. 21.7.2005 – 11 Ta 165/05; GK-ArbGG/*Bader*, § 46a Rz. 78.
5 S. Zöller/*Vollkommer*, § 700 ZPO Rz. 12.
6 S. ausführlich hierzu GK-ArbGG/*Bader*, § 46a Rz. 80–80a sowie Oetker, DRiZ 1989, 418 f.
7 GMP/*Germelmann*, § 55 Rz. 17a; Zöller/*Herget*, § 340 ZPO Rz. 9 f.; Hauck/Helml/Biebl/*Helml/Klaner*, § 46a Rz. 17; aA ErfK/*Koch*, § 46a ArbGG Rz. 9. Sollte der Einspruch unzulässigerweise durch Beschluss verworfen werden, ist nach dem Grundsatz der Meistbegünstigung neben der Berufung auch die sofortige Beschwerde statthaft: LAG Köln v. 26.2.2003 – 7 Ta 229/02, NZA-RR 2004, 107.
8 GK-ArbGG/*Bader*, § 46a Rz. 80a; BCF/*Bader*, § 46a Rz. 16; GMP/*Germelmann*, § 46a Rz. 32; Düwell/Lipke/*Kloppenburg*, § 46a Rz. 37.
9 Natter/Gross/*Natter/Pfitzer*, § 46a Rz. 21.

Satz 1 ZPO). Das Mahnverfahren ist dann beendet. Nach Ablauf der Begründungsfrist bestimmt der Vorsitzende ohne Rücksicht darauf, ob der Anspruch begründet wurde oder nicht, **von Amts wegen** unverzüglich Termin zur mündlichen Verhandlung (§ 46a Abs. 6 Satz 4, in der seit 1.4.2008 geltenden Fassung), wobei dies nach überwiegender Ansicht in der Lit. ein **Kammertermin** ist[1]. Dies soll aus § 700 Abs. 1 ZPO folgen, denn ein Versäumnisurteil, dem der Vollstreckungsbescheid gleichsteht, kann nur im Rahmen einer vorhergehenden Güteverhandlung ergangen sein (s. § 54 Rz. 2). Die Anberaumung eines Gütetermins, was in der gerichtlichen Praxis durchaus vorkommt, wird sogar teils als unzulässig angesehen[2], was dann wohl auch gelten würde, wenn der Gütetermin mit dem Einverständnis der Parteien als Fortsetzungstermin anberaumt würde (§ 54 Abs. 1 Satz 5). Allerdings ergibt sich aus den Gesetzgebungsmaterialien im Zusammenhang mit der Neufassung von § 46a Abs. 6 ein anderslautender Wille des Gesetzgebers, nämlich dass eine **Güteverhandlung** stattfinden soll[3]. Auch wenn sich dieser Wille im Wortlaut von § 46a Abs. 6 Satz 4 nicht niedergeschlagen hat, so wird in der Vorschrift doch auf einen „Termin zur mündlichen Verhandlung" Bezug genommen. Nach § 54 Abs. 1 Satz 1 beginnt die mündliche Verhandlung beim ArbG mit der Güteverhandlung. Der Kammertermin wird in § 54 Abs. 4 und Abs. 5 sowie in § 56 hingegen als „streitige Verhandlung" bezeichnet. Zudem wird bei § 46a Abs. 4 Satz 4 der gleiche Begriff „Termin zur mündlichen Verhandlung" benutzt, dort allerdings mit der Bedeutung eines Gütetermins (s. Rz. 36). Insofern sprechen mE die besseren Argumente dafür, dass nach einem zulässigen Einspruch zunächst eine **Güteverhandlung** anzuberaumen ist[4]. Die Einlassungsfrist des § 47 Abs. 1 findet schließlich auf die dem Antragsgegner mit der Terminsladung zu übermittelnde Anspruchsbegründung keine Anwendung (s. § 47 Rz. 11 mwN).

Ist **die Partei**, die Einspruch eingelegt hat, in diesem Verhandlungstermin **säumig**, kann ein sog. **zweites Versäumnisurteil** ergehen (§ 345 ZPO)[5]. Dies setzt außer der Säumnis die Zulässigkeit des Einspruchs voraus; außerdem muss der Vollstreckungsbescheid ordnungsgem. ergangen sein. Die Klage muss zudem zulässig und schlüssig sein, was die Kammer zu prüfen hat. Gegen ein technisch zweites Versäumnisurteil ist nur das Rechtsmittel der Berufung statthaft, zwar unabhängig vom Beschwerdewert, aber beschränkt darauf, dass ein Fall der Säumnis nicht vorgelegen hat (§ 64 Abs. 2 Buchst. d, s. § 64 Rz. 93). Ist die Klage hingegen unzulässig oder unschlüssig, ergeht ein sog. unechtes Versäumnisurteil, mit dem der Vollstreckungsbescheid aufgehoben (§ 700 Abs. 6 ZPO) und die Klage abgewiesen wird[6]. Bei der Kostengrundentscheidung ist § 344 ZPO (iVm. § 700 Abs. 1 ZPO) zu beachten. Gegen dieses streitige erstinstanzliche Endurteil ist das Rechtsmittel der Berufung nach den allgemeinen Regelungen statthaft.

IV. Kosten und Gebühren des Mahnverfahrens

Kostenvorschüsse werden auch im arbeitsgerichtlichen Mahnverfahren **nicht** erhoben (§ 11 Satz 1 GKG), so dass die für das Mahnverfahren entstehenden Gerichtskosten auch nicht in den Mahnbescheid aufgenommen werden dürfen[7]. Für das Mahnverfahren gilt Nr. 8100 des Kostenverzeichnisses zum GKG (Anlage 1 zu § 3 Abs. 2 GKG). Das Verfahren über den Erlass eines Mahnbescheides ist hiernach gebührenfrei, dh. wenn bspw. der Mahnantrag zurückgenommen wird, fallen keine Gebühren an. Aber auch wenn nach einem Widerspruch gegen den Mahnbescheid das Verfahren in das streitige Verfahren übergeleitet wird, fallen für das vorangegangene Mahnverfahren keine Gerichtsgebühren an. Allerdings können Auslagen entstanden sein. Erst für das Verfahren über den Antrag auf Erlass eines Vollstreckungsbescheides entstehen Gerichtsgebühren, wobei die Gebühr 0,4 der Gebühr nach § 34 GKG beträgt, mindestens jedoch 26 Eu-

---

1 GK-ArbGG/*Bader*, § 46a Rz. 79, BCF/*Bader*, § 46a Rz. 16; Hauck/Helml/Biebl/*Helml/Klaner*, § 46a Rz. 17; Ostrowicz/Künzl/Scholz/*Künzl*, Rz. 447; GMP/*Germelmann*, § 46a Rz. 32; GWBG/*Benecke*, § 46a Rz. 13; wohl auch Natter/Gross/*Natter/Pfitzer*, § 46a Rz. 22; aA HWK/*Ziemann*, § 46a ArbGG Rz. 33; BeckOKArbR/*Hamacher*, § 46a ArbGG Rz. 34; *Francken/Natter/Rieker*, NZA 2008, 377 (378); *Reinhard*, JbArbR 46 (2009), 113 (123); DFL/*Heider*, § 46a ArbGG Rz. 12; Düwell/Lipke/*Kloppenburg*, § 46a Rz. 38.
2 ErfK/*Koch*, § 46a ArbGG Rz. 9.
3 So wird in der BT-Drs. 16/7716, S. 23 und BR-Drs. 820/07, S. 31 wörtlich ausgeführt: „[...] Darüber hinaus wird zugleich geklärt, dass nach dem Übergang aus dem Mahnverfahren in das streitige Verfahren wie im Zivilprozess zunächst eine Güteverhandlung stattzufinden hat. Eine Verhandlung über den Einspruch und die Hauptsache im Gütetermin ermöglicht eine zeitnahe Erörterung des Streitstands und eine schnelle Beilegung des Rechtsstreits."
4 So auch Düwell/Lipke/*Kloppenburg*, § 46a Rz. 38; HWK/*Ziemann*, § 46a ArbGG Rz. 33; BeckOKArbR/*Hamacher*, § 46a ArbGG Rz. 34; *Francken/Natter/Rieker*, NZA 2008, 377 (378); *Reinhard*, JbArbR 46 (2009), 113 (123); DFL/*Heider*, § 46a ArbGG Rz. 12.
5 GK-ArbGG/*Bader*, § 46a Rz. 81; aA BeckOKArbR/*Hamacher*, § 46a ArbGG Rz. 34.
6 BAG v. 2.2.1994 – 10 AZR 113/93, NZA 1994, 1102; GMP/*Germelmann*, § 46a Rz. 35; GK-ArbGG/*Bader*, § 46a Rz. 81; ErfK/*Koch*, § 46a ArbGG Rz. 9; Natter/Gross/*Natter/Pfitzer*, § 46a Rz. 23.
7 Hess. LAG v. 3.8.1962 – 5 Ta 3/62, NJW 1963, 268 (269 f.); MünchKommZPO/*Schüler*, Vor § 688 ZPO Rz. 45.

ro (seit 1.8.2013). Die Höhe der Gebühr richtet sich im Übrigen degressiv nach der geltend gemachten Geldforderung. Zusätzlich können noch Auslagen für die Zustellung entstehen. Die Gerichtsgebühr gem. Nr. 8100 des Kostenverzeichnisses entfällt ua. bei Rücknahme des Antrags auf Erlass des Vollstreckungsbescheides[1]. **Kostenschuldner** der Gerichtskosten bis zum Erlass des Vollstreckungsbescheids sowie bei Rücknahme oder Zurückweisung des Antrags auf Erlass des Vollstreckungsbescheids ist der Antragsteller (§ 22 Abs. 1 Satz 1, Abs. 2 Satz 1 GKG). Wird das Mahnverfahren nach Widerspruch oder Einspruch gegen den Vollstreckungsbescheid als streitiges Verfahren fortgeführt, fällt gem. Nr. 8210 des Kostenverzeichnisses zum GKG die allgemeine Verfahrensgebühr iHv. 2,0 Gebühren an. Eine Ermäßigung auf 0,4 Gebühren ist unter den Voraussetzungen der Nr. 8211 möglich (s. auch § 12 Rz. 80–82). Kostenschuldner nach Erlass des **Vollstreckungsbescheids** wegen der darin enthaltenen Kostengrundentscheidung der Antragsgegner (§ 29 Nr. 1 GKG). Die **Fälligkeit** der Kosten richtet sich nach § 6 Abs. 3, § 9 Abs. 2–3 GKG, dh. sie werden fällig, wenn bspw. eine unbedingte Kostengrundentscheidung ergangen ist oder das Verfahren sechs Monate nicht betrieben wurde.

55 **Kostenerstattungsansprüche** bzgl. der außergerichtlichen Kosten, bspw. im Hinblick auf die Einschaltung eines Rechtsanwalts, bestehen im arbeitsgerichtlichen Mahnverfahren ebenso wenig wie im Urteilsverfahren in erster Instanz (§ 12a Abs. 1 Satz 1). Der anwaltlich vertretene Antragsteller hat somit die Kosten der eigenen Rechtswahrnehmung zu tragen.

56 Der **Anwalt des Antragstellers** erhält für die Vertretung im Mahnverfahren bis zum Antrag auf Erlass des Vollstreckungsbescheids eine Verfahrensgebühr von 1,0 gem. Nr. 3305 VV RVG (Anlage 1 § 2 Abs. 2 RVG, Teil 3, Abschnitt 3, Unterabschnitt 2). Endet der Auftrag vor Einreichung des Mahnantrags reduziert sich die Verfahrensgebühr auf 0,5 (Nr. 3306 VV RVG). Die Verfahrensgebühr kann bei mehreren Auftraggebern ggf. nach Nr. 1008 VV RVG erhöht werden. Die Verfahrensgebühr ist gem. Nr. 3305 VV RVG auf ein nachfolgendes streitiges Verfahren anzurechnen. Mit der Stellung des Antrags auf Erlass eines Vollstreckungsbescheides entsteht eine zusätzliche Verfahrensgebühr von 0,5 (Nr. 3308 VV RVG). Diese Gebühr entsteht jedoch neben der Verfahrensgebühr nach Nr.3305 VV RVG nur, wenn innerhalb der Widerspruchsfrist kein Widerspruch erhoben oder der Widerspruch gem. § 703a Abs. 2 Nr. 4 ZPO beschränkt worden ist. Eine Anrechnung dieser Gebühr auf das nachfolgende streitige Verfahren erfolgt nicht. Der **Anwalt des Antragsgegners** erhält für die gesamte Vertretung im Mahnverfahren eine Verfahrensgebühr von 0,5 (Nr. 3307 VV RVG), wobei auch diese Gebühr auf ein nachfolgendes streitiges Verfahren angerechnet wird. Nach Vorbem. 3.3.2 VV RVG kann auch im Mahnverfahren eine Terminsgebühr entstehen, wenn der Rechtsanwalt eine Erledigungsbesprechung iSd. Vorbem. 3 Abs. 3 3. Alt. VV RVG führt. Nach § 17 Nr. 2 RVG sind das Mahnverfahren und ein anschließendes streitiges Verfahren gebührenrechtlich verschiedene Angelegenheiten.

V. Prozesskostenhilfe

57 Auch im Mahnverfahren kann grds. **Prozesskostenhilfe** (vgl. § 11a Abs. 1 iVm. §§ 114 ff. ZPO) bewilligt werden. Für die Entscheidung hierüber ist der Rechtspfleger (§ 4 Abs. 1, § 20 Nr. 1 RPflG) zuständig, da er auch für das Mahnverfahren zuständig ist[2]. Ob die **Beiordnung eines Rechtsanwalts** während des Mahnverfahrens für einen **mittellosen Antragsteller** erforderlich iSv. § 121 Abs. 2 ZPO ist, bedarf einer sorgfältigen Prüfung, da das Mahnverfahren durch die Formulare standardisiert ist und der Antragsgegner während des Mahnverfahrens idR durch keinen Rechtsanwalt vertreten wird. Zum Ausfüllen der standardisierten Vordrucke sind Gläubiger – ggf. unter Inanspruchnahme des UdG bzw. der Rechtsantragstelle – ohne Weiteres in der Lage, auch wenn sie keine rechtliche Vorbildung haben. Soweit einem mittellosen Antragsteller das Ausfüllen des Mahnbescheidsantrags rechtliche Schwierigkeiten bereitet, kann er die idR kostengünstigere Beratungshilfe beantragen (§ 2 Abs. 2 Nr. 1 BerHG)[3]. Die Bewilligung von Prozesskostenhilfe für das Mahnverfahren ist daher mangels Erforderlichkeit regelmäßig zu versagen[4]. Im Falle der Bewilligung von Prozesskostenhilfe wäre diese zudem auf das Mahnverfahren beschränkt. Für das anschließende Hauptsacheverfahren ist Prozesskostenhilfe gesondert zu beantragen. Für die Entscheidung hierüber ist dann der Vorsitzende nach allgemeinen Grundsätzen zuständig, zumal im bisherigen Mahnverfahren noch keine

---

1 ErfK/*Koch*, § 46a ArbGG Rz. 10; GK-ArbGG/*Bader*, § 46a Rz. 85.
2 GMP/*Germelmann*, § 46a Rz. 38; Natter/Gross/*Natter/Pfitzer*, § 46a Rz. 23; ErfK/*Koch*, § 46a ArbGG Rz. 10; Düwell/Lipke/*Kloppenburg*, § 46a Rz. 40.
3 LAG Rh.-Pf. v. 16.1.2008 – 7 Ta 251/07; LAG Sa.-Anh. v. 5.5.2009 – 2 Ta 36/09.
4 LAG Hamm v. 6.8.2001 – 14 Ta 490/01; LAG Rh.-Pf. v. 16.1.2008 – 7 Ta 251/07; LAG Hamm v. 25.5.2009 – 14 Ta 844/08.

Schlüssigkeitsprüfung stattgefunden hat[1]. Die Beiordnung eines Rechtsanwalts für einen **bedürftigen Antragsgegner** für das Mahnverfahren ist ebenfalls nicht erforderlich iSv. § 121 Abs. 2 ZPO, da zum einen im Falle eines Widerspruchs oder Einspruchs durch einen anwaltlich vertretenen Antragsgegner ohnehin in das streitige Verfahren überzuleiten ist[2]. Zum anderen scheidet sie auch tatbestandlich aus, da die Gegenseite bei Stellung des Antrags auf Erlass eines Mahnbescheids regelmäßig nicht durch einen Rechtsanwalt vertreten ist[3].

VI. Die Ermächtigungsnormen des § 46a Abs. 7 und Abs. 8

Angesichts der zunehmenden Einführung der Datenverarbeitung auch in der Arbeitsgerichtsbarkeit und der wachsenden Bedeutung des Datenträgeraustauschverfahrens und der Datenfernübertragung hat der Gesetzgeber durch § 46a Abs. 7 das BMAS ermächtigt, durch Rechtsverordnung mit Zustimmung des Bundesrates den Verfahrensablauf zu regeln, soweit dies für eine einheitliche **maschinelle Bearbeitung** des arbeitsgerichtlichen Mahnverfahrens erforderlich ist (Verfahrensablaufplan)[4]. Bislang hat das BMAS einen derartigen **Verfahrensablaufplan** noch nicht erlassen. Ferner wird das BMAS durch § 46a Abs. 8 Satz 2 ermächtigt, bei Gerichten, die das Mahnverfahren maschinell bearbeiten, andere Formulare als sie bei nicht-maschineller Verwendung genutzt werden, einzuführen. Derzeit könnte die **Automatisierung des Mahnverfahrens** nur Bedeutung erlangen bei den ArbG in Berlin und Wiesbaden, bei denen nach § 48 Abs. 2 Satz 1 Nr. 2 die Beitragsklageverfahren der Sozialkassen des Baugewerbes, dh. der Zusatzversorgungskasse des Baugewerbes (ZVK) sowie der Urlaubs- und Lohnausgleichskasse für das Baugewerbe (ULAK) bzw. der gemeinnützigen Urlaubskasse des Bayerischen Baugewerbes e.V. (UKB) bzw. der Sozialkasse des Berliner Baugewerbes (SOKA-Berlin), gegen die baugewerblichen ArbGeb zentralisiert sind[5]. 58

Gemäß § 46a Abs. 8 Satz 1 (= § 46a Abs. 7 aF) ist das BMAS ermächtigt, durch Rechtsverordnung mit Zustimmung des Bundesrates zur Vereinfachung des Mahnverfahrens und zum Schutz der in Anspruch genommenen Partei Formulare einzuführen[6]. Dies ist durch die **Rechtsverordnung** vom 15.12.1977 (AG-MahnVordrV) mit Wirkung ab dem 1.1.1978 geschehen, die in der Folge mehrfach geändert wurde[7]. Sie sieht – neben einem Vorblatt auf hellblauem Papier mit Ausfüllhinweisen – **Formulare**[8] in Papierform für den **Mahnbescheid** und den **Vollstreckungsbescheid** bzw. die entsprechenden **Anträge** vor. Antragsteller müssen diese Formulare verwenden (§ 703c Abs. 2, § 702 Abs. 1 ZPO). Ebenfalls sieht die Verordnung ein Formular für den **Widerspruch** vor, der in den Grenzen von § 692 Abs. 1 Nr. 5 ZPO („soll") vom Antragsgegner zu verwenden ist (s. Rz. 33). Die AGMahnVordrV sieht mittlerweile vor, dass die Formulare mithilfe eines computergestützten Schreibprogramms zu beschriften und insbesondere im Falle des handschriftlichen Ausfüllens mit einem sog. Durchschreibemittel zu versehen sind. Es dürfen nur noch die aktuellen Formulare verwendet werden. Die Verwendung veralteter Formulare führt zur Unzulässigkeit des Mahnantrags. Mangels einer maschinellen Bearbeitung bei den ArbG spielt die gem. § 46a Abs. 8 Satz 2 bestehende Möglichkeit, bei den Formularen für das Mahnverfahren zwischen Gerichten, die die Verfahren maschinell bearbeiten, und Gerichten, die die Verfahren nicht maschinell bearbeiten, zu unterscheiden, bislang keine Rolle. 59

Durch § 46a Abs. 8 Satz 3 wird das BMAS ermächtigt, im Zuge der Intensivierung des elektronischen Verkehrs mit den ArbG in der genannten Rechtsverordnung auch **elektronische Formulare** einzuführen. In- 60

---

1 LAG Düsseldorf v. 12.10.1989 – 14 Ta 235/89, JurBüro 1990, 379; GMP/*Germelmann*, § 46a Rz. 34; GK-ArbGG/*Bader*, § 46a Rz. 89; Hauck/Helml/Biebl/*Helml/Klaner*, § 46a Rz. 18; Zöller/*Philippi*, § 119 ZPO Rz. 16.
2 LAG Berlin v. 27.9.1996 – 6 Ta 13/96; LAG Rh.-Pf. v. 16.1.2008 – 7 Ta 251/07; GK-ArbGG/*Bader*, § 46a Rz. 90; ErfK/*Koch*, § 46a ArbGG Rz. 10; Hauck/Helml/Biebl/*Helml/Klaner*, § 46a Rz. 19; HWK/*Ziemann*, § 46a ArbGG Rz. 35.
3 LAG Thür. v. 29.9.2008 – 1 Ta 82/08.
4 GMP/*Germelmann*, § 46a Rz. 1; *Treber*, NZA 1998, 856 (861). Begründet wurde die damalige Gesetzesänderung damit, dass bei Streitigkeiten der Sozial- und Zusatzversorgungskasse des Baugewerbes durch die Automatisierung die Mahnverfahren zügiger erledigt werden sollen.
5 GMP/*Germelmann*, § 46a Rz. 13; GK-ArbGG/*Bader*, § 46a Rz. 3; Düwell/Lipke/*Kloppenburg*, § 46a Rz. 41; s. § 23 des Tarifvertrages über das Sozialkassenverfahren im Baugewerbe (VTV) vom 3.5.2013, gültig ab 1.7.2013, in der zuletzt gültigen Fassung v. 24.11.2015, abrufbar unter www.soka-bau.de.
6 Durch Art. 5 Nr. 1 des Justizkommunikationsgesetzes (JKomG) vom 22.3.2005 (BGBl. I S. 837) wurde das Wort „Vordrucke" durch das Wort „Formulare" ersetzt.
7 Verordnung zur Einführung von Vordrucken für das arbeitsgerichtliche Mahnverfahren v. 15.12.1977 (BGBl. I S. 2625), zuletzt durch Art. 5 des Gesetzes v. 11.3.2016 (BGBl. I S. 396) mit Wirkung ab dem 16.3.2016 geändert wurde. Die aktuell gültigen Formulare können als nicht ausfüllbare PDF-Dokumente unter https://www.gesetze-im-internet.de/normengrafiken/bgbl1_2016/j0408_0010.pdf im Internet abgerufen und ausgedruckt werden.
8 Die derzeit gültigen Formulare sind auch abgedruckt bei: GK-ArbGG/*Bader*, Anhang zu § 46a.

sofern gelten § 130c Sätze 2–4 ZPO (= § 46f Sätze 2–4) entsprechend. Hiernach kann bestimmt werden, dass die in den Formularen enthaltenen Angaben ganz oder teilweise in strukturierter maschinenlesbarer Form zu übermitteln sind. Die elektronischen Formulare sind auf einer in der Rechtsverordnung zu bestimmenden **Kommunikationsplattform im Internet** zur Nutzung bereitzustellen, womit im Wesentlichen gemeint sein dürfte, dass die elektronischen Formulare in einem **computerunabhängigen Format** auf einer bestimmten Homepage (bspw. beim BMJ) **kostenlos** und **barrierefrei** – ggf. mit einer Upload-Möglichkeit für PDF-Dokumente als Anhang – ausfüllbereit online zur Verfügung gestellt werden. Durch die Übermittlung von Strukturdaten soll eine IT-gestützte Vorgangsbearbeitung ohne Medienbruch bei den Gerichten erleichtert werden, um die gerichtlichen Verfahrensabläufe effizienter gestalten zu können. Nach Vorstellung des Gesetzgebers soll dies bspw. beim Einspruch gegen einen Vollstreckungsbescheid erfolgen[1]. Die Rechtsverordnung kann schließlich bestimmen, dass eine **Identifikation des Formularverwenders** abweichend von § 130a Abs. 3 ZPO (qualifizierte elektronische Signatur) auch durch Nutzung des elektronischen Identitätsnachweises nach § 18 PAuswG oder § 78 Abs. 5 AufenthG erfolgen kann. Nach § 130a Abs. 3 ZPO müssen elektronische Formulare als elektronische Dokument mit einer qualifizierten elektronischen Signatur der verantwortlichen Person versehen sein oder von der verantwortenden Person signiert und auf einem sicheren Übermittlungsweg eingereicht werden. Dieses Formerfordernis soll im arbeitsgerichtlichen Mahnverfahren nicht zwingend gelten. So kann auch vorgesehen werden, dass die Authentizität des elektronischen Formulars durch den **elektronischen Personalausweis**[2] nachgewiesen werden kann. Nach Ansicht des Gesetzgebers reicht dieses (niedrigere) Authentifizierungsniveau im Mahnverfahren aus, wobei die konkrete technische Ausgestaltung den Gerichten überlassen bleibt. Diese Verfahrensweise soll die elektronische Beantragung eines Mahnbescheids für Bürgerinnen und Bürger erheblich vereinfachen[3].

§ 46b Europäisches Mahnverfahren nach der Verordnung (EG) Nr. 1896/2006

(1) Für das Europäische Mahnverfahren nach der Verordnung (EG) Nr. 1896/2006 des Europäischen Parlaments und des Rates vom 12. Dezember 2006 zur Einführung eines Europäischen Mahnverfahrens (ABl. EU Nr. L 399 S. 1) gelten die Vorschriften des Abschnitts 5 des Buchs 11 der Zivilprozessordnung entsprechend, soweit dieses Gesetz nichts anderes bestimmt.

(2) Für die Bearbeitung von Anträgen auf Erlass und Überprüfung sowie die Vollstreckbarerklärung eines Europäischen Zahlungsbefehls nach der Verordnung (EG) Nr. 1896/2006 ist das Arbeitsgericht zuständig, das für die im Urteilsverfahren erhobene Klage zuständig sein würde.

(3) Im Fall des Artikels 17 Abs. 1 der Verordnung (EG) Nr. 1896/2006 ist § 46a Abs. 4 und 5 entsprechend anzuwenden. Der Antrag auf Durchführung der mündlichen Verhandlung gilt als vom Antragsteller gestellt.

Schrifttum: *Freitag/Leible*, Erleichterung der grenzüberschreitenden Forderungsbeitreibung in Europa: Das Europäische Mahnverfahren, BB 2008, 2750; *Röthel/Sparmann*, Das europäische Mahnverfahren, WM 2007, 1101; *Salten*, Das neue Europäische Mahnverfahren, MDR 2008, 1141; *Sujecki*, Das Europäische Mahnverfahren, NJW 2007, 1622; *Sujecki*, Abkürzungen zum Merken: EuMVVO und EuGFVO, AnwBl 2011, 374.

I. Allgemeines

1 § 46b wurde durch das Gesetz zur Verbesserung der grenzüberschreitenden Forderungsdurchsetzung und Zustellung[4] vom 30.10.2008 mit Wirkung vom 12.12.2008 in das ArbGG eingefügt. § 46b enthält zusammen mit den §§ 1087–1096 ZPO die deutschen Durchführungsvorschriften zur **Verordnung (EG) Nr. 1896/ 2006 zur Einführung eines Europäischen Mahnverfahrens (EuMVVO)**. Mit der EuMVVO wurde erstmals ein europaweites eigenständiges Erkenntnisverfahren geschaffen, das die Erlangung des Titels (selbst)

---

1 BT-Drs. 17/12634, S. 27 = BR-Drs. 818/12, S. 35 (zu § 130c ZPO).
2 Hierbei handelt es sich um den im Jahre 2010 eingeführten Personalausweis im Scheckkartenformat, der neben einem RFID-Chip auch biometrische Angaben des Ausweisenden speichert. Er wird auch als „neuer Personalausweis" (nPA) bezeichnet.
3 BT-Drs. 17/12634, S. 35.
4 BGBl. I 2008, S. 2122.

regelt[1]. Das Europäische Mahnverfahren nach der EuMVVO verdrängt die bisherigen nationalen Regelungen nicht[2], da Art. 1 Abs. 2 EuMVVO es dem Antragsteller freistellt, eine Forderung iSv. Art. 4 EuMVVO im Wege eines anderen Verfahrens nach dem Recht eines Mitgliedstaats oder nach Gemeinschaftsrecht durchzusetzen. Daher kann auch weiterhin etwa das nationale Auslandsmahnverfahren gem. § 688 Abs. 3 ZPO iVm. § 32 Abs. 1 AVAG durchgeführt werden[3] (vgl. unten Rz. 2). Das Europäische Mahnverfahren bietet dem Gläubiger den Vorteil, dass es im Gegensatz zum Mahnverfahren nach deutschem Recht mit den beiden Rechtsbehelfen des Widerspruchs und des Einspruchs nur einstufig (vgl. Art. 18 Abs. 1 EuMVVO) ausgestaltet ist und daher schneller ein Titel erlangt werden kann[4]. Das Verfahren kennt als Rechtsbehelf grds. nur den Einspruch. Nachteilig für den Gläubiger am Europäischen Mahnverfahren sind die höheren formalen Anforderungen an den Antrag[5]. So muss der Sachverhalt beschrieben werden, der der Hauptforderung und ggf. der Zinsforderung zugrunde liegt (Art. 7 Abs. 2 Buchst. d EuMVVO) und die Beweise, die zur Begründung der Forderung herangezogen werden, müssen bezeichnet werden (Art. 7 Abs. 2 Buchst. e EuMVVO).

Da das Europäische Mahnverfahren das nationale Mahnverfahren nicht verdrängt (vgl. Rz. 1) kann der Gläubiger auch nach § 688 Abs. 3 ZPO iVm. § 32 Abs. 1 AVAG das deutsche Mahnverfahren durchführen, wenn der Mahnbescheid in einem anderen Vertrags- oder Mitgliedstaat zugestellt werden muss (sog. nationales Auslandsmahnverfahren). Voraussetzung für die Durchführung des Auslandsmahnverfahrens ist, dass der Staat, in dem der Mahnbescheid zugestellt werden soll, Vertragsstaat eines der in § 1 AVAG genannten Abkommens ist oder einer in § 1 AVAG aufgeführten EG-Verordnung unterfällt[6]. Nach § 32 AVAG gelten für das Auslandsmahnverfahren im Vergleich zum normalen Mahnverfahren einige Besonderheiten. Beruft sich der Antragsteller auf einen vereinbarten Gerichtsstand, muss er dem Mahnantrag die erforderlichen Schriftstücke über die Vereinbarung beifügen (§ 32 Abs. 2 AVAG). Die Widerspruchsfrist gegen den Mahnbescheid beträgt nach § 32 Abs. 3 AVAG einen Monat. 2

II. Grundzüge des Europäischen Mahnverfahrens (Abs. 1)

Nach Maßgabe des § 46b Abs. 1 gelten für das Europäische Mahnverfahren in der Arbeitsgerichtsbarkeit die §§ 1087–1096 ZPO entsprechend, soweit das ArbGG nichts anderes bestimmt. Gemäß Art. 2 Abs. 1 iVm. Art. 4 EuMVVO ist das Europäische Mahnverfahren auf die Beitreibung bezifferter Geldforderungen aus grenzüberschreitenden Rechtssachen in Zivil- und Handelssachen anwendbar, die zum Zeitpunkt der Einreichung des Antrags auf Erlass eines Europäischen Zahlungsbefehls fällig sind. Eine grenzüberschreitende Rechtssache liegt nach Art. 3 Abs. 1 EuMVVO vor, wenn mindestens eine der Parteien ihren Wohnsitz oder gewöhnlichen Aufenthalt in einem anderen Mitgliedstaat als dem des befassten Gerichts hat. Welches Gericht international zuständig ist, bestimmt sich nach Art. 6 EuMVVO, welcher wiederum auf die EuGVVO verweist. 3

Der Europäische Zahlungsbefehl muss unter Verwendung des Formblatts nach Anhang I der EuMVVO beantragt werden. Der Antrag muss gem. Art. 7 Abs. 2 und 3 EuMVVO folgende Angaben enthalten: 4
- Namen und Anschrift der Verfahrensbeteiligten und ggf. ihrer Vertreter sowie des Gerichts, bei dem der Antrag eingereicht wird;
- die Höhe der Forderung einschließlich der Hauptforderung und ggf. der Zinsen, Vertragsstrafen und Kosten;
- bei Geltendmachung von Zinsen der Zinssatz und der Zeitraum, für den Zinsen verlangt werden, es sei denn, gesetzliche Zinsen werden nach dem Recht des Ursprungsmitgliedstaats automatisch zur Hauptforderung hinzugerechnet;
- den Streitgegenstand einschließlich einer Beschreibung des Sachverhalts, der der Hauptforderung und ggf. der Zinsforderung zugrunde liegt;
- eine Bezeichnung der Beweise, die zur Begründung der Forderung herangezogen werden;
- die Gründe für die Zuständigkeit, und den grenzüberschreitenden Charakter der Rechtssache iSv. Art. 3 EuMVVO;

---

1 *Röthel/Sparmann*, WM 2007, 1101.
2 *Freitag/Leible*, BB 2008, 2750; *Salten*, MDR 2008, 1141.
3 *Sujecki*, NJW 2007, 1622 (1623); *Röthel/Sparmann*, WM 2007, 1101 (1105).
4 *Musielak/Voit*, vor §§ 1087 ff. ZPO Rz. 2.
5 *Musielak/Voit*, vor §§ 1087 ff. ZPO Rz. 2.
6 *Röthel/Sparmann*, WM 2007, 1101 (1105).

– und eine Erklärung, dass der Antragsteller die Angaben nach bestem Wissen und Gewissen gemacht hat, und dass er anerkennt, dass jede vorsätzliche falsche Auskunft angemessene Sanktionen nach sich ziehen kann.

Die Einreichung des Antrags muss in Papierform oder durch andere – auch elektronische – Kommunikationsmittel, die beim befassten Gericht zulässig sind und ihm zur Verfügung stehen, erfolgen (Art. 7 Abs. 5 EuMVVO). § 1088 Abs. 1 ZPO sieht die Möglichkeit vor, den Antrag in einer nur maschinell lesbaren Form bei Gericht einzureichen. Der Antrag ist vom Antragsteller oder ggf. von seinem Vertreter zu unterzeichnen. Wird der Antrag auf elektronischem Weg eingereicht, so sind hinsichtlich der elektronischen Signatur die Vorgaben in Art. 7 Abs. 6 EuMVVO zu beachten.

5 Nach Eingang des Antrags auf Erlass eines Europäischen Zahlungsbefehls überprüft das zuständige Gericht gem. Art. 8 EuMVVO, ob die in den Art. 2, 3, 4, 6 und 7 EuMVVO genannten Voraussetzungen erfüllt sind und ob die Forderung begründet erscheint. Ergibt die gerichtliche Überprüfung, dass der **Antrag fehlerhaft** ist, erhält der Antragsteller die Möglichkeit, den Antrag zu vervollständigen oder zu berichtigen (Art. 9 EuMVVO). Sind die in Art. 8 EuMVVO genannten Voraussetzungen jedoch nur für einen Teil der Forderung erfüllt, unterrichtet das Gericht den Antragsteller hierüber und fordert ihn auf, den Europäischen Zahlungsbefehl über den von dem Gericht angegebenen Betrag anzunehmen oder abzulehnen (Art. 10 EuMVVO). Falls der Antragsteller im Falle des Art. 9 EuMVVO den Antrag nicht vervollständigt oder berichtigt oder im Falle des Art. 10 EuMVVO den reduzierten Zahlungsbefehl nicht annimmt, wird der **Antrag** auf Erlass eines Europäischen Zahlungsbefehls **zurückgewiesen** (Art. 11 EuMVVO). Sind die in Art. 8 EuMVVO genannten Voraussetzungen hingegen erfüllt, **erlässt das Gericht** gem. Art. 12 Abs. 1 EuMVVO **den Europäischen Zahlungsbefehl**. In diesem wird der Antragsgegner sowohl über die gegen ihn erhobene Forderung als auch über die entsprechenden Verteidigungsmöglichkeiten informiert[1]. Gegen den Europäischen Zahlungsbefehl kann der Antragsgegner **Einspruch** einlegen, wobei der Einspruch innerhalb von **30 Tagen** ab dem Tag der Zustellung des Zahlungsbefehls an den Antragsgegner versandt werden muss (Art. 16 Abs. 1 und 2 EuMVVO). Legt der Antragsgegner fristgemäß Einspruch ein, so wird das Mahnverfahren in ein streitiges Verfahren übergeleitet, es sei denn, der Antragsteller hat ausdrücklich beantragt, das Verfahren in einem solchen Fall zu beenden (Art. 17 Abs. 1 EuMVVO). Wenn der Antragsgegner keinen Einspruch einlegt, erklärt das Gericht den Europäischen Zahlungsbefehl für vollstreckbar (Art. 18 Abs. 1 EuMVVO). Falls der Europäische Zahlungsbefehl in einem anderen Mitgliedstaat vollstreckt werden soll, bedarf es hierfür keines Exequaturverfahrens (Art. 19 EuMVVO). Die Vollstreckung des Europäischen Zahlungsbefehls richtet sich nach dem Recht des Vollstreckungsmitgliedstaats (Art. 21 Abs. 1 EuMVVO). In Deutschland findet die Zwangsvollstreckung aus einem erlassenen und für vollstreckbar erklärten Europäischen Zahlungsbefehl statt, ohne dass es einer Vollstreckungsklausel bedarf (§ 1093 ZPO). Hat der Antragsgegner einmal die **Einspruchsfrist versäumt**, so besteht in den Ausnahmefällen des Art. 20 Abs. 1 und 2 EuMVVO die Möglichkeit eine Überprüfung des Europäischen Zahlungsbefehls zu beantragen. Ist die Überprüfung gerechtfertigt, erklärt das Gericht den Zahlungsbefehl für nichtig.

III. Besonderheiten im arbeitsgerichtlichen Verfahren (Abs. 2 und 3)

6 Das arbeitsrechtliche Europäische Mahnverfahren ist abweichend vom Europäischen Mahnverfahren in der ordentlichen Gerichtsbarkeit (§ 1087 ZPO) bei keinem Gericht konzentriert. Nach § 46b Abs. 2 ist das ArbG zuständig, das für eine entsprechende, im Urteilsverfahren erhobene Klage zuständig wäre. Funktional zuständig ist ebenso wie in der ordentlichen Gerichtsbarkeit der Rechtspfleger (§ 20 Nr. 7 RPflG); die Überprüfung des Europäischen Zahlungsbefehls (gemeint sind die Ausnahmefälle des Art. 20 EuMVVO[2], vgl. Rz. 5) und das Streitverfahren bleiben jedoch dem Richter vorbehalten.

7 § 46b Abs. 3 enthält für die Überleitung des Mahnverfahrens in das streitige Verfahren vor den ArbG eine von § 1090 ZPO abweichende Regelung. Gemäß § 46b Abs. 3 Satz 1 ist im Falle eines fristgerecht eingelegten Einspruchs (vgl. Art. 17 Abs. 1 iVm. Art. 16 Abs. 2 EuMVVO) § 46a Abs. 4 und 5 entsprechend anzuwenden. Nach einem Einspruch ist dem Antragsteller daher ohne weitere Zwischenschritte die schriftliche Begründung des geltend gemachten Anspruchs binnen zwei Wochen aufzugeben (vgl. § 46a Abs. 4) und da nach § 46b Abs. 3 Satz 2 der Antrag auf Durchführung der mündlichen Verhandlung als vom Antragsteller gestellt gilt, bedarf es im Unterschied zu § 46a Abs. 4 keines Antrags des Antragstellers auf Durchführung der mündlichen Verhandlung. Gemäß § 54 beginnt die mündliche Verhandlung mit einer Güteverhandlung. Entsprechend § 46a Abs. 5 gilt die Streitsache als mit Zustellung des europäischen Zahlungsbefehls rechtshängig geworden, wenn alsbald nach Erhebung des Einspruchs Termin zur mündlichen

---

1 *Sujecki*, AnwBl 2011, 374 (375).
2 BT-Drs. 16/8839, S. 30.

Verhandlung bestimmt wird. Die Rückwirkung der Rechtshängigkeit nach § 46a Abs. 5 tritt jedoch nicht ein, wenn der Antragsteller die Anspruchsbegründung bei Gericht nicht fristgerecht einreicht. In einem solchen Fall wird ein Termin zur mündlichen Verhandlung nur noch auf Antrag des Antragsgegners anberaumt. Falls auch ein solcher Antrag nicht eingeht, wird das Verfahren nicht weiter betrieben und die Gerichtsakte nach sechs Monaten entsprechend der Aktenordnung weggelegt.

§ 46c Elektronisches Dokument

(1) Vorbereitende Schriftsätze und deren Anlagen, schriftlich einzureichende Anträge und Erklärungen der Parteien sowie schriftlich einzureichende Auskünfte, Aussagen, Gutachten, Übersetzungen und Erklärungen Dritter können nach Maßgabe der folgenden Absätze als elektronisches Dokument bei Gericht eingereicht werden.

(2) Das elektronische Dokument muss für die Bearbeitung durch das Gericht geeignet sein. Die Bundesregierung bestimmt durch Rechtsverordnung mit Zustimmung des Bundesrates die für die Übermittlung und Bearbeitung geeigneten technischen Rahmenbedingungen.

(3) Das elektronische Dokument muss mit einer qualifizierten elektronischen Signatur der verantwortenden Person versehen sein oder von der verantwortenden Person signiert und auf einem sicheren Übermittlungsweg eingereicht werden.

(4) Sichere Übermittlungswege sind
1. der Postfach- und Versanddienst eines De-Mail-Kontos, wenn der Absender bei Versand der Nachricht sicher im Sinne des § 4 Absatz 1 Satz 2 des De-Mail-Gesetzes angemeldet ist und er sich die sichere Anmeldung gemäß § 5 Absatz 5 des De-Mail-Gesetzes bestätigen lässt,
2. der Übermittlungsweg zwischen dem besonderen elektronischen Anwaltspostfach nach § 31a der Bundesrechtsanwaltsordnung oder einem entsprechenden, auf gesetzlicher Grundlage errichteten elektronischen Postfach und der elektronischen Poststelle des Gerichts,
3. der Übermittlungsweg zwischen einem nach Durchführung eines Identifizierungsverfahrens eingerichteten Postfach einer Behörde oder einer juristischen Person des öffentlichen Rechts und der elektronischen Poststelle des Gerichts; das Nähere regelt die Verordnung nach Absatz 2 Satz 2,
4. sonstige bundeseinheitliche Übermittlungswege, die durch Rechtsverordnung der Bundesregierung mit Zustimmung des Bundesrates festgelegt werden, bei denen die Authentizität und Integrität der Daten sowie die Barrierefreiheit gewährleistet sind.

(5) Ein elektronisches Dokument ist eingegangen, sobald es auf der für den Empfang bestimmten Einrichtung des Gerichts gespeichert ist. Dem Absender ist eine automatisierte Bestätigung über den Zeitpunkt des Eingangs zu erteilen.

(6) Ist ein elektronisches Dokument für das Gericht zur Bearbeitung nicht geeignet, ist dies dem Absender unter Hinweis auf die Unwirksamkeit des Eingangs und die geltenden technischen Rahmenbedingungen unverzüglich mitzuteilen. Das Dokument gilt als zum Zeitpunkt der früheren Einreichung eingegangen, sofern der Absender es unverzüglich in einer für das Gericht zur Bearbeitung geeigneten Form nachreicht und glaubhaft macht, dass es mit dem zuerst eingereichten Dokument inhaltlich übereinstimmt.

I. Allgemeines 1	IV. Technische Spezifikation 11
II. Anwendungsbereich (§ 46c Abs. 1)	V. Eingangszeitpunkt (§ 46c Abs. 5) 13
1. Schriftlich einzureichende Schriftstücke 4	VI. Fehlende Eignung zur Bearbeitung
2. Elektronisches Dokument 5	(§ 46c Abs. 6) 14
3. Authentifizierung und Integrität 7	VII. Sonderkonstellationen 18
III. Verordnungsermächtigung (§ 46c Abs. 2) ... 10	

Schrifttum: *Bacher*, XJustiz – Elektronischer Datenaustausch zwischen Gerichten und Verfahrensbeteiligten, JurPC Web-Dok. 160/2003; *Bacher*, Der elektronische Rechtsverkehr im Zivilprozess, NJW 2015, 2753; *Bader*, Die elektronische Gerichtsakte und die ehrenamtlichen Richterinnen und Richter in der Arbeitsgerichtsbarkeit, NZA 2016, 16; *Berlit*, eJustice – was soll denn das?, JurPC Web-Dok. 117/2014; *Bernhardt*, Die deutsche Justiz im digitalen Zeitalter. Entwicklung und Entwicklungsperspektiven von E-Justice, NJW 2015, 2775; BLK-AG IT-Standards, Leitfaden XJustiz, Version 2.4, 2017 (abrufbar über www.xjustiz.de); *Brosch/Lummel/Sandkühler/Freiheit*, Elektronischer Rechtsverkehr mit dem beA, Neuwied 2017; *Düwell*, Elektronisches Postfach für das Bundesarbeitsgericht, FA 2006, 172; *Hähnchen/Hockenholz*, Praxisprobleme der elektronischen Signatur, JurPC Web-Dok. 39/2008; *Herberger*, Zehn Anmerkungen zum „Gesetz zur Förderung des elektronischen Rechtsverkehrs mit den Gerichten", JurPC Web-Dok. 81/2013; *Herberger*, ejustice-Kompetenz – Plädoyer für ein Ausbildungskonzept, in Gottwald (Hrsg.), e-Justice in Österreich, inFS Martin Schneider 2014, S. 391; *Kirmes*, Informelle technische Vorschriften und Wettbewerb – eine ordnungsethische Bewertung informeller staatlicher Standardisierung am Beispiel des elektronischen Rechtsverkehrs, Lohmar 2014; *Kloppenburg*, Elektronische Form der Berufungsbegründung („Berufungsbegründung per E-Mail"), jurisPR-ArbR 4/2009 Anm. 2; *Köbler*, Elektronischer Rechtsverkehr in arbeitsrechtlichen Verfahren, FA 2010, 34; *Köbler*, BGH sei Dank: Willkommen, „elektronischer Rechtsverkehr light", AnwBl 2015, 845; *Köbler*, eJustice: Zwischen Scheiternsrisiko und methodisch-organisatorischen Chancen – Appell für eine unangenehme Verfahrensrechtsreform, in FS Maximilian Herberger, Saarbrücken 2016, S. 541; *Krüger/Möllers*, Metadaten in Justiz und Verwaltung, MMR 2016, 728; *Henning Müller*, eJustice – Praxishandbuch, 2017; *Pöhlmann/Begemann*, Ein Jahr E-Akte beim Landgericht Landshut – ein Erfahrungsbericht, DRiZ 2016, 132; *Ory/Weth*, Schriftstücke und elektronische Dokumente im Zivilprozess, NJW-Beil. 2016, 96; *Schlauri*, Elektronische Signaturen, Zürich 2002; *Schöttle*, Anwaltliche Rechtsberatung via Internet, Stuttgart 2004; *Sorge/Krüger*, E-Akte, elektronischer Rechtsverkehr und Barrierefreiheit, NJW 2015, 2764; *Tiedemann*, Das elektronische Zentrale Schutzschriftenregister (ZSSR), ArbRB 2016, 220; *Treber*, Virtuelle Justizkommunikation ante portas. Das Gesetz zur Förderung des elektronischen Rechtsverkehrs mit den Gerichten, NZA 2014, 450; *Viefhues*, Rechtliche Grundlagen des beA und des elektronischen Rechtsverkehrs, NJW-Beil. 2016, 86; *Viefhues*, Elektronischer Rechtsverkehr Ausgabe 2/2016, Bonn 2016 (zugleich juris eBroschüre).

I. Allgemeines

1 Aufgrund des Gesetzes zur Förderung des elektronischen Rechtsverkehrs mit den Gerichten tritt § 46c mit Wirkung vom 1.1.2018 in der vorliegenden Fassung in Kraft[1], bei Erlass einer Landesverordnung nach Art. 24 Abs. 1 des Gesetzes spätestens am 1.1.2019 oder 1.1.2020[2].

2 § 46c ermöglicht die Einreichung der genannten Dokumentenarten als elektronisches Dokument bei Gericht. Die Einreichung in elektronischer Form ist als Alternative zur Schriftform vorgesehen. Ein Zwang, diese Form zu nutzen, besteht nicht, wie es der Wortlaut *(„können")* zum Ausdruck bringt. Eine Pflicht zur Einreichung ausschließlich elektronischer Dokumente bei den Gerichten wird es erst zum 1.1.2022 geben[3] oder – für den Fall, dass die Länder durch Rechtsverordnung einen früheren Zeitpunkt vorsehen[4] – zum 1.1. bzw. 1.1. 2021.

§ 46c entspricht wörtlich § 130a ZPO in der vom Gesetz zur Förderung des elektronischen Rechtsverkehrs mit den Gerichten vorgesehenen Fassung[5], was bei einer systemkohärenten Auslegung berücksichtigt werden sollte.[6]

3 § 174 Abs. 3 ZPO ist eine § 46c entsprechende Norm im Bereich der Zustellungsvorschriften. Durch diese Regelung wird die Zustellung an bestimmte Personen in der Form des elektronischen Dokuments ermöglicht.

II. Anwendungsbereich (§ 46c Abs. 1)

1. Schriftlich einzureichende Schriftstücke

4 Die Norm will klarstellen, dass zusätzlich zu den vorbereitenden Schriftsätzen und deren Anlagen alle genannten **schriftlich einzureichenden** Textsorten als elektronisches Dokument übermittelt werden können, sofern die weiteren in der Vorschrift genannten Voraussetzungen erfüllt sind. Die in der vorherigen Fas-

---

[1] Art. 3 Nr. 2, Art. 26 Abs. 1 des Gesetzes zur Förderung des elektronischen Rechtsverkehrs mit den Gerichten v. 10.10.2013 (BGBl. I 2013, S. 3786, 3790, 3798).
[2] Es ist also bundeslandspezifisch zu prüfen, ob es eine solche aufschiebende Verordnung gibt. Ist dies der Fall, gilt auch nach dem 1.1.2018 die alte Gesetzesfassung (vgl. dazu die 4. Aufl.) bis zum 1.1.2020 bzw. 1.1.2021. Inwieweit in dieser Fallkonstellation der elektronische Rechtsverkehr eröffnet ist, ergibt sich aus den entsprechenden Länderverordnungen.
[3] Art. 26 Abs. 7 des Gesetzes zur Förderung des elektronischen Rechtsverkehrs mit den Gerichten v. 10.10.2013 (BGBl. I 2013, S. 3786, 3798).
[4] Art. 24 Abs. 2 des Gesetzes zur Förderung des elektronischen Rechtsverkehrs mit den Gerichten v. 10.10.2013 (BGBl. I 2013, S. 3786, 3797).
[5] Art. 1 Nr. 2 des Gesetzes zur Förderung des elektronischen Rechtsverkehrs mit den Gerichten v. 10.10.2013 (BGBl. I 2013, S. 3786).
[6] Vgl. zu § 130a ZPO die Kommentierung in Zöller/*Greger*, § 130a ZPO..

sung der Norm enthaltene Anknüpfung an die vorgesehene **Schriftform** wurde fallengelassen. Maßgeblicher Anknüpfungspunkt ist nun die Pflicht zum **schriftlichen** Einreichen.

2. Elektronisches Dokument

Was als elektronisches Dokument anzusehen ist, definiert das Gesetz nicht. Der Begriff wird als selbstverständlich vorausgesetzt. Es ist also anzunehmen, dass der Gesetzgeber sich auf in der Informatik verwendete Kriterien beziehen wollte. In dieser technischen Sicht handelt es sich beim elektronischen Dokument im Kern um in einer Datei gespeicherte Daten. In diesem Sinne spricht der BGH davon, dass das elektronische Dokument „aus der in einer elektronischen Datei enthaltenen Datenfolge selbst" besteht[1].

Eine die Praxis beschäftigende Abgrenzungsfrage ist die, ob eine Telekopie (Telefax/Computerfax) als elektronisches Dokument angesehen werden kann. Das ist zu verneinen. Beim Computerfax ist die Textdatei im Computer des Absenders zwar elektronisch vorhanden und damit ein elektronisches Dokument. Bei Gericht wird die Datei jedoch als papiergebundene Telekopie vom Faxgerät ausgedruckt[2]. Genau auf diesen technischen Umstand kommt es nach der Entscheidung des Gemeinsamen Senates der Obersten Gerichtshöfe vom 5.4.2000 an. Denn maßgeblich für die prozessuale Beurteilung ist danach nicht eine beim Absender vorhandene Kopiervorlage oder eine nur im Textverarbeitungs-PC befindliche Datei, sondern vielmehr die auf Veranlassung des Absenders beim Gericht erstellte körperliche Urkunde[3]. Dieses Ergebnis wird auch durch die Formulierung in § 174 Abs. 2 und 3 ZPO gestützt. Die Norm unterscheidet nämlich ausdrücklich zwischen der Übermittlung per **Telekopie** (Abs. 2) und der Übermittlung als **elektronisches Dokument** (Abs. 3). Auch in § 174 Abs. 4 ZPO weist die Wendung „durch Telekopie **oder** als elektronisches Dokument" auf eine alternative Gegenüberstellung von Telekopie und elektronischem Dokument hin. In die gleiche Richtung deutet § 130 Nr. 6 ZPO, der den durch einen Telefaxdienst übermittelten Schriftsatz als Telekopie bezeichnet[4].

Das Elektronische Dokument muss für die Bearbeitung durch das Gericht geeignet sein. Die Dateiformate, die sicherstellen, dass die Eignung für die weitere Bearbeitung durch das Gericht im Sinne dieser Vorschrift vorliegt, sind in der auf Abs. 2 gestützten Verordnung zu spezifizieren (vgl. dazu Rz. 11).

3. Authentifizierung und Integrität

Elektronische Dokumente sind nicht *per se* gegen Verfälschungen geschützt. Daher ist ein sicherer Rahmen zur elektronischen **Authentifizierung** des Kommunikationspartners und für die Überprüfung der **Integrität** der übermittelten Daten notwendig. Um das zu gewährleisten, werden zwei Methoden anerkannt:
- die qualifizierte elektronische Signatur der verantwortenden Person
- das Signieren durch die verantwortende Person und die Einreichung auf einem sicheren Übermittlungsweg.

Durch diese in § 46c als eine Absicherungsmöglichkeit vorgesehene **qualifizierte elektronische Signatur** wird ein Sicherheitsniveau erreicht, das nach Einschätzung des Gesetzgebers dem der Schriftform vergleichbar ist[5]. Die elektronische Signatur ersetzt dabei funktional die eigenhändige Namensunterschrift.

Die Kriterien für eine **qualifizierte elektronische Signatur** sind in der eIDAS-Verordnung festgelegt.[6] Nach Art. 3 Nr. 12 eIDAS-VO handelt es sich bei einer qualifizierten elektronischen Signatur um eine fortgeschrittene elektronische Signatur, die von einer qualifizierten elektronischen Signaturerstellungseinheit erstellt wurde und auf einem qualifizierten Zertifikat für elektronische Signaturen beruht. Für die fortgeschrittene elektronische Signatur legt Art. 26 eIDAS-VO folgende Anforderungen fest:
- Sie ist eindeutig dem Unterzeichner zugeordnet.
- Sie ermöglicht die Identifizierung des Unterzeichners.

---

1 BGH v. 15.7.2008 – X ZB 8/08, Rz. 10, juris; ebenso OLG Düsseldorf v. 24.7.2013 – VI-U (Kart) 48/12, Rz. 15, juris.
2 So die traditionelle Technologie, die der juristischen Beurteilung überwiegend zugrunde liegt.
3 Beschluss des Gemeinsamen Senats der Obersten Gerichtshöfe v. 5.4.2000 – GmS-OBG 1/98; JurPC Web-Dok. 160/2000 Abs. 19.
4 *Dästner*, NJW 2001, 3469 (3470).
5 Vgl. zur „Funktionsäquivalenz" den Entwurf eines Gesetzes zur Anpassung der Formvorschriften des Privatrechts und anderer Vorschriften an den modernen Rechtsgeschäftsverkehr, BT-Drs. 14/4987, S. 15 ff.
6 Verordnung (EU) Nr. 910/2014 des Europäischen Parlaments und des Rates vom 23. Juli 2014 über elektronische Identifizierung und Vertrauensdienste für elektronische Transaktionen im Binnenmarkt und zur Aufhebung der Richtlinie 1999/93/EG, ABl. d. EU L 257 v. 28.8.2014, S. 73ff. Vgl. zu System und Technik der elektronischen Signatur http://de.wikipedia.org/wiki/Elektronische_Signatur (Version vom 4.5.2017) mit zahlreichen weiteren Nachweisen.

- Sie wird unter Verwendung elektronischer Signaturerstellungsdaten erstellt, die der Unterzeichner mit einem hohen Maß an Vertrauen unter seiner alleinigen Kontrolle verwenden kann.
- Sie ist so mit den auf diese Weise unterzeichneten Daten verbunden, dass eine nachträgliche Veränderung der Daten erkannt werden kann.

Nähere Einzelheiten regelt das Vertrauensdienstegesetz als Ausführungsgesetz zur eIDAS-VO.[1]

9 Der Bundesfinanzhof hat mit Urteil vom 18.10.2006 (XI R 22/06) entschieden, dass die **monetäre Beschränkung** einer qualifizierten elektronischen Signatur der Wirksamkeit eines elektronisch übermittelten bestimmenden Schriftsatzes (Klageschrift) nicht entgegensteht[2]. Wegen der notwendigen Kohärenz der für den elektronischen Rechtsverkehr einschlägigen Vorschriften sollte diese Entscheidung auch im arbeitsgerichtlichen Verfahren Anerkennung finden.

III. Verordnungsermächtigung (§ 46c Abs. 2)

10 Die Spezifizierung der technischen Determinanten für den elektronischen Rechtsverkehr ist einer Rechtsverordnung vorbehalten, die durch die Bundesregierung mit Zustimmung des Bundesrats erlassen wird. Die Bundesregierung hat in diesem Sinne am 20.9.2017 die vom Bundesminister der Justiz und für Verbraucherschutz vorgelegte „Verordnung über die technischen Rahmenbedingungen des elektronischen Rechtsverkehrs und über das besondere elektronische Behördenpostfach (Elektronischer-Rechtsverkehr-Verordnung – ERVV)" beschlossen[3].

IV. Technische Spezifikation

11 § 2 Abs. 1 S. 1 ERVV bestimmt, dass das elektronische Dokument zu übermitteln ist

„in druckbarer, kopierbarer und, soweit technisch möglich, durchsuchbarer Form im Dateiformat PDF".

Des Weiteren legt S. 2 fest:

„Wenn bildliche Darstellungen im Dateiformat PDF nicht verlustfrei wiedergegeben werden können, darf das elektronische Dokument zusätzlich im Dateiformat TIFF übermittelt werden."

Dabei muss das Dateiformat der Version entsprechen, die die Bundesregierung im Bundesanzeiger und auf der Internetseite www.justiz.de bekannt macht (§ 5 Abs. 1 ERVV). Die technischen Anforderungen müssen mit dem aktuellen Stand der Technik konform sein und dem Grundsatz der Barrierefreiheit genügen (§ 5 Abs. 2 ERVV). Bis zum 30.6.2018 kann von der Übermittlung des elektronischen Dokuments in durchsuchbarer Form abgesehen werden. Ob die Formatanforderungen erfüllt sind, entscheidet im Einzelfall das jeweilige Gericht[4].

Beim Dateinamen ist zu beachten, dass dieser den Inhalt des elektronischen Dokuments schlagwortartig umschreiben soll. Bei der Übermittlung mehrerer elektronischer Dokumente soll er eine logische Nummerierung enthalten (§ 2 Abs. 2 ERVV).

Des Weiteren soll nach § 2 Abs. 3 ERVV dem elektronischen Dokument ein strukturierter maschinenlesbarer Datensatz im Dateiformat XML beigefügt werden, der mindestens enthält:

„1. die Bezeichnung des Gerichts;
2. sofern bekannt, das Aktenzeichen des Verfahrens;
3. die Bezeichnung der Parteien oder Verfahrensbeteiligten;
4. die Angabe des Verfahrensgegenstandes;
5. sofern bekannt, das Aktenzeichen eines denselben Verfahrensgegenstand betreffenden Verfahrens und die Bezeichnung der die Akten führenden Stelle."

---

1 Art. 1 des Gesetzes zur Durchführung der Verordnung (EU) Nr. 910/2014 des Europäischen Parlaments und des Rates vom 23. Juli 2014 über elektronische Identifizierung und Vertrauensdienste für elektronische Transaktionen im Binnenmarkt und zur Aufhebung der Richtlinie 1999/93/EG (eIDAS-Durchführungsgesetz) v. 18.7.2017, BGBl. I 2017, 2745. Durch Art. 12 Abs. 1 Nr. 1 dieses Gesetzes wurde das Signaturgesetz außer Kraft gesetzt.
2 JurPC Web-Dok. 85/2007; vgl. dazu *Hähnchen/Hockenholz*, JurPC Web-Dok. 39/2008.
3 Online unter:
https://www.bmjv.de/SharedDocs/Gesetzgebungsverfahren/Dokumente/RegE_Elektronischer_Rechtsverkehr_VO.pdf
Bundesratsdrucksache:
http://www.bundesrat.de/SharedDocs/beratungsvorgaenge/2017/0601-0700/0645-17.html
4 So die Begründung zu § 2 ERVV, S. 13.

Es handelt sich um eine „Soll"-Vorschrift. Die Begründung zu § 2 ERVV stellt klar, dass eine Zurückweisung des elektronischen Dokuments wegen unterlassener oder fehlerhafter Übermittlung eines strukturierten Datensatzes nicht in Betracht kommt. Maßgeblich für das Gerichtsverfahren sind die Angaben im elektronischen Dokument selbst.[1] Da jedoch die strukturiert übermittelten Daten eine maßgebliche Rolle im Workflow bei Gericht spielen werden, sollte im Interesse einer möglichst effektiven Behandlung der eigenen Sache immer ein strukturierter Datensatz in der vorgesehenen Form mit übermittelt werden. Zugleich ist darauf zu achten, dass die Angaben im elektronischen Dokument mit dem Inhalt des strukturierten Datensatzes übereinstimmen. Anwaltssoftware sollte so ausgelegt sein, dass sie dieser Anforderung Rechnung trägt.

Für das BAG einschlägig bleibt bis zum 31.12.2017 die „Verordnung über den elektronischen Rechtsverkehr beim Bundesarbeitsgericht" vom 9.3.2006[2] (vgl. dazu die 4. Aufl.). Die ERVV löst diese Verordnung ab.[3]   12

V. Eingangszeitpunkt (§ 46c Abs. 5)

§ 46c Abs. 5 sieht vor, dass ein elektronisches Dokument **eingegangen** ist, sobald die für den Empfang bestimmte Einrichtung des Gerichts es **gespeichert** hat[4]. Maßgebend ist demnach der Zeitpunkt der Speicherung durch die Empfangseinrichtung, nicht der eines etwaigen Ausdrucks[5]. Im Falle einer störungsfreien Kommunikation erhält der Absender die verpflichtend vorgeschriebene automatisierte Bestätigung über den Zeitpunkt des Eingangs.   13

VI. Fehlende Eignung zur Bearbeitung (§ 46c Abs. 6)

Im elektronischen Rechtsverkehr können Störfälle nicht ausgeschlossen werden. Für deren Behandlung ist deswegen gesetzgeberisch Vorsorge zu treffen. Explizit behandelt wird nur ein Störfall, der nämlich, dass ein elektronisches Dokument für das Gericht zur Bearbeitung nicht geeignet ist (Abs. 6). In diesem Falle muss der Absender „unverzüglich" eine entsprechende Mitteilung erhalten. Diese Mitteilung eröffnet ihm die Möglichkeit, das Dokument „unverzüglich" in einer bearbeitungsgeeigneten Form nachzureichen. Die Rückwirkung auf den früheren Einreichungszeitpunkt tritt aber nur ein, wenn glaubhaft gemacht wird, dass das im zweiten Versuch eingereichte Dokument mit dem zuerst eingereichten Dokument „inhaltlich übereinstimmt". Versucht man, dieses Kriterium IT-technisch zu validieren, entsteht eine Paradoxie: Man müsste nämlich Kriterien und Prüfverfahren für einen „inhaltlichen" Identitätsnachweis zwischen einem nicht-bearbeitungsgeeigneten und einem bearbeitungsgeeigneten Dokument entwickeln. Für diese Überprüfung müsste man das nicht-bearbeitungsgeeignete Dokument verarbeiten können, was dann die Frage aufwerfen würde, ob es nicht – trotz Verletzung von Formatvorgaben – doch bearbeitungsgeeignet ist. Um nicht in diese IT-technischen Untiefen zu geraten, sollte man für die verlangte Glaubhaftmachung eine anwaltliche Versicherung ausreichen lassen.   14

Die zweimalige Verwendung des Wortes „unverzüglich" gibt noch Anlass darauf hinzuweisen, dass trotz Wortgleichheit eine begriffliche Differenzierung erforderlich ist. Die Pflicht des Gerichts, im Falle der Übermittlung eines zur Bearbeitung nicht geeigneten elektronischen Dokuments den Absender **unverzüglich** zu informieren, darf nicht dahingehend interpretiert werden, dass „unverzüglich" hier iSv. „ohne schuldhaftes Zögern" verstanden werden darf. Weil es möglich ist, die Verarbeitungsgeeignetheit des übermittelten elektronischen Dokuments automatisch zu überprüfen, hat die Mitteilung über die fehlende Geeignetheit zur Weiterverarbeitung so schnell zu erfolgen, wie dies **technisch automatisch möglich** ist. Anders liegt das bei der Pflicht des Übersenders, unverzüglich „nachzubessern". Hier ist keine vollautomatische „Reparatur" möglich, weswegen „unverzüglich" in diesem Kontext als „ohne schuldhaftes Zögern" zu verstehen ist.   15

Es kann nicht ausgeschlossen werden, dass auch beim erneuten Versuch der Einreichung hinsichtlich des Formats ein Bearbeitungsproblem auftaucht. In diesem Falle muss es möglich sein, die in Abs. 6 beschriebene Prozedur mit der gleichen Rechtsfolge (Fiktion der früheren Einreichung) zu wiederholen.   16

---

1 Begründung zu § 2 ERVV, S. 15.
2 BGBl. I 2006, S. 519.
3 § 10 Abs. 2 Nr. 2 ERVV.
4 Für den Eingang von E-Mail-Sendungen bei Gericht vgl. aus der Anfangszeit *Bacher*, MDR 2002, 669. Zum in diesem Kontext relevanten Elektronischen Gerichts- und Verwaltungspostfach vgl. *Berlit*, JurPC Web-Dok. 13/2006 und unter http://www.egvp.de.
5 Musielak/Voit/*Stadler*, § 130a ZPO Rz. 5.

17 Über das Prozedere im Falle sonstiger Störungen sagt das Gesetz explizit nichts. Nach einer Meinung zur Rechtslage vor dem 1.1.2018 soll der Versender die Risiken der Übermittlung für den Fall des völligen Fehlschlagens tragen[1]. Diese Risikoverteilung ist aber nur dann gerechtfertigt, wenn der Versender in einer solchen Situation irgendeine Art von kommunikationstechnischer Rückmeldung erhält, die diesen Fehlschlag für ihn erkennbar werden lässt. Falls keine solche Rückmeldung oder eine nicht verständliche Rückmeldung erfolgt, darf für den Absender kein prozessuales Risiko entstehen.

VII. Sonderkonstellationen

18 Der BGH hat mit Beschluss vom 15.7.2008 (X ZB 8/08)[2] entschieden (Leitsatz):

„Eine Berufungsbegründung ist in schriftlicher Form eingereicht, sobald dem Berufungsgericht ein Ausdruck der als Anhang einer elektronischen Nachricht übermittelten, die vollständige Berufungsbegründung enthaltenden Bilddatei (hier: PDF-Datei) vorliegt. Ist die Datei durch Einscannen eines vom Prozessbevollmächtigten unterzeichneten Schriftsatzes hergestellt, ist auch dem Unterschriftserfordernis des § 130 Nr. 6 ZPO genügt."

Die vom BGH entschiedene Konstellation wurde in der nachgehenden Rspr. nicht einheitlich beurteilt[3]. Der BGH hat allerdings seinen Beschluss vom 15.7.2008 noch 2015 bekräftigt.[4] Trotzdem resultiert aus der vom BGH approbierten Übermittlungsmethode eine Restunsicherheit. Im Sinne des „sicheren Weges" sollte deswegen auf diese Übermittlungsart verzichtet werden.

19 Die bisherige Rspr. hat die **„Container-Signatur"** für zulässig erachtet[5]. In dem vom BGH entschiedenen Fall war die Berufungsbegründung nebst Anlagen in elektronischer Form in dem dafür vorgesehenen elektronischen Gerichts- und Verwaltungspostfach (EGVP) des Berufungsgerichts eingegangen. Dabei war die gesamte elektronische Nachricht, mit der die genannten Dateien an das Berufungsgericht übermittelt worden waren, mit einer qualifizierten elektronischen Signatur nach dem Signaturgesetz versehen. Die in der Nachricht enthaltenen einzelnen Dateien waren dagegen nicht gesondert signiert.

§ 4 Abs. 2 ERV (Entwurf) schließt nunmehr die „Container-Signatur" mit der Begründung aus, dass bei dieser Art der Signatur die Authentizität und Integrität der elektronischen Dokumente im weiteren Verfahren nicht mehr überprüft werden könnte[6].

§ 46d Gerichtliches elektronisches Dokument

Soweit dieses Gesetz dem Richter, dem Rechtspfleger, dem Urkundsbeamten der Geschäftsstelle oder dem Gerichtsvollzieher die handschriftliche Unterzeichnung vorschreibt, genügt dieser Form die Aufzeichnung als elektronisches Dokument, wenn die verantwortenden Personen am Ende des Dokuments ihren Namen hinzufügen und das Dokument mit einer qualifizierten elektronischen Signatur versehen. Der in Satz 1 genannten Form genügt auch ein elektronisches Dokument, in welches das handschriftlich unterzeichnete Schriftstück gemäß § 46e Absatz 2 übertragen worden ist.

I. Allgemeines

1 Das ArbGG ist durch das Justizkommunikationsgesetz vom 22.3.2005 um § 46c (alte Bezeichnung, seit 1.4.2008 § 46d) ergänzt worden[7]. In Kraft getreten ist diese Ergänzung am 1.4.2005. Festgelegt wird hier (wie für die ZPO in § 130b) als notwendige Bedingung für die Möglichkeit der elektronischen Akte (§ 46e), wie ein **gerichtliches elektronisches Dokument** in dem Fall entsteht, dass im Gesetz eine handschriftliche Unterzeichnung vorgesehen ist. Als funktionales Äquivalent für die handschriftliche Unterzeichnung wird die Hinzufügung des Namens des Unterzeichners bzw. der Unterzeichner am Ende des Dokuments und die Signierung des Dokuments mit einer qualifizierten elektronischen Signatur (vgl. § 46c Rz. 8) festgelegt. Die Norm enthielt von Anfang an keinen expliziten Verweis auf das Signaturgesetz, so dass auch mit In-

---

1 GMP/*Germelmann*, § 46c Rz. 21; GK-ArbGG/*Schütz*, 2011, § 46c Rz. 31.
2 BGH v. 15.7.2008 – X ZB 8/08, MMR 2008, 666 m. Anm. *Hornung*; vgl. dazu *Kloppenburg*, jurisPR-ArbR 4/2009 Anm. 2.
3 Übersicht bei *Skrobotz*, jurisPR-ITR, 7/2013 Anm. 6.
4 BGH v. 18.3.2015 – XII ZB 424/14, MDR 2015, 533; vgl. dazu *Köbler*, AnwBl 2015, 845.
5 Vgl. BGH v. 14.5.2013 – VI ZB 7/13, JurPC Web-Dok. 109/2013.
6 Begründung zu § 4 ERV, S. 14.
7 BGBl. I 2005, S. 837 (848).

krafttreten der eIDAS-Verordnung kein Anpassungsbedarf entstand. Satz 2 der Norm wurde durch das Gesetz zur Einführung der elektronischen Akte in der Justiz und zur weiteren Förderung des elektronischen Rechtsverkehrs vom 5.7.2017 eingefügt und gilt ab 1.1.2018[1].

II. Anwendungsbereich

Unterschriftserfordernisse normiert das ArbGG in folgenden Fällen:
- § 60 Abs. 4: Das Urteil nebst Tatbestand und Entscheidungsgründen ist vom Vorsitzenden zu unterschreiben.
- § 69 Abs. 1: Das Urteil nebst Tatbestand und Entscheidungsgründen ist von sämtlichen Mitgliedern der Kammer zu unterschreiben.
- § 75 Abs. 2: Das Urteil nebst Tatbestand und Entscheidungsgründen ist von sämtlichen Mitgliedern des erkennenden Senats zu unterschreiben.
- § 91 Abs. 2: Der Beschluss nebst Gründen ist von den Mitgliedern der Kammer zu unterschreiben und den Beteiligten zuzustellen.
- § 96 Abs. 2: Der Beschluss nebst Gründen ist von sämtlichen Mitgliedern des Senats zu unterschreiben.

Soweit das ArbGG die handschriftliche Unterzeichnung vorschreibt, ist der Regelungsgehalt klar. Im Falle der Rechtspfleger ergibt sich jedoch ein Auslegungsproblem. § 46d geht davon aus, dass „dieses" Gesetz für das Unterzeichnungserfordernis maßgeblich ist und dass nur „soweit dieses Gesetz" dem **Rechtspfleger** die handschriftliche Unterzeichnung vorschreibt, eine Aufzeichnung als elektronisches Dokument möglich ist. Diese Formulierung ist unglücklich gewählt, da das ArbGG keine Vorschrift für die handschriftliche Unterzeichnung durch Rechtspfleger enthält. Bestimmt ist vielmehr in § 9 Abs. 3 nur, dass die Vorschriften über die Wahrnehmung der Geschäfte bei den ordentlichen Gerichten durch Rechtspfleger in allen Rechtszügen **entsprechend** gelten. Man darf jedoch trotz dieser logischen Unschärfe den Willen des Gesetzgebers als sicher annehmen, auch die Unterzeichnungsakte von Rechtspflegern im arbeitsgerichtlichen Verfahren § 46d zu unterstellen. Gleiches gilt im Falle der in der Vorschrift genannten **Urkundsbeamten** und der Unterzeichnung von Protokollen, wo in vergleichbarer Weise eine **entsprechende Anwendung** etwa von § 163 ZPO anzunehmen ist.

III. Praxisaspekte

In der praktischen Umsetzung stellt sich bislang noch eine Reihe von Problemen beim Einsatz der qualifizierten elektronischen Signatur durch Gerichte. Dies betrifft zunächst die benötigte Ausstattung mit jeweils einem **Kartenlesegerät**, einer **Signaturkarte** und der zum Signieren benötigten Software. Insbesondere bei Einbeziehung der ehrenamtlichen Richter und der Möglichkeit, Urteile auch außerhalb des Gerichts zu unterzeichnen, können hier ein erheblicher Kostenaufwand und auch ein nicht zu unterschätzendes Fehlerpotential entstehen.[2] Neuere Entwicklungen haben aber das Potential, dieses Problem zu reduzieren: So kann der **elektronische Personalausweis** als Signaturkarte verwendet werden (wozu die Beantragung eines qualifizierten Zertifikats allerdings nach wie vor erforderlich ist). Die Verwendung eines Smartphones als Kartenlesegerät ist mittelfristig ebenfalls denkbar. Die Möglichkeit einer **Fernsignatur**, bei der die Signaturerstellungsdaten bei einem Dienstleister verbleiben, wird durch die eIDAS-Verordnung[3] eröffnet. Sie ist bislang praktisch noch nicht verfügbar und erfordert erheblichen Umsetzungsaufwand auf Anbieterseite, verspricht aber eine weitere Vereinfachung für den Nutzer. Die Verwendung **qualifizierter elektronischer Siegel** (Art. 3 Nr. 27 eIDAS-VO) könnte zukünftig zu einer Vereinfachung in Fällen beitragen, in denen es nicht auf die (natürliche) Person des Unterzeichners ankommt; sie ist aber in § 46d nicht vorgesehen.

In der Lit. wird auf das Problem der Mehrfachsignatur bei Kammer- bzw. Senatsentscheidungen hingewiesen. Technisch besteht hier zunächst keine Besonderheit; ein Dokument kann unproblematisch mehrfach signiert werden – mit oder (bevorzugt) ohne Einbeziehung bestehender Signaturen. Werden nach der ersten Signatur noch Änderungen (einschließlich kleinster Rechtschreibkorrekturen) vorgenommen, passen die vor diesen Änderungen erstellten Signaturen aber nicht mehr zum Dokument.[4] Gegenebenfalls muss der Zeichnungsprozess dann erneut begonnen werden. Durch die neue Fassung des § 46e Abs. 2 wird nun eine Umgehung des Problems vorgezeichnet. Sie besteht im handschriftlichen Unterzeichnen und der an-

---
1 BGBl. I 2017, S. 2208 (2220).
2 Auf die Problematik weist *Bader*, NZA 2016, 16 (18) hin.
3 Vgl. Erwägungsgrund 52 der Verordnung.
4 *Viefhues*, NJW 2012, 1009 (1012).

schließenden Übertragung in ein elektronisches Dokument. Die Anwendbarkeit ist aber nicht auf Schriftstücke beschränkt, die von mehreren Personen unterschrieben werden müssen. § 46d Satz 2 stellt nun klar, dass das Formerfordernis auch durch das somit entstandene elektronische Dokument erfüllt wird, wenn die Anforderungen des § 46e Abs. 2 erfüllt sind.

6   Eine besondere Herausforderung für die Gerichte dürfte die **langfristige Erhaltung der Authentizitäts- und Integritätsfunktion** der elektronischen Signatur sein. Die kryptographischen Verfahren, die für qualifizierte elektronische Signaturen eingesetzt werden – sogenannte kryptographische Hashfunktionen sowie digitale Signaturverfahren – können ihre Sicherheitsfunktion durch Fortschritte der Mathematik sowie (in geringerem Ausmaß) durch steigende Rechenleistung im Laufe der Jahre einbüßen. Eine technische Lösung besteht in der sogenannten **Übersignatur**: Hierbei wird das Dokument einschließlich seiner ursprünglichen Signatur und einer Zeitangabe durch einen vertrauenswürdigen Dienstleister mit einem neuen Verfahren signiert, solange die ursprüngliche Signatur noch als sicher gilt.[1] Der Dienstleister bestätigt somit, dass die ursprüngliche Signatur zu einem Zeitpunkt vorlag, als sie noch sicher war. Aus der Sicht des Gerichts lässt sich ein solcher Prozess automatisieren, doch muss die Thematik bei der Einführung elektronischer Aktenführung jedenfalls bedacht werden.

§ 46e Elektronische Akte; Verordnungsermäßigung

(1) Die Prozessakten können elektronisch geführt werden. Die Bundesregierung und die Landesregierungen bestimmen für ihren Bereich durch Rechtsverordnung den Zeitpunkt, von dem an elektronische Akten geführt werden sowie die hierfür geltenden organisatorisch-technischen Rahmenbedingungen für die Bildung, Führung und Aufbewahrung der elektronischen Akten. Die Landesregierungen können die Ermächtigung durch Rechtsverordnung auf die jeweils zuständige oberste Landesbehörde übertragen. Die Zulassung der elektronischen Akte kann auf einzelne Gerichte oder Verfahren beschränkt werden; wird von dieser Möglichkeit Gebrauch gemacht, kann in der Rechtsverordnung bestimmt werden, dass durch Verwaltungsvorschrift, die öffentlich bekanntzumachen ist, geregelt wird, in welchen Verfahren die Akten elektronisch zu führen sind.

(1a) Die Prozessakten werden ab dem 1. Januar 2026 elektronisch geführt. Die Bundesregierung und die Landesregierungen bestimmen jeweils für ihren Bereich durch Rechtsverordnung die organisatorischen und dem Stand der Technik entsprechenden technischen Rahmenbedingungen für die Bildung, Führung und Aufbewahrung der elektronischen Akten einschließlich der einzuhaltenden Anforderungen der Barrierefreiheit. Die Bundesregierung und die Landesregierungen können jeweils für ihren Bereich durch Rechtsverordnung bestimmen, dass Akten, die in Papierform angelegt wurden, in Papierform weitergeführt werden. Die Landesregierungen können die Ermächtigungen nach den Sätzen 2 und 3 durch Rechtsverordnung auf die für die Arbeitsgerichtsbarkeit zuständigen obersten Landesbehörden übertragen. Die Rechtsverordnungen der Bundesregierung bedürfen nicht der Zustimmung des Bundesrates.

(2) Werden die Prozessakten elektronisch geführt, sind in Papierform vorliegende Schriftstücke und sonstige Unterlagen nach dem Stand der Technik zur Ersetzung der Urschrift in ein elektronisches Dokument zu übertragen. Es ist sicherzustellen, dass das elektronische Dokument mit den vorliegenden Schriftstücken und sonstigen Unterlagen bildlich und inhaltlich übereinstimmt. Das elektronische Dokument ist mit einem Übertragungsnachweis zu versehen, der das bei der Übertragung angewandte Verfahren und die bildliche und inhaltliche Übereinstimmung dokumentiert. Wird ein von den verantwortenden Personen handschriftlich unterzeichnetes gerichtliches Schriftstück übertragen, ist der Übertragungsnachweis mit einer qualifizierten elektronischen Signatur des Urkundsbeamten der Geschäftsstelle zu versehen. Die in Papierform vorliegenden Schriftstücke und sonstigen Unterlagen können sechs Monate nach der Übertragung vernichtet werden, sofern sie nicht rückgabepflichtig sind.

---

1 Nach bis 28.7.2017 geltendem Recht (§ 17 SigV a.F.) wurde hierfür ein qualifizierter Zeitstempel (§ 9 SigG a.F.) benötigt, der von einem Zertifizierungsdiensteanbieter ausgestellt wurde. Die eIDAS-VO (Art. 34) führt die Rolle eines qualifizierten Bewahrungsdienstes ein. Es besteht jedoch kein Zwang, einen solchen einzusetzen. § 15 des Vertrauensdienstegesetzes (VDG, als nationales Durchführungsgesetz zur eIDAS-VO) fordert lediglich, die Daten rechtzeitig „durch geeignete Maßnahmen neu zu schützen". Wie hierbei nach dem Stand der Technik vorgegangen wird, ist in der Technischen Richtlinie 03125 („TR-ESOR") des BSI dargestellt.

I. Allgemeines	1	IV. Sicherheitsanforderungen für elektronische Akten	4
II. Einzelaspekte	2	V. Die Zukunft der elektronischen Akte	6
III. Bisherige Pilotprojekte zur elektronischen Akte	3		

Schrifttum: *Berlit*, Die elektronische Akte – rechtliche Rahmenbedingungen der elektronischen Gerichtsakte, JurPC Web-Dok. 157/2008; *Berlit*, Richterliche Unabhängigkeit und elektronische Akte, JurPC Web-Dok. 77/2012.; *Leibenger/Petrlic/Sorge/Vogelgesang*, Elektronische Akten: Anforderungen und technische Lösungsmöglichkeiten, Kooperation: Tagungsband des 18. Internationalen Rechtsinformatik Symposions IRIS 2015, S. 271.

I. Allgemeines

Wie § 46d geht auch § 46e auf das Justizkommunikationsgesetz vom 22.3.2005 zurück und trat gleichfalls am 1.4.2005 in Kraft[1]. Die Vorschrift ermöglicht die elektronische Aktenführung und öffnet damit den Weg für einen Prozess, der sich in einem umfassenden Sinne dem e-justice-Konzept (so der gegenwärtig wohl dominierende Arbeitsbegriff) verpflichtet weiß.

Da die für die elektronische Akte nötigen infrastrukturellen und – im Detail – rechtlichen Rahmenbedingungen in der Arbeitsgerichtsbarkeit bei Inkrafttreten der Vorschrift noch nicht geschaffen worden waren, handelte es sich bei § 46e um eine **Vorratsvorschrift mit Zukunftswert**. Nach Inkrafttreten der Vorschrift rechnete man seitens der politisch Verantwortlichen damit, dass bis 2010 ein Großteil der Verfahren elektronisch abgewickelt werden könne. Die dahin reichende Strategie wurde im Rahmen der CeBIT 2007 in Form eines Zehn-Punkte-Plans vorgestellt[2]. Wichtige Signale für die nahe Zukunft gab auch die Bremer Tagung der Deutschen Ratspräsidentschaft zum Thema „work on e-justice" im selben Jahr. Mittlerweile sind zwar Pilotprojekte angestoßen worden, von einer flächendeckenden Anwendung der elektronischen Akte kann bisher aber nicht die Rede sein. Das „Gesetz zur Förderung des elektronischen Rechtsverkehrs mit den Gerichten" hat allerdings eine Dynamik in Gang gesetzt, die eine baldige Änderung dieses Zustands vermuten lässt (vgl. dazu Rz. 6). Mit dem Gesetz zur Einführung der elektronischen Akte in der Justiz und zur weiteren Förderung des elektronischen Rechtsverkehrs vom 5.7.2017[3] wurde diese Entwicklung fortgesetzt. Bereits zum 13.7.2017 wurde dem Verordnungsgeber nach Abs. 1 Satz 2 die Möglichkeit gegeben, die Verfahren, in denen elektronische Akten geführt werden, durch Verwaltungsvorschrift bestimmen zu lassen. Von Bedeutung ist aber vor allem die am 1.1.2018 in Kraft tretende Einfügung von Abs. 1a, mit der nun die Entscheidung gefallen ist, Prozessakten ab dem 1.1.2026 elektronisch zu führen. Gleichzeitig tritt der neu gefasste Abs. 2 in Kraft, mit dem die Übertragung in Papierform vorliegender Schriftstücke in elektronische Dokumente nun genauer geregelt wird. Mit Wirkung zum 1.1.2026 wird Abs. 1 aufgehoben und Abs. 1a wird Abs. 1 und in Satz 1 werden die Wörter „ab dem 1. Januar 2026" gestrichen[4].

II. Einzelaspekte

Die Vorschrift ermöglicht bis Ende 2025, durch die Verordnungsermächtigung des Abs. 1a für Altakten auch darüber hinaus, die Koexistenz von traditioneller Papierakte und elektronischer Akte. Für eine Übergangszeit wurde festgelegt, dass bis zum rechtskräftigen Abschluss des Verfahrens die Unterlagen aufzubewahren sind (§ 46e Abs. 2 in der bis zum 31.12.2017 geltenden Fassung), „sofern sie in Papierform weiter benötigt werden"[5]. Mit der ab 1.1.2018 geltenden Fassung ist nun die Führung rein elektronischer Akten möglich, da die in Papierform vorliegenden Schriftstücke bereits sechs Monate nach deren Übertragung in elektronische Dokumente vernichtet werden können (**ersetzendes Scannen**).

Auf Basis der Verordnungsermächtigung des Abs. 1 (sowie der entsprechenden Norm § 298a ZPO) wurde in **Baden-Württemberg** 2016 die eAkten-Verordnung erlassen[6]. Sie regelt in knapper Form die Anforderungen an elektronische Akten, so etwa den Umgang mit in Papierform eingereichten Unterlagen und die technisch-organisatorischen Maßnahmen, die die Sicherheit bei der Führung und Aufbewahrung der

---

1 BGBl. I 2005, S. 837 (848).
2 *Zypries*, JurPC Web-Dok. 57/2007; *Götte*, JurPC Web-Dok. 58/2007. Wichtige Signale gab auch die Bremer Tagung der Deutschen Ratspräsidentschaft zum Thema „work on e-justice" im selben Jahr.
3 BGBl. I 2017, S. 2208 (2220).
4 BGBl. I 2017, S. 2208 (2221).
5 Vgl. zu den sich daraus ergebenden Problemen *Viefhues*, NJW 2005, 1009 (1013).
6 Auch die Verordnung über den elektronischen Rechtsverkehr mit der Arbeitsgerichtsbarkeit im Land Berlin v. 12.3.2010 beruft sich auf die Verordnungsermächtigung des § 46e Abs. 1, ohne allerdings Regelungen zur elektronischen Aktenführung zu enthalten.

elektronischen Akten gewährleisten sollen. Statt eines umfangreichen Maßnahmenkatalogs werden Schutzziele vorgegeben und zu deren Erreichung im Wesentlichen die Einhaltung des Stands der Technik gefordert. Angesichts des erheblichen Umfangs der erforderlichen Maßnahmen sowie deren Dynamik durch neue technische Entwicklungen erscheint dieses Vorgehen als sachgerecht und kann zukünftigen bundes- oder landesrechtlichen Regelungen zu elektronischer Aktenführung als Modell dienen.

2b Die Neufassung des Abs. 2 geht bezüglich des ersetzenden Scannens einen ähnlichen Weg. Soweit die Prozessakten elektronisch geführt werden, sind alle vorliegenden (nicht mehr nur alle eingehenden) Schriftstücke und Unterlagen nach dem Stand der Technik (vgl. Abschnitt IV) einzuscannen. Die Erstellung eines Übertragungsnachweises, der insbesondere die bildliche und inhaltliche Übereinstimmung von Papierdokument und elektronischem Dokument (Scanprodukt) dokumentiert, ist erforderlich. Lediglich im Fall des Satzes 4 wird aber eine bestimmte Form vorgegeben: Bei gerichtlichen Schriftstücken, die von den verantwortenden Personen handschriftlich unterzeichnet werden, ist eine qualifizierte elektronische Signatur des Urkundsbeamten der Geschäftsstelle erforderlich. Ein qualifiziertes elektronisches Siegel (Art. 3 Nr. 27 eIDAS-Verordnung) ist hingegen nicht ausreichend. Ein Übertragungsnachweis bzw. Transfervermerk nach dem Stand der Technik liegt nur vor, wenn die Zuordnung zu dem entsprechenden Scanprodukt und dessen Integrität gesichert ist; bei einem qualifiziert elektronisch signierten Übertragungsnachweis wird dies in der Regel dadurch geschehen, dass das Scanprodukt mitsigniert wird. Die Regelung des Satzes 4 umgeht praktische Probleme der qualifizierten Signatur insbesondere bei Kollegialentscheidungen. So können Urteile und Beschlüsse von ehrenamtlichen Richter weiterhin handschriftlich unterzeichnet werden[1].

2c Ob und wie die elektronische Akte unter diesen Rahmenbedingungen effektiv werden kann, hängt über die Regelung von § 46e hinaus davon ab, welche Detailregelungen nachfolgen werden und welche technisch-organisatorischen Maßnahmen (samt den zugehörigen Investitionen) getroffen werden. Nicht zu unterschätzen sind in diesem Zusammenhang auch die immer noch ausgeprägt vorhandenen Akzeptanzprobleme, was das Arbeiten mit elektronischen Akten angeht.

III. Bisherige Pilotprojekte zur elektronischen Akte

3 Die elektronische Akte existiert im arbeitsgerichtlichen Verfahren operativ in der Fläche noch nicht. Es gab aber vorbereitende Projekte. So wurde unter Federführung des BMJ ein ressortübergreifendes Projekt „Elektronische Gerichtsakte" (EGA) durchgeführt. Das Projekt zielte darauf ab, die technischen und rechtlichen Möglichkeiten der elektronischen Aktenführung in den Bundesgerichten im Geschäftsbereich von BMJ und BMAS sowie beim Generalbundesanwalt zu studieren. Alle obersten Bundesgerichte waren mit Teilprojekten am Gesamtprojekt EGA beteiligt.

Für das arbeitsgerichtliche Verfahren war praktisch von Belang das Teilprojekt „Elektronische Weglage" beim BAG. Es widmete sich in den Jahren 2010 und 2011 der Erstellung und Erprobung eines Feinkonzeptes für die rechts- und revisionssichere Speicherung elektronischer Akten nach der technischen Richtlinie des BSI zur vertrauenswürdigen elektronischen Langzeitspeicherung[2].

Eine vollständige elektronische Aktenführung wird seit Mitte 2016 an einigen Kammern des Arbeitsgerichts Stuttgart praktiziert.

IV. Sicherheitsanforderungen für elektronische Akten

4 Sieht man von der Auswahl bzw. Gestaltung strukturierter Datenformate ab – die in aller Regel denjenigen entsprechen werden, in denen Schriftstücke bereits eingereicht wurden[3] –, sind die wesentlichen Anforderungen an elektronische Akten solche der IT-Sicherheit im weitesten Sinne, also sowohl der Schutz gegen zufällige Ereignisse (etwa die Zerstörung von Hardware durch Überspannung, Feuer oder Programmfehler) als auch der Schutz gegen Angreifer („Hacker"). Nicht nur müssen Authentizität, Integrität, Vertraulichkeit und Verfügbarkeit der Akten sichergestellt werden; um den Beweiswert der Akteninhalte nicht zu gefährden, muss auch die Nachvollziehbarkeit von (auch berechtigten) Änderungen gewährleistet sein. Nur teilweise lassen sich die Anforderungen durch kryptographische Verfahren erfüllen. So gewährleisten Verschlüsselungsverfahren die Vertraulichkeit von Akten, und digitale Signaturen machen unbefugte Änderungen erkennbar; gegen unbefugtes Löschen helfen solche Verfahren aber nicht. Daher sind zusätzliche,

---

1 So die Gesetzesbegründung im Bericht des Ausschusses für Recht und Verbraucherschutz, BT-Drs. 18/12203, S. 83.
2 Vgl. https://www.edvgt.de/veranstaltungen/deutscher-edv-gerichtstag/edvgt2011/arbeitskreise/die-elektronische-weg lage-von-akten-bundesarbeitsgericht-pilotinstallation-bundespatentgericht/. Die erwähnte technische Richtlinie ist die Vorgängerversion der TR-ESOR des BSI (BSI TR-03125).
3 Vgl. hierzu die Regelung aus § 46c Abs. 2.

idR sehr umfangreiche technische und organisatorische Maßnahmen zu ergreifen. Nur als Beispiele seien Zutrittskontrollmaßnahmen, redundante Datenhaltung und Backups sowie Maßnahmen der Netzsicherheit (wie Firewalls und Intrusion-Detection-Systeme) genannt. Um ein Sicherheitskonzept zu entwerfen und notwendige Maßnahmen identifizieren zu können, kommt insbesondere ein Vorgehen nach dem „IT-Grundschutz"[1] des BSI in Frage. In Eigenregie ist dies durch ein einzelnes Gericht aber wohl nicht zu leisten.

Neben der Aufbewahrung der Akten sind Sicherheitsanforderungen auch beim Scannen auf Papier eingereichter Schriftstücke zu berücksichtigen. Da Papieroriginale gem. der ab 1.1.2018 geltenden Fassung von Abs. 2 vernichtet werden können (vgl. Rz. 2), ist die Übereinstimmung der elektronischen Dokumente mit diesen Originalen zukünftig von entscheidender Bedeutung. Es kann davon ausgegangen werden, dass der Stand der Technik in der TR RESISCAN des BSI[2] dokumentiert ist; die baden-württembergische eAkten-Verordnung verweist etwa in § 3 Abs. 2 explizit auf diese Richtlinie. Auch in der Begründung des Gesetzes zur Einführung der elektronischen Akte in der Justiz und zur weiteren Förderung des elektronischen Rechtsverkehrs wird auf die Richtlinie hingewiesen[3].

Mit der Entscheidung, die TR RESISCAN zu beachten, sind die zu treffenden Maßnahmen allerdings nicht determiniert. Die Richtlinie sieht zunächst die Durchführung einer Struktur- sowie einer Schutzbedarfsanalyse vor und unterscheidet jeweils zwischen „normalem", „hohem" und „sehr hohem" Schutzbedarf bezüglich der Integrität, der Vertraulichkeit und der Verfügbarkeit von Dokumenten. Der tatsächliche Schutzbedarf dürfte auch innerhalb eines Gerichts nicht immer einheitlich sein. Ob deshalb aber eine Differenzierung der zu ergreifenden Maßnahmen – etwa nach Streitwert, Verfahrensart o.ä. – geboten ist oder pauschal der höchste in Frage kommende Schutzbedarf unterstellt werden sollte, lässt sich nach heutigem Stand noch nicht beantworten.

V. Die Zukunft der elektronischen Akte

Durch das „Gesetz zur Förderung des elektronischen Rechtsverkehrs mit den Gerichten"[4] ist eine Entwicklung in Gang gesetzt worden, die auf die Einführung des flächendeckenden elektronischen Rechtsverkehrs zum 1.1.2022 abzielt. Es ist allen Beteiligten klar, dass die Erreichung dieses Ziels ohne eine vollständige elektronische Aktenführung nicht denkbar ist. Die gesetzlichen Grundlagen sind durch das Gesetz zur Einführung der elektronischen Akte in der Justiz und zur weiteren Förderung des elektronischen Rechtsverkehrs nun geschaffen, und die Einführung der elektronischen Akte erfolgt spätestens zum 1.1.2026. Die konkrete Umsetzung bedarf jedoch noch einiger Anstrengungen, insbesondere der Konkretisierung von Anforderungen etwa für den Bereich der IT-Sicherheit sowie der Barrierefreiheit.

§ 46f Formulare, Verordnungsermächtigung

Das Bundesministerium für Arbeit und Soziales kann durch Rechtsverordnung mit Zustimmung des Bundesrates elektronische Formulare einführen. Die Rechtsverordnung kann bestimmen, dass die in den Formularen enthaltenen Angaben ganz oder teilweise in strukturierter maschinenlesbarer Form zu übermitteln sind. Die Formulare sind auf einer in der Rechtsverordnung zu bestimmenden Kommunikationsplattform im Internet zur Nutzung bereitzustellen. Die Rechtsverordnung kann bestimmen, dass eine Identifikation des Formularverwenders abweichend von § 46c Absatz 3 auch durch Nutzung des elektronischen Identitätsnachweises nach § 18 des Personalausweisgesetzes oder § 78 Absatz 5 des Aufenthaltsgesetzes erfolgen kann.

I. Allgemeines	1	III. Strukturierte Begleitdaten zum elektronischen Dokument	4
II. Verfassungsrechtliche Bedenken	3	IV. Einzelaspekte	5

---

1 https://www.bsi.bund.de/DE/Themen/ITGrundschutz/itgrundschutz_node.html.
2 BSI TR-03138 „Ersetzendes Scannen".
3 BT-Drs. 18/9416, S. 53 (noch unter dem ursprünglichen Titel des Gesetzesentwurfs); BT-Drs. 18/12203, S. 79. In der Begründung zu § 46e ArbGG wird die TR RESISCAN nicht erneut explizit erwähnt.
4 BGBl. I 2013 S. 3786; vgl. zum Werdegang dieses Gesetzes http://dipbt.bundestag.de/extrakt/ba/WP17/500/50035.html.

Schrifttum: *Gantner*, Theorie der juristischen Formulare – Ein Beitrag zur Methodenlehre der Rechtsanwendung, Berlin 2010.

I. Allgemeines

1 Die Vorschrift ist mit Wirkung vom 1.7.2014 durch das „Gesetz zur Förderung des elektronischen Rechtsverkehrs mit den Gerichten" in Kraft getreten[1]. Sie stellt keine Besonderheit des arbeitsgerichtlichen Verfahrens dar, da für die anderen Verfahrensordnungen jeweils eine gleichartige Vorschrift geschaffen wurde[2]. Damit wird die Möglichkeit der Verfahrenssteuerung durch elektronische Formulare für das gesamte Verfahrensrecht prägend. Die anstehenden Verordnungen und die wissenschaftliche Bearbeitung dieser Materie sollten der Regelungsabsicht des Gesetzgebers, die in funktionaler und methodischer Hinsicht über die Verfahrensordnungen hinweg kohärent ist, in dem Sinne Rechnung tragen, dass keine Zersplitterung eintritt. Insofern ist auch zu wünschen, dass die in den jeweiligen Verfahrensregelungen angesprochene „Kommunikationsplattform im Internet" als *eine* Anlaufstelle für alle Formulare eingerichtet werden wird.

2 Der Gedanke, den Formularen normativ eine Funktion im elektronischen Rechtsverkehr zu geben, ist zu begrüßen. Für diese Entscheidung spricht zum einen die praktische Erfahrung im Umgang mit Formularen und den dadurch zu erzielenden Nutzeffekten wie Strukturierung, Vereinheitlichung und Verminderung der Transaktionskosten. Zum anderen hat aber auch die Rechtsinformatik-Forschung gezeigt, dass man Formulare als zentrale Steuerungs- und Ordnungselemente für Rechtsanwendungsprozesse begreifen kann[3].

II. Verfassungsrechtliche Bedenken

3 Der Deutsche Richterbund hatte verfassungsrechtliche Bedenken gegen die gewählte Form der Verordnungsermächtigung zur Einführung elektronischer Formulare geäußert[4]:

„*Die Vorschrift [sc. § 130a Abs. 4 ZPO-neu] enthält entgegen Art. 80 Abs. 1 Satz 2 GG keine ausreichenden Angaben zu Inhalt, Zweck und Ausmaß der erteilten Ermächtigung und ist daher zu unbestimmt. Erforderlich ist eine klare Regelung, für welche Bereiche und zu welchem Zweck die Formulare eingesetzt werden sollen.*"

Die Kritik berührt einen neuralgischen Punkt. Es dürfte verfassungsrechtlich nicht möglich sein, pauschal zur Einführung von Formularen durch Rechtsverordnung zu ermächtigen, ohne gesetzlich Kriterien festzulegen, die dem Verordnungsprogramm die nötigen Konturen und Rahmenbedingungen samt Begrenzungsaspekten vorgeben.

Selbst wenn man aber die gesetzliche Ermächtigung für ausreichend bestimmt halten sollte, ist nicht zu verkennen, dass es denkbare Realisierungen von Formularlösungen geben kann, die durch eine Verordnungsermächtigung der vorliegenden Art nicht mehr gedeckt wären. Insofern sind die vom Deutschen Richterbund geäußerten Bedenken prinzipiell nach wie vor ernst zu nehmen. Ob die entsprechende Debatte fortgesetzt werden muss, wird von der Art und Weise abhängen, in der die durch das Gesetz ermöglichten Verordnungen die Ermächtigung zur Einführung von Formularen umsetzen.

Die gegen die Regelung bestehenden Bedenken sollten aber nicht darüber hinwegtäuschen, dass ein effizienter elektronischer Rechtsverkehr ohne strukturierte Formulare kaum vorstellbar ist. Genau aus diesem Grunde besteht Handlungsbedarf dahingehend, das wichtige Steuerungselement der Formulare nicht in der Grauzone der juristischen Fragwürdigkeit zu belassen.

---

1 BGBl. I 2013 S. 3786 (3790, 3798); vgl. zum Werdegang dieses Gesetzes http://dipbt.bundestag.de/extrakt/ba/WP17/500/50035.html.
2 § 130c ZPO (BGBl. I 2013 S. 3786 f.); § 14a des Gesetzes über das Verfahren in Familiensachen und in Angelegenheiten der freiwilligen Gerichtsbarkeit (S. 3789); § 65c SGG (S. 3792); § 55c VwGO (S. 3797); § 52c FGO (S. 3794).
3 Vgl. *Gantner*, Theorie der juristischen Formulare, Berlin 2010.
4 Stellungnahme Nr. 04/12 des Deutschen Richterbundes zum Diskussionsentwurf eines Gesetzes zur Förderung des elektronischen Rechtsverkehrs in der Justiz (E-Justice Bundesratsinitiative; Stand: 8.1.2012), http://www.drb.de/stellungnahmen/2012/e-justice.html. Die gegen § 130a Abs. 4 ZPO-neu gerichtete Kritik zielte natürlich in gleicher Weise auf die entsprechenden Vorschriften in den anderen Verfahrensordnungen. In der Stellungnahme Nr. 28/12 vom November 2012 zum Referentenentwurf eines Gesetzes zur Förderung des elektronischen Rechtsverkehrs mit den Gerichten (Stand: 26. Oktober 2012) begrüßte es der Deutsche Richterbund ausdrücklich, „dass der vorliegende Gesetzentwurf – im Unterschied zum Gesetzentwurf der Bundesratsinitiative (vgl. dort § 130a Abs. 4 ZPO-E) – keine allgemein gefasste Verordnungsermächtigung zur verbindlichen Einführung von Formularen enthält."; http://www.drb.de/stellungnahmen/2012/refe-elektronischer-rechtsverkehr-mit-gerichten.html (Schreibfehler „elektonischer" in der Original-Adresse).

III. Strukturierte Begleitdaten zum elektronischen Dokument

Die Übermittlung von Formaldaten in einem dem elektronischen Dokument beigefügten strukturierten maschinenlesbaren Datensatz im Dateiformat XML sieht nunmehr § 2 Abs. 2 ERV vor (vgl. § 46c Rz. 11).

IV. Einzelaspekte

Die Vorschrift ist als „Kann"-Vorschrift ausgestaltet. Nach ihr „kann" das Bundesministerium elektronische Formulare einführen und „kann" bestimmen, dass die in den Formularen enthaltenen Angaben ganz oder teilweise in strukturierter maschinenlesbarer Form zu übermitteln sind. Diese Formulierung lässt die Option offen, elektronische Formulare einzuführen, aber gleichzeitig darauf zu verzichten, die Übermittlung der in den Formularen enthaltenen Daten in strukturierter maschinenlesbarer Form vorzuschreiben. Dass dies einer effizienten Einbettung der elektronischen Formulare in einen effizienten ejustice-Workflow im Wege stehen würde, liegt auf der Hand. Dem Verordnungsgeber kann also nur empfohlen werden, elektronische Formulare einzuführen und gleichzeitig vorzuschreiben, dass die darin enthaltenen Daten in strukturierter maschinenlesbarer Form zu übermitteln sind.

Eine relevante Auslegungsproblematik wird die Frage betreffen, wie das Merkmal „zu übermitteln" zu verstehen ist. Der Entstehungsgeschichte nach war nur an die Übermittlung hin zum Gericht gedacht[1]. Der Wortlaut der Vorschrift lässt aber auch die Lesart zu, dass eine Übermittlung hin vom Anwalt zum Gericht und zurück vom Gericht zum Anwalt erfasst wird. Dem Verordnungsgeber stünde es diesem Verständnis nach frei, das sinnvolle Prinzip der gegenseitigen strukturierten Kommunikation zwischen Anwalt und Gericht zu implementieren.

§ 191a GVG legt fest, dass elektronische Formulare blinden oder sehbehinderten Personen barrierefrei zugänglich zu machen sind. Maßgeblich sind die Standards von § 3 der Barrierefreie-Informationstechnik-Verordnung vom 12. September 2011 (BGBl. I S. 1843) in der jeweils geltenden Fassung.

Seit einiger Zeit wird eine Debatte darüber geführt, ob durch gesetzliche Regelungen sichergestellt werden soll, dass die Parteien ihren Vortrag zum tatsächlichen und rechtlichen Vorbringen strukturieren (vgl. dazu *Gaier*, Strukturiertes Parteivorbringen im Zivilprozess, JurPC Web-Dok. 133/2015).

Fragt man nach einem im Kontext des elektronischen Rechtsverkehrs geeigneten Mittel zur Realisierung dieser Zielvorstellung, bieten sich Formulare an. Insofern ist die Frage der Einführung von Formularen auch in dem weiteren Kontext einer Umgestaltung des Zivilprozesses hin zu mehr Strukturierung von Bedeutung. Ein strukturierter Parteivortrag mit Hilfe von Formularen kann ein Beitrag zur effektiveren Nutzung von IT im gerichtlichen Verfahren mit positiven Auswirkungen auf die Verfahrensdauer sein. Sucht man nach denkbaren Anwendungsfällen in der Arbeitsgerichtsbarkeit, so ist in erster Linie an Standardklagen im Bereich des Kündigungsschutzes, des Rechtsschutzes gegen Abmahnungen oder des Streits um Arbeitszeugnisse zu denken.

§ 46g *[neu ab 1.1.2022: § 46g Nutzungspflicht für Rechtsanwälte, Behörden und vertretungsberechtigte Personen*

Vorbereitende Schriftsätze und deren Anlagen sowie schriftlich einzureichende Anträge und Erklärungen, die durch einen Rechtsanwalt, durch eine Behörde oder durch eine juristische Person des öffentlichen Rechts einschließlich der von ihr zur Erfüllung ihrer öffentlichen Aufgaben gebildeten Zusammenschlüsse eingereicht werden, sind als elektronisches Dokument zu übermitteln. Gleiches gilt für die nach diesem Gesetz vertretungsberechtigten Personen, für die ein sicherer Übermittlungsweg nach § 46c Abs. 4 Nr. 2 zur Verfügung steht. Ist eine Übermittlung aus technischen Gründen vorübergehend nicht möglich, bleibt die Übermittlung nach den allgemeinen Vorschriften zulässig. Die vorübergehende Unmöglichkeit ist bei der Ersatzeinreichung oder unverzüglich danach glaubhaft zu machen; auf Anforderung ist ein elektronisches Dokument nachzureichen.]

---

1 Vgl. dazu und zum notwendigen Prinzip der Gegenseitigkeit *Herberger*, JurPC Web-Dok. 81/2013, Abs. 12 ff.

§ 47 Sondervorschrift über (Ladung und[1]) Einlassung

(1) Die Klageschrift muss mindestens eine Woche vor dem Termin zugestellt sein.
(2) Eine Aufforderung an den Beklagten, sich auf die Klage schriftlich zu äußern, erfolgt in der Regel nicht.

I. Allgemeines 1	1. Terminsbestimmung und Durchführung der Ladung 17
II. Einlassungsfrist 3	2. Rechtsbehelfe 20
1. Klageerhebung und Zustellung im Inland 4	3. Terminsänderung (Aufhebung, Verlegung und Vertagung) 21
2. Fristberechnung 7	4. Abkürzung der Ladungsfrist 23
3. Weitere Anwendungsbereiche 10	5. Folgen bei Nichteinhaltung 24
4. Auslandszustellung 13	IV. Keine Aufforderung zur schriftlichen Gegenäußerung 25
5. Abkürzung der Einlassungsfrist 14	
6. Folgen bei Nichteinhaltung 15	
III. Ladungsfrist 16	

Schrifttum: *Barwasser*, Die Vereinfachungsnovelle zur ZPO und das Verfahren vor dem Arbeitsgericht, ArbuR 1978, 138; *Diller*, Fristversäumung und verspäteter Vortrag – Was tun?, FA 1998, 70; *Etzel*, Übersicht über das Verfahren bei den Gerichten in Arbeitssachen, AR-Blattei SD 160.7.1; *Müller-Glöge*, Arbeitsrecht und Verfahrensrecht, RdA 1999, 80; *Zitscher*, Eine neue Art der Prozessbeschleunigung und Verfahrensbereinigung, ZfA 1979, 559.

I. Allgemeines

1 Die **Vorgängerregelung** in § 47 Abs. 1 ArbGG 1953 („Wohnt die beklagte Partei am Sitz des Arbeitsgerichts, so muß die Klage mindestens am zweiten Tage vor dem Termin zugestellt sein. Das gleiche gilt für die Ladungen.") wurde zunächst durch die sog. Vereinfachungsnovelle mit Wirkung zum 1.7.1977 neu gefasst („Wohnt die beklagte Partei am Sitz des Arbeitsgerichts, so muss die Klage mindestens am zweiten Tage vor dem Termin, in sonstigen Fällen, wenn der Beklagte im Inland wohnt, mindestens eine Woche vor dem Termin zugestellt sein. Das gleiche gilt für die Ladungen.")[2]. Durch die sog. Beschleunigungsnovelle aus dem Jahre 1979[3] wurde schließlich die Regelung zur Ladungsfrist in Satz 2 aufgehoben und Abs. 1 neugefasst, so dass § 47 Abs. 1 seitdem nur noch die **Einlassungsfrist** für das arbeitsgerichtliche Verfahren regelt. Es ist eine **Sonderregelung** für das arbeitsgerichtliche Verfahren, denn diese Frist wird – abweichend von dem Verfahren vor den ordentlichen Gerichten in § 274 Abs. 3 Satz 1 ZPO – von zwei Wochen auf **eine Woche** abkürzt[4] (vgl. zur **Ladungsfrist** unten Rz. 16 ff.). § 47 Abs. 2 ist gegenüber der Vorgängerregelung in § 47 Abs. 2 ArbGG 1953 unverändert geblieben.

2 Die Ladungsfrist einerseits und die Einlassungsfrist andererseits verfolgen unterschiedliche **Zwecke**. Die **Einlassungsfrist** will ausschließlich dem **Beklagten** Zeit belassen, um sich sachgerecht mit der Klage und ihrer Begründung auseinander setzen zu können. Sie schützt den Beklagten und sichert seinen Anspruch auf **rechtliches Gehör** (Art. 103 Abs. 1 GG)[5]. Demgegenüber dient die **Ladungsfrist** der angemessenen **zeitlichen Vorbereitung** des Termins durch **beide Prozessparteien**[6], dh. der Zeitplanung und Freihaltung des Terminstags[7]. Die Einlassungsfrist ist schließlich nur im erstinstanzlichen Verfahren vor der ersten Terminsladung zu beachten, da weder § 64 Abs. 7 (für das Berufungsverfahren) noch § 72 Abs. 6 (für das Revisionsverfahren) hierauf Bezug nehmen. Die (allgemeine) **Ladungsfrist** ist hingegen bei jeder **Terminsbestimmung** (Anberaumung, Vertagung und Verlegung) zu beachten (s. Rz. 18), nicht jedoch bei Verkündungsterminen (s. Rz. 19).

---

1 Amtliche Anmerkung: Die Worte „Ladung und" sind gegenstandslos.
2 Gesetz zur Vereinfachung und Beschleunigung gerichtlicher Verfahren vom 3.12.1976, BGBl. I S. 3281; kritisch hierzu *Barwasser*, ArbuR 1978, 138.
3 Gesetz zur Beschleunigung und Bereinigung des arbeitsgerichtlichen Verfahrens vom 21.5.1979, BGBl. I S. 545; kritisch hierzu *Zitscher*, ZfA 1979, 559 (563).
4 Daher wird § 47 Abs. 1 auch als „besonderer Ausdruck des Beschleunigungsgrundsatzes" verstanden, *Müller-Glöge*, RdA 1999, 80 (87); vgl. auch HWK/*Ziemann*, § 47 ArbGG Rz. 1.
5 Zöller/*Greger*, § 274 ZPO Rz. 3 f.; HWK/*Ziemann*, § 47 ArbGG Rz. 2.
6 Musielak/Voit/*Stadler*, § 217 ZPO Rz. 1.
7 Zöller/*Stöber*, § 217 ZPO Rz. 1.

II. Einlassungsfrist

Unter Einlassungsfrist ist nach der Legaldefinition in § 274 Abs. 3 Satz 1 ZPO der **Zeitraum** zu verstehen, der der beklagten Partei **zwischen der Zustellung der Klageschrift** und dem **ersten Termin**, dh. im arbeitsgerichtlichen Verfahren in aller Regel die Güteverhandlung (§ 54 Abs. 1 Satz 1 ArbGG), **mindestens** verbleiben muss, um sich auf das Klagevorbringen vorbereiten zu können. Die Einlassungsfrist beträgt **eine Woche** und muss vor dem Terminstag abgelaufen sein.

1. Klageerhebung und Zustellung im Inland

Hinsichtlich des Laufs der **Einlassungsfrist** knüpft § 47 Abs. 1 allein an die **Zustellung der Klageschrift** an, enthält aber keine eigenen Vorschriften über die Klageerhebung, die sich daher gem. § 46 Abs. 2 Satz 1 ArbGG iVm. §§ 496, 253 ZPO richtet. Die Klageschrift muss wegen der Verweisung in § 46 Abs. 2 Satz 1 auch im arbeitsgerichtlichen Verfahren den Anforderungen des § 253 ZPO genügen, wobei sie ua. hinreichend bestimmt und eigenhändig unterschrieben sein muss (§ 253 Abs. 2 ZPO) und entweder schriftlich oder zu Protokoll der Geschäftsstelle unter Beifügung der erforderlichen Abschriften einzureichen ist. Da die Zuständigkeit des ArbG nicht von einem Streitwert abhängig ist und eine Übertragung auf den Einzelrichter beim ArbG nicht stattfindet, sind § 253 Abs. 3 Nr. 2 und Nr. 3 ZPO unanwendbar. Mit der Einreichung der Klageschrift wird der Rechtsstreit **anhängig**; die Klageschrift ist dann eingereicht, wenn sie in den unmittelbaren Besitz der Gerichtsverwaltung gelangt ist[1]. Mit der Zustellung der Klageschrift (§ 253 Abs. 1 ZPO) an die beklagte Partei oder dessen Bevollmächtigten, sofern dieser seine Bevollmächtigung gem. § 172 ZPO angezeigt hat, wird die Klage erhoben, dh. die **Rechtshängigkeit** der Streitsache wird damit begründet (§ 261 Abs. 1 ZPO). Eine Zustellung muss auch erfolgen, wenn die Klage mündlich **zu Protokoll der Geschäftsstelle** erklärt wurde (§ 46 Abs. 2 Satz 1 ArbGG iVm. §§ 496, 498 ZPO). Die Zustellung an die beklagte Partei erfolgt von Amts wegen. Die Einlassungsfrist beginnt auch, wenn eine Klageschrift ohne Terminsbestimmung oder wenn die Ladung später zugestellt wird[2].

Die Einlassungsfrist gilt auch bei der **öffentlichen Zustellung** der Klageschrift, weil der Schutz der beklagten Partei, deren Aufenthaltsort unbekannt ist, durch die Vorschriften der §§ 185 ff. ZPO in ausreichendem Maß gewährleistet ist, so dass es keiner Verlängerung der Einlassungsfrist bedarf. Die öffentliche Zustellung erfolgt durch Aushang einer Benachrichtigung an der Gerichtstafel oder durch Einstellung in ein elektronisches Informationssystem, das im Gericht öffentlich zugänglich ist. Die Benachrichtigung kann zusätzlich in einem von dem Gericht für Bekanntmachungen bestimmten elektronischen Informations- und Kommunikationssystem veröffentlicht werden. Die Benachrichtigung muss daneben ua. den Hinweis enthalten, dass ein Schriftstück öffentlich zugestellt wird und Fristen in Gang gesetzt werden können, nach deren Ablauf Rechtsverluste drohen können (§ 186 Abs. 2 ZPO). Die Einlassungsfrist beginnt im Falle der öffentlichen Zustellung ab dem Zeitpunkt, ab dem die Klageschrift gem. § 188 ZPO als zugestellt gilt, dh. regelmäßig nach einem Monat, soweit nicht der Vorsitzende eine längere Frist bestimmt hat. Beide Fristen sind bei der Bestimmung des Termins von vornherein zu beachten.

Soll mit der **Klageerhebung** die **Verjährung** gehemmt (§ 204 Abs. 1 Nr. 1 BGB) oder eine **Frist gewahrt** werden, so tritt diese Wirkung bereits mit der Anbringung oder Einreichung der Klage ein, wenn die **Zustellung „demnächst"** erfolgt (§§ 262, 167 ZPO). Gemäß § 46 Abs. 2 Satz 1 ArbGG iVm. §§ 495, 167 ZPO wird bspw. die Drei-Wochen-Frist für die Klageerhebung nach § 4 Satz 1 KSchG gewahrt, wenn die Kündigungsschutzklage zwar vor Fristablauf bei dem ArbG eingereicht worden ist, aber die Zustellung an den Prozessgegner erst danach erfolgt.

2. Fristberechnung

Die Fristberechnung erfolgt nach § 222 Abs. 1 ZPO iVm. § 187 Abs. 1, § 188 Abs. 2 BGB, da es sich bei der Einlassungsfrist um eine nach Wochen bestimmte Frist handelt. Sie läuft also mit dem Ablauf des Tages der Folgewoche ab, der durch seine Benennung dem Tag entspricht, an dem zugestellt wurde, dh. der Terminstag kann erst nach Ablauf der Wochenfrist stattfinden. Der Tag der Zustellung bleibt also bei Fristberechnung außer Betracht. Wurde also die Klageschrift an einem Mittwoch zugestellt, läuft die Einlassungsfrist am Mittwoch der Folgewoche ab. Die Güteverhandlung kann dann (frühestens) am Donnerstag stattfinden. Fällt das Ende der Frist auf einen Sonnabend (= Samstag), Sonntag oder einen gesetzlichen Feiertag, so endet die Frist mit Ablauf des nächsten Werktages (§ 222 Abs. 2 ZPO). Wird die Klageschrift

---
1 BAG v. 22.2.1980 – 7 AZR 295/78, BAGE 33, 1 (5) = NJW 1981, 298 ff.
2 BeckOKArbR/*Hamacher*, § 47 ArbGG Rz. 8; HWK/*Ziemann*, § 47 ArbGG Rz. 5; Zöller/*Greger*, § 274 ZPO Rz. 4; Thomas/Putzo/*Reichold*, § 274 ZPO Rz. 2; MünchKommZPO/*Prütting*, § 274 ZPO Rz. 8; aA Musielak/Voit/*Foerste*, § 274 ZPO Rz. 4.

bspw. am Samstag, den 1.4.2017, oder am Freitag, den 7.4.2017 zugestellt, so läuft die Einlassungsfrist im ersten Fall erst am Montag, den 10.4.2017 und im zweiten Fall wegen Karfreitag (14.4.2017) und Ostermontag (17.4.2017) sogar erst am Dienstag, den 18.4.2017 ab. Mithin kann die Güteverhandlung frühestens am Dienstag, den 11.4.2017 bzw. am Mittwoch, den 19.4.2017 stattfinden. Bei der Berechnung einer abgekürzten Einlassungsfrist (s. Rz. 14), die nach Stunden bestimmt ist, werden Sonnabende (= Samstage), Sonntage und allgemeine Feiertage nicht mitgerechnet (§ 222 Abs. 3 ZPO).

8 Bei der Berechnung der Einlassungsfrist ist ferner zu beachten, dass die **gesetzlichen Wochenfeiertage** nicht in allen Bundesländern gleich sind und dass allgemein zwischen solchen mit **konstantem Datum** und solchen mit **variablen Terminen** unterschieden werden muss. Vom **bundeseinheitlichen Nationalfeiertag** (= Tag der Deutschen Einheit am 3.10.) abgesehen ist das **Feiertagsrecht Landesrecht**, dh. maßgeblich für die Feiertagsregelung ist das jeweilige Bundesland, in dessen Territorium das Gericht, bei dem der Prozess geführt wird, seinen Sitz hat. Neben den von den Ländern in ihren Sonn- und Feiertagsgesetzen bundeseinheitlich anerkannten Feiertagen (Neujahr, Karfreitag, Ostermontag, Christi Himmelfahrt, Pfingstmontag, 1. Mai sowie erster und zweiter Weihnachtstag) gibt es weitere Feiertage, die nach Maßgabe der einzelnen Feiertagsgesetze der Länder als „kirchliche", „religiöse" oder als „stille" Feiertage bezeichnet werden, „die von den Kirchen und Religionsgesellschaften begangen werden". Es kann davon ausgegangen werden, dass die ArbG bei der Terminierung die örtlichen, regionalen oder landesweiten Feiertage von Amts wegen berücksichtigen.

9 Im Einzelnen gilt die nachfolgend abgedruckte, **nicht-amtliche Übersicht** über die gesetzlichen Feiertage in der Bundesrepublik Deutschland[1].

Wochenfeiertage	Baden-Württemberg	Bayern	Berlin	Brandenburg	Bremen	Hamburg	Hessen	Mecklenburg-Vorpommern	Niedersachsen	Nordrhein-Westfalen	Rheinland-Pfalz	Saarland	Sachsen	Sachsen-Anhalt	Schleswig-Holstein	Thüringen
Neujahrstag (1. Januar)	•	•	•	•	•	•	•	•	•	•	•	•	•	•	•	•
Heilige Drei Könige (6. Januar)	•	•											•			
Karfreitag	•	•	•	•	•	•	•	•	•	•	•	•	•	•	•	•
Ostermontag	•	•	•	•	•	•	•	•	•	•	•	•	•	•	•	•
Tag der Arbeit (1. Mai)	•	•	•	•	•	•	•	•	•	•	•	•	•	•	•	•
Christi Himmelfahrt	•	•	•	•	•	•	•	•	•	•	•	•	•	•	•	•
Pfingstmontag	•	•	•	•	•	•	•	•	•	•	•	•	•	•	•	•
Fronleichnam	•	•					•			•	•	•		b		c
Friedensfest (8. August)		a														
Mariä Himmelfahrt (15. August)		k										•				
Tag der Deutschen Einheit (3. Oktober)	•	•	•	•	•	•	•	•	•	•	•	•	•	•	•	•
Reformationstag (31. Oktober)				•				•					•	•		•
Allerheiligen (1. November)	•	•								•	•	•				
Buß- und Bettag													•			
1. Weihnachtstag (25. Dezember)	•	•	•	•	•	•	•	•	•	•	•	•	•	•	•	•
2. Weihnachtstag (26. Dezember)	•	•	•	•	•	•	•	•	•	•	•	•	•	•	•	•

• Gesetzlicher Feiertag

a In der Stadt Augsburg ist der 8. August (Friedensfest) gesetzlicher Feiertag

---

[1] Diese Übersicht findet sich als PDF-Dokument zum Download auf den Internetseiten des Bundesministeriums des Innern unter http://www.bmi.bund.de/DE/Themen/Gesellschaft-Verfassung/Staatssymbole/Nationale-Feiertage/nationale-feiertage_node.html.

b   Fronleichnam ist gesetzlicher Feiertag nur in den vom Staatsministerium des Inneren durch Rechtsverordnung bestimmten Gemeinden im Landkreis Bautzen und im Westlausitzkreis
c   Der Innenminister kann durch Rechtsverordnung für Gemeinden mit überwiegend katholischer Bevölkerung Fronleichnam als gesetzlichen Feiertag festlegen. Bis zum Erlass dieser Rechtsverordnung gilt der Fronleichnamstag in denjenigen Teilen Thüringens, in denen er 1994 als gesetzlicher Feiertag begangen wurde, als solcher fort[1].
k   gesetzlicher Feiertag in Gemeinden mit überwiegend katholischer Bevölkerung.

3. Weitere Anwendungsbereiche

§ 47 Abs. 1 gilt nach seinem Wortlaut nur für den ersten Termin nach Zustellung der Klageschrift. Die Einlassungsfrist gilt mE darüber hinaus auch für **Klageänderungen, Klageerweiterungen** und **Widerklagen** (str.)[2]. Dagegen wird zwar ins Feld geführt, dass sich in diesen Fällen die gegnerische Partei nicht erst auf das Prozessverhältnis einstellen, sondern vielmehr mit diesen Aktionen rechnen müsse[3]. Diese Argumentation überzeugt aber nicht. Mit Klageänderung, Klageerweiterung und Widerklage wird der Streitgegenstand verändert. Die Gegenpartei muss auch hier Gelegenheit haben, sich auf die veränderte Situation einzustellen. Dies gebietet zumindest ihr Anspruch auf rechtliches Gehör, was idR dazu führen dürfte, dass ihr eine Frist zu gewähren ist, die wenigstens der Einlassungsfrist entspricht. Die Streitfrage hat daher im arbeitsgerichtlichen Verfahren letztlich nur eine geringe Bedeutung[4]. 10

Im **arbeitsgerichtlichen Mahnverfahren** gilt nach Eingang eines **Widerspruchs** oder eines Einspruchs und des damit verbundenen Übergangs in das streitige Verfahren die Einlassungsfrist gem. § 47 Abs. 1 nicht, denn hier gehen die diesbezüglichen Spezialvorschriften des § 46a vor (s. § 46a Rz. 36)[5]. Liegt ein Widerspruch gegen den Mahnbescheid vor und geht dann die Antragsbegründung ein, handelt es sich bei dem anzuberaumenden Termin zwar formal um den ersten Termin nach Klageerhebung, aber gem. § 46a Abs. 5 gilt die Streitsache (rückwirkend) als mit Zustellung des Mahnbescheids bereits als anhängig, dh. es besteht bereits ein Prozessrechtsverhältnis, in dem die beklagte und Widerspruch einlegende Partei mit der Anberaumung eines Termins rechnen muss[6]. Beim **Einspruch** gegen einen Vollstreckungsbescheid passt die Einlassungsfrist nach Sinn und Zweck ebenfalls nicht (s. § 46a Rz. 52)[7], denn spätestens mit der Zustellung des Vollstreckungsbescheids kennt die beklagte Partei das klägerische Begehren und es besteht bereits ein Prozessrechtsverhältnis. Zudem muss das ArbG die Zwei-Wochen-Frist des § 46a Abs. 6 Satz 4 abwarten, währenddessen die beklagte Partei mit den im Vollstreckungsbescheid gemachten Angaben zum Klagebegehren ohne Weiteres auseinander setzen kann. 11

Auch im **Verfahren auf Erlass eines Arrestes oder einer einstweiligen Verfügung** gilt die Einlassungsfrist nach einhelliger Auffassung nicht, da sie mit dem Zweck dieser Verfahren und dem dort geltenden besonderen Beschleunigungsprinzip unvereinbar ist[8]. Zudem stellt § 274 Abs. 3 Abs. 1 ZPO auf die „Klageschrift" ab, während der Antrag im einstweiligen Rechtsschutzverfahren als „Gesuch" bezeichnet wird (s. §§ 920, 935, 936 ZPO)[9]. 12

4. Auslandszustellung

Für den Fall, dass die **Zustellung der Klageschrift im Ausland** vorzunehmen ist, enthält § 47 Abs. 1 keine (spezielle) Regelung, so dass über § 46 Abs. 2 Satz 1 die Regelung des § 274 Abs. 3 Satz 2 ZPO anzuwenden 13

---

1 In der Landeshauptstadt von Thüringen in Erfurt ist dies bspw. nicht der Fall, s. BAG v. 24.8.2011 – 8 AZN 808/11, BAGE 139, 107 (108) = NZA 2012, 111 f. (dort allerdings im Zusammenhang mit einer Rechtsmittelfrist).
2 ErfK/*Koch*, § 47 ArbGG Rz. 1; Düwell/Lipke/*Kloppenburg*, § 47 Rz. 3; LAG BW v. 28.2.2002 – 21 Sa 8/02; HWK/*Ziemann*, § 47 ArbGG Rz. 5; aA GK-ArbGG/*Woitaschek*, § 47 Rz. 27; Natter/Gross/*Pfitzer/Ahmad*, § 47 Rz. 2; Zöller/*Greger*, § 274 ZPO Rz. 4; DFL/*Heider*, § 47 ArbGG Rz. 2; unentschieden Hauck/Helml/Biebl/*Helml*, § 47 Rz. 6.
3 GMP/*Germelmann*, § 47 Rz. 2; BeckOKArbR/*Hamacher*, § 47 ArbGG Rz. 3; GWBG/*Benecke*, § 47 Rz. 2.
4 So zutreffend GMP/*Germelmann*, § 47 Rz. 2.
5 GK-ArbGG/*Woitaschek*, § 47 Rz. 30; ErfK/*Koch*, § 47 ArbGG Rz. 1; DFL/*Heider*, § 47 ArbGG Rz. 2; GWBG/*Benecke*, § 47 Rz. 1; aA HWK/*Ziemann*, § 47 ArbGG Rz. 3; Düwell/Lipke/*Kloppenburg*, § 47 Rz. 3; GMP/*Germelmann*, § 47 Rz. 5; vgl. Musielak/Voit/*Foerste*, § 274 ZPO Rz. 3; MünchKommZPO/*Prütting*, § 274 ZPO Rz. 11; BGH v. 16.12.1981 – IVa ZR 282/80, NJW 1982, 1533 (1534), zu § 274 Abs. 3 ZPO.
6 BeckOKArbR/*Hamacher*, § 47 ArbGG Rz. 4.
7 GK-ArbGG/*Woitaschek*, § 47 Rz. 30.
8 GMP/*Germelmann*, § 47 Rz. 6; GK-ArbGG/*Woitaschek*, § 47 Rz. 31; Hauck/Helml/Biebl/*Helml*, § 47 Rz. 6; ErfK/*Koch*, § 47 ArbGG Rz. 1; DFL/*Heider*, § 47 ArbGG Rz. 2; Düwell/Lipke/*Kloppenburg*, § 47 Rz. 4.
9 So zutreffend Natter/Gross/*Pfitzer/Ahmad*, § 47 Rz. 2.

ist, dh. der Vorsitzende hat die Einlassungsfrist nach den Besonderheiten des Einzelfalles festzulegen[1]. Deren Bestimmung bedarf der **vollen Unterschrift des Vorsitzenden**[2]. Bei Auslandszustellungen darf die Einlassungsfrist nicht kürzer sein als bei Zustellungen im Inland. Sie wird schon unter dem Aspekt der Gewährung rechtlichen Gehörs deutlich länger sein müssen[3]. Empfehlenswert ist wegen der besseren Fristberechnung eine Frist von einem Monat[4]. Die Vorschrift des § 183 ZPO sieht erhebliche Erleichterungen bei der Zustellung vor und eröffnet ua. die Möglichkeit der Zustellung durch Einschreiben mit Rückschein, durch diplomatische oder konsularische Vertretungen der Bundesrepublik oder durch das Auswärtige Amt. Die Zustellung im Ausland richtet sich, soweit Nicht-EU-Staaten betroffen sind, nach §§ 183, 184 ZPO, für die EU-Staaten (vgl. § 183 Abs. 5 ZPO) nach den Vorschriften der Verordnung (EG) Nr. 1393/2007 des Rates vom 13.11.2007 über die Zustellung gerichtlicher und außergerichtlicher Schriftstücke in Zivil- oder Handelssachen in den Mitgliedstaaten (ABl. EU Nr. L 324, S. 79). Durch die §§ 1067–1071 ZPO sind die Regelungen der Verordnung in das deutsche Verfahrensrecht übernommen worden[5].

5. Abkürzung der Einlassungsfrist

14 Die Einlassungsfrist kann nach § 46 Abs. 2 Satz 1 ArbGG iVm. § 226 Abs. 1 ZPO als sog. **Zwischenfrist** auf Antrag des Klägers – eine Abkürzung von Amts wegen ist nicht vorgesehen[6] – abgekürzt werden. Die Abkürzung der Einlassungsfrist wird dadurch nicht ausgeschlossen, dass infolge der Abkürzung die mündliche Verhandlung durch Schriftsätze nicht vorbereitet werden kann (§ 226 Abs. 2 ZPO). Die **beklagte Partei** braucht vor der Entscheidung hierüber **nicht angehört** zu werden (§ 226 Abs. 3 ZPO)[7]. Der Abkürzungsantrag kann formlos gestellt werden; er ist zu begründen. Eine Glaubhaftmachung ist hingegen nicht erforderlich. Die Entscheidung über die Abkürzung steht im Ermessen des Vorsitzenden und ergeht durch richterliche Verfügung. Die Entscheidung ist kurz zu begründen, auch wenn sie antragsgemäß erfolgt[8]. Eine Abkürzung der Einlassungsfrist bis auf eine Stunde ist zwar zulässig, denn die ZPO kennt auch Stundenfristen (vgl. § 222 Abs. 3 ZPO)[9]. In der Praxis kommt aber eine Abkürzung der Einlassungsfrist kaum vor, da sie mit einer Woche bereits sehr kurz ist und im Verfahren des einstweiligen Rechtsschutzes ohnehin nicht zur Anwendung gelangt (s. Rz. 12). Die **stattgebende Entscheidung** kann nicht gesondert sondern nur zusammen mit dem Urteil im Rechtsmittelverfahren angefochten werden[10]. Die **ablehnende Entscheidung** ist mit der sofortigen Beschwerde anfechtbar (§ 78 Satz 1 ArbGG iVm. § 567 Abs. 1 Nr. 2 ZPO)[11]. Da die Abkürzung der Einlassungsfrist zu einer Beschränkung der Vorbereitungsmöglichkeiten für die beklagte Partei führt, ist zuvor eingehend zu prüfen, ob damit nicht das Recht auf rechtliches Gehör (Art. 103 Abs. 1 GG) verkürzt wird[12].

6. Folgen bei Nichteinhaltung

15 Ist die **Einlassungsfrist nicht eingehalten**, so darf gegen die nicht erschienene beklagte Partei **kein Versäumnisurteil** ergehen (§ 335 Abs. 1 Nr. 3 ZPO)[13], denn ihr war es nicht möglich, sich sachgerecht auf den Termin vorzubereiten. Soweit in der Lit. in diesem Zusammenhang teilweise auf § 335 Abs. 1 Nr. 2 ZPO abgestellt wird[14], überzeugt dies nicht, denn es geht bei der Wahrung der Einlassungsfrist gerade

---

1 Hauck/Helml/Biebl/*Helml*, § 47 Rz. 7.
2 GK-ArbGG/*Woitaschek*, § 47 Rz. 38.
3 GMP/*Germelmann*, § 47 Rz. 8; Düwell/Lipke/*Kloppenburg*, § 47 Rz. 8.
4 GK-ArbGG/*Woitaschek*, § 47 Rz. 38, der eigentlich eine Frist von vier Wochen befürwortet; dieser Empfehlung folgt GWBG/*Benecke*, § 47 Rz. 4.
5 S. näher Zöller/*Geimer*, § 183 ZPO Rz. 1 ff.
6 GMP/*Germelmann*, § 47 Rz. 12.
7 ErfK/*Koch*, § 47 ArbGG Rz. 1; aA GK-ArbGG/*Woitaschek*, § 47 Rz. 32 und GMP/*Germelmann*, § 47 Rz. 13, die wegen der möglichen Verletzung rechtlichen Gehörs (Art. 103 Abs. 1 GG) eine Terminsverlegung präferieren.
8 HWK/*Ziemann*, § 47 ArbGG Rz. 9; GMP/*Germelmann*, § 47 Rz. 14; vgl. auch BAG v. 10.3.1993 – 4 AZR 541/92, NZA 1993, 382 f.
9 Zöller/*Stöber*, § 222 ZPO Rz. 2; Thomas/Putzo/*Hüßtege*, § 222 ZPO Rz. 4.
10 ErfK/*Koch*, § 47 ArbGG Rz. 1; GMP/*Germelmann*, § 47 Rz. 14, der allerdings darauf hinweist, dass eine Zurückverweisung nach § 68 an das ArbG ausgeschlossen ist.
11 Düwell/Lipke/*Kloppenburg*, § 47 Rz. 9; ErfK/*Koch*, § 47 ArbGG Rz. 1; GMP/*Germelmann*, § 47 Rz. 14; HWK/*Ziemann*, § 47 ArbGG Rz. 9.
12 BGH v. 28.4.1958 – III ZR 43/56, MDR 1958, 588; KG v. 20.2.1976 – 4 U 1761/75, NJW 1977, 1016 (1017); GMP/*Germelmann*, § 47 Rz. 13; GK-ArbGG/*Woitaschek*, § 47 Rz. 32.
13 Düwell/Lipke/*Kloppenburg*, § 47 Rz. 10; Natter/Gross/*Pfitzer/Ahmad*, § 47 Rz. 2; GK-ArbGG/*Woitaschek*, § 47 Rz. 39; Zöller/*Greger*, § 274 ZPO Rz. 6; HWK/*Ziemann*, § 47 ArbGG Rz. 10; MünchKommZPO/*Prütting*, § 274 ZPO Rz. 16.
14 ErfK/*Koch*, § 47 ArbGG Rz. 1; Hauck/Helml/Biebl/*Helml*, § 47 Rz. 9; GWBG/*Benecke*, § 47 Rz. 6; BeckOKArbR/*Hamacher*, § 47 ArbGG Rz. 10; GMP/*Germelmann*, § 47 Rz. 15; Musielak/Voit/*Foerste*, § 274 ZPO Rz. 4.

nicht um die Frage, ob der Beklagte ordnungsgem. geladen wurde. Der erschienene Beklagte hat im Falle der Nichteinhaltung der Einlassungsfrist das Recht, die Einlassung zu verweigern. Auf seinen Antrag hin ist die Verhandlung zu vertagen (§ 227 Abs. 1 Satz 1 ZPO)[1]. Auch eine Entscheidung nach Aktenlage gem. §§ 331a, 251a ZPO scheidet aus. Durch **rügelose Verhandlung** wird allerdings der Mangel der Nichteinhaltung der Einlassungsfrist gem. § 295 ZPO geheilt[2]. Das BAG hat jedoch das Auftreten des Beklagten in der Güteverhandlung nicht als rügelose Einlassung iSd. Art. 24 Satz 1 EuGVVO betreffend die internationale Zuständigkeit angesehen[3].

III. Ladungsfrist

Entgegen der früheren Rechtslage enthält § 47 Abs. 1 nunmehr **keine Regelung** mehr über die **Ladungsfrist** (s. Rz. 1), dh. über die Frist, die in einer anhängigen Sache zwischen der Zustellung der Ladung und dem Terminstag liegen soll (§ 217 ZPO). Über § 46 Abs. 2 Satz 1 gelten damit auch im arbeitsgerichtlichen Verfahren die allgemeinen Regelungen für den Zivilprozess. Ladung ist die gerichtliche Aufforderung, zu dem anberaumten Termin zu erscheinen. Da es sich bei dem arbeitsgerichtlichen Verfahren in erster Instanz nicht um einen Anwaltsprozess handelt (§ 11 Abs. 1 Satz 1), gilt gem. § 217 ZPO eine Ladungsfrist von mindestens **drei Tagen**, dh. der anberaumte Termin darf (frühestens) am vierten Tag nach der Zustellung stattfinden. Für die **Berechnung der Ladungsfrist** gelten § 222 Abs. 1 ZPO iVm. § 187 Abs. 1, § 188 Abs. 1 BGB, da es sich um eine nach Tagen bestimmte Frist handelt. Fällt das Ende der Frist auf einen Sonnabend (= Samstag), Sonntag oder einen gesetzlichen Feiertag, so endet die Frist mit Ablauf des nächsten Werktages (§ 222 Abs. 2 ZPO). Bezüglich der **Beachtung der Feiertage** gelten im Übrigen die Ausführungen zur Berechnung der Einlassungsfrist entsprechend (vgl. Rz. 7 ff.). Regelmäßig tritt bei einer Ladung, die ein gerichtliches Verfahren einleitet, die Ladungsfrist hinter die längere Einlassungsfrist des § 47 Abs. 1 zurück, so dass sie hier kaum Bedeutung erlangt[4].

1. Terminsbestimmung und Durchführung der Ladung

Die Ladung (§ 215 ZPO) setzt eine **Terminsbestimmung** voraus, die **unverzüglich** (vgl. § 121 Abs. 1 BGB) zu erfolgen hat (§ 216 Abs. 2 ZPO). Die Terminsbestimmung erfolgt von Amts wegen (§ 216 Abs. 1 ZPO). Die Wahl von Terminstag und -stunde steht im Ermessen des Vorsitzenden (vgl. § 272 Abs. 3 ZPO)[5]. **Terminsanträge der Parteien** sind nur nötig und vom Gericht abzuwarten, wenn das Verfahren zum Stillstand kam (so gem. § 250 ZPO bei unterbrochenem oder ausgesetztem Verfahren und gem. § 251 Abs. 2 ZPO bei ruhendem Verfahren) bzw. wo ihnen das Gesetz vorgesehen sind (zB. gem. § 251a Abs. 2 Satz 4 ZPO für einen Termin anstelle einer Entscheidung nach Aktenlage[6], § 46a Abs. 4 Satz 1 und Satz 5 für das arbeitsgerichtliche Mahnverfahren nach rechtzeitigem Widerspruch, s. § 46a Rz. 35 f.). **Zuständig** für die Terminsbestimmung ist der Vorsitzende (§ 216 Abs. 2 ZPO), auch für Termine außerhalb des Gerichtssitzes[7], bzw. der beauftragte und der ersuchte Richter (§ 229 ZPO). Die Terminsbestimmung bedarf der **vollen Unterschrift des Vorsitzenden**, eine Paraphe ist nicht ausreichend[8]. Ausgeführt wird die Ladung durch den Urkundsbeamten der Geschäftsstelle (§§ 214, 168 ZPO). Die Ladung ist **förmlich zuzustellen** (§ 329 Abs. 2 Satz 2 ZPO), allerdings ist es ausreichend, wenn der Kläger zum ersten Termin beim ArbG (idR die Güteverhandlung) eine formlose **Terminsmitteilung** erhält (§ 497 Satz 1 ZPO). In der Ladung ist über die Folgen einer Versäumung des Termins zu belehren (§§ 330–331a ZPO). Die Belehrung hat auch die Rechtsfolgen aus den § 91 Abs. 1, § 708 Nr. 2 ZPO (s. § 215 Abs. 1 ZPO) einschl. der Regelung in § 62 Abs. 1 Satz 1 ArbGG zu umfassen[9].

Die **Ladungsfrist** gilt **für jede Terminsbestimmung**, also nicht nur für die erstmals mit Zustellung der Klage anzuberaumende Güteverhandlung (§ 54 Abs. 1 Satz 1), sondern auch für jeden Kammertermin (§ 57 Abs. 1), auch nach vorheriger Durchführung eines **Mahnverfahrens** und Überleitung – entweder nach einem Widerspruch oder nach einem Einspruch – in das streitige Verfahren gem. § 46a[10]. Die Ladungsfrist

---
1 ErfK/*Koch*, § 47 ArbGG Rz. 1.
2 GMP/*Germelmann*, § 47 Rz. 15; GK-ArbGG/*Woitaschek*, § 47 Rz. 39; Hauck/Helml/Biebl/*Helml*, § 47 Rz. 9.
3 BAG v. 2.7.2008 – 10 AZR 355/07, BAGE 127, 111 (118) = NZA 2008, 1084 ff.
4 GWBG/*Benecke*, § 47 Rz. 7.
5 Thomas/Putzo/*Hüßtege*, § 217 ZPO Rz. 8.
6 S. hierzu insgesamt: Zöller/*Stöber*, § 216 ZPO Rz. 2.
7 BAG v. 21.4.1993 – 4 AZR 541/92, BAGE 73, 59 (64 f.) = MDR 1994, 75 f.
8 LAG Hamm v. 11.3.1982 – 8 Sa 32/82, MDR 1982, 612; LAG Düsseldorf v. 31.3.1982 – 7 Ta 69/82, EzA § 62 ArbGG 1979 Nr. 6; GMP/*Germelmann*, § 47 Rz. 16.
9 GK-ArbGG/*Woitaschek*, § 47 Rz. 15.
10 GK-ArbGG/*Woitaschek*, § 47 Rz. 25.

ist auch bei Zustellung einer **Klageerweiterung** oder einer **Widerklage** einzuhalten[1]. Nach einer Unterbrechung des Verfahrens durch Tod einer Prozesspartei wird die Ladungsfrist vom Vorsitzenden bestimmt (§ 239 Abs. 3 Satz 2 ZPO). Die Ladungsfrist gilt zudem unabhängig davon, ob die Zustellung der Ladung im Inland oder im Ausland zu erfolgen hat[2].

19 Bei der Anberaumung oder Änderung eines **Verkündungstermins** gilt die Ladungsfrist nach deren Sinn und Zweck jedoch nicht[3], da zum einen in diesem Termin nicht mündlich verhandelt wird und da zum anderen die Wirksamkeit der Verkündung der Entscheidung nicht von der Anwesenheit der Parteien abhängt (§ 312 Abs. 1 Satz 1 ZPO).

2. Rechtsbehelfe

20 Bei **abgelehnter** oder **unterbliebener Terminsbestimmung** ist eine sofortige Beschwerde gem. §§ 252, 567 Abs. 1 Nr. 2 ZPO analog zulässig[4], wobei für die Begründung auf die Rspr. des BVerfG[5] und des EGMR[6] zur überlangen Verfahrensdauer abgestellt werden kann, denn eine unterbliebene Terminierung greift in das Recht der Prozessparteien auf effektiven Rechtsschutz ein (Art. 19 Abs. 4 GG). Eine gesetzlich nicht kodifizierte sog. Untätigkeitsbeschwerde[7] ist seit Einführung der §§ 198 ff. GVG bzgl. der Möglichkeiten bei überlanger Verfahrensdauer nicht mehr zulässig. Eine **sofortige Beschwerde** gegen die **Bestimmung des Terminstags und -stunde** ist hingegen gem. § 78 Satz 1 ArbGG iVm. § 252 (analog), §§ 567 ff. ZPO unzulässig[8]. Das BAG hält aber eine Gegenvorstellung für statthaft[9]. Schließlich ist grds. eine Dienstaufsichtsbeschwerde möglich, die allerdings nur eingeschränkte Wirkung hat (§ 26 Abs. 2 DRiG).

3. Terminsänderung (Aufhebung, Verlegung und Vertagung)

21 Die Ladungsfrist gilt auch bei jeder **Terminsänderung**. Nach § 227 Abs. 1 ZPO kann ein Termin aus erheblichen Gründen aufgehoben, verlegt sowie eine Verhandlung vertagt werden. Unter **Aufhebung eines Termins** ist die Absetzung des Termins vor dessen Beginn (§ 220 Abs. 1 ZPO) ohne gleichzeitige Bestimmung eines neuen Termins zu verstehen[10]. Von **Verlegung eines Termins** spricht man, falls der Termin vor seinem Beginn aufgehoben und gleichzeitig ein neuer (früherer oder späterer) Termin bestimmt wird[11]. Eine **Vertagung eines Termins** ist dagegen gegeben, wenn nach Aufruf der Sache die Verhandlung auf einen anderen Termin verschoben wird, um die Sache von neuem zu behandeln[12]. Hieraus ergibt sich, dass für alle **Terminsbestimmungen und Terminsänderungen vor Eintritt in die mündliche Verhandlung der Vorsitzende allein zuständig** ist, dagegen für **Terminsänderungen nach Eintritt in die mündliche Verhandlung die Kammer**[13]. **Voraussetzung** jeglicher Terminsänderung ist im Interesse der Förderung und Straffung des Verfahrens das Vorliegen eines **erheblichen Grundes** (§ 227 Abs. 1 ZPO). Liegt ein erheblicher Grund (zB. Terminskollision bei dem Prozessbevollmächtigten einer Partei)[14] vor, begrün-

---

1 GMP/*Germelmann*, § 47 Rz. 21; Hauck/Helml/Biebl/*Helml*, § 47 Rz. 11; aA BCF/*Bader*, § 47 Rz. 3 und GK-ArbGG/*Woitaschek*, § 47 Rz. 25, weil der Zweck der Ladungsfrist, dass sich die Parteien auf den Termin einrichten können, bereits durch die erfolgte Ladung gewahrt ist.
2 GMP/*Germelmann*, § 47 Rz. 24.
3 HWK/*Ziemann*, § 47 ArbGG Rz. 11; Zöller/*Stöber*, § 217 ZPO Rz. 1; Düwell/Lipke/*Kloppenburg*, § 47 Rz. 11.
4 OLG Schleswig v. 26.6.1981 – 1 W 94/81, NJW 1982, 246; OLG Köln v. 25.5.1998 – 14 W 27/98, NJW-RR 1999, 290 f.; GMP/*Germelmann*, § 47 Rz. 18; GK-ArbGG/*Woitaschek*, § 47 Rz. 33; Hauck/Helml/Biebl/*Helml*, § 47 Rz. 10; Zöller/*Stöber*, § 216 ZPO Rz. 21; Thomas/Putzo/*Hüßtege*, § 216 ZPO Rz. 12; aA Musielak/Voit/*Stadler*, § 216 ZPO Rz. 11.
5 BVerfG v. 6.5.1977 – 1 BvR 711/96, NJW 1977, 2811; BVerfG v. 17.11.1999 – 1 BvR 1708/99, NJW 2000, 797; BVerfG v. 20.7.2000 – 1 BvR 352/00, NJW 2001, 214.
6 EGMR v. 1.7.1997 – 125/1996/744/943, NJW 1997, 2809; EGMR v. 8.6.2006 – 75529/01, NJW 2006, 2389.
7 LAG Sachsen v. 14.3.2008 – 4 Ta 347/07, LAGE Art. 19 GG Nr. 1, unter Hinweis auf OLG Karlsruhe v. 3.5.2007 – 2 WF 32/07, MDR 2007, 1393, mwN; aA OLG München v. 28.9.2006 – 6 W 2112/06, OLGR München 2007, 149 f.
8 LAG Rh.-Pf. v. 13.6.2005 – 8 Ta 114/05; GMP/*Germelmann*, § 47 Rz. 18; Düwell/Lipke/*Kloppenburg*, § 47 Rz. 12; GK-ArbGG/*Woitaschek*, § 47 Rz. 33; Hauck/Helml/Biebl/*Helml*, § 47 Rz. 10; Zöller/*Stöber*, § 216 ZPO Rz. 21; Musielak/Voit/*Stadler*, § 216 ZPO Rz. 11; aA LAG Berlin v. 21.5.2003 – 3 Ta 942/03; LAG Rh.-Pf. v. 6.1.2006 – 9 Ta 274/05; LAG BW v. 24.9.1985 – 14 Ta 27/85, NZA 1986, 338; LAG BW v. 12.7.1985 – 14 Ta 22/85, NZA 1985, 636 f.; Thomas/Putzo/*Hüßtege*, § 216 ZPO Rz. 11, wenn der Termin so weit hinausgeschoben wurde, dass dies einer Ablehnung gleich steht.
9 BAG v. 10.3.1993 – 4 AZR 541/92 (B), BAGE 72, 320 (322) = MDR 1993, 547 f.
10 Zöller/*Stöber*, § 227 ZPO Rz. 1; BAG v. 10.3.1993 – 4 AZR 541/92 (B), NZA 1993, 382 f.
11 BAG v. 10.3.1993 – 4 AZR 541/92 (B), NZA 1993, 382 f.; Zöller/*Stöber*, § 227 ZPO Rz. 2.
12 Zöller/*Stöber*, § 227 ZPO Rz. 3; BAG v. 10.3.1993 – 4 AZR 541/92 (B), NZA 1993, 382 f.
13 BAG v. 10.3.1993 – 4 AZR 541/92 (B), BAGE 72, 320 (322 f.) = NZA 1993, 382 f.
14 S. wegen Einzelheiten: Zöller/*Stöber*, § 227 ZPO Rz. 6.

det das die **Pflicht** des Gerichts zur Terminsänderung auf Antrag der Partei[1]. Die erheblichen Gründe sind auf Verlangen des Vorsitzenden, für eine Vertagung auf Verlangen des Gerichts, glaubhaft zu machen (§ 227 Abs. 2 ZPO). Die Regelung des § 227 Abs. 3 Satz 1 ZPO über die Verlegung von Terminen in der Zeit vom 1. Juli bis 31. August findet gem. § 46 Abs. 2 Satz 2 keine Anwendung im arbeitsgerichtlichen Verfahren (s. § 46 Rz. 14). Nach § 227 Abs. 4 Satz 1 ZPO entscheidet der Vorsitzende über die Aufhebung sowie die Verlegung eines Termins ohne mündliche Verhandlung. Die entsprechende Verfügung ist vom Vorsitzenden handschriftlich zu unterzeichnen, eine Paraphe genügt nicht. Dagegen entscheidet das Gericht, dh. je nach Verfahrensstand ggfls. die Kammer, über eine Vertagung. Die Entscheidung ist kurz zu begründen (§ 227 Abs. 4 Satz 2 ZPO). Die (positive oder negative) Entscheidung über den Antrag auf Terminsänderung ist unanfechtbar (§ 227 Abs. 4 Satz 3 ZPO). Daher wird sie auch nicht mit einer Rechtsmittelbelehrung versehen. Wiederholungsanträge, die einem abgelehnten Antrag auf Terminsänderung entsprechen, sind unzulässig[2].

Die Ladungsfrist ist nach hM hingegen nicht zu beachten, wenn lediglich eine **Verlegung der Terminsstunde** am selben Terminstag erfolgt[3]. Dem Wortlaut von § 217 ZPO nach ist mit der Zustellung der neuen Ladung zu dem in der Terminsstunde verlegten Termin die Ladungsfrist weiterhin mit der früheren Ladung gewahrt, denn der Terminstag (§ 214 ZPO) ist unverändert geblieben. Dies gilt umso mehr, als die Ladungsfrist in § 217 ZPO, soweit sie nicht auf Antrag einer Partei abgekürzt wurde, in Tagen und nicht in Stunden bemessen ist. Der Sinn der Ladungsfrist, den Beteiligten Gelegenheit zu geben, sich auf die Verhandlung vorzubereiten, verlangt im Falle der Verlegung der Terminsstunde keine erweiternde Auslegung. Gegen (kurzfristige) Verlegungen der Terminsstunde sind die Parteien dadurch geschützt, dass sie bei etwaigen Unzumutbarkeiten, die aus kurzfristigen Neubestimmung der Terminsstunde resultieren können, bspw. bei anderweitigen Terminen, idR nach § 227 ZPO einen Anspruch auf Verlegung des neuen Termins haben. Die in der Praxis üblichen zeitlich geringfügigen Änderungen der Terminsstunde erfordern somit nicht die Einhaltung der Ladungsfrist[4]. Wenn die Terminsstunde hingegen unzumutbar verlegt wurde, darf im Falle des Nichterscheinens einer Partei kein Versäumnisurteil oder eine Entscheidung nach Aktenlage gegen sie ergehen. 22

4. Abkürzung der Ladungsfrist

Die dreitägige Ladungsfrist des § 217 ZPO kann auf – nicht formbedürftigem – Antrag einer Partei gem. § 226 Abs. 1 ZPO als **Zwischenfrist** abgekürzt werden. Eine Verlängerung der Ladungsfrist scheidet aus (§ 224 Abs. 2 ZPO). Eine Abkürzung der Ladungsfrist bis auf eine Stunde ist zulässig, denn die ZPO kennt auch Stundenfristen (vgl. § 222 Abs. 3 ZPO)[5]. Der Antrag bedarf der Begründung[6]. Die Abkürzung der Ladungsfrist spielt eine besondere Rolle im **Verfahren auf Erlass einer einstweiligen Verfügung oder eines Arrestes**, weil in diesen Verfahren keine Einlassungs-, sondern nur eine Ladungsfrist besteht. Es muss nach dem insoweit klaren Wortlaut des § 226 Abs. 1 ZPO auch in diesem Verfahren ein Antrag auf Abkürzung der Ladungsfrist gestellt werden. Ein konkludenter Antrag, bspw. wenn die Partei eine Entscheidung ohne mündliche Verhandlung begehrt oder um Anberaumung eines „möglichst nahen Verhandlungstermins" nachsucht, ist nicht ausreichend und für das Gericht unbeachtlich[7]. Ebenso scheidet eine Abkürzung 23

---

1 BGH v. 15.11.2007 – RiZ (R) 4/07, NJW 2008, 1448 (1451); Zöller/*Stöber*, § 227 ZPO Rz. 8a.
2 LAG BW v. 15.12.2016 – 22 Ta 186/16.
3 Zöller/*Stöber*, § 217 ZPO Rz. 1; Thomas/Putzo/*Hüßtege*, § 217 ZPO Rz. 1; DFL/*Heider*, § 47 ArbGG Rz. 4; OLG Brandenburg v. 29.7.1997 – 3 U 235/96, NJW-RR 1998, 500 (501); LG Köln v. 24.2.1987 – 26 T 19/87, MDR 1987, 590; BayVGH v. 15.12.2004 – 22 ZB 04.3173; BFH v. 31.3.2006 – IV B 138/04; BCF/*Bader*, § 47 Rz. 3; Natter/Gross/ *Pfitzer/Ahmad*, § 47 Rz. 3; GMP/*Germelmann*, § 47 Rz. 21; GK-ArbGG/*Woitaschek*, § 47 Rz. 25; Zöller/*Stöber*, § 217 ZPO Rz. 1; Hauck/Helml/Biebl/*Helml*, § 47 Rz. 11; BLAH, § 217 ZPO Rz. 3; MünchKommZPO/*Gehrlein*, § 217 ZPO Rz. 3; aA HWK/*Ziemann*, § 47 ArbGG Rz. 11 und Düwell/Lipke/*Kloppenburg*, § 47 Rz. 11, weil dies angesichts des Zwecks, den Parteien eine Terminsplanung zu ermöglichen, wenig überzeugt. Nach Musielak/Voit/ *Stadler*, § 217 ZPO Rz. 1 ist die Ladungsfrist jedenfalls bei „beachtlicher" zeitlicher Verschiebung der Terminsstunde einzuhalten.
4 MünchKommZPO/*Gehrlein*, § 217 ZPO Rz. 3.
5 Zöller/*Stöber*, § 222 ZPO Rz. 2; Thomas/Putzo/*Hüßtege*, § 222 ZPO Rz. 4; GK-ArbGG/*Woitaschek*, § 47 Rz. 22, der allerdings darauf hinweist, dass dann bei der Zustellung der Ladung auch die genaue Uhrzeit nachweisbar sein muss.
6 GK-ArbGG/*Woitaschek*, § 47 Rz. 22.
7 ErfK/*Koch*, § 47 ArbGG Rz. 2; BCF/*Bader*, § 47 Rz. 4; GK-ArbGG/*Woitaschek*, § 47 Rz. 23 (ausdrücklicher Antrag muss gestellt werden); Musielak/Voit/*Stadler*, § 226 ZPO Rz. 1; aA GMP/*Germelmann*, § 47 Rz. 23; Zöller/*Stöber*, § 226 ZPO Rz. 2; Hauck/Helml/Biebl/*Helml*, § 47 Rz. 11; Düwell/Lipke/*Kloppenburg*, § 47 Rz. 12; BeckOKArbR/ *Hamacher*, § 47 ArbGG Rz. 13; HWK/*Ziemann*, § 47 ArbGG Rz. 12.

der Ladungsfrist **von Amts wegen** aus[1]. Die Entscheidung über die Abkürzung trifft der Vorsitzende allein (§ 53 Abs. 1 Satz 1), da die Entscheidung ohne mündliche Verhandlung ergehen kann (§ 226 Abs. 3, § 225 Abs. 1 ZPO). Dem Gegner ist vorab kein rechtliches Gehör zu gewähren. Die Entscheidung ist kurz zu begründen[2]; die Verfügung[3] ist mit vollem Namenszug zu unterschreiben, eine Unterzeichnung mit Handzeichen bzw. Paraphe genügt nicht[4]. Die stattgebende Entscheidung kann von der betroffenen Partei nicht gesondert angefochten werden (vgl. §§ 512, 557 Abs. 2 ZPO, wonach die Überprüfung nur zusammen mit der Endentscheidung erfolgen kann). Gegen die ablehnende Entscheidung kann sofortige Beschwerde iSv. § 567 Abs. 1 ZPO eingelegt werden (Umkehrschluss zu § 225 Abs. 3 ZPO), was allerdings wegen Zeitablaufs regelmäßig sinnlos sein dürfte[5].

5. Folgen bei Nichteinhaltung

24 Ist die **Ladungsfrist nicht eingehalten**, so darf gegen die nicht erschienene Partei **kein Versäumnisurteil** ergehen (§ 335 Abs. 1 Nr. 2 ZPO), da keine ordnungsgemäße Ladung vorliegt. Die erschienene Partei hat im Falle der Nichteinhaltung der Ladungsfrist das Recht, die Einlassung zu verweigern und muss nicht verhandeln. Auf ihren Antrag hin ist die Verhandlung zu vertagen. Auch eine Entscheidung nach Lage der Akten gem. §§ 331a, 251a ZPO scheidet aus. Durch **rügelose Verhandlung** wird allerdings der Mangel der Nichteinhaltung der Ladungsfrist gem. § 295 ZPO geheilt[6].

IV. Keine Aufforderung zur schriftlichen Gegenäußerung

25 Anders als im Zivilprozess ist im arbeitsgerichtlichen Verfahren **das schriftliche Vorverfahren** (§§ 275–277 ZPO) ohnehin bereits von Gesetzes wegen ausgeschlossen (§ 46 Abs. 2 Satz 2). § 47 Abs. 2 sieht darüber hinaus vor, dass idR keine gerichtliche Aufforderung an den Beklagten erfolgen, sich vor dem **ersten Termin** (dh. die Güteverhandlung iSv. § 54 Abs. 1 Satz 1, soweit nicht ausnahmsweise Güte-/Kammertermin anberaumt ist) auf die Klage schriftlich zu äußern[7]. Die Güteverhandlung beim ArbG braucht daher beklagtenseits nicht schriftsätzlich vorbereitet zu werden. Es soll durch eine mündliche Verhandlung auch prozessunerfahrenen und schreibungewandten Parteien ermöglicht werden, ihre Auffassung darzulegen und die erforderlichen Tatsachen vorzubringen[8]. Der Zweck der Güteverhandlung, das gesamte Streitverhältnis mit den Parteien unter freier Würdigung aller Umstände zum Zwecke einer gütlichen Einigung zu erörtern (§ 54 Abs. 1 Satz 2), könnte zudem vereitelt werden, wenn bereits eine vorherige schriftliche Stellungnahme vorläge, die zudem von einer beklagten Partei im Kündigungsschutzverfahren innerhalb der Zwei-Wochen-Frist des § 61a Abs. 2 ohnehin nicht erwartet werden kann. Eine Abweichung vom Grundsatz des § 47 Abs. 2 ist auch nicht deswegen angezeigt, weil eine Seite Prozesskostenhilfe beantragt hat[9].

26 Angesichts des klaren Wortlauts von § 47 Abs. 2 ist es daher unzulässig, standardmäßig oder zumindest in aller Regel formularmäßig der beklagten Partei aufzugeben, sich bereits vor der Güteverhandlung – unverzüglich oder innerhalb einer Frist von [x] – schriftlich zu äußern. Solche gerichtlichen Aufforderungen sind unbeachtlich[10].

27 Allerdings ist es ohne Weiteres zulässig, die beklagte Partei im Einzelfall aufzufordern, sich vor der Güteverhandlung zur Klage schriftlich zu bestimmten Aspekten zu äußern, wenn dies **zweckmäßig** und zur **sachgerechten Vorbereitung des Termins** aus Sicht des Vorsitzenden angezeigt ist. Das folgt schon aus dem Wortlaut des § 47 Abs. 2 „in der Regel". Eine derartige **Ausnahmekonstellation** kann bspw. gegeben sein, wenn es um die Echtheit einer in Kopie beigefügten Urkunde geht[11]. Auch bei **komplexen oder komplizierten Sachverhalten** ist eine vorherige Stellungnahme angezeigt, damit der Vorsitzende die Güterver-

---

1 Im Verfahren nach § 100 ArbGG ist die Ladungsfrist von Gesetzes wegen auf 48 Stunden verkürzt.
2 HWK/*Ziemann*, § 47 ArbGG Rz. 12, 9; ErfK/*Koch*, § 47 ArbGG Rz. 4; aA BCF/*Bader*, § 47 Rz. 4 und GK-ArbGG/*Woitaschek*, § 47 Rz. 22, weil die Begründung aus dem Antrag abgestellt werden könne.
3 Die Entscheidung kann auch durch Beschluss erfolgen, GMP/*Germelmann*, § 47 Rz. 14.
4 GK-ArbGG/*Woitaschek*, § 47 Rz. 22.
5 ErfK/*Koch*, § 47 ArbGG Rz. 2; GK-ArbGG/*Woitaschek*, § 47 Rz. 24.
6 GMP/*Germelmann*, § 47 Rz. 15; GK-ArbGG/*Woitaschek*, § 47 Rz. 39; Hauck/Helml/Biebl/*Helml*, § 47 Rz. 9.
7 HWK/*Ziemann*, § 47 ArbGG Rz. 13 hält die Vorschrift für rechtspolitisch problematisch. Insbesondere angesichts des Beschleunigungsgrundsatzes soll in Bestandsschutzsachen eine Aufforderung zur schriftsätzlichen Vorbereitung der Güteverhandlung stets erforderlich sein.
8 BAG v. 22.10.1980 – 5 AZR 1050/79; ErfK/*Koch*, § 47 ArbGG Rz. 2.
9 *Korinth*, ArbRB 2016, 60 (61).
10 *Diller*, FA 1998, 70 (71).
11 GWBG/*Benecke*, § 47 Rz. 8.

handlung sinnvoll vorbereiten kann[1], um ggf. zutreffende rechtliche Hinweise erteilen und zweckdienliche Auflagen zur Vorbereitung des Kammertermins (§ 56 Abs. 1) machen zu können. Folgt die beklagte Partei allerdings der Aufforderung des Gerichts nicht, darf das keine negativen Folgen für sie haben[2]. Ob sich die Beklagtenseite – unabhängig von einer gerichtlichen Aufforderung – bereits vor der Güteverhandlung zur Klageschrift äußern sollte, ist allein eine **prozesstaktische Frage**, denn die Zeit ab Zustellung der Klageschrift – und ggf. Mandatierung des Prozessbevollmächtigten – bis zur Güteverhandlung ist idR – trotz Wahrung der Einlassungsfrist nach § 47 Abs. 1 – für eine sorgfältige Sachverhaltsermittlung und eine rechtliche Recherche zu kurz, um eine vollständige Klageerwiderung anzufertigen. Empfehlenswert ist eine schriftsätzliche Stellungnahme immer dann, wenn die Sach- und Rechtslage klar erscheint und Einwendungen oder Ansprüche des Klägers ohne Weiteres entkräftet werden können. Sind dagegen Sachverhalt und/oder Rechtslage kompliziert oder undurchsichtig, kann ein kursorisch gefasster Schriftsatz erwogen werden, um das Gericht ggf. auf die eigene Rechtsposition einzustellen. Eine derartig skizzenhafte Darstellung sollte ausdrücklich im Schriftsatz erwähnt werden, damit nicht später die mangelnde Substanziierung gerügt wird[3]. Im Übrigen gilt bei den taktischen Überlegungen, dass eine Überraschung des Gerichts und des Gegners in der Güteverhandlung durch langatmige mündliche Sach- oder Rechtsausführungen, die bereits vorbereitend schriftsätzlich hätten dargelegt werden können und die zu Zeitverlust an einem üblicherweise zeitlich straff getakteten Güteterminstag führen würden, vermieden werden sollte[4].

§ 48 Rechtsweg und Zuständigkeit

(1) Für die Zulässigkeit des Rechtsweges und der Verfahrensart sowie für die sachliche und örtliche Zuständigkeit gelten die §§ 17 bis 17b des Gerichtsverfassungsgesetzes mit folgender Maßgabe entsprechend:
1. Beschlüsse entsprechend § 17a Abs. 2 und 3 des Gerichtsverfassungsgesetzes über die örtliche Zuständigkeit sind unanfechtbar.
2. Der Beschluss nach § 17a Abs. 4 des Gerichtsverfassungsgesetzes ergeht, sofern er nicht lediglich die örtliche Zuständigkeit zum Gegenstand hat, auch außerhalb der mündlichen Verhandlung stets durch die Kammer.

(1a) Für Streitigkeiten nach § 2 Abs. 1 Nr. 3, 4a, 7, 8 und 10 sowie Abs. 2 ist auch das Arbeitsgericht zuständig, in dessen Bezirk der Arbeitnehmer gewöhnlich seine Arbeit verrichtet oder zuletzt gewöhnlich verrichtet hat. Ist ein gewöhnlicher Arbeitsort im Sinne des Satzes 1 nicht feststellbar, ist das Arbeitsgericht örtlich zuständig, von dessen Bezirk aus der Arbeitnehmer gewöhnlich seine Arbeit verrichtet oder zuletzt gewöhnlich verrichtet hat.

(2) Die Tarifvertragsparteien können im Tarifvertrag die Zuständigkeit eines an sich örtlich unzuständigen Arbeitsgerichts festlegen für
1. bürgerliche Rechtsstreitigkeiten zwischen Arbeitnehmern und Arbeitgebern aus einem Arbeitsverhältnis und aus Verhandlungen über die Eingehung eines Arbeitsverhältnisses, das sich nach einem Tarifvertrag bestimmt,
2. bürgerliche Rechtsstreitigkeiten aus dem Verhältnis einer gemeinsamen Einrichtung der Tarifvertragsparteien zu den Arbeitnehmern oder Arbeitgebern.

Im Geltungsbereich eines Tarifvertrags nach Satz 1 Nr. 1 gelten die tarifvertraglichen Bestimmungen über das örtlich zuständige Arbeitsgericht zwischen nicht tarifgebundenen Arbeitgebern und Arbeitnehmern, wenn die Anwendung des gesamten Tarifvertrags zwischen ihnen vereinbart ist. Die in § 38 Abs. 2 und 3 der Zivilprozessordnung vorgesehenen Beschränkungen finden keine Anwendung.

Gerichtsverfassungsgesetz (GVG)
idF der Bekanntmachung vom 9.5.1975 (BGBl. I S. 1077), zuletzt geändert durch Gesetz vom 21.1.2013 (BGBl. I S. 89)

---

1 *Etzel*, AR-Blattei, SD 160.7.1, Rz. 17.
2 ErfK/*Koch*, § 47 ArbGG Rz. 3; Natter/Gross/*Pfitzer*/*Ahmad*, § 47 Rz. 4.
3 Bauer/Lingemann/Diller/Haußmann/*Diller*, M 101.6, Fn. 2.
4 Vgl. *Reufels*, § 2 VI Rz. 123; *Lansnicker*, § 2 Rz. 128.

§ 17 [Rechtshängigkeit; Entscheidung des Rechtsstreits]

(1) Die Zulässigkeit des beschrittenen Rechtsweges wird durch eine nach Rechtshängigkeit eintretende Veränderung der sie begründenden Umstände nicht berührt. Während der Rechtshängigkeit kann die Sache von keiner Partei anderweitig anhängig gemacht werden.

(2) Das Gericht des zulässigen Rechtsweges entscheidet den Rechtsstreit unter allen in Betracht kommenden rechtlichen Gesichtspunkten. Artikel 14 Abs. 3 Satz 4 und Artikel 34 Satz 3 des Grundgesetzes bleiben unberührt.

§ 17a [Rechtsweg]

(1) Hat ein Gericht den zu ihm beschrittenen Rechtsweg rechtskräftig für zulässig erklärt, sind andere Gerichte an diese Entscheidung gebunden.

(2) Ist der beschrittene Rechtsweg unzulässig, spricht das Gericht dies nach Anhörung der Parteien von Amts wegen aus und verweist den Rechtsstreit zugleich an das zuständige Gericht des zulässigen Rechtsweges. Sind mehrere Gerichte zuständig, wird an das vom Kläger oder Antragsteller auszuwählende Gericht verwiesen oder, wenn die Wahl unterbleibt, an das vom Gericht bestimmte. Der Beschluss ist für das Gericht, an das der Rechtsstreit verwiesen worden ist, hinsichtlich des Rechtsweges bindend.

(3) Ist der beschrittene Rechtsweg zulässig, kann das Gericht dies vorab aussprechen. Es hat vorab zu entscheiden, wenn eine Partei die Zulässigkeit des Rechtsweges rügt.

(4) Der Beschluss nach den Absätzen 2 und 3 kann ohne mündliche Verhandlung ergehen. Er ist zu begründen. Gegen den Beschluss ist die sofortige Beschwerde nach den Vorschriften der jeweils anzuwendenden Verfahrensordnung gegeben. Den Beteiligten steht die Beschwerde gegen den Beschluss des oberen Landesgerichts an den obersten Gerichtshof des Bundes nur zu, wenn sie in dem Beschluss zugelassen worden ist. Die Beschwerde ist zuzulassen, wenn die Rechtsfrage grundsätzlich Bedeutung hat oder wenn das Gericht von der Entscheidung eines obersten Gerichtshofes des Bundes oder des Gemeinsamen Senats der obersten Gerichtshöfe des Bundes abweicht. Der oberste Gerichtshof des Bundes ist an die Zulassung der Beschwerde gebunden.

(5) Das Gericht, das über ein Rechtsmittel gegen eine Entscheidung in der Hauptsache entscheidet, prüft nicht, ob der beschrittene Rechtsweg zulässig ist.

(6) Die Absätze 1 bis 5 gelten für die in bürgerlichen Rechtsstreitigkeiten, Familiensachen und Angelegenheiten der freiwilligen Gerichtsbarkeit zuständigen Spruchkörper in ihrem Verhältnis zueinander entsprechend.

§ 17b [Anhängigkeit nach Verweisung; Kosten]

(1) Nach Eintritt der Rechtskraft des Verweisungsbeschlusses wird der Rechtsstreit mit Eingang der Akten bei dem im Beschluss bezeichneten Gericht anhängig. Die Wirkungen der Rechtshängigkeit bleiben bestehen.

(2) Wird ein Rechtsstreit an ein anderes Gericht verwiesen, so werden die Kosten im Verfahren vor dem angegangenen Gericht als Teil der Kosten behandelt, die bei dem Gericht erwachsen, an das der Rechtsstreit verwiesen wurde. Dem Kläger sind die entstandenen Mehrkosten auch dann aufzuerlegen, wenn er in der Hauptsache obsiegt.

(3) Absatz 2 Satz 2 gilt nicht in Familiensachen und in Angelegenheiten der freiwilligen Gerichtsbarkeit.

I. Inhalt der Norm 1	c) Arrest- und Verfügungsverfahren 24
II. Geltung der §§ 17 ff. GVG für Rechtsweg, Verfahrensart und Zuständigkeit (Abs. 1) . . . 2	d) Zwangsvollstreckungsverfahren 28
1. Geschichtliche Entwicklung des Abs. 1 3	5. Prüfung 29
a) Bis 31.12.1990: Regelung zur örtlichen und sachlichen Zuständigkeit 3	a) Prüfungsreihenfolge 30
b) Seit 1.1.1991: Regelung zur Rechtswegzuständigkeit 6	b) Maßgeblicher Zeitpunkt (§ 17 Abs. 1 Satz 1 GVG) 31
2. Sinn des Abs. 1 7	c) Grundlage der Prüfung 34
3. Anwendungsbereich 9	d) Entbehrlichkeit der Rechtswegprüfung 38
a) Zulässigkeit des Rechtsweges 10	6. Entscheidung über den Rechtsweg und weiteres Verfahren (§§ 17a, 17b GVG) 40
b) Richtige Verfahrensart 11	a) Bejahung der Zulässigkeit des Rechtsweges . . 41
c) Sachliche Zuständigkeit 12	aa) Inzidententscheidung 42
d) Örtliche Zuständigkeit 13	bb) Vorabentscheidung (§ 17a Abs. 3, 4 GVG) 43
e) Keine Anwendbarkeit 14	(1) Sinn 43
aa) Internationale Zuständigkeit 14	(2) Zeitpunkt 44
bb) Schiedsgerichtsbarkeit 16	(3) Fakultative und obligatorische Vorabentscheidung 45
cc) Geschäftsverteilung 17	(4) Folgen 47
4. Bedeutung des Abs. 1 für besondere Verfahrensarten 18	b) Verweisung von Amts wegen bei Unzulässigkeit des Rechtsweges (§ 17a Abs. 2 GVG) . . 48
a) Mahnverfahren 19	
b) Prozesskostenhilfeverfahren 21	

c) Entscheidung bei mehreren Streitgegenständen	51
d) Verfahren bei Rechtswegentscheidungen	52
e) Form und Zustellung der Entscheidung	56
f) Anfechtbarkeit von Rechtswegentscheidungen	57
aa) Keine Anfechtbarkeit von Inzidententscheidungen (§ 17a Abs. 5 GVG)	58
bb) Sofortige Beschwerde gegen Rechtswegbeschlüsse (§ 17a Abs. 4 Satz 3 GVG)	61
(1) Frist	62
(2) Form und Inhalt	63
(3) Zuständiges Gericht	64
(4) Beschwer	65
(5) Beschwerdewert	67
(6) Folgen der Beschwerdeeinlegung	68
(7) Entscheidung des Beschwerdegerichts	68a
(8) Rechtsbeschwerde gegen die Beschwerdeentscheidung (§ 17a Abs. 4 Satz 4–6 GVG)	74
(9) Ausschluss der Beschwerdemöglichkeit im Eilverfahren	78
g) Rechtskraft von Rechtswegentscheidungen	79
h) Wirkungen rechtskräftiger Rechtswegbeschlüsse	81
aa) Bindungswirkung von Rechtswegentscheidungen	82
(1) Bei Bejahung der Rechtswegzuständigkeit (§ 17a Abs. 1 GVG)	83
(2) Bei Verneinung der Rechtswegzuständigkeit und Verweisung (§ 17a Abs. 2 Satz 3 GVG)	84
bb) Verfahren bei negativem Kompetenzkonflikt	88
cc) Anhängigkeit beim Adressatgericht (§ 17b Abs. 1 Satz 1 GVG)	89
dd) Fortbestand der Rechtshängigkeitswirkungen (§ 17b Abs. 1 Satz 2 GVG)	90
ee) Umfassende Entscheidungskompetenz des Adressatgerichts in der Hauptsache (§ 17 Abs. 2 Satz 1 GVG)	91
ff) Kosten (§ 17b Abs. 2 GVG)	93
7. Entscheidung über die Verfahrensart	96
a) Prüfung von Amts wegen	97
b) Inzidententscheidung	98
c) Vorabentscheidung	99
d) Verweisung in die richtige Verfahrensart	100
e) Kosten	102
8. Entscheidung über die örtliche Zuständigkeit	103
a) Parallelen zur Entscheidung über die Rechtswegzuständigkeit und die Verfahrensart	104
b) Alleinentscheidungskompetenz des Vorsitzenden	108
c) Unanfechtbarkeit der Vorabentscheidung (§ 48 Abs. 1 Nr. 1)	109
d) Keine Bindungswirkung bei greifbar gesetzwidrigen Verweisungsbeschlüssen	110
e) Kosten	112
III. Die örtliche Zuständigkeit	113
1. Allgemeiner Gerichtsstand (§ 46 Abs. 2 ArbGG, §§ 12 ff. ZPO)	114
2. Der besondere Gerichtsstand des Arbeitsortes (Abs. 1a)	115
a) Sinn der Regelung	116
b) Erfasste Streitigkeiten	117
c) Ort der gewöhnlichen Arbeitsverrichtung (Abs. 1a Satz 1)	118
d) Ort, von dem aus die Arbeit verrichtet wird (Abs. 1a Satz 2)	119
3. Weitere besondere Gerichtsstände (§ 46 Abs. 2 ArbGG iVm. §§ 20 ff. ZPO)	120
a) Gerichtsstand des Aufenthaltsortes	121
b) Gerichtsstand der Niederlassung	122
c) Gerichtsstand des Erfüllungsortes	123
aa) Vertragsverhältnis	124
bb) Erfüllungsort	125
cc) Erfüllungsort für Pflichten aus dem Arbeitsvertrag	126
(1) Arbeitspflicht	127
(2) Schadensersatz- und Unterlassungspflichten	128
(3) Entgeltzahlungspflicht	129
(4) Sonstige Pflichten	130
dd) Erfüllungsort für Pflichten aus Tarifverträgen	131
d) Gerichtsstand in Miet- oder Pachtsachen	132
e) Gerichtsstand der unerlaubten Handlung	134
f) Gerichtsstand der Widerklage	135
g) Gerichtsstand bei gleichgerichteten Entschädigungsklagen	136
4. Gerichtsstandsvereinbarungen	137
a) Vereinbarung im Arbeitsvertrag	138
aa) § 38 Abs. 2 Satz 1 ZPO	139
bb) § 38 Abs. 3 Nr. 1 ZPO	140
cc) § 38 Abs. 3 Nr. 2 ZPO	141
b) Vereinbarung nach Art. 25 EuGVVO	143
c) Vereinbarung in Tarifvertrag	144
5. Rügelose Einlassung	145
6. Prüfung der örtlichen Zuständigkeit	148
a) Prüfung von Amts wegen	149
b) Beschränkung der Zuständigkeitsprüfung auf die 1. Instanz	150
c) Maßgeblicher Zeitpunkt für die örtliche Zuständigkeit	151
d) Grundlage der Zuständigkeitsprüfung	152
e) Prüfungskompetenz bei mehreren Anspruchsgrundlagen mit verschiedenen Gerichtsständen	154
7. Verweisung bei örtlicher Unzuständigkeit	155
a) Verweisungsbeschluss	156
b) Negativer Kompetenzkonflikt bei nicht bindender Verweisung	157
c) Folge der Verweisung	159
8. Verfahren bei Bejahung der örtlichen Zuständigkeit	160
a) Vorabentscheidung	161
b) Positiver Kompetenzkonflikt	162
IV. Vereinbarung der örtlichen Zuständigkeit im Tarifvertrag (Abs. 2)	163
1. Sinn des Abs. 2	164
2. Voraussetzungen für eine wirksame Vereinbarung nach Abs. 2	165

3. Fallgruppen 166
   a) Abs. 2 Satz 1 Nr. 1 167
   b) Abs. 2 Satz 1 Nr. 2 168
4. Vereinbarung einer zusätzlichen oder ausschließlichen örtlichen Zuständigkeit 169
5. Bindung an eine tarifvertragliche Zuständigkeitsvereinbarung 170
   a) Kraft Verbandsmitgliedschaft oder Allgemeinverbindlichkeitserklärung 171
   b) Kraft Verweisung im Arbeitsvertrag (Abs. 2 Satz 2, 3) 172

Schrifttum: *Abele,* Gerichtsstand bei Klagen gegen ausländische Staaten als Arbeitgeber, FA 2012, 293; *Bader/Bader,* Das arbeitsgerichtliche Verfahren im Spiegel aktueller höchstrichterlicher Rechtsprechung, NZA-RR 2016, 449; *Bengelsdorf,* Das örtlich zuständige Gericht bei Streitigkeiten aus einem nachvertraglichen Wettbewerbsverbot, DB 1992, 1340; *Bergwitz,* Der besondere Gerichtsstand des Arbeitsortes (§ 48 I a ArbGG), NZA 2008, 443; *Berscheid,* Gerichtsstandsbestimmung bei Streit über das Vorliegen eines Betriebsübergangs, BB 1996, 2414; *Brückner,* Bindung des Rechtsmittelgerichts an den Rechtsweg im Fall der unterbliebenen oder verspäteten Rechtswegrüge?, NJW 2006, 13; *Domröse,* Der gewöhnliche Arbeitsort des Arbeitnehmers als besonderer Gerichtsstand im arbeitsgerichtlichen Urteilsverfahren, DB 2008, 1626; *Drygala,* Auswirkung der Neuregelung der §§ 17, 17a GVG auf die Prozessaufrechnung im Arbeitsrecht, NZA 1992, 294; *Ehler,* Gerichtsstand bei Außendiensttätigkeiten, BB 1995, 1849; *Francken,* Weitere Optimierung des arbeitsgerichtlichen Verfahrens, NJW 2007, 1792; *Francken/Natter/Rieker,* Der Referentenentwurf vom 16.5.2007 und weitere Optimierungsvorschläge zum arbeitsgerichtlichen Verfahren, NZA 2007, 833; *Francken/Natter/Rieker,* Die Novellierung des Arbeitsgerichtsgesetzes und des § 5 KSchG durch das SGGArbGG-Änderungsgesetz, NZA 2008, 377; *Ganser-Hillgruber,* Zur tatsächlichen Entscheidungsgrundlage im Rechtswegstreit nach § 17a GVG, RdA 1997, 355; *Hager,* Die Manipulation des Rechtswegs. Bemerkungen zur Reform der §§ 17 ff. GVG, FS Kissel, 1994, S. 327; *Hoffmann,* § 17 Abs. 2 Satz 1 GVG und der allgemeine Gerichtsstand des Sachzusammenhangs, ZZP 107 (1994), 3; *Jauernig,* § 17 II GVG – das unverstandene Wesen, NZA 1995, 12; *Kissel,* Die neuen §§ 17 bis 17b GVG in der Arbeitsgerichtsbarkeit, NZA 1995, 345; *Koch,* Neues im arbeitsgerichtlichen Verfahren, NJW 1991, 1856; *Kopp,* Fragen zur Abgrenzung des arbeitsgerichtlichen Rechtsweges vom verwaltungsgerichtlichen, JZ 1991, 564; *Krasshöfer-Pidde/Molkenbur,* Zur örtlichen Zuständigkeit der Gerichte für Arbeitssachen, NZA 1988, 236; *Kluth,* Der Anspruch auf den gesetzlichen Richter (Art. 101 I 2 GG) in Rechtswegstreitigkeiten, NZA 2000, 463; *G. Lüke,* Der Rechtsweg zu den Arbeitsgerichten und die dogmatische Bedeutung der Neuregelung, FS Kissel, 1994, 709; *Mankowski,* Gerichtsstandsvereinbarungen in Tarifverträgen und Art. 23 EuGVVO, NZA 2009, 584;*St. Müller,* Der Gerichtsstand des Erfüllungsortes bei arbeitsgerichtlichen Klagen von Außendienstmitarbeitern, BB 2002, 1094; *Ostrop/Zumkeller,* Gerichtsstand bei Reisetätigkeit – keine Klarheit durch BAG-Beschluss, NZA 1995, 16; *Ostrop/Zumkeller,* Die örtliche Zuständigkeit im Urteilsverfahren bei Außendienstmitarbeitern, NZA 1994, 644; *Reinecke,* Die Entscheidungsgrundlagen für die Prüfung der Rechtswegzuständigkeit, insbesondere der arbeitsgerichtlichen Zuständigkeit, ZfA 1998, 359; *Reinhard/Böggemann,* Gesetz zur Änderung des Sozialgerichtsgesetzes und des Arbeitsgerichtsgesetzes – Änderungen im ArbGG, NJW 2008, 1263; *Salamon,* Grenzen der Durchsetzung von Individualansprüchen im Beschlussverfahren, NZA 2015, 85; *Schaub,* Die Rechtswegzuständigkeit und die Verweisung des Rechtsstreits, BB 1993, 1666; *Schmidt/Schwab/Wildschütz,* Die Auswirkungen der Reform des Zivilprozesses auf das arbeitsgerichtliche Verfahren, NZA 2001, 1161 u. 1217; *Schwab,* Neuerungen im arbeitsgerichtlichen Verfahren, NZA 1991, 657; *Steppler/Denecke,* Eröffnung des Rechtswegs zu den Arbeitsgerichten und die Folgen einer Verweisung zum Sozialgericht, NZA 2013, 482; *Trebeck,* Örtliche Zuständigkeit der Arbeitsgerichte bei fliegendem Personal, ArbR Aktuell 2013, 436 (349121); *Vollkommer,* Die Neuregelung des Verhältnisses zwischen den Arbeitsgerichten und den ordentlichen Gerichten und ihre Auswirkungen, FS Kissel, 1994, S. 1183; *Walker,* Die Grundlage für die Prüfung der Rechtswegzuständigkeit, ZZP 123 (2010), 185; *Walker,* Die Abgrenzung zwischen Urteils- und Beschlussverfahren im Arbeitsgerichtsprozess, FS 50 Jahre Bundesarbeitsgericht, 2004, S. 1365; *Weers-Hermanns,* Gerichtsstand für Außendienstmitarbeiter mit Home-Office, NZA 2010, 492; *Windel,* Die Bedeutung der §§ 17 II, 17a GVG für den Umfang der richterlichen Kognition und die Rechtswegzuständigkeit, ZZP 111 (1998), 3; *Zwanziger,* Probleme der Neuregelung des Verweisungsrechts im arbeitsgerichtlichen Verfahren, DB 1991, 2239.

I. Inhalt der Norm

1 Die drei Absätze des § 48 hängen nicht unmittelbar zusammen. Abs. 1 regelt das Verfahren bei Unzulässigkeit des Rechtsweges, bei Wahl der falschen Verfahrensart sowie bei sachlicher oder örtlicher Unzuständigkeit des angerufenen Gerichts. Der neu eingefügte Abs. 1a enthält eine Regelung zur örtlichen Zuständigkeit des ArbG des Arbeitsortes. Abs. 2 bestimmt, unter welchen Voraussetzungen die örtliche Zuständigkeit eines an sich unzuständigen ArbG in einem Tarifvertrag wirksam vereinbart werden kann und für wen eine solche Vereinbarung wirkt.

II. Geltung der §§ 17 ff. GVG für Rechtsweg, Verfahrensart und Zuständigkeit (Abs. 1)

2 § 48 Abs. 1 verweist für die Zulässigkeit des Rechtsweges und der Verfahrensart sowie für die sachliche und örtliche Zuständigkeit auf die §§ 17–17b GVG und regelt in den Nrn. 1 und 2 lediglich zwei einzelne Abweichungen. Diese betreffen die Anfechtbarkeit einer Entscheidung über die örtliche Zuständigkeit

(Nr. 1) sowie die Besetzung des Spruchkörpers bei einer isolierten Entscheidung über die Rechtswegzuständigkeit und die örtliche Zuständigkeit (Nr. 2).

1. Geschichtliche Entwicklung des Abs. 1
a) Bis 31.12.1990: Regelung zur örtlichen und sachlichen Zuständigkeit

Bis zum 31.12.1990 hatte der Abs. 1 noch eine wesentlich andere Bedeutung als heute. Er regelte das Verfahren, wenn ein örtlich unzuständiges ArbG oder statt eines zuständigen Gerichts der ordentlichen Gerichtsbarkeit ein ArbG angerufen wurde und umgekehrt. Für diesen Fall verwies § 48 Abs. 1 aF auf die §§ 11 und 281 ZPO über das Verfahren bei örtlicher und sachlicher Unzuständigkeit. Das Verhältnis zwischen der Arbeitsgerichtsbarkeit und der ordentlichen Gerichtsbarkeit wurde also als ein solches der sachlichen Zuständigkeit angesehen[1]. Dagegen war das Verhältnis zwischen der Arbeitsgerichtsbarkeit und der Verwaltungs-, der Sozial- und der Finanzgerichtsbarkeit schon damals eine Frage der Rechtswegzuständigkeit.

Einstweilen frei

Keine Anwendung fand § 48 aF im **Beschlussverfahren**. Den heutigen § 80 Abs. 3, der die entsprechende Anwendung des § 48 Abs. 1 im Beschlussverfahren anordnet, gab es damals noch nicht. Auch die Wahl der falschen **Verfahrensart** wurde von § 48 aF nicht erfasst.

b) Seit 1.1.1991: Regelung zur Rechtswegzuständigkeit

Abs. 1 hat durch das 4. VwGO-Änderungsgesetz vom 17.12.1990[2] mWz. 1.1.1991 eine wesentlich geänderte Bedeutung erhalten. Damals wurden neben § 48 Abs. 1 gleichzeitig die §§ 2, 2a über die Zuständigkeit der ArbG im Urteils- und im Beschlussverfahren sowie die §§ 17 ff. GVG über das Verfahren bei Rechtswegunzuständigkeit neu gefasst. Ferner wurde § 48a aF aufgehoben. In den §§ 2, 2a heißt es seitdem in den Überschriften nicht mehr „Sachliche Zuständigkeit", sondern nur noch „Zuständigkeit". § 48 ist jetzt mit „Rechtsweg und Zuständigkeit" statt vorher mit „Sachliche und örtliche Zuständigkeit" überschrieben. Die §§ 17–17b GVG über die Rechtswegentscheidung und Verweisung von Rechtsstreitigkeiten in einen anderen Rechtsweg gelten nach dem damals neu gefassten § 48 auch für die Arbeitsgerichtsbarkeit. Aus allen genannten Änderungen durch das 4. VwGO-Änderungsgesetz folgt, dass seit dem 1.1.1991 die Arbeitsgerichtsbarkeit im Verhältnis zur ordentlichen Gerichtsbarkeit nicht nur eine andere sachliche Zuständigkeit, sondern einen **eigenen Rechtsweg** bildet[3]. Somit regelt auch § 48 Abs. 1 nicht mehr die Verweisung bei sachlicher Unzuständigkeit (dazu Rz. 12), sondern diejenige bei Rechtswegunzuständigkeit.

2. Sinn des Abs. 1

Mit der Neufassung des heutigen § 48 und der in Bezug genommenen §§ 17–17b GVG durch das 4. VwGO-Änderungsgesetz vom 17.12.1990[4] hat der Gesetzgeber folgenden Sinn verbunden: Erstens sollte mit der Neufassung die **Gleichwertigkeit aller Rechtswege** verwirklicht werden[5]. Damit konnten nur die fünf Gerichtsbarkeiten iSv. Art. 95 Abs. 1 GG gemeint sein[6]. Zu diesen gehört auch die Arbeitsgerichtsbarkeit. Sie sollte also auch im Verhältnis zur ordentlichen Gerichtsbarkeit einen eigenen Rechtsweg darstellen. Zweitens sollte die Neuregelung zu einer **Vereinfachung und Beschleunigung von Rechtswegstreitigkeiten** führen[7]. Die §§ 17–17b GVG sollen sicherstellen, dass die Frage der Rechtswegzuständigkeit zu einem möglichst frühen Zeitpunkt des Verfahrens in der 1. Instanz abschließend geklärt wird, damit das weitere Verfahren nicht mehr mit dem Risiko eines später erkannten Mangels des gewählten Rechtsweges

---

1 Damals ganz hM; s. nur BAG v. 9.10.1958 – 4 AZR 54/56, BAGE 6, 300 (302); BGH v. 30.1.1958 – VII ZR 33/57, BGHZ 26, 304 (306); aM damals schon *Grunsky*, 5. Aufl., § 1 Rz. 2.
2 BGBl. I S. 2809.
3 Das wurde schon in den Gesetzesmaterialien zur Änderung der §§ 2, 2a, 48 ausdrücklich betont (vgl. BT-Drs. 11/7030, S. 39). Heute entspricht das ganz hM; vgl. nur BAG v. 26.3.1992 – 2 AZR 443/91, NZA 1992, 954 (955); BAG v. 28.10.1997 – 9 AZB 35/97, NZA 1998, 219 (220); BAG v. 24.4.1996 – 5 AZB 25/95, NJW 1996, 2948; *Hager*, FS Kissel, 1994, 327 (328); *Kissel*, NJW 1991, 945 (947); *Kissel*, NZA 1995, 345 (346); *Koch*, NJW 1991, 1856 (1858); *G. Lüke*, FS Kissel, 1994, 709 (716); *Vollkommer*, FS Kissel, 1994, 1183 (1186 ff.); *Walker*, Der einstweilige Rechtsschutz, Rz. 734. AM *Mayerhofer*, NJW 1992, 1602; *Schwab*, NZA 1991, 657 (663); vgl. auch *Künzl*, BB 1991, 757 (unklare Regelung).
4 BGBl. I S. 2809.
5 BT-Drs. 11/7030, S. 36 f.; dazu *Kissel*, NJW 1991, 945 (947); *Kopp*, NJW 1991, 521 (527).
6 *Kissel*, NJW 1991, 945 (947); *Walker*, Der einstweilige Rechtsschutz, Rz. 734.
7 *Kissel/Mayer*, § 17 GVG Rz. 1.

belastet ist[1]. § 48 Abs. 1 erweitert diesen unmittelbar für das arbeitsgerichtliche Urteilsverfahren und wegen der Verweisung in § 80 Abs. 3 auch für das Beschlussverfahren geltenden Beschleunigungszweck auf die Fragen der richtigen Verfahrensart und der örtlichen Zuständigkeit.

8 Der bezweckten **Vereinfachung und Beschleunigung** des Verfahrens dienen folgende **Einzelregelungen:** Die Prüfung der Rechtswegzuständigkeit, der Verfahrensart und der örtlichen Zuständigkeit erfolgt von Amts wegen (Rz. 29, Rz. 97), und zwar grds. nur in der 1. Instanz (Rz. 58, Rz. 97, Rz. 109), bei einer entsprechenden Rüge eines Beteiligten durch (isolierte) Vorabentscheidung (Rz. 43 ff., Rz. 99, Rz. 104). Das Verfahren in der Hauptsache wird erst weitergeführt, wenn diese Vorabentscheidung rechtskräftig ist (Rz. 68). Bezüglich der Anfechtbarkeit der Vorabentscheidung ist der Instanzenzug eingeschränkt (Rz. 74). Bei fehlender Zuständigkeit oder falscher Verfahrensart erfolgt eine Verweisung von Amts wegen, niemals eine Abweisung als unzulässig (Rz. 48 ff.). An die rechtskräftige Verweisung ist das Adressatgericht gebunden (Rz. 84 f.). Dort wird der Rechtsstreit nicht neu begonnen, sondern unter Fortbestand der Rechtshängigkeitswirkungen weitergeführt (Rz. 90). Das zuständige Gericht entscheidet unter allen (auch rechtswegfremden) in Betracht kommenden Gesichtspunkten. Die Rechtshängigkeit bewirkt rechtswegübergreifend eine Sperre für Parallelprozesse bei anderen Gerichten (Rz. 38).

3. Anwendungsbereich

9 Gemäß § 48 Abs. 1 gelten die §§ 17–17b GVG für die Zulässigkeit des Rechtsweges und der Verfahrensart sowie für die sachliche und die örtliche Zuständigkeit. Diese Regelung findet gem. § 80 Abs. 3 im Beschlussverfahren entsprechende Anwendung.

a) Zulässigkeit des Rechtsweges

10 Bei der Zulässigkeit des Rechtsweges geht es darum, ob der Rechtsstreit gem. §§ 2, 2a oder 3 vor die ArbG oder vor die ordentlichen Gerichte (§ 13 GVG), vor die Verwaltungsgerichte (§ 40 VwGO), vor die Sozialgerichte (§ 51 SGG) oder vor die Finanzgerichte (§ 33 FGO) gehört. Zur Bedeutung des § 2 ArbGG im System der Rechtswegregelungen s. § 2 Rz. 5 ff. Bei der Zulässigkeit des Rechtsweges handelt es sich um eine **von Amts wegen zu prüfende Prozessvoraussetzung**. Die Rechtswegzuständigkeit kann grds. **nicht durch Parteivereinbarung** begründet werden. Bei den §§ 2, 2a und 3 handelt es sich vielmehr um ausschließliche Rechtswegzuständigkeiten (s. § 2 Rz. 38 f. und § 2a Rz. 2). Eine Ausnahme gilt nur gem. § 2 Abs. 4 (dazu § 2 Rz. 217 ff.). Eine Begründung der Rechtswegzuständigkeit durch **rügelose Einlassung scheidet** ebenfalls **aus**. Das gilt nach hier vertretener Ansicht auch im Fall des § 2 Abs. 4 (dazu § 2 Rz. 219), sofern in der rügelosen Einlassung nicht eine nach § 2 Abs. 4 zulässige konkludente Vereinbarung liegt. Schließlich scheidet auch eine tarifvertragliche Vereinbarung der Rechtswegzuständigkeit iSd. § 48 Abs. 2 aus. Diese Regelung bezieht sich unmissverständlich nur auf die örtliche Zuständigkeit.

b) Richtige Verfahrensart

11 Bei der Verfahrensart geht es darum, ob der Rechtsstreit im Urteilsverfahren nach den §§ 2, 46 ff. oder im Beschlussverfahren nach den §§ 2a, 80 ff. zu entscheiden ist. Auch dabei handelt es sich um eine von Amts wegen zu prüfende Prozessvoraussetzung[2] (dazu § 2 Rz. 206 und § 2a Rz. 103). Das folgt daraus, dass § 48 Abs. 1 auch für die Verfahrensart auf die §§ 17–17b GVG verweist.

c) Sachliche Zuständigkeit

12 Für die sachliche Zuständigkeit hat § 48 Abs. 1 nur eine sehr begrenzte Bedeutung (vgl. auch § 2 Rz. 246). Die sachliche Zuständigkeit der ordentlichen Gerichte in Zivilsachen, bei der es darum geht, ob in der 1. Instanz die AG oder die LG zuständig sind, spielt im ArbG-Prozess nur in wenigen Einzelfällen eine Rolle. Denn gem. § 8 Abs. 1 ist erstinstanzlich grds. immer die Zuständigkeit der ArbG gegeben, wenn man einmal von den Ausnahmefällen der § 97 Abs. 2 und § 98 Abs. 2 absieht, wonach in den dort geregelten besonderen Beschlussverfahren in erster Instanz ausnahmsweise das LAG zuständig ist, sowie von dem nicht praxisrelevanten § 158 Nr. 5 SGB IX, wonach für Streitigkeiten behinderter ArbN aufgrund des SGB IX im Geschäftsbereich des Bundesnachrichtendienstes im ersten und letzten Rechtszug das BAG zuständig ist[3]. Das Verhältnis zwischen den ordentlichen Gerichten und den ArbG ist ebenfalls nicht mehr

---

1 BT-Drs. 11/7030, S. 36 f.
2 *Schwab*, NZA 1991, 657 (663).
3 AM GK-ArbGG/*Bader*, § 8 Rz. 9a und § 48 Rz. 28, wonach aufgrund dieser Norm nur das BSG oder das BVerwG zuständig sein könnten.

als ein Problem der sachlichen Zuständigkeit, sondern als ein solches der Rechtswegzuständigkeit einzuordnen (Rz. 6).

d) Örtliche Zuständigkeit

Die örtliche Zuständigkeit im **Urteilsverfahren** richtet sich aufgrund der Verweisung in § 46 Abs. 2 grds. nach den **§§ 12 ff. ZPO**. Danach ist entweder der allgemeine Gerichtsstand am Wohnsitz (§ 13 ZPO) oder Sitz (§§ 17 ff. ZPO) des Schuldners oder ein besonderer Gerichtsstand des Aufenthaltsortes (§ 20 ZPO), der Niederlassung (§ 21 ZPO), des Erfüllungsortes (§ 29 ZPO), der unerlaubten Handlung (§ 32 ZPO) oder der Widerklage (§ 33 ZPO) maßgebend. Durch den 2008[1] neu eingefügten § 48 Abs. 1a ist ein zusätzlicher besonderer **Gerichtsstand des Arbeitsortes** geschaffen worden. Einzelheiten zur örtlichen Zuständigkeit im Urteilsverfahren s. Rz. 113 ff. Im **Beschlussverfahren** richtet sich die örtliche Zuständigkeit gem. **§ 82** nach dem Sitz des Betriebs oder (bei betriebsübergreifenden Streitigkeiten) nach dem Sitz des Unternehmens.

13

e) Keine Anwendbarkeit

aa) Internationale Zuständigkeit

Auf die internationale Zuständigkeit deutscher ArbG in Rechtsstreitigkeiten iSd. §§ 2, 2a und 3 mit Auslandsberührung findet § 48 keine Anwendung. Es gelten nicht die Regeln des § 17a GVG über die Vorabentscheidung und deren Anfechtbarkeit. Die internationale Zuständigkeit ist wie die anderen Zuständigkeiten eine in jeder Instanz von Amts wegen zu prüfende Prozessvoraussetzung (§ 2 Rz. 257). **Sie folgt** grds. **aus der örtlichen Zuständigkeit** (§ 2 Rz. 250). Im Verhältnis zu verschiedenen Mitgliedstaaten der europäischen Gemeinschaft ergab sich die internationale Zuständigkeit deutscher ArbG bis zum 28.2.2002 aus dem **EuGVÜ** vom 27.9.1968[2] idF der bisher vier Beitrittsübereinkommen v. 9.10.1978, 25.10.1982, 26.5.1989 und 29.11.1996. Seit dem 1.3.2002 war (bis auf das Verhältnis zu Dänemark) die **EuGVVO** (VO (EG) Nr. 44/2001) vom 22.12.2000[3] maßgeblich (dazu § 2 Rz. 252). Diese trat am 9.1.2015 außer Kraft und wurde durch eine Neufassung, die VO (EU) Nr. 1215/2012 vom 12.12.2012[4], ersetzt. Im Verhältnis zu den EFTA-Staaten richtet sich die internationale Zuständigkeit nach dem im Wesentlichen gleich lautenden Parallel-Übereinkommen von Lugano (**LugÜ**) vom 30.10.2007[5]. Für Klagen von in die Bundesrepublik entsandten ausländischen ArbN sowie von gemeinsamen Einrichtungen der Tarifvertragsparteien nach dem AEntG folgt die internationale Zuständigkeit deutscher ArbG aus **§ 15 AEntG** (§ 2 Rz. 253). Die internationale Zuständigkeit kann grds. unter den Voraussetzungen der §§ 38, 40 ZPO und der Art. 25 EuGVVO/ Art. 17 LugÜ vereinbart (§ 2 Rz. 254 f.) und durch rügelose Einlassung des Beklagten (§ 2 Rz. 256) begründet werden.

14

Falls ein angerufenes deutsches ArbG unter keinem der genannten Gesichtspunkte international zuständig ist, gelten mangels Anwendbarkeit des § 48 auch nicht die §§ 17–17b GVG. Eine **Verweisung des Rechtsstreits von Amts wegen** an ein ausländisches Gericht **scheidet daher aus**[6]. Vielmehr ist die Klage oder der Antrag mangels internationaler Zuständigkeit **als unzulässig abzuweisen**. Es gibt auch kein Vorabentscheidungsverfahren nach § 17a Abs. 3, 4 GVG, in dem über die internationale Zuständigkeit endgültig (vgl. § 17a Abs. 5 GVG) entschieden werden könnte[7]. Vielmehr ist diese auch noch in der Berufungs- und in der Revisionsinstanz von Amts wegen zu prüfen, und ihr Fehlen kann auch dann noch zur Abweisung wegen Unzulässigkeit führen[8].

15

bb) Schiedsgerichtsbarkeit

§ 48 findet keine Anwendung auf das Verhältnis zwischen der Arbeitsgerichtsbarkeit und der Schiedsgerichtsbarkeit[9]. Die Arbeitsgerichtsbarkeit kann gem. §§ 4, 101 nur im Urteilsverfahren und auch dann nur in engen Grenzen durch einen Schiedsvertrag wirksam ausgeschlossen werden. Wenn in einem solchen Fall trotzdem ein ArbG angerufen wird, kann dieses nicht an ein privates Schiedsgericht verweisen;

16

---

1 SGGArbGGÄndG v. 26.3.2008, BGBl. I S. 444.
2 BGBl. II 1972 S. 773.
3 VO (EG) Nr. 44/2001, ABl. L 12/1 v. 16.1.2001.
4 ABl. EU Nr. L 351 v. 20.12.2012.
5 ABl. EU L 339 S. 3.
6 *Gift/Baur*, Urteilsverfahren, Teil C Rz. 400; Zöller/*Geimer*, IZPR, Rz. 95.
7 LAG Rh.-Pf. v. 15.10.1991 – 10 Ta 159/91, NZA 1992, 138.
8 BAG v. 26.2.1985 – 3 AZR 1/83, NJW 1985, 2910 (2911); BAG v. 5.9.1972 – 3 AZR 212/69, AP Nr. 159 zu § 242 BGB – Ruhegehalt.
9 GMP/*Germelmann*, § 48 Rz. 7; GK-ArbGG/*Bader*, § 48 Rz. 9.

die Klage ist vielmehr gem. § 102 Abs. 1 als unzulässig abzuweisen, wenn sich der Beklagte auf den Schiedsvertrag beruft. Diese Ausgestaltung des Schiedsvertrages als prozesshindernde Einrede geht als Spezialregelung dem § 48 vor.

cc) Geschäftsverteilung

17 Schließlich gilt § 48 nicht für die Geschäftsverteilung auf die einzelnen Kammern. Bei der Abgabe an eine andere, nach der Geschäftsverteilung zuständige Kammer handelt es sich vielmehr um eine **gerichtsinterne Angelegenheit**[1]. Die Abgabe an die danach zuständige Kammer kann ohne Anhörung der Parteien erfolgen. Die Regeln über die Vorabentscheidung und deren Anfechtbarkeit finden keine Anwendung. Daran hat auch der mWz. 1.9.2009[2] neu eingefügte § 17a Abs. 6 GVG nichts geändert. Diese Norm erstreckt die Anwendbarkeit des § 17a GVG lediglich auf die Fälle, in denen innerhalb desselben Rechtsweges das interne Verhältnis zwischen streitiger Gerichtsbarkeit, freiwilliger Gerichtsbarkeit und Familiengerichten betroffen ist[3].

4. Bedeutung des Abs. 1 für besondere Verfahrensarten

18 Für die Frage, ob die Verweisung des § 48 Abs. 1 auf die §§ 17–17b GVG nicht nur für das normale Urteilsverfahren und das Beschlussverfahren, sondern auch für besondere Verfahrensarten gilt, ist zu unterscheiden:

a) Mahnverfahren

19 Das Mahnverfahren nach den §§ 688 ff. ZPO gibt es nur im Urteilsverfahren (§ 46a), nicht dagegen im Beschlussverfahren (dazu § 2a Rz. 14). Die Rechtswegzuständigkeit der ArbG im Mahnverfahren richtet sich nach § 2 (§ 2 Rz. 9). Die örtliche Zuständigkeit ergibt sich gem. § 46 Abs. 2 aus denjenigen Regeln, die für eine Klage im Urteilsverfahren gelten (dazu Rz. 113 ff.). Ob § 48 dann eingreift, wenn ein Mahnbescheid bei einem ArbG beantragt wird, obwohl dessen Rechtswegzuständigkeit oder örtliche Zuständigkeit nicht gegeben ist, ist umstritten[4]. Zum Teil wird aus Gründen der Praktikabilität und der Prozesswirtschaftlichkeit eine Verweisung von Amts wegen entsprechend § 48 ArbGG iVm. § 17a GVG befürwortet[5]. Diese Lösung hat den Vorteil, dass der Antragsteller nicht erst einen erneuten Antrag beim zuständigen Gericht des richtigen Rechtsweges stellen muss.

20 Gegen eine Anwendung des § 48 sprechen allerdings gewichtige Gründe. Bei örtlicher Unzuständigkeit des angerufenen Gerichts ist nämlich gem. § 691 Abs. 1 Nr. 1 ZPO iVm. § 46a Abs. 2 (der statt des in § 691 ZPO genannten § 689 ZPO gilt) der Mahnantrag zurückzuweisen. Diese Regelung spricht dafür, dass eine Verweisung von Amts wegen an das örtlich zuständige ArbG ausscheidet. Hinzu kommt, dass eine Verweisung an ein anderes Gericht nach § 17b GVG gem. § 48 Abs. 1 Nr. 2 nur durch Beschluss der Kammer, nicht aber durch den im Mahnverfahren funktionell zuständigen Rechtspfleger (§ 20 Nr. 1 RpflG) erfolgen kann. Schließlich kommt eine Verweisung erst nach Rechtshängigkeit in Betracht[6], wie sich aus § 17b Abs. 1 Satz 2 GVG ergibt. Danach bleiben nämlich die Wirkungen der Rechtshängigkeit nach der Verweisung bestehen. Die Einreichung eines Mahnantrages führt aber noch gar nicht zur Rechtshängigkeit; diese tritt erst nach Zustellung des Mahnbescheides ein. Auch insofern passt also **§ 48 nicht für das Mahnverfahren**. Entsprechendes gilt auch, wenn der Mahnantrag bei einem ArbG eingereicht wird, dessen Rechtswegzuständigkeit nicht gegeben ist. Eine Verweisung an ein Gericht des richtigen Rechtsweges kommt dann nicht in Betracht.

b) Prozesskostenhilfeverfahren

21 Die §§ 114 ff. ZPO über das Prozesskostenhilfeverfahren gelten gem. § 11a Abs. 1 auch im arbeitsgerichtlichen Urteils- und im Beschlussverfahren. Der Antrag auf Prozesskostenhilfe ist beim Prozessgericht zu stellen (§ 117 Abs. 1 ZPO). Falls die Prozesskostenhilfe **im Rahmen eines anhängigen Rechtsstreites** beantragt wird, **greift § 48 ein**. Über die Rechtswegzuständigkeit und die örtliche Zuständigkeit ist ggf. vorab zu entscheiden, und bei Fehlen einer der beiden Voraussetzungen erfolgt eine Verweisung von Amts we-

---

1 GMP/*Germelmann*, § 48 Rz. 6; GK-ArbGG/*Bader*, § 48 Rz. 32a.
2 Gesetz vom 17.12.2008, BGBl. I S. 2586.
3 Vgl. BT-Drs. 16/6308, S. 318.
4 Verneinend Hauck/Helml/Biebl/*Helml*, § 48 Rz. 3; GMP/*Germelmann*, § 48 Rz. 13.
5 GK-ArbGG/*Bader*, § 46a Rz. 17; *Kissel*, NZA 1995, 345 (352); im Ergebnis auch ErfK/*Koch*, ArbGG § 48 Rz. 3.
6 BAG v. 16.8.2016 – 9 AS 4/16, NZA 2016, 1358 Rz. 12.

gen an das zuständige Gericht des richtigen Rechtsweges[1]. Das für die Hauptsacheentscheidung zuständige Gericht prüft dann auch, ob die Voraussetzungen für die Prozesskostenhilfe vorliegen.

Wird dagegen ein **isolierter Prozesskostenhilfeantrag** bei einem ArbG eingereicht, dessen Rechtsweg- 22 zuständigkeit oder örtliche Zuständigkeit nicht gegeben ist, soll nach zum Teil vertretener Ansicht eine Vorabentscheidung nach § 48 Abs. 1 ArbGG iVm. § 17a Abs. 3 GVG möglich sein[2]. Konsequenterweise muss nach dieser Ansicht auch eine Verweisung von Amts wegen in Betracht kommen. Das BAG hat die Anwendbarkeit des § 48 Abs. 1 im Prozesskostenhilfeverfahren offen gelassen[3]. Gegen die Anwendbarkeit des Abs. 1 spricht der eingeschränkte Prüfungsumfang im Prozesskostenhilfeverfahren (§ 118 ZPO), der eine frühzeitige und endgültige Entscheidung über die Rechtswegzuständigkeit nicht erfordert[4] und geradezu sinnlos macht. Außerdem ist das isolierte Prozesskostenhilfeverfahren ein dem Rechtsstreit vorgeschaltetes Verfahren und führt noch nicht zur Rechtshängigkeit. Diese ist aber Voraussetzung für eine Verweisung (s. soeben Rz. 20). Deshalb ist das Prozesskostenhilfegesuch bei fehlender Rechtswegzuständigkeit oder örtlicher Unzuständigkeit **zurückzuweisen**, falls der Antragsteller nicht (nach Belehrung) sein Gesuch zurücknimmt.

Ergeht **dennoch ein Verweisungsbeschluss**, ist nach der Rspr. des BAG das Adressatgericht daran analog 23 § 17a Abs. 2 Satz 3 GVG **für das Prozesskostenhilfeverfahren gebunden**[5]. Erfolgt die Verweisung erst, nachdem das angerufene ArbG zu Unrecht seine Rechtswegzuständigkeit und seine örtliche Zuständigkeit bejaht und die beantragte Prozesskostenhilfe bewilligt hat, ist das Adressatgericht auch an die Bewilligung gebunden[6].

c) Arrest- und Verfügungsverfahren

Die §§ 916–945b ZPO über das Arrest- und Verfügungsverfahren gelten gem. § 62 Abs. 2 Satz 1 auch im 24 arbeitsgerichtlichen Urteilsverfahren und gem. § 85 Abs. 2 mit geringfügigen Modifikationen im arbeitsgerichtlichen Beschlussverfahren. Die Rechtswegzuständigkeit der ArbG muss auch im Eilverfahren geprüft werden, und zwar selbst dann, wenn die Hauptsache schon anhängig und das angerufene Gericht das Gericht der Hauptsache ist[7]. Sie richtet sich im Eilverfahren ebenso wie im normalen Erkenntnisverfahren nach den §§ 2, 2a und 3. Für die örtliche Zuständigkeit sind ebenfalls dieselben Vorschriften wie im Erkenntnisverfahren maßgeblich (§ 46 Abs. 2 ArbGG iVm. §§ 12 ff. ZPO; § 62 Abs. 2 Satz 1; § 82).

Die Einreichung des Arrest- oder Verfügungsgesuchs bei einem ArbG, dessen Rechtswegzuständigkeit 25 oder örtliche Zuständigkeit nicht gegeben ist, führt **grds. zur Anwendung des § 48 Abs. 1.** Der Rechtsstreit im Eilverfahren ist also **von Amts wegen** an das zuständige Gericht im zulässigen Rechtsweg **zu verweisen** (§ 17a Abs. 2 GVG). Dadurch ergibt sich kein Zeitverlust, der mit dem Eilcharakter des Verfahrens unvereinbar wäre[8]. Die Alternative wäre nämlich eine Abweisung als unzulässig. Dann müsste der Antragsteller sein Gesuch bei einem anderen Gericht erneut einreichen. Dieses könnte wiederum unzuständig sein. Eine für das Adressatgericht bindende (§ 17a Abs. 2 Satz 3 GVG) Verweisung ist demgegenüber der schnellere Weg. Die grundsätzliche Anwendbarkeit des § 48 Abs. 1 ArbGG iVm. § 17a Abs. 2 GVG entspricht daher allgemeiner Ansicht[9]. Erfolgt die Verweisung im Widerspruchsverfahren (§§ 924 f. ZPO), ist die vorher erlassene Eilanordnung nicht erst von dem verweisenden Gericht aufzuheben und von dem Adressatgericht neu zu erlassen; das Adressatgericht übernimmt das Verfahren vielmehr in dem Stadium, in dem es sich zur Zeit der Verweisung befindet[10].

---

1 LAG Hamburg v. 3.6.2016 – 2 Ta 17/15, NZA-RR 2016, 437 (438); OLG Stuttgart v. 8.4.2011 – 10 W 2/11, NZA-RR 2011, 490 (491); GMP/*Germelmann*, § 48 Rz. 16.
2 Vgl. VGH Mannheim v. 6.8.1991 – 5 S 885/91, NJW 1992, 707 (708); *Kissel*, NZA 1995, 343 (352).
3 BAG v. 27.10.1992 – 5 AS 5/92, NZA 1993, 285 (286); vgl. auch BGH v. 30.7.2009 – Xa ARZ 167/09, NJW-RR 2010, 209 (210).
4 VGH Mannheim v. 4.4.1995 – 9 S 701/95, NJW 1995, 1915; OVG Münster v. 28.4.1993 – 25 E 275/93, NJW 1993, 2766; BLAH/*Hartmann*, § 17a GVG Rz. 5; GK-ArbGG/*Bader*, § 48 Rz. 41; GMP/*Germelmann*, § 48 Rz. 14; Hauck/Helml/Biebl/*Helml*, § 48 Rz. 3; MünchKommZPO/*Zimmermann*, § 17 GVG Rz. 3; Zöller/*Lückemann*, Vor §§ 17–17b GVG Rz. 12.
5 BGH v. 30.7.2009 – Xa ARZ 167/09, NJW-RR 2010, 209 (210); BAG v. 27.10.1992 – 5 AS 5/92, NZA 1993, 285.
6 OLG Düsseldorf v. 20.3.1990 – 24 W 24/90, NJW-RR 1991, 63.
7 BAG v. 24.5.2000 – 5 AZB 66/99, DB 2001, 440 (Ls.).
8 *Gift/Baur*, Urteilsverfahren, Teil C Rz. 298; *Walker*, Der einstweilige Rechtsschutz, Rz. 349.
9 KG v. 3.3.1998 – 5 W 1129/98, BB 1999, 426; BLAH/*Hartmann*, § 17a GVG Rz. 4; ErfK/*Koch*, § 48 ArbGG Rz. 3; GK-ArbGG/*Bader*, § 48 Rz. 34 ff.; GMP/*Germelmann*, § 48 Rz. 17; *Gift/Baur*, Urteilsverfahren, Teil C Rz. 298; Hauck/Helml/Biebl/*Helml*, § 48 Rz. 4; *Walker*, Der einstweilige Rechtsschutz, Rz. 349; Zöller/*Lückemann*, Vor §§ 17–17b GVG Rz. 12.
10 LAG Nds. v. 5.9.2005 – 11 Sa 189/05, MDR 2006, 592.

26 Allerdings kann trotz der uneingeschränkten Verweisung des Abs. 1 auf die §§ 17–17b GVG der § 17a GVG im Eilverfahren nicht ohne **Modifikationen** angewendet werden. Das dort vorgesehene Verfahren zur Klärung der Rechtswegzuständigkeit ist mit dem **Beschleunigungszweck des Eilverfahrens** nicht vereinbar[1]. So kann der Verweisungsbeschluss an sich erst nach Anhörung der Parteien ergehen (§ 17a Abs. 2 Satz 1 GVG). Die Verweisung wegen Rechtswegunzuständigkeit kann gem. § 48 Abs. 1 Nr. 2 nur durch die Kammer erfolgen; lediglich die Verweisung wegen örtlicher Unzuständigkeit ist durch den Vorsitzenden allein möglich. Schließlich ist sowohl der Verweisungsbeschluss wie auch der Beschluss, mit dem die Rechtswegzuständigkeit bejaht wird, mit der sofortigen Beschwerde anfechtbar (§ 17a Abs. 4 Satz 3 GVG). Das hat zur Folge, dass der Rechtsstreit bis zur Rechtskraft des Verweisungsbeschlusses beim Adressatgericht nicht anhängig und deshalb auch nicht fortgeführt wird (§ 17b Abs. 1 Satz 1 GVG). Dieses Verfahren kann selbst im günstigsten Fall mehrere Wochen in Anspruch nehmen und einen effektiven Rechtsschutz verhindern[2].

27 Deshalb kann nach zutreffender Ansicht bei besonderer Dringlichkeit oder bei der Notwendigkeit, den Antragsgegner mit der Arrest- oder Verfügungsentscheidung zu überraschen, weil andernfalls Vereitelungshandlungen zu befürchten sind, abweichend von § 17a Abs. 2 Satz 1 GVG die Verweisung **auch ohne Anhörung der Parteien** erfolgen[3]. Unter diesen Voraussetzungen ist auch eine Sachentscheidung nicht nur ohne mündliche Verhandlung (§ 17a Abs. 4 Satz 1 GVG), sondern ohne jede Anhörung des Gegners möglich[4]. Ferner muss die Verweisung entgegen § 48 Abs. 1 Nr. 2 nicht notwendig durch die Kammer beschlossen werden. Sie ist vielmehr dann, wenn die besonderen Dringlichkeitsvoraussetzungen des § 944 ZPO vorliegen, **auch durch den Vorsitzenden allein** möglich (§ 85 Rz. 68)[5]. § 944 ZPO wird nicht durch § 48 Abs. 1 Nr. 2 verdrängt, sondern geht im Gegenteil als Spezialregelung vor. Vor allem spricht viel dafür, dass entgegen § 17a Abs. 4 Satz 3 eine **Anfechtbarkeit des Verweisungsbeschlusses** im Eilverfahren **ausgeschlossen** ist. Der Gesetzgeber hat bei der Neuregelung der §§ 17 ff. GVG durch das 4. VwGO-Änderungsgesetz vom 17.12.1990[6] das Ziel verfolgt, einerseits die Rechtswegzuständigkeit bereits abschließend in der 1. Instanz zu klären[7], andererseits aber gerade wegen dieser Endgültigkeit eine Anfechtung der isolierten Rechtswegentscheidung zu ermöglichen[8]. Dieses Ziel kann aber im Eilverfahren ohnehin nicht erreicht werden; denn die Rechtswegzuständigkeit kann nur für das Eilverfahren, nicht aber für das Hauptsacheverfahren geklärt werden, zumal die Beweismittel im Eilverfahren beschränkt sind[9]. Das BAG hat sich trotzdem (allerdings ohne nähere Begründung) für eine Anfechtbarkeit des Verweisungsbeschlusses (auch mit der weiteren sofortigen Beschwerde nach § 17a Abs. 4 Satz 4 GVG) entschieden[10].

d) Zwangsvollstreckungsverfahren

28 Soweit die Zwangsvollstreckung durch ein Gericht erfolgt (Forderungs-, Handlungs-, Duldungs- und Unterlassungsvollstreckung) oder ein Gericht über eine Klage im Vollstreckungsverfahren nach § 767 ZPO oder § 771 ZPO zu entscheiden hat, muss das angerufene Gericht seine Rechtswegzuständigkeit und seine örtliche Zuständigkeit genauso von Amts wegen prüfen wie im Erkenntnisverfahren. Fehlt es an einer dieser Voraussetzungen, zB weil der Antrag auf Forderungspfändung statt beim AG als Vollstreckungsgericht (§§ 828 ff., 764 Abs. 1 ZPO; s. zur Rechtswegzuständigkeit im Vollstreckungsverfahren § 2 Rz. 14 f.) oder die Vollstreckungsgegenklage entgegen § 767 Abs. 1 ZPO nicht beim Prozessgericht des ersten Rechtszuges, sondern bei einem örtlich unzuständigen ArbG eingereicht wurde, **greift § 48 Abs. 1 ArbGG iVm. § 17a GVG ein**. Der Rechtsstreit ist von Amts wegen mit bindender Wirkung für das Adressatgericht zu verweisen. Für die Anfechtbarkeit des Beschlusses gilt § 17a Abs. 4 GVG (dazu Rz. 61 ff.).

5. Prüfung

29 Sowohl die Rechtswegzuständigkeit als auch die richtige Verfahrensart und die örtliche Zuständigkeit sind **von Amts wegen** zu prüfen.

---

1 GK-ArbGG/*Bader*, § 48 Rz. 34 ff.; GMP/*Germelmann*, § 48 Rz. 18 ff.; *Gift/Baur*, Urteilsverfahren, Teil C Rz. 301; *Walker*, Der einstweilige Rechtsschutz, Rz. 350 ff.
2 *Walker*, Der einstweilige Rechtsschutz, Rz. 350; *Zwanziger*, DB 1991, 2239 (2240).
3 GK-ArbGG/*Bader*, § 48 Rz. 37; GMP/*Germelmann*, § 48 Rz. 19.
4 *Walker*, Der einstweilige Rechtsschutz, Rz. 282.
5 Ebenso GK-ArbGG/*Bader*, § 48 Rz. 37; GMP/*Germelmann*, § 48 Rz. 20; *Kissel*, NZA 1995, 345 (352); *Walker*, Der einstweilige Rechtsschutz, Rz. 884 ff.
6 BGBl. I S. 2809.
7 BT-Drs. 11/7030, S. 36 f.
8 *Walker*, Der einstweilige Rechtsschutz, Rz. 351.
9 *Walker*, Der einstweilige Rechtsschutz, Rz. 352; aM *Kissel*, NZA 1995, 345 (352).
10 BAG v. 24.5.2000 – 5 AZB 66/99, NJW 2000, 2524; BAG v. 29.10.2001 – 5 AZB 44/00, NZA 2002, 166 (167).

a) Prüfungsreihenfolge

Dabei ist die Prüfung der **Rechtswegzuständigkeit vorrangig**; denn für die Verfahrensart und die örtliche Zuständigkeit gelten die für den richtigen Rechtsweg maßgeblichen Regeln. So gibt es das Beschlussverfahren als eigene Verfahrensart nur innerhalb der Arbeitsgerichtsbarkeit. Für die örtliche Zuständigkeit gelten in der ordentlichen Gerichtsbarkeit (§ 281 ZPO) andere Regeln als in der Arbeitsgerichtsbarkeit (§ 48). Über die Verfahrensart und die örtliche Zuständigkeit darf deshalb nur von einem Gericht im richtigen Rechtsweg entschieden werden. Erst danach ist die **richtige Verfahrensart vor der örtlichen Zuständigkeit** zu prüfen. Denn im Beschlussverfahren gelten für die örtliche Zuständigkeit andere Regeln (§ 82) als im Urteilsverfahren (§ 46 Abs. 2 ArbGG iVm. §§ 12 ff. ZPO; § 61b Abs. 2 Satz 1).

b) Maßgeblicher Zeitpunkt (§ 17 Abs. 1 Satz 1 GVG)

Hinsichtlich des für die Prüfung maßgeblichen Zeitpunktes ist zu differenzieren: Wenn bei **Eintritt der Rechtshängigkeit** die jeweiligen Voraussetzungen vorliegen, ist das der maßgebliche Zeitpunkt. Das folgt aus § 17 Abs. 1 Satz 1 GVG, auf den § 48 Abs. 1 verweist. Danach werden die Zulässigkeit des Rechtsweges, wegen § 48 Abs. 1 auch die Verfahrensart und die örtliche Zuständigkeit, durch eine nach Rechtshängigkeit eintretende Veränderung der sie begründenden tatsächlichen oder rechtlichen Umstände nicht berührt. Diese Regelung entspricht dem § 261 Abs. 3 Nr. 2 ZPO. Deshalb bleibt etwa die Rechtswegzuständigkeit für eine Zusammenhangsklage nach § 2 Abs. 3 auch dann erhalten, wenn die Anhängigkeit der Hauptklage nachträglich wieder entfällt (§ 2 Rz. 206 mwN).

§ 17 Abs. 1 GVG gilt allerdings **nur bei unverändertem Streitgegenstand**. Wird dieser zB durch Klageerweiterung verändert und ergeben sich daraus Konsequenzen für die Rechtswegzuständigkeit, die örtliche Zuständigkeit oder die Verfahrensart, kommt eine Verweisung von Amts wegen in Betracht[1].

Wenn dagegen bei Eintritt der Rechtshängigkeit die jeweiligen Voraussetzungen für die Rechtswegzuständigkeit, örtliche Zuständigkeit oder Verfahrensart nicht vorlagen, aber aufgrund **nachträglich** eingetretener Umstände **zu bejahen** sind, können diese bis zur Entscheidung über die Rechtswegzuständigkeit auch noch im Rechtsmittelverfahren (zur Anfechtbarkeit der Rechtswegentscheidung s. Rz. 61 ff.) berücksichtigt werden[2]. Deshalb reicht es für die Rechtswegzuständigkeit des ArbG aus, wenn die Sperrwirkung der Fiktion des § 5 Abs. 1 Satz 3, wonach ein Geschäftsführer und andere Organmitglieder von juristischen Personen und Personenvereinigungen keine ArbN sind, durch Abberufung oder Amtsniederlegung erst nach Rechtshängigkeit der Klage, aber vor rechtskräftiger Entscheidung über die Rechtswegzuständigkeit entfällt[3]. Dadurch wird die Rechtswegzuständigkeit des ArbG nachträglich herbeigeführt.

c) Grundlage der Prüfung

Grundlage für die Prüfung der Rechtswegzuständigkeit, der Verfahrensart und der örtlichen Zuständigkeit ist der **Streitgegenstand**[4]. Dieser wird grds. vom Kläger durch den Antrag und den Tatsachenvortrag festgelegt (s. § 2 Rz. 232 ff. für die Rechtswegzuständigkeit im Urteilsverfahren; Rz. 148 f. für die örtliche Zuständigkeit; § 2a Rz. 119 f. für die Rechtswegzuständigkeit im Beschlussverfahren und für die Verfahrensart). Wenn die maßgeblichen Tatsachen nicht unstreitig sind, muss **Beweis** erhoben werden[5]. Die **Beweislast** liegt grds. beim Kläger[6]. Lediglich für eine abweichende Gerichtsstandsvereinbarung liegt die Beweislast beim Beklagten (Rz. 152).

Ein Beweis ist ausnahmsweise entbehrlich, wenn sog. **doppelrelevante Tatsachen** bestritten sind, die sowohl für die Rechtswegzuständigkeit, die örtliche Zuständigkeit oder die Verfahrensart einerseits als auch für die Begründetheit andererseits Bedeutung haben. Hier reicht in den sog. **Sic-non-Fällen**, in denen der eingeklagte Anspruch ausschließlich auf eine Anspruchsgrundlage gestützt werden kann, deren Prüfung in die Rechtswegzuständigkeit und örtliche Zuständigkeit des angerufenen ArbG fällt, für die Zulässigkeit der

---

1 BAG v. 28.10.1993 – 2 AZB 12/93, NZA 1994, 234.
2 GK-ArbGG/*Bader*, § 48 Rz. 43; vgl. auch *Kissel*, NJW 1991, 945 (948).
3 BAG v. 22.10.2014 – 10 AZB 46/14, NJW 2015, 570 Rz. 26 ff.; BAG v. 3.12.2014 – 10 AZB 98/14, NJW 2015, 718 Rz. 23; BAG v. 8.9.2015 – 9 AZB 21/15, NJW 2015, 3469 Rz. 17.
4 *Walker*, FS 50 Jahre BAG, S. 1365 (1367).
5 Zur Möglichkeit einer Beweiserhebung zwecks Klärung der Zulässigkeit des Rechtsweges vgl. auch GMP/*Germelmann*, § 48 Rz. 65; GK-ArbGG/*Bader*, § 48 Rz. 25; *Hager*, FS Kissel, 1994, 327 (337 ff.); Hauck/Helml/Biebl/*Helml*, § 48 Rz. 5; *Kissel/Mayer*, § 17 GVG Rz. 20; *Kissel*, NZA 1995, 345 (353); Ostrowicz/Künzl/Scholz, Handbuch des arbeitsgerichtlichen Verfahrens, Rz. 193.
6 BAG v. 28.10.1993 – 2 AZB 12/93, NZA 1994, 234; BAG v. 24.4.1996 – 5 AZR 25/95, NJW 1996, 2948; KG v. 30.1.2001 – 5 W 8942/00, NJW-RR 2001, 1509.

schlüssige Vortrag des Klägers aus. Ob die bestrittenen Tatsachen bewiesen werden können, ist dann nur im Rahmen der Begründetheit dafür von Bedeutung, ob eine stattgebende oder abweisende Sachentscheidung ergeht (Einzelheiten § 2 Rz. 233 ff.; § 2a Rz. 119).

36 Stützt der Kläger sein Begehren auf eine **Haupt- und eine Hilfsbegründung**, orientiert sich die Prüfung der Rechtswegzuständigkeit an der Hauptbegründung. Das zuständige Gericht des Rechtsweges, der nach der Hauptbegründung zulässig ist, kann die Begründetheit des Begehrens gem. § 17 Abs. 2 Satz 1 GVG auch unter dem rechtlichen Gesichtspunkt prüfen, der für die Hilfsbegründung maßgeblich ist[1].

37 Hat der Kläger neben einem **Hauptantrag** auch einen oder mehrere **Hilfsanträge** gestellt, ist die Zulässigkeit des Rechtsweges zunächst nur für den Hauptantrag zu prüfen[2]. Über ihn hat dann das zuständige Gericht im richtigen Rechtsweg zu entscheiden. Erst wenn aufgrund dieser Entscheidung der Hilfsantrag relevant wird, muss das dann mit der Sache befasste Gericht die Zulässigkeit des Hilfsantrages und damit auch die Rechtswegzuständigkeit prüfen. Insoweit kommt dann eine Weiterverweisung in einen anderen Rechtsweg, uU auch eine Rückverweisung in Betracht[3].

d) Entbehrlichkeit der Rechtswegprüfung

38 Wenn dieselbe Sache schon vor Anrufung des ArbG bei einem Gericht eines anderen Rechtsweges rechtshängig wurde, braucht das ArbG seine Rechtswegzuständigkeit nicht mehr zu prüfen. Das folgt aus **§ 17 Abs. 1 Satz 2 GVG**. Danach kann während der Rechtshängigkeit die Sache von keiner Partei anderweitig anhängig gemacht werden. Dadurch wird klargestellt, dass das schon aus § 261 Abs. 3 Nr. 1 ZPO folgende **Prozesshindernis der anderweitigen Rechtshängigkeit** auch rechtswegübergreifend von Bedeutung ist[4]. Das ArbG weist dann die Klage als unzulässig ab[5].

39 Ferner ist die Zulässigkeit des Rechtsweges nicht mehr zu prüfen, nachdem der Kläger die **Klage zurückgenommen** hat oder die Parteien den **Rechtsstreit für erledigt erklärt** haben. In diesen Fällen geht es nur noch um die Kostenentscheidung nach § 269 Abs. 3 ZPO oder nach § 91a ZPO, nicht mehr um eine Entscheidung in der Sache. Für die Kostenentscheidung braucht die Rechtswegzuständigkeit nicht vorzuliegen[6]. Die Durchführung eines Vorabentscheidungsverfahrens (dazu Rz. 43 ff.) nur wegen der Kostenentscheidung wäre auch höchst prozessunwirtschaftlich. Eine Sachentscheidung nach einseitiger Erledigungserklärung darf dagegen nur im richtigen Rechtsweg getroffen werden.

6. Entscheidung über den Rechtsweg und weiteres Verfahren (§§ 17a, 17b GVG)

40 In welcher Form das ArbG über seine Rechtswegzuständigkeit entscheidet und welches weitere Verfahren sich an eine solche Entscheidung anschließt, ergibt sich nicht aus § 48 Abs. 1, sondern aus den §§ 17a, 17b GVG. Diese Vorschriften gelten für die Rechtswegzuständigkeit unmittelbar. Insoweit hat die Verweisung in § 48 Abs. 1 nur eine klarstellende Bedeutung. Nach § 17a GVG hängen die Entscheidung und das weitere Verfahren davon ab, ob das ArbG seine Rechtswegzuständigkeit bejaht oder verneint.

a) Bejahung der Zulässigkeit des Rechtsweges

41 Wenn das ArbG die Zulässigkeit des Rechtsweges bejaht, kommt entweder eine Inzidententscheidung oder eine Vorabentscheidung in Betracht. Diese Entscheidungsform hängt vor allem davon ab, ob der Beklagte die Rechtswegzuständigkeit gerügt hat.

aa) Inzidententscheidung

42 Eine Inzidententscheidung kommt nur dann in Betracht, wenn der Beklagte oder Antragsgegner die Zulässigkeit des Rechtsweges nicht rügt. Das Gericht bringt dann durch seine Entscheidung in der Hauptsache zum Ausdruck, dass es von der Zulässigkeit des Rechtsweges ausgegangen ist. Diese Inzidententscheidung kann ausdrücklich in den Entscheidungsgründen erfolgen oder stillschweigend dadurch, dass das Gericht eine Entscheidung in der Hauptsache trifft und zur Zulässigkeit des Rechtsweges keine Aussage macht. Für

---

1 BLAH/*Hartmann*, § 17 GVG Rz. 7; Zöller/*Lückemann*, § 17 GVG Rz. 7.
2 *Kissel/Mayer*, § 17 GVG Rz. 55; *Kissel*, NZA 1995, 345 (354); aM LAG Sachsen v. 13.4.2000 – 4 Ta 25/00, NZA-RR 2001, 604.
3 OVG Münster v. 30.11.1992 – 23 A 1471/90, NVwZ 1994, 795 (796); MünchKommZPO/*Zimmermann*, § 17a GVG Rz. 16, 18; Zöller/*Lückemann*, § 17a GVG Rz. 13a.
4 Zöller/*Lückemann*, § 17 GVG Rz. 3.
5 *Kissel/Mayer*, § 17 GVG Rz. 16.
6 BAG v. 16.8.2016 – 9 AS 4/16, NZA 2016, 1358 Rz. 12; GMP/*Germelmann*, § 48 Rz. 96.

die Inzidententscheidung kommen Sach- und Prozessurteile, streitige, Versäumnis- und Anerkenntnisurteile, End- und Zwischenurteile, Voll- und Teilurteile in Betracht.

bb) Vorabentscheidung (§ 17a Abs. 3, 4 GVG)

(1) Sinn

Die Vorabentscheidung hat ebenso wie der gesamte Regelungskomplex der §§ 17–17b GVG den Sinn, die Frage der Rechtswegzuständigkeit zu einem möglichst frühen Zeitpunkt des Verfahrens in der 1. Instanz abschließend zu klären, damit das weitere Verfahren nicht mehr mit dem Risiko eines später erkannten Mangels des gewählten Rechtsweges belastet wird[1]. 43

(2) Zeitpunkt

Sie muss isoliert von anderen Zulässigkeitsfragen und von Fragen der Begründetheit vor der Entscheidung zur Hauptsache ergehen[2]. Sie ist jedoch auch noch nach dem Beginn der Verhandlung zur Hauptsache, in der die Rüge erhoben wird, möglich[3]. Wenn in der Hauptsache bereits ein Teilurteil ergangen ist, kommt eine Vorabentscheidung nur noch hinsichtlich des verbleibenden Teils in Betracht[4]. 44

(3) Fakultative und obligatorische Vorabentscheidung

Nach § 17a Abs. 3 Satz 1 GVG kann das ArbG auch ohne eine Rüge der Rechtswegzuständigkeit vorab die Zulässigkeit des beschrittenen Rechtsweges aussprechen. Dem Gericht steht insoweit ein Ermessensspielraum zu[5]. Eine solche fakultative Vorabentscheidung dürfte jedoch eher selten vorkommen. Sie mag bei einer schwierigen Rechtslage angebracht sein, wenn das Gericht es selbst für sinnvoll hält, dem Beklagten oder Antragsgegner Gelegenheit zu geben, die Bejahung der Rechtswegzuständigkeit mit der sofortigen Beschwerde nach § 17a Abs. 4 Satz 3 GVG (dazu Rz. 61 ff.) in einer höheren Instanz überprüfen zu lassen. Bei einem entsprechenden Interesse des Beklagten wird dieser allerdings im Zweifel die Zulässigkeit des Rechtsweges rügen. 45

Im Falle einer solchen **Rüge,** die auch konkludent erfolgen kann, ist eine Vorabentscheidung gem. § 17a Abs. 3 Satz 2 GVG **obligatorisch**. Auch bei einer Rüge durch den Kläger selbst muss eine Vorabentscheidung ergehen[6]. 46

(4) Folgen

Solange die Vorabentscheidung nicht rechtskräftig ist, darf keine Sachentscheidung ergehen. Auch ein Versäumnisurteil ist ausgeschlossen. Das Hauptsacheverfahren ist dann vielmehr bis zur Rechtskraft der Vorabentscheidung auszusetzen[7]. 47

b) Verweisung von Amts wegen bei Unzulässigkeit des Rechtsweges (§ 17a Abs. 2 GVG)

Wenn das ArbG den beschrittenen Rechtsweg für unzulässig hält, darf es keine Entscheidung in der Hauptsache treffen. Es muss vielmehr die Unzulässigkeit des Rechtsweges von Amts wegen aussprechen und den Rechtsstreit an das zuständige Gericht des zulässigen Rechtsweges verweisen (§ 17a Abs. 2 Satz 1 GVG). Dafür ist eine Rüge einer Partei nicht erforderlich. Deshalb scheidet eine Abweisung der Klage oder des Antrags als unzulässig aus. Sie kommt auch nicht durch unechtes Versäumnisurteil in Betracht[8]. 48

Erfolgt trotzdem **zu Unrecht eine Abweisung als unzulässig**, kann der Kläger dagegen wahlweise sofortige Beschwerde (§ 17a Abs. 4 Satz 3 GVG) oder Berufung einlegen (Grundsatz der Meistbegünstigung)[9]. Das LAG verweist dann, wenn es die Rechtswegzuständigkeit ebenfalls verneint, den Rechtsstreit an das zustän- 49

---

1 BT-Drs. 11/7030, S. 36 f.
2 BAG v. 26.3.1992 – 2 AZR 443/91, NZA 1992, 954; *Gift/Baur*, Urteilsverfahren, Teil C Rz. 271; *Kissel/Mayer*, § 17 GVG Rz. 27.
3 *Kissel*, NJW 1991, 945 (948); *Schwab*, NZA 1991, 657 (662).
4 GWBG/*Benecke*, § 48 Rz. 4.
5 BGH v. 28.2.1991 – III ZR 53/90, NJW 1991, 1686; BGH v. 12.11.1992 – V ZR 230/91, NJW 1993, 389.
6 OVG Münster v. 30.10.1997 – 1 A 3743/94 PVB, NZA-RR 1998, 431 (432).
7 BAG v. 26.3.1992 – 2 AZR 443/91, EzA § 48 ArbGG Nr. 5; *Kissel/Mayer*, § 17 GVG Rz. 39; *Kissel*, NJW 1991, 945 (949); *Kissel*, NZA 1995, 345 (350); *Gift/Baur*, Urteilsverfahren, Teil C Rz. 282; GK-ArbGG/*Bader*, § 48 Rz. 56.
8 OLG Naumburg v. 25.7.2001 – 12 W 22/01, NJW-RR 2002, 791 (792).
9 LAG Hamm v. 5.9.1991 – 16 Sa 629/91, NZA 1992, 136, 137.

dige Gericht des richtigen Rechtsweges[1]. Wenn es dagegen den beschrittenen Rechtsweg für zulässig hält, hebt es das Prozessurteil des ArbG auf, spricht die Zulässigkeit des Rechtsweges aus und verweist den Rechtsstreit an das ArbG zurück[2], sofern eine Partei Zurückverweisung beantragt (§ 538 Abs. 2 Nr. 3 ZPO). Der Anwendungsbereich dieser Norm wird durch § 68 nicht ausgeschlossen[3]. Ohne Zurückverweisungsantrag trifft das LAG eine eigene Sachentscheidung.

50 **An welches Gericht** in welchem Rechtsweg verwiesen wird, entscheidet das Gericht selbst. Es muss also die örtliche und ggf. sachliche Zuständigkeit im anderen Rechtsweg prüfen. An einen ggf. gestellten Antrag einer Partei ist es hinsichtlich des Rechtsweges nicht gebunden. Wenn allerdings in dem anderen Rechtsweg mehrere Gerichte sachlich oder örtlich zuständig sind, kann der Kläger wählen, an welches dieser Gerichte verwiesen werden soll (§ 17a Abs. 2 Satz 2 GVG). An diese Wahl ist das verweisende Gericht gebunden. Macht der Kläger von seiner Wahlmöglichkeit keinen Gebrauch, bestimmt das verweisende Gericht selbst das Adressatgericht.

c) Entscheidung bei mehreren Streitgegenständen

51 Hat der Kläger im Wege der objektiven Klagehäufung (§ 260 ZPO) mehrere Ansprüche geltend gemacht, ist für jeden von ihnen über die Zulässigkeit des Rechtsweges zu entscheiden. § 17 Abs. 2 Satz 1 GVG gilt nur innerhalb desselben Streitgegenstandes. Ergeht die Entscheidung nicht einheitlich, ist eine **Prozesstrennung** anzuordnen und der Rechtsstreit hinsichtlich des in eine andere Rechtswegzuständigkeit fallenden Streitgegenstandes zu **verweisen**[4]. Auch wenn für eine vom Beklagten erhobene Widerklage die Zulässigkeit des Rechtsweges nicht gegeben ist, muss die **Widerklage abgetrennt** (vgl. § 145 Abs. 2 ZPO) und in den richtigen Rechtsweg verwiesen werden (s. § 2 Rz. 25). Falls dagegen **derselbe prozessuale Anspruch** auf eine die Rechtswegzuständigkeit der ArbGe begründende Anspruchsgrundlage und auf Amtshaftung nach Art. 34 Satz 3 GG gestützt wird, darf das ArbG den Amtshaftungsanspruch wegen § 17 Abs. 2 Satz 2 GVG nicht prüfen, den Rechtsstreit insoweit aber auch nicht an ein ordentliches Gericht verweisen; denn eine Teilverweisung kommt bei einem einheitlichen Streitgegenstand nicht in Betracht[5].

d) Verfahren bei Rechtswegentscheidungen

52 Für die Form und das Verfahren bei einer **Inzidententscheidung** gelten die gleichen **Regeln wie für die Hauptsacheentscheidung**, in deren Rahmen die Zulässigkeit des Rechtsweges ausdrücklich oder stillschweigend bejaht wird. Das ArbG trifft die Entscheidung also in der **Besetzung**, die nach allgemeinen Regeln vorgesehen ist. Unter den Voraussetzungen des § 55 (zB beim Verzichtsurteil, beim Anerkenntnisurteil und beim Versäumnisurteil) sowie im Eilverfahren unter den besonderen Dringlichkeitsvoraussetzungen des § 944 ZPO entscheidet folglich der Vorsitzende allein. § 48 Abs. 1 Nr. 2, der die Zuständigkeit der Kammer anordnet, gilt nicht für die Inzidententscheidung.

53 Die **Vorabentscheidung** kann **ohne mündliche Verhandlung** ergehen (§ 17a Abs. 4 Satz 1 GVG). Allerdings ist den Parteien **rechtliches Gehör** zu gewähren[6]. Das kann auch in schriftlicher Form erfolgen. Lediglich im Eilverfahren kann ausnahmsweise auf eine vorherige Anhörung des Antragsgegners verzichtet werden, wenn andernfalls der Überraschungseffekt verloren ginge und die Warnung des Antragsgegners die Gefahr einer Rechtsschutzvereitelung mit sich bringen würde[7].

54 Selbst wenn die Vorabentscheidung ohne mündliche Verhandlung ergeht, kommt entgegen § 53 Abs. 1 Satz 1 eine Alleinentscheidung durch den Vorsitzenden nicht in Betracht. Vielmehr entscheidet gem. **§ 48 Abs. 1 Nr. 2** immer **die Kammer**. Diese Regelung wird wegen des Zeitaufwandes, der mit dem Zusammen-

---

1 OLG Naumburg v. 25.7.2001 – 12 W 22/01, NJW-RR 2002, 791 (792).
2 GK-ArbGG/*Bader*, § 48 Rz. 72.
3 *Schmidt/Schwab/Wildschütz*, NZA 2001, 1217 (1222).
4 BGH v. 5.6.1997 – I ZB 42/96, NJW 1998, 826; BGH v. 28.2.1991 – III ZR 53/90, NJW 1991, 1686; *Kissel/Mayer*, § 17 GVG Rz. 55; *Kissel*, NZA 1995, 345 (354); *Gift/Baur*, Urteilsverfahren, Teil C Rz. 266; MünchKommZPO/*Zimmermann*, § 17 GVG Rz. 13.
5 LAG Hamm v. 7.9.2016 – 2 Ta 21/16, Rz. 14.
6 *Kissel/Mayer*, § 17 GVG Rz. 27.
7 Zu den Voraussetzungen, unter denen im Eilverfahren auf das vorherige rechtliche Gehör verzichtet werden kann, s. nur *Brox/Walker*, Zwangsvollstreckungsrecht, Rz. 1514; *Schmidt-Aßmann* in Maunz/Dürig, Art. 103 Abs. 1 GG Rz. 17, 93 und Art. 19 GG Abs. 4 Rz. 262 f.; *Waldner*, Der Anspruch auf rechtliches Gehör, S. 352; *Walker*, Der einstweilige Rechtsschutz, Rz. 283 mwN.

treffen der Kammer verbunden sein kann, zum Teil heftig kritisiert[1]. In der Tat ist es zweifelhaft, ob für die Entscheidungsfindung die Sachkunde der ehrenamtlichen Richter erforderlich ist.

Von der Zuständigkeit der Kammer gibt es wiederum eine **Ausnahme im Eilverfahren**, wenn die besonderen Dringlichkeitsvoraussetzungen des § 944 ZPO vorliegen. Diese Vorschrift findet gem. § 62 Abs. 2 (s. § 62 Rz. 117) und gem. § 85 Abs. 2 (s. § 85 Rz. 68) auch im arbeitsgerichtlichen Eilverfahren Anwendung und geht als Spezialregelung der allgemeinen Vorschrift des § 48 Abs. 1 Nr. 2 vor[2]. § 944 ZPO setzt allerdings voraus, dass die Fortführung des Eilverfahrens so dringlich ist, dass selbst der geringe Zeitverlust, der mit dem Zusammentreten der Kammer verbunden ist, einem effektiven Rechtsschutz entgegenstehen würde[3]. 55

e) Form und Zustellung der Entscheidung

Die Vorabentscheidung ergeht sowohl bei Bejahung der Zulässigkeit des Rechtsweges als auch bei dem Ausspruch der Unzulässigkeit des Rechtsweges und Verweisung an ein Gericht in einem anderen Rechtsweg durch **Beschluss** (§ 17a Abs. 4 Satz 1 GVG). Dieser ist zu **begründen** (§ 17a Abs. 4 Satz 2 GVG) und mit Rechtsmittelbelehrung (§ 9 Abs. 5 Satz 1) zuzustellen (§ 329 Abs. 3 ZPO). Dadurch soll den Parteien die Prüfung ermöglicht werden, ob ihr Vortrag zur Rechtswegzuständigkeit vom Gericht zur Kenntnis genommen wurde und ob es sich für sie lohnt, die Vorabentscheidung anzufechten. Fehlt eine Begründung, führt das allerdings nicht zur Nichtigkeit, sondern nur zur Anfechtbarkeit des Beschlusses[4]. 56

f) Anfechtbarkeit von Rechtswegentscheidungen

Hinsichtlich der Anfechtbarkeit von Rechtswegentscheidungen ist zu differenzieren: 57

aa) Keine Anfechtbarkeit von Inzidententscheidungen (§ 17a Abs. 5 GVG)

Bejaht das ArbG die Zulässigkeit des Rechtsweges ausdrücklich oder stillschweigend in der Entscheidung über die Hauptsache, scheidet eine Anfechtung dieser inzidenten Rechtswegentscheidung aus (§ 17a Abs. 5 GVG). Das gilt auch in solchen Fällen, in denen die Rechtswegzuständigkeit zweifelhaft ist[5]. Diese Beschränkung der Rechtsmittel dient ebenso wie die Vorabentscheidung dazu, die Rechtswegzuständigkeit in einem möglichst frühen Zeitpunkt des Verfahrens in der 1. Instanz abschließend zu klären[6]. Unerheblich ist, ob in der Hauptsache über die Begründetheit entschieden oder ob die Klage wegen eines anderen Grundes als der fehlenden Rechtswegzuständigkeit als unzulässig abgewiesen wird. Wenn allerdings erst in der Berufungsinstanz ein Hilfsantrag gestellt wird, über den gar keine Inzidententscheidung des ArbG vorliegt, ist das LAG nicht durch § 17a Abs. 5 GVG gehindert, seine Rechtswegzuständigkeit zu prüfen und ggf. den Rechtsstreit zu verweisen[7]. 58

Etwas anderes gilt allerdings dann, wenn das ArbG **trotz ordnungsgemäßer**[8] **Rüge** der Zulässigkeit des Rechtsweges unter Verstoß gegen § 17a Abs. 3 Satz 2 GVG statt einer Vorabentscheidung **eine Inzidententscheidung** getroffen hat[9]. Dann kann wahlweise mit der Berufung (im Beschlussverfahren: Beschwerde) gegen die Hauptsacheentscheidung vorgegangen oder mit der sofortigen Beschwerde nach § 17a Abs. 4 Satz 3 GVG nochmals die Unzulässigkeit des Rechtsweges geltend gemacht werden (**Grundsatz der Meistbegünstigung**)[10]. Andernfalls könnte das ArbG durch seinen Verstoß gegen § 17a Abs. 3 Satz 2 GVG dem 59

---

1 *Berrisch*, FA Spezial 1/2001, VI (VII); *Dörner/Luczak/Wildschütz*, Arbeitsrecht in der anwaltlichen und gerichtlichen Praxis, K Rz. 18.
2 Ebenso GMP/*Germelmann*, § 48 Rz. 84; im Ergebnis ebenso GK-ArbGG/*Bader*, § 48 Rz. 49, 37, der die Alleinzuständigkeit des Vorsitzenden mit § 53 Abs. 1 Satz 1 begründet.
3 *Walker*, Der einstweilige Rechtsschutz, Rz. 271.
4 BAG v. 31.8.2010 – 3 ABR 139/09, NZA 2011, 995.
5 BGH v. 18.9.2008 – V ZB 40/08, NJW 2008, 3572 (3573).
6 BT-Drs. 11/7030, S. 36 f.
7 LAG Schl.-Holst. v. 28.10.2003 – 2 Sa 324/03, NZA-RR 2004, 375.
8 Nach hM muss die Rüge fristgerecht erfolgt sein (BGH v. 18.11.1998 – VIII ZR 269/97, NJW 1999, 651; LAG Berlin v. 24.11.1993 – 8 Sa 75/93, NZA 1994, 912; OLG Köln v. 10.4.1995 – 8 U 62/94, NJW 1995, 3319. Nach aM reicht auch eine verspätete Rüge aus [*Brückner*, NJW 2006, 13 (15)]).
9 BGH v. 18.9.2008 – V ZB 40/08, NJW 2008, 3572 (3573); BGH v. 29.7.2004 – III ZB 2/04, NJW-RR 2005, 142 (143); OLG Frankfurt v. 28.3.2007 – 3 W 20/07, NZA 2007, 710.
10 BAG v. 26.3.1992 – 2 AZR 443/91, NZA 1992, 956; BAG v. 15.4.1993 – 2 AZB 32/92, NZA 1993, 789; BAG v. 4.3.1998 – VIII ZB 25/97, ZIP 1998, 863 (864); ErfK/*Koch*, § 48 ArbGG Rz. 10 (differenzierend); GWBG/*Benecke*, § 48 Rz. 17; Hauck/Helml/Biebl/*Helml*, § 48 Rz. 16; MünchKommZPO/*Zimmermann*, § 17a GVG Rz. 29, 30; MünchArbR/*Jacobs*, § 342 Rz. 11, 13; aM OLG Frankfurt v. 3.9.2008 – 19 W 60/08, NJW 2008, 3796 (3797): sofortige Beschwerde nicht statthaft, nur Überprüfung durch das Rechtsmittelgericht der Hauptsache.

Antragsgegner seine in § 17a Abs. 4 Satz 3 GVG vorgesehene Beschwerdemöglichkeit (dazu Rz. 61 ff.) nehmen. In diesem Fall muss dann das LAG eine Vorabentscheidung über die Zulässigkeit des Rechtsweges treffen[1]. Entscheidet auch dieses unzutreffend nur inzident, darf das BAG die Rechtswegzuständigkeit nur prüfen, wenn das LAG die Beschwerde an das BAG gegen die Bejahung der Rechtswegzuständigkeit zugelassen hat (§ 17a Abs. 4 Satz 4 GVG). Andernfalls ist es an die – wenn auch in falscher Form ergangene – Rechtswegentscheidung des LAG gebunden (§ 17a Abs. 4 Satz 6 GVG). Das gilt selbst dann, wenn das zweitinstanzliche Gericht nur deshalb von einer Vorabentscheidung abgesehen hat, weil es rechtsfehlerhaft davon ausging, das Urteil sei ohnehin revisibel, so dass sich das oberste Bundesgericht auch ohne Vorabentscheidung mit der Rechtswegfrage befassen müsse[2]. In diesem Fall ist allerdings auf die Revision im Hauptsacheverfahren das (verfahrensfehlerhafte) Urteil des Berufungsgerichts aufzuheben und der Rechtsstreit an das Berufungsgericht zum Zwecke der Nachholung der Vorabentscheidung zurückzuverweisen[3].

60 Schließlich ist die **Inzidententscheidung ausnahmsweise überprüfbar**, wenn das ArbG seine eigene Entscheidung in der Hauptsache nochmals zu überprüfen hat. Das ist im **Einspruchsverfahren** nach Erlass eines Versäumnisurteils (§§ 338 ff. ZPO) und im **Widerspruchsverfahren** nach Erlass einer Eilanordnung (§§ 924 f. ZPO) ohne mündliche Verhandlung der Fall[4]. In beiden Fällen handelt es sich nicht um Rechtsmittelverfahren. § 17a Abs. 5 GVG greift also nicht ein. Bei einer entsprechenden Rüge einer Partei ist noch im Einspruchs- bzw. Widerspruchsverfahren eine Vorabentscheidung erforderlich. Auch ohne Rüge kann das ArbG gem. § 17a Abs. 3 Satz 1 GVG eine Vorabentscheidung treffen.

bb) Sofortige Beschwerde gegen Rechtswegbeschlüsse (§ 17a Abs. 4 Satz 3 GVG)

61 Isolierte Rechtswegbeschlüsse im Vorabentscheidungsverfahren, mit denen entweder die Zulässigkeit des Rechtsweges festgestellt oder die Unzulässigkeit des Rechtsweges ausgesprochen und der Rechtsstreit in einen anderen Rechtsweg verwiesen wird, sind dagegen gem. § 17a Abs. 4 Satz 3 GVG mit der sofortigen Beschwerde anfechtbar. Das gilt auch bei unvollständigen Vorabentscheidungen, in denen etwa nur die Unzulässigkeit des Rechtsweges ausgesprochen wird, aber eine Verweisung unterbleibt. Bei der sofortigen Beschwerde handelt es sich um ein Rechtsmittel innerhalb des Vorabentscheidungsverfahrens[6]. Bezüglich der Einzelheiten zur sofortigen Beschwerde nimmt § 17a Abs. 4 Satz 3 GVG Bezug auf die Vorschriften der jeweils anzuwendenden Verfahrensordnung. Das sind gem. § 78 Satz 1 die maßgebenden Vorschriften der Zivilprozessordnung.

(1) Frist

62 Nach § 569 Abs. 1 Satz 1 ZPO ist die sofortige Beschwerde binnen einer Notfrist von zwei Wochen einzulegen. Diese beginnt gem. § 569 Abs. 1 Satz 2 ZPO mit der Zustellung des Beschlusses, die gem. § 329 Abs. 3 ZPO erfolgen muss. Unterbleibt die Zustellung oder ist sie unwirksam, beginnt die Frist spätestens mit Ablauf von fünf Monaten nach Verkündung (ohne Verkündung nach formloser Mitteilung[7]) des Beschlusses. Enthält der zugestellte Beschluss keine ordnungsgemäße Rechtsmittelbelehrung, ist gem. § 9 Abs. 5 Satz 4 die Einlegung der Beschwerde innerhalb eines Jahres seit Zustellung möglich. Fehlt bei unterbliebener oder unwirksamer Zustellung des Beschlusses die Rechtsmittelbelehrung (was meist der Fall sein dürfte), verlängert sich die Fünf-Monats-Frist des § 569 Abs. 1 Satz 2 ZPO gem. § 9 Abs. 5 Satz 4 um weitere 12 Monate auf 17 Monate[8].

(2) Form und Inhalt

63 Die sofortige Beschwerde wird durch Einreichung einer **Beschwerdeschrift** eingelegt. In ihr muss die angefochtene Rechtswegentscheidung bezeichnet und erklärt werden, dass Beschwerde gegen die Entscheidung eingelegt werde (§ 569 Abs. 2 Satz 2 ZPO). Außerdem soll die Beschwerde begründet werden (§ 571 Abs. 1

---

1 BGH v. 4.3.1998 – VIII ZB 25/97, NJW 1998, 2057; BGH v. 18.11.1998 – VIII ZR 269/97, NJW 1999, 651. Vgl. auch OVG Münster v. 30.10.1997 – 1 A 3743/94 PVB, NZA-RR 1998, 431 (432).
2 So zur vergleichbaren Problematik in der ordentlichen Gerichtsbarkeit BGH v. 18.11.1998 – VIII ZR 269/97, NJW 1999, 651.
3 BGH v. 18.11.1998 – VIII ZR 269/97, NJW 1999, 651.
4 GMP/*Germelmann*, § 48 Rz. 76, 78; *Gift/Baur*, Urteilsverfahren, Teil C Rz. 270; MünchKommZPO/*Zimmermann*, § 17a GVG Rz. 27.
5 LAG Hessen v. 11.9.1991 – 13 Ta 241/91, LAGE § 48 ArbGG 1979 Nr. 4; GK-ArbGG/*Bader*, § 48 Rz. 60.
6 Vgl. *Schmidt/Schwab/Wildschütz*, NZA 2001, 1217 (1224).
7 BAG v. 22.7.1998 – 5 AS 17/98, NZA 1998, 1190; BAG v. 1.7.1992 – 5 AS 4/92, NZA 1992, 1047; BAG v. 1.7.1992 – 5 AS 4/92, EzA § 17a GVG Nr. 1; BAG v. 4.1.1993 – 5 AS 12/92, EzA § 36 ZPO Nr. 17.
8 BAG v. 5.8.1996 – 8 AZB 15/96, NZA 1996, 1175; *Schmidt/Schwab/Wildschütz*, NZA 2001, 1217 (1224 f.).

ZPO). Alternativ zur schriftlichen Einlegung kann die Beschwerde gem. § 569 Abs. 3 Nr. 1 ZPO auch zu **Protokoll der Geschäftsstelle** erklärt werden; denn die dort genannte Voraussetzung, dass der Rechtsstreit nicht als Anwaltsprozess geführt werden muss, ist vor dem ArbG erfüllt (§ 11 Abs. 1 Satz 1).

(3) Zuständiges Gericht

Die Beschwerde ist gem. § 569 Abs. 1 Satz 1 ZPO bei dem ArbG einzulegen, dessen Rechtswegentscheidung angefochten wird (**iudex a quo**), oder bei dem zuständigen LAG als Beschwerdegericht (**iudex ad quem**). 64

(4) Beschwer

Die Zulässigkeit der sofortigen Beschwerde setzt voraus, dass der Beschwerdeführer durch die Vorabentscheidung über die Zulässigkeit des Rechtsweges beschwert ist. Das können je nach der zur Vorabentscheidung führenden Situation der Kläger, der Beklagte oder beide Parteien sein[1]. Rügt der Beklagte die Zulässigkeit des Rechtsweges und verweist das ArbG den Rechtsstreit in einen anderen Rechtsweg, ist der Kläger beschwert. Spricht nach einer solchen Rüge das ArbG die Zulässigkeit des Rechtsweges aus, ist der Beklagte beschwert. Überrascht das ArbG beide Seiten mit einer Vorabentscheidung, obwohl sich niemand zur Rechtswegzuständigkeit geäußert hat, können beide wegen Verletzung des rechtlichen Gehörs beschwert sein[2]. 65

Die **Beschwer** muss sich **auf die Rechtswegentscheidung** beziehen. Aus der Verweisung an ein lediglich örtlich unzuständiges Gericht im richtigen Rechtsweg folgt keine Beschwer[3], zumal es gegen die Entscheidung über die örtliche Zuständigkeit kein Rechtsmittel gibt (§ 48 Abs. 1 Nr. 1) und das Adressatgericht bei einer Rechtswegverweisung hinsichtlich der örtlichen Zuständigkeit nicht gebunden ist. 66

(5) Beschwerdewert

Umstritten ist, wie der für die Kostenberechnung maßgebliche Streitwert im Beschwerdeverfahren zu berechnen ist. Zum Teil wird die Ansicht vertreten, maßgeblich sei der volle Verfahrensstreitwert der Hauptsache[4]. Da jedoch in dem Beschwerdeverfahren keine Entscheidung zur Hauptsache ergeht und das Hauptsacheverfahren unabhängig vom Inhalt der Beschwerdeentscheidung nicht abgeschlossen wird, ist von einem niedrigeren Streitwert als im Hauptsacheverfahren auszugehen. Verbreitet wird 1/3 des Hauptsachewertes oder noch niedriger vorgeschlagen[5]. 67

(6) Folgen der Beschwerdeeinlegung

Die Einlegung der sofortigen Beschwerde verhindert den Eintritt der Rechtskraft der Vorabentscheidung. Solange noch die Möglichkeit besteht, dass die Vorabentscheidung im Rechtsmittelverfahren aufgehoben wird, darf das **Hauptsacheverfahren** vor dem ArbG nicht fortgeführt werden. Es ist vielmehr **auszusetzen**[6]. Andernfalls könnte eine Sachentscheidung im falschen Rechtsweg ergehen. 68

(7) Entscheidung des Beschwerdegerichts

Wurde das ArbG als iudex a quo angerufen (Rz. 64), hat dieses gem. § 78 Satz 1 ArbGG iVm. § 572 Abs. 1 Satz 1 ZPO darüber zu entscheiden, ob der Beschwerde abzuhelfen ist. Diese Entscheidung ergeht ebenso wie die angefochtene Vorabentscheidung über den Rechtsweg (§ 48 Abs. 1 Nr. 2) durch die Kammer[7], allerdings nicht notwendig in derselben personellen Besetzung[8]. Bei Nichtabhilfe ist die Beschwerde unverzüglich dem LAG als dem Beschwerdegericht vorzulegen (§ 572 Abs. 1 Satz 1 Halbs. 2 ZPO). 68a

---

1 Großzügiger wohl GK-ArbGG/*Bader*, § 48 Rz. 61 (grds. für eine Beschwerdeberechtigung jeder Partei).
2 GMP/*Germelmann*, § 48 Rz. 121.
3 BAG v. 20.9.1995 – 5 AZB 1/95, NZA 1996, 112.
4 LAG Hamm v. 18.1.1995 – 4 Sa 993/94, LAGE § 48 ArbGG 1979 Nr. 11; LAG Hamm v. 19.5.1995 – 4 Sa 443/95, LAGE § 48 ArbGG 1979 Nr. 12; LAG Köln v. 14.10.1992 – 14 Ta 121/92, DB 1992, 2351.
5 BGH v. 19.12.1996 – III ZB 105/96, NJW 1998, 909 (910); BGH v. 4.3.1998 – VIII ZB 25/97, ZIP 1998, 863 (864); KG v. 30.1.2001 – 5 W 8942/00, NJW-RR 2001, 1509 (1511); LAG BW v. 7.12.2015 – 3 Ta 21/15, Rz. 32; LG Berlin v. 13.11.1997 – 52 T 97/97, NZA-RR 1999, 212 (213); GMP/*Germelmann*, § 48 Rz. 132; GK-ArbGG/*Bader*, § 48 Rz. 66.
6 BAG v. 26.3.1992 – 2 AZR 443/91, NZA 1992, 954 (zur Aussetzung durch das LAG); *Kissel*/*Mayer*, § 17 GVG Rz. 39.
7 BAG v. 17.9.2014 – 10 AZB 4/14, NZA 2015, 1405 Rz. 6; LAG BW v. 7.12.2015 – 3 Ta 21/15, Rz. 20.
8 LAG Schl.-Holst. v. 8.8.2005 – 2 Ta 166/05, NZA-RR 2005, 601 mwN.

69 Wenn das LAG als Beschwerdegericht **in Übereinstimmung mit dem ArbG** die Rechtswegzuständigkeit des ArbG **für gegeben hält**, weist es die Beschwerde als unbegründet zurück. Das Verfahren nimmt dann in der ersten Instanz seinen Fortgang. Das ArbG kann nunmehr in die weitere Prüfung der Zulässigkeit und der Begründetheit einsteigen. Bestand dagegen die angefochtene Entscheidung des ArbG in einem **Verweisungsbeschluss** und hält das Beschwerdegericht diese Entscheidung **für richtig**, weist es die Beschwerde zurück und gibt selbst die Akten an das Adressatgericht weiter.

70 Wenn dagegen das LAG die Zulässigkeit des Rechtsweges **entgegen dem ArbG bejaht**, hebt es dessen Entscheidung auf und spricht die Zulässigkeit des Rechtsweges aus. Das Verfahren nimmt dann in der 1. Instanz seinen Fortgang. Falls umgekehrt das LAG die Rechtswegzuständigkeit **entgegen dem ArbG verneint**, verweist es selbst in seiner Beschwerdeentscheidung den Rechtsstreit an das zuständige Gericht im richtigen Rechtsweg[1] und gibt die Akten dorthin ab. Keinesfalls kommt gem. § 78 ArbGG iVm. § 572 Abs. 3 ZPO eine Zurückverweisung an das ArbG in Betracht. Das wäre mit dem Beschleunigungsgrundsatz nach § 9 Abs. 1 nicht vereinbar. Soweit das LAG eine weitere Sachaufklärung für erforderlich hält, kann es diese als Tatsacheninstanz selbst vornehmen[2].

71 Hatte das ArbG **trotz Rechtswegrüge keine Vorabentscheidung** getroffen, sondern die Zulässigkeit des Rechtsweges inzident bejaht, hebt das Berufungsgericht (wenn es die Rechtswegzuständigkeit verneint) die gesamte erstinstanzliche Entscheidung auf[3] und verweist den Rechtsstreit in die 1. Instanz des richtigen Rechtsweges. Nur so wird der Zustand hergestellt, der auch bei ordnungsmäßigem Verfahren des erstinstanzlichen Gerichts eingetreten wäre[4]. Wenn das Berufungsgericht dagegen den Rechtsweg zu den ArbG ebenso wie die Vorinstanz bejaht, sollte es dies wie bei richtigem erstinstanzlichen Verfahren und nachfolgender Beschwerde vorab durch Beschluss aussprechen.

72 Eine **Kostenentscheidung** trifft das LAG nur, wenn es die sofortige Beschwerde als unzulässig verwirft oder zurückweist. Die Kosten trägt nach § 97 Abs. 1 ZPO grds. (zu Ausnahmen s. § 97 Abs. 2 ZPO) diejenige Partei, die das erfolglose Rechtsmittel eingelegt hat. Bei einer erfolgreichen Beschwerde ergeht keine Kostenentscheidung. Spricht das LAG selbst die Verweisung aus, entscheidet über die dadurch angefallenen Kosten nach § 17b Abs. 2 GVG (Grundsatz der Kosteneinheit) das Adressatgericht.

73 Umstritten war bis zur Zivilprozessrechtsreform, ob das LAG über die Beschwerde gegen die Rechtswegentscheidung durch den **Vorsitzenden allein** oder durch die gesamte Kammer entscheidet[5]. Dieser Streit hat sich durch den neu eingefügten § 78 Satz 3 erledigt. Danach entscheidet das LAG über die sofortige Beschwerde ohne Hinzuziehung der ehrenamtlichen Richter[6]. Das gilt nach dem Gesetzeswortlaut auch dann, wenn über die Beschwerde nach mündlicher Verhandlung entschieden wird[7].

(8) Rechtsbeschwerde gegen die Beschwerdeentscheidung (§ 17a Abs. 4 Satz 4–6 GVG)

74 Gemäß § 17a Abs. 4 Satz 4 GVG kommt gegen Beschwerdeentscheidungen im Vorabentscheidungsverfahren nach § 17a Abs. 2, 3 GVG eine Rechtsbeschwerde[8] iSd. § 574 ZPO an das BAG in Betracht, sofern sie in dem Beschluss über die Beschwerde zugelassen wurde (§ 574 Abs. 1 Nr. 2 ZPO). Sie muss gem. § 575 Abs. 1 Satz 1 ZPO binnen einer Notfrist von einem Monat nach Zustellung des Beschlusses eingelegt und gem. § 575 Abs. 2 Satz 1 ZPO begründet werden. Entspricht die Rechtsmittelbelehrung des LAG nicht den Anforderungen des § 9 Abs. 5 Satz 3, beträgt die Beschwerdefrist gem. § 9 Abs. 5 Satz 4 ein Jahr seit Zustellung[9]. Diese Regelung entspricht § 78 Satz 2 iVm. § 72 Abs. 2. Entsprechendes gilt aber auch für das **Beschlussverfahren**[10]. § 90 Abs. 3, wonach im Beschlussverfahren gegen Beschlüsse und Verfügungen des LAG kein Rechtsmittel stattfindet, wird insoweit durch die § 80 Abs. 3, § 48 Abs. 1 iVm. § 17a Abs. 4 Satz 4 GVG verdrängt.

---

1 BGH v. 4.3.1998 – VIII ZB 25/97, ZIP 1998, 863 (864); BGH v. 26.3.1992 – 2 AZR 443/91, NZA 1992, 954; OVG Münster v. 30.10.1997 – 1 A 3743/94 PVB, NZA-RR 1998, 431; *Kissel/Mayer*, § 17 GVG Rz. 32; *Kissel*, NZA 1995, 345 (350); MünchKommZPO/*Zimmermann*, § 17a GVG Rz. 15.
2 BAG v. 17.2.2003 – 5 AZB 37/02, NZA 2003, 517.
3 BGH v. 4.3.1998 – VIII ZB 25/97, NJW 1998, 2057; OLG Frankfurt v. 17.6.1998 – 22 U 207/95, NJW-RR 1997, 1564; OVG Münster v. 30.10.1997 – 1 A 3743/94 PVB, NZA-RR 1998, 431 (432).
4 *Kissel/Mayer*, § 17 GVG Rz. 37.
5 S. die zahlreichen Nachweise zum damaligen Meinungsstand in der 2. Aufl.
6 Dazu BAG v. 17.9.2014 – 10 AZB 4/14, NZA 2015, 1405 Rz. 9.
7 Dazu GK-ArbGG/*Bader*, § 48 Rz. 61b; *Schmidt/Schwab/Wildschütz*, NZA 2001, 1217 (1226).
8 Zur Einordnung als Rechtsbeschwerde BAG v. 26.9.2002 – 5 AZB 15/02, NZA 2002, 1302; BGH v. 16.10.2002 – VIII ZB 27/02, NJW-RR 2003, 277.
9 BAG v. 26.9.2002 – 5 AZB 15/02, NZA 2002, 1302.
10 AM *Wieser*, Arbeitsgerichtsverfahren, Rz. 65.

Das LAG muss die Rechtsbeschwerde zulassen, wenn die Rechtsfrage grundsätzliche Bedeutung hat oder 75
wenn das LAG von einer Entscheidung eines obersten Bundesgerichts oder des gemeinsamen Senats der
obersten Gerichtshöfe des Bundes abweicht (§ 17a Abs. 4 Satz 5 GVG)[1]. Diese Regelung ergibt sich seit der
Neufassung des § 78 auch aus § 78 Satz 2 iVm. § 72 Abs. 2 Nr. 1, 2. An die **Zulassungsentscheidung** des
LAG ist das **BAG gebunden** (vgl. § 17a Abs. 4 Satz 6 GVG). Das gilt auch, wenn das LAG die Rechtsbeschwerde nicht zulässt[2]. Eine Nichtzulassungsbeschwerde gibt es nicht[3], und zwar selbst dann nicht,
wenn die Nichtzulassung durch das Beschwerdegericht ein Verfahrensgrundrecht verletzt[4]. Bei **greifbar
gesetzwidriger Nichtzulassung** lässt die Rspr. allerdings eine Selbstüberprüfung durch das Beschwerdegericht aufgrund einer **Gegenvorstellung** zu[5]. Beruht die Nichtzulassung auf einer Verletzung des rechtlichen Gehörs, ist nach § 78a auf Rüge der durch die Nichtzulassung beschwerten Partei das Verfahren
fortzusetzen; eine außerordentliche Beschwerde in Analogie zur Nichtzulassungsbeschwerde kommt mangels planwidriger Regelungslücke nicht in Betracht[6]. Selbst wenn das LAG nicht als Beschwerdegericht entschieden, sondern erstmals eine Vorabentscheidung getroffen hat, kann das BAG ohne Zulassungsbeschluss die Zulässigkeit des Rechtsweges nicht prüfen[7].

Bei Zulassung der Rechtsbeschwerde kann über sie der zuständige Senat beim BAG entsprechend § 17a 76
Abs. 4 Satz 1 GVG **ohne mündliche Verhandlung** entscheiden. In diesem Fall **wirken** entsprechend § 72
Abs. 6 iVm. § 53 Abs. 1 Satz 1 die **ehrenamtlichen Richter nicht mit**[8]. § 48 Abs. 1 Nr. 2 ist insoweit nicht
entsprechend anwendbar[9].

Die **Entscheidung des BAG** hängt davon ab, ob die Rechtsbeschwerde erfolgreich ist. Hält es die Rechts- 77
wegzuständigkeit der ArbG für gegeben, spricht es das aus. Das Verfahren in der Hauptsache nimmt dann
in der 1. Instanz seinen Fortgang. Verneint das BAG die Zulässigkeit des beschrittenen Rechtsweges, verweist es selbst den Rechtsstreit an das zuständige Gericht im richtigen Rechtsweg, oder es hebt den anders
lautenden Beschluss des LAG auf und stellt den Verweisungsbeschluss des ArbG wieder her. Eine Zurückverweisung in die 1. Instanz erfolgt nicht[10]. Eine Zurückverweisung an das Berufungsgericht erfolgt, wenn
dieses verfahrensfehlerhaft keine Vorab-, sondern eine Inzidententscheidung vorgenommen hat und dagegen Revision eingelegt wurde[11].

(9) Ausschluss der Beschwerdemöglichkeit im Eilverfahren

Ob Vorabentscheidungen über die Zulässigkeit des Rechtsweges auch im Eilverfahren mit der sofortigen 78
Beschwerde anfechtbar sind und (bei Zulassung) die Rechtsbeschwerde in Betracht kommt, ist **umstritten**.
Das wird zum Teil mit der Begründung bejaht, es handele sich bei § 17a Abs. 4 Satz 3–6 GVG um eine
selbständige Rechtsmittelregelung für das Vorabentscheidungsverfahren[12]. Die besseren Gründe sprechen
jedoch gegen eine Anfechtbarkeit von Rechtswegbeschlüssen im Eilverfahren[13]. Die mit der Beschwerde
möglicherweise verbundene Verfahrensdauer kann einem effektiven Rechtsschutz in dem auf Schnelligkeit
angelegten Verfahren entgegenstehen[14]. Davon abgesehen ist der Zweck des § 17a Abs. 4 Satz 3 GVG, die
Rechtswegzuständigkeit zu einem möglichst frühen Zeitpunkt des Verfahrens in der 1. Instanz abschließend (aber deshalb auch mit Beschwerdemöglichkeit) zu klären[15], innerhalb des Eilverfahrens ohnehin
nicht erreichbar; denn der einstweilige Rechtsschutz ist wegen seiner beschränkten Beweismittel (§ 920
Abs. 2, § 294 ZPO) zu einer endgültigen Klärung nicht geeignet. Zudem hat die Rechtswegentscheidung

---

1 Zu einem solchen Fall KG v. 30.1.2001 – 5 W 8942/00, NJW-RR 2001, 1509 (1511).
2 BAG v. 18.11.1998 – VIII ZR 249/97, NJW 1999, 651.
3 Dazu BT-Drs. 11/7030, S. 38; BAG v. 22.2.1994 – 10 AZB 4/94, EzA § 78 ArbGG 1979 Nr. 2; *Kissel*, NZA 1995, 345 (350); *Schwab*, NZA 1991, 657 (662).
4 BAG v. 22.10.1999 – 5 AZB 21/99, ZIP 2000, 284; dazu kritisch, soweit es um einen Verstoß gegen das Willkürverbot geht, *Wank*, EWiR 2000, 577 (578); vgl. auch *Schmidt/Schwab/Wildschütz*, NZA 2001, 1217 (1227).
5 BAG v. 22.10.1999 – 5 AZB 21/99, ZIP 2000, 284.
6 BAG v. 8.8.2005 – 5 AZB 31/05, NJW 2005, 3231.
7 BGH v. 12.11.1992 – V ZB 22/92, NJW 1993, 388.
8 BAG v. 15.4.1993 – 2 AZB 32/92, EzA § 5 ArbGG 1979 Nr. 8.
9 GMP/*Germelmann*, § 48 Rz. 125.
10 GK-ArbGG/*Bader*, § 48 Rz. 64; aM *Kissel*, NJW 1991, 949.
11 BGH v. 18.11.1998 – VIII ZR 269/97, NJW 1999, 651.
12 BGH v. 30.9.1999 – V ZB 24/99, NJW 1999, 3785; *Kissel/Mayer*, § 17 GVG Rz. 30; MünchKommZPO/*Zimmermann*, § 17a GVG Rz. 5.
13 Ebenso GMP/*Germelmann*, § 48 Rz. 127.
14 *Walker*, Der einstweilige Rechtsschutz, Rz. 350 f.
15 BT-Drs. 11/7030, S. 36 f.

im Eilverfahren keine Bindungswirkung für das Hauptsacheverfahren[1]. Aus diesem Grund erscheint es insbesondere wenig überzeugend, dass das BAG bisher im Eilverfahren zwecks Klärung der Rechtswegzuständigkeit die (frühere) weitere Beschwerde (jetzt Rechtsbeschwerde, vgl. Rz. 74) zum BAG für zulässig gehalten hat[2], zumal im Übrigen eine Revision und eine Rechtsbeschwerde innerhalb des Eilverfahrens gem. § 72 Abs. 4, § 92 Abs. 1 Satz 3 ausgeschlossen sind.

g) Rechtskraft von Rechtswegentscheidungen

79 Der Zeitpunkt, in dem die Rechtswegentscheidung rechtskräftig wird, hängt von der Form der Entscheidung ab:

Eine **Inzidententscheidung** des ArbG über die Rechtswegzuständigkeit steht schon mit ihrem Erlass einer rechtskräftigen Entscheidung gleich, selbst wenn gegen diese Entscheidung noch Rechtsmittel möglich sind[3]. Das Rechtsmittelgericht hat die Zulässigkeit des Rechtsweges nämlich nicht mehr zu prüfen (§ 17a Abs. 5 GVG)[4]. Es kann auch nicht wegen eines sonstigen Verfahrensmangels an das ArbG zurückverweisen (§ 68). Zu dem Ausnahmefall, dass trotz Rüge der Zulässigkeit des Rechtsweges eine Inzidententscheidung ergangen ist, s. Rz. 59.

80 Eine isolierte **Vorabentscheidung** nach § 17a Abs. 3 oder 2 GVG, in der die Zulässigkeit des beschrittenen Rechtsweges bejaht oder dessen Unzulässigkeit ausgesprochen und der Rechtsstreit verwiesen wird, wird erst rechtskräftig,
- wenn die 14-Tage-Frist für die Einlegung der sofortigen Beschwerde (§ 17 Abs. 4 Satz 3 GVG iVm. § 569 Abs. 1 Satz 1 ZPO) verstrichen ist, ohne dass der Beklagte von seiner Beschwerdemöglichkeit Gebrauch macht,
- mit Erlass der Entscheidung über die sofortige Beschwerde, sofern eine Rechtsbeschwerde zum BAG nicht zugelassen wird (§ 17a Abs. 4 Satz 4 GVG),
- wenn die Frist für eine zugelassene Rechtsbeschwerde abgelaufen ist oder
- mit Erlass der Entscheidung des BAG über eine zugelassene Rechtsbeschwerde.

h) Wirkungen rechtskräftiger Rechtswegbeschlüsse

81 Rechtskräftige Beschlüsse zur Zulässigkeit des beschrittenen Rechtsweges haben folgende Wirkungen:

aa) Bindungswirkung von Rechtswegentscheidungen

82 Erstens entfalten Rechtswegbeschlüsse Bindungswirkung für andere Gerichte.

(1) Bei Bejahung der Rechtswegzuständigkeit (§ 17a Abs. 1 GVG)

83 Hat ein ArbG die Zulässigkeit des zu ihm beschrittenen Rechtsweges bejaht, sind andere Gerichte an diese Entscheidung gebunden, sobald sie rechtskräftig ist (§ 17a Abs. 1 GVG). Die Bindungswirkung gilt für alle Gerichte aller Gerichtsbarkeiten. Nur durch sie kann das gesetzgeberische Ziel, die Rechtswegzuständigkeit möglichst früh und abschließend zu klären und zeitaufwendige Rechtswegstreitigkeiten zu begrenzen, erreicht werden[5].

(2) Bei Verneinung der Rechtswegzuständigkeit und Verweisung (§ 17a Abs. 2 Satz 3 GVG)

84 Der Beschluss des ArbG, in dem die Unzulässigkeit des Rechtsweges ausgesprochen und der Rechtsstreit verwiesen wird, ist gem. § 17a Abs. 2 Satz 3 GVG für das Gericht, an das der Rechtsstreit verwiesen wird, hinsichtlich des Rechtsweges bindend. Das bedeutet zunächst, dass eine Zurückverweisung ausgeschlossen ist, selbst wenn das Adressatgericht die Rechtswegzuständigkeit des verweisenden ArbG für gegeben hält. Ferner ist eine Weiterverweisung an ein Gericht eines anderen Rechtsweges nicht möglich. Diese Bindungswirkung dient der Begrenzung von Rechtswegstreitigkeiten und der schnellen, abschließenden Klärung der Rechtswegzuständigkeit[6]. Wenn dennoch eine gesetzwidrige Rück- oder Weiterverweisung er-

---

1 *Walker*, Der einstweilige Rechtsschutz, Rz. 351; aM OLG Dresden v. 11.11.2011 – 4 W 1075/11, NZA-RR 2012, 210 (Selbstbindung des Gerichts für das nachfolgende Hauptsacheverfahren).
2 BAG v. 24.5.2000 – 5 AZB 66/99, NJW 2000, 2524; BAG v. 29.10.2001 – 5 AZB 44/00, NZA 2002, 166 (167).
3 GWBG/*Benecke*, § 48 Rz. 9; *Kissel/Mayer*, § 17 GVG Rz. 52.
4 Vgl. BGH v. 18.9.2008 – V ZB 40/08, NJW 2008, 3572 (3573).
5 *Kissel/Mayer*, § 17 GVG Rz. 51.
6 *Kissel/Mayer*, § 17 GVG Rz. 42.

folgt, entfaltet allerdings auch sie die Bindungswirkung des § 17a Abs. 2 Satz 3 GVG, sobald sie rechtskräftig wird[1]. Die Bindungswirkung dieser zweiten Verweisung hat dann Vorrang vor der Bindungswirkung der Ursprungsverweisung.

Die Bindungswirkung besteht **auch bei fehlerhaften Verweisungsbeschlüssen**[2], und zwar selbst dann, wenn die Fehlerhaftigkeit offensichtlich ist[3]. Das lässt sich damit begründen, dass Verweisungen in einen anderen Rechtsweg anfechtbar sind und im (uU durch zwei weitere Instanzen gehenden) Rechtsmittelverfahren Fehler beseitigt werden können[4]. Auch in dem Sonderfall, wenn das Gericht zuerst durch Vorabentscheidung den Rechtsweg für zulässig erklärt, danach aber unter Verstoß gegen seine eigene Bindung an diesen Beschluss den Rechtsstreit in einen anderen Rechtsweg verweist, nimmt die Rspr. eine Bindungswirkung dieses rechtskräftigen Verweisungsbeschlusses an[5]. Die Bindungswirkung der ersten Vorabentscheidung wird danach also von der Bindungswirkung der späteren Verweisungsentscheidung wieder aufgehoben. Allenfalls wenn der Verweisungsbeschluss auf einem **krassen Gesetzesverstoß** beruht (zB nicht mehr hinnehmbarer, willkürlicher Verstoß gegen den Grundsatz des gesetzlichen Richters, der unverständlich und offensichtlich unhaltbar und damit schlechthin nicht mehr zu rechtfertigen ist, mag eine **Ausnahme von der Bindungswirkung** vertretbar sein[6]. Einen solchen Fall nimmt die Rspr. etwa an, wenn der Verweisungsbeschluss schon vor Zustellung der Klage und damit vor Rechtshängigkeit ergeht[7], wenn nach fehlerhafter, aber bindender Verweisung erneut eine anderweitige Verweisung durch das zuerst angerufene Gericht erfolgt, obwohl der Rechtsstreit dort nicht mehr anhängig ist[8], wenn der Verweisungsbeschluss entgegen § 17a Abs. 4 Satz 2 GVG keine Begründung enthält und deshalb nicht nachprüfbar ist[9] oder wenn das Verweisungsgericht die unumstrittene Rechtslage zur ArbGeb-Eigenschaft des persönlich haftenden Gesellschafters einer KG ignoriert[10]. Verweist ein ordentliches Gericht an ein ArbG, weil es § 5 Abs. 1 Satz 3 übersehen hat, liegt darin nach der Rspr. des BAG[11] ein krasser Verstoß, der die Bindungswirkung durchbricht, während es nach dem BGH[12] auch in solchen Fällen bei der Bindungswirkung bleibt. Selbst bei einem krassen Gesetzesverstoß ist aber eine Zurückverweisung an das verweisende Gericht ausgeschlossen; vielmehr ist entsprechend § 36 Abs. 1 Nr. 6 ZPO das zuständige Gericht durch den obersten Gerichtshof des Bundes der eigenen oder der anderen Gerichtsbarkeit (dazu noch Rz. 88) zu bestimmen[13]. Die Anrufung des obersten Gerichtshofs durch das zuständigkeitsleugnende Adressatgericht erfolgt gem. § 53 Abs. 1 Satz 1 durch Alleinentscheidung des Vorsitzenden[14].

Eine **Verweisung im Prozesskostenhilfeverfahren** und **im Eilverfahren** entfaltet dagegen **keine Bindungswirkung** für das Hauptsacheverfahren[15].

Die **Beschränkung der Bindungswirkung auf den Rechtsweg**[16] bedeutet, dass andere Zuständigkeiten wie die örtliche und ggf. sachliche Zuständigkeit von dem Adressatgericht zu prüfen sind. Insoweit kommt eine

---

1 BGH v. 12.3.2002 – X ARZ 314/01, NZA 2002, 1109 (1110); BGH v. 24.2.2000 – III ZB 33/99, ZIP 2000, 598 (599); BGH v. 13.11.2001 – X ZR 266/01, NZA 2002, 637 (638).
2 BAG v. 16.8.2016 – 9 AS 4/16, NZA 2016, 1358 Rz. 5; BAG v. 19.3.2003 – 5 AS 1/03, NZA 2003, 683; BAG v. 26.5.1999 – 5 AZR 664/98, ZIP 1999, 1854; BAG v. 9.4.2002 – X ARZ 24/02, NJW 2002, 2474; BGH v. 12.3.2002 – X ARZ 314/01, NZA 2002, 1109, 1110; BGH v. 13.11.2001 – X ZR 266/01, NZA 2002, 637 (638).
3 *Gift/Baur*, Urteilsverfahren, Teil C Rz. 290; GK-ArbGG/*Bader*, § 48 Rz. 77; vgl. aber BAG v. 22.7.1998 – 5 AS 17/98, NZA 1998, 1190 (1191); BAG v. 1.7.1992 – 5 AS 4/92, NZA 1992, 1047.
4 Vgl. GK-ArbGG/*Bader*, § 48 Rz. 77 unter Hinweis auf das eigenständige Vorabverfahren mit eigenem Rechtsmittelzug.
5 BGH v. 26.7.2001 – X AZR 69/01, ZIP 2001, 2019.
6 BAG v. 16.8.2016 – 9 AS 4/16, NZA 2016, 1358 Rz. 5; BAG v. 21.12.2015 – 10 AS 9/15, NZA 2016, 446 Rz. 13, 20, 22; BAG v. 9.2.2006 – 5 AS 1/06, NJW 2006, 1371; BAG v. 12.7.2006 – 5 AS 7/06, NJW 2006, 2798; BAG v. 28.2.2006 – 5 AS 19/05, NJW 2006, 1372; BAG v. 19.3.2003 – 5 AS 1/03, NZA 2003, 683 (Verweisungsbeschluss als willkürliche Rechtsfindung); BGH v. 18.5.2011 – X ARZ 95/11, NJW-RR 2011, 1497; GMP/*Germelmann*, § 48 Rz. 94; vgl. auch BAG v. 22.7.1998 – 5 AS 17/98, NZA 1998, 1190 (1192); LAG Rh.-Pf. v. 2.1.2001 – 5 Ta 1491/00, NZA-RR 2002, 216; offengelassen von BGH v. 9.4.2002 – X ARZ 24/02, NJW 2002, 2474 (2475).
7 BAG v. 9.2.2006 – 5 AS 1/06, NJW 2006, 1371.
8 BAG v. 21.12.2015 – 10 AS 9/15, NZA 2016, 446 Rz. 15 ff.
9 BAG v. 16.6.2015 – 10 AS 2/15, NZA 2015, 1020 Rz. 6 f.
10 BAG v. 28.2.2006 – 5 AS 19/05, NJW 2006, 1372.
11 BAG v. 12.7.2006 – 5 AS 7/06, NJW 2006, 2798.
12 BGH v. 16.12.2003 – X ARZ 363/03, NJW 2004, 341.
13 BAG v. 16.6.2015 – 10 AS 2/15, NZA 2015, 1020 Rz. 4; LAG Berlin-Brandenburg v. 20.3.2015 – 21 Ta 460/15, NZA-RR 2015, 385.
14 BAG v. 16.8.2016 – 9 AS 4/16, NZA 2016, 1358 Rz. 17 f.
15 BGH v. 18.4.1991 – 1 ARZ 748/90, AP Nr. 4 zu § 281 ZPO; BAG v. 27.10.1992 – 5 AS 5/92, NZA 1993, 285; GK-ArbGG/*Bader*, § 48 Rz. 41.
16 Dazu OLG Köln v. 14.3.2002 – 7 VA 3/01, NJW-RR 2003, 429.

Weiterverweisung an ein anderes (örtlich oder sachlich) zuständiges Gericht innerhalb desselben Rechtsweges in Betracht[1]. Diese Weiterverweisung ist dann hinsichtlich der örtlichen oder sachlichen Zuständigkeit für das Gericht, an das die Weiterverweisung erfolgt, bindend[2].

bb) Verfahren bei negativem Kompetenzkonflikt

88 Trotz § 17a Abs. 2 Satz 3 GVG kann es zu Zweifeln über die Bindungswirkung von rechtskräftigen Verweisungsbeschlüssen kommen, so dass keines der in Frage kommenden Gerichte bereit ist, den Rechtsstreit zu bearbeiten. In diesem Fall ist nach st. Rspr. des BAG[3] und des BGH[4] **§ 36 Abs. 1 Nr. 6 ZPO**, der unmittelbar nur für die Lösung negativer Kompetenzkonflikte im Zusammenhang mit der örtlichen Zuständigkeit gilt, **entsprechend** anzuwenden. Da es bei dem negativen Kompetenzkonflikt zwischen Gerichten verschiedener Gerichtsbarkeiten kein im Rechtszug höheres gemeinschaftliches Gericht gibt, hat die Bestimmung des zulässigen Rechtsweges durch denjenigen obersten Gerichtshof des Bundes zu erfolgen, der zuerst darum angegangen wird[5]. Auch im Bestimmungsverfahren nach § 36 Abs. 1 Nr. 6 ZPO ist die bindende Wirkung eines Verweisungsbeschlusses zu beachten[6]. Es ist also das Gericht als zuständig zu bestimmen, an das die Sache durch den ersten Verweisungsbeschluss mit Bindungswirkung gelangt ist[7].

cc) Anhängigkeit beim Adressatgericht (§ 17b Abs. 1 Satz 1 GVG)

89 Nach Eintritt der Rechtskraft des Verweisungsbeschlusses sind die Akten vom verweisenden Gericht an das im Beschluss bezeichnete Gericht zu versenden. Mit **Eingang der Akten** bei diesem Adressatgericht wird dort der Rechtsstreit anhängig (§ 17b Abs. 1 Satz 1 GVG). Zwischenzeitlich eingereichte Anträge (zB auf Kostenentscheidung nach einer Klagerücknahme und der in einer einseitigen Erledigungserklärung liegende Feststellungsantrag) sind nicht vom verweisenden Gericht, sondern vom Adressatgericht zu entscheiden. Prozesshandlungen der Parteien und ggf. schon erfolgte Beweiserhebungen, die beim zuerst angerufenen Gericht vorgenommen wurden, bleiben beachtlich. Lediglich die vor dem Urteil erforderliche mündliche Verhandlung muss unabhängig davon, ob eine solche bereits vor dem zuerst angerufenen Gericht stattgefunden hat, vor dem Adressatgericht erfolgen[8]. Denn gem. § 46 Abs. 2 ArbGG iVm. § 309 ZPO kann das Urteil nur von denjenigen Richtern gefällt werden, die der dem Urteil zugrunde liegenden Verhandlung beigewohnt haben.

dd) Fortbestand der Rechtshängigkeitswirkungen (§ 17b Abs. 1 Satz 2 GVG)

90 Nach der Verweisung bleiben die Wirkungen der Rechtshängigkeit der verwiesenen Sache bestehen (§ 17b Abs. 1 Satz 2 GVG). Das gilt erstens für die **prozessualen Wirkungen** der Rechtshängigkeit nach § 17 Abs. 1 GVG. Die bei Rechtshängigkeit gegebene Zulässigkeit des Rechtsweges wird also durch eine nach der Verweisung eintretende Veränderung der für sie maßgeblichen Umstände nicht berührt. Außerdem steht die Rechtshängigkeit nach wie vor einem Parallelprozess vor einem anderen Gericht entgegen. Ferner

---

1 BAG v. 14.1.1994 – 5 AS 22/93, AP Nr. 43 zu § 36 ZPO; BAG v. 1.7.1992 – 5 AS 4/92, NZA 1992, 1047; LAG Nürnberg v. 21.5.2001 – 7 Ta 95/01, NZA-RR 2002, 327 (328); OLG Frankfurt v. 14.1.1998 – 3 V As 3/98, NJW 1998, 1165; OLG Hamburg v. 30.11.1994 – 1 V As 22/94, NStZ 1995, 252; OLG Karlsruhe v. 4.7.1994 – 2 V As 5/94, MDR 1995, 88; *Ascheid*, Urteils- und Beschlussverfahren im Arbeitsrecht, Rz. 436; ErfK/*Koch*, § 48 ArbGG Rz. 13; *Gift/Baur*, Urteilsverfahren, Teil C Rz. 290; Hauck/Helml/Biebl/*Helml*, § 48 Rz. 10; *Kissel/Mayer*, § 17 GVG Rz. 43; *Kissel*, NJW 1991, 945 (949); *Kissel*, NZA 1995, 345 (349); *Ostrowicz/Künzl/Scholz*, Handbuch des arbeitsgerichtlichen Verfahrens, Rz. 194; *Schwab*, NZA 1991, 657 (663).
2 BAG v. 14.1.1994 – 5 AS 22/93, AP Nr. 43 zu § 36 ZPO; GWBG/*Benecke*, § 48 Rz. 11.
3 BAG v. 6.1.1971 – 5 AZR 282/70, BAGE 23, 167 (170); BAG v. 25.11.1983 – 5 AS 20/83, NJW 1984, 751 (752); BAG v. 22.7.1998 – 5 AS 17/98, NZA 1998, 1190 (1191); BAG v. 14.12.1998 – 5 AS 8/98, NZA 1999, 390 (392); BAG v. 12.7.2006 – 5 AS 7/06, NJW 2006, 2798; BAG v. 9.2.2006 – 5 AS 1/06, NJW 2006, 1371; BAG v. 28.2.2006 – 5 AS 19/05, NJW 2006, 1372.
4 BGH v. 18.5.2011 – X ARZ 95/11, NJW 2011, 1497; BGH v. 2.5.1955 – I ARZ 213/54, BGHZ 17, 168 (170); BGH v. 26.7.2001 – X ARZ 69/01, ZIP 2001, 2019; BGH v. 13.11.2001 – X ZR 266/01, NZA 2002, 637 (638); BGH v. 9.4.2002 – X ARZ 24/02, NJW 2002, 2474 (2475); Zweifel an der Anwendbarkeit des § 36 ZPO hat dagegen das BayObLG v. 15.3.1999 – 1 Z AR 99/98, NJW-RR 2000, 1310 angemeldet.
5 BGH v. 13.11.2001 – X ZR 266/01, NZA 2002, 637 (638); BGH v. 26.7.2001 – X ARZ 69/01, ZIP 2001, 2019; BAG v. 13.1.2003 – 5 AS 7/02, NJW 2003, 1068; BAG v. 19.3.2003 – 5 AS 1/03, NZA 2003, 683 (684); BAG v. 14.12.1998 – 5 AS 8/98, NZA 1999, 390 (392); BAG v. 25.11.1983 – 5 AS 20/83, NJW 1984, 751 (752); BVerwG v. 5.3.1993 – 11 ER 400/93, NJW 1993, 3087; BSG v. 11.10.1988 – 1 S 14/88, MDR 1989, 189.
6 BAG v. 22.7.1998 – 5 AS 17/98, NZA 1998, 1190 (1191); BAG v. 14.12.1998 – 5 AS 8/98, NZA 1999, 390 (392); BAG v. 11.11.1996 – 5 AS 12/96, NJW 1997, 1091; BAG v. 3.11.1993 – 5 AS 20/93, AP Nr. 1 zu § 17a GVG.
7 BAG v. 3.11.1993 – 5 AS 20/93, AP Nr. 1 zu § 17a GVG; *Kissel*, NZA 1995, 345 (349).
8 *Kissel*, NJW 1991, 945 (950).

bleiben die **materiellrechtlichen Wirkungen** der Rechtshängigkeit, wie zB die Hemmung der Verjährung (§ 204 BGB) und die Wahrung von Fristen, bestehen[1].

ee) Umfassende Entscheidungskompetenz des Adressatgerichts in der Hauptsache (§ 17 Abs. 2 Satz 1 GVG)

Dasjenige Gericht, das durch die bindende Verweisungsentscheidung das Gericht des zulässigen Rechtsweges geworden ist, entscheidet den Rechtsstreit unter allen in Betracht kommenden rechtlichen Gesichtspunkten (§ 17 Abs. 2 Satz 1 GVG)[2]. Der **Sinn** dieser Regelung besteht darin, eine einheitliche Sachentscheidung durch ein Gericht auch dann zu ermöglichen, wenn derselbe prozessuale Anspruch auf mehreren, eigentlich verschiedenen Rechtswegen zugeordneten Anspruchsgrundlagen besteht[3]. Das Gericht hat also auch solche Anspruchsgrundlagen zu prüfen, die für sich gesehen die Rechtswegzuständigkeit nicht begründen würden, sondern in eine andere ausschließliche Rechtswegzuständigkeit fallen würden[4]. Selbst wenn der rechtskräftige Verweisungsbeschluss zu Unrecht ergangen ist und keine einzige Anspruchsgrundlage vom Katalog der §§ 2, 2a, 3 erfasst wird, führt die bindende Verweisung zu einer umfassenden, rechtswegüberschreitenden Prüfungs- und Entscheidungskompetenz des Adressatgerichts[5]. Davon werden sogar solche Fragen erfasst, für deren Prüfung in einem anderen Rechtsweg der Amtsermittlungsgrundsatz gilt. Dieser muss dann nicht etwa im arbeitsgerichtlichen Urteilsverfahren angewendet werden[6]. Mit der umfassenden Prüfungskompetenz hängt auch die Zulässigkeit einer Aufrechnung mit einer allgemeinen bürgerlich-rechtlichen Gegenforderung zusammen, sofern für diese nicht die ausschließliche Rechtswegzuständigkeit der ordentlichen Gerichte gegeben ist (§ 2 Rz. 31).

Eine **Ausnahme** gilt gem. **§ 17 Abs. 2 Satz 2 GVG** nur für Streitigkeiten gem. Art. 14 Abs. 3 Satz 3 GG wegen der Höhe der Enteignungsentschädigung und gem. Art. 34 Satz 3 GG für den Schadensersatzanspruch wegen Staatshaftung. Darüber muss auf jeden Fall im ordentlichen Rechtsweg entschieden werden (dazu schon Rz. 51). Ferner erfasst § 17 Abs. 2 Satz 1 GVG nicht den Fall, in dem im Wege der **objektiven Klagehäufung** mehrere selbständige Ansprüche geltend gemacht werden[7]. Das angerufene Gericht muss für jeden Anspruch getrennt die Zulässigkeit des Rechtsweges prüfen, und der Rechtsstreit muss möglicherweise durch Prozesstrennung und Verweisung auf mehrere Gerichte in verschiedenen Rechtswegen aufgeteilt werden[8]. Nur wenn wegen aller Ansprüche an ein Gericht verwiesen wird, ist dieses auch für die Entscheidung über alle Ansprüche rechtswegzuständig. Das ergibt sich dann aber nicht aus § 17 Abs. 2 Satz 1 GVG, sondern aus der Bindungswirkung des Verweisungsbeschlusses.

ff) Kosten (§ 17b Abs. 2 GVG)

Die in dem Verfahren vor dem Gericht im unzulässigen Rechtsweg entstandenen Kosten werden gem. § 17b Abs. 2 Satz 1 GVG als Teil der Kosten behandelt, die bei demjenigen Gericht erwachsen, an das der Rechtsstreit verwiesen wurde (Grundsatz der **Kosteneinheit**). Die Verweisungsentscheidung enthält also **keine Kostenentscheidung**. Das Adressatgericht hat vielmehr über die gesamten Kosten einheitlich zu entscheiden. Dabei hat es dem **Kläger** die **Mehrkosten**, die bei sofortiger Anrufung eines Gerichts im zulässigen Rechtsweg nicht entstanden wären, auch dann aufzuerlegen, wenn er in der Hauptsache obsiegt (§ 17 Abs. 2 Satz 2 GVG).

Anwaltskosten sind wegen § 12a Abs. 1 Satz 1 nur insoweit erstattungsfähig, wie sie nach der Verweisung durch das ArbG in dem anderen Rechtsweg entstanden sind. Wird umgekehrt von einem ordentlichen Gericht an ein ArbG verwiesen, sind dagegen die Kosten, die durch die fehlerhafte Anrufung des ordentlichen Gerichts entstanden sind, gem. § 46 Abs. 2 ArbGG iVm. §§ 495, 91 ZPO erstattungsfähig; denn der Ausschluss der Erstattungspflicht nach § 12 Abs. 1 Satz 1 gilt für solche Kosten nicht (§ 12a Abs. 1 Satz 3). Zu den erstattungsfähigen Kosten zählen nach hM nicht nur die Mehrkosten, sondern auch solche Kosten, die

---

1 GWBG/*Benecke*, § 48 Rz. 12.
2 Entgegen der hM für eine restriktive Handhabung des § 17 Abs. 2 Satz 1 GVG: *Hager*, FS Kissel, 1994, S. 327 (339 ff.), um eine Rechtswegerschleichung zu verhindern.
3 BAG v. 23.8.2001 – 5 AZB 3/01, NZA 2001, 1158 (1159); LAG Hamm v. 7.9.2016 – 2 Ta 21/16, Rz. 13.
4 *Schwab*, NZA 1991, 657 (663).
5 Vgl. BGH v. 28.2.1991 – III ZR 53/90, NJW 1991, 1686; GK-ArbGG/*Bader*, § 48 Rz. 86; *Kissel/Mayer*, § 17 GVG Rz. 54; MünchKommZPO/*Zimmermann*, § 17 GVG Rz. 2; *Schwab*, NZA 1991, 657 (663).
6 Zutreffend GK-ArbGG/*Bader*, § 48 Rz. 88.
7 BGH v. 28.2.1991 – III ZR 53/90, NJW 1991, 1686; BGH v. 5.6.1997 – I ZB 42/96, NJW 1998, 826 (828); KG v. 30.1.2001 – 5 W 8942/00, NJW-RR 2001, 1506 (1510); GMP/*Germelmann*, § 48 Rz. 68; GWBG/*Benecke*, § 48 Rz. 14; *Kissel/Mayer*, § 17 GVG Rz. 55.
8 LAG Hamm v. 7.9.2016 – 2 Ta 21/16, Rz. 13.

in gleicher Höhe bei sofortiger Klageerhebung beim ArbG ebenfalls angefallen wären[1]. Dafür spricht der Wortlaut des § 12a Abs. 1 Satz 3, der in seinem Anwendungsbereich als Spezialregelung dem § 17b Abs. 2 Satz 2 GVG vorgeht und im Gegensatz zu dieser Norm nicht auf Mehrkosten beschränkt ist, sondern alle Kosten erfasst.

95 **Gerichtsgebühren** werden gem. § 4 GKG (§ 9 GKG aF) nach den Regeln erhoben, die für den Rechtsweg gelten, in den der Rechtsstreit verwiesen wurde. **Kostenvorschüsse** werden bis zur Verweisung wegen § 11 GKG (§ 12 Abs. 4 Satz 2 ArbGG aF) noch nicht gezahlt worden sein. Sie können aber nach einer Verweisung von der Arbeitsgerichtsbarkeit in die ordentliche Gerichtsbarkeit erforderlich werden. Hat der Kläger bei dem zunächst angerufenen ordentlichen Gericht einen Vorschuss gezahlt, ist ihm dieser nach der Verweisung an ein ArbG zurückzuzahlen[2].

7. Entscheidung über die Verfahrensart

96 Nach § 48 Abs. 1 gelten auch für die Verfahrensart die §§ 17–17b GVG entsprechend[3]. Mit Verfahrensart sind das Urteilsverfahren (§§ 46 ff.) und das Beschlussverfahren (§§ 80 ff.) gemeint.

a) Prüfung von Amts wegen

97 Aus dieser Regelung folgt zunächst, dass es sich bei der Wahl der richtigen Verfahrensart um eine von Amts wegen zu prüfende Prozessvoraussetzung handelt (s. schon § 2 Rz. 228, § 2a Rz. 120)[4]. Das ergibt sich nicht nur aus der Parallele zur Rechtswegzuständigkeit, sondern daraus, dass die in § 17a Abs. 2 Satz 1 GVG vorgesehene Verweisung von Amts wegen auch eine Prüfung von Amts wegen voraussetzt. Die Zulässigkeit der gewählten Verfahrensart ist nach der Zulässigkeit des Rechtsweges, aber vor der örtlichen Zuständigkeit zu prüfen (Rz. 30).

b) Inzidententscheidung

98 Wenn das ArbG die durch den Kläger gewählte Verfahrensart für zutreffend hält und die Verfahrensart auch vom Beklagten nicht gerügt wird, kann das ArbG das durch Verhandlung in der gewählten Verfahrensart und Entscheidung zur Hauptsache inzident zum Ausdruck bringen. Dagegen gibt es dann kein Rechtsmittel. Wird gegen die Hauptsacheentscheidung ein Rechtsmittel eingelegt, ist das Rechtsmittelgericht an die erstinstanzlich gewählte Verfahrensart gebunden (§§ 65, 88; § 48 Abs. 1 ArbGG iVm. § 17a Abs. 5 GVG). Eine Ausnahme gilt nur dann, wenn das ArbG trotz einer Rüge bezüglich der Verfahrensart nur eine Inzidententscheidung getroffen hat. Dann kann die Verfahrensart wahlweise mit der sofortigen Beschwerde oder mit dem Rechtsmittel gegen die Hauptsacheentscheidung gerügt werden (s. schon Rz. 59).

c) Vorabentscheidung

99 Das ArbG kann statt einer Inzidententscheidung die Richtigkeit der gewählten Verfahrensart auch in Form einer Vorabentscheidung durch Beschluss aussprechen. Bei einer Rüge einer Partei muss es eine solche Vorabentscheidung treffen (§ 48 Abs. 1 ArbGG iVm. § 17a Abs. 2 Satz 1, 2 GVG). Die Vorabentscheidung kann ohne mündliche Verhandlung ergehen. In der Regel ist aber die vorherige Gewährung rechtlichen Gehörs erforderlich. Funktionell zuständig für die Vorabentscheidung ist immer die gesamte Kammer (§ 48 Abs. 1 Nr. 2). Die Vorabentscheidung ist mit der sofortigen Beschwerde anfechtbar (§ 17a Abs. 4 Satz 3 GVG). Sobald sie rechtskräftig ist, sind andere Kammern, die bei der anderen Verfahrensart zuständig wären, an diese Entscheidung gebunden (§ 17a Abs. 1 Satz 1 GVG).

d) Verweisung in die richtige Verfahrensart

100 Hält das ArbG die gewählte Verfahrensart für unzutreffend, hat es gem. § 48 Abs. 1 ArbGG iVm. § 17a Abs. 2 GVG den Rechtsstreit durch Beschluss in die andere Verfahrensart zu verweisen. Das kann zu einer Verweisung an eine andere, nach der internen Geschäftsverteilung zuständige Kammer führen. Bleibt dieselbe Kammer auch in der anderen Verfahrensart zuständig, führt sie den Rechtsstreit in der richtigen Ver-

---

1 BAG v. 1.11.2004 – 3 AZB 10/04, NZA 2005, 429 (430); LAG Hessen v. 8.3.1999 – 9/6 Ta 651/98, NZA-RR 1999, 498; LAG Thür. v. 14.8.2000 – 8 Ta 87/2000, NZA-RR 2001, 106; aM LAG Bremen v. 5.7.1996 – 2 Ta 30/96, NZA-RR 1997, 26; ArbG Siegen v. 26.2.1998 – 1 Ca 396/97, NZA-RR 1999, 213.
2 GMP/*Germelmann*, § 48 Rz. 111.
3 Kritisch dazu GMP/*Germelmann*, § 48 Rz. 24 und GMP/*Matthes*, § 2a Rz. 96 ff.
4 Allgemeine Ansicht; s. nur GMP/*Germelmann*, § 48 Rz. 23; GK-ArbGG/*Bader*, § 48 Rz. 31; GWBG/*Greiner*, § 80 Rz. 6; *Schwab*, NZA 1991, 657 (663).

fahrensart fort. Es handelt sich in der Sache also nicht um eine Verweisung oder um eine Abgabe, sondern nur um den Übergang in eine andere Verfahrensart. Auch dann ist jedoch nach der eindeutigen gesetzlichen Regelung ein förmlicher Beschluss erforderlich. Dieser ist mit der sofortigen Beschwerde anfechtbar (§ 17a Abs. 4 Satz 3 GVG).

Die **Bindungswirkung** nach § 17a Abs. 2 Satz 3 GVG hat nur dann Bedeutung, wenn der Rechtsstreit durch die Verweisung in eine andere Verfahrensart auch an eine andere Kammer gelangt. Deren Bindung an die Entscheidung zur Verfahrensart wirkt sich dann auch auf die gerichtsinterne Zuständigkeit aus. Wenn also die Kammer, an die der Rechtsstreit gelangt, aufgrund der von der verweisenden Kammer als richtig angesehenen Verfahrensart tatsächlich zuständig ist, kommt eine Rückverweisung oder eine Weiterverweisung an eine andere Kammer nicht in Betracht, selbst wenn die Ansicht des verweisenden Gerichts zur richtigen Verfahrensart unzutreffend ist.

e) Kosten

Der Verweisungsbeschluss enthält **keine Kostenentscheidung**. Über die Gesamtkosten einschließlich der durch Wahl der falschen Verfahrensart entstandenen Mehrkosten wird vielmehr zusammen mit der Hauptsache entschieden (§ 17b Abs. 2 Satz 1 GVG). Die Mehrkosten trägt der Kläger, selbst wenn er in der Hauptsache obsiegt (§ 17b Abs. 2 Satz 2 GVG). Wenn zunächst das Urteilsverfahren gewählt wurde, dann aber in das Beschlussverfahren verwiesen wurde, gilt § 2 Abs. 2 GKG über die Kostenfreiheit im Beschlussverfahren wegen des Grundsatzes der Kosteneinheit für das gesamte Verfahren[1].

8. Entscheidung über die örtliche Zuständigkeit

Soweit § 48 Abs. 1 auch für die örtliche Zuständigkeit (dazu Rz. 113 ff.) auf die §§ 17–17b GVG verweist, schließt er für das Urteilsverfahren und gem. § 80 Abs. 2 auch für das Beschlussverfahren die Anwendung des § 281 ZPO aus. Daraus ergeben sich folgende Konsequenzen:

a) Parallelen zur Entscheidung über die Rechtswegzuständigkeit und die Verfahrensart

Wenn das ArbG seine örtliche Zuständigkeit bejaht, kann es das **inzident** in der Entscheidung zur Hauptsache zum Ausdruck bringen oder isoliert vorab darüber entscheiden. Bei einer Rüge durch eine Partei muss eine **Vorabentscheidung** ergehen. Einen besonderen Sinn hat die positive Vorabentscheidung zur örtlichen Zuständigkeit allerdings nicht, weil sie gem. § 48 Abs. 1 Nr. 1 (dazu Rz. 109) ohnehin nicht anfechtbar ist. Trotzdem muss angesichts der insoweit eindeutigen gesetzlichen Regelung eine Vorabentscheidung ergehen[2].

Hält das ArbG sich für örtlich nicht zuständig, hat es das durch Beschluss auszusprechen und den Rechtsstreit gem. § 17a Abs. 3 GVG (anders als nach § 281 ZPO) von Amts wegen an das zuständige Gericht zu **verweisen**. Eine Abweisung als unzulässig mangels örtlicher Zuständigkeit gibt es nicht. Gegen eine dennoch erfolgte Abweisung findet die Berufung statt[3]. Die Voraussetzungen für eine Verweisung werden im Urteilsverfahren idR nur bei einer entsprechenden Rüge der örtlichen Zuständigkeit vorliegen; denn gem. § 46 Abs. 2 ArbGG iVm. § 39 ZPO kann die örtliche Zuständigkeit durch rügelose Einlassung begründet werden, sofern kein ausschließlicher Gerichtsstand gegeben ist (s. Rz. 145) und sofern die Einlassung nicht nur in der Güteverhandlung erfolgt (§ 54 Abs. 2 Satz 3). Dagegen handelt es sich bei der örtlichen Zuständigkeit im Beschlussverfahren gem. § 82 um eine ausschließliche Zuständigkeit, die nicht durch rügelose Einlassung begründet werden kann (s. § 2a Rz. 129).

Bei einem **negativen Kompetenzkonflikt** erfolgt die gerichtliche Zuständigkeitsbestimmung nach § 36 Abs. 1 Nr. 6 ZPO[4]. Danach hat das zuständige LAG das örtlich zuständige ArbG zu bestimmen, wenn sich verschiedene ArbG für örtlich unzuständig erklärt haben. Liegen diese ArbG in verschiedenen LAG-Bezirken, erfolgt die Zuständigkeitsbestimmung durch dasjenige LAG, zu dessen Bezirk das zuerst mit der Sache befasste ArbG gehört (§ 36 Abs. 2 ZPO)[5].

---

1 GMP/*Germelmann*, § 48 Rz. 114.
2 Ebenso *Gift/Baur*, Urteilsverfahren, Teil C Rz. 373; GK-ArbGG/*Bader*, § 48 Rz. 57; aM aber *Zwanziger*, DB 1991, 2239 (2240).
3 LAG Hamm v. 30.8.1991 – 16 Sa 629/91, LAGE § 48 ArbGG 1979 Nr. 2.
4 Zur entsprechenden Anwendung dieser Norm bei negativem Kompetenzkonflikt zwischen Gerichten verschiedener Rechtswege s. Rz. 88.
5 BAG v. 2.7.2014 – 10 AS 3/14, NZA 2015, 448 Rz. 4; BAG v. 14.7.1998 – 5 AS 22/98, NZA 1998, 1189.

107 Sowohl die positive Vorabentscheidung als auch der Verweisungsbeschluss können **ohne mündliche Verhandlung** ergehen. Ein Verweisungsbeschluss ist hinsichtlich der örtlichen Zuständigkeit in aller Regel (zu Ausnahmen s. Rz. 85 f.) **für das Adressatgericht bindend**. Deshalb scheidet dort eine Rück- oder eine Weiterverweisung wegen örtlicher Unzuständigkeit aus. Dagegen erstreckt sich die Bindungswirkung der ausschließlich mit der örtlichen Unzuständigkeit begründeten Verweisung nicht auf die Rechtswegzuständigkeit[1].

b) Alleinentscheidungskompetenz des Vorsitzenden

108 Über die örtliche Zuständigkeit entscheidet der Vorsitzende allein (§ 55 Abs. 1 Nr. 7[2]). Er kann die Entscheidung ohne mündliche Verhandlung treffen (§ 55 Abs. 2 Satz 1). Die Regelung dient der Verfahrensbeschleunigung und trägt dem Umstand Rechnung, dass es bei der örtlichen Zuständigkeit um eine weniger bedeutsame Verfahrensentscheidung geht, für die es auf die Sachkunde der ehrenamtlichen Richter nicht ankommt[3]. Das Alleinentscheidungsrecht des Vorsitzenden gilt auch für die Verweisung nach § 61b Abs. 2 Satz 2 (s. § 61b Rz. 34). Die von § 55 Abs. 1 Nr. 7 abweichende Regelung in § 48 Abs. 1 Nr. 2, wonach auch außerhalb der mündlichen Verhandlung stets durch die Kammer zu entscheiden ist, findet gerade keine Anwendung, wenn der Beschluss lediglich die örtliche Zuständigkeit zum Gegenstand hat.

c) Unanfechtbarkeit der Vorabentscheidung (§ 48 Abs. 1 Nr. 1)

109 Gemäß § 48 Abs. 1 Nr. 1 sind isolierte Beschlüsse, in denen die örtliche Zuständigkeit ausgesprochen oder bei gleichzeitiger Verweisung verneint wird, unanfechtbar. § 17a Abs. 4 Satz 3 GVG ist bei Beschlüssen über die örtliche Zuständigkeit also nicht anwendbar. Das entspricht der Regelung des § 281 Abs. 2 Satz 3 ZPO für die Verweisung innerhalb der ordentlichen Gerichtsbarkeit. Die Unanfechtbarkeit hat die weitere Folge, dass Beschlüsse über die örtliche Zuständigkeit nicht zugestellt (arg e § 329 Abs. 3 ZPO), sondern lediglich formlos mitgeteilt (§ 329 Abs. 2 Satz 1 ZPO) oder (nach mündlicher Verhandlung) verkündet (§ 329 Abs. 1 Satz 1 ZPO) werden müssen. Auch eine Begründung des Beschlusses ist nicht erforderlich, wenn sie sich klar aus der Aktenlage ergibt[4]. Die Unanfechtbarkeit gilt auch bei offensichtlich fehlerhaften und bei greifbar gesetzwidrigen Verweisungsbeschlüssen[5], zB weil trotz einer Rüge der örtlichen Zuständigkeit diese nur inzident bejaht wurde[6]. Wegen der Unanfechtbarkeit von Entscheidungen über die örtliche Zuständigkeit wird also auch die formfehlerhafte Entscheidung über die örtliche Zuständigkeit anders behandelt als diejenige über die Rechtswegzuständigkeit (Rz. 59)[7]. Es können allerdings Ausnahmen von der Bindungswirkung in Betracht kommen.

d) Keine Bindungswirkung bei greifbar gesetzwidrigen Verweisungsbeschlüssen

110 Problematisch ist die Bindungswirkung und gleichzeitige Unanfechtbarkeit von greifbar gesetzwidrigen Verweisungsbeschlüssen. „Greifbare" oder „krasse" Gesetzwidrigkeit nimmt die Rspr. (in anderem Zusammenhang) dann an, wenn eine Entscheidung mit der geltenden Rechtsordnung schlechthin unvereinbar ist[8], zB weil das Gericht den besonderen Gerichtsstand des Arbeitsortes gem. § 48 Abs. 1a nicht geprüft hat[9] oder diese Vorschrift angewendet hat, obwohl sie noch gar nicht in Kraft getreten ist[10]. Nach hM haben greifbar gesetzwidrige Verweisungsbeschlüsse ausnahmsweise keine Bindungswirkung für das Adressatgericht[11]. Dieses kann vielmehr sowohl weiter- als auch zurückverweisen[12].

111 Solche **Ausnahmefälle** werden allerdings **restriktiv** gehandhabt. Nicht jeder fehlerhafte Verweisungsbeschluss, selbst wenn die Fehlerhaftigkeit offensichtlich ist, lässt sich unter den Begriff der greifbaren Ge-

---

1 LAG Nürnberg v. 21.5.2001 – 7 Ta 95/01, NZA-RR 2001, 327 (328).
2 IdF des Arbeitsgerichtsbeschleunigungsgesetzes v. 30.3.2000, BGBl. I S. 333.
3 BT-Drs. 14/626, S. 9.
4 GK-ArbGG/*Bader*, § 48 Rz. 54.
5 LAG Hessen v. 26.8.2008 – 4 Ta 308/08, AuR 2009, 62; 17.6.2008 – 1/6 Ta 226/08.
6 BAG v. 5.9.1995 – 9 AZR 533/94, SAE 1997, 350; GWBG/*Benecke*, § 48 Rz. 9.
7 BAG v. 5.9.1995 – 9 AZR 533/94, SAE 1997, 350.
8 S. nur BGH v. 7.7.1997 – II ZB 7/97, WM 1997, 1724 (1725); 8.10.1992 – VII ZB 3/92, Rpfleger 1993, 258; BAG v. 21.4.1998 – 2 AZB 4/98, NJW-RR 1998, 1528; LAG Thür. v. 29.12.1997 – 9 Ta 135/97, NZA 1998, 1358.
9 LAG Hessen v. 9.6.2008 – 1 SHa 1/08 Rz. 6; LAG München v. 28.10.2008 – 1 SHa 27/08, NZA-RR 2009, 218 (219).
10 LAG Schl.-Holst. v. 4.12.2008 – 4 SHa 8/08 Rz. 10.
11 BAG v. 2.7.2014 – 10 AS 3/14, NZA 2015, 448 Rz. 3; LAG München v. 28.10.2008 – 1 SHa 27/08, NZA-RR 2009, 218 f.; LAG Rh.-Pf. v. 2.1.2001 – 5 Ta 1491/00, NZA-RR 2001, 216.
12 AA GK-ArbGG/*Bader*, § 48 Rz. 81, der davon ausgeht, der Rechtsstreit werde beim Adressatgericht gar nicht anhängig und sei von diesem an das Verweisungsgericht zurückzugeben.

setzwidrigkeit subsumieren[1]. So handelt es sich etwa bei einer Entscheidung durch die Kammer statt durch den Vorsitzenden allein[2] und bei einer fehlenden Begründung des Verweisungsbeschlusses zwar um offensichtliche Fehler. Sofern diese aber nicht kausal für die Verweisung geworden sind, sondern der Rechtsstreit auch bei fehlerfreiem Verfahren an ein anderes örtlich zuständiges Gericht verwiesen worden wäre, muss es bei der Bindungswirkung des Adressatgerichts bleiben. Nur wenn die erfolgte Verweisung im Ergebnis **unter keinem rechtlichen Gesichtspunkt haltbar** ist, lässt sich eine Ausnahme von der Bindungswirkung rechtfertigen[3]. Ferner fehlt es an einer offensichtlichen Gesetzwidrigkeit, wenn ein ArbG von einer nicht unumstrittenen Ansicht des BAG abweicht[4]. Das BAG hat die Bindungswirkung zB für den Fall verneint, dass sich das verweisende Gericht aufgrund falscher Angaben des Klägers über den (Wohn-)Sitz des Beklagten geirrt hat[5]. Nach zum Teil vertretener Ansicht soll zudem die Nichtgewährung des rechtlichen Gehörs die Bindungswirkung entfallen lassen[6]. Das erscheint zweifelhaft, wenn die Verweisung sachlich richtig ist und auch bei Gewährung rechtlichen Gehörs hätte ausgesprochen werden müssen[7].

e) Kosten

Die Verweisung wegen örtlicher Unzuständigkeit enthält ebenso wie die Verweisung in einen anderen Rechtsweg (Rz. 93) **keine Kostenentscheidung**. Die im Verfahren vor dem unzuständigen Gericht entstandenen Kosten werden nach dem Grundsatz der Kosteneinheit als Teil der Kosten behandelt, die bei dem Adressatgericht erwachsen (§ 17b Abs. 2 Satz 1 GVG). Die durch Anrufung des örtlich unzuständigen Gerichts entstandenen Mehrkosten trägt unabhängig vom Ausgang des Hauptsacheverfahrens der Kläger (§ 17b Abs. 2 Satz 2 GVG). Anwaltskosten sind nach § 12a Abs. 1 Satz 1 nicht zu erstatten. 112

III. Die örtliche Zuständigkeit

Für die örtliche Zuständigkeit im arbeitsgerichtlichen Urteilsverfahren gelten die allgemeinen Regelungen in §§ 12 ff. ZPO, auf die § 46 Abs. 2 verweist, und die Sonderregelung in Abs. 1a. 113

1. Allgemeiner Gerichtsstand (§ 46 Abs. 2 ArbGG, §§ 12 ff. ZPO)

Die §§ 12 ff. ZPO unterscheiden zwischen dem allgemeinen Gerichtsstand (§§ 12–19 ZPO) und besonderen Gerichtsständen für bestimmte Streitgegenstände (§§ 20–34 ZPO), von denen einzelne ausschließliche Gerichtsstände sind. Der allgemeine Gerichtsstand einer natürlichen Person wird durch den Wohnsitz (§§ 7 ff. BGB) bestimmt (§ 13 ZPO). Das gilt für den ArbN ebenso wie für den ArbGeb. Bei Personen ohne Wohnsitz richtet sich der Gerichtsstand nach dem Aufenthaltsort im Inland oder, wenn ein solcher nicht bekannt ist, nach dem letzten Wohnsitz (§ 16 ZPO). Im Ausland beschäftigte deutsche Angehörige des öffentlichen Dienstes behalten den Gerichtsstand ihres letzten inländischen Wohnsitzes (§ 15 Abs. 1 Satz 1 ZPO). Falls sie einen solchen nicht hatten, ist ihr allgemeiner Gerichtsstand beim AG Schöneberg in Berlin (§ 15 Abs. 1 Satz 2 ZPO). Ist der ArbGeb eine juristische Person, eine OHG, KG oder eine nach § 10 parteifähige Vereinigung, wird der allgemeine Gerichtsstand durch ihren Sitz[8] bestimmt (§ 17 ZPO). Der Staat als ArbGeb hat seinen allgemeinen Gerichtsstand am Sitz der Behörde, die ihn vertritt (§§ 18, 19 ZPO)[9]. Vor einem ArbG am allgemeinen Gerichtsstand kann eine Partei immer verklagt werden, sofern für diese Klage kein ausschließlicher Gerichtsstand begründet ist (§ 12 ZPO). 114

2. Der besondere Gerichtsstand des Arbeitsortes (Abs. 1a)

Durch das SGGArbGGÄndG vom 26.3.2008[10] wurde mWz. 1.4.2008 durch Einfügung des § 48 Abs. 1a ein besonderer Gerichtsstand des Arbeitsortes eingeführt. Die Formulierung des Abs. 1a hat der Gesetzgeber 115

---

1 MünchArbR/*Jacobs*, § 342 Rz. 73.
2 Wie hier etwa ErfK/*Koch*, § 48 ArbGG Rz. 12; GMP/*Germelmann*, § 48 Rz. 10; aM insoweit etwa GK-ArbGG/*Bader*, § 48 Rz. 80.
3 BAG v. 14.1.1994 – 5 AS 22/93, NZA 1994, 478 (kritisch dazu *Jauernig*, NZA 1995, 12); BGH v. 26.7.2001 – X ARZ 60/01, ZIP 2001, 2019; BGH v. 19.1.1993 – X ARZ 845/92, NJW 1993, 1273.
4 LAG Rh.-Pf. v. 2.1.2001 – 5 Ta 1491/00, NZA-RR 2002, 216.
5 BAG v. 11.11.1996 – 5 AS 12/96, NJW 1997, 1091 (1092); vgl. auch BAG v. 31.1.1994 – 5 AS 23/93, AP Nr. 44 zu § 36 ZPO.
6 Stein/Jonas/*Leipold*, § 281 ZPO Rz. 29 (zur Verweisung nach § 281 ZPO).
7 Wie hier LAG Rh.-Pf. v. 8.8.1995 – NZA-RR 1996, 184; *Gift/Baur*, Urteilsverfahren, Teil C Rz. 383.
8 Einzelheiten dazu bei Musielak/Voit/*Heinrich*, § 17 ZPO Rz. 7 ff.; Stein/Jonas/*Roth*, § 17 ZPO Rz. 7 ff.; Zöller/*Vollkommer*, § 17 ZPO Rz. 9 ff.
9 Einzelheiten dazu bei Zöller/*Vollkommer*, § 18 ZPO Rz. 5 ff.
10 BGBl. I S. 444.

an den früheren Art. 19 Nr. 2 Buchst. a EuGVVO (seit 10.1.2015: Art. 21) angelehnt. Die Vorschrift wurde durch Gesetz vom 21.12.2008[1] mWz. 1.1.2009 bereits zum ersten Mal geändert.

a) Sinn der Regelung

116 Durch die Einfügung des Gerichtsstands des Arbeitsortes wurde das nach § 35 ZPO bestehende Wahlrecht des Klägers bei mehreren zulässigen Gerichtsständen erweitert. Dadurch soll insbesondere für die ArbN die Klageerhebung erleichtert werden[2]. Die Vorschrift gilt aber (anders als Art. 21 EuGVVO) gleichermaßen für Klagen des ArbGeb. Dieser Gerichtsstand kommt vor allem denjenigen Beschäftigten zugute, die ihre Arbeit gewöhnlich nicht am Sitz des ArbGeb oder am Ort der Niederlassung leisten (zB Mitarbeiter im Außendienst, im Gebäudereinigerhandwerk und im Bewachungsgewerbe). Dem Gesetzgeber war bei Einfügung des Abs. 1a bewusst, dass der Gerichtsstand des Arbeitsortes Überschneidungen mit dem des Erfüllungsortes nach § 46 Abs. 2 ArbGG iVm. § 29 ZPO (Rz. 123 ff.) aufweist. Aber gerade die bei der Bestimmung des Erfüllungsortes bestehenden Zweifelsfragen haben durch die Einfügung des Abs. 1a an Bedeutung verloren[3].

b) Erfasste Streitigkeiten

117 Der besondere Gerichtsstand des Arbeitsortes gilt nicht, wie in der ursprünglichen Fassung vom 26.3.2008 noch vorgesehen[4], für alle Streitigkeiten im arbeitsgerichtlichen Urteilsverfahren, sondern seit der am 1.1.2009 wirksam gewordenen Gesetzesänderung vom 21.12.2008[5] nur für bürgerliche Rechtsstreitigkeiten nach § 2 Abs. 1 Nr. 3, 4a, 7, 8 und 10 sowie nach § 2 Abs. 2. Diese Einschränkung wurde damit begründet, dass es in den anderen Fällen des § 2 nicht um Rechtsstreitigkeiten gehe, deren Grund im arbeitsvertraglichen Synallagma liege[6]. In diesen Fällen soll es nach dem Willen des Gesetzgebers bei den in der ZPO vorgesehenen Gerichtsständen bleiben. Streitigkeiten nach § 2 Abs. 1 Nr. 8a wurden trotz der Parallele zu denen nach § 2 Abs. 1 Nr. 8 nicht in § 48 Abs. 1a aufgenommen – ein Versehen? § 48 Abs. 1a gilt gleichermaßen für Hauptsache- wie für Eilverfahren.

c) Ort der gewöhnlichen Arbeitsverrichtung (Abs. 1a Satz 1)

118 Als maßgeblicher **Arbeitsort** ist derjenige Ort anzusehen, an dem der ArbN die Arbeitsleistung nach dem übereinstimmenden Willen[7] der Arbeitsvertragsparteien **tatsächlich** erbringt[8]. Nicht maßgeblich ist dagegen der Ort, der im Arbeitsvertrag als Arbeitsort bezeichnet ist, wenn tatsächlich die Arbeitsleistung an einem anderen Ort erbracht wird. Selbst der Ort der tatsächlichen Arbeitsleistung ist allerdings nicht gerichtsstandbegründend, wenn der ArbN seinen Arbeitsort eigenmächtig verlegt hat[9]. Ohne Bedeutung ist, ob an dem Ort der tatsächlichen Arbeitsleistung eine räumliche Verfestigung der Betriebsstruktur des ArbGeb besteht. Ferner ist nicht maßgeblich, ob und von wo aus Arbeitsanweisungen erteilt werden und wo die Zahlung der Vergütung veranlasst wird. Der „gewöhnliche" Arbeitsort ist derjenige, an dem „regelmäßig" oder „normalerweise" gearbeitet wird oder (bei ausgeschiedenen ArbN) zuletzt gearbeitet wurde. Ein vorübergehender Einsatz[10] an einem anderen Ort führt nicht zu einer Änderung des gewöhnlichen Arbeitsorts. Wird die Arbeitsleistung gewöhnlich an mehreren Orten erbracht, ist nach der Gesetzesbegründung[11] der Ort zu bestimmen, an dem die Arbeitsleistung überwiegend erbracht wird (Schwerpunkt der Tätigkeit). „Überwiegend" bezieht sich auf den zeitlichen Umfang der Tätigkeit. Gewöhnlicher Arbeitsort kann auch der Ort sein, an dem gemessen an der Gesamtdauer des Arbeitsverhältnisses erst kurzzeitig gearbeitet wurde, wenn an diesem Ort vereinbarungsgemäß die Arbeit bis auf Weiteres verrichtet werden soll. Der gewöhnliche Arbeitsort eines **Flugkapitäns** kann dort liegen, wo er seine Flüge beginnt und be-

---

1 BGBl. I S. 2940 (2947).
2 BT-Drs. 16/7716, S. 2.
3 Vgl. BT-Drs. 16/7716, S. 24; *Francken/Natter/Rieker*, NZA 2008, 377 (378); *Reinhard/Böggemann*, NJW 2008, 1263 (1264).
4 BGBl. I S. 444.
5 BGBl. I S. 2940 (2947).
6 BT-Drs. 16/10901, S. 18.
7 *Reinhard/Böggemann*, NJW 2008, 1263 (1265).
8 BT-Drs. 16/7716, S. 24. Ebenso BAG v. 27.1.2011 – 2 AZR 646/09, NZA 2011, 1309 (1310 f.) und BAG v. 20.12.2012 – 2 AZR 481/11, NZA 2013, 925 (927), jeweils zur Auslegung des Tatbestandsmerkmals in Art. 19 Nr. 2a EuGVVO [seit 10.1.2015 Art. 21].
9 *Domröse*, DB 2008, 1626 (1628 f.).
10 Zur Abgrenzung, wann noch von „vorübergehend" gesprochen werden kann, vgl. *Domröse*, DB 2008, 1626 (1629); *Reinhard/Böggemann*, NJW 2008, 1263 (1265).
11 BT-Drs. 16/7716, S. 24.

endet und wo ihm zur Vor- und Nachbereitung seiner Flüge ein Arbeitsplatz zur Verfügung steht[1]. Der gewöhnliche Arbeitsort eines **TeleArbN** ist da, wo er seinen Computer-Arbeitsplatz hat[2]. Wenn bei **Monteuren und Außendienstmitarbeitern** festgestellt werden kann, dass in einem Gerichtsbezirk der nach dem zeitlichen Umfang zu bestimmende Schwerpunkt ihrer Tätigkeit liegt, handelt es sich dabei um den gewöhnlichen Arbeitsort. Für **Seeleute und Flugpersonal** wird es idR keinen gewöhnlichen Arbeitsort iSv. Abs. 1a geben[3].

d) Ort, von dem aus die Arbeit verrichtet wird (Abs. 1a Satz 2)

Satz 1 hilft nicht weiter, wenn ein Schwerpunkt der Tätigkeit und damit der gewöhnliche Arbeitsort nicht ermittelt werden kann, weil etwa die Tätigkeiten in verschiedenen Gerichtsbezirken zu erbringen sind. In solchen Fällen richtet sich gem. § 48 Abs. 1a Satz 2 der Gerichtsstand des Arbeitsortes danach, **von wo aus** der ArbN seine Arbeitsleistung erbringt. Das kann der Wohnort oder der Ort eines außerhalb des Wohnortes betriebenen Büros sein, wenn dort Tätigkeiten vorgenommen werden, die mit der an wechselnden Orten geleisteten Arbeit zusammenhängen. Die Gesetzesbegründung nennt insoweit beispielhaft den Fall, dass ein **Außendienstmitarbeiter** zu Hause seine Reisetätigkeiten plant, Berichte schreibt oder andere mit der Arbeitsleistung verbundene Tätigkeiten verrichtet[4]. Dagegen ist die Wohnung des **Montagearbeiters oder Kraftfahrers**, der im Rahmen weisungsgebundener Entsendungen an wechselnden Orten eingesetzt wird, nicht Arbeitsort iSd. § 48 Abs. 1a[5], weil er am Wohnort keine Tätigkeiten vornimmt, die mit der Arbeitsleistung verbunden sind. Allein die regelmäßige Anreise vom Wohnort zum jeweiligen Einsatzort reicht für die Anwendung von § 48 Abs. 1a Satz 2 nicht aus.

119

3. Weitere besondere Gerichtsstände (§ 46 Abs. 2 ArbGG iVm. §§ 20 ff. ZPO)

Weitere besondere Gerichtsstände ergeben sich aus den §§ 20 ff. ZPO. Dort können bestimmte Klagen erhoben werden. Der Kläger hat ein Wahlrecht, ob er den Beklagten an dessen allgemeinem oder an einem besonderen Gerichtsstand verklagt (§ 35 ZPO). Etwas anderes gilt nur bei den ausschließlichen Gerichtsständen der §§ 24, 29a, 32a, 32b ZPO, die allerdings im ArbG-Prozess selten eine Rolle spielen werden.

120

a) Gerichtsstand des Aufenthaltsortes

Der besondere Gerichtsstand des Aufenthaltsortes ist nach § 20 ZPO bei Klagen gegen solche Personen gegeben, die sich unter Verhältnissen, die ihrer Natur nach auf einen Aufenthalt von längerer Dauer schließen lassen, an einem anderen Ort als ihrem Wohnsitz aufhalten. Dort können aber nur Klagen wegen vermögensrechtlicher Ansprüche erhoben werden. Ein Zusammenhang zwischen dem Klageanspruch und dem Aufenthaltsort ist nicht erforderlich. Typische Fälle für einen längeren Aufenthalt außerhalb des Wohnsitzes liegen bei der Saisonarbeit eines ArbN und bei der Arbeit eines Werkstudenten oder -schülers am Ausbildungsort vor. Dagegen reicht allein der tägliche Aufenthalt am vom Wohnort verschiedenen Arbeitsort nicht aus, um dort den besonderen Gerichtsstand des Aufenthaltsortes zu begründen; denn dabei handelt es sich nur um einen jeweils vorübergehenden Aufenthalt am Arbeitsort[6].

121

b) Gerichtsstand der Niederlassung

Der besondere Gerichtsstand der Niederlassung nach § 21 ZPO kann bei Klagen gegen den ArbGeb von Bedeutung sein. Dieser kann auch an dem von seinem Sitz verschiedenen Ort der Niederlassung verklagt werden, sofern von dort aus Geschäfte geschlossen werden und die Klage Bezug zum Geschäftsbetrieb der Niederlassung hat. Bei Klagen des ArbN muss also das Arbeitsverhältnis entweder von der Niederlassung aus begründet worden sein oder von dort geleitet werden[7]. Niederlassung iSv. § 21 ZPO setzt keine Eintragung im Handelsregister, sondern nur eine selbständige Geschäftsstelle voraus[8]. Es reicht aus, wenn der

122

---

1 So BAG v. 20.12.2012 – 2 AZR 481/11, NZA 2013, 925 (927) zum gewöhnlichen Arbeitsort iSv. Art 19 Nr. 2b EuGVVO [seit 10.1.2015 Art. 21].
2 *Francken/Natter/Rieker*, NZA 2008, 377 (378).
3 GMP/*Germelmann*, § 48 Rz. 36.
4 BT-Drs. 16/7716, S. 24. Zu einem solchen Fall (Home-Office) LAG Hessen v. 26.8.2008 – 4 Ta 308/08 Rz. 5; ArbG Oldenburg v. 30.9.2009 – 4 Ca 346/09, NZA 2010, 527.
5 BT-Drs. 16/7716, S. 24.
6 Zöller/*Vollkommer*, § 20 ZPO Rz. 5.
7 Vgl. MünchArbR/*Jacobs*, § 342 Rz. 65.
8 BGH v. 13.7.1987 – II ZR 188/86, NJW 1987, 3081 (3082).

äußere Anschein für die Selbständigkeit der Niederlassung spricht[1]. Klagen des ArbGeb gegen den ArbN können nach dem Wortlaut und dem Sinn des § 21 ZPO, der zum Schutz des ArbN nur die Durchsetzbarkeit von dessen Forderungen erleichtern will, nicht am Ort der Niederlassung erhoben werden[2]. Deshalb ist dort auch eine Widerklage des ArbGeb unzulässig[3]. Allerdings spricht nichts dagegen, dass der am Ort seiner Niederlassung verklagte ArbGeb gegenüber der Klageforderung aufrechnen kann[4].

c) Gerichtsstand des Erfüllungsortes

123 Nach § 29 ZPO ist für Streitigkeiten aus einem Vertragsverhältnis und über dessen Bestehen der besondere Gerichtsstand des Erfüllungsortes gegeben. Dieser hat nach Inkrafttreten des § 48 Abs. 1a über den Gerichtsstand des Arbeitsortes im arbeitsgerichtlichen Urteilsverfahren an Bedeutung verloren.

aa) Vertragsverhältnis

124 Dem Vertragsverhältnis im Sinne dieser Vorschrift steht das Anbahnungsverhältnis gleich, sofern daraus Erfüllungsansprüche wie zB der Anspruch auf Erstattung von Bewerbungskosten geltend gemacht werden. Entsprechendes gilt für Erfüllungsansprüche aus nachvertraglichen Schuldverhältnissen wie zB für die Ansprüche aus einem nachvertraglichen Wettbewerbsverbot, die auf Unterlassung von Wettbewerb oder auf Karenzzahlung gerichtet sind.

bb) Erfüllungsort

125 Der Erfüllungsort ist der Ort, an dem die Leistung des Schuldners zu erfolgen hat[5]. Er hängt gem. § 269 BGB in erster Linie von den Parteivereinbarungen, in zweiter Linie von der Natur des Schuldverhältnisses und nur hilfsweise von dem Wohnsitz oder dem Ort der Niederlassung des Schuldners bei der Begründung des Schuldverhältnisses ab. Der vereinbarte Erfüllungsort spielt aber im arbeitsgerichtlichen Urteilsverfahren keine Rolle; denn solche Vereinbarungen sind gem. § 29 Abs. 2 ZPO nur dann zuständigkeitsbegründend, wenn sie zwischen Kaufleuten, juristischen Personen des öffentlichen Rechts oder öffentlich-rechtlichen Sondervermögen geschlossen werden[6].

cc) Erfüllungsort für Pflichten aus dem Arbeitsvertrag

126 Beim Arbeitsverhältnis ist der Erfüllungsort für die gegenseitig geschuldeten Leistungen getrennt zu bestimmen, auch wenn idR ein einheitlicher Erfüllungsort gegeben sein wird[7].

(1) Arbeitspflicht

127 Aus den Umständen und der Natur des Arbeitsverhältnisses folgt, dass der Erfüllungsort für die Arbeitspflicht sich nach dem tatsächlichen Mittelpunkt der Berufstätigkeit bestimmt[8]. Deshalb ist Erfüllungsort der Ort des Betriebes, sofern der ArbN dort ständig arbeitet[9]. Das kann eine Zweigniederlassung[10], bei einem Bauarbeiter auch die Baustelle sein[11]. Ist der ArbN nicht ständig am selben Ort beschäftigt (zB Monteur, Außendienst), ist für ihn Erfüllungsort der Betrieb, von dem aus er seine Weisungen erhält[12]. Bekommt ein ArbN mit wechselndem Arbeitsort nicht ständig von seinem Betrieb aus einen neuen Arbeitsort zugewiesen, sondern bereist er einen ihm fest zugeteilten Bezirk, wird als Erfüllungsort für die

---

1 BGH v. 13.7.1987 – II ZR 188/86, NJW 1987, 3081 f. Beispiele für selbständige und nicht selbständige Niederlassungen bei Zöller/*Vollkommer*, § 21 ZPO Rz. 8 f.
2 BGH v. 7.10.1977 – I ARZ 494/77, NJW 1978, 321.
3 GK-ArbGG/*Schütz*, § 2 Rz. 237; aM MünchArbR/*Jacobs*, § 342 Rz. 65.
4 GK-ArbGG/*Schütz*, § 2 Rz. 237.
5 LAG München v. 27.3.87 – 4 Sa 264/87, NZA Beil. 2/1988, 23; vgl. auch MünchKommBGB/*Krüger*, § 269 Rz. 2.
6 BAG v. 9.10.2002 – 5 AZR 307/01, NZA 2003, 339 (340); BLAH/*Hartmann*, § 29 Rz. 36; GMP/*Germelmann*, § 48 Rz. 41; GK-ArbGG/*Schütz*, § 2 Rz. 238; *Krasshöfer-Pidde/Molkenbur*, NZA 1988, 236 (237); aM MünchArbR/*Jacobs*, § 342 Rz. 66; *Wieser*, Arbeitsgerichtsverfahren, Rz. 87.
7 *Wieser*, Arbeitsgerichtsverfahren, Rz. 87.
8 BAG v. 9.10.2002 – 5 AZR 307/01, NZA 2003, 339 (340).
9 BAG v. 3.12.1985 – 4 AZR 325/84, NZA 1986, 366; GMP/*Germelmann*, § 48 Rz. 42; GK-ArbGG/*Schütz*, § 2 Rz. 239.
10 BGH v. 26.11.1984 – II ZR 20/84, ZIP 1985, 157; *Bengelsdorf*, BB 1989, 2390 (2396); Stein/Jonas/*Roth*, § 29 ZPO Rz. 44; *Süße*, AuR 1970, 47.
11 LAG Nürnberg v. 31.1.1969 – 5 Sa 338/69 N, BB 1969, 1271; GK-ArbGG/*Schütz*, § 2 Rz. 241.
12 LAG Rh.-Pf. v. 29.11.1984 – 8 Sa 694/84, NZA 1985, 540 (541); ArbG Berlin v. 3.5.1985 – 30 Ca 346, 379/83, AuR 1986, 249; vgl. auch LAG Saarbrücken v. 23.2.1972 – 2 Sa 1/72, BB 1972, 577 (578).

Arbeitsleistung der Wohnsitz des ArbN angesehen, von dem aus er seine Reisen unternimmt[1]. Unerheblich ist, von wo aus das Arbeitsentgelt gezahlt wird und wo sich die Personalverwaltung befindet[2]. Der Erfüllungsort für ArbN im öffentlichen Dienst ist im Zweifel der Sitz der Beschäftigungsbehörde[3].

(2) Schadensersatz- und Unterlassungspflichten

Diese Grundsätze zur Bestimmung des Erfüllungsortes gelten nicht nur für die Arbeitspflicht des ArbN, sondern auch für eine mögliche Schadensersatzpflicht. Für Unterlassungspflichten (auch aus einem nachvertraglichen Wettbewerbsverbot) ist Erfüllungsort nicht etwa jeder Ort oder jeder Ort in einem bestimmten Bezirk; denn § 29 ZPO will keine Allzuständigkeit begründen. Es bleibt mithin nur die Möglichkeit, gem. § 269 BGB an den Wohnsitz des Schuldners zur Zeit der Begründung der Unterlassungspflicht anzuknüpfen[4]. 128

(3) Entgeltzahlungspflicht

Erfüllungsort für die Entgeltzahlungspflicht des ArbGeb ist in der Regel, wenn nämlich der ArbN ständig im Betrieb des ArbGeb beschäftigt ist, der Ort, an dem der ArbN seine Arbeitsleistung erbringt. Insofern besteht im Regelfall für die Arbeits- und die Entgeltzahlungspflicht ein einheitlicher Erfüllungsort[5]. Aus den Umständen kann sich jedoch ergeben, dass die jeweiligen Erfüllungsorte auseinanderfallen. So kann etwa bei Bauarbeitern der Erfüllungsort für die Arbeitspflicht die Baustelle, der Erfüllungsort für die Entgeltzahlungspflicht der Betrieb sein[6]. Die Leistungshandlung, an die § 269 BGB anknüpft, ist dann am Sitz des Betriebes vorzunehmen. Bei endgültiger Freistellung während der Altersteilzeit-Passivphase besteht gar keine Arbeitspflicht; Erfüllungsort für die Entgeltzahlungspflicht ist in dieser Phase auch für Außendienstmitarbeiter der Firmensitz[7]. 129

(4) Sonstige Pflichten

Auch für andere ArbGebPflichten wie **Urlaubsgewährung, Herausgabe von Arbeitspapieren und Ruhegeldzahlungen** ist idR der Betrieb oder die Niederlassung der Erfüllungsort. Ferner ist bei Bestandsstreitigkeiten derjenige Ort als Erfüllungsort anzusehen, an dem das Arbeitsverhältnis vollzogen wird, also der Ort der Arbeitsleistung[8]. Der besondere Gerichtsstand des § 29 ZPO ist daher bei **Kündigungsschutzklagen** idR der Betriebssitz, sofern der ArbN dort beschäftigt ist, ausnahmsweise ein anderer Ort, wenn der ArbN dort seine Arbeitspflicht ständig zu erfüllen hat. 130

dd) Erfüllungsort für Pflichten aus Tarifverträgen

Bei Streitigkeiten aus Tarifverträgen geht es vor allem um Unterlassungs- und um Einwirkungsansprüche. Für Unterlassungsansprüche, die sich aus der tarifvertraglichen Friedenspflicht ergeben, ist nicht etwa der gesamte Tarifbezirk Erfüllungsort; andernfalls käme es zu einer Allzuständigkeit sämtlicher ArbG in diesem Bezirk, was von § 29 ZPO nicht bezweckt ist. Erfüllungsort ist vielmehr der Sitz der verpflichteten Tarifpartei[9]. Entsprechendes gilt für Einwirkungspflichten. Sie sind ebenfalls vom Betriebssitz aus zu erfül- 131

---

1 EuGH v. 9.1.1997 – Rs. C-383/95, NZA 1997, 225; BAG v. 3.11.1993 – 5 AS 20/93, NZA 1994, 479 (480); BAG v. 12.6.1986 – 2 AZR 398/85, DB 1987, 1742; LAG Hessen v. 10.2.1983 – 3 Ta 296/82, AuR 1983, 348; ArbG Bayreuth v. 11.8.1993 – 4 Ca 653/93, NZA 1993, 1055; ArbG Berlin v. 3.5.1985 – 30 Ca 346/83, 479/83, AuR 1986, 249; ArbG Hagen v. 28.4.1998 – 3 Ca 488/98, EzA § 29 ZPO Nr. 1; ArbG Solingen v. 24.3.1993 – 3 Ca 2356/92, NZA 1994, 480; *Bengelsdorf*, BB 1989, 2390 (2397); GK-ArbGG/*Schütz*, § 2 Rz. 240; *Müller*, BB 2002, 1094 (1095 f.); MünchArbR/ *Jacobs*, § 342 Rz. 66; aM jedoch ArbG Augsburg v. 18.9.1995 – 8 Ca 2490/95, NZA-RR 1996, 185; ArbG Iserlohn v. 14.5.1997 – 1 Ca 995/97, NZA-RR 1998, 280; ArbG Leipzig v. 14.2.2002 – 17 Ca 52/02, BB 2002, 683 f.; ArbG Mainz v. 26.2.2003 – 2 Ca 3620/02, NZA-RR 2003, 324; *Ehler*, BB 1995, 1849; *Krasshöfer-Pidde/Molkenbur*, NZA 1988, 236 (238); *Ostrop/Zumkeller*, NZA 1994, 644 (645): allgemeiner Gerichtsstand.
2 LAG Rh.-Pf. v. 2.1.2001 – 5 Ta 1491/00, NZA-RR 2002, 216 unter Hinweis auf BAG v. 10.7.1995 – 5 AS 12/95.
3 GK-ArbGG/*Schütz*, § 2 Rz. 239.
4 Stein/Jonas/*Roth*, § 29 ZPO Rz. 47.
5 BAG v. 3.12.1985 – 4 AZR 325/84, NZA 1986, 366; BAG v. 9.10.2002 – 5 AZR 307/01, NZA 2003, 339 (340); BAG v. 3.11.1993 – 5 AS 20/93, NZA 1994, 479 (480); GMP/*Germelmann*, § 48 Rz. 42; GK-ArbGG/*Schütz*, § 2 Rz. 242.
6 *Krasshöfer-Pidde/Molkenbur*, NZA 1988, 236 (238); vgl. auch *Wieser*, Arbeitsgerichtsverfahren, Rz. 87.
7 ArbG Dortmund v. 21.5.2002 – 9 Ca 2490/02, NZA 2002, 1359.
8 BGH v. 17.5.1977 – VI ZR 174/74, NJW 1977, 1637; BAG v. 18.6.1971 – 5 AZR 13/71, AP Nr. 5 zu § 38 ZPO – Internationale Zuständigkeit; BAG v. 12.6.1986 – 2 AZR 398/85, DB 1987, 1742; EuGH v. 26.5.1982 – Rs. 133/81, EuGHE 1982, 1891.
9 LAG BW v. 25.3.1987 – 3 Sa 17/87, NZA 1988, Beil. 2, 22; LAG München v. 27.3.1987 – 4 Sa 264/87, NZA 1988, Beil. 2, 23; Zöller/*Vollkommer*, § 29 ZPO Rz. 25: „Tarifvertrag".

d) Gerichtsstand in Miet- oder Pachtsachen

132 Der besondere Gerichtsstand des § 29a ZPO in Miet- oder Pachtsachen, bei dem es sich um einen ausschließlichen Gerichtsstand handelt, spielt für die örtliche Zuständigkeit im ArbG-Prozess keine Rolle, selbst wenn Gegenstand des Streits eine **Werkmietwohnung** ist und der Mietvertrag im Zusammenhang mit dem Arbeitsverhältnis geschlossen wurde. Mit § 29a ZPO iVm. § 23 Nr. 2a GVG hat der Gesetzgeber nämlich eine umfassende Zuständigkeit des AG zur erstinstanzlichen Entscheidung von Streitigkeiten in Mietsachen festgelegt, so dass schon der Rechtsweg zu den ArbG gar nicht gegeben ist (s. schon § 2 Rz. 24, Rz. 105)[2].

133 Von Werkmietwohnungen sind **Werkdienstwohnungen** zu unterscheiden, deren Überlassung nicht aufgrund eines selbständigen Mietvertrages, sondern unmittelbar aufgrund des Arbeitsvertrages erfolgt[3]. Hier ist zwar der Rechtsweg zu den ArbG gegeben, aber für die örtliche Zuständigkeit greift § 29a ZPO nicht ein, weil es dann nicht um die Streitigkeit aus einem Mietverhältnis, sondern um eine solche aus einem Arbeitsverhältnis geht.

e) Gerichtsstand der unerlaubten Handlung

134 Der besondere Gerichtsstand der unerlaubten Handlung nach § 32 ZPO hat im ArbG-Prozess wegen § 2 Abs. 1 Nr. 2 (Arbeitskampfstreitigkeiten), Nr. 3d (unerlaubte Handlungen im Verhältnis zwischen dem ArbGeb und dem ArbN) und Nr. 9 (unerlaubte Handlungen im Verhältnis zwischen ArbN) einen breiten Anwendungsbereich. Danach ist das ArbG örtlich zuständig, in dessen Bezirk die unerlaubte Handlung begangen ist. Der Begriff der unerlaubten Handlung wird im weitesten Sinne verstanden[4]. Er umfasst nicht nur die Tatbestände der §§ 823–826 BGB, sondern jeden rechtswidrigen Eingriff in eine fremde Rechtssphäre[5]. Dazu gehören auch die Fälle der gesetzlichen Gefährdungshaftung und der Haftung wegen unberechtigter Zwangsvollstreckung, insbesondere nach den §§ 62, 85 ArbGG iVm. §§ 717, 945 ZPO[6]. Auch das Tatbestandsmerkmal „begangen" ist großzügig auszulegen. Begehungsort ist bei einer unerlaubten Handlung jeder Ort, an dem ein Tatbestandsmerkmal der unerlaubten Handlung erfüllt wurde. Das ist bei Begehungsdelikten sowohl der Ort, an dem die unerlaubte Handlung vorgenommen wurde (Handlungsort), als auch der Ort, an dem das geschützte Rechtsgut verletzt wurde (Erfolgsort)[7]. Bei Unterlassungsdelikten kommt ferner der Ort in Betracht, an dem sich das bedrohte Rechtsgut befindet[8].

f) Gerichtsstand der Widerklage

135 Für eine Widerklage gibt es den besonderen Gerichtsstand des **§ 33 ZPO**. Danach kann der Gegenanspruch bei dem Gericht der Klage eingereicht werden, sofern er mit dem in der Klage geltend gemachten Anspruch im Zusammenhang steht. Das gilt allerdings nicht, wenn der Gegenanspruch kein vermögensrechtlicher Anspruch ist oder wenn für ihn ein ausschließlicher Gerichtsstand eingreift (§ 33 Abs. 2, § 40 Abs. 2 ZPO). Schließlich kann der Gegenanspruch auch dann nicht widerklagend beim Gericht der Klage geltend gemacht werden, wenn das mit dem Sinn des für die Klage maßgebenden besonderen Gerichtsstandes nicht vereinbar ist. So dient § 21 ZPO allein den Interessen des ArbN. Nur dessen Klagen sollen am Ort der Niederlassung zulässig sein, nicht dagegen (Wider-)Klagen des ArbGeb. § 33 ZPO regelt lediglich den besonderen Gerichtsstand, nicht die Rechtswegzuständigkeit. Ist für den Gegenanspruch der Rechtsweg zu den ArbG nicht gegeben, hat das Gericht die Widerklage von Amts wegen gem. § 17a Abs. 2 GVG an ein zuständiges Gericht im richtigen Rechtsweg zu verweisen (dazu § 2 Rz. 25 und oben Rz. 51).

---

1 *Walker*, FS Schaub, 1998, 743 (750).
2 BAG v. 2.11.1999 – 5 AZB 18/99, NZA 2000, 277; BAG v. 24.1.1990 – 5 AZR 749/87, BAGE 64, 75 (80), damals noch zu der Frage, ob die sachliche Zuständigkeit beim ArbG oder beim AG liegt.
3 S. BAG v. 2.11.1999 – 5 AZB 18/99, NZA 2000, 277; BAG v. 24.1.1990 – 5 AZR 749/87, BAGE 64, 75 (78).
4 BGH v. 6.11.1973 – VI ZR 199/71, NJW 1974, 411.
5 BGH v. 20.3.1956 – I ZR 162/55, NJW 1956, 911.
6 Zum Ganzen Zöller/*Vollkommer*, § 32 ZPO Rz. 6 f.
7 BGH v. 28.2.1996 – XII ZR 181/93, NJW 1996, 1411 (1413); ArbG Kiel v. 15.3.2011 – 5 Ga 2a/11, NZA-RR 2011, 316 (317) zur örtlichen Zuständigkeit beim Antrag auf Unterlassung von Streikmaßnahmen.
8 BGH v. 17.3.1994 – I ZR 304/91, MDR 1995, 282; Zöller/*Vollkommer*, § 32 ZPO Rz. 16.

g) Gerichtsstand bei gleichgerichteten Entschädigungsklagen

Machen mehrere Bewerber einen Entschädigungsanspruch nach § 15 Abs. 2 AGG wegen Verstoßes gegen ein Benachteiligungsverbot (§§ 7, 1 AGG) geltend, wird gem. § 61b Abs. 2 Satz 1 auf Antrag des ArbGeb das zuerst angerufene ArbG auch für die übrigen Klagen örtlich ausschließlich zuständig. Die übrigen Klagen sind dann von Amts wegen an dieses Gericht zu verweisen, und die Prozesse werden zur gleichzeitigen Verhandlung und Entscheidung verbunden (§ 61b Abs. 2 Satz 2).

4. Gerichtsstandsvereinbarungen

Unter den Voraussetzungen des § 38 ZPO haben die Parteien die Möglichkeit, die örtliche Zuständigkeit durch Gerichtsstandsvereinbarung zu begründen. Auf diese Weise kann entweder ein ausschließlicher oder ein fakultativer Gerichtsstand festgelegt werden[1]. Der Wille der Parteien ist im Einzelfall durch Auslegung zu ermitteln[2]. Häufig dürfte eine ausschließliche Zuständigkeit gewollt sein. Eine allgemeine Vermutung für oder gegen die Ausschließlichkeit gibt es jedoch nicht[3]. Im ArbG-Prozess spielt die sog. Prorogation nach § 38 ZPO nur eine eingeschränkte Rolle.

a) Vereinbarung im Arbeitsvertrag

Eine arbeitsvertragliche Zuständigkeitsvereinbarung ist nach § 38 Abs. 1 ZPO im Regelfall nur zwischen Kaufleuten, juristischen Personen des öffentlichen Rechts und öffentlich-rechtlichen Sondervermögen zulässig. Zwischen dem ArbGeb und dem ArbN kann die Zuständigkeit also grds. nicht wirksam vereinbart werden (zu Besonderheiten nach Art. 25 EuGVVO unten Rz. 143). Ausnahmen ergeben sich aus § 38 Abs. 2 und 3 ZPO.

aa) § 38 Abs. 2 Satz 1 ZPO

Nach § 38 Abs. 2 Satz 1 ZPO ist eine Zuständigkeitsvereinbarung auch zwischen Nichtkaufleuten zulässig, wenn mindestens **eine Vertragspartei keinen allgemeinen Gerichtsstand im Inland** hat. Dieser Fall spielt im ArbG-Prozess erstens dann eine Rolle, wenn der ArbGeb Ausländer ist und nicht im Inland wohnt, sondern dort nur eine Niederlassung hat. Der besondere Gerichtsstand der Niederlassung nach § 21 ZPO steht der Zulässigkeit der Gerichtsstandsvereinbarung nicht entgegen, solange nur ein allgemeiner Gerichtsstand fehlt[4]. Zweitens kommt eine Gerichtsstandsvereinbarung nach § 38 Abs. 2 Satz 1 in Betracht, wenn ein ArbN Grenzgänger ist und seinen Wohnsitz im Ausland hat. Ein Wohnsitz im Ausland schließt nämlich den allgemeinen Gerichtsstand des Aufenthaltsortes nach § 16 ZPO aus[5]. Als zuständiges Gericht kann nach § 38 Abs. 2 Satz 3 nur das Wohnsitzgericht der anderen Partei oder ein Gericht an einem besonderen Gerichtsstand vereinbart werden. Die Vereinbarung ist nur formwirksam, wenn sie schriftlich abgeschlossen (§ 126 BGB) oder bei mündlicher Vereinbarung schriftlich bestätigt wird. Weitere Wirksamkeitsvoraussetzungen ergeben sich aus § 40 Abs. 1 und 2 ZPO. Danach muss sich die Gerichtsstandsvereinbarung auf das konkrete Arbeitsverhältnis und die daraus entspringenden Rechtsstreitigkeiten beziehen. Außerdem darf sie keine anderen als vermögensrechtliche Ansprüche betreffen, und für die Klage darf kein ausschließlicher Gerichtsstand gegeben sein.

bb) § 38 Abs. 3 Nr. 1 ZPO

Ferner ist eine Gerichtsstandsvereinbarung nach § 38 Abs. 3 Nr. 1 ZPO wirksam, wenn sie **nach dem Entstehen der Streitigkeit** getroffen wird. Die Streitigkeit „entsteht" nicht erst mit Rechtshängigkeit, sondern sobald zwischen den Parteien konkrete Meinungsverschiedenheiten über den Inhalt des Hauptvertrages auftreten und ein Prozess droht[6]. In der Praxis werden nachträgliche Gerichtsstandsvereinbarungen ua. wegen der kurzen Klagefrist nach § 4 KSchG häufig erst nach Rechtshängigkeit geschlossen. Dann kann jedoch wegen § 261 Abs. 3 Nr. 2 ZPO die Zuständigkeit eines anderen als des angerufenen Gerichts nicht mehr wirksam vereinbart werden. Die Vereinbarung nach § 38 Abs. 3 Nr. 1 ZPO muss ausdrücklich und

---

1 Zöller/*Vollkommer*, § 38 ZPO Rz. 2.
2 BAG v. 20.7.1970 – 3 AZR 417/69, NJW 1970, 2180; OLG Bamberg v. 22.9.1988 – 1 U 302/87, NJW-RR 1989, 371; Zöller/*Vollkommer*, § 38 ZPO Rz. 14.
3 BAG v. 20.7.1970 – 3 AZR 417/69, NJW 1970, 2180; BGH v. 5.2.1972 – VIII ZR 118/71, NJW 1972, 1671; aM aber wohl GMP/*Germelmann*, § 48 Rz. 58; Thomas/Putzo/*Hüßtege*, § 38 ZPO Rz. 32.
4 Stein/Jonas/*Bork*, § 38 ZPO Rz. 23.
5 Zöller/*Vollkommer*, § 16 ZPO Rz. 4.
6 Zöller/*Vollkommer*, § 38 ZPO Rz. 33.

schriftlich erfolgen und sich auf die konkret entstandene Streitigkeit beziehen (§ 40 Abs. 1 ZPO). Auch hier gelten die weiteren Wirksamkeitsvoraussetzungen des § 40 Abs. 2 ZPO.

cc) § 38 Abs. 3 Nr. 2 ZPO

141 Nach § 38 Abs. 3 Nr. 2 ZPO kann eine Gerichtsstandsvereinbarung auch unter Nichtkaufleuten und schon vor Entstehung einer Streitigkeit für den Fall geschlossen werden, dass die im Klagewege in Anspruch zu nehmende Partei **nach Vertragsschluss ihren Wohnsitz oder gewöhnlichen Aufenthaltsort ins Ausland verlegt**. Die Regelung ist auf Verträge mit Gastarbeitern zugeschnitten[1], die auf Dauer in ihr Heimatland zurückkehren und deshalb im Inland keinen allgemeinen Gerichtsstand mehr haben. Dem Kläger soll eine Rechtsverfolgung im Ausland nicht zugemutet werden. Für eine Vereinbarung nach § 38 Abs. 3 Nr. 2 besteht aber auch dann ein Bedürfnis, wenn abzusehen ist, dass auf Veranlassung des ArbGeb ein deutscher ArbN seinen Wohnsitz ins Ausland verlegen wird[2]. Der Aufgabe des inländischen Wohnsitzes durch die zu verklagende Partei steht nach § 38 Abs. 3 Nr. 2 der Fall gleich, dass ihr **Wohnsitz zur Zeit der Klageerhebung unbekannt ist**. Das kann der Kläger sich von der zuletzt zuständigen Meldebehörde bestätigen lassen.

142 Die Vereinbarung muss schriftlich und ausdrücklich für den in Nr. 2 genannten Fall erfolgen und zukunftsbezogen sein. Sie ist nur in Bezug auf vermögensrechtliche Ansprüche und zudem nur dann wirksam, wenn kein ausschließlicher Gerichtsstand gegeben ist (§ 40 Abs. 2 ZPO). Anders als nach § 38 Abs. 2 Satz 3 sind die Parteien im Fall des Abs. 3 bei der Auswahl des vereinbarten Gerichtsstandes frei[3]. Die Gerichtsstandsvereinbarung nach Abs. 3 Nr. 2 führt zu einer subsidiären Zuständigkeit[4]. Bleibt der allgemeine Gerichtsstand doch erhalten oder wird er durch Rückzug ins Inland nachträglich wieder hergestellt, entfällt die vereinbarte Zuständigkeit wieder[5]. Ein zu diesem Zeitpunkt bereits rechtshängiger Rechtsstreit wird gem. § 261 Abs. 3 Nr. 2 ZPO dadurch aber nicht unzulässig.

b) Vereinbarung nach Art. 25 EuGVVO

143 Gerichtsstandsvereinbarungen zwischen Angehörigen verschiedener Mitgliedstaaten der Europäischen Gemeinschaft sind nach Art. 25 EuGVVO (dazu § 2 Rz. 252, Rz. 255) möglich. Arbeitsrechtliche Streitigkeiten fallen unter den Anwendungsbereich der EuGVVO[6]. Nach Art. 25 EuGVVO, der dem § 38 ZPO in seinem Anwendungsbereich vorgeht[7], können sowohl die internationale als auch die örtliche Zuständigkeit zwischen den Parteien vereinbart werden, und zwar entgegen § 38 Abs. 1 ZPO auch zwischen Nichtkaufleuten. Das bedeutet für Gerichtsstandsvereinbarungen in Arbeitsverträgen trotzdem keine wesentliche Erweiterung, weil insoweit grds. ein Prorogationsverbot gilt. Gerichtsstandsvereinbarungen bei individuellen Arbeitsverträgen sind gem. Art. 23 Nr. 1 EuGVVO nur ausnahmsweise wirksam, wenn sie nach Entstehung der Streitigkeit getroffen werden (wie § 38 Abs. 3 Nr. 1 ZPO). Auf vorher geschlossene Vereinbarungen kann sich gem. Art. 23 Nr. 2 EuGVVO nicht der ArbGeb, sondern nur der ArbN berufen, wenn er als Kläger ein anderes Gericht als das am Wohnsitz des Beklagten (Art. 21 Nr. 1 EuGVVO) oder an dessen Zweigniederlassung (Art. 20 Abs. 2 EuGVVO) oder als das in Art. 21 Abs. 1 lit. b EuGVVO bezeichnete Gericht (Gericht am gewöhnlichen Arbeitsort oder am Ort der Niederlassung, die den ArbN eingestellt hat) anrufen will. Außerdem können nach Art. 23 Nr. 2 EuGVVO nur zusätzliche Gerichtsstände vereinbart werden; die Vereinbarung einer ausschließlichen Zuständigkeit unter Ausschluss der Gerichtsstände nach Art. 20, 21 EuGVVO ist unzulässig und damit unwirksam[8]. Eine nach Art. 23 EuGVVO zulässige Gerichtsstandsvereinbarung muss schriftlich vereinbart oder bei mündlicher Vereinbarung schriftlich bestätigt werden oder einer der zwischen den Parteien entstandenen Gepflogenheiten bzw. einem Handelsbrauch entsprechen (Art. 25 Abs. 1 EuGVVO).

---

1 Zöller/*Vollkommer*, § 38 ZPO Rz. 37.
2 LAG Düsseldorf v. 7.2.1984 – 16 Sa 1714/83, RIW 1984, 651.
3 GMP/*Germelmann*, § 48 Rz. 57.
4 Zöller/*Vollkommer*, § 38 ZPO Rz. 39.
5 LAG Düsseldorf v. 7.2.1984 – 16 Sa 1714/83, DB 1984, 651; GMP/*Germelmann*, § 48 Rz. 58; Stein/Jonas/*Bork*, § 38 ZPO Rz. 35.
6 Noch zum EuGVÜ BAG v. 12.6.1986 – 2 AZR 398/85, NJW-RR 1988, 482; *Geimer/Schütze*, Europäisches Zivilverfahrensrecht, Art. 23 EuGVVO [aF] Rz. 54.
7 *Geimer/Schütze*, Europäisches Zivilverfahrensrecht, Art. 23 EuGVVO [aF] Rz. 70.
8 BAG v. 20.12.2012 – 2 AZR 481/11, NZA 2013, 925 (928).

c) Vereinbarung im Tarifvertrag

Für einen Sonderfall ermöglicht **§ 48 Abs. 2** Gerichtsstandsvereinbarungen über die örtliche Zuständigkeit unter erleichterten Voraussetzungen. Einzelheiten dazu s. Rz. 163 ff. — 144

5. Rügelose Einlassung

Die örtliche Zuständigkeit eines in erster Instanz an sich unzuständigen ArbG kann durch rügelose Einlassung gem. **§ 39 ZPO** begründet werden. Diese Vorschrift gilt über § 46 Abs. 2 auch im Arbeitsgerichtsprozess. Eine rügelose Einlassung liegt vor, wenn der Beklagte zur Hauptsache mündlich verhandelt, nachdem er gem. § 504 ZPO über die örtliche Unzuständigkeit und die Folgen einer rügelosen Einlassung belehrt wurde. Ferner muss es sich um eine vermögensrechtliche Streitigkeit handeln, und es darf kein gesetzlicher ausschließlicher Gerichtsstand gegeben sein (§ 40 Abs. 2 Satz 1 ZPO). Dagegen steht die Vereinbarung eines ausschließlichen Gerichtsstandes der Zuständigkeitsbegründung eines anderen ArbG durch rügelose Einlassung nicht entgegen[1]; denn die Gerichtsstandsvereinbarung kann durch eine ausdrückliche neue Vereinbarung und eben durch rügelose Einlassung wieder abgeändert werden. — 145

Eine **Verhandlung zur Hauptsache** kann ausdrücklich erfolgen, aber auch durch Erhebung der Widerklage, wenn nur der Sachzusammenhang mit der Klage die Zuständigkeit für die Widerklage begründet[2]. Nicht ausreichend für eine Verhandlung zur Hauptsache ist dagegen das Verhandeln nur über Prozessvoraussetzungen[3], das Führen von Vergleichsverhandlungen[4] und die Einlassung auf die Güteverhandlung (arg. e § 54 Abs. 2 Satz 3)[5]. — 146

Die **Belehrung nach § 504 ZPO** kann während des gesamten Verfahrens erfolgen. Bis zu der Belehrung ist das Gericht unzuständig. Nach Belehrung wird es in dem Moment zuständig, in dem der Beklagte rügelos weiter verhandelt. Bis dahin, längstens bis zum Schluss der mündlichen Verhandlung, kann die Unzuständigkeit auch nach Belehrung noch jederzeit gerügt werden. Zur Vermeidung eines Versäumnisurteils mangels Verhandlung zur Sache ist es für den Beklagten im Zweifel empfehlenswert, sich neben der Rüge der Unzuständigkeit vorsorglich zur Hauptsache einzulassen[6]. — 147

6. Prüfung der örtlichen Zuständigkeit

Die örtliche Zuständigkeit ist bei **mehreren Klageansprüchen** für jeden von ihnen gesondert zu prüfen. Wegen der Zuständigkeit kraft Sachzusammenhangs gem. § 2 Abs. 3, die auch für die örtliche Zuständigkeit gilt, reicht es aber oft aus, wenn das angerufene ArbG für eine von mehreren Klageforderungen örtlich zuständig ist. Eine Ausnahme gilt nur, wenn für einen Anspruch kraft Gesetzes oder wirksamer Gerichtsstandsvereinbarung eine ausschließliche Zuständigkeit gegeben ist. — 148

a) Prüfung von Amts wegen

Die örtliche Zuständigkeit ist eine Sachurteilsvoraussetzung. Sie ist auch ohne Rüge des Beklagten von Amts wegen zu prüfen. Insofern gilt das Gleiche wie für die in § 56 ZPO ausdrücklich genannten Zulässigkeitsvoraussetzungen[7]. Prüfung von Amts wegen bedeutet nicht Pflicht zur Amtsermittlung. Aber das Gericht hat unabhängig vom Parteiverhalten aufgrund des vorgetragenen Sachverhaltes die örtliche Zuständigkeit zu prüfen, auf Bedenken aufmerksam zu machen und auf einen ergänzenden Vortrag hinzuwirken (§ 139 Abs. 1 Satz 2, Abs. 3 ZPO)[8]. — 149

b) Beschränkung der Zuständigkeitsprüfung auf die 1. Instanz

Die örtliche Zuständigkeit wird allerdings nur vom ArbG, dagegen nicht mehr in der Berufungs- und in der Revisionsinstanz geprüft (§ 48 Abs. 1 Nr. 1). Dadurch wird erreicht, dass die örtliche Zuständigkeit zu einem möglichst frühen Zeitpunkt des Verfahrens in der 1. Instanz abschließend geklärt wird[9]. — 150

---

1 GMP/*Germelmann*, § 48 Rz. 58; Stein/Jonas/*Bork*, § 40 ZPO Rz. 5.
2 Zöller/*Vollkommer*, § 39 ZPO Rz. 7.
3 Zöller/*Vollkommer*, § 39 ZPO Rz. 6.
4 OLG Bamberg v. 14.10.1987 – 3 U 65/87, MDR 1988, 148 f.
5 GMP/*Germelmann*, § 48 Rz. 60; GK-ArbGG/*Schütz*, § 2 Rz. 261; Stein/Jonas/*Bork*, § 39 ZPO Rz. 16.
6 Zöller/*Vollkommer*, § 39 ZPO Rz. 5.
7 MünchKommZPO/*Lindacher*, § 56 Rz. 1; Zöller/*Vollkommer*, § 56 ZPO Rz. 1.
8 Zöller/*Vollkommer*, § 56 ZPO Rz. 4.
9 BT-Drs. 11/7030, S. 36 f. zu den §§ 17–17b GVG.

c) Maßgeblicher Zeitpunkt für die örtliche Zuständigkeit

151 Hinsichtlich des maßgeblichen Zeitpunktes für die örtliche Zuständigkeit ist zu unterscheiden: Die Rechtshängigkeit der Klage durch Zustellung der Klageschrift (§§ 253, 261 ZPO) ist maßgeblich, wenn zu diesem Zeitpunkt die örtliche Zuständigkeit gegeben ist; ein nachträglicher Wegfall der zuständigkeitsbegründenden Umstände ist gem. § 261 Abs. 3 Nr. 2 ZPO unschädlich. Ist dagegen zur Zeit der Rechtshängigkeit die örtliche Zuständigkeit nicht gegeben, kann sie nachträglich noch durch rügelose Einlassung nach § 39 ZPO oder durch Eintritt der für den allgemeinen oder einen besonderen Gerichtsstand maßgeblichen Voraussetzungen (zB Wohnsitzbegründung) herbeigeführt werden.

d) Grundlage der Zuständigkeitsprüfung

152 Grundlage für die Prüfung der örtlichen Zuständigkeit sind ebenso wie bei der Rechtswegprüfung (§ 2 Rz. 232) die vom Kläger vorgetragenen Tatsachen. Beim Streit um zuständigkeitsbegründende Tatsachen ist **Beweis** zu erheben, sofern der Streit erheblich ist; daran fehlt es, sofern sich die Zuständigkeit aus einem von mehreren denkbaren Gerichtsständen ergibt. Die Beweislast liegt grds. beim Kläger, diejenige für eine abweichende Gerichtsstandsvereinbarung allerdings beim Beklagten. Im Versäumnisverfahren gilt der Vortrag des Klägers zur örtlichen Zuständigkeit als zugestanden, nicht aber der Vortrag zu einer angeblichen Gerichtsstandsvereinbarung (§ 331 Abs. 1 Satz 2 ZPO). Kann der Kläger die örtliche Zuständigkeit nicht schlüssig begründen oder jedenfalls nicht beweisen, muss das Gericht sie verneinen, sofern sie nicht durch rügelose Einlassung nach § 39 ZPO begründet wird.

153 Die für die örtliche Zuständigkeit maßgeblichen Tatsachen brauchen ebenso wie die rechtswegbegründenden Tatsachen (§ 2 Rz. 235) als Voraussetzung für eine Sachentscheidung ausnahmsweise nicht nachgewiesen zu werden, wenn sie gleichzeitig für die Begründetheit von Bedeutung sind (sog. **doppelrelevante Tatsachen**). Das ist etwa bei dem besonderen Gerichtsstand des Erfüllungsortes hinsichtlich des Vertrages und bei dem Gerichtsstand der unerlaubten Handlung hinsichtlich deren Tatbestandsvoraussetzungen der Fall[1]. Hier reicht im Rahmen der Zuständigkeitsprüfung der schlüssige Klägervortrag aus, so dass eine Sachentscheidung ergehen kann[2]. Für die Sachentscheidung ist natürlich ausschlaggebend, ob die anspruchsbegründenden Tatsachen im Bestreitensfalle bewiesen werden oder nicht. Falls das zu verneinen ist, wird die Klage als unbegründet und nicht als unzulässig abgewiesen[3]. Andernfalls könnte eine abweisende Sachentscheidung im besonderen Gerichtsstand gar nicht ergehen.

e) Prüfungskompetenz bei mehreren Anspruchsgrundlagen mit verschiedenen Gerichtsständen

154 Lässt sich derselbe Anspruch auf mehrere Anspruchsgrundlagen stützen, können verschiedene Gerichtsstände miteinander konkurrieren (bei einem Schadensersatzanspruch zB der Gerichtsstand des Erfüllungsortes gem. § 29 ZPO und derjenige der unerlaubten Handlung gem. § 32 ZPO). Über § 48 Abs. 1 gilt dann auch für die örtliche Zuständigkeit § 17 Abs. 2 Satz 1 GVG. Danach entscheidet das Gericht, sofern sich nur aus einer der in Betracht kommenden Anspruchsgrundlagen die örtliche Zuständigkeit ergibt, den Rechtsstreit unter allen in Betracht kommenden rechtlichen Gesichtspunkten[4]. Es erfolgt also eine umfassende Streiterledigung und nicht nur eine auf einzelne rechtliche Gesichtspunkte beschränkte Prüfung. Auch eine Teilverweisung an ein anderes ArbG oder eine Teilabweisung scheidet in solchen Fällen aus.

7. Verweisung bei örtlicher Unzuständigkeit

155 Bei örtlicher Unzuständigkeit gilt nicht etwa § 281 ZPO, wonach auf Antrag des Klägers der Rechtsstreit an das zuständige Gericht zu verweisen und ohne einen solchen Antrag die Klage als unzulässig abzuweisen wäre. Vielmehr gelten gem. § 48 Abs. 1 die §§ 17–17b GVG. Gemäß § 17a Abs. 2 GVG spricht das ArbG nach Anhörung der Parteien von Amts wegen seine örtliche Unzuständigkeit aus und verweist den Rechtsstreit zugleich an das örtlich zuständige ArbG. Eine Abweisung als unzulässig mangels örtlicher Zuständigkeit gibt es also nicht. Bei der Zuständigkeit mehrerer anderer Gerichte kann der Kläger das Adressatgericht auswählen; ohne eine solche Wahl wird es vom verweisenden Gericht bestimmt (§ 17a Abs. 2 Satz 2 GVG).

---

[1] So schon RG v. 22.5.1912 – I 170/11, RGZ 29, 371.
[2] RG v. 3.6.1930 – III 322/29, RGZ 129, 175 (178 f.); BGH v. 25.11.1993 – IX ZR 32/93, NJW 1994, 1413; GK-ArbGG/*Schütz*, § 2 Rz. 298.
[3] BGH v. 25.11.1993 – IX ZR 32/93, NJW 1994, 1413; Zöller/*Vollkommer*, § 12 ZPO Rz. 14.
[4] GK-ArbGG/*Schütz*, § 2 Rz. 299 f.

a) Verweisungsbeschluss

Der Verweisungsbeschluss kann (ebenso wie der die Zuständigkeit aussprechende Beschluss) ohne mündliche Verhandlung ergehen (§ 17a Abs. 4 Satz 1 GVG). Außerhalb einer mündlichen Verhandlung ist für diesen Beschluss der Vorsitzende allein zuständig (vgl. § 48 Abs. 1 Nr. 2). Der Beschluss ist für das Gericht, an das der Rechtsstreit verwiesen worden ist (Adressatgericht), bindend (§ 17a Abs. 2 Satz 3 GVG). Eine Weiterverweisung kommt also nicht in Betracht. Die Bindungswirkung bezieht sich allerdings nur auf die vom verweisenden Gericht geprüfte örtliche Zuständigkeit. Dagegen ist das Adressatgericht nicht gehindert, den Rechtsstreit aus anderen Gründen weiter zu verweisen. Der Beschluss nach § 17a Abs. 2 GVG ist (wie im Fall des § 281 Abs. 2 Satz 2 ZPO) gem. § 48 Abs. 1 Nr. 1 unanfechtbar und damit rechtskräftig.

156

b) Negativer Kompetenzkonflikt bei nicht bindender Verweisung

Eine **Ausnahme von der Bindungswirkung** auch fehlerhafter Verweisungsbeschlüsse wird allenfalls bei **krassen Gesetzesverstößen** angenommen (s. dazu Rz. 85)[1]. Ein krasser Gesetzesverstoß liegt bei einem Verweisungsbeschluss dann vor, wenn dieser jeder Rechtsgrundlage entbehrt, willkürlich gefasst ist oder auf der Versagung rechtlichen Gehörs gegenüber einem der Verfahrensbeteiligten beruht[2]. Wenn in einem solchen Fall auch das Gericht, an das die Klage verwiesen wurde, seine Zuständigkeit verneint (**negativer Kompetenzkonflikt**), wird analog § 36 Abs. 1 Nr. 6 ZPO das zuständige Gericht durch das im Rechtszug zunächst höhere Gericht bestimmt[3]. Die Nichtannahme des verwiesenen Rechtsstreits ist als rechtskräftige Erklärung der eigenen Unzuständigkeit iSv. § 36 Abs. 1 Nr. 6 ZPO anzusehen[4]. Das für die Zuständigkeitsbestimmung zuständige nächsthöhere Gericht ist immer das LAG, zu dessen Bezirk das zuerst mit der Sache befasste ArbG gehört (§ 46 Abs. 2 ArbGG iVm. § 36 Abs. 2 ZPO)[5]. Die Entscheidung des LAG nach § 36 ZPO setzt zwar grds. einen Antrag (Gesuch) einer Partei oder eines Nebenintervenienten voraus. Eine Entscheidung kommt aber auch aufgrund der Aktenvorlage durch eines der am Kompetenzkonflikt beteiligten Gerichte in Betracht[6]. Die zuständigkeitsbestimmende Entscheidung kann ohne mündliche Verhandlung ergehen (§ 37 Abs. 1, § 128 Abs. 4 ZPO).

157

Das LAG prüft zunächst, ob der Verweisungsbeschluss Bindungswirkung hat. Falls das bejaht wird, erklärt es das Adressatgericht allein aufgrund der Verweisung für zuständig, auch wenn der Beschluss fehlerhaft war[7]. Wird die Bindungswirkung dagegen wegen grober Gesetzwidrigkeit verneint, erklärt das LAG ohne Rücksicht auf den Verweisungsbeschluss dasjenige Gericht für örtlich zuständig, welches es aufgrund eigener Prüfung für zuständig hält[8]. Der Beschluss des LAG ist unanfechtbar (§ 37 Abs. 2 ZPO). Eine Ausnahme davon wird nur dann zugelassen, wenn er unter Verletzung des rechtlichen Gehörs ergangen ist[9]. Will das LAG bei der Bestimmung des zuständigen Gerichts in einer Rechtsfrage von der Entscheidung eines anderen LAG oder des BAG abweichen, hat es die Sache analog § 36 Abs. 3 ZPO dem BAG zur Entscheidung vorzulegen.

158

c) Folge der Verweisung

Folge der Verweisung ist, dass mit Akteneingang bei dem im Beschluss bezeichneten Gericht der Rechtsstreit dort anhängig wird (§ 17b Abs. 1 Satz 1 GVG). Die schon mit der Klageerhebung vor dem unzuständigen Gericht eingetretenen Wirkungen der Rechtshängigkeit bleiben bestehen (§ 17b Abs. 1 Satz 2 GVG).

159

---

1 BAG v. 1.7.1992 – 5 AS 4/92, NZA 1992, 1047 (1048); BAG v. 27.10.1992 – 5 AS 5/92, NJW 1993, 751 (752); BAG v. 3.11.1993 – 5 AS 20/93, NZA 1994, 479; GMP/*Germelmann*, § 48 Rz. 101 f.; GK-ArbGG/*Bader*, § 48 Rz. 78b; GWBG/*Benecke*, § 48 Rz. 13.
2 BAG v. 1.7.1992 – 5 AS 4/92, NZA 1992, 1047 (1048); BAG v. 27.10.1992 – 5 AS 5/92, NJW 1993, 751 (752); BGH v. 15.3.1978 – IV ARZ 17/78, NJW 1978, 1163 (1164).
3 BAG v. 29.9.1976 – 5 AR 232/76, EzA § 36 ZPO Nr. 19; BAG v. 4.11.1971 – 5 AR 329/71, BB 1973, 754; BAG v. 3.3.1972 – 5 AR 83/72, DB 1972, 1684; BAG v. 12.4.1972 – 5 AR 98/72, NJW 1972, 1216; BAG v. 3.7.1974 – 5 AR 148/74, AP Nr. 17 zu § 36 ZPO.
4 Vgl. BAG v. 30.4.1970 – 5 AR 98/70, DB 1970, BAG, 1184; 3.3.1972 – 5 AR 83/72, DB 1972, 1684.
5 BAG v. 14.7.1998 – 5 AS 22/98, NZA 1998, 1189.
6 BAG v. 27.10.1992 – 5 AS 5/92, NJW 1993, 751; BAG v. 4.1.1993 – 5 AS 12/92, NJW 1993, 1878; BGH v. 31.1.1979 – IV ARZ 111/78, NJW 1979, 1048; BGH v. 16.5.1984 – IV B ARZ 20/84, NJW 1985, 2537.
7 BAG v. 30.4.1970 – 5 AR 98/70, DB 1970, 1184; BAG v. 4.11.1971 – 5 AR – 329/71, BB 1973, 754; BAG v. 29.9.1976 – 5 AR 232/76, AP Nr. 20 zu § 36 ZPO; BAG v. 7.6.1977 – 5 AR 160/77, AP Nr. 22 zu § 36 ZPO; BAG v. 3.11.1993 – 5 AS 20/93, AP Nr. 1 zu § 17a GVG; BGH v. 2.5.1955 – I ARZ 213/54, BGHZ 17, 168 (171).
8 Vgl. BAG v. 12.4.1972 – 5 AR 98/72, NJW 1972, 1216.
9 BGH v. 9.6.1994 – IX ZR 133/93, NJW-RR 1994, 1213; Zöller/*Vollkommer*, § 37 ZPO Rz. 4.

Das gilt auch, soweit durch die Klageerhebung Verjährungs-, Ausschluss- oder Klagefristen (§ 4 Satz 1 KSchG) gewahrt wurden[1].

8. Verfahren bei Bejahung der örtlichen Zuständigkeit

160 Hält das Gericht seine örtliche Zuständigkeit für gegeben, ergeht darüber idR keine besondere Entscheidung. Vielmehr ist die Bejahung der örtlichen Zuständigkeit daraus zu ersehen, dass das Gericht – falls kein anderer Zuständigkeitsmangel vorliegt – eine Sachentscheidung trifft und darin möglicherweise (aber nicht zwingend) seine Zuständigkeit begründet.

a) Vorabentscheidung

161 Nach § 17a Abs. 3 Satz 1 GVG kann das Gericht die örtliche Zuständigkeit aber auch vorab aussprechen. Eine Vorabentscheidung ist erforderlich, wenn eine Partei die örtliche Zuständigkeit rügt (§ 17a Abs. 3 Satz 2 GVG). Die Entscheidung ergeht durch Beschluss. Eine mündliche Verhandlung ist nicht erforderlich (§ 17a Abs. 4 Satz 1 GVG). Für die Entscheidung ohne mündliche Verhandlung ist der Vorsitzende allein zuständig (§ 48 Abs. 1 Nr. 2). Der Beschluss ist gem. § 48 Abs. 1 Nr. 1 unanfechtbar.

b) Positiver Kompetenzkonflikt

162 Selten, aber vorstellbar ist der Fall, dass sich verschiedene ArbG für örtlich zuständig erklären (sog. **positiver Kompetenzkonflikt**). Dazu kann es kommen, wenn dieselbe Klage vor verschiedenen ArbG eingereicht oder mit demselben Streitgegenstand ein ArbG aufgrund einer Leistungsklage und ein anderes ArbG aufgrund einer negativen Feststellungsklage befasst wird und beide im Wege der Vorabentscheidung ihre örtliche Zuständigkeit bejahen (§ 48 Abs. 1 ArbGG iVm. § 17a Abs. 3 GVG). Hier kommt eine Zuständigkeitsbestimmung analog § 36 Abs. 1 Nr. 5 ZPO durch das LAG, zu dessen Bezirk das zuerst mit der Sache befasste ArbG gehört (§ 36 Abs. 2 ZPO), in Betracht. Unabhängig von der örtlichen Zuständigkeit ist die zeitlich später erhobene Klage wegen anderweitiger Rechtshängigkeit unzulässig (§ 17 Abs. 1 Satz 2 GVG)[2].

IV. Vereinbarung der örtlichen Zuständigkeit im Tarifvertrag (Abs. 2)

163 Gegenüber der nur eingeschränkt zulässigen arbeitsvertraglichen Vereinbarung der Zuständigkeit eines an sich örtlich unzuständigen Gerichts nach § 38 ZPO (Rz. 137 ff.) erweitert § 48 Abs. 2 für das Urteilsverfahren die Möglichkeit von Zuständigkeitsvereinbarungen, indem er eine **kollektive Prorogation im Tarifvertrag** für zulässig erklärt. Diese Möglichkeit bezieht sich nur auf die örtliche Zuständigkeit, nicht dagegen auf die Rechtswegzuständigkeit und auf die Verfahrensart, und auch nicht auf die Zuständigkeit einer bestimmten Kammer innerhalb eines ArbG[3]. Ebenfalls nicht erfasst ist die internationale Prorogation, deren Zulässigkeitsvoraussetzungen sich im Anwendungsbereich der EuGVVO aus § 25 EuGVVO ergeben (Rz. 143 und § 2 Rz. 254 f.)[4].

1. Sinn des Abs. 2

164 Die Tarifvertragsparteien sollen die Möglichkeit erhalten, für eine Konzentration von Rechtsstreitigkeiten bei bestimmten ArbG zu sorgen, wenn sie eine einheitliche Rspr. für erforderlich halten[5].

2. Voraussetzungen für eine wirksame Vereinbarung nach Abs. 2

165 Zunächst muss überhaupt die **Rechtswegzuständigkeit der ArbG** gegeben sein[6]. Ferner ist eine Vereinbarung nach § 48 Abs. 2 Satz 1 nur zwischen den Tarifvertragsparteien und nur in einem (Firmen- oder Verbands-)**Tarifvertrag** zulässig. Für diesen gilt das **Schriftformerfordernis** des § 1 Abs. 2 TVG. Das ArbG, dessen örtliche Zuständigkeit durch den Tarifvertrag begründet werden soll, muss **konkret bezeichnet** sein. Eine Benennung des Ortes ist nur dann entbehrlich, wenn stattdessen eine andere Kennzeichnung

---

1 BAG v. 31.3.1993 – 2 AZR 467/92, BAGE 73, 30 (38).
2 Umstritten, wenn die negative Feststellungsklage zuerst erhoben wurde. Dazu *Walker*, ZZP 1998, 429 (442 ff.).
3 Allg. Ansicht; s. nur GMP/*Germelmann*, § 48 Rz. 133; GK-ArbGG/*Bader*, § 48 Rz. 94.
4 *Mankowski*, NZA 2009, 584 (589).
5 BT-Drs. 7/1384, S. 5; GMP/*Germelmann*, § 48 Rz. 133; *Vollkommer*, RdA 1974, 206 (214).
6 BAG v. 7.10.1981 – 4 AZR 173/81, BAGE 36, 274 (281), damals noch zur sachlichen Zuständigkeit der Arbeitsgerichte im Verhältnis zu den ordentlichen Gerichten.

erfolgt, aus der sich der gewollte Ort eindeutig herleiten lässt. Das hat die Rspr. im Fall des § 48 Abs. 2 Satz 1 Nr. 2 bei der Bezugnahme auf den Ort der gemeinsamen Einrichtung bejaht[1].

3. Fallgruppen

Eine tarifvertragliche Zuständigkeitsvereinbarung ist nur für abschließend aufgelistete Arten von Streitigkeiten zulässig. 166

a) Abs. 2 Satz 1 Nr. 1

Dazu gehören gem. § 48 Abs. 2 Satz 1 Nr. 1 bürgerliche Streitigkeiten zwischen ArbGeb und ArbN aus einem Arbeitsverhältnis (§ 2 Abs. 1 Nr. 3 Buchst. a) und aus Verhandlungen über die Eingehung eines Arbeitsverhältnisses (§ 2 Abs. 1 Nr. 3 Buchst. c). In beiden Fällen sind aber nur Streitigkeiten im Zusammenhang mit solchen Arbeitsverhältnissen betroffen, die sich nach einem Tarifvertrag bestimmen. Für diese Voraussetzung ist es unerheblich, ob sich die Maßgeblichkeit des Tarifvertrags aus § 3 TVG, aus § 5 TVG oder aus einer arbeitsvertraglichen Verweisung auf den Tarifvertrag ergibt. Die in § 2 Abs. 1 Nr. 3 Buchst. c ferner aufgeführten Streitigkeiten aus den Nachwirkungen derartiger Arbeitsverhältnisse (zB aus nachvertraglichen Wettbewerbsverboten und aus Ruhestandsvereinbarungen) sind in § 48 Abs. 2 Satz 1 Nr. 1 ebenso wenig genannt wie Streitigkeiten über das Bestehen oder Nichtbestehen eines Arbeitsverhältnisses (§ 2 Abs. 1 Nr. 3 Buchst. b), aus unerlaubten Handlungen im Zusammenhang mit dem Arbeitsverhältnis (§ 2 Abs. 1 Nr. 3 Buchst. d) und Streitigkeiten über Arbeitspapiere (§ 2 Abs. 1 Nr. 3 Buchst. e). Insoweit sind daher tarifliche Zuständigkeitsvereinbarungen unzulässig[2], obwohl gute Gründe für eine einheitliche Regelung zB bezüglich vor- und nachvertraglicher Streitigkeiten sprechen können. 167

b) Abs. 2 Satz 1 Nr. 2

Nach Abs. 2 Satz 1 Nr. 2 sind ferner bürgerliche Rechtsstreitigkeiten aus dem Verhältnis einer gemeinsamen Einrichtung der Tarifvertragsparteien (§ 4 Abs. 2 TVG) zu den ArbN oder ArbGeb einer tarifvertraglichen Zuständigkeitsvereinbarung zugänglich (§ 2 Abs. 1 Nr. 4 Buchst. b, Nr. 6). Die in § 2 Abs. 1 Nr. 4 Buchst. b ebenfalls genannten Streitigkeiten zwischen solchen Einrichtungen und den Hinterbliebenen der ArbN sind dagegen von Abs. 2 Satz 1 Nr. 2 nicht erfasst. Deshalb kommt für sie eine tarifvertragliche Gerichtsstandsvereinbarung nicht in Betracht[3], obwohl das Interesse der Tarifvertragsparteien an einer einheitlichen Rspr. in Streitigkeiten mit gemeinsamen Einrichtungen für eine Einbeziehung der Streitigkeiten mit Hinterbliebenen sprechen kann. 168

4. Vereinbarung einer zusätzlichen oder ausschließlichen örtlichen Zuständigkeit

Durch eine tarifvertragliche Regelung zur örtlichen Zuständigkeit des ArbG in den in Nrn. 1, 2 genannten Streitigkeiten können die Tarifvertragsparteien einen **zusätzlichen Gerichtsstand** begründen. Dann hat der Kläger zwischen dem kraft Gesetzes und dem aufgrund der tariflichen Regelung örtlich zuständigen ArbG ein Wahlrecht. Im Tarifvertrag ist aber auch die Bestimmung einer **ausschließlichen örtlichen Zuständigkeit** möglich[4]. Dadurch wird dann die gesetzliche Regelung der örtlichen Zuständigkeit verdrängt. Welche Regelung gewollt ist, muss durch Auslegung ermittelt werden. Das Ziel, durch Zuständigkeitskonzentration eine einheitliche und berechenbare Rspr. zu erreichen, spricht im Zweifel für eine ausschließliche Zuständigkeit. In diesem Fall ist die einzelvertragliche Vereinbarung einer anderen örtlichen Zuständigkeit selbst dann, wenn die Voraussetzungen des § 38 ZPO ausnahmsweise vorliegen sollten, ausgeschlossen[5]. Ferner kann dann ein anderes als das tarifvertraglich vereinbarte ArbG nicht durch rügelose Einlassung nach § 39 ZPO örtlich zuständig werden, selbst wenn der Beklagte trotz Belehrung (§ 504 ZPO) zur Hauptsache verhandelt (§ 40 Abs. 2 Satz 2 ZPO)[6]. 169

---

1 BAG v. 19.3.1975 – 4 AZR 270/74, BAGE 27, 78.
2 ErfK/*Koch*, § 48 ArbGG Rz. 23; GMP/*Germelmann*, § 48 Rz. 136; *Gift/Baur*, Urteilsverfahren, Teil C Rz. 410; Hauck/Helml/Biebl/*Helml*, § 48 Rz. 20; ArbG Limburg v. 21.4.2008 – 1 Ca 195/06; aM GWBG/*Benecke*, § 48 Rz. 33.
3 GMP/*Germelmann*, § 48 Rz. 137; GK-ArbGG/*Bader*, § 48 Rz. 96; Hauck/Helml/Biebl/*Helml*, § 48 Rz. 21; offengelassen von GWBG/*Benecke*, § 48 Rz. 36.
4 GMP/*Germelmann*, § 48 Rz. 134; GWBG/*Benecke*, § 48 Rz. 31; aM LAG Düsseldorf v. 2.5.1967 – 8 Sa 74/67, AP Nr. 18 zu § 1 TVG, Bl. 2 R; *Wieser*, Arbeitsgerichtsverfahren, Rz. 90.
5 GMP/*Germelmann*, § 48 Rz. 139; aM GWBG/*Benecke*, § 48 Rz. 31.
6 Wie hier GK-ArbGG/*Bader*, § 48 Rz. 99; GMP/*Germelmann*, § 48 Rz. 139; aM LAG Düsseldorf v. 2.5.1967 – 8 Sa 74/67, AP Nr. 18 zu § 1 TVG, Bl. 2 R.

5. Bindung an eine tarifvertragliche Zuständigkeitsvereinbarung

170 Die Bindung an eine tarifvertragliche Zuständigkeitsvereinbarung kann sich aus verschiedenen Gesichtspunkten ergeben:

a) Kraft Verbandsmitgliedschaft oder Allgemeinverbindlichkeitserklärung

171 Wie sich aus § 48 Abs. 2 Satz 2 entnehmen lässt, gilt die tarifliche Vereinbarung der örtlichen Zuständigkeit zunächst zwischen den tarifgebundenen ArbN und ArbGeb. Daraus wird deutlich, dass die Zuständigkeitsvereinbarung zum normativen Teil des Tarifvertrags gehören muss[1]; denn nur die Tarifnormen haben gem. § 4 Abs. 1 TVG für die Tarifgebundenen eine unmittelbare und zwingende Wirkung. Ob die Tarifbindung auf der Mitgliedschaft in einem tarifvertragsschließenden Verband (§ 3 Abs. 1 TVG) oder auf der Allgemeinverbindlichkeit eines Tarifvertrags (§ 5 TVG) beruht, ist unerheblich. Allerdings kann von einer Allgemeinverbindlichkeitserklärung die tarifliche Zuständigkeitsvereinbarung auch ausdrücklich ausgenommen werden[2].

b) Kraft Verweisung im Arbeitsvertrag (Abs. 2 Satz 2, 3)

172 § 48 Abs. 2 Satz 2 erweitert die Wirkungen einer Zuständigkeitsvereinbarung auf nicht tarifgebundene ArbN, für die die Geltung des gesamten Tarifvertrags im Arbeitsvertrag vereinbart ist. Eine Bezugnahme im Arbeitsvertrag auf lediglich einzelne Sachgruppen im Tarifvertrag, zB auf die Urlaubs- oder auf die Arbeitszeitregelung, reicht dafür nicht aus.

173 Bei der arbeitsvertraglichen Verweisung auf den gesamten Tarifvertrag einschließlich der darin enthaltenen Gerichtsstandsregelung handelt es sich letztlich um eine einzelvertragliche Prorogation. Deshalb würden eigentlich die besonderen Zulässigkeitsvoraussetzungen des § 38 Abs. 2, 3 ZPO gelten. Da diese Voraussetzungen in arbeitsgerichtlichen Streitigkeiten in den seltensten Fällen vorliegen dürften, würde die arbeitsvertragliche Verweisung auf den Tarifvertrag hinsichtlich der darin enthaltenen Gerichtsstandsvereinbarung praktisch leer laufen. Das wird durch **§ 48 Abs. 2 Satz 3** verhindert. Danach findet § 38 Abs. 2, 3 ZPO bei einer arbeitsvertraglichen Bezugnahme auf die tarifliche Bestimmung der örtlichen Zuständigkeit keine Anwendung.

174 Voraussetzung für die Tarifbindung der Außenseiter an die tarifliche Zuständigkeitsvereinbarung kraft arbeitsvertraglicher Verweisung ist, dass ihr Arbeitsverhältnis im Falle der Tarifbindung unter den **Geltungsbereich des Tarifvertrags** fallen würde (§ 48 Abs. 2 Satz 2). Für die Bezugnahme auf einen Tarifvertrag mit einem anderen Geltungsbereich gilt § 48 Abs. 2 Satz 2, 3 nicht. Insoweit bleibt es bei den engen Voraussetzungen des § 38 Abs. 2, 3 ZPO, die in aller Regel der Bindung an die Zuständigkeitsvereinbarung entgegenstehen.

§ 49 Ablehnung von Gerichtspersonen

(1) Über die Ablehnung von Gerichtspersonen entscheidet die Kammer des Arbeitsgerichts.
(2) Wird sie durch das Ausscheiden des abgelehnten Mitglieds beschlussunfähig, so entscheidet das Landesarbeitsgericht.
(3) Gegen den Beschluss findet kein Rechtsmittel statt.

I. Allgemeines ... 1	d) Verwandte und Verschwägerte, § 41 Nr. 3 ZPO ... 28
1. Sachlicher Anwendungsbereich ... 5	e) Vertretung für eine Partei, § 41 Nr. 4 ZPO ... 33
2. Personeller Anwendungsbereich ... 9	f) Vernehmung als Zeuge oder Sachverständiger, § 41 Nr. 5 ZPO ... 40
II. Ausschließung eines Richters ... 14	g) Vorbefassung, § 41 Nr. 6 ZPO ... 44
1. Ausschließungsgründe ... 15	h) Überlange Gerichtsverfahren, § 41 Nr. 7 ZPO ... 51c
a) Selbstbeteiligung, § 41 Nr. 1 ZPO ... 19	
b) Ehegatten, § 41 Nr. 2 ZPO ... 25	
c) Lebenspartnerschaft, § 41 Nr. 2a ZPO ... 27	

---

1 Allgemeine Ansicht; LAG Düsseldorf v. 2.5.1967 – 8 Sa 74/67, AP Nr. 18 zu § 1 TVG, Bl. 1 R; GMP/*Germelmann*, § 48 Rz. 138; GK-ArbGG/*Bader*, § 48 Rz. 94; *Gift/Baur*, Urteilsverfahren, Teil C Rz. 414; *Vollkommer*, RdA 1974, 206 (214).
2 GWBG/*Benecke*, § 48 Rz. 34.

i) Mediation und andere außergerichtliche Konfliktbeilegung, § 41 Nr. 8 ZPO	51d
2. Ausschließungsverfahren	52
III. Ablehnung	
1. Allgemeines	58
2. Ablehnungsgründe	59
a) Gesetzlicher Ausschluss nach § 41 ZPO	60
b) Besorgnis der Befangenheit	62
c) Hinweispflicht des Gerichtes	68a
d) Typische Einzelfälle	69
aa) Nahe persönliche Beziehungen zu einer Partei	70
bb) Partei als ehrenamtlicher Richter	71a
cc) Nahe persönliche Beziehungen zum Prozessvertreter einer Partei	72
dd) Instanzübergreifende Richterehe	72a
ee) Verstöße gegen die Pflicht zur Neutralität und Unvoreingenommenheit	73
ff) Äußerung von Rechtsansichten, Publikationen, Seminare, richterliche Hinweis- und Aufklärungspflicht	79
gg) Festhalten an einer Rechtsansicht	88
hh) Mitgliedschaft in politischer Partei und politische Betätigung	90
ii) Mitgliedschaft in Gewerkschaft, Arbeitgeberverband, Verein	93
jj) Zugehörigkeit zu Religion/Geschlecht	96
kk) Interessenwahrnehmung für eine Partei	97
ll) Eigeninteresse am Prozessausgang	99
mm) Vor- oder Parallelbefassung	103
nn) Persönliche Angriffe der Partei	107
oo) Kammerübergreifende Meinungsbildung („Brainstorming")	107b
3. Ablehnungsverfahren	108
a) Ablehnungsgesuch durch Beteiligte	109
b) Verlust des Ablehnungsrechtes	115
aa) Zeitablauf	115
bb) Rügelose Einlassung	116
cc) Rechtsmissbrauch	122
c) Selbstablehnung des Richters	125
d) Verfahren nach Ablehnungsgesuch	129
aa) Grundsatz: Tätigkeitsverbot	129
bb) Unaufschiebbare Prozesshandlungen	130
cc) Ablehnung während der Verhandlung	132
dd) Rechtsfolgen bei Verletzung des Tätigkeitsverbotes	132e
e) Entscheidung über Ablehnung	133
aa) Offensichtliche Unzulässigkeit/Rechtsmissbrauch	133
bb) Zuständiger Spruchkörper	134
cc) Dienstliche Äußerung	142
dd) Form und Inhalt der Entscheidung	144a
ee) Tenorierung	147a
ff) Rechtsmittel	148
(1) Rechtsmittelausschluss	148
(2) Keine Möglichkeit der außerordentlichen sofortigen Beschwerde	151
(3) Anhörungsrüge nach § 78a	154
(4) Verfassungsbeschwerde	156
(5) Keine inzidente Überprüfung durch Rechtsmittelgericht	156a
(6) Analoge Anwendung auf Sachverständige	156b
gg) Streitwert	156c
IV. Folgen der Ausschließung oder Ablehnung	
1. Folgen der Ausschließung	157
2. Folgen der Ablehnung	159
3. Folgen unzulässiger Mitwirkung	161
a) Ausgeschlossener bzw. wirksam abgelehnter Richter	161
b) Verstoß gegen Tätigkeitsverbot nach Ablehnungsantrag vor Befangenheitsentscheidung	164

Schrifttum: *Berglar*, Politischer Aktionismus in schwarzer Robe, ZRP 1984, 4; *Bertelsmann*, Geltendmachung der Besorgnis der Befangenheit des Einigungsstellenvorsitzenden, NZA 1996, 234; *Both*, Befangenheitsbesorgnis wegen unsachlicher Reaktion eines Richters auf einen Befangenheitsantrag, Anmerkung zu OLG Saarbrücken, Beschluss vom 26.11.2004 – 5 W 282/04, jurisPR-MietR 13/2005 Anm. 6; *Däubler*, Richterliche Neutralität in der Arbeitsgerichtsbarkeit, AuR 1976, 369; *Fangmann*, Richterverhältnis und Meinungsfreiheit, AuR 1985, 7; *Fischer*, Ablehnung eines Vorsitzenden Richters am Arbeitsgericht wegen Befangenheit infolge der Mitgliedschaft in einer Gewerkschaft, Anmerkung zu ArbG Berlin, Urteil vom 28.6.2007 – 91 Ca 7826/07, jurisPR-ArbR 49/2008 Anm. 4; *Gerdes*, Die Ablehnung wegen Besorgnis der Befangenheit aufgrund Meinungsäußerungen des Richters; *Ghassemi-Tabar/Nober*, Die Richterablehnung im Zivilprozess, NJW 2013, 3686; *Gramm*, Das Verfahren bei Richterablehnung in der Arbeitsgerichtsbarkeit, AuR 1968, 364; *Gravenhorst*, Anhörungsrügengesetz und Arbeitsgerichtsverfahren, NZA 2005, 14; *Günther*, Der „vorbefasste" Zivil- oder Verwaltungsrichter, VerwArch 82, 179 (1991); *Hanau*, Fragen und Antworten zur gewerkschaftlichen Betätigung von Arbeitsrichtern, ZIP 1984, 1165; *Hengelhaupt*, Keine generelle Befangenheit eines Richters nach vorangegangener Mediation durch diesen Richter, Anmerkung zu LSG Celle, Beschluss vom 16.4.2004 – L 9 B 12/04 U, jurisPR-SozR 42/2004 Anm. 6; *Hümmerich*, Befangenheit des Arbeitsrichters, AnwBl 1994, 257; *Kempten*, Arbeitsgerichtsbarkeit im politischen Interessenkonflikt, AuR 1985, 1; *Knauer/Wolf*, Zivilprozessuale und strafprozessuale Änderungen durch das Erste Justizmodernisierungsgesetz, NJW 2004, 2857; *Künzl*, Die Beteiligung ehrenamtlicher Richter am arbeitsgerichtlichen Verfahren, ZZP 104, 150 (1991); *Künzl*, Das Güteverfahren bei den Gerichten für Arbeitssachen, MDR 2016, 952; *Lakies*, Unanfechtbare Entscheidung des ArbG – Voraussetzung der Statthaftigkeit einer außerordentlichen Beschwerde wegen greiflicher Gesetzeswidrigkeit, NJ 1998, 277; *Lamprecht*, Befangenheit an sich: Über den Umgang mit einem prozessualen Grundrecht, NJW 1993, 2222; *Linz*, Die Befangenheit des gerichtlichen Sachverständigen, DS 2017, 145; *Meinert*, Befangenheit im Rechtsstreit, 2015; *Nägele/Böhm*, Die Richterablehnung im arbeitsgerichtlichen Verfahren, ArbRB 2004, 194; *Oberberg*, Kein Befangenheitsantrag gegen alle Berufsrichter bei Klage eines ehrenamtlichen Richters, Anmerkung zu LAG Schleswig-Holstein, Beschluss vom 6.11.2006 – AR 57/06, ArbuR 2007, 140; *Prütting*, Befangenheit des Richters in der Arbeitsgerichtsbarkeit und richterliche Aufklärungspflicht, in FS zum 50-jährigen Bestehen der Arbeitsgerichtsbarkeit in

Rheinland-Pfalz 1999, 565; *Rüthers*, Vom politischen Richter zur parteilichen Justiz? – Zum gewerkschaftlichen Betätigungsrecht von Berufsrichtern in der Arbeitsgerichtsbarkeit, DB 1984, 162; *E. Schneider*, Erfolglose Richterablehnungen im Zivilprozess, NJW 1996, 2285; *E. Schneider*, Die Sackgasse der Befangenheitserklärung im Zivilprozess, NJW 1997, 1832; *E. Schneider*, Befangenheitsablehnung und außerordentliche sofortige Beschwerde im Arbeitsgerichtsverfahren, MDR 1998, 984; *E. Schneider*, Zur Richterablehnung im Arbeitsgerichtsverfahren, MDR 2001, 516; *E. Schneider*, Befangenheitsablehnung des Richters im Zivilprozess, 3. Aufl. 2008; *E. Schneider*, Befangenheitsablehnung wegen verweigerter Terminsänderung, Untätigkeit und verletzter Hinweispflicht, AnwBl 2002, 9; *E. Schneider*, Das Vorgehen bei der Richterablehnung, MDR 2005, 671; *E. Schneider*, Die dienstliche Äußerung im Ablehnungsverfahren, NJW 2008, 491; *E. Schneider*, Selbstentscheidung über Ablehnungsgesuche, NJW 2008, 2759; *Schuldt*, Nochmals: Vom politischen Richter zur parteilichen Justiz, DB 1984, 2509; *Sendler*, Was dürfen Richter in der Öffentlichkeit sagen? NJW 1984, 689; *Strecker*, Politischer Richter – garstiger Richter, ZRP 1984, 122; *Vollkommer*, Voraussetzung für die Richterablehnung und Besetzung des Gerichts bei der Entscheidung über die Ablehnung, AP § 42 ZPO Nr. 2; *Vollkommer*, Zum Umfang des Rechtsmittelausschusses in ArbGG § 49 Abs. 3, EzA § 49 ArbGG 1979 Nr. 2; *Vollkommer*, Richterablehnung wegen politischer Meinungsäußerung, Parteizugehörigkeit oder Gewerkschaftszugehörigkeit, EzA § 49 ArbGG 1979 Nr. 4; *Vollkommer*, Gewerkschaftszugehörigkeit und gewerkschaftliches Engagement bei Berufsrichtern der Arbeitsgerichtsbarkeit?, in FS E. Wolf 1985, 659; *Vossler*, Neuregelung der Wartepflicht des als befangen abgelehnten Richters, MDR 2006, 1383; *Vossler*, Die „Dienstliche Erklärung" des abgelehnten Richters, MDR 2014, 10; *Wagner*, Richterablehnung bei instanzübergreifender Richterehe, Anmerkung zu BSG, Beschluss vom 24.11.2005 – B 9a VG 6/05 B, jurisPR-SozR 15/2006 Anm. 6; *Weißenfels*, Richterablehnung, AnwBl 1985, 128; *Weißenfels*, Befangenheit des Arbeitsrichters, AnwBl. 1995, 128; *Wolmerath*, Ausschluss eines ehrenamtlichen Richters vom Richteramt gemäß § 41 Nr. 6 ZPO, Anmerkung zu LAG München, Urteil vom 15.3.2005 – 8 Sa 914/04, jurisPR-ArbR 27/2005 Anm. 3; *Zachert*, Zur Koalitions- und Meinungsfreiheit von Richtern – Gesetzliche Grenzmarkierungen, ArbuR 1985, 14.

I. Allgemeines

1 Zu den Grundregeln eines demokratischen Gerichtsverfahrens gehört das Prinzip der Unparteilichkeit des Richters, der neutral, distanziert, unvoreingenommen und objektiv urteilen soll. § 49 enthält die verfahrensrechtlichen Regeln über die Entfernung von Gerichtspersonen aus einem konkreten Arbeitsrechtsstreit. **Sinn und Zweck** der Norm ist, die Neutralität des Richters und sonstiger Gerichtspersonen sowie das Vertrauen der Parteien darauf zu gewährleisten. Damit dient die Vorschrift zugleich der Gewährleistung des gesetzlichen Richters (Art. 101 Abs. 1 Satz 2 GG).

2 § 49 ist eine reine **Verfahrensvorschrift**. Sie enthält insoweit den §§ 41–49 ZPO vorgehende Sonderregelungen. Über den Wortlaut hinaus bezieht sich § 49 nicht nur auf die Ablehnung von Gerichtspersonen (sog. **Ablehnungsgründe**, hierzu nachfolgend Rz. 59 ff.), sondern auch auf den Ausschluss von Richtern kraft Gesetzes (sog. **Ausschließungsgründe**, Rz. 15 ff.). Der Unterschied zwischen den beiden Instituten besteht darin, dass der Ausschluss eines Richters von der Mitwirkung kraft Gesetzes eintritt, während im Falle der Befangenheitsablehnung die Entscheidung des Gerichts konstitutiv ist; erst die auf Antrag ergehende gerichtliche Entscheidung führt zum Ausschluss des Richters vom weiteren Verfahren.

3 Dagegen schafft § 49 keine eigenen Ablehnungsrechte. Die **materiellen Ablehnungs- und Ausschließungsgründe** bestimmen sich aufgrund der Verweisung des § 46 Abs. 2 allein nach den Vorschriften der ZPO (§§ 41, 42 ZPO) bzw. des Rechtspflegergesetzes (RPflG).

4 Bereits § 27 Gewerbegerichtsgesetz vom 29.7.1890 enthielt eine § 49 Abs. 1 vergleichbare Vorschrift. Das ArbGG 1926 enthielt erstmals eine dem Wortlaut des § 49 entsprechende Vorschrift, die unverändert in die Neuregelung des ArbGG 1953 übernommen wurde.

1. Sachlicher Anwendungsbereich

5 Der sachliche Geltungsbereich erstreckt sich nicht nur auf das Urteils-, sondern auch auf das Beschlussverfahren, §§ 2a, 80 Abs. 2. Dies gilt uneingeschränkt für die **1. Instanz**.

6 Im Berufungs- und Beschwerdeverfahren vor dem **LAG** gelten lediglich § 49 Abs. 1 und 3, während § 49 Abs. 2 gem. § 64 Abs. 7, § 87 Abs. 2 keine Anwendung findet.

7 Im Revisions- und Rechtsbeschwerdeverfahren vor dem **BAG** gilt sinngemäß ausschließlich § 49 Abs. 1. Zur Entscheidung berufener Spruchkörper ist hier naturgemäß anstelle der Kammer der Senat[1].

---

1 GK-ArbGG/*Schütz*, § 49 Rz. 4; Hauck/Helml/*Biebl/Helml*, § 49 Rz. 1; ErfK/*Koch*, § 49 ArbGG Rz. 1.

Auf die Ablehnung des Vorsitzenden der **Einigungsstelle** ist § 49 **nicht** entsprechend **anwendbar**, da diese 8
Norm nur das Verfahren, nicht jedoch das materielle Ablehnungsrecht regelt[1].

2. Personeller Anwendungsbereich

Der Anwendungsbereich der verfahrensrechtlichen Sonderregelung des § 49 umfasst sämtliche „Gerichts- 9
personen". In personeller Hinsicht umfasst § 49 – insoweit über den Anwendungsbereich der §§ 41–48
ZPO hinausgehend – sämtliche Personen, die aufgrund eines Dienst- oder Arbeitsverhältnisses oder aufgrund einer Ernennung als ehrenamtlicher Richter für die Gerichtsbehörde tätig sind[2]. Zum Kreis der umfassten Personen gehören daher zunächst die **Berufsrichter und die ehrenamtlichen Richter**[3], nicht aber
die Beisitzer eines Verfahrens vor der **Einigungsstelle**[4]. Materiell-rechtlich anwendbar sind insbesondere
die §§ 41, 42 ZPO, die den grundgesetzlich verbürgten unabhängigen gesetzlichen Richter (Art. 97 Abs. 1,
101 Abs. 1 Satz 2 GG) bestimmen, auf den ein subjektives Recht besteht[5]. Der Richter, der einen Ausschließungstatbestand erfüllt oder dessen Parteilichkeit zu besorgen ist, ist nicht gesetzlicher Richter.

Darüber hinaus gilt § 49 auch für die Ablehnung **sonstiger Gerichtspersonen**, die aufgrund ihres Arbeits- 10
verhältnisses für die Gerichtsbehörde tätig sind. Erfasst werden über die Verweisung des § 49 ZPO insbesondere die **Urkundsbeamten der Geschäftsstelle** bei jeder Art ihrer Tätigkeit[6]. Auch ein **Referendar**,
der (stellvertretend) als Urkundsbeamter der Geschäftsstelle handelt, fällt unter § 49 ZPO[7].

Auch für die **Rechtspfleger** gilt § 49. § 10 Satz 1 RPflG verweist für sie gleichfalls auf die §§ 41–48 ZPO. 11
Über die Ablehnung eines Rechtspflegers entscheidet nicht der Vorsitzende der Kammer allein, sondern
nach § 49 Abs. 1 die Kammer. § 49 Abs. 1 ist insoweit eine § 10 Satz 2 RPflG vorgehende Sonderregelung[8].

§ 49 ZPO:
Die Vorschriften dieses Titels sind auf den Urkundsbeamten der Geschäftsstelle entsprechend anzuwenden; die
Entscheidung ergeht durch das Gericht, bei dem er angestellt ist.

§ 10 RPflG:
Für die Ausschließung und Ablehnung des Rechtspflegers sind die für den Richter geltenden Vorschriften ent-
sprechend anzuwenden. Über die Ablehnung des Rechtspflegers entscheidet der Richter.

Nicht vom Anwendungsbereich des § 49 **umfasst** sind Schreibkräfte (solange sie nicht als Urkundsbeamte 12
fungieren), sonstige Mitglieder der gerichtlichen Serviceeinheiten, Gerichtswachtmeister, Bezirksrevisoren
als weisungsgebundene Vertreter der Staatskassen und Geschäftsstellenverwalter[9]. Dies folgt daraus, dass
§ 49 lediglich das Verfahren regelt, nicht hingegen selbst neue materielle Ablehnungsrechte schafft. Das
Bestehen eines Ablehnungsrechts gegenüber einer „Gerichtsperson" richtet sich allein nach den einschlägigen Vorschriften der ZPO bzw. des RPflG. Die vorstehenden Personen indes werden in den entsprechenden Vorschriften nicht genannt, können daher auch nicht von einer der Parteien abgelehnt werden.

Keine Gerichtspersonen iSd. § 49 sind Sachverständige (§ 406 ZPO – zur analogen Anwendung des § 49 13
Abs. 3 auf Sachverständige vgl. eingehend Rz. 156b)[10], Gerichtsvollzieher (§ 155 GVG) sowie Dolmetscher
(§ 191 GVG)[11]. Sie sind mit eigenen Sondervorschriften versehen: **Sachverständige** iSd. § 406 ZPO werden nur als Beweismittel im konkreten Rechtsstreit und nicht im Interesse der Erfüllung der Daueraufgaben
der Gerichtsbehörde tätig. Gleiches gilt für **Dolmetscher**, für die § 191 Satz 1 GVG auf die Vorschriften
über die Sachverständigen verweist. Auch für **Gerichtsvollzieher** enthält § 155 GVG keinen Verweis auf

---

1 Vgl. Kommentierung zu Verf. Einigungsstelle Rz. 183 ff. Vgl. auch BAG v. 9.5.1995 – 1 ABR 56/94, AP Nr. 2 zu
  § 76 BetrVG 1972; GMP/*Germelmann*, § 49 Rz. 1; *Bertelsmann*, NZA 1996, 234 (236).
2 GMP/*Germelmann*, § 49 Rz. 3.
3 BAG v. 18.10.1977 – 1 ABR 2/75, AP Nr. 3 zu § 42 ZPO; BayObLG v. 30.9.1977 – BReg 3 Z 98/77, Rpfleger 1978,
  13. Vgl. hierzu auch § 6 Rz. 6 ff. bzw. Rz. 46 ff.
4 LAG Düsseldorf v. 3.4.1981 – 8 TaBV 11/81, BB 1981, 733.
5 *Maunz/Dürig*, Art. 101 GG Rz. 6.
6 GMP/*Germelmann*, § 49 Rz. 3; GWBG/*Benecke*, § 49 Rz. 1; *Ostrowicz/Künzl/Scholz*, Arbeitsgerichtsprozess, Rz. 458;
  Düwell/Lipke/*Kloppenburg*, § 49 Rz. 4.
7 Zöller/*Vollkommer*, § 49 ZPO Rz. 1.
8 Ebenso: GMP/*Germelmann*, § 49 Rz. 3; *Ostrowicz/Künzl/Scholz*, Arbeitsgerichtsprozess, Rz. 458. Vgl. hierzu auch
  Rz. 54.
9 GK-ArbGG/*Schütz*, § 49 Rz. 5; GMP/*Germelmann*, § 49 Rz. 4.
10 Vgl. hierzu auch LAG Hamm v. 19.6.1986 – 8 Ta 16/86, AP Nr. 1 zu § 49 ArbGG 1979.
11 Ebenso: *Ostrowicz/Künzl/Scholz*, Arbeitsgerichtsprozess, Rz. 458; GMP/*Germelmann*, § 49 Rz. 4; Düwell/Lipke/
   Kloppenburg, § 49 Rz. 4.

die für Richter geltenden Vorschriften. Sie sind keinem bestimmten Gericht zugeordnet und dienen nicht unmittelbar der Erfüllung der Aufgaben der Gerichtsbehörde.

II. Ausschließung eines Richters

14 Der Ausschluss von der Ausübung des Richteramtes richtet sich nach § 41 ZPO. Er gilt aufgrund der Verweisungsnorm des § 46 Abs. 2 auch im arbeitsgerichtlichen Verfahren. Richter iSd. § 41 ZPO sind sowohl die Berufsrichter als auch die ehrenamtlichen Richter[1]. Ausgeschlossen sein kann jeweils nur der Richter als einzelne natürliche Person, nicht der Spruchkörper, etwa die Kammer oder der Senat, als solcher[2]. Für Urkundsbeamten und Rechtspfleger ist die Vorschrift entsprechend anzuwenden (§ 49 ZPO, § 10 RPflG).

1. Ausschließungsgründe

15 Bei den in § 41 Nr. 1–8 ZPO genannten gesetzlichen Ausschließungsgründen handelt es sich um **unwiderlegbare Vermutungen** des Gesetzgebers hinsichtlich der Voreingenommenheit[3]. Liegt ein Ausschließungsgrund vor, ist dem Richter kraft Gesetzes jegliche Amtshandlung verwehrt.

16 Der Katalog der sich auf den konkreten Fall beziehenden **relativen Ausschließungsgründe** in § 41 Nr. 1–8 ZPO ist **abschließend**[4]. Eine erweiternde Auslegung ist abzulehnen. Sie verstieße gegen Art. 101 Abs. 1 Satz 2 GG. Allerdings sind den Ausschließungsgründen ähnliche Fallgestaltungen ggf. als Ablehnungsgründe (hierzu nachfolgend Rz. 59 ff.) iSv. § 42 ZPO zu würdigen[5].

§ 41 ZPO:
Ein Richter ist von der Ausübung des Richteramtes kraft Gesetzes ausgeschlossen:
1. in Sachen, in denen er selbst Partei ist oder bei denen er zu einer Partei in dem Verhältnis eines Mitberechtigten, Mitverpflichteten oder Regresspflichtigen steht;
2. in Sachen seines Ehegatten, auch wenn die Ehe nicht mehr besteht;
2a. in Sachen seines Lebenspartners, auch wenn die Lebenspartnerschaft nicht mehr besteht;
3. in Sachen einer Person, mit der er in gerader Linie verwandt oder verschwägert, in der Seitenlinie bis zum dritten Grad verwandt oder bis zum zweiten Grad verschwägert ist oder war;
4. in Sachen, in denen er als Prozessbevollmächtigter oder Beistand einer Partei bestellt oder als gesetzlicher Vertreter einer Partei aufzutreten berechtigt ist oder gewesen ist;
5. in Sachen, in denen er als Zeuge oder Sachverständiger vernommen ist;
6. in Sachen, in denen er in einem früheren Rechtszug oder im schiedsrichterlichen Verfahren bei dem Erlass der angefochtenen Entscheidung mitgewirkt hat, sofern es sich nicht um die Tätigkeit eines beauftragten oder ersuchten Richters handelt;
7. in Sachen wegen überlanger Gerichtsverfahren, wenn er in dem beanstandeten Verfahren in einem Rechtszug mitgewirkt hat, auf dessen Dauer der Entschädigungsanspruch gestützt wird;
8. in Sachen, in denen er an einem Mediationsverfahren oder einem anderen Verfahren der außergerichtlichen Konfliktbeilegung mitgewirkt hat.

17 Von den relativen Ausschließungsgründen des § 41 ZPO zu unterscheiden sind die Ausschließungsgründe, die absolut wirken. Hierbei handelt es sich um Hinderungsgründe, die der Ausübung richterlicher Tätigkeit überhaupt entgegenstehen. Sie ergeben sich aus dem BGB und aus den die Berufsausübung regelnden Vorschriften und nicht aus den Bestimmungen der ZPO. Hierzu zählen das Fehlen der Voraussetzungen für die Ausübung des Amtes als Berufsrichter oder ehrenamtlicher Richter (§§ 5 ff. DRiG sowie §§ 21–23, 37 und 43), fehlende Geschäftsfähigkeit (§§ 104 ff. BGB), etwa fehlende geschäftsverteilungsplanmäßige Zuständigkeit[6] oder Besetzungsmängel[7]. In diesen Fällen ist das Gericht nicht ordnungsgemäß besetzt.

---

1 GWBG/*Benecke*, § 49 Rz. 1; MünchKommZPO/*Stackmann*, § 41 Rz. 9; Zöller/*Vollkommer*, Vor § 41 ZPO Rz. 3.
2 Zöller/*Vollkommer*, § 41 ZPO Rz. 3.
3 MünchKommZPO/*Stackmann*, § 41 Rz. 14.
4 HM, vgl. etwa BGH v. 25.4.1960 – III ZR 81/59, NJW 1960, 1762; BGH v. 26.4.1976 – VIII ZR 290/74, MDR 1976, 574; BGH v. 4.12.1989 – RiZ [R] 5/89, NJW 1991, 425; BVerwG v. 6.10.1989 – 4 CB 23/89, NVwZ 1990, 460 (461); Zöller/*Vollkommer*, § 41 ZPO Rz. 1; Musielak/*Heinrich*, § 41 ZPO Rz. 3; MünchKommZPO/*Stackmann*, § 41 Rz. 15; *Schwab*, Zivilprozessrecht 16. Aufl. 2004, § 24 I 1; Düwell/Lipke/*Kloppenburg*, § 49 ArbGG Rz. 5. AA LSG Schl.-Holst. v. 5.3.1998 – L 5 S 2/98, NJW 1998, 2925.
5 Zöller/*Vollkommer*, § 41 ZPO Rz. 1; Düwell/Lipke/*Kloppenburg*, § 49 Rz. 5.
6 Vgl. OLG München v. 4.3.1975 – 19 W 701/75, MDR 1975, 584.
7 BGH v. 13.11.2008 – IX ZB 231/07, MDR 2009, 159.

Derartige Hinderungsgründe können nach § 538 Abs. 2 Nr. 1, § 547 Nrn. 1, 2 ZPO, uU auch nach §§ 42 und 48 ZPO, entsprechend geltend gemacht werden[1].

Zu den Ausschließungsgründen im Einzelnen: 18

a) Selbstbeteiligung, § 41 Nr. 1 ZPO

Nach § 41 Nr. 1 ZPO ist eine Gerichtsperson ausgeschlossen in Sachen, in denen sie selbst Partei ist oder bei denen sie zu einer Partei im Verhältnis eines Mitberechtigten, Mitverpflichteten oder Regresspflichtigen steht. Die **Erforderlichkeit** dieser Regelung ergibt sich aus der Unvereinbarkeit einer eigenen Beteiligung mit der notwendigen Distanz, welche die Gerichtsperson als neutrale Person zu wahren hat. 19

Der **Parteibegriff** ist im weitesten Sinne zu verstehen. Er richtet sich nach der Reichweite der Rechtskrafterstreckung (§§ 265, 325, 727 ZPO)[2]. Neben Kläger und Beklagten bzw. Antragsteller und Antragsgegner sind auch Streitgenossen (§§ 59 ff. ZPO), Nebenintervenienten (§§ 66 ff. ZPO), dem Rechtsstreit beigetretene Streitverkündende (§§ 72, 73 ZPO), der Dritte im Prätendentenstreit (§ 75 ZPO), Insolvenzverwalter und Gemeinschuldner als Partei anzusehen[3]. Durch eine unstatthafte Streitverkündung kann jedoch kein Ablehnungsgrund geschaffen werden[4]. Ist Partei eine juristische Person des privaten oder öffentlichen Rechts, so ist der Richter, welcher der juristischen Person angehört, nicht Partei, uU aber als Mitberechtigter oder Mitverpflichteter auszuschließen (hierzu unten Rz. 22). 20

Im **Beschlussverfahren** sind die Mitglieder eines am Verfahren beteiligten BR Partei[5]. Hinsichtlich der Ersatzmitglieder ist wie folgt zu differenzieren: Kam das Ersatzmitglied in der betreffenden Streitsache nicht zum Einsatz, ist es nicht vom Amt des ehrenamtlichen Richters auf Arbeitnehmerseite ausgeschlossen. Das **Ersatzmitglied**, welches außergerichtlich im Zusammenhang mit dem Gegenstand des Beschlussverfahrens zum Einsatz kam, ist als Partei anzusehen[6]. 21

Die **Mitberechtigung oder Mitverpflichtung** setzt eine **unmittelbare Beziehung** zur Partei voraus. Ein solches Verhältnis ist nur bei unmittelbarer Beteiligung gegeben[7]. Dies ist bei Gesamtgläubigern oder -schuldnern (§§ 421 ff. BGB) sowie bei Gesellschaftern einer Gesellschaft bürgerlichen Rechts, einer OHG oder einer KG gegeben[8]. Der Ausschließungsgrund des § 41 Nr. 1 Alt. 2 ZPO liegt überdies vor, wenn eine Gerichtsperson Bürge, Mitglied der verklagten nicht rechtsfähigen Vereines oder Mitglied der Geschäftsführung oder des Vorstands einer Kapitalgesellschaft ist[9]. 22

Hingegen reicht die Mitgliedschaft in einem rechtsfähigen Verein ebenso wenig wie die bloße Beteiligung als Aktionär an einer Aktiengesellschaft[10] oder die Mitgliedschaft in einer Körperschaft. Kein Ausschließungsgrund ist überdies die **Mitgliedschaft in einem Verband**, der entweder selbst Partei ist oder eine Partei vertritt, bspw. in einer **Gewerkschaft** oder in einem **Arbeitgeberverband**. Grund ist, dass keine Möglichkeit der unmittelbaren Inanspruchnahme des einzelnen Verbandsmitgliedes für die Verpflichtungen des Verbandes besteht[11]. In diesen Fällen kann aber eine Selbstablehnung nach § 48 ZPO in Betracht kommen. 23

Ebenfalls kein Ausschließungsgrund iSd. § 41 Nr. 1 ZPO ist die **Anstellung** – insbesondere eines ehrenamtlichen Richters – bei einer Partei[12] oder die Tatsache, dass am Rechtsstreit ein Arbeitskollege beteiligt ist; es fehlt hier an der erforderlichen unmittelbaren Betroffenheit[13]. Allerdings bleibt die Möglichkeit der Ablehnung nach § 42 ZPO bestehen. 24

---

1 Stein/Jonas/*Bork*, Vor § 41 ZPO Rz. 1; Zöller/*Vollkommer*, § 41 ZPO Rz. 2. AA BGH v. 13.11.2008 – IX ZB 231/07, MDR 2009, 159.
2 BLAH, § 41 ZPO Rz. 8; Zöller/*Vollkommer*, § 41 ZPO Rz. 6; Düwell/Lipke/*Kloppenburg*, § 49 Rz. 6.
3 GMP/*Germelmann*, § 49 Rz. 7; GK-ArbGG/*Schütz*, § 49 Rz. 7; ErfK/*Koch*, § 49 ArbGG Rz. 3; Musielak/*Heinrich*, § 41 ZPO Rz. 8.
4 *Rickert/König*, NJW 2005, 1831.
5 Düwell/Lipke/*Kloppenburg*, § 49 Rz. 6.
6 Ähnlich GK-ArbGG/*Schütz*, § 49 Rz. 8.
7 BGH v. 4.12.1989 – RiZ (R) 5/89, DRiZ 1991, 99.
8 Musielak/*Heinrich*, § 41 ZPO Rz. 8.
9 GK-ArbGG/*Schütz*, § 49 Rz. 8; Düwell/Lipke/*Kloppenburg*, § 49 Rz. 6; BLAH, § 41 ZPO Rz. 8.
10 BLAH, § 41 ZPO Rz. 8; MünchKommZPO/*Stackmann*, § 41 Rz. 17; GK-ArbGG/*Schütz*, § 49 Rz. 8; GMP/*Germelmann*, § 49 Rz. 7.
11 BAG v. 20.4.1961 – 2 AZR 71/60, AP Nr. 1 zu § 41 ZPO; BAG v. 31.1.1968 – 1 ABR 2/67, AP Nr. 2 zu § 41 ZPO. Vgl. auch BAG v. 10.7.1996 – 4 AZR 759/94, DB 1996, 2394, wo sogar ein Ablehnungsgrund verneint wurde. Ebenso: GMP/*Germelmann*, § 49 Rz. 7.
12 BAG v. 18.7.1963 – 2 AZR 436/62, RdA 1963, 399.
13 GMP/*Germelmann*, § 49 Rz. 7; GK-ArbGG/*Schütz*, § 49 Rz. 8.

b) Ehegatten, § 41 Nr. 2 ZPO

25 Eine Gerichtsperson ist ausgeschlossen, wenn sie Ehegatte einer Partei ist oder gewesen ist (§ 41 Nr. 2 ZPO). Hierunter fällt nur die wirksam geschlossene **Ehe**. Auch eine Scheidung oder Aufhebung lässt den Ausschließungsgrund nicht entfallen. Gleiches gilt bei einer erfolgreichen Nichtigkeitserklärung einer unwirksam geschlossenen (Nicht-)Ehe[1]. Erfasst wird auch die Ehe zwischen der Gerichtsperson und einer Person, die zu einer Partei des Verfahrens in einem **Mitberechtigungs-, Mitverpflichtungs- oder Regressverhältnis** steht[2].

26 Ein Ausschließungsgrund liegt nicht vor, wenn der Ehegatte des Richters **Prozessbevollmächtigter** einer Partei ist[3] oder der Richter mit dem Prozessbevollmächtigten in gerader Linie verschwägert ist[4]. Gleichfalls greift § 41 Nr. 2 ZPO nicht bei Verlöbnis oder nichtehelicher Lebensgemeinschaft[5] ein. Das Gericht muss diese Umstände jedoch frühzeitig offen legen.

c) Lebenspartnerschaft, § 41 Nr. 2a ZPO

27 Ausgeschlossen ist eine Gerichtsperson nach § 41 Nr. 2a in Sachen ihres Lebenspartners, auch wenn die Lebenspartnerschaft nicht mehr besteht. Hierbei muss es sich um eine Lebenspartnerschaft iSd. LPartG handeln; nicht ausreichend ist eine selbst gefestigte nichteheliche Lebensgemeinschaft.

d) Verwandte und Verschwägerte, § 41 Nr. 3 ZPO

28 Die Verwandtschaft bzw. Schwägerschaft schließt unter den Voraussetzungen von § 41 Nr. 3 ZPO die Gerichtsperson gleichfalls aus. Die Ausschließung setzt eine Verwandtschaft oder Schwägerschaft in gerader Linie, eine Verwandtschaft in der Seitenlinie bis zum dritten Grad oder eine Schwägerschaft bis zum zweiten Grad voraus, unabhängig davon, ob die Verwandtschaft oder Schwägerschaft noch besteht.

29 Die **familienrechtlichen Beziehungen** bestimmen sich nach den §§ 1589, 1590 BGB. In gerader Linie verwandt sind Personen, bei denen die eine von der anderen abstammt (Großeltern, Eltern, Kinder, vgl. § 1589 S. 1 BGB). In der Seitenlinie verwandt sind die Personen, die von derselben dritten Person abstammen (insbesondere Geschwister), wobei sich der Grad nach der Anzahl der sie vermittelnden Geburten bestimmt. Verwandtschaft besteht auch bei der nichtehelichen Vaterschaft (§ 1592 Nr. 2 BGB) und bei der Annahme als Kind (volle Verwandtschaft, §§ 1754 ff. BGB) oder als Volljähriger (Verwandtschaft zum Annehmenden, § 1770 BGB). Der Ausschließungsgrund soll auch nach der Anfechtung der Vaterschaft (§§ 1600 ff. BGB) oder nach Aufhebung der Annahme (§§ 1759 ff., 1771 BGB) fortbestehen[6]. Verschwägert sind die Verwandten eines Ehegatten mit dem anderen Ehegatten (§ 1590 BGB). In zweiter Linie Verschwägerte sind die Ehegatten der Geschwister und die Geschwister des Ehegatten.

30 Bei einer **Partei kraft Amtes** schließt sowohl die Beziehung zu ihr (Insolvenzverwalter) als auch zu der Person, deren Sache sie führt (Gemeinschuldner), die Gerichtsperson vom Verfahren aus[7].

31 Bei einer **juristischen Person** als Partei kann der Durchgriff auf die Mehrheitsgesellschafter in Frage kommen; insbesondere gilt eine Gesellschaft mit beschränkter Haftung jedenfalls dann als nahe Angehörige des Gemeinschuldners, wenn ihr geschäftsführender Mehrheitsgesellschafter ein solcher naher Angehöriger ist[8].

32 Hingegen begründet die Verwandtschaft oder die Verschwägerung des Richters mit dem **Prozessbevollmächtigten** einer Partei keine Ausschließung nach § 41 Nr. 3 ZPO; hier kann grds. nur eine Ablehnung wegen Befangenheit nach § 42 ZPO in Betracht kommen[9].

---

1 RG, VIII v. 27.2.1930 – 561/29, HRR 1930 Nr. 1059; Musielak/*Heinrich*, § 41 ZPO Rz. 9. AA: Stein/Jonas/*Bork*, § 41 ZPO Rz. 10.
2 Musielak/*Heinrich*, § 41 ZPO Rz. 9; MünchKommZPO/*Stackmann*, § 41 Rz. 18.
3 LSG Rh.-Pf. v. 4.6.1998 – L 3 B 33/98, NJW-RR 1998, 1765; Zöller/*Vollkommer*, § 41 ZPO Rz. 8. AA: LSG Schl.-Holst. v. 5.3.1998 – L 5 S 2/98, NJW 1998, 2925.
4 KG v. 11.6.1999 – 28 W 3063/99, NJW-RR 2000, 1164.
5 Zöller/*Vollkommer*, § 41 ZPO Rz. 8; MünchKommZPO/*Stackmann*, § 41 Rz. 18; BLAH, § 41 ZPO Rz. 9; Musielak/*Heinrich*, § 41 ZPO Rz. 9.
6 BLAH, § 41 ZPO Rz. 11.
7 BLAH, § 41 ZPO Rz. 11; Zöller/*Vollkommer*, § 41 ZPO Rz. 9; Düwell/Lipke/*Kloppenburg*, § 49 Rz. 8.
8 BGH v. 12.12.1985 – IX ZR 1/85 (Zweibrücken), NJW 1986, 1049.
9 OLG Bremen v. 19.12.2007 – 3 U 30/07, MDR 2008, 283; KG v. 11.6.1999 – 28 W 306/99, NJW-RR 2000, 1164; Zöller/*Vollkommer*, § 41 ZPO Rz. 9; Musielak/*Heinrich*, § 41 ZPO Rz. 10; ErfK/*Koch*, § 49 ArbGG Rz. 3; Hauck/Helml/Biebl/*Helml*, § 49 Rz. 6; Düwell/Lipke/*Kloppenburg*, § 49 Rz. 8.

e) Vertretung für eine Partei, § 41 Nr. 4 ZPO

Nach § 41 Nr. 4 ZPO ist eine Gerichtsperson in solchen Sachen ausgeschlossen, in denen sie als Prozessbevollmächtigte oder Beistand einer Partei bestellt oder als gesetzlicher Vertreter einer Partei aufzutreten berechtigt ist oder gewesen ist. 33

Die Vertretung einer Partei durch einen Richter in demselben Verfahren (hierzu Rz. 39) als Prozessbevollmächtigter (§ 81 ZPO), Unterbevollmächtigter (§§ 52 f. BRAO), Abwickler einer Kanzlei (§ 55 BRAO), Beistand (§ 90 ZPO), gesetzlicher Vertreter (§ 51 ZPO) oder als Person, die Vollmacht zu einzelnen Handlungen hat (§ 83 Abs. 2 ZPO), begründet ohne Rücksicht auf den Umfang der Vollmacht den Ausschlusstatbestand. Kein Interessenvertreter iSd. § 41 Nr. 4 ZPO ist der Zustellungsbevollmächtigte (§ 174 ZPO) sowie derjenige, der als Urkundsperson bei einem dem Prozess zugrunde liegenden Rechtsgeschäft mitgewirkt hat (§ 2231 Nr. 1, § 2276 BGB). 34

Gleichfalls ausgeschlossen sind **Verbandsvertreter** iSd. § 11. Erfasst werden vor allem ehrenamtliche Richter, die als Angestellte ihrer Verbände für die Parteien als Prozessbevollmächtigte tätig waren (zB Gewerkschaftssekretäre, Prozessvertreter des ArbGebVerbandes). Hingegen kann der Geschäftsführer eines Verbandes oder einer Rechtschutz-GmbH, der mit der Prozessführung selbst nicht befasst ist und war, weiterhin ehrenamtlicher Richter in einem Prozess eines Verbandsmitgliedes sein[1]. 35

Für die Ausschließung kommt es nach dem Wortlaut von § 41 Nr. 4 ZPO allein darauf an, ob die betreffende Person als Vertreter bestellt ist oder gewesen ist. Entscheidend ist also die **Innehabung der Prozessvollmacht**; deren tatsächliche Ausübung hingegen ist unerheblich[2]. Aus diesem Grund sind die – etwa bei größeren Rechtsanwaltssozietäten – auf **Sammelvollmachten** angeführten Vertreter sämtlich von der Ausübung des Richteramtes ausgeschlossen, auch wenn sie intern mit der Angelegenheit nicht befasst waren. Sofern die Vollmacht nicht ausdrücklich personenbezogen erteilt worden ist, führt eine an einen Sozius erteilte Vollmacht zum Ausschluss auch der anderen Sozien[3]. Ebenso ist der vorsorglich von einem Prozessbevollmächtigten bestellte **Unterbevollmächtigte** ausgeschlossen, selbst wenn er nicht tätig geworden ist[4]. Der zur Ausbildung zugewiesene, nach § 59 Abs. 2 Satz 1 oder 2 BRAO im Prozess für die Partei auftretende **Rechtsreferendar** ist gleichfalls ausgeschlossen; auch er wird als Vertreter tätig[5]. 36

Umgekehrt aber ist ein ehrenamtlicher Richter nicht ausgeschlossen, wenn er eine Partei **vorprozessual** beraten hat, ohne Prozessvollmacht erlangt zu haben. Bspw. kann ein Gewerkschaftssekretär, der dem klagenden ArbN außerprozessual bei der Geltendmachung seines Rechts geholfen hat, in der Sache ehrenamtlicher Richter sein, sofern kein Ablehnungsgrund wegen Besorgnis der Befangenheit besteht (hierzu Rz. 62 ff., 97 f.)[6]. 37

Die **einseitige Vollmachterteilung** durch die Partei gem. § 167 BGB führt noch nicht zum Ausschluss, wenn der Richter nicht auch den der Vollmacht zugrunde liegenden Auftrag angenommen hat[7]. Ansonsten hätten es die Parteien in der Hand, eine Ausschließung missliebiger Richter zu bewirken. 38

Das Vertretungsverhältnis muss **in derselben Sache** bestehen oder bestanden haben, die auch Gegenstand des zu entscheidenden Rechtsstreites ist. Hierzu wird teilweise die Auffassung vertreten, es komme prozessual auf die Identität des Verfahrens („nicht in demselben Prozess") an[8]. Diese Sichtweise ist zu formal. Der Wortlaut des § 41 Nr. 4 ZPO gebietet diese restriktive Auslegung nicht. Aus Gründen des Neutralitätsschutzes reicht bereits eine Identität des Streitgegenstandes aus, auch wenn es sich um einen andern Prozess handelt[9]. Hingegen begründet eine Tätigkeit in anderen Sachen keine Ausschließung. 39

---

1 BAG v. 6.8.1997 – 4 AZR 789/95, NZA 1998, 332; GMP/*Germelmann*, § 49 Rz. 9.
2 BGH v. 5.3.2001 – I ZR 58/00, BGHReport 2001, 432.
3 *Wieczorek/Schütze/Niemann*, § 49 ZPO Rz. 8; Musielak/*Heinrich*, § 41 ZPO Rz. 11.
4 GMP/*Germelmann*, § 49 Rz. 9.
5 Ebenso: Stein/Jonas/*Bork*, § 41 ZPO Rz. 15.
6 ArbG Münster v. 21.8.1978 – 2 Ca 1096/77, AP Nr. 5 zu § 42 ZPO; GK-ArbGG/*Schütz*, § 49 Rz. 9; Düwell/Lipke/Kloppenburg, § 49 Rz. 9.
7 Musielak/*Heinrich*, § 41 ZPO Rz. 11.
8 Vgl. BLAH, § 41 ZPO Rz. 12.
9 HM, grundlegend RG, Zivilsenat v. 21.4.1936 – III 161/35, RGZ 152, 9. Ebenso: Stein/Jonas/*Bork*, § 41 ZPO Rz. 16; GMP/*Germelmann*, § 49 Rz. 10; Musielak/*Heinrich*, § 41 ZPO Rz. 11; MünchKommZPO/*Stackmann*, § 41 Rz. 20. *Wieczorek/Schütze/Niemann*, § 49 ZPO Rz. 10; Zöller/*Vollkommer*, § 41 ZPO Rz. 10. Unter Hinweis auf BAG v. 7.11.2012 – 7 AZR 646/10, NZA 2013, 582 bemerkt er, ein „Tätigwerden in anderer Sache" genügt nicht, außer „bei Gleichheit des Streitgegenstandes".

f) Vernehmung als Zeuge oder Sachverständiger, § 41 Nr. 5 ZPO

40 Ist ein Richter, ehrenamtlicher Richter, Urkundsbeamter oder Rechtspfleger bereits in derselben Sache als Zeuge oder Sachverständiger vernommen worden, ist er nach § 41 Nr. 5 ZPO von der Tätigkeit ausgeschlossen.

41 Voraussetzung der Ausschließung ist die **tatsächliche Vernehmung**, die auch im schriftlichen Verfahren erfolgt sein kann (§ 377 Abs. 3 ZPO: schriftliche Zeugenaussage; § 411 ZPO: schriftliches Sachverständigengutachten). Der Richter hat sich dann mit seinem unter Wahrheitspflicht erstatteten Zeugnis festgelegt und ist nicht mehr zur freien Beweiswürdigung fähig. Daher ist Voraussetzung der Ausschließung, dass die Vernehmung bereits stattgefunden hat ("vernommen ist"). Die bloße Benennung als Zeuge oder Sachverständiger durch die Parteien in einem Schriftsatz oder gar vorprozessual reicht nicht aus. Ansonsten hätten es die Parteien in der Hand, durch Benennung die Zusammensetzung des Gerichts zu beeinflussen[1]. Ebenso wenig reicht die Benennung im gerichtlichen Beweisbeschluss vor dessen Durchführung aus, da dieser jederzeit wieder aufgehoben werden kann[2]. Der Richter kann daher an der Beschlussfassung über seine Vernehmung noch mitwirken[3].

42 Die **Vernehmung muss in derselben Sache**, nicht notwendigerweise in demselben Verfahren erfolgt sein; es genügt, wenn in einem anderen Verfahren die Vernehmung zu demselben Sachverhalt stattgefunden hat, der jetzt den Gegenstand des Verfahrens bildet[4].

43 Eine rein **dienstliche Äußerung** ist keine Vernehmung und führt daher nicht zu einer Ausschließung nach § 41 Nr. 5 ZPO[5].

g) Vorbefassung, § 41 Nr. 6 ZPO

44 Vom Richteramt ausgeschlossen ist nach § 41 Nr. 6 ZPO ein Richter, der in gleicher Sache in einem früheren Verfahren – Vorinstanz, Einigungsstelle oder Schiedsverfahren – beim Erlass der angefochtenen Entscheidung **mitgewirkt** hat. **Zweck dieser Vorschrift** ist es, zu verhindern, dass ein Richter seine eigene Entscheidung überprüfen kann. Ein Rechtsmittel mit Devolutiveffekt ist nur sinnvoll, wenn darüber ein anderer, in seiner Entscheidung noch nicht festgelegter unbefangener Richter entscheidet[6].

45 „Mitwirkung" iSd. § 41 Nr. 6 ZPO bedeutet **materielle Beteiligung** am Erlass (§ 309 ZPO) der das **konkrete Streitverhältnis** betreffenden Entscheidung in einem früheren Rechtszug oder im schiedsrichterlichen Verfahren, die nach Einlegung von **Rechtsbehelfen** einer Überprüfung durch das Rechtsmittelgericht unterliegt. Hierunter fallen Endurteile 1. und 2. Instanz sowie Zwischenurteile gem. § 303 ZPO[7]. Nicht ausreichend ist die bloß vorbereitende Tätigkeit oder die formelle Verkündung eines in anderer Besetzung gefällten Urteils. Ebenso wenig stellt die Mitwirkung des **Ehegatten** eines Rechtsmittelrichters bei dem Erlass der angefochtenen Kollegialentscheidung einen Ausschließungsgrund entsprechend § 41 Nr. 6 ZPO dar[8].

46 Ein Richter ist nicht ausgeschlossen, wenn er in einem anderen, **formell selbständigen weiteren Prozess** tätig wird; es fehlt dann am „früheren Rechtszug"[9]. Ebenso liegt kein Ausschluss vor, wenn der Richter

---

1 BVerwG v. 12.10.1979 – 1 WB 161/77, MDR 1980, 168; GMP/*Germelmann*, § 49 Rz. 11; Düwell/Lipke/*Kloppenburg*, § 49 Rz. 10; ErfK/*Koch*, § 49 ArbGG Rz. 3; GK-ArbGG/*Schütz*, § 49 Rz. 13; Zöller/*Vollkommer*, § 41 ZPO Rz. 11.
2 BGH v. 29.4.1983 – 2 StR 709/82, NJW 1983, 2711; GMP/*Germelmann*, § 49 Rz. 11; Zöller/*Vollkommer*, § 41 ZPO Rz. 11; Düwell/Lipke/*Kloppenburg*, § 49 Rz. 10. Vgl. auch BLAH, § 41 ZPO Rz. 13.
3 RG v. 20.6.1899 – Rep. III 60/99, RGZ 44, 394 (395) zum Beschluss des Richters, sich selbst als Zeuge zu vernehmen; BLAH, § 41 ZPO Rz. 13.
4 BGH v. 29.4.1983 – 2 StR 709/82, NJW 1983, 2711; OLG Frankfurt a.M. v. 4.10.1988 – 3 UFH 12/88, FamRZ 1989, 518 (519); Zöller/*Vollkommer*, § 41 ZPO Rz. 11; GMP/*Germelmann*, § 49 Rz. 11; Musielak/*Heinrich*, § 41 ZPO Rz. 12.
5 OLG München v. 27.1.1964 – 1 W 1335/63, NJW 1964, 1377; BVerwG v. 12.10.1979 – 1 WB 161, 166/77, MDR 1980, 168.
6 M. J. Schmid, NJW 1974, 729; Zöller/*Vollkommer*, § 41 ZPO Rz. 5; Musielak/*Heinrich*, § 41 ZPO Rz. 13.
7 Streitig, wie hier: Stein/Jonas/*Bork*, § 41 ZPO Rz. 19; Wieczorek/Schütze/*Niemann*, § 41 ZPO Rz. 13; Musielak/*Heinrich*, § 41 ZPO Rz. 13. AA Thomas/Putzo/*Hüßtege*, § 41 ZPO Rz. 8.
8 BGH v. 20.10.2003 – II ZB 31/02, MDR 2004, 288; BGH v. 17.3.2008 – II ZR 313/06, NJW 2008, 1672.
9 BVerfG v. 21.6.1988 – 2 BvR 602, 974/83, NJW 1989, 25; OLG Düsseldorf v. 2.7.1998 – 11 W 45/98, NJW-RR 1998, 1763.

nach einer **Zurückverweisung** (weiter) mitwirkt[1] oder er im **Einspruchsverfahren** über ein von ihm erlassenes Versäumnisurteil befindet[2].

Umstritten ist, ob bereits die Mitwirkung an einer der angefochtenen Entscheidung vorausgehenden und von dieser bestätigten Entscheidung zu einer Ausschließung des Richters in der nächsten Instanz führt, bspw. bei der Mitwirkung an einer auf Widerspruch bestätigten **einstweiligen Verfügung** oder eines **Arrestes** oder einem bestätigenden **Versäumnisurteil** gem. § 331 Abs. 2 ZPO der Vorinstanz. Dies ist in erweiternder Auslegung des Wortlautes des § 41 Nr. 6 ZPO nach Sinn und Zweck der Vorschrift zu bejahen[3], wenn bei der jeweiligen Entscheidung zumindest die Schlüssigkeit zu prüfen war. Keine Ausschließung erfolgt hingegen mangels Schlüssigkeitsprüfung beim echten Versäumnisurteil gegen den Kläger. Die Gegenauffassung[4] nimmt an, dass ein Richter im Berufungsrechtszug durchaus an der Überprüfung der nach § 343 ZPO ergangenen Entscheidung mitwirken könne, wenn er erstinstanzlich an einem Versäumnisurteil gegen einen nicht erschienenen Beklagten nach § 331 ZPO, nicht aber an der bestätigenden Entscheidung nach § 343 ZPO mitgewirkt habe; denn nicht die vorausgegangene, sondern die bestätigende Entscheidung sei die angefochtene Entscheidung iSd. § 41 Nr. 6 ZPO. § 331 Abs. 2, § 343 ZPO zeigten, dass die vorgehende Schlüssigkeitsprüfung die spätere Mitwirkung nicht ausschließe. Zwar mag es Art. 101 Abs. 1 Satz 2 GG nicht gebieten, § 41 Nr. 6 ZPO im Wege der verfassungskonformen Auslegung über den Wortlaut hinaus auszudehnen, da den Belangen der Prozessparteien durch die Möglichkeit der Ablehnung wegen Befangenheit Rechnung getragen werden kann[5]. Dieser formale Ansatz lässt sich jedoch schwerlich mit dem Normzweck des § 41 Nr. 6 ZPO (vgl. hierzu Rz. 44) in Einklang bringen, dem aufgrund seiner Vorbefassung in seinem Urteil bereits festgelegten Richter die Mitwirkung an der nächstinstanzlichen Folgeentscheidung zu versagen.

Nicht zum Ausschluss führt die Mitwirkung des Richters an **Vorlagebeschlüssen** an das BVerfG oder an den EuGH, an **Beweisbeschlüssen, Beweissicherungen** oder **Beweisaufnahmen**[6]. Dies zeigt sich auch daran, dass die Tätigkeit des beauftragten und des ersuchten Richters ausdrücklich aus dem Anwendungsbereich des § 41 Nr. 6 ZPO ausgenommen ist. Der beauftragte oder ersuchte Arbeitsrichter kann daher als Berufungsrichter fungieren; ebenso kann der erkennende Arbeitsrichter im Berufungsverfahren als beauftragter oder ersuchter Richter tätig sein[7].

Ferner sind diejenigen ausgeschlossen, die als **Schiedsrichter** an einem schiedsrichterlichen Verfahren mitgewirkt haben, dessen Schiedsspruch zur Überprüfung steht. Dies gilt auch für das tarifvertragliche Schiedsgericht iSd. §§ 101 ff.[8].

Auch die Mitglieder der **Einigungsstelle**[9] sind als Richter in einem gerichtlichen Verfahren, welches die Überprüfung des Spruchs der Einigungsstelle zum Gegenstand hat, ausgeschlossen. Zwar meint § 41 Nr. 6 ZPO nur das schiedsrichterliche Verfahren nach §§ 1025 ff. ZPO; nach zutreffender Auffassung ist § 41 Nr. 6 ZPO hier jedoch analog anzuwenden[10], weil die ZPO und das ArbGG insoweit nachträglich lückenhaft geworden sind. Nur die Anwendung der Vorschrift schafft eine angemessene Lösung zur Gewährleistung des Prinzips der Unparteilichkeit.

---

1 BGH v. 18.12.2014 – IX ZB 65/13, NJW-RR 2015, 444; BVerwG v. 4.11.1974 – VII B 9/84 (Münster), NJW 1975, 1241; BVerfG v. 22.2.1968 – 2 BvR 27/68, DRiZ 1968, 141.
2 Musielak/*Heinrich*, § 41 ZPO Rz. 13.
3 Ebenso: BAG v. 7.2.1968 – 5 AR 43/68, NJW 1968, 814 für das nach § 343 ZPO bestätigte Versäumnisurteil; OLG München v. 19.12.1968 – 6 U 1646/68, NJW 1969, 754; ErfK/*Koch*, § 49 ArbGG Rz. 3; GMP/*Germelmann*, § 49 Rz. 12; Hauck/Helml/Biebl/*Helml*, § 49 Rz. 9; Düwell/Lipke/*Kloppenburg*, § 49 Rz. 11; Stein/Jonas/*Bork*, § 41 ZPO Rz. 19; BLAH, § 41 ZPO Rz. 14, 19; Zöller/*Vollkommer*, § 41 ZPO Rz. 13.
4 BGH v. 24.7.2012 – II ZR 280/11, NJW-RR 2012, 1341; OLG Köln v. 25.11.1970 – 6 U 133/69, NJW 1971, 569; OLG Rostock v. 2.9.1998 – 2 U 20/98, NJW-RR 1999, 1444 mwN; Baumgärtel/*Mes*, Anm. zu BAG, AP Nr. 3 zu § 41 ZPO; MünchKommZPO/*Stackmann*, § 41 Rz. 25 f.; Musielak/*Heinrich*, § 41 ZPO Rz. 13; Thomas/Putzo/*Hüßtege*, § 41 ZPO Rz. 7; GK-ArbGG/*Schütz*, § 49 Rz. 16.
5 BVerfG v. 4.7.2001 – 1 BvR 730/01, NJW 2001, 3533.
6 GMP/*Germelmann*, § 49 Rz. 12; Rosenberg/Schwab/*Gottwald*, § 24 I 1d; BLAH, § 41 ZPO Rz. 17, 19; Musielak/*Heinrich*, § 41 ZPO Rz. 13.
7 Düwell/Lipke/*Kloppenburg*, § 49 Rz. 12; Musielak/*Heinrich*, § 41 ZPO Rz. 13.
8 GK-ArbGG/*Schütz*, § 49 Rz. 17; GMP/*Germelmann*, § 49 Rz. 13; Düwell/Lipke/*Kloppenburg*, § 49 Rz. 13.
9 Ausführlich hierzu Kommentierung zum Verfahren Einigungsstelle Rz. 57 ff.
10 GK-ArbGG/*Schütz*, § 49 Rz. 17; Düwell/Lipke/*Kloppenburg*, § 49 Rz. 13; GMP/*Germelmann*, § 49 Rz. 13. AA BLAH, § 41 ZPO Rz. 5; MünchKommZPO/*Stackmann*, § 41 Rz. 15, die § 41 ZPO wegen der abschließenden Aufzählung und wegen Art. 101 GG nicht für analogiefähig halten.

51 Ein Ausschließungsgrund besteht nicht, wenn einzelne ArbN aus dem Einigungsstellenspruch nur Ansprüche gerichtlich geltend machen[1]. In diesem Falle wird der Einigungsstellenspruch nicht gerichtlich überprüft, sondern angewendet. § 41 Nr. 6 ZPO greift aufgrund seines Wortlautes und seines Normzweckes jedoch nur bei der Überprüfung einer vorinstanzlichen oder „schiedsgerichtlichen" Entscheidung ein. Zu denken ist in derartigen Fällen aber an eine Selbstablehnung nach § 48 ZPO oder an eine Ablehnung des Richters nach § 42 ZPO.

51a Zur Mitwirkung an vorangegangenen **Mediationsverfahren** vgl. Rz. 51d.

51b Ein ehrenamtlicher Richter bei den Gerichten für Arbeitssachen ist nicht deshalb kraft Gesetzes von der Ausübung seines Richteramtes gem. § 41 Nr. 6 ZPO ausgeschlossen, weil er an einer Entscheidung des **Widerspruchsausschusses** an einem **Integrationsamt** mitgewirkt hat, in dem über einen Widerspruch gegen den Zustimmungsbescheid zur beabsichtigten Kündigung des Klägers zu dessen Lasten entschieden worden ist[2]. Das Widerspruchsverfahren (§ 118 Abs. 1 und § 119 SGB IX) mündet in ein Verwaltungsgerichtsverfahren (§ 40 VwGO). Es handelt sich daher zum einen nicht um einen Rechtszug iSv. § 41 Nr. 6 ZPO und zum anderen bei der Entscheidung dieses Widerspruchsausschusses nicht um eine solche, die im Rahmen der Rechtswegzuständigkeit der Gerichte für Arbeitssachen angegriffen werden kann. Eine analoge Anwendung von § 41 Nr. 6 ZPO auf Beschlüsse dieses Widerspruchsausschusses kommt nicht in Betracht. Mit dieser Norm wird der gesetzliche Richter näher bestimmt, was wegen der verfassungsmäßigen Forderung, ihn im Voraus möglichst eindeutig zu bestimmen, ihre ausweitende Anwendung verbietet.

h) Überlange Gerichtsverfahren, § 41 Nr. 7 ZPO

51c § 41 Nr. 7 ZPO sieht einen Ausschluss von der Ausübung des Richteramtes auch für diejenige Richter vor, die in einem Verfahren mitgewirkt haben, wegen dessen **überlanger Dauer** ein **Entschädigungsanspruch** nach § 198 GVG geltend gemacht wird. Grund für den Ausschluss ist das Verbot des Entscheidens in eigener Sache[3]. Im Gegensatz zum Ausschluss nach § 41 Nr. 6 ZPO führt bei § 41 Nr. 7 ZPO jede Mitwirkung am Verfahren zum Ausschluss und nicht erst die Mitwirkung am Erlass der Entscheidung. Dies ergibt sich aus der Regelung des § 198 GVG, die auch bei reiner Untätigkeit einen Anspruch auf Entschädigung vorsieht[4]. Für den Ausschluss nach § 41 Nr. 7 ZPO ist dabei ausreichend, dass der Richter dem Spruchkörper des Ausgangsverfahrens – und sei dies auch nur kurzfristig gewesen – angehört hat[5].

i) Mediation und andere außergerichtliche Konfliktbeilegung, § 41 Nr. 8 ZPO

51d Hat der zur Entscheidung berufene Richter an einem den Streitgegenstand betreffenden **Mediationsverfahren** oder einem anderen Verfahren der **außergerichtlichen Streitbeilegung** mitgewirkt, ist er nach § 41 Nr. 8 ZPO von der Ausübung des Richteramtes kraft Gesetzes ausgeschlossen. Auf eine etwaige Besorgnis der Befangenheit kommt es daher seit der gesetzlichen Neuregelung im Jahr 2012 nicht mehr an. Aufgrund der Vorbefassung des Richters kann er nicht mehr neutral entscheiden[6]. Die auf Vertraulichkeit und Freiwilligkeit beruhenden Mediation und Schlichtung ist unvereinbar mit der richterlichen Tätigkeit als verbindliche Entscheidung des Streits in derselben Sache[7]. Die Parteien müssten ansonsten befürchten, dass der Richter die ihm in seiner Eigenschaft als Mediator bekannt gewordenen Tatsachen der Entscheidung zugrunde legt; dies würde eine offene und vertrauensvolle Atmosphäre im Mediationsverfahren erschweren[8].

51e Der Begriff der **Mitwirkung** umfasst dabei nicht nur die Beteiligung als Richter oder Mediator. Vielmehr genügt nach dem Wortlaut der Vorschrift auch die Mitwirkung als Partei, Vertreter, Zeuge oder Sachverständiger und führt zu einem Ausschluss im Gerichtsverfahren[9]. Auf den Güterichter iSv. § 54 Abs. 6, § 64 Abs. 7 ist die Vorschrift nicht anwendbar, da es sich in diesem Fall nicht um die Mitwirkung an einer

---

1 Düwell/Lipke/*Kloppenburg*, § 49 Rz. 13; GMP/*Germelmann*, § 49 Rz. 13.
2 LAG München v. 15.3.2005 – 8 Sa 914/04, juris, mit Anm. *Wolmerath*.
3 Zöller/*Vollkommer*, § 41 ZPO Rz. 14a, der darüber hinaus bei Ansprüchen wegen Verzögerungen, die im Einwirkungsbereich der Gerichtsverwaltung liegen können (Präsident oder seine Vertreter) einen Fall des § 42 ZPO annimmt, vgl. dort Rz. 29a.
4 Zöller/*Lückemann*, § 198 GVG Rz. 4; GMP/*Germelmann*, § 49 Rz. 13a.
5 Stein/Jonas/*Bork*, § 41 ZPO Rz. 21; MünchKommZPO/*Stackmann*, § 41 Rz. 27.
6 Stein/Jonas/*Bork*, § 41 ZPO Rz. 22.
7 Vgl. Begr. BT-Drs. 17/5335, S. 20 (linke Spalte).
8 Vgl. Begr. BT-Drs. 17/5335, S. 20 (linke Spalte).
9 GMP/*Germelmann*, § 49 Rz. 13c; BLAH, § 41 ZPO Rz. 16; Stein/Jonas/*Bork*, § 41 ZPO Rz. 22. Wohl AA: Zöller/*Vollkommer*, § 41 ZPO Rz. 14b.

außergerichtlichen Konfliktbeilegung handelt[1]. Die Güteverhandlung iSv. § 54 Abs. 1, 6 ist Teil der mündlichen Verhandlung im streitigen Gerichtsverfahren. Die Vorbefassung als Güterichter kann allerdings die Besorgnis der Befangenheit begründen[2].

2. Ausschließungsverfahren

Weder das ArbGG noch die ZPO enthalten eine eigenständige Regelung über das Verfahren zur Ausschließung. Nach § 42 Abs. 1 ZPO kann ein Richter zwar **abgelehnt** werden, wenn er von der Ausübung des Richteramtes ausgeschlossen ist; das Verfahren führt den Ausschluss jedoch nicht herbei, sondern hat nur begutachtende, **deklaratorisch feststellende Wirkung**, ob ein Ausschließungsgrund vorliegt oder nicht[3]. 52

Es bedarf keiner ausdrücklichen Entscheidung über die Ausschließung. Besteht ein Ausschließungsgrund, ist der Richter **kraft Gesetzes** von der Ausübung des Richteramtes **ausgeschlossen**. Entsprechendes gilt für Urkundsbeamte und Rechtspfleger. Die Ausschließung ist **von Amts wegen**, also ohne dass es des Antrages der Parteien bedürfte, in jedem Stadium des Verfahrens zu beachten. Der ausgeschlossene Richter hat sich kraft Gesetzes jeder richterlichen Tätigkeit zu enthalten[4]. An seine Stelle tritt ohne weitere gerichtliche Handlung der nach dem Geschäftsverteilungsplan bestimmte Vertreter (§§ 21e, 21g GVG; vgl. hierzu § 6a Rz. 84 ff.) bzw. der nächste ehrenamtliche Richter nach der Liste (vgl. auch § 31 Rz. 16 ff.). Regelmäßig erhalten die Parteien hiervon keine Kenntnis[5]. 53

Hat ein Richter **Zweifel**, ob ein Ausschließungsgrund vorliegt, hat er die die Ausschließung möglicherweise begründenden Tatsachen anzuzeigen. Sodann entscheidet die Kammer bzw. der Senat unter Ausschluss des betroffenen Richters[6] über das Vorliegen eines Ausschließungsgrundes. Bei **Rechtspflegern** besteht die verfahrensrechtliche Besonderheit, dass nicht der Vorsitzende allein, sondern die Kammer über die Ablehnung des Rechtspflegers entscheidet[7]. § 49 Abs. 1 ist insoweit lex specialis und geht daher § 10 Satz 2 RPflG vor. Die Parteien bzw. deren Vertreter sind vor der Entscheidung zu hören[8]. Gegen den Beschluss findet **kein Rechtsmittel** statt (vgl. § 49 Abs. 3). Er hat lediglich feststellende Wirkung. Die Anzeige des betroffenen Richters und die Entscheidung der Kammer sind zu den Prozessakten zu nehmen. Letztlich handelt es sich um das gleiche Verfahren wie bei der Selbstablehnung nach § 48 ZPO (vgl. hierzu Rz. 125 ff.). 54

Führt das Ausscheiden des abgelehnten Richters zur **Beschlussunfähigkeit der Kammer**, weil kein Vertreter mehr zur Verfügung steht, hat das LAG – ebenfalls in voller Kammerbesetzung – zu entscheiden (§ 49 Abs. 2)[9]. Wird das LAG durch die Ablehnung beschlussunfähig, hat das BAG zu entscheiden[10]. 55

Liegt ein von Amts wegen zu prüfender Ausschließungsgrund vor, können die Parteien hiermit auch die Ablehnung einer Gerichtsperson nach § 42 Abs. 1 ZPO begründen und deren Ausschließung verlangen (hierzu Rz. 60 f., Rz. 109 ff.). In diesem Fall ist nach §§ 43 ff. ZPO über das Vorliegen eines Ausschließungsgrundes zu entscheiden. Dies hat vor allem Bedeutung, wenn die betroffene Gerichtsperson selbst einen Ausschließungsgrund nicht für gegeben hält. 56

Zu den weiteren **Folgen** der Ausschließung vgl. Rz. 157 ff. 57

III. Ablehnung

1. Allgemeines

Das materielle Recht der Ablehnung richtet sich gem. § 46 Abs. 2 nach §§ 42 ff. ZPO. 58

§ 42 ZPO:

(1) Ein Richter kann sowohl in den Fällen, in denen er von der Ausübung des Richteramts kraft Gesetzes ausgeschlossen ist, als auch wegen Besorgnis der Befangenheit abgelehnt werden.

---

1 GMP/*Germelmann*, § 49 Rz. 13b; VG Göttingen v. 27.10.2014 – 2 B 986/13 u.a., MDR 2015, 55; aA LAG Baden-Württemberg v. 15.3.2017 – 9a Sa 16/17, juris; *Künzl*, MDR 2016, 952, 955.
2 VG Göttingen v. 27.10.2014 – 2 B 986/13 u.a., MDR 2015, 55; Zöller/*Vollkommer*, § 41 Rz. 14.
3 GMP/*Germelmann*, § 49 Rz. 17; GK-ArbGG/*Schütz*, § 49 Rz. 18.
4 RGSt 33, 309; Musielak/*Heinrich*, § 41 ZPO Rz. 2; GMP/*Germelmann*, § 49 Rz. 14.
5 BAG v. 18.3.1964 – 4 AZR 63/63, AP Nr. 112 zu § 3 TOA.
6 ErfK/*Koch*, § 49 ArbGG Rz. 7; GMP/*Germelmann*, § 49 Rz. 14.
7 GMP/*Germelmann*, § 49 Rz. 3; Hauck/Helml/Biebl/*Helml*, § 49 Rz. 2; *Ostrowicz/Künzl/Scholz*, Arbeitsgerichtsprozess, Rz. 458.
8 BVerfG v. 6.1.1993 – 1 BvR 878/90, NJW 1993, 2229; GMP/*Germelmann*, § 49 Rz. 14.
9 BAG v. 30.5.1972 – 1 AZR 11/72, AP Nr. 2 zu § 42 ZPO.
10 BAG v. 7.2.1968 – 5 AR 43/68, NJW 1968, 814.

(2) Wegen Besorgnis der Befangenheit findet die Ablehnung statt, wenn ein Grund vorliegt, der geeignet ist, Misstrauen gegen die Unparteilichkeit eines Richters zu rechtfertigen.
(3) Das Ablehnungsrecht steht in jedem Falle beiden Parteien zu.

2. Ablehnungsgründe

59 Die Ablehnung eines Richters kann nach § 42 Abs. 1 ZPO auf **zwei Gründe** gestützt werden: zum einen auf den Ausschluss von der Ausübung des Richteramtes „kraft Gesetzes" (hierzu nachfolgend Rz. 60 f.), zum anderen auf das Bestehen der „Besorgnis der Befangenheit" gegenüber dem Richter (nachfolgend Rz. 62 ff.). Gleiches gilt aufgrund des § 49 Abs. 1 auch für die übrigen „Gerichtspersonen", also etwa für Rechtspfleger und für ehrenamtliche Richter[1].

a) Gesetzlicher Ausschluss nach § 41 ZPO

60 Der Ablehnungsgrund „**Ausschluss kraft Gesetzes**" liegt immer dann vor, wenn ein Ausschließungsgrund iSd. § 41 ZPO gegeben ist (hierzu bereits Rz. 15 ff.). Ausschließungsgründe sind damit stets auch **absolute Ablehnungsgründe**. Ist also ein Ausschließungsgrund übersehen oder fälschlicherweise nicht angenommen worden, bleibt den Parteien die Möglichkeit des Antrags auf Ablehnung der betroffenen Gerichtsperson.

61 Die gerichtliche Entscheidung über den Antrag auf Ablehnung hat in diesem Fall nur deklaratorischen, feststellenden Charakter, weil die Ausschließung auch ohne gesonderte Entscheidung kraft Gesetzes automatisch eintritt[2].

b) Besorgnis der Befangenheit

62 Über die gesetzlich normierten Ausschließungsgründe des § 41 ZPO hinaus, in denen eine Befangenheit des Richters unwiderleglich vermutet wird, kann nach § 42 Abs. 1 ZPO auch die **Besorgnis der Befangenheit** zur Ablehnung einer Gerichtsperson führen. Nach § 42 Abs. 2 ZPO besteht die Besorgnis der Befangenheit, wenn ein Grund vorliegt, der geeignet ist, Misstrauen gegen die Unparteilichkeit eines Richters zu rechtfertigen. Nach § 1036 Abs. 2 Satz 1 ZPO, der zur Konkretisierung des § 42 ZPO heranzuziehen ist[3], ist Besorgnis der Befangenheit anzunehmen, „wenn Umstände vorliegen, die berechtigte Zweifel an seiner Unparteilichkeit oder Unabhängigkeit aufkommen lassen."

63 **Befangenheit** in diesem Sinne ist gleichbedeutend mit Parteilichkeit und Voreingenommenheit. Sie wird definiert als unsachliche innere Einstellung des Richters, die sich störend auf seine Distanz, Neutralität und Unparteilichkeit gegenüber den Beteiligten des konkreten Verfahrens auswirken kann[4].

64 Die **Besorgnis** der Befangenheit liegt vor, wenn die ablehnende Partei bei objektiver und vernünftiger Betrachtung von ihrem Standpunkt aus Anlass zu der Befürchtung hat, dass die Gerichtsperson nicht unparteiisch und unvoreingenommen entscheiden werde[5]. Die Befangenheit als innere Einstellung der Voreingenommenheit kann im Zweifelsfall weder dargelegt noch bewiesen werden[6]. Der innere Zustand der Befangenheit muss daher in irgendeiner Form nach außen gedrungen sein, um gerichtsverwertbar zu sein. Erforderlich ist demnach das Vorliegen **objektiver Tatsachen**, die bei objektiver Betrachtung die **subjektive Befürchtung** der Partei als berechtigt erscheinen lassen[7]. Es kann daher nicht darauf ankommen, ob sich die betroffene Gerichtsperson – etwa in ihrer dienstlichen Stellungnahme nach § 44 Abs. 3 ZPO – selbst für befangen hält; ebenso wenig ist erforderlich, dass die Gerichtsperson tatsächlich befangen ist[8]. Ausreichend ist bereits, dass der Ablehnende einen **vernünftigen Grund zu der Annahme** hat, dass die jeweilige Gerichtsperson in die Verhandlung und Entscheidung des gerade anstehenden Falles sachfremde,

---

1 Zum persönlichen Anwendungsbereich bereits Rz. 9 ff.
2 GMP/*Germelmann*, § 49 Rz. 17; Düwell/Lipke/*Kloppenburg*, § 49 Rz. 21. Vgl. bereits oben Rz. 52.
3 Zöller/*Vollkommer*, § 42 ZPO Rz. 8.
4 Zöller/*Vollkommer*, § 42 ZPO Rz. 8; *Riedel*, Das Postulat der Unparteilichkeit des Richters, 1980, S. 86.
5 BAG v. 29.10.1992 – 5 AZR 377/92, NJW 1993, 879; BVerfG v. 3.3.1966 – 2 BvE 2/64, BVerfGE 20, 9; BVerwG v. 11.6.1970 – VIII C 134/69, BVerwGE 35, 252 (253); BVerwG v. 7.11.1972 – II WD 2.72, BVerwGE 46, 35 (38).
6 Hierzu: *Hümmerich*, AnwBl 1994, 257 (261).
7 BVerfG v. 5.4.1990 – 2 BvR 413/88, NJW 1990, 2457; GMP/*Germelmann*, § 49 Rz. 18.
8 BVerfG v. 4.6.1986 – 1 BvR 1046/85, NJW 1987, 431; BVerfG v. 12.7.1986 – 1 BvR 713/83, NJW 1987, 430; GMP/*Germelmann*, § 49 Rz. 18; GK-ArbGG/*Schütz*, § 49 Rz. 23; Düwell/Lipke/*Kloppenburg*, § 49 Rz. 24; Musielak/*Heinrich*, § 42 ZPO Rz. 5; Zöller/*Vollkommer*, § 42 ZPO Rz. 9.

unsachliche Erwägungen mit einfließen lassen könnte und den ihr unterbreiteten Fall nicht ohne Ansehen der Person nur aufgrund der sachlichen Gegebenheiten und allein nach Recht und Gesetz entscheidet[1].

Das Vertrauen in die Unparteilichkeit der Rspr. ist ein wertvolles Gut. Allerdings ist auch zu bedenken, dass eine zu weit gehende Bejahung der Besorgnis der Befangenheit das Prinzip des gesetzlich festgelegten Richters tangiert[2]. Als Ausnahmenorm (Korrektur der generellen Vorausbestimmung des gesetzlichen Richters) ist § 42 Abs. 2 ZPO **eng auszulegen**. Nur ausnahmsweise, wenn tatsächliche Gründe bestehen, die ernsthaft Parteilichkeit des Richters befürchten lassen, erlaubt Abs. 2, ihn gegen einen anderen auszuwechseln. Von dieser Grundüberlegung ist bei der Anwendung und Auslegung der Vorschrift auszugehen. Das Gesetz knüpft den Erfolg der Ablehnung daran, dass ein Ablehnungsgrund vorhanden ist. Bestehen **Zweifel**, ob er gegeben ist, so muss das Ablehnungsgesuch zurückgewiesen werden. 64a

Bestehen auf der Ebene der Bewertung der objektiven tatsächlichen und damit objektivierbaren Tatsachen **Zweifel** daran, ob die Gerichtsperson als befangen erscheint, ist im Sinne der Stattgabe des Ablehnungsgesuches, nicht im Sinne seiner Zurückweisung zu entscheiden[3]. Hierin liegt kein vor dem Hintergrund des Art. 101 Abs. 1 Satz 2 GG verfassungswidrig „großzügiger" Umgang mit § 42 ZPO und kein Entzug des gesetzlichen Richters. 65

Unbesonnene oder unvernünftige Vorstellungen der ablehnenden Partei vermögen keine Ablehnung zu begründen[4]. So ist überzogenes („unnormales") Misstrauen unberücksichtigt zu lassen. Andererseits darf das Gericht seine naturgem. objektivere und besonnenere Sichtweise nicht an die Stelle der Sichtweise der Partei setzen, auf deren Wahrnehmungen es ankommt[5]. Zu fragen ist, wie die ablehnende Partei die objektiven Tatsachen aus ihrer ungewohnten Rolle als Prozessbeteiligte verstehen konnte; die Sicht eines „beliebigen Dritten" oder gar der Standpunkt einer „idealen Partei" ist insofern nicht entscheidend[6]. Ein besonnenes Verhalten des Richters, zB auf persönliche Angriffe der Partei oder ein Verzicht auf den Einsatz von Ordnungsmitteln, kann im Allgemeinen weder eine Ablehnung durch die aggressive noch eine Ablehnung durch die andere Partei (als zu nachsichtig) rechtfertigen. 66

Ablehnungsgründe sind vom Gericht in ihrer **Gesamtheit** zu würdigen; dabei ist auch eine bestehende anwaltliche Vertretung der Partei zu berücksichtigen[7]. Bei einer Ablehnung aus **mehreren Gründen** sind diese nicht nur isoliert zu prüfen; vielmehr ist in einer Gesamtschau zu würdigen, ob die beanstandeten Äußerungen und Verhaltensweisen eines Richters zumindest in ihrer Gesamtheit die Besorgnis der Befangenheit begründen[8]. 67

Es besteht grds. kein Anspruch einer Partei auf Mitteilung, wo ein ehrenamtlicher Richter beschäftigt ist. Ein derartiges Informationsrecht kann aus Art. 103 GG nur dann hergeleitet werden, wenn konkrete Anhaltspunkte für eine Befangenheit vorgetragen werden. In diesem Fall muss der ehrenamtliche Richter ggf. in seiner dienstlichen Stellungnahme hierzu eine Äußerung abgeben[9]. 68

c) Hinweispflicht des Gerichtes

Die grundrechtliche Garantie des gesetzlichen Richters (Art. 101 Abs. 1 Satz 2 GG) umfasst das Recht auf ein unparteiisches Gericht. Dessen Unparteilichkeit wird ua durch das Recht eines Beteiligten gesichert, Gerichtspersonen wegen Besorgnis der Befangenheit abzulehnen. Damit ein Beteiligter von diesem prozessualen Recht Gebrauch machen kann, muss das Gericht ihn auf einen ihm als Außenstehenden ersichtlich 68a

---

1 BAG v. 6.8.1997 – 4 AZR 789/95, NZA 1998, 332; BAG v. 7.11.2012 – 7 AZR 646/10 (A), NZA 2013, 582; BGH v. 14.3.2003 – IXa ZB 27/03, NJW-RR 2003, 1220.
2 Stein/Jonas/*Bork*, § 42 ZPO Rz. 2.
3 Ebenso: KG v. 11.6.1999 – 28 W 306/99, MDR 1999, 1019; OLG Köln v. 2.4.2001 – 16 Wx 46/16, OLGR Köln 2001, 260 (261); *E. Schneider*, MDR 1998, 454; Zöller/*Vollkommer*, § 42 ZPO Rz. 10; Musielak/*Heinrich*, § 42 ZPO Rz. 6; Thomas/Putzo/*Hüßtege*, § 42 ZPO Rz. 9; MünchKommZPO/*Stackmann*, § 42 Rz. 6. Kritisch: *Arzt*, ZZP 91 (1978), 88 f.; BLAH, § 42 ZPO Rz. 12, 13.
4 BGH v. 14.3.2003 – IXa ZB 27/03, NJW-RR 2003, 1220; BayObLG v. 25.9.1987 – BReg 2 Z 89/87, NJW-RR 1988, 191; OLG Hamburg v. 8.5.1987 – 10 U 1 46/86, FamRZ 1988, 186; OLG Karlsruhe v. 27.5.1986 – 12 W 21/86, NJW-RR 1987, 126 (127); vgl. auch aus jüngerer Zeit ArbG Wiesbaden v. 5.2.2015 – 4 Ca 1989/14, juris (Nichtübersendung eines Schriftstücks und Nichtverlegung des Gütertermins wecken keine Zweifel an der Unparteilichkeit des Vorsitzenden).
5 BGH v. 6.9.1968 – 4 StR 339/68, JZ 1969, 437 (438); Musielak/*Heinrich*, § 42 ZPO Rz. 6.
6 Musielak/*Heinrich*, § 42 ZPO Rz. 5. Ebenso, wenn auch an einem objektiveren Maßstab orientierend: Zöller/*Vollkommer*, § 42 ZPO Rz. 9.
7 Zöller/*Vollkommer*, § 42 ZPO Rz. 9 mwN.
8 KG v. 10.7.2008 – (3) 1 Ss 354/07 (123/07), NJW 2009, 96 (97) für das Strafrecht; GMP/*Germelmann*, § 49 Rz. 18.
9 GMP/*Germelmann*, § 49 Rz. 18.

verborgenen Sachverhalt **hinweisen**, der – möglicherweise – aus der Sicht einer objektiv und vernünftig urteilenden Partei Anlass für einen Befangenheitsantrag sein kann[1]. Unterbleibt ein solcher Hinweis auf einen dem Beteiligten verborgenen, dem Gericht aber bekannten – möglichen – Ablehnungsgrund, liegt hierin ein Verstoß gegen den **Grundsatz des rechtlichen Gehörs**.

d) Typische Einzelfälle

69 Für die Besorgnis der Befangenheit hat sich eine Vielzahl von **Fallgruppen** herausgebildet. Vor deren schematischer Übertragung auf den Einzelfall muss jedoch gewarnt werden, da maßgebend immer nur die **konkreten Gesamtumstände des jeweiligen Einzelfalles** sind. Nachfolgend wird auf einige wichtige und ausgesuchte Fallgruppen hingewiesen. Wegen weiterer Einzelheiten sei auf die einschlägigen Kommentierungen zu § 42 ZPO[2] verwiesen.

aa) Nahe persönliche Beziehungen zu einer Partei

70 Die Besorgnis der Befangenheit wird – soweit nicht bereits § 41 Nr. 2, 2a, 3 ZPO eingreift – begründet durch: gegenwärtiges oder früheres **Verlöbnis** mit einer Partei, Ehe mit dem Mitglied eines Vertretungsorgans einer Partei, **Liebesverhältnis** oder enge **Freundschaft** oder **Feindschaft**, enge **berufliche oder wissenschaftliche Zusammenarbeit** (nicht hingegen bloße Mitautorenschaft oder gemeinsame Referententätigkeit) zwischen Partei und Richter. **Proberichter** können in Prozessen gegen ihren Dienstherrn abgelehnt werden[3].

71 Kein Ablehnungsgrund ist gegeben bei bloßer **Sympathie** oder **Antipathie**[4] (sofern dies nicht im Prozess zutage tritt), **früherer enger Bekanntschaft**, bloß allgemeinen geschäftlichen Beziehungen[5] oder bei der **Bewirtung** des Richters durch eine Partei, die nicht über das gebotene Maß der Gastfreundschaft hinaus geht (zB Tasse Kaffee).

bb) Partei als ehrenamtlicher Richter

71a Ist eine Partei oder ein Organmitglied einer Partei als **ehrenamtlicher Richter** am erkennenden ArbG tätig, berechtigt dies im Allgemeinen weder zur Ablehnung des berufsrichterlichen Vorsitzenden der für den Prozess zuständigen Kammer wegen Befangenheit, noch zur Ablehnung aller übrigen Berufsrichter dieses Gerichtes. Dies gilt jedenfalls dann, wenn das Gericht über eine verhältnismäßig große Anzahl ehrenamtlicher Richter verfügt[6]. Sporadische, zufällige und ständig wechselnde oder gar nur theoretisch mögliche kollegiale Zusammenarbeit eines ehrenamtlichen Richters mit einem berufsrichterlichen Vorsitzenden desselben oder mehreren Kammern bestehenden Arbeitsgerichts stellt – ohne Hinzutreten besonderer weiterer Umstände – keinen objektiven Anhaltspunkt für ein begründetes Misstrauen gegen die Unparteilichkeit des Berufsrichters dar. Im Unterschied zur ordentlichen Gerichtsbarkeit, wo teilweise ein strengerer Maßstab angelegt wird, besteht in der Arbeitsgerichtsbarkeit nicht bei allen Verhandlungen, sondern ausschließlich im Rahmen der streitigen Verhandlungen und der anschließenden Beratung überhaupt ein Kontakt zwischen den Berufsrichtern und den ehrenamtlichen Richtern, die zudem geschäftsplanmäßig ständig wechseln. Diese sporadischen Kontakte sind nicht vergleichbar mit einer regelmäßigen engeren Zusammenarbeit anderer regelmäßig zusammenkommender Spruchkörper oder Berufskollegen.

71b Allerdings kann bei kleineren Gerichten mit überschaubarer Anzahl ehrenamtlicher Richter die häufigere Zusammenarbeit in einer Kammer und das damit verbundene engere **Kollegialitätsverhältnis** die Besorgnis der Befangenheit durchaus rechtfertigen[7]. Gleiches gilt, wenn Richter und Partei an einem Gericht tätig sind und Gespräche über das streitige Rechtsverhältnis geführt haben, freundschaftliche Verbundenheiten

---

1 BSG v. 24.11.2005 – B 9a VG 6/05 B, SozR 4-1500 § 60 Nr 2.
2 Zöller/*Vollkommer*, § 42 ZPO Rz. 11 ff.; BLAH, § 42 ZPO Rz. 14 ff.; Musielak/*Heinrich*, § 42 ZPO Rz. 9 ff., jeweils mit zahlreichen Rechtsprechungsbeispielen. Vgl. darüber hinaus das umfängliche Fallmaterial bei *Peters*, FS Lüke, 1997, S. 624; *E. Schneider*, Befangenheitsablehnung im Zivilprozess, 4. Auflage 2017.
3 Zöller/*Vollkommer*, § 42 ZPO Rz. 12a; LG Berlin, NJW 1956, 1402. Vgl. hierzu auch BGH v. 13.7.1995 – V ZB 6/94, NJW 1995, 2791 (2792); BGH v. 17.12.2009 – III ZB 55/09, NJW-RR 2010, 493.
4 BVerfG v. 12.7.1986 – 1 BvR 713/83, NJW 1987, 430 (431); OLG Zweibrücken v. 22.3.2000 – 3 W 50/00, NJW-RR 2000, 864.
5 Zöller/*Vollkommer*, § 42 ZPO Rz. 12.
6 LAG Schl.-Holst. v. 16.4.1968 – 3 AR 68/68, BB 1968, 794; LAG Schl.-Holst. v. 6.11.2006 – AR 57/06, EzA-SD 2007, Nr. 2, 23; Düwell/Lipke/*Kloppenburg*, § 49 Rz. 24.
7 OLG Hamm v. 29.6.1977 – 1 W 43/77, MDR 1978, 583; OLG Nürnberg v. 8.12.1966 – 5 W 77/66, NJW 1967, 1864; *Teplitzky*, NJW 1962, 2044 (2045).

bestehen oder es etwa um die Kündigung einer am entscheidenden ArbG tätigen Partei (zB Geschäftsstellenmitarbeiter) geht.

cc) Nahe persönliche Beziehungen zum Prozessvertreter einer Partei

Nach zutreffender Auffassung können auch **Ehe**[1], **Verlöbnis, nichteheliche Lebensgemeinschaft**, nahe Verwandtschaft, Freundschaft oder Feindschaft, enge berufliche oder wissenschaftliche Zusammenarbeit mit Prozess- oder Verfahrensbevollmächtigten einer Partei die Besorgnis der Befangenheit rechtfertigen[2]. Hierbei steht das Ablehnungsrecht der Partei, nicht dem Prozessbevollmächtigten zu. Auch die Tätigkeit eines Abkömmlings des Richters in einer am Verfahren beteiligten Anwaltskanzlei kann uU einen Ablehnungsgrund bilden[3]. Gleiches gilt für starke persönliche Spannungen zwischen dem Richter und dem Prozessbevollmächtigten einer Partei, wenn die ablehnende Einstellung des Richters in dem konkreten Verfahren selbst (nicht nur in Form sachlicher Differenzen) in Erscheinung getreten ist[4]. Demgegenüber kann eine nahe persönliche Beziehung des Richters zu einem nicht sachbearbeitenden Sozietätsmitglied die Besorgnis der Befangenheit idR ebensowenig begründen[5] wie ein bloßes Duzverhältnis[6].

72

dd) Instanzübergreifende Richterehe

Ob die Mitwirkung der Ehefrau eines Rechtsmittelrichters an der angefochtenen Entscheidung einen generellen Ablehnungsgrund gem. § 42 Abs. 2 ZPO im Hinblick auf dessen Beteiligung darstellt, ist umstritten. Der BGH lehnt dies ab[7], während nach Auffassung des BSG eine instanzübergreifende Richterehe im Rechtsmittelverfahren durchaus Grund zur Richterablehnung sein kann[8].

72a

ee) Verstöße gegen die Pflicht zur Neutralität und Unvoreingenommenheit

Aus der Verpflichtung des Richters zur unvoreingenommenen und neutralen Amtsführung folgt ein **strenges Sachlichkeitsgebot**. Ein sich vom „Normalen" abhebendes Verhalten des Richters im laufenden Verfahren, das Unsachlichkeit, Voreingenommenheit oder Willkür befürchten lässt, kann daher eine Ablehnung begründen. Hierbei ist jedoch zu berücksichtigen, dass ein Richter ein Mensch und keine regungslose Maschine ist. Zu unterscheiden sind folgende Fallgruppen[9]:

73

Unsachlichkeit/unangemessenes Verhalten: Ein Ablehnungsgrund liegt vor bei: Versehen der Schriftsätze einer Partei mit unsachlichen Randvermerken; „Verriss" von Schriftsätzen einer Prozesspartei mit süffisanten oder unsachlichen Bemerkungen; schroffer und ungehöriger Ton im Schriftverkehr (zB „Schriftsatz gehört in Rundablage"); abfällige, höhnische, kränkende oder gar **beleidigende Äußerungen** in Bezug auf eine Partei in der Güte- oder Kammertermin, im Sitzungsprotokoll oder in den Entscheidungsgründen (zB Bezeichnung als „prozessunfähiger Psychopath"[10]; nicht hingegen: die Würdigung des Verhaltens einer Partei als „tricky"[11], salopper Tonfall oder flapsige Wendungen[12] zumal dann, wenn freimütige oder saloppe Äußerungen umgehend relativiert werden[13]); unangebracht bissige **Ironie** oder offen gezeigte „Häme" gegenüber einer Partei oder ihrem Prozessvertreter; unangemessene **Mimik** und **Gestik** während des Parteivortrags (zB gelangweiltes Hinausschauen aus dem Fenster, Schließen der Augen, an die Stirn tippen); unangemessene **Aggressivität** bei der Verhandlung; grundloses „Anbrüllen" einer Partei; Gebrauch ungehöriger Sprache gegenüber Prozessbeteiligten; **übermäßige Unmutsäußerungen** gegenüber der Prozessführung eines Rechtsanwalts (nicht hingegen sachliche fachliche Kritik); aufbrausende und übertriebene

74

---

1 BGH v. 15.3.2012 – V ZB 102/11, NJW 2012, 1890.
2 GK-ArbGG/*Schütz*, § 49 Rz. 24; Zöller/*Vollkommer*, § 42 ZPO Rz. 13 mwN.; Düwell/Lipke/*Kloppenburg*, § 49 Rz. 27 f. Vgl. auch BayObLG München v. 2.10.1986 – BReg 2 Z 113/86, NJW-RR 1987, 127, zur freundschaftlichen Beziehung des Richters zu einem Verfahrensbeteiligten.
3 OLG Schl.-Holst. v. 16.5.2000 – 16 W 100/00, SchlHA 2000, 253.
4 OLG Köln v. 14.7.1987 – 2 W 107/87, NJW-RR 1988, 694; OLG Celle v. 11.1.1996 – 9 W 134/94, AnwBl 1997, 295.
5 BGH v. 14.6.2006 – IV ZR 219/04, FamRZ 2006, 1440 (Vater des Richters Sozietätsmitglied); vgl. auch BGH v. 15.3.2011 – II ZR 244/09, NJW-RR 2011, 648.
6 BGH v. 21.12.2006 – IX ZB 60/06, MDR 2007, 669.
7 BGH v. 17.3.2008 – II ZR 313/06, NJW 2008, 1672; BGH v. 20.10.2003 – II ZB 31/02, MDR 2004, 288. Kritisch hierzu: *Feiber*, NJW 2004, 650 f.; *Vollkommer*, EwiR 2004, 205.
8 BSG v. 24.11.2005 – B 9a VG 6/05 B, SozR 4–1500 § 60 Nr 2.
9 Vgl. auch die ausführliche Darstellung bei Zöller/*Vollkommer*, § 42 ZPO Rz. 21 ff.
10 Vgl. BGH v. 18.4.1980 – RiZ (R) 1/80, BGHZ 77, 70 (73).
11 OLG Düsseldorf v. 25.6.1998 – 11 W 13/98, AnwBl 1999, 236.
12 OLG Köln v. 18.12.2007 – 2 W 101/07, OLGR Köln 2008, 535.
13 BFH v. 10.3.2015 – V B 108/14, BFH/NV 2015, 849.

Reaktion auf das Ablehnungsgesuch („Frechheit", „das werde ich mir merken", „das nehme ich persönlich")[1].

75 **Behinderung einer Partei/Verstoß gegen prozessuales Gleichbehandlungsgebot:** Eine Ablehnung ist möglich bei: Vorabinformation nur einer Partei über voraussichtlichen Verfahrensausgang; Weigerung der Protokollierung eines schriftsätzlich angekündigten Antrags[2]; mangelnde Bereitschaft zur Kenntnisnahme und rechtlichen Würdigung des vollständigen Vorbringens einer Partei[3]; die bewusste Nichtweiterleitung eines eingereichten Schriftsatzes an die Gegenseite; wiederholte Unterbrechung einer Partei und Wortentzug unter Hinweis darauf, dass ihr Vorbringen bereits bekannt sei[4]; geflissentliches Übergehen des Ablehnungsantrags einer Partei[5]; unangemessene **Druckausübung** (zB Ausübung unangemessenen Vergleichsdrucks durch Ankündigung der Einschaltung der Staatsanwaltschaft; Drohung mit der Öffentlichkeit; Androhung der Anordnung des persönlichen Erscheinens als „Sanktion" für Vergleichswiderruf oder Nichtrücknahme der Klage[6]; nicht hingegen: Ankündigung der Einschaltung der Staatsanwaltschaft im Zusammenhang mit Wahrheitsermahnung der Partei); **Verweigerung der Akteneinsicht**[7]; rücksichtsloses Übergehen des berechtigten Terminwunsches einer auswärtigen Partei[8]; Erlass eines Versäumnisurteils nach unangemessen kurzer Wartefrist trotz angekündigter Verspätung[9], Zurückweisung berechtigter Fragen an Zeugen; generelle Anweisung an die Geschäftsstelle, keine Telefonanrufe der Prozessbeteiligten durchzustellen, sondern sie auf den Schriftverkehr zu verweisen[10].

76 **Art der Verfahrensführung/grobe Verfahrensverstöße:** Ein Ablehnungsgrund kann auch daraus resultieren, dass das prozessuale Vorgehen des Richters einer ausreichenden gesetzlichen Grundlage entbehrt und sich so sehr von dem normalerweise geübten Verfahren entfernt, dass sich für die dadurch betroffene Partei der Eindruck einer sachwidrigen, auf Voreingenommenheit beruhenden Benachteiligung aufdrängt. Dies kann der Fall sein bei der groben Verletzung von Verfahrensgrundsätzen (zB rechtliches Gehör), ungebührlicher Verfahrensverzögerung, Nichtbeantwortung der (berechtigten) Erinnerungsschreiben einer Partei, Untätigkeit, vorweggenommene Beweiswürdigung (zB Annahme der Unglaubwürdigkeit nicht vernommener Zeugen), unzulängliche oder unsachliche Stellungnahme des Richters zu den zum Ablehnungsantrag führenden Vorgängen in der dienstlichen Äußerung, zur Rechtskraft führende Urteilsverkündigung vor Erledigung des Ablehnungsgesuches etc[11]. Hingegen begründen **unbeabsichtigt unterlaufene Verfahrensfehler** ohne das Hinzutreten weiterer Umstände nicht die Besorgnis der Befangenheit[12]. In diesem Fall bleiben den Parteien nur dienstaufsichtsrechtliche Behelfe.

77 **Beeinträchtigung des richterlichen Vertrauensverhältnisses:** Verstöße gegen die Prinzipien der Waffengleichheit und der Parteiöffentlichkeit können gleichfalls die Besorgnis der Befangenheit begründen, zB einseitige Kontaktaufnahme zu Sachverständigen, Zeugen oder der anderen Partei hinter dem Rücken einer Partei; Ermittlungen auf eigene Faust, es sei denn es handelt sich um die Ermittlung offenkundiger Tatsachen aus allgemein zugänglichen und zuverlässigen Quellen[13]; heimliche Anhörung von Zeugen; stures Festhalten an früherer, vom Rechtsmittelgericht für unrichtig erklärten Rechtsansicht ohne erkennbaren Grund[14]; telefonische Mitteilung durch den Richter nur an eine Partei, dass er der Kammer vorschlagen werde, das von der gegnerischen Partei eingelegte Rechtsmittel als unzulässig zu verwerfen[15]. Keinen Ablehnungsgrund soll die bloße Mitnahme des Richters zum Beweisaufnahmetermin im Kfz des gegnerischen Anwalts darstellen[16].

---

1 LG Berlin v. 1.2.1996 – 1 Abl 213/95, NJW-RR 1997, 315.
2 OLG Köln v. 16.10.1970 – 3 W 46/70, OLGZ 71, 376.
3 LAG München v. 25.4.1972 – 1 Sa 968/71, AMBl. BY 1972, C 31–32; OLG Köln v. 30.1.1998 – 1 W 107/87, MDR 1998, 432.
4 BVerwG v. 3.12.1979 – 2 B 16/78, NJW 1980, 1972.
5 OLG Köln v. 7.10.1997 – 15 W 131/97, NJW-RR 1998, 857.
6 Vgl. OLG Köln v. 11.6.1996 – 25 WF 65/96, NJW-RR 1997, 1083.
7 BayObLG v. 20.7.2000 – 2Z BR 49/00, NJW-RR 2001, 642; OLG Köln v. 5.3.2001 – 14 WF 7/01, MDR 2001, 891.
8 OLG Koblenz v. 21.1.1991 – 4 W 823/90, NJW-RR 1992, 191.
9 OLG Frankfurt v. 9.7.2004 – 2 W 38/04, OLGR Frankfurt 2004, 312: Wartezeit von 15 Minuten ausreichend.
10 LAG Chemnitz v. 20.12.2000 – 6 Sa 774/00, MDR 2001, 516 m. Anm. *Schneider*, MDR 2001, 516.
11 Weitere Beispielsfälle bei Zöller/*Vollkommer*, § 42 ZPO Rz. 24 mwN.
12 Musielak/*Heinrich*, § 42 ZPO Rz. 11 mwN.
13 GMP/*Germelmann*, § 49 Rz. 21a; Zöller/*Vollkommer*, § 42 ZPO Rz. 25 (Internetrecherche).
14 OLG Frankfurt v. 4.1.1984 – 11 W 67/83, MDR 1984, 408; OLG Frankfurt v. 2.2.1988 – 11 W 4/88, MDR 1988, 415 m. zust. Anm. v. *Schneider*; Zöller/*Vollkommer*, § 42 ZPO Rz. 25. Vgl. auch BAG v. 29.10.1992 – 5 AZR 377/92, NJW 1993, 879.
15 LAG Berlin v. 18.12.1996 – 18 Sa 97/96, LAGE § 49 ArbGG 1979 Nr. 7.
16 Zweifelhaft, so aber OLG Frankfurt v. 16.9.1959 – 2 W 102/59, NJW 1960, 1622.

Voreingenommenheit/Verdächtigung: Eine Ablehnung kommt in Betracht bei ungeprüftem Sichzueigenmachen von massiven Vorwürfen der anderen Partei[1]; Erstattung einer Strafanzeige wegen Prozessbetrugs ohne vorherige Anhörung der Partei zum Tatverdacht; Aussetzung wegen Verdachts einer Straftat und Zuleitung der Akten an die Staatsanwaltschaft auf einseitiges Parteivorbringen und ohne hinreichende Prüfung der Verdachtsmomente[2]. Die Ankündigung der Einschaltung der Staatsanwaltschaft im Zusammenhang mit der Wahrheitsermahnung der Parteien oder die Äußerung von Zweifeln an der Glaubwürdigkeit von Tatsachenvorbringen oder einer Partei allgemein begründet noch keine Ablehnung. 78

ff) Äußerung von Rechtsansichten, Publikationen, Seminare, richterliche Hinweis- und Aufklärungspflicht

Die **Äußerung von Rechtsansichten** ist kein Ablehnungsgrund. Es ist die ureigenste Aufgabe eines Richters, sich eine Rechtsansicht zu bilden und diese in einem laufenden Verfahren auch gegenüber den Parteien bekannt zu geben, damit diese sich in ihren Prozesshandlungen darauf einrichten können[3]. Er ist aufgrund der bestehenden und gesetzlich durch die Vereinfachungsnovelle vom 3.12.1976 (BGBl. I S. 3281) noch verstärkten richterlichen Aufklärungs-, Hinweis- und Fürsorgepflicht (vgl. §§ 139, 273, 278 Abs. 2 Satz 2 ZPO) zu einer umfassenden Erörterung des Rechtsstreits in tatsächlicher und rechtlicher Hinsicht verpflichtet. Ein im Rahmen der richterlichen Aufklärungspflicht gebotenes richterliches Verhalten begründet keinen Ablehnungsgrund, selbst wenn sich dadurch die Prozesschancen einer Partei verringern[4]. Darüber hinaus ist es üblich und sogar erwünscht, dass die Entscheidungen der Gerichte publiziert werden, so dass die Rechtsauffassungen des Spruchkörpers zu bestimmten Rechtsfragen nicht nur den konkreten Parteien zur Kenntnis gelangen, sondern auch der breiten Öffentlichkeit. Richter sind von Amts wegen gezwungen, sich zu Rechtsfragen laufend eine Meinung zu bilden und stets für neue und ggf. bessere Argumente offen zu bleiben. Ein Rechtsdiskurs kann aber nur dann stattfinden, wenn der Richter seine Rechtsauffassung auch bekannt gibt[5]. 79

Hierbei ist zu berücksichtigen, dass dem Richter im arbeitsgerichtlichen Verfahren eine **besondere Hinweispflicht** gegenüber der Partei obliegt, **die den Prozess selbst** und nicht durch Prozessvertreter **führt**. Konkrete prozessuale Ratschläge dürften jedoch auch in diesem Fall nur in seltenen Ausnahmefällen zulässig sein[6]. 80

Nach diesen Grundsätzen begründen idR keine Ablehnung: die vorläufige Einschätzung der Erfolgsaussichten eines Antrags oder des Verfahrensausgangs[7], die Entschließungsfreiheit nicht beeinträchtigende **Anregungen** (selbst zur Klagerücknahme), **Hinweise, Belehrungen** oder **Ratschläge** an eine Partei, auch soweit sie die Formulierung, Stellung oder Rücknahme auch neuer Anträge betreffen[8]. Ebenso unbedenklich ist die telefonische Rückfrage im Büro eines Rechtsanwaltes vor Erlass eines Versäumnisurteils oder Äußerungen über den Wert von Beweismitteln[9]. Auch vorab ergangene ungünstige Entscheidungen führen nicht ohne Weiteres zur Ablehnbarkeit. Dies gilt bspw. für die Entscheidung über einen Prozesskostenhilfeantrag, den Antrag auf Erlass einer einstweiligen Verfügung und für eine bestimmte Rechtsauffassung erkennen lassende Auflagen- oder Hinweisbeschlüsse[10]. 81

Umstritten ist, ob der richterliche **Hinweis auf Einreden und Gegenrechte** (zB **Verjährung, Zurückbehaltungsrecht, Aufrechnung**) die Besorgnis der Befangenheit begründet. Richtigerweise ist dies zu bejahen. Zwar hat keine Partei ein schutzwürdiges Interesse an der Aufrechterhaltung eines ihr günstigen Rechtsirrtums des Gegners[11]; jedoch rechtfertigt die richterliche Hinweispflicht nicht, dass der Richter einer Partei 82

---

1 OLG Köln v. 3.2.1995 – 25 UF 199/94, FamRZ 1995, 888.
2 OLG Frankfurt v. 9.1.1984 – 12 W 257/83, MDR 1984, 499; OLG Hamburg v. 28.7.1989 – 12 WF 72/89, MDR 1989, 1000; Zöller/*Vollkommer*, § 42 ZPO Rz. 22b.
3 BAG v. 29.10.1992 – 5 AZR 377/92, AP Nr. 9 zu § 42 ZPO; LAG Schl.-Holst. v. 6.11.2007 – 2 Ta 256/07, EzA-SD 2008, Nr. 7, 24 (Ls.).
4 BVerfG v. 24.3.1976 – 2 BvR 804/75, NJW 1976, 1391; OLG Düsseldorf v. 3.3.1993 – 11 W 15/93, NJW 1993, 2542.
5 LAG Schl.-Holst. v. 6.11.2007 – 2 Ta 256/07, EzA-SD 2008, Nr. 7, 24 (Ls.), Rz. 14; Düwell/Lipke/*Kloppenburg*, § 49 Rz. 31 ff.
6 GMP/*Germelmann*, § 49 Rz. 21.
7 LSG NRW v. 21.2.1990 – L 11 Kr 37/86, NZA 1991, 30; BGH v. 18.4.1980 – RiZ (R) 1/80, BGHZ 77, 70 (73); BVerwG v. 6.2.1979 – 4 CB 8/79, NJW 1979, 1316; OLG Stuttgart v. 6.12.2000 – 19 W 69/00, NJW 2001, 1145.
8 OLG Düsseldorf v. 3.3.1993 – 11 W 15/93, NJW 1993, 2542; OLG Köln v. 15.3.1993 – 6 W 7/93, NJW-RR 1993, 1277. Vgl. auch Zöller/*Vollkommer*, § 42 ZPO Rz. 26 mit zahlreichen w. N.
9 Düwell/Lipke/*Kloppenburg*, § 49 Rz. 33; GMP/*Germelmann*, § 49 Rz. 28.
10 GK-ArbGG/*Schütz*, § 49 Rz. 28.
11 So zutreffend Zöller/*Vollkommer*, § 42 ZPO Rz. 27.

unter Aufgabe seiner Neutralität Hilfestellungen gibt, etwa den Rat erteilt, Anschlussberufung einzulegen, die Einrede der Verjährung zu erheben, Widerklage zu erheben, die Aufrechnung zu erklären[1] oder einen bislang noch nicht gefassten Beschluss (zB des BR oder der Unternehmensleitung) nachzuholen. Entsprechendes gilt für Leistungsverweigerungsrechte[2]. Demgegenüber ist der Hinweis auf das Eingreifen einer **Ausschlussfrist** zulässig und im Rahmen des § 139 ZPO sogar geboten, da diese von Amts wegen zu berücksichtigen ist, ohne dass es einer Rüge bedürfte[3].

83 **Verfahrensverstöße** im Rahmen der Prozessleitung, fehlerhafte Entscheidungen und die Überschreitung der richterlichen Befugnisse nach § 139 ZPO stellen keinen Ablehnungsgrund dar, solange keine Gründe vorliegen, die dafür sprechen, dass die Fehlerhaftigkeit auf der Voreingenommenheit des Richters gegen die ablehnende Partei oder auf Willkür beruht[4]. Dagegen kann die willkürliche Auslegung und Anwendung von Verfahrensrecht gegen Art. 3 Abs. 1 GG verstoßen und insoweit zu Befangenheit führen[5].

84 Folgt der Richter bei seinen Handlungen einer zumindest **vertretbaren Rechtsansicht**, lässt dies im Regelfall keine Befangenheit befürchten. Die Abgrenzung zur völlig verfehlten Subsumtion, die eine Befangenheitsbesorgnis begründen könnte, ist nur unter Berücksichtigung der Umstände des Einzelfalles möglich. Allerdings stellt das Ablehnungsverfahren kein gesondertes Rechtsmittel- oder Rechtsmittelüberprüfungsverfahren dar. Daher sind richterliche Entscheidungen im Ablehnungsverfahren nicht inzident auf ihre Richtigkeit oder Vertretbarkeit zu überprüfen[6].

85 In Betracht kommt eine Ablehnung aber dann, wenn die Äußerung von Rechtsansichten aufgrund besonderer zusätzlicher Umstände **Zweifel an der Unvoreingenommenheit** des Richters erkennen lässt. Dies ist anzunehmen, wenn ein Richter vorprozessual das später bei ihm anhängig gewordene Verfahren mit einer Partei erörtert[7], er ständig seine Rechtsansicht ändert, die voraussichtliche Entscheidung vorab der Presse mitteilt[8] oder er seine Äußerungen bezüglich der Prozesschancen nur dazu verwendet, die Parteien vergleichsbereit zu machen, etwa indem er gegenüber den Parteien unterschiedliche Rechtsauffassungen vertritt. Die Befürchtung der Befangenheit kann sich auch daraus ergeben, dass sich der Vorsitzende des LAG nach Eingang der Berufungsbegründung in einem Hinweisbeschluss bereits auf die seiner Ansicht nach prozessentscheidenden Gesichtspunkte festlegt, ohne dass der Berufungsgegner Gelegenheit gehabt hätte, auf die Berufung schriftsätzlich zu antworten und etwaige ergänzende Tatsachen vorzutragen. Eine Ausnahme kann nach dem Grundsatz der Kammer- bzw. Senatsentscheidung ebenfalls dann bestehen, wenn der Richter durch seine Äußerungen das Beratungsgeheimnis preisgibt. Abfällige Äußerungen über eine Vor- oder Nachinstanz können den Eindruck der Befangenheit entstehen lassen, wenn dadurch eine Unsachlichkeit zum Ausdruck gebracht wird[9]. Zum Verstoß gegen die prozessuale Waffengleichheit bereits vorstehend Rz. 77.

86 Frühere **Publikationen oder außerprozessuale Äußerungen** (zB einer wissenschaftlichen Meinung) lassen im Regelfall selbst dann keine Befangenheit besorgen, wenn sich die wissenschaftliche Äußerung auf Rechtsfragen bezieht, die in dem Rechtsstreit zu entscheiden sind[10]. Der Richter ist von Berufs wegen dazu gezwungen, sich zu Rechtsfragen fortlaufend eine Meinung zu bilden und dabei stets für neue und bessere Argumente offen zu bleiben. Allerdings sind hier Einschränkungen vorzunehmen. Hat die Äußerung den Zweck, (etwa in Form eines Gutachtens) die Position einer Partei zu stärken oder zu schwächen, liegt ein Ablehnungsgrund vor[11]. Gleiches dürfte gelten, wenn die Äußerung während eines anhängigen

---

1 Str., wie hier: Musielak/*Heinrich*, § 42 ZPO Rz. 12; *Prütting*, NJW 1980, 364; GK-ArbGG/*Schütz*, § 49 Rz. 31; GMP/*Germelmann*, § 49 Rz. 21; *Rensen*, MDR 2004, 489 ff.; jedenfalls im Hinblick auf Einwendungen und Einreden nunmehr auch MünchKommZPO/*Stackmann*, § 42 Rz. 61; BGH v. 2.10.2003 – V ZB 22/03, NJW 2004, 164 f. Vgl. auch BGH v. 12.11.1997 – IV ZR 214/96, NJW 1998, 612: keine Besorgnis der Befangenheit bei richterlicher Erläuterung eines Vergleichsvorschlags. AA: Düwell/Lipke/*Kloppenburg*, § 49 Rz. 33; Zöller/*Vollkommer*, § 42 ZPO Rz. 27 mit ausführlicher Darstellung des Meinungsstandes.
2 BGH v. 2.10.2003 – V ZB 22/03, NJW 2004, 164.
3 GMP/*Germelmann*, § 49 Rz. 21.
4 Zöller/*Vollkommer*, § 42 ZPO Rz. 28 mwN.
5 BVerfG v. 24.3.1976 – 2 BvR 804/75, NJW 1976, 1391; OLG Frankfurt v. 21.10.1996 – 24 W 45/96, NJW-RR 1997, 1084, welches jedoch eine Ablehnung rechtfertigt, wenn ein Richter den Sachvortrag einer Partei als (versuchten) Prozessbetrug bezeichnet.
6 BAG v. 29.10.1992 – 5 AZR 377/92, NJW 1993, 879; GMP/*Germelmann*, § 49 Rz. 23.
7 AA: LAG Chemnitz v. 20.12.2000 – 6 Sa 774/00, MDR 2001, 516, das hierin nur eine „Anfangsvermutung" der Befangenheit sieht, hierbei jedoch verkennt, dass die Besorgnis der Befangenheit bereits ausreicht. Zutreffend: GMP/*Germelmann*, § 49 Rz. 23.
8 OLG Celle v. 5.4.2001 – 9 W 94/01, MDR 2001, 767.
9 So auch GMP/*Germelmann*, § 49 Rz. 23.
10 BSG v. 1.3.1993 – 12 RK 45/92, NZA 1993, 62; OLG Köln v. 6.1.2000 – 14 WF 192/99, NJW-RR 2000, 455.
11 BVerfG v. 19.4.2010 – 1 BvR 626/10, NJW-RR 2010, 1150; BVerfG v. 2.12.1992 – 1 BvR 1213/85, NJW 1993, 2231.

Prozesses erfolgt oder veröffentlicht wird[1]. Die bloße **Mitautorenschaft an einem Kommentar** begründet hingegen weder enge berufliche noch private Beziehungen zwischen den einzelnen Kommentatoren und rechtfertigt eine Ablehnung nicht[2].

Die Teilnahme eines Richters an **Seminaren** und **Tagungen** zu aktuellen Rechtsfragen sowie seine Meinungsbekundungen dort sind grds. nicht geeignet, seine Befangenheit zu belegen[3]. Eine Befangenheitsbesorgnis dürfte aber dann vorliegen, wenn ein zur Entscheidung berufener Richter zuvor als **Referent** gegen Honorar an einem Fachseminar teilgenommen hat, der Seminarveranstalter ein Interessenvertreter ist und sich der Richter auf dem Seminar dahingehend geäußert hat, dem „Spuk einer obergerichtlichen Rspr. müsse ein Ende bereitet werden" und der Richter an der letztinstanzlichen Entscheidung mitzuwirken hat[4]. 86a

Kein Ablehnungsgrund folgt daraus, dass ein Richter ein von einer Partei vorgelegtes **Rechtsgutachten** in einem früheren Parallelverfahren nicht ausdrücklich gewürdigt und sich damit nicht auseinander gesetzt hat[5]. Die Mitgliedschaft eines Richters im **Redaktionsbeirat einer Fachzeitschrift** reicht nicht aus, die Besorgnis seiner Befangenheit zu begründen[6]. 87

gg) Festhalten an einer Rechtsansicht

Das Festhalten an einer in einem früheren Verfahren bekundeten Rechtsansicht ist kein Ablehnungsgrund, auch wenn sie möglicherweise unrichtig ist, es sei denn, sie beruht auf einer unsachlichen Einstellung des Richters oder auf Willkür[7]. Der Richter ist in seiner Rechtsprechungstätigkeit unabhängig und nicht weisungsgebunden an die Rspr. oberer Instanzen. Kann er eine andere Rechtsansicht nach gewissenhafter Prüfung nicht vertreten, muss er an seiner Rechtsansicht festhalten dürfen; das Festhalten darf allerdings nicht den Bereich der strafrechtlich relevanten Rechtsbeugung erreichen (vgl. hierzu § 6 Rz. 32). Weigert sich jedoch ein Berufungsrichter nach **Zurückverweisung des Rechtsstreits**, seiner erneuten Entscheidung die Rechtsauffassung des BAG zugrunde zu legen, kann er abgelehnt werden[8]. 88

Zulässig ist die Äußerung sachlicher **Kritik über die Vorinstanz** oder über Richter der nächsthöheren Instanz. Sie ist Ausdruck der richterlichen Unabhängigkeit. Abfällige Äußerungen indes können die Besorgnis der Befangenheit begründen, wenn diese in unsachlicher und herabwürdigender Weise erfolgen[9]. Diese Grenze ist noch nicht überschritten, wenn ein Richter die Entscheidung der Vorinstanz für „unhaltbar" hält, wohl aber, wenn er sie für „grottenfalsch" hält. 89

hh) Mitgliedschaft in politischer Partei und politische Betätigung

Die Mitgliedschaft in einer politischen Partei rechtfertigt idR ebenso wenig eine Ablehnung wie die sonstige politische Betätigung des Richters[10]. Auch die bloße Mitgliedschaft in einem rechtspolitische Zwecke verfolgenden Verein[11], die Mitgliedschaft in einer nicht auf dem Boden des Grundgesetzes stehenden Partei oder die jahrelange Mitgliedschaft eines früheren DDR-Richters in der SED[12] begründen nicht ohne Weiteres die Besorgnis der Befangenheit. 90

Jedem Richter steht es als Staatsbürger frei, sich politisch zu betätigen. Allerdings sind ihm durch die Pflicht zur Wahrung seiner Unabhängigkeit (§ 39 DRiG) und die Notwendigkeit der Erhaltung einer funk- 91

---

1 Hierzu BVerfG v. 29.5.1973 – 2 BvQ 1/73, BVerfGE 35, 171; BVerfG v. 28.5.1974 – 2 BvR 700/72, BVerfGE 37, 265; BVerfG v. 7.12.1976 – 1 BvR 460/72, BVerfGE 43, 126.
2 LG Göttingen v. 14.7.1999 – 10 AR 28/99, NJW 1999, 2826.
3 BGH v. 13.1.2016 – VII ZR 36/14, NJW 2016, 1022; BGH v. 21.2.2011 – II ZB 2/10, NJW 2011, 1358; BGH v. 14.5.2002 – XI ZR 34/02, juris, Rz. 8.
4 AA: BGH v. 13.1.2003 – XI ZR 322/01, EWiR 2003, 393 m. abl. Anm. von *E. Schneider*.
5 BAG v. 29.10.1992 – 5 AZR 377/92, NJW 1993, 879.
6 BGH v. 14.5.2002 – XI ZR 34/02, juris, Rz. 16.
7 BGH v. 14.5.2002 – XI ZR 34/02, juris, Rz. 12; BAG v. 29.10.1992 – 5 AZR 377/92, NJW 1993, 879; GK-ArbGG/*Schütz*, § 49 Rz. 29.
8 GK-ArbGG/*Schütz*, § 49 Rz. 29; BLAH, § 42 ZPO Rz. 23, 45.
9 GMP/*Germelmann*, § 49 Rz. 23.
10 BVerfG v. 15.3.1984 – 1 BvR 200/84, AP Nr. 7 zu § 42 ZPO; BVerfG v. 2.12.1992 – 2 BvF 2/90 ua., NJW 1993, 2230; GWBG/*Benecke*, § 49 Rz. 12; GMP/*Germelmann*, § 49 Rz. 26; GK-ArbGG/*Schütz*, § 49 Rz. 33; Düwell/Lipke/*Kloppenburg*, § 49 Rz. 36; Zöller/*Vollkommer*, § 42 ZPO Rz. 31.
11 BVerfG v. 2.12.1992 – 2 BvF 2/90 ua., NJW 1993, 2230; zur Ablehnung wegen politischer Meinungsäußerung vgl. auch ArbG Frankfurt v. 11.5.1982 – 12 Ca 31/82, EzA § 49 ArbGG 1979 Nr. 3.
12 BezG Rostock v. 17.4.1991 – 2 AR (A) 14/91, LAGE § 49 ArbGG 1979 Nr. 4.

tionsfähigen Rechtspflege Grenzen gezogen[1]. Maßgeblich für die individuelle Befangenheitsbesorgnis sind stets die Umstände des jeweiligen Einzelfalles. Zu fragen ist, ob vom Standpunkt der Partei, die das Ablehnungsgesuch stellt, ein Misstrauen gegen die Unparteilichkeit des Richters gehegt werden kann. Kein Ablehnungsgrund besteht idR bei gemeinsamem politischen/gewerkschaftlichen Engagement mit bestimmten Prozess-/Verfahrensvertretungen[2] oder bei der Unterzeichnung von Aufrufen, offenen Briefen, Unterschriftenaktionen und Resolutionen, soweit sie vom Richter nicht mit seiner Amtsbezeichnung unterzeichnet werden[3].

92 Ein Ablehnungsgrund dürfte hingegen bestehen bei „ausgeprägter politischer Gegnerschaft"[4], bei Besorgnis der Ausländerfeindlichkeit in Verfahren mit Ausländerbeteiligung[5], bei Bestehen eines inneren Zusammenhangs zwischen der öffentlichen politischen Meinungsäußerung des Richters und dem Gegenstand des konkreten Verfahrens[6] oder bei Mitgliedschaft in einer Partei, die ausweislich ihres Parteiprogramms gegenüber einem Bevölkerungsteil, dem eine Verfahrenspartei angehört, voreingenommen ist.

ii) Mitgliedschaft in Gewerkschaft, Arbeitgeberverband, Verein

93 Die bloße Zugehörigkeit eines Richters zu einer Gewerkschaft oder einem Verband rechtfertigt im Allgemeinen ebenso wenig die Besorgnis der Befangenheit[7] wie die Mitgliedschaft im gleichen Club oder Verein[8]. Dies gilt auch dann, wenn die Vereinigung, deren Mitglied der Richter ist, Beteiligte des zur Entscheidung stehenden Rechtsstreits ist[9]. Entsprechendes gilt für die Mitgliedschaft ehrenamtlicher Richter in einem ArbGebVerband. Unschädlich ist auch die Teilnahme des Richters an einem Arbeitskreis (zB der Fachgruppe Richter und Staatsanwälte der Gewerkschaft ver.di), an dem auch Prozessvertreter mitwirken, die vor dem ArbG auftreten[10], oder an gewerkschaftsorientierten Schulungen von BR, sofern kein Bezug zum konkret zu entscheidenden Fall besteht.

94 Es gehört zu den tragenden Grundsätzen des arbeitsgerichtlichen Verfahrens, dass an den Entscheidungen in allen Instanzen ehrenamtliche Richter aus den Kreisen der ArbN und der ArbGeb mitwirken. Diese ehrenamtlichen Richter werden auf Vorschlag insbesondere der Gewerkschaften und der ArbGebVereinigungen berufen (vgl. §§ 16, 35, 41); sie gehören diesen zumeist als Mitglied an oder stehen ihnen zumindest nahe. Der Gesetzgeber hat durch die Zusammensetzung des Gerichts zu erkennen gegeben, dass die gewerkschaftliche oder Verbandstätigkeit eines Richters grds. nicht gleichbedeutend ist mit dem objektiven Anschein einseitiger Parteinahme. Vielmehr haben die ehrenamtlichen Richter im arbeitsgerichtlichen Verfahren gerade die Funktion, dafür Sorge zu tragen, dass bei der Verhandlung, Beratung und Entscheidung eines Falles auch die standes- und berufsspezifischen Belange ihrer jeweiligen Seite zur Geltung gebracht und mitberücksichtigt werden. Hierbei soll die paritätische Besetzung der Richterbank mit Vertretern aus den betroffenen sozialen Gruppen mit ihren typischerweise polaren Interessen die besondere Vertrautheit der Beisitzer mit den jeweiligen Lebensverhältnissen und damit eine entsprechende Sachkunde gewährleisten[11].

---

1 Vgl. MünchKommZPO/*Stackmann*, § 42 Rz. 30 f.
2 ArbG Frankfurt a.M. v. 11.5.1982 – 12 Ca 31/82, EzA § 49 ArbGG 1979 Nr. 3.
3 Ebenso GMP/*Germelmann*, § 49 Rz. 26; GWBG/*Benecke*, § 49 Rz. 11 will demgegenüber danach differenzieren, ob es sich um Resolutionen de lege ferenda (Hinzufügung der Amtsbezeichnung zulässig) oder de lege lata (Hinzufügung der Amtsbezeichnung unzulässig) handelt. Dies überzeugt nicht, da das geltende Recht im Einzelfall gerade umstritten sein kann.
4 *Moll*, ZRP 1985, 245.
5 OLG Karlsruhe v. 19.4.1995 – 3 Ws 72/95, NJW 1995, 2504.
6 VGH Kassel v. 18.10.1984 – 2 TE 2437/84, NJW 1985, 1105; Zöller/*Vollkommer*, § 42 ZPO Rz. 31.
7 BVerfG v. 15.3.1984 – 1 BvR 200/84, AP Nr. 7 zu § 42 ZPO; BAG v. 20.4.1961 – 2 AZR 71/60, AP Nr. 1 zu § 41 ZPO; BAG v. 31.1.1968 – 1 ABR 2/67, AP Nr. 2 zu § 41 ZPO; BAG v. 18.10.1977 – 1 ABR 2/75, AP Nr. 3 zu § 42 ZPO; BAG v. 10.7.1996 – 4 AZR 759/94, DB 1996, 2394; BAG v. 6.8.1997 – 4 AZR 789/95, EzA § 49 ArbGG 1979 Nr. 5; ArbG Münster v. 21.8.1978 – 2 Ca 1096/77, AP Nr. 5 zu § 42 ZPO. Ebenso: GMP/*Germelmann*, § 49 Rz. 25; GK-ArbGG/*Schütz*, § 49 Rz. 24; GWBG/*Benecke*, § 49 Rz. 9. Kritisch in Bezug auf Berufsrichter: *Rüthers*, DB 1984, 1620; *Hanau*, ZIP 1984, 1165; *Kempten*, AuR 1985, 1; *Zachert*, AuR 1985, 14.
8 Zur Mitgliedschaft in einer Juristenvereinigung BVerfG v. 2.12.1992 – 2 BvF 2/90, NJW 1993, 2230; zur Mitgliedschaft des abgelehnten Richters und des gesetzlichen Vertreters einer Partei im gleichen Rotary Club vgl. OLG Frankfurt v. 1.10.1997 – 14 U 151/97, NJW-RR 1998, 1764.
9 ArbG Berlin v. 28.6.2007 – 91 Ca 7826/07, juris, Rz. 23; GWBG/*Benecke*, § 49 Rz. 9; *Däubler*, AuR 1976, 369 (371).
10 BVerfG v. 15.3.1984 – 1 BvR 200/84, EzA § 49 ArbGG 1979 Nr. 4 m. Anm. *Vollkommer*; Zöller/*Vollkommer*, § 42 ZPO Rz. 32. Vgl. hierzu auch *Kempten*, AuR 1985, 1; *Zachert*, AuR 1985, 14; *Rüthers*, DB 1984, 1620; *Berglar*, ZRP 1984, 4, jeweils mwN.
11 *Däubler*, AuR 1976, 369.

Aus der **Koalitionsfreiheit** nach Art. 9 Abs. 3 GG folgt auch für ehrenamtliche und Berufsrichter das 94a
Recht, sich gewerkschaftlich oder in einem ArbGebVerband zu betätigen. Im Lichte dessen kann allein die
Zugehörigkeit zu einer am Verfahren beteiligten Gewerkschaft die Besorgnis der Befangenheit nicht begründen, zumal es sich bei Gewerkschaften idR um Massenorganisationen handelt, auf deren tarifpolitische Handlungen und Ziele dem einzelnen einfachen Mitglied kein entscheidender Einfluss gegeben ist.
Allerdings hat sich ein Richter stets so zu verhalten, dass das Vertrauen in seine Unabhängigkeit nicht gefährdet wird, § 39 DRiG[1].

Ein **Ablehnungsgrund** kann jedoch bestehen, wenn zu der bloßen Mitgliedschaft **weitere Umstände** hinzutreten. Diese können bspw. vorliegen, wenn der ehrenamtliche Richter zu erkennen gibt, dass er unter 95
Umständen nach „Verbandsgesichtspunkten" entscheiden werde[2], oder aber der Richter Mitglied eines
Arbeitskreises ist, in dem der konkret zu entscheidende Fall unter Beteiligung des Richters besprochen
wird[3]. Die Besorgnis der Befangenheit, dass der Richter nicht frei und unbeeindruckt von den Ergebnissen
der Diskussion des Arbeitskreises urteilen wird, besteht wegen des anzulegenden objektiven Maßstabes
auch, wenn er an der Diskussion nicht mitgewirkt hat, aber regelmäßiger Besucher dieser Runde ist[4].
Ebenso liegt ein Ablehnungsgrund vor, wenn der Richter in besonders hervorgehobener Stellung in der
Gewerkschaft tätig ist und gerade den Verlauf des zu entscheidenden Verfahrens mit beeinflussen kann[5].
Demgegenüber soll der Umstand, dass ein ehrenamtlicher Richter ein mit der Prozessführung selbst nicht
befasster Geschäftsführer des ArbGebVerbandes ist, dem eine der Prozessparteien angehört, seine Ablehnung wegen Besorgnis der Befangenheit nicht rechtfertigen[6].

jj) Zugehörigkeit zu Religion/Geschlecht

Die Zugehörigkeit des Richters zu einer bestimmten **Kirche**, **Religion** oder Weltanschauung begründet 96
keinen Ablehnungsgrund, Art. 4 GG[7]. Das **Geschlecht** des Richters bzw. der Richterin rechtfertigt auch bei
sexualbezogenem Verfahrensgegenstand (zB sexuelles Mobbing etc.) keine Ablehnung[8].

kk) Interessenwahrnehmung für eine Partei

Die Raterteilung oder Rechtsauskunft für eine Partei im vorprozessualen Stadium des Rechtsstreits kann 97
die Besorgnis der Befangenheit rechtfertigen, da hiermit für den Prozessgegner zumindest der Anschein
der Beeinträchtigung der Unparteilichkeit erweckt wird[9]. Dies gilt auch für die vorprozessuale Tätigkeit als
Gutachter, wenn diese nicht lediglich in Hinweisen auf die Rechtslage oder in der Auskunft über bestehende Rspr. und Lit.-Ansichten erschöpft[10].

Lehnt eine Partei einen ehrenamtlichen Richter deshalb als befangen ab, weil er im vorprozessualen Stadi- 98
um für den Gegner tätig war, lässt sich hieraus allerdings nicht eine Ablehnung auch der übrigen Richter
des Spruchkörpers wegen Befangenheit herleiten[11].

ll) Eigeninteresse am Prozessausgang

Steht der Richter oder ein naher Angehöriger des Richters (zB die Ehefrau oder der Ehemann) in **geschäft**- 99
lichen Beziehungen zu einer der Parteien, die eine gewisse Intensität aufweisen, besteht idR die Besorgnis
der Befangenheit[12]. Gleiches gilt, wenn echte wirtschaftliche Belange für die Gerichtsperson auf dem Spiel

---

1 Zum richterlichen Mäßigungsgebot auch: *Sendler*, NJW 1984, 689.
2 ArbG Berlin v. 28.6.2007 – 91 Ca 7826/07, juris Rz. 27 f.; GWBG/*Benecke*, § 49 Rz. 9.
3 GMP/*Germelmann*, § 49 Rz. 25. Vgl. überdies *Rüthers*, DB 1984, 1624; *Moll*, ZRP 1985, 245; *Dieterich*, RdA 1986, 6.
4 GK-ArbGG/*Schütz*, § 49 Rz. 24.
5 GMP/*Germelmann*, § 49 Rz. 25.
6 BAG v. 6.8.1997 – 4 AZR 789/95, BAGE 86, 184.
7 BVerfG v. 3.7.2013 – 1 BvR 782/12, NJW 2013, 3360; vgl. auch BayVerfGH v. 7.7.1997 – Vf. 6-VII-96, Vf. 17-VII-96 u. Vf. 1-VII-97, NJW 1997, 3162 (3163); BayVerfGH, Entscheid. v. 17.7.2000 – Vf. 3-VII-99, NJW 2001, 2963.
8 BayObLG v. 16.5.1980 – BReg 2 Z 7/80, DRiZ 1980, 432.
9 BVerfG v. 5.2.1997 – 1 BvR 2306/96, NJW 1997, 1500; BezG Rostock v. 5.7.1991 – 2 AR (A) 12/91, LAGE § 49 ArbGG 1979 Nr. 5; GMP/*Germelmann*, § 49 Rz. 29. AA: ArbG Münster v. 21.8.1978 – 2 Ca 1096/77, AP Nr. 5 zu § 42 ZPO: keine Befangenheit eines ehrenamtlichen Richters bei vorprozessualer Tätigkeit als Gewerkschaftssekretär in der zu entscheidenden Sache für eine Partei.
10 Vgl. BVerfG v. 19.4.2010 – 1 BvR 626/10, NJW-RR 2010, 1150; BVerfG v. 2.12.1992 – BvR 1213/85, NJW 1993, 2231.
11 Zutreffend: ArbG Münster v. 27.6.1978 – 2 Ca 1096/78, AP Nr. 4 zu § 42 ZPO.
12 OLG Zweibrücken v. 23.12.1997 – 5 SA 15/97, NJW-RR 1998, 857; Zöller/*Vollkommer*, § 42 ZPO Rz. 13; Musielak/*Heinrich*, § 42 ZPO Rz. 15.

stehen, etwa bei der Abstimmung des Vorsitzenden der **Einigungsstelle** über den gegen seine eigene Person gerichteten Ablehnungsantrag[1].

100 Gleichfalls liegt ein Ablehnungsgrund vor, wenn die Gerichtsperson **Mitglied des Organs einer juristischen Person** ist (zB Geschäftsführer, Vorstandsmitglied, Aufsichtsratsmitglied), die Partei des Rechtsstreits ist, sofern die Mitgliedschaft nicht schon längere Zeit zurückliegt[2]. Über die Fälle des § 41 Nr. 1 ZPO (hierzu bereits Rz. 19 ff.) hinaus kann die Besorgnis der Befangenheit dann vorliegen, wenn der Richter ein durch eine juristische Person vermitteltes **wirtschaftliches Interesse** am Ausgang des Verfahrens hat[3]. Dies ist der Fall, wenn er eine maßgebliche Kapitalbeteiligung (Aktien oder Geschäftsanteile) an einer Gesellschaft besitzt, die am Prozess beteiligt ist, oder wenn er Einfluss auf Personalentscheidungen bei dem verfahrensbeteiligten Unternehmen nehmen kann[4].

101 Zu den Sonderfragen der Mitgliedschaft in **Verbänden, Parteien, Gewerkschaften** bereits Rz. 90 ff.

102 **Proberichter** können in Prozessen gegen ihren Dienstherrn abgelehnt werden (zB bei Kündigungsschutzklage einer Geschäftsstellenangestellten). Aufgrund der fehlenden vollen Unabhängigkeit kann nicht ausgeschlossen werden, dass sie sich von dem Gedanken an die Zustimmung der vorgesetzten Dienststelle beeinflussen lassen[5].

mm) Vor- oder Parallelbefassung

103 Die **Mitwirkung** der Gerichtsperson **an einem früheren Verfahren**, das zu einer für die Partei ungünstigen Entscheidung führte, begründet grds. selbst dann keinen Ablehnungsgrund, wenn über den gleichen Sachverhalt entschieden wurde[6]. Dies gilt bspw. für die Mitwirkung der Gerichtsperson im Prozesskostenhilfe-, im Urteils- oder Gerichtsverfahren, im einstweiligen Verfügungs- und im Hauptsacheverfahren, im Vollstreckungsverfahren (zB Einstellung der Zwangsvollstreckung nach § 62).

104 Hingegen liegt ausnahmsweise ein Ablehnungsgrund vor, wenn der Richter von vornherein zu erkennen gibt, dass er nicht bereit ist, seine frühere Entscheidung oder Meinungsäußerung kritisch zu überprüfen[7]. Gleiches gilt, wenn der Richter nach der **Zurückverweisung** eines Rechtsstreites an der vom Rechtsmittelgericht verworfenen Rechtsauffassung festhält[8].

105 Der **Inhalt eines Beweisbeschlusses** oder einer anderen prozessleitenden Verfügung oder **Äußerungen über den Wert von Beweismitteln** sind kein Ablehnungsgrund, es sei denn, hieraus ergibt sich, dass der Richter nicht in der Lage ist, unparteiisch zu entscheiden. Gleiches gilt bei der Mitwirkung an einem **Einigungsstellenverfahren**, soweit nicht bereits eine Ausschließung nach § 41 Nr. 6 ZPO gegeben ist[9].

106 Inwieweit ein in einem Verfahren gegebener Ablehnungsgrund auch auf andere fortwirkt (sog. **übergreifender Ablehnungsgrund**), ist eine Frage des Einzelfalles und hängt vom konkreten Ablehnungsgrund ab. War die erfolgreiche Ablehnung auf Voreingenommenheit gegen die Person des Ablehnenden gestützt, greift der Ablehnungsgrund auch in den anderen Verfahren durch[10]. Die Selbstablehnung eines Richters in einem früheren Verfahren begründet für sich allein noch nicht einen Befangenheitsgrund für ein späteres Verfahren zwischen den gleichen Parteien mit anderem Verfahrensgegenstand[11].

---

1 LAG Düsseldorf v. 2.11.2000 – 13 TaBV 23/00, ArbuR 2001, 157.
2 BGH v. 25.2.1988 – III ZR 196/87, NJW-RR 1988, 766; Düwell/Lipke/Kloppenburg, § 49 Rz. 26.
3 BGH v. 24.1.1991 – IX ZR 250/89, NJW 1991, 982 (985); OLG Stuttgart v. 8.2.1994 – 3 W 2/94, NJW-RR 1995, 300.
4 GMP/Germelmann, § 49 Rz. 27; vgl. OLG Stuttgart v. 8.2.1994 – 3 W2/94, NJW-RR 1995, 300.
5 LG Berlin v. 14.6.1956 – 10 O 36/56, NJW 1956, 1402; Zöller/Vollkommer, § 42 ZPO Rz. 11, 12a; vgl. BGH v. 13.7.1995 – V ZB 6/94, NJW 1995, 2791 (2792).
6 BAG v. 29.10.1992 – 5 AZR 377/92, NZA 1993, 238 (239); GMP/Germelmann, § 49 Rz. 28; Düwell/Lipke/Kloppenburg, § 49 Rz. 30; Zöller/Vollkommer, § 42 ZPO Rz. 15 ff.; Musielak/Heinrich, § 42 ZPO Rz. 14.
7 BG BAG v. 29.10.1992 – 5 AZR 377/92, NZA 1993, 238 (239).
8 GMP/Germelmann, § 49 Rz. 28; Düwell/Lipke/Kloppenburg, § 49 Rz. 30.
9 GMP/Germelmann, § 49 Rz. 28.
10 OLG Nürnberg v. 5.4.1965 – 1 W 15/65, MDR 1965, 667; OLG Bdb. v. 15.9.1999 – 1 W 14/99, MDR 2000, 47; Zöller/Vollkommer, § 42 ZPO Rz. 19.
11 OLG Frankfurt v. 20.12.1985 – 3 WF 262/85, FamRZ 1986, 291; Zöller/Vollkommer, § 42 ZPO Rz. 19.

nn) Persönliche Angriffe der Partei

Das eigene Verhalten der Partei oder ihres Prozessbevollmächtigten rechtfertigt weder eine Ablehnung durch die Partei noch eine Selbstablehnung des Richters[1]. Eine Partei kann eine ihr missliebige Gerichtsperson bspw. nicht durch Dienstaufsichtsbeschwerden, Beleidigungen, gegen sie – bspw. wegen Rechtsbeugung – erstattete Strafanzeigen, Anträge auf Disziplinarmaßnahmen, Häufung erfolgloser Ablehnungsgesuche im konkreten oder in früheren Verfahren oder durch sonstige persönliche Angriffe ausschalten. Anderenfalls hätte es die Partei in der Hand, Ablehnungsgründe zu schaffen und so die Zusammensetzung des Gerichts zu beeinflussen. Entscheidend ist nicht das Verhalten der Partei, sondern die Angemessenheit der Reaktion des Richters hierauf. Dies gilt selbst bei Ausübung der Sitzungspolizei gegen die Partei oder wenn der betroffene Richter die Dienstaufsicht führt und in dieser Funktion die beleidigenden Äußerungen der Partei zu beantworten oder Strafantrag zu stellen hätte[2]. 107

Einstweilen frei 107a

oo) Kammerübergreifende Meinungsbildung („Brainstorming")

Üblich und rechtlich nicht zu beanstanden ist, wenn sich die Vorsitzenden einzelner Kammern über die Beurteilung von abstrakten Rechtsfragen ins Benehmen setzen, insbesondere im Falle unbestimmter Rechtsbegriffe[3]. Eine einheitliche Rspr. verschiedener Kammern eines Gerichts ist durchaus üblich und im Interesse der Rechtssicherheit der rechtsuchenden Bürger auch wünschenswert. Solches **kammerübergreifendes Brainstorming** dient dem argumentativen Austausch von Rechtsauffassungen mit dem Ziel, die rechtlich einwandfreie Lösung zu finden. Aufgrund eines solchen kollegialen Rechtsgesprächs kann sich eine einheitliche Rechtsauffassung verschiedener Kammern herausbilden, zwingend ist dies indessen nicht. 107b

3. Ablehnungsverfahren

Das Ablehnungsverfahren bedarf stets eines Antrags; es wird nicht von Amts wegen durchgeführt. Es führt nur bei einer entsprechenden gerichtlichen Entscheidung (hierzu Rz. 133 ff.) zum Ausscheiden der abgelehnten Gerichtsperson aus dem Prozess. Form und Inhalt des Ablehnungsantrags bestimmen sich nach § 44 ZPO, der nach § 46 Abs. 2 anwendbar ist. 108

a) Ablehnungsgesuch durch Beteiligte

Form und **Adressat** des Ablehnungsgesuchs durch einen Beteiligten richten sich nach § 44 ZPO. Das Ablehnungsgesuch ist bei der Kammer des ArbG oder LAG bzw. bei dem Senat des BAG anzubringen, dem die abgelehnte Gerichtsperson angehört. Es ist keine bestimmte Form vorgeschrieben. Es kann daher mündlich (auch in der Verhandlung), schriftlich oder zu Protokoll der Geschäftsstelle – auch jeden anderen Gerichtes (§ 129a ZPO) – angebracht werden. Wird das Ablehnungsgesuch in der mündlichen Verhandlung angebracht, ist dem Ablehnenden zu empfehlen, darauf zu achten und ggf. zu beantragen, dass das Ablehnungsgesuch in das Protokoll aufgenommen wird, § 160 Abs. 4 Satz 1 ZPO. Es besteht **kein Vertretungszwang**. Das Ablehnungsgesuch kann daher auch vor dem LAG oder BAG von der Partei selbst gestellt werden. Es ist bis zur Entscheidung frei widerruflich. 109

§ 44 Abs. 1 ZPO:
Das Ablehnungsgesuch ist bei dem Gericht, dem der Richter angehört, anzubringen; es kann vor der Geschäftsstelle zu Protokoll erklärt werden.

Inhaltlich muss das Gesuch die abgelehnte Gerichtsperson, also den Berufsrichter oder den ehrenamtlichen Richter, namentlich bezeichnen; eine **namentliche Nennung** ist nur verzichtbar, wenn sich die Person zweifelsfrei aus den Umständen ergibt. Das Gericht kann nicht als Ganzes abgelehnt werden[4]. Aus prozessökonomischen Gründen lässt die Rspr. jedoch Ausnahmen zu, wenn der gleiche Ablehnungsgrund auf mehrere Richter zutrifft (Beispiel: Zugehörigkeit zu einer bestimmten Gewerkschaft) oder wenn der Ablehnungsgrund aus konkreten, in einer Kollegialentscheidung enthaltenen Anhaltspunkten hergeleitet 110

---

1 BAG v. 30.5.1972 – 1 AZR 11/72, AP Nr. 1 zu § 42 ZPO; GMP/*Germelmann*, § 49 Rz. 24; Düwell/Lipke/*Kloppenburg*, § 49 Rz. 35; Musielak/*Heinrich*, § 42 ZPO Rz. 7; *Günther*, ZZP 105 (1992), 20 (40).
2 GMP/*Germelmann*, § 49 Rz. 24.
3 LAG Schl.-Holst. v. 6.11.2007 – 2 Ta 256/07, EzA-SD 2008, Nr. 7, 24 (Ls.), Rz. 17.
4 BSG v. 26.11.1965 – 12 RJ 94/65, AP Nr. 1 zu § 42 ZPO; BAG v. 1.4.1960 – 1 ABR 1/60, AP Nr. 3 zu § 42 ZPO. Im Einzelfall kann die Ablehnung eines Spruchkörpers jedoch als Ablehnung bestimmter Mitglieder zu verstehen sein, wenn für das Gericht nicht zweifelhaft ist, welcher Richter abgelehnt wird.

wird; in diesem Fall können alle gleichzeitig abgelehnt werden[1]. *Germelmann*[2] wendet hiergegen zutreffend ein, dass damit letztlich der Grundsatz der Individualablehnung aufgegeben werde. Es werde übersehen, dass ein Ablehnungsgesuch gegen einen Vertreter erst dann möglich sei, wenn dieser an die Stelle des ursprünglich berufenen Richters getreten sei. Werde im Falle einer Pauschalablehnung bereits das erste Ablehnungsgesuch als unbegründet zurückgewiesen, fehle es für die Ablehnung der möglichen Vertreter an einem Rechtsschutzinteresse, so dass schon aus diesem Grunde die weiteren Ablehnungen unzulässig sein müssten.

Formulierungsvorschlag:
„Namens des Klägers/der Beklagten wird der Richter/ehrenamtliche Richter, Herr/Frau ..., wegen Besorgnis der Befangenheit abgelehnt.
Die Besorgnis der Befangenheit ergibt sich aus folgenden Gründen: (...).''

111 Ob mit dem Ablehnungsantrag dessen **Begründung** verbunden werden muss, ist im Gesetz nicht geregelt, wird jedoch von der Rspr. – entsprechend der Tendenz, Ablehnungsgesuche tunlichst abschlägig zu bescheiden – gefordert[3]. Im Ablehnungsgesuch sind ferner alle **Tatsachen anzugeben**, auf die die Ablehnung gestützt wird. Ob ein Nachschieben von Tatsachen möglich ist, ist zweifelhaft[4]. Kein hinreichendes Ablehnungsgesuch stellt die bloße Erklärung der Partei dar, sie lehne den Richter ab und werde die Begründung nachreichen[5]. Darüber hinaus sind die Tatsachen spätestens bis zur Entscheidung über das Gesuch[6] **glaubhaft zu machen**; hierbei ist das Mittel der Versicherung an Eides statt ausschließlich für die ablehnende Partei selbst und nicht auch für ihren Prozessbevollmächtigten[7] unzulässig, § 44 Abs. 2 Satz 1 ZPO. Allerdings kann zur Glaubhaftmachung auf das Zeugnis des abgelehnten Richters Bezug genommen werden, § 44 Abs. 2 Satz 2 ZPO, der ohnehin über den Ablauf der Ereignisse eine dienstliche Äußerung abzugeben hat (hierzu noch Rz. 142 f.).

112 Darüber hinaus kann sich der Ablehnende auch aller sonstigen Beweismittel bedienen, § 294 ZPO. Die Glaubhaftmachung entfällt bei Offenkundigkeit (§ 291 ZPO) und bei Unterstellung der geltend gemachten Tatsachen als wahr. Die Ablehnung kann sich ferner nur auf den konkreten Rechtsstreit beziehen.

§ 44 Abs. 2 ZPO:
Der Ablehnungsgrund ist glaubhaft zu machen; zur Versicherung an Eides statt darf die Partei nicht zugelassen werden. Zur Glaubhaftmachung kann auf das Zeugnis des abgelehnten Richters Bezug genommen werden.
§ 294 ZPO:
(1) Wer eine tatsächliche Behauptung glaubhaft zu machen hat, kann sich aller Beweismittel bedienen, auch zur Versicherung an Eides statt zugelassen werden.
(2) Eine Beweisaufnahme, die nicht sofort erfolgen kann, ist unstatthaft.

113 **Ablehnungsberechtigt** sind die Parteien und die Streitgehilfen (§ 67 ZPO), auch der Zeuge, der sich gegen ein Ordnungsgeld wehrt[8]. Der Prozessbevollmächtigte hat kein selbständiges Ablehnungsrecht aus eigener Person, kann den Antrag aber für seine Partei stellen[9].

114 Ein **Rechtsschutzbedürfnis** fehlt in den Fällen der rechtsmissbräuchlichen Ablehnung (vgl. Rz. 122 ff.). Soll durch die Ablehnung das Verfahren nur verschleppt werden oder werden mit ihr verfahrensfremde Zwecke verfolgt, ist das Ablehnungsgesuch unzulässig[10] (zu den verfahrensrechtlichen Besonderheiten vgl. auch Rz. 133).

---

1 BAG v. 31.1.1968 – 1 ABR 2/67, AP Nr. 2 zu § 41 ZPO; BVerwG v. 5.12.1975 – VI C 129/74, MDR 1976, 783; GWBG/*Benecke*, § 49 Rz. 16.
2 GMP/*Germelmann*, § 49 Rz. 31; ihm folgend: GK-ArbGG/*Schütz*, § 49 Rz. 35.
3 E. *Schneider*, MDR 2005, 672 (672).
4 Bejahend: E. *Schneider*, MDR 2005, 672 (672).
5 OLG Köln v. 18.4.1996 – 14 WF 66/96, NJW-RR 1996, 1339.
6 Vgl. Zöller/*Vollkommer*, § 44 ZPO Rz. 3; Thomas/Putzo/*Hüßtege*, § 44 ZPO Rz. 2.
7 Musielak/*Heinrich*, § 44 ZPO Rz. 7; Zöller/*Vollkommer*, § 44 ZPO Rz. 3; Thomas/Putzo/*Hüßtege*, § 44 ZPO Rz. 2.
8 MünchKommZPO/*Stackmann*, § 42 Rz. 3.
9 BayObLG v. 21.11.1974 – 1 Z 102/74, NJW 1975, 699; OLG Karlsruhe v. 27.5.1986 – 12 W 21/86, NJW-RR 1987, 126; Zöller/*Vollkommer*, § 42 ZPO Rz. 2.
10 BGH v. 14.11.1991 – I ZB 15/91, NJW 1992, 983; Zöller/*Vollkommer*, § 42 ZPO Rz. 6.

b) Verlust des Ablehnungsrechtes

aa) Zeitablauf

Eine **Frist** für die Ablehnung besteht nicht. Ablehnen kann eine Partei bis zur Stellung von Anträgen, ausnahmsweise auch noch später bis ins Tatbestandsberichtigungsverfahren (§ 320 ZPO). Nach Beendigung der Instanz kann sich eine Partei jedoch nicht mehr darauf berufen, bei einem Richter dieser Instanz habe die Besorgnis der Befangenheit bestanden[1]. Ein Rechtsschutzbedürfnis für ein rechtzeitig geltend gemachtes Ablehnungsgesuch entfällt mit Beendigung der Instanz[2].

bb) Rügelose Einlassung

Eine Partei **verliert das Recht auf Ablehnung** gem. § 43 ZPO, wenn sie sich **in Kenntnis der zur Ablehnung berechtigenden Umstände** in das Verfahren eingelassen oder in der mündlichen Verhandlung Anträge gestellt hat, ohne den Ablehnungsgrund geltend zu machen. Gleiches gilt für die Ablehnung der übrigen Gerichtspersonen[3]. Hierbei sind alle der Partei bekannten Ablehnungsgründe geltend zu machen; ein Nachschieben ist nicht möglich. Durch die Teilnahme an der trotz Ablehnung nach § 47 Abs. 2 Satz 1 ZPO fortgesetzten mündlichen Verhandlung verliert die ablehnende Partei nicht ihr Ablehnungsrecht; § 43 ZPO gilt insoweit nicht[4].

§ 43 ZPO:
Eine Partei kann einen Richter wegen Besorgnis der Befangenheit nicht mehr ablehnen, wenn sie sich bei ihm, ohne den ihr bekannten Ablehnungsgrund geltend zu machen, in eine Verhandlung eingelassen oder Anträge gestellt hat.

Geheilt werden nach § 43 ZPO allerdings nicht solche Ablehnungsgründe, die erst später entstanden oder bekannt geworden sind. Erforderlich ist positive Kenntnis von den Tatsachen, auf welche die Ablehnung gestützt wird. Bloßes Kennenmüssen reicht nicht aus. Die Heilung ist ferner auf den anhängigen Rechtsstreit begrenzt. Die Partei ist nicht daran gehindert, den Ablehnungsgrund in einem späteren Verfahren geltend zu machen[5].

Als **Einlassung** in eine Verhandlung genügt jedes prozessuale und der Erledigung eines Streitpunkts dienende Handeln der Parteien unter Mitwirkung der Gerichtsperson. Hierzu zählen die Erörterung der Sach- und Rechtslage, die Abgabe mündlicher Erklärungen auf Fragen des Richters, die Einlegung von Rechtsbehelfen[6], die Verhandlung über den Prozesskostenhilfeantrag[7], die aktive Teilnahme an einer Beweisaufnahme oder Vergleichsverhandlungen – auch im Gütetermin. Das Handeln des Vertreters steht dem persönlichen Handeln einer Partei gleich.

Auch bei der Stellung von Anträgen zur Sache geht die Partei des Ablehnungsrechtes verlustig. Die in vorbereitenden Schriftsätzen enthaltenen „Anträge" gelten als noch nicht gestellt; sie sind erst angekündigt. Nicht ausreichend sind Formalanträge, wie der reine Vertagungsantrag nach § 227 ZPO ohne weitere Einlassungen[8], der Antrag auf Erteilung einer Protokollabschrift[9] oder ein Gesuch um Akteneinsicht[10].

Die **Kenntnis** des Prozessbevollmächtigten ist der Partei zuzurechnen[11]. Ein Kennenmüssen des Ablehnungsgrundes iSd. § 122 Abs. 2 BGB reicht zur Ausschließung allerdings nicht.

---

1 BAG v. 18.3.1964 – 4 AZR 63/63, AP Nr. 112 zu § 3 TOA.
2 GMP/*Germelmann*, § 49 Rz. 33a.
3 GMP/*Germelmann*, § 49 Rz. 33.
4 *E. Schneider*, MDR 2005, 671; *Knauer/Wolf*, NJW 2004, 2857; Thomas/Putzo/*Hüßtege*, § 47 ZPO Rz. 5; Zöller/*Vollkommer*, § 47 ZPO Rz. 3a; Musielak/*Heinrich*, § 47 ZPO Rz. 9.
5 HM, vgl. etwa OLG Karlsruhe v. 18.11.1991 – 6 W 60/91, NJW-RR 1992, 572 mwN; Zöller/*Vollkommer*, § 43 ZPO Rz. 7.
6 OLG Düsseldorf v. 28.12.1992 – 3 WF 219/92, Rpfleger 1993, 188: Einlegung einer Erinnerung gegen einen Kostenfestsetzungsbeschluss ohne gleichzeitigen Ablehnungsantrag gegen den Rechtspfleger.
7 GMP/*Germelmann*, § 49 Rz. 33; GK-ArbGG/*Schütz*, § 49 Rz. 39. AA Thomas/Putzo/*Hüßtege*, § 43 ZPO Rz. 4.
8 GMP/*Germelmann*, § 49 Rz. 33; Zöller/*Vollkommer*, § 43 ZPO Rz. 5; Musielak/*Heinrich*, § 43 ZPO Rz. 2. AA: ErfK/*Koch*, § 49 ArbGG Rz. 4; GK-ArbGG/*Schütz*, § 49 Rz. 39; LG Tübingen v. 27.11.1981 – 2 O 22/81, MDR 1982, 411, bei Beantragung eines neuen Termins; Stein/Jonas/*Bork*, § 43 ZPO Rz. 7.
9 BVerwG v. 18.6.1964 – III C 123/63, WM 1964, 1156.
10 BayObLG v. 20.7.2000 – 2 Z BR 49/00, NJW-RR 2001, 642.
11 HansOLG Hamburg v. 11.6.1976 – 5 U 181/75, MDR 1976, 845; OLG Düsseldorf v. 28.12.1992 – 3 WF 219/92, Rpfleger 1993, 188.

121 **Bei späterem Bekanntwerden** der Umstände erst nach Einlassung oder Antragstellung tritt kein Verlust des Ablehnungsrechts ein. In diesem Fall muss das Ablehnungsgesuch allerdings auch die Glaubhaftmachung dieser späteren Kenntnisnahme enthalten (§ 44 Abs. 4 ZPO).

§ 44 Abs. 4 ZPO:
Wird ein Richter, bei dem die Partei sich in eine Verhandlung eingelassen oder Anträge gestellt hat, wegen Besorgnis der Befangenheit abgelehnt, so ist glaubhaft zu machen, dass der Ablehnungsgrund erst später entstanden oder der Partei bekannt geworden sei.

cc) Rechtsmissbrauch

122 Wird das Ablehnungsgesuch rechtsmissbräuchlich verwendet, tritt kein Verlust des Ablehnungsrechts im eigentlichen Sinne ein. Vielmehr ist das Ablehnungsgesuch von vornherein **unzulässig**[1]. Zu den Besonderheiten der Besetzung der Kammer bei rechtsmissbräuchlichen Ablehnungsgesuchen vgl. Rz. 133.

123 Ein rechtsmissbräuchliches Ablehnungsgesuch kann bspw. anzunehmen sein, wenn das Ablehnungsgesuch
- offensichtlich nur der Verschleppung des Prozesses dienen soll[2],
- nur Beleidigungen, Beschimpfungen oder Verunglimpfungen der abgelehnten Gerichtsperson enthält[3],
- offensichtlich allein dazu dient, dem Kläger nicht genehme Richter auszuschalten[4],
- exzessiv eindeutig nur zur Verfahrenskomplikation eingesetzt wird[5],
- nicht einmal ansatzweise einen substantiierten nachvollziehbaren Bezug zum konkreten Rechtsstreit aufweist,
- auf Tatsachen gestützt wird, die nicht ansatzweise dazu geeignet sind, eine Befangenheit begründen zu können[6],
- ausschließlich querulatorischen Charakter hat,
- eindeutig iSd. § 43 ZPO präkludiert ist[7] oder
- nach Zurückweisung lediglich wiederholt wird, ohne dass neue tatsächliche Behauptungen aufgestellt werden[8].

124 Ein Missbrauch des Rechts zur Richterablehnung, der ggf. eine Entscheidung unter Mitwirkung des abgelehnten Richters rechtfertigen kann, liegt dagegen noch nicht vor, wenn eine Partei aus prozessrechtswidrigem Verhalten eines Richters die Konsequenz zieht, diesen wegen der Besorgnis der Befangenheit abzulehnen[9]. Insbesondere die Reaktion eines Richters – auch der Ton der dienstlichen Äußerung nach dem Ablehnungsgesuch – kann dieses rechtfertigen[10].

124a An die Feststellung der Voraussetzungen des rechtsmissbräuchlichen Ablehnungsgesuchs sind allerdings **strenge Anforderungen** zu stellen, da ein Rechtsmittel wegen § 49 Abs. 3 nicht gegeben ist. Ein Fall des Rechtsmissbrauchs kann nur in ganz besonders offensichtlichen Ausnahmefällen und nur nach sorgfältiger Prüfung angenommen werden[11]. Die Zurückweisung eines Ablehnungsgesuchs als offensichtlich rechtsmissbräuchlich und damit unzulässig bedarf im Hinblick auf eine mögliche Verfassungsbeschwerde zudem stets einer vollständigen **Begründung**[12].

---

1 GK-ArbGG/*Schütz*, § 49 Rz. 40; Düwell/Lipke/*Kloppenburg*, § 49 Rz. 41.
2 OLG Zweibrücken v. 28.5.1980 – 3 W 70/80, AP Nr. 6 zu § 42 ZPO; OLG Koblenz v. 22.5.1985 – 4 W 276/85, Rpfleger 1985, 368.
3 LAG Hamburg v. 16.3.2016 – 3 Sa 73/15, juris;
4 BAG v. 7.2.2012 – 8 AZA 20/11, NZA 2012, 526.
5 OLG Zweibrücken v. 28.5.1980 – 3 W 70/80, AP Nr. 6 zu § 42 ZPO.
6 BVerwG v. 7.8.1997 – 11 B 18/97, NJW 1997, 3327; BVerwG v. 7.10.1987 – 9 CB 20/87, NJW 1988, 722.
7 BFH v. 23.5.2000 – VIII R 20/99, NV 2000, 1359; Natter/Gross/*Rieker*, § 49 Rz. 26.
8 Vgl. LAG Hessen v. 7.11.2000 – 9 Sa 606/00.
9 Durchführung weiterer, über § 47 ZPO hinausgehender Handlungen nach erstem Ablehnungsgesuch: OLG Hamburg v. 12.2.1992 – 7 W 62 + 63/91, NJW 1992, 1462.
10 LG Berlin v. 1.2.1996 – 1 Abl 213/95, NJW-RR 1997, 315; OLG Frankfurt v. 23.9.1997 – 6 W 140/97, NJW-RR 1998, 858.
11 BAG v. 17.3.2016 – 6 AZN 1087/15, NZA 2016, 1100; LAG Düsseldorf v. 19.12.2001 – 7 Ta 426/01, LAGE § 49 ArbGG Nr. 9; GK-ArbGG/*Schütz*, § 49 Rz. 40; BCF/*Creutzfeld*, § 49 ArbGG Rz. 16. Vgl. auch BVerfG v. 20.7.2006 – 1 BvR 2228/06, NJW 2007, 3771.
12 LAG Düsseldorf v. 19.12.2001 – 7 Ta 426/01, LAGE § 49 ArbGG Nr. 9.

c) Selbstablehnung des Richters

Das Ablehnungsverfahren kann nach § 46 Abs. 2 ArbGG iVm. § 48 ZPO auch durch den Richter selbst eingeleitet werden, wenn er der Auffassung ist, dass entweder ein Ausschließungsgrund nach § 41 ZPO vorliegt oder Umstände vorliegen, die die Besorgnis der Befangenheit iSd. § 42 ZPO begründen können. 125

§ 48 ZPO:

Das für die Erledigung eines Ablehnungsgesuchs zuständige Gericht hat auch dann zu entscheiden, wenn ein solches Gesuch nicht angebracht ist, ein Richter aber von einem Verhältnis Anzeige macht, das seine Ablehnung rechtfertigen könnte, oder wenn aus anderer Veranlassung Zweifel darüber entstehen, ob ein Richter kraft Gesetzes ausgeschlossen sei.

Verfahren der Selbstablehnung: Die Selbstablehnung wird eingeleitet durch die in Form einer dienstlichen Äußerung zu machende Anzeige der Gerichtsperson. In dieser Anzeige sind die Gründe aufzuführen, aus denen sich die Ablehnung rechtfertigen könnte. Eine Glaubhaftmachung ist nicht erforderlich. Bei Vorliegen eines Ablehnungs- oder Ausschließungsgrundes kann die Gerichtsperson selbst dann nicht von sich aus formlos ausscheiden, wenn auch eine Partei sie ablehnt; es bedarf vielmehr der Entscheidung der zuständigen Stelle (hierzu Rz. 134 ff.). 126

Die Selbstablehnung ist kein innerdienstlicher Vorgang. Sie berührt die prozessuale Rechtsstellung der Parteien, da sie nach Art. 101 Abs. 1 Satz 2 GG Anspruch auf den gesetzlichen Richter haben. Ihnen ist daher (entgegen dem Wortlaut des § 48 Abs. 2 ZPO aF) **rechtliches Gehör** zu gewähren[1]. Die Ablehnungsanzeige ist daher beiden Parteien zuzuleiten, die sodann die Möglichkeit zur Stellungnahme haben. 127

Der Richter hat bei Vorliegen der Voraussetzungen gegenüber den Parteien die verfahrensrechtliche **Pflicht zur Abgabe der Anzeige**[2]. Die pflichtwidrige Unterlassung der gebotenen Anzeige von Ablehnungsgründen kann nach zutreffender Ansicht die **Anfechtung** des Urteils rechtfertigen[3]. 128

d) Verfahren nach Ablehnungsgesuch

aa) Grundsatz: Tätigkeitsverbot

Der abgelehnte Richter hat sich grds. **bis zur Entscheidung über die Ablehnung** jeglicher Prozesshandlungen zu enthalten (sog. **Tätigkeitsverbot**)[4]. Er hat die Akte unverzüglich dem geschäftsplanmäßigen Vertreter vorzulegen. Er kann nicht eine Frist notieren, nach der die Vorlegung an den Vertreter erfolgen soll. Zu weiteren Folgen der Ablehnung vgl. Rz. 159 ff. Das Tätigkeitsverbot beschränkt sich auf das Verfahren, in dem es gestellt worden ist. Schweben mehrere Verfahren, bedarf es ggf. in jedem Verfahren eines Ablehnungsgesuches. 129

Ausnahmen vom Tätigkeitsverbot bilden die unaufschiebbaren Prozesshandlungen (vgl. § 47 Abs. 1 ZPO, hierzu Rz. 130) und die anderenfalls zur Vertagung führende Ablehnung während der mündlichen Verhandlung, § 47 Abs. 2 ZPO (hierzu Rz. 132 ff.). Eine ungeschriebene Ausnahme greift bei **offensichtlich missbräuchlichem Ablehnungsgesuch** (zu deren Behandlung vgl. Rz. 122 ff.), bei dem die Entscheidung unter Mitwirkung des abgelehnten Richters erfolgen kann[5]. 129a

Erfolgt die Ablehnung in der mündlichen Verhandlung, hat der Richter das Ablehnungsgesuch und die Tatsachendarstellung des Ablehnenden zu Protokoll zu nehmen, sofern hierüber kein Schriftsatz oder keine Protokollerklärung vorliegt. Er kann die dienstliche Äußerung (Rz. 142 f.) sogleich abgeben oder sie später zur Akte reichen. Die Akte ist sodann sofort dem geschäftsplanmäßigen Vertreter zur Entscheidung über das Ablehnungsgesuch vorzulegen (Rz. 132b). 129b

---

[1] BVerfG v. 8.6.1993 – 1 BvR 878/90, AP Nr. 3 zu § 49 ArbGG 1979; BGH v. 8.11.1994 – XI ZR 35/94, NJW 1995, 403; Stein/Jonas/*Bork*, § 48 ZPO Rz. 4; ErfK/*Koch*, § 49 ArbGG Rz. 6; GK-ArbGG/*Schütz*, § 49 Rz. 44.

[2] BGH v. 15.12.1994 – I ZR 121/92, MDR 1995, 816; OLG München v. 26.3.2014 – 15 U 4783/12, NJW 2014, 857; Zöller/*Vollkommer*, § 48 ZPO Rz. 4; Thomas/Putzo/*Hüßtege*, § 48 ZPO Rz. 1; Stein/Jonas/*Bork*, § 48 ZPO Rz. 2. AA GWBG/*Benecke*, § 49 Rz. 15.

[3] BGH v. 15.12.1994 – I ZR 121/92, MDR 1995, 816 in einem obiter dictum. Zöller/*Vollkommer*, § 48 ZPO Rz. 11; Musielak/*Heinrich*, § 48 ZPO Rz. 4; MünchKommZPO/*Stackmann*, § 48 Rz. 5. AA vor allem die ältere Judikatur, die das Selbstablehnungsrecht als innergerichtlichen Vorgang betrachtet hat, zB: BAG v. 1.3.1964 – 4 AZR 63/63, AP Nr. 112 zu § 3 TOA; GWBG/*Benecke*, § 49 Rz. 15. Dies dürfte sich aber nach der Entscheidung des BVerfG v. 8.6.1993 – 1 BvR 878/90, AP Nr. 3 zu § 49 ArbGG 1979, nicht weiter aufrechterhalten lassen.

[4] LAG Köln v. 27.12.2016 – 9 Ta 286/16, juris.

[5] ErfK/*Koch*, § 49 ArbGG Rz. 7; Hauck/Helml/Biebl/*Helml*, § 49 Rz. 22; BLAH, § 45 ZPO Rz. 6 mwN. AA GMP/*Germelmann*, § 49 Rz. 35, der wegen der Unanfechtbarkeit der Entscheidung Bedenken äußert und auch keine praktische Notwendigkeit sieht.

§ 47 ZPO:

(1) Ein abgelehnter Richter hat vor Erledigung des Ablehnungsgesuchs nur solche Handlungen vorzunehmen, die keinen Aufschub gestatten.

(2) Wird ein Richter während der Verhandlung abgelehnt und würde die Entscheidung über die Ablehnung eine Vertagung der Verhandlung erfordern, so kann der Termin unter Mitwirkung des abgelehnten Richters fortgesetzt werden. Wird die Ablehnung für begründet erklärt, so ist der nach Anbringung des Ablehnungsgesuchs liegende Teil der Verhandlung zu wiederholen.

129c § 47 ZPO findet **keine Anwendung** auf **Ausschließungstatbestände** des § 41 ZPO. So hat sich bspw. der Richter, dessen Ehefrau Partei ist, jeglicher – auch unaufschiebbarer – Amtshandlung zu enthalten. Zu Einzelheiten: Rz. 157 f.

bb) Unaufschiebbare Prozesshandlungen

130 Eine **Ausnahme** gilt nach § 47 Abs. 1 ZPO für solche Prozesshandlungen, die keinen Aufschub dulden. Diese darf der Richter auch nach der Stellung des Ablehnungsgesuchs und dem dann grds. bestehenden Tätigkeitsverbot noch vornehmen. **Unaufschiebbar** sind nur solche Handlungen, die einer Partei wesentliche Nachteile ersparen oder bei deren Unterlassung Gefahr im Verzug sein könnte[1]. Entscheidend ist die Eilbedürftigkeit der Maßnahme, nicht die Erfolgsaussichten des Ablehnungsgesuches[2]. Ob eine Maßnahme besonders eilbedürftig ist oder nicht, kann nur anhand der konkreten Umstände des Einzelfalles entschieden werden. Zu den unaufschiebbaren Maßnahmen können gehören: Entscheidung über rechtsmissbräuchliche Ablehnungsanträge (vgl. Rz. 133), Maßnahmen der Sitzungspolizei (§§ 177–180 GVG)[3] (vgl. § 16 Rz. 39 ff.), Entlassung der geladenen Personen einschließlich der Anweisung zu ihrer Entschädigung aus dem Termin; Fertigstellung und Berichtigung des Protokolls; Terminsaufhebungen nebst Abladung von Parteien; Durchführung einer Beweisaufnahme oder eines Beweissicherungsverfahrens, wenn ansonsten die Beweismittel nicht mehr zur Verfügung stehen[4]. Auch die Bearbeitung des Antrags auf Erlass eines Arrestes oder einer **einstweiligen Verfügung**, ggf. im Urteilswege, kann unaufschiebbar sein[5]. Ansonsten hätte es eine Partei in der Hand, durch unberechtigte Ablehnungen den vorläufigen Rechtsschutz leer laufen zu lassen. **Nicht unaufschiebbar** sind hingegen regelmäßig Terminsbestimmungen[6], Verweisungen[7], Entscheidungen über die Zulässigkeit eines Rechtsmittels[8] oder sonstige prozessleitende Verfügungen, die auch vom Vertreter veranlasst werden können. Auch die Verkündung eines Endurteils dürfte regelmäßig nicht zu den unaufschiebbaren Handlungen iSd. § 47 ZPO gehören[9].

131 § 47 Abs. 1 ZPO gilt auch für unaufschiebbare Maßnahmen innerhalb der mündlichen Verhandlung[10]. Dies ergibt sich daraus, dass § 47 Abs. 2 ZPO eine Fortsetzung der mündlichen Verhandlung trotz Ablehnungsgesuchs nicht stets ermöglicht, sondern nur wenn ansonsten eine Vertagung erforderlich wäre.

131a Die nach § 47 Abs. 1 ZPO vorgenommenen unaufschiebbaren Amtshandlungen bleiben wirksam, auch wenn die Ablehnung später für begründet erklärt wird[11]. Sie sind – im Unterschied zu § 47 Abs. 2 Satz 2 ZPO – nicht von dem an die Stelle des ausgeschiedenen Richters getretenen Richter zu wiederholen.

cc) Ablehnung während der Verhandlung

132 Nach § 47 Abs. 2 ZPO kann ein mündlicher Verhandlungstermin trotz Ablehnungsgesuch **durch den abgelehnten Richter fortgesetzt** werden – allerdings nur unter **zwei Voraussetzungen**, die kumulativ vorliegen müssen: Erstens muss die mündliche Verhandlung bereits begonnen haben. Zweitens müsste die

---

1 OLG Celle v. 17.8.1988 – 4 W 119/88, NJW-RR 1989, 569: Durchführung eines Zwangsversteigerungstermins durch den Rechtspfleger als unaufschiebbare Maßnahme nach § 47 ZPO.
2 Musielak/*Heinrich*, § 47 ZPO Rz. 4; Wieczorek/Schütze/*Niemann*, § 47 ZPO Rz. 3.
3 BLAH, § 47 ZPO Rz. 8.
4 *Rosenberg/Schwab/Gottwald*, ZPO, § 24 II 6b; Hauck/Helml/Biebl/*Helml*, § 49 Rz. 20.
5 Zöller/*Vollkommer*, § 47 ZPO Rz. 3; GMP/*Germelmann*, § 49 Rz. 41; GK-ArbGG/*Schütz*, § 49 Rz. 48; Thomas/Putzo/*Hüßtege*, § 47 ZPO Rz. 1b; MünchKommZPO/*Stackmann*, § 47 ZPO Rz. 4.
6 OLG Köln v. 9.9.1985 – 17 W 209/85, NJW-RR 1986, 419; OLG Hamburg v. 12.2.1992 – 7 W 62, 63/91, NJW 1992, 1462 (1463).
7 OLG Karlsruhe v. 17.3.2003 – 15 AR 53/02, NJW 2003, 2174.
8 Musielak/*Heinrich*, § 47 ZPO Rz. 4.
9 BGH v. 21.6.2007 – V ZB 3/07, NJW-RR 2008, 216; GMP/*Germelmann*, § 49 Rz. 41.
10 Missverständlich Zöller/*Vollkommer*, § 47 ZPO Rz. 3, 3a, der zwischen Ablehnung außerhalb der mündlichen Verhandlung (dann § 47 Abs. 1 ZPO) und innerhalb der mündlichen Verhandlung (dann § 47 Abs. 2 ZPO) differenziert.
11 Thomas/Putzo/*Hüßtege*, § 47 ZPO Rz. 2; Zöller/*Vollkommer*, § 47 ZPO Rz. 3.

Entscheidung über die Ablehnung eine Vertagung erfordern. Diese Vorschrift, die dem Vorbild des § 29 Abs. 2 nachgebildet ist, ist mit Wirkung vom 1.9.2004 durch das 1. JuMoG eingefügt worden. Durch sie soll missbräuchlichen, nur der Verzögerung dienenden Ablehnungsgesuchen vorgebeugt und Vertagungen bei letztlich unbegründeten Ablehnungen vermieden werden[1].

Voraussetzung für die erweiterte Handlungsbefugnis des abgelehnten Richters ist zunächst, dass die **Ablehnung während der mündlichen Verhandlung** erfolgt sein muss. Die mündliche Verhandlung muss also zum Zeitpunkt des Ablehnungsgesuches bereits begonnen haben und darf noch nicht abgeschlossen iSd. § 220 Abs. 2 ZPO sein. Hierbei ist jedoch „Verhandlung" nicht technisch iSv. § 137 Abs. 1 ZPO zu verstehen, wie sich aus der weiten Fassung des Gesetzestextes („Fortsetzung des Termins") ergibt. Der Aufruf der Sache, § 220 Abs. 1 ZPO, genügt[2]. Ein Abstellen auf die Antragstellung liefe bei Anbringung eines Ablehnungsgesuches vor diesem Zeitpunkt, aber nach Aufruf der Sache dem Zweck der Norm zuwider, Verzögerungen zu vermeiden. Von § 47 Abs. 2 ZPO mitumfasst sind daher auch vor der Antragstellung liegende Verfahrensteile, wie die informelle Erörterung des Rechtsstreits oder die Güteverhandlung. Außerhalb der mündlichen Verhandlung gilt ausschließlich § 47 Abs. 1 ZPO, wobei § 43 ZPO zu beachten ist.

132a

Eine Fortsetzung der mündlichen Verhandlung trotz Ablehnungsgesuchs ist jedoch nur möglich, wenn die Entscheidung über die Ablehnung eine **Vertagung der Verhandlung erfordern** würde, § 47 Abs. 1 Satz 1 ZPO. Im Zivilprozess dürfte diese Voraussetzung stets erfüllt sein: Selbst wenn eine Entscheidung über den Ablehnungsantrag während einer Unterbrechung der Verhandlung sofort herbeigeführt werden könnte, wäre hiergegen nach § 46 Abs. 2 ZPO das Rechtsmittel der Beschwerde gegeben. Eine Vertagung bis zur rechtskräftigen Entscheidung über die Beschwerde wäre daher idR unumgänglich[3]. Im arbeitsgerichtlichen Verfahren ist die Situation anders, da gegen die Befangenheitsentscheidung nach § 49 Abs. 3 kein Rechtsmittel gegeben ist. Daher hat das Gericht nach einem Ablehnungsantrag die mündliche Verhandlung zunächst zu **unterbrechen**. Sodann ist abzuklären, ob – im Falle der Ablehnung des Vorsitzenden – dessen geschäftsplanmäßiger Vertreter bzw. – im Falle der Ablehnung des ehrenamtlichen Richters – der nächstberufene ehrenamtliche Richter kurzfristig zur Verfügung steht, so dass während der Verhandlungsunterbrechung über den Befangenheitsantrag entschieden werden kann, ohne dass die Verhandlung vertagt werden müsste. Nur dann, wenn eine Vertagung erforderlich wäre, weil ein **geschäftsplanmäßiger Vertreter nicht greifbar** ist, unter dessen Mitwirkung in der Verhandlungsunterbrechung über den Befangenheitsantrag entschieden werden könnte, kann der Termin unter Mitwirkung des abgelehnten Richters nach § 47 Abs. 2 Satz 1 ZPO fortgesetzt werden.

132b

Letzterenfalls kann der abgelehnte Richter bis zum Verhandlungsschluss (§ 136 Abs. 4 ZPO) alle Handlungen im Rahmen der formellen und materiellen Prozessleitung vornehmen und insoweit auch prozessleitende Entscheidungen treffen. Er kann bspw. eine beschlossene Zeugen- oder Sachverständigen-Beweisaufnahme durchführen. Allerdings kann nur der begonnene Termin zu Ende geführt werden. Dies ergibt sich aus dem Wortlaut des § 47 Abs. 2 Satz 1 ZPO („fortgesetzt"). Nicht gestattet ist daher die Anberaumung eines Fortsetzungstermins, die Vornahme von Amtshandlungen außerhalb der mündlichen Verhandlung oder gar eine endgültige, einer Wiederholung nach § 47 Abs. 2 Satz 2 ZPO nicht zugängliche Sachentscheidung. Auch bei Entscheidungsreife ist der Erlass eines Endurteils nicht möglich[4]. Durch die Teilnahme an der trotz Ablehnung fortgesetzten mündlichen Verhandlung verliert die ablehnende Partei nicht ihr Ablehnungsrecht; § 43 ZPO gilt insoweit nicht[5].

132c

Wird die Ablehnung wegen Befangenheit für begründet erklärt, so ist der nach der Stellung des Ablehnungsgesuches liegende Teil der Verhandlung zu **wiederholen**, § 47 Abs. 2 Satz 2 ZPO. Handlungen des erfolgreich Abgelehnten im fortgesetzten Termin sind ggf. erneut vorzunehmen. Dabei besteht hinsichtlich der unter seiner Mitwirkung zustande gekommenen Beweisurkunden ein Verwertungsverbot (zB für Protokoll von Zeugenvernehmung). Die Prozesshandlungen der Parteien bleiben dagegen wirksam. Wird das Ablehnungsgesuch zurückgewiesen, hat dagegen – rückwirkend – ein fehlerhaftes Verfahren nicht stattgefunden; ein Verstoß gegen das Tätigkeitsverbot lag mangels Ablehnungsgrundes nicht vor.

132d

dd) Rechtsfolgen bei Verletzung des Tätigkeitsverbotes

Hierzu Rz. 161 ff.

132e

---

1 Vgl. Begründung BT-Drs. 15/1508, S. 16.
2 Zöller/*Vollkommer*, § 47 ZPO Rz. 3a; Thomas/Putzo/*Hüßtege*, § 47 ZPO Rz. 5; Musielak/*Heinrich*, § 47 ZPO Rz. 8.
3 Zöller/*Vollkommer*, § 47 ZPO Rz. 3a; Musielak/*Heinrich*, § 47 ZPO Rz. 9.
4 Str., so wie hier: Zöller/*Vollkommer*, § 47 ZPO Rz. 3a.
5 *E. Schneider*, MDR 2005, 671; *Knauer/Wolf*, NJW 2004, 2857; Thomas/Putzo/*Hüßtege*, § 47 ZPO Rz. 5; Zöller/*Vollkommer*, § 47 ZPO Rz. 3a; Musielak/*Heinrich*, § 47 ZPO Rz. 9.

e) Entscheidung über Ablehnung
aa) Offensichtliche Unzulässigkeit/Rechtsmissbrauch

133 Über ein rechtsmissbräuchliches und damit offensichtlich unzulässiges Ablehnungsgesuch (vgl. Rz. 122 ff.) kann der verhandelnde Spruchkörper in der gesetzlich vorgesehenen Besetzung **unter Mitwirkung der abgelehnten Gerichtsperson** unmittelbar entscheiden, ohne dass es einer vorherigen dienstlichen Äußerung (hierzu Rz. 142 f.) bedarf[1]. In einem solchen Fall kann über die Ablehnung im Urteil mitentschieden werden, eines gesonderten Beschluss (hier Rz. 144 ff.) bedarf es nicht[2]. Dies ist jedoch auf ganz besonders offensichtliche Ausnahmefälle beschränkt[3]. Das Verbot der Selbstentscheidung gilt nicht, wenn mangels eines erkennbaren Befangenheits- oder Ausschlussgrundes eine Sachprüfung entfällt[4]. Abzulehnen ist die Ansicht, nach der es bei einem völlig eindeutigen Rechtsmissbrauch sogar gerechtfertigt sein soll, das Ablehnungsgesuch nicht weiter zu bearbeiten[5].

bb) Zuständiger Spruchkörper

134 **Zuständig** für die Entscheidung über die Ablehnung von Gerichtspersonen ist gem. § 49 Abs. 1 die Kammer des ArbG oder des LAG bzw. der Senat des BAG, dem diese Gerichtsperson angehört. § 49 Abs. 1 geht als Spezialvorschrift den Regelungen der ZPO oder des RpflG vor. Daher entscheidet in der Arbeitsgerichtsbarkeit anders als in der ordentlichen Gerichtsbarkeit **die Kammer** stets **in voller Besetzung**, also unter Mitwirkung sowohl des Berufsrichters als auch der ehrenamtlichen Richter. Dies gilt unabhängig davon, ob aufgrund mündlicher Verhandlung oder ohne mündliche Verhandlung entschieden wird. § 49 Abs. 1 bildet eine der in § 53 Abs. 1 vorgesehenen Ausnahmen von dem Grundsatz, dass der Vorsitzende nicht aufgrund von mündlichen Verhandlungen ergehende Entscheidungen selbst trifft[6]. Unerheblich ist auch, ob dem abgelehnten Richter im konkreten Fall ein prozessuales Alleinentscheidungsrecht zusteht (wie zB bei Prozesskostenhilfeersuchen) oder nicht[7].

135 Einer Kammerentscheidung bedarf es im Unterschied zu § 45 Abs. 2 Satz 2 ZPO auch dann, wenn der abgelehnte Richter das Ablehnungsgesuch selbst für begründet hält, sogar im Falle der **Selbstablehnung** nach § 48 ZPO. Entsprechendes gilt bei der Ablehnung von Rechtspflegern oder Urkundsbeamten.

136 Auch wenn sich die Parteien mit einer **Alleinentscheidung durch den Vorsitzenden** einverstanden erklärt haben (§ 55 Abs. 3), entscheidet über das Ablehnungsgesuch die Kammer unter Beteiligung der ehrenamtlichen Richter. Eine Ausnahme gilt, wenn die Kammer nach dem Geschäftsverteilungsplan nur über Verfahren ohne Beteiligung von ehrenamtlichen Richtern zu entscheiden hat und ihr auch keine ehrenamtlichen Richter zugeteilt sind. In diesem Ausnahmefall entscheidet über die Ablehnung des Berufsrichters auch nur dessen Stellvertreter ohne Hinzuziehung anderer, der Kammer nicht angehörenden ehrenamtlichen Richter, da § 49 Abs. 1 die Kammerbesetzung für den Fall der Ablehnung eines Richters nicht erweitert[8].

137 Der abgelehnte Richter darf an der Entscheidung nicht mitwirken[9]. Der abgelehnte **Berufsrichter** wird **ersetzt** durch seinen nach dem Geschäftsverteilungsplan (§ 21 GVG) zuständigen Vertreter; an die Stelle des abgelehnten **ehrenamtlichen Richters** tritt der nach der Heranziehungsliste (§§ 31, 39, 43 Abs. 3) nächstberufene Richter aus dem betroffenen Kreis der ArbN oder der ArbGeb. Es verbleibt bei dieser Zusammensetzung der Kammer auch, wenn über das Ablehnungsgesuch erst später, etwa nach einer Vertagung oder ohne mündliche Verhandlung, entschieden wird. Die Ablehnung eines ehrenamtlichen Richters ohne Entscheidung am vorgesehenen Sitzungstag ist nicht deshalb erledigt, weil nach § 39 der abgelehnte ehrenamtliche Richter ohnehin nicht zu der weiteren Verhandlung heranzuziehen wäre. Die Vorschriften über die

---

1 BAG v. 7.2.2012 – 8 AZA 20/11, NZA 2012, 526; BGH v. 14.11.1991 – I ZB 15/91, NJW 1992, 984; BVerwG v. 7.10.1987 – 9 CB 20/87, NJW 1988, 722; BayObLG v. 21.1.1993 – 2 Z BR 107/92, NJW-RR 1993, 1278; LAG Rh.-Pf. v. 10.3.1982 – 1 Ta 18/82, EzA § 49 ArbGG 1979 Nr. 2; LAG Hessen v. 7.11.2000 – 9 Sa 606/00, juris, Rz. 4; LAG Hessen v. 24.9.1996 – 9 Sa 407/96; LAG Düsseldorf v. 19.12.2001 – 7 Ta 426/01, LAGE § 49 ArbGG Nr. 9; Zöller/*Vollkommer*, § 42 ZPO Rz. 6; Stein/Jonas/*Bork*, § 42 ZPO Rz. 17; BCF/*Creutzfeld*, § 49 Rz. 16; Düwell/Lipke/*Kloppenburg*, § 49 Rz. 56; ErfK/*Koch*, § 49 ArbGG Rz. 7; Hauck/Helml/Biebl/*Helml*, § 49 Rz. 22. AA GMP/*Germelmann*, § 49 Rz. 46; GK-ArbGG/*Schütz*, § 49 Rz. 46, der dies nur dann annimmt, wenn die weiteren Prozessmaßnahmen keinen weiteren Aufschub dulden.
2 BFH v. 10.3.2015 – V ZB 108/14, BFH/NV 2015, 849.
3 BVerfG v. 20.7.2006 – 1 BvR 2228/06, NJW 2007, 3771.
4 BAG v. 7.2.2012 – 8 AZA 20/11, NZA 2012, 526; Düwell/Lipke/*Kloppenburg*, § 49 Rz. 56.
5 So aber BLAH, § 42 ZPO Rz. 7.
6 BAG v. 30.5.1972 – 1 AZR 11/72, AP Nr. 1 zu § 42 ZPO.
7 LAG Schl.-Holst. v. 6.11.2007 – 2 Ta 256/07, EzA-SD 2008, Nr. 7, 24 (Ls.), Rz. 7: stets Kammerentscheidung.
8 Überzeugend: GMP/*Germelmann*, § 49 Rz. 45.
9 Zur Ausnahme bei rechtsmissbräuchlicher Ablehnung bereits Rz. 133.

Richterablehnung gehen insoweit der Regelung über die Reihenfolge der Heranziehung ehrenamtlicher Richter vor[1].

Im ersten nach der Entscheidung über das Ablehnungsgesuch stattfindenden Termin hat das Gericht in der Besetzung tätig zu werden, die im Zeitpunkt des Ablehnungsgesuchs bestand[2]. Allein an die Stelle des abgelehnten Richters tritt, wenn die Ablehnung für begründet erklärt worden ist, ein anderer Richter. Der Termin, in dem das Ablehnungsgesuch gestellt wurde, muss fortgesetzt werden; durch die Ablehnung ist die Verhandlung lediglich unterbrochen worden[3]. 138

Wird das Ablehnungsgesuch **außerhalb der mündlichen Verhandlung** gestellt, sind die nach der Liste nächstberufenen ehrenamtlichen Richter zuständig (vgl. § 31 Rz. 16 ff.), auch wenn der Ablehnungsgrund aus Ereignissen in einer vorangegangenen mündlichen Verhandlung hergeleitet wird[4]. Das Gericht ist nicht verpflichtet, die Verfahrensbeteiligten vor einer Entscheidung darüber zu unterrichten, welche Richter daran teilnehmen werden[5]. 139

Wird durch das Ausscheiden des abgelehnten Richters die **Vertretungsregelung erschöpft** und die Kammer des ArbG damit beschlussunfähig, entscheidet das LAG, § 49 Abs. 2. Die zuständige Kammer des LAG hat die Entscheidung in voller Besetzung zu treffen, also nicht nur durch den Berufsrichter[6]. 140

Bei der Ablehnung von Gerichtspersonen in der **2. und 3. Instanz** gelten gleichfalls die vorstehenden Grundsätze. Wird das LAG durch die Ablehnung beschlussunfähig, hat das BAG über das Ablehnungsgesuch zu entscheiden[7]. 141

cc) Dienstliche Äußerung

Sowohl bei der Ablehnung durch die Parteien als auch im Falle der Selbstablehnung nach § 48 ZPO muss sich die Gerichtsperson zu dem Ablehnungsgrund zunächst **dienstlich äußern** (§ 44 Abs. 3 ZPO). Die dienstliche Äußerung hat idR schriftlich zu erfolgen; es ist jedoch auch eine mündliche Anhörung des abgelehnten Richters durch das beschließende Gericht möglich. Die dienstliche Äußerung dient der Tatsachenfeststellung. Sie soll sich auf die Stellungnahme zu den vom Ablehnenden vorgetragenen Tatsachen beschränken; eine Erklärung der Gerichtsperson, ob sie sich für befangen hält, hat – außer im Fall der Selbstablehnung (hierzu Rz. 64, 125 ff.) – zu unterbleiben[8]. Da für die Ablehnungsentscheidung auch das eigene Verhalten der ablehnenden Partei oder ihres Vertreters von Bedeutung sein kann, darf der abgelehnte Richter mit der gebotenen Zurückhaltung auch die zur Ablehnung führenden Vorgänge wertend beurteilen. Allerdings haben Ausführungen zur Zulässigkeit oder zur Begründetheit des Gesuchs zu unterbleiben[9]. Eine dienstliche Äußerung ist dann entbehrlich, wenn es sich um ein querulatorisches Ablehnungsgesuch oder ein solches ohne individuellen Ablehnungsgrund (vgl. Rz. 122 ff., 133) handelt[10]. 142

Die dienstliche Äußerung ist den Parteien zur Gewährung **rechtlichen Gehörs** zur Kenntnis- und Stellungnahme zu geben. 143

§ 44 Abs. 3 ZPO:
Der abgelehnte Richter hat sich über den Ablehnungsgrund dienstlich zu äußern.

dd) Form und Inhalt der Entscheidung

Die Entscheidung über das Ablehnungsgesuch ergeht durch **Beschluss**, der den Parteien **zuzustellen** ist. Dem Ablehnungsgesuch wird entweder stattgegeben, oder es wird als unzulässig verworfen oder für unbegründet erklärt. Im Tenor wird festgestellt, dass ein Ausschließungs- oder Ablehnungsgrund vorliegt bzw. nicht vorliegt. Im Falle der Selbstablehnung ist zusätzlich zu tenorieren, dass diese begründet oder unbegründet ist. 144

---

1 BAG v. 25.1.1963 – 1 AZR 527/61, AP Nr. 1 zu § 45 ZPO.
2 BAG v. 25.1.1963 – 1 AZR 527/61, AP Nr. 1 zu § 45 ZPO.
3 BAG v. 25.1.1963 – 1 AZR 527/61, AP Nr. 1 zu § 45 ZPO; GMP/*Germelmann*, § 49 Rz. 44.
4 GMP/*Germelmann*, § 49 Rz. 44; GK-ArbGG/*Schütz*, § 49 Rz. 49.
5 BVerfG v. 23.9.1997 – 1 BvR 116/94, NJW 1998, 369.
6 BAG v. 30.5.1972 – 1 AZR 11/72, AP Nr. 2 zu § 49 ArbGG; GWBG/*Benecke*, § 49 Rz. 18; GMP/*Germelmann*, § 49 Rz. 47; Stein/Jonas/*Bork*, § 45 ZPO Rz. 7. AA LAG Hessen, 23.4.1963, AP Nr. 5 zu § 49 ArbGG.
7 BAG v. 7.2.1968 – 5 AR 43/68, AP Nr. 3 zu § 41 ZPO.
8 GK-ArbGG/*Schütz*, § 49 Rz. 44, 51; MünchKommZPO/*Stackmann*, § 44 Rz. 10.
9 BGH v. 12.10.2011 – V ZR 8/10, NJW-RR 2012, 61; OLG Frankfurt v. 23.9.1997 – 6 W 140/97, NJW-RR 1998, 858; *Fleischer*, MDR 1998, 757; Zöller/*Vollkommer*, § 44 ZPO Rz. 4.
10 BVerfG v. 22.2.1960 – 2 BvR 36/60, BVerfGE 11, 1 (3); BayVerfGH v. 31.1.2000 – Vf. 112-IX-99, MDR 2000, 659.

145 Den Parteien ist vor der Beschlussfassung **rechtliches Gehör** zu gewähren. Dies geschieht durch die Bekanntgabe der Tatsachen, auf die das Gericht seine Entscheidung zu stützen gedenkt, und durch die Übersendung der dienstlichen Äußerung des Richters an beide Parteien mit dem Hinweis auf die Gelegenheit, hierzu eine Stellungnahme abzugeben.

146 Eine mündliche Verhandlung ist nicht zwingend. Erfolgt sie, ist die **Begründung** den Parteien zu erläutern. Der Tenor des Beschlusses, nicht die Begründung, ist im Protokoll festzuhalten. Ergeht der Beschluss außerhalb der mündlichen Verhandlung, ist er schriftlich zu begründen und den Parteien zuzuleiten. Der Beschluss über die Selbstablehnung erfordert keine eingehende Begründung; hier genügen Stichworte[1]. Der sich selbst ablehnende Richter erhält den Beschluss in vollem Wortlaut auf dem Dienstweg; hat sich ein ehrenamtlicher Richter selbst abgelehnt, ist ihm der Beschluss formlos zuzuleiten.

147 Der Beschluss enthält keine Kostenentscheidung, muss aber eine **Belehrung über den Rechtsmittelausschluss** (vgl. Rz. 148 ff.) enthalten, § 9 Abs. 5 Satz 2.

ee) Tenorierung

147a **Die Tenorierung des Beschlusses kann wie folgt erfolgen:** „Das gegen den ehrenamtlichen Richter .../Vorsitzenden der Kammer ..., Richter am Arbeitsgericht ..., gerichtete Ablehnungsgesuch des Klägers/der Beklagten vom ... wird als unzulässig verworfen/unbegründet zurückgewiesen [*oder:* wird für begründet erklärt]."
„Die Anzeige des Vorsitzenden der Kammer ..., Richter am Arbeitsgericht ..., bezüglich der Befangenheit seiner Person ist begründet/unbegründet."

ff) Rechtsmittel

(1) Rechtsmittelausschluss

148 Gegen den Beschluss ist nach § 49 Abs. 3 grds. **kein Rechtsmittel** gegeben. Dies gilt – anders als bei § 46 Abs. 2 ZPO – unabhängig davon, ob dem Ablehnungsgesuch stattgegeben oder es zurückgewiesen worden ist[2]. Auch der abgelehnte Richter oder der sich selbst ablehnende Richter hat kein Beschwerderecht. Der Rechtsmittelausschluss gilt auch für den Fall, dass unter Mitwirkung des abgelehnten Richters das Befangenheitsgesuch als rechtsmissbräuchlich verworfen wird[3]. Die Frage der Befangenheit unterliegt damit nicht der Nachprüfbarkeit durch eine höhere Instanz (wohl aber der Anhörungsrüge nach § 78a ArbGG, vgl. hierzu Rz. 154). Ob gegen die Entscheidung eines Gerichts allein mit der Begründung ein Rechtsmittel eingelegt werden kann, dass einer der mitwirkenden Richter wegen Befangenheit hätte abgelehnt werden müssen, ist zweifelhaft[4]. Zur inzidenten Überprüfung im Rahmen des Rechtsmittelverfahrens vgl. Rz. 156a.

149 Der Rechtsmittelausschluss ist **verfassungsgemäß**[5]. Er ist durch das besondere arbeitsgerichtliche Beschleunigungsgebot des § 9 Abs. 1 gerechtfertigt[6]. Auch die Art. 101 Abs. 1 Satz 2 GG, Art. 19 Abs. 4 Satz 1 GG und Art. 20 Abs. 3 GG verlangen nicht das Bestehen einer Überprüfungsmöglichkeit für jede gerichtliche Entscheidung. Dem Gebot des rechtsstaatlichen Verfahrens ist bereits durch die Sachentscheidung eines unabhängigen Gerichtes Genüge getan. Ein Instanzenzug ist nicht von Verfassungs wegen garantiert. Aus dem allgemeinen Justizgewährungsanspruch folgt zwar das Gebot einer zumindest einmaligen Kontrolle von Verfahrensgrundsätzen (insbesondere gem. Art. 101 Abs. 1, Art. 103 Abs. 1 GG); jedoch muss die Kontrolle nicht zwingend durch eine höhere Instanz erfolgen[7].

149a Die Statthaftigkeit einer sofortigen Beschwerde ergibt sich auch nicht daraus, dass der angefochtene Beschluss mit einer **fehlerhaften Rechtsmittelbelehrung** versehen war, nach deren Inhalt eine sofortige Be-

---

1 GMP/*Germelmann*, § 49 Rz. 39; Düwell/Lipke/*Kloppenburg*, § 49 Rz. 48.
2 BAG v. 14.2.2002 – 9 AZB 2/02, EzA § 49 ArbGG 1979 Nr. 8; LAG Köln v. 18.9.2008 – 10 Ta 255/07, ArbuR 2009, 61 (Ls.); HWK/*Ziemann*, § 49 ArbGG Rz. 30.
3 LAG Rh.-Pf. v. 10.3.1982 – 1 Ta 18/82, EzA § 49 ArbGG 1979 Nr. 2.
4 Verneinend: BAG v. 11.6.1963 – 2 AZR 418/62, AP Nr. 1 zu § 104 BGB; 18.3.1964 – 4 AZR 63/63, AP Nr. 112 zu § 3 TOA. Vgl. aber oben Rz. 128 mwN.
5 Ausführlich: BAG v. 22.7.2008 – 3 AZB 26/08, NZA 2009, 935, Rz. 16 ff. mwN.; BVerfG v. 31.7.2008 – 1 BvR 416/08, BVerfGK 14, 122. Vgl. auch: BAG v. 14.2.2002 – 9 AZB 2/02, nv.; 27.7.1998 – 9 AZB 5/98, NJW 1999, 84; LAG Köln v. 18.9.2008 – 10 Ta 255/07, ArbuR 2009, 61 (Ls.); LAG Rh.-Pf. v. 17.11.1981 – 1 Ta 145/81, EzA § 49 ArbGG 1979 Nr. 1; LAG Berlin v. 13.10.1997 – 9 Ta 10/97, LAGE § 49 ArbGG 1979 Nr. 8.
6 BAG v. 14.2.2002 – 9 AZB 2/02, EzA § 49 ArbGG 1979 Nr. 8; BAG v. 27.7.1998 – 9 AZB 5/98, EzA § 49 ArbGG 1979 Nr. 7.
7 BAG v. 22.7.2008 – 3 AZB 26/08, NZA 2009, 935, Rz. 16 ff.; BVerfG v. 30.4.2003 – 1 PbvU 1/02, NJW 2003, 1924 (1926), zu C.III.1.a der Gründe; BGH v. 8.11.2004 – II ZB 24/03, NJW-RR 2005, 294 für Beschlüsse des OLG über die Zurückweisung von Ablehnungsgesuchen; LAG Hessen v. 29.11.2007 – 16 Ta 467/07, juris, Rz. 2; LSG BW v. 27.1.2010 – L 7 R 3206/09, juris, Rz. 8.

schwerde möglich sein soll. Durch eine rechtsirrtümliche Rechtsmittelbelehrung wird die Anfechtbarkeit einer nicht anfechtbaren Entscheidung nicht begründet[1].

Erfolgt gleichwohl die Einlegung einer (unstatthaften) Beschwerde, besteht für das Gericht, das die Entscheidung getroffen hat, **keine Möglichkeit der Abhilfe** nach § 572 Abs. 1 ZPO. Eine Abhilfe setzt voraus, dass das Gericht die Beschwerde für statthaft und begründet erachtet. Hier fehlt es bereits an der Statthaftigkeit des Rechtsmittels. Die Sache wäre daher dem übergeordneten Gericht zur Entscheidung vorzulegen[2]. 150

(2) Keine Möglichkeit der außerordentlichen sofortigen Beschwerde

Bis zum Wirksamwerden des ZPO-Reformgesetzes am 1.1.2002 hatte die Rspr. in **Ausnahmefällen krassen Unrechts** in entsprechender Anwendung der §§ 578 ff. ZPO eine **außerordentliche sofortige Beschwerde** wegen „greifbarer Gesetzwidrigkeit" zugelassen[3]. Eine solche greifbare Gesetzwidrigkeit wurde angenommen, wenn die angefochtene Entscheidung für jedermann erkennbar mit der geltenden Rechtsordnung schlechthin unvereinbar war, weil sie jeder rechtlichen Grundlage entbehrte und dem Gesetz inhaltlich fremd war. Dies war etwa dann der Fall, wenn die angefochtene Entscheidung auf einer Gesetzesauslegung beruhte, die offensichtlich dem Gesetzeszweck und dessen Wortlaut widersprach und die eine Gesetzesanwendung zur Folge gehabt hätte, die durch das Gesetz ersichtlich ausgeschlossen werden sollte[4]. Hingegen wurde eine bloße Fehlerhaftigkeit der angegriffenen Entscheidung nicht für ausreichend erachtet, da ein nach dem Verfahrensrecht unstatthaftes Rechtsmittel auch nicht dadurch statthaft wird, dass es auf die Nichtbeachtung wesentlicher Verfahrensvorschriften auch des Verfassungsrechts (zB der Verletzung des rechtlichen Gehörs) gestützt wird[5]. Für Verfassungsverstöße bestand die Möglichkeit der Verfassungsbeschwerde (vgl. Rz. 156), während der außerordentliche Rechtsbehelf nur bei krassem Unrecht angenommen worden ist[6]. 151

Nach der Neuregelung des Beschwerderechts durch das am 1.1.2002 in Kraft getretene Zivilprozessreformgesetz vom 27.7.2001 (BGBl. I S. 1887, 1902 ff.) lehnte der BGH eine **außerordentliche Beschwerde zum BGH ab**[7]. Der BGH könne als Beschwerdegericht nur noch in den Fällen der §§ 574 ff. ZPO angerufen werden. Eine außerordentliche Beschwerde zum BAG in Analogie zum Revisionsrecht (§ 544 ZPO) sei selbst dann unstatthaft, wenn die Entscheidung ein Verfahrensgrundrecht des Beschwerdeführers verletze oder aus sonstigen Gründen greifbar gesetzwidrig sei. Es fehle an einer planwidrigen Regelungslücke. Der Gesetzgeber habe die Problematik von Verfahrensgrundrechten gesehen. Er habe mit § 321a ZPO erstmals eine Abhilfemöglichkeit für Verfahren vorgesehen, in denen eine Überprüfung des erstinstanzlichen Urteils bislang nicht möglich gewesen sei. Ferner habe er für das Revisionsrecht mit § 543 Abs. 2 Nr. 1 ZPO einen Grund für die Zulassung der Revision eingeführt, der nach der Gesetzesbegründung auch die Verletzung von Verfahrensgrundrechten umfassen solle[8]. Für das Verfahren der Rechtsbeschwerde habe der Gesetzgeber demgegenüber unter Hinweis auf die regelmäßig geringere Bedeutung des Beschwerdeverfahrens für die Parteien und aus Gründen der Entlastung des BGH[9] bewusst davon abgesehen, eine dem Revisionsrecht vergleichbare Regelung zur Korrektur auch der Verletzung von Verfahrensgrundrechten zu schaffen, obwohl die Zulassungsgründe sich bei Revision und Rechtsbeschwerde nicht unterscheiden. 152

---

1 BAG v. 22.7.2008 – 3 AZB 26/08, NZA 2009, 935, Rz. 25; LAG Rh.-Pf. v. 10.6.2011 – 9 Ta 122/11; LAG Rh.-Pf. v. 4.10.2004 – 10 Ta 201/04; vgl. auch BAG v. 20.9.2000 – 2 AZR 345/00, AP Nr. 43 zu § 72 ArbGG 1979; vgl. auch § 9 Rz. 18.
2 GMP/*Germelmann*, § 49 Rz. 49.
3 BGH v. 14.12.1989 – IX ZB 40/89, NJW 1990, 1794; BGH v. 4.3.1993 – V ZB 5/93, NJW 1993, 1865; BAG v. 21.4.1998 – 2 AZB 4/98, NZA 1998, 1357; vgl. auch § 78 Rz. 100.
4 Vgl. etwa LAG Düsseldorf v. 19.12.2001 – 7 Ta 426/01, LAGE § 49 ArbGG 1979 Nr. 9; LAG Köln v. 18.8.1992 – 2 Ta 177/92, LAGE § 49 ArbGG 1979 Nr. 6; LAG Berlin v. 13.10.1997 – 9 Ta 10/97, LAGE § 49 ArbGG 1979 Nr. 8; LAG Düsseldorf v. 17.4.1998 – 15 Ta 101/98.
5 Vgl. BVerfG v. 4.8.1995 – 1 BvR 606, 2217/94, NJW 1996, 245; BAG v. 14.2.2002 – 9 AZB 2/02, EzA § 49 ArbGG 1979 Nr. 8; BAG v. 19.6.2002 – 2 AZB 9/02, AuR 2002, 470; BGH v. 4.3.1993 – V ZB 5/93, NJW 1993, 1865; LAG Berlin v. 11.9.1997 – 6 Ta 13/97, nv.; Zöller/*Gummer*, 23. Aufl., § 567 ZPO Rz. 18 mwN.
6 So zur früheren Rechtslage: BAG v. 21.4.1998 – 2 AZB 4/98, NZA 1998, 1357; BAG v. 27.7.1998 – 9 AZB 5/98, NJW 1999, 84; BGH v. 14.12.1989 – IX ZB 40/89, NJW 1990, 1794 (1795).
7 BGH v. 7.3.2002 – IX ZB 11/02, NJW 2002, 1577; BVerwG v. 16.5.2002 – 6 B 28/02, NJW 2002, 2657; BFH v. 5.12.2002 – IV B 190/01, BB 2003, 408; *Lipp*, NJW 2002, 1700; *Müller*, NJW 2002, 2743 (2746 f.). Vgl. auch § 78 Rz. 100 ff.
8 BT-Drs. 14/4722, S. 102, rechte Spalte.
9 BT-Drs. 14/4722, S. 116, rechte Spalte.

153 Allerdings war § 321a Abs. 1 ZPO aF[1] seinem Wortlaut nach auf die erste Instanz beschränkt: Auf Rüge der durch ein unanfechtbares Urteil beschwerten Partei war der Prozess vor dem Gericht des **ersten Rechtszuges** fortzuführen, wenn dieses Gericht den Anspruch auf rechtliches Gehör in entscheidungserheblicher Weise verletzt hatte. Die Vorschrift sollte der Entlastung des BVerfG dienen, indem sie eine instanzinterne Behebung von Verstößen gegen den Anspruch auf rechtliches Gehör bei unanfechtbaren Entscheidungen schafft und damit eine schnelle und prozessökonomische Beseitigung von Verfahrensunrecht ermöglicht[2]. Schon damals wurde § 321a ZPO über die konkrete Schaffung eines Rechtsbehelfs im erstinstanzlichen Verfahren vor den Zivilgerichten hinaus überwiegend ein **allgemeiner Rechtsgrundsatz** entnommen, dass die **Beseitigung schweren Verfahrensunrechts** nach Ergehen einer mit förmlichen Rechtsmitteln nicht anfechtbaren Entscheidung durch das entscheidende Gericht selbst (iudex a quo) zu erfolgen hat[3]. Der Schaffung des § 321a ZPO aF wurde die gesetzgeberische Entscheidung entnommen, das Ausgangsgericht selbst zur Beseitigung eines von ihm veranlassten Verfahrensunrechts zu verpflichten. Aus diesem Grund erklärten BGH, BFH und BVerwG nach Schaffung des § 321a ZPO aF die bislang in Ausnahmefällen für möglich gehaltene außerordentliche Beschwerde für unstatthaft, da die Selbstkorrektur innerhalb der Instanz eine einfachere und ökonomischere Abhilfe ermögliche und zugleich zu einer Entlastung des BVerfG führe[4]. Daher bedürfe es zu einer Entlastung des BVerfG nicht mehr der außerordentlichen Beschwerde an das nächst höhere Gericht (iudex ad quem)[5].

153a Mit Beschluss vom 30.4.2003 dann erklärte das **BVerfG**[6] die gerichtliche Praxis von „teilweise außerhalb des geschriebenen Rechts" entwickelten außerordentlichen Rechtsbehelfen als mit „verfassungsrechtlichen Anforderungen an die **Rechtsmittelklarheit**" und Rechtssicherheit für **unvereinbar**. Dem Gesetzgeber wurde aufgegeben, bis zum 31.12.2004 eine Lösung zu finden, soweit dies nicht schon durch das Zivilprozessreformgesetz vom 27.7.2001 (vgl. § 321a ZPO aF) geschehen sei, um Lücken im Rechtsschutz gegenüber Gehörsverstößen zu schließen.

153b In Umsetzung dessen hat der Gesetzgeber das **Anhörungsrügegesetz** (BGBl. I, S. 3220) verabschiedet, das mit Wirkung zum 1.1.2005 in Kraft getreten ist[7]. Durch das Anhörungsrügegesetz wurde die Beschränkung des § 321a ZPO auf nicht berufungsfähige erstinstanzliche Urteile aufgehoben und die Anhörungsrüge nunmehr auf jede sonst nicht anfechtbare (End-)Entscheidung ausgedehnt. Für das arbeitsgerichtliche Verfahren enthält § 78a eine nahezu wortgleiche (in den Absätzen 6–8 um einige arbeitsrechtliche Spezifika ergänzte) Parallelvorschrift zu § 321a ZPO, die insoweit lex specialis ist.

153c Aus diesem Grund ist eine (ungeschriebene) **außerordentliche Beschwerde nunmehr auch in Willkürfällen nicht mehr statthaft**. Ihr ist durch die Entscheidung des BVerfG vom 30.4.2003[8] und durch die anschließende Schaffung des § 78a der Boden entzogen[9]. Insoweit kann argumentativ auf die in Rz. 152 dargestellte Argumentation des BGH, des BVerwG und des BFH zu § 321a ZPO aF verwiesen werden.

(3) Anhörungsrüge nach § 78a

154 Eine Entscheidung des ArbG, des LAG oder des BAG kann durch **Anhörungsrüge nach § 78a** durch das entscheidende Gericht überprüft werden, wenn
- ein Rechtsmittel oder ein anderer Rechtsbehelf gegen die Entscheidung nicht gegeben ist, § 78a Abs. 1 Nr. 1, und
- das Gericht den Anspruch der Partei auf rechtliches Gehör in entscheidungserheblicher Weise verletzt hat, § 78a Abs. 1 Nr. 2 und
- es sich um eine Endentscheidung, nicht lediglich um eine Zwischenentscheidung handelt, § 78a Abs. 1 Satz 2 (Einzelheiten: § 78a).

---

1 Gültig v. 1.1.2002 bis zum 31.8.2002.
2 BT-Drs. 14/4722, S. 63; Zöller/*Vollkommer*, § 321a ZPO Rz. 1.
3 BFH v. 5.12.2002 – IV B 190/01, BB 2003, 408.
4 BT-Drs. 14/4722, S. 85 zu § 321a ZPO.
5 BFH v. 5.12.2002 – IV B 190/01, BB 2003, 408; BGH v. 7.3.2002 – IX ZB 11/02, NJW 2002, 1577.
6 BVerfG v. 30.4.2003 – 1 PbVU/02, NJW 2003, 1924; vgl. hierzu auch *Germelmann*, FS Schwerdtner, 2003, S. 671 ff.; *Meyer-Mews*, NJW 2004, 716 ff.; *Redeker*, NJW 2003, 2956; *Voßkuhle*, NJW 2003, 2193 ff.
7 Zu den Auswirkungen des Anhörungsrügegesetz im Arbeitsgerichtsverfahren: *Gravenhorst*, NZA 2005, 24 ff.
8 BVerfG v. 30.4.2003 – 1 PbVU/02, NJW 2003, 1924.
9 Ebenso: VGH BW v. 2.2.2005 – 3 S 83/05, NJW 2005, 920; Düwell/Lipke/*Oesterle*, § 78a Rz. 28; HWK/*Ziemann*, § 49 ArbGG Rz. 30. AA *Bloching/Kettinger*, NJW 2005, 860 ff. Offen lassend: LAG Hessen v. 29.11.2007 – 16 Ta 467/07. Unklar Natter/Gross/*Rieker*, § 49 Rz. 31 („weitgehend obsolet").

Auch die Ablehnung des Befangenheitsantrags kann mit der Anhörungsrüge nach § 78a angegriffen werden. Gleiches gilt, wenn bei der Prüfung eines Ablehnungsgesuchs der Anspruch auf rechtliches Gehör verletzt worden ist[1]. 154a

Dem steht § 78a Abs. 1 Satz 2, wonach eine Anhörungsrüge nur bei einer **Endentscheidung** gegeben ist, nicht entgegen. Vielmehr ist diese Vorschrift verfassungskonform dahin auszulegen, dass Entscheidungen, die ein selbständiges Zwischenverfahren abschließen, das im Hinblick auf mögliche Gehörsverletzungen im weiteren fachgerichtlichen Verfahren nicht mehr überprüft werden kann, mit der Anhörungsrüge angegriffen werden können[2] (zur idR ausgeschlossenen Inzidentkontrolle vgl. noch Rz. 156a). 154b

Nach § 78a Abs. 1 Nr. 2 muss das Gericht den Anspruch der die Anhörungsrüge erhebenden Partei auf **rechtliches Gehör** in **entscheidungserheblicher Weise** verletzt haben. Eine Wahrung des Anspruchs auf rechtliches Gehör erfordert auch, dass der gesetzliche Richter – Art. 101 GG – die Entscheidung getroffen hat. Jeder grobe Verfahrensverstoß enthält eine Verletzung des Gebots des Art. 101 GG und indirekt des Art. 103 GG[3]. Unter Beachtung des Grundsatzes der Subsidiarität der Gehörsrüge kann daher eine Entscheidung bei **greifbarer Gesetzeswidrigkeit** wegen der **fehlerhaften Besetzung** des Gerichts nach § 78a im Wege der Anhörungsrüge überprüft werden. Eine solche greifbare Gesetzeswidrigkeit, die trotz § 49 Abs. 3 zumindest eine Abänderung durch das entscheidende Gericht selbst eröffnet, liegt vor, wenn über das Ablehnungsgesuch entgegen § 49 Abs. 1 durch den Vorsitzenden allein anstelle der Kammer oder gar nicht entschieden worden ist[4]. Eine solche Allein- oder Nichtentscheidung ist generell unzulässig (§ 49 Abs. 1: „entscheidet die Kammer"), da der gesetzliche Richter entzogen wird. 154c

Hingegen liegt idR **kein evidenter Rechtsfehler** vor, wenn der ein Ablehnungsgesuch zurückweisende Beschluss unter Mitwirkung des abgelehnten Richters gefasst wird, da bei offensichtlicher Unzulässigkeit oder Rechtsmissbräuchlichkeit durchaus unter Mitwirkung des abgelehnten Richters entschieden werden kann[5]. Der gegenteiligen Auffassung[6] kann nicht gefolgt werden. Der Gesetzeswortlaut gibt für eine einschränkende Auslegung nichts her. Auch eine Zurückweisung des Ablehnungsgesuchs wegen Rechtsmissbrauchs ist eine „Entscheidung über die Ablehnung". Der Gesetzeszweck, das Verfahren zu beschleunigen, verbietet eine einschränkende Auslegung. Ansonsten könnte der Gesetzeszweck gerade in den gravierenden Fällen einer rechtsmissbräuchlichen Vorgehensweise nicht zum Tragen kommen. Der Einwand *Vollkommers* (aaO), der Beschleunigungszweck könne durch eine Anfechtung der Entscheidung, an der der abgelehnte Richter selbst mitgewirkt hat, nicht berührt sein, weil bei einer solchen das Gesuch verwerfenden Entscheidung der Ausgang eines Beschwerdeverfahrens nicht abgewartet zu werden brauche, trifft nicht für alle Fälle zu. Falls das Beschwerdegericht die Rechtsmissbräuchlichkeit anders sehen sollte, wäre das Verfahren im Regelfall an das ArbG zur erneuten Entscheidung über das Ablehnungsgesuch durch die zuständige Kammer unter Heranziehung des Vertreters des abgelehnten Richters zurückzuverweisen. In diesem Fall müsste der erstinstanzliche Rechtsstreit zunächst unterbrochen werden. Falls das ArbG bereits vor Abschluss des Beschwerdeverfahrens eine Entscheidung gefällt hätte, wäre diese mit einem Anfechtungsgrund behaftet. Eine **Ausnahme** gilt lediglich dann, wenn sich der Ablehnungsbeschluss im vorgenannten Fall nicht einmal über die vorgebrachten Ablehnungsgründe verhält[7]. 155

---

1 BAG 29.8.2016 – 9 AZN 533/16, nv; BAG v. 23.9.2008 – 6 AZN 84/08, NZA 2009, 396, Rz. 5; LAG Hessen v. 29.11.2007 – 16 Ta 467/07; BVerfG v. 31.7.2008 – 1 BvR 416/08, BVerfGK 14, 122; BVerfG v. 23.10.2007 – 1 BvR 782/07, MDR 2008, 223, Rz. 20 ff. (Verfassungsbeschwerde zu BAG v. 14.2.2007 – 5 AZA 15/06 (B), NZA 2007, 528); GK-ArbGG/*Schütz*, § 49 Rz. 61; Natter/Gross/*Rieker*, § 49 Rz. 30. Unzutreffend hingegen BCF/*Creutzfeld*, § 49 Rz. 17; LAG Hessen v. 23.1.2008 – 12 Sa 2065/05, 12 Sa 934/06 und 12 Sa 1091/06, die von einer generellen Unstatthaftigkeit der Anhörungsrüge ausgehen. Widersprüchlich: GMP/*Germelmann*, § 49 Rz. 50 (Anhörungsrüge möglich) und Rz. 51 (Anhörungsrüge nicht gegeben, wenn Endentscheidung angefochten werden kann, da damit die Entscheidung im Ablehnungsverfahren unter dem Gesichtspunkt des nicht ordnungsgem. besetzten Gerichts angegriffen werden kann).
2 BVerfG v. 23.10.2007 – 1 BvR 782/07, MDR 2008, 223, Rz. 20 ff.; BVerfG v. 31.7.2008 – 1 BvR 416/08, BVerfGK 14, 122; BAG, 23 9. 2008 – 6 AZN 84/08, NZA 2009, 396, Rz. 5.
3 Ebenso: GMP/*Germelmann*, § 49 ArbGG Rz. 51.
4 LAG Köln v. 18.8.1992 – 2 Ta 177/92, LAGE § 49 ArbGG 1979 Nr. 6; LAG Düsseldorf v. 30.3.2001 – 7 Ta 108/01, juris; Zöller/*Vollkommer*, § 46 ZPO Rz. 22; GMP/*Germelmann*, § 49 Rz. 51; vgl. auch LAG Berlin v. 13.10.1997 – 9 Ta 10/97, LAGE § 49 ArbGG 1979 Nr. 8; LAG Düsseldorf v. 17.4.1998 – 15 Ta 101/98, nv.
5 BAG v. 17.3.2016 – 6 AZN 1087/15, NZA 2016, 1100; BVerfG v. 15.6.2015 – 1 BvR 1288/14, juris; so noch zur außerordentlichen Beschwerde: LAG Düsseldorf v. 30.3.2001 – 7 Ta 108/01; LAG Düsseldorf v. 27.11.2000 – 7 Ta 444/00; LAG Rh.-Pf. v. 10.3.1982 – 1 Ta 18/82, EzA § 49 ArbGG 1979 Nr. 2; GK-ArbGG/*Schütz*, § 49 Rz. 43.
6 Zöller/*Vollkommer*, § 46 ZPO Rz. 22; *Vollkommer*, in: Anm. zu LAG Rh.-Pf. v. 10.3.1982 – 1 Ta 18/82, EzA § 49 ArbGG 1979 Nr. 2; BLAH, § 46 ZPO Rz. 10.
7 LAG Düsseldorf v. 19.12.2001 – 7 Ta 426/01, LAGE § 49 ArbGG 1979 Nr. 9.

(4) Verfassungsbeschwerde

156 Für den Fall, dass das Gericht einen greifbaren Gesetzesverstoß nach Erhebung einer Anhörungsrüge nach § 78a nicht selbst ausräumt, kommt im Falle eines Grundrechtsverstoßes allein die Erhebung einer **Verfassungsbeschwerde** (Art. 93 Abs. 1 Nr. 4a GG, § 90 Abs. 1 BVerfGG) durch die Parteien in Betracht, sofern kein Rechtsmittel gegeben ist[1]. Durch die Verfassungsbeschwerde kann die Entscheidung mittelbar überprüft werden, indem etwa die Rüge erhoben wird, es habe nicht der gesetzlich vorgesehene Richter mitgewirkt. Gleiches gilt, wenn in der Hauptsache **Nichtigkeitsklage** nach § 79 erhoben wird.

(5) Keine inzidente Überprüfung durch Rechtsmittelgericht

156a Eine **inzidente Überprüfung** der Entscheidung des Rechtsmittelgerichts über ein Ablehnungsgesuch im Rahmen einer Revision oder Rechtsbeschwerde gegen die unter Mitwirkung der erfolglos abgelehnten Richter getroffene Hauptentscheidung ist **ausgeschlossen**[2]. Nach § 557 Abs. 2 ZPO iVm. § 72 Abs. 5 unterliegen der Beurteilung des Revisionsgerichts nicht die dem Endurteil vorausgegangenen unanfechtbaren Entscheidungen, wie bspw. die nach § 49 Abs. 3 unanfechtbare Entscheidung über ein Ablehnungsgesuch. Hiervon ist möglicherweise dann eine Ausnahme zu machen, wenn die Zurückweisung des Ablehnungsgesuchs auf einer Verletzung des Anspruchs auf rechtliches Gehör oder auf willkürlichen oder manipulativen Erwägungen beruht[3].

(6) Analoge Anwendung auf Sachverständige

156b Auf die **Ablehnung von Sachverständigen** ist § 49 Abs. 3 entsprechend anwendbar (vgl. bereits Rz. 13)[4]. Die gegenteilige Auffassung, die annimmt, gegen den Beschluss, der die Ablehnung des Sachverständigen für unbegründet erklärt, sei nach § 406 Abs. 5 ZPO die sofortige Beschwerde gegeben[5], verdient keine Zustimmung. Gegen eine entsprechende Anwendung des § 49 Abs. 3 auf die Ablehnung eines Sachverständigen kann nicht von vornherein eingewandt werden, es handele sich um eine Ausnahmevorschrift, die einer Analogie nicht zugänglich sei[6]. Bereits die Annahme, bei § 49 Abs. 3 handele es sich um eine Ausnahmevorschrift, ist unzutreffend. § 49 stellt keine Ausnahme einer allgemeinen Regel dar, sondern eine spezielle Norm für eine eigenständige Verfahrensordnung. Zudem ist in der juristischen Methodenlehre heute anerkannt, dass der Satz, Ausnahmevorschriften seien eng auszulegen und nicht analogiefähig, so nicht zutreffend ist. Sie sind vielmehr in den Grenzen ihres Sinnes und Zweckes der Analogie fähig[7]. Eine Regelungslücke ist gegeben, da die Ablehnung von Sachverständigen im Arbeitsgerichtsgesetz nicht ausdrücklich geregelt ist. Eine solche hätte aber nahe gelegen, weil die verwandte Rechtsfrage für Gerichtspersonen vom Gesetzgeber einer gesonderten Regelung zugeführt wurde. Anhaltspunkte dafür, dass es sich um eine bewusste Nichtregelung der Frage handelte mit der Folge, dass es bei dem Verweis auf die allgemeinen zivilprozessualen Bestimmungen (§ 78 ArbGG iVm. § 574 Abs. 1 ZPO; § 46 Abs. 2 ArbGG iVm. § 406 Abs. 5 ZPO) verbleibt, sind nicht erkennbar. Sinn und Zweck des § 49 Abs. 3 – der Rechtsgedanke der Verfahrensbeschleunigung – gebieten es, den Ausschluss eines Rechtsmittels auch auf Beschlüsse über die Ablehnung von Sachverständigen im arbeitsgerichtlichen Verfahren anzuwenden.

gg) Streitwert

156c Eine Richterablehnung erhöht nicht den Streitwert[8]. Der Streitwert ist daher derjenige der Hauptsache. Die außergerichtlichen Kosten der Richterablehnung sind nicht erstattungsfähig[9].

---

1 BVerfG v. 25.6.1968 – 2 BvR 599, 677/67, NJW 1968, 1621; GK-ArbGG/*Schütz*, § 49 Rz. 61.
2 BAG v. 29.8.2016 – 9 AZN 533/16, nv; BAG v. 17.3.2016 – 2 AZR 110/15, ArbR 2016, 531; BAG v. 20.1.2009 – 1 ABR 78/07, AP § 77 BetrVG 1972 Betriebsvereinbarungen Nr. 44; BAG v. 23.9.2008 – 6 AZN 84/08, NZA 2009, 396, Rz. 5.
3 Dies erwägend, aber offen lassend: BAG v. 20.1.2009 – 1 ABR 78/07, AP § 77 BetrVG 1972 Betriebsvereinbarungen Nr. 44; BAG v. 23.9.2008 – 6 AZN 84/08, NZA 2009, 396, Rz. 6; vgl. auch BVerfG v. 18.12.2007 – 1 BvR 1273/07, NVwZ-RR 2008, 289.
4 BAG v. 22.7.2008 – 3 AZB 26/08, NZA 2009, 453, Rz. 7 ff. Zu § 172 Abs. 2 SGG LSG BW v. 27.1.2010 – L 7 R 3206/09 B, juris, Rz. 2 ff. Ebenso bereits LAG Düsseldorf v. 5.9.1985 – 7 Ta 323/85, nv.; LAG Chemnitz v. 17.8.1937 – Ta 9/37, Bensheimer Sammlung 31, 2. Abteilung, 18. Anders noch die Vorauflage.
5 LAG Hamm v. 19.6.1996 – 8 Ta 16/86, LAGE § 49 ArbGG 1979 Nr. 3; LAG Kiel v. 23.6.1955 – 2 Ta 39/55, AP § 49 ArbGG 1953 Nr. 1.
6 So aber *Wieczorek*, Anm. zu AP ArbGG 1953 § 49 Nr. 1.
7 BAG v. 28.11.2004 – 6 AZR 651/03, NZA 2005, 516.
8 LAG Köln v. 19.3.1996 – 7 (6) Ta 267/95, AnwBl 1996, 644; OLG Düsseldorf v. 29.3.1994 – 11 W 77/93, NJW-RR 1994, 1086.
9 OLG München v. 16.2.1994 – 11 W 698/94, MDR 1994, 627.

IV. Folgen der Ausschließung oder Ablehnung

1. Folgen der Ausschließung

Liegt eine der Voraussetzungen der § 41 Nr. 1–8 ZPO vor, so ist die Gerichtsperson ohne Weiteres **kraft Gesetzes ausgeschlossen**. Sie hat sich jeglicher Amtshandlungen zu enthalten. Jede (auch unaufschiebbare) richterliche oder rechtspflegerische Tätigkeit oder Tätigkeit der Urkundsbeamten, insbesondere Aufnahme von Protokollen (§§ 159–165 ZPO) und Erteilung vollstreckbarer Ausfertigungen (§ 724 ZPO), ist untersagt. Ein Verzicht auf die Ausschließung ist unzulässig, die Heilung durch rügelose Einlassung (§ 295 ZPO) ausgeschlossen[1]. § 47 ZPO findet keine Anwendung (hierzu bereits Rz. 129c). 157

Die **Kenntnis von den Ausschließungsgründen** wird nicht vorausgesetzt. Die Ausschließung tritt auch bei Unkenntnis der Beteiligten ein[2]. Die Ausschließung bezieht sich nur auf das konkrete Verfahren, in dem die Tatbestände des § 41 ZPO vorliegen. An die Stelle der ausgeschlossenen Gerichtsperson tritt die nach dem Geschäftsverteilungsplan zu bestimmende Vertretungsperson. 158

2. Folgen der Ablehnung

Bis zur Entscheidung über das Ablehnungsgesuch hat der Richter alle weiteren Handlungen zu unterlassen (**Tätigkeitsverbot**), soweit es sich nicht um unaufschiebbare Maßnahmen iSd. § 47 Abs. 1 ZPO handelt (Rz. 130 ff.). Eine weitere Ausnahme gilt unter den Voraussetzungen des § 47 Abs. 2 ZPO bei Ablehnungsgesuchen während der mündlichen Verhandlung (Rz. 132 ff.). Das Tätigkeitsverbot gilt insbesondere für solche Handlungen, die die Entscheidung über das Ablehnungsgesuch beeinflussen könnten. Es besteht jedoch keine Pflicht, aktiv an der Beseitigung früherer Verfahrenshandlungen mitzuwirken[3]. Frühere oder unaufschiebbar vorgenommene Handlungen des abgelehnten Richters bleiben wirksam, auch wenn der materielle Ablehnungsgrund schon vorlag. Insoweit kommt weder die Nichtigkeitsklage gem. § 579 Abs. 1 Nr. 3 ZPO noch der absolute Revisionsgrund des § 547 Nr. 3 ZPO in Betracht, weil diese Vorschriften nur für den Zeitraum eingreifen, nachdem das Ablehnungsgesuch für begründet erklärt worden ist[4]. 159

Das Ablehnungsgesuch bewirkt **keine Unterbrechung** des Verfahrens und **keine Hemmung von Notfristen**[5].

Ist das Ablehnungsgesuch für **begründet** erachtet worden, der Richter also wirksam abgelehnt, hat er sich wie der ausgeschlossene Richter jeder richterlichen Tätigkeit zu enthalten. Das vorstehend unter Rz. 157 Ausgeführte gilt entsprechend. Wird das Ablehnungsgesuch hingegen **zurückgewiesen**, werden Handlungen, die der Richter nach § 47 ZPO an sich nicht hätte vornehmen dürfen, nachträglich geheilt[6]. 160

Nach der Ablehnung eines Ablehnungsgesuches kann der **Antrag erneut** gestellt werden, wenn neue Tatsachen zu den bisher bekannten Gründen hinzugekommen sind[7]. 160a

3. Folgen unzulässiger Mitwirkung

a) Ausgeschlossener bzw. wirksam abgelehnter Richter

Die **unzulässige Mitwirkung** einer ausgeschlossenen oder wirksam abgelehnten Gerichtsperson führt nicht zur Nichtigkeit einer **Entscheidung**. Vielmehr bleibt sie zunächst bedingt wirksam, ist aber **anfechtbar**. Hat der ausgeschlossene oder wirksam abgelehnte Richter an einer verfahrensbeendenden Entscheidung oder an einer richterlichen Handlung im Vorfeld einer Entscheidung mitgewirkt, kann auf diesen Verfahrensfehler die Berufung gestützt werden. Eine Zurückweisung des Rechtsstreits vom LAG zum ArbG wegen eines Verfahrensfehlers ist gem. § 68 allerdings nicht möglich. 161

Hat ein ausgeschlossener oder wirksam abgelehnter Richter in der **Berufungsinstanz** mitgewirkt, ist ein absoluter Revisionsgrund iSd. § 547 Nr. 2 ZPO gegeben. Ist die Entscheidung bereits rechtskräftig, ist unter den weiteren Voraussetzungen des § 579 Abs. 1 Nr. 2 ZPO (Ausschließung) bzw. des § 579 Abs. 1 Nr. 3 162

---

1 OLG Frankfurt v. 25.5.1976 – 5 U 152/75, NJW 1976, 1545; Zöller/*Vollkommer*, § 41 ZPO Rz. 16; Düwell/Lipke/*Kloppenburg*, § 49 Rz. 16 f..
2 MünchKommZPO/*Stackmann*, § 41 Rz. 30; Düwell/Lipke/*Kloppenburg*, § 49 Rz. 16 f.
3 BGH v. 8.2.2001 – II ZR 45/00, NJW 2001, 1503; Musielak/*Heinrich*, § 47 ZPO Rz. 4.
4 Musielak/*Heinrich*, § 47 ZPO Rz. 6.
5 BAG v. 28.12.1999 – 9 AZN 739/99, AP Nr. 7 zu § 49 ArbGG 1979.
6 BVerfG v. 30.11.1987 – 1 BvR 1033/87, ZIP 1988, 174 (175); BAG v. 28.12.1999 – 9 AZN 739/99, BB 2000, 1948; KG v. 18.3.1977 – 1 W 4047/76, MDR 1977, 673; BayVerfGH v. 16.10.1981 – Vf. 97-VI/80, NJW 1982, 1746; GWBG/*Benecke*, § 49 Rz. 26; Stein/Jonas/*Bork*, § 47 ZPO Rz. 9.
7 GK-ArbGG/*Schütz*, § 49 Rz. 37; ErfK/*Koch*, § 49 ArbGG Rz. 4.

ZPO (Stattgegebenes Befangenheitsgesuch) eine **Nichtigkeitsklage** möglich[1], vgl. § 79. Unter Umständen kann **Verfassungsbeschwerde** erhoben werden, zB wegen fehlenden rechtlichen Gehörs oder „Nichtentscheidung" (Art. 93 Abs. 1 Nr. 4a GG, § 90 Abs. 1 BVerfGG).

163 Selbst bei einem erfolgreichen Ablehnungsgesuch werden die früheren Handlungen und Entscheidungen des abgelehnten Richters dadurch nicht unwirksam oder anfechtbar[2]. Liegt lediglich die Mitwirkung der ausgeschlossenen Gerichtspersonen an einer **Prozesshandlung** vor, so ist diese gleichfalls nicht nichtig; sie muss **während der Instanz** in ordnungsgemäßer Besetzung wiederholt oder zurückgenommen werden, sofern der Rechtszug noch nicht beendet und das Gericht nicht daran gebunden ist (§ 318 ZPO). Der ausgeschlossene Berufsrichter wird hierbei durch den geschäftsplanmäßigen Vertreter, der ausgeschlossene ehrenamtliche Richter durch den Listennachfolger ersetzt. Prozesshandlungen der Parteien behalten dagegen ihre Wirksamkeit[3].

b) Verstoß gegen Tätigkeitsverbot nach Ablehnungsantrag vor Befangenheitsentscheidung

164 Verstößt der Richter nach seiner Ablehnung gegen das aus § 47 Abs. 1 ZPO folgende, bis zur Entscheidung über die Befangenheit bestehende vorläufige Tätigkeitsverbot, so bleiben seine Handlungen grds. wirksam[4]. Dies ergibt sich aus § 579 Abs. 1 Nr. 3 ZPO. Wird die Ablehnung für begründet erklärt, kann der im verbotswidrigen Tätigwerden des Richters liegende Verfahrensfehler gerügt werden, indem die Entscheidung mit den gewöhnlichen Rechtsmitteln – Berufung oder Revision – angegriffen wird. Bei nicht anfechtbaren, entgegen dem Tätigkeitsverbot ergangenen Entscheidungen kann in entsprechender Anwendung des § 579 Abs. 1 Nr. 3 ZPO iVm. § 79 eine Nichtigkeitsklage in Betracht kommen[5]. Wird die Ablehnung hingegen für unbegründet erklärt, so sind nachträglich allerdings auch solche Handlungen wirksam, die der Richter nach § 47 ZPO an sich nicht hätte vornehmen dürfen[6].

165 Enthält sich der Richter während des Zeitraums, innerhalb dessen er wegen der Prüfung eines Ausschließungsgrundes nach § 41 ZPO der Wartepflicht unterliegt, nicht seiner Tätigkeit, kann dies jedoch einen selbständigen **Befangenheitsgrund** iSd. § 42 ZPO darstellen[7].

§ 50 Zustellung

(1) Die Urteile werden von Amts wegen binnen drei Wochen seit Übermittlung an die Geschäftsstelle zugestellt. § 317 Abs. 1 Satz 3 der Zivilprozessordnung ist nicht anzuwenden.

(2) Die §§ 174, 178 Abs. 1 Nr. 2 der Zivilprozessordnung sind auf die nach § 11 zur Prozessvertretung zugelassenen Personen entsprechend anzuwenden.

I. Allgemeines 1	2. Zustellung an Prozessbevollmächtigte 13
II. Parteizustellung 3	V. Zustellungsbeurkundung 16
III. Amtszustellung 5	1. Vereinfachte Zustellung 17
IV. Zustellungsverfahren 9	2. Zustellung durch Fernkopie und von elektronischen Dokumenten 22
1. Zustellung an die Partei 10	

Schrifttum: *Klässel,* Zur Frage, ob die fehlende Unterschrift auf einer Zustellungsurkunde nach dem Zugang der Urkunde bei Gericht noch wirksam nachgeholt werden kann, Rpfleger 1981, 289; *Korinth,* Die Zustellung von Anwalt zu Anwalt, ArbRB 2005, 350; *Schwab,* Neuerungen im arbeitsgerichtlichen Verfahren, NZA 1991, 657.

---

1 BGH v. 25.9.2014 – V ZR 8/10, NJW-RR 2012, 61,.
2 BGH v. 30.11.2006 – III ZR 93/06, MDR 2007, 599,.
3 Zöller/*Vollkommer,* § 41 ZPO Rz. 17; BLAH, § 41 ZPO Rz. 7; Musielak/*Heinrich,* § 41 ZPO Rz. 15.
4 Musielak/*Heinrich,* § 47 ZPO Rz. 5; Zöller/*Vollkommer,* § 47 ZPO Rz. 4.
5 Zöller/*Vollkommer,* § 47 ZPO Rz. 6 mwN.
6 BAG v. 28.12.1999 – 9 AZN 739/99, BB 2000, 1948; Stein/Jonas/*Bork,* § 47 ZPO Rz. 9; GWBG/*Benecke,* § 49 Rz. 26.
7 Musielak/*Heinrich,* § 47 ZPO Rz. 7 mwN.

I. Allgemeines

Unter Zustellung ist im arbeitsgerichtlichen Verfahren ebenso wie im Zivilprozess die **zu beurkundende** 1 **Übergabe eines Schriftstücks** von einer Person (dem Zustellungsveranlasser) an eine andere Person (den Zustellungsadressaten – § 182 Abs. 2 Nr. 1 ZPO) in der gesetzlich vorgeschriebenen Form (§ 166 Abs. 1 ZPO) zu verstehen[1]; Zustellungsempfänger ist die Person, der das Schriftstück übergeben wird (vgl. § 182 Abs. 2 Nr. 2 ZPO, in den Fällen des § 178 ZPO die Ersatzperson). Die ordnungsgemäße Einhaltung der Zustellungsvorschriften dient der Verwirklichung des Grundsatzes des rechtlichen Gehörs (Art. 103 Abs. 1 GG)[2]. Die Zustellung verschafft dem Absender den Nachweis, dass der Adressat das Schriftstück bekommen hat und sich nicht damit verteidigen kann, von dem Inhalt eines Schriftstücks nichts zu wissen, um so nachteilige Folgen wie zB den Ablauf einer Frist zu verhindern[3]. Gegenstück zur förmlichen Zustellung ist die formlose Mitteilung (vgl. bspw. § 329 Abs. 2 Satz 1 ZPO)[4].

Nach § 46 Abs. 2 ArbGG iVm. § 166 Abs. 2 ZPO erfolgen auch im arbeitsgerichtlichen Verfahren die **Zu-** 2 **stellungen** grds. **von Amts wegen**; eine Zustellung im Parteibetrieb ist nur in den vom Gesetz genannten Fällen zulässig. § 50 enthält Sondervorschriften lediglich für die Zustellung von Urteilen, die Zustellung an Gewerkschaftssekretäre und Verbandsvertreter und hinsichtlich der zustellungsberechtigten Personen. Im Übrigen gelten die Vorschriften der ZPO entsprechend. Danach ist zu unterscheiden zwischen der Parteizustellung (§§ 191–195 ZPO) und der Amtszustellung (§§ 166–190 ZPO).

II. Parteizustellung

Die **Zustellung im Parteibetrieb** ist im arbeitsgerichtlichen Verfahren die **Ausnahme**. Sie gilt für den 3 ohne mündliche Verhandlung durch Beschluss erlassenen Arrestbefehl (§ 62 Abs. 2 ArbGG iVm. § 922 Abs. 2 ZPO) und die durch Beschluss erlassene einstweilige Verfügung (§ 62 Abs. 2 ArbGG iVm. §§ 936, 922 Abs. 2 ZPO). Wird über den Arrest oder die einstweilige Verfügung durch Urteil entschieden, bleibt es bei der Amtszustellung nach § 50 Abs. 1[5]. Bei der Urteilszustellung in diesen beiden Verfahren ist die Frist des § 929 Abs. 2 ZPO zu beachten, wonach die Vollziehung des Arrestes bzw. der einstweiligen Verfügung[6] nicht statthaft ist, wenn die Zustellung nicht innerhalb eines Monats seit Verkündung der Entscheidung erfolgt ist[7]. Die Partei muss sich daher die Zustellung des Urteils gem. § 169 Abs. 1 ZPO bescheinigen lassen und ggf. die Ausfertigung eines abgekürzten Urteils nach § 317 Abs. 2 Satz 2 ZPO zum Zwecke der Zustellung und Vollziehung des Arrestes bzw. der einstweiligen Verfügung beantragen.

Wer aus einem arbeitsgerichtlichen **Prozessvergleich die Zwangsvollstreckung** betreiben will, muss diesen 4 Vergleich dem Vollstreckungsschuldner im **Parteibetrieb** zustellen lassen[8]. Urteile, auch in abgekürzter Form iSv. § 313a ZPO, sind ausschließlich von Amts wegen zuzustellen[9]. Die von den Parteien zu betreibenden Zustellungen erfolgen durch den Gerichtsvollzieher (§ 192 Abs. 1 ZPO). Sind die Parteien durch Anwälte vertreten, so kann ein Schriftstück (Urteil, Beschluss, Vergleich, bestimmender Schriftsatz) gem. § 195 Abs. 1 Satz 1, 2 ZPO auch dadurch zugestellt werden, dass der zustellende Anwalt das zu übergebende Schriftstück dem anderen Anwalt übermittelt (Zustellung von Anwalt zu Anwalt)[10].

III. Amtszustellung

Von den wenigen vorgenannten Fällen abgesehen, erfolgt die Zustellung von Amts wegen (§ 46 Abs. 2 5 Satz 1 ArbGG iVm. § 166 Abs. 2 ZPO). Dies gilt namentlich für **Urteile**. Eine im Parteibetrieb erfolgte Zustellung ist unwirksam und setzt die Rechtsmittelfristen nicht in Lauf[11]. Mit Ausnahme der Versäumnis-

---

1 BGH v. 24.11.1977 – III ZR 1/76, MDR 1978, 558 (559).
2 BVerfG v. 26.10.1987 – 1 BvR 198/87, MDR 1988, 832; BGH v. 6.4.1992 – II ZR 242/91, MDR 1992, 997 (998).
3 GK-ArbGG/*Schütz*, § 50 Rz. 7, mwN.
4 GK-ArbGG/*Schütz*, § 50 Rz. 7.
5 GMP/*Germelmann*, § 50 Rz. 21.
6 Vgl. i.E. auch BAG v. 18.9.2007 – 9 AZR 672/06, MDR 2008, 576.
7 S. hierzu i. E. *Korinth*, Einstweiliger Rechtsschutz im Arbeitsgerichtsverfahren, 3. Aufl., F 29 ff.
8 LAG Hessen v. 7.9.1970 – 1 Ta 65/70, DB 1971, 870.
9 LAG Hessen v. 29.8.1985 – 3 Ta 188/85, LAGE § 50 ArbGG 1979 Nr. 1; HWK/*Ziemann*, § 50 ArbGG Rz. 2; GMP/*Germelmann*, § 50 Rz. 7; aA LAG Hessen v. 13.7.1987 – 1 Ta 151/87, NZA 1988, 175; Abgekürzte Urteilsfassungen zum Zweck der Zwangsvollstreckung – § 317 Abs. 2 Satz 2 iVm. § 750 Abs. 1 Satz 2 ZPO; vgl. § 64 Rz. 12 – müssen ebenfalls im Parteibetrieb zugestellt werden, da sie ein Akt der Zwangsvollstreckung sind.
10 S. hierzu *Korinth*, ArbRB 2005, 350.
11 BGH v. 19.5.2010 – IV ZR 14/08.

urteile, die nur der unterlegenen Partei zuzustellen sind (§ 317 Abs. 1 Satz 1 ZPO), erfolgt die **Zustellung** regelmäßig **an alle Parteien** und ihre Streithelfer. Dabei verbleibt das Original des Urteils in der Gerichtsakte, während an die Parteien jeweils eine Ausfertigung zugestellt wird[1]; eine bloß beglaubigte Urteilsabschrift reicht nicht[2]. Zuzustellen ist das in vollständiger Form abgefasste Urteil mit Tatbestand, Entscheidungsgründen und Rechtsmittelbelehrung, es sei denn, dass nach § 313a ZPO der Tatbestand und die Entscheidungsgründe weggelassen worden sind oder es sich um ein Versäumnis-, Anerkenntnis- oder Verzichtsurteil (§ 313b ZPO) handelt. In Abweichung von den zivilprozessualen Regelungen sind alle arbeitsgerichtlichen Urteile, also Grund-, Teil-, Schluss-, Anerkenntnis-, Versäumnis- und Verzichtsurteile sowie Urteile im Arrest- und Verfügungsverfahren und Urteile über die Folgen von Klagerücknahme oder Klageverzicht, **binnen dreier Wochen** seit Übergabe an die Geschäftsstelle von Amts wegen **zuzustellen**. Die Regelung des § 317 Abs. 1 Satz 3 ZPO, wonach auf übereinstimmenden Antrag der Parteien der Vorsitzende die Zustellung verkündeter Urteile bis zum Ablauf von fünf Monaten nach der Verkündigung hinausschieben kann, findet im ArbG-Prozess keine Anwendung (§ 50 Abs. 1 Satz 2). Da der Vollstreckungsbescheid einem Versäumnisurteil gleichsteht (§ 700 Abs. 1 ZPO), gilt für die Zustellung ebenfalls die Regelung des § 50 Abs. 1 Satz 1. Der Vollstreckungsbescheid muss die Worte „für vollstreckbar erklärt" enthalten; sind diese Worte von der Geschäftsstelle des ArbG gestrichen worden, so kann eine wirksame Zustellung nicht erfolgen[3]. Anders als in § 699 Abs. 4 Satz 2 ZPO vorgesehen, findet eine Zustellung des Vollstreckungsbescheids im Parteibetrieb nicht statt; auch hier geht die Regelung des § 50 Abs. 1 Satz 1 vor[4].

6 Die Anordnung der Amtszustellung des § 50 Abs. 1 betrifft nach der Verweisungsnorm in § 80 Abs. 2 auch die **Beschlüsse im Beschlussverfahren** (§ 84). Ob es sich dabei um eine Teilentscheidung oder um eine Schlussentscheidung handelt, ist unerheblich; in jedem Falle sind Beschlüsse iSd. § 84 von Amts wegen den Beteiligten zuzustellen, eine Zustellung durch die Beteiligten selbst ist ausgeschlossen[5].

7 **Nicht verkündete (sonstige) Beschlüsse** des Gerichts und nicht verkündete Verfügungen des Vorsitzenden oder eines beauftragten oder ersuchten Richters im Urteils- wie im Beschlussverfahren sind den Parteien **formlos** mitzuteilen (§ 46 Abs. 2 Satz 1 ArbGG iVm. §§ 495, 329 Abs. 2 Satz 1 ZPO). Enthält die Entscheidung eine Terminsbestimmung oder setzt sie eine Frist in Lauf, so ist sie ebenfalls von Amts wegen zuzustellen (§ 329 Abs. 2 Satz 2 ZPO).

8 Im Laufe eines Rechtsstreits sind verschiedene Schriftstücke zuzustellen, zB Klageschrift, Ladungen, Prozesserklärungen, Anträge, Rechtsmittelschriften, Beschlüsse und Urteile.

IV. Zustellungsverfahren

9 Die Zustellung wird vom **Urkundsbeamten der Geschäftsstelle** des Gerichts, bei dem der Prozess anhängig ist, veranlasst (§ 168 Abs. 1 Satz 1 ZPO). Regelmäßig übergibt die Geschäftsstelle das zuzustellende Schriftstück einem gem. § 33 Abs. 1 PostG beliehenen Unternehmen (Post). Gemäß § 168 Abs. 1 Satz 2 ZPO kann die Zustellung durch einen Justizbediensteten erfolgen[6]. Die Geschäftsstelle entscheidet nach pflichtgemäßem Ermessen, welche Zustellungsart sie wählt[7]. Der UdG hat zum Zwecke der Zustellung die nötigen Ausfertigungen und beglaubigten Abschriften anzufertigen und für die Beurkundung des Zustellungsvorgangs Sorge zu tragen. Eine Anweisung des Richters oder des Rechtspflegers ist für die Ausführung der Zustellung nicht erforderlich. Lediglich bei öffentlichen Zustellungen (§ 185 ZPO) muss das Gericht von Amts wegen ermitteln, ob der Aufenthalt der Partei unbekannt ist[8]. Vergleichbares gilt für die Zustellung im Ausland (§ 183 ZPO)[9]. Dies führt in beiden Fällen aber nicht dazu, dass die Adresse des Beklagten bei der Klagezustellung von Amts wegen ermittelt werden müsste. Die Klägerseite muss die ladungsfähige Anschrift angeben, sie wird nicht von Amts wegen ermittelt. Bei der öffentlichen Zustellung hingegen muss das Gericht, regelmäßig durch Anfrage bei den zuständigen Behörden, ermitteln, ob der

---

1 Arbeitsrechtslexikon/*Schwab*: Zustellung – Zugang A.I.2.
2 BGH v. 9.6.2010 – XII ZB 132/09.
3 BAG v. 2.8.1976 – 5 AZR 298/76, DB 1977, 216.
4 GMP/*Germelmann*, § 50 Rz. 9.
5 GMP/*Germelmann*, § 50 Rz. 10.
6 S. dazu *Schwab*, NZA 1991, 657 (658).
7 GMP/*Germelmann*, § 50 Rz. 15.
8 BGH v. 14.4.1987 – IX ZR 198/86, VersR 1987, 986.
9 GMP/*Germelmann*, § 50 Rz. 14.

Aufenthaltsort der Partei unbekannt ist[1]. Eine Auslandszustellung innerhalb der EU erfolgt entsprechend §§ 1067 ff. ZPO.

1. Zustellung an die Partei

Eine **wirksame Zustellung** liegt nur vor, wenn sie an den in der Zustellungsurkunde gem. § 182 Abs. 2 Nr. 1 ZPO genannten **Zustellungsadressaten** erfolgt. Bei mehreren Beklagten oder Streitgenossen ist die Zustellung an jeden Einzelnen zu bewirken. Es ist nicht möglich, die Zustellung an mehrere Personen durch ein einziges, bei ihnen umlaufendes Exemplar zu bewerkstelligen; dies gilt auch für die Zustellung an Ehegatten[2]. Eine förmliche Zustellung an den einfachen Streitgehilfen (§ 66 ZPO) ist allerdings durch das Amtszustellungsprinzip nicht geboten[3], da die Zustellung des Urteils an die Hauptpartei auch die Frist für die Einlegung des Rechtsmittels für den Streithelfer bestimmt. Die **Zustellungen** können **an jedem Ort** erfolgen, an dem der Zustellungsadressat angetroffen wird (§ 177 ZPO). Wird der Zustellungsadressat nicht angetroffen, so gelten im arbeitsgerichtlichen Verfahren für die Ersatzzustellung die Vorschriften der §§ 178–181 ZPO entsprechend. Die **Ersatzzustellung** ist nur in den im Gesetz genannten Fällen und auch nur dann zulässig, wenn der Zustellungsadressat in seiner Wohnung oder in einem Geschäftsraum nicht angetroffen wird (§ 178 Abs. 1 ZPO). Hervorzuheben sind folgende Besonderheiten:

– In der Wohnung des Zustellungsadressaten ist die Ersatzzustellung nicht nur an einen erwachsenen Familienangehörigen und eine in der Familie beschäftigte Person, sondern auch an einen erwachsenen Mitbewohner zulässig (§ 178 Abs. 1 Nr. 1 ZPO). „Erwachsen" ist nicht gleichzusetzen mit „volljährig" iSv. § 2 BGB. Maßgeblich ist, dass nach Aussehen und Auftreten der angetroffenen Person davon ausgegangen werden kann, diese werde das Schriftstück weiterleiten, was bei Kindern unter 14 Jahren regelmäßig ausscheidet[4].

– In einer Gemeinschaftseinrichtung kann dem Leiter oder einer in der Einrichtung dafür bestellten Person zugestellt werden (§ 178 Abs. 1 Nr. 3 ZPO).

– Bei der Ersatzzustellung in einem Geschäftslokal sind juristische Personen und Gewerbetreibende, die ihre Geschäfte über besondere Geschäftslokale abwickeln, zustellungsrechtlich natürlichen Personen gleichgestellt (§ 178 Abs. 1 Nr. 2 ZPO). Einem Gesellschafter oder einem Mitglied des Vertretungsorgans einer juristischen Person muss jedoch die Ladung zu seinem persönlichen Erscheinen zu einem Gerichtstermin an seinem privaten Wohnsitz oder persönlich an seinem Dienstsitz zugestellt werden. Eine Ersatzzustellung in den Geschäftsräumen der juristischen Person nach § 178 Abs. 1 Nr. 2 ZPO ist in diesen Fällen nicht zulässig[5].

– Wenn eine Ersatzzustellung in der Wohnung oder in Geschäftsräumen (§ 178 Abs. 1 Nr. 1 oder Nr. 2 ZPO) nicht ausführbar ist, ist die Ersatzzustellung durch Einlegen des Schriftstücks in einen zu der Wohnung oder zu dem Geschäftsraum gehörenden Briefkasten oder in eine ähnliche Vorrichtung, bspw. der Einwurfschlitz in einer Eingangstür, zulässig. Die Einrichtung muss für eine sichere Aufbewahrung geeignet sein (§ 180 Satz 1 ZPO).

– Erst wenn die Ersatzzustellung durch Einlegen des Schriftstücks in den Briefkasten (§ 180 ZPO) oder in einer Gemeinschaftseinrichtung durch Übergabe an den Leiter oder einen an seinen dazu ermächtigten Vertreter (§ 178 Abs. 1 Nr. 3 ZPO) nicht möglich ist, kann durch Niederlegung bei dem AG, in dessen Bezirk der Ort der Zustellung gelegen ist (§ 181 Abs. 1 Satz 1 Nr. 1 ZPO), oder, wenn die Post mit der Ausführung der Zustellung beauftragt ist, bei einer von der Post dafür bestimmten Stelle an diesem Ort zugestellt werden (§ 181 Abs. 1 Satz 1 Nr. 2 ZPO)[6].

Gemäß § 178 Abs. 1 Nr. 1 ZPO kann eine Ersatzzustellung auch an einen „erwachsenen ständigen Mitbewohner" erfolgen. Dies umfasst auch die Mitbewohner einer Wohngemeinschaft, wenn die gemeinsame Nutzung der Wohnung von einiger Dauer ist. Der Begriff der Wohnung ist nach den Umständen des Einzelfalls unter Berücksichtigung von Sinn und Zweck der Ersatzzustellung zu definieren. Maßgeblich ist grundsätzlich, ob der Zustellungsempfänger hauptsächlich in den betreffenden Räumen lebt und auch schläft[7]. Nicht notwendig ist eine polizeiliche Anmeldung[8]. Der Antritt einer mehrjährigen Strafhaft hebt

---
1 GMP/*Germelmann*, § 50 Rz. 14.
2 BAG v. 26.6.1975 – 5 AZR 72/75, AP Nr. 4 zu § 187.
3 BAG v. 4.10.1973 – 5 AZR 123/73, AP Nr. 1 zu § 67 ZPO m. Anm. *Mes*.
4 Arbeitsrechtslexikon/*Schwab*, Zustellung – Zugang II.2.
5 LAG Hessen v. 6.10.2006 – 4 Ta 435/06, NZA-RR 2007, 266, mwN.
6 S. zu den Unterschieden bei einer mehraktigen Zustellung eines Schriftstücks nach altem und nach neuem Recht eindrucksvoll OLG Hamburg v. 21.10.2002 – II - 66/02 - 1 Ss 131/02, NStZ-RR 2003, 46.
7 LAG Hessen v. 24.1.2000 – 16 Sa 1531/99, LAGE § 181 ZPO Nr. 2.
8 LAG Hessen v. 23.6.2006 – 10 Sa 1140/05.

die Wohnungseigenschaft iSd. §§ 178 ff. ZPO auf, selbst wenn dem Inhaftierten über Angehörige (zB Ehefrau) noch Bindungen zur Wohnung bleiben und äußerlich noch der Anschein einer Wohnung des Inhaftierten[1] fortbesteht. Ausnahmsweise kann auch die Ersatzzustellung in Räumen erfolgen, in denen der Adressat nicht mehr wohnt, wenn von diesem bewusst der Anschein erweckt wird, unter einer bestimmten Anschrift eine Wohnung bzw. einen Geschäftraum zu unterhalten[2].

12 Bei der Ersatzzustellung an **Familienangehörige** bzw. **Mitbewohner** oder an **Beschäftigte** nach § 178 Abs. 1 Nr. 1, 2 ZPO sowie an den Leiter oder Vertreter in Gemeinschaftseinrichtungen nach § 178 Abs. 1 Nr. 3 ZPO[3] ist zu beachten, dass diese unzulässig ist, wenn die Person, an die die Zustellung erfolgt, an dem Rechtsstreit als Gegner der Partei, an welche die Zustellung erfolgen soll, beteiligt ist (§ 178 Abs. 2 ZPO). Gleiches gilt für solche ArbN des Prozessgegners, die aufgrund ihres Arbeitsvertrages gehalten sind, mit dem zugestellten Schriftstück nach Weisung des ausgeschlossenen Bediensteten zu verfahren[4]. Gleiches gilt, wenn der Schuldner bei Pfändung seines Arbeitseinkommens für den Drittschuldner, seinen ArbGeb, einen zuzustellenden Pfändungs- und Überweisungsbeschluss oder einen Abänderungsbeschluss in Empfang nehmen will[5]. Schutzweck der Norm ist nicht nur der Schutz des Zustellungsadressaten vor den Folgen eines Zugangs ohne Kenntnis, sondern auch der Schutz des Zustellers vor der außergewöhnlichen Gefahr einer Manipulation oder versäumten Weiterleitung durch den Empfänger, die auch im Falle der Ersatzzustellung an einen Schuldner typischerweise gegeben ist[6]. Weiter ist zu berücksichtigen, dass „beschäftigt" iSv. § 178 ZPO auch die Personen sind, die ohne Vertrag und unentgeltlich Dienstleistungen erbringen, zB aushilfsweise tätige Familienmitglieder[7].

2. Zustellung an Prozessbevollmächtigte

13 Hat die Partei einen **Prozessbevollmächtigten** bestellt, so hat die **Zustellung an ihn** zu erfolgen (§ 172 Abs. 1 Satz 1 ZPO). Die Regelungen über die Zustellung an den bestellten Prozessbevollmächtigten gelten auch für die Prozesshandlungen, die das Verfahren vor dem ArbG infolge eines Einspruchs, einer Aufhebung des Urteils des ArbG oder einer Wiederaufnahme des Verfahrens betreffen (§ 172 Abs. 1 Satz 2 ZPO). Erfolgt die Zustellung nicht an den bestellten Prozessbevollmächtigten, so ist sie wirkungslos[8]. Gleiches gilt, wenn die Partei die Prozessvollmacht wirksam widerrufen und einen neuen Prozessbevollmächtigten bestellt hat. Erfolgt die Zustellung gleichwohl an den früheren Prozessbevollmächtigten, so ist die Zustellung selbst dann unwirksam, wenn die Partei dem Rechtsanwalt nachträglich wieder Prozessvollmacht erteilt[9].

14 Ebenso wie juristische Personen sind auch **Behörden** zustellungsrechtlich natürlichen Personen gleichgestellt. Hat eine Behörde einem oder mehreren genau bestimmten Behördenangehörigen zur Führung von ArbG-Prozessen Generalvollmacht erteilt, so können wirksame Zustellungen im arbeitsgerichtlichen Verfahren nur an diese Prozessbevollmächtigten erfolgen; eine Ersatzzustellung an sonstige Behördenangestellte (§ 178 Abs. 1 Nr. 2 ZPO) ist ausgeschlossen und führt zur Unwirksamkeit der Zustellung[10].

15 In Beschlussverfahren haben Zustellungen an den **BR** in der entsprechenden Anwendung des § 170 Abs. 2 ZPO an dessen Vorsitzenden und im Verhinderungsfall an seinen Stellvertreter zu erfolgen (§ 26 Abs. 3 Satz 2 BetrVG)[11]. Bedient sich der BR stets und ständig der bei dem ArbGeb bestehenden Posteingangsstelle, ist der Raum der Posteingangsstelle für den BR Geschäftslokal iSd. § 178 Abs. 1 ZPO mit der Folge, dass an die dort tätigen Bediensteten eine Ersatzzustellung für den BR vorgenommen werden kann[12].

---

1 LAG Hessen v. 15.2.2007 – 11 Sa 429/06.
2 LAG Hessen v. 23.6.2006 – 10 Sa 1140/05.
3 BayObLG München v. 26.9.2001 – 3Z BR 302/01, FamRZ 2002, 848.
4 BAG v. 15.7.1974 – 5 AZR 482/73, AP Nr. 1 zu § 185 ZPO m. Anm. *Grunsky*.
5 BAG v. 15.10.1980 – 4 AZR 662/78, MDR 1981, 346; LAG Rh.-Pf. v. 23.2.1990 – 9 Sa 893/89, LAGE § 185 ZPO Nr. 1; LAG Bremen v. 27.10.1995 – 4 Sa 56/95, LAGE § 185 ZPO Nr. 2.
6 OLG Celle v. 5.2.2002 – 16 U 161/01, OLGR Celle 2002, 73.
7 LAG Hessen v. 23.6.2006 – 10 Sa 1140/05.
8 BAG v. 31.7.1967 – 5 AZR 112/67, AP Nr. 2 zu § 7 BUrlG – Abgeltung m. Anm. *Nötzel*.
9 LAG Köln v. 22.1.1996 – 3 Sa 722/95, LAGE § 66 ArbGG 1979 Nr. 17.
10 BAG v. 13.6.1996 – 2 AZR 483/95, MDR 1996, 1264.
11 So für die Zustellung an den GBR BAG v. 20.1.1976 – 1 ABR 48/75, DB 1976, 828.
12 So für die Zustellung an den GBR BAG v. 20.1.1976 – 1 ABR 48/75, DB 1976, 828.

V. Zustellungsbeurkundung

Über die Zustellung ist eine **Zustellungsurkunde** unter Verwendung des amtlichen Vordrucks aufzunehmen (§ 182 Abs. 1 ZPO). Diese Zustellungsurkunde ist zu den Gerichtsakten zu nehmen, die Parteien erhalten hiervon keine Abschrift, ihnen ist auf Antrag der Zeitpunkt der Zustellung allerdings zu bescheinigen (§ 169 Abs. 1 ZPO). Die Zustellungsurkunde muss von dem Postbediensteten oder dem Gerichtswachtmeister unterzeichnet werden, da sie sonst wirkungslos ist. Ist eine Zustellungsurkunde versehentlich nicht unterschrieben worden und wird dieser Mangel von der Geschäftsstelle des ArbG bemerkt, so kann die Unterschrift auch dann mit der Folge nachgeholt werden, dass der Mangel als geheilt anzusehen wäre, wenn die unvollständige Urkunde zur Vervollständigung zugleich an die Post zurückgesandt wird[1]. Eine Heilung der nicht formgerecht erfolgten Zustellung ist möglich. Unterlässt der Postbedienstete den nach § 182 Abs. 2 Nr. 7 ZPO vorgeschriebenen Vermerk des Tags der Zustellung der Sendung auf der Zustellungsurkunde, so ist zwar die Zustellung nicht unwirksam, jedoch können Rechtsmittelfristen nicht in Lauf gesetzt werden[2]. — 16

1. Vereinfachte Zustellung

Anstelle der umständlichen Beurkundung des Zustellvorgangs durch den Postbediensteten können **Rechtsanwälte**[3], **Notare, Gerichtsvollzieher sowie Behörden**[4] **oder Körperschaften des öffentlichen Rechts** die Übergabe des zugestellten Schriftstücks zum Nachweis der Zustellung selbst auf einem sog. **Empfangsbekenntnis** bestätigen (§ 174 Abs. 1 ZPO[5]). Diese Bestimmung und die Vorschrift des § 178 Abs. 1 Nr. 2 ZPO über die Ersatzzustellung bei den Organen der Rechtspflege finden auf die nach § 11 zur Prozessvertretung bei den ArbG zugelassenen **Vertreter von Gewerkschaften und von Vereinigungen von ArbGeb** sowie von Zusammenschlüssen solcher Verbände **entsprechende Anwendung** (§ 50 Abs. 2), so dass eine Ersatzzustellung auch an von einem Verband oder der DGB-Rechtsschutz GmbH beschäftigten Personen erfolgen kann, und zwar dann, wenn die Person, an die die Ersatzzustellung erfolgen soll, – ähnlich wie die Bediensteten des Rechtsanwalts – organisatorisch dem Verbandsvertreter oder dem Gewerkschaftssekretär zugeordnet ist[6]. — 17

Nach § 174 Abs. 4 Satz 2 ZPO kann das Empfangsbekenntnis auch durch Telekopie zurückgesandt werden. Das Telefax genügt als Nachweis der Zustellung. Die Zustellung gegen Empfangsbekenntnis ist als bewirkt anzusehen, wenn der Rechtsanwalt, der Gewerkschaftssekretär oder der Verbandsvertreter das ihm zugestellte Schriftstück mit dem Willen entgegengenommen hat, es als zugestellt gegen sich gelten zu lassen, und dies auch durch Unterzeichnung des Empfangsbekenntnisses beurkundet. Zustellungsdatum ist also der Tag, an dem der Rechtsanwalt, der Gewerkschaftssekretär oder der Verbandsvertreter als Zustellungsadressat vom Zugang des übermittelten Schriftstücks Kenntnis erlangt und es empfangsbereit entgegengenommen hat[7]. — 17a

Für die Wirksamkeit des vereinfachten Zustellungsverfahrens ist das schriftliche Empfangsbekenntnis des zur Prozessführung zugelassenen Verbandsvertreters unentbehrlich. Wird es von einem nicht zur Prozessführung befugten Angestellten unterschrieben, so fehlt es an einem wirksamen Zustellungsnachweis[8]. Der Stationsreferendar bei einem ArbGeb-Verband oder bei einer Gewerkschaft kann nicht wirksam eine vereinfachte Zustellung nach § 174 Abs. 1 ZPO entgegennehmen, außer er ist „amtlich bestellter Vertreter" oder nach § 11 Abs. 1 Satz 1 allgemein zur Prozessführung ermächtigt[9]. Ein von dem Stationsreferendar unterzeichnetes Empfangsbekenntnis setzt den Lauf der Rechtsmittelfrist nicht in Gang[10]. — 17b

Keine entsprechende **Anwendung** auf **Gewerkschaftssekretäre** und **Verbandsvertreter** findet die Vorschrift des § **195 ZPO** über die **Zustellung von Anwalt zu Anwalt**, so dass es Gewerkschaftssekretären — 18

---

1 BGH v. 26.11.1980 – IV b ZR 621/80, MDR 1981, 394; s. auch *Klässel*, Rpfleger 1981, 289 (290).
2 GmSOGB v. 9.11.1976 – Gms-OGB 2/75, MDR 1977, 378 (379).
3 Die Zustellung gegen Empfangsbekenntnis darf nicht nur gegenüber Rechtsanwälten, sondern auch gegenüber einem Syndikus eines Arbeitgeberverbandes vorgenommen werden (LAG Schl.-Holst. v. 9.8.2002 – 4 Ta 96/00, unter Hinweis auf BAG v. 10.11.1993 – 4 AZR 375/92, NZA 1994, 948).
4 Bei der vereinfachten Zustellung an Behörden liegt es in der Organisationsgewalt der Behörde, welche Personen das Empfangsbekenntnis ausstellen (BAG v. 2.12.1994 – 4 AZB 17/94, NZA 1995, 287).
5 S. hierzu i.E. *Korinth*, ArbRB 2005, 350.
6 GMP/*Germelmann*, § 50 Rz. 27.
7 So zu § 174 Abs. 1 ZPO nF: LAG Düsseldorf v. 24.4.2006 – 14 Sa 57/06; so zu § 212a Abs. 1 ZPO aF: LAG Nds. v. 23.9.1997 – 7 Sa 490/97, AiB 1998, 347 m. Anm. *Kothe*.
8 LAG Hamm v. 10.7.1991 – 2 Sa 1233/90, AuR 1992, 61.
9 BAG v. 3.10.1975 – 2 AZR 339/74, AP Nr. 5 zu § 212a ZPO m. Anm. *Wittmann*.
10 GMP/*Germelmann*, § 50 Rz. 27.

und Verbandsvertretern nicht möglich ist, sich wechselseitig Schriftsätze zuzustellen; diese müssen vielmehr über das ArbG laufen[1]. Gewerkschaftssekretäre und Verbandsvertreter können auch nicht die in § 169 Abs. 2 Satz 2 ZPO vorgesehene Beglaubigung der zuzustellenden Schriftstücke vornehmen[2].

19 Für die Wirksamkeit des **vereinfachten Zustellungsverfahrens** nach § 174 Abs. 1 ZPO ist das **schriftliche Empfangsbekenntnis** des Zustellungsempfängers notwendig. Als Empfangsbekenntnis wird regelmäßig das von den Gerichten den Schriftstücken beigefügte Formular benutzt, welches nach Gegenzeichnung wieder an die Geschäftsstelle zurückzuleiten ist. Die Wirksamkeit der vereinfachten Zustellung hängt allerdings nicht davon ab, dass dem zuzustellenden Schriftstück das Formular eines Empfangsbekenntnisses beigefügt war. Der Empfang des Schriftstückes kann von dem Rechtsanwalt, Gewerkschaftssekretär oder Verbandsvertreter jederzeit auf andere Weise – zB in einem Schriftsatz auf Nachfrage des Gerichts – nachträglich bestätigt werden, selbst wenn gegen ein Urteil oder einen Beschluss bereits Rechtsmittel eingelegt worden ist[3].

20 Der durch ein Empfangsbekenntnis iSd. § 174 Abs. 1 ZPO begründete Beweis für die **Richtigkeit** des darin bestätigten Empfangsdatums eines Urteils oder eines Beschlusses kann **durch den Gegenbeweis ausgeräumt** werden, dass das Empfangsdatum versehentlich vordatiert worden ist[4]. An den Gegenbeweis, der im Wege des Freibeweises geführt werden kann[5], sind allerdings **strenge Anforderungen** zu stellen[6], denn bloße Zweifel genügen nicht und erbringen keine Erkenntnisse darüber, an welchem Tag das Urteil oder der Beschluss tatsächlich zugegangen ist[7]. Verweigert der bevollmächtigte Rechtsanwalt, Gewerkschaftssekretär oder Verbandsvertreter die Bestätigung der Zustellung oder geht das Empfangsbekenntnis auf dem Postweg verloren, kann das Gericht den Nachweis der Zustellung nicht führen[8]. Bei Verweigerung der Bestätigung der Zustellung auf Nachfragen des Gerichts ist die erneute Zustellung des Schriftstücks über die Post mit Postzustellungsurkunde vorzunehmen.

21 Die **Kosten der vereinfachten Zustellung** (Portokosten) sind keine gerichtlichen Kosten; die Kosten für das Rückporto müssen gem. § 174 Abs. 4 Satz 1 ZPO von dem Rechtsanwalt, Gewerkschaftssekretär oder Verbandsvertreter getragen werden, die sie ihrer Partei oder der Gegenpartei gem. Nrn. 7001, 7002, 7008 VV im Rahmen des Kostenausgleichs in Rechnung stellen können. Werden Ladungen und Urteile dem Prozessbevollmächtigten einer Partei gem. § 174 ZPO zugestellt und macht dieser die Empfangsbekenntnisse, die er mit der Post nicht über das „Fach" des ArbG an dieses zurücksendet, nicht frei, so sind die Portokosten einschließlich der Kosten für die Nachgebühr nach dem Verursacherprinzip der Partei aufzuerlegen[9]; für das Gericht besteht allerdings keine Pflicht zur Annahme unfrankierter Empfangsbekenntnisse[10].

2. Zustellung durch Fernkopie und von elektronischen Dokumenten

22 An einen **Anwalt, einen Notar, einen Gerichtsvollzieher, einen Steuerberater** oder an eine sonstige Person, bei der aufgrund ihres Berufes von einer erhöhten Zuverlässigkeit ausgegangen werden kann, sowie an eine Behörde, eine Körperschaft oder eine Anstalt des öffentlichen Rechts kann das zuzustellende Schriftstück auch **durch Telekopie zugestellt** werden (§ 174 Abs. 2 Satz 1 ZPO). Durch die Verweisung in § 50 Abs. 2 auf § 174 ZPO kann **auch an** die nach § 11 zur Prozessvertretung bei den ArbG zugelassenen Vertreter von **Gewerkschaften und von Vereinigungen von ArbGeb** sowie von Zusammenschlüssen solcher Verbände per Telekopie wirksam zugestellt werden. Die Übermittlung soll mit dem Hinweis „Zustellung gegen Empfangsbekenntnis" eingeleitet werden (§ 174 Abs. 2 Satz 2 ZPO). Das Empfangsbekenntnis kann folgerichtig ebenfalls durch Telekopie übermittelt werden, es muss dann allerdings die Unterschrift des Adressaten enthalten[11]; es kann aber weiterhin auch oder auf herkömmliche Weise schriftlich zurückgesandt werden (§ 174 Abs. 2 Satz 3 ZPO).

---

1 GK-ArbGG/*Schütz*, § 50 Rz. 75; s. allgemein zur Anwaltszustellung *Korinth*, ArbRB 2005, 350.
2 Stein/Jonas/*Roth*, § 170 ZPO Rz. 35.
3 BAG v. 27.5.1971 – 5 AZR 31/71, AP Nr. 4 zu § 212a ZPO m. Anm. *Mes*.
4 BAG v. 30.5.1974 – 2 ABR 17/74, DB 1974, 1728; LAG Köln v. 27.2.1987 – 5 Sa 1106/86, MDR 1987, 699 (700).
5 BGH v. 7.12.1999 – VI ZB 30/99, MDR 2000, 290; BGH v. 24.4.2001 – VI ZR 258/00, MDR 2001, 1007.
6 GMP/*Germelmann*, § 50 Rz. 26.
7 BVerfG v. 27.3.2001 – 2 BvR 2211/97, NJW 2001, 1563.
8 GMP/*Germelmann*, § 50 Rz. 26.
9 LAG Bremen v. 14.10.1987 – 4 Ta 58/87, AnwBl 1988, 68; s.a. OLG Hamm v. 2.6.1997 – 15 VA 8/97, NJW 1998, 1233.
10 GMP/*Germelmann*, § 50 Rz. 26.
11 GK-ArbGG/*Schütz*, § 50 Rz. 42.

An die Vorgenannten sowie an andere Verfahrensbeteiligte, wenn sie der **Übermittlung elektronischer** 23
Dokumente ausdrücklich **zugestimmt** haben, kann auch ein elektronisches Dokument zugestellt werden
(§ 174 Abs. 3 Satz 1, 2 ZPO). Für die Übermittlung ist das Dokument mit einer **elektronischen Signatur**
zu versehen und gegen unbefugte Kenntnisnahme Dritter zu schützen (§ 174 Abs. 3 Satz 3 ZPO)[1]. Das
Empfangsbekenntnis kann durch Fernkopie oder auf herkömmliche Weise schriftlich, aber auch als elektronisches Dokument erteilt werden (§ 174 Abs. 3 Satz 4 ZPO). Wird es als elektronisches Dokument erteilt, genügt an Stelle der Unterschrift die Angabe des Namens des Adressaten (§ 174 Abs. 3 Satz 5 ZPO).
Aber auch in diesem Fall ist die Beifügung einer qualifizierten elektronischen Signatur nach § 174 Abs. 4
Satz 3 ZPO („soll") nicht zwingend, mithin also keine Wirksamkeitsvoraussetzung für das Empfangsbekenntnis[2].

§ 51 Persönliches Erscheinen der Parteien

(1) Der Vorsitzende kann das persönliche Erscheinen der Parteien in jeder Lage des Rechtsstreits anordnen. Im Übrigen finden die Vorschriften des § 141 Abs. 2 und 3 der Zivilprozessordnung entsprechende Anwendung.

(2) Der Vorsitzende kann die Zulassung eines Prozessbevollmächtigten ablehnen, wenn die Partei trotz Anordnung ihres persönlichen Erscheinens unbegründet ausgeblieben ist und hierdurch der Zweck der Anordnung vereitelt wird. § 141 Abs. 3 Satz 2 und 3 der Zivilprozessordnung findet entsprechende Anwendung.

I. Allgemeines 1	b) Zuständigkeit für den Ordnungsgeldbeschluss und die Abhilfeentscheidung 27
II. Anordnung des persönlichen Erscheinens .. 4	c) Aufhebung des Ordnungsgeldbeschlusses .. 29
1. Betroffener Personenkreis 5	4. Ausschließung des Prozessbevollmächtigten .. 32
2. Formale Anforderungen an die Anordnungsentscheidung 7	a) Ausschluss der Prozessbevollmächtigten im Gütetermin 34
3. Ladung und Belehrung der Partei 10	b) Ordnungsgemäßer Hinweis über die Folgen des Ausbleibens 35
III. Folgen des Ausbleibens der Partei 14	c) Erlass eines Versäumnisurteils nach Ausschluss des Prozessbevollmächtigten 38
1. Entschuldigtes Ausbleiben 15	
2. Entsendung eines Vertreters 19	
3. Verhängung eines Ordnungsgeldes 22	
a) Anforderungen an die gerichtliche Entscheidung 24	

Schrifttum: *Böhm*, Beweisführung über den Inhalt eines Vier-Augen-Gesprächs, ArbRB 2009, 121; *Emmert/Soulas*, Entsandter Vertreter der persönlich geladenen Partei, ArbRB 2005, 318, *Griebeling*, Anordnung des persönlichen Erscheinens – Ausbleiben im Termin – Ordnungsgeld – Kosten, NJW 2008, 253; *Holthaus/Koch*, Auswirkungen der Reform des Zivilprozeßrechts auf arbeitsgerichtliche Verfahren, RdA 2002, 140; *Korinth*, Die Anordnung des persönlichen Erscheinens der Parteien im Termin und die Folgen der Missachtung, ArbRB 2007, 252; *Löw*, Die Anordnung des persönlichen Erscheinens im Arbeitsgerichtsprozess, MDR 2008, 180; *Schmidt/Schwab/Wildschütz*, Die Auswirkungen der Reform des Zivilprozesses auf das arbeitsgerichtliche Verfahren (Teil 2), NZA 2001, 1217; *E. Schneider*, Anordnung des persönlichen Erscheinens einer Partei und Säumnisstrafe, MDR 1975, 185; *Tschöpe/Fleddermann*, Der Prozeßbevollmächtigte als Vertreter seiner Partei nach § 141 III 2 ZPO im arbeitsgerichtlichen Verfahren, NZA 2000, 1269; *Ulrici*, Ordnungsgeld bei Verstoß gegen die Anordnung des persönlichen Erscheinens, jurisPR-ArbR 48/2014 Anm. 4; *Vonderau*, Anordnung des persönlichen Erscheinens von juristischen Personen, NZA 1991, 336.

I. Allgemeines

Die Vorschrift entspricht dem Grundgedanken nach § 141 ZPO, der in weiten Teilen für **entsprechend** 1 **anwendbar** erklärt wird. Es gibt jedoch erhebliche **Unterschiede**, die zeigen, dass der Gesetzgeber des ArbGG ein deutlich stärkeres Gewicht auf die persönliche Anwesenheit legt als der der ZPO: Das Anordnungsrecht steht im arbeitsgerichtlichen Verfahren dem **Vorsitzenden allein** zu (§ 51 Abs. 1 Satz 1), während nach § 141 Abs. 1 Satz 1 ZPO das Gericht, bei Kollegialgerichten also der Spruchkörper, zu beschlie-

---

[1] S. allgem. zur elektronischen Justizkommunikation *Treber*, JbArbR 51, 34–46.
[2] GK-ArbGG/*Schütz*, § 50 Rz. 43.

ßen hat. Im Zivilprozess soll das Gericht das persönliche Erscheinen der Parteien anordnen, im ArbG-Prozess kann der Vorsitzende diese Maßnahme ergreifen; sie steht in seinem Ermessen und nicht in dem der Kammer[1]. Anders als in § 141 ZPO ist im ArbGG auch kein Grund für die Anordnung genannt (Aufklärung des Sachverhalts). Das bedeutet, dass entsprechend der Grundverpflichtung des § 57 Abs. 2 die Anordnung auch zur Förderung einer gütlichen Einigung erfolgen kann. Die im Übrigen erfolgte Verweisung in § 51 Abs. 1 Satz 2 bezieht sich nur auf § 141 Abs. 2 und 3 ZPO, mithin nicht auf § 141 Abs. 1 Satz 2 ZPO, wonach das Gericht von der Anordnung absieht, wenn der Partei das Erscheinen wegen großer Entfernung oder aus sonstigem wichtigen Grund nicht zumutbar ist (dies kann aber bei der Ermessensausübung eine Rolle spielen[2], s. dazu Rz. 4). Die Regelung des § 141 Abs. 1 Satz 1 ist neben der Vorschrift des § 51 Abs. 1 Satz 1 ZPO nicht anzuwenden[3]. Diese die ZPO hinausgehenden Regelungen und der Umstand, dass neben der Verhängung eines Ordnungsgeldes auch noch der Prozessbevollmächtigte ausgeschlossen werden kann (Abs. 2 Satz 1), zeigen, dass das ArbGG dem persönlichen Erscheinen der Parteien und somit dem Unmittelbarkeitsprinzip einen deutlich höheren Stellenwert einräumt als die ZPO. Dem trägt die Rspr.[4] jedoch nicht Rechnung, sondern knüpft im Gegenteil die vorgesehenen Sanktionen an Voraussetzungen, die sich weder aus dem Wortlaut noch aus Sinn und Zweck der Vorschrift ergeben (s. hierzu Rz. 25). Dies führt in der Praxis dazu, dass das Nichtbefolgen der Anordnung des persönlichen Erscheinens weitgehend folgenlos bleibt und somit dem Gericht entgegen den Intentionen des Gesetzgebers die Möglichkeit genommen wird, unter Ausschöpfung aller zivilprozessualer Erkenntnisquellen zu einem der Sache angemessenen Urteil zu kommen oder die Parteien persönlich von der Sinnhaftigkeit eines Vergleiches zu überzeugen.

2 Neben § 51 Abs. 1 sieht auch § 56 Abs. 1 Nr. 3 die Möglichkeit der **Anordnung des persönlichen Erscheinens** der Parteien vor. Diese eigentlich überflüssige Vorschrift dient der Vorbereitung der streitigen Verhandlung, während § 51 die Anordnung des persönlichen Erscheinens für alle anderen Verfahrensabschnitte ermöglicht, insbesondere auch für die Güteverhandlung[5] und für die Beweisaufnahmen außerhalb der streitigen Verhandlung durch den ersuchten oder beauftragten Richter. Die Vorschrift des § 51 kommt auch im **Beschlussverfahren** zur Anwendung, weil in § 80 Abs. 2 auf „die für das Urteilsverfahren des ersten Rechtszugs maßgebenden Vorschriften über ... das persönliches Erscheinen der Parteien" ausdrücklich Bezug genommen worden ist[6].

3 Von der Anordnung des persönlichen Erscheinens nach § 51 ist die Ladung der Partei zum Zwecke der Beweisaufnahme zu unterscheiden, die entweder über förmlichen Beschluss (§ 55 Abs. 4 Satz 1 Nr. 4) oder formlos über prozessleitende Verfügung (§ 56 Abs. 1) erfolgt. Folgt die Partei der Anordnung des persönlichen Erscheinens nach § 51 Abs. 1 und wird sie vom Vorsitzenden **befragt**, so liegt darin **keine Parteivernehmung iSd. § 448 ZPO**, denn die Anhörung erfolgt in einem solchen Falle nicht zu Beweiszwecken, sondern nur der Klärung des Sachverhalts und/oder Ergänzung des Sachvortrags[7]. Die Erklärungen der Partei unterliegen zwar der freien Beweiswürdigung (§ 286 ZPO) des ArbG, sie haben aber keinen höheren Stellenwert als der schriftsätzliche Parteivortrag[8]. Dennoch kann die Parteianhörung (statt Parteivernehmung) von nicht zu unterschätzender Bedeutung sein. Der Grundsatz der prozessualen Waffengleichheit[9] verpflichtet nämlich das ArbG nicht zu einer vom sonstigen Ergebnis der Beweisaufnahme unabhängigen Parteivernehmung nach § 448 ZPO, wenn die Beweisnot einer Partei darauf beruht, dass nur der anderen ein unabhängiger Zeuge zur Verfügung steht[10] (vgl. auch § 58 Rz. 78 ff.). Selbst im Falle eines sog. Vier-Augen-Gespräches kann bei Beweisnot dem Grundsatz der Waffengleichheit auch dadurch Genüge getan werden kann, dass die durch ihre prozessuale Stellung benachteiligte Partei nach § 51 ArbGG iVm. § 141 ZPO persönlich angehört wird[11].

---

1 GMP/*Germelmann*, § 51 Rz. 1.
2 LAG Hamm v. 1.7.2013 – 1 Ta 232/13.
3 GMP/*Germelmann*, § 51 Rz. 1; GK-ArbGG/*Schütz*, § 51 Rz. 3.
4 BAG v. 20.8.2007 – 3 AZB 50/05, als Schlusspunkt einer langjährigen Rspr. vieler Instanzgerichte; LAG Rh.-Pf. v. 17.8.2010 – 11 Ta 156/10 unter Berufung auf eine frühere Auflage dieses Werkes.
5 LAG Köln v. 30.5.2009 – 10 Ta 109/09; GMP/*Germelmann*, § 51 Rz. 6; GK-ArbGG/*Schütz*, § 51 Rz. 4.
6 GMP/*Germelmann*, § 51 Rz. 4 und GMP/*Matthes/Spinner*, § 80 Rz. 52; GK-ArbGG/*Schütz*, § 51 Rz. 7.
7 GK-ArbGG/*Schütz*, § 51 Rz. 6.
8 GK-ArbGG/*Schütz*, § 51 Rz. 6.
9 EGMR v. 27.10.1993 – 37/1992/382/460; *Böhm*, ArbRB 2009, 121.
10 BGH v. 19.4.2002 – V ZR 90/01, MDR 2002, 1001.
11 BGH v. 16.7.1998 – I ZR 32/96, MDR 1999, 699; BAG v. 6.12.2001 – 2 AZR 396/00, ArbRB 2002, 192 mit Anm. *Range-Ditz*; s. dazu noch erweiternd BAG v. 2.5.2007 – 3 AZW 1155/06.

Wird die Partei nur zum Zwecke der Beweisaufnahme geladen, können keine Ordnungsmaßnahmen gegen die nicht erschienene Partei ergriffen werden. Dazu muss auch das persönliche Erscheinen gem. § 51 Abs. 1 angeordnet werden[1].

II. Anordnung des persönlichen Erscheinens

Das Gesetz nennt nicht die **Voraussetzungen**, unter denen die Anordnung des persönlichen Erscheinens nach § 51 Abs. 1 Satz 1 erfolgen kann. Die Anordnung des persönlichen Erscheinens darf **nicht willkürlich** erfolgen, für sie muss vielmehr stets ein im Verfahren liegender **sachlicher Grund** vorhanden sein[2]. Dieser muss sich aber nicht auf die Beantwortung konkreter Fragen beschränken. Insbesondere müssen der Partei nicht die Umstände mitgeteilt werden, die zur Anordnung geführt haben. Dem Gericht soll die Möglichkeit gegeben werden, im unmittelbaren Rechtsgespräch mit den Parteien selbst alle entscheidungserheblichen und sonstigen Umstände zu erörtern und dabei die Vor- und Nachteile einer gütlichen Einigung bzw. der Fortsetzung der streitigen Auseinandersetzung aufzuzeigen[3]. Die Entscheidung über die Anordnung trifft der Vorsitzende nach seinem pflichtgemäßen Ermessen. Bei der Ausübung des Ermessens muss der Vorsitzende abwägen, ob der zu erwartende Vorteil des persönlichen Erscheinens für die Partei nicht mit all zu großen Mühen – wie bspw. bei weiter Entfernung oder Krankheit – erkauft wird. Dabei ist auch zu beachten, dass § 51 ArbGG nicht auf § 141 Abs. 1 Satz 2 ZPO verweist, wonach das Gericht von der Anordnung absieht, wenn der Partei wegen großer Entfernung oder sonst wichtigem Grund die Wahrnehmung des Termins nicht zumutbar ist. Auch dies zeigt, dass das ArbGG dem persönlichen Erscheinen und damit dem Unmittelbarkeitsgrundsatz noch größere Bedeutung zumisst als die ZPO. Es besteht also kein Automatismus, dass die Notwendigkeit einer langen Anreise die Anordnung der persönlichen Erscheinens ausschließt[4]. Eine analoge Anwendung von § 141 Abs. 1 Satz 2 ZPO erscheint auch wegen der klaren Aussage des Gesetzes nicht zulässig. Die Schwierigkeiten der Anreise sind jedoch gleichwohl im Rahmen der Ermessensausübung zu beachten, aber eben nur als ein Faktor unter mehreren. So kann die Anordnung des persönlichen Erscheinens einer Partei zum Termin nicht ermessensfehlerfrei erfolgt sein, wenn zB der Termin relativ kurzfristig anberaumt wird, die Partei um Verlegung bittet, weil sie sich als selbständiger Unternehmer auf einer Großbaustelle mehrere 100 km entfernt befindet[5]. Die Anordnung des persönlichen Erscheinens einer oder beider Parteien kann zwar in jeder Lage des Verfahrens erfolgen (§ 51 Abs. 1 Satz 1) und steht im pflichtgemäßen Ermessen des Vorsitzenden[6], sie muss aber dem Ziel der Prozessförderung durch Sachaufklärung (s. § 141 Abs. 1 Satz 1 ZPO) oder der Herstellung des Rechtsfriedens durch rasche, vergleichsweise Erledigung des Rechtsstreits (s. § 141 Abs. 3 Satz 2 ZPO) dienen[7], darf also nicht willkürlich sein oder sich in der Disziplinierung der Partei oder ihres seit Jahren – gerichtsbekannterweise – vergleichsunwilligen Prozessbevollmächtigten erschöpfen[8]. Die Anordnung kann aber auch dann wirksam ergehen, wenn die Partei von vornherein erklärt hat, sich weder vergleichen noch zur Sachverhaltsaufklärung beitragen zu wollen. Gerade in der Dynamik der mündlichen Verhandlung soll sich zeigen, ob die Partei bei ihrer „Lohengrin-Haltung" bleibt[9]. Grundsätzlich ist aber von einem sehr weiten Ermessen des Vorsitzenden auszugehen, gerade weil das Gesetz keine weiteren Tatbestandsmerkmale nennt und dem persönlichen Erscheinen einen noch größeren Stellenwert zumisst als die ZPO. Die Annahme einer willkürlichen, vom Gesetzeszweck nicht gedeckten Anordnung ist daher die zu begründende Ausnahme[10]. Ohne das Hinzutreten besonderer Umstände dürfte die Anordnung im Allgemeinen vom Zweck der Aufklärung des Sachverhalts und/oder die Förderung einer gütlichen Einigung gedeckt sein[11].

---

1 GK-ArbGG/*Schütz*, § 51 Rz. 6, vgl. zu der Anordnung insgesamt *Korinth*, ArbRB 2007, 252; *Löw*, MDR 2008, 180, jeweils mit Musterformulierungen.
2 GMP/*Germelmann*, § 51 Rz. 7 f.
3 LAG Rh.-Pf. v. 9.2.2011 – 3 Ta 15/11.
4 LAG Schl.-Holst. v. 31.3.2005 – 2 Ta 82/05 – keine Unzumutbarkeit, weil Kläger als Fernfahrer weite Touren gewöhnt.
5 LG Mönchengladbach v. 15.8.1996 – 5 T 236/96.
6 GMP/*Germelmann*, § 51 Rz. 5.
7 LAG Hamm v. 22.12.1994 – 4 Sa 1125/94, LAGE § 51 ArbGG 1979 Nr. 5; LAG Berlin-Brandenburg v. 23.5.2000 – 3 Sa 83/00, NZA 2001, 173; GK-ArbGG/*Schütz*, § 51 Rz. 9.
8 LAG Hamm v. 22.12.1994 – 4 Sa 1125/94, LAGE § 51 ArbGG 1979 Nr. 5; LAG Bdb. v. 23.5.2000 – 3 Sa 83/00, NZA 2001, 173; GMP/*Germelmann*, § 51 Rz. 7.
9 AA GMP/*Germelmann*, § 51 Rz. 13; Natter/Gross/*Rieker*, § 51 Rz. 4.
10 AA wohl BAG v. 1.10.2014 – 10 AZB 24/14.
11 Davon zu trennen ist die Frage, ob auch ein Ordnungsgeld bei Nichterscheinen verhängt werden kann, s. hierzu BAG v. 20.8.2007 – 3 AZB 50/05.

Eine Ladungsfrist nennt das Gesetz nicht, insbesondere ist § 217 ZPO nicht anwendbar[1]. Eine zu kurzfristige Ladung kann jedoch ermessensfehlerhaft sein. Ferner kann die Partei uU eine Entschuldigung auf die zu kurzfristig erfolgte Ladung stützen.

1. Betroffener Personenkreis

5 **Adressat** der Anordnung nach § 51 Abs. 1 Satz 1 ist die **Partei iSd. § 50** ZPO und des § 10[2]. Zu den Parteien zählen **auch** der streitgenössische **Streithelfer** (§ 69 ZPO), **nicht aber der einfache Streithelfer (Nebenintervenient** § 66 ZPO), da dieser nur prozessuale Befugnisse zur Unterstützung der Partei, nicht aber anstelle der Partei besitzt[3]. Bei juristischen Personen und bei Personengesellschaften ist die Pflicht zu einem vom ArbG angeordneten persönlichen Erscheinen durch den gesetzlichen Vertreter zu erfüllen[4], der zum Termin zu laden ist (s. i.E. Rz. 12)[5]. Wird vom ArbG das persönliche Erscheinen „der Parteien" angeordnet, so muss bei einer juristischen Person als Partei, wenn sie durch mehrere Personen gesetzlich vertreten wird, aus der Anordnung hervorgehen, ob sämtliche Vertreter oder ggf. welcher von ihnen erscheinen soll[6], denn es kann nicht der die Ladung ausführenden Gerichtsangestellten überlassen bleiben, welchen der gesetzlichen Vertreter sie zum Termin lädt[7].

6 Sieht man den (endgültigen) **Insolvenzverwalter** als Partei kraft Amtes an, so richtet sich die Anordnung des persönlichen Erscheinens an ihn als Prozesspartei; sieht man ihn bei Einzelpersonen als gesetzlichen Vertreter und damit als deren Repräsentant im Hinblick auf die Insolvenzmasse bzw. bei juristischen Personen und insolvenzfähigen Personenvereinigungen als obligatorischen Fremdliquidator und damit als deren Vertretungsorgan an, so ist er wie der Geschäftsführer oder Liquidator als gesetzlicher Vertreter zu laden. Gleiches gilt, wenn im Rahmen des Eröffnungsverfahrens die Verwaltungs- und Verfügungsbefugnis über das Schuldnervermögen auf den sog. „starken" vorläufigen Insolvenzverwalter übergeht (§ 22 Abs. 1 Satz 1 iVm. § 21 Abs. 2 Nr. 2 InsO).

2. Formale Anforderungen an die Anordnungsentscheidung

7 Der Vorsitzende kann nach pflichtgemäßem Ermessen sowohl das persönliche **Erscheinen einer als auch beider Parteien** anordnen. Sind mehrere Personen Kläger oder Beklagte, so kann das persönliche Erscheinen aller Personen angeordnet werden, wenn aus dem Vorbringen der Parteien nicht ersichtlich ist, welche der beteiligten Personen etwas zur Aufklärung des Sachverhalts beitragen kann. Ein Beteiligter, der nichts zur Aufklärung des Sachverhalts beitragen kann, kann sich gem. § 141 Abs. 3 Satz 1 ZPO durch den anderen Beteiligten vertreten lassen. Es besteht kein Antragsrecht der Parteien, das persönliche Erscheinen der Gegenseite anzuordnen, sondern es kann lediglich eine Anregung gegeben werden[8].

8 Die Anordnung des persönlichen Erscheinens kann außerhalb der mündlichen Verhandlung durch **Verfügung des Vorsitzenden** und in der mündlichen Verhandlung durch verkündeten Beschluss erfolgen. Unterzeichnet der Vorsitzende seine Anordnung über das persönliche Erscheinen der Parteien nicht mit seiner vollen Unterschrift, sondern lediglich mit seiner Paraphe, dann ist diese Maßnahme mE gleichwohl wirksam angeordnet[9]. Es stellt einen Formalismus dar, an die interne Zeichnung einer Verfügung Anforderungen zu stellen, die nichts mit deren materieller Rechtmäßigkeit oder Zweckmäßigkeit zu tun haben.

9 Gegen die **Anordnungsentscheidung** selbst ist **kein Rechtsmittel** gegeben[10].

3. Ladung und Belehrung der Partei

10 Das Gesetz schreibt nicht ausdrücklich vor, den **Zweck der Anordnung** in die Anordnungsverfügung aufzunehmen. Dies zu tun ist jedoch deshalb **geboten**, um sie zum einen von einer Ladung zum Zweck der

---

1 GMP/*Germelmann*, § 51 Rz. 15.
2 GMP/*Germelmann*, § 51 Rz. 12.
3 GMP/*Germelmann*, § 51 Rz. 12.
4 S. dazu näher *Vonderau*, NZA 1991, 336 (337 f.); LAG Köln v. 15.3.1996 – 11 (13) Sa 1221/95.
5 GMP/*Germelmann*, § 51 ArbGG Rz. 13.
6 S. zur Namhaftmachung LAG Hessen v. 4.7.1985 – 3 Ta 109/85, nv.; LAG Rh.-Pf. v. 22.11.1984 – 1 Ta 243/84, nv.; OLG Köln v. 30.9.1996 – 2 W 177/96.
7 LAG Düsseldorf v. 6.1.1995 – 7 Ta 212/94, MDR 1996, 98.
8 GK-ArbGG/*Schütz*, § 51 Rz. 10.
9 *Korinth*, ArbRB, 2007, 252; aA die wohl hM, s. LAG Rh.-Pf. v. 19.11.1993 – 6 Ta 242/93; OLG Hamm v. 14.12.1993 – 12 W 31/93; LSG Sachsen v. 28.4.1999 – L 1 B 38/97 KR, jeweils ohne Ableitung aus einem Gesetz.
10 LAG Berlin v. 17.4.1978 – 7 Ta 6/78, EzA § 140 ZPO Nr. 1.

Parteivernehmung (§§ 445 ff. ZPO) zu unterscheiden, bei welcher Ordnungsmittel nicht vorgesehen sind[1], und zum anderen deshalb, damit die Partei das Risiko ihres Nichterscheinens abschätzen kann[2]. Insbesondere muss die Partei in die Lage versetzt werden, sich nach Maßgabe des § 51 Abs. 1 Satz 2 ArbGG iVm. § 141 Abs. 3 Satz 2 ZPO durch Entsendung eines geeigneten Vertreters selbst entpflichten zu können. Ein allgemeiner Hinweis auf die Zwecke des § 51 Abs. 1 reicht aber aus. Das Gericht muss nicht im Voraus mitteilen, welche Fragen es zu stellen gedenkt[3]. Das Gesetz unterstellt, dass die Entsendung eines hinreichend informierten und bevollmächtigten Vertreters zur Zweckerreichung genügt[4]. Ob der Vertreter die geforderten Voraussetzungen erfüllt, bestimmt sich nach dem konkreten Verhalten der Person in der Verhandlung. Die persönliche Anwesenheit der Partei dient gerade dazu, spontan und überraschend auftretende Fragen im Termin zu klären.

Nach § 51 Abs. 1 Satz 2 ArbGG iVm. § 141 Abs. 2 ZPO ist die **Partei**, deren persönliches Erscheinen angeordnet worden ist, **von Amts wegen zu laden**. Die Ladung ist gegenüber der Partei selbst vorzunehmen, auch wenn sie für sich einen Prozessbevollmächtigten bestellt hat. Dieser und der gegnerische Prozessbevollmächtigte sind über die Anordnung zu unterrichten. Die Partei wird persönlich formlos geladen. Handelt es sich bei der Partei um eine juristische Person oder um eine prozessunfähige natürliche Person, dann ist die persönliche Ladung an ihren gesetzlichen Vertreter zu richten[5]; ordnungsgemäß ist die Ladung nur dann, wenn der gesetzliche Vertreter in der Ladung namentlich bezeichnet ist[6], bei mehreren gesetzlichen Vertretern ist die Ladung gemäß der Verfügung des Vorsitzenden mindestens an einen von diesen zu richten[7], jedoch können auf entsprechende richterliche Anordnung alle gesetzlichen Vertreter geladen werden[8].

Die Ladung eines **Vertretungsorgans einer juristischen Person** muss ebenso wie ein Ordnungsgeldbeschluss an seinem privaten Wohnsitz oder persönlich an seinem Dienstsitz zugestellt werden. Eine Ersatzzustellung in den Geschäftsräumen der juristischen Person nach § 178 Abs. 1 Nr. 2 ZPO ist nicht zulässig. Eine Heilung tritt bei tatsächlichem Zugang ein (§ 189 ZPO)[9].
Der Ladung des gesetzlichen Vertreters steht nicht entgegen, dass dieser zur Sache selbst mangels Sachverhaltskenntnis nichts aussagen kann[10]. Er kann dann gem. § 141 Abs. 3 Satz 2 ZPO einen informierten Vertreter entsenden. Diesen kann das ArbG nicht von sich aus laden, aber in der Ladung darauf hinweisen, dass ein solcher entsandt werden kann[11].

Die Partei (bzw. ihre gesetzliche Vertretung) ist auf die **Folgen ihres Ausbleibens** in der Ladung **hinzuweisen** (§ 51 Abs. 2 Satz 2 ArbGG iVm. § 141 Abs. 3 Satz 3 ZPO). Dieser gesetzlich vorgeschriebene Hinweis muss die Partei darüber aufklären, dass sie zum Termin selbst nicht zu erscheinen braucht, wenn sie zur Verhandlung einen Vertreter entsenden kann, der zur Aufklärung des Tatbestandes in der Lage und zur Abgabe der gebotenen Erklärungen, insbesondere zu einem Vergleichsabschluss, ermächtigt ist (§ 51 Abs. 2 Satz 2 ArbGG iVm. § 141 Abs. 3 Satz 2 ZPO). Des Weiteren muss der Hinweis die Möglichkeit sowohl der Verhängung eines Ordnungsgeldes nach § 51 Abs. 2 Satz 2 ArbGG iVm. § 141 Abs. 3 Satz 1 ZPO als auch der Ablehnung des Prozessbevollmächtigten nach § 51 Abs. 2 Satz 1 erwähnen. Fehlt der beschriebene Hinweis, können Ordnungsmittel nicht ergriffen werden[12]. Gleiches gilt, wenn der Hinweis unvollständig[13] oder sonst mangelhaft[14] ist.

---

1 OLG Hamburg v. 2.2.1999 – 12 WF 11/99.
2 LAG Hamm v. 22.12.1994 – 4 Sa 1125/94, LAGE § 51 ArbGG 1979 Nr. 5; OLG Bdb. v. 13.12.1996 – 7 W 18/96; LAG Bremen v. 24.1.2002 – 3 Sa 16/02, LAGE § 51 ArbGG 1979 Nr. 8; aA LAG Nürnberg v. 16.6.1988 – 4 Ta 93/88, LAGE § 141 ZPO Nr. 6; GMP/*Germelmann*, § 51 Rz. 11.
3 LAG Köln v. 13.2.2008 – 7 Ta 378/08. Arbeitsrechtslexikon *Schwab*, Arbeitsgerichtliches Verfahren, III.; Natter/Gross/*Rieker*, § 51 Rz. 6.
4 LAG Köln v. 13.2.2008 – 7 Ta 378/08.
5 KG Berlin v. 30.10.1995 – 22 W 5906/95, GmbHR 1996, 210.
6 OLG Köln v. 30.9.1996 – 2 W 177/96.
7 LAG Rh.-Pf. v. 7.5.1982 – 1 Ta 73/82, nv.
8 LAG Düsseldorf v. 6.1.1995 – 7 Ta 212/94, MDR 1996, 98.
9 LAG Hessen v. 6.10.2006 – 4 Ta 435/06, NZA-RR 2007, 266.
10 HWK/*Ziemann*, § 51 ArbGG Rz. 18.
11 GK-ArbGG/*Schütz*, § 51 Rz. 20.
12 GMP/*Germelmann*, § 51 Rz. 15.
13 LAG Hamm v. 29.11.1990 – 16 Sa 995/90, DB 1991, 1684; LAG Bremen v. 24.1.2002 – 3 Sa 16/02.
14 LAG Hamm v. 22.12.1994 – 4 Sa 1125/94, LAGE § 51 ArbGG 1979 Nr. 5; LAG Berlin-Brandenburg v. 23.5.2000 – 3 Sa 83/00, NZA 2001, 173.

III. Folgen des Ausbleibens der Partei

14 Die Partei, deren persönliches Erscheinen angeordnet und die ordnungsgemäß geladen worden ist, ist zum Erscheinen – je nach Verfahrensstand – im Güte- bzw. Kammertermin **verpflichtet**. Erscheint sie nicht, dann ist zu prüfen, ob sie ihr Nichterscheinen genügend entschuldigt oder einen Vertreter entsandt hat, der aufklärungsbereit und vergleichsbereit ist. Bei unentschuldigtem Fehlen und bei Nichtentsendung eines aufklärungsbereiten und vergleichsbereiten Vertreters drohen die Verhängung eines **Ordnungsgeldes** und/oder die **Ausschließung des Prozessbevollmächtigten**.

1. Entschuldigtes Ausbleiben

15 Die Partei braucht der Anordnung des persönlichen Erscheinens nicht Folge leisten, wenn ein **hinreichender Grund** für das Nichterscheinen vorliegt und sie sich **rechtzeitig** vor dem Verhandlungstermin **entschuldigt** hat. Insoweit ist die Vorschrift des § 381 Abs. 1 Satz 1 ZPO, auf die § 141 Abs. 3 Satz 1 ZPO inhaltlich Bezug nimmt, analog anzuwenden[1]. An die Entschuldigungsgründe sind strenge Anforderungen zu stellen. Nur wenn die Partei gerade zum konkreten Zeitpunkt des Gerichtstermins aus nachvollziehbaren und nicht anders abwendbaren besonderen Gründen unabkömmlich ist, dh. wenn besondere Gründe vorliegen, die ihr ein Erscheinen vor Gericht bei verständiger Würdigung unzumutbar machen, ist das Ausbleiben entschuldigt[2]. Nicht genügend entschuldigt ist das Ausbleiben der persönlich geladenen Partei im vorgenannten Sinne dann, wenn das ArbG über das bevorstehende Ausbleiben ohne ersichtlichen Grund derart knapp vor dem Termin informiert wird, dass es den Termin nicht mehr absetzen und die Beteiligten nicht rechtzeitig abladen kann[3]. Eine Partei geht, wenn sie erst wenige Tage vor dem Gerichtstermin mit unzureichender Begründung („urlaubsbedingt abwesend") um die Terminsverlegung oder die Aufhebung der Anordnung des persönlichen Erscheinens nachsucht, bewusst das Risiko ein, dass sie nach Feststellung des ArbG in dem aufrechterhaltenen Termin unentschuldigt fernbleibt und die daraus resultierenden nachteiligen Folgen zu tragen hat[4].

16 Als **Entschuldigungsgründe** kommen zB in Betracht[5]:
- ein früher anberaumter anderweitiger Gerichtstermin,
- Abwesenheit infolge eines bereits gebuchten Urlaubs,
- Abwesenheit infolge eines genehmigtes Kuraufenthalts,
- Abwesenheit infolge eines bereits vereinbarten Krankenhaustermins,
- schwere Erkrankung oder plötzlicher Tod eines nahen Angehörigen.

17 Ein Geschäftstermin kommt mE nur ganz ausnahmsweise als Entschuldigungsgrund in Betracht. Dies setzt voraus, dass die Partei eingehend darlegt, warum ihre persönliche Anwesenheit dabei unabdingbar ist, welche Folgen es hätte, wenn zum Geschäftstermin ein Vertreter geschickt wird und warum der Geschäftstermin nicht verlegt werden kann. Grundsätzlich geht die gerichtliche Anordnung vor, da sie einen staatlichen Hoheitsakt darstellt, der nicht durch private Interessen konterkariert werden kann.

Der Umstand, dass eine Partei am Terminstage einen ärztlichen **Behandlungstermin** im Rahmen einer laufenden ärztlichen Behandlung wahrnehmen will, ist im Allgemeinen **keine genügende Entschuldigung**[6], es sei denn, es handelt sich um einen langfristig vereinbarten Termin und seine Verschiebung würde zu einer erheblichen zeitlichen Verzögerung der Behandlung führen. Auch eine **Erkrankung** der Partei, die über den Terminstag hinaus fortdauert, ist nicht ohne Weiteres ein Entschuldigungsgrund; insbesondere reicht die Vorlage einer bloßen **Arbeitsunfähigkeitsbescheinigung** nicht aus, selbst wenn in ihr ein zehn Tage zurückliegender Arbeitsunfall attestiert wird[7]. Nicht hinreichend entschuldigt ist eine Partei, die am Tage vor dem Verhandlungstermin dem ArbG lediglich eine „Arbeitsunfähigkeitsbescheinigung zur Vorlage beim Arbeitgeber" zufaxt, ohne Angaben über die Art und Schwere ihrer Erkrankung zu machen, so dass nicht festgestellt werden kann, ob sie am Terminstag tatsächlich reise- oder verhandlungsunfähig oder aber etwa nur arbeitsunfähig ist[8]. Das ArbG kann verlangen, dass die Partei den **Grund** der Reise-

---

1 OLG Jena v. 6.7.1999 – 6 W 447/99, nv.
2 LAG Köln v. 13.2.2008 – 7 Ta 378/08.
3 LAG Köln v. 15.3.1996 – 11 (13) Sa 1221/95, AuR 1996, 459.
4 LAG Köln v. 21.10.1996 – 10 Ta 237/96, nv.
5 GMP/*Germelmann*, § 51 Rz. 18.
6 OLG Zweibrücken v. 7.1.1985 – 2 UF 84/84, nv.
7 LAG Köln v. 15.3.1996 – 11 (13) Sa 1221/95, AuR 1996, 459.
8 BVerwG v. 9.12.1994 – 6 B 32/94, NJW 1995, 799; LAG Köln v. 2.6.2006 – 4 (2) Sa 309/06.

und/oder Verhandlungsunfähigkeit näher erläutert[1]. Wünscht eine Partei, dass ein ärztliches Attest, das Rückschlüsse auf die Art ihrer Erkrankung ermöglicht oder sonstige Angaben zu ihren gesundheitlichen Beschwerden enthält, dem Prozessgegner nicht zugänglich gemacht wird, so kann und sollte das ArbG davon absehen, diese Unterlagen zu den Hauptakten zu nehmen oder sie in Anwesenheit Unbeteiligter zu erörtern. Dies kann insbesondere dadurch sichergestellt werden, dass die ärztliche Bescheinigung samt eventueller Erläuterungen nicht zu den Hauptakten genommen, sondern in einem der Akteneinsicht nicht unterliegenden Sonderheft verwahrt wird[2]. Für die Entschuldigung des Fernbleibens einer Partei ist diese Verfahrensweise zwar nicht ausdrücklich in der ZPO vorgeschrieben, sie findet aber eine Parallele im Verfahren über die Bewilligung von Prozesskostenhilfe. Dort bestimmen § 117 Abs. 2 Satz 2, § 127 Abs. 1 Satz 3 ZPO, dass die Erklärung und Belege über die persönlichen und wirtschaftlichen Verhältnisse sowie der Teil der gerichtlichen Entscheidung, der Angaben hierüber enthält, dem Prozessgegner nur mit Zustimmung des Antragstellers zugänglich gemacht werden dürfen. Was für wirtschaftliche und allgemeinpersönliche Angaben gilt, sollte für höchstpersönliche Angelegenheiten wie die Art und Erscheinungsform einer Krankheit erst recht gelten, immer vorausgesetzt, die Krankheit hat mit dem eigentlichen Gegenstand des Prozesses nichts zu tun[3].

Die bloße Mitteilung des Prozessbevollmächtigten an seine Partei, sie brauche den Termin nicht wahrzunehmen, entschuldigt das Fernbleiben der Partei regelmäßig ebenso wenig[4] wie eine entsprechende Auskunft einer Kanzleiangestellten ihres Prozessbevollmächtigten[5]. Ein Rechtsanwalt, Gewerkschaftssekretär oder Verbandsvertreter, der eigenmächtig eine derartige „Entscheidung" trifft, begeht eine Amtsanmaßung, was die Partei ohne Weiteres erkennen kann und sich zurechnen lassen muss.

2. Entsendung eines Vertreters

Vorstandsmitglieder oder **Geschäftsführer** mittlerer oder großer Unternehmen sind zwar die Personen, die in Vertretung der Partei geladen werden müssen, sie selbst sind aber sehr oft entweder überhaupt nicht oder nicht ausreichend über die Sache informiert. Vielfach sind die Personen der zweiten oder dritten **Führungsebene** des Unternehmens besser über den Sachverhalt informiert. Dies folgt häufig daraus, dass sie die Aufklärungsarbeit geleistet haben oder sonst mit der Sache betraut gewesen sind. Für diese Fälle oder bei Verhinderung der Partei sieht das Gesetz die Möglichkeit vor, dass die persönlich geladene Partei einen **Vertreter** entsenden kann, der zur Aufklärung des Tatbestandes in der Lage und zur Abgabe der gebotenen Erklärungen, insbesondere zu einem Vergleichsabschluss, ermächtigt ist (§ 51 Abs. 1 Satz 2 ArbGG iVm. § 141 Abs. 3 Satz 2 ZPO). Eine unmittelbare Sachkenntnis des Vertreters aus eigener Wahrnehmung ist nach verbreiteter Auffassung nicht erforderlich, da § 141 Abs. 3 Satz 2 ZPO nicht voraussetzt, dass der Entsandte aus eigenem Erleben „zur Aufklärung des Tatbestandes in der Lage" ist[6]. Wollte man gleichwohl auf Kenntnisse aus eigener Wahrnehmung abstellen, würde man den entsandten Vertreter strengeren Maßstäben unterwerfen, weil man von ihm Kenntnisse abverlangt, die nicht einmal die Partei oder ihr gesetzlicher Vertreter – bspw. der Vorstandsvorsitzende oder der Geschäftsführer – selbst haben muss[7]. Daher ist es nicht von vornherein unzulässig, dass die **Partei ihren Prozessbevollmächtigten instruiert**[8] oder dass dieser sich von dem Personal der zweiten oder dritten Führungsebene über den Sachverhalt informieren lässt[9]. Allerdings ist ein Prozessbevollmächtigter nur dann ein geeigneter Vertreter in diesem Sinne, wenn auch die Partei in keiner Hinsicht ein besseres Aufklärungsmittel wäre[10]. Er muss die nach dem Sach- und Streitstand „gebotenen"[11], also die „erforderlichen"[12] tatsächlichen Erklärungen abgeben

---

1 OLG Nürnberg v. 2.10.1998 – 1 W 2580/98, MDR 1999, 315.
2 OLG Nürnberg v. 2.10.1998 – 1 W 2580/98, MDR 1999, 315.
3 OLG Nürnberg v. 2.10.1998 – 1 W 2580/98, MDR 1999, 315.
4 Str., wie hier LAG Schl.-Holst. v. 2.2.2007 – 1 Ta 202/06; Zöller/*Greger*, ZPO, Rz. 13 zu § 141; Natter/Gross/*Rieker*, § 51 Rz. 9; aA LAG Hamburg v. 28.9.2004 – 3 Ta 14/04, Ordnungsgeld nur dann, wenn Partei erkennen konnte, dass sich RA über die Verfügung des Gerichts hinwegsetzt, keine Zurechnung des Vertreterverschuldens; LAG Köln v. 14.11.1994 – 5 (4) Ta 159/94, NZA 1995, 864.
5 LAG Hessen v. 17.7.1986 – 3 Ta 152/86, NZA 1987, 284.
6 *Emmert/Soulas*, ArbRB 2005, 318; *Vonderau*, NZA 1991, 336 (338); *Tschöpe/Fleddermann*, NZA 2000, 1269, 1271; aA GMP/*Germelmann*, § 51 Rz. 20; Stein/Jonas/*Leipold*, § 141 ZPO Rz. 27.
7 *E. Schneider*, MDR 1975, 185 (186); *Tschöpe/Fleddermann*, NZA 2000, 1269 (1272).
8 OLG Frankfurt v. 6.6.1991 – 5 WF 111/91, FamRZ 1992, 72; zurückhaltend Arbeitsrechtslexikon/*Schwab*, Arbeitsgerichtliches Verfahren III. AA LAG Hamm v. 28.10.1971 – 8 Ta 37/71, MDR 1972, 362; OLG Oldenburg v. 17.7.1991 – 6 W 71/91, NdsRpfl. 1992, 265.
9 GK-ArbGG/*Schütz*, § 51 Rz. 20.
10 LAG Rh.-Pf. v. 19.4.1985 – 1 Ta 70/85, LAGE § 51 ArbGG 1979 Nr. 2; OLG Oldenburg v. 11.1.1995 – 2 W 4/95.
11 LG Hanau v. 22.6.1978 – 3 T 135/78, VersR 1978, 1049.
12 OLG Frankfurt v. 6.6.1991 – 5 WF 111/91, FamRZ 1992, 72.

können. Ein Rechtsanwalt, Rechtssekretär oder Verbandsvertreter, der nur über die schriftsätzlichen Erklärungen der Partei Bescheid weiß, ist ungeeignet.[1]. In der Praxis dürfte es selten vorkommen, dass ein Vertreter so umfassend informiert ist, dass er auf jede neue konkrete Behauptung sich detailliert einlassen kann[2]. Allerdings müssen konkrete Feststellungen über die Eignung des Prozessbevollmächtigten als Vertreter iSv. § 141 Abs. 3 Satz 2 ZPO getroffen werden[3]. Hat das Gericht über einen Antrag auf Entbindung von der Pflicht zum persönlichen Erscheinen nicht formal entschieden, sondern lediglich auf § 141 Abs. 3 Satz 2 ZPO hingewiesen, gilt folgendes: Ist der Vertreter nicht hinreichend instruiert, muss vor Ordnungsmaßnahmen geprüft werden, ob die Partei überhaupt zum Erscheinen verpflichtet war. Nur dann tritt die Entsendung eines instruierten Vertreters an die Stelle des Erscheinens der Partei. Auf die Frage, ob die Partei damit rechnen musste, dass der Vertreter vollkommen unzureichend informiert war, kommt es dann nicht an[4]. Es kommt auf die Frage des Verschuldens der Partei an. § 85 Abs. 2 ZPO findet insofern keine Anwendung[5].

20 Ob der entsandte Vertreter die geforderten Voraussetzungen erfüllt, bestimmt sich danach, wie die Verhandlung tatsächlich verläuft und nicht danach, womit die persönlich geladene Partei bei Beauftragung des Vertreters rechnen musste. Ergeben sich in der Verhandlung **überraschend neue Punkte**, zu denen der Vertreter wegen der Wahrheitspflicht des § 138 Abs. 1 ZPO nichts sagen kann[6], so dürften die gesetzlichen Sanktionen gleichwohl verhängt werden[7]. Die Partei weiß am besten, worüber gestritten wird und worauf sie sich erforderlichenfalls auf den Termin vorzubereiten hat. Der Zweck des persönlichen Erscheinens besteht gerade darin, dass nur die Partei auch zu solchen überraschend aufgetretenen Fragen Auskunft geben kann[8]. Vom Vertreter kann allerdings nicht verlangt werden, dass er über weitergehende Kenntnisse verfügt als die vertretene Partei[9].

Dass der Entsandte von der **Partei** als Zeuge benannt oder gar vom ArbG bereits als solcher geladen ist, macht ihn **als Vertreter** iSd. § 141 Abs. 3 Satz 2 ZPO **nicht ungeeignet**, denn § 394 Abs. 1 ZPO schließt die Anwesenheit eines noch nicht vernommenen Zeugen nur während der Vernehmung anderer Zeugen aus[10]; die Anhörung des entsandten Vertreters dient nicht als Beweismittel, sondern ebenso wie die Anhörung der Partei selbst lediglich dazu, das Parteivorbringen näher zu erläutern[11].

21 Um sich nach Maßgabe des § 51 Abs. 1 Satz 2 ArbGG iVm. § 141 Abs. 3 Satz 2 ZPO durch Entsendung eines geeigneten Vertreters selbst entpflichten zu können, muss die Partei den **Vertreter** zur Abgabe prozessual gebotener Erklärungen (Anerkenntnis, Verzicht, Erledigungserklärung, Klagerücknahme) und insbesondere zum Vergleichsabschluss **bevollmächtigt** haben. Dabei genügt die Bevollmächtigung zu einem **Widerrufsvergleich** in aller Regel nicht, wenn mit der Anordnung des persönlichen Erscheinens der Partei als Ziel eine endgültige Streitbereinigung angestrebt war[12]. Ein Prozessbevollmächtigter, der von seiner Partei Weisung hat, „die Sache entscheiden zu lassen", ist auch dann kein zum Abschluss eines Vergleiches bevollmächtigter Vertreter, wenn er im Außenverhältnis unbeschränkte Vergleichsvollmacht hat[13]. § 141 Abs. 3 Satz 2 ZPO zeigt, dass der Gesetzgeber im Verhandlungstermin eine umfassende, sofortige und endgültige Regelung des Rechtsstreits ermöglichen will[14]. Dieser Zielsetzung des Gesetzes widerspricht es, wenn die Partei den Vertreter vor dem Termin anweist, entweder überhaupt keinen Vergleich[15] oder ledig-

---

1 LAG Köln v. 13.2.2008 – 7 Ta 378/08; OLG Stuttgart v. 3.5.1978 – 17 WF 61/78 U, JZ 1978, 689; ferner OLG Düsseldorf v. 14.3.1994 – 5 W 5/94. S. wegen Einzelheiten aus interessengeleiteter anwaltlicher Sicht *Tschöpe/Fleddermann*, NZA 2000, 1269 (1272).
2 LAG Köln v. 30.5.2009 – 10 Ta 109/09; LAG Rh.-Pf. 4.5.2009 – 7 Ta 107/09; OLG Schleswig v. 5.2.2001 – 16 W 25/01.
3 LAG Hamm v. 30.8.2007 – 15 Sa 1049/07; *Korinth*, ArbRB 2007, 252 (255).
4 LAG Hamm v. 1.7.2013 – 1 Ta 232/13.
5 LAG Hamm v. 1.7.2013 – 1 Ta 232/13; BAG v. 22.6.2011 – I ZB 77/10.
6 *Tschöpe/Fleddermann*, NZA 2000, 1269 (1272).
7 LAG Rh.-Pf. v. 19.4.1985 – 1 Ta 70/85; *Vonderau*, NZA 1991, 336 (338); aA LAG Hamm v. 22.12.1994 – 4 Sa 1125/94, LAGE § 51 ArbGG 1979 Nr. 5; LAG Bremen v. 24.1.2002 – 3 Sa 16/02, LAGE § 51 ArbGG 1979 Nr. 8.
8 *Korinth*, ArbRB 2007, 252; GK-ArbG/*Schütz*, § 51 Rz. 27 mwN.
9 LAG Hessen v. 19.4.2007 – 4 Ta 145/07, LAG Hessen v. 1.8.2005 – 4 Ta 384/05 und v. 1.11.2005 – 4 Ta 475/05.
10 GK-ArbGG/*Schütz*, § 51 Rz. 24.
11 GK-ArbGG/*Schütz*, § 51 Rz. 24.
12 GMP/*Germelmann*, § 51 Rz. 21; Stein/Jonas/*Leipold*, § 141 ZPO Rz. 29; aA MünchKommZPO/*Peters*, § 141 Rz. 22; *Tschöpe/Fleddermann*, NZA 2000, 1269 (1274); Zöller/*Greger*, § 141 ZPO Rz. 18.
13 OLG Bremen v. 30.12.1987 – 4 U 90/87, MDR 1988, 417; LAG Hessen v. 11.5.2006 – 4 Ta 243/06, ArbuR 2006, 415.
14 OLG Nürnberg v. 28.3.2001 – 1 W 887/01, MDR 2001, 954.
15 OLG Oldenburg v. 11.1.1995 – 2 W 4/95.

lich einen Widerrufsvergleich[1] abzuschließen. Zu beachten ist aber, dass der Abschluss eines unwiderruflichen Vergleichs durch den Vertreter nicht „geboten" ist, wenn auch die Partei wegen der Notwendigkeit, weitere Informationen einzuholen, keinen unwiderruflichen Vergleich abgeschlossen hätte[2]. Vielfach bedarf es wegen der Auswirkungen des Vergleichs einer **Rücksprache** mit der **Arbeitsverwaltung**, dem **FA**, der **Gesellschafterversammlung**, den weiteren **Vorstandsmitgliedern** oder **Geschäftsführern**, dem **Ehepartner** oder **Lebensgefährten**[3], insbesondere dann, wenn das ArbG einen Vergleichsvorschlag unterbreitet, der aus ArbN-Sicht unzureichend oder aus ArbGeb-Sicht überhöht erscheint, so dass die Folgen abzuklären sind[4]. Gleiches gilt im Hinblick auf neue, in der mündlichen Verhandlung aufgetauchten Gesichtspunkte, wenn der Nichtwiderruf eines Vergleichs einer weiteren Aufklärung relevanter Tatsachen durch benannte oder zu benennende Zeugen bedarf[5]. Hier sollten die ArbG an die Möglichkeit der Unterbreitung eines Vergleichsvorschlages iSd. § 278 Abs. 6 ZPO denken.

3. Verhängung eines Ordnungsgeldes

Bleibt die ordnungsgemäß geladene Partei unentschuldigt dem Termin fern, so kann das ArbG gegen sie – ohne dass es eines Antrages bedarf – ein **Ordnungsgeld** wie gegen einen im Vernehmungstermin nicht erschienenen Zeugen festsetzen (§ 51 Abs. 1 Satz 1 ArbGG iVm. § 141 Abs. 3 Satz 1 und § 380 Abs. 1 Satz 2 ZPO). Es darf gegen die Partei nur Ordnungsgeld, nicht aber Ordnungshaft verhängt werden, denn § 141 Abs. 3 Satz 1 ZPO nimmt nicht in vollem Umfang auf die in § 380 ZPO getroffene Regelung für den Fall des Ausbleibens eines Zeugen Bezug, sondern nur insoweit, als es um die Festsetzung eines Ordnungsgeldes geht[6]. Auch die Vorführung der Partei ist nicht zulässig. Bei juristischen Personen ist die Verhängung eines Ordnungsgeldes gegen die geladenen, aber nicht erschienenen gesetzlichen Vertreter nicht zulässig, dieses ist vielmehr gegen die Partei zu verhängen[7]. Werden mehrere Verfahren gleichzeitig verhandelt, kann das Ordnungsgeld nur einmal verhängt werden[8]. Die Zustellung des Ordnungsgeldbeschlusses muss an die säumige Partei erfolgen, nicht an den Prozessbevollmächtigten[9].

Neben dem Ordnungsgeld kommt auch die Verhängung einer **Verzögerungsgebühr** nach **§ 34 Abs. 1 GKG** in Betracht[10]. Diese kann von einer Viertel bis zu einer vollen Gebühr reichen.

a) Anforderungen an die gerichtliche Entscheidung

Ein Ordnungsgeld gegen die Partei, die der Anordnung zum persönlichen Erscheinen nicht nachgekommen ist, kann nur verhängt werden, wenn die **ordnungsgemäße Ladung** zum persönlichen Erscheinen in der Gerichtsakte **dokumentiert** ist[11], die persönlich geladene **Partei** sich **nicht entschuldigt** bzw. nur unzureichend oder verspätet entschuldigt[12] und keinen Vertreter entsandt hat, der zur Aufklärung des Sachverhaltes und zur Abgabe der gebotenen Erklärungen fähig sowie zum Vergleichsabschluss ermächtigt ist[13]. Beantragt der Prozessbevollmächtigte die Terminsverlegung wegen eigener Erkrankung, kann gegen die nicht erschienene Partei kein Ordnungsgeld festgesetzt werden, denn der Termin hätte verlegt werden müssen[14]. Für den Fall, dass anstelle der zum persönlichen Erscheinen geladenen Partei ihr Prozessbevoll-

---

1 OLG München v. 23.1.1992 – 28 U 1604/91, MDR 1992, 513.
2 LAG Nürnberg v. 25.11.1988 – 4 Ta 93/88, LAGE § 141 ZPO Nr. 6; vgl. LAG Hessen v. 18.6.2009 – 4 Ta 253/09, maßgeblich sind die Umstände des Einzelfalls; *Vonderau*, NZA 1991, 336 (339).
3 *Tschöpe/Fleddermann*, NZA 2000, 1269 (1274).
4 GK-ArbGG/*Schütz*, § 51 Rz. 25.
5 GK-ArbGG/*Schütz*, § 51 Rz. 25.
6 OLG Köln v. 24.9.1992 – 7 W 30/92; OLG Düsseldorf v. 14.3.1994 – 5 W 5/94; LSG Sachsen v. 28.4.1999 – L 1 B 38/97; LAG Schl.-Holst. v. 18.11.2004 – 2 Ta 201/04.
7 LAG Rh.-Pf. v. 7.5.1982 – 1 Ta 73/82, nv.; LAG München v. 2.1.1984 – 5 Ta 60/83; LAG Düsseldorf v. 6.1.1995 – 7 Ta 212/94, MDR 1996, 98; KG Berlin v. 30.10.1995 – 22 W 5906/95, GmbHR 1996, 210; OLG Köln v. 30.9.1996 – 2 W 177/96; LAG Hamm v. 25.1.1999 – 1 Ta 727/98, MDR 1999, 825; LAG Nds. v. 7.8.2002 – 10 Ta 306/02; LAG Hamm v. 28.12.2006 – 6 Ta 622/06; LAG Düsseldorf v. 28.12.2006 – 6 Ta 622/06, MDR 2007, 678; GMP/*Germelmann*, § 51 Rz. 22; LAG Rh.-Pf. v. 16.3.2012 – 6 Ta 43/12; LAG Schl-Holst. v. 18.2.2015 – 5 Ta 27/15; aA LAG Hessen v. 15.2.2008 – 4 Ta 39/08; LAG Köln v. 13.2.2008 – 7 Ta 378/08. Zöller/*Greger*, § 141 ZPO Rz. 14 unter Berufung auf OLG Nürnberg v. 28.3.2001 – 1 W 887/01; Stein/Jonas/*Leipold*, § 141 ZPO Rz. 50; ErfK/*Koch*, § 51 ArbGG Rz. 12.
8 LAG Rh.-Pf. v. 16.3.2012 – 6 Ta 44/12.
9 LAG Nürnberg v. 10.7.2008 – 2 Ta 115/08.
10 Zöller/*Herget*, § 95 ZPO Rz. 5, 6, mit zahlreichen Nachweisen zum Sach- und Streitstand.
11 LAG Nds. v. 7.8.2002 – 10 Ta 306/02, MDR 2002, 1333.
12 OLG Karlsruhe v. 8.4.1993 – 16 WF 112/92, FamRZ 1993, 1470; LAG Sachsen v. 25.3.1998 – 2 Sa 1071/97, nv.
13 OLG Frankfurt v. 6.6.1991 – 5 WF 111/91, FamRZ 1992, 72.
14 LAG Hessen v. 28.10.2010 – 4 Ta 24/10.

mächtigter erscheint, wird vertreten, dass gegen die Partei Ordnungsgeld nur dann verhängt werden darf, wenn infolge Ausbleibens der Partei bestimmte Tatsachen nicht geklärt werden können; entsprechende Feststellungen des ArbG müssten sich entweder aus der Sitzungsniederschrift oder wenigstens aus der Begründung des Beschlusses ergeben[1]. Auch hier muss eingewandt werden, dass sich derartige Voraussetzungen im Gesetz nicht finden. Auch vom Sinn und Zweck her ist eine restriktive Auslegung nicht geboten. Vielmehr sollte dem Umstand Rechnung getragen werden, dass der Gesetzgeber dem persönlichen Erscheinen im ArbG-Prozeß eine größere Bedeutung beimisst als im Zivilverfahren. Dies lässt es als nicht sachgerecht erscheinen, zusätzliche Tatbestandsvoraussetzungen in die Vorschrift hineinzuinterpretieren, die diesen gesetzgeberischen Willen konterkarieren. Die Tendenz der Rspr. der LAG[2] und des BAG[3] geht aber dahin, Ordnungsgeldbeschlüsse mit Begründungen aufzuheben, die sich nicht im Gesetz finden. Es ist nicht sachgerecht, den Anwendungsbereich des Ordnungsgeldes durch im Gesetz nicht vorgesehene weitere Kriterien so einzuengen, dass entgegen der gesetzgeberischen Intention kaum noch Möglichkeiten einer Durchsetzung der Anordnung verbleiben. So ist es zB nicht überzeugend, wenn gefordert wird, dass durch das Nichterscheinen die Aufklärung des Sachverhaltes beeinträchtigt wird[4]. Zwar findet sich in § 141 Abs. 1 ZPO die Formulierung, dass das Gericht das persönliche Erscheinen beider Parteien anordnen soll, wenn dies zur Aufklärung des Sachverhaltes geboten erscheint. § 51 Abs. 1 Satz 1 weicht aber bewusst davon ab, indem er bestimmt, dass der Vorsitzende „in jeder Lage des Rechtsstreits" das persönliche Erscheinen anordnen kann. Satz 2 verweist im Übrigen nur auf § 141 Abs. 2 und 3 ZPO. Daran wird deutlich, dass im arbeitsgerichtlichen Verfahren die Anordnung unter deutlich erleichterten Voraussetzungen erfolgen können soll. Daher ist es auch nicht überzeugend, wenn zur Begründung der gegenteiligen Auffassung der BGH zitiert wird[5].

25 Die Verhängung eines Ordnungsgeldes ist dann zweifelhaft, wenn der Vertreter der nicht erschienenen Partei zwar zur vollständigen Aufklärung des Tatbestandes nicht in der Lage ist, sich diese **Klärung** jedoch im Termin **auf anderer Weise** – etwa durch freiwillige Angaben der nicht darlegungspflichtigen Gegenpartei – erreichen lässt. Das BAG folgt einer verbreiteten Instanzrechtsprechung und lässt dies dann nicht zu, wenn in der mündlichen Verhandlung keine Fragen offen geblieben sind und der Rechtsstreit ohne weiteren Sachvortrag entschieden werden konnte[6].

Diese Auffassung ist mE unzutreffend. Aus § 51 Abs. 2 Satz 1 ergibt sich, dass eine Vereitelung des Zwecks der Anordnung zur Verhängung von Ordnungsgeld gerade nicht notwendig sei. Wenn der Gesetzgeber diese Voraussetzung für den Ausschluss des Prozessbevollmächtigten ausdrücklich aufnimmt und beim Ordnungsgeld den Verweis auf die ZPO genügen lässt, zeigt dies, dass hier geringere Voraussetzungen ausreichen. Es ist auch unerheblich, ob trotz des Ausbleibens der Partei eine die Instanz beendende Entscheidung getroffen werden konnte[7] oder ob weder Partei noch Prozessbevollmächtigter erschien[8]. **Zweck** des persönlichen Erscheinens ist nicht die Ermöglichung irgendeines Urteils, sondern einer Entscheidung, die nach einer **umfassenden Sachaufklärung** erfolgt[9]. Insofern ergänzt das ArbGG die Verpflichtung des § 138 ZPO, einen vollständigen und wahrheitsgemäßen Sachvortrag zu unterbreiten. Ziel aller gesetzlichen Regelungen ist es, die Entscheidung des Gerichts trotz des Beibringungsgrundsatzes auf eine möglichst breite Tatsachengrundlage zu stützen. Zur Verhängung des **Ordnungsgeldes reicht** es also mE aus, wenn die **Formalien** der Anordnung eingehalten worden sind, die **Partei unentschuldigt fernbleibt** und die **Verhandlung nicht** in der **geplanten Form**, dh. unter Befragung der Partei stattfinden konnte[10]. Bei der Frage, ob ein Ordnungsgeld zu verhängen ist, kann es auch keine Rolle spielen, dass die ausgebliebene Par-

---

1 LAG München v. 9.1.1979 – 5 Ta 134/78.
2 S. nur LAG Sachsen v. 20.5.2015 – 4 Ta 5/14 (3), LAG Hamm v. 3.11.2014 – 4 Ta 420/14; LAG Rh.-Pf. v. 17.8.2010 – 11 Ta 156/10 unter Berufung auf eine Vorauflage des vorliegenden Werkes; wie hier LAG Niedersachsen v. 4.10.2015 – 5 Ta 373/14.
3 BAG v. 1.10.2014 – 10 AZB 24/14 und BAG v. 20.8.2007 – 3 AZB 50/05.
4 So aber die verbreitete Meinung, s. nur LAG Köln v. 7.1.2010 – 9 Ta 437/09.
5 BGH v. 12.6.2007 – VI ZB 4/07, zitiert v. LAG Köln v. 7.1.2010 – 9 Ta 437/09.
6 BAG v. 20.8.2007 – 3 AZB 50/05; LAG Rh.-Pf. v. 19.3.2008 – 9 Ta 40/08, die ungeklärten Fragen müssen sich aus dem Protokoll oder dem Beschluss ergeben; aA *Griebeling*, NJW 2008, 253.
7 LAG Hessen v. 1.11.2005 – 4 Ta 475/05; in diese Richtung auch LAG Köln v. 19.3.2006 – 14 (5) Ta 2/06, AE 2006, 302 wonach aber „in der Regel" davon auszugehen ist, dass das Ordnungsgeld nicht zu verhängen ist; s. weiter LAG Rh.-Pfalz v. 1.12.2006 – 8 Ta 226/06, Nichtbeantwortung einer Frage reicht; *Korinth*, ArbRB 2007, 252.
8 LAG Schl.-Holst. v. 18.11.2004 – 2 Ta 201/04.
9 S. zu diesem Ziel auch im Parteiprozess BAG v. 23.4.2009 – 3 Sa 800/07 Rz. 37: „Materiell richtige Entscheidung ist wichtiger Belang des Gemeinwohls".
10 LAG Hessen v. 15.2.2008 – 4 Ta 39/08 unter ausdrücklicher Ablehnung der BAG-Entscheidung v. 20.8.2007 – 3 AZB 50/05; LAG Rh.-Pf. v. 2.5.2008 – 8 Ta 73/08 – Ordnungsgeld, wenn „Erörterung maßgeblicher Fragen nicht möglich war"; aA LAG Rh.-Pf. v. 1.12.2006 – 8 Ta 226/06 und v. 30.1.2006 – 4 Ta 27/06, Ordnungsgeld nur dann, wenn bestimmte Tatsachen nicht geklärt werden können; LAG Berlin v. 10.7.2006 – 11 Ta 991/06.

tei bereits durch die materiellen Folgen ihrer Abwesenheit Nachteile erlitten hat. Wenn das Gericht eine nicht beantwortete Frage bei der Urteilsfindung zu Lasten der ausgebliebenen Partei bewertet, ist das eine materiell-rechtliche Folge, die mit der Zulässigkeit von Ordnungsmaßnahmen nichts zu tun hat. Hätte der Gesetzgeber die materiellen Folgen des Wegbleibens für ausreichend erachtet, wäre die Einführung des ja bewusst von § 141 ZPO abweichenden § 51 ArbGG unterblieben[1]. Unerheblich ist auch, dass die Partei nicht verpflichtet gewesen wäre, Fragen des Gerichts zu beantworten. Der Gesetzgeber hat in Kenntnis dieses Umstandes gleichwohl die Sanktionen des § 141 Abs. 3 Satz 1 ZPO vorgesehen. Damit wird die Anordnung des persönlichen Erscheinens als Instrument zur materiellen Prozessleitung und insbesondere zur Aufklärung des Sachverhaltes betont[2]. Schließlich ist darauf hinzuweisen, dass der Gesetzgeber die Anordnung des persönlichen Erscheinens noch einmal geregelt hat, nämlich in § 56 Abs. 1 Nr. 3. Dies ist möglicherweise als eine Verpflichtung zur Anordnung und nicht nur als Befugnis zu verstehen[3].

Im Rahmen des ihm bei der Verhängung eines Ordnungsgeldes obliegenden **Ermessens** muss das Gericht begründen, dass es die für und gegen die Verhängung sprechenden Gesichtspunkte abgewogen[4] und ggf. warum es eine Entschuldigung der Partei für nicht genügend angesehen hat[5]. Dabei ist auch der Grad des Verschuldens der Partei an dem Nichterscheinen zu berücksichtigen und bei der Bestimmung der **Höhe des Ordnungsgeldes** zusätzlich die finanziellen Verhältnisse der Partei[6]. Hier eröffnet das Gesetz dem Gericht mit der Bandbreite von 5–1 000 € einen großen Rahmen, innerhalb dessen das Ermessen ausgeübt werden kann.   26

b) Zuständigkeit für den Ordnungsgeldbeschluss und die Abhilfeentscheidung

Einen Ordnungsgeldbeschluss gem. § 51 Abs. 1 Satz 2 ArbGG iVm. § 141 Abs. 3 Satz 1 und § 380 ZPO gegen eine ordnungsgemäß persönlich geladene Partei, die im **Gütetermin** ausgeblieben ist, erlässt **der Vorsitzende allein**, da die Kammer in diesem Verfahrensstadium mit der Sache noch nicht befasst ist. Ein Ordnungsgeldbeschluss gegen eine ordnungsgemäß persönlich geladene Partei, die im **Kammertermin** nicht erschienen ist, muss durch die **vollbesetzte Kammer** ergehen und von den ehrenamtlichen Richtern unterschrieben werden[7]. In der Regel ist jedoch nach der mündlichen Verhandlung zunächst **rechtliches Gehör** zu gewähren, es sei denn, es wird von vornherein ein untauglicher Entschuldigungsgrund vorgetragen. Für den **dann** nach Ablauf der Schriftsatzfrist zu erlassenden Beschluss ist der **Vorsitzende allein** zuständig.   27

Der Beschluss ist **förmlich zuzustellen** (§ 329 Abs. 3 ZPO)[8]. Richtet er sich gegen ein Vertretungsorgan einer juristischen Person, muss er an seinem privaten Wohnsitz oder persönlich an seinem Dienstsitz zugestellt werden. Eine Ersatzzustellung in den Geschäftsräumen der juristischen Person nach § 178 Abs. 1 Nr. 2 ZPO ist nicht zulässig. Eine Heilung tritt bei tatsächlichem Zugang ein (§ 189 ZPO)[9].

Gegen einen Ordnungsgeldbeschluss kann sich die Partei auf zweierlei Weise zur Wehr setzen. Sie kann ihr Ausbleiben nach § 381 ZPO **nachträglich entschuldigen** oder aber gegen den Beschluss das Rechtsmittel der **Beschwerde** nach § 78 ArbGG iVm. §§ 567 ff. ZPO einlegen (s. zur sofortigen Beschwerde näher § 78 Rz. 29 ff.). Beide Möglichkeiten bestehen unabhängig voneinander und sind an unterschiedliche Voraussetzungen geknüpft. Die Partei hat sich eindeutig zu erklären, welche sie ergreifen will; dies ist im Zweifel durch Auslegung zu ermitteln. Im Falle einer sofortigen Beschwerde hat das **Gericht** oder der **Vorsitzende**, dessen Entscheidung angefochten wird, eine Entscheidung nach § 572 Abs. 1 Satz 2 ZPO zu treffen. Sie haben, wenn sie die **Beschwerde** für begründet erachten, **ihr abzuhelfen**; andernfalls ist die Beschwerde unverzüglich dem **Beschwerdegericht** vorzulegen. Ist die mit der Beschwerde angefochtene Entscheidung vom Vorsitzenden erlassen worden, so trifft diesen die Entscheidungsverpflichtung nach § 572 Abs. 1 Satz 1 ZPO. Ist die Ausgangsentscheidung unter Beteiligung der ehrenamtlichen Richter wie zB nach § 17a Abs. 4 GVG iVm. § 48 Abs. 1 Nr. 2 ArbGG oder § 5 KSchG ergangen, sind diese auch zu der Abhilfeentscheidung   28

---

[1] So im Ergebnis auch LAG Köln v. 13.2.2008 – 7 Ta 378/08; *Griebeling*, NJW 2008, 253.
[2] LAG Hamm v. 15.11.2010 – 1 Ta 591/10.
[3] GK-*Schütz*, § 56 Rz. 20.
[4] LAG Bremen v. 4.8.1993 – 1 Ta 34/93, MDR 1993, 1007; OLG Düsseldorf v. 14.3.1994 – 5 W 5/94, OLGR Düsseldorf 1994, 183.
[5] OLG Berlin-Brandenburg v. 25.11.1998 – 13 W 12/98, MDR 1999, 508.
[6] LAG Düsseldorf v. 1.3.1993 – 7 Ta 142/92, LAGE § 51 ArbGG 1979 Nr. 4.
[7] LAG Hessen v. 15.2.2008 – 4 Ta 39/08; LAG Bremen v. 4.8.1993 – 1 Ta 34/93, MDR 1993, 1007; LAG Schl.-Holst. v. 16.1.2003 – 5 Ta 218/02, NZA-RR 2003, 215; LAG Hessen v. 15.11.2006 – 4 Ta 438/06; zust. GMP/*Germelmann*, § 51 Rz. 24; aA ErfK/*Koch*, § 51 ArbGG Rz. 15.
[8] GMP/*Germelmann*, § 51 Rz. 24.
[9] LAG Hessen v. 6.10.2006 – 4 Ta 435/06, NZA-RR 2007, 266 und 15.11.2006 – 4 Ta 438/06.

hinzuzuziehen[1]. Dabei ist allerdings nicht erforderlich, dass die Kammer in der gleichen Besetzung wie bei der Ausgangsentscheidung auch über die Abhilfe befindet[2]. Diese Grundsätze gelten auch für das Abhilfeverfahren bei Ordnungsgeldbeschlüssen, so dass die (Nicht-)Abhilfeentscheidungen unter Mitwirkung der ehrenamtlichen Richter ergehen müssen, wenn diese bei Erlass der Ordnungsgeldbeschlüsse mitgewirkt haben.

c) Aufhebung des Ordnungsgeldbeschlusses

29 Gemäß § 51 Abs. 1 Satz 1 ArbGG iVm. § 141 Abs. 3 Satz 1 und § 381 Abs. 1 Satz 1 ZPO hat die Festsetzung eines **Ordnungsgeldes zu unterbleiben**, wenn das Ausbleiben der persönlich geladenen Partei rechtzeitig **genügend entschuldigt** wird. Erfolgt die Entschuldigung nicht rechtzeitig, so unterbleibt die Festsetzung eines Ordnungsmittels nur dann, wenn glaubhaft gemacht wird, dass die Partei an der Verspätung der Entschuldigung kein Verschulden trifft (§ 381 Abs. 1 Satz 2 ZPO). Erfolgen die genügende Entschuldigung und/oder die Glaubhaftmachung nachträglich, so wird das festgesetzte Ordnungsgeld unter den gleichen Voraussetzungen aufgehoben (§ 381 Abs. 1 Satz 3 ZPO). Eine Gegenvorstellung ist nach Einführung des § 78a nicht mehr statthaft[3].

30 Die ausgebliebene Partei muss zunächst **vortragen und ggf. glaubhaft machen**, dass sie ohne ihr Verschulden an der Terminswahrnehmung verhindert gewesen ist. Die Angabe einer persönlich geladenen Partei, sie habe den Termin vergessen, eröffnet mangels Verifizierbarkeit keine Möglichkeit, einen Ordnungsgeldbeschluss aufzuheben[4]. Weiß die Partei schon einige Zeit vor dem Termin, dass sie am Erscheinen aus zwingenden Gründen verhindert ist, so liegt eine genügende Entschuldigung gleichwohl nicht vor, wenn die Partei dem Gericht die Verhinderung erst nach dem Termin mitteilt[5]. Bei nachträglicher Entschuldigung ist nicht allein auf den sachlichen Entschuldigungsgrund abzustellen[6], vielmehr muss die Entschuldigung auch unverzüglich erfolgen[7].
Bestreitet die Partei den Zugang der Ladung zum persönlichen Erscheinen, so muss dieser nachgewiesen werden[8]. Es bedarf keiner weiteren Glaubhaftmachung des Nichtzugangs[9]. Wenn also sichergestellt werden soll, dass bei Nichterscheinen Ordnungsmaßnahmen ergriffen werden können, sollte die Ladung mit Zustellungsurkunde erfolgen.

31 Bleibt eine Partei trotz ordnungsgemäßer Ladung zum persönlichen Erscheinen dem Verhandlungstermin **aufgrund der unrichtigen Auskunft ihres Prozessbevollmächtigten** fern, sie brauche nicht zu erscheinen (was leider allzu häufig und meist aus prozesstaktischen Gründen vorkommt), so ist diese Auskunft grds. kein Entschuldigungsgrund[10]. Wenn es von den Fähigkeiten der Partei selbst – nach ihren persönlichen Verhältnissen (etwa Bildungsgrad, Gewandtheit in Geschäfts- und Gerichtsangelegenheiten, Vertrautheit mit hiesigen Verhältnissen) – abhängen soll zu erkennen, dass nur das ArbG über die Erscheinenspflicht und eine Befreiung von dieser befinden und verbindlich Auskunft geben kann[11], ist dies ist im Einzelfall schwer zu verifizieren. Die Partei muss also im Einzelfall Umstände glaubhaft machen, die ausnahmsweise ein fehlendes Verschulden erkennen lassen.

---

1 LAG BW v. 7.8.2002 – 15 Ta 12/02, ArbRB 2003, 45 mit Anm. *Berscheid*; GMP/*Müller-Glöge*, § 78 Rz. 10; *Holthaus/Koch*, RdA 2002, 140 (157); *Schmidt/Schwab/Wildschütz*, NZA 2001, 1217 (1225).
2 LAG BW v. 7.8.2002 – 15 Ta 12/02, ArbRB 2003, 45 mit Anm. *Berscheid*; *Holthaus/Koch*, RdA 2002, 140 (157); *Schmidt/Schwab/Wildschütz*, NZA 2001, 1217 (1225); offengelassen von LAG BW v. 11.6.2002 – 18 Ta 09/02, ArbRB 2003, 45 mit Anm. *Berscheid*.
3 LAG Schl.-Holst. v. 31.3.2005 – 2 Ta 37/05.
4 LAG Düsseldorf v. 1.3.1993 – 7 Ta 142/92, LAGE § 51 ArbGG 1979 Nr. 4; ebenso beim Ausbleiben eines Zeugen OLG Karlsruhe v. 28.5.1986 – 12 W 27/86.
5 OLG Karlsruhe v. 8.4.1993 – 16 WF 112/92, FamRZ 1993, 1470.
6 So OLG Jena v. 29.9.1998 – 6 W 495/98, nv.; OLG Jena v. 6.7.1999 – 6 W 447/99, nv.; OLG Frankfurt v. 11.4.2000 – 13 W 23/00; OLG Jena v. 31.1.2002 – 6 W 43/02.
7 So LSG Essen v. 21.7.1981 – L 12 Ar 142/78, Breith 1982, 167; OLG Nürnberg v. 15.7.1998 – 1 W 2128/98.
8 ErfK/*Koch*, § 51 ArbGG Rz. 8.
9 ErfK/*Koch*, § 51 ArbGG Rz. 8; aA GMP/*Germelmann*, § 51 Rz. 17 für den Fall, dass sich die Partei auf einen nicht rechtzeitigen Zugang beruft.
10 LSG Thür. v. 13.7.1998 – L 1 B 22/98 U; aA OLG Köln v. 17.9.1974 – 2 W 87/74, MDR 1975, 320; OLG Bamberg v. 2.11.1981 – 7 WF 66/81, MDR 1982, 585; OLG Koblenz v. 16.1.1984 – 5 W 3/84, nv.; LAG Köln v. 27.8.1987 – 3 Ta 162/87; OLG Celle v. 26.10.1987 – 17 W 37/87; LAG Köln v. 14.11.1994 – 5 (4) Ta 159/94; LAG Hessen v. 30.11.1995 – 4 Ta 292/95; LAG Hamburg v. 28.9.2004 – 3 Ta 14/04.
11 LAG Hessen v. 30.11.1995 – 4 Ta 292/95, LAGE § 141 ZPO Nr. 7.

Darüber hinaus sollte daran gedacht werden, der Partei (die sich an ihrem Prozessbevollmächtigten schadlos halten kann) eine Verzögerungsgebühr nach § 34 Abs. 1 GKG aufzuerlegen, wenn der Prozessbevollmächtigte die fehlerhafte Auskunft gegenüber seiner Partei nicht entschuldigen kann.

Wird der Ordnungsgeldbeschluss aufgehoben, fallen mE die dabei entstehenden Kosten der Staatskasse zur Last. Das Ordnungsgeld ist eine öffentlich-rechtliche Sanktion, so dass die Parallelwertungen zum Bußgeldrecht zu ziehen sind[1].

4. Ausschließung des Prozessbevollmächtigten

Die Zulassung eines Prozessbevollmächtigten kann abgelehnt werden, wenn die Partei trotz Anordnung ihres persönlichen Erscheinens unbegründet ausgeblieben ist und hierdurch der Zweck der Anordnung vereitelt wird (§ 51 Abs. 1 Satz 1). Die **Ausschließung** erfolgt **in Form eines Beschlusses**, der auch im Kammertermin durch den **Vorsitzenden allein** erlassen wird[2]. Die ehrenamtlichen Richter dürfen hieran nicht mitwirken, ansonsten ist die Entscheidung schon aus diesem Grunde rechtsfehlerhaft[3], weil er dann nicht der ausdrücklichen gesetzlichen Kompetenzzuweisung des § 51 Abs. 2 Satz 1 entspricht. Ausgeschlossen werden kann nach der gesetzlichen Regelung, die nur für das erstinstanzliche Verfahren gilt, jeder Prozessbevollmächtigte, also sowohl ein Rechtsanwalt, ein Rechtssekretär, ein Verbandsvertreter oder ein sonstiger Bevollmächtigter, der nach § 11 Abs. 1 vor dem ArbG auftreten darf.

32

Für den Ausschluss eines Prozessbevollmächtigten bei Ausbleiben der Partei im Termin müssen mehrere **Voraussetzungen kumulativ** gegeben sein:[4]

33

– das persönliche Erscheinen der Partei muss zu dem konkreten Termin ordnungsgemäß durch den Vorsitzenden (Paraphe reicht mE)[5], angeordnet sein;
– die Partei muss ordnungsgemäß mit Belehrung[6] über die Folgen des Ausbleibens persönlich geladen[7] sein;
– die persönlich geladene Partei darf sich nicht entschuldigt oder nur unzureichend entschuldigt haben[8];
– durch das Ausbleiben der Partei muss nach Auffassung des BAG der vorher mitgeteilte Zweck der Anordnung vereitelt worden sein[9];
– es darf kein Vertreter entsandt sein, der zur Aufklärung des Sachverhaltes[10] und zur Abgabe der gebotenen Erklärungen in der Lage sowie zum Abschluss eines Vergleichs ermächtigt ist[11].

Ist bereits eine dieser Voraussetzungen nicht erfüllt, dann darf der erschienene Prozessbevollmächtigte nicht von der Verhandlung ausgeschlossen werden[12].

---

1 LAG Hessen v. 15.2.2008 – 4 Ta 39/08; *Griebeling*, NJW 2008, 253; aA BAG v. 20.8.2007 – 3 AZB 50/05.
2 LAG Hamm v. 22.12.1994 – 4 Sa 1125/94, LAGE § 51 ArbGG 1979 Nr. 5; LAG Bdb. v. 23.5.2000 – 3 Sa 83/00, NZA 2001, 173; GMP/*Germelmann*, § 51 Rz. 30; GK-ArbGG/*Schütz*, § 51 Rz. 31; *Vonderau*, NZA 1991, 336 (340).
3 LAG Hamm v. 22.12.1994 – 4 Sa 1125/94, LAGE § 51 ArbGG 1979 Nr. 5; LAG Berlin-Brandenburg v. 23.5.2000 – 3 Sa 83/00.
4 Grundlegend LAG Hamm v. 22.12.1994 – 4 Sa 1125/94, LAGE § 51 ArbGG 1979 Nr. 5; zust. LAG Bdb. v. 23.5.2000 – 3 Sa 83/00, NZA 2001, 173; LAG Bremen v. 24.1.2002 – 3 Sa 16/02, LAGE § 51 ArbGG 1979 Nr. 8.
5 *Korinth*, ArbRB 2007, 252 (255); aA LAG Hamm v. 11.3.1982 – 8 Sa 32/82, MDR 1982, 612; LAG Düsseldorf v. 31.3.1982 – 7 Ta 69/82; LAG Rh.-Pf. v. 19.11.1993 – 6 Ta 242/93; OLG Hamm v. 14.12.1993 – 12 W 31/93; LAG Hamm v. 22.12.1994 – 4 Sa 1125/94, LAGE § 51 ArbGG 1979 Nr. 5; LSG Sachsen v. 28.4.1999 – L 1 B 38/97 KR, SGb 2000, 321.
6 LAG Hamm v. 29.11.1990 – 16 Sa 995/90; LAG Hamm v. 22.12.1994 – 4 Sa 1125/94; OLG Berlin-Brandenburg v. 13.12.1996 – 7 W 18/96, OLG-NL 1997, 119; LAG Bdb. v. 23.5.2000 – 3 Sa 83/00; LAG Bremen v. 24.1.2002 – 3 Sa 16/02.
7 LAG Hamm v. 18.2.1981 – 12 Sa 1331/80.
8 LAG Hamm v. 22.12.1994 – 4 Sa 1125/94; LAG Köln v. 15.3.1996 – 11 (13) Sa 1221/95; LAG Berlin-Brandenburg v. 23.5.2000 – 3 Sa 83/00; LAG Bremen v. 24.1.2002 – 3 Sa 16/02.
9 BAG v. 20.8.2007 – 3 AZB 50/05; ferner LAG BW v. 3.8.1987 – 13 Ta 6/87; OLG Hamm v. 14.12.1993 – 12 W 31/93; OLG Celle v. 2.11.1994 – 14 W 37/94; LAG Hamm v. 22.12.1994 – 4 Sa 1125/94; LAG Köln v. 12.11.1997 – 2 Sa 867/97; LAG Nds. v. 7.8.2002 – 10 Ta 306/02, MDR 2002, 1333.
10 LAG Hamm v. 29.11.1990 – 16 Sa 995/90; LAG Köln v. 12.11.1997 – 2 Sa 867/97.
11 LAG Köln v. 15.3.1996 – 11 (13) Sa 1221/95.
12 LAG Hamm v. 22.12.1994 – 4 Sa 1125/94.

a) Ausschluss der Prozessbevollmächtigten im Gütetermin

34 Die Folgen des Nichterscheinens der geladenen Partei im **Gütetermin** sind streitig[1]. Die Anwendung richterlichen Ermessens wird wohl meist dazu führen, von dieser Maßnahme Abstand zu nehmen, da in der Güteverhandlung ohnehin keine streitige Entscheidung getroffen werden kann[2].

b) Ordnungsgemäßer Hinweis über die Folgen des Ausbleibens

35 Beim Ausbleiben der Partei im Kammertermin kommt es hinsichtlich der Frage des Ausschlusses des entsandten Vertreters, der nicht ausreichend zur Sachaufklärung beitragen kann, entscheidend darauf an, ob eine ordnungsgemäße und rechtzeitige persönliche Ladung der nicht erschienenen Partei feststellbar ist, denn auf die Ladung des nicht zugelassenen Prozessbevollmächtigten kann nicht abgestellt werden[3].

36–37 Einstweilen frei

c) Erlass eines Versäumnisurteils nach Ausschluss des Prozessbevollmächtigten

38 Die Verhängung eines **Ordnungsgeldes** und der **Ausschluss** des von der persönlich geladenen Partei entsandten Vertreters von der Verhandlung sind **kumulativ** möglich[4], wenn dieser zur Aufklärung des Tatbestandes nicht in der Lage und zur Abgabe der gebotenen Erklärungen, insbesondere zu einem Vergleichsabschluss, nicht ermächtigt ist. Der **Ausschluss** eines Prozessbevollmächtigten wegen unbegründeten Ausbleibens der (von ihm vertretenen) persönlich geladenen Partei ist selbständig **nicht anfechtbar**[5]. Eine rechtliche Überprüfung erfolgt nur im Rahmen der gegen die Entscheidung in der Hauptsache gesetzlich vorgesehenen Rechtsbehelfe[6]. Diese Maßnahme muss jedoch ausdrücklich im Rahmen eines Beschlusses erfolgen[7].

39 Wird ein Prozessbevollmächtigter gem. § 51 Abs. 2 Satz 1 von der weiteren Verhandlung wirksam **ausgeschlossen**, so wird die **ausgebliebene Partei säumig**. Es kann nunmehr auf entsprechenden Antrag (nicht von Amts wegen) ein Versäumnisurteil nach § 330 ZPO (gegen die klagende Partei) bzw. § 331 Abs. 1 ZPO (gegen die beklagte Partei) ergehen, sofern der Ausschluss des entsandten Vertreters berechtigt war und wenn die ordnungsgemäße und rechtzeitige persönliche Ladung der ausgebliebenen Partei feststellbar ist[8]. In Betracht kommt auch ein Urteil nach Lage der Akten[9].

40 Ist der Ausschluss des Prozessbevollmächtigten der ausgebliebenen Partei **nicht wirksam** erfolgt, dann liegt **kein Fall der Säumnis** vor. Dies kann jedoch bei einem Ersten Versäumnisurteil vom ArbG selbst nur aufgrund eines rechtzeitigen Einspruchs (§ 59) hin überprüft werden. Ist ein Zweites Versäumnisurteil ergangen, so ist hiergegen die Berufung zulässig (§ 64 Abs. 2 Buchst. d), da kein Fall der Säumnis iSd. § 514 Abs. 2 Satz 1 ZPO gegeben ist. Da das Zweite Versäumnisurteil bei fehlerhaftem Ausschluss des Prozessbevollmächtigten von der Verhandlung zu Unrecht erlassen worden ist, ist – trotz des im ArbG-Prozess allgemein gültigen besonderen Beschleunigungsgrundsatzes (§ 9 Abs. 1) – der Rechtsstreit gem. § 64 Abs. 6 ArbGG iVm. § 538 Abs. 2 Nr. 6 ZPO nF zur erneuten Verhandlung an das ArbG zurückzuverweisen[10], denn § 68 steht der Anwendung des § 538 Abs. 2 Nr. 6 ZPO nicht entgegen[11]. In einem solchen Falle ist

---

1 Gegen Ordnungsmaßnahmen LAG Hamm v. 22.12.1994 – 4 Sa 1125/94; GMP/*Germelmann*, § 51 Rz. 28 („wenig sinnvoll, wenn auch möglich"); aA *Vonderau*, NZA 1991, 336 (340).
2 GMP/*Germelmann*, § 51 Rz. 28.
3 LAG Hamm v. 18.2.1981 – 12 Sa 1331/80, EzA § 345 ZPO Nr. 3.
4 GMP/*Germelmann*, § 51 Rz. 26.
5 LAG Hamm v. 20.4.1972 – 8 Ta 35/72, MDR 1972, 900; LAG München v. 20.10.1981 – 6 Ta 89/81, EzA § 61 ArbGG Nr. 1; LAG Rh.-Pf. v. 11.11.1981 – 1 Ta 158/81, EzA § 61 ArbGG Nr. 1; LAG Düsseldorf v. 4.10.1984 – 7 Ta 227/84, MDR 1985, 435; LAG Schl.-Holst. v. 15.10.1987 – 6 Ta 181/87; LAG Köln v. 1.9.2010 – 9 Ta 272/10; Arbeitsrechtslexikon/*Schwab*, Arbeitsgerichtliches Verfahren III.
6 LAG Rh.-Pf. v. 24.9.1981 – 1 Ta 132/81, nv.; LAG Köln v. 23.11.2005 – 9 Ta 385/05.
7 GMP/*Germelmann*, § 51 Rz. 30.
8 LAG Hamm v. 18.2.1981 – 12 Sa 1331/80, EzA § 345 ZPO Nr. 3; LAG Hamm v. 29.11.1990 – 16 Sa 995/90; LAG Köln v. 19.2.1993 – 13 Sa 1054/92, LAGE § 513 ZPO Nr. 7; LAG Köln v. 15.3.1996 – 11 (13) Sa 1221/95, AuR 1996, 459; LAG Köln v. 12.11.1997 – 2 Sa 867/97, LAGE § 513 ZPO Nr. 14.
9 ArbG Berlin v. 21.11.2016 – 19 Ca 10449/16.
10 S. bspw. LAG Hamm v. 18.2.1981 – 12 Sa 1331/80, EzA § 345 ZPO Nr. 3; LAG Hamm v. 29.11.1990 – 16 Sa 995/90, DB 1991, 1684; LAG Hamm v. 22.12.1994 – 4 Sa 1125/94, LAGE § 51 ArbGG 1979 Nr. 5; LAG Bdb. v. 23.5.2000 – 3 Sa 83/00, NZA 2001, 173; LAG Bremen v. 24.1.2002 – 3 Sa 16/02, LAGE § 51 ArbGG 1979 Nr. 8.
11 BAG v. 24.2.1982 – 4 AZR 313/80, AP Nr. 1 zu § 68 ArbGG 1953.

der Rechtsstreit schon deshalb grds. zurückzuverweisen, weil auf das sachliche Anliegen der Parteien in 1. Instanz praktisch noch gar nicht eingegangen worden ist[1].

Ist die persönlich geladene Partei in **zwei aufeinander folgenden Terminen nicht erschienen**, so dass gegen sie ein Erstes Versäumnisurteil und anschließend ein Zweites Versäumnisurteil erlassen worden ist, und war der Ausschluss des Prozessbevollmächtigten in beiden Fällen fehlerhaft, so kann das Berufungsgericht – weil der gleiche Rechtsfehler zugrunde liegt – nicht nur das Zweite Versäumnisurteil, sondern das zuvor ergangene Erste Versäumnisurteil aufheben und den Rechtsstreit durch Zurückverweisung zur erneuten Verhandlung und Entscheidung in seine Anfangsphase zurückversetzen, denn es ist auch das übrige fehlerhafte Verfahren aufzuheben[2]. Die erstinstanzlich ausgebliebene Partei darf wegen der immer drohenden Regelung des § 345 ZPO nicht mit den Folgen des rechtsfehlerhaft erlassenen Versäumnisurteils vorbelastet bleiben[3]. 41

Gegen die Ablehnung des Versäumnisurteils kann Beschwerde eingelegt werden[4]. Diese dürfte jedoch regelmäßig ohne Erfolg bleiben, weil der Vorsitzende den Prozessbevollmächtigten ausschließen kann, nicht muss, und eine Ermessensreduzierung auf Null kaum vorstellbar erscheint.

§ 52 Öffentlichkeit

Die Verhandlungen vor dem erkennenden Gericht einschließlich der Beweisaufnahme und der Verkündung der Entscheidung ist öffentlich. Das Arbeitsgericht kann die Öffentlichkeit für die Verhandlung oder für einen Teil der Verhandlung ausschließen, wenn durch die Öffentlichkeit eine Gefährdung der öffentlichen Ordnung, insbesondere der Staatssicherheit, oder eine Gefährdung der Sittlichkeit zu besorgen ist oder wenn eine Partei den Ausschluss der Öffentlichkeit beantragt, weil Betriebs-, Geschäfts- oder Erfindungsgeheimnisse zum Gegenstand der Verhandlung oder der Beweisaufnahme gemacht werden; außerdem ist § 171b des Gerichtsverfassungsgesetzes entsprechend anzuwenden. Im Güteverfahren kann es die Öffentlichkeit auch aus Zweckmäßigkeitsgründen ausschließen. § 169 Satz 2 [*Ab 19.4.2018: Absatz 1 Satz 2 bis 5, Absatz 2 und 4*] sowie die §§ 173 bis 175 des Gerichtsverfassungsgesetzes sind entsprechend anzuwenden.

I. Allgemeines	1	III. Ausschluss der Öffentlichkeit		12
II. Öffentlichkeit der Verhandlung	4	1. Gefährdung der öffentlichen Ordnung oder Staatssicherheit		13
1. Beschränkung des Teilnehmerkreises	5	2. Gefährdung der Sittlichkeit		15
2. Entfernung von gestellten Zeugen	6	3. Schutz von Betriebs-, Geschäfts-, Erfinder- oder Steuergeheimnissen		16
3. Öffentlichkeit der Beweisaufnahme	7	4. Schutz von Persönlichkeitsrechten		17
4. Besonderheiten beim schriftlichen Verfahren	8	5. Zweckmäßigkeitsgründe		18
5. Verbot von Rundfunk-, Ton-, Fernseh- und Filmaufnahmen	9	6. Ausschlussverfahren		19
6. Zulässigkeit handschriftlicher Aufzeichnungen	11			

Schrifttum: *Humberg*, Problembereiche der Öffentlichkeit der Verhandlung nach § 169 GVG, JR 2006, 391; *Schmidt/Schwab/Wildschütz*, Die Auswirkungen der Reform des Zivilprozesses auf das arbeitsgerichtliche Verfahren (Teil 1), NZA 2001, 1161.

I. Allgemeines

Der Grundsatz der **Öffentlichkeit** ist ein auch in Art. 6 Abs. 1 Satz 1 EMRK verankertes **Leitprinzip** eines jeden rechtsstaatlichen Gerichtsverfahrens[5], ohne dass ihm jedoch Verfassungsrang zukäme oder es der 1

---

1 LAG Hamm v. 22.12.1994 – 4 Sa 1125/94, LAGE § 51 ArbGG 1979 Nr. 5.
2 LAG Hamm v. 22.12.1994 – 4 Sa 1125/94, LAGE § 51 ArbGG 1979 Nr. 5; im Ergebnis ebenso LAG Berlin-Brandenburg v. 23.5.2000 – 3 Sa 83/00, NZA 2001, 173; s. weiter Arbeitsrechtslexikon/*Schwab*, Arbeitsgerichtliches Verfahren III, der auf die Notwendigkeit der Erfüllung von § 538 Abs. 2 S. 1 ZPO hinweist.
3 LAG Hamm v. 22.12.1994 – 4 Sa 1125/94, LAGE § 51 ArbGG 1979 Nr. 5.
4 LAG Schl.-Holst. v. 4.6.2004 – 2 Ta 111/04.
5 HWK/*Ziemann*, § 52 ArbGG Rz. 1

Parteimaxime entzogen wäre[1]. Vergleichbar der Situation im Zivilprozess kommt auch im arbeitsgerichtlichen Verfahren dem Prinzip der Öffentlichkeit keine so starke Rolle zu wie im Bereich des Strafprozesses. Durch die Öffentlichkeit des Verfahrens soll der gerichtliche **Entscheidungsfindungsprozess durchschaubar**, eine **Kontrolle** ermöglicht und dadurch das **Vertrauen der Bevölkerung** in die Rechtspflege gestärkt werden[2].

2 Im Gegensatz zu anderen Vorschriften des GVG sind die Bestimmungen über die Öffentlichkeit des Verfahrens (§§ 169–175 GVG) im **ArbG-Prozess nur modifiziert** anwendbar. Ausdrücklich für anwendbar erklärt werden die Regelungen über den Ausschluss der Öffentlichkeit zum Schutz der Privatsphäre (§ 171b GVG), die öffentliche Urteilsverkündung (§ 173 GVG), die Verhandlung über den Ausschluss der Öffentlichkeit und die Schweigepflicht (§ 174 GVG) sowie die Versagung des Zutritts zu öffentlichen Verhandlungen (§ 175 GVG). Des Weiteren sind über die Verweisung des § 9 Abs. 2 die Vorschriften über das Recht der Sitzungspolizei (§§ 176–183 GVG) entsprechend anwendbar.

3 § 52 Satz 1 bestimmt ausdrücklich, dass die mündliche **Verhandlung** einschließlich der **Beweisaufnahme** und der **Verkündung** der Entscheidung **öffentlich** ist.

II. Öffentlichkeit der Verhandlung

4 Eine Verhandlung ist öffentlich, **wenn beliebige Zuhörer** die Möglichkeit haben, an ihr teilzunehmen. Das wiederum erfordert, dass sich jedermann darüber informieren kann, wann und wo eine Verhandlung stattfindet[3]. Es reicht aus, an dem jeweiligen Sitzungssaal eine **Terminsliste auszuhängen**, aus der sich die Uhrzeit und die Parteien der Verhandlungen ergibt; nicht notwendig ist die Mitteilung des Streitgegenstandes. Um jedermann den Zugang zur Gerichtsverhandlung zu ermöglichen, muss das **Gerichtsgebäude allgemein zugänglich** sein. Ist die Sicherheit in Gerichtsgebäuden nicht ohne Weiteres gewährleistet, so verstößt es nicht gegen den Grundsatz der Öffentlichkeit der Verhandlung, wenn der Zugang zum Gerichtsgebäude nur solchen Personen gestattet wird, die sich ausweisen können[4]. Hat das Gericht durch eine Einlasskontrolle – Anordnung der vorherigen Durchsuchung von Zuhörern – selbst bewirkt, dass sich der Zutritt zum Sitzungssaal verzögert, so darf es mit der Verhandlung erst beginnen, wenn den rechtzeitig erschienenen Personen der Zutritt gewährt worden ist[5]. Dagegen liegt eine Verletzung der Vorschriften über die Öffentlichkeit des Verfahrens nicht vor, wenn eine Beschränkung des Zugangs zum Sitzungssaal nicht auf einer Sorgfaltsverletzung des Gerichts beruht[6]. Verwehrt bei einem größeren Gericht oder bei einem Justizzentrum ein Gerichtswachtmeister irrtümlich einer Person den an sich möglichen freien Zutritt zu einer Gerichtsverhandlung, ohne dass das Gericht den Vorfall bemerken kann, so sind die Vorschriften über die Öffentlichkeit des Verfahrens nicht verletzt[7]. Der Grundsatz der Öffentlichkeit ist jedoch dann verletzt, wenn das Gericht bei Anwendung der gebotenen Aufmerksamkeit die Zugangsbeschränkung hätte bemerken müssen[8]. Hat das Gericht weder bemerkt noch bemerken können, dass die Außentür des Gerichtsgebäudes versehentlich ins Schloss gefallen war, so sind die Vorschriften über die Öffentlichkeit des Verfahrens nicht verletzt, auch wenn dieses tatsächliche Hindernis Personen, die der Gerichtsverhandlung als Zuhörer beiwohnen wollten, den Zugang zum Sitzungssaal verwehrt hat[9]. Für den ungehinderten Zugang zum Gerichtsgebäude ist es ausreichend, wenn sich die Zuhörer durch eine Klingel Einlass verschaffen können[10].

1. Beschränkung des Teilnehmerkreises

5 **Nicht erforderlich** ist, dass **sämtliche Zuhörer** an der Gerichtsverhandlung teilnehmen können. So verstößt es nicht gegen den Grundsatz der Öffentlichkeit, wenn bei einer drohenden Überfüllung der Gerichtssaal geschlossen wird oder bei einem zu erwartenden großen Andrang Platzkarten ausgegeben werden[11].

---

1 GMP/*Germelmann*, § 52 Rz. 1; *Kissel/Mayer*, § 169 GVG Rz. 58, mwN.
2 GK-ArbGG/*Schütz*, § 52 Rz. 1.
3 GMP/*Germelmann*, § 52 Rz. 3.
4 BGH v. 6.10.1997 – 3 StR 291/76, MDR 1977, 155.
5 BGH v. 2.12.1994 – 2 StR 394/94, NJW 1995, 3196.
6 BGH v. 17.7.1970 – X ZB 17/69, MDR 1970, 923.
7 BGH v. 18.12.1968 – 3 StR 297/68, MDR 1969, 324.
8 BAG v. 12.4.1973 – 2 AZR 291/72, DB 1973, 1904.
9 BGH v. 10.6.1966 – 4 StR 72/66, MDR 1966, 772.
10 BAG v. 19.2.2008 – 9 AZN 777/07, AP Nr. 59 zu § 72a ArbGG 1979.
11 HWK/*Ziemann*, Rz. 2; *Humberg*, JR 2006, 391 (392).

Allerdings darf der eingeschränkte Teilnehmerkreis nicht von vornherein auf einzelne oder bestimmte Zuhörergruppen eingegrenzt werden[1]. Reichen an einem Sitzungstag nicht alle Sitzungssäle für die Verhandlungen aus, so kann der Richter die Verhandlung auch in seinem Dienstzimmer durchführen. Allerdings sind die Vorschriften über die Öffentlichkeit des Verfahrens dann nicht gewahrt, wenn der vorhandene Raum durch die Verfahrensbeteiligten ausgefüllt wird und für etwaige Zuhörer weder Sitzplätze noch Stehplätze verbleiben[2]. Sicherzustellen ist ferner, dass **Vertreter der Medien** ungehindert über das Gerichtsverfahren berichten können[3]. Dabei obliegt die Entscheidung über die Zugänglichkeit zu Gerichtsverhandlungen, die Reservierung einer bestimmten Anzahl von Plätzen für Medienberichterstatter und auch die Verteilung knapper Sitzplätze an dieselben grds. der Prozessleitung des Vorsitzenden in dem jeweiligen Gerichtsverfahren[4].

2. Entfernung von gestellten Zeugen

Gerade im arbeitsgerichtlichen Verfahren kommt es immer wieder vor, dass Parteien Zeugen zur Gerichtsverhandlung stellen oder darauf aufmerksam machen, dass von ihnen benannte **Zeugen im Gerichtssaal** anwesend sind. Fordert der Vorsitzende diese Personen vor Beginn der mündlichen Verhandlung und vor Beginn der Beweisaufnahme auf, sich aus dem Sitzungssaal zu entfernen, so liegt darin kein Verstoß gegen das Öffentlichkeitsprinzip. Gemäß § 394 Abs. 1 ZPO ist jeder Zeuge einzeln und in Abwesenheit der später abzuhörenden Zeugen zu vernehmen. Von seinem Wortlaut her rechtfertigt § 394 Abs. 1 ZPO zwar lediglich die Entfernung der Zeugen für die Dauer der Zeugenvernehmung der früher anzuhörenden Zeugen. Berücksichtigt man aber den Sinn und Zweck der Vorschrift, die Unbefangenheit der Zeugen zu erhalten und eine selbständige Darstellung zu ermöglichen, erscheint eine Auslegung des § 394 Abs. 1 ZPO dahin gehend möglich, nach der Zeuge auch von der der Beweisaufnahme vorangehenden mündlichen Verhandlung ausgeschlossen ist[5]. Damit ist aber nicht gesagt, dass auch eine zwangsweise Entfernung des Zeugen aus dem Gerichtssaal gerechtfertigt ist. 6

3. Öffentlichkeit der Beweisaufnahme

Der Grundsatz der Öffentlichkeit betrifft die **Verhandlungen vor dem erkennenden Gericht**. Er erfasst den Zeitraum von Beginn der Verhandlung (§ 220 Abs. 1 ZPO) mit dem Aufruf der Sache bis zu deren Ende (§ 136 Abs. 4 ZPO), also zu dem Zeitpunkt, zu dem der Vorsitzende die Verhandlung schließt. **Jede Verhandlung** vor dem erkennenden Gericht hat **öffentlich** stattzufinden. Unter die Regelung des § 52 fällt sowohl die Güteverhandlung des § 54 als auch die Kammerverhandlung des § 57[6]. § 52 Satz 1 hebt ausdrücklich hervor, dass auch die **Beweisaufnahme öffentlich** ist. Wenn eine Verhandlung oder Beweisaufnahme an einem anderen Ort als dem Sitzungssaal fortgesetzt wird, muss sichergestellt werden, dass auch unbeteiligte Personen Ort und Zeit der Weiterverhandlung ohne besondere Schwierigkeiten erfahren können. Zur Wahrung des Grundsatzes der Öffentlichkeit ist es regelmäßig erforderlich, dass Ort und Zeit des neuen Verhandlungsorts in öffentlicher Sitzung verkündet und durch einen Hinweis am Gerichtssaal bekannt gemacht werden. Hinsichtlich der Details kommt es auf den Einzelfall an[7]. Das BAG hatte in der genannten Entscheidung keine Bedenken dagegen, dass Videoaufnahmen im Dienstzimmer des Vorsitzenden angesehen wurden, weil die Tür unverschlossen war und das Zimmer genug Platz für Zuhörer bot. Das Urteil des LAG Baden-Württemberg wurde aber aufgehoben, weil keine hinreichende Informationsmöglichkeit unbeteiligter potentieller Zuhörer über Ort und Zeit der Fortsetzung der Inaugenscheinnahme der Videoaufnahmen im Dienstzimmer des Vorsitzenden gegeben war. Die Verkündung der Verlegung des Orts der Beweisaufnahme in der mündlichen Verhandlung reichte nach Ansicht des 6. Senats nicht aus, um die Informationsmöglichkeit der Öffentlichkeit sicherzustellen. Es muss ein entsprechender Hinweis auf der Terminsrolle erfolgen. 7

Die Öffentlichkeit ist auch dann herzustellen, wenn die Beweisaufnahme nicht an der Gerichtsstelle stattfindet bzw. dem Vorsitzenden gem. § 58 Abs. 1 Satz 2 übertragen worden ist, wie beispielsweise die Durchführung von **Ortsterminen**[8] oder die Vernehmung von transportunfähigen Zeugen in der Privatwohnung 7a

---

[1] HWK/*Ziemann*, Rz. 2; BGH v. 10.1.2006 – 1 StR 527/05, JR 2006, 289 (390); *Humberg*, JR 2006, 391 (392).
[2] OLG Köln v. 8.9.1983 – 3 Ss 63/83, NStZ 1984, 282.
[3] S. zu den Einzelheiten BVerfG v. 12.4.2013 – 1 BvR 990/13.
[4] BVerfG v. 12.4.2013 – 1 BvR 990/13.
[5] BAG v. 21.1.1988 – 2 AZR 449/87, AP Nr. 1 zu § 394 ZPO m. Anm. *Pleyer*; Natter/Gross/*Rieker*, § 52 Rz. 4.
[6] GMP/*Germelmann*, § 52 Rz. 5.
[7] BAG v. 22.9.2016 – 6 AZN 376/16 m. Anm. *Sievers*, jurisPR-ArbR 49/2016 Anm. 3.
[8] Vgl. dazu BGH v. 10.1.2006 – 1 StR 527/05, JR 2006, 289 (390); *Humberg*, JR 2006, 391 (392).

oder im Krankenhaus¹. In den letztgenannten Fällen findet die Öffentlichkeit des Verfahrens allerdings eine Grenze an der Bereitschaft des Wohnungsbesitzers bzw. Krankenhausbetreibers. Lässt dieser außer den Prozessbeteiligten, den Zeugen und dem Gericht keine weiteren Personen in sein Haus, so wird damit die Öffentlichkeit nicht ausgeschlossen, da das Gericht insoweit keine Gestaltungsmöglichkeiten gegen das Hausrecht hat². Wenn jedoch die Beweisaufnahme im Wege der Rechtshilfe vor dem beauftragten oder ersuchten Richter erfolgt, bedarf es keiner Öffentlichkeit³. Die Verkündung der Entscheidung, die in der mündlichen Verhandlung fällt, hat öffentlich zu erfolgen (§ 52 Satz 1). Auch der gesondert anberaumte Verkündungstermin muss daher öffentlich stattfinden; wird dies versäumt, muss die Verkündung nachgeholt werden⁴.

7b Die Parteien können nicht wirksam auf die Öffentlichkeit der Verhandlung verzichten⁵. Nach Ansicht des BAG folgt aus der Möglichkeit, auf die Parteiöffentlichkeit bei der Inaugenscheinnahme zu verzichten⁶ nichts anderes.

4. Besonderheiten beim schriftlichen Verfahren

8 Der Grundsatz der Öffentlichkeit gilt **nicht im schriftlichen Verfahren des § 128 Abs. 2 und 3 ZPO**, welches im erstinstanzlichen arbeitsgerichtlichen Verfahren ohnehin nicht stattfindet (§ 46 Abs. 2). Für das zweit- und drittinstanzliche Verfahren ist zu beachten, dass auch die Verkündung einer im schriftlichen Verfahren getroffenen Entscheidung öffentlich erfolgt⁷.

5. Verbot von Rundfunk-, Ton-, Fernseh- und Filmaufnahmen

9 Nach § 52 Satz 4 ist die Regelung des § 169 Absatz 1 Satz 2 bis 5, Absatz 2 und 4 GVG unmittelbar anwendbar, so dass Ton-, Fernseh- und Rundfunkaufnahmen sowie Ton- und Filmaufnahmen **zum Zwecke der öffentlichen Vorführung oder Veröffentlichung** ihres Inhalts grundsätzlich unzulässig sind, also nur in den Grenzen der am 19.4.2018 in Kraft tretenden GVG-Änderung von 2017 zulässig⁸. Das Verbot des § 169 Satz 2 GVG gilt selbst bei Zustimmung der Parteien und der übrigen Prozessbeteiligten⁹. Das Aufnahmeverbot erfasst sämtliche Teile der Verhandlung, also auch die Beweisaufnahme und die Verkündung der Entscheidung. Zulässig sind solche Aufnahmen außerhalb der mündlichen Verhandlung, dh. in Verhandlungspausen oder vor Beginn oder nach Schluss der mündlichen Verhandlung oder nach Verkündung der Entscheidung¹⁰. In diesem Falle ist zum Schutz des Persönlichkeitsrechts bzw. des Rechts zur informationellen Selbstbestimmung das Einverständnis der Beteiligten¹¹ und – soweit die Aufnahmen außerhalb des Sitzungssaals erfolgen – des Leiters der hausverwaltenden Behörde, die das Hausrecht besitzt, erforderlich. Nach § 160a Abs. 1 ZPO sind Tonaufnahmen als vorläufige Aufzeichnungen des Sitzungsprotokolls zulässig; Gleiches gilt für andere technische Aufnahmen zu gerichtlichen Zwecken¹². Verfahrensbeteiligte dürfen jedoch grds. nicht für eigene Zwecke Tonaufnahmen bzw. sonstige mechanische oder elektronische Aufzeichnungen herstellen¹³.

10 Völlig unabhängig davon ermöglicht § 128a Abs. 1 ZPO iVm. § 46 Abs. 2 Satz 1 bei Einverständnis der Parteien, dass mündliche Verhandlungen unter Beteiligung einer per **Videokonferenz** zugeschalteten Partei bzw. ihres Prozessbevollmächtigten durchgeführt werden können. Das Gericht kann – trotz entsprechendem Antrag und Einverständnis – weiterhin wie bisher auch das persönliche Erscheinen der Partei nach §§ 51 Abs. 1 ArbGG, 141 Abs. 1 ZPO anordnen, wenn dies zur Aufklärung des Sachverhalts oder zur Herbeiführung einer gütlichen Beilegung des Rechtsstreits geboten erscheint¹⁴. Im Einverständnis mit den Parteien hat das Gericht auch die Möglichkeit, Zeugen, Sachverständige oder Parteien per Videokonferenz zu vernehmen (§ 128a Abs. 2 ZPO). Ein Anspruch der Parteien, entsprechende technische Voraussetzun-

---

1 GMP/*Germelmann*, § 52 Rz. 6.
2 BGH v. 14.6.1994 – 1 StR 40/94, MDR 1994, 930.
3 BAG v. 22.9.2016 – 6 AZN 376/16 m. Anm. *Sievers*, jurisPR-ArbR 49/2016 Anm. 3.
4 GMP/*Germelmann*, § 52 Rz. 7.
5 BAG v. 22.9.2016 – 6 AZN 376/16 unter II 6 a der Entscheidungsgründe; s. weiter Anm. *Sievers*, jurisPR-ArbR 49/2016 Anm. 3.
6 BGH v. 22.3.2012 – I ZR 192/10.
7 HWK/*Ziemann*, § 52 ArbGG Rz. 5.
8 S. Gesetz über die Erweiterung der Medienöffentlichkeit in Gerichtsverfahren (EMöGG) v. 8.10.2017, BGBl. I S. 3546.
9 GMP/*Germelmann*, § 52 Rz. 9; s. auch BVerfG 24.1.2001 – 1 BvR 2623/95, 1 BvR 622/99, AP Nr. 1 zu § 169 GVG.
10 GMP/*Germelmann*, § 52 Rz. 10; BVerfG v. 7.6.2007 – 1 BvR 1438/07.
11 *Kissel/Mayer*, § 169 GVG Rz. 68.
12 Vgl. GMP/*Germelmann*, § 52 Rz. 13.
13 Einschränkend *Kissel/Mayer*, § 169 GVG Rz. 82: Verbot nur unter dem Aspekt der Sitzungspolizei.
14 *Schmidt/Schwab/Wildschütz*, NZA 2001, 1161 (1162 f.).

gen zu schaffen, folgt aus § 128a ZPO allerdings nicht[1]. Die Übertragung wird nicht aufgezeichnet (§ 128a Abs. 3 Satz 1 ZPO). Entscheidungen über die Anordnung oder Ablehnung einer Videokonferenz sind unanfechtbar (§ 128a Abs. 3 Satz 2 ZPO).

6. Zulässigkeit handschriftlicher Aufzeichnungen

Erlaubt sind **handschriftliche Aufzeichnungen zum Zwecke der Berichterstattung** durch die Presse, Funk und Fernsehen oder das **Zeichnen von Bildern**[2]. Daher rechtfertigt der bloße Umstand, dass sich ein Zuhörer handschriftliche Aufzeichnungen über Vorgänge der Verhandlung oder Beweisaufnahme macht, grds. nicht, ihm das weitere Mitschreiben zu untersagen oder ihn gar des Sitzungssaales zu verweisen. Anders kann es sein, wenn die durch konkrete Tatsachen begründete Gefahr besteht, dass Aussagen oder sonstige Verhandlungsvorgänge wartenden Zeugen unzulässigerweise mitgeteilt werden sollen[3].

11

III. Ausschluss der Öffentlichkeit

Nach § 52 Satz 2 kann die **Öffentlichkeit** für die gesamte Verhandlung oder einen Teil derselben **ausgeschlossen werden**, und zwar teils von Amts wegen, teils nur auf Antrag. Der Ausschluss der Öffentlichkeit ist **in fünf Fällen** möglich:
- bei Gefährdung der öffentlichen Ordnung, insbesondere der Staatssicherheit (von Amts wegen),
- bei Gefährdung der Sittlichkeit (von Amts wegen),
- zum Schutz von Betriebs-, Geschäfts-, Erfinder- oder Steuergeheimnissen (auf Antrag),
- zum Schutz von Persönlichkeitsrechten (von Amts wegen),
- aus Zweckmäßigkeitsgründen im Güteverfahren (von Amts wegen).

12

1. Gefährdung der öffentlichen Ordnung oder Staatssicherheit

Parteien, Zeugen, Sachverständige oder bei der Verhandlung nicht beteiligte Personen, die den zur Aufrechterhaltung der Ordnung getroffenen **Anordnungen nicht Folge leisten**, können aus dem Sitzungszimmer **entfernt** sowie zur **Ordnungshaft** abgeführt und während einer zu bestimmenden Zeit, die 24 Stunden nicht übersteigen darf, festgehalten werden (§ 177 Satz 1 GVG). Reichen diese Maßnahmen wegen der unbestimmten Vielzahl der Störer aus der Zuhörerschaft nicht aus und/oder ist eine fortgesetzte Störung der Verhandlung durch Kundgebungen zu besorgen, dann kann die Öffentlichkeit von Amts wegen ausgeschlossen werden.

13

Die **Staatssicherheit** wird gefährdet, wenn zB im verteidigungs- oder nachrichtendienstlichen Bereich im Rahmen eines arbeitsgerichtlichen Verfahrens Umstände erörtert werden müssen, die die Sicherheit des Staates betreffen (vgl. § 92 Abs. 3 Nr. 2 StGB), oder wenn in den Fällen des Art. 38 ZA-NATO-Truppenstatut Amtsgeheimnisse des Entsende- oder Aufnahmestaates oder für deren Sicherheit wichtige Informationen zur Sprache kommen.

14

2. Gefährdung der Sittlichkeit

Eine Gefährdung der Sittlichkeit kann vorliegen, wenn im Rahmen eines arbeitsgerichtlichen Verfahrens **besondere sexuelle Verhaltensweisen** erörtert werden müssen, die geeignet sind, das Scham- und Sittlichkeitsgefühl Unbeteiligter erheblich zu verletzen, oder wenn Vergehen an Kindern zu erörtern sind. Dabei ist auf das sittliche Empfinden eines aufgeschlossenen Durchschnittsbürgers abzustellen; Gesichtspunkten des Jugendschutzes kann in aller Regel durch Ausschließung unerwachsener Personen nach § 52 Satz 4 ArbGG iVm. § 175 Abs. 1 GVG Rechnung getragen werden[4].

15

3. Schutz von Betriebs-, Geschäfts-, Erfinder- oder Steuergeheimnissen

Betriebsgeheimnisse beziehen sich auf den technischen Betriebsablauf, insbesondere Herstellung und Herstellungsverfahren, während **Geschäftsgeheimnisse** den allgemeinen Geschäftsverkehr des Unternehmens, Bilanzen, Gewinn- und Verlustrechnungen, Kalkulation, Marktstrategien, Kunden- und Preislisten, Warenbezugsquellen betreffen. Eine Erfindung ist ein noch nicht als Patent oder Gebrauchsmuster geschütztes

16

---

1 *Schmidt/Schwab/Wildschütz*, NZA 2001, 1161 (1163).
2 Natter/Gross/*Rieker*, § 52 Rz. 6.
3 BGH v. 13.5.1982 – 3 StR 142/82, NStZ 1982, 389; *Kissel/Mayer*, § 169 GVG Rz. 68.
4 Zöller/*Lückemann*, § 172 GVG Rz. 5.

technisches Verfahren, das auf einer persönlichen Leistung des Erfinders beruht[1]; es wird zum **Erfindergeheimnis**, wenn an der Geheimhaltung ein berechtigtes Interesse besteht[2]. Da im Gegensatz zu § 172 Nr. 2 GVG in § 52 das **Steuergeheimnis** (§ 30 AO, § 355 StGB) nicht ausdrücklich aufgeführt ist, ist bei einem entsprechenden Antrag stets zu prüfen, ob ein derartiges Steuergeheimnis ein Geschäftsgeheimnis darstellt. In einem solchen Falle ist ein Rückgriff auf § 172 Nr. 2 GVG geboten[3].

4. Schutz von Persönlichkeitsrechten

17 Die Öffentlichkeit kann nach § 52 Satz 2 ArbGG iVm. § 171b Abs. 1 Satz 1 GVG ausgeschlossen werden, soweit Umstände aus dem persönlichen Lebensbereich eines Prozessbeteiligten, Zeugen oder durch eine rechtswidrige Tat Verletzten zur Sprache kommen, deren öffentliche Erörterung **schutzwürdige Interessen** verletzen würde. Diese Regelung räumt dem Schutz des Intimbereichs des Einzelnen grundsätzlichen Vorrang vor dem Öffentlichkeitsgrundsatz ein. Umstände aus dem persönlichen Lebensbereich sind vor allem solche **gesundheitlicher, familiärer oder sexueller** Art, soweit sie aufgrund ihres Bezugs zur Privatsphäre unbeteiligten Dritten nicht ohne Weiteres zugänglich sind und nach ihrem Inhalt in allgemeiner Anschauung Schutz vor dem Einblick Außenstehender verdienen. Im ArbG-Prozess kann der Schutz der Privatsphäre vor allem bei krankheitsbedingten Kündigungen im Rahmen der Erörterung medizinischer Diagnosen des ArbN oder in Schadensersatzprozessen wegen sexueller Belästigung am Arbeitsplatz von Bedeutung sein. Die Öffentlichkeit ist auszuschließen, wenn die vorgenannten Voraussetzungen vorliegen und der Ausschluss von der Person, deren Lebensbereich betroffen ist, beantragt wird (§ 52 Satz 2 ArbGG iVm. § 171b Abs. 2 GVG).

5. Zweckmäßigkeitsgründe

18 Im **Gütetermin** kann das ArbG die Öffentlichkeit bereits aus **Zweckmäßigkeitsgründen** ausschließen (§ 52 Satz 3), insbesondere um Vergleichsgespräche zu erleichtern. Schließt sich die weitere streitige Verhandlung vor der Kammer unmittelbar an die Güteverhandlung an oder beantragen die Parteien die Alleinentscheidung durch den Vorsitzenden, so ist die Öffentlichkeit wiederherzustellen[4]. Von der sich unmittelbar an die Güteverhandlung anschließenden weiteren Verhandlung kann die Öffentlichkeit nach Maßgabe des § 52 Satz 2 ausgeschlossen werden.

6. Ausschlussverfahren

19 Bei **Gefährdung der öffentlichen Ordnung** oder der **Staatssicherheit** sowie bei **Gefährdung der Sittlichkeit** erfolgt der **Ausschluss von Amts wegen**. Gleiches gilt für das Güteverfahren, wenn das ArbG die Öffentlichkeit aus Zweckmäßigkeitsgründen ausschließt.

20 Zum Schutz von **Erfinder-, Geschäfts- und Betriebsgeheimnissen** und zum **Schutz der Privatsphäre** kann das Gericht nicht von Amts wegen, sondern nur **auf Antrag** tätig werden. Es hat allerdings von Amts wegen nach § 139 ZPO auf die Möglichkeit des Ausschlusses der Öffentlichkeit aus diesem Grunde hinzuweisen[5]. Der Antrag kann jederzeit zurückgenommen werden. Hat das Gericht die Öffentlichkeit bereits ausgeschlossen, so muss es sie wiederherstellen. Die Antragsrücknahme wirkt dabei nur für die Zukunft, so dass kein Anspruch auf Wiederholung von Verhandlungsabschnitten besteht, die unter Ausschluss der Öffentlichkeit durchgeführt worden sind.

21 Das Ermessen des Gerichts bei der Entscheidung ist nicht uneingeschränkt, sondern der Ausschluss ist vorzunehmen, wenn die Voraussetzungen für eine Ausschließung vorliegen. Ob dies vorliegt, ist unter Abwägung der Interessen der Parteien und der Bedeutung des Grundsatzes der Öffentlichkeit zu beurteilen[6]. Die Öffentlichkeit kann für die gesamte Verhandlung oder für einen Teil derselben ausgeschlossen werden (§ 52 Satz 2); die Verkündung des Urteils erfolgt in jedem Falle öffentlich (§ 52 Satz 4 ArbGG iVm. § 173 Abs. 1 GVG). Wurde „für die Verhandlung" oder „deren weitere Dauer" die Öffentlichkeit ausgeschlossen, so endet der Ausschluss mit der Urteilsverkündung, ohne dass es eines Wiederherstellungsbeschlusses bedarf; jedoch muss die Öffentlichkeit tatsächlich wiederhergestellt werden[7].

---

1 Zöller/*Lückemann*, § 172 GVG Rz. 9.
2 GMP/*Germelmann*, § 52 Rz. 23; Natter/Gross/*Rieker*, § 52 Rz. 10.
3 BAG v. 23.4.1985 – 3 AZR 548/82, NZA 1985, 499; GMP/*Germelmann*, § 52 Rz. 24; Natter/Gross/*Rieker*, § 52 Rz. 10.
4 GMP/*Germelmann*, § 52 Rz. 28.
5 GMP/*Germelmann*, § 52 Rz. 16.
6 GMP/*Germelmann*, § 52 Rz. 17.
7 Zöller/*Lückemann*, § 172 GVG Rz. 2.

Die Entscheidung über den **Ausschluss der Öffentlichkeit** ist **öffentlich zu verkünden** (§ 52 Satz 4 ArbGG 22
iVm. § 174 Abs. 1 Satz 2 GVG). Es genügt für die Begründung des Beschlusses, dass der gesetzliche Wortlaut des für den Ausschluss herangezogenen Grundes mitgeteilt wird[1]. Auch wenn dies nur für den Ausschluss zum Schutz der Privatsphäre ausdrücklich gesetzlich bestimmt ist (vgl. § 171b Abs. 3 GVG), ist die Entscheidung generell unanfechtbar[2]. Ein vorgreiflicher Eilrechtsschutz gegen nur prognostizierte Entscheidungen auf Ausschluss der Öffentlichkeit kommt nur in Betracht, wenn mit hoher Wahrscheinlichkeit absehbar ist, dass die anstehende Entscheidung – unterstellt, sie schließe die Öffentlichkeit aus – rechtswidrig ausfallen wird, etwa weil den Belangen der Antragstellerin innerhalb der Folgenabwägung mit hoher Wahrscheinlichkeit Vorrang einzuräumen ist.

Ob öffentlich verhandelt oder die Öffentlichkeit ausgeschlossen worden ist, ist im **Sitzungsprotokoll** festzuhalten (§ 160 Abs. 1 Nr. 5 ZPO); auch die Wiederherstellung der Öffentlichkeit ist zu protokollieren. 23
Das Protokoll hat insoweit allein die Beweiskraft (§ 165 Satz 1 ZPO), die nur bei Nachweis der Fälschung beseitigt werden kann.

Wurde die **Öffentlichkeit** vom ArbG **zu Unrecht ausgeschlossen**, so liegt ein schwerer Verfahrensfehler 24
vor, der allerdings wegen der Regelung des § 68 nicht zur Zurückverweisung an das ArbG führen kann. Hat das LAG die Öffentlichkeit zu Unrecht ausgeschlossen, so liegt ein absoluter Revisionsgrund vor (§ 547 Nr. 6 ZPO)[3].

Zuständig für die Ausschlussentscheidung ist, außer bei der Güteverhandlung, die Kammer, nicht der Vor- 25
sitzende allein, da die Entscheidung in der mündlichen Verhandlung ergeht[4].

§ 53 Befugnisse des Vorsitzenden und der ehrenamtlichen Richter

(1) Die nicht auf Grund einer mündlichen Verhandlung ergehenden Beschlüsse und Verfügungen erlässt, soweit nichts anderes bestimmt ist, der Vorsitzende allein. Entsprechendes gilt für Amtshandlungen auf Grund eines Rechtshilfeersuchens.
(2) Im Übrigen gelten für die Befugnisse des Vorsitzenden und der ehrenamtlichen Richter die Vorschriften der Zivilprozessordnung über das landgerichtliche Verfahren entsprechend.

Schrifttum: *Luczak*, Beteiligung der ehrenamtlichen Richter bei Entscheidungen über die Wiedereröffnung des Anhörungstermins bzw der mündlichen Verhandlung, NZA 1992, 917.

I. Allgemeines

Die **Abgrenzung** der Befugnisse des **Vorsitzenden** von denen der **ehrenamtlichen** Richter ist notwendig, 1
da in § 46 Abs. 2 auf die Vorschriften der ZPO über das Verfahren vor dem AG verwiesen wird, es sich jedoch – anders als bei dem AG – bei den ArbG um **Kollegialgerichte** handelt. In einem Kollegialgericht ist der Vorsitzende grds. gleichberechtigtes Mitglied des Spruchkörpers. Ohne eine besondere Kompetenzregelung hätte er die gleichen Befugnisse wie die ehrenamtlichen Richter. Da diese nicht ständige Mitglieder des Spruchkörpers sind, sondern nur zu den jeweiligen Sitzungstagen anhand einer Liste herangezogen werden, ist es erforderlich, den berufsrichterlichen Vorsitzenden für die prozessvorbereitenden und prozessleitenden Maßnahmen mit entsprechenden Befugnissen auszustatten. Für die sachliche und rechtliche Prüfung und Entscheidung eines Rechtsstreits bleibt dagegen grds. die vollbesetzte Kammer unter Beteiligung der ehrenamtlichen Richter zuständig. Die Vorschrift gilt nicht nur im Urteilsverfahren, sondern kraft der Verweisung in § 80 Abs. 2 auch für das Beschlussverfahren.

---

1 BGH v. 9.7.1985 – 1 StR 216/85, NJW 1986, 200; BGH v. 10.5.1995 – 3 StR 145/95, MDR 1995, 942.
2 Natter/Gross/*Rieker*, § 52 Rz. 17.
3 BAG v. 22.9.2016 – 6 AZN 376/16 m. Anm. *Sievers*, jurisPR-ArbR 49/2016 Anm. 3.
4 Natter/Gross/*Rieker*, § 52 Rz. 15.

II. Befugnisse des Vorsitzenden außerhalb der mündlichen Verhandlung

2 Die nicht aufgrund einer mündlichen Verhandlung ergehenden **Beschlüsse** und **Verfügungen** erlässt der Vorsitzende – soweit das ArbGG nichts anderes bestimmt – grds. **allein** (§ 53 Abs. 1 Satz 1). Urteile hingegen setzen im arbeitsgerichtlichen Verfahren – da § 128 Abs. 2 ZPO nicht anwendbar ist (§ 46 Abs. 2 Satz 2) – notwendig eine mündliche Verhandlung voraus; sie können, von den in § 55 Abs. 1 vorgesehenen Ausnahmen abgesehen, nur von der vollbesetzten Kammer unter Einschluss der ehrenamtlichen Richter erlassen werden.

3 Einstweilen frei

4 Liegen die **gesetzlichen Voraussetzungen für eine Alleinentscheidung** vor, so darf der Vorsitzende die ehrenamtlichen Richter nicht hinzuzuziehen. § 53 ist nicht nur einschlägig, wenn der Beschluss allein ohne mündliche Verhandlung statthaft ist, sondern auch dann, wenn er bei freigestellter mündlicher Verhandlung außerhalb derselben ergeht[1]. Einen Beschluss kann der Vorsitzende nur dann allein erlassen, wenn er nicht aufgrund einer mündlichen Verhandlung ergeht. Damit scheiden alle Beschlüsse aus, die entweder zwingend eine mündliche Verhandlung voraussetzen oder die doch innerhalb derselben erlassen werden, denn insoweit besteht mit dem von der Vorschrift verfolgten Zweck her kein Anlass, die ehrenamtlichen Richter auszuschließen[2].

5 § 53 findet auf eine Fülle von Maßnahmen Anwendung, die nicht vollständig aufgeführt werden können. Es sind **Beschlüsse des Vorsitzenden** denkbar bei:
- Entscheidung über die Prozesskostenhilfe nach § 118 ZPO,
- Verbindung und Trennung von Prozessen (§§ 145, 147 ZPO),
- Beschränkung der Verhandlung zunächst auf einzelne Angriffs- und Verteidigungsmittel (§ 146 ZPO),
- Abkürzung und Verlängerung von Fristen (§§ 224–226 ZPO),
- Terminsänderungen und Terminsverlegung (§ 227 ZPO),
- Aussetzung des Verfahrens (§ 248 iVm. §§ 148, 149, 246, 247 ZPO, s. hierzu i.E. § 55 Rz. 32),
- Feststellung der Unterbrechung des Verfahrens (§§ 239–246 ZPO),
- Ruhen des Verfahrens (§ 251 ZPO),
- Bewilligung der öffentlichen Zustellung (§ 186 Abs. 1 ZPO),
- Kostenentscheidung nach übereinstimmender Erledigungserklärung oder Klagerücknahme (§§ 91a, 269 ZPO),
- Berichtigungen nach § 319 ZPO,
- Bemessung der Einspruchsfrist gegen ein Versäumnisurteil bei Zustellung im Ausland (§ 339 Abs. 2 ZPO),
- Entscheidungen im Rahmen der Beweisaufnahme nach §§ 356, 360, 363 ZPO,
- Entscheidung über die Ablehnung eines Sachverständigen (§ 406 ZPO),
- Anordnung des persönlichen Erscheinens (§ 51 ArbGG, § 141 ZPO),
- Anordnung der Urkundenvorlegung (§ 142 ZPO),
- Entscheidung über die Bestimmung der Vorlegungsfrist für Urkunden (§ 431 ZPO),
- die Entscheidung über die Durchführung eines selbständigen Beweisverfahrens (Beweissicherungsverfahrens) nach § 490 ZPO,
- Streitwertfestsetzung nach §§ 32, 33 RVG,
- Entscheidung im Zusammenhang mit Zwangsvollstreckungsverfahren (§§ 707, 715, 719, 721, 732, 769, 771, 785, 891 ZPO),
- Berichtigung des Urteilstenors gem. § 319 ZPO[3],
- die die Rechtswegzuständigkeit leugnende Entscheidung des ArbG[4]; zwar ergeht die Entscheidung über die Rechtswegzuständigkeit gem. § 48 Abs. 1 Nr. 2 außerhalb der mündlichen Verhandlung stets durch

---

1 GMP/*Germelmann*, § 53 Rz. 6.
2 Vgl. GMP/*Germelmann*, § 53 Rz. 6.
3 LAG Köln v. 16.3.2012 – 9 Ta 80/12.
4 BAG v. 16.8.2016 – 9 AS 4/16.

die Kammer, auch die Entscheidung über Abhilfe oder Nichtabhilfe der Beschwerde[1]. Wird aber ein Rechtsstreit etwa vom LAG an das ArbG verwiesen, kann dieses eine Vorlageentscheidung an das BAG machen. Hierfür ist der Vorsitzende zuständig.

Im **Arrestverfahren** bzw. **Verfügungsverfahren** ist der Vorsitzende nach § 53 Abs. 1 befugt, darüber zu entscheiden, ob er über das Gesuch ohne mündliche Verhandlung beschließt oder ob er mündliche Verhandlung anberaumt. Entscheidet er sich nach Prüfen der gesetzlichen Voraussetzungen für eine Entscheidung ohne mündliche Verhandlung, so kann er nach §§ 921, 922 Abs. 1, §§ 936, 937 Abs. 2 ZPO allein entscheiden[2]. Auch in den Fällen des § 934 ZPO entscheidet der Vorsitzende allein. Hat das ArbG ohne mündliche Verhandlung einen Antrag auf Erlass einer einstweiligen Verfügung zurückgewiesen und beraumt das LAG auf die sofortige Beschwerde der Antragstellerin eine mündliche Verhandlung an, ist durch Urteil unter Hinzuziehung der ehrenamtlichen Richter zu entscheiden[3].

Der Vorsitzende erlässt weiter die Verfügungen, die ohne mündliche Verhandlung ergehen, ohne Hinzuziehung der ehrenamtlichen Richter. Aufgrund eines **Rechtshilfeersuchens** iSd. § 13 notwendige Amtshandlungen werden vom Vorsitzenden allein erlassen (§ 53 Abs. 1 Satz 2).

Grundsätzlich kann das Gericht die Wiedereröffnung der mündlichen Verhandlung anordnen (§ 156 Abs. 1 ZPO), wenn es dies für geboten erachtet. Das Gericht hat die Wiedereröffnung anzuordnen (§ 156 Abs. 2 ZPO), wenn

– das Gericht einen entscheidungserheblichen rügbaren Verfahrensfehler (§ 295 ZPO), insbesondere eine Verletzung der Hinweis- und Aufklärungspflicht (§ 139 ZPO) oder eine Verletzung des Anspruchs auf rechtliches Gehör (Art. 103 GG), feststellt,

– nachträglich Tatsachen vorgetragen und glaubhaft gemacht werden, die einen Wiederaufnahmegrund (§§ 579, 580 ZPO) bilden, oder

– zwischen dem Schluss der mündlichen Verhandlung und dem Schluss der Beratung und Abstimmung (§§ 192–197 GVG) ein Richter ausgeschieden ist.

Letzteres kann vorkommen, wenn einer Partei **Schriftsatznachlass** gewährt worden ist und die Amtsperiode eines ehrenamtlichen Richters vor dem Verkündungstermin abläuft oder ein Vergleich widerrufen wird. Ob der **Vorsitzende** über die Frage der **Wiedereröffnung allein entscheiden** kann, ist umstritten. Der Vorsitzende kann nicht im Rahmen eines sog. Vorprüfungsrechts allein entscheiden mit der Folge, dass die mündliche Verhandlung nicht wieder eröffnet wird, wenn er es nicht für geboten hält[4]. Dies widerspräche der gesetzlichen Aufgabenverteilung. Die vollbesetzte Kammer unter Mitwirkung der ehrenamtlichen Richter, die am Schluss der mündlichen Verhandlung mitgewirkt haben ist für die Entscheidung zuständig, ob das in dem nachgelassenen Schriftsatz enthaltene Vorbringen Anlass für eine Wiedereröffnung der mündlichen Verhandlung bietet oder nicht[5].

III. Sonstige Befugnisse des Vorsitzenden

Die sonstigen Befugnisse des Vorsitzenden und der ehrenamtlichen Richter richten sich aufgrund der Regelung des § 53 Abs. 2 nach den Bestimmungen der **Zivilprozessordnung über das landgerichtliche Verfahren**. Zu den wichtigsten Befugnissen des Vorsitzenden gehören neben der Terminsbestimmung nach § 216 Abs. 2 ZPO die Eröffnung, Leitung und Schließung der mündlichen Verhandlung (§ 136 Abs. 1–4 ZPO), die richterliche Aufklärungspflicht nach § 139 ZPO, die Gestattung von Fragen der Parteien, ihrer Prozessbevollmächtigten und auch der Mitglieder des Spruchkörpers (§ 136 Abs. 2 ZPO) sowie die Aufrechterhaltung der Ordnung in der Sitzung (§ 9 Abs. 2 ArbGG iVm. § 177 GVG). Über die Festsetzung von Ordnungsmitteln entscheidet gegenüber Personen, die bei der Verhandlung nicht beteiligt sind, der Vorsitzende allein, in den übrigen Fällen die vollbesetzte Kammer (§ 9 Abs. 2 ArbGG iVm. § 178 Abs. 2 GVG).

Die ehrenamtlichen Richter haben die gleichen Befugnisse wie die Beisitzer in den Zivilkammern beim LG. Der Vorsitzende hat ihnen auf Verlangen zu gestatten, Fragen zu stellen (§ 136 Abs. 2 Satz 2 ZPO).

---

1 BAG v. 17.9.2014 – 10 AZB 4/14.
2 GMP/*Germelmann*, § 53 Rz. 11f.
3 LAG BW v. 9.8.2012 – 18 SaGa 2/12, *Wolmerath*, jurisPR-ArbR 47/2012 Anm. 6.
4 so aber *Luczak*, NZA 1992, 917.
5 BAG v. 18.12.2008 – 6 AZN 646/08; GK-ArbGG/*Schütz*, § 53 Rz. 10 ff., der auch eine Dokumentationspflicht bzgl. der Beteiligung der ehrenamtlichen Richter annimmt; GMP/*Germelmann*, § 53 Rz. 24.

Auch Fragen an Zeugen oder Sachverständige müssen ihnen vom Vorsitzenden gem. § 396 Abs. 3, § 402 ZPO gestattet werden. Will der Vorsitzende eine Frage eines ehrenamtlichen Richters nicht zulassen, so entscheidet hierüber gem. § 140 ZPO die Kammer.

12 Der Vorsitzende kann einem ehrenamtlichen Richter, etwa wegen dessen besonderer Sachkunde, unter Beibehaltung des Vorsitzes einzelne **Aufgaben** in der mündlichen Verhandlung **übertragen**, wie zB die Vernehmung eines Zeugen, die Befragung eines Sachverständigen oder die Befragung der Partei zur Sachaufklärung[1]. Die Befugnis dazu folgt aus § 136 Abs. 2 Satz 2 ZPO. Der Vorsitzende hat nicht nur einzelne Fragen zuzulassen, sondern ggf. auch ein gesamtes Fragenbündel. Verfügt ein ehrenamtlicher Richter über eine besondere Sachkunde – bspw. in medizinischen oder technischen Fragen –, spricht nichts dagegen, dass der Vorsitzende unter Beibehaltung seiner Sitzungsleitung (er kann jederzeit die Befragung unterbrechen) einem ehrenamtlichen Richter die sachkundige Vernehmung bzw. Befragung überträgt. Ansonsten müsste er sich entweder die zu stellenden Fragen soufflieren lassen oder nach einer Zwischenberatung notieren, was wiederum Nachfragen des sachkundigen ehrenamtlichen Richters nicht verhindern kann.

13 Eine Übertragung der Entscheidung des Rechtsstreits auf einen **ehrenamtlichen Richter als Einzelrichter** ist dagegen **nicht möglich**, denn die §§ 348 ff. ZPO sind im ArbG-Verfahren nicht anwendbar. Bei der Beratung und Abstimmung über die Entscheidung des Rechtsstreits sind der Vorsitzende und die ehrenamtlichen Richter gleichberechtigt.

§ 54 Güteverfahren

(1) Die mündliche Verhandlung beginnt mit einer Verhandlung vor dem Vorsitzenden zum Zwecke der gütlichen Einigung der Parteien (Güteverhandlung). Der Vorsitzende hat zu diesem Zweck das gesamte Streitverhältnis mit den Parteien unter freier Würdigung aller Umstände zu erörtern. Zur Aufklärung des Sachverhalts kann er alle Handlungen vornehmen, die sofort erfolgen können. Eidliche Vernehmungen sind jedoch ausgeschlossen. Der Vorsitzende kann die Güteverhandlung mit Zustimmung der Parteien in einem weiteren Termin, der alsbald stattzufinden hat, fortsetzen.

(2) Die Klage kann bis zum Stellen der Anträge ohne Einwilligung des Beklagten zurückgenommen werden. In der Güteverhandlung erklärte gerichtliche Geständnisse nach § 288 der Zivilprozessordnung haben nur dann bindende Wirkung, wenn sie zu Protokoll erklärt worden sind. § 39 Satz 1 und § 282 Abs. 3 Satz 1 der Zivilprozessordnung sind nicht anzuwenden.

(3) Das Ergebnis der Güteverhandlung, insbesondere der Abschluss eines Vergleichs, ist in das Protokoll *[bis 31.12.2017: die Niederschrift]* aufzunehmen.

(4) Erscheint eine Partei in der Güteverhandlung nicht oder ist die Güteverhandlung erfolglos, schließt sich die weitere Verhandlung unmittelbar an oder es ist, falls der weiteren Verhandlung Hinderungsgründe entgegenstehen, Termin zur streitigen Verhandlung zu bestimmen; diese hat alsbald stattzufinden.

(5) Erscheinen oder verhandeln beide Parteien in der Güteverhandlung nicht, ist das Ruhen des Verfahrens anzuordnen. Auf Antrag einer Partei ist Termin zur streitigen Verhandlung zu bestimmen. Dieser Antrag kann nur innerhalb von sechs Monaten nach der Güteverhandlung gestellt werden. Nach Ablauf der Frist ist § 269 Abs. 3 bis 5 der Zivilprozessordnung entsprechend anzuwenden.

(6) Der Vorsitzende kann die Parteien für die Güteverhandlung sowie deren Fortsetzung vor einen hierfür bestimmten und nicht entscheidungsbefugten Richter (Güterichter) verweisen. Der Güterichter kann alle Methoden der Konfliktbeilegung einschließlich der Mediation einsetzen.

I. Allgemeines	1
II. Grundsätze des Güteverfahrens	4
1. Vorbereitung der Güteverhandlung	6
2. Durchführung der Güteverhandlung	7
3. Stellung der Anträge	13
4. Ergebnis der Güteverhandlung	14
a) Prozessvergleich	15
aa) Widerrufsvergleich	17
bb) Schriftlicher Vergleich	22
b) Klagerücknahme	25
c) Verzicht und Anerkenntnis	28
d) Nichtbestreiten und Geständnis	31
e) Übereinstimmende Erledigungserklärung	33

---

1 AA GMP/*Germelmann*, § 53 Rz. 23.

III. Weitere Verhandlung 36
  1. Säumnis einer Partei 38
  2. Säumnis beider Parteien 39
IV. Güterichterverfahren, § 54 Abs. 6
  1. Entstehungsgeschichte 44
  2. Inhalt der Regelung 45
    a) Gegenstand der Verweisung 45
      aa) Erstmalige Güteverhandlung 46
      bb) Fortsetzung der Güteverhandlung 47
    b) Zeitpunkt der Verweisung 50
    c) Entscheidung über die Verweisung 51
      aa) Inhalt 51
      bb) Zuständigkeit 52
      cc) Form 57
      dd) Inhaltliche Voraussetzungen 58
        (1) Zustimmung der Parteien 59
        (2) Pflichtgemäßes Ermessen 63
      ee) Rechtsfolgen 65
      ff) Rechtsmittel 66
    d) Besonderer Güterichter 67
      aa) Pflicht des Präsidiums zur Bestimmung eines Güterichters 68
      bb) Auswahl des Güterichters 71
      cc) Gerichtsübergreifend tätiger Güterichter 74
      dd) Verschaffung der erforderlichen Qualifikation 75
      ee) Verfahren vor dem Güterichter 76
        (1) Mediation 78
        (2) Sonstige Methoden der Konfliktbeilegung 90
      ff) Allgemeine Verfahrensvorschriften .. 91
        (1) Rechtsstaatlichkeit 92
        (2) Dauer der Verhandlungen 94
        (3) Anordnung des persönlichen Erscheinens 96
        (4) Öffentlichkeit 97
        (5) Protokollierung der Verhandlungen 99
        (6) Protokollierung einer Vereinbarung 100
        (7) Versäumnisurteil, Prozesskostenhilfe, Gegenstandswert 101
        (8) Ausschluss und Ablehnung des Güterichters 103
      gg) Gestaltungsfreiheit des Güterichters .. 104
        (1) Einschränkung durch Mediationsordnungen 105
        (2) Einschränkung durch Wesen der Güteverhandlung 107
        (3) Verschwiegenheitspflicht 108
        (4) Gestaltungen im Einverständnis der Parteien, insbesondere Co-Mediation 110
  3. Entsprechende Anwendung 111

Schrifttum: *Berscheid*, Arbeitsgerichtsnovelle und Rechtspflege-Vereinfachungsgesetz, ZfA 1989, 47; *Dütz*, Aktuelle Fragen zur Arbeitsgerichtsgesetz Novelle 1979, RdA 1980, 85; *Gravenhorst*, Urteil nach Aktenlage gemäß den §§ 331a, 251a ZPO, jurisPR-ArbR 13/2016 Anm. 6; *Korinth*, Die Güteverhandlung, ArbRB 2012, 225; *Künzl*, Die Reform des Zivilprozesses (Teil I), ZTR 2001, 492; *Schwab/Wildschütz/Heege*, Disharmonien zwischen ZPO und ArbGG, NZA 2003, 999; *van Venrooy*, Gedanken zur arbeitsgerichtlichen Güteverhandlung, ZfA 1984, 337.

I. Allgemeines

Die mündliche Verhandlung beginnt im arbeitsgerichtlichen **Urteilsverfahren 1. Instanz** grds. mit einer Verhandlung vor dem Vorsitzenden zum Zwecke der gütlichen Einigung der Parteien (**Güteverhandlung**)[1]. Die Durchführung der Güteverhandlung im **Urteilsverfahren** ist **obligatorisch, im Beschlussverfahren nicht** (§ 80 Abs. 2 Satz 2). Im Urteilsverfahren können die Parteien weder hierauf verzichten, noch kann das ArbG von ihrer Durchführung wegen offenkundiger Aussichtslosigkeit absehen[2]. Die Güteverhandlung findet auch dann statt, wenn bei einer Streitigkeit aus einem Berufsausbildungsverhältnis ein Schlichtungsverfahren vorausgegangen ist. Auch bei einer Vollstreckungsabwehrklage gem. § 767 ZPO, der Klage auf Zulässigkeit der Vollstreckungsklausel nach § 768 ZPO, der Klauselerteilungsklage nach § 731 ZPO, der rechtskraftdurchbrechenden Klage nach § 826 BGB und dem Wiederaufnahmeverfahren nach § 79 ArbGG, §§ 578 ff. ZPO ist eine Güteverhandlung notwendig[3]. 1

Da ein Vollstreckungsbescheid einem Versäumnisurteil gleichsteht (§ 700 Abs. 1 ZPO), welches nur in einer Güteverhandlung möglich war, ist gem. § 341a ZPO nach einem Einspruch sofort ein Termin zur Kammerverhandlung zu bestimmen[4]. 2

Nicht nötig ist eine Güteverhandlung im **Verfahren des einstweiligen Rechtsschutzes** mit Anträgen auf Erlass eines Arrestes oder einer einstweiligen Verfügung„ denn hier soll auf möglichst schnellem Wege eine gerichtliche Entscheidung herbeigeführt werden. Dieser Zweck steht einer vorgeschalteten Güteverhandlung entgegen, so dass sofort eine Kammerverhandlung unter Heranziehung der ehrenamtlichen Rich- 3

---

1 S. allgemein zur Vorbereitung der Güteverhandlung *Korinth*, ArbRB 2012, 225.
2 *Natter/Gross/Rieker*, § 54 Rz. 9; aA *van Venrooy*, ZfA 1984, 337 (342–346).
3 HWK/*Zieman*, § 54 Rz. 12.
4 GMP/*Germelmann*, § 54 Rz. 54; *Natter/Gross/Rieker*, § 54 Rz. 9; aA *Berscheid*, ZfA 1989, 47 (93) und die Vorauflagen.

3a Auch bei Klageerweiterungen und Widerklagen findet keine weitere Güteverhandlung statt. Dies gilt m.E. auch dann, wenn nach der Güteverhandlung eine subjektive Klagehäufung oder ein gewillkürter Parteiwechsel eintritt[2].

II. Grundsätze des Güteverfahrens

4 Die Güteverhandlung findet vor dem Vorsitzenden statt. Eine **Beteiligung der ehrenamtlichen Richter** ist **nicht zulässig**. Dies schließt jedoch nicht aus, dass die ehrenamtlichen Richter der Güteverhandlung als passive Beobachter beiwohnen, wenn der Vorsitzende – insbesondere an Gerichtstagen – zur Güte- und anschließenden Kammerverhandlung geladen hat[3]. Die bloße Gegenwart der ehrenamtlichen Richter bei der Güteverhandlung ist verfahrensrechtlich unschädlich und erspart dem Vorsitzenden für die anschließende Kammerverhandlung die Einführung in den Sach- und Streitstoff.

5 **Referendare**, die dem Vorsitzenden zur Ausbildung zugewiesen worden sind, dürfen an der Güteverhandlung teilnehmen und können in ihr auch die mündliche Verhandlung leiten (§ 9 Abs. 2 ArbGG iVm. § 10 GVG).

1. Vorbereitung der Güteverhandlung

6 Die Güteverhandlung kann nicht gem. § 56 vorbereitet werden[4]. § 56 ist nicht anwendbar, da er ausschließlich auf die Vorbereitung der Kammerverhandlung zielt und eine analoge Anwendung schon wegen der fehlenden Möglichkeit kontradiktorischer Anträge ausscheidet. Allerdings kann der Vorsitzende vorbereitend Akten anderer Verfahren beiziehen. Eine Aufforderung zur Klagerwiderung, um die Güteverhandlung inhaltlich anzureichern, ist zwar nicht rechtswidrig, deren Nichtbefolgen jedoch ohne prozessuale Konsequenzen[5]. Die Vorbereitung der Güteverhandlung von der Beklagtenseite durch Einreichung umfangreicher Schriftsätze ist nicht sachgerecht. Hierdurch wird die Güteverhandlung überfrachtet, denn in der Kürze der für diese Verhandlung zur Verfügung stehenden Zeit ist die Diskussion umfangreicher schriftsätzlicher Ausführungen nicht möglich. Es muss erwartet werden können, dass der Prozessbevollmächtigte der Beklagten in der Güteverhandlung selbst den Sachverhalt aus deren Sicht in bündiger Kürze so darstellt, dass die Möglichkeiten der gütlichen Einigung sachgerecht ausgelotet werden können. Allenfalls kommt ein in ebensolcher Kürze abgefasster Schriftsatz in Betracht, in dem auf einige wenige Dokumente Bezug genommen werden kann, die als Ablichtung beigefügt werden (etwa eine Eigenkündigung des Klägers, ein vorangegangener Aufhebungsvertrag o.ä.).

2. Durchführung der Güteverhandlung

7 Die Gütevehndlung findet vor dem Vorsitzenden statt. Die Anwesenheit der ehrenamtlichen Richter ist jedoch zulässig, und zwar auch auf der Richterbank[6].

8 Die Leitung der Güteverhandlung kann gem. § 9 Abs. 2 ArbGG, § 10 GVG einem zur Ausbildung zugewiesenen Referendar übertragen werden.

9 In der Güteverhandlung hat der Vorsitzende mit den Parteien den gesamten **Sach- und Streitstoff** unter freier Würdigung der Umstände zu **erörtern**, um eine gütliche Einigung herbeizuführen. Daraus folgt, dass auch wirtschaftliche, soziale und sonstige Erwägungen, insbesondere auch Billigkeitsgesichtspunkte, in der Güteverhandlung, losgelöst von den Formalien des Prozessrechts, angesprochen werden können[7]. Es können auch die Dauer des Verfahrens, seine Kosten sowie die Risiken einer etwa durchzuführenden Beweisaufnahme angesprochen werden. Im Rahmen seiner richterlichen Aufklärungspflicht gem. § 139 ZPO hat der Vorsitzende auch die Erfolgsaussichten der mit der Klage angestrebten Rechtsverfolgung und die der Rechtsverteidigung des Beklagten offen unter Darlegung seiner eigenen Rechtsmeinung zu erörtern

---

1 GMP/*Germelmann*, § 54 Rz. 54; *Korinth*, Einstweiliger Rechtsschutz im Arbeitsgerichtsverfahren, Rz. D 51; HWK/*Ziemann*, § 54 Rz. 14.
2 aA HWK/*Ziemann*, § 54 Rz. 10.
3 AA GMP/*Germelmann*, § 54 Rz. 9; Natter/Gross/*Rieker*, § 54 Rz.10.
4 GMP/*Germelmann*, § 54 Rz. 17; Natter/Gross/*Rieker*, § 54 Rz. 11; aA MünchArbR/*Brehm*, § 390 Rz. 41.
5 Natter/Gross/*Rieker*, § 54 Rz. 11.
6 AA ErfK/*Koch*, § 54 Rz. 4.
7 GMP/*Germelmann*, § 54 Rz. 23.

und auf Gegenmeinungen in Rspr. oder Lit. hinzuweisen, soweit sie ihm bekannt sind[1]. Dabei ist allerdings zu beachten, dass der Vorsitzende nicht Berater einer rechtsunkundigen Partei ist und seine **neutrale Rolle** nicht aufgeben darf. Auch im Rahmen der richterlichen Aufklärungspflicht des § 139 ZPO ist es nicht seine Aufgabe, die Klage schlüssig zu fragen[2]. Gleiches gilt für das Verteidigungsvorbringen des Beklagten. Hat er sich bereits vor der Güteverhandlung schriftlich geäußert, so hat der Vorsitzende bei Unklarheiten seines Sachvortrages nachzufragen, im Übrigen hat er – wenn keine schriftliche Stellungnahme vorliegt – zunächst zuzuhören, was der Beklagte zum Sachverhalt zu sagen hat und ihn ggf. ergänzend zu befragen. Der Vorsitzende hat die Parteien auf Bedenken aufmerksam zu machen, die hinsichtlich der von Amts wegen zu berücksichtigenden Punkte bestehen (§ 139 Abs. 3 ZPO). Hinweise, die der Vorsitzende erteilt hat, sind aktenkundig zu machen (§ 139 Abs. 4 ZPO).

Die Erörterungen des Sach- und Streitstoffes mit den Parteien in der Güteverhandlung hat in erster Linie unter dem Aspekt zu erfolgen, **Möglichkeiten einer gütlichen Einigung zu erkunden**. Den Intentionen des Gesetzes entspricht es, dass der Vorsitzende den Parteien einen begründeten Vergleichsvorschlag unterbreitet, so dass sie die möglichen weiteren Chancen der Rechtsverfolgung bzw. Rechtsverteidigung abschätzen können. Dies setzt natürlich voraus, dass der Sachverhalt dem Gericht schon in der Güteverhandlung so dargelegt wird, dass es in der Lage ist, eine – wenn auch nur vorläufige – Einschätzung der Rechtslage abzugeben. 10

Von eidlichen Vernehmungen abgesehen (§ 54 Abs. 1 Satz 4), kann der Vorsitzende – soweit der Sachverhalt aufklärungsbedürftig ist – „alle Handlungen vornehmen, die sofort erledigt werden können" (§ 54 Abs. 1 Satz 3). Hieraus darf allerdings **nicht** rückgeschlossen werden, dass der Vorsitzende **uneidliche Vernehmungen** durchführen dürfe. In Einzelfällen kann es sinnvoll sein, Zeugen, Sachverständige und Parteien informell anzuhören[3]. Das Ergebnis der informellen Befragung des Zeugen ist in der späteren Kammerverhandlung nicht verwertbar[4], selbst wenn die Parteien dazu ihre Zustimmung geben, denn sonst würde der Grundsatz des § 58 Abs. 1 Satz 1 verletzt[5]. 11

Der Vorsitzende kann die Güteverhandlung mit Zustimmung der Parteien in einem weiteren Termin, der alsbald stattzufinden hat, fortsetzen (Abs. 1 Satz 5). Von der Möglichkeit der Vertagung der Güteverhandlung, die nach dem Gesetzeswortlaut nur einmal zulässig ist, sollte nur Gebrauch gemacht werden, wenn nach einer weiteren Sachaufklärung eine Chance für eine gütliche Einigung besteht, etwa im Hinblick auf eine unmittelbar bevorstehende Klärung von streitentscheidenden Rechts- und Sachfragen, wie zB eine angekündigte höchstrichterliche Entscheidung, bevorstehende Gesundheitsuntersuchung, bevorstehender Abschluss von Verhandlungen über eine Betriebsveräußerung, angekündigte Entscheidung der Arbeitsverwaltung über Verlängerung oder Genehmigung von Kurzarbeit. Auch die Nachreichung von nicht vorgelegten oder erwarteten Urkunden (zB Arbeitsvertrag, ärztliches Attest, Lohn- oder Gehaltsabrechnung, Arbeitslosengeldbescheid) kann einen zweiten Gütetermin rechtfertigen, wenn nach Einsichtnahme in diese Unterlagen mit der Streiterledigung zu rechnen ist. In Einzelfällen kann auch die Einschätzung der Parteien, außerhalb der Güteverhandlung erfolgreich über Vergleichsmöglichkeiten zu verhandeln, die Anberaumung eines zweiten Gütetermins rechtfertigen. Bei großer Entfernung zum Gerichtsort sollte anstelle der Fortsetzung der Güteverhandlung in einem anderen Termin sofort Kammertermin anberaumt werden. In **Bestandsstreitigkeiten** wird die Vertagung nicht die **Zwei-Wochen-Frist** des § 61a Abs. 2 überschreiten dürfen, weil ansonsten nicht mehr von einem „alsbald stattfindenden" zweiten Gütetermin gesprochen werden kann. Gegen einen Beschluss, dass ein neuer Gütetermin von Amts wegen bestimmt wird, ist kein Rechtsmittel gegeben[6]. 12

3. Stellung der Anträge

Die Güteverhandlung ist ein der streitigen Verhandlung vorgeschalteter Verfahrensabschnitt innerhalb der mündlichen Verhandlung. Während die streitige Verhandlung im arbeitsgerichtlichen Verfahren gem. § 46 Abs. 2 ArbGG iVm. § 137 ZPO mit der Stellung der Anträge beginnt, können wegen der Zielrichtung des § 54, nämlich eine ungehinderte Erörterung des Rechtsstreits mit den Parteien zu ermöglichen und eine gütliche Beendigung des Verfahrens zu versuchen, in der Güteverhandlung **Anträge nicht wirksam** gestellt werden[7]. Somit kommt ein Versäumnisurteil in der Güteverhandlung bei Anwesenheit der Parteien 13

---

1 GMP/*Germelmann*, § 54 Rz. 20.
2 GK-ArbGG/*Schütz*, § 54 Rz. 34.
3 GMP/*Germelmann*, § 54 Rz. 26.
4 GMP/*Germelmann*, § 54 Rz. 26.
5 GK-ArbGG/*Schütz*, § 54 Rz. 38.
6 LAG Rh.-Pf. v. 27.12.2005 – 2 Ta 250/05.
7 LAG München v. 24.1.1989 – 2 Sa 1042/88, NZA 1989, 863; Natter/Gross/*Rieker*, § 54 Rz. 13.

4. Ergebnis der Güteverhandlung

14 Der **Ausgang** der Güteverhandlung liegt allein **in der Hand der Parteien**, die aus den verschiedensten Gründen den Einigungsversuch scheitern lassen und somit eine Fortsetzung der mündlichen Verhandlung vor der Kammer erzwingen können. Sie können den Rechtsstreit aber auch in der Güteverhandlung durch „gütliche Einigung" beenden. Eine Einigung iSd. § 54 Abs. 1 Satz 1 ist jede Erledigung des Rechtsstreits ohne streitiges Urteil oder Versäumnisurteil, wie aus § 54 Abs. 4 rückzuschließen ist[2]. Mit der „gütlichen Einigung" ist nicht gemeint, dass die Parteien einen Konsens im Sinne einer quasi rechtsgeschäftlichen Einigung erzielen[3]. Deshalb sind auch Erledigungserklärung, Klagerücknahme, Anerkenntnis und Verzicht Formen der gütlichen Einigung iSd. § 54 Abs. 1 Satz 1.

a) Prozessvergleich

15 Die wichtigste und die in der gerichtlichen Praxis am häufigsten anzutreffende gütliche Einigung ist der Prozessvergleich iSd. § 794 ZPO, der als unbedingter Vergleich, als Widerrufsvergleich und als Bestätigungsvergleich abgeschlossen werden kann.

16 Der Prozessvergleich ist nicht bloß eine reine Prozesshandlung, die lediglich den prozessrechtlichen Vorschriften entsprechen muss und von dem materiell-rechtlichen Rechtsgeschäft des Vergleichs nach § 779 BGB unabhängig ist[4]. Der Prozessvergleich ist vielmehr ein **Prozessvertrag**, der eine rechtliche Doppelnatur hat. Er ist sowohl eine **Prozesshandlung**, deren Wirkungen sich nach den Grundsätzen des Verfahrensrechts richten, als auch ein **privatrechtlicher Vertrag**, für den die Regeln des materiellen Rechts gelten[5]. Prozessrechtlich bewirkt er unmittelbar die Beendigung des Rechtsstreites und der Rechtshängigkeit. Diese Wirkung tritt auch dann ein, wenn sich der Prozessvergleich nicht auf die in dem Rechtsstreit anhängigen Ansprüche beschränkt, in dem der Vergleich abgeschlossen wird, sondern nach dem Willen der Parteien durch einen sog. Gesamtvergleich zugleich auch andere zwischen den Parteien geführte Prozesse oder sonstige streitige oder unstreitige Streitgegenstände unmittelbar vollständig geregelt und erledigt werden sollen[6].

aa) Widerrufsvergleich

17 Der Prozessvergleich unterliegt in seiner Ausgestaltung grds. der **Privatautonomie und Vertragsfreiheit** der Parteien. Dabei erstreckt sich ihre Dispositionsbefugnis nicht nur auf den Vergleichsinhalt selbst, sondern auch auf das „ob" und „wie" einer **Widerrufsmöglichkeit**.

18 Bei einem sog. **Widerrufsvergleich** handelt es sich um einen Vergleich, bei welchem sich entweder eine oder beide Parteien den Widerruf innerhalb einer bestimmten Frist vorbehalten haben. Üblicherweise wird vereinbart, dass der Vergleich nur gegenüber dem Gericht widerrufen werden kann. Insbesondere bei ArbG mit Gerichtstagen ist darauf zu achten, dass in dem Vergleichstext die genaue Adresse des Gerichts und möglichst auch die Telefaxnummer angegeben wird, denn bei einem verspäteten Widerruf gibt es keine Wiedereinsetzung in den vorigen Stand wegen Versäumung der Widerrufsfrist[7]. Diese Auslegung der Wiedereinsetzungsvorschriften ist verfassungsrechtlich nicht zu beanstanden[8]. Haben die Parteien in einem gerichtlichen Vergleich vereinbart, dass dieser innerhalb einer bestimmten Frist durch Einreichung eines Schriftsatzes beim Gericht widerrufen werden kann, und teilt eine Partei der anderen vor Ablauf der Widerrufsfrist mit, sie sei mit dem Vergleich nicht einverstanden, ohne ihn rechtzeitig beim Gericht zu widerrufen, ist es dem Vertragspartner nicht nach Treu und Glauben verwehrt, sich auf die Bestandskraft des Vergleichs zu berufen[9].

---

1 BAG v. 22.4.2009 – 3 AZB 97/08; LAG Berlin-Brandenburg v. 4.7.2013 – 13 Ta 1100/13.
2 GK-ArbGG/*Schütz*, § 54 Rz. 42.
3 GK-ArbGG/*Schütz*, § 54 Rz. 42.
4 Vergleich als „Doppeltatbestand" – sog. Trennungstheorie; vgl. insbesondere BLAH, Anh. nach § 307 ZPO Rz. 3; Pohle, Anm. zu AP Nr. 2, 3, 4 und 10 zu § 794 ZPO; Zeuner, Anm. AP Nr. 8 zu § 794 ZPO.
5 BGH v. 3.12.1980 – VIII ZR 274/79, MDR 1981, 492; BAG v. 5.8.1982 – 2 AZR 199/80, AP Nr. 31 zu § 794 ZPO; SAE 1983, 296 m. Anm. *Zeiss*; BAG v. 20.4.1983 – 4 AZR 497/80, MDR 1983, 1053; Zöller/*Stöber*, § 794 ZPO Rz. 3.
6 BAG v. 9.7.1981 – 2 AZR 788/78, AP Nr. 4 zu § 620 BGB – Bedingung m. Anm. *Herschel*.
7 BAG v. 10.11.1977 – 2 AZR 269/77, AP Nr. 24 zu § 794 ZPO m. Anm. *Vollkommer*; BAG v. 29.6.1978 – 2 AZR 88/78, AP Nr. 26 zu § 794 ZPO; BGH v. 16.11.1979 – I ZR 3/78, MDR 1980, 283.
8 BVerfG v. 6.3.1979 – 2 BvR 963/78, AP Nr. 27 zu § 794 ZPO.
9 BAG v. 22.1.1998 – 2 AZR 367/97, AP Nr. 47 zu § 794 ZPO m. Anm. *Dütz*.

Für den Widerrufsvorbehalt könnte folgende **Formulierung**[1] **verwandt werden:** 19

Die Parteien behalten sich vor, den Vergleich durch schriftliche Anzeige eingehend bei Gericht bis zum … zu widerrufen.

Da der Widerruf Prozesshandlung ist, bedarf er der **Schriftform** gem. § 130 Nr. 6 ZPO iVm. §§ 126, 127 20 BGB. Geht der Widerruf zwar fristgerecht beim ArbG ein, ist er aber nicht unterzeichnet worden, dann liegt kein wirksamer Widerruf vor[2]. Der Widerruf kann aber per Fax oder durch elektronische Mitteilung erfolgen, wenn diese gem. den gesetzlichen Regeln authentifiziert ist. Der durch schriftliche Anzeige an das ArbG vorbehaltene Vergleichswiderruf kann im Zweifel nicht wirksam gegenüber dem Prozessgegner ausgeübt werden[3]. Ist der Vergleich nicht widerrufen worden, dann vermerkt der UdG dies, indem er die Worte: „Kein Widerruf!" handschriftlich, maschinenschriftlich oder (vielfach) per Stempel unter den Vergleichstext setzt, mit Datum versieht und unterzeichnet. Danach darf dann eine vollstreckbare Ausfertigung dieses Titels (§ 794 Abs. 1 Nr. 1 ZPO) erteilt werden, und zwar mit dem Hinweis, dass kein Widerruf erfolgt ist.

Ist ein Prozessvergleich **wirksam widerrufen** worden, so ist der Vergleich **hinfällig** geworden. Durch eine 21 innerhalb der Widerrufsfrist erklärte Zurücknahme des Widerrufs kann der Vergleich als Prozessvergleich nicht wiederhergestellt werden. Erklärt sich der Gegner mit der Zurücknahme des Widerrufs einverstanden, kann dies bedeuten, dass eine erneute Einigung der Parteien des Inhalts zustande gekommen ist, wie er in dem hinfällig gewordenen Vergleich niedergelegt worden ist[4]. Da das der Partei eingeräumte Widerrufsrecht sowohl Prozesshandlung und als auch Teil der materiell-rechtlichen Vereinbarung des Vergleichs ist, teilt ein vor Ablauf der Widerrufsfrist erklärter Verzicht auf dieses Recht die Doppelnatur des Prozessvergleichs. Als materiell-rechtlicher Verzicht auf ein vertraglich eingeräumtes Recht ist dieser Verzicht eine Willenserklärung und damit auch anfechtbar gem. §§ 119 ff. BGB[5]. Zur Fortsetzung des Verfahrens bei Streit über die Wirksamkeit s. Rz. 23.

bb) Schriftlicher Vergleich

Gemäß § 278 Abs. 6 ZPO kann ein gerichtlicher Vergleich auch dadurch geschlossen werden, dass die Par- 22 teien einen schriftlichen Vergleichsvorschlag des Gerichts gegenüber diesem schriftsätzlich annehmen. Alternativ kann dem Gericht die Einigung schriftsätzlich mitgeteilt werden. Sodann stellt das Gericht das Zustandekommen des Vergleichs fest. Erst danach darf eine vollstreckbare Ausfertigung dieses Titels (§ 794 Abs. 1 Nr. 1 ZPO) erteilt werden. Nach § 278 Abs. 6 Satz 3 ZPO gilt § 164 ZPO entsprechend; aus diesem Verweis ergibt sich, dass der Beschluss selbst nicht angefochten, sondern nur berichtigt werden kann. Für die Anwendung der sofortigen Beschwerde, die teilweise als Rechtsmittel für einschlägig angesehen wird[6], besteht kein Raum, denn weder sieht § 278 Abs. 6 ZPO ein solches Rechtsmittel vor noch sind die Voraussetzungen von § 567 Abs. 1 Nr. 2 ZPO erfüllt[7].

Ein **Streit** über die Wirksamkeit eines jedweden Vergleiches ist durch Fortsetzung des ursprünglichen Ver- 23 fahrens zu klären[8].

Grundsätzlich bestehen im schriftlichen Vergleichsverfahren dieselben gerichtlichen Prüfungskompeten- 24 zen wie bei einem in der mündlichen Verhandlung protokollierten Vergleich[9].

b) Klagerücknahme

Der **Rechtsstreit** kann in der Güteverhandlung auch **durch Klagerücknahme beendet** werden. Im Zivil- 25 prozess kann die Klage nach § 269 Abs. 1 ZPO ohne Einwilligung des Beklagten nur bis zum Beginn der mündlichen Verhandlung zur Hauptsache zurückgenommen werden. Von dieser Regelung weicht § 54 Abs. 2 Satz 1 ab, denn dort ist bestimmt, dass die Klage bis zum Stellen der Anträge ohne Einwilligung des

---

1 S. zur Auslegung einer ähnlichen Formulierung und zum Zeitpunkt der Wirksamkeit des Widerrufs BGH v. 16.11.1979 – I ZR 3/78, MDR 1980, 283.
2 BAG v. 31.5.1989 – 2 AZR 548/88, AP Nr. 39 zu § 794 ZPO m. Anm. *Vollkommer*.
3 BAG v. 21.2.1991 – 2 AZR 458/90, NJW 1992, 134.
4 LAG Köln v. 31.7.1996 – 8/9 Sa 369/96, LAGE § 779 BGB Nr. 1; LAG Hamm v. 25.6.1998 – 4 Sa 1207/97, LAGE § 794 ZPO Nr. 12.
5 LAG Hamm v. 12.11.1997 – 18 Sa 1128/97.
6 So *Künzl*, ZTR 2001, 492 (496).
7 *Schwab/Wildschütz/Heege*, NZA 2003, 999 (1001).
8 LAG Mecklenburg-Vorpommern v. 26.6.2012 – 5 Sa 253/11 BAG v. 5.8.1982 – 12 AZR 199/80 m. ausf. Begr.
9 Vgl. aber zur fehlenden rechtfertigenden Wirkung gem. § 14 Abs. 1 Satz 2 Nr. 8 TzBfG BAG v. 15.2.2012 – 7 AZR 734/10.

Beklagten zurückgenommen werden kann. Da die Güteverhandlung ein nicht streitiger besonderer Abschnitt der mündlichen Verhandlung ist, in dem keine Anträge gestellt werden, kann die Klage im ArbG-Prozess bis zur Antragstellung in der streitigen Verhandlung vor dem Vorsitzenden allein (§ 55 Abs. 3) oder vor der vollbesetzten Kammer (§ 57 Abs. 1) zurückgenommen werden, ohne dass es der gegnerischen Zustimmung bedarf. Gleiches gilt für die Rücknahme einer Widerklage durch den Beklagten, die bis zu den vorgenannten Zeitpunkten ohne Zustimmung des Klägers möglich ist. Die **Rücknahme** der Klage oder Widerklage ist nach § 160 Abs. 3 Nr. 8 iVm. § 162 Abs. 1 ZPO **in das Sitzungsprotokoll aufzunehmen** und vom Kläger bzw. Widerkläger **zu genehmigen**.

26 Die Rücknahme der Klage hat die Verpflichtung des Klägers zur Folge, **die Kosten** des Rechtsstreits zu tragen, „soweit nicht bereits rechtskräftig über sie erkannt ist oder sie dem Beklagten aus einem anderen Grund aufzuerlegen sind", wie es in der § 269 Abs. 3 Satz 2 ZPO heißt. Von der Regel, dass der die Klage zurücknehmende Kläger die Kosten zu tragen hat, macht das Gesetz in **§ 269 Abs. 3 Satz 3 ZPO eine Ausnahme** für den Fall, dass der Anlass zur Einreichung der Klage vor Rechtshängigkeit weggefallen ist und die Klage daraufhin unverzüglich zurückgenommen wird; in diesem Falle bestimmt sich die Kostentragungspflicht unter Berücksichtigung des bisherigen Sach- und Streitstandes nach billigem Ermessen. Die Kosten eines im Hinblick auf eine unrichtige Drittschuldnerauskunft vor dem ArbG geführten, später nach Erteilung der zutreffenden Auskunft im Wege der Klagerücknahme beendeten Drittschuldnerprozesses können nicht nach §§ 103, 104 ZPO festgesetzt werden. Insoweit besteht lediglich ein materiell-rechtlicher Kostenerstattungsanspruch als Schadensersatzanspruch[1]. Gibt der ArbGeb erst während des Einziehungsprozesses die vorher vergeblich begehrte Drittschuldnererklärung ab, ist die Klageänderung auf Feststellung des Schadensersatzes wegen Nichterfüllung der Auskunftspflicht (§ 840 Abs. 2 Satz 2 ZPO) zwar gem. § 263 ZPO zulässig und sachdienlich[2].

27 Soweit nach § 269 ZPO über die **Kosten** wegen Klagerücknahme zu entscheiden ist, beschließt hierüber **der Vorsitzende nach § 53 Abs. 1 allein**, wenn ein entsprechender Antrag nach § 269 Abs. 4 ZPO außerhalb der mündlichen Verhandlung gestellt und beschieden wird. Wird die Klage oder Widerklage in der Güteverhandlung zurückgenommen und stellt die Gegenpartei den Kostenantrag sofort, so entscheidet der Vorsitzende, wenn infolge der Rücknahme der Rechtsstreit insgesamt erledigt worden ist, ebenfalls allein, und zwar nach § 55 Abs. 1 Nr. 1[3]. Eine weitere, sich unmittelbar anschließende Verhandlung iSd. § 54 Abs. 4 liegt nicht vor, da die Güteverhandlung nicht erfolglos war[4]. Die Klage- oder Widerklagerücknahme vor der Alleinentscheidung durch den Vorsitzenden nach § 55 Abs. 3 oder vor der streitigen Entscheidung durch die Kammer nach § 57 Abs. 1 hindert den Kläger bzw. den Beklagten nicht, die Klage oder Widerklage von neuem zu stellen (§ 269 Abs. 6 ZPO).

c) Verzicht und Anerkenntnis

28 Der **Kläger** kann auf seinen mit der Klage geltend gemachten Anspruch in der Güteverhandlung auch gem. § 306 ZPO **verzichten**. Anders als bei der Klagerücknahme handelt es sich bei einem Verzicht um die endgültige Aufgabe der Rechtsposition, denn der Kläger gibt die prozessuale Erklärung gegenüber dem Gericht ab, dass der geltend gemachte Anspruch nicht bestehe. Die Zustimmung des Gegners zum Verzicht ist nicht erforderlich. Der Verzicht kann den gesamten Anspruch oder einen abtrennbaren Teil eines mehrgliedrigen Streitgegenstandes betreffen[5]. Der Verzicht enthält die endgültige Zurücknahme der aufgestellten Rechtsbehauptung und führt deshalb zur sachlichen Klageabweisung, wenn der Beklagte dies beantragt[6]. Der Verzicht auf den geltend gemachten Anspruch ist nach § 160 Abs. 3 Nr. 1 ZPO zu protokollieren und vom Kläger gem. § 162 Abs. 1 ZPO zu genehmigen.

29 Das prozessuale Gegenstück zum Verzicht des Klägers ist das **Anerkenntnis des Beklagten**, nämlich die Erklärung an das Gericht, dass der vom Kläger geltend gemachte prozessuale Anspruch besteht und die aufgestellte Rechtsbehauptung richtig ist[7]. Im Unterschied zum Geständnis, das sich auf Tatsachen bezieht und dem Gericht die Prüfung der Wahrheit der Behauptung abnimmt, bezieht sich das Anerkenntnis auf den prozessualen Anspruch selbst, mag er auf Feststellung, Leistung oder Gestaltung gerichtet sein, und erlässt dem Gericht die rechtliche Prüfung. Das Anerkenntnis kann den gesamten geltend gemachten Anspruch oder einen abtrennbaren Teil eines mehrgliedrigen Streitgegenstandes betreffen. Das Anerkennt-

---

1 BAG v. 16.5.1990 – 4 AZR 56/90, AP Nr. 6 zu § 840 ZPO.
2 LAG BW v. 24.8.1993 – 10 Sa 39/93; ArbG Berlin v. 25.11.1993 – 43 Ca 5862/93.
3 Van Venrooy, ZfA 1984, 374; § 54 Rz. 25.
4 GMP/Germelmann, § 54 Rz. 8.
5 BAG v. 26.10.1977 – 7 AZR 752/77, AP Nr. 5 zu § 9 KSchG 1969.
6 Vgl. GMP/Germelmann, § 54 Rz. 40, zur Notwendigkeit des Übergangs in die Kammerverhandlung.
7 Vgl. Zöller/Vollkommer, § 307 ZPO Rz. 3.

nis ist nach § 160 Abs. 3 Nr. 1 ZPO zu protokollieren und von dem Beklagten nach § 162 Abs. 1 ZPO zu genehmigen.

Liegt eine wirksame prozessuale Verzichtserklärung vor, so ist der Kläger aufgrund des Verzichts mit dem geltend gemachten Anspruch auf Antrag des Beklagten abzuweisen (§ 306 ZPO). Die materielle **Rechtskraft des Urteils steht** – anders als bei der Klagerücknahme – der **Neuerhebung** des gleichen Anspruchs **entgegen**. Liegt ein wirksames Anerkenntnis vor, so ist der Beklagte entsprechend seinem Anerkenntnis auf Antrag des Klägers zu verurteilen (§ 307 Abs. 1 ZPO). Gleiches gilt für den Verzicht auf den mit einer Widerklage geltend gemachten Anspruch durch den Beklagten bzw. das Anerkenntnis des mit der Widerklage erhobenen Anspruchs durch den Kläger. Nach ordnungsgemäß protokolliertem Verzicht oder Anerkenntnis kann der Vorsitzende in der Güteverhandlung auf Antrag ein Verzichtsurteil bzw. ein Anerkenntnisurteil erlassen[1]. Eine weitere, sich unmittelbar anschließende Verhandlung iSd. § 54 Abs. 4 liegt nicht vor, weil die Güteverhandlung aufgrund des Anerkenntnisses bzw. des Verzichts nicht erfolglos war, sondern das Ergebnis der gütlichen Einigung darstellt. 30

d) Nichtbestreiten und Geständnis

Eine besondere Bedeutung kommt der Güteverhandlung für die **Protokollierung eines Geständnisses** iSd. § 288 ZPO zu. In diesem Stadium des Verfahrens hat ein Geständnis nur bindende Wirkung, wenn es protokolliert wird (§ 54 Abs. 2 Satz 2). Insoweit weicht die arbeitsgerichtliche Regelung von den Bestimmungen des Zivilprozesses ab. Nach § 160 Abs. 3 Nr. 3 ZPO sind in das Sitzungsprotokoll auch Geständnisse aufzunehmen und nach § 162 Abs. 1 ZPO von der Partei zu genehmigen, jedoch ist die vorgeschriebene Genehmigung des Erklärenden keine Wirksamkeitsvoraussetzung für das Geständnis. Ihr fehlt neben dem Protokoll lediglich die Beweiskraft[2]. Anders als für die streitige Verhandlung nach § 57, wo es im Falle der Nichtprotokollierung lediglich eine Frage des Fehlens der Beweiskraft ist, stellt die Protokollierung in der Güteverhandlung eine Wirksamkeitsvoraussetzung für das Geständnis dar. Deshalb kommt der Regelung des § 54 Abs. 2 Satz 2 eine eigenständige Bedeutung zu[3]. Das Geständnis muss sich stets auf Tatsachen beziehen, es kann sich nicht auf Gegenstände beziehen, die einer Rechtsprüfung durch die Gerichte unterliegen, so dass der Beklagte den Bestand eines Arbeitsverhältnisses nicht „zugestehen" kann, wenn der Kläger dessen Vorliegen behauptet[4]. Die angeschnittene Rechtsfrage unterliegt der Beurteilung des ArbG. Gleiches gilt bei Eingruppierungsfragen; auch hier kann der Beklagte bei Aufbaufallgruppen im Rahmen des Bewährungsaufstiegs nicht das Vorliegen der vorausgehenden Vergütungsgruppen zugestehen. 31

Neben dem Herbeiführen einer gütlichen Einigung zwischen den Parteien ist ein weiteres Ziel der Güteverhandlung die Aufklärung des Sachverhalts. Gibt hier eine Partei eine bestimmte Erklärung ab, die von der anderen Partei nicht bestritten wird, so treten die **Wirkungen des Nichtbestreitens (§ 138 Abs. 3 ZPO) nicht** ein. Die Partei kann in der sich an die Güteverhandlung anschließenden Verhandlung oder vor der streitigen Verhandlung das gegnerische Vorbringen noch jederzeit bestreiten. 32

e) Übereinstimmende Erledigungserklärung

Die Parteien können den Rechtsstreit auch dadurch beenden, dass sie ihn in der Güteverhandlung übereinstimmend in der **Hauptsache für erledigt erklären**. In einem solchen Falle wird der Prozess in der Hauptsache beendet und bleibt nur noch hinsichtlich der Kosten rechtshängig. Über die Kosten entscheidet das Gericht von Amts wegen (§ 308 Abs. 2 ZPO) nach Maßgabe des § 91a Abs. 1 ZPO, nämlich unter Berücksichtigung des bisherigen Sach- und Streitstandes nach billigem Ermessen, auch ohne mündliche Verhandlung (§ 128 Abs. 3 ZPO iVm. § 46 Abs. 2 Satz 2). 33

Wird der Rechtsstreit in der Güteverhandlung übereinstimmend in der Hauptsache für erledigt erklärt, dann ist streitig, ob der Vorsitzende Termin zur Kammerverhandlung anberaumen muss oder die Entscheidungen nach § 91a ZPO allein treffen kann. Da die Güteverhandlung Teil der mündlichen Verhandlung ist, besteht im arbeitsgerichtlichen Verfahren kein Bedürfnis, zwischen Beschlüssen zu unterscheiden, die „aufgrund mündlicher Verhandlung" ergehen, und solchen, die auch „ohne mündliche Verhandlung" getroffen werden können[5]. Deshalb wird der **Kostenbeschluss** nicht unter Hinzuziehung der ehrenamtlichen Richter (was in aller Regel eine Vertagung nach sich ziehen würde) von der vollbesetzten Kammer, 34

---

1 *Van Venrooy*, ZfA 1984, 337 (375 ff.); aA GMP/*Germelmann*, § 54 Rz. 40, Übergang in die Kammerverhandlung ist notwendig.
2 GK-ArbGG/*Schütz*, § 54 Rz. 66; aA GMP/*Germelmann*, § 54 Rz. 43.
3 LAG Berlin-Brandenburg v. 23.9.2014 – 19 Sa 888/14; GK-ArbGG/*Schütz*, § 54 Rz. 66; *Dütz*, RdA 1980, 85 (86).
4 GK-ArbGG/*Schütz*, § 54 Rz. 64.
5 *Berscheid*, ZfA 1989, 47 (97).

sondern **vom Vorsitzenden allein** (§ 53) erlassen. Die Verwendung des Wortes „Gericht" in den zivilprozessualen Vorschriften sagt nichts darüber aus, in welcher Besetzung das ArbG entscheidet, da das Gesetz in anderen Zusammenhängen (§ 48 Abs. 1 Nr. 2, § 49 Abs. 1, § 66 Abs. 2) von der „Kammer" spricht. Kann die Entscheidung ohne mündliche Verhandlung ergehen, dann stellt der Vorsitzende das „Gericht" dar und entscheidet auch bei Erledigung der Hauptsache nach § 53 Abs. 1 Satz 1 allein[1].

35 **Bei übereinstimmender Erledigungserklärung** liegt zwar keine gütliche Einigung iSd. § 54 Abs. 1 vor, jedoch ist die Güteverhandlung nicht ergebnislos, so dass man sich allenfalls darüber streiten kann, ob die Kostenentscheidung nach § 91a Abs. 1 ZPO noch in der Güteverhandlung ergehen kann oder ob er in der anschließenden weiteren Verhandlung erlassen werden muss. Nimmt man Letzteres an, so kann der **Vorsitzende** selbst dann **allein über die Kosten** entscheiden, wenn die Parteien keine Alleinentscheidung durch ihn nach § 55 Abs. 3 beantragt haben[2], denn in der unmittelbar an die Güteverhandlung anschließenden weiteren Verhandlung hat der Vorsitzende sämtliche Befugnisse, die er außerhalb der mündlichen Verhandlung auch hat. Haben die Parteien übereinstimmend die Hauptsache für erledigt erklärt, so treten die Rechtsfolgen des § 91a ZPO aufgrund der gemeinsamen Parteidisposition ein, so dass nur noch über die Kosten des Rechtsstreits zu befinden ist (§ 91a Abs. 1 ZPO). Mit dem Wort „**Gericht**" iSd. § 91a Abs. 1 ZPO ist ebenso wie in § 269 Abs. 4 ZPO der **Spruchkörper in seiner gerichtsverfassungsmäßigen Zusammensetzung** gemeint. Da an der Güteverhandlung und der sich anschließenden weiteren Verhandlung die ehrenamtlichen Richter nicht beteiligt sind, besteht das Gericht in diesen Fällen nur aus dem Vorsitzenden allein.

III. Weitere Verhandlung

36 Haben die Parteien von ihren **Dispositionsmöglichkeiten Gebrauch** gemacht, indem sie entweder einen Vergleich geschlossen, die Klagerücknahme, den Verzicht auf den geltend gemachten Anspruch, die Anerkennung des geltend gemachten Anspruchs oder die Hauptsache übereinstimmend für erledigt erklärt haben, und hat das Gericht auf entsprechenden Antrag durch Beschluss oder Urteil reagiert, ist der **Rechtsstreit beendet**. Ist die **Güteverhandlung erfolglos**, so soll sich nach den Vorstellungen des Gesetzgebers die „weitere Verhandlung" – besser: der weitere Teil der einheitlichen **mündlichen Verhandlung**[3] – unmittelbar anschließen (§ 54 Abs. 4 Halbs. 1). Hieran müssten die ehrenamtlichen Richter teilnehmen, die – von der Praxis bei ländlichen Gerichtstagen abgesehen, wo gelegentlich zur Güte- und anschließenden Kammerverhandlung geladen wird – ansonsten meist nicht für den Fall erfolgloser Güteverhandlung geladen werden. Für diesen Fall bestimmt das Gesetz, dass der Vorsitzende Termin zur streitigen Verhandlung (§ 57 Abs. 1) zu bestimmen hat, die alsbald stattfinden soll (§ 54 Abs. 4 Halbs. 2). Mit Zustimmung der Parteien kann der Vorsitzende nach § 54 Abs. 1 Satz 5 auch die Güteverhandlung in einem weiteren Termin, der alsbald stattzufinden hat, fortsetzen. Ein Fall der weiteren Verhandlung hingegen ist es, wenn die Parteien nach § 55 Abs. 3 eine Alleinentscheidung durch den Vorsitzenden beantragen.

37 In den meisten Fällen wird **nach erfolgloser Güteverhandlung Termin** zur streitigen Verhandlung vor der Kammer **bestimmt**, weil ein Hinderungsgrund besteht. Dazu zählt nicht nur die Abwesenheit der ehrenamtlichen Richter, sondern als Hinderungsgrund ist auch anzusehen, dass der Sachverhalt weiterer Aufklärung bedarf, eine Beweisaufnahme vorzunehmen ist oder die Parteien außergerichtliche Vergleichsgespräche führen bzw. eine sonstige Erledigung des Rechtsstreits herbeiführen wollen[4].

1. Säumnis einer Partei

38 Erscheint eine Partei in der Güteverhandlung nicht, obwohl die Ladungs- und Einlassungsfrist gewahrt wurde, oder verhandelt sie nicht (§ 333 ZPO), so schließt sich die weitere Verhandlung (vor dem Vorsitzenden) unmittelbar an, und es ergeht – wenn die anwesende bzw. verhandlungsbereite Partei einen entsprechenden Prozessantrag stellt – ein **Versäumnisurteil zu Lasten der abwesenden** bzw. nicht verhandelnden **Partei**. Betrifft das die Klägerseite, so ist auf Antrag der Beklagtenseite die Klage abzuweisen (§ 330 ZPO). Betrifft dies die Beklagtenseite, so gilt das tatsächliche mündliche Vorbringen der Klägerseite als zugestanden, so dass – sofern das Vorbringen den Klageantrag rechtfertigt – nach § 331 Abs. 2 Halbs. 1

---

1 LAG Hamm v. 24.8.1972 – 8 Ta 55/72, NJW 1972, 2063 (2064); ebenso für das Berufungsverfahren LAG Hamm v. 17.9.1986 – 16 Sa 472/86; LAG Hamm v. 28.1.1997 – 4 Sa 141/96, LAGE § 91a ZPO Nr. 6 m. Anm. *Ennemann*; LAG Hamm v. 17.6.1999 – 4 Sa 2187/98, LAGE § 91a ZPO Nr. 7; LAG Hamm v. 22.11.1999 – 4 Sa 1414/99; LAG Hamm v. 7.12.1999 – 4 Sa 327/99, NZA-RR 2000, 494 (496); aA LAG Hamm v. 7.2.1963 – 3 Ta 73/62.
2 ArbG Siegen v. 3.1.1985 – 1 Ca 2031/84, KostRsp. Nr. 172 zu § 91a ZPO.
3 GK-ArbGG/*Schütz*, § 54 Rz. 58.
4 GK-ArbGG/*Schütz*, § 54 Rz. 59.

ZPO nach diesem durch echtes Versäumnisurteil zu erkennen ist bzw. die Klage – soweit das Vorbringen den Klageantrag nicht rechtfertigt – gem. § 331 Abs. 2 Halbs. 2 ZPO durch unechtes Versäumnisurteil abzuweisen ist. Eine Entscheidung nach Lage der Akten kommt im Anschluss an die Güteverhandlung nicht in Betracht, weil noch nicht in einem früheren Termin mündlich verhandelt worden ist (§§ 331a, 251a Abs. 2 Satz 1 ZPO)[1]. Die Güteverhandlung stellt aber eine solche Verhandlung in einem früheren Termin dar, so dass im Kammertermin oder auch in einem zweiten Gütetermin eine Entscheidung nach Lage der Akten getroffen werden kann[2]. Die Bedenken gegen diese Rechtsauffassung sind nicht überzeugend. Die Güteverhandlung ist eine vollwertige mündliche Verhandlung, in der die Sach- und Rechtslage umfassend erörtert wird. Sie unterscheidet sich lediglich darin von anderen mündlichen Verhandlungen, dass keine Anträge gestellt werden können. Dies ist jedoch unerheblich, denn Sinn und Zweck des Erfordernisses einer früheren mündlichen Verhandlung ist allein die Gewährung rechtlichen Gehörs und nicht das Formalkriterium der Stellung von Anträgen. Das klägerische Begehren wird durch die Ankündigung von Anträgen in der Klageschrift hinreichend umrissen. Nicht entscheidend ist auch der Umstand, dass die Kammerverhandlung nicht vor dem Vorsitzenden allein stattfindet.

Selbst wenn man dieser Auffassung nicht folgte, dürfte das LAG die Entscheidung nicht aufheben und den Rechtsstreit an das ArbG zurückverweisen. Dem steht § 68 entgegen, der nur ausnahmsweise dann außer Acht bleiben kann, wenn sich das ArbG nicht inhaltlich mit der Sache auseinandergesetzt hat. Bei einem Urteil nach Lage der Akten hat es aber genau diese Auseinandersetzung mit dem kontradiktorischen Vorbringen durchgeführt, so dass eine Zurückverweisung ausscheidet[3]. Es kann auch nicht differenziert werden je nachdem, ob der Rechtsstreit ohne Beweisaufnahme zur Entscheidung reif ist oder nicht, denn die zweite Instanz ist auch eine Tatsacheninstanz und der Beschleunigungsgedanke des § 68 steht einer solchen Zurückweisung entgegen[4].

Für die Entscheidung bei Säumnis einer Partei steht dem Vorsitzenden das Alleinentscheidungsrecht gem. § 55 Abs. 1 Nr. 4 zu. Wurde die Ladungs- oder Einlassungsfrist nicht gewahrt, so ist nicht etwa Termin zur streitigen Verhandlung nach § 57 Abs. 1, sondern erneut Termin zur Güteverhandlung nach § 54 Abs. 1 anzuberaumen[5]. In einem weiteren Gütetermin, dem die Parteien zugestimmt haben, kann auch ein zweites Versäumnisurteil durch den Vorsitzenden ergehen[6].

2. Säumnis beider Parteien

Erscheinen beide Parteien im Gütetermin nicht, obwohl sie beide ordnungsgemäß geladen worden sind[7], so ist nach § 54 Abs. 5 Satz 1 das **Ruhen des Verfahrens** anzuordnen. Diese Rechtsfolge ist zwingend vorgeschrieben; das ArbG hat insoweit **keinen Ermessensspielraum**[8], kann also weder einen neuen Gütetermin noch einen Termin zur streitigen Kammerverhandlung anberaumen. Auf keinen Fall kann eine Sachentscheidung ergehen, und zwar auch nicht nach Lage der Akten gem. § 251a ZPO[9]. Dem Nichterscheinen steht das Nichtverhandeln der Parteien gleich (§ 333 ZPO). Beschlüsse zum Ruhen des Verfahrens sind beschwerdefähig (§ 46 Abs. 2 ArbGG iVm. § 252 ZPO).

39

Erscheinen die Parteien nach entsprechender Mitteilung an das ArbG nicht zum Gütetermin, weil sie den Ausgang eines Parallelverfahrens abwarten wollen, so wird angenommen, dass § 54 Abs. 5 Satz 1 nicht zur Anwendung komme; vielmehr sei in der Unterrichtung des ArbG ein Antrag auf Anordnung des Ruhens des Verfahrens gem. § 251 Satz 1 ZPO[10] zu sehen. Dieser Ansicht kann nicht gefolgt werden, denn für solche Fallgestaltungen sieht das Gesetz die Möglichkeit der Aussetzung des Verfahrens gem. § 148 ZPO vor[11]. Gehen die Parteien eines Kündigungsschutzprozesses davon aus, dass die Klägerin nach ihrer dreijährigen Beurlaubung nicht mehr auf ihren alten Arbeitsplatz bei der Beklagten zurückkehren, sondern

40

---

1 *Korinth*, ArbRB 2012, 225 (226).
2 ArbG Berlin v. 21.11.2016 – 19 Ca 10449/16, n.rkr.; ArbG Köln v. 8.3.2013 – 2 Ca 4314/12; GMP/*Germelmann*, Rz. 18 zu § 55; ArbG Herford v. 19.5.2010 – 2 Ca 1712/09; *Gravenhorst*, jurisPR-ArbR 31/2011 Anm. 6; *Gravenhorst*, jurisPR-ArbR 13/2016 Anm. 6; *Korinth*, ArbRB 2012, 225 (226); aA LAG Hessen v. 10.11.2015 – 15 Sa 476/15 und v. 20.7.2011 – 2 Sa 422/11; LAG Hamm v. 1.6.2012 – 18 Sa 683/11; LAG Hamm v. 4.3.2011 – 18 Sa 907/10..
3 LAG Hessen v. 10.11.2015 – 15 Sa 476/15; aA LAG Hamm v. 20.7.2011 – 2 Sa 422/11 und LAG Hamm v. 4.3.2011 – 18 Sa 907/10 m. abl. Anm. *Gravenhorst*, jurisPR-ArbR 31/2011 Anm. 6 = jurisPR extra 2011, 209-210.
4 AA LAG Hamm v. 1.6.2012 – 18 Sa 683/11 und LAG Hamm v. 4.3.2011 – 18 Sa 907/10.
5 AA *van Venrooy*, ZfA 1984, 337 (378 f.).
6 ArbG Hamburg v. 9.3.2007 – 11 Ca 422/06.
7 LAG Düsseldorf v. 24.7.1986 – 7 Ta 280/86, LAGE § 54 ArbGG 1979 Nr. 3.
8 ArbG Solingen v. 29.12.2016 – 3 Ca 26/16 lev.
9 Natter/Gross/*Rieker*, § 54 Rz. 24.
10 LAG Berlin v. 19.9.2003 – 5 Ta 1841/03, LAGE § 54 ArbGG 1979 Nr. 7.
11 Vgl. dazu zuletzt LAG Hessen v. 17.1.2000 – 9 Ta 32/00, AnwBl 2000, 697.

nach Umzug von Westdeutschland nach Ostdeutschland ihr Arbeitsverhältnis aufgeben wird, dann kann das ArbG auf einen entsprechenden Antrag hin gem. § 251 Satz 1 ZPO das Ruhen des Verfahrens anordnen. Dazu reicht allerdings eine bloß fernmündliche Unterrichtung des ArbG nicht aus; in ihr kann auch kein wirksamer Vertagungsantrag auf unbestimmte Zeit entsprechend § 227 ZPO[1] gesehen werden. Das ArbG muss in einem solchen Fall vielmehr nach § 54 Abs. 5 Satz 1 vorgehen und das Ruhen des Verfahrens nach dieser Vorschrift anordnen, wenn die Parteien im Gütetermin nicht erscheinen.

41 Der ruhende Zustand wird durch den Antrag auf **Bestimmung eines streitigen Kammertermins** beendet (§ 54 Abs. 5 Satz 2). Dem Antrag ist zu entsprechen, wenn er innerhalb von sechs Monaten nach Güteverhandlung gestellt wird (§ 54 Abs. 5 Satz 3), selbst wenn der Antrag ohne Begründung oder Entschuldigung vorgebracht wird. Wird der Antrag auf Terminsanberaumung nicht **innerhalb von sechs Monaten** nach der Güteverhandlung gestellt, dann wird nach Fristablauf der Rechtsstreit so behandelt, als hätte der Kläger die **Klage zurückgenommen** (§ 54 Abs. 5 Satz 4 ArbGG iVm. § 269 Abs. 3 ZPO). Diese Rechtsfolge tritt zwingend ein, unabhängig von den Gründen des Nichtbetreibens des Verfahrens[2]. Der Kostenbeschluss nach § 269 Abs. 3 ZPO ergeht nach entsprechendem Antrag des Beklagten und nach Gewährung rechtlichen Gehörs durch den Vorsitzenden allein (§ 55 Abs. 1 Nr. 1). Der Kläger kann zwar erneut Klage erheben, da die frühere Klage wegen Beendigung der Rechtshängigkeit nicht entgegen steht, jedoch kann dies im Bereich fristgebundener Klageerhebung (Kündigungsschutz; zweistufige Ausschlussfristen) erfolglos sein[3].

42 Die **Fiktionswirkung der Klagerücknahme** gem. § 54 Abs. 5 Satz 4 ArbGG iVm. § 269 Abs. 3 ZPO tritt nur ein, wenn die **Ruhensanordnung in der Güteverhandlung** getroffen worden ist. Auf andere Fallgestaltungen ist diese Bestimmung nicht entsprechend anwendbar[4]. Dies setzt jedoch voraus, dass das Verfahren über die Güteverhandlung hinaus gediehen ist. Ist die Güteverhandlung erfolglos geblieben, weil die Parteien zB außergerichtliche Vergleichsverhandlungen führen wollen oder der Kläger seine Klageforderung noch einmal überprüfen und substanziieren will oder der Beklagte seine Gegenforderungen, mit denen er aufgerechnet hat, nochmals überprüfen will, wird vielfach im Protokoll der **Beschluss** verkündet:

„Kammertermin wird auf Antrag einer der Parteien anberaumt."

43 Dies führt zu keiner fingierten Klagerücknahme nach sechs Monaten[5].

Bleiben dagegen beide Parteien im Kammertermin aus oder verhandeln sie nicht, so kann nur das Ruhen des Verfahrens nach § 251 ZPO angeordnet werden[6]. Wird in diesem Fall die Akte nach sechs Monaten wegen Nichtbetreibens weggelegt, so beendet das nicht die Rechtshängigkeit der Klage. Mithin kann das Verfahren in einem solchen Falle auch später auf entsprechenden Antrag einer der Parteien wieder aufgenommen werden[7].

IV. Güterichterverfahren, § 54 Abs. 6

Schrifttum: *Francken,* Das Gesetz zur Förderung der Mediation und das arbeitsgerichtliche Verfahren, NZA 2012, 836; *Henssler/Deckenbrock,* Das neue Mediationsgesetz: Mediation ist und bleibt Anwaltssache!, DB 2012, 159 ff.

1. Entstehungsgeschichte

44 Die Regelung des § 54 Abs. 6 ist ebenso wie § 54a durch Art. 4 des Gesetzes zur Förderung der Mediation und anderer Verfahren der außergerichtlichen Konfliktbeilegung[8] eingefügt worden. Durch sie soll ermöglicht werden, dass im Arbeitsgerichtsverfahren außer dem herkömmlichen Gespräch in der Güteverhandlung auch andere Verfahren der Konfliktbeilegung vor einem nicht zur Entscheidung des Rechtsstreits zuständigen Richter angewendet werden können. Vergleichbare, aber nicht gleiche Regelungen sind für die Zivilprozessordnung, das Verfahren in Familiensachen und in Angelegenheiten der freiwilligen Gerichts-

---

1 So aber LAG Saarland v. 9.6.2000 – 2 Ta 2/2000, NZA-RR 2000, 546.
2 LAG Baden-Württemberg v. 4.12.2014 – 13 Ta 27/14; ArbG Solingen v. 29.2.2016 – 3 Ca 26/16 lev; aA LAG Saarland v. 9.6.2000 – 2 Ta 2/00; LAG München v. 11.9.2006 – 6 Sa 1089/05; s. zum Begriff des Verhandelns in der Güteverhandlung LAG Köln v. 17.11.2017 – 12 Ta 298/15; s. weiter LAG Rheinland-Pfalz v. 24.6.2015 – 7 Sa 559/14, keine Rücknahmefiktion, wenn Bekl. nicht geladen werden konnte, dort auch zur Verwirkung.
3 GK-ArbGG/*Schütz,* § 54 Rz. 71.
4 LAG Hamm v. 21.7.1983 – 8 Ta 135/83, EzA § 54 ArbGG 1979 Nr. 2.
5 BAG v. 22.4.2009 – 3 AZB 97/08.
6 AA LAG München v. 11.9.2006 – 6 Sa 1089/05; ArbG Regensburg v. 8.5.2006 – 4 Ca 2656/05.
7 GMP/*Germelmann,* § 54 Rz. 62.
8 BGBl. I S. 1577.

barkeit, das Sozialgerichtsgesetz, die Verwaltungsgerichtsordnung und die Finanzgerichtsordnung in Kraft gesetzt worden. Das Gesetz soll die EU-Richtlinie über bestimmte Aspekte der Mediation in Zivil- und Handelssachen[1] umsetzen, die für Konflikte im Verkehr zwischen den Mitgliedsstaaten gelten sollte. Das Gesetz geht darüber hinaus und trifft Regelungen auch für innerstaatliche Auseinandersetzungen. Wegen der Einzelheiten der EU-Richtlinie, der bisherigen Praxis der gerichtsinternen Mediation und des Güterichterverfahrens sowie des Gesetzes zur Förderung der Mediation und anderer Verfahren der außergerichtlichen Konfliktbeilegung wird auf die Anmerkungen unter Rz. 2–15 zu § 54a verwiesen.

2. Inhalt der Regelung

a) Gegenstand der Verweisung

Nach § 54 Abs. 6 werden die Parteien für die Güteverhandlung sowie deren Fortsetzung vor einen Güterichter verwiesen. Es handelt sich damit nicht um eine Verweisung des Rechtsstreits, sondern der Parteien. Ihnen wird für einen Teil des Verfahrens ein Güterichter zugewiesen, der statt des Vorsitzenden der Kammer tätig wird.

aa) Erstmalige Güteverhandlung

Die Verweisung kann für die erstmalige Güteverhandlung geschehen. In § 54 Abs. 1 Satz 1 ist der Begriff der Güteverhandlung legaldefiniert. Es handelt sich um eine Verhandlung vor dem Vorsitzenden zum Zwecke der gütlichen Einigung der Parteien. § 54 Abs. 6 nimmt ersichtlich diesen Begriff der Güteverhandlung auf. Das ergibt sich sowohl aus dem Wortlaut, also der Verwendung des wenige Absätze vorher definierten Begriffes, als auch aus dem Regelungszusammenhang in § 54, der insgesamt unter der Überschrift „Güteverfahren" Bestimmungen für die Güteverhandlung enthält. Der Auffassung, dass die Güteverhandlung vor dem Güterichter nach § 54 Abs. 6 nicht „identisch" mit der Güteverhandlung nach § 54 Abs. 1 sei[2], wird nicht gefolgt. Aufgrund des objektiven Gehalts des Gesetzes handelt es sich um eine Güteverhandlung iSv. § 54 Abs. 1. Diese Güteverhandlung findet allerdings nicht vor dem Vorsitzenden der Kammer statt und kann unter Anwendung von allen Methoden der Konfliktbeilegung durchgeführt werden. Damit fehlt eine Identität allenfalls in der Ausgestaltung, nicht aber in der Qualifikation als Güteverhandlung iSd. § 54 Abs. 1. Etwas Anderes folgt nicht daraus, dass §§ 64 Abs. 7 und 87 Abs. 2 für das LAG die Möglichkeit eröffnen, auch im Berufungs- bzw. Beschwerdeverfahren eine Güteverhandlung nach § 54 Abs. 6 durchzuführen. Dabei handelt es sich um bloße Verweisungsnormen, die für die Rechtsmittelinstanz die Konfliktbeilegungsmöglichkeiten des § 54 Abs. 6 eröffnen sollen. Es sind keine Gründe dafür ersichtlich, dass dadurch dem erstinstanzlichen Güterichterverfahren die Qualität einer Güteverhandlung iSd. § 54 Abs. 1 genommen wird.

bb) Fortsetzung der Güteverhandlung

Ferner können die Parteien für die Fortsetzung der Güteverhandlung an den Güterichter verwiesen werden.

Aus dem Wortlaut, nach dem die Verweisung „für die Güteverhandlung sowie deren Fortsetzung" erfolgen kann, folgt zum einen, dass bereits vor dem erstmaligen Beginn der Güteverhandlung zugleich für deren eventuelle Fortsetzung verwiesen werden kann. Zum anderen kann aus einer vom Vorsitzenden der Kammer geleiteten ersten Güteverhandlung eine Verweisung an den Güterichter zur Fortsetzung der Güteverhandlung erfolgen. Zwar ist der Wortlaut insoweit nicht eindeutig, weil sich ihm nicht entnehmen lässt, ob der Vorsitzende bereits vor der ersten Güteverhandlung die Verweisung für die Güteverhandlung sowie deren Fortsetzung vornehmen muss oder ob er dieses auch noch in der von ihm selbst geleiteten Güteverhandlung machen kann. Gerade wegen dieser fehlenden Eindeutigkeit des Wortlauts ist davon auszugehen, dass das Gesetz beide Möglichkeiten eröffnen will. Dieses wird dadurch gestützt, dass im Gesetzgebungsverfahren der Wille zum Ausdruck gekommen ist, dass die zuvor praktizierten Güterichtermodelle fortgeführt werden können sollen[3]. Nach diesen Modellen war es möglich, aus einer Güteverhandlung vor dem Vorsitzenden zu einer Güteverhandlung vor dem Güterichter zu verweisen. Nur dieses Verständnis wird im Übrigen den Bedürfnissen der Praxis gerecht. Im Regelfall wird sich frühestens in der Güteverhandlung vor dem Vorsitzenden herausstellen, dass das Verfahren einer besonderen Konfliktbeilegung bedarf und hierfür geeignet ist. Nur selten wird bereits die Klage hinreichende Anhaltspunkte dafür enthalten, welcher Qualität und Intensität der zugrundeliegende Konflikt ist. Damit ist die Güteverhandlung vor

---
1 2008/52/EG.
2 Düwell/Lipke/*Tautphäus*, § 54 Rz. 77 f.
3 BT-Drs. 17/8058, S. 21.

dem Vorsitzenden regelmäßig der früheste Zeitpunkt, in dem sich ergeben kann, dass ein besonderes Verfahren vor dem Güterichter angezeigt ist.

49 Ferner können die Parteien nach Abschluss der Güteverhandlung und damit auch aus der **Kammerverhandlung** an den Güterichter verwiesen werden[1]. Aus dem Wortlaut der Regelung kann nicht gefolgert werden, dass nach dem Ende der Güteverhandlung erstinstanzlich keine Verweisung mehr erfolgen kann[2]. Der Wortsinn des Begriffes „fortsetzen" umfasst die Möglichkeit, eine bereits beendete Güteverhandlung wiederaufzunehmen und nach ihrem dann nur vorläufigen Ende wieder fortzusetzen. Gegen die Möglichkeit einer derartigen Wiederaufnahme als Fortsetzung spricht nicht der von § 54 Abs. 6 abweichende Wortlaut des § 278 Abs. 5 Satz 1 ZPO. Wenn es dort heißt, dass „die Parteien für die Güteverhandlung sowie für weitere Güteversuche" vor einen Güterichter verwiesen werden können, ist dieses ohne Aussagekraft für die Frage, ob eine Güteverhandlung vor dem ArbG nach Abschluss wiederaufgenommen und damit fortgesetzt werden kann. Anders als im arbeitsgerichtlichen Urteilsverfahren ist im Zivilprozess vor den ordentlichen Gerichten die Güteverhandlung nämlich nicht obligatorisch. Nach § 278 Abs. 2 Satz 1 ZPO kann sie unterbleiben, wenn bereits ein Einigungsversuch vor einer außergerichtlichen Gütestelle stattgefunden hat oder die Güteverhandlung erkennbar aussichtslos erscheint. Damit gibt es im ZPO-Verfahren Konstellationen, bei denen es keine Güteverhandlung gibt, die fortgesetzt werden könnte. Es ist verständlich und geboten, dass dort über den Wortlaut von § 54 Abs. 6 hinausgehend nicht nur für die Fortsetzung der Güteverhandlung, sondern auch für weitere Güteversuche eine Verweisung an den Güterichter erfolgen kann. Diesem Verständnis steht nicht der arbeitsgerichtliche Beschleunigungsgrundsatz entgegen[3]. Es gibt nämlich keine Anhaltspunkte dafür, dass eine Güteverhandlung vor dem Güterichter zu einer Verlängerung des Verfahrens führt. Zweck der erneuten Güteverhandlung vor dem Güterichter ist, dass die Parteien durch die von diesem angewendete Methode der Konfliktbeilegung zu einer Einigung kommen, die eine Fortführung des Gerichtsverfahrens – eventuell sogar über mehrere Instanzen – entbehrlich macht. Eine solche Lösung entspricht allemal dem Beschleunigungsgrundsatz besser als die zügige Fortführung des Gerichtsverfahrens ohne Wiedereinstieg in die Güteverhandlung. Ferner ist die Entscheidungsbefugnis des Vorsitzenden über die Verweisung kein Grund für die Annahme, dass nach Abschluss der Güteverhandlung diese nicht wiederaufleben und fortgesetzt werden könnte. Eine Regelung, nach der der Vorsitzende nur bis zum Ende der Güteverhandlung Alleinentscheidungsbefugnisse hat, gibt es nicht. Die in § 55 vorgesehenen Alleinentscheidungsbefugnisse bestehen über das Ende der Güteverhandlung fort. Es spricht deshalb nichts dagegen, auch für die Entscheidung über eine Fortsetzung der Güteverhandlung nach ihrem Abschluss eine solche Alleinentscheidungsbefugnis anzunehmen. Beim LAG besteht aufgrund von § 64 Abs. 7 Satz 1 und § 87 Abs. 2 Satz 1 ebenfalls das Alleinentscheidungsrecht des Vorsitzenden, obwohl es dort keine obligatorische Güteverhandlung nach § 54 Abs. 1 gibt. Ferner spricht diese Verweisung auf § 54 Abs. 6 für das Verfahren vor dem LAG in § 64 Abs. 7 Satz 1 und § 87 Abs. 2 Satz 1 für die Möglichkeit eines Wiedereinstiegs in die Güteverhandlung nach § 54 Abs. 6. Es wäre nicht verständlich, warum nicht auch erstinstanzlich die Möglichkeit zu einer Fortsetzung der Güteverhandlung unmittelbar vor oder nach Beginn der Kammerverhandlung besteht, wenn sogar eine Güteverhandlung aus dem Verfahren vor dem LAG möglich ist. Dieses entspricht auch praktischen Erfordernissen. Regelmäßig wird sich nicht bereits in der Güteverhandlung, sondern im ersten oder einem späteren Kammertermin das ganze Ausmaß des Zerwürfnisses der Parteien und damit die Notwendigkeit für die Anwendung einer besonderen Methode der Konfliktbeilegung zeigen. Erst dann, wenn die Standpunkte ausführlich schriftsätzlich dargelegt worden sind, können der Umfang und die Heftigkeit des Konflikts eingeschätzt werden. Gerade dieses sind maßgebliche Aspekte für die Entscheidung, ob der Güterichter eingeschaltet werden soll. Es wäre ein Widerspruch, wenn das Gesetz in dieser Situation keine Verweisung an den Güterichter ermöglichen wollte, sie aber im Rechtsmittelverfahren vor dem LAG wieder erlaubt. Unter Beachtung des Beschleunigungsgrundsatzes wäre das kontraproduktiv.

b) Zeitpunkt der Verweisung

50 Aus den vorstehenden Ausführungen zum Gegenstand der Verweisung ergeben sich zugleich die zulässigen Zeitpunkte der Verweisung. Sie kann vor der erstmaligen Güteverhandlung, in oder nach dieser erstmaligen Güteverhandlung oder auch aus oder nach einer Kammerverhandlung erfolgen. Ausgeschlossen ist sie jedoch nach Schluss der mündlichen Verhandlung in der Instanz, es sei denn, die Verhandlung wird wiedereröffnet. Geschehen kann dieses aber nur, wenn die Voraussetzungen für eine Wiedereröffnung der

---

[1] Düwell/Lipke/*Tautphäus*, § 54 Rz. 81.
[2] AA GMP/*Germelmann*, § 54 Rz. 9i; *Francken*, NZA 2012, 836 (838).
[3] So aber *Francken*, NZA 2012, 836 (838).

mündlichen Verhandlung gegeben sind. Das ist der Fall, wenn einer der Gründe des § 156 Abs. 2 vorliegt oder die Wiedereröffnung nach pflichtgemäßen Ermessen des Gerichts zu erfolgen hat[1].

c) Entscheidung über die Verweisung
aa) Inhalt

Bei der Verweisung nach § 54 Abs. 6 handelt es sich nicht um eine Verweisung des Verfahrens im üblichen Sinne[2]. Das folgt schon daraus, dass nach dem Wortlaut nicht das Verfahren, sondern die Parteien verwiesen werden, und zwar auch nur für einen bestimmten Abschnitt des Verfahrens. Inhalt der Verweisung ist die Begründung einer anderen **richterlichen Zuständigkeit** für die Güteverhandlung oder deren Fortsetzung. Da es bei der Verweisung nur darum geht, dass der Güterichter für die Güteverhandlung zuständig wird, wird das Verfahren als solches von der Verweisung nicht berührt. Es bleibt beim ArbG und dort bei der Ausgangskammer rechtshängig. Im Rahmen dieser unverändert gebliebenen Zuständigkeit wird nur die richterliche Leitung des Verfahrens zeitweise einem anderen Richter übertragen.

bb) Zuständigkeit

Die Entscheidung über die Verweisung wird nach dem ausdrücklichen Wortlaut des § 54 Abs. 6 vom Vorsitzenden, also ohne Beteiligung der ehrenamtlichen Richter, getroffen. Dieses ist unproblematisch, soweit die Verweisung vor der Güteverhandlung, in der Güteverhandlung oder nach der Güteverhandlung vor der Kammerverhandlung beschlossen wird. Da die Zuständigkeitsanordnung von § 54 Abs. 6 eindeutig ist, gilt sie aber auch bei einer Verweisung an den Güterichter aus der Kammerverhandlung. Unabhängig davon, dass es bei einer solchen Verweisung sicher einem guten Umgang mit den ehrenamtlichen Richtern entspricht, ihnen die Gründe für die Entscheidung zu erläutern und ihre Argumente zu würdigen, hat allein der Vorsitzenden die Entscheidungsbefugnis. Damit werden die ehrenamtlichen Richter von einer wesentlichen Entscheidung in der mündlichen Verhandlung ausgeschlossen. Dieses Problem stellte sich bis zum 31.3.2008 in gleicher Weise bei den nach § 55 Abs. 1 in der streitigen Verhandlung zu treffenden Entscheidungen, weil diese ebenfalls bei Anwesenheit der ehrenamtlichen Richter vom Vorsitzenden allein zu treffen waren. Das zeigt, dass das ArbGG keine zwingende Beteiligung der ehrenamtlichen Richter bei Entscheidungen verlangt, die in der streitigen Verhandlung getroffen werden. Aus den gleichen Gründen, die zu einer Beteiligung der ehrenamtlichen Richter an den Entscheidungen nach § 55 Abs. 1 ab dem 1.4.2008 geführt haben, ist es angezeigt, durch eine Änderung des Gesetzes die ehrenamtlichen Richter an der Entscheidung über die Verweisung an den Güterichter zu beteiligen. Dieses gilt selbstverständlich auch, soweit beim LAG der Vorsitzende allein über eine solche Verweisung an den Güterichter entscheidet. Das ist eine wesentliche, für den Verlauf und die Dauer des Verfahrens bedeutsame Entscheidung, bei der u.a. der betriebliche Sachverstand und die Menschenkenntnis der ehrenamtlichen Richter benötigt werden.

Auch **nach Abschluss der Kammerverhandlung** bleibt es bei der Alleinentscheidungsbefugnis des Vorsitzenden. Der Vorsitzende kann aber durch eine Verweisung an den Güterichter nicht in eine Entscheidung der Kammer eingreifen. So kann keine Verweisung erfolgen, wenn durch Beschluss der Kammer ein Termin zur Fortsetzung der Verhandlung anberaumt worden ist. Der Vorsitzende ist an die Entscheidung der Kammer gebunden.

Ist kein Fortsetzungstermin, sondern ein Termin zur Verkündung einer Entscheidung anberaumt worden, darf der Vorsitzende ebenfalls nicht an den Güterichter verweisen. Es bedarf zunächst eines Beschlusses, dass die mündliche Verhandlung wiedereröffnet wird. Da die Güteverhandlung Teil des Verfahrens vor dem ArbG ist, ist ihre Fortsetzung zugleich die Fortsetzung der mündlichen Verhandlung. Der Beschluss über die Wiedereröffnung ist unter Beteiligung der ehrenamtlichen Richter zu treffen[3]. Erst nach einer solchen Entscheidung kann der Vorsitzende allein die Verweisung an den Güterichter beschließen.

Ist in der Kammerverhandlung eine instanzbeendende Entscheidung verkündet worden, ist der Vorsitzende gehindert, das durch diese Entscheidung beendete Verfahren noch an den Güterichter zu verweisen.

Einzig dann, wenn die Kammerverhandlung ohne eine Entscheidung der Kammer über das weitere Verfahren oder seinen Abschluss endete, kann der Fall eintreten, dass der Vorsitzende ohne vorherige Entscheidung der Kammer an den Güterichter verweisen kann.

---

1 Hierzu Zöller/*Greger*, § 156 ZPO Rz. 5.
2 GMP/*Germelmann*, § 54 Rz. 9g.
3 BAG v. 18.12.2008 – 6 AZN 646/08, Rz. 6.

cc) Form

57 Die Entscheidung über die Verweisung an den Güterichter bedarf **keiner besonderen Form**[1]. Es ist keine Grundlage für die Auffassung ersichtlich, dass die Verweisung durch Beschluss erfolgen müsse[2]. Die Verweisung nach § 54 Abs. 6 ist nur die vorübergehende Abgabe der richterlichen Zuständigkeit innerhalb der Kammer. Bei einem solchen Richterwechsel bedarf es keines Beschlusses und keiner Verfügung. Da es sich um die Einleitung eines besonderen Verfahrensabschnitts unter Leitung des Güterichters handelt, muss aber eine ausdrückliche Entscheidung getroffen und diese den Beteiligten mitgeteilt werden. Hierfür ist die Form eines Beschlusses empfehlenswert. Auch wenn dieser nicht begründet zu werden braucht[3], ist es naheliegend und erhöht die Akzeptanz der Entscheidung, wenn eine mindestens kurze Angabe der Gründe erfolgt.

dd) Inhaltliche Voraussetzungen

58 Das Gesetz sieht für die Verweisung an den Güterichter nicht ausdrücklich Voraussetzungen vor, sondern beschränkt sich auf die Angabe, dass eine solche Verweisung erfolgen kann.

(1) Zustimmung der Parteien

59 Unklar ist, ob die Verweisung an den Güterichter nur dann erfolgen darf, wenn die Parteien dem zuvor zugestimmt haben.

60 Diese Unklarheit hat nur dann Bedeutung, wenn eine Verweisung an den Güterichter bereits vor der Güteverhandlung vor dem Vorsitzenden erfolgen soll. Damit ist die praktische Relevanz des Problems äußerst gering, weil nur in seltenen Fällen vor dem ersten Gütetermin schon Anhaltspunkte dafür gegeben sein werden, dass eine Verweisung an den Güterichter angezeigt ist. Das Problem stellt sich bei **Verweisungen in oder nach dem ersten Gütetermin** schon deshalb nicht, weil § 54 Abs. 1 Satz 5 vorsieht, dass der Vorsitzende die Güteverhandlung nur mit Zustimmung der Parteien in einem weiteren Termin fortsetzen darf. Da es sich bei der Güteverhandlung nach § 54 Abs. 6 um eine Güteverhandlung iSv. § 54 Abs. 1 handelt (s. unter Rz. 46), kann auch eine Fortsetzung der Güteverhandlung vor dem Güterichter nur mit Zustimmung der Parteien erfolgen.

61 Nur noch für den danach problematisch bleibenden Fall der **Verweisung vor der ersten Güteverhandlung** kann von Bedeutung sein, dass im Gesetzgebungsverfahren nach Einfügung der Vorschriften über das Güterichterverfahren die Auffassung vertreten worden ist, dass „der Verweis vor einen zur Durchführung einer Güteverhandlung bereiten Güterichter nur mit Einverständnis der Parteien in Betracht" komme. Grund dafür soll sein, dass die Durchführung einer Güteverhandlung und weiterer Güteversuche vor einem Güterichter nur aussichtsreich seien, wenn die Parteien für eine einvernehmliche Konfliktlösung offen und deshalb grds. bereit seien, sich auf ein solches Verfahren einzulassen[4]. Dieser Begründung folgend wird angenommen, dass die Zustimmung der Parteien ungeschriebene Voraussetzung für die Verweisung an den Güterichter sei[5]. Ferner wird das Erfordernis einer Zustimmung der Parteien daraus abgeleitet, dass sich aus den oben zitierten Gesetzesmaterialien ergäbe, dass eine anfängliche Gesetzeslücke vorliege, die teleologisch zu schließen sei[6]. Schließlich wird die Auffassung vertreten, dass das pflichtgemäße Ermessen des Vorsitzenden (dazu Rz. 63) nur dann eine Verweisung zulasse, wenn die Zustimmung der Parteien vorliege, weil nur in einem solchen Fall der Versuch einer Konfliktlösung durch den Güterichter erfolgversprechend sei[7].

62 Diese Auffassungen überzeugen nicht. Sicher wäre es möglicherweise sinnvoll gewesen, die Verweisung an den Güterichter an eine ausdrückliche Zustimmung der Parteien zu binden. Trotz intensiver informeller Versuche hat sich der Gesetzgeber aber nicht dazu entschließen können, diese Voraussetzung in das Gesetz aufzunehmen. Das Gesetz ist deshalb nach der objektiven Methode auszulegen, die ergibt, dass die Zustimmung der Parteien nicht erforderlich ist[8]. Dieses Auslegungsergebnis ist nicht wegen einer anfänglichen Gesetzeslücke teleologisch zu schließen, weil es an einer solchen anfänglichen Gesetzeslücke fehlt. Unabhängig von den genannten informellen und erfolglosen Versuchen, den Gesetzgeber zur Aufnahme des

---

1 GMP/*Germelmann*, § 54 Rz. 9g.
2 So aber Düwell/Lipke/*Tautphäus*, § 54 Rz. 85.
3 Düwell/Lipke/*Tautphäus*, § 54 Rz. 86.
4 BT-Drs. 17/8058, S. 21.
5 *Francken*, NZA 2012, 836 (838).
6 GMP/*Germelmann*, § 54 Rz. 9e.
7 Düwell/Lipke/*Tautphäus*, § 54 Rz. 72.
8 GMP/*Germelmann*, § 54 Rz. 9e; so wohl auch *Henssler/Deckenbrock*, DB 2012, 159 (162).

Zustimmungserfordernisses in das Gesetz zu bewegen, setzte eine anfängliche Gesetzeslücke voraus, dass eine unvollständige Regelung vorläge. Daran fehlt es. In der Begründung zu dem Gesetzesentwurf wird nämlich nicht die Meinung vertreten, dass es Inhalt des Gesetzes sei, dass die Verweisung an den Güterichter die Zustimmung der Parteien erfordere. Die Begründung vertritt nur eine Auffassung zur gebotenen Anwendung des Gesetzes, ohne diese damit zum Gesetzesinhalt zu erheben. Durch eine solche im Gesetzgebungsverfahren geäußerte Annahme entsteht keine anfängliche Gesetzeslücke. Das gilt auch deshalb, weil die Ansicht, ein Verfahren vor dem Güterichter könne nur aussichtsreich sein, wenn die Parteien diesem vor der Verweisung zugestimmt hätten, nicht in jedem Fall zutreffend zu sein braucht. So ist durchaus denkbar, dass der Vorsitzende der Kammer mit guten und überzeugenden Gründen davon ausgehen kann, dass gerade der Güterichter und das von ihm angewendete Verfahren in der Lage sein könnten, die Parteien für eine einvernehmliche Konfliktlösung zu öffnen und dadurch ihre Bereitschaft, sich auf ein derartiges Verfahren einzulassen, zu wecken. Das vom Gesetzgeber angestrebte Ziel, dass eine Verweisung nur dann erfolgen soll, wenn das Verfahren vor dem Güterichter einigermaßen erfolgversprechend ist, wird damit erreicht. Es bedarf deshalb nicht der Annahme einer anfänglichen Gesetzeslücke. Dementsprechend kann auch nicht davon ausgegangen werden, dass eine Verweisung bei der Ausübung pflichtgemäßen Ermessens immer ausgeschlossen ist, wenn es an der anfänglichen Zustimmung der Parteien fehlt.

(2) Pflichtgemäßes Ermessen

Mangels anderer Vorgaben steht die Entscheidung über die Verweisung an den Güterichter im pflichtgemäßen Ermessen des Gerichts.[1] Maßgeblich muss für die Entscheidung des Vorsitzenden vor allen Dingen sein, ob ein Verfahren vor dem Güterichter eine Einigung zwischen den Parteien herbeiführen kann. Hierfür wird besondere, aber aus den oben genannten Gründen nicht ausschließliche Bedeutung haben, ob die Parteien der Verweisung an den Güterichter zugestimmt haben. Für die Entscheidung ist ferner die **Einschätzung des Konflikts** bedeutsam. Nimmt der Vorsitzende an, dass dem Rechtsstreit persönliche Auseinandersetzungen zugrunde liegen, die über den Rechtsstreit hinausgehen und durch diesen nicht befriedet werden können, ist das Güterichterverfahren eher zu einer Klärung geeignet als die klassische Güteverhandlung. Auch in Fällen, in denen die Parteien unabhängig vom Ausgang des Rechtsstreits aus persönlichen oder wirtschaftlichen Gründen weiter aufeinander angewiesen sind, kann eine intensive Beschäftigung mit alternativen Möglichkeiten der Konfliktbeilegung angezeigt sein. Insbesondere dürfte der Versuch einer Klärung im Güterichterverfahren dann in Frage kommen, wenn Parteien sich regelmäßig und umfangreich in verschiedenen Rechtsstreitigkeiten auseinandersetzen. Dieses ist ein Indiz dafür, dass keine Unsicherheit über die Rechtslage für die Streitigkeiten ausschlaggebend ist, sondern ein tiefer liegender Konflikt. Insgesamt gibt es aber keine festen Kriterien, anhand derer die Beurteilung erfolgen könnte, ob eine Verweisung an den Güterichter angezeigt ist. 63

Immer wird in die Ausübung des pflichtgemäßen Ermessens einzubeziehen sein, ob und welche **Verzögerung** ein Verfahren durch die Verweisung an den Güterichter erfährt. Dass überhaupt eine solche Verzögerung eintritt, ist nicht selbstverständlich. Abhängig von der regelmäßigen Dauer der Fristen zwischen Güte- und Kammertermin kann ein Güterichterverfahren auch zeitneutral durchgeführt werden. Wenn der Vorsitzende vorsorglich einen Termin zur Kammerverhandlung für den Fall eines Scheiterns des Güterichterverfahrens freihält, der bei einem Erfolg des Güterichterverfahrens auch noch anderweitig belegt werden kann, kommt es zu keinerlei Verzögerung. Im Übrigen wird in die Entscheidung darüber, ob eine Verzögerung hinnehmbar ist, nicht nur die konkrete Dauer des betroffenen Verfahrens in der Instanz, sondern auch die bei einer Einigung entfallende Erforderlichkeit des Verfahrens in den Rechtsmittelinstanzen und die Dauer möglicher zukünftiger Verfahren einzustellen sein. 64

ee) Rechtsfolgen

Aus der Verweisung der Parteien an den Güterichter folgt, dass dieser für die Dauer der Güteverhandlung das Gerichtsverfahren leitet. Die Verweisung ändert also für einen bestimmten Verfahrensabschnitt die richterliche Zuständigkeit. Da das Verfahren seinen Fortgang mit der gesetzlich gebotenen Güteverhandlung oder ihrer zulässigen Fortführung vor dem Güterichter nimmt, ist nicht das **Ruhen des Verfahrens** anzuordnen. Anders als bei dem Versuch einer außergerichtlichen Konfliktbeilegung nach § 54a Abs. 2 handelt es sich um einen Abschnitt des Gerichtsverfahrens. Es ist deshalb auch möglich, dass Verfahren vor dem Güterichter in dem Zeitraum zwischen dem Gütetermin und der in diesem bereits anberaumten Kammerverhandlung durchzuführen.[2] Da die Verhandlung vor dem Güterichter Teil des laufenden Ver- 65

---

1 ArbG Hannover v. 1.2.2013 – 2 Ca 10/13 Ö, Rz. 19 f.
2 Düwell/Lipke/*Tautphäus*, § 54 Rz. 86.

ff) Rechtsmittel

66 Gegen die Verweisung der Parteien an den Güterichter ist kein Rechtsmittel gegeben[1]. Nach § 78 Satz 1 ArbGG findet § 567 Abs. 1 ZPO Anwendung. Nach diesem ist ein Rechtsmittel nicht statthaft, weil die Voraussetzungen des § 567 Abs. 1 ZPO nicht gegeben sind.

d) Besonderer Güterichter

67 Die Verweisung der Parteien hat nach dem Wortlaut an einen hierfür bestimmten und nicht entscheidungsbefugten Richter (Güterichter) zu erfolgen.

aa) Pflicht des Präsidiums zur Bestimmung eines Güterichters

68 Da § 54 Abs. 6 die Möglichkeit zur Verweisung an einen Güterichter ohne Einschränkung vorsieht, bedarf es keiner Modellversuche oder Genehmigungen durch die Gerichtsverwaltung oder die Gerichtsleitung mehr, um das Güterichterverfahren einzuführen. Die Möglichkeit, an den Güterichter zu verweisen, besteht von Gesetzes wegen. Das Gesetz ordnet ferner an, dass es sich um eine Aufgabe handelt, die im Rahmen des Richteramtes zu erfüllen ist. Diese gesetzlichen Anordnungen haben zur Konsequenz, dass das Präsidium dieses richterliche Geschäft im Geschäftsverteilungsplan zu verteilen hat und Richter verpflichtet sind, dieses Geschäft auch dann wahrzunehmen, wenn sie nicht freiwillig dazu bereit sind.

69 Das Präsidium muss im Rahmen der Geschäftsverteilung Güterichter bestimmen. Allein das Präsidium hat die Befugnis, richterliche Aufgaben zuzuweisen. Es hat dabei die an dem Gericht auch nur möglicherweise im Rahmen des Gesetzes anfallenden richterlichen Aufgaben vollständig zu verteilen. An jedem ArbG und wegen §§ 64 Abs. 7 Satz 1 und 87 Abs. 2 Satz 1 auch an jedem LAG müssen durch das Präsidium im Geschäftsverteilungsplan Güterichter bestimmt werden[2]. Es gibt keinerlei Anhaltspunkte dafür, dass das Gesetz es in das Ermessen der Gerichtspräsidien stellt, ob an dem Gericht die Möglichkeit zur Verweisung an Güterichter besteht. Das Präsidium hat nicht die Befugnis, darüber zu entscheiden, ob vom Gesetz vorgesehene Funktionen auch wahrgenommen werden sollen. Es kann nur bestimmen, wer für die Wahrnehmung dieser Funktionen zuständig ist.

70 Auch wenn an dem Gericht keine Richter tätig sind, die als Güterichter fungieren wollen, hat das Präsidium die Verpflichtung, diese richterliche Aufgabe zu verteilen. Es handelt sich um eine richterliche Funktion, die nach § 54 Abs. 6 erfüllt werden muss, so dass es nicht darauf ankommen kann, ob ein Richter freiwillig zur Wahrnehmung dieser Funktion bereit ist. Der vom Präsidium bestimmte Richter muss als Güterichter tätig werden. Es gibt für den einzelnen Richter nicht die Möglichkeit, die Ausübung bestimmter richterlicher Funktionen zu verweigern. Auch wenn es sinnvoll ist, dass als Güterichter solche Personen tätig sind, die sich freiwillig für die Aufgabe engagieren, ist es doch nicht ausgeschlossen und bei Fehlen von Freiwilligkeit auch erforderlich, Richter gegen ihren Willen mit der Aufgabe zu betrauen.

bb) Auswahl des Güterichters

71 Die Auswahl des Güterichters hat in zweierlei Hinsicht Bedeutung: Zum einen bei der Entscheidung des Präsidiums, welchen Richtern im Rahmen der generellen Geschäftsverteilung die Funktion des Güterichters zugewiesen wird, zum anderen bei der Bestimmung des für ein bestimmtes Verfahren zuständigen Güterichters.

72 Das Präsidium hat bei der Zuweisung der Funktion des Güterichters die Fähigkeiten, Erfahrungen und Qualifikationen der Richterinnen und Richter im Hinblick auf die Methoden der Konfliktbeilegung zu berücksichtigen. Es drängt sich auf, dass aus dem Richterkollegium insbesondere denen die Aufgabe des Güterichters zugewiesen wird, die **freiwillig** zu deren Übernahme bereit sind; Voraussetzung für die Übertragung ist das aber nicht. Im Übrigen wird das Präsidium wie bei jeder Zuweisung von richterlichen Geschäften die Gesamtbelastung der Richter berücksichtigen und einen Ausgleich zwischen unterschiedlichen Belastungen schaffen müssen.

73 Der für das einzelne Verfahren zuständige Güterichter muss nicht von vornherein im Geschäftsverteilungsplan bestimmt sein. Es reicht aus, dass er nach der Geschäftsverteilung als Güterichter vorgesehen ist.

---

1 GMP/*Germelmann*, § 54 Rz. 9g; Düwell/Lipke/*Tautphäus*, § 54 Rz. 86.
2 BT-Drs. 17/8058, S. 17.

Dadurch ist er iSd. § 54 Abs. 6 „hierfür", nämlich für die Durchführung der besonderen Güteverhandlung, bestimmt. Sind mehrere Güterichter vorhanden und nimmt der Geschäftsverteilungsplan keine konkrete Zuweisung der Verfahren auf diese Güterichter vor, können in die Bestimmung des Güterichters die Wünsche der Parteien einfließen.[1] Dem steht nicht das Prinzip des **gesetzlichen Richters** nach Art. 101 Abs. 1 Satz 2 GG entgegen. Das Gebot des gesetzlichen Richters betrifft nur richterliche Entscheidungen und darauf bezogene Tätigkeiten[2]. Die Gegenmeinung[3] berücksichtigt nicht ausreichend, dass der Güterichter keine Entscheidungsbefugnis in der Sache selbst hat, sondern nur den Versuch einer Schlichtung unternehmen kann. Art. 101 Abs. 1 Satz 2 GG ist nach seinem Zweck für die Tätigkeit des Güterichters nicht einschlägig. Zur Zeit der Schaffung dieser Regelung dürfte die rein schlichtende Tätigkeit eines Richters ohne Entscheidungsbefugnis nicht bekannt gewesen sein. Der Güterichter hat demgegenüber nicht die Möglichkeit, ein Verfahren abzulehnen. Es handelt sich um einen Teil seiner richterlichen Tätigkeit, für den seine Zuständigkeit vom Präsidium bestimmt ist.

cc) Gerichtsübergreifend tätiger Güterichter

Bei den vor Inkrafttreten der gesetzlichen Regelung praktizierten Modellprojekten zur gerichtsinternen Mediation und zum Güterichterverfahren war es nicht unüblich, dass Richtermediatoren und Güterichter instanz- und gerichtsübergreifend tätig wurden. Ein Richter des LAG hat Mediations- oder Güterichterverfahren bei einem ArbG, ein Richter eines ArbG bei einem anderen ArbG geleitet. Im Gesetzgebungsverfahren ist die Auffassung vertreten worden, dass diese Praxis einschließlich eines die Gerichtsbarkeiten überschreitenden Güterichterverfahrens nach der Neuregelung für das Güterichterverfahren zulässig bleibe[4]. Diese Auffassung wird zu Unrecht geteilt[5]. Zwar ergibt sich weder aus § 54 Abs. 6 noch aus den entsprechenden Regelungen der anderen Verfahrensordnungen ein Hinweis darauf, dass eine gerichts- oder gerichtsbarkeitsübergreifende Tätigkeit des Güterichters ausgeschlossen sein soll. Maßgeblich für deren Unzulässigkeit ist, dass eine gerichts- oder gar gerichtsbarkeitsübergreifende Bestimmung des Güterichters nicht möglich ist. Die Zuweisung richterlicher Tätigkeiten hat zwingend durch das Präsidium eines Gerichts zu erfolgen. Das Präsidium kann eine solche Zuweisung aber nur für gerichtsangehörige Richter vornehmen. Es fehlt dem Präsidium die Zuständigkeit und Legitimation, Richter anderer Gerichte mit richterlichen Aufgaben zu belegen. Damit kann das Präsidium des einen Gerichts nicht bestimmen, dass ein Richter eines anderen Gerichts die Aufgaben des Güterichters für das Ausgangsgericht wahrnimmt. Auch das Präsidium des Gerichts, dem der Güterichter angehört, kann diesem keine Güterichteraufgaben für ein anderes Gericht auferlegen. Das Präsidium verteilt die richterlichen Geschäfte des Gerichts, für das es gebildet worden ist. Eine Zuständigkeit und Legitimation dafür, einem Güterichter Verfahren zuzuweisen, die von einem anderen Gericht oder einer anderen Gerichtsbarkeit stammen, gibt es nicht. Der gute Wille des Gesetzgebers, die Fortführung des Güterichterverfahrens auf der Basis der bisherigen Modelle zu ermöglichen, begründet keine Befugnis des Präsidiums, Richter anderer Gerichte mit Aufgaben zu belegen oder Richter des eigenen Gerichts für Verfahren anderer Gerichte zuständig werden zu lassen. Hierzu bedürfte es einer Änderung des GVG.[6] Eine solche gesetzliche Befugnis ist nach der gesetzlichen Neuregelung zwingend erforderlich, weil jedes Gericht mindestens einen Güterichter bestimmen muss und nicht gewährleistet ist, dass sich genügend geeignete Freiwillige finden lassen. Die bisherige Praxis der gerichts- oder gerichtsbarkeitsübergreifenden Tätigkeit des Güterichters lässt sich nicht aufrechterhalten.

dd) Verschaffung der erforderlichen Qualifikation

Da die Funktion des Güterichters gesetzlich vorgesehen ist und damit jedes Gericht mindestens einen geeigneten Güterichter vorzuhalten hat, ist es Sache der **Landesjustizverwaltungen**, für eine entsprechende Qualifikation der Richter zu sorgen. Das bedeutet, dass in ausreichendem Maße Fortbildungen für Methoden der Konfliktbeilegung iSd. § 54 Abs. 6 angeboten oder den Gerichten die dafür erforderlichen Mittel zur Verfügung gestellt werden müssen[7]. Zu beachten ist auch, dass eine effektive Tätigkeit als Güterichter den ständigen Erfahrungsaustausch mit den Güterichtern anderer Gerichte und Gerichtsbarkeiten sowie Maßnahmen der Supervision erfordert. Nur wenn ausreichend qualifizierte Güterichter vorhanden sind, kann das Verfahren nach § 54 Abs. 6 effektiv eingesetzt werden.

---

1 Düwell/Lipke/*Tautphäus*, § 54 Rz. 89.
2 Zöller/*Greger*, § 278 ZPO Rz. 26.
3 GMP/*Germelmann*, § 54 Rz. 9d.
4 BT-Drs. 17/8058, S. 21.
5 Düwell/Lipke/*Tautphäus*, § 54 Rz. 68, *Francken*, NZA 2012, 836 (838).
6 AA wohl Düwell/Lipke/*Tautphäus*, § 54 Rz. 68.
7 Düwell/Lipke/*Tautphäus*, § 54 Rz. 67.

ee) Verfahren vor dem Güterichter

76 Das Gesetz erlaubt den Einsatz aller Methoden der Konfliktbeilegung einschließlich der Mediation. Das geht über den Rahmen hinaus, den § 54 Abs. 1 Satz 1 für die Güteverhandlung zur Verfügung stellt. Es handelt sich immer nur um eine Verhandlung zum Zwecke der **gütlichen Einigung**. Daher kann vom Güterichter keine Methode der Konfliktbeilegung gewählt werden, die nicht auf eine Einigung der Parteien zielt, sondern eine anderweitige Klärung des Konflikts, etwa durch eine Schiedsstelle oder einen Losentscheid, zum Gegenstand hat.

77 Da der Güterichter im Rahmen des Gerichtsverfahrens tätig ist, hat er das Recht, die Verfahrensakte zu erhalten und zu lesen[1].

(1) Mediation

78 Von den Methoden der Konfliktbeilegung wird ausdrücklich nur die Mediation benannt. Da diese Gegenstand zahlreicher Modellprojekte war und auch dem bislang praktizierten Güterichterverfahren weitgehend zugrunde lag, wird nachfolgende eine kurze Zusammenfassung des Mediationsverfahrens gegeben.

79 Bei der Mediation handelt es sich um einen **strukturierten Verhandlungsprozess**, in dem die Beteiligten versuchen, unter Leitung eines Mediators ein wie auch immer, also nicht nur juristisch geartetes Problem zu lösen. Die Struktur der Verhandlungen ist unabhängig von der Anzahl der Beteiligten oder dem zu klärenden Gegenstand immer gleich. Ziel ist eine Vereinbarung zwischen den Beteiligten, mit der der Konflikt beigelegt wird, und zwar möglichst so, wie es den Bedürfnissen und Interessen aller Beteiligten entspricht. Kommt eine Vereinbarung nicht zustande, ist die Mediation gescheitert.

80 Die Kommunikation zwischen den Beteiligten soll in der Mediation vom Mediator so gesteuert werden, dass die Beteiligten in die Lage versetzt werden, Sache und Person voneinander zu trennen und für sich aufzudecken, ob, wie und wodurch ihre Entscheidungen sachfremd beeinflusst werden.

81 Dieses geschieht typischerweise in verschiedenen Phasen, die folgende Elemente beinhalten:

82 – Auftragsklärung

Die Beteiligten werden über das Mediationsverfahren, dessen Freiwilligkeit und die Rolle des Mediators unterrichtet. Falls noch nicht geschehen, wird eine Mediationsvereinbarung abgeschlossen und das weitere Vorgehen miteinander abgestimmt.

83 – Anfertigen einer Themenliste

Darin wird der Ausgangsstreit von den Beteiligten umfassend dargestellt. Themen und Konfliktfelder werden gesammelt. Zugleich wird versucht, diese für den weiteren Fortgang der Verhandlungen zu strukturieren.

84 – Darstellung der Positionen

Die Beteiligten schildern zu jedem Thema ihre Sicht des Konflikts. Dieser soll mit allen seinen Umständen möglichst umfassend dargestellt werden. Die Interessengegensätze und Übereinstimmungen der Beteiligten sollen erkennbar gemacht werden.

85 – Sammeln und Bewerten von Lösungsmöglichkeiten

Die Beteiligten werden aufgefordert und angeregt, Lösungsmöglichkeiten für den gesamten Konflikt zu erkennen und zu benennen. Diese Möglichkeiten werden diskutiert und bewertet. Bestenfalls wird Übereinstimmung erzielt.

86 – Abschlussvereinbarung

Falls eine Übereinstimmung bei den Lösungsmöglichkeiten erzielt worden ist, wird eine Abschlussvereinbarung formuliert.

87 Während der gesamten Mediation sollen die Beteiligten befähigt werden, ihre eigenen Interessen zu erkennen, den Standpunkt der Gegenseite wahrzunehmen und bestenfalls zu verstehen, eine Struktur in den Konflikt zu bringen und diesen einer vertraglichen Lösung zuzuführen.

88 Der Mediator ist nicht berufen oder berechtigt, eine Entscheidung über den Konflikt zu treffen. Außerdem muss er sich sämtlicher Empfehlungen und Vorschläge enthalten. Eine Einschätzung der Rechtslage sowie

---

1 Düwell/Lipke/*Tautphäus*, § 54 Rz. 94 „Nach Eingang der Verfahrensakten …".

Einigungsvorschläge soll er nicht vornehmen und erst recht nicht äußern[1], weil nur die Beteiligten selbst die ihnen angemessene Lösung des Konflikts entwickeln sollen. Ziel ist nicht ein zähneknirschend eingegangener Kompromiss um des lieben Friedens willen, sondern eine von den Beteiligten selbst entwickelte Lösung, die über den Rechtsstreit hinausgeht und das Verhältnis zwischen den Beteiligten bereinigt. Da viele Streitigkeiten nur Ausdruck eines tiefer liegenden Konflikts sind, der in Missverständnissen oder Interessengegensätzen begründet ist, versucht die Mediation den Konflikt selbst zu beseitigen. Ohne Bedeutung ist, ob in der Vergangenheit Unrecht geschehen ist und wer daran mit welchem Anteil die Schuld trägt. Dieser Umstand scheint für viele Kritiker der Mediation am wenigsten akzeptabel zu sein. Darf ein Gericht teilhaben an einer Einigung, die der Rechtslage nicht entspricht? Die Befürworter wenden zu Recht ein, dass es auf die friedensstiftende Wirkung ankommt und das Gericht auch andere Vergleiche nicht daraufhin überprüft, ob sie der Rechtslage entsprechen. Sie dürfen nur keine rechtswidrigen Inhalte haben.

Aufgrund ihrer damit zugewiesenen Stellung sind Güterichter, die sich des Verfahrens der Mediation bedienen, nicht verantwortlich für das Verhandlungsergebnis, sondern nur für die Einhaltung der Verfahrens- und Kommunikationsregeln. Der Güterichter als Mediator muss allen Beteiligten in gleicher Weise zugewandt sein. 89

(2) Sonstige Methoden der Konfliktbeilegung

Bis zur oben genannten Grenze der Freiwilligkeit können alle anderen Methoden der Konfliktbeilegung angewendet werden. Die Begründung zum Gesetzesentwurf der Bundesregierung benennt Schlichtungs-, Schieds- und Gütestellen, Ombudsleute, Clearingstellen und Schieds- und Schlichtungsverfahren wie Shuttle-Schlichtung, Adjudikation, Mini Trial, Early Neutral Evaluation und Online-Schlichtung[2]. 90

ff) Allgemeine Verfahrensvorschriften

Als Teil des Gerichtsverfahrens muss die Güteverhandlung vor dem Güterichter bestimmten allgemeinen Grundsätzen und Regelungen entsprechen. 91

(1) Rechtsstaatlichkeit

Das Verfahren muss rechtsstaatlichen Grundsätzen genügen. Den Parteien muss die Möglichkeit gegeben werden, sich zu allen erheblichen Punkten äußern zu können. Auch dürfen sie nicht in Unkenntnis über Gesichtspunkte gelassen werden, die für ihre Entscheidung zum Fortgang des Verfahrens maßgebliche Bedeutung haben. 92

Dem Grundsatz der Rechtsstaatlichkeit widerspricht es nicht, wenn sich der Güterichter mit den Parteien zu getrennten Beratungen trifft[3]. Hierbei handelt es sich um die Vorbereitung der eigentlichen Güteverhandlung vor dem Güterichter, die im Mediationsverfahren und in anderen Verfahren durchaus üblich ist. Ferner ist es möglich, dass solche vorbereitenden Treffen oder gemeinsamen Verhandlungen der Parteien außerhalb des Gerichts oder in besonders gestalteten und ausgestatteten Räumen des Gerichts stattfinden. 93

(2) Dauer der Verhandlungen

Die Dauer der Verhandlungen wird von jeder Partei bestimmt. Sobald eine Partei erklärt, dass sie nicht einigungsbereit sei und sich nicht auf das Verfahren einlassen wolle, ist das Güterichterverfahren beendet und wieder der Vorsitzende der Kammer zuständig.[4] Das ist kein Widerspruch zu der Auffassung (Rz. 62), die Zustimmung der Parteien sei für die Verweisung an den Güterichter keine gesetzliche Voraussetzung. Insoweit muss zwischen der fehlenden Zustimmung und der Erklärung, die Fortführung des Verfahrens abzulehnen, unterschieden werden. Jede Partei muss sich auf die Güteverhandlung nach § 54 Abs. 1 einlassen, hat aber die Möglichkeit, diese schnell dadurch zum Scheitern zu bringen, dass sie ihre fehlende Einigungsbereitschaft zweifelsfrei erklärt. Dieses gilt auch für die Güteverhandlung vor dem Güterichter nach § 54 Abs. 6. Die Erklärung einer Partei, mit der Fortführung des Güterichterverfahrens nicht einverstanden zu sein, bewirkt das Scheitern der Güteverhandlung. 94

Für jeden neuen Verhandlungstermin vor dem Güterichter ist nach § 54 Abs. 1 Satz 4 die Zustimmung der Parteien erforderlich. Obwohl § 54 Abs. 1 Satz 4 nur dem Vorsitzenden die Befugnis zur Anordnung der 95

---

1 Zweifelnd Düwell/Lipke/*Tautphäus*, § 54 Rz. 98.
2 BT-Drs. 17/5335, S. 11.
3 GMP/*Germelmann*, § 54 Rz. 9j.
4 Zöller/Greger, § 278 ZPO Rz. 31.

Fortsetzung der Güteverhandlung gibt, ist davon auszugehen, dass sie auch dem an seine Stelle tretenden Güterichter zukommt. Dieser tritt hinsichtlich der Leitung der Güteverhandlung an die Stelle des Vorsitzenden. Keinesfalls gehen seine Befugnisse aber über die des Vorsitzenden hinaus. Er braucht für die Fortsetzung der Verhandlung in einem neuen Termin deshalb die Zustimmung der Parteien.

(3) Anordnung des persönlichen Erscheinens

96 Der Güterichter kann nicht nach § 51 Abs. 1 Satz 1 das persönliche Erscheinen einer oder beider Parteien anordnen und demgemäß gegen eine nicht erschienene Partei kein Ordnungsgeld nach § 141 Abs. 3 Satz 1 ZPO festsetzen. Der Auffassung, dass die Anordnungs- und Festsetzungsbefugnis daraus folge, dass es sich um eine normale Güteverhandlung handele[1], wird nicht gefolgt. Gegen die Anordnungsbefugnis spricht schon, dass sie nach § 51 Abs. 1 Satz 1 dem Vorsitzenden zusteht, nicht aber dem Güterichter. Dieses folgt aus der fehlenden Entscheidungsbefugnis des Güterichters. Dieses Fehlen der Entscheidungsbefugnis muss sich zum Schutz des Vertrauens in die Tätigkeit des Güterichters auf jede hoheitliche Maßnahme beziehen, die im Gerichtsverfahren ergriffen werden kann, also auch auf die Befugnis zur Anordnung des persönlichen Erscheinens. Durch die fehlende Entscheidungsbefugnis soll der Güterichter ersichtlich einen Status erhalten, in dem er allein durch die Methode der Konfliktbeilegung und seine Leitung des Verfahrens auf die Parteien einwirken können soll. Damit ist die Befugnis zur Anordnung des persönlichen Erscheinens nicht vereinbar.

(4) Öffentlichkeit

97 Die Güteverhandlung nach § 54 Abs. 6 ist nicht öffentlich, weil sie nicht iSd. § 52 Satz 1 vor dem erkennenden Gericht stattfindet[2]. Der Güterichter ist zwar Teil des Gerichts und hat für die Dauer der Güteverhandlungen auch richterliche Aufgaben für die erkennende Kammer, gleichwohl ist er nicht berechtigt, an der Entscheidung des Rechtsstreits mitzuwirken. Bei der Güteverhandlung nach § 54 Abs. 6 handelt es sich um eine Verhandlung vor dem Gericht, nicht aber vor dem erkennenden Gericht.

98 Mit Zustimmung aller Parteien und des Güterichters können jedoch weitere Personen an der Verhandlung teilnehmen.

(5) Protokollierung der Verhandlungen

99 In § 159 Abs. 2 Satz 2 ZPO ist vorgesehen, dass ein Protokoll über eine Güteverhandlung oder weitere Güteversuche vor einem Güterichter nach § 278 Abs. 5 ZPO nur auf Antrag der Parteien aufzunehmen ist. Nach der Begründung zum Regierungsentwurf dient dieses dem Schutz der Vertraulichkeit der Verhandlungen vor dem Güterichter[3]. Über § 46 Abs. 2 soll diese Vorschrift auch im arbeitsgerichtlichen Verfahren gelten[4]. Dem wird entgegengesetzt, dass § 54 Abs. 3 die speziellere Norm für das Arbeitsgerichtsverfahren sei, so dass kein Raum für eine Verweisung nach § 46 Abs. 2 gegeben sei[5]. Diese Ansicht ist zutreffend, soweit § 54 Abs. 3 eine Protokollierungspflicht vorsieht. Da die Verhandlung vor dem Güterichter nach § 54 Abs. 6 eine Güteverhandlung nach § 54 Abs. 1 ist, gilt auch für die Verhandlung nach § 54 Abs. 6 die Protokollierungspflicht nach § 54 Abs. 3. Das **Ergebnis der Güteverhandlung**, insbesondere der Abschluss eines Vergleichs, ist demgemäß in eine Niederschrift (durch das" Gesetz zur Einführung der elektronischen Akte in der Justiz und zur weiteren Förderung des elektronischen Rechtsverkehrs" vom 5. Juli 2017, BGBl. I Nr. 45 S. 2221 wurde „Niederschrift" durch „Protokoll" ersetzt) aufzunehmen. Hierbei handelt es sich um eine speziellere, weil unmittelbar für die arbeitsgerichtliche Güteverhandlung geltende Regelung, die nicht über § 46 Abs. 2 durch § 159 Abs. 2 Satz 2 ZPO verdrängt wird. Im Übrigen, also abgesehen von der Pflicht zur Protokollierung des Ergebnisses der Güteverhandlung, gibt es keine spezielleren arbeitsgerichtlichen Vorschriften, die dem § 159 Abs. 2 Satz 2 ZPO vorgehen. Damit gilt insoweit dieser mit der Folge, dass ein Protokoll nur auf übereinstimmenden Antrag der Parteien aufzunehmen ist. Regelmäßig wird ein Protokoll über die Güteverhandlung nach § 54 Abs. 6 also aufzunehmen sein, jedoch beschränkt auf das Ergebnis der Verhandlung. Dieses entspricht der im Gesetzgebungsverfahren geäußerten Intention, die Vertraulichkeit der Verhandlung vor dem Güterichter zu schützen.

---

1 GMP/*Germelmann*, § 54 Rz. 9j.
2 *Francken*, NZA 2012, 836 (840); GMP/*Germelmann*, § 54 Rz. 9i.
3 BT-Drs. 17/5335, S. 32.
4 *Francken*, NZA 2012, 836 (839); im Ergebnis ebenso Düwell/Lipke/*Tautphäus*, § 54 Rz. 93.
5 GMP/*Germelmann*, § 54 Rz. 9k.

(6) Protokollierung einer Vereinbarung

Da eine in der Güteverhandlung abgeschlossene Vereinbarung zwischen den Parteien das Ergebnis der Güteverhandlung iSv. § 54 Abs. 3 ist, ergibt sich die Pflicht, die Vereinbarung zu protokollieren, unmittelbar aus dem Gesetz. Handelt es sich bei der Vereinbarung um einen Vergleich iSv. § 794 Abs. 1 Nr. 1 ZPO, wovon regelmäßig auszugehen sein dürfte, ist dieser **vollstreckbar**, weil er vor einem deutschen Gericht abgeschlossen worden ist[1]. Auch ist es möglich, dass der Güterichter das Zustandekommen und den Inhalt eines Vergleichs nach § 278 Abs. 6 ZPO beschließt[2].

(7) Versäumnisurteil, Prozesskostenhilfe, Gegenstandswert

Der Güterichter kann bei Säumnis einer Partei in der Güteverhandlung kein Versäumnisurteil erlassen, weil dieses eine Entscheidung in der Sache wäre, zu der er nach ausdrücklicher gesetzlicher Anordnung nicht befugt ist[3].

Ferner kann der Güterichter wegen der fehlenden Entscheidungsbefugnis nicht über die Bewilligung von Prozesskostenhilfe und die Höhe des Gegenstandswertes entscheiden[4]. Angesichts der hohen wirtschaftlichen Bedeutung, die beide Entscheidungen für die Parteien haben kann, lässt es sich nicht mit der Rolle des Güterichters vereinbaren, dass er für diese Entscheidungen zuständig ist. Soweit in der Begründung zum Regierungsentwurf die Auffassung vertreten wird, der Güterichter könne den Gegenstandswert festsetzen[5], fehlt es an einer Grundlage im Gesetz. Der nicht entscheidungsbefugte Richter soll nach dem Zweck des § 54 Abs. 6 gerade keine Einwirkungsmöglichkeiten auf die aus dem Rechtsstreit folgenden Konsequenzen haben. Solche Einwirkungsmöglichkeiten wären aber sowohl bei der Prozesskostenhilfe als auch beim Gegenstandswert in erheblicher Weise gegeben.

(8) Ausschluss und Ablehnung des Güterichters

Der Güterichter ist nicht nach § 41 ZPO von der Ausübung des Richteramts ausgeschlossen, wenn er in dem Verfahren als Güterichter tätig war[6]. § 41 Nr. 8 ZPO sieht einen Ausschluss nur dann vor, wenn der Güterichter an einem Mediationsverfahren oder an einem anderen Verfahren der außergerichtlichen Konfliktbeilegung mitgewirkt hat. Das ist überraschend, weil ein Güterichter aufgrund von Vertretungsregelungen im selben Gerichtsverfahren später als Vorsitzender berufen sein kann. Das lässt sich nur dadurch ausschließen, dass der Geschäftsverteilungsplan den Güterichter ausdrücklich aus der Vertretung in Verfahren ausnimmt, in denen er die Güteverhandlung geleitet hat. Ist dieses nicht geschehen, kann der Güterichter nur nach § 42 ZPO abgelehnt werden oder sich selbst nach § 48 ZPO ablehnen, weil er in der Güteverhandlung tätig war. Angesichts der gesetzlichen Anordnung in § 54 Abs. 6 müsste eine derartige Ablehnung regelmäßig begründet sein, ohne dass es auf den Inhalt der Güteverhandlung oder Äußerungen bzw. Verhalten des Güterichters, die die Besorgnis der Befangenheit begründen können, ankommt. Allein die Anordnung der fehlenden Entscheidungsbefugnis in § 54 Abs. 6 reicht nicht aus, um den Güterichter vom weiteren Verfahren auszuschließen[7], weil es sich dabei um eine Voraussetzung, nicht um eine Rechtsfolge der Tätigkeit des Güterichters handelt.

gg) Gestaltungsfreiheit des Güterichters

Der Güterichter ist in der Gestaltung des Verfahrens frei, aber insoweit an die Zustimmung der Parteien gebunden, weil diese die Güteverhandlung jederzeit zum Scheitern bringen können. Sowohl die anzuwendende Methode als auch das Vorgehen in dieser Methode bedarf ständiger Abstimmung mit den Parteien.

(1) Einschränkung durch Mediationsordnungen

Aus der Zeit der Modellprojekte zur Mediation gibt es weiterbestehende oder an das Güterichterverfahren angepasste Mediationsordnungen[8]. Diese Mediationsordnungen haben aufgrund der richterlichen Unabhängigkeit keine bindende Wirkung für den Güterichter. Da er alle Methoden der Konfliktbeilegung an-

---

1 *Francken*, NZA 2012, 836 (839); GMP/*Germelmann*, § 54 Rz. 9m; Düwell/Lipke/*Tautphäus*, § 54 Rz. 102.
2 Düwell/Lipke/*Tautphäus*, § 54 Rz. 103.
3 GMP/*Germelmann*, § 54 Rz. 9k.
4 GMP/*Germelmann*, § 54 Rz. 9k.
5 BT-Drs. 17/53335, S. 20.
6 GMP/*Germelmann*, § 54 Rz. 9k.
7 AA GMP/*Germelmann*, § 54 Rz. 9k.
8 Vgl. etwa die Mediationsordnung für die Hamburger Gerichte unter http://justiz.hamburg.de/1387028/mediation.html.

wenden kann, ist er nicht an die Mediation, aber auch nicht an eine bestimmte Art der Mediation oder eine Mediationsordnung gebunden. Insbesondere sind solche Mediationsordnungen ohne Bedeutung, soweit sie Festlegungen beinhalten, die nicht mit dem Güterichterverfahren übereinstimmen. So kann durch eine Mediationsordnung etwa kein Zwang zu einer juristisch geschulten Vertretung in Verfahren ohne Vertretungszwang aufgestellt werden.

106 Der Güterichter kann allerdings von sich aus entscheiden, eine Mediation gerade und nur nach den Regelungen einer Mediationsordnung durchführen zu wollen und den Abschluss einer Mediationsvereinbarung zu verlangen. Dieses hält sich im Rahmen seiner richterlichen Unabhängigkeit. Wenn sich die Parteien zu einem solchen Vorgehen nicht verständigen können und der Güterichter kein anderes Verfahrens für angezeigt hält, ist die Güteverhandlung nach § 54 Abs. 6 bereits gescheitert. Allerdings wird der Güterichter nicht Zugangshindernisse für die Güteverhandlung aufbauen dürfen, die über die gesetzlichen Anforderungen hinausgehen, insbesondere keinen Vertretungszwang.

(2) Einschränkung durch Wesen der Güteverhandlung

107 Wie bereits ausgeführt, folgt aus dem Wesen der Güteverhandlung, dass der Güterichter nur Methoden anwenden kann, die den Parteien die volle Entscheidungsfreiheit darüber lassen, ob und wie sie über den Gegenstand der Verhandlungen verfügen wollen. Das gilt natürlich nicht für die Kraft der Argumente und der Selbsterkenntnis der Parteien, um die es in der Güteverhandlung nach § 54 Abs. 6 gerade gehen soll.

(3) Verschwiegenheitspflicht

108 Über den Inhalt und den Verlauf der Güteverhandlung nach § 54 Abs. 6 gibt es für die Parteien anders als bei der außergerichtlichen Konfliktbeilegung (§ 4 MediationsG) keine Verschwiegenheitspflicht[1]. Die Parteien können aber eine Vereinbarung darüber treffen, dass sie Verschwiegenheit wahren und die im Verlaufe der Güteverhandlung nach § 54 Abs. 6 erhaltenen Informationen nicht zum Gegenstand ihres Prozessvortrages machen. Eine solche Vereinbarung begründet die Möglichkeit, die Einlassung auf einen vereinbarungswidrigen Vortrag zu verweigern, ohne dass die Geständnisfiktion eintritt[2].

109 Der Güterichter kann nach § 383 Abs. 1 Nr. 6 ZPO das Zeugnis über solche Tatsachen verweigern, die ihm in der Güteverhandlung mitgeteilt worden sind und deren Geheimhaltung durch ihre Natur oder durch gesetzliche Vorschriften geboten ist[3].

(4) Gestaltungen im Einverständnis der Parteien, insbesondere Co-Mediation

110 Mit Zustimmung der Parteien kann der Güterichter in dem dargelegten Rahmen weitere Verfahrensgestaltungen vornehmen, etwa auch die Co-Mediation gemeinsam mit einer weiteren Person. Auch wenn es sich dabei um einen Richter handeln sollte, wird dieser dann nicht als Güterichter tätig. Das Gesetz kennt nur die Verweisung an einen Güterichter. Bei Hinzuziehung eines Dritten ist insbesondere mit den Parteien und eventuell betroffenen weiteren Personen zu klären, in welchem Umfang dieser Person der Prozessstoff zur Verfügung gestellt werden darf. Es ist keinesfalls selbstverständlich, dass die dritte Person, auch wenn es sich um einen Richter desselben Gerichts handelt, Einblick in die Verfahrensakte nehmen darf.

3. Entsprechende Anwendung

111 Die Regelung des § 54 Abs. 6 ist nach § 80 Abs. 2 Satz 3 für das erstinstanzliche Beschlussverfahren und nach §§ 64 Abs. 7 Satz 1 und 87 Abs. 2 Satz 1 für das Verfahren vor den LAG in Berufungs- und Beschwerden in Beschlusssachen entsprechend anwendbar.

112 Bei einer Güteverhandlung nach § 54 Abs. 6 in der Rechtsmittelinstanz besteht Vertretungszwang. Soweit für die Güteverhandlung nach § 278 Abs. 6 ZPO die Auffassung vertreten wird, dass der Güterichter der Sache nach ersuchter oder beauftragter Richter iSd. § 78 Abs. 3 ZPO sei, so dass eine anwaltliche Vertretung nicht geboten sei[4], kann dem nicht gefolgt werden. Zwar besteht auch im Verfahren vor dem LAG nach § 11 Abs. 4 Satz 1 kein Vertretungszwang für Verfahren vor dem ersuchten oder beauftragten Richter. Der Güterichter nach § 54 Abs. 6 ist aber kein ersuchter oder beauftragter Richter. Weder gehört er dem entscheidenden Spruchkörper an, noch ist er Angehöriger eines anderen Gerichts. Vielmehr ist er ein Richter, dem für einen bestimmten Verfahrensabschnitt die Leitung des Verfahrens übertragen wird. Dabei

---

1 GMP/*Germelmann*, § 54 Rz. 79.
2 Zöller/*Greger*, § 278 ZPO Rz. 30.
3 *Francken*, NZA 2012, 836 (840).
4 Zöller/*Greger*, § 278 ZPO Rz. 29.

läuft dieses Verfahren weiter. Es gibt deshalb keinen Grund für die Annahme, der grds. bestehende Vertretungszwang könnte für diesen Verfahrensabschnitt nicht gelten. Maßgeblich ist vor allem, dass auch in diesem Verfahrensabschnitt über den Verfahrensgegenstand durch Abschluss eines Vergleichs verfügt werden kann. Während eine solche Verfügung über den Verfahrensgegenstand in der Berufungsinstanz sonst nur durch einen Prozessbevollmächtigten nach § 11 Abs. 4 vorgenommen werden könnte, wäre die Partei dazu in der Güteverhandlung vor dem LAG auch ohne Vertretung in der Lage. Dieses wäre ein Wertungswiderspruch, der dem Verzicht auf den Anwaltszwang entgegensteht.

§ 54a Mediation, außergerichtliche Konfliktbeilegung

(1) Das Gericht kann den Parteien eine Mediation oder ein anderes Verfahren der außergerichtlichen Konfliktbeilegung vorschlagen.

(2) Entscheiden sich die Parteien zur Durchführung einer Mediation oder eines anderen Verfahrens der außergerichtlichen Konfliktbeilegung, ordnet das Gericht das Ruhen des Verfahrens an. Auf Antrag einer Partei ist Termin zur mündlichen Verhandlung zu bestimmen. Im Übrigen nimmt das Gericht das Verfahren nach drei Monaten wieder auf, es sei denn, die Parteien legen übereinstimmend dar, dass eine Mediation oder eine außergerichtliche Konfliktbeilegung noch betrieben wird.

I. Entstehungsgeschichte 1	c) Zuständigkeit 19
1. Die Vorgaben der EU-Richtlinie 2	d) Entscheidungskriterien 20
2. Die Modellprojekte 8	e) Inhalt der Entscheidung 21
3. Das Umsetzungsgesetz 10	2. Anordnung des Ruhens des Verfahrens 23
II. Inhalt der Regelung 16	a) Voraussetzungen und Zuständigkeit 23
1. Vorschlagsrecht 17	b) Wiederaufnahme des Verfahrens 29
a) Form der Ausübung des Vorschlagsrechts . 17	III. Entsprechende Anwendung 31
b) Zeitpunkt der Ausübung des Vorschlagsrechts 18	

I. Entstehungsgeschichte

Wie § 54 Abs. 6 ist die Regelung durch Art. 4 des Gesetzes zur Förderung der Mediation und anderer Verfahren der außergerichtlichen Konfliktbeilegung[1] in das Gesetz aufgenommen worden. Dieses geschah einerseits in verspäteter Umsetzung der EU-Richtlinie über bestimmte Aspekte der Mediation in Zivil- und Handelssachen[2], andererseits in Reaktion darauf, dass inner- und außergerichtlich andere Möglichkeiten der Konfliktbeilegung als die eines herkömmlichen Gerichtsverfahrens diskutiert und angewendet wurden. Das Gesetz geht über die Richtlinie hinaus, weil es Regelungen nicht nur für grenzüberstreitende Streitigkeiten im Verkehr zwischen den Mitgliedsstaaten, sondern auch für innerstaatliche Konflikte enthält. Ergänzend ist in **§ 69b GKG** eine Verordnungsermächtigung für die Länder geschaffen worden, die Gerichtsgebühren im Falle einer erfolgreichen außergerichtlichen Mediation oder anderen Streitbeilegung zu ermäßigen oder entfallen zu lassen, wenn das gesamte Verfahren nach einer Mediation oder nach einem anderen Verfahren der außergerichtlichen Konfliktbeilegung durch Zurücknahme der Klage oder des Antrags beendet wird und in der Klage- oder Antragsschrift mitgeteilt worden ist, dass eine Mediation oder ein anderes Verfahren der außergerichtlichen Konfliktbeilegung unternommen wird oder beabsichtigt ist, oder wenn das Gericht den Parteien die Durchführung einer Mediation oder eines anderen Verfahrens der außergerichtlichen Konfliktbeilegung vorgeschlagen hat.

1. Die Vorgaben der EU-Richtlinie

Für das Arbeitsgerichtsverfahren sind vor allem folgende Vorgaben der EU-Richtlinie von Bedeutung:

Es soll für ein „ausgewogenes Verhältnis" zwischen Mediations- und Gerichtsverfahren gesorgt werden (**Art. 1 Abs. 1**). Dieses suggeriert eine Gleichwertigkeit der Verfahren, die insbesondere in Arbeitssachen

---

1 BGBl. I S. 1577.
2 2008/52/EG.

3 Nach **Art. 3 lit. a Satz 2** der Richtlinie handelt es sich auch dann um Mediation, wenn diese vom Gericht angeordnet oder von Gesetzes wegen als Zugangsvoraussetzung zu den Gerichten erforderlich ist. Dh. nicht, dass der nationale Gesetzgeber solche Möglichkeiten vorsehen muss, sondern ist reine Definition des Begriffes Mediation. Nach **Art. 3 lit. a Satz 3** der Richtlinie kann die Mediation auch durch einen Richter oder eine Richterin erfolgen, der oder die nicht für das Gerichtsverfahren als solches zuständig ist.

4 **Art. 5 Abs. 1** der Richtlinie sieht vor, dass ein Gericht die Parteien auffordern kann, eine Mediation in Anspruch zu nehmen oder jedenfalls an einer Informationsveranstaltung über Mediation teilzunehmen. Soweit nach nationalem Recht die Inanspruchnahme einer Mediation vor oder nach Einleitung eines Gerichtsverfahrens verpflichtend oder mit Anreizen oder Sanktionen verbunden ist, dürfen dadurch die Parteien nach Art. 5 Abs. 2 nicht gehindert werden, ihr Recht auf Zugang zum Gerichtssystem wahrzunehmen. Was es bedeutet, dass ein Gericht die Parteien auffordern kann, die Mediation in Anspruch zu nehmen, ist nicht klar. Ebenso erschließt sich die Qualität einer solchen Aufforderung nicht. Es dürfte sich um einen Appell an die Richterschaft handeln, die Parteien auf die Möglichkeit einer Mediation hinzuweisen.

5 Nach **Art. 6** der Richtlinie ist sicherzustellen, dass der Inhalt einer Mediationsvereinbarung vollstreckbar gemacht werden kann, und zwar von einem Gericht oder einer anderen zuständigen öffentlichen Stelle.

6 Nach **Art. 7 Abs. 1** der Richtlinie darf keine Person, die an einer Mediation beteiligt war, gezwungen sein, Aussagen in Zivil- oder Handelssachen zu machen. Dieses soll jedoch dann nicht gelten, wenn die Offenlegung der Vereinbarung zu ihrer Vollstreckung erforderlich ist. Bei dieser Einschränkung ist nicht klar, ob sie nur für die Vereinbarung selbst oder auch für die tatsächlichen Umstände gilt, die zu ihrem Abschluss geführt haben. Für eine etwaige Prüfung, ob zwingende arbeitsrechtliche Vorschriften eingehalten worden sind, reicht nicht die Kenntnis der Vereinbarung als solcher aus.

7 Gemäß **Art. 8 Abs. 1** der Richtlinie ist sicherzustellen, dass Parteien, die eine Mediation versucht haben, im Anschluss daran nicht durch das Ablaufen von Verjährungsfristen während des Mediationsverfahrens gehindert werden dürfen, ein Gerichts- oder Schiedsverfahren wegen derselben Angelegenheit einzuleiten.

2. Die Modellprojekte

8 In allen Gerichtsbarkeiten und Bundesländern wurden seit 2005 Modellprojekte zur gerichtsinternen Mediation oder zum Güterichterverfahren durchgeführt. Sie unterscheiden sich im Wesentlichen durch die Benennung, nicht aber durch unterschiedliche Herangehensweisen. Die Unterschiede in der Benennung waren politisch bedingt, weil die Justizverwaltungen der Bundesländer zum Teil einer gerichtsinternen Mediation, nicht aber einem Güterichterverfahren ablehnend gegenüberstanden. Die praktizierte Konfliktbeilegung in den Modellprojekten und im Güterichterverfahren unterschied sich nicht grundsätzlich. Es wurden reine oder Mischformen von Mediationsverfahren und Verfahren mit mediativen Elementen durchgeführt. Gleich war überall, dass die Verfahren nicht vor einem entscheidungsbefugten Richter stattfanden, sondern vor speziell bestimmten und großteils auch ausgebildeten Richtermediatoren oder Güterichtern. Es wurden Mediations- oder Güterichtergeschäftsstellen eingerichtet, die die Akten während der Dauer des besonderen Verfahrens zur Konfliktbeilegung führten. Insbesondere bei den Modellprojekten zur gerichtsinternen Mediation gab es Mediationsordnungen und Mustervereinbarungen zur Mediation, die in abgewandelter Form auch nach dem Inkrafttreten des Gesetzes Verwendung finden[1].

9 Diese Modellversuche waren umstritten. Insbesondere wurde bemängelt, dass ihnen eine ausreichende Rechtsgrundlage fehle. Ferner wurde die Ansicht vertreten, dass es nicht Aufgabe der Gerichte sei, Konfliktbeilegungsmethoden anzuwenden, bei denen die Rechtslage nicht maßgeblich für die angestrebte Regelung zu sein brauche und im Verfahren nicht einmal als Maßstab herangezogen werden solle. Dieser politischen Diskussion über die Zulässigkeit von gerichtsinterner Mediation und Güterichterverfahren ist durch die gesetzliche Neuregelung die Grundlage entzogen worden, sie wird aber weiter bestimmend dafür sein, ob das Güterichterverfahren und das außergerichtliche Verfahren nach § 54a Akzeptanz finden werden.

---

1 S. http://justiz.hamburg.de/1387028/mediation.html.

3. Das Umsetzungsgesetz

Spätestens seit der Beschlussfassung der Abteilung Mediation auf dem Juristentag in Erfurt im Jahre 2008[1] wurde konkret an einem Mediationsgesetz gearbeitet, das in einem ersten Entwurf die gerichtsinterne Mediation als regelmäßige prozessuale Möglichkeit vorsah. Zwischenzeitlich wurde sie neben der Möglichkeit gerichtsexterner Mediation auf Platz 3 bis 4 verbannt: Es sollte nur noch die Möglichkeit geben, dass die Länder per Verordnung gerichtsinterne Mediation vorsehen. Im Dezember 2011 beschloss der Bundestag ein Gesetz zur Umsetzung der EU-Richtlinie, das die gerichtsinterne Mediation ganz abschaffen sollte. Dieses Gesetz hätte nicht der Zustimmung des Bundesrats bedurft und wurde dort Mitte Februar 2012 abschließend behandelt. In dieser Sitzung des Bundesrates ist der Vermittlungsausschuss angerufen worden. Die von diesem abgegebene Beschlussempfehlung[2] wurde vom Bundestag angenommen. Nunmehr enthält § 54 Abs. 6 die Möglichkeit zur Einschaltung eines nicht entscheidungsbefugten Güterichters, der alle Methoden der Konfliktbeilegung einschließlich der Mediation einsetzen kann.

10

Im eigentlichen Mediationsgesetz[3] werden neben der Definition der Mediation die Rolle des Mediators, Grundsätze des Mediationsverfahrens, Offenbarungspflichten, Unvereinbarkeiten und insbesondere die Verschwiegenheitspflicht geregelt. Für nicht juristisch vertretene Parteien ist von Bedeutung, dass der Mediator sie darauf hinweisen muss, dass eine Mediationsvereinbarung durch externe Berater überprüft werden kann. § 4 MediationsG regelt eine umfassende Verschwiegenheitspflicht für den Mediator und die „in die Durchführung des Verfahrens eingebundenen Personen", für die nur dann Ausnahmen gelten, wenn die Offenlegung des Inhalts der im Mediationsverfahren erzielten Vereinbarung zur Umsetzung oder Vollstreckung dieser Vereinbarung erforderlich, die Offenlegung aus vorrangigen Gründen der öffentlichen Ordnung (ordre public) geboten ist, insbesondere um eine Gefährdung des Wohles eines Kindes oder eine schwerwiegende Beeinträchtigung der physischen oder psychischen Integrität einer Person abzuwenden, oder es sich um Tatsachen handelt, die offenkundig sind oder ihrer Bedeutung nach keiner Geheimhaltung bedürfen. Eine vergleichbare Regelung existiert für das Güterichterverfahren nicht.

11

Nach § 5 MediationsG hat der Mediator in eigener Verantwortung durch eine geeignete Ausbildung und regelmäßige Fortbildung sicherzustellen, dass er über theoretische Kenntnisse und praktische Erfahrungen verfügt, um die Parteien in sachkundiger Weise durch die Mediation zu führen. Es wird in allgemeiner Form geregelt, was eine geeignete Ausbildung an Kenntnissen und Fähigkeiten vermitteln soll. Durch § 5 Abs. 2 MediationsG wird der „zertifizierte Mediator" eingeführt. Dieser muss eine Ausbildung abgeschlossen haben, deren Inhalt sich aus einer auf Grundlage von § 6 MediationsG erlassenen Rechtsverordnung ergibt[4].

12

Nach dem Gesetz kann – anders als im Gesetzentwurf vorgesehen – eine in der Mediation abgeschlossene Vereinbarung nicht im allseitigen Einvernehmen vom AG oder Notar in Verwahrung genommen und für vollstreckbar erklärt werden. Die jetzt schon gegebenen Möglichkeiten der gerichtlichen Protokollierung oder notariellen Beurkundung oder eines anwaltlichen Vergleichs sollen ausreichend sein.

13

Das Mediationsgesetz sieht in § 7 eine Art Mediationskostenhilfe vor. Zwischen Bund und Ländern können Forschungsvorhaben vereinbart werden, um die Folgen einer finanziellen Förderung der Mediation an Gerichten zu ermitteln. Bei Gerichten, die an diesem Forschungsvorhaben teilnehmen, kann Mediationskostenhilfe bewilligt werden, wenn die Partei außerstande ist, die Kosten zu tragen und die Rechtsverfolgung nicht mutwillig erscheint. Hiermit wird die von Mediatorenverbänden erhobene Forderung nach Mediationskostenhilfe aufgegriffen und sicher auch teilweise umgesetzt werden. Derzeit gibt es nur in Berlin und nur für familienrechtliche Verfahren eine Förderung[5].

14

In § 9 MediationsG ist das Ende der gerichtsinternen Mediation geregelt: Bis zum 1.8.2013 kann die gerichtsinterne Mediation weiter durchgeführt werden. Das galt nicht nur für bereits „anhängige" Mediationen, vielmehr auch für neue Verfahren in die gerichtsinterne Mediation gegeben werden. Dieses folgt daraus, dass es für die Fortführung nach der Regelung ausreicht, dass sie vor dem 26.7.2012, dem Tag des Inkrafttretens des Gesetzes bei dem Gericht nur „angeboten" worden sein musste, und entspricht der Gesetzesbegründung[6]. Es ist aber nicht geregelt, dass nach dem 1.8.2013 gerichtsinterne Mediation ver-

15

---

1 Beschlüsse des 67. Deutschen Juristentages Erfurt 2008, S. 23 ff.
2 BR-Drs. 377/12.
3 Art. 1 des Gesetzes zur Förderung der Mediation und anderer Verfahren der außergerichtlichen Konfliktbeilegung, BGBl. I S. 1577.
4 Zertifizierte-Mediatoren-Ausbildungsverordnung v. 21.8.2016, BGBl. I, S. 1994.
5 www.big-familienmediation.de.
6 BT-Drs. 17/8059, S. 20.

boten sein soll. Die ursprünglich in **Art. 2 MediationsG** vorgesehene Möglichkeit, dass die Länder durch Verordnung bestimmen, dass gerichtsinterne Mediation in Zivilsachen angeboten wird, ist zwar im beschlossenen Gesetz entfallen. Die Begründung zu Art. 2 des Gesetzes geht davon aus, dass wegen der Streichung der Verordnungsermächtigung eine Fortführung der gerichtlichen Mediation nicht mehr in Betracht komme[1]. Das ist rechtstechnisch bemerkenswert: Weil eine Verordnungsermächtigung, die nie in Kraft getreten ist, aus einem Gesetzesentwurf gestrichen worden ist, soll gerichtsinterne Mediation verboten sein, die zuvor auch ohne Verordnung und Verordnungsermächtigung weit überwiegend als zulässig angesehen worden ist.

II. Inhalt der Regelung

16 § 54a befasst sich mit der außergerichtlichen Mediation und Konfliktbeilegung. Während Abs. 1 dem Gericht ein Vorschlagsrecht gibt, regelt Abs. 2 Rechtsfolgen für den Fall, dass sich die Parteien für eine außergerichtliche Mediation oder Konfliktbeilegung entscheiden.

1. Vorschlagsrecht

a) Form der Ausübung des Vorschlagsrechts

17 Das dem Gericht nach § 54a Abs. 1 eingeräumte Vorschlagsrecht kann in **jedweder Form** ausgeübt werden[2], sowohl mündlich als auch in Textform durch ein Schreiben an die Parteien, eine ihnen abschriftlich zugeleitete Verfügung oder einen Beschluss. Erfolgt der Vorschlag in der mündlichen Verhandlung, ist er nach § 160 Abs. 2 ZPO in das Protokoll aufzunehmen[3]. Es handelt sich um einen wesentlichen Vorgang im Sinne dieser Regelung, weil dadurch die Wahrnehmung einer gerichtlichen Befugnis dokumentiert wird.

b) Zeitpunkt der Ausübung des Vorschlagsrechts

18 Das Vorschlagsrecht steht dem Gericht zu, solange das Verfahren bei ihm anhängig ist. Er kann bereits mit Begründung der Rechtshängigkeit, also zusammen mit der Zustellung der Klage, und jedenfalls bis zum Schluss der mündlichen Verhandlung erfolgen[4]. Nach dem Schluss der mündlichen Verhandlung kann das Vorschlagsrecht nur nach deren Wiedereröffnung ausgeübt werden. Das setzt voraus, dass die Voraussetzungen für eine Wiedereröffnung gegeben sind.

c) Zuständigkeit

19 Zuständig für die Entscheidung, ob das Vorschlagsrecht ausgeübt werden soll, ist das Gericht. Außerhalb der mündlichen Verhandlung und in der Güteverhandlung hat der Vorsitzende der Kammer über die Ausübung des Vorschlagsrechts zu entscheiden; in der Kammerverhandlung liegt die Entscheidungsbefugnis bei der vollbesetzten Kammer[5].

d) Entscheidungskriterien

20 Das Gesetz regelt keine inhaltlichen Voraussetzungen für die Ausübung des Vorschlagsrechts. Das Gericht wird deshalb ein pflichtgemäßes Ermessen ausüben müssen. Kriterien für die Ausübung dieses Ermessens werden die Eignung des Verfahrens für eine außergerichtliche Konfliktlösung[6] und unter Berücksichtigung des Beschleunigungsgrundsatzes die dadurch eintretende Verzögerung des Verfahrens sein. Ferner wird in die Entscheidung die Möglichkeit einer Verweisung der Parteien an den Güterichter nach § 54 Abs. 6 einbezogen werden müssen. Ein bei der Ermessensausübung zu berücksichtigender Anhaltspunkt kann sich aus § 253 Abs. 3 Satz 1 ZPO ergeben, der vorsieht, dass in der Klageschrift angegeben werden soll, ob der Klageerhebung der Versuch einer Mediation oder eines anderen Verfahrens der außergerichtlichen Konfliktbeilegung vorausgegangen ist und ob einem solchen Verfahren Gründe entgegenstehen.

---

1 BT-Drs. 17/8058, S. 20.
2 Düwell/Lipke/*Tautphäus*, § 54a Rz. 9; GMP/*Prütting*, § 54a Rz. 9.
3 Im Ergebnis ebenso GMP/*Prütting*, § 54a Rz. 9.
4 GMP/*Prütting*, § 54a Rz. 9.
5 GMP/*Prütting*, § 54a Rz. 10; Düwell/Lipke/*Tautphäus*, § 54a Rz. 7.
6 GMP/*Prütting*, § 54a Rz. 10; Düwell/Lipke/*Tautphäus*, § 54a Rz. 11.

e) Inhalt der Entscheidung

Das Vorschlagsrecht beinhaltet, dass das Gericht den Parteien allgemein den Versuch einer außergerichtlichen Konfliktbeilegung oder auch einer bestimmten Form der außergerichtlichen Konfliktbeilegung vorstellen und anregen kann, dass die Parteien sich zu einem solchen Verfahren äußern[1]. Dem Gericht steht nicht die Befugnis zu, einen bestimmten Mediator oder Schlichter vorzuschlagen[2].

Ob und inwieweit das Gericht dabei über die Methode der Konfliktbeilegung unterrichtet und begründet, warum es den Vorschlag für angezeigt hält, liegt in seinem pflichtgemäßen Ermessen. Da es sich um ein bloßes Vorschlagsrecht des Gerichts handelt, darf das Gericht außer der Kraft seiner Argumente keinerlei Druck auf die Parteien ausüben, etwa Nachteile für den Fall einer Nichtannahme des Vorschlags in Aussicht stellen[3]. Möglich ist aber, dass das Gericht eine Frist zur Äußerung zu dem Vorschlag setzt, wenn es dadurch nicht zu einer wesentlichen Verzögerung des Verfahrens kommt. Wenn dem Gericht ein Vorschlagsrecht eingeräumt wird, muss den Parteien Gelegenheit gegeben werden, sich zu dem Vorschlag positionieren zu können. Die dafür regelmäßig erforderliche Zeit kann vom Gericht als Stellungnahmefrist festgesetzt werden.

2. Anordnung des Ruhens des Verfahrens

a) Voraussetzungen und Zuständigkeit

Nach § 54a Abs. 2 Satz 1 ist das Ruhen des Verfahrens anzuordnen, wenn sich die Parteien zur Durchführung einer Mediation oder eines anderen Verfahrens der außergerichtlichen Konfliktbeilegung entschließen.

Dem Gesetz ist nicht zu entnehmen, ob dieses nur dann zu geschehen hat, wenn die Parteien damit einem Vorschlag des Gerichts nach § 54a Abs. 1 folgen, oder auch dann, wenn sie sich vom Gericht unbeeinflusst zu einem solchen Verfahren entschieden haben. Da § 54a Abs. 2 ersichtlich den Zweck verfolgt, das Verfahren der außergerichtlichen Konfliktbeilegung nicht durch den Weiterbetrieb des Gerichtsverfahrens zu stören, ist **Abs. 2** auch ohne vorausgehenden Vorschlag des Gerichts anzuwenden[4].

Die außergerichtliche Konfliktbeilegung muss noch nicht begonnen, die Parteien müssen sich dazu nur verbindlich entschieden haben[5]. Ein Vertrag mit dem Mediator oder einem anderen Konfliktmanager muss noch nicht abgeschlossen worden sein.

Die in **§ 54a Abs. 2 Satz 1** angeordnete Rechtsfolge ist **zwingend**[6]. Es sind keine Anhaltspunkte dafür vorhanden, dass sie für die Parteien disponibel ist. Daraus ist zu schließen, dass durch § 54a Abs. 2 Satz 1 nicht nur die ungestörte Durchführung der außergerichtlichen Konfliktlösung geschützt werden soll, sondern auch das Gericht vor möglicherweise unnötiger Arbeit durch Fortführung des Gerichtsverfahrens.

Das Ruhen des Verfahrens ist aufgrund ausdrücklicher gesetzlicher Regelung durch den Vorsitzenden anzuordnen. Das gilt auch dann, wenn sich in einer Kammerverhandlung oder in der mündlichen Verhandlung vor dem LAG herausstellt, dass die Voraussetzungen des § 54a Abs. 2 gegeben sind.

Gegen den Beschluss, durch den das Ruhen des Verfahrens angeordnet wird, ist nach §§ 252, 567 Abs. 1 Nr. 1 ZPO die sofortige Beschwerde statthaft. Bei dem Ruhen des Verfahrens handelt es sich um einen Sonderfall der Aussetzung, für den § 252 ZPO gilt[7]. Da die Anordnung des Ruhens des Verfahrens zwingende Rechtsfolge ist, kann durch die Beschwerde nur geprüft werden, ob die Voraussetzungen für die Anordnung des Ruhens des Verfahrens gegeben sind.

b) Wiederaufnahme des Verfahrens

Das Verfahren ist nach § 54a Abs. 2 Satz 2 wiederaufzunehmen, wenn dieses von einer Partei beantragt wird. Ferner hat eine Wiederaufnahme gem. § 54a Abs. 2 Satz 3 nach drei Monaten zu erfolgen. Dieses gilt nur dann nicht, wenn die Parteien übereinstimmend darlegen, dass eine Mediation oder eine außergerichtliche Konfliktbeilegung noch betrieben wird. Aus dieser Regelung ist zu folgern, dass die Parteien darüber

---

1 GMP/*Prütting*, § 54a Rz. 7; Düwell/Lipke/*Tautphäus*, § 54a Rz. 10.
2 GMP/*Prütting*, § 54a Rz. 7; Düwell/Lipke/*Tautphäus*, § 54a Rz. 10.
3 GMP/*Prütting*, § 54a Rz. 7; Düwell/Lipke/*Tautphäus*, § 54a Rz. 16.
4 GMP/*Prütting*, § 54a Rz. 11; Düwell/Lipke/*Tautphäus*, § 54a Rz. 19.
5 GMP/*Prütting*, § 54a Rz. 11.
6 GMP/*Prütting*, § 54a Rz. 11.
7 Zöller/*Greger*, § 252 ZPO Rz. 1; BLAH, § 252 Rz. 3.

disponieren können, ob trotz der Fortführung der Mediation oder einer anderen außergerichtlichen Konfliktbeilegung eine Wiederaufnahme des Verfahrens erfolgen soll. Da das Gesetz nicht darauf abstellt, ob die Mediation oder eine außergerichtliche Konfliktbeilegung noch fortgeführt wird, sondern die übereinstimmende Darlegung der Parteien als maßgeblich ansieht, liegt es in der Hand jeder Partei, den Eintritt der Ausnahmeregelung in § 54a Abs. 2 Satz 3 zu verhindern. Wenn nur eine Partei die Mitteilung nicht macht, muss das Verfahren trotz Fortführung der Mediation oder einer anderen außergerichtlichen Konfliktbeilegung wiederaufgenommen werden.

30 Die Wiederaufnahme geschieht kraft ausdrücklicher gesetzlicher Regelung in jedem Fall durch Bestimmung eines Termins zur mündlichen Verhandlung[1]. Zuständig ist trotz der Benennung des Gerichts in § 54a Satz 3 der Vorsitzende, weil die Terminierung außerhalb der mündlichen Verhandlung und demgemäß durch den Vorsitzenden allein erfolgt.

III. Entsprechende Anwendung

31 Nach § 80 Abs. 2 Satz 1, § 64 Abs. 7 Satz 1 und § 87 Abs. 2 Satz 1 sind die Regelungen des § 54a im erstinstanzlichen Beschlussverfahren und im Verfahren der Berufung und der Beschwerde in Beschlusssachen vor dem LAG entsprechend anwendbar.

§ 55 Alleinentscheidung durch den Vorsitzenden

(1) Der Vorsitzende entscheidet außerhalb der streitigen Verhandlung allein
1. bei Zurücknahme der Klage;
2. bei Verzicht auf den geltend gemachten Anspruch;
3. bei Anerkenntnis des geltend gemachten Anspruchs;
4. bei Säumnis einer Partei;
4a. über die Verwerfung des Einspruchs gegen ein Versäumnisurteil oder einen Vollstreckungsbescheid als unzulässig;
5. bei Säumnis beider Parteien;
6. über die einstweilige Einstellung der Zwangsvollstreckung;
7. über die örtliche Zuständigkeit;
8. über die Aussetzung und Anordnung des Ruhens des Verfahrens;
9. wenn nur noch über die Kosten zu entscheiden ist;
10. bei Entscheidungen über eine Berichtigung des Tatbestandes, soweit nicht eine Partei eine mündliche Verhandlung hierüber beantragt;
11. im Fall des § 11 Abs. 3 über die Zurückweisung des Bevollmächtigten oder die Untersagung der weiteren Vertretung.

(2) Der Vorsitzende kann in den Fällen des Absatzes 1 Nr. 1, 3 und 4a bis 10 eine Entscheidung ohne mündliche Verhandlung treffen. Dies gilt mit Zustimmung der Parteien auch in dem Fall des Absatzes 1 Nr. 2.

(3) Der Vorsitzende entscheidet ferner allein, wenn in der Verhandlung, die sich unmittelbar an die Güteverhandlung anschließt, eine das Verfahren beendende Entscheidung ergehen kann und die Parteien übereinstimmend eine Entscheidung durch den Vorsitzenden beantragen; der Antrag ist in das Protokoll *[bis 31.12.2017: die Niederschrift]* aufzunehmen.

(4) Der Vorsitzende kann vor der streitigen Verhandlung einen Beweisbeschluss erlassen, soweit er anordnet
1. eine Beweisaufnahme durch den ersuchten Richter;
2. eine schriftliche Beantwortung der Beweisfrage nach § 377 Abs. 3 der Zivilprozessordnung;
3. die Einholung amtlicher Auskünfte;

---

[1] Düwell/Lipke/*Tautphäus*, § 54a Rz. 26.

4. eine Parteivernehmung;
5. die Einholung eines schriftlichen Sachverständigengutachtens.

Anordnungen nach Nummer 1 bis 3 und 5 können vor der streitigen Verhandlung ausgeführt werden.

I. Allgemeines 1	a) Aussetzungsverfahren, Kompetenzabgrenzung 33
II. Beschränkung der Alleinentscheidungsbefugnis in der streitigen Verhandlung 7	b) Aussetzungsgründe 38
III. Die einzelnen Fälle der Alleinentscheidung	9. Kostenentscheidung 51
1. Klagerücknahme 8	10. Tatbestandsberichtigung 52
2. Verzicht 15	11. Zurückweisung nach § 11 Abs. 3 58
3. Anerkenntnis 20	IV. Alleinentscheidung auf Antrag beider Parteien 59
4. Säumnis einer Partei und Verwerfung des Einspruchs als unzulässig 24	1. Zeitpunkt 60
5. Säumnis beider Parteien 27	2. Antrag 61
6. Einstellung der Zwangsvollstreckung 28	3. Entscheidung 62
7. Entscheidung über die örtliche Zuständigkeit .. 29	V. Beweisbeschluss vor streitiger Verhandlung .. 65
8. Aussetzung des Verfahrens 32	VI. Rechtsmittel 66

Schrifttum: *Berscheid*, Arbeitsgerichtsnovelle und Rechtspflege-Vereinfachungsgesetz, ZfA 1989, 47; *Böhm*, Aussetzung des arbeitsgerichtlichen Verfahrens bei Verdacht einer Straftat, ArbRB 2011, 385; *Dütz*, Aktuelle Fragen zur Arbeitsgerichtsgesetz Novelle 1979, RdA 1980, 81; *Hartmann*, Zivilprozeß 2001/2002 – Hunderte wichtiger Änderungen, NJW 2001, 2577; *Holthaus/Koch*, Auswirkungen der Reform des Zivilprozeßrechts auf arbeitsgerichtliche Verfahren, RdA 2002, 140; *Korinth*, Durchsetzung von Vergütungsforderungen bei noch laufendem Kündigungsrechtsstreit, ArbRB 2004, 94; *Korinth*, Die Aussetzung des arbeitsgerichtlichen Verfahrens, ArbRB 2013, 385; *Kreitner*, Kündigung wegen krankheitsbedingter Leistungsminderung des Arbeitnehmers - Aussetzung eines Kündigungsschutzprozesses gemäß ZPO § 148, EwiR 1992, 1035; *Künzl*, Die Reform des Zivilprozesses (Teil I), ZTR 2001, 492; *Lipke*, „Früherer" Termin der mündlichen Verhandlung im arbeitsgerichtlichen Verfahren und Aktenlageentscheidung, DB 1997, 1564; *Mayer*, Nochmals – Urteil bei Fehlen der nach § 269 Abs. 1 ZPO erforderlichen Einwilligung, MDR 1985, 373; *Rotter*, Keine Aussetzung des Kündigungsschutzverfahrens eines Schwerbehinderten wegen einer verwaltungsgerichtlichen Anfechtungsklage, NJW 1979, 1319; *Rupp/Fleischmann*, Urteil bei Klageänderung und Klagerücknahme trotz fehlender Einwilligung des Beklagten, MDR 1985, 18; *Schmidt/Schwab/Wildschütz*, Die Auswirkungen der Reform des Zivilprozesses auf das arbeitsgerichtliche Verfahren (Teil 1), NZA 2001, 1161; *Schwab/Wildschütz/Heege*, Disharmonien zwischen ZPO und ArbGG, NZA 2003, 999.

I. Allgemeines

Die **Befugnisse** des Vorsitzenden **zur Alleinentscheidung** werden in den §§ 53, 55 und 56 geregelt. Mit Ausnahme der Anwendbarkeit von § 128 Abs. 4 ZPO (Entscheidungen, die nicht Urteile sind, können grds. auch ohne mündliche Verhandlung ergehen) sind diese Regelungen abschließend und stellen Spezialnormen zu den § 349 Abs. 2, §§ 358a, 527 Abs. 3 ZPO dar[1]. 1

Die Grundnorm des § 53 Abs. 1 regelt die Alleinentscheidungsbefugnisse des Vorsitzenden außerhalb der mündlichen Verhandlung bzw. im Rahmen der Rechtshilfe, als Spezialregelung § 55 das Alleinentscheidungsrecht auch in den Fällen, in denen eine mündliche Verhandlung stattfinden kann, und § 56 die Vorbereitung der streitigen Verhandlung durch den Vorsitzenden. Die Entscheidungen des Vorsitzenden sind solche des Prozessgerichts und wie diese anfechtbar. Eine Anrufung der Kammer gegen sie gibt es nicht[2]. 2

Zunächst ist also zu prüfen, ob der Vorsitzende gem. § 53 zuständig ist. Für einen Beschluss oder eine Verfügung, die außerhalb einer mündlichen Verhandlung erfolgt, ist der Vorsitzende bereits nach dieser Vorschrift zuständig. Ist dies nicht der Fall, muss der Katalog von § 55 geprüft werden. Der Anwendungsbereich von § 55 Abs. 1 Nr. 1 und Nr. 6–11 umfasst die Fälle, in denen die Entscheidung nach einer mündlichen, aber nicht streitigen Verhandlung (s. Rz. 7) getroffen wird. 3

Der Zuständigkeitskatalog von Abs. 1 ist **abschließend**. Hieraus ergeben sich zwei Folgerungen: Zum einen ist zwingend die Kammer zuständig, wenn sich die Zuständigkeit des Vorsitzenden nicht aus den genannten gesetzlichen Vorschriften ergibt. Zum anderen darf der Vorsitzende die ehrenamtlichen Richter nicht 4

---
1 GMP/*Germelmann*, § 55 Rz. 3.
2 *Berscheid*, ZfA 1989, 47 (94), vgl. §§ 349 f. bei den Kammern für Handelssachen.

an der Entscheidungsfindung beteiligen, wenn er allein zuständig ist. Allein aus den §§ 53, 55 und 56 ergibt sich, wer gesetzlicher Richter iSv. Art. 101 Abs. 1 Satz 2 GG ist. Hiervon darf weder in die eine noch in die andere Richtung abgewichen werden[1]. Die bloße Anwesenheit der ehrenamtlichen Richter ist jedoch unschädlich. Es muss jedoch eindeutig zu erkennen sein, wer die Entscheidung getroffen hat.

5 Die **Folgen einer fehlerhaften Besetzung** sind vor allem in der zweiten Instanz erheblich (in 1. Instanz scheidet eine Zurückweisung wegen § 68 aus). Die nicht vorschriftsmäßige Besetzung des Gerichts stellt einen absoluten Revisionsgrund dar (§ 72 Abs. 2 Nr. 3 ArbGG iVm. § 547 Nr. 1 ZPO).

6 § 55 gilt im Urteils- und Beschlussverfahren der **1. und 2. Instanz**, nicht hingegen vor dem BAG.

II. Beschränkung der Alleinentscheidungsbefugnis in der streitigen Verhandlung

7 Aus dem Eingangssatz ergibt sich, dass die in § 55 genannten Befugnisse dem Vorsitzenden nur außerhalb der streitigen Verhandlung zustehen. Wenn eine in dem Katalog aufgeführte Entscheidung aufgrund einer vorangegangenen streitigen Verhandlung ergeht, ist wiederum entsprechend der Grundregel die Kammer zuständig. Nicht jede mündliche Verhandlung ist jedoch auch eine streitige Verhandlung. So kann der Vorsitzende in einer anberaumten Güteverhandlung das Versäumnisurteil alleine fällen, denn die einseitige Verhandlung ist nicht streitig. Gleiches gilt, wenn eine Partei im Kammertermin nicht verhandelt und deshalb als säumig anzusehen ist (s. i.E. unter Rz. 24).

III. Die einzelnen Fälle der Alleinentscheidung

1. Klagerücknahme

8 Die Kompetenz des Vorsitzenden bei Nr. 1 betrifft im Wesentlichen die Kostenentscheidung nach § 269 ZPO.

9 Die Voraussetzungen sind die folgenden: Die Klagerücknahme erfolgt **durch Erklärung gegenüber dem Gericht**. Sie kann in der Güteverhandlung, in der streitigen Kammerverhandlung, zu Protokoll der Geschäftsstelle oder durch Einreichung eines Schriftsatzes erklärt werden. Wird sie in der mündlichen Verhandlung (Güteverhandlung oder Kammerverhandlung) erklärt, so ist sie nach § 160 Abs. 3 Nr. 8 ZPO in das Sitzungsprotokoll (bis 31.12.2017 Sitzungsniederschrift genannt) aufzunehmen; die protokollierte Erklärung bedarf der Genehmigung durch die klagende Partei (§ 162 ZPO). Gleiches gilt für die Rücknahme einer Widerklage. Die Rücknahmeerklärung muss **eindeutig** sein und ist **bedingungsfeindlich**; sie kann **nicht widerrufen** und auch **nicht angefochten** werden. Die Klage kann bis zur Stellung der Anträge ohne Einwilligung des Beklagten zurückgenommen werden (§ 54 Abs. 1 Satz 1). In diesem Fall ist die Klagerücknahme der Gegenpartei nicht förmlich zuzustellen. Nach Stellung der Anträge, die idR zu Beginn der Kammerverhandlung nach § 57 Abs. 1 erfolgt, aber auch bei übereinstimmendem Alleinentscheidungsbegehren der Parteien vor dem Vorsitzenden nach § 55 Abs. 3 erfolgen kann, bedarf die Klagerücknahme zu ihrer Wirksamkeit der **Einwilligung des Beklagten**. Wird die Klage nach Stellung der Anträge außerhalb der mündlichen Verhandlung durch Einreichung eines Schriftsatzes oder durch Erklärung zu Protokoll der Geschäftsstelle zurückgenommen, so muss das Gericht die Klagerücknahme der Gegenpartei förmlich zustellen (§ 269 Abs. 2 Satz 3 ZPO). Widerspricht der Beklagte der Rücknahme der Klage nicht binnen einer Notfrist von zwei Wochen seit Zustellung, so gilt seine Einwilligung als erteilt, wenn er zuvor auf diese Folgen hingewiesen worden ist (§ 269 Abs. 2 Satz 4 ZPO). Bei schuldloser Versäumung dieser Notfrist durch den Beklagten muss gem. §§ 233 ff. ZPO Wiedereinsetzung in den vorigen Stand gewährt werden[2]. Gleiches gilt bei Versäumung der Frist des § 269 Abs. 2 Satz 4 ZPO für den Kläger bei Rücknahme einer Widerklage durch den Beklagten. Die Rücknahme der Klage bzw. Widerklage vor der Alleinentscheidung durch den Vorsitzenden nach § 55 Abs. 3 oder vor der streitigen Entscheidung durch die Kammer nach § 57 Abs. 1 hindert den Kläger bzw. den Beklagten nicht, die Klage bzw. Widerklage von neuem zu stellen (§ 269 Abs. 6 ZPO). Die Verweigerung der Einlassung bis zur Kostenerstattung ist im erstinstanzlichen arbeitsgerichtlichen Verfahren ohne große Bedeutung, da in 1. Instanz keine Kostenausgleichung stattfindet (§ 12a Abs. 1).

10 Die Klagerücknahme kann den **gesamten prozessualen Anspruch** oder einen selbständigen **Teil desselben** betreffen. In beiden Fällen ist der Rechtsstreit als in dem jeweiligen Umfang nicht anhängig geworden an-

---

[1] Natter/Gross/*Rieker*, § 55 Rz. 1.
[2] *Schmidt/Schwab/Wildschütz*, NZA 2001, 1161 (1165); s.a. *Hartmann*, NJW 2001, 2577 (2584); *Künzl*, ZTR 2001, 492 (495).

zusehen (§ 269 Abs. 3 Satz 1 Halbs. 1 ZPO). Ein bereits ergangenes, noch nicht rechtskräftiges Urteil wird wirkungslos, ohne dass es seiner ausdrücklichen Aufhebung bedarf (§ 269 Abs. 3 Satz 1 Halbs. 2 ZPO). Der Kläger ist verpflichtet, die Kosten des Rechtsstreits zu tragen, soweit über diese nicht bereits rechtskräftig erkannt ist oder sie dem Beklagten aus einem anderen Grunde aufzuerlegen sind (§ 269 Abs. 3 Satz 2 ZPO). Diese Regelung gilt im umgekehrten Fall bei Rücknahme einer Widerklage entsprechend. Wird die Klage oder Widerklage nur teilweise zurückgenommen, so erfolgt die Kostenentscheidung wegen dieser Rücknahme einheitlich mit der Schlussentscheidung in der Instanz. Soweit infolge der Rücknahme der Klage oder Widerklage nur noch nach § 268 ZPO über die Kosten des Rechtsstreits zu entscheiden ist, beschließt hierüber der Vorsitzende nach § 53 Abs. 1 allein, wenn ein entsprechender Antrag nach § 269 Abs. 4 ZPO außerhalb der mündlichen Verhandlung gestellt und beschieden wird. Wird die Klage oder Widerklage in der Güteverhandlung zurückgenommen und stellt die Gegenpartei den Kostenantrag sofort, so entscheidet der Vorsitzende, wenn infolge der Rücknahme der Rechtsstreit insgesamt erledigt worden ist, ebenfalls allein, und zwar nach § 55 Abs. 1 Nr. 1. Tritt die Beendigung des Rechtsstreits durch Rücknahme der Klage oder Widerklage erst nach Beginn der Kammerverhandlung, also nach Stellung der Anträge, ein, so entscheidet nicht der Vorsitzende allein, sondern die voll besetzte Kammer[1].

Wird zwischen den Parteien über die **Wirksamkeit einer Klagerücknahme** gestritten, besteht kein Alleinentscheidungsrecht des Vorsitzenden. Vielmehr hat die vollbesetzte Kammer durch Urteil hierüber zu befinden. Dies kann ein Zwischenurteil gem. § 303 ZPO sein[2]. Sachgerechter erscheint es, den Prozess ebenso wie beim Streit über die Wirksamkeit eines Vergleichs weiterzuführen und streitig zu beenden[3]. Kommt die Kammer zu dem Ergebnis, dass die Klagerücknahme wirksam ist, stellt sie dies in einem Endurteil fest. Über die Kostenfolgen ist dann ein Beschluss gem. § 269 Abs. 4 ZPO zu befinden. Dieser kann außerhalb der mündlichen Verhandlung durch den Vorsitzenden allein ergehen. Ist die Kammer der Auffassung, dass die Klagerücknahme nicht wirksam erfolgt ist, trifft sie eine Entscheidung in der Sache durch Endurteil.

Nimmt der Kläger nach Stellung der Anträge die Klage zurück und verweigert der Beklagte seine Einwilligung dazu, ist die Klagerücknahme wirkungslos, so dass sich für den Kläger, wenn er nicht weiter verhandeln und seinen Sachantrag nicht wiederholen will, ein Klageverzicht nach § 306 ZPO empfiehlt, da ansonsten gegen ihn wegen Nichtverhandelns nach § 333 ZPO ein Versäumnisurteil erlassen werden kann[4].

Die Einwilligung des Beklagten gilt als erteilt, wenn er nicht innerhalb von **zwei Wochen seit Zustellung** des Schriftsatzes, der die Klagerücknahme enthält, **widerspricht** (§ 269 Abs. 2 Satz 4 ZPO). Hierüber kann Streit entstehen, sei es, dass der Beklagte rügt, er sei auf die Folge des Nichtwiderspruchs nicht ordnungsgemäß hingewiesen worden, sei es, dass er zwar widersprochen hat, aber über die Rechtzeitigkeit Streit entsteht. Beantragt der Beklagte Wiedereinsetzung in den vorigen Stand wegen schuldloser Versäumung der Widerspruchsfrist gem. §§ 233 ff. ZPO[5], so entscheidet über das Wiedereinsetzungsgesuch das Gericht, dem die Entscheidung über die nachgeholte Prozesshandlung zusteht (§ 237 ZPO). Das Verfahren über das Wiedereinsetzungsgesuch wird ganz überwiegend mit dem Verfahren über die nachgeholte Prozesshandlung verbunden (§ 238 Abs. 1 Satz 1 ZPO), jedoch kann das Gericht das Verfahren zunächst auf die Verhandlung und Entscheidung über die Wiedereinsetzung beschränken (§ 238 Abs. 1 Satz 2 ZPO). Liegen die Voraussetzungen für eine Wiedereinsetzung nicht vor, so ist das Gesuch mit der Folge zurückzuweisen, dass die Einwilligung zur Klagerücknahme als erteilt gilt. Bei entsprechender Antragstellung ist über die Kosten des Rechtsstreits nach Maßgabe des § 269 Abs. 3 Satz 2 und 3 ZPO zu entscheiden. Die Entscheidung hierüber ergeht durch Beschluss (§ 269 Abs. 4 ZPO), der keiner mündlichen Verhandlung bedarf (§ 128 Abs. 4 ZPO) und daher vom Vorsitzenden alleine zu treffen ist. Der Beschluss ist mittels sofortiger Beschwerde anfechtbar, wenn der Wert der Beschwer 600 Euro übersteigt (§ 269 Abs. 5 ZPO iVm. § 64 Abs. 2 Buchst. b), und zwar auch in Bestandsstreitigkeiten[6]. Da sich die Entscheidung über die Wiedereinsetzung nach den Grundsätzen der nachgeholten Prozesshandlung richtet, ergeht eine einheitliche Entscheidung hierüber durch Beschluss (§ 269 Abs. 4 iVm. § 238 Abs. 1 Satz 1 ZPO). Zu dieser Entscheidung ist der Vorsitzende nach § 53 Abs. 1 allein berufen. Eine Beschränkung der Entscheidung auf das Wiedereinsetzungsgesuch verbietet sich, wenn die Wiedereinsetzung versagt werden soll, weil in einem solchen Falle Entscheidungsreife besteht[7].

---

1 ErfK/*Koch*, § 55 ArbGG Rz. 6; GMP/*Germelmann*, § 55 Rz. 6.
2 LAG Hessen v. 14.8.2006 – 9 Ta 25/06.
3 GMP/*Germelmann*, § 55 Rz. 8; Natter/Gross/*Rieker*, § 55 Rz. 3.
4 *Mayer*, MDR 1985, 373; Rupp/*Fleischmann*, MDR 1985, 18; Zöller/*Greger*, § 269 ZPO Rz. 16.
5 S. dazu: Schmidt/Schwab/*Wildschütz*, NZA 2001, 1161 (1165).
6 Schwab/Wildschütz/*Heege*, NZA 2003, 999; aA Holthaus/*Koch*, RdA 2002, 140 (144 f.).
7 Vgl. Zöller/*Greger*, § 238 ZPO Rz. 2.

14 Hält der Vorsitzende den **Widerspruch** des Beklagten gegen die Klagerücknahme für rechtzeitig oder liegen die Voraussetzungen für eine **Wiedereinsetzung** vor, so ist **Kammertermin** anzuberaumen. Ein Zwischenurteil nach § 308 iVm. § 238 Abs. 1 Satz 2 ZPO empfiehlt sich nicht, da dies nicht selbständig, sondern nur zusammen mit dem Endurteil anfechtbar ist[1]. Eine Entscheidung über die Wiedereinsetzung durch Zwischenurteil bietet sich dann an, wenn sie die Chancen einer vergleichsweisen Erledigung des Rechtsstreits erhöht. Die Gewährung der Wiedereinsetzung ist ansonsten zusammen mit der Entscheidung zur Hauptsache zu treffen.

2. Verzicht

15 Der Verzicht (§ 306 ZPO) ist die **Erklärung** des Klägers an das Gericht, dass der mit der Klage geltend gemachte prozessuale **Anspruch nicht besteht**. Gleiches gilt im umgekehrten Fall, wenn der Beklagte auf einen mit der Widerklage erhobenen Anspruch verzichtet. Die **Verzichtserklärung** muss nicht ausdrücklich, aber als Prozesshandlung **eindeutig und bedingungslos** sein[2]. Der Verzicht enthält die endgültige Rücknahme der aufgestellten Rechtsbehauptung und führt deshalb auf Antrag zur sachlichen Abweisung der Klage bzw. Widerklage. Ob ein (Teil-)Verzicht oder eine (Teil)-Rücknahme vorliegt, ist durch Auslegung der Prozesserklärung zu ermitteln.

16 Die **Verzichtserklärung** kann im ArbG-Prozess auch **schriftsätzlich** abgegeben werden. Zu ihrer Wirksamkeit muss sie nicht in mündlicher Verhandlung wiederholt werden, wenn die Parteien mit einer Entscheidung ohne mündliche Verhandlung einverstanden sind. Dies ergibt sich aus § 55 Abs. 2 Satz 2. Dieser stellt eine Sonderregelung zu § 306 ZPO dar. In dieser wird nicht nur die Form der Entscheidung geregelt (Urteil), sondern auch die Voraussetzungen, nämlich die Möglichkeit der Parteien, auf die mündliche Verhandlung zu verzichten und die Rechtsfolge der Alleinentscheidungsbefugnis des Vorsitzenden. Der Gesetzgeber hat gerade die Nr. 2 besonders herausgehoben und dem Schutzbedürfnis unerfahrener Parteien dadurch Rechnung getragen, dass der Vorsitzende, anders als in den Fällen des § 54 Abs. 2 Satz 1 die Zustimmung der Parteien zum Verzicht auf die mündliche Verhandlung einholen muss. Dieser gesetzgeberische Aufwand wäre nicht nachvollziehbar, wenn wegen § 306 ZPO der Verzicht nur in der mündlichen Verhandlung wirksam erklärt werden könnte[3].

17 Der Anspruchsverzicht muss **nicht den gesamten Klage- oder Widerklageanspruch** erfassen; es genügt, wenn auf einen abtrennbaren, teilurteilsfähigen Teil eines Anspruchs verzichtet wird[4]. Ist der Verzicht rechtswirksam erklärt, so ist auf Antrag die Klage bzw. Widerklage abzuweisen. Bei **Teilverzicht** muss wegen der Bestimmungen des § 306 ZPO, die den Regelungen des § 301 Abs. 2 ZPO vorgehen, ein **Verzichtsteilurteil** ergehen[5]; ein Verzichtsteilurteil ergeht auch, wenn der Kläger zwar auf den gesamten mit der Klage erhobenen prozessualen Anspruch verzichtet, aber der Beklagte Widerklage erhoben hat, die noch nicht entscheidungsreif ist; ebenso ist zu verfahren bei Verzicht auf eine erhobene Widerklage, wenn der Klageanspruch noch nicht entscheidungsreif ist. Das Verzichtsteilurteil enthält - wie andere Teilurteile ebenfalls - keine Kostenentscheidung; diese ist vielmehr zusammen mit der Schlussentscheidung der Instanz zu treffen. Wird durch das Verzichtsurteil der gesamte Rechtsstreit erledigt, so folgt die Kostenentscheidung aus § 91 ZPO; eine entsprechende Anwendung von § 93 ZPO bei „sofortigem" Verzicht ist abzulehnen[6].

18 Wird der Anspruchsverzicht in der Güteverhandlung erklärt, ergeht nach entsprechender Protokollierung (§ 160 Abs. 3 Nr. 1, § 162 ZPO) - je nach Umfang des Verzichts - Verzichtsendurteil oder Verzichtsteilurteil, zu dessen Entscheidung der Vorsitzende nach § 55 Abs. 1 Nr. 2 berufen ist. Gleiches gilt für die Kammerverhandlung. Die ehrenamtlichen Richter wirken nicht am Verzichtsurteil mit[7].

19 Der Verzicht beseitigt nicht die **Rechtshängigkeit**. Dies erfolgt erst durch das Verzichtsurteil[8].

---

1 BAG v. 1.8.1974 – 3 AZR 335/74, AP Nr. 2 zu § 238 ZPO.
2 GMP/*Germelmann*, § 55 Rz. 10.
3 HWK/*Ziemann*, § 55 Rz. 6; GK/*Schütz*, § 55 Rz. 17, *Dütz*, RdA 1980, 81 (87); aA GMP/*Germelmann*, § 55 Rz. 10; Natter/Gross/*Rieker*, § 55 Rz. 5.
4 BAG v. 26.10.1979 – 7 AZR 752/77, AP Nr. 5 zu § 9 KSchG 1969 m. Anm. *Grunsky*.
5 GMP/*Germelmann*, § 55 Rz. 12; Zöller/*Vollkommer*, § 306 ZPO Rz. 8.
6 OLG Hamm v. 15.3.1982 – 4 U 360/81, MDR 1982, 676 (677); OLG Koblenz v. 14.11.1985 – 6 U 1104/85, NJW-RR 1986, 1443; LG Hamburg v. 29.9.1986 – 2 O 167/86, NJW-RR 1987, 381 (382); wohl auch Zöller/*Vollkommer*, § 306 ZPO Rz. 11 mwN; aA OLG Frankfurt v. 26.1.1993 – 6 W 123/92.
7 GMP/*Germelmann*, § 55 Rz. 13.
8 GMP/*Germelmann*, § 55 Rz. 13.

3. Anerkenntnis

Das Anerkenntnis (§ 307 ZPO) ist die **Erklärung der beklagten Partei** an das Gericht, dass der mit der Klage geltend gemachte prozessuale **Anspruch besteht**; Gleiches gilt in umgekehrtem Fall für das Anerkenntnis des Widerklageanspruchs durch den Kläger. Gegenstand des Anerkenntnisses ist der prozessuale Anspruch selbst, mag er auf Leistung, Feststellung oder Gestaltung gerichtet sein. Die Anerkenntniserklärung muss als Prozesshandlung nicht ausdrücklich bezeichnet werden, aber eindeutig und bedingungslos sein[1]. 20

Aus § 55 Abs. 2 Satz 1 folgt, dass das **Anerkenntnis auch schriftsätzlich** erklärt werden kann[2]. 21

Das Anerkenntnis muss nicht den gesamten Klage- oder Widerklageanspruch erfassen; es genügt, wenn ein **abtrennbarer Teil eines Anspruchs** anerkannt wird[3]. In Abweichung von § 301 Abs. 2 ZPO ergeht in einem solchen Falle ein Anerkenntnisteilurteil[4]. Ein Anerkenntnisteilurteil ist auch zu erlassen, wenn durch das Anerkenntnis des Klageanspruchs der Rechtsstreit nicht insgesamt erledigt wird, weil die Widerklage noch nicht entscheidungsreif ist; Gleiches gilt im umgekehrten Fall bei Anerkenntnis des Widerklageanspruchs, wenn die weiterbestehende Klage noch nicht entscheidungsreif ist. Wird durch das Anerkenntnis der gesamte Rechtsstreit erledigt, so enthält das Anerkenntnisurteil eine Kostenentscheidung, die meist aus § 91 ZPO folgt, aber bei sofortigem Anerkenntnis auch auf § 93 ZPO beruhen kann. Das Anerkenntnisteilurteil enthält – wie die übrigen Teilurteile – keine Kostenentscheidung; diese ist vielmehr in der Schlussentscheidung der Instanz zu treffen. 22

Wird das Anerkenntnis bereits in der **Güteverhandlung** erklärt, hat der Vorsitzende nach § 55 Abs. 1 Nr. 3 ArbGG iVm. § 307 Abs. 1 ZPO auch ohne entsprechenden Antrag ein Anerkenntnisurteil oder ein Anerkenntnisteilurteil zu erlassen[5]. Bei einem Anerkenntnisurteil in der Kammerverhandlung wirken die ehrenamtlichen Richter mit[6]. Wird das Anerkenntnis außerhalb der mündlichen Verhandlung schriftsätzlich abgegeben, so erlässt der Vorsitzende gem. § 55 Abs. 2 Satz 1 iVm. Abs. 1 Nr. 3 das Anerkenntnisurteil ohne mündliche Verhandlung. Dafür ist kein Antrag erforderlich. 23

4. Säumnis einer Partei und Verwerfung des Einspruchs als unzulässig

Das Alleinentscheidungsrecht des Vorsitzenden besteht nur „außerhalb der streitigen Verhandlung", d.h., dass die ehrenamtlichen Richter mitzuwirken haben, wenn eine Partei in der Kammerverhandlung nicht erscheint[7]. Säumnis einer Partei liegt vor, wenn sie nach Aufruf der Sache **nicht erscheint** (§ 330 ZPO), obwohl sie ordnungsgemäß und rechtzeitig geladen worden ist (§ 335 Abs. 1 Nr. 2 ZPO), oder zwar erscheint, aber **nicht verhandelt** (§ 333 ZPO). Außerdem muss der Partei der gegnerische Tatsachenvortrag oder ein Antrag rechtzeitig mitgeteilt sein (§ 335 Abs. 1 Nr. 3 ZPO), und das Gericht darf nicht dafürhalten, dass die Partei ohne ihr Verschulden am Erscheinen verhindert ist (§ 337 Satz 1 ZPO). Wird dennoch der Erlass eines Versäumnisurteils oder eine Entscheidung nach Lage der Akten beantragt, so ist dieser Antrag zurückzuweisen (§ 335 Abs. 1 ZPO). Erscheint eine Partei nicht zum Termin, so ist das Fernbleiben unverschuldet, wenn ein erheblicher Verhinderungsgrund entweder offenkundig (§ 291 ZPO) ist oder von der abwesenden Partei dem Gericht vorher mitgeteilt worden war und ggf. glaubhaft gemacht worden ist; dabei ist ausreichend, wenn die Entschuldigung nach Schluss der mündlichen Verhandlung, aber noch vor Verkündung der Entscheidung mitgeteilt wird[8]. Geht das Gericht von einem unverschuldeten Fernbleiben aus, so empfiehlt es sich, auch im Falle des § 337 ZPO den Antrag auf Erlass eines Versäumnisurteils analog § 335 Abs. 1 ZPO zurückzuweisen und den Termin gleichzeitig zu vertagen. In allen vorgenannten Fällen ist die nicht erschienene Partei zu dem neuen Termin zu laden (§§ 335 Abs. 2, 337 Satz 2 ZPO). 24

Erscheint eine Partei im **Gütetermin** nicht, so schließt sich die weitere Verhandlung unmittelbar an (§ 54 Abs. 4 Halbs. 1). In einem solchen Falle kann der Vorsitzende nach § 55 Abs. 1 Nr. 4 alle Entscheidungen treffen, die auf die Säumnis zurückzuführen sind. So ist er zum Erlass eines echten Versäumnisurteils (§ 330 ZPO) ebenso berechtigt wie zum Erlass eines sog. unechten Versäumnisurteils (§ 331 Abs. 2 ZPO). Eine Entscheidung nach Lage der Akten (§ 331a ZPO) scheidet in der ersten Güteverhandlung aus, weil noch nicht in einem früheren Termin mündlich verhandelt worden ist. In einer zweiten Güteverhandlung ist 25

---

1 GMP/*Germelmann*, § 55 Rz. 14.
2 GMP/*Germelmann*, § 55 Rz. 14.
3 BAG v. 29.1.1981 – 2 AZR 1055/78.
4 Zöller/*Vollkommer*, § 307 ZPO Rz. 6.
5 *Schmidt/Schwab/Wildschütz*, NZA 2001, 1161 (1165).
6 GMP/*Germelmann*, § 55 Rz. 15.
7 GK-ArbGG/*Schütz*, § 55 Rz. 30.
8 LG Berlin v. 21.7.1994 – 67 S 179/94, MDR 1995, 1067.

dies ebenfalls nicht möglich, da auch dort keine kontradiktorischen Anträge gestellt werden können. Die Entscheidungen über die Zurückweisung des Antrags auf Erlass eines Versäumnisurteils nach § 335 ZPO oder über die Vertagung nach § 337 ZPO werden ebenfalls vom Vorsitzenden in der sich an die Güteverhandlung anschließenden weiteren Verhandlung getroffen.

26 Wird nicht in der gesetzlichen Form und Frist **Einspruch gegen ein Versäumnisurteil** eingelegt (§§ 338–340 ZPO), so ist der Einspruch zu verwerfen. Die **Verwerfung des Einspruchs** gegen ein Versäumnisurteil als unzulässig erfolgt in Form eines **Urteils (§ 341 Abs. 2 ZPO)**. Durch die Einführung von Nr. 4a zum 1.4.2008[1] hat der Gesetzgeber klargestellt, dass hierfür der Vorsitzende allein zuständig ist.

5. Säumnis beider Parteien

27 Auch bei Säumnis beider Parteien ist zu unterscheiden, in welchem Prozessabschnitt diese Säumnis eintritt. Erscheinen beide Parteien in der **Güteverhandlung** nicht oder verhandeln sie nicht, so ist nach § 54 Abs. 5 Satz 1 zwingend das **Ruhen des Verfahrens** anzuordnen. Diese Entscheidung trifft der Vorsitzende nach § 55 Abs. 1 Nr. 5 allein. Bei Säumnis beider Parteien im ersten **Kammertermin** kann ein **Urteil nach Lage der Akten (§§ 251a, 331a ZPO)** gefällt werden, wenn eine Güteverhandlung im Beisein der Parteien stattgefunden hat, in der die Sach- und Rechtslage erörtert worden ist, denn es muss keine streitige Verhandlung vor der Kammer vorausgegangen sein (s. hierzu ausführlich § 54 Rz. 38). Liegen die Voraussetzungen für eine Entscheidung nach Lage der Akten nicht vor, kommt eine Vertagung nach § 227 ZPO oder die Anordnung des Ruhen des Verfahrens nach § 251a Abs. 3 ZPO in Betracht. In der Kammerverhandlung ergeht die Entscheidung nach Lage der Akten durch die vollbesetzte Kammer.[2]

6. Einstellung der Zwangsvollstreckung

28 Wird ohne **mündliche Verhandlung** über den Antrag auf einstweilige Einstellung der Zwangsvollstreckung (§ 62 Abs. 1 Satz 2 ArbGG iVm. § 707 Abs. 1, §§ 719, 769 ZPO) entschieden, folgt die Befugnis des Vorsitzenden zur **Alleinentscheidung** aus § 53 Abs. 1. Dies ist der Normalfall. Die Vorschrift dehnt diese Alleinentscheidungsbefugnis auf einer Entscheidung nach mündlicher Verhandlung aus. Hierunter ist allerdings nur die Güteverhandlung zu verstehen, da in der Kammerverhandlung streitig verhandelt wird. Das Alleinentscheidungsrecht des Vorsitzenden besteht jedoch nach dem Einleitungssatz nur außerhalb der streitigen Verhandlung[3].

7. Entscheidung über die örtliche Zuständigkeit

29 Im arbeitsgerichtlichen Verfahren gelten gem. § 48 Abs. 1 für die Zulässigkeit des Rechtsweges und der Verfahrensart sowie für die **sachliche und örtliche Zuständigkeit die §§ 17–17b GVG** mit der Maßgabe entsprechend, dass Beschlüsse nach § 17a Abs. 2 und 3 GVG über die örtliche Zuständigkeit unanfechtbar sind (§ 48 Abs. 1 Nr. 1). Hierüber hat der Vorsitzende allein zu entscheiden, und zwar auch, wenn die Entscheidung über die örtliche Zuständigkeit in der Güteverhandlung zu treffen ist. Kommt es erst in dem Kammertermin (§ 57) zu einem Streit über die örtliche Zuständigkeit, so entscheidet hierüber die vollbesetzte Kammer unter Hinzuziehung der ehrenamtlichen Richter, weil die Entscheidung nicht außerhalb der streitigen Verhandlung ergeht.

30 Die Entscheidung, vor der den Parteien rechtliches Gehör gewährt werden muss, kann entweder die örtliche Zuständigkeit ausdrücklich bejahen oder die Verweisung aussprechen. Wird nicht durch Vorab-Beschluss über die örtliche Zuständigkeit befunden, sondern diese in den Entscheidungsgründen stillschweigend oder ausdrücklich bejaht, ist dies ein unselbständiger Teil des Urteils, für den kein Alleinentscheidungsrecht besteht. Eine Zurückweisung wegen eines Verfahrensfehlers ist hier wegen § 68 nicht möglich[4]. Der Vorab-Beschluss ist unanfechtbar, selbst wenn er entgegen Nr. 7 unter Beteiligung der ehrenamtlichen Richter getroffen wurde.

31 Nr. 7 ist analog anzuwenden auf die Ablehnung der Übernahme eines Rechtsstreits, nachdem sich ein anderes Gericht für örtlich unzuständig erklärt hatte. Dies wird idR außerhalb der mündlichen Verhandlung geschehen, so dass sich die Zuständigkeit aus § 53 ergibt[5]. Die Zuständigkeit wird dann gem. § 36 Abs. 1 Nr. 6 ZPO von dem nächst höheren Gericht bestimmt.

---

1 BGBl. I S. 444.
2 AA GMP/*Germelmann*, § 55 Rz. 17; ErfK/*Koch*, § 56 Rz. 4; Natter/Gross/*Rieker*, § 55 Rz. 7.
3 GMP/*Germelmann*, § 55 Rz. 20.
4 GMP/*Germelmann*, § 55 Rz. 21.
5 BAG v. 16.8.2016 – 9 AS 4/16; GMP/*Germelmann*, § 55 Rz. 23.

8. Aussetzung des Verfahrens

Das ArbG kann die Aussetzung des Verfahrens anordnen, wenn die Entscheidung des Rechtsstreits ganz oder zum Teil von dem **Bestehen oder Nichtbestehen eines Rechtsverhältnisses** abhängt, das **Gegenstand eines anderen anhängigen Rechtsstreits** bildet oder von einer Verwaltungsbehörde festzustellen ist (§ 148 ZPO) oder sich im Laufe eines Rechtsstreits der Verdacht einer Straftat ergibt, deren Ermittlung auf die Entscheidung von Einfluss ist (§ 149 ZPO). Das ArbG muss **auf Antrag** das Verfahren **aussetzen**, wenn in den Fällen des Todes, des Verlustes der Prozessfähigkeit, des Wegfalls des gesetzlichen Vertreters, der Anordnung einer Nachlassverwaltung oder des Eintritts der Nacherbfolge (§§ 239, 241, 242, 243 ZPO) eine Vertretung durch einen Prozessbevollmächtigten stattfand (§ 246 ZPO). Hängt die Entscheidung eines Rechtsstreits davon ab, ob eine Vereinigung tariffähig oder ob die Tarifzuständigkeit der Vereinigung gegeben ist, so ist das Urteilsverfahren bis zur Erledigung des Beschlussverfahrens nach § 2a Abs. 1 Nr. 4 auszusetzen (§ 97 Abs. 5). 32

a) Aussetzungsverfahren, Kompetenzabgrenzung

Ob der Vorsitzende allein oder die Kammer über die Aussetzung zu befinden hat, hängt vom **Zeitpunkt der Entscheidung** ab. Der Vorsitzende **kann** außerhalb der mündlichen Verhandlung allein entscheiden und auch die Aussetzungsentscheidung in der Güteverhandlung (§ 54) allein treffen. Dabei hat er die umfassende Prüfungskompetenz bei der Frage, ob zB ein anderes Verfahren vorgreiflich ist. Er allein übt auch das Ermessen aus[1]. Dies kann auch schon in der Güteverhandlung erfolgen, wenn etwa vorgetragen wird, dass eine vorangegangene Kündigung das Arbeitsverhältnis zu einem früheren Zeitpunkt beenden sollte. Ergibt sich die Notwendigkeit der Aussetzung des Verfahrens erst in der Kammerverhandlung, ist die Aussetzungsentscheidung von der vollbesetzten Kammer zu treffen, weil sie nicht außerhalb der streitigen Verhandlung erfolgt[2]. Des Weiteren hat die Kammer zu entscheiden, wenn die Verfassungswidrigkeit von Gesetzen (Art. 100 Abs. 1 GG) oder europarechtliche Fragen (Art. 267 Abs. 2 AEUV) vorab zu klären sind. In beiden Fällen geht es entscheidend darum, ob ein Gesetz als verfassungswidrig angesehen wird oder eine europarechtliche Vorlagefrage entscheidungserheblich ist. Die Aussetzung ist nur eine Folge der Bejahung dieser Frage (vgl. Verf. BVerfG/EuGH Rz. 134 f.). 33

Die Entscheidung ist nur vom **Vorsitzenden** allein **zu unterschreiben** (§ 60 Abs. 4 Satz 1 ArbGG analog). Wenn im ArbG-Prozess sogar die in vollständiger Form abgefassten erstinstanzlichen Urteile lediglich vom Vorsitzenden zu unterzeichnen sind, gilt dies erst recht für Beschlüsse, die nach mündlicher Verhandlung erlassen werden. 34

„Anderer Rechtsstreit" iSv. § 148 ZPO ist als **anderer Streitgegenstand** auszulegen, so dass auch ein Teil eines anhängigen Rechtsstreits wegen Vorgreiflichkeit ausgesetzt werden kann[3]. Das LAG kann als Berufungsgericht den beim ArbG noch anhängigen Teil des Streitgegenstands nicht an sich ziehen, wenn das ArbG durch Teilurteil entschieden und im Übrigen durch verkündeten Beschluss das verbliebene Verfahren ausgesetzt hat[4]. Wegen Vorgreiflichkeit eines anderen Rechtsstreits darf das ArbG die Verfahrensaussetzung gem. § 148 ZPO nur dann beschließen, wenn die Entscheidung über das **ausgesetzte Verfahren** vom Ergebnis des fortgeführten Verfahrens **abhängig** ist[5]. Bei der Beurteilung des Vorliegens dieses Tatbestandsmerkmals, nämlich der Vorgreiflichkeit eines anderen Rechtsstreits oder eines Verwaltungsverfahrens, hat das ArbG keinen Ermessensspielraum[6]. Ein solcher besteht nur auf der Rechtsfolgenseite der Norm, dh. ein Ermessen kann nur dann ausgeübt werden, wenn vorab auf der Rechtsvoraussetzungsseite der Norm alle Tatbestandsmerkmale erfüllt sind[7]. Insoweit steht dem Gericht eine Einschätzungsprärogative zu[8]. 35

Die Aussetzung des Rechtsstreits liegt als prozessleitende Maßnahme im pflichtgemäßen **Ermessen des ArbG** und darf nicht der Prozessverschleppung Vorschub leisten[9]. Eine Aussetzung muss allerdings dann erfolgen, wenn sich das Ermessen des ArbG auf Null reduziert hat[10]. Im Rahmen seines Ermessens hat das 36

---

1 Natter/Gross/*Rieker*, § 55 Rz. 12; vgl. differenzierend GMP/*Germelmann*, § 55 Rz. 28.
2 LAG Sachsen v. 12.12.2001 – 4 Ta 379/01; vgl. weiter ArbG Berlin v. 23.2.2005 – 7 Ca 2796/05.
3 LAG Hessen v. 17.1.2000 – 9 Ta 32/00.
4 OLG Saarbrücken v. 15.6.2001 – 1 U 78/01, NJW-RR 2002, 34.
5 S. dazu BGH v. 10.7.2003 – VII ZB 32/02, MDR 2003, 1306.
6 Vgl. GMP/*Germelmann*, § 55 Rz. 28.
7 LAG Nürnberg v. 14.5.2001 – 7 Ta 93/01, ArbRB 2002, 13 m. Anm. *Berscheid*.
8 OLG Frankfurt v. 2.12.2002 – 24 W 45/02.
9 ArbG Berlin v. 23.2.2005 – 7 Ca 2796/05.
10 BAG v. 17.6.2003 – 2 AZR 245/02, nv.; BAG v. 17.6.2003 – 2 AZR 404/02.

ArbG insbesondere den Beschleunigungsgrundsatz zu berücksichtigen, und zwar sowohl die allgemeine Vorschrift des § 9 Abs. 1 Satz 1, wonach das Verfahren in allen Rechtszügen zu beschleunigen ist, als auch die besondere Vorschrift des § 61a, in der die Prozessförderung in Kündigungsverfahren geregelt ist. Grundsätzlich ist dem für das arbeitsgerichtliche Verfahren maßgeblichen Beschleunigungsgrundsatz gegenüber der Aussetzungsmöglichkeit gem. § 148 ZPO der Vorrang einzuräumen, wenn nicht gewichtige Gründe die Aussetzung gebieten und höher zu bewerten sind als der mögliche Nachteil einer langen Prozessdauer und die sich daraus für die Parteien ergebenden nachteiligen Folgen für Rechtsverwirklichung und Anspruchsdurchsetzung[1]. Je länger der Prozess durch eine Aussetzung verzögert werden kann, um so gewichtiger ist der Beschleunigungsgrundsatz[2]. Dabei ist ein Folgerechtsstreit über Annahmeverzugsentgelt bei noch anhängigem Kündigungsschutzverfahren regelmäßig nicht auszusetzen[3]. Kann das ArbG, das mit verschiedenen Prozessen derselben Parteien befasst ist, der Gefahr divergierender Entscheidungen in den Instanzen durch eine Verfahrensverbindung begegnen, so muss der Verfahrensverbindung nach § 147 ZPO regelmäßig gegenüber der auf § 148 ZPO gestützten Aussetzung des zunächst noch nicht entscheidungsreifen Rechtsstreits der Vorzug gegeben werden[4]. Sind mehrere Rechtsstreite über verschiedene Kündigungen anhängig, entspricht es regelmäßig pflichtgemäßem Ermessen, die Verhandlung über eine zeitlich später wirkende Kündigung auszusetzen, bis der Rechtsstreit über die früher wirksam werdende Kündigung erledigt ist[5], auch wenn das ArbG die Rechtsunwirksamkeit einer (ersten) Kündigung festgestellt hat, darf es das Verfahren über die Rechtswirksamkeit einer weiteren (zweiten) Kündigung bis zur rechtskräftigen Entscheidung über die erste Kündigung aussetzen. Zwar wirkt der Beschleunigungsgrundsatz umso schwerer, je länger der Rechtsstreit durch die Aussetzung verzögert wird[6], jedoch bleibt die Vorgreiflichkeit bis zur rechtskräftigen Entscheidung über die zuerst wirkende Kündigung bestehen. Maßgeblich ist nicht das Datum der Zugangs der Kündigung, sondern das Datum, zu dem das Arbeitsverhältnis enden soll. So kann die zweite Kündigung vorrangig sein, wenn sie außerordentlich fristlos ausgesprochen wurde und das Arbeitsverhältnis im Falle ihrer Wirksamkeit vor dem Ablauf der Kündigungsfrist der ersten Kündigung beenden würde. Dies gilt vor allem deshalb, weil nach der Rspr. des BAG[7] mit der Rechtskraft des der Kündigungsschutzklage stattgebenden Urteils feststeht, dass zum Zeitpunkt des Zugangs der Kündigung zwischen den Parteien noch ein Arbeitsverhältnis bestanden hat. Besteht aber zum Kündigungszeitpunkt – gleich aus welchem Grund – kein Arbeitsverhältnis mehr, ist die Klage – ohne dass es auf die Prüfung der Wirksamkeit der Kündigung noch ankäme - als unbegründet abzuweisen[8]. Solange aber über die vorangegangene Kündigung nicht rechtskräftig entschieden wurde, steht nicht fest, ob eine Grundvoraussetzung des weiteren Kündigungsschutzverfahrens vorliegt. Selbst wenn also die Folgekündigung – den Bestand des Arbeitsverhältnisses zum Zeitpunkt ihres Zugangs unterstellt – offensichtlich unwirksam wäre, müsste das Verfahren ausgesetzt werden.

37 Eine Aussetzungsentscheidung, die nicht im Einvernehmen beider Parteien ergeht, ist mit **Gründen** zu versehen, die erkennen lassen, dass das ArbG die Vor- und Nachteile einer Aussetzung gegeneinander abgewogen und welche Interessenabwägung stattgefunden hat[9]. Ansonsten kann nicht überprüft werden, ob das Ermessen sachgerecht ausgeübt worden ist[10]. Ein nicht mit Gründen versehener und ohne Anhörung der Parteien ergangener Aussetzungsbeschluss nach § 148 ZPO unterliegt gleichwohl nicht automatisch der Aufhebung und rechtfertigt keine Zurückverweisung[11]. Die maßgeblichen Fakten ergeben sich aus dem Sachvortrag der Parteien und das LAG kann als Tatsachengericht sein Ermessen eigenständig ausüben. Daher ist eine Zurückverweisung ein nicht gerechtfertigter Akt der Verfahrensverzögerung.

---

1 LAG Schl.-Holst. v. 25.9.1998 – 6 Ta 137/98, AP Nr. 5 zu § 148 ZPO; s. eingehend LAG Hessen v. 6.4.2004 – 1 Ta 106/04.
2 LAG Schl.-Holst. v. 21.3.2003 – 2 Ta 174/02.
3 LAG Köln v. 19.6.2006 – 3 TA 60/06; LAG Rh.-Pf. v. 5.8.2005 – 2 Ta 184/04; LAG Hessen v. 6.4.2004 – 1 Ta 106/04; LAG Köln v. 31.5.2002 – 4 Ta 68/02; s. zur Durchsetzung von Vergütungsansprüchen bei noch laufendem Kündigungsrechtsstreit Korinth, ArbRB 2004, 94.
4 So zutreffend LAG Hamm v. 20.10.1983 – 8 Ta 291/83, MDR 1984, 173, mwN.
5 LAG Hessen v. 17.1.2000 – 9 Ta 32/00.
6 LAG Rh.-Pf. v. 17.7.2009 – 6 Ta 145/09.
7 BAG v. 28.5.2009 – 2 AZR 282/08.
8 BAG v. 20.9.2000 – 5 AZR 272/99; Korinth, ArbRB 2013, 385; GMP/Germelmann, § 55 Rz. 28 will aber wohl trotzdem die Wirksamkeit der weiteren Kündigung inhaltlich prüfen.
9 OLG München v. 22.5.1995 – 15 W 1191/95.
10 LAG Düsseldorf v. 16.2.1989 – 7 Ta 56/89, LAGE § 148 ZPO Nr. 20; LAG Köln v. 17.3.1992 – 10 Ta 4/92, LAGE § 148 ZPO Nr. 24.
11 Vgl. BAG v. 24.4.1996 – 5 AZN 970/95 für Urteile; aA LAG Hamm v. 10.2.1983 – 8 Ta 363/82.

b) Aussetzungsgründe

Das ArbG muss das Verfahren auch gegen den Willen der Parteien aussetzen, wenn Entscheidungen über vorrangige Kündigungen ausstehen, die das Rechtsschutzbedürfnis für die vorliegende Kündigungsschutzklage in Frage stellen (s. Rz. 36)[1]. 38

In einer arbeitsgerichtlichen Bestandsstreitigkeit kommt die Aussetzung nach § 149 Abs. 1 ZPO nur dann in Betracht, wenn **besonders gewichtige Umstände für den Vorrang des Ermittlungs- oder Strafverfahrens** streiten[2]. Voraussetzung für eine Verfahrensaussetzung ist demnach ein aus Sicht des Gerichts bestehender Verdacht einer strafbaren Handlung eines Prozessbeteiligten, sofern dieser Verdacht geeignet ist, im Fall seiner Begründetheit Einfluss auf die Sachverhaltsfeststellung im ausgesetzten Verfahren auszuüben. Liegt diese Voraussetzung vor, muss das Gericht im Rahmen einer Ermessensentscheidung die Verzögerung des Zivilprozesses gegen den möglichen Erkenntnisgewinn im Strafverfahren abwägen[3]. Ist mit Verzögerung um mehr als ein Jahr zu rechnen, hat die Aussetzung idR zu unterbleiben, wie sich aus der Wertung im neuen § 149 Abs. 2 ZPO ergibt[4]. Die Gefahr einer Partei, sich im arbeitsgerichtlichen Verfahren selbst einer Straftat zu bezichtigen, ist kein Aussetzungsgrund[5]. Auch ist die Aussetzung des Verfahrens nicht etwa deshalb geboten, um dem ArbN eine konkrete Einlassung im arbeitsgerichtlichen Verfahren wegen der Erklärungspflicht nach § 138 ZPO zu ersparen. Wenn tatsächlich ein strafrechtlich relevantes Verhalten vorlag, bleibt es allein Sache des Täters, den Konflikt zwischen der zivilprozessualen Wahrheitspflicht und der ihm im Ermittlungsverfahren von der StPO eingeräumten Möglichkeiten zu lösen[6]. 39

Auf der anderen Seite liegen auch für den ArbGeb keine Aussetzungsgründe vor, wenn sich eine Vielzahl **beweiserheblicher Unterlagen**, die im Rechtsstreit benötigt werden, bei der Ermittlungsakte befinden. Der beklagte ArbGeb muss Gründe für die ausgesprochene Kündigung darlegen[7]. Allerdings muss dem ArbGeb hier aus Gründen der prozessualen Fairness die reale Möglichkeit gegeben werden, im Wege der Akteneinsicht den Inhalt der Dokumente herauszufinden, auf denen er die für die Erwiderung auf die Kündigungsschutzklage notwendigen Informationen gewinnen kann. 40

Aus den Gründen des Beschlusses muss für das Beschwerdegericht nachprüfbar sein, dass das Gericht den Vorteil einer gründlicheren Klärung im Strafprozess aufgrund der konkreten Umstände des Falls gegen den Nachteil der Verzögerung einer Entscheidung im Zivilprozess abgewogen hat[8]. Dabei reicht ein pauschaler Hinweis auf die überlegenen Mittel der Strafverfolgungsbehörden nicht aus[9]. 41

Hängt die **Wirksamkeit einer Kündigung** von der **Bestandskraft eines Verwaltungsaktes** ab, steht die Aussetzung des Kündigungsschutzverfahrens im pflichtgemäßen Ermessen des ArbG[10]. Dabei ist zu beachten, dass die Aussetzung vorrangig dem Zweck dient, widersprechende Entscheidungen in parallel geführten Prozessen zu vermeiden. Dagegen sind die Nachteile einer langen Verfahrensdauer und die daraus für die Parteien entstehenden Folgen abzuwägen. In Rechtsstreitigkeiten über das **Bestehen oder Nichtbestehen eines Arbeitsverhältnisses** gewinnt der allgemeine **Beschleunigungsgrundsatz** gem. § 9 und die besondere Prozessförderungspflicht in Kündigungsverfahren gem. § 61a Bedeutung. Die Beschleunigungsinteressen überwiegen, wenn die Rechtslage keinen Anlass zu begründeten Zweifeln an der Bestandskraft des Verwaltungsaktes gibt[11]. Dies gilt auch bei der **Kündigung eines Schwerbehinderten** oder Gleichgestellten, wenn das **Integrationsamt** die Zustimmung erteilt, der ArbN aber den Zustimmungsbescheid im Widerspruchsverfahren bzw. verwaltungsgerichtlich angefochten hat[12]. Eine Aussetzung der Kündigungsschutzklage scheidet aus, wenn noch keine Anerkennung als Schwerbehinderter oder Gleichgestellter 42

---

1 LAG Sachsen v. 12.12.2001 – 4 Ta 379/01, LAGE § 148 ZPO Nr. 37.
2 BAG v. 25.11.2010 – 2 AZR 801/09; LAG Nürnberg v. 29.5.2002 – 1 Ta 78/02; *Böhm*, ArbRB 2011, 385.
3 BVerfG v. 30.6.2003 – 1 BvR 2022/02.
4 LAG Rh.-Pf. v. 30.7.2009 – 7 Ta 147/09 und 21.3.2006 – 10 Ta 49/06; zurückhaltend hierzu aber OLG Stuttgart v. 30.3.2006 – 6 W 20/06; s. weiter LAG Köln v. 30.7.2007 – 11 Ta 195/07 und LAG Rh.-Pf. v. 11.4.2007 – 11 Ta 88/07; LAG Köln v. 20.3.2007 – 8 Ta 1/07.
5 LAG Rh.-Pf. v. 30.7.2009 – 7 Ta 147/09; LAG Köln v. 31.10.2008 – 9 Ta 327/08; LAG Düsseldorf v. 27.9.2001 – 7 Ta 357/01, MDR 2002, 54.
6 LAG Rh.-Pf. v. 28.10.2008 – 10 Ta 184/08; OLG Köln v. 3.3.2004 – 2 W 19/04, OLG Frankfurt v. 1.2.2001 – 24 W 5/01; aA in einer besonderen Fallkonstellation LG Dresden v. 28.9.2005 – 10 O 3727/04.
7 LAG Rh.-Pf. v. 14.5.2007 – 2 Ta 109/07.
8 BGH v. 17.11.2009 – VI ZB 58/08.
9 OLG München v. 18.3.2008 – 10 W 1000/08.
10 BAG v. 26.9.1991 – 2 AZR 132/91, SAE 1993, 225 m. Anm. *Schiefer*, s.a. *Kreitner*, EWiR 1992, 1035 (1036).
11 LAG Hamm v. 24.4.2002 – 2 Sa 1847/01.
12 LAG Hessen v. 11.2.1994 – 3 Ta 465/93; aA LAG BW v. 1.6.1989 – 11 Ta 14/89, das die Aussetzung eines Kündigungsschutzprozesses generell für notwendig hält, wenn die erteilte Zustimmung des Integrationsamtes angefochten wird.

vorliegt[1]. Gleiches gilt – unabhängig vom Ausgang des Widerspruchsverfahrens bzw. des verwaltungsgerichtlichen Verfahrens – dann, wenn der Kündigungsschutzklage bereits aus sonstigen Gründen stattzugeben ist[2]. Die Aussetzung des Kündigungsschutzverfahrens nach § 148 ZPO kommt im Übrigen erst dann in Betracht, wenn der gesamte sonstige Streitstoff – ggf. nach Durchführung einer Beweisaufnahme – so weit geklärt ist, dass die abschließende (klageabweisende) Entscheidung nur noch von der dann evtl. noch offenen Rechtswirksamkeit des Zustimmungsbescheides des Integrationsamtes abhängt[3]. Aber auch dann sollte dem Beschleunigungsprinzip, dem der Gesetzgeber zB in § 61a und § 64 Abs. 8 besonderen Ausdruck verliehen hat, der Vorzug eingeräumt werden, denn eine etwaige Aussetzung des Kündigungsschutzverfahrens bis zum rechtskräftigen Abschluss des verwaltungsgerichtlichen Instanzenzuges begründet eine unter Umständen mehrjährige Rechtsunsicherheit, die letztlich auch nicht im Interesse des ArbN liegen kann. Würde sich erst aufgrund des rechtskräftigen Ergebnisses des Verwaltungsgerichtsverfahrens gegen den Zustimmungsbescheid des Integrationsamtes die Nichtigkeit der streitigen Kündigung herausstellen, so könnte dem im Streitfall durch eine Wiederaufnahme des arbeitsgerichtlichen Verfahrens im Wege der Restitutionsklage Rechnung getragen werden[4]. Der Erlass eines Teilurteils über die soziale Rechtfertigung oder die Rechtswirksamkeit der Kündigung im Übrigen kommt als Alternative zum Aussetzungsbeschluss nicht in Betracht[5]. Die vorstehenden Grundsätze gelten entsprechend bei der Kündigung einer schwangeren ArbN bzw. eines ArbN während der Elternzeit, wenn die Zulässigkeitserklärung der zuständigen Behörde nach § 9 Abs. 3 MuSchG bzw. § 18 Abs. 1 BErzGG vorliegt, der ArbN aber den jeweiligen Bescheid im Widerspruchsverfahren bzw. verwaltungsgerichtlich angefochten hat[6].

43 Die Entscheidung des Kündigungsrechtsstreites ist zwar vorgreiflich, wenn der ArbN eine Leistungsklage auf Lohn- oder Gehaltszahlung für den Zeitraum nach dem Kündigungstermin erhoben hat, jedoch sollte von der Möglichkeit, das Verfahren über die Leistungsklage auszusetzen, nur in Ausnahmefällen Gebrauch gemacht werden[7]. Eine **Aussetzung der Leistungsklage** auf Arbeitsentgelt wegen Annahmeverzugs nach gewonnener Kündigungsschutzklage ist idR mit dem arbeitsgerichtlichen Beschleunigungsgrundsatz des § 9 Abs. 1 Satz 1 nicht zu vereinbaren[8]. Für eine ermessensfehlerfreie Aussetzungsentscheidung müssen hier besondere Gründe des Einzelfalls vorliegen, die das schützenswerte Interesse des ArbN an auch vorläufiger Existenzsicherung ausnahmsweise überwiegen[9]. Eine Aussetzung der Weiterbeschäftigungsklage, die vom ArbN nach einem obsiegenden Urteil im Kündigungsschutzprozess erhoben wird, kommt nur in ganz engen Grenzen in Betracht[10].

44 Die **Aussetzung** des Verfahrens ist anstelle der eigenen Vorlage nach Art. 100 Abs. 1 GG in analoger Anwendung von § 148 ZPO zulässig, wenn die **Verfassungsmäßigkeit eines entscheidungserheblichen Gesetzes** bereits **Gegenstand eines verfassungsgerichtlichen Verfahrens** ist[11]. Durch die Möglichkeit der Aussetzung des Verfahrens durch das Eingangsgericht soll nämlich verhindert werden, dass die obersten Gerichtshöfe des Bundes und das BVerfG mit einer Vielzahl gleichgelagerter Fälle (Parallelverfahren) „über-

---

1 LAG Berlin v. 24.6.1991 – 9 Sa 20/91, NZA 1992, 79.
2 LAG Rh.-Pf. v. 16.6.1978 – 1 Ta 52/78, NJW 1978, 2263; s. dazu auch *Rotter*, NJW 1979, 1319.
3 BAG v. 26.9.1991 – 2 AZR 132/91; LAG Düsseldorf v. 31.7.2012 – 2 Ta 265/12 (§ 61a ArbGG führt nicht dazu, dass ein Ermessen nicht mehr ausgeübt werden kann; LAG Schl.-Holst. v. 6.4.2004 – 5 Sa 400/03; LAG Hamm v. 10.2.1983 – 8 Ta 363/82, AuR 1983, 187; LAG Hessen v. 15.3.1990 – 2 Ta 41/90, LAGE § 15 SchwbG 1986 Nr. 2; LAG Köln v. 17.3.1992 – 10 Ta 4/92, LAGE § 148 ZPO Nr. 24; LAG Hessen v. 12.11.1993 – 15 Ta 346/93, RzK IV 8a Nr. 33; LAG Köln v. 3.2.1997 – 5 Ta 30/97, LAGE § 148 ZPO Nr. 31; LAG Rh.-Pf. v. 9.10.1997 – 3 Ta 187/97, MDR 1998, 724 (725); GMP/*Germelmann*, § 55 Rz. 28.
4 LAG Köln v. 13.4.1999 – 13 Sa 1548/98, MDR 1999, 1392.
5 BAG v. 26.9.1991 – 2 AZR 132/91, DB 1992, 2196; LAG Köln v. 19.12.1995 – 13 Sa 928/95, NZA-RR 1996, 250; LAG Köln v. 21.6.1996 – 11 Sa 260/96, ZTR 1997, 89 (90); LAG Köln v. 17.3.1992 – 10 Ta 4/92, LAGE § 148 ZPO Nr. 24.
6 S. zu § 9 Abs. 3 MuSchG BAG v. 17.6.2003 – 2 AZR 245/02, MDR 2004, 215; BAG v. 17.6.2003 – 2 AZR 404/02, AP Nr. 35 zu § 9 MuSchG 1968; s. zu § 18 Abs. 1 BErzGG LAG Nds. v. 18.3.2003 – 13 Sa 1471/02.
7 Vgl. LAG Düsseldorf v. 23.12.1982 – 7 Ta 299/82, EzA § 148 ZPO Nr. 13 mwN; LAG Köln v. 17.12.1985 – 9 Ta 230/85, DB 1986, 440; LAG Nürnberg v. 9.7.1986 – 3 Ta 8/86, NZA 1987, 211; LAG Köln v. 24.11.1997 – 4 Ta 343/97, MDR 1998, 554; LAG Thür. v. 27.6.2001 – 6 (9) Ta 160/2000, nv.; aA LAG Rh.-Pf. v. 6.6.1986 – 1 Ta 87/86, LAGE § 148 ZPO Nr. 15.
8 LAG Hessen v. 3.7.2002 – 12 Ta 213/02, BB 2002, 2075 (2076).
9 LAG Köln v. 14.12.1992 – 11 Ta 234/92, LAGE § 148 ZPO Nr. 26; s. zur Durchsetzung von Vergütungsansprüchen bei noch laufendem Kündigungsrechtsstreit *Korinth*, ArbRB 2004, 94 sowie *Korinth*, ArbRB 2013, 285 (286).
10 LAG Köln v. 17.5.1991 – 5 Ta 107/91, NZA 1992, 84.
11 BAG v. 28.1.1988 – 2 AZR 296/87, NZA 1989, 228; BAG v. 28.4.1988 – 2 AZR 567/87; LSG Essen v. 27.10.1988 – 18/88, NZA 1989, 447; BGH v. 19.3.1998 – VII ZR 172/97, NJW 1998, 1958; OLG Jena v. 2.4.2001 – 9 U 519/00; OLG Bdb. v. 15.11.2001 – 15 UF 228/01; OLG Hamm v. 25.2.2002 – 8 U 59/01, DB 2002, 1431; OLG Stuttgart v. 5.8.2002 – 17 WF 75/02, FamRZ 2003, 538; aA LAG Hamm v. 7.4.1983 – 8 Ta 343/82, MDR 1983, 789.

schwemmt" werden, ohne dass dies der Klärung eines vorgreiflichen Problems dient. Voraussetzung für eine entsprechende Anwendung der Vorschriften über die Aussetzung des Verfahrens ist deshalb, zumal es sich um eine Ermessensentscheidung handelt, dass alle Erwägungen ausschließlich oder zumindest ganz überwiegend für die Aussetzung sprechen, weil wegen der streiterheblichen Frage beim BVerfG ein Normenkontrollverfahren oder eine Verfassungsbeschwerde bereits anhängig ist[1]. In entsprechender Anwendung des § 148 ZPO ist es anstelle einer eigenen Vorlage auch gerechtfertigt, die Verhandlung der Sache auszusetzen, wenn eine entscheidungserhebliche Auslegungsfrage Gegenstand eines beim EuGH bereits anhängigen Vorabentscheidungsersuchens gem. Art. 234 EGV ist[2].

Ein **arbeitsgerichtliches Verfahren** kann nicht ausgesetzt werden, nur weil **mehrere Parallelverfahren** in unterschiedlichen Kammern oder unterschiedlichen Instanzen anhängig sind. Hierfür gibt es keine gesetzliche Grundlage. Jede Partei hat einen Anspruch auf Entscheidung ihres Rechtsstreits. Das Gericht kann nur versuchen, eine Verständigung über das Abwarten herbeizuführen.[3] Haben die Parteien eine **Musterprozessvereinbarung** getroffen, kommt die Anordnung des Ruhens des Verfahrens nach § 251 ZPO in Betracht.

Generell hat das ArbG **das Ruhen des Verfahrens anzuordnen**,
- wenn beide Parteien dies **übereinstimmend beantragen**[4] und anzunehmen ist, dass wegen Schwebens von Vergleichsverhandlungen[5] oder aus sonstigen wichtigen Gründen[6] diese **Anordnung zweckmäßig** ist (§ 251 Satz 1 ZPO),
- wenn **beide Parteien nicht zur Güteverhandlung erscheinen** oder im Gütetermin nicht verhandeln, obwohl sie beide ordnungsgemäß geladen worden sind[7] (§ 54 Abs. 5 Satz 1),
- wenn **bei Säumnis** oder Nichtverhandeln **beider Parteien im Kammertermin** nicht nach Lage der Akten entschieden (§ 251 Satz 1 ZPO) und nicht nach § 227 ZPO vertagt wird (§ 251a Abs. 3 ZPO).

Während das Ruhen des Verfahrens, das nicht an die einschränkenden Bedingungen[8] einer Verfahrensaussetzung nach § 148 ZPO gebunden ist, in der ersten Variante (§ 251 Satz 1 ZPO) außer der Zustimmung beider Parteien lediglich zur Voraussetzung hat, dass diese Anordnung aus wichtigen Gründen – etwa zur erwarteten Klärung der Streitfrage in einem Parallelprozess[9] – zweckmäßig ist[10], ist die Anordnung des Ruhens als Rechtsfolge in der zweiten Variante (§ 54 Abs. 5 Satz 1) zwingend vorgeschrieben; das ArbG hat insoweit keinen **Ermessensspielraum**, kann also weder einen neuen Gütetermin noch einen Termin zur streitigen Kammerverhandlung anberaumen. Der Fall der Säumnis beider Parteien ist auch bei Nichterscheinen der einen Partei und Nichtverhandeln der anderen Partei gegeben. Wenn in der dritten Variante (§ 251a Abs. 3 ZPO) beide Parteien im Kammertermin nicht säumig sind oder nicht verhandeln, dann hat das ArbG – je nach Sachlage – drei Entscheidungsmöglichkeiten; es muss aber letztendlich das Ruhen des Verfahrens anordnen, wenn die beiden anderen Möglichkeiten (Aktenlagenentscheidung, Vertagung) ausscheiden.

Die Anordnung des Ruhens des Verfahrens trifft der Vorsitzende allein bei Säumnis beider Parteien in der Güteverhandlung (§ 54 Abs. 5 Satz 1 – zweite Variante), in der ersten Variante (§ 251 Satz 1 ZPO) bei übereinstimmender Beantragung in der Güteverhandlung (§ 55 Abs. 1 Nr. 8 analog) oder wenn die Entscheidung außerhalb der streitigen Verhandlung getroffen wird (§ 53 Abs. 1 Satz 1). Stellen die Parteien in der ersten Variante (§ 251 Satz 1 ZPO) den Antrag erst im Kammertermin oder sind beide Parteien im Kammertermin säumig oder verhandeln sie nicht (§ 251a Abs. 3 ZPO – dritte Variante), so fällt die **Anordnungsbefugnis** der vollbesetzten Kammer zu, weil diese nunmehr in der streitigen Verhandlung mit der Sache befasst ist.

---

1 BSG v. 1.4.1992 – 7 RAr 16/91, MDR 1993, 61.
2 OLG Düsseldorf v. 5.12.1992 – 18 W 58/92, NJW 1993, 1661; OLG Saarbrücken v. 23.5.2001 – 7 U 918/00, OLGR Saarbrücken 2001, 408; OLG Celle v. 22.11.2001 – 9 W 168/01; BPatG v. 16.4.2002 – 33 W (pat) 25/01, GRUR 2002, 734.
3 BGH v. 28.2.2012 – VIII ZB 54/11; GMP/*Germelmann*, § 55 Rz. 29; aA LAG Thür. v. 26.6.1997 – 2 Sa 247/96; LAG Sa.-Anh. v. 11.12.1997 – 4 (8) Ta 288/97.
4 So BFH v. 18.3.2002 – I B 48/01, BFH/NV 2002, 1163.
5 LAG Saarland v. 9.6.2000 – 2 Ta 2/2000, NZA-RR 2000, 546.
6 LAG Berlin v. 19.9.2003 – 5 Ta 1841/03, LAGE § 54 ArbGG 1979 Nr. 7.
7 LAG Düsseldorf v. 24.7.1986 – 7 Ta 280/86, LAGE § 54 ArbGG 1979 Nr. 3.
8 S. dazu LAG Sachsen v. 11.7.2002 – 8 Sa 686/01.
9 S. dazu LAG Berlin v. 19.9.2003 – 5 Ta 1841/03.
10 BFH v. 11.1.2001 – VI B 273/00.

49 Nach § 249 Abs. 1 ZPO haben Unterbrechung und Aussetzung des Verfahrens die Wirkung, dass der Lauf einer jeden Frist aufhört und nach Beendigung der Unterbrechung oder Aussetzung die volle Frist von neuem zu laufen beginnt. Diese Regelung betrifft (mit Ausnahme der uneigentlichen) alle prozessualen Fristen; die Vorschrift des § 249 Abs. 1 ZPO ist über ihren Wortlaut hinaus insbesondere auch auf die Fälle der Ruhensanordnung anwendbar[1]. Hat das ArbG wegen des Nichterscheinens oder des Nichtverhandelns der Parteien das Ruhen des Verfahrens angeordnet, so ist diese **Ruhensanordnung nicht beschwerdefähig**, da jederzeit ein Terminsantrag gestellt werden kann[2].

50 Die **Aufnahme eines ruhenden Verfahrens** erfolgt auf Terminsantrag einer Partei durch Zustellung eines beim ArbG einzureichenden Schriftsatzes (§ 46 Abs. 2 ArbGG iVm. § 250 ZPO analog). Dieser Antrag ist nur dann fristgebunden, wenn die Ruhensanordnung im Gütetermin getroffen worden ist; in diesem Fall kann er nur innerhalb von sechs Monaten nach der Güteverhandlung gestellt werden (§ 54 Abs. 5 Satz 3). Nach Ablauf der Frist gilt die Klage (und ggf. auch die Widerklage) als zurückgenommen, und es ist gem. § 269 Abs. 3–5 ZPO zu verfahren[3] (§ 54 Abs. 5 Satz 3). In den anderen Fällen der Ruhensanordnung kann das ArbG dem Verfahren auch von Amts wegen Fortgang geben. Die Entscheidung, von Amts wegen das Ruhen des Verfahrens für beendet zu erklären und das Verfahren wieder aufzunehmen, ist eine Ermessensentscheidung, die das ArbG jederzeit erlassen kann, wenn es ihm zweckmäßig erscheint[4]. Die Entscheidung über die Fortsetzung des Verfahrens erfolgt durch den Vorsitzenden durch Terminierung der Rechtssache. Die **Ablehnung des Verfahrensfortgangs** unterliegt, vergleichbar der Ruhensanordnung, ebenfalls der sofortigen Beschwerde[5].

9. Kostenentscheidung

51 Der Vorsitzende kann alleine entscheiden, wenn nur noch über die Kosten des Rechtsstreits zu befinden ist. Dies betrifft insbesondere die Kostenschlussentscheidung, die gem. § 128 Abs. 3 ZPO ohne mündliche Verhandlung erfolgen kann. Ist ein Teilurteil ergangen, muss die darin notwendigerweise fehlende Kostenentscheidung durch ein Kostenschlussurteil ergehen[6]. Es bedarf keines Antrages auf Kostenentscheidung. Ob hierzu eine mündliche Verhandlung anberaumt wird, steht im Ermessen des Vorsitzenden. M.E. ist dies in aller Regel entbehrlich, da die Sach- und Rechtslage ohnehin schon in einem vorangegangenen Termin erörtert worden sein dürfte. Sollten sich Veränderungen ergeben haben, sollte der Vorsitzende einen entsprechenden Hinweis geben und rechtliches Gehör hierzu geben. Auch ohne mündliche Verhandlung ist das Teilurteil durch eine Kostenschlussentscheidung in Urteilsform zu ergänzen[7]. Wird über die Kostenschlussentscheidung mündlich verhandelt, besteht keine Alleinentscheidungsbefugnis, denn die Entscheidung erfolgt nach einer streitigen Verhandlung, was nach dem Einleitungssatz die Zuständigkeit der Kammer begründet.

10. Tatbestandsberichtigung

52 Diese Kompetenzregelung betrifft nur Tatbestandberichtigungsanträge gem. § 320 ZPO in der ersten Instanz, nicht hingegen Urteilsberichtigungen (§ 319 ZPO) und Urteilsergänzungen (§ 321). Der sachliche Inhalt der Entscheidung ist also nicht davon betroffen.

53 Zuständig ist grds. der Vorsitzende, und zwar derjenige, der den angegriffenen Tatbestand verfasst hat (§ 320 Abs. 4 Satz 2 ZPO). Ist dieser verhindert, kann eine Tatbestandsberichtigung nicht stattfinden[8].

54 Beantragt eine Partei die Durchführung der mündlichen Verhandlung, so entfällt die Alleinentscheidungskompetenz des Vorsitzenden. Der Antrag auf mündliche Verhandlung muss nicht von der Partei kommen, die den Antrag auf Tatbestandsberichtigung gestellt hat. Es handelt sich um eine streitige Verhandlung iSd. Einleitungssatzes. Es sind also die ehrenamtlichen Richter zu beteiligen, und zwar diejenigen, die an dem Urteil mitgewirkt haben, dessen Tatbestand berichtigt werden soll (§ 320 Abs. 4 Satz 2 ZPO). Ist ein Richter verhindert, entscheidet die Kammer in der verminderten Besetzung. Die Parteien sind zu dem Tatbestandsberichtigungstermin ordentlich unter Einhaltung von Ladungs- und Einlassungsfristen zu laden.

---

1 Vgl. LAG Sachsen v. 5.10.2000 – 2 Ta 235/00, MDR 2001, 834; Zöller/*Greger*, § 251 ZPO Rz. 1.
2 OLG Zweibrücken v. 23.2.2000 – 6 WF 22/00.
3 S. dazu LAG Saarland v. 9.6.2000 – 2 Ta 2/2000, NZA-RR 2000, 546; LAG Berlin v. 19.9.2003 – 5 Ta 1841/03, LAGE § 54 ArbGG 1979 Nr. 7; LAG Hamm v. 14.4.2003 – 4 Ta 259/02; LAG Düsseldorf v. 7.5.2003 – 12 Sa 216/03, LAGE § 54 ArbGG 1979 Nr. 6.
4 So für das finanzgerichtliche Verfahren BFH v. 13.5.2003 – VII B 86/03.
5 LAG Berlin v. 19.9.2003 – 5 Ta 1841/03, LAGE § 54 ArbGG 1979 Nr. 7.
6 GMP/*Germelmann*, § 55 Rz. 32a.
7 GMP/*Germelmann*, § 55 Rz. 32b.
8 GMP/*Germelmann*, § 55 Rz. 32d.

Eine Säumnisentscheidung kann nicht ergehen[1]. Auf einen unzulässigen Antrag ist kein Termin anzuberaumen[2].

In dem Antrag auf Tatbestandsberichtigung, der innerhalb von zwei Wochen nach Zustellung des vollständigen Urteils, jedenfalls aber binnen drei Monaten nach Verkündung des Urteils gestellt werden muss (§ 320 Abs. 1 und Abs. 2 Satz 3 ZPO), muss genau angeben werden, welcher Teil des Tatbestandes aus welchen Gründen unrichtig sein soll und welche Feststellungen als richtig angesehen werden. Dieser Antrag ist der Gegenseite zur Stellungnahme zuzuleiten.

Die Entscheidung erfolgt durch **Beschluss**. Dieser ist nicht anfechtbar (§ 320 Abs. 4 Satz 4 ZPO).

Die Bedeutung des Tatbestandsberichtigungsantrags bei erstinstanzlichen Urteilen ist gering, da an der Entscheidung und ihrer Begründung nichts geändert wird (§ 320 Abs. 5 ZPO). Nur wenn die Berufung nicht zulässig ist und aus einem fehlerhaften Tatbestand negative Rechtsfolgen resultieren können, ist ein solcher Antrag ausnahmsweise sinnvoll. Ansonsten können Angriffe gegen die Richtigkeit in der Berufungsbegründungsschrift erfolgen.

11. Zurückweisung nach § 11 Abs. 3

Der Vorsitzende entscheidet außerhalb der streitigen Verhandlung, also auch bei der Güteverhandlung, allein über die Zurückweisung eines Prozessbevollmächtigten gem. § 11 Abs. 3. In der Kammerverhandlung sind entsprechend dem Einleitungssatz die ehrenamtlichen Richter zu beteiligen. Der Beschluss ist unanfechtbar, die Gehörsrüge gem. § 78a möglich.

IV. Alleinentscheidung auf Antrag beider Parteien

Die Alleinentscheidung des Vorsitzenden gem. § 55 Abs. 3 setzt voraus, dass sich die Verhandlung **unmittelbar** an die erfolglos gebliebene **Güteverhandlung anschließt**, die **Parteien** in der Verhandlung übereinstimmend eine Entscheidung durch den Vorsitzenden **beantragen** und eine das Verfahren beendende **Entscheidung ergehen** kann. Der Antrag kann auch in einem zweiten Gütetermin gestellt werden[3].

1. Zeitpunkt

Ist die Güteverhandlung gescheitert, so schließt sich daran die **weitere Verhandlung** unmittelbar an (§ 54 Abs. 4). In diesem Verfahrensstadium kann der Rechtsstreit schon entscheidungsreif sein, weil zB nur eine Rechtsfrage zu einem unstreitigen Sachverhalt zu beurteilen ist. Den Rechtsstreit nunmehr an einem anderen Terminstag, der möglicherweise mehrere Wochen oder gar Monate später liegt, unter Mitwirkung der ehrenamtlichen Richter zu entscheiden, verträgt sich nicht mit dem besonderen Beschleunigungsgrundsatz des arbeitsgerichtlichen Verfahrens. Das Gesetz sieht in solchen Fällen vor, dass die **Parteien die Alleinentscheidung** auf den Vorsitzenden **übertragen**. Diese Möglichkeit besteht nach einer Auffassung nur, wenn ein unmittelbarer Zusammenhang mit der Güteverhandlung vorhanden ist. Dieser soll nicht mehr gegeben sein, wenn der Vorsitzende bereits einen Termin zur streitigen Verhandlung anberaumt und eine neue Sache aufgerufen hat[4]. Unschädlich sollen kurzfristige Unterbrechungen sein, wenn in der Zwischenzeit keine anderen Termine stattfinden. So soll eine Alleinentscheidung durch den Vorsitzenden dann nicht mehr möglich sein, wenn in einem Gütetermin mehrere Sachen verhandelt und in einer zu Beginn der Sitzung verhandelten Sache nach Erledigung der übrigen Gütesachen die streitige Verhandlung durchgeführt werden soll[5]. Diese Sichtweise ist **zu formalistisch und praxisfern**, denn der vom Gesetz verlangte Zusammenhang besteht auch noch dann, wenn der Vorsitzende die übereinstimmenden Anträge der Parteien auf Alleinentscheidung entgegennimmt und die Verhandlung unterbricht, um zuvor andere Gütetermine durchzuführen. In der **Praxis** werden – insbesondere an Gerichtstagen – vielfach mehrere Sachen auf die gleiche Uhrzeit terminiert. Nicht selten wird die Verhandlung in der Gütesitzung unterbrochen und werden andere Sachen vorgezogen, damit die Parteien außerhalb des Sitzungssaales Vergleichsgespräche führen können, oder es werden telefonische Anfragen abgewartet. In Sachen, in denen der Vorsitzende viel aufklären muss, kann es zu Verzögerungen kommen, so dass es nicht ungewöhnlich ist, die nachfolgenden Gütesachen vorzuziehen und nach einer Zwischenverhandlung die unterbrochene Sache fortzusetzen. Der Vorschrift des § 55 Abs. 3 ist daher Genüge getan, wenn die streitige Verhandlung sich in dem Sinne un-

---
[1] GMP/*Germelmann*, § 55 Rz. 32e.
[2] AA GMP/*Germelmann*, § 55 Rz. 32e.
[3] ArbG Stuttgart v. 27.8.2015 – 30 Ca 1611/15.
[4] GK-ArbGG/*Schütz*, § 55 Rz. 361.
[5] GMP/*Germelmann*, § 55 Rz. 41.

mittelbar an den Gütetermin anschließt, als sie noch am Sitzungstag vor Anberaumung eines Kammertermins erfolgt[1]. Nach Beendigung der Güteverhandlung und erst recht nach einer bereits stattgefundenen Kammerverhandlung ist auch bei schriftsätzlich erklärter Zustimmung der Parteien im arbeitsgerichtlichen Verfahren keine Alleinentscheidung des Vorsitzenden mehr vorgesehen[2].

2. Antrag

61 Weitere Voraussetzung für die Alleinentscheidung des Vorsitzenden ist der **übereinstimmende, unwiderrufliche Antrag der Parteien**. Es müssen sämtliche am Rechtsstreit beteiligten Parteien bzw. Streitgenossen übereinstimmend eine Alleinentscheidung durch den Vorsitzenden beantragen, also im Falle der Mehrheit von Klägern und Beklagten alle Parteien beider Seiten[3]. Nicht erforderlich ist dagegen die Zustimmung des Nebenintervenienten[4]. Der Antrag ist ins Protokoll aufzunehmen. Der Antrag auf Alleinentscheidung durch den Vorsitzenden ist für diesen bindend; er kann sich nicht vor der Entscheidungsverantwortung drücken und Kammertermin anberaumen, um den Richterspruch der Kammer zu überlassen[5]. Die Antragstellung kann auf abtrennbare, teilurteilsfähige Teile des prozessualen Anspruchs beschränkt werden; auch insoweit ist der übereinstimmende Antrag der Parteien für den Vorsitzenden bindend[6]. Der Antrag auf übereinstimmende Alleinentscheidung durch den Vorsitzenden ist eine unwiderrufliche Prozesshandlung, kann also weder zurückgenommen noch eingeschränkt werden, wenn er einmal protokolliert ist[7].

3. Entscheidung

62 Die vom Vorsitzenden zu erlassende Entscheidung ist regelmäßig ein den gesamten Rechtsstreit beendendes **Endurteil**. Stellt sich in der Verhandlung vor dem Vorsitzenden heraus, dass der Rechtsstreit nur für Teile des Streitgegenstandes entscheidungsreif ist, so kann auch ein **Teilurteil** ergehen[8]. Ein Teilurteil ergeht auch dann, wenn die Parteien von vornherein den Antrag auf einen abtrennbaren, teilurteilsfähigen Teil des prozessualen Anspruchs beschränkt haben. Teilurteile durch den Vorsitzenden allein erlassen zu können entspricht einem Bedürfnis der Praxis. Über die nachträgliche **Klagezulassung** nach § 5 Abs. 1 KSchG entscheidet grds. die **Kammer** durch Beschluss, der ohne mündliche Verhandlung ergehen kann (§ 5 Abs. 4 Satz 1 KSchG). Trotz dieser Regelung können die Parteien eine Alleinentscheidung durch den Vorsitzenden im Anschluss an die Güteverhandlung herbeiführen.

63 Gleiches gilt für die nachträgliche Zulassung von Entfristungsklagen, da in § 17 Satz 2 TzBfG auf die Regelungen des § 5 KSchG Bezug genommen wird. Gleiches gilt für Entscheidungen über die Zulässigkeit des Rechtsweges und der Verfahrensart nach § 48 Abs. 1 ArbGG iVm. § 17a Abs. 4 GVG. Auch hier ist zwar bestimmt, dass die Entscheidungen – auch außerhalb der mündlichen Verhandlung – stets durch die Kammer ergehen (§ 48 Abs. 1 Nr. 2), jedoch schließt auch diese Regelung die Alleinentscheidung des Vorsitzenden nach § 55 Abs. 3 auf übereinstimmenden Antrag der Parteien nicht aus[9].

64 Im Verfahren nach § 55 Abs. 3 ist auch die Durchführung einer **Beweisaufnahme** möglich, sofern die **Beweismittel präsent** sind, denn solche können aufgrund eines förmlichen Beweisbeschlusses ohne Weiteres vernommen werden[10]. Ist nach Durchführung der Beweisaufnahme die Sache entscheidungsreif, so ergeht ein Endurteil oder ein Teilurteil, wenn der Rechtsstreit nicht im Ganzen entscheidungsreif ist. Nach Erlass eines Teilurteils wird die weitere Verhandlung vor der Kammer fortgesetzt. Gleiches gilt, wenn sich nach durchgeführter Beweisaufnahme herausstellt, dass noch eine weitere Beweisaufnahme notwendig ist. Da die Alleinentscheidungskompetenz der Beschleunigung des Verfahrens dienen soll, ist der weitere Ausschluss der ehrenamtlichen Richter nicht zu rechtfertigen, wenn der Zweck nicht eintritt[11]. Eine Vertagung als Ziel der Entscheidung durch den Vorsitzenden ist – trotz der Möglichkeit, mit Zustimmung der Parteien die Güteverhandlung in einem anderen Termin fortzusetzen (§ 54 Abs. 1 Satz 4) – nicht möglich, weil die Alleinentscheidung nach § 55 Abs. 3 erst in der Verhandlung möglich ist, die sich unmittelbar an die

---

1 Natter/Gross/*Rieker*, § 55 Rz. 16.
2 LAG Hamm v. 2.7.1997 – 2 Sa 2326/95, LAGE § 60 KO Nr. 3.
3 Vgl. GMP/*Germelmann*, § 55 Rz. 43.
4 Natter/Gross/*Rieker*, § 55 Rz. 16.
5 HWK/*Ziemann*, § 55 ArbGG Rz. 30.
6 HWK/*Ziemann*, § 55 ArbGG Rz. 30.
7 GMP/*Germelmann*, § 55 Rz. 43.
8 *Berscheid*, ZfA 1989, 47 (94 f.); Natter/Gross/*Rieker*, § 55 Rz. 17.
9 LAG Nds. v. 23.1.1995 – 3 Ta 159/94.
10 GMP/*Germelmann*, § 55 Rz. 42.
11 Vgl. GMP/*Germelmann*, § 55 Rz. 42.

Güteverhandlung anschließt (§ 54 Abs. 4). Hat im Alleinentscheidungsverfahren vor dem Vorsitzenden nach § 55 Abs. 3 die Vernehmung präsenter Zeugen oder der ebenfalls zulässigen Parteivernehmung[1] keine Entscheidungsreife herbeigeführt, so ist bei Fortsetzung der mündlichen Verhandlung vor der Kammer eine Wiederholung der Beweisaufnahme nicht erforderlich[2].

V. Beweisbeschluss vor streitiger Verhandlung

Unter Verdrängung von § 358a ZPO regelt § 55 Abs. 4 Satz 1 für den ArbG-Prozess abschließend die Möglichkeit, **vor** der streitigen **Kammerverhandlung** (§ 57 Abs. 1, § 58 Abs. 1) einen **Beweisbeschluss** zu erlassen[3]. Bis auf die Parteivernehmung (§ 55 Abs. 4 Satz 1 Nr. 4) kann in den übrigen vier Fällen der Beweisbeschluss schon vor der streitigen Verhandlung ausgeführt werden. In Betracht kommt namentlich die **Beweisaufnahme durch den ersuchten Richter** (§ 55 Abs. 4 Satz 1 Nr. 1 ArbGG iVm. § 362 ZPO). Die Beweisaufnahme erfolgt dann durch ein anderes Gericht im Wege der Rechtshilfe (§ 13), was im Einzelfall bei entsprechender Ortsnähe statt eines ArbG auch ein AG sein kann. Letzteres kann namentlich bei Anordnung der **Augenscheinseinnahme nach** § 372 Abs. 2 ZPO in Betracht kommen. Am häufigsten ist die Anordnung des Zeugenbeweises nach § 375 Abs. 1 ZPO. In Betracht kommt auch eine **Parteivernehmung** nach § 451 ZPO iVm. § 375 ZPO, während die Vernehmung der beweispflichtigen Partei (§ 447 ZPO) oder des Prozessgegners (§ 448 ZPO) durch die Kammer anzuordnen ist[4]. Des Weiteren kann der Vorsitzende die **Einholung schriftlicher Auskünfte von Zeugen** nach § 377 Abs. 3 ZPO einholen (§ 55 Abs. 4 Satz 1 Nr. 2), wenn er dies im Hinblick auf den Inhalt der Beweisfrage und die Person des Zeugen für ausreichend erachtet. Der Zeuge ist darauf hinzuweisen, dass er zur Vernehmung geladen werden kann, wobei der Vorsitzende oder aufgrund mündlicher Verhandlung die Kammer die Ladung des Zeugen anordnet, wenn dies zur weiteren Klärung der Beweisfrage für notwendig erachtet wird (§ 377 Abs. 3 Satz 3 ZPO). Der Zeuge ist schriftlich zur Wahrheit zu ermahnen (§ 395 Abs. 1 ZPO) und über ein etwaiges Zeugnisverweigerungsrecht nach § 383 Abs. 2 ZPO zu belehren. Eine eidesstattliche Versicherung der Richtigkeit der Aussage ist nicht vorgesehen[5]. Ein wichtiges Beweismittel ist die **Einholung amtlicher Auskünfte**, insbesondere bei der Agentur für Arbeit und Krankenkassen, wobei eine Anordnung nach § 55 Abs. 4 Satz 1 Nr. 3 nur zu Beweiszwecken, nicht aber zu Sachverhaltsermittlungen erfolgen darf[6]. Wenn eine Urkunde bei der mündlichen Verhandlung wegen erheblicher Hindernisse nicht vorgelegt werden kann oder wenn es bedenklich erscheint, sie wegen ihrer Wichtigkeit oder der Besorgnis ihres Verlustes oder ihrer Beschädigung vorzulegen, kann der Vorsitzende auch anordnen, dass diese Urkunde dem ersuchten Richter vorgelegt wird (§ 434 ZPO). Sofern die Voraussetzungen der §§ 445 ff. ZPO vorliegen, kann der Vorsitzende auch die Parteivernehmung durch Beweisbeschluss nach § 55 Abs. 4 Satz 1 Nr. 4 anordnen, jedoch hat die Beweisaufnahme selbst vor der Kammer stattzufinden (§ 55 Abs. 4 Satz 2 iVm. § 58 Abs. 1 Satz 1). § 55 Abs. 4 Satz 1 Nr. 5 räumt den Gerichten für Arbeitssachen die Möglichkeit ein, durch den Vorsitzenden die Einholung eines schriftlichen Sachverständigengutachtens anzuordnen.

VI. Rechtsmittel

Der Beweisbeschluss kann nicht isoliert angegriffen werden (§ 355 Abs. 2 ZPO iVm. § 46 Abs. 2 Satz 1). Entscheidet die Kammer, obwohl der Vorsitzende nach § 55 zuständig war oder verkennt der Vorsitzende die Reichweite von § 55 und entscheidet fälschlicherweise alleine, ist das Gericht nicht ordnungsgemäß besetzt. Dies führt wegen § 68 jedoch nicht zu einer Zurückweisung an das ArbG[7]. Ist ein Rechtsmittel gegen das Urteil nicht möglich, kommt die Rüge gem. § 78a in Betracht, dessen Voraussetzungen allerdings umfassend vorliegen müssen[8]. Auch wird die Möglichkeit der Nichtigkeitsklage (§ 79 Abs. 1 Nr. 1 ZPO) und der Revision (absoluter Revisionsgrund, § 547 Nr. 1 ZPO) sowie der Nichtzulassungsbeschwerdebeschwerde vertreten[9]. All dies setzt aber voraus, dass das Gericht bei der anzugreifenden Entscheidung, also dem Urteil, fehlerhaft besetzt war. Die fehlerhafte Besetzung bei einer verfahrensleitenden Entscheidung ist nicht ausreichend und bleibt somit letztlich unangreifbar.

---

1 GMP/*Germelmann*, § 55 Rz. 42.
2 GMP/*Germelmann*, § 55 Rz. 42.
3 GMP/*Germelmann*, § 55 Rz. 48.
4 GK-ArbGG/*Schütz*, § 55 Rz. 42.
5 GMP/*Germelmann*, § 55 Rz. 51.
6 GMP/*Germelmann*, § 55 Rz. 52.
7 GMP/*Germelmann*, § 55 Rz. 59.
8 Natter/Gross/*Rieker*, § 55 Rz. 27.
9 GMP/*Germelmann*, § 55 Rz. 60.

§ 56 Vorbereitung der streitigen Verhandlung

(1) Der Vorsitzende hat die streitige Verhandlung so vorzubereiten, dass sie möglichst in einem Termin zu Ende geführt werden kann. Zu diesem Zweck soll er, soweit es sachdienlich erscheint, insbesondere

1. den Parteien die Ergänzung oder Erläuterung ihrer vorbereitenden Schriftsätze sowie die Vorlegung von Urkunden und von anderen zur Niederlegung bei Gericht geeigneten Gegenständen aufgeben, insbesondere eine Frist zur Erklärung über bestimmte klärungsbedürftige Punkte setzen;
2. Behörden oder Träger eines öffentlichen Amtes um Mitteilung von Urkunden oder um Erteilung amtlicher Auskünfte ersuchen;
3. das persönliche Erscheinen der Parteien anordnen;
4. Zeugen, auf die sich eine Partei bezogen hat, und Sachverständige zur mündlichen Verhandlung laden sowie eine Anordnung nach § 378 der Zivilprozessordnung treffen.

Von diesen Maßnahmen sind die Parteien zu benachrichtigen.

(2) Angriffs- und Verteidigungsmittel, die erst nach Ablauf einer nach Absatz 1 Satz 2 Nr. 1 gesetzten Frist vorgebracht werden, sind nur zuzulassen, wenn nach der freien Überzeugung des Gerichts ihre Zulassung die Erledigung des Rechtsstreits nicht verzögern würde oder wenn die Partei die Verspätung genügend entschuldigt. Die Parteien sind über die Folgen der Versäumung der nach Absatz 1 Satz 2 Nr. 1 gesetzten Frist zu belehren.

I. Allgemeines	1
II. Vorbereitung der streitigen Verhandlung	2
1. Aufklärungshinweise	5
2. Anordnung der Urkundenvorlegung	6
3. Vorlage zum Zwecke der Augenscheinseinnahme	11
4. Einholung amtlicher Auskünfte	13
5. Anordnung des persönlichen Erscheinens	14
6. Ladung von Zeugen und Sachverständigen	15
7. Ermittlung anzuwendenden Rechts	17
III. Zurückweisung verspäteten Vorbringens	19
1. Zurückweisung nach § 56 Abs. 2	20
a) Konkrete gerichtliche Auflage	21
b) Ausreichende Fristsetzung	22
c) Form und Zustellung der Verfügung	24
d) Belehrung über die Folgen der Fristversäumung	27
e) Verspätet vorgebrachte Angriffs- und Beweismittel	30
f) Verzögerung des Rechtsstreits	32
g) Unzureichende Entschuldigung oder Glaubhaftmachung	37
h) Zurückweisungsentscheidung	40
i) Eilverfahren	41
2. Zurückweisung nach § 296 ZPO	42
a) Zurückweisung nach § 296 Abs. 2, § 282 Abs. 1 ZPO	44
b) Zurückweisung nach § 296 Abs. 2, § 282 Abs. 2 ZPO	45
3. Flucht vor der Zurückweisung	48
a) Flucht in die Säumnis	49
b) Flucht in die Berufung	51
c) Flucht in die Klageerweiterung oder Widerklage	52

Schrifttum: *Dütz*, Aktuelle Fragen zur Arbeitsgerichtsgesetz Novelle 1979, RdA 1980, 81; *Gounulakis*, Flucht in die Widerklage - Eine wirksame Umgehung der Präklusionsvorschriften? MDR 1997, 216; *Korinth*, Bezugnahme auf Anlagen zum Schriftsatz, ArbRB 2010, 65; *Korinth*, Theorie und Praxis der Zurückweisung verspäteten Vorbringens, ArbRB 2012, 289; *Lange*, Bezugnahme im Schriftsatz, NJW 1989, 438; *Natter*, Vesteckte Auswirkungen des Prozesskostenhilfeänderungsgesetzes auf das arbeitsgerichtliche Verfahren, FA 2014, 290; *Stein*, Der im Termin übergebene Schriftsatz, AuR 2013, 163; *Stein/Brandt*, Rechtsschutz gegen überlange Gerichtsverfahren in der Arbeitsgerichtsbarkeit, FA 2012, 70.

I. Allgemeines

1 Die streitige Verhandlung ist **möglichst in einem Kammertermin** zu Ende zu führen, wie es in § 57 Abs. 1 Satz 1 heißt. Um dieses Ziel zu erreichen, dient § 56 neben § 9 Abs. 1 Satz 1 und § 61a als Ausprägung des besonderen arbeitsgerichtlichen **Beschleunigungs- und Konzentrationsgrundsatzes**. Der Vorsitzende hat zahlreiche Möglichkeiten, durch prozessleitende Verfügungen in den Verfahrensablauf einzugreifen und ihn zu steuern. Neben Vorbereitungsmaßnahmen in Abs. 1 enthält § 56 in seinem Abs. 2 auch Präklusionsvorschriften.

II. Vorbereitung der streitigen Verhandlung

Die Regelungen des § 56 Abs. 1 dienen in erster Linie der **Vorbereitung der ersten Kammerverhandlung**. Kann die streitige Verhandlung nicht im ersten Kammertermin zu Ende geführt werden, gilt die Vorschrift auch für die Vorbereitung von erforderlichen **Folgeterminen**. Dabei ist zu beachten, dass Vorbereitungshandlungen als Ergebnis des ersten Kammertermins von der vollbesetzten Kammer beschlossen werden, während ergänzende Maßnahmen außerhalb der mündlichen Verhandlung wieder in die Alleinzuständigkeit des Vorsitzenden fallen. Die Vorbereitungsmaßnahmen gelten nur für die streitige Kammerverhandlung, dagegen nicht für die Güteverhandlung[1].

In § 56 Abs. 1 Satz 1 wird dem **Vorsitzenden** die Pflicht auferlegt, die streitige **Verhandlung** so vorzubereiten, dass sie **möglichst in einem Kammertermin** zu Ende geführt werden kann. Dem Vorsitzenden steht kein Ermessensspielraum zu, ob er sachlich gebotene Maßnahmen nach Abs. 1 anordnen will oder nicht; er hat vielmehr alle Handlungen vorzunehmen, die im Interesse der Erledigung des gesamten Rechtsstreits im ersten Kammertermin erforderlich erscheinen. Dem Vorsitzenden ist lediglich insoweit ein Beurteilungsspielraum zuzugestehen, als er prüfen muss, ob und welche Maßnahmen notwendig sind, um das Ziel der möglichst frühzeitigen Beendigung des Rechtsstreits zu erreichen[2].

Das Gesetz nennt in § 56 Abs. 1 Satz 2 nur einige **Beispiele**, wie die Verwendung des Wortes „insbesondere" zeigt. Über die getroffenen Vorbereitungsmaßnahmen sind die Parteien zu benachrichtigen (§ 56 Abs. 1 Satz 3). Dies ist ein Gebot rechtlichen Gehörs; ist es unterblieben, müssen die Parteien in der mündlichen Verhandlung Gelegenheit zur Äußerung und für evtl. weitere Anträge erhalten, ansonsten ist die Verwertung des Beweisergebnisses unzulässig[3]. Im Einzelnen gilt Folgendes:

1. Aufklärungshinweise

Der Vorsitzende hat nach § 56 Abs. 1 Satz 2 Nr. 1 ArbGG iVm. § 139 Abs. 1 Satz 2 ZPO darauf hinzuwirken, dass die Parteien sich rechtzeitig und vollständig über alle erheblichen Tatsachen erklären, ungenügende Angaben zu den geltend gemachten Tatsachen ergänzen, die Beweismittel bezeichnen und sachdienliche Anträge stellen. Auf einen rechtlichen Gesichtspunkt, den eine Partei erkennbar übersehen oder für unerheblich gehalten hat, darf das ArbG seine Entscheidung nur stützen, wenn es darauf hingewiesen und Gelegenheit zur Äußerung gegeben hat (§ 139 Abs. 2 Satz 1 ZPO). Das Gleiche gilt für einen Gesichtspunkt, den das ArbG anders beurteilt als beide Parteien (§ 139 Abs. 2 Satz 2 ZPO). Des Weiteren ist auf Bedenken aufmerksam zu machen, die hinsichtlich der von Amts wegen zu berücksichtigenden Punkte bestehen (§ 139 Abs. 3 ZPO). **Hinweise** sind **so früh wie möglich** zu erteilen und **aktenkundig** zu machen, wobei ihre Erteilung nur durch den Inhalt der Akten bewiesen werden kann, gegen den wiederum nur der Nachweis der Fälschung zulässig ist. Mit diesen Regelungen soll dem Verbot der Überraschungsentscheidung Nachdruck verliehen werden[4]. Wie die Regelung über die Erörterung und Fragestellung (§ 139 Abs. 1 Satz 1 ZPO) und die Einräumung von Erklärungsfristen (§ 139 Abs. 5 ZPO) zeigen, sind die Regelungen des § 139 ZPO über die materielle Prozessleitung auf die mündliche Verhandlung zugeschnitten. Die Regelung des § 56 Abs. 1 Satz 2 Nr. 1 hat die gleiche Zielrichtung, nämlich materielle Prozessleitung durch Hinweise auf Darlegungslücken und Aufklärungsdefizite, jedoch soll diese Vorschrift bereits im Vorfeld der streitigen Verhandlung zur erforderlichen Aufklärung und Ergänzung des Parteivorbringens hinführen. Für eine Auflage nach dieser Vorschrift ist es unverzichtbar, dass der Vorsitzende die **klärungsbedürftigen Punkte genau bezeichnet**[5]. Eine allgemein gehaltene Auflage mit Fristsetzung und Belehrung nach § 56 Abs. 2 Satz 2 genügt den Anforderungen nach § 56 Abs. 1 Satz 2 Nr. 1 allerdings dann, wenn die einzelnen klärungsbedürftigen Punkte vorher im Rahmen der Erörterung der Sach- und Rechtslage in der Güteverhandlung genau bezeichnet und in der Sitzungsniederschrift festgehalten worden sind[6].

2. Anordnung der Urkundenvorlegung

Der Vorsitzende kann den Parteien die **Vorlegung** von in ihren Händen befindlichen **Urkunden** aufgeben. Unter den Urkundenbegriff iSd. § 142 ZPO fallen bspw. Skizzen von den Örtlichkeiten innerhalb des Betriebes, Bauzeichnungen, Skizzen von Verkehrsunfällen, Fotos, Verträge, sonstige Geschäftsunterlagen.

---

1 GMP/*Germelmann*, § 56 Rz. 4.
2 GMP/*Germelmann*, § 56 Rz. 5; *Dütz*, RdA 1980, 81 (87).
3 Vgl. Zöller/*Greger*, § 273 ZPO Rz. 14 unter Hinweis auf BGH v. 2.6.2008 – II ZR 210/06 unter II 2 b bb.
4 BT-Drs. 14/3750, Satz 53.
5 BGH v. 20.6.2011 – IX ZR 35/10; BAG v. 19.6.1980 – 3 AZR 1177/79, AP Nr. 1 zu § 56 ArbGG 1979; LAG Rh.-Pf. v. 10.2.2012 – 6 Sa 485/11; GK-ArbGG/*Schütz*, § 56 Rz. 11.
6 LAG Nürnberg v. 18.12.1989 – 7 Sa 411/89, LAGE § 56 ArbGG 1979 Nr. 1.

Nach § 142 Abs. 1 Satz 1 ZPO setzt eine solche Anordnung voraus, dass die zur Vorlegung aufgeforderte **Partei sich auf diese Urkunden bezogen** und sie konkret bezeichnet hat. Weiter ist ein schlüssiger Sachvortrag der beweisbelasteten Partei und ein erhebliches Bestreiten der Gegenseite nötig. Die Vorlage kann also nicht von Amts wegen zur Ermittlung des maßgeblichen Sachverhalts erfolgen[1].

7 Gemäß § 273 Abs. 2 kann der **Vorsitzende Anordnungen nach § 142 ZPO** treffen. Die Anordnung der Vorlegung von Urkunden erfolgt zwar unabhängig von einem Beweisantritt einer Partei, aber nur dann, wenn sich eine Partei auf diese Urkunden bezogen hat (§ 142 Abs. 1 Satz 1 ZPO). Die Parteien sind verpflichtet, der Anordnung des Vorsitzenden innerhalb einer von ihm gesetzten **Frist** Folge zu leisten (§ 142 Abs. 1 Satz 2 Halbs. 1 ZPO). Zwangsmaßnahmen wie gegen Dritte sind gegen die Partei jedoch nicht möglich. Unabhängig von einer eventuell beweisrechtlichen Folge einer Nichtvorlage nach § 427 ZPO gilt bei Fristversäumung § 296 Abs. 1 ZPO, falls die Anordnung im Rahmen der Terminsvorbereitung nach § 273 Abs. 2 Nr. 5 ZPO ergangen ist. Darüber hinaus statuiert die Vorschrift eine gesetzliche (prozessuale) **Vorlegungspflicht für Dritte**[2], soweit ihnen eine Vorlegung von Urkunden unter Berücksichtigung ihrer berechtigten Interessen zumutbar ist und ihnen kein Zeugnisverweigerungsrecht zur Seite steht (§ 142 Abs. 2 Satz 1 ZPO)[3]. Bei unberechtigter Nichtbefolgung der gerichtlichen Anordnung können dem Dritten Ordnungs- und Zwangsmittel nach Maßgabe der §§ 386–390 ZPO auferlegt werden (§ 142 Abs. 2 Satz 2 ZPO). Beruft sich der Dritte auf ein Zeugnisverweigerungsrecht oder die Unzumutbarkeit, ist zunächst ein Zwischenstreit hierüber durchzuführen (§ 387 ZPO). Nicht gegenüber Dritten, aber gegenüber der Partei, kann die Anordnung ergehen, dass von in fremder Sprache abgefassten Urkunden von einem ermächtigten Übersetzer eine **Übersetzung** beigebracht wird (§ 142 Abs. 3 ZPO).

8 Eine analoge Anwendung von § 273 Abs. 2 ZPO ist weder zulässig noch notwendig, da § 56 eine Spezialregelung hierzu enthält[4].

9 Die Anordnung zur Vorlage von Urkunden betrifft auch die Vorlage von Urkundensammlungen wie zB **Personalakten, Krankenunterlagen, Kundenakten, Projektakten**. Eine Bezugnahme auf solche Urkundensammlungen kann gegen den Beibringungsgrundsatz verstoßen, wenn die Partei die Tatsachen nicht substantiiert vorträgt, sondern es dem Gericht überlassen will, sich aus irgendwelchen ihm vorgelegten Schriftstücken ein eigenes Bild zu machen, also quasi den Sachverhalt selbst zu ermitteln. Die Berufung auf die Vorlage solcher Urkundensammlungen durch den Gegner stellt einen unzulässigen Ausforschungsbeweis dar[5]. Ebenso unzulässig ist es, wenn die darlegungspflichtige Partei nur Buchungsunterlagen, Korrespondenzen, Projektakten oder andere Blattsammlungen vorlegt, aus denen sich das ArbG die Angaben heraussuchen müsste, die die Klage im Einzelnen begründen oder das Gegenvorbringen belegen sollen[6]. Die geordnete Darlegung der Tatsachen in einem vorbereiteten Schriftsatz kann nicht durch eine pauschale Bezugnahme auf Anlagen, insbesondere Urkundensammlungen, ersetzt werden[7]. Deren wesentlicher Inhalt muss vielmehr zusammengefasst im Schriftsatz wiedergegeben werden, denn grds. kann nur zur weiteren Darstellung des eigenen Vortrags auf Anlagen verwiesen werden[8]. In Entgeltfortzahlungsprozessen oder Kündigungsschutzverfahren kann bei entsprechend substantiiertem Sachvortrag die Vorlage von näher bezeichneten Krankenunterlagen unter einem Arzt oder einer Klinik geführt werden, nach § 142 ZPO angeordnet werden[9], und zwar nach Entbindung des Arztes oder der Klinik von der Schweigepflicht.

10 Bei der Beiziehung von Geschäftsunterlagen, Kundenakten oder Projektakten ist zu beachten, dass die beklagte Partei sich in Einzelfällen auf **Betriebs- oder Geschäftsgeheimnisse** berufen kann, was näher begründet werden müsste. Die Beiziehung von Personalakten von Amts wegen nach § 143 ZPO liegt grds. im Bereich des pflichtgemäßen Ermessens der Tatsachengerichte[10]. Ihre Beiziehung darf jedoch nicht zur Amtsermittlung führen. Sie ist im Übrigen, weil das Persönlichkeitsrecht des ArbN berührt wird, von der Zustimmung des Betroffenen abhängig[11]. Die Verwertung des Inhalts der Personalakte darf nicht gegen seinen Willen erfolgen[12]. Von besonderer Bedeutung ist die Beiziehung der Personalakten im Bereich der

---

1 GMP/*Germelmann*, § 56 Rz. 9; Natter/Gross/*Rieker*, § 56 Rz. 4.
2 GMP/*Germelmann*, § 56 Rz. 10.
3 Vgl. hierzu *Schwab/Wildschütz/Heege*, NZA 2003, 999 (1000).
4 GMP/*Germelmann*, § 56 Rz. 7.
5 GMP/*Germelmann*, § 56 Rz. 9.
6 *Lange*, NJW 1989, 438 (442 f.).
7 S. allgem. zur Zulässigkeit der Bezugnahme *Korinth*, ArbRB 2010, 65.
8 LAG Köln v. 21.11.1997 – 11/13 Sa 845/97, NZA-RR 1998, 394.
9 S. dazu LG Saarbrücken v. 7.1.2003 – 5 T 7/03, VersR 2003, 234; OLG Saarbrücken v. 30.4.2003 – 1 U 682/02, MDR 2003, 1250.
10 BAG v. 13.2.1974 – 4 AZR 192/73, AP Nr. 4 zu § 70 BAT.
11 GMP/*Germelmann*, § 56 Rz. 10.
12 GMP/*Germelmann*, § 56 Rz. 13.

Konkurrentenklage im öffentlichen Dienst. Dies betrifft sowohl die Personalakte des Klägers als auch die der Konkurrenten. Dabei ist § 56 Abs. 1 Satz 2 Nr. 1 und 2 extensiv auszulegen, um effektiven Rechtsschutz zu gewährleisten[1]. Dabei stehen der Beiziehung der Akte des Konkurrenten auch keine datenschutzrechtlichen Hemmnisse entgegen. Bei Bewerbungen im öffentlichen Dienst muss jeder Bewerber mit Konkurrentenklagen rechnen, die die Beziehung von Personalakten erforderlichen machen können. Daher liegt bereits in der Bewerbung das schlüssige Einverständnis mit einer Beiziehung.

3. Vorlage zum Zwecke der Augenscheinseinnahme

Nach § 56 Abs. 1 Satz 2 Nr. 1 kann den Parteien die Vorlage von anderen zur Niederlegung bei Gericht geeigneten Gegenständen aufgegeben werden. Die Befugnisse zur Anordnung der Einnahme des Augenscheins und zur Begutachtung durch Sachverständige bestehen unabhängig von einem Beweisantritt. Eine Anordnung kann von Amts wegen erfolgen[2]. Die Partei ist zur Duldung verpflichtet, sofern nicht eine Wohnung betroffen ist (§ 144 Abs. 1 Satz 3 ZPO), womit Art. 13 GG Rechnung getragen wird. § 144 Abs. 1 Satz 2 ZPO erweitert über die passive Duldung der Augenscheinseinnahme die gerichtliche Anordnungskompetenz auf die Vorlegung von Augenscheinsobjekten durch die Partei oder einen Dritten. Der Dritte ist zur Vorlegung oder Duldung nicht verpflichtet, soweit sie ihm nicht zumutbar ist oder ihm ein Zeugnisverweigerungsrecht zur Seite steht (§ 144 Abs. 2 Satz 1 ZPO). Bei unberechtigter Nichtbefolgung der gerichtlichen Anordnung können gegen den Dritten entsprechende Ordnungs- und Zwangsmittel verhängt werden (§ 144 Abs. 2 Satz 2 ZPO iVm. §§ 386–390 ZPO). Die Parteien sind verpflichtet, soweit sie die gerichtliche Anordnung trifft, dieser innerhalb der vom Gericht gesetzten Frist Folge zu leisten. Dies ist zwar nicht erzwingbar, jedoch drohen bei Fristversäumung die Sanktionen des § 296 Abs. 1 ZPO, falls die Anordnung im Rahmen der Terminsvorbereitung nach § 273 Abs. 2 Nr. 5 ZPO ergangen ist. Unberührt davon bleibt die beweisrechtliche Folge einer Nichtvorlage nach § 371 Abs. 3 ZPO, wonach die Behauptung des Gegners über die Beschaffenheit des Gegenstandes als bewiesen angesehen werden können, wenn die Partei die ihr zumutbare Einnahme des Augenscheins vereitelt. Auch hier wird man entweder § 273 Abs. 2 Nr. 5 ZPO analog anwenden oder aber die Regelung des § 56 Abs. 1 Satz 2 Nr. 1 im Lichte der Neuregelung des § 144 ZPO auslegen müssen.

Als „zur Niederlegung bei Gericht **geeignete Gegenstände**" und damit als Augenscheinsobjekte kommen in Betracht bspw. fehlerhafte Werkstücke oder beschädigte Kleidungsstücke, Ton- oder Bildaufnahmen, insbesondere technische Aufzeichnungen oder Aufzeichnungsträger wie etwa USB-Sticks ohne schriftliche Verkörperung[3].

4. Einholung amtlicher Auskünfte

Das Recht, amtliche Einkünfte einzuholen, hat der Vorsitzende bereits nach § 55 Abs. 4 Nr. 3. Die amtliche Auskunft ersetzt bei einer Behörde die Zeugen- oder Sachverständigenvernehmung. Im ArbG-Prozess kommt vornehmlich die **Einholung von Auskünften bei der AOK** oder einer anderen öffentlich-rechtlich erfassten **Krankenkasse**, bei den **Rententrägern**, bei der **Bundesanstalt für Arbeit**, bei der **Industrie- und Handelskammer** sowie der **Handwerkskammer**[4]. Der Begriff der Behörde ist weit auszulegen. Hierunter fallen auch beliehene Unternehmer und Einrichtungen der mittelbaren Staatsverwaltung[5]. Über die Regelung des § 55 Abs. 4 Nr. 3 hinaus kann der Vorsitzende nach § 56 Abs. 1 Satz 2 Nr. 3 bei Behörden und Trägern eines öffentlichen Amtes um „Mitteilung von Urkunden" ersuchen. Hierbei geht es in erster Linie um die Vorlage von **Strafakten**[6] oder sonstige **Gerichtsakten** über bei ArbG oder Zivilgerichten geführten Rechtsstreiten. Im Kündigungsschutzverfahren mit Schwerbehinderten kann es auch angezeigt sein, die Akten des **Integrationsamtes** oder des **Verwaltungsgerichts** beizuziehen. Gleiches gilt in Zahlungsprozessen für die Beiziehung von Akten der Agentur für Arbeit oder des Sozialgerichts, wenn es bspw. um die Frage der Höhe der Insolvenzgeldzahlung geht. In all diesen Fällen gibt die gesetzliche Regelung keine Ermächtigung zur Amtsermittlung, sondern berechtigt nur zu einer das Parteivorbringen ergänzenden Stoffsammlung[7].

---

1 *Hauck/Scholz* in Groeger, Arbeitsrecht im öffentlichen Dienst, Teil 2 Rz. 148.
2 Zurückhaltend GMP/*Germelmann*, § 56 Rz. 14.
3 GMP/*Germelmann*, § 56 Rz. 16.
4 GMP/*Germelmann*, § 56 Rz. 1.
5 Zöller/*Greger*, § 273 Rz. 8.
6 S. dazu BAG v. 10.3.1977 – 4 AZR 675/75, SAE 1978, 108 mit Anm. *Schreiber*.
7 Vgl. GMP/*Germelmann*, § 56 Rz. 12.

5. Anordnung des persönlichen Erscheinens

14 Die Anordnung des persönlichen Erscheinens der Parteien hat bereits durch § 51 Abs. 1 Satz 1 eine umfassende Regelung gefunden (vgl. näher § 51 Rz. 4 ff.). Gesetzestechnisch wird die Aufnahme der Anordnung des persönlichen Erscheinens in dem Katalog des § 56 Abs. 1 überflüssig. Man kann dieses doppelgleisige Vorgehen des Gesetzgebers nur dahin gehend verstehen, dass die Anordnung dort als Befugnis des Vorsitzenden und hier als eine seiner möglichen Verpflichtungen zu verstehen ist[1]. Diese doppelte Befugnis unterstreicht die Bedeutung, die der Gesetzgeber des ArbGG dem persönlichen Erscheinen beimisst und die über die im Zivilprozess deutlich hinausgeht. Umso unverständlicher ist das Bemühen der Gerichte, diese Bedeutung durch hohe Anforderungen an die Zulässigkeit der Anordnung und aus dem Nichtbefolgen resultierende Maßnahmen zu stellen, die weder im Wortlaut noch in Sinn und Zweck eine Stütze finden (vgl. näher § 52 Rz. 25).

6. Ladung von Zeugen und Sachverständigen

15 Die **vorsorgliche Ladung von Zeugen und Sachverständigen** nach § 56 Abs. 1 Satz 2 Nr. 4 dient dem Ziel, in der ersten Kammerverhandlung bereits eine Beweisaufnahme gem. § 58 Abs. 1 Satz 1 durchführen zu können, wenn die Partei sich auf den oder die Zeugen berufen hat und die Ladung der Aufklärung eines streitigen, entscheidungserheblichen Sachverhalts dient[2]. Es können nur Zeugen geladen werden, die **von den Parteien** namentlich mit ladungsfähiger Anschrift genannt sind. Eine solche Ladung ist kein Normverstoß iSv. § 8 GKG, wenn die Zeugen ungehört entlassen werden[3]. Fehlt es an einer Voraussetzung für eine ordnungsgemäße Ladung, hat der Vorsitzende von der Möglichkeit der Auflage nach § 56 Abs. 1 Nr. 1 Gebrauch zu machen und der Partei ggf. eine Frist nach § 356 ZPO zur Mitteilung der ladungsfähigen Anschrift des Zeugen zu setzen[4]. Die ladungsfähige Anschrift eines Zeugen zu ermitteln ist grds. Sache der Partei, die sich auf dessen Aussage als Beweismittel beruft. Auch auf eine entsprechende Anregung der beweisbelasteten Partei hin sind die Gerichte für Arbeitssachen nicht befugt, die ladungsfähige Anschrift eines Zeugen durch gerichtliche Anfrage etwa bei der zuständigen AOK selbst zu ermitteln[5]. Ein Auslagenvorschuss für Zeugen ist im arbeitsgerichtlichen Verfahren nicht zu leisten. Auch bei der vorbereitenden Ladung sind die Förmlichkeiten des § 377 Abs. 1 und Abs. 2 ZPO mit der Maßgabe zu beachten, dass der noch nicht erlassene (förmliche) Beweisbeschluss nicht mitgeteilt werden kann, wohl aber ein nicht vollständig ausformuliertes (vorläufiges) Beweisthema. Dabei sollte das Beweisthema so formuliert werden, dass der Zeuge in etwa weiß, worum es geht. Man sollte jedoch zu eindeutige Formulierungen vermeiden, um dem Zeugen nicht die Antwort in den Mund zu legen[6].

Ordnet der Vorsitzende die Ladung eines Zeugen unter der Mitteilung eines (umrisshaften) Beweisthemas oder unter Vorbehalt der Entscheidung der Kammer an, so entsteht keine **anwaltliche Beweisgebühr**, wenn der Rechtsstreit ohne Einvernahme des Zeugen endet[7]. Dem Zeugen kann aufgegeben werden, Aufzeichnungen und andere Unterlagen einzusehen und zum Termin mitzubringen, wenn dies gestattet und zumutbar ist (§ 378 Abs. 1 Satz 1 ZPO). Der Zeuge ist kein Urkundenlieferant und ist nur nach Maßgabe der §§ 429, 142 Abs. 1 zur Vorlage verpflichtet[8].

16 Die **Ladung von Sachverständigen** kommt **unabhängig** von der Benennung durch die **Parteien** in Betracht, wenn er zur Unterstützung des Gerichts nach § 144 Abs. 1 Satz 1 ZPO herangezogen werden soll, was insbesondere bei Eingruppierungsstreitigkeiten des öffentlichen Dienstes sinnvoll erscheint[9]. Hatte der Vorsitzende nach § 55 Abs. 4 Nr. 5 die Einholung eines schriftlichen Sachverständigengutachtens angeordnet, so kann es geboten sein, den Sachverständigen zum Kammertermin zu laden, damit er Zweifel, die das Gericht hat, ausräumen oder zu den Einwendungen, die die Parteien schriftsätzlich geäußert haben, Stellung nehmen kann. Wegen der Kosten und des Zeitaufwandes für den Sachverständigen sollte hiervon nur Gebrauch gemacht werden, wenn eine ergänzende schriftliche Begutachtung aus Zeitgründen nicht mehr vor dem Kammertermin möglich ist.

---

1 GK-ArbGG/*Schütz*, § 56 Rz. 20.
2 GMP/*Germelmann*, § 56 Rz. 15.
3 LAG Schl.-Holst. v. 29.4.1997 – 4 (2) Sa 33/97.
4 GK-ArbGG/*Schütz*, § 56 Rz. 22.
5 LAG Hessen v. 17.5.1993 – 16 Sa 1748/92.
6 S. zur Zulässigkeit iSv. § 8 GKG LAG Schl.-Holst. v. 29.4.1997 – 4 (2) Sa 33/97.
7 OLG Hamm v. 28.2.2005 – 23 W 6/05; LAG Düsseldorf v. 14.4.2004 – 16 Ta 203/04.
8 Vgl. GMP/*Germelmann*, § 56 Rz. 18.
9 GK-ArbGG/*Schütz*, § 56 Rz. 28.

7. Ermittlung anzuwendenden Rechts

Die Kenntnis des allgemeingültigen, in der Bundesrepublik Deutschland geltenden nationalen Rechts und auch des gem. Art. 25 bzw. 59 Abs. 2 GG transformierten Völkerrechts sowie des durch Zustimmungsgesetz übernommenen Rechts der Europäischen Gemeinschaften ist keiner Beweiserhebung zugänglich, sondern wird beim Gericht vorausgesetzt. Daher ist bspw. die Einholung eines Gutachtens zur nach deutschem Recht zu beurteilenden internationalen Zuständigkeit Deutschlands unzulässig[1]. Die Regelung des § 293 ZPO hat aus arbeitsgerichtlicher Sicht daher nur Bedeutung, wenn bspw. ein portugiesischer ArbN eine portugiesische ArbGeb oder eine polnische ArbN einem polnischen ArbGeb jeweils vor einem deutschen ArbG am Gerichtsstand des Erfüllungsortes auf Lohn- oder Gehaltszahlungen in Anspruch nehmen will. In diesen Fällen kann die **Anwendung ausländischen Rechts** zum Tragen kommen. Das deutsche internationale Privatrecht bestimmt darüber, ob und ggf. welches ausländische Recht zur Anwendung kommt. Dabei ist eine etwaige Rück- oder Weiterverweisung auf das ausländische Recht zu beachten[2]. Der deutsche Richter darf nicht etwa solange deutsches Recht anwenden, bis eine Partei oder ein sonstiger Verfahrensbeteiligter die Anwendung ausländischen Rechts reklamiert. Das Kollisionsrecht ist vielmehr in dem Sinne zwingend, dass der deutsche Richter in jeder Lage des Verfahrens zu prüfen hat, ob das deutsche internationale Privatrecht die Anwendung des deutschen oder eines ausländischen Rechts vorschreibt[3]. Kommt der deutsche Richter zu dem Ergebnis, dass ausländische Rechtsnormen zur Anwendung gelangen, die ihm unbekannt sind, so kann er sich bei der Ermittlung des ausländischen Rechts von den Parteien helfen lassen, ohne an das Parteivorbringen gebunden zu sein. Er kann im Wege des sog. Freibeweises alle ihm zugänglichen Erkenntnisquellen benutzen[4].

17

Im arbeitsgerichtlichen Verfahren kommt der **Ermittlung des Tarifrechts** besondere Bedeutung zu, denn auch auf tarifliche Normen sind die Grundsätze des § 293 ZPO anzuwenden[5]. Ergibt sich aus dem Parteivortrag, dass tarifliche Normen bestehen können, die für die Entscheidung erheblich sein könnten, so haben die Gerichte für Arbeitssachen diesem Vorbringen nachzugehen. Sie müssen den **Inhalt dieser Rechtsnormen** nach den Grundsätzen des § 293 ZPO **ermitteln** und prüfen, ob die Tarifvorschriften auch das der Entscheidung zugrunde liegende Arbeitsverhältnis betreffen[6]. Zum Inhalt eines Tarifvertrages gehört der Zeitpunkt des Geltungsbeginns[7] und des Geltungsendes[8] einer Tarifvertragsnorm, so dass die ArbG **von Amts wegen** zu klären haben, ab wann ein Tarifvertrag wirksam geworden ist und mit seinen Ausschlussfristen somit auf das Arbeitsverhältnis hat einwirken können[9]. Das ArbG kann hinsichtlich des Zeitpunkts der Unterzeichnung des streitigen Tarifvertrags, der nach § 1 Abs. 2 TVG iVm. § 126 Abs. 2, § 125 Satz 1 BGB der gesetzlichen Schriftform unterliegt, auf Tatsachen zurückgreifen, die ihm aufgrund amtlicher Tätigkeit in einem früheren Rechtsstreit zur Kenntnis gelangt und die damit bei dem Gericht „offenkundig" iSv. § 291 ZPO sind[10]. Sofern eine solche Offenkundigkeit nicht gegeben ist, kann der Vorsitzende den Parteien die Vorlage eines Exemplars des einschlägigen Tarifvertrags aufgeben[11] oder bei den Tarifvertragsparteien eine „amtliche Auskunft" einholen[12]. Letzteres ist verfahrensrechtlich unbedenklich möglich und aus § 56 Abs. 1 Satz 2 Nr. 2 herzuleiten, zumal die Verbände (Gewerkschaften und ArbGebVerbände) sowohl im Rechtsleben als auch in der staatlichen Gesellschaft Behörden vergleichbare Funktionen wahrnehmen[13]. Demgemäß können unbedenklich Auskünfte der Tarifvertragsparteien zB darüber eingeholt werden, ob für bestimmte Berufszweige Tarifverträge bestehen, wann sie in Kraft getreten oder gekündigt worden sind, ob es zu Tarifverträgen Protokollnotizen oder vergleichbare Unterlagen gibt oder ob sich eine bestimmte tarifliche Übung mit Billigung der Tarifvertragsparteien herausgebildet hat[14]. Die Einholung derartiger Auskünfte nach § 293 ZPO liegt im pflichtgemäßen Ermessen des Vorsitzenden. Dagegen ist es nicht zulässig, prozessentscheidende Rechtsfragen den Tarifvertragsparteien zur Beurteilung zu überantworten und sie dazu in Auskünften gutachtlich Stellung nehmen zu lassen. So wie prozessentschei-

18

---

1 OLG Koblenz v. 24.9.1997 – 13 WF 810/97, FamRZ 1998, 756.
2 Zöller/*Geimer*, § 293 ZPO Rz. 9.
3 Zöller/*Geimer*, § 293 ZPO Rz. 10, mit zahlreichen Nachweisen zum Sach- und Streitstand.
4 HWK/*Geimer*, § 293 ZPO Rz. 20–22 mit weiteren Hinweisen.
5 HWK/*Ziemann*, § 56 ArbGG Rz. 36.
6 BAG v. 29.3.1957 – 1 AZR 208/55, AP Nr. 4 zu § 4 TVG – Tarifkonkurrenz m. Anm. *Gumpert*.
7 BAG v. 23.10.1996 – 4 AZR 262/95, AP Nr. 1 zu § 3 BAT-O.
8 BAG v. 13.12.1995 – 4 AZR 567/94, AP Nr. 1 zu § 31 MantelG DDR m. Anm. *Schlachter*.
9 BAG v. 9.8.1995 – 6 AZR 1047/94, AP Nr. 16 zu § 1 TVG – Rückwirkung; BAG v. 20.3.1997 – 6 AZR 865/95, AP Nr. 137 zu § 4 TVG.
10 BAG v. 9.8.1995 – 6 AZR 1047/94, AP Nr. 16 zu § 1 TVG – Rückwirkung.
11 Vgl. HWK/*Ziemann*, § 56 ArbGG Rz. 36.
12 BAG v. 20.3.1997 – 6 AZR 865/95, AP Nr. 137 zu § 4 TVG.
13 BAG v. 16.10.1985 – 4 AZR 149/84, AP Nr. 108 zu §§ 22, 23 BAT 1975.
14 BAG v. 16.10.1985 – 4 AZR 149/84, AP Nr. 108 zu §§ 22, 23 BAT 1975.

III. Zurückweisung verspäteten Vorbringens

19 Die Zurückweisungsmöglichkeit des § 56 Abs. 2 dient der beschleunigten und sachgerechten Abwicklung des Rechtsstreits. Die Zurückweisung von schuldhaft verspätetem, den Rechtsstreit verzögernden Sachvortrag verletzt grds. nicht den Anspruch auf rechtliches Gehör[3]. **Präklusionsvorschriften** sind mit **Art. 103 Abs. 3 GG vereinbar**, wenn die betroffene Partei ausreichend Gelegenheit hatte, sich in allen für sie wichtigen Punkte zur Sache zu äußern, dies aber aus von ihr zu vertretenden Gründen versäumt hat[4]. Beruht die Verspätung eines Vorbringens oder das Unterlassen ihrer Entschuldigung auch auf einer Verletzung der richterlichen Fürsorgepflicht, so schließt die rechtsstaatlich gebotene Verfahrensführung eine Präklusion aus[5]. Verspätetes Vorbringen darf nicht ausgeschlossen werden, wenn offenkundig ist, dass dieselbe Verzögerung auch bei rechtzeitigem Vortrag eingetreten wäre[6]. Die Anwendung prozessualer Präklusionsvorschriften verstößt auch dann gegen Art. 103 Abs. 3 GG, wenn eine unzulängliche richterliche Verfahrensleitung die Verzögerung[7] verursacht hat oder auf einer erkennbar unzureichenden Terminsvorbereitung beruht[8]. Art. 103 Abs. 1 GG gewährt allerdings keinen Schutz gegen Entscheidungen, die den von der Partei zur Kenntnis genommenen Sachvortrag der Gegenseite aus Gründen des formellen oder materiellen Rechts teilweise oder ganz unberücksichtigt lassen[9]. Der Anspruch auf wirksamen Rechtsschutz, der für das arbeitsgerichtliche Verfahren aus dem Rechtsstaatsprinzip (Art. 20 Abs. 3 GG) abgeleitet wird, bedeutet auch Rechtsschutz innerhalb angemessener Zeit[10]. Dieses soll durch die Anwendung der Beschleunigungsvorschriften erreicht werden[11] (vgl. zur Präklusion verspäteten Vorbringens in der zweiten Instanz auch die Erläuterungen zu § 67).

1. Zurückweisung nach § 56 Abs. 2

20 Nach § 56 Abs. 2 Satz 1 sind Angriffs- und Verteidigungsmittel, die erst nach Ablauf einer nach § 56 Abs. 1 Satz 2 Nr. 1 gesetzten Frist vorgebracht werden, nur zuzulassen, wenn nach der freien Überzeugung des Gerichts ihre Zulassung die Erledigung des Rechtsstreits nicht verzögern würde oder wenn die Partei die Verspätung genügend entschuldigt. Die Zurückweisungsmöglichkeit nach dieser Vorschrift besteht nur in den Fällen einer Auflage, die der Vorsitzende der Partei mit Hinweis auf Darlegungslücken und Aufklärungsdefizite nach § 56 Abs. 1 Nr. 1 gemacht hat. Eine ausdehnende Auslegung dieser Vorschrift auf andere vom Vorsitzenden oder vom Gericht gesetzten Fristen ist nicht möglich[12]. Die wesentlich gleichartige Vorschrift des § 296 Abs. 1 ZPO tritt hinter der speziellen Norm des § 56 Abs. 2 zurück.

a) Konkrete gerichtliche Auflage

21 Das ArbG darf Vorbringen einer Partei, die eine ihr gesetzte Frist versäumt hat, nur dann zurückweisen, wenn der Vorsitzende im Rahmen einer prozessleitenden Verfügung oder die Kammer bei Vertagung der streitigen Verhandlung in dem Beschluss die **klärungsbedürftigen Punkte genau bezeichnet** hat[13]. Dies ist notwendig, um den Streitstoff zu konzentrieren und die im ArbG-Verfahren häufig prozessunerfahrene Partei zum sachgemäßen Vortrag in den Stand zu setzen. Die bloße Auflage, zum gegnerischen Vorbringen

---

1 BAG v. 14.12.1977 – 4 AZR 467/76, AP Nr. 4 zu §§ 22, 23 BAT 1975 mit Anm. *Zängl*; BAG v. 14.8.1985 – 4 AZR 21/84, AP Nr. 109 zu §§ 22, 23 BAT 1975.
2 BAG v. 16.10.1985 – 4 AZR 149/84, AP Nr. 108 zu §§ 22, 23 BAT 1975.
3 BVerfG v. 16.6.1995 – 2 BvR 2623/93, NJW-RR 1995, 1469; s. allgemein *Korinth*, ArbRB 2012, 289.
4 BVerfG v. 30.1.1985 – 1 BvR 99/84, JR 1986, 14 (16).
5 BVerfG v. 14.4.1987 – 1 BvR 182/84, MDR 1987, 814.
6 BVerfG v. 5.5.1987 – 1 BvR 903/85, MDR 1987, 904; BVerfG v. 10.7.1991 – 2 BvR 206/91, NJW 1992, 679.
7 BVerfG v. 21.2.1990 – 1 BvR 1117/89, EzA § 528 ZPO Nr. 6.
8 BVerfG v. 22.8.1991 – 1 BvR 365/91, NJW 1992, 680.
9 BVerfG v. 10.10.1973 – 2 BvR 574/71, MDR 1974, 208; BVerfG v. 2.7.1979 – 1 BvR 1292/78, AP Nr. 31 zu Art. 103 GG; BVerfG v. 13.9.1979 – 2 BvR 278/79, AP Nr. 32 zu Art. 103 GG.
10 BVerfG v. 3.8.1989 – 1 BvR 1178/88, AP Nr. 40 zu Art. 103 GG.
11 HWK/*Ziemann*, § 56 ArbGG Rz. 38.
12 GMP/*Germelmann*, § 56 Rz. 25.
13 BGH v. 20.6.2011 – IX ZR 35/10; BAG v. 19.6.1980 – 3 AZR 1177/79, AP Nr. 1 zu § 56 ArbGG 1979; LAG Rh.-Pf. v. 10.2.2012 – 6 Sa 485/11.

in einer bestimmten Frist Stellung zu nehmen, reicht – wie die gesteigerten Aufklärungs- und Hinweispflichten nach § 139 Abs. 1–3 ZPO zeigen – nicht aus[1]. Damit wird nicht die Ergänzung oder Erläuterung von vorbereitenden Schriftsätzen oder die Erklärung über bestimmte erklärungsbedürftige Punkte gem. § 56 Abs. 1 Nr. 1 angeordnet, sondern nur die Pflicht der Partei zur schriftlichen Vorbereitung des streitigen Termins gem. § 129 Abs. 2, § 282 Abs. 2 ZPO begründet[2]. Eine allgemein gehaltene Auflage mit Fristsetzung und Hinweis gem. § 56 Abs. 2 Satz 2 genügt allerdings den Anforderungen des § 56 Abs. 1 Satz 2 Nr. 1 und rechtfertigt die Zurückweisung nach § 56 Abs. 2 Satz 1 dann, wenn die einzelnen klärungsbedürftigen Punkte vorher im Rahmen der Erörterung der Sach- und Rechtslage (§ 139 Abs. 1–3 ZPO) genau bezeichnet und in der Sitzungsniederschrift aktenkundig gemacht (§ 139 Abs. 4 ZPO) worden sind[3].

b) Ausreichende Fristsetzung

Die Auflage muss eine **bestimmte, angemessene Frist** zur Beseitigung der Darlegungslücken und Aufklärungsdefizite enthalten. Die Frist muss entsprechend dem vom Gericht geschätzten Zeitaufwand für die Ergänzung des Sachvortrages bemessen werden. Wird die **Frist zu kurz** bemessen, liegt ein Verstoß gegen die Grundsätze der rechtsstaatlichen Verfahrensgestaltung vor, weil die betroffene Partei zeitlich nicht ausreichend Gelegenheit hatte, sich zu allen für sie wichtigen Punkten zu erklären. Die Länge der Frist ist vom Umfang der von der Partei zu erwartenden Darlegungen und der für sie notwendigen Nachforschungen, Rücksprachen und Berechnungen abhängig[4]. Grundsätzlich kann man sich an der Zwei-Wochen-Frist des § 61a Abs. 3 orientieren. Es ist Sache der Partei, eine Verlängerung zu beantragen, wenn ihr die Frist zu kurz erscheint. 22

Dabei ist das Vorliegen erheblicher Gründe glaubhaft zu machen. Der Antrag muss vor Fristablauf bei Gericht eingegangen sein, die Entscheidung kann auch nach Fristablauf getroffen werden[5]. Wird die beantragte Fristverlängerung abgelehnt, obwohl bis zum Kammertermin noch ausreichend Zeit ist, darf bei Nichteinhaltung der ursprünglich gesetzten Frist das nach Fristablauf gelieferte Vorbringen der Partei nicht als verspätet zurückgewiesen werden, weil eine fehlerhafte Sachbehandlung und damit eine Verletzung des Anspruchs auf rechtliches Gehör durch das Gericht vorliegt. Gleiches gilt, wenn der Vorsitzende die Frist von vornherein zu kurz bemessen hat; in einem solchen Fall ist die Frist durch Zulassung verspäteten Vorbringens zu korrigieren[6]. Ob die vom Vorsitzenden festgesetzte Frist „angemessen" war, ist aus der Sicht im Zeitpunkt der Entscheidung über die Zulassung oder Zurückweisung des Vorbringens zu beurteilen[7]. Dabei hat der Vorsitzende einen erheblichen Ermessensspielraum. Über **Beginn und Ende der Frist** muss bei der Verfügung der Frist Gewissheit bestehen[8]. Ist hierfür ein Zeitabschnitt bestimmt („Binnen einer Ausschlussfrist von zwei Wochen") beginnt die Frist im Zweifel mit dem Zugang der Verfügung. Schließt sich hieran eine weitere Frist für die Gegenseite an, beginnt diese im Zweifel mit der Zustellung des ersten Schriftsatzes. 23

c) Form und Zustellung der Verfügung

Wird die **Auflagen- und Fristsetzungsverfügung** im Güte- oder Kammertermin durch Beschluss **verkündet**, bedarf es außerhalb des Protokolls, das den verkündeten Beschluss enthält, keiner Unterzeichnung durch den Vorsitzenden[9]; es **entfällt auch die Zustellung** des Beschlusses nach § 329 Abs. 2 Satz 2 ZPO, es genügt die ordnungsgemäße Verkündung des Beschlusses nach § 329 Abs. 1 Satz 1 ZPO. Wird die Auflagen- und Fristsetzungsverfügung **außerhalb der mündlichen Verhandlung** erlassen, so bedarf sie nach verbreiteter Auffassung der vollständigen **Unterschrift** durch den Vorsitzenden. Wird die richterliche Verfügung nur mit einer Namensparaphe abgezeichnet, bleibt sie nach dieser Auffassung ein Entwurf[10], so dass die Partei mit ihrem Vorbringen nicht ausgeschlossen werden darf[11]. Diese Sichtweise erscheint nicht 24

---

1 GMP/*Germelmann*, § 56 Rz. 26.
2 Vgl. HWK/*Ziemann*, § 56 ArbGG Rz. 42.
3 LAG Nürnberg v. 18.12.1989 – 7 Sa 411/89, LAGE § 56 ArbGG 1979 Nr. 1.
4 GK-ArbGG/*Schütz*, § 56 Rz. 48.
5 HWK/*Ziemann*, § 56 ArbGG Rz. 43.
6 Vgl. GMP/*Germelmann*, § 56 Rz. 38 ff.
7 OLG Hamm v. 22.7.1982 – 6 U 61/82, MDR 1983, 63.
8 BGH v. 5.3.1990 – II ZR 109/89, LM Nr. 30 zu § 296 ZPO.
9 GK-ArbGG/*Schütz*, § 56 Rz. 46.
10 LAG Hamm v. 11.3.1982 – 8 Sa 32/82; LAG Düsseldorf v. 31.3.1982 – 7 Ta 69/82, EzA § 62 ArbGG 1979 Nr. 6; LAG Rh.-Pf. v. 19.11.1993 – 6 Ta 242/93, ARST 1994, 138.
11 BGH v. 13.3.1980 – VII ZR 147/79, LM Nr. 8 zu § 328 ZPO m. Anm. *Girisch*; BGH v. 21.9.1982 – VI ZR 272/80; BGH v. 5.3.1990 – II ZR 109/89, MDR 1990, 1095.

sachgerecht und wenig praxisnah. Eine innere Rechtfertigung hierfür ist nicht ersichtlich, zumal die Außenwirkung der Anordnung hiervon überhaupt nicht betroffen ist.

25 Der **Partei**, an welche sich die Fristsetzung richtet, muss eine vom UdG durch Unterschrift und Siegel beglaubigte Abschrift der fristsetzenden, ordnungsgemäß unterzeichneten[1] richterlichen Verfügung **zugestellt** werden (§ 329 Abs. 2 Satz 2 ZPO)[2].

26 Die Verfügung muss von dem geschäftsplanmäßig zuständigen Vorsitzenden oder im Verhinderungsfall von seinem Vertreter unterzeichnet werden[3].

d) Belehrung über die Folgen der Fristversäumung

27 Die Zurückweisung setzt des Weiteren voraus, dass die Partei über die **Folgen der Versäumung** der gesetzten Frist belehrt worden ist (§ 56 Abs. 2 Satz 2), denn der Ausschluss von Parteivorbringen ist verfassungsrechtlich nicht vertretbar, wenn der betroffenen Partei nicht gleichzeitig mit der Fristsetzung völlig klar gemacht wird, in welche prekäre Lage sie durch die Fristsetzung gerät. Die Belehrung (man sollte de lege ferenda daran denken, diesen Terminus allgemein durch „Hinweis" zu ersetzen) hat außerhalb der mündlichen Verhandlung **schriftlich** zu erfolgen; wird eine Auflage unter Fristsetzung nach erfolgloser Güteverhandlung mündlich erteilt, so sind die Auflage nebst Fristsetzung und die Belehrung als wesentlicher Vorgang iSd. § 160 Abs. 2 ZPO in die **Sitzungsniederschrift** aufzunehmen[4].

28 Die Mitteilung des Wortlauts der gesetzlichen Vorschrift genügt als Belehrung hierüber nicht; die Fristsetzung ist dann unwirksam[5]. Die formularmäßige Aufforderung, innerhalb der gesetzten Frist „eine Klageerwiderung einzureichen, in der alle Verteidigungs- und Beweismittel enthalten sein müssen", und die Belehrung, dass „nach Ablauf der Frist das Gericht solche Erklärung nur zulässt, wenn dadurch die Erledigung des Prozesses nicht verzögert würde oder wenn die Verspätung genügend entschuldigt wird", genügt nicht den von der Rspr. an die Belehrung gestellten Anforderungen[6]. Eine Wiederholung des Gesetzeswortlauts der Präklusionsvorschriften ist wegen der einschneidenden Folgen einer Fristversäumung im Allgemeinen nicht ausreichend; die Belehrung muss vielmehr **individuell** zur jeweiligen Auflage **formuliert** werden[7]. Die Anforderungen dürfen hierbei aber auch nicht überspannt werden. Wenn der beklagte ArbGeb in der Güteverhandlung dringende betriebliche Erfordernisse für die soziale Rechtfertigung der Kündigung behauptet, muss die Auflage nur generell auf diesen Kündigungsgrund zugeschnitten sein und keine Spezifika enthalten, die in der Güteverhandlung vielleicht angedeutet worden sind. Auch muss der Hinweis auf die Möglichkeit der Zurückweisung verspäteten Vorbringens nur so formuliert sein, dass ein Durchschnittsbürger ihn versteht.

29 Der Hinweis muss selbst dann erfolgen, wenn die Partei bereits durch einen Gewerkschaftssekretär oder einen Verbandsvertreter oder einen Rechtsanwalt vertreten wird[8] oder wenn sie eine solche Person nachträglich beauftragt[9]. Hier genügt der Hinweis auf die gesetzlichen Vorschriften, die das Gericht bei Fristablauf anzuwenden gedenkt. Einer kommentierenden Erläuterung der Gesetzesvorschriften bedarf es gegenüber einem Gewerkschaftssekretär oder einem Verbandsvertreter oder einem Rechtsanwalt nicht[10]. Allerdings muss auch dieser sachverständige Personenkreis eindeutig erkennen können, dass die Frist präklusionsrechtliche Folgen beinhaltet und nicht nur allgemeiner Natur ist.

e) Verspätet vorgebrachte Angriffs- und Beweismittel

30 Sind die vorgenannten formellen Voraussetzungen erfüllt, dann sind Angriffs- und Verteidigungsmittel, die nicht fristgerecht vorgebracht werden, **nicht zuzulassen**, wenn dadurch die Erledigung des Rechtsstreits verzögert würde oder wenn die Partei die Verspätung **nicht genügend entschuldigt**. Sind die Präklusionsvoraussetzungen erfüllt, besteht eine **Zurückweisungspflicht**, die weder zur Disposition des Gerichts noch

---

1 BGH v. 5.3.1990 – II ZR 109/89, MDR 1990, 1095.
2 BGH v. 9.3.1981 – VIII ZR 38/80, NJW 1981, 2255 m. Anm. *Deubner*; BGH v. 21.9.1982 – VI ZR 272/80, VersR 1983, 33; BGH v. 16.9.1988 – V ZR 71/87, MDR 1989, 54; GMP/*Germelmann*, § 56 Rz. 31.
3 BGH v. 27.6.1991 – IX ZR 222/90, MDR 1992, 185.
4 GK-ArbGG/*Schütz*, § 56 Rz. 49.
5 BGH v. 12.1.1983 – IVa ZR 135/81, LM Nr. 1 zu § 277 ZPO m. Anm. *Schmidt-Kessel*.
6 BGH v. 16.5.1991 – III ZR 82/90, MDR 1992, 187.
7 GK-ArbGG/*Schütz*, § 56 Rz. 49.
8 BGH v. 14.7.1983 – VII ZR 328/82, LM Nr. 2 zu § 277 ZPO m. Anm. *Recken*.
9 BGH v. 11.7.1985 – I ZR 145/83, MDR 1986, 123.
10 LAG Nds. v. 12.1.1989 – 6 Sa 544/88, NJW-RR 1989, 441; zust. GMP/*Germelmann*, § 56 Rz. 32; aA GK-ArbGG/*Schütz*, § 56 Rz. 49.

der Parteien steht[1]. Dies ergibt sich daraus, dass § 56 Abs. 2 einen anderen Wortlaut hat („sind nur zuzulassen, wenn ...") als § 296 Abs. 2 ZPO („können zurückgewiesen werden"). Eine Fristversäumung liegt vor, wenn die vom Gericht geforderte Erklärung nicht innerhalb der gesetzten Frist eingeht oder wenn die angeforderten Unterlagen nicht fristgerecht zu den Gerichtsakten gereicht werden. Die Partei darf die gesetzte Frist bis zuletzt ausschöpfen; ihr ist in begründeten Fällen Fristverlängerung zu gewähren[2]. Es können nur **Angriffs- und Verteidigungsmittel** zurückgewiesen werden. Darunter wird jedes sachliche und prozessuale Vorbringen verstanden, das zur Durchsetzung oder Abwehr des geltend gemachten Anspruchs bzw. Gegenanspruchs dient[3]. Dazu zählen Tatsachenbehauptungen aller Art, das Bestreiten von Tatsachen, Einwendungen und Einreden, Ausübung von Gestaltungsrechten, Benennung von Beweismitteln und die Erhebung von Beweiseinreden[4]. Auch die Aufrechnung ist ein Verteidigungsmittel im vorgenannten Sinne, denn mit ihr wird – wie mit anderen der Rechtsverteidigung dienenden Einwendungen – bezweckt, den vom Kläger geltend gemachten Klageanspruch zu Fall zu bringen[5]. Gleiches gilt für die Anfechtung, denn mit der Berufung auf die Anfechtung eines Rechtsgeschäfts wird sogleich eine verteidigende, rechtsvernichtende Tatsachenbehauptung aufgestellt[6].

Keine Angriffs- und Verteidigungsmittel sind Rechtsausführungen und verfahrensbestimmende Anträge wie die Klageänderung, die Klageerweiterung, der Parteiwechsel, die Parteiänderung, die Widerklage[7], die Widerklageänderung oder -erweiterung nebst entsprechendem Tatsachenvortrag[8]. Keine Angriffs- und Verteidigungsmittel sind außerdem Klagerücknahme, Erledigungserklärung, Anerkenntnis und Verzicht[9]. 31

f) Verzögerung des Rechtsstreits

Was unter „Verzögerung des Rechtsstreits" zu verstehen ist, ist umstritten. Hiervon kann gesprochen werden, wenn 32

– die Dauer des Verfahrens durch die Zulassung des nach Fristablauf eingegangenen Vortrags (hypothetisch) verlängert wird gegenüber der Dauer des Verfahrens, die bei rechtzeitigem Vorbringen erforderlich und zu erwarten gewesen wäre („relativer Verzögerungsbegriff"),

– das Verfahren bei Zulassung des nach Fristablauf eingegangenen Vortrags ohne Berücksichtigung des hypothetischen Verfahrensablaufs länger dauern würde als bei Zurückweisung des verspäteten Vorbringens („absoluter Verzögerungsbegriff")[10].

Die **letztgenannte Ansicht** verdient den **Vorzug und hat sich durchgesetzt**, denn eine sichere Prognose bezüglich der Frage, ob der Rechtsstreit möglicherweise auch bei Einhaltung der Erwiderungsfrist einen weiteren Verhandlungstermin erforderlich gemacht hätte, ist vielfach gar nicht möglich. Derartige hypothetische Erwägungen sind abzulehnen, da sie die Funktion der Verspätungsvorschriften herabmindern würden[11]. Die Frage, ob eine Verzögerung in der Erledigung des Rechtsstreits eingetreten wäre, ist demnach grds. nach dem Stand des Verfahrens im Zeitpunkt des verspäteten Vorbringens zu beurteilen[12]. 33

Für den Zivilprozess wird die Prüfungsfolge wie folgt vertreten: Vor einer Zurückweisung hat das Gericht verspätetes Vorbringen auf seine **Erheblichkeit** hin zu prüfen und, wenn es diese bejaht, den **Prozessgegner zur Stellungnahme** zu veranlassen[13]. Denn solange nicht feststeht, dass der Prozessgegner verspätetes Vorbringen überhaupt bestreitet, liegen die Voraussetzungen für eine Zurückweisung nicht vor[14]. Erklärt die vom verspäteten Vorbringen betroffene Partei in der mündlichen Verhandlung, dass sie sich dazu nicht äußern könne, so hat das Gericht auf die Stellung eines Antrags gem. § 283 ZPO auf Nachreichung eines fristgebundenen Schriftsatzes hinzuwirken, denn der Prozessgegner kann durch Nichtstellen dieses An- 34

---

1 Natter/Gross/*Rieker*, § 56 Rz. 26.
2 So zur Berufungsbegründungsfrist: BAG v. 4.2.1994 – 8 AZB 16/93, EzA § 66 ArbGG 1979 Nr. 17 m. Anm. *Brehm*; BAG v. 27.9.1994 – 2 AZB 18/94, EzA § 66 ArbGG 1979 Nr. 18 m. Anm. *Gravenhorst*.
3 Vgl. HWK/*Ziemann*, § 56 ArbGG Rz. 53.
4 Vgl. HWK/*Ziemann*, § 56 ArbGG Rz. 53.
5 BGH v. 30.5.1984 – VIII ZR 20/83, MDR 1984, 837.
6 BAG v. 9.11.1983 – 5 AZR 355/81, NZA 1985, 130.
7 S. hierzu *Gounulakis*, MDR 1997, 216.
8 Natter/Gross/*Rieker*, § 56 Rz. 16.
9 GK-ArbGG/*Schütz*, § 56 Rz. 53.
10 BGH v. 31.1.1980 – VII ZR 96/79, NJW 1980, 945 m. Anm. *E. Schneider*; GMP/Germelmann, § 56 Rz. 34.
11 BGH v. 2.12.1982 – VII ZR 71, LM Nr. 9 zu § 275 ZPO m. Anm. *Bliesner*.
12 So grundlegend BGH v. 12.7.1979 – VII ZR 284/78, LM Nr. 7 zu § 275 ZPO m. Anm. *Giriseh*.
13 OLG Frankfurt v. 8.10.1991 – 14 U 247/90, NJW-RR 1992, 1405.
14 OLG Naumburg v. 7.1.1994 – 3 U 69/93, NJW-RR 1994, 704.

trags die Voraussetzungen für eine Zurückweisung nicht schaffen[1]. Zu einer Erklärung auf das gegnerische Vorbringen ist die Gegenpartei durch § 138 Abs. 2 ZPO gehalten, da ansonsten die Geständniswirkung (§ 138 Abs. 3 ZPO) droht; bei Nichtstellung des Antrags nach § 283 ZPO darf das Gericht das Vorbringen der Gegenpartei nicht als verspätet zurückweisen[2]. Erst nach Eingang des nachgelassenen Schriftsatzes ist über die Zurückweisung des bestrittenen und damit beweisbedürftig gebliebenen verspäteten Vorbringens zu entscheiden[3]. Die durch an sich verspätetes Vorbringen veranlasste Notwendigkeit, nach § 283 ZPO eine Erklärungsfrist einzuräumen und einen Verkündungstermin anzuberaumen, bedeutet für sich allein noch keine Verzögerung des Rechtsstreits[4]. Gegen diese Auffassung habe ich Bedenken. Die Erledigung des Rechtsstreits wird verzögert, wenn die Entscheidung nicht im Kammertermin verkündet werden kann, sondern erst zwei oder drei Wochen später. Die formale Unterscheidung zwischen Verhandlungs- und Verkündungstermin ändert daran nichts.

35 Zwischen der **Verspätung** des Vorbringens und der **Verzögerung** des Rechtsstreits muss ein **allein ursächlicher Zusammenhang** bestehen[5]. Ein solcher besteht nicht, wenn es zu Verzögerungen des Rechtsstreits aus Gründen kommt, die dem gerichtlichen Verfahren allgemein und unabhängig davon innewohnen, ob die Partei rechtzeitig oder verspätet vorgetragen hat. So rechtfertigt das Ausbleiben eines rechtzeitig und ordnungsgemäß geladenen **Zeugen** die Annahme einer Verzögerung des Rechtsstreits nicht, weil sie nicht auf dem Verhalten der Partei beruht, und zwar unabhängig davon, ob das Fernbleiben des Zeugen entschuldigt oder unentschuldigt ist[6]. Diese Verzögerungen dürfen nicht dem Verhalten der Prozesspartei zugerechnet werden, die den Zeugen benannt hat[7]. Geht wegen verspäteten Beweisantritts die Ladung dem Zeugen nicht zu und erscheint er auch nicht freiwillig zum Termin, dann ist die Partei aufgrund verspäteten Beweisantritts mit ihrem Vorbringen präkludiert, selbst wenn sich der Zeuge sich der Partei gegenüber zum Erscheinen bereit erklärt hatte und möglicherweise auch bei rechtzeitiger Ladung ausgeblieben wäre[8]. Ordnet das Gericht trotz unvollständiger Zeugenbenennung die Vernehmung des Zeugen an, so muss es eine **Frist zur Beibringung** der **vollständigen** Anschrift bestimmen. Die Fristsetzung erfolgt durch Beschluss (§ 356 ZPO), der entweder in der sich an die Güteverhandlung anschließenden Verhandlung mit den Folgen des § 329 Abs. 1 ZPO zu verkünden ist oder bei Erlass außerhalb der mündlichen Verhandlung nach Maßgabe des § 329 Abs. 2 Satz 2 ZPO förmlich zuzustellen ist; nur in einem solchen Falle löst er die Präklusionswirkungen bei Fristversäumung aus[9]. Die Vernehmung eines zunächst ohne ladungsfähige Anschrift, im Übrigen aber konkret und rechtzeitig benannten Zeugen, darf nur unter den Voraussetzungen des § 356 ZPO abgelehnt werden. Die Aufforderung in einer vorbereitenden Anordnung an den Beklagten, die „Verteidigungsmittel unverzüglich unter vollständigem Beweisantritt zu ergänzen", stellt keine wirksame Fristsetzung nach § 356 ZPO dar[10]. Bei verspätetem Vorbringen und verspätet vorgebrachten Beweismitteln ist zu beachten, dass es dem Gericht zuzumuten ist, die Verspätung durch im normalem Geschäftsgang mögliche Anordnung auszugleichen, nicht jedoch, zu diesem Zweck Eilanordnungen zu treffen[11]. Des Weiteren ist zu beachten, dass es an einer Verzögerung der Erledigung des Rechtsstreits fehlt, wenn auch bei fristgerechtem Eingang des Schriftsatzes mit dem verspäteten Vorbringen ein Beweisbeschluss hätte ergehen müssen, und der Rechtsstreit folglich nicht in dem vorgesehenen Termin seine Erledigung gefunden hätte[12]. Mit anderen Worten: verspätetes Vorbringen und verspätet vorgebrachte Beweismittel dürfen nicht ausgeschlossen werden, wenn offenkundig ist, dass dieselbe Verzögerung auch bei rechtzeitigem Vortrag eingetreten wäre[13].

36 Ist eine **Verfahrensverzögerung** durch zumutbare und damit prozessrechtlich gebotene Maßnahmen **vermeidbar**, dient die Zurückweisung verspäteten Vorbringens oder verspätet vorgebrachter Beweismittel nicht mehr der Verhinderung von Folgen säumigen Parteiverhaltens; die Verzögerung tritt vielmehr erst infolge unzureichender richterlicher Verfahrensleitung ein, so dass ein **Ausschluss unzulässig** ist[14]. Von

---

1 LAG Hamm v. 2.2.1995 – 4 Sa 1850/94, LAGE § 67 ArbGG 1979 Nr. 3 m. Anm. *Brehm*.
2 BGH v. 24.4.1985 – VIII ZR 95/84 MDR 1985, 754.
3 OLG Frankfurt/Main v. 24.9.1986 – 17 U 20/85, MDR 1987, 330.
4 BAG v. 2.3.1989 – 2 AZR 275/88 für die Anberaumung eines Verkündungstermins; s. weiter GK-ArbGG/*Schütz* § 56 Rz. 58 mwN.
5 Natter/Gross/*Rieker*, § 56 Rz. 24.
6 BGH v. 23.4.1986 – VIII ZR 128/85, MDR 1986, 1018 m. Anm. *E. Schneider*.
7 BGH v. 13.1.1987 – VI ZR 280/85, LM Nr. 33 zu § 528 ZPO.
8 BGH v. 19.10.1988 – VIII ZR 298/87, MDR 1989, 249.
9 BGH v. 16.9.1988 – V ZR 71/87, MDR 1989, 54.
10 BGH v. 31.3.1993 – VIII ZR 91/92, MDR 1994, 512.
11 BGH v. 13.2.1980 – VIII ZR 61/79 MDR 1980, 487 m. Anm. *E. Schneider*.
12 OLG Hamm v. 4.2.1994 – 9 U 192/93, NJW-RR 1995, 126.
13 BVerfG v. 5.5.1987 – 1 BvR 903/85, MDR 1987, 904.
14 BVerfG v. 27.1.1995 – 1 BvR 1430/94 und BVerfG v. 20.10.1994 – 2 BvR 1506/94, NJW-RR 1995, 377.

der Möglichkeit des Ausschlusses von Parteivorbringen oder von Beweismitteln wegen Verspätung darf kein Gebrauch gemacht werden, wenn ein Schriftsatz so rechtzeitig bei Gericht eingeht, dass die Ladung eines darin benannten Zeugen zu einem bereits anberaumten Termin möglich ist oder der betreffende Zeuge im Termin gestellt wird[1]. Die Pflicht zur Wahrung rechtlichen Gehörs (Art. 103 GG) erfordert aber nicht, schon vor Eingang der Klageerwiderung aufgrund des in der Klageschrift geschilderten vorprozessualen Streitstandes die hierzu benannten Zeugen vorsorglich zum Kammertermin zu laden[2]. Die Erledigung des Rechtsstreits wird aber auch dann verzögert, wenn der von der einen Partei verspätet erst in der mündlichen Verhandlung benannte Zeuge zwar präsent ist und deshalb vernommen werden könnte, seine Vernehmung aber bei einer für die benennende Partei günstigen Aussage die Vernehmung nicht präsenter Gegenzeugen der anderen Partei erforderlich machen würde[3]. Grundsätzlich muss das Gericht aber den Termin so gestalten, dass eine Zeugenvernehmung durchgeführt werden kann, wenn der verspätete Sachvortrag mit Beweisantritt zum Zeitpunkt der Terminierung schon vorlag[4].

g) Unzureichende Entschuldigung oder Glaubhaftmachung

Der betroffenen Partei ist vom Vorsitzenden **rechtliches Gehör** zum **Vorwurf der Verspätung** des Vorbringens bzw. der Beweismittel zu gewähren. Es ist dann Sache der Partei, Entschuldigungsgründe vorzubringen. Erfolgt dies, ist ihr Gelegenheit zu geben, die **Entschuldigungsgründe glaubhaft** zu machen. Das Gericht darf ein verspätetes Vorbringen nicht wegen Unglaubwürdigkeit des vorgetragenen Entschuldigungsgrundes zurückweisen, ohne dass es die Partei zur Glaubhaftmachung aufgefordert und ihr dazu in angemessener Weise – regelmäßig unter Einräumung einer kurzen Frist – Gelegenheit gegeben hat. Dies gilt auch, wenn die Partei bereits von sich aus eine Glaubhaftmachung versucht hat, das Gericht diese jedoch nicht für ausreichend hält[5].

37

Die Partei muss sich **eigenes Verschulden**, das ihres **gesetzlichen Vertreters** (§ 51 Abs. 2 ZPO) oder ihres **Prozessbevollmächtigten** (§ 85 Abs. 2 ZPO) zurechnen lassen, wobei das Verschulden an der Fristversäumung im Falle der Verspätung des Vorbringens vermutet wird[6]. Die Partei muss sich entlasten, und zwar sofort, spätestens aber in dem auf das verspätete Vorbringen folgenden Termin. Hinsichtlich des bei dem Prozessbevollmächtigten (Gewerkschaftssekretär, Verbandsvertreter, Rechtsanwalt) beschäftigten Personals gelten hinsichtlich der Verschuldenszurechnung die gleichen Grundsätze wie bei der Wiedereinsetzung in den vorigen Stand gem. §§ 233 ff. ZPO[7]. Bei der Versäumung einer richterlichen Frist kommt eine Wiedereinsetzung in den vorigen Stand nicht in Betracht; die Ähnlichkeit besteht nur insoweit, als Wiedereinsetzungsgründe nach § 233 ZPO Entschuldigungsgründe im Sinne der Präklusionsvorschriften sein können[8].

38

Ein **verspätetes Vorbringen** ist auch dann **zuzulassen**, wenn die Verzögerung **unverschuldet** – zB durch ungewöhnlich langen Postlauf – eingetreten ist[9]. Im Übrigen kommt als Entschuldigungsgrund jedes Ereignis in Betracht, das zum verspäteten Vorbringen der Angriffs- und Verteidigungsmittel geführt hat. Allerdings kann nur fahrlässiges Verhalten der Partei, ihres gesetzlichen Vertreters oder ihres Prozessbevollmächtigten, das im Verhältnis zum Zweck der Fristsetzung und im Verhältnis zur Wirkung der Präklusion als nicht schwerwiegend angesehen werden kann, zu einer Entschuldigung führen, während vorsätzliche Fristversäumung oder grob fahrlässiges Verhalten idR nicht zu entschuldigen sind[10]. Eine Fristversäumung wegen Krankheit, Überlastung im Beruf wegen Mehrarbeit, Überlastung und Krankheit des Prozessbevollmächtigten können ausreichende Entschuldigungsgründe darstellen[11]. Über die Voraussetzung der Verzögerung und der ausreichenden Entschuldigung hat das Gericht nach pflichtgemäßem Ermessen zu entscheiden. Dabei werden an die Sorgfaltspflichten des Gewerkschaftssekretärs, des Verbandsvertreters oder des Anwalts strengere Anforderungen gestellt als an die Partei selbst[12]. Soweit es um das Verschulden der

39

---

1 BAG v. 23.11.1988 – 4 AZR 393/88, NJW 1989, 1236 m. Anm. *Deubner*.
2 So zum Zivilprozess BGH v. 30.9.1986 – X ZR 2/86, MDR 1987, 230.
3 BGH v. 26.3.1982 – V ZR 149/81, MDR 1982, 658.
4 BVerfG v. 26.8.1988 – 2 BvR 1437/87.
5 BGH v. 10.3.1986 – II ZR 107/85, MDR 1986, 1002.
6 Vgl. Natter/Gross/*Rieker*, § 56 Rz. 25.
7 GMP/*Germelmann*, § 56 Rz. 38.
8 GK-ArbGG/*Schütz*, § 56 Rz. 77.
9 GK-ArbGG/*Schütz*, § 56 Rz. 76.
10 GK-ArbGG/*Schütz*, § 56 Rz. 77.
11 GK-ArbGG/*Schütz*, § 56 Rz. 77.
12 Natter/Gross/*Rieker*, § 56 Rz. 25.

Partei geht, ist danach zu fragen, ob diese nach ihren persönlichen Kenntnissen und Fähigkeiten die Verspätung hätte vermeiden können und müssen[1].

h) Zurückweisungsentscheidung

40   Über die **Zurückweisung** des Vorbringens und/oder der Beweismittel als verspätet entscheidet nicht der Vorsitzende allein, sondern die vollbesetzte **Kammer** unter Einschluss der ehrenamtlichen Richter. Die Entscheidung über die Zurückweisung des Vorbringens erfolgt inzident in dem **Urteil zur Hauptsache**. Hierbei kann es sich auch um ein Teilurteil handeln. Erforderlich ist aber immer, dass in der Sache selbst entschieden wird. Ein Teilurteil, das sich allein darauf beschränkt, einen Sachvortrag als verspätet zurückzuweisen, ist unzulässig, weil damit keine Teilentscheidung in der Sache selbst getroffen wird[2]. Auch eine Zurückweisung des Vorbringens und/oder der Beweismittel als verspätet durch **Beschluss** – wie dies gelegentlich von Prozessvertretern beantragt wird – ist **unzulässig**. Dabei handelt es sich auch nicht um einen Antrag im prozessualen Sinn, sondern lediglich um die Anregung an das Gericht, den verspäteten Sachvortrag nicht zu berücksichtigen. Die Zurückweisung des verspäteten Vorbringens oder verspätet vorgebrachter Beweismittel hat lediglich die Wirkung, dass die Sachprüfung so vorzunehmen ist, als hätte die Partei das verspätete Vorbringen nicht vorgetragen oder den Beweisantrag nicht gestellt[3]. Die Zurückweisung verspätet vorgebrachter Angriffs- oder Verteidigungsmittel hat nicht zur Folge, dass eine Sachprüfung nicht stattzufinden hat und dass die Klage „wegen Verspätung" abzuweisen ist. Unzulässig ist es auch, das Vorbringen einer Partei gegen einen verspätet eingereichten Schriftsatz pauschal zurückzuweisen; die Zurückweisung kann sich immer nur auf bestimmte, konkret bezeichnete Angriffs- bzw. Verteidigungsmittel beziehen[4]. Bei der **Stufenklage** ist die Besonderheit zu beachten, dass das Vorbringen, welches im Verfahren über den geltend gemachten Auskunftsanspruch ausgeschlossen worden ist, im anschließenden Betragsverfahren erneut vorgetragen wird und dann nicht mit der Begründung als verspätet zurückgewiesen werden darf, es hätte schon in der ersten Stufe rechtzeitig und substantiiert vorgebracht werden können[5].

i) Eilverfahren

41   Im **Arrestverfahren** und im **Verfügungsverfahren** haben die Parteien ihr tatsächliches Vorbringen bzw. Gegenvorbringen glaubhaft zu machen. Hieraus folgt, dass sie im Verhandlungstermin auch neue Tatsachen vortragen und Zeugen stellen dürfen. Eine Zurückweisung des Vorbringens als verspätet oder die Nichteinvernahme von Zeugen kommen regelmäßig nicht in Betracht, weil grds. kein Anspruch auf Vertagung der Verhandlung besteht und daher keine Verzögerung eintritt[6].

2. Zurückweisung nach § 296 ZPO

42   Eine **Zurückweisung** von Angriffs- und Verteidigungsmitteln **nach § 296 Abs. 1 ZPO findet** im arbeitsgerichtlichen Verfahren **nicht statt**, da die nahezu wortgleiche Vorschrift des § 56 Abs. 2 Satz 1 der zivilprozessualen Vorschrift vorgeht[7]. Die in § 296 Abs. 1 ZPO in Bezug genommenen Fristen nach § 275 Abs. 1 Satz 1, Abs. 3, Abs. 4, § 276 Abs. 1 Satz 2, Abs. 3, § 277 ZPO können im arbeitsgerichtlichen Verfahren nicht gesetzt werden, da diese Regelungen dort nicht gelten (§ 46 Abs. 2 Satz 2). Gleiches gilt für die in § 296 Abs. 1 ZPO genannte Frist § 273 Abs. 2 Nr. 2 ZPO, weil insoweit in § 56 Abs. 1 Satz 2 Nr. 1 für das arbeitsgerichtliche Verfahren eine speziellere Regelung enthalten ist[8].

43   Die allgemeine Prozessförderungspflicht des § 282 Abs. 1 ZPO und die Zurückweisungsvorschrift des § 296 Abs. 2–4, § 296a ZPO, nicht aber § 296 Abs. 1 ZPO bestehen neben den Spezialregelungen des § 56 Abs. 2 und des § 61a Abs. 5 auch im Verfahren vor den ArbG einschließlich des Kündigungsschutzverfahrens[9]. Allerdings dürften die Vorschriften des ArbGG idR strenger sein, so dass die Außerachtlassung

---

1 OLG Hamm v. 15.2.1991 – 12 U 143/90, NJW-RR 1992, 122.
2 BGH v. 26.6.1980 – VII ZR 143/79, MDR 1980, 927; BGH v. 9.7.1981 – VII ZR 40/80, MDR 1982, 133; BGH v. 4.2.1993 – VII ZR 39/92, MDR 1993, 1058.
3 BGH v. 17.4.1996 – XII ZB 60/95, FamRZ 1996, 1071.
4 BGH v. 17.4.1996 – XII ZB 60/95, FamRZ 1996, 1071.
5 OLG Karlsruhe v. 10.10.1984 – 6 U 81/83, NJW 1985, 1349.
6 OLG Hamburg v. 29.5.1986 – 3 U 17/86, NJW-RR 1987, 36; aA LG Aachen v. 12.9.1996 – 8 O 281/96, NJW-RR 1997, 380; teilw. aA OLG Koblenz v. 5.2.1987 – 6 U 1319/86, GRUR 1987, 319. S. allgemein zum vorläufigen Rechtsschutz *Korinth*, Einstweiliger Rechtsschutz im Arbeitsgerichtsverfahren.
7 GMP/*Germelmann*, § 56 Rz. 2.
8 GMP/*Germelmann*, § 56 Rz. 2.
9 LAG Hamm v. 2.2.1995 – 4 Sa 1850/94, LAGE § 67 ArbGG 1979 Nr. 3 m. Anm. *Brehm*; GMP/*Germelmann*, § 56 Rz. 2; Natter/Gross/*Rieker*, § 56 Rz. 13.

der allgemeinen Prozessförderungspflicht nur dann die Zurückweisung begründet, wenn aus besonderen Gründen die Spezialvorschriften dies nicht erlauben.

a) Zurückweisung nach § 296 Abs. 2, § 282 Abs. 1 ZPO

Demnach hat auch im arbeitsgerichtlichen Verfahren jede Partei in der mündlichen Verhandlung ihre **Angriffs- und Verteidigungsmittel**, insbesondere Behauptungen, Bestreiten, Einwendungen, Einreden, Beweismittel und Beweiseinreden, so zeitig vorzubringen, wie es nach der Prozesslage einer **sorgfältigen** und auf **Förderung des Verfahrens bedachten Prozessführung** entspricht (§ 282 Abs. 1 ZPO). Angriffs- und Verteidigungsmittel, die entgegen § 282 Abs. 1 ZPO nicht rechtzeitig vorgebracht werden, können zurückgewiesen werden, wenn ihre Zulassung nach der freien Überzeugung des Gerichts die Erledigung des Rechtsstreits verzögern würde und die Verspätung auf grober Nachlässigkeit beruht (§ 296 Abs. 2 ZPO). Die Zurückweisungsmöglichkeit nach § 296 Abs. 2, § 282 Abs. 1 ZPO folgt damit nicht aus der Versäumung einer vom Gericht gesetzten Frist, sondern aus der Verletzung der allgemeinen Prozessförderungspflicht der Parteien. Die zu der Präklusionsvorschrift des § 56 Abs. 2 aufgeführten Voraussetzungen zur Verzögerung des Rechtsstreits müssen auch hier vorliegen. Als **Verschuldungsgrad** nennt das Gesetz die **grobe Nachlässigkeit**. Eine solche liegt nur dann vor, wenn die Partei oder ihr gesetzlicher Vertreter (§ 51 Abs. 2 ZPO) oder ihr Prozessbevollmächtigter (§ 85 Abs. 2 ZPO) die prozessuale Sorgfalt in ungewöhnlich großem Maße verletzt und dasjenige unbeachtet gelassen hat, was jedem, der einen Prozess führt, hätte einleuchten müssen[1].

b) Zurückweisung nach § 296 Abs. 2, § 282 Abs. 2 ZPO

Angriffs- und Verteidigungsmittel, auf die der Prozessgegner voraussichtlich **ohne vorhergehende Erkundigung keine Erklärung** abgeben kann, sind vor der mündlichen Verhandlung durch vorbereitenden Schriftsatz so zeitig mitzuteilen, dass der Prozessgegner die erforderliche Erkundigung noch einzuziehen vermag (§ 282 Abs. 2 ZPO). Diese Verpflichtung trifft die Parteien im arbeitsgerichtlichen Verfahren nur, wenn ihnen nach § 129 Abs. 2 ZPO durch richterliche Anordnung aufgegeben worden ist, die mündliche Verhandlung durch Schriftsätze oder durch zu Protokoll der Geschäftsstelle abzugebende Erklärungen vorzubereiten[2]. Angriffs- und Verteidigungsmittel, die entgegen § 282 Abs. 2 ZPO nicht rechtzeitig mitgeteilt werden, können zurückgewiesen werden, wenn ihre Zulassung nach der freien Überzeugung des Gerichts die Erledigung des Rechtsstreits verzögern würde und die Verspätung auf grober Nachlässigkeit beruht (§ 296 Abs. 2 ZPO). War den Parteien nicht durch richterliche Anordnung aufgegeben worden, die mündliche Verhandlung durch Schriftsätze vorzubereiten (§ 129 Abs. 2 Satz 1 ZPO), so besteht zwar nach § 132 Abs. 1 ZPO die Pflicht, einen vorbereiteten Schriftsatz, der neue Tatsachen oder ein anderes neues Vorbringen enthält, so rechtzeitig einzureichen, dass er mindestens eine Woche vor der mündlichen Verhandlung zugestellt werden kann; enthält der vorbereitende Schriftsatz eine Gegenerklärung auf neues Vorbringen, so ist er so rechtzeitig einzureichen, dass er mindestens drei Tage vor der mündlichen Verhandlung zugestellt werden kann (§ 132 Abs. 2 Satz 1 ZPO). Die bloße Nichteinhaltung dieser Schriftsatzfrist, also ein Verstoß gegen § 132 ZPO, genügt jedoch nicht, um die Rechtsfolgen der § 296 Abs. 2, § 282 Abs. 2 ZPO auszulösen[3].

§ 282 Abs. 2 ZPO verlangt, dass Verteidigungsmittel, auf die der Gegner voraussichtlich ohne vorhergehende Erkundigung keine Erklärung abgeben kann, vor der mündlichen Verhandlung durch vorbereitenden Schriftsatz so zeitig mitgeteilt werden, dass der Gegner die erforderliche Erkundigung noch einzuziehen vermag. Diese Vorschrift hat vor allem Bedeutung für **neue Tatsachenbehauptungen**. Auf diese hat sich der Gegner gem. § 138 ZPO substantiiert und der Wahrheit gem. zu erklären. Hierzu wird vielfach nicht nur eine Rückfrage des Anwalts beim Mandanten, sondern auch eine Erkundigung an dritter Stelle erforderlich sein. Anders ist es dagegen, wenn für eine bereits früher aufgestellte und streitig gewordene Behauptung neue Beweise angeboten werden. Diese sind, soweit sie eine materiell-rechtlich erhebliche Behauptung betreffen und ihnen keine prozessualen Hindernisse entgegenstehen, auch dann zu erheben, wenn der Gegner sein Bestreiten nicht wiederholt.

Dass **neues Vorbringen** so **rechtzeitig schriftsätzlich** anzukündigen sei, dass das Gericht noch vorbereitende Maßnahmen im Zivilprozess nach § 273 ZPO und im ArbG-Prozess nach § 56 treffen könne, **verlangt § 282 Abs. 2 ZPO nicht**. Wenn das Gericht sicherstellen will, dass die Schriftsätze der Parteien bereits in einem Zeitpunkt bei Gericht eingehen, in dem noch die Ladung von Zeugen und andere vor-

---
1 BGH v. 28.9.1988 – IVa ZR 88/87, MDR 1989, 49.
2 Vgl. HWK/*Ziemann*, § 56 ArbGG Rz. 81.
3 BGH v. 28.9.1988 – IVa ZR 88/87, MDR 1989, 49.

bereitende Maßnahmen angeordnet werden können, kann es entsprechende Fristen zu setzen (§ 56 Abs. 2, § 61a Abs. 3, 4).

3. Flucht vor der Zurückweisung

48 Die Möglichkeiten der Zurückweisung sind in der Praxis relativ gering. Das Beschleunigungsgebot des Gesetzgebers wird weiter dadurch ausgehöhlt, dass auch bei einer an sich möglichen Zurückweisung des Vorbringens Möglichkeiten bestehen, sich dem zu entziehen. Keine dieser Möglichkeiten ist jedoch ohne Risiko.

a) Flucht in die Säumnis

49 Solange die Anträge noch nicht gestellt worden sind – was gem. § 137 Abs. 1 ZPO eigentlich zu Beginn der mündlichen Verhandlung geschehen sollte – kann jede Partei erklären, keinen Antrag zu stellen. Sie wird dann so behandelt, als sei sie nicht erschienen (s. § 59 Rz. 12). Die Gegenseite kann dann einen Antrag auf Erlass eines Versäumnisurteils stellen. Erfolgt der Antrag klägerseitig, hat das Gericht zu prüfen, ob die Klage schlüssig ist und dann entweder das Versäumnisurteil zu erlassen oder die Klage durch unechtes Versäumnisurteil abzuweisen. Zuständig ist in der Kammerverhandlung nicht der Vorsitzende, sondern die Kammer, auch bei einem unechten Versäumnisurteil.. Es handelt sich nicht um eine Entscheidung „außerhalb der streitigen Verhandlung" iSv. § 55 (s. § 55 Rz. 24). Gegen das Versäumnisurteil kann binnen einer Woche ab Zustellung Einspruch eingelegt werden. Dieser versetzt den Rechtsstreit gem. § 342 ZPO in die Lage vor Eintritt der Säumnis (zu den Einzelheiten s. § 59 Rz. 82).

50 Die Flucht in die Säumnis ist jedoch nicht immer geeignet, verspätetem Vorbringen zur Berücksichtigung zu verhelfen. Zum einen kann die Gegenseite statt des Versäumnisurteils auch ein Urteil nach Lage der Akten beantragen (§§ 251a, 331a ZPO). Dies kann auch im ersten Kammertermin geschehen, denn die Güteverhandlung stellt ein vorangegangenes Verhandeln iSv. § 251a ZPO dar (s. § 54 Rz. 38). Zum anderen ist zu beachten, dass der Einspruchskammertermin zügig anzuberaumen ist (§ 341a iVm. § 272 Abs. 3 ZPO). Grundsätzlich ist der nächste freie Kammertermin anzusetzen, der bei einer Terminslücke auch sehr schnell auf den Termin folgen kann, in dem das Versäumnisurteil verkündet wurde. Die säumige Partei hat keinen Anspruch auf eine Terminierung, die so geräumig ist, dass die versäumte Prozesshandlung rechtzeitig nachgeholt werden kann[1]. Das Gericht darf aber nicht sachwidrig schnell terminieren, etwa schon vor Eingang des Einspruchs. Die Flucht in die Säumnis kann überdies zur Verhängung einer Verzögerungsgebühr führen[2].

b) Flucht in die Berufung

51 Ist der Sachvortrag vom ArbG zu Recht als verspätet zurückgewiesen worden, bleibt er auch in der zweiten Instanz unberücksichtigt (§ 67 Abs. 1). Die Flucht in die Berufung kann also nur darin bestehen, den nicht mehr rechtzeitig möglichen Sachvortrag in erster Instanz gar nicht zu unterbreiten, sondern erst im Rahmen der Berufungsbegründung. Eine Zurückweisung gem. § 67 Abs. 2 und 3 erscheint nur in Ausnahmefällen denkbar, da die Gegenseite die Möglichkeit der Erwiderung in der Berufungserwiderungsschrift hat und deshalb eine Verzögerung des Rechtsstreits kaum möglich ist. In der zweiten Instanz ist das Kostenrisiko aber deutlich höher.

c) Flucht in die Klagerweiterung oder Widerklage

52 Die Erweiterung der Klage oder die Erhebung einer Widerklage im Kammertermin kann die Entscheidungsreife des Prozesses verzögern. Das Gericht kann jedoch den zur Entscheidung reifen Teil durch Teilurteil (§ 301 ZPO) entscheiden und so den Zweck der Maßnahme vereiteln. Maßgeblich sind immer die Umstände des Einzelfalls.

---

[1] BGH v. 23.10.1980 – VII ZR 307/79; Natter/Gross/*Rieker*, § 56 Rz. 28.
[2] LAG Hessen v. 24.2.2009 – 13 Ta 586/08.

§ 57 Verhandlung vor der Kammer

(1) Die Verhandlung ist möglichst in einem Termin zu Ende zu führen. Ist das nicht durchführbar, insbesondere weil eine Beweisaufnahme nicht sofort stattfinden kann, so ist der Termin zur weiteren Verhandlung, die sich alsbald anschließen soll, sofort zu verkünden.
(2) Die gütliche Erledigung des Rechtsstreits soll während des ganzen Verfahrens angestrebt werden.

I. Allgemeines	1	III. Beschleunigungsgrundsatz	8
II. Gang der mündlichen Verhandlung	2	1. Erledigung im ersten Kammertermin	9
1. Antragstellung	3	2. Vertagung der Kammerverhandlung	11
2. Anhörung der Parteien	4	3. Verkündungstermin	13
3. Aufklärungs- und Hinweispflichten	5	IV. Versuch einer gütlichen Einigung	14

Schrifttum: *Kirchner*, Erneute Stellung der Anträge bei Richterwechsel (§ 137 Abs. 1 ZPO)?, NJW 1971, 2158; *Künzl*, Die Reform des Zivilprozesses (Teil I), ZTR 2001, 492; *Schmidt/Schwab/Wildschütz*, Die Auswirkungen der Reform des Zivilprozesses auf das arbeitsgerichtliche Verfahren (Teil 1), NZA 2001, 1161.

I. Allgemeines

Die Vorschrift bringt den **Beschleunigungsgrundsatz** des § 9 Abs. 1 Satz 1 und die **Konzentrationsmaxime** zum Ausdruck, indem die Erledigung des Rechtsstreits **in einem Termin** als Grundsatz festgeschrieben wird (§ 57 Abs. 1 Satz 1). In § 9 Abs. 2 wird der Vorrang der gütlichen Einigung, wie er bereits in § 54 zum Ausdruck gekommen ist, nochmals besonders hervorgehoben. Über den Ablauf der streitigen mündlichen Verhandlung nach gescheiterter Güteverhandlung enthält das ArbGG keine Sonderregelungen. Deshalb gelten nach der allgemeinen Verweisungsvorschrift des § 46 Abs. 2 Satz 1 die Vorschriften für das amtsgerichtliche Verfahren, die ihrerseits wiederum auf das landgerichtliche Verfahren verweisen, entsprechend, insbesondere die §§ 137, 279 ZPO.

II. Gang der mündlichen Verhandlung

Die Parteien verhandeln mit dem Rechtsstreit vor dem erkennenden Gericht **mündlich** (§ 128 Abs. 1 ZPO), und zwar im erstinstanzlichen arbeitsgerichtlichen Verfahren stets, da die Regelungen über Entscheidungen ohne mündliche Verhandlung (§ 128 Abs. 2 ZPO) hier nicht anwendbar sind (§ 46 Abs. 2 Satz 2). Die Verhandlung wird vor der voll besetzten Kammer geführt, d.h. alle Richter müssen ununterbrochen anwesend sein. Dies gilt auch, wenn die Erörterung des Sach- und Streitverhältnisses im Rahmen eines „Konfliktlösungs- und Vergleichsgesprächs" stattfand, denn auch Vergleichsverhandlungen im Rahmen einer mündlichen Verhandlung vor dem erkennenden Gericht sind Bestandteil der Verhandlung selbst. Wenn nicht ausnahmsweise durch besonderen Beschluss ein Mitglied der Kammer mit der Führung der Vergleichsverhandlungen beauftragt ist, muss das Gericht in seiner vollen Besetzung tätig sein. Ein Verstoß hiergegen, also die zeitweilige Abwesenheit eines ehrenamtlichen Richters, begründet auch dann einen absoluten Revisionsgrund, wenn ihm angeboten wird, die in seiner Abwesenheit gefallenen Äußerungen zu wiederholen und er dies ablehnt[1]. Der Termin beginnt mit dem **Aufruf der Sache** (§ 220 Abs. 1 ZPO) und der **Eröffnung der mündlichen Verhandlung durch den Vorsitzenden** (§ 126 Abs. 1 ZPO), der diese leitet. Danach erfolgt die Aufnahme der Präsenz der Parteien durch Protokollierung der für die Kennzeichnung der Sache und der Beteiligten erforderlichen Angaben (§ 160 Abs. 1 ZPO). Bei Parteivertretern, die weder Anwälte noch Gewerkschaftssekretäre oder Verbandsvertreter sind, hat das Gericht eine ordnungsgemäße Bevollmächtigung festzustellen (§ 88 Abs. 2 ZPO). Es ist festzuhalten, ob Schriftsätze noch zwischen den Parteien gewechselt werden, ob diese neuen Sachvortrag enthalten und ob die Gegenseite sich hierauf einlässt. Dies hat für den weiteren Gang des Verfahrens, nämlich Weiterverhandeln bei unschlüssigem bzw. unerheblichem neuen Vortrag, Schriftsatzvorbehalt (§ 283 ZPO) oder Vertagung (§ 227 Abs. 1 Nr. 2 ZPO), Bedeutung[2].

---

1 BAG v. 23.6.2016 – 8 AZN 205/16.
2 Vgl. Natter/Gross/*Rieker*, § 57 Rz. 5 auch zum Schriftsatznachlass.

1. Antragstellung

3 Die mündliche Verhandlung wird durch die **Stellung der Anträge** eingeleitet (§ 137 Abs. 1 ZPO). Gegen diese Regelung wird des Öfteren verstoßen, indem in der Kammerverhandlung vor der Stellung der Anträge die Sach- und Rechtslage erörtert wird, um einen Vergleich vor streitiger Verhandlung evtl. schließen zu können. Es mögen dann zwar geringere Kosten für die Parteien anfallen, jedoch läuft das Gericht Gefahr, dass eine Partei, für die der Ausgang nach Erörterung der Sach- und Rechtslage ungünstig erscheint, sich in die Säumnis flüchtet. Da noch keine Anträge gestellt sind, scheidet der Erlass eines streitigen Endurteils – von den Fällen der unschlüssigen Klageerhebung und der Entscheidung nach Lage der Akten abgesehen – aus. Die Verletzung der Vorschrift des § 137 Abs. 1 ZPO über die Antragstellung führt in einem solchen Falle dazu, dass die streitige mündliche Verhandlung entgegen § 57 Abs. 1 Satz 1 nicht in einem Termin durchgeführt werden kann. Im Zuge der Antragstellung kann die Erörterung der Sach- und Rechtslage nach § 139 Abs. 1 Satz 1 ZPO notwendig sein, weil der Vorsitzende darauf hinzuwirken hat, dass die Parteien sachdienliche Prozess- und Sachanträge stellen (§ 139 Abs. 1 Satz 2 ZPO). Er hat die Verbesserung unzweckmäßiger Anträge und die Bereinigung unklarer Anträge anzuregen. **Bei mehreren Anträgen** ist ggf. aufzuklären, in welchem Verhältnis (Haupt- und Hilfsantrag) diese zueinander stehen sollen. Hat sich die Prozesslage etwa durch Erledigung der Hauptsache (zB Zahlung vor dem Termin, Rücknahme der Kündigung etc.) oder Anspruchsübergang (Zahlung von ArblGeld oder Insolvenzgeld) geändert, hat der Vorsitzende auf eine **Anpassung der Anträge** an die veränderte Situation hinzuwirken. Anregungen des Gerichts, die auf neue, im Vortrag der Parteien nicht andeutungsweise enthaltene Klagegründe und damit auf eine Klageerweiterung zielen, sind durch § 139 Abs. 1 ZPO nicht immer gedeckt. Im Einzelfall kann dies jedoch geboten sein, um eine neue Klage zu vermeiden und einen alle Ansprüche der Parteien abdeckenden Vergleich anzustreben. Die Antragstellung erfolgt durch Verlesung aus den vorbereitenden Schriftsätzen oder durch Verlesung einer dem Protokoll als Anlage beigefügten Schrift oder durch Bezugnahme auf Schriftsätze und schließlich durch Aufnahme der Anträge zu Protokoll (§ 297 Abs. 1, 2 ZPO). Die Stellung **der Anträge ist zu protokollieren** (§ 160 Abs. 3 Nr. 2). Werden die Anträge zu Protokoll erklärt (§ 297 Abs. 1 Satz 3 ZPO), was bei Klarstellungen und Umformulierungen notwendig ist, so müssen die Anträge den Parteien **vorgelesen** und von ihnen **genehmigt** werden (§ 162 Abs. 1 ZPO). In der mündlichen Verhandlung ist auch der Abweisungsantrag zur Vermeidung der Folgen des § 333 ZPO mündlich zu stellen, wobei hierfür auch der aus der Prozesslage erkennbare Wille des Beklagten bzw. Widerbeklagten ausreicht, wenn die Klage entgegenzutreten und ein ausdrücklicher schriftlicher Abweisungsantrag (§ 130 Nr. 2 ZPO) deshalb entbehrlich ist[1]. Bei teilweiser Antragstellung bzw. Verlesung muss das Gericht aufklären, ob darin teilweise eine Rücknahme der Klage bzw. Widerklage liegt (§§ 139, 269 ZPO). Nach dem im allgemeinen Zivilprozess wie im ArbG-Verfahren geltenden Grundsatz der Einheitlichkeit und Unteilbarkeit der mündlichen Verhandlung kann, wenn die Anträge von den Parteien einmal wirksam gestellt worden sind, eine Wiederholung der Antragstellung in späteren Terminen grds. unterbleiben. Etwas anderes wird für den Fall angenommen, dass bei einer Vertagung ein Wechsel auf der Richterbank stattfindet; in einem solchen Falle soll eine Wiederholung der Anträge notwendig sein[2]. Im Regelfall empfiehlt sich die Formulierung:

„Die Parteien verhandeln mit den Anträgen wie in der Verhandlung vom ..."

2. Anhörung der Parteien

4 Der **Vorsitzende** hat nach der Antragstellung durch die Parteien in den **Sach- und Streitstand einzuführen** und mit den Parteien die tatsächliche und rechtliche Seite des Prozesses zu **erörtern** und ggf. Fragen zu stellen (§ 139 Abs. 1 Satz 1 ZPO). Bei allen fachgelagerten Fällen kann sich der Vorsitzende auf wenige Sätze beschränken, in denen er den Inhalt des Klagebegehrens und das Verteidigungsvorbringen darstellt. **Hauptzweck** der Einführung in den Sach- und Streitstand ist es, das tatsächlich oder rechtlich Erörterungsbedürftige aufzuzeigen, damit sich die Parteien vollständig über alle erheblichen Tatsachen erklären und insbesondere ungenügende Angaben zu den geltend gemachten Tatsachen ergänzen sowie Beweismittel bezeichnen können (§ 139 Abs. 1 Satz 2 ZPO). Die Parteien haben den Prozessstoff in freier Rede vorzutragen, wobei der Vortrag das Streitverhältnis in tatsächlicher und rechtlicher Beziehung zu umfassen hat (§ 137 Abs. 2 ZPO). Eine Bezugnahme auf Schriftstücke ist zulässig, soweit keine der Parteien widerspricht und das Gericht sie für angemessen hält (§ 137 Abs. 3 Satz 1 ZPO). Die Bezugnahme ist in der Praxis üblich. Ein mündlicher Vortrag sollte vom Gericht verlangt werden, wenn ein Schriftsatz erst im Termin

---

[1] Zöller/*Greger*, § 297 ZPO Rz. 2.
[2] BAG v. 16.12.1970 – 4 AZR 98/70, AP Nr. 1 zu § 308 ZPO m. Anm. *E. Schumann*; krit. dazu *Kirchner*, NJW 1971, 2158; Zöller/*Greger*, § 297 ZPO Rz. 8.

zu den Gerichtsakten gereicht oder der Gegenpartei übergeben werden kann oder, falls er mit der Post zu spät eingereicht worden ist, dass er der Gegenseite erst im Termin übergeben werden kann. Auch in einem solchen Falle findet eine Vorlesung von Schriftstücken nur insoweit statt, als es auf ihren wörtlichen Inhalt ankommt (§ 137 Abs. 3 Satz 2 ZPO). Die **Parteien** haben ihre Erklärung über tatsächliche Umstände **vollständig und wahrheitsgem.** abzugeben (§ 138 Abs. 1 ZPO) und sich über die vom Gegner behaupteten Tatsachen zu erklären (§ 138 Abs. 2 ZPO).

3. Aufklärungs- und Hinweispflichten

Gemäß § 139 ZPO hat „das Gericht unklares Parteivorbringen zu erhellen und den wahren Erklärungswert festzustellen (**Klarstellungsfunktion**), laienhaften Parteivortrag in die Prozesssphäre zu übertragen (**Transformationsfunktion**) und das Streitverhältnis in tatsächlicher und rechtlicher Hinsicht mit den Parteien zu erörtern, ggf. durch Fragen Ergänzungen zu veranlassen und so auf eine rechtzeitige und vollständige Erklärung aller erheblichen Tatsachen hinzuwirken (**Verständigungsfunktion**)[1]. Des Weiteren hat das Gericht auf die Stellung sachdienlicher Anträge hinzuwirken" (§ 139 Abs. 1 Satz 2 ZPO). Dies wiederum schließt die Verpflichtung ein, auf offensichtlich übersehene oder für unerheblich gehaltene Gesichtspunkte aufmerksam zu machen (§ 139 Abs. 2 Satz 1 ZPO). Das selbe gilt für einen Gesichtspunkt, den das Gericht anders beurteilt als beide Parteien (§ 139 Abs. 2 Satz 2 ZPO). Außerdem hat das Gericht auf Bedenken aufmerksam zu machen, die hinsichtlich der von Amts wegen zu berücksichtigenden Punkte bestehen (§ 139 Abs. 3 ZPO). Die Pflichten des Gerichts sind bei anwaltlich vertretenen Parteien geringer[2]. Auf jeden Fall reicht hier ein knapper Hinweis, insbesondere wenn Fachanwälte für Arbeitsrecht auftreten[3], während bei nicht vertretenen Parteien ergänzende Erklärungen notwendig sein können. Zu eingehende Hinweis an eine anwaltlich vertretene Partei könnten auch den Eindruck erwecken, der Vorsitzende führe den Prozess für die Partei. Die Verpflichtungen des Gerichts können durch die in anwaltlichen Textbausteinen häufig enthaltene Bitte um Erteilung eines rechtlichen Hinweises nicht intensiviert werden. Der Vorsitzende ist bereits nach dem Gesetz verpflichtet, die notwendigen Hinweise zu geben. Seine Neutralität verbietet es ihm, weitergehende Hinweise zu erteilen[4]. Wo die Grenze ist, kann nur vor dem Hintergrund der konkreten Prozesssituation beurteilt werden. Auf keinen Fall können die Parteien und ihre Prozessbevollmächtigten ihre Verantwortung für einen vollständigen Sachvortrag ganz oder teilweise auf das Gericht abwälzen, indem um ergänzende Hinweise gebeten wird.

Erfüllt das Gericht diese **Verpflichtungen nicht** oder nicht ausreichend, kann es einen Sachvortrag nicht als verspätet zurückweisen; vielmehr muss es, wenn eine Partei nicht in der Lage ist, sofort zu einem aufgeworfenen Problem Stellung zu nehmen, dieser auf Antrag eine angemessene Frist zur Erklärung einräumen (§ 139 Abs. 5 ZPO). Ist das Gericht seiner Verpflichtung aus § 139 ZPO nicht ausreichend nachgekommen und erfolgt dennoch eine Zurückweisung eines Vorbringens einer Partei als verspätet, kann der entsprechende Vortrag in der Berufungsinstanz nicht nach § 67 Abs. 1–3 zurückgewiesen werden[5]. Kommt das Gericht, nachdem es die Verhandlung geschlossen hat, zu der Erkenntnis, dass es seiner Hinweis- und Aufklärungspflicht nicht oder nicht ausreichend nachgekommen ist, so hat es nach § 156 Abs. 2 Nr. 1 ZPO die mündliche Verhandlung wieder zu eröffnen. Geschieht dies nicht und ist eine Verletzung des Anspruchs auf rechtliches Gehör festzustellen, so kann es, wenn das Urteil nicht mit dem Rechtsmittel angegriffen werden kann, zu einer Fortführung des Verfahrens nach § 321a ZPO kommen.

Die Aufklärungs- und Hinweispflicht des Gerichts beginnt nicht erst im Kammertermin. **Hinweise** nach § 139 ZPO hat der Vorsitzende **so früh wie möglich** zu erteilen und diese **aktenkundig** zu machen (§ 139 Abs. 4 Satz 1 ZPO); Letzteres kann durch Aktenvermerk, durch Anschreiben an die Parteien oder durch Niederschrift im Protokoll geschehen. Hat das Gericht die Hinweise nach § 139 ZPO erst in der Kammerverhandlung gegeben und ist dies versehentlich nicht im Protokoll aktenkundig gemacht worden, so kann die Erteilung des Hinweises auch noch im Tatbestand des Urteils festgehalten werden, so dass der Dokumentationspflicht damit genüge getan ist[6]. Die Erteilung der Hinweise kann damit aus dem Akteninhalt bewiesen werden (§ 139 Abs. 4 Satz 2 ZPO); gegen diesen Beweis ist nur der Nachweis der Fälschung möglich (§ 139 Abs. 4 Satz 3 ZPO).

---

1 So *Künzl*, ZTR 2001, 492 (495), mwN in Fn. 26.
2 *Zöller/Greger*, § 139 ZPO Rz. 12a.
3 *Natter/Gross/Rieker*, § 57 Rz. 3 mwN.
4 *Zöller/Greger*, § 139 ZPO Rz. 12a.
5 *GMP/Germelmann*, § 57 Rz. 15.
6 *Schmidt/Schwab/Wildschütz*, NZA 2001, 1161 (1163).

III. Beschleunigungsgrundsatz

8 Der Beschleunigungsgrundsatz des § 9 Abs. 1 findet in § 57 Abs. 1 eine Konkretisierung. Die **mündliche Verhandlung** vor der Kammer soll nach Möglichkeit **in einem Termin** zu Ende geführt werden (§ 57 Abs. 1 Satz 1). Die Vertagung des Rechtsstreits ist die Ausnahme und nur zulässig, wenn die Kammerverhandlung nicht in einem Termin zu Ende geführt werden kann (§ 57 Abs. 1 Satz 2).

1. Erledigung im ersten Kammertermin

9 Dem Konzentrationsgrundsatz kann nur Genüge getan werden, wenn die Parteien und das Gericht den **Termin sorgfältig vorbereiten**. Dem Vorsitzenden sind dazu die Möglichkeiten durch die Regelungen des § 55 Abs. 4 und des § 56 für alle Rechtsstreitigkeiten sowie durch die Sonderregelung des § 61a für Kündigungsschutzverfahren eröffnet. Hat der Vorsitzende den Parteien die nach § 139 Abs. 1–3 ZPO gebotenen Hinweise gegeben und auf die Folgen verspäteten Vorbringens und verspätet vorgebrachter Beweismittel hingewiesen, so wird die zügige Erledigung des Rechtsstreits auch durch die Zurückweisungsmöglichkeiten nach § 56 Abs. 2 und § 61a Abs. 5 gefördert. Für die Parteien besteht die allgemeine Prozessförderungspflicht des § 282 Abs. 1 ZPO, nämlich die Verpflichtung, ihre Angriff- und Verteidigungsmittel, insbesondere Behauptungen, Bestreiten, Einwendungen, Einreden, Beweismittel und Beweiseinreden so rechtzeitig vorzubringen, wie es nach der Prozesslage einer sorgfältigen und auf Förderung des Verfahrens bedachten Prozessführung entspricht. Hat der Vorsitzende den Parteien aufgegeben, die Verhandlung durch Schriftsätze vorzubereiten (§ 129 Abs. 2 ZPO), so hat die Partei Anträge sowie Angriffs- und Verteidigungsmittel, auf die der Gegner voraussichtlich ohne vorhergehende Erkundigungen keine Erklärung abgeben kann, so rechtzeitig vor der mündlichen Verhandlung mitzuteilen, dass der Gegner die erforderlichen Erkundigungen noch einzuziehen vermag (§ 282 Abs. 2 ZPO). Angriffs- und Verteidigungsmittel, die entgegen § 282 Abs. 1 ZPO nicht rechtzeitig vorgebracht oder entgegen § 282 Abs. 2 ZPO nicht rechtzeitig mitgeteilt werden, können zurückgewiesen werden, wenn ihre Zulassung nach der freien Überzeugung des Gerichts die Erledigung des Rechtsstreits verzögern würde und die Verspätung auf grober Nachlässigkeit beruht (§ 296 Abs. 2 ZPO)[1].

10 Der Grundsatz des § 57 Abs. 1 Satz 1, die Verhandlung möglichst in einem Termin zu Ende zu führen, kann nur erreicht werden, wenn der Vorsitzende seine Befugnisse nach § 56 Abs. 1 ordnungsgem. durch **Auflagen mit Fristsetzung** genutzt hat, die Parteien ihrer allgemeinen **Prozessförderungspflicht** nach § 282 ZPO nachkommen und das Gericht seine **Nichtzulassungsmöglichkeiten** gem. § 56 Abs. 2 Satz 2 ArbGG bzw. § 296 Abs. 2 ZPO korrekt eingesetzt hat, falls die Parteien der auferlegten Prozessförderung nach § 56 Abs. 1 bzw. Prozessvorbereitung nach § 129 Abs. 2 ZPO nicht nachgekommen sind. Das Gebot der Erledigung des Rechtsstreits möglichst im ersten Kammertermin bietet allerdings keine Rechtfertigung dafür, unter Missachtung des Sach- und Streitstandes den Prozess ohne weitere Aufklärung oder ohne Beweisaufnahme durch Urteil zu erledigen und das rasche Urteil damit zu begründen, die Klage sei mangels hinreichend substantiierten Sachvortrags unschlüssig oder das Verteidigungsvorbringen sei aus diesem Grund unerheblich; eine solche Vorgehensweise findet in § 57 Abs. 2 Satz 1 keine Stütze[2]. Stattdessen kann in geeigneten Fällen der Partei, die sich auf neuen Tatsachenvortrag noch nicht einlassen kann, eine **Schriftsatzfrist** nachgelassen werden (§ 283 ZPO). Zunächst ist aber darauf hinzuwirken, dass die Partei, zumal wenn sie persönlich geladen wurde, sich im Termin zu den Vorbringen erklärt[3]. Entsprechendes gilt bei einem gerichtlichen Hinweis gem. § 139 Abs. 5 ZPO. In diesem Fall ist ein Verkündungstermin anzuberaumen (§ 283 Satz 1 ZPO). Der Inhalt des nachgelassenen Schriftsatzes ist zwingend zu berücksichtigen, wenn er fristgerecht eingereicht wird. Bei einer verspäteten Einreichung steht seine Berücksichtigung im Ermessen des Gerichts (§ 283 Satz 2 ZPO). Dieses Ermessen wird durch den Grundsatz rechtlichen Gehöres begrenzt. Wenn der Schriftsatz zum Zeitpunkt des anberaumten gesonderten Beratungstermins vorliegt, muss er auch in die Entscheidungsfindung einfließen, auch wenn die Frist versäumt wurde. Das Gericht muss aber nicht den Beratungstermin wegen der Verspätung verlegen. Zu diesem Termin sind dieselben ehrenamtlichen Richter zu laden, die am Kammertermin beteiligt waren[4]. Eine weitere mündliche Verhandlung ist entbehrlich, es sei denn, die Kammer beschließt, die mündliche Verhandlung wiederzueröffnen. Dann ist sogleich ein neuer Kammertermin anzuberaumen. Die Gegenseite hat kein Recht, noch einmal auf den nachgelassenen Schriftsatz erwidern zu können, da nach § 296a ZPO Angriffs- und Verteidigungsmittel nach Schluss der mündlichen Verhandlung nicht mehr vorgebracht werden können und § 283 ZPO nur die

---

1 LAG Hamm v. 2.2.1995 – 4 Sa 1850/94, LAGE § 67 ArbGG 1979 Nr. 3 m. Anm. *Brehm*.
2 GK-ArbGG/*Schütz*, § 57 Rz. 5.
3 Natter/Gross/*Rieker*, § 57 Rz. 5.
4 BAG v. 18.12.2008 – 6 AZN 646/08; Natter/Gross/*Rieker*, § 57 Rz. 5.

Schriftsatzfrist für eine Partei vorsieht[1]. In Ausnahmefällen, wenn etwa von einem Hinweis nach § 139 Abs. 5 ZPO beide Parteien betroffen sind, kann auch beiden Parteien, erforderlichenfalls auch hintereinander, eine Schriftsatzfrist eingeräumt werden.

2. Vertagung der Kammerverhandlung

Kann die streitige Verhandlung vor der Kammer **nicht in einem Termin** zu Ende geführt werden, so ist die Sache zu **vertagen** (§ 57 Abs. 1 Satz 2). Als Vertagungsgrund wird im Gesetz der Fall der nicht sofort möglichen Beweisaufnahme genannt; hierbei handelt es sich nicht um eine abschließende Regelung, wie das Wort „insbesondere" zeigt. Über § 56 Abs. 2 Satz 1 ArbGG iVm. § 495 ZPO gelten für die Vertagung die Regelungen des § 227 ZPO. Nach § 227 Abs. 1 Satz 1 ZPO darf die Verhandlung nur aus „erheblichen Gründen" vertagt werden. Die erheblichen Gründe sind im Falle der Vertagung auf Verlangen des Gerichts glaubhaft zu machen (§ 227 Abs. 2 ZPO). Das **Gesetz formuliert negativ**, was keine „erheblichen Gründe" sind, nämlich 11

- das Ausbleiben einer Partei oder die Ankündigung, nicht zu erscheinen, wenn nicht das Gericht dafür hält, dass die Partei ohne ihr Verschulden am Erscheinen verhindert ist (§ 227 Abs. 1 Satz 2 Nr. 1 ZPO);
- die mangelnde Vorbereitung einer Partei, wenn nicht die Partei dies genügend entschuldigt (§ 227 Abs. 1 Satz 2 Nr. 2 ZPO);
- das Einvernehmen der Parteien allein (§ 227 Abs. 1 Satz 2 Nr. 3 ZPO),
- Als „**erhebliche Gründe**" für eine Vertagung kommen bspw. in Betracht:
- Verhinderung der Partei, deren persönliches Erscheinen angeordnet und unverzichtbar erscheint;
- Verhinderung der Partei, die ihren Prozess selbst führt;
- erfolgversprechende außergerichtliche Vergleichsverhandlungen;
- Verhinderung von Zeugen oder Sachverständigen;
- Verhinderung des Prozessbevollmächtigten aufgrund unverschuldeter Anreiseschwierigkeiten;
- Verhinderung des Prozessbevollmächtigten bei zu berücksichtigender Terminskollision;
- neuer Tatsachenvortrag und/oder neue Beweisantritte, die nicht verspätet sind.

Über die **Vertagung** der Verhandlung **entscheidet die Kammer** (§ 227 Abs. 4 Satz 1 Halbs. 2 ZPO). Nach dem klaren Gesetzeswortlaut ist der Termin zur weiteren Verhandlung, die sich alsbald anzuschließen hat, „**datumsmäßig**" zu bestimmen[2] und sofort zu verkünden (§ 57 Abs. 1 Satz 2 aE). Der häufig anzutreffende Beschluss: „Neuer Termin wird von Amts wegen anberaumt", ist durch den klaren Gesetzeswortlaut nicht gedeckt[3]. Sofern das Gericht die weitere mündliche Verhandlung nach §§ 56, 61a vorzubereiten hat, bleibt nur die Möglichkeit übrig, den neuen Termin vorab festzusetzen und im Übrigen dem Vorsitzenden die weitere Vorbereitung des neuen Kammertermins zu überlassen. Ausnahmen von diesem Grundsatz können nur gemacht werden, wenn objektive Hinderungsgründe einer sofortigen Terminierung entgegenstehen. Solche liegen bspw. dann vor, wenn nicht abzusehen ist, wann ein Zeuge erreichbar ist, wann ein Sachverständigengutachten vorliegt oder wann eine erkrankte Partei zwecks Parteivernehmung wieder zur Verfügung steht[4]. Ausreichend ist auch, dass das Gericht wegen des Wechsels im Vorsitz der Kammer oder wegen der Abwesenheit des Vorsitzenden meint, noch keinen festen Termin bestimmen zu können. Den Parteien ist nicht damit gedient, wenn pro forma, um dem Gesetzeswortlaut Genüge zu tun, ein Termin anberaumt wird, der möglicherweise umgehend verlegt wird. Dies dient auch nicht der mit der Vorschrift bezweckten Verfahrensbeschleunigung[5]. 12

Mit der Entscheidung über Vertagung oder die Ablehnung einer solchen Anregung wird nicht über ein „Gesuch" iSv. § 567 Abs. 1 Nr. 2 ZPO befunden, es findet somit keine Beschwerde statt. Allerdings ist § 252 ZPO ist entsprechend auf Entscheidungen des Gerichts anwendbar, mit denen faktisch ein Stillstand des Verfahrens herbeigeführt wird, so zB in Fällen, in denen ein bereits bestimmter Termin ohne Bestimmung eines neuen Termins aufgehoben wurde oder in denen der neue Termin unangemessen weit in die Zukunft verschoben wurde, so dass die gerichtliche Untätigkeit in den Auswirkungen einer Aussetzung gleichkommt[6]. Im Übrigen ist der von der Rspr. bisweilen angenommene „außerordentliche Rechtsbehelf

---

1 Natter/Gross/*Rieker*, § 57 Rz. 5.
2 GK-ArbGG/*Schütz*, § 57 Rz. 10.
3 GMP/*Germelmann*, § 57 Rz. 20.
4 Vgl. GMP/*Germelmann*, § 57 Rz. 20.
5 AA GMP/*Germelmann*, § 57 Rz. 20.
6 LAG Rh.-Pf. v. 28.2.2008 – 9 Ta 20/08.

3. Verkündungstermin

13 **Keine** echte **Vertagung** ist die Anberaumung eines **Verkündungstermins**, der nur anberaumt werden darf, wenn die sofortige Verkündung in dem Termin, aufgrund dessen es erlassen wird, aus besonderen Gründen nicht möglich ist, insbesondere weil die Beratung nicht mehr am Tage der Verhandlung stattfinden kann (§ 60 Abs. 1 Satz 1). Ein solcher Verkündungstermin ist keine „weitere Verhandlung" iSd. § 57 Abs. 1 Satz 2, da keine streitige Verhandlung mehr stattfindet; diese ist vielmehr mit der Anberaumung eines Verkündungstermins geschlossen und darf nur noch nach Maßgabe des § 156 ZPO wiedereröffnet werden.

IV. Versuch einer gütlichen Einigung

14 § 57 Abs. 2 nimmt den das arbeitsgerichtliche Verfahren beherrschenden Grundgedanken des § 54 Abs. 1 Satz 1 auf, wonach das Gericht in jeder Lage des Verfahrens auf eine **gütliche Beilegung** des Rechtsstreits oder einzelner Streitpunkte bedacht sein soll. Dabei sollte die Sicht nicht auf den juristischen Streitgegenstand verengt werden. Vielmehr haben die Gerichte für Arbeitssachen eine Art von Dienstleistung bei der Bewältigung von Streitigkeiten zu leisten. Dabei sind alle Aspekte zu berücksichtigen, die die Parteien bewegen, auch wenn sie juristisch unerheblich sein mögen. Entscheidend ist die Fähigkeit des Gerichts, eine Brücke der Einigung zu bauen, über die beide Parteien gehen können. In Einzelfällen ist die Unterbreitung eines begründeten Vergleichsvorschlags nach § 278 Abs. 6 ZPO sinnvoll.

15 In jedem Stadium sind **Vergleichsgespräche** – auch außerhalb der mündlichen Verhandlung – **offen und fair** zu führen; dabei ist der Wille der Parteien zu respektieren, sich nicht vergleichen zu wollen, sondern die Rechtssache entscheiden zu lassen[3]. Hiergegen wird verstoßen, wenn der Vorsitzende, der nun einmal die Verhandlung führt, stundenlange Vergleichsgespräche führt und es ablehnt, Anträge aufzunehmen und die mündliche Verhandlung zu schließen[4].

16 Gegen den Grundsatz des offenen und fairen Verfahrens wird auch verstoßen, wenn **telefonische Vergleichsgespräche** mit den Parteien **abwechselnd** geführt werden, von deren Inhalt die jeweils andere Seite entweder gar nichts erfährt oder völlig unvollständig unterrichtet wird[5]. Solange den Gerichten die Durchführung von technisch möglichen Telefonkonferenzen mit beiden Parteien nicht durch entsprechende technische Ausstattung der Richterarbeitsplätze ermöglicht wird, ist die schnelle und kostengünstige Verfahrenstechnik des „telefonischen Konfliktmanagements", das tunlichst nur mit den Prozessbevollmächtigten und nicht mit den Parteien direkt geführt werden sollte, zwar nicht gänzlich abzulehnen, aber der Richter sollte sich des Einverständnisses mit dieser Verfahrensweise versichern und den jeweiligen Gesprächsinhalt gegenüber der am Telefonat gerade nicht beteiligten Person über einen Aktenvermerk (ggf. per Telefax) bekannt geben[6]. Die im Einigungsstellenverfahren anzutreffende Abgabe bzw. Entgegennahme von vertraulichen, nicht für die Gegenseite bestimmte Informationen durch den Vorsitzenden oder Erwägungen der anderen Partei lässt diese Verfahrensweise keineswegs zu und kann bei Bekanntwerden dieses Vertrauensbruches zur Ablehnung des Vorsitzenden führen[7].

§ 58 Beweisaufnahme

(1) Soweit die Beweisaufnahme an der Gerichtsstelle möglich ist, erfolgt sie vor der Kammer. In den übrigen Fällen kann die Beweisaufnahme, unbeschadet des § 13, dem Vorsitzenden übertragen werden.

---

1 LAG Rh.-Pf. v. 28.2.2008 – 9 Ta 20/08.
2 S. die Bedenken im Plenumsbeschluss des BVerfG v. 30.4.2003 – 1 PBvU 1/02 u. BAG v. 5.11.2003 – 10 AZB 59/03.
3 GK-ArbGG/*Schütz*, § 57 Rz. 15.
4 GK-ArbGG/*Schütz*, § 57 Rz. 15 unter besonderem Hinweis auf BAG v. 12.5.2010 – 2 AZR 544/08.
5 GMP/*Germelmann*, § 57 Rz. 23.
6 Natter/Gross/*Rieker*, § 57 Rz. 11.
7 Insgesamt sehr zurückhaltend zur Zulässigkeit getrennter telefonischer Vergleichsverhandlungen GMP/*Germelmann*, § 57 Rz. 24.

(2) Zeugen und Sachverständige werden nur beeidigt, wenn die Kammer dies im Hinblick auf die Bedeutung des Zeugnisses für die Entscheidung des Rechtsstreits für notwendig erachtet. Im Falle des § 377 Abs. 3 der Zivilprozessordnung ist die eidesstattliche Versicherung nur erforderlich, wenn die Kammer sie aus dem gleichen Grunde für notwendig hält.

(3) Insbesondere über die Zahl der in einem Arbeitsverhältnis stehenden Mitglieder oder das Vertretensein einer Gewerkschaft in einem Betrieb kann Beweis auch durch die Vorlegung öffentlicher Urkunden angetreten werden.

I. Allgemeines	
1. System der anwendbaren Normen	1
2. Besetzung des Arbeitsgerichts	6
II. Gegenstand des Beweises	
1. Beweisbedürftige Umstände	9
2. Ablehnung einer Beweisaufnahme	15
III. Arten des Beweises	20d
1. Ziel des Beweises	21
2. Art der Beweisführung	22
3. Art des Beweisverfahrens	23
4. Zweck der Beweisführung	24
IV. Einleitung des Beweisverfahrens	
1. Bestimmung der beweisbedürftigen Tatsachen	26
2. Beweisantritt	29
3. Anordnung der Beweisaufnahme	30
V. Beweismittel	32
1. Zeugenbeweis	33
a) Zeugnisfähigkeit	34
b) Zeugnisverweigerungsrechte	37
c) Zeugenvernehmung	43
d) Beeidigung des Zeugen	45
e) Wiederholte Zeugenvernehmung	46
f) Schriftliche Beantwortung einer Beweisfrage	47
2. Sachverständigenbeweis	49
a) Antritt des Sachverständigenbeweises	50
b) Auswahl und die Anzahl der Sachverständigen	51
c) Sachverständigenpflichten	52
d) Prüfung des Gutachtens	53
e) Gutachtenverweigerungsrecht	54
f) Beeidigung des Sachverständigen	55
g) Berücksichtigung von Privatgutachten	56
h) Verwertung von gerichtlichen Sachverständigengutachten aus einem anderen Verfahren	56a
3. Urkundsbeweis	57
a) Urkundenbegriff	58
b) Urkundsarten und ihr Beweiswert	60
c) Beweiswert von Schriftstückskopien	62
d) Formelle und materielle Beweiskraft	64
e) Beweis des Zugangs bei Einschreibesendungen	65
f) Erfüllungsbeweis mittels Quittung	67
g) Nachweis eines Forderungsübergangs	68
h) Urkundsbeweis anstelle des Zeugenbeweises	69
i) Notarielle Beurkundung	69a
4. Augenscheinseinnahme	70
a) Beweisantritt zur Augenscheinseinnahme	71
b) Verwertung von Videoaufzeichnungen	72
c) Verwertung von Telefongesprächen, Tonbandaufnahmen etc	73
5. Parteivernehmung	76
VI. Beweiswürdigung	81
VII. Die Beweislast	
1. Bedeutung der Beweislast	85
2. Verhältnis zwischen Darlegungs- und Beweislast	87
3. Verteilung der Beweislast	92
a) Gesetzliche Regelungen	92
b) Allgemeiner Grundsatz	98
c) Ausnahmen der Rspr. von der Grundregel	99
4. Gerichtliche Erörterungspflicht nach Beweisaufnahme	100
5. Einzelfälle der Beweislastverteilung im Arbeitsrecht	101
a) Begründung des Arbeitsverhältnisses	101
b) Inhalt und Verlauf des Arbeitsverhältnisses	103
c) Betriebsverfassungsrechtliche Probleme	122
d) Beendigung des Arbeitsverhältnisses	126

Schrifttum: *Bauer/Schansker,* (Heimliche)Videoüberwachung durch den Arbeitgeber, NJW 2012, 3537; *Bepler,* Der Nachweis von Ausschlussfristen, ZTR 2001, 246; *Bergwitz,* Verdeckte Videoüberwachung weiterhin zulässig, NZA 2012, 1205; *Foerste,* Lauschzeugen im Zivilprozess, NJW 2004, 262; *Francken,* Neuregelung der Darlegungs- und Beweislast in Verfahren nach §§ 9, 10 AÜG, NZA 2014, 1064; *Fuhlrott/Schröder,* Beschäftigtendatenschutz und arbeitsgerichtliche Beweisverwertung, NZA 2017, 278; *Grimm,* Beweis- und Sachvortragsverwertungsverbote im Arbeitsgerichtsverfahren, ArbRB 2012, 126; *Grobys,* Die Beweislast im Anti-Diskriminierungsprozess, NZA 2006, 898; *Hoentzsch,* Europarechtskonformität und Auslegung der Beweislastregelung in § 22 AGG, DB 2006, 2631; *Joussen,* Die Zulässigkeit von vorbeugenden Torkontrollen nach dem neuen BDSG, NZA 2010, 254; *Joussen,* Beweisverwertung beim Mithören von Telefongesprächen, SAE 2010, 138; *Kaiser,* Vom Mithörzeugen zur Dashcam – Aktuelle Beweisverwertungsfragen im Zivilprozess; NJW 2016, 2790; *Kolbe,* Zeugnisberichtigung und Beweislast, NZA 2015, 582; *Korinth,* Beweisverwertungsprobleme beim illegalen Speichern von Dateien, ArbRB 2005, 178; *Laumen,* Die „Beweiserleichterung bis zur Beweislastumkehr" – Ein beweisrechtliches Phänomen, NJW 2002, 3739; *Luckey,* Die Widerklage gegen Dritte – Zeugen zum Abschuss freigeben?, MDR 2002, 743; *Lunk,* Prozessuale Verwertungsverbote im Arbeitsrecht, NZA 2009, 457; *Maier/Garding*, Der Einsatz eines Privatdetektivs im Arbeitsrecht, DB 2010, 559; *Maties*, Arbeitnehmerüberwachung mittels Kamera?, NJW 2008, 2219; *Moderegger*, Arbeitnehmerüberwachung: Was ist erlaubt?, ArbRB 2004, 115; *Neumann*, Darlegungslast, Substantiierungspflicht und Schlüssigkeitsprüfung im Eingruppierungsprozess, NZA 1986, 729; *Noethen*, Parteivernehmung oder Parteianhörung bei einem allein zwischen den Parteien geführten „Vier-Augen-Gespräch"?, NJW 2008, 334; *Pötters/Wybitul*, Anforderungen des Datenschutzrechts an die Beweisführung im Zivilprozess, NJW 2014, 2074; *Reinhard*, Beweiserhebung und Beweisverwertung – Wie sich Persönlichkeitsrechtsverletzungen auf das Prozessrecht auswirken, ArbRB 2015, 86; *Reitz*, Verwertungsverbote und Wahrheitspflicht im Arbeitsgerichtsprozess – Und nichts als die Wahrheit?, NZA 2017, 273; *Richardi*, Videoüberwachung am Arbeitsplatz, RdA 2005, 381; *Salamon/Koch*, Die Darlegungs- und Beweislast des Arbeitnehmers bei der Gefährungshaftung des Arbeitgebers, NZA 2012, 658; *Schlewing*, Prozessuales Verwertungsverbot für mitbestimmungswidrig erlangte Erkenntnisse aus einer heimlichen Videoüberwachung, NZA 2004, 1071; *Siegmann*, Die Beweisführung durch „gegnerische" Urkunden, AnwBl 2008, 160; *Schrader/Mahler*, Interne Ermittlungen des Arbeitgebers und Auskunftsgrenzen des Arbeitnehmers, NZA-RR 2016, 57; *Stackmann*, Terra incognita – was ist gerichtsbekannt, NJW 2010, 1409; *Stein*, Die Beweislast im Diskriminierungsprozess – ein unbekanntes Wesen, NZA 2016, 849; *Tiedemann*, Die Darlegungs- und Beweislast bei der sog. Kleinbetriebsklausel, ArbRB 2009, 89; *Ulrici*, Darlegungs-und Beweislast bei Abgrenzung von Leiharbeit und sonstigem Fremdpersonaleinsatz, NZA 2015, 456; *Venetis/Oberwelter*, Videoüberwachung von Arbeitnehmern, NJW 2016, 1051.

I. Allgemeines

1. System der anwendbaren Normen

1 Das ArbGG enthält zu dem bedeutenden Bereich des Beweisrechts nur wenige Regelungen. § 58 regelt nur einen kleinen Ausschnitt davon. Weitere abweichende Sonderbestimmungen zum Beweisrecht sind noch in § 54 Abs. 1 Satz 3 und 4, Abs. 2 Satz 2 und § 55 Abs. 4 enthalten. Im Übrigen sind über § 46 Abs. 2 Satz 2 ArbGG iVm. § 495 ZPO die allgemeinen zivilprozessualen Vorschriften zum Beweisrecht anwendbar.

2 Auch im **Berufungsverfahren** finden über § 64 Abs. 7 die Grundsätze von § 58 Anwendung. Ansonsten gelten auch hier über § 64 Abs. 6 ArbGG, § 525 ZPO die ZPO-Regelungen.

3 Da die **Revisionsinstanz** grds. keine Sachverhaltsfeststellungen trifft, sondern nur eine Rechtskontrolle durchführt, sind hier – unbeschadet ihrer revisionsrechtlichen Überprüfungen – die Beweisvorschriften bei Tatsachenfeststellungen nicht anwendbar, es sei denn, die Revisionsinstanz nimmt ausnahmsweise einmal selbst eine Beweisaufnahme vor, was etwa bei Vergleichsanfechtungen oder Wiederaufnahmeverfahren in der Revisionsinstanz denkbar sein kann.

4 Das **Beschlussverfahren** enthält nur wenige eigene Beweisregeln. § 58 und die sonstigen Bestimmungen des Urteilsverfahrens sind hier anwendbar (§ 80 Abs. 2). Im Beschlussverfahren hat das Gericht den Sachverhalt von Amts wegen zu erforschen (§ 83 Abs. 1 Satz 1). Dabei haben die Beteiligten an der Aufklärung des Sachverhalts mitzuwirken (§ 83 Abs. 1 Satz 2). Tragen die Beteiligten dem Gericht trotz Auflagenerteilung keinen ausreichenden Sachverhalt vor, trifft die eine oder andere Seite die sog. Feststellungslast. Ähnlich wie § 286 ZPO schreibt § 84 Satz 1 den Grundsatz der freien Beweiswürdigung fest.

5 Im Einzelnen **sind** im arbeitsgerichtlichen Beweisverfahren folgende **ZPO-Regelungen heranzuziehen**:
 – die allgemeinen Grundlagen des Beweisrechts (§§ 284–294 ZPO),
 – die allgemeinen Regelungen über die Beweisaufnahme (§§ 355–370 ZPO),
 – die klassischen Beweismittel: Beweis durch Augenschein (§§ 371, 372 ZPO), Zeugenbeweis (§§ 373–401 ZPO), Sachverständigenbeweis (§§ 402–414 ZPO), Urkundsbeweis (§§ 415–444 ZPO) und Parteivernehmung (§§ 445–455 ZPO),
 – die Abnahme von Eiden und Bekräftigungen (§§ 478–484 ZPO),
 – das selbständige Beweisverfahren (§§ 485–494a ZPO).

2. Besetzung des Arbeitsgerichts

6 Nach § 58 Abs. 1 Satz 1 erfolgt die Beweisaufnahme vor der **Kammer**, soweit sie an der **Gerichtsstelle** durchgeführt wird. Die Einbeziehung der ehrenamtlichen Richter in die Beweisaufnahme bestärkt den Grundsatz der Unmittelbarkeit (§ 355 Abs. 1 ZPO). Gerichtsstelle ist der Ort, an dem die Sitzung stattfindet, also das Gerichtsgebäude. Dieses befindet sich idR am Sitz des örtlichen ArbG, sei es der Ort des Stammgerichts oder der Ort, an dem auswärtige Kammern entsprechend § 14 Abs. 2 Nr. 5 installiert sind. Zur Gerichtsstelle iSv. § 58 Abs. 1 Satz 1 zählt auch der Ort, an dem ein auswärtiger Gerichtstag (§ 14 Abs. 4) abgehalten wird. Nur dann, wenn die Beweisaufnahme **nicht im Gerichtsgebäude** möglich ist, kann die Kammer nach ihrem Ermessen eine Beweisaufnahme dem Vorsitzenden nach § 58 Abs. 1 Satz 2

übertragen. Darunter fällt auch eine Beweisaufnahme, die zwar nicht im Gerichtsgebäude, aber innerhalb der politischen Gemeinde am Sitz des ArbG stattfindet.

§ 58 Abs. 1 ArbGG verdrängt § 355 Abs. 1 Satz 2 ZPO. Eine **Übertragung der Beweisaufnahme auf** einen ehrenamtlichen Richter lässt § 58 Abs. 1 Satz 2 nicht zu[1], nur der **Vorsitzende** kann damit betraut werden. Die Kammer, nicht der Vorsitzende allein, trifft die Ermessensentscheidung der Übertragung. Soweit der Vorsitzende nach § 55 Abs. 3 und 4 zur Beweiserhebung befugt ist, steht § 58 Abs. 1 dem nicht entgegen. In die Ermessensentscheidung von § 58 Abs. 1 Satz 1 sollte die Kammer in ihre Entscheidung mit einbeziehen, zB Art und Umfang des Beweisthemas, Nähe eines Zeugen zu einer Partei, also Glaubwürdigkeitsfragen, Ort und Umstände der Beweisaufnahme hinsichtlich spezieller Kenntnisse der Beisitzer von betrieblichen Vorgängen oder Unannehmlichkeiten bei den ehrenamtlichen Richtern bei ihrer Beiziehung. 7

Daneben besteht die Möglichkeit, eine Beweisaufnahme durch ein **Rechtshilfegericht** durchführen zu lassen (§ 13). Danach leisten die ArbG den Gerichten für Arbeitssachen Rechtshilfe. Verfassungsrechtliche Grundlage für die Rechtshilfe ist Art. 37 Abs. 1 GG. Der ersuchte Richter kann das Rechtshilfeersuchen nicht etwa ablehnen mit den Begründungen, das ersuchende Gericht habe die Voraussetzungen für eine Beweisaufnahme nach § 375 Abs. 1 Nr. 3 ZPO verkannt[2] oder erhebe einen unzulässigen Ausforschungsbeweis[3]. Eine Ablehnung der Beweiserhebung ist nach § 158 Abs. 2 Satz 1 GVG aber möglich, wenn der ersuchte Richter aufgrund eines unvollständigen/ungenauen Beweisbeschlusses das gewünschte Beweisthema nicht erkennen kann, insbesondere über welche streitigen Tatsachen das ersuchte Gericht überhaupt Beweis erheben soll. Wird das Rechtshilfeersuchen irrtümlich an ein örtlich nicht zuständiges Gericht gerichtet, gibt es das ersuchte Gericht an das örtlich zuständige Gericht weiter (§ 158 Abs. 2 GVG). Vgl. im Übrigen die Kommentierungen zu § 13. 8

Die **Beweisaufnahme** erfolgt grds. vor der **Kammer** (§ 58 Abs. 1 Satz 1). Nach § 55 Abs. 3 können die Parteien übereinstimmend eine **Alleinentscheidung** des Vorsitzenden im Anschluss an die **Gütesitzung** beantragen. Dieser Entscheidungsmöglichkeit steht die Durchführung einer sofortigen Beweisaufnahme insbesondere durch Vernehmung von präsenten Zeugen nicht entgegen (s. § 55 Rz. 64). Kostenvorschüsse für die Vernehmung von Zeugen oder sonstige Beweiserhebungen werden nicht angefordert (§ 6 Abs. 3, §§ 9, 11 GKG). Die Vereidigung von Zeugen und Sachverständigen ist gem. § 58 Abs. 2 erheblich eingeschränkt. Ansonsten gelten die Grundsätze der §§ 355–370 ZPO. 8a

II. Gegenstand des Beweises

1. Beweisbedürftige Umstände

Gegenstand des Beweises sind im Allgemeinen nur **Tatsachen**, darüber hinaus können aber auch Rechtssätze und Erfahrungssätze in Betracht kommen. Zwar gilt der Grundsatz, dass der Richter das gesamte geltende Recht (einschließlich des EU-Rechts und der allgemeinen Regeln des Völkerrechts) zu kennen oder selbst festzustellen hat (iura novit curia). Davon enthält § 293 ZPO wichtige Ausnahmen. Einem Beweisverfahren unterworfen sind die nachfolgenden Bereiche, die der **Richter** in Abweichung von der vorgenannten Grundregel des Prozessrechts **nicht kennen** muss: 9

– das ausländische Recht, also alle nicht in der Bundesrepublik geltenden Rechtsnormen, auch wenn dieses mit dem deutschen Recht übereinstimmt[4]. Dabei darf sich der Tatrichter nicht auf die naturgemäß an seinem eigenen Rechtsdenken orientierte Auslegung ausländischer Normen beschränken. Er ist vielmehr gehalten, das Recht als Ganzes zu ermitteln, wie es sich in Rspr. und Rechtslehre entwickelt hat und in der Praxis Anwendung findet[5]. Hierzu übereinstimmender Sachvortrag der Parteien kann das Gericht als richtig zugrunde legen[6]; 10

– das Gewohnheitsrecht, also ungeschriebene Rechtssätze, die nicht durch förmliche Setzung, sondern durch längere tatsächliche und gleichmäßige Übung entstanden sind und von den beteiligten Rechtsgenossen als verbindliche Rechtsnormen anerkannt werden[7]; 11

---

1 GK-ArbGG/*Schütz*, § 58 Rz. 17; GWBG/*Benecke*, § 58 Rz. 39.
2 BAG v. 23.1.2001 – 10 AS 1/01, NZA 2001, 743.
3 BAG v. 26.10.1999 – 10 AS 5/99, NZA 2000, 791.
4 BGH v. 29.10.1962 – II ZR 28/62, MDR 1963, 113; BGH v. 29.9.1977 – II ZR 204/75, DB 1978, 787.
5 BGH v. 21.1.1991 – II ZR 50/90, NJW 1991, 1418; BGH v. 8.5.1992 – V ZR 95/91, NJW 1992, 3106; BGH v. 23.4.2002 – XI ZR 136/01, BB 2002, 1227.
6 Natter/Gross/*Perschke*, § 58 Rz. 22.
7 BVerfG v. 28.6.1967 – 2 BvR 143/61, NJW 1967, 2051; BVerfG v. 18.2.1970 – 1 BvR 226/69, AP Nr. 43 zu Art. 12 GG.

12 – das **Statuarrecht**, das ist das von autonomen Verbänden gesetzte Recht. Dazu zählen neben den autonomen Satzungen der öffentlich-rechtlichen Körperschaften, Anstalten und Stiftungen auch der normative Teil von **Tarifverträgen**[1] und von **Betriebsvereinbarungen**[2]. Auch die Satzungen von Pensions- und Unterstützungskassen fallen hierunter[3]. Bietet der Fall Anhaltspunkte für die Anwendung eines Tarifvertrages, so hat das Gericht zunächst seine eigenen Erkenntnisquellen über den Inhalt der einschlägigen Tarifnormen auszuschöpfen. Bei Unklarheiten sind die Parteien zu konkretem Sachvortrag verpflichtet.

13 **Erfahrungssätze** können – obgleich sie im Prozess nicht wie Tatsachen zu behandeln sind, weil keine Behauptungen durch die Parteien erforderlich und sie nicht geständnisfähig wohl aber revisibel sind – im Wege des Beweises ermittelt werden. Der Begriff des Erfahrungssatzes umreißt sowohl die Sätze der allgemeinen Lebenserfahrung wie die mit einer besonderen Sach- oder Fachkunde verbundenen Regeln und Erkenntnisse aus Wissenschaft, Technik, Gewerbe, Handel und Verkehr, mithin auch Verkehrssitten und Handelsbräuche[4].

14 Vornehmlich dient die Beweiserhebung allerdings der Feststellung der **tatsächlichen Umstände**, auf die sodann die Rechtsnorm angewendet wird. Über jede in den Prozess eingeführte Behauptung muss – sofern diese für die Anwendung der Rechtsvorschriften erheblich und von der Gegenpartei bestritten ist – Beweis erhoben werden. **Nicht beweisbedürftig** sind deshalb solche Tatsachenbehauptungen, die für die Rechtsanwendung unerheblich, nicht bestritten (§ 138 Abs. 3 ZPO), zugestanden (§ 288 ZPO) oder offenkundig sind. Unerheblich ist eine Behauptung, die das Gericht als wahr unterstellen kann, ohne dass sich das rechtliche Ergebnis des Verfahrensausgangs ändert[5]. Es ist nicht nur ein Positivbeweis, sondern auch ein **Negativbeweis** möglich, wenngleich er in der Praxis nicht häufig vorkommt und auch meist schwerer zu führen ist. So obliegt im Allgemeinen im Fall der Leistungskondiktion von § 812 BGB die Beweislast für die Rechtsgrundlosigkeit dem Bereicherungsgläubiger; dieser muss der Regel entsprechend alle Voraussetzungen seines Anspruchs im Streitfall beweisen. Zu den zu beweisenden Tatsachen gehört auch als rechtsbegründende negative Tatsache das Fehlen des Rechtsgrundes[6].

2. Ablehnung einer Beweisaufnahme

15 Eine **Beweisantritt** darf **zurückgewiesen** werden, wenn
– der Durchführung einer Beweisaufnahme ein **Hindernis** von **ungewisser Dauer** entgegensteht, zB unbekannter Aufenthaltsort eines Zeugen,

16 – das **Beweismittel völlig ohne Wert** und ungeeignet ist. Der völlige Unwert des Beweismittels muss stets restriktiv beurteilt werden[7]. Ein Unwert besteht etwa, wenn die Unergiebigkeit des Beweismittels feststeht, weil nach dem Ergebnis einer Beweisaufnahme ausgeschlossen ist, dass der übergangene Beweisantrag Sachdienliches ergeben und die vom Gericht bereits gewonnene Überzeugung erschüttern kann[8]. Gleiches gilt, wenn aufgrund des Sachvortrages der Parteien feststeht, dass das angebotene Beweismittel im Einzelfall zur Beweisbehauptung erkennbar keine sachdienlichen Ergebnisse bringen kann. Wenn diese Beurteilung allerdings selbst fachlicher Kenntnisse bedarf, muss das Gericht, das sich diese Beurteilung zutraut, dies den Parteien vorher mitteilen und dabei auch angeben, woher es diese Fachkenntnisse bezieht. Von einer Beweiserhebung darf auch nicht abgesehen werden, weil die beweisbelastete Partei keine schlüssige Erklärung dafür liefert, weshalb eine von ihr behauptete Absprache zu einer schriftlich getroffenen Abrede keinen Eingang in den Vertragstext gefunden hat. Auf den **Grad der Wahrscheinlichkeit** der Sachverhaltsschilderung kommt es nicht an und ob sie auf eigenem Wissen oder einer Schlussfolgerung aus Indizien beruht[9]. Der Grad der Wahrscheinlichkeit spielt in aller Regel erst im Rahmen der tatrichterlichen Würdigung des Prozessstoffs eine Rolle[10]. Ein Beweis ist aber nicht zu erheben, wenn eine Partei für das Vorliegen eines bestimmten Sachverhalts willkürlich Behauptungen „aufs Geratewohl" oder „**ins Blaue hinein**" aufgestellt hat, so dass eine Beweiserhebung nicht dem

---

1 BAG v. 29.3.1957 – 1 AZR 208/55, AP Nr. 4 zu § 4 TVG – Tarifkonkurrenz; BAG v. 19.8.1995 – 6 AZR 1047/94, NZA 1996, 994; BAG v. 20.3.1997 – 6 AZR 865/95, NZA 1997, 896.
2 BAG v. 20.2.2001 – 1 AZR 233/00, AP Nr. 15 zu § 77 BetrVG 1972 – Tarifvorbehalt.
3 BAG v. 17.1.1969 – 3 AZR 96/67, AP Nr. 1 zu § 242 BGB – Ruhegehalt – Pensionskassen.
4 GMP/*Prütting*, § 58 Rz. 17.
5 Düwell/Lipke/*Kloppenburg*, § 58 Rz. 14 ff.
6 LAG Sa.-Anh. v. 10.12.1997 – 3 Sa 684/96, LAGE § 812 BGB Nr. 5.
7 VerfGH Berlin v. 15.1.2014 – VerfGH 179/12, NJW 2014, 1084.
8 BGH v. 16.11.2012 – V ZR 179/11, MDR 2013, 486.
9 VerfGH Berlin v. 16.12.2015 – VerfGH 116/15, NJW 2016, 1438.
10 BGH v. 11.11.2014 – VIII ZR 302/13, NJW 2015, 409.

Beweis vorgetragener Tatsachen zu dienen bestimmt ist, sondern nur die Ausforschung von Tatsachen zum Inhalt hat[1]. Im Zweifelsfall hat die Partei die tatsächlichen Anhaltspunkte oder ihre Erkenntnisquelle darzulegen[2]. In solch einem Fall gehört zur Beweiserheblichkeit – idR erst nach Rüge der Gegenseite – Sachvortrag der Partei, aufgrund welcher Umstände zB ein Zeuge trotzdem Angaben zum Beweisthema machen kann, ob er etwa Zeuge vom Hörensagen (vgl. Rz. 34) ist. Allerdings setzt ein substantiierter Beweisantrag zur Vernehmung eines Zeugen nicht voraus, dass sich der Beweisführer darüber äußert, welche Anhaltspunkte er für die Richtigkeit der in das Wissen des Zeugen gestellten Behauptungen hat. Eine Ausnahme davon besteht dann, wenn ein Zeuge über **innere Vorgänge/Tatsachen** bei einer anderen Person vernommen werden soll, die der direkten Wahrnehmung durch den Zeugen entzogen sind. Der Zeuge kann hier allenfalls Angaben zu äußeren Umständen machen, die einen Rückschluss auf den zu beweisenden Vorgang zulassen. Für einen solchen auf die Schilderung von Indiztatsachen gerichteten Beweisantrag sind die äußeren Umstände darzulegen[3]. Bei einem **Indizienbeweis** darf der Richter vor der Beweiserhebung prüfen, ob die vorgetragenen Indizien – ihre Richtigkeit unterstellt – ihn von der Wahrheit der Haupttatsache überzeugen würden, ob der Indizienbeweis also schlüssig ist. Dabei ist das Gericht grds. frei darin, welche Bedeutung und Beweiskraft es den vorgetragenen Indizien für das Vorliegen einer Behauptung im Einzelnen und in der Gesamtschau des Prozessstoffes beimisst[4]. Werden ausreichend tatsächliche Anhaltspunkte vorgebracht, die geeignet sind, eine Behauptung zu stützen, handelt es sich nicht um einen unzulässigen **Ausforschungsbeweis**[5] (vgl. unten Rz. 33 und 88). Hinsichtlich der Annahme eines auf bloße Ausforschung gerichteten Beweisermittlungsantrags ist stets Zurückhaltung geboten. Nicht unter die vorliegende Rubrik zählt eine rechtlich **vorweggenommene Beweiswürdigung** über das zu erwartende Aussageverhalten eines Zeugen. Es ist Ausdruck einer gerichtlichen Voreingenommenheit, wenn etwa das Gericht auf die Vernehmung eines ordnungsgem. angebotenen Zeugen verzichten will mit dem Hinweis, der Zeuge werde aufgrund seiner Nähe zu einer Partei (zB Ehepartner, Personalleiter) doch nur im Sinne dieser Partei aussagen und das Gericht könne diesem Zeugen ohnehin nicht glauben. Die Glaubwürdigkeit bezüglich Person und Inhalt der Aussage darf das Gericht erst nach einer Beweisaufnahme im Rahmen von § 286 ZPO beurteilen, nie vorher[6]. Ähnlich ist die Situation, in der das Gericht einen Zeugen nicht vernehmen will, weil es den entsprechenden Sachvortrag, der in das Wissen des Zeugen gestellt ist, für unwahrscheinlich hält[7] oder einen bestimmten (eingeschränkten) Kenntnisstand des Zeugen unterstellt[8]. Stellt eine Partei im Rahmen eines einheitlichen Vorbringens zu einer Frage mehrere einander **widersprechende Behauptungen** auf, ohne die Widersprüche zu erläutern, so kann von keiner dieser Behauptungen angenommen werden, sie sei richtig. Ein solcher Sachvortrag ist der Beweisaufnahme nicht zugänglich. Dies gilt auch dann, wenn die verschiedenen Behauptungen nicht im Sinne einander ausschließender Einzeltatsachen, sondern im Sinne der Behauptung einer Bandbreite von Möglichkeiten zu verstehen sind[9], von denen nicht klar ist, welche die Partei gegen sich gelten lassen will. Dagegen ist die Partei nicht gehindert, im Laufe des Rechtsstreits ihr Vorbringen zu ändern oder zu berichtigen. Das ist auch durch neuen sich mit dem früheren widersprechenden Tatsachenvortrag möglich, wenn klargestellt ist, welchem das Gericht letztlich folgen soll[10].

- ein Zeuge benannt ist, dem ein **Zeugnisverweigerungsrecht** (§§ 383–385 ZPO) zusteht und von dem zu erwarten ist, dass er ohne Entbindung von der Schweigepflicht von seinem Aussageverweigerungsrecht Gebrauch machen wird, 17

- ein **Beweisverwertungsverbot** besteht, etwa bei einem unzulässigen heimlichen Mithören eines Telefonats oder einer unzulässigen Videoaufzeichnung (vgl. Rz. 72 ff.), 18

- die **Richtigkeit** der unter Beweis gestellten Tatsache **schon erwiesen** ist. Das gilt aber **nicht** für einen von der Gegenpartei ordnungsgemäß angetretenen **Gegenbeweis** (vgl. dazu Rz. 24) oder das Gericht 19

---

1 BVerfG v. 10.2.2009 – 1 BvR 1232/07, NJW 2009, 1585; BverfG v. 24.1.2012 – 1 BvR 1819/10; BGH v. 24.5.2007 – III ZR 176/06, NZA 2007, 753.
2 Zöller/*Greger*, Vor § 286 Rz. 5.
3 BGH v. 8.5.2012 – XI ZR 262/10, NJW 2012, 2427 (2431).
4 BAG v. 18.6.2015 – 2 AZR 480/14, NZA 2015, 1315.
5 BGH v. 5.11.2003 – VIII ZR 218/01, ProzRB 2004, 87.
6 BVerfG v. 22.1.2001 – 1 BVR 2075/98, NJW-RR 2001, 1006.
7 BAG v. 5.11.2003 – 5 AZR 562/02, DB 2004, 440.
8 BGH v. 13.9.2004 – II ZR 137/02, ProzRB 2005, 31.
9 BAG v. 13.6.2002 – 2 AZR 589/01, NZA 2003, 608.
10 BGH v. 16.4.2015 – IX ZR 195/14, NJW-RR 2015, 829.

Zeugen der Gegenpartei nicht anhört, die diese zur Erschütterung der Glaubhaftigkeit der Zeugen bzw. -aussage benannt hat[1],

19a — eine Tatsache **gerichtsbekannt** ist. Dies sind Tatsachen, die der Richter im Zusammenhang mit seiner amtlichen Tätigkeit selbst zuverlässig in Erfahrung gebracht hat, zB aus früheren oder noch laufenden Verfahren[2]. **Nicht dazu** zählt die Sachkunde, die das Gericht aus ähnlichen Verfahren gewonnen haben will[3] oder sogar private Kenntnisse des Richters, ansonsten wäre er in einer Person Richter und Zeuge[4]. Beabsichtigt das Gericht bei seiner Entscheidung gerichtsbekannte Tatsachen zu verwerten, müssen diese in die mündliche Verhandlung eingeführt werden, um den in Art. 103 Abs. 1 GG normierten Anspruch auf rechtliches Gehör zu sichern[5],

20 — die Richtigkeit der unter Beweis gestellten Tatsache – gleiches gilt für als wahr unterstellte Indizientatsachen[6] – wegen fehlender Erheblichkeit zugunsten des Beweisbelasteten als wahr oder unwahr unterstellt werden kann (vgl. Rz. 26 ff.), ohne dass dadurch der Ausgang des Rechtsstreits in ihrem Sinne beeinflusst wird[7]. Dies gilt auch für äquipollentes[8] Vorbringen[9],

20a — ein verspätet vorgebrachtes Beweismittel wegen **Verfahrensverzögerung** gem. § 56 Abs. 2, § 61a Abs. 5, § 67 Abs. 1 bis Abs. 4 oder § 296 ZPO **zurückgewiesen** werden muss,

20b — ein **vertraglicher Beweisausschluss** der Parteien besteht,

20c — das Gericht nach seinem **Ermessen** gem. § 287 Abs. 1 Satz 2 ZPO kein Beweis erhebt (vgl. Rz. 84).

III. Arten des Beweises

20d Nach unterschiedlichen Gesichtspunkten lassen sich verschiedene Arten des Beweises unterscheiden.

1. Ziel des Beweises

21 Ziel des Beweises ist es, das Gericht von der Richtigkeit des behaupteten Geschehensablaufs zu überzeugen (Vollbeweis). Der **Vollbeweis** ist erbracht, wenn das Gericht eine tatsächliche Behauptung „für wahr erachtet" (§ 286 Abs. 1 Satz 1 ZPO). Die volle Überzeugung des Richters erfordert im Regelfall eine sehr hohe Wahrscheinlichkeit für die streitige Tatsachenbehauptung, die den nicht völlig auszuschließenden Zweifeln Schweigen gebietet. Eine letzte Sicherheit ist nicht erforderlich, die Tatsache muss jedoch mit an Sicherheit grenzender Wahrscheinlichkeit für das Gericht feststehen[10] (vgl. auch Rz. 81).

Im gewollten Gegensatz dazu steht die **Glaubhaftmachung** nach § 294 Abs. 1 ZPO. Sie ist eine privilegierte Form der Beweisführung, bei der schon ein bloß höherer Grad an Wahrscheinlichkeit für den Nachweis der streitigen Tatsache ausreichend ist. Der Vollbeweis ist nicht zu erbringen. Das Vorliegen einer bestimmten Tatsache bzw. eines Sachverhalts muss hier nur wahrscheinlicher sein als ihr Nichtvorliegen. In diesem Zusammenhang können auch Hilfstatsachen zur Glaubhaftmachung vorgebracht werden[11]. So darf etwa grds. von dem als richtig oder an Eides Statt versichertem Vorbringen bei einer anwaltlichen Glaubhaftmachung ausgegangen werden. Das gilt aber nicht, wenn konkrete Anhaltspunkte (zB Parteivortrag, Aktenunterlagen) es ausschließen, den geschilderten Sachverhalt mit überwiegender Wahrscheinlichkeit als zutreffend zu erachten[12]. Ob die überwiegende Wahrscheinlichkeit gegeben ist, hat das Gericht nach § 286 ZPO in freier Würdigung des gesamten Vorbringens zu beurteilen[13]. Als Abweichung vom Regelbeweismaß ist die Glaubhaftmachung nur in den gesetzlich geregelten Fällen zulässig (zB § 44 Abs. 2,

---

1 BerlVerfGH v. 16.12.2015 – VerfGH 116/15, NJW 2016, 1438.
2 BAG v. 23.8.2011 – 3 AZR 650/09, NZA 2012, 37.
3 BAG v. 28.10.2010 – 8 AZR 546/09, NZA-RR 2011, 378.
4 Vgl. *Stackmann*, NJW 2010, 1409.
5 BAG v. 28.10.2010 – 8 AZR 546/09, NZA-RR 2011, 378.
6 BAG v. 23.10.2014 – 2 AZR 865/13, NZA 2015, 353.
7 BGH v. 21.11.2007 – IV ZR 129/05, NJW-RR 2008, 414.
8 Dabei liefern eine oder beide Parteien unterschiedliche Sachverhaltsschilderungen. Jede Version jeweils als richtig unterstellt, führt zu keinem anderen Prozessergebnis; stets ist die Klage begründet bzw. unbegründet.
9 BAG v. 7.2.2007 – 5 AZR 41/06, NZA 2007, 934; LAG Berlin-Brandenburg v. 13.7.2007 – 6 Sa 808/07, BB 2007, 2300.
10 Hauck/Helml/Biebl/*Helml*, § 58 Rz. 4; ähnl. GMP/*Prütting*, § 58 Rz. 59.
11 BAG v. 24.11.2011 – 2 AZR 416/10, NZA 2012, 413.
12 BGH v. 12.11.2014 – XII ZB 289/14, NJW 2015, 349.
13 BGH v. 27.9.2016 – XI ZB 12/14, WM 2016, 2170.

§ 236 Abs. 2 Satz 1, § 296 Abs. 4, § 920 Abs. 2 ZPO; § 62 Abs. 1 Satz 2, § 64 Abs. 5, § 67 Abs. 1 Satz 2 ArbGG; § 7 Abs. 2 Satz 3 AÜG, § 45 Abs. 2 Satz 3 BBiG; § 5 Abs. 2 Satz 2, § 17 Abs. 3 Satz 3 KSchG). Bei der Glaubhaftmachung müssen die Beweismittel (dazu zählt auch die in der Praxis ganz überwiegende eidesstattliche Versicherung – s.a. Rz. 32) im Verhandlungstermin präsent sein; eine Vertagung zur Beweisaufnahme ist unzulässig.

2. Art der Beweisführung

In Bezug auf die Art der Beweisführung wird zwischen dem **unmittelbaren Beweis** und dem mittelbaren Beweis, auch **Indizienbeweis** genannt, unterschieden. Der unmittelbare Beweis dient dem Nachweis der tatsächlichen Behauptungen, die sich unmittelbar auf ein Tatbestandsmerkmal der entscheidungserheblichen Norm beziehen, während der Indizienbeweis auf den Nachweis von Hilfstatsachen, bei deren Vorhandensein auf das Vorliegen der zu beweisenden Haupttatsachen geschlossen werden kann, zielt[1] (vgl. zu § 22 AGG: Rz. 113). Vom Indizienbeweis zu unterscheiden ist der **Anscheinsbeweis**, auch Prima-facie-Beweis, der kein besonderes Beweismittel, sondern nur die Anwendung bestimmter, gefestigter Sätze der Lebenserfahrung („Erfahrungsgrundsätze") im Rahmen der freien Beweiswürdigung ist. Er bedeutet eine Minderung der Beweislastregeln. Dabei kann das Gericht – oftmals im Schadensersatzrecht – aus feststehenden Tatsachen auf andere Vorgänge schließen, die mit den Tatsachen nach der Lebenserfahrung verbunden sind (vgl. dazu Rz. 95 ff.). Auch im Vertragsrecht kann er Bedeutung erlangen: Legt zB der ArbN, der einen Übergang seines Arbeitsverhältnisses nach § 613a BGB geltend macht (vgl. Rz. 139), dar, dass der in Anspruch genommene Betriebserwerber die wesentlichen Betriebsmittel nach Einstellung des Geschäftsbetriebes des bisherigen Geschäftsinhabers verwendet, um nach kurzer Unterbrechung („Betriebspause") einen gleichartigen Geschäftsbetrieb zu führen, so spricht der Beweis des ersten Anscheins dafür, dass dies aufgrund eines Rechtsgeschäfts iSd. § 613a BGB geschieht[2]. Hat eine Partei den Beweis des ersten Anscheins geführt, braucht die Gegenpartei nicht den vollen Gegenbeweis zu führen, sondern lediglich den Anscheinsbeweis durch Tatsachen, die geeignet sind, einen ernsthaften Zweifel an dem typischen Geschehensablauf zu begründen, „zu entkräften"[3], richtiger „zu erschüttern"[4].

3. Art des Beweisverfahrens

Nach der Art des Beweisverfahrens ist zwischen dem Strengbeweis und dem Freibeweis zu unterscheiden. Für den **Strengbeweis**, welcher der Regelfall ist, schreibt das Gesetz in den §§ 355–484 ZPO das Verfahren und die zulässigen Beweismittel (vgl. Rz. 32) verbindlich vor. Darüber hinaus erlaubt § **284 Satz 2 ZPO** dem Gericht, im Einvernehmen mit den Parteien, das nur bei einer wesentlichen Änderung der Prozesslage widerruflich ist, die **Beweise** in der ihm **geeignet erscheinenden Art** aufzunehmen. Das bedeutet ein Abgehen von den Regeln des Strengbeweises und dem Grundsatz der Unmittelbarkeit der Beweisaufnahme (§ 355 ZPO). Bezweckt wird damit eine Vereinfachung der Verfahrensabläufe und eine Verfahrensbeschleunigung. Hier kommt etwa eine Befragung eines Zeugen über Telefon mit einer Lautsprechanlage oder per E-Mail möglichst in Anwesenheit der Parteien und ihrer Prozessvertreter in Betracht. Über das Ergebnis einer solchen Beweisaufnahme ist ein Protokoll gem. § 160 Abs. 3 Nr. 4 ZPO zu fertigen und ggf. den Parteien zur Stellungnahme zuzuleiten, sofern sie dazu noch keine Gelegenheit hatten.

Eine Beweisführung ohne die für den Strengbeweis geltenden prozessualen Vorgaben und Bindungen ist der **Freibeweis**. Er kommt vor, zB im Verfahren der Prozesskostenhilfe (§ 118 ZPO), zur Prüfung der von Amts wegen zu untersuchenden Prozess- und Zulässigkeitsvoraussetzungen, zur Prüfung der tatsächlichen Voraussetzungen eines Beweisverwertungsverbotes oder zur Feststellung ausländischen Rechts (§ 293 ZPO)[5]. Im Anwendungsbereich des Freibeweises gelten weder die Grundsätze der Unmittelbarkeit (§ 355 ZPO) und Parteiöffentlichkeit (§ 357 ZPO) der Beweisaufnahme, noch bedarf es eines Beweisbeschlusses oder eines besonderen Termins einer Beweisaufnahme. Das Gericht darf zB selbst Recherchen anstellen, ohne dass die Parteien sich darauf berufen haben. Es ist in der Wahl seiner Erkenntnisquellen frei[6] und bestimmt selbst, auf welche Art und Weise es seine Überzeugung vom Vorliegen einer bestimmten Tatsache gewinnt. In diesem Zusammenhang kann auch eine anwaltliche oder eidesstattliche Versicherung als Beweismittel in Betracht kommen, obwohl diese idR nur einen geringeren Beweiswert haben[7]. Das Ge-

---

1 Düwell/Lipke/*Kloppenburg*, § 58 Rz. 39; GMP/*Prütting*, § 58 Rz. 6.
2 BAG v. 15.5.1985 – 5 AZR 276/84, AP Nr. 41 zu § 613a BGB m. Anm. *von Hoyningen-Huene*; BAG v. 18.5.1985 – 8 AZR 741/94, AR-Blattei Es 500 Nr. 119.
3 BAG v. 13.5.1982 – 2 AZR 87/80, AP Nr. 68 zu § 620 BGB – Befristeter Arbeitsvertrag.
4 So bereits BAG v. 29.8.1958 – 3 AZR 623/57, AP Nr. 1 zu § 282 ZPO m. Anm. *Pohle*.
5 BGH v. 24.7.2001 – VIII ZR 58/01, NJW 2001, 2888; vgl. Zöller/*Greger*, § 284 ZPO Rz. 1 ff.
6 Vgl. *Schwab*, Die Berufung im arbeitsgerichtlichen Verfahren, S. 197 f.
7 BGH v. 27.5.2003 – VI ZB 77/02, NJW 2003, 2460.

richt entscheidet im Rahmen von § 286 ZPO, ob es von der versicherten Tatsache überzeugt ist. Allerdings stellt der Freibeweis insoweit keine Ausnahme vom Grundsatz des Vollbeweises (vgl. Rz. 21) dar, als auch bei ihm die volle Überzeugung des Gerichts von den zu beweisenden Tatsachen begründet werden muss[1]. Das Gericht hat beim Freibeweis – wie bei jeder Beweisaufnahme – den Parteien Gelegenheit zur Kenntnis- und Stellungnahme zu geben und sie ggf. zum Beweisantritt im Strengbeweisverfahren zu veranlassen[2].

4. Zweck der Beweisführung

24 Schließlich lassen sich nach dem Zweck der Beweisführung Hauptbeweis und Gegenbeweis unterscheiden. Der **Hauptbeweis** obliegt der beweisbelasteten Partei und dient dazu, das Gericht vom Vorliegen der tatsächlichen Voraussetzungen für die Anwendung der Rechtsnorm zu überzeugen. Der **Gegenbeweis** obliegt der nicht beweisbelasteten Partei und dient dazu, die Richtigkeit einer Tatsache als nicht gegeben oder zweifelhaft zu machen. Während der Hauptbeweis das Bestehen voller Überzeugung verlangt, bezweckt der Gegenbeweis die Erschütterung einer richterlichen Überzeugung, die Richtigkeit einer Tatsache zweifelhaft zu machen[3]. So erbringt etwa der Eingangsstempel des Gerichts nach § 418 Abs. 1 ZPO den vollen Beweis für den Zeitpunkt des Eingangs eines Schriftsatzes. Der Gegenbeweis nach § 418 Abs. 2 ZPO ist zulässig, muss aber die volle Überzeugung des Gerichts von einem früheren Eingang begründen[4]. Wird der Gegenbeweis auf Indizien gestützt, muss das Gericht prüfen, ob die angeführten Indizien – ihre Richtigkeit unterstellt – in ihrer Gesamtschau und im Zusammenhang mit dem übrigen Prozessstoff seine Überzeugung von der Richtigkeit/Wahrheit der Haupttatsache erschüttern würden[5]. Vom Gegenbeweis ist der „**Beweis des Gegenteils**" zu unterscheiden; dieser ist Hauptbeweis und greift vornehmlich ein, wenn das Gesetz für das Vorhandensein einer Tatsache eine widerlegbare Vermutung aufstellt. Der erforderliche Tatsachenvortrag zielt darauf ab, die Vermutung auszuschließen. **Gesetzliche Vermutungen** beinhalten eine besondere Beweislastverteilung und sind letztlich Beweislastsondernormen. Wer sich darauf beruft, muss die Voraussetzungen der gesetzlichen Vermutung in tatsächlicher Hinsicht darlegen und bei Bestreiten beweisen. Damit sind oftmals Indizien zu beweisen und nicht die streitige Tatsache. Hierbei treten zunächst eine Beweisverschiebung und sodann gem. § 292 ZPO eine Umkehr der Beweislast ein. So hat etwa das Zustandekommen eines Interessenausgleichs mit Namensliste nach § 1 Abs. 5 Satz 1 KSchG Auswirkungen auf die Darlegungs- und Beweislast im Kündigungsschutzprozess, in dem im Allgemeinen der ArbGeb gem. § 1 Abs. 2 Satz 4 KSchG für das Vorliegen dringenden betrieblichen Erfordernissen darlegungs- und beweispflichtig ist. Nach § 1 Abs. 5 Satz 1 KSchG kehrt sich die Darlegungs- und Beweislast um[6]. Der ArbN muss nun substantiiert Tatsachen darlegen und ggf. beweisen, die den gesetzlich vermuteten Umstand nicht nur in Zweifel ziehen, sondern ihn ausschließen, wobei ihm für die Führung des Gegenbeweises nur bei fehlender Kenntnismöglichkeiten Erleichterungen nach den Regeln der abgestuften Darlegungs- und Beweislast zugutekommen können. Sie entbinden ihn aber nicht von der Verpflichtung, zumindest greifbare Anhaltspunkte für einen fortbestehenden Beschäftigungsbedarf zu benennen. Ähnlich ist die Beweislast beim **Negativbeweis**. Ficht etwa ein ArbN einen Aufhebungsvertrag gem. § 123 BGB an, dann trägt er als Anfechtender die volle Darlegungs- und Beweislast für sämtliche Voraussetzungen einer wirksamen Anfechtung. Von daher hat er die Tatsachen vorzutragen und ggf. zu beweisen, welche etwa eine ihm angedrohte Kündigung als widerrechtlich erscheinen lassen. Dazu gehört, dass ein verständiger ArbGeb nicht annehmen durfte, die Fortsetzung des Arbeitsverhältnisses sei unzumutbar und deshalb die Kündigung gerechtfertigt. Da es sich hierbei um einen Negativbeweis handelt, genügt zunächst nur eine entsprechende pauschale Behauptung des ArbN. Wegen der Schwierigkeiten des Negativbeweises ist vom ArbGeb als Anfechtungsgegner nach den Grundsätzen einer **sekundären Beweislast** das substantiierte Bestreiten der negativen Tatsache unter Darlegung der für das Positive sprechenden Tatsachen und Umstände zu verlangen[7]; s.a. Rz. 89. S. zum Beweis einer **negativen Tatsache** Rz. 88.

25 § 125 InsO begründet die widerlegbare Vermutung in der Insolvenz, dass die Kündigung der Arbeitsverhältnisse der im **Interessenausgleich** mit Namensliste bezeichneten ArbN durch dringende betriebliche Erfordernisse bedingt ist[8]. Hier beschränkt sich die Darlegungs- und Beweislast des Insolvenzverwalters im

---

1 BGH v. 24.4.2001 – VI ZR 258/00, NJW 2001, 2722; BGH v. 10.12.2002 – VI ZR 378/01, NJW 2003, 1123.
2 *Fölsch*, MDR 2004, 1030.
3 GMP/*Prütting*, § 58 Rz. 8; ähnl. Düwell/Lipke/*Kloppenburg*, § 58 Rz. 40.
4 Vgl. BGH, 14.10. 2004 – VII ZR 33/04, MDR 2005, 287.
5 BAG v. 23.10.2014 – 2 AZR 865/13, NZA 2015, 353.
6 BAG v. 23.10.2008 – 2 AZR 163/07, BB 2009, 1758; BAG v. 27.9.2012 – 2 AZR 516/11, ArbRB 2013, 168.
7 BAG v. 28.11.2007 – 6 AZR 1108/06, NZA 2008, 349 (354); BGH v. 19.4.2005 – X ZR 15/04, NJW 2005, 2766 für die Rechtswidrigkeit der Drohung mit einem Pressebericht.
8 BAG, 18.10. 2012 – 6 AZR 289/11, ArbRB 2013, 169; BAG v. 26.4.2007 – 8 AZR 695/05, NZA 2008, 72.

Falle einer Betriebsänderung darauf, die Vermutungsbasis, dh. insbesondere die Voraussetzungen für das Vorliegen einer Betriebsänderung und einen wirksamen Interessenausgleich nebst wirksamer Namensliste, vorzutragen. Soweit die Voraussetzungen von § 125 Abs. 1 InsO vorliegen, gelangt die – vom ArbN widerlegliche – Vermutungswirkung des § 128 Abs. 2 InsO zur Anwendung. Liegt keine Betriebsänderung vor, sondern in Wirklichkeit ein vom ArbN darzulegender (Teil-)Betriebsübergang, so greift § 125 InsO jedenfalls für die von § 613a BGB betroffenen ArbN nicht[1].

Beim Zustandekommen eines Interessenausgleichs mit Namensliste hat der ArbN den Hauptbeweis zu führen und

– im Falle der **Beendigungskündigung** nachzuweisen, dass sein **Arbeitsplatz** trotz der durchgeführten Betriebsänderung **noch vorhanden** ist oder eine anderweitige Beschäftigungsmöglichkeit im selben Betrieb oder in einem anderen Betrieb desselben Unternehmens besteht[2];

– im Falle der **Änderungskündigung** darzulegen, wie er sich eine anderweitige **Weiterbeschäftigung** vorstellt, die die Änderung der Arbeitsbedingungen überflüssig macht[3].

Sowohl bei der Beendigungskündigung als auch bei der Änderungskündigung kann der ArbN dieser auch mit dem Vortrag begegnen, dass

– die **Betriebsänderung nicht wie geplant** und im Interessenausgleich zugrunde gelegt durchgeführt wird,

– eine **Betriebsänderung** iSv. § 111 BetrVG gar **nicht beabsichtigt** sei, sondern zB ein Betriebsübergang[4], oder

– sich die **Sachlage** nach Zustandekommen des Interessenausgleichs **wesentlich geändert** hat (§ 125 Abs. 1 Satz 2 InsO)[5].

Bei einer **Betriebsteilveräußerung im Insolvenzverfahren** hat der ArbN gem. § 128 Abs. 2 InsO bei Zustandekommen eines Interessenausgleichs mit Namensliste sogar eine „doppelte" Vermutung zu widerlegen[6], nämlich

– dass die Kündigung seines Arbeitsverhältnisses nicht wegen des Betriebsübergangs erfolgt ist (§ 128 Abs. 2 InsO) und

– dass die Kündigung seines Arbeitsverhältnisses durch dringende betriebliche Erfordernisse bedingt ist (§ 125 Abs. 1 Satz 1 Nr. 1 InsO).

Der ArbN muss in einem solchen Fall den Vollbeweis dafür erbringen, dass die Kündigung seines Arbeitsverhältnisses nicht „auf anderen Gründen" (§ 613a Abs. 4 Satz 2 BGB) – zB auf einem Sanierungs- oder Reorganisationskonzept – beruht, sondern einen Verstoß gegen § 613a Abs. 4 Satz 1 BGB darstellt.

IV. Einleitung des Beweisverfahrens

1. Bestimmung der beweisbedürftigen Tatsachen

Trifft den Kläger die Darlegungslast (vgl. zum Umfang Rz. 88) für das von ihm im Prozess verfolgte Rechtsbegehren, dann prüft das Gericht zunächst, ob der **Tatsachenvortrag des Klägers** den Tatbestand eines Rechtssatzes erfüllt, wonach sein Klagebegehren begründet ist. Unerheblich ist, wie wahrscheinlich die Prozessbehauptung ist und auf welchen Erkenntnisquellen sie beruht. Genügt der Vortrag diesen Anforderungen, dann ist die Klage **schlüssig**. Ist das nicht der Fall, dann ist die Klage unschlüssig und damit abzuweisen, ohne dass die Einlassung des Beklagten noch zu prüfen wäre. Der klägerische Tatsachenvortrag bedarf erst dann der Präzisierung und/oder Ergänzung, wenn er aufgrund der Einlassungen des Beklagten nach § 138 Abs. 2 ZPO unklar wird und den Schluss auf die begehrte Rechtsfolge nicht mehr zulässt.

---

[1] BAG v. 28.8.2003 – 2 AZR 377/02, BB 2004, 1056.
[2] LAG Schl.-Holst. v. 28.11.2011 – 5 Sa 587/10; BAG v. 5.11.2009 – 2 AZR 676/08, NZA 2010, 457.
[3] *Berscheid*, MDR 1998, 942.
[4] BAG v. 16.5.2002 – 8 AZR 319/01, NZA 2003, 97.
[5] LAG Hamm v. 23.3.2000 – 4 Sa 1554/99, ZInsO 2000, 571; s. zur Abgrenzung zum Wiedereinstellungsanspruch BAG v. 21.2.2001 – 2 AZR 39/00, ArbRB 2001, 70 m. Anm. *Berscheid*; LAG Düsseldorf v. 27.9.2001 – 11 Sa 782/01, LAGR 2002, 125.
[6] LAG Hamm v. 4.6.2002 – 4 Sa 593/02, LAGR 2003, 31; *Uhlenbruck/Berscheid*, § 128 InsO Rz. 26; aA *Kittner/Zwanziger/Däubler*, KSchR, § 128 InsO Rz. 6, und *Tretow*, ZInsO 2000, 309 (312), die § 128 InsO auf einen Betriebsteilübergang nicht anwenden wollen.

27 Bei Schlüssigkeit der Klage schließt sich als zweiter Schritt die Prüfung an, wie sich der Vortrag des **Beklagten** auf das Rechtsbegehren des Klägers auswirkt. Kann alles das, was der Beklagte vorträgt und dem klägerischen Tatsachenvortrag widerspricht, als richtig unterstellt werden und ist dann das klägerische Begehren aus rechtlichen Gründen immer noch begründet, dann ist der Rechtsstreit ohne Beweiserhebung entscheidungsreif iSd. Klägers. Bietet das Vorbringen des Beklagten für den Kläger Anlass zur Replik, so ist zu prüfen, ob dieser klägerische Sachvortrag sein Rechtsbegehren immer noch stützt. Ist dies – sofern erforderlich – der Fall und ist aber davon auszugehen, dass bei der inhaltlichen Richtigkeit des streitigen Vorbringens des Beklagten die Klage unbegründet wäre, ist das Beklagtenvorbringen also **erheblich**, dann gelangt das Prozessverfahren in die dritte Station, die sog. **Beweisstation**.

28 Es ist Aufgabe des Richters, die streitigen entscheidungserheblichen Tatsachen durch diese Prüfungsweise, die sog. **Relationstechnik**, herauszufiltern. Gelangt das Verfahren in die 3. Stufe, die Beweisstation, (nur) dann hat der Kläger Beweis anzubieten für die inhaltliche Richtigkeit seines streitigen prozesserheblichen Tatsachenvortrages. Im Wege einer Beweisaufnahme hat das Gericht zu ermitteln, ob der prozessrelevante Sachvortrag des Klägers zutreffend und seine Klage somit begründet ist. Wird das durch die Beweisaufnahme nicht bestätigt, ist die Klage abzuweisen.

Nicht immer ist die Darlegungslast so einfach verteilt wie im vorgenannten Beispiel. Sie kann genauso gut weitestgehend die beklagte Partei treffen, was insbesondere im Kündigungsschutzprozess der Fall ist, indem der beklagte ArbGeb die Kündigungsgründe vorzutragen hat und der klagende Kläger in die Verteidigungsrolle tritt. In Fällen der **abgestuften Darlegungs- und Beweislast** (vgl. Rz. 89) kann ein recht kompliziertes prozessuales Geflecht auftreten. Stets hat das Gericht nach obigem Prüfungsschema zu ermitteln, ob und über welche prozesserheblichen Tatsachen Beweis zu erheben ist.

2. Beweisantritt

29 Für streitige und für den Verfahrensausgang erhebliche Prozessbehauptungen hat die beweisbelastete Partei (vgl. Rz. 92 ff.) dem Gericht **grds. Beweismittel anzubieten**. Einen allgemeinen Vorrang eines „sachnäheren" Beweismittels kennen weder § 355 noch andere ZPO-Bestimmungen[1]. Es ist Sache der Partei, mit welchen Mitteln sie Beweis führen will. Für das Vorliegen eines hinreichend bestimmten Beweisantrags ist es grds nicht erforderlich, dass die Partei das Beweisergebnis im Sinne einer vorweggenommenen Beweiswürdigung wahrscheinlich macht[2]. Der Beweisantritt erfolgt, indem die Partei für ihre erheblichen Behauptungen (Beweisgegenstand) ein Beweismittel benennt (§ 282 ZPO). Der Inhalt eines Beweisantrags erfordert die spezifizierte Bezeichnung der Tatsachen, die bewiesen werden sollen. Wie konkret die jeweiligen Tatsachenbehauptungen sein müssen, ist unter Berücksichtigung der Wahrheits- und Vollständigkeitspflicht (§ 138 Abs. 1 ZPO) anhand der Umstände des Einzelfalls, insbesondere der Einlassung des Gegners zu beurteilen[3]. Ein ausdrückliches Beweisangebot als Voraussetzung für eine Beweiserhebung ist nur bei einem Zeugenbeweis erforderlich (§ 373 ZPO). Bei den übrigen Beweismitteln (s. Rz. 32) steht es im Ermessen des Gerichts, ob und mit welchem sachdienlichen Mittel das Gericht von Amts wegen Beweis erhebt. Die **Zeugen** müssen mit vollständigem Namen und ladungsfähiger Anschrift bezeichnet sein. Unvollständige Angaben für einen Zeugen ohne die vorgenannten Voraussetzungen, zB nur „N.N." oder „ladungsfähige Anschrift wird nachgereicht", reichen nicht. In solch einem Fall hat das Gericht der Partei gem. § 356 ZPO eine Frist zur Vervollständigung des Beweisangebots zu setzen[4]. Verspätet gelieferte Angaben können unter den Voraussetzungen von § 56 Abs. 2, § 61a Abs. 5, 6 bei einer Verfahrensverzögerung zurückgewiesen werden. Allerdings hat die Partei in diesem Fall noch die Möglichkeit, den Zeugen als präsentes Beweismittel zum Termin zu sistieren.

3. Anordnung der Beweisaufnahme

30 Die gerichtliche Anordnung der Vernehmung eines **Zeugen** kann nur dann erfolgen, wenn sich eine Partei auf den Zeugen als Beweismittel **berufen** hat (§ 373 ZPO). Bei den **übrigen Beweismitteln** kann die Anordnung einer Beweiserhebung auch **von Amts wegen** erfolgen (§§ 142 ff. ZPO), ohne dass es eines entsprechenden Beweisantrages einer Partei bedarf. So kann das Gericht auch ohne entsprechenden Beweisantrag einen Augenschein anordnen, selbst wenn die beweisbelastete Partei ein anderes Beweismittel angeboten hat. Auch kann es einer Partei aufgeben, eine bestimmte Urkunde vorzulegen, von der im Parteivortrag die Rede ist oder deren Existenz dem Gericht sonst wie bekannt ist. Bei einer Urkunde, die nicht im Besitz der beweisbelasteten Partei, sondern eines Dritten ist, haben die Parteien grds. den Inhalt

---

1 Zöller/*Greger*, § 355 ZPO Rz. 1.
2 BGH v. 16.4.2015 – IX ZR 195/14, NJW 2015, 2344.
3 BGH v. 15.1.2004 – I ZR 196/01, NJW-RR 2004, 1362.
4 Vgl. *Gottschalk*, NJW 2004, 2939; Zöller/*Greger*, § 356 ZPO Rz. 4.

der Urkunde dem Gericht mitzuteilen. Ggf. ist die im Besitz eines Dritten sich befindliche Urkunde vom Gericht gem. §§ 142, 428 ZPO im Wege der Beweisanordnung beizuziehen[1] (vgl. Rz. 57).

Die Beweisanordnung selbst geschieht durch **formellen Beweisbeschluss** (§§ 358, 358a ZPO) oder formloser Beweisanordnung in der mündlichen Verhandlung (§ 279 Abs. 2 ZPO), wenn die Beweismittel präsent sind[2]. Ist dies nicht der Fall und ist die Beweisaufnahme in einem neuen Termin durchzuführen, dann muss die Kammer im Kammertermin einen förmlichen Beweisbeschluss erlassen[3]. Eines förmlichen Beweisbeschlusses bedarf es in allen Fällen, in denen das gesetzlich vorgeschrieben ist, zB bei einer Parteivernehmung (§ 450 Abs. 1 ZPO) oder in den Fällen von § 55 Abs. 4. Werden benannte Zeugen in Vorbereitung des Kammertermins vom Vorsitzenden gem. § 56 Abs. 1 Satz 2 Nr. 4 vorsorglich geladen (vgl. hierzu § 56 Rz. 15), dann ist ihnen nach § 377 Abs. 2 Nr. 2 ZPO das voraussichtliche **Beweisthema mitzuteilen** und die Parteien sind hiervon zu unterrichten. Die Parteien erfahren auf diese Weise, welche Beweisthemen das Gericht für prozesserheblich hält und die Zeugen können sich ggf. durch Einsichtnahme oder Mitbringen von möglichen schriftlichen Unterlagen zum Termin gezielt vorbereiten und ein evtl. Zeugnisverweigerungsrecht prüfen. Unter Umständen trifft den Zeugen gem. § 378 ZPO eine beschränkte Vorbereitungspflicht. Danach hat er, sofern es ihm im Einzelfall zumutbar und gestattet ist, ihm zugängliche Unterlagen hinsichtlich bereits erfolgter Wahrnehmungen zu seiner Gedächtnisauffrischung nochmals einzusehen und diese – bei Zumutbarkeit – auf Verlangen des Gerichts zum Termin mitzubringen[4]. Es besteht jedoch keine Nachforschungspflicht des Zeugen nach für ihn unbekannten oder nicht zugänglichen Unterlagen.

Im arbeitsgerichtlichen Verfahren gelten auch die Bestimmungen über ein selbständiges **Beweissicherungsverfahren** (§§ 485 ff. ZPO)[5].

V. Beweismittel

Jede Beweiserhebung hat das Ziel, beim Gericht eine Überzeugung vom Vorliegen des behaupteten und von der Gegenseite bestrittenen Sachverhalts zu begründen. Eine solche Überzeugung können die Richter entweder durch eigene Wahrnehmung (Augenschein) oder durch Mitteilung fremder Wahrnehmungen (nämlich durch Zeugen, Sachverständige, Parteien) oder schließlich durch Einsichtnahme in Urkunden erlangen. Die Aufzählung dieser **fünf Beweismittel** ist im Bereich des Strengbeweises abschließend, während im Rahmen eines Freibeweises noch sonstige Beweismittel wie Auskünfte und Zeugnisse von Behörden, Befragungen von Privatpersonen oder anwaltliche und eidesstattliche Versicherungen zur Anwendung gelangen können[6]. Wer eine Tatsache nach einer gesetzlichen Regelung nur **glaubhaft zu machen** hat (vgl. Rz. 21), kann neben den fünf Beweismitteln auch eine eidesstattliche Versicherung von sich selbst oder einem Dritten dem Gericht vorlegen (§ 294 ZPO). Der Rechtsanwalt kann unter Hinweis auf seine Standespflichten Tatsachenvortrag auch anwaltlich versichern. Einer eidesstattlichen Versicherung kommt idR dann ein Beweiswert zu, wenn sie sich auf eigene Beobachtungen stützen kann.

1. Zeugenbeweis

Jeden **Zeugen** treffen die drei **Pflichten** zum Erscheinen, zur wahrheitsgemäßen und vollständigen Aussage und zur Beeidigung bzw. eidesgleichen Bekräftigung der Aussage.

Der Zeugenbeweis wird im Gerichtsalltag oft erhoben, obwohl er als ein schwaches Beweismittel einzustufen ist[7]. Der Zeugenbeweis wird durch die Benennung der Zeugen und die Bezeichnung der Tatsachen, über welche die Vernehmung der Zeugen stattfinden soll, angetreten (§ 373 ZPO). Dabei sind als **Tatsachen** nur konkrete, nach Zeit und Raum bestimmte, der Vergangenheit oder Gegenwart angehörende Geschehnisse oder Zustände anzusehen[8]. Diese sind von der darlegungspflichtigen Partei im Einzelnen zu bezeichnen. Für das Vorliegen eines hinreichend bestimmten Beweisantrags ist es grds. nicht erforderlich, dass die Partei das Beweisergebnis im Sinne einer vorweggenommenen Beweiswürdigung wahrscheinlich

---

[1] Vgl. *Schmidt/Schwab/Wildschütz*, NZA 2001, 1163 f. (1167 f.).
[2] Zur Zweckmäßigkeit, auch in letzteren Fällen einen förmlichen Beweisbeschluss zu erlassen, vgl. Rz. 44.
[3] Vgl. *Rosenberg/Schwab/Gottwald/Gottwald*, § 115 Rz. 31: aA *Zöller/Greger*, § 358 ZPO Rz. 2, der einen förmlichen Beschluss nur zur Klarstellung empfiehlt.
[4] Vgl. *Musielak/Huber*, § 378 Rz. 1–3; *Zöller/Greger*, § 378 ZPO Rz. 1, 2.
[5] Vgl. dazu BAG v. 30.9.2008 – 3 AZB 47/08, NZA 2009, 112.
[6] GMP/*Prütting*, § 58 Rz. 18.
[7] *Schneider*, Beweis und Beweiswürdigung, Rz. 872 ff.
[8] BGH v. 18.10.1973 – III ZR 192/71, DRiZ 1974, 27.

macht[1]. Im arbeitsgerichtlichen Urteilsverfahren ist die Stellung eines **Ausforschungsbeweises** verfahrensrechtlich unzulässig[2]. Bei einem Ausforschungsbeweis wird ein Beweis angetreten, bei dem die unter Beweis gestellten Tatsachen so ungenau bezeichnet sind, dass ihre Erheblichkeit nicht beurteilt werden kann. Es fehlt an der Bestimmtheit der zu ermittelnden Tatsachen und durch die Beweiserhebung sollen erst die Grundlagen zu substantiierten Tatsachenbehauptungen gewonnen werden[3], die dann erst die Subsumtion über das Vorliegen von bestimmten Tatbestandsvoraussetzungen einer Norm ermöglichen können (vgl. Rz. 16 und 88). Zum Bereich des Ausforschungsbeweises zählt etwa, wenn nicht näher substantiierte Tatsachen in greifbare Anhaltspunkte für ihr Vorliegen erkennbar aus der Luft gegriffen, gänzlich substanzlos, willkürlich und rechtsmissbräuchlich **aufs Geratewohl** oder **ins Blaue hinein** aufgestellt werden[4] oder eine Behauptung rechtlich nicht einschlägig ist oder nicht passen kann[5]. Für eine solche Annahme ist grds. Zurückhaltung geboten[6]. Vor der Zurückweisung eines Ausforschungsbeweises hat das Gericht die Partei gem. § 139 ZPO auf die fehlende Substantiierung hinzuweisen und Gelegenheit zu ergänzendem Vortrag zu geben[7] (vgl. auch Rz. 88). Wie beim sachverständigen Zeugen (vgl. § 414 ZPO) sind auch bei dem „normalen" Zeugen seine Wahrnehmungen nach seinem Erinnerungsbild über vergangene Tatsachen oder Zustände Gegenstand der Beweiserhebung und nicht deren erstmalige Erforschung. Hieraus folgt, dass der Zeuge in aller Regel nicht zu Schlüssen und Folgerungen aus den wahrgenommenen Umständen vernommen werden darf[8]. Dies ist allein Sache des Richters, wenngleich er bei einem sachverständigen Zeugen dessen Sachverstand zu Rate ziehen kann.

a) Zeugnisfähigkeit

34 Der Zeuge bekundet in erster Linie eigene Wahrnehmungen. Ein Zeuge kann aber auch zu Bekundungen Dritter über entscheidungserhebliche Tatsachen vernommen werden, denn der Beweis durch **Zeugen vom Hörensagen** ist weder unzulässig noch ein untaugliches Beweismittel[9].
Die Vernehmung sog. Zeugen vom Hörensagen ist kein Problem der prozessualen Zulässigkeit, sondern allein ein solches des Beweiswertes und damit der Beweiswürdigung[10]. Auch der Zeuge vom Hörensagen bekundet wie jeder andere Zeuge Tatsachen/Indizien, mag auch der Beweiswert einer solchen Aussage geringer sein als die Bekundung unmittelbar eigener Wahrnehmungen. Wird nicht die „Gewährsperson", die zB einen bestimmten Geschehensablauf selbst beobachtet hat, als Zeuge benannt, sondern nur ein Dritter, dem die Gewährsperson den von ihr wahrgenommenen Geschehensablauf anschließend nur erzählt[11] oder jemand, der indirekt über einen anderen etwas erfahren hat und der damit „Zeuge vom Hörensagen" ist, so kann durch dieses Beweismittel allenfalls die Hilfstatsache über den Inhalt und Verlauf des Gespräches bewiesen werden. Es unterliegt dann im Rahmen des § 286 ZPO bei Würdigung des gesamten Streitstoffes der freien richterlichen Überzeugung, ob nur die Hilfstatsache erwiesen ist und ob sie einen Schluss darauf zulässt, dass auch die eigentliche bestrittene Parteibehauptung zutrifft[12]. Kein Zeuge vom Hörensagen ist ein **Notar**, der die **Gewerkschaftsmitgliedschaft** eines ArbN des Betriebes beurkundet (s. Rz. 69a). Er erstellt eine öffentliche Urkunde über eigene Wahrnehmungen[13].

35 Der **sachverständige Zeuge** ist echter Zeuge, der seine besondere Sachkunde zur Wahrnehmung der bekundeten Tatsachen oder Zustände verwendet hat (§ 414 ZPO). Erst aufgrund seiner besonderen Sachkunde erkennt und versteht er bestimmte Zustände bzw. Vorgänge, die er zu schildern hat. Durch die Beschränkungen auf die Bekundung von Tatsachen und Zuständen unterscheidet sich der Zeuge und der sachverständige Zeuge vom **Sachverständigen**, der sein Fachwissen zur Beurteilung/Bewertung von Tatsachen und Zuständen in seinem schriftlichen oder mündlichen Gutachten zu vermitteln hat.

---

1 BGH v. 16.4.2015 – IX ZR 195/14, NJW-RR 2015, 829.
2 BAG v. 25.8.1982 – 4 AZR 878/79, AP Nr. 2 zu § 1 TVG – Tarifliche Übung; BAG v. 15.12.1999 – 5 AZR 566/98, NZA 2000, 448; BAG v. 28.5.1998 – 6 AZR 618/96, NZA 1999, 98.
3 BGH v. 26.6.1958 – II ZR 66/57, NJW 1958, 1491; BAG v. 25.3.2015 – 5 AZR 368/13, NZA 2015, 877.
4 BVerfG v. 10.2.2009 – 1 BvR 1232/07, NJW 2009, 1585; BAG v. 22.10.2015 – 2 AZR 720/14, NZA 2016, 473; BGH v. 24.5.2007 – III ZR 176/06, NZA 2007, 753.
5 BAG v. 17.12.2014 – 5 AZR 663/13, NZA 2015, 608.
6 BGH v. 16.4.2015 – IX ZR 195/14, NJW-RR 2015, 829.
7 GMP/*Prütting*, § 58 Rz. 19.
8 Hauck/Helml/Biebl/*Helml*, § 58 Rz. 9.
9 BVerfG v. 24.10.2007 – 1 BvR 1086/ 07; aA noch LAG Berlin v. 6.6.1977 – 9 Sa 67/76, BB 1978, 206; einschränkend auch LAG Köln v. 7.4.1995 – 13 (10) Sa 1244/94, MDR 1996, 79.
10 BVerfG v. 21.3.1994 – 1 BvR 1485/93; Zöller/*Greger*, § 286 ZPO Rz. 9a.
11 Oftmals gilt dies für den indirekten Telefonzeugen.
12 BAG v. 10.12.1980 – 5 AZR 18/79, AP Nr. 15 zu Art. 33 Abs. 2 GG; BAG v. 29.7.1982 – 2 AZR 1093/79, NJW 1983, 782; insoweit noch aA BAG v. 8.8.1968 – 2 AZR 348/67, AP Nr. 57 zu § 26 BGB m. Anm. *Herschel*.
13 BVerfG v. 21.3.1994 – 1 BvR 1485/93, NJW 1994, 2347.

Zeuge kann jede **natürliche Person** sein, auch Kinder, Greise, Gebrechliche oder Geisteskranke. Die Person muss im Einzelfall aufgrund ihres Verstandes in der Lage sein, eigene tatsächliche Wahrnehmungen zu machen, diese zu schildern und Fragen dazu verstehen und beantworten zu können[1]. Das Gesetz will grds. die Tatsachenkenntnis von jedermann für den Rechtsstreit verwendbar machen. Es nimmt lediglich denjenigen, der zur Zeit der Einvernahme im konkreten Prozess als **Partei** zu vernehmen ist, von der Zeugnisfähigkeit aus. Die Prozesspartei kann kein Zeuge sein. Damit hat zB auch der Ehepartner einer Partei oder ein angestellter Betriebsleiter den Zeugenstatus. Der einfache **Streitgenosse** (§§ 59, 60 ZPO) kann nur dann Zeuge sein, wenn das Beweisthema nicht im Zusammenhang mit dem von ihm geltend gemachten Anspruch steht; er kann jedoch als Zeuge über alle Tatsachen vernommen werden, die ausschließlich andere Streitgenossen betreffen[2]. Von den Parteien und von der Einschränkung für Streitgenossen abgesehen können alle anderen Personen Zeugen sein[3]. Prozesspartei und damit nicht zeugnisfähig ist auch der **Widerbeklagte**. Dies muss nicht unbedingt der Kläger sein durch eine Umkehr der Parteirollen mittels Widerklage. Gelegentlich kommt es vor, dass Zeugen aus dem Prozess als Zeugen „herausgeschossen" werden können, indem gegen sie eine Widerklage erhoben wird und sie dadurch eine Parteirolle erlangen. Der BGH[4] hält eine solche Widerklage für unzulässig, wenn sie gegen einen am Prozess bisher Unbeteiligten erhoben wird. Demgegenüber ist sie zulässig, wenn sie ein Weg ist, um im Prozess wieder Waffengleichheit der Beweismittel herzustellen, etwa wenn der Zeuge Zedent der streitgegenständlichen Forderung war[5].

b) Zeugnisverweigerungsrechte

Von wenigen Ausnahmen abgesehen treffen jeden Zeugen die drei **Zeugenpflichten** zum erzwingbaren Erscheinen, zur wahrheitsgemäßen und vollständigen Aussage sowie zur Beeidigung bzw. eidesgleichen Bekräftigung derselben, nicht jedoch zur Abgabe schriftlicher Erklärungen iSv. § 377 Abs. 3 ZPO[6]. Lehnt der Zeuge eine schriftliche Aussage ab oder geht diese nicht innerhalb der gesetzlichen Frist ein, so ist er zum Termin zu laden. **Ausnahme** von der Zeugnispflicht gibt es ua. im Hinblick auf die Vernehmung von Richtern, Beamten und anderen Personen des öffentlichen Dienstes über Umstände, auf die sich ihre Pflicht zur Amtsverschwiegenheit bezieht (§ 376 Abs. 1 ZPO). Mitglieder der Bundesregierung oder einer Landesregierung sind an ihrem Amtssitz (§ 382 Abs. 1 ZPO) und Mitglieder des Bundestages, des Bundesrates, eines Landtages oder einer zweiten Kammer sind während ihres Aufenthalts am Sitz der Versammlung zu vernehmen (§ 382 Abs. 2 ZPO).

Eine weitere Ausnahme von der Zeugnispflicht gibt es bei Bestehen von **Zeugnisverweigerungsrechten** aus persönlichen Gründen (§ 383 ZPO) und aus sachlichen Gründen (§ 384 ZPO).

Zur Verweigerung des Zeugnisses aus **persönlichen** Gründen sind etwa gem. § 383 ZPO berechtigt: Der Verlobte, der Ehegatte, der Lebenspartner einer Partei, auch wenn die Ehe oder die Lebenspartnerschaft nicht mehr besteht (§ 383 Abs. 1 Nr. 1–2a ZPO), Personen, die mit einer Partei in gerader Linie verwandt oder verschwägert sind (s. § 383 Abs. 1 Nr. 3 ZPO). Pressemitarbeiter dürfen nach Maßgabe von § 383 Abs. 1 Nr. 5 ZPO wegen des nach Art. 5 GG geschützten Vertrauensverhältnisses zu ihren Informanten bezüglich Person und Inhalt der von einer Person erlangten Informationen Aussagen verweigern[7]. Nach § 383 Abs. 1 Nr. 6 ZPO darf ein **Gewerkschaftssekretär** als Zeuge in einem Verfahren, in dem der ArbGeb Beteiligter ist, die Nennung der Namen der bei dem ArbGeb beschäftigten gewerkschaftsangehörigen ArbN, die ihm aufgrund seiner Stellung als zuständiger Sekretär für den Betrieb bekannt geworden sind, verweigern, wenn die ArbN damit nicht einverstanden sind[8].

Das Zeugnis kann gem. § 384 ZPO aus **sachlichen** Gründen nicht insgesamt verweigert werden, sondern nur über solche Fragen, die den Zeugen in eine Konfliktlage bringen, etwa wenn deren Beantwortung dem Zeugen oder einer Person, zu der er in einem der im § 383 Abs. 1 Nr. 1–3 ZPO bezeichneten Verhältnisse steht, einen unmittelbaren vermögensrechtlichen Schaden verursachen würde (§ 384 Nr. 1 ZPO) oder deren Beantwortung dem Zeugen oder einem seiner im § 383 Abs. 1 Nr. 1–3 ZPO bezeichneten Angehörigen zur Unehre gereichen oder die Gefahr zuziehen würde, wegen einer Straftat oder einer Ordnungswidrigkeit verfolgt zu werden (§ 384 Nr. 2 ZPO).

---

1 Natter/Gross/*Perschke*, § 58 Rz. 34.
2 BAG v. 13.7.1972 – 2 AZR 364/71, AP Nr. 4 zu § 276 BGB – Vertragsbruch m. Anm. *Schlosser*.
3 BGH v. 13.4.1994 – XII ZR 168/92, NJW-RR 1994, 1143.
4 BGH 5.4.2001 – VII ZR 135/00, MDR 2001, 952.
5 Vgl. auch *Luckey*, MDR 2002, 743; *Schneider*, Beweis und Beweiswürdigung, Rz. 54–56.
6 Zöller/*Greger*, § 377 ZPO Rz. 10.
7 Vgl. BVerfG v. 13.9.2001 – 1 BvR 1398/01, NJW 2002, 592.
8 LAG Hamm v. 10.8.1994 – 3 TaBV 92/94, LAGE § 383 ZPO Nr. 1 m. Anm. *Teske*.

40 Die in § 383 Nr. 4 und 6 ZPO bezeichneten Personen dürfen das Zeugnis nicht verweigern, wenn sie von der Verpflichtung zur **Verschwiegenheit entbunden** sind (§ 385 Abs. 2 ZPO). **Im Übrigen** darf ein Zeuge in den Fällen des § 383 Abs. 1 Nr. 1–3 ZPO und des § 384 Nr. 1 ZPO das Zeugnis ua. nicht verweigern über die Errichtung und den Inhalt eines Rechtsgeschäfts, bei dessen Errichtung er als Zeuge zugezogen war oder über die auf das streitige Rechtsverhältnis sich beziehenden Handlungen, die von ihm selbst als Rechtsvorgänger oder Vertreter einer Partei vorgenommen sein sollen.

41 Die unter § 383 Abs. 1 Nr. 1–3 ZPO bezeichneten **Angehörigen** sind vor der Vernehmung über ihr **Recht zur Verweigerung** des Zeugnisses zu **belehren** (§ 383 Abs. 2 ZPO). Die Vernehmung der unter § 383 Abs. 1 Nr. 4–6 ZPO bezeichneten Personen – auch wenn sie das Zeugnis nicht verweigern – ist im Hinblick auf eine besondere Vertrauensstellung nicht auf Tatsachen zu richten, bei denen die Geheimhaltung bei diesem Personenkreis erwartet werden darf; bei einer Verletzung der Verschwiegenheit brauchen sie ein Zeugnis nicht abzulegen (§ 383 Abs. 3 ZPO).

42 Selbst wenn ein Zeuge berechtigt ist, das Zeugnis zu verweigern, ist seine dennoch gemachte **Aussage** vom Gericht zu **verwerten**, weil das Gesetz lediglich ein Recht, nicht aber eine Pflicht zur Zeugnisverweigerung angeordnet hat[1]. Dieser Rechtssatz hat Auswirkungen auf die Prüfung von Rechtsverletzungen im Berufungsverfahren (§ 529 Abs. 2 Satz 1 ZPO) und im Revisionsverfahren (§ 546 ZPO): Die unterlassene oder auch falsche Belehrung über ein Zeugnisverweigerungsrecht kann nur in solchen Fällen die Berufung bzw. die Revision begründen, in denen kraft Gesetzes eine Belehrungspflicht vorgeschrieben ist, wie dies bei der Zeugnisverweigerung von nahen Angehörigen (§ 383 Abs. 1 Nr. 1–3 ZPO) nach § 383 Abs. 2 ZPO der Fall ist. Bei der Zeugnisverweigerung aus sachlichen Gründen in § 384 ZPO besteht keine Belehrungspflicht, so dass in solchen Fällen eine Verfahrensverletzung ausscheidet[2]. Die **Zeugnispflicht** ist eine **öffentlich-rechtliche Pflicht** zur Mitwirkung am Prozess anderer, die nicht durch privatrechtliche Vereinbarung aufgehoben oder eingeschränkt werden kann. Dasselbe gilt für eine vertraglich vereinbarte Schweigepflicht in Fällen, in denen kein gesetzliches Zeugnisverweigerungsrecht besteht[3].

42a Geht es um die in § 383 ZPO aufgelisteten persönlichen Beziehungen, dann scheiden beweisrechtliche Schlüsse aus der Verweigerung des **Zeugen** zu einer Aussage grds. aus. Schlussfolgerungen aus der Verweigerung könnte das Gericht ohnehin nur ziehen, wenn ihm die wahren Motive des Zeugen bekannt wären. Fragen dazu sind unzulässig. Der die Aussage verweigernde Zeuge ist schlechthin als nicht existent anzusehen, als ob es das Beweismittel nicht gäbe. Lehnt es dagegen die geschützte **Partei** in den Fällen des § 383 Nr. 4 und 6 ZPO ab, den Zeugen von der Verschwiegenheitspflicht zu entbinden, dann darf diese Weigerung nach § 286 Abs. 1 ZPO frei gewürdigt werden[4].

c) Zeugenvernehmung

43 Nach § 394 Abs. 1 ZPO sind die Zeugen einzeln und in **Abwesenheit der später anzuhörenden** Zeugen zu vernehmen. Nach seinem Wortlaut rechtfertigt § 394 Abs. 1 ZPO lediglich die Entfernung der Zeugen für die Dauer der Vernehmung der früher anzuhörenden Zeugen. Nach Sinn und Zweck der Vorschrift, die Unbefangenheit der Zeugen zu erhalten und eine selbständige und objektive Darstellung zu ermöglichen, ist § 394 Abs. 1 ZPO dahingehend auszulegen, dass der Zeuge auch von der der Beweisaufnahme vorangehenden mündlichen Verhandlung ausgeschlossen ist. In der mündlichen Verhandlung führt das Gericht in den Sach- und Streitstand ein, erörtert einzelne Fragen oder die Aussagen anderer Zeugen, bespricht ggf. den durch die anstehende Beweisaufnahme festzustellenden Sachverhalt nebst möglicher Risiken und versucht, gem. § 57 Abs. 2 eine gütliche Erledigung des Rechtsstreits während der gesamten Verhandlung anzustreben. Durch all diese Erörterungen kann die Unbefangenheit der Zeugen beeinflusst werden. Es verstößt daher nicht gegen die Vorschriften über die Öffentlichkeit der Verhandlung, wenn der Vorsitzende einen von einer Partei benannten anwesenden Zeugen, über dessen Vernehmung noch zu entscheiden ist, unmittelbar nach Eröffnung der Verhandlung bittet oder auffordert, den Sitzungssaal bis zur Entscheidung über seine Zeugenvernehmung vorsorglich zu verlassen[5].

44 Nach § 394 Abs. 1 ZPO wird der Zeuge vor der Vernehmung über seine Wahrheitspflicht und die strafrechtlichen Sanktionen einer Falschaussage **belehrt** und darauf hingewiesen, dass er in den vom Gesetz vorgesehenen Fällen unter Umständen seine Aussage zu beeidigen habe. Die Vernehmung, die zu **protokollieren** ist (§ 160 Abs. 3 Nr. 4 ZPO), beginnt damit, dass der Zeuge über Vornamen und Zunamen, Al-

---

1 BAG v. 27.6.1980 – 7 AZR 508/78, nv.
2 BAG v. 27.6.1980 – 7 AZR 508/78, nv.
3 BAG v. 27.6.1980 – 7 AZR 508/78, nv.
4 Vgl. BGH v. 26.9.1996 – III ZR 56/96, NJW-RR 1996, 1534.
5 BAG v. 21.1.1988 – 2 AZR 449/87, AP Nr. 1 zu § 394 ZPO m. Anm. *Pleyer*.

ter, Stand oder Gewerbe und Wohnort befragt wird (§ 395 Abs. 2 Satz 2 ZPO). Er ist generell – und vertiefend bei Anhaltspunkten – über seine Beziehungen zu den Parteien zu befragen (§ 395 Abs. 2 Satz 2 ZPO), damit ihn das Gericht ggf. gem. § 383 Abs. 2 ZPO über sein Zeugnisverweigerungsrecht belehren kann. Nach der Vernehmung **zur Person** erfolgt die Vernehmung **zur Sache**. Der Zeuge ist zu veranlassen, dasjenige, was ihm von dem Beweisgegenstand bekannt ist, im Zusammenhang zu schildern (§ 396 Abs. 1 ZPO). Zur Aufklärung und zur Vervollständigung der Aussage sind erst nach der zusammenhängenden Aussage des Zeugen ggf. weitere Fragen zu stellen (§ 396 Abs. 2 ZPO). Der Vorsitzende befragt den Zeugen zunächst, er hat dann jedem Mitglied des Gerichts auf Verlangen zu gestatten, Fragen zu stellen (§ 396 Abs. 3 ZPO). Während dieser Vernehmungsphasen ist das Dazwischenreden der Parteien oder ihrer Prozessbevollmächtigter nach der zwingenden Regelung von § 396 Abs. 1 ZPO zu unterlassen und ggf. vom Vorsitzenden zu unterbinden. Erst danach sind die Parteien berechtigt, dem Zeugen Vorhaltungen zu machen oder weitere Fragen zu stellen, die sie zur Aufklärung der Sache oder der Verhältnisse des Zeugen für sachdienlich erachten (§ 397 Abs. 1 ZPO). Dazu kann der Vorsitzende den Parteien inkl. einem Beistand gestatten und hat ihren Prozessbevollmächtigten (Rechtsanwälte, Gewerkschaftssekretäre, Verbandsvertreter) auf Verlangen zu gestatten, an den Zeugen unmittelbar Fragen zu richten (§ 397 Abs. 2 ZPO). Bei Zweifeln über die Zulässigkeit einer Frage entscheidet das vernehmende Gericht (§ 397 Abs. 3 ZPO), idR also die Kammer. Dies gilt insbesondere in den Fällen, in denen das Gericht ausnahmsweise keinen förmlichen Beweisbeschluss erlassen musste und – was idR unzweckmäßig erscheint – nicht erlassen hat. Hier ist die Gefahr groß, dass eine Partei (oder ihr Prozessvertreter) über das Beweisthema hinausgehende Fragen stellt.

d) Beeidigung des Zeugen

In der Güteverhandlung sind eidliche Vernehmungen generell ausgeschlossen (§ 54 Abs. 1 Satz 4). Im Übrigen werden im arbeitsgerichtlichen Verfahren Zeugen nur beeidigt, wenn die Kammer dies im Hinblick auf die Bedeutung des Zeugnisses für die Entscheidung des Rechtsstreit für notwendig erachtet (§ 58 Abs. 2 Satz 1). Damit wiederholt § 58 die erste Alternative von § 391 ZPO, aber anders als im Zivilprozess ist im arbeitsgerichtlichen Verfahren die Beeidigung bei der zweiten Alternative von § 391 ZPO zur Herbeiführung einer wahrheitsgemäßen Aussage nicht zulässig[1]. Eine Beeidigung dürfte im arbeitsgerichtlichen Verfahren dann in Betracht kommen, wenn im Rahmen der freien Beweiswürdigung von § 286 Abs. 1 Satz 1 ZPO das Gericht schon in hohem Maße von der Richtigkeit einer Zeugenaussage überzeugt ist und ihm die Vereidigung gerade dieses Zeugen geeignet erscheint, um noch vorhandene letzte Zweifel zu beseitigen. Bestehen keine Restzweifel an der Richtigkeit der Aussage oder schenkt das Gericht der Aussage keinen oder kein deutlich höheres Maß an Glauben, bleibt der Zeuge unvereidigt. Nach § 58 Abs. 2 Satz 2 ist bei der Anordnung einer schriftlichen Beantwortung einer Beweisfrage (§ 377 Abs. 3 ZPO) die eidesstattliche Versicherung nur erforderlich, wenn die Kammer sie für die Entscheidung des Rechtsstreits für notwendig erachtet. Über die Vereidigung entscheidet das Gericht in der Besetzung, in der es die Zeugen vernommen hat. Im Zivilprozess scheidet eine Vereidigung eines Zeugen aus, wenn die Parteien hierauf verzichten (§ 391 ZPO). § 58 Abs. 2 enthält hierzu keine entsprechende Aussage. Bei der Tendenz, die Beeidigung im arbeitsgerichtlichen Verfahren generell einzuschränken, ist § 391 ZPO insoweit analog anzuwenden[2].

45

e) Wiederholte Zeugenvernehmung

Die Partei kann zwar auf einen Zeugen, den sie vorgeschlagen hat, verzichten; der Gegner kann aber verlangen, dass der erschienene Zeuge vernommen oder die Vernehmung – falls sie bereits begonnen hat – fortgesetzt wird (§ 399 ZPO). Soweit das Gericht es für erforderlich hält, kann es nach seinem **Ermessen** die wiederholte Vernehmung eines Zeugen zu einzelnen Fragen, über Teile oder über das gesamte Beweisthema anordnen (§ 398 Abs. 1 ZPO). Daran ist insbesondere bei unklaren oder sich widersprechenden Zeugenaussagen in unterschiedlichen Beweisaufnahmeterminen zu denken. Bei der wiederholten Vernehmung kann der Richter statt der nochmaligen Beeidigung den Zeugen die Richtigkeit seiner Aussage unter Berufung auf den früher geleisteten Eid versichern lassen (§ 398 Abs. 3 ZPO). Bei sich widersprechenden Zeugenaussagen ist eine Gegenüberstellung der Zeugen zulässig (§ 394 Abs. 2 ZPO), die im freien Ermessen des Gerichts steht[3]. Kommt es auf die Glaubwürdigkeit eines Zeugen an, muss das Gericht nach einem Richterwechsel jedenfalls dann die Beweisaufnahme wiederholen, wenn das Vernehmungsprotokoll keine Angaben zum Eindruck enthält, den der vernehmende Richter von dem Zeugen gehabt hat[4]. Ansonsten

46

---

1 BAG v. 5.11.1992 – 2 AZR 147/92, AP Nr. 4 zu § 626 BGB – Krankheit.
2 GWBG/*Benecke*, § 58 Rz. 41; Hauck/Helml/Biebl/*Helml*, § 58 Rz. 10.
3 BAG v. 14.12.1967 – 5 AZR 6/67, AP Nr. 3 zu § 19 HAG m. Anm. *Herschel*.
4 OLG Koblenz v. 7.5.2002 – 3 U 1180/01, ProzRB 2003, 11.

kann der Richter nur das verwerten, was aktenkundig ist und wozu sich die Parteien erklären konnten. Eindrücke, die nicht in das Verhandlungsprotokoll aufgenommen sind, zu denen also die Parteien auch keine Stellung nehmen konnten, dürfen daher bei einem Richterwechsel selbst dann nicht berücksichtigt werden, wenn von drei mitwirkenden Richtern nur einer nicht an der Beweisaufnahme teilgenommen hat[1]. Findet eine Beweisaufnahme in mehreren Terminen statt, dann ist es unschädlich, wenn ein Wechsel auf der Richterbank eintritt. Letzteres kommt gerade im arbeitsgerichtlichen Verfahren häufig vor im Hinblick auf den Listenturnus von § 39[2]. Vgl. zur Wiederholung einer Beweisaufnahme in der **Berufungsinstanz:** § 64 Rz. 226.

f) Schriftliche Beantwortung einer Beweisfrage

47 Das Gericht kann eine schriftliche Beantwortung der Beweisfrage anordnen, wenn es dies im Hinblick auf den Inhalt der Beweisfrage und die Person des Zeugen **für ausreichend** erachtet. Es kann aber die Ladung des Zeugen (nachträglich) anordnen, wenn es dies zur weiteren Klärung der Beweisfrage als notwendig ansieht (§ 377 Abs. 3 ZPO); diese Möglichkeit ist bei der Parteivernehmung ausgeschlossen (§ 451 ZPO). Nach einer schriftlichen Beantwortung wird eine Ladung des Zeugen in Betracht kommen, etwa wenn die schriftliche Aussage unvollständig, ungenau, unsicher oder einseitig erscheint oder der Verdacht einer unzulässigen Einflussnahme auf den Zeugen besteht[3]. Insbesondere bei sachverständigen Zeugen kann es ausreichen, dass die Parteien ergänzende Fragen und Einwendungen schriftlich vorbringen, um den Zeugen damit zu konfrontieren[4]. Das Fragerecht der Parteien nach § 397 ZPO gilt inhaltlich auch bei § 377 Abs. 3 ZPO. Anders als die Verwertung einer bereits existierenden schriftlichen Äußerung ist die schriftliche Aussage kein Urkundenbeweis, sondern Zeugenbeweis[5]. Die spätere Vernehmung eines Zeugen, der vorher eine schriftliche Beantwortung der Beweisfrage eingereicht hat (§ 377 Abs. 3 ZPO), ist eine „wiederholte" Vernehmung iSd. § 398 ZPO[6]. Geschieht die Anordnung der Einholung einer schriftlichen Aussage – wie nach § 55 Abs. 4 Nr. 2 vorgesehen und zur Beschleunigung des Verfahrens empfehlenswert – vor dem Kammertermin, so stellt dies nicht nur die Vorbereitung der Beweisaufnahme, sondern bereits deren Durchführung mit allen kosten- und gebührenrechtlichen Folgen dar und setzt deshalb eine streitige Einlassung des Gegners voraus[7].

48 Der Inhalt der Beweisfrage muss die **Abweichung** von dem wichtigen **Grundsatz der Unmittelbarkeit** einer Beweisaufnahme rechtfertigen und keine Gegenüberstellung mit anderen Zeugen (§ 394 Abs. 2 ZPO) erfordern[8]. Von seiner Eignung her muss der Zeuge die Erwartung einer zuverlässigen und der Beweiswürdigung (§ 286 ZPO) zugänglichen Beantwortung der Beweisfrage rechtfertigen, so dass bei Zeugen, die in näherer Verbindung zu einer Prozesspartei stehen (Angehörige, Freunde), die schriftliche Beantwortung idR ausscheidet[9]. Im Übrigen, insbesondere bei Mitarbeitern einer Prozesspartei, empfiehlt es sich, vor der Anordnung nach § 55 Abs. 4 Nr. 2 – am besten in der Güteverhandlung – abzuklären, ob der Zeuge das Vertrauen beider Seiten für eine schriftliche Beweiserhebung besitzt. Ansonsten mag er zum Kammertermin geladen werden, da einem entsprechenden Begehren einer Partei, die ergänzende Fragen (auch zur Glaubwürdigkeit) stellen will, ohnehin idR[10] stattzugeben ist. Das Verfahren nach § 377 Abs. 3 ZPO empfiehlt sich insbesondere bei sachverständigen Zeugen, etwa wenn es um konkret formulierte und eindeutig zu beantwortende Fragen geht, zB ob eine Partei an einem bestimmten Tag wegen eines Leidens ihren Arzt aufgesucht hatte[11]; ggf. auch, was der Arzt durch welche Untersuchungsmethode festgestellt, diagnostiziert und den Patienten geraten hat. Es stellt einen schwerwiegenden Verfahrensmangel dar, wenn das Gericht mehrere Zeugen über Erklärungen eines Dritten unmittelbar vernimmt, den als Zeuge angebotenen Dritten aber nur schriftlich befragt und zudem noch den Antrag auf persönliche Ladung des Dritten nach § 377 Abs. 3 Satz 3 ZPO zurückweist[12]. Vgl. zum Grundsatz der Unmittelbarkeit einer Beweisaufnahme (§ 355 ZPO) im Falle der Verwertung einer Zeugenaussage in einem anderen Verfahren im Wege des Urkundenbeweises: Rz. 69.

---

1 BGH v. 26.9.1997 – V ZR 29/96, NJW 1998, 302.
2 Vgl. zum gesetzlichen Richter zB BAG v. 21.9.2011 – 5 AZR 629/10; BAG v. 20.6.2007 – 10 AZR 375/06.
3 BAG v. 26.1.2017 – 8 AZN 872/16, NZA 2017, 669.
4 BVerfG v. 24.8.2015 – 2 BvR 2915/14 für den Sachverständigenbeweis; BAG v. 26.1.2017 – 8 AZN 872/16.
5 Zöller/*Greger*, § 377 ZPO Rz. 6.
6 LAG Nürnberg v. 29.1.1975 – 3 Sa 240/74, ARST 1976, 94.
7 Zöller/*Greger*, § 377 ZPO Rz. 6.
8 Zöller/*Greger*, § 377 ZPO Rz. 7.
9 Zöller/*Greger*, § 377 ZPO Rz. 8.
10 Nach BAG v. 26.1.2017 – 8 AZN 872/16, ist das Gericht nicht in jedem Fall verpflichtet, einen schriftlich befragten Zeugen auf Verlangen einer Partei zum Termin zur erneuten Vernehmung zu laden.
11 Vgl. *Schwab*, NZA 1991, 661.
12 LAG Köln v. 1.12.2006 – 9 Ta 415/06, BB 2007, 612.

2. Sachverständigenbeweis

Im Gegensatz zum Zeugen berichtet der (austauschbare) Sachverständige nicht – wie der Zeuge – von Erlebtem und eigenen Wahrnehmungen von Tatsachen und tatsächlichen Vorgängen aus der Vergangenheit, sondern **vermittelt** mit seinem Fachwissen **Erkenntnisse** aufgrund seiner besonderen Sachkunde, und zwar bei der Auswertung vorgegebener Tatsachen, indem er subjektive Wertungen, Schlussfolgerungen und Hypothesen bekundet[1]. Der Sachverständige ist damit Gehilfe des Gerichts, dem auf einem bestimmten Fachgebiet die erforderlichen einschlägigen Fachkenntnisse fehlen. Da der Sachverständige auf Seiten des Gerichts steht, ist er zur strikten Neutralität verpflichtet. Für die **Ablehnung** eines Sachverständigen ordnet § 406 Abs. 2 Satz 1 ZPO grds. eine Frist von zwei Wochen nach seiner Ernennung an. Gibt erst das spätere Gutachten Anlass eine Befangenheit zu vermuten, dann läuft die Frist zur Ablehnung des Gutachters im Allgemeinen mit der nach § 411 Abs. 4 Satz 2 ZPO gesetzten Frist zur Stellungnahme zum Gutachten ab[2]. Der über die Ablehnung entscheidende Beschluss ist in analoger Anwendung von § 49 Abs. 3 nicht beschwerdefähig[3]. 49

a) Antritt des Sachverständigenbeweises

Der Sachverständigenbeweis wird durch die Bezeichnung der zu begutachtenden Punkte angetreten (§ 403 ZPO). § 403 ZPO nimmt zur Beweiserleichterung auf die Informationsnot der beweisbelasteten Partei Rücksicht und verlangt keine sachverständige Substantiierung Es muss nur das Ergebnis mitgeteilt werden, zu dem der Sachverständige kommen soll, nicht der Weg, auf dem das geschieht. Es gilt aber auch hier das Verbot des Ausforschungsbeweises (vgl. Rz. 33, Rz. 88). Das Gericht hat zu unterscheiden, ob es sich eines Sachverständigen von Amts wegen im Rahmen des **§ 144 ZPO** zur Sachaufklärung unbestrittener Tatsachen bedient oder ob es nach den **§§ 402 ff.** ZPO die Erhebung von Sachverständigenbeweis über streitige Tatsachen anordnet[4]. Bei streitigem Sachverhalt bestimmt das Gericht, welche Tatsachen der Sachverständige der Begutachtung zugrunde legen soll (§ 404 Abs. 3 ZPO). Sowohl bei der Heranziehung des Sachverständigen nach § 144 ZPO als auch im Fall der Beweisaufnahme durch Sachverständigengutachten oder -zeugnis muss das Gericht den zu begutachtenden Sachverhalt grds. selbst feststellen[5]. Erachtet das Gericht insoweit seine eigene Sachkunde – wobei Zurückhaltung stets angezeigt ist – für ausreichend, so hat es zuvor den Parteien einen rechtlichen Hinweis hierüber zu erteilen[6] und dann später die näheren Umstände seines Fachwissens im Urteil darzulegen[7]. Fehlt dem Gericht die Sachkunde, darf es sich bereits für die Formulierung der Beweisfrage der Hilfe des Sachverständigen bedienen (§ 404a Abs. 2 ZPO). Es ist aber auch in einem solchen Fall gehalten, die Beweisfrage selbst zu formulieren[8]. Soweit erforderlich, bestimmt das Gericht, in welchem Umfang der Sachverständige zur Aufklärung der Beweisfrage befugt ist (§ 404a Abs. 4 ZPO). Der Sachverständige hat dann bei der Durchführung seiner Ermittlungen die Prozessbevollmächtigten der Parteien hinzuzuziehen[9]. Fehlt dem Gericht zB in Eingruppierungsstreitigkeiten die Sachkenntnis, um beurteilen zu können, ob Eingruppierungsmerkmale aufgrund unstreitiger Tatsachen erfüllt sind, so kann es sich gem. § 144 ZPO der Hilfe eines Sachverständigen – auch von Amts wegen – bedienen[10]. Zum Beweisantritt durch Sachverständigengutachten als Ausforschungsbeweis: vgl. Rz. 88. 50

b) Auswahl und die Anzahl der Sachverständigen

Der Sachverständige wird vom Gericht bestellt. Die Auswahl und die Anzahl der hinzuzuziehenden Sachverständigen liegt im richterlichen **Ermessen**[11], das sich auf die Bestellung eines einzigen Sachverständigen beschränken oder anstelle des/der zuerst ernannten Sachverständigen einen anderen oder mehrere andere ernennen kann (§ 404 Abs. 1 ZPO). Das Gericht kann die Parteien auffordern, Personen zu bezeichnen, die geeignet sind, als Sachverständige vernommen zu werden (§ 404 Abs. 3 ZPO). Sind für gewisse Arten von Gutachten jedoch Sachverständige öffentlich bestellt, so sollen andere Personen nur dann gewählt werden, wenn besondere Umstände dies erfordern (§ 404 Abs. 2 ZPO). Haben sich die Parteien über bestimm- 51

---

1 Zöller/*Greger*, § 402 ZPO Rz. 1a.
2 BGH v. 15.3.2005 – VI ZB 74/04, NJW 2005, 1869.
3 BAG v. 22.7.2008 – 3 AZB 26/08, NZA 2009, 453.
4 BAG v. 21.10.1998 – 4 AZR 629/97, NZA 1999, 324.
5 BAG v. 21.10.1998 – 4 AZR 574/97; BAG v. 14.9.2016 – 4 AZR 964/13, NZA-RR 2017, 264.
6 BGH v. 13.1.2015 – VI ZR 204/14, NJW 2015, 1311.
7 BGH v. 14.2.2008 – VII ZR 100/07; Zöller/*Greger*, § 402 ZPO Rz. 7 mwN.
8 BAG v. 21.10.1998 – 4 AZR 629/97, NZA 1999, 324.
9 BAG v. 28.3.1963 – 5 AZR 206/62, AP Nr. 1 zu § 402 ZPO; BAG v. 19.4.1966 – 1 AZR 83/65, AP Nr. 2 zu § 402 ZPO.
10 BAG v. 19.5.1982 – 4 AZR 762/79, AP Nr. 61 zu §§ 22, 23 BAT 1975.
11 BAG v. 20.10.1970 – 2 AZR 497/69, AP Nr. 4 zu § 286 ZPO m. Anm. *E. Schneider*.

te Personen als Sachverständige verständigt, so hat das Gericht dieser Einigung stets zu folgen; es kann jedoch die Wahl der Parteien auf eine bestimmte Anzahl beschränken (§ 404 Abs. 4 ZPO). Eine Begutachtung durch einen anderen Sachverständigen kann es anordnen, wenn ein Sachverständiger nach Erstattung des Gutachtens mit Erfolg nach Maßgabe des § 406 ZPO abgelehnt ist (§ 412 Abs. 2 ZPO). Das Gericht hat die Tätigkeit des von ihm bestellten Sachverständigen zu leiten und kann ihm für Art und Umfang seiner Tätigkeit Weisungen erteilen (§ 404a Abs. 1 ZPO), die den Parteien mitzuteilen sind (§ 404a Abs. 5 Satz 1 ZPO).

c) Sachverständigenpflichten

52 Die zum Sachverständigen ernannte Person hat der Ernennung Folge zu leisten, wenn sie zur Erstattung von Gutachten der geforderten Art öffentlich bestellt ist oder wenn sie die Wissenschaft, die Kunst oder das Gewerbe, deren Kenntnis Voraussetzung der Begutachtung ist, öffentlich zum Erwerb ausübt oder wenn sie zur Ausübung derselben öffentlich bestellt oder ermächtigt ist (§ 407 Abs. 1 ZPO) oder sich hierzu vor Gericht bereit erklärt hat (§ 407 Abs. 2 ZPO). Nach seiner Beauftragung hat der Sachverständige unverzüglich zu **prüfen**, ob der Auftrag in sein Fachgebiet fällt und ohne die Hinzuziehung weiterer Sachverständiger erledigt werden kann (§ 407a Abs. 1 Satz 1 ZPO). Ist dies nicht der Fall, hat der Sachverständige das Gericht unverzüglich hierüber zu verständigen (§ 407 Abs. 1 Satz 2 ZPO), denn er ist nicht befugt, den Auftrag auf einen anderen Sachverständigen zu übertragen (§ 407a Abs. 2 Satz 1 ZPO). Der Sachverständige hat – soweit er sich der Mitarbeit einer anderen Person bedient – diese namhaft zu machen und den Umfang ihrer Tätigkeit anzugeben, falls es sich nicht um Hilfsdienste von untergeordneter Bedeutung handelt (§ 407a Abs. 2 Satz 2 ZPO). Auch ist der Sachverständige verpflichtet, das Gutachten in einem angemessenen **zeitlichen Rahmen**, den es ggf. mit dem Gericht vorab abzuklären hat, zu erstellen. Ansonsten legt das Gericht den Zeitpunkt zur Vorlage des Gutachtens fest.

d) Prüfung des Gutachtens

53 In der Regel wird eine schriftliche Begutachtung nach § 411 Abs. 1 ZPO angeordnet. In einem solchen Fall kann das Gericht bei Bedarf den Sachverständigen zum Kammertermin laden, damit er das schriftliche Gutachten zusätzlich noch erläutert (§ 411 Abs. 3 ZPO). Die Parteien haben innerhalb eines angemessenen Zeitraums ihre Einwendungen gegen das Gutachten, die Begutachtung betreffende Anträge und Ergänzungsfragen zu dem schriftlichen Gutachten vorzutragen (§ 411 Abs. 4 Satz 1 ZPO). Das Gericht kann ihnen hierfür eine Ausschlussfrist iSd. § 296 ZPO setzen (§ 411 Abs. 4 Satz 2 ZPO). Die **Anhörung eines Gutachters** in der mündlichen Verhandlung von Amts wegen, besonders eines Obergutachters, liegt zwar grds. im Ermessen des Gerichts[1]. Es muss aber dem von einer Partei rechtzeitig gestellten Antrag, den gerichtlichen Sachverständigen nach Erstattung eines schriftlichen Gutachtens zu dessen mündlicher Erläuterung zu laden, auch dann stattgeben, wenn die schriftliche Begutachtung aus seiner Sicht ausreichend und überzeugend ist[2]. Hat das ArbG gegen die Anhörung verstoßen, dann muss das LAG dem im Berufungsverfahren erneut gestellten Antrag stattgeben[3]. Entscheidend ist nicht der Erläuterungsbedarf des Gerichts, sondern der der Parteien[4]. Dabei kann von der Partei nicht verlangt werden, dass sie die Fragen, die sie an den Sachverständigen stellen will, im Voraus konkret formuliert. Es reicht, wenn sie allgemein angibt, um welche Themen es ihr geht und in welcher Richtung sie eine weitere Aufklärung durch Fragen an den Sachverständigen anstrebt. Beschränkt ist das Antragsrecht nur unter dem Gesichtspunkt der Prozessverschleppung oder des Rechtsmissbrauchs[5]. Das Gericht kann – idR nach Anhörung und einer weiteren Aufklärung des Sachverhalts durch den Sachverständigen[6] – von Amts wegen eine neue Begutachtung anordnen, wenn es das Gutachten für ungenügend erachtet (§ 412 Abs. 1 ZPO)[7]. Das ist insbesondere der Fall, wenn es seinen Zweck nicht zu erfüllen vermag, dem Gericht die erforderliche Sachkunde zu vermitteln, weil es etwa grobe Mängel oder unlösbare Widersprüche oder Auslassungen aufweist oder Anlass zu Zweifeln an der Sachkunde oder Unparteilichkeit des Gutachters besteht.

---

1 BAG v. 19.4.1966 – 1 AZR 83/65, AP Nr. 2 zu § 402 ZPO.
2 BGH v. 7.12.2010 – VIII ZR 96/10, MDR 2011, 317; BGH v. 21.2.2017 – VI ZR 314/15; BVerfG v. 24.8.2015 – 2 BvR 2915/14.
3 Vgl. BGH v. 30.10.2013 – IV ZR 307/12.
4 BGH v. 25.9.2007 – VI ZR 157/06.
5 Zöller/*Greger*, § 411 ZPO Rz. 5a.
6 BGH v. 25.10.2007 – VII ZR 13/07, NJW-RR 2008, 303.
7 BAG v. 25.11.1964 – 4 AZR 134/63, AP Nr. 1 zu § 412 ZPO.

e) Gutachtenverweigerungsrecht

Zu einer Gutachtenverweigerung berechtigen einen Sachverständigen dieselben Gründe, die einen Zeugen berechtigen (vgl. Rz. 38 ff.), das Zeugnis zu verweigern (§ 408 Abs. 1 Satz 1 ZPO). Das Gericht kann darüber hinaus auch aus anderen Gründen einen Sachverständigen von der Verpflichtung zur Erstattung des Gutachtens entbinden (§ 408 Abs. 1 Satz 2 ZPO).

f) Beeidigung des Sachverständigen

Wie Zeugen (vgl. Rz. 45) werden Sachverständige – in Abweichung von den für den Zivilprozess geltenden Vorschriften des § 410 ZPO – im arbeitsgerichtlichen Verfahren nur beeidigt, wenn die Kammer dies im Hinblick auf die Bedeutung des Sachverständigengutachtens für die Entscheidung des Rechtsstreits für notwendig erachtet (§ 58 Abs. 2 Satz 1).

g) Berücksichtigung von Privatgutachten

Es bestehen grds. keine Bedenken gegen die Berücksichtigung des Inhalts von Privatgutachten. Ein im Vorfeld des Prozesses von einer Partei eingeholtes Privatgutachten hat prozessual nicht die Stellung eines gerichtlichen Sachverständigengutachtens iSv. § 402 ZPO. Dies gilt selbst dann, wenn der Privatgutachter im Allgemeinen als gerichtlich anerkannter Sachverständiger bestellt ist. Somit kann etwa ein Privatgutachter auch nicht gem. § 406 ZPO abgelehnt werden. Ein von einer Partei vorgelegtes Gutachten ist nur als urkundlich belegter Parteivortrag zu würdigen[1] mit der Folge, dass der Privatgutachter ggf. als (sachverständiger) Zeuge zu vernehmen ist. Etwas anderes gilt, wenn die Gegenpartei mit einer Verwertung als Sachverständigengutachten einverstanden ist[2]. Legt eine Partei ein von ihr eingeholtes Gutachten vor und greift die andere Partei dieses Gutachten an, so darf es vom Gericht nicht als Beweismittel verwertet werden[3]; das Gericht muss vielmehr Sachverständigenbeweis nach §§ 402 ff. ZPO erheben. Allerdings zwingt ein von einer Partei vorgelegtes Privatgutachten die Gegenpartei ggf. zu einer qualifizierten Erwiderung im Rahmen von § 138 ZPO oder das Gericht später zur Einholung eines zweiten Gutachtens, wenn es einem gerichtlich eingeholten Gutachten wegen Widersprüchen mit dem Privatgutachten nicht folgen will. Auch hat sich das Gericht mit einem von einer Partei vorgelegten Privatgutachten auseinander zu setzen und auf eine weitere Aufklärung des Sachverhalts hinzuwirken, wenn sich ein Widerspruch zu einem gerichtlichen Gutachten ergibt[4]. Unterlegt eine Partei ihren Tatsachenvortrag durch ein Privatgutachten, darf das Gericht nicht aus der Erwägung heraus, das Privatgutachten begründe keine volle richterliche Überzeugung, von einem rechtsmissbräuchlichen unbeachtlichen Vorbringen gar „ins Blaue" hinein ausgehen[5]. Die **Kosten** eines vorprozessual erstellten Privatgutachtens sind nur dann als notwendig iSv. § 91 Abs. 1 Satz 1 ZPO zu erstatten, wenn es zur effektiven Wahrnehmung der Parteirechte in diesem Prozessverfahren unerlässlich ist oder die Partei mangels eigener Sachkenntnis zu einem sachgerechten Vortrag nicht in der Lage ist[6].

h) Verwertung von gerichtlichen Sachverständigengutachten aus einem anderen Verfahren

Nach § 411a ZPO kann zwecks Erleichterung und Beschleunigung des Verfahrens die Einholung eines eigenen Gutachtens durch ein in einem anderen Verfahren, zB Strafverfahren, eingeholtes gerichtliches Gutachten ersetzt werden. Der Rechtsnatur nach handelt es sich hierbei um einen Sachverständigenbeweis. Ob das Gericht hiervon Gebrauch macht, liegt in seinem pflichtgemäßen Ermessen. Vor einer Verwertung des Gutachtens nach seiner Beiziehung durch förmlichen Beweisbeschluss ist den Parteien rechtliches Gehör zu gewähren durch Übersendung des Gutachtens, sofern sie noch keine volle Kenntnis davon haben. Die Rechte der Parteien auf Ablehnung eines Sachverständigen (§ 406 ZPO), Gutachtensergänzung (§ 411 Abs. 4 ZPO) oder Erläuterung in der mündlichen Verhandlung bleiben unberührt.

3. Urkundsbeweis

Der Urkundsbeweis dient der Ermittlung von Tatsachen. Er wird auf Antrag oder von Amts wegen (§ 56 Abs. 1 Satz 2 Nr. 1–2; § 273 Abs. 2 Nr. 5 ZPO iVm. § 142 Abs. 1 ZPO) erhoben. Der Urkundsbeweis wird

---

1 BGH v. 24.2.2005 – VII ZR 225/03, NJW 2005, 1650; Zöller/Heßler, § 529 ZPO Rz. 9.
2 BGH v. 29.9.1993 – VIII ZR 62/92, NJW-RR 1994, 255.
3 BAG v. 24.3.1961 – 1 AZR 222/60, AP Nr. 1 zu § 823 BGB.
4 BGH v. 13.2.2001 – VI ZR 272/99, NJW 2001, 2797; BGH v. 15.1.2004 – I ZR 196/01, NJW-RR 2004, 1362.
5 BGH v. 20.9.2002 – V ZR 170/01, NJW-RR 2003, 69.
6 BVerfG v. 12.9.2005 – 2 BvR 277/05, NJW 2006, 136; BAG v. 20.8.2007 – 3 AZB 57/06, NZA 2008,71; BGH v. 4.3.2008 – VI ZB 72/06, NJW 2008, 1597.

durch Vorlage der Urkunde geführt (§ 415 ZPO). Mangels gegenteiliger Anhaltspunkte haben urkundlich belegte rechtsgeschäftliche Erklärungen die Vermutung der Vollständigkeit und Richtigkeit für sich. Der Beweis wird – wenn sich die Urkunde im Besitz des Beweis**führers** befindet – durch deren Vorlegung angetreten (§ 420 ZPO). Befindet sich die Urkunde nach der Behauptung des Beweisführers in den Händen des Prozess**gegners** oder im Besitz eines Dritten, so wird der Beweis durch den Antrag angetreten, dem Gegner die Vorlegung der Urkunde aufzugeben (§ 421 ZPO) bzw. dem Dritten zur Herbeischaffung der Urkunde eine Frist zu bestimmen (§ 428 ZPO) oder eine Anordnung nach § 142 ZPO zu erlassen. Der nicht beweisbelastete Prozessgegner ist nur zur Urkundenvorlage im Prozess verpflichtet,

– nach einer im Ermessen des Gerichts stehenden Anordnung nach § 142 Abs. 1 ZPO[1] oder
– wenn der Beweisführer nach den Vorschriften des bürgerlichen Rechts – zB §§ 259, 371, 402, 666, 667, 716, 810 BGB – die Herausgabe oder die Vorlegung der Urkunde verlangen kann (§ 422 ZPO) oder
– wenn er selbst im Prozess hierauf zur Beweisführung Bezug genommen hat (§ 423 ZPO).

Dagegen verpflichten die Grundsätze der **sekundären Behauptungslast** (vgl. Rz. 89) die nicht beweisbelastete Partei nicht zur Urkundenvorlegung[2].

§ 142 ZPO statuiert darüber hinausgehend eine **Vorlagepflicht für** nicht am Prozess beteiligte **Dritte** auf ausdrückliche **Anordnung** des Gerichts. Voraussetzungen hierfür sind eine schlüssige Klage, die Urkunde, auf die sich die Partei bezieht, muss genau bezeichnet sein, die genaue Bezeichnung der aus der Urkunde sich ergebenden Tatsache, dem Dritten muss die Vorlegung zumutbar sein und es darf kein Zeugnisverweigerungsgrund (§§ 383–385 ZPO) bestehen[3]. Das Gericht darf keine Ausforschung betreiben und deshalb die Urkundenvorlegung nicht zum Zwecke bloßer Informationsgewinnung anordnen, sondern nur bei Vorliegen eines schlüssigen, auf konkrete Tatsachen bezogenen Vortrags der darlegungspflichtigen Partei[4]. Bei der Zumutbarkeitsprüfung hat eine umfassende Abwägung der Interessen des Dritten an der Nichtvorlage mit den Interessen der beweisbelasteten Partei stattzufinden. Eine gem. § 142 ZPO als Dritte in Anspruch genommene juristische Person kann die Herausgabe von Unterlagen verweigern, wenn ihr dadurch ein eigener vermögensrechtlicher Schaden entstehen würde (vgl. § 142 Abs. 2 Satz 1 ZPO iVm. § 384 Nr. 1 ZPO). Hierfür genügt, dass die Durchsetzung von Ansprüchen ihr gegenüber auch nur erleichtert würde[5].

a) Urkundenbegriff

58 Urkunden sind alle **durch Niederschrift verkörperten Gedankenerklärungen**, die **geeignet** sind, im Rechtsverkehr **Beweis zu erbringen**[6]. Anders als im Strafrecht sind Beweiszeichen, Zeichnungen, Pläne, Disketten, sonstige EDV-Datenträger, Fotografien[7] keine Urkunden, sondern allenfalls Augenscheinsobjekte[8]. Unerheblich ist dabei das Material, aus dem die Urkunde besteht; gleichgültig ist, ob die Urkunden öffentlich, privat, unterschrieben oder nicht unterschrieben, gedruckt, maschinengeschrieben, handgeschrieben, mechanisch oder fotografisch vervielfältigt oder computergefertigt sind[9].

59 In Einzelfällen sind im gerichtlichen und außergerichtlichen Verkehr die Verwendung von Telefax oder Fotokopie **aus Formvorschriften** ausgeschlossen, weil die Urkunde im Original zu erstellen und vorzulegen ist, wie zB zur Wirksamkeit einer Bürgschaftserklärung nach § 766 Satz 1 ZPO[10] oder zum Nachweis der Bevollmächtigung nach § 80 Abs. 1 ZPO[11] oder in den Fällen der §§ 174, 180 BGB[12]. Die Kündigung des Arbeitsverhältnisses bedarf der Schriftform des § 126 Abs. 1 BGB; eine Textform nach §§ 126a und 126b BGB genügt nicht[13]. Dagegen soll den Erfordernissen des § 410 BGB auch eine Fotokopie der über

---

1 Ein materiell-rechtlicher Herausgabe- oder Vorlegungsanspruch ist hierzu nicht erforderlich. § 142 ZPO hat eigenständige Voraussetzungen: BGH v. 26.6.2007 – XI ZR 277/05, NJW 2007, 2989 (2991).
2 BGH v. 26.6.2007 – XI ZR 277/05, NJW 2007, 2989.
3 Vgl. im Einzelnen *Schmidt/Schwab/Wildschütz*, NZA 2001, 1163.
4 BAG v. 22.6.2011 – 8 AZR 107/10, NZA-RR 2012, 119 (121).
5 BGH v. 20.10.2006 – III ZB 2/06, NJW 2007, 155.
6 S. zur Definition BGH v. 28.11.1975 – V ZR 127/74, MDR 1976, 304; BSG v. 5.4.2001 – B 13 RJ 35/00 R, SozR 3-1200 § 33a Nr. 4.
7 *Zöller/Geimer*, Vor § 415 ZPO Rz. 2.
8 LAG Berlin v. 15.2.1988 – 9 Sa 114/87, LAGE § 371 ZPO Nr. 1.
9 OLG Köln v. 23.9.1982 – 1 U 13/82, DB 1983, 104 (105); OLG Köln v. 1.9.1991 – 2 U 99/90, MDR 1991, 900.
10 BGH v. 28.1.1993 – IX ZR 259/91, LM Nr. 26 zu § 766 BGB.
11 BGH v. 23.6.1994 – I ZR 106/92, AP Nr. 1 zu § 80 ZPO; s. dazu auch *Karst*, NJW 1995, 3278.
12 LAG Düsseldorf v. 12.12.1994 – 12 Sa 1574/94, NZA 1995, 968; LAG Düsseldorf v. 22.2.1995 – 4 Sa 1817/94, LAGE § 174 BGB Nr. 7.
13 BAG v. 21.4.2005 – 2 AZR 162/04, NZA 2005, 865; ErfK/*Müller-Glöge*, § 623 BGB Rz. 12.

die Abtretung einer Forderung ausgestellten Urkunde genügen[1]. Die vertraglich vereinbarte Schriftform kann unter besonderen Umständen auch durch Aushändigung einer unbeglaubigten Fotokopie der ordnungsgemäß unterzeichneten Originalurkunde gewahrt werden, wenn Urheber und Inhalt der Erklärung in anderer Weise hinreichend klargestellt sind[2]. Soweit ein Telefax oder eine Fotokopie im rechtsgeschäftlichen Verkehr ausreicht, kann gerichtlich ein entsprechender Urkundsbeweis geführt werden; welcher Beweiswert ihm zukommt, entscheidet der Einzelfall.

b) Urkundsarten und ihr Beweiswert

Von der Urkundseigenschaft zu unterscheiden ist die Frage, welchen inhaltlichen Aussage- bzw. Beweiswert einer vorgelegten Urkunde zukommt. **Öffentliche Urkunden** iSd. § 415 Abs. 1 ZPO (von einer Partei gegenüber einer Behörde oder einem Notar abgegebene Erklärungen) bezeugen vollen Beweis dafür, dass der in ihr dokumentierte Vorgang stattgefunden hat. Die Urkunde beweist nicht die inhaltliche Richtigkeit des Beurkundeten, wobei der Beweis, dass der Vorgang unrichtig beurkundet sei, zulässig ist (§ 415 Abs. 2 ZPO). Öffentliche Urkunden über amtliche Anordnungen, Verfügungen oder Entscheidungen, also eigene Willenserklärungen der Behörde, begründen weitergehend vollen Beweis ihres Inhalts (§ 417 ZPO) und solche iSd. § 418 Abs. 1 ZPO vollen Beweis der darin bezeugten Tatsachen. **Privaturkunden**, das sind alle nichtöffentliche Urkunden, die vom Aussteller unterschrieben oder mittels beglaubigten Handzeichens unterzeichnet sind (zB schriftliche Arbeits-, Änderungs-, oder Aufhebungsverträge, Nachweismitteilungen, Abmahnungen, Kündigungen, Zeugnisse, Ausgleichsquittungen), begründen gem. § 416 ZPO den vollen Beweis dafür, dass die in ihnen enthaltenen Erklärungen vom Aussteller abgegeben worden sind, nicht dagegen für die materielle Richtigkeit des erklärten Inhalts. Zusätzlich bezieht sich die Beweisregel des § 416 ZPO bei unstreitigem Zugang auch unstreitigen Inhalts auch auf die Begebung, also die Veranlassung der Weitergabe, Vorlage einer schriftlichen Willenserklärung mit Willen des Erklärenden[3]. Hinsichtlich dieser weiteren Beweisfunktion steht demjenigen, dem die Erklärung nachteilig ist, der Gegenbeweis offen, dass die Urkunde etwa nur als Entwurf gedacht war und dem Aussteller abhanden gekommen ist. Nicht unterschriebene Privaturkunden unterliegen der freien Beweiswürdigung gem. § 286 ZPO[4]. Ob das ordnungsgem. ausgefüllte anwaltliche **Empfangsbekenntnis** (§ 174 ZPO) eine öffentliche Urkunde iSv. § 418 ZPO oder eine Privaturkunde iSv. § 416 ZPO darstellt, wird von den Obergerichten uneinheitlich entschieden[5]. Richtig dürfte sein, darin eine Privaturkunde zu sehen; vgl. auch § 66 Rz. 17. Jedenfalls bringt es vollen Beweis für die Entgegennahme als zugestellt und für den darin angegebenen Zeitpunkt. An den - grds. zulässigen - Gegenbeweis für die Unrichtigkeit der gemachten Angaben sind strenge Anforderungen zu stellen. Der Gegenbeweis ist erst erbracht, wenn die Beweiswirkungen der gemachten Angaben vollständig entkräftet sind und jede Möglichkeit ausgeschlossen ist, dass die Angaben richtig sein können[6]. Andererseits dürfen an einen Gegenbeweis wegen der Beweisnot der betroffenen Partei keine überspannten Anforderungen gestellt werden[7].

Die **Echtheit** einer nicht anerkannten **Privaturkunde** ist bei Bestreiten zu **beweisen** (§ 440 Abs. 1 ZPO). Die Beweislast trifft die Partei, die sich auf die Urkunde beruft[8]. Dabei gilt der Grundsatz, dass sich der Gegner des Beweisführers über die Echtheit einer Privaturkunde und insbesondere über die Echtheit der Namensunterschrift nach Maßgabe des § 138 ZPO ggf. substantiiert zu erklären hat (§ 439 Abs. 1 und 2 ZPO). Mit Nichtwissen kann nur bestritten werden, wenn der Gegner des Beweisführers an der Errichtung der Urkunde nicht mitgewirkt hat. Ist dies der Insolvenzverwalter, so trifft ihn eine Erkundungspflicht[9]. Wird die Erklärung nicht abgegeben, so ist die Urkunde als anerkannt anzusehen (§ 439 Abs. 3 ZPO). Diese zivilprozessuale weitgespannte Geständnisfiktion gilt nach § 510 ZPO nur dann, wenn die Partei durch das Gericht zur Erklärung über die Echtheit der Urkunde (einschließlich Echtheit der Namensunterschrift) aufgefordert wurde und sie nicht bestreitet. Unterbleibt der gerichtliche Hinweis, so kann die Gegenpartei auch noch in der Berufungsinstanz die Echtheit bestreiten. Steht die Echtheit der Namensunter-

---
1 BAG v. 27.6.1968 - 5 AZR 312/67, AP Nr. 3 zu § 398 BGB.
2 BAG v. 20.8.1998 - 2 AZR 603/97, NZA 1998, 1330.
3 BGH v. 18.12.2002 - IV ZR 39/02, NJW-RR 2003, 384.
4 OLG Köln v. 23.9.1982 - 1 U 13/82, DB 1983, 104 (105); OLG Köln v. 1.9.1991 - 2 U 99/90, MDR 1991, 900.
5 Der BGH v. 14.10.2008 - VI ZB 23/08, AnwBl. 2009, 228; BGH v. 19.4.2012 - IX ZB 303/11, NJW 2012, 2117, sieht darin eine Privaturkunde; vgl. Zöller/Stöber, § 174 Rz. 20 mwN; aA BGH v. 20.7.2007 - I ZB 39/05, NJW 2007, 600.
6 BVerfG v. 27.3.2001 - 2 BvR 2211/97, NJW 2001, 1563; BGH v. 19.4.2012 - IX ZB 303/11, NJW 2012, 2117.
7 BGH v. 8.5.2007 - VI ZB 80/06, NJW 2007, 3069; BGH v. 14.10.2008 - VI ZB 23/08, NJW 2009, 855; vgl. auch OVG Münster v. 20.1.2009 - 5 A 1162/07, NJW 2009, 1623.
8 BGH v. 13.4.1988 - VIII ZR 274/87, MDR 1988, 770.
9 BGH v. 16.11.2012 - V ZR 179/11, MDR 2013, 486.

schrift fest, so hat die über der Unterschrift stehende verkörperte Gedankenäußerung die Vermutung der Echtheit für sich (§ 440 Abs. 2 ZPO). Mangels gegenteiliger Anhaltspunkte haben urkundlich belegte rechtsgeschäftliche Erklärungen die **Vermutung** der Vollständigkeit und Richtigkeit für sich.

c) Beweiswert von Schriftstückskopien

62 Kopien sind keine Urkunden. Sie werden aber idR wie Urkunden behandelt, solange keine Prozesspartei widerspricht und/oder die Originalurkunde oder eine beglaubigte Abschrift fordert. Die Vermutungswirkung einer Urkunde gilt im Allgemeinen auch für eine Schriftstückskopie (Fotokopie oder Telefax)[1]. Soweit bei Vorlage der Schriftstückskopie keine Zweifel an der Echtheit und Unverfälschtheit des Originals oder der Reproduktion, insbesondere wegen Fehlens eines entsprechenden Parteivortrags, bestehen, kann die Aussagekraft der Kopie, verglichen mit der des Originals, im Allgemeinen als gleichwertig angesehen werden. Dass die unbestritten echte Erklärung den lesbaren und keinen anderen Inhalt enthält, lässt sich einer Kopie so gut wie einem Original entnehmen[2]. Die Beweiskraft der Schriftstückskopie unterliegt freilich der freien richterlichen Beweiswürdigung nach § 286 ZPO[3]. Von der Existenz der Urkunde und der Übereinstimmung der Ablichtung mit dem Original kann dann ausgegangen werden, wenn der Gegner die Vorlage der Fotokopie nicht rügt[4] und auch keine sonstigen gegenteiligen Anhaltspunkte erkennbar sind.

63 Hat der ArbGeb etwa im Kündigungsschutzprozess zum Nachweis einer ordnungsgemäßen Unterrichtung des BR und zum Abwarten der Wochenfrist im Rahmen der **BR-Anhörung nach § 102 Abs. 1 BetrVG** dem Gericht in Kopie einen Anhörungsbogen sowie Empfangsquittung und Stellungnahme des BR vorgelegt und sind diese Urkunden jeweils datiert und von ArbGebSeite bzw. vom BR-Vorsitzenden unterzeichnet, dann ersetzen die vorgelegten Kopien die Originale, wenn die Unterschriftsleistung vom Kläger nicht in Abrede gestellt wird[5]. Deshalb ist in einem solchen Fall davon auszugehen, dass die Empfangsquittung vom BR-Vorsitzenden stammt. Für die Frage, ob die Empfangsquittung inhaltlich richtig ist, gilt der Grundsatz der freien Beweiswürdigung nach § 286 Abs. 1 ZPO. Die Beweiskraft einer Empfangsquittung kann durch jeden Gegenbeweis oder durch Erfahrungssätze entkräftet werden[6].

d) Formelle und materielle Beweiskraft

64 Die Stellungnahme des BR im Rahmen der Wahrnehmung seiner Mitbestimmungsrechte über das Vorliegen eines **ordnungsgemäßen BR-beschlusses** würde gem. § 416 ZPO – auch bei Vorlage des Originals – nur den vollen Beweis dafür begründen, dass die in ihr enthaltenen Erklärungen vom BR-Vorsitzenden als Aussteller – und zwar gem. § 26 Abs. 2 Satz 1 BetrVG namens des BR – abgegeben sind (formelle Beweiskraft)[7]. Anders als eine öffentliche Urkunde (§§ 417, 418 ZPO) begründet sie keinen Beweis über den Verlauf der BR-sitzung und den Inhalt der dort gefassten BR-beschlüsse. Daher erstreckt sich die Beweisregel des § 416 ZPO nicht auf den Inhalt der beurkundeten Erklärungen (materielle Beweiskraft)[8]. Der ordnungsgemäßen **Sitzungsniederschrift** kommt jedoch durch § 34 Abs. 1 BetrVG eine besondere Dokumentationsfunktion mit einem hohen Beweiswert zu. Die Vorgaben von § 34 Abs. 1 BetrVG dienen der Beurteilung des ordnungsgemäßen Zustandekommens eines BR-beschlusses. Eine ihnen entsprechende Sitzungsniederschrift reicht idR zur Darlegung und als Beweis über das Vorliegen und den Verlauf der Vorgänge aus. Legt der BR ein inhaltlich taugliches Sitzungsprotokoll vor, dann muss der ArbGeb nun den Beweiswert der Niederschrift erschüttern oder unter Beweisantritt einen für die Führung des Gegenbeweises über das (Nicht-) Vorliegen eines wirksamen BR-beschlusses geeigneten Vortrag halten[9].

e) Beweis des Zugangs bei Einschreibesendungen

65 Zugegangen iSd. § 130 BGB ist eine Willenserklärung unter Abwesenden dann, wenn sie so in den Machtbereich des Empfängers gelangt ist, dass unter gewöhnlichen Umständen mit der Kenntnisnahme gerech-

---

1 Vgl. dazu AK-ZPO/*Rüßmann*, Vor § 415 Rz. 2; MünchKommZPO/*Schreiber*, § 415 Rz. 7.
2 *Zoller*, NJW 1993, 429 (432); LAG Hamm v. 2.2.1995 – 4 Sa 1850/94, LAGE § 67 ArbGG 1979 Nr. 3 m. Anm. *Brehm*.
3 Vgl. Zöller/*Geimer*, Vor § 415 Rz. 2.
4 OLG Köln v. 23.9.1982 – 1 U 13/82, DB 1983, 104 (105); zust. BGH v. 28.9.1989 – VII ZR 298/88, LM Nr. 20 zu § 198 BGB.
5 LAG Hamm v. 2.2.1995 – 4 Sa 1850/94, LAGE § 67 ArbGG 1979 Nr. 3 m. Anm. *Brehm*.
6 BGH v. 23.3.1983 – IVa ZR 120/81, LM Nr. 50 zu § 286 (B) ZPO; OLG Hamm v. 16.3.1990 – 26 U 202/88, MDR 1990, 923.
7 BGH v. 13.4.1988 – VIII ZR 274/87, MDR 1988, 770.
8 BGH v. 11.5.1989 – III ZR 2/88, NJW-RR 1989, 1323.
9 BAG v. 30.9.2014 – 1 ABR 32/13, NZA 2015, 370.

net werden kann. Ob der Empfänger tatsächlich Kenntnis genommen hat, ist unerheblich[1]. Dies ist regelmäßig bei Einwurf in den Hausbriefkasten oder in ein Postfach in den üblichen Zustellzeiten anzunehmen, da der Empfänger dann vom Inhalt der Willenserklärung Kenntnis nehmen kann. Der Zugang einer Kündigungserklärung kann auch durch Urkunden nachgewiesen werden, nämlich bei Einschreibesendungen. Bei der Versendung per **Übergabeeinschreiben** (ob mit oder ohne Rückschein) legt der Postbote, wenn er den Empfänger nicht antrifft, nicht die Willenserklärung, sondern nur den Benachrichtigungsschein in den Hausbriefkasten. Zugegangen ist das Einschreiben nicht mit dem Einwurf des Benachrichtigungszettels, sondern erst mit der späteren Aushändigung des Schreibens durch die Post[2]. Auch wenn der Empfänger den Zugang des Übergabeeinschreibens dadurch verzögert, dass er den Einschreibebrief nicht oder erst verspätet beim Postamt abholt, rechtfertigt dies allein noch nicht einen anderen Zugangszeitpunkt und fingiert nicht etwa den der frühest möglichen Tag der Abholung des Einschreibebriefs[3]. Dies kann aber nach den Umständen gem. § 242 BGB dann der Fall sein, wenn sich der Empfänger insoweit treuwidrig verhält[4]. Der Auslieferungsbeleg sowie der erstellte Datenauszug der Deutschen Post AG über die Auslieferung eines **Einwurf-Einschreibens** stellen keine Urkunde iSd. § 415 Abs. 1, § 418 Abs. 1 ZPO dar, die den vollen Beweis der in ihr bezeugten Tatsachen erbringt und nur etwa den Beweis der Unrichtigkeit ermöglichen würde[5]. Der Einlieferungsbeleg und der korrekt dokumentierte Auslieferungsbeleg haben jedoch eine starke Indizwirkung für den tatsächlich erfolgten Zugang einer Sendung[6]. Der Empfänger, der einen späteren Zugang behauptet, hat zur Erschütterung der Indizwirkung einen Geschehensablauf darzulegen, der eine ernsthafte Wahrscheinlichkeit für einen späteren Zugang beinhaltet[7]. Im Bereich der einfachen Briefzustellung, zu dem die Auslieferung eines Einschreibens gehört, sind die Deutsche Post AG oder andere private Postvertreiber nicht beliehene Unternehmer und können nicht mehr als öffentliche Behörde iSd. § 415 Abs. 1 ZPO angesehen werden[8]. Allerdings kann im Falle eines Einwurf-Einschreibens ggf. der Briefzusteller als Zeuge angeboten werden, ob und wann er das Schriftstück in den Hausbriefkasten des Empfängers eingeworfen hat[9].

Einstweilen frei 66

f) Erfüllungsbeweis mittels Quittung

Der Erfüllungsbeweis mit Hilfe einer Quittung kann nicht nur durch Vorlage des Urkunden**originals**, sondern auch durch Vorlage einer **Fotokopie** geführt werden, wenn die Partei die auf der Reproduktion wiedergegebene Unterschrift nicht bestreitet (vgl. auch Rz. 62). Die Beweisführung durch Vorlage des Quittungsoriginals ist allerdings dann unverzichtbar, wenn die Partei die nachträgliche Manipulation des von ihr unterzeichneten Schriftstücks behauptet. Denn die Frage, ob das von der Gegenpartei herangezogene Schreiben, das die Erfüllungsbehauptung beweisen soll, äußerlich unversehrt ist oder aber Zeichen einer möglichen Manipulation aufweist, kann nur anhand der Originalurkunde beurteilt werden[10]. Von der Beurteilung der äußerlichen Unversehrtheit der Urkunde iSv. § 419 ZPO hängt die Beurteilung ihres Beweiswertes und der weiteren Beweisführungslast ab; auch kann eine etwaige kriminaltechnische Untersuchung nur anhand des Urkundenoriginals sinnvoll durchgeführt werden[11]. 67

g) Nachweis eines Forderungsübergangs

Behauptet der ArbGeb einen Anspruchsübergang auf die AA, weil diese Arbeitslosengeld an den ArbN gezahlt hat (§ 115 Abs. 1 SGB X), dann soll eine dahin zielende schriftsätzliche Ankündigung unbeachtlich sein, weil der Urkundenbeweis nicht in dieser Form, sondern durch Vorlegung der Urkunde – hier: der **Überleitungsanzeige** – angetreten werden kann (§ 420 ZPO)[12]. Diese Aussage ist nur unter urkundsbeweisrechtlichen Gesichtspunkten richtig, denn bei einer entsprechenden Behauptung des ArbGeb hat 68

---

1 So schon *Mugdan*, Die gesamten Materialien zum BGB, Bd. II, Prot. II, RZ 664, S. 540.
2 BAG v. 15.11.1962 – 2 AZR 301/62, AP Nr. 4 zu § 130 BGB m. Anm. *Richardi*; BAG v. 25.4.1996 – 2 AZR 13/95, AP Nr. 35 zu § 4 KSchG 1969 m. Anm. *Ramrath*.
3 BAG v. 22.9.2005 – 2 AZR 366/04, NZA 2006, 204: zur treuwidrigen Vereitelung des Zugangs eines Kündigungsschreibens.
4 S. dazu BAG v. 7.11.2002 – 2 AZR 475/01, NZA 2003, 719.
5 LAG Hamm v. 22.5.2002 – 3 Sa 847/01, LAGR 2003, 10; GMP/*Prütting*, § 58 Rz. 28; *Reichert*, NJW 2001, 2524.
6 LAG Rheinland-Pfalz v. 8.6.2010 – 11 Sa 496/09; LAG Köln v. 14.8.2009 – 10 Sa 84/09.
7 LAG Berlin-Brandenburg v. 12.3.2007 – 10 Sa 1945/06.
8 *Bauer/Diller*, NJW 1998, 2795.
9 LAG Hamm v. 22.5.2002 – 3 Sa 847/01, LAGR 2003, 10.
10 LAG Köln v. 14.9.1999 – 13 Sa 467/99, MDR 2000, 462.
11 LAG Köln v. 14.9.1999 – 13 Sa 467/99, MDR 2000, 462.
12 LAG Köln v. 1.8.1997 – 11 (7) Sa 152/97, AR-Blattei ES 250 Nr. 52.

sich der ArbN zu erklären. Es geht um seine Aktivlegitimation, also darum, ob der ArbN weiterhin die Lohn- oder Gehaltsansprüche gegen den ArbGeb unbeschränkt geltend machen kann oder ob er mangels Inhaberschaft der Forderung das erhaltene Arbeitslosengeld bei seiner Antragstellung in Abzug zu bringen hat. Das Gericht hat im Bestreitensfall, falls ihm der erbrachte Urkundsbeweis nicht ausreicht, die AA um die Erteilung einer entsprechenden amtlichen Auskunft zu ersuchen (§ 56 Abs. 2 Satz 2 Nr. 2).

h) Urkundsbeweis anstelle des Zeugenbeweises

69 **Schriftliche Bekundungen** von Zeugen sowie **Protokolle über deren Aussagen** in einem anderen Prozess, Parallelverfahren oder Strafprozess können im Wege des Urkundsbeweises gem. §§ 415, 417 ZPO verwertet werden, wenn die beweispflichtige Partei dies beantragt[1]. Die Zustimmung der Gegenpartei ist hierzu nicht erforderlich. Dabei hat das gem. § 56 Abs. 1 Nr. 2 um Akteneinsicht ersuchende Gericht abzuwägen, ob Informationen aus den angeforderten Ermittlungsakten im Zivilverfahren verwendet und damit zu anderen Zwecken verwendet werden[2]. Das ArbG kann bei der Feststellung des Kündigungssachverhalts ein Strafurteil im Wege des Urkundsbeweises nach §§ 415–417 ZPO zwar verwerten, es muss dessen Feststellungen aber eigenständig bewerten und Zeugen, auf deren Glaubwürdigkeit es ankommt, selbst vernehmen[3]. Die Gründe des Strafurteils können aber im Rahmen der freien Beweiswürdigung (§ 286 Abs. 1 ZPO) des Arbeitsrichters bei der Verwertung des gesamten Prozessstoffes Berücksichtigung finden. Allerdings darf dabei der Arbeitsrichter die Urteilsgründe nicht unbesehen übernehmen, er hat sie einer eigenen kritischen Überprüfung zu unterziehen. Jede Partei hat wegen des Prinzips der Unmittelbarkeit der Beweisaufnahme (§ 355 Abs. 1 ZPO) aber einen Anspruch darauf, dass Zeugen in einem Rechtsstreit auch im laufenden Prozessverfahren (erneut) vernommen und nicht nur deren Aussagen in einem anderen Verfahren verwertet werden[4]. Es handelt sich insoweit nicht um die wiederholte Vernehmung des Zeugen (vgl. Rz. 46) iSd. § 398 ZPO, die im Ermessen des Prozessgerichts liegt. Ein angetretener **Zeugenbeweis** (§ 373 ZPO) **muss** vom erkennenden Gericht auf Antrag in aller Regel selbst **erhoben** werden[5]; dies gilt auch, wenn die Zeugen von der Kammer selbst in einem anderen Prozessverfahren zum streitigen Beweisthema vernommen wurden[6]. Das ArbG darf die Vernehmung von angebotenen Zeugen nicht etwa mit der Begründung ablehnen, „die strafgerichtlichen Feststellungen haben das Gericht bereits überzeugt". Wird eine **Akte beigezogen** und zum Gegenstand der mündlichen Verhandlung gemacht, wird dadurch **nicht** ohne Weiteres der **gesamte Akteninhalt** zum Bestandteil des Parteivorbringens gemacht[7].

Das **ArbG** ist an die tatsächlichen Feststellungen des **strafgerichtlichen Urteils nicht gebunden** (§ 14 Abs. 2 Nr. 1 EGZPO), da sie eine eigene Überzeugung bilden müssen. Kündigt der ArbGeb nach rechtskräftiger Verurteilung des ArbN mit der Begründung, der ArbN habe die ihm vorgeworfene Straftat tatsächlich begangen, und bestreitet dieser weiterhin die Tatbegehung, dann hat das ArbG ohne Bindung an das (rechtskräftige) strafgerichtliche Urteil im Rahmen des Parteivorbringens die erforderlichen Feststellungen selbst aufzuklären und bei seiner Überzeugungsbildung (§ 286 ZPO) selbst zu bewerten. Dabei kann das Gericht von Amts wegen im Rahmen seines Ermessens aus § 142 ZPO von einer eigenen Vernehmung der Zeugen und Sachverständigen absehen und einzelne oder die kompletten Beweisergebnisse des Strafverfahrens im Wege des Urkundenbeweises verwerten (zB Protokolle über Zeugeneinvernahmen)[8]. Doch setzt dies eine sorgfältige Prüfung des Beweiswertes der schriftlich vorliegenden Aussage voraus. Die Richtigkeit einer solchen Aussage darf das Gericht nicht anzweifeln, wenn sich solche nicht aus der Strafakte/Urkunde selbst ergeben, da eine Urkunde keinen Beweis über Tatsachen außerhalb ihrer selbst zulässt[9]. Das Gericht **muss** – unabhängig von seiner eigenen bisherigen Überzeugung – **Beweisangeboten** auf **eigene** Zeugenvernehmungen nachgehen, selbst wenn dieselben Zeugen bereits im Strafverfahren zu dem demselben Beweisthema ausgesagt haben, und zu diesem Zweck auf Antrag einer Partei eine eigene Beweisaufnahme durchführen. Jede Partei muss Gelegenheit erhalten, zB sich von den Zeugen einen persönlichen Eindruck zu verschaffen, die Zeugen selbst zu befragen, ihnen Vorhalte zu machen oder dass das erkennende Gericht die Zeugen für (un-)glaubwürdig halten soll oder erforderlichenfalls eine Gegenüberstellung mit anderen Zeugen vornimmt[10]. Einer Urkunde über die frühere Vernehmung eines Zeugen

---

1 BAG v. 12.7.2007 – 2 AZR 666/05, NZA 2008, 1264; BGH v. 12.4.2011 – VI ZB 31/10.
2 BVerfG v. 6.3.2014 – 1 BvR 3541/13, NJW 2014, 1581.
3 BAG v. 23.10.2014 – 2 AZR 865/13, NJW 2015, 353.
4 BGH v. 12.7.2013 – V ZR 85/12.
5 BAG v. 15.3.1990 – 2 AZR 440/89, AP Nr. 1 zu § 101 GO NW; BAG v. 12.7.2007 – 2 AZR 666/05, NZA 2008, 1264.
6 BGH v. 4.11.2010 – I ZR 190/08, NJW-RR 2011, 569.
7 BGH v. 4.4.2014 – V ZR 110/13.
8 BAG v. 26.3.1992 – 2 AZR 519/91, NZA 1992, 1121; BAG v. 8.6.2000 – 2 ABR 1/00, NZA 2001, 91 (93).
9 BGH v. 9.6.1992 – VI ZR 215/91, VersR 1992, 1029.
10 BGH v. 11.5.1989 – III ZR 96/87, KTS 1989, 857.

in einem anderen Zivil-/Strafverfahren im Wege des Urkundsbeweises kommt aus vorgenannten Gründen im Allgemeinen ein geringerer Beweiswert zu als dem unmittelbaren Zeugenbeweis. Erkenntnisse im Strafverfahren können die Annahme, der ArbN habe eine Pflichtverletzung (nicht) begangen, allenfalls verstärken[1]. Sie können auch bei einer Verdachtskündigung für die Ermittlung der Zwei-Wochen-Frist bedeutend sein[2]. Dagegen handelt es sich nicht um einen Urkundenbeweis, sondern um Zeugenbeweis, wenn das **Berufungsgericht erstinstanzliche Zeugenaussagen** verwertet[3] (vgl. dazu § 64 Rz. 226).

i) Notarielle Beurkundung

Kern des **Tarifeinheitsgesetzes** vom 3.7.2015[4] ist die Kollisionsregel von § 4a Abs. 2 Satz 2 TVG. Überschneiden sich im Zeitpunkt des Abschlusses der letzten kollidierenden Tarifverträge in einem Betrieb nicht inhaltsgleiche Tarifnormen verschiedener dort vertretener Gewerkschaften (Tarifkollision), dann gelten die Tarifnormen derjenigen Gewerkschaft, die im Betrieb den höchsten Mitgliederstand aufweist. Maßgeblich sind dabei ArbN, die in diesem Betrieb in einem Arbeitsverhältnis stehen. Verfahrensrechtlich gibt es hierfür in § 2a Abs. 1 Nr. 6, § 99 ein flankierendes spezielles Beschlussverfahren. Gleichzeitig schafft § 58 Abs. 3 klarstellend eine zusätzliche (mittelbare) Beweisführung durch Vorlage einer notariellen Urkunde (Urkundsbeweis durch notarielle Erklärung, § 415 ZPO). Dieses Beweismittel dient der Vermeidung der sensiblen Erörterung der gewerkschaftlichen Mitgliedschaft eines Arbeitnehmers des Betriebes vor Gericht. Die Gewerkschaft ist nicht verpflichtet, die Namen ihrer Mitglieder im Betrieb zu offenbaren. Auch der einzelne organisierte ArbN ist insoweit durch Art. 9 Abs. 3 und 2 Abs. 1 GG geschützt. Der Notar hat gem. § 18 Abs. 1 BNotO über die Identität der Gewerkschaftsmitglieder Stillschweigen zu bewahren[5]. 69a

Von seiner Zielsetzung her kreiert § 58 Abs. 3 kein neues Beweismittel. Die Parteien sind grds. frei darin, welche Beweismittel sie dem Gericht unterbreiten. Auch bei vorhandenen unmittelbaren Beweismitteln können sich die Parteien grds. auf mittelbare beschränken. Eine andere Frage ist deren Beweiskraft und inwieweit sie das Gericht im Rahmen von § 286 ZPO zu überzeugen vermögen. Abs. 3 ist nicht auf Verfahren von § 2a Abs. 1 Nr. 6 beschränkt, sondern gilt umfassend zur Kodifizierung der Rspr. des BAG[6]. Die Norm gilt auch im Urteilsverfahren[7]. Zum Nachweis der Mitgliedschaft im Betrieb können die Gewerkschaften auch auf andere unmittelbare oder zusätzlich unterstützende mittelbare Beweismittel zurückgreifen. 69b

Die Effizienz und damit der Beweiswert von § 58 Abs. 3 wird in der Lit.[8] äußerst kritisch gesehen. Letztlich geht es darum, was der Notar überhaupt beurkunden soll/kann. Seine Hauptaufgabe besteht nach § 20 Abs. 1 BNotO in der Beurkundung von wahrgenommenen Tatsachen und Erklärungen der erschienen Partei/en (Wahrnehmungszeugnis). Der Grad der Gewissheit, den der Notar dabei erlangen muss, folgt aus der Funktion der öffentlichen Urkunde. Sie soll den unmittelbaren (idR Zeugen- oder Augenschein)-Beweis vor Gericht ersetzen[9]. Was also für die richterliche Überzeugung (§ 286 ZPO) ausreicht, muss auch für die notarielle Beurkundung genügen. Geht es etwa um die mitunter komplizierte arbeitsrechtliche Frage nach der ArbN-eigenschaft eines Gewerkschaftsmitglieds, ob es gerade dem fraglichen Betrieb angehört, ein Scheinselbständiger ist oder das Arbeitsverhältnis ruht, so hat der Notar nur beschränkt eine Tatsachen-, sondern ganz primär eine Rechtsprüfung vorzunehmen. Sicherlich gibt es in der Praxis solche Grenzfälle, die vom Notar nicht, nur schwer und dazu noch überzeugend zu lösen sind. Bei der deutlich überwiegenden Masse der vom Notar festzustellenden ArbN-zahl des Betriebes stellen sich solche Fragen nicht. Nur weil es gelegentlich einmal Probleme bereiten kann, sollte das Beweismittel von § 58 Abs. 3 aber nicht in toto abgelehnt werden. Bei wirklich entscheidungserheblichen Grenzfällen muss daher (weitgehend) außerhalb der zusätzlichen Möglichkeit von Abs. 3 die maßgebliche Mehrheit iSv. § 4a Abs. 2 Satz 2 TVG nachgewiesen werden. Ggf. kann auch umgekehrt unterstützend auf Abs. 3 im Einzelfall zurückgegriffen werden. Das ist kein spezifisches Phänomen von Abs. 3, sondern kann auch sonst im Beweisrecht auftreten. 69c

---

1 BAG v. 25.10.2012 – 2 AZR 700/11, NZA 2013, 371; BAG v. 24.5.2012 – 2 AZR 206/11, NZA 2013, 137.
2 BAG v. 27.1.2011 – 2 AZR 825/09, NZA 2011, 798.
3 BAG v. 16.3.1967 – 2 AZR 64/66, AP Nr. 31 zu § 63 HGB m. Anm. *Herschel*.
4 BGBl I S. 1130.
5 BR-Drs. 635/14 S. 14.
6 BAG v. 25.3.1992 – 7 ABR 65/90, NZA 1993, 134; bestätigt von BVerfG v.- 21.3.1994 – 1 BvR 1485/93, NJW 1994, 2347; abl. *Prütting/Weth* NJW 1993, 576.
7 ErfK/*Koch*, § 58 ArbGG Rz. 3.
8 *Bayreuther*, NZA 2013, 1395; *Fischer*, NZA-RR 2016, 225; *Greiner*, NZA 2015, 773; *Ganz*, NZA 2015, 1110.
9 BT-Drs. 18/4062, S. 16.

69d Im Rahmen von § 58 Abs. 3 kann der **Notar** etwa **beurkunden**: Die ihm vorgelegten gewerkschaftlichen Mitgliedslisten mit Anzahl und Namen der Mitglieder zu einem bestimmten Stichtag, idR schriftliche Arbeitsverträge der auf der Liste sich befindlichen Personen nebst ihren letzten monatlichen Gehaltsabrechnungen des fraglichen Betriebs, uU sogar mit einem Abzugsposten „Gewerkschaftsbeitrag", Kontoauszüge der Gewerkschaft für den maßgeblichen Zeitraum mit dem Eingang der Mitgliedsbeiträge und der Namen der Überweisenden.

69e Probleme kann das Beweismittel von § 58 Abs. 3 im Verfahren des **einstweiligen Rechtsschutzes** bereiten. Will etwa der ArbGeb den Arbeitskampf einer (von ihm angenommenen) Minderheitsgewerkschaft untersagen lassen, so kann er sich in aller Regel nicht auf Abs. 3 stützen. Er könnte allenfalls darauf bauen, dass ihm die „Hausgewerkschaft" über deren Vorgehen nach Abs. 3 unterstützt, um gegen die „lästige" Konkurrenz vorzugehen[1]. Allerdings werden gerade hier die Grundsätze der sekundären Darlegungslast (vgl. Rz. 89a) zur Anwendung kommen, was allenfalls zeitliche Probleme geben könnte.

4. Augenscheinseinnahme

70 Der Augenschein ist eine unmittelbare Sinneswahrnehmung des Gerichts zur Beweisaufnahme durch Sehen, Hören, Fühlen, Schmecken oder Riechen[2]. Gegenstand des Augenscheinsbeweises ist die Kenntnisnahme von der äußeren Beschaffenheit einer Sache, eines Menschen oder eines Vorgangs. Von daher gesehen wäre es passender, von einem „Wahrnehmungsbeweis" zu sprechen[3]. Die inhaltliche Erfassung des Beweisgegenstandes ist keine Augenscheinseinnahme. So ist bspw. das Lesen einer Urkunde durch den Richter Urkundsbeweis, wenn er den Inhalt erfassen will, es ist Augenscheinsbeweis, wenn er die Schriftzeichen auf den Aussteller mit einer Schriftprobe vergleicht[4]. Neben Menschen und Vorgängen können alle Sachen Augenscheinsobjekte sein, wie zB Beweiszeichen, Zeichnungen, Pläne, Videobänder, CD-Rom, Disketten, sonstige EDV-Datenträger, Fotografien.

a) Beweisantritt zur Augenscheinseinnahme

71 Beim Augenscheinsbeweis hat der **Beweisführer** durch Bezeichnung des Augenscheinsobjekts und durch die Angabe der zu beweisenden Tatsachen den **Beweis** der Augenscheinseinnahme **anzutreten** (§ 371 Abs. 1 Satz 1 ZPO). Soll ein elektronisches Dokument Gegenstand der Augenscheinseinnahme werden, wird der Beweis durch Vorlegung des Datenträgers oder Übermittlung der Datei nach § 130a ZPO angetreten (§ 371 Abs. 1 Satz 2 ZPO). Befindet sich das Augenscheinsobjekt nach den Behauptungen des Beweisführers nicht in seinem Besitz, so wird der Beweis gem. § 371 Abs. 2 Satz 1 ZPO durch den Antrag angetreten, dem Prozessgegner oder einem Dritten zur Herbeischaffung des Gegenstandes eine Frist zu setzen, oder das Gericht kann von Amts wegen eine Anordnung nach § 144 Abs. 1 ZPO erlassen (vgl. zu den unterschiedlichen Voraussetzungen Rz. 57). Fehlt dem Gericht die Sachkunde, so kann es bei der Einnahme des Augenscheins Sachverständige hinzuziehen (§ 372 Abs. 1 ZPO).

b) Verwertung von Videoaufzeichnungen

72 Die Zulässigkeit der Videoüberwachung im Beschäftigungsverhältnis zur Aufdeckung von Straftaten richtet sich nach § 32 (§ 26 nF) Abs. 1 Satz 2 BDSG. Ob im Kündigungsschutzverfahren zur Begründung der Kündigung und zu Beweiszwecken die Verwertung von Videoaufzeichnungen zulässig ist, entscheiden die Umstände des Einzelfalles unter Abwägung der gegenläufigen Grundrechtspositionen unter Wahrung des Verhältnismäßigkeitsgrundsatzes. Bei der Zulässigkeit einer Videoüberwachung **im Betrieb** ist zu differenzieren nach der Überwachungsart (offen oder verdeckt), den überwachenden Medien (Videoaufzeichnungen/Telefon/Internet/E-Mail-Verkehr), den überwachten Personen (verdächtige bzw. unverdächtige Mitarbeiter) und dem zu überwachenden Ort (nur für ArbN, Kunden oder öffentlich zugänglich). Der ArbGeb besitzt ein schützenswertes Interesse an der Kontrolle von Verhalten und Leistung seiner ArbN, das sich aus dem Eigentums- und Berufsausübungsrecht (Art. 12, 14 GG) ableitet. Außerdem bestehen hohe Compliance-Anforderungen an Unternehmen, strafbare Handlungen ihrer Mitarbeiter aufzudecken und zu verfolgen. Auf der anderen Seite stellt die heimliche Videoüberwachung eines ArbN im kündigungsrechtlichen Bereich einen Eingriff in sein durch Art. 2 Abs. 1, Art. 1 Abs. 1 GG und Art. 8 Abs. 1 EMRK gewährleistetes allgemeines Persönlichkeitsrecht und in das Grundrecht auf informationelle Selbstbestimmung dar[5]. Bei diesem grundrechtlich geprägten Spannungsverhältnis können Eingriffe in das

---

1 *Greiner*, NZA 2015, 769 (774).
2 Hauck/Helml/Biebl/*Helml*, § 58 Rz. 16.
3 BLAH, Übers. § 371 ZPO Rz. 4.
4 GMP/*Prütting*, § 58 Rz. 30.
5 BVerfG v. 13.2.2007 – 1 BvR 421/05; BGH v. 15.5.2013 – XII ZB 107/08; BAG v. 21.11.2013 – 2 AZR 797/11.

nicht schrankenlos gewährleistete Persönlichkeitsrecht durch die Wahrnehmung überwiegender schutzwürdiger Interessen des ArbGeb gerechtfertigt sein, etwa wenn er sich als Beweisführer in einer Notwehrsituation oder einer notwehrähnlichen Lage befindet. Die **heimliche Videoüberwachung** eines ArbN ist nach § 32 (§ 26 nF) **Abs. 1 Satz 2 BDSG** zulässig, wenn zu dokumentierende tatsächliche Anhaltspunkte den „einfachen" Verdacht im Sinne eines Anfangsverdachts[1] (er muss über vage Anhaltspunkte und bloße Vermutungen hinausreichen) begründen, dass der Betroffene im Beschäftigungsverhältnis eine **Straftat**[2] begangen hat. In diesem Fall muss die Erhebung, Verarbeitung oder Nutzung zu deren Aufdeckung erforderlich sein und das schutzwürdige Interesse des Beschäftigten am Ausschluss der Datengewinnung und deren Nutzung darf nicht überwiegen, insbesondere wenn Art und Ausmaß im Einzelfall im Hinblick auf den Anlass nicht unverhältnismäßig sind. Danach muss bei der Abwägung im Einzelfall idR der konkrete Verdacht einer strafbaren Handlung oder einer anderen schweren Verfehlung zulasten des ArbGeb bestehen, weniger einschneidende Mittel zur Aufklärung des Verdachts müssen ergebnislos ausgeschöpft sein oder nicht bestehen, die verdeckte Videoüberwachung muss praktisch das einzig verbleibende Mittel darstellen und insgesamt nicht unverhältnismäßig sein. Der Verdacht muss in diesem Rahmen gegen einen zumindest räumlich und funktional abgrenzbaren Kreis von ArbN bestehen. Er muss sich nicht gegen einen bestimmten ArbN richten[3]. Ist etwa der ArbN arbeitsunfähig krankgeschrieben, dann hat die ärztliche Bescheinigung einen hohen Beweiswert. In diesem Fall müssen zur Zulässigkeit einer gezielten Überwachung durch einen **Detektiv** mittels Videoaufzeichnungen begründete Zweifel an ihrer Richtigkeit vorliegen; andernfalls ist der Verdacht nicht konkret genug[4]. Sind die Voraussetzungen einer (verdeckten) Videoüberwachung nach § 32 Abs. 1 Satz 1 BDSG gegeben, ist die Maßnahme im Verhältnis zu den von ihr betroffenen ArbN auch nach § 6b Abs. 1 Nr. 3 BDSG zulässig. Auch ist das Interesse eines Beschäftigten, nicht von einer verdeckten Videoüberwachung erfasst zu werden, bei ArbN, die sich unter Verletzung eines Zutrittsverbots in einem überwachten Bereich aufhalten, erheblich gemindert. Der Schutzzweck von § 32 BDSG gebietet es nicht, datenschutzrechtswidrig erlangte Beweismittel oder hierauf beruhenden – unstreitigen – Sachvortrag des ArbGeb im Kündigungsschutzprozess unverwertet zu lassen, wenn sich die Maßnahme nur wegen der Betroffenheit anderer (dritter) ArbN als unzulässig erweist[5]. Diese Abwägungen sind wegen der grundrechtlichen Ausgangslage auch für sog. „**Zufallsfunde**" aus einer nach § 32 Abs. 1 Satz 2 BDSG gerechtfertigten verdeckten Videoüberwachung anzustellen[6]. Allgemein führen Verstöße gegen das BDSG noch zu keinem generellen Sachvortrags- und Beweisverwertungsverbot im Zivilprozess[7]. Ein Verbot kommt in Betracht, wenn es aus einer verfassungsrechtlich geschützten Position des ArbN zwingend geboten ist. **§ 26 BDSG n.F.** konsumiert den bisherigen § 32 Abs. 1 BDSG und stellt klar, dass personenbezogene Daten auch „zum Zwecke des Beschäftigungsverhältnisses" verarbeitet werden, wenn dies zur Ausübung oder Erfüllung der sich aus Gesetz oder Kollektivvereinbarung (Tarif-, Betriebs- oder Dienstvereinbarung) ergebenden Rechte und Pflichten der Interessenvertretung der Beschäftigten „erforderlich" ist.

An diese Grundsätze knüpft die Rspr. auch auf **betriebsverfassungsrechtlicher** Ebene an. § 87 Abs. 1 Nr. 6 BetrVG erlaubt den Betriebspartnern grds. die Einführung einer **offenen** Videoüberwachung am Arbeitsplatz. Dabei müssen sie gem. § 75 Abs. 2 Satz 1 BetrVG das grundrechtlich gewährleistete Persönlichkeitsrecht der ArbN beachten. Dieses kollidiert mit den schutzwürdigen Interessen des ArbGeb und dies erfordert eine umfassende Güterabwägung unter Berücksichtigung der Umstände des Einzelfalles. Nach dem Verhältnismäßigkeitsgrundsatz muss die zu treffende Regelung zur Zweckerreichung geeignet, erforderlich und angemessen sein. Bei der Eingriffsintensität ist ua. zu prüfen, wie viele Personen ihr ausgesetzt sind, ob die Personen anonym oder bekannt sind, ob sie einen Anlass für den Eingriff gegeben haben, insbesondere ob sie einer bereits begangenen oder drohenden Straftat oder Rechtsgutverletzung verdächtig sind, wo die Überwachungsmaßnahmen stattfinden, wie lange und intensiv sie sind und welche Technik dabei eingesetzt wird[8]. Abstellend auf den Einzelfall hat der 1. Senat des BAG[9] eine dauernde offene Videoüberwachung aller ArbN einer Briefverteileranlage für unwirksam erklärt, weil auch das Briefgeheimnis des Empfängers einen hohen Stellenwert hat. Bei der **verdeckten** Videoüberwachung können

---

1 BAG v. 20.10.2016 – 2 AZR 395/15, NZA 2017, 443.
2 Nach LAG BW v. 20.7.2016 – 4 Sa 61/15, ArbRB 2016, 361, ist die Überwachung eines arbeitsunfähig geschriebenen ArbN durch einen Detektiv zur Aufdeckung einer reinen Wettbewerbsverletzung unzulässig und hat ein prozessuales Verwertungsverbot zur Folge.
3 BAG v. 21.6.2012 – 2 AZR 153/11, NZA 2012, 1025.
4 BAG v. 19.2.2015 – 8 AZR 1007/13, NZA 2015, 995 mit Ausführungen zu einem Geldentschädigungsanspruch nach § 823 Abs. 1 BGB.
5 BAG v. 20.10.2016 – 2 AZR 395/15, NZA 2017, 443.
6 BAG v. 21.11.2013 – 2 AZR 797/11, NZA 2014, 243.
7 BAG v. 22.9.2016 – 2 AZR 848/15, NZA 2017, 112; BAG v. 20.10.2016 – 2 AZR 395/15.
8 BAG v. 29.6.2004 – 1 ABR 21/03, NZA 2004, 1278; BAG v. 26.8.2008 – 1 ABR 16/07, NZA 2008, 1187.
9 BAG v. 14.12.2004 – 1 ABR 34/03, NZA 2005, 839.

sich die Betriebsparteien über die o.g. verfassungsrechtlichen Grundsätze und Abwägungskriterien nicht hinwegsetzen. Sie können die Grenzen eines rechtlich zulässigen Eingriffs nicht zulasten des ArbN verschieben. Die Erkenntnisse aus einer heimlich durchgeführten Spind-Durchsuchung ohne Kenntnis des ArbN, aber im Beisein eines BR-Mitglieds, sind nur verwertbar, wenn die Interessenabwägung im Einzelfall ergibt, dass die Durchsuchung zur Aufdeckung einer Straftat unerlässlich und sie auch sonst nicht unverhältnismäßig war[1].

Die Videoüberwachung in **öffentlich zugänglichen Räumen** ist in den Fällen von **§ 6b Abs. 1 BDSG** zulässig. Dazu zählen etwa öffentlich zugängliche Verkaufsräume (zB im Einzelhandel, Tankstelle) oder Bankfilialen[2]. Eine Überwachung ist hier auch dann zulässig, wenn Mitarbeiter miterfasst werden. Nicht öffentlich zugängig sind dort Arbeitsplätze, die nur von einem bestimmten Personenkreis, etwa ein ArbN des Betriebes, betreten werden dürfen[3]. Nach § 6b Abs. 2 BDSG ist der ArbGeb gehalten, auf die Überwachung hinzuweisen. Ein Verstoß gegen dieses Kennzeichnungsgebot macht eine **verdeckte** Videoüberwachung öffentlich zugänglicher Räume nicht per se unzulässig; entscheidend sind auch hier die Umstände des Einzelfalles bei der Abwägung der gegenläufigen Grundrechtspositionen[4].

72a Ist die Videoüberwachung entgegen **§ 87 Abs. 1 Nr. 6 BetrVG** ohne vorherige Zustimmung des BR durchgeführt worden, so ergibt sich aus diesem Verstoß – wie bei einem Verstoß gegen das Kennzeichnungsgebot aus § 6b Abs. 2 BDSG – jedenfalls dann kein eigenständiges **Beweisverwertungsverbot**, wenn der BR die Verwertung des Beweismittels akzeptiert, indem er der darauf gestützten Kündigung zustimmt und die Beweisverwertung nach den vorgenannten Grundsätzen gerechtfertigt ist[5]. Unabhängig von einer möglichen nachträglichen Tolerierung kann allein die **Verletzung von Mitbestimmungstatbeständen** des BR für sich betrachtet, sofern durch den Überwachungsvorgang nicht gleichzeitig ein Eingriff in Grundrechtspositionen des ArbN vorliegt, grds. nicht zu einem Beweisverwertungsverbot in einem Individualverfahren des ArbN gegenüber dem ArbGeb führen. Die Missachtung von Mitbestimmungsrechten verletzt nicht den ArbN in seinen Grundrechten[6].

Ein prozessuales **Verwertungsverbot** kann nur in Betracht kommen, wenn in **verfassungsrechtlich** geschützte Grundpositionen einer Prozesspartei eingegriffen wird, nicht aber bei einem Verstoß gegen einfachrechtliche Gesetze. Es ist zwischen dem Akt der vorprozessualen Erlangung eines Beweismittels und seiner prozessualen Verwertung zu trennen[7]. Das Gericht ist im Interesse an der Wahrheitsfindung und der materiell richtigen Entscheidung nach Art. 103 Abs. 1 GG iVm. § 286 ZPO gehalten, Sachvortrag der Parteien zur Kenntnis zu nehmen und zu verwerten[8]. Dies gilt ohne Weiteres für **unstreitigen Parteivortrag**. Ein Vortragsverwertungsverbot von unstreitigem Sachvortrag kennt die ZPO nicht. Ein Beweisverwertungsverbot, das zugleich die Erhebung des angebotenen Beweises hindern soll, bedarf einer besonderen Legitimation in Gestalt einer gesetzlichen Grundlage. Trotzdem kann unter Beachtung des Schutzzwecks der verletzten Norm das Rechtsstaatsprinzip einer Verwertung durch das Gericht entgegenstehen, wenn die gewonnenen Erkenntnisse durch ein rechtswidriges Verhalten der Partei bei der Informationsgewinnung erlangt wurden[9]. Das Gericht ist stets – unabhängig davon, ob Sachvortrag streitig oder unstreitig bleibt – an die maßgeblichen Grundrechte gebunden und zu einer rechtsstaatlichen Verfahrensgestaltung verpflichtet[10].

c) Verwertung von Telefongesprächen, Tonbandaufnahmen etc

73 Bei der Telefonüberwachung ist zwischen der Erfassung von Telefondaten und dem Abhören von Telefongesprächen zu unterscheiden. Der Inhalt von Telefongesprächen kann auf einem Tonträger aufgezeichnet oder von Dritten mitgehört werden. Die Herstellung und Verwertung solcher Beweismittel ist nicht uneingeschränkt möglich. Zahlreiche Sachverhaltsvarianten sind hier denkbar. Ermöglicht zB eine im Betrieb installierte **Telefonanlage**, dass der ArbGeb über den **Dienstapparat** des ArbN geführte Telefongespräche unbemerkt mithören (lassen) oder mitschneiden kann, und erfährt der ArbGeb auf diesem Wege von Äußerungen des ArbN, die einen Arbeitsvertragsverstoß durch ihn darstellen, so darf der ArbGeb dieses

---

1 BAG v. 20.6.2013 – 2 AZR 546/12, ArbRB 2014, 70.
2 Vgl. dazu *Helle*, JZ 2004, 340; *Schrader/Mahler*, NZA-RR 2016, 57.
3 BAG v. 29.6.2004 – 1 ABR 21/03, NZA 2004, 1278 (1282).
4 BAG v. 21.6.2012 – 2 AZR 153/11, NZA 2012, 1025.
5 BAG v. 27.3.2003 – 2 AZR 51/02, NZA 2003, 1193 (1196).
6 BAG v. 20.10.2016 – 2 AZR 395/15, ArbRB 2017, 101.
7 BAG v. 13.12.2007 – 2 AZR 537/06, NZA 2008, 1008; BAG v. 15.8.2002 – 2 AZR 214/01, NZA 2003, 432; *Schlewing*, NZA 2004, 1071 (1073).
8 BAG v. 13.12.2007 – 2 AZR 537/06, NZA 2008, 1008; BAG v. 20.6.2013 – 2 AZR 546/12, NZA 2014, 143.
9 BAG v. 16.12.2010 – 2 AZR 485/08, NZA 2011, 571.
10 BAG v 22.9.2016 – 2 AZR 848/15, NZA 2017, 112; vgl. aber auch BAG v. 20.10.2016 – 2 AZR 395/15.

heimlich erlangte Wissen im gerichtlichen Verfahren nicht gegen den ArbN zwecks Begründung einer hierauf gestützten Kündigung verwerten[1]. **Heimliche Ab-/Mithörer** von Telefongesprächen – gleich ob dienstlicher oder privater Natur –, mit denen der Sprechende nicht rechnen musste, verletzen sein Grundrecht am gesprochenen Wort (Art. 2 Abs. 1 und Art. 1 Abs. 1 GG) und dürfen später auch nicht als Zeuge vernommen werden[2]. Ihre Verwertung ist generell unzulässig. So ist etwa das zielgerichtete heimliche Mithörenlassen[3], zB Anstellen des Raumlautsprechers oder Weghalten des Geräts vom Ohr (zwecks späterer Benennung des Mithörers als Zeugen) als auch das heimliche Mitschneiden[4] (zwecks späterer Vorlage des Tonbandes zur Augenscheinseinnahme) von Gesprächen bei Abwägung der beiderseitigen Interessen im Grundsatz unzulässig[5]. Konnte dagegen ein Dritter **zufällig**, ohne dass der Beweispflichtige etwas dazu beigetragen hat, das Telefongespräch **mithören**, liegt keine Persönlichkeitsverletzung beim Gesprächspartner vor und der Dritte kann dann als Zeuge vernommen werden[6]. Das allgemeine Persönlichkeitsrecht umfasst auch die Befugnis, dass der Einzelne selbst bestimmt, ob sein gesprochenes Wort einzig dem Gesprächspartner, einem bestimmten Personenkreis oder der Öffentlichkeit zugänglich ist. Dies gilt nicht nur für Privatgespräche, sondern auch für Gespräche zwischen ArbN und ArbGeb mit Vorgesetzten, Kunden und Konkurrenten. Auch bei Telefonaten im dienstlichen oder geschäftlichen Bereich besteht eine Offenbarungspflicht desjenigen, der Dritte mithören lassen oder das Gespräch mitschneiden will[7]. Im Regelfall hat daher der Gesprächspartner, der einen Dritten mithören lassen oder das Gespräch mitschneiden will, auch im dienstlichen Bereich keinen anerkennenswerten Grund, das heimlich zu tun, weil es ihm regelmäßig auch ohne Gefährdung seiner Interessen möglich ist, dem Gesprächspartner mitzuteilen, dass eine dritte Person mithört[8] bzw. dass er das Gespräch auf Tonträger mitschneiden will. Bei dieser Mitteilung kann das Schweigen des Gesprächspartners als Zustimmung zum Mithören gewertet werden[9]. Behauptet eine Partei, was sie zu beweisen hat[10], der Gesprächspartner sei vorab über das Mithören des Telefonats informiert worden und habe das Gespräch in Kenntnis dessen fortgesetzt oder habe dem Mithören zugestimmt, und benennt er den Zeugen auch dafür, hat das Gericht diesen Beweis vorab zu erheben, weil dann das Persönlichkeitsrecht nicht verletzt worden wäre. Die **Beweislast** für das Vorliegen eines **Beweisverbotes** trifft diejenige Partei, die sich auf ein Beweisverbot beruft. In diesem Zusammenhang lässt der BGH[11] zur Ermittlung der erforderlichen Tatsachen den sog. Freibeweis zu (vgl. zum Freibeweis Rz. 23). Stützt der ArbGeb eine Kündigung auf den Inhalt von **Chatprotokollen**, die mit Bezug zum Privatbereich **auf dem dienstlichen Arbeitsplatzrechner** des ArbN nach Ausspruch der Kündigung vorgefunden werden, dann besteht kein Beweisverwertungsverbot, wenn der ArbGeb nur eine eingeschränkte Privatnutzung gestattet und vorher auf die fehlende Vertraulichkeit hingewiesen hat[12]. Die Kontrolle eines für rein innerdienstliche Zwecke eingerichteten Instant-Messenger-Dienstes (**Überwachung der Internetnutzung**) auf eine unerlaubte Privatnutzung verstößt dann nicht gegen Art. 8 EMRK, wenn die Überwachung im Umfang begrenzt ist[13]. Der Einsatz eines **Software-Keyloggers**, mit dem alle Tastatureingaben an einem dienstlichen PC für eine verdeckte Überwachung und Kontrolle des ArbN aufgezeichnet werden, ist nach § 31 Abs. 1 BDSG unzulässig, wenn kein auf den ArbN bezogener, durch konkrete Tatsachen begründeter Verdacht einer schwerwiegenden Pflichtverletzung, insb. einer Straftat, besteht[14]. Damit müssen sie auch im Prozess verwertbar sein. Erlangt der ArbGeb aus einer **heimlich** in Abwesenheit und ohne Einwilligung des ArbN durchgeführten **Schrankkontrolle** im Betrieb Kenntnis von Beweismitteln, steht idR schon die Heimlichkeit der Durchsuchung einer prozessualen Verwertbarkeit der gewonnenen Erkenntnisse entgegen. Das gilt insbesondere dann, wenn die Durchsuchung in Anwesenheit des ArbN auch hätte durchgeführt werden können und ebenso effektiv gewesen wäre[15].

---

1 BVerfG v. 19.12.1991 – 1 BvR 382/85, AP Nr. 24 zu § 611 BGB – Persönlichkeitsrecht; BGH v. 18.2.2003 – XI ZR 165/02, NJW 2003, 1727.
2 BAG v. 23.4.2009 – 6 AZR 189/08, NZA 2009, 974.
3 BVerfG v. 9.10.2002 – 1 BvR 1611/96, 805/98, NJW 2002, 3619; BAG v. 29.10.1997 – 5 AZR 508/96, AP Nr. 27 zu § 611 BGB – Persönlichkeitsrecht m. Anm. *Otto*.
4 BGH v. 13.10.1987 – VI ZR 83/87, LM Nr. 39 zu Art. 1 GG.
5 Vgl. dazu *Foerste*, NJW 2004, 262.
6 BAG v. 23.4.2009 – 6 AZR 189/08, NZA 2009, 974.
7 BAG v. 10.12.1998 – 8 AZR 366/97, nv.
8 BAG v. 29.10.1997 – 5 AZR 508/96, NZA 1998, 307.
9 Vgl. BVerfG v. 2.4.2003 – 1 BvR 215/03, NJW 2003, 2375.
10 LAG Schl.-Holst. v. 5.4.2005 – 2 Sa 40/05, AuR 2006, 133.
11 BGH v. 10.12.2002 – VI ZR 378/01, NJW 2003, 1123.
12 LAG Hamm v. 10.7.2012 – 14 Sa 1711/10.
13 EGMR v. 12.1.2016 – 61496/08.
14 BAG v. 26.7.2017 – 2 AZR 681/16.
15 BAG v. 20.6.2013 – 2 AZR 546/12, NZA 2014, 143.

74 **Beweismittel** sind nicht allein deshalb prozessual **unverwertbar**, weil der Beweisführer sie **rechtswidrig erlangt** hat. Ein Beweisverwertungsverbot, das zugleich die Erhebung der angebotenen Beweise ausschließt, kommt nur in Betracht, wenn der Schutzzeck der bei der Informationsgewinnung verletzten Norm einer gerichtlichen Verwertung um der Vermeidung eines Eingriffs in höherrangige Rechtspositionen willen entgegensteht[1]. Das von einer Partei unter Verstoß gegen ihr verfassungsrechtlich geschütztes Persönlichkeitsrecht rechtswidrig erlangte Beweismittel darf vielfach **nicht** zu ihren Gunsten **verwertet** werden, denn in der gerichtlichen Verwertung von Kenntnissen und Beweismitteln liegt regelmäßig ein erneuter Eingriff in das durch Art. 1 Abs. 1 und Art. 2 Abs. 1 GG geschützte Persönlichkeitsrecht[2]. Es entspricht einem allgemeinen Rechtsprinzip, die Ausnutzung eines rechtswidrig herbeigeführten Zustandes zu versagen und diesen Zustand zu beseitigen (§§ 12, 862, 1004 BGB analog). Hätten die Gerichte sogar unter Verstoß gegen Verfassungsrecht erlangten Beweismittel zu beachten, bliebe der Eingriff in das allgemeine Persönlichkeitsrecht des heimlich abgehörten Gesprächspartners im Wesentlichen ohne rechtlichen Schutz[3]. Darf die Tonbandaufnahme nicht im Wege des Augenscheins durch Abspielen als Beweismittel verwertet werden, dann darf über ihren Inhalt auch nicht durch Vernehmung eines Dritten, der Kenntnis von ihm erlangt hat, Beweis erhoben werden[4]. Ob ein rechtswidrig erlangtes Beweismittel im Zivilprozess bei der Kollision des allgemeinen Persönlichkeitsrechts mit Interessen der Allgemeinheit oder Rechten Dritter verwertet werden darf, ist durch **Güterabwägung** im Einzelfall zu ermitteln. Entscheidend ist, ob das von Art. 2 Abs. 1 iVm. Art. 1 Abs. 1 GG erfasste allgemeine Persönlichkeitsrecht den Vorrang verdient und deshalb die Verwertung des rechtswidrig erlangten Beweismittels unzulässig ist[5]. So hat das BAG[6] etwa angenommen, allein der Diebstahl von Unterlagen begründe noch kein Verbot für deren Verwertung, weil der Schutz des Eigentumsrechts nicht bezwecke, den Eigentümer eines Werkzeugbewegungsbuches vor der Verwertung derselben als Beweismittel zu bewahren, da der Inhalt einer solchen Urkunde nicht grundrechtlich geschützte Persönlichkeitsrechte berührt. Letzteres muss stets geprüft und in die Abwägung mit einbezogen werden. Der Schutz des Rechts am gesprochenen Wort beschränkt sich nicht auf bestimmte Inhalte, sondern bezieht sich allein auf die Selbstbestimmung über die unmittelbare Zugänglichkeit der Kommunikation, also über die Teilhabe einer heimlich mithörenden dritten Person. Er hängt nicht davon ab, ob es sich bei den ausgetauschten Informationen um personale Kommunikationsinhalte oder gar um persönlichkeitssensible Daten handelt. Auch kommt es nicht auf die Vereinbarung einer besonderen Vertraulichkeit des Gesprächs an. Auf das Recht am gesprochenen Wort kann sich auch eine juristische Person des Privatrechts (zB eine GmbH) berufen[7].

75 In der Regel wird die Abwägung ergeben, dass die **Verwertung** eines unter Verstoß gegen das grundrechtlich geschützte Persönlichkeitsrecht des Gesprächspartners erworbenen Beweismittels nicht **zulässig** ist. Jedenfalls wenn der Schutzzweck der verletzten Norm dies zwingend gebietet, besteht generell ein Beweisverwertungsverbot[8]. Allein das Interesse, sich ein Beweismittel für zivilrechtliche Ansprüche oder über Vorgänge im Rahmen des Arbeitsverhältnisses zu sichern, reicht nicht aus, um die Verletzung des Persönlichkeitsrechts der anderen Prozesspartei zu rechtfertigen. Demgegenüber sind die Interessen des Beweisführers besonders gewichtig, wenn er sich in einer Notwehrsituation oder einer notwehrähnlichen Lage befindet. Auch kann die Verwertung von dem Gesprächspartner heimlich angefertigten Tonbandaufnahme eines Telefongesprächs als Beweismittel zur Identifizierung des Anrufers, der sich als eine andere Person ausgegeben hat, zugelassen werden[9]. Für den Zivilprozess ist anerkannt, dass das nicht vertraulich, sondern in der Wohnung des Mieters bewusst derart lautstark gesprochene Wort, dass es in der Nachbarwohnung des Vermieters vernommen und dort auf Tonträger aufgezeichnet werden konnte, nicht dem Verwertungsverbot durch Abhören des Tonträgers unterliegt[10]. Gleiches muss gelten, wenn ein ArbN oder sein Vorgesetzter in seinem Dienstzimmer so lautstark spricht, dass seine Worte im Nachbarzimmer ohne Zuhilfenahme von technischen Hilfsmitteln für jedermann verständlich sind und auf Tonträger aufgezeichnet werden können.

---

1 BAG v. 20.6.2013 – 2 AZR 546/12, NZA 2014, 143.
2 BVerfG v. 19.12.1991 – 1 BvR 382/85, AP Nr. 24 zu § 611 BGB – Persönlichkeitsrecht.
3 BAG v. 13.12.2007 – 2 AZR 537/06, NZA 2008, 1008, BAG v. 16.12.2010 – 2 AZR 485/08, NZA 2011, 571.
4 BayObLG München v. 27.7.1989 – RReg 2 St 119/89, NJW 1990, 197.
5 BVerfG v. 9.10.2002 – 1 BvR 805/98, NJW 2002, 3620 (3624); BGH v. 10.12.2002 – VI ZR 378/01, NJW 2003, 1123 (Beweisverbot im Zivilverfahren nach fehlender Belehrung im vorausgegangenen Strafverfahren); BVerfG v. 18.2.2003 – XI ZR 165/02, NJW 2003, 1727 (heimliches Mithören eines Telefonats anlässlich behaupteter Darlehnsausgabe ohne Quittung unter Freunden).
6 BAG v. 15.8.2002 – 2 AZR 214/01, BAGR 2003, 73.
7 BVerfG v. 9.10.2002 – 1 BvR 1611/96, 805/98, NJW 2002, 3619; BGH v. 18.2.2003 – XI ZR 165/02, NJW 2003, 1727.
8 *Bergwitz*, NZA 2012, 1205; *Bauer/Schansker*, NJW 2012, 3539.
9 BGH v. 24.11.1981 – VI ZR 164/79, LM Nr. 75 zu § 823 (Ah) BGB.
10 LG Köln v. 9.6.1994 – 1 S 103/93, WuM 1995, 121.

5. Parteivernehmung

Die Parteivernehmung ist zwar ein vollwertiges Beweismittel, aber vom Gesetz lediglich als subsidiäres Beweismittel ausgestaltet, denn es müssen zunächst alle anderen Beweismittel ausgeschöpft werden[1]. Es kann **grds.** nur die Vernehmung des **Prozessgegners** beantragt werden, wenn die beweisbelastete Partei den ihr obliegenden Beweis mit anderen Beweismitteln nicht vollständig geführt oder andere Beweismittel nicht vorgebracht hat (§ 445 Abs. 1 ZPO). Abweichend von diesem Grundsatz ist eine Vernehmung der beweispflichtigen Partei zulässig, wenn beide Parteien dies übereinstimmend wünschen (§ 447 ZPO). Unerheblich ist dabei, welche Partei den Antrag stellt, es kann mithin auch die Vernehmung der beweispflichtigen Partei zum Zwecke des Gegenbeweises beantragt werden[2]. In beiden Fällen braucht das Gericht den Antrag nicht zu berücksichtigen, wenn er Tatsachen betrifft, deren Gegenteil es für erwiesen hält (§ 445 Abs. 2 ZPO). Diese Vorschrift erhellt zugleich, dass – wie beim Zeugenbeweis – auch die Parteivernehmung nur über Tatsachen erfolgen kann, die konkrete, nach Zeit und Raum bestimmte, der Vergangenheit oder Gegenwart angehörende Geschehnisse oder Zustände betreffen. Unzulässig ist auch hier die Stellung eines **Ausforschungsbeweises**, um den Vernehmung durch die Verschaffung von Erkenntnisquellen zu zwingen, die der beweisbelasteten Partei dann erst einen substantiierten Sachvortrag ermöglichen[3] (vgl. auch Rz. 33 und Rz. 88). Auch darf die Partei – wie der normale Zeuge – nicht zu Schlüssen und Folgerungen aus den wahrgenommenen Umständen vernommen werden. Besitzt die Partei eine besondere Sachkunde, dann kann auch sie wie der sachverständige Zeuge, der seine besondere Sachkunde zur Wahrnehmung der bekundeten Tatsachen oder Zustände verwendet hat (vgl. § 414 ZPO), vernommen werden. Der Antragsteller kann seinen Antrag auf Parteivernehmung wie ein Verzicht auf einen Zeugen nach § 399 ZPO jederzeit zurücknehmen[4]. Dagegen ist das Einverständnis des Gegners nach § 447 ZPO eine unwiderrufliche Prozesshandlung[5]. 76

Ist der Prozessgegner mit der Vernehmung der beweisbelasteten Partei nach § 447 ZPO nicht einverstanden, dann darf die Parteivernehmung selbst dann nicht vorgenommen werden, wenn der Beweispflichtige anbietet, einem Polygraphentest (sog. Lügendetektor) zu unterziehen[6]. Die **Vernehmung der Partei ohne Zustimmung der Gegenpartei** kann gerichtlich nur nach Maßgabe des **§ 448 ZPO**. Nach dieser Vorschrift kann das Gericht, wenn das Ergebnis der Verhandlung und einer etwaigen Beweisaufnahme nicht ausreicht, um seine Überzeugung von der Wahrheit oder Unwahrheit einer zu erweisenden Tatsache zu begründen, ohne Rücksicht auf die Beweislast die Vernehmung einer Partei oder beider Parteien über die Tatsache anordnen. Voraussetzung ist, dass im Zeitpunkt der Vernehmung für die zu beweisende Tatsache noch kein voller Beweis geführt ist, wohl aber eine gewisse Wahrscheinlichkeit aufgrund der Lebenserfahrung besteht[7]. Eine Parteivernehmung nach § 448 ZPO darf von Amts wegen – nach pflichtgemäßem Ermessen[8] des Gerichts – nur angeordnet werden, wenn aufgrund einer vorangegangenen Beweisaufnahme oder des sonstigen Verhandlungsinhaltes wenigstens eine gewisse Wahrscheinlichkeit für die zu beweisende Tatsache spricht, so dass bereits „einiger Beweis" erbracht ist[9] und wo nach Schluss einer restlos durchgeführten Beweiserhebung verbliebene Zweifel auszuräumen wären[10]. Ist noch nichts für eine überwiegende Wahrscheinlichkeit einer zu beweisenden Tatsache erbracht, steht vielmehr eine Behauptung gegen die andere, so darf das Gericht nicht von Amts wegen nach § 448 ZPO die beweisbelastete Partei vernehmen[11]. Weitere Voraussetzung ist, dass die von Amts wegen zu vernehmende Partei ihre Beweisnot nicht selbst verschuldet haben darf[12]. Dies hat das Gericht zu würdigen, bevor es seine Anordnung zur Parteivernehmung trifft. 77

Diese Einschränkungen bei der Parteivernehmung und vor allem ihre Subsidiarität haben die Frage aufgeworfen, ob § 448 ZPO im zivilprozessualen und im arbeitsgerichtlichen Verfahren die aus **Art. 6 Abs. 1 EMRK** abgeleiteten Grundsätze des „**fairen Verfahrens**" und der „**Waffengleichheit**" verletzt. Die Verfas- 78

---

1 Zöller/Greger, § 445 ZPO Rz. 3.
2 Zöller/Greger, § 447 ZPO Rz. 1.
3 Zöller/Greger, § 445 ZPO Rz. 3a.
4 BAG v. 14.3.1974 – 2 AZR 90/73, AP Nr. 1 zu § 451 ZPO.
5 Zöller/Greger, § 447 ZPO Rz. 3.
6 BGH v. 24.6.2003 – VI ZR 327/02, NJW 2003, 2527; LAG Rh.-Pf. v. 18.11.1997 – 4 Sa 639/97, LAGE § 448 ZPO Nr. 1.
7 BGH v. 20.1.1976 – VI ZR 192/74, LM Nr. 5 zu § 448 ZPO; BAG v. 18.6.1980 – 4 AZR 463/78, AP Nr. 68 zu § 4 TVG – Ausschlussfristen.
8 BAG v. 25.7.1963 – 2 AZR 510/62, AP Nr. 1 zu § 448 ZPO.
9 BAG v. 14.11.2013 – 8 AZR 813/12, DB 2014, 666.
10 OLG Düsseldorf v. 22.3.1996 – 22 U 183/95, OLGR Düsseldorf 1996, 274.
11 BAG v. 20.10.1967 – 3 AZR 385/66, AP Nr. 27 zu § 138 BGB.
12 BAG v. 16.9.1999 – 2 AZR 712/98, BB 2000, 52.

sungsnormen aus Art. 103 Abs. 1, Art. 2 Abs. 1 iVm. Art. 20 Abs. 3 GG gebieten es, dass jeder Partei eine vernünftige Möglichkeit eingeräumt werden muss, ihren Fall vor Gericht unter Bedingungen zu präsentieren, die für diese Partei keinen substantiellen Nachteil im Verhältnis zu ihrem Prozessgegner bedeuten[1].

79 Stehen für die streitige Tatsachenschilderung **mehrere Zeugen** sowohl von der Kläger- als auch der Beklagtenseite zur Verfügung und kann das Gericht nach ihrer Vernehmung der einen oder der anderen Version nicht den erforderlichen Glauben schenken, so ist bei einer Sachlage für einen Verstoß gegen das Prinzip der „Waffengleichheit" und den Grundsatz des „fairen Verfahrens" kein Raum, wenn das Gericht eine zusätzliche Parteivernehmung nach § 448 ZPO nicht für angezeigt hält[2]. Der Grundsatz der prozessualen Waffengleichheit verpflichtet das Gericht nicht zu einer vom sonstigen Ergebnis der Beweisaufnahme unabhängigen Parteivernehmung nach § 448 ZPO, wenn die Beweisnot einer Partei darauf beruht, dass nur der anderen ein unabhängiger Zeuge zur Verfügung steht[3]. Eine Vernehmung der Partei nach § 448 ZPO kommt nur in Betracht, wenn das Gericht seine Überzeugung über den Gesprächsinhalt nicht durch andere Beweismittel oder Indizien als allein durch die Bekundungen des Gesprächspartners gewinnen kann[4]. Existieren andere Erkenntnisquellen, dann besteht keine verfassungsrechtliche Notwendigkeit der Parteianhörung oder -vernehmung[5]. Die Notwendigkeit einer formellen Parteivernehmung (**§ 448 ZPO**) oder auch nur einer zu protokollierenden Anhörung der benachteiligten Partei (**§ 141 ZPO**) entfällt auch dann, wenn sonstige Beweismittel und Indizien vorliegen, die die der Gegenseite günstige Zeugenaussage objektiv stützen[6].

Die vorgenannten Beweislagen hindern die Parteien nicht, im Anschluss an eine Beweisaufnahme dem Gericht nochmals ihre Version zu dem Beweisthema und dem Ergebnis der Beweisaufnahme zu schildern. Hierzu hat das Gericht den anwesenden Parteien Gelegenheit zur Stellungnahme zu geben (§ 285 ZPO). Ist eine Partei nicht anwesend, muss das Gericht deshalb den Rechtsstreit aber nicht vertagen (§ 367 Abs. 1 ZPO). Auch wenn eine Beweisaufnahme mit Zeugen bevorsteht, ist es oft angezeigt, zuvor den Parteien selbst Gelegenheit zur –ganz oder teilweise – mündlichen Darstellung des Beweiskomplexes zu geben. Für das Gericht besteht dabei Gelegenheit, gezielte Fragen zu stellen. Nicht selten ist dies ein wirksames Mittel zur Wahrheitsfindung oder ermöglicht sogar – unter dem Eindruck der nachfolgenden Beweisaufnahme – eine gütliche Beilegung.

80 Der Grundsatz der Waffengleichheit gebietet daher, eine Parteivernehmung nur im Falle eines sog. **Vier-Augen-Gespräches** bei Beweisnot in Betracht zu ziehen. Das ist der Fall, wenn bei einem Gespräch unter beiden Parteien[7] nur die Gegenpartei (§ 445 Abs. 1 ZPO) als Partei oder ein oder mehrere „Repräsentant (en)"[8] oder eine „maßgebliche Person"[9] oder eine „nahestehende Person"[10] oder der frühere Geschäftsführer[11] der Gegenseite als Zeuge vernommen werden kann, der andere Gesprächspartner aber Partei ist[12]. In einem solchen Fall gebietet ein fairer und effektiver Rechtsschutz im Prozess, dass hier beide Prozessparteien in gleicher Weise rechtliches Gehör iSv. Art. 103 Abs. 1 GG finden. Die Parteien müssen verfahrensrechtlich grds. gleichgestellt werden und in gleicher Weise die Möglichkeit erhalten, sich im Rechtsstreit nicht nur mit rechtlichen, sondern auch mit tatsächlichen Argumenten zu behaupten[13]. Deshalb kann beim Vier-Augen-Gespräch die beweisbelastete Partei – gleichrangig neben §§ 445 und 448 ZPO – Beweis antreten durch ihre eigene Parteivernehmung oder Anhörung[14]. Waffengleichheit kann das Gericht über den Weg einer **formellen Parteivernehmung** lösen[15] **oder** indem es die durch ihre prozessuale Stellung bei der Aufklärung des „Vier-Augen-Gesprächs" benachteiligte Partei nach **§ 141 ZPO persönlich anhört**[16]. Die

---

1 EGMR v. 27.10.1993 – 37/1992/382/460, NJW 1995, 1413; s. dazu auch *Schlosser*, NJW 1995, 1404; *Schmidt-Schondorf*, JR 1996, 268; *Wittschier*, DriZ 1997, 247; ausf. *Coester-Waltjen*, ZZP 113 (2000), 269.
2 BGH v. 13.11.1998 – V ZR 386/97, EzFamR § 242 BGB Nr. 27.
3 BGH v. 19.4.2002 – V ZR 90/01, NJW 2002, 2247.
4 BGH v. 11.2.2003 – XI ZR 153/02, NJW 2003, 2534; BGH v. 25.9.2003 – III ZR 384/02, NJW 2003, 3636.
5 BGH v. 11.2.2003 – XI ZR 153/02, NJW 2003, 2534.
6 BGH v. 25.9.2003 – III ZR 384/02, NJW 2003, 3636.
7 BAG v. 22.5.2007 – 3 AZN 1155/06, NZA 2007, 885; BGH v. 9.6.2011 – IX ZR 75/10 (Beratungsgespräch zwischen Anwalt und Mandant).
8 EGMR v. 27.10.1993 – 37/1992/382/460, NJW 1995, 1413 (1414).
9 Musielak/*Huber*, § 448 ZPO Rz. 7.
10 BVerfG v. 21.2.2001 – 2 BvR 140/00, NJW 2001, 2531.
11 BGH v. 19.11.2008 – 10 AZR 671/07, NZA 2009, 318.
12 BVerfG v. 21.2.2001 – 2 BvR 140/00, NJW 2001, 2531; BAG v. 22.5.2007 – 3 AZN 1155/06.
13 BVerfG v. 27.2.2008 – 1 BvR 2588/06, NJW 2008, 2170.
14 BAG v. 19.11.2008 – 10 AZR 671/07, DB 2009, 686; BAG v. 22.5.2007 – 3 AZN 1155/06, NZA 2007, 885; BerlVerfGH v. 16.12.2015 – VerfGH 116/15, NJW 2016, 1438.
15 EGMR v. 27.10.1993 – 37/1992/382/460, NJW 1995, 1413 (1414).
16 BAG v. 6.12.2001 – 2 AZR 396/00, ArbRB 2002, 192; BAG v. 12.9.2006 – 6 AZN 491/06.

Partei muss Gelegenheit erhalten, ihre Sachverhaltsdarstellung durch unmittelbare Schilderung in der mündlichen Verhandlung in den Prozess nach einer Wortmeldung gem. § 137 Abs. 4 ZPO persönlich einzubringen. Jede Partei muss sich aber selbst um die Wahrung ihrer Rechte kümmern. Ist sie im Termin anwesend, so muss sie die Gelegenheit suchen, sich zu Wort zu melden und/oder Beweis durch ihre eigene Anhörung anbieten, von Amts wegen muss sie das Gericht nicht vernehmen[1].

Die Wahl der Form steht im Ermessen des Gerichts, das sich am Einzelfall zu orientieren hat. Zumindest eine Parteianhörung nach § 141 ZPO hat das BVerfG auch schon dann gefordert, aber auch für ausreichend erachtet, wenn ein Angestellter der Gegenpartei, der als einziger Gesprächszeuge in Betracht kommt, als Zeuge vernommen worden ist. Unerheblich ist dabei insbesondere, ob eine gewisse Wahrscheinlichkeit für die Relevanz des Vorbringens besteht.

Hat das Gericht außerhalb des Anwendungsbereichs eines Vier-Augen-Gesprächs eine Beweiserhebung gem. § 448 ZPO von Amts wegen durchgeführt, dann ist es im Rahmen der freien Beweiswürdigung (§ 286 ZPO) nicht gehindert, einer Parteierklärung eher Glauben zu schenken als den Bekundungen von Zeugen[2].

VI. Beweiswürdigung

Hat das Gericht unter Beachtung der Beweiserhebungsverbote über die erheblichen und bestrittenen Tatsachenbehauptungen Beweis erhoben, dann hat es gem. **§ 286 Abs. 1 Satz 1 ZPO** das Ergebnis der Beweisaufnahme unter Berücksichtigung des gesamten Inhalts der Akte und der mündlichen Verhandlung **frei** zu **würdigen** und darüber zu entscheiden, ob es eine Tatsachenbehauptung für wahr oder für nicht wahr hält. Dabei ist der Richter an keine quantitative oder qualitative Rang-/Reihenfolge der Beweismittel gebunden. Das gilt auch für beeidigte und unbeeidigte Zeugen oder Parteianhörung/-vernehmung. Allein die Berücksichtigung des Ergebnisses einer Beweisaufnahme verkürzt das volle Spektrum der Prüfungskriterien[3]. Das Gericht muss alle maßgeblichen Umstände vollständig und ihrer Bedeutung entsprechend in seine Überzeugungsbildung einbeziehen[4].

Das Gericht darf sich – abgesehen von den Fällen der Glaubhaftmachung (vgl. Rz. 21) und der Schätzung der Höhe eines Anspruchs (vgl. Rz. 84a) – nicht mit der bloßen Wahrscheinlichkeit begnügen. Andererseits setzt das Gesetz aber auch keine von allen Zweifeln freie Überzeugung voraus. Bei dem entscheidenden Richter muss nur ein für das praktische Leben ausreichender Grad von Gewissheit vorliegen, der den Zweifeln Schweigen gebietet, ohne sie völlig ausschließen zu müssen. Auf diese eigene Überzeugung des Gerichts, also des oder der Richter, der/die insoweit nur seinem/ihrem Gewissen unterworfen und an die gesetzlichen Beweisregeln gebunden ist/sind (§ 286 Abs. 2 BGB), kommt es an, auch wenn andere Personen erhebliche Zweifel haben oder zu einer anderen Auffassung gelangen würden.

Bei der Bildung seiner Überzeugung **urteilt** das Gericht **frei** und unterliegt, außer im Falle gesetzlicher Vermutungen (§ 292 ZPO) und Beweisregeln, keinerlei Bindung. Die Richter haben die Pflicht zur gewissenhaften Prüfung und Abwägung des gesamten Streitstoffs, insbesondere des Wertes der einzelnen Beweismittel, der Indizien[5], der Beweisanzeichen und der Parteibehauptungen, insbesondere unter Bewertung von gewissen Widersprüchen im Sachvortrag einer Partei oder von Zeugen. Nur sein Privatwissen über bestimmte Vorgänge und Umstände, die der Richter zufällig selbst beobachtet hat, muss er bei seiner Entscheidungsfindung ausblenden (vgl. Rz. 19a). Bei der Bewertung der Richtigkeit einer Zeugenaussage kommt es nicht darauf an, ob der Zeuge an sich, sondern ob seine Aussage glaubwürdig ist[6]. Will das Gericht von der Aussage eines sachverständigen Zeugen über sachkundig getroffene Feststellungen abweichen und zu anderen Feststellungen gelangen, muss es seine eigene bessere Sachkunde und eventuelle Zweifel darlegen[7]. Freie Überzeugung, ob eine Tatsache wahr ist, beinhaltet ein subjektives Element, das aber nicht dazu führen darf, dass das Gericht völlig frei wäre, über das Beweisergebnis nach Gutdünken zu befinden. Eine hohe Wahrscheinlichkeit – hier sexuelle Belästigung – kann sich daraus ergeben, dass mehrere Zeugen unabhängig voneinander und bezogen auf unterschiedliche Begebenheiten ähnliche Verhaltensweisen des beschuldigten ArbN schildern, was einer sorgfältigen Bewertung bedarf[8].

---

1 BVerfG v. 27.2.2008 – 1 BvR 2588/06, NJW 2008, 2170; BGH v. 30.9.2004 – III ZR 369/03.
2 BGH v. 16.7.1998 – I ZR 32/96, NJW 1999, 364; BVerfG v. 21.2.2001 – 2 BvR 140/00, NJW 2001, 2531.
3 BAG v. 20.8.2014 – 7 AZR 924/12, NZA-RR 2015, 9.
4 BFH v. 18.6.2015 – VI R 77/12, NZA-RR 2015, 592.
5 BAG v. 18.6.2015 – 2 AZR 480/14, NZA 2015, 1315.
6 LAG Nürnberg v. 12.4.2016 – 7 Sa 649/14, NZA-RR 2016, 517, das die Aussage nach der sog. Nullhypothese bewertet.
7 BGH v. 25.10.2002 – V ZR 293/01, NJW 2003, 1325.
8 BAG v. 2.3.2017 – 2 AZR 698/15, NZA 2017, 1051.

Eine Partei **macht** sich grds. die bei einer Beweisaufnahme zutage tretenden ihr **günstigen Umstände** regelmäßig zumindest hilfsweise **zu Eigen**[1]; bei Zweifeln daran hat das Gericht diese nach § 139 ZPO aufzuklären.

82 Als **Grenzen** der **richterlichen Freiheit** sind zu beachten:
- gesicherte naturwissenschaftliche Erkenntnisse,
- logische Denkgesetze,
- die Regeln der Lebenserfahrung (Anscheinsbeweis).

Jedoch braucht das Gericht nicht ausführlich zu erläutern, was es für unerheblich hält. Es braucht nicht jedes Parteivorbringen und jedes Beweismittel abzuhandeln. Sachvortrag, auf den es nach Meinung des Gerichts erkennbar nicht ankommt, muss nicht eigens erwähnt werden, außer es handelt sich um den zentralen Sachvortrag einer Partei. Ausreichend ist, dass nichts Erhebliches übersehen und alles im Zusammenhang seiner Bedeutung entsprechend vollständig berücksichtigt, gewichtet und gewürdigt wird. Diese **Gesamtwürdigung** aller vorgetragenen Fakten und ggf. erhobener Beweise gehört zu den schwierigsten und verantwortungsvollsten richterlichen Tätigkeiten bei der Rechtsanwendung.

83 Das Gericht unterliegt nach seiner Überzeugungsbildung einer **Begründungspflicht** (§ 286 Abs. 1 Satz 2 ZPO), damit die Parteien und das Rechtsmittelgericht (vgl. § 529 ZPO) die Beweiswürdigung überprüfen können. Es genügt nicht die reine Erklärung des Gerichts, es sei hinsichtlich der tatsächlichen Feststellungen dieser oder jener Ansicht. Es muss die konkreten Umstände und Gründe, die bei ihm zu seiner Überzeugung geführt haben, auch **im Urteil** nachvollziehbar darlegen. Das Gericht muss die Beweise vollständig und widerspruchsfrei auswerten und sich mit dem Beweisstoff, insbesondere mit widersprüchlichen Zeugenaussagen, kritisch auseinander setzen. Der Richter muss im Urteil Rechenschaft ablegen, warum er dem einen Zeugen glaubt und dem anderen nicht. Dabei muss er die leitenden Gründe konkret und individuell angeben. Die Begründung darf sich nicht in leeren Redewendungen erschöpfen. Dies gilt auch angesichts von § 313 Abs. 3 ZPO, der den Begründungszwang für Urteile wesentlich abschwächt. Die richtige Synthese zwischen Vollständigkeit, Kürze und Nachvollziehbarkeit des Urteils für Außenstehende zu finden erweist sich in der Praxis oftmals genauso schwierig, wie die subjektive richterliche Überzeugung im jeweiligen Einzelfall zu verbalisieren.

84 An **gesetzliche Beweisregeln** ist das Gericht nur in den durch das Gesetz bezeichneten Fällen gebunden (§ 286 Abs. 2 ZPO). Dazu zählen in erster Linie die Vorschriften über die Beweiskraft von Urkunden (§§ 415–418 ZPO; vgl. Rz. 60 ff.). Inwiefern Durchstreichungen, Radierungen, Einschaltungen oder sonstige äußere Mängel die Beweiskraft einer Urkunde ganz oder teilweise aufheben oder mindern, darüber urteilt das Gericht wiederum nach freier Überzeugung (§ 419 ZPO). Der Tatbestand des Urteils liefert Beweis für das mündliche Parteivorbringen (§ 314 Satz 1 ZPO); dieser Beweis kann nur durch die vorrangigen Feststellungen im Sitzungsprotokoll entkräftet werden (§ 314 Satz 2 ZPO), gegen dessen Beweiskraft nur der Nachweis der Fälschung zulässig ist (§ 165 Satz 2 ZPO). Des Weiteren gibt es Beweisregeln zum Nachweis der Erteilung von gerichtlichen Hinweisen (§ 139 Abs. 4 ZPO) sowie bei Zustellungen von Anwalt zu Anwalt (§ 195 Abs. 2 ZPO), gegen schriftliches Empfangsbekenntnis (§ 50 Abs. 2 ArbGG iVm. § 174 Abs. 1 ZPO), per Telekopie (§ 50 Abs. 2 ArbGG iVm. § 174 Abs. 2 ZPO) oder im Ausland (§ 183 Abs. 2 ZPO).

84a Noch freier in der Würdigung ist das Gericht nach § **287 Abs. 1 ZPO** bei der Einschätzung, **ob und** in welcher **Höhe** ein Schaden bzw. eine Forderung entstanden ist. Dabei muss zunächst unter Beachtung von § 286 ZPO voll bewiesen werden, dass das Verhalten (Handeln oder Unterlassen) des Schädigers für die Verletzung des geschützten Rechtsgutes kausal war (haftungsbegründende Kausalität) bzw. eine Forderung dem Grunde nach besteht. Dann erst greift die Beweiserleichterung des § 287 ZPO für die Schadensentstehung und Schadenshöhe ein (haftungsausfüllende Kausalität)[2], eine Beweiserhebung hierzu steht im Ermessen des Gerichts (Abs. 1 Satz 2). § 287 ZPO soll dem Geschädigten die Durchsetzung von Schadensersatzansprüchen erleichtern. Eine Schätzung ohne reiner Billigkeit ohne konkrete Zuordnung zum Verletzungserfolg gestattet § 287 ZPO nicht. Vielmehr bedarf es hier greifbarer Anknüpfungstatsachen[3]. Eine Schätzung hat daher zu unterbleiben, wenn sie mangels jeglicher konkreter Anhaltspunkte vollkommen „in der Luft hinge" und daher willkürlich wäre.

---

1 BGH v. 10.11.2009 – VI ZR 325/08, MDR 2010, 227; BGH v. 14.1.2014 – VI ZR 340/13, NJW-RR 14, 1147; BGH v. 24.3.2015 – VI ZR 179/13, NJW 2015, 2125.
2 GMP/*Prütting*, § 58 Rz. 55; BGH v. 19.4.2005 – VI ZR 175/04, NJW 2005, 897; s. dazu auch LAG Thür. v. 18.1.2001 – 3 Sa 289/00, nv.
3 BAG v. 26.9.2012 – 10 AZR 370/10, ArbRB 2013, 35; vgl. auch zur Schadensschätzung BGH v. 29.5.2013 – VIII ZR 174/12, NJW 2013, 2584; BAG v. 17.12.2014 – 5 AZR 663/13, NZA 2015, 608.

Steht **zB** – ggf. durch Vollbeweis (§ 286 ZPO) – fest, dass auf Veranlassung des ArbGeb für einen ArbN vergütungspflichtige Umkleide- und Wegezeiten angefallen sind, kann aber der ArbN seiner Darlegungs- und Beweislast für den genauen zeitlichen Umfang, in dem diese erforderlich waren, nicht in jeder Hinsicht genügen, weil sein Vortrag zum Umfang Lücken oder Unklarheiten enthält, darf das Gericht die erforderlichen Umkleide- und die damit verbundenen Wegezeiten wenigstens bezüglich eines Mindestbetrages nach § 287 Abs. 2 iVm. Abs. 1 Sätze 1 und 2 ZPO in Ausübung pflichtgemäßen Ermessens schätzen[1]. § 287 ZPO bietet damit Erleichterungen für das Beweismaß und das Verfahren. § 287 ZPO dehnt das richterliche Ermessen für die Feststellung der Forderungshöhe über die Schranken des § 286 ZPO aus. Es reicht zudem bei der Entscheidung über die Höhe einer Forderung – im Unterschied zu den strengen Anforderungen des § 286 Abs. 1 ZPO – eine erhebliche, auf gesicherter Grundlage beruhende Wahrscheinlichkeit für die richterliche Überzeugungsbildung aus[2].

84b

VII. Die Beweislast

1. Bedeutung der Beweislast

Unterbreiten die Parteien dem Gericht ihren Rechtsstreit, dann wollen sie von ihm wissen, welche Partei im Recht ist und deshalb den Prozess gewinnt. Liefern sie aus ihrer Sicht, ob bewusst oder unbewusst, unterschiedlichen Sachvortrag im Rahmen ihres jeweiligen rechtlichen Begehrens, dann bestehen keine Probleme, wenn das Gericht positiv oder negativ von der Richtigkeit von vorgetragenen Tatsachen überzeugt ist. Für das Gericht steht dann fest, dass ein Tatbestandsmerkmal gegeben ist oder nicht vorliegt. Bleibt dagegen das Vorliegen eines Tatbestandsmerkmals trotz Ausschöpfens aller zulässigen Beweismittel offen und weisen keine speziellen Normen den Richter an, wie er in dieser Situation zu verfahren hat, dann stellt sich die Frage nach den **Folgen** dieser **Unaufklärbarkeiten** des Sachverhalts[3]. Es geht im Rahmen der Rechtsanwendung darum, welcher Partei das verbliebene „**non liquet**" – nichts löst sich – zuzurechnen ist, da das Gericht aufgrund des Justizgewährungsanspruchs des Bürgers gegenüber dem Staat gezwungen ist, den Prozess in der Sache zu entscheiden. Dieser Konflikt ist zu lösen über die Regeln der Beweislast. Die Entscheidung nach Beweislastgrundsätzen kommt erst als letzter Verfahrensschritt zum Tragen. Tatsächliche oder vermeintliche Beweislastfragen – auch in modifizierter Form – spielen im arbeitsgerichtlichen Verfahren eine bedeutende Rolle.

85

Im Zivilprozess wird zwischen der objektiven und der subjektiven Beweislast unterschieden. Die **objektive Beweislast** bestimmt, zu wessen Nachteil im Falle eines non liquet die Entscheidung zu fällen ist, wenn also eine prozesserhebliche streitige Tatsachenbehauptung nicht zur Überzeugung des Gerichts im Rahmen von § 286 ZPO bewiesen wird. In Wirklichkeit handelt es sich hierbei nicht um eine „Last" im Sinne eines nicht ausreichenden Handelns der Partei, sondern um eine gesetzliche Risikoverteilung des Prozessverlustes[4]. Hat hingegen eine Partei, die die Beweislast für das Vorliegen eines erheblichen streitigen Tatbestandsmerkmals trifft, – aus welchen Gründen auch immer – kein oder kein ordnungsgemäßes Beweismittel im Prozess angeboten, dann hat sie ihre **subjektive Beweislast** (besser: Beweisführungslast) nicht erfüllt[5]. In der Regel lässt sich die Differenzierung zwischen subjektiver und der objektiven Beweislast an unterschiedlichen Prozessstadien festmachen. Kommt es schon zu keiner Beweisaufnahme, weil im Rahmen der Beweisstation ein prozessual erforderliches Handeln einer Partei fehlt, ist dies dem Bereich der subjektiven Beweisführungslast zuzuordnen. Verbleibende Unklarheiten nach einer durchgeführten Beweisaufnahme betreffen den Bereich der objektiven Beweislast.

86

2. Verhältnis zwischen Darlegungs- und Beweislast

Nicht selten werden im forensischen Alltag die Begriffe Darlegungs- und Beweislast nicht nur verbal, sondern auch im prozessualen Handeln nicht scharf genug getrennt. Dabei ist die Differenzierung dringend geboten. Während verbale Verwechslungen letztlich als auslegungsfähig für die Parteien unschädlich sind, können entsprechende Handlungsmängel oftmals zum Prozessverlust führen.

87

Die **Darlegungs- oder Behauptungslast** betrifft die Obliegenheit der Parteien, einerseits die anspruchsbegründenden Tatsachen der von ihnen in Anspruch genommenen Rechtssätze und andererseits die anspruchsvernichtenden, -hindernden oder -hemmenden Rechtssätze darzulegen. Dabei müssen die Parteien

88

---

1 BAG v. 26.10.2016 – 5 AZR 168/16, NZA 2017, 323.
2 BGH v. 17.12.2014 – VIII ZR 88/13, NJW 2015, 934.
3 Vgl. *Ascheid*, Beweislastfragen im Kündigungsschutzprozess, S. 4.
4 GMP/*Prütting*, § 58 Rz. 75.
5 Vgl. im Einzelnen: *Ascheid*, Beweislastfragen im Kündigungsschutzprozess, S. 7 ff.

im Rahmen ihres jeweiligen Rechtsbegehrens in der Sache ihre Behauptungen gem. § 138 Abs. 2 und Abs. 3 ZPO so konkretisieren, dass das Gericht in die Lage versetzt wird, eine Subsumtion des vorgetragenen Sachverhalts unter gesetzliche Normen vornehmen zu können (**Substantiierungslast**). Es reicht im Rahmen der jeweiligen Darlegungslast idR nicht aus, dass eine Partei lediglich eine bestimmte (Rechts-)Behauptung bloß abstrakt aufstellt, ohne konkreten Sachverhalt für ihr tatsächliches Vorliegen zu liefern, wenn die Gegenseite diesen bloß abstrakt gehaltenen Sachvortrag bestreitet oder die Rechtsbehauptung leugnet. Der Sachverhalt muss zweifelsfrei individualisierbar und abgrenzbar sein. Gegenpartei und Gericht müssen erkennen können, von welchem Vorfall/Umstand/Verfahrensgegenstand die Partei spricht. Die Parteien sind gem. § 138 Abs. 1 und 2 ZPO verpflichtet, „vollständig" ihren Sachvortrag zu liefern. Das Gebot der Präzisierung dient in erster Linie den Interessen der Gegenpartei, die wissen muss, auf welchen Sachverhalt und welche Umstände die Gegenseite ihr Vorbringen stützt, um sich durch geeignete Gegentatsachen und Gegenbeweise umfassend und effektiv zur Wehr setzen zu können. Aber auch das Gericht muss wegen der herrschenden Beibringungsmaxime von vermeidbaren zeitaufwändigen und kostspieligen Beweisaufnahmen verschont bleiben; diese haben zudem in den überwiegenden Fällen auch noch eine Verfahrensverzögerung – was die Präklusionsregelungen gerade verhindern wollen – zur Folge, weil dann oftmals die Gegenpartei schriftsätzlich Gelegenheit erhalten muss, zum Ergebnis der Beweisaufnahme Stellung zu nehmen. Eine Partei **erfüllt** ihre **Substantiierungslast**, wenn sie hinsichtlich eines bestimmten Lebenssachverhalts[1] so viel Tatsachen vorträgt, die iVm. einem Rechtssatz geeignet sind, das geltend gemachte Recht in ihrer Person entstanden erscheinen zu lassen[2]. Die Angabe von Einzelheiten ist nicht erforderlich, weil es hinsichtlich der Darlegungslast ohne Bedeutung ist, wie wahrscheinlich die Darstellung einer Partei ist und ob die Behauptung auf eigenem Wissen oder auf einer Schlussfolgerung aus Indizien beruht[3]. Das Gericht muss aufgrund der Darstellung beurteilen können, ob die gesetzlichen Voraussetzungen der an eine Behauptung geknüpften Rechtsfolge erfüllt sind[4]. Genügt das Parteivorbringen diesen Anforderungen an die Substantiierung, so kann der Vortrag weiterer Einzeltatsachen nicht verlangt werden. Es ist Sache des Tatrichters, bei der Beweisaufnahme die Zeugen oder die zu vernehmende Partei nach allen Einzelheiten insbesondere zu Ort, Zeit und Umständen zu befragen, die für die Beurteilung der Zuverlässigkeit der Bekundung erforderlich erscheinen[5] (vgl. zum **Ausforschungsbeweis**: Rz. 33). Es stellt eine Überspitzung der Substantiierungslast für die Zulässigkeit eines Beweisantrages dar, den Vortrag sämtlicher Einzeltatsachen des Lebenssachverhalts zu verlangen, aus deren Zusammenschau das Gericht das Vorliegen eines Tatbestandsmerkmals annehmen kann. Die Angabe näherer Einzelheiten ist grds. nur dann erforderlich, wenn diese für die Rechtsfolgen von Bedeutung sind. Dabei hängt es vom Einzelfall ab, in welchem Maße die Partei ihr Vorbringen durch die Darlegung konkreter Einzeltatsachen noch weiter substantiieren muss[6], insbesondere welche Angaben ihr zumutbar und möglich sind. Wird etwa das Zustandekommen einer Vereinbarung behauptet, dann muss zunächst nicht zu Einzelheiten dieser Abrede vorgetragen werden[7]. Zu ihrer näheren Darlegung wird die Partei erst dann gezwungen, wenn die Gegenpartei sie in Abrede stellt. Der Umfang der jeweils erforderlichen Substantiierung des Sachvortrags bestimmt sich nach Art und Ausmaß des Vortrags der Gegenpartei und aus dem Wechselspiel von Vortrag und Gegenvortrag, wobei die Ergänzung und Aufgliederung des Sachvortrags bei hinreichendem Gegenvortrag immer zunächst Sache der darlegungs- und beweispflichtigen Partei ist. Bloß pauschal gehaltene Behauptungen oder die Verwendung von einfachen Rechtsbegriffen, die konkludent einen ganzen Tatsachenkomplex zum Ausdruck bringen sollen, reichen dann, wenn sie von der Gegenseite nicht in Abrede gestellt werden und sie damit unstreitig sind. Die Partei erfüllt dagegen ihre Darlegungslast nicht durch bloße **Bezugnahme** auf dem Schriftsatz beigefügte Aufzeichnungen, zB Überstundenaufstellungen. Anlagen dienen idR nur der Erläuterung des schriftsätzlichen Sachvortrages, ersetzen diesen aber nicht[8] (s. § 64 Rz. 164 zur Berufungsbegründung). **Kann** die beweisbelastete **Partei** nach Lage der Verhältnisse **keine genauen Kenntnisse** über die entscheidungserheblichen Tatsachen **haben**, so ist sie nicht gehindert, Tatsachenbehauptungen in den Prozess einzuführen, die sie nur vermutet[9] oder für wahrschein-

---

1 Er bestimmt nach der herrschenden 2-gliedrigen Streitgegenstandstheorie den in Rechtskraft erwachsenden Streitgegenstand des Verfahrens.
2 BVerfG v. 10.2.2009 – 1 BvR 1232/07, NJW 2009, 1585.
3 BGH v. 9.2.2009 – II ZR 77/08, NJW 2009, 2137; BAG v. 1.7.2010 – 2 AZR 270/09, NZA 2012, 760; BerlVerfGH v. 16.12.2015 – VerfGH 116/15, NJW 2016, 1438.
4 BGH v. 24.5.2007 – III ZR 176/06, NZA 2007, 753; BGH v. 26.7.2007 – VII ZR 197/06, NJW 2007, 3070; BAG v. 23.4.2009 – 6 AZR 189/08, NZA 2009, 974.
5 BGH v. 11.9.2000 – II ZR 34/99, NJW 2001, 145; BAG v. 12.4.2011 – 9 AZR 36/10; BFH v. 1.2.2007 – VI B 118/04.
6 BGH v. 4.7.2000 – VI ZR 236/99, NJW 2000, 3287; BGH v. 15.1.2004 – I ZR 196/01, NJW 2004, 3429; BAG v. 31.3.2004 – 10 AZR 191/03, NZA 2004, 751.
7 BGH v. 21.1.1999 – VII ZR 398/97, NJW 1999, 1860; BGH v. 25.3.2014 – VI ZR 271/13, NJW-RR 2014, 830.
8 BAG v. 3.8.2012 – 5 AZR 347/11, NZA 2012, 939.
9 BGH v. 24.5.2007 – III ZR 176/06, NZA 2007, 754.

lich oder für möglich hält[1]. Eine unzulässige Ausforschung (vgl. Rz. 33) ist damit nicht verbunden. Wesentliches Kriterium ist dabei stets der Grundsatz der Zumutbarkeit[2]. Verlangt ein Mandant von seinem Rechtsanwalt Schadensersatz wegen Verletzung der Aufklärungs-oder Beratungspflicht, dann trifft den klagenden Mandanten die Beweislast für die Pflichtverletzung. Die mit dem Nachweis einer solchen **negativen Tatsachen** verbundenen Schwierigkeiten werden gelöst, indem die Gegenpartei die behauptete Fehlberatung substantiiert bestreiten und darlegen muss, wie er im Einzelfall beraten und aufgeklärt hat. Dem Kläger obliegt dann der Nachweis, dass diese Darstellung nicht zutrifft[3]. Geht es um den **inneren Willen** (zB Vorsatz, zukünftige Absicht, fehlender Wille) des Vertragspartners, dann reicht es nicht, einen solchen schlicht zu behaupten. Ausreichend ist aber schon die Darlegung von weiteren Tatsachen, aus denen auf das Vorhandensein des tatsächlichen Willens geschlossen werden kann[4], vgl. Rz. 16 zur Zeugenvernehmung. Muss eine Partei eine **innere Tatsache** beweisen (vgl. Rz. 108, 113), führt dies nicht zur Umkehr der Beweislast, sondern zur Modifizierung der Darlegungslast. Den ArbGeb trifft etwa die Darlegungs- und Beweislast für die innere Tatsache, dass der ArbN zur Arbeitsleistung subjektiv nicht willens war. Nimmt der ArbN nach erfolgreichem Betreiben der Zwangsvollstreckung aus einem Titel die Arbeit trotz Aufforderung nicht auf, so ist dies ein Indiz für seinen fehlenden Leistungswillen. Es ist nun Sache des ArbN, der Vergütung aus Annahmeverzug einklagt, diese Indizwirkung zu erschüttern[5]. Erbringt der vor der **Insolvenz** stehende ArbGeb/Schuldner kurz vor der Eröffnung des Insolvenzverfahrens an einen einzelnen ArbN Vergütungszahlungen, die die Insolvenzgläubiger benachteiligen, dann kann der Insolvenzverwalter die entsprechenden Rechtshandlungen nach § 130 ff. InsO **anfechten**[6]. Hierfür ist Vorsatz des Schuldners zur Gläubigerbenachteiligung erforderlich und dass der Anfechtungsgegner (ArbN) dies wusste. Das Vorliegen dieser subjektiven Tatbestandsmerkmale, dem Beweis nur eingeschränkt zugängliche innere Tatsachen, hat der Insolvenzverwalter darzulegen und zu beweisen. Dieser Beweis kann allenfalls nur mittelbar aus objektiven Tatsachen hergeleitet werden[7].

Die Partei, die nach entsprechendem **Hinweis** des Gerichts (§ 139 ZPO) immer noch keinen erforderlichen Sachvortrag liefert, muss mit ihrem Klage- bzw. Klageabweisungsantrag abgewiesen werden, ohne dass es auf die angebotenen Beweise ankommt. In diesem Falle gelangt das Prozessverfahren nach der prozessrechtlichen Relationstheorie (vgl. Rz. 26–28) schon nicht in die „Beweisstation"; die Klage ist ohne Beweisaufnahme entscheidungsreif. Auf Fragen der Beweislast kommt es dabei nicht an, so dass hier nicht davon gesprochen werden kann, eine Partei sei „beweisfällig" geblieben. Sie hat schon ihre prozessual vorgelagerte Darlegungslast nicht ausreichend erfüllt. 88a

Der Umfang der Darlegungslast richtet sich oftmals nach der Einlassung der Gegenpartei. Daraus hat insbesondere die Rspr. im arbeitsgerichtlichen Verfahren unter Anwendung des Prinzips der Sachnähe in diversen Rechtskreisen auf prozessualer Ebene eine **abgestufte Darlegungs- und Beweislast** entwickelt. Eine Partei (A) muss danach bestimmte Tatsachen vortragen, auf die die Gegenpartei (B) konkret erwidern muss. Danach fällt die weitere Darlegungslast wieder auf die Partei (A) zurück usw. Insbesondere im Kündigungsschutz- oder Befristungsprozess[8] treten solche wechselnden, sich einander anschließenden Darlegungslasten auf; sie schaukeln sich praktisch auf bis zur Problemlösung (vgl. zB Rz. 122). Die abgestufte Darlegungs- und Beweislast trägt dem Gebot des effet utile Rechnung. Angesichts der für sie so bestehenden Darlegungserleichterungen ist der Klagepartei die Erreichung ihres Rechtsziels nicht praktisch unmöglich oder übermäßig erschwert[9]. 89

Grundsätzlich muss der Anspruchsteller alle Tatsachen behaupten und beweisen, aus denen er seinen Anspruch herleitet. Ausnahmsweise kann sich nach den Grundsätzen von **Treu und Glauben** eine Verpflichtung der nicht beweisbelasteten Partei ergeben, der **Gegenpartei** gewisse **Informationen** zur Erleichterung ihrer Beweisführung zu **liefern**, wozu namentlich die Spezifizierung von Tatsachen gehören kann, wenn und soweit diese der mit der Beweisführung belasteten Partei nicht oder nur unter unverhältnismäßigen Erschwerungen zugänglich sind, während ihre Offenlegung für den Gegner sowohl ohne Weiteres möglich als auch zumutbar erscheint[10]. Eine nicht beweisbelastete Partei kann dann eine **sekundäre Behauptungslast** treffen. Diese besteht, wenn die primär darlegungspflichtige Partei außerhalb des darzulegenden Ge- 89a

---

1 BGH v. 10.1.1995 – VI ZR 31/94, NJW 1995, 1161.
2 BGH v. 15.11.1989 – VII ZR 46/89, NJW 1990, 453.
3 BGH v. 14.7.2016 – IX ZR 291/14, NJW 2016, 3430.
4 BAG v. 2.7.2009 – 3 AZR 501/07; BAG v. 13.11.2007 – 3 AZR 636/06, NJW 2008, 3311.
5 BAG v. 17.8.2011 – 5 AZR 251/10, NZA-RR 2012, 342.
6 Vgl. zu den einzelnen Sachverhaltsvarianten: Arbeitsrechtslexikon/*Nebendahl*: Vergütung in der Insolvenz VI.
7 S. dazu BAG v. 27.3.2014 – 6 AZR 989/12; BAG v. 29.1.2014 – 6 AZR 345/12, Rz. 61, NZA 2015, 1267.
8 ZB BAG v. 25.6.2014 – 7 AZR 847/12, NZA 2014, 1209 oder BAG v. 16.7.2015 – 2 AZR 85/15, NZA 2016, 161.
9 BAG v. 19.3.2014 – 7 AZR 527/12.
10 BGH v. 30.9.2003 – X ZR 114/00, ProzRB 2004, 88.

schehensablaufs steht und keine näheren Kenntnisse der maßgebenden Tatsachen besitzt, während der Prozessgegner sie hat und ihm nähere Angaben zumutbar sind[1]. Dabei obliegt es dem Bestreitenden, zumutbare Nachforschungen anzustellen[2] s.a. Rz. 24. Trifft etwa nach Eintritt des Sicherungsfalls den Pensions-Sicherungs-Verein in einem Prozess die Darlegungslast über den klagenden Pensionär betreffende Vorgänge, die schon viele Jahre zurückliegen, dann gebietet es die sekundäre Behauptungslast, dass der Kläger, der diese Vorgänge kennt, sie im Prozess substantiiert darlegt[3]; zur Darlegungslast beider Parteien bezüglich der Beitragspflicht zu den Sozialkassen des Baugewerbes, s. BAG v. 15.1.2014[4]. Wirft der ArbGeb dem ArbN im Kündigungsschutzprozess als Kündigungsgrund ein dienstliches Fehlverhalten vor, dann obliegt dem ArbN schon auf der Ebene des objektiven Kündigungstatbestands nach Ansicht des BAG[5] eine sekundäre Darlegungslast für Umstände, die die Gründe rechtfertigen oder entschuldigen können (s. Rz. 135). Erfüllt der ArbN diese sekundäre Darlegungslast nicht, gilt das tatsächliche Vorbringen des ArbGeb idR als zugestanden (§ 138 Abs. 3 ZPO)[6]. An diese sekundäre Darlegungslast dürfen grds. keine überzogenen Anforderungen gestellt werden. Sie dient nur dazu, es dem kündigenden ArbGeb als primär darlegungspflichtige Partei zu ermöglichen, weitere Nachforschungen anzustellen und dann substantiiert zum Kündigungsgrund vorzutragen und ggf. Beweis anzutreten. Die sekundäre Behauptungslast hilft der nicht beweisbelasteten Partei nicht, wenn es um die Pflicht zur Vorlage einer Urkunde geht. Eine Verpflichtung zur Urkundenvorlage besteht für die Gegenpartei nur nach den leges speciales der §§ 422, 423 ZPO oder aus einer Anordnung des Gerichts nach § 142 Abs. 1 ZPO[7]; vgl. Rz. 57. Siehe auch Rz. 69a zu § 58 Abs. 3.

90 In den zwischen den Parteien streitigen Fragen ist die **Gegenpartei** gezwungen, sich ihrerseits zum umfassenden Sachvortrag der anderen Partei **konkret zu erklären.** Nach § 138 Abs. 3 ZPO sind Tatsachen, die nicht ausdrücklich bestritten werden, als zugestanden anzusehen. In diesem Rahmen ist auch hier idR ein qualifiziertes Bestreiten im Sinne eines umfassenden Sachvortrages, soweit er von dem der Gegenpartei abweicht, erforderlich. Eine Ausnahme gilt dann, wenn Tatsachen bestritten werden, die weder eigene Handlungen der Partei noch Gegenstand ihrer Wahrnehmung gewesen sind. Inwieweit einfaches Bestreiten genügt, oder zur Wirksamkeit des Bestreitens substantiierter Vortrag des Bestreitenden erforderlich ist, richtet sich nach Art und Ausmaß des Vortrags der darlegungspflichtigen Partei[8]. Nur solche Tatsachen, die die Gegenpartei nicht kennt oder sie aus eigener oder im Geschäfts- oder Verantwortungsbereich gewinnbarer Kenntnis nicht ohne Weiteres erlangen kann, darf sie gem. § 138 Abs. 4 ZPO allein **mit Nichtwissen bestreiten.** Tatsachen, die eine Partei im Zeitpunkt ihres Prozessvortrages nicht mehr weiß, und auch nicht zumutbar durch Nachforschungen feststellen kann, darf sie mit „Nicht-mehr-Wissen" bestreiten[9]. Entscheidend für die Zulässigkeit ist der Zeitpunkt der Abgabe der Erklärung im Prozess, was die Partei dann noch weiß oder unter zumutbaren Voraussetzungen dann noch feststellen kann[10]. Ein Bestreiten mit Nichtwissen ist unzulässig, wenn eigenes Wissen vorhanden ist oder nach der Lebenserfahrung eigenes Wissen vorhanden sein muss. Eine Partei darf sich weder „blind stellen" noch „mauern"[11]. Trägt der BR in einem Beschlussverfahren substantiiert Einzelheiten vor zu einem BR-Beschluss über die Einleitung des Verfahrens und die Vollmachtserteilung an seinen Verfahrensvertreter, dann lässt das BAG[12] ein bloß pauschales Bestreiten mit Nichtwissen aller vorgetragener Tatsachen durch den ArbGeb nicht zu. Vielmehr muss vom ArbGeb der Vortrag verlangt werden, in welchen einzelnen Punkten und weshalb die Behauptungen des BR nicht stimmen. Vgl. zum Bestreiten mit Nichtwissen bei der Anhörung des BR nach § 102 BetrVG: Rz. 122.

90a Es gibt auch **Fälle ohne eine Darlegungs-und Beweislast.** Behält sich etwa der ArbGeb vor, über einen vertraglich ausgehandelten Bonusanspruch des ArbN nach billigem Ermessen zu entscheiden und kommt er dem nicht nach oder setzt er den Zielbonus auf „Null" fest, ohne hierfür tragende Grundlagen und Kriterien darlegen zu können, dann hat das Gericht auf der Grundlage des Sachvortrags der Parteien gem. § 315 Abs. 3 Satz 2 BGB durch richterliche Ersatzleistungsbestimmung die Bonushöhe festzuset-

---

1 BAG v. 28.11.2007 – 6 AZR 1108/06, NZA 2008, 348; BAG v. 12.3.2009 – 2 AZR 251/07, NZA 2009, 779; BAG v. 21.6.2012 – 2 AZR 694/11, NZA 2013, 199; BGH v. 8.1.2014 – I ZR 169/12; BGH v. 24.10.2014 – V ZR 45/13, NJW 2015, 619; *Franken*, NZA 2013, 985.
2 BGH v. 28.6.2016 – VI ZR 559/14, NJW 2016, 3244.
3 BAG v. 25.4.2006 – 3 AZR 78/05.
4 BAG v. 15.1.2014 – 10 AZR 415/13, NZA 2014, 688.
5 BAG 16.7.2015 – 2 AZR 85/15, ArbRB 2016, 71.
6 BAG v. 18.9.2008 – 2 AZR 1039/06.
7 BGH v. 26.6.2007 – XI ZR 277/05, NJW 2007, 2989.
8 BGH v. 25.3.2014 – VI ZR 271/13, NJW-RR 2014, 830.
9 BAG v. 20.8.2014 – 7 AZR 924/12, NZA-RR 2015, 9.
10 BAG v. 13.11.2007 – 3 AZN 449/07, NZA 2008, 246.
11 BAG v. 12.2.2004 – 2 AZR 163/03, NZA 2005, 600.
12 BAG, 30.9.2014 – 1 ABR 32/13, NZA 2015, 370; BAG v. 30.9.2008 – 1 ABR 54/07, NZA 2009, 502.

zen[1]; dabei ist die Höhe der in der Vergangenheit gewährten Boni ein wichtiger Faktor[2]. Gleiches gilt für eine entsprechend §§ 317, 319 BGB begehrte gerichtliche Abänderung einer Leistungsbeurteilung der paritätischen Kommission nach dem ERA-Tarifvertrag. Die richterliche Ersatzbestimmung nach § 319 Abs. 1 BGB hat aufgrund der vorgetragenen jeweils günstigen Umstände der Parteien zu erfolgen[3]. Dabei hat jede Partei im Sinne einer Obliegenheit die für sie sprechenden Umstände darzulegen.

Haben beide Parteien in der gebotenen Weise ihre Darlegungslast erfüllt und kommt es für den Prozessausgang auf das Vorliegen einer oder mehrerer streitig gebliebener Tatsachen an, muss die jeweils beweisbelastete Partei hierfür in Folge der sie treffenden Beweisführungslast ein zulässiges **Beweismittel anbieten**. Die Bedeutung der Beweislast wird im forensischen Alltag häufig überschätzt[4] und die Substantiierungslast im Rahmen der Darlegungslast unterschätzt. 91

3. Verteilung der Beweislast

a) Gesetzliche Regelungen

aa) Es gibt zahlreiche gesetzliche Bestimmungen, die **ausdrücklich vorschreiben**, welche Partei die Beweislast trifft, zB § 179 Abs. 1, §§ 363, 611a Abs. 1 Satz 3 BGB, § 22 AGG; § 81 Abs. 2 Nr. 1 Satz 3 SGB IX, § 1 Abs. 2 Satz 4, Abs. 3 Satz 3 KSchG. 92

bb) Oftmals ergibt sich auch aus der sprachlichen und satzbaumäßigen **Formulierung des Gesetzes**, welche Partei was beweisen muss, indem das Gesetz meist ein Regel-Ausnahme-Verhältnis aufstellt. Darunter fallen etwa gesetzliche Formulierungen wie: „Diese Vorschrift findet keine Anwendung, wenn …", „Dies gilt nicht, wenn …", „… sofern nicht …", „… soweit/wenn nicht …", „Die Geltendmachung ist ausgeschlossen, wenn …". Solche Formulierungen finden sich zB in §§ 153, 280 Abs. 1, §§ 286, 320 Abs. 1, 406 BGB, § 1 Abs. 2 Nr. 2 KSchG. In solchen Fällen trägt derjenige, der sich auf den Regeltatbestand beruft, die Beweislast für dessen Vorliegen, während die Gegenpartei für das Vorliegen der vorgesehenen Ausnahme beweisbelastet ist. 93

cc) Das Gesetz ordnet eine **Beweislastumkehr** an oder enthält **gesetzliche Vermutungen** oder **Beweiserleichterungen** wie zB in § 167 Abs. 2, §§ 345, 363, 437 oder 1006 BGB, § 125 Abs. 1 Satz 1 Nr. 1 InsO (vgl. Rz. 25 für Fälle einer gesetzlichen Vermutung). Bei Vermutungen gilt die Beweislastregel, dass derjenige, der sich auf eine Vermutung stützt, lediglich den Tatbestand beweisen muss, aus dem die Vermutung folgt. Der bei widerlegbaren Vermutungen offene Beweis des Gegenteils ist Hauptbeweis und erst dann geführt, wenn das Gericht vom Vorliegen eines Sachverhalts überzeugt ist, der das Gegenteil der Vermutung darstellt. Bestimmt das Gesetz, dass unter den genannten Voraussetzungen „im Zweifel" eine bestimmte Tatsache gegeben ist (Tatsachenvermutung) oder eine bestimmte Rechtsfolge anzunehmen ist (Rechtsvermutung), dann sind solche Vermutungen gem. § 292 ZPO widerlegbar. Danach obliegt der Beweis des Gegenteils der gesetzlichen Vermutung demjenigen, der Rechte aus der Unrichtigkeit der gesetzlich angeordneten Vermutung herleitet (vgl. zB Rz. 137). Ausgeschlossen ist der Beweis des Gegenteils aber gegenüber **gesetzlichen Fiktionen** (zB § 4 Satz 1 BetrVG, § 5 Abs. 1 Satz 3 und Abs. 3 Satz 1 ArbGG). 94

dd) Beim **Beweis des ersten Anscheins** (auch prima-facie-Beweis genannt) handelt es sich nicht um ein besonderes Beweismittel, sondern um den Einsatz der allgemeinen Lebenserfahrung bei der Überzeugungsbildung im Rahmen der freien Beweiswürdigung nach § 286 ZPO, indem fehlende Indizien bei der Beweiswürdigung überbrückt werden können. Der prima-facie-Beweis bedeutet keine Umkehr der Beweislast[5]. Er erlaubt bei typischen Geschehensabläufen insbesondere den Nachweis eines ursächlichen Zusammenhangs (Kausalität) oder eines schuldhaften Verhaltens ohne exakte Tatsachengrundlage, sondern aufgrund von Annahmen nach der allgemeinen Lebenserfahrung. Er betrifft Fälle, in denen ein bestimmter Tatbestand nach der Lebenserfahrung auf eine bestimmte Ursache für den Eintritt eines bestimmten Erfolges hinweist, und für andere Ursachen als die, die der Geschädigte vorgetragen hat, keine Anhaltspunkte bestehen[6]. Auch kann ggf. von einem bestimmten eingetretenen Erfolg auf die Ursache geschlossen werden. In diesen Fällen erleichtert der Anscheinsbeweis dem Geschädigten den Kausalitätsbeweis[7]. Der Sachverhalt muss unstreitig oder durch Vollbeweis bewiesen sein[8]. Dabei muss der Vorgang zu jenen gehören, 95

---

1 BAG v. 3.8.2016 – 10 AZR 710/14, ArbRB 2016, 292.
2 LAG Düsseldorf v. 12.4.2017 – 7 Sa 121/16, ArbRB 2017, 207.
3 BAG v. 18.5.2016 – 10 AZR 183/15, NZA 2016, 1089; s. auch *Moderegger*, ArbRB 2017, 84.
4 Ebenso GK-ArbGG/*Schütz*, § 58 Rz 105.
5 GWBG/*Benecke*, § 58 Rz. 47; BGH v. 5.10.2004 – XI ZR 210/03, NJW 2004, 3623.
6 BGH v. 19.1.2010 – VI ZR 33/09, NJW 2010, 1072; BGH v. 15.12.2015 – VI ZR 6/15, NJW 2016, 1098.
7 BGH v. 16.7.2015 – IX ZR 197/14, NJW 2015 3447.
8 BGH v. 29.6.1982 – VI ZR 206/80, NJW 1982, 2448.

die schon auf den ersten Blick nach einem durch Regelmäßigkeit, Üblichkeit und Häufigkeit geprägten „Muster"[1] abzulaufen pflegen[2]. Fährt etwa ein Kfz-Fahrer mit weit überhöhter Geschwindigkeit oder mit einem hohen Alkoholpegel in eine unübersichtliche Kurve und verursacht er dabei einen Verkehrsunfall (was alles von der Gegenpartei voll bewiesen werden muss[3]), dann wird nach allgemeiner Lebenserfahrung davon ausgegangen, dass die überhöhte Geschwindigkeit bzw. die Alkoholisierung ursächlich waren für den Unfall und für das Verschulden des Fahrers. Gleiches gilt bei zu geringem Sicherheitsabstand oder unangepasster Geschwindigkeit mit einem Auffahrunfall auf der Autobahn[4]. Bei einer Arbeitsunfähigkeit infolge einer Schlägerei, insbesondere unter Alkoholeinfluss, spricht der Anscheinsbeweis für ein Verschulden des ArbN[5] (vgl. zum Anscheinsbeweis auch Rz. 22). Kündigt der ArbGeb im zeitlichen Zusammenhang mit einer Krankmeldung das Arbeitsverhältnis, so besteht ein Anscheinsbeweis für das Vorliegen einer Anlasskündigung iSv. § 8 Abs. 1 Satz 1 EFZG[6]; vgl. auch Rz. 22.

96 Die Grundsätze des **Anscheinsbeweises** sind **gewohnheitsrechtlich entstanden** und als solche gesetzlich nicht verankert. Allerdings hat sich der Gesetzgeber diese Grundsätze zu Eigen gemacht, indem er sich in § 292a ZPO bei einer elektronischen Signatur eines Anscheinsbeweises bedient. Auf das Vorliegen von Erfahrungssätzen muss sich eine Partei im Prozess nicht berufen; diese hat das Gericht von sich aus zu berücksichtigen[7].

97 Will eine Partei den gegen sie sprechenden Anscheinsbeweis nicht gegen sich gelten lassen, dann muss sie ihn nur **erschüttern**, aber **nicht widerlegen**, mit der Folge, dass bei erfolgreicher Erschütterung die ursprüngliche Beweislastverteilung wieder auflebt[8]. Die Erschütterung geschieht durch den Nachweis, dass der angenommene Erfahrungssatz, etwa wegen eines atypischen Verlaufs, im konkreten Fall nicht besteht oder der Erfahrungsschluss durch konkrete Umstände des Einzelfalles nicht gerechtfertigt ist, also kein „Normalfall" vorliegt.

97a Der in Anspruch genommene Schädiger kann sich auch auf den Einwand eines **rechtmäßigen Alternativverhaltens** berufen, indem er vorträgt, der Schaden wäre auch bei einer ebenfalls möglichen rechtmäßigen Verhaltensweise eingetreten, zB der Schädiger hätte das Arbeitsverhältnis auch rechtmäßig kündigen können. Die Erheblichkeit dieses Einwands richtet sich nach dem Schutzzweck der jeweils verletzten Norm, die Verletzungshandlung darf dadurch grds. nicht sanktionslos werden. Auch hätte zur Überzeugung des Gerichts derselbe Erfolg effektiv herbeigeführt werden müssen; die bloße Möglichkeit, ihn rechtmäßig herbeiführen zu können, reicht nicht aus[9].

b) Allgemeiner Grundsatz

98 Das **Gesetz enthält** zahlreiche Einzelfallregelungen über die verschiedenartigen Ausformungen der Beweislast, aber **keine Norm** über eine **Grundregel**. Diese allgemeine Grundregel wird daher aus allgemeinen prozessualen Erwägungen hergeleitet. Sie **besagt**, dass die Partei, der die Beweislast obliegt, auch die Darlegungslast trägt. Wer eine günstige Rechtsfolge für sich in Anspruch nimmt, hat die tatsächlichen Voraussetzungen zur Begründung dieser Rechtsfolge darzulegen und zu beweisen[10]. In der Regel trägt daher der Kläger die Darlegungs- und Beweislast für die rechtsbegründenden Tatsachen des geltend gemachten Anspruchs. Wenn der Beklagte die Richtigkeit der einen oder anderen vom Kläger aufgestellten Tatsachenbehauptung in Abrede stellt, kann er sich auf das Bestreiten dieser Tatsachen im Rahmen von § 138 Abs. 2–4 ZPO beschränken. Was der Beklagte nicht bestreitet, gilt als zugestanden (§ 138 Abs. 3 ZPO). Der Beklagte kann auch primär oder nur hilfsweise **Einwände** erheben und sich auf das Vorliegen von rechtshindernden (zB §§ 105, 117, 134, 138 BGB), rechtsvernichtenden (§§ 123, 362, 389, 397 BGB) oder rechtshemmenden **Einreden** (zB §§ 209, 214, 273, 320 BGB) berufen. Diese hat dann der Beklagte als diejenige Partei darzulegen und zu beweisen, die daraus Rechte herleitet. Ob eine Tatsache rechtserzeugend oder rechtshindernd ist, hängt von der Fassung des Gesetzes ab. Beruft sich zB der Beklagte auf einen der vorgenannten Ein-

---

1 BGH v. 3.7.1990 – VI ZR 239/89, NJW 1991, 230.
2 Vgl. im Einzelnen Zöller/*Greger*, vor § 284 ZPO Rz. 29 ff.; GMP/*Prütting*, § 58 Rz 64 ff. mit Beispielen aus der arbeitsgerichtlichen Rspr.
3 BAG v. 22.9.1994 – 2 AZR 31/94, NZA 1995, 363.
4 BGH v. 13.12.2016 – VI ZR 32/16.
5 LAG Düsseldorf v. 30.9.1977 – 9 Sa 1184/77, DB 1978, 215.
6 BAG v. 5.2.1998 – 2 AZR 270/97, NZA 1998, 644; LAG Schl.-Holst. v. 6.2.2014 – 5 Sa 324/12.
7 *Schneider*, Beweis und Beweiswürdigung, Rz. 339.
8 BAG v. 20.12.1963 – 1 AZR 428/62, AP Nr. 32 zu Art. 9 GG – Arbeitskampf m. Anm. *Mayer-Maly*; GWBG/*Benecke*, § 58 Rz.47; aA Stein/Jonas/*Leipold*, § 286 Rz. 133f., der den vollen Gegenbeweis fordert.
9 BGH v. 2.11.2016 – XII ZR 153/15; BGH v. 9.3.2012 – V ZR 156/11, NJW 2012. 2022.
10 BAG v. 15.12.2005 – 8 AZR 202/05, NZA 2006, 597 (603).

wände, dann fällt die Darlegungs- und Beweislast wieder dem Kläger zu, wenn er Gegeneinwände erhebt, die rechtserhaltende Tatsachen voraussetzen und eine Einwendung oder Einrede ausschließen[1].

c) Ausnahmen der Rspr. von der Grundregel

Neben gesetzlichen Normen, die die allgemeine Darlegungs- und/oder Beweislast variieren, hat auch die **Rspr. in Ausnahmefällen** Erleichterungen für die Darlegungs- und Beweislast bis zur Umkehr der Beweislast entwickelt. Diese richterlich **entwickelte Beweislastverteilung**, abweichend von der allgemeinen Ausgangslage, wurde etwa angenommen, wenn sich ein Geschädigter in Beweisnot befindet und der Schädiger den Beweis leichter führen kann, weil sich die Schadensursache in seinem Gefahrenbereich befindet und dem Geschädigten die Auferlegung der vollen Beweislast billigerweise nicht zugemutet werden kann. Diese Rechtsfortentwicklung wendet der BGH etwa bei der Produzentenhaftung oder im Arzthaftungsprozess an[2]. Auch bei vertraglichen Aufklärungs- und Beratungspflichten hat die Rspr. im gewissen Rahmen Beweisvariationen entwickelt. So hat etwa das BAG[3] (vgl. im Einzelnen Rz. 121) angenommen, bei Verletzung vertraglicher **Aufklärungs- und Beratungspflichten** trägt der schädigende ArbGeb die Beweislast dafür, dass der Schaden auch bei einem pflichtgemäßen Verhalten eingetreten wäre[4]. Diese Rspr. findet insbesondere im Recht der betrieblichen Altersversorgung Anwendung. Generell darf die Zuordnung der Darlegungs- und Beweislast nicht in einer Weise geschehen, die es den Parteien faktisch unmöglich macht, sie zu erfüllen[5].

99

Wer als Prozesspartei geltend macht, die von ihm in einem Schuldversprechen anerkannte Forderung bestehe nicht, muss diese **negative Tatsache beweisen**. Hier hat die Gegenseite zunächst die Höhe der Forderung und ihre Errechnung schlüssig darzulegen. Die Partei muss dann die Unrichtigkeit dieses Vortrags beweisen[6].

4. Gerichtliche Erörterungspflicht nach Beweisaufnahme

Im Anschluss an eine Beweisaufnahme hat das Gericht gem. **§ 279 Abs. 3, § 285 ZPO** den Sach- und Streitstand unter Berücksichtigung des Ergebnisses der Beweisaufnahme mit den Parteien zu erörtern. Dabei ist den Parteien Gelegenheit zu geben, über das Ergebnis der Beweisaufnahme zu verhandeln und den Sach- und Streitstand zu erörtern, was in der Sitzungsniederschrift zu dokumentieren ist. Ein Verstoß gegen diese Bestimmungen ist – schon mit Blick auf die damit regelmäßig verbundene Verletzung des rechtlichen Gehörs nach Art. 103 Abs. 1 GG – grds. als Verfahrensfehler anzusehen[7]. Die Verpflichtung des Gerichts, zum Ergebnis der Beweisaufnahme eine vorläufige trendmäßige Stellungnahme abzugeben, wirft im arbeitsgerichtlichen Verfahren Probleme auf. In den allermeisten Fällen verhandelt das ArbG an einem Sitzungstag mehrere Verfahren nacheinander und berät erst am Ende der letzten Sache alle nicht erledigten Sachen. Der Erörterungspflicht kann idR daher nach Beendigung einer Beweisaufnahme nur eine kurze Vorberatung der Kammer über das voraussichtliche Ergebnis der Beweisaufnahme vorausgehen. Dies lässt der Wortlaut von § 279 Abs. 3 ZPO ausdrücklich zu. Die Bestimmung **dient dem Zweck**, dass das Gericht auch in diesem Verfahrensstadium auf eine gütliche Beilegung des Rechtsstreits aus ist und es angesichts des Ergebnisses einer Beweisaufnahme sinnvoll sein kann, das Verfahren jetzt – mit welchem Ergebnis im Einzelfall auch immer – zu beenden. Auch erhalten die Prozessparteien auf diese Weise Gelegenheit, die Entscheidung des Gerichts rechtzeitig zu beeinflussen. Die Schlusserörterungspflicht dient grds **nicht** dazu, weitere Beweisanträge nachzuschieben und den Rechtsstreit deshalb zu vertagen und letztlich das Verfahren zu **verzögern**[8]. Eine Prozesspartei muss immer mit der Möglichkeit rechnen, dass eine Beweisaufnahme nicht so ausfällt, wie sie sich das vorgestellt hat. Vorhersehbare Risiken müssen wegen der Sanktionen von § 296 ZPO durch rechtzeitigen Vortrag abgedeckt werden (vgl. auch § 67 Abs. 3 – „ohne Nachlässigkeit"). Eine **Vertagung** kommt aus Gründen der Gewährung ausreichenden rechtlichen Gehörs (Art. 103 Abs. 1 GG) etwa in Betracht, wenn erst die Beweisaufnahme unverschuldete Irrtümer der Partei(en), etwa über die Person des Zeugen, aufdeckt oder wenn sich aus der Beweisaufnahme ein unvorhergesehener neuer Sach-

100

---

1 BGH v. 29.1.1986 – VIII ZR 298/84, NJW 1986, 2767.
2 Zöller/*Greger*, vor § 284 ZPO Rz. 20 f.; BGH v. 27.3.2001 – VI ZR 18/00, NJW 2001, 2792; BGH v. 19.6.2001 – VI ZR 286/00, NJW 2001, 2795; *Laumen*, NJW 2002, 3739.
3 BAG v. 15.10.1985 – 3 AZR 612/83, NZA 1986, 360; vgl. allgemein zum Bestehen von Aufklärungspflichten: BAG v. 18.8.1999 – 10 AZR 424/98, NZA 2000, 151; BAG v. 25.1.2000 – 9 AZR 144/99, NZA 2000, 888; BAG v. 17.10.2000 – 3 AZR 605/99, NZA 2001, 206.
4 Vgl. weitere Beispiele bei Zöller/*Greger*, vor § 284 ZPO Rz. 19.
5 BVerfG v. 30.4.2008 – 2 BvR 482/07, NJW 2008, 3276.
6 BAG v. 15.3.2005 – 9 AZR 502/03, NZA 2005, 682 (686).
7 BGH v. 26.4.1989 – I ZR 220/87, NJW 1990, 121; BGH v. 24.1.2001 – IV ZR 264/99, MDR 2001, 830.
8 BGH v. 15.4.2016 – V ZR 42/15, NJW 2016, 3100; aA wohl *Greger*, NJW 2002, 3050.

stand zeigt[1] oder wenn das Gericht zu einer unzulässigen Überraschungsentscheidung gelangen würde, weil es nach dem Verlauf der Beweisaufnahme eine überraschende Beweiswürdigung vornehmen will[2].

5. Einzelfälle der Beweislastverteilung im Arbeitsrecht

a) Begründung des Arbeitsverhältnisses

101 Der **Abschluss eines Arbeitsvertrages** und der vereinbarte **Vertragsinhalt** (zB Vorbehalte zu sowie Art und Höhe von Vergütungsbestandteilen, insbesondere Überstundenzuschläge) ist von derjenigen Partei darzulegen und zu beweisen, die Rechte daraus herleitet. Hingegen ist es Sache der Gegenpartei, das Vorliegen etwaiger vom Normalfall abweichender Klauseln, wie zB die Vereinbarung einer unentgeltlichen Tätigkeit oder das Bestehen einer aufschiebenden Bedingung, darzulegen und zu beweisen. Die Verletzung des Schriftformerfordernisses von **§ 2 Abs. 1 NachwG** führt zu einer Verschiebung der Beweislast. Macht ein ArbN etwa geltend, er hätte bei Nachweis durch den ArbGeb Kenntnis von einer anwendbaren tariflichen Ausschlussfrist gehabt, dann hat er zunächst seinen fehlenden Kenntnisstand von der Ausschlussfrist und die adäquate Verursachung des unterbliebenen Hinweises darzulegen. Kommt er dem nach, dann kommt ihm die **Vermutung** eines **aufklärungsgemäßen Verhaltens** zugute. Danach ist grds. davon auszugehen, dass jedermann bei ausreichender Information seine Eigeninteressen in vernünftiger Weise wahrt. Für eine abweichende Beurteilung ist der schädigende ArbGeb darlegungs- und beweispflichtig. Ein Mitverschulden seines Rechtsanwalts ist ihm zuzurechnen[3]. Behauptet eine Partei eines schriftlich geschlossenen Arbeitsvertrages, dieser sei in Wirklichkeit nicht gewollt, sondern stelle nur ein nichtiges **Scheingeschäft** (§ 117 BGB) dar, so trägt sie für den Scheincharakter die Beweislast[4]. Spätere Vertragsänderungen sind von demjenigen zu beweisen, der aus der Änderung Ansprüche oder Rechte herleitet. Dies gilt auch für den Fall eines **Betriebsübergangs** und der Fortgeltung der bisherigen Vertragsbedingungen. Macht eine Partei geltend, anlässlich des Betriebsübergangs hätten sich die Arbeitsbedingungen geändert, so hat sie dies darzulegen und zu beweisen. Macht eine Partei geltend, die **Vertragsurkunde** sei **nachträglich** von der Gegenpartei **ergänzt** oder **verfälscht** worden, so trifft sie die Darlegungs- und Beweislast hierfür, wenn die Vertragsurkunde keine Mängel iSv. § 419 ZPO aufweist[5]. Beruft sich ein **freier Mitarbeiter** auf seinen **ArbN-Status**, trifft ihn unter Beachtung der Auslegungsregel von § 84 Abs. 1 Satz 2 HGB die Darlegungs- und Beweislast. Diese erfüllt er nicht, wenn er nur einige Einzelbeispiele über Weisungen vorträgt. Seine Tätigkeit muss sich im Gesamtbild im Wesentlichen als weisungsabhängig darstellen[6].

102 Nicht eindeutig in der Rspr. geklärt ist die Frage, welche Partei im Rahmen der allgemeinen Befristungskontrolle das Vorliegen eines die **Befristung** rechtfertigenden **sachlichen Grundes** iSv. § 14 Abs. 1 TzBfG trifft. Der Große Senat des BAG hatte im Jahre 1960[7] entschieden, der ArbN müsse beweisen, dass es für den Abschluss eines befristeten Arbeitsvertrages keinen sachlichen Grund gegeben hat oder dass ein solcher nur vorgeschoben war. Allerdings hat je nach Lage des Einzelfalles der ArbGeb die sachlichen Gründe für die Befristung ins Einzelne gehend darzulegen[8], zB bei mehrfach hintereinander befristeten Arbeitsverhältnissen[9]. Der Wortlaut des jetzt gültigen § 14 Abs. 1 TzBfG fordert, dass eine Befristung nur bei Vorliegen eines sachlichen Grundes zulässig ist. Dies bedeutet, dass der ArbGeb das Vorliegen des Ausnahmetatbestandes eines sachlichen Befristungsgrundes beweisen muss[10]. Bei einem Streit über die **Dauer** eines befristeten Arbeitsverhältnisses hat derjenige die Befristungsdauer zu beweisen, der sich auf eine frühere Vertragsbeendigung als vertraglich vereinbart beruft[11]. Auch wenn die letzte Befristungsabrede – isoliert für sich betrachtet – durch einen Sachgrund gerechtfertigt ist, kann die gesamte Vertragsgestaltung mittels Befristungen/Verlängerungen rechtsmissbräuchlich gem. § 242 BGB sein. Die Darlegungs- und Beweislast für eine **rechtsmissbräuchliche Vertragsgestaltung** trägt nach allgemeinen Grundsätzen grds. der sich hierauf berufende ArbN. Dabei muss sich der ArbGeb über die Regeln der abgestuften Darlegungs- und Beweislast gem. § 138 Abs. 2 ZPO konkret zu den eine Missbräuchlichkeit nach § 242 BGB (Gesetzesumgehung) der Befristung indizierenden Behauptungen des ArbN, der die näheren Umstände idR nicht kennt,

---

1 Ebenso *Stackmann*, NJW 2003, 173.
2 BGH v. 15.4.2016 – V ZR 42/15, NJW 2016, 3100.
3 BAG v. 5.11.2003 – 5 AZR 676/02, NZA 2005, 64; BAG v. 20.4.2011 – 5 AZR 171/10, NZA 2011, 1173.
4 BAG v. 9.2.1995 – 2 AZR 389/94, NJW 1996, 1299; BAG v. 18.9.2014 – 6 AZR 145/13, ZIP 2014, 2519.
5 LAG Berlin v. 6.5.2003 – 16 Sa 337/03, LAGR 2003, 297.
6 BAG v. 11.8.2015 – 9 AZR 98/14, ArbRB 2016, 35.
7 BAG-GS v. 12.10.1960 – GS 1/59, AP Nr. 16 zu § 620 BGB – Befristeter Arbeitsvertrag.
8 BAG v. 12.12.1985 – 2 AZR 9/85, EzA § 620 BGB Nr. 77; BAG v. 26.4.1985 – 7 AZR 316/84, EzA § 620 BGB Nr. 74.
9 BAG v. 29.1.1987 – 2 AZR 109/86, NZA 1987, 627.
10 GK-ArbGG/*Schütz*, § 58 Rz. 116; KR/*Lipke*, § 14 TzBfG Rz. 373 ff.; Natter/Gross/*Perschke*, § 58 Rz. 94.
11 BAG v. 12.10.1994 – 7 AZR 745/93, AP Nr. 165 zu § 620 BGB – Befristeter Arbeitsvertrag.

einlassen; also zur rechtsmissbräuchlichen Umgehung des Anschlussverbots von § 14 Abs. 2 Satz 2 TzBfG bei Einschaltung verschiedener Unternehmen[1]. Ein Gestaltungsmissbrauch – objektive Umstände sind entscheidend[2] – kann sich aus Befristungshöchstdauer (2 Jahre) und/oder Anzahl der Verlängerungsverträge (3 Verlängerungen) ergeben (3-Stufen-Prüfung oder „Ampelsystem" mit Grün-, Gelb- und Rotphase)[3]. In den einzelnen Stufen ist zu prüfen, ob **einer** der beiden Werte oder ob **beide** Werte – jeweils in bestimmter Anzahl – überschritten ist/sind. In allen Stufen muss der ArbN das Vorliegen der jeweiligen Anzahl der Überschreitungen darlegen und beweisen. In der Stufe 2 muss der ArbN besondere Umstände für den Missbrauch vortragen, in der Stufe 3 hat der ArbGeb solche Umstände zu entkräften.

Für das Vorliegen einer Befristung **ohne sachlichen Grund** nach § 14 Abs. 2 Satz 1 TzBfG trägt der ArbGeb die Beweislast für eine solche Vertragsgestaltung und deren Voraussetzungen. Nach der Gesetzesfassung von § 14 Abs. 2 Satz 2 TzBfG („... ist nicht zulässig, wenn ...") ist der ArbN für eine Vorbeschäftigung darlegungs- und beweispflichtig[4]. Die gleiche Darlegungs- und Beweislast gilt für die Befristung nach § 14 Abs. 3 TzBfG; der ArbGeb ist für die Voraussetzungen von Satz 1 beweisbelastet, der ArbN für diejenigen von Satz 2 und Satz 3. Eine Begrenzung bezüglich der Höchstdauer der Befristung oder die Anzahl der Verlängerungen gibt es auch für die (erweiterte) Zulässigkeit von sachgrundlosen Befristungen durch Tarifvertrag[5].

Besteht Streit über die Wahrung der **Schriftform**, ist die Partei darlegungs- und beweisbelastet, die sich auf die Wirksamkeit der Befristung beruft[6].

b) Inhalt und Verlauf des Arbeitsverhältnisses

Erteilt der ArbGeb dem ArbN eine **Abmahnung**, dann obliegt dem ArbGeb in einem Rechtsstreit um die Entfernung der Abmahnung die Darlegungs- und Beweislast für die Berechtigung der erteilten Rüge. Es gelten hier die im KSchG anwendbaren Grundsätze (vgl. Rz. 135). Danach hat der ArbGeb die behaupteten Pflichtwidrigkeiten zu beweisen, weil er sich eines Rügerechts berühmt und damit eine Pflichtwidrigkeit des ArbN beanstandet[7]. Eine Umkehr der Beweislast findet auch nicht statt, wenn der ArbN die Entfernung der Abmahnung nicht verlangt, sondern erst in einem nachfolgenden Kündigungsschutzprozess das abgemahnte Verhalten bestreitet. Das frühere Unterlassen des Angreifens der Abmahnung bildet keinen Fall einer Beweisvereitelung[8]. Im Kündigungsschutzverfahren hat der ArbGeb darzulegen und zu beweisen, dass und wann er den ArbN „einschlägig" abgemahnt hat sowie das Vorliegen der abgemahnten Pflichtverletzung[9]. 103

Arbeitskampf: Die Voraussetzungen für die Rechtmäßigkeit eines Streiks müssen die streikenden ArbN beweisen. Die Beweislast trifft umgekehrt den ArbGeb bei einer Aussperrung. Das BAG[10] geht davon aus, dass eine Vermutung dafür besteht, dass ein von der Gewerkschaft geführter Streik wegen der Verbesserung der Wirtschafts- und Arbeitsbedingungen geführt wird und damit rechtmäßig ist. 104

Den ArbN trifft die Beweislast für alle **Formen der Vergütung** und deren Höhe. Zur Darlegungs- und Beweislast für eine **Pausenanordnung** des ArbGeb s. LAG Köln[11]. Der Anspruch auf den gesetzlichen **Mindestlohn** besteht für jede geleistete Arbeitsstunde. Das erfordert die schlüssige Darlegung der einzelnen Stunden. Die Behauptung einer durchschnittlichen Stundenzahl ersetzt diesen Vortrag nicht[12]. 105

Erklärt der ArbGeb die **Aufrechnung** mit einer Gegenforderung gem. §§ 388, 389 BGB gegen den Lohnanspruch des ArbN, dann ist dies gem. § 394 Satz 1 BGB nur möglich, soweit dieser **unpfändbar** ist. Die Aufrechnung ist eine Einwendung gegen den Klageanspruch. Dementsprechend gehört zur Schlüssigkeit, dass der Aufrechnende die rechtlichen und tatsächlichen Voraussetzungen der Aufrechnungslage darlegt, insbesondere dass die Pfändungsschutzvorschriften eingehalten sind[13]. Eine Aufrechnung ist nur gegen den Nettolohnanspruch des ArbN möglich, weil der ArbGeb stets zur Abführung der Steuern und Sozialabgaben

---

1 BAG v. 24.6.2015 – 7 AZR 452/13, NZA 2015, 1507.
2 BAG v. 24.8.2016 – 7 AZR 41/15, BB 2016, 3124.
3 BAG v. 26.10.2016 – 7 AZR 135/15, NZA 2017, 382; vgl. dazu *Oberthür* ArbRB 2017, 79; BAG v. 29.4.2015 – 7 AZR 310/13, ArbRB 2015, 349; *v. Stein*, NJW 2015, 369.
4 BAG v. 19.10.2005 – 7 AZR 31/05, NZA 2006, 154.
5 S. BAG v. 26.10.2016 – 7 AZR 140/15, ArbRB 2017, 101.
6 BAG v. 20.8.2014 – 7 AZR 924/12, NZA-RR 2015, 9.
7 Vgl. *Reinecke*, NZA 1989, 577; *Tschöpe*, NZA Beil. 2/1990, 10; GK-ArbGG/*Schütz*, § 58 Rz. 136.
8 BAG v. 13.3.1987 – 7 AZR 601/85, NJW 1987, 2462.
9 Arbeitsrechtslexikon/*Bengelsdorf*: Abmahnung V.
10 BAG v. 19.6.1973 – 1 AZR 521/72, AP Nr. 47 zu Art. 9 GG – Arbeitskampf; ebenso GWBG/*Benecke*, § 58 Rz. 16; im Ergebnis ebenso GMP/*Prütting*, § 58 Rz. 91.
11 LAG Köln v. 3.8.2012 – 5 Sa 252/12.
12 BAG v. 25.5.2016 – 5 AZR 135/16, NJW 2016, 3323.
13 BAG v. 22.9.2015 – 9 AZR 143/14.

verpflichtet bleibt[1]. So muss etwa der ArbGeb den Nettobetrag des Lohnanspruchs des ArbN mitteilen, damit das Gericht den pfändbaren Betrag anhand der §§ 850a–850i ZPO ermitteln kann. Setzt sich etwa die monatliche Vergütung des ArbN aus einem Festlohn und Überstundenvergütung zusammen, hat der ArbGeb wegen der teilweisen Unpfändbarkeit der Überstundenvergütung nach § 850a Nr. 1 ZPO darzulegen, um welchen **Netto**betrag sich das Arbeitsentgelt durch die Überstundenvergütung erhöht hat und welche Beträge pfändbar sind[2]. Dies gilt insbesondere, wenn er sich auf eine Nettolohn-Vereinbarung beruft.

106 Berühmt sich der ArbGeb eines **Rückforderungsanspruches** wegen irrtümlich **zu viel gezahlter Vergütung**, dann ist er für die Tatsache der Überzahlung und des Irrtums darlegungs- und beweispflichtig. Die umfassende Nachvollziehbarkeit der überzahlten Vergütung muss auch für die Rückforderung von Provisionsvorschüssen bestehen[3]. Wendet der ArbN den Wegfall der Bereicherung gem. § 818 Abs. 3 BGB ein, trifft grds. ihn hierfür die Beweislast. Ausnahmsweise kann sich der ArbN für den Wegfall der Bereicherung auf Beweiserleichterungen berufen, wenn die Überzahlung geringfügig ist und die Lebenssituation des ArbN so ist, dass erfahrungsgem. ein alsbaldiger Verbrauch dieser Überzahlung für die laufenden Kosten der Lebensführung anzunehmen ist, so dass sein Vermögensstand durch die Gehaltsüberzahlung nicht verbessert ist. Letztere Tatsachen hat der ArbN in den Prozess einzuführen und zu beweisen[4]. Bei kleineren und mittleren Arbeitseinkommen und einer gleichbleibend geringen Überzahlung der laufenden Vergütung, die 10 % des für den Abrechnungszeitraum richtigen Entgelts nicht überschreitet, spricht der Beweis des ersten Anscheins (vgl. Rz. 95) für den Wegfall der eingetretenen Bereicherung. Ein konkreter Nachweis des ArbN, um welche Überzahlungen er nicht mehr bereichert sein soll, ist dann entbehrlich[5].

106a Nach §§ 305–310 BGB unterliegen vorformulierte Arbeitsvertragsbedingungen der **AGB-Kontrolle**. Die Inhaltskontrolle einer Formularklausel bezweckt einen Ausgleich für die einseitige Inanspruchnahme der Vertragsfreiheit. Dagegen haben individuelle Abreden der Vertragspartner nach § 305b BGB Vorrang. Die Darlegungs- und Beweislast dafür, dass vorformulierte **Vertragsklauseln** trotzdem im Einzelfall „ausgehandelt" sind, trägt deren Verwender[6]. Ein Aushandeln setzt mehr als ein bloßes Verhandeln voraus, der Verwender muss den Kerngehalt der Vertragsbedingungen ernsthaft zur Disposition stellen. Der Verwender muss auch seine Behauptung beweisen, er habe den Vertragspartner auf eine bestimmte Klausel hingewiesen.

107 Bei einer **Eingruppierungsklage** trägt der ArbN nach der prozessualen Grundregel die Darlegungs- und Beweislast für das Vorliegen der Tatsachen, dass er die für sich beanspruchten tariflichen Tätigkeitsmerkmale unter Einschluss der darin vorgesehenen objektiven und/oder subjektiven Qualifizierungsmerkmale erfüllt[7]. Die Tatsachen hierfür sind vom ArbN so substantiiert vorzutragen, dass dem Gericht anhand des Sachvortrages eine eigene Subsumtion unter die fraglichen Tarifmerkmale möglich ist. Beruft er sich auf ein Heraushebungsmerkmal, muss er zudem die Voraussetzungen für eine Heraushebung näher schildern[8]. Kommt es auf Zeitanteile an, dann sind diese konkret nachvollziehbar und nicht nur allgemein umschreibend zu schildern. Enthält eine Vergütungsgruppe eine Berufsbezeichnung für eine geläufige Tätigkeit (zB Altenpfleger), dann reicht die Behauptung des ArbN er übe diese Tätigkeit aus jedenfalls dann, wenn dies auch der arbeitsvertraglich bezeichneten Tätigkeit entspricht. Sodann muss der ArbGeb abweichende Tätigkeiten darlegen[9]. Behauptet eine Prozesspartei, dem ArbN sei eine **übertarifliche** Vergütung **zugesagt** worden, dann hat diejenige Partei diese Zusage darzulegen und zu beweisen, die sich darauf beruft. Teilte der ArbGeb dem ArbN die Eingruppierung in eine bestimmte Vergütungsgruppe mit, dann entfaltet diese Erklärung einen hohen Wahrscheinlichkeitswert. Insbesondere im Bereich des öffentlichen Dienstes hat das BAG die Rspr. der **korrigierenden Rückgruppierung** entwickelt. Danach ist der ArbGeb grds. berechtigt, eine irrtümlich zu hohe Eingruppierung in eine niedrigere Vergütungsgruppe zu korrigieren. Bei diesem Vorgehen muss nun aber der ArbGeb darlegen und beweisen, dass er irrtümlich gehandelt hat und dass der ArbN nur Tätigkeiten verrichtet, die einer niedrigeren Vergütungsgruppe zuzuordnen sind[10] (vgl. § 46 Rz. 133). Die Fehlerhaftigkeit ist bereits gegeben, wenn nur eine der tariflichen Voraussetzungen fehlt. Das NachwG hat auf diese Grundsätze keinen Einfluss. Eigene Grundsätze gelten für die

---

1 ErfK/*Preis*, § 611 BGB Rz. 450.
2 BAG v. 5.12.2002 – 6 AZR 569/01, NZA 2003, 802.
3 S. hierzu BAG v. 21.1.2015 – 10 AZR 84/14, NZA 2015, 871.
4 Vgl. im Einzelnen BAG v. 18.1.1995 – 5 AZR 817/93, NZA 1996, 27; BAG v. 12.1.1994 – 5 AZR 597/92, NZA 1994, 658; ErfK/*Preis*, § 611 BGB Rz. 408 ff.
5 BAG v. 25.4.2001 – 5 AZR 497/99, NZA 2001, 966; BAG v. 23.5.2001 – 5 AZR 374/99, BAGR 2001, 30.
6 LAG Düsseldorf v. 6.9.2016 – 9 Sa 1385/15.
7 BAG v. 14.3.2001 – 4 AZR 152/00, NZA 2002, 157; *Neumann*, NZA 1986, 729.
8 BAG v. 8.3.2006 – 10 AZR 186/05, NZA-RR 2006, 672.
9 LAG Hessen v. 16.6.2013 – 14 Sa 1367/12.
10 BAG v. 18.2.1998 – 4 AZR 581/96, NZA 1998, 951; BAG v. 17.5.2000 – 4 AZR 232/99, NZA 2001, 1395; BAG v. 24.9.2008 – 4 AZR 685/07, NZA 2009, 499.

Überprüfung der Richtigkeit einer Beurteilung zur Ermittlung des **Leistungsentgelts** nach dem **ERA-TV**. Hier besteht ein System der abgestuften Darlegungs-und Beweislast[1].

Bei Geltendmachung von **Vergütungs**bestandteilen unter Berufung auf **Annahmeverzug des ArbGeb** (§ 615 BGB) ist der ArbN darlegungs- und beweispflichtig für das Angebot seiner Arbeitsleistung (§§ 293–295 BGB) bzw. dass er sie nicht anbieten musste (§§ 293, 296 BGB), weil einer der Tatbestände vorgelegen hat, der eine Vergütungspflicht ohne Arbeit regelt (zB Krankenvergütung, Urlaubsentgelt, Arbeitsfreistellung)[2]. Der ArbGeb ist beweisbelastet für seine Einwendungen, das Arbeitsverhältnis sei beendet oder der ArbN sei nach § 297 BGB nicht objektiv leistungsfähig oder subjektiv nicht leistungswillig gewesen[3]. Dabei lässt das BAG[4] (s.a. Rz. 88 und 16) für die innere Tatsache des fehlenden Leistungswillens Indizien genügen. Eine vom ArbGeb geschilderte Indizwirkung hat der ArbN zu erschüttern. War etwa ein ArbN vor Ausspruch einer ArbGeb-Kündigung längerfristig arbeitsunfähig erkrankt, dann begründet das – angeblich zufällige – zeitliche Zusammenfallen von Ablauf der Kündigungsfrist und dem behauptetem Ende der Arbeitsunfähigkeit eine Indizwirkung dafür, dass der ArbN über den Ablauf der Kündigungsfrist auch weiterhin arbeitsunfähig ist[5]. Auf die Einwendung des ArbGeb kommt es allerdings nicht an, wenn sich schon aus dem Sachvortrag des ArbN Indizien für eine fehlende Leistungsfähigkeit ergeben und der ArbN die selbst geschaffene Indizwirkung nicht ausräumt[6]. Beruft sich der ArbGeb für eine Anrechnung eines anderweitigen Verdienstes nach § 615 Satz 2 BGB auf ein böswilliges Unterlassen, dann muss er die Voraussetzungen hierfür beweisen[7]. Wegen der Höhe des Zwischenverdienstes ist der ArbN alsdann auskunftspflichtig[8].

108

Spricht der ArbGeb eine **Kündigung** aus, die von den Gerichten für Arbeitssachen für **unwirksam** erklärt wird, und hat er dem ArbN in der Zwischenzeit keine Vergütung bezahlt, so hat er die Nachzahlung der **rückständigen Vergütungsbestandteile** zu **verzinsen**, wenn er bei Anwendung der erforderlichen Sorgfalt hätte erkennen können, dass die Kündigung unwirksam war. Die Darlegungs- und Beweislast dafür, dass er die verzögerte Gehaltszahlung nicht zu vertreten hat, trägt der ArbGeb, weil er die Kündigung ausgesprochen hat. Dabei muss er nachweisen, dass aus seiner Sicht Kündigungsgründe vorlagen, die einen sorgfältig abwägenden ArbGeb zur Kündigung veranlassen konnten, so dass er auf die Wirksamkeit der Kündigung vertrauen durfte[9]. Ggf. kann dieser Zeitpunkt auch erst eintreten im Laufe des Prozessverfahrens, etwa nach einer Beweisaufnahme oder nach Erlass eines erstinstanzlichen Urteils. Annahmeverzug erfasst auch Ansprüche auf **vermögenswirksame Leistungen**, selbst wenn sie vom ArbGeb in Form eines Zuschusses zum Lohn erbracht werden[10].

109

Fordert der ArbN Vergütung für geleistete **Überstunden**, muss er grds. im Einzelnen nach Tag und Uhrzeit darlegen, an welchen Tagen und zu welchen Tageszeiten er über seine vertraglich geschuldete Normal-Arbeitszeit hinaus gearbeitet hat oder sich auf Weisung des ArbGeb zur Arbeitsleistung bereitgehalten hat. Er muss grds aufzeigen, an welchen Tagen er von wann bis wann gearbeitet hat oder sich weisungsgemäß zur Arbeit bereitgehalten hat[11]. Er muss den äußeren zeitlichen Rahmen darlegen und die behaupteten Arbeitsleistungen konkretisieren ohne konkrete Tätigkeitsangaben machen zu müssen[12]. Diese Grundsätze gelten allerdings nicht starr schematisch, sondern können im Einzelfall nach der Art der zu verrichtenden Tätigkeit und nach den Arbeitsabläufen auch variieren[13]. Ferner muss der ArbN dartun, dass der ArbGeb die Überzeit angeordnet hat oder dass sie zur Erledigung der ihm obliegenden Arbeit notwendig und der ArbGeb sie gebilligt oder geduldet hat. Die Anordnung von Mehrarbeit kann konkludent erfolgen, indem der ArbGeb dem ArbN Arbeit zuweist, die nur unter Überschreitung der regelmäßigen Arbeitszeit geleistet werden kann und die Erwartung ihrer baldigen Erledigung zum Ausdruck bringt[14]. Die Darlegungs- und Beweislast für diese anspruchsbegründenden Tatsachen trifft den ArbN. Der ArbGeb kann sich nicht auf

110

---

1 BAG v. 18.6.2014 – 10 AZR 699/13, NZA-RR 2015, 430.
2 BAG v. 18.4.2012 – 5 AZR 248/11, NZA 2012, 998.
3 BAG v. 23.1.2008 – 5 AZR 393/07; BAG v. 15.5.2013 – 5 AZR 130/12; BAG v. 24.9.2014 – 5 AZR 611/12, NZA 2014, 1407.
4 BAG v. 17.8.2011 – 5 AZR 251/10, NZA-RR 2012, 342.
5 BAG v. 22.2.2012 – 5 AZR 249/11, NZA 2012, 858.
6 BAG v. 15.5.2013 – 5 AZR 130/12, NZA 2013, 1076.
7 BAG v. 18.6.1965 – 5 AZR 351/64, AP Nr. 2 zu § 615 BGB – Böswilligkeit; BAG v. 17.11.2011 – 5 AZR 564/10.
8 *Schaub*, Arbeitsgerichtsverfahren, § 36 Rz. 62.
9 BAG v. 23.9.1999 – 8 AZR 791/98; BAG v. 13.6.2002 – 2 AZR 391/01, NZA 2003, 48.
10 BAG v. 19.9.2012 – 5 AZR 628/11, NZA 2013, 330.
11 BAG v. 21.12.2016 – 5 AZR 362/16 bei einem Kraftfahrer und Beifahrer mit Tourenvorgaben, die ua. die Aufzeichnungen eines Fahrtenschreibers als Hilfsmittel verwenden können.
12 BAG v. 16.5.2012 – 5 AZR 347/11, NZA 2012, 939; BAG v. 10.4.2013 – 5 AZR 122/12, NZA 2013, 1100.
13 BAG v. 16.5.2012 – 5 AZR 347/11, NZA 2012, 939 (Kraftfahrer mit festen Touren).
14 BAG v. 10.4.2013 – 5 AZR 122/12, NZA 2013, 1100.

ein reines Bestreiten beschränken, sondern hat den Tatsachenvortrag des ArbN, sofern ihm dies möglich ist, qualifiziert zu bestreiten und hierbei dartun, an welchen Zeiten der ArbN gearbeitet haben soll bzw. welche Arbeiten er dem ArbN wann zugewiesen hat, die dieser von wann bis wann nicht verrichtet hat[1]. Anschließend hat der ArbN Beweis für die geleisteten Stunden zu erbringen[2]. Wendet der ArbGeb nur ein, die Parteien haben eine Pauschalvergütung einschließlich der Abgeltung von Überstunden vereinbart[3], trägt er für diese rechtsvernichtende Einwendung die Beweislast[4].

111 Ein ArbN, der unter Berufung auf einen Verstoß des ArbGeb gegen die Grundsätze einer **betrieblichen Übung** eine Leistung oder Vergünstigung fordert, muss die Voraussetzungen hierfür dartun. Dazu gehören die Darlegung der Leistung bzw. Vergünstigung durch gleichförmiges und wiederholtes Verhalten des ArbGeb und die konkrete Schilderung des Sachverhalts, aus dem auf den Verpflichtungswillen des ArbGeb geschlossen werden kann[5]. Die Anforderungen dürfen im Einzelfall aber nicht unzumutbar sein, weil der ArbN idR nur die Umstände kennt, die für ihn den Eindruck einer festen Übung erwecken. Dann obliegt es dem ArbGeb, seine Praxis offenzulegen und ggf. den Anschein einer betrieblichen Übung zu erschüttern[6]. Gleiches gilt, wenn der ArbGeb geltend macht, er habe Leistungen nur unter Verkennung der Rechtslage irrtümlich erbracht. Beruft sich der ArbGeb auf eine abändernde betriebliche Übung, trifft ihn die Darlegungs- und Beweislast für die Abänderung. Macht der ArbGeb geltend, er habe die betriebliche Übung schon vor der Einstellung des ArbN eingestellt gehabt, trifft ihn nach LAG Köln[7] hierfür die Darlegungs- und Beweislast, weil der ArbGeb die Vermutung des Fortbestands bestehender Verhältnisse gegen sich hat (Perpetuierungsvermutung). Auch ist dies ein Umstand, der in der Sphäre des ArbGeb liegt. Der ArbN kennt nur die für ihn ersichtlichen Verhältnisse.

112 Die Beweislast für die Verletzung des **Gleichbehandlungsgrundsatzes** – vornehmlich hinsichtlich eines Zahlungsanspruchs - trifft nach der Beweislastgrundregel (vgl. Rz. 98) grds. den ArbN. Dabei hat er zunächst einen Tatbestand für eine Ungleichbehandlung darzulegen und zu beweisen. Reine Behauptungen oder ein Verdacht reichen nicht aus. Im Bereich der Vergütung ist der Gleichbehandlungsgrundsatz trotz des Vorrangs der Vertragsfreiheit anwendbar, wenn der ArbGeb die Leistung nach einem allgemeinen Prinzip gewährt, indem er bestimmte Voraussetzungen oder Zwecke festlegt. Bei der betrieblichen Altersversorgung muss der ArbN etwa eine Anzahl von Vergleichsfällen vortragen[8]. Gleiches gilt idR auch in anderen Rechtsbereichen. Schildert der ArbN eine relevante Ungleichbehandlung, dann hat der ArbGeb im Anschluss daran darzulegen, wie er den begünstigten Personenkreis abgegrenzt hat, welcher Zweck die Gruppenbildung verfolgt (Offenlegung der Gründe für die Differenzierung) und warum der klagende ArbN nicht dazu gehört[9]. Macht der ArbN sodann geltend, er gehöre zu dem Personenkreis oder erfülle die vom ArbGeb vorgegebenen Voraussetzungen der Leistung oder die Gruppenbildung sei vom ArbGeb nur vorgeschoben und werde tatsächlich nicht eingehalten, hat er dies darzulegen und zu beweisen[10]. Ein sachlicher Grund für eine Ungleichbehandlung kann der Ausgleich unterschiedlicher Arbeitsbedingungen zwischen verschiedenen Gruppen von ArbN sein, solange nur ein tatsächlicher Ausgleich herbeigeführt wird und keine Überkompensation eintritt. Beruft sich der ArbN auf eine Überkompensation, ist er hierfür darlegungs- und beweispflichtig[11].

112a Soweit tariflich nichts anderes vorgesehen, gilt zum Schutz der **LeihArbN** der Grundsatz von Equal-pay und Equal-treatment. Danach müssen LeihArbN vom Verleiher zwar nicht identisch, aber doch hinsichtlich der wesentlichen Arbeitsbedingungen vergleichbar mit einem Stamm-ArbN ihres Einsatzbetriebes beschäftigt werden. Daher kann nach § 10 Abs. 4 AÜG der LeihArbN die Gewährung der im Betrieb des Entleihers für einen vergleichbaren ArbN geltenden wesentlichen Arbeitsbedingungen einschließlich des Arbeitsentgelts[12] verlangen. Dazu gehört auch die Darlegung des Gesamtvergleichs aller Entgelte im gesamten Überlassungszeitraum und die Berechnung der Differenzvergütung[13]. „Equal-Pay" Ansprüche auf

---

1 BAG v. 17.4.2002 – 5 AZR 644/02, DB 2002, 1450.
2 BAG v. 4.5.1994 – 4 AZR 445/93, NZA 1994, 1035.
3 Vgl. zur Wirksamkeit: BAG v. 16.5.2012 – 5 AZR 331/11, ArbRB 2012, 269.
4 GK-ArbGG/*Schütz*, § 58 Rz. 124.
5 BAG v. 21.6.2005 – 9 AZR 200/04, NZA 2006, 232.
6 BAG v. 19.8.2008 – 3 AZR 194/07, NZA 2009, 196.
7 LAG Köln v. 1.12.1995 – 13 Sa 378/95, NZA-RR 1996, 263.
8 LAG Köln v. 1.12.1995 – 13 Sa 378/95, NZA-RR 1996, 263; vgl. zur Gruppenbildung: BAG v. 19.8.2008 – 3 AZR 194/07, NZA 2009, 196.
9 BAG v. 12.11.1991 – 3 AZR 52/93, NZA 1992, 837; BAG v. 20.7.1993 – 3 AZR 52/93, DB 1994, 151.
10 BAG v. 12.6.1990 – 3 AZR 166/88, NZA 1990, 973; BAG v. 29.9.2004 – 5 AZR 43/04, NZA 2005, 183.
11 BAG v. 3.9.2014 – 5 AZR 6/13, NZA 2015, 222.
12 Vgl hierzu BAG v. 21.10.2015 – 5 AZR 604/14, NZA 2016, 422.
13 BAG v. 19.2.2014 – 5 AZR 700/12, NZA 2014, 1097; BAG v. 21.10.2015 – 5 AZR 604/14, ArbRB 2016, 134.

die Differenzvergütung nach § 10 Abs. 4 AÜG sind tätigkeitsbezogen. Der LeihArbN muss durch Benennung vergleichbarer StammArbN – nur insoweit geht sein Auskunftsanspruch[1] – oder die Beschreibung der tatsächlichen Anwendung eines allgemeinen Entgeltschemas darlegen und eine **Auskunft** nach § 13 AÜG beim Entleiher einholen[2]. War die Auskunft nicht hinreichend erteilt, genügt die Mitteilung eines vergleichbaren Stamm-ArbN und das diesem gezahlte Arbeitsentgelt. Gibt es kein festes Schema, sind neben dem Arbeitsentgelt vergleichbarer StammArbN auch ein Gesamtvergleich und die Berechnung der Differenzvergütung darzulegen[3]. Beschäftigt der Entleiher keine eigenen mit dem Leih-ArbN vergleichbaren ArbN, ist er verpflichtet, dem Leih-ArbN Auskunft darüber zu erteilen, welche Arbeitsbedingungen für ihn gölten, wenn er im Zeitpunkt der Überlassung direkt beim Entleiher eingestellt worden wäre[4].

Nach § 4 Abs. 1 TzBfG – die Norm konkretisiert den allgemeinen Gleichbehandlungsgrundsatz im Bereich der Teilzeitarbeit – dürfen **Teilzeitbeschäftigte** bezüglich ihrer **Beschäftigungsbedingungen** objektiv nicht schlechter gestellt werden als vergleichbare Vollzeitbeschäftigte, es sei denn, eine Ungleichbehandlung ist aus sachlichen Gründen gerechtfertigt[5]. Dabei obliegt dem Teilzeitbeschäftigten die Darlegungs- und Beweislast, dass er gegenüber einem Vollzeitbeschäftigten benachteiligt wird. Der ArbGeb muss dann nachweisen, dass für die Ungleichbehandlung ein sachlicher Grund besteht. 112b

§ 22 AGG regelt für den Rechtsschutz bei **Diskriminierungen** die Beweislast für Ansprüche nach § 15 Abs. 1 und 2 AGG. In Fällen einer diskriminierenden **Ungleichbehandlung** besteht für den ArbN eine Erleichterung der Darlegungslast, eine Absenkung des Beweismaßes und zusätzlich eine Beweislastumkehr. Ein Entschädigungsanspruch nach § 15 Abs. 2 Satz 1 AGG entsteht bei einem Verstoß gegen das Benachteiligungsverbot gem. § 7 Abs. 1 iVm. § 1 AGG, auf Verschulden des ArbGeb kommt es – im Gegensatz zum Schadensersatzanspruch nach § 15 Abs. 1 – nicht an[6]. Das AGG arbeitet mit einem **2-stufigen** Darlegungs- und Beweislastsystem: Auf der 1. Stufe steht der gelungene Nachweis des ArbN, dass er vermutlich diskriminiert worden ist. Dabei ist ausreichend, dass der Benachteiligende ein Diskriminierungsmerkmal nach § 1 AGG nur mutmaßt bzw. irrig (vgl. § 7 Abs. 1 Halbs. 2 AGG) oder zutreffend annimmt[7]. Auf der 2. Stufe tritt eine Beweislastumkehr zulasten des ArbGeb ein. Dieser hat nicht nur die Vermutungswirkung zu erschüttern, sondern ihn trifft sodann die volle Darlegungs- und Beweislast (Vollbeweis) dafür, dass sein Handeln nicht gegen die Bestimmungen des AGG verstößt[8]. 113

Auf der **1. Stufe** hat der Kläger zunächst den Vollbeweis zu führen, dass er gegenüber einer anderen sich in vergleichbarer Situation[9] befindlicher Person ungünstig behandelt worden ist. Nach nunmehr geänderter Rspr. des BAG[10] ist die „objektive" Eignung eines Bewerbers kein Kriterium der „vergleichbaren Situation" bzw. der vergleichbaren Lage iSv. § 3 Abs. 1 und Abs. 2 AGG und deshalb keine Voraussetzung für einen Anspruch nach § 15 Abs. 1 und Abs. 2 AGG wegen einer verbotenen Benachteiligung im Auswahlverfahren. Für eine solche Benachteiligung reicht es aus, dass der ArbN sog. Vermutungstatsachen (Indizien) darlegt und ggf. beweist, die mit überwiegender Wahrscheinlichkeit eine Benachteiligung wegen eines der in den §§ 1, 3, 7 AGG genannten verpönten Merkmals erfolgt ist[11]. Bei den zu beweisenden Indizien handelt es sich um Hilfstatsachen, dh. tatbestandsfremde Umstände, die den Schluss auf das Vorliegen oder Nichtvorliegen des Tatbestandsmerkmals selbst rechtfertigen. Der Beklagte hat dazu gem. § 138 ZPO konkret Stellung zu nehmen. Bleiben Vermutungstatsachen streitig, hat sie der Kläger nach allgemeinen Grundsätzen zu beweisen, ohne dass ihm insoweit Beweiserleichterungen zugute kommen. Solche betreffen sodann aber das Beweismaß bezüglich des **Grundes für die Benachteiligung**, also des Motivs des Beklagten für die Ungleichbehandlung. Da dieses der Kläger in aller Regel nicht genau kennen oder gar als innere Tatsache der Gegenseite nachweisen kann und die Vorschrift unter dem Aspekt der Gewährung effektiven Rechtsschutzes de facto nicht ins Leere laufen darf, ist insoweit kein allzu strenger Maßstab anzulegen. Es reicht aus, wenn das Gericht im Rahmen der freien Beweiswürdigung aufgrund der vorgetragenen Indizien eine durch die Ungleichbehandlung erlittene Benachteiligung zumindest auch wegen eines der in § 1 AGG genannten Merkmale aus objektiver Sicht betrachtet nur vermuten lassen, indem es sie für

---

1 BAG v. 25.3.2015 – 5 AZR 368/13, ArbRB 2015, 228.
2 BAG v. 13.3.2013 – 5 AZR 424/12, NZA 2013, 782; BAG v. 23.3.2011 – 5 AZR 7/10, NZA 2011, 850; BAG 25.9.2013 – 5 AZR 617/13, NZA 2013, 1231.
3 BAG v. 23.10.2013 – 5 AZR 556/12, NZA 2014, 313; BAG v. 21.10.2015 – 5 AZR 604/14, NZA 2016, 422.
4 BAG v. 19.2.2014 – 5 AZR 1047/12.
5 Vgl. Einzelfälle bei *Böhm*, ArbRB 2015, 240.
6 BAG v. 22.1.2009 – 8 AZR 906/07, NZA 2009, 945.
7 BAG v. 17.12.2009 – 8 AZR 670/08, NZA 2010, 383; BAG v. 20.6.2013 – 8 AZR 482/12, NZA 2014, 21.
8 BAG v. 26.6.2014 – 8 AZR 547/13.
9 BAG v. 19.8.2010 – 8 AZR 466/09.
10 BAG v. 19.5.2016 – 8 AZR 470/14, NZA 2016, 1394.
11 BAG v. 22.10.2015 – 8 AZR 384/14, NZA 2016, 625.

"überwiegend wahrscheinlich" hält[1]. Diesen Beweis kann der Kläger mit allen fünf zulässigen Beweismitteln (vgl. Rz. 32) führen, also nicht mit einer eidesstattlichen Versicherung iSv. § 294 ZPO. Dabei indiziert die Verletzung allgemeiner ArbGebpflichten mit Schutzwirkung für den betroffenen ArbN die Vermutungswirkung für eine Ungleichbehandlung[2]. Gleiches gilt für die Erteilung einer falschen Auskunft, die im Widerspruch zum Verhalten des ArbGeb steht[3] oder die Ausschreibung einer Stelle unter Verstoß gegen §§ 11, 7 Abs. 1 AGG. **Indizien** können sich aus Erklärungen oder Verhaltensweisen des ArbGeb vor oder nach der geltend gemachten benachteiligten Entscheidung ergeben; diese hat der ArbN nachzuweisen. Werden vom ArbN Tatsachen vorgetragen, die – allein für sich betrachtet – zur Begründung der Kausalität nicht ausreichen, dann ist eine Gesamtbetrachtung aller Hilfstatsachen vorzunehmen, ob sie die Vermutungswirkung begründen[4]. Statistiken zur Unterrepräsentanz einer bestimmten Nationalitätengruppe sind nur beschränkt aussagekräftig für Diskriminierungen[5]. Auch Statistiken für eine geschlechtsbezogene Diskriminierung müssen aussagekräftig sein[6]. Ein Anspruch auf Nennung weiterer Bewerber auf eine Stellenanzeige besteht nicht[7]. Die Verweigerung der Information kann jedoch ein Gesichtspunkt sein, der für die Vermutung einer Diskriminierung spricht. Die Formulierung in einer Stellenausschreibung, der Bewerber werde die Tätigkeit „in einem jungen dynamischen Team" verrichten, löst als Altersdiskriminierung die Vermutung des § 22 AGG aus[8]. In einem Online-Bewerbungsformular ist es geschlechtsneutral, wenn in einem hervorgehobenen Klammerzusatz „m/w" enthalten ist, auch wenn in der Stellenanzeige dann nur die männliche Form benutzt wird[9].

113a Auf der **2. Stufe** muss der ArbGeb nachweisen, dass er keine verbotene Diskriminierung vorgenommen hat und sein Handeln gerechtfertigt war[10]. Das bezieht sich auch auf Hilfstatsachen, die die Benachteiligung indiziert haben. So kann der ArbGeb etwa nachweisen, dass die angegriffene Maßnahme in keinem Zusammenhang mit einem Diskriminierungsmerkmal des § 1 AGG steht oder aufgrund beruflicher Anforderungen gem. § 8 AGG oder durch einen anderen Rechtfertigungsgrund der §§ 9, 10 AGG gerechtfertigt ist. Bei mittelbaren Benachteiligungen kann der ArbGeb das Vorliegen eines sachlichen Grundes iSv. § 3 Abs. 2 AGG nachweisen. Bei einer benachteiligenden Stellenausschreibung scheidet nach § 3 Abs. 2 AGG ein Verstoß gegen § 11 AGG dann aus, wenn die Anforderungen durch ein rechtmäßiges Ziel sachlich gerechtfertigt und zur Erreichung dieses Ziels angemessen und erforderlich ist[11]. Sexuelle und sonstige Belästigungen dürften nicht zu rechtfertigen sein. Das Gericht hat in freier Beweiswürdigung gem. § 286 ZPO (vgl. Rz. 81) zu beurteilen, ob das Handeln des ArbGeb sachlich gerechtfertigt (insbesondere gem. §§ 8–10 AGG) ist, ob sein Handeln bzw. seine Entscheidung tatsächlich darauf beruht oder nur „gesuchte" Gründe darstellen, die künstlich nachträglich vorgeschoben und damit rechtsmissbräuchlich sind. Bei der Gesamtbeurteilung kommt es nicht darauf an, wie eine Partei eine bestimmte Handlung subjektiv empfindet, sondern ob für einen verständigen Dritten tatsächlich ein plausibler nachvollziehbarer Kausalzusammenhang zwischen den vorgetragenen Hilfstatsachen und der behaupteten Motivlage erkennbar ist[12]. Gelingt dem ArbGeb dieser Nachweis nicht, steht dem ArbN ein **Entschädigungsanspruch** gem. § 15 Abs. 2 AGG zu, dessen Höhe entsprechend den Umständen des Einzelfalles in das Ermessen des Gerichts gestellt ist[13]. Steht die Benachteiligung fest, hat der ArbGeb darzutun, dass der Bewerber auch bei benachteiligungsfreier Auswahl nicht eingestellt worden wäre und damit die Höchstgrenze von § 15 Abs. 2 AGG nicht zum Tragen kommt[14]. Bei der Benachteiligung wegen des Alters ist die Einstellung eines anderen Mitarbeiters/Mitbewerbers keine Voraussetzung für einen Entschädigungsanspruch[15]. Kann der ArbN darüber hinausgehend darlegen und beweisen, dass er ohne die benachteiligende Handlung – idR also der am besten ge-

---

1 BAG v. 24.4.2008 – 8 AZR 257/07, NZA 2008, 1351; BAG v. 17.12.2009 – 8 AZR 670/08, NZA 2010, 383.
2 Vgl. aus dem Schwerbehindertenbereich: BAG v. 15.2.2005 – 9 AZR 635/03, NZA 2005, 870 (872); BAG v. 22.8.2013 – 8 AZR 563/12.
3 BAG v. 21.6.2012 – 8 AZR 364/11, NZA 2012, 1345.
4 BAG v. 7.7.2011 – 2 AZR 396/10, NZA 2012, 34; BAG v. 26.6.2014 – 8 AZR 547/13.
5 BAG v. 21.6.2012 – 8 AZR 364/11, NZA 2012, 1345; BAG v. 22.7.2010 – 8 AZR 1012/08, NZA 2011, 93; BAG v. 18.9.2014 – 8 AZR 753/13, ArbRB 2015, 69.
6 Vgl. BAG v. 22.7.2010 – 8 AZR 1012/08, NZA 2011, 93; BAG v. 18.9.2014 – 8 AZR 753/13.
7 EuGH v. 19.4.2012 – C-415/10, NZA 2012, 493, BAG v. 25.4.2013 – 8 AZR 287/08, NZA 2014, 224.
8 BAG v. 11.8.2016 – 8 AZR 406/14.
9 S. zu potentiellen Indizien für eine Herkunfts-, Geschlechts- und Altersdiskriminierung in einem Online-Bewerbungsformular: BAG v. 15.12.2016 – 8 AZR 418/15.
10 BAG v. 15.12.2016 – 8 AZR 454/15, zu einer mittelbaren Benachteiligung wegen des Alters.
11 BAG v. 11.8.2016 – 8 AZR 406/14.
12 *Grobys*, NZA 2006, 898.
13 S. dazu BAG v. 11.8.2016 – 8 AZR 406/14.
14 BAG v. 19.8.2010 – 8 AZR 530/09, NZA 2010, 1412.
15 BAG v. 23.8.2012 – 8 AZR 285/11, NZA 2013, 37.

eignete Bewerber – von dem ArbGeb auch tatsächlich eingestellt worden wäre, steht dem ArbN ein idR weitergehender **Schadensersatzanspruch** nach § 15 Abs. 1 AGG zu[1].

Zur **rechtsmissbräuchlichen Bewerbung** ohne die Absicht, eine ausgeschriebene Stelle zu erlangen und nur mit dem Ziel, eine Entschädigung zu fordern, s. BAG[2]. Die Beweislast für das Vorliegen der Voraussetzungen, die den – rechtshindernden – Einwand des Rechtsmissbrauchs begründet, trägt die Partei, die sich darauf beruft[3].

Nach § 10 Abs. 2 EntgTranspG hat der einzelne ArbN (§ 5 Abs. 2) zur **Transparenz** der **Entgeltstrukturen** einen **Auskunftsanspruch** bezüglich der Entlohnung von Beschäftigten mit einer gleichen oder gleichwertigen Tätigkeit. Die Angaben beziehen sich auf denselben Betrieb und denselben ArbGeb. Er geht auf die Kriterien und Verfahren der Entgeltfindung sowie des durchschnittlichen monatlichen Bruttoentgelts in Form eines statistischen Medians der Vergleichsgruppe. Demnach genügt es etwa, wenn eine weibliche ArbN im Verfahren auf Leistung von gleicher Vergütung – ob mit oder ohne erteilter Auskunft – darlegt und ggf. beweist, dass ein männlicher ArbN gleiche oder gleichwertige Arbeit verrichtet und dafür ein höheres Entgelt erhält. Der ArbGeb kann nun nachweisen, dass die Arbeit der beiden Personen nicht gleich oder gleichwertig ist, oder dass die unterschiedliche Vergütung auf Faktoren beruht, die nichts mit dem Geschlecht zu tun haben; zB qualifiziertere Kenntnisse und Fertigkeiten, höhere Berufserfahrung oder höhere Vergütung aus Gründen der Besitzstandswahrung. Die ArbN muss ggf. nicht zwingend zuerst auf Erteilung der Auskunft klagen, sondern kann direkt die Differenzvergütung einklagen, sofern sie einschlägige Kenntnisse hat oder die Voraussetzungen schlüssig behauptet. 113b

Der Kläger hat den Entschädigungsanspruch aus § 15 Abs. 2 AGG innerhalb der europarechtlich unbedenklichen[4] zweimonatigen **Ausschlussfrist** des § 15 Abs. 4 AGG schriftlich (Textform genügt[5]) geltend zu machen und die dreimonatige Klagefrist des § 61b Abs. 1 einzuhalten.[6] Die Frist von § 15 Abs. 4 AGG gilt auch für Schadensersatzansprüche von § 15 Abs. 1 AGG sowie für sonstige auf denselben Lebenssachverhalt gestützte Schadensersatzansprüche[7]. Die Schriftform wird durch rechtzeitige Klageerhebung gewahrt; § 167 ZPO findet Anwendung. Der Fristbeginn ist gem. § 15 Abs. 1 Satz 1 und 2 AGG grds. der Zeitpunkt, in dem der Beschäftigte von der Benachteiligung erfährt. Kenntniserlangung liegt nicht erst vor bei Kenntnis der Motive für eine Benachteiligung, sondern schon bei Kenntnis der Indizien iSv. § 22 AGG[8]. Dass und wann die Frist im Falle der Ablehnung zu laufen begonnen hat, muss der ArbGeb beweisen[9]. Die zusätzlich zu beachtende **Klage**frist des § 61b Abs. 1 ArbGG erfasst nicht den Schadensersatzanspruch aus § 15 Abs. 1 AGG[10] und nicht den individualrechtlichen Differenzanspruch des ArbN wegen nicht gerechtfertigter Unterbezahlung der Vergütung. Die Klage auf Entschädigung muss innerhalb von 3 Monaten nach schriftlicher Geltendmachung erhoben werden. § 15 Abs. 4 AGG gilt aber nicht für den Erfüllungsanspruch auf Zahlung der Vergütungsdifferenz[11]. 113c

Das Verbot der **geschlechtsbezogenen Diskriminierung** von ArbN nach § 611a BGB aF ist nunmehr in § 1 AGG enthalten und nach obigen Grundsätzen zu beurteilen. Besetzt der ArbGeb eine Beförderungsstelle mit einem männlichen Bewerber und nicht mit einer vergleichbaren schwangeren Bewerberin, so spricht allein dieser Umstand noch nicht für eine überwiegende Wahrscheinlichkeit einer Diskriminierung. Dazu bedarf es noch weiterer Indizien[12]. Vgl. zu einem Verstoß gegen das **Maßregelungsverbot** von § **612a** BGB: BAG vom 23.4.2009[13]. 114

§ 81 (ab 1.1.2018: § 164) Abs. 2 SGB IX normiert ein **Benachteiligungsverbot** für **schwerbehinderte Menschen** und die diesen **gleichgestellten** Menschen[14] bezüglich unmittelbarer als auch mittelbarer Diskriminierungen. Im Einzelnen gelten hier die Bestimmungen des AGG. Ein Verstoß gegen das Benachteiligungs- 115

---

1 BAG v. 19.8.2010 – 8 AZR 530/09, NZA 2010, 1412; vgl. auch zur Modifizierung der Beweislast in diesem Fall bei einem Entschädigungsanspruch.
2 BAG v. 19.5.2016 – 8 AZR 470/14, NZA 2016, 1394; BAG v. 11.8.2016 – 8 AZR 809/14; BAG v. 26.1.2017 – 8 AZR 848/13 (EuGH), MDR 2015, 11.
3 BAG v. 11.8.2016 – 8 AZR 406/14, NZA-RR 2017, 132.
4 EuGH v. 8.7.2010 – C-246/09, NZA 2010, 869.
5 BAG v. 16.2.2012 – 8 AZR 697/10, NZA 2012, 667.
6 Vgl. dazu BAG v. 19.8.2010 – 8 AZR 530/09, NZA 2010, 1412; BAG v. 22.5.2014 – 8 AZR 662/13, MDR 2014, 1272.
7 BAG v. 15.3.2012 – 8 AZR 37/11, NZA 2012, 910.
8 BAG v. 15.3.2012 – 8 AZR 37/11, NZA 2012, 910.
9 BAG v. 19.8.2010 – 8 AZR 530/09, NZA 2010, 1412.
10 BAG v. 20.6.2013 – 8 AZR 482/12, NZA 2014, 21.
11 BAG v. 22.10.2015 – 8 AZR 168/14, NZA 2016, 1081; LAG Rh-Pf v. 13.1.2016 – 4 Sa 616/14, NZA 2016, 347.
12 BAG v. 24.4.2008 – 8 AZR 257/07, NZA 2008, 1351; BAG v. 27.1.2011 – 8 AZR 483/09, NZA 2011, 689.
13 BAG v. 23.4.2009 – 6 AZR 189/08, MDR 2009, 1351.
14 BAG v. 27.1.2011 – 8 AZR 580/09: für Menschen mit sonstigen Behinderungen gilt nur das AGG.

verbot des § 81 Abs. 2 SGB IX begründet einen Entschädigungsanspruch nach § 15 Abs. 2 AGG[1]. Eine maßgebliche Person, die sich durch eine Verletzung des Gleichbehandlungsgrundsatzes für beschwert hält, genügt bereits dann ihrer Darlegungslast, wenn sie Indizien vorträgt, die mit „überwiegender Wahrscheinlichkeit" darauf schließen lassen, dass die Behinderung ursächlich für die Benachteiligung war[2]. Die Verletzung allgemeiner ArbGebPflichten – zB Nichtbeteiligung[3] oder fehlerhafte Beteiligung der Schwerbehindertenvertretung – indiziert schon die Vermutungswirkung, für die kein strenger Maßstab besteht[4]. Dagegen reicht es nicht, wenn bei einer Ausschreibung nur die Agentur für Arbeit nach § 81 Abs. 1 Satz 1 und 2, § 82 Satz 1 SGB IX nicht eingeschaltet worden war[5]. Ein Indiz für eine Benachteiligung wegen der Behinderung ist bei einem **öffentlichen ArbGeb** die unterbliebene Einladung des schwerbehinderten Menschen zum Vorstellungsgespräch[6]; diese ist nur entbehrlich, wenn die fachliche Eignung[7] – was der ArbGeb beweisen muss – des schwerbehinderten Bewerbers offensichtlich ausgeschlossen ist. Eine nachgeholte Einladung beseitigt die Indizwirkung nicht, weil sie die Kausalität zwischen Nachteil und verpöntem Merkmal nicht beseitigt[8]. Der öffentliche ArbGeb muss beweisen, dass in seinem Motivbündel die Behinderung für seine Entscheidung weder als positives noch als negatives Kriterium auch eine Rolle gespielt hat. Den ArbGeb trifft auch die Beweislast, dass ihm die Erfüllung des Beschäftigungsanspruchs unzumutbar oder nur mit unverhältnismäßigen Aufwendungen verbunden wäre (§ 81 Abs. 4 Satz 3 SGB IX). Dagegen reicht – wie bei der Schwangeren – bei einer erfolglosen Bewerbung die bloße Berufung auf die Schwerbehinderteneigenschaft für die Vermutungswirkung nicht aus. Dazu bedarf es weiterer Indizien[9]. Allerdings kommt eine Benachteiligung nur in Betracht, wenn dem öffentlichen ArbGeb zum Zeitpunkt der benachteiligten Maßnahme die Schwerbehinderung – Kenntnis des GdB ist nicht erforderlich – des Bewerbers bekannt ist oder er sie kennen muss[10] oder der Bewerber im Bewerbungsschreiben keine Angaben macht, dass er das Leistungsprofil für die Stelle erfüllt, so dass der ArbGeb die Prüfung für die Geeignetheit nicht vornehmen kann[11].

Zur Begründung seines Anspruchs auf **behindertengerechte Beschäftigung** (§ 81 Abs. 4 Satz 1 Nr. 1 SGB IX) hat der ArbN schlüssig für ihn bestehende Beschäftigungsmöglichkeiten aufzuzeigen. Der ArbGeb hat hierauf substantiiert Tatsachen vorzutragen, dass solche behindertengerechte Beschäftigungsmöglichkeiten nicht bestehen oder deren Zuweisung ihm unzumutbar ist, indem er darzulegen hat, dass kein entsprechender freier Arbeitsplatz vorhanden ist und auch nicht durch Versetzung freigemacht werden kann. Es obliegt dann dem ArbN der Nachweis, dass entgegen den Behauptungen des ArbGeb ein freier Arbeitsplatz besteht oder durch Versetzung freigemacht werden kann[12].

116 Wer sich auf eine tarifliche **Ausschlussfrist** beruft, ist als rechtsvernichtende Einwendung für die Anwendbarkeit der Ausschlussfrist beweispflichtig, insbesondere für die Anwendung des TV. Findet die Ausschlussfrist Anwendung, hat der Gläubiger die Voraussetzungen der Anspruchserhaltung (zB frist- und formgerechte Geltendmachung des Anspruchs) als anspruchsbegründende Tatsachen darzulegen[13].

117 Verlangt der ArbN **Entgeltfortzahlung**, dann muss er als Anspruchsteller die allgemeinen Voraussetzungen des **§ 3 EFZG** darlegen und beweisen[14]. Das sind auch Beginn und Ende einer Arbeitsunfähigkeit[15] und ggf. eine zwischenzeitliche Wiedererlangung der Arbeitsfähigkeit. Den Beweis für die Arbeitsunfähigkeit führt er idR durch Vorlage einer ärztlichen **Arbeitsunfähigkeitsbescheinigung**[16]. Eine ordnungsgem. ausgestellte Arbeitsunfähigkeitsbescheinigung hat einen hohen **Beweiswert**. Wenngleich sie keine gesetzliche Vermutung iSv. § 292 ZPO ist, stellt sie das gesetzlich vorgesehene und gewichtigste Beweismittel für die krankheitsbedingte Arbeitsunfähigkeit dar (§ 5 Abs. 1 EFZG). Dem ArbGeb genügt ein einfaches Bestreiten ihrer inhaltlichen Richtigkeit nicht. Vielmehr muss er Einzelumstände vortragen und ggf. bewei-

---

1 BAG v. 7.7.2011 – 2 AZR 396/10, NZA 2012, 34.
2 BAG v. 26.1.2017 – 8 AZR 736/15, NZA 2017, 854.
3 BAG v. 20.1.2016 – 8 AZR 194/14, NZA 2016, 682.
4 Arbeitsrechtslexikon/*Schwab*: Schwerbehindertenrecht, V. 5.
5 BAG v. 26.6.2014 – 8 AZR 547/13, ArbRB 2014, 365.
6 BAG v. 24.1.2013 – 8 AZR 188/12, NZA 2013, 896; *Laber*, ArbRB 2011, 247.
7 Vgl. BAG v. 20.1.2016 – 8 AZR 194/14, NZA 2016, 682.
8 BAG v. 22.8.2013 – 8 AZR 563/12, NZA 2014, 82.
9 BAG v. 21.2.2013 – 8 AZR 180/12, NZA 2013, 840.
10 BAG v. 22.10.2015 – 8 AZR 384/14, NZA 2016, 625.
11 BAG v. 11.8.2016 – 8 AZR 375/15, NZA 2017, 43.
12 BAG v. 10.5.2005 – 9 AZR 230/04, NZA 2006, 156; BAG v. 14.3.2006 – 9 AZR 411/05, NZA 2006, 1214; BAG v. 13.6.2006 – 9 AZR 229/05, NZA 2007, 91.
13 BAG v. 27.6.2012 – 5 AZR 51/11, NZA 2013, 471.
14 LAG Köln v. 15.11.2016 – 12 Sa 453/16.
15 BAG v. 25.5.2016 – 5 AZR 318/15, ArbRB 2016, 260.
16 BAG v. 1.10.1997 – 5 AZR 726/96, AP Nr. 9 zu § 3 EFZG.

sen, die zu ernsthaften Zweifeln[1] an der behaupteten krankheitsbedingten Arbeitsunfähigkeit Anlass geben und ggf. im Einzelfall eine Begutachtung durch den medizinischen Dienst der Krankenversicherung gem. § 275 Abs. 1 Nr. 3 SGB V ermöglichen[2]. Je nach Kenntnisstand muss der ArbN bei einer Erschütterung des Beweiswertes seinen Vortrag zur Erkrankung substantiieren, zB welche Krankheiten vorlagen, welche gesundheitlichen Beeinträchtigungen bestanden, welche Verhaltensmaßregeln der Arzt gab oder welche Medikamente er einnahm[3]. Diese Grundsätze gelten auch für eine im Ausland ausgestellte Arbeitsunfähigkeitsbescheinigung. Sie muss jedoch erkennen lassen, dass der ausländische Arzt zwischen einer bloßen Erkrankung und einer mit Arbeitsunfähigkeit verbundenen Krankheit unterschieden und damit eine den Begriffen des deutschen Arbeits- und Sozialversicherungsrechts entsprechende Beurteilung vorgenommen hat[4]. Beruft sich der ArbN auf das Anfallen von regelmäßigen Überstunden, die gem. § 4 Abs. 1a EFZG in seinen Zahlungsanspruch einzubeziehen sind (nur Zuschläge entfallen), ist er hierfür beweispflichtig. Dass die eingetretene Arbeitsunfähigkeit vom ArbN **verschuldet** wurde iSv. § 3 Abs. 1 Satz 1 EFZG, muss der ArbGeb beweisen[5]. Den ArbGeb trifft auch die Darlegungs- und Beweislast für sonstige Einwendungen, wie zB ein Leistungsverweigerungsrecht nach § 7 EFZG, Rechtsmissbrauch, Verjährung, das Eingreifen einer Ausschlussfristenregelung.

Ist der ArbN innerhalb der Zeiträume des § 3 Abs. 1 Satz 2 EFZG **länger als sechs Wochen arbeitsunfähig**, hat er wegen seines Kenntnisstandes zunächst darzulegen, dass keine **Fortsetzungserkrankung** vorliegt. Er muss sich hierauf berufen[6]. Hierzu kann er – sofern streitig – zum Beweis eine ärztliche Bescheinigung vorlegen. Bestreitet der ArbGeb das Vorliegen einer neuen Krankheit, hat der ArbN sodann nähere Tatsachen vorzutragen, die den Schluss erlauben, es habe keine Fortsetzungserkrankung vorgelegen. Dabei hat der ArbN den Arzt von der Schweigepflicht zu entbinden. Die Folgen der Nichterweislichkeit einer Fortsetzungserkrankung sind nach dem Gesetzeswortlaut von § 3 Abs. 1 Satz 2 Nr. 1 und 2 EFZG vom ArbGeb zu tragen[7], weil ihn letztlich die Beweislast für das Vorliegen einer Fortsetzungserkrankung trifft. Das gilt auch bei einer Arbeitsverhinderung wegen einer Maßnahme der medizinischen Vorsorge und Rehabilitation[8]. Ist unstreitig oder bringt der ArbGeb gewichtige Indizien dafür vor, dass die Arbeitsunfähigkeit auf einer Krankheit beruht, die bereits vor dem ärztlich attestierten Beginn der Arbeitsunfähigkeit bestanden hat, und zu einer Krankheit wegen der der ArbN bereits durchgehend sechs Wochen arbeitsunfähig war, hinzugetreten ist, muss der ArbN den von ihm behaupteten Beginn der „neuen" krankheitsbedingten Verhinderung beweisen[9].

Ähnliche Grundsätze gelten auch für den Beweiswert eines ärztlichen Attestes für ein **Beschäftigungsverbot während der Schwangerschaft**. Dabei ist allerdings ein ärztliches Zeugnis konstitutiv für das vom ArbGeb auszusprechende Beschäftigungsverbot. Die ArbNin genügt ihrer Darlegungslast zur Suspendierung der Arbeitspflicht durch Vorlage der Bescheinigung, der ein hoher Beweiswert zukommt[10]. Der ArbGeb, der ein ärztlich attestiertes Beschäftigungsverbot nach § 3 Abs. 1 MuSchG nicht gegen sich gelten lassen will, kann von der ArbNin eine Bescheinigung verlangen, aus der hervorgeht, von welchen konkreten Arbeitsbedingungen der Arzt beim Ausspruch des Beschäftigungsverbotes ausgegangen ist und welche Arbeitseinschränkungen für die ArbNin bestehen. Nur bei Kenntnis dieser Umstände kann der ArbGeb prüfen, ob er der ArbNin per erweitertem Direktionsrecht andere zumutbare vertragsfremde zulässige Arbeitsbedingungen zuweisen kann. Legt die ArbNin auf Verlangen des ArbGeb keine aussagekräftige ärztliche Bescheinigung vor, ist der Beweiswert eines zunächst näher begründeten Beschäftigungsverbots erschüttert. Dann steht nicht mehr mit der gebotenen Zuverlässigkeit fest, dass die ArbNin „wegen des Beschäftigungsverbots" nach § 11 Abs. 1 MuSchG mit der Arbeit ausgesetzt hat. Es ist nunmehr ihre Sache, die Tatsachen darzulegen und zu beweisen, die das Beschäftigungsverbot rechtfertigen. In diesem Stadium kommen ihr grds. keine Beweiserleichterungen mehr zugute[11].

Nimmt der ArbGeb den ArbN auf Schadensersatz in Anspruch, hat er die Voraussetzungen einer **Haftung des ArbN** wegen der Verletzung des Arbeitsvertrages nach allgemeinen Regeln grds. darzulegen und zu

---

1 Vgl. hierzu etwa LAG Berlin v. 14.11.2002 – 16 Sa 970/02, NZA 2003, 1206.
2 BAG v. 17.6.2003 – 2 AZR 123/02, NZA 2004, 566.
3 Vgl. LAG Rh.-Pf. v. 8.10.2013 – 6 Sa 188/13.
4 BAG v. 19.2.1997 – 5 AZR 83/96, NZA 1997, 652.
5 BAG v. 18.3.2015 – 10 AZR 99/14, NZA 2015, 801.
6 LAG Köln v. 9.2.2015 – 5 Sa 831/14.
7 BAG v. 13.7.2005 – 5 AZR 389/04, BB 2005, 2642; LAG Hessen v. 20.2.2008 – 6 Sa 859/06; BAG v. 25.5.2016 – 5 AZR 318/15, ArbRB 2016, 260.
8 LAG Rh.-Pf. v. 8.3.2017 – 4 Sa 294/16.
9 BAG v. 25.5.2016 – 5 AZR 318/15.
10 BAG v. 11.11.1998 – 5 AZR 49/98, DB 1999, 1270; BAG v. 7.11.2007 – 5 AZR 883/06, NZA 2008, 551.
11 BAG v. 31.7.1996 – 5 AZR 474/95, NZA 1997, 29; BAG v. 21.3.2001 – 5 AZR 352/99, NZA 2001, 1017.

beweisen. Dies gilt also für das Vorliegen einer Pflichtverletzung im Arbeitsverhältnis, das Entstehen und die Höhe eines Schadens sowie die Kausalität zwischen Vertragsverletzung und Schaden[1]. § 619a BGB ordnet – in Abwandlung von § 280 Abs. 1 BGB – ausdrücklich an, dass zudem bei der Haftung des ArbN den ArbGeb die Beweislast für das Verschulden des ArbN trifft[2]. Dies erfasst auch die Umstände für das Maß des Verschuldens. Allerdings soll § 619a BGB nicht die generelle Möglichkeit der Beweiserleichterungen für den ArbGeb ausschließen. So können diesem die vom BAG entwickelten Grundsätze zur abgestuften Darlegungs- und Beweislast[3] (vgl. Rz. 89) ebenso zugute kommen wie der Grundsatz des Anscheinsbeweises[4] (vgl. Rz. 95). Zur Darlegungs- und Beweislast der Haftung der ArbN einer Akkordkolonne hat das BAG eigene Regeln entwickelt[5]. Wendet der ArbN das Vorliegen einer gefahrgeneigten Arbeit ein, dann muss er die besondere Gefahrneigung beweisen[6]. So trägt der ArbN die Darlegungs- und Beweislast für die Betrieblichkeit einer schadensursächlichen Tätigkeit[7]. Diese Ausgangslage gilt auch für sonstige Umstände, die eine Partei in den Prozess einführt und die im Rahmen der vorzunehmenden Gesamtabwägung bei der Festlegung einer Schadenshöhe für sie streiten sollen. Setzt der **ArbN** mit Billigung des ArbGeb sein **eigenes Kfz** in dessen Betätigungsbereich ein, dann muss der ArbGeb gem. § 670 BGB (analog) dem ArbN hierbei entstandene **Unfallschäden** ersetzen. Eine Erstattungspflicht entfällt, wenn der ArbN den Unfall grob fahrlässig verursacht hat, bei mittlerer Fahrlässigkeit ist zu quoteln. Der ArbN, der den vollen Schaden geltend macht, hat darzulegen und ggf. zu beweisen, dass er den Unfall nicht grob fahrlässig verursacht hat[8]. Die Frage eines mitwirkenden Verschuldens gem. § 254 Abs. 1 BGB – etwa ein Organisationsdefizit beim ArbGeb – muss von Amts wegen vom Gericht geprüft werden[9].

120 Bei der Haftung des ArbN für einen Warenfehlbestand (**Mankohaftung**) muss der ArbGeb den Fehlbestand darlegen und beweisen. Der ArbGeb hat zunächst nachzuweisen, dass überhaupt eine wirksame Mankoabrede[10] besteht und dass ein Fehlbestand vorliegt. Letzteres geschieht in der Weise, dass er im Einzelnen angibt, welche Waren bzw. Gelder dem Mitarbeiter zu Beginn des umstrittenen Abrechnungszeitraums übergeben worden sind und welche zu einem bestimmten Kontrollzeitpunkt hätten unter Berücksichtigung der festgestellten Ab- und Zugänge vorhanden sein müssen. Zudem hat der ArbGeb den Nachweis zu führen, dass etwa der ArbN den alleinigen Zugang zur Ware bzw. zum Geld hatte oder dass er in sonstiger Weise den Zugriff auf die Mittel beherrschen musste. Der ArbN muss sodann konkret erwidern, dass zwischen seinem Verhalten und dem Schaden keine Kausalität besteht. Nach bisheriger Rspr. des BAG[11] hatte der ArbN in solch einem Fall darzulegen und zu beweisen, dass ihn kein Verschulden trifft[12]. Ob diese Rspr. zum fehlenden Verschulden im Falle der Mankohaftung im Hinblick auf die Neuregelung von § 619a BGB aufrechterhalten werden kann, erscheint sehr fraglich. Vielmehr hat der ArbGeb das Verschulden des ArbN zunächst näher zu begründen[13]; allerdings kann er nur das vortragen, was er weiß bzw. durch ihm zumutbare Nachforschungen wissen muss. Die Grundsätze einer abgestuften Darlegungs- und Beweislast dürften hier besonders bedeutungsvoll sein. Hat der ArbGeb den Schaden nachgewiesen, dann hat der ArbN substantiiert – soweit er hierüber informiert ist – zur Kausalität und zum Verschulden zu erwidern, weil er insoweit idR einen besseren Kenntnisstand hat als der ArbGeb. Soweit das Vorliegen von bestimmten Indiztatsachen streitig bleibt, geht dies zulasten des anspruchsstellenden ArbGeb.

120a Bei **Mobbing**-Sachverhalten trägt grds. der Gläubiger nach allgemeinen Regeln die Darlegungs- und Beweislast für Kausalität zwischen Pflichtverletzung und dem geltend gemachten Schaden. Eine generelle Beweiserleichterung bei „mobbingtypischen" medizinischen Befunden besteht nicht. Treten aber in zeitlichem Zusammenhang mit feststehenden Persönlichkeitsverletzungen Erkrankungen des ArbN auf, spricht ein starkes Indiz für die Kausalität. Begründet der ArbN eine Haftung mit einer Verletzung der Verkehrssicherungspflicht durch den ArbGeb, so muss er diese und Verstöße dagegen darlegen und beweisen[14]. Eine Parteivernehmung der beweispflichtigen Partei von Amts wegen nach § 448 ZPO setzt voraus, dass

---

1 BAG v. 17.9.1998 – 8 AZR 175/97, AP Nr. 2 zu § 611 BGB – Mankohaftung; BAG v. 13.2.1974 – 4 AZR 13/73, AP Nr. 77 zu § 611 BGB – Haftung des Arbeitnehmers.
2 BT-Drs. 14/7052, S. 204; BAG v. 21.5.2015 – 8 AZR 116/14.
3 BAG v. 17.9.1998 – 8 AZR 175/97, AP Nr. 2 zu § 611 BGB – Mankohaftung.
4 *Oetker*, BB 2002, 43.
5 BAG v. 24.4.1974 – 5 AZR 480/73, AP Nr. 4 zu § 611 BGB – Akkordkolonne m. Anm. *Lieb*.
6 GMP/*Prütting*, § 58 Rz. 91.
7 BAG v. 18.4.2002 – 8 AZR 34/01, NZA 2003, 38.
8 BAG v. 28.10.2010 – 8 AZR 647/09, NZA 2011, 406.
9 BAG v. 21.5.2015 – 8 AZR 116/14, NZA 115, 1517.
10 Vgl. dazu: ErfK/*Preis*, §§ 305–310 BGB Rz 88–90 und 104.
11 BAG v. 6.6.1984 – 7 AZR 292/81, EzA § 282 BGB Nr. 8.
12 Vgl. weitere Einzelfälle: Arbeitsrechtslexikon/*Busemann*: Beweis/Beweislast/Darlegungslast, IV 2e.
13 Ebenso Arbeitsrechtslexikon/*Hambach*: Mankohaftung III.
14 BAG v. 16.5.2007 – 8 AZR 709/06, NZA 2007, 1154 (1163); ausf. *Benecke*, RdA 2008, 357.

für die zu beweisenden Tatsachen aufgrund einer vorausgegangenen Beweisaufnahme oder des sonstigen Verhandlungsinhalts eine gewisse Wahrscheinlichkeit spricht[1]. Der Kläger hat deutlich zu machen, ob er Ersatz eines materiellen oder eines immateriellen Schadens (§ 253 Abs. 2 BGB) verlangt. Er hat Verhaltensweisen des ArbGeb oder seiner Repräsentanten zu schildern, welche die Grenze zum rechts- oder sozialadäquaten Verhalten überschreiten und bezwecken oder bewirken, dass die Würde des ArbN verletzt und ein durch Einschüchterungen, Anfeindungen, Erniedrigungen, Entwürdigung oder Beleidigung gekennzeichnetes Umfeld geschaffen wird[2]. Begehrt ein **ArbN** unter Berufung auf vertragliche Rücksichtnahmepflicht **Schadensersatz** wegen **unterlassener Beschäftigung** ist er für die anspruchsbegründenden Tatsachen darlegungs- und beweisbelastet. Die im Kündigungsschutzprozess geltenden Grundsätze für eine anderweitige Beschäftigungsmöglichkeit gelten hier nicht[3].

Im Falle der Geltendmachung eines Schadensersatzanspruches durch den ArbN wegen **Verletzung einer Aufklärungs- und Hinweispflicht** trägt grds. er die Darlegungs- und Beweislast für die Pflichtverletzung, die Kausalität und den eingetretenen Schaden. Dabei ist der ArbGeb gehalten, die im Zusammenhang mit dem Arbeitsverhältnis stehenden Interessen der ArbN so zu wahren, wie dies unter Berücksichtigung der Interessen und Belange beider Vertragsparteien nach Treu und Glauben verlangt werden kann; dies gilt auch für die Vermögensinteressen des ArbN[4]. Jedoch besteht keine allgemeine Pflicht des ArbGeb, die Vermögensinteressen des ArbN wahrzunehmen[5]. Im Bereich der betrieblichen **Altersversorgung** kann den ArbGeb, insbesondere zur Abwendung eines Versorgungsschadens, bei Berücksichtigung der Umstände des Einzelfalles als arbeitsvertragliche Nebenpflicht eine Aufklärungspflicht treffen[6], wenn der ArbN aus Unkenntnis sinnvolle Versicherungsanträge nicht stellen kann und dadurch einen Versorgungsschaden erleidet. Die Nebenpflicht des ArbGeb erschöpft sich nicht darin, dem ArbN keine falschen und unvollständigen Auskünfte zu erteilen; eine erteilte Auskunft muss grds. vollständig und richtig sein[7]. Der ArbGeb kann auch verpflichtet sein, von sich aus geeignete Hinweise zu erteilen, wenn die besonderen Umstände des Einzelfalls und eine umfassende Interessenabwägung (insbesondere erkennbares Informationsbedürfnis des ArbN und Beratungsmöglichkeiten des ArbGeb, unverhältnismäßige nachteilige Folgen) dies gebieten. Grundsätzlich hat allerdings jede Partei für die Wahrnehmung ihrer Interessen selbst zu sorgen und sich Klarheit über die Folgen ihres Handelns bzw. Unterlassens zu verschaffen[8]. So ist etwa der ArbGeb grds. nicht verpflichtet, den ArbN auf den Anspruch auf Entgeltumwandlung nach § 1a BetrAVG hinzuweisen[9] oder auf die Zusatzversorgung bei der VBL[10]. Gesteigerte Informationspflichten können den ArbGeb treffen, wenn die nachteilige Vereinbarung auf seine Initiative hin und in seinem Interesse zustande kommt. Allerdings darf der ArbGeb zB bei der Komplexität des Gesamtversorgungssystems des öffentlichen Dienstes nicht überfordert werden[11]. Ursächlich ist das Unterbleiben einer hinreichenden Belehrung, wenn diese nicht hinzugedacht werden kann, ohne dass auch das schädigende Verhalten entfällt. Hiervon ist regelmäßig auszugehen, wenn der Geschädigte nicht umfassend belehrt wird. Es muss unterstellt werden, dass bei ausreichender Information jedermann sein Eigeninteresse in vernünftiger Weise wahrt. Für eine abweichende Beurteilung durch eine Widerlegung der tatsächlichen Vermutung im Einzelfall ist der ArbGeb darlegungs- und beweispflichtig, dass also der Schaden auch bei seinem pflichtgemäßen Verhalten eingetreten wäre[12]. Der ArbGeb kann auch ein Mitverschulden des ArbN einwenden; für solche tatsächlichen Umstände ist er darlegungs- und beweispflichtig. Die Vermutung eines aufklärungsgemäßen Verhaltens des ArbN hat das BAG auch angenommen bei einem Verstoß des ArbGeb gegen **§ 2 Abs. 1, Abs. 4 NachwG**[13]. Die genannten allgemeinen Grundsätze gelten auch für die **Wahlmöglichkeit** des ArbGeb, nach § 40a Abs. 2 EStG bei **geringfügig Beschäftigten** auf die Alternativen zwischen der Pauschalbesteuerung und der individuellen Besteuerung nach Lohnsteuerkarte hinzuweisen[14]. Der ArbN hat hier

---

1 BAG v. 14.11.2013 – 8 AZR 813/12, DB 2014, 666.
2 BAG v. 15.9.2016 – 8 AZR 351/15.
3 BAG v. 27.5.2015 – 5 AZR 88/14.
4 BAG v. 15.10.2013 – 3 AZR 10/12, NZA-RR 2014, 87.
5 BAG v. 21.5.2015 – 6 AZR 349/14.
6 S. dazu *Reinecke*, NZA 2015, 1153; LAG Köln v. 9.4.2014 – 5 Sa 934/13.
7 BAG v. 21.5.2015 – 6 AZR 349/14, NZA-RR 2015, 588.
8 BAG v. 21.1.2014 – 3 AZR 807/11, ArbRB 2014, 163.
9 BAG v. 21.1.2014 – 3 AZR 807/11, NJW 2014, 1982.
10 Vgl. dazu BAG v. 4.8.2015 – 3 AZR 508/13, NZA-RR 2016, 30.
11 Vgl. BAG v. 14.1.2010 – 3 AZR 71/07, NZA 2010, 83.
12 BAG v. 17.10.2000 – 3 AZR 69/99, NZA 2001, 203; BAG v. 17.10.2000 – 3 AZR 605/99, NZA 2001, 206; BGH v. 8.5.2012 – XI ZR 262/10, NJW 2012, 2427.
13 BAG v. 17.4.2002 – 5 AZR 89/01, NZA 2002, 1096; BAG v. 21.2.2012 – 9 AZR 486/10, NZA 2012, 750; ebenso *Bepler*, ZTR 2001, 246.
14 BAG v. 13.11.2014 – 8 AZR 817/13.

die Möglichkeit der Rückfrage beim ArbGeb und eine Vorgehensweise vorzuschlagen. S. BAG zur Aufklärungspflicht beim Abschluss eines **Aufhebungsvertrages**[1], bei der **Anbahnung** eines Arbeitsverhältnisses[2] oder bei einer **Altersteilzeitvereinbarung**[3].

121a Hat der ArbGeb bei einer offenen **Zielvereinbarung** über die Höhe eines variablen Vergütungsbestandteils abschließend nach billigem **Ermessen** (§ 315 BGB) unter Beachtung bestimmter Faktoren zu entscheiden und bestimmt sich die individuelle Leistung des ArbN nach dem Erreichen vereinbarter Ziele, so umfasst die Darlegungs- und Beweislast des ArbGeb den Grad der Zielerreichung und dass seine Entscheidung billigem Ermessen entsprochen hat[4]. Das Maß seiner Darlegungspflicht bestimmt sich nach dem Maß des Bestreitens durch den ArbN[5]. Dabei hat das BAG die Darlegungs- und Beweislast offengelassen, wenn in der Zielvereinbarung alle Faktoren und deren finanziellen Auswirkungen so bestimmt sind, dass kein Ermessensspielraum mehr verbleibt. Kommt es entgegen vertraglicher Vereinbarungen aus Verschulden des ArbGeb zu keiner periodischen Zielvorgabe, dann schuldet der ArbGeb Schadensersatz, dessen Höhe ggf nach § 287 ZPO zu schätzen ist (s. dazu Rz. 84a und Rz. 84b). In diesem Fall hat der ArbGeb den Entlastungsbeweis zu führen, der von den Einzelumständen für das Nichtzustandekommen einer erfüllbaren Zielvorgabe abhängt[6]. Mangels konkreter Angaben des ArbGeb ist davon auszugehen, dass der ArbN die vereinbarten Ziele erreicht hätte[7]. An eine vertragliche Vereinbarung – sie hat der klagende ArbN zu beweisen – über die Festlegung der Ziele und der weiteren Zahlungsvoraussetzungen sowie der Berechnungsmethode sind die Parteien und kollektivrechtlich die Betriebspartner gebunden[8]. Wegen eines **Bonusanspruchs** nach Ermessen der ArbGeb, das er nicht oder fehlerhaft ausübt durch richterliche Ersatzleistungsbestimmung, s. Rz. 90 aE.

c) Betriebsverfassungsrechtliche Probleme

122 Rügt der ArbN im **Kündigungsschutzprozess** die fehlende **Anhörung** des BR nach § 102 BetrVG, ist er beweispflichtig dafür, dass zum Zeitpunkt des Zugangs der Kündigung ein BR vorhanden war. Dabei reicht es aus, wenn der ArbN zunächst nur auf das Bestehen eines BR hinweist. Das BAG verlangt nicht, dass der ArbN gleichzeitig die Beteiligung des BR rügen oder bezweifeln muss. Ist die Existenz des BR unstreitig, dann ist der ArbGeb nach BAG ins Einzelne gehend darlegungs- und beweispflichtig, dass der BR ordnungsgemäß angehört worden ist. Dabei muss er deutlich machen, wer mit welchem Inhalt wann informiert wurde und wann und wie der BR reagiert hat[9]. Hat der ArbGeb die ordnungsgemäße Anhörung des BR ins Einzelne gehend substantiiert geschildert[10], dann muss der ArbN nach den Grundsätzen der abgestuften Darlegungslast deutlich machen, welche konkreten Angaben des ArbGeb er aus welchem Grund bestreitet. Dabei kann der ArbN auch mit Nichtwissen (§ 138 Abs. 4 ZPO) bestreiten, soweit die geschilderten Tatsachen außerhalb seiner eigenen Wahrnehmung liegen. Stets muss jedoch der ArbN konkret geschilderte Punkte gezielt ansprechen und nicht nur pauschal bestreiten[11]. Dies erfordert ggf. einen ergänzenden Sachvortrag des ArbGeb. Verbleibende ordnungsgem. bestrittene Punkte muss der ArbGeb beweisen. Hat der ArbN die **Ordnungsgemäßheit** der BR-Anhörung (pauschal) bestritten und sich damit auf einen sonstigen Unwirksamkeitspunkt iSv. § 6 KSchG berufen und hat der ArbGeb daraufhin die Anhörung geschildert, dann kommt es nach BAG[12] auf die Schlüssigkeitsprüfung des ArbGeb-Sachvortrags nicht an, wenn der ArbN anschließend zweifelsfrei zu erkennen gibt, dass er an der Rüge der Ordnungsgemäßheit nicht weiter festhält. Beruft sich der ArbGeb auf eine fehlende Verpflichtung zur BR-Anhörung, weil der gekündigte ArbN ein leitender Angestellter sein soll, dann trifft ihn die Darlegungs- und Beweislast für die Kriterien des leitenden Angestellten, also für den Ausnahmetatbestand.

123 Im **Beschlussverfahren** herrscht der eingeschränkte Untersuchungsgrundsatz des § 83 Abs. 1 Satz 1 (s. § 83 Rz. 2–17). Er kennt keine subjektive Beweisführungslast. Trotzdem stellt sich auch hier die Frage, zu

---

1 BAG v. 29.9.2005 – 8 AZR 571/04, NZA 2005, 1406.
2 BAG v. 14.7.2005 – 8 AZR 300/04, NZA 2005, 1298.
3 BAG v. 10.2.2004 – 9 AZR 401/02, NZA 2004, 606; BAG v. 16.11.2005 – 7 AZR 86/05, NZA 2006, 535.
4 BAG v. 19.3.2014 – 10 AZR 622/13, NZA 2014, 595.
5 BAG v. 14.11.2012 – 10 AZR 783/11, NZA 2013, 1150.
6 BAG v. 10.12.2008 – 10 AZR 889/07, NZA 2009, 256; BAG v. 12.5.2010 – 10 AZR 390/09, NZA 2010, 1009.
7 LAG Köln v. 17.7.2014 – 7 Sa 83/14.
8 BAG v. 11.12.2013 – 10 AZR 364/13.
9 BAG v. 3.4.2008 – 2 AZR 965/06, NZA 2008, 807.
10 BAG v. 24.5.2012 – 2 AZR 206/11, NZA 2013, 137 (142).
11 BAG v. 16.3.2000 – 2 AZR 75/99, NZA 2000, 1332; BAG v. 23.6.2005 – 2 AZR 193/04, ArbRB 2005, 328.
12 BAG v. 24.5.2012 – 2 AZR 206/11, NZA 2013, 137 (142).

wessen Lasten es geht, wenn eine Sachverhaltsaufklärung nicht umfassend möglich ist. Die dort herrschende Behauptungs- und **Feststellungslast**[1] ergibt sich aus den materiellen Normen.

Bei einer **personellen Einzelmaßnahme** iSv. **§ 99 BetrVG** hat der ArbGeb in einem Zustimmungsersetzungsverfahren nach § 99 Abs. 4 BetrVG zunächst die Darlegungs- und Feststellungslast, dass er den BR in ausreichendem Umfang unterrichtet hat[2] und die Widerspruchsgründe des BR nach Daten und Inhalt vorzutragen. Der BR bestimmt durch den Inhalt seiner Zustimmungsverweigerung den Streitgegenstand des Verfahrens nach § 99 Abs. 4 BetrVG. Das ArbG prüft nur, ob die vom BR bei seiner Verweigerungsentscheidung vorgebrachten Gründe die Verweigerung tragen Sodann hat der BR im Einzelnen die Gründe von § 99 Abs. 2 BetrVG für seinen Widerspruch sowie ggf. die Einhaltung von Form und Frist von § 99 Abs. 3 Satz 1 BetrVG vorzutragen. Hierauf hat der ArbGeb konkret zu erwidern, etwa dass er den BR ordnungsgemäß unterrichtet hat oder dass die vorgebrachten Widerspruchsgründe nicht vorliegen[3] oder die Zustimmung durch Fiktion nach § 99 Abs. 3 als erteilt gilt. Auch kann der ArbGeb noch in diesem Verfahrensstadium eine unvollständige Unterrichtung nachholen. Das muss für den BR aber ersichtlich sein, weil dann die Wochenfrist wieder zu laufen beginnt[4]. Beruft sich der ArbGeb auf eine Dringlichkeit einer **vorläufigen Maßnahme** (§ 100 BetrVG), dann obliegt ihm die Darlegungs- und Feststellungslast hierfür[5].

Fordert der BR vom ArbGeb **Kostenerstattung nach § 40 Abs. 1 BetrVG**, hat er darzulegen, dass und warum er die Kosten für erforderlich halten durfte[6]. Gleiches gilt für den Inhalt und die Erforderlichkeit von **Schulungs-** und Bildungs**veranstaltungen** iSv. § 37 Abs. 6 BetrVG. Der BR, der (zusätzliche) **Freistellungen** gem. § 37 Abs. 2, § 38 BetrVG fordert, hat die Notwendigkeit darzulegen. Verlangt ein einzelnes BR-Mitglied eine Freistellung im Rahmen von § 37 Abs. 7 BetrVG, hat es die Voraussetzungen hierfür nachzuweisen. 124

Legt der BR ein den Anforderungen des § 34 BetrVG genügendes **Protokoll** der BR-sitzung vor, dann kommt ihm wegen der durch § 34 Abs. 1 BetrVG ausgestalteten Form ein hoher Beweiswert bezüglich der Ordnungsgemäßheit des BR-beschlusses zu, was im Rahmen von § 286 Abs. 1 ZPO zu würdigen ist. Wegen der besonderen Dokumentationsfunktion der Sitzungsniederschrift ist ein Bestreiten des ArbGeb nur beachtlich, wenn er den Beweiswert erschüttert, indem er durch konkreten Vortrag den Gegenbeweis für die Unwirksamkeit des Beschlusses führt[7]; vgl. auch Rz. 64 und Rz. 90. 125

d) Beendigung des Arbeitsverhältnisses

Den **Zugang einer Kündigung** und den Zeitpunkt des Zugangs muss der Kündigende beweisen. 126

Ist **streitig, ob** das Arbeitsverhältnis überhaupt **gekündigt** worden ist, dann ist der ArbN, wenn er sich klageweise gegen eine behauptete ArbGeb-Kündigung wehrt, dafür beweispflichtig, dass ihm der ArbGeb das Arbeitsverhältnis tatsächlich gekündigt hat. 127

Es ist Sache des ArbN darzulegen und zu beweisen, dass er die Wahrung der **Drei-Wochen-Frist** von § 4 KSchG bei Gericht eingehalten hat. Dies betrifft insbesondere das Datum des Eingangs der Klageschrift bei Gericht. In diesem Zusammenhang hat der ArbN auch anzugeben, wann ihm das Kündigungsschreiben zugegangen ist. Bestreitet der ArbGeb den Zugangszeitpunkt, dann muss der ArbGeb allerdings beweisen, dass das Kündigungsschreiben an einem früheren Tag als vom ArbN angegeben zugegangen ist[8]. 128

Beruft sich der ArbN auf das **Eingreifen des KSchG**, dann muss er darlegen und beweisen, dass das Arbeitsverhältnis im Kündigungszeitpunkt länger als sechs Monate (§ 1 Abs. 1 KSchG) bestanden hat und dass er in einem Betrieb iSv. § 23 Abs. 1 Satz 1 KSchG mit dem maßgeblichen Schwellenwert beschäftigt ist[9]. Beruft sich der ArbN auf den abgesenkten Schwellenwert (fünf ArbN) von § 23 Abs. 1 KSchG, genügt er seiner Darlegungslast idR zunächst dadurch, dass er schlüssige Anhaltspunkte für die Beschäftigung der erforderlichen Anzahl von Alt-ArbN aufzeigt. Schlüssige Anhaltspunkte hat er auch vorzutragen, wenn er sich auf das Übersteigen des gesetzlichen Schwellenwertes von zehn ArbN beruft. Das gilt insbesondere für 129

---

1 Vgl. Richardi/*Thüsing*, § 99 Rz 324.
2 Vgl. dazu zB BAG v. 21.10.2014 – 1 ABR 10/13, NZA 2015, 311.
3 BAG v. 28.1.1986 – 1 ABR 10/84, AP Nr. 34 zu § 99 BetrVG 1972 m. Anm. *Dütz/Bayer*; Fitting, § 99 BetrVG Rz. 269 ff.
4 Vgl dazu BAG v. 9.3.2011 – 7 ABR 137/09, NZA 2011, 871; BAG v. 5.5.2010 – 7 ABR 70/08, DB 2010, 2174.
5 Fitting, § 100 BetrVG Rz. 8.
6 GWBG/*Benecke*, § 58 Rz. 31.
7 BAG v. 30.9.2014 – 1 ABR 32/13, NZA 2015, 370.
8 Arbeitsrechtslexikon/*Schwab*: Kündigungsschutzklage/-prozess I.
9 BAG v. 23.10.2008 – 2 AZR 131/07; BAG v. 26.6.2008 – 2 AZR 264/07; BAG v. 2.3.2017 – 2 AZR 427/16, NZA 2017, 859.

das Vorliegen von Teilzeit- und Vollzeit-ArbN. Sodann hat sich der ArbGeb nach § 138 Abs. 2 ZPO vollständig über die Anzahl und den Beschäftigungsumfang seiner ArbN im Einzelnen zu erklären und ggf. darzutun, welche sonstigen erheblichen Tatsachen den Behauptungen des ArbN entgegenstehen. Hierzu muss der ArbN Stellung nehmen und ggf. beweisen, dass entgegen den Angaben des ArbGeb der Schwellenwert doch erreicht ist[1]. Ein non-liquet (vgl. Rz. 85) bei der Beweisaufnahme trifft den die objektive Beweislast tragenden ArbN.

Zur Beweislast bei der Berufung im Rahmen eines Kündigungsrechtsstreits auf das **Maßregelungsverbot von § 612a BGB**: vgl. BAG v. 23.4.2009[2].

Wird ein ArbGeb auf **(Weiter-)Beschäftigung** in Anspruch genommen, muss er substantiiert darlegen und ggf. beweisen, dass er den ArbN ordnungsgem. beschäftigt; ggf. muss der ArbN gem. § 138 ZPO substantiiert bestreiten[3].

130 Das BVerfG[4] hat zur Frage der Verfassungsmäßigkeit der **Kleinbetriebsklausel** des § 23 Abs. 1 Satz 2 KSchG entschieden, dass der ArbGeb bei der Kündigung eines ArbN zwar keine **Sozialauswahl** vorzunehmen habe, die sich an den Kriterien von § 1 Abs. 3 KSchG messen lassen müsse, allerdings seien diese ArbN durch die Herausnahme aus dem KSchG nicht völlig schutzlos gestellt. Ihnen müssten durch die zivilrechtlichen Generalklauseln (§§ 138, 242 BGB) ein gewisses Maß an sozialer Rücksichtnahme zugute kommen. Hierzu hat das BAG[5] festgelegt, dass dem ArbN grds. die Darlegungs- und Beweislast obliegt, dass die **Kündigung** wegen **Auswahl** der falschen Person **treuwidrig** ist. Dabei hat allerdings der ArbGeb seine spezifischen eigenen Interessen, einem bestimmten ArbN zu kündigen bzw. anderen vergleichbaren ArbN nicht zu kündigen, im Einzelnen darzulegen. Setzt der ArbGeb dem schlüssigen Sachvortrag des ArbN für eine grob fehlerhafte Sozialauswahl weitere betriebliche, persönliche oder sonstige Gründe entgegen, die ihn zu der getroffenen Auswahl bewogen haben, so hat unter dem Gesichtspunkt von Treu und Glauben eine Abwägung zu erfolgen. Bei einer **verhaltensbedingten** Kündigung außerhalb des Anwendungsbereiches des KSchG ist idR der Ausspruch einer vorherigen Abmahnung nicht erforderlich. Das Erfordernis einer vergeblichen Abmahnung ist Ausfluss des Grundsatzes der Verhältnismäßigkeit, dem insoweit nur im Rahmen des normierten Kündigungsschutzes Bedeutung zukommt[6]. Im Wege einer abgestuften Darlegungs- und Beweislast muss der ArbN zunächst einen Sachverhalt vortragen, der die **Treuwidrigkeit** der Kündigung nach **§ 242 BGB** indiziert. Sodann hat sich der ArbGeb gem. § 138 Abs. 2 ZPO auf diesen Vortrag einzulassen, um ihn zu entkräften[7].

131 Geht es in einem Kündigungsschutzverfahren um die Frage, ob **mehrere Unternehmen einen** einheitlichen **Betrieb** bilden, dann ist der ArbN dafür beweispflichtig. Auch hier reicht eine schlüssige Darlegung der dafür sprechenden äußeren Umstände zunächst aus[8]. Der ArbGeb muss qualifiziert erwidern, warum die Voraussetzungen für die Annahme eines gemeinsamen Betriebes trotz der vom ArbN hierfür schlüssig dargelegten Umstände nicht gegeben sind, insbesondere zum Vorliegen einer gemeinsamen Leitung konkret Stellung nehmen. In diesem Zusammenhang ist die gesetzliche Fiktion von § 4 Abs. 1 Satz 1 BetrVG für das Vorliegen eines gemeinsamen Betriebes zu beachten.

132 Macht eine Partei geltend, sie müsse die **gesetzlichen Kündigungsfristen** wegen einer abweichenden Regelung **nicht** einhalten, dann trifft sie die Darlegungs- und Beweislast für die Abkürzung, ggf. auch für die Verlängerung.

133 Gründe für die **soziale Rechtfertigung** einer **ordentlichen Kündigung**, also verhaltens-, personen- oder betriebsbedingte Kündigungsgründe, hat nach § 1 Abs. 2 Satz 4 KSchG der ArbGeb darzulegen und zu beweisen[9]. Der ArbN hat in einem Kündigungsprozess zunächst nur anzugeben, dass der ArbGeb ihm eine Kündigung erklärt hat, das Datum der Kündigung und dass er sie für unberechtigt hält[10]. Damit liegt eine ausreichende Klageerhebung vor. Zur Schlüssigkeit einer Kündigungsschutzklage, also zu deren Begründetheit gehört auch die Darlegung der Voraussetzungen für das Eingreifen des KSchG.

---

1 BAG v. 23.5.2013 – 2 AZR 54/12, NZA 2013, 1197.
2 BAG v. 23.4.2009 – 6 AZR 189/08, NZA 2009, 974.
3 LAG Hessen v. 1.3.2006 – 8 Sa 1035/05, juris PR-ArbR 44/06 Anm. 4 (*Gravenhorst*).
4 BVerfG v. 27.1.1998 – 1 BvR 15/87, NZA 1998.
5 BAG v. 21.2.2001 – 2 AZR 15/00, NZA 2001, 833.
6 BAG v. 21.2.2001 – 2 AZR 579/99, NZA 2001, 951.
7 BAG v. 23.4.2009 – 6 AZR 533/08, NZA 2009, 1260.
8 BAG v. 13.6.1985 – 2 AZR 452/84, NZA 1986, 600.
9 BAG v. 12.8.1976 – 2 AZR 237/75, AP Nr. 3 zu § 1 KSchG 1969.
10 BAG v. 31.3.1993 – 2 AZR 467/92, NZA 1994, 240; Arbeitsrechtslexikon/*Schwab*: Kündigungsschutzklage/-prozess, III.

Die Gründe für eine **betriebsbedingte Kündigung** hat nach § 1 Abs. 2 KSchG der ArbGeb darzulegen. Die Entscheidung des ArbGeb, den Personalbestand auf Dauer zu reduzieren, gehört zu den sog. unternehmerischen Maßnahmen, die spätestens mit Ablauf der Kündigungsfrist aufgrund verschiedenartiger inner- oder außerbetrieblicher Umstände zum voraussichtlich dauerhaften Wegfall von Arbeitsplätzen führen können und damit den entsprechenden Beschäftigungsbedarf entfallen lassen. Diese Prognose muss im Zeitpunkt des Zugangs der Kündigung objektiv berechtigt sein. Eine solche Unternehmerentscheidung – der betreffende Entschluss des ArbGeb(-gremiums) bedarf keines Formzwangs, muss aber bei Bestreiten nachweisbar sein – ist hinsichtlich ihrer organisatorischen Durchführbarkeit und ihrer Nachhaltigkeit (Dauer) zu verdeutlichen, damit das Gericht überprüfen kann, ob sie kausal für den geltend gemachten Wegfall des Arbeitsplatzes des gekündigten ArbN ist und nicht offenbar unsachlich, unvernünftig oder willkürlich ist[1]. Je näher die eigentliche Organisationsentscheidung an den Kündigungsentschluss rückt, desto mehr muss der ArbGeb durch konkreten Tatsachenvortrag verdeutlichen, dass ein Beschäftigungsbedürfnis für den gekündigten ArbN entfallen ist[2]. Dies gilt auch beim bloßen Abbau einer Hierarchieebene[3]. Bei einer Umverteilung von Aufgaben auf weniger ArbN muss der ArbGeb darlegen, in welchem Umfang und aufgrund welcher Maßnahmen die bisher vom gekündigten ArbN verrichteten Tätigkeiten für diesen zukünftig wegfallen. Er muss – im Rahmen einer abgestuften Darlegungslast – die Auswirkungen seiner unternehmerischen Vorgaben und Planungen auf das erwartete Arbeitsvolumen anhand einer schlüssigen Prognose genau darstellen, auf welche der verbliebenen ArbN die vom gekündigten ArbN wahrgenommenen Aufgaben verteilt werden und wie die zusätzlich übernommenen Arbeiten von diesen ArbN von ihrem Arbeitspensum her ohne überobligatorische Leistungen ausgeführt werden können[4]. Die Umverteilung darf nicht zu einer rechtswidrigen Überforderung oder Benachteiligung des im Betrieb verbliebenen Personals führen. Für eine beschlossene und durchgeführte unternehmerische Organisationsentscheidung spricht die Vermutung, dass sie aus sachlichen – nicht zuletzt wirtschaftlichen – Gründen getroffen wurde und nicht auf Rechtsmissbrauch beruht[5]. Den Einwand, die betriebsbedingte Kündigung beruhe auf einem Missbrauch der Organisationsbefugnis, muss der ArbN darlegen und beweisen[6]. Bestreitet der ArbN lediglich den Wegfall seines bisherigen Arbeitsplatzes und steht fest, dass die bisherige betriebliche Beschäftigungsmöglichkeit entfallen ist, so besteht eine abgestufte Darlegungs- und Beweislast für eine **Weiterbeschäftigungsmöglichkeit** des Klägers auf einem **freien Arbeitsplatz** (grds. nicht im Ausland[7]). Der ArbGeb genügt zunächst seiner Darlegungslast, wenn er allgemein vorträgt, eine solche bestehe für den ArbN nicht. Sodann obliegt es dem ArbN, in groben Zügen darzulegen, wo und ggf. wie er sich eine anderweitige Beschäftigung vorstellt. Er hat nur mitzuteilen, welche Art der Beschäftigung er sich vorstellt, einen konkreten freien Arbeitsplatz muss er nicht benennen. Erst daraufhin muss der ArbGeb die vom ArbN genannten Umsetzungsmöglichkeiten unter Stellungnahme zu den dort vorhandenen Arbeitsplätzen bzw. -bereichen eingehend erläutern und beweisen, aus welchen Gründen eine Umsetzung dorthin nicht möglich war[8]. Ähnlich abgestuft verteilt sich die wechselseitige Darlegungslast auch hinsichtlich der Frage der **(Nicht-)Eignung** des ArbN für eine Umsetzung auf einen anderen Arbeitsplatz[9]. Bei einer **Änderungskündigung** iSv. § 2 KSchG sind sowohl das Kündigungs- wie das Vertragselement auf seine Wirksamkeit zu untersuchen. Es ist vom ArbGeb darzulegen, dass ein erheblicher Grund iSv. § 1 Abs. 2 KSchG für eine Kündigung vorliegt. Sodann ist in einer am Verhältnismäßigkeitsgrundsatz orientierten Prüfung festzustellen, ob alle dem ArbN angebotenen Vertragsänderungen von diesem billigerweise anzunehmen sind. Die geänderten Arbeitsbedingungen müssen im Hinblick auf den Kündigungsgrund geeignet sowie erforderlich sein und dürfen sich nicht weiter vom Inhalt der bisherigen Vertragsbedingungen entfernen, als dies zur Erreichung des mit der Änderungskündigung angestrebten Ziels erforderlich ist[10]. Zur Darlegungslast beim Vorliegen einer **Namensliste** iSv. § 1 Abs. 5 KSchG: s. Rz. 25.

134

---

1 BAG v. 31.7.2014 – 2 AZR 422/13, MDR 2015, 228; ausführlich: Arbeitsrechtslexikon/*Bengelsdorf*: Betriebsbedingte Kündigung II. 2.
2 BAG v. 17.6.1999 – 2 AZR 141/99, NZA 1999, 1098; BAG v. 22.5.2003 – 2 AZR 326/02, ArbRB 2003, 263 m. Anm. *Boudon*.
3 BAG v. 13.2.2008 – 2 AZR 1041/06, NZA 2008, 819; BAG v. 31.7.2014 – 2 AZR 422/13, NZA 2015, 101 für Übertragung von bisherigen betrieblichen Tätigkeiten auf freie Mitarbeiter.
4 Vgl. zu verschiedenen Modalitäten: BAG v. 24.5.2012 – 2 AZR 124/11, NZA 2012, 1223.
5 BAG v. 31.7.2014 – 2 AZR 422/13; BAG v. 20.11.2014 – 2 AZR 512/13, NZA 2015, 679.
6 BAG v. 24.10.1979 – 2 AZR 940/77; BAG v. 18.6.2015 – 2 AZR 480/14, NZA 2015, 1315.
7 BAG v. 24.9.2015 – 2 AZR 3/14, NZA 2015, 1457.
8 BAG v. 6.11.1997 – 2 AZR 253/97, NZA 1998, 834; BAG v. 15.8.2002 – 2 AZR 195/01, NZA 2003, 430; BAG v. 29.8.2013 – 2 AZR 721/12, DB 2014, 666.
9 BAG v. 28.4.1994 – 8 AZR 57/93, NZA 1995, 787.
10 BAG v. 29.9.2011 – 2 AZR 523/10, NZA 2012, 628; BAG v. 24.5.2012 – 2 AZR 163/11, NZA-RR 2013, 74; Arbeitsrechtslexikon/*Bengelsdorf*: Änderungskündigung IV 5a.

135 Der ArbGeb hat bei einer **verhaltensbedingten** Kündigung Mängel, Störungen oder sonstige Vertragsverletzungen substantiiert darzulegen und nicht nur pauschale Erklärungen oder Wertungen abzugeben. Beruft sich der ArbN auf das Vorliegen von **Rechtfertigungs- oder Entschuldigungsgründen** hat das zur Folge, dass schon auf Tatbestandsebene keine Vertragsverletzung vorliegt. Dann trifft den ArbGeb die Darlegungs- und Beweislast für das Vorliegen eines Pflichtverstoßes (vgl. Rz. 89). Voraussetzung hierfür ist aber, dass der ArbN Rechtfertigungsgründe nachvollziehbar vorträgt und nicht nur pauschal gehaltene Einwendungen macht. So hat er etwa die behauptete „Genehmigung" des gerügten Verhaltens durch den ArbGeb einlassungsfähig und überprüfbar nach Ort, Zeit und Inhalt der Genehmigung genau zu schildern. Der ArbGeb muss dann beweisen, dass dieser Rechtfertigungsgrund nicht bestanden hat[1]. Diese abgestufte Darlegungs- und Beweislast kann etwa im Falle eines Streites über das **Nichtvorliegen einer Krankheit** dazu führen, dass der ArbGeb im Kündigungsschutzprozess die Beweislast für die Rechtfertigung seiner Kündigung trägt, er also beweisen muss, dass der ArbN in Wirklichkeit arbeitsfähig war, dagegen den ArbN im Prozess um Entgeltfortzahlung (§ 3 Abs. 1 Satz 1 EFZG) für die fragliche Zeit die Beweislast für eine Arbeitsunfähigkeit trifft (vgl. Rz. 117). Die gleiche gespaltene Beweislastverteilung gilt auch bei einem Verstoß gegen eine unzulässige **Konkurrenztätigkeit** im Hinblick auf eine streitige Einwilligung des ArbGeb[2]. Diese Grundsätze für die Darlegungs- und Beweislast zu Rechtfertigungs- und Entschuldigungsgründen gelten in gleicher Weise für sonstige entlastende Umstände auf die sich der ArbN beruft und die nicht das Gewicht von Rechtfertigungs- oder Entschuldigungsgründen erreichen, die aber im Rahmen der vorzunehmenden Interessenabwägung von ausschlaggebender Bedeutung sind[3].

Vgl. zur abgestuften Darlegungslast im Falle von **Minderleistungen** des ArbN: BAG v. 3.6.2004[4] und v. 17.1.2008[5].

136 Bei einer **krankheitsbedingten Kündigung** hat der ArbGeb ua. neben den bisherigen krankheitsbedingten Fehlzeiten die Tatsachen darzulegen, aus denen sich ergibt, dass der ArbN noch auf nicht absehbare Zeit krank sein wird oder mit weiteren häufigen Kurzerkrankungen in erheblichem Umfang gerechnet werden muss (Negativprognose)[6]. Da der ArbGeb über den Gesundheitszustand des ArbN zumeist keine Kenntnisse hat, kann er sich zunächst darauf beschränken, auf die erheblichen Fehlzeiten in der Vergangenheit als Indiz für entsprechende Fehlzeiten in der Zukunft zu verweisen. Sodann hat der ArbN darzulegen, weshalb mit seiner alsbaldigen Genesung bzw. warum in Zukunft mit weniger häufigen Erkrankungen zu rechnen ist. Fehlt es dem ArbN an eigener Sachkunde, sich substantiiert einzulassen, so reicht es aus, wenn er die ihn behandelnden Ärzte von deren Schweigepflicht zur Einholung einer ärztlichen Auskunft über die weitere Gesundheitsprognose entbindet[7]. Hat der ArbN die Indizwirkung erschüttert, muss der ArbGeb weitere Tatsachen darlegen und beweisen, die seine negative Prognose zusätzlich stützen. Nach § 84 (ab 1.1.2018: § 167) Abs. 2 SGB IX hat der ArbGeb bei Fehlzeiten von Mitarbeitern – nicht nur schwerbehinderte – von insgesamt über sechs Wochen[8] pro Jahr ein betriebliches **Eingliederungsmanagement** (BEM)[9] anzubieten und, falls der ArbN damit einverstanden ist, durchzuführen mit dem Ziel, mögliche betriebliche Ursachen für die Fehlzeiten zu beseitigen und individuell angepasste Lösungen zur Vermeidung künftiger Arbeitsunfähigkeiten zu ermitteln. Die unterlassene oder nicht ordnungsgemäße Einleitung[10] oder Durchführung eines BEM[11] führt per se nicht zur Unwirksamkeit einer krankheitsbedingten Kündigung, sondern hat eine erheblich verschärfte Darlegungs- und Beweislast des ArbGeb in einem etwaigen Kündigungsschutzprozess zur Folge. Im Gegensatz zur allgemeinen Rechtslage kann sich der ArbGeb dann nicht mehr darauf beschränken, zunächst pauschal auf fehlende alternative Einsatzmöglichkeiten zu verweisen, was zum Umschlagen der Darlegungslast auf den ArbN führen würde[12]. Vielmehr muss der ArbGeb bereits im Kündigungsschutzprozess substantiell das Gericht davon überzeugen, dass auch bei Durchführung des BEM keinerlei Umsetzungs- oder sonstige mögliche Abhilfemöglichkeiten für den ArbN bestanden

---

1 BAG v. 18.9.2008 – 2 AZR 1039/06, ArbRB 2009, 196; BAG v. 12.8.1976 – 2 AZR 237/75, DB 1976, 2357.
2 BAG v. 16.1.2013 – 10 AZR 560/11, NZA 2013, 748; BAG v. 16.7.2015 – 2 AZR 85/15, NZA 2016, 161.
3 LAG M.-V. v. 27.1.2015 – 2 Sa 170/14.
4 BAG v. 3.6.2004 – 2 AZR 386/03, NZA 2004, 1380 (1382); vgl. auch LAG München v. 20.10.2005 – 2 Sa 1318/04, PraxRep. extra 2006, 111.
5 BAG v. 17.1.2008 – 2 AZR 536/06, NZA 2008, 693.
6 Vgl. im Einzelnen, BAG Urt. v. 6.9.1989 – 2 AZR 19/89, EzA § 1 KSchG – Krankheit Nr. 26; *Dörner/Luczak/Wildschütz*, Handbuch des Fachanwalts Arbeitsrecht, D Rz. 1107 ff.
7 BAG v. 6.9.1989 – 2 AZR 19/89, EzA § 1 KSchG – Krankheit Nr. 26; BAG v. 16.2.1989 – 2 AZR 299/89, EzA § 1 KSchG – Krankheit Nr. 25; BAG v. 7.11.2002 – 2 AZR 493/01, ZTR 2003, 304 (306).
8 BAG v. 24.3.2011 – 2 AZR 170/10, NZA 2011, 992.
9 Vgl. umfassend zum BEM: Arbeitsrechtslexikon/*Schwab*: Betriebliches Eingliederungsmanagement II.
10 Vgl. BAG v. 20.11.2014 – 2 AZR 755/13, NZA 2015, 612.
11 BAG v. 10.12.2009 – 2 AZR 198/09, NZA 2010, 639.
12 BAG v. 30.9.2010 – 2 AZR 88/09, NZA 2011, 39.

hätten¹. Er hat von sich aus alle denkbaren und vom ArbN schon benannten Umsetzungsmöglichkeiten zu würdigen und darzulegen, aus welchen Gründen sowohl eine Anpassung des bisherigen Arbeitsplatzes an dem ArbN zuträgliche Arbeitsbedingungen als auch die Beschäftigung auf einem anderen Arbeitsplatz ausscheidet. Beruft sich der ArbGeb darauf, ein BEM hätte wegen der gesundheitlichen Beeinträchtigungen des ArbN unter keinen Umständen ein positives Ergebnis bringen können, hat er dies darzulegen und zu beweisen². Setzt die Umsetzung der in dem BEM erarbeiteten Empfehlung einen Mitwirkungsakt des betroffenen ArbN voraus, kann der ArbGeb ihm hierfür eine angemessene Frist setzen verbunden mit der Androhung, dass für den Fall des fruchtlosen Fristablaufs der Ausspruch einer Kündigung droht. Lehnt der ArbN trotz ordnungsgemäßer Belehrung durch den ArbGeb³ das ihm angebotene BEM ab, wirkt die Verweigerung kündigungsneutral. Dann verbleibt es bei der allgemeinen Darlegungs- und Beweislast für eine krankheitsbedingte Kündigung.

Nach § 1 Abs. 3 Satz 3 KSchG obliegt im Kündigungsschutzprozess die Darlegungs- und Beweislast für die Unrichtigkeit der **Sozialauswahl** begründenden Tatsachen dem ArbN⁴. Der ArbN muss sie zumindest bestreiten, damit sie im Verfahren thematisiert wird. Der ArbGeb hat in die Sozialauswahl diejenigen ArbN im Bereich des Betriebes einzubeziehen, die objektiv miteinander vergleichbar sind⁵. Anschließend hat er unter diesem Personenkreis die Auswahl ausschließlich nach „sozialen" Gesichtspunkten iSv. § 1 Abs. 3 Satz 1 KSchG zu treffen. In der 3. Stufe ist zu untersuchen, ob nach § 1 Abs. 3 Satz 2 KSchG „berechtigte betriebliche Interessen bzw. Erfordernisse" die Weiterbeschäftigung des sozial stärkeren ArbN bedingen und damit der Sozialauswahl entgegenstehen. Bei dieser Prüfungsfolge geht das BAG von einer abgestuften Darlegungslast aus. Es ist Sache des ArbN, die Fehlerhaftigkeit der Sozialauswahl darzulegen, sofern er über die hierzu erforderlichen Informationen verfügt. Hierzu hat er nachzuweisen, welche vom ArbGeb in die soziale Auswahl einbezogenen vergleichbaren ArbN weniger schutzbedürftig sind oder welche anderen ArbN mit weniger schutzwürdigen Sozialdaten zusätzlich zu berücksichtigen sind. Dabei muss er die herangezogenen weniger schutzwürdigen ArbN individuell benennen⁶. Hat der ArbGeb keine oder eine methodisch fehlerhafte Sozialauswahl vorgenommen, führt dies nicht per se zur Unwirksamkeit der Kündigung, weil auch eine solche Vorgehensweise – sei es auch zufällig – im Ergebnis objektiv nicht falsch sein muss. Unterlässt der ArbGeb eine vorzunehmende Sozialauswahl, dann spricht allerdings eine von ihm auszuräumende tatsächliche Vermutung (vgl. Rz. 94) dafür, dass das Ergebnis der Sozialauswahl fehlerhaft ist⁷.

Soweit der ArbN wegen fehlender Informationen nicht in der Lage ist, zur sozialen Auswahl Stellung zu nehmen, kann er den ArbGeb auffordern zur Mitteilung der Gründe, die ihn zu der getroffenen sozialen Auswahl veranlasst haben. Diese hat der **ArbGeb** als Folge seiner materiellen **Auskunftspflicht** gem. § 1 Abs. 3 Satz 1 Halbs. 2 KSchG substantiiert ggf. auch noch im Prozess vorzutragen. Diese aus der Mitteilungspflicht herzuleitende Vortragslast ist aber auf die subjektiven, vom ArbGeb tatsächlich angestellten Überlegungen beschränkt. Insoweit hat der ArbN keinen Anspruch auf die vollständige Auflistung der Sozialdaten aller objektiv vergleichbaren ArbN⁸. Hat der ArbGeb vergleichbare ArbN in die Sozialauswahl mit einbezogen, genügt er seiner Auskunftspflicht, wenn er diejenigen ArbN mitteilt, die er für vergleichbar erachtet hat, selbst wenn sich aus dem Inhalt seiner Auskunft die materielle Unrichtigkeit seiner Auffassung ergibt⁹. Hat der ArbGeb keinen anderen ArbN mit in die Sozialauswahl einbezogen, weil nach seiner Auffassung der ArbN nach seiner Auskunft begehrende ArbN mit keinem anderen ArbN vergleichbar sei, hat er nur dies dem ArbN mitzuteilen. Der ArbGeb ist nicht verpflichtet, eine vollständige Liste aller ArbN des Betriebs einschließlich aller Sozialdaten herauszugeben, um dem ArbN eine umfassende Prüfung der Sozialauswahl zu ermöglichen¹⁰. Er muss aber die Gründe und Bewertungsmaßstäbe angeben, die ihn subjektiv zu der getroffenen sozialen Auswahl veranlasst haben. Gibt der ArbGeb keine oder keine vollständige Auskunft, so kann der ArbN bei fehlender eigener Kenntnis seiner aus § 1 Abs. 3 KSchG iVm. § 138 Abs. 1 ZPO herzuleitenden Substantiierungspflicht, die Namen sozial weniger schutzwürdiger ArbN zu nennen, nicht genügen. In diesen Fällen ist der mit fehlender Kenntnis des ArbN begründete Vortrag, es seien sozial we-

---

1 BAG v. 10.12.2009 – 2 AZR 400/08, NZA 2010, 398; BAG v. 30.9.2010 – 2 AZR 88/09, NZA 2011, 39.
2 BAG v. 24.3.2011 – 2 AZR 170/10, NZA 2011, 992.
3 Vgl. BAG v. 24.3.2011 – 2 AZR 170/10; BAG v. 20.11.2014 – 2 AZR 755/13, ArbRB 2015, 198.
4 Vgl. ausführlich zur Sozialauswahl: Arbeitsrechtslexikon/*Bengelsdorf*: Betriebsbedingte Kündigung III.
5 BAG v. 20.6.2013 – 2 AZR 271/12, NZA 2013, 837.
6 BAG v. 6.7.2006 – 2 AZR 442/05, NZA 2007, 139.
7 BAG v. 20.9.2012 – 6 AZR 483/11, NZA 2013, 94.
8 BAG v. 18.1.2007 – 2 AZR 796/05, DB 2007, 2097.
9 BAG v. 21.7.1988 – 2 AZR 75/88, AP Nr. 17 zu § 1 KSchG 1969 Soziale Auswahl.
10 BAG v. 5.12.2002 – 2 AZR 697/01, NZA 2003, 852; *Berkowsky*, Die Betriebsbedingte Kündigung, 5. Aufl., § 6 Rz. 232; *Kleinebrink*, ArbRB 2004, 161.

niger schutzwürdige ArbN als er selbst vorhanden, schlüssig und ausreichend[1]. Die streitige Kündigung ist als sozialwidrig zu behandeln. Erteilt der ArbGeb ausreichend Auskunft, dann obliegt nun dem ArbN die Darlegungs- und Beweislast, indem er vorträgt, dass die Sozialauswahl in Bezug auf konkret zu benennende vergleichbare ArbN fehlerhaft war iSv. § 1 Abs. 3 Satz 1 KSchG. Die Darlegungs- und Beweislast für die betrieblichen Bedürfnisse der Herausnahme von vergleichbaren ArbN aus der Sozialauswahl nach § 1 Abs. 3 Satz 2 KSchG trifft den ArbGeb. Dabei reichen Schlagworte oder Pauschalangaben nicht aus, es bedarf konkreter Tatsachen[2].

138 Ist der ArbN der Ansicht, eine Kündigung sei **sittenwidrig** (§ 138 BGB) oder verstoße gegen **Treu und Glauben** (§ 242 BGB), dann trifft grds. ihn die unter Anwendung einer abgestuften Darlegungs- und Beweislast für diese Rechtsbehauptungen ausfüllenden Tatsachen[3].

139 Beruft sich der ArbN auf das Vorliegen eines **Betriebsübergangs nach § 613a BGB**, dann ist er hierfür darlegungs- und beweisbelastet. In diesem Zusammenhang hat er zunächst darzulegen, dass der Betriebserwerber die wesentlichen Betriebsmittel des Betriebs oder Betriebsteils nach Einstellung des Geschäftsbetriebes des bisherigen Geschäftsinhabers verwendet, um einen gleichartigen Geschäftsbetrieb zu führen. Schildert er die hierfür sprechenden erkennbaren äußeren Umstände, so spricht der Beweis des ersten Anscheins dafür, dass dies aufgrund eines Rechtsgeschäfts iSv. § 613a BGB geschehen ist[4]. Diesen Anscheinsbeweis hat der ArbGeb durch entsprechenden Sachvortrag zu widerlegen. Bestreitet der ArbGeb einen Betriebsübergang und beruft er sich etwa auf eine **Betriebsstilllegung**, dann handelt es sich hierbei um eine Kündigung aus anderen Gründen iSv. § 613a Abs. 4 Satz 2 BGB. Hierfür ist der ArbGeb nach § 1 Abs. 2 Satz 1 KSchG darlegungs- und beweispflichtig[5]. Ist streitig, ob im maßgeblichen Kündigungszeitpunkt ein Betriebsübergang oder eine Betriebsstilllegung beabsichtigt war, hängt die Darlegungs- und Beweislast vom Vortrag des ArbN ab. Bestreitet er eine Stilllegungsabsicht des ArbGeb, dann trifft die Beweislast dafür den ArbGeb. Macht der ArbN den Unwirksamkeitsgrund des § 613a Abs. 4 BGB geltend, muss er darlegen und beweisen, dass ihm wegen eines rechtsgeschäftlichen Betriebsübergangs gekündigt worden ist[6].

Der ArbGeb hat dem ArbN nach § 613a Abs. 5 BGB mittels Unterrichtung über den Betriebsübergang eine ausreichende Wissensgrundlage für die Ausübung oder Nichtausübung seines Widerspruchsrechts zu vermitteln. Dabei sind der Veräußerer und der Erwerber für die Erfüllung der **Unterrichtungspflicht** darlegungs- und beweispflichtig. Genügt eine Unterrichtung formal den Anforderungen des Abs. 5 und ist sie nicht offensichtlich fehlerhaft, ist es Sache des ArbN, im Wege der abgestuften Darlegungslast einen Mangel näher aufzuzeigen. Die Unterrichtungsverpflichteten müssen sodann diese Einwände des ArbN mit entsprechenden Darlegungen und Beweisantritten entkräften[7].

140 Fordert der ArbN **Schadensersatz** wegen eines **Auflösungsverschuldens** des ArbGeb nach **§ 628 Abs. 2 BGB**, so obliegt dem ArbN – und nicht dem ArbGeb – die Beweislast für das Vorliegen zB seiner wirksamen außerordentlichen Eigenkündigung gem. § 626 Abs. 1 und Abs. 2 BGB, insbesondere dass er zu der außerordentlichen Kündigung durch ein vertragswidriges Verhalten des ArbGeb berechtigt war. Auf die Form der Vertragsbeendigung kommt es nicht an, sondern nur auf das Vorliegen eines Auflösungsverschuldens durch den anderen Vertragsteil. Dieses setzt das Gewicht eines wichtigen Grundes iSv. § 626 Abs. 1 BGB voraus[8]; die Umstände hierfür hat der ArbN darzulegen und zu beweisen. Außerdem muss der ArbN den Schaden sowie dessen Umfang darlegen. Dieser Anspruch ist zeitlich begrenzt und beschränkt sich grds. auf den dem kündigenden ArbN bis zum Ablauf der Kündigungsfrist einer fiktiven Kündigung entstehenden Vergütungsausfall, zu dem eine den Verlust des Bestandsschutzes ausgleichende angemessene Entschädigung nach §§ 9, 10 KSchG hinzutreten kann[9]. Für den geltend gemachten Schaden kommt dem ArbN bezüglich Grund und Höhe die Beweiserleichterungen aus § 252 BGB iVm. § 287 ZPO zugute[10]. § 628 Abs. 2 BGB ist lex specialis für materielle Schadensersatzansprüche wegen Auflösungsverschuldens[11].

---

1 BAG v. 27.9.2012 – 2 AZR 516/11, NZA 2013, 559.
2 BAG v. 10.6.2010 – 2 AZR 420/09, NZA 2010, 1352; BAG v. 20.4.2005 – 2 AZR 201/04, NZA 2005, 877.
3 BAG v. 23.4.2009 – 2 AZR 533/08, NZA 2009, 1260; BAG v. 24.11.1983 – 2 AZR 327/82, AP Nr. 76 zu § 626 BGB m. Anm. *Baumgärtel*.
4 BAG v. 15.5.1985 – 5 AZR 276/84, AP Nr. 41 zu § 613a BGB m. Anm. *von Hoyningen-Huene* = BB 1985, 1794.
5 BAG v. 9.2.1994 – 2 AZR 666/93, NZA 1994, 686; BAG v. 16.5.2002 – 8 AZR 319/01, NZA 2003, 96; LAG Köln v. 21.1.2005 – 4 Sa 1036/04, LAGR 2005, 334 m. Anm. *Henssler/Heiden*.
6 BAG v. 26.5.2011 – 8 AZR 37/10, NZA 2011, 1143 (1145).
7 BAG v. 13.7.2006 – 8 AZR 305/05, NZA 2006, 1268.
8 BAG v. 8.8.2002 – 8 AZR 574/01, NZA 2002, 1323.
9 BAG v. 26.7.2001 – 8 AZR 739/00, AP Nr. 13 zu § 628 BGB; ErfK/*Müller-Glöge*, § 628 BGB Rz. 28.
10 BAG v. 27.1.1972 – 2 AZR 172/71, AP Nr. 2 zu § 252 BGB m. Anm. *E. Schneider*.
11 Arbeitsrechtslexikon/*Hambach*: Haftung des Arbeitgebers VI.

Den ArbGeb trifft grds. die Darlegungs- und Beweislast für die Richtigkeit der Angaben in einem **Arbeits-** 141
zeugnis, auf die sich die Bewertung der Tätigkeit des ArbN stützt[1]. Dabei hat der ArbN zunächst das frühere Bestehen eines Arbeitsverhältnisses, dessen Beendigung und sein Verlangen nach einem (qualifizierten) Zeugnis darzulegen; der ArbGeb hat die Erteilung eines formell ordnungsgemäßen Zeugnisses, also die Erfüllung nachzuweisen. Streit entbrennt häufig bei der Leistungsbeurteilung. Dabei knüpft sich eine unterschiedliche Darlegungslast an die erteilte „Note" an (Beweislast nach Noten)[2]. Strebt der ArbN eine überdurchschnittliche Beurteilung an, dann muss er die hierfür erforderlichen Tatsachen vortragen. Hat der ArbGeb eine unterdurchschnittliche Beurteilung erteilt, trägt er die Darlegungslast von Tatsachen für die Rechtfertigung einer solchen Note. Nach dieser praxisnahen Auffassung ist also die durchschnittliche Beurteilung der Normalfall und die Darlegungs- und Beweislast für nach unten bzw. oben trägt derjenige, der diese für sich reklamiert[3]. Das BAG billigt dem ArbGeb allerdings einen Beurteilungsspielraum zu, der das gerichtliche Ermessen einschränkt. Bei solch einem Sachbegehren wird insbesondere der wechselseitig abgestuften Darlegungslast eine besondere Rolle zuteil. Soweit in bestimmten Betrieben regelmäßige schriftliche Mitarbeiterbeurteilungen vorgenommen werden, ist die Darlegungslast idR erfüllbar. Geschieht dies nicht, dürften oftmals nur schwer lösbare Probleme für beide Parteien bestehen. Macht der ArbN geltend, er habe wegen einer Nichterteilung oder Erteilung eines unrichtigen Zeugnisses einen Bewerbungsmisserfolg erlitten, dann ist er für den Eintritt des Schadens und die Kausalität beweispflichtig[4]. Allerdings können dem ArbN nach der Rspr. des BAG Darlegungs- und Beweiserleichterungen zugutekommen[5].

Wer durch eine **Vollstreckungsabwehrklage** sich gegen einen Vollstreckungstitel nach § 767 ZPO zur 142
Wehr setzt – zuständig ist das ArbG 1. Instanz –, ist für die Einwendungen und deren Entstehungszeitpunkt darlegungs- und beweisbelastet[6].

Lehnt ein ArbGeb die **Anpassung einer Betriebsrente** nach § 16 BetrVG ab, dann hat er die Gründe für 143
die Nichtanpassung darzulegen und zu beweisen[7].

§ 59 Versäumnisverfahren

Gegen ein Versäumnisurteil kann eine Partei, gegen die das Urteil ergangen ist, binnen einer Notfrist von einer Woche nach seiner Zustellung Einspruch einlegen. Der Einspruch wird beim Arbeitsgericht schriftlich oder durch Abgabe einer Erklärung zu Protokoll *[bis 31.12.2017: zur Niederschrift]* der Geschäftsstelle eingelegt. Hierauf ist die Partei zugleich mit der Zustellung des Urteils schriftlich hinzuweisen. § 345 der Zivilprozessordnung bleibt unberührt.

I. Allgemeines 1	III. Säumnisentscheidungen 33
II. Voraussetzungen des Säumnisverfahrens 2	1. Entscheidung durch den Vorsitzenden bzw. durch die Kammer 34
1. Ordnungsgemäßer Termin 3	2. Entscheidung auf Antrag 37
2. Ordnungsgemäße Ladung 5	3. Entscheidung bei Säumnis der klagenden Partei 40
3. Fristgerechte Ladung 8	4. Entscheidung bei Säumnis der beklagten Partei 44
4. Säumnis einer Partei 9	5. Entscheidung nach Lage der Akten 51
5. Verfahrenshindernisse 16	6. Entscheidung bei Säumnis beider Parteien 56
a) Behebbare Verfahrensmängel 17	IV. Rechtsbehelf und Rechtsmittel im Säumnisverfahren 60
b) Ladungsfehler 18	1. Rechtsbehelfsbelehrung 63
c) Verspäteter Sachantrag oder Tatsachenvortrag 19	2. Einspruchsfrist 68
d) Rechtsfolgen 20	3. Einspruchsberechtigte 73
6. Vertagung von Amts wegen 22	4. Umfang des Einspruchs 74
a) Beispiele 25	5. Inhalt des Einspruchs 75
b) Rechtsfolgen 31	

---

1 BAG v. 8.2.1984 – 5 AZR 58/82; LAG Hamm v. 16.3.1989 – 12 (13) Sa 1149/88, BB 1989, 1486.
2 Vgl. *Kolbe*, NZA 2015, 582.
3 BAG v. 14.10.2003 – 9 AZR 12/03, ArbRB 2003, 321; BAG v. 18.11.2014 – 9 AZR 584/13, NZA 2015, 435.
4 BAG v. 25.10.1967 – 3 AZR 456/66, AP Nr. 6 zu § 73 HGB m. Anm. *Brecher*.
5 BAG v. 24.3.1977 – 3 AZR 232/76, AP Nr. 12 zu § 630 BGB.
6 *Münch*, NJW 1991, 795.
7 BAG v. 23.4.1985 – 3 AZR 548/82, AP Nr. 16 zu § 16 BetrAVG.

6. Form des Einspruchs	77	2. Zulässiger Einspruch	99
7. Wirkung des Einspruchs	82	3. Unzulässiger Einspruch	106
8. Rechtsbehelfe und Rechtsmittel bei fehlerhaften Entscheidungen	84	4. Zweites Versäumnisurteil	110
V. Entscheidungen im weiteren Verfahren	91	a) Prüfung des gesetzmäßigen Zustandekommens des Vollstreckungsbescheids	113
1. Verzicht und Zurücknahme des Einspruchs	92	b) Prüfung des gesetzmäßigen Zustandekommens des Versäumnisurteils	115
a) Zeitpunkt und Wirkungen der Rücknahme des Einspruchs	93		
b) Klagerücknahme nach Einlegung des Einspruchs	96		

Schrifttum: *Boemke,* Das einspruchsverwerfende Versäumnisurteil (§ 345 ZPO), ZZP 106 (1993), 371; *Boin,* Zustellungen bei überörtlichen Sozietäten, MDR 1995, 882; *Braun,* Die Berufung gegen das zweite Versäumnisurteil (§ 513 II ZPO), ZZP 93 (1980), 443; *Deubner,* Zur Anwendung des § 296 Abs 1 ZPO im arbeitsgerichtlichen Verfahren, NZA 1985, 113; *Dunz,* Zur Frage, ob gegen die säumige Partei durch kontradiktorisches Urteil entschieden werden kann, JR 1987, 27; *Lipke,* „Früherer" Termin der mündlichen Verhandlung im arbeitsgerichtlichen Verfahren und Aktenlageentscheidung, DB 1997, 1564; *Loyal,* Prozesskostenlast bei unverschuldeter Säumnis, ZZP 2013, 491; *Marcelli,* Keine Säumnis bei unschlüssiger Klage?, NJW 1981, 2558; *Mouque,* Nochmals, Postulationsfähigkeit der Rechtsbeistände als Mitglieder einer Rechtsanwaltskammer vor den Arbeitsgerichten, Rbeistand 2002, 6; *Orlich,* Die Berufung gegen Versäumnisurteile, NJW 1980, 1782; *Peters,* Zur Prüfung der Schlüssigkeit bei Erlaß eines zweiten Versäumnisurteils und zum Umfang der Berufung im zweiten Versäumnisverfahren, JZ 1986, 859; *Schneider,* Problemfälle aus der Prozeßpraxis – Die Überprüfung des zweiten Versäumnisurteils im Berufungsrechtszug, MDR 1985, 375; *Schreiber,* Die Berufung gegen ein zweites Versäumnisurteil, ZZP 105 (1992), 79; *Schwab/Wildschütz/Heege,* Disharmonien zwischen ZPO und ArbGG, NZA 2003, 999; *Vollkommer,* Die Berufung gegen das zweite Versäumnisurteil, ZZP 94 (1981), 91.

I. Allgemeines

1 Die Vorschrift **regelt nur Teilbereiche des Versäumnisverfahrens**, nämlich Einspruchsfrist, Form des Einspruchs und die Belehrung über die Möglichkeit des Einspruchs gegen ein Versäumnisurteil, mit der Folge, dass insoweit die zivilprozessualen Bestimmungen des Versäumnisverfahrens keine Anwendung finden können. Die **allgemeinen Voraussetzungen** für den Erlass einer Säumnisentscheidung sind **in § 59 nicht geregelt**. Je nach Verfahrensstand und Säumnis einer oder beider Parteien sind der Erlass eines ersten oder zweiten oder „unechten" Versäumnisurteils oder eine Entscheidung nach Lage der Akten möglich. Für das Säumnisverfahren gelten insoweit über § 46 Abs. 2 Satz 1 die §§ 330 ff. ZPO mit Ausnahme des § 331 Abs. 3 ZPO sowie des § 335 Abs. 1 Nr. 4 ZPO, da diese Bestimmungen darauf beruhen, dass ein schriftliches Vorverfahren gem. § 276 ZPO stattgefunden hat. Die Vorschriften der **§§ 275–277 ZPO** finden jedoch gem. § 46 Abs. 2 Satz 2 im ArbG-Prozess **keine Anwendung**.

II. Voraussetzungen des Säumnisverfahrens

2 Erscheint eine Partei im Termin zur mündlichen Verhandlung nicht, obwohl die Ladungs- und Einlassungsfrist gewahrt wurde, oder verhandelt sie nicht (§ 333 ZPO), so ergeht auf Antrag ein Versäumnisurteil zu Lasten der abwesenden bzw. nicht verhandelnden Partei. Bevor ein Versäumnisurteil erlassen oder eine Aktenlageentscheidung getroffen werden darf, hat der Vorsitzende das **Vorliegen der allgemeinen Prozessvoraussetzungen**, wie bspw. die Rechtswegzuständigkeit sowie die Partei- und Prozessfähigkeit[1], festzustellen und des Weiteren zu prüfen, ob ein Fall der Säumnis überhaupt gegeben ist. Das ist der Fall[2], wenn

– der Termin zur mündlichen Verhandlung ordnungsgemäß vor dem Prozessgericht bestimmt worden ist (§ 216 Abs. 2 ZPO),
– die nicht erschienene Partei ordnungsgemäß geladen worden ist (§ 335 Abs. 1 Nr. 2 ZPO),
– die Ladungs- und ggf. Einlassungsfristen eingehalten sind,
– die Partei bei Aufruf am richtigen Ort und zur rechten Zeit nicht erschienen ist oder nicht verhandelt,
– kein Grund zur Zurückweisung des Antrages oder zur Vertagung von Amts wegen (§§ 335, 337 ZPO) vorliegt.

---

1 GMP/*Germelmann*, § 59 Rz. 4.
2 LAG Hamm v. 27.2.2003 – 4 Sa 1108/02, NZA-RR 2004, 156; ähnl. Zöller/*Herget*, vor § 330 ZPO Rz. 2–6.

1. Ordnungsgemäßer Termin

Die Terminsbestimmung (§ 216 Abs. 2 ZPO) bedarf als gerichtliche Entscheidung nach verbreiteter Auffassung entsprechend § 329 Abs. 1 Satz 2 iVm. § 317 Abs. 2 Satz 1 ZPO der vollständigen Namensunterschrift des Vorsitzenden[1]. Eine tragende Begründung hierfür wird in den sich oft wechselseitig zitierenden Entscheidungen und Kommentaren nicht gegeben. M.E. gibt es sie auch nicht, zumal dieses Gerichtsinternum keinerlei Außenwirkungen entfaltet. Daher kann die Terminsbestimmung m.E. auch wirksam durch eine mit einer Paraphe unterzeichneten Verfügung erfolgen. **Termin zur mündlichen Verhandlung** können ein Gütetermin (§ 54), ein Kammertermin (§ 57) oder ein solcher zur Verhandlung über ein Arrest- oder Verfügungsgesuch (§ 922 Abs. 1, § 937 Abs. 2 ZPO) sein[2]. Ein Termin zur Beweisaufnahme vor dem Prozessgericht ist nach deren Erledigung Verhandlungstermin (§ 370 Abs. 1 ZPO), so dass ein Versäumnisverfahren möglich ist[3]. Ein Beweistermin vor dem ersuchten Richter (§ 362 ZPO) reicht hingegen nicht aus[4]. Auch im Verkündungstermin oder im Termin über eine Tatbestandsberichtigung (§ 320 Abs. 3 ZPO) kann kein Versäumnisurteil erlassen werden. Das Versäumnisverfahren findet hingegen im Termin zur Urteilsergänzung statt (§ 321 Abs. 3 ZPO), der nur den nicht erledigten Teil des Rechtsstreits zum Gegenstand hat[5].

Das Verfahren darf auch **nicht nach §§ 239 ff. ZPO unterbrochen** sein, da in diesem Falle keine Fristen laufen und vor Aufnahme des Verfahrens Prozesshandlungen nicht wirksam vorgenommen werden können (§ 249 Abs. 1 und 2 ZPO). Wird die Verfahrensunterbrechung nicht beachtet und vor Verfahrensaufnahme ein Versäumnisurteil erlassen, dann kann zB der Insolvenzverwalter unabhängig von der Aufnahme des Rechtsstreits gegen ein nach Eröffnung des **Insolvenzverfahrens** ohne Beachtung von § 240 Satz 1 ZPO ergangenes Versäumnisurteil Einspruch einlegen[6]. Bereits die Bestimmung des Verhandlungstermins ist unwirksam, wenn das Verfahren wegen Eröffnung des Insolvenzverfahrens über das Vermögen einer Prozesspartei (§ 27 Abs. 1 iVm. § 80 Abs. 1 InsO) gem. § 240 Satz 1 ZPO unterbrochen ist. Die Unterbrechung tritt gem. § 240 Satz 2 ZPO auch dann ein, wenn die Verwaltungs- und Verfügungsbefugnis über das Vermögen des Schuldners wegen des Erlasses eines allgemeinen Veräußerungsverbotes einen vorläufigen Insolvenzverwalter übergeht (§ 21 Abs. 2 Nr. 2 1. Alt. iVm. § 22 Abs. 1 InsO). Die während der Unterbrechung des Rechtsstreits in den Fällen der §§ 239 ff. ZPO erfolgte Terminsbestimmung ist nicht etwa durch die Aufnahme des unterbrochenen Verfahrens gem. § 250 ZPO bzw. §§ 85, 86 InsO aufschiebend bedingt wirksam, sondern wirkungslos[7]. Dieser Verfahrensfehler kann zwar durch rügeloses Verhandeln geheilt werden (§ 295 ZPO), daraus folgt aber zugleich, dass gegen die Partei, auf deren Seite die Ursache der Verfahrensunterbrechung gesetzt worden ist, weder ein Versäumnisurteil erlassen noch eine Entscheidung nach Aktenlage gefällt werden kann[8].

2. Ordnungsgemäße Ladung

Die **säumige Partei** muss durch förmliche Zustellung der Ladung (§ 329 Abs. 2 Satz 2 ZPO) oder durch verkündeten Beschluss (§ 218 ZPO) **ordnungsgemäß** geladen worden sein. Zustellungen, die in einem anhängigen Rechtsstreit bewirkt werden sollen, müssen an den für den Rechtszug bestellten Prozessbevollmächtigten erfolgen (§ 172 Abs. 1 Satz 1 ZPO)[9]. Hierbei sind dem Gericht mitgeteilten **Generalprozessvollmachten** zu beachten, die vielfach von Großunternehmen oder Behörden erteilt werden. Hat zB der öffentliche Dienstherr genau bestimmten Dienststellenangehörigen Generalvollmacht zur Führung von ArbG-Prozessen erteilt, so können wirksame Zustellungen im ArbG-Verfahren gem. § 46 Abs. 2 ArbGG iVm. § 50 Abs. 2, § 172 Abs. 1 Satz 1 ZPO nur an diese Prozessbevollmächtigten erfolgen; eine Ersatzzustellung an sonstige Behördenangestellte (§ 178 Abs. 1 Nr. 2 ZPO) ist nicht wirksam[10].

Bei der Frage, ob ein **Rechtsanwalt, Verbandsvertreter** (ArbGebVerband, Handwerksinnung) bzw. **Gewerkschafts- oder Rechtssekretär** als bestellter Prozessbevollmächtigter iSd. § 171 Abs. 1 Satz 1 ZPO anzusehen ist, an den Zustellungen zu bewirken sind, kommt es weder auf den Antrag noch auf die Wirksamkeit der Vollmacht an, sondern darauf, ob er für das Gericht erkennbar zum Prozessbevollmächtigten

---

1 S. nur LAG Hamm v. 22.12.1994 – 4 Sa 1125/94; GMP/*Germelmann*, § 59 Rz. 4.
2 Zöller/*Herget*, vor § 330 ZPO Rz. 2.
3 GMP/*Germelmann*, § 59 Rz. 4.
4 GMP/*Germelmann*, § 59 Rz. 4.
5 Zöller/*Vollkommer*, § 321 ZPO Rz. 10.
6 LAG Brandenburg v. 4.10.2000 – 6 Ta 157/00.
7 Vgl. BGH v. 15.2.1984 – IVb ZB 577/80, MDR 1984, 829, für die Aussetzung nach dem Tod einer Prozesspartei.
8 BGH v. 19.12.1989 – VI ZR 32/89, LM Nr. 13 zu GSB.
9 BAG v. 28.2.1989 – 3 AZR 374/88.
10 BAG v. 13.6.1996 – 2 AZR 483/95, NZA 1997, 204.

bestellt ist. Bestellt ist der Prozessbevollmächtigte – wenn er Anwalt oder Vertreter iSd. § 11 Abs. 1 ist – bereits durch formlose Mitteilung der Prozessvollmacht durch den Bevollmächtigten oder die Partei, da das Gericht bei diesem Personenkreis einen evtl. Mangel der Vollmacht nicht von Amts wegen (§ 88 Abs. 2 ZPO), sondern nur auf Rüge des Gegners zu prüfen hat. Eine Bestellungsanzeige durch den Prozessgegner (zB durch Bezeichnung eines Beklagtenvertreters in der Klageschrift) ist nicht ausreichend, da eine Bestellung durch den Prozessgegner nicht erfolgen kann[1]. Allerdings sollte der in der Klageschrift bezeichnete Verfahrensbevollmächtigte zumindest eine Terminsnachricht erhalten.

7 **Bei überörtlichen Sozietäten** sind, sofern nicht besondere Umstände eine abweichende Annahme rechtfertigen, nur die am Ort des Prozessgerichts kanzleiansässigen Rechtsanwälte iSv. § 171 Abs. 1 Satz 1 ZPO zu Prozessbevollmächtigten bestellt. Allein dem Umstand, dass in den verwendeten Briefbögen neben diesen Anwälten noch Anwälte aufgeführt sind, die auswärtigen Kanzleien angehören, kann grds. noch keine Bestellung auch der auswärtigen Anwälte zu Prozessbevollmächtigten entnommen werden. Der Grundsatz, dass in einer Anwaltssozietät jeder ihr angehörende Rechtsanwalt als bevollmächtigt anzusehen ist, für einen Sozius Zustellungen entgegenzunehmen, gilt nicht, soweit Anwälte lediglich in überörtlicher Sozietät verbunden sind[2].

3. Fristgerechte Ladung

8 Die **klagende Partei** erhält zum **Gütetermin** (§ 54) die **Ladung formlos** mitgeteilt (§§ 497 Abs. 1, 270 Satz 2 ZPO). Zwischen der Mitteilung der Terminsnachricht an die klagende Partei und dem Gütetermin muss eine **Frist von drei Tagen** liegen (§ 217 ZPO analog)[3]. An die **beklagte Partei** hingegen hat die Ladung zum Gütetermin unter **Zustellung** der Klageschrift so rechtzeitig zu erfolgen, dass die **einwöchige Einlassungsfrist** des § 47 zwischen Ladung und Gütetermin gewährt wird. Zur Fortsetzung der mündlichen Verhandlung nach erfolgloser Güteverhandlung ist alsbald Termin vor der Kammer (§ 57) anzuberaumen (§ 54 Abs. 4). Dies geschieht in aller Regel durch zu verkündenden Beschluss, so dass eine gesonderte Ladung entfällt (§ 218 ZPO). Gleiches gilt bei Fortsetzung der Güteverhandlung in einem anderen Termin (§ 54 Abs. 1 Satz 5) oder bei Vertagung eines Kammertermins. Wird der Kammertermin nicht sofort anberaumt, etwa weil Auskünfte eingeholt oder eine Begutachtung vorgesehen ist, eine Beweisaufnahme im Wege der Rechtshilfe angeordnet worden ist oder der Ausgang von außergerichtlichen Vergleichsverhandlungen abgewartet wird, dann müssen die Parteien durch förmliche Zustellung der Ladung (§ 329 Abs. 2 Satz 2 ZPO) geladen werden. Gleiches gilt nach Unterbrechung oder Aussetzung des Verfahrens oder nach einem Einspruch gegen ein Versäumnisurteil oder Fortsetzung der mündlichen Verhandlung nach Erlass eines Teilurteils. Beide Parteien haben Anspruch auf Einhaltung der Ladungsfrist nach § 217 ZPO, die auf Antrag abgekürzt werden kann (§ 226 Abs. 1 ZPO).

4. Säumnis einer Partei

9 Ein Termin wird von einer Partei versäumt, wenn diese zur **Terminsstunde** am mitgeteilten Terminsort (§ 219 Abs. 1 ZPO) nach Beginn der Sache, nämlich **nach deren Aufruf** (§ 220 Abs. 1 ZPO), nicht erscheint oder trotz Anwesenheit bis zum Schluss des Termins nicht verhandelt (vgl. § 64 Rz. 244). Als nicht erschienen gilt auch eine Partei, die im Rahmen einer sitzungspolizeilichen Prozessleitungsanordnung aus dem Sitzungssaal gewiesen wird (§ 158 ZPO)[4]. Dagegen ist eine Partei als erschienen zu behandeln, wenn sie sich nach unzumutbar langer Wartezeit (also idR länger als eine Stunde) beim Vorsitzenden abgemeldet hat[5].

10 Erscheint für die Partei ein **vollmachtloser Vertreter**, so gilt die Partei als säumig, wenn das ArbG den vollmachtlosen Vertreter nicht einstweilen zulässt. Die einstweilige Zulassung eines vollmachtlosen Vertreters zur Prozessführung gem. § 89 Abs. 1 ZPO liegt im freien, wenn auch pflichtgemäßen Ermessen des Gerichts; die „Hinausweisung" eines derartigen Vertreters aus dem Prozess muss vor Erlass des Versäumnisurteils nicht vorabdurch besonderen Beschluss erfolgen. Wird ein Prozessbevollmächtigter gem. § 51 Abs. 2 von der weiteren Verhandlung ausgeschlossen, so kann gegen die Partei ein Versäumnisurteil ergehen, sofern der Ausschluss des Prozessbevollmächtigten berechtigt war[6]. Schließt das ArbG im **Kammertermin** zu Recht einen Prozessvertreter gem. § 51 Abs. 2 aus (zu den Voraussetzungen s. § 51 Rz. 34), kann noch im selben Termin Versäumnisurteil ergehen, wenn die Partei nicht anderweitig vertreten ist[7].

---

1 Vgl. allg. zur Bestellung GMP/*Germelmann*, § 50 Rz. 18.
2 KG v. 13.5.1994 – 1 W 1913/93, MDR 1994, 833; s. dazu *Boin*, MDR 1995, 882.
3 GMP/*Germelmann*, § 59 Rz. 5.
4 GMP/*Germelmann*, § 59 Rz. 10.
5 vgl. GMP/*Germelmann*, § 59 Rz. 19.
6 LAG Köln v. 12.11.1997 – 2 Sa 867/97, LAGE § 513 ZPO Nr. 14.
7 LAG Köln v. 19.2.1993 – 13 Sa 1054/92, LAGE § 513 ZPO Nr. 7.

Wird wegen Nichterscheinens der **Partei** gem. § 51 Abs. 2 Satz 1 die Zulassung des Prozessbevollmächtigten abgelehnt, so kann nur dann ein Versäumnisurteil gegen die nicht erschienene Partei ergehen, wenn deren ordnungsgemäße und rechtzeitige **persönliche Ladung** feststellbar ist (§ 335 Abs. 1 Nr. 2 ZPO); auf die Ladung des nicht zugelassenen Prozessbevollmächtigten kann nicht abgestellt werden[1]. Entsendet hingegen die persönlich ordnungsgem. geladene und ordnungsgem. belehrte Partei einen Terminsvertreter, der dem ArbG im Termin eine Erklärung abgibt, nach der die Voraussetzungen des § 141 Abs. 3 Satz 2 ZPO nicht vorliegen, so kann die Partei nicht im Nachhinein behaupten, diese Erklärung sei unzutreffend gewesen[2]. 11

Erscheint die Partei nach Aufruf der Sache zwar zum Termin, **verhandelt** sie **aber nicht** zur Sache, so wird sie einer nicht erschienenen Partei gleichgestellt (§ 333 ZPO). Stellen zwei alleinvertretungsberechtigte Gesellschafter einer OHG oder zwei persönlich haftende Gesellschafter einer KG sich **widersprechende Anträge**, liegt ein Fall der Säumnis iSd. § 333 ZPO vor, so dass ein Versäumnisurteil ergehen kann; dies gilt jedoch dann nicht, wenn die Prozesserklärung eines Gesellschafters für den Gegner erkennbar rechtsmissbräuchlich abgegeben wird[3]. Verhandeln iSd. § 333 ZPO erfordert stets das Stellen eines Sachantrages[4]. Die Erklärung einer Partei, sie werde „heute keinen Antrag stellen", reicht idR für die Annahme einer Säumnislage aus[5]. 12

Anträge zur formellen Seite wie Aussetzung, Vertagung, Trennung, Verbindung des Verfahrens oder Ablehnung des Vorsitzenden oder eines ehrenamtlichen Richters stellen kein Verhandeln zur Sache dar[6]. 12a

Maßgeblicher Zeitpunkt für die **Säumnis** ist der **Schluss der mündlichen Verhandlung**, der von dem Vorsitzenden zu bestimmen ist (§ 136 Abs. 4 ZPO). Eine Partei ist daher auch dann säumig, wenn sie nach Schluss der mündlichen Verhandlung, aber noch während der Beratung der Sache erscheint. 13

Um entschuldbare Verspätungen von geringfügiger Dauer abzuwarten, wird der Vorsitzende die Verhandlung nicht alsbald schließen, sondern eine gewisse **Zeit verstreichen lassen**. In der gerichtlichen Praxis hat sich ein Abwarten von **10-15 Minuten** als sinnvoll erwiesen und kann als Richtschnur gelten[7]. Das ArbG hat bei jeder Partei die gleiche Wartezeit einzuhalten hat und darf nicht nach Gutdünken mal fünf Minuten, mal zehn Minuten oder mal 15 Minuten warten, bevor es auf Antrag ein Versäumnisurteil erlässt. Hat sich bei einem ArbG eingebürgert, dass innerhalb der ersten 15 Minuten nach Aufruf der Sache kein Versäumnisurteil erlassen wird, dann hat das ArbG bei jeder säumigen Partei diese „übliche Wartepflicht" einzuhalten[8]. Um sicherzustellen, dass die Verfahrensbeteiligten und ihre Bevollmächtigten, wenn sie verspätet erscheinen sollten, den Beginn der Sache zur Kenntnis nehmen können, kann uU ein mehrfacher Aufruf der Sache geboten sein, insbesondere wird idR ein erneuter Aufruf durchzuführen sein, bevor das Versäumnisurteil erlassen wird[9]. Dies gilt nicht, wenn vor dem Sitzungssaal ein deutlicher Hinweis ausgehängt worden ist, dass ein gesonderter Aufruf nicht erfolgt. In diesem Fall haben die Parteien im Saal zu warten. Nur wenn dieser überfüllt ist, kann eine Pflicht zum gesonderten Aufruf bestehen. Der **Zeitpunkt** des Erlasses des Versäumnisurteils sollte im **Sitzungsprotokoll** festgehalten werden. 14

Ohne Bedeutung für das Säumnisverfahren ist die Regelung des § **13 BORA**, wonach der **Rechtsanwalt** bei anwaltlicher Vertretung der Gegenseite ein **Versäumnisurteil** nur erwirken darf, wenn er dies zuvor dem Gegenanwalt **angekündigt** hat, es sei denn, die Interessen des Mandanten erfordern, dass er den Antrag ohne Ankündigung stellt. Diese Regelung verstößt gegen den Vorbehalt des Gesetzes und ist folglich nichtig[10]. 15

5. Verfahrenshindernisse

Der Antrag auf Erlass eines Versäumnisurteils oder einer Entscheidung nach Lage der Akten ist zurückzuweisen, wenn ein Fall des § **335 Abs. 1 Nr. 1-3 ZPO** vorliegt. Ausgeschlossen ist ferner die Anwendbarkeit des § 335 Abs. 1 Nr. 4 ZPO, da diese Bestimmung – wie die Regelung des § 331 Abs. 3 ZPO – 16

---

1 LAG Hamm v. 18.2.1981 – 12 Sa 1331/80, EzA § 345 ZPO Nr. 3.
2 LAG Köln v. 15.3.1996 – 11 (13) Sa 1221/95, AuR 1996, 459.
3 LAG Nds. v. 14.5.1996 – 7 Sa 2432/95, LAGE § 84 ZPO Nr. 1.
4 BAG v. 4.12.2002 – 5 AZR 556/01, MDR 2003, 520; LAG Bremen v. 25.6.2003 – 2 Sa 67/03, MDR 2004, 112.
5 AA aber für einen Ausnahmefall OLG Jena v. 18.4.2002 – 1 U 398/01.
6 GMP/*Germelmann*, § 59 Rz. 10.
7 Zöller/*Herget*, vor § 330 ZPO Rz. 12.
8 BGH v. 19.11.1998 – IX ZR 152/98, MDR 1999, 178 m. Anm. *Schneider*.
9 GMP/*Germelmann*, § 59 Rz. 6.
10 BVerfG v. 14.12.1999 – 1 BvR 1327/98, MDR 2000, 175 m. Anm. *Zuck*.

darauf beruht, dass ein schriftliches Vorverfahren gem. § 276 ZPO stattgefunden hat. Die Vorschriften der §§ 275–277 ZPO finden jedoch im arbeitsgerichtlichen Verfahren keine Anwendung (§ 46 Abs. 2 Satz 2).

a) Behebbare Verfahrensmängel

17 Unzulässig ist eine Versäumnisentscheidung oder Entscheidung nach Aktenlage, wenn die erschienene Partei die vom Gericht wegen eines von Amts wegen zu berücksichtigenden Umstandes erforderte **Nachweisung nicht zu beschaffen** vermag (§ 335 Abs. 1 Nr. 1 ZPO). Diese Regelung gilt für alle von Amts wegen zu beachtenden, behebbaren Verfahrensmängel, wie zB den Mangel der Vollmacht (§ 85 Abs. 2 ZPO) oder den Nachweis der örtlichen Zuständigkeit (§ 331 Abs. 1 Satz 2 ZPO). Ist die Parteibezeichnung in der Klage unklar, weil bei ähnlicher Parteibezeichnung mehrere ArbGeb in Betracht kommen, so muss spätestens vor Erlass des Versäumnisurteils klargestellt werden, wie die genaue Parteibezeichnung lautet. Erst danach kann das ArbG feststellen, ob die richtige Partei auch ordnungsgemäß.. geladen worden ist. Muss die Parteibezeichnung berichtigt werden, ist die nunmehr richtige Partei zu einem neuen Termin zu laden. Der Antrag auf Erlass eines Versäumnisurteils im Termin der Rubrumsberichtigung ist zurückzuweisen[1].

b) Ladungsfehler

18 Unzulässig ist eine Versäumnisentscheidung oder Entscheidung nach Aktenlage, wenn die nicht erschienene Partei **nicht ordnungsmäßig**, insbesondere **nicht rechtzeitig geladen** war (§ 335 Abs. 1 Nr. 2 ZPO). Diese Regelung gilt nur bei echter Säumnis der Partei, denn die erschienene, aber nicht verhandelnde Partei gilt auch bei fehlerhafter Ladung als säumig[2]. Hat sich rechtzeitig – vor Ausführung der Ladung durch die Geschäftsstelle – ein Prozessbevollmächtigter gemeldet, so ist dessen rechtzeitige und ordnungsgemäße Ladung festzustellen; eine bloße „ Terminnachricht" an Prozessbevollmächtigte genügt nicht dem Erfordernis einer ordnungsgemäßen Ladung[3]. Dagegen kommt es auf die ordnungsgemäße und rechtzeitige persönliche Ladung der nicht erschienenen Partei an, wenn wegen deren Nichterscheinens gem. § 51 Abs. 2 Satz 1 die Zulassung des Prozessbevollmächtigten abgelehnt wird[4]. War die Partei vor der Bestellung ihres Prozessbevollmächtigten bereits wirksam geladen, dann muss der sich erst nachträglich bestellende Prozessbevollmächtigte nicht auch noch vom Gericht geladen werden. Die bereits ordnungsgem. geladene Partei muss in diesem Falle ihren Prozessbevollmächtigten über den Termin informieren[5].

c) Verspäteter Sachantrag oder Tatsachenvortrag

19 Unzulässig ist eine Versäumnisentscheidung oder Entscheidung nach Aktenlage, wenn der nicht erschienenen Partei ein tatsächliches mündliches **Vorbringen** oder ein **Antrag nicht rechtzeitig** mittels Schriftsatzes **mitgeteilt** war (§ 335 Abs. 1 Nr. 3 ZPO). Diese Regelung gilt nur, wenn die beklagte Partei säumig ist, denn gegen die säumige klagende Partei bedarf es zur Klageabweisung weder eines Sachantrags noch eines tatsächlichen Vorbringens, vielmehr reicht ein Prozessantrag nach § 330 ZPO aus. Der säumigen beklagten Partei müssen Sachanträge und Tatsachenvortrag rechtzeitig unter Wahrung der Wochenfrist des § 47 Abs. 1 vor dem Gütetermin und der des § 132 Abs. 1 ZPO vor dem Kammertermin zugehen[6].

d) Rechtsfolgen

20 Liegt ein behebbares Hindernis nach § 335 Abs. 1 Nr. 1–3 ZPO vor, so ist ein dennoch gestellter **Antrag auf Erlass des Versäumnisurteils** oder einer Entscheidung nach Aktenlage durch Beschluss **zurückzuweisen**[7] und – je nach Verfahrensstand – neuer Güte- oder Kammertermin anzuberaumen, zu dem die nicht erschienene Partei zu laden ist (§ 335 Abs. 2 ZPO). Stellt die erschienene Partei keinen Antrag auf Erlass eines Versäumnisurteils oder einer Entscheidung nach Aktenlage, weil der Vorsitzende sie von dem Vorliegen eines behebbaren Hindernisses oder einer nachholbaren Prozessvoraussetzung hat überzeugen können, so ist nur der neue Termin anzuberaumen, zu dem die nicht erschienene Partei zu laden ist[8]. Gleiches gilt, wenn das ArbG die mündliche Verhandlung, zu der die beklagte Partei nicht erschienen ist, vertagt, weil der erschienene Kläger keine Anträge stellt, um bei unschlüssiger Klage den Erlass eines klageabwei-

---

1 AG Ludwigslust v. 21.2.2002 – 2 C 686/96 NJW-RR 2002, 1293.
2 OLG Schleswig v. 4.9.1979 – 6 U 30/79, nv.
3 OLG Schleswig v. 4.8.1983 – 2 U 138/82, SchlHA 1983, 165.
4 LAG Hamm v. 18.2.1981 – 12 Sa 1331/80, EzA § 345 ZPO Nr. 3.
5 Arbeitsrechtslexikon/*Schwab*: Versäumnisurteil II.2.
6 GMP/*Germelmann*, § 59 Rz. 5.
7 GMP/*Germelmann*, § 54 Rz. 17.
8 LG Mannheim v. 21.5.1959 – 6 S 50/59, NJW 1959, 2071.

senden Urteils (sog. unechten Versäumnisurteils) zu vermeiden; auch dann ist die nicht erschienene beklagte Partei zu dem neuen Termin gem. § 335 Abs. 2 ZPO förmlich zu laden[1]. Zu dem neuen Termin in allen vorgenannten Fällen ist wiederum die Ladungsfrist einzuhalten. Der Antrag auf Erlass eines Versäumnisurteils oder einer Entscheidung nach Aktenlage ist in analoger Anwendung auch dann zurückzuweisen, wenn die erschienene Partei nicht verhandeln kann, weil sie **der deutschen Sprache nicht** in solchem Maße **mächtig** ist, dass sie an den Erörterungen in dem Termin teilnehmen kann, und deshalb ein Dolmetscher zugezogen werden muss[2].

Der **Beschluss**, durch den eine Entscheidung nach Aktenlage abgelehnt wird, ist **unanfechtbar**. Dagegen findet gegen den Beschluss, durch den der Antrag auf Erlass des Versäumnisurteils zurückgewiesen wird, sofortige Beschwerde statt (§ 336 Abs. 1 Satz 1 ZPO). Wird dieser Beschluss aufgehoben, so ist die nicht erschienene Partei zu dem neuen Termin nicht zu laden (§ 336 Abs. 1 Satz 2 ZPO). Dies gilt auch bei Zurückweisung des Antrages auf Erlass eines Versäumnisurteils wegen rechtsfehlerhafter Zulassung eines Rechtsbeistandes[3]. Erscheint die im ersten Termin säumige Partei zu dem neuen Termin, weil sie auf irgendeinem Weg Kenntnis von ihm erhalten hat, kann – je nach Verfahrensstand – dennoch ein (erstes oder zweites) Versäumnisurteil oder eine Aktenlagenentscheidung gegen sie ergehen. 21

6. Vertagung von Amts wegen

Ein (erstes oder zweites) Versäumnisurteil oder eine Entscheidung nach Lage der Akten dürfen nicht ergehen, wenn die **Voraussetzungen des § 337 Satz 1 ZPO** erfüllt sind. Das ArbG hat nach dieser Vorschrift die Verhandlung über den Antrag auf Erlass des Versäumnisurteils zu vertagen, wenn die vom Vorsitzenden bestimmte Einlassungs- oder Ladungsfrist zu kurz bemessen oder wenn die Partei ohne ihr Verschulden am Erscheinen verhindert ist[4]. 22

Die Vorschrift gilt nicht für die stets einzuhaltenden gesetzlichen **Fristen**. **Richterliche** Einlassungs- und Ladungsfristen werden nur in wenigen Fällen gesetzt. Ein Fall ist die Zustellung der Ladung im Ausland, da hier der Vorsitzende bei der Festsetzung des Termins die Einlassungsfrist zu bestimmen hat (§ 217 Abs. 3 Satz 2 ZPO). Bei einer öffentlichen Zustellung gilt eine Ladung als zugestellt, wenn seit dem Aushang der Benachrichtigung ein Monat verstrichen ist. Das Prozessgericht kann bei Bewilligung der öffentlichen Zustellung eine längere Frist bestimmen (§ 188 Satz 2 ZPO). Ist versehentlich eine kürze Frist bestimmt worden, darf kein Versäumnisurteil erlassen werden. Auch die Bewilligung der öffentlichen Zustellung trotz Fehlens der hierfür erforderlichen Voraussetzungen führt zur Unwirksamkeit der Zustellung[5] mit der Folge, dass kein Versäumnisurteil ergehen kann. 23

Ein **Verschulden an der Säumnis**, liegt nicht vor, wenn die verhinderte Partei rechtzeitig vor Erlass des Versäumnisurteils Mitteilung von dem Hinderungsgrund macht. Es kann aber auch dann gegeben sein, wenn der Vorsitzende aus äußeren Umständen schließen kann, dass das Nichterscheinen auf einem entschuldbaren Versehen des Nichterschienenen beruht[6]. Im Übrigen ist für den Begriff des Verschuldens iSd. § 233 ZPO heranzuziehen[7]. Danach muss eine Partei, die nicht bereits in einen Prozess verwickelt ist und auch nicht mit dem Beginn eines Verfahrens rechnen muss, keine allgemeinen Vorkehrungen für eine mögliche Fristwahrung treffen. 24

a) Beispiele

- Hat die Partei einen **Vertagungsantrag** gestellt, der aus Versehen vom ArbG **nicht abschlägig beschieden** worden ist, dann liegt es einerseits nahe, dass die nicht erschienene Partei sich als ausreichend entschuldigt fühlt. Man kann aber auch eine Obliegenheit postulieren, sich bei der Geschäftsstelle zu erkundigen. Stellt eine Partei aber erst eine Stunde vor dem Termin den Verlegungsantrag, kann sie nicht darauf vertrauen, dass er dem zuständigen Richter noch rechtzeitig vorgelegt wird[8]. 25

---

1 LAG Hessen v. 12.5.1989 – 15 Ta 124/89.
2 LG Berlin v. 23.9.1986 – 64 T 64/86, MDR 1987, 151; s. zur analogen Anwendung von § 335 ZPO ferner OLG Hamm v. 14.2.1991 – 6 W 43/90, NJW-RR 1991, 703.
3 LAG Nds. v. 13.3.2001 – 11 Ta 474/00.
4 GMP/*Germelmann*, § 59 Rz. 18.
5 OLG Zweibrücken v. 6.4.2001 – 2 UF 164/00.
6 LAG Hamm v. 27.2.2003 – 4 Sa 1108/02, NZA-RR 2004, 156.
7 BGH v. 13.5.2004 – V ZB 59/03, BB 2004, 1470.
8 OLG Rostock v. 10.1.2002 – 1 U 238/00, MDR 2002, 780; Übersicht bei GMP/*Germelmann*, § 59 Rz. 19.

25a — Die **Mittellosigkeit** einer Partei, verbunden mit der Unmöglichkeit, die **Reisekosten** vom auswärtigen Wohnort zum Gerichtsort zu finanzieren, kann ein hinreichender Entschuldigungsgrund iSd. § 337 Satz 1 ZPO sein[1]. Teilt eine Partei dem ArbG mit, wegen Mittellosigkeit könne sie die Fahrtkosten zur Teilnahme an der mündlichen Verhandlung nicht aufbringen, so hat das ArbG zu prüfen, ob entsprechend den einschlägigen landesrechtlichen Erlassen oder VO Reiseentschädigung zu gewähren ist. Soweit das ArbG nähere Angaben zur Mittellosigkeit für erforderlich hält, hat es diese anzufordern und notfalls den Verhandlungstermin nach § 337 Satz 1 ZPO zu vertagen[2].

26 — Hat eine Partei einen **PKH-Antrag gestellt**, über den zwar entschieden ist, der aber noch nicht zugestellt worden ist, dann soll davon ausgegangen werden können, die Partei nehme an, vor der Entscheidung über das PKH-Gesuch werde die Sache nicht verhandelt[3]; ihr Fernbleiben im Verhandlungstermin sei dann unverschuldet. Es verstoße gegen das Gebot des rechtlichen Gehörs (Art. 103 Abs. 1 GG), wenn ein rechtzeitig, formgerecht und vollständig[4] vor der mündlichen Verhandlung eingereichtes Gesuch um Bewilligung von Prozesskostenhilfe und Beiordnung eines Rechtsanwalts unmittelbar vor dem Termin zur mündlichen Verhandlung abgelehnt[5] und dann in diesem Termin gegen die nicht ordnungsgem. vertretene Partei ein Versäumnisurteil erlassen wird. Eine andere Beurteilung ergebe sich auch nicht daraus, dass die PKH-Unterlagen nicht rechtzeitig eingereicht worden sind, denn hierauf hätte das Gericht rechtzeitig hinweisen müssen[6]. Diese Sichtweise der Rspr. berücksichtigt mE nicht hinreichend, dass auch die rechtsunkundige Partei bei Zweifeln in der Geschäftsstelle anrufen und sich erkundigen kann, ob der Termin stattfindet.

Geht die sofortige Beschwerde gegen den die Prozesskostenhilfe verweigernden Beschluss erst kurz vor Ablauf der einmonatigen Beschwerdefrist und erst kurze Zeit vor dem Verhandlungstermin ein, ist dies kein Anlass für eine Vertagung, unabhängig davon, ob die beabsichtigte Rechtsverfolgung oder Rechtsverteidigung Aussicht auf Erfolg verspricht[7].

27 — Die Verhandlungsunfähigkeit infolge der **Erkrankung einer Partei** stellt stets einen Vertagungsgrund dar[8]. Erforderlich ist eine rechtzeitige Mitteilung von der Verhandlungsunfähigkeit[9] und ihr Nachweis durch ärztliches Attest. Dieses darf sich nicht in der Bestätigung der Arbeitsunfähigkeit erschöpfen, sondern muss sich auf die Verhandlungsunfähigkeit beziehen. Bei Zweifeln kann es auch angezeigt sein, die Verhandlung über den Erlass eines Versäumnisurteils zu vertagen mit der Auflage, ein amtsärztliches Zeugnis beizubringen[10].

28 — Ein **Anwalt**, der **mit dem Pkw** statt mit der Bahn zum Verhandlungstermin anreist, handelt idR nicht schon deshalb schuldhaft[11]. Vorhersehbare staubedingte Verzögerungen müssen bei der Festlegung der Abfahrtzeit **berücksichtigt werden**, ansonsten ist die Säumnis nicht entschuldbar[12]. Eine Partei oder ihr Anwalt müssen bei der Anfahrt zum Gerichtstermin gewisse Verzögerungen im Verkehr und – wenn keine gerichtseigenen Parkplätze vorhanden sind – beim Parken einkalkulieren. Das gilt jedoch nicht für Verzögerungen, die durch **Verkehrsunfälle**[13] oder unvorhersehbare erhebliche **Verkehrsstaus**[14] plötzlich entstehen und im Verkehrsfunk nicht gemeldet sind. Hat bei straßenverkehrsbedingter Säumnis der Rechtsanwalt mit dem in seinem Fahrzeug mitgeführten Mobiltelephons das **ArbG innerhalb der Wartefrist** über den plötzlichen Eintritt der Verkehrsbehinderung und/oder von der – behobenen – Behinderung und seinem unverzüglichen Erscheinen **benachrichtigt**, dann darf kein Versäumnisurteil er-

---

1 LAG Köln v. 14.12.2000 – 6 Sa 1183/00.
2 So zum Einspruchstermin LAG Hessen v. 30.5.1994 – 16 Sa 1745/93, NZA 1995, 239.
3 S. GMP/*Germelmann*, § 59 Rz. 19.
4 S. dazu LAG Hamm v. 8.11.2001 – 4 Ta 708/01; LAG Hamm v. 6.2.2002 – 4 Ta 49/02.
5 LG Münster v. 26.9.1990 – 1 S 279/90, MDR 1991, 160; LAG Hamm v. 8.8.2002 – 4 Ta 489/02, NZA-RR 2003, 156; LAG Hamm v. 19.11.2002 – 4 Ta 220/02; aA OLG Koblenz v. 15.6.1989 – 5 U 1130/88, MDR 1990, 255; ferner OLG Düsseldorf v. 12.7.1995 – 19 U 16/95, das von der PKH-Partei verlangt, dass sie alles ihr Zumutbare getan hat, um Prozesskostenhilfe zu erhalten; ähnl. OLG Rostock v. 10.1.2002 – 1 U 238/00, MDR 2002, 780.
6 OLG Dresden v. 17.10.1995 – 13 U 288/95, 71; OLG Schleswig v. 25.11.1997 – 8 UF 14/97.
7 OLG Köln v. 19.8.1991 – 19 W 32/91, MDR 1992, 514.
8 LG Düsseldorf v. 27.11.1987 – 20a S 178/87, MDR 1988, 326.
9 LAG Köln v. 15.3.1996 – 11 (13) Sa 1221/95, AuR 1996, 459.
10 OLG Jena v. 13.3.1997 – 6 W 131/97, Rpfleger 1997, 446.
11 OLG Naumburg v. 7.3.2001 – 12 U 252/00.
12 LAG Köln v. 6.10.1997 – 4 Sa 809/97, LAGE § 513 ZPO Nr. 13; einschränkend in Bezug auf die einzuplanende Zeitreserve OLG Dresden v. 11.1.1995 – 6 W 842/94, NJW-RR 1996, 246.
13 LAG Köln v. 6.10.1997 – 4 Sa 809/97, LAGE § 513 ZPO Nr. 13.
14 OLG Karlsruhe v. 22.9.1987 – 17 U 133/87.

gehen[1]. Wird dagegen nicht dem ArbG, sondern nur dem Gegenanwalt mitgeteilt, dass der noch nicht erschienene Prozessbevollmächtigte im Stau stecke, so muss der Nichterschienene damit rechnen, dass der Gegenanwalt die Interessen seines Mandanten vor die kollegiale Rücksichtnahme stellt[2]. Auch eine Partei, die infolge der Autopanne den Termin versäumt, kann sich dann nicht auf einen „unabwendbaren Zufall" iSd. § 337 ZPO berufen, wenn sie eine noch vor dem Termin mögliche Benachrichtigung des ArbG von dem Hindernis unterlassen hat[3].

– Keine schuldlose Säumnis kann sich **aus standesrechtlichen Grundsätzen** des § 13 BORA ergeben, so dass gegen die nicht vertretene Partei auch gegen die standesrechtliche Übung auf Antrag Versäumnisurteil ergehen muss[4]. Verabreden allerdings beide Prozessbevollmächtigten, zu dem Termin wegen einer Terminskollision 15 oder 30 Minuten später zu erscheinen, so liegt für den Kläger und im umgekehrten Fall für den Beklagten ein Fall unanwendbarer Säumnis vor, wenn eine der Parteien persönlich im Termin ohne persönliche Ladung und ohne Wissen ihres Prozessbevollmächtigten erscheint und ein Versäumnisurteil beantragt, das vom ArbG verkündet wird[5]. Ein Fall der Säumnis liegt auch dann nicht vor, wenn der Anwalt der klaren Zusage des bevollmächtigten Rechtsanwalts der Gegenseite vertraut, dieser werde im Termin für die andere Partei einen Anwalt in Untervollmacht auftreten lassen[6]. Nimmt ein Rechtsanwalt einen Termin an einem anderen Gericht wahr, der wider Erwarten länger als voraus zusehen andauert, so ist er durch unabwendbaren Zufall gehindert, einen späteren Termin rechtzeitig wahrzunehmen, wenn er dem Gericht des späteren Termins von der Verhinderung Nachricht gibt. Hierzu muss aber substantiiert vorgetragen und glaubhaft gemacht werden, aus welchen Umständen sich die berechtigte Erwartung ergeben hatte, der frühere Termin werde so rechtzeitig beendet sein, dass der Folgetermin noch zu schaffen gewesen wäre. Hierzu wird der Prozessbevollmächtigte erforderlichenfalls aufzufordern sein, was einen gesonderten Termin zur Verkündung einer Entscheidung (s. Rz. 32) erfordert. 29

– Säumnis liegt vor, wenn der Prozessbevollmächtigte am Tage des Termins nur seine Handakten im Anwaltszimmer hinterlässt, ohne für eine **Terminsvertretung** Vorsorge zu treffen[7]. Ein Fall der Säumnis liegt dagegen nicht vor, wenn der Prozessbevollmächtigte einer Partei, der auf eine bestimmte Uhrzeit geladen ist, sich darauf verlässt, dass die auf der vor dem Sitzungssaal ausgehängten Terminsrolle angegebene **abweichende Terminsstunde** zutrifft[8]. Ist der Prozessbevollmächtigte zur angesetzten Terminsstunde erschienen, entfernt er sich aber wieder, weil sich der Aufruf der Prozesssache verzögert, dann ist streitig, ob die von ihm vertretene Partei säumig ist. Verzögert sich der Aufruf der Prozesssache und ist dem erschienenen Prozessbevollmächtigten ein weiteres Zuwarten **wegen anderweitiger Terminverpflichtungen** nicht zuzumuten, dann liegt keine Säumnis vor, wenn der Prozessbevollmächtigte dem Vorsitzenden vor Aufruf der eigenen Sache den Grund seines Fortgehens mitteilt[9]. In der Regel ist das Warten bis zu einer Stunde zumutbar[10], bevor sich der Prozessbevollmächtigte unter Angabe des Grundes beim Vorsitzenden abmelden darf[11]. Erscheint der auswärts wohnende oder zu einem Gerichtstag anreisende Vorsitzende verspätet zum Termin, weil er den Zug versäumt hat oder in einem Verkehrsstau steckengeblieben oder in einen Autounfall verwickelt ist, dann darf sich der Prozessbevollmächtigte nach Unterrichtung der Geschäftsstelle zur Wahrnehmung der anderen Terminverpflichtung entfernen, ohne dass ein Fall der Säumnis anzunehmen wäre und Versäumnisurteil ergehen dürfte[12], es sei denn, die Geschäftsstelle hat den Prozessbevollmächtigten über den Grund der Verspätung des Vorsitzenden informiert und das Ende der Verspätung wird dadurch annähernd berechenbar, so dass der Prozessbevollmächtigte seine weiteren Termine an die geänderte Sachlage anpassen und ggf. Vorkehrungen für seine Vertretung treffen kann. 30

---

1 BGH v. 19.11.1998 – IX ZR 152/98, MDR 1999, 178 m. Anm. *Schneider*; LAG Hamm v. 27.2.2003 – 4 Sa 1108/02, NZA-RR 2004, 156.
2 KG Berlin v. 13.10.1994 – 20 U 380/93, KGR Berlin 1995, 36.
3 LAG Hamm v. 27.2.2003 – 4 Sa 1108/02, NZA-RR 2004, 156; aA LG Berlin v. 21.7.1994 – 67 S 179/94, MDR 1995, 1067, das die Mitteilung des Entschuldigungsgrundes nicht für notwendig hält.
4 BVerfG v. 14.12.1999 – 1 BvR 1327/98, MDR 2000, 175 m. Anm. *Zuck*; KG v. 13.10.1994 – 20 U 380/93; OLG Bdb. v. 17.12.1997 – 1 U 26/97, NJW-RR 1998, 1678; LAG Hamm v. 27.2.2003 – 4 Sa 1108/02, NZA-RR 2004, 156; aA insoweit noch LG Bonn v. 29.10.1990 – 6 S 137/90, JurBüro 1991, 589.
5 So zum Erlass eines zweiten Versäumnisurteils LAG Köln v. 29.3.1983 – 1 Sa 117/83, EzA § 513 ZPO Nr. 5.
6 OLG Karlsruhe v. 19.12.1973 – 1 U 113/73, NJW 1974, 1096.
7 LAG Berlin v. 2.8.1961 – 1 Sa 23/61.
8 OLG Celle v. 31.3.1999 – 16 W 21/99, MDR 1999, 1345.
9 Zöller/*Stöber*, § 220 ZPO Rz. 3; Zöller/*Herget*, vor § 330 ZPO Rz. 4.
10 LAG Hamm v. 8.3.1973 – 8 Sa 698/72, DB 1973, 927.
11 Zöller/*Stöber*, § 220 ZPO Rz. 3; Zöller/*Herget*, vor § 330 ZPO Rz. 4.
12 LG Koblenz v. 23.10.1956 – 6 S 193/56, NJW 1957, 305.

b) Rechtsfolgen

31 In den Fällen des § 337 Satz 1 ZPO ist von Amts wegen eine **Vertagung** auszusprechen, die Vertagung erfolgt durch Beschluss; darin liegt zugleich eine Zurückweisung des Antrags auf Erlass eines Versäumnisurteils oder einer Entscheidung nach Aktenlage. Die nicht erschienene Partei ist zu dem neuen Termin zu laden (§ 337 Satz 2 ZPO). In diesem neuen Termin kann die zuvor säumige Partei zur Sache verhandeln und so die Säumnisfolgen abwenden.

32 Hat der Vorsitzende Zweifel, ob ein Verschulden an der Versäumung des Termins vorliegt, kann er auch einen **Verkündungstermin** für den Erlass des Versäumnisurteils festlegen und der Partei nachlassen, eine ausreichende **Entschuldigung beizubringen**; die Angaben sind auf Verlangen nach § 294 Abs. 1 ZPO glaubhaft zu machen. Als Mittel der Glaubhaftmachung kann eine einfache anwaltliche Erklärung ausreichen, sofern sie sich auf die eigene Berufstätigkeit des Anwalts und eigene Wahrnehmungen bezieht, wie zB die Mitteilung einer Terminkollision oder eine urlaubsbedingte[1] oder krankheitsbedingte[2] Abwesenheit des Sozius. Eine ausdrückliche „anwaltliche Versicherung" oder eine Versicherung an Eides statt ist dann nicht erforderlich[3]. Im Verkündungstermin kann der Vorsitzende dann entweder ein Versäumnisurteil verkünden oder bei ausreichender Entschuldigung einen neuen Verhandlungstermin durch Beschluss anberaumen[4].

III. Säumnisentscheidungen

33 Erscheint eine Partei im Termin zur Güte- oder Kammerverhandlung nicht oder verhandelt sie nicht (§ 333 ZPO), so ergeht – wenn die anwesende bzw. verhandlungsbereite Partei einen entsprechenden Prozessantrag stellt und kein Grund zur Zurückweisung des Antrages oder zur Vertagung besteht – ein **Versäumnisurteil** bzw. unter bestimmten Voraussetzungen eine **Aktenlagenentscheidung** zu Lasten der abwesenden bzw. nicht verhandelnden Partei.

1. Entscheidung durch den Vorsitzenden bzw. durch die Kammer

34 Erscheint eine Partei in der **Güteverhandlung** nicht, obwohl die Ladungs- und Einlassungsfrist gewahrt wurde, oder verhandelt sie nicht (§ 333 ZPO), so schließt sich die **weitere Verhandlung** (vor dem Vorsitzenden) **unmittelbar** an, und es ergeht – wenn die anwesende bzw. verhandlungsbereite Partei einen entsprechenden Prozessantrag stellt – ein **Versäumnisurteil** zu Lasten der abwesenden bzw. nicht verhandelnden Partei.

35 In einem solchen Falle kann der **Vorsitzende** nach § 55 Abs. 1 Nr. 4 **alle Entscheidungen** allein treffen, die auf die Säumnis zurückzuführen sind, nämlich ein echtes Versäumnisurteil (§ 330 ZPO) oder ein sog. unechtes Versäumnisurteils (§ 331 Abs. 2 ZPO) erlassen bzw. den Antrag auf Erlass eines Versäumnisurteils nach § 335 ZPO zurückweisen oder die Entscheidung nach § 337 ZPO vertagen. Eine Entscheidung nach Lage der Akten (§ 331a ZPO) scheidet in der Güteverhandlung aus, weil noch nicht in einem früheren Termin mündlich verhandelt worden ist. Dies gilt nicht für einen zweiten Gütetermin iSv. § 54 Abs. 1 Satz 5, denn mit Ausnahme des Stellens von Anträgen und dem Nichterteilen von vorherigen Schriftsatzauflagen handelt es sich bei dem ersten Gütetermin um eine vollwertige Verhandlung, bei der den Parteien rechtliches Gehör gewährt wurde.

36 Gleiches gilt für die Kammerverhandlung, denn in dieser wird bei Säumnis einer Partei nicht in streitiger Verhandlung entschieden[5]. Eine Entscheidung nach Aktenlage muss hingegen stets durch die vollbesetzte Kammer ergehen, da es sich um ein kontradiktorisches Urteil handelt[6].

2. Entscheidung auf Antrag

37 Die **Säumnisentscheidung** erfolgt nicht von Amts wegen, sondern stets nur **auf Antrag** der erschienenen und verhandelnden Partei. Dabei kann die erschienene Partei – wenn bereits in einem früheren Termin

---

1 BAG v. 14.11.1985 – 2 AZR 652/84, AP Nr. 1 zu § 251a ZPO.
2 OLG Frankfurt v. 19.12.1979 – 19 W 28/79, AnwBl 1980, 151.
3 BAG v. 14.11.1985 – 2 AZR 652/84, AP Nr. 1 zu § 251a ZPO.
4 GMP/*Germelmann*, § 59 Rz. 20.
5 Natter/Gross/*Rieker*, § 59 Rz. 7.
6 ArbG Bamberg v. 29.10.1997 – 1 Ca 675/97, NZA 1998, 904; aA ArbG Berlin v. 27.7.1981 – 31 Ca 651/81, nv.; LAG Berlin v. 14.10.1994 – 6 Sa 89/94, LAGE § 513 ZPO Nr. 11; LAG Rh.-Pf. v. 4.3.1997 – 6 Sa 1235/96, NZA 1997, 1071 (1072); LAG Berlin v. 14.7.1997 – 9 Sa 52/97, NZA 1998, 167 (168); LAG Köln v. 14.12.2000 – 6 Sa 1183/00, nv.; Arbeitsrechtslexikon/*Schwab*: Versäumnisurteil III.

verhandelt worden ist – zwischen dem Antrag auf Erlass eines Versäumnisurteils oder einer Entscheidung nach Lage der Akten wählen. Stellt die erschienene Partei keinen Antrag auf Säumnisentscheidung, gilt auch sie als säumig iSd. § 333 ZPO, so dass das ArbG unter den Voraussetzungen von § 251a Abs. 1 ZPO nach **Aktenlage** entscheiden darf oder das **Ruhen des Verfahrens** anordnen kann (§ 251a Abs. 3 ZPO). Ein Vertagungsantrag der erschienenen Partei ist kein Verhandeln und bindet das ArbG nicht[1]. Anders ist es, wenn der für eine Partei erschienene Prozessbevollmächtigte anwaltlich versichert, dass zwischen den Parteien Vergleichsverhandlungen schweben und deshalb um Anordnung des Ruhens des Verfahrens (§ 251 ZPO) oder um Anberaumung eines Kammertermins „auf Antrag" gebeten werde. Im Übrigen ist zu beachten, dass die erschienene Partei statt den Erlass eines Versäumnisurteils den Antrag auf Anberaumung des Termins zur streitigen Verhandlung nach § 54 Abs. 5 Satz 2 stellen kann[2].

Dem Erlass eines Versäumnisurteils steht nicht entgegen, dass die erschienene Partei gem. § 297 ZPO nur ihren Sachantrag verliest und nicht ausdrücklich den Prozessantrag auf Erlass eines Versäumnisurteils stellt, da im Zweifel anzunehmen ist, dass dieser darin enthalten ist[3]. Der Vorsitzende hat in jeder Lage des Verfahrens auf die Stellung sachdienlicher Anträge hinzuwirken und auf die unklare Antragstellung hinzuweisen. 38

Der Antrag auf Säumnisentscheidung kann auf einen iSv. § 301 ZPO trennbaren Teil der Klage beschränkt werden, was ein **Versäumnis-Teilurteil** zur Folge hat[4]. **Nach Erledigung des Rechtsstreits** ist gegen die klagende Partei eine Beschränkung auf die Kosten möglich. Da es sich um eine einseitige Erledigungserklärung handelt[5], ist bei einem Versäumnisurteil gegen die beklagte Partei zu tenorieren: „Die Hauptsache ist erledigt."[6] Da eine Beschränkung der Säumnisentscheidung auf einen iSv. § 301 ZPO trennbaren Teil der Klage zulässig ist, ist auch nach erst im Termin erklärter Teilrücknahme der Klage der Erlass eines Versäumnisurteils über die restliche Klage möglich. 39

3. Entscheidung bei Säumnis der klagenden Partei

Liegen die vorgenannten Voraussetzungen für eine Säumnisentscheidung vor, ergeht bei zulässiger Klage ein **Versäumnisurteil auf Klageabweisung** (§ 330 ZPO). Gleiches gilt unter Berücksichtigung der vertauschten Parteirollen bei der Widerklage (§ 347 Abs. 1 ZPO) im Falle der Säumnis des Widerklägers. Das echte Versäumnisurteil hat die materiell-rechtliche, rechtskraftfähige Aberkennung des Klage- bzw. Widerklageanspruchs zur Folge[7]. Es findet keinerlei sachliche Prüfung statt, es sei denn, es ist eine unzulässige Widerklage eingereicht worden. In einem solchen Falle ist die Widerklage durch ein nicht auf § 330 ZPO beruhendes kontradiktorisches, sog. unechtes Versäumnisurteil als unzulässig abzuweisen. 40

Wenn die von Amts wegen anzustellende Prüfung der allgemeinen Prozessvoraussetzungen zu dem Ergebnis führt, dass die **Klage unzulässig** und der Rechtsstreit deshalb entscheidungsreif ist, dann ist trotz Antrags der beklagten Partei auf Erlass eines Versäumnisurteils die Klage bei nicht behebbaren Verfahrensmängeln durch kontradiktorisches, sog. unechtes **Versäumnisurteil als unzulässig** abzuweisen, denn die klagende Partei soll mit ihrer unzulässigen Klage nicht allein deshalb besser gestellt sein, weil sie zudem auch noch säumig ist[8]. Gleiches gilt bei einer unzulässigen Widerklage (§ 347 Abs. 1 ZPO). 41

Zur ordnungsmäßigen Klageerhebung gehört grds. auch die **Angabe der ladungsfähigen Anschrift** der klagenden Partei. Wird diese schlechthin oder ohne zureichenden Grund verweigert, ist die Klage unzulässig[9]. Eine Klage ist auch dann unzulässig, wenn sie zunächst unter einer zutreffenden Anschrift erhoben worden ist, die klagende Partei aber ihre neue Wohnanschrift nach einem Umzug bewusst geheim hält[10]. Im Falle der Säumnis der klagenden Partei in der mündlichen Verhandlung ist nicht durch echtes Versäumnisurteil zu entscheiden, sondern die Klage durch unechtes Versäumnisurteil als unzulässig abzuwei- 42

---

1 Zöller/*Herget*, § 330 ZPO Rz. 1.
2 S. zu den Antragsvarianten GMP/*Germelmann*, § 59 Rz. 12.
3 BGH v. 4.4.1962 – V ZR 110/60, MDR 1962, 557; OLG Koblenz v. 25.1.1996 – 5 U 714/95, WM 1997, 1566; abwägend GMP/*Germelmann*, § 59 Rz. 11.
4 S. aber GMP/*Germelmann*, § 59 Rz. 14 zur im Einzelfall nur einheitlich zu treffenden Entscheidung.
5 S. zur Problematik näher Stein/Jonas/*Schumann*, § 331 ZPO Rz. 35–37.
6 Zöller/*Herget*, § 331 ZPO Rz. 5.
7 Vgl. GMP/*Germelmann*, § 59 Rz. 16.
8 BGH v. 13.3.1986 – I ZR 27/84, DB 1986, 1665; OLG Koblenz v. 17.9.1990 – 12 U 744/89, nv.; aA *Dunz*, JR 1987, 27, der ein sog. „unechtes" Versäumnisurteil nur gegen die nicht säumige Partei, gegen die säumige Partei dagegen stets nur ein „echtes" Versäumnisurteil für richtig hält.
9 BGH v. 9.12.1987 – IVb ZR 4/87, MDR 1988, 393.
10 FG Hessen v. 24.5.1995 – 6 K 6190/86, EFG 1996, 387.

sen[1]. Gleiches gilt im umgekehrten Fall bei Erhebung einer Widerklage ohne Angabe der ladungsfähigen Anschrift der beklagten Partei.

43 Hält das ArbG die Rechtswegzuständigkeit nicht für gegeben, darf bei Säumnis der klagenden oder widerklagenden Partei keine Säumnisentscheidung in der Hauptsache ergehen. Vielmehr muss das ArbG im Rahmen der Vorabentscheidung über die Rechtswegzuständigkeit durch beschwerdefähigen Beschluss entscheiden.

4. Entscheidung bei Säumnis der beklagten Partei

44 Erscheint im Güte- oder Kammertermin lediglich die klagende Partei und liegen die oben dargestellten Voraussetzungen für eine Säumnisentscheidung vor, so ergeht auf Antrag ein klagestattgebendes **Versäumnisurteil**, wenn die **Klage schlüssig ist**. Dabei gilt das tatsächliche mündliche Vorbringen der klagenden Partei als zugestanden (§ 331 Abs. 1 Satz 1 ZPO). Das Zugestehen kann sich nur auf das in einem früheren Termin mündlich vorgetragene und das rechtzeitig schriftsätzlich mitgeteilte Vorbringen der klagenden Partei beziehen. Ein geänderter Klageantrag oder Tatsachenvortrag kann nur berücksichtigt werden, wenn er rechtzeitig der beklagten Partei mitgeteilt bzw. zugestellt worden ist. Das tatsächliche Vorbringen der beklagten Partei bleibt unberücksichtigt, selbst wenn sie ihren Sachvortrag rechtzeitig schriftsätzlich mitgeteilt hatte oder wenn es sich um Sachvortrag handelt, der in einem früheren Termin von ihr mündlich vorgetragen worden ist. Unbeachtlich sind insbesondere auch schriftsätzlich oder in einem früheren Termin zu Protokoll erklärte Einreden des bürgerlichen Rechts, wie zB Verjährung oder Zurückbehaltungsrecht[2].

45 Der zugestandene **Tatsachenvortrag der klagenden Partei** muss **schlüssig** sein, dh. es muss den Klageantrag rechtfertigen. Die Regelung des § 331 Abs. 1 ZPO beinhaltet lediglich eine Geständnisfiktion, mit anderen Worten, die Schlüssigkeit kann nur auf solche Tatsachen gestützt werden, die auch einem Geständnis gem. § 288 ZPO zugänglich sind[3]. Das als zugestanden anzusehende tatsächliche Vorbringen rechtfertigt den gestellten Sachantrag dann nicht, wenn die Prozessführungsbefugnis bei der klagenden Partei nach ihrem eigenen Vorbringen nicht oder nicht mehr vorliegt, weil zB der Klageanspruch abgetreten worden ist und die Voraussetzungen einer Prozessstandschaft vorliegen. Gleiches gilt bei gesetzlichem Forderungsübergang wegen Erhalt von Alg.

46–47 Einstweilen frei

48 Der zugestandene **Tatsachenvortrag** ist auch dann **nicht schlüssig**, wenn die klagende Partei **nicht alle anspruchsbegründenden Tatsachen** behauptet oder rechtshindernde oder rechtsvernichtende Tatsachen oder ihrerseits vorträgt, dass die beklagte Partei eine rechtshemmende **Einrede** (Verjährung, Zurückbehaltungsrecht) geltend gemacht hat[4], außer die klagende Partei setzt rechtserhaltende Tatsachenbehauptungen dagegen[5]. Des Weiteren ist die Einhaltung anwendbarer tariflicher Ausschlussfristen von Amts wegen zu beachten.

49 Soweit das tatsächliche mündliche Vorbringen den Klageantrag rechtfertigt, ist antragsgemäß **Versäumnisurteil** zu erlassen; soweit dies nicht der Fall ist, ist die Klage durch sog. **unechtes Versäumnisurteil** abzuweisen (§ 331 Abs. 2 ZPO). Wie das Wort „soweit" zeigt, ist es zulässig, durch ein echtes Versäumnisurteil über **einen Teil** des Klageantrags positiv zu entscheiden und über den Rest negativ ein unechtes Versäumnisurteil zu erlassen (Bezeichnung: „Versäumnisteil- und Teilendurteil")[6]. Eine solche Fallkonstellation ist dann gegeben, wenn das tatsächliche mündliche Vorbringen den Klageantrag nicht in vollem Umfang, sondern nur hinsichtlich eines trennbaren Teilanspruchs rechtfertigt[7]. Dies ist zB der Fall, wenn nur ein Teil der eingeklagten Lohn- oder Gehaltsansprüche nach den tariflichen Ausschlussfristen verfallen ist. In einem solchen Fall kann zugleich über den nicht verfallenen Teil der Klageforderungen ein Versäumnisteilurteil ergehen. Auch bei einer Klage mit Haupt- und Hilfsantrag kann ein „Versäumnisteil- und Teilendurteil" in Betracht kommen. Bei Klage mit Haupt- und Hilfsantrag ist es – da die Abweisung des Hauptantrags Voraussetzung einer Entscheidung über den Hilfsantrag ist – zulässig, gleichzeitig den

---

1 So zur Zurückweisung eines Eilantrages im Verfügungsverfahren OLG Frankfurt/Main v. 14.1.1992 – 5 U 190/91, MDR 1992, 610.
2 S. aber Zöller/*Herget*, § 331 ZPO Rz. 4, vorprozessuale Einwendungen können beachtlich sein, wenn vom Kläger selbst vorgetragen.
3 GMP/*Germelmann*, § 59 Rz. 13.
4 OLG Düsseldorf v. 5.2.1991 – 24 U 121/90, NJW 1991, 2089.
5 Zöller/*Herget*, § 331 ZPO Rz. 4.
6 AA GMP/*Germelmann*, § 59 Rz. 13; wohl auch BAG v. 3.11.1965 – 5 AZR 157/65, SAE 1966, 216 m. Anm. *Adomeit*.
7 Vgl. Zöller/*Herget*, § 331 ZPO Rz. 5.

Hauptantrag, sofern dieser unzulässig oder unschlüssig ist, durch unechtes Versäumnisurteil abzuweisen und dem Hilfsantrag, sofern dieser zulässig und begründet ist, durch echtes Versäumnisurteil stattzugeben[1]. Gleiches gilt für die Widerklage mit Haupt- und Hilfsantrag.

Eine **Stufen(wider)klage** kann in vollem Umfang, also einschließlich des noch unbezifferten Zahlungsantrags, als unzulässig oder unbegründet abgewiesen werden[2], etwa weil der Abrechnungs- oder Auskunftsanspruch und damit zugleich auch der Zahlungsanspruch wegen der Nichteinhaltung tariflicher Ausschlussfristen verfallen ist[3]; zu beachten ist in diesem Zusammenhang zum einen, dass die Verbindung einer Auskunftsklage mit einem Antrag nach § 61 Abs. 2 und einer Zahlungsklage unzulässig ist[4], und zum anderen, dass die Vorschrift des § 167 ZPO über die rückwirkende Fristwahrung bei Zustellung „demnächst" für tarifvertragliche Ausschlussfristen nicht gilt, welche nicht durch die Klageerhebung, sondern auf anderem Wege - zB durch einfaches Schreiben - gewahrt werden können.[5] Ist die Stufenklage zulässig und schlüssig, dann darf ein Versäumnisteilurteil nur über eine Stufe erlassen werden[6], denn eine sachliche Entscheidung über eine spätere Stufe ist unzulässig, solange nicht die vorhergehende Stufe erledigt ist[7]. 50

5. Entscheidung nach Lage der Akten

Beim Ausbleiben einer Partei im Güte- oder Kammertermin kann der Gegner statt des Erlasses eines Versäumnisurteils eine Entscheidung **nach Lage der Akten** beantragen. Die Aktenlagenentscheidung ist sowohl gegen die nicht erschienene oder nicht verhandelnde klagende Partei oder gegen die säumige beklagte Partei möglich. Es müssen alle **Voraussetzungen für** den Erlass einer **Säumnisentscheidung** vorliegen[8], insbesondere müssen die Parteien zu dem Verhandlungstermin ordnungsgem. geladen worden sein[9]; auch handelt das Gericht verfahrensfehlerhaft, wenn es gegen die abwesende Partei ein Urteil nach Lage der Akten erlässt, obwohl glaubhaft gemacht ist, dass sie ohne ihr Verschulden ausgeblieben ist[10]. Als ausgeblieben ist dagegen auch hier die Partei anzusehen, die zwar erschienen ist, aber nicht verhandelt (§ 333 ZPO)[11], dh keinen Sachantrag stellt[12]. Die Aktenlagenentscheidung kann nicht von Amts wegen ergehen, sondern ist **nur auf Antrag** zulässig. Das Gericht soll aber einen solchen Antrag in geeigneten Fällen anregen[13]. Dem Antrag ist zu entsprechen, wenn der Sachverhalt für eine derartige Entscheidung hinreichend geklärt erscheint (§ 331a Satz 1 ZPO). Es muss **Entscheidungsreife** bestehen, an der es mangelt, wenn sich eine Partei zu einem geänderten Klage- oder Widerklageantrag oder zu erheblichem Vorbringen der anderen Partei noch nicht erklärt hat[14]. Allerdings ist eine Aktenlagenentscheidung dann zulässig, wenn - nachdem in einem früheren Termin bereits mündlich zur Hauptsache verhandelt worden war - die klagende oder widerklagende Partei in dem weiteren Termin lediglich ihren Zinsanspruch erhöht[15]. Gegenüber einem echten Versäumnisurteil hat die Aktenlagenentscheidung den Vorteil, dass das Verfahren für die Instanz durch ein „gewöhnliches" **Endurteil** kontradiktorisch beendet wird. Mit dem Antrag auf Erlass einer Aktenlagenentscheidung kann die erschienene und verhandelnde Partei der Prozessverschleppung (Flucht in die Säumnis) durch die nicht erschienene oder nicht verhandelnde Gegenpartei begegnen (s. § 56 Rz. 50). Es ist aber zu beachten, dass, anders als bei der Säumnisentscheidung nach § 331 ZPO, kein Geständnis der Säumigen hinsichtlich des klägerischen Tatsachenvortrages fingiert wird[16]. Daher muss die Entscheidung nach Lage der Akten nicht notwendigerweise in einem Urteil gegen den Beklagten bestehen, sondern es kann zB auch ein Beweisbeschluss ergehen. Die Klägerseite kann eine Entscheidung nach Lage der Akten, hilfsweise ein Versäumnisurteil beantragen. 51

---

1 Zöller/*Herget*, § 331 ZPO Rz. 10.
2 AA wohl GMP/*Germelmann*, § 59 Rz. 14.
3 LAG Schl.-Holst. v. 31.5.2001 - 4 Sa 417/00, nv.; s. zum Beginn der Ausschlussfristen für die einzelnen Stufen LAG Berlin v. 7.10.1998 - 17 Sa 53/98, ZTR 1999, 169.
4 LAG Hessen v. 16.11.1998 - 16 Sa 29/98.
5 BAG v. 16.3.2016 - 4 AZR 421/15.
6 Zöller/*Herget*, § 331 ZPO Rz. 9.
7 BGH v. 26.4.1989 - IVb ZR 48/88, MDR 1989, 895; BGH v. 16.5.1994 - II ZR 223/92, NJW-RR 1994, 1185.
8 S. zu den Voraussetzungen einer Entscheidung nach Lage der Akten OLG Schleswig v. 20.12.1968 - 5 U 164/68, NJW 1969, 936.
9 OLG München v. 17.2.1993 - 12 UF 1075/92.
10 BAG v. 14.11.1985 - 2 AZR 652/84, AP Nr. 1 zu § 251a ZPO.
11 LAG Hessen v. 31.10.2000 - 9 Sa 2072/99, MDR 2001, 517.
12 BAG v. 4.12.2002 - 5 AZR 556/01, MDR 2003, 520; LAG Bremen v. 25.6.2003 - 2 Sa 67/03, MDR 2004, 112.
13 ArbG Herford v. 19.5.2010 - 2 Ca 1712/09, so bereits *Lepke*, DB 1997, 1564.
14 Vgl. GMP/*Germelmann*, § 59 Rz. 13.
15 OLG Düsseldorf v. 10.12.1993 - 22 U 152/93.
16 GK-Schütz, § 59 Rn. 51.

52 Eine **Aktenlagenentscheidung** darf nach der gem. § 331a Satz 2 ZPO entsprechend anzuwendenden Vorschrift des § 251a Abs. 2 Satz 1 ZPO nur ergehen, wenn in einem **früheren Termin mündlich verhandelt** worden ist. Die Güteverhandlung ist eine vollwertige mündliche Verhandlung in diesem Sinne. Im arbeitsgerichtlichen Verfahren beginnt die mündliche Verhandlung gem. § 54 Abs. 1 bereits mit der Güteverhandlung vor dem Vorsitzenden. Darin wird rechtliches Gehör gewährt und der Sach- und Streitstand eingehend erörtert. Der einzige Unterschied zu sonstigen Verhandlungen besteht darin, dass hier keine Anträge gestellt werden können. Dies ändert jedoch nichts daran, dass die Parteien Gelegenheit haben, ihr kontradiktorisches Vorbringen dem Gericht zu unterbreiten. Dies ist ausreichend, um nach Sinn und Zweck der Vorschrift (Gewährung rechtlichen Gehörs und nicht das Formalkriterium des Stellens von Anträgen) ein Urteil nach Lage der Akten zu rechtfertigen.[1] Nicht entscheidend ist auch der Umstand, dass die Kammerverhandlung nicht wie die Güteverhandlung vor dem Vorsitzenden allein stattfindet. Im langerichtlichen Verfahren vor den Kammern für Handelssachen bestehen auch keine Bedenken dagegen, eine vor dem Einzelrichter durchgeführte erste Verhandlung anzuerkennen.

Bei einer Terminsladung zur Güteverhandlung mit **anschließender Kammerverhandlung** stellt die erfolglos gebliebene Güteverhandlung im Verhältnis zur weiteren Kammerverhandlung desselben Tages **keine** mündliche Verhandlung in einem früheren Termin iSd. § 251a Abs. 2 ZPO dar, weil den Parteien nach Erörterung der Sach- und Rechtslage in der Güteverhandlung Gelegenheit gegeben werden muss, vor der Kammerverhandlung dazu Stellung nehmen zu können.

53 Die Aktenlageentscheidung darf grds. frühestens **in zwei Wochen verkündet** werden (§ 331a Satz 2 iVm. § 251a Abs. 2 Satz 2 ZPO); der Verkündungstermin darf aber grds. nur dann über drei Wochen hinweg angesetzt werden, wenn wichtige Gründe, insbesondere der Umfang oder die Schwierigkeit der Sache, dies erfordern (§ 60 Abs. 1 Satz 2 und 3). Das ArbG hat der nicht erschienenen Partei den **Verkündungstermin formlos** mitzuteilen (§ 331a Satz 2 iVm. § 251a Abs. 2 Satz 3 ZPO). Es bestimmt neuen Termin zur mündlichen Verhandlung, wenn die Partei dies spätestens am siebten Tag vor dem Verkündungstermin beantragt und glaubhaft macht, dass sie ohne ihr Verschulden ausgeblieben ist und die Verlegung des Termins nicht rechtzeitig hat beantragen können (§ 331a Satz 2 iVm. § 251a Abs. 2 Satz 4 ZPO). Nach Schluss der mündlichen Verhandlung besteht zwar kein Rechtsanspruch einer Partei auf Wiedereröffnung wegen neuen Vorbringens in einem nicht nachgelassenen Schriftsatz, sondern grds. nur nach Maßgabe des § 156 Abs. 2 ZPO, jedoch verdeutlicht diese Vorschrift nur in aufzählender, aber nicht abschließender Weise die Fälle, in denen sich das gerichtliche Ermessen bei der Frage der Wiedereröffnung der Verhandlung auf Null reduziert, mithin also die Verhandlung stets wieder zu eröffnen ist. Soweit wichtige Umstände nachträglich vorgetragen werden, ist das Gericht im Rahmen seiner allgemeinen Fürsorgepflicht angehalten, eine Wiedereröffnung zu prüfen, damit die Partei sich im ersten Rechtszug vollständig erklären kann; wegen der eingeschränkten Berücksichtigung neuen Vorbringens oder neuer Beweismittel im zweiten Rechtszug nach § 67 darf das Gericht den neuen Sachvortrag in seinem Urteil nicht kommentarlos übergehen[2].

54 Der Anberaumung eines gesonderten Verkündungstermins bedarf es nicht, wenn die Säumnis nur darauf beruht, dass die erschienene Partei im Kammertermin nicht verhandelt hat. Die Vorschrift dient lediglich dem Schutz der nicht erschienenen Partei vor einem die Instanz beendenden Urteil nach Lage der Akten, obwohl diese möglicherweise schuldlos an der Wahrnehmung des Gerichtstermins verhindert war. Der anwesenden oder vertretenen Partei ist es jedoch ohne Weiteres möglich, einen Antrag zu stellen. Daher ist § 251a Abs. 2 Satz 2 ZPO teleologisch dahingehend zu reduzieren, dass die Vorschrift nicht auf die nach § 333 ZPO willentlich herbeigeführte Säumnis anzuwenden ist[3].

55 Da als Verhandlungstermine iSd. Vorschriften des Säumnisverfahrens auch diejenigen Termine anzusehen sind, auf welche die mündliche (Kammer-)Verhandlung vertagt ist[4] oder die zu ihrer Fortsetzung vor oder nach dem Erlass eines Beweisbeschlusses bestimmt sind (§ 332 ZPO), ist das Gericht befugt, bei Säumnis einer Partei im Termin zur mündlichen Verhandlung zunächst den **geladenen Sachverständigen** mündlich anzuhören und das Ergebnis dieser Beweisaufnahme bei einer Entscheidung nach Lage der Akten zu verwerten[5].

---

1 ArbG Berlin v. 21.11.2016 – 19 Ca 10449/16, n.rkr.; ArbG Köln v. 8.3.2013 – 2 Ca 4314/12: ArbG Ulm v. 20.2.2009 – 6 Ca 33/08; LAG Berlin v. 3.2.1997 – 9 Sa 133/96; *Lepke*, DB 1997, 1564 (1566); GMP/*Germelmann*, § 55 Rz. 18; Natter/Gross/*Rieker*, § 59 Rz. 3; *Gravenhorst*, jurisPR-ArbR 31/2011 Anm. 6; aA LAG Hamm v. 18.12.2012 – 18 Sa 683/11 und 4.3.2011 – 18 Sa 907/10; GK-ArbGG/*Schütz*, § 59 Rn. 51.
2 So schon zum früheren Recht OLG München v. 17.2.1993 – 12 UF 1075/92.
3 ArbG Berlin v. 21.11.2016 – 19 Ca 10449/16, n.rkr. und 29.11.2013 – 19 Ca 5050/13.
4 So zum Zivilprozess BGH v. 8.1.1964 – VIII ZR 123/62, MDR 1964, 501.
5 BGH v. 25.10.2001 – III ZR 43/01, MDR 2002, 288.

6. Entscheidung bei Säumnis beider Parteien

Erscheinen beide Parteien nicht zur mündlichen Verhandlung, obwohl sie beide ordnungsgem. geladen worden sind[1], so ist im **Gütetermin** nach § 54 Abs. 5 Satz 1 das **Ruhen des Verfahrens** anzuordnen. Diese Rechtsfolge ist zwingend vorgeschrieben; das ArbG hat insoweit keinen Ermessensspielraum[2], kann also weder einen neuen Gütetermin noch einen Termin zur streitigen Kammerverhandlung anberaumen oder gar eine Entscheidung nach Lage der Akten treffen. Diese Rechtsfolge tritt zwingend ein, unabhängig von den Gründen des Nichtbetreibens des Verfahrens[3]. 56

Eine Entscheidung nach **Aktenlage** kann jedoch ergehen, wenn in einem **Kammertermin beide Parteien nicht erscheinen** oder nicht verhandeln (§ 251a Abs. 1 ZPO). 57

Wenn das ArbG bei Säumnis beider Parteien im **Kammertermin** nicht nach Lage der Akten entscheidet (§ 251 Abs. 1 ZPO) und nicht nach § 227 ZPO vertagt, ordnet es das **Ruhen des Verfahrens** an (§ 251a Abs. 3 ZPO). Der Fall der Säumnis beider Parteien ist auch bei Nichterscheinen der einen Partei und Nichtverhandeln der anderen Partei gegeben. Ist eine Partei nach Ablauf einer angemessenen Frist nach dem festgelegten Terminbeginn säumig und verhandelt die Gegenpartei nicht oder beantragt gar selbst die Anordnung des Ruhens des Verfahrens, so kann das Gericht gem. § 251a Abs. 3 ZPO das Ruhen des Verfahrens anordnen[4]. Als angemessene Wartezeit gelten 15 Minuten[5]. 58

Hat der Antragsgegner gegen einen **Vollstreckungsbescheid Einspruch** eingelegt und reicht der Antragsteller trotz entsprechender Aufforderung keine Anspruchsbegründung ein und erscheinen beide Parteien im sodann unter erneuter Fristsetzung anberaumten Termin nicht, ist durch Beschluss das Ruhen des Verfahrens anzuordnen und zugleich der Vollstreckungsbescheid durch Teilurteil aufzuheben, denn die Aufhebungsentscheidung ergeht aufgrund angesetzter mündlicher Verhandlung[6]. 59

IV. Rechtsbehelf und Rechtsmittel im Säumnisverfahren

Hat das Gericht wegen des Nichterscheinens oder des Nichtverhandelns der Parteien das **Ruhen** des Verfahrens angeordnet, so ist dieser **Beschluss nicht beschwerdefähig**, denn hierfür fehlt ein Rechtsschutzbedürfnis. Jede Partei kann jederzeit einen neuen Termin beantragen[7]. Die **Ablehnung** eines Antrages auf Entscheidung nach **Lage der Akten** ist **unanfechtbar** (§ 336 Abs. 2 ZPO); aber auch die Anordnung, nach Aktenlage zu entscheiden, ist nicht selbständig anfechtbar (Umkehrschluss aus § 336 Abs. 2 ZPO). Verfahrensfehler bei der Anwendung des § 331a ZPO können bei der Aktenlageentscheidung nur mit der Berufung gegen die Hauptsacheentscheidung gerügt werden. Ist gegen die Hauptsacheentscheidung das Rechtsmittel der Berufung nicht zulässig, weil die Voraussetzungen des § 64 Abs. 2 nicht vorliegen, dann ist auch bei der Aktenlageentscheidung nur der Rechtsbehelf der Rüge der Verletzung rechtlichen Gehörs (§ 321a Abs. 1 ZPO) statthaft. 60

Das **echte Versäumnisurteil** ist nur der **unterliegenden Partei zuzustellen** (§ 317 Abs. 1 Satz 1, Alt. 2 ZPO), ein **unechtes Versäumnisurteil** ist jedoch **beiden Parteien** zuzustellen (§ 317 Abs. 1 Alt. 1 ZPO), und zwar in vollständiger Form mit Tatbestand, Entscheidungsgründen und Rechtsmittelbelehrung versehen. Versäumnisurteile bedürfen – wenn sie nicht im Ausland zugestellt werden müssen (§ 313b Abs. 3 ZPO) – nicht des Tatbestandes und der Entscheidungsgründe (§ 313b Abs. 1 Satz 1 ZPO) und können verkündet werden, auch wenn die Urteilsformel noch nicht schriftlich abgefasst ist (§ 311 Abs. 2 Satz 3 ZPO). Die Entscheidung ist als Versäumnisurteil zu bezeichnen (§ 313b Abs. 1 Satz 2 ZPO), wobei die fehlerhafte Bezeichnung nichts daran ändert, dass es sich um eine Säumnisentscheidung handelt. Umgekehrt bleibt das sog. unechte Versäumnisurteil gegen die klagende Partei ein kontradiktorisches Urteil, selbst wenn es fälschlich als Versäumnisurteil bezeichnet worden ist. Für die Frage, ob ein Versäumnisurteil oder ein kontradiktorisches Urteil vorliegt, kommt es nicht auf die Bezeichnung der Entscheidung, sondern auf deren Inhalt an[8]. 61

---

1 LAG Düsseldorf v. 24.7.1986 – 7 Ta 280/86, LAGE § 54 ArbGG 1979 Nr. 3.
2 ArbG Solingen v. 29.12.2016 – 3 Ca 26/16 lev.
3 LAG Baden-Württemberg v. 4.12.2014 – 13 Ta 27/14, ArbG Solingen. v. 29.2.2016 – 3 Ca 26/16 lev; aA LAG Saarland v. 9.6.2000 – 2 Ta 2/00, LAG München. v. 11.9.2006 – 6 Sa 1089/05.; s. zum Begriff des Verhandelns in der Güteverhandlung LAG Köln v. 17.11.2017 – 12 Ta 298/15; s. weiter LAG Rheinland-Pfalz v. 24.6.2015 – 7 Sa 559/14, keine Rücknahmefiktion, wenn Bekl. nicht geladen werden konnte, dort auch zur Verwirkung.
4 OLG Köln v. 1.7.1991 – 2 W 83/91, MDR 1991, 896.
5 LG Düsseldorf v. 30.9.1966 – 11b T 15/66, MDR 1967, 220.
6 LG Hildesheim v. 25.10.1994 – 3 O 392/94, NdsRpfl. 1995, 46.
7 OLG Zweibrücken v. 23.2.2000 – 6 WF 22/00, OLGR Zweibrücken 2000, 564.
8 BGH v. 3.2.1988 – IVb ZB 4/88, FamRZ 1988, 945; BGH v. 3.11.1998 – VI ZB 29/98, LM Nr. 62 zu § 511 ZPO.

62 Der Partei, gegen die ein echtes Versäumnisurteil ergangen ist, steht dagegen der **Einspruch** zu (§ 338 ZPO). Diese Rechtsbehelfsmöglichkeit ist für das arbeitsgerichtliche Verfahren in § 59 geringfügig anders geregelt als die Regelung des § 339 ZPO für den Zivilprozess. Der Einspruch ist nur **gegen ein echtes Versäumnisurteil** (auch Versäumnisteilurteil) statthaft. Gegen ein **unechtes Versäumnisurteil** und eine Entscheidung nach Lage der Akten verbleibt es bei dem normalen Rechtsmittel der **Berufung** gem. § 64. Der Einspruch ist ferner gegen einen **Vollstreckungsbescheid** (§ 699 ZPO) zulässig, da dieser einem für vorläufig vollstreckbar erklärten Versäumnisurteil gleichsteht (§ 700 Abs. 1 ZPO).

1. Rechtsbehelfsbelehrung

63 Bei der Zustellung des echten Versäumnisurteils ist die **säumige Partei** über Form und Frist des Einspruchs **schriftlich zu belehren** (§ 59 Satz 3). Gleiches gilt für den Vollstreckungsbescheid (§ 699 ZPO), da dieser wie ein echtes Versäumnisurteil behandelt wird (§ 700 Abs. 1 ZPO). Der Angabe der Anschrift des ArbG, bei dem der Einspruch einzulegen ist, bedarf es weder in der Belehrung zum Versäumnisurteil[1] noch beim Vollstreckungsbescheid[2], da sich § 9 Abs. 5 nur auf „Rechtsmittel" bezieht, zu denen der Einspruch gegen diese Entscheidungen nicht zählt (§ 342 ZPO). Die Anschrift ergibt sich aber ohnehin aus dem Briefkopf bzw. ist auf dem Umschlag vermerkt.

64 Einstweilen frei

65 Die Belehrung beim Einspruch gegen ein Versäumnisurteil (§ 59 Abs. 3) oder gegen einen Vollstreckungsbescheid (§ 46a ArbGG iVm. § 700 ZPO) muss aus den o.g. Gründen nicht **vom Vorsitzenden unterzeichnet** sein[3]. Hat das ArbG durch ein echtes Versäumnisurteil über einen Teil des Klageantrags positiv entschieden und über den Rest negativ ein unechtes Versäumnisurteil erlassen, so ist gegen ein solches „Versäumnisteil- und Teilendurteil" – soweit es aufgrund der Versäumnis ergeht – der Einspruch beim ArbG und – soweit es unabhängig von der Säumnis die Instanz beendet – die Berufung beim LAG zulässig. Ein solches Urteil muss sowohl – soweit der Einspruch statthaft ist – eine Rechtsbehelfsbelehrung nach § 59 Satz 3 als auch – soweit die Berufung statthaft ist – eine Rechtsmittelbelehrung nach § 9 Abs. 5 enthalten.

66 Der **Inhalt der Rechtsbehelfsbelehrung** richtet sich nach § 59 Satz 1 und 2. In ihr muss auf die Wochenfrist hingewiesen werden, ferner muss die Erklärung enthalten sein, dass der Einspruch bei dem ArbG schriftlich oder durch Abgabe einer Erklärung zu Protokoll (bis 31.12.2017; „zur Niederschrift") der Geschäftsstelle eingelegt werden kann. Da neben § 59 ArbGG auch § 340 Abs. 3 ZPO gilt[4], muss sich die Rechtsbehelfsbelehrung auch auf den durch § 340 Abs. 3 ZPO **erforderlichen Inhalt** der Einspruchsschrift beziehen, mit anderen Worten, es muss deutlich gemacht werden, dass Angriffs- oder Verteidigungsmittel angegeben werden müssen[5].

67 Wird das Versäumnisurteil **ohne die Belehrung** oder mit unvollständiger Belehrung[6] oder mit **unrichtiger Belehrung** zugestellt, beginnt die **Einspruchsfrist** des § 59 Satz 1 **nicht** zu laufen. In diesen Fällen ist eine erneute Zustellung des Versäumnisurteils mit der Rechtsbehelfsbelehrung erforderlich[7], denn aus dem Wortlaut des Gesetzes ergibt sich, dass die Partei „zugleich" mit der Zustellung des Versäumnisurteils auf die Einspruchsmöglichkeit schriftlich hinzuweisen ist. Gleiches gilt bei unvollständiger oder fehlerhafter Belehrung bei einem „Versäumnisteil- und Teilendurteil". Fehlt die Belehrung nach § 340 Abs. 3 Satz 4 ZPO über die Folgen der Fristversäumung, dann tritt die durch die Bezugnahme auf § 296 Abs. 1 ZPO angedrohte Präklusionswirkung nicht ein.

2. Einspruchsfrist

68 Während die **Einspruchsfrist** gegen ein im Zivilprozess erlassenes Versäumnisurteil zwei Wochen beträgt (§ 339 Abs. 1 ZPO), kann der Einspruch im arbeitsgerichtlichen Verfahren binnen einer unabänderlichen **Notfrist von nur einer Woche** nach Zustellung des Versäumnisurteils eingelegt werden (§ 59 Satz 1). Die Einspruchsfrist gegen einen Vollstreckungsbescheid richtet sich auch im Mahnverfahren nach § 59 Satz 1. Ein verspäteter Widerspruch wird als (rechtzeitiger) Einspruch gegen den Vollstreckungsbescheid behandelt (§ 46a Abs. 1 ArbGG iVm. § 694 Abs. 2 Satz 1 ZPO).

---

1 LAG Nürnberg v. 10.5.1988 – 7 Sa 16/88, LAGE § 59 ArbGG 1979 Nr. 1.
2 LAG Köln v. 7.8.1998 – 11 Sa 1218/97, AP Nr. 19 zu § 9 ArbGG 1979.
3 GMP/*Germelmann*, § 59 Rz. 22.
4 BAG v. 9.11.1983 – 5 AZR 355/81, AP Nr. 3 zu § 340 ZPO.
5 GMP/*Germelmann*, § 59 Rz. 22.
6 GMP/*Germelmann*, § 59 Rz. 23.
7 GMP/*Germelmann*, § 59 Rz. 23.

Die **Einlegung des Einspruchs** ist bereits unmittelbar nach Verkündung, und auch schon vor Zustellung 69
der Versäumnisentscheidung zulässig, wenn die Partei zB verspätet zum Termin erscheint[1]. Auch gegen
einen Vollstreckungsbescheid kann der Einspruch vor dessen Zustellung eingelegt werden[2]. Im Übrigen
beginnt die Wochenfrist zur Einlegung des Einspruchs mit der Zustellung des Versäumnisurteils bzw. des
Vollstreckungsbescheids. Hat eine Partei selbst Klage erhoben und bestellt sich danach für sie ein Rechtsanwalt, dann kann ein Versäumnisurteil wirksam nur noch an den Anwalt zugestellt werden[3], ansonsten
wird die Wochenfrist nicht in Gang gesetzt. Die **Zustellung an den Prozessbevollmächtigten** statt an die
Partei selbst ist auch dann nötig, wenn jener erst nach der Verkündung, aber vor der Zustellung des Versäumnisurteils bestellt wurde, es sei denn, dass bei der Bestellung die Zustellung an die Partei schon läuft[4].

Für die **Berechnung der Wochenfrist** finden nach wirksamer Zustellung des Versäumnisurteils bzw. des 70
Vollstreckungsbescheids über § 222 ZPO die Vorschriften der **§§ 187 ff. BGB** Anwendung; der Tag der
Zustellung ist nicht mitzurechnen (§ 187 Abs. 1 BGB). Die Wochenfrist endet mit dem Ablauf desjenigen
Tages der nächsten Woche, welcher durch seine Benennung dem Tage entspricht, in den der Zeitpunkt
der Zustellung gefallen ist (§ 188 Abs. 2 BGB). Wird das Versäumnisurteil an einem Mittwoch zugestellt,
dann endet die Frist somit am darauf folgenden Mittwoch, 24.00 Uhr. Fällt der letzte Tag der Frist auf
einen Sonntag, einen am Erklärungsort staatlich anerkannten allgemeinen Feiertag oder einen Sonnabend,
so tritt an die Stelle eines solchen Tages der nächste Werktag (§ 193 BGB); vgl. zur Fristberechnung auch
§ 66 Rz. 12, 13. Die Frist zur Einlegung eines Einspruchs gegen ein Versäumnisurteil beginnt mit dem auf
der Zustellungsurkunde ausgewiesenen Zustelldatum. Dies gilt auch dann, wenn beim Empfänger wegen
der fehlenden Angabe eines internen Geschäftszeichens der Sachbearbeiter erst nach einigen Tagen ermittelt werden kann. Eine Pflicht des Gerichts, ein internes Geschäftszeichen des Zustellungsempfängers auf
dem zuzustellenden Schriftstück anzugeben, besteht nicht. Eine etwaige zeitliche Verzögerung bis zur Ermittlung des Sachbearbeiters kann daher auch die Frist zur Einspruchseinlegung nicht verlängern[5].

Muss die **Zustellung** des Versäumnisurteils **im Ausland** oder durch **öffentliche Zustellung** erfolgen, so hat 71
der Vorsitzende die Einspruchsfrist im Versäumnisurteil oder nachträglich durch besonderen, zu begründenden Beschluss[6], der ohne mündliche Verhandlung und damit vom Vorsitzenden (§ 53 Abs. 1) erlassen
werden kann[7], zu bestimmen (§ 339 Abs. 2 ZPO). Der **Beschluss** ist der Partei, die das Versäumnisurteil
beantragt hat, **formlos** mitzuteilen, und ist der durch das Versäumnisurteil **belasteten Partei zuzustellen**.
Ist die Einspruchsfrist in einem gesonderten Beschluss festgesetzt worden, beginnt sie erst von dessen Zustellung an[8]. Die Entscheidung über die Festlegung der Einspruchsfrist ist unanfechtbar.

Hat die säumige Partei die **Einspruchsfrist** gegen ein Versäumnisurteil oder gegen einen Vollstreckungs- 72
bescheid **versäumt**, so kann sie nach Maßgabe der §§ 233 ff. ZPO versuchen, **Wiedereinsetzung** in den
vorigen Stand gewährt zu erlangen, wenn sie ohne ihr eigenes Verschulden oder das ihres Prozessbevollmächtigten (§ 85 Abs. 2 ZPO) verhindert war, die Einspruchsfrist des § 59 Satz 1 einzuhalten[9]. Dabei ist
der objektiv-abstrakte Maßstab des § 276 Abs. 2 BGB anzuwenden[10]. Die Versäumung der Einspruchsfrist
gegen ein Versäumnisurteil ist nicht deswegen unverschuldet, weil der Prozessbevollmächtigte eine im
Schrifttum strittige Frage in Übereinstimmung mit namhafter Kommentarliteratur anders beurteilt als das
ArbG und daher rechtsirrtümlich einen Einspruch für entbehrlich hält[11]. Über den Wiedereinsetzungsantrag hat gem. § 237 ZPO das ArbG zu entscheiden[12]. Da das Verfahren über den Antrag auf Wiedereinsetzung mit dem Verfahren über die nachgeholte Prozesshandlung zu verbinden ist (§ 238 Abs. 1 Satz 1
ZPO), entscheidet das ArbG auch im Falle der Zurückweisung des Wiedereinsetzungsantrags bei gleichzeitiger Verwerfung des Einspruchs durch Schlussurteil[13].

---

1 GMP/*Germelmann*, § 59 Rz. 34.
2 Zöller/*Vollkommer*, § 700 ZPO Rz. 3.
3 LAG Hamm v. 4.7.1974 – 8 Sa 388/74, MDR 1974, 873.
4 LAG Hessen v. 16.8.1983 – 7 Sa 522/83, nv.
5 ArbG Regensburg v. 3.9.1990 – 2 Ca 1726/90, JurBüro 1991, 434.
6 GMP/*Germelmann*, § 59 Rz. 35.
7 GMP/*Germelmann*, § 59 Rz. 35.
8 GMP/*Germelmann*, § 59 Rz. 35.
9 S. dazu zB LAG Nürnberg v. 25.3.1993 – 6 Ta 22/93 NZA 1993, 816; LAG Hessen v. 27.7.1998 – 16 Sa 2361/97, NZA-RR 1999, 546; LAG Köln v. 9.3.1999 – 13 Sa 1087/98, MDR 1999, 1343; LAG Köln v. 1.3.2002 – 11 Ta 17/02, MDR 2002, 1026; zur Wiedereinsetzung ohne entsprechenden Antrag (§ 236 Abs. 2 ZPO): LAG Köln v. 24.1.2002 – 5 Sa 1000/01.
10 LAG Rh.-Pf. v. 22.8.2007 – 7 Sa 365/07.
11 LAG München v. 24.1.1989 – 2 Sa 1042/88, NZA 1989, 863.
12 LAG Nürnberg v. 3.7.1990 – 1 Ta 57/90, LAGE § 237 ZPO Nr. 1.
13 Vgl. zur Entscheidungskompetenz beim ArbG: *Schwab/Wildschütz/Heege*, NZA 2003, 999 (1001 f.).

3. Einspruchsberechtigte

73 **Einspruchsberechtigt** ist die im Versäumnisurteil bzw. im Vollstreckungsbescheid **bezeichnete Partei**. Ist in der Einspruchsschrift zwar anstelle der säumigen Partei die nichtsäumige Partei als diejenige bezeichnet, in deren Namen und Vollmacht der Einspruch eingelegt wird, dann kann diese falsche Bezeichnung dennoch als Rechtsbehelf der säumigen Partei angesehen werden, wenn sonstige Umstände aus der für die Auslegung maßgeblichen Sicht des Gerichts und des Prozessgegners insoweit keine vernünftigen Zweifel aufkommen lassen[1].

73a Kommt als beklagte Partei eine von zwei **Gesellschaften mit ähnlicher Firmenbezeichnung** als ArbGeb in Betracht, gilt Folgendes: Hat die klagende Partei im Rubrum ihrer Klageschrift als beklagte Partei eine Gesellschaft mit einem Firmennamen genannt, der keinem der beiden Gesellschaften entspricht, muss sie spätestens in der Einspruchsschrift klarstellen, gegen welche Gesellschaft sich die Klage richtet. Dies muss jedenfalls dann erfolgen, wenn die Unklarheit von der Gegenseite ausdrücklich gerügt wird. Es handelt sich in diesem Fall grds. nicht um eine unschädliche, unrichtige (unvollständige) Parteibenennung, die jederzeit von Amts wegen berichtigt werden könnte. Ergeht dennoch ohne vorherige Klarstellung „gegen die Beklagte" ein Versäumnisurteil, so sind beide Gesellschaften beschwert und können gegen die Entscheidung das statthafte Rechtsmittel einlegen[2]. Unklarheiten der Parteibezeichnung können im weiteren Verlauf eines gerichtlichen Verfahrens jederzeit richtiggestellt werden[3]. Eine Rubrumsberichtigung scheidet allerdings aus, wenn sie zu einem Parteiwechsel führt[4]; einspruchsberechtigt ist in diesem Fall allein die im Versäumnisurteil bezeichnete Partei. Die Fehlerhaftigkeit des Verfahrens beim Erlass eines Versäumnisurteils kann in solchen oder ähnlichen Fällen nur auf einen zulässigen Einspruch hin geprüft werden[5]. Eine wirksame Zustellung des Versäumnisurteils liegt nicht vor, wenn eine Klarstellung im Passivrubrum vor Erlass des Versäumnisurteils nicht erfolgt ist und damit die Identität des Zustellungsadressaten nicht feststeht[6]. Ist somit unklar, gegen welche von zwei in Betracht kommenden Gesellschaften ein Versäumnisurteil ergangen ist, und wird nach Einlegung des Einspruchs durch eine der beiden Gesellschaften klargestellt, dass die andere Gesellschaft durch das Versäumnisurteil verurteilt worden ist, so kann sich die verurteilte Gesellschaft den eingelegten Einspruch zu Eigen machen[7].

4. Umfang des Einspruchs

74 Der Einspruch richtet sich regelmäßig **gegen die Verurteilung** insgesamt; er kann aber – soweit das Versäumnisurteil bzw. der Vollstreckungsbescheid mehrere Ansprüche umfasst – auf einen Teil der Streitgegenstände, der einer Entscheidung durch Teilurteil zugänglich wäre, beschränkt werden (§ 340 Abs. 2 Satz 2 ZPO). Der Einspruch wird beim ArbG schriftlich oder durch Abgabe einer Erklärung zu Protokoll (bis 31.12.2017; „zur Niederschrift") der Geschäftsstelle eingelegt (§ 59 Satz 2). Erscheint die Partei unmittelbar nach Verkündung des Versäumnisurteils, kann sie sofort Einspruch einlegen[8], denn dem Schriftformerfordernis wird mit einer solchen protokollierten Erklärung Genüge getan[9]; der Vorsitzende hat dann den Einspruch in das Sitzungsprotokoll oder zu Protokoll der Gerichtsakte aufzunehmen[10]; es geht nicht an, die verspätet erschienene Partei an die Rechtsantragsstelle oder auf die Möglichkeit der schriftlichen Einspruchseinlegung zu verweisen. Dies gilt aber nur solange, wie das Protokoll noch nicht geschlossen und der Gegenseite ausgehändigt worden ist.

5. Inhalt des Einspruchs

75 Die **Einspruchsschrift** muss die Bezeichnung des Urteils, gegen das der Einspruch eingelegt wird, und die Erklärung enthalten, dass gegen dieses Urteil Einspruch eingelegt werde (§ 340 Abs. 2 Satz 1 ZPO). Es genügt allerdings, wenn erkennbar ist, dass ein bestimmtes Versäumnisurteil angegriffen wird. Gleiches gilt für den Einspruch gegen einen Vollstreckungsbescheid. Auch ein Entschuldigungsschreiben wegen un-

---

1 BGH v. 11.2.1999 – V ZB 27/98, NJW-RR 1999, 938.
2 LAG Berlin v. 13.10.1998 – 3 Ta 16/98 und 3 Ta 17/98.
3 BAG v. 22.1.1975 – 5 AZR 130/74, AP Nr. 2 zu § 268 ZPO.
4 LAG Nürnberg v. 20.1.1998 – 2 (3) Ta 89/97, LAGE § 319 ZPO Nr. 5; vgl. zur Abgrenzung zwischen Rubrumsberichtigung und Parteiwechsel: BAG v. 15.3.2001 – 2 AZR 141/00, NZA 2001, 1267; BAG v. 17.1.2002 – 2 AZR 57/01.
5 LAG Köln v. 15.4.1998 – 10 (11) Ta 58/98.
6 LAG Berlin v. 13.10.1998 – 3 Ta 16/98 und 3 Ta 17/98.
7 BAG v. 22.1.1975 – 5 AZR 130/74, AP Nr. 2 zu § 268 ZPO.
8 GMP/*Germelmann*, § 59 Rz. 34.
9 BGH v. 20.9.1988 – XI ZR 5/88, EWiR 1989, 619 m. Anm. *Vollkommer*.
10 GMP/*Germelmann*, § 59 Rz. 34.

terbliebener Wahrnehmung eines Termins kann als Einspruchsschrift angesehen werden, wenn aus ihm deutlich wird, dass die Partei damit auch etwaige nachteilige prozessuale Folgen ihrer Säumnis beseitigen wollte[1]. Wenn sich aber einem anwaltlichen Schriftsatz nicht entnehmen lässt, dass ein Versäumnisurteil angegriffen werden soll, sondern steht vielmehr die Kritik am bisherigen Vorgehen des Gerichts im Zentrum des Schriftsatzes, liegt hierin kein Einspruch[2]. Eine großzügige Auslegung einer schriftlichen Parteierklärung ist insbesondere dann geboten, wenn sich die Partei in dem Verfahren nicht durch einen Bevollmächtigten vertreten lässt[3]. Bei der Ermittlung des notwendigen Inhalts einer Einspruchsschrift dürfen mündliche Äußerungen der Beteiligten jedoch nicht berücksichtigt werden[4].

§ 59 enthält keine Vorschrift über den notwendigen **Inhalt der Einspruchsschrift**, so dass über die allgemeine Verweisungsregelung des § 46 Abs. 2 Satz 2 auch im arbeitsgerichtlichen Verfahren die Regelung des § 340 Abs. 3 ZPO Anwendung findet[5]. Die nach dieser Vorschrift notwendige Begründung des Einspruchs gegen ein Versäumnisurteil ist keine Zulässigkeitsvoraussetzung[6], denn bei der Frist des § 340 Abs. 3 ZPO handelt es sich lediglich um eine prozessrechtliche Frist, die der Beschleunigung des Verfahrens dient. Es genügt, wenn **innerhalb der Einspruchsfrist** die **Angriffs- und Verteidigungsmittel** vorgebracht werden[7]. Ein rechtzeitig eingelegter Einspruch gegen ein Versäumnisurteil bleibt selbst dann zulässig, wenn er nicht rechtzeitig innerhalb der Einspruchsfrist begründet worden ist[8], denn eine verspätete Begründung des Einspruchs kann nur wie verspätetes Vorbringen der Partei zurückgewiesen werden[9]. Die Anforderungen, die § 340 Abs. 3 ZPO an das notwendige Vorbringen stellt, entsprechen denen des § 282 Abs. 1 Satz 1 ZPO[10]. Danach hat jede Partei ihre Angriffs- und Verteidigungsmittel so zeitig vorzubringen, wie es der Förderung des Verfahrens entspricht, sie muss sich insbesondere zu dem bisherigen Sachvortrag der Gegenseite einlassen. Durch § 340 Abs. 3 ZPO wird die Prozessförderungspflicht der bereits säumig gewesenen Partei in der Weise konkretisiert, dass die Rechtzeitigkeit der streitigen Einlassung auf die Einspruchsfrist beschränkt wird. Hatte die säumige Partei sich vor ihrer Säumnis bereits entsprechend den Erfordernissen einer sorgfältigen und auf Förderung des Verfahrens bedachten Prozessführung auf die Klage oder Widerklage eingelassen, so bedarf es keiner Wiederholung dieser Einlassung innerhalb der Einspruchsfrist[11]. Nach § 340 Abs. 3 Satz 2 ZPO kann die Frist zur Begründung des Einspruchs vom Vorsitzenden auf Antrag verlängert werden, wenn nach seiner freien Überzeugung entweder die Erledigung des Rechtsstreits hierdurch nicht verzögert würde oder wenn die Partei erhebliche Gründe für eine Fristverlängerung vorträgt. Eine Glaubhaftmachung der Gründe ist nicht erforderlich, aber sie kann vom Vorsitzenden verlangt werden[12].

6. Form des Einspruchs

Die Einspruchsschrift gegen einen Vollstreckungsbescheid oder gegen ein Versäumnisurteil muss **handschriftlich unterzeichnet** sein, sofern nicht eine der von der Rspr. anerkannten Ersatzformen wie etwa Telefax benutzt worden ist[13]. Es gelten die Grundsätze der Einlegung von Rechtsmitteln[14] (s. § 64 Rz. 115 ff.).

Einstweilen frei

Hat das ArbG eine **nach Fristablauf** eingegangene Einspruchsbegründung im Urteil verwertet, so ist die Zulassung des neuen Sachvortrags unangreifbar[15]. Das Berufungsgericht kann selbst dann dieses Vorbringen **nicht** nach § 67 als **verspätet** behandeln, wenn es in 1. Instanz nach § 340 Abs. 3 ZPO iVm. § 296 Abs. 1 ZPO nicht hätte zugelassen werden dürfen[16]. Im Übrigen ist zu beachten, dass eine Verzögerung in der Erledigung des Rechtsstreits durch Zulassung verspäteter Angriffs- oder Verteidigungsmittel nach dem Stand des Rechtsstreits im Zeitpunkt des verspäteten Vorbringens und nicht danach zu beurteilen ist, wie

---

1 GMP/*Germelmann*, § 59 Rz. 25.
2 LAG Hessen v. 22.1.2009 – 11 Sa 1582/07.
3 GMP/*Germelmann*, § 59 Rz. 25.
4 BGH v. 9.6.1994 – IX ZR 133/93, MDR 1995, 308.
5 LAG Düsseldorf v. 17.2.1989 – 10 Sa 1606/88, NZA 1989, 863; GMP/*Germelmann*, § 59 Rz. 29.
6 LAG Hessen v. 9.8.1978 – 4 Sa 1187/77, AR Blattei ES 160.7 Nr. 143.
7 BAG v. 9.11.1983 – 5 AZR 355/81, AP Nr. 3 zu § 340 ZPO.
8 BGH v. 12.7.1979 – VII ZR 284/78, NJW 1979, 2614 m. Anm. *E. Schneider*.
9 GMP/*Germelmann*, § 59 Rz. 33.
10 BAG v. 9.11.1983 – 5 AZR 355/81; s. dazu *Deubner*, NZA 1985, 113.
11 LAG Hessen v. 16.8.1983 – 7 Sa 522/83.
12 GMP/*Germelmann*, § 59 Rz. 30.
13 BGH v. 3.6.1987 – VIII ZR 154/86, JR 1988, 419 m. Anm. *Tesket*.
14 GMP/*Germelmann*, § 59 Rz. 26.
15 BGH v. 26.10.1983 – IVb ZR 14/82, MDR 1984, 301.
16 So zu § 528 ZPO BGH v. 21.1.1981 – VIII ZR 10/80, MDR 1981, 666.

der Prozessverlauf sich (hypothetisch) bei rechtzeitigem Vorbringen gestaltet hätte. Kann die Verspätung durch zumutbare vorbereitende Maßnahmen des ArbG ausgeglichen werden, so ist das verspätete Vorbringen auch dann zuzulassen, wenn die Verspätung nicht genügend entschuldigt ist (vgl. zur Verzögerung § 67 Rz. 29 ff.)[1]. Auch darf das verspätete Sachvorbringen nur dann gem. § 340 Abs. 3 ZPO iVm. § 296 Abs. 1 ZPO unberücksichtigt bleiben, wenn die durch seine Berücksichtigung hervorgerufene Verzögerung des Rechtsstreits allein auf der Verspätung und nicht auch auf der sachwidrig kurzfristigen Terminierung durch den Vorsitzenden beruht[2]. Hat der Vorsitzende die Terminsverfügung lediglich mit seiner Paraphe abgezeichnet, so ist die Terminsbestimmung gleichwohl wirksam und ein Versäumnisurteil kann erlassen werden[3].

7. Wirkung des Einspruchs

82 Die Einspruchsschrift ist der **Gegenpartei** mit der Mitteilung **zuzustellen**, wann das Versäumnisurteil zugestellt und Einspruch eingelegt worden ist (§ 340a Satz 1 und 2 ZPO).

Durch den rechtzeitig eingelegten Einspruch wird der **Eintritt der Rechtskraft** des Versäumnisurteils **gehemmt** (§ 705 Satz 2 ZPO). Durch den zulässigen Einspruch wird der Prozess in die **frühere Lage**, in der er sich vor dem Erlass des Versäumnisurteils befand, **zurückversetzt** (§ 342 ZPO) und werden die Säumnisfolgen zur Hauptsache aufgehoben[4]. Das hat zur Folge, dass alle früheren Prozesshandlungen der Parteien und des ArbG wieder erheblich werden. Das innerhalb der Einspruchsfrist oder einer gerichtlich verlängerten Frist erfolgte Vorbringen ist selbst dann zu berücksichtigen, wenn dieses Vorbringen in dem Termin, in dem das Versäumnisurteil erlassen wurde, als verspätet hätte zurückgewiesen werden müssen[5]. Damit eröffnet die Regelung des § 342 ZPO einer Partei die Möglichkeit, durch „Flucht in die Säumnis" einen neuen Verhandlungstermin zu erzwingen und an sich verspätete Angriffs- und Verteidigungsmittel noch vorzubringen. Das geltende Gesetz nimmt die dem Einspruch eigene Verzögerung des Rechtsstreits in Kauf, der Einspruchsführer braucht die Terminssäumnis weder zu erklären noch gar zu entschuldigen[6]. Die Gegenseite muss aber kein Versäumnisurteil beantragen, sondern kann, sofern in einem früheren Termin, der auch der Gütetermin sein kann, mündlich verhandelt wurde, ein Urteil nach Lage der Akten beantragen (s. Rz. 51). Durch die „Flucht ins Versäumnisurteil" kann die säumige Partei die Verspätungsfolgen allerdings nur dann abwenden, wenn durch entsprechende Vorbereitung des Einspruchstermins eine sonst drohende Verfahrensverzögerung aufgefangen werden kann[7]. Die säumige Partei hat keinen Anspruch auf eine Terminierung, die so geräumig ist, dass die versäumte Prozesshandlung rechtzeitig nachgeholt werden kann[8]. Eine ordnungsgemäße Vorbereitung des Einspruchstermins darf das ArbG aber nicht durch eine unangemessen kurzfristige Terminierung durch den Vorsitzenden unterlaufen[9]. Es kann eine Verzögerungsgebühr gem. § 34 GKG verhängt werden; dazu bedarf es dann aber der Feststellung, dass es sich um eine schuldhafte Säumnis gehandelt hat. Es ist aber Sache der säumigen Partei, Entschuldigungsgründe vorzutragen.[10]

83 Trotz des Einspruchs bleibt das Versäumnisurteil **vorläufig vollstreckbar** (§ 62 Abs. 1 Satz 1). Die Zwangsvollstreckung darf nach § 719 Abs. 1, § 707 Abs. 1 ZPO iVm. § 62 Abs. 1 Satz 3 nur eingestellt werden, wenn der Einspruchsführer glaubhaft macht, dass die Vollstreckung ihm einen nicht zu ersetzenden Nachteil bringen würde (§ 62 Abs. 1 Satz 2). Liegen die Voraussetzungen für eine Einstellung der Zwangsvollstreckung vor, darf das ArbG die Einstellung der Zwangsvollstreckung aus einem Versäumnisurteil nicht allein deshalb ablehnen, weil die verurteilte Partei bewusst „die Flucht in die Säumnis" angetreten habe. Allerdings ist dies ein Faktor bei der Abwägung. Gegen eine solche Entscheidung ist nur eine Gegenvorstellung möglich[11].

8. Rechtsbehelfe und Rechtsmittel bei fehlerhaften Entscheidungen

84 Hat eine Partei schriftsätzlich die Aussetzung des Rechtsstreits gem. § 148 ZPO beantragt und ist sie im Güte- oder Kammertermin säumig, dann ist es unzweckmäßig, gegen sie auf Antrag der Gegenpartei Ver-

---

1 So zum Zivilprozess BGH v. 12.7.1979 – VII ZR 284/78, NJW 1979, 2614 m. Anm. *E. Schneider*.
2 GMP/*Germelmann*, § 59 Rz. 33.
3 AA u.a. die 1. Aufl.
4 BGH v. 15.1.1981 – VII ZR 147/80, NJW 1981, 1378 (1379).
5 GMP/*Germelmann*, § 59 Rz. 36.
6 BGH v. 27.2.1980 – VIII ZR 54/79, JZ 1980, 614 m. Anm. *Hoyer*.
7 OLG München v. 7.10.1994 – 23 U 2130/94, MDR 1994, 1244.
8 BGH v. 23.10.1980 – VII ZR 307/79; GMP/*Germelmann*, § 59 Rz. 38.
9 Arbeitsrechtslexikon/*Schwab*: Versäumnisurteil IV.
10 AA LAG Sa.-Anh. v. 8.5.2000 – 2 (3) Ta 77/00, das eine Prozessverschleppungsabsicht fordert.
11 Vgl. zum umfassenden Ermessensspielraum GMP/*Germelmann*, § 62 Rz. 43.

säumnisurteil zu erlassen. Damit wird nichts gewonnen und das Verfahren nicht wesentlich beschleunigt. Wird nämlich die Ablehnung der beantragten Aussetzung durch Versäumnisurteil (ausdrücklich oder stillschweigend) ausgesprochen, bleibt § 252 ZPO anwendbar, wenn rechtzeitig Einspruch eingelegt wird (§ 342 ZPO)[1]. Der Umfang der Nachprüfung beschränkt sich bei § 252 ZPO auf Verfahrens- und Ermessensfehler. Ein Verfahrensfehler liegt vor, wenn die Aussetzungsentscheidung nicht begründet wurde. Da Versäumnisurteile keiner Begründung bedürfen (§ 313b Abs. 1 ZPO), die Ablehnung der Aussetzung aber begründet werden muss, ist auf form- und fristgerechte sofortige Beschwerde hin die Nichtaussetzungsentscheidung aufzuheben und die Sache zur erneuten Entscheidung (diesmal durch zu begründenden Beschluss) an das ArbG zurückzuweisen[2].

Eine vor einem ArbG erhobene Klage darf **nicht wegen Unzulässigkeit** des Rechtsweges im Wege des (unechten) Versäumnisurteils **abgewiesen** werden[3]. Geschieht dies dennoch und wird diese Entscheidung als „Versäumnisurteil" bezeichnet, so ist ein als „Einspruch" bezeichnetes Rechtsmittel gegen ein solches Urteil als sofortige Beschwerde gem. § 48 Abs. 1 ArbGG iVm. § 17a Abs. 4 Satz 2 GVG zu behandeln[4]. Bei einer verfahrensfehlerhaft inkorrekten Entscheidung ist sowohl das Rechtsmittel gegeben, das der erkennbar gewordenen Entscheidungsart entspricht, wie dasjenige, das der Entscheidung entspricht, für die die Voraussetzungen gegeben waren, da der Fehler des Gerichts nicht zu Lasten der Partei gehen darf. Bei der Umdeutung des „Einspruchs" ist in einem solchem Fall zu prüfen, ob der Rechtsmittelschrift hinreichend deutlich zu entnehmen ist, dass die klagende Partei die angefochtene Entscheidung mit dem zulässigen Rechtsmittel zur Überprüfung durch die nächsthöhere Instanz hat stellen wollen, was die Regel sein dürfte. Eine Umdeutung wäre nur dann unzulässig, wenn sie vom Rechtsmittelführer nicht gewollt wäre[5]. Das Rechtsmittel führt zur Aufhebung der angefochtenen Entscheidung: Bei Verneinung der Zulässigkeit des Rechtsweges zu den Gerichten für Arbeitssachen ist der Rechtsstreit zugleich an das zuständige Gericht des zulässigen Rechtsweges zu verweisen[6]. Bei Bejahung der Zulässigkeit des Rechtsweges zu den Gerichten für Arbeitssachen scheidet eine Zurückverweisung des Rechtsstreits zur erneuten Verhandlung an das ArbG wegen § 68 aus, denn § 538 Abs. 2 Nr. 6 ZPO findet bei einem sog. unechten Versäumnisurteil keine Anwendung[7]; das LAG muss in der Sache selbst entscheiden.

Hat die im Termin erschienene beklagte **Partei nicht verhandelt** (§ 333 ZPO) und wurde auf den Sachantrag der klagenden Partei hin ein „**Endurteil**" erlassen, so ist für die Qualifizierung der Entscheidung die Begründung maßgebend: Hat das Gericht eindeutig die Versäumnisfolgen unbeachtet gelassen, zB vorbereitende Schriftsätze der beklagten Partei in den Entscheidungsgründen gewürdigt oder gar eine Beweisaufnahme im Versäumnistermin durchgeführt, dann ist die Entscheidung – fehlerhaft – als kontradiktorisches Urteil erlassen worden. Wurde jedoch gem. § 331 Abs. 1 ZPO eine Geständnisfiktion angenommen, dann ist die Verurteilung der beklagten Partei bei einer solchen Fallgestaltung „wegen" ihrer Säumnis erfolgt, und es liegt ein Versäumnisurteil auch dann vor, wenn es ausdrücklich nicht als solches bezeichnet ist und die Absicht des erkennenden Gerichts nicht auf den Erlass eines Versäumnisurteils gerichtet gewesen ist[8]. Legt die beklagte Partei gegen ein solches „Endurteil" nach dem Grundsatz der Meistbegünstigung eine (zulässige) Berufung ein, muss das Berufungsgericht die Sache von Amts wegen an das Ausgangsgericht zur Durchführung des Einspruchsverfahrens abgeben[9].

Verkündet das ArbG, obwohl die klagende Partei ausdrücklich den Erlass eines **Versäumnisurteils beantragte**, ein **streitiges Urteil**, so verstößt es hierdurch gegen § 308 Abs. 1 ZPO, weil es etwas anderes zuspricht, als beantragt wurde. Die Verkündung eines Sachurteils lässt sich auch wegen des arbeitsgerichtlichen Beschleunigungsgrundsatzes (§ 9 Abs. 1) nicht mit der Begründung rechtfertigen, eine „Flucht in die Säumnis" müsse unter allen Umständen verhindert werden. Auf die Berufung hin muss die Entscheidung aufgehoben und wegen eines nicht heilbaren Mangels an das ArbG zurückverwiesen werden, weil

---

1 LAG Thür. v. 12.2.1996 – 7 Ta 22/96, LAGE § 252 ZPO Nr. 1.
2 LAG Thür. v. 12.2.1996 – 7 Ta 22/96, LAGE § 252 ZPO Nr. 1.
3 BAG v. 21.4.1993 – 5 AZR 276/92; LAG Hamm v. 18.1.1995 – 4 Sa 993/94, LAGE § 48 ArbGG 1979; LAG Hamm v. 19.5.1995 – 4 Sa 443/95, LAGE § 48 ArbGG 1979 Nr. 12.
4 So zum Zivilprozess OLG Naumburg v. 25.7.2001 – 12 W 22/05, NJW-RR 2002, 791.
5 BGH v. 25.11.1986 – VI ZB 12/86, NJW 1987, 1204.
6 BAG v. 26.3.1992 – 2 AZR 443/91, NZA 1992, 554; zum Zivilprozess OLG Naumburg v. 25.7.2001 – 12 W 22/01, NJW-RR 2002, 791.
7 GMP/*Germelmann*, § 68 Rz. 19.
8 BGH v. 3.2.1988 – IVb ZB 4/88, FamRZ 1988, 945; BGH v. 3.11.1998 – VI ZB 29/98, BRAK-Mitt. 1999, 75 m. Anm. *Borgmann*.
9 OLG München v. 25.7.1989 – 16 UF 1141/89, FamRZ 1989, 1204.

88 Ist in der Klageschrift die beklagte Partei richtig bezeichnet und die Klage an diese auch zugestellt, wird dann aber wegen einer falschen Handelsregisterauskunft ein **Versäumnisurteil mit einer falschen Parteibezeichnung** erlassen, so kann das Gericht dieses Urteil von Amts wegen gem. § 319 Abs. 1 ZPO wegen offenbarer Unrichtigkeit **berichtigen**[2]. Dabei handelt es sich nicht um einen unzulässigen Parteiwechsel. Gegen wen sich eine Klage richtet, bestimmt die klagende Partei durch die von ihr gewählte Bezeichnung des Prozessgegners in der Klageschrift (§ 253 Abs. 2 Nr. 1 ZPO). Eine bloße Berichtigung der Parteibezeichnung ist dann gegeben, wenn eine bestimmte, richtig bezeichnete Partei verklagt worden ist, gegen die das Gericht auch eine Entscheidung erlassen wollte, dabei jedoch die Partei fehlerhaft bezeichnet hat. Schutzbedürftig ist die von der Fehlbezeichnung betroffene scheinbare Prozesspartei nur dann, wenn sie nicht ohne Weiteres erkennen konnte, dass sie mit der Klage und der gerichtlichen Entscheidung nicht gemeint ist. Der Scheinpartei steht kein Einspruch gegen das irrige Versäumnisurteil zu; infolge der zulässigen und wirksamen Berichtigung des Versäumnisurteils wird deren Einspruch gegenstandslos[3].

89 Nach einer verbreiteten Rspr. ist der **Meistbegünstigungsgrundsatz** anzuwenden, wenn ein „weiteres" (erstes) Versäumnisurteil irrig als „zweites" Versäumnisurteil bezeichnet wird, so dass der Betroffene das Versäumnisurteil in einem solchen Falle mit dem Einspruch und/oder der Berufung angreifen kann[4]. Wird ein „weiteres" (erstes) Versäumnisurteil erlassen, obwohl richtigerweise ein „zweites" Versäumnisurteil hätte ergehen müssen, so findet der Meistbegünstigungsgrundsatz ebenfalls Anwendung, so dass der Betroffene auch hier das Versäumnisurteil mit dem Einspruch und/oder der Berufung angreifen kann. Der „Vorteil" des Einspruchs liegt in beiden Fallgestaltungen darin, dass dieser nicht der Beschränkung des § 514 Abs. 2 Satz 1 ZPO, die für die Berufung gegen ein „zweites" Versäumnisurteil gelten würde, unterfällt[5].

90 Im Übrigen gilt allgemein der Grundsatz, dass ein **fehlerhaft ergangenes (erstes) Versäumnisurteil** nur **durch Einspruch**, nicht aber mit der Berufung angefochten werden kann. Die Anwendung des Meistbegünstigungsgrundsatzes scheidet aus, soweit der Wille des Gerichts auf den Erlass eines Versäumnisurteils gerichtet war und dies der getroffenen Entscheidung eindeutig zu entnehmen ist[6]. Hat das Gericht zB ein Versäumnisurteil nach dem ursprünglichen Klageantrag ohne Berücksichtigung einer zwischenzeitlich erfolgten teilweisen Klagerücknahme erlassen, so ist die beklagte Partei auch dann verpflichtet, ihren Prozessbevollmächtigten mit der Einlegung des Einspruchs gegen das gesamte Versäumnisurteil zu beauftragen, wenn sie von der Teilklagerücknahme Kenntnis hatte[7]. Nach einer „Flucht in die Säumnis" ist der Anwalt grds. verpflichtet, auch ohne ausdrückliche Weisung des Mandanten Einspruch gegen das Versäumnisurteil einzulegen. Hält er jedoch nach eingehender Prüfung der Erfolgsaussichten eine Fortsetzung des Verfahrens für aussichtslos, hat er rechtzeitig vor Fristablauf mit dem Mandanten Rücksprache zu halten und dessen Entscheidung einzuholen[8].

V. Entscheidungen im weiteren Verfahren

91 Die Entscheidungen im weiteren Verfahren nach Einlegung des Einspruchs hängen davon ab, ob der Einspruchsführer den Einspruch aufrechterhält oder zurücknimmt bzw. auf ihn verzichtet (**§ 346 ZPO**). Weiter ist entscheidend, ob der Einspruch zulässig (dann Verfahren nach **§ 343 ZPO**) oder unzulässig (dann Verfahren nach **§ 341 ZPO**) ist und ob der Einspruchsführer im ggf. anzuberaumenden Einspruchstermin (**§ 341a ZPO**) erscheint oder nicht (dann Verfahren nach **§ 345 ZPO**) bzw. ob diesmal der Prozessgegner säumig ist (dann Wiederholung des Verfahrens nach §§ 330, 311 ZPO mit vertauschten Rollen) oder beide Parteien säumig sind (dann Verfahren nach §§ 331a, 251a ZPO).

---

1 LAG Rh.-Pf. v. 4.3.1997 – 6 Sa 1235/96, NZA 1997, 1071.
2 OLG Koblenz v. 23.9.1996 – 5 W 429/96, JurBüro 1997, 431.
3 OLG Koblenz v. 23.9.1996 – 5 W 429/96, JurBüro 1997, 431.
4 BGH v. 8.2.1984 – VIII ZR 268/82, VersR 1984, 288; ferner OLG Köln v. 3.7.1968 – 11 U 3/68, MDR 1969, 225; OLG Nürnberg v. 8.12.1981 – 11 U 2523/81; OLG Frankfurt v. 6.6.1991 – 3 U 131/90, NJW-RR 1992, 1468 (1469).
5 BGH v. 19.12.1996 – IX ZB 108/95, LM § 345 ZPO Nr. 7; aA OLG Brandenburg v. 18.6.1997 – 7 W 18/97, welches die Möglichkeit eines Einspruchs nur dann eröffnen will, wenn ein Fall der Versäumung tatsächlich nicht vorgelegen hat.
6 OLG Zweibrücken v. 17.1.1997 – 2 UF 76/96, FamRZ 1997, 1166.
7 LG Berlin v. 6.10.1987 – 82 T 446/87, JurBüro 1987, 1890.
8 BGH v. 25.10.2001 – IX ZR 19/99, EzA § 340 ZPO Nr. 3.

1. Verzicht und Zurücknahme des Einspruchs

Für den Verzicht auf den Einspruch und seine Zurücknahme gelten die Vorschriften über den **Verzicht auf die Berufung** (§ 515 ZPO) und über ihre **Zurücknahme** (§ 516 ZPO) entsprechend (§ 346 ZPO). Der Verzicht kann schon vor Erlass des Versäumnisurteils erklärt werden. Der Verzicht auf den Einspruch ist nicht davon abhängig, ob der Gegner die Verzichtleistung angenommen hat (§ 346 iVm. § 515 ZPO). 92

a) Zeitpunkt und Wirkungen der Rücknahme des Einspruchs

Nach § 516 Abs. 1 ZPO kann der Berufungskläger die Berufung **bis zur Verkündung des Berufungsurteils** zurücknehmen. Dieser späte Zeitpunkt der Rücknahmemöglichkeit ist gewählt worden, um dem Berufungskläger im Lichte der in der mündlichen Verhandlung vom Gericht geäußerten vorläufigen Rechtsauffassung auch nach deren Ende noch die Möglichkeit zur Berufungsrücknahme ohne zeitlichen Druck zu eröffnen. Die entsprechende Anwendung des § 516 Abs. 1 ZPO über § 346 ZPO führt dazu, dass der Einspruch bis zur Verkündung des Schlussurteils in der jeweiligen Instanz zurückgenommen werden kann. 93

Die **Rücknahme des Einspruchs** ist nicht gegenüber dem Prozessgegner, sondern **dem Gericht gegenüber** zu erklären; sie erfolgt, wenn sie nicht bei der mündlichen Verhandlung erklärt wird, durch Einreichung eines Schriftsatzes (§ 346 iVm. § 516 Abs. 2 ZPO) und hat den Verlust des eingelegten Rechtsbehelfs und die Verpflichtung zur Folge, die durch den Rechtsbehelf entstandenen Kosten zu tragen (§ 346 iVm. § 516 Abs. 3 Satz 1 ZPO), wobei im erstinstanzlichen Verfahren der Kostentragungsregelung in § 12a Vorrang zukommt. § 516 Abs. 3 Satz 2 ZPO bestimmt, dass das Gericht unmittelbar nach Eingang der Rücknahme der Berufung bzw. über § 346 ZPO des Einspruchs von Amts wegen die festgelegten Folgen der Zurücknahme durch Beschluss auszusprechen hat. Der Beschluss ist bei Rücknahme der Berufung bzw. des Einspruchs gegen ein zweitinstanzliches Versäumnisurteil unter den besonderen Voraussetzungen der §§ 574 ff. ZPO mit der Rechtsbeschwerde anfechtbar. Gegen den Beschluss, der die Folgen der Rücknahme des Einspruchs gegen ein erstinstanzliches Versäumnisurteil nach § 346 iVm. § 516 Abs. 3 ZPO ausspricht, ist die sofortige Beschwerde nach Maßgabe des § 567 Abs. 2 ZPO eröffnet. 94

Die Rücknahme des Einspruchs gegen ein Versäumnisurteil ist eine grds. **unwiderrufliche und unanfechtbare Prozesshandlung**[1]. Insbesondere kann die Rücknahme des Einspruchs gegen ein Versäumnisurteil nicht deshalb wirksam widerrufen werden, weil die Partei durch einen falschen rechtlichen Hinweis des Gerichts zu der Rücknahme veranlasst worden ist; ein solcher Hinweis stellt keinen – unzulässigen – Druck dar[2]. Nimmt eine Partei auf einen arbeitsgerichtlichen Hinweis, ihr Einspruch gegen ein Versäumnisurteil sei verspätet, den Einspruch zurück und beantragt gleichzeitig Wiedereinsetzung mit der Begründung, eine Fristversäumung liege nicht vor, so kann darin die Einlegung eines (erneuten) Einspruchs gesehen werden[3]. In einem solchen Fall kann allerdings ein Verschulden des Prozessbevollmächtigten, das die Partei sich gem. § 85 Abs. 2 ZPO zurechnen lassen muss, darin liegen, dass er sich bei der Entscheidung der Frage, ob ein eingelegter Einspruch zurückzunehmen ist oder nicht, auf eine – unzutreffende – richterliche Fristberechnung verlässt, ohne sie selbst nachzuvollziehen[4]. 95

b) Klagerücknahme nach Einlegung des Einspruchs

Während die Einspruchsrücknahme sich meist für die beklagte Partei stellt, steht die **klagende Partei** vor der Frage, ob sie anstelle der Einspruchsrücknahme die **Klage zurücknehmen** soll. Im arbeitsgerichtlichen Verfahren kann die Klage ohne Einwilligung des Beklagten zurückgenommen werden, solange nicht beide Parteien ihre Anträge – nicht notwendig im selben Termin – gestellt haben. Auch wenn auf Antrag des Beklagten gegen den im Gütetermin säumigen Kläger in der unmittelbar anschließenden „weiteren" Verhandlung Versäumnisurteil auf Klageabweisung ergangen ist, bedarf die in offener Einspruchsfrist vom Kläger erklärte Klagerücknahme nicht der Einwilligung des Beklagten[5]. Wird die Klage zurückgenommen, so ist der Rechtsstreit als nicht anhängig geworden anzusehen; ein bereits ergangenes, noch nicht rechtskräftiges (Versäumnis-)Urteil wird wirkungslos, ohne dass es seiner ausdrücklichen Aufhebung bedarf (§ 269 Abs. 3 Satz 1 ZPO). Im Hinblick auf diese gesetzlichen Rechtsfolgen fehlt für eine Vollstreckungs- 96

---

1 So zur Rücknahme des Einspruchs gegen einen Vollstreckungsbescheid LG Oldenburg v. 3.1.1979 – 1 T 71/78, VersR 1979, 752.
2 OLG Düsseldorf v. 22.2.1983 – 21 U 219/82, JurBüro 1984, 1586.
3 LAG Köln v. 29.12.1993 – 5 Ta 209/93.
4 LG Oldenburg v. 3.1.1979 – 1 T 71/78, VersR 1979, 752.
5 LAG München v. 24.1.1989 – 2 Sa 1042/88, NZA 1989, 863.

abwehrklage (§ 767 Abs. 1 ZPO) des Beklagten gegen ein durch Klagerücknahme wirkungslos gewordenes Versäumnisurteil das Rechtsschutzbedürfnis[1].

97 Nimmt der Kläger die Klage zurück, nachdem er ein Versäumnisurteil gegen den Beklagten erwirkt und dieser Einspruch eingelegt hatte so hat die Beklagte weiterhin die Kosten der Säumnis zu tragen[2].

98 Einstweilen frei

2. Zulässiger Einspruch

99 Das Gericht hat in allen Instanzen von Amts wegen zu prüfen, ob der **Einspruch** gegen das Versäumnisurteil bzw. gegen den Vollstreckungsbescheid an sich statthaft und ob er in der gesetzlichen **Form und Frist** eingelegt ist (§ 341 Abs. 1 Satz 1 ZPO). Es ist zulässig, den Einspruch gegen ein Versäumnisurteil bzw. gegen einen Vollstreckungsbescheid auf einen Teil des Streitgegenstandes zu beschränken, sofern über diesen Teil durch Teilurteil iSd. § 301 Abs. 1 ZPO erkannt werden könnte.

100 Ergibt die vor jeder weiteren Prozesshandlung durchzuführende Prüfung, dass der Einspruch zulässig ist, so hat der **Vorsitzende unverzüglich** (vgl. § 216 Abs. 2 ZPO) und so früh wie möglich (vgl. § 272 Abs. 3 ZPO) einen **Termin** zur mündlichen Verhandlung über den Einspruch und über die Hauptsache anzuberaumen (§ 341a ZPO). Zu diesem Termin müssen die **Parteien** unter Beachtung der Ladungsfristen (§ 217 ZPO) **geladen** werden. Bei der Terminsanberaumung muss der Vorsitzende beachten, dass Vorbringen, das in der Einspruchsbegründung erfolgt, noch berücksichtigt werden kann. Andererseits muss er nicht damit rechnen, dass auch nach Ablauf der Einspruchsbegründungsfrist noch weiteres Vorbringen seitens der Parteien erfolgt. Der Vorsitzende ist nicht verpflichtet, die Berücksichtigung verspäteten Vorbringens zu ermöglichen[3]. Im Falle des **Einspruchs gegen** einen **Vollstreckungsbescheid** wird Termin zur Verhandlung über den Einspruch und zur Hauptsache bestimmt, ohne dass es eines Antrags einer Partei bedarf (§ 46a Abs. 6); der Termin ist unverzüglich zu bestimmen (§ 46a Abs. 1 ArbGG § 700 Abs. 5 Halbs. 1 ZPO). Mit der Terminsbestimmung setzt der Vorsitzende dem Antragsteller, der nunmehr die Rolle des Klägers hat, während der Einspruchsführer als Beklagter behandelt wird, eine Frist zur Begründung des Anspruchs (§ 46a Abs. 1 ArbGG iVm. §§ 700 Abs. 5 Halbs. 2, 697 Abs. 3 Satz 2 Halbs. 1 ZPO).

101 **Verhandeln beide Parteien** im Einspruchstermin über den zulässigen Einspruch und die Hauptsache, ergeht eine **streitige Entscheidung**, die ein Teilurteil (§ 301 Abs. 1 ZPO) sein kann, wenn nach dem Ergebnis der mündlichen Verhandlung der Rechtsstreit nicht insgesamt entscheidungsreif ist, oder bei Entscheidungsreife ein die Instanz abschließendes Endurteil (§ 300 Abs. 1 ZPO) ist, welches üblicherweise „Schlussurteil" genannt wird. Bei seiner Entscheidung ist das ArbG nicht an das Versäumnisurteil gebunden. Sofern die Entscheidung, die das ArbG in voller Kammerbesetzung aufgrund der Verhandlung im Einspruchstermin zu erlassen hat, mit der im Versäumnisurteil übereinstimmt, ist im Tenor des Urteils auszusprechen, dass diese **Entscheidung aufrechterhalten** wird (§ 343 Satz 1 ZPO) und der Einspruchsführer die weiteren Kosten des Rechtsstreits zu tragen hat. **Weicht** die neue **Entscheidung** von derjenigen im Versäumnisurteil **ab**, so ist das Versäumnisurteil **aufzuheben** (§ 343 Satz 2 ZPO) und in der Sache neu zu tenorieren; dabei ist zu beachten, dass die Versäumniskosten in jedem Falle dem Einspruchsführer zur Last fallen, weil er säumig gewesen ist (§ 344 ZPO).

102 Kommt das ArbG in der neuen Entscheidung zu einem nur **teilweise von dem Versäumnisurteil abweichenden Ergebnis,** so kann im Tenor das Versäumnisurteil teilweise aufgehoben und in der Sache neu entschieden und im Übrigen die Entscheidung aus dem Versäumnisurteil aufrechterhalten werden. Wenn eine derartige Tenorierung im Einzelfall zu Unklarheiten im Hinblick auf die Zwangsvollstreckung führen kann, empfiehlt es sich, sofern noch nicht vollstreckt worden ist, das Versäumnisurteil zur Titelklarstellung aufzuheben und in der Sache insgesamt neu zu tenorieren. Dies sollte jedoch nur bei sonst nicht vermeidbaren Schwierigkeiten bei der Zwangsvollstreckung erfolgen. Ansonsten, insbesondere nach Beginn der Zwangsvollstreckung, kommt dies nicht in Betracht, da unter Umständen der Gläubiger dann seine bisherige Rangstellung verlieren würde[4]. Ist bereits mit der Zwangsvollstreckung begonnen worden (was auf jeden Fall durch Befragung abzuklären ist), muss das ArbG wegen der Rangsicherung unter teilweiser Aufhebung des Versäumnisurteils und unter Aufrechterhaltung der Entscheidung aus dem Versäumnisurteil in einzelnen Punkten in der Sache insgesamt neu tenorieren. Auch in diesem Falle ist aber bei der Kostenentscheidung die Bestimmung des § 344 ZPO zu berücksichtigen[5].

---

1 AG Warburg v. 8.4.1997 – 1 C 2/97, NJW-RR 1998, 1221.
2 BGH v. 13.5.2004 – V ZB 59/03.
3 GMP/*Germelmann*, § 59 Rz. 38.
4 GMP/*Germelmann*, § 59 Rz. 41.
5 GMP/*Germelmann*, § 59 Rz. 41.

Ist der **Einspruch** gegen das Versäumnisurteil zulässigerweise **auf einen Teil** des Streitgegenstandes **beschränkt** oder war nur ein Versäumnisteilurteil erlassen worden, ist diesem Umstand bei der Tenorierung der Einspruchsentscheidung Rechnung zu tragen. Auch sind Klageerweiterung oder Widerklageerhebung nach Einlegung des Einspruchs gegen das Versäumnisurteil bei der Tenorierung der Einspruchsentscheidung zu beachten. 103

Erscheint der Einspruchsgegner nicht zum Einspruchstermin, kann bei Vorliegen der Voraussetzungen für eine Versäumnisentscheidung ein erstes Versäumnisurteil (§§ 330, 331 Abs. 1, Abs. 2 Halbs. 1 ZPO) oder ein unechtes Versäumnisurteil (nur gegen den Kläger oder den Widerkläger gem. § 331 Abs. 1, Abs. 2 Halbs. 2 ZPO) oder nach vorangegangener streitiger Verhandlung eine Entscheidung nach Lage der Akten ergehen (§ 331a ZPO). Die Entscheidungsformel richtet sich nach § 343 ZPO[1], ggf. ist die Kostenregelung des § 344 ZPO zu beachten. 104

Erscheinen beide Parteien nicht zum Einspruchstermin oder verhandeln sie nicht, dann kann das ArbG das Ruhen des Verfahrens anordnen (§ 251a Abs. 3 ZPO) oder – wenn bereits einmal streitig verhandelt worden ist – eine Entscheidung nach Lage der Akten erlassen (§ 331a ZPO), bei der ggf. die Kostenregelung des § 344 ZPO zu beachten ist. 105

3. Unzulässiger Einspruch

Ist der **Einspruch** gegen das Versäumnisurteil oder gegen den Vollstreckungsbescheid **nicht statthaft** oder ist er **nicht** in der gesetzlichen **Form oder Frist** eingelegt worden, ist er als **unzulässig zu verwerfen** (§ 341 Abs. 1 Satz 2 ZPO). Dabei ist als erste Voraussetzung zu prüfen, ob das Versäumnisurteil überhaupt wirksam zugestellt worden ist. Der Einspruch gegen ein Versäumnisurteil darf nämlich nicht wegen Verspätung als unzulässig verworfen werden, wenn noch keine ordnungsgemäße Zustellung erfolgt ist. Gleiches gilt im Mahnverfahren bei nicht oder nicht ordnungsgemäßer Zustellung des Vollstreckungsbescheids. Sofern ein Rechtsanwalt, Rechtssekretär oder Verbandsvertreter in der 1. Instanz ohne Vollmacht auftritt, der Mangel der Vollmacht gerügt wird (§ 88 Abs. 1 ZPO) und das ArbG hierauf Versäumnisurteil erlässt, kann die Zustellung des Urteils nicht an den ohne Bevollmächtigung aufgetretenen Rechtsanwalt, Rechtssekretär oder Verbandsvertreter erfolgen[2]. 106

Die Verwerfung des Einspruchs kann ohne mündliche Verhandlung durch den Vorsitzenden allein erfolgen[3] (§ 55 Abs. 1 Nr. 4a). 107

Im Falle eines verspäteten Einspruches gegen ein Versäumnisurteil muss bei Säumnis des Einspruchsführers im Einspruchstermin der Rechtsbehelf durch ein sog. kontradiktorisches Urteil und nicht durch ein zweites Versäumnisurteil als unzulässig verworfen werden. Es entscheidet der Vorsitzende allein[4]. Die Entscheidung erfolgt nämlich nicht „wegen" der Säumnis, sondern „trotz" der Säumnis, denn im Vordergrund steht die Unzulässigkeit des Einspruchs; dies gilt auch für die Entscheidung über den Antrag auf Wiedereinsetzung in den vorigen Stand. Auch der verspätete und damit unzulässige Einspruch gegen einen Vollstreckungsbescheid muss bei Säumnis des Beklagten durch normales (kontradiktorisches) Endurteil verworfen werden; ein (zweites) Versäumnisurteil nach § 345 ZPO kann nicht ergehen, weil hierfür ein zulässiger Einspruch Voraussetzung wäre[5]. In der Entscheidung darf – neben einer Zurückweisung oder Verwerfung eines Wiedereinsetzungsantrages – lediglich der Einspruch als unzulässig verworfen werden. Die weitere Entscheidung, „das Versäumnisurteil (Vollstreckungsbescheid) wird aufrechterhalten", kann nicht getroffen werden, da dies nach § 343 Satz 1 ZPO nur dann möglich ist, wenn das ArbG bei zulässigem Einspruch über die Hauptsache selbst befindet[6]. 108

Da nach § 341 Abs. 2 ZPO die **Verwerfungsentscheidung** stets **durch Urteil** erfolgt, richtet sich die Zulässigkeit der Berufung nach den allgemeinen Vorschriften, nämlich nach den Regelungen in **§ 64 Abs. 2 Buchst. a–c**. Die Regelung des § 64 Abs. 2 Buchst. d findet keine Anwendung, da das Urteil im Falle des § 341 Abs. 2 ZPO nicht „wegen" der Säumnis, sondern „trotz" der Säumnis ergeht, eben weil der Einspruch selbst unzulässig ist[7]. Hat das ArbG einen verspäteten Einspruch gegen ein Versäumnisurteil ohne mündliche Verhandlung entgegen § 341 Abs. 2 ZPO nicht durch ein Urteil, sondern durch einen Beschluss als unzulässig verworfen und zudem in der Rechtsmittelbelehrung seines Verwerfungsbeschlusses darauf 109

---

1 GMP/*Germelmann*, § 59 Rz. 39.
2 LAG München v. 26.2.1969 – 2 Sa 851/68, AMBl. BY 1970, C 13.
3 ArbG Stendal v. 24.9.2010 – 1 Ca 849/10; GMP/*Germelmann*, § 59 Rz. 42.
4 GMP/*Germelmann*, § 55 Rz. 17a.
5 BGH v. 7.3.1995 – XI ZB 1/95, MDR 1995, 629.
6 GMP/*Germelmann*, § 55 Rz. 17a.
7 GMP/*Germelmann*, § 59 Rz. 44.

hingewiesen, dass die unterlegene Partei gegen diesen Verwerfungsbeschluss sofortige Beschwerde einlegen kann, sind **gegen** diesen **Verwerfungsbeschluss** des ArbG nach dem anerkannten **Grundsatz der Meistbegünstigung** sowohl das Rechtsmittel der **sofortigen Beschwerde** als auch das Rechtsmittel der **Berufung** prozessual **statthaft**[1]. Gleiches gilt bei der Verwerfung eines verspäteten Einspruchs gegen einen Vollstreckungsbescheid durch Beschluss statt durch Urteil[2].

4. Zweites Versäumnisurteil

110 Erscheint der Einspruchsführer in der zur mündlichen Verhandlung über den von ihm eingelegten Einspruch bestimmten Sitzung oder in derjenigen Sitzung, auf welche die Verhandlung vertagt ist, nicht oder verhandelt er im Einspruchstermin nicht, dann ist sein Einspruch auf Antrag des Prozessgegners durch sog. **zweites Versäumnisurteil** zu verwerfen (§ 345 ZPO). Ein Verhandeln der einspruchsführenden Partei nur zur Zulässigkeit des Einspruchs reicht nicht. Gleiches gilt, wenn eine ordnungsgemäße Ladung zum Termin nicht erfolgt ist, die beklagte Partei zum Termin jedoch erschienen ist und nicht verhandelt, sondern nur einen Verlegungsantrag stellt[3]. Besonderheiten gegenüber dem zivilprozessualen Verfahren hinsichtlich der Voraussetzungen und des Erlasses eines zweiten Versäumnisurteils bestehen im arbeitsgerichtlichen Verfahren nicht, wie sich aus der Verweisung auf § 345 ZPO in § 59 Satz 4 ergibt[4].

111 Ist die **Partei**, die den Einspruch eingelegt hat, **ohne ihr Verschulden** am Erscheinen **verhindert**, kann gegen sie kein zweites Versäumnisurteil erlassen werden[5]. Die Verschuldensfrage ist nach den gleichen Maßstäben zu beurteilen wie bei der Wiedereinsetzung in den vorigen Stand[6]. Hat die Partei (bzw. ihr Prozessbevollmächtigter) ihre Säumnis im Termin zur Verhandlung über ihren Einspruch gegen ein Versäumnisurteil nicht verschuldet, weil sie ihre Verspätung noch vor dem Termin dem ArbG fernmündlich mitgeteilt und dadurch zumindest eine Vertagung ermöglicht hat, soll nach einer Auffassung in der Rspr. kein zweites Versäumnisurteil erlassen werden dürfen[7]. Diese Auffassung ist nicht unbedenklich, da die Gefahr des Missbrauchs besteht. Ist dem ArbG vor dem Einspruchstermin rechtzeitig mitgeteilt worden, dass der Einspruchsführer wegen Mittellosigkeit die Fahrtkosten zum Einspruchstermin nicht aufbringen könne, so hat das ArbG zu prüfen, ob dem einspruchsführer nach den einschlägigen landesrechtlichen Erlassen oder VO Reiseentschädigung zu gewähren ist[8]. Vor einer endgültigen Ablehnung der Mittelbewilligung – ggf. im Beschwerdeverfahren – darf kein zweites Versäumnisurteil erlassen werden[9].

112 § 345 ZPO schafft für den Fall **zweimaliger aufeinander folgender Säumnis** derselben Partei Abhilfe und unterbindet die „Flucht in die Säumnis" durch die Möglichkeit des nicht mehr durch Einspruch und nur noch bedingt durch Rechtsmittel (§ 64 Abs. 2 Buchst. d) anfechtbaren zweiten Versäumnisurteils, welches die Verwerfung des Einspruchs zum Inhalt hat[10]. Um ein „erstes" Versäumnisurteil handelt es sich dagegen, wenn im Einspruchstermin nicht der Einspruchsführer, sondern die andere Partei säumig ist. Ist in einem späteren Termin die ehemals einspruchsführende Partei erneut säumig, so ergeht – falls zwischenzeitlich zur Hauptsache (nochmals) verhandelt worden ist – kein zweites Versäumnisurteil, sondern ebenfalls nur ein (erneutes) erstes Versäumnisurteil[11]. Dieses unbefriedigende „Wechselspiel" hat der Gesetzgeber noch nicht in den Griff bekommen. Im Falle der Klageerweiterung oder Erhebung einer Widerklage nach Erlass des Versäumnisurteils kann ein zweites Versäumnisurteil nur bis zu dem durch das erste Versäumnisurteil zugesprochenen Teil der Klage ergehen[12], im Übrigen muss erstes Versäumnisurteil (§§ 330, 331 ZPO)[13] oder – falls die Voraussetzungen vorliegen – Entscheidung nach Aktenlage (§ 331a ZPO) ergehen.

a) Prüfung des gesetzmäßigen Zustandekommens des Vollstreckungsbescheids

113 Soll nach Einspruch gegen einen Vollstreckungsbescheid das zweite Versäumnisurteil gegen den Einspruchsführer als beklagte Partei erlassen werden, muss geprüft werden, ob der **Vollstreckungsbescheid**

---

1 LAG Hamm v. 28.2.2002 – 17 Sa 187/02; LAG Köln v. 26.2.2003 – 7 Ta 229/02, MDR 2003, 953.
2 OLG Jena v. 6.11.2002 – 4 U 831/02, OLG-NL 2002, 283.
3 LAG München v. 18.11.1974 – 4 Sa 518/74, AMBl. BY 1976, C 36.
4 LAG Hamm v. 27.2.2003 – 4 Sa 1108/02, NZA-RR 2004, 156; GMP/*Germelmann*, § 59 Rz. 43.
5 BGH v. 16.7.1998 – VII ZR 409/97, MDR 1998, 1251.
6 BGH v. 22.4.1999 – IX ZR 364/98.
7 So zum Zivilprozess LG Zwickau v. 29.11.2002 – 6 S 215/02, NJW-RR 2003, 576.
8 LAG Hessen v. 30.5.1994 – 16 Sa 1745/93, NZA 1995, 239.
9 LAG Hessen v. 18.1.1988 – 14 Sa 1496/87, nv.
10 LAG Hamm v. 27.2.2003 – 4 Sa 1108/02, NZA-RR 2004, 156.
11 LAG Hessen v. 12.5.2003 – 16 Sa 134/03, nv.
12 OLG Köln v. 20.11.1987 – 19 U 113/87, NJW-RR 1988, 701.
13 Vgl. auch hierzu OLG Köln v. 20.11.1987 – 19 U 113/87, NJW-RR 1988, 701.

gesetzmäßig erlassen worden ist, denn der Vollstreckungsbescheid steht einem für vorläufig vollstreckbar erklärten Versäumnisurteil gleich (§ 700 Abs. 1 ZPO). Für das Mahnverfahren ist im Gesetz ausdrücklich bestimmt, dass der Einspruch nach § 345 ZPO nur verworfen werden darf, soweit die Voraussetzungen des § 331 Abs. 1 Abs. 2 Halbs. 1 ZPO für ein Versäumnisurteil vorliegen (§ 46a Abs. 1 ArbGG iVm. § 700 Abs. 6 Halbs. 1 ZPO); soweit die Voraussetzungen nicht vorliegen, wird der Vollstreckungsbescheid aufgehoben (§ 46a Abs. 1 ArbGG iVm. § 700 Abs. 6 Halbs. 1 ZPO). Geht dem zweiten Versäumnisurteil ein Vollstreckungsbescheid voraus, liegt ein Fall der Versäumung auch dann nicht vor, wenn der Vollstreckungsbescheid in verfahrensrechtlich unzulässiger Weise ergangen ist[1], zB wenn der Rechtspfleger ihn trotz rechtzeitigen[2] oder nicht erkannten[3] Widerspruchs erlassen hat oder wenn er erlassen worden ist, obwohl keine wirksame Zustellung des Mahnbescheides vorlag[4]. Die Prüfung der Schlüssigkeit der Klage und der Zulässigkeit des Erlasses des Vollstreckungsbescheids sind in dem zur mündlichen Verhandlung bestimmten Termin trotz Säumnis des Beklagten nachzuholen[5]. Wenn das Klagebegehren im Zeitpunkt der Entscheidung über den Einspruch gegen den Vollstreckungsbescheid prozessual unzulässig oder nicht schlüssig ist, liegt der „Fall der Versäumung" nicht vor[6], so dass kein zweites Versäumnisurteil ergehen darf[7].

Wird dennoch ein **zweites Versäumnisurteil** erlassen, so bedarf es zur **Begründung der Berufung** zwar grds. der vollständigen Darlegung[8] der Tatsachen, die die Annahme rechtfertigen sollen, es habe kein Fall der Versäumung vorgelegen (§ 514 Abs. 2 Satz 1 ZPO), wobei die Verweisung auf die Urkunde eines Dritten, die diesen Sachverhalt schildert, nicht genügt[9]. Im Zivilprozess kann jedoch die Berufung trotz des eingeschränkten Prüfungsumfangs des § 514 Abs. 2 Satz 1 ZPO auch darauf gestützt werden, die Klage sei unzulässig[10] oder unschlüssig[11] oder der Vollstreckungsbescheid sei nicht in gesetzmäßiger Art und Weise zustande gekommen[12]. Anders als sonst ist hier die Schlüssigkeit des Sachvortrags bereits bei der Frage der Zulässigkeit des Rechtsmittels zu prüfen[13]. Diese Grundsätze gelten auch im arbeitsgerichtlichen Verfahren[14]. Die Berufung gegen ein zweites Versäumnisurteil kann nicht mit der fehlenden Schlüssigkeit der Klage begründet werden[15]. 114

b) Prüfung des gesetzmäßigen Zustandekommens des Versäumnisurteils

Soll das **zweite Versäumnisurteil** gegen die beklagte Partei erlassen werden, muss geprüft werden, ob das **erste Versäumnisurteil gesetzmäßig** ergangen ist, also auch, ob seinerzeit Säumnis vorgelegen hat, denn nur bei Bejahung dieser Voraussetzungen darf ein „zweites Versäumnisurteil" nach § 345 ZPO ergehen[16]. 115

Wenn der Beklagte in dem Einspruchstermin nicht erscheint, muss die Schlüssigkeit der Klage vor Erlass des zweiten Versäumnisurteils erneut geprüft werden[17]. Dies ergibt sich daraus, dass zum Zeitpunkt der mündlichen Verhandlung die Klage schlüssig und begründet sein muss. Sind also die Mängel hinsichtlich Zulässigkeit oder Schlüssigkeit bis zum Schluss der mündlichen Verhandlung nicht behoben, so darf der Einspruch des säumigen Beklagten dann nicht nach § 345 ZPO durch zweites Versäumnisurteil verworfen werden, wenn das erste Versäumnisurteil auf eine unzulässige oder unschlüssige Klage unter Verletzung 116

---

1 BGH v. 19.11.1981 – III ZR 85/80, MDR 1982, 557.
2 BGH v. 7.12.1978 – III ZR 35/77, DB 1979, 789.
3 KG v. 19.9.1983 – 10 W 4111/83, JurBüro 1984, 135.
4 OLG Frankfurt v. 13.6.1995 – 10 U 320/93.
5 BGH v. 6.5.1999 – V ZB 1/99, EzA § 513 ZPO Nr. 12.
6 BGH v. 25.10.1990 – IX ZR 62/90, EWiR 1991, 99 m. Anm. *G. Kreft*; OLG Hamm v. 10.9.2001 – 8 U 180/00.
7 OLG Stuttgart v. 19.6.1975 – 7 U 10, 23/75, MDR 1976, 51.
8 S. dazu BGH v. 27.9.1990 – VII ZR 135/90, EWiR 1991, 57 m. Anm. *Kleine-Cosack*; s.a. *Mennicke*, MDR 1992, 221.
9 BGH v. 19.1.1967 – VII ZB 13/66, MDR 1967, 485.
10 BGH v. 25.10.1990 – IX ZR 62/90, EWiR 1991, 99 m. Anm. *G. Kreft*.
11 OLG Hamm v. 10.9.2001 – 8 U 180/00, OLGR Hamm 2002, 38.
12 BGH v. 7.12.1978 – III ZR 35/77, AP Nr. 5 zu § 345 ZPO.
13 BGH v. 24.1.1985 – I ZR 113/84, VersR 1985, 542; BGH v. 23.9.1987 – III ZB 15/87.
14 BAG v. 8.4.1974 – 2 AZR 542/73, AP Nr. 5 zu § 513 ZPO; LAG Köln v. 19.3.1993 – 13 Sa 1054/92, LAGE § 513 ZPO Nr. 7; LAG München v. 25.11.1993 – 4 Sa 551/93, LAGE § 153 ZPO Nr. 9; LAG Hamm v. 27.2.2003 – 4 Sa 1108/02, NZA-RR 2004, 156.
15 BAG v. 2.2.1994 – 10 AZR 113/93; aA LAG Hessen v. 18.9.1992 – 15 Sa 738/92; KG v. 25.10.1995 – 11 U 1111/95.
16 LAG Hessen v. 18.9.1992 – 15 Sa 738/92.
17 BAG v. 2.2.1994 – 10 AZR 113/93, JZ 1995, 523 m. Anm. *Braun*; OLG Bremen v. 1.9.1995 – 5 UF 71/95; GMP/ *Germelmann*, § 59 Rz. 45; vgl. zum Zivilprozess BGH v. 6.5.1999 – V ZB 1/99.

von § 331 Abs. 2 ZPO ergangen ist[1]. Vielmehr ist das erste Versäumnisurteil mangels Zulässigkeit bzw. mangels Schlüssigkeit aufzuheben und die Klage durch sog. unechtes Versäumnisurteil abzuweisen[2].

117 Wird ein **Prozessbevollmächtigter** gem. § 51 Abs. 2 Satz 1 von der weiteren Verhandlung **ausgeschlossen**, so wird die ausgebliebene **Partei säumig**. Es kann nunmehr auf entsprechenden Antrag (nicht von Amts wegen) ein Versäumnisurteil nach § 330 ZPO (gegen die klagende Partei) bzw. § 331 Abs. 1 ZPO (gegen die beklagte Partei) ergehen, sofern der Ausschluss des entsandten Vertreters berechtigt war und wenn die ordnungsgemäße und rechtzeitige persönliche Ladung der ausgebliebenen Partei feststellbar ist[3]. Ist der Ausschluss des Prozessbevollmächtigten der ausgebliebenen Partei nicht wirksam erfolgt, dann liegt kein Fall der Säumnis vor. Dies kann jedoch – wie jeder andere Verfahrensfehler[4] – bei einem ersten Versäumnisurteil vom ArbG selbst nur aufgrund eines rechtzeitigen Einspruchs (§ 59) hin überprüft werden. Ist ein zweites Versäumnisurteil ergangen, so ist hiergegen die Berufung zulässig (§ 64 Abs. 2 Buchst. d), da kein Fall der Säumnis gegeben ist[5].

§ 60 Verkündung des Urteils

(1) Zur Verkündung des Urteils kann ein besonderer Termin nur bestimmt werden, wenn die sofortige Verkündung in dem Termin, auf Grund dessen es erlassen wird, aus besonderen Gründen nicht möglich ist, insbesondere weil die Beratung nicht mehr am Tage der Verhandlung stattfinden kann. Der Verkündungstermin wird nur dann über drei Wochen hinaus angesetzt, wenn wichtige Gründe, insbesondere der Umfang oder die Schwierigkeit der Sache, dies erfordern. Dies gilt auch dann, wenn ein Urteil nach Lage der Akten erlassen wird.

(2) Bei Verkündung des Urteils ist der wesentliche Inhalt der Entscheidungsgründe mitzuteilen. Dies gilt nicht, wenn beide Parteien abwesend sind; in diesem Fall genügt die Bezugnahme auf die unterschriebene Urteilsformel.

(3) Die Wirksamkeit der Verkündung ist von der Anwesenheit der ehrenamtlichen Richter nicht abhängig. Wird ein von der Kammer gefälltes Urteil ohne Zuziehung der ehrenamtlichen Richter verkündet, so ist die Urteilsformel vorher von dem Vorsitzenden und den ehrenamtlichen Richtern zu unterschreiben.

(4) Das Urteil nebst Tatbestand und Entscheidungsgründen ist vom Vorsitzenden zu unterschreiben. Wird das Urteil nicht in dem Termin verkündet, in dem die mündliche Verhandlung geschlossen wird, so muss es bei der Verkündung in vollständiger Form abgefasst sein. Ein Urteil, das in dem Termin, in dem die mündliche Verhandlung geschlossen wird, verkündet wird, ist vor Ablauf von drei Wochen, vom Tag der Verkündung an gerechnet, vollständig abgefasst der Geschäftsstelle zu übermitteln; kann dies ausnahmsweise nicht geschehen, so ist innerhalb dieser Frist das von dem Vorsitzenden unterschriebene Urteil ohne Tatbestand und Entscheidungsgründe der Geschäftsstelle zu übermitteln. In diesem Fall sind Tatbestand und Entscheidungsgründe alsbald nachträglich anzufertigen, von dem Vorsitzenden besonders zu unterschreiben und der Geschäftsstelle zu übermitteln.

I. Allgemeines 1	3. Sofortige Verkündung (Regelfall) 10
II. Verkündung des Urteils 5	4. Besonderer Verkündungstermin (Ausnahme).. 11
III. Zeitpunkt der Urteilsverkündung 7	5. Nachgereichter Schriftsatz und Wiedereröffnung 18
1. Vorherige Schließung der mündlichen Verhandlung 8	6. Entscheidung nach Lage der Akten 20
2. Beratung und Abstimmung 9	7. Nichteinhaltung der Drei-Wochen-Frist 21

---

1 BAG v. 2.2.1994 – 10 AZR 113/93, AP Nr. 8 zu § 513 ZPO.
2 LAG Hamm v. 15.11.1974 – 3 Sa 851/74, BB 1975, 745; LAG Hamm v. 10.9.1980 – 12 Sa 646/80, AP Nr. 1 zu § 513 ZPO 1977.
3 LAG Hamm v. 29.11.1990 – 16 Sa 995/90, DB 1991, 1684; LAG Köln v. 19.2.1993 – 13 Sa 1054/92, LAGE § 513 ZPO Nr. 7; LAG Köln v. 15.3.1996 – 11 (13) Sa 1221/95, AiR 1996, 459; LAG Köln v. 12.11.1997 – 2 Sa 867/97, LAGE § 513 ZPO Nr. 14.
4 OLG Düsseldorf v. 26.6.1985 – 3 U 9/85, MDR 1985, 1034; OLG Hamm v. 12.10.1992 – 5 U 93/92.
5 LAG Hamm v. 29.11.1990 – 16 Sa 995/90, DB 1991, 1684; LAG Hamm v. 22.12.1994 – 4 Sa 1125/94, LAGE § 51 ArbGG 1979 Nr. 5; LAG Brandenburg v. 23.5.2000 – 3 Sa 83/00, AP Nr. 1 zu § 335 ZPO; LAG Bremen v. 24.1.2002 – 3 Sa 16/02, LAGE § 51 ArbGG 1979 Nr. 8.

IV. Form der Urteilsverkündung 22
 1. Vorlesung der Urteilsformel oder Bezugnahme 23
 2. Mitteilung der wesentlichen Entscheidungsgründe 26
 3. Anwesenheit der ehrenamtlichen Richter 27
 4. Unterschrift 28
 5. Protokollierung 30
 6. Rechtsfolgen bei Verkündungsmängeln 34

V. Abfassung des Urteils 36
 1. Unterschrift 37
 2. Frist für die Abfassung eines Urteils 41
 3. Frist für die Abfassung eines Urteils für Verkündungstermin 44
 4. Folgen bei Nichteinhaltung der Drei-Wochen-Frist 45

Schrifttum: *Dütz*, Aktuelle Fragen zur Arbeitsgerichtsgesetz Novelle 1979, RdA 1980, 81; *Elzer*, Fällung der Entscheidung und Richterwechsel, ArbR-Aktuell 2015, 500; *Griebeling*, Das Urteil im arbeitsgerichtlichen Verfahren, AR-Blattei SD 160.8; *Jauernig*, Muß die Urteilsformel bei der Verkündung eines Zivilurteils stets schriftlich vorliegen?, NJW 1986, 117.

I. Allgemeines

Ausgehend vom **Beschleunigungsgebot** (§ 9 Abs. 1) sowie angesichts der Heranziehung **ehrenamtlicher Richter** enthält § 60 zum Teil **Sonderregelungen** über die **Verkündung, Form** und **Abfassung** des **erstinstanzlichen Urteils** im arbeitsgerichtlichen Verfahren[1]. Diese verdrängen oder ergänzen in ihrem Anwendungsbereich die Bestimmungen der §§ 310–312 und 315 ZPO, die im Übrigen über § 46 Abs. 2 Satz 1 Anwendung finden. Verdrängt werden § 310 Abs. 1 und 2, § 311 Abs. 3 und 4, § 312 Abs. 1 sowie § 315 Abs. 1 und 2 ZPO, während § 310 Abs. 3, § 311 Abs. 1 und 2 sowie § 315 Abs. 3 ZPO entsprechende Anwendung finden. 1

§ 60 gilt jedoch nicht für **Beschlüsse** im Rahmen des Urteilsverfahrens, selbst wenn diese von der vollbesetzten Kammer erlassen werden, wie zB der Beschluss über die (Un-)Zulässigkeit des beschrittenen Rechtsweges nach §§ 17–17b GVG iVm. § 48 Abs. 1. Für diese und alle übrigen Beschlüsse im Urteilsverfahren gelten die Regelungen des § 329 ZPO[2]. 2

Für das **Berufungsverfahren** hingegen gilt § 60 gem. § 69 Abs. 1 Satz 2 mit geringfügigen Abweichungen (s. § 69 Rz. 3 ff.). So ist das Berufungsurteil von **sämtlichen Mitgliedern der Kammer** zu unterschreiben und innerhalb von **vier Wochen** abgefasst der Geschäftsstelle zu übermitteln. Für das **Revisionsverfahren** verweist § 72 Abs. 6 allerdings nicht auf § 60. Die Verkündung von Revisionsurteilen richtet sich vielmehr nach §§ 75, 72 Abs. 5 iVm. § 555 Abs. 1, § 310 ff. ZPO (s. § 75 Rz. 1). 3

§ 60 gilt schließlich auch für die Verkündung von Beschlüssen im **Beschlussverfahren** entsprechend (§ 84 Satz 3; s. § 84 Rz. 4), auch im dortigen **Beschwerdeverfahren** (§ 91 Abs. 2 Satz 2; s. § 91 Rz. 6 ff.). Im **Rechtsbeschwerdeverfahren** mangelt es – ebenso wie im Revisionsverfahren – an einer entsprechenden Bezugnahme, dort gilt § 96 (s. § 96 Rz. 13 ff.). 4

II. Verkündung des Urteils

Ein Urteil wird – auch im höheren Rechtszug – nach allgemeinen zivilprozessualen Grundsätzen erst durch seine **förmliche Verlautbarung** (dh. durch **Verkündung**) mit allen prozessualen und materiell-rechtlichen Wirkungen existent. Vorher liegt nur ein – allenfalls den Rechtsschein eines Urteils erzeugender – Entscheidungsentwurf vor[3]. Ab der Verkündung ist das Urteil für die Instanz – mit Ausnahme der Fälle des § 78a und §§ 319–321 ZPO – unabänderlich (§ 318 ZPO). Verkündungsmängel stehen dem wirksamen Erlass eines Urteils nur entgegen, wenn gegen elementare, zum Wesen der Verlautbarung gehörende Formerfordernisse verstoßen wurde, so dass nicht mehr von einer Verlautbarung im Rechtssinne gesprochen werden kann[4]. Sind deren Mindestanforderungen hingegen gewahrt, hindern auch Verstöße gegen zwingende Formerfordernisse das Entstehen eines wirksamen Urteils nicht. Zu den Mindestanforderungen gehören, dass die Verlautbarung von dem Gericht beabsichtigt war oder von den Parteien derart verstanden werden durfte und die Parteien von Erlass und Inhalt der Entscheidung förmlich unterrichtet wurden. Mit dem Wesen der Verlautbarung dagegen noch vereinbar ist eine Bekanntgabe des Urteils durch Zustel- 5

---

1 ErfK/*Koch*, § 60 ArbGG Rz. 1; HWK/*Ziemann*, § 60 ArbGG Rz. 1. § 61 enthält hingegen Regelungen zum Inhalt eines arbeitsgerichtlichen Urteils.
2 HWK/*Ziemann*, § 60 ArbGG Rz. 4.
3 BGH v. 12.3.2004 – V ZR 37/03, MDR 2004, 958; GK-ArbGG/*Schütz*, § 60 Rz. 5 mwN.
4 BGH v. 8.2.2012 – XII ZB 165/11, NJW 2012, 1591 (1592).

lung statt durch Verkündung in öffentlicher Sitzung, da dies eine gesetzlich vorgesehene, obgleich anderen Urteilen vorbehaltene Verlautbarungsform (s. § 310 Abs. 3 ZPO) darstellt. Wird ein Urteil den Parteien an Verkündungs Statt förmlich zugestellt, liegt deshalb kein Verstoß gegen unverzichtbare Formerfordernisse, sondern ein auf die Wahl der Verlautbarungsart beschränkter Verfahrensfehler vor[1]. Daher ist ein solches **nicht verkündetes**, den Parteien aber förmlich zugestelltes, mit Unterschrift des Vorsitzenden und Rechtsmittelbelehrung versehenes **Urteil** des ArbG mit der Berufung **anfechtbar**[2]. Wurde der Rechtsstreit nach Ende der Sitzung nicht mehr aufgerufen bzw. erfolgte vom Vorsitzenden eine Bezugnahme auf die vorliegende schriftliche Urteilsformel nicht im Sitzungssaal, steht dies – auch wenn das Protokoll dann falsch ist – einer ordnungsgemäßen Verkündung nicht entgegen, wenn die Kammer nach der Sitzung die Entscheidung beraten, schriftlich niedergelegt und unterzeichnet hat, ein Protokoll erstellt wird, das die beschlossene Urteilsformel enthält, und dieses Protokoll vom Vorsitzenden unterzeichnet wird, denn hieran wird erkennbar, dass das Urteil so, wie es von der Kammer beschlossen war, verlautbart und damit existent werden sollte[3]. Sogar ein bloß formlos übersandtes, nicht verkündetes Urteil kann zur Beseitigung der damit verbundenen Scheinwirkungen mit dem ordentlichen Rechtsmittel angefochten werden (s. Rz. 34 f.).

6 Die Verkündungspflicht besteht grds. für alle Urteile, selbst wenn sie (auch im höheren Rechtszug) **ohne mündliche Verhandlung** ergehen oder nach Lage der Akten erlassen werden, denn in diesen Fällen ist Termin zur Verkündung einer Entscheidung anzuberaumen (§ 128 Abs. 2 Satz 2 ZPO bzw. § 251a Abs. 2, § 331a Satz 2 ZPO). Auch in den Fällen des § 55 Abs. 2 Satz 1 iVm. § 55 Abs. 1 Nr. 3 und Nr. 4a bzw. des § 55 Abs. 2 Satz 2 iVm. § 55 Abs. 1 Nr. 2, hier mit Zustimmung der Parteien, gibt es **keine Ausnahme** vom **Verkündungserfordernis**[4], denn § 55 Abs. 2 verzichtet – im Hinblick auf § 55 Abs. 1 Nr. 2 nur mit Zustimmung der Parteien – lediglich auf das **Erfordernis einer mündlichen Verhandlung** und enthält hinsichtlich des Verkündungserfordernisses keine Sonderregelung. Allerdings gilt bei bestimmten Urteilen, die ohne mündliche Verhandlung ergehen, über § 46 Abs. 2 Satz 1 die **Ausnahmeregelung** des § 310 Abs. 3 ZPO entsprechend. Bei einem **Anerkenntnisurteil** (§ 307 ZPO), das der Vorsitzende gem. § 55 Abs. 1 Nr. 3 **außerhalb mündlicher Verhandlung** alleine erlässt, und bei **Verwerfung des Einspruchs** gegen ein Versäumnisurteil gem. § 341 Abs. 2 ZPO iVm. § 55 Abs. 1 Nr. 4a außerhalb mündlicher Verhandlung wird auch im arbeitsgerichtlichen Verfahren die **Urteilsverkündung** durch **Zustellung des schriftlichen Urteils ersetzt**. Der in § 310 Abs. 3 ZPO genannte weitere Fall von § 331 Abs. 3 ZPO (dh. die nicht-rechtzeitige Anzeige der Verteidigungsbereitschaft) ist im arbeitsgerichtlichen Verfahren aufgrund des Ausschlusses des schriftlichen Vorverfahrens nicht anwendbar. Bei einem **Verzichtsurteil** (§ 306 ZPO), das der Vorsitzende außerhalb mündlicher Verhandlung gem. § 55 Abs. 1 Nr. 2 alleine erlässt, kann die Regelung des § 310 Abs. 3 ZPO mangels planwidriger Regelungslücke allerdings nicht analog angewendet werden, so dass ein Verzichtsurteil zu verkünden ist[5], wofür gem. § 128 Abs. 2 Satz 2 ZPO ein Verkündungstermin anzuberaumen ist[6].

III. Zeitpunkt der Urteilsverkündung

7 Die Sonderregelung in § 60 Abs. 1 Satz 1 geht – im Gegensatz zu § 310 Abs. 1 Satz 1 ZPO für den Zivilprozess – grds. davon aus, dass ein Urteil in dem Termin, aufgrund dessen es erlassen wird, verkündet wird (sog. **Stuhlurteil**).

1. Vorherige Schließung der mündlichen Verhandlung

8 Hierzu muss der Vorsitzende zunächst die mündliche Verhandlung ausdrücklich oder konkludent geschlossen haben, was nur erfolgt, wenn nach Ansicht der Kammer (dh. ausschließlich der ehrenamtlichen Richter) die Sache vollständig erörtert (§ 136 Abs. 4 ZPO) und der Sachverhalt im erforderlichen Maße aufgeklärt ist. Die Abstimmung des Vorsitzenden mit den ehrenamtlichen Richtern hierüber kann ohne förmliche Beratung im Sitzungssaal durch formlose Verständigung unter den Richtern herbeigeführt werden (zB Zuflüstern)[7]. Eine konkludente **Schließung der mündlichen Verhandlung** liegt zwar in der Bestimmung eines Verkündungstermins oder im Aufruf einer anderen Sache, jedoch dürfte eine Protokollie-

---

1 BGH v. 12.3.2004 – V ZR 37/03, MDR 2004, 958.
2 GK-ArbGG/*Schütz*, § 60 Rz. 29a–29b; LAG Hamm v. 2.7.1997 – 2 Sa 2326/95, LAGE § 60 KO Nr. 3.
3 LAG Nürnberg v. 29.5.2013 – 7 Sa 326/12.
4 *Griebeling*, AR Blattei SD 160.8, Rz. 200; unklar GMP/*Germelmann*, § 60 Rz. 5 und BCF/*Creutzfeldt*, § 60 Rz. 3.
5 *Griebeling*, AR-Blattei SD 160.8, Rz. 194; BCF/*Creutzfeldt*, § 60 Rz. 3; aA ErfK/*Koch*, § 60 ArbGG Rz. 3; Hauck/Helml/Biebl/*Helml*, § 60 Rz. 4; GMP/*Germelmann*, § 60 Rz. 5 und 10; GK-ArbGG/*Schütz*, § 60 Rz. 6a; DFL/*Heider*, § 60 ArbGG Rz. 2; GWBG/*Benecke*, § 60 Rz. 4; BeckOKArbR/*Hamacher*, § 60ArbGG Rz. 5.
6 Natter/Gross/*Rieker*, § 60 Rz. 2.
7 HWK/*Ziemann*, § 60 ArbGG Rz. 5; Düwell/Lipke/*Kloppenburg*, § 60 Rz. 5; *Gift/Baur*, Teil E Rz. 1472.

rung der Schließung als wesentlicher Vorgang iSd. § 160 Abs. 2 ZPO angezeigt sein[1]. Üblicherweise wird jeweils am Ende der mündlichen Verhandlung gem. § 136 Abs. 3 ZPO folgender Beschluss gefasst, verkündet und protokolliert: „Eine Entscheidung ergeht im Laufe/am Ende/am Schluss der Sitzung". Damit wird zugleich der Schluss der mündlichen Verhandlung (§ 136 Abs. 4 ZPO) festgehalten.

2. Beratung und Abstimmung

Abgesehen von den **Alleinentscheidungen des Vorsitzenden** in den Fällen des § 55 Abs. 1 und Abs. 3 erfolgt unmittelbar nach Schließung der mündlichen Verhandlung oder jedenfalls im weiteren Verlauf des Sitzungstages die **interne Beratung und Abstimmung** der Kammer. Hierfür gelten die Regelungen der §§ 192–197 GVG (§ 9 Abs. 2 Satz 1, s. § 9 Rz. 5).

9

3. Sofortige Verkündung (Regelfall)

§ 60 Abs. 1 Satz 1 geht von dem Grundsatz aus, dass ein Urteil am Schluss der jeweiligen Sache („sofort") zu verkünden ist. **Teilurteile** (§ 301 ZPO) können – im Gegensatz zu Endurteilen (§ 300 ZPO) – nach Beratung der Kammer sogar schon im Laufe eines Kammertermins verkündet und die mündliche Verhandlung anschließend fortgesetzt werden. Dem Erfordernis der sofortigen Verkündung iSv. § 60 Abs. 1 Satz 1 von **(End-)Urteilen** wird aber auch eine Entscheidungsverkündung im Verlaufe der weiteren Sitzung oder am **Ende des Sitzungstages**, an dem mehrere Sachen verhandelt werden, gerecht[2]. Als „Termin" iSd. § 60 Abs. 1 ist der aus mündlicher Verhandlung, geheimer Beratung und Verkündung der Entscheidung zusammengefasste, zeitlich zwar am gleichen Tage, aber nicht notwendigerweise zusammenliegende Handlungskomplex zu verstehen, der allgemein „Sitzung" genannt wird[3].

10

4. Besonderer Verkündungstermin (Ausnahme)

Von der Verpflichtung, das Urteil spätestens am Ende des Sitzungstages zu verkünden, kann das Gericht weder aus Zweckmäßigkeitsgründen noch nach pflichtgemäßem Ermessen abweichen[4]. Ein besonderer **Verkündungstermin** darf von der Kammer nach § 60 Abs. 1 Satz 1 **nur ausnahmsweise aus besonderen Gründen** anberaumt werden. Reine Zweckmäßigkeitserwägungen reichen nicht aus. Als besondere Gründe, die einer sofortigen Verkündung entgegenstehen, sind bspw. anerkannt[5]:

11

- **Unmöglichkeit der Beratung am Sitzungstag** (§ 60 Abs. 1 Satz 1), zB wegen fortgeschrittener Zeit oder bei Verhinderung wegen anderweitiger Verpflichtungen, insbesondere eines ehrenamtlichen Richters;
- **Schriftsatznachlass** wegen neuen Sachvortrags nach § 139 Abs. 5 ZPO oder nach § 283 ZPO;
- Abschluss eines **Widerrufsvergleichs** oder Unterbreitung eines gerichtlichen **Vergleichsvorschlags** nach § 278 Abs. 6 Satz 1 Alt. 2 ZPO;
- Erklärte Bereitschaft beider Parteien, außerhalb der mündlichen Verhandlung **Vergleichsgespräche** führen und einen Vergleichsabschluss tätigen zu wollen[6];
- Erschöpfung eines oder mehrerer Kammermitglieder nach langer Verhandlungsdauer und umfangreicher Beweisaufnahme bzw. nach einem umfangreichen Sitzungstag;
- Notwendigkeit der Beratung an einem anderen Tag wegen der **tatsächlichen oder rechtlichen Schwierigkeit** der Sache, insbesondere wenn im Kammertermin neue Rechtsfragen aufgeworfen wurden, die noch geprüft und beraten werden müssen;
- Notwendigkeit der Beratung an einem anderen Tage zwecks **Beweiswürdigung** (zB Aussagen von Zeugen oder Sachverständigen) anhand des schriftlichen **Sitzungsprotokolls**.

Es empfiehlt sich, dass sich der besondere Grund für die Anberaumung des Verkündungstermins aus dem Sitzungsprotokoll oder sonstwie aus der Gerichtsakte entnehmen lässt, soweit dies mit der Wahrung des Beratungsgeheimnisses in Einklang zu bringen ist.

---

1 Düwell/Lipke/*Kloppenburg*, § 60 Rz. 5; HWK/*Ziemann*, § 60 ArbGG Rz. 5.
2 GMP/*Germelmann*, § 60 Rz. 6; GK-ArbGG/*Schütz*, § 60 Rz. 7; *Gift/Baur*, Teil E Rz. 1606; Düwell/Lipke/*Kloppenburg*, § 60 Rz. 8; HWK/*Ziemann*, § 60 ArbGG Rz. 8; BGH v. 6.2.2004 – V ZR 249/03, BGHZ 158, 37.
3 GK-ArbGG/*Schütz*, § 60 Rz. 7, der daher den Wortlaut von § 60 Abs. 1 Satz 1 zurecht als „sprachlich verunglückt" bezeichnet.
4 GK-ArbGG/*Schütz*, § 60 Rz. 8.
5 *Griebeling*, AR-Blattei SD 160.8, Rz. 201 f.; GK-ArbGG/*Schütz*, § 60 Rz. 9; Düwell/Lipke/*Kloppenburg*, § 60 Rz. 9; GMP/*Germelmann*, § 60 Rz. 8.
6 Vgl. *Dütz*, RdA 1980, 81 (88).

12 Die Entscheidung über die Anberaumung eines besonderen **Verkündungstermins** trifft die **Kammer** nach pflichtgemäßem Ermessen nach interner und geheimer Beratung, denn es handelt sich hier nicht um eine prozessleitende Maßnahme des Vorsitzenden. Der Verkündungstermin ist grds. **binnen drei Wochen** nach Schluss der mündlichen Verhandlung anzuberaumen (§ 60 Abs. 1 Satz 2, entspricht § 310 Abs. 1 Satz 2 ZPO) und ist von der Kammer **datums- und uhrzeitmäßig zu bezeichnen.** Bespiel: „Termin zur Verkündung einer Entscheidung wird anberaumt auf [Datum] um [Uhrzeit]". Unzulässig ist es daher, wenn allein ein neuer Termin von Amts wegen durch den Vorsitzenden bestimmt werden soll, dh. ein Beschluss mit dem Inhalt: „Termin zur Verkündung einer Entscheidung wird von Amts wegen anberaumt"[1]. Praktische Auswirkungen hat dies aber kaum, da die Kammer ohne Weiteres einen Verkündungstermin anberaumen kann, selbst wenn der Vorsitzende zumindest Bedenken hat, ob der Termin frei oder einzuhalten ist, da er ihn später ohnehin alleine verlegen kann (s. Rz. 13). Die **Anberaumung** eines **Verkündungstermins** durch die Kammer ist **zwingend**, wenn die Sache nicht durch sog. Stuhlurteil iSv. § 60 Abs. 1 Satz 1 entschieden wird. Dies gilt auch für den Fall, dass die Parteien einen **Widerrufsvergleich** geschlossen haben oder noch außergerichtliche Vergleichsverhandlungen führen. Sollte es in diesen Fällen beim Vergleichsabschluss mangels Widerrufs verbleiben bzw. zu einem Vergleichsabschluss kommen, ist der anberaumte Verkündungstermin aufzuheben und die Parteien sind formlos über die Terminsaufhebung zu unterrichten. Unterbleibt hingegen aus Versehen die Anberaumung eines Verkündungstermins ist die mündliche Verhandlung erneut zu eröffnen (§ 156 ZPO)[2].

13 Eine **Verlegung** des einmal anberaumten **Verkündungstermins innerhalb des Drei-Wochen-Zeitraums**, etwa weil das Urteil noch nicht in vollständig abgefasster Form vorliegt (§ 60 Abs. 4 Satz 2), begegnet keinen Bedenken. Die Entscheidung über die Verlegung trifft der Vorsitzende nach § 53 Abs. 1 alleine.

14 Die **Anberaumung** oder die **Verlegung** eines Verkündungstermins **über den Drei-Wochen-Zeitraum hinaus** ist hingegen nur aus **wichtigem Grund** zulässig. Das Gesetz nennt hier – nicht abschließend („insbesondere") – zwei wichtige Gründe, nämlich **Umfang** und/oder **Schwierigkeit der Sache** (§ 60 Abs. 1 Satz 2). Dies gilt auch, wenn ein **Urteil nach Lage der Akten** zu erlassen ist (§ 60 Abs. 1 Satz 3; s. Rz. 20). Als „wichtige Gründe" iSv. § 60 Abs. 1 Satz 2 kommen ferner in Betracht[3]:

– **Widerrufsvergleich** oder gerichtlicher **Vergleichsvorschlag** nach § 278 Abs. 6 ZPO mit längerer Widerrufs- bzw. Annahmefrist als drei Wochen[4];
– private Umstände wie bevorstehender **Urlaub**, bewilligte **Kur** oder bekannter **Krankenhausaufenthalt** des Vorsitzenden oder eines ehrenamtlichen Richters, aufgrund derer eine abschließende Kammerberatung unmöglich ist[5];
– **Schriftsatznachlass** nach § 139 Abs. 5 ZPO oder nach § 283 ZPO mit längerer Erklärungsfrist als drei Wochen.

Zur Vermeidung dienstaufsichtsrechtlicher Maßnahmen empfiehlt es sich, dass der Vorsitzende den wichtigen Grund iSv. § 60 Abs. 1 Satz 2 aktenmäßig dokumentiert.

15 Als ein wichtiger Grund, der die Nichteinhaltung der Drei-Wochen-Frist rechtfertigt, gelten auch **organisatorische Mängel**, die der Richter nicht zu verantworten hat und die er auch nicht beeinflussen kann. Dies gilt insbesondere, wenn diese ihn daran hindern, das Erfordernis der **vollständigen Abfassung des Urteils** bei einem Verkündungstermin (§ 60 Abs. 4 Satz 2) einzuhalten[6], weswegen er den Verkündungstermin verlegen muss (s. Rz. 44). Als Beispiele können unvorhersehbare Krankheit oder eine nicht-vorhersehbare Überlastung, nicht nur des Schreibpersonals eines ArbG, genannt werden. Aber auch eine dauernde **Unterbesetzung auf den Geschäftsstellen oder in der Kanzlei (= Schreibdienst)** eines ArbG stellen einen Grund für die Nichteinhaltung der Drei-Wochen-Frist dar[7]. Zwar hat die Gerichts- und Justizverwaltung im Rahmen der allgemeinen Organisationsstruktur durch Bereithaltung personeller und sächlicher Mittel für die Einhaltung der Drei-Wochen-Frist Sorge zu tragen. Wenn ihr dies aber nicht gelingt, muss

---

1 GK-ArbGG/*Schütz*, § 60 Rz. 10; ErfK/*Koch*, § 60 ArbGG Rz. 3; Hauck/Helml/Biebl/*Helml*, § 60 Rz. 7; DFL/*Heider*, § 60 ArbGG Rz. 3; BCF/*Creutzfeldt*, § 60 Rz. 5; aA Düwell/Lipke/*Kloppenburg*, § 60 Rz. 10; HWK/*Ziemann*, § 60 ArbGG Rz. 10; s.a. GMP/*Germelmann*, § 60 Rz. 7 und Rz. 11, der einen Verkündungstermin von Amts wegen wohl für zulässig hält, allerdings eine Ladung der Parteien zu diesem Termin verlangt.
2 *Griebeling*, AR-Blattei SD 160.8, Rz. 204.
3 GMP/*Germelmann*, § 60 Rz. 13.
4 GK-ArbGG/*Schütz*, § 60 Rz. 11.
5 Natter/Gross/*Rieker*, § 60 Rz. 13.
6 GWBG/*Benecke*, § 60 Rz. 7; ErfK/*Koch*, § 60 ArbGG Rz. 3; GMP/*Germelmann*, § 60 Rz. 8 und Rz. 13.
7 Natter/Gross/*Rieker*, § 60 Rz. 13; aA GK-ArbGG/*Schütz*, § 60 Rz. 12; GMP/*Germelmann*, § 60 Rz. 13, der organisatorische Mängel beim Gericht dem Vorsitzenden anlastet.

es dem Richter möglich sein, die Drei-Wochen-Frist des § 60 Abs. 1 Satz 2 zu überschreiten, ohne dienstaufsichtsrechtliche Maßnahmen befürchten zu müssen.

Eine **Höchstfrist für** die **Überschreitung** der Drei-Wochen-Frist für den Verkündungstermin ist im Gesetz nicht vorgesehen. Da stets ein wichtiger Grund für eine Überschreitung vorliegen muss, ist auch die Dauer der Überschreitung an der Qualität und Intensität des wichtigen Grundes zu messen[1]. Je länger die Frist überschritten wird, desto gravierender muss der wichtige Grund sein. Die relativ kurze gesetzliche Regelfrist ist als gesetzliche Festlegung zu achten, die kein beliebiges Hinausschieben des Verkündungstermins zulässt. Anlehnend an die gesetzliche Höchstfrist von **fünf Monaten** zur Absetzung eines Urteils (vgl. § 66 Abs. 1 Satz 2, § 72b Abs. 1 Satz 2) hat das LAG Hessen[2] zu Recht entschieden, dass zwischen dem Verhandlungstermin und einem darauf anberaumten Verkündungstermin keinesfalls ein fünf Monate überschreitender Zeitraum liegen darf[3]. Andernfalls ist die mündliche Verhandlung wieder zu eröffnen (§ 156 ZPO). Verlängert sich der Zeitraum zwischen mündlicher Verhandlung und der Verkündung der Entscheidung durch mehrmalige Verlegung des anberaumten Verkündungstermins, können sich die Parteien mit der (sofortigen) Beschwerde (§ 252 ZPO analog) wehren, falls für die Terminverlegung keine erheblichen Gründe iSd. § 227 ZPO vorliegen[4]. 16

Scheidet zwischen dem Schluss der mündlichen Verhandlung und dem Schluss der Beratung und Abstimmung (§§ 192–197 GVG) ein **ehrenamtlicher Richter** bzw. der **Vorsitzende** aus, so hat das Gericht die **Wiedereröffnung der Verhandlung** anzuordnen (§ 156 Abs. 2 Nr. 3 ZPO), denn die Beratung kann nicht mehr abschließend erfolgen[5]. Der anberaumte **Verkündungstermin** ist sodann von Amts wegen **aufzuheben**. Mit dem Grundsatz des gesetzlichen Richters (Art. 101 Abs. 1 Satz 2 GG) ist nicht vereinbar, wenn nach Ablauf der Amtsperiode eines ehrenamtlichen Richters der Verkündungstermin solange verlegt würde, bis dieser erneut ernannt wird, denn der (mit-)entscheidende Richter wäre dann nicht abstrakt durch den Geschäftsverteilungsplan, sondern durch eine Ermessensentscheidung des Gerichts bestimmt worden[6]. 17

5. Nachgereichter Schriftsatz und Wiedereröffnung

Hat die Kammer einen gesonderten Verkündungstermin anberaumt, hat sie gem. § 296a ZPO das Vorbringen in einem später **nachgereichten und ggf. nachgelassenen Schriftsatz** (vgl. § 296a Abs. 1 Satz 2 ZPO iVm. § 139 Abs. 5, § 283 ZPO) zur Kenntnis zu nehmen und daraufhin zu untersuchen, ob Gründe für eine **Wiedereröffnung der mündlichen Verhandlung** nach § 156 ZPO gegeben sind. Hierzu zählt es bspw., ob es zu einem entscheidungserheblichen und rügbaren Verfahrensfehler (vgl. § 295 ZPO) gekommen ist (§ 156 Abs. 2 Nr. 1 ZPO), dh. insbesondere zu einer Verletzung der Hinweis- und Aufklärungspflicht (§ 139 ZPO). Das Gericht kann jedoch nach pflichtgemäßem Ermessen die Wiedereröffnung der mündlichen Verhandlung anordnen (§ 156 Abs. 1 ZPO). Dies gilt sowohl für den Fall, dass das Urteil zu dem Zeitpunkt, in dem sich das Gericht mit dem Vorbringen aus dem nachgereichten Schriftsatz befasst oder bei ordnungsgemäßem Verfahrensgang zu befassen hätte, noch nicht abschließend beraten und abgestimmt, dh noch nicht iSd. § 309 ZPO gefällt war[7], als auch für den Fall, dass das Urteil bereits iSv. § 309 ZPO gefällt, aber eben noch nicht verkündet ist. In diesen Fällen ist – intern – ein **Beratungstermin** mit der Kammer anzuberaumen. An der Entscheidung über die Wiedereröffnung wirken – was **aktenmäßig zu dokumentieren** ist – sämtliche Richter der vorausgegangenen letzten mündlichen Verhandlung mit, dh. die gesamte Kammer. Trifft allein der Vorsitzende ohne Hinzuziehung der damaligen ehrenamtlichen Richter diese Entscheidung, so verstößt er gegen die Grundsätze des gesetzlichen Richters und der Gewährung rechtlichen Gehörs (Art. 103 Abs. 1 GG)[8]. Ist allerdings einer dieser Richter verhindert, ergeht die Entscheidung – ohne Hinzuziehung eines anderen Richters – in der verbleibenden Besetzung der Richterbank. Nur die an der Verhandlung und der nachfolgenden Beratung beteiligten Richter wissen, was von den Parteien vorgetragen und vom Gericht erörtert wurde. Nur sie sind daher zu der nach § 156 ZPO er- 18

---

1 *Griebeling*, AR-Blattei SD 160.8, Rz. 206.
2 LAG Hessen v. 4.10.2005 – 4 Ta 448/05; zustimmend: BCF/*Creutzfeldt*, § 60 Rz. 6.
3 GK-ArbGG/*Schütz*, § 60 Rz. 11; *Griebeling*, AR-Blattei SD 160.8, Rz. 206.
4 BAG v. 16.5.2002 – 8 AZR 412/01, BAGE 101, 145 = MDR 2003, 47; BAG v. 20.11.1997 – 6 AZR 215/96, NZA 1998, 1021; ErfK/*Koch*, § 60 ArbGG Rz. 3.
5 Zöller/*Greger*, § 156 ZPO Rz. 3; Zöller/*Vollkommer*, § 309 ZPO Rz. 4; GMP/*Germelmann*, § 60 Rz. 8a.
6 BAG v. 16.5.2002 – 8 AZR 412/01, BAGE 101, 145 = MDR 2003, 47; BAG v. 22.3.2001 – 8 AZR 565/00, NZA 2002, 1349.
7 Ein Urteil ist „gefällt" iSv. § 309 ZPO immer dann, wenn abschließend über den Streitgegenstand beraten und abgestimmt wurde, BAG v. 6.5.2015 – 2 AZN 984/14, Rz. 6, NZA 2015, 956 ff.
8 BAG v. 18.12.2008 – 6 AZN 646/08, BAGE 129, 89 = ArbRB 2009, 106 m. Anm. *Range-Ditz*; Düwell/Lipke/*Kloppenburg*, § 60 Rz. 6.

forderlichen sachgerechten Ermessensausübung – auch im Hinblick auf eine zwingende Wiedereröffnung wegen eines Verfahrensfehlers – in der Lage[1]. Tritt nach Schluss der mündlichen Verhandlung ein **Richterwechsel** ein und war das Urteil zu diesem Zeitpunkt noch nicht „gefällt" iSv. § 309 ZPO, ist allerdings gem. § 156 Abs. 2 Nr. 3 ZPO zwingend die Wiedereröffnung der mündlichen Verhandlung anzuordnen[2].

19 Aus § 193 Abs. 1 GVG ergibt sich, dass jede Entscheidung eines Kollegialgerichts, auch wie bspw. mit einem nachgereichten und ggf. nachgelassenen Schriftsatz umgegangen wird – auf einer Beratung und Abstimmung der zur Entscheidung berufenen Richter beruhen muss, wobei die hierbei einzuhaltende Verfahrensweise durch § 194 GVG bestimmt wird[3]. Die **mündliche Beratung im Beisein sämtlicher beteiligter Richter** ist hiernach die Regel. Ausnahmsweise kommt in einfachen Fällen eine Entscheidung im sog. **Umlaufverfahren**, also die schriftliche Beratung und Abstimmung aufgrund eines Entscheidungsentwurfs des Vorsitzenden, in Betracht, wenn die beteiligten Richter mit diesem Verfahren einverstanden sind[4]. Eine **telefonische (Nach-)Beratung und Abstimmung** ist jedoch unzulässig[5], da hierbei keine gegenseitige Verständigung der Gerichtsmitglieder, die in einer äußerlich wahrnehmbaren Weise zu erfolgen hat, möglich ist und die bloße stillschweigende Duldung der Entscheidungsverkündung nicht ausreicht. Allerdings ist von diesem Verbot in geeigneten Fällen wiederum eine Ausnahme zu machen, wenn durch technische Vorkehrungen, zB. **Telefon- oder Videokonferenz**, gesichert ist, dass die beteiligten ehrenamtlichen Richter unter der Leitung des Vorsitzenden gleichzeitig miteinander kommunizieren, alle Teilnehmer die gesamte Kommunikation mithören und auf diese Weise ihre Argumente austauschen können. Voraussetzung ist, dass alle beteiligten Richter mit dieser Verfahrensweise einverstanden sind und sichergestellt ist, dass jederzeit in eine mündliche Beratung im Beisein aller Richter eingetreten werden kann, falls ein Richter dies wünscht oder ein neuer Gesichtspunkt es erfordert. Die Telefonkonferenz kann die mündliche Beratung bei gleichzeitiger Anwesenheit aller beteiligter Richter allerdings auch dann nicht ersetzen. Sie kann – wie etwa bei der Beratung über einen nachträglich eingegangenen Schriftsatz – nur neben diese treten. Die erstmalige Beratung als einzige und eigentliche Grundlage für die Entscheidung in der Hauptsache muss zwingend im Beisein sämtlicher beteiligten Richter stattfinden. Eine Nachberatung im Wege der Telefonkonferenz kommt damit nur dann in Betracht, wenn über den Streitgegenstand selbst bereits im Beisein aller Richter mündlich beraten worden ist, bspw. bei einem nachgereichten Schriftsatz[6].

6. Entscheidung nach Lage der Akten

20 Ist eine Entscheidung nach Lage der Akten bei Säumnis einer Partei (§ 331a ZPO) oder bei Säumnis beider Parteien (§ 251a ZPO) zu treffen, so ist stets ein **Verkündungstermin** anzuberaumen. Dieser darf frühestens zwei Wochen nach dem gem. § 251a Abs. 1, § 331a Satz 1 ZPO ausgefallenen streitigen Termin stattfinden (§ 251a Abs. 2 Satz 2 ZPO) und muss im arbeitsgerichtlichen Verfahren nach § 60 Abs. 1 Satz 1 innerhalb von drei Wochen nach diesem Termin festgesetzt werden. Damit verbleibt letztlich ein Zeitkorridor von höchstens einer Woche für die Abfassung des Urteils und dessen Verkündung, will man § 60 Abs. 1 Satz 1 beachten, was in der Praxis kaum realisierbar ist. Eine Ausnahme besteht auch hier beim Vorliegen eines wichtigen Grundes für eine spätere Terminsbestimmung iSd. § 60 Abs. 1 Satz 2 (s. Rz. 14 f.), denn § 60 Abs. 1 Satz 3 verweist bei der Entscheidung nach Aktenlage auf diese Regelungen[7].

7. Nichteinhaltung der Drei-Wochen-Frist

21 Die Nichteinhaltung der Verkündungsfrist des § 60 Abs. 1 Satz 2 steht der Wirksamkeit der Verkündung des Urteils nicht entgegen. **§ 60 Abs. 1 Satz 2** stellt lediglich eine **Ordnungsvorschrift** dar, deren Verletzung nicht zur Unwirksamkeit der Verkündung und damit der Entscheidung führt[8]. Im Falle ihrer Verletzung kann hierauf kein Rechtsmittel gestützt werden[9]. Häufigere Verstöße können ein Grund für eine Dienstaufsichtsbeschwerde sein[10], die allerdings wegen § 26 Abs. 2 DRiG lediglich dazu führen kann, dass

---

1 BGH v. 1.2.2002 – V ZR 357/00, NJW 2002, 1426; s. zum Gesamten: *Elzer*, ArbR-Aktuell 2015, 500 (502).
2 BAG v. 6.5.2015 – 2 AZN 984/14, NZA 2015, 956 ff.
3 *Elzer*, ArbR-Aktuell 2015, 500 (500 f.).
4 BAG v. 18.1.2017 – 7 ABR 72/10, Rz. 63, NZA-RR 2013, 133 ff.
5 BGH v. 28.11.2008 – LwZR 4/08, MDR 2009, 279.
6 BGH v. 29.11.2013 – BLw 4/12, Rz. 30, 33; BAG v. 26.3.2015 – 2 AZR 417/14, Rz. 12, NZA 2015, 1083 ff.
7 GK-ArbGG/*Schütz*, § 60 Rz. 14; GWBG/*Benecke*, § 60 Rz. 8.
8 BAG v. 15.4.2008 – 1 ABR 14/07, NZA 2008, 1020 (Hier erfolgte die Verkündung 13 Monate nach dem Schluss der mündlichen Verhandlung); BAG v. 25.9.2003 – 8 AZR 472/02, AP Nr. 26 zu §§ 22, 23 BAT-O; BAG v. 16.5.2002 – 8 AZR 412/01, BAGE 101, 145 = MDR 2003, 47.
9 So bereits BAG v. 9.2.1994 – 2 AZR 666/93, NZA 1994, 686; vgl. die kritischen Bemerkungen von *Gift/Baur*, Teil E Rz. 1612.
10 ErfK/*Koch*, § 60 ArbGG Rz. 3; GMP/*Germelmann*, § 60 Rz. 17; GK-ArbGG/*Schütz*, § 60 Rz. 15.

dem betroffenen Richter die ordnungswidrige Art der Ausführung eines Amtsgeschäfts vorgehalten und er zu ordnungsgemäßer, unverzögerter Erledigung der Amtsgeschäfte ermahnt wird.

IV. Form der Urteilsverkündung

Die Verkündung des Urteils erfolgt stets öffentlich (§ 173 Abs. 1 GVG) und ergeht „**im Namen des Volkes**" (§ 311 Abs. 1 ZPO, s.a. Art. 20 Abs. 2 GG). **Fehlen** diese Worte zu Beginn des Urteils, weil nicht der amtliche Vordruck verwendet und/oder der Vorsitzende sie bei dem selbst geschriebenen Urteil vergessen hat, so ist das für die Wirksamkeit des Urteils **ohne Bedeutung**[1].

1. Vorlesung der Urteilsformel oder Bezugnahme

Die **Verkündung** des Urteils erfolgt bei **Anwesenheit einer oder beider Parteien** durch **Vorlesung** der zuvor niedergeschriebenen **Urteilsformel** (§ 311 Abs. 2 Satz 1 ZPO) durch den **Vorsitzenden** (§ 136 Abs. 4 ZPO). Bei einem sog. Stuhlurteil ist der Verkündende zugleich derjenige Vorsitzende, der die schriftliche Urteilsformel unterschrieben hat. Ist hingegen ein gesonderter **Verkündungstermin** anberaumt worden, kann das Urteil auch von einem **anderen Vorsitzenden** verkündet werden, denn ein Urteil muss nicht von denselben Richtern verkündet werden, die an der ihm zugrunde liegenden mündlichen Verhandlung mitgewirkt und es beschlossen haben[2]. Vorgelesen werden müssen nicht nur der Hauptsachetenor, sondern auch die Kostengrundentscheidung, die Streitwertfestsetzung und die Entscheidung über die Rechtsmittelzulassung. Die Anwesenheit eines postulationsfähigen Prozessvertreters steht dem Erscheinen der Partei gleich[3]. Die Wirksamkeit der Verkündung eines Urteils ist allerdings von der Anwesenheit der Parteien nicht abhängig; die Verkündung gilt auch derjenigen Partei gegenüber als bewirkt, die im Verkündungstermin nicht anwesend ist (§ 312 Abs. 1 ZPO). Im Falle der **Abwesenheit beider Parteien** oder ihrer Prozessbevollmächtigten kann die Verkündung, dh das Verlesen der Urteilsformel, durch eine **Bezugnahme** auf die unterzeichnete Urteilsformel ersetzt werden (§ 60 Abs. 2 Satz 2 Halbs. 1; s.a. § 311 Abs. 2 Satz 2 ZPO). Die Verkündung (Vorlesung oder Bezugnahme), für die nach Schluss der mündlichen Verhandlung ein Wiederaufruf der Sache notwendig ist, erfolgt in dem Raum, für den die Parteien geladen worden waren, dh. üblicherweise im **Sitzungssaal**. Eine Verkündung im Dienstzimmer ist dann unzulässig[4]. Die „Vorlesung" des Urteilstenors setzt zwingend voraus, dass zumindest die **Urteilsformel** im Zeitpunkt der Verkündung **schriftlich niedergelegt** ist[5]. Gleiches gilt, wenn bei der Verkündung des Urteils in Abwesenheit der Parteien die Vorlesung der Urteilsformel durch eine „Bezugnahme" auf die Urteilsformel ersetzt wird[6]. Mit anderen Worten, für eine wirksame Verkündung eines arbeitsgerichtlichen Urteils muss die Urteilsformel stets schriftlich abgefasst sein, wobei eine stenographische Niederlegung ausreicht[7].

Sofern die Verkündung in Anwesenheit der ehrenamtlichen Richter und mindestens einer der Parteien oder ihrer Vertreter erfolgt, ist es für die Vorlesung der Urteilsformel nicht zwingend erforderlich (vgl. § 311 Abs. 2 Satz 1 ZPO), dass die schriftlich niedergelegte Urteilsformel **unterschrieben** ist (Umkehrschluss aus § 60 Abs. 2 Satz 2 Halbs. 2 und Abs. 3 Satz 2)[8]. Allerdings empfiehlt es sich, dass die Urteilsformel aus Dokumentationsgründen und als Ausdruck der gleichberechtigten Entscheidung und Mitverantwortung aller Richter sowohl vom Vorsitzenden als auch von den ehrenamtlichen Richtern unterzeichnet ist[9]. Da zudem von einem Urteilstenor eine **vollstreckbare Kurzausfertigung** gem. § 317 Abs. 2 Satz 2 ZPO nur erteilt werden darf, wenn auch die Urteilsformel von allen Richtern unterschrieben ist, sollte die Unterschrift aller Kammermitglieder unmittelbar nach schriftlicher Niederlegung erfolgen. Die ehrenamtlichen Richter sind zur Unterschriftsleistung verpflichtet; dies gilt auch für etwaig überstimmte (ehrenamtliche) Richter, denn mit ihrer Unterschrift bezeugen sie nicht, dass sie die Entscheidung für richtig halten, son-

---

1 Zöller/*Vollkommer*, § 311 ZPO Rz. 1; Musielak/Voit/*Musielak*, § 311 ZPO Rz. 2.
2 BAG v. 6.5.2015 – 2 AZN 984/14, Rz. 3, NZA 2015, 956; Sächs. LAG v. 10.8. 2016 – 2 Sa 62/16, Rz. 97 f.; so bereits BGH v. 08.11.1973 – VII ZR 86/73, BGHZ 61, 369 ff. = NJW 1974, 143 ff.
3 *Griebeling*, AR-Blattei SD 160.8, Rz. 218; GK-ArbGG/*Schütz*, § 60 Rz. 20 f.
4 Vgl. LAG Nürnberg v. 29.5.2013 – 7 Sa 326/11.
5 BGH v. 16.10.1984 – VI ZR 205/83, NJW 1985, 1782 (1783); aA *Jauernig*, NJW 1986, 117, der die Verkündung eines Urteils für wirksam hält, wenn die Urteilsformel nur mündlich mitgeteilt und mangels schriftlicher Fixierung nicht vorgelesen wird.
6 BGH v. 16.10.1984 – VI ZR 205/83, NJW 1985, 1782 (1783); Zöller/*Vollkommer*, § 311 ZPO Rz. 4.
7 *Griebeling*, AR-Blattei SD 160.8, Rz. 209; BAG v. 16.5.2002 – 8 AZR 412/01, BAGE 101, 145 = ArbRB 2003, 10 m. Anm. *Range-Ditz*.
8 GMP/*Germelmann*, § 60 Rz. 18; Natter/Gross/*Rieker*, § 60 Rz. 9; GK-ArbGG/*Schütz*, § 60 Rz. 16; vgl. Zöller/*Vollkommer*, § 309 ZPO Rz. 2, § 310 ZPO Rz. 2; aA *Griebeling*, AR-Blattei SD 160.8, Rz. 211.
9 Ebenso: *Griebeling*, AR-Blattei SD 160.8, Rz. 211.

dern dass die Entscheidung mit dem mehrheitlich getroffenen Ergebnis der Beratung übereinstimmt (s. § 69 Rz. 8). Das Unterschriftserfordernis besteht auch, wenn die Verkündung durch Vorlesung der Urteilsformel in Anwesenheit der ehrenamtlichen Richter, aber in Abwesenheit der Parteien erfolgt (Umkehrschluss aus 60 Abs. 2 Satz 2 Halbs. 2, der nur bei einer Bezugnahme abweichend von § 311 Abs. 2 Satz 2 ZPO ausdrücklich auf die „unterschriebene Urteilsformel" abstellt)[1]. Sofern allerdings die Verkündung, was der Regelfall ist, in **Abwesenheit der ehrenamtlichen Richter** (§ 60 Abs. 3 Satz 2) erfolgt und zwar entweder in Form der Vorlesung oder der Bezugnahme auf die schriftlich niedergelegte Urteilsformel, muss diese bereits von der Kammer, dh. vom Berufsrichter und von den ehrenamtlichen Richtern, unterschrieben sein, denn § 60 Abs. 3 Satz 2 statuiert das Unterschriftserfordernis für sämtliche Fälle der Verkündung in Abwesenheit der ehrenamtlichen Richter.

25 Nur Versäumnis-, Verzichts- und Anerkenntnisurteile sowie die sonstigen in § 311 Abs. 2 Satz 3 ZPO genannten Entscheidungen (zB. Kostenschlussurteile) dürfen auch dann **verkündet** werden, wenn die **Urteilsformel noch nicht schriftlich abgefasst** ist. Dies ist im arbeitsgerichtlichen Verfahren nur dann relevant, wenn abweichend von § 55 Abs. 2, Abs. 1 Nr. 2–4 eine mündliche Verhandlung erfolgt. Auch in einem solchen Fall ist die Urteilsformel vollständig zu verkünden, so dass das vielfach zu beobachtende „Gemurmel" eines Vorsitzenden, „es ergeht antragsgem. Versäumnisurteil", unstatthaft ist[2]. Der Urteilstenor ist vielmehr ausgehend vom Klageantrag mündlich auszuformulieren. Zulässig ist es in diesen Fällen, dass der vollständig ausformulierte Tenor nachträglich vom Vorsitzenden unterzeichnet wird, er muss bei Verkündung noch nicht handschriftlich von ihm angefertigt sein[3]. Werden diese Urteile nicht sofort, sondern erst am Verhandlungsende oder in einem besonderen Verkündungstermin verkündet, verbleibt es bei der allgemeinen Regel, dass die Urteilsformel von allen Mitgliedern der Kammer, die an der Verhandlung und Beratung teilgenommen haben, unterzeichnet sein muss[4].

2. Mitteilung der wesentlichen Entscheidungsgründe

26 Bei Verkündung des Urteils muss bei Anwesenheit einer oder beider Parteien auch der **wesentliche Inhalt der Entscheidungsgründe** (§ 60 Abs. 2 Satz 1) durch den Vorsitzenden (§ 136 Abs. 4 ZPO) mitgeteilt werden. Insofern wird von § 311 Abs. 3 ZPO abgewichen, wonach die Entscheidungsgründe nur durch Vorlesung der Gründe oder durch mündliche Mitteilung des wesentlichen Inhalts verkündet werden, wenn dies für angemessen erachtet wird. § 60 Abs. 2 Satz 1 ist **zwingend** („ist") und gilt unabhängig davon, ob die Verkündung im Anschluss an die mündliche Verhandlung oder am Ende der Sitzung erfolgt. Maßgebend und für die Rechtsmittelinstanz relevant sind aber nur die schriftlichen Entscheidungsgründe. Wenn die Verkündung in einem besonderen Termin erfolgt und die Entscheidung vollständig abgefasst ist (s. § 60 Abs. 4 Satz 2), sind auch nur die wesentlichen Gründe mitzuteilen, keinesfalls ist die gesamte Entscheidung zu verlesen[5]. Auf die Mitteilung der wesentlichen Entscheidungsgründe können die anwesenden Parteien – nur gemeinsam[6] – verzichten, bspw. wenn die Gründe in der mündlichen Entscheidung bereits hinreichend erörtert wurden. Bei Abwesenheit beider Parteien oder ihrer Prozessbevollmächtigten genügt zur Verkündung die Bezugnahme auf die unterschriebene Urteilsformel (§ 60 Abs. 2 Satz 2 Halbs. 2). Das Gericht kann aber auch in diesem Fall die wesentlichen Urteilsgründe mitteilen, etwa wenn Zuhörer oder Medienvertreter noch im Sitzungssaal anwesend sind[7] oder wenn in den Rechtsmittelinstanzen die Parteien (und nicht ihre Prozessbevollmächtigten) auf die Verkündung warten[8]. Unterbleibt jedoch die Mitteilung der wesentlichen Entscheidungsgründe, obwohl die gesetzlichen Voraussetzungen hierfür nicht vorliegen, kann hierauf kein Rechtsmittel gestützt werden[9].

---

1 GMP/*Germelmann*, § 60 Rz. 18; Natter/Gross/*Rieker*, § 60 Rz. 9; allerdings ist eine Vorlesung in Abwesenheit der Parteien in der Praxis die Ausnahme, auch wenn eine Vorlesung sicherlich eine letzte Kontrollmöglichkeit schafft, dass sich keine Fehler in die Urteilsformel eingeschlichen haben. S.a. BeckOKArbR/*Hamacher*, § 60 ArbGG Rz. 17; aA wohl BAG v. 16.5.2002 – 8 AZR 412/01, BAGE 101, 145 = MDR 2003, 47, das bei § 60 im Falle der Abwesenheit der Parteien stets eine unterschriebene Urteilsformel verlangt.
2 GK-ArbGG/*Schütz*, § 60 Rz. 18.
3 S. zum Versäumnisurteil: OLG Hamm v. 22.6.2015 – 5 U 95/13.
4 Ebenso Natter/Gross/*Rieker*, § 60 Rz. 9.
5 GK-ArbGG/*Schütz*, § 60 Rz. 20; Natter/Gross/*Rieker*, § 60 Rz. 8.
6 Düwell/Lipke/*Kloppenburg*, § 60 Rz. 14; HWK/*Ziemann*, § 60 ArbGG Rz. 14.
7 ErfK/*Koch*, § 60 ArbGG Rz. 4; aA GK-ArbGG/*Schütz*, § 60 Rz. 20.
8 GMP/*Germelmann*, § 60 Rz. 29; GK-ArbGG/*Schütz*, § 60 Rz. 21; aA *Griebeling*, AR-Blattei SD 160.8, Rz. 217 f.
9 GK-ArbGG/*Schütz*, § 60 Rz. 22.

3. Anwesenheit der ehrenamtlichen Richter

Die Wirksamkeit der Verkündung ist von der **Anwesenheit der ehrenamtlichen Richter nicht abhängig** (§ 60 Abs. 3 Satz 1; vgl. auch § 311 Abs. 4 ZPO, dort allerdings bezogen auf einen Verkündungstermin), dh. die Verkündung der Entscheidungen kann erfolgen, nachdem die ehrenamtlichen Richter den Sitzungssaal bzw. das Beratungszimmer verlassen haben. Die Verkündung kann auch in Anwesenheit anderer ehrenamtlicher Richter erfolgen als derjenigen, die bei der Urteilsfindung iSv. § 309 ZPO mitgewirkt haben[1], was bei Anberaumung eines gesonderten Verkündungstermins idR der Fall ist. Die Verkündung ist insofern von der Urteilsfindung iSv. § 309 ZPO zu trennen, denn das Urteil darf nur von den Richtern gefällt werden, die an der mündlichen Verhandlung teilgenommen haben.

4. Unterschrift

Wird ein von der Kammer erlassenes Urteil in Abwesenheit derjenigen ehrenamtlichen Richter, die iSv. § 309 ZPO daran mitgewirkt haben, verkündet, weil bspw.

- ein besonderer Verkündungstermin anberaumt worden ist (§ 60 Abs. 1 Satz 1),
- der Vorsitzende am gleichen Sitzungstag nach der Kammerverhandlung noch Güteverhandlungen durchführt und die ehrenamtlichen Richter das Gerichtsgebäude bereits verlassen haben oder
- sich die ehrenamtlichen Richter im verschlossenen Beratungszimmer befinden, während der Vorsitzende im Sitzungssaal verkündet,

muss die schriftlich niedergelegte Urteilsformel als Ergebnis der Beratung und Abstimmung vorher von dem Vorsitzenden und den ehrenamtlichen Richtern (dh. von der gesamten Kammer) unterschrieben sein (§ 60 Abs. 3 Satz 2, s.a. Rz. 24). Die ehrenamtlichen Richter sind zur Unterschriftsleistung verpflichtet.

Trotz der zwingenden Verpflichtung zur Unterzeichnung der Urteilsformel ist ein **Verstoß gegen** die **Unterzeichnungspflicht** durch den Vorsitzenden oder die Mitunterzeichnungspflicht der ehrenamtlichen Richter im Falle des § 60 Abs. 3 Satz 2 heilbar und damit ohne Einfluss auf die Wirksamkeit des verkündeten Urteils[2]. Die Unterschrift des/der (ehrenamtlichen) Richter(s) kann jederzeit nachgeholt werden, solange der verkündete Tenor auf einer gemeinsamen Beratung der Kammer beruht[3]. Die Rechtsmittelfrist beginnt dann erst zu laufen, wenn die Unterzeichnung nachgeholt wird[4], was letztlich zur Konsequenz hat, dass das Urteil in diesem Fall erneut zugestellt werden muss. Bei einem ordnungsgemäß eingelegten Rechtsmittel kann das LAG die Akte zur Unterzeichnung durch den/die Vorderrichter dem ArbG zurückreichen; wegen des bereits ordnungsgemäß eingelegten Rechtsmittels ist eine erneute Zustellung der Entscheidung in diesem Falle überflüssig. Eine Zurückverweisung ist wegen § 68 ausgeschlossen[5].

5. Protokollierung

Die **Verkündung** des Urteils ist in der **Sitzungsniederschrift** (= Protokoll) festzuhalten (§ 160 Abs. 3 Nr. 7 ZPO). Dazu gehören sowohl die Feststellung, ob die Parteien und/oder Prozessvertreter sowie die ehrenamtlichen Richter bei der Verkündung anwesend waren, als auch die Wiedergabe der Urteilsformel selbst[6]. Die **Art der Verkündung** (Vorlesung oder Bezugnahme auf Urteilstenor) sollte genannt werden[7], auch wenn dies gesetzlich nicht vorgegeben ist. Dem Erfordernis des § 160 Abs. 3 Nr. 7 ZPO ist deshalb Genüge getan, wenn der Richter lediglich protokolliert, dass „das anliegende Urteil verkündet" bzw. „das sich aus der Anlage ergebende Urteil verkündet" wurde, selbst wenn dies zu Zweifeln über die gewählte Form der Verlautbarung Anlass geben könnte[8]. Sind die Parteien oder ihre Prozessbevollmächtigten bei der Verkün-

---

1 BAG v. 16.5.2007 – 8 AZR 709/06, BAGE 122, 304 = NZA 2007, 1154; BAG v. 27.1.1983 – 2 AZR 188/81, AP Nr. 12 zu § 38 ZPO – Internationale Zuständigkeit.
2 ErfK/*Koch*, § 60 ArbGG Rz. 4; GMP/*Germelmann*, § 60 Rz. 23; aA LAG Sachsen v. 2.8.1994 – 9 (1) Sa 299/93, LAGE § 60 ArbGG 1979 Nr. 1, wonach ein sog. Scheinurteil vorliegen soll; *Griebeling*, AR-Blattei SD 160.8, Rz. 211.
3 ErfK/*Koch*, § 60 ArbGG Rz. 4; Hauck/Helml/Biebl/*Helml*, § 60 Rz. 10.
4 BCF/*Creutzfeldt*, § 60 Rz. 15; *Griebeling*, AR-Blattei SD 160.8, Rz. 211.
5 ErfK/*Koch*, § 60 ArbGG Rz. 4.
6 GK-ArbGG/*Schütz*, § 60 Rz. 25; GMP/*Germelmann*, § 60 Rz. 24.
7 Zöller/*Stöber*, § 160 ZPO Rz. 11; aA Düwell/Lipke/*Kloppenburg*, § 60 Rz. 15; GK-ArbGG/*Schütz*, § 60 Rz. 25; GMP/*Germelmann*, § 60 Rz. 24; Hauck/Helml/Biebl/*Helml*, § 60 Rz. 8, wonach diese Angabe zwingend sein soll; aA *Griebeling*, AR-Blattei SD 160.8, Rz. 212 und 223, nach dessen Ansicht die Form der Verkündung nicht genannt werden braucht.
8 BGH v. 8.2.2012 – XII ZB 165/11, NJW 2012, 1591 (1592); BGH v. 11.10.1994 – XI ZR 72/94, NJW 1994, 3358; BGH v. 16.10.1984 – VI ZR 205/83, NJW 1985, 1782 (1783).

31 Grundsätzlich erbringt die Protokollierung der Verkündung des Urteils nach § 160 Nr. 7 ZPO iVm. der nach § 160 Abs. 3 Nr. 6 ZPO vorgeschriebenen Aufnahme der Urteilsformel in das Protokoll **Beweis** dafür, dass das Urteil auch in diesem Sinne ordnungsgemäß, dh. auf der Grundlage einer schriftlich fixierten und unterschriebenen Urteilsformel verkündet worden ist[1]. Die Protokollierung der **Verkündung** ist eine **Förmlichkeit des Verfahrens**, dh. die Verkündung des Urteils als solche und deren Form kann nur durch das Protokoll bewiesen werden (§ 165 Satz 1 ZPO). Wenn die Verkündung nicht protokolliert ist, ist sie zunächst auch nicht erfolgt. Die Beweiskraft des Protokolls gem. § 165 ZPO entfällt nur, wenn und soweit sie durch äußere Mängel des Protokolls iSv. § 419 ZPO ganz oder teilweise aufgehoben oder gemindert ist. Derartige Mängel müssen aus der Protokollurkunde selbst hervorgehen[2]. Gegen die im Protokoll festgestellten Förmlichkeiten ist nur der Nachweis der Fälschung möglich (§ 165 Satz 2 ZPO), dh. der wissentlich falschen Beurkundung. Ist das Protokoll hingegen „nur" unrichtig, kommt eine Protokollberichtigung gem. § 164 ZPO in Frage, dh. eine versehentliche fehlende Protokollierung einer tatsächlich erfolgten Verkündung kann gem. § 164 ZPO im Protokoll nachträglich vermerkt werden[3]. Eine **Fälschung des Protokolls** liegt bei ordnungsgemäßer Protokollierung iSv. § 311 Abs. 2 Satz 1 ZPO jedenfalls nicht zwingend vor, wenn sich nunmehr keine unterschriebene Urteilsformel in der Verfahrensakte befindet, denn es ist nicht ausgeschlossen, dass ein derartiges Schriftstück im Zeitpunkt der Verkündung des Urteils existiert hat[4]. Ist hingegen eine Verkündung eines erstinstanzlichen Urteils im Sitzungssaal protokolliert, die aber tatsächlich im Dienstzimmer des Vorsitzenden erfolgte, ist das Protokoll zwar falsch und die Verkündung leidet unter Mängeln, gleichwohl läuft aber die Berufungsfrist des § 66 Abs. 1 Satz 1, da ein wirksam erlassenes Urteil vorliegt (vgl. Rz. 5 f.)[5].

32 Dagegen stellt die nach § 160 Abs. 3 Nr. 6 ZPO vorgeschriebene **Protokollierung des Inhalts eines Urteils** keine Verfahrensförmlichkeit iSv. § 165 ZPO dar. Der Inhalt kann deshalb auch in anderer Weise festgestellt werden, etwa durch Einsichtnahme in die von den Richtern unterschriebene (handschriftliche) Urteilsformel[6].

33 Auf dem in vollständiger Form abgefassten Urteil, das den Parteien von Amts wegen durch die Geschäftsstelle zuzustellen ist (§ 50 Abs. 1), hat der UdG den **Vermerk** über den **Tag der Verkündung**, den sog. Verkündungsvermerk, zu fertigen und diesen zu unterschreiben (§ 315 Abs. 3 ZPO). An die Unterschrift des Urkundsbeamten sind dieselben Anforderungen zu stellen wie an die Unterschrift des Richters, Rechtsanwalts oder Verbandsvertreters (vgl. § 64 Rz. 116 f.)[7]. Ein Verstoß gegen § 315 Abs. 3 ZPO führt nicht zur Fehlerhaftigkeit des Urteils[8]. Zu beachten ist, dass der Nachweis der ordnungsgemäßen förmlichen Verkündung eines Urteils ausschließlich durch das Verkündungsprotokoll (§ 160 Abs. 3 Nr. 7 ZPO), nicht aber durch den Verkündungsvermerk des UdG (§ 315 Abs. 3 ZPO) geführt werden kann[9]. Das Fehlen des Verkündungsvermerks macht die Zustellung eines ausweislich der Sitzungsniederschrift ordnungsgemäß verkündeten Urteils nicht ungültig[10], während im umgekehrten Fall die nicht förmlich feststellbare Verkündung des Urteils auch nicht durch die förmliche Zustellung des mit dem unrichtigen Verkündungsvermerk versehenen Urteils an die Partei ersetzt werden kann[11].

6. Rechtsfolgen bei Verkündungsmängeln

34 Mängel bei der Verkündung eines Urteils können sich entweder als reiner Verfahrensfehler erweisen oder zur Unwirksamkeit des Urteils führen. So ist ein **nicht ordnungsgemäß verkündetes**, den Parteien dennoch förmlich zugestelltes oder zumindest zugeleitetes **Urteil kein Nichturteil** oder ein **Urteil ohne Rechtswirkungen**, sondern es handelt sich lediglich um einen auf die **Wahl der Verlautbarungsart beschränkten Verfahrensmangel** des Urteils[12], gegen welches das bei wirksamer Verkündung statthafte Rechtsmittel ein-

---

1 BAG v. 19.4.2007 – 2 AZR 78/06, ArbRB 2007, 289 m. Anm. *Werxhausen* = ZTR 2007, 564 mwN.
2 BAG v. 16.5.2002 – 8 AZR 412/01, BAGE 101, 145 = MDR 2003, 47.
3 GK-ArbGG/*Schütz*, § 60 Rz. 26; *Gift/Baur*, Teil E Rz. 1626.
4 BAG v. 16.5.2002 – 8 AZR 412/01, BAGE 101, 145 = MDR 2003, 47; GK-ArbGG/*Schütz*, § 60 Rz. 16 und Rz. 24.
5 LAG Nürnberg v. 29.5.2013 – 7 Sa 326/12; GK-ArbGG/*Schütz*, § 60 Rz. 29a.
6 BAG v. 31.7.2007 – 3 AZR 372/06, DB 2008, 1505; BAG v. 31.7.2007 – 3 AZR 373/06, MDR 2008, 91.
7 BGH v. 27.10.1987 – VI ZR 268/86, MDR 1988, 218.
8 BGH v. 17.12.1986 – VIII ZB 47/86, AP Nr. 3 zu § 516 ZPO.
9 BGH v. 16.2.1989 – III ZB 38/88, VersR 1989, 604; LAG Köln v. 31.1.1994 – 3 Sa 1147/93, LAGE § 311 ZPO Nr. 2.
10 BGH v. 12.7.1961 – I ZB 2/61, VersR 1961, 923.
11 OLG Frankfurt v. 7.12.1994 – 17 U 288/93, NJW-RR 1995, 511.
12 BGH v. 12.3.2004 – V ZR 37/03, NJW 2004, 2019 (2020).

gelegt werden kann, um den äußeren Anschein einer wirksamen gerichtlichen Entscheidung zu beseitigen[1]. Auf die Berufung gegen ein solches **Scheinurteil** ist dieses im Zivilprozess gem. § 539 ZPO aufzuheben und der Rechtsstreit an das erstinstanzliche Gericht zurückzuverweisen[2]. Im arbeitsgerichtlichen Verfahren ist die Möglichkeit einer Zurückverweisung wegen eines im ersten Rechtszug unterlaufenden wesentlichen Verfahrensmangels jedoch ausgeschlossen (vgl. § 68 – s. dazu näher: § 68 Rz. 30 ff.). Ausnahmsweise wird eine Zurückverweisung trotz § 68 zugelassen, wenn es sich um einen in der Berufungsinstanz durch das LAG nicht mehr korrigierbaren Verfahrensmangel handelt[3]. Ein nicht verkündetes, aber den Parteien zugegangenes Urteil leidet zwar an einem schweren Verfahrensmangel, aber das angegriffene Urteil ist den Parteien in vollständig abgefasster Form und mit der Unterschrift des Richters versehen förmlich zugestellt oder zumindest zugegangen und damit iSv. § 318 ZPO mit innerer und äußerer Bindungswirkung erlassen worden. In einem solchen Falle ist vom LAG ein „normales" Berufungsverfahren durchzuführen und das nicht ordnungsgemäß verkündete Urteil aufzuheben, wobei diese Aufhebung deklaratorisch ist. Einer Zurückverweisung iSv. § 68 bedarf zwar es nicht, denn das Verfahren ist trotz des Scheinurteils immer noch beim ArbG anhängig, gleichwohl sollte sie aber deklaratorisch erfolgen[4].

Ergeht ein Urteil in einer Sache, die **mangels Zustellung nicht rechtshängig** geworden ist, handelt es sich ebenfalls um ein **Scheinurteil**. Gegen dieses (ordnungsgemäß verkündete) Urteil kann die „unterlegene Partei", um den Schein eines gegen sie ergangenen Urteils aus der Welt zu schaffen, Berufung einlegen. In einem solchen Fall kann das Berufungsgericht entgegen dem Wortlaut des § 68 das ergangene Urteil aufheben und die Sache an das ArbG zurückverweisen[5], denn es gab noch kein ordnungsgemäßes erstinstanzliches Klageverfahren. Ein Urteil, das weder verkündet noch den Parteien zugestellt wurde, bleibt ein unbeachtlicher Entwurf, so dass auch keine Rechtsmittelfristen in Gang gesetzt werden. Gleichwohl ist ein Rechtsmittel ausnahmsweise zulässig, um den Rechtsschein eines Urteils zu beseitigen. Das Rechtsmittelgericht darf das Rechtsmittel mangels einer die Instanz abschließenden Entscheidung nicht als unzulässig verwerfen, sondern muss die (Noch-)Nichtexistenz eines Urteils klarstellen und die Sache an das Instanzgericht zwecks Beendigung des noch nicht abgeschlossenen Verfahrens zurückverweisen[6]. 35

V. Abfassung des Urteils

Ähnlich wie § 315 Abs. 1 und 2 ZPO für den Zivilprozess enthält § 60 Abs. 4 für das arbeitsgerichtliche Verfahren Regelungen, die den Vorsitzenden zum **zügigen Absetzen des Urteils** anhalten sollen. Dies dient einerseits dem Beschleunigungsgrundsatz (§ 9 Abs. 1) und andererseits ist dies der Erkenntnis geschuldet, dass eine zügige Absetzung den zeitlichen Umfang für die Erstellung des Urteils geringer hält. Sind erstmal einige Wochen seit der mündlichen Verhandlung vergangen, lässt erfahrungsgemäß die Erinnerung an die mündliche Verhandlung nach und die Akte muss für das Absetzen des Urteils komplett durchgearbeitet werden, was den Zeitaufwand immens erhöht. 36

1. Unterschrift

Das in vollständiger Form mit Tatbestand, Entscheidungsgründen und Rechtsmittelbelehrung abgefasste Urteil ist nur **vom Vorsitzenden** allein **zu unterzeichnen** (§ 60 Abs. 4 Satz 1; anders § 315 Abs. 1 Satz 1 ZPO)[7]. Ebenso wie eine richterliche Verfügung, die der Terminsbestimmung dient[8], die eine Auflagen- und Fristsetzungsverfügung enthält oder die die Anordnung des persönlichen Erscheinens der Parteien be- 37

---

1 GK-ArbGG/*Schütz*, § 60 Rz. 29 ff.; LAG Hamm v. 2.7.1997 – 2 Sa 2326/95, LAGE § 60 KO Nr. 3; LAG Sachsen v. 2.8.1994 – 9 (1) Sa 299/93, LAGE § 60 ArbGG 1979 Nr. 1.
2 BGH v. 3.11.1994 – LwZB 5/94, NJW 1995, 404; OLG Frankfurt v. 7.12.1994 – 17 U 288/93, NJW-RR 1995, 511.
3 Vgl. zB LAG Berlin v. 15.8.2003 – 2 Sa 917/03, MDR 2003, 1437; LAG Sachsen v. 24.11.2004 – 2 Sa 263/04, LAGE § 68 ArbGG 1979 Nr. 8; LAG BW v. 13.5.2005 – 4 Sa 16/05, LAGReport 2005, 306.
4 GMP/*Germelmann*, § 60 Rz. 27; GK-ArbGG/*Schütz*, § 60 Rz. 29c; *Griebeling*, AR-Blattei SD 160.8, Rz. 214 f.; BeckOKArbR/*Hamacher*, § 60 ArbGG Rz. 7; LAG Sachsen v. 2.8.1994 – 9 (1) Sa 299/93, LAGE § 60 ArbGG 1979 Nr. 1; aA BCF/*Creutzfeldt*, § 60 Rz. 16; LAG Hamm v. 2.7.1997 – 2 Sa 2326/95, LAGE § 60 KO Nr. 3; s.a. Natter/Gross/*Rieker*, § 60 Rz. 14.
5 LAG Hessen v. 6.5.1994 – 9 Sa 1370/93, LAGE § 64 ArbGG 1979 Nr. 30.
6 BGH v. 3.11.1994 – LwZB 5/94, NJW 1995, 404.
7 Dies erleichtert etwaige Berichtigungen des Urteils (vgl. §§ 319, 320 ZPO), da es erfahrungsgemäß im Alltagsgeschäft zu Unklarheiten oder Doppeldeutigkeiten oder Auslassungen kommen kann, vgl. LAG Köln v. 16.3.2012 – 9 Ta 80/12.
8 LAG Hamm v. 11.3.1982 – 8 Sa 32/82, MDR 1982, 612; LAG Düsseldorf v. 31.3.1982 – 7 Ta 69/82, EzA § 62 ArbGG 1979 Nr. 6.

trifft[1], muss auch das in vollständiger Form abgefasste Urteil vom Vorsitzenden mit vollem Namenszug unterzeichnet sein. Die handschriftliche Unterzeichnung des Urteils muss zwar nicht lesbar, aber doch noch als individualisierbarer Schriftzug, dh. als ein Gebilde aus Buchstaben erkennbar sein, denn bloße Striche oder geometrische Figuren genügen nicht; eine Paraphe entspricht nicht den gesetzlichen Anforderungen[2] (vgl. im Einzelnen zum Unterschriftserfordernis: § 64 Rz. 116 ff.). Da das arbeitsgerichtliche Urteil auch bei unvollständiger Unterschrift mit seiner Verkündung existent wird, darf das LAG den Rechtsstreit wegen der vermeintlich unzureichenden Unterschrift nicht aufheben und an das ArbG zurückverweisen, denn dem steht § 68 entgegen[3]. Ebenso kann eine fehlende Unterschrift des Vorsitzenden nachgeholt werden, auch wenn schon das Rechtsmittel eingelegt ist[4]. Allerdings sind etwaige Rechtsmittelfristen bis zur Nachleistung der Unterschrift gehemmt[5], da eine fehlende oder unzureichende Unterschrift zu keiner wirksamen Zustellung führt und damit auch die Rechtmittelfrist nicht in Gang setzen kann[6], sofern jedoch nicht mehr als fünf Monate verstrichen sind (s. Rz. 46).

38 Ist das Urteil eines Kollegialgerichts von einem **Richter mitunterschrieben**, der an der Beschlussfassung und an dem Erlass des Urteils **nicht beteiligt** war, und enthält das Urteil weiter bei der Angabe der mitwirkenden Richter auch die unrichtige Angabe, dass dieser Richter an dem Erlass des Urteils mitgewirkt habe, so können diese Mängel dadurch beseitigt werden, dass die fälschlich geleistete Unterschrift **nachträglich** durch die richtige Unterschrift **ersetzt** und die unrichtige Angabe über die Mitwirkung des zunächst unterzeichneten Richters im Wege der **Berichtigung** durch die Angabe des tatsächlich urteilenden Richters richtiggestellt wird. Diese Grundsätze gelten auch im arbeitsgerichtlichen Verfahren, kommen jedoch dort idR nur beim LAG und BAG zum Tragen, weil dort auch die ehrenamtlichen Richter die Urteile mitunterzeichnen (§ 69 Abs. 1 Satz 1, § 75 Abs. 2). Hat ein falscher Vorsitzender unterschrieben, etwa bei einem Richterwechsel, dann ist das erstinstanzliche Urteil zu berichtigen, richtig zu unterzeichnen und erneut zuzustellen. Erfolgt die Berichtigung nicht während des Laufs der Berufungsfrist, dann muss die unterlegene Partei fristgerecht Berufung einlegen und diese begründen, denn es handelt sich um einen behebbaren Mangel des Urteils, der noch während des Rechtsmittelverfahrens korrigiert werden kann, selbst wenn die Berufung (neben weiteren Berufungsgründen) auch auf eine Verfahrensrüge wegen solcher Mängel des angefochtenen Urteils gestützt wird[7].

39 Stirbt der Vorsitzende der Kammer eines **LAG** nach der Verkündung des Urteilstenors oder scheidet er nach diesem Zeitpunkt aus dem Dienst aus oder ist er jedenfalls langfristig verhindert, kann dort der älteste ehrenamtliche Richter die schriftliche Begründung des Urteils fertigen oder sich einen Entwurf des Vorsitzenden oder eines sonstigen Dritten zu Eigen machen; es genügt, dass das äußerlich der Form des § 61 entsprechende Urteil mit Tatbestand, Entscheidungsgründen und Rechtsmittelbelehrung von diesem ehrenamtlichen Richter unterzeichnet und der Grund der **Verhinderung des Vorsitzenden** gem. § 315 Abs. 1 Satz 2 ZPO vermerkt ist (s. § 69 Rz. 12 ff.).

40 Die Vorschrift des § 315 Abs. 1 Satz 2 ZPO, die bei dem LAG wegen der Mitunterzeichnungspflicht der ehrenamtlichen Richter (§ 69 Abs. 1 Satz 1) entsprechend anwendbar ist, findet im erstinstanzlichen Verfahren keine Anwendung, weil nach § 60 Abs. 4 Satz 1 als lex specialis bei **erstinstanzlichen Urteilen nur der Vorsitzende unterschriftsberechtigt** ist[8]. Die Nichtunterzeichnung durch die ehrenamtlichen Richter dient der Verfahrensbeschleunigung und ermöglicht eher, die dreiwöchige Absetzungsfrist einzuhalten. Kann allerdings der Vorsitzende das Urteil nicht unterschreiben, dann ist diese Regelung unbefriedigend, weil das Urteil in der Welt ist und die Parteien aus rein formalen Gründen die Urteilsgründe nicht erfahren. Die Beendigung der Verhinderung ist abzuwarten. Keinesfalls darf der älteste ehrenamtliche Richter das Urteil unterschreiben. **Stirbt** etwa **der Vorsitzende** kurze Zeit nach der Verkündung des Urteilstenors, dann kann den Parteien **Mitteilung** von seinem Tod gemacht werden; ab diesem Zeitpunkt ist der Rechtsmittelweg eröffnet. Scheidet der Vorsitzende dagegen erst **nach längerer Dienstunfähigkeit endgültig aus**

---

1 LAG Rh.-Pf. v. 19.11.1993 – 6 Ta 242/93, ARST 1994, 138; LAG Hamm v. 22.12.1994 – 4 Sa 1125/94, LAGE § 51 ArbGG 1979 Nr. 5.
2 LAG Hamm v. 16.11.2004 – 12 Sa 1045/04.
3 Vgl. BAG v. 24.5.1996 – 5 AZN 970/95, AP Nr. 2 zu § 68 ArbGG 1979; BAG v. 19.5.1998 – 9 AZR 362/97, EzA § 56 ArbGG 1979 Nr. 2.
4 GMP/*Germelmann*, § 60 Rz. 36; GK-ArbGG/*Schütz*, § 60 Rz. 31.
5 LAG Hessen v. 21.8.1992 – 16 Sa 1424/91, EzA § 513 ZPO Nr. 9.
6 HWK/*Ziemann*, § 60 ArbGG Rz. 16.
7 So zur Verfahrensrüge im Revisionsverfahren BGH v. 27.10.1955 – II ZR 310/53, NJW 1955, 1919 m. Anm. *Geissler*, NJW 1956, 344.
8 GK-ArbGG/*Schütz*, § 60 Rz. 32; Hauck/Helml/Biebl/*Helml*, § 60 Rz. 19; BCF/*Creutzfeldt*, § 60 Rz. 15.

dem Dienst aus, dann können die Parteien ab Kenntniserlangung hiervon und spätestens **nach fünf Monaten seit Urteilsverkündung Berufung** einlegen (s. hierzu § 64 Rz. 170–175 und § 66 Rz. 5).

2. Frist für die Abfassung eines Urteils

Ein Urteil, das in dem Termin, in dem die mündliche Verhandlung geschlossen wird, verkündet wird, ist **vor Ablauf von drei Wochen**, vom Tage der Verkündung an gerechnet, in vollständig abgefasster Form der Geschäftsstelle zu übergeben (§ 60 Abs. 4 Satz 3 Halbs. 1). Vollständig abgefasst ist das Urteil, wenn es entweder handschriftlich oder maschinenschriftlich in der endgültigen Fassung mit Tatbestand, Entscheidungsgründen und Rechtsmittelbelehrung sowie der Unterschrift des Vorsitzenden (§ 60 Abs. 4 Satz 1) der Geschäftsstelle zum Zwecke der Vervielfältigung und der anschließenden Zustellung übergeben wurde. Es genügt nicht, dass das Urteil innerhalb der Absetzungsfrist als Rohfassung schriftlich oder als elektronische Datei im PC oder als Diktat auf Tonband auf der Geschäftsstelle hinterlegt wird[1] oder ins Stenogramm diktiert ist[2]; ausschlaggebend ist das fristgerechte Vorliegen der unterzeichneten endgültigen Urteilsfassung (vgl. § 72b Abs. 1 Satz 1). 41

Kann das vollständig abgefasste, aber bereits verkündete **Urteil** ausnahmsweise **nicht rechtzeitig** der Geschäftsstelle übergeben werden, so ist innerhalb der Drei-Wochen-Frist das von dem Vorsitzenden unterschriebene Urteil ohne Tatbestand, Entscheidungsgründe und Rechtsmittelbelehrung der Geschäftsstelle zu übergeben (§ 60 Abs. 4 Satz 3 Halbs. 2). Das abgekürzte Urteil muss das volle Rubrum, die Gerichtsbesetzung, das Verkündungsdatum, den Tenor sowie die Unterschrift des Vorsitzenden enthalten[3]. Aus dieser sog. **Kurzausfertigung** eines Urteils kann gem. § 317 Abs. 2 Satz 2, § 750 Abs. 1 Satz 2 ZPO die **Zwangsvollstreckung** betrieben werden. Die Zustellung eines solchen Urteils setzt, auch wenn die Kurzausfertigung mit einer Rechtsmittelbelehrung versehen ist, dennoch die Rechtsmittelfrist nicht in Lauf, denn nach § 66 Abs. 1 Satz 2 beginnt die Rechtsmittelfrist erst mit der Zustellung des in vollständiger Form abgefassten Urteils (s. § 66 Rz. 4). 42

Liegt innerhalb der gesetzlichen Drei-Wochen-Frist das Urteil nicht in Reinschrift vor, sind Tatbestand und Entscheidungsgründe **alsbald** nachträglich anzufertigen, mit der Rechtsmittelbelehrung zu versehen, vom Vorsitzenden besonders zu unterschreiben und der Geschäftsstelle zu übergeben (§ 60 Abs. 4 Satz 4). **Ausnahmsweise** kann die **Drei-Wochen-Frist überschritten** werden in Fällen komplexer und umfangreicher Sachverhalte mit schwierigen Rechtsfragen sowie bei Erkrankung des Vorsitzenden. Das Urteil sollte den Parteien jedoch dringend vor Ablauf der Frist von **drei Monaten** seit Verkündung des Urteils zugestellt sein, weil ihnen ansonsten die Möglichkeit genommen wird, einen **Tatbestandsberichtigungsantrag** zu stellen (vgl. § 320 Abs. 2 Satz 3 ZPO, s. Rz. 47)[4]. In jedem Fall gilt eine **Höchstfrist von fünf Monaten ab Verkündung** (s. Rz. 46). 43

3. Frist für die Abfassung eines Urteils für Verkündungstermin

Ist die **Nichteinhaltung der Urteilsabsetzungsfrist** zB wegen des bevorstehenden Urlaubs des Vorsitzenden oder aus Kapazitätsengpässen im Kanzleidienst absehbar, so ist die Anberaumung eines Verkündungstermins dem sofort verkündeten Stuhlurteil vorzuziehen[5]. Wird das Urteil nicht in dem Termin verkündet, in dem die mündliche Verhandlung geschlossen wird, so muss es bei der Verkündung zwingend in vollständiger Form abgefasst sein (§ 60 Abs. 4 Satz 2; ebenso: § 310 Abs. 2 ZPO). Eine Ausnahme nach § 60 Abs. 4 Satz 3 Halbs. 2 ist hier nicht möglich[6]. Dem Vorsitzenden verbleibt allein die Möglichkeit, den Verkündungstermin zu verlegen, wenn das Urteil zum ursprünglichen Termin nicht vorliegt[7]. Der Verkündungstermin darf nur dann über drei Wochen hinaus nach § 60 Abs. 1 Satz 2 angesetzt werden, wenn **wichtige Gründe** (s. dazu den Katalog oben in Rz. 14 f.) dies erfordern[8]. Dienstrechtlich gesehen betrifft 44

---

1 GMP/*Germelmann*, § 60 Rz. 28.
2 Düwell/Lipke/*Kloppenburg*, § 60 Rz. 17.
3 BCF/*Creutzfeldt*, § 60 Rz. 10 verlangt auch eine Rechtsmittelbelehrung. Dies erscheint entbehrlich, weil Berufungsfristen durch die Zustellung der Kurzausfertigung nicht zu laufen beginnen. Denkbar wäre allenfalls ein solcher Belehrungsinhalt, was § 9 Abs. 5 aber nicht verlangt.
4 GMP/*Germelmann*, § 60 Rz. 30: S. allgemein zum (Un-)Sinn von Tatbestandsberichtigungsanträgen: *Dührsen/Richter*, ArbR-Aktuell 2015, 420 ff. (Teil 1) und 470 ff. (Teil 2).
5 Düwell/Lipke/*Kloppenburg*, § 60 Rz. 17; *Gift/Baur*, Teil E Rz. 1632.
6 GWBG/*Benecke*, § 60 Rz. 14; GK-ArbGG/*Schütz*, § 60 Rz. 37; aA BCF/*Creutzfeldt*, § 60 Rz. 12; DFL/*Heider*, § 60 ArbGG Rz. 5; *Griebeling*, AR-Blattei SD 160.8, Rz. 222, der für eine Änderung de lege lata plädiert.
7 ErfK/*Koch*, § 60 ArbGG Rz. 6; Düwell/Lipke/*Kloppenburg*, § 60 Rz. 18; HWK/*Ziemann*, § 60 ArbGG Rz. 17; GMP/*Germelmann*, § 60 Rz. 31.
8 Hauck/Helml/Biebl/*Helml*, § 60 Rz. 15.

§ 60 Abs. 4 Satz 2 nicht den Kernbereich der richterlichen Tätigkeit, sondern nur den „äußeren Ordnungsbereich". Es geht nicht um den Inhalt der getroffenen Entscheidungen oder die Art ihrer Vorbereitung, sondern um die äußere Form der Erledigung abgeschlossener richterlicher Geschäfte, so dass eine Verletzung des § 60 Abs. 4 Satz 2 im Rahmen dienstlicher Beurteilungen vorgehalten werden kann, ohne dass darin ein unzulässiger Eingriff in die richterliche Unabhängigkeit läge[1].

4. Folgen bei Nichteinhaltung der Drei-Wochen-Frist

45 Die **Nichteinhaltung der Fristen** des § 60 Abs. 4 für die vollständige Abfassung des Urteils, auch im Falle der Anberaumung eines Verkündungstermins, **stehen der Wirksamkeit** der Verkündung des Urteils **nicht entgegen**[2]. § 60 Abs. 4 ist – ebenso wie § 315 ZPO – eine **Ordnungsvorschrift**, deren (unerhebliche) Verletzung die Wirksamkeit der gerichtlichen Entscheidung nicht berührt[3], auch wenn es sich um einen Verfahrensmangel handelt. Im Falle ihrer Verletzung kann hierauf kein Rechtsmittel gestützt werden[4]. Die Drei-Wochen-Frist ist allerdings angesichts einer knappen personellen Ausstattung vieler ArbG bei hoher Geschäftsbelastung verbunden mit umfangreichem Streitstoff nicht mehr sachgerecht. Es gibt daher kaum eine gesetzliche Bestimmung, gegen die in der gerichtlichen Praxis häufiger verstoßen wird als gegen die dreiwöchige Absetzungsfrist. Wiederholte Verstöße können aber **dienstaufsichtsrechtliche Maßnahmen** rechtfertigen[5]. Insbesondere sollten Proberichter und Vorsitzende, die einer Anlassbeurteilung entgegen blicken, peinlichst darauf achten, die Drei-Wochen-Frist einzuhalten, um kritische Bemerkungen in der anstehenden dienstlichen Beurteilung zu vermeiden[6].

46 Ein nicht binnen von **fünf Monaten ab Verkündung** schriftlich abgefasstes, unterschriebenes und der Geschäftsstelle übergebenes Urteil gilt als **Urteil ohne Gründe**[7], anders jedoch, wenn das fristgerecht abgesetzte Urteil nur nicht binnen der Höchstfrist zugestellt ist (s. insofern zur Abgrenzung § 64 Rz. 171 ff.). Die Monatsfrist zur Einlegung der Berufung gegen ein erstinstanzliches Urteils und die Frist von zwei Monaten für die Begründung der Berufung beginnen allerdings spätestens fünf Monate nach Verkündung des Urteils (§ 66 Abs. 1 Satz 2), auch wenn noch kein vollständig abgefasstes Urteil vorliegt (s § 64 Rz. 170). Die **Berufung** ist nach Ablauf von fünf Monaten ab Verkündung fristwahrend einzulegen[8]. Der Umfang der Berufungsbegründung richtet sich danach, ob die Absetzungs- oder „nur" die Zustellfrist versäumt wurde (s. § 64 Rz. 175)[9]. Eine Zurückweisung durch das LAG gem. § 68 wegen des Verfahrensmangels der verspäteten Absetzung scheidet aus[10]. Ist gegen die erstinstanzliche Entscheidung das Rechtsmittel der Berufung nicht gegeben, kommt eine **Anhörungsrüge** nach § 78a in Betracht[11]. Im Falle eines fehlenden Berufungsurteils ist nach Ablauf von fünf Monaten die **Beschwerde wegen verspäteter Absetzung nach § 72b** einzulegen (s. § 72b Rz. 13 ff.)[12]. Zwar liegt an sich ein absoluter Revisionsgrund iSv. § 547 Nr. 6 ZPO vor[13]. Da aber § 72 Abs. 2 Nr. 3 nicht auf § 547 Nr. 6 ZPO verweist und die Revision ohnehin nicht sinnvoll begründet werden könnte, bleibt nur die Einlegung der Beschwerde nach § 72b übrig[14].

47 Unabhängig von der Zustellung des vollständig abgefassten Urteils läuft auch die Höchstfrist für eine **Berichtigung des Tatbestands** von drei Monaten gem. § 320 Abs. 2 Satz 3 ZPO ab Verkündung des Urteils,

---

1 BGH v. 14.10.2013 – RiZ (R) 2/12, Rz. 27, NVwZ-RR 2014, 202 (204).
2 BAG v. 16.5.2002 – 8 AZR 412/01, BAGE 101, 145 = ArbRB 2003, 10 m. Anm. *Range-Ditz* = MDR 2003, 47.
3 BAG v. 25.9.2003 – 8 AZR 472/02, AP Nr. 26 zu §§ 22, 23 BAT-O; aA OLG Dresden v. 6.7.2007 – DGH 4/06, NJW-RR 2008, 936 (937), im Zusammenhang mit einer Dienstpflichtverletzung eines Arbeitsrichters.
4 BAG v. 9.2.1994 – 2 AZR 666/93, NZA 1994, 686; BAG v. 19.11.2014 – 4 AZR 76/13, Rz. 15, ZTR 2015, 272 ff.
5 *Griebeling*, AR-Blattei SD 160.8, Rz. 221 f., der aus der Praxis überzeugend darstellt, aus welchen Gründen ein Verstoß gegen § 60 Abs. 4 Satz 2 teilweise kaum zu vermeiden ist.
6 S. OLG Dresden v. 6.7.2007 – DGH 4/06, NJW-RR 2008, 936 ff., das bei einem Arbeitsrichter ua. deswegen eine Dienstpflichtverletzung annahm, weil er während eines Zeitraums von 1,5 Jahren in 17 Fällen das vollständig abgefasste Urteil erst nach dem Verkündungstermin übergeben, in 28 Fällen die Fünf-Monats-Frist überschritten und bei 75 Verfahren die Drei-Wochen-Frist ab Verkündung in der mündlichen Verhandlung nicht eingehalten hatte.
7 GmS-OBG v. 27.4.1993 – GmS-OBG 1/92, NZA 1993, 1147; BAG v. 17.8.1999 – 3 AZR 526/97, NZA 2000, 54; GK-ArbGG/*Schütz*, § 60 Rz. 40.
8 ErfK/*Koch*, § 60 ArbGG Rz. 6.
9 BAG v. 13.9.1995 – 2 AZR 855/94, NZA 1996, 446 (448).
10 BAG v. 24.4.1996 – 5 AZN 970/95, NZA 1997, 176.
11 Hauck/Helml/Biebl/*Helml*, § 60 Rz. 18; GMP/*Germelmann*, § 60 Rz. 34; GK-ArbGG/*Schütz*, § 60 Rz. 40.
12 Düwell/Lipke/*Kloppenburg*, § 60 Rz. 19, 24; ErfK/*Koch*, § 66 ArbGG Rz. 7.
13 Zöller/*Heßler*, § 547 ZPO Rz. 8; vgl. BAG v. 25.9.2003 – 8 AZR 472/02, AP Nr. 26 zu §§ 22, 23 BAT-O.
14 Vgl. BAG v. 19.12.2012 – 2 AZB 45/12, NZA 2013, 1375; GMP/*Germelmann*, § 60 Rz. 33.

die auch nicht gehemmt wird[1], so dass ein Verstoß gegen § 60 Abs. 4 und ein Hinwarten mit der Urteilsabfassung von mehr als drei Monaten den Parteien die Möglichkeit nimmt, eine Tatbestandsberichtigung durchzusetzen.

§ 61 Inhalt des Urteils

(1) Den Wert des Streitgegenstandes setzt das Arbeitsgericht im Urteil fest.
(2) Spricht das Urteil die Verpflichtung zur Vornahme einer Handlung aus, so ist der Beklagte auf Antrag des Klägers zugleich für den Fall, dass die Handlung nicht binnen einer bestimmten Frist vorgenommen ist, zur Zahlung einer vom Arbeitsgericht nach freiem Ermessen festzusetzenden Entschädigung zu verurteilen. Die Zwangsvollstreckung nach §§ 887 und 888 der Zivilprozessordnung ist in diesem Falle ausgeschlossen.
(3) Ein über den Grund des Anspruchs vorab entscheidendes Zwischenurteil ist wegen der Rechtsmittel nicht als Endurteil anzusehen.

I. Allgemeines 1	3. Form der Streitwertfestsetzung 30
II. Inhalt des Urteils 3	4. Folgen einer unterbliebenen Streitwertfestsetzung 31
1. Vollständig abgefasstes Urteil 4	5. Unanfechtbarkeit der Streitwertfestsetzung ... 32
a) Inhalt im Allgemeinen 4	IV. Verurteilung zur Vornahme einer Handlung
b) Urteilsformel 5	1. Inhalt sowie Sinn und Zweck 34
c) Tatbestand 7	2. Anwendungsbereich 36
d) Entscheidungsgründe 12	3. Antrag, Zeitpunkt und Begründung 41
2. Abkürzung von Urteilen 13	4. Gerichtliche Entscheidung 47
a) Versäumnis-, Anerkenntnis- und Verzichtsurteile 13	5. Zwangsvollstreckung 53
b) Sonstige Urteile 16	V. Zwischenurteil über den Grund des Anspruchs und Rechtsmittel 60
III. Streitwertfestsetzung 23	VI. Inhalt von Beschlüssen 64
1. Bedeutung der Streitwertfestsetzung 24	
2. Berechnung des Streitwertes 29	

Schrifttum: *Balzer*, Schlanke Entscheidungen im Zivilprozess, NJW 1995, 2448; *Birmanns*, Die Vollstreckung von Verbundurteilen nach §§ 510b ZPO, 61 ArbGG, DGVZ 1981, 147; *Böhm*, § 61 Abs. 2 ArbGG – das verkannte Druckmittel, ArbRB 2006, 93; *Creutzfeldt*, Die Wertfestsetzung im arbeitsgerichtlichen Verfahren, NZA 1996, 956; *Dütz*, Aktuelle Fragen zur Arbeitsgerichtsgesetz Novelle 1979, RdA 1980, 81; *Ganz*, § 61 II ArbGG – zu Unrecht ein Mauerblümchen?, ArbR-Aktuell 2014, 352; *Griebeling*, Das Urteil im arbeitsgerichtlichen Verfahren, AR-Blattei SD Nr. 160.8; *Laber*, Effiziente Durchsetzung von Ansprüchen zur Vornahme einer Handlung gem. § 61 Abs. 2 ArbGG, ArbRB 2004, 290; *Müller/Heydn*, Der sinnlose Schlagabtausch zwischen den Instanzen: Für eine Abschaffung der Tatbestandsberichtigung, NJW 2005, 1750; *Opolony*, Entschädigung nach § 61 Abs. 2 ArbGG, FA 2001, 66; *Schmidt/Schwab/Wildschütz*, Die Auswirkungen der Reform des Zivilprozesses auf das arbeitsgerichtliche Verfahren (Teil 1), NZA 2001, 1161; *Schneider*, Problemfälle aus der Prozeßpraxis, MDR 1985, 906; *Selzer*, Arbeitsgerichtliche Tenorierung im Urteil, NZA 2011, Beilage Nr. 4, 164; *Ulrici*, Streitwertfestsetzung und Beschwer, AuR 2008, 384; *Wenzel*, Die Bedeutung der Streitwertfestsetzung im arbeitsgerichtlichen Urteil nach neuem Recht, DB 1981, 160.

I. Allgemeines

Entgegen der missglückten Überschrift „Inhalt des Urteils" enthält § 61 Abs. 1 keine allgemeine Regelung hierzu, sondern statuiert – im Vergleich zum Zivilprozess – lediglich ein zusätzliches Erfordernis, dass auch der **Wert des Streitgegenstandes** im Urteil festgesetzt werden muss. Für **Form und Inhalt des Urteils** sind im Übrigen die Vorschriften der §§ **313, 313a und 313b ZPO** im arbeitsgerichtlichen Verfahren entsprechend anwendbar (§ 46 Abs. 2 Satz 1). Eine weitere, den Inhalt des arbeitsgerichtlichen Urteils betreffende Sonderregelung enthält § 9 Abs. 5 Satz 1, wonach auch eine **Rechtsmittelbelehrung** notwendiger

---

[1] Zöller/*Vollkommer*, § 320 ZPO Rz. 8; Hauck/Helml/*Biebl/Helml*, § 60 Rz. 14; ErfK/*Koch*, § 60 ArbGG Rz. 6; GK-ArbGG/*Schütz*, § 60 Rz. 35; BGH v. 25.1.1960 – II ZR 22/59, BGHZ 32, 17 = MDR 1960, 644; OLG Hamburg v. 30.11.2004 – 5 W 149/04, MDR 2005, 101; aA LAG Hessen v. 10.6.2005 – 17 Sa 1257/03, das eine Hemmung der Frist wegen des Gebots des fairen Verfahrens annimmt; ebenso KG, 1.3.2001– 10 U 8170/99, NJW-RR 2001, 1296.

Urteilsbestandteil ist (s. § 9 Rz. 10 ff.). Ferner muss die Urteilsformel des ArbG eine Entscheidung über die **Zulassung** bzw. **Nichtzulassung** der **Berufung** enthalten (§ 64 Abs. 3a Satz 1), sofern sie nicht ausnahmsweise entbehrlich ist (s. § 64 Rz. 38 ff.). Dasselbe gilt für Urteile des LAG betreffend der Zulassung der Revision (§ 72 Abs. 1 Satz 2). Ggf. ist im Urteilstenor auch die **vorläufige Vollstreckbarkeit** aus dem Urteil gem. § 62 Abs. 1 Satz 2 auszuschließen. § 61 Abs. 2 und Abs. 3 regeln hingegen einzelne Wirkungen arbeitsgerichtlicher Urteile: § 61 Abs. 2 gibt eine spezielle Vollstreckungsmodalität, die zur Zahlung einer Entschädigung führt. Schließlich enthält § 61 Abs. 3 abweichend vom Zivilprozess den Ausschluss der Rechtsmittelfähigkeit von arbeitsgerichtlichen Grundurteilen (§ 304 Abs. 2 ZPO).

2 In der **Berufungsinstanz** sind nur § 61 Abs. 2 und Abs. 3 entsprechend anwendbar (§ 64 Abs. 7), in der **Revisionsinstanz** nur § 61 Abs. 2 (§ 72 Abs. 6). Für das arbeitsgerichtliche **Beschlussverfahren** enthält § 84 eine eigene abschließende Regelung.

II. Inhalt des Urteils

3 Soweit Rechtsstreitigkeiten nicht gütlich beigelegt werden können, sind sie durch Urteil zu entscheiden. Aufgabe des Urteils ist es, die **Parteien von der** Richtigkeit der in der Urteilsformel enthaltenen **Sachentscheidung zu überzeugen**, um so den **Rechtsfrieden** wiederherzustellen, und – wenn Letzteres nicht gelingt – dem Rechtsmittelgericht die Nachprüfung in formeller und materieller Hinsicht zu ermöglichen[1].

1. Vollständig abgefasstes Urteil

a) Inhalt im Allgemeinen

4 Das in **vollständiger Form** abgefasste **arbeitsgerichtliche Urteil** entspricht im Wesentlichen dem zivilprozessualen Urteil. Es enthält – von einigen landesrechtlichen Abweichungen hinsichtlich der Formulargestaltung abgesehen – folgende Bestandteile:
– die Geschäftsnummer (das **Aktenzeichen**)[2],
– das Landeswappen (nicht notwendiger Urteilsbestandteil),
– die Eingangsformel „**Im Namen des Volkes**" (§ 311 Abs. 1 ZPO),
– die Bezeichnung der **Urteilsart** (End-, Teil-, Grund-, Vorbehalts-, Zwischen-, Versäumnis-, Anerkenntnis-, Verzichts-, Schlussurteil), soweit gesetzlich vorgeschrieben oder zur Unterscheidung mehrerer Urteile sinnvoll;
– der Urteilskopf/Urteilseingang – auch **Rubrum** genannt, bestehend aus den Angaben gem. § 313 Abs. 1 Nr. 1–3 ZPO):
– die zuletzt gültigen genauen Bezeichnungen und Anschriften der **Parteien** nach ihren Parteirollen (dh. Kläger oder Beklagte), ihrer **gesetzlichen Vertreter** und ihrer **Prozessbevollmächtigten** (§ 313 Abs. 1 Nr. 1 ZPO)[3],
– die Bezeichnung des **Gerichts**, des **Spruchkörpers** und die (Nach-)**Namen sämtlicher (ehrenamtlicher) Richter** inkl. Amtsbezeichnung, die bei der Entscheidung mitgewirkt haben (§ 313 Abs. 1 Nr. 2 ZPO),
– den Tag, an dem die **mündliche Verhandlung** geschlossen worden ist[4] (§ 313 Abs. 1 Nr. 3 ZPO), bzw. das Datum, das dem gleich steht (zB. bei einer Entscheidung nach Lage der Akten der Tag des versäumten Termins oder in der Rechtsmittelinstanz der Tag, an dem die Beratung im schriftlichen Verfahren nach § 128 Abs. 2 ZPO stattgefunden hat),
– den Tag, an dem das Urteil verkündet worden ist, dh. sog. **Verkündungsvermerk** des Urkundsbeamten der Geschäftsstelle (§ 315 Abs. 3 ZPO),
– die vollständige Urteilsformel – auch **Tenor** genannt[5] (§ 313 Abs. 1 Nr. 4 ZPO, s. Rz. 5 f.),
– den **Tatbestand** (§ 313 Abs. 1 Nr. 5 und Abs. 2 ZPO; s. Rz. 7 ff.),

---

1 Vgl. zu den Aufgaben eines Urteils: Zöller/*Vollkommer*, § 313 ZPO Rz. 2.
2 BLAH, § 313 ZPO Rz. 7.
3 Es sind grds. nur die zum Schluss der mündlichen Verhandlung **aktuellen** Personen aufzuführen, nicht zuvor ausgeschiedene, es sei denn, diese werden durch das Urteil unmittelbar in ihrer Rechtsstellung, zB durch die Kostenentscheidung, betroffen. Neben den Parteien sind deren **Streitgenossen** und **Nebenintervenienten** zu erwähnen, nicht aber diejenigen Personen, die trotz **Streitverkündung** nicht beigetreten sind; das ist wegen § 74 Abs. 3 ZPO im Tatbestand zu erwähnen (Zöller/*Vollkommer*, § 313 ZPO Rz. 4).
4 S. Zöller/*Vollkommer*, § 313 ZPO Rz. 6 f.
5 S. Zöller/*Vollkommer*, § 313 ZPO Rz. 8 f.

- die **Entscheidungsgründe** (§ 313 Abs. 1 Nr. 6 und Abs. 3 ZPO),
- die **Rechtsmittelbelehrung** (§ 9 Abs. 5 Satz 1; s. § 9 Rz. 10 ff.) und
- die **Unterschrift** des Vorsitzenden (§ 60 Abs. 4 Satz 1) bzw. aller beteiligter Richter (nur LAG und BAG, § 69 Abs. 1 Satz 1, § 75 Abs. 2).

b) Urteilsformel

Die **Urteilsformel** (§ 313 Abs. 1 Nr. 4 ZPO), die im Hinblick auf die Rechtskraft (§ 322 ZPO) kurz und präzise gefasst sein soll[1], umfasst[2]

- die **Entscheidung in der Hauptsache** (Stattgabe oder Abweisung der Klage),
- die **Kostengrundentscheidung** (§§ 91 ff. ZPO),
- die **Festsetzung des Werts des Streitgegenstandes** (§ 61 Abs. 1; s. Rz. 23 ff.) und
- die **Entscheidung über die (Nicht-)Zulassung** der **Berufung** (§ 64 Abs. 3a; s. § 64 Rz. 38 ff.) bzw. der **Revision** (§ 72 Abs. 1 Satz 2).

5

Schon im Hinblick auf die Erteilung einer **abgekürzten Ausfertigung** (§ 60 Abs. 4 Satz 3 Halbs. 2; § 317 Abs. 2 Satz 2 ZPO) muss die Urteilsformel ohne Tatbestand und Entscheidungsgründe aus sich heraus verständlich sein und die Zwangsvollstreckung ermöglichen[3]. Aufgrund der **vorläufigen Vollstreckbarkeit** arbeitsgerichtlicher Urteile (§ 62 Abs. 1 Satz 1) ist ein Ausspruch hierüber – anders als im Zivilprozess – entbehrlich. Nur wenn der Beklagte glaubhaft macht, dass die Vollstreckung ihm einen nicht zu ersetzenden Nachteil bringen würde, hat das ArbG auf seinen Antrag hin die vorläufige Vollstreckbarkeit im Urteil, also wiederum in der Urteilsformel, auszuschließen (§ 62 Abs. 1 Satz 2).

6

c) Tatbestand

Der **Tatbestand** hat gem. § 313 Abs. 2 ZPO in knapper Darstellung bzw. in gedrängter Form das **schriftliche und mündliche Vorbringen der Parteien**, dh. den Sach- und Streitstand, seinem wesentlichen Inhalt nach wiederzugeben[4]. Er soll nicht mit Details überfrachtet werden, erst recht nicht mit solchen, auf die es nach Auffassung des Gerichts für den Prozessausgang gar nicht ankommt. Die Hauptargumente der Parteien für ihre Rechtsansichten sind nachvollziehbar darzulegen. Der Tatbestand muss so umfangreich sein, dass später problemlos die Rechtskraft des Urteils feststellbar ist, insbesondere welche Ansprüche und welche Lebenssachverhalte und damit welche Streitgegenstände vom Urteil erfasst sind. Eine weitere Hauptfunktion des Tatbestandes besteht darin, im vorgenannten Rahmen die streitigen von den unstreitigen Tatsachen herauszuarbeiten. Seine **Beweiskraft** (§ 314 Satz 1 ZPO) kann nur durch das Sitzungsprotokoll entkräftet werden (§ 314 Satz 2 ZPO).

7

Ein ordnungsgemäßer **Tatbestand** enthält idR die **folgenden Abschnitte**, wobei sich Abweichungen durch die Klageart, den Prozessverlauf und das jeweilige Vorbringen der Parteien ergeben können[5]:

- Eingangs eine **schlagwortartige Beschreibung** des Streits der Parteien (zB „Die Parteien streiten über die Abgeltung von Urlaubsansprüchen");
- den **unstreitigen Sachverhalt**, auch Sachstand genannt, der sich aus dem beiderseits übereinstimmenden Vortrag, dem nach § 288 ZPO zugestandenen Vortrag und dem vom Prozessgegner nicht bestrittenen Vorbringen der Gegenseite (§ 138 Abs. 3 ZPO) ergibt;
- die **Prozessgeschichte**, soweit erforderlich ist;
- die bestrittenen Tatsachenbehauptungen des Klägers;
- die zuletzt gestellten (Sach-)Anträge der Parteien (Kostenanträge sind nicht aufzunehmen, da hierüber gem. § 308 Abs. 2 ZPO von Amts wegen zu entscheiden ist);
- das **Verteidigungsvorbringen** (dh. die streitigen Tatsachenbehauptungen) des Beklagten;
- ggf. die Erwiderung (Replik) des Klägers hierauf;

8

---

1 *Griebeling*, AR-Blattei SD Nr. 160.8, Rz. 232. Begründungselemente, zB „Urlaubsabgeltung für das Jahr 2013", sollten dort nicht erscheinen. Sie gehören nur dann in den Tenor, wenn das Urteil keinen Tatbestand oder Entscheidungsgründe enthält, damit dessen Rechtskraftwirkung ermittelt werden kann.
2 S. hierzu ausführlich: *Griebeling*, AR-Blattei SD Nr. 160.8, Rz. 235–267.
3 Düwell/Lipke/*Kloppenburg*, § 61 Rz. 5; HWK/*Ziemann*, § 61 ArbGG Rz. 4; Zöller/*Vollkommer*, § 313 ZPO Rz. 8; s. a. BCF/*Creutzfeldt*, § 61 Rz. 9.
4 S. hierzu ausführlich: *Griebeling*, AR-Blattei SD Nr. 160.8, Rz. 277–292.
5 GK-ArbGG/*Schütz*, § 61 Rz. 7; s. zum Aufbau des Tatbestandes: Zöller/*Vollkommer*, § 313 ZPO Rz. 12–18.

- ggf. die Gegenerwiderung (Duplik) des Beklagten;
- Mitteilung über die Durchführung einer **Beweisaufnahme**;
- ggf. die sonstige Prozessgeschichte, soweit erforderlich.

9 Wegen der **Einzelheiten** des Sach- und Streitstandes soll – soweit wie möglich – auf **Schriftsätze, Protokolle** und **andere Unterlagen** verwiesen werden (§ 313 Abs. 2 Satz 2 ZPO), wobei eine summarische Bezugnahme den gesetzlichen Anforderungen genügt[1]. Daher ist es auch grds. zulässig, in den Entscheidungsgründen auf Tatsachenvortrag der Parteien abzustellen, der nicht ausdrücklich im Tatbestand genannt ist und insofern weitere Tatsachenfeststellungen zu treffen[2].

10 Der **Tatbestand** kann – wie andere Teile eines Urteils – jederzeit von Amts wegen, aber auch auf Antrag bzw. Anregung der Parteien, bei Schreibfehlern, Rechnungsfehlern und ähnlichen offenbaren Unrichtigkeiten **berichtigt** werden (§ 319 Abs. 1 ZPO)[3]. Mit der Urteilsberichtigung soll dem Gericht ermöglicht werden, offensichtliche Fehler im Urteil zu beseitigen. Keinesfalls kann aber eine falsche oder unterbliebene Entscheidung geheilt werden[4].

11 Enthält der Tatbestand eines Urteils andere als die vorgenannten Unrichtigkeiten, insbesondere Auslassungen, Dunkelheiten oder Widersprüche, so kann die **Berichtigung des Tatbestandes** binnen einer Frist von zwei Wochen durch Einreichung eines Schriftsatzes durch eine Partei beantragt werden (§ 320 Abs. 1 ZPO)[5]. Die Frist beginnt mit der Zustellung des in vollständiger Form abgefassten Urteils. Der Antrag kann zwar schon vorher gestellt werden, er ist aber ausgeschlossen, wenn er nicht binnen **drei Monaten seit der Verkündung des Urteils** gestellt wird (§ 320 Abs. 2 ZPO). Diese **Höchstfrist** gilt nach dem klaren Gesetzeswortlaut selbst dann, wenn das Urteil entgegen § 60 Abs. 4 Satz 2 und 3 nicht binnen drei Monaten nach der Verkündung zugestellt ist (s. § 60 Rz. 43, Rz. 47). Gegenstand der Tatbestandsberichtigung sind der **Tatbestand**, aber auch etwaige **tatsächliche Feststellungen in den Entscheidungsgründen** selbst[6]. Jedenfalls dann, wenn gegen das Urteil Berufung eingelegt wird, das Urteil also keine (materielle) Rechtskraft erlangt, erscheint ein Antrag auf Tatbestandsberichtigung oftmals nicht sinnvoll. Liegt ein Tatsachenfehler vor, so ist er ein lohnendes Angriffsmittel im Berufungsverfahren (§ 520 Abs. 3 Satz 2 Nr. 3 ZPO) und vom LAG ohnehin von Amts wegen nach § 529 Abs. 2 Satz 2 ZPO zu beheben[7]. Tatsächliche Unrichtigkeiten des Tatbestandes sind außerhalb der Drei-Monats-Frist ohnehin nur noch in einem Rechtsmittelverfahren korrigierbar. Über den Antrag entscheidet gem. § 55 Abs. 1 Nr. 10 der Vorsitzende allein ohne mündliche Verhandlung, sofern nicht eine Partei die mündliche Verhandlung beantragt; in diesem Fall entscheidet die Kammer. Eine Tatbestandsberichtigung ändert die Beweiskraft des Tatbestands nach § 314 ZPO.

d) Entscheidungsgründe

12 Die **Entscheidungsgründe**[8] (§ 313 Abs. 1 Nr. 6 ZPO) sollen ebenfalls nur eine kurze **Zusammenfassung der Erwägungen**, auf denen die Entscheidung in tatsächlicher und rechtlicher Hinsicht beruht, enthalten (§ 313 Abs. 3 ZPO). In den Entscheidungsgründen muss nicht jede Einzelheit des Parteivorbringens erörtert werden, allerdings muss in ihnen die Bereitschaft des Gerichts erkennbar sein, die Ausführungen der Prozessparteien in die Willensbildung miteinzubeziehen. Im Interesse der Verfahrensökonomie ist es ausreichend, wenn der **wesentliche Sachvortrag** vom Gericht zur Kenntnis genommen und rechtlich unter die im Einzelfall anwendbaren Rechtsvorschriften und Rechtsgrundsätze subsumiert wird. Die richterlichen Überlegungen müssen nachvollziehbar sein und eine Überprüfung durch die Rechtsmittelinstanz ermöglichen[9]. **Gutachterliche Erwägungen** gehören nicht in die Entscheidungsgründe. Es sind alle Klageansprüche zu behandeln, dh. sämtliche gestellte Sachanträge sind zu bescheiden. Sie sind im sog. **Urteilsstil** abzuhandeln, dh. der Leser soll vom Ergebnis her erfahren, aus welchen rechtlichen und tatsächlichen Gründen ein Anspruch (nicht) besteht. Soweit das ArbG von der herrschenden Rspr. des übergeordneten LAG oder des BAG abweicht, müssen diese Abweichungen begründet werden[10]. Wegen der Prüfung der Entscheidung über die Berufungszulassung: vgl. § 64 Rz. 42–53, insbesondere Rz. 45, Rz. 48, Rz. 49. Übergeht das ArbG wesentliches – nicht alles, was eine Partei dafür hält, ist es auch nach Meinung des Gerichts – Vorbringen,

---

1 BGH v. 16.6.1992 – XI ZR 166/91, NJW 1992, 2148 f.; GK-ArbGG/*Schütz*, § 61 Rz. 8.
2 BeckOKArb/*Hamacher*, § 61 ArbGG Rz. 8.
3 S. Zöller/*Vollkommer*, § 319 ZPO Rz. 1 ff.
4 GMP/*Germelmann*, § 61 Rz. 46 ff.
5 S. dazu Zöller/*Vollkommer*, § 320 ZPO Rz. 1 ff.
6 GMP/*Germelmann*, § 61 Rz. 49.
7 Vgl. auch *Müller/Heydn*, NJW 2005, 1750.
8 S. wegen Einzelheiten Zöller/*Vollkommer*, § 313 ZPO Rz. 19–22; *Griebeling*, AR-Blattei SD Nr. 160.8, Rz. 293–308.
9 Düwell/Lipke/*Kloppenburg*, § 61 Rz. 7; HWK/*Ziemann*, § 61 ArbGG Rz. 6.
10 Vgl. BVerfG v. 1.4.1992 – 1 BvR 1097/91, NJW 1992, 2556.

dann ist dies in einem zulässigen Berufungsverfahren vom LAG nach § 529 Abs. 2 Satz 2 ZPO heilbar; bei unanfechtbaren Urteilen kann eine Anhörungsrüge nach § 78a in Betracht kommen.

2. Abkürzung von Urteilen

a) Versäumnis-, Anerkenntnis- und Verzichtsurteile

Das **echte Versäumnisurteil** (§§ 330, 331 Abs. 2 Halbs. 1 ZPO) – nicht aber ein unechtes und damit kontradiktorisches Urteil anlässlich einer Säumnis –, das **Anerkenntnisurteil** (§ 307 Abs. 1 ZPO) und das **Verzichtsurteil** (§ 306 ZPO) bedürfen grds. **weder des Tatbestandes noch der Entscheidungsgründe** (§ 313b Abs. 1 Satz 1 ZPO). Die Regelungen von § 313b ZPO gelten gem. § 46 Abs. 2 Satz 1 ArbGG auch im arbeitsgerichtlichen Verfahren[1]. 13

§ 313b Abs. 1 Satz 1 ZPO gilt angesichts des klaren Wortlauts auch für das sog. **zweite Versäumnisurteil** nach § 345 ZPO, mit dem der Einspruch verworfen wird, denn auch dieses Urteil ist ein echtes Versäumnisurteil[2]. Dies rechtfertig sich daraus, dass es nur eingeschränkt berufungsfähig ist (vgl. dazu § 64 Rz. 93 f.). So unterliegt es der Berufung insoweit, als diese nur darauf gestützt werden kann, es habe keine schuldhafte Versäumung des Termins, in dem es ergangen ist, vorgelegen (§ 64 Abs. 2 Buchst. d). Gleichwohl ist es in diesem Fall zulässig, in einer Gesamtschau von Tatbestand und Entscheidungsgründen dem LAG die wesentlichen Angaben im Hinblick auf die ordnungsgemäße Ladung, das Versäumnisurteil, den fristgerechten Einspruch und die erneute Säumnis im Urteil darzulegen[3]. 14

Soll ein Versäumnis- oder Anerkenntnisurteil **im Ausland** zugestellt oder vollstreckt werden, so dürfen Tatbestand und Entscheidungsgründe nicht weggelassen werden (§ 313b Abs. 3 ZPO). Die Geltendmachung im Ausland ist zu erwarten, wenn auch nur eine gewisse Wahrscheinlichkeit hierfür besteht, etwa weil eine Partei ihren Aufenthaltsort bereits bei Prozessbeginn im Ausland hatte oder während des Verfahrens ins Ausland verlegt hat oder wenn bereits die Zustellung der Klage im Ausland erfolgte oder eine Partei Vermögen im Ausland hat, auf welches zugegriffen werden soll. Ist ein Versäumnis- oder Anerkenntnisurteil ohne Tatbestand und Entscheidungsgründe hergestellt worden, weil bei seinem Erlass kein Auslandsbezug festzustellen war, und ergibt sich die Notwendigkeit der Geltendmachung im Ausland nach Zustellung des abgekürzten Urteils, dann gelten die Vorschriften über die **Vervollständigung** von Versäumnis- und Anerkenntnisurteilen (s. bspw. § 30 AVAG) entsprechend (§ 313a Abs. 5 ZPO). 15

b) Sonstige Urteile

Für die **sonstigen Urteile** bestimmt § 313a ZPO, dass unter bestimmten Voraussetzungen **Tatbestand** und **Entscheidungsgründe weggelassen** werden können. Es steht im Ermessen des Gerichts, von dieser Möglichkeit Gebrauch zu machen oder ein vollständig abgefasstes Urteil zu erstellen. Allerdings ist hierbei auch das Risiko einer Anhörungsrüge der unterlegenen Partei nach § 78a zu bedenken. Die Regelungen von § 313a ZPO gelten gem. § 46 Abs. 2 Satz 1 ArbGG auch im arbeitsgerichtlichen Verfahren[4]. 16

Nach § 313a Abs. 1 Satz 1 ZPO bedarf es dann **keines Tatbestandes**, wenn ein **Rechtsmittel** gegen das Urteil **unzweifelhaft nicht statthaft** ist. Dies ist der Fall, wenn keine der Voraussetzungen von § 64 Abs. 2 erfüllt ist, oder wenn ein Rechtsmittelverzicht erklärt wurde. Jeder Zweifel darüber, ob das Rechtsmittel der Berufung gegeben ist, zwingt das ArbG, einen Tatbestand im Urteil niederzulegen[5]. Ist das Rechtsmittel der Berufung unzweifelhaft nicht statthaft, dann bedarf es auch **keiner Entscheidungsgründe**, wenn entweder die Parteien hierauf verzichten (siehe unten) oder wenn ihr wesentlicher Inhalt in das Protokoll aufgenommen worden ist (§ 313a Abs. 1 Satz 2 ZPO). Beides ist nur bei den sog. Stuhlurteilen möglich, da bei Anberaumung eines Verkündungstermins das Urteil in vollständig abgefasster Form bei der Verkündung vorliegen muss (§ 60 Abs. 4 Satz 2). Allerdings kann bei einem Stuhlurteil die unterlegene Partei mit einer Anhörungsrüge gem. § 78a reagieren, wobei dann im Rahmen der Abhilfeentscheidung darzustellen ist, aus welchen Gründen Sachvortrag nicht entscheidungserheblich ist oder bestimmte Ansprüche nicht gegeben sind. Insofern sollte von § 313a Abs. 1 ZPO zurückhaltend Gebrauch gemacht werden[6]. 17

Ist hingegen von der Höhe des Beschwerdegegenstandes an sich die Berufung statthaft (§ 64 Abs. 2 Buchst. b) oder handelt es sich um eine Bestandsstreitigkeit (§ 64 Abs. 2 Buchst. c), dann sind auch in diesen Fällen 18

---

1 GMP/*Germelmann*, § 61 Rz. 5.
2 BGH v. 3.3.2008 – II ZR 251/06, NJW-RR 2008, 876 (877) = MDR 2008, 706; Zöller/*Heßler*, § 539 ZPO Rz. 17; aA Zöller/*Vollkommer*, § 313b ZPO Rz. 1.
3 Nach BLAH, § 313b ZPO Rz. 3 ist dies bei einem zweiten Versäumnisurteil sogar „ratsam".
4 *Schmidt/Schwab/Wildschütz*, NZA 2001, 1161 (1165).
5 GMP/*Germelmann*, § 61 Rz. 5.
6 GK-ArbGG/*Schütz*, § 61 Rz. 12 mwN.

19 Tatbestand und Entscheidungsgründe entbehrlich, wenn das Urteil in dem Termin, in dem die mündliche Verhandlung geschlossen wird, verkündet wird (Stuhlurteil) und die Parteien, zumindest aber die durch das Urteil beschwerte Partei, auf das **Rechtsmittel** der Berufung **verzichten** (§ 313a Abs. 2 ZPO).

19 Bei Nichtzulassung der Revision durch das LAG führt allein die Möglichkeit einer Nichtzulassungsbeschwerde zum BAG (§ 72a) dazu, dass gerichtlicherseits die Feststellung gem. § 313a Abs. 1 ZPO, dass ein Rechtsmittel unzweifelhaft nicht gegeben ist, nicht getroffen werden kann[1]. Daher kommt beim LAG ein Absehen von Tatbestand und Entscheidungsgründen nur in Betracht, wenn die durch das **Berufungsurteil** beschwerte Partei auf Rechtsmittel verzichtet (§ 313a Abs. 2 ZPO; s.a. § 69 Abs. 4 Satz 2 ArbGG). Im **Revisionsverfahren** beim BAG kann § 313a ZPO hingegen uneingeschränkt angewendet werden, denn seine Entscheidungen sind nicht mit Rechtsmitteln anfechtbar, insbesondere sind weder Anhörungsrüge (§ 78a) noch Verfassungsbeschwerde Rechtsmittel.

20 Der **Rechtsmittelverzicht** kann bereits vor der Verkündung des Urteils erfolgen (§ 313a Abs. 3 Halbs. 1 ZPO). Ein Rechtsmittelverzicht muss wegen seiner weitreichenden Folgen für die beschwerte Partei klar und unmissverständlich formuliert sein[2]. Es muss der Wille zum Ausdruck gebracht werden, das Urteil endgültig hinzunehmen und es nicht anfechten zu wollen, wobei es nicht erforderlich ist, dass ausdrücklich von einem „Verzicht" die Rede ist[3]. Der Rechtsmittelverzicht muss spätestens binnen einer Woche nach Schluss der mündlichen Verhandlung gegenüber dem ArbG erklärt werden (§ 313a Abs. 3 Halbs. 2 ZPO). Diese Wochenfrist hat wegen der Drei-Wochen-Frist von § 60 Abs. 4 Satz 3 eine Schutzwirkung zugunsten des Gerichts, das alsbald Gewissheit haben muss, ob das Urteil mit Tatbestand und Entscheidungsgründen abzusetzen ist. Es soll vermieden werden, dass ein bereits vollständig abgesetztes Urteil durch spätere Verzichtserklärung der Parteien überflüssig wird. Nach der Ratio dieser Regelung bleibt aber ein Rechtsmittelverzicht nach Ablauf der Frist analog § 283 Satz 2 ZPO wirksam, wenn das Gericht ihn annimmt und dann das Urteil abgekürzt absetzt[4]. Das gilt insbesondere, wenn das Urteil bei Eingang der Verzichtserklärung bei Gericht noch nicht abgesetzt ist. Die Wochenfrist wird nach § 222 ZPO iVm. §§ 187 ff. BGB berechnet und beginnt mit dem Schluss der mündlichen Verhandlung.

21 Bei einem Urteil, das auf **künftig fällig werdende und wiederkehrende Leistungen** (§ 258 ZPO) gerichtet ist, ist ein Weglassen von Tatbestand und Entscheidungsgründen nicht statthaft (§ 313a Abs. 4 ZPO), da gegen ein solches Urteil bei Veränderung der Umstände eine Abänderungsklage mit § 323 ZPO erhoben werden kann. Um die Zulässigkeit und Begründetheit einer Abänderungsklage prüfen zu können, ist die Feststellung erforderlich, ob sich nach Schluss der mündlichen Verhandlung, in der das Versäumnisurteil erlassen worden ist, eine Veränderung ergeben hat[5].

22 Ist zu erwarten, dass ein Urteil **im Ausland** zugestellt oder vollstreckt wird, dürfen Tatbestand und Entscheidungsgründe nicht weggelassen werden (§ 313a Abs. 4 ZPO). Ist ein Urteil ohne Tatbestand und Entscheidungsgründe hergestellt worden (§ 313a Abs. 1 und Abs. 2 ZPO), weil bei seinem Erlass kein Auslandsbezug festzustellen war, und ergibt sich die Notwendigkeit der Geltendmachung im Ausland nach Zustellung des abgekürzten Urteils, gelten die Vorschriften über die **Vervollständigung** von Versäumnis- und Anerkenntnisurteilen (s. bspw. § 30 AVAG) entsprechend (§ 313a Abs. 5 ZPO).

III. Streitwertfestsetzung

23 Der **Wert des Streitgegenstandes** ist gem. § 61 Abs. 1 in **jedem arbeitsgerichtlichen Urteil** festzusetzen[6]. Dies gilt unstreitig für jedes Endurteil (§ 300 ZPO), Teilurteil (§ 301 ZPO), Vorbehaltsurteil (§ 302 ZPO) und Zwischenurteil über die Zulässigkeit der Klage (§ 280 Abs. 1 ZPO). Angesichts des klaren Wortlauts („im Urteil") gilt diese Verpflichtung auch für Zwischenurteile (§ 303 ZPO), Grundurteile (§ 304 ZPO iVm. § 64 Abs. 3 ArbGG)[7] sowie für (Zwischen-)Urteile, gegen die eine **Berufung unstatthaft** ist und stattdessen das Rechtsmittel der **sofortigen Beschwerde** gegeben ist (zB §§ 71, 135, 387 ZPO)[8]. Soweit dies in

---

1 BAG v. 24.3.2011 – 2 AZR 170/10, NZA 2011, 993.
2 BAG v. 15.3.2006 – 9 AZN 885/05, NZA 2006, 876 (878).
3 BAG v. 16.3.2004 – 9 AZR 323/03, BAGE 110, 45 = NZA 2004, 1047.
4 LAG Köln v. 8.4.2005 – 4 Sa 828/04, LAGE § 313a ZPO 2002 Nr. 1; *Schneider*, MDR 1985, 906 (907); GK-ArbGG/*Schütz*, § 61 Rz. 14; *Gift/Baur*, Teil E Rz. 1516; Zöller/*Vollkommer*, § 313a ZPO Rz. 6; Thomas/Putzo/*Reichold*, § 313a ZPO Rz. 3; Musielak/Voit/*Musielak*, § 313a ZPO Rz. 5; aA BLAH, § 313a ZPO Rz. 16.
5 GMP/*Germelmann*, § 61 Rz. 7; GK-ArbGG/*Schütz*, § 61 Rz. 10.
6 BeckOKArb/*Hamacher*, § 61 ArbGG Rz. 20; GWBG/*Benecke*, § 61 Rz. 5; BCF/*Creutzfeldt*, § 61 Rz. 17.
7 GK-ArbGG/*Schütz*, § 61 Rz. 26.
8 Hauck/Helml/Biebl/*Helml*, § 61 Rz. 4.

der Lit. abweichend beurteilt wird[1], vermag diese Ansicht angesichts des klaren Wortlauts nicht zu überzeugen, denn die fehlende Möglichkeit einer Berufung kann nicht das entscheidende Gegenargument sein, auch wenn es bei der Wertfestsetzung nach § 61 Abs. 1 um die Rechtsmittelfähigkeit eines Urteils geht. Allerdings erfolgt auch in (echten) Versäumnisurteilen, gegen die ein Einspruch zulässig ist, und in sog. (echten) zweiten Versäumnisurteilen, gegen die das Rechtsmittel der Berufung eingeschränkt zulässig ist, eine Streitwertfestsetzung[2]. Schließlich hat auch eine Streitwertfestsetzung im Urteil zu erfolgen, wenn es zu einem **Rechtsmittelverzicht** gekommen ist[3], denn ein solcher kann ggf. unwirksam sein oder gem. § 123 BGB angefochten werden.

1. Bedeutung der Streitwertfestsetzung

Der Zivilprozess kennt drei Arten des Streitwertes, nämlich 24
- den Zuständigkeitsstreitwert (§§ 2–9 ZPO)[4],
- den Rechtsmittelstreitwert sowie
- den Kosten- und Gebührenstreitwert, der jeweils die Grundlage für die Berechnung der Gerichts- und Rechtsanwaltsgebühren maßgeblich ist.

Hieran gemessen war die die **Bedeutung der Streitwertfestsetzung** nach § 61 Abs. 1 nach der Novellierung des ArbGG im Jahre 1979 lange umstritten[5]. Sie wurde teils als bedeutungslos angesehen[6], teils wurde ihr nur eine kostenrechtliche Bedeutung zugemessen[7]. Durchgesetzt hat sich die Auffassung des BAG, wonach die Streitwertfestsetzung im arbeitsgerichtlichen Urteil der **Rechtsmittelklarheit** dient und Bedeutung für die Zulässigkeit der Berufung hat[8]. Damit handelt es sich bei dem nach § 61 Abs. 1 festzusetzenden Streitwert letztlich um einen **Rechtsmittelstreitwert** (s.a. § 12 Rz. 124 ff.)[9]. Er dient der Bestimmung der **Rechtsmittelfähigkeit des Urteils**[10], indem er den Parteien schon bei Urteilserlass verlässliche Auskunft geben soll, ob sie gegen das Urteil Berufung einlegen können oder nicht[11]. Es wäre mit der Rechtsmittelklarheit unvereinbar, wenn die Berufungsfähigkeit eines Urteils solange ungewiss bliebe, bis das Berufungsgericht über den Beschwerdewert erkannt hätte. Im Falle einer nicht ausdrücklichen Zulassung der Berufung durch das ArbG kommt der Streitwertfestsetzung somit auch die Bedeutung zu, dass es damit für den Rechtsmittelkläger überflüssig ist, den Beschwerdewert glaubhaft machen zu müssen (§ 64 Abs. 5)[12]. 25

Das **LAG** ist im Rahmen des § 64 Abs. 2 Buchst. b grds. an die vom ArbG **festgesetzte Höhe des Streitwertes** gebunden (s. § 64 Rz. 61 ff.). Es hat aus diesem Streitwert als **Obergrenze** sowie ggf. aus den Anträgen, dem Tatbestand und den Entscheidungsgründen den relevanten Beschwerdewert zu ermitteln. Dieser kann grds. nicht höher sein als der im Urteil festgesetzte Streitwert[13], dh. der unterlegenen Partei ist es nicht möglich, die Statthaftigkeit der Berufung dadurch zu erreichen, dass sie Gründe für einen höheren Beschwerdewert vorträgt. Eine **Bindungswirkung** (vgl. § 318 ZPO) entfällt nur, wenn die **Streitwertfestsetzung des ArbG offensichtlich unrichtig** ist, dh. sie in jeder Beziehung unverständlich und unter **keinem vernünftigen Gesichtspunkt** zu rechtfertigen ist oder der zutreffende Streitwert auf den ersten Blick die für den Beschwerdewert maßgebliche Grenze unterschreitet oder übersteigt[14] oder der Wert des Be- 26

---

1 ErfK/*Koch*, § 61 ArbGG Rz. 2; GMP/*Germelmann*, § 61 Rz. 14; HWK/*Ziemann*, § 61 ArbGG Rz. 14; Natter/Gross/*Rieker*, § 61 Rz. 7, der für eine teleologische Reduktion von § 61 Abs. 1 ArbGG anregt; unklar DFL/*Heider*, § 61 ArbGG Rz. 6.
2 BCF/*Creutzfeldt*, § 61 Rz. 18; aA Natter/Gross/*Rieker*, § 61 Rz. 7, bezogen auf ein Versäumnisurteil.
3 GK-ArbGG/*Schütz*, § 61 Rz. 26; aA Natter/Gross/*Rieker*, § 61 Rz. 7; GMP/*Germelmann*, § 61 Rz. 14.
4 Dieser spielt im arbeitsgerichtlichen Verfahren keine Rolle, da das ArbG unabhängig vom Streitwert stets erstinstanzlich zuständig ist.
5 S. zur Darstellung des Streitstandes: *Creutzfeldt*, NZA 1996, 956 (957 f.).
6 LAG Düsseldorf v. 20.3.1980 – 7 Ta 232/79, EzA § 61 ArbGG 1979 Nr. 2 m. Anm. *Grunsky*.
7 LAG Hamm v. 15.11.1979 – 8 Ta 180/79, MDR 1980, 172.
8 BAG v. 27.5.1994 – 5 AZB 3/94, NZA 1994, 1054; BAG v. 2.3.1983 – 5 AZR 594/82, BAGE 44, 13 = MDR 1984, 84 m. Anm. *Schneider*.
9 So ausdrücklich GWBG/*Benecke*, § 61 Rz. 4 sowie *Selzer*, NZA 2011, Beilage Nr. 4, 164 (173), wobei die nachfolgend dargestellten Einschränkungen dieses Begriffs zu beachten sind.
10 GK-ArbGG/*Schütz*, § 61 Rz. 19; Sinn und Zweck von § 61 Abs. 1 werden allerdings kritisch beurteilt von Natter/Gross/*Rieker*, § 61 Rz. 6 f. und BCF/*Creutzfeldt*, § 61 Rz. 20.
11 GMP/*Germelmann*, § 61 Rz. 13; Ostrowicz/Künzl/Scholz/*Künzl*, Rz. 354.
12 Ostrowicz/Künzl/Scholz/*Künzl*, Rz. 354.
13 BAG v. 4.6.2008 – 3 AZB 37/08, NZA-RR 2009, 555; BAG v. 16.5.2007 – 2 AZB 53/06, NZA 2007, 829 (830); *Gift/Baur*, Teil E Rz. 1524 f.
14 BAG v. 16.5.2007 – 2 AZB 53/06, NZA 2007, 829 (830); LAG Berlin-Brandenburg v. 6.3.2015 – 4 Sa 258/15.

schwerdegegenstandes sich im Einzelfall nach anderen Kriterien richtet[1]. Hierbei ist allerdings die **rechtliche Bewertung des Rechtsmittelgerichts** zugrunde zu legen[2]. Legt die beim ArbG in vollem Umfang unterlegene Partei uneingeschränkt Berufung ein, stimmt der Wert ihrer Beschwer mit dem im Urteil des ArbG festgesetzten Streitwert – von den vorgenannten Ausnahmefällen abgesehen – überein, so dass eine gesonderte Ermittlung des Beschwerdewertes in einem solchen Fall grds. nicht in Betracht kommt[3].

27 Bei einer **Auskunftsklage** ist allerdings zu beachten, dass sich die Beschwer der zur Auskunft verurteilten Partei nicht nach der Höhe des möglichen Zahlungsanspruchs sondern nach dem Aufwand für die Auskunft berechnet[4].

28 Soweit es den Beschwerdewert bei **Klage- und Widerklageantrag** betrifft, sind diese wertmäßig zusammenzurechnen[5]. Jedoch muss der Widerklageantrag dann bei der für die Statthaftigkeit der Berufung maßgeblichen Festsetzung des Wertes des Streitgegenstandes im Urteil außer Acht bleiben, wenn er offenkundig nicht auf eine Sachentscheidung, sondern nur auf das Erreichen der sog. **Erwachsenheitssumme**[6] bzw. der Beschwerdewertgrenze von 600 Euro gerichtet ist[7].

2. Berechnung des Streitwertes

29 Die Berechnung des Streitwertes richtet sich angesichts seiner Bedeutung für die Rechtsmittelfähigkeit eines Urteils nur nach den Streitgegenständen, über die im Urteil entschieden wurde, dh. **maßgeblicher Zeitpunkt** ist der **Schluss der mündlichen Verhandlung**. Somit bleiben im Laufe des Verfahrens ausgeschiedene (zB aufgrund einer Teil-Klagerücknahme, einer Teil-Erledigungserklärung oder eines Teil-Vergleichs), weiterhin anhängige oder erledigte Klageforderungen unberücksichtigt[8]. Bei einem **Teilurteil** ist nur der Wert des entschiedenen Streitgegenstandsteils zugrunde zu legen[9]. Für die Streitwertberechnung gelten die Grundsätze der §§ 3–9 ZPO[10], wobei bei Ermessensentscheidungen auch die Besonderheiten des arbeitsgerichtlichen Verfahrens in den §§ 39 ff. GKG (vgl. insbesondere § 42 Abs. 2–3 GKG) heranzuziehen sind[11].

3. Form der Streitwertfestsetzung

30 Die Streitwertfestsetzung hat **im Tenor** zu erfolgen, denn eine Festsetzung in den Entscheidungsgründen reicht nicht aus[12], so dass eine Streitwertfestsetzung auch nicht unterbleiben kann, wenn gem. §§ 313a, 313b ZPO die Entscheidungsgründe entbehrlich sind[13]. Zwar ist der Gegenauffassung zuzugeben, dass der Wortlaut von § 61 Abs. 1 anders als derjenige von § 64 Abs. 3a Satz 1 nicht ausdrücklich auf den Urteilstenor sondern „nur" auf das Urteil Bezug nimmt. Entscheidend ist aber, dass mit § 61 Abs. 1 ein gesonderter Streitwertbeschluss überflüssig gemacht werden sollte. Es sollte also nur die Entscheidungsform geändert werden, nicht aber der Umstand, dass die Festsetzung im Tenor einer gerichtlichen Entscheidung zu erfolgen hat. Hinzu kommt, dass die Streitwertfestsetzung unstreitig durch die **Kammer** und nicht allein durch den Vorsitzenden erfolgen muss, wobei die Gegenauffassung nicht zu erklären vermag, wie dies möglich sein soll, wenn eine Streitwertfestsetzung in den Entscheidungsgründen erfolgen könnte. Im Ergebnis ist die Streitwertfestsetzung Teil des arbeitsgerichtlichen Tenors und ist daher mit zu verkünden[14].

---

1 BAG v. 27.5.1994 – 5 AZB 3/94, NZA 1994, 1054.
2 BAG v. 16.5.2007 – 2 AZB 53/06, NZA 2007, 829 (830); *Gift/Baur*, Teil E Rz. 1525; BAG v. 13.2.1984 – 7 AZB 22/83, juris; aA *Ulrici*, AuR 2008, 384.
3 BAG v. 13.1.1988 – 5 AZR 410/87, AP Nr. 11 zu § 64 ArbGG 1979; LAG Schl.-Holst. v. 26.9.2008 – 6 Sa 267/08.
4 BAG v. 27.5.1994 – 5 AZB 3/94, NZA 1994, 1054; s.a. § 64 Rz. 78 f.
5 § 5 Halbs. 2 ZPO gilt nur für den Zuständigkeitsstreitwert – *Zöller/Herget*, § 5 ZPO Rz. 2; BAG v. 13.3.1959 – 2 AZR 282/58, AP Nr. 28 zu § 69 ArbGG.
6 S. zu diesem Begriff: BAG v. 23.5.1985 – 2 AZR 264/84; LAG Berlin-Brandenburg-Bdb. v. 4.5.2012 – 6 Sa 41/12.
7 LAG Hessen v. 30.3.1987 – 1/11 Sa 1222/86, LAGE § 64 ArbGG 1979 Nr. 15.
8 In diesem Fällen muss der Gerichtsgebührenwert oder der Wert des Gegenstands der anwaltlichen Tätigkeit – ggfls. auf Antrag – gesondert festgesetzt werden.
9 BAG v. 16.2.1959 – 4 AZR 530/58, BAGE 7, 234 = NJW 1959, 1101.
10 LAG BW v. 14.5.2012 – 5 Ta 52/12.
11 Vgl. BAG v. 4.6.2008 – 3 AZB 37/08, NZA-RR 2009, 555.
12 GMP/*Germelmann*, § 61 Rz. 20; *Gift/Baur*, Teil E Rz. 1528; GK-ArbGG/*Schütz*, § 61 Rz. 26; ErfK/*Koch*, § 61 ArbGG Rz. 2; Hauck/Helml/Biebl/*Helml*, § 61 Rz. 4; Natter/Gross/*Rieker*, § 61 Rz. 7; GK-ArbGG/*Schütz*, § 61 Rz. 26; *Griebeling*, AR-Blattei SD Nr. 160.8, Rz. 247; HWK/*Ziemann*, § 61 Rz. 15, der dies als Sollvorschrift ansieht; aA Düwell/Lipke/*Kloppenburg*, § 61 Rz. 16 f.; BeckOKArb/*Hamacher*, § 61 ArbGG Rz. 17; *Dütz*, RdA 1980, 81 (89); *Wenzel*, DB 1981, 160; GWBG/*Benecke*, § 61 Rz. 7; *Wieser*, Arbeitsgerichtsverfahren, Rz. 187; LAG Hamm v. 23.12.1980 – 8 Ta 148/80, LAGE § 61 ArbGG 1979 Nr. 4.
13 S. aber GWBG/*Benecke*, § 61 Rz. 5.
14 BAG v. 16.5.2007 – 2 AZB 53/06, NZA 2007, 829 (830); aA GWBG/*Benecke*, § 61 Rz. 7.

4. Folgen einer unterbliebenen Streitwertfestsetzung

Hat es das ArbG – versehentlich oder bewusst – davon abgesehen, den Wert des Streitgegenstandes im Tenor festzusetzen, ist das Urteil im Übrigen wirksam. Der Tenor kann, auch im Falle einer versehentlich unterbliebenen Streitwertfestsetzung, nicht gem. § 319 ZPO berichtigt werden[1]. Es muss vielmehr das Urteil in entsprechender Anwendung des § 321 ZPO ergänzt werden[2]. 31

5. Unanfechtbarkeit der Streitwertfestsetzung

Die Streitwertfestsetzung im Urteil ist **nicht isoliert** – mit einem Rechtsmittel (Berufung/Revision) – **anfechtbar**[3], insbesondere ist eine sofortige Beschwerde (§§ 567 ff. ZPO) oder eine Beschwerde nach § 68 GKG bzw. § 33 Abs. 3 RVG gegen diese Streitwertfestsetzung nicht statthaft. Auch ist das Rechtsmittelgericht gehindert, den Streitwert des angefochtenen Urteils zu ändern. 32

Eine Bindung an die Streitwertfestsetzung im Urteil für die **Berechnung der Gerichtsgebühren** besteht nicht[4], denn § 62 Satz 1 GKG gilt im arbeitsgerichtlichen Verfahren nicht (§ 62 Satz 2 GKG). Dementsprechend besteht auch eine Bindungswirkung hinsichtlich der **Rechtsanwaltsgebühren** (§ 32 Abs. 1 RVG), soweit sich die anwaltliche Tätigkeit mit dem für die gerichtliche Festsetzung des Gerichtsgebührenstreitwerts deckt. Der Rechtsanwalt kann wegen seiner Gebühren ggf. nach § 63 Abs. 3 Satz 2 GKG oder § 33 RVG Wertfestsetzung beantragen, falls er meint, mit dem im Urteil festgesetzten Streitwert hinsichtlich seiner Gebühren nicht einverstanden zu sein (vgl. § 62 Satz 2 GKG), oder weil ohnehin ein anderer Gebührenwert maßgeblich ist. In PKH-Verfahren ist die Staatskasse hierzu auch antragsberechtigt. Erst der dann **ergehende gesonderte Beschluss** des ArbG ist nach Maßgabe von § 68 GKG bzw. § 33 Abs. 3 RVG beschwerdefähig. 33

IV. Verurteilung zur Vornahme einer Handlung

1. Inhalt sowie Sinn und Zweck

Hat der Kläger eine Klage auf Vornahme einer Handlung erhoben, ermöglicht ihm – der weitgehend unbekannte – § 61 Abs. 2, gleichzeitig einen weiteren Antrag zu stellen, dass das ArbG dem Beklagten eine Frist zur Vornahme der Handlung setzt und für den Fall der Nichtvornahme der Handlung innerhalb der Frist den Beklagten gleichzeitig zur **Zahlung einer Entschädigung** verurteilt (Satz 1). Mit der Antragsstattgabe kann der Kläger – auch vor Ablauf der vom Gericht gesetzten Frist – vom Beklagten im Wege der Zwangsvollstreckung nur noch die Entschädigung fordern und zB nicht mehr wegen der verurteilten Handlung die Zwangsvollstreckung nach §§ 887, 888 ZPO gegen den Beklagten betreiben (Satz 2)[5]. Demgegenüber hat der Beklagte ein Wahlrecht, ob er innerhalb der ihm vom Gericht gesetzten Frist die Handlung vornimmt oder die Entschädigung leistet. Nach fruchtlosem Fristablauf entsteht ein materieller Schadensersatzanspruch, woraus der Kläger dann die Zwangsvollstreckung gegen den Beklagten betreiben kann[6]. § 61 Abs. 2 schafft also keine neue Möglichkeit zur Zwangsvollstreckung, sondern schafft die Möglichkeit einer beschleunigten Titulierung des Schadensersatzanspruchs[7]. Diese Bestimmung modifiziert die Regelungen der §§ 510b, 888a ZPO dahingehend, dass die Entscheidung nach § 61 Abs. 2 ArbGG nicht im Ermessen des Gerichts steht. Sie erweitert zudem den Anwendungsbereich des § 259 ZPO dahingehend, dass die **Verurteilung** zu einer erst **in Zukunft** fällig werdenden **Entschädigung ermöglicht** wird, ohne dass die Voraussetzungen des § 259 ZPO formal vorliegen müssen[8]. 34

§ 61 Abs. 2 dient der **Vereinfachung** und **Beschleunigung** des gesamten Verfahrens[9], indem ein Folgeprozess vermieden wird, und damit der **Prozesswirtschaftlichkeit**[10]. Der Schuldner wird wegen der ihm dro- 35

---

1 GK-ArbGG/*Schütz*, § 61 Rz. 27; GMP/*Germelmann*, § 61 Rz. 21; aA Natter/Gross/*Rieker*, § 61 Rz. 9.
2 Düwell/Lipke/*Kloppenburg*, § 61 Rz. 18; GK-ArbGG/*Schütz*, § 61 Rz. 27; BeckOKArb/*Hamacher*, § 61 ArbGG Rz. 23; HWK/*Ziemann*, § 61 ArbGG Rz. 12; aA ErfK/*Koch*, § 61 Rz. 2, GWBG/*Benecke*, § 61 Rz. 9 und DFL/*Heider*, § 61 ArbGG Rz. 6, die auch eine Urteilsberichtigung für zulässig halten.
3 ErfK/*Koch*, § 61 ArbGG Rz. 2; GK-ArbGG/*Schütz*, § 61 Rz. 28; GMP/*Germelmann*, § 61 Rz. 15; BAG v. 2.3.1983 – 5 AZR 594/82, BAGE 44, 13 ff. = MDR 1984, 84; LAG Düsseldorf v. 2.3.2000 – 7 Ta 39/00, MDR 2000, 708 f.; LAG Rh.-Pf. v. 21.12.1984 – 4 Ta 254/84, NZA 1985, 195.
4 Vgl. LAG Rh.-Pf. v. 12.10.2009 – 3 Ta 228/09.
5 BAG v. 24.11.2004 – 10 AZR 169/04, BAGE 113, 21 ff. = NZA 2005, 362 (364) m. Anm. *Düwell*, BAGReport 2005, 159.
6 BAG v. 20.2.1997 – 8 AZR 121/95, NZA 1997, 880 (881 f.).
7 GK-ArbGG/*Schütz*, § 61 Rz. 32.
8 GMP/*Germelmann*, § 61 Rz. 25; Musielak/Voit/*Wittschier*, § 510b ZPO Rz. 1.
9 *Griebeling*, AR-Blattei SD, Nr. 160.8 Rz. 269; GWBG/*Benecke*, § 61 Rz. 10.
10 BAG v. 28.7.2004 – 10 AZR 580/03, BAGE 111, 302 (313) = NZA 2005, 1188 (1192).

henden Leistung von Schadensersatz zur umgehenden **Erfüllung des Primäranspruchs** und damit zur **Vornahme der Handlung** angehalten. Gleichzeitig stellt die dem Gläubiger hilfsweise **zuerkannte Entschädigungsleistung** einen **materiellen Schadensersatzanspruch** dar, der alle wegen der Nichtvornahme der Handlung von ihm erlittenen Schäden pauschal abgilt und somit beide Parteien für die Zukunft dem Grunde und der Höhe nach bindet. Weitergehende Schadensersatzansprüche wegen Nichtvornahme der Handlung kann der Kläger (bzw. der Gläubiger) nach Rechtskraft des Urteils somit nicht mehr fordern[1]. Unbenommen bleibt dem Kläger aber, **immaterielle Schäden** und **Folgeschäden**, die nicht mittels § 61 Abs. 2 geltend gemacht werden können, nachträglich einzuklagen. Im Ergebnis sollte der Antragsteller in jedem Einzelfall besonders sorgfältig abwägen, ob das Vorgehen nach § 61 Abs. 2 seinen tatsächlichen Interessen entspricht, weil anstelle der begehrten Leistung im Falle der Nichtvornahme ein Zahlungsanspruch tritt. Verlangt der Kläger zB die Erteilung oder Berichtigung eines Zeugnisses, dann kann er ein solches nicht mehr verlangen, wenn ihm auf seinen Antrag hin nach § 61 Abs. 2 ersatzweise eine Entschädigung in Geld zugebilligt worden ist.

2. Anwendungsbereich

36 § 61 Abs. 2 gilt nur für Verurteilungen und zur Vornahme von – vertretbaren und unvertretbaren – **Handlungen**, die **nach §§ 887 oder 888 ZPO zu vollstrecken** sind. Vertretbar ist eine Handlung, wenn sie von einem Dritten vorgenommen werden kann. Dabei ist unbeachtlich, ob die Zwangsvollstreckung im Einzelfall nach §§ 887, 888 ZPO überhaupt zulässig wäre. Obwohl bspw. die Verurteilung zur Leistung von Diensten nach § 888 Abs. 3 ZPO nicht vollstreckungsfähig ist, kommt dennoch die Festsetzung einer Entschädigung nach § 61 Abs. 2 in Betracht, denn die Nichtvornahme der Handlung muss lediglich objektiv geeignet sein, Entschädigungsansprüche auslösen zu können[2]. Es muss sich um eine **Leistungsklage** auf Verurteilung zur Vornahme einer Handlung handeln, eine bloße **Feststellungsklage** über eine Handlungspflicht reicht nicht aus[3]. Als Vornahme einer Handlung gelten jedoch **nicht** Klagen zur Abgabe von Willenserklärungen, auf Unterlassung oder Duldung einer Handlung oder auf Herausgabe von Sachen[4], weil sich hier die Vollstreckung nach §§ 894, 890 bzw. 883 ZPO richtet[5]. Ein etwaiger Antrag nach § 61 Abs. 2 wäre in diesem Zusammenhang als unzulässig abzuweisen.

37 § 61 Abs. 2 ist demnach zB **anwendbar bei Verurteilungen auf**[6]:
- Vornahme der **Arbeitsleistung**, und zwar unabhängig davon, ob es sich bei der geschuldeten Arbeitsleistung um eine vertretbare oder unvertretbare Leistung handelt und/oder ob die Zwangsvollstreckung nach § 888 Abs. 3 ZPO unzulässig wäre[7];
- **Erstellung** bzw. **Ausfüllung** von **Arbeitspapieren**, wie zB Arbeitsbescheinigung gem. § 312 SGB III, Lohnnachweiskarte im Baugewerbe, Urlaubsbescheinigung nach § 6 Abs. 2 BUrlG. Gleiches gilt für die **Berichtigung** dieser Papiere, soweit der Rechtsweg zu den Gerichten für Arbeitssachen eröffnet ist, nicht aber für deren bloße Herausgabe, weil letzterer Anspruch nach § 883 ZPO vollstreckt wird;
- Auskunftsklagen im Sozialkassenverfahren der Bauwirtschaft[8];
- Erteilung einer **Auskunft, Rechnungslegung** und/oder **Abrechnung** zB von Arbeitsentgelt[9] und Provisionen;
- Erteilung des Nachweises der wesentlichen Vertragsbedingungen (§ 2 NachwG);
- **Beschäftigung** bzw. **Weiterbeschäftigung**[10], weil diese Ansprüche auf Zuweisung von Arbeit an einem bestimmten Arbeitsplatz gerichtet sind und nach § 888 ZPO vollstreckt werden;

---

1 BAG v. 20.2.1997 – 8 AZR 121/95, NZA 1997, 880.
2 Düwell/Lipke/*Kloppenburg*, § 61 Rz. 21; GMP/*Germelmann*, § 61 Rz. 26; HWK/*Ziemann*, § 61 ArbGG Rz. 19.
3 GMP/*Germelmann*, § 61 Rz. 27; Gift/Baur, Teil E Rz. 1645.
4 So bereits BAG v. 23.1.1958 – 2 AZR 62/56, BAGE 5, 75 (78) = AP Nr. 22 zu § 61 ArbGG.
5 GK-ArbGG/*Schütz*, § 61 Rz. 37; MünchKommZPO/*Deubner*, § 510b ZPO Rz. 2.
6 Vgl. Düwell/Lipke/*Kloppenburg*, § 61 Rz. 23; GMP/*Germelmann*, § 61 Rz. 28; HWK/*Ziemann*, § 61 ArbGG Rz. 21; Natter/Gross/*Rieker*, § 61 Rz. 11–14.
7 Vgl. BAG v. 2.12.1965 – 2 AZR 91/65, BAGE 18, 8 = AP Nr. 27 zu § 620 BGB Befristeter Arbeitsvertrag m. Anm. *Hueck*.
8 BAG v. 18.10.2006 – 10 AZR 576/05, NZA 2007, 1111; BAG v. 8.3.2006 – 10 AZR 392/05, NZA-RR 2007, 56; BAG v. 24.11.2004 – 10 AZR 169/04, BAGE 113, 21 = NZA 2005, 362. Hiermit sollen auskunftsunwillige Bauunternehmen zu tarifgerechtem Verhalten angehalten und schnell Beitragseinkünfte der Baukassen erzielt werden.
9 BAG v. 7.9.2009 – 3 AZB 19/09, NZA 2010, 61.
10 GWBG/*Benecke*, § 61 Rz. 11; aA ArbG Wetzlar v. 8.12.1986 – 1 Ca 343/86, NZA 1987, 536. Im Zusammenhang mit einer begehrten Weiterbeschäftigung ist ein Antrag nach § 61 Abs. 2 stets problematisch, da fraglich ist, ob die gerichtliche Entschädigungssumme den Wert der potentiellen Vergütung während der Dauer der Bestandsschutzstreitigkeit erreicht.

– Erteilung bzw. Berichtigung eines **Arbeitszeugnisses**, da auch dieser Anspruch nach § 888 ZPO vollstreckt wird.

Eine **Auskunftsklage** mit einem Antrag nach § 61 Abs. 2 für den Fall der nicht fristgemäß erteilten Auskunft kann nicht mit einem weiteren **Antrag auf** Erbringung der **Leistung**, die sich aus der Auskunft ergibt, **verbunden** werden, falls der Beklagte die Auskunft fristgemäß.. erteilt[1]. Erhebt der Kläger somit im Rahmen einer Auskunftsklage, die er mit dem Entschädigungsantrag nach § 61 Abs. 2 verbindet, zugleich im Rahmen einer **Stufenklage** iSv. § 254 ZPO einen unbezifferten Klageantrag auf Zahlung des sich aus der Auskunft ergebenden Zahlungsbetrag, dann handelt es sich bei den Stufenanträgen um keine zulässige Stufenklage, sondern um einen mangels notwendiger Bestimmtheit unzulässigen Leistungsantrag iSv. § 253 Abs. 2 Nr. 2 ZPO. Dabei steht der Leistungsantrag der zweiten Stufe unter der Bedingung, dass der Beklagte den Auskunftsanspruch fristgem. erfüllt. Zur Stufenklage kann man aber gar nicht gelangen, wenn der Beklagte die Auskunft nicht fristgem. erteilt, weil dann ausschließlich nur noch die Entschädigung gefordert werden kann. Beide Klagen können nicht miteinander verbunden werden[2], weil das Schicksal der Stufenklage nicht von einer innerprozessualen, sondern von der unzulässigen außerprozessualen Bedingung des Verhaltens des Beklagten (fristgemäße Auskunftserteilung) abhängt. Eine solche bedingte Klageerhebung ist nicht zulässig[3]. 38

Trotz der Verurteilung eines ArbN, im Falle der **Nichterfüllung** der ihm obliegenden **Dienstleistungspflicht** eine Entschädigung nach § 61 Abs. 2 zu zahlen, geht die Pflicht des ArbN, sich einer **Konkurrenztätigkeit** zu enthalten, nicht unter, so dass der ArbGeb in einem solchen Falle zusätzlich auf Unterlassung der Konkurrenztätigkeit klagen kann[4]. Beides betrifft unterschiedliche Streitgegenstände. 39

§ 61 Abs. 2 kommt grds. auch **im einstweiligen Verfügungsverfahren** in Betracht, denn die Regelung knüpft nur an den Inhalt der Verurteilung, nicht an die Verfahrensart an[5]. Dies gilt auch, wenn die einstweilige Verfügung ohne mündliche Verhandlung durch Beschluss ergeht (§ 922 Abs. 1 Satz 1, § 936 ZPO). Dabei ist allerdings für eine ersatzweise Verurteilung zur Entschädigung im einstweiligen Verfügungsverfahren insbesondere zu prüfen, ob für den Entschädigungsanspruch überhaupt ein **Verfügungsgrund** besteht, was idR nicht der Fall sein dürfte[6]. 40

3. Antrag, Zeitpunkt und Begründung

Die Verurteilung zu einer Entschädigung nach § 61 Abs. 2 Satz 1 setzt einen **Antrag** voraus, der bei Klageerhebung oder später im Wege der Klageerweiterung gestellt werden kann und zu einer objektiven Klagehäufung nach § 260 ZPO führt[7]. Es handelt sich bei dem Antrag auf Entschädigung von der Ausgangslage her um einen **unechten Hilfsantrag** für den Fall, dass dem Hauptantrag stattgegeben wird[8]. Er kann zu Protokoll der Geschäftsstelle (nur beim ArbG), in (vorbereitenden) Schriftsätzen oder zu Protokoll des Gerichts in der mündlichen Verhandlung erklärt werden. Der **Antrag** kann wie folgt **lauten**[9]: 41

Formulierungsvorschlag:

„1. Der/Die Beklagte wird verurteilt, … (Vornahme der Handlung = Leistungsantrag). 2. Der/die Beklagte wird für den Fall, dass er/sie seine/ihre Verpflichtung gem. Ziff. 1 nicht binnen einer Frist von … Wochen[10] ab Zustellung dieses Urteils erfüllt, an den Kläger eine Entschädigung iHv. Euro …/ eine Entschädigung, deren 42

---

1 BAG v. 24.11.2004 – 10 AZR 169/04, BAGE 113, 21 = NZA 2005, 362 m. Anm. *Düwell*, BAGReport 2005, 159.
2 LAG Hamm v. 21.10.2016 – 1 Sa 414/16; LAG Köln v. 31.5.2007 – 9 Ta 27/07, AuR 2007, 405 (Ls.).
3 BAG v. 24.11.2004 – 10 AZR 169/04, BAGE 113, 21 = NZA 2005, 362; Natter/Gross/*Rieker*, § 61 Rz. 14; GK-ArbGG/*Schütz*, § 61 Rz. 36.
4 ArbG Düsseldorf v. 6.9.1994 – 5 Ga 96/94, NZA 1995, 552.
5 *Böhm*, ArbRB 2006, 93; ErfK/*Koch*, § 61 ArbGG Rz. 3; Hauck/Helml/Biebl/*Helml*, § 61 Rz. 9; Natter/Gross/*Rieker*, § 61 Rz. 15; GMP/*Germelmann*, § 61 Rz. 28; GK-ArbGG/*Schütz*, § 61 Rz. 33; aA LAG Hessen v. 19.10.1989 – 3 SaGa 1120/89, NZA 1990, 614.
6 Düwell/Lipke/*Kloppenburg*, § 61 Rz. 22; Gift/*Baur*, Teil E Rz. 1652; HWK/*Ziemann*, § 61 ArbGG Rz. 20.
7 GWBG/*Benecke*, § 61 Rz. 17; aA BLAH, § 510b ZPO Rz. 4 und Stein/Jonas/*Leipold*, § 510b ZPO Rz. 5, die von einem Inzidentantrag ausgehen, s. hierzu auch LAG Berlin v. 5.12.1977 – 9 Sa 70/77, AP Nr. 1 zu § 11 SchwbG.
8 Düwell/Lipke/*Kloppenburg*, § 61 Rz. 25; Gift/*Baur*, Teil E Rz. 1653; HWK/*Ziemann*, § 61 ArbGG Rz. 23; GK-ArbGG/*Schütz*, § 61 Rz. 34.
9 BAG v. 18.10.2006 – 10 AZR 576/05, NZA 2007, 1111; Vergleichbare Formulierungsvorschläge finden sich bei: Natter/Gross/*Rieker*, § 61 Rz. 17, 23; *Böhm*, ArbRB 2006, 92 (95); *Ganz*, ArbR-Aktuell 2014, 352 (354).
10 Die Frist sollte bei rechtsmittelfähigen Urteilen mindestens sechs Wochen betragen. Sie ist abhängig von der benötigten Zeit für die Vornahme der jeweiligen Handlung zuzüglich einer mehrtägigen Überlegungsfrist für den Schuldner, welche Leistung er erbringen will.

Höhe in das Ermessen des Gerichts gestellt wird, aber einen Betrag iHv. .. Euro nicht unterschreiten sollte, nebst Zinsen iHv. 5 Prozentpunkten über dem jeweiligen Basiszinssatz ab Fristablauf zu zahlen."

43 Der Antrag muss nicht gleichzeitig zusammen mit dem Leistungsantrag gestellt werden. Er kann auch als **objektive Klagehäufung** (§ 260 ZPO) erst im Laufe des Verfahrens bis zum Schluss der mündlichen Verhandlung vor dem LAG gestellt werden[1]. Hat der Kläger erstinstanzlich nur die Vornahme einer Handlung mit Erfolg erstritten, dann kann er auch noch im **Berufungsverfahren**, ggf. im Wege der **Anschlussberufung** (§ 522 ZPO), eine Entschädigungsleistung fordern. § 533 Nr. 2 ZPO steht der Erweiterung im Berufungsverfahren nicht entgegen, weil § 61 Abs. 2 als Spezialregelung vorgeht[2]. Wird aber der zugrunde liegende Leistungsantrag bspw. im Berufungsverfahren zurückgenommen oder erfolgt eine Erledigungserklärung (bspw. wegen Erfüllung oder Vornahme zur Abwendung der Zwangsvollstreckung)[3], fehlt es an der Grundlage für die Festsetzung einer Entschädigung und eine entsprechende Verurteilung nach § 61 Abs. 2 und der Anspruch entfällt automatisch[4]. Allerdings bleibt dem Kläger die Möglichkeit unbenommen, die Klage gem. § 264 Nr. 3 ZPO auf einen materiellen Schadensersatzanspruch umzustellen und so den Prozessstoff weiter zu verwerten.

44 Ist **rechtskräftig** über einen Antrag des Gläubigers zur zwangsweisen Durchsetzung der tenorierten Handlungsverpflichtung im **Vollstreckungsverfahren** gem. § 888 ZPO oder zur Ersatzvornahme nach § 887 ZPO positiv entschieden worden, kann ein Antrag auf Zahlung einer Entschädigung nach § 61 Abs. 2 nicht mehr weiterverfolgt werden, weil mit der Rechtskraft der Entscheidung im Zwangsvollstreckungsverfahren ebenfalls das **Rechtsschutzinteresse** für den Antrag nach § 61 Abs. 2 entfallen ist[5].

45 Der Antrag muss ferner entweder selbst eine feste **Frist** benennen oder die Bestimmung der Frist in das **Ermessen des Gerichts** stellen (vgl. auch § 255 ZPO). Die Länge der Frist bestimmt sich nach den **Umständen des Einzelfalls**, dh. nach Art und Umfang der Verpflichtung und insbesondere danach, wie lange die beklagte Partei voraussichtlich benötigt, um die Handlung vorzunehmen. Keinesfalls darf sie bei rechtsmittelfähigen Urteilen die **Rechtsmittelfrist** unterschreiten[6]. Bei einem Versäumnisurteil darf insofern die Einspruchsfrist nicht unterschritten werden. Es ist auch zu erwägen, ob und inwieweit die Möglichkeit einer Wiedereinsetzung in den vorherigen Stand (§§ 233 ff. ZPO) bei Versäumung der Frist zur Einlegung des Rechtsmittels bzw. des Rechtsbehelfs zu berücksichtigen ist.

46 Der Antrag nach § 61 Abs. 2 ist zu **begründen**. Da der Anspruch auf Vornahme einer Handlung im Falle der Nichterfüllung das Entstehen eines materiellen Schadensersatzanspruches zur Folge hat, trägt der Kläger nach allgemeinen Gesichtspunkten die **Darlegungs- und Beweislast**, dass ihm bei Nichtvornahme der Handlung nach allgemeinen Grundsätzen überhaupt ein adäquat-kausal verursachter **Schaden** dem Grunde und der Höhe nach entsteht[7]. Der **Grundsatz der Naturalrestitution** (§ 249 BGB) ist gesetzlich abbedungen, da § 61 Abs. 2 eine Geldentschädigung (§ 251 BGB) anordnet. § 61 Abs. 2 ist keine eigenständige Anspruchsgrundlage für einen Schadensersatzanspruch, sondern dient nur der schnellen Durchsetzbarkeit eines solchen Anspruchs, der anderweitig gegeben sein muss[8]. Die **Schadenshöhe** ist daher im Antrag **konkret zu beziffern**, was das Gericht im Rahmen von § 308 Abs. 1 Satz 1 ZPO („ne ultra petita") zu beachten hat. Dies gilt auch für „erweiterte Auskunftsklagen" der **Zusatzversorgungskasse des Baugewerbes** (ZVK)[9]. Es darf nicht der Schaden geltend gemacht werden, der mit einer Leistungsklage bei erteilter Auskunft gefordert werden könnte, sondern nur derjenige – idR geringere – Schaden, der in der nicht erteilten Auskunft liegt[10]. Ein unbezifferter Antrag ist nur in Grenzen zulässig, wenn dem Kläger die Bezifferung nicht möglich ist oder die Schadenshöhe von richterlichem Ermessen abhängt. Die Bestimmung der Höhe des Schadens kann daher auch – soweit die Voraussetzungen einer **Schadensschätzung** (§ 287 ZPO)

---

1 Musielak/Voit/*Wittschier*, § 510b ZPO Rz. 3; DFL/*Heider*, § 61 ArbGG Rz. 7.
2 Zweifelnd: Düwell/Lipke/*Kloppenburg*, § 61 Rz. 29.
3 LAG Berlin-Brandenburg-Bdb. v. 4.11.2011 – 6 Sa 1423/11.
4 BAG v. 4.10.1989 – 4 AZR 396/89, BAGE 63, 91 = AP Nr. 9 zu § 61 ArbGG 1979.
5 LAG Berlin v. 12.3.1999 – 2 Sa 3/98, LAGE § 61 ArbGG 1979 Nr. 13 = NZA-RR 2000, 43.
6 LAG v. 5.6.1985 – 4 AZR 533/83, BAGE 48, 390 = AP Nr. 67 zu § 1 TVG Tarifverträge – Bau; LAG Hessen v. 7.8.2001 – 2 Sa 106/01, NZA-RR 2002, 263.
7 Vgl. BAG v. 20.2.1997 – 8 AZR 121/95, NZA 1997, 880 (881 f.).
8 BCF/*Creutzfeldt*, § 61 Rz. 39; GMP/*Germelmann*, § 61 Rz. 37; GWBB/*Benecke*, § 61 Rz. 19.
9 LAG Hessen v. 16.2.2011 – 18 Sa 523/10; LAG Hessen v. 15.12.2010 – 18 Sa 609/10; aA noch LAG Hessen v. 2.7.2010 – 10 Sa 1932/09.
10 BAG v. 6.5.1987 – 4 AZR 641/86, DB 1987, 2662 (2663); LAG Hessen v. 26.2.2014 – 18 Sa 1156/13.

gegeben sind – in das Ermessen des Gerichts gestellt werden[1]. In diesem Fall sind aber die konkreten Umstände anzugeben, aus denen das Gericht die Schadenshöhe ermitteln bzw. schätzen kann[2]. Auch ist die Angabe einer Untergrenze der Entschädigung zulässig, die nach Auffassung des Klägers nicht unterschritten werden sollte[3]. Ohne einen solchen **bezifferten Mindestschaden** kann eine Beschwer des Klägers nicht hinreichend bestimmt werden. Schließlich können **Verzugszinsen** (§ 286 Abs. 2 Nr. 1, § 288 Abs. 1 Satz 2, Abs. 2 BGB) für die Entschädigungszahlung geltend gemacht werden, **Prozesszinsen** (§ 291 Satz 1 BGB) hingegen nicht, denn die Fälligkeit tritt erst nach Beendigung des Rechtsstreits ein. Nicht begründen muss der Kläger, warum er auf eine Vollstreckung nach §§ 887, 888 ZPO verzichtet und den Antrag nach § 61 Abs. 2 stellt. Gleichwohl kann es im Einzelfall sinnvoll sein, dem Gericht die Hintergründe für diesen Antrag zu erläutern[4].

4. Gerichtliche Entscheidung

Das Gericht hat im **Urteil** über den Antrag aus § 61 Abs. 2 **einheitlich** zu befinden[5], wenn dem Haupt- bzw. Leistungsantrag stattgegeben wird, und kann nicht etwa durch Teilurteil über einzelne Elemente (zB über den Antrag auf Vornahme der Handlung) separat entscheiden[6]. Ein Teilurteil lässt weder der Wortlaut („zugleich") noch die Gesamtregelung der Vorschrift zu. Bei einer solchen Teilentscheidung wäre es zudem unklar, ob aus dem früheren Teilurteil trotz Zahlung der Entschädigung noch wegen der Nichtvornahme der Hauptleistung vollstreckt werden könnte. Ist der Hauptantrag hingegen unbegründet, ist über den grds. hilfsweise gestellten Antrag nach § 61 Abs. 2 nicht mehr zu entscheiden, anderenfalls ist er ebenfalls abzuweisen. 47

Ist der Hauptantrag begründet legt das Gericht bei seiner Entscheidung nach § 61 Abs. 2 nach pflichtgemäßem **Ermessen** anhand der Besonderheiten des Einzelfalles die Dauer der dem Beklagten zu setzenden **Frist** fest, insbesondere wenn diese in sein Ermessen gestellt wurde. Dabei hat es insbesondere zu berücksichtigen, welche Zeitspanne der Beklagte für die ordnungsgemäße Vornahme der Handlung benötigt. Eine zu kurze Frist darf nicht die Gefahr der Unmöglichkeit der Erfüllung des Hauptanspruchs heraufbeschwören. Ferner muss das ArbG bzw. LAG prüfen, ob sein Urteil rechtsmittelfähig ist. Ist dies der Fall, dann darf dem Beklagten die einmonatige Frist zur Einlegung des Rechtsmittels nicht genommen werden[7]. Daher sollte die **Fristsetzung** nach § 61 Abs. 2 **ab Zustellung des Urteils beginnen** und als **Zeitraum** ausgewiesen und nicht datumsmäßig begrenzt sein[8]. Als Maximalfrist dürfte im Regelfall ein Zeitraum von sechs Wochen angemessen sein. 48

Die **Höhe** der zahlenmäßig genau festzusetzenden **Entschädigung** ist an dem vom Kläger konkret darzulegenden und ggf. mittels Beweisaufnahme festzustellenden Schaden für den Fall der Nichterfüllung der Handlung zu ermitteln. Dabei sollten im Falle einer **Auskunftserteilung** etwa 80 % des zu erwartenden Schadens festgesetzt bzw. von der genannten Schadenshöhe ein Abschlag iHv. 20% vorgenommen werden, weil das Interesse an der Auskunftserteilung idR niedriger zu bewerten ist als die zu erwartenden Zahlungen[9]. Da allerdings § 61 Abs. 2 die Rechte des Gläubigers nicht schmälern soll, sondern ihm eine schnelle und weitere Reaktionsmöglichkeit eröffnet wird, sollte in den übrigen Fällen die Entschädigung auf den vollen festgestellten Schaden festgesetzt werden[10]. Mit der festgesetzten Entschädigung sind idR sämtliche Schadensersatzansprüche wegen Nichtvornahme der Handlung abgegolten[11]. 49

---

1 Düwell/Lipke/*Kloppenburg*, § 61 Rz. 27; GK-ArbGG/*Schütz*, § 61 Rz. 35. Zur Berufungsmöglichkeit in diesem Fall für den Kläger: vgl. § 64 Rz. 19.
2 LAG Hessen v. 7.8.2001 – 2 Sa 106/01, NZA-RR 2002, 263.
3 BCF/*Creutzfeldt*, § 61 Rz. 39; GK-ArbGG/*Schütz*, § 61 Rz. 35; *Laber*, ArbRB 2004, 290 (291); *Opolony*, FA 2001, 66 (68).
4 Bauer/Lingemann/Diller/Haußmann/*Diller*, M 108.2, Fn. 7.
5 LAG Berlin v. 12.3.1999 – 2 Sa 3/98, LAGE § 61 ArbGG 1979 Nr. 13 = NZA-RR 2000, 43.
6 Düwell/Lipke/*Kloppenburg*, § 61 Rz. 32; ErfK/*Koch*, § 61 ArbGG Rz. 4; *Griebeling*, AR-Blattei SD Nr. 160.8, Rz. 39; GK-ArbGG/*Schütz*, § 61 Rz. 42; HWK/*Ziemann*, § 61 ArbGG Rz. 30; Natter/Gross/*Rieker*, § 61 Rz. 18; Zöller/*Herget*, § 510b ZPO Rz. 4; aA *Schaub*, Arbeitsgerichtsverfahren – Handbuch, § 44 Rz. 24; GWBG/*Benecke*, § 61 Rz. 17.
7 BAG v. 5.6.1985 – 4 AZR 533/83, BAGE 48, 390 = AP Nr. 67 zu § 1 TVG Tarifverträge – Bau; LAG Hessen v. 7.8.2001 – 2 Sa 106/01, NZA-RR 2002, 263; zweifelnd GK-ArbGG/*Schütz*, § 61 Rz. 46.
8 GK-ArbGG/*Schütz*, § 61 Rz. 47.
9 BAG v. 28.7.2004 – 10 AZR 580/03, NZA 2005, 1188; kritisch: Natter/Gross/*Rieker*, § 61 Rz. 22 sowie MünchKommZPO/*Deubner*, § 510b ZPO Rz. 18.
10 Ebenso GMP/*Germelmann*, § 61 Rz. 37; BCF/*Creutzfeldt*, § 61 Rz. 43.
11 BAG v. 20.2.1997 – 8 AZR 121/95, NZA 1997, 880 (881 f.).

50 Für die von der **Zusatzversorgungskasse des Baugewerbes** (ZVK) begehrte Auskunftserteilung nach dem Verfahrenstarifvertrag für das Baugewerbe (VTV-Bau) ist die Höhe der Entschädigung nach § 61 Abs. 2 ebenfalls idR pauschal mit 80 % der zu erwartenden bzw. geschätzten Beitragssumme festzulegen[1]. Hierbei kann, da der ArbGeb keine Auskunft erteilt, nur von einem unterstellten „Normalfall" ausgegangen werden. Dies ist – typisiert – die vollzeitige Beschäftigung der ArbN gegen das durchschnittliche tarifliche Entgelt, bzw. in Entsendefällen gegen Zahlung des Mindestlohns[2]. Bei der Verurteilung zum **Widerruf einer Behauptung** kann gem. § 61 Abs. 2 eine ersatzweise Entschädigung auch dann zugesprochen werden, wenn die Voraussetzungen eines Schmerzensgeldanspruchs wegen Verletzung des allgemeinen Persönlichkeitsrechts (Art. 1 Abs. 1 iVm. Art. 2 Abs. 1 GG) bei fehlender Schwere des Eingriffs nicht vorliegen[3].

51 Durch die zusätzliche Stellung des (Hilfs-)Antrags nach § 61 Abs. 2 erhöht sich der (Gesamt-)**Streitwert** des Verfahrens nicht, weil wirtschaftliche (Zweck-)Identität mit dem Hauptantrag besteht[4], denn der Anspruch auf Vornahme der Handlung wird lediglich zu vollstreckungsrechtlichen Gründen in einen Entschädigungsanspruch umgewandelt[5].

52 Wenn das Gericht im verkündeten Tenor den Antrag nach § 61 Abs. 2, der sich aber aus dem Sitzungsprotokoll ergibt, aus Versehen übergeht, muss rechtzeitig eine **Urteilsergänzung** gem. § 321 ZPO beantragt werden. Wenn der Antrag sogar im Tatbestand des Urteils nicht aufgeführt ist, muss einer Urteilsergänzung nach § 321 ZPO eine Berichtigung des Tatbestands nach § 320 ZPO vorangehen[6]. Unter Berücksichtigung des berichtigten Tatbestands ist dann innerhalb der Zwei-Wochen-Frist des § 321 Abs. 2 ZPO die Urteilsergänzung zu beantragen.

5. Zwangsvollstreckung

53 Die Verurteilung zur Vornahme einer Handlung verbunden mit der Entscheidung zur Zahlung einer Entschädigung nach Fristablauf gem. § 61 Abs. 2 führt dazu, dass die Zwangsvollstreckung der Handlung bzw. des primären Leistungsantrags gem. §§ 887, 888 ZPO ausgeschlossen ist (§ 61 Abs. 2 Satz 2). Wird vom Kläger dennoch wegen des Hauptausspruchs die Zwangsvollstreckung betrieben, kann der Beklagte bzw. der Schuldner hiergegen die sofortige Beschwerde nach § 793 ZPO einlegen. Der Leistungsantrag bleibt allerdings jedoch bestehen, er kann nur nicht mehr zwangsweise durchgesetzt werden. Insofern ist sorgfältig zu prüfen, ob bspw. im Zusammenhang mit einem **Anspruch auf Erteilung eines Arbeitszeugnisses** ein (Hilfs-)Antrag nach § 61 Abs. 2 gestellt wird[7].

54 Die Verurteilung zur Vornahme einer Handlung verbunden mit der Entscheidung zur Zahlung einer Entschädigung nach Fristablauf gem. § 61 Abs. 2 gewährt dem **Beklagten** – bis zur Rechtskraft der Entscheidung – die **Wahl**, welche der beiden Leistungen er erbringen will. Er kann die Handlung innerhalb der gesetzten Frist vornehmen oder die Frist ablaufen lassen und schuldet dann nur noch die Entschädigungssumme[8]. Allerdings ist dem Beklagten eine **Aufrechnung** gegen die Entschädigungssumme mangels Aufrechnungslage verwehrt[9], da es sich bei der Entschädigungssumme um eine zukünftige Forderung handelt.

55 Die Verurteilung nach § 61 Abs. 2 ist wie jede andere Verurteilung im arbeitsgerichtlichen Urteilsverfahren vorläufig vollstreckbar. Aber erst nach Ablauf der vom Gericht bestimmten Frist kann der **Kläger** (nur) die **(vorläufige) Vollstreckung wegen der Entschädigungszahlung** betreiben. Deren Vollstreckung richtet sich nach den Vorschriften über die Zwangsvollstreckung wegen Geldforderungen (§§ 803–882a ZPO), wobei die im Urteil genannte Frist, wenn sie kalendermäßig bestimmt ist, abgelaufen sein muss (§ 751 Abs. 1 ZPO). Ob diese vorläufige Vollstreckung endgültigen Bestand hat, hängt vom rechtskräftigen Abschluss des Rechtsstreits ab. Erfüllt der Beklagte fristgemäß die primäre Leistung auf Handlungsvornahme, entsteht der Entschädigungsanspruch des Klägers nicht. Im Falle einer Verurteilung zur Auskunftserteilung und Entschädigungszahlung bei nicht fristgemäßer Leistung gem. § 61 Abs. 2 Satz 1 kann die **Vollstreckungsklausel** bereits vor Fristablauf und ohne Nachweis der Nichterfüllung gem. § 724 Abs. 2 ZPO,

---

1 BAG v. 28.7.2004 – 10 AZR 580/03, BAGE 111, 302 = NZA 2005, 1188; BAG v. 25.6.2002 – 9 AZR 439/01, AP Nr. 15 zu § 1 AEntG; BAG v. 27.8.1986 – 4 AZR 280/85, AP Nr. 70 zu § 1 TVG – Tarifverträge-Bau.
2 LAG Hessen v. 26.2.2014 – 18 Sa 1156/13.
3 LAG Hamm v. 19.3.1986 – 14 Sa 1900/85, LAGE § 1004 BGB Nr. 1.
4 LAG Sachsen v. 27.5.2016 – 4 Ta 28/16 (3); LAG Baden-Württemberg v. 14.5.2012 – 5 Ta 52/12; LAG Köln v. 14.5.2010 – 5 Ta 52/12; LAG Hamburg v. 11.1.2008 – 8 Ta 13/07; *Opolony*, FA 2001, 46 (68); GWBG/*Benecke*, § 61 Rz. 17; vgl. Musielak/Voit/*Wittschier*, § 510b ZPO Rz. 3; aA LAG Hessen v. 26.11.2004 – 15 Ta 453/04.
5 BCF/*Creutzfeldt*, § 61 Rz. 44; GK-ArbGG/*Schütz*, § 61 Rz. 41; GMP/*Germelmann*, § 61 Rz. 33.
6 BAG v. 26.6.2008 – 6 AZN 1161/07, NZA 2008, 1028; BGH v. 16.2.2005 – VIII ZR 133/04, NJW-RR 2005, 790.
7 Generell ablehnend: *Howald*, FA 2012, 197 (198); *Löw*, NZA-RR 2008, 561 (564).
8 Natter/Gross/*Rieker*, § 61 Rz. 24.
9 Musielak/Voit/*Wittschier*, § 510b ZPO Rz. 4.

§ 62 Abs. 2 Satz 1 vom **Urkundsbeamten der Geschäftsstelle** erteilt werden[1]. Dies ist nicht gem. § 726 Abs. 1 ZPO iVm. § 20 Abs. 1 Nr. 12 RPflG dem Rechtspfleger vorbehalten, wie auch für die vergleichbaren Fälle des § 510b ZPO[2] anerkannt wird, weil nicht der Gläubiger die Nichtvornahme der Handlung zu beweisen hat. Vielmehr ist es Sache des Schuldners, Erfüllung des Anspruchs nach § 775 Nr. 4 und 5 ZPO geltend zu machen[3] und, falls ihm die dafür erforderlichen Beweismittel fehlen, **Vollstreckungsabwehrklage** gem. § 767 Abs. 1 ZPO gegen die Zwangsvollstreckung der Entschädigungszahlung zu erheben[4] und eine einstweilige Anordnung nach § 769 ZPO zu erwirken[5].

Gibt das Gericht dem Antrag auf Gewährung einer Entschädigung gem. § 61 Abs. 2 hingegen nicht statt (zB wegen fehlender Darlegung eines Schadens), kann der Gläubiger wegen der Vornahme der Handlung nach §§ 887, 888 ZPO sofort aus dem Urteil vollstrecken. Mit dieser Vollstreckung entfällt seine Beschwer aus dem Urteil (keine ersatzweise Entschädigung), weil er durch Beschreiten des Weges auf Handlungsvornahme die Möglichkeit aus § 61 Abs. 2 aufgibt[6]. Betreibt der Gläubiger nach Fristablauf und trotz eingelegter Berufung des Beklagten die vorläufige Vollstreckung, dann kann der Beklagte zur Abwendung der Zwangsvollstreckung die Entschädigungsleistung erbringen. Wird das Urteil im Instanzenzug aufgehoben, dann greift § 717 Abs. 2 ZPO. Hat das ArbG der Klage nach § 61 Abs. 2 entsprochen und legt der Beklagte dagegen Berufung ein, wird das Urteil bei einer Rücknahme der primären Handlungsklage vor dem LAG insgesamt wirkungslos (§ 269 Abs. 3 Satz 1 ZPO). Gleichzeitig entfällt die Grundlage für die Festsetzung einer Entschädigung und für eine entsprechende Verurteilung nach § 61 Abs. 2. Bei einer Auskunftsklage kann in diesem Fall nur noch der Zahlungsanspruch aufgrund der erteilten Auskunft geltend gemacht werden[7]. 56

Ein geltend gemachter **Auskunftsanspruch** besteht trotz Fristablaufs materiell-rechtlich weiter und **geht als solcher nicht unter**, weil § 61 Abs. 2 Satz 2 nur seine Vollstreckbarkeit ausschließt, aber nicht seinen Untergang oder Umwandlung in einen Zahlungsanspruch anordnet[8]. Auch schließt die Verurteilung zur Auskunftserteilung und zur Zahlung einer Entschädigung, falls die Auskunft nicht erteilt wird (§ 61 Abs. 2), die Geltendmachung eines Leistungsanspruchs, der sich aus der Auskunft ergeben könnte, nicht aus, jedoch muss sich der Kläger die erhaltene Entschädigung auf einen späteren Zahlungsbetrag anrechnen lassen. In dem Rechtsstreit über den Leistungsanspruch kann der Beweis für einen (weiter gehenden) Zahlungsbetrag mit allen zivilprozessual zulässigen Beweismitteln geführt und die Höhe der geschuldeten Leistung ggf. nach § 287 Abs. 2 ZPO geschätzt werden[9]. 57

Ist die vom ArbG gesetzte Frist durch das Beschreiten des Rechtsmittelweges abgelaufen, dann ist eine **Erfüllung** des (fortbestehenden) **Auskunftsanspruchs** auch **nach Eintritt der Rechtskraft noch möglich**. Die Rechtskraft hat für die Auskunftsverpflichtung nur insoweit Bedeutung, als nunmehr zwischen den Parteien endgültig feststeht, dass eine Auskunftsverpflichtung besteht. Auch wenn diese nicht fristgerecht erfüllt wird, bleibt der Auskunftsanspruch bestehen. Der Kläger kann allerdings in diesem Falle nur wegen der Entschädigungssumme vollstrecken, weil die Vollstreckung hinsichtlich des Auskunftsanspruchs nach § 61 Abs. 2 Satz 2 ausgeschlossen ist. Da der Auskunftsanspruch aber noch besteht, kann der Kläger eine verspätete Auskunftserteilung noch an Erfüllungs statt iSd. § 364 BGB annehmen[10], so dass er dann auch keine Entschädigung mehr fordern bzw. vollstrecken kann. 58

Wird der Beklagte für den Fall der Nichterfüllung innerhalb einer Frist nach Urteilszustellung zur Zahlung einer Entschädigung verurteilt und wird dieses Urteil im Rechtsmittelzug bestätigt, **berechnet sich die Frist nicht** ab Zustellung des **erstinstanzlichen** Urteils; vielmehr kann der Beklagte seine Verpflichtung zur Vornahme einer Handlung auch noch innerhalb der gesetzten Frist nach Zustellung des den Rechtsstreit beendenden (zweit- oder drittinstanzlichen) Urteils wirksam erfüllen[11]. Ansonsten würde dem Beklagten die Möglichkeit einer effektiven Rechtsverteidigung gegen die Verurteilung zur Auskunftserteilung genommen. Bei fristgerechter Auskunftserteilung nach Erschöpfung des Rechtsweges hat der Gläubiger eine evtl. 59

---

1 LAG Berlin v. 16.5.2006 – 6 Ta 771/06, LAGE § 61 ArbGG 1979 Nr. 14; AG Weißenfels v. 6.7.2011 – 4 M 511/11, DGVZ 2011, 191.
2 Zöller/*Herget*, § 510b ZPO Rz. 10.
3 *Birmanns*, DGVZ 1981, 147 (148).
4 BAG v. 28.10.1992 – 10 AZR 541/91, NZA 1993, 520.
5 LAG Berlin v. 16.5.2006 – 6 Ta 771/06, LAGE § 61 ArbGG 1979 Nr. 14.
6 Ähnlich GMP/*Germelmann*, § 61 Rz. 36.
7 BAG v. 4.10.1989 – 4 AZR 396/89, AP Nr. 9 zu § 61 ArbGG 1979.
8 BAG v. 28.10.1992 – 10 AZR 541/91, AP Nr. 8 zu § 61 ArbGG 1979; BAG v. 4.10.1989 – AZR 396/89, AP Nr. 9 zu § 61 ArbGG 1979; HWK/*Ziemann*, § 61 ArbGG Rz. 33.
9 S. zum Gesamten: BAG v. 6.5.1987 – 4 AZR 641/86, AP Nr. 7 zu § 61 ArbGG 1979.
10 BAG v. 28.10.1992 – 10 AZR 541/91, AP Nr. 8 zu § 61 ArbGG 1979; BAG v. 11.7.1975 – 5 AZR 273/74, DB 1976, 59; HWK/*Ziemann*, § 61 ArbGG Rz. 34.
11 BAG v. 28.10.1992 – 10 AZR 541/91, AP Nr. 8 zu § 61 ArbGG 1979.

vorläufig vollstreckte Entschädigungssumme zurückzuzahlen. Wird ein Urteil auf Handlungsvornahme und Entschädigungszahlung rechtskräftig und wird die Auskunft dann nicht fristgerecht erteilt, sondern erst verspätet, kann eine Vollstreckungsabwehrklage bezüglich der Verurteilung zur Entschädigung nur Erfolg haben, wenn der Gläubiger mit der verspäteten Erfüllung einverstanden ist und sie als solche akzeptiert[1]. Eine auf diese Weise akzeptierte „verspätete" Vornahme der ausgeurteilten Handlung kann der Beklagte im Wege der Vollstreckungsgegenklage nach § 767 ZPO der Vollstreckung des Entschädigungsbetrages in den Grenzen des § 767 Abs. 2 ZPO erfolgreich entgegenhalten[2].

V. Zwischenurteil über den Grund des Anspruchs und Rechtsmittel

60   Ist ein **Anspruch** sowohl dem Grunde als auch der Höhe nach **streitig**, kann das Gericht über den **Grund** vorab durch **Zwischenurteil** entscheiden (§ 304 Abs. 1 ZPO). Dieses ist im Zivilprozess häufig anzutreffen, weil das Grundurteil dort im Hinblick auf Rechtsmittel als Endurteil anzusehen ist (§ 304 Abs. 2 Halbs. 2 ZPO). Die Bedeutung des Grundurteils iSd. § 304 ZPO ist im arbeitsgerichtlichen Urteilsverfahren jedoch stark eingeschränkt, weil hier ein über den Grund des Anspruchs vorab entscheidendes Zwischenurteil im Grundsatz nicht selbständig anfechtbar ist (§ 61 Abs. 3), wodurch die Regelung des § 304 Abs. 2 ZPO verdrängt wird. Als **Ausnahmen** von der isolierten Unanfechtbarkeit sind im arbeitsgerichtlichen Verfahren die Zwischenurteile zur nachträglichen Klagezulassung nach § 5 Abs. 4 Satz 3 KSchG (iVm. § 17 TzBfG) und zur Zulässigkeit einer Klage gem. § 280 Abs. 2 Satz 1 ZPO bezüglich der Rechtsmittelfähigkeit einem Endurteil gleichgestellt. Solche Urteile stehen im Hinblick auf die Einlegung von Rechtsmitteln kraft gesetzlicher Regelung Endurteilen gleich. § 61 Abs. 3 gilt insofern nicht.

61   Im arbeitsgerichtlichen Urteilsverfahren gilt deshalb der **Grundsatz**, dass ein über den Grund des Anspruchs vorab entscheidendes Urteil (= **Grundurteil**) nur die Bedeutung eines **Zwischenurteils** iSv. § 303 ZPO hat. Es bindet zwar **das erkennende Gericht** nach § 318 ZPO an die getroffene Entscheidung und führt aus praktischer Sicht zu einer Ordnung des Prozessstoffs. Es kann aber wegen § 61 Abs. 3 nicht selbständig, sondern nur zusammen mit dem über die Höhe des Anspruchs entscheidenden Schlussurteil angefochten werden. Es ist **weder der formellen noch der materiellen Rechtskraft fähig**. Daher beginnen mit der Zustellung des Grund- oder Zwischenurteils weder die Ein-Monats-Frist von § 66 Abs. 1 Satz 1 noch die Fünf-Monats-Frist von § 66 Abs. 1 Satz 2 zu laufen. Ein Eintritt seiner Rechtskraft richtet sich nach den Regelungen des späteren Endurteils. Wird gegen das Schlussurteil ein Rechtsmittel eingelegt, unterliegt auch das Grundurteil ohne Weiteres der Beurteilung des Rechtsmittelgerichts, weil **Grund- und Schlussurteil** bezüglich der **Rechtsmittelfähigkeit** als eine **Einheit** anzusehen sind (s. § 64 Rz. 24). Das Grundurteil braucht in der Rechtsmittelschrift nicht besonders als Urteil bezeichnet zu werden, gegen das sich das Rechtsmittel richtet[3]. Die Berufung ist formell nur und ausschließlich gegen das Endurteil einzulegen. Selbst bei Unzulässigkeit eines Grundurteils gibt es hiergegen kein Rechtsmittel[4], das unzulässige Grundurteil kann ebenfalls erst nach Erlass des Schlussurteils angefochten werden. Hierbei ist es dann rechtlich unbedenklich, wenn mit der Berufung oder der Revision nur das Grundurteil angegriffen wird, aber nicht die weitere Entscheidung des ArbG bzw. des LAG im Endurteil; das Grundurteil ist nämlich insoweit als Bestandteil des Endurteils anzusehen[5]. Der Rechtsmittelführer kann sich in der nächsten Instanz in seiner Rechtsmittelbegründung nur mit dem Grund- oder dem Endurteil auseinandersetzen. Den jeweils nicht begründeten Teil hat das Rechtsmittelgericht bei seiner Überprüfung außen vor zu lassen (vgl. zum Umfang der Berufungsbegründung § 64 Rz. 155 ff.).

62   Enthält ein Grundurteil eine **fehlerhafte Rechtsmittelbelehrung** oder wird in ihm sogar **fälschlicherweise ein Rechtsmittel zugelassen** (§ 64 Abs. 2 Buchst. a), bleibt dieses dennoch **unstatthaft**. Dasselbe gilt für Berufungsentscheidungen. Weder das LAG noch das BAG sind an eine solche Rechtsmittelbelehrung bzw. -zulassung gebunden[6]. Der Grundsatz der Meistbegünstigung gilt nicht. Auch ein Zwischenurteil, in welchem nur über Teile des Grundes eines Anspruchs entschieden wird, ist im arbeitsgerichtlichen Verfahren selbst dann, wenn es als Teilurteil bezeichnet worden ist, nicht als Endurteil anzusehen (§ 61 Abs. 3). Damit ist eine Berufung gegen ein erstinstanzliches Grundurteil ebenso unstatthaft und unzulässig wie die anschließend zugelassene Revision[7].

---

1 LAG Hessen v. 30.4.1996 – 15 Sa 1521/95, ARST 1996, 260.
2 LAG Hessen v. 23.9.1991 – 16 Sa 655/91, LAGE § 61 ArbGG 1979 Nr. 12.
3 BAG v. 1.12.1975 – 5 AZR 466/75, AP Nr. 2 zu § 61 ArbGG 1953 – Grundurteil.
4 LAG Baden-Württemberg v. 14.2.1962 – 7 Sa 2/62, AR-Blattei ES 160.10.1 Nr. 8.
5 S. dazu BAG v. 25.2.1987 – 4 AZR 239/86.
6 BAG v. 25.2.1999 – 3 AZR 231/97 (A); ebenso Düwell/Lipke/*Kloppenburg*, § 61 Rz. 38; GMP/*Germelmann*, § 61 Rz. 44.
7 BAG v. 25.2.1999 – 3 AZR 232/97 (A); BAG v. 1.12.1975 – 5 AZR 466/75, NJW 1976, 774.

Ob mit dem **Ausschluss der** selbständigen **Anfechtbarkeit** des Grundurteils (§ 304 ZPO), der mit der Prozessökonomie gerechtfertigt wird, tatsächlich eine **Beschleunigung**[1] des arbeitsgerichtlichen Verfahrens erreicht wird, ist zweifelhaft[2]. Eine rechtskräftige Klärung der Frage, ob der Anspruch dem Grunde nach entsteht, kann nicht herbeigeführt werden. Das ArbG oder das LAG müssen vielmehr zur Höhe der Forderung entscheiden auch auf die Gefahr hin, dass das jeweilige Rechtsmittelgericht den Anspruch dem Grunde nach abweist. Dementsprechend erweist sich im Zivilprozess die Anfechtbarkeit des Grundurteils als wohltuend, weil sich die Instanzgerichte eine schwierige Ermittlung der Höhe des geltend gemachten Anspruchs ersparen können, wenn im Rechtsmittelverfahren schon der Grund des Anspruchs für nicht gegeben erachtet wird[3]. Schwierigkeiten, die mit dem Ausschluss der Anfechtbarkeit verbunden sind, können sich ergeben, wenn es nach einem Zwischenurteil zu einer Prozesstrennung (§ 145 ZPO) gekommen ist[4].

VI. Inhalt von Beschlüssen

Für die unmittelbare Anwendung von § 61 ArbGG und von §§ 313, 313a ZPO auf **Beschlüsse im Urteilsverfahren** fehlt eine entsprechende Verweisungsnorm, denn der über § 46 Abs. 2 ArbGG anwendbare § 329 ZPO verweist nicht auf diese für Urteile geltenden Vorschriften[5]. §§ 313, 313a ZPO werden jedoch in der Praxis **sinngemäß** auf Beschlüsse angewendet[6], da ihnen auch verfassungsrechtliche Erwägungen zugrunde liegen. So muss bei einem Beschluss, aus dem – wie bei einer **einstweiligen Verfügung**[7] – die Zwangsvollstreckung betrieben werden kann (zB. **Zwangsvollstreckungs- und Kostenfestsetzungsbeschlüsse**), die genaue und eindeutige Bezeichnung der Parteien (dh. ein „volles Rubrum") und der Entscheidungsformel unmittelbar aus dem Text, der vom Richter in der Urschrift unterzeichnet ist, selbst ersichtlich sein[8]. Dies folgt aus einer entsprechenden Anwendung des § 313 Abs. 1 Nr. 1 und 4 ZPO und ist im Hinblick auf die weitreichenden Wirkungen eines **Vollstreckungstitels** ein Gebot der Klarheit und Rechtssicherheit[9]. Des Weiteren müssen Beschlüsse, die einem auch nur unter Umständen statthaften Rechtsmittel unterliegen, hinreichend begründet werden[10]. Daher empfiehlt es sich, auch in den Beschlussgründen sinngemäß zwischen Tatbestand (I.) und Entscheidungsgründen (II.) zu differenzieren[11]. Bei beschwerdefähigen Beschlüssen wäre die gebotene Begründung ohnehin im Rahmen der Abhilfeentscheidung nach § 572 Abs. 1 ZPO nachzuholen[12]. Eine Ausnahme vom **Begründungszwang** für Beschlüsse ist nur gegeben, wenn die Begründung unmittelbar aus dem Gesetz folgt, auf einer gefestigten Rspr. beruht oder sich ohne Weiteres aus dem Sach- und Streitstand ergibt.

Ein Beschluss, der nicht zu verkünden, sondern der Partei gem. § 329 Abs. 2 ZPO formlos mitzuteilen ist, ist im Unterschied zu einem Urteil erst dann erlassen, wenn er aus dem inneren Bereich des Gerichtes herausgegangen ist, und zwar mit dem Zeitpunkt des ersten Hinausgehens der Entscheidung. Dazu ist erforderlich, dass der Urkundsbeamte der Geschäftsstelle den Beschluss entweder (bei größeren Gerichten) einem Gerichtswachtmeister oder der Post zur Beförderung übergeben bzw. ausgefertigt in das Abtragefach oder in das bei einigen ArbG vorhandene Anwaltsabholfach gelegt hat, was jeweils durch einen entsprechenden Ab-Vermerk zu dokumentieren ist. Bis zu diesem Zeitpunkt liegt nur ein gerichtsinterner Vorgang vor. Selbst wenn der Beschluss im Original vom Richter unterschrieben ist, ist er bis zum Verlassen der Gerichtsakten noch nicht mit unabänderbarer Wirkung erlassen, so dass Eingaben bis zu diesem Zeitpunkt als rechtzeitig eingegangen gelten und damit vom Gericht zu beachten sind. Der Beschluss kann bis zur Hinausgabe vom Gericht jederzeit beseitigt oder geändert werden. Ggf. ist das Gericht zu einer Änderung oder zum Zurückstellen der beabsichtigten Entscheidung verpflichtet[13].

---

1 GK-ArbGG/*Schütz*, § 61 Rz. 54.
2 So auch Natter/Gross/*Rieker*, § 61 Rz. 25; BCF/*Creutzfeldt*, § 61 Rz. 51.
3 S. dazu GMP/*Germelmann*, § 61 Rz. 45; Stein/Jonas/*Leipold*, § 304 ZPO Rz. 57.
4 S. dazu LAG Hessen v. 14.12.2016 – 18 Sa 1122/14.
5 Düwell/Lipke/*Kloppenburg*, § 61 Rz. 39; GMP/*Germelmann*, § 61 Rz. 4; Hauck/Helml/Biebl/*Helml*, § 61 Rz. 2; HWK/*Ziemann*, § 61 ArbGG Rz. 36; Natter/Gross/*Rieker*, § 61 Rz. 4; GWBG/*Benecke*, § 61 Rz. 1.
6 Allg. Ansicht, vgl. ua. BGH v. 24.1.2001 – XII ZB 75/00, NJW 2001, 1653 (1654); OLG Hamm v. 23.4.1996 – 10 W 20/96, NJW-RR 1997, 318 f. s. zu den Einzelheiten: Zöller/*Vollkommer*, § 329 ZPO Rz. 24.
7 BGH v. 27.6.2003 – IXa ZB 72/03, MDR 2003, 1316.
8 Vgl. BGH v. 9.1.2003 – IX ZR 85/02, ZIP 2003, 356; BGH v. 9.1.2003 – IX ZR 175/02, ZIP 2003, 410.
9 BGH v. 27.6.2003 – IXa ZB 72/03, MDR 2003, 1316.
10 BGH v. 13.10.1982 – IVb ZB 154/82, NJW 1983, 123 f.
11 S. hierzu näher: Balzer, NJW 1995, 2448 f.
12 Düwell/Lipke/*Kloppenburg*, § 61 Rz. 39; HWK/*Ziemann*, § 61 ArbGG Rz. 36; Zöller/*Vollkommer*, § 329 ZPO Rz. 24.
13 S. zum Gesamten: LAG Hamm v. 4.12.2000 – 4 Ta 165/00, LAGE § 124 ZPO Nr. 13; LAG Hamm v. 16.12.2004 – 4 Ta 355/04.

§ 61a Besondere Prozessförderung in Kündigungsverfahren

(1) Verfahren in Rechtsstreitigkeiten über das Bestehen, das Nichtbestehen oder die Kündigung eines Arbeitsverhältnisses sind nach Maßgabe der folgenden Vorschriften vorrangig zu erledigen.
(2) Die Güteverhandlung soll innerhalb von zwei Wochen nach Klageerhebung stattfinden.
(3) Ist die Güteverhandlung erfolglos oder wird das Verfahren nicht in einer sich unmittelbar anschließenden weiteren Verhandlung abgeschlossen, fordert der Vorsitzende den Beklagten auf, binnen einer angemessenen Frist, die mindestens zwei Wochen betragen muss, im Einzelnen unter Beweisantritt schriftlich die Klage zu erwidern, wenn der Beklagte noch nicht oder nicht ausreichend auf die Klage erwidert hat.
(4) Der Vorsitzende kann dem Kläger eine angemessene Frist, die mindestens zwei Wochen betragen muss, zur schriftlichen Stellungnahme auf die Klageerwiderung setzen.
(5) Angriffs- und Verteidigungsmittel, die erst nach Ablauf der nach Absatz 3 oder 4 gesetzten Fristen vorgebracht werden, sind nur zuzulassen, wenn nach der freien Überzeugung des Gerichts ihre Zulassung die Erledigung des Rechtsstreits nicht verzögert oder wenn die Partei die Verspätung genügend entschuldigt.
(6) Die Parteien sind über die Folgen der Versäumung der nach Absatz 3 oder 4 gesetzten Fristen zu belehren.

I. Allgemeines 1	2. Alsbaldige Kammerverhandlung 7
II. Anwendungsbereich 2	3. Auflage an die beklagte Partei 8
III. Besondere Beschleunigungspflicht 4	4. Auflage an die klagende Partei 10
1. Alsbaldige Güteverhandlung 5	IV. Zurückweisung verspäteten Vorbringens ... 11

Schrifttum: *Barwasser*, Zur sog Beschleunigungsnovelle zum ArbGG, AuR 1984, 171; *Berscheid*, Arbeitsgerichtsnovelle und Rechtspflege-Vereinfachungsgesetz, ZfA 1989, 47; *Bitter*, Die wichtigsten Änderungen im arbeitsgerichtlichen Verfahren, BlStSozArbR 1979, 209; *Dütz*, Aktuelle Fragen zur Arbeitsgerichtsgesetz Novelle 1979, RdA 1980, 81; *Grunsky*, Die wichtigsten Neuerungen des Gesetzes zur Beschleunigung und Bereinigung des arbeitsgerichtlichen Verfahrens, BB 1979, 949; *Philippsen/Schmidt/Schäfer/Busch*, Die Beschleunigungsnovelle zum Arbeitsgerichtsgesetz, NJW 1979, 1330; *Stahlhacke*, Das Gesetz zur Beschleunigung und Bereinigung des Arbeitsgerichtlichen Verfahrens, RdA 1979, 401; *Wenzel*, Der zukünftige Arbeitsgerichtsprozeß – Gefahr einer verzettelten Reform, ZRP 1978, 206; *Zimmermann*, Die besondere Prozeßförderung im Kündigungsschutzprozeß in Theorie und Praxis, BB 1984, 478.

I. Allgemeines

1 Die Vorschrift zielt auf die beschleunigte und vorrangige Erledigung von Bestandsstreitigkeiten und verschärft die Beschleunigungspflicht des § 9 Abs. 1.

II. Anwendungsbereich

2 Durch § 61 Abs. 1 wird angeordnet, dass „Rechtsstreitigkeiten über das Bestehen, das Nichtbestehen oder die Kündigung eines Arbeitsverhältnisses", also für Verfahren iSv. § 2 Abs. 1 Nr. 3 Buchst. b und § 64 Abs. 2 Buchst. c sowie § 43 Abs. 4 GKG, gegenüber anderen Rechtsstreitigkeiten vorrangig zu erledigen sind. Zu diesen sog. **Bestandsstreitigkeiten** zählen (vgl. auch § 64 Rz. 86 ff.) Feststellungsverfahren über
- die Sozialwidrigkeit und/oder Rechtswirksamkeit einer Eigen- oder Fremdkündigung,
- die Rechtswirksamkeit einer Anfechtungserklärung,
- die Rechtswirksamkeit einer Bedingungs- oder Befristungsabrede,
- die Rechtswirksamkeit eines Aufhebungsvertrages,
- das Bestehen oder die Auflösung eines Anschlussarbeitsverhältnisses nach § 78a BetrVG.

3 In all diesen Fallgestaltungen geht es um die **Klärung des Bestandes oder Fortbestandes eines Arbeitsverhältnisses**. Geht der Streit um Änderungsvereinbarungen, finden die Regelungen des § 61a keine Anwendung, wohl aber beim Streit über die Wirksamkeit einer Änderungskündigung, auch wenn sie unter

Vorbehalt angenommen worden ist[1]. Nicht erfasst werden Rechtsstreitigkeiten, in denen gegenüber dem ArbGeb ein Einstellungs- oder Wiedereinstellungsanspruch geltend gemacht[2] oder über den Bestand des Arbeitsverhältnisses in der Vergangenheit gestritten wird[3]. Demgegenüber unterfallen Statusklagen über die Frage, ob ein Arbeitsverhältnis oder ein anderes Rechtsverhältnis besteht, der Regelung des § 61a[4]. Werden im Verlaufe eines Kündigungsschutzprozesses von beiden Seiten übereinstimmend Auflösungsanträge nach § 9 KSchG gestellt[5], besteht weiterhin Anlass zur Annahme einer besonderen Beschleunigungspflicht, da dieser nicht isoliert, sondern nur im Zusammenhang mit dem Kündigungsschutzantrag gestellt werden kann[6]. Der Streit über die Dauer der Kündigungsfrist fällt nur unter § 61a, wenn eine Entscheidung noch innerhalb der geltend gemachten Kündigungsfrist ergehen kann[7]. Werden im Wege der Klagehäufung weitere Ansprüche, wie zB auf Entgeltfortzahlung, Weiterbeschäftigung, einseitiger Auflösungsantrag oder Zeugniserteilung, verfolgt, so gelten die Beschleunigungsgrundsätze des § 61a für die gesamte Klage. Können die verschiedenen Streitgegenstände nicht zur gleichen Zeit erledigt werden, sind sie entweder abzutrennen, oder es ist über den Bestandsschutzstreit ein Teilurteil zu fällen. Für den verbleibenden Teil des Rechtsstreits gilt § 61a nicht[8]. Die Beschleunigungspflicht hat auch Auswirkungen auf das Ermessen des Gerichts bei der Aussetzung des Verfahrens. Die Ermessensentscheidung muss die Bedeutung des Beschleunigungsgebots beachten[9]. Maßgeblich sind immer die Umstände des Einzelfalles[10]. Grundsätzlich wiegt der Beschleunigungsgrundsatz um so schwerer, je länger der Rechtsstreit durch die Aussetzung verzögert wird. Es ist daher auch zu unterscheiden, ob das Folgeverfahren eine Bestands- oder eine Vergütungsstreitigkeit betrifft[11]. Auch wenn eine zeitlich nachfolgende Kündigung Gegenstand eines weiteren Verfahrens ist, soll die Aussetzung wegen der Besorgnis widersprechender Entscheidungen nicht zwingend sein. So weist das LAG Rheinland-Pfalz[12] darauf hin, dass auch bei einer Vorgreiflichkeit eines anderen Rechtsstreits die Aussetzung nicht zwingend geboten ist, sondern vielmehr im Ermessen des Gerichts stehe. Die Vorteile und Nachteile einer Aussetzung seien jeweils gegeneinander abzuwägen. Insbesondere bei einer Vielzahl von Kündigungen sei dem Beschleunigungsgrundsatz Rechnung zu tragen. Dieser würde konterkariert, wenn ein ArbN einerseits gehalten ist, innerhalb begrenzter Fristen Klage gegen die jeweiligen Kündigungen zu erheben, er andererseits wegen der Möglichkeit des ArbGeb, mehrere Kündigungen auszusprechen, auf längere Sicht auf eine rechtsverbindliche Entscheidung warten müsste. Der ArbGeb sei auch bei eventuell später abweichenden Entscheidungen nicht schutzlos gestellt, weil ihm die Möglichkeit einer Restitutionsklage eröffnet sei. Das LAG Düsseldorf steht einer Aussetzung offener gegenüber und betont, dass man die Grundsätze der Prozesswirtschaftlichkeit mit den Beschleunigungsgrundsätzen abwägen müsse. In Fällen der Vorgreiflichkeit stehe die durch das ArbG in Aussicht genommene Verfahrensweise grds. in seinem Ermessen. Es könne den Rechtsstreit fortführen und in der Sache entscheiden oder aussetzen, es kann, falls die übrigen Voraussetzungen vorliegen, eine über die vorgreifliche Rechtsfrage anhängigen Rechtsstreit hinzu verbinden oder es könne die Rechtsstreite unverbunden lassen, aber zeitnah entscheiden. Von welcher dieser Möglichkeiten das Gericht Gebrauch macht, stehe in seinem Ermessen. Die Möglichkeiten der Überprüfung der arbeitsgerichtlichen Entscheidung durch das LAG seien beschränkt. Die Ausübung des Ermessens könne nur dann fehlerhaft sein, wenn das Ermessen derart eingeschränkt war, dass sich jede der an sich denkbaren Möglichkeiten daraufhin verenge, dass nur eine Möglichkeit einer rechtmäßigen Ermessensausübung entspreche[13]. Daran scheinen mir zwei Dinge besonders zutreffend: Zum einen ist die Prozessförderungspflicht gem. § 61a ein wichtiger Grundsatz im Arbeitsgerichtsverfahren, der aber nicht dazu führen kann, dass ein Ermessen gar nicht mehr ausgeübt werden kann. Man muss hier immer den Einzelfall betrachten. So darf der ArbGeb nicht in die Lage versetzt werden, durch eine Vielzahl von Kündigungen die Rechte des ArbN faktisch zu verkürzen. Steht aber zB nur eine weitere Kündigung im Raum, ist für solche Erwägungen, die den Rechtsmissbrauch verhindern sollen, kein Raum. Zum anderen ist zu betonen, dass das LAG nur zu prüfen hat, ob das ArbG

---

1 GMP/*Germelmann*, § 61a Rz. 4; aA GK-ArbGG/*Schütz*, § 61a Rz. 6.
2 GMP/*Germelmann*, § 61a Rz. 5.
3 GMP/*Germelmann*, § 61a Rz. 5.
4 GK-ArbGG/*Dörner*, § 61a Rz. 4.
5 LAG Hamm v. 3.12.1998 – 4 Sa 703/98, AE 2000, 41.
6 GMP/*Germelmann*, § 61a Rz. 5, Natter/Gross/*Rieker*, § 61 Rz. 5.
7 Natter/Gross/*Rieker*, § 61 Rz. 5.
8 GMP/*Germelmann*, § 61a Rz. 7.
9 S. LAG Köln v. 19.6.2006 – 3 Ta 60/06; LAG Rh.-Pf. v. 5.8.2005 – 2 TA 184/05; LAG Bremen v. 5.10.2004 – 1 TaBV 11/04; LAG Hessen v. 6.4.2004 – 1 Ta 106/04.
10 S. hierzu auch unabhängig von § 61a ArbG Berlin v. 23.2.2005 – 7 Ca 2796/05.
11 LAG Schl.-Holst. v. 21.3.2003 – 2 Ta 174/02.
12 LAG Rh.-Pf. v. 2.6.2010 – 6 Ta 123/10.
13 LAG Düsseldorf v. 30.7.2012 – 2 Ta 265/12, unter Hinweis auf BAG v. 27.4.2006 – 2 AZR 360/05.

ermessensfehlerhaft entschieden hat. Es darf nicht das eigene Ermessen an die Stelle eines korrekt, wenn auch mit einem anderen Ergebnis ausgeübten Ermessens des ArbG stellen.

Eine Aussetzung nach § 149 Abs. 1 ZPO kommt nur ausnahmsweise in Betracht, wenn besonders gewichtige Umstände für den Vorrang des Ermittlungs- oder Strafverfahrens sprechen[1].

III. Besondere Beschleunigungspflicht

4 Die besondere Prozessförderung in Bestandsstreitigkeiten nach § 61a Abs. 2–6 hat sich **nicht bewährt**. Die Mehrheit der Meinungen im Schrifttum[2] vor Inkrafttreten der Norm und auch die Erfahrungen der Praxis[3] danach gehen dahin, dass die Vorschrift des § 61a zwar gut gemeint ist, aber tatsächlich fast überhaupt nichts zur Beschleunigung von Kündigungsschutzverfahren beiträgt. Wie sollen Kündigungsschutzklagen „vorrangig" (§ 61a Abs. 1) behandelt werden, wenn sie bei den meisten ArbG etwa 60 % aller Klagen ausmachen? Wenn den Kündigungsschutzklagen Vorrang vor allen anderen Klagen bei der Terminierung eingeräumt wird, dann führt dies in den anderen Fällen zu unzumutbar langen Wartezeiten. Eine solche Verzögerung derartiger anderer Klagen ist nicht zu verantworten, insbesondere nicht bei Leistungsklagen, die rückständige Löhne oder Gehälter betreffen. Auf diese sind die ArbN zur Existenzsicherung idR dringend angewiesen, da sie bei Nichtzahlung oft staatliche Hilfe in Anspruch nehmen müssen. Dies kann zu einer Zunahme der Anträge auf Erlass einstweiliger Verfügungen führen[4]; dies ist nicht wünschenswert. Außerdem muss auch im Kündigungsschutzprozess bei erfolgloser Güteverhandlung dem bisher untätig gebliebenen Beklagten eine Mindestfrist von zwei Wochen zur schriftsätzlichen Klageerwiderung eingeräumt werden, worauf dem Kläger eine Erwiderungsfrist von ebenfalls mindestens zwei Wochen zusteht (§ 61a Abs. 3 und 4). Durch diese Prozedur gehen vier Wochen, eventuell sogar noch eine längere Zeit verloren, bis ein Termin zur Streitverhandlung vor der Kammer möglich ist. Im Ergebnis schafft die Vorschrift des § 61a keine besseren Instrumente zur raschen Erledigung eines Kündigungsschutzprozesses, als die §§ 54–57 nicht schon zur Verfügung stellen[5]. Eine Beschleunigung des Verfahrens ist nach den Erfahrungen der Praxis nur möglich, wenn aus der „Muss"-Vorschrift über die Fristen eine „Soll"-Vorschrift und § 61a Abs. 2 als allgemeine Maßnahme zur Beschleunigung des arbeitsgerichtlichen Verfahrens als Satz 1 in § 54 Abs. 1 übernommen und damit für alle Rechtsstreite eine alsbaldige Güteverhandlung vorgeschrieben wird[6].

1. Alsbaldige Güteverhandlung

5 Das gesetzliche Gebot des § 61a Abs. 1, Bestandsstreitigkeiten vorrangig zu erledigen, soll ua. dadurch bewirkt werden, dass die **Güteverhandlung innerhalb von zwei Wochen nach Klageerhebung** stattfinden soll. Diese Frist beginnt mit der Zustellung der Klageschrift (§ 253 Abs. 1 ZPO). Bei der Klagezustellung ist darauf zu achten, dass die Einlassungsfrist von einer Woche nach § 47 Abs. 1 gewahrt wird. Die gesetzliche Zwei-Wochen-Frist wird nicht als Soll-Vorschrift, sondern als Muss-Vorschrift und damit als Pflicht des Vorsitzenden verstanden, den Gütetermin innerhalb dieses Zeitrahmens anzuberaumen. Er soll davon nur bei Vorliegen unabänderlicher Gründe, die eine Terminierung verhindern, abweichen können, nämlich[7]

– eine übervolle Terminsrolle nur mit Bestandsstreitigkeiten,
– fehlende Terminszeit auf einem Gerichtstag, an dem nur für bestimmte Tage Räumlichkeiten zur Verfügung stehen,
– Krankheit, Kur und Urlaub des Vorsitzenden von mehr als zwei Wochen bei Klageerhebung.

6 Einstweilen frei

2. Alsbaldige Kammerverhandlung

7 Ist die **Güteverhandlung** erfolglos und wird – was der Regelfall ist – das Verfahren nicht in einer sich unmittelbar anschließenden Verhandlung abgeschlossen, richtet sich **das weitere Verfahren grds. nach § 54**

---

1 LAG Nürnberg v. 29.5.2002 – 1 Ta 78/02.
2 *Barwasser*, AuR 1984, 171 (174); *Bitter*, BlStSozArbR 1979, 209 (210); *Dütz*, RdA 1980, 81 (90); *Grunsky*, BB 1979, 949 (951); *Philippsen/Schmidt/Schäfer/Busch*, NJW 1979, 1330 (1333); *Stahlhacke*, RdA 1979, 401 (402); *Wenzel*, ZRP 1978, 206 (209).
3 *Berscheid*, ZfA 1989, 47 (87); GMP/*Germelmann*, § 61a Rz. 1; *Zimmermann*, BB 1984, 478.
4 *Berscheid*, ZfA 1989, 47 (88); *Korinth*, Einstweiliger Rechtsschutz im Arbeitsgerichtverfahren, A2.
5 So ausdrücklich GK-ArbGG/*Schütz*, § 61a Rz. 1.
6 S. zu Reformvorschlägen *Berscheid*, ZfA 1989, 47 (88).
7 GMP/*Germelmann*, § 61a Rz. 10; aA Natter/Gross/*Rieker*, § 61a Rz. 8.

Abs. 4 und 5. Da auch in Rechtsstreitigkeiten, in denen nur eine oder mehrere Rechtsfragen zu beantworten sind, nicht im gebührenden Maße von der Möglichkeit der Alleinentscheidung des Vorsitzenden nach § 55 Abs. 3 Gebrauch gemacht wird, bleibt nur die Anberaumung eines Kammertermins. Auch dabei ist die besondere Beschleunigungspflicht durch Einräumung eines Vorrangs der Bestandsstreitigkeiten bei der Terminierung zu beachten, so dass der Vorsitzende verpflichtet ist, frei werdende Terminsstunden an zeitnahen Terminstagen mit Bestandsstreitigkeiten aufzufüllen. Dies ist jedoch wegen der Fristenregelung des § 61a Abs. 3 und 4 nur in beschränktem Umfange machbar.

3. Auflage an die beklagte Partei

Das **Gesetz** geht von der klassischen Parteirolle des **ArbN als Kläger** und des ArbGeb als Beklagten aus. Es kommt gelegentlich aber auch vor, dass die Bestandsstreitigkeit im Wege einer Widerklage geltend gemacht wird, weil beispielsweise der ArbGeb im Zuge eines Schadensersatzprozesses gekündigt hat und der ArbN, wenn er an seinem Wohnort verklagt worden ist, die Kündigungsschutzklage an dem für ihn günstigen Gerichtsstand im Wege der Widerklage erhoben hat. Die folgenden Ausführungen gehen aber von der klassischen Verteilung der Parteirollen aus. Da eine Aufforderung an den Beklagten, sich auf die Klage schriftlich zu äußern, idR vor der Güteverhandlung nicht stattfindet (§ 47 Abs. 2), hat der Beklagte in den meisten Fällen noch nicht oder nicht ausreichend auf die Klage erwidert, so dass der Vorsitzende ihm zunächst eine prozessleitende Auflage erteilen muss. Eine Ausnahme dürfte in dem Falle bestehen, dass die Klage unzulässig oder unschlüssig ist. Hier hat der Vorsitzende über § 139 ZPO zunächst dem Kläger Gelegenheit zu geben, die Mängel der Klage zu beseitigen. 8

Die der beklagten Partei nach § 61a Abs. 3 zu erteilende Auflage darf sich nicht auf die Wiederholung des Wortlautes des Gesetzes, „im Einzelnen unter Beweisantritt schriftlich auf die Klage zu erwidern", beschränken, sondern muss – trotz des abweichenden Wortlauts – den Anforderungen des § 56 Abs. 1 entsprechen, da sie ansonsten nicht die Verspätungsfolgen auslösen kann[1]. So könnte dem Beklagten bspw. aufgegeben werden, „binnen Monatsfrist (oder bis zum …) im Einzelnen und unter Beweisantritt darzulegen, auf welche inner- oder außerbetrieblichen Gründe die Kündigung gestützt wird und ferner vorzutragen, wann und von wem der BR über die beabsichtigte Kündigung des Klägers informiert worden ist und welche Gründe dem BR unterbreitet worden sind". 9

§ 61a Abs. 3 enthält eine **Mindestfrist**, die auch länger bemessen sein kann. Bei der Bemessung der Frist hat sich der Vorsitzende daran zu orientieren, wann die streitige Verhandlung vor der Kammer stattfindet. Es entspricht zwar formal dem Gesetz, ist aber völlig unsinnig, den Parteien jeweils eine Frist von zwei Wochen zu setzen, wenn der Kammertermin auf ein vier bis acht Monate entfernt liegendes Datum anberaumt ist. Andererseits sollte man bei entfernt liegenden Kammerterminen nicht überlange Fristen von zwei Monaten setzen, da dann bei Ausfall einer Sache an einem früheren Kammertermin eine Vorverlegung nicht möglich ist. Falls der Auflagenbeschluss nicht in Anwesenheit beider Parteien verkündet wird, empfiehlt sich, die Frist datumsmäßig zu bestimmen, damit Verzögerungen der Protokollerstellung und der Zustellung nicht zu ungewollten Auswirkungen führen.

4. Auflage an die klagende Partei

Nach § 61a Abs. 4 ist dem Kläger eine **angemessene Frist zur schriftlichen Stellungnahme** auf die Klageerwiderung zu setzen. Auch hier gilt die Mindestfrist von zwei Wochen, die im Einzelfall auch länger ausfallen kann. Die Aufforderung an den Kläger, auf die Klageerwiderung zu replizieren, muss ebenfalls den Anforderungen des § 56 Abs. 1 entsprechen. Sie kann im Gütetermin sofort erteilt werden, wenn der Beklagte auf die Klage ausreichend erwidert hat, also die Fristsetzung nur den Kläger betrifft. Sofern bis zur Kammerverhandlung noch ausreichend Zeit ist, sollte der Vorsitzende bei entsprechender Veranlassung die zunächst allgemein gehaltene Auflage präzisieren. 10

IV. Zurückweisung verspäteten Vorbringens

Das ArbG darf den schlüssigen Beweisantrag einer Partei im Kündigungsschutzprozess nur dann wegen Verspätung zurückweisen, wenn es der Partei gem. § 61a Abs. 3 und § 61a Abs. 4 eine Äußerungsfrist mit genauer Bezeichnung der aufklärungsbedürftigen Punkte[2] gesetzt und wenn es sie gem. § 61 Abs. 6 über die Folgen der Versäumung der Fristen belehrt hat[3]. Das ArbG braucht jede Partei, wenn es ihr fristgebun- 11

---

1 GMP/*Germelmann*, § 61a Rz. 13.
2 BAG v. 25.3.2004 – 2 AZR 380/03.
3 S. aber LAG Köln v. 27.9.2006 – 7 Sa 514/06 – zur allgemeinen Prozessförderungspflicht.

dene Auflagen macht, allerdings nur einmal über die Folgen der Fristversäumung (§ 61a Abs. 6) mit der Folge zu belehren, dass diese Belehrung auch für alle späteren mit Fristen versehenen Auflagen wirkt[1]. Ohne Fristsetzung und Belehrung muss das Arbeitsgericht einen schlüssigen Beweisantrag auch dann noch nachgehen, wenn er erst am Ende der Kammerverhandlung gestellt wird und deshalb eine Vertagung nötig wird[2]. Hat das LAG einen Vortrag trotz Verspätung zugelassen, ist das BAG daran gebunden[3]. Die Möglichkeiten zur Zurückweisung verspäteten Vorbringens und verspätet vorgebrachter Angriffs- und Beweismittel nach § 61a Abs. 6 entsprechen hinsichtlich der Voraussetzungen und Rechtsfolgen denen des § 56 Abs. 2, weshalb auf die Kommentierung dieser Vorschrift verwiesen wird.

§ 61b Klage wegen Benachteiligung

(1) Eine Klage auf Entschädigung nach § 15 des Allgemeinen Gleichbehandlungsgesetzes muss innerhalb von drei Monaten, nachdem der Anspruch schriftlich geltend gemacht worden ist, erhoben werden.

(2) Machen mehrere Bewerber wegen Benachteiligung bei der Begründung eines Arbeitsverhältnisses oder beim beruflichen Aufstieg eine Entschädigung nach § 15 des Allgemeinen Gleichbehandlungsgesetzes gerichtlich geltend, so wird auf Antrag des Arbeitgebers das Arbeitsgericht, bei dem die erste Klage erhoben ist, auch für die übrigen Klagen ausschließlich zuständig. Die Rechtsstreitigkeiten sind von Amts wegen an dieses Arbeitsgericht zu verweisen; die Prozesse sind zur gleichzeitigen Verhandlung und Entscheidung zu verbinden.

(3) Auf Antrag des Arbeitgebers findet die mündliche Verhandlung nicht vor Ablauf von sechs Monaten seit Erhebung der ersten Klage statt.

Allgemeines Gleichbehandlungsgesetz (AGG)
vom 14.8.2006 (BGBl. I S. 1897), zuletzt geändert durch Gesetz vom 3.4.2013 (BGBl. I S. 610)

§ 1 Ziel des Gesetzes

Ziel des Gesetzes ist, Benachteiligungen aus Gründen der Rasse oder wegen der ethnischen Herkunft, des Geschlechts, der Religion oder Weltanschauung, einer Behinderung, des Alters oder der sexuellen Identität zu verhindern oder zu beseitigen.

§ 7 Benachteiligungsverbot

(1) Beschäftigte dürfen nicht wegen eines in § 1 genannten Grundes benachteiligt werden; dies gilt auch, wenn die Person, die die Benachteiligung begeht, das Vorliegen eines in § 1 genannten Grundes bei der Benachteiligung nur annimmt.

(2) Bestimmungen in Vereinbarungen, die gegen das Benachteiligungsverbot des Absatzes 1 verstoßen, sind unwirksam.

(3) Eine Benachteiligung nach Absatz 1 durch Arbeitgeber oder Beschäftigte ist eine Verletzung vertraglicher Pflichten.

§ 15 Entschädigung und Schadensersatz

(1) Bei einem Verstoß gegen das Benachteiligungsverbot ist der Arbeitgeber verpflichtet, den hierdurch entstandenen Schaden zu ersetzen. Dies gilt nicht, wenn der Arbeitgeber die Pflichtverletzung nicht zu vertreten hat.

(2) Wegen eines Schadens, der nicht Vermögensschaden ist, kann der oder die Beschäftigte eine angemessene Entschädigung in Geld verlangen. Die Entschädigung darf bei einer Nichteinstellung drei Monatsgehälter nicht übersteigen, wenn der oder die Beschäftigte auch bei benachteiligungsfreier Auswahl nicht eingestellt worden wäre.

(3) Der Arbeitgeber ist bei der Anwendung kollektivrechtlicher Vereinbarungen nur dann zur Entschädigung verpflichtet, wenn er vorsätzlich oder grob fahrlässig handelt.

(4) Ein Anspruch nach Absatz 1 oder 2 muss innerhalb einer Frist von zwei Monaten schriftlich geltend gemacht werden, es sei denn, die Tarifvertragsparteien haben etwas anderes vereinbart. Die Frist beginnt im Falle einer Bewerbung oder eines beruflichen Aufstiegs mit dem Zugang der Ablehnung und in den sonstigen Fällen einer Benachteiligung zu dem Zeitpunkt, in dem der oder die Beschäftigte von der Benachteiligung Kenntnis erlangt.

---

1 LAG Hessen v. 13.1.1989 – 15 Sa 1244/88, nv.
2 LAG Hessen v. 18.5.1981 – 11 Sa 1048/08, nv.
3 BAG v. 25.10.2012 – 2 AZR 845/11.

(5) Im Übrigen bleiben Ansprüche gegen den Arbeitgeber, die sich aus anderen Rechtsvorschriften ergeben, unberührt.
(6) Ein Verstoß des Arbeitgebers gegen das Benachteiligungsverbot des § 7 Abs. 1 begründet keinen Anspruch auf Begründung eines Beschäftigungsverhältnisses, Berufsausbildungsverhältnisses oder einen beruflichen Aufstieg, es sei denn, ein solcher ergibt sich aus einem anderen Rechtsgrund.

I. Inhalt und Zweck der Norm	1
II. Geschichtliche Entwicklung	2
III. Anwendungsbereich	6
IV. Klageart	8
V. Klagefrist (Abs. 1)	
1. Bedeutung	9
2. Verhältnis zur Geltendmachungsfrist des § 15 Abs. 4 AGG	10
3. Fristberechnung	12
a) Die Frist zur Geltendmachung gem. § 15 Abs. 4 AGG	12
b) Die Frist zur Klageerhebung nach § 61b Abs. 1	14
c) Frist bei Geltendmachung durch sofortige Klageerhebung	15
4. Fristwahrung durch Klageerhebung	16
5. Folgen der Fristversäumung	19
a) Abweisung der Klage als unbegründet von Amts wegen	19
b) Ausnahme bei Arglist des Arbeitgebers	20
c) Keine Wiedereinsetzung in den vorigen Stand	21
VI. Zuständigkeitskonzentration bei mehreren Klagen (Abs. 2)	
1. Bedeutung der Zuständigkeitskonzentration	22
2. Voraussetzungen des Abs. 2	24
a) Mehrere Klagen bei verschiedenen Gerichten	24
b) Mehrere Klagen bei verschiedenen Kammern desselben Gerichts	26
c) Antrag des Arbeitgebers	27
aa) Form des Antrags	28
bb) Inhalt des Antrags	29
cc) Zahl der Anträge	30
dd) Antragstellung nur in der 1. Instanz	31
ee) Antragstellung nur bis zur rechtskräftigen Entscheidung der ersten Klage	32
3. Rechtsfolgen	33
a) Ausschließliche örtliche Zuständigkeit des Erstgerichts	33
b) Verweisung	34
c) Verbindung	35
VII. Hinausschieben der mündlichen Verhandlung (Abs. 3)	
1. Bedeutung	37
2. Antrag des Arbeitgebers	40
3. Folgen für die Terminierung	41

Schrifttum: *Gotthardt*, Die Vereinbarkeit der Ausschlussfristen für Entschädigungsansprüche wegen geschlechtsbedingter Benachteiligung (§ 611a Abs. 4 BGB, § 61b Abs. 1 ArbGG) mit dem europäischen Gemeinschaftsrecht, ZTR 2000, 448; *Kamanabrou*, Die arbeitsrechtlichen Vorschriften des Allgemeinen Gleichbehandlungsgesetzes, RdA 2006, 321; *Kocher*, Verfassungsrechtliche Anforderungen an die Umsetzung des Gleichbehandlungsgebots, AuR 1998, 221; *Raab*, Neuregelung der Entschädigung bei Benachteiligungen wegen des Geschlechts durch den Arbeitgeber, DStR 1999, 854; *Treber*, Arbeitsrechtliche Neuerungen durch das „Gesetz zur Änderung des Bürgerlichen Gesetzbuches und des Arbeitsgerichtsgesetzes", NZA 1998, 856; *Zwanziger*, Die Neuregelung des Verbots der Geschlechtsdiskriminierung im Arbeitsrecht, DB 1998, 1330.

Ausgewähltes Schrifttum zu Entschädigungsansprüchen nach § 15 AGG: *Bauer/Evers*, Schadensersatz und Entschädigung bei Diskriminierung – Ein Fass ohne Boden?, NZA 2006, 893; *Deinert*, Anwendungsprobleme der arbeitsrechtlichen Schadensersatzvorschriften im neuen AGG, DB 2007, 398; *Diller*, Einstellungsdiskriminierung durch Dritte, NZA 2007, 649; *Jacobs*, Grundprobleme des Entschädigungsanspruchs nach § 15 Abs. 2 AGG, RdA 2009, 193; *Kamanabrou*, Rechtsfolgen unzulässiger Benachteiligung im Antidiskriminierungsrecht, ZfA 2006, 327; *Walker*, Der Entschädigungsanspruch nach § 15 II AGG, NZA 2009, 5.

I. Inhalt und Zweck der Norm

Die Vorschrift regelt die **prozessuale Geltendmachung** der in § 15 Abs. 2–4 AGG normierten **Entschädigungsansprüche wegen Benachteiligungen aus Gründen der Rasse oder der ethnischen Herkunft, des Geschlechts, der Religion oder Weltanschauung, einer Behinderung, des Alters oder der sexuellen Identität (§ 15 iVm. §§ 7 und 1 AGG)**, insbesondere bei der Begründung eines Arbeitsverhältnisses und beim beruflichen Aufstieg. Sie regelt in Abs. 1 den zweiten Teil einer iVm. § 15 Abs. 4 AGG bestehenden zweistufigen Ausschlussfrist für die Geltendmachung der Entschädigungsansprüche[1] und enthält in Abs. 2 Regelungen zur örtlichen Zuständigkeit, zur Verweisung und zur Verbindung bei mehreren Klagen sowie in Abs. 3 eine Regelung zum Hinausschieben der mündlichen Verhandlung auf Antrag des ArbGeb. Damit

1

---

1 *Walker*, NZA 2009, 5 (10); kritisch zur Vereinbarkeit der Ausschlussfristen mit europäischem Gemeinschaftsrecht *Gotthardt*, ZTR 2000, 448.

II. Geschichtliche Entwicklung

2 § 61b ist in seiner ursprünglichen Fassung durch Art. 8 des Gesetzes zur Durchsetzung der Gleichberechtigung von Frauen und Männern (2. Gleichberechtigungsgesetz vom 24.6.1994[2]) in das ArbGG aufgenommen worden. Mit dem am 30.6.1998 in Kraft getretenen Gesetz zur Änderung des Bürgerlichen Gesetzbuches und des Arbeitsgerichtsgesetzes[3] wurde die Vorschrift zwecks Umsetzung europarechtlicher Vorgaben neu gefasst. Das am 18.8.2006 in Kraft getretene Gesetz zur Umsetzung europäischer Richtlinien zur Verwirklichung des Grundsatzes der Gleichbehandlung[4], das vor allem das Allgemeine Gleichbehandlungsgesetz (AGG) zum Inhalt hatte, hat zu einer erneuten Änderung des § 61b[5] und zu einer Erweiterung seines Anwendungsbereichs geführt. Der ursprünglich allein auf geschlechtsbedingte Benachteiligungen (§ 611a BGB aF) bezogene Anwendungsbereich wurde auf Benachteiligungen aus Gründen der Rasse oder wegen der ethnischen Herkunft, der Religion oder Weltanschauung, einer Behinderung, des Alters oder der sexuellen Identität (§ 15 iVm. §§ 7 und 1 AGG) ausgedehnt.

3 In seiner **ursprünglichen Fassung** hatte § 61b neben einem verfahrensrechtlichen auch einen materiellrechtlichen Inhalt. Die Norm diente ua. dazu, im Wege eines **Summenbegrenzungsverfahrens** den Entschädigungsanspruch mehrerer benachteiligter Bewerber auf einen Höchstbetrag von sechs oder zwölf Monatsgehältern zu beschränken, der auf alle Benachteiligten zu verteilen war (§ 61b Abs. 2 aF)[6].

4 Mit dem sog. Draempaehl-Urteil vom 22.4.1997[7] erklärte der EuGH jedoch § 611a BGB aF und § 61b in seiner ursprünglichen Fassung für unvereinbar mit der EG-Richtlinie 76/207/EWG zur Verwirklichung des Grundsatzes der Gleichbehandlung von Männern und Frauen[8] und damit für **europarechtswidrig**[9]. Den Vorgaben des EuGH folgend hat der Gesetzgeber § 611a BGB aF im Jahr 1998 dahin gehend reformiert, dass der **Entschädigungsanspruch** seitdem **verschuldensunabhängig** besteht[10] und **beim bestqualifizierten Bewerber der Höhe nach unbeschränkt** ist. Nur bei solchen benachteiligten Bewerbern, die auch bei benachteiligungsfreier Auswahl nicht eingestellt worden wären, blieb es für den Entschädigungsanspruch bei einer Höchstgrenze von drei Monatsverdiensten (§ 611a Abs. 3 BGB aF). Gleichzeitig mit der Änderung des § 611a BGB aF wurde die **Summenbegrenzung nach § 61b Abs. 2 der ursprünglichen Fassung** bei mehreren Anspruchsberechtigten **ersatzlos gestrichen**[11].

5 Durch das Gesetz zur Umsetzung europäischer Richtlinien zur Verwirklichung des Grundsatzes der Gleichbehandlung vom 14.8.2006[12] wurde das Allgemeine Gleichbehandlungsgesetz in Kraft gesetzt. § 611a BGB aF wurde gestrichen und durch § 15 AGG ersetzt. Deshalb musste der Wortlaut von § 61b in Abs. 1 und 2 durch einen Verweis auf § 15 AGG statt auf § 611a BGB aF geändert werden. Damit war auch eine Erweiterung des Anwendungsbereichs (dazu Rz. 6) verbunden.

III. Anwendungsbereich

6 Inhaltlich deckt sich der Anwendungsbereich des § 61b mit dem des § 15 Abs. 1 iVm. §§ 7, 1 AGG. Damit hat die Vorschrift entgegen ihrer vorherigen Fassung nicht nur Geltung für **Benachteiligungen wegen des Geschlechts** (so noch der frühere § 611a BGB), sondern auch für Benachteiligungen **aus Gründen der**

---

1 BR-Drs. 116/98, S. 12 f.; *Düwell*, FA 1998, 242 (244).
2 BGBl. I 1994 S. 1406.
3 BGBl. I 1998 S. 1694.
4 BGBl. I 2006 S. 1897.
5 BGBl. I 2006 S. 1897, 1908.
6 Vgl. BT-Drs. 12/5468, S. 45.
7 EuGH v. 22.4.1997 – Rs. C-180/95, Nils Draempaehl./.Urania Immobilienservice OHG, NZA 1997, 645.
8 ABl. EG Nr. L 39 v. 14.2.1976, S. 40, abgedruckt in EAS A 3042, *Haverkate/Weiss*, Arbeits- und Sozialrecht der EU, 3.2.
9 Bereits bei Inkrafttreten der Vorschriften hatte es entsprechende Hinweise aus der Lit. gegeben; s. etwa *Mittmann*, NJW 1994, 3048; *Worzalla*, DB 1994, 2446 (2448).
10 Zur Entschädigung nach § 611a BGB wegen geschlechtsbezogener Diskriminierung bei der Einstellung vgl. BAG v. 5.2.2004 – 8 AZR 112/03, NZA 2004, 540.

12 BGBl. I 2006 S. 1897.

Rasse oder wegen der ethnischen Herkunft, der Religion oder Weltanschauung, einer Behinderung, des Alters oder der sexuellen Identität. Bei einer geschlechtsbedingten Benachteiligung ist unerheblich, ob männliche oder weibliche Personen eine derartige Diskriminierung geltend machen. Eine analoge Anwendung auf Benachteiligungen aus anderen Gründen, etwa wegen der Kinderzahl oder der politischen Einstellung, kommt nicht in Betracht.

Nach seinem Wortlaut bezieht sich die Vorschrift nur auf **Entschädigung**sansprüche gem. § 15 AGG. Damit sind nur Ansprüche wegen eines immateriellen Schadens gemeint (vgl. § 15 Abs. 2 AGG). Zwar ist der gesamte § 15 AGG in Bezug genommen, und in dessen Abs. 1 sind auch **Schadensersatz**ansprüche (wegen materieller Schäden) geregelt. Aber aus der unmissverständlichen Terminologie (Entschädigung) sowie aus dem Umstand, dass auch in dem früher in Bezug genommenen § 611a BGB a.F. nur Entschädigungsansprüche geregelt waren, folgt, dass § 61b nur **auf sämtliche in § 15 Abs. 2 AGG geregelten Entschädigungsansprüche anwendbar ist**[1]. Das gilt gleichermaßen für den der Höhe nach unbegrenzten Entschädigungsanspruch des Bestqualifizierten nach § 15 Abs. 2 Satz 1 AGG wie für die auf drei Monatsgehälter beschränkten Entschädigungsansprüche derjenigen Bewerber, die auch bei diskriminierungsfreier Auswahl nicht eingestellt worden wären (§ 15 Abs. 2 Satz 2 AGG).

IV. Klageart

Da sich die Klage nach dem Wortlaut des § 61b „auf Entschädigung" zu richten hat, ist eine **Leistungsklage** zu erheben. Für eine Feststellungsklage besteht idR kein Rechtsschutzinteresse, so dass es beim Vorrang der Leistungsklage bleibt. Diese muss nicht beziffert sein. Nach § 46 Abs. 2 ArbGG iVm. § 287 ZPO kann die Entschädigungshöhe in das freie Ermessen des Gerichts gestellt werden.

V. Klagefrist (Abs. 1)

1. Bedeutung

Nach § 61b Abs. 1 sind Entschädigungsansprüche aus § 15 Abs. 2 AGG innerhalb von drei Monaten nach ihrer schriftlichen Geltendmachung gegenüber dem ArbGeb einzuklagen. In der Klagefrist nach Abs. 1 ist trotz ihrer Verortung in einer verfahrensrechtlichen Vorschrift eine **materiell-rechtliche Ausschlussfrist** zu sehen[2]. Die Konsequenz besteht darin, dass das Gericht verfristete Klagen als unbegründet abzuweisen hat[3].

2. Verhältnis zur Geltendmachungsfrist des § 15 Abs. 4 AGG

Diese Vorschrift bestimmt die von dem bzw. der Benachteiligten zunächst einzuhaltende Frist, innerhalb der die Ansprüche gegenüber dem ArbGeb schriftlich (Sinn: Rechtssicherheit)[4] **geltend zu machen** sind. Sie beträgt grds. zwei Monate, es sei denn, die Tarifvertragsparteien haben etwas anderes vereinbart. Die Geltendmachungsfrist bezweckt in erster Linie eine schnelle Abwicklung der Entschädigungsfälle. Ferner ist sie die Grundlage für die Zusammenfassung mehrerer Entschädigungsklagen nach § 61b Abs. 2[5]; denn dafür muss die Anzahl der Verfahren feststehen.

Eine Entschädigungsklage wegen Verstoßes gegen ein Benachteiligungsverbot nach §§ 7, 1 AGG ist somit nur begründet, wenn der Kläger darlegt und ggf. beweisen kann, dass sein Schreiben zur Geltendmachung des Entschädigungsanspruches zunächst innerhalb der Frist des § 15 Abs. 4 AGG dem ArbGeb zugegangen ist und er sodann unter Beachtung der Frist des § 61b Abs. 1 **Klage erhoben** hat, weil der ArbGeb seine Forderungen nicht erfüllt oder sogar überhaupt nicht reagiert hat. Zu dem Sonderfall, dass sofort Klage erhoben wird, s. Rz. 15.

---

[1] Ebenso GK-ArbGG/*Schütz*, § 61b Rz. 8; aA HK-ArbR/*Schmitt*, § 61b ArbGG Rz. 3 und *Jacobs*, RdA 2009, 193 (202): auch auf Schadensersatzansprüche nach Abs. 1 anwendbar.
[2] Zu § 61b aF s. *Gotthardt*, ZTR 2000, 448 (450): „materiellrechtliche Wirkung"; GMP/*Germelmann*, § 61b Rz. 10, 12.
[3] ErfK/*Koch*, § 61b ArbGG Rz. 2; GMP/*Germelmann*, § 61b Rz. 10; GK-ArbGG/*Schütz*, § 61b Rz. 12; GWBG/*Benecke*, § 61b Rz. 5; Hauck/Helml/*Biebl*/*Helml*, § 61b Rz. 5.
[4] Zu § 611a BGB BT-Drs. 12/5468, S. 44.
[5] BT-Drs. 12/5468, S. 44.

3. Fristberechnung

a) Die Frist zur Geltendmachung gem. § 15 Abs. 4 AGG

12 Die Frist des § 15 Abs. 4 AGG beginnt nach dem Gesetzeswortlaut mit dem Zeitpunkt, in dem die Ablehnung der Bewerbung dem Bewerber zugegangen ist. Dieser Tag ist gem. § 187 Abs. 1 BGB für die Berechnung der Frist nicht mitzurechnen. Wenn der ArbGeb auf eine Bewerbung gar nicht reagiert, dem Bewerber also noch nicht einmal die Ablehnung seiner Bewerbung mitteilt, beginnt die Ausschlussfrist nicht zu laufen[1]. Das hat zur Folge, dass sich der ArbGeb selbst die Möglichkeit nimmt, gegenüber dem Kläger den Fristablauf nach § 15 Abs. 4 AGG geltend zu machen[2], solange dieser nach Geltendmachung der Ansprüche nur die Klagefrist nach § 61b Abs. 1 einhält. Das Ende der Frist des § 15 Abs. 4 AGG richtet sich nach § 188 Abs. 2 BGB (Ende mit Ablauf desjenigen Tages des letzten Monats der Frist, der dem Tag der Geltendmachung entspricht).

13 Die Fristenregelung des § 15 Abs. 4 AGG, die an Stelle der früheren Regelung in § 611a Abs. 4 BGB getreten ist, wird hinsichtlich des an den Zugang der Ablehnung anknüpfenden Fristbeginns verbreitet für **europarechtswidrig** gehalten[3]. Grund dafür ist die faktische Fristverkürzung; denn oft wird der Benachteiligte zum Zeitpunkt des Fristbeginns, dh. bei Zugang der Ablehnung seiner Bewerbung, keine Kenntnis von seiner Benachteiligung und von den tatsächlichen Umständen haben, aus denen sie sich ergibt. Nach allgemeinen Grundsätzen beginnt eine Ausschlussfrist jedoch erst mit Kenntnis von den anspruchsbegründenden Tatsachen[4]. Deshalb spricht viel für eine europarechtskonforme Auslegung in dem Sinn, dass über den Wortlaut hinaus für den Fristbeginn Kenntnis oder fahrlässige Unkenntnis des Bewerbers von den diskriminierenden Umständen vorliegen muss[5]. Das Abstellen auf Kenntnis oder Kennenmüssen entspricht zwar nicht dem Wortlaut des § 15 Abs. 4 AGG, der in den beiden Sätzen klar zwischen Fristbeginn bei Kenntnis und bei Zugang der Ablehnung unterscheidet. Aber aus den Gesetzesmaterialien ergibt sich, dass der Gesetzgeber selbst davon ausgegangen ist, der Bewerber erlange im Zeitpunkt des Zugangs der Ablehnung Kenntnis von seiner Benachteiligung[6]. Die Frist beginnt also mit Kenntniserlangung, frühestens mit Zugang der Ablehnung[7].

b) Die Frist zur Klageerhebung nach § 61b Abs. 1

14 Die Berechnung der materiellen Klagefrist des § **61b Abs. 1** richtet sich gem. § 46 Abs. 2 ArbGG iVm. § 222 ZPO ebenfalls nach den §§ 187, 188 BGB. Die Klagefrist **beginnt** mit Zugang des Schreibens, durch das der Benachteiligte gegenüber dem ArbGeb erstmals den Entschädigungsanspruch erhoben hat. Es kommt nicht darauf an, wie der ArbGeb auf die Forderung des Diskriminierten reagiert[8]. Es ist also nicht einmal nötig, dass er überhaupt Stellung bezieht. Der Tag des Zugangs beim ArbGeb wird für die Berechnung der Frist gem. § 187 Abs. 1 BGB nicht mitgezählt. Das **Ende** der Frist richtet sich nach § 188 Abs. 2 BGB. Fällt es auf einen Sonntag, allgemeinen Feiertag oder Sonnabend, endet die Frist mit Ablauf des nächsten Werktages (§ 46 Abs. 2 ArbGG iVm. § 222 Abs. 2 ZPO).

c) Frist bei Geltendmachung durch sofortige Klageerhebung

15 Der benachteiligte Bewerber kann auch **sofort Klage** auf Entschädigung **erheben**, ohne zuvor gegenüber dem ArbGeb diesen Anspruch schriftlich eingefordert zu haben. Dies ergibt sich daraus, dass § 61b Abs. 1 nur als zweiter Teil einer zweistufigen gesetzlichen Ausschlussfrist anzusehen ist (Rz. 1) und insofern an die Stelle des ersten Teils, also der schriftlichen Geltendmachung treten kann. In der Klageerhebung liegt im Übrigen gleichzeitig die schriftliche Geltendmachung[9]. Geht der Bewerber derartig vor, ist allerdings die Frist nach § 15 Abs. 4 AGG maßgeblich[10]. Die Klageerhebung muss also innerhalb von zwei Monaten erfolgen. Für die Fristwahrung reicht es allerdings gem. § 176 ZPO, der auf § 15 Abs. 4 AGG anwendbar

---

1 BT-Drs. 12/5468, S. 44.
2 BT-Drs. 12/5468, S. 44.
3 Vgl. GMP/*Germelmann*, § 61b Rz. 5; *Treber*, NZA 1998, 856 (859 f.); *Zwanziger*, DB 1998, 1330 (1333).
4 Vgl. etwa BAG v. 16.5.1984 – 7 AZR 143/81, NZA 1985, 124 (zu tariflichen Ausschlussfristen).
5 GMP/*Germelmann*, § 61b Rz. 3; *Deinert*, DB 2007, 398 (402); *Jacobs*, RdA 2009, 193 (201); *Kamanabrou*, RdA 2006, 321 (338); *Walker*, NZA 2009, 5 (10); so schon zum früheren § 611a Abs. 4 BGB *Raab*, DStR 1999, 854 (860); *Hohmeister*, BB 1998, 1790 (1792).
6 *Walker*, NZA 2009, 5 (10) unter Hinweis auf BT-Drs. 16/1780, S. 38 und BT-Drs. 16/2022, S. 12 (Äußerung des Rechtsausschusses).
7 AM GK-ArbGG/*Schütz*, § 61b Rz. 18.
8 GK-ArbGG/*Schütz*, § 61b Rz. 17; GMP/*Germelmann*, § 61b Rz. 9.
9 BAG v. 22.5.2014 – 8 AZR 662/13, NZA 2014, 924 Rz. 10.
10 ErfK/*Koch*, § 61b ArbGG Rz. 3; GMP/*Germelmann*, § 61b Rz. 9; GK-ArbGG/*Schütz*, § 61b Rz. 26.

ist[1], aus, dass die Klageschrift fristgerecht bei Gericht eingeht und demnächst zugestellt wird. Bei einer sofortigen Klageerhebung riskiert der Kläger die Belastung mit den Kosten (§ 93 ZPO), sofern der Beklagte keine Veranlassung zur Klageerhebung gegeben hat und den Anspruch sofort anerkennt.

4. Fristwahrung durch Klageerhebung

Zur Fristwahrung ist gem. § 46 Abs. 2 ArbGG iVm. § 167 ZPO der rechtzeitige Eingang der Klage beim örtlich zuständigen ArbG ausreichend, sofern die Zustellung an den ArbGeb demnächst erfolgt. Wird die Klage bei einem **örtlich unzuständigen Gericht** eingereicht, ist sie gem. § 48 Abs. 1 iVm. § 17a Abs. 3, 4 GVG an das örtlich zuständige Gericht zu verweisen. Solange dabei die Zustellung an den ArbGeb alsbald nach Klageeinreichung („demnächst") erfolgt ist, hat es keine Auswirkungen, wenn erst nach Fristablauf verwiesen wurde[2]. Wenn dagegen der Urkundsbeamte der Geschäftsstelle im Wege der Rechtshilfe die Klage entgegennimmt und verspätet an das zuständige Gericht weiterleitet, wird dadurch die Klagefrist nicht gewahrt, selbst wenn das Gericht demnächst zustellt[3]. 16

Bei einer **Klagerücknahme** entfällt die fristwahrende Wirkung[4]. Insoweit gelten die Grundsätze, die zur Wahrung von tariflichen Ausschlussfristen entwickelt wurden[5]. Wenn noch die Möglichkeit besteht, muss also erneut Klage eingereicht werden[6]. 17

Keine Auswirkung auf den Fristablauf hat es, wenn der Kläger zunächst etwa einen Anspruch auf Abschluss eines Arbeitsvertrages oder auch einen Auskunftsanspruch hinsichtlich der Höhe der entgangenen Vergütung gerichtlich geltend macht. Diese Verfahren sind für einen Entschädigungsanspruch nach § 15 AGG nicht vorgreiflich[7]. Da der Benachteiligte gem. § 287 ZPO die Höhe des Anspruches nicht beziffern muss, sondern in das Ermessen des Gerichts stellen kann, ist auch eine Stufenklage zur Fristwahrung nicht geeignet[8]. 18

5. Folgen der Fristversäumung

a) Abweisung der Klage als unbegründet von Amts wegen

Das Gericht hat die Einhaltung der Frist von Amts wegen zu beachten und die Klage bei Verfristung als unbegründet abzuweisen (s. Rz. 9). Wegen der ohnehin notwendigen Prüfung handelt der ArbGeb auch nicht arglistig, wenn er das Gericht auf den Fristablauf hinweist[9]. 19

b) Ausnahme bei Arglist des Arbeitgebers

Wenn der ArbGeb den ArbN jedoch von der Einhaltung der Frist abgehalten hat, liegt darin ein Verhalten, welches nach Treu und Glauben dem Fristablauf entgegensteht[10]. Das entspricht wiederum den Grundsätzen, die zur Handhabung der tariflichen Ausschlussfristen entwickelt wurden. Bei der Prüfung, **ob** der ArbGeb den ArbN treuwidrig von der Einhaltung der Frist abgehalten hat, ist auf die Besonderheiten des Einzelfalles abzustellen[11]. Ein Fristablauf ist nicht deswegen abzulehnen, weil der ArbGeb den Bewerber nicht über die Ausschlussfristen oder die Notwendigkeit einer schriftlichen Geltendmachung der Forderungen aufgeklärt hat[12]. Sogar eine objektiv falsche Auskunft reicht nicht unbedingt aus[13], um dem ArbGeb treuwidriges Verhalten vorwerfen zu können. Wenn dagegen der ArbGeb dem Bewerber arglistig vorgespiegelt hat, eine gerichtliche Geltendmachung oder die Beachtung einer Frist sei nicht erforderlich, oder wenn er ihm zugesichert hat, den Entschädigungsanspruch zu erfüllen, kann dem ArbN die nicht rechtzeitige Klageerhebung nach Treu und Glauben nicht vorgeworfen werden[14]. 20

---

1 BAG v. 22.5.2014 – 8 AZR 662/13, NZA 2014, 924 Rz. 9.
2 GK-ArbGG/*Schütz*, § 61b Rz. 19 mit Hinweis auf die Handhabung des § 4 KSchG.
3 Vgl. GK-ArbGG/*Schütz*, § 61b Rz. 21.
4 BAG v. 11.7.1990 – 5 AZR 609/89, NZA 1991, 70 (zu tariflichen Ausschlussfristen).
5 ErfK/*Koch*, § 61b Rz. 2; GMP/*Germelmann*, § 61b Rz. 10.
6 GK-ArbGG/*Schütz*, § 61b Rz. 23.
7 GMP/*Germelmann*, § 61b Rz. 8.
8 Vgl. zu den Voraussetzungen, unter denen eine Stufenklage fristwahrend sein kann, BAG v. 23.2.1977 – 3 AZR 764/75, AP TVG § 4 – Ausschlussfristen Nr. 58.
9 GK-ArbGG/*Schütz*, § 61b Rz. 14.
10 GK-ArbGG/*Schütz*, § 61b Rz. 14.
11 *Schaub/Treber*, Arbeitsrechts-Handbuch, § 209 Rz. 44.
12 BAG v. 30.3.1962 – 2 AZR 101/61, NJW 1962, 1460; LAG Hessen v. 13.9.1990 – 9 Sa 443/90, NZA 1991, 896; GMP/*Germelmann*, § 61b Rz. 11.
13 BAG v. 22.1.1997 – 10 AZR 459/96, NZA 1997, 445.
14 GK-ArbGG/*Schütz*, § 61b Rz. 14.

c) Keine Wiedereinsetzung in den vorigen Stand

21 Hat der Bewerber die Klagefrist versäumt, besteht keine Möglichkeit zur Wiedereinsetzung in den vorigen Stand nach § 233 Satz 1 ZPO. Dies ergibt sich schon daraus, dass die Frist des § 61b keine Notfrist ist[1]. Auch eine analoge Anwendung von § 233 Satz 1 ZPO oder § 5 KSchG für die nachträgliche Zulassung von Klagen scheidet aus[2]. Es ist davon auszugehen, dass keine Regelungslücke, sondern eine bewusste Entscheidung des Gesetzgebers vorliegt[3]. Dieser hätte eine entsprechende Regelung in die Neufassung mit aufnehmen können, wenn er eine solche für angebracht gehalten hätte. Damit wäre dann allerdings der weitere Zweck der Vorschrift, alle Klagen, die mit einem Bewerbungsverfahren zusammenhängen, auch auf ein Verfahren zu konzentrieren, vereitelt worden. Der ArbGeb hätte keine Möglichkeit mehr, innerhalb eines überschaubaren Zeitrahmens Rechtssicherheit zu erhalten. Die Unzulässigkeit der Wiedereinsetzung gegen eine Versäumung der Klagefrist des § 61b Abs. 1 hat keine Bedeutung für die Versäumung anderer Fristen. So ist etwa gegen die Versäumung der Berufungsbegründungsfrist eine Wiedereinsetzung in den vorigen Stand möglich[4].

VI. Zuständigkeitskonzentration bei mehreren Klagen (Abs. 2)

1. Bedeutung der Zuständigkeitskonzentration

22 Der ArbGeb kann bei mehreren Entschädigungsklagen gem. § 61b Abs. 2 durch seinen Antrag die ausschließliche örtliche Zuständigkeit desjenigen ArbG begründen, bei dem die erste Klage nach § 15 AGG eingegangen ist. Dadurch kann eine Vielzahl von Klagen, die auf demselben Auswahlverfahren beruhen, aber bei verschiedenen an sich örtlich zuständigen ArbG[5] anhängig gemacht werden, zusammengeführt werden. Ein gemeinsames Verfahren bedeutet nicht nur einen praktischen Vorteil für den ArbGeb, sondern ermöglicht auch einen Vergleich der verschiedenen Bewerber. Erst wenn das Gericht einen Überblick über deren jeweilige Qualifikation hat, kann es entscheiden, wem als Bestqualifizierten der unbegrenzte Entschädigungsanspruch nach § 15 Abs. 2 Satz 1 AGG zukommt und wem jedenfalls ein begrenzter Entschädigungsanspruch nach § 15 Abs. 2 Satz 2 AGG zusteht. Durch die Konzentration aller Klagen auf ein Verfahren können somit divergierende Entscheidungen verschiedener Gerichte ausgeschlossen werden[6]. Der ArbGeb hat **nur einmal die unbegrenzte Entschädigung** an den Bestqualifizierten zu leisten und wird insgesamt mit einer Sanktion belegt, die seinem Fehlverhalten bei dem Auswahlverfahren angemessen ist.

23 Einstweilen frei

2. Voraussetzungen des Abs. 2

a) Mehrere Klagen bei verschiedenen Gerichten

24 Erforderlich ist, dass zumindest zwei Bewerber aufgrund eines Verstoßes gegen ein Benachteiligungsverbot nach §§ 7, 1 AGG in demselben Bewerbungsverfahren an verschiedenen ArbG einen Entschädigungsanspruch nach § 15 AGG einklagen. Die Klagen brauchen nach dem Wortlaut der Vorschrift nicht zulässig zu sein. Es müssen lediglich die Voraussetzungen des § 253 ZPO erfüllt sein, so dass in formeller Hinsicht eine Klage vorliegt.

25 Die Entschädigungsklagen können sowohl auf eine Benachteiligung bei der **Einstellung** als auch auf eine solche beim **beruflichen Aufstieg** (§ 61b Abs. 2 Satz 1, 2. Fall) gestützt sein. Der Begriff des beruflichen Aufstiegs ist weit zu verstehen. Unter ihn fallen alle tatsächlichen Verbesserungen des Arbeitsverhältnisses, insbesondere solche nach Stellung und Bezahlung: Im Regelfall wird es um eine Beförderung gehen[7]. Allerdings ist gem. § 15 Abs. 6 AGG erforderlich, dass auf den Aufstieg kein Anspruch besteht, also nicht ein arbeitsvertraglicher Anspruch auf Beförderung oder eine Höhergruppierung nach Bewährungsaufstieg im Streit steht. Sollte dies der Fall sein, hat der ArbN seinen Anspruch auf beruflichen Aufstieg durchzusetzen und kann keine Entschädigungsklage erheben.

---

1 GMP/*Germelmann*, § 61b Rz. 12; Hauck/Helml/Biebl/*Helml*, § 61b Rz. 14.
2 GMP/*Germelmann*, § 61b Rz. 12; GK-ArbGG/*Schütz*, § 61b Rz. 13.
3 GK-ArbGG/*Schütz*, § 61b Rz. 13.
4 Zu einem solchen Fall BAG v. 5.2.2004 – 8 AZR 112/03, NZA 2004, 540.
5 Zu den in Betracht kommenden Gerichtsständen (allgemeiner Gerichtsstand; besonderer Gerichtsstand des Erfüllungsortes gem. § 29 ZPO; Gerichtsstand der Niederlassung gem. § 21 ZPO) s. § 48 Rz. 113 ff.
6 BR-Drs. 116/98, S. 13; *Annuß*, NZA 1999, 738 (743).
7 Palandt/*Weidenkaff*, 65. Aufl., § 611a BGB Rz. 25 (noch zu § 611a BGB aF); einschränkend auf finanzielle Verbesserungen GK-ArbGG/*Schütz*, § 61b Rz. 47.

b) Mehrere Klagen bei verschiedenen Kammern desselben Gerichts

Werden **zwei** Klagen **an demselben** (örtlich zuständigen) **ArbG** anhängig gemacht, nach dessen Geschäftsverteilungsplan aber **verschiedenen Kammern** zugewiesen (was allerdings selten der Fall sein wird), findet § 61b Abs. 2 Satz 1 im Hinblick auf seine Funktion als Regelung der örtlichen Zuständigkeit zwar unmittelbar keine Anwendung. Jedoch gebietet es die Ratio des § 61b Abs. 2, hinter der ein entgegenstehender Geschäftsverteilungsplan zurückzustehen hat[1], die Klagen gem. § 147 ZPO zu verbinden.

26

c) Antrag des Arbeitgebers

Erforderlich für die Begründung des ausschließlichen Gerichtsstandes des Gerichtes, bei dem die erste Klage anhängig gemacht wurde, ist ein Antrag des ArbGeb. Er ist auch der einzige Verfahrensbeteiligte, der sicher beurteilen kann, ob mehrere Klagen erhoben worden oder noch zu erwarten sind. Zu einem solchen Antrag kann dem ArbGeb nur geraten werden. Stellt er keinen Antrag, bleibt es bei verschiedenen Verfahren mit verschiedenen Anspruchsberechtigten. Dann besteht die Möglichkeit, dass mehrere Bewerber als Bestqualifizierte angesehen werden und einen der Höhe nach nicht begrenzten Entschädigungsanspruch nach § 15 Abs. 2 Satz 1 AGG zugesprochen bekommen.

27

aa) Form des Antrags

Bei dem Antrag sind **keine besonderen Formerfordernisse** zu beachten. Der ArbGeb kann den Antrag in seiner Klageerwiderung stellen. Möglich ist aber auch eine mündliche Antragstellung zu Protokoll der Geschäftsstelle oder innerhalb der Verhandlung vor Gericht.

28

bb) Inhalt des Antrags

Auch für den Inhalt des Antrages gibt es **keine Vorgaben**. Der ArbGeb hat lediglich darauf hinzuweisen, vor welchem Gericht eine weitere Entschädigungsklage gegen ihn zuerst anhängig geworden ist. Deswegen kann der Antrag erst gestellt werden, wenn bereits mehrere Klagen anhängig sind. Eine vorsorgliche Antragstellung scheidet damit aus.

29

cc) Zahl der Anträge

Der ArbGeb hat den **Antrag nur einmal zu stellen**. Es ist nicht erforderlich, ihn erneut vor jedem Gericht zu stellen, bei dem gegen ihn gerichtete Entschädigungsklagen eingehen. Werden ihm solche Klageschriften zugestellt, sollte er in seinem eigenen Interesse das Gericht allerdings auf seinen anderweitig gestellten Antrag und die örtliche Zuständigkeit des ersten Gerichts hinweisen. In einem derartigen Hinweis wird im Übrigen regelmäßig ein weiterer entsprechender Antrag enthalten sein. Das Erstgericht ist jedenfalls nicht gehalten, von sich aus alle in Betracht kommenden übrigen Gerichte über seine ausschließliche örtliche Zuständigkeit zu informieren. Dies gilt nur bezüglich derjenigen Gerichte, die dem Erstgericht aufgrund der Antragstellung des ArbGeb bekannt sind. Umgekehrt muss kein Gericht ermitteln, ob nicht etwa aufgrund eines Antrags des ArbGeb die örtliche Zuständigkeit eines anderen Gerichts gegeben ist[2]. Wenn aber ein Gericht über die Zuständigkeit eines früheren Gerichts informiert wurde, verweist es den Rechtsstreit von Amts wegen an dieses.

30

dd) Antragstellung nur in der 1. Instanz

Nach dem Wortlaut des § 61b Abs. 2 (ArbG) kann der Antrag nur in **Verfahren der 1. Instanz** gestellt werden[3]. Das folgt auch aus § 64 Abs. 7 über die entsprechende Anwendung erstinstanzlicher Verfahrensvorschriften im Berufungsverfahren; dort ist § 61b Abs. 2 nicht genannt. Schließlich ergibt sich aus § 48 Abs. 1 ArbGG iVm. § 17a Abs. 5 GVG, dass das Berufungsgericht die örtliche Zuständigkeit des Gerichts der 1. Instanz nicht mehr überprüfen kann. Dazu würde es nicht passen, wenn der ArbGeb durch einen Antrag nach § 61b Abs. 2 noch in der Berufungsinstanz die örtliche Zuständigkeit eines anderen Gerichts begründen könnte. Die Beschränkung der Antragsmöglichkeit auf die 1. Instanz ist auch sachgerecht. Andernfalls könnte im Berufungsverfahren ein Gericht 1. Instanz („das ArbG, bei dem die erste Klage erhoben ist") erneut zuständig werden. Es liegt in der Eigenverantwortung des ArbGeb, den Antrag rechtzeitig in der 1. Instanz zu stellen und sich dadurch Vorteile zu verschaffen. Erlangt das Gericht Kenntnis davon, dass mehrere Klagen an verschiedenen Gerichten anhängig sind, hat es den ArbGeb gem. § 139 Abs. 1 Satz 2

31

---

1 Im Ergebnis auch GK-ArbGG/*Schütz*, § 61b Rz. 36, 40.
2 GK-ArbGG/*Schütz*, § 61b Rz. 31.
3 GMP/*Germelmann*, § 61b Rz. 18; GK-ArbGG/*Schütz*, § 61b Rz. 33; GWBG/*Benecke*, § 61b Rz. 12.

ZPO auf sein Antragsrecht hinzuweisen. Darüber hinaus besteht kein Anlass, dem ArbGeb die Möglichkeit zu geben, die Verfahren über die Frist des Abs. 3 hinaus (s. Rz. 37 ff.) nochmals zu verzögern.

ee) Antragstellung nur bis zur rechtskräftigen Entscheidung der ersten Klage

32 Der ArbGeb kann den **Antrag** auf Zuständigkeitskonzentration beim Erstgericht stellen, solange die **erste Klage noch nicht rechtskräftig entschieden** worden ist. Ab diesem Zeitpunkt scheidet ein Antrag schon nach dem Gesetzeswortlaut („erhoben ist") und dem Sinn und Zweck der Vorschrift, alle anhängigen Klagen in einem Verfahren verbinden zu können, aus[1]. Sind neben dem rechtskräftig entschiedenen Verfahren noch mehrere andere Diskriminierungsklagen anhängig, bleibt § 61b Abs. 2 für diese anwendbar. Nur das Erstgericht kann nicht mehr zuständig sein. Dafür wird für die restlichen Gerichte auf Antrag des ArbGeb das ursprünglich als zweites angerufene ArbG ausschließlich zuständig. Entsprechendes gilt, wenn die erste Klage sich anderweitig, zB durch Vergleich oder Klagerücknahme, erledigt[2].

3. Rechtsfolgen

a) Ausschließliche örtliche Zuständigkeit des Erstgerichts

33 Ausschließlich örtlich zuständig für die Entschädigungsklagen wird das Gericht, bei dem die erste Klage erhoben ist. Dabei kommt es nicht auf den Klageeingang an. Entscheidend ist gem. § 253 ZPO, welches Gericht zuerst eine Klage an den ArbGeb zugestellt hat[3]. Kann dies im Nachhinein nicht mehr festgestellt werden, kommt analog § 36 ZPO eine Bestimmung durch das zuständige LAG in Betracht[4]. Die §§ 12 ff. ZPO (wobei insbesondere die Gerichtsstände nach §§ 21, 29 ZPO praxisrelevant sind) finden nach der Antragstellung keine Anwendung mehr[5]. Auch eine rügelose Einlassung nach § 39 ZPO kann nicht die örtliche Zuständigkeit eines anderen Gerichts begründen.

b) Verweisung

34 Sämtliche zeitlich nachfolgende Klagen sind **von Amts wegen** an das nunmehr örtlich allein zuständige Gericht zu verweisen. Der ArbGeb muss also keinen ausdrücklichen Verweisungsantrag mehr stellen, sondern die jeweiligen Gerichte lediglich darauf hinweisen, dass er bereits einen Antrag nach Abs. 2 gestellt hat. Die Verweisung erfolgt dann durch Beschluss des Vorsitzenden (arg. e § 48 Abs. 1 Nr. 2 ArbGG iVm. § 17a Abs. 4 GVG). Dieser Beschluss ist nach § 48 Abs. 1 Nr. 1 unanfechtbar.

c) Verbindung

35 Nach Klageeingang beim zuständigen Gericht sind die Klagen unabhängig vom Geschäftsverteilungsplan derselben Kammer zuzuteilen, die mit der ersten rechtshängigen Klage befasst ist. Deren Vorsitzender hat die Klagen durch Beschluss nach § 53 Abs. 1 ohne mündliche Verhandlung zum Zwecke der gleichzeitigen Verhandlung und Entscheidung zu verbinden. Dabei steht dem Gericht abweichend von § 147 ZPO kein Ermessen zu.

36 Nach der Verbindung bilden die Kläger eine **einfache Streitgenossenschaft** nach § 61 ZPO. Weiterhin existieren verschiedene Prozessrechtsverhältnisse. Jeder Kläger führt seinen Prozess selbstständig und unabhängig von den anderen Klägern. Prozesshandlungen, die vor der Verbindung vorgenommen wurden (zB Prozesskostenhilfeantrag) bleiben wirksam. Eine notwendige Streitgenossenschaft nach § 62 ZPO kommt nach dem Wegfall des Summenbegrenzungsverfahrens (Rz. 4) nicht mehr in Betracht.

VII. Hinausschieben der mündlichen Verhandlung (Abs. 3)

1. Bedeutung

37 Nach § 61b Abs. 3 kann der ArbGeb beantragen, die mündliche Verhandlung der verbundenen Klagen bis zu dem Zeitpunkt von sechs Monaten nach Erhebung der ersten Klage hinauszuschieben. Auch der im ArbG-Prozess zwingend vorgesehene Gütetermin ist eine mündliche Verhandlung nach Abs. 3[6]. Es liegt also in der Hand des ArbGeb, den gemeinsamen Gütetermin bis zu sechs Monate zu verzögern.

---

1 AM GK-ArbGG/*Schütz*, § 61b Rz. 33 (bis zum Ende der mündlichen Verhandlung).
2 GK-ArbGG/*Schütz*, § 61b Rz. 42.
3 GMP/*Germelmann*, § 61b Rz. 22; GK-ArbGG/*Schütz*, § 61b Rz. 34; aA *Worzalla*, DB 1994, 2446 (2448).
4 BT-Drs. 12/5468, S. 46.
5 BR-Drs. 116/98, S. 12 f.
6 GMP/*Germelmann*, § 61b Rz. 27; Hauck/Helml/Biebl/*Helml*, § 61b Rz. 9; aM ErfK/*Koch*, § 61b Rz. 6.

Die Regelung bedeutet eine **Durchbrechung des Beschleunigungsgrundsatzes** nach § 9 Abs. 1, die jedoch aufgrund der meist zeitversetzt eingereichten Klagen und wegen der Besonderheit von Entschädigungsansprüchen in verschiedener Höhe je nach Geeignetheit der Bewerber **gerechtfertigt** ist[1]. So ergibt sich der Sinn der Vorschrift aus einer Zusammenschau mit § 61b Abs. 2. Meistens ermöglicht es erst eine Verzögerung der mündlichen Verhandlung, alle fristgerecht eingelegten Klagen zu einem Bewerbungsverfahren auch tatsächlich in einem einheitlichen Verfahren zu verhandeln und zu entscheiden. Bei der Regelung der Sechs-Monats-Frist ist der Gesetzgeber davon ausgegangen, dass diese Frist im Regelfall ausreicht, um alle im Rahmen eines Auswahlverfahrens erfolgten Ablehnungen berücksichtigen zu können[2]. 38

Eine **Verzögerung von sechs Monaten ist zwar in den meisten, aber nicht in allen Fällen ausreichend**, um den Gesetzeszweck zu erreichen. Zwar müssen alle Entschädigungsansprüche gem. § 15 Abs. 4 Satz 1 AGG innerhalb einer Frist von zwei Monaten geltend gemacht und gem. § 61b Abs. 1 innerhalb von drei weiteren Monaten eingeklagt werden. Aber die Frist zur Geltendmachung beginnt in den sonstigen Fällen einer Benachteiligung (§ 15 Abs. 4 Satz 2, 2. Fall AGG) erst in dem Zeitpunkt, in dem der oder die Beschäftigte von der Benachteiligung Kenntnis erlangt. Bei später Kenntniserlangung einzelner Benachteiligter ist nicht mehr gewährleistet, dass sämtliche Klagen innerhalb von sechs Monaten seit Zustellung der ersten Klage erhoben werden[3]. Dies gilt umso mehr, als der „erste Kläger" auch ohne vorheriges Schreiben an den ArbGeb geklagt haben kann (s. dazu Rz. 15). 39

2. Antrag des Arbeitgebers

Um die Rechtsfolgen des § 61b Abs. 3 herbeizuführen, muss der ArbGeb einen gesonderten Antrag stellen. Im Verweisungsantrag nach § 61b Abs. 2 ist der Antrag auf Hinausschieben der mündlichen Verhandlung nicht etwa automatisch enthalten. Besondere Formerfordernisse bestehen für den Antrag nicht. Zweckmäßig ist es, ihn bereits vor der ersten Güteverhandlung zu stellen. Voraussetzung ist allerdings, dass mindestens zwei Klagen anhängig sind[4]. Das folgt aus der Gesetzesformulierung „seit Erhebung der ersten Klage". Davon abgesehen hat der ArbGeb auch nur bei mindestens zwei Klagen ein berechtigtes Interesse an einer Verzögerung; denn andernfalls ist keine abgestimmte Prüfung erforderlich, für die ein Zeitbedarf bestehen könnte. Hat der ArbGeb bereits den Antrag nach § 61b Abs. 2 gestellt, ist es ausreichend, wenn er den Antrag nach § 61b Abs. 3 einmalig in dem zuerst rechtshängig gewordenen Verfahren stellt[5]. Denn aufgrund der Verweisung und Verbindung der verschiedenen Prozesse sind die später zugestellten Klagen zwangsläufig von der Terminierung der ersten Klage betroffen. 40

3. Folgen für die Terminierung

Die sechsmonatige Frist des § 61b Abs. 3 beginnt gem. § 253 ZPO mit Zustellung der ersten Klageschrift beim ArbGeb. Für die Fristberechnung maßgeblich sind die §§ 187 ff. BGB. Sind alle Voraussetzungen erfüllt, hat das Gericht nach dem eindeutigen Wortlaut der Vorschrift dem Antrag zwingend zu entsprechen. Ein bereits festgelegter Gütetermin ist aufzuheben. Gegen einen ArbGeb, der einem nicht aufgehobenen Gütetermin fernbleibt, darf kein Versäumnisurteil erlassen werden[6]; dafür fehlt es nämlich an einer ordnungsgemäßen Ladung. 41

§ 62 Zwangsvollstreckung

(1) Urteile der Arbeitsgerichte, gegen die Einspruch oder Berufung zulässig ist, sind vorläufig vollstreckbar. Macht der Beklagte glaubhaft, dass die Vollstreckung ihm einen nicht zu ersetzenden Nachteil bringen würde, so hat das Arbeitsgericht auf seinen Antrag die vorläufige Vollstreckbarkeit im Urteil auszuschließen. In den Fällen des § 707 Abs. 1 und des § 719 Abs. 1 der Zivilprozessordnung kann die Zwangsvollstreckung nur unter derselben Voraussetzung eingestellt werden. Die Einstellung der Zwangsvollstreckung nach Satz 3 erfolgt ohne Sicherheitsleistung. Die Entscheidung ergeht durch unanfechtbaren Beschluss.

---

1 Kritisch *Pfarr*, RdA 1995, 204 (210).
2 BT-Drs. 12/5468, S. 45.
3 Deshalb hat *Annuß*, NZA 1999, 738 (744) schon zu dem früheren § 611a BGB eine Verlängerung der Frist auf mindestens zehn Monate vorgeschlagen.
4 GMP/*Germelmann*, § 61b Rz. 28; GK-ArbGG/*Schütz*, § 61 Rz. 44; aA ErfK/*Koch*, § 61b ArbGG Rz. 6.
5 AA *Annuß*, NZA 1999, 738 (744).
6 GK-ArbGG/*Schütz*, § 61 Rz. 44.

(2) Im Übrigen finden auf die Zwangsvollstreckung einschließlich des Arrestes und der einstweiligen Verfügung die Vorschriften des Achten Buchs der Zivilprozessordnung Anwendung. Die Entscheidung über den Antrag auf Erlass einer einstweiligen Verfügung kann in dringenden Fällen, auch dann, wenn der Antrag zurückzuweisen ist, ohne mündliche Verhandlung ergehen. Eine in das Schutzschriftenregister nach § 945a Absatz 1 der Zivilprozessordnung eingestellte Schutzschrift gilt auch als bei allen Arbeitsgerichten der Länder eingereicht.

I. Regelungsinhalt	1
II. Anwendungsbereich	2
III. Die vorläufige Vollstreckbarkeit (Abs. 1)	3
1. Grundsatz (Abs. 1 Satz 1)	4
2. Ausschluss der vorläufigen Vollstreckbarkeit (Abs. 1 Satz 2)	8
a) Antrag	10
b) Nicht zu ersetzender Nachteil	12
aa) Enge Auslegung	13
bb) Berücksichtigung der Interessen des Gläubigers	14
cc) Bedeutung der Erfolgsaussichten im Rechtsmittelverfahren	15
dd) Nicht zu ersetzender Nachteil bei einzelnen Vollstreckungsarten	16
ee) Nicht zu ersetzender Nachteil bei einzelnen Vollstreckungsmaßnahmen	21
c) Glaubhaftmachung	22
d) Entscheidung	23
3. Einstellung der Zwangsvollstreckung (Abs. 1 Satz 3)	26
a) Verhältnis zwischen Ausschluss und Einstellung der Zwangsvollstreckung	27
b) Voraussetzungen	28
aa) Voraussetzungen nach §§ 707, 719 ZPO	29
(1) Antrag	30
(2) Sachliche Voraussetzungen	31
bb) Einschränkende Voraussetzung nach Abs. 1 Satz 3, 4	32
c) Glaubhaftmachung	34
d) Verfahren	35
e) Entscheidung	36
f) Unanfechtbarkeit der Entscheidung nach Abs. 1 Satz 5	38
g) Einstellung nach anderen Vorschriften	40
IV. Die Zwangsvollstreckung nach dem Achten Buch der ZPO (Abs. 2 Satz 1)	41
1. Voraussetzungen der Zwangsvollstreckung	42
a) Allgemeine Prozessvoraussetzungen	42
b) Allgemeine Vollstreckungsvoraussetzungen	44
c) Besondere Vollstreckungsvoraussetzungen	48
d) Vollstreckungshindernisse	49
2. Durchführung der Zwangsvollstreckung	50
a) Vollstreckung wegen Geldforderungen	51
aa) Vollstreckung in körperliche Sachen	52
(1) Pfändung	53
(2) Verwertung	56
bb) Vollstreckung in Forderungen	59
(1) Pfändung	60
(2) Verwertung	65
cc) Vollstreckung in unbewegliche Sachen	66
b) Vollstreckung zur Erwirkung der Herausgabe von Sachen	69
c) Vollstreckung zur Erwirkung von Handlungen und Unterlassungen	72
aa) Vertretbare Handlungen	73
bb) Unvertretbare Handlungen	74
cc) Entschädigung statt Vollstreckung (§ 61 Abs. 2 Satz 1)	75
dd) Unterlassungen und Duldungen	76
ee) Typische Anwendungsfälle bei arbeitsgerichtlichen Titeln	77
(1) Anspruch auf Arbeitsleistung	77
(2) Freistellungsanspruch	78
(3) Anspruch auf Gehalts- oder Provisionsabrechnung	79
(4) (Weiter-)Beschäftigungsanspruch	80
(5) Zeugnisanspruch	83
(6) Anspruch auf Ausfüllung von Arbeitspapieren	84
(7) Anspruch auf Entfernung einer Abmahnung	85
(8) Anspruch auf Einhaltung eines Wettbewerbsverbotes	86
(9) Einstellungs-, Beförderungs- oder Neubescheidungsanspruch	87
(10) Vergütungsanspruch	88
3. Rechtsbehelfe in der Zwangsvollstreckung	89
a) Vollstreckungserinnerung nach § 766 ZPO	90
b) Sofortige Beschwerde nach § 793 ZPO	91
c) Vollstreckungsgegenklage nach § 767 ZPO	93
d) Drittwiderspruchsklage nach § 771 ZPO	94
e) Klage auf vorzugsweise Befriedigung nach § 805 ZPO	95
f) Vollstreckungsschutz nach § 765a ZPO	96
4. Kosten der Zwangsvollstreckung	97
a) Kostentragungspflicht des Schuldners	98
b) Kostenerstattungspflicht des Gläubigers	100
V. Der einstweilige Rechtsschutz (Abs. 2 Satz 1, 2)	101
1. Praktische Relevanz	102
2. Regelung des einstweiligen Rechtsschutzes im Achten Buch der ZPO	103
a) Arten des einstweiligen Rechtsschutzes	104
aa) Arrest und grenzüberschreitende vorläufige Kontenpfändung	105
bb) Einstweilige Verfügung	107
b) Allgemeine Voraussetzungen	109
aa) Arrest- oder Verfügungsanspruch	110
bb) Arrest- oder Verfügungsgrund	111
3. Verfahrensrechtliche Besonderheiten im arbeitsgerichtlichen Eilverfahren	113
a) Zur Zuständigkeit des Amtsgerichts der belegenen Sache	114
b) Voraussetzungen für den Verzicht auf mündliche Verhandlung	115
c) Bedeutung des obligatorischen Güteverfahrens	116

d) Eilkompetenz des Vorsitzenden 117
e) Sicherheitsleistung und Lösungssumme ... 118
f) Vollziehung 121
g) Einstweilige Einstellung der Vollziehung nach Einlegung von Rechtsbehelfen 122
h) Schutzschrift 123
i) Schadensersatz gem. § 945 ZPO 125
4. Typische Fallgruppen von arbeitsgerichtlichen einstweiligen Verfügungen 126
a) Begründung des Arbeitsverhältnisses und Beförderung (Konkurrentenklage) 127
b) Hauptpflichten im Arbeitsverhältnis 129
 aa) Vergütung 130
  (1) Verfügungsanspruch 131
  (2) Verfügungsgrund 132
 bb) Arbeitsleistung 133
c) Nebenpflichten im Arbeitsverhältnis 134
 aa) Urlaub 135
  (1) Verfügungsansprüche 136
  (2) Verfügungsgrund 137
  (3) Vollziehung 139
 bb) Beschäftigung 140
  (1) Der allgemeine (Weiter-)Beschäftigungsanspruch 141
   (a) Verfügungsanspruch 142
    (aa) Beschäftigungsanspruch im ungekündigten Arbeitsverhältnis 143
    (bb) Weiterbeschäftigungsanspruch im gekündigten Arbeitsverhältnis nach Ablauf der Kündigungsfrist 144
   (b) Verfügungsgrund 149
  (2) Die besonderen Weiterbeschäftigungsansprüche gem. § 102 Abs. 5 Satz 1 BetrVG und § 78a Abs. 2 BetrVG 150
   (a) Verfügungsanspruch 151
   (b) Verfügungsgrund 152
  (3) Entbindung von der Weiterbeschäftigungspflicht gem. § 102 Abs. 5 Satz 2 BetrVG 153

(a) Verfügungsanspruch 154
(b) Verfügungsgrund 155
(4) Schadensersatzanspruch nach einstweiliger Weiterbeschäftigung oder Entbindung von der Weiterbeschäftigungspflicht 156
cc) Anspruch auf Teilzeitarbeit 157
 (1) Verfügungsanspruch 158
 (2) Verfügungsgrund 159
dd) Wettbewerbsverbote 160
 (1) Verfügungsanspruch 161
 (2) Verfügungsgrund 162
ee) Arbeitspapiere, Zeugnis 163
 (1) Verfügungsanspruch 164
 (2) Verfügungsgrund 165
ff) Mobbing 166
d) Arbeitskampf 167
 aa) Grundsätzliche Zulässigkeit einstweiliger Verfügungen 168
 bb) Verfügungsansprüche 169
 cc) Verfügungsgrund 170
 dd) Überlegungen zur Zuständigkeit 172
5. Grenzüberschreitende vorläufige Kontenpfändung 174
a) Zweck und rechtliche Einordnung 175
b) Gesetzliche Regelung 176
c) Voraussetzungen für eine vorläufige Kontenpfändung 177
d) Antrag 178
e) Informationen zur Identifizierung von Bankkonten 179
f) Prüfung durch das Gericht im schriftlichen Verfahren 180
g) Entscheidung des Gerichts 181
h) Vollziehung der vorläufigen Kontenpfändung 182
i) Rechtsbehelfe 183
j) Schadensersatzpflicht des Gläubigers 185

Schrifttum: 1. Zur Zwangsvollstreckung aus arbeitsrechtlichen Titeln *Beckers*, Die Abwendung der Vollstreckung aus arbeitsrechtlichen Titeln durch Sicherheitsleistung des Schuldners, NZA 1997, 1322; *Bengelsdorf*, Gelungene Rechtsfindung im komplizierten Normengefüge der Lohnpfändung – Die gesetzeskonforme Auslegung der §§ 850 Abs. 2, 850a Nrn. 2, 6 ZPO, SAE 2009, 196; *Berkowsky*, Die Einstellung der Zwangsvollstreckung aus einem arbeitsgerichtlichen Weiterbeschäftigungsurteil nach § 62 Arbeitsgerichtsgesetz, BB 1981, 1038; *Berkowsky/Drews*, Zur (Un-) Zulässigkeit einer Netto-Zahlungsklage bei bestehender Bruttolohnvereinbarung, DB 1985, 2099; *Dütz*, Einstweilige Abwendung von Vollstreckungsmaßnahmen in der Arbeitsgerichtsbarkeit, DB 1980, 1069 und 1120; *Düwell*, Anwaltsvergleich in Arbeitssachen – endlich vollstreckbar!, FA 1998, 212; *Egerer*, Vollstreckung und Vollstreckungsschutzanträge im Arbeitsrecht – Verfahren erster Instanz –, NZA 1985, Beil. 2, 22; *Groeger*, Die vorläufige Vollstreckbarkeit arbeitsgerichtlicher Urteile, NZA 1994, 251; *Helwich*, Die neuen Pfändungstabellen ab 1. Juli 2015 – Erweiterter Pfändungsschutz für Arbeitseinkommen, Renten und Kontenguthaben, JurBüro 2015, 340; *Hocke/Hocke*, Die Berechnung des pfändbaren Betrages nach der Nettomethode, ZTR 2013, 471; *Howald*, Die Durchsetzung von Zeugnisansprüchen, FA 2012, 197; *Leydecker/Heider/Fröhlich*, Die Vollstreckung des Weiterbeschäftigungsanspruchs, BB 2009, 2703; *Ostermaier*, Das Arbeitszeugnis in der Zwangsvollstreckung, FA 2009, 297; *Ostrowicz/Künzl/Scholz*, Handbuch des arbeitsgerichtlichen Verfahrens, 5. Aufl. 2014, Kapitel 10; *Reichel*, Das EG-Vollstreckungstitel-Durchführungsgesetz und die Auswirkungen auf das arbeitsgerichtliche Verfahren, NZA 2005, 1096; *Reifelsberger/Kopp*, Lohnpfändung bei Sachbezügen in der betrieblichen Praxis – insbesondere bei Dienstwagen, NZA 2013, 641; *Voit/Geweke*, Der vollstreckbare Anwaltsvergleich in Arbeitssachen nach der Einfügung der §§ 796a–796c ZPO durch das Schiedsverfahrens-Neuregelungsgesetz, NZA 1998, 400.

2. Zum einstweiligen Rechtsschutz im arbeitsgerichtlichen Urteilsverfahren. a) Zum einstweiligen Rechtsschutz insgesamt *Clemenz*, Das einstweilige Verfügungsverfahren im Arbeitsrecht, NZA 2005, 129; *Clemenz*, Das Arrestverfahren im Arbeitsrecht, NZA 2007, 64; *Christoffer*, Die Schutzschrift im arbeitsgerichtlichen Eilverfahren, 2007; *Busemann*, Das Bundesarbeitsgericht zum Globalantrag sowie zur Rechtskraft und Bindungswirkung des einstweiligen Rechtsschutzes, ZTR 2014, 447; *Dörner/Luczak/Wildschütz/Baeck/Hoß*, Handbuch des Fachanwalts Arbeitsrecht,

13. Aufl. 2015, Kap. 15 A XII (bearbeitet von *Luczak*); *Dunkl*, Einstweiliger Rechtsschutz gegen eine vertragswidrige Weisung des Arbeitgebers, FS Buchner, 2009, S. 197; *Dunkl/Moeller/Baur/Feldmeier*, Handbuch des vorläufigen Rechtsschutzes, 3. Aufl. 1999 (Teil B bearbeitet von *Baur*), zit. HdbVR/*Bearbeiter*; *Faecks*, Die einstweilige Verfügung im Arbeitsrecht, NZA 1985, Beil. 3, S. 6; *Gift/Baur*, Das Urteilsverfahren vor den Gerichten für Arbeitssachen, 1993, Teile E und J; *Heinze*, Einstweiliger Rechtsschutz im arbeitsgerichtlichen Verfahren, RdA 1986, 273; *Humberg*, Die Fristen des Berufungsverfahrens im einstweiligen Verfügungsverfahren – Verfassungswidriger Umgang mit gesetzlich normierten Fristen?, AuR 2013, 299; *Humberg*, Verfassungswidrige Verkürzung der Berufungsfristen im einstweiligen Rechtsschutz, NZA 2014, 1007; *Korinth*, Einstweiliger Rechtsschutz im Arbeitsgerichtsverfahren, 3. Aufl. 2015; *Lakies*, Fallbezogene einstweilige Verfügungen, AuA 1995, 15; Münchener Handbuch zum Arbeitsrecht, Bd. 2, 3. Aufl. 2009, § 346 (bearbeitet von *Jacobs*); *Ostrowicz/Künzl/Scholz*, Handbuch des arbeitsgerichtlichen Verfahrens, 5. Aufl. 2014, Kapitel 9; *Reinhard/Kliemt*, Die Durchsetzung arbeitsrechtlicher Ansprüche im Eilverfahren, NZA 2005, 545; *Schäfer*, Der einstweilige Rechtsschutz im Arbeitsrecht, 1996; *Schmiedl*, Die Sicherung des Herausgabeanspruchs am Dienstwagen nach Beendigung des Arbeitsverhältnisses mittels einstweiliger Verfügung, BB 2002, 992; *Tschöpe*, Anwalts-Handbuch Arbeitsrecht, 9. Aufl. 2015, Teil 5 H (bearbeitet von *Wessel*); *Vogg*, Einstweiliger Rechtsschutz und vorläufige Vollstreckbarkeit, 1991; *Walker*, Der einstweilige Rechtsschutz im Zivilprozess und im arbeitsgerichtlichen Verfahren, 1993; *Walker*, Grundlagen und aktuelle Entwicklungen des einstweiligen Rechtsschutzes im Arbeitsgerichtsprozess, ZfA 2005, 45; *Walker*, Verfahrensrechtliche Streitfragen im arbeitsgerichtlichen Eilverfahren, Gedächtnisschrift für Heinze, 2005, S. 1009; *Wehlau/Kalbfus*, Die Schutzschrift im elektronischen Rechtsverkehr, ZRP 2013, 101; *Wenzel*, Risiken des schnellen Rechtsschutzes, NZA 1984, 112; *Wieser*, Arbeitsgerichtsverfahren, 1994, Rz. 452 ff., 519 ff.

b) Zum Einstellungs- und Beförderungsanspruch (Konkurrentenklage) *Walker*, Verfahrensrechtliche Aspekte der arbeitsrechtlichen Konkurrentenklage, FS Söllner, 2000, S. 1231; *Walker*, Die arbeitsrechtliche Konkurrentenklage, FS 50 Jahre Arbeitsgerichtsbarkeit Rheinland-Pfalz, 1999, S. 603; *Zimmerling*, Rechtsprobleme der arbeitsrechtlichen Konkurrentenklage, ZTR 2000, 489.

c) Zum (Weiter-)Beschäftigungsanspruch *Baur*, Der (Weiter-)Beschäftigungsanspruch außerhalb §§ 102 BetrVG, 79 BPersVG – Durchsetzung und Abwehr im Eilverfahren, ZTR 1989, 375 u. 419; *Brill*, Die Durchsetzung des allgemeinen Weiterbeschäftigungsanspruchs, BB 1982, 621; *Dütz*, Die Weiterbeschäftigungs-Entscheidung des Großen Senats des BAGs und ihre Folgen für die Praxis, NZA 1986, 209; *Dunkl*, Einsweiliger Rechtsschutz gegen eine vertragswidrige Weisung des Arbeitgebers, FS Buchner, 2009, S. 198; *Fischer*, Rechtsprechungsdogma des besonderen Beschäftigungsinteresses und die hohen Anforderungen an den einstweilig verfügten Beschäftigungsanspruch, NZA-RR 2015, 565; *Gussone*, Weiterbeschäftigungsanspruch des Arbeitnehmers und Gegenantrag des Arbeitgebers nach § 102 Abs. 5 BetrVG, AuR 1994, 245; *Hilbrandt*, Versetzung auf Grund vermeintlichen Weisungsrechts und einstweiliger Rechtsschutz, RdA 1998, 155; *Reidel*, Die einstweilige Verfügung auf (Weiter-) Beschäftigung – eine vom Aussterben bedrohte Rechtsschutzform?, NZA 2000, 454; *Schaub*, Vorläufiger Rechtsschutz bei der Kündigung von Arbeitsverhältnissen, NJW 1981, 1807.

d) Zum Urlaubsanspruch *Corts*, Einstweilige Verfügung auf Urlaubsgewährung, NZA 1998, 357; *Dörner*, Die Durchsetzung des Urlaubsanspruchs, AR-Blattei, Urlaub X; *Fischer*, Rechtswidrig verweigerte Urlaubsgewährung durch den Arbeitgeber – Handlungsmöglichkeiten des Arbeitnehmers, AuR 2003, 241; *Hiekel*, Die Durchsetzung des Urlaubsanspruchs, NZA 1990, Beil. 2, S. 32; *Walker*, Der einstweilige Rechtsschutz im Urlaubsrecht, FS Leinemann, 2006, S. 641.

e) Zum Recht der Arbeitspapiere *Kitzelmann*, Die einstweilige Verfügung auf Herausgabe der Arbeitspapiere, AuR 1970, 299.

f) Zum Vergütungsanspruch *Fischer*, Die „Höchststrafe" des Individualarbeitsrechts. Die rechtswidrige Einstellung der Vergütungszahlung durch den Arbeitgeber, FA 2008, 262; *Keßler*, Die auf Vergütungszahlung gerichtete einstweilige Verfügung, AuA 1996, 419; *Reich*, Die einstweilige Verfügung auf Lohn- und Gehaltszahlung während des Rechtsstreits über den Bestand des Arbeitsverhältnisses, DB 1996, Beil. 10; *Röhsler*, AR-Blattei, Einstweilige Verurteilung I; *Vossen*, Die auf Zahlung der Arbeitsvergütung gerichtete einstweilige Verfügung, RdA 1991, 216.

g) Zum Arbeitskampfrecht *Blank*, Die Warnstreikprozesse in der Metall-Tarifrunde 1987, NZA 1988, Beil. 2, S. 9; *Bobke/Grimberg*, Der Warnstreik nach den Entscheidungen des BAG, NZA 1988, Beil. 2, S. 18; *Bram*, Aktuelle prozessrechtliche Fragen im einstweiligen Rechtsschutz von Arbeitskampfmaßnahmen, AuR 2017, 242; *Brox*, Aussperrung oder einstweilige Verfügung bei rechtswidrigem Streik?, JA 1982, 221; *Brox/Rüthers*, Arbeitskampfrecht, 2. Aufl. 1982, Rz. 758 ff.; *Däubler*, Arbeitskampfrecht, 3. Aufl. 2011, § 24 (bearbeitet von *Bertzbach*); *Dorndorf/Weiss*, Warnstreiks und vorbeugender Rechtsschutz gegen Streiks, 1983; *Dütz*, Vorläufiger Rechtsschutz im Arbeitskampf, BB 1980, 533; *Faecks*, Die einstweilige Verfügung im Arbeitsrecht, NZA 1985, Beil. 3, S. 6; *Fischer*, Gerichtswahl in eilbedürftigen Arbeitskampfsachen, FA 2008, 2; *Grunsky*, Prozessuale Fragen des Arbeitskampfrechts, RdA 1986, 196; *Heinze*, Einstweiliger Rechtsschutz im arbeitsgerichtlichen Verfahren, RdA 1986, 273; *Henniges*, Einstweiliger Rechtsschutz gegen gewerkschaftliche Streiks?, 1987; *Hilger*, Einstweilige Verfügung im Arbeitskampf, Der Arbeitgeber 1986, 51; *Hoyer*, Streik nur auf dem Sofakissen? Zu einstweiligen Verfügungen gegen Streikaktionen im Arbeitskampf 84, AiB 1986, 243; *von Hoyningen-Huene*, Arbeitsrecht: Die einstweilige Verfügung im Firmenarbeitskampf, JuS 1990, 298; *Isenhardt*, Einstweiliger Rechtsschutz im Arbeitskampf, FS Stahlhacke, 1995, S. 195; *Krause*, Die Konkretisierung der Grenzen von Streiks durch einstweilige Verfügung, JbArbR 45 (2008), 23; *Kissel*, Arbeitskampfrecht, 2002, § 65; *Leipold*, Die Schutzschrift zur Abwehr einstweiliger Verfügungen gegen Streiks, RdA 1983, 164; *Löwisch*, Schlichtungs- und Arbeitskampfrecht, 1989, Rz. 1036 ff.; *Luckscheiter*, Der einstweilige Rechtsschutz gegen Streiks, 1989; *Otto*, Arbeitskampf- und Schlichtungsrecht, 2006, § 19 Rz. 25 ff.; *Reichold*, Verfassungsrechtliche Grenzen der Arbeitskampfverfügung, FS Buchner, 2009, S. 721; *Reimann*, Der Rechtsschutz gegen politische Streiks in den USA,

RdA 1985, 34; *Scharff*, Rechtsschutzmöglichkeiten Dritter bei Arbeitskampfmaßnahmen, BB 2015, 1845; *Steinbrück*, Einstweilige Verfügungen im Arbeitskampf – Zivilprozessuale Aspekte, AuR 1987, 161; *Steinbrück*, Streikposten und einstweiliger Rechtsschutz im Arbeitskampfrecht der Bundesrepublik Deutschland, 1992; *Treber*, Einstweilige Verfügungen im Arbeitskampf – neuere Entwicklungen, SR 2013, 140; *Walker*, Zur Rechtmäßigkeit von Arbeitsniederlegungen wegen der Kündigung eines Tarifvertrages, NZA 1993, 769; *Walker*, Einstweiliger Rechtsschutz im Arbeitskampf, ZfA 1995, 185; *Wenzel*, Risiken des schnellen Rechtsschutzes, NZA 1984, 112; *Wolter*, Einstweilige Verfügungen zu gewerkschaftlichen Protestdemonstrationen am 6. März 1986, AiB 1986, 81.

h) **Zum Anspruch auf Teilzeitarbeit** *Dütz*, Einstweiliger Rechtsschutz beim Teilzeitanspruch, AuR 2003, 161; *Eisemann/Le Friant/Liddington/Numhauser-Henning/Roseberry/Schinz/Waas*, Der Anspruch auf Teilzeitarbeit und seine gerichtliche Durchsetzung in den Niederlanden, Frankreich, Großbritannien, Schweden, Dänemark und der Bundesrepublik Deutschland, RdA 2004, 129; *Flatten/Coeppicus*, Betriebliche Gründe im Sinne des Teilzeit- und Befristungsgesetzes, ZIP 2001, 1477; *Gotthardt*, Teilzeitanspruch und einstweiliger Rechtsschutz, NZA 2001, 1183; *Grobys/Bram*, Die prozessuale Durchsetzung des Teilzeitanspruches, NZA 2001, 1175; *Hahn*, Durchsetzung des gesetzlichen Teilzeitanspruchs im Weg der einstweiligen Verfügung, FA 2007, 130; *Helml*, Aus der Praxis: Antragstellung und Entscheidung bei arbeitsgerichtlichen Teilzeitanträgen, JuS 2005, 40; *Schiefer*, Anspruch auf Teilzeitarbeit nach § 8 TzBfG – Die ersten Entscheidungen, NZA-RR 2002, 393; *Tiedemann*, Die gerichtliche Durchsetzung des Teilzeitanspruchs nach § 8 TzBfG mittels Antrag auf Erlass einer einstweiligen Verfügung, ArbRB 2006, 284.

I. Regelungsinhalt

§ 62 ist die einzige Vorschrift im ArbGG mit einem inhaltlichen Regelungsgehalt zur Zwangsvollstreckung im arbeitsgerichtlichen Urteilsverfahren. Die Norm hat eine vergleichbare Funktion wie § 46 für das Erkenntnisverfahren. Soweit § 62 keine Sonderregelungen trifft, werden die Vorschriften der ZPO über die Zwangsvollstreckung für anwendbar erklärt. 1

II. Anwendungsbereich

Aus der systematischen Stellung des § 62 folgt, dass die Vorschrift unmittelbar nur im **erstinstanzlichen Urteilsverfahren** gilt. Für die Zwangsvollstreckung in der **Berufungsinstanz** verweist § 64 Abs. 7 allerdings auf § 62. Für die **Revisionsinstanz** nimmt dagegen § 72 Abs. 6 nicht Bezug auf § 62. Das ist bezüglich Abs. 1 damit zu erklären, dass Revisionsurteile (außer Versäumnisurteile; dazu Rz. 4) mit ihrer Verkündung rechtskräftig werden, so dass es eine vorläufige Vollstreckbarkeit iSv. § 62 Abs. 1 gar nicht geben kann. Die fehlende Bezugnahme auf Abs. 2 beruht dagegen auf einem Versehen[1]; auch die Vollstreckung von Revisionsurteilen richtet sich nach dem Achten Buch der ZPO. Im **Beschlussverfahren** gilt für die Zwangsvollstreckung in der 1. Instanz die Sonderregelung des § 85, der teilweise auf die ZPO, teilweise auch auf Ausnahmeregelungen in § 62 verweist. § 85 gilt gem. § 87 Abs. 2 Satz 1 im zweiten und gem. § 92 Abs. 2 Satz 1 im dritten Rechtszug des Beschlussverfahrens entsprechend. 2

III. Die vorläufige Vollstreckbarkeit (Abs. 1)

§ 62 Abs. 1 trifft eine von der ZPO abweichende Regelung über die vorläufige Vollstreckbarkeit, über deren Ausschluss und über die Einstellung der Zwangsvollstreckung. 3

1. Grundsatz (Abs. 1 Satz 1)

Urteile der ArbG, die noch mit dem Einspruch oder der Berufung angefochten werden können, sind kraft Gesetzes vorläufig vollstreckbar. Entsprechendes gilt gem. § 64 Abs. 7 für Urteile der LAG, die noch mit dem Einspruch oder der Revision anfechtbar sind. Zwar können auch Versäumnisurteile des BAG mit dem Einspruch angefochten werden; da aber § 72 Abs. 6 nicht auf § 62 verweist, gelten für die vorläufige Vollstreckbarkeit nur die Vorschriften der ZPO. Das bedeutet auch, dass bei Versäumnisurteilen des BAG die vorläufige Vollstreckbarkeit ausdrücklich tenoriert werden muss[2]. 4

In der gesetzlichen Anordnung der vorläufigen Vollstreckbarkeit in § 62 Abs. 1 Satz 1 liegt ein wichtiger **Unterschied zur Vollstreckbarkeit von Urteilen der ordentlichen Gerichte**, die durch einen besonderen Ausspruch im Tenor für vorläufig vollstreckbar erklärt werden müssen (§§ 704, 708, 709 ZPO). Darin liegt nicht nur ein formeller Unterschied. Vielmehr finden die §§ 708–716 und die §§ 718–720a ZPO, die alle auf die gerichtliche Vollstreckbarkeitserklärung bezogen sind, bei der Vollstreckung aus den in § 62 Abs. 1 5

---

1 *Wieser*, Arbeitsgerichtsverfahren, Rz. 452.
2 BAG v. 28.10.1981 – 4 AZR 251/79, BAGE 36, 303.

genannten Titeln jedenfalls unmittelbar keine Anwendung. Die vorläufige Vollstreckung kann bei arbeitsgerichtlichen Titeln also entgegen § 709 ZPO nicht von einer Sicherheitsleistung abhängig gemacht werden (s. noch Rz. 32). Deshalb spielt auch § 720a ZPO über die Sicherungsvollstreckung keine Rolle. Ferner hat der Schuldner anders als nach § 711 ZPO nicht die Möglichkeit, die Vollstreckung durch Sicherheitsleistung abzuwenden. Deshalb läuft auch § 720 ZPO über die Hinterlegung einer Sicherheit zur Vollstreckungsabwendung leer. Würde die Vollstreckung dem Schuldner einen nicht zu ersetzenden Nachteil bringen, kommt keine Abwendung der Vollstreckung durch Sicherheitsleistung nach § 712 ZPO in Betracht, sondern stattdessen ein Ausschluss der vorläufigen Vollstreckbarkeit (ohne Sicherheitsleistung) nach § 62 Abs. 1 Satz 2 (dazu Rz. 8 ff.). In diesem Fall scheidet eine Vollstreckungsabwendung gegen Sicherheitsleistung auch als milderes Mittel gegenüber einem Ausschluss der vorläufigen Vollstreckbarkeit aus[1]. Die § 714 Abs. 1, §§ 716, 718 ZPO können nur ihrem Rechtsgedanken nach für den Antrag nach § 62 Abs. 1 Satz 2 auf Ausschluss der vorläufigen Vollstreckbarkeit eine Rolle spielen. Der **Sinn dieser Abweichungen** liegt zusammen mit der lediglich eingeschränkten Möglichkeit, die Vollstreckung einzustellen (dazu Rz. 32 f.), darin, dass die klagende Partei (idR der ArbN) ihren titulierten Anspruch sofort durchsetzen kann, zumal der ArbN darauf oft zur Bestreitung seines Lebensunterhaltes angewiesen ist[2].

6 Anwendbar ist dagegen **§ 717 ZPO**[3]. Danach vollstreckt der Gläubiger aus einem lediglich vorläufig vollstreckbaren Titel auf eigenes Risiko. Er ist dem Schuldner zum Schadensersatz (§ 717 Abs. 2 ZPO) oder zum Bereicherungsausgleich (§ 717 Abs. 3 ZPO)[4] verpflichtet, wenn die vorläufige Vollstreckbarkeit nachträglich wieder wegfällt. Voraussetzung ist, dass der Schuldner sich durch die Leistung einem gegen ihn gerichteten Vollstreckungsdruck beugt. Daran fehlt es zB, wenn der Gläubiger nur einen (gar nicht vollstreckbaren) Feststellungstitel hat oder wenn der Schuldner eine Leistung erbringt, die gar nicht tituliert ist und deshalb die Vollstreckung aus dem Titel auch nicht abwenden kann[5]. Für die verschuldensunabhängige Haftung des vollstreckenden Gläubigers spielt es nach ihrem Sinn keine Rolle, ob die vorläufige Vollstreckbarkeit vom Gericht angeordnet wurde oder gem. § 62 Abs. 1 Satz 1 kraft Gesetzes gilt[6]. Der Schadensersatzanspruch nach § 717 Abs. 2 ZPO kann von einer tariflichen Ausschlussklausel erfasst werden, die „für Ansprüche aus dem Arbeitsverhältnis" gilt, sofern die Vollstreckung wegen eines Anspruchs aus dem Arbeitsverhältnis erfolgt ist[7].

7 § 62 gilt ausschließlich für **Endurteile**, weil nur aus ihnen die Zwangsvollstreckung stattfindet (§ 704 ZPO). Das sind solche Urteile, die den Prozess für die jeweilige Instanz beenden (§ 300 Abs. 1 ZPO). Dazu gehören auch **Teilendurteile** (vgl. § 301 Abs. 1 ZPO). Ferner ist ein **Vorbehaltsurteil** für die Zwangsvollstreckung als Endurteil anzusehen (§ 302 Abs. 3 ZPO). Nicht vollstreckungsfähig ist dagegen ein **Zwischenurteil** (§ 303 ZPO), welches nicht über den Streitgegenstand ergeht. Das gilt auch für das **Zwischenurteil über den Grund** (§ 304 ZPO), weil dieses zwar einen Teil des Streites erledigt, aber noch keine Entscheidung über den geltend gemachten Anspruch trifft. Auf **andere Vollstreckungstitel** als arbeitsgerichtliche Endurteile findet § 62 Abs. 1 Satz 1 keine Anwendung.

2. Ausschluss der vorläufigen Vollstreckbarkeit (Abs. 1 Satz 2)

8 Der Ausschluss der vorläufigen Vollstreckbarkeit ist die Ausnahme. Er muss ausdrücklich im Urteil ausgesprochen werden. Einzelheiten zum Entscheidungsinhalt s. Rz. 23 f.

9 **Voraussetzung** für den Ausschluss der vorläufigen Vollstreckbarkeit ist in formeller Hinsicht ein Antrag, in materieller Hinsicht ein durch die Vollstreckung drohender nicht zu ersetzender Nachteil, der glaubhaft zu machen ist. Diese Voraussetzungen entsprechen denjenigen des § 712 Abs. 1 ZPO, so dass jedenfalls ergänzend auf dessen Auslegung zurückgegriffen werden kann.

a) Antrag

10 Zunächst ist ein Antrag des Beklagten erforderlich. Dieser Antrag kann in jeder Phase des Verfahrens bis zum Schluss der mündlichen Verhandlung, auf die das Urteil ergeht, gestellt werden. Das ergibt sich aus

---

1 *Dütz*, DB 1980, 1069; GWBG/*Benecke*, § 62 Rz. 3.
2 BAG v. 9.12.1987 – 4 AZR 561/87, NZA 1988, 329 (330); LAG Hamm v. 17.7.1975 – 3 Sa 251/75, BB 1975, 1068.
3 BAG v. 18.12.2008 – 8 AZR 105/08, NZA-RR 2009, 314 (315); *Gift/Baur*, Urteilsverfahren, Teil E Rz. 1739; GWBG/*Benecke*, § 62 Rz. 19; MünchArbR/*Jacobs*, § 346 Rz. 2.
4 BAG v. 14.7.1961 – 1 AZR 278/60, AP Nr. 1 zu § 717 ZPO; BAG v. 23.12.1961 – 5 AZR 53/61, AP Nr. 2 zu § 717 ZPO.
5 BAG v. 20.3.2014 – 8 AZR 269/13, NZA 2015, 189 Rz. 26 ff.
6 Der Anspruch kann im anhängigen Verfahren oder durch eine selbstständige Klage beim ArbG geltend gemacht werden.
7 BAG v. 18.12.2008 – 8 AZR 105/08, NZA-RR 2009, 314 (317 ff.).

einer entsprechenden Anwendung des § 714 Abs. 1 ZPO[1] sowie daraus, dass andernfalls der Antrag im Urteil nicht mehr berücksichtigt werden könnte. Eine Nachholung nach Schluss der mündlichen Verhandlung ist nicht möglich. Das gilt selbst dann, wenn die Voraussetzungen für einen Ausschluss der vorläufigen Vollstreckbarkeit sich erst später ergeben haben. Allerdings kann der Antrag noch in der Berufungsinstanz gestellt werden. Er ist dann im Berufungsurteil zu bescheiden.

Antragsberechtigt ist nach dem Gesetzeswortlaut zwar nur der Beklagte. Gemeint ist aber der jeweilige Vollstreckungsschuldner. Das kann auch der Kläger als Widerbeklagter sein. Selbst wenn die Klage abgewiesen wird, so dass das Urteil nur wegen der Kosten vorläufig vollstreckbar ist, kann der Kläger entsprechend § 62 Abs. 1 Satz 2 einen Antrag auf Ausschluss der vorläufigen Vollstreckbarkeit stellen[2]. Allerdings dürfte ihm durch die Vollstreckung wegen der Kosten in aller Regel kein nicht zu ersetzender Nachteil drohen[3]. 11

b) Nicht zu ersetzender Nachteil

In materieller Hinsicht muss dem Beklagten durch die Vollstreckung ein nicht zu ersetzender Nachteil drohen. Diese Voraussetzung ist derjenigen in § 712 Abs. 1 ZPO nachgebildet. Ihre Auslegung ist unter verschiedenen Gesichtspunkten umstritten. 12

aa) Enge Auslegung

Zunächst stellt sich die Frage, ob die Regelung großzügig oder eng auszulegen ist. Zum Teil wird vertreten, an den Begriff des nicht zu ersetzenden Nachteils dürfe kein zu strenger Maßstab angelegt werden, weil die Vorschrift dem Schuldner andernfalls nichts nützen würde[4]. Für eine enge Auslegung[5] spricht dagegen die terminologische Anlehnung an § 712 ZPO. Der Gesetzgeber hat – anders als etwa in § 710 ZPO – bewusst nicht einen schwer zu ersetzenden oder schwer abzusehenden Nachteil ausreichen lassen. Das passt auch zu dem Sinn des Grundsatzes der vorläufigen Vollstreckbarkeit in § 62 Abs. 1 Satz 1 (dazu schon Rz. 5): Grundsätzlich sollen arbeitsgerichtliche Titel für den Gläubiger schnell und unkompliziert durchsetzbar sein, und dieser Grundsatz darf nicht durch eine allzu großzügig auszulegende Ausnahme des Abs. 1 Satz 2 aufgeweicht werden. 13

bb) Berücksichtigung der Interessen des Gläubigers

Umstritten ist ferner, ob bei der Prüfung des nicht zu ersetzenden Nachteils auch Interessen des Gläubigers zu berücksichtigen sind. Dagegen spricht zwar, dass der Wortlaut des § 62 Abs. 2 Satz 1 keinen Anhaltspunkt für die Notwendigkeit einer Interessenabwägung enthält. Im Gegenteil hat der Gesetzgeber auf die entsprechende Regelung des § 712 Abs. 2 ZPO, wonach der Vollstreckungsschutz des Schuldners selbst bei Vorliegen eines unersetzbaren Nachteils durch ein überwiegendes Interesse des Gläubigers ausgeschlossen ist, gerade nicht Bezug genommen. Schließlich spricht auch der Gesichtspunkt, dass die gegenüber der ZPO erweiterte vorläufige Vollstreckbarkeit iVm. der eingeschränkten Möglichkeit der Einstellung der Zwangsvollstreckung (dazu noch Rz. 32 f.) und mit der hier befürworteten engen Auslegung des § 62 Abs. 1 Satz 2 ohnehin schon die Interessen des Gläubigers vorrangig berücksichtigt, gegen die Notwendigkeit, die Gläubigerinteressen auch noch bei der Auslegung des § 62 Abs. 1 Satz 2 einfließen zu lassen[6]. Trotzdem ist bei der Anwendung des § 62 Abs. 1 Satz 2 über den Wortlaut hinaus immer eine Interessenabwägung erforderlich[7]. Das folgt aus dem Sinn der von der ZPO abweichenden Regelung des § 62 Abs. 1, dem Gläubiger die Vollstreckung aufgrund eines vorläufigen Titels zu erleichtern. Es ist nämlich vorstellbar, dass der Ausschluss der Vollstreckbarkeit für den Gläubiger ebenso nachteilig wäre wie die Durchführung der Zwangsvollstreckung für den Schuldner. Dann genießt das Vollstreckungsinteresse des Gläubigers nach der gesetzgeberischen Wertung, die dem § 62 Abs. 1 zugrunde liegt, Vorrang vor dem Vollstreckungsschutzinteresse des Schuldners, auch wenn dieses mit unersetzbaren Nachteilen begründet wird. Diese Auslegung des § 62 Abs. 1 Satz 2 lässt sich auch mit dem rechtsstaatlichen Gebot effektiven Rechtsschutzes begründen. Zwar kann sich darauf nicht nur der Gläubiger, sondern auch der Schuldner berufen. Aber wenn der Ausschluss der Vollstreckung für den Gläubiger vergleichbare Nachteile mit sich bringt wie die 14

---

1 GMP/*Germelmann*, § 62 Rz. 29; GK-ArbGG/*Vossen*, § 62 Rz. 25; MünchArbR/*Jacobs*, § 346 Rz. 3.
2 *Dütz*, DB 1980, 1069.
3 GWBG/*Benecke*, § 62 Rz. 5.
4 *Dütz*, DB 1980, 1069; Gift/*Baur*, Urteilsverfahren, Teil E Rz. 1691; GWBG/*Benecke*, § 62 Rz. 6.
5 So auch Hauck/Helml/Biebl/*Helml*, § 62 Rz. 5; *Schuschke*/Walker, § 707 ZPO Rz. 14.
6 So wohl GMP/*Germelmann*, § 62 Rz. 18.
7 *Dütz*, DB 1980, 1069 (1070); GWBG/*Benecke*, § 62 Rz. 4; *Vogg*, Einstweiliger Rechtsschutz und vorläufige Vollstreckbarkeit, S. 167.

Durchführung der Vollstreckung für den Schuldner, dann muss der Gläubiger Vorrang genießen, weil er immerhin schon einen (wenn auch nur vorläufigen) Titel erstritten hat[1].

cc) Bedeutung der Erfolgsaussichten im Rechtsmittelverfahren

15 Schließlich müssen in die notwendige Interessenabwägung zumindest in rechtlich eindeutigen Fällen auch die Erfolgsaussichten des Schuldners im Rechtsmittelverfahren einfließen[2]. Zwar haben diese Erfolgsaussichten mit dem Tatbestandsmerkmal des nicht zu ersetzenden Nachteils unmittelbar nichts zu tun[3]. Jedoch soll der Ausschluss der vorläufigen Vollstreckbarkeit den Schuldner nur vor solchen nicht zu ersetzenden Nachteilen schützen, die ungerechtfertigt sind. Wenn der Vollstreckungstitel in der Rechtsmittelinstanz bestätigt wird, ist der mit der Vollstreckung verbundene Nachteil gerechtfertigt, und er braucht deshalb auch nicht ersetzt zu werden. Deshalb kommt ein Ausschluss der vorläufigen Vollstreckbarkeit nicht in Betracht, wenn aus Sicht des darüber entscheidenden Gerichts ein Rechtsmittel des Schuldners keine Aussicht auf Erfolg hat[4]. Der Schuldner soll nicht die Möglichkeit haben, unnötige und sachlich nicht gerechtfertigte Rechtsmittel einzulegen, nur um einen Aufschub der Zwangsvollstreckung zu erreichen. Je eindeutiger also die Rechtslage zu Gunsten des Gläubigers spricht, umso eher scheidet ein Vollstreckungsausschluss aus.

dd) Nicht zu ersetzender Nachteil bei einzelnen Vollstreckungsarten

16 Ein nicht zu ersetzender Nachteil ist anzunehmen, wenn durch die Vollstreckung zu Lasten des Schuldners vollendete Tatsachen geschaffen werden, die weder rückgängig gemacht noch angemessen in Geld ausgeglichen werden können[5]. Solange dem Schuldner durch die Vollstreckung nur solche Vermögensschäden drohen, die in Geld messbar sind, können diese Nachteile auch durch Schadensersatz in Geld ausgeglichen werden.

17 Das ist in aller Regel bei der **Vollstreckung wegen Geldforderungen** der Fall. Ausnahmen sind allerdings vorstellbar, wenn dem Schuldner etwa durch Pfändung einer für die Produktion unentbehrlichen Maschine oder eines für die Betriebsführung unentbehrlichen Computerprogramms oder Datenbestandes der Besitz und die Nutzungsmöglichkeit daran entzogen werden. Dagegen führt allein die Pfändung solcher Gegenstände, die lediglich für den Schuldner einen Wert haben und deshalb allenfalls mit großen Verlusten verwertet werden können, noch nicht ohne Weiteres zu einem unersetzbaren Nachteil[6], solange dieser reine Vermögensnachteil noch in Geld ausgeglichen werden kann. Sofern allerdings die schlechten Vermögensverhältnisse des Gläubigers oder andere Gesichtspunkte darauf hindeuten, dass ein Schadensersatz- oder Rückerstattungsanspruch des Schuldners nach § 717 ZPO (zur Anwendbarkeit s. schon Rz. 6) nicht realisierbar sein wird, kann das für einen Ausschluss der Vollstreckung ausreichen[7]. Das wird zwar im Rahmen des § 712 Abs. 1 ZPO zum Teil abgelehnt, weil ansonsten finanzschwache Gläubiger immer von der Vollstreckung ausgeschlossen werden könnten und zudem derartige Nachteile durch eine Sicherheitsleistung des Gläubigers in Grenzen gehalten werden[8]. Bei der Vollstreckung arbeitsgerichtlicher Titel gibt es dagegen keine Vollstreckung gegen Sicherheitsleistung, so dass dem Schuldner auch hier nicht zu ersetzender Nachteil droht. Allerdings reicht allein die Tatsache, dass dem ArbN Prozesskostenhilfe ohne Ratenzahlungen bewilligt wurde, nicht aus, um von seiner Zahlungsunfähigkeit ausgehen zu kön-

---

1 So auch *Schuschke*/Walker, § 712 ZPO Rz. 4 zu der Kollision zwischen Gläubiger- und Schuldnerinteressen bei der Vollstreckung von zivilgerichtlichen Urteilen.
2 LAG Düsseldorf v. 4.10.1979 – 14 (5) Sa 976/79, EzA § 62 ArbGG 1979 Nr. 1; LAG Düsseldorf v. 7.3.1980 – 8 Sa 59/80, EzA § 62 ArbGG 1979 Nr. 2; LAG Düsseldorf v. 20.3.1980 – 19 Sa 142/80, EzA § 62 ArbGG 1979 Nr. 3; *Dütz*, DB 1980, 1069 (1070); *Groeger*, NZA 1994, 251 (253); GWBG/*Benecke*, § 62 Rz. 6; MünchArbR/*Jacobs*, § 346 Rz. 3.
3 Deshalb einschränkend GMP/*Germelmann*, § 62 Rz. 18 ff.
4 *Dütz*, Anm. zu LAG Düsseldorf v. 4.10.1979 – 14 (5) Sa 976/79, EzA § 62 ArbGG 1979 Nr. 1; GMP/*Germelmann*, § 62 Rz. 20; BAG v. 6.1.1971 – 3 AZR 384/70, AP Nr. 3 zu § 719 ZPO mit Anm. *Grunsky*.
5 Vgl. LAG BW v. 26.8.2008 – 5 Sa 52/08, Rz. 27; LAG Bremen v. 30.11.1992 – 4 Sa 345/92, LAGE § 62 ArbGG 1979 Nr. 19; LAG Düsseldorf v. 4.10.1979 – 14 (5) Sa 976/79, EzA § 62 ArbGG 1979 Nr. 1; LAG Düsseldorf v. 7.3.1980 – 8 Sa 59/80, EzA § 62 ArbGG 1979 Nr. 2; LAG Düsseldorf v. 20.3.1980 – 19 Sa 142/80, EzA § 62 ArbGG 1979 Nr. 3; *Gift/Baur*, Urteilsverfahren, Teil E Rz. 1691; GMP/*Germelmann*, § 62 Rz. 19; Hauck/Helml/Biebl/*Helml*, § 62 Rz. 5.
6 AM GMP/*Germelmann*, § 62 Rz. 28.
7 LAG Bremen v. 30.11.1992 – 4 Sa 345/92, LAGE § 62 ArbGG 1979 Nr. 19; LAG Düsseldorf v. 20.12.1985 – 15 Sa 1125/85, LAGE § 62 ArbGG 1979 Nr. 13; LAG Düsseldorf v. 28.2.1992 – 12 Sa 111/92, LAGE § 62 ArbGG 1979 Nr. 18; LAG Hessen v. 8.1.1992 – 10 Sa 1901/91, NZA 1992, 427; *Gift/Baur*, Urteilsverfahren, Teil E Rz. 1692; GMP/*Germelmann*, § 62 Rz. 23 ff.; GK-ArbGG/*Vossen*, § 62 Rz. 18; GWBG/*Benecke*, § 62 Rz. 6; aM LAG Berlin v. 14.7.1993 – 8 Sa 79/93, LAGE § 62 ArbGG 1979 Nr. 20.
8 *Schuschke*/Walker, § 712 ZPO Rz. 3.

nen[1]. Selbst die Kombination von Arbeitslosigkeit und ausländischer Staatsbürgerschaft beim Gläubiger lassen nicht ohne zusätzliche Anhaltspunkte vermuten, dass Vollstreckungsnachteile nicht in Geld ersetzt werden könnten[2]. Das gilt unabhängig davon, ob es sich um einen EU-Ausländer handelt oder nicht.

Bei der Vollstreckung wegen anderer Ansprüche als Geldforderungen sind die Nachteile nicht immer in Geld zu bemessen und deshalb auch nicht ohne Weiteres durch Geldzahlung ersetzbar, selbst wenn der vollstreckende Gläubiger zahlungsfähig ist. Wird etwa die **Herausgabevollstreckung** in eine für den Schuldner unentbehrliche Maschine, in ein Computerprogramm oder einen Datenbestand betrieben, können daraus ebenso wie bei der Pfändung dieser Vermögensgegenstände irreparable Nachteile entstehen. 18

Gleiches gilt, wenn im Wege der **Handlungsvollstreckung** nach den §§ 887, 888 ZPO etwa Auskünfte über Betriebsgeheimnisse[3] oder die Stilllegung bzw. Einschränkung eines Betriebes[4] erzwungen werden. Dagegen bringt die ebenfalls nach § 888 ZPO erfolgende zwangsweise Durchsetzung des (Weiter-)**Beschäftigungsanspruches** (dazu noch Rz. 80) dem ArbGeb in der Regel[5] keine solchen Nachteile, die einen Ausschluss der vorläufigen Vollstreckbarkeit rechtfertigen. Für die mit der Beschäftigung verbundene Entgeltzahlung erhält der ArbGeb mit der Arbeitsleistung einen Gegenwert, und wenn dieser objektiv geringer sein sollte als das gezahlte Entgelt, lässt sich das bei einer Aufhebung des Beschäftigungstitels und der dann zu erfolgenden bereicherungsrechtlichen Rückabwicklung berücksichtigen[6]. Die Argumentation mit einer Überproduktion reicht für die Einstellung der Zwangsvollstreckung nicht, weil eine Überproduktion idR auch bei einer Weiterbeschäftigung durch andere Maßnahmen verhindert werden kann[7]. Allein die Einschränkung der Handlungsfreiheit, die für den ArbGeb mit dem Zwang zur Beschäftigung des ArbN verbunden ist, ist kein unersetzbarer Nachteil iSv. § 62 Abs. 1 Satz 2[8]. Andernfalls wäre der (Weiter-)Beschäftigungsanspruch vor Rechtskraft des Urteils niemals vollstreckbar, was mit der Argumentation des BAGs zur Begründung dieses Anspruches unvereinbar wäre. Ein unersetzbarer Nachteil wird vorliegen, wenn die Weiterbeschäftigung auf einem Arbeitsplatz begehrt wird, der weggefallen ist, nicht aber dann, wenn der Arbeitsplatz nur auf ein ausgegliedertes Unternehmen verlagert wurde, das so mit dem Schuldner verbunden ist, dass dieser dem ArbN dort eine Weiterbeschäftigungsmöglichkeit verschaffen kann[9]. 19

Auch die **Unterlassungsvollstreckung** kann zu solchen Nachteilen führen, dass ein Ausschluss der vorläufigen Vollstreckbarkeit in Betracht kommt. Wird etwa der ArbN zur Unterlassung von Wettbewerb oder der anderweitigen Verwendung seines beim ArbGeb erworbenen Know-how verurteilt und geht dem ArbN bei einer zwangsweisen Durchsetzung eine einmalige Chance verloren, lässt sich der damit verbundene Nachteil im Zweifel nicht ausgleichen. Allerdings liegen nach hier vertretener Ansicht, wonach bei der Auslegung des § 62 Abs. 1 Satz 2 auch die Interessen des Gläubigers zu berücksichtigen sind, die Voraussetzungen für einen Ausschluss der vorläufigen Vollstreckbarkeit trotzdem nicht vor, wenn ein Verstoß gegen den Unterlassungstitel durch Fortsetzung des Wettbewerbs für den Gläubiger zu einem nicht zu ersetzenden Nachteil führen würde[10]. 20

ee) Nicht zu ersetzender Nachteil bei einzelnen Vollstreckungsmaßnahmen

Die Voraussetzungen des § 62 Abs. 1 Satz 2 liegen auch dann vor, wenn der unersetzbare Nachteil nicht bei einer Vollstreckung schlechthin, sondern nur bei einer bestimmten Vollstreckungsmaßnahme oder ab einem bestimmten Vollstreckungsumfang zu erwarten ist[11]. Ein solcher Fall ist etwa anzunehmen, wenn 21

---

1 LAG Bremen v. 30.11.1992 – 4 Sa 345/92, LAGE § 62 ArbGG 1979 Nr. 19; GK-ArbGG/*Vossen*, § 62 Rz. 19.
2 LAG Bremen v. 25.10.1982 – 4 Sa 265/82, EzA § 62 ArbGG 1979 Nr. 9 mit Anm. *Vollkommer*; *Gift/Baur*, Urteilsverfahren, Teil E Rz. 1692; GK-ArbGG/*Vossen*, § 62 Rz. 20.
3 *Schuschke/Walker*, § 712 ZPO Rz. 3.
4 OLG Hamm v. 15.7.1986 – 4 U 177/86, OLGZ 1987, 89.
5 Zu einem Ausnahmefall s. LAG Berlin v. 14.7.1993 – 8 Sa 79/93, LAGE § 62 ArbGG 1979 Nr. 20.
6 Zur bereicherungsrechtlichen Rückabwicklung vollzogener (Weiter-)Beschäftigungsverhältnisse s. *Walker*, DB 1988, 1596.
7 Vgl. LAG Nürnberg v. 5.11.2012 – 7 Sa 385/12, DB 2013, 2572 (Ls.).
8 BAG v. 27.2.1985 – GS 1/84, BAGE 48, 122 (150 f.); LAG Berlin v. 26.9.1980 – 12 Sa 63/80, BB 1980, 1749; LAG Hessen v. 28.7.1983 – 3 Sa 359/83, DB 1983, 2640; LAG Köln v. 13.4.2010 – 11 Ta 51/10, Rz. 12; LAG Rh.-Pf. v. 5.1.1981 – 3 Sa 688/80, EzA § 62 ArbGG 1979 Nr. 5; *Gift/Baur*, Urteilsverfahren, Teil E Rz. 1695; *Dütz*, DB 1980, 1069 (1072); GMP/*Germelmann*, § 62 Rz. 2; GWBG/*Benecke*, § 62 Rz. 6; Hauck/Helml/Biebl/*Helml*, § 62 Rz. 6; MünchArbR/*Jacobs*, § 346 Rz. 3; *Wieser*, Arbeitsgerichtsverfahren, Rz. 186; aA *Dudzus/Frohner*, BB 1979, 482.
9 LAG Köln v. 9.3.2006 – 14 Sa 146/06, DB 2006, 730.
10 BAG v. 22.6.1972 – 3 AZR 263/72, AP Nr. 4 zu § 719 ZPO; BGH v. 6.7.1979 – I ZR 55/79, AP Nr. 5 zu § 719 ZPO.
11 BAG v. 24.9.1958 – 2 AZR 395/58, AP Nr. 2 zu § 719 ZPO mit Anm. *Baumgärtel*; BGH v. 28.9.1955 – III ZR 171/55, BGHZ 18, 219 (220); *Dütz*, DB 1980, 1069 (1071); *Gift/Baur*, Urteilsverfahren, Teil E Rz. 1684; GWBG/*Benecke*, § 62 Rz. 6.

der Schuldner zwar die Vollstreckung wegen einer Geldforderung verkraften kann, nicht aber den mit einer Pfändung verbundenen Besitz- und Nutzungsverlust eines bestimmten Gegenstandes, Computerprogrammes oder Datenbestandes. In solchen Fällen ist die Vollstreckung nicht insgesamt, sondern nur hinsichtlich der konkreten nachteiligen Vollstreckungsmaßnahmen auszuschließen.

c) Glaubhaftmachung

22 Der Schuldner muss einen nicht zu ersetzenden Nachteil glaubhaft machen. Nach § 294 Abs. 1 ZPO kommen alle Beweismittel in Betracht. Von praktischer Bedeutung ist dabei insbesondere die eidesstattliche Versicherung. Eine Glaubhaftmachung ist entbehrlich hinsichtlich solcher Tatsachen, die unstreitig sind. Denn § 62 Abs. 1 Satz 2 ArbGG iVm. § 294 ZPO will die Situation des Schuldners gegenüber dem allgemeinen Beweisrecht, wonach ebenfalls nur umstrittene Tatsachen beweisbedürftig sind, nicht erschweren, sondern erleichtern.

d) Entscheidung

23 Wenn das ArbG dem Antrag des Schuldners nach § 62 Abs. 1 Satz 2 **stattgeben** will, muss es die vorläufige Vollstreckbarkeit ganz oder teilweise (Rz. 21) ausschließen. Umstritten ist, ob dies im Urteilstenor erfolgen muss[1] oder ob ein Ausschluss in den Entscheidungsgründen ausreicht[2]. Für die Notwendigkeit einer Tenorierung spricht die Vergleichbarkeit des Antrags nach Abs. 1 Satz 2 mit dem Schutzantrag des Schuldners nach § 712 Abs. 1 ZPO; die nach dieser Vorschrift angeordnete Vollstreckungsbeschränkung wird unstreitig ebenfalls im Tenor ausgesprochen[3]. Der Ausschluss der vorläufigen Vollstreckbarkeit ist zu begründen.

24 Wenn das Gericht die **Voraussetzungen** des § 62 Abs. 1 Satz 2 **nicht für gegeben** hält und deshalb die vorläufige Vollstreckbarkeit auch nicht ausschließen will, braucht das nicht besonders tenoriert zu werden[4]. Auch das folgt aus der Parallele zu dem Schutzantrag nach § 712 ZPO. Durch den Hinweis in den Gründen[5] wird ausreichend erkennbar, dass der Antrag nicht übersehen, sondern ihm bewusst nicht stattgegeben wurde.

25 Falls das Gericht den **Antrag** nach Abs. 1 Satz 2 **übersehen** hat, obwohl er rechtzeitig (Rz. 10) gestellt war, kann das Urteil ebenso wie ein zivilgerichtliches Urteil (§ 716 ZPO) entsprechend § 321 ZPO auf Antrag nachträglich ergänzt werden[6]. Wenn das Gericht dagegen zwar über den Antrag entschieden, diese Entscheidung aber offenbar **versehentlich nicht verkündet** hat, kommt eine Berichtigung von Amts wegen nach § 319 ZPO in Betracht[7].

3. Einstellung der Zwangsvollstreckung (Abs. 1 Satz 3)

26 § 62 Abs. 1 Satz 3 hat einen zweifachen Regelungsinhalt: Erstens stellt die Vorschrift klar, dass auch bei arbeitsgerichtlichen Urteilen eine Einstellung der Zwangsvollstreckung nach den §§ 707 und 719 ZPO in Betracht kommt. Zweitens modifiziert die Vorschrift die Voraussetzungen für eine solche Einstellung.

a) Verhältnis zwischen Ausschluss und Einstellung der Zwangsvollstreckung

27 Die Einstellung der Zwangsvollstreckung ist von deren Ausschluss (§ 62 Abs. 1 Satz 2) zu trennen. Während dieser von vornherein eine Vollstreckung verhindert, kann jene dieses Ergebnis erst nachträglich herbeiführen. Der Ausschluss wird im Tenor des Urteils ausgesprochen, die Einstellung kommt dagegen erst nach Erlass des Urteils in Betracht, sofern in diesem die kraft Gesetzes bestehende vorläufige Vollstreckbarkeit nicht schon ausgeschlossen wurde. Beide Möglichkeiten ergänzen sich jeweils im Hinblick auf den Vollstreckungsschutz des Schuldners. Rechtlich sind sie aber voneinander unabhängig. Eine Einstellung setzt nicht voraus, dass vorher schon ein Antrag auf Ausschluss der Zwangsvollstreckung gestellt wurde. Vielmehr soll die Einstellungsmöglichkeit gerade der weiteren Entwicklung nach Urteilserlass Rechnung tragen und die Berücksichtigung nachträglich eingetretener Umstände ermöglichen. Wenn allerdings kein

---

1 So die hM; *Dütz*, DB 1980, 1069 (1073); *Gift/Baur*, Urteilsverfahren, Teil E Rz. 1686; GMP/*Germelmann*, § 62 Rz. 34; GK-ArbGG/*Vossen*, § 62 Rz. 26; Hauck/Helml/Biebl/*Helml*, § 62 Rz. 8.
2 So GWBG/*Benecke*, § 62 Rz. 5. Zur Rechtsmittelzulassung ebenso BVerfG v. 15.1.1992 – 1 BvR 1140/86, NZA 1992, 383; BAG v. 11.12.1998 – 6 AZB 48/97, NZA 1999, 333.
3 *Schuschke*/Walker, § 712 ZPO Rz. 5, 9; Stein/Jonas/*Münzberg*, § 712 ZPO Rz. 3, 6; Zöller/*Herget*, § 712 ZPO Rz. 7.
4 AM *Gift/Baur*, Urteilsverfahren, Teil E Rz. 1687; GK-ArbGG/*Vossen*, § 62 Rz. 26.
5 Vgl. Musielak/*Lackmann*, § 712 ZPO Rz. 3; Zöller/*Herget*, § 712 ZPO Rz. 7.
6 *Gift/Baur*, Urteilsverfahren, Teil E Rz. 1688; *Dütz*, DB 1980, 1069 (1073); *Egerer*, NZA 1985 Beil. 2, 22 (23); GMP/*Germelmann*, § 62 Rz. 36; GK-ArbGG/*Vossen*, § 62 Rz. 27; GWBG/*Benecke*, § 62 Rz. 12.
7 GMP/*Germelmann*, § 62 Rz. 36; GWBG/*Benecke*, § 62 Rz. 12.

Schutzantrag nach § 62 Abs. 1 Satz 2 gestellt wurde, obwohl die später mit dem Einstellungsantrag geltend gemachten Gründe damals schon vorlagen, kann es an einem „nicht zu ersetzenden Nachteil" (Rz. 33) fehlen[1]. Umgekehrt schließt die Unbegründetheit eines vorher gestellten Ausschlussantrages eine spätere Einstellung der Zwangsvollstreckung nicht aus. Nach Erlass des Urteils kann der Schuldner, der in die Berufung geht, wählen, ob er im Berufungsverfahren einen Antrag nach § 64 Abs. 7, § 62 Abs. 1 Satz 2 stellt oder die Einstellung der Zwangsvollstreckung beantragt[2].

b) Voraussetzungen

Die Voraussetzungen für eine Einstellung der Zwangsvollstreckung ergeben sich zum Teil aus den in Bezug genommenen §§ 707 und 719 ZPO, im Übrigen aus § 62 Abs. 1 Satz 3.   28

aa) Voraussetzungen nach §§ 707, 719 ZPO

Von den verschiedenen Einstellungsmöglichkeiten nach der ZPO erfasst § 62 Abs. 1 Satz 3 jedenfalls unmittelbar nur diejenigen nach den §§ 707 und 719 ZPO. Zur entsprechenden Anwendung der Vorschrift in anderen Einstellungsfällen s. noch Rz. 40.   29

(1) Antrag

Beide Einstellungsmöglichkeiten setzen in formeller Hinsicht einen Antrag voraus. Eine Einstellung von Amts wegen, die es in den Einstellungsfällen der § 732 Abs. 2, § 766 Abs. 1 Satz 2, § 765a Abs. 1 Satz 2 ZPO gibt, scheidet hier aus. Der Antrag ist jeweils vom Vollstreckungsschuldner zu stellen. Er ist erst nach Erlass des Urteils und nach Einlegung eines der in den §§ 707, 719 ZPO genannten Rechtsbehelfe zulässig[3]. Der Gläubiger braucht aber noch nicht mit der Vollstreckung begonnen zu haben. Sobald die Vollstreckung beendet ist, wird der Antrag mangels Rechtsschutzinteresses unzulässig[4]. Wird der Antrag nach Verkündung eines erstinstanzlichen streitigen Urteils gestellt, ist dafür nicht mehr das ArbG, sondern das LAG zuständig[5].   30

(2) Sachliche Voraussetzungen

In sachlicher Hinsicht setzt die Einstellungsmöglichkeit nach § 707 ZPO voraus, dass der verurteilte Schuldner entweder Wiedereinsetzung in den vorigen Stand (§ 233 ZPO) oder die Wiederaufnahme eines durch rechtskräftiges Endurteil abgeschlossenen Rechtsstreits (§ 578 ZPO) beantragt hat oder den Rechtsstreit nach der Verkündung eines Vorbehaltsurteils (§§ 302, 599 ZPO) im Nachverfahren fortsetzt. § 719 Abs. 1 ZPO greift ein, wenn der Schuldner gegen ein vorläufig vollstreckbares Versäumnisurteil (§§ 330 f., 708 Nr. 2 ZPO) Einspruch (§ 338 ZPO) oder gegen ein streitiges vorläufig vollstreckbares Urteil Berufung (§ 511 ZPO) eingelegt hat. Für eine Einstellung ohne Sicherheitsleistung des Schuldners setzt § 707 Abs. 1 Satz 2 ZPO ferner voraus, dass der Schuldner zur Sicherheitsleistung nicht in der Lage ist und ihm durch die Vollstreckung ein nicht zu ersetzender Nachteil droht.   31

bb) Einschränkende Voraussetzung nach Abs. 1 Satz 3, 4

Die genannten Voraussetzungen der §§ 707, 719 ZPO werden für die Einstellung der Zwangsvollstreckung aus arbeitsgerichtlichen Urteilen modifiziert. Zunächst gibt es **keine Einstellung gegen Sicherheitsleistung (Abs. 1 Satz 4)**. Das wurde schon vor Einfügung von Satz 4 durch das SGGArbGGÄndG vom 26.3.2008[6] aus Abs. 1 Satz 1 hergeleitet, wonach das arbeitsgerichtliche Urteilsverfahren eine Zwangsvollstreckung gegen Sicherheitsleistung nicht kennt[7].   32

Da somit von den in § 707 Abs. 1 ZPO vorgesehenen Einstellungsmöglichkeiten nur diejenige ohne Sicherheitsleistung in Betracht kommt, ist in § 62 Abs. 1 Satz 3 konsequenterweise klargestellt, dass diese Art der Einstellung nur möglich ist, wenn die Zwangsvollstreckung dem Schuldner **einen nicht zu ersetzenden Nachteil** (dazu schon Rz. 12 ff.) bringen würde. § 62 Abs. 1 Satz 3 verweist somit sowohl hinsichtlich der   33

---

1 LAG Berlin-Brandenburg v. 23.8.2007 – 15 Sa 163007, NZA-RR 2008, 42 f.
2 Vgl. LAG BW v. 26.8.2008 – 5 Sa 52/08, Rz. 15 ff.; GK-ArbGG/*Vossen*, § 62 Rz. 30: GMP/*Germelmann*, § 62 Rz. 42; aA LAG Berlin-Brandenburg v. 23.8.2007 – 15 Sa 1630/07, NZA-RR 2008, 42; LAG Düsseldorf v. 1.12.2008 – 11 Sa 1490/08 Rz. 3; einschränkend LAG Düsseldorf v. 3.1.2008 – 13 Sa 1895/07, Rz. 11 ff.
3 *Schuschke*/Walker, § 707 ZPO Rz. 5 und § 719 ZPO Rz. 2.
4 *Schuschke*/Walker, § 707 ZPO Rz. 5.
5 LAG Bremen v. 26.5.1998 – 4 Ta 30/98, FA 1999, 22.
6 BGBl. I S. 444.
7 S. die Nachweise zum damaligen Meinungsstand in der 2. Aufl.

Voraussetzungen als auch hinsichtlich der Rechtsfolge nicht auf den gesamten § 707 Abs. 1 ZPO, sondern lediglich auf den § 707 Abs. 1 Satz 2 ZPO. Auf die dort genannte Voraussetzung, dass der Schuldner zur Sicherheitsleistung nicht in der Lage sein darf, kann es bei der Einstellung nach § 62 Abs. 1 Satz 3 allerdings nicht ankommen, weil eine eventuelle Sicherheitsleistung von vornherein keine Rolle spielt. Ein Fall des § 62 Abs. 1 Satz 3 wird von der Rspr. etwa dann angenommen, wenn der ArbN aus einem Weiterbeschäftigungsurteil vollstreckt und der ArbGeb erneut eine (nicht offensichtlich unwirksame) Kündigung des Arbeitsverhältnisses ausgesprochen hat[1]. Die strenge Voraussetzung des nicht zu ersetzenden Nachteils braucht ausnahmsweise nicht vorzuliegen, wenn der Titel offensichtlich gesetzwidrig ist und deshalb keinen Bestand haben wird[2].

c) Glaubhaftmachung

34 Der Verweis in § 62 Abs. 1 Satz 3 auf dieselbe Voraussetzung in Satz 2 bezieht sich nicht nur auf den nicht zu ersetzenden Nachteil, sondern auch auf die Notwendigkeit der Glaubhaftmachung (dazu schon Rz. 22). Diese ist allerdings entbehrlich, wenn die dafür maßgeblichen Tatsachen unstreitig sind.

d) Verfahren

35 **Zuständig** zur Entscheidung über den Einstellungsantrag ist das Gericht, welches über das Wiedereinstellungsgesuch, über den Wiederaufnahmeantrag oder im Nachverfahren zu entscheiden hat. Die Entscheidung trifft beim ArbG und in der Berufungsinstanz (§ 64 Abs. 7) nicht die Kammer, sondern der Vorsitzende allein (§ 55 Abs. 1 Nr. 6 und § 53 Abs. 1 Satz 1). Eine **mündliche Verhandlung** kann angeordnet werden (vgl. § 707 Abs. 2 Satz 1, § 128 Abs. 4 ZPO), was aber wohl eher unüblich ist[3]. Allerdings gebietet es Art. 103 Abs. 1 GG, dass dem Gläubiger **rechtliches Gehör** gewährt wird[4]. Falls das wegen der Dringlichkeit der Einstellung nicht möglich ist, muss die Anhörung jedenfalls nachgeholt und die Einstellung ggf. wieder aufgehoben werden[5].

e) Entscheidung

36 Die Entscheidung ergeht durch **Beschluss**, da nach § 707 Abs. 2 Satz 1 ZPO eine mündliche Verhandlung nicht erforderlich ist. Dieser ist ebenso wie die Entscheidung über den Antrag auf Ausschluss der Vollstreckung zu **begründen**. Anders als beim Ausschluss der vorläufigen Vollstreckbarkeit steht die Entscheidung über den Einstellungsantrag im pflichtgemäßen **Ermessen** des Gerichts[6]. Es hat die Interessen des Gläubigers, aus dem erstrittenen (möglicherweise sogar schon rechtskräftigen) Titel zu vollstrecken, gegen das Abwendungsinteresse des Schuldners abzuwägen[7] (zur Notwendigkeit einer Interessenabwägung für den Ausschluss der Zwangsvollstreckung s. schon Rz. 14). In diese Interessenabwägung fließen auch die Erfolgsaussichten des Wiedereinsetzungsgesuchs, der Wiederaufnahmeklage, des Antrags im Nachverfahren (§ 707 ZPO), oder des Einspruchs oder der Berufung (§ 719 ZPO) ein[8].

37 Wenn das Gericht sich für eine Einstellung entscheidet, kommt nur eine **Einstellung ohne Sicherheitsleistung** in Betracht (§ 62 Abs. 1 Satz 4; s. schon Rz. 32). Insofern ist das Ermessen des Gerichts gegenüber § 707 ZPO eingeschränkt. Auch die nach § 707 Abs. 1 Satz 1 ZPO mögliche **Aufhebung von Vollstreckungsmaßregeln** gegen Sicherheitsleistung kommt nicht in Betracht[9].

---

1 LAG Berlin v. 14.7.1993 – 8 Sa 79/93, LAGE § 62 ArbGG 1979 Nr. 20.
2 LAG Brandenburg v. 23.8.1995 – 2 Ta 137/95, NZA 1996, 107 (108); LAG Düsseldorf v. 31.3.1982 – 7 Ta 69/82, EzA § 62 ArbGG Nr. 6; GMP/*Germelmann*, § 62 Rz. 41.
3 *Schuschke*/Walker, § 707 ZPO Rz. 7.
4 BVerfG v. 13.3.1973 – 2 BvR 484/72, BVerfGE 34, 344 (346); LAG Hamm v. 18.8.1971 – 8 Ta 53/71, MDR 1972, 362; OLG Celle v. 26.9.1985 – 4 W 179/85, MDR 1986, 63; *Gift/Baur*, Urteilsverfahren, Teil E Rz. 1708; *Schuschke*/Walker, § 707 ZPO Rz. 7.
5 OLG Celle v. 17.10.1969 – 13 W 116/69, MDR 1970, 243; *Schuschke*/Walker, § 707 ZPO Rz. 7.
6 LAG Hessen v. 8.1.1992 – 10 Sa 1901/91, NZA 1992, 427; *Dütz*, DB 1980, 1069 (1074); *Gift/Baur*, Urteilsverfahren, Teil E Rz. 1707; GMP/*Germelmann*, § 62 Rz. 43; GK-ArbGG/*Vossen*, § 62 Rz. 33; GWBG/*Benecke*, § 62 Rz. 15.
7 KG v. 3.12.1986 – 24 W 6057/86, NJW 1987, 1338 (1339).
8 Ganz hM; s. BAG v. 6.1.1971 – 3 AZR 384/70, AP Nr. 3 zu § 719 ZPO; BAG v. 22.6.1972 – 3 AZR 263/72, AP Nr. 4 zu § 719 ZPO; LAG Berlin v. 14.7.1993 – 8 Sa 79/93, LAGE § 62 ArbGG 1979 Nr. 20, S. 4; LAG Düsseldorf v. 20.12.1985 – 15 Sa 1125/85, LAGE § 62 ArbGG 1979 Nr. 13; GWBG/*Benecke*, § 62 Rz. 15; *Schuschke*/Walker, § 707 ZPO Rz. 8; einschränkend GMP/*Germelmann*, § 62 Rz. 41 (nur dann zu berücksichtigen, wenn keine Erfolgsaussichten).
9 S. nochmals *Dütz*, DB 1980, 1069 (1074); GMP/*Germelmann*, § 62 Rz. 46; GWBG/*Benecke*, § 62 Rz. 17; *Schuschke*/Walker, § 707 ZPO Rz. 14.

f) Unanfechtbarkeit der Entscheidung nach Abs. 1 Satz 5

Da der Beschluss des Richters beim ArbG ohne mündliche Verhandlung ergehen kann, wäre er an sich gem. § 793 ZPO mit der **sofortigen Beschwerde** anfechtbar. Die im Grundsatz gegebene Anfechtungsmöglichkeit ist allerdings gem. § 62 Abs. 1 Satz 5 ausgeschlossen. Das wurde auch schon vor Einfügung von Satz 5 durch das SGGArbGGÄndG vom 26.3.2008[1] so vertreten[2]. Seit der Reform des Zivilprozessrechts zum 1.1.2002[3] ist auch eine außerordentliche Beschwerde bei greifbarer Gesetzwidrigkeit nicht mehr zulässig. Der BGH lässt jedenfalls gegen nach § 574 ZPO nicht anfechtbare Beschwerdeentscheidungen eine außerordentliche Rechtsbeschwerde wegen greifbarer Gesetzwidrigkeit nicht mehr zu, weil die gesetzliche Regelung als abschließend angesehen wird[4]. Auch das BAG hat eine Rechtsbeschwerde gegen Beschlüsse, die nach § 707 Abs. 2 Satz 2 ZPO unanfechtbar sind, für unstatthaft erklärt, und zwar selbst dann, wenn die Rechtsbeschwerde vom LAG nach § 574 Abs. 1 Nr. 2 ZPO zugelassen wurde und das LAG damit die außerordentliche Beschwerde wegen greifbarer Gesetzwidrigkeit gemeint haben sollte[5]. 38

Allerdings erwächst der grds. unanfechtbare Beschluss über den Einstellungsantrag nicht in Rechtskraft. Das Gericht kann seine Entscheidung daher **jederzeit abändern**, wenn neue Tatsachen vorgetragen werden[6]. In einer entsprechenden auf neue Tatsachen gestützten Bitte der durch die Entscheidung über den Einstellungsantrag unterlegenen Partei liegt nicht etwa eine sofortige Beschwerde, sondern lediglich eine **Gegenvorstellung** oder eine Anregung an das Gericht, den Beschluss unter Berücksichtigung der neuen Tatsachen zu überdenken[7]. Dafür gilt analog § 321a Abs. 2 ZPO eine Notfrist von zwei Wochen seit Zustellung des angegriffenen Beschlusses. Hilft das Gericht der Gegenvorstellung nicht ab, bleibt noch die Möglichkeit der Verfassungsbeschwerde. 39

g) Einstellung nach anderen Vorschriften

Die ZPO ermöglicht eine Einstellung der Zwangsvollstreckung nicht nur durch die §§ 707 und 719 ZPO, auf die Abs. 1 Satz 3 Bezug nimmt, sondern auch in den § 732 Abs. 2, § 766 Abs. 1 Satz 2, § 765a Abs. 1, § 769 und § 924 Abs. 3 Satz 2 ZPO. Ob auch in diesen Fällen die jeweiligen Vorschriften durch § 62 Abs. 1 in dem Sinne modifiziert werden, dass nur eine Einstellung ohne Sicherheitsleistung in Betracht kommt und dafür ein drohender unersetzbarer Nachteil vorausgesetzt wird, ist umstritten. Zum Teil wird eine entsprechende Anwendung des § 62 Abs. 1 Satz 3 mit der Begründung bejaht, mit dem System der Zwangsvollstreckung im arbeitsgerichtlichen Verfahren sei eine Einstellung gegen Sicherheitsleistung nicht vereinbar[8]. Nach aA[9] soll jedenfalls eine Einstellung nach den §§ 769, 732 Abs. 2 und § 766 Abs. 1 Satz 2 ZPO auch gegen Sicherheitsleistung möglich sein. Der sachliche Grund für die verschiedene Behandlung der in der ZPO vorgesehenen Einstellungsmöglichkeiten wird darin gesehen, dass bei § 769 ZPO Einwände gegen den materiellen Anspruch erhoben würden und in den Fällen der § 732 Abs. 2, § 766 Abs. 1 Satz 2 ZPO die Berechtigung der Zwangsvollstreckung in Zweifel gezogen werde, während diese Gesichtspunkte bei § 62 Abs. 1 Satz 3 keine Rolle spielten. Diese Argumentation überzeugt zwar nicht; aber der unmissverständliche Wortlaut des § 62 Abs. 1 Satz 3 spricht eindeutig dagegen, diese Vorschrift auch in den anderen als den ausdrücklich genannten Einstellungsfällen anzuwenden[10]. Wenn man sich dieser Ansicht anschließt und den § 62 Abs. 1 Satz 3 bei den in dieser Vorschrift nicht genannten Einstellungsmöglichkeiten 40

---

1 BGBl. I S. 444.
2 S. die Nachweise zum damaligen Meinungsstand in der 2. Aufl.
3 Gesetz v. 27.7.2001, BGBl. I S. 1887.
4 BGH v. 7.3.2002 – IX ZB 11/02, ZIP 2002, 959 m. zust. Anm. *Prütting* in EWiR 2002, 835.
5 BAG v. 5.11.2003 – 10 AZB 59/03, NZA 2003, 1421.
6 *Gift/Baur*, Urteilsverfahren, Teil E Rz. 1718; GMP/*Germelmann*, § 62 Rz. 45, 47; *Schuschke*/Walker, § 707 ZPO Rz. 16.
7 Zur Gegenvorstellung s. LAG Rh.-Pf. v. 9.11.1979 – 4 Sa 426/79, EzA § 62 ArbGG 1979 Nr. 4; *Gift/Baur*, Urteilsverfahren, Teil E Rz. 1713; GMP/*Germelmann*, § 62 Rz. 48; *Schuschke*/Walker, § 707 ZPO Rz. 16.
8 LAG Berlin v. 28.4.1986 – 9 Ta 5/86, LAGE § 62 ArbGG 1979 Nr. 19; LAG Bremen v. 24.6.1996 – 2 Ta 28/96, LAGE § 62 ArbGG 1979 Nr. 22; im Ergebnis auch LAG Hamm v. 9.8.1984 – 8 Ta 144/84, AP Nr. 3 zu § 62 ArbGG 1979; LAG Köln v. 12.6.2002 – 4 Sa 480/02, NZA 2002, 1230 (Ls.) zu § 769 ZPO; GWBG/*Benecke*, § 62 Rz. 17.
9 LAG Köln v. 16.6.1983 – 3 Ta 86/83, DB 1983, 1827; LAG Nürnberg v. 7.5.1999 – 7 Ta 89/99, BB 1999, 1387 (Einstellung unabhängig von der Voraussetzung eines zu ersetzenden Nachteils); *Gift/Baur*, Urteilsverfahren, Teil E Rz. 1730, 1735; GMP/*Germelmann*, § 62 Rz. 50 f.; GK-ArbGG/*Vossen*, § 62 Rz. 39; MünchArbR/*Jacobs*, § 346 Rz. 4; wohl auch *Wieser*, Arbeitsgerichtsverfahren, Rz. 505.
10 So auch LAG Hessen v. 8.5.2003 – 16 Ta 172/03, NZA-RR 2004, 380; vorher schon Beschl. v. 10.9.1997 – 16 Ta 371/97, BB 1998, 1011 Leitsatz 3, allerdings mit dem unzutreffenden Hinweis, die Entscheidung nach § 769 ZPO sei unbeschränkt mit der sofortigen Beschwerde anfechtbar. Zur Sachwidrigkeit der Anwendung des § 62 Abs. 1 Satz 3 im Rahmen von § 924 Abs. 3 ZPO s. ausführlich *Walker*, Der einstweilige Rechtsschutz, Rz. 760.

IV. Die Zwangsvollstreckung nach dem Achten Buch der ZPO (Abs. 2 Satz 1)

41 Nach § 62 Abs. 2 Satz 1 finden auf die Zwangsvollstreckung und den einstweiligen Rechtsschutz (dazu noch Rz. 101 ff.) im Übrigen die Vorschriften des Achten Buches der ZPO Anwendung. Anders als im Beschlussverfahren (§ 85 Abs. 2 Satz 1) handelt es sich nicht nur um eine entsprechende, sondern um eine unmittelbare Anwendung. Das kann für die Auslegung einzelner Regelungen von Bedeutung sein. Die Worte „im Übrigen" beziehen sich auf das gesamte Vollstreckungsrecht bis auf die in § 62 Abs. 1 geregelten Besonderheiten zur vorläufigen Vollstreckbarkeit einschließlich deren Ausschluss und Einstellung.

1. Voraussetzungen der Zwangsvollstreckung

a) Allgemeine Prozessvoraussetzungen

42 Wie im Erkenntnisverfahren müssen auch in der Zwangsvollstreckung zunächst die allgemeinen Prozessvoraussetzungen vorliegen. Dazu gehört ein **Antrag** des Gläubigers beim zuständigen Vollstreckungsorgan. Für den Antrag auf Forderungspfändung besteht Formularzwang (§ 829 Abs. 4 ZPO iVm. der Zwangsvollstreckungs-Formularverordnung [ZVFV])[2]. **Funktionell zuständig** für die Zwangsvollstreckung wegen einer Geldforderung in beweglichen Sachen (§§ 808 ff. ZPO) und für die Vollstreckung zur Erwirkung der Herausgabe von Sachen (§§ 883 ff. ZPO) ist der Gerichtsvollzieher. Für die Zwangsvollstreckung wegen Geldforderungen in Forderungen und andere Vermögensrechte (§§ 828 ff. ZPO) sowie für die Vollstreckung in das unbewegliche Vermögen (§§ 864 ff. ZPO) ist das Vollstreckungsgericht zuständig. Das ist auch bei der Vollstreckung aus arbeitsgerichtlichen Urteilen nicht etwa das ArbG, sondern gem. § 764 Abs. 1 ZPO das AG[3]. Das Vollstreckungsgericht wird in den meisten Fällen durch den Rechtspfleger tätig (vgl. § 3 Nr. 1i, § 20 Nrn. 15–17 RPflG). Bei der Vollstreckung zur Erwirkung von vertretbaren und unvertretbaren Handlungen (§§ 887, 888 ZPO) sowie von Duldungen und Unterlassungen (§ 890 ZPO) ist dagegen das Prozessgericht des ersten Rechtszuges, also das ArbG, zuständig. Zur Zuständigkeit im Eilverfahren s. noch Rz. 114.

43 Ferner müssen der Gläubiger und der Schuldner **parteifähig** und **prozessfähig**[4] sein. Für die Parteifähigkeit gilt die Erweiterung des § 10. Schließlich gehören die **Prozessführungsbefugnis** und das **Rechtsschutzbedürfnis** zu den allgemeinen Prozessvoraussetzungen, die auch in der Zwangsvollstreckung vorliegen müssen.

b) Allgemeine Vollstreckungsvoraussetzungen

44 Ferner müssen die allgemeinen Vollstreckungsvoraussetzungen vorliegen. Erforderlich sind also ein Vollstreckungstitel, eine Vollstreckungsklausel und die Zustellung des Titels. Als **Vollstreckungstitel** kommen nicht nur arbeitsgerichtliche Endurteile, sondern auch die in § 794 ZPO genannten sonstigen Titel (Prozessvergleiche, Kostenfestsetzungsbeschlüsse, beschwerdefähige Entscheidungen, Vollstreckungsbescheide) in Betracht. Auch die Vollstreckbarerklärung des Anwaltsvergleichs (§ 796a ZPO) ist im arbeitsgerichtlichen Verfahren ein geeigneter Vollstreckungstitel[5]; denn der Anwaltsvergleich wird nicht von der Ausschlussregelung des § 101 Abs. 3, sondern von der Verweisung in § 62 Abs. 2 erfasst.

45 Um eine Kombination aus Leistungs- und Gestaltungsurteil geht es bei der gerichtlichen **Auflösung eines Arbeitsverhältnisses gegen Zahlung einer Abfindung** nach § 9 KSchG. Die Auflösung wird durch richterliche Gestaltung erst mit Rechtskraft des Urteils herbeigeführt. Der Abfindungsanspruch entsteht mit der richterlichen Feststellung im Urteil. Er wird fällig mit dem festgesetzten Ende des Arbeitsverhältnisses. Deshalb ist die Verurteilung zur Zahlung der Abfindung nach § 62 vorläufig vollstreckbar[6].

---

1 LAG Köln v. 16.6.1983 – 3 Ta 86/83, DB 1983, 1827; GMP/*Germelmann*, § 62 Rz. 50; Hauck/Helml/Biebl/*Helml*, § 62 Rz. 13.
2 Verordnung des Bundesministeriums der Justiz v. 23.8.2012 mit Wirkung zum 1.9.2012 (BGBl. I S. 1823).
3 Unstreitig; s. nur Schuschke/*Walker*, § 764 ZPO Rz. 3.
4 Zur Notwendigkeit der Prozessfähigkeit auch beim Vollstreckungsschuldner s. Brox/*Walker*, Zwangsvollstreckungsrecht, Rz. 25; Wieczorek/Schütze/*Paulus*, vor § 704 ZPO Rz. 47; Zöller/*Stöber*, Vor § 704 ZPO Rz. 16.
5 *Düwell*, FA 1998, 212; Voit/*Geweke*, NZA 1998, 400; Schuschke/*Walker*, § 796a ZPO Rz. 1, 13.
6 BAG v. 9.12.1987 – 4 AZR 561/87, NZA 1988, 329 mN; Gift/*Baur*, Urteilsverfahren, Teil E Rz. 1680; GMP/*Germelmann*, § 62 Rz. 64; GWBB/*Benecke*, § 62 Rz. 1; Hauck/Helml/Biebl/*Helml*, § 62 Rz. 4; KR/*Spilger*, § 9 KSchG Rz. 114.

Der auf eine Leistung gerichtete Titel muss hinsichtlich der Parteien, für und gegen die vollstreckt werden soll, sowie hinsichtlich des Inhalts **hinreichend bestimmt** sein. Die früher viel erörterte Frage, ob ein Vollstreckungstitel über einen **Bruttolohnbetrag** ausreicht, ist mit der ganz hM zu bejahen[1]; denn der ArbGeb schuldet den Bruttolohn, so dass das Vollstreckungsorgan die ihm im Zweifel gar nicht mögliche Errechnung des Nettobetrages nicht vornehmen muss. Falls der Bruttobetrag vollstreckt wird, muss der ArbN die SozV-Beiträge und Steuern selbst abführen[2]. Falls der ArbGeb vor der Vollstreckung die Abführung der Lohnsteuer und der SozV-Beiträge bereits vorgenommen hat, kann er durch Vorlage entsprechender Belege nach § 775 Nrn. 4, 5 ZPO erreichen, dass dann nur noch wegen des verbleibenden Nettobetrages vollstreckt wird[3]. Dagegen fehlt es an der hinreichenden Bestimmtheit des Titels etwa dann, wenn der ArbGeb verurteilt ist, den ArbN „zu den bisherigen Bedingungen"[4] zu beschäftigen. Die wesentlichen Arbeitsbedingungen müssen vielmehr aus dem Titel zu ersehen sein[5]. Ob die Angabe eines Berufsbildes ausreicht, hängt davon ab, ob dieses klar definiert ist. Das wurde verneint bei der Verurteilung zur Beschäftigung „als Vertriebsleiter"[6] oder „als Lagerleiter"[7], dagegen bejaht bei der Beschäftigung „als Klassenlehrer"[8] oder als „Produktmanager"[9]. Das gilt unabhängig davon, ob wegen eines Anspruchs auf Vornahme einer vertretbaren oder einer unvertretbaren Handlung vollstreckt wird. Der zu vollstreckende Anspruch muss sich grds. aus dem Titel selbst ergeben. Ein Rückgriff auf die Prozessakten und andere Schriftstücke kommt nur ausnahmsweise in Betracht, wenn auf sie im Urteil verwiesen ist (§ 313 Abs. 2 Satz 2 ZPO) oder wenn sie ausdrücklich zum Bestandteil des Vergleichs gemacht worden sind[10]. Zu einem Ausnahmefall beim Beschäftigungsanspruch s. Rz. 81. Zur hinreichenden Bestimmtheit eines Urteils, wonach das Wertguthaben eines ArbN in Altersteilzeit gem. § 8a ATZG gegen Insolvenz zu sichern ist, gehört die Angabe, in welcher Höhe die Sicherheit zu leisten ist[11]. Zur hinreichenden Bestimmtheit eines auf Zeugniserteilung gerichteten Titels s. noch Rz. 83.

46

Hinsichtlich der **Vollstreckungsklausel** (§§ 724 ff. ZPO) und der **Zustellung des Titels** (§ 750 ZPO) gelten bei der Zwangsvollstreckung aus arbeitsgerichtlichen Titeln keine Besonderheiten. Zur Entbehrlichkeit der Klausel bei der Vollstreckung aus Arresten und einstweiligen Verfügungen s. noch Rz. 121.

47

c) Besondere Vollstreckungsvoraussetzungen

Sofern die Vollstreckung nach dem Titel vom Eintritt eines Kalendertages abhängt, müssen die besonderen Vollstreckungsvoraussetzungen des § 751 Abs. 1 ZPO vorliegen. Dagegen spielt der Nachweis der Sicherheitsleistung nach § 751 Abs. 2 ZPO hier keine Rolle, weil arbeitsgerichtliche Urteile immer ohne Sicherheitsleistung vollstreckbar sind. Eine Ausnahme besteht lediglich bei der Vollziehung eines Arrestes oder einer einstweiligen Verfügung, weil diese Anordnungen nach § 921 ZPO von einer Sicherheitsleistung des Gläubigers abhängig gemacht werden können[12]. Die besonderen Vollstreckungsvoraussetzungen der §§ 756 und 765 ZPO bei der Zwangsvollstreckung wegen einer Zug um Zug zu bewirkenden Leistung gelten auch bei der Vollstreckung von arbeitsgerichtlichen Titeln.

48

---

1 BAG v. 19.3.2008 – 5 AZR 429/07, NZA 2008, 757 (758 f.); BAG v. 14.1.1964 – 3 AZR 55/63, AP Nr. 20 zu § 611 BGB – Dienstordnungsangestellte; BGH v. 21.4.1966 – VII ZB 3/66, WM 1966, 758; OLG Frankfurt v. 29.1.1990 – 20 W 516/89, OLGZ 1990, 327; LG Berlin v. 2.11.1992 – 81 T 448/92, DGVZ 1993, 27; *Gift/Baur*, Urteilsverfahren, Teil E Rz. 1752; *Brox/Walker*, Zwangsvollstreckungsrecht, Rz. 43; Hauck/Helml/Biebl/*Helml*, § 62 Rz. 14; Wieczorek/Schütze/*Heß*, § 704 ZPO Rz. 13; MünchArbR/*Jacobs*, § 346 Rz. 6; *Schuschke*/Walker, Vor §§ 704–707 ZPO Rz. 17; *Wieser*, Arbeitsgerichtsverfahren, Rz. 114. Kritisch zur Bruttoklage auf den Arbeitslohn *J. Blomeyer*, RdA 2011, 203.
2 LAG BW v. 28.4.1993 – 12 Sa 15/93, NZA 1994, 509 (510); Wieczorek/Schütze/*Heß*, § 704 ZPO Rz. 13.
3 BAG v. 15.11.1978 – 5 AZR 199/77, NJW 1979, 2634; Wieczorek/Schütze/*Heß*, § 704 ZPO Rz. 13.
4 LAG Hessen v. 27.11.1992 – 9 Ta 376/92, BB 1993, 1740; LAG Köln v. 24.10.1995 – 13 (5) Ta 245/95, NZA-RR 1996, 108.
5 BAG v. 17.3.2015 – 9 AZR 702/13, AP BGB § 611 Beschäftigungspflicht Nr. 31, Rz. 25; LAG BW v. 26.4.2017 – 1 Ta 2/17, Rz. 16 ff., BeckRS 2017, 108704; LAG Bremen v. 18.11.1988 – 3 Ta 65/88, NZA 1989, 231; LAG Schl.-Holst. v. 6.9.2012 – 1 Ta 142/12, NZA-RR 2013, 101; LAG Schl.-Holst. v. 6.1.1987 – 6 Ta 157/86, NZA 1987, 322; GMP/*Germelmann*, § 62 Rz. 62 unter „Weiterbeschäftigungsanspruch".
6 LAG Rh.-Pf. v. 25.9.2009 – 9 Ta 201/09, Rz. 10.
7 LAG Rh.-Pf. v. 3.2.2005 – 2 Ta 23/05, NZA-RR 2005, 550.
8 LAG Hessen v. 16.7.2010 – 12 Ta 68/10, Rz. 9 ff.
9 LAG Schl.-Holst. v. 6.9.2012 – 1 Ta 142/12, NZA-RR 2013, 101 (102).
10 LAG Hessen v. 17.3.2003 – 16 Ta 82/03, NZA-RR 2004, 382 zur Vollstreckung aus einem gerichtlichen Vergleich wegen Zeugniserteilung.
11 BAG v. 30.10.2006 – 3 AZB 39/06, NZA 2007, 648.
12 *Walker*, Der einstweilige Rechtsschutz, Rz. 758; Schuschke/*Walker*, § 751 ZPO Rz. 16.

d) Vollstreckungshindernisse

49 Schließlich dürfen der Vollstreckung keine Vollstreckungshindernisse entgegenstehen. Dabei geht es vor allem um die in § 775 ZPO genannten Tatbestände, bei deren Vorliegen die Zwangsvollstreckung einzustellen oder zu beschränken ist. Weitere Vollstreckungshindernisse sind die Eröffnung des Insolvenzverfahrens (§ 89 InsO), der Ablauf der Vollziehungsfrist nach § 929 Abs. 2 ZPO bei der Vollziehung eines Arrestbefehls oder einer einstweiligen Verfügung sowie vollstreckungsbeschränkende oder -ausschließende Vereinbarungen, die in den gleichen Grenzen zulässig sind wie bei der Vollstreckung außerhalb des ArbGG[1].

2. Durchführung der Zwangsvollstreckung

50 Die Durchführung der Zwangsvollstreckung und die dabei zu beachtenden Vorschriften richten sich in erster Linie danach, ob die Zwangsvollstreckung wegen einer Geldforderung (§§ 803 ff. ZPO), wegen eines Herausgabeanspruches (§§ 883 ff. ZPO), wegen eines Anspruches auf Vornahme einer vertretbaren (§ 887 ZPO) oder unvertretbaren (§ 888 ZPO) Handlung, wegen eines Unterlassungs- oder Duldungsanspruchs (§ 890 ZPO) oder wegen eines Anspruchs auf Abgabe einer Willenserklärung (§ 894 ZPO) betrieben wird.

a) Vollstreckung wegen Geldforderungen

51 Die Vollstreckung wegen Geldforderungen hat auch bei der Zwangsvollstreckung im arbeitsgerichtlichen Urteilsverfahren einen großen Anwendungsbereich. Typische Fälle sind, dass der ArbN wegen seines Entgeltanspruches oder der ArbGeb wegen eines Schadensersatz- oder eines Rückforderungsanspruches vollstreckt. Zunächst gelten die allgemeinen Vorschriften der ZPO für die Vollstreckung wegen einer Geldforderung über die Befugnisse des Gerichtsvollziehers (§ 802a ZPO), gütliche Erledigung und Vollstreckungsaufschub (§ 802b ZPO), Vermögensauskunft und Erzwingungshaft (§§ 802c–802l ZPO) sowie über das Schuldnerverzeichnis (§§ 882b ff. ZPO). Im Übrigen gibt es verschiedene Vollstreckungsmöglichkeiten, die davon abhängen, auf welche Vollstreckungsobjekte zurückgegriffen werden soll.

aa) Vollstreckung in körperliche Sachen

52 Die Vollstreckung in körperliche Sachen erfolgt durch Pfändung und Verwertung. Zuständiges Vollstreckungsorgan ist der Gerichtsvollzieher. Dieser wird nicht von Amts wegen, sondern nur im Auftrag des Gläubigers tätig (§ 753 ZPO).

(1) Pfändung

53 Der Gerichtsvollzieher pfändet, indem er bewegliche Sachen im Gewahrsam des Schuldners oder eines zur Herausgabe bereiten Dritten (§ 809 ZPO) in Besitz nimmt (§ 808 Abs. 1 ZPO) und die Inbesitznahme durch Wegnahme der Sache oder Siegelanlegung kenntlich macht (§ 808 Abs. 2 ZPO). Zu diesem Zweck darf er unter den Voraussetzungen der §§ 758, 758a ZPO[2] die Wohnung des Schuldners und Behältnisse des Schuldners durchsuchen, verschlossene Türen und Behältnisse öffnen lassen und bei etwaigem Widerstand des Schuldners Gewalt anwenden.

54 Der Gerichtsvollzieher darf nur auf solche Sachen im Gewahrsam des Schuldners oder eines herausgabebereiten Dritten zugreifen, die nicht kraft Gesetzes von der Pfändung ausgeschlossen sind. Die maßgeblichen Vorschriften dazu finden sich in den § 811 ZPO (unpfändbare Sachen) und § 811c ZPO (grundsätzliche Unpfändbarkeit von Haustieren). Von praktischer Bedeutung sind insbesondere die **Unpfändbarkeitsregelungen** in § 811 Abs. 1 Nr. 1 ZPO (für eine bescheidene Lebens- oder Haushaltsführung notwendige Sachen) und des § 811 Abs. 1 Nr. 5 ZPO[3] (erforderliche Sachen für die Fortsetzung der persönlichen Erwerbstätigkeit). Bei den nach § 811 Abs. 1 Nrn. 1, 5 und 6 ZPO unpfändbaren Sachen kommt unter den Voraussetzungen des § 811a ZPO allerdings eine Austauschpfändung in Betracht.

55 Die Pfändung führt zunächst nur zur **Verstrickung**. Das bedeutet, dass durch staatliche Beschlagnahme ein öffentlich-rechtliches Gewaltverhältnis über die Sache zum Zwecke der Zwangsvollstreckung begründet wird. Dadurch verliert der Schuldner die Befugnis, über die gepfändete Sache zu verfügen. Ferner erwirbt der Gläubiger an dem gepfändeten Gegenstand ein **Pfändungspfandrecht** (§ 804 Abs. 1 ZPO)[4]. Nach dem

---

1 Zur Zulässigkeit von Vollstreckungsverträgen s. etwa *Brox/Walker*, Zwangsvollstreckungsrecht, Rz. 201 ff.
2 S. zu Einzelheiten im Zusammenhang mit der richterlichen Durchsuchungsanordnung nach § 758a ZPO Schuschke/*Walker*, § 758a ZPO Rz. 5 ff.
3 Dazu BGH v. 28.1.2010 – VII ZB 16/09, FamRZ 2010, 550 mit Anm. *Walker/Findeisen*.
4 Zur rechtlichen Einordnung des Pfändungspfandrechts s. *Brox/Walker*, Zwangsvollstreckungsrecht, Rz. 379 ff.

Rang des Pfändungspfandrechtes richtet sich insbesondere die Verteilung des Erlöses, der bei der Verwertung der Sache erzielt wird (§ 804 Abs. 3 ZPO).

(2) Verwertung

Die Verwertung der gepfändeten Sache erfolgt grds. durch **öffentliche Versteigerung** entweder in Form der Versteigerung vor Ort oder in Form der Internetversteigerung (§ 814 Abs. 1, 2 ZPO). Sie wird vom Gerichtsvollzieher durchgeführt. Einzelheiten zum Ablauf des Verwertungsverfahrens sind in den §§ 816 ff. ZPO geregelt. Im Versteigerungstermin hat der Gerichtsvollzieher demjenigen den Zuschlag zu erteilen, der das höchste Gebot abgibt (§ 817 Abs. 1 ZPO). Nach Erteilung des Zuschlags wird dem Ersteher die verwertete Sache vom Gerichtsvollzieher abgeliefert, wenn das Kaufgeld gezahlt worden ist oder bei Ablieferung gezahlt wird (§ 817 Abs. 2 ZPO). Durch diese Ablieferung der zugeschlagenen Sache wird das Eigentum kraft staatlichen Hoheitsaktes auf den Ersteher übertragen[1]. Der Gerichtsvollzieher hat den Versteigerungserlös nach Abzug der Vollstreckungskosten an den Gläubiger abzuliefern, soweit das zur Befriedigung der Vollstreckungsforderung erforderlich ist. Verbleibt ein Überschuss, erhält diesen der Schuldner. 56

Außer der öffentlichen Versteigerung ermöglicht das Gesetz auch **andere Formen der Verwertung** von gepfändeten beweglichen Sachen. Gepfändetes Geld wird gem. § 815 Abs. 1 ZPO an den Gläubiger bis zu der Höhe abgeliefert, in der es zur Erfüllung der Vollstreckungsforderung erforderlich ist. Gepfändete Wertpapiere können unter den Voraussetzungen des § 821 ZPO, gepfändete Gold- und Silbersachen unter den Voraussetzungen des § 817a Abs. 3 Satz 2 ZPO freihändig verkauft werden. § 825 Abs. 1 ZPO ermöglicht dem Gerichtsvollzieher ebenfalls eine Verwertung auf andere Weise als durch öffentliche Versteigerung; dazu gehört auch die Verwertung durch freihändigen Verkauf, selbst wenn die Voraussetzungen der §§ 821, 817a Abs. 3 Satz 2 ZPO nicht vorliegen. 57

Falls eine Sache von mehreren Gläubigern gepfändet worden ist und der erzielte Versteigerungserlös nicht zur Befriedigung aller Gläubiger ausreicht, richtet sich die Verteilung des Erlöses nach dem Rang der Pfändungspfandrechte (§ 804 Abs. 3 ZPO). Falls in diesem Fall die Gläubiger über die Verteilung streiten, hat der Gerichtsvollzieher den Erlös zu hinterlegen (§ 827 Abs. 2 ZPO), und es kommt zu einem gerichtlichen **Verteilungsverfahren** (§§ 872 ff. ZPO), in dem die Rangfolge der Gläubiger endgültig geklärt und damit über die Verteilung des Erlöses entschieden wird. 58

bb) Vollstreckung in Forderungen

Die Vollstreckung wegen einer Geldforderung in eine Geldforderung spielt in der Arbeitsgerichtsbarkeit in zweierlei Hinsicht eine Rolle: Erstens kann natürlich jeder Gläubiger aus einem arbeitsgerichtlichen Urteil die Vollstreckung in eine Forderung des Schuldners betreiben, was für ihn insbesondere dann von Interesse ist, wenn die Pfändung in körperliche Sachen keinen Erfolg verspricht. Zweitens sind die ArbG gem. § 3 für Rechtsstreitigkeiten zwischen dem Pfändungsgläubiger und dem Drittschuldner zuständig, falls der Gläubiger einen Lohnanspruch des Schuldners gepfändet hat und diesen Anspruch nunmehr gegen den ArbGeb als Drittschuldner einklagt. 59

(1) Pfändung

Die Pfändung in eine Forderung erfolgt durch das Vollstreckungsgericht (§ 828 Abs. 1 ZPO). Das ist auch bei der Vollstreckung aus einem arbeitsgerichtlichen Urteil nicht das ArbG, sondern gem. § 764 Abs. 1 ZPO das AG[2]. Nach § 20 Nr. 16 RPflG ist die Forderungspfändung dem Rechtspfleger übertragen. Die Vollstreckung kann grds. in alle Geldforderungen erfolgen, dem dem Vollstreckungsschuldner zustehen. 60

Bestimmte Forderungen sind jedoch von der Pfändung durch das Vollstreckungsgericht ausgeschlossen (§ 865 Abs. 2 Satz 2, § 851 Abs. 1 ZPO) oder nur **eingeschränkt pfändbar**. Insoweit spielen in der Praxis die §§ **850 ff. ZPO** eine wesentliche Rolle. Danach unterliegt insbesondere das Arbeitseinkommen (§ 850 Abs. 2, 3 ZPO)[3] nur in beschränktem Umfang der Zwangsvollstreckung. Bestimmte Bezüge wie zB Urlaubsgeld und Erschwerniszuschläge im üblichen Umfang sowie Weihnachtsvergütung bis zur Höhe von 500 Euro sind in § **850a** ZPO für vollständig unpfändbar erklärt. Die Rspr. setzt Zulagen für Nacht-, Sonn- 61

---

1 BGH v. 11.11.1970 – VIII ZR 242/68, BGHZ 55, 20 (25); BGH v. 2.7.1992 – IX ZR 274/91, WM 1992, 1626; Wieczorek/Schütze/*Lüke*, § 62 ZPO Rz. 28 ff.; MünchKommZPO/*Gruber*, § 817 Rz. 12; *Schuschke/Walker*, § 817 ZPO Rz. 10; Stein/Jonas/*Münzberg*, § 817 ZPO Rz. 21; Thomas/Putzo/*Seiler*, § 817 ZPO Rz. 7.
2 Wieczorek/Schütze/*Lüke*, § 828 ZPO Rz. 3; *Schuschke*/Walker, § 828 ZPO Rz. 1.
3 Nicht zum Arbeitseinkommen gehören Entschädigungsansprüche nach § 15 Abs. 2 AGG (LAG BW v. 23.9.2011 – 18 Sa 49/11, NZA-RR 2012, 33 [34 f.]).

und Feiertagsarbeit den Erschwerniszulagen iSv. § 850a Nr. 3 ZPO gleich und hält sie deshalb im gleichen Umfang für unpfändbar[1]. Zur Weihnachtsvergütung iSv. § 850a Nr. 4 ZPO gehören neben der Weihnachtsgratifikation auch andere Sonderzahlungen, die aus Anlass von Weihnachten gewährt werden[2]. Dagegen werden tarifvertraglich vereinbarte Jahressonderzahlungen, die keinen Bezug zu Weihnachten haben, von § 850a Nr. 4 ZPO nicht erfasst[3]. Die in **§ 850b** ZPO aufgeführten Renten sind lediglich bedingt pfändbar, falls nämlich die Voraussetzungen des § 850b Abs. 2 ZPO vorliegen. Im Übrigen hängt die Höhe des pfändbaren Teils des Arbeitseinkommens davon ab, wie hoch das Nettoeinkommen des Schuldners ist und wie vielen Personen der Schuldner kraft Gesetzes Unterhalt gewährt (**§ 850c ZPO**). Die Erhöhung des pfändungsfreien Betrags wegen gesetzlicher Unterhaltspflichten unter anderem gegenüber dem Ehegatten (§ 850c Abs. 1 Satz 2 ZPO) setzt voraus, dass der Schuldner tatsächlich Unterhalt leistet; das wird bei Ehegatten, die in häuslicher Gemeinschaft leben, vermutet, muss dagegen bei getrennt lebenden Ehegatten vom Schuldner bewiesen werden[4]. Die Berechnung des pfändbaren Arbeitseinkommens erfolgt nach der sog. *Nettomethode*[5]. Danach werden zunächst die unpfändbaren Bezüge vom Gesamtbrutto abgezogen, aber die zusätzlich abzuziehenden Steuern und Sozialversicherungsbeiträge werden nicht vom Gesamtbrutto, sondern fiktiv von dem um die unpfändbaren Bezüge verringerten Einkommen berechnet[6]. Die **pfändungsfreien Beträge** hat der Gesetzgeber in einer **Tabelle im Anhang zu § 850c ZPO** zusammengestellt. Über die dort genannten Pfändungsgrenzen hinaus kann wegen eines gesetzlichen Unterhaltsanspruches (**§ 850d ZPO**) und wegen einer Forderung aus einer vorsätzlich begangenen unerlaubten Handlung (**§ 850f Abs. 2 ZPO**) gepfändet werden. Umgekehrt können die Pfändungsfreigrenzen zu Gunsten des Schuldners erhöht sein, wenn die Vollstreckung bei Anwendung der allgemeinen Pfändungsfreigrenzen für den Schuldner zu einer besonderen Härte führen würde (**§ 850f Abs. 1 ZPO**). § 850h ZPO ermöglicht die Pfändung des Arbeitseinkommens auch in den Fällen der **Lohnschiebung** (Abs. 1), bei der das Arbeitseinkommen vom ArbGeb vereinbarungsgemäß nicht an den Schuldner, sondern an einen Dritten ausgezahlt wird, und bei der **Lohnverschleierung** (Abs. 2), bei welcher der Schuldner mit dem ArbGeb vereinbart, dass seine üblicherweise zu vergütende Leistung unentgeltlich oder gegen eine unverhältnismäßig geringe Vergütung erbracht wird. Die Feststellung der Lohnverschleierung kann nicht pauschal (zB weniger als 75 % der üblichen Vergütung), sondern nur unter Berücksichtigung aller Umstände des Einzelfalls getroffen werden[7]. Die Darlegungs- und Glaubhaftmachungslast für die Voraussetzungen des § 850h ZPO trägt im Prozess gegen den Drittschuldner der Gläubiger[8]. Der Anspruch des ArbN auf einmalige Abfindung (zB Sozialplanabfindung) unterliegt nicht dem Pfändungsschutz nach § 850c ZPO, sondern ist als nicht wiederkehrend zahlbare Vergütung nach § 850i ZPO zu behandeln[9]. Danach hat das Gericht dem ArbN nur auf Antrag so viel zu belassen, als er für einen angemessenen Zeitraum für seinen notwendigen Unterhalt und den notwendigen Unterhalt bestimmter naher Angehöriger bedarf. Eine weitere Pfändungseinschränkung ergibt sich aus dem mit Wirkung zum 1.7.2010 neu gefassten **§ 850k ZPO** über das **Pfändungsschutzkonto**[10]. Danach genießt der Schuldner für sein Guthaben auf dem sog. P-Konto einen automatischen Basispfändungsschutz. Dieser beträgt seit 1.7.2015 1073,88 Euro pro Monat bei Ledigen ohne Unterhaltsverpflichtung. Dieser Betrag entspricht dem pfändungsfreien Teil des Arbeitseinkommens nach § 850c Abs. 1 Satz 1 ZPO. Er wird regelmäßig dynamisiert (§ 850c Abs. 2a ZPO), das nächste Mal frühestens zum 1.7.2019. Für die Inanspruchnahme des Pfändungsschutzes bedarf es keines Antrags. Es kommt nicht darauf an, aus welchen Einkünften das Guthaben herrührt.

62 Der Pfändungsschutz für Arbeitseinkommen nach den §§ 850 ff. ZPO kann nicht durch eine Vereinbarung umgangen werden, in der dem ArbGeb die Befugnis zur Aufrechnung mit Gegenforderungen ohne Rücksicht auf Pfändungsfreigrenzen eingeräumt wird[11]. Dem steht das Aufrechnungsverbot des § 394 BGB entgegen.

---

1 BGH v. 29.6.2016 – VII ZB 4/15, WM 2016, 1454 mit **krit.** Anm. *Walker*, WuB 2016, 649 (651 ff.); LAG Berlin-Brandenburg v. 9.1.2015 – 3 Sa 1335/14.
2 BAG v. 14.3.2012 – 10 AZR 778/10, NZA 2012, 1246 Rz. 9 ff.
3 BAG v. 18.5.2016 – 10 AZR 233/15, NZA 2016, 840 Rz. 10 ff.
4 BAG v. 28.8.2013 – 10 AZR 323/12, NJW 2013, 3532 Rz. 14 ff.
5 BAG v. 17.4.2013 – 10 AZR 59/12, NZA 2013, 859 mit. Anm. *Hintzen*, Rpfleger 2014, 117.
6 Berechnungsbeispiel bei *Brox/Walker*, Zwangsvollstreckungsrecht, Rz. 561c.
7 BAG v. 22.10.2008 – 10 AZR 703/07, NZA 2009, 163 (165); vgl. auch BAG 23.4.2008 – 10 AZR 168/07, DB 2008, 2088 (2089 f.).
8 Dazu BAG v. 3.8.2005 – 10 AZR 585/04, NZA 2006, 175 (176).
9 BAG v. 13.11.1991 – 4 AZR 20/91, NZA 1992, 384; LAG Schl.-Holst. v. 13.12.2005 – 2 Sa 384/05, NZA-RR 2006, 371.
10 Gesetz v. 7.7.2009, BGBl. 2009 I S. 1707 (1708). § 850k ZPO zuletzt geändert durch Gesetz v. 12.4.2011, BGBl. I S. 615.
11 BAG v. 17.2.2009 – 9 AZR 676/07, NZA 2010, 99 ff.

Die Pfändung der Forderung erfolgt durch **Pfändungsbeschluss**. Dieser enthält ein Verbot für den Dritt- 63
schuldner (ArbGeb), an den Schuldner zu zahlen (§ 829 Abs. 1 Satz 1 ZPO; sog. Arrestatorium), und ein
Gebot an den Schuldner (ArbN), sich jeder Verfügung über die Forderung, insbesondere ihrer Einziehung,
zu enthalten (§ 829 Abs. 1 Satz 2 ZPO; sog. Inhibitorium); darin liegt ein relatives Veräußerungsverbot.
Ferner muss der ArbGeb als Drittschuldner dem Vollstreckungsgläubiger Auskunft über die Forderung
geben (§ 840 Abs. 1 ZPO), damit dieser sein weiteres Vorgehen zur Durchsetzung der Forderung sinnvoll
planen kann. Verletzt er seine Auskunftspflicht, muss er dem Vollstreckungsgläubiger nach § 840 Abs. 2
Satz 2 ZPO den Schaden ersetzen, der diesem etwa durch nutzlos aufgewendete Kosten einer Rechtsverfolgung entstanden sind, die er bei ordnungsgemäßer Information über die Forderung unterlassen hätte[1].

Die Pfändung umfasst die Forderung, die dem Schuldner zur Zeit der Pfändung gegen einen Drittschuldner 64
zusteht. Falls „das gesamte Arbeitseinkommen" gepfändet ist, gehört dazu auch ein Schadensersatzanspruch
des ArbN gegen den ArbGeb, der an die Stelle des Vergütungsanspruchs tritt[2]. Soll die Pfändung sich auch
auf künftige Ansprüche erstrecken, ist das grds. im Pfändungsbeschluss ausdrücklich anzuordnen[3]. Nach
§ 832 ZPO werden **künftig fällig werdende Beträge** allerdings auch ohne besonderen Ausspruch im Pfändungsbeschluss erfasst, wenn es sich um eine Gehaltsforderung oder eine ähnliche in fortlaufenden Bezügen bestehende Forderung handelt. Eine weitere Sonderregelung zur Pfändung des Arbeitseinkommens
enthält § 833 ZPO. Danach wird durch die Pfändung auch dasjenige Einkommen erfasst, das der Schuldner infolge der Versetzung in ein anderes Amt, der Übertragung eines neuen Amtes oder einer Gehalts-
erhöhung zu beziehen hat.

(2) Verwertung

Die Verwertung der gepfändeten Geldforderung erfolgt durch **Überweisungsbeschluss** (§ 835 ZPO). Auch 65
diesen erlässt der Rechtspfleger beim Vollstreckungsgericht. Die Forderung wird im Regelfall zur Einziehung, ausnahmsweise an Zahlungs Statt überwiesen (§ 835 Abs. 1 ZPO). Mit der **Überweisung an Zahlungs Statt** geht sie auf den Vollstreckungsgläubiger über, und dieser ist wegen seiner Forderung als befriedigt anzusehen (§ 835 Abs. 2 ZPO). Das ist für den Gläubiger riskant, weil er zu diesem Zeitpunkt noch
gar nicht weiß, ob er die Forderung gegen den Drittschuldner durchsetzen kann. Durch die **Überweisung
zur Einziehung** wird der Gläubiger lediglich ermächtigt, die Forderung einzuziehen (§ 836 Abs. 1 ZPO).
Befriedigt ist der Gläubiger wegen seiner Vollstreckungsforderung erst dann, wenn er die gepfändete und
zur Einziehung überwiesene Forderung des Schuldners gegen den Drittschuldner auch tatsächlich durch-
setzt. Das Einziehungsrecht ermächtigt den Gläubiger, die überwiesene Forderung im eigenen Namen ge-
gen den Drittschuldner geltend zu machen und notfalls einzuklagen. Für den **Einziehungsrechtsstreit** des
Gläubigers gegen den Drittschuldner ist der **Rechtsweg zu den ArbG** gegeben, weil der Gläubiger bei der
Forderungseinziehung wie ein Rechtsnachfolger des Schuldners (ArbN) handelt und für die Klage des
ArbN auch der Rechtsweg zu den ArbG gegeben wäre (§ 3)[4]. Die ArbG sind aber nicht zuständig für solche
Entscheidungen, die in die ausschließliche Zuständigkeit des Vollstreckungsgerichts fallen. Deshalb kann
zB die Zusammenrechnung mehrerer Einkommen nach § 850e ZPO zwecks Ermittlung des pfändbaren
und damit abtretbaren Betrages nicht im Einziehungsprozess, sondern nur im Rahmen der Zwangsvollstreckung durch das Vollstreckungsgericht erfolgen[5].

cc) Vollstreckung in unbewegliche Sachen

Vollstreckungsobjekt bei der Vollstreckung wegen einer Geldforderung kann auch eine unbewegliche Sa- 66
che des Schuldners sein. Dazu gehören in erster Linie Grundstücke, ferner grundstücksgleiche Rechte wie
zB Erbbaurecht und Wohnungseigentum. Die Vollstreckung erfolgt entweder durch Eintragung einer Si-
cherungshypothek, durch Zwangsverwaltung oder durch Zwangsversteigerung (§ 866 Abs. 1 ZPO). Die
Zwangsversteigerung bezweckt, den Gläubiger aus dem Veräußerungserlös von unbeweglichen Sachen
zu befriedigen. Zuständiges Vollstreckungsorgan ist das AG als Vollstreckungsgericht. Beim AG wird der
Rechtspfleger tätig (§ 3 Nr. 1i RPflG). Dieser ordnet die Zwangsversteigerung durch Beschluss an. Auf
sein Ersuchen trägt das Grundbuchamt den Versteigerungsvermerk im Grundbuch ein. Der Anordnungsbeschluss gilt zu Gunsten des Gläubigers als Beschlagnahme des Grundstücks (§ 20 Abs. 1 ZVG). Da-

---

1 Brox/Walker, Zwangsvollstreckungsrecht, Rz. 625.
2 BAG v. 6.5.2009 – 10 AZR 834/08, NJW 2009, 2324 (2325 f.).
3 OLG Karlsruhe v. 30.7.1991 – 17 U 225/89, WM 1992, 748 (750).
4 LAG Hamm v. 12.2.1988 – 16 Sa 1834/87, NZA 1989, 529 (530); Schuschke/Walker, § 835 ZPO Rz. 7.
5 BAG v. 24.4.2002 – 10 AZR 42/01, AP Nr. 5 zu § 850e ZPO m. Anm. Walker; LAG Schl.-Holst. v. 5.12.2000 – 1 Sa
  401b/00, NZA-RR 2001, 322 (323).

durch erhält der Gläubiger ein Recht auf Befriedigung aus dem Grundstück (§ 10 Abs. 1 Nr. 5, § 11 Abs. 2 ZVG), und für den Schuldner entsteht ein relatives Veräußerungsverbot (§ 23 Abs. 1 Satz 1 ZVG). Im Versteigerungstermin wird dem Meistbietenden der Zuschlag erteilt (§ 81 ZVG). Durch den Zuschlag wird der Ersteher Eigentümer des Grundstücks (§ 90 ZVG). Der Zuschlagsbeschluss ist für den Ersteher auch Vollstreckungstitel für die Räumungs- und Herausgabevollstreckung (§ 93 Abs. 1 Satz 1 ZVG). Umgekehrt begründet der Zuschlag die Zahlungspflicht des Erstehers. Der Versteigerungserlös wird nach einem sog. Teilungsplan an die einzelnen Berechtigten ausgekehrt.

67 Auch die Anordnung der **Zwangsverwaltung** erfolgt durch den Rechtspfleger beim Vollstreckungsgericht. Dieser erlässt einen Anordnungsbeschluss, er ersucht das Grundbuchamt, die Anordnung der Zwangsverwaltung im Grundbuch einzutragen, und er bestellt einen Zwangsverwalter. Dieser erhält die Befugnis, anstelle des Schuldners das Grundstück zu verwalten und zu nutzen. Die von ihm erzielten Einnahmen werden nach einem Teilungsplan an die Gläubiger verteilt; ein etwaiger Überschuss ist an den Schuldner auszuzahlen.

68 Durch die Eintragung einer **Zwangshypothek** erreicht der Gläubiger zwar keine Befriedigung, sondern nur eine Sicherung seiner Forderung. Aber er braucht nicht zu befürchten, dass ihm später vollstreckende Gläubiger zuvor kommen können; denn sein Rang an dem Grundstück bleibt ihm gesichert (vgl. § 879 BGB). Außerdem ist die Eintragung einer Zwangshypothek oft ein Druckmittel, welches den Schuldner zur freiwilligen Zahlung veranlasst.

b) Vollstreckung zur Erwirkung der Herausgabe von Sachen

69 Die Vollstreckung zur Erwirkung der Herausgabe (§§ 883 ff. ZPO) spielt bei arbeitsgerichtlichen Titeln im Wesentlichen nur im Hinblick auf bewegliche Sachen in der Praxis eine Rolle. So kann der ArbN etwa einen titulierten Anspruch auf Herausgabe von Arbeitspapieren oder auf Leistung einer bestimmten Menge von Wertpapieren, der ArbGeb einen Titel über die Herausgabe eines Firmen-Pkw, von Werkzeug oder von Datenmaterial haben. Funktionell zuständiges Vollstreckungsorgan ist gem. § 883 Abs. 1 ZPO der Gerichtsvollzieher.

70 Die **Durchführung der Vollstreckung** erfolgt dadurch, dass der Gerichtsvollzieher dem Schuldner die in dessen Gewahrsam befindliche Sache wegnimmt und sie dem Gläubiger übergibt (§ 883 Abs. 1 ZPO). Das gilt gem. § 884 ZPO auch dann, wenn ein Anspruch des ArbN auf Herausgabe einer bestimmten Menge von Wertpapieren vollstreckt werden soll. Besitzt der Schuldner diese Wertpapiere nicht, ist der ArbN auf eine Ersatzklage nach § 893 ZPO zu verweisen. Er kann sich dagegen nicht gem. § 887 Abs. 1 ZPO zur Anschaffung auf Kosten des Schuldners im Wege der Ersatzvornahme ermächtigen lassen (§ 887 Abs. 3 ZPO)[1]. Ob der Gerichtsvollzieher, der zur Wegnahme die Wohnung des Schuldners betreten muss, eine besondere richterliche Anordnung nach § 758a ZPO benötigt, hat der Gesetzgeber zwar bei Einfügung des § 758a ZPO bewusst nicht geregelt, um zunächst die verfassungsrechtliche Klärung dieser Frage abzuwarten[2]. Die besseren Gründe, ua. ein Umkehrschluss aus dem nur für die Räumung unbeweglicher Sachen geltenden § 758a Abs. 2 ZPO, sprechen aber für die Notwendigkeit einer Durchsuchungserlaubnis[3].

71 Problematisch ist die Anwendbarkeit der §§ 883 ff. ZPO in den Fällen, in denen es sich nicht um einen reinen Herausgabetitel, sondern um die **Kombination von bloßer Herausgabe und einem weiteren Akt** handelt. Lautet der Titel auf **Übereignung einer beweglichen Sache**, ist neben der Übergabe der Sache auch eine Willenserklärung gem. § 929 Satz 1 BGB erforderlich. Hier muss zur Übereignungsvollstreckung sowohl die Herausgabe nach § 883 ZPO vollstreckt als auch die Abgabe einer Willenserklärung erzwungen werden. Diese gilt erst mit Rechtskraft des Urteils als abgegeben (§ 894 Satz 1 ZPO). Wenn der ArbGeb nicht nur zur Herausgabe, sondern auch zur **Ausfüllung von Arbeitspapieren** angehalten werden soll, muss das zunächst auch so tituliert sein; allein aufgrund eines Herausgabetitels kann die Ausfüllung nicht erzwungen werden[4]. Bei der Ausfüllung der Arbeitspapiere handelt es sich um eine unvertretbare Handlung (s.a. Rz. 83)[5]. Dieser Teil des Titels ist deshalb nach § 888 ZPO zu vollstrecken[6]. Nur die anschließende Herausgabe kann dann der Gerichtsvollzieher durch Wegnahme nach § 883 ZPO vollstrecken. Falls der Schuldner zur **Auskunftserteilung durch Vorlage von Urkunden** angehalten werden soll, erfolgt die Voll-

---

1 Zum Ganzen LAG Hamburg v. 11.3.2014 – 5 Ta 5/14, ZIP 2014, 1696 f.; Schuschke/*Walker*, § 884 ZPO Rz. 2.
2 BR-Drs. 13/341, S. 17.
3 Schuschke/*Walker*, § 883 Rz. 9; *Walker*, FS Kollhosser, 2004, Bd. II, 755, 761 f.
4 LAG Hessen v. 25.6.1980 – 8 Ta 75/80, DB 1981, 534 (535).
5 LAG Hessen v. 25.6.1980 – 8 Ta 75/80, DB 1981, 534 (535).
6 *Gift/Baur*, Urteilsverfahren, Teil E Rz. 1754, 1762; Wieczorek/Schütze/*Rensen*, § 887 ZPO Rz. 24; Schuschke/*Walker*, § 888 ZPO Rz. 9.

streckung allein nach § 883 ZPO[1]. Nur dann, wenn neben der Vorlage von Urkunden eine weiter gehende Auskunft erzwungen werden soll, kommt insoweit eine Vollstreckung nach § 888 ZPO in Frage[2].

c) Vollstreckung zur Erwirkung von Handlungen und Unterlassungen

Für die Handlungs-, Duldungs- und Unterlassungsvollstreckung gibt es bei arbeitsgerichtlichen Titeln einen großen Anwendungsbereich. Zu den typischen Anwendungsfällen s. Rz. 77 ff. 72

aa) Vertretbare Handlungen

Vertretbare Handlungen werden nach **§ 887 ZPO** vollstreckt. Das sind solche Handlungen, bei deren Vornahme ein Dritter den Schuldner vertreten und die gleichen rechtlichen und wirtschaftlichen Folgen herbeiführen kann, die eintreten würden, wenn der Schuldner die Handlung persönlich vornehmen würde. Zuständiges Vollstreckungsorgan ist das Prozessgericht des ersten Rechtszuges (§ 887 Abs. 1 ZPO), also das ArbG. Dort wird nicht der Rechtspfleger, sondern der Richter tätig (vgl. § 20 Nr. 17 RPflG). Dieser kann durch Beschluss den Gläubiger ermächtigen, die Handlung auf Kosten des Schuldners vornehmen zu lassen (§ 887 Abs. 1 ZPO). Auf Antrag des Gläubigers wird der Schuldner dazu verurteilt, eine Vorauszahlung auf die Kosten zu leisten, die durch die Ersatzvornahme voraussichtlich entstehen werden (§ 887 Abs. 2 ZPO). Wenn der Schuldner, der anzuhören ist (§ 891 Satz 2 ZPO), im Verfahren nach § 887 ZPO geltend macht, er habe die geschuldete Handlung bereits vorgenommen, ist dieser Erfüllungseinwand beachtlich[3]. Über bestrittene Tatsachen muss das Prozessgericht als Vollstreckungsorgan Beweis erheben. 73

bb) Unvertretbare Handlungen

Eine unvertretbare Handlung wird nach **§ 888 ZPO** vollstreckt. Sie ist dann gegeben, wenn sie nur vom Schuldner persönlich vorgenommen werden kann und ausschließlich von seinem Willen abhängt. Funktionell zuständiges Vollstreckungsorgan ist ebenfalls das ArbG als Prozessgericht des ersten Rechtszuges (§ 888 Abs. 1 Satz 1 ZPO). Das Gericht entscheidet durch Beschluss, dass der Schuldner zur Vornahme der Handlung durch ein der Höhe nach konkret festzusetzendes Zwangsgeld oder durch Zwangshaft anzuhalten sei (§ 888 Abs. 1 Satz 1 ZPO). Wenn der Schuldner die verlangte Handlung auch nach Erlass dieses Beschlusses noch nicht freiwillig vornimmt, kann gegen ihn aufgrund der vollstreckbaren Ausfertigung des Beschlusses ein Zwangsgeld zu Gunsten der Staatskasse beigetrieben werden. Das macht der Gerichtsvollzieher durch Pfändung nach den §§ 808 ff. ZPO oder das Vollstreckungsgericht durch Pfändungs- und Überweisungsbeschluss nach den §§ 829, 835 ZPO. Die Zwangshaft wird dadurch vollstreckt, dass der Gerichtsvollzieher den Schuldner verhaftet. Gemäß § 888 Abs. 3 ZPO ist die Vollstreckung ausgeschlossen, wenn der ArbN zur Arbeitsleistung verurteilt wurde und es sich dabei um eine unvertretbare Handlung handelt (s. dazu Rz. 77). Auch im Verfahren nach § 888 ZPO ist der Erfüllungseinwand des Schuldners beachtlich (Rz. 73)[4]. 74

cc) Entschädigung statt Vollstreckung (§ 61 Abs. 2 Satz 1)

Die Vollstreckung zur Erwirkung einer vertretbaren oder unvertretbaren Handlung ist gem. § 61 Abs. 2 Satz 2 ausgeschlossen, wenn in dem arbeitsgerichtlichen Urteil neben der Verpflichtung zur Vornahme einer Handlung der Beklagte auf Antrag des Klägers zugleich für den Fall, dass die Handlung nicht binnen einer bestimmten Frist vorgenommen ist, zur Zahlung einer bestimmten Entschädigung verurteilt wurde (§ 61 Abs. 2 Satz 1). Statt der Vollstreckung nach den §§ 887, 888 ZPO kann der Gläubiger nach erfolglosem Ablauf der vom Gericht gesetzten Frist die Verurteilung zur Zahlung einer Entschädigung vollstrecken. Wenn dagegen einem Vollstreckungsauftrag des Gläubigers rechtskräftig stattgegeben wurde, kann der Entschädigungsanspruch nach § 61 Abs. 2 Satz 1 nicht mehr weiter verfolgt werden[5]. 75

dd) Unterlassungen und Duldungen

Die Durchsetzung eines Unterlassungstitels erfolgt nach **§ 890 Abs. 1 ZPO**. Das Unterlassen als solches kann überhaupt nicht erzwungen werden. Der Schuldner kann lediglich dadurch zur Unterlassung angehalten werden, dass er für den Fall der Zuwiderhandlung zu einem Ordnungsgeld oder zur Ordnungs- 76

---

1 OLG Köln v. 7.12.1987 – 2 W 175/87, NJW-RR 1988, 1210; OLG Frankfurt v. 17.7.1991 – 20 W 43/91, NJW-RR 1992, 171; *Brox/Walker*, Zwangsvollstreckungsrecht, Rz. 1068; Schuschke/*Walker*, § 883 ZPO Rz. 2 und § 888 ZPO Rz. 3.
2 OLG Köln v. 21.9.1995 – 18 W 33/95, NJW-RR 1996, 382.
3 BGH v. 5.11.2004 – IXa ZB 32/04, NJW 2005, 367 (369).
4 LAG BW v. 26.4.2017 – 1 Ta 2/17, Rz. 20, BeckRS 2017, 108704; LAG Hessen v. 9.10.2015 – 12 Ta 84/15, Rz. 16.
5 LAG Berlin v. 12.3.1999 – 2 Sa 3/98, NZA-RR 2000, 43.

haft verurteilt wird. Zuständiges Vollstreckungsorgan ist auch hier das Prozessgericht des ersten Rechtszuges, also das ArbG. Die Vollstreckung erfolgt genauso, wenn der Titel nicht auf Unterlassung, sondern auf Duldung der Vornahme einer Handlung gerichtet ist. Um eine Duldung geht es etwa dann, wenn eine Gewerkschaft ein betriebliches Zutrittsrecht zum Zweck der Mitgliederwerbung durch betriebsfremde Beauftragte begehrt; denn in der Sache geht es darum, dass der ArbGeB den Zutritt dulden soll[1]. Muss zur Duldung einer Handlung, die nicht Durchsuchung ist, die Wohnung des Schuldners betreten werden, ist dafür keine richterliche Erlaubnis nach § 758a ZPO erforderlich.

ee) Typische Anwendungsfälle bei arbeitsgerichtlichen Titeln
(1) Anspruch auf Arbeitsleistung

77 Bei dem Anspruch des ArbGeb auf Arbeitsleistung ist umstritten, ob es dabei immer um eine unvertretbare Handlung geht, so dass eine Vollstreckung stets nach § 888 Abs. 3 ZPO ausgeschlossen ist (so BAG)[2], oder ob es dabei im Einzelfall auch um eine vertretbare Handlung gehen kann, so dass dann eine Vollstreckung nach § 887 ZPO in Betracht kommt[3]. Für die letztgenannte Ansicht spricht, dass es insbesondere bei einfachen Arbeitsleistungen wie der Tätigkeit von Bauarbeitern[4], Reinigungspersonal, Aushilfsverkäufern, Büroboten und Ähnlichem dem ArbGeb egal ist, welche Personen diese Arbeitsleistung erbringen. Die ArbN sind also ohne Weiteres gegen andere ArbN austauschbar. In diesen Fällen sollte daher entgegen der Rspr. des BAG von einer vertretbaren Handlung ausgegangen werden, die durch Ersatzvornahme vollstreckt werden kann. Der Vollstreckungsausschluss in § 888 Abs. 3 ZPO steht dem nicht entgegen; diese Vorschrift will nur die Freiheit und die Menschenwürde des ArbN davor schützen, dass dieser durch Zwangsmittel zur Arbeitsleistung gezwungen wird. Sie soll jedoch nicht verhindern, dass der ArbN zur Zahlung der Kosten der Ersatzvornahme verpflichtet wird. – Kommt es dagegen für die Erbringung der Arbeitsleistung auf die Persönlichkeit eines bestimmten ArbN, auf spezielle Kenntnisse, Fertigkeiten oder ein besonderes Know-how an, ist dieser ArbN nicht ohne Weiteres austauschbar. Eine Ersatzvornahme nach § 887 ZPO würde hier dem ArbGeb auch nichts nützen. Jedenfalls dann geht es um eine unvertretbare Handlung, deren Vollstreckung nach § 888 Abs. 3 ZPO ausgeschlossen ist. – In der Praxis spielt dieser Meinungsstreit um die Einordnung der Arbeitsleistung bei den vertretbaren oder unvertretbaren Handlungen keine nennenswerte Rolle. In Zeiten eines Überangebotes an Arbeitskräften wird die geschuldete Arbeitsleistung kaum noch eingeklagt und erst recht nicht vollstreckt. Wenn der ArbN die geschuldete Arbeitsleistung nicht erbringt, wird der ArbGeb idR kündigen.

(2) Freistellungsanspruch

78 Bei dem Freistellungsanspruch, der etwa demjenigen ArbN zustehen kann, der im Rahmen einer betrieblichen Tätigkeit mit leichtem Verschulden einen Dritten geschädigt hat, geht es zwar letztlich darum, dass der ArbGeb anstelle des anspruchsberechtigten ArbN dem Dritten den Schaden ersetzen soll. Trotzdem handelt es sich nicht etwa um eine Geldforderung, die nach den §§ 803 ff. ZPO zu vollstrecken wäre. Vielmehr geht es bei der Freistellung von einer Verbindlichkeit um eine vertretbare Handlung[5]. Die Verpflichtung kann nämlich nicht nur durch den ArbGeb persönlich, sondern auch durch einen Dritten erfüllt werden, der anstelle des ArbN dem Geschädigten Ersatz leistet. Der Freistellungsanspruch kann daher nach § 887 ZPO durch Ersatzvornahme vollstreckt werden.

(3) Anspruch auf Gehalts- oder Provisionsabrechnung

79 Die Erteilung einer Gehalts- oder Provisionsabrechnung für einen konkret anzugebenden Zeitraum ist in aller Regel eine vertretbare Handlung, die nach § 887 ZPO durch Ersatzvornahme vollstreckt werden kann[6]. Denn sie kann zumeist von einem Buchsachverständigen anhand der Unterlagen des Verpflichteten

---

1 BAG v. 28.2.2006 – 1 AZR 460/04, NZA 2006, 798 (799).
2 So BAG v. 4.3.2004 – 8 AZR 196/03, NZA 2004, 727 (732).
3 *Gift/Baur*, Urteilsverfahren, Teil E Rz. 1761; *Brox/Walker*, Zwangsvollstreckungsrecht, Rz. 1066; GMP/*Germelmann*, § 62 Rz. 62 unter „Arbeitsleistung"; GWBG/*Benecke*, § 62 Rz. 24; MünchArbR/*Jacobs*, § 346 Rz. 7; *Ostrowicz/Künzl/Schäfer*, Rz. 889; Wieczorek/Schütze/*Rensen*, § 887 ZPO Rz. 24; Schuschke/*Walker*, § 887 ZPO Rz. 14 und § 888 ZPO Rz. 10; *Wieser*, Arbeitsgerichtsverfahren, Rz. 482.
4 ArbG Gelsenkirchen v. 28.3.1957 – 1 Ca 418/56, BB 1958, 159.
5 BGH v. 22.10.1957 – VI ZR 231/56, JZ 1958, 57; BAG v. 30.4.1975 – 5 AZR 171/74, BAGE 27, 127 (133); Schuschke/*Walker*, § 887 ZPO Rz. 13.
6 LAG Hamm v. 11.8.1983 – 1 Ta 245/83, ZIP 1983, 1253; LAG Köln v. 22.11.1990 – 12 (11) Ta 247/90, MDR 1991, 650; LAG Rh.-Pf. v. 26.2.2008 – 7 Ta 18/08, Rz. 18; OLG Koblenz v. 17.12.1993 – 6 U 732/93, 198; OLG Köln v. 3.5.1995 – 3 W 10/95, NJW-RR 1996, 100; GK-ArbGG/*Vossen*, § 62 Rz. 50; Natter/Gross/*Pfitzer*, § 62 Rz. 45;

vorgenommen werden, ohne dass dieser persönlich mitwirken muss. Sind die Unterlagen dagegen unvollständig oder bedarf es zu ihrer Auswertung besonderer Kenntnisse, die nur der Schuldner hat, handelt es sich um eine unvertretbare Handlung, die nach § 888 ZPO durch Verhängung eines Zwangsmittels (notfalls Zwangshaft, wenn Zwangsgeld wegen Unpfändbarkeit nicht beigetrieben werden kann) vollstreckt wird[1].

(4) (Weiter-)Beschäftigungsanspruch

Der Anspruch des ArbN auf **Beschäftigung im bestehenden** oder auf **Weiterbeschäftigung** im gekündigten Arbeitsverhältnis nach Ablauf der Kündigungsfrist richtet sich immer auf eine unvertretbare Handlung des ArbGeb. Eine Vollstreckung kommt daher nicht durch Ersatzvornahme, sondern nur durch Verhängung von Zwangsmitteln in Betracht[2]. Der ArbGeb muss nämlich den vereinbarten Arbeitsplatz zur Verfügung stellen und dem ArbN durch Ausübung seines Direktionsrechts Arbeit zuteilen. § 888 ZPO ist auch dann anwendbar, wenn der ArbN nach einer unzulässigen Versetzungsanordnung die Weiterbeschäftigung auf seinem bisherigen Arbeitsplatz durchsetzen will[3].

80

Das Zwangsgeld nach § 888 ZPO wird nicht etwa für jeden Tag der Zuwiderhandlung gegen die Beschäftigungspflicht, sondern einheitlich festgesetzt[4]. Die Zwangsvollstreckung setzt voraus, dass der **Titel hinreichend bestimmt** ist und aus ihm die wesentlichen Arbeitsbedingungen, wenigstens die Art der Beschäftigung[5], entnommen werden können (s. schon Rz. 46)[6]. Deshalb ist ein arbeitsgerichtliches Urteil auf Weiterbeschäftigung „zu den bisherigen Arbeitsbedingungen"[7] grds. mangels Bestimmtheit nicht vollstreckungsfähig. Ausnahmsweise sollen derartige Formulierungen ausreichen, wenn die bisherigen Arbeitsbedingungen unstreitig und aus Tatbestand oder Entscheidungsgründen zu entnehmen sind (s. § 46 Rz. 62)[8]; aber selbst in diesen Fällen ist eine kurze Beschreibung der Tätigkeit empfehlenswert. Ausreichend kann die Bezeichnung eines Berufsbildes sein, aber nur, wenn dieses klar definiert ist. So wurde die Beschäftigung „als Leiterin der nichtinvasiven und ambulanten Kardiologie in der Abteilung Innere Medizin"[9], „als Klassenlehrer"[10] oder als „Produktmanager"[11] als hinreichend bestimmt angesehen, nicht dagegen die Beschäftigung „als Lagerleiter"[12]. Trotz des Bestimmtheitserfordernisses darf die Tätigkeit nicht so eng beschrieben werden, dass dem ArbGeb sein Direktionsrecht und sein ggf. vertraglich vereinbartes Versetzungsrecht genommen wird. Oft wird es empfehlenswert sein, die arbeitsvertragliche Beschäftigungsvereinbarung in den Tenor zu übernehmen, sofern diese nicht nachträglich geändert wurde. Für die Bestimmtheit des Titels ist es ferner nicht erforderlich, dass ein Endzeitpunkt für den (Weiter-)Beschäftigungsanspruch angegeben wird[13]. Der Anspruch ist nämlich nach materiellem Recht nur bis zum rechts-

81

Wieczorek/Schütze/*Rensen*, § 887 ZPO Rz. 38; Schuschke/*Walker*, § 887 ZPO Rz. 11 f.; aM BAG v. 7.9.2009 – 3 AZB 19/09, NZA 2010, 61.

1 LAG Rh.-Pf. v. 26.2.2008 – 7 Ta 18/08, Rz. 18; s.a. BAG v. 7.9.2009 – 3 AZB 19/09, NZA 2010, 61 (62), das allerdings auf Entgeltabrechnungen immer § 888 ZPO anwenden will.
2 BAG v. 17.3.2015 – 9 AZR 702/13, AP BGB § 611 Beschäftigungspflicht Nr. 31, Rz. 21; BAG v. 15.4.2009 – 3 AZB 93/08, NZA 2009, 917 (918); LAG Berlin v. 6.6.1986 – 9 Ta 6/86, DB 1986, 2192; LAG Hamm v. 29.8.1979 – 1 Ta 147, 161/79, BB 1980, 160; LAG Köln v. 17.2.1988 – 5 Ta 244/87, DB 1988, 660; LAG Köln v. 24.10.1995 – 13 (5) Ta 245/95, NZA-RR 1996, 108 (109); LAG München v. 11.9.1993 – 2 Ta 214/93, BB 1994, 1083; GK-ArbGG/*Vossen*, § 62 Rz. 51a; Schuschke/*Walker*, § 887 ZPO Rz. 6.
3 LAG Bremen v. 21.2.1983 – 4 Ta 16/83, EzA § 62 ArbGG 1979 Nr. 10 mit Anm. *Vollkommer*.
4 LAG Berlin v. 5.7.1985 – 4 Ta 4/85, NZA 1986, 36; LAG Hamm v. 22.1.1986 – 1 Ta 399/85, LAGE § 888 ZPO Nr. 4; LAG Hessen v. 11.3.1988 – 9 Ta 20/88, LAGE § 888 ZPO Nr. 16; LAG Köln v. 24.10.1995 – 13 (5) Ta 245/95, NZA-RR 1996, 108; LAG München v. 11.9.1993 – 2 Ta 214/93, LAGE § 888 ZPO Nr. 34; GMP/*Germelmann*, § 62 Rz. 2 – Weiterbeschäftigungsanspruch; GK-ArbGG/*Vossen*, § 62 Rz. 51a; Natter/Gross/*Pfitzer*, § 62 Rz. 48.
5 BAG v. 27.5.2015 – 5 AZR 88/14, NZA 2015, 1053 Rz. 44; BAG v. 15.4.2009 – 3 AZB 93/08, NZA 2009, 917 (918); LAG Berlin-Brandenburg v. 2.7.2014 – 10 Ta 1276/14, Rz. 13; LAG Nürnberg v. 15.10.2008 – 7 Ta 181/08 Rz. 13.
6 BAG v. 15.4.2009 – 3 AZB 93/08, NZA 2009, 917 (918); LAG Bremen v. 18.11.1988 – 3 Ta 65/88, NZA 1989, 231; LAG Hamm v. 21.11.1989 – 7 Ta 475/89, NZA 1990, 327; LAG Rh.-Pf. v. 30.3.1987 – 1 Ta 51/87, NZA 1987, 827; LAG Schl.-Holst. v. 6.1.1987 – 6 Ta 141/86, NZA 1987, 322; Schuschke/*Walker*, § 888 ZPO Rz. 6.
7 BAG v. 27.5.2015 – 5 AZR 88/14, NZA 2015, 1053 Rz. 44; LAG Köln v. 24.10.1995 – 13 (5) Ta 245/95, NZA-RR 1996, 108; LAG Schl.-Holst. v. 9.10.2012 – 1 Ta 142/12, NZA-RR 2013, 101 (102); s. aber LAG Nürnberg v. 15.10.2008 – 7 Ta 181/08 Rz. 13.
8 *Korinth*, Einstweiliger Rechtsschutz, I Rz. 98.
9 LAG BW v. 26.4.2017 – 1 Ta 2/17, Rz. 2, 18, BeckRS 2017, 108704.
10 LAG Hessen v. 16.7.2010 – 12 Ta 68/10, Rz. 9 ff.
11 LAG Schl.-Holst. v. 6.9.2012 – 1 Ta 142/12, NZA-RR 2013, 101 (102).
12 LAG Rh.-Pf. v. 3.2.2005 – 2 Ta 23/05, NZA-RR 2005, 550 f.
13 GMP/*Germelmann*, § 62 Rz. 62 – Weiterbeschäftigungsanspruch; GWBG/*Benecke*, § 62 Rz. 26; MünchArbR/*Jacobs*, § 346 Rz. 8; aM LAG Hamm v. 29.8.1979 – 1 Ta 147, 161/79, BB 1980, 160 mit abl. Anm. *Frohner*.

kräftigen Abschluss des Kündigungsschutzverfahrens gegeben. Falls das Arbeitsverhältnis fortbesteht, lebt zwar nach rechtskräftigem Urteil der allgemeine Beschäftigungsanspruch aus dem bestehenden Arbeitsverhältnis wieder auf; dieser wird aber von dem lediglich auf Weiterbeschäftigung lautenden Titel nicht erfasst und muss deshalb neu eingeklagt werden[1]. Das Problem der hinreichenden Bestimmtheit des Titels stellt sich bereits im Erkenntnisverfahren, nämlich bei der Formulierung des Weiterbeschäftigungsantrags und des Urteilstenors oder des Vergleichs.

82 Ist dem ArbGeb[2] die **Beschäftigung** des ArbN objektiv **unmöglich**, weil der Arbeitsplatz inzwischen zB aufgrund einer Organisationsentscheidung des ArbGeb weggefallen oder anderweitig besetzt ist, hängt die Vornahme der geschuldeten Handlung nicht mehr allein vom Willen des ArbGeb ab. Unmöglichkeit liegt auch vor, wenn die Beschäftigung des ArbN von der Mitwirkung eines Dritten abhängt, der diese aber verweigert[3]. Eine Vollstreckung scheidet dann aus[4]. Voraussetzung ist aber, dass der zur Weiterbeschäftigung verurteilte ArbGeb substanziiert darlegt und glaubhaft macht, dass die Organisationsentscheidung nicht willkürlich getroffen wurde[5]. Waren die Gründe für die Unmöglichkeit der Beschäftigung bereits Gegenstand des Erkenntnisverfahrens, kann der ArbGeb sich darauf im Vollstreckungsverfahren nicht mehr berufen[6].

(5) Zeugnisanspruch

83 Der Anspruch des ArbN auf Erteilung oder Berichtigung eines Zeugnisses (§§ 109, 6 Abs. 2 GewO) ist nach allgemeiner Ansicht auf eine unvertretbare Handlung gerichtet, so dass die Vollstreckung nach **§ 888 ZPO** erfolgt[7]. Das gilt zunächst für die Ausstellung eines **qualifizierten Zeugnisses**[8]; denn in dieses fließen Wertungen ein, die nur der ArbGeb persönlich vornehmen kann. Aber auch die Erteilung eines **einfachen Zeugnisses**, welches lediglich Angaben zur Art und zur Dauer des Arbeitsverhältnisses enthält, ist richtigerweise als unvertretbare Handlung einzuordnen[9]. Im Rechtsverkehr wird ein Zeugnis nur dann akzeptiert, wenn es vom ArbGeb und nicht von einem Dritten ausgestellt wurde. Eine Anwendbarkeit des § 894 ZPO scheidet bei der Ausstellung eines Zeugnisses grds. aus. Zwar gibt der ArbGeb in dem Zeugnis eine Erklärung ab, aber dabei handelt es sich nicht um eine Willenserklärung, weil sie nicht auf eine Rechtsfolge gerichtet ist. Bei der Vollstreckung von Zeugnisansprüchen stellt sich oft das Problem der **hinreichenden Bestimmtheit** des Titels. So ist etwa ein Vergleich, der den ArbGeb zur Ausstellung eines „wohlwollenden" Zeugnisses verpflichtet, zu unbestimmt, um einen Anspruch auf einen bestimmten Zeugnisinhalt zu begründen[10]. Ebenfalls zu unbestimmt ist die Verpflichtung zur Erteilung eines Zeugnisses „auf der Basis eines in der Klageschrift bezeichneten Zeugnisses"[11]. Andererseits hat das BAG[12] die in einem Vergleich übernommene Verpflichtung, „ein pflichtgemäßes qualifiziertes Zeugnis entsprechend einem vom ArbN noch anzufertigenden Entwurf" zu erstellen, als hinreichend bestimmt angesehen. Der ArbGeb übertrage damit – in den Grenzen der Zeugniswahrheit – die Formulierungshoheit auf den ArbN. Ferner wird ein Prozessvergleich, wonach der ArbGeb von einem Formulierungsvorschlag des ArbN nur bei grober Unrichtigkeit abweichen dürfe, für ausreichend bestimmt und damit gem. § 888 ZPO für vollstreckbar gehalten[13]. Als ausreichend bestimmt wird auch die Vereinbarung einer Bewertung mit einer Note angesehen[14]. Streitigkeiten über die inhaltliche Richtigkeit sind in einem neuen Rechtsstreit zu klären;

---

1 LAG Köln v. 24.6.1987 – Sa 421/87, NZA 1988, 39; LAG Hessen v. 11.3.1988 – 9 Ta 20/88, NZA 1988, 743.
2 BAG v. 17.3.2015 – 9 AZR 702/13, AP BGB § 611 Beschäftigungspflicht Nr. 31, Rz. 25.
3 LAG Berlin v. 6.6.1986 – 9 Ta 6/86, BB 1986, 1368 (Hausverbot).
4 OLG Frankfurt v. 17.7.1991 – 20 W 43/91, NJW-RR 1992, 171 (172); OLG Köln v. 7.5.1993 – 1 W 15/93, JurBüro 1994, 613; LAG Hessen v. 28.5.2014 – 12 Ta 104/14, Rz. 16; LAG Hessen v. 16.7.2010 – 12 Ta 68/10, Rz. 15; LAG Köln v. 24.10.1995 – 13 (5) Ta 245/95, NJW-RR 1996, 108 (109); Schuschke/Walker, § 888 ZPO Rz. 19.
5 LAG Schl.-Holst. v. 11.12.2003 – 2 Ta 257/03, NZA-RR 2004, 408.
6 BAG v. 15.4.2009 – 3 AZB 93/08, NZA 2009, 917 (919), das den ArbGeb auf einen Einstellungsantrag nach § 62 Abs. 1 Satz 3 ArbGG iVm. § 719 Abs. 1, § 707 Abs. 1 ZPO verweist.
7 BAG v. 9.9.2011 – 3 AZB 35/11, NZA 2012, 1244; LAG Düsseldorf v. 8.1.1958 – 6 Ta 64/57, BB 1959, 117; LAG Hessen v. 16.6.1989 – 9 Ta 74/89, LAGE § 630 BGB Nr. 7; LAG Hamburg v. 5.3.1969 – 2 Ta 3/69, BB 1969, 538.
8 LAG Nürnberg v. 14.1.1993 – 6 Ta 169/92, BB 1993, 365.
9 Schuschke/Walker, § 888 ZPO Rz. 8.
10 Ebenso LAG Hamm v. 4.8.2010 – 1 Ta 196/10; LAG Hamm v. 4.8.2010 – 1 Ta 310/10, Rz. 17; LAG Hessen v. 2.9.1997 – 16 Ta 378/97; LAG Rh.-Pf. v. 25.3.2008 – 8 Ta 39/08; LAG Sachsen v. 6.8.2012 – 4 Ta 170/12, NZA-RR 2013, 215; Howald, FA 2012, 197 (199).
11 LAG Köln v. 4.7.2013 – 4 Ta 155/13, NZA-RR 2013, 490 (491).
12 BAG v. 9.9.2011 – 1 AZB 35/11, NZA 2012, 1244 (1245 f.).
13 LAG Hamm v. 4.8.2010 – 1 Ta 270/10, Rz. 16 f.
14 LAG Hamm v. 4.8.2010 – 1 Ta 270/10.

Unklarheiten über den Inhalt der Verpflichtung dürfen nicht aus dem Erkenntnisverfahren in das Vollstreckungsverfahren verlagert werden[1].

(6) Anspruch auf Ausfüllung von Arbeitspapieren

Wie die Ausstellung eines Zeugnisses ist auch der Anspruch auf Ausfüllung von Arbeitspapieren zu vollstrecken (s. dazu schon Rz. 71). Nach allgemeiner Ansicht handelt es sich dabei um eine unvertretbare Handlung[2]. Auch die Arbeitspapiere haben im Rechtsverkehr nur dann Beweiskraft, wenn sie vom ArbGeb und nicht von einem Dritten im Wege der Ersatzvornahme ausgefüllt wurden[3].

(7) Anspruch auf Entfernung einer Abmahnung

Zu den unvertretbaren Handlungen gehört auch die Entfernung einer Abmahnung aus einer Personalakte[4]. Das wird damit begründet, dass eine Verfügung über die Personalakten durch einen Dritten im Wege der Ersatzvornahme nicht zulässig ist.

(8) Anspruch auf Einhaltung eines Wettbewerbsverbotes

Die zwangsweise Durchsetzung eines Wettbewerbsverbotes gegen den ArbN ist ein typischer Anwendungsfall der Unterlassungsvollstreckung nach § 890 ZPO. Dafür ist es unerheblich, ob es um ein Wettbewerbsverbot während oder nach Beendigung des Arbeitsverhältnisses geht. Das Verbot als solches ist also gar nicht vollstreckbar; vielmehr ist lediglich die Zuwiderhandlung gegen das Verbot mit einem Ordnungsmittel sanktionierbar.

(9) Einstellungs-, Beförderungs- oder Neubescheidungsanspruch

Der obsiegende Kläger einer **arbeitsgerichtlichen Konkurrentenklage** hat je nach Formulierung des Klageantrages und des Urteilstenors gegen den ArbGeb einen Anspruch auf Einstellung oder auf Beförderung oder zumindest auf Neuvornahme der Auswahlentscheidung[5]. Ein konkret auf Einstellung oder Beförderung gerichteter Titel wird nicht nach § 888 ZPO vollstreckt; vielmehr findet § 894 ZPO Anwendung. Die vom ArbGeb verlangte Einstellung oder Beförderung setzt nämlich voraus, dass dieser einen entsprechenden Vertrag mit dem klagenden Bewerber abschließt, also eine Willenserklärung abgibt. Das hat zur Folge, dass das obsiegende Urteil überhaupt nicht vorläufig vollstreckbar ist, sondern die vom ArbGeb abzugebende Vertragserklärung (erst) mit Rechtskraft des Urteils als abgegeben gilt. Voraussetzung dafür ist, dass die vom ArbGeb abzugebende Vertragserklärung im Titel hinreichend bestimmt ist[6]. Wenn dagegen der Titel lediglich auf Neuvornahme der Auswahlentscheidung gerichtet ist[7], erfolgt die Vollstreckung nach § 888 ZPO[8].

(10) Vergütungsanspruch

Der Anspruch des ArbN auf **Zahlung der Vergütung oder auf Entgeltfortzahlung** wird weder nach den §§ 887, 888 ZPO vollstreckt, noch findet § 894 ZPO Anwendung. Zwar wird von dem ArbGeb die Vornahme einer Handlung und die Abgabe einer Willenserklärung verlangt. Für die Vollstreckung eines Anspruchs auf Geldzahlung gehen aber die §§ 803 ff. ZPO (dazu schon Rz. 51 ff.) den §§ 887 ff., 894 ZPO vor[9].

---

1 BAG v. 9.9.2011 – 1 AZB 35/11, NZA 2012, 1244 (1246); LAG Köln v. 4.7.2013 – 4 Ta 155/13, NZA-RR 2013, 490 (491).
2 LAG Hessen v. 25.6.1980 – 8 Ta 75/80, DB 1981, 534; GMP/*Germelmann*, § 62 Rz. 58; GK-ArbGG/*Vossen*, § 62 Rz. 48; GWBG/*Benecke*, § 62 Rz. 25; Natter/Gross/*Pfitzer*, § 62 Rz. 46; Wieczorek/Schütze/*Rensen*, § 887 ZPO Rz. 24.
3 *Schuschke/Walker*, § 888 ZPO Rz. 9.
4 LAG Hessen v. 9.6.1993 – 12 Ta 82/93, NZA 1994, 288; *Gift/Baur*, Urteilsverfahren, Teil E Rz. 1760; GMP/*Germelmann*, § 62 Rz. 62 unter „Abmahnung"; GK-ArbGG/*Vossen*, § 62 Rz. 45; GWBG/*Benecke*, § 62 Rz. 25.
5 Zum materiellen Anspruch des Bewerbers, der sich gegen die vom ArbGeb beabsichtigte Einstellung oder Beförderung eines Mitbewerbers wehrt, s. *Walker*, FS LAG Rheinland-Pfalz, 1999, S. 605.
6 Dazu BAG v. 15.5.2012 – 7 AZR 785/10, DB 2012, 2756 (Ls.).
7 *Walker*, FS Söllner, 2000, S. 1248.
8 *Walker*, FS Söllner, 2000, S. 1249; Natter/Gross/*Pfitzer*, § 62 Rz. 50.
9 Brox/*Walker*, Zwangsvollstreckungsrecht, Rz. 1069.

3. Rechtsbehelfe in der Zwangsvollstreckung

89 Die Rechtsbehelfe in der Zwangsvollstreckung aus arbeitsgerichtlichen Urteilen sind dieselben wie bei der Vollstreckung aus Urteilen der Zivilgerichte.

a) Vollstreckungserinnerung nach § 766 ZPO

90 Gegen die Verletzung von Vorschriften über die formellen Voraussetzungen und die Durchführung der Zwangsvollstreckung können sich Gläubiger und Schuldner mit der Vollstreckungserinnerung nach § 766 ZPO wehren. Das gilt unabhängig davon, ob die Vollstreckungsmaßnahme vom Gerichtsvollzieher oder vom Vollstreckungsgericht (s. aber auch Rz. 91) vorgenommen wurde. Die Erinnerung ist auch gegen die Weigerung des Gerichtsvollziehers, den Vollstreckungsauftrag durchzuführen, und gegen den Kostenansatz des Gerichtsvollziehers statthaft (§ 766 Abs. 2 ZPO). Sie kann formlos eingelegt werden und ist nicht an eine Frist gebunden. Zuständig zur Entscheidung über die Erinnerung ist nicht das ArbG, sondern das Vollstreckungsgericht (§ 766 Abs. 1 ZPO), also das AG, in dessen Bezirk das Vollstreckungsverfahren stattfinden soll oder stattgefunden hat (§ 764 ZPO). Die Entscheidung beim Vollstreckungsgericht trifft nicht der Rechtspfleger, sondern der Richter (§ 20 Nr. 17 Satz 2 RPflG). Die Vollstreckungserinnerung ist etwa dann der richtige Rechtsbehelf, wenn der Vollstreckungsschuldner das Vorliegen einer Vollstreckungsvoraussetzung bestreitet, wenn er sich auf ein Pfändungsverbot (§ 811, §§ 850 ff. ZPO) beruft oder wenn er einen Verfahrensfehler des Gerichtsvollziehers oder des Vollstreckungsgerichts rügt. Die Erinnerungsentscheidung ergeht durch Beschluss. Gegen ihn ist die sofortige Beschwerde nach § 793 ZPO statthaft.

b) Sofortige Beschwerde nach § 793 ZPO

91 Gegen alle Entscheidungen im Zwangsvollstreckungsverfahren, die ohne mündliche Verhandlung ergehen können, findet gem. § 793 ZPO die sofortige Beschwerde statt. Für die Abgrenzung der sofortigen Beschwerde von der Vollstreckungserinnerung ist das Tatbestandsmerkmal Entscheidung maßgeblich, weil die Vollstreckungserinnerung nicht gegen Entscheidungen, sondern nur gegen Vollstreckungsmaßnahmen statthaft ist[1]. Zu den Entscheidungen des Richters im Zwangsvollstreckungsverfahren, die mit der sofortigen Beschwerde anfechtbar sind, gehören etwa die Entscheidung des Vollstreckungsgerichts über die Vollstreckungserinnerung nach § 766 ZPO, ferner die Entscheidungen des Prozessgerichts zur Erzwingung von Handlungen, Duldungen und Unterlassungen nach den §§ 887, 888, 890 ZPO, uU auch der Erlass oder die Ablehnung eines Pfändungs- und Überweisungsbeschlusses nach den §§ 829, 835 ZPO. Insoweit spielt es keine Rolle, ob der Richter oder der Rechtspfleger die Entscheidung getroffen hat; denn gegen die Entscheidungen des Rechtspflegers, die ohne mündliche Verhandlung ergehen können, findet gem. § 11 Abs. 1 RPflG ebenfalls die sofortige Beschwerde statt. Zuständig zur Entscheidung über die sofortige Beschwerde ist das im Rechtszug nächsthöhere Gericht (vgl. §§ 72, 119 GVG). Das ist bei einer sofortigen Beschwerde gegen die Entscheidung des Vollstreckungsgerichts (nach § 764 Abs. 1 ZPO das AG) also das LG, bei einer sofortigen Beschwerde gegen die Entscheidung des Prozessgerichts des ersten Rechtszuges (§§ 887, 888, 890 ZPO) das LAG.

92 In einzelnen Fällen ist die **sofortige Beschwerde kraft Gesetzes ausgeschlossen**. Unanfechtbar sind etwa die Beschlüsse, in denen eine einstweilige Einstellung der Zwangsvollstreckung angeordnet wird (Abs. 1 Satz 5; § 707 Abs. 2 Satz 2, § 719 Abs. 1 ZPO; s. dazu schon Rz. 38 ff.). Dieser in § 707 Abs. 2 Satz 2 ZPO angeordnete Ausschluss eines Rechtsmittels wird bei der Zwangsvollstreckung nach der ZPO auch bei den Einstellungsentscheidungen nach § 766 Abs. 1 Satz 2, § 769 und § 771 Abs. 3 ZPO entsprechend angewendet[2]. Diese entsprechende Anwendung gilt auch bei der Vollstreckung arbeitsgerichtlicher Urteile[3]. § 62 Abs. 1 Satz 3 regelt lediglich die Voraussetzungen für eine Einstellung der Zwangsvollstreckung in den Fällen der § 707 Abs. 1 und § 719 Abs. 1 ZPO; zur Anfechtbarkeit der Beschlüsse über den Einstellungsantrag trifft die Vorschrift überhaupt keine Aussage. Insoweit gelten daher über § 62 Abs. 2 Satz 1 die Regeln der ZPO. Es gibt auch keinen sachlichen Grund, die Anfechtbarkeit von Einstellungsentscheidungen bei der Vollstreckung aus arbeitsgerichtlichen Urteilen im Hinblick auf die Beschwerdefähigkeit anders zu handhaben als bei der Vollstreckung aus zivilgerichtlichen Urteilen.

---

1 Zur Abgrenzung ausführlich *Brox/Walker*, Zwangsvollstreckungsrecht, Rz. 1177 ff., 1250 ff.
2 BGH v. 17.10.2005 – II ZB 4/05, NJW-RR 2006, 286; v. 21.4.2004 – XII ZB 279/03, NJW 2004, 2224; *Brox/Walker*, Zwangsvollstreckungsrecht, Rz. 1254.
3 BCF/*Creutzfeld*, § 62 Rz. 68; GK-ArbGG/*Vossen*, § 62 Rz. 39a; Natter/Gross/*Pfitzer*, § 62 Rz. 31.

c) Vollstreckungsgegenklage nach § 767 ZPO

Einwendungen gegen den titulierten Anspruch kann der Schuldner mit der Vollstreckungsgegenklage nach § 767 ZPO geltend machen. Dabei handelt es sich nicht um ein Rechtsmittel, sondern um eine selbstständige prozessuale Gestaltungsklage. Der Klageantrag ist darauf gerichtet, die Zwangsvollstreckung aus dem Vollstreckungstitel für unzulässig zu erklären. Bei der Vollstreckung aus einem arbeitsgerichtlichen Urteil[1] ist zuständig zur Entscheidung über die Vollstreckungsgegenklage das Prozessgericht des ersten Rechtszuges, also das ArbG. Gleiches gilt, wenn aus einem vor dem ArbG geschlossenen Prozessvergleich vollstreckt wird. Die Klage kann nur mit solchen Einwendungen gegen den titulierten Anspruch begründet werden, die nach dem Schluss der letzten mündlichen Verhandlung in der Tatsacheninstanz entstanden sind (vgl. § 767 Abs. 2 ZPO). Typische Einwendungen sind Erfüllung des Anspruches, Untergang durch Aufrechnung, Anfechtung, Eintritt einer auflösenden Bedingung oder eines Endtermins, Wegfall der Geschäftsgrundlage[2], Unmöglichkeit, Rücktritt, unzulässige Rechtsausübung. Falls dem Urteil stattgegeben wird, ist damit der Titel nicht mehr vollstreckbar (§ 775 Nr. 1 ZPO). Bereits getroffene Vollstreckungsmaßregeln sind aufzuheben (§ 776 Satz 1 ZPO). Gegen das Urteil sind unter den Voraussetzungen der §§ 64 und 72 die Berufung und die Revision gegeben. Im Rahmen der Vollstreckungsgegenklage kommt auch eine einstweilige Einstellung der Zwangsvollstreckung nach § 769 ZPO in Betracht. Eine solche einstweilige Anordnung scheidet allerdings aus, wenn die Klage nach § 767 ZPO (zB mangels Rechtsschutzbedürfnisses) unzulässig ist[3]. 93

d) Drittwiderspruchsklage nach § 771 ZPO

Mit der Drittwiderspruchsklage nach § 771 ZPO kann ein Dritter, der nicht Vollstreckungsschuldner ist, sich dagegen wehren, dass die Vollstreckung in sein Vermögen betrieben wird. Auch bei dieser Klage handelt es sich nicht um ein Rechtsmittel, sondern um eine selbstständige prozessuale Gestaltungsklage. Die Klage ist darauf gerichtet, nicht die Zwangsvollstreckung als solche, wohl aber die Vollstreckung in einen bestimmten Gegenstand für unzulässig zu erklären. Zuständig ist das Gericht, in dessen Bezirk die Zwangsvollstreckung erfolgt (§ 771 Abs. 1 ZPO). Ob es sich dabei um ein AG oder ein LG handelt, hängt vom Wert des Streitgegenstandes ab. Die ordentlichen Gerichte sind auch dann zuständig, wenn die Vollstreckung aus einem arbeitsgerichtlichen Titel betrieben wird[4]. Das beruht darauf, dass Gegenstand der Drittwiderspruchsklage nicht der vom ArbG titulierte Anspruch, sondern die Berechtigung des Klägers an der von der Vollstreckung betroffenen Sache ist[5]. Die Klage ist begründet, wenn der Dritte etwa Eigentümer der gepfändeten Sache oder Inhaber der gepfändeten Forderung ist oder eine andere Berechtigung an dem Vollstreckungsobjekt hat. Falls der Kläger obsiegt, wird im Tenor der Entscheidung die Zwangsvollstreckung in einen bestimmten Gegenstand für unzulässig erklärt. Auch gegen das Urteil über die Drittwiderspruchsklage sind unter den Voraussetzungen der §§ 64 und 72 die Berufung und die Revision gegeben. 94

e) Klage auf vorzugsweise Befriedigung nach § 805 ZPO

Wenn ein Dritter ein besitzloses Pfand- oder Vorzugsrecht[6] an dem Vollstreckungsobjekt hat, kann er mit der Klage nach § 805 ZPO zwar die Vollstreckung nicht verhindern, wohl aber erreichen, dass er aus dem Vollstreckungserlös vor dem Vollstreckungsgläubiger befriedigt wird. Zuständig ist nicht das ArbG, sondern gem. § 805 Abs. 2 ZPO das AG als Vollstreckungsgericht, bei entsprechendem Streitwert das LG, in dessen Bezirk das Vollstreckungsgericht seinen Sitz hat. 95

f) Vollstreckungsschutz nach § 765a ZPO

Wenn die Vollstreckung für den Schuldner auch unter Würdigung des Schutzbedürfnisses des Gläubigers eine mit den guten Sitten nicht zu vereinbarende Härte bedeutet, kann der Schuldner nach § 765a ZPO beantragen, eine Vollstreckungsmaßnahme aufzuheben, zu untersagen oder einstweilen einzustellen. Zuständig ist nach § 765a Abs. 1 ZPO das Vollstreckungsgericht, also das AG. Das gilt auch dann, wenn die angegriffene Vollstreckungsmaßnahme vom ArbG als dem Prozessgericht 1. Instanz (§§ 887, 888, 890 ZPO) getroffen wurde. 96

---

[1] Zur Anwendbarkeit des § 767 ZPO s. nur LAG Berlin v. 28.4.1986 – 9 Ta 5/86, LAGE § 62 ArbGG Nr. 16.
[2] LAG Hessen v. 17.12.1993 – 9 Sa 581/93, NZA 1994, 960.
[3] LAG Köln v. 26.5.2010 – 5 Ta 152/10, Rz. 9.
[4] LAG Berlin v. 7.3.1989 – 9 Ta 5/89, MDR 1989, 572; *Brox/Walker*, Zwangsvollstreckungsrecht, Rz. 1404.
[5] Schuschke/Walker/*Raebel*, § 771 ZPO Rz. 11.
[6] Dazu Schuschke/*Walker*, § 805 ZPO Rz. 8 ff.

4. Kosten der Zwangsvollstreckung

97 Welche Partei mit den Kosten der Zwangsvollstreckung belastet wird, ergibt sich aus § 788 ZPO.

a) Kostentragungspflicht des Schuldners

98 Danach fallen die notwendigen Vollstreckungskosten grds. dem Schuldner zur Last (**§ 788 Abs. 1 Satz 1 ZPO**). Zu diesen notwendigen Kosten gehören auch diejenigen für die anwaltliche Vertretung des Gläubigers, der eine gepfändete Forderung gegen den Drittschuldner eingeklagt hat[1]. Das gilt auch dann, wenn es sich dabei um ein arbeitsgerichtliches Verfahren gehandelt hat. **§ 12a Abs. 1 Satz 1**, wonach im ersten Rechtszug vor dem ArbG die der obsiegenden Partei entstehenden Kosten für die anwaltliche Vertretung nicht zu erstatten sind, findet im Drittschuldnerprozess keine Anwendung[2]. In dem Drittschuldnerprozess des Gläubigers gegen den ArbGeb besteht für den ArbN, der durch § 12a Abs. 1 geschützt werden soll, kein Kostenrisiko. Anders verhält es sich dagegen bei den Kosten einer selbständigen Klage, die etwa der ArbN als Schuldner gegen den ArbGeb als Gläubiger nach § 767 ZPO erhebt. Hier findet § 12a Abs. 1 unmittelbar Anwendung.

99 Der Gläubiger kann die Vollstreckungskosten entweder mit dem zur Zwangsvollstreckung stehenden Anspruch **sogleich beitreiben** (§ 788 Abs. 1 Satz 1 Halbs. 2 ZPO) oder eine **besondere Kostenfestsetzung** beantragen. Für die Kostenfestsetzung ist bei einer Vollstreckung nach den §§ 887, 888, 890 ZPO das Prozessgericht 1. Instanz zuständig (§ 788 Abs. 2 Satz 1 ZPO)[3], bei arbeitsgerichtlichen Titeln also das ArbG. In allen übrigen Fällen, also zB bei der Vollstreckung wegen einer Geldforderung[4], ist das AG als Vollstreckungsgericht (§ 788 Abs. 2 Satz 1 ZPO) – dort der Rechtspfleger (§ 20 Nr. 17 RPflG) – zuständig.

b) Kostenerstattungspflicht des Gläubigers

100 Nach **§ 788 Abs. 3 ZPO** sind dagegen dem Schuldner die Kosten der Zwangsvollstreckung vom Gläubiger zu erstatten, wenn das Urteil, aus dem die Zwangsvollstreckung erfolgt ist, aufgehoben wird. Der Schuldner muss einen Kostenfestsetzungsbeschluss nach §§ 103 ff. ZPO erwirken, für den die aufhebende Entscheidung als Titel iSd. § 103 Abs. 2 ZPO anzusehen ist[5]. Für die Kostenfestsetzung ist auch hier bei einer Vollstreckung nach den §§ 887, 888, 890 ZPO das Prozessgericht 1. Instanz, also das ArbG, zuständig, in allen anderen Fällen das AG als Vollstreckungsgericht (§ 788 Abs. 2 ZPO).

V. Der einstweilige Rechtsschutz (Abs. 2 Satz 1, 2)

101 Auf den Arrest und die einstweilige Verfügung im arbeitsgerichtlichen Urteilsverfahren finden gem. § 62 Abs. 2 Satz 1 unmittelbar die Vorschriften des Achten Buches der ZPO Anwendung. Lediglich § 62 Abs. 2 Satz 2 enthält für die Möglichkeit, ohne mündliche Verhandlung zu entscheiden, eine Sonderregelung.

1. Praktische Relevanz

102 In quantitativer Hinsicht spielte der einstweilige Rechtsschutz im arbeitsgerichtlichen Verfahren schon immer eine deutlich geringere Rolle als im Zivilprozess. Das dürfte vor allem darauf beruhen, dass die Dauer der Hauptsacheverfahren vor den ArbG geringer ist als vor den ordentlichen Gerichten[6]. Ein weiterer Grund dürfte in der erleichterten vorläufigen Vollstreckbarkeit arbeitsgerichtlicher Urteile (keine Sicher-

---

1 BGH v. 20.12.2005 – VII ZB 57/05, NJW 2006, 1141; OLG Karlsruhe v. 2.8.1993 – 13 W 12/93, Rpfleger 1994, 118; OLG Koblenz v. 9.4.1987 – 11 WF 411/87, Rpfleger 1987, 385.
2 BAG v. 16.5.1990 – 4 AZR 56/90, DB 1990, 1826 (1827); BGH v. 20.12.2005 – VII ZB 57/05, NJW 2006, 1141 (1142); OLG Düsseldorf v. 8.5.1990 – 10 W 41/90, MDR 1990, 730; OLG Karlsruhe v. 2.8.1993 – 13 W 12/93, Rpfleger 1994, 118; OLG Koblenz v. 24.9.1990 – 14 W 607/90, ZIP 1991, 120; LAG Berlin v. 17.2.1986 – 9 Sa 110/85, LAGE § 9 KSchG Nr. 1; LAG BW v. 21.9.1979 – 1 Ta 94/79, AuR 1979, 378; LAG Düsseldorf v. 26.1.1978 – 14 Sa 1164/77, MDR 1978, 962 (noch zum früheren § 61 Abs. 1 Satz 2); LAG Hessen v. 24.2.1983 – 5 AS 4/83, BB 1968, 630 (noch zum früheren § 61 Abs. 1 Satz 2); *Brox/Walker*, Zwangsvollstreckungsrecht, Rz. 1674; *Schuschke/Walker*, § 788 ZPO Rz. 26.
3 Abs. 2 eingefügt durch die zweite Zwangsvollstreckungsnovelle mit Wirkung zum 1.1.1999 (BGBl. I S. 3039). Dadurch wurde der frühere Streit, welches Gericht für den Erlass eines Kostenfestsetzungsbeschlusses zuständig ist (vgl. dazu zB BAG v. 24.2.1983 – 5 AS 4/83, NJW 1983, 1448), geklärt.
4 LAG Hessen v. 4.5.1999 – 9 Ta 106/99, AuR 1999, 319.
5 *Schuschke*/Walker, § 788 ZPO Rz. 32.
6 Ausführliches Zahlenmaterial zur Dauer der erstinstanzlichen Verfahren vor den Amtsgerichten, Landgerichten und Arbeitsgerichten bis zum Jahr 1990 findet sich bei *Walker*, Der einstweilige Rechtsschutz, Rz. 21 ff. und Anhang, Tabellen 8, 9, 11, 12 sowie bzgl. der Arbeitsgerichte in den Jahrgängen des BABl.

heitsleistung erforderlich) liegen. Der Anteil der Eilverfahren an den gesamten von den ArbG erledigten Streitigkeiten betrug stets deutlich weniger als 2 %, in den meisten Jahren weniger als 1 %. In der Öffentlichkeit werden aber gerade diese Eilverfahren besonders bekannt, weil sie insbesondere bei einstweiligen Verfügungen im Arbeitskampf gern von den Medien aufgegriffen werden. In rechtlicher Hinsicht stellen sich bei der Prüfung des vorausgesetzten materiellen Arrest- oder Verfügungsanspruches alle materiellrechtlichen Probleme des oft ungeschriebenen Arbeitsrechts; deren Lösung wird durch den erhöhten Zeitdruck zusätzlich erschwert. In verfahrensrechtlicher Hinsicht schlagen nicht nur alle Streitigkeiten aus dem zivilprozessualen Eilverfahren auf das arbeitsgerichtliche Eilverfahren durch; in vielen Fällen stellt sich auch die Frage, welche Auswirkungen sich aus dem von der ZPO abweichenden Verfahrensrecht des ArbGG für das Eilverfahren ergeben.

2. Regelung des einstweiligen Rechtsschutzes im Achten Buch der ZPO

Die §§ 916 ff. ZPO unterscheiden zwischen dem Arrest und der einstweiligen Verfügung. Während beide Arten des einstweiligen Rechtsschutzes auch verschiedene Voraussetzungen haben, ist das Verfahren des einstweiligen Rechtsschutzes bis auf einige in den §§ 937 ff. ZPO geregelte Besonderheiten, die nur für die einstweilige Verfügung gelten, für alle Arten einheitlich geregelt. Die Verfahrensvorschriften finden sich zwar in den §§ 919 ff. ZPO, also bei den Regelungen zum Arrest, sie gelten aber über die Verweisung in § 936 ZPO für die einstweilige Verfügung entsprechend. Das Eilverfahren ist auf besondere Schnelligkeit angelegt. Der Grund dafür, dass eine Entscheidung im Eilverfahren schneller erreicht werden kann als im Hauptsacheverfahren, liegt erstens darin, dass die Entscheidung im Eilverfahren ohne mündliche Verhandlung ergehen kann (vgl. § 922 Abs. 1 ZPO), und zweitens darin, dass anstelle eines Beweises Glaubhaftmachung ausreicht (§ 920 Abs. 2 ZPO). 103

a) Arten des einstweiligen Rechtsschutzes

Die ZPO unterscheidet zwischen dem Arrest (§§ 916 ff. ZPO) und der einstweiligen Verfügung (§§ 935 ff. ZPO). 104

aa) Arrest und grenzüberschreitende vorläufige Kontenpfändung

Der Arrest bezweckt, die Zwangsvollstreckung wegen einer Geldforderung zu sichern. Das Gesetz unterscheidet zwischen dem dinglichen Arrest in das Vermögen des Schuldners (§ 917 ZPO) und dem persönlichen Arrest in die persönliche Freiheit des Schuldners (§ 918 ZPO). Der Arrest kommt etwa dann in Betracht, wenn der ArbN einen Entgeltanspruch gegen den ArbGeb einklagt und befürchtet, dass der ArbGeb sich bis zum Erlass eines Urteils im Hauptsacheverfahren so eingerichtet hat, dass er keine pfändbaren Vermögensgegenstände mehr hat. Hier kann er sich durch Erwirkung und Vollziehung eines Arrestbefehls die Vollstreckungsmöglichkeit sichern, indem er etwa jetzt noch beim Schuldner vorhandene bewegliche Sachen oder Forderungen pfänden lässt. Wenn der ArbN später auch im Hauptsacheverfahren obsiegt, wandelt sich sein Arrestpfandrecht unter Wahrung des Ranges in ein Vollstreckungspfandrecht um. In dieser Sicherung erschöpft sich der Arrest allerdings auch; eine Verwertung der gepfändeten Sache oder Forderung kommt im Eilverfahren nicht in Betracht. 105

Um eine **Sonderform des Arrestes** geht es bei der **grenzüberschreitenden vorläufigen Kontenpfändung**. Sie wurde durch die VO (EU) Nr. 65/2014 vom 15.5.2014 (EuKoPfVO)[1] eingeführt. Ergänzende Durchführungsvorschriften finden sich in §§ 946 ff. ZPO. Sie dient der Sicherung der Zwangsvollstreckung wegen einer Geldforderung in Zivil- und Handelssachen, wenn der Gläubiger auf ein Bankkonto des Schuldners in einem anderen Mitgliedstaat zugreifen will. Näheres dazu siehe Rz. 174 ff. 105a

Im ArbG-Prozess spielt der **Arrest keine nennenswerte Rolle**. Zwar besteht auch hier im Zusammenhang mit Geldforderungen oft das Bedürfnis nach einstweiligem Rechtsschutz, etwa wenn der ArbGeb einen Schadensersatz- oder Bereicherungsanspruch gegen den ArbN[2] oder der ArbN gegen den ArbGeb seine Vergütung einklagt. Allerdings ist ihm zumeist mit einer bloßen Sicherung der Vollstreckungsmöglichkeit nicht gedient. Er ist vielmehr auf eine sofortige Durchsetzung der Forderung angewiesen, um mit dem Geld für sich und seine Familie den Lebensunterhalt zu bestreiten. Die über die Sicherung hinausgehende Durchsetzung im Wege des einstweiligen Rechtsschutzes kommt allerdings nicht durch Arrest, sondern nur durch einstweilige Verfügung in Betracht. 106

---

1 ABl. L 189, S. 59.
2 Vgl. LAG Hamm v. 9.7.1998 – 17 Sa 733/98, FA 1999, 163 (zum Arrestgrund bei strafbaren Handlungen des ArbN).

bb) Einstweilige Verfügung

107 Die einstweilige Verfügung (§§ 935 ff. ZPO) kann zwei Funktionen haben: Erstens bezweckt sie die Sicherung von solchen Forderungen, die nicht auf Geld gerichtet sind und daher auch nicht durch Arrest gesichert werden können. Zweitens kann die einstweilige Durchsetzung eines Anspruches, auch einer Geldforderung, nur im Wege der einstweiligen Verfügung erreicht werden. Das Gesetz unterscheidet zwischen einstweiligen Verfügungen in Bezug auf den Streitgegenstand (§ 935 ZPO) und zur Regelung in Bezug auf ein streitiges Rechtsverhältnis (§ 940 ZPO). Nach der üblichen Terminologie wird insoweit von **Sicherungsverfügungen** (§ 935 ZPO) und **Regelungsverfügungen** (§ 940 ZPO) gesprochen. Daneben sind allerdings einstweilige Verfügungen, die auf eine zumindest teilweise oder vorübergehende einstweilige Erfüllung des materiellen Anspruchs gerichtet sind, so genannte **Leistungs- oder Befriedigungsverfügungen**, allgemein anerkannt[1]. Ob es sich dabei wirklich um drei verschiedene Verfügungsarten handelt, die sich nach Rechtsgrundlage, Voraussetzungen und Rechtsfolgen voneinander trennen lassen, ist umstritten[2]. In der Praxis der ArbG werden einstweilige Verfügungen oft ohne Differenzierung allgemein auf die §§ 935 ff. ZPO oder auf die §§ 935, 940 ZPO gestützt. Gute Gründe sprechen dafür, entgegen dem insoweit unklaren Gesetzeswortlaut des § 940 ZPO nur eine Sicherungs- und eine Befriedigungsverfügung anzuerkennen[3]. Jede Verfügungsart setzt nämlich einen materiellen Verfügungsanspruch voraus, der entweder nur gesichert oder erfüllt werden kann. Für eine zwischen Sicherung und Befriedigung liegende Regelung ist kein Raum. **Unzulässig** sind **feststellende einstweilige Verfügungen**[4]; denn sie sind weder zur Sicherung der Zwangsvollstreckung noch zur vorläufigen Durchsetzung eines Anspruches noch zur verbindlichen Klärung der Rechtslage geeignet.

108 Die Befriedigungsverfügung bildet eindeutig den **Hauptanwendungsfall im arbeitsgerichtlichen Eilverfahren**. Sie spielt insbesondere bei der einstweiligen Durchsetzung der in Rz. 126 ff. genannten Ansprüche eine wichtige Rolle. Daneben kommen aber auch alle anderen (nicht auf Geldzahlung gerichteten) materiellen Ansprüche wie zB derjenige des ArbGeb auf Herausgabe eines Dienstwagens[5], eines Fußballprofis auf Zustimmung zur Aufnahme in die Transferliste[6] oder derjenige des ArbN auf Unterlassung der Verletzung seines allgemeinen Persönlichkeitsrechts durch Mobbing[7] als Verfügungsansprüche in Betracht.

b) Allgemeine Voraussetzungen

109 Da es sich bei dem Eilverfahren ebenso wie bei dem Hauptsacheverfahren um ein Erkenntnisverfahren handelt, gelten – soweit sich nicht aus den §§ 916 ff. ZPO und aus dem Zweck des einstweiligen Rechtsschutzes etwas anderes ergibt – zunächst die **allgemeinen Zulässigkeitsvoraussetzungen**. Die **Begründetheit** hängt davon ab, ob ein **Arrest oder Verfügungsanspruch** vorliegt und ob ein **Arrest- oder Verfügungsgrund** gegeben ist[8].

aa) Arrest- oder Verfügungsanspruch

110 Als Arrest- oder Verfügungsansprüche kommen alle materiellen Ansprüche in Betracht, die gegenwärtig eingeklagt werden können und grds. auch vollstreckbar sind[9]. Deshalb kann der Anspruch des ArbGeb gegen den ArbN auf Erbringung der Arbeitsleistung nicht im Wege der einstweiligen Verfügung gesichert oder durchgesetzt werden, sofern es dabei um eine unvertretbare Handlung geht (s. auch Rz. 77); denn

---

1 S. nur Schuschke/Walker, Vor § 935 ZPO Rz. 31 ff.; Walker, Der einstweilige Rechtsschutz, Rz. 84 ff.
2 Einzelheiten dazu bei Schuschke/Walker, Vor § 935 ZPO Rz. 28 ff., 49.
3 Ausführlich Walker, Der einstweilige Rechtsschutz, Rz. 100–119.
4 OLG Koblenz v. 3.2.2012 – 10 U 610/11, NJW-RR 2013, 234; LAG Düsseldorf v. 6.9.1995 – 12 TaBV 69/95, NZA-RR 1996, 12; LAG Rh.-Pf. v. 18.11.1996 – 9 Sa 725/96, BB 1997, 1643 (Ls.); Berger, ZZP 110 (1997), 287 (292 ff.); Brox/Walker, Zwangsvollstreckungsrecht, Rz. 1595; Walker, ZfA 2005, 45 (46); ebenso Jakobs, Der Gegenstand des Feststellungsverfahrens, 2005, S. 502 ff.; aA für begrenzte Fälle LAG Berlin v. 31.8.2000 – 10 Sa 1728/00, NZA 2001, 53; Kohler, ZZP 103 (1990), 184 (202 ff.); Vogg, NJW 1993, 1357 (1361 ff.).
5 Dazu Schmiedl, BB 2002, 992.
6 LAG Hamm v. 10.6.1998 – 14 Sa 883/98, LAGE § 611 BGB – Berufssport Nr. 9 m. Anm. Löwisch/Falkenkötter.
7 LAG Thür. v. 10.4.2001 – 5 Sa 403/00, BB 2001, 1358.
8 Ob der Verfügungsgrund bei den Zulässigkeits- oder bei den Begründetheitsvoraussetzungen einzuordnen ist, ist umstritten. Selbst wenn man ihn als Zulässigkeitsvoraussetzung ansieht, braucht er nach allgemeiner Ansicht aber nicht vorrangig geprüft zu werden, wenn ein Verfügungsanspruch ohne aufwendige Prüfung verneint werden kann. Siehe zum Meinungsstand etwa Walker, Der einstweilige Rechtsschutz, Rz. 208; Schuschke/Walker, Vor §§ 916–945b ZPO Rz. 40 f. und § 917 ZPO Rz. 1 f.
9 Schuschke/Walker, Vor §§ 916–945b ZPO Rz. 43.

auch ein entsprechender Hauptsachetitel wäre gem. § 888 Abs. 3 ZPO nicht vollstreckbar[1]. Fehlt es schon an einem materiellen Anspruch (so gibt es zB keinen Anspruch auf Unterlassung einer Abmahnung[2]), ist ein Verfügungsgesuch abzuweisen[3].

bb) Arrest- oder Verfügungsgrund

Die Voraussetzungen für den **Arrest- oder Verfügungsgrund** ergeben sich aus den § 916 (dinglicher Arrest), § 917 (persönlicher Arrest), § 935 (Sicherungsverfügung) und § 940 ZPO (Regelungs-/Befriedigungsverfügung)[4]. **Arrest- und Sicherungsverfügung** setzen die **Vereitelung oder Erschwerung der Vollstreckung** (Dringlichkeit) voraus. Daran fehlt es, wenn vor einer Entscheidung in der Hauptsache gar keine vollendeten Tatsachen zum Nachteil des Antragstellers drohen[5], ferner dann, wenn der Antragsteller bereits einen nach § 62 Abs. 1 ohne Sicherheitsleistung vorläufig vollstreckbaren Titel hat, und schließlich auch dann, wenn der Antragsteller durch sein zögerliches Verhalten selbst die Dringlichkeit widerlegt hat[6].

Bei der **Befriedigungsverfügung** hat der Verfügungsgrund strengere Voraussetzungen. Hier ist neben der erforderlichen **Notwendigkeit** (Dringlichkeit) iSv. § 940 ZPO immer eine **Interessenabwägung** erforderlich[7]. Die Notwendigkeit ist nicht nur bei einer Notlage des Antragstellers, sondern schon dann gegeben, wenn ihm andernfalls die **Gefahr eines endgültigen Rechtsverlustes** droht[8]. Das ist bei allen Unterlassungsansprüchen, aber auch bei anderen zeitgebundenen Ansprüchen wie dem Beschäftigungsanspruch der Fall. Dagegen fehlt es an der Notwendigkeit, wenn der Antragsteller sich vorübergehend selbst helfen kann. Wenn ein ArbN etwa die Gestellung eines Dienstwagens begehrt, kann er (sofern seine Vermögensverhältnisse es zulassen) selbst für Ersatz sorgen und die Kosten im Wege des Schadensersatzes durchsetzen[9]. Im Rahmen der notwendigen Abwägung zwischen den Interessen des Antragstellers und denen des Antragsgegners kommt es in erster Linie auf die Eindeutigkeit der Sach- und Rechtslage, also auf den voraussichtlichen Ausgang des Hauptsacheverfahrens an[10]. Bestehen etwa für das Gericht bei unstreitigem Sachverhalt aufgrund klarer Gesetzeslage oder gefestigter Rspr. an dem Bestand des Verfügungsanspruchs keine vernünftigen Zweifel, ist die beantragte Verfügung selbst dann zu erlassen, wenn sie der Antragsgegner einen unverhältnismäßigen Schaden befürchten lässt. Der Gegner hat nämlich an der Beibehaltung eines offensichtlich rechtswidrigen Zustands niemals ein schützenswertes Interesse. Spricht umgekehrt alles dafür, dass der Antragsteller im Hauptsacheverfahren mit mündlicher Verhandlung und vollständiger Beweiserhebung unterliegen wird, muss sein Gesuch zurückgewiesen werden, auch wenn davon der Antragsteller besonders hart betroffen ist. Erst wenn es an einer klaren Rechtslage fehlt, kommt es im Rahmen der Interessenabwägung entscheidend auf die **Schutzbedürftigkeit und die Schutzwürdigkeit der Parteien** an[11]. Zu vergleichen sind dabei die Beeinträchtigung beim Antragsteller, falls die Verfügung nicht erlassen wird, und diejenige beim Antragsgegner, falls die Verfügung erlassen wird.

---

1 LAG Hamburg v. 18.7.2002 – 3 Ta 18/02, NZA-RR 2003, 104 (Ls.); *Brox/Walker*, Zwangsvollstreckungsrecht, Rz. 1593 (1603); GWBG/*Benecke*, § 62 Rz. 37; GMP/*Germelmann*, § 62 Rz. 107; MünchArbR/*Jacobs*, § 346 Rz. 15; *Walker*, Der einstweilige Rechtsschutz, Rz. 227; LAG Hamburg v. 18.7.2002 – 3 Ta 18/02, DB 2002, 2003 (2004); aA *Faecks*, NZA 1985, Beil. 3, S. 6 (10); *Wenzel*, MDR 1967, 889 (890 f.).
2 LAG Köln v. 19.9.1996 – 2 Ta 99/96, BB 1996, 2255.
3 S.a. *Schuschke*/Walker, Vor § 935 ZPO Rz. 163 (bei einem Antrag auf Unterlassung einer befürchteten Abmahnung jedenfalls mangels Verfügungsgrundes).
4 Dazu ausführlich *Walker*, ZfA 2005, 45 (51 ff.).
5 S. etwa LAG Berlin v. 12.7.1993 – 9 Sa 67/93, NZA 1994, 526 (528) (keine unabänderliche Stellenbesetzung bei der Konkurrentenverfügung).
6 Zu einem solchen Fall etwa LAG Köln v. 13.8.1996 – 11 Ta BV 173/96, NZA 1997, 317; vgl. auch LAG Hessen v. 22.10.1998 – 15 Ta 577/98, NZA-RR 1999, 606; LAG München v. 17.12.2003 – 5 Sa 1118/03, NZA-RR 2005, 312; LAG Nürnberg v. 17.8.2004 – 6 Sa 439/04, NZA-RR 2005, 255 (258); LAG Rh.-Pf. v. 25.5.2007 – 6 TaBVGa 6/07, Rz. 19 (juris); allgemein zum Ausschluss der Notwendigkeit aufgrund Selbstwiderlegung *Walker*, Der einstweilige Rechtsschutz, Rz. 255.
7 *Walker*, Der einstweilige Rechtsschutz, Rz. 231; Schuschke/*Walker*, Vor §§ 916–945b ZPO Rz. 46.
8 LAG Hamm v. 27.9.2000 – 2 Sa 1178/00, NZA-RR 2001, 654 (655); LAG München v. 19.12.1979 – 9 Sa 1015/79, NJW 1980, 957 (958); LAG Sachsen v. 19.2.2001 – 2 Sa 624/00, NZA-RR 2002, 439 (440); *Walker*, Der einstweilige Rechtsschutz, Rz. 247.
9 LAG Köln v. 5.11.2002 – 2 Ta 330/02, NZA-RR 2003, 300 (301).
10 *Walker*, Der einstweilige Rechtsschutz, Rz. 261 mwN. Vgl. auch LAG Berlin v. 20.2.2002 – 4 Sa 2243/01, NZA 2002, 858 (860); LAG Hamm v. 13.2.2015 – 18 SaGa 1/15, NZA-RR 2015, 460 (461); LAG München v. 18.9.2002 – 5 Sa 619/02, NZA-RR 2003, 269 (272); LAG Sachsen v. 19.2.2001 – 2 Sa 624/00, NZA-RR 2002, 439 (441).
11 *Walker*, Der einstweilige Rechtsschutz, Rz. 263.

3. Verfahrensrechtliche Besonderheiten im arbeitsgerichtlichen Eilverfahren

113 Die §§ 919 ff. ZPO gelten gem. § 62 Abs. 2 grds. unmittelbar auch für das Verfahren des einstweiligen Rechtsschutzes in der Arbeitsgerichtsbarkeit. Das bedeutet vor allem, dass die Entscheidung über das Gesuch ohne mündliche Verhandlung ergehen kann (§ 922 Abs. 1, § 937 Abs. 2 ZPO) und dass im Hauptsacheverfahren erforderliche Beweis durch die bloße Glaubhaftmachung (§ 294 ZPO) ersetzt wird (§ 920 Abs. 2 ZPO). Diese Regelungen dienen im Interesse des Antragstellers der Verfahrensbeschleunigung. Dadurch ist das Verfahren allerdings mit erhöhten Fehlentscheidungsrisiken belastet. Diese werden insbesondere durch § 945 ZPO ausgeglichen, wonach dem Antragsgegner ein verschuldensunabhängiger Schadensersatzanspruch zusteht, wenn der Antragsteller eine Anordnung vollzogen hat, die sich später als von Anfang an ungerechtfertigt erweist oder vom Gericht aufgehoben wird. Das Interesse des Antragsgegners, eine ergangene Eilanordnung möglichst schnell wieder aufheben lassen zu können, wird zudem durch die besonderen Rechtsbehelfe im Eilverfahren (Widerspruch gem. §§ 924 f. ZPO[1], Aufhebungsverfahren gem. §§ 926 und 927 ZPO und Rechtfertigungsverfahren gem. § 942 Abs. 3 ZPO) berücksichtigt. Die Rechtsmittel im Eilverfahren reichen (ebenso wie im Zivilprozess, § 542 Abs. 2 Satz 1 ZPO) nur bis in die 2. Instanz. Die Revision gegen Urteile ist gem. § 72 Abs. 4 ausgeschlossen; deshalb ist auch eine Nichtzulassungsbeschwerde von vornherein unstatthaft[2]. Gegen Beschlüsse im Eilverfahren ist nur die sofortige Beschwerde (§ 78 Satz 1 ArbGG iVm. § 567 ZPO), **nicht** aber die **Rechtsbeschwerde statthaft**, selbst wenn diese vom LAG in seiner Beschwerdeentscheidung zugelassen wurde[3]. Zwar sieht § 78 Satz 2 iVm. § 72 Abs. 2 die Zulassung der Rechtsbeschwerde nach § 574 Abs. 1 Nr. 2 ZPO vor. Aber der Grund für den Ausschluss der 3. Instanz durch § 72 Abs. 4 (ebenso für das Beschluss-Eilverfahren § 92 Abs. 1 Satz 3), nämlich die Vorläufigkeit und die Eilbedürftigkeit des Verfahrens, trifft unabhängig davon zu, ob die Eilentscheidung durch Urteil oder Beschluss getroffen wurde.

Bei einigen von der ZPO abweichenden verfahrensrechtlichen Eigenarten des ArbGG ist umstritten, ob und welche Rechtsfolgen sich daraus für das arbeitsgerichtliche Eilverfahren ergeben:

a) Zur Zuständigkeit des Amtsgerichts der belegenen Sache

114 Nach §§ 919 und 937 Abs. 1 ZPO ist für das Eilverfahren in erster Linie das Gericht der Hauptsache zuständig. Das ist bei arbeitsgerichtlichen Streitigkeiten das ArbG. Umstritten ist, ob beim Arrest wahlweise (§ 919 ZPO) und bei einstweiligen Verfügungen jedenfalls in besonders dringenden Fällen (§ 942 Abs. 1 ZPO) anstelle des Hauptsachegerichts auch das AG der belegenen Sache bzw. des Streitgegenstandes angerufen werden kann. Das hätte die auf den ersten Blick bemerkenswerte Folge, dass arbeitsrechtliche Streitigkeiten im Eilverfahren, also gerade dann, wenn die materiellrechtlichen Fragen aus dem Arbeitsrecht besonders schnell geprüft werden müssen, außerhalb der Arbeitsgerichtsbarkeit ausgetragen werden können. Schon dieses Ergebnis wäre wenig sachgerecht. Es ist auch nicht damit vereinbar, dass das Verhältnis zwischen den ArbG und den ordentlichen Gerichten nicht mehr (wie bis zum 31.12.1990) als ein solches der sachlichen Zuständigkeit, sondern als eine Frage des richtigen Rechtsweges anzusehen ist[4], und diese Frage stellt sich auch im Eilverfahren[5] (§ 2 Rz. 12). Deshalb kann im arbeitsgerichtlichen Eilverfahren das AG nicht mehr entscheiden[6]. Falls dennoch ein AG angerufen wird, hat es die Sache von Amts wegen gem. § 17a Abs. 2 GVG an das zuständige ArbG zu verweisen[7]. Der Verneinung der Rechtswegzuständigkeit des AG steht nicht entgegen, dass die § 919 Abs. 1 und § 942 Abs. 1 ZPO von der Verweisung in § 62 Abs. 2 nicht ausgenommen sind[8]; denn die Rechtswegzuständigkeit richtet sich nicht nach diesen Vorschriften,

---

1 Zur Anwendbarkeit des § 924 ZPO im arbeitsgerichtlichen Eilverfahren LAG Schl.-Holst. v. 25.11.1999 – 4 Sa 584/99, NZA-RR 2000, 143 (144).
2 BAG v. 16.12.2004 – 9 AZN 969/04, NZA 2005, 1016 (Ls.).
3 BAG v. 22.1.2003 – 9 AZB 7/03, NZA 2003, 399 mit zust. Anm. *Kerwer*, RdA 2004, 122; ebenso für das zivilprozessuale Eilverfahren BGH v. 27.2.2003 – I ZB 22/02, ZIP 2003, 1366; BAG v. 10.10.2002 – VII ZB 11/02, NJW 2003, 69.
4 So auch BAG v. 26.3.1992 – 2 AZR 443/91, NZA 1992, 954; BAG v. 1.7.1992 – 5 AS 4/92, NZA 1992, 1047; LAG Hessen v. 6.1.1992 – 9 Ta 268/91, DB 1992, 1636; ArbG Passau v. 29.10.1991 – 4 Ca 650/91, NZA 1992, 428; BLAH/*Hartmann*, § 17a GVG Rz. 1, 3; *Koch*, NJW 1991, 1856 (1858); Musielak/*Wittschier*, § 17 GVG Rz. 2; *Walker*, Der einstweilige Rechtsschutz, Rz. 734; Zöller/*Lückemann*, Vor §§ 17–17b GVG Rz. 10.
5 BAG v. 24.5.2000 – 5 AZR 66/99, NZA 2000, 903.
6 *Gift*/*Baur*, Urteilsverfahren, Teil C Rz. 2 und Teil J Rz. 67, 96; GMP/*Germelmann*, § 62 Rz. 81; GK-ArbGG/*Vossen*, § 62 Rz. 86; Hauck/Helml/Biebl/*Helml*, § 62 Rz. 27; *Kissel*, Arbeitskampfrecht, § 65 Rz. 52; *Koch*, NJW 1991, 1856 (1858); *Walker*, Der einstweilige Rechtsschutz, Rz. 735; Schuschke/*Walker*, § 919 ZPO Rz. 16; *Walker*, Gedächtnisschrift Heinze, 2005, S. 1009 (1012).
7 Zur Anwendbarkeit des § 17a GVG im Eilverfahren s. BAG v. 24.5.2000 – 5 AZR 66/99, NZA 2000, 903; KG v. 3.3.1998 – 5 W 1129/98, NZA-RR 1998, 563; Schuschke/*Walker*, Vor §§ 916–945b ZPO Rz. 58.
8 AA HdbVR/*Baur*, B Rz. 2u. 3; DLW/*Stichler*, Kap. 16 Rz. 68; MünchArbR/*Jacobs*, § 346 Rz. 10 f.; Wieczorek/Schütze/*Thümmel*, § 942 ZPO Rz. 3; *Vollkommer*, FS Kissel, 1994, S. 1201; *Wieser*, Arbeitsgerichtsverfahren, Rz. 520.

sondern ausschließlich nach § 13 GVG und § 2¹, und danach sind für arbeitsrechtliche Streitigkeiten ausschließlich die ArbG zuständig. Dieses Ergebnis ist in praktischer Hinsicht zwar dann misslich, wenn bei den ArbG kein ständiger **Eildienst** wie in der ordentlichen Gerichtsbarkeit eingerichtet ist, so dass effektiver Rechtsschutz außerhalb der Werktage nur schwer zu erreichen ist. Dieser praktische Gesichtspunkt kann aber eine Rechtswegzuständigkeit des AG nicht begründen². Bei erwarteten Verfügungsanträgen jedenfalls vor oder während eines Arbeitskampfes ist es im Übrigen offenbar eine verbreitete Praxis, dass auch bei den ArbG vorübergehend Eildienste eingerichtet werden.

b) Voraussetzungen für den Verzicht auf mündliche Verhandlung

Für die Voraussetzungen, unter denen über ein Gesuch auf einstweilige Verfügung ohne mündliche Verhandlung entschieden werden kann, enthält § 62 Abs. 2 Satz 2 eine eigene Regelung. Danach ist ein Verzicht auf mündliche Verhandlung nur in dringenden Fällen, auch dann, wenn der Antrag zurückzuweisen ist, zulässig. Darin liegt eine Abweichung von § 937 Abs. 2 ZPO, wonach eine solche Möglichkeit in dringenden Fällen besteht sowie dann, wenn der Antrag auf Erlass einer einstweiligen Verfügung zurückzuweisen ist. Während also in § 937 Abs. 2 ZPO die Zurückweisung des Gesuchs neben den dringenden Fällen genannt ist, stellt § 62 Abs. 2 Satz 2 lediglich klar, dass ein dringender Fall auch bei einer Zurückweisung des Gesuchs vorliegen kann³. Ob der § 937 Abs. 1 ZPO, nach dessen Wortlaut die Zurückweisung immer ohne mündliche Verhandlung erfolgen kann, mit dem Grundsatz des rechtlichen Gehörs vereinbar ist⁴, ist für die Auslegung des § 62 Abs. 2 Satz 2 unerheblich. Jedenfalls kann das ArbG eine einstweilige Verfügung nur in dringenden Fällen ohne mündliche Verhandlung zurückweisen⁵. Ein solcher Fall liegt nur vor, wenn im Interesse eines effektiven Rechtsschutzes die Warnung des Gegners oder die Zeitdauer, die mit einer mündlichen Verhandlung verbunden ist, vermieden werden muss, und die zeitliche Dringlichkeit nicht auf ein zögerliches Verhalten des Antragstellers zurückzuführen ist⁶. Dabei dürfte es sich um Ausnahmefälle handeln. Diese besondere Dringlichkeit ist in dem abweisenden Beschluss zu begründen. Weist das ArbG einen Verfügungsantrag ohne mündliche Verhandlung ab, obwohl kein dringender Grund vorlag, liegt darin ein Verfahrensfehler (Verstoß gegen den Anspruch auf rechtliches Gehör), der mit der sofortigen Beschwerde geltend gemacht werden kann. Wenn das Beschwerdegericht nicht zurückverweist, sondern selbst entscheidet, ergeht diese Entscheidung nach mündlicher Verhandlung durch Urteil⁷.

115

c) Bedeutung des obligatorischen Güteverfahrens

Der Wortlaut des § 54 über die obligatorische Güteverhandlung vor dem Vorsitzenden differenziert nicht zwischen Hauptsache- und Eilverfahren. Daraus scheint sich die Notwendigkeit zu ergeben, auch das Eilverfahren mit einer Güteverhandlung vor dem Vorsitzenden beginnen zu lassen⁸. Das würde aber im Zweifel bedeuten, dass das Verfahren nicht in einem Termin abgeschlossen werden kann. Die damit verbundene Verzögerung ist mit dem Beschleunigungszweck des Eilverfahrens nicht vereinbar. Die mündliche Verhandlung im arbeitsgerichtlichen Eilverfahren beginnt deshalb nach richtiger Ansicht sogleich mit der Verhandlung vor der Kammer⁹.

116

---

1 Ebenso BAG v. 24.5.2000 – 5 AZB 66, 99, NZA 2000, 903.
2 Zutreffend GMP/*Germelmann*, § 62 Rz. 81.
3 Damit ist die früher vor allem für das arbeitsgerichtliche Eilverfahren vertretene Ansicht, eine Zurückweisung des Verfügungsgesuchs komme nur nach mündlicher Verhandlung in Betracht (so etwa LAG Hamm v. 3.1.1984 – 8 Ta 365/83, MDR 1984, 348; LAG München v. 14.7.1977 – 5 Ta 59/77, DB 1978, 260; *Heinze*, RdA 1986, 273 (277); *Wenzel*, NZA 1984, 112 [114]), überholt.
4 Zweifelnd *Walker*, Der einstweilige Rechtsschutz, Rz. 292 ff.; Schuschke/*Walker*, § 937 ZPO Rz. 10.
5 So auch LAG Köln v. 13.8.1996 – 11 Ta 173/96, NZA 1997, 317; LAG Rh.-Pf. v. 28.12.1995 – 9 Ta 271/95, LAGE § 62 ArbGG 1979 Nr. 21; LAG Sachsen v. 8.4.1997 – 1 Ta 89/97, NZA 1998, 223 (224); LAG Schl.-Holst. v. 26.5.2011 – 1 Ta 76 c/11, NZA-RR 2011, 663 (664); DLW/*Stichler*, Kap. 16 Rz. 53; *Koch*, NJW 1991, 1856 (1858); *Schwab*, NZA 1991, 657 (662); *Walker*, Gedächtnisschrift Heinze, 2005, S. 1009 (1015); *Wieser*, Arbeitsgerichtsverfahren, Rz. 520.
6 Dann fehlt es im Zweifel am Verfügungsgrund; LAG Köln v. 13.8.1996 – 11 Ta 173/96, NZA 1997, 317.
7 LAG Schl.-Holst. v. 26.5.2011 – 1 Ta 76 c/11, NZA-RR 2011, 663.
8 So GWBG/*Benecke*, § 54 Rz. 1.
9 LAG Hessen v. 16.2.1962 – 5 Sa 8/62, DB 1962, 1052; *Baur*, ZTR 1989, 419 (423); GMP/*Germelmann*, § 54 Rz. 54; HdbVR/*Baur*, B Rz. 5; *Walker*, Der einstweilige Rechtsschutz, Rz. 739; *Walker*, Gedächtnisschrift Heinze, 2005, S. 1009 (1016).

d) Eilkompetenz des Vorsitzenden

117 Die Verweisung in § 62 Abs. 2 Satz 1 bezieht sich auch auf § 944 ZPO. Darin ist die Entscheidungskompetenz des Vorsitzenden geregelt. Die Vorschrift setzt voraus, dass die Entscheidung eine mündliche Verhandlung nicht erfordert und dass eine erhöhte Dringlichkeit gegeben ist, mit der schon das Zusammentreffen des Kollegiums nicht vereinbar wäre. Im arbeitsgerichtlichen Urteils-Eilverfahren wird diese Regelung allerdings durch die Sondervorschrift des § 53 Abs. 1 Satz 1 verdrängt[1]. Danach entscheidet über ein Eilgesuch, wenn keine mündliche Verhandlung stattfindet (§ 937 Abs. 2 ZPO), immer der Vorsitzende allein, ohne dass eine erhöhte Dringlichkeit iSd. § 944 ZPO konkret festgestellt werden muss.

e) Sicherheitsleistung und Lösungssumme

118 Gemäß § 921 Satz 1 ZPO kann einem Eilgesuch gegen Sicherheitsleistung auch dann stattgegeben werden, wenn der Arrest- oder Verfügungsanspruch oder der Arrest- oder Verfügungsgrund nicht glaubhaft gemacht ist. Der Anwendung dieser Vorschrift im arbeitsgerichtlichen Eilverfahren steht § 62 Abs. 1 Satz 1, wonach die Vollstreckung nicht von einer Sicherheitsleistung abhängig gemacht werden kann, nicht entgegen; denn die Regelung in § 921 Satz 1 ZPO schränkt die Vollziehung der Eilanordnung nicht ein, sondern erleichtert den Erlass einer Eilanordnung, was dem Sinn des § 62 Abs. 1 Satz 1 gerade entspricht[2].

119 Auch § 921 Satz 2 ZPO, wonach trotz Glaubhaftmachung die Anordnung einer Sicherheitsleistung möglich ist, findet im arbeitsgerichtlichen Eilverfahren Anwendung. § 62 Abs. 1 Satz 1 steht deshalb nicht entgegen, weil diese Vorschrift nur für den Fall gedacht ist, dass über den geltend gemachten Anspruch bereits eine Entscheidung aufgrund einer umfassenden rechtlichen und tatsächlichen Prüfung ergangen ist. Daran fehlt es aber bei dem mit besonderen Fehlentscheidungsrisiken (möglicher Verzicht auf mündliche Verhandlung; bloße Glaubhaftmachung) belasteten Eilverfahren. § 921 Satz 2 ZPO wird daher von § 62 Abs. 1 Satz 1 nicht verdrängt[3].

120 Aus demselben Grund ist auch § 939 ZPO, wonach unter besonderen Umständen die Aufhebung einer einstweiligen Verfügung gegen Sicherheitsleistung gestattet werden kann, anwendbar[4]. Schließlich wird auch § 923 ZPO durch § 62 Abs. 1 Satz 1 nicht ausgeschlossen. Danach ist in einem Arrestbefehl der Geldbetrag festzusetzen, durch dessen Hinterlegung die Vollziehung des Arrestes gehemmt und der Schuldner zur Aufhebung des vollzogenen Arrestes berechtigt wird. Durch die Vollziehung des Arrestes kann der Gläubiger nämlich ohnehin nicht mehr als die Sicherung der Zwangsvollstreckung wegen seines Anspruches erreichen, und für diese Sicherung ist die Hinterlegung der Lösungssumme genauso geeignet wie die Vollziehung des Arrestes[5]. Falls dagegen der Gläubiger nicht nur auf die Sicherung, sondern auf die einstweilige Durchsetzung seines Anspruches angewiesen ist (zB der ArbN auf die Erfüllung seiner Gehaltsforderung), kann er das nur durch einstweilige Verfügung erreichen. In diesem Fall wird § 923 ZPO durch § 939 ZPO verdrängt. Eine Aufhebung gegen Sicherheitsleistung nach dieser Vorschrift scheidet bei Befriedigungsverfügungen aber ebenfalls aus, weil sie mit dem Sinn dieser Verfügungsart nicht vereinbar ist[6].

f) Vollziehung

121 Die Vollziehung arbeitsrechtlicher Arreste und einstweiliger Verfügungen erfolgt gem. § 62 Abs. 2 Satz 1 ArbGG iVm. §§ 928, 936 ZPO durch Zwangsvollstreckung. Entgegen den Zuständigkeitsregelungen in den § 764 Abs. 2, § 828 Abs. 2, §§ 802e, 802g, 802 ZPO ist für die Vollziehung durch Forderungspfändung und durch Verhaftung nicht das AG als Vollstreckungsgericht, sondern gem. § 930 Abs. 1 Satz 3, § 933 ZPO das ArbG zuständig, wenn es die Eilanordnung erlassen hat. Die Vollziehung muss innerhalb der Monatsfrist des § 929 Abs. 2 ZPO beantragt werden. Sie ist gem. § 929 Abs. 3 Satz 1 ZPO schon vor der Zustellung des Arrest- oder Verfügungsbefehls möglich. Eine Vollstreckungsklausel ist gem. § 929 Abs. 1, § 936 ZPO außer in den Fällen der §§ 727–729 ZPO nicht erforderlich[7].

---

1 GMP/*Germelmann*, § 62 Rz. 71; GK-ArbGG/*Vossen*, § 62 Rz. 93; GWBG/*Benecke*, § 53 Rz. 6 f. und § 62 Rz. 45; HdbVR/*Baur*, B Rz. 8; MünchKommZPO/*Drescher*, § 944 Rz. 5; *Reinhard/Kliemt*, NZA 2005, 545; Stein/Jonas/*Grunsky*, § 944 ZPO Rz. 6; Wieczorek/Schütze/*Thümmel*, § 944 ZPO Rz. 1; *Walker*, Der einstweilige Rechtsschutz, Rz. 736; Schuschke/*Walker*, § 944 ZPO Rz. 7; *Walker*, Gedächtnisschrift Heinze, 2005, S. 1009 (1013); *Wenzel*, NZA 1984, 112 (114); aM *Gift/Baur*, Urteilsverfahren Teil B Rz. 69; *Dietz/Nikisch*, ArbGG § 53 Rz. 4.
2 Schuschke/*Walker*, § 921 ZPO Rz. 10; ebenso *Clemenz*, NZA 2007, 64 (67).
3 Stein/Jonas/*Grunsky*, § 921 ZPO Rz. 13; Schuschke/*Walker*, § 921 ZPO Rz. 16; *Walker*, Der einstweilige Rechtsschutz, Rz. 758.
4 *Dietz/Nikisch*, § 62 ArbGG Rz. 38; Schuschke/*Walker*, § 939 ZPO Rz. 8.
5 Schuschke/*Walker*, § 923 ZPO Rz. 11.
6 Schuschke/*Walker*, § 939 ZPO Rz. 1.
7 Zum verfahrensrechtlichen Sinn dieser Regelungen s. *Walker*, Der einstweilige Rechtsschutz, Rz. 390 ff.

g) Einstweilige Einstellung der Vollziehung nach Einlegung von Rechtsbehelfen

Gemäß **§ 924 Abs. 3 Satz 2 ZPO** kann das Gericht nach Einlegung des Widerspruches gegen die ohne mündliche Verhandlung erlassene Eilanordnung die Vollziehung gegen oder ohne Sicherheitsleistung einstellen, selbst wenn die Vollziehung nicht zu einem für den Schuldner nicht zu ersetzenden Nachteil führen würde. Das folgt daraus, dass die Anwendbarkeit des insoweit einschränkenden § 707 Abs. 1 Satz 2 ZPO durch § 924 Abs. 3 Satz 2 ZPO gerade ausgeschlossen ist. Die Möglichkeit dieser Einstellung der Vollziehung im arbeitsgerichtlichen Eilverfahren wird zum Teil mit der Begründung verneint, § 62 Abs. 1 Satz 3 lasse eine Einstellung der Vollstreckung nur unter engeren Voraussetzungen und nicht gegen Sicherheitsleistung zu[1]. Nach der Gegenansicht soll sich § 62 Abs. 1 Satz 3 nicht auf den einstweiligen Rechtsschutz beziehen[2]; danach müsste über § 62 Abs. 2 die Vorschrift des § 924 Abs. 3 Satz 2 ZPO uneingeschränkt zur Anwendung kommen. Dieser Ansicht ist im Ergebnis zuzustimmen[3]. Der Gläubiger, der durch § 62 Abs. 1 Satz 3 geschützt werden soll, bedarf dieses Schutzes im Fall des § 924 Abs. 3 Satz 2 ZPO auch nicht. Wenn der Gläubiger nämlich (wie bei allen Befriedigungsverfügungen) dringend auf die sofortige Vollziehung angewiesen ist, scheidet nach richtiger Auslegung des § 707 Abs. 1 Satz 1 ZPO, auf den § 924 Abs. 3 Satz 2 ZPO verweist, eine Einstellung der Vollziehung grds. aus, weil sie mit dem Sinn der Befriedigungsverfügung nicht vereinbar wäre[4]. In solchen Fällen kommt eine Einstellung nur dann in Betracht, wenn aufgrund des gegnerischen Vortrags im Widerspruch die für den Fortbestand der einstweiligen Verfügung notwendigen Voraussetzungen offensichtlich fehlen[5]. Bei einer solchen Evidenz wäre aber auch bei der Vollziehung von arbeitsgerichtlichen Eilanordnungen eine Anwendung des § 62 Abs. 1 Satz 3 nicht sachgerecht[6].

h) Schutzschrift

Die vorsorgliche Einreichung einer Schutzschrift[7], die in wettbewerbsrechtlichen Streitigkeiten eine überragende Rolle spielt[8], mag im arbeitsgerichtlichen Eilverfahren nicht gerade häufig sein, entspricht aber offenbar gerade bei arbeitskampfbezogenen Verfügungen einer verbreiteten Praxis[9]. Bei einer Schutzschrift[10], die bis zum 31.12.2015 (zur Rechtslage seit 1.1.2016 s. Rz. 124a) nicht gesetzlich geregelt war, handelt es sich um einen Schriftsatz, mit dem der Antragsgegner eines von ihm selbst erwarteten Eilverfahrens durch eine vorsorgliche Stellungnahme in erster Linie die Zurückweisung des Gesuchs und hilfsweise die Anberaumung einer mündlichen Verhandlung begehrt[11]. Dieser Schriftsatz wird bei dem für die erwartete einstweilige Verfügung zuständigen Gericht eingereicht. Können mehrere Gerichte zuständig sein, musste die Schutzschrift bis zum 31.12.2015 bei allen von ihnen eingereicht werden, wenn sichergestellt sein sollte,

---

1 LAG Hamm v. 10.6.1988 – 8 Ta 254/88, LAGE § 62 ArbGG 1979 Nr. 17; *Dütz*, NZA 1986, 209 (213); GWBG/ *Benecke*, § 62 Rz. 17; *Zöller/Vollkommer*, § 924 ZPO Rz. 13.
2 Vgl. LAG Nürnberg v. 21.8.1985 – 6 TaBV 3/85, LAGE Nr. 15 zu § 62 ArbGG (zum Beschlussverfahren); *Baur*, ZTR 1989, 419 (429); *Gift/Baur*, Urteilsverfahren, Teil J Rz. 142; HdbVR/*Baur*, B Rz. 10; Natter/Gross/*Pfitzer*, § 62 Rz. 60.
3 *Schuschke/Walker*, § 924 ZPO Rz. 24.
4 OLG Frankfurt v. 12.9.1991 – 6 U 140/91, WRP 1992, 120 f.; *Baur*, ZTR 1989, 419 (430); *Walker*, Der einstweilige Rechtsschutz, Rz. 603.
5 *Walker*, Der einstweilige Rechtsschutz, Rz. 604.
6 *Schuschke/Walker*, § 924 ZPO Rz. 24; *Walker*, Der einstweilige Rechtsschutz, Rz. 760.
7 Dazu Schuschke/Walker/*Kessen*, §§ 945a, 945b ZPO Rz. 1 ff.
8 S. nur *Teplitzky*, Wettbewerbsrechtliche Ansprüche, 11. Aufl. 2016, Kap. 55 Rz. 52 ff.
9 S. die entsprechenden Hinweise bei *Baur*, ZTR 1989, 419 (428); *Christoffer*, Die Schutzschrift im arbeitsgerichtlichen Eilverfahren, 2007, S. 7 ff.; *Gift/Baur*, Urteilsverfahren, Teil J Rz. 185 ff.; Däubler/*Colneric*, Arbeitskampfrecht, Rz. 1335; HdbVR/*Baur*, B Rz. 246; *Kissel*, Arbeitskampfrecht, § 65 Rz. 58; *Löwisch*, NZA 1988, Beil. 2, S. 3; *Luckscheiter*, Der einstweilige Rechtsschutz gegen Streiks, S. 165; *Marly*, BB 1989, 770; *May*, Schutzschrift, S. 93; *Steinbrück*, Streikposten und einstweiliger Rechtsschutz im Arbeitskampfrecht, S. 244. Vgl. ferner das Muster einer Schutzschrift gegen eine befürchtete einstweilige Verfügung zwecks Verbots eines Warnstreiks in RdA 1983, 174.
10 S. das Muster einer Schutzschrift bei HdbVR/*Dunkl*, A Rz. 665. Einen davon abweichenden Inhalt für Schutzschriften schlägt *Pastor*, WRP 1972, 229 (235) vor, weil er der Schutzschrift eine begrenztere Funktion als die ganz hM beimisst. Zu den im Detail verschiedenen, jedoch im Wesentlichen ähnlichen Definitionen vgl. *Bülow*, ZZP 98, 274; *Deutsch*, GRUR 1990, 327; HdbVR/*Dunkl*, A Rz. 549; *May*, Schutzschrift, S. 11; *Melullis*, Wettbewerbsrechtliche Prozesspraxis, S. 21; *Nirk/Kurtze*, Wettbewerbsstreitigkeiten, Rz. 126; Schuschke/Walker/*Kessen*, §§ 945a, 945b ZPO Rz. 2; *Teplitzky*, NJW 1980, 1667.
11 S. etwa *Baur*, ZTR 1989, 419 (429); *Borck*, MDR 1988, 908 (914) mit Fn. 66; *Clemenz*, NZA 2007, 64 (70); *Deutsch*, GRUR 1990, 327; HdbVR/*Baur*, H Rz. 252; HdbVR/*Dunkl*, A Rz. 550, 665; *Hilgard*, Die Schutzschrift im Wettbewerbsrecht, S. 14; *Luckscheiter*, Einstweiliger Rechtsschutz gegen Streiks, S. 164; *May*, Schutzschrift, S. 8 f., 33; *Nirk/Kurtze*, Wettbewerbsstreitigkeiten, Rz. 152; Schuschke/Walker/*Kessen*, §§ 945a, 945b ZPO Rz. 2; Schuschke/ *Walker*, § 937 ZPO Rz. 21; *Teplitzky*, NJW 1980, 1667 (1668).

124 Durch das Inkrafttreten der §§ 945a, 945b ZPO, § 62 Abs. 2 Satz 3 wurde der frühere Streit beendet, ob die **Berücksichtigung von Schutzschriften durch das Gericht überhaupt zulässig ist**. Das war auch damals schon zu bejahen. Dem stand entgegen einer verbreiteten Ansicht[2] nicht entgegen, dass die Schutzschrift oft zu einem Zeitpunkt bei Gericht eingereicht wird, in dem das Eilverfahren noch gar nicht rechtshängig ist. Sie steht deshalb zwar unter der aufschiebenden Bedingung, dass der in der Schutzschrift genannte Antragsteller den erwarteten Antrag auch wirklich stellt. Diese Bedingung betrifft aber einen leicht feststellbaren innerprozessualen Vorgang und führt weder zu einer unzulässig bedingten Rechtshängigkeit noch zu einer für die Gegenseite oder das Gericht unzumutbaren Unsicherheit[3]. Das **Gericht war schon vor Einfügung der §§ 945a, 945b ZPO, § 62 Abs. 2 Satz 3 sogar verpflichtet, Schutzschriften zu berücksichtigen**. Das ergibt sich aus Art. 103 Abs. 1 GG[4]. Schutzschriften spielen nämlich nur anstelle einer mündlichen Verhandlung eine Rolle, in dem Verzicht auf mündliche Verhandlung liegt eine Einschränkung des Grundrechts auf vorheriges rechtliches Gehör. Eine solche Einschränkung darf aber nicht weiter gehen, als es zum Schutz eines anderen Rechts mit Verfassungsrang (hier des rechtsstaatlichen Gebots effektiven Rechtsschutzes) unbedingt notwendig ist[5]. Die Nichtberücksichtigung einer Schutzschrift ist aber nicht notwendig. Sie verstieße ferner gegen das rechtsstaatliche Gebot der Ausgewogenheit des Rechtsschutzes. Es wäre nämlich nicht zu rechtfertigen, wenn das Gericht von dem vorliegenden schriftlichen Vortrag beider Parteien (Gesuch des Antragstellers und Schutzschrift des Antragsgegners) nur denjenigen des Antragstellers seiner Entscheidung zugrunde legen und möglicherweise sehenden Auges eine Fehlentscheidung treffen würde[6].

124a Mit Wirkung zum **1.1.2016** wurden die Vorschriften über den einstweiligen Rechtsschutz in der ZPO, auf die § 62 Abs. 2 Satz 1 verweist, durch die neuen §§ 945a, 945b ZPO über die Einreichung von Schutzschriften ergänzt[7]. Seitdem führen nach § 945a Abs. 1 Satz 1 ZPO die Länder ein zentrales länderübergreifendes **elektronisches Schutzschriftenregister**. Eine dort eingestellte Schutzschrift gilt gem. § 945a Abs. 2 ZPO als bei allen ordentlichen Gerichten der Länder und gem. dem ebenfalls seit 1.1.2016 geltenden § 62 Abs. 2 Satz 3 als bei allen ArbG der Länder eingereicht. Das ist für den Antragsgegner eines erwarteten Arrest- oder Verfügungsantrags besonders dann hilfreich, wenn mehrere ArbG zuständig sein können. Die Schutzschrift braucht nur noch einmal zum Register eingereicht zu werden, um bei allen in Betracht kommenden Gerichten anhängig zu werden. Jedes ArbG, bei dem der erwartete Eilantrag eingeht, muss recherchieren, ob eine Schutzschrift in dieser Sache im Register eingestellt ist. Die Einzelheiten über die Einrichtung und Führung des Registers, über die Einreichung von Schutzschriften in das Register, über die Erhebung von Gebühren, über den Abruf von Schutzschriften aus dem Register sowie über die Datenübermittlung und -speicherung, die Datensicherheit und die Barrierefreiheit sind durch Rechtsverordnung geregelt, zu deren Erlass gem. § 945b ZPO[8] das BMJV mit Zustimmung des Bundesrates ermächtigt ist. Durch die §§ 945a, 945b ZPO hat der Gesetzgeber für die Zulässigkeit von Schutzschriften und die Notwendigkeit ihrer Beachtung durch die Gerichte eine Rechtsgrundlage geschaffen. Durch den neuen § 62 Abs. 2 Satz 3 hat er die Relevanz der Schutzschrift auch im Arbeitsrecht bestätigt.

---

1 Vgl. HdbVR/*Dunkl*, A Rz. 551; *Hilgard*, Die Schutzschrift im Wettbewerbsrecht, S. 42; *May*, Schutzschrift, S. 74 f.; *Melullis*, Handbuch des Wettbewerbsprozesses, Rz. 22; *Nirk/Kurtze*, Wettbewerbsstreitigkeiten, Rz. 169; Schuschke/Walker/*Kessen*, §§ 945a, 945b ZPO Rz. 3; *Teplitzky*, Wettbewerbsrechtliche Ansprüche, Kap. 55 Rz. 52.
2 *Leipold*, RdA 1983, 164 (169); kritisch zur Zulässigkeit von Schutzschriften auch GMP/*Germelmann*, § 62 Rz. 115, der aber ihre Berücksichtigung wegen des Anspruchs auf rechtliches Gehör dennoch für notwendig hält; wohl auch *Otto*, Arbeitskampf- und Schlichtungsrecht, § 10 Rz. 36.
3 *Walker*, Der einstweilige Rechtsschutz, Rz. 610.
4 BGH v. 13.2.2003 – I ZB 23/02, NJW 2003, 1257 (1258); OLG Düsseldorf v. 22.9.1981 – 6 W 43/81, MDR 1982, 59 (60); OLG Hamburg v. 13.12.1976 – 3 W 116/76, WRP 1977, 495 (496); OLG Koblenz v. 28.6.1994 – 14 W 349/94, WRP 1995, 246 (247); *Bülow*, ZZP 98 (1985), 274 (281 ff.); *Christoffer*, Die Schutzschrift im arbeitsgerichtlichen Eilverfahren, 2007, S. 42 ff.; *Deutsch*, GRUR 1990, 327 (328); *Gift/Baur*, Urteilsverfahren, Teil J Rz. 186; Schuschke/Walker/*Kessen*, §§ 945a, 945b ZPO Rz. 7; *Teplitzky*, NJW 1980, 1667; *Ulrich*, GRUR 1985, 201 (211); *Walker*, Der einstweilige Rechtsschutz, Rz. 613 f.; *Walker*, Gedächtnisschrift Heinze, 2005, S. 1009 (1019); auch MünchKommZPO/*Drescher*, § 945a Rz. 6.
5 BVerfG v. 8.1.1959 – 1 BvR 396/55, BVerfGE 9, 89 (105); Maunz/Dürig/*Remmert*, Art. 103 Abs. 1 GG Rz. 98.
6 *Walker*, Der einstweilige Rechtsschutz, Rz. 615.
7 BGBl. I S. 3786. Zur Gesetzesbegründung s. BT-Drs. 17/12634, 35 und 37. Zu der Neuregelung *Wehlau/Kalbfus*, ZRP 2013, 101.
8 § 945b ZPO ist am 1.1.2014 in Kraft getreten.

i) Schadensersatz gem. § 945 ZPO

Die Schadensersatzregelung des § 945 ZPO zum Ausgleich der dem Gegner nachteiligen Folgen einer Fehlentscheidung gilt im arbeitsgerichtlichen Urteilsverfahren aufgrund der Verweisung in § 62 Abs. 2 Satz 1 unmittelbar. Zuständig zur Entscheidung über den Schadensersatzanspruch ist das ArbG[1]. Der Anspruch wird nämlich allgemein als ein deliktischer Anspruch eingeordnet[2], und die in dem Erwirken einer ungerechtfertigten arbeitsgerichtlichen Eilanordnung liegende unerlaubte Handlung erfolgt im Zweifel im Zusammenhang mit einem Arbeitsverhältnis (§ 2 Abs. 1 Nr. 3 Buchst. d) oder zum Zwecke des Arbeitskampfes (§ 2 Abs. 1 Nr. 2). Die Zuständigkeit des ArbG ist auch sachgerecht; denn für die Begründetheit der Schadensersatzklage kommt es darauf an, ob der materielle Arrest- oder Verfügungsanspruch ursprünglich fehlte[3], und dessen Gegenstand war im vorangegangenen Eilverfahren gerade für den Rechtsweg zu den in dieser Materie besonders sachkundigen ArbG maßgebend. 125

4. Typische Fallgruppen von arbeitsgerichtlichen einstweiligen Verfügungen

Arbeitsgerichtliche einstweilige Verfügungen kommen in der Praxis vor allem im Zusammenhang mit der Begründung des Arbeitsverhältnisses, zur einstweiligen Durchsetzung der gegenseitigen Haupt- und Nebenpflichten im Arbeitsverhältnis und im Zusammenhang mit dem Arbeitskampf in Betracht. Einstweilige Verfügungen der Gewerkschaft auf Unterlassung der Umsetzung tarifwidriger Vereinbarungen gehören grds. ebenfalls in das Urteilsverfahren[4]; nach der umstrittenen Ansicht des BAG[5] soll dagegen dann, wenn der BR aktiv am Zustandekommen der Vereinbarung beteiligt war, das Beschlussverfahren die richtige Verfahrensart sein[6]. 126

a) Begründung des Arbeitsverhältnisses und Beförderung (Konkurrentenklage)

Der im Auswahlverfahren unterlegene Bewerber um einen Arbeitsplatz oder eine Beförderungsstelle kann sich gegen die vom ArbGeb beabsichtigte Einstellung oder Beförderung eines anderen Mitbewerbers mit der sog. arbeitsrechtlichen Konkurrentenklage[7] gerichtlich zur Wehr setzen. Er kann in aller Regel einen Anspruch auf Neuvornahme der Auswahlentscheidung, ausnahmsweise auch einen Anspruch unmittelbar auf Einstellung oder Beförderung geltend machen[8]. Als Anspruchsgrundlage kommt – soweit eine Einstellung oder Beförderung im öffentlichen Dienst begehrt wird – Art. 33 Abs. 2 GG[9] oder ein Landesgleichstellungsgesetz[10] in Betracht. Dieser Anspruch erlischt allerdings in dem Moment, in dem die umworbene Stelle mit einem anderen Bewerber endgültig besetzt ist; dann ist das Bewerbungsverfahren abgeschlossen, und die von dem Konkurrenten erstrebte Neuvornahme der Auswahlentscheidung wird gegenstandslos[11]. Deshalb muss der Konkurrentenkläger befürchten, dass während der Dauer des Konkurrentenrechtsstreites die Stelle anderweitig besetzt und damit sein ursprünglich begründeter Antrag nachträglich unbegründet wird. Ihm bleibt dann nur die Möglichkeit, dem ArbGeb durch einstweilige 127

---

1 Schuschke/Walker, § 945 ZPO Rz. 53.
2 Vgl. etwa BGH v. 20.3.1979 – VI ZR 30/77, BGHZ 75, 1; Brox/Walker, Zwangsvollstreckungsrecht, Rz. 1573; Zöller/Vollkommer, § 945 ZPO Rz. 3.
3 Walker, Der einstweilige Rechtsschutz, Rz. 442 ff.
4 Zu einem solchen Fall LAG Sachsen v. 19.2.2001 – 2 Sa 624/00, NZA-RR 2002, 439; ArbG Bautzen v. 28.6.2000 – 7 Ga 7004/00, AuR 2000, 431.
5 BAG v. 13.3.2001 – 1 AZB 19/00, NZA 2001, 1037; BAG v. 22.9.1998 – 10 TaBV 1/97, NZA 1999, 887 (889).
6 Kritisch dazu zB Bauer, NZA 1999, 957 (958); Löwisch, BB 1999, 2080 (2081); Walker, ZfA 2000, 29 (49).
7 S. dazu BAG v. 2.12.1997 – 9 AZR 668/96, NZA 1998, 882; BAG v. 2.12.1997 – 9 AZR 445/96, NZA 1998, 884; BAG v. 18.9.2001 – 9 AZR 410/00, NJW 2002, 1220; Seitz, Die arbeitsrechtliche Konkurrentenklage, 1995; Walker, FS 50 Jahre Arbeitsgerichtsbarkeit Rheinland-Pfalz, 1999, S. 603; Walker, FS Söllner, 2000, S. 1231; Zimmerling, ZTR 2000, 489.
8 Walker, FS 50 Jahre Arbeitsgerichtsbarkeit Rheinland-Pfalz, 1999, S. 606.
9 BAG v. 6.5.2014 – 9 AZR 724/12, NZA 2015, 446 Rz. 10; BAG v. 18.9.2001 – 9 AZR 410/00, NJW 2002, 1220; BAG v. 2.12.1997 – 9 AZR 445/96, NZA 1998, 884; BAG v. 5.3.1996 – 1 AZR 590/92, NZA 1996, 751 (752); LAG Düsseldorf v. 7.5.2004 – 18 (14) Sa 164/04, NZA-RR 2005, 107; LAG Köln v. 12.4.2017 – 5 SaGa 4/17, Rz. 24 f.; LAG Schl.-Holst. v. 16.8.2011 – 1 SaGa 8a/11, NZA-RR 2012, 49 (50); BVerfG v. 20.3.2007 – 2 BvR 2470/06, NZA 2007, 607.
10 Dazu etwa BAG v. 2.12.1997 – 9 AZR 668/96, NZA 1998, 882.
11 BAG v. 2.12.1997 – 9 AZR 668/96, NZA 1998, 882 (884); BAG v. 2.12.1997 – 9 AZR 445/96, NZA 1998, 884 (885).

Verfügung untersagen zu lassen, die Stelle bis zum Abschluss des Hauptsacheverfahrens mit einem anderen Bewerber zu besetzen[1]. Es handelt sich dabei um einen typischen Fall der Sicherungsverfügung[2].

128 Der **Verfügungsanspruch** ist der auf Art. 33 Abs. 2 GG oder ein Landesgleichstellungsgesetz gestützte Anspruch auf Neuvornahme der Auswahlentscheidung oder auf Einstellung bzw. Beförderung. Der Antragsteller muss zumindest darlegen und glaubhaft machen, dass der ArbGeb einen Gesichtspunkt, der möglicherweise zu einer anderen Auswahlentscheidung geführt hätte, nicht berücksichtigt hat[3]. Der **Verfügungsgrund** dürfte in aller Regel zu bejahen sein. Für den Verfügungskläger besteht nämlich die Gefahr, dass die Durchsetzung seines Anspruchs auf Neuvornahme der Auswahlentscheidung vereitelt oder erschwert wird, da mit der anderweitigen Besetzung der Stelle sein Anspruch untergeht[4]. Allein der Rechtsschutz im Hauptsacheverfahren wäre wegen der damit verbundenen Zeitdauer kein effektiver Rechtsschutz. Wenn der ArbGeb allerdings versichert, die Stelle bis zum rechtskräftigen Abschluss des Hauptsacheverfahrens nicht zu besetzen, fehlt es an einem Verfügungsgrund.

b) Hauptpflichten im Arbeitsverhältnis

129 Ein Bedürfnis nach einstweiligen Verfügungen besteht selten zur bloßen Sicherung, häufig dagegen zur einstweiligen Durchsetzung der Hauptpflichten aus dem Arbeitsverhältnis.

aa) Vergütung

130 Es entspricht seit langem allgemeiner Ansicht in der Rspr.[5] und im Schrifttum[6], dass der Vergütungsanspruch trotz der zumindest teilweise befriedigenden Wirkung einer entsprechenden Verfügung grds. auch im Wege des einstweiligen Rechtsschutzes durchgesetzt werden kann. Es handelt sich dann um eine Leistungs- oder Befriedigungsverfügung, deren strenge Voraussetzungen beim Verfügungsgrund vorliegen müssen.

(1) Verfügungsanspruch

131 Der Verfügungsanspruch ergibt sich im ungekündigten Arbeitsverhältnis aus § 611 BGB oder aus den § 615 Satz 1, § 293 ff. BGB, möglicherweise jeweils iVm. tariflichen Regeln. Der Anspruch kann sich auch aus den Grundsätzen über das fehlerhafte Arbeitsverhältnis, uU auch aus § 818 Abs. 2 BGB[7] ergeben. Macht der ArbN im gekündigten Arbeitsverhältnis einen Vergütungsanspruch für die Zeit nach Ablauf der Kündigungsfrist geltend, ist umstritten, ob er zur Begründung seines Verfügungsanspruches die Unwirksamkeit der Kündigung darlegen und glaubhaft machen muss[8].

---

1 LAG Köln v. 12.4.2017 – 5 SaGa 4/17, Rz. 23 ff.; LAG Sachsen v. 21.3.2003 – 3 Sa 125/03, NZA-RR 2004, 448 (Ls.); LAG Schl.-Holst. v. 16.8.2011 – 1 SaGa 8a/11, NZA-RR 2012, 49; LAG Thür. v. 13.1.1997 – 8 Sa 232/96, NZA-RR 1997, 234; ArbG Karlsruhe v. 29.11.2002 – 1 Ga 9/02, NZA-RR 2003, 445; *Korinth*, Einstweiliger Rechtsschutz, I Rz. 287, 290, 306; *Schuschke*/Walker, Vor § 935 ZPO Rz. 170; *Walker*, FS 50 Jahre Arbeitsgerichtsbarkeit Rheinland-Pfalz, 1999, 616; *Walker*, ZfA 2005, 45 (54 ff.); *Zimmerling*, ZTR 2000, 489. Zur Zulässigkeit der einstweiligen Verfügung bei der beamtenrechtlichen Konkurrentenklage s. nur BVerfG v. 19.9.1989 – 2 BvR 1576/88, NJW 1990, 501; *Schoch*, Vorläufiger Rechtsschutz und Risikoverteilung im Verwaltungsrecht, 1988, S. 678 ff., 689 ff.; vgl. auch OVG Koblenz v. 20.6.2000 – 10 B 11 025/00, NJW-RR 2001, 281 u. OVG Schleswig v. 15.10.2001 – 3 M 34/01, NJW 2001, 3495 (einstweilige Anordnung auf Unterlassung der Besetzung einer Richterstelle).
2 Ebenso GMP/*Germelmann*, § 62 Rz. 117.
3 LAG Sachsen v. 21.3.2003 – 3 Sa 125/03, NZA-RR 2004, 448.
4 LAG Thür. v. 13.1.1997 – 8 Sa 232/96, NZA-RR 1997, 234 (236); ArbG Karlsruhe v. 29.11.2002 – 1 Ga 9/02, NZA-RR 2003, 445.
5 Vgl. nur LAG BW v. 24.11.1967 – 7 Sa 114/67, BB 1968, 335; LAG Bremen v. 5.12.1997 – 4 Sa 258/97, AP Nr. 10 zu § 611 BGB – Weiterbeschäftigung; LAG Hamburg v. 6.5.1986 – 1 Ta 7/86, DB 1986, 1629; LAG Hamm v. 19.9.1958 – 4 Sa 386/58, BB 1959, 118; LAG Köln v. 22.9.1961 – 3 Q 24/61, AP Nr. 4 zu § 940 ZPO; LAG Schl.-Holst. v. 26.8.1958 – 1 Ta 30/58, AP Nr. 1 zu § 940 ZPO; LAG Tübingen v. 19.4.1961 – 7 Ta 4/61, NJW 1961, 2178.
6 S. nur *Eich*, DB 1976, Beil. 10; *Faecks*, NZA 1985, Beil. 3, S. 6 (8); *Korinth*, Einstweiliger Rechtsschutz, I Rz. 232 ff.; Musielak/*Huber*, § 940 ZPO Rz. 17; *Schuschke*/Walker, Vor § 935 ZPO Rz. 168; *Vossen*, RdA 1991, 216; *Walker*, Der einstweilige Rechtsschutz, Rz. 701 ff.; *Walker*, ZfA 2005, 45 (56 f.); Zöller/*Vollkommer*, § 940 ZPO Rz. 8 – Arbeitsrecht.
7 S. etwa BAG v. 1.3.1990 – 6 AZR 649/88, NZA 1990, 696; *Vossen*, RdA 1991, 216 (218); *Walker*, DB 1988, 1596.
8 Bejahend etwa *Korinth*, Einstweiliger Rechtsschutz, I Rz. 236; verneinend Natter/Gross/*Pfitzer*, § 62 Rz. 65.

(2) Verfügungsgrund

Für den Verfügungsgrund ist zunächst erforderlich, dass eine derartige Befriedigungsverfügung **notwendig** iSv. § 940 ZPO ist[1]. Der ArbN muss sich in einer Notlage befinden und auf die sofortige Zahlung angewiesen sein. Daran fehlt es, wenn der ArbN in der Zeit, in welcher der ArbGeb die beanspruchte Vergütung nicht zahlt, seinen Lebensunterhalt anderweitig (ggf. mit Hilfe der Verwandtschaft)[2] bestreiten kann[3]. Die bloße Möglichkeit, Sozialhilfe zu beziehen, schließt dagegen wegen der Subsidiaritätsklausel in § 2 Abs. 1 SGB XII (s. auch § 9 SGB I) die Notlage eines ArbN iSv. § 940 ZPO nicht aus[4]. Auch die Vorschriften über Alg (§§ 136 ff. SGB III) und Alg II (§§ 19 ff. SGB II) bezwecken nicht, den ArbGeb vor einer gerichtlichen Inanspruchnahme im Eilverfahren zu schützen[5]; deshalb ist der Verfügungsgrund nach hier vertretener, allerdings umstrittener Ansicht nicht allein deshalb ausgeschlossen, weil der ArbN Ansprüche nach dem SGB III geltend machen kann[6]. Sobald der ArbN dagegen Leistungen nach dem SGB XII, dem SGB III oder dem SGB II nicht nur beanspruchen kann, sondern tatsächlich erhält, und diese Leistungen zur Bestreitung seines Lebensunterhaltes ausreichen, fehlt es nach allgemeiner Ansicht an einem Verfügungsgrund[7]. Aus dem Erfordernis einer Notlage folgt auch, dass der im Eilverfahren durchsetzbare Vergütungsanspruch der **Höhe** nach und in der **Dauer begrenzt** ist. Der dem ArbN zuzusprechende Betrag sollte grundsätzlich[8] unterhalb der Pfändungsfreigrenzen liegen; denn bei deren Bemessung wird gerade von einem höheren als für den Lebensunterhalt notwendigen Betrag ausgegangen, um dem ArbN einen Anreiz zur Arbeit zu geben[9]. Eine Berechnung im Einzelfall ist vorzugswürdig; möglich ist aber auch eine Orientierung an der Höhe des Alg[10]. Die Dauer der Verurteilung ist auf einige Monate, höchstens auf die Dauer eines Hauptsacheverfahrens zu beschränken. Für die **Interessenabwägung**, die bei der Prüfung des Verfügungsgrundes im Rahmen von Befriedigungsverfügungen immer erforderlich ist, kommt es in erster Linie auf den voraussichtlichen Ausgang des Hauptsacheverfahrens an[11]. Wird der ArbN hier mit großer Wahrscheinlichkeit unterliegen, kann sein Verfügungsgesuch selbst bei einer großen Notlage keinen Erfolg haben.

132

bb) Arbeitsleistung

Der Anspruch des ArbGeb auf Erbringung der Arbeitsleistung kann nicht durch eine einstweilige Befriedigungsverfügung vorläufig durchgesetzt werden, sofern es bei der Arbeitsleistung um eine **unvertretbare Handlung** geht, was nach Ansicht des BAG immer der Fall ist (Rz. 77). Das folgt aus § 888 Abs. 3 ZPO, wonach derartige Ansprüche nicht vollstreckbar sind. Deshalb muss auch eine Sicherung oder eine vorläufige Durchsetzung der Zwangsvollstreckung ausscheiden (s. schon Rz. 110). Dieses Vollstreckungsverbot kann auch nicht durch eine einstweilige Verfügung auf Unterlassen einer Tätigkeit bei einem anderen ArbGeb umgangen werden[12], sofern sich nicht ein entsprechender Verfügungsanspruch aus einem vereinbarten Wettbewerbsverbot ergibt. Besteht die Arbeitsleistung dagegen in einer nach § 887 ZPO zu vollstreckenden **vertretbaren Handlung** (nach Ansicht des BAG niemals, Rz. 77), für die § 888 Abs. 3 ZPO nicht gilt, liegt zwar ein vollstreckbarer Verfügungsanspruch vor. Es dürfte aber regelmäßig an einem Verfügungsgrund fehlen; denn die Einstellung eines ErsatzArbN (Ersatzvornahme) ist dem ArbGeb auch ohne

133

---

1 Dazu etwa LAG Bremen v. 5.12.1997 – 4 Sa 258/97, AuR 1998, 206; LAG Hessen v. 9.7.1995 – 13 Ta 242/95, DB 1996, 48.
2 LAG Hamm v. 29.10.2009 – 11 SaGa 28/09, Rz. 30 (juris).
3 *Eich*, DB 1976, Beil. 10, S. 6 f.; *Schuschke*/Walker, Vor § 935 ZPO Rz. 168; *Vossen*, RdA 1991, 216 (221); s. auch ArbG Frankfurt v. 6.1.1999 – 2 Ga 267/98, DB 1999, 289.
4 *Brox/Walker*, Zwangsvollstreckungsrecht, Rz. 1613; GK-ArbGG/*Vossen*, § 62 Rz. 67; Natter/Gross/*Pfitzer*, § 62 Rz. 65; *Schuschke*/Walker, Vor § 935 ZPO Rz. 47 (jeweils mit zahlreichen Nachweisen); aM Wieczorek/Schütze/*Thümmel*, § 940 ZPO Rz. 22.
5 *Faecks*, NZA 1985, Beil. 3, S. 6 (8), allerdings noch zur früheren Arbeitslosenhilfe.
6 GWBG/*Benecke*, § 62 Rz. 39; *Reinhard/Kliemt*, NZA 2005, 545 (552); *Vossen*, RdA 1991, 216 (222); aM LAG Hamburg v. 6.5.1986 – 1 Ta 7/86, DB 1986, 1629; GK-ArbGG/*Vossen*, § 62 Rz. 67; wohl auch GMP/*Germelmann*, § 62 Rz. 104; Wieczorek/Schütze/*Thümmel*, § 940 ZPO Rz. 22.
7 So zum Bezug von Sozialhilfe OLG Oldenburg v. 26.2.1991 – 12 UF 159/90, NJW 1991, 2029; OLG Celle v. 1.12.1989 – 17 WF 246/89, NJW-RR 1991, 137; *Brox/Walker*, Zwangsvollstreckungsrecht, Rz. 1613 mwN; *Schuschke*/Walker, Vor § 935 ZPO Rz. 168; Wieczorek/Schütze/*Thümmel*, § 940 ZPO Rz. 22.
8 Ausnahmen sind zB bei besonders hohen Mieten oder Schulden denkbar, müssen dann aber vom ArbN substanziiert dargelegt werden.
9 *Walker*, Der einstweilige Rechtsschutz, Rz. 704.
10 *Korinth*, Einstweiliger Rechtsschutz, I Rz. 242.
11 So wohl auch LAG Hessen v. 9.7.1995 – 13 Ta 242/95, DB 1996, 48.
12 *Korinth*, Einstweiliger Rechtsschutz, I Rz. 4.

c) Nebenpflichten im Arbeitsverhältnis

134 Eine größere Bedeutung als bei der vorläufigen Durchsetzung des Vergütungsanspruchs spielen die einstweiligen Verfügungen im Zusammenhang mit den Nebenpflichten im Arbeitsverhältnis.

aa) Urlaub

135 Der Anspruch des ArbN, überhaupt Erholungsurlaub zu erhalten, wird selten bestritten und schon deshalb kaum Gegenstand eines Eilverfahrens sein. Dagegen gehen die Interessen des ArbGeb und des ArbN über die zeitliche Lage des Urlaubs oft auseinander. Auch die Gewährung von Bildungsurlaub oder von Sonderurlaub muss gelegentlich gerichtlich erstritten werden. Dazu kann eine Befriedigungsverfügung erlassen werden (s. aber noch Rz. 139). Eine lediglich auf Feststellung gerichtete Eilanordnung ist unzulässig[2] (s. schon Rz. 107 aE).

(1) Verfügungsansprüche

136 Sowohl der Anspruch des ArbN auf **Gewährung von Erholungsurlaub** (§§ 1 ff. BUrlG) als auch der Anspruch auf zeitliche Festlegung des Urlaubs (vgl. § 7 BUrlG) können trotz der befriedigenden Wirkung einer einstweiligen Verfügung grds. im Wege des einstweiligen Rechtsschutzes geltend gemacht werden[3]. Die Darlegung der Voraussetzungen der genannten Verfügungsansprüche im Zusammenhang mit dem Erholungsurlaub bietet idR weniger Schwierigkeiten. Dagegen ist beim Anspruch auf bezahlten **Bildungsurlaub** nach den landesrechtlichen Bildungsurlaubsgesetzen die Prüfung des Verfügungsanspruchs, der auf bezahlte Freistellung für eine konkrete Veranstaltung in einem bestimmten Zeitraum gerichtet ist, deutlich schwieriger. Hier besteht oft Streit, ob die vom ArbN ausgesuchte Veranstaltung ihrem Thema nach überhaupt für Bildungsurlaub in Betracht kommt[4]. Ein Anspruch auf **Sonderurlaub** kann sich aus einem TV ergeben. So kann der Beschäftigte im öffentlichen Dienst nach § 28 TVöD (früher § 50 Abs. 2 BAT[5]) bei Vorliegen eines wichtigen Grundes unbezahlten Sonderurlaub erhalten. In allen Fällen ist der Anspruch auf **Abgabe einer Willenserklärung** durch den ArbGeb gerichtet. Ob dementsprechend auch der **Antrag** auf Erlass einer einstweiligen Verfügung und der Tenor einer stattgebenden Entscheidung zu formulieren sind, hängt mit der Vollziehungsproblematik zusammen (dazu sogleich Rz. 139).

(2) Verfügungsgrund

137 Hinsichtlich des Anspruchs auf **Festlegung der Urlaubszeit** ist ein Verfügungsgrund denkbar, wenn es dem ArbN darauf ankommt, in einem ganz bestimmten Zeitraum Urlaub zu bekommen, und wenn eine von seinem Willen abweichende zeitliche Lage des Urlaubs ihn in eine **Notlage** bringen würde. An einer solchen Notlage wird es jedoch oft fehlen. Immerhin dürfte sie zu bejahen sein, wenn der ArbGeb auf die entsprechenden Festlegungswünsche des ArbN nicht reagiert[6]; denn angesichts der wachsenden Notwendigkeit, Urlaubsreisen und -quartiere immer rechtzeitiger zu buchen, braucht der ArbN sich nicht ohne Grund hinhalten zu lassen, zumal der ArbGeb kraft Gesetzes die Urlaubswünsche des ArbN zu berücksichtigen hat (vgl. § 7 Abs. 1 BUrlG). Selbst in diesen Fällen muss allerdings noch die bei allen Befriedigungs-

---

1 *Brox/Walker*, Zwangsvollstreckungsrecht, Rz. 1593; *Schuschke*/Walker, Vor § 935 ZPO Rz. 165; LAG Hamburg v. 18.7.2002 – 3 Ta 18/02, DB 2002, 2003 (2004).
2 LAG Rh.-Pf. v. 18.11.1996 – 9 Sa 725/96, BB 1997, 1643; *Walker*, ZfA 2005, 45 (57); *Walker*, FS Leinemann, 2006, S. 641 (643).
3 S. nur LAG BW v. 3.6.2009 – 10 SaGa 8/08, NZA-RR 2010, 178 (179); LAG BW v. 29.10.1968 – 4 Ta 14/68, BB 1968, 1330; LAG Hamm v. 19.6.1970 – 8 Ta 35/70, DB 1970, 1396; LAG Köln v. 9.2.1991 – 8 Sa 94/91, NZA 1991, 396; LAG Rh.-Pf. v. 7.3.2002 – 7 Ta 226/02, NZA-RR 2003, 130; *Faecks*, NZA 1985, Beil. 3, S. 6 (8); HdbVR/*Baur*, B Rz. 25c; *Schuschke*/Walker, Vor § 935 ZPO Rz. 167; *Walker*, FS Leinemann, 2006, S. 641 (645 ff.).
4 Zu dem häufigen Streit über den für eine Bildungsveranstaltung geeigneten thematischen Gegenstand s. etwa *Faecks*, NZA 1985, Beil. 3, S. 6 (8); zur gerichtlichen Prüfungskompetenz s. BAG v. 9.2.1993 – 9 AZR 648/90, NZA 1993, 1032; LAG Hessen v. 7.6.1993 – 11 Sa 629/93, NZA 1994, 267 (268).
5 Zu einer einstweiligen Verfügung auf Gewährung von Sonderurlaub nach § 50 Abs. 2 BAT ArbG Berlin v. 3.1.2003 – 86 Ga 35 147/02, NZA-RR 2004, 51.
6 Vgl. den Sachverhalt bei LAG Hamm v. 13.6.2000 – 19 Sa 2246/99, NZA-RR 2001, 134. In diesem Fall hatte der ArbGeb sich acht Monate lang zu einem frühzeitig beantragten Sommerurlaub nicht geäußert, und der ArbN hatte drei Tage vor dem Beginn des beantragten Urlaubs mit Erfolg eine einstweilige Verfügung auf Urlaubserteilung erwirkt.

verfügungen notwendige **Interessenabwägung** stattfinden. Diese kann bei überwiegenden betrieblichen Belangen zu Gunsten des ArbGeb ausgehen. Der ArbN ist auch dann nicht schutzwürdig, wenn er sich durch voreilige Aufwendungen im Hinblick auf einen geplanten, aber noch nicht abgesprochenen Urlaub selbst in eine schwierige Lage gebracht hat[1]. Schließlich kann der Verfügungsgrund – wie immer – an einer Selbstwiderlegung scheitern, wenn nämlich der ArbN mehrere Monate zuwartet, bevor er versucht, seinen Urlaubsanspruch durchzusetzen[2].

Der Anspruch auf **Bildungsurlaub** für eine bestimmte Veranstaltung lässt sich im Hauptsacheverfahren nur selten durchsetzen, weil der ArbN in der Zeit zwischen der Ablehnung durch den ArbGeb und dem bevorstehenden Termin für die Veranstaltung keine Hauptsacheentscheidung erreichen kann. Hier begründet also die Gefahr eines endgültigen Rechtsverlustes hinsichtlich der ausgewählten Veranstaltung die **Notwendigkeit** einer einstweiligen Verfügung[3], sofern der ArbN nicht durch sein zögerliches Verhalten selbst die Eilbedürftigkeit herbeigeführt hat[4]. Die zusätzlich erforderliche **Interessenabwägung** geht allerdings dann zu Gunsten des ArbGeb aus, wenn der Freistellung des ArbN überwiegende betriebliche Belange entgegenstehen und der ArbN die Möglichkeit hat, eine zumindest vergleichbare Veranstaltung in einem anderen Zeitraum zu besuchen[5]. 138

(3) Vollziehung

Problematisch ist die Vollziehung einer Urlaubsverfügung, weil der Verfügungsanspruch auf Abgabe einer Willenserklärung gerichtet ist. Nach § 894 ZPO gilt die Willenserklärung erst mit Rechtskraft des Urteils als abgegeben. Es wäre aber mit dem Gebot effektiven Rechtsschutzes unvereinbar, wenn man aus diesem Grunde einstweilige Verfügungen auf Abgabe einer Willenserklärung für unzulässig halten oder auf die Rechtskraft des Urteils im Hauptsacheverfahren abstellen würde. Vielmehr ist § 894 ZPO zumindest in dem Sinne anzuwenden, dass mit „Urteil" auch ein solches im Eilverfahren gemeint ist[6]. Nach verschiedenen weitergehenden Vorschlägen braucht mit der Vollziehung aber nicht einmal bis zur formellen Rechtskraft des Verfügungsurteils gewartet zu werden. Teilweise wird vorgeschlagen, die einstweilige Verfügung als Gestattungs-[7] oder Duldungsverfügung[8] zu tenorieren, so dass es gar keines besonderen Vollziehungsaktes bedarf; dementsprechend ist dann schon der Verfügungsantrag zu formulieren. Nach anderer Ansicht kann der Gläubiger die Vollziehung nach § 888 ZPO betreiben[9]. Schließlich wird zwar von einem Antrag auf Abgabe einer Willenserklärung (Urlaubsgewährung) ausgegangen, aber eine verfassungskonforme Reduktion des § 894 ZPO in dem Sinne befürwortet, dass die Fiktionswirkung nach dieser Norm nicht erst mit Rechtskraft, sondern schon mit Zustellung des Verfügungsurteils eintritt[10]. 139

bb) Beschäftigung

Der Beschäftigungsanspruch im gekündigten und im ungekündigten Arbeitsverhältnis sowie die Entbindung des ArbGeb von dem Weiterbeschäftigungsanspruch bilden, abgesehen vom Arbeitskampfrecht, den Hauptanwendungsfall für einstweilige Verfügungen im arbeitsgerichtlichen Urteilsverfahren. Hinsichtlich der Voraussetzungen ist zu unterscheiden: 140

---

1 LAG Rh.-Pf. v. 7.3.2002 – 7 Ta 226/02, NZA-RR 2003, 130; ArbG Hamm v. 10.5.1983 – 1 GA 7/83, DB 1983, 1553 (1554); *Hiekel*, NZA 1990, Beil. 2, S. 32 (39); *Schuschke*/*Walker*, Vor § 935 ZPO Rz. 147; *Walker*, Der einstweilige Rechtsschutz, Rz. 671.
2 LAG Hamburg v. 23.8.2016 – 4 Sa 1/16, bearbeitet von *Rütz*, DB 2017, 794.
3 Vgl. LAG Hessen v. 7.6.1993 – 11 Sa Ga 629/93, NZA 1994, 267 (270).
4 LAG Hessen v. 22.10.1998 – 15 Ta 577/98, NZA-RR 1999, 606.
5 *Walker*, Der einstweilige Rechtsschutz, Rz. 672.
6 *Walker*, FS Leinemann, 2006, S. 641 (651).
7 *Corts*, NZA 1998, 357 (358); *Hiekel*, NZA Beil. 2/1990, 32 (38); *Korinth*, Einstweiliger Rechtsschutz, I Rz. 227; *Reinhard*/*Kliemt*, NZA 2005, 545 (550).
8 HWK/*Schinz*, BUrlG § 7 Rz. 63.
9 ArbG Berlin v. 3.1.2003 – 86 Ga 35147/02, NZA-RR 2004, 51.
10 Vgl. LAG BW v. 3.6.2009 – 10 SaGa 1/09, NZA-RR 2010, 178 (179); OLG Köln v. 7.12.1995 – 18 U 93/95, NJW-RR 1997, 59; KasselerHB/*Schütz*, 2.4 Rz. 667; MünchArbR/*Boewer*, § 91 Rz. 17; *Walker*, FS Leinemann, 2006, S. 641 (653).

(1) Der allgemeine (Weiter-)Beschäftigungsanspruch

141 Der Anspruch des ArbN gegen den ArbGeb auf tatsächliche (Weiter-)Beschäftigung kann wegen seiner Zeitgebundenheit nicht anders als durch eine Befriedigungsverfügung gesichert werden. Beschäftigungsverfügungen sind allgemein anerkannt[1].

(a) Verfügungsanspruch

142 Wegen der Voraussetzungen des Verfügungsanspruchs muss genau danach unterschieden werden, ob es sich um einen Beschäftigungsanspruch im ungekündigten oder im gekündigten Arbeitsverhältnis handelt.

(aa) Beschäftigungsanspruch im ungekündigten Arbeitsverhältnis

143 Der allgemeine Beschäftigungsanspruch im ungekündigten Arbeitsverhältnis ist spätestens seit der Grundsatzentscheidung des Großen Senats des BAG vom 27.2.1985[2] allgemein anerkannt. Danach ist der ArbGeb aus dem Arbeitsverhältnis nach dem Grundsatz von **Treu und Glauben** und unter Berücksichtigung der **Wertentscheidungen der Art. 1 und 2 GG** verpflichtet, die vom ArbN geschuldete Arbeitsleistung nicht nur als ein Wirtschaftsgut, sondern auch als Ausdruck der Persönlichkeit des ArbN zu verstehen. Dieser muss deshalb nicht nur entlohnt, sondern auch tatsächlich vertragsgemäß beschäftigt werden. Aus dem Grundsatz von Treu und Glauben wird aber auch hergeleitet, dass den genannten Interessen des ArbN diejenigen des ArbGeb gegenüberzustellen sind; im Rahmen dieser **Interessenabwägung** muss das ideelle Interesse des ArbN an tatsächlicher Beschäftigung dort zurücktreten, wo überwiegende schützenswerte Interessen des ArbGeb (Vertrauensverlust, Auftragsmangel, Wahrung von Betriebsgeheimnissen, endgültiger Wegfall des Arbeitsplatzes) entgegenstehen[3]. Nach der Entscheidung des Großen Senats ist also bereits der materielle Verfügungsanspruch von einer Interessenabwägung abhängig, die sonst erst im Rahmen des Verfügungsgrundes bei Befriedigungsverfügungen von Bedeutung ist. Diese Interessenabwägung geht im ungekündigten Arbeitsverhältnis in aller Regel zu Gunsten des ArbN und nur bei besonderen, der Beschäftigung entgegenstehenden Gründen zu Gunsten des ArbGeb aus. Die gleichen Grundsätze gelten auch, wenn der Beschäftigungsanspruch von einem BR-Mitglied während des Zustimmungsersetzungsverfahrens nach § 103 Abs. 2 BetrVG geltend gemacht wird[4] sowie dann, wenn die Weiterbeschäftigung in einem schon gekündigten Arbeitsverhältnis bis zum Ablauf der Kündigungsfrist begehrt wird[5]. An einem Verfügungsanspruch fehlt es auch, wenn die Arbeitsvertragsparteien vorab für den Fall der Kündigung die Beschäftigungspflicht des ArbGeb abbedungen und die Suspendierung vereinbart haben[6] oder wenn der Insolvenzverwalter aus insolvenzspezifischen Gründen einen Teil der Belegschaft wirksam von der Arbeit freistellt[7]. Schließlich ist kein Verfügungsanspruch gegeben, wenn die Beschäftigung mit einer bestimmten Tätigkeit begehrt wird, obwohl der ArbGeb im Wege seines Direktionsrechts dem ArbN zulässigerweise eine andere Tätigkeit zugewiesen hat[8]. Und selbst bei einer an sich vertragswidrigen Versetzung kann der Anspruch auf Beschäftigung in der bisherigen Tätigkeit infolge der Interessenabwägung ausgeschlossen sein, wenn dem ArbN bis zur Klärung im Hauptsacheverfahren aufgrund der Versetzung keine spürbaren

---

1 S. nur LAG BW v. 30.8.1993 – 15 Sa 35/93, NZA 1995, 683; LAG Hamm v. 12.12.2001 – 10 Sa 1741/01, NZA-RR 2003, 311; LAG Hamm v. 27.9.2000 – 2 Sa 1178/00, NZA-RR 2001, 654 (655); LAG Hamm v. 18.2.1998 – 3 Sa 297/98, NZA-RR 1998, 422; LAG Hamm v. 9.3.1995 – 12 Sa 2036/94, NZA-RR 1996, 145; LAG München v. 18.9.2002 – 5 Sa 619/02, NZA-RR 2003, 269; LAG München v. 10.2.1994 – 5 Sa 969/93, NZA 1994, 997; LAG Sachsen v. 8.3.1996 – 3 Sa 77/96, NZA-RR 1997, 4; ArbG Freiburg v. 12.1.2012 – 3 Ga 1/12, NZA-RR 2012, 212; ArbG Münster v. 20.8.2009 – 1 Ga 39/09, SpuRt 2011, 77; *Walker*, ZfA 2005, 45 (59 ff.).
2 BAG v. 27.2.1985 – GS 1/84, DB 1985, 2197.
3 BAG v. 27.2.1989 – GS 1/84, DB 1985, 2197 (2200); LAG Hamm v. 18.9.2003 – 17 Sa 1275/03, NZA-RR 2004, 244 (246 f.); LAG Sachsen v. 14.4.2000 – 3 Sa 298/00, NZA-RR 2000, 588 (589); ArbG Freiburg v. 12.1.2012 – 3 Ga 1/12, NZA-RR 2012, 212 (214). *Färber/Kappes*, NZA 1986, 215 (216 f.); *Reinhard/Kliemt*, NZA 2005, 545 (547); *Schwerdtner*, ZIP 1985, 1361 (1366).
4 LAG Hamm v. 12.12.2001 – 10 Sa 1741/01, NZA-RR 2003, 311 (312 f.).
5 LAG Hamm v. 19.8.1976 – 3 AZR 173/75, NJW 1977, 215; LAG München v. 19.8.1992 – 5 Ta 185/92, NZA 1993, 1130; ArbG Leipzig v. 8.8.1996 – 18 Ga 37/96, BB 1997, 366.
6 LAG Hamm v. 3.2.2004 – 19 Sa 120/04, NZA-RR 2005, 358; ArbG Köln v. 9.5.1996 – 8 Ga 80/96, NZA-RR 1997, 186 (187); ArbG Stralsund v. 11.8.2004 – 3 Ga 7/04, NZA-RR 2005, 23.
7 LAG Hamm v. 27.9.2000 – 2 Sa 1178/00, NZA-RR 2001, 654 (655).
8 LAG Hamm v. 3.7.2008 – 11 SaGa 29/08, NZA-RR 2008, 464 (kein Teilnahmerecht als Bundestrainer bei den Olympischen Spielen).

Nachteile drohen[1]. Das ist ua. der Fall, wenn der ArbN während der Dauer der Versetzung ohnehin arbeitsunfähig erkrankt ist[2].

(bb) Weiterbeschäftigungsanspruch im gekündigten Arbeitsverhältnis nach Ablauf der Kündigungsfrist

Wird im gekündigten Arbeitsverhältnis die Weiterbeschäftigung für die Zeit nach Ablauf der Kündigungsfrist oder nach Wirksamwerden der außerordentlichen Kündigung begehrt, gehört zunächst die rechtzeitige Erhebung der Kündigungsschutzklage zu den Voraussetzungen des materiellen Verfügungsanspruchs[3]. Für die **Interessenabwägung**, von deren Ausgang nach der Entscheidung des Großen Senats der Weiterbeschäftigungsanspruch abhängt, gelten folgende Regeln: Bis zu einer gerichtlichen Entscheidung im Kündigungsschutzprozess überwiegt das Interesse des ArbGeb, den ArbN nicht zu beschäftigen. Auf der Seite des ArbN ist nämlich nur dessen ideelles Beschäftigungsinteresse gefährdet, während sein materielles Vergütungsinteresse schon dadurch geschützt ist, dass er im Fall der Unwirksamkeit der Kündigung gem. §§ 615, 293 ff. BGB auch dann einen Vergütungsanspruch hat, wenn er nicht beschäftigt wurde[4]. Dagegen ist auf der Seite des ArbGeb nicht nur dessen ideelles Interesse zu berücksichtigen, den ArbN nicht mehr beschäftigen zu müssen, sondern auch sein materielles Interesse, nicht zur Zahlung einer Vergütung verpflichtet zu sein; diesem materiellen Interesse kann im Fall einer tatsächlichen Weiterbeschäftigung nämlich kaum Rechnung getragen werden, weil der ArbN dann selbst bei einem für ihn negativen Ausgang der Kündigungsschutzklage entweder nach den Regeln über das fehlerhafte Arbeitsverhältnis die vereinbarte Vergütung[5], zumindest aber gem. § 818 Abs. 2 BGB Wertersatz für seine geleistete Arbeit beanspruchen kann[6]. Weil dieses materielle Interesse des ArbGeb dem lediglich ideellen Beschäftigungsinteresse des ArbN in aller Regel vorgeht, besteht grds. nach Ablauf der Kündigungsfrist oder nach Wirksamwerden der außerordentlichen Kündigung kein auf Weiterbeschäftigung gerichteter Verfügungsanspruch[7].

Etwas anderes gilt, wenn die **Kündigung offensichtlich unwirksam** ist. Davon geht die Rspr. aus, wenn sich schon aus dem eigenen Vortrag des ArbGeb ohne jede Beweiserhebung und ohne, dass ein Beurteilungsspielraum gegeben wäre, jedem Kundigen die Unwirksamkeit der Kündigung geradezu aufdrängen muss[8]. Dann wirkt sich der Gesichtspunkt der Eindeutigkeit der Rechtslage, der bei anderen einstweiligen Verfügungen erst beim Verfügungsgrund eine maßgebliche Rolle spielt, hier also schon beim Verfügungsanspruch aus. Das ist die Konsequenz daraus, dass nach der Rspr. bereits der Bestand des materiellen Weiterbeschäftigungsanspruchs von einer zu Gunsten des ArbN ausgehenden Interessenabwägung abhängig ist. Bei offensichtlicher Unwirksamkeit der Kündigung können nur unter vom ArbGeb darzulegenden Ausnahmevoraussetzungen seine Interessen an einer Nichtbeschäftigung des ArbN dessen Weiterbeschäftigungsanspruch entgegenstehen[9]. Diese Regeln für die Beschäftigung nach einer offensichtlich unwirksamen Kündigung wendet die Rspr. zT auch dann an, wenn nach einer offensichtlich unwirksamen Versetzung Beschäftigung zu den bisherigen Arbeitsbedingungen begehrt wird[10]. Das ist jedoch nicht zwingend; denn das ideelle Interesse an einer Beschäftigung auf einem bestimmten Arbeitsplatz dürfte idR nicht genauso schützenswert sein wie das ideelle Interesse daran, überhaupt beschäftigt zu werden[11].

Sobald ein **instanzgerichtliches Urteil** vorliegt, welches die Unwirksamkeit der Kündigung und damit den Fortbestand des Arbeitsverhältnisses feststellt, überwiegen wie beim Beschäftigungsanspruch im ungekündigten Arbeitsverhältnis die Interessen des ArbN. Mit der Regelung in § 62 Abs. 1 über die vorläufige Vollstreckbarkeit hat der Gesetzgeber nämlich zum Ausdruck gebracht, dass er die Vollstreckungsinteressen

---

1 So ArbG Stuttgart v. 16.2.2016 – 5 Ga 9/16, SpuRt 2016, 226 (allerdings zum Verfügungsgrund) bei der Versetzung eines Konditions- und Rehatrainers aus dem Lizenz- in den Nachwuchsbereich.
2 LAG Hamm v. 16.7.2015 – 18 SaGa 13/15, DB 2015, 2276 (allerdings zum Verfügungsgrund).
3 BAG v. 25.2.1985 – GS 1/84, DB 1985, 2197 (2204); *Eich*, DB 1986, 692 (697).
4 BAG v. 27.2.1985 – GS 1/84, DB 1985, 2197 (2200); BAG v. 17.1.1981 – 8 AZR 483/89, ZIP 1991, 1092 (1093); *Eich*, DB 1986, 692.
5 So LAG Nds. v. 10.3.1989 – 3 Sa 362/88, DB 1989, 2234 (2235 f.); *Dütz*, AuR 1987, 317 (321 ff.); *Falkenberg*, DB 1987, 1534 (1538).
6 So BAG v. 1.3.1990 – 6 AZR 649/88, NZA 1990, 696 (697); BAG v. 10.3.1987 – 8 AZR 146/84, DB 1987, 1045; *Barton/Hönsch*, NZA 1987, 721 (724); *Bengelsdorf*, DB 1989, 2020; *Walker*, DB 1988, 1596 (1597 ff.).
7 Ebenso *Baur*, ZTR 1989, 375 (381); *Eich*, DB 1986, 697; *Thieme*, NZA 1986, Beil. 3, S. 20 (23); aM LAG Nds. v. 22.5.1987 – 3 Sa 557/87, DB 1987, 2664.
8 BAG v. 27.2.1985 – GS 1/84, DB 1985, 2197 (2202 f.); LAG Hamm v. 3.2.2004 – 19 Sa 120/04, NZA-RR 2005, 358 (360).
9 BAG v. 27.2.1985 – GS 1/84, DB 1985, 2197 (2203); *Baur*, ZTR 1989, 375 (381); HdbVR/*Baur*, B Rz. 101; *Färber/Kappes*, NZA 1986, 215 (216).
10 LAG Sachsen v. 8.3.1996 – 3 Sa 77/96, NZA-RR 1997, 4 (6).
11 So wohl auch LAG Hessen v. 23.1.1995 – 16 Sa Ga 2127/94, BB 1995, 2276.

der obsiegenden Partei grds. höher bewertet als diejenigen des Gegners, vor Vollstreckungsmaßnahmen verschont zu bleiben. Lediglich unter besonderen Voraussetzungen (Verdacht des Verrats von Betriebsgeheimnissen, unzumutbare wirtschaftliche Belastung) ist ein überwiegendes Interesse des ArbGeb an einer Nichtbeschäftigung vorstellbar[1].

147 Schließlich kann sich im Rahmen der schon für den materiellen Verfügungsanspruch maßgeblichen Interessenabwägung zum Nachteil des ArbN auswirken, wenn dieser nur die Kündigungsschutzklage erhebt, **ohne** gleichzeitig seine **Weiterbeschäftigung gerichtlich geltend zu machen**[2]. Wenn der ArbN nämlich seine tatsächliche Beschäftigung nicht verlangt, vermittelt er den Eindruck, als sei der ideelle Beschäftigungsanspruch für ihn nicht von besonderem Interesse. Es handelt sich dann um einen Fall von Selbstwiderlegung, der beim Weiterbeschäftigungsanspruch allerdings nicht erst den Verfügungsgrund, sondern wegen der Verlagerung der Interessenabwägung zum materiellen Anspruch schon diesen ausschließt[3].

148 Die genannten Regeln zum **Weiterbeschäftigungsanspruch** im gekündigten Arbeitsverhältnis gelten **nicht** bei einer **Änderungskündigung**, die der ArbN unter Vorbehalt nach § 2 KSchG angenommen hat. Dann ist der ArbGeb nicht zu einer vorläufigen Weiterbeschäftigung zu den bisherigen Bedingungen verpflichtet[4]. Vielmehr folgt aus der Annahme des Änderungsangebotes trotz des damit verbundenen Vorbehaltes, dass der ArbN zunächst zu den geänderten Arbeitsbedingungen weiter arbeiten muss. Eine einstweilige Verfügung auf Weiterbeschäftigung zu den bisherigen Arbeitsbedingungen scheitert mithin schon am Verfügungsanspruch[5].

(b) Verfügungsgrund

149 Bei der einstweiligen Verfügung auf tatsächliche (Weiter-)Beschäftigung ergibt sich die im Rahmen des Verfügungsgrundes zu prüfende Notwendigkeit der Verfügung schon daraus, dass andernfalls wegen Zeitablaufs ein **endgültiger Rechtsverlust** droht[6]. Die **Notwendigkeit** ist nur dann ausgeschlossen, wenn der ArbN aus einem vorläufig vollstreckbaren Hauptsacheurteil vorgehen kann oder wenn er durch zögerliches Verhalten sein ideelles Beschäftigungsinteresse selbst widerlegt hat. So ist die Eilbedürftigkeit zu verneinen, wenn der ArbN im Kündigungsschutzprozess obsiegt, es aber unterlassen hat, dort einen Weiterbeschäftigungsantrag zu stellen[7]. Gleiches gilt, wenn ein Konditions- und Rehatrainer aus dem Fußball-Lizenzbereich seine Freistellung vom Training erst mehrere Monate hinnimmt und anschließend nach Versetzung in den Nachwuchsbereich eine einstweilige Verfügung auf Einsatz im Training der Lizenzspieler beantragt[8]. Die im Rahmen des Verfügungsgrundes bei einer Befriedigungsverfügung im Allgemeinen zusätzlich erforderliche **Interessenabwägung** spielt beim allgemeinen (Weiter-)Beschäftigungsanspruch praktisch keine Rolle, weil eine solche schon der Prüfung des Verfügungsanspruchs zugrunde liegt[9]. Es wäre geradezu widersprüchlich, im Rahmen des Verfügungsgrundes die Interessen des ArbGeb an einer Nichtbeschäftigung überwiegen zu lassen, wenn der Verfügungsanspruch mit dem überwiegenden Beschäftigungsinteresse des ArbN begründet wurde.

---

1 BAG v. 27.2.1985 – GS 1/84, DB 1985, 2197 (2204).
2 Ebenso – allerdings zum Verfügungsgrund – LAG Düsseldorf v. 6.2.1987 – 2 (4) Sa 1848/86, NZA 1987, 536; LAG Hamm v. 18.2.1986 – 11 Sa 1656/85, NZA 1986, 399; LAG Hessen v. 23.3.1987 – 1 Sa/Ga 316/87, NZA 1988, 37; *Baur*, ZTR 1989, 375 (384), 422; *Eich*, DB 1986, 692 (698); GK-ArbGG/*Vossen*, § 62 Rz. 71; *Schäfer*, NZA 1985, 691 (695); *Thieme*, NZA 1986, Beil. 3, S. 20 (24); aA MünchArbR/*Jacobs*, § 346 Rz. 17 mwN.
3 Für eine Einordnung beim Verfügungsgrund dagegen LAG München v. 17.12.2003 – 5 Sa 1118/03, NZA-RR 2005, 312.
4 BAG v. 18.1.1990 – 2 AZR 183/89, NZA 1990, 734; LAG München v. 31.7.1986 – 7 Sa 23/86, DB 1987, 1099.
5 Ebenso *Korinth*, Einstweiliger Rechtsschutz, I Rz. 157.
6 Zutreffend LAG Hamm v. 12.12.2001 – 10 Sa 1741/01, NZA-RR 2003, 311 (314); LAG München v. 19.8.1992 – 5 Ta 185/92, NZA 1993, 1130; aM LAG Berlin-Brandenburg v. 16.3.2011 – 4 SaGa 2600/10, NZA-RR 2011, 551 (allerdings zu dem Sonderfall, dass der ArbN zwar beschäftigt wird, lediglich nicht vertragsgerecht); LAG Hamm v. 18.2.1998 – 3 Sa 297/98, NZA-RR 1998, 422, wo unzutreffend eine besondere Notlage des ArbN verlangt wird; zu eng auch ArbG Köln v. 9.5.1996 – 8 Ga 80/96, NZA-RR 1997, 186.
7 LAG Köln v. 18.8.2000 – 12 Ta 189/00, NZA-RR 2001, 387.
8 ArbG Stuttgart v. 16.2.2016 – 5 Ga 9/16, SpuRt 2016, 226 (228).
9 Zutreffend LAG Hamm v. 9.3.1995 – 12 Sa 2036/94, NZA-RR 1996, 145 (148); LAG Köln v. 26.11.1985 – 1 Sa 975/85, NZA 1986, 136 (137); wohl auch (wenn der Verfügungsanspruch feststeht) LAG München v. 18.9.2002 – 5 Sa 619/02, NZA-RR 2003, 269 (272); LAG München v. 19.8.1992 – 5 Ta 185/92, NZA 1993, 1130; LAG Sachsen v. 8.3.1996 – 3 Sa 77/96, NZA-RR 1997, 4 (6); ArbG Herne v. 13.10.1988 – 4 Ga 24/88, NZA 1989, 236; *Schäfer*, NZA 1985, 691 (694); *Walker*, Der einstweilige Rechtsschutz, Rz. 686; aM etwa LAG Berlin-Brandenburg v. 16.3.2011 – 4 SaGa 2600/10, NZA-RR 2011, 551; LAG Hamm v. 13.2.2015 – 18 SaGa 1/15, NZA-RR 2015, 460 (461): Interessenabwägung im Rahmen des Verfügungsgrundes; LAG Hamm v. 18.2.1998 – 3 Sa 297/98, NZA-RR 1998, 422.

(2) Die besonderen Weiterbeschäftigungsansprüche gem. § 102 Abs. 5 Satz 1 BetrVG und § 78a Abs. 2 BetrVG

Der besondere Weiterbeschäftigungsanspruch nach § 102 Abs. 5 Satz 1 BetrVG kann im Wege der einstweiligen Befriedigungsverfügung durchgesetzt werden[1]. Darüber ist auch im Urteilsverfahren zu entscheiden[2]. Es handelt sich nämlich um einen Anspruch aus dem Arbeitsverhältnis (vgl. § 2 Abs. 1 Nr. 3), der lediglich durch die Vorschriften des BetrVG näher ausgestaltet ist[3]. Die genannten Grundsätze gelten auch für den Anspruch des Jugendvertreters gem. § 78a Abs. 2 BetrVG, nach Beendigung des Ausbildungsverhältnisses vom ArbGeb weiterbeschäftigt zu werden. Auch darüber wird im Urteilsverfahren entschieden[4], und es spricht nichts dagegen, dass dieser Anspruch mit einer einstweiligen Verfügung gesichert werden kann[5]. Dabei handelt es sich notwendigerweise um eine Befriedigungsverfügung.

150

(a) Verfügungsanspruch

Der Anspruch aus § 102 Abs. 5 Satz 1 BetrVG ist nur von den formellen Voraussetzungen abhängig, dass der BR einer ordentlichen Kündigung ordnungsgemäß widersprochen und der ArbN fristgerecht Kündigungsschutzklage erhoben sowie seine Beschäftigung verlangt hat. Der gekündigte ArbN steht dann hinsichtlich seines Beschäftigungsanspruches so wie im ungekündigten Arbeitsverhältnis. Deshalb ist auch hier bereits im Rahmen des Verfügungsanspruches eine Interessenabwägung vorzunehmen, die grds. zu Gunsten des ArbN ausgeht[6]. Nur in Ausnahmefällen hat das Nichtbeschäftigungsinteresse des insoweit darlegungspflichtigen ArbGeb Vorrang (s. schon Rz. 143). Der Anspruch gem. § 78a Abs. 2 BetrVG setzt nur voraus, dass er rechtzeitig geltend gemacht wurde. Ferner ist auch hier bereits eine Interessenabwägung vorzunehmen[7].

151

(b) Verfügungsgrund

Die **Notwendigkeit** für eine auf Weiterbeschäftigung nach § 102 Abs. 5 Satz 1 BetrVG oder nach § 78a Abs. 2 BetrVG gerichtete Befriedigungsverfügung folgt aus dem andernfalls eintretenden endgültigen Rechtsverlust[8]. Eine zusätzliche **Interessenabwägung** ist in beiden Fällen im Rahmen des Verfügungsgrundes **nicht erforderlich**, weil diese nach der Rspr. des Großen Senats des BAG[9] bereits zur Prüfung des Verfügungsanspruchs gehört[10]. Insoweit gilt das Gleiche wie beim allgemeinen (Weiter-)Beschäftigungsanspruch. Ein Verfügungsgrund liegt deshalb bei Bejahung des Verfügungsanspruches in aller Regel vor[11].

152

(3) Entbindung von der Weiterbeschäftigungspflicht gem. § 102 Abs. 5 Satz 2 BetrVG

§ 102 Abs. 5 Satz 2 BetrVG bestimmt ausdrücklich, dass der ArbGeb von der Weiterbeschäftigungspflicht nach § 102 Abs. 5 Satz 1 BetrVG (nur) durch einstweilige Verfügung entbunden werden kann[12]. Auch über diesen Entbindungsantrag ist im Urteilsverfahren zu entscheiden[13].

153

---

1 LAG Berlin v. 15.9.1980 – 12 Sa 42/80, DB 1980, 2449 (2451); LAG Hessen v. 18.6.1976 – 8 Sa Ga 302/76, NJW 1978, 76; LAG Köln v. 18.1.1984 – 7 Sa 1156/83, NZA 1984, 57; LAG München v. 10.2.1994 – 5 Sa 969/93, NZA 1994, 997; LAG München v. 17.12.2003 – 5 Sa 1118/03, NZA-RR 2005, 312; *Dütz*, NZA 1986, 209 (212); GK-ArbGG/*Vossen*, § 62 Rz. 72; *Schuschke*/Walker, Vor § 935 ZPO Rz. 156; *Wenzel*, MDR 1978, 369 (370).
2 LAG Düsseldorf v. 29.5.1974 – 6 Ta BV 39/74, DB 1974, 1342 (1343); LAG Hessen v. 18.6.1976 – 8 Sa Ga 302/76, NJW 1978, 76; HdbVR/*Baur*, B Rz. 82; HWGNRH/*Huke*, § 102 Rz. 181; GK-BetrVG/*Raab*, § 102 Rz. 203; KR/*Etzel*/*Rinck*, § 102 BetrVG Rz. 311.
3 GMP/*Matthes*/*Schlewing*, § 2a Rz. 1 f.
4 BAG v. 14.5.1987 – 6 AZR 498/85, DB 1987, 2104; LAG Berlin v. 16.1.1974 – 5 Sa 91/74, BB 1975, 837 (838).
5 S. nur LAG Hessen v. 14.8.1987 – 14 Sa Ga 967/87, DB 1987, 2160.
6 LAG Hamburg v. 14.9.1992 – 2 Sa 50/92, NZA 1993, 140 (141); aM LAG München v. 10.2.1994 – 5 Sa 969/93, NZA 1994, 997 (998 f.), das die Interessenabwägung erst im Rahmen des Verfügungsgrundes vornimmt.
7 *Walker*, Der einstweilige Rechtsschutz, Rz. 690.
8 LAG Berlin v. 15.9.1980 – 12 Sa 42/80, DB 1980, 2449 (2451); vgl. auch LAG Köln v. 2.8.1984 – 5 Ta 133/84, NZA 1984, 300; LAG Nürnberg v. 27.10.1992 – 6 Sa 469/92, LAGE Nr. 11 zu § 102 BetrVG 1972 – Beschäftigungspflicht.
9 S. nochmals BAG v. 27.2.1985 – GS 1/84, DB 1985, 2197 (2200).
10 Zutreffend LAG Hamburg v. 14.9.1992 – 2 Sa 50/92, NZA 1993, 140 (141); anders LAG München v. 10.2.1994 – 5 Sa 969/93, NZA 1994, 997 (1000); LAG Nürnberg v. 17.8.2004 – 6 Sa 439/04, NZA-RR 2005, 255; *Gift*/*Baur*, Urteilsverfahren, J Rz. 113.
11 So im Ergebnis auch LAG Berlin v. 15.9.1980 – 12 Sa 42/80, DB 1980, 2449 (2451); LAG Hamburg v. 14.9.1992 – 2 Sa 50/92, NZA 1993, 140 (141); LAG Köln v. 2.8.1984 – 5 Ta 133/84, NZA 1984, 300; aM (nicht überzeugend) LAG BW v. 30.8.1993 – 15 Sa 35/93, NZA 1995, 683.
12 So auch LAG München v. 10.2.1994 – 5 Sa 969/93, NZA 1994, 997 (999).
13 LAG BW v. 15.5.1974 – 6 Sa 35/74, BB 1975, 43; LAG Berlin v. 11.6.1974 – 8 Sa 37/74, DB 1974, 1629; LAG Düsseldorf v. 21.6.1974 – 15 Sa 633/74, DB 1974, 2112; LAG Hamburg v. 9.4.2014 – 6 Sa 2/14, BeckRS 2014,

(a) Verfügungsanspruch

154 Die Voraussetzungen des Entbindungsanspruchs sind in § 102 Abs. 5 Satz 2 Nrn. 1–3 BetrVG abschließend festgelegt. Einem offensichtlich unbegründeten Widerspruch iSv. § 102 Abs. 5 Satz 2 Nr. 3 BetrVG steht nach richtiger Ansicht ein nicht ordnungsgemäßer Widerspruch des BR gleich[1]. Nach der Gegenansicht[2] müsste der ArbGeb bei zweifelhafter Rechtslage hinsichtlich der Ordnungsmäßigkeit des Widerspruchs eine negative Feststellungsklage erheben, um Klarheit darüber zu bekommen, ob er den gekündigten ArbN weiter zu beschäftigen hat oder nicht; ein Verfügungsgesuch wäre jedenfalls mit dem Risiko belastet, dass es schon deshalb zurückgewiesen wird, weil das Gericht die Ordnungsmäßigkeit des Widerspruchs verneint.

(b) Verfügungsgrund

155 Ein Verfügungsgrund liegt immer vor, wenn die Voraussetzungen des § 102 Abs. 5 Satz 2 Nrn. 1–3 BetrVG für einen Verfügungsanspruch bejaht werden[3]. Eine besondere Eilbedürftigkeit braucht nicht vorgetragen zu werden[4]. Die **Notwendigkeit** iSv. § 940 ZPO ergibt sich daraus, dass der ArbGeb mit jeder auch nur vorübergehenden Beschäftigung sein im Falle des § 102 Abs. 5 Satz 2 BetrVG bestehendes Recht, den ArbN nicht mehr beschäftigen zu müssen, endgültig verliert. Eine **Interessenabwägung** ist daneben nicht mehr erforderlich, denn der Gesetzgeber hat in § 102 Abs. 5 Satz 2 BetrVG schon für den Verfügungsanspruch festgelegt, wann die Interessen des ArbGeb überwiegen.

(4) Schadensersatzanspruch nach einstweiliger Weiterbeschäftigung oder Entbindung von der Weiterbeschäftigungspflicht

156 Wird der ArbN aufgrund seines **besonderen Weiterbeschäftigungsanspruchs nach § 102 Abs. 5 Satz 1 BetrVG** tatsächlich beschäftigt, geschieht das mit Rechtsgrund, selbst wenn der ArbN in dem Kündigungsschutzverfahren rechtskräftig unterliegt. Dieser Weiterbeschäftigungsanspruch ist nämlich nicht vom Fortbestand des Arbeitsverhältnisses, sondern nur von den Voraussetzungen des § 102 Abs. 5 Satz 1 BetrVG abhängig[5]. Liegen sie vor, ist eine einstweilige Verfügung nicht von Anfang an ungerechtfertigt, selbst wenn die Kündigung sich als sozial gerechtfertigt erweist. Deshalb hat der ArbGeb keinen Anspruch auf Ersatz des Vollziehungsschadens nach § 945 ZPO[6] und keinen Rückzahlungsanspruch nach § 812 BGB[7]. Wird der ArbN dagegen aufgrund seines **allgemeinen Weiterbeschäftigungsanspruchs** tatsächlich beschäftigt und unterliegt der ArbN später im Kündigungsschutzprozess, war die Beschäftigungsverfügung von Anfang an ungerechtfertigt und begründet einen Schadensersatzanspruch gem. § 945 ZPO[8]; denn mangels gesetzlicher Grundlage kann Rechtsgrund für den allgemeinen Weiterbeschäftigungsanspruch nur das bestehende Arbeitsverhältnis sein[9], an dem es bei erfolgloser Kündigungsklage gerade fehlt. Wurde der ArbGeb gem. **§ 102 Abs. 5 Satz 2 BetrVG** durch einstweilige Verfügung von seiner **Weiterbeschäftigungspflicht entbunden** und obsiegt der ArbN später im Kündigungsschutzprozess, spricht nichts dagegen, § 945 ZPO anzuwenden[10]. Allerdings wird es oft an einem ersatzfähigen Vollziehungsschaden fehlen, weil der ArbN in diesen Fällen in aller Regel schon einen Vergütungsanspruch nach den § 615 Satz 1, § 293 ff. BGB hat[11].

69708; GK-BetrVG/*Raab*, § 102 Rz. 205; GK-ArbGG/*Vossen*, § 62 Rz. 73; HdbVR/*Baur*, B Rz. 154; HWGNRH/*Huke*, § 102 Rz. 202; KR/*Etzel*/*Rinck*, § 102 BetrVG Rz. 316; Schuschke/Walker, Vor § 935 ZPO Rz. 158; *Wenzel*, MDR 1978, 369 (370).

1 LAG BW v. 15.5.1974 – 6 Sa 35/74, BB 1975, 43; LAG Düsseldorf v. 15.3.1978 – 12 Sa 316/78, DB 1978, 1282 (1283); LAG Hamm v. 31.1.1979 – 8 Sa 1578/78, DB 1979, 1232; LAG Nürnberg v. 5.9.2006 – 6 Sa 458/06, DB 2007, 752 (LS); GWBG/*Benecke*, § 62 Rz. 40; HWGNRH/*Huke*, § 102 Rz. 153; HdbVR/*Baur*, B Rz. 153; Schuschke/Walker, Vor § 935 ZPO Rz. 158; *Walker*, Der einstweilige Rechtsschutz, Rz. 694.
2 So LAG Berlin v. 23.4.1974 – 8 Ta BV 1/74, DB 1974, 1629; LAG München v. 17.12.2003 – 5 Sa 1077/03, NZA-RR 2005, 312; *Dütz*, DB 1978, Beil. 13, S. 9; *Korinth*, Einstweiliger Rechtsschutz, I Rz. 181.
3 Ebenso DLW/*Stichler*, Kap. 16 Rz. 158; HdbVR/*Baur*, B Rz. 162.
4 LAG Nürnberg v. 5.9.2006 – 6 Sa 458/06, DB 2007, 752 (LS).
5 BAG v. 17.1.1991 – 8 AZR 483/89, ZIP 1991, 1092 (1093).
6 *Eich*, DB 1986, 692 (698); GWBG/*Benecke*, § 62 Rz. 24b; MünchArbR/*Jacobs*, § 346 Rz. 23; *Walker*, Der einstweilige Rechtsschutz, Rz. 754; aM *Beninca*, Anm. zu BAG, EzA § 102 BetrVG 1972 – Beschäftigungspflicht Nr. 9 S. 16.
7 BAG v. 7.3.1996 – 2 AZR 432/95, EzA § 102 BetrVG – Beschäftigungspflicht Nr. 9.
8 *Baur*, ZTR 1989, 419 (427); *Eich*, DB 1986, 692 (698); *Feichtinger*, DB 1983, 939 (943); *von Hoyningen-Huene*, BB 1988, 264 (269); *Löwisch*, DB 1978, Beil. 7, S. 8; *Walker*, DB 1988, 1596; Schuschke/Walker, § 945 ZPO Rz. 55.
9 BAG v. 27.2.1985 – GS 1/84, DB 1985, 2197 (2198 f., 2201).
10 AM *Gift*/*Baur*, Urteilsverfahren, Teil J Rz. 193.
11 Schuschke/*Walker*, § 945 ZPO Rz. 56.

cc) Anspruch auf Teilzeitarbeit

Gemäß § 8 Abs. 1 TzBfG, § 15 BEEG und § 3 Abs. 1, 3, 4 PflegeZG[1] hat der ArbN einen Anspruch auf Verringerung der Arbeitszeit. Dieser Anspruch ist auf Abgabe einer Willenserklärung durch den ArbGeb (Vereinbarung) gerichtet. Nach § 894 ZPO gilt eine Willenserklärung aber erst mit Rechtskraft des Urteils als abgegeben. Deshalb wird – ebenso wie beim Urlaubsanspruch (Rz. 139) – die Durchsetzbarkeit des Anspruchs mittels einstweiliger Verfügung zT verneint[2]. Diese Ansicht verkennt jedoch, dass § 894 ZPO eine einstweilige Durchsetzung des Anspruchs zwar in der Regel, aber nicht vollständig ausschließt[3]. Ein vollständiger Ausschluss wäre mit dem verfassungsrechtlich abgesicherten Anspruch auf effektiven Rechtsschutz nicht vereinbar. Nach hM[4] sind einstweilige Verfügungen auf Verringerung der Arbeitszeit daher ausnahmsweise und in engen Grenzen zulässig, sofern die Interessenlage das gebietet. Es handelt sich dabei um **Befriedigungsverfügungen**, weil sie für ihre Geltungsdauer endgültige Verhältnisse schaffen. Problematisch ist wie bei der Urlaubsverfügung (Rz. 139) die **Vollziehung** der Teilzeitverfügung[5]. Die missliche Rechtsfolge des § 894 ZPO (Fiktion der Willenserklärung erst mit Rechtskraft) kann entweder dadurch bewältigt werden, dass man die Fiktionswirkung von einstweiligen Verfügungen schon mit deren Erlass eintreten lässt[6] oder dass man eine Gestaltungsverfügung annimmt, welche die Willenserklärung des ArbGeb vorläufig ersetzt[7]. Zum Teil wird auch vertreten, die einstweilige Verfügung sei als Beschäftigungsverfügung zu beantragen und zu tenorieren, so dass die Vollziehung nicht nach § 894 ZPO, sondern nach § 888 ZPO erfolge[8]. Gegen diese Lösung spricht aber, dass das Begehren gar nicht auf tatsächliche Beschäftigung in bestimmtem Umfang gerichtet ist, sondern auf die Veränderung der ursprünglich vereinbarten Arbeitspflicht[9] abzielt. Der Beschäftigungsantrag kann zusätzlich gestellt werden; er ist dann streitwerterhöhend zu berücksichtigen[10].

(1) Verfügungsanspruch

Hinsichtlich des materiellen Verfügungsanspruchs gelten keine Besonderheiten. Der ArbN muss die Voraussetzungen des § 8 Abs. 1, 2, 6, 7 TzBfG, des § 15 Abs. 7 BEEG bzw. des § 3 Abs. 2 PflegeZG darlegen und ggf. glaubhaft machen. Der ArbGeb kann sich auch im Eilverfahren durch Darlegung entgegenstehender (dringender) betrieblicher Gründe wehren (§ 8 Abs. 4 TzBfG; § 15 Abs. 7 Nr. 4 BEEG; § 3 Abs. 4 Satz 2 PflegeZG)[11]. Dazu muss er ein Organisationskonzept darlegen, das der von ihm als erforderlich angesehenen Arbeitszeitregelung zugrunde liegt und dem Teilzeitwunsch des ArbN entgegensteht. Das Gericht prüft zusätzlich, ob die betrieblichen Gründe so gewichtig sind, dass die Erfüllung des Teilzeitwunsches zu einer wesentlichen Beeinträchtigung des ArbGeb führen würde.

(2) Verfügungsgrund

Die strengen Voraussetzungen zeigen sich beim Verfügungsgrund. Wegen der befriedigenden Wirkung und der grds. erforderlichen rechtskräftigen Verurteilung kommt eine einstweilige Verfügung nur in Betracht, wenn ohne sie der ArbN schon bis zur Entscheidung in der Hauptsache in eine anders nicht abwendbare **Notlage** kommen würde[12]. Die Voraussetzungen werden oft nicht vorliegen, weil eine vorübergehende Nichterbringung der Arbeitsleistung schon aus anderen Gründen (Krankheit, § 616 BGB) erlaubt

---

1 Nicht dagegen nach dem FPflZG, das eine freiwillige Vereinbarung über die Familienpflegezeit voraussetzt.
2 Rolfs, RdA 2001, 129 (136); kritisch auch Schiefer, NZA-RR 2002, 393 (394).
3 Brox/Walker, Zwangsvollstreckungsrecht, Rz. 1594; Schuschke/Walker, § 938 ZPO Rz. 36; Stein/Jonas/Grunsky, vor § 935 ZPO Rz. 50.
4 S. nur LAG Hamburg v. 4.9.2006 – 4 Sa 41/06, NZA-RR 2007, 122; LAG Hamm v. 6.5.2002 – 8 Sa 641/02, NZA-RR 2003, 178; LAG Köln v. 5.3.2002 – 10 Ta 50/02, NZA-RR 2002, 635 (Ls.) m. Anm. Zerres in EWiR 2002, 783; LAG Nürnberg v. 12.9.2003 – 9 Ta 127/03, NZA-RR 2004, 103; Dütz, AuR 2003, 161 (162 ff.); Flatten/Coeppicus, ZIP 2001, 1477 (1482); Kliemt, NZA 2001, 63 (67 f.); Walker, ZfA 2005, 45 (62 ff.). Einen Überblick über die Durchsetzbarkeit des Anspruchs auf Teilzeitarbeit in ausgewählten europäischen Ländern geben Eisemann/Le Friant/Liddington/Numhauser-Henning/Roseberry/Schinz/Waas, RdA 2004, 129.
5 Dazu Walker, ZfA 2005, 45 (63 f.).
6 Brox/Walker, Zwangsvollstreckungsrecht, Rz. 1594, 1623; Dütz, AuR 2003, 161 (164).
7 LAG Hamm v. 6.5.2002 – 8 Sa 641/02, NZA-RR 2003, 178; Dütz, AuR 2003, 161 (165).
8 ArbG Nürnberg v. 28.11.2003 – 14 Ga 114/03, BB 2004, 560; vgl. auch (aber unklar) ArbG Lübeck v. 10.7.2003 – 1 Ga 21/03, NZA-RR 2004, 14 (15); Korinth, Einstweiliger Rechtsschutz, I Rz. 216.
9 Walker, ZfA 2005, 45 (64).
10 LAG Nürnberg v. 12.9.2003 – 9 Ta 127/03, NZA-RR 2004, 103 (104).
11 LAG Hamburg v. 4.9.2006 – 4 Sa 41/06, NZA-RR 2007, 122 (123).
12 OLG Köln v. 7.12.1995 – 18 U 93/95, NJW-RR 1997, 59; LAG Köln v. 5.3.2002 – 10 Ta 50/02, NZA-RR 2002, 635; vgl. allgemein Brox/Walker, Zwangsvollstreckungsrecht, Rz. 1623; Schuschke/Walker, § 938 ZPO Rz. 36.

ist. Es wird aber Fallgestaltungen geben, in denen der ArbN zur Vermeidung wesentlicher Nachteile auf die sofortige Erfüllung seines Verringerungsanspruchs dringend angewiesen ist. In der Rspr. ist es als wesentlicher Nachteil anerkannt, dass die Kinderbetreuung ohne Verringerung der Arbeitszeit nicht gewährleistet ist[1]. Das ist vom ArbN glaubhaft zu machen. Die Anforderungen für die Glaubhaftmachung werden allerdings überspannt, wenn dafür eine eidesstattliche Versicherung der Eltern des ArbN bzw. ein ärztliches Attest verlangt wird, dass eine Betreuung durch die Großeltern des Kindes wegen deren Ganztagsbeschäftigung oder Krankheit ausscheide[2]. Soweit es im Rahmen der **Interessenabwägung** auf die Eindeutigkeit der Rechtslage ankommt, wird verlangt, dass betriebliche Ablehnungsgründe iSv. § 8 Abs. 4 Satz 2 TzBfG nicht ersichtlich sind[3].

dd) Wettbewerbsverbote

160 Zur Einhaltung von Wettbewerbsverboten bietet überhaupt nur eine Unterlassungsverfügung einen wirksamen Rechtsschutz, weil mit jeder Zuwiderhandlung das Verbot für die abgelaufene Zeit ins Leere geht. Solche Unterlassungsverfügungen sind trotz ihrer befriedigenden Wirkung unstreitig zulässig[4].

(1) Verfügungsanspruch

161 Ein Wettbewerbsverbot für den ArbN ergibt sich für die Zeit **während des Arbeitsverhältnisses** entweder aus dem Gesetz (§ 60 HGB) oder als ungeschriebene Nebenpflicht aus dem Arbeitsverhältnis[5]. Der in dem Wettbewerbsverbot liegende Unterlassungsanspruch ist vom Bestand des Arbeitsverhältnisses abhängig. Das **nachvertragliche Wettbewerbsverbot** (§ 110 GewO) muss zwischen den Parteien vereinbart sein. Eine solche Vereinbarung ist aufgrund des Verweises in § 110 Satz 2 GewO nur wirksam, wenn sie schriftlich erfolgt ist (§ 74 Abs. 1 HGB) und der ArbGeb sich in ihr zur Zahlung einer Karenzentschädigung verpflichtet (§ 74 Abs. 2 HGB). Der Unterlassungsanspruch setzt immer eine **Wiederholungs- oder Erstbegehungsgefahr** voraus; die Wiederholungsgefahr folgt grds. aus einem Vertoß gegen ein Wettbewerbsverbot[6].

(2) Verfügungsgrund

162 Wenn bei der Prüfung des Verfügungsanspruchs eine Wiederholungs- oder Erstbegehungsgefahr festgestellt wurde, wird die **Notwendigkeit** der einstweiligen Verfügung regelmäßig vorliegen[7]. Eine begangene Zuwiderhandlung lässt sich nämlich nicht rückgängig machen und bedeutet insoweit einen endgültigen Rechtsverlust. Zusätzlich zu dieser Notwendigkeit ist jedoch eine **Interessenabwägung** erforderlich; denn der Erlass einer einstweiligen Unterlassungsverfügung führt zu einem endgültigen Rechtsverlust beim Antragsgegner, der die unter Beachtung des Verbots unterlassene Tätigkeit aufgrund des Zeitablaufs nicht nachholen kann. Der Ausgang der Interessenabwägung hängt in erster Linie davon ab, ob die Rechtslage offensichtlich zu Gunsten einer der Parteien spricht. Bei unklarer Rechtslage kommt es auf die Schutzbedürftigkeit und Schutzwürdigkeit der Parteien an. Wenn dem ArbGeb durch die Konkurrenztätigkeit des ArbN kein großer Schaden droht, der ArbN aber andererseits auf die Fortsetzung seiner Tätigkeit angewiesen ist, wird ein Verfügungsgrund für eine Unterlassungsverfügung im Zweifel zu verneinen sein.

---

1 LAG Hamburg v. 4.9.2006 – 4 Sa 41/06, NZA-RR 2007, 122 (126); LAG Hamm v. 6.5.2002 – 8 Sa 641/02, NZA-RR 2003, 178 (182); LAG Rh.-Pf. v. 12.4.2002 – 3 Sa 161/02, NZA 2002, 856 (858); ArbG Berlin v. 12.10.2001 – 31 Ga 24 563/01, DB 2002, 2727; strenger ArbG Bonn v. 10.4.2002 – 4 Ga 23/02, NZA-RR 2002, 416; *Dütz*, AuR 2003, 161 (164).
2 So aber LAG Düsseldorf v. 4.12.2003 – 11 Sa 1507/03, NZA-RR 2004, 181.
3 LAG Köln v. 5.3.2002 – 10 Ta 50/02, NZA-RR 2002, 635 (Ls.); ArbG Berlin v. 12.10.2001 – 31 Ga 24 563/01, DB 2002, 2727; ArbG Bonn v. 10.4.2002 – 4 Ga 23/02, NZA-RR 2002, 416.
4 LAG Nürnberg v. 31.7.2001 – 6 Sa 408/01, NZA-RR 2002, 272; ArbG Düsseldorf v. 21.1.2000 – 1 Ga 99/99, NZA-RR 2001, 248 (249); *Brox/Walker*, Zwangsvollstreckungsrecht, Rz. 1604; *Faecks*, NZA 1985, Beil. 3, S. 6 (10); GK-ArbGG/*Vossen*, § 62 Rz. 79; HdbVR/*Baur*, B Rz. 63; *Korinth*, Einstweiliger Rechtsschutz, I Rz. 20; *Schuschke*/Walker, Vor § 935 ZPO Rz. 166; Zöller/*Vollkommer*, § 940 ZPO Rz. 8 – Arbeitsrecht.
5 BAG v. 17.10.1969 – 3 AZR 442/68, AP Nr. 7 zu § 611 BGB – Treuepflicht; v. 16.6.1976 – 3 AZR 73/75, AP Nr. 8 zu § 611 BGB – Treuepflicht.
6 LAG Nds. v. 8.12.2005 – 7 Sa 1871/05, NZA-RR 2006, 426 ArbG Mönchengladbach v. 5.6.2008 – 4 Ga 24/08 Rz. 28.
7 Zutreffend HdbVR/*Baur*, B Rz. 74.

ee) Arbeitspapiere, Zeugnis

Bei einer einstweiligen Verfügung auf Herausgabe der Arbeitspapiere oder auf Ausstellung eines Arbeitszeugnisses handelt es sich um eine Befriedigungsverfügung. Sie wird im Grundsatz allgemein für zulässig gehalten[1]. 163

(1) Verfügungsanspruch

Für manche **Arbeitspapiere** ist der Herausgabeanspruch ausdrücklich gesetzlich geregelt (§ 41b Abs. 1 Satz 3, 5 EStG für den Ausdruck der elektronischen Lohnsteuerbescheinigung; § 312 Abs. 1 Satz 3 SGB III für die Arbeitsbescheinigung; § 6 Abs. 2 BUrlG für die Urlaubsbescheinigung). Im Übrigen handelt es sich bei der Herausgabepflicht um eine ungeschriebene Nebenpflicht anlässlich der Beendigung des Arbeitsverhältnisses[2]. Der Herausgabeanspruch entsteht bei der tatsächlichen Beendigung des Arbeitsverhältnisses. Der Anspruch des ausscheidenden ArbN auf Erteilung eines einfachen oder eines qualifizierten **Zeugnisses** ergibt sich aus § 109 Abs. 1 Satz 1 GewO; diese Vorschrift gilt gem. § 6 Abs. 2 GewO für alle ArbN. Der Anspruch entsteht „bei" iSv. „anlässlich" der Beendigung des Arbeitsverhältnisses. Er ist so rechtzeitig zu erfüllen, dass der ArbN das Zeugnis bei einer Bewerbung vorlegen kann[3]. Ein Anspruch auf Erteilung eines Zwischenzeugnisses kann sich aus dem Arbeitsvertrag ergeben, wenn der ArbN dafür einen triftigen Grund hat. 164

(2) Verfügungsgrund

Beim Verfügungsgrund dürfte die notwendige **Interessenabwägung** zwar selten zu Gunsten des ArbGeb ausgehen[4], weil er grds. kein berechtigtes Interesse an der Zurückhaltung der Arbeitspapiere oder der Nichterteilung eines Zeugnisses hat; allenfalls kommt ein Streit um ein Zurückbehaltungsrecht in Betracht. Aber die **Notwendigkeit** einer einstweiligen Verfügung wird nur bei solchen ArbN ohne Weiteres zu bejahen sein, die ihre Arbeitsbescheinigung für einen Antrag auf ArblGeld oder ihr Zeugnis, ihre Lohnsteuerbescheinigung sowie andere Unterlagen für die Einstellung bei einem neuen ArbGeb benötigen. Diese Voraussetzungen muss der ArbN darlegen und glaubhaft machen. Dagegen wird der in den Ruhestand getretene ArbN an der sofortigen Ausstellung eines Zeugnisses nur in Ausnahmefällen und an der sofortigen Herausgabe der Lohnsteuerkarte allenfalls dann ein dringendes Interesse haben, wenn die Frist zur Beantragung des Lohnsteuerjahresausgleichs abläuft[5]. Im Hinblick auf die Urlaubsbescheinigung und auf das Versicherungsnachweisheft ist es selbst bei einem noch aktiven ArbN vorstellbar, dass er diese Unterlagen für einen neuen ArbGeb nicht so dringend benötigt, dass ihm ein Abwarten der Hauptsacheklage nicht zugemutet werden kann[6]. 165

ff) Mobbing

Ein Bedürfnis nach schnellem arbeitsgerichtlichem Rechtsschutz besteht zunehmend in sog. Mobbing-Fällen[7]. Hier wehren sich ArbN gegen systematische Anfeindungen, Schikanierungen oder Diskriminierungen durch den ArbGeb oder durch Arbeitskollegen[8]. Das Begehren ist auf Erlass einer Befriedigungsverfügung gerichtet. Ein **Verfügungsanspruch** auf Unterlassen, gegen den ArbGeb auch auf Einschreiten, kann sich ergeben aus §§ 1004 analog, 823 Abs. 1, 2 BGB (Allgemeines Persönlichkeitsrecht, Gesundheit, Schutzgesetz) und aus §§ 611, 242, 241 Abs. 2 BGB (arbeitsvertragliche Rücksichtnahme). Die Darlegung und Glaubhaftmachung des Verfügungsanspruchs wird in der Praxis häufig an der Beweisnot des ArbN scheitern, weil sich Mobbing meist in Vier-Augen-Situationen abspielt. Der **Verfügungsgrund** (Notwendigkeit iSv. § 940 ZPO) besteht in der Gefahr eines endgültigen Rechtsverlustes für die Zeit, in welcher der betrof- 166

---

1 S. nur *Faecks*, NZA 1985, Beil. 3, S. 6 (8); GK-ArbGG/*Vossen*, § 62 Rz. 80; GMP/*Germelmann*, § 62 Rz. 112 (zulässige Regelungsverfügung); HdbVR/*Baur*, B Rz. 31 ff.; *Kitzelmann*, AuR 1970, 299; *Korinth*, Einstweiliger Rechtsschutz, I Rz. 266 ff., 275 ff.; *Reinhard/Kliemt*, NZA 2005, 545 (552); *Schuschke*/Walker, Vor § 935 ZPO Rz. 148 f.
2 Vgl. *Becker-Schaffner*, DB 1983, 1304; *Kitzelmann*, AuR 1970, 299 (300).
3 ErfK/*Müller-Glöge*, GewO § 109 Rz. 7.
4 Ähnlich *Schuschke*/Walker, Vor § 935 ZPO Rz. 148 f.
5 *Kitzelmann*, AuR 1970, 299 (303); zustimmend *Becker-Schaffner*, DB 1983, 1304 (1310).
6 HdbVR/*Baur*, B Rz. 32.
7 Zum einstweiligen Rechtsschutz gegen Mobbing *Walker*, ZfA 2005, 45 (64 ff.).
8 Zu den Voraussetzungen des Mobbings vgl. BAG v. 15.1.1997 – 7 ABR 14/96, NZA 1997, 781; LAG Berlin v. 1.11.2002 – 19 Sa 940/02, NZA-RR 2003, 232; LAG Bremen, Urt v. 17.10.2002 – 3 Sa 78/02, NZA-RR 2003, 234; LAG Rh.-Pf. v. 16.8.2001 – 6 Sa 415/01, NZA-RR 2002, 121; LAG Schl.-Holst. v. 19.3.2002 – 3 Sa 1/02, NZA-RR 2002, 457; LAG Thür. v. 10.4.2001 – 5 Sa 403/00, NZA-RR 2001, 347 und Urt. v. 15.2.2001 – 5 Sa 102/00, NZA-RR 2001, 577.

fene ArbN weiteren Mobbinghandlungen ausgesetzt ist. Er ist weder durch ein Zurückbehaltungsrecht des ArbN[1] noch dadurch ausgeschlossen, dass der ArbN eine Zeit lang nichts gegen das Mobbing unternommen hat[2].

d) Arbeitskampf

167 Ausweislich der veröffentlichten Rspr. spielt der einstweilige Rechtsschutz im Arbeitskampf in der Praxis eine herausgehobene Rolle. Sofern es nicht gerade um einen Streit im Hinblick auf das Mitbestimmungsrecht des BR im Arbeitskampf geht, ist gem. § 2 Abs. 1 Nr. 2 das Urteilsverfahren die richtige Verfahrensart. Die richtige **Formulierung des Antrags** hängt davon ab, gegen wen (Gewerkschaft, Streikposten, einzelne ArbN) und worauf (Unterlassung bestimmter Maßnahmen oder des Streiks insgesamt, Einwirkung der Gewerkschaft auf ihre Mitglieder) das Gesuch gerichtet ist. Die Verfügungsgesuche im Arbeitskampf lauten in aller Regel auf Unterlassung von einzelnen Streikmaßnahmen[3] wie Betriebsbesetzungen[4], Zugangs- und Zufahrtsbehinderungen[5] oder auf das Verbot eines Streiks insgesamt[6]. Bei der Formulierung des Antrags[7] ist stets auf hinreichende Bestimmtheit (§ 253 Abs. 2 Nr. 2 ZPO) sowie darauf zu achten, dass nicht mehr beantragt wird (zB Unterlassung des Streiks insgesamt), als verlangt werden kann (zB Unterlassung einzelner Maßnahmen).

aa) Grundsätzliche Zulässigkeit einstweiliger Verfügungen

168 Früher wurde zum Teil die Zulässigkeit eines einstweiligen Rechtsschutzes gegen Streiks vor allem aus verfassungsrechtlichen Erwägungen in Frage gestellt[8] oder jedenfalls davon abhängig gemacht, dass der Arbeitskampf offensichtlich rechtswidrig[9] oder sittenwidrig ist[10] und/oder die Gefahr einer Existenzbedrohung[11] oder jedenfalls eines unverhältnismäßig hohen Schadens[12] mit sich bringt. Diese einschränkenden Ansichten überzeugten schon damals nicht. Es gibt **kein besonderes Arbeitskampfverfügungsrecht**[13]. Etwas anderes ergibt sich auch nicht aus der verfassungsrechtlichen Garantie des Arbeitskampfes in Art. 9 Abs. 3 GG[14]; denn der rechtswidrige Arbeitskampf, den der ArbGeb oder ArbGebVerband mit seinem Verfügungsgesuch gerade verhindern will, ist von der Garantie des Art. 9 Abs. 3 GG nicht erfasst[15]. Das rechtsstaatliche Gebot effektiven Rechtsschutzes verlangt es geradezu, dass die von einem Arbeitskampf betroffene Partei die Möglichkeit hat, sich rechtzeitig gegen einen rechtswidrigen Arbeitskampf zu weh-

---

1 Dazu LAG Thür. v. 15.2.2001 – 5 Sa 102/00, NZA-RR 2001, 577 (580).
2 *Walker*, ZfA 2005, 45 (65 f.).
3 Dazu *Kissel*, Arbeitskampfrecht, § 65 Rz. 38 ff. Zur Antragsformulierung s. *Hilger*, Der Arbeitgeber, 1986, 51 f.
4 *Derleder*, BB 1987, 818 (826); *Loritz*, DB 1987, 223 (229).
5 LAG Hessen v. 17.9.2008 – 9 SaGa 1443/08, AuR 2009, 141; LAG Köln v. 2.7.1984 – 9 Sa 602/84, DB 1984, 2095 (2097); ArbG Köln v. 6.6.1984 – 1 Ga 49/84, DB 1984, 1681.
6 Dazu *Kissel*, Arbeitskampfrecht, § 65 Rz. 20 ff.
7 Beispiele bei *Korinth*, Einstweiliger Rechtsschutz, J Rz. 47 ff.
8 *Hoffmann*, AuR 1968, 33 (39 ff.); *Hoyer*, AiB 1986, 243.
9 LAG BW v. 8.8.1973 – 4 Sa 29/73, AuR 1974, 316 (318); LAG Düsseldorf v. 11.12.1978 – 7 Ta 239/78, DB 1979, 167; LAG Köln v. 12.12.2005 – 2 Ta 457/05, NZA 2006, 62; LAG Sachsen v. 2.11.2007 – 7 SaGa 19/07, NZA 2008, 59; *Steinbrück*, Streikposten und einstweiliger Rechtsschutz im Arbeitskampfrecht, S. 205; *Zeuner*, RdA 1971, 1 (7).
10 *Birk*, AuR 1974, 289 (292 f.).
11 ArbG München v. 16.3.1978 – 5 Ga 18/78, DB 1978, 1649; *Dorndorf/Weiss*, Warnstreiks und vorbeugender Rechtsschutz gegen Streiks, S. 56.
12 LAG BW v. 8.8.1973 – 4 Sa 29/73, AuR 1974, 316 (318); LAG Düsseldorf v. 11.12.1978 – 7 Ta 239/78, DB 1979, 167; GMP/*Germelmann*, § 62 Rz. 114.
13 Vgl. BAG v. 21.3.1978 – 1 AZR 11/76, DB 1978, 1647 (1649); LAG Hamm v. 31.5.2000 – 18a 858/00, NZA-RR 2000, 535 (536); 8.8.1985 – 8 Sa 1498/85, NZA 1985, 743 f.; LAG München v. 19.12.1979 – 9 Sa 1015/79, NJW 1980, 957; LAG Sachsen v. 2.11.2007 – 7 SaGa 19/07, NZA 2008, 59 (61); LAG Schl.-Holst. v. 25.11.1999 – Sa 584/99, NZA-RR 2000, 143 (145); 10.12.1996 – 6 Sa 581/96, NZA-RR 1997, 401; *Brox/Rüthers*, Arbeitskampfrecht, Rz. 764 ff.; *Dütz*, BB 1980, 533; *Gift/Baur*, Urteilsverfahren, Teil J Rz. 115; GK-ArbGG/*Vossen*, § 62 Rz. 81; GWBG/*Benecke*, § 62 Rz. 43; *Grunsky*, RdA 1986, 196 (201 f.); HdbVR/*Baur*, B Rz. 205 ff.; *Heinze*, RdA 1986, 273 (283 f.); *Kissel*, Arbeitskampfrecht, § 65 Rz. 28 ff.; Natter/Gross/*Pfitzer*, § 62 Rz. 62; *Otto*, Arbeitskampf- und Schlichtungsrecht, § 19 Rz. 31 f.; Schuschke/Walker, Vor § 935 ZPO Rz. 171; *Walker*, Der einstweilige Rechtsschutz, Rz. 715; *Walker*, ZfA 1995, 185 (188 ff.); in der Sache ebenso *Reichold*, FS Buchner, 2009, 721 (726).
14 *Grunsky*, RdA 1986, 196 (201 f.); *Walker*, ZfA 1995, 185 (194 ff.).
15 LAG Hamm v. 31.5.2000 – 18a 858/00, NZA-RR 2000, 535 (536); LAG München v. 19.12.1979 – 9 Sa 1015/79, NJW 1980, 957 (958); LAG Schl.-Holst. v. 25.11.1999 – Sa 584/99, NZA-RR 2000, 143 (145); 10.12.1996 – 6 Sa 581/96, NZA-RR 1997, 401; *Brox/Rüthers*, Arbeitskampfrecht, Rz. 767; *Grunsky*, RdA 1986, 196 (202); *Walker*, ZfA 1995, 185 (195).

ren¹. Deshalb gelten für alle in Betracht kommenden Verfügungsansprüche im Arbeitskampfrecht ohne Einschränkungen die allgemeinen Voraussetzungen für Befriedigungsverfügungen.

bb) Verfügungsansprüche

Als Anspruchsgrundlagen für den auf Unterlassung gerichteten materiellen Verfügungsanspruch kommen neben dem Tarifvertrag (Friedenspflicht²) vor allem die §§ 1004, 823 BGB (rechtswidriger Eingriff in das Recht am eingerichteten und ausgeübten Gewerbebetrieb)³, § 862 Abs. 1 BGB (Besitzschutz bei Betriebsbesetzungen) und die §§ 1004, 823 Abs. 2 BGB iVm. einem Schutzgesetz (zB §§ 123, 240 StGB) in Betracht. Diese Ansprüche können im Eilverfahren nicht nur von den einzelnen betroffenen ArbGeb, sondern auch von dem zuständigen ArbGeb-Verband im Wege gewillkürter Prozessstandschaft geltend gemacht werden, selbst wenn dem Verband kein eigener Unterlassungsanspruch zusteht⁴. Die rechtliche Problematik liegt meist bei der Frage, ob der geplante Streik rechtswidrig ist (zB Streik um Spartentarifverträge, Grundsatz der Tarifeinheit)⁵.

169

cc) Verfügungsgrund

Die **Notwendigkeit** der Unterlassungsverfügung kann entgegen einer zum Teil vertretenen Ansicht⁶ nicht davon abhängig gemacht werden, dass die Durchführung der Arbeitskampfmaßnahme zu einer Existenzgefährdung oder unverhältnismäßigen Schädigung des Arbeitskampfgegners führen würde. Andernfalls könnten einzelne Arbeitskampfmaßnahmen wie Zugangssperren oder Behinderungen arbeitswilliger ArbN ebenso wenig durch einstweilige Verfügung untersagt werden wie ein Warnstreik; denn die Existenz des betroffenen Unternehmens wird dadurch nicht bedroht. Das wäre jedoch mit dem verfassungsrechtlichen Gebot effektiven Rechtsschutzes nicht vereinbar. Richtigerweise ergibt sich die Notwendigkeit der Unterlassungsverfügung schon aus der **Gefahr des endgültigen Rechtsverlustes**⁷; denn mit der Durchführung des angegriffenen Arbeitskampfes geht der Unterlassungsanspruch des Kampfgegners für den abgelaufenen Zeitraum endgültig unter.

170

Die Frage nach der grundsätzlichen Zulässigkeit einstweiliger Verfügungen im Arbeitskampfrecht entscheidet sich im Wesentlichen bei der **Interessenabwägung** im Rahmen des Verfügungsgrundes⁸. Auch hier kommt es nicht in erster Linie auf die Höhe des Schadens an, die der Antragsteller durch die nach seiner Ansicht rechtswidrigen Kampfmaßnahmen befürchten muss. Vielmehr ist wie bei allen anderen Befriedigungsverfügungen im Rahmen der Interessenabwägung **vorrangig die Eindeutigkeit der Sach- und Rechtslage**, also der voraussichtliche Ausgang des Hauptsacheverfahrens, von Bedeutung. Je wahrscheinlicher ein Obsiegen des ArbGeb in der Hauptsache ist, um so eher gehen seine Interessen denen der Gewerkschaft vor; denn ein rechtswidriger Streik ist niemals schutzwürdig⁹. Ist umgekehrt der geplante Streik

171

---

1 *Otto*, Arbeitskampf- und Schlichtungsrecht, § 19 Rz. 28; *Reichold*, FS Buchner, 2009, 721 (723); *Schuschke*/Walker, Vor § 935 ZPO Rz. 171; *Walker*, Der einstweilige Rechtsschutz, Rz. 716; *Walker*, ZfA 2005, 45 (67).
2 Dazu etwa LAG Bln.-Bdb. v. 28.9.2007 – 8 Sa 916/07, DB 2008, 415; LAG Hessen v. 2.5.2003 – 9 Ga 636/03, NZA 2003, 679; LAG Köln v. 14.6.1996 – 4 Sa 177/96, NZA 1997, 327; 12.12.2005 – 2 Ta 457/05, NZA 2006, 62; LAG Nds. v. 2.6.2004 – 7 Sa 819/04, NZA-RR 2005, 200 (201); LAG Schl.-Holst. v. 10.12.1996 – 6 Sa 581/96, NZA-RR 1997, 401.
3 Dazu etwa LAG Berlin-Brandenburg v. 28.9.2007 – 8 Sa 916/07, DB 2008, 415; LAG Hamm v. 31.5.2000 – 18a Sa 858/00, NZA-RR 2000, 535 (536); LAG Hessen v. 9.9.2015 – 9 SaGa 1082/15, Rz. 72; LAG Hessen v. 7.11.2014 – 9 SaGa 1496/14, Rz. 231; LAG Nds. v. 2.6.2004 – 7 Sa 819/04, NZA-RR 2005, 200 f.; ArbG Osnabrück v. 4.6.1996 – 4 Ga 10/96, NZA-RR 1996, 341 (342).
4 Einzelheiten bei *Walker*, ZfA 1995, 185 (201); *Konzen*, FS Kissel, 1994, S. 571 (575, 607 f.).
5 Aus jüngerer Zeit zum Fluglotsenstreik LAG Rh.-Pf. v. 14.6.2007 – 11 Sa 208/07, AuR 2007, 319; zum Lokführerstreik LAG Sachsen v. 2.11.2007 – 7 SaGa 19/07, NZA 2008, 59 (63 f.); ArbG Chemnitz v. 5.10.2007 – 7 Ga 26/07, AuR 2007, 393; ArbG Nürnberg v. 8.0.2007 – 13 Ga 65/07, AuR 2007, 320.
6 *Dorndorf/Weiss*, Warnstreiks und vorbeugender Rechtsschutz gegen Streiks, S. 55; GMP/*Germelmann*, § 62 Rz. 114; wohl auch ArbG Wuppertal v. 31.10.1997 – 7 Ga 55/97, AuR 1998, 426 (besonders strenge Anforderungen).
7 Vgl. LAG Hamm v. 31.5.2000 – 18a Sa 858/00, NJW 1980; *Kissel*, Arbeitskampfrecht, § 65 Rz. 33; Natter/Gross/*Pfitzer*, § 62 Rz. 63; *Walker*, ZfA 1995, 185 (203). AM LAG Köln v. 14.6.1996 – 4 Sa 177/96, NZA 1997, 327 (330), welches aber die Voraussetzung der Notwendigkeit mit der zusätzlich erforderlichen Interessenabwägung vermengt.
8 Ebenso LAG Hessen v. 7.11.2014 – 9 SaGa 1496/14, Rz. 230; LAG Köln v. 14.6.1996 – 4 Sa 177/96, NZA 1997, 327 (330); *Isenhardt*, FS Stahlhacke, S. 195 ff.; *Kissel*, Arbeitskampfrecht, § 65 Rz. 32 ff.; *Otto*, Arbeitskampf- und Schlichtungsrecht, § 19 Rz. 33; *Walker*, ZfA 1995, 185 (204).
9 Vgl. LAG Hamm v. 31.5.2000 – 18a Sa 858/00, NZA-RR 2000, 535 (536, 538); LAG Hessen v. 9.9.2015 – 9 SaGa 1082/15, Rz. 69; LAG Hessen v. 7.11.2014 – 9 SaGa 1496/14, Rz. 228; LAG München v. 19.12.1979 – 9 Sa 1015/79, NJW 1980, 957; ArbG Osnabrück v. 4.6.1996 – 4 Ga 10/96, NZA-RR 1996, 341 (343); *Walker*, Der einstweilige Rechtsschutz, Rz. 723 und ZfA 1995, 185 (206 ff.) mit zahlreichen Nachweisen.

offenkundig rechtmäßig, muss das Gesuch auf Erlass einer Verbotsverfügung zurückgewiesen werden, selbst wenn das bestreikte Unternehmen besonders hart betroffen ist[1]. Bei einer nicht eindeutigen Sach- und Rechtslage kommt es auf die **Schutzbedürftigkeit** der Parteien an. Die Gefahr eines endgültigen Rechtsverlustes, die für den ArbGeb bei der Durchführung und für die Gewerkschaft bei einer Untersagung des Arbeitskampfes droht, ist für diejenige Partei eher hinzunehmen, bei welcher der zu befürchtende Schaden geringer ist. Deshalb wird die Untersagung eines kurzen Warnstreiks seltener in Betracht kommen als das Verbot eines ausgedehnten Erzwingungsstreiks[2].

dd) Überlegungen zur Zuständigkeit

172 Die Zuständigkeit für den einstweiligen Rechtsschutz im Arbeitskampf liegt gem. § 62 Abs. 2 Satz 1 ArbGG iVm. § 937 Abs. 1 ZPO beim Gericht der Hauptsache, also entweder beim ArbG oder beim LAG. Eine **Revision zum BAG** ist gem. § 72 Abs. 4 **ausgeschlossen**. Das wird **zum Teil als misslich empfunden**, weil im Arbeitskampfrecht typischerweise ständig eine richterliche Rechtsfortbildung nötig ist, die im Interesse einer einheitlichen Rspr. nicht nur den Instanzgerichten überlassen, sondern in erster Linie vom BAG vorgenommen werden sollte. Deshalb wurden verschiedene Vorschläge gemacht, für das Eilverfahren in arbeitskampfrechtlichen Streitigkeiten die Zuständigkeit des BAG entweder schon als Eingangsinstanz[3] oder als Rechtsmittelinstanz[4] oder über einen vom LAG einzuholenden Rechtsentscheid[5] zu eröffnen. Alle diese Vorschläge haben sich bisher aus guten Gründen nicht durchgesetzt[6]. Eine erst- und letztinstanzliche Alleinzuständigkeit des BAG wäre angesichts der Tatsache, dass es beim Eilverfahren um ein auf besondere Schnelligkeit angelegtes Verfahren mit der Möglichkeit bloßer Glaubhaftmachung und notfalls ohne Beteiligung des Antragsgegners geht, kaum geeignet, eine einheitliche endgültige Rspr. zu offenen Rechtsfragen herbeizuführen[7]. Die Einrichtung einer zusätzlichen Instanz innerhalb des Eilverfahrens wäre wegen der damit verbundenen Zeitdauer nicht mit dem Eilcharakter des Verfahrens zu vereinbaren.

173 Ferner wird seit dem Jahr 2007, als bei zahlreichen verschiedenen ArbG einstweilige Verfügungen auf Untersagung der damals geplanten Lokführerstreiks beantragt wurden, die Regelung der **örtlichen Zuständigkeit** für arbeitskampfrechtliche Eilverfahren zT als unpassend empfunden. Bei bundesweiten Streikaufrufen oder Urabstimmungen ist die örtliche Zuständigkeit der ArbG angesichts der §§ 12, 17, 21, 29, 32 ZPO fast unbegrenzt. Das ermöglicht dem Antragsteller, Eilverfahren bei verschiedenen ArbG anhängig zu machen und die Anträge bei denjenigen Gerichten, bei denen keine Aussicht auf Erfolg besteht, wieder zurückzunehmen. Um die damit verbundenen **Missbrauchsgefahren** auszuschließen, wird deshalb zT der rechtspolitische Vorschlag gemacht, die örtliche Zuständigkeit für arbeitskampfbezogene Eilverfahren beim ArbG am Sitz der Hauptverwaltung der Tarifvertragspartei zu konzentrieren[8].

5. Grenzüberschreitende vorläufige Kontenpfändung

174 Durch die Verordnung (EU) Nr. 655/2014 v. 15.5.2014 (EuKoPfVO)[9] wurde zwecks Erleichterung der grenzüberschreitenden Vollstreckung von Geldforderungen in Zivil- und Handelssachen die Möglichkeit der grenzüberschreitenden vorläufigen Kontenpfändung eingeführt. Die EuKoPfVO ist am 18.1.2017 für alle Mitgliedstaaten außer dem Vereinigten Königreich und Dänemark in Kraft getreten.

---

1 LAG Hamburg v. 24.3.1987 – 8 Sa 25/87, NZA 1988, Beil. 2, S. 27 (28); vgl. auch LAG Hessen v. 2.5.2003 – 9 Sa Ga 636/03, NZA 2003, 679 (680); *Walker*, Der einstweilige Rechtsschutz, Rz. 723.
2 LAG Hamm v. 17.3.1987 – 8 Sa 484/87, DB 1987, 846; *Walker*, Der einstweilige Rechtsschutz, Rz. 724 und ZfA 1995, 185 (209).
3 *G. Müller*, Arbeitskampf und Arbeitskampfrecht, 1985, S. 367 f. (369); *Seiter*, Streikrecht und Aussperrungsrecht, 1975, S. 387.
4 So die Stellungnahme des Deutschen Anwaltvereins durch den Ausschuss Arbeitsrecht zur Änderung der arbeitsrechtlichen Zuständigkeit der Arbeitsgerichte in Arbeitskampfsachen, NZA Heft 3/2008, S. VII (VIII); *Fischer*, FA 2008, 2 (4); *Wenzel*, NZA 1984, 112 (113); vgl. auch *Kissel*, FS 100 Jahre Deutscher Arbeitsgerichtsverband, 1994, S. 19 (28).
5 *Heinze*, RdA 1986, 273 (294 f.).
6 Zur Kritik ausführlich *Walker*, Der einstweilige Rechtsschutz, Rz. 748 ff.
7 Ebenso *Dorndorf/Weiss*, Warnstreiks und vorbeugender Rechtsschutz gegen Streiks, S. 30.
8 Stellungnahme des Deutschen Anwaltvereins durch den Ausschuss Arbeitsrecht zur Änderung der arbeitsrechtlichen Zuständigkeit der Arbeitsgerichte in Arbeitskampfsachen, NZA Heft 3/2008, S. VII (VIII); *Fischer*, FA 2008, 2 (4).
9 Abl. L 189, S. 59.

a) Zweck und rechtliche Einordnung

Durch die Möglichkeit der grenzüberschreitenden vorläufigen Kontenpfändung sollen Gläubiger von Geldforderungen davor geschützt werden, dass ihre Schuldner ihre Kontoguthaben grenzüberschreitend verschieben und so der Zwangsvollstreckung entziehen können. Diese Gefahr besteht deshalb, weil der Schuldner vor der Vollstreckung im europäischen Ausland durch die nach Art. 42 Abs. 2 Buchst. c Brüssel Ia-VO erforderliche vorherige Zustellung eines Pfändungsbeschlusses gewarnt wird. Der europäische Beschluss zur vorläufigen Kontenpfändung ergeht dagegen ohne Anhörung des Schuldners (Art. 1 Abs. 1 EuKoPfVO). Durch ihn wird das **Konto lediglich vorläufig gepfändet (eingefroren)**. Dagegen wird der Anspruch des Schuldners gegen seine Bank dem Gläubiger noch **nicht zur Einziehung oder an Zahlungs statt überwiesen**. Bei der vorläufigen Kontenpfändung handelt es sich daher um eine **besondere Form des Arrestes** nach den §§ 916 ff. ZPO (siehe schon Rz. 105a). Der europäische Beschluss zur vorläufigen Kontenpfändung wird **in jedem Mitgliedstaat anerkannt** und kann **ohne besonderes Vollstreckbarerklärungsverfahren und ohne vorherige Zustellung an den Schuldner vollzogen werden**.

175

b) Gesetzliche Regelung

Die maßgeblichen Vorschriften zur grenzüberschreitenden vorläufigen Kontenpfändung finden sich in der EuKoPfVO, die seit dem 18.1.2017 in den Mitgliedstaaten unmittelbar gilt. Ergänzende nationale **Durchführungsvorschriften** insbesondere zur Zuständigkeit von Gerichten, Behörden und Personen im Inland für den Erlass und die Durchführung des Beschlusses zur vorläufigen Kontenpfändung, für Zustellungen und für die Entscheidung über Rechtsbehelfe wurden durch Gesetz vom 21.11.2016[1] geschaffen. Wegen der Nähe zur Zwangsvollstreckung und zum Arrest wurden sie als §§ **946 bis 959 in das achte Buch der ZPO** eingefügt. Über den Verweis in § 62 Abs. 2 Satz 1 gelten diese Regelungen auch für die grenzüberschreitende Vollstreckung von Geldforderungen aus arbeitsgerichtlichen Titeln.

176

c) Voraussetzungen für eine vorläufige Kontenpfändung

Der Erlass eines Beschlusses zur vorläufigen Kontenpfändung hat vergleichbare Voraussetzungen wie der Erlass eines Arrestes. Der Gläubiger muss entweder bereits einen Titel gegen den Schuldner erwirkt haben oder schlüssig seine **Forderung gegen den Schuldner** (vergleichbar dem Arrestanspruch) darlegen (Art. 7 Abs. 2 EuKoPfVO). Ferner muss er das Gericht zu der berechtigten Annahme veranlassen, dass eine Sicherungsmaßnahme in Form eines Beschlusses zur vorläufigen Kontenpfändung **dringend erforderlich** ist, weil sonst die Gefahr der Vollstreckungsvereitelung oder -erschwerung besteht (Art. 7 Abs. 1 EuKoPfVO). Das entspricht der schlüssigen Darlegung eines Arrestgrundes.

177

d) Antrag

Der Gläubiger muss beim zuständigen Gericht (Art. 6 EuKoPfVO) einen **Antrag** auf Erlass eines Beschlusses zur vorläufigen Kontenpfändung stellen. Dabei hat er gem. § 8 Abs. 1 EuKoPfVO ein **spezielles Formblatt** zu verwenden. Für die Einreichung des Antrags besteht kein Anwaltszwang (§ 41 Satz 1 EuKoPfVO). Es dürfen nicht bei mehreren Gerichten gleichzeitig parallele Anträge gestellt werden (Art. 16 Abs. 1 EuKoPfVO).

178

e) Informationen zur Identifizierung von Bankkonten

Mit dem Antrag auf vorläufige Kontenpfändung kann der Gläubiger auf demselben Antragsformular zugleich beantragen, die zuständige Auskunftsbehörde des Vollstreckungsmitgliedstaats zur Einholung der erforderlichen **Informationen zur Identifizierung von Bankkonten des Schuldners** zu ersuchen. Daran wird er interessiert sein, wenn er zwar Anhaltspunkte dafür hat, dass der Schuldner bei Banken in einem anderen Mitgliedstaat ein oder mehrere Konten unterhält, ihm aber weder der Name der Bank noch IBAN oder BIC oder andere Daten zur Identifizierung des Kontos bekannt sind. Wenn das Gericht den Antrag auf vorläufige Kontenpfändung für begründet hält, übermittelt es das Gesuch um Einholung von Kontoinformationen an die Auskunftsbehörde des Vollstreckungsmitgliedstaats (§ 14 Abs. 3 EuKoPfVO). Das ist in Deutschland das Bundesamt für Justiz (§ 948 Abs. 1 ZPO). Dieses darf dann gem. § 948 Abs. 2 ZPO das Bundeszentralamt für Steuern ersuchen, bei den Kreditinstituten bestimmte Daten abzurufen. Die anderen Mitgliedstaaten haben vergleichbare Verfahren zur Einholung von Kontoinformationen zur Verfügung zu stellen. Das Bundeszentralamt für Steuern übermittelt die Daten dann an das ersuchende Gericht (§ 14 Abs. 6 EuKoPfVO).

179

---

1 BGBl. I S. 2591. Zur Begründung BT-Drs. 18/7560 v. 17.2.2016.

f) Prüfung durch das Gericht im schriftlichen Verfahren

180 Hinsichtlich des Antrags auf Erlass eines Beschlusses zur vorläufigen Kontenpfändung **prüft das Gericht**, ob der Gläubiger alle **Pflichtangaben auf dem Antragsformular** gemacht und **hinreichende Beweismittel (Glaubhaftmachung) für seinen Anspruch und die erforderliche Dringlichkeit** vorgelegt hat (Art. 7 EuKoPfVO). Das Verfahren läuft schriftlich ab und ohne, dass der Schuldner vor Erlass des Beschlusses Kenntnis von dem Antrag erhält (Art. 9, 11 EuKoPfVO).

g) Entscheidung des Gerichts

181 Der Antrag kann als unzulässig oder unbegründet abgelehnt werden. Ferner kann dem Gläubiger die Möglichkeit zur Vervollständigung seines bisher unvollständigen Antrags eingeräumt werden (§ 17 Abs. 3 Satz 1 EuKoPfVO). Wenn der Antrag zulässig und begründet ist, wird unter Verwendung des vorgesehenen **Formblatts** der **Beschluss zur vorläufigen Kontenpfändung** erlassen (Art. 19 Abs. 1 EuKoPfVO). Die Kontenpfändung erfolgt in Höhe des Betrages der glaubhaft gemachten und zu sichernden Hauptforderung und ggf. von Zinsen und Kosten (Art. 15 EuKoPfVO). Die vorläufige Pfändung darf sich nicht auf Beträge erstrecken, die nach dem Recht des Vollstreckungsmitgliedstaats (in Deutschland § 850k ZPO) unpfändbar sind (Art. 31 Abs. 1 EuKoPfVO).

h) Vollziehung der vorläufigen Kontenpfändung

182 Die Vollziehung der vorläufigen Kontenpfändung erfolgt nach den Regeln des Vollstreckungsmitgliedstaats (Art. 23 Abs. 1 EuKoPfVO). Für die Vollziehung in Deutschland verweist § 950 ZPO auf das 8. Buch der ZPO. Die Vollziehung erfolgt daher gem. §§ 928, 829 ZPO durch **Zustellung des Pfändungsbeschlusses**. Soll ein Beschluss im Inland vollzogen werden, hat der Gläubiger den Beschluss der Bank (Drittschuldnerin) zustellen zu lassen (§§ 928, 829 Abs. 2 Satz 1 ZPO). Die **Bank führt die vorläufige Kontenpfändung unmittelbar nach Eingang des Beschlusses aus**, in dem sie sicherstellt, dass der im Beschluss genannte Betrag nicht vom Konto des Schuldners überwiesen oder abgehoben wird (§ 24 EuKoPfVO). Innerhalb von drei Arbeitstagen gibt sie sodann auf einem vorgeschriebenen Formular eine **Drittschuldnererklärung** ab, ob bzw. inwieweit Gelder auf dem Konto des Schuldners bereits vorläufig gepfändet wurden und ggf. wann das der Fall war (Art. 25 Abs. 1 Satz 1 EuKoPfVO). Nach Eingang der Drittschuldnererklärung ist der Beschluss zur vorläufigen Kontenpfändung nebst zugehörigen Schriftstücken innerhalb von drei Arbeitstagen auch dem Schuldner zuzustellen (Art. 28 EuKoPfVO).

i) Rechtsbehelfe

183 Der **Schuldner** kann sich gegen den Beschluss zur vorläufigen Kontenpfändung mit einem Widerspruch wehren und bei dem Gericht des Ursprungsmitgliedstaats den Widerruf oder die Abänderung des Beschlusses zur vorläufigen Kontenpfändung beantragen (Art. 33 EuKoPfVO). Er kann sich nach Art. 34 EuKoPfVO auch gegen die Vollziehung des Beschlusses wehren, indem er beim Vollstreckungsgericht die Einschränkung oder Beendigung des Beschlusses beantragt. Gegen die Entscheidung über Rechtsbehelfe des Schuldners ist ein formgebundenes Rechtsmittel statthaft (Art. 37 EuKoPfVO). Das ist in Deutschland die sofortige Beschwerde (§ 956 ZPO).

184 Der **Gläubiger** kann sich gegen die Ablehnung des beantragten Beschlusses zur vorläufigen Kontenpfändung und gegen dessen Widerruf mit der sofortigen Beschwerde wehren (Art. 21 EuKoPfVO, § 953 Abs. 1 ZPO). Die Beschwerdefrist beträgt 30 Tage ab Zustellung der Ablehnung an den Gläubiger (Art. 21 Abs. 2 Satz 1 EuKoPfVO, § 953 Abs. 2 Satz 1 ZPO) bzw. einen Monat ab Zustellung des Widerrufs (§ 953 Abs. 3 ZPO).

j) Schadensersatzpflicht des Gläubigers

185 Nach Art. 13 Abs. 1 EuKoPfVO haftet der Gläubiger für etwaige Schäden, die dem Schuldner durch den Beschluss zur vorläufigen Kontenpfändung aufgrund eines Verschuldens des Gläubigers entstanden sind. Der deutsche Gesetzgeber hat aufgrund der Gestattung in Art. 13 Abs. 3 EuKoPfVO eine weitergehende Haftungsregelung in § 958 ZPO aufgenommen. Danach haftet der Gläubiger dem Schuldner **verschuldensunabhängig** auf Ersatz des Vollziehungsschadens, wenn sich die Anordnung des Beschlusses zur vorläufigen Kontenpfändung als von Anfang an ungerechtfertigt erweist. Das entspricht der für das Arrest- und Verfügungsverfahren geltenden Regelung in § 945 ZPO.

§ 63 Übermittlung von Urteilen in Tarifvertragssachen

Rechtskräftige Urteile, die in bürgerlichen Rechtsstreitigkeiten zwischen Tarifvertragsparteien aus dem Tarifvertrag oder über das Bestehen oder Nichtbestehen des Tarifvertrags ergangen sind, sind alsbald der zuständigen obersten Landesbehörde und dem Bundesministerium für Arbeit und Soziales in vollständiger Form abschriftlich zu übersenden oder elektronisch zu übermitteln. Ist die zuständige oberste Landesbehörde die Landesjustizverwaltung, so sind die Urteilsabschriften oder das Urteil in elektronischer Form auch der obersten Arbeitsbehörde des Landes zu übermitteln.

I. Allgemeines 1	2. Form und Frist der Übermittlung 6
II. Übermittlungspflicht 2	3. Adressat der Übermittlung 9
1. Gegenstand der Übermittlung 3	

Schrifttum: *Griebeling,* Das Urteil im arbeitsgerichtlichen Verfahren, AR-Blattei SD 160.8

I. Allgemeines

Die Vorschrift bildet die prozessuale Ergänzung zu § 9 TVG. Sie sichert verfahrensrechtlich das dort erstrebte Ziel, abweichende oder gar einander widersprechende Auslegungen tarifvertraglicher Normen zu verhindern[1]. § 9 TVG erweitert angesichts des normativen Charakters von Tarifbestimmungen die **subjektive Rechtskraft** arbeitsgerichtlicher **Entscheidungen** über § 325 Abs. 1 ZPO (Rechtskraftwirkung inter partes) hinaus. Hiernach sind rechtskräftige Entscheidungen der Gerichte für Arbeitssachen, die in Rechtsstreitigkeiten zwischen Tarifvertragsparteien aus dem Tarifvertrag oder über das Bestehen oder Nichtbestehen des Tarifvertrags ergangen sind, nicht nur diese Prozessparteien, sondern allgemein in Rechtsstreitigkeiten zwischen tarifgebundenen Parteien sowie zwischen diesen und Dritten für die **Gerichte** und **Schiedsgerichte** bindend (Rechtskraftwirkung inter omnes). Die **erweiterte Bindungswirkung** durch § 9 TVG basiert auf der normativen Wirkung von Tarifverträgen und dient damit der **Rechtssicherheit**, **Rechtsklarheit** sowie der **Prozessökonomie**, indem hierdurch bei **eingliedrigen Tarifverträgen** eine Vielzahl von Individualstreitigkeiten vermieden werden (s. § 2 Rz. 56)[2]. Bei **mehrgliedrigen Tarifverträgen** beschränkt sich die Bindungswirkung hingegen regelmäßig auf die prozessbeteiligten Verbände, da bei mehrgliedrigen Tarifverträgen in aller Regel zwischen den Tarifvertragsparteien der gleichen Seite keine notwendige Streitgenossenschaft besteht (s. § 2 Rz. 57)[3]. Anders ist dies hingegen bei einem sog. **Einheitstarifvertrag**[4].

II. Übermittlungspflicht

Die Übermittlungspflicht des § 63 Satz 1 soll sicherstellen, dass die **Entscheidungen mit Bindungswirkung** (§ 9 TVG) vor dem Hintergrund des normativen Charakters von Tarifbestimmungen **jederzeit** der Allgemeinheit **frei zugänglich** sind. Aufgabe der zuständigen obersten Arbeitsbehörden der Länder bzw. des BMAS ist es daher, für eine geeignete Publizierung dieser Entscheidungen zu sorgen[5]. Durch die Übermittlungspflicht soll zudem sichergestellt werden, dass das BMAS ein vollständiges **Tarifregister** führt (§ 6 TVG)[6]. Die Übermittlungspflicht gilt für sämtliche Instanzen (s. § 64 Abs. 7 für die Berufungsinstanz und § 72 Abs. 6 für die Revisionsinstanz).

1. Gegenstand der Übermittlung

Anders als die Vorgängerregelung ist § 63 Satz 1 **dem Wortlaut nach enger gefasst als** die Regelung zur Rechtswegzuständigkeit des § 2 Abs. 1 Nr. 1, die nicht nur bürgerliche Rechtsstreitigkeiten „zwischen Tarifvertragsparteien", sondern auch solche „zwischen diesen (Tarifvertragsparteien) und Dritten" aus Tarif-

---

1 Vgl. BAG v. 4.7.2007 – 4 AZR 491/06, BAGE 123, 213 (218) = NZA 2008, 307 (309).
2 BAG v. 8.9.1957 – 1 AZR 274/56, BAGE 5, 115 (118 f.) = AP Nr. 7 zu § 256 ZPO; BAG v. 6.6.2007 – 4 AZR 411/06, BAGE 123, 46 (68) = NZA 2008, 1086 (1094).
3 BAG v. 28.9.1977 – 4 AZR 446/76, BAGE 29, 321 (325) = AP Nr. 1 zu § 9 TVG 1969; Henssler/Moll/Bepler/*Gäntgen*, Teil 16, Rz. 7.
4 *Jacobs/Krause/Oetker/Schubert*, Rz. 202 mwN; Henssler/Moll/Bepler/*Gäntgen*, Teil 16, Rz. 8 mwN.
5 GMP/*Germelmann*, § 63 Rz. 1; GK-ArbGG/*Vossen*, § 63 Rz. 5; *Griebeling*, AR-Blattei, SD 160.8, Rz. 410.
6 Däubler/*Reinecke*, § 9 TVG Rz. 52.

vertägen oder über das Bestehen bzw. Nichtbestehen von Tarifverträgen erfasst. Gerade die Auslegung einzelner Tarifnormen, die den Hauptanwendungsfall des § 63 Satz 1 bildet[1], wird in aller Regel nicht in Rechtsstreitigkeiten zwischen Tarifvertragsparteien, sondern in Verfahren zwischen diesen Tarifvertragsparteien und Dritten geklärt. Jedoch lassen weder der klare Wortlaut noch die Historie von § 63 ArbGG 1979[2] – anders als § 63 ArbGG 1953[3] – eine erweiternde Auslegung bzw. eine analoge Anwendung dahingehend zu, dass auch Rechtsstreitigkeiten zwischen Tarifvertragsparteien und Dritten, zB einzelnen ArbGeb – sofern sie nicht sind selbst Tarifvertragspartei sind – oder ArbN, erfasst werden. Bei letztgenannten Rechtsstreitigkeiten kann zudem die Gefahr eines möglicherweise „gesteuerten" Prozessausgangs im Hinblick auf die im konkreten Einzelfall gewünschte Tarifauslegung nicht ausgeschlossen werden. Nach § 63 Satz 1 sind somit nur **Entscheidungen, die zwischen Tarifvertragsparteien** ergangen sind, zu übermitteln[4].

4 Die Übermittlungspflicht des § 63 Satz 1 gilt aufgrund der ausdrücklichen Anordnung in § 97 Abs. 3 Satz 2 im **Beschlussverfahren** entsprechend. Zu übermitteln sind aber nur rechtskräftige Beschlüsse in Verfahren, in denen über die **Tariffähigkeit** und die **Tarifzuständigkeit** einer Vereinigung (§ 2a Abs. 1 Nr. 4) entschieden wird (vgl. § 97 Rz. 37)[5]. Dies gilt unabhängig von der Rechtsfrage, ob für derartige Streitigkeiten § 9 TVG (analog) angewendet werden kann[6].

5 Es sind nur **rechtskräftige Sachentscheidungen der Gerichte für Arbeitssachen zu übermitteln**. Ein Prozessurteil oder eine sonstige Entscheidung ausschließlich über prozessuale Fragen entfaltet keine Bindungswirkung. In einem solchen Fall ist die rechtskräftig gewordene Sachentscheidung der Vorinstanz zu übermitteln[7]. Wird bspw. eine Berufung gegen ein einschlägiges Urteil des ArbG als unzulässig verworfen, ist nur das erstinstanzliche Urteil zu übermitteln. Bei einem gerichtlichen Vergleich oder bei einer Erledigung auf andere Weise entfällt die Übermittlungspflicht. Bei der Sachentscheidung muss es um die **Auslegung** einzelner Tarifvertragsklauseln oder den (teilweisen) **Bestand des Tarifvertrags** in einer bürgerlichen Rechtsstreitigkeit zwischen Tarifvertragsparteien gegangen sein, unabhängig von der gewählten zivilprozessualen **Klageart**, wobei dies idR eine Feststellungsklage iSv. § 256 ZPO sein wird[8].

2. Form und Frist der Übermittlung

6 Die rechtskräftige Entscheidung (Urteil oder Beschluss) ist in **vollständiger**, also nicht in **abgekürzter** Form zu übermitteln, selbst wenn bei mehreren Streitgegenständen nur ein Teil der Entscheidung die Übermittlungspflicht auslöst[9]. Die Entscheidung darf aus datenschutzrechtlichen Gründen ggf. teilweise **anonymisiert** werden. Dabei muss aber stets erkennbar bleiben, welche Tarifvertragsparteien über welchen Tarifvertrag oder über wessen Tariffähigkeit oder Tarifzuständigkeit mit welchem Ergebnis gestritten haben[10]. Die Entscheidung ist als (einfache) Abschrift (dh. idR als Fotokopie[11]) oder per Telefax zu übersenden. Eine Übermittlung in **elektronischer** Form, dh. als Dateianhang per E-Mail, ist ebenfalls gem. § 63 Satz 1 zulässig, was wohl in der Praxis am zweckmäßigsten sein dürfte.

7 Die **Übermittlung** der rechtskräftigen Entscheidung (Urteil oder Beschluss) hat der **Kammer- oder Senatsvorsitzende** zu **veranlassen**, dessen Spruchkörper die rechtskräftige Entscheidung getroffen hat[12], der sich hierfür idR der Gerichtsverwaltung bedienen wird. Die Verletzung der Übermittlungspflicht wird in § 63 nicht sanktioniert, stellt aber gleichwohl eine Dienstpflichtverletzung des Vorsitzenden dar[13], die

---

1 Vgl. BAG v. 19.2.1965 – 1 AZR 237/64, BAGE 17, 95 (99 f.) = AP Nr. 4 zu § 8 TVG.
2 Durch die Novelle v. 21.5.1979 wurde der frühere erweiterte Wortlaut auf die heutige Form reduziert, BGBl. I S. 545.
3 GK-ArbGG/*Vossen*, § 63 Rz. 1.
4 GMP/*Germelmann*, § 63 Rz. 2; GK-ArbGG/*Vossen*, § 63 Rz. 6; Düwell/Lipke/*Kloppenburg*, § 63 Rz. 2; HWK/*Ziemann*, § 63 ArbGG Rz. 2; Natter/Gross/*Rieker*, § 63 Rz. 3; GWBG/*Benecke*, § 63 Rz. 2.
5 AA Hauck/Helml/Biebl/*Helml*, § 63 Rz. 3.
6 Vgl. BAG v. 10.5.1989 – 4 AZR 80/89, BAGE 62, 44 (48) = NZA 1989, 687 (688); GK-ArbGG/*Vossen*, § 63 Rz. 9 mwN; GMP/*Germelmann*, § 63 Rz. 5; s.a. HWK/*Henssler*, § 9 TVG Rz. 15.
7 GMP/*Germelmann*, § 63 Rz. 4; GK-ArbGG/*Vossen*, § 63 Rz. 8; Hauck/Helml/Biebl/*Helml*, § 63 Rz. 2; Natter/Gross/*Rieker*, § 63 Rz. 3.
8 GMP/*Germelmann*, § 63 Rz. 3; GK-ArbGG/*Vossen*, § 63 Rz. 7; s. zu den näheren Anforderungen an den Klageantrag: BAG v. 18.4.2012 – 4 AZR 371/10, Rn. 9 ff., NZA 2013, 161 ff.
9 Düwell/Lipke/*Kloppenburg*, § 63 Rz. 3; HWK/*Ziemann*, § 63 ArbGG Rz. 3; GWBG/*Benecke*, § 63 Rz. 2.
10 GMP/*Germelmann*, § 63 Rz. 7; BCF/*Creutzfeldt*, § 63 Rz. 2; Natter/Gross/*Rieker*, § 63 Rz. 5.
11 HWK/*Ziemann*, § 63 ArbGG Rz. 3.
12 GMP/*Germelmann*, § 63 Rz. 8; GK-ArbGG/*Vossen*, § 63 Rz. 11; Hauck/Helml/Biebl/*Helml*, § 63 Rz. 5.
13 GMP/*Germelmann*, § 63 Rz. 8; Hauck/Helml/Biebl/*Helml*, § 63 Rz. 5.

ggfls. disziplinarrechtlich verfolgt werden kann und derentwegen betroffene Tarifvertragsparteien eine Dienstaufsichtsbeschwerde einlegen können.

Eine feste **Frist** für die Übermittlung ist weder in § 63 Satz 1 noch in § 97 Abs. 3 vorgesehen, sie muss **alsbald**, dh. kurz nach Eintritt der Rechtskraft der zu übermittelnden Entscheidung erfolgen[1]. Sofern eine rechtskräftig gewordene Entscheidung der Vorinstanz der Übermittlungspflicht nach § 63 unterliegt (s. Rz. 5), muss der Aktenrücklauf abgewartet werden, denn die Vorinstanz muss erst einmal Kenntnis davon erlangen, dass ihre Entscheidung rechtskräftig geworden ist.

3. Adressat der Übermittlung

Adressaten der zu übermittelnden Entscheidung sind gem. § 63 Satz 1 zum einen das **BMAS** und zum anderen die **oberste Arbeitsbehörde des Landes** (vgl. § 15 Satz 1), in dem das Gericht, das die rechtskräftige Entscheidung getroffen hat, seinen Sitz hat. Auf den räumlichen Geltungsbereich des streitgegenständlichen Tarifvertrages und den Sitz der betroffenen Tarifvertragsparteien kommt es insofern nicht an. In den Bundesländern, in denen die Gerichte für Arbeitssachen (ArbG und LAG) bei den Justizministerien ressortieren, ist die Entscheidung – neben dem BMAS – sowohl dem zuständigen Justizministerium als auch dem Arbeitsministerium dieses Landes als oberste Arbeitsbehörde zu übermitteln (§ 63 Satz 2).

Das **BAG** ist hingegen nach § 63 Satz 1 nur verpflichtet, seine Entscheidungen dem BMAS zu übermitteln. Da das BAG seinen Sitz in Erfurt hat (§ 40 Abs. 1), nimmt allerdings ein Teil der Literatur[2] an, dessen Entscheidungen müssten zusätzlich den einschlägigen Landesministerien im Freistaat Thüringen übersandt werden. Dem kann nicht gefolgt werden, weil das dortige Bundesland für das BAG als eines der fünf obersten Gerichtshöfe des Bundes (Art. 95 Abs. 1 GG) ressortmäßig nicht zuständig ist und bspw. nicht gegen einen Senatsvorsitzenden im Wege der Dienstaufsicht vorgehen könnte. In Thüringen gibt es insofern keine oberste Landesbehörde iSv. § 15 Abs. 1 Satz 1, die für das BAG zuständig ist, denn das BAG ressortiert gem. § 40 Abs. 2 Satz 1 beim BMAS (s. § 40 Rz. 15). Letztlich kann dieser Streit aber dahinstehen, denn es bedarf auch keiner Übermittlung rechtskräftiger Entscheidungen des BAG an die oberste Arbeitsbehörde des Freistaates Thüringen. Mittlerweile werden sämtliche streitigen Entscheidungen des BAG von der dortigen Dokumentationsstelle erfasst und bei Juris eingestellt, womit Sinn und Zweck von § 63 hinreichend Genüge getan wird.

Zweiter Unterabschnitt. Berufungsverfahren

§ 64 Grundsatz

(1) Gegen die Urteile der Arbeitsgerichte findet, soweit nicht nach § 78 das Rechtsmittel der sofortigen Beschwerde gegeben ist, die Berufung an die Landesarbeitsgerichte statt.
(2) Die Berufung kann nur eingelegt werden,
a) wenn sie in dem Urteil des Arbeitsgerichts zugelassen worden ist,
b) wenn der Wert des Beschwerdegegenstandes 600 Euro übersteigt,
c) in Rechtsstreitigkeiten über das Bestehen, das Nichtbestehen oder die Kündigung eines Arbeitsverhältnisses oder
d) wenn es sich um ein Versäumnisurteil handelt, gegen das der Einspruch an sich nicht statthaft ist, wenn die Berufung oder Anschlussberufung darauf gestützt wird, dass der Fall der schuldhaften Versäumung nicht vorgelegen habe.

---

[1] GK-ArbGG/*Vossen*, § 63 Rz. 11; Hauck/Helml/Biebl/*Helml*, § 63 Rz. 5; GK-ArbGG/*Vossen*, § 63 Rz. 11: „zeitnah"; ErfK/*Koch*, 12. Aufl. 2012, § 63 Rz. 1 und GWBG/*Benecke*, § 63 Rz. 3 verstehen dies als „unverzüglich"; Natter/Gross/*Rieker*, § 63 Rz. 8, der „alsbald" als „ohne schuldhaftes Zögern iSd. § 121 Abs. 1 Satz 1 BGB" versteht.
[2] GK-ArbGG/*Vossen*, § 63 Rz. 12; GMP/*Germelmann*, § 63 Rz. 9; Hauck/Helml/Biebl/*Helml*, § 63 Rz. 5.

(3) Das Arbeitsgericht hat die Berufung zuzulassen, wenn
1. die Rechtssache grundsätzliche Bedeutung hat,
2. die Rechtssache Rechtsstreitigkeiten betrifft
   a) zwischen Tarifvertragsparteien aus Tarifverträgen oder über das Bestehen oder Nichtbestehen von Tarifverträgen,
   b) über die Auslegung eines Tarifvertrags, dessen Geltungsbereich sich über den Bezirk eines Arbeitsgerichts hinaus erstreckt, oder
   c) zwischen tariffähigen Parteien oder zwischen diesen und Dritten aus unerlaubten Handlungen, soweit es sich um Maßnahmen zum Zwecke des Arbeitskampfes oder um Fragen der Vereinigungsfreiheit einschließlich des hiermit im Zusammenhang stehenden Betätigungsrechts der Vereinigungen handelt, oder
3. das Arbeitsgericht in der Auslegung einer Rechtsvorschrift von einem ihm im Verfahren vorgelegten Urteil, das für oder gegen eine Partei des Rechtsstreits ergangen ist, oder von einem Urteil des im Rechtszug übergeordneten Landesarbeitsgerichts abweicht und die Entscheidung auf dieser Abweichung beruht.

(3a) Die Entscheidung des Arbeitsgerichts, ob die Berufung zugelassen oder nicht zugelassen wird, ist in den Urteilstenor aufzunehmen. Ist dies unterblieben, kann binnen zwei Wochen ab Verkündung des Urteils eine entsprechende Ergänzung beantragt werden. Über den Antrag kann die Kammer ohne mündliche Verhandlung entscheiden.

(4) Das Landesarbeitsgericht ist an die Zulassung gebunden.

(5) Ist die Berufung nicht zugelassen worden, hat der Berufungskläger den Wert des Beschwerdegegenstandes glaubhaft zu machen; zur Versicherung an Eides Statt darf er nicht zugelassen werden.

(6) Für das Verfahren vor den Landesarbeitsgerichten gelten, soweit dieses Gesetz nichts anderes bestimmt, die Vorschriften der Zivilprozeßordnung über die Berufung entsprechend. Die Vorschriften über das Verfahren vor dem Einzelrichter finden keine Anwendung.

(7) Die Vorschriften des § 49 Abs. 1 und 3, des § 50, des § 51 Abs. 1, der §§ 52, 53, 55 Abs. 1 Nr. 1 bis 9, Abs. 2 und 4, des § 54 Absatz 6, des § 54a, der §§ 56 bis 59, 61 Abs. 2 und 3 und der §§ 62 und 63 über Ablehnung von Gerichtspersonen, Zustellungen, persönliches Erscheinen der Parteien, Öffentlichkeit, Befugnisse des Vorsitzenden und der ehrenamtlichen Richter, Güterichter, Mediation und außergerichtliche Konfliktbeilegung, Vorbereitung der streitigen Verhandlung, Verhandlung vor der Kammer, Beweisaufnahme, Versäumnisverfahren, Inhalt des Urteils, Zwangsvollstreckung und Übersendung von Urteilen in Tarifvertragssachen gelten entsprechend.

(8) Berufungen in Rechtsstreitigkeiten über das Bestehen, das Nichtbestehen oder die Kündigung eines Arbeitsverhältnisses sind vorrangig zu erledigen.

I. Entwicklung des arbeitsgerichtlichen Berufungsverfahrens	1
II. Allgemeine Überlegungen zum Berufungsverfahren	
1. Die Berufung, ein Rechtsmittel	6
2. Funktion der Berufungsinstanz	10
3. Zwangsvollstreckung trotz Berufung	12
III. Beschwer	13
IV. Statthaftigkeit der Berufung	
1. Berufungsfähige Urteile	23
2. Formfehlerhafte Entscheidungen	28
3. Einzelfälle der Statthaftigkeit gem. § 64 Abs. 2	36
4. Zulassung der Berufung	38
a) Allgemeine Grundsätze	38
b) Form und Umfang der Entscheidung über die Zulassung	42
c) Gerichtliche Ergänzung/Änderung der Zulassungsentscheidung	54
5. Beschwerdesumme über 600 Euro	61
6. Bestandsstreitigkeiten	86
7. Zweites Versäumnisurteil	93
8. Gründe zur Zulassung der Berufung	95
9. Bindungswirkung der Zulassungsentscheidung (§ 64 Abs. 4)	110
V. Die anwendbaren prozessualen Vorschriften im Berufungsverfahren	113
VI. Einlegung der Berufung	
1. Form und Formalien der Berufungsschrift . .	115
2. Notwendige Angaben in der Berufungsschrift	133
VII. Berufungsbegründung	143
1. Berufungsanträge	145
2. Berufungsgründe	148
a) Art der Berufungsgründe	148
b) Rechtsverletzungen	149
c) Fehler im Tatsachenbereich	151
d) Neue Tatsachen	153
e) Zweck der Formalien	154

VIII. Umfang der Berufungsbegründung
1. Allgemeine Grundsätze 155
2. Einzelfälle 157
3. Verstoß gegen Fünf-Monats-Frist und Berufungsbegründung 170

IX. Prüfung der Zulässigkeit der Berufung und ihre Verwerfung
1. Gerichtliche Prüfpflicht 176
2. Gerichtliche Wahl der Entscheidungsform . . 179
3. Verhältnis von Zulässigkeit und Begründetheit der Berufung 182

X. Die Anschlussberufung 187

XI. Rücknahme und Verzicht der Berufung
1. Berufungsrücknahme 204
2. Berufungsverzicht 214

XII. Verfahren zur materiellen Entscheidung über die Berufung 223
1. Prüfungsumfang des Berufungsgerichts . . . 226
2. Besonderheiten bei der rechtlichen Überprüfung 231

XIII. Entsprechend anwendbare Vorschriften des arbeitsgerichtlichen Verfahrens nach § 64 Abs. 7 237
1. Ablehnung von Richtern 238
2. Persönliches Erscheinen der Parteien 239
3. Befugnisse und Alleinentscheidungsrecht des Vorsitzenden 240
4. Versäumnisverfahren 244

XIV. Beschleunigte Erledigung von Bestandsstreitigkeiten 245

Schrifttum: *Althammer*, „Beschwer" und „Beschwerdegegenstand" im reformierten Berufungsrecht gem. § 511 II Nrn. 1, 2, IV ZPO, NJW 2003, 1079; *Bacher*, Der elektronische Rechtsverkehr im Zivilprozess, NJW 2015, 2753; *Born*, Anschlussberufung und Monatsfrist, NJW 2005, 3038; *Brosch/Sandkühler*, Das elektronische Anwaltspostfach- Nutzungsobliegenheiten, Funktionen und Sicherheit, NJW 2015, 2760; *Fischer*, Der Wert des Beschwerdegegenstandes in § 511 II Nr. 1 ZPO, NJW 2002, 1551; *Fischer*, Justiz-Kommunikation – „Reform der Form"?, DRiZ 2005, 90; *Fölsch*, Keine Zulassung der Berufung bei einem Wert der Beschwer von über 600 Euro?, NJW 2002, 3758; *Gaier*, Klageänderung bei Berufungseinlegung, NJW 2001, 3289; *Hümmerich*, Die arbeitsgerichtliche Abfindung, NZA 1999, 342; *Jauernig*, Die „Beschwer" mit der neuen Berufung: § 511 II Nr. 1 ZPO, NJW 2001, 3027; *Jauernig*, Der BGH und die Beschwer im neuen Rechtsmittelrecht, NJW 2003, 465; *Korinth*, Möglichkeiten und Grenzen von Angriffen gegen die vorläufige Vollstreckbarkeit arbeitsgerichtlicher Entscheidungen, ArbRB 2008, 289; *Künzl*, Die Reform des Zivilprozesses, ZTR 2001, 492 und 533; *Lamminger/Ulrich/Schmieder*, Überschießende Signaturerfordernisse bei elektronischem Rechtsverkehr und elektronischer Aktenführung, NJW 2016, 3274; *Lipke*, Die Berufung im arbeitsgerichtlichen Verfahren, AuR 2007, 1; *Müller/Heydn*, Der sinnlose Schlagabtausch zwischen den Instanzen auf dem Prüfstand: Für eine Abschaffung der Tatbestandsberichtigung, NJW 2005, 1750; *Nassal*, Zehn Jahre ZPO Reform vor dem BGH, NJW 2012, 113; *Nägele*, Die Erledigung des Auskunftsanspruchs bei der Stufenklage, ArbRB 2008, 98; *Rixecker*, Fehlerquellen am Weg der Fehlerkontrolle, NJW 2004, 705; *Salamon*, Schriftlichkeit bestimmender Schriftsätze – die Entwicklung der Rechtsprechung zur Haftungsfalle, NZA 2009, 1249; *Schmidt/Schwab/Wildschütz*, Die Auswirkungen der Reform des Zivilprozesses auf das arbeitsgerichtliche Verfahren, NZA 2001, 1161 und 1217*N. Schwab*, Die 5-Monatsfrist im arbeitsgerichtlichen Berufungsverfahren, FA 2005, 258; *N. Schwab*, Die Rechtsprechung des BAG zur Kombination einer Kündigungsschutzklage mit einer allgemeinen Feststellungsklage, NZA 1998, 342; *N. Schwab*, Die Anschlussberufung im arbeitsgerichtlichen Verfahren, FA 2005, 130; *Schwab/Wildschütz/ Heege*, Disharmonien zwischen ZPO und ArbGG, NZA 2003, 999; *Sorge/Krüger*, E-Akte, elektronischer Rechtsverkehr und Barrierefreiheit, NJW 2015, 2764; *Stackmann*, Die erfolgversprechende Berufungsschrift in Zivilsachen, NJW 2003, 173; *Stackmann*, Der (Un-)Sinn von Berichtigungsanträgen, NJW 2009, 1537; *Stock*, Berufungszulassung und Rechtsmittelbelehrung im arbeitsgerichtlichen Urteil, NZA 2001, 481; *Toussaint*, Form- und Fristwahrung durch Telefax im Zivilprozess, NJW 2015, 3207; *Ulrici*, Streitwertfestsetzung und Beschwer AuR 2008, 384; *Viefhues*, Das Gesetz über die Verwendung elektronischer Kommunikationsformen in der Justiz, NJW 2005, 1009; *Weth/Kerwer*, Anforderungen an die Berufungsbegründung bei mehrfachen Kündigungen, SAE 1997, 295.

I. Entwicklung des arbeitsgerichtlichen Berufungsverfahrens

Zur historischen Entwicklung des arbeitsgerichtlichen Berufungsverfahrens und seiner jeweiligen Eigenheiten ab dem Jahre 1890 vgl. 1. Aufl. Rz. 1–5. 1

Einstweilen frei 2–5

II. Allgemeine Überlegungen zum Berufungsverfahren

1. Die Berufung, ein Rechtsmittel

Die Berufung gehört neben ua. der Revision (§§ 72 ff. ArbGG iVm. §§ 545 ff. ZPO), der Sprungrevision (§ 76) und der sofortigen Beschwerde (§ 78 ArbGG iVm. §§ 567 ff. ZPO) zu den Rechtsmitteln im Urteilsverfahren. Das arbeitsgerichtliche **Beschlussverfahren** enthält das Rechtsmittel der Beschwerde (§§ 87 ff.) gegen den die Instanz beendenden Beschluss des ArbG. § 87 Abs. 2 Satz 1 verweist für die Beschwerde im 6

Beschlussverfahren weitgehend auf die Vorschriften über das Berufungsverfahren und ist trotz vieler Abweichungen wie dieses strukturiert.

7 Die Berufung ist ein nach § 66 Abs. 1 befristetes Rechtsmittel. Deshalb muss das erstinstanzliche Urteil gem. § 9 Abs. 5 Satz 1 eine **Rechtsmittelbelehrung** enthalten. Die Rechtsmittelbelehrung muss inhaltlich so konkret sein, dass beide Parteien aus ihr erkennen können, ob, in welcher Form und Frist und bei welchem Gericht (mit dessen Anschrift) sie gegen das Urteil Berufung einlegen können[1] (vgl. § 9 Rz. 19).

8 Zum **Wesen eines Rechtsmittels** und damit auch der Berufung gehört der **Suspensiv- und der Devolutiveffekt**. Durch die rechtzeitige Einlegung der statthaften Berufung wird gem. § 705 Satz 2 ZPO der Eintritt der formellen Rechtskraft der angefochtenen Entscheidung gehemmt (Suspensiveffekt). Ist die Berufung für die Partei nicht statthaft, legt sie trotzdem gegen das Urteil Berufung ein, wird dadurch die eingetretene Rechtskraft nicht rückwirkend wieder gehemmt. Mit Berufungseinlegung wird der Rechtsstreit automatisch beim LAG anhängig. Nur noch dieses Gericht ist für die weitere Bearbeitung zuständig (Devolutiveffekt). Das **ArbG bleibt** nur noch für solche Entscheidungen **zuständig**, die allein das erstinstanzliche Verfahren betreffen, wie zB Festsetzung des Gebührenstreitwertes, Entscheidung über einen im erstinstanzlichen Verfahren noch nicht erledigten Prozesskostenhilfeantrag, eine Urteilsberichtigung (§§ 319, 320 ZPO) oder eine Urteilsergänzung (§ 321 ZPO). In der entschiedenen Sache selbst kann das ArbG nachträglich erkannte oder als solche von einer Partei monierte Fehler des Urteils nicht mehr ändern (§ 318 ZPO). Dazu ist jetzt nur noch das LAG legitimiert.

9 Zur Bindungswirkung enthält § 78a bei nicht rechtsmittelfähigen Urteilen eine Ausnahme im Falle der Erhebung der **Rüge der Verletzung rechtlichen Gehörs** (Art. 103 Abs. 1 GG). Zur Vermeidung einer Verfassungsbeschwerde ist das ArbG bei unanfechtbaren Urteilen bei Gehörsverstößen mit Verfassungsrang gehalten, unter den Voraussetzungen von § 78a sein eigenes Urteil zu überprüfen und es ggf. rechtskraftdurchbrechend nachträglich noch abzuändern, ähnlich wie in Wiederaufnahmeverfahren nach § 79 ArbGG iVm. §§ 579, 580 ZPO.

2. Funktion der Berufungsinstanz

10 Im Gegensatz zur Revision, mit der das Urteil des LAG nur einer Rechtskontrolle unterzogen wird, ist die Berufung ein Rechtsmittel, mit dem der Rechtsstreit wie schon in der 1. Instanz in **tatsächlicher und rechtlicher Hinsicht** neu verhandelt wird. Das bedeutet im Ergebnis, dass wegen der Zulässigkeit neuen Tatsachenvorbringens der Rechtsstreit vor dem LAG quasi nochmals ausgetragen wird.

11 Dies einzugrenzen ist das Ziel von §§ 513, 529 ZPO, indem das Berufungsgericht nur noch Fehler der 1. Instanz korrigieren soll. Dabei ist das LAG nach § 529 Abs. 1 Nr. 1 ZPO grds. an die erstinstanzlichen Tatsachenfeststellungen gebunden und soll auch seine Entscheidung hierauf stützen. Eine Bindung entfällt für das Berufungsgericht nur, wenn es anhand konkreter Anhaltspunkte Zweifel an der Richtigkeit oder Vollständigkeit der entscheidungserheblichen Feststellungen hat und deshalb eine erneute Feststellung geboten ist[2]. Ein weiteres Mittel zu einer Konzentration auf das erstinstanzliche Verfahren besteht darin, dass die Parteien nicht grenzenlos neues Vorbringen im Berufungsverfahren liefern können. § 67 enthält für das arbeitsgerichtliche Verfahren eigenständige Präklusionsregelungen, die neuen Tatsachenvortrag wenigstens teilweise einschränken. Die Parteien sind gehalten, schon erstinstanzlich umfassend in der Sache vorzutragen und die 1. Instanz nicht als eine Art Durchlaufstation abzuwerten. Dies verbietet allein schon der mehrstufige Aufbau des allgemeinen Gerichtswesens.

3. Zwangsvollstreckung trotz Berufung

12 Mit der Einlegung der Berufung wird die Zulässigkeit der Zwangsvollstreckung aus dem angefochtenen Urteil nicht eingeschränkt oder gar beseitigt, weil im arbeitsgerichtlichen Verfahren nach § 62 Abs. 1 Satz 1 **alle Urteile der ArbG** automatisch **vorläufig vollstreckbar** sind. Etwas anderes gilt dann, wenn das ArbG die vorläufige Vollstreckbarkeit – Sicherheitsleistung wird nicht erbracht werden – schon im Urteil selbst nach § 62 Abs. 2 Satz 2 auf vorsorglichen (Hilfs-)Antrag des Beklagten ausgeschlossen hat. Wird dieser Antrag erst nach Urteilserlass gestellt, dann ist hierfür nicht mehr das ArbG zuständig, sondern nur noch das LAG kann im Rahmen einer eingelegten Berufung über ihn gem. § 62 Abs. 1 Satz 3 ArbGG iVm. § 719 Abs. 1 ZPO entscheiden. Ohne Berufungseinlegung ist ein nachträglich gestellter Einstellungsantrag unstatthaft[3]. Voraussetzungen für eine solche Einstellung sind a) die Glaubhaftmachung eines b) nicht zu ersetzenden Nachteils (vgl. § 62 Rz. 12 ff.). Diese beiden Hürden werden in der Praxis nicht oft übersprun-

---

[1] Vgl. BAG v. 20.2.1997 – 8 AZR 15/96, NZA 1997, 901.
[2] Vgl. im Einzelnen *Schmidt/Schwab/Wildschütz*, NZA 2001, 1217 (1221); *Fellner*, MDR 2003, 72.
[3] *Schwab*, Die Berufung im arbeitsgerichtlichen Verfahren, S. 9 ff.

gen. Mit der Zwangsvollstreckung aus dem Urteil des ArbG muss der Gläubiger nicht bis zur Zustellung des vollständig abgesetzten Urteils warten. Er kann sich nach Urteilserlass gem. § 317 Abs. 2 Satz 2, § 750 Abs. 1 Satz 2 ZPO eine **abgekürzte Urteilsausfertigung** beim ArbG erwirken und daraus die Vollstreckung betreiben.

Wird ein Urteil des **ArbG** im Instanzenzug abgeändert und die Klage abgewiesen, dann **haftet** der vollstreckende Gläubiger – ausreichend ist, dass er den Schuldner unmissverständlich zur Zahlung auffordert – gem. § 717 Abs. 2 ZPO verschuldensunabhängig auf vollen Schadensersatz, der neben evtl. Vollstreckungskosten auch abgeführte Steuern und ArbN-Anteile zur Sozialversicherung nebst Zinsen umfasst[1]. Hat der Gläubiger alle Vollstreckungsvoraussetzungen herbeigeführt, haftet er nach § 717 Abs. 2 ZPO dann nicht, wenn er gegenüber dem Schuldner deutlich macht, während des Instanzenzugs daraus keine Rechte herleiten zu wollen[2]. Wird ein Urteil des **LAG** vom BAG aufgehoben, dann verweist der Erstattungsanspruch von § 717 Abs. 3 ZPO auf die Rückabwicklung nach Bereicherungsrecht, indem nur das Erlangte iSv. § 818 BGB herauszugeben ist[3]. Weitergehender Schadensersatz ist hier nicht zu leisten.

III. Beschwer

Die Berufung ist nach § 64 Abs. 2 nur noch in einem der dort genannten vier Fälle statthaft. Danach ist die Berufung nur möglich, 13

- wenn sie vom ArbG im Urteil zugelassen wurde oder
- wenn der Wert des Beschwerdegegenstandes 600 Euro übersteigt oder
- in Bestandsstreitigkeiten, also Rechtsstreitigkeiten über das Bestehen bzw. Nichtbestehen oder um die Kündigung eines Arbeitsverhältnisses oder
- insbesondere gegen ein zweites Versäumnisurteil.

Liegt einer der vorgenannten Fälle für eine Prozesspartei vor, dann besteht für sie die Möglichkeit, ein erstinstanzlich nicht erreichtes Klageziel vom Berufungsgericht zu erlangen. Notwendiges Ziel der Berufung muss es sein, dass das LAG zumindest teilweise die Beseitigung des erlittenen Nachteils herbeiführen soll.

Wie bei jedem Rechtsmittel muss auch im arbeitsgerichtlichen Verfahren bei der Berufung eine **Beschwer des Rechtsmittelklägers** vorliegen. Die nicht ausdrücklich gesetzlich normierte Beschwer (gravamen) stellt für den Rechtsmittelführer eine besondere Erscheinungsform des Rechtsschutzinteresses dar. Dh., der Rechtsmittelführer muss durch den rechtskraftfähigen Inhalt des Urteils des ArbG benachteiligt werden, und sein erstes Ziel im Berufungsverfahren muss es sein, die dort erlittene Benachteiligung zumindest teilweise zu beseitigen[4]. Eine Beschwer besteht, wenn die arbeitsgerichtliche Entscheidung nachteilig von dem dort gestellten Antrag abweicht. Hat der Berufungsführer mit einem Antrag vor dem ArbG voll obsiegt, ist er durch die Entscheidung nicht beschwert. Allein die unerwünschte Begründung des Urteils erzeugt grds. keine Beschwer[5]. Eine eigenständige Beschwer kann auch für den streitgenössischen Nebenintervenienten iSv. § 69 ZPO vorliegen. Daher ist dieser befugt, ein Rechtsmittel auch gegen den Willen der Hauptpartei einzulegen[6]. Die Beschwer muss zunächst im Zeitpunkt der Einlegung des Rechtsmittels und auch noch im Zeitpunkt der Entscheidung des LAG vorliegen. Keine Beschwer liegt vor, wenn der Rechtsmittelführer nur in der Kostenentscheidung Nachteile erlitten hat oder wenn er sich erst mittels einer (teilweisen) Klageerweiterung im Berufungsverfahren die erforderliche Beschwer zu schaffen sucht. Vgl. zur Beschwer bei **Zahlung** des Klagebetrages durch den Schuldner Rz. 216. Ist eine Partei als Gesamtschuldner verurteilt worden, entfällt ihre Beschwer nicht dadurch, dass die andere Partei den Urteilsbetrag zahlt[7]. 14

Die **Beschwer** ist anhand des erstinstanzlichen Streitgegenstandes zu **ermitteln**. Dieser wird im Zivilrecht nach dem von der Rspr. vertretenen **zweigliedrigen Streitgegenstandsbegriff** bestimmt, nicht durch die Verfolgung eines konkreten materiell-rechtlichen Anspruchs, sondern durch den Klageantrag und den hierfür gelieferten Lebenssachverhalt (Anspruchsgrund), aus dem der Kläger die von ihm geltend gemachte Rechtsfolge herleitet[8]. Zum Lebenssachverhalt sind alle Tatsachen zu rechnen, die bei einer natürlichen, vom Standpunkt der Parteien ausgehenden und den Sachverhalt seinem Wesen nach erfassenden Betrach- 15

---

1 BAG v. 18.9.2012 – 9 AZR 1/11, NZA 2013, 216; BAG v. 18.12.2008 – 8 AZR 105/08, NZA-RR 2009, 314.
2 BGH v. 16.12.2010 – Xa ZR 66/10, NJW-RR 2011, 338.
3 LAG Düsseldorf v. 13.3.2012 – 17 Sa 277/11; vgl. auch BGH v. 5.5.2011 – IX ZR 176/10, NJW 2011, 2518.
4 BAG v. 15.11.2016 – 9 AZR 125/16; BAG v. 10.2.2005 – 6 AZR 183/04, NZA 2005, 597.
5 BAG v. 23.8.2016 – 1 ABR 22/14, NZA 2017, 194.
6 BAG v. 15.1.1985 – 3 AZR 39/84, AP Nr. 3 zu § 67 ZPO.
7 BGH v. 7.12.2010 – VI ZB 87/09, NJW-RR 2011, 488.
8 Vgl. BAG v. 11.10.2011 – 3 AZR 795/09, NZA-RR 2013, 211; BGH v. 11.7.1996 – III ZR 133/95, NJW 1996, 3152.

tung zu dem zur Entscheidung gestellten Tatsachenkomplex gehören[1]. Auf die Kenntnis der Parteien des vollständigen Sachverhalts innerhalb des Komplexes oder die – bewusste oder unbewusste – Lückenhaftigkeit des Tatsachenvortrags einer/der Partei(en) innerhalb des einheitlichen Lebenssachverhalts kommt es nicht an, entscheidend sind die objektiven Gegebenheiten.

16   Ein Rechtsmittel ist unzulässig, wenn es den in der Vorinstanz erhobenen Klageanspruch nicht wenigstens teilweise weiterverfolgt und damit die Richtigkeit des Urteils in Frage stellt, sondern nur im Wege der **Klageänderung** einen neuen, bisher nicht verfolgten Anspruch zur Entscheidung stellt[2]. Die **Beseitigung der erstinstanzlichen Beschwer** begehrt der Berufungskläger daher **nicht**, wenn er das Urteil in der Weise anficht, dass er den weiterverfolgten Klageanspruch auf einen **neuen Lebenssachverhalt** stützt und dadurch eine **Klageänderung** (§ 253 ZPO) herbeiführt[3]. Bei diesem Vorgehen zieht der Rechtsmittelkläger das erstinstanzliche Urteil gar nicht in Zweifel, sondern er will etwas anderes. Dieses muss er durch eine neue Klage vor dem ArbG verfolgen. Dagegen ist es zulässig, wenn er einen erstinstanzlich verfolgten Hauptanspruch nur hilfsweise mit dem erstinstanzlichen Lebenssachverhalt begründet und ihn im Berufungsverfahren jetzt nur noch als **Hilfsantrag** weiterverfolgt[4]. Bezüglich dieses Anspruchs ist das Rechtsmittel zulässig. In diesem Falle ist zwar der auf einem neuen Lebenssachverhalt basierende neue Hauptantrag wegen fehlender Beschwer unzulässig, aber für den nunmehrigen Hilfsantrag (er war erstinstanzlich Hauptantrag) liegt eine Urteilsbeschwer vor, was für diesen Anspruch ausreicht. Für ihn ist das Rechtsmittel zulässig[5], nicht jedoch für den neuen Hauptantrag, weil der erstinstanzliche Hauptantrag nicht unbedingt weiterverfolgt wird. Dagegen mangelt es an einer Beschwer, wenn der Berufungskläger im Berufungsverfahren einen anderen prozessualen Anspruch verfolgen will[6] oder sein bei Berufungseinlegung zunächst geltend gemachtes Klageziel im Laufe des Berufungsverfahrens aufgibt und zuletzt nur noch **Klageerweiterungen** des Berufungsverfahrens verfolgen will[7] (vgl. auch Rz. 63, Rz. 67, Rz. 147). Bei einem Wechsel in der Begründung des Anspruchs in 2. Instanz ist zu unterscheiden, ob der Lebenssachverhalt ausgetauscht wird und damit ein anderer Streitgegenstand verfolgt wird – insoweit liegt keine Beschwer durch das Urteil vor – oder ob bei gleichem Lebenssachverhalt (Anspruchsgrund) nur eine andere oder weitere Begründung geliefert wird.

17   **Beispiele:**
   – Der Kläger ficht in 1. Instanz den Arbeitsvertrag gem. § 123 BGB an mit der Begründung, der Beklagte habe ihn bei Vertragsabschluss arglistig getäuscht. Im Berufungsverfahren macht er, gestützt auf einen neuen Lebenssachverhalt, allein geltend, der Beklagte habe ihn widerrechtlich durch Drohung zum Vertragsabschluss bestimmt. Dies ist prozessual wegen des neuen Lebenssachverhalts kein ordnungsgemäßer Angriff auf die Urteilsbeschwer, so dass die Berufung unzulässig ist.
   – Der Kläger begehrt Zahlung in bestimmter Höhe aus einer um zwei Stufen höheren Vergütungsgruppe. Erstinstanzlich stützt er dies auf die Erfüllung der höherwertigen tariflichen Tätigkeitsmerkmale, im Berufungsverfahren nur noch auf einen Verstoß gegen den Gleichbehandlungsgrundsatz. Ein Angriff auf die Urteilsbeschwer liegt darin nicht, weil es sich bei den beiden Anspruchsgründen um auf verschiedenen Lebenssachverhalten basierende unterschiedliche Streitgegenstände handelt[8] (vgl. zum Umfang der Berufungsbegründung Rz. 155 ff.). Demgegenüber liegt nur eine zulässige Beschränkung des Klageantrags vor, wenn er im Berufungsverfahren bei gleichem Lebenssachverhalt (tarifliche Bewertung seiner Arbeitsabläufe) lediglich noch Zahlung aus einer höheren Vergütungsgruppe oder einer anderen Vergütungsordnung begehrt. Hat er erstinstanzlich seine Klage auf das Vorliegen der höheren Tarifmerkmale und auf einen Verstoß gegen den Gleichbehandlungsgrundsatz gestützt, dann kann er seine Berufung zB nur noch auf einen Verstoß gegen den Gleichbehandlungsgrundsatz begrenzen. Das LAG darf dann auch nur noch diesen Streitgegenstand (Lebenssachverhalt) im Rahmen von § 529 ZPO überprüfen (vgl. zur Beschwer bei Zahlung des Klagebetrages nach Urteilserlass Rz. 216, bei einer Stufenklage Rz. 78).
   – Der Kläger begehrt Zahlung eines Weihnachtsgeldes. Er stützt seinen Anspruch zum einen auf eine individualrechtliche Unwirksamkeit eines Widerrufs und zum anderen auf die fehlende erforderliche Mitbestimmung des Betriebsrats. Hierbei handelt es sich um zwei unterschiedliche Lebenssachverhalte und damit um zwei Streitgegenstände[9].

---

1 BGH v. 23.6.2015 – II ZR 166/14, NJW 2015, 3040; BGH v. 22.10.2013 – XI ZR 42/12, NJW 2014, 314.
2 BGH v. 14.3.2012 – XII ZR 164/09, MDR 2012, 603.
3 BAG v. 10.2.2005 – 6 AZR 183/04, NZA 2005, 597.
4 Noch abgelehnt von BGH v. 6.5.1999 – IX ZR 250/98, NJW 1999, 2118, dann aber aufgegeben: vgl. BGH v. 11.10.2000 – VIII ZR 321/99, NJW 2001, 226; ebenso *Gaier*, NJW 2001, 3289.
5 BAG v. 23.2.2016 – 1 ABR 5/14, NZA 2016, 972; BAG v. 15.11.2016 – 9 AZR 125/16.
6 LAG Köln v. 20.1.2000 – 10 Sa 584/99, ZTR 2000, 275.
7 BGH v. 15.3.2002 – V ZR 39/01, ProzRB 2002, 10.
8 Vgl. BAG v. 26.4.2016 – 1 AZR 435/14; BAG v. 24.2.2010 – 4 AZR 657/08; LAG Hessen v. 16.9.2016 – 14 Sa 1426/15.
9 BAG v. 24.1.2017 – 1 AZR 774/14, NZA 2017, 777.

– Weist das ArbG ohne vorherigen Hinweis nach § 139 ZPO eine Klage wegen Wegfalls des Rechtsschutzinteresses als unzulässig ab, dann kann der Kläger auch dann Berufung einlegen, wenn er vor dem LAG alleine noch den Rechtsstreit in der Hauptsache für erledigt erklären will[1].

Zur Beschwer bei der erstinstanzlichen Stellung von Auflösungsanträgen isv. §§ 9,10 KSchG, s. Rz. 18.

Im Allgemeinen ist jedenfalls nach der Rspr.[2] regelmäßig eine **formelle Beschwer** des Rechtsmittelführers notwendig, soweit er erstinstanzlich **Kläger** war[3]. Das ArbG muss in der angefochtenen Entscheidung von dem vor dem ArbG gestellten Antrag des Klägers nachteilig abgewichen sein, selbst wenn eine teilweise Klageabweisung materiell rechtlich gar nicht möglich war[4]. Die Berufung des Klägers ist somit unzulässig, wenn er mit ihr keine Abhilfe gegen eine Beschwer aus dem erstinstanzlichen Urteil sucht. Ob eine Beschwer vorliegt, bestimmt sich nach dem rechtskraftfähigen Inhalt der angegriffenen Entscheidung. Der Berufungsführer muss die Beseitigung des erstinstanzlich erlittenen Nachteils anstreben und mit seinem Rechtsmittel die hierin liegende Beschwer beseitigen wollen, indem er das angefochtene Urteil als nach seiner Ansicht unrichtig angreift. Dabei kann der Kläger idR Rechtsmittel nur einlegen zur Weiterverfolgung eines durch die Vorinstanz aberkannten Anspruchs oder Anspruchsteils. Nicht ausreichend ist es, wenn er bei gleichem Urteilstenor lediglich eine andere Begründung des Urteils wünscht[5]. Zumindest teilweise muss das ArbG einem **formell** gestellten Antrag nicht entsprochen haben. An einer Beschwer fehlt es somit, wenn zB das ArbG das Arbeitsverhältnis gem. §§ 9, 10 KSchG bei beiderseits gestellten Auflösungsanträgen nur auf Antrag des ArbGeb auflöst und der Kläger, der die Höhe der Abfindung nicht angreift, im Berufungsverfahren nunmehr allein die Fortsetzung des Arbeitsverhältnisses begehrt[6]. Hat der ArbN erstinstanzlich nur den Fortbestand des Arbeitsverhältnisses beantragt und ist diesem Antrag vom ArbG voll entsprochen worden, kann er als alleiniger Berufungsführer keine Berufung einlegen mit dem Ziel, jetzt noch einen Auflösungsantrag nach §§ 9, 10 KSchG zu stellen[7]. Legt aber der ArbGeb gegen das Urteil Berufung ein, dann kann der ArbN im Wege der Anschlussberufung (§ 524 ZPO) die Auflösung des Arbeitsverhältnisses verfolgen. Es ist ausreichend, wenn der Insolvenzschuldner gegen ein ihn nach Insolvenzeröffnung ergangenes Urteil, das ihn materiell beschwert, mit der Berufung geltend macht, das ArbG habe außer Acht gelassen, dass der Rechtsstreit infolge der Insolvenzeröffnung vor Urteilserlass nach § 240 ZPO unterbrochen worden sei[8]. Siehe zur Beschwer bei Verurteilung zur Abgabe einer **Willenserklärung**[9] und zur **Unterlassung**[10].

Streitig ist, ob und wie die Beschwer beim **unbezifferten Klageantrag** zu ermitteln ist. Von der Fassung des Gesetzes her brauchen Anträge nach den §§ 9, 10 KSchG, auf einen Nachteilsausgleich nach § 113 BetrVG, auf eine Entschädigungsleistung wegen Diskriminierung (§§ 1, 15 AGG), wegen Behindertenbenachteiligung (§ 81 Abs. 2 SGB IX) oder Schmerzensgeldansprüche nach § 253 Abs. 2 BGB nicht beziffert zu werden[11]. Stellt eine Partei die Höhe eines solchen unbezifferten Klageantrages allein in das **Ermessen des Gerichts**, ohne eine Mindest- bzw. Maximalvorstellung zur Größenordnung zu nennen, dann ist sie durch eine gerichtliche Entscheidung nicht beschwert, die ermessensfehlerfrei eine bestimmte Höhe festsetzt. Hier ist das Gericht dem konkret gestellten Rechtsbegehren uneingeschränkt nachgekommen. Entspricht die festgesetzte Höhe nur nicht den prozessual nicht erkennbar gewordenen Vorstellungen, Wünschen, Hoffnungen einer Partei, dann fehlt diesen eine prozessuale Relevanz[12]. Demgegenüber wird zu Unrecht die Meinung vertreten, eine Beschwer liege für den ArbN stets vor, wenn die ausgeurteilte Abfindung nicht den gesetzlichen Höchstbetrag von § 10 KSchG erreicht[13] oder der ArbN sie für nicht angemessen hält[14]. Diese Auffassungen beachten nicht die konkrete Antragsfassung und eine ihr evtl. entgegenstehende Begründung.

---

1 BAG v. 17.1.2007 – 7 AZR 20/06, NZA 2007, 566.
2 Vgl. BGH v. 9.10.1990 – VI ZR 89/90, NJW 1991, 703; BAG v. 23.6.1993 – 2 AZR 56/93, NJW 1994, 1428.
3 Vgl. im Einzelnen: Zöller/Heßler, Vor § 511 ZPO Rz. 10–18.
4 BAG v. 13.12.2012 – 6 AZR 348/11, NZA 2013, 669.
5 BGH v. 2.10.2001 – VI ZR 356/00, NJW 2002, 213.
6 BAG v. 23.6.1993 – 2 AZR 56/93, NJW 1994, 1428.
7 BAG v. 23.6.1993 – 2 AZR 56/93, NZA 1994, 264.
8 BAG v. 26.6.2008 – 6 AZR 478/07, NZA 2008, 1204.
9 BGH v. 8.5.2013 – XII ZB 198/12, NJW 2013, 2437.
10 BGH v. 25.9.2013 – VII ZB 26/11; BGH 24.1.2013 – I ZR 174/11, MDR 2013, 1360.
11 BAG v. 26.6.1986, NZA 1987, 139; abweichend für den Auflösungsantrag nach § 9 KSchG: Bader/Bram/Dörner/Wenzel, § 9 KSchG Rz. 9.
12 Ebenso BGH v. 1.2.1966 – VI ZR 193/64, NJW 1966, 780; BGH v. 13.10.1981 – XI ZR 162/80, NJW 1982, 340; wohl auch LAG Hamm v. 5.12.1996 – 4 Sa 1785/96, LAGE § 64 ArbGG 1979 Nr. 32; GK-ArbGG/Vossen, § 64 Rz. 11 f.; GMP/Germelmann, § 64 Rz. 14; LAG Hessen v. 22.4.1997 – 9 Sa 2125/96, BB 1998, 376.
13 Kittner/Trittin, Kündigungsschutzrecht, § 10 KSchG Rz. 24.
14 Bauer, DB 1990, 2473.

20 Eine Beschwer ist allerdings erkennbar, wenn die Partei wenigstens in ihrem Sachvortrag ihre **Vorstellungen** zur **Höhe** betragsmäßig (Kläger als Mindestbetrag, Beklagter als Höchstbetrag) **artikuliert** hat. Einer Aufnahme in den Antrag bedarf es dann nicht. Ebenso liegt eine Beschwer vor, wenn das Gericht die ausgeurteilte Höhe **ermessensfehlerhaft** festgesetzt hat. Dies ist insbesondere bei einem Verstoß gegen die gesetzlich festgesetzten Höchstwerte von § 10 Abs. 1–3 KSchG der Fall, aber auch dann, wenn die Höhe ohne sachlichen Grund ganz erheblich von den üblichen Sätzen[1] abweicht. Allerdings steht dem Gericht hier eine nicht geringe Bandbreite in seiner Festsetzungskompetenz zu.

Stellt der Kläger in 1. Instanz unter Angabe einer Größenordnung, die nicht zugleich eine Obergrenze enthält, einen unbezifferten Klageantrag und bleibt das ArbG unter der genannten Größenordnung, dann ist diese Partei in der Berufungsinstanz nicht gehindert, eine höhere Größenvorstellung zu benennen, solange sie erstinstanzlich für ihr Begehren keine Obergrenze beantragt hatte[2].

An einer Beschwer fehlt es, wenn das Gericht dem Kläger, der ein angemessenes **Schmerzensgeld** unter Angabe eines Mindestbetrages begehrt hat, genau diesen Mindestbetrag zugesprochen hat[3], und zwar auch dann, wenn das Gericht abweichend von dessen Auffassung ein Mitverschulden bejaht hat[4].

21 Während der Kläger durch ein Urteil formell beschwert sein muss, reicht beim erstinstanzlichen **Beklagten**, wenn er durch das Urteil nur **materiell beschwert** ist. Dies ist schon erfüllt, wenn der Beklagte vom LAG eine in der Sache günstigere Entscheidung – es muss mehr sein als nur eine andere Begründung – erstrebt als er sie vom ArbG erhalten hat. Es genügt jeder nachteilige, der Rechtskraft fähige Inhalt der angefochtenen Entscheidung[5]. Eine solche Beschwer liegt etwa vor, wenn das ArbG eine **Klage** als **unzulässig** abweist, der Beklagte aber eine Sachentscheidung zu seinen Gunsten verfolgt hatte[6]. Obwohl das ArbG hier rein formell die Klage abweist, ergeht materiell mit Rechtskraftwirkung keine Entscheidung, die zumindest im Ergebnis die Rechtsauffassung des Beklagten positiv bestätigt, dass ein bestimmtes Recht dem Kläger nicht zustehen soll. Dasselbe gilt umgekehrt für den Kläger im Falle einer Widerklage.

22 Streitig ist, ob bei einem **Anerkenntnisurteil** eine Beschwer vorliegt[7]. Da beim Beklagten eine materielle Beschwer ausreicht, bejaht die hM zu Recht eine solche auch bei einem Anerkenntnisurteil[8]. Der Beklagte kann somit nach Maßgabe von § 64 Abs. 2 gegen das Anerkenntnisurteil Berufung einlegen (s. Rz. 81).

IV. Statthaftigkeit der Berufung

1. Berufungsfähige Urteile

23 Gemäß § 64 Abs. 1 findet die Berufung gegen Endurteile des ArbG statt, soweit nicht nach § 78 das Rechtsmittel der sofortigen Beschwerde gegeben ist. Berufungsfähig sind Endurteile (§ 300 ZPO), Teilurteile (§ 301 ZPO), Vorbehaltsurteile (§ 302 ZPO), Ergänzungsurteile (§ 321 ZPO) und zweite Versäumnisurteile (§ 345 ZPO).

24 **Nicht** mit der Berufung **anfechtbar** sind im arbeitsgerichtlichen Verfahren **Grundurteile** (§ 304 ZPO). Während solche Urteile, die über Grund und Höhe einer Forderung getrennt entscheiden, im ordentlichen Verfahren rechtsmittelfähig sind, sind diese Zwischenurteile über den Grund im arbeitsgerichtlichen Verfahren gem. § 61 Abs. 3 nicht selbständig rechtsmittelfähig. Gegen ein solches Urteil ist mit seinem Erlass die Berufung noch nicht möglich. Es kann erst zusammen mit dem späteren Endurteil, das dann über die Höhe entscheidet, angefochten werden. § 61 Abs. 3 schränkt die Zulässigkeit eines Grundurteils im arbeitsgerichtlichen Verfahren an sich nicht ein. Es tritt aber eine Beschränkung seiner Wirkungen und damit der rechtlichen und praktischen Bedeutung ein. Mit seinen Wirkungen – Bindung des ArbG nach § 318 ZPO nebst einer Ordnung des Prozessstoffes in der Instanz – ist das Grundurteil im arbeitsgerichtlichen Verfahren wie ein Zwischenurteil iSv. § 303 ZPO anzusehen[9]. Die Berufung ist später formell nur und ausschließlich gegen das Endurteil einzulegen. Im Rahmen der gegen das Endurteil zu liefernden Berufungsbegründung sind dann ggf. tatsächliche und rechtliche Angriffe auch oder nur gegen das Grundurteil zu

---

1 Vgl. hierzu *Hümmerich*, NZA 1999, 342.
2 Vgl. BGH v. 10.10.2002 – III ZR 205/01, NJW 2002, 3769.
3 BGH v. 30.3.2004 – VI ZR 25/03, ProzRB 2004, 213.
4 BGH v. 2.10.2001 – VI ZR 356/00, NJW 2002, 212.
5 BAG v. 13.12.2012 – 6 AZR 348/11, NZA 2013, 670.
6 BAG v. 27.1.1994 – 2 AZR 484/93, NZA 1994, 812.
7 Verneinend LAG Berlin v. 5.11.1979 – 9 Sa 95/79, EzA § 64 ArbGG Nr. 5 mit zahlreichen Nachweisen zum Meinungsstand – vgl. insoweit auch *Lepke*, DB 1980, 974.
8 Zöller/*Vollkommer*, § 307 ZPO Rz. 11; GMP/*Germelmann*, § 64 Rz. 14; GK-ArbGG/*Vossen*, § 64 Rz. 15.
9 BAG v. 1.12.1975 – 5 AZR 466/75, NJW 1967, 774.

führen. Nach Ablauf der Berufungsbegründungsfrist für das Endurteil kann das frühere Grundurteil nicht mehr angegriffen werden. Insoweit bilden Grund- und Endurteil eine Einheit.

Die grundsätzliche selbständige **Unanfechtbarkeit** eines **Zwischenurteils** (§ 303 ZPO) ist in den Fällen von § 280 ZPO, § 17 TzBfG und § 5 Abs. 4 Satz 3 KSchG **durchbrochen**; vgl. zum Zwischenurteil § 61 Rz. 60 ff. Auch ist gegen ein Zwischenurteil, mit dem das ArbG gem. § 238 Abs. 1 Satz 2 ZPO über den Antrag auf Wiedereinsetzung in der vorherigen Stand ablehnend entscheidet, die Berufung statthaft, sofern in der Hauptsache das Urteil rechtsmittelfähig wäre[1]. 25

Erlässt das ArbG ein Zwischenurteil über die Zulässigkeit der Klage, dann hat es zuvor eine **abgesonderte Verhandlung** gem. § 281 Abs. 1 ZPO anzuordnen[2]. Ein solcher Fall unterfällt nicht den Sonderregelungen der §§ 17 ff. GVG bzw. § 48.

Bei **Versäumnisurteilen** ist zu differenzieren: Gegen ein erstes Versäumnisurteil ist nicht die Berufung, sondern der Einspruch gegeben (§ 338 ZPO). Gegen ein zweites Versäumnisurteil (§ 345 ZPO) und bei einem Versäumnisurteil gegen denjenigen, der erfolglos Wiedereinsetzung beantragt hat (§ 238 Abs. 2 Satz 2 ZPO), ist die Berufung gem. § 64 Abs. 2 Buchst. d statthaft. Das Vorliegen eines Beschwerdewertes von mehr als 600 Euro ist bei dieser Art von Versäumnisurteilen nicht erforderlich, vgl. Rz. 94. 26

Nicht mit der Berufung anfechtbar sind gem. § 64 Abs. 1 Satz 1 Urteile, gegen die die **sofortige Beschwerde** (§ 78 ArbGG iVm. §§ 567 ff. ZPO) gegeben ist. Hierunter fallen die Kostengrundentscheidung im Anerkenntnisurteil (§ 99 Abs. 2 ZPO), die Entscheidung über die Zulassung oder Zurückweisung der Nebenintervention (§ 71 Abs. 2 ZPO) sowie das Zwischenurteil über die Berechtigung der Aussageverweigerung eines Zeugen (§ 387 Abs. 3 ZPO). Hier richtet sich das Rechtsmittelverfahren nach den §§ 567 ff. ZPO. In den Fällen des **§ 91a Abs. 2 Satz 2, § 99 Abs. 2 Satz 2 ZPO** ist die sofortige Beschwerde nur statthaft, wenn der Streitwert der Hauptsache 600 Euro übersteigt. Daneben ist als weitere Zulässigkeitsvoraussetzung auch die 200 Euro-Grenze von § 567 Abs. 2 Satz 1 ZPO zu beachten. Die § 99 Abs. 2 Satz 2 und § 567 Abs. 2 Satz 1 ZPO enthalten somit eine doppelte Beschränkung des Rechtsmittels, beide Normen müssen kumulativ erfüllt sein. Berechnet wird der Wert des Beschwerdegegenstandes von § 567 Abs. 2 Satz 1 ZPO nicht nach dem Kostengesamtbetrag, sondern nach der Differenz der Kosten, um die der Beschwerdeführer sich verbessern will (vgl. § 78 Rz. 10). 27

2. Formfehlerhafte Entscheidungen

Steht fest, dass eine gerichtliche Entscheidung rechtsmittelfähig ist, ist jedoch aufgrund einer fehlerhaften gerichtlichen Entscheidung nicht eindeutig erkennbar, welches Rechtsmittel einzulegen ist, dann gebietet es der Grundsatz des Vertrauensschutzes, dass die Partei nicht dadurch Rechtsnachteile erleidet, dass sie das objektiv falsche Rechtsmittel wählt. Ist etwa eine als Urteil zu fällende Entscheidung fehlerhaft als Beschluss erlassen oder wird umgekehrt ein Beschluss als Urteil bezeichnet oder wird zB ein streitiges Endurteil als Versäumnisurteil erlassen, dann gilt der **Grundsatz der Meistbegünstigung**[3]. Die in der Sache beschwerte Partei hat die Wahl, ob sie gegen die Entscheidung sofortige Beschwerde oder Berufung einlegt. Das Prinzip der Meistbegünstigung ist nicht nur auf die Fälle einer fehlerhaften Entscheidungsform beschränkt. Die gleiche Interessenlage besteht – bei objektiver Betrachtungsweise – aus Sicht der Parteien auch bei sonstigen Verfahrensfehlern des Gerichts, die sie auf einen Weg der Rechtsmitteleinlegung versetzen, der bei verfahrensrechtlich korrekter Entscheidung nach der Prozessordnung falsch wäre[4]. Der Fehler des Gerichts darf der Partei insoweit keine Nachteile bringen. Daher kann sie sowohl das richtige Rechtsmittel einlegen als auch dasjenige Rechtsmittel, das nach der formfehlerhaften gerichtlichen Entscheidung gegeben wäre, falls es zutreffend wäre[5]. Das hat auch zur Folge, dass eine inkorrekte Entscheidung kein Rechtsmittel eröffnen kann, das bei einer korrekten gerichtlichen Entscheidung nicht gegeben wäre. Der Fehler des Gerichts soll auch keine Vorteile erzeugen, die bei richtigem Procedere nicht gegeben wären[6]. Nicht das Gericht, sondern das Gesetz legt die abstrakten Kriterien für die Zulässigkeit der Anfechtbarkeit einer gerichtlichen Entscheidung fest. 28

---

1 BAG v. 23.11.2000 – 2 AZR 490/99, NZA 2001, 683; BGH v. 15.10.1981 – III ZR 74/80, NJW 1982, 184.
2 BAG v. 23.11.2000 – 2 AZR 490/99, NZA 2001, 683; BAG v. 20.10.2015 – 9 AZR 525/14, NZA 2016, 254 über das Vorliegen der deutschen Gerichtsbarkeit.
3 Vgl. zur Anfechtbarkeit von inkorrekten Entscheidungen: *Schwab*, Die Berufung im arbeitsgerichtlichen Verfahren, S. 27–40.
4 BAG v. 5.12.1984 – 5 AZR 354/84, AP Nr. 3 zu § 72 ArbGG 1979; BGH v. 4.10.1978 – IV ZB 84/77, NJW 1979, 43.
5 BAG v. 26.3.1992 – 2 AZR 443/91, NZA 1992, 954.
6 GMP/*Germelmann*, § 64 Rz. 10.

29 Der Grundsatz der Meistbegünstigung und der dahinterstehende Vertrauensschutz greift im Zweifel erst ein, wenn eine **Auslegung** der gerichtlichen Verlautbarung nicht erkennen lässt, was das Gericht tatsächlich gewollt hat. Lässt etwa das ArbG gegen ein Urteil im Tenor die Berufung ausdrücklich nicht zu und begründet dies auch noch in den Entscheidungsgründen, dann ergibt die Auslegung, dass die Berufung nicht zugelassen ist, selbst wenn in der Rechtsmittelbelehrung des Urteils steht, eine Partei könne dagegen Berufung einlegen[1].

30 **Welche Art** von gerichtlicher Entscheidung vorliegt – sei es zB ein kontradiktorisches oder ein Versäumnis-Urteil oder ein Beschluss –, hängt nicht in erster Linie von der Bezeichnung, sondern von ihrem Inhalt ab. Das Prinzip der **Meistbegünstigung** greift **nicht**, wenn das ArbG unter Verkennung der Rechtslage ein Tatbestandsmerkmal bejaht bzw. verneint hat, so dass es dann – aus seiner Sicht konsequent – den richtigen Weg beschritten hat. Hier hat das Gericht nur falsch subsumiert, aber dann den Parteien keinen falschen Weg aufgewiesen. Hat das Gericht dagegen nicht falsch subsumiert, sondern in Annahme einer fehlerhaften **Rechtsfolge** eine falsche Entscheidungsform gewählt, dann greift der Grundsatz der Meistbegünstigung[2].

31 Hat das ArbG unbewusst über eine **Rechtswegrüge** (§ 48 Abs. 1 ArbGG iVm. §§ 17–17b GVG) fälschlicherweise erst im Urteil entschieden oder einen verspätet eingelegten Einspruch gegen ein Versäumnisurteil entgegen § 341 Abs. 2 ZPO nicht durch Urteil, sondern durch „Beschluss" verworfen, dann hat das LAG dem vom ArbG eingeschlagenen falschen Weg nicht zu folgen, sondern das Verfahren in der 2. Instanz in die richtige Form überzuleiten und weiterzuführen. Einer Zurückverweisung an das ArbG steht in aller Regel § 68 entgegen.

32 Hat eine Partei im erstinstanzlichen Verfahren die Rechtswegrüge erhoben und entscheidet das ArbG entgegen der zwingenden Vorschrift von § 17a Abs. 3 Satz 2 GVG nicht vorab durch Beschluss, sondern erst in den Gründen des Urteils, dann kann die unterlegene Partei gegen das Urteil wahlweise sofortige Beschwerde oder Berufung einlegen. Legt sie Berufung ein und hält sie vor dem LAG ihre Rechtswegrüge aufrecht, muss das LAG wegen des Zurückverweisungsverbots von § 68 in der Sache selbst entscheiden. Da das ArbG entgegen § 17a Abs. 3 Satz 2 GVG nicht vorab entschieden hat und ein solcher Beschluss – wäre er richtigerweise ergangen – stets rechtsmittelfähig gewesen wäre (§ 17a Abs. 4 Satz 3 GVG), hat hier das LAG auch bei Berufungseinlegung die Rechtswegfrage zu klären. § 17a Abs. 5 GVG findet dann keine Anwendung[3]. Bejaht es die Zulässigkeit des Rechtsweges, soll es dies vorab durch Beschluss aussprechen; lässt es dagegen die Rechtsbeschwerde zu, dann muss es vorab entscheiden. Verneint es den Rechtsweg, so muss es dies durch Beschluss aussprechen und unter Aufhebung des angefochtenen Urteils das Verfahren an das zuständige erstinstanzliche Gericht des zulässigen Rechtsweges verweisen (vgl. auch § 65 Rz. 21–26 und § 48 Rz. 59).

33 **Entscheidet** auch das **LAG formfehlerhaft**, kommt es für eine Korrekturmöglichkeit darauf an, ob es die Revision/Rechtsbeschwerde zugelassen hat bzw. vom BAG gem. § 72a zugelassen wird; ggf. kommt bei einer unanfechtbaren Entscheidung eine Anhörungsrüge nach § 78a in Betracht.

34 Im Falle einer **Rechtswegrüge** hat das LAG die Möglichkeit, die Rechtsbeschwerde zum BAG gem. § 17a Abs. 4 Satz 4 GVG zuzulassen[4]. Nur bei ihrer Zulassung durch das LAG kann dieses Beschwerdeverfahren zum BAG gelangen.

35 Zur Zulassungsentscheidung des LAG im Rechtswegbestimmungsverfahren eines **einstweiligen Verfügungsverfahrens** einerseits und gegen eine Entscheidung in der Hauptsache dieses Eilverfahrens andererseits[5] vgl. § 78 Rz. 70.
Zum **Verhältnis von Zulässigkeit und Begründetheit** eines Rechtsmittels vgl. Rz. 182.

35a Grundsätzlich stellt das **Rechtsschutzinteresse** keine besondere Voraussetzung **für** die Zulässigkeit der **Berufung** dar. Das Erfordernis der Beschwer gewährleistet im Allgemeinen schon, dass es eines sachlichen Bedürfnisses für das Rechtsmittel bedarf. Die Berufung ist deshalb nur dann ausnahmsweise wegen fehlenden Rechtsschutzbedürfnisses unzulässig, wenn bei Vorliegen einer Beschwer aus dem Urteil des ArbG eine unnötige, zweckwidrige oder sogar missbräuchliche Beschreitung des vom Gesetz eröffneten Rechtsmittelwegs anzunehmen ist[6].

---

1 Vgl. BAG v. 20.9.2000 – 2 AZR 345/00, NJW 2001, 244.
2 Vgl. Schwab, Die Berufung im arbeitsgerichtlichen Verfahren, S. 33 f.
3 BAG v. 26.3.1992 – 2 AZR 443/91, DB 1992, 1532; BGH v. 4.3.1998 – VIII ZB 25/97, VersR 1998, 630; Kissel, NZA 1995, 345 (351); Schaub, BB 1993, 1667; aA OLG Frankfurt v. 3.9.2008 – 19 W 60/08, NJW 2008, 3796.
4 Vgl. BAG v. 20.9.2002 – 5 AZB 15/02, NZA 2002, 1302.
5 Vgl. BGH v. 10.10.2002 – VII ZB 11/02, NJW 2003, 69.
6 Vgl. BGH v. 3.12.2014 – IV ZB 9/14, NJW 2015, 623; BAG v. 24.9.2015 – 6 AZR 497/14.

3. Einzelfälle der Statthaftigkeit gem. § 64 Abs. 2

Nach § 64 Abs. 2 kann die Berufung nur eingelegt werden,
a) wenn sie im Urteil vom ArbG zugelassen worden ist oder
b) wenn der Wert des Beschwerdegegenstandes 600 Euro übersteigt oder
c) in Streitigkeiten über das Bestehen, das Nichtbestehen oder die Kündigung eines Arbeitsverhältnisses oder
d) insbesondere gegen zweite Versäumnisurteile.

Diese vier Tatbestände sind jeweils eigenständig, gleichrangig und unabhängig voneinander, so dass die Berufung statthaft ist, wenn auch nur einer von ihnen erfüllt ist.

Eine Differenzierung bezüglich der Anfechtbarkeit zwischen **vermögensrechtlichen** und **nichtvermögensrechtlichen Streitigkeiten** existiert im arbeitsgerichtlichen Verfahren nicht.

4. Zulassung der Berufung

a) Allgemeine Grundsätze

Die Berufung ist statthaft, wenn sie gem. § 64 Abs. 2 Buchst. a vom ArbG in dessen Urteil zugelassen worden ist. Die Zulassungsentscheidung unterliegt nach § 64 Abs. 3a bestimmten **Formalien**. Die Zulassungsgründe sind in § 64 Abs. 3 gesetzlich vorgeschrieben (vgl. Rz. 95 ff.).
Der **Hauptanwendungsfall** von § 64 Abs. 2 Buchst. a betrifft Rechtsstreite, bei denen der Wert des Beschwerdegegenstandes 600 Euro nicht übersteigt.

Auch wenn der **Streitwert die 600 Euro-Grenze** von § 64 Abs. 2 Buchst. b **übersteigt**, ist eine positive Berufungszulassung im arbeitsgerichtlichen Urteil unter den Voraussetzungen von § 64 Abs. 3 angezeigt. Der Berufungsführer braucht das Urteil in den Fällen von § 64 Abs. 2 Buchst. b nicht im vollen Umfang anzufechten. Hat das ArbG im Urteil zB über mehrere Streitgegenstände entschieden, können die Voraussetzungen für die Berufungszulassung nur bei einzelnen vorliegen. Gerade in solchen Fällen ist eine Entscheidung über die Berufungszulassung durch das ArbG bezüglich konkret bezeichneter Streitgegenstände notwendig[1]. Lässt das ArbG bei mehreren Streitgegenständen die Berufung ohne Konkretisierung generell zu, dann erfasst die Zulassung alle Streitgegenstände des Urteils (vgl. auch Rz. 47, Rz. 48).

Grundsätzlich keiner Zulassungsentscheidung iSv. § 64 Abs. 2 Buchst. a bedarf es in den **Bestandsstreitigkeiten** von § 64 Abs. 2 Buchst. c, weil in diesen Fällen die Berufung bereits kraft Gesetzes statthaft ist (vgl. aber Rz. 47–49). Bei **zweiten Versäumnisurteilen** ist die Berufung im eingeschränkten Rahmen von § 64 Abs. 2 Buchst. d stets statthaft, so dass bei ihnen eine Entscheidung über die Berufungszulassung entbehrlich ist (vgl. Rz. 93).

Das ArbG hat über die Zulassung der Berufung **von Amts wegen** zu **entscheiden**. Einen schriftsätzlich angekündigten oder gar formell gestellten Antrag auf Zulassung braucht das ArbG nicht förmlich zu bescheiden, weil das ArbG ohnehin von sich aus diese Rechtsfrage zu prüfen hat. Er ist eine Anregung an das ArbG, über die Frage der Berufungszulassung nach Vorstellung der Partei zu entscheiden.

b) Form und Umfang der Entscheidung über die Zulassung

Die Berufung ist nur **zugelassen**, wenn das ArbG dies **ausdrücklich erklärt hat**. Fehlt eine Zulassungsentscheidung überhaupt, sei es schon mit Urteilserlass oder trotz nachträglicher Ergänzung nach § 64 Abs. 3a, dann ist die Berufung nicht zugelassen. Dabei ist unerheblich, ob dem Urteil zu entnehmen ist, ob das ArbG bewusst oder unbewusst die Berufung nicht zugelassen hat. Maßgeblich für die Zu-/Nichtzulassung ist die richterliche Entscheidung, nicht eine hiervon abweichende Abschrift/Ausfertigung der Geschäftsstelle des ArbG.

Der **Umfang der Berufungszulassung** kann sich auf alle oder auf Teile der erstinstanzlich verfolgten Streitgegenstände beziehen. Die Beschränkung der Zulassung der Berufung auf einen abtrennbaren Teil des Streitgegenstandes muss sich nach der ausdrücklichen gesetzlichen Regelung von § 64 Abs. 3a Satz 1 aus Gründen der Rechtsmittelklarheit aus dem **Tenor des Urteils** ergeben. Angesichts des klaren Gesetzeswortlautes von § 64 Abs. 3a Satz 1 kann die Berufung nicht erst in den Entscheidungsgründen des Urteils (teilweise) zugelassen werden. Die Entscheidungsgründe können allenfalls noch in solchen Fällen herangezogen werden, in denen der **Wortlaut des Tenors** bezüglich des Umfangs der Berufungszulassung **nicht**

---

[1] Vgl. *Stock*, NZA 2001, 481; *Schwab/Wildschütz/Heege*, NZA 2003, 999 (1002).

eindeutig ist und das Gericht in den Entscheidungsgründen klar stellt, was es mit seiner (unpräzisen) Fassung des Tenors gemeint hat.

44 Enthält der **Urteilstenor** bewusst oder unbewusst überhaupt **keine Entscheidung** über eine Berufungszulassung, dann kann das ArbG eine solche Entscheidung nicht mehr von Amts wegen in den Entscheidungsgründen nachholen[1]. Das ArbG kann allenfalls die (fehlende) Zulassungsentscheidung im Urteilstenor nachträglich unter den engen Voraussetzungen[2] von § 319 ZPO berichtigen (vgl. Rz. 54). **Enthält der Urteilstenor eine Entscheidung** über die Berufungszulassung, dann kann das ArbG aufgrund der gesetzgeberischen Entscheidung in § 64 Abs. 3a nicht mehr nachträglich seine in einer bestimmten Weise getroffene Entscheidung parteimäßig oder streitgegenständlich beschränken oder ausweiten und damit in den Entscheidungsgründen gegenüber dem Urteilstenor diametral entscheiden[3]. Dies ergibt sich aus dem Umstand, dass die Entscheidung über die Berufungszulassung integraler Bestandteil des Urteilstenors ist. Außer durch Urteilsberichtigung ist eine nachträgliche Entscheidung über die unterlassene Entscheidung über die Berufungszulassung nur auf **fristgemäßen Antrag** einer Partei gem. § 64 Abs. 3a Satz 2 und 3 möglich.

45 Streiten die Parteien über **mehrere Streitgegenstände**, bei denen nicht alle dem Zulassungskatalog von § 64 Abs. 3 unterfallen, dann ist es angezeigt, dass das ArbG im Tenor seines Urteils angibt, für welche es die Berufung zulässt und für welche nicht. Teilbare Streitgegenstände liegen vor, wenn über den zugelassenen Teil ein **Teilurteil** (§ 301 ZPO) möglich ist. Die Zulassung kann nicht auf eine Rechtsfrage oder einen rechtlichen Gesichtspunkt (zB eine bestimmte Anspruchsgrundlage)[4] oder auf einzelne Entscheidungselemente (zB ob bei einem Schadensersatzanspruch grobe Fahrlässigkeit vorliegt) beschränkt werden. Der zugelassene Teil muss Gegenstand eines abtrennbaren Verfahrens oder einer selbständigen Entscheidung sein[5]. Dies sind etwa einer von mehreren Ansprüchen, Teile eines Anspruchs, Forderung und Gegenforderung, Klage und Widerklage[6]. Auch die Dauer der Kündigungsfrist betrifft einen tatsächlich und rechtlich selbständigen und abtrennbaren Teil des Kündigungsstreits[7]. Unzulässig ist ein Teilurteil, wenn die Gefahr besteht, dass Vorfragen („Urteilselemente"), die nicht in Rechtskraft erwachsen, unterschiedlich beurteilt werden können[8], sei es vom Erstgericht oder von einem Instanzgericht. Einschlägige Verstöße des ArbG führen nicht zur Wirkungslosigkeit der Berufungszulassung[9]. Vielmehr ist derjenige Streitgegenstand uneingeschränkt zugelassen, bei dem das ArbG die Zulassung zu Unrecht etwa nur auf einzelne Elemente beschränkt hat. Weiter gehende Streitgegenstände, für die das ArbG erkennbar die Berufung überhaupt nicht zulassen wollte, bleiben ausgeschlossen.

46 Eine Zulassungsentscheidung ist zu treffen, wenn nach dem Urteilsinhalt der Wert des Streitgegenstandes unter 600 Euro liegt. Wird im Urteil über mehrere **Ansprüche** entschieden, die zumindest **teilweise unter 600 Euro** liegen, aber in ihrer Addition 600 Euro übersteigen, dann ist es geboten, eine Entscheidung zu treffen für welche Streitgegenstände die Berufung zugelassen wird und für welche nicht. Die unterlegene Partei kann bei dieser Vorgehensweise ihr Rechtsmittel aus Kostengründen auf das nach ihrer Auffassung Erfolgversprechende beschränken.

47 Lässt das ArbG die Berufung bei einem **einheitlichen Anspruchsgrund** zu, der 600 Euro übersteigt, dann scheint eine solche Entscheidung wegen § 64 Abs. 2 Buchst. b zwar generell nicht zwingend notwendig. Trotzdem ist sie angezeigt, weil die Zulassungsgründe von § 64 Abs. 2 jeweils eigenständig und unabhängig voneinander sind. Damit ist das Urteil allein schon durch die Rechtsmittelzulassung berufungsfähig. Zudem können durchaus Fallkonstellationen vorliegen, bei denen auch bei einheitlichem Streitgegenstand, der insgesamt 600 Euro übersteigt, eine ausdrückliche Entscheidung über die Berufungszulassung geboten ist[10]. Geht der Streit der Parteien etwa über einen Schadensersatzanspruch und nimmt das ArbG wegen eines Mitverschuldens eine bestimmte Quotelung vor, dann kann eine Partei lediglich gegen die vorgenommene Quotelung Einwände erheben. Übersteigt die vom Berufungsführer für unrichtig erachtete

---

1 Vgl. BAG v. 19.3.2003 – 5 AZN 751/02, NZA 2003, 575; BAG v. 5.11.2003 – 4 AZR 643/02, NZA 2004, 447 für den Parallelfall der Revisionszulassung durch das LAG.
2 Vgl. dazu BAG v. 10.5.2005 – 9 AZR 251/04; BAG v. 29.8.2001 – 5 AZB 32/00, NZA 2002, 286; BGH v. 11.5.2004 – VI ZB 19/04, NJW 2004, 2389.
3 Vgl. BAG v. 19.3.2003 – 5 AZN 751/02, NZA 2003, 575; BAG v. 5.11.2003 – AZR 643/02, NZA 2004, 447; beide für den Fall der Revisionszulassung.
4 BGH v. 4.6.2003 – VIII ZR 91/02, ProzRB 2003, 295; BAG v. 15.1.2015 – 5 AZN 798/14.
5 BGH v. 10.5.2005 – XI ZR 128/04, NJW 2005, 2086.
6 BAG v. 8.2.1994 – 9 AZR 591/93, NZA 1994, 908.
7 BAG v. 6.11.2008 – 2 AZR 935/07, NZA 2009, 1013.
8 BGH v. 26.9.1996 – X ZR 48/95, MDR 1997, 593; OLG Zweibrücken v. 27.6.2002 – 4 U 145/01, ProzRB 2003, 70.
9 BAG v. 19.3.2003 – 5 AZN 751/02; BAG v. 28.5.2014 – 10 AZB 20/14.
10 Vgl. *Stock*, NZA 2001, 481; *Schwab/Wildschütz/Heege*, NZA 2003, 999 (1003); *Fischer*, NJW 2002, 1551.

Quotelung nicht den Beschwerdewert von 600 Euro (vgl. Rz. 61), wäre er gezwungen, gegen das gesamte Urteil Berufung einzulegen, und zwar auch gegen solche Urteilsteile, die er eigentlich für richtig entschieden hält. Gleiches gilt für Zahlungsansprüche, bei denen die Parteien insbesondere über deren Höhe streiten, zB über eine bestimmte Berechnungsweise. Auch mag der Beklagte erstinstanzlich den Anspruch schon dem Grunde nach nicht für gegeben halten und die Höhe nicht oder nur unsubstantiiert bestreiten. Mitunter wendet sich der Beklagte im Berufungsverfahren dann nur noch gegen die Höhe des Urteilsbetrages, was für das ArbG bei Urteilserlass überhaupt nicht vorhersehbar sein kann.

All diese Gesichtspunkte streiten für eine **stets vorzunehmende** eigenständige **Zulassungsentscheidung** zumindest im Rahmen von § 64 Abs. 2 Buchst. b[1]. Eine Zulassung der Berufung hat zudem eine praktische Konsequenz. Bei einer Berufungszulassung ist das LAG gem. § 64 Abs. 4 an diese Entscheidung gebunden (s. Rz. 110) und muss nicht mehr prüfen, ob einer der weiteren Zulassungsgründe von § 64 Abs. 2 gegeben ist. 48

Bei **Bestandsstreitigkeiten** iSv. § 64 Abs. 2 Buchst. c ist die Berufung kraft Gesetzes ohne Rücksicht auf einen Beschwerdewert zulässig. In der großen Mehrzahl der Bestandsstreitigkeiten dürfte idR eine Entscheidung über die Berufungszulassung nach § 64 Abs. 2 Buchst. a iVm. Abs. 3a entbehrlich sein. Trotzdem gibt es auch bei dieser Kategorie Grenzfälle bei denen nicht eindeutig ist, ob der Rechtsstreit insgesamt oder Teile davon unter § 64 Abs. 2 Buchst. c fallen. Daher kann auch bei dieser Fallgruppe eine Entscheidung über eine Berufungszulassung jedenfalls nicht falsch sein. Zumindest in Zweifelsfällen ist eine vorsorgliche Entscheidung des ArbG über die Berufungszulassung geboten[2]. Hat das ArbG in solchen Grenzfällen die Berufung angesichts von § 64 Abs. 3 zugelassen, dann ist das LAG daran gem. § 64 Abs. 4 gebunden. Belehrt dagegen das ArbG die Parteien im Rahmen von § 9 Abs. 5 lediglich, die Berufung sei statthaft, weil nach seiner Ansicht eine Bestandsstreitigkeit nach § 64 Abs. 2 Buchst. c vorliege, dann ist das LAG an diese Einschätzung des ArbG nicht gebunden. Gleiches gilt im umgekehrten Fall. Vielmehr prüft das LAG die Zulässigkeitsvoraussetzungen des Rechtsmittels von Amts wegen. Eine fehlerhafte Rechtsmittelbelehrung stellt keine Entscheidung iSv. § 64 Abs. 2 Buchst. a dar und kann ein gesetzlich nicht statthaftes Rechtsmittel nicht eröffnen. 49

Das ArbG hat **im Urteilstenor** positiv die Entscheidung zu treffen, ob es die Berufung zulässt oder nicht. Hat das ArbG eine entsprechende **Entscheidung unterlassen**, kann eine durch das Urteil beschwerte Partei gem. § 64 Abs. 3a Satz 2 innerhalb einer Frist von zwei Wochen eine diesbezügliche **Ergänzung des Urteilstenors beim ArbG beantragen**. Die Frist beginnt zu laufen mit dem Tag der Verkündung des Urteils. Wird das Urteil in einem gesonderten Termin verkündet, dann läuft die Frist erst ab diesem Verkündungstermin. Da der Fristbeginn auf die Urteilsverkündung und nicht auf die Urteilszustellung abstellt, kann es in der Praxis zu Problemen mit der Fristeinhaltung kommen. Nur in Ausnahmefällen wird das vollständige Urteil den Parteien schon innerhalb von zwei Wochen nach Urteilsverkündung zugestellt sein. Auch die Übersendung der Sitzungsniederschrift ist binnen zwei Wochen nicht immer gewährleistet. In Einzelfällen, in denen sich die Frage der Berufungszulassung stellt, wird daher vielfach nur die Möglichkeit verbleiben, dass sich die Parteien umgehend nach Urteilserlass nach dem genauen Urteilstenor beim ArbG erkundigen, damit sie ggf. fristgemäß den Antrag auf Ergänzung des Urteilstenors stellen können. Führt die Erkundigung nicht zur Gewissheit, ist die fristgemäße vorsorgliche Stellung eines Ergänzungsantrages zu empfehlen[3]. 50

Einstweilen frei 51–52

Die **Berechnung der zweiwöchigen Frist** geschieht gem. § 222 ZPO iVm. § 187 Abs. 1, § 188 Abs. 2 BGB. Wird das Urteil zB an einem Mittwoch verkündet, dann läuft die Frist zwei Wochen später am Mittwoch um 24 Uhr ab (vgl. zur Fristberechnung auch § 66 Rz. 22 ff.). Die Zwei-Wochen-Frist ist keine Notfrist, sondern eine **gesetzliche Frist** iSv. § 224 ZPO. Bei ihrer Versäumung scheidet daher eine Wiedereinsetzung in den vorigen Stand gem. §§ 233 ff. ZPO aus[4], es sei denn, man wendet dieses Rechtsinstitut entgegen dem klaren Wortlaut von § 233 ZPO auch auf solche Fristen an[5]. 53

---

1 Ebenso *Stock*, NZA 2001, 481; *Schwab/Wildschütz/Heege*, NZA 2003, 999 (1003); *Greger*, NJW 2002, 3051; *Fölsch*, NJW 2002, 3758; ErfK/*Koch*, § 64 ArbGG Rz. 5.
2 Ähnlich *Germelmann*, NZA 2000, 1017 (1023).
3 Zur Kritik an dieser Fristenregelung: vgl. *Schwab/Wildschütz/Heege*, NZA 2003, 999 (1003).
4 Ebenso: *Germelmann*, NZA 2000, 2017 (2023); Arbeitsrechtslexikon/*Schwab*: Rechtsmittel II 2a).
5 *Zöller/Vollkommer*, § 321 ZPO Rz. 6; MünchKommZPO/*Musielak*, § 321 ZPO Rz. 10.

c) Gerichtliche Ergänzung/Änderung der Zulassungsentscheidung

54 Das Problem einer späteren Ergänzung bzw. Änderung des Urteils bezüglich der Berufungszulassung kann sich auch für das **Gericht** selbst stellen. Dabei geht es um die Frage, ob das ArbG auch ohne Antrag der Parteien oder nach Verstreichen der zweiwöchigen Antragsfrist seine **Zulassungsentscheidung von Amts wegen ergänzen oder ändern** kann. Dagegen könnte sprechen, dass § 64 Abs. 3a Satz 2 nur den Parteien, nicht aber dem Gericht eine Frist setzt. Allerdings war es gerade das Bestreben des Gesetzgebers, mit der positiven Regelung von § 64 Abs. 3a zur Rechtssicherheit und Rechtsklarheit für die Parteien im nahen zeitlichen Zusammenhang mit dem Urteilserlass beizutragen[1]. § 64 Abs. 3a trägt auch der Forderung des BVerfG[2] Rechnung, dass gerichtliche Fehlleistungen und Irrtümer korrigierbar sein müssen, wenn das Gericht an sich den Rechtsmittelweg habe eröffnen wollen. Durch § 64 Abs. 3a Satz 2 können die Parteien selbst auf eine Tenorergänzung hinwirken. Trotzdem müssen gerichtliche Verlautbarungsfehler, bei denen das Gericht eine andere Entscheidung verkündet, als es seinem Willen entsprochen hat, als Teil des Urteils stets gem. **§ 319 ZPO korrigierbar** sein[3], wenn die ursprüngliche Urteilsformel „offenbar" unrichtig[4] war. Allein das Vergessen der Entscheidung über die Berufungszulassung stellt aber noch keine offenbare Unrichtigkeit dar[5], weil dies keine zeitliche Limitierung für die Unklarheit der Zulässigkeit des Rechtsmittels zur Folge hätte. Das ArbG kann – außer bei unklarer Zulassungsentscheidung im Urteilstenor (vgl. Rz. 43) – nicht mehr in den Entscheidungsgründen oder in der Rechtsmittelbelehrung des Urteils nachträglich eine vergessene Entscheidung über die Berufungszulassung nachholen. Lassen die Parteien die Zwei-Wochen-Frist (§ 64 Abs. 3a Satz 2) verstreichen und kann das ArbG auch keine Berichtigung nach § 319 ZPO vornehmen, dann ist ein Rechtsmittel nicht gegeben, wenn die Berufung nicht nach § 64 Abs. 2 Buchst. b, c oder d statthaft ist.

55 Über den **Antrag auf nachträgliche Aufnahme** der Entscheidung über die Rechtsmittelzulassung in den Urteilstenor entscheidet – mit Ausnahme im Fall von § 55 Abs. 3 – nicht der Vorsitzende allein, sondern stets die **Kammer**. Das gilt unabhängig davon, ob das Gericht ohne oder mit mündlicher Verhandlung entscheidet. Die Anordnung einer mündlichen Verhandlung liegt im Ermessen des Vorsitzenden.

56 Aus § 64 Abs. 3a Satz 3 ist nicht zu entnehmen, in **welcher Kammerbesetzung** – das ist eine Frage des gesetzlichen Richters – das ArbG zu entscheiden hat. Auch hat der Gesetzgeber in der Begründung des Regierungsentwurfs hierzu geschwiegen[6]. Im Falle einer Urteilsergänzung iSv. § 321 ZPO ist anerkannt, dass an dieser nachträglichen Entscheidung auch Richter teilnehmen können, die bei dem Hauptteil nicht mitgewirkt haben[7]. § 321 ZPO setzt eine Ergänzungslücke voraus, die in Bezug auf einen versehentlich übergangenen Anspruch oder den Kostenpunkt ausgefüllt werden soll[8]. Unter § 321 ZPO fallen auch solche Fälle, in denen im Rahmen eines einheitlichen Anspruches einzelne Rechte übersehen wurden. Darüber hinaus ist in § 321 ZPO ausdrücklich die von Amts wegen zu treffende Kostenentscheidung erwähnt. Ähnlich ist die Situation bei § 64 Abs. 3a. Auch hier hat das Gericht über einen notwendigen Teil des Prozessverfahrens, die Berufungszulassung, nicht entschieden, so dass dies für die Übernahme der Grundsätze von § 321 ZPO spricht. In der Sache ist es auch nicht notwendig, dass gerade die gleichen Richter der Hauptsache über den Ergänzungsantrag entscheiden müssen, weil trotz der Einheitlichkeit des gesamten Verfahrens hier eigenständig nur zu prüfen ist, ob einer der Zulassungsgründe in § 64 Abs. 3 vorliegt. Diese zusätzliche Rechtsfrage über das bisher Entschiedene hinaus (insoweit unterscheiden sich § 321 ZPO und § 320 ZPO) können – noch eher als bei der vergessenen Kostenentscheidung, bei der ggf. das Urteil auch materiell-rechtlich zu durchdringen ist – auch andere Richter klären, so dass es der Heranziehung der ehrenamtlichen Richter der Hauptsache nicht bedarf[9]. Entscheidend ist somit der Geschäftsverteilungsplan. Enthält er hierzu keine Regelung, sind die ehrenamtlichen Richter entsprechend der Reihenfolge der Liste von § 31 heranzuziehen. Die Gegenauffassung des BAG überzeugt nicht.

---

1 Ebenso *Appel/Kaiser*, AuR 2000, 281 (282); vgl. auch BT-Drs. 14/626, S. 10.
2 BVerfG v. 15.1.1992 – 1 BvR 1140/86, NZA 1992, 383.
3 BAG v. 10.5.2005 – 9 AZR 251/04, NZA 2006, 439; BGH v. 11.5.2004 – VI ZB 19/04, NJW 2004, 2389.
4 Vgl. hierzu BAG v. 10.5.2005 – 9 AZR 251/04, NZA 2006, 439; BAG v. 29.8.2001 – 5 AZB 32/00, NZA 2002, 286; BGH v. 11.5.2004 – VI ZB 19/04, NJW 2004, 2389.
5 AA Natter/Gross/*Pfeiffer*, § 64 Rz. 15.
6 BT-Drs. 13/11289, S. 10.
7 Zöller/*Vollkommer*, § 321 ZPO Rz. 10.
8 BGH v. 25.6.1996 – VI ZR 300/95, NJW-RR 1996, 1238.
9 Düwell/Lipke/*Maul-Sartori*, § 64 Rz. 44; unklar: Hauck/Helml/Biebl/*Hauck/Biebl*, § 64 Rz. 9; BCF/*Friedrich*, § 64 Rz. 6, die nur von „derselben Kammer" sprechen; aA BAG v. 23.8.2011 – 3 AZR 650/09, NZA 2012, 37; BAG v. 14.12.2011 – 5 AZR 406/10, NZA 2012, 583; *Germelmann*, NZA 2000, 1017 (1022); GK/*Vossen*, § 64 Rz. 62b, die auf § 320 ZPO abstellen, so dass dieselben Richter hinzuzuziehen sind, die am Urteil mitgewirkt haben.

Entscheidet das ArbG gem. § 64 Abs. 3a Satz 3 über den Ergänzungsantrag ohne mündliche Verhandlung, was wohl in den meisten Fällen ausreichend ist, so geschieht dies durch **Beschluss** (vgl. § 53 Abs. 1). Bei einer mündlichen Verhandlung trifft es seine Entscheidung – wie bei § 321 ZPO – durch **Urteil**, bei Säumnis einer Partei durch Versäumnisurteil. 57

Gleichgültig, ob das ArbG über den Ergänzungsantrag mit oder ohne mündliche Verhandlung entscheidet, ob es die Berufung zulässt oder nicht, stets ist die nachträglich in der Sache getroffene **Entscheidung unanfechtbar**. Mit der sofortigen Beschwerde anfechtbar ist allerdings ein Beschluss des ArbG, wenn es den Antrag auf Ergänzung des Urteils ohne Sachentscheidung zurückweist (vgl. § 567 Abs. 1 ZPO), weil es etwa den Antrag für verspätet hält. Allerdings kann hier das Beschwerdegericht das ArbG ggf. nur anweisen, in der Sache zu entscheiden. Das LAG kann die Entscheidung über die Zulassung bzw. Nichtzulassung im Rahmen des Beschwerdeverfahrens nicht treffen. 58

Entscheidet das ArbG nachträglich über die Tenorergänzung, indem es die Berufung zulässt, dann muss das **komplette Urteil**, mit einer vollständigen korrekten Rechtsmittelbelehrung versehen, wegen § 9 Abs. 5 **nochmals zugestellt** werden, falls es zuvor mit fehlerhafter Rechtsmittelbelehrung schon zugestellt war. 59

Die Entscheidung über die Berufungszulassung im Urteilstenor kann in den Fällen von § 64 Abs. 2 Buchst. b und c (vgl. Rz. 45–49) bei unpräziser **Fassung des Urteilstenors** zu Unklarheiten für die Parteien führen. Bestimmt etwa das ArbG im Tenor, dass die Berufung nicht zugelassen wird, dann kann insbesondere die rechtsunkundige Partei irritiert werden, wenn sie dann der Rechtsmittelbelehrung des Urteils entnehmen muss, dass die Berufung doch statthaft sein soll, weil im Fall von § 64 Abs. 2 Buchst. b oder c nach Ansicht des ArbG vorliegt. Hier könnte ein arbeitsgerichtlicher **Tenor** etwa lauten: „Soweit die Berufung nicht bereits kraft Gesetzes (§ 64 Abs. 2 Buchst. b oder c ArbGG) statthaft ist, wird sie (nicht) zugelassen". Bei Teilzulassung der Berufung kann der Tenor etwa **gefasst** werden: „Soweit die Berufung nicht bereits kraft Gesetzes (§ 64 Abs. 2 Buchst. b und c ArbGG) statthaft ist, wird sie ausschließlich bezüglich ... zugelassen, ansonsten nicht zugelassen". Zumindest aus den Entscheidungsgründen und der Rechtsmittelbelehrung des Urteils müssen die Parteien in einem Fall von § 64 Abs. 2 Buchst. b oder c zweifelsfrei entnehmen können, ob nach Auffassung des ArbG die Berufung aus welchen der vier Fälle von § 64 Abs. 2 auch immer statthaft ist. Nicht korrigierte Widersprüchlichkeiten und Unklarheiten im Zusammenhang mit der Rechtsmittelbelehrung führen zur Rechtsfolge aus § 9 Abs. 5 Satz 4. 60

5. Beschwerdesumme über 600 Euro

Neben dem Vorliegen einer Beschwer (vgl. Rz. 13 ff.) muss in den Fällen von § 64 Abs. 2 Buchst. b mit dem im Berufungsverfahren verfolgten Klageziel der **Wert des Beschwerdegegenstandes 600 Euro übersteigen**. Ob der Rechtsmittelkläger – gleich ob er erstinstanzlich Kläger oder Beklagter war – durch das angefochtene Urteil iHv. mindestens 600 Euro beschwert ist, ergibt idR ein Vergleich zwischen dem rechtskraftfähigen Inhalt des Urteils mit dem, was der Rechtsmittelkläger zuletzt vom ArbG verlangt, aber nicht erhalten hat und was er vom LAG anders entschieden haben will. Ist der so ermittelte Wert höher als 600 Euro, dann ist das Urteil stets berufungsfähig. Bei der Berechnung ist auf die erst- und zweitinstanzlichen Anträge des Berufungsklägers, auf den Inhalt des Urteils und den festgesetzten Streitwert abzustellen[1]. Ob der Rechtsmittelführer erstinstanzlich Kläger, Beklagter, Widerkläger oder Widerbeklagter war, spielt keine Rolle. 61

Für die **Berechnung** des Beschwerdewertes gelten über § 64 Abs. 6 die Vorschriften der ZPO über die Berufung entsprechend. Demnach sind über § 2 ZPO die Grundsätze der §§ 3–9 ZPO entsprechend anzuwenden Auf die §§ 3–9 ZPO ist zur Berechnung des Beschwerdewertes iSv. § 64 Abs. 2 Buchst. b zurückzugreifen, soweit dort eigenständige Wertregelungen enthalten sind, wie zB § 5 ZPO (mehrere Ansprüche) oder § 9 ZPO (wiederkehrende Leistungen). Soweit die §§ 3–9 ZPO keine eigenständigen Regelungen enthalten, ist zumindest bei den nach § 3 ZPO zu treffenden Entscheidungen das dort auszuübende Ermessen (vgl. § 12 Rz. 130, § 12 Rz. 159, § 12 Rz. 170) anhand der für das arbeitsgerichtliche Verfahren geschaffenen Sonderregelungen von § 42 Abs. 2 GKG auszurichten. In den Fällen von §§ 5 und 9 ZPO finden bei der Ermittlung der Beschwer § 42 Abs. 1 und Abs. 3 GKG keine Anwendung, es gelten hier die beiden ZPO-Vorschriften. Die genannten GKG-Vorschriften bezwecken nur eine **Kosten**entlastung für das arbeitsgerichtliche Verfahren bei der Festsetzung des Streit-/Gegenstandswertes nach § 63 GKG bzw. §§ 32, 33 RVG (vgl. § 12 Rz. 132, § 12 Rz. 140)[2].

---

[1] Vgl. Zöller/*Heßler*, § 511 ZPO Rz. 13.
[2] BAG v. 4.6.2008 – 3 AZB 37/08, NZA-RR 2009, 555.

62 Streitig ist und war[1], ob zur Ermittlung der Beschwer der **im Urteil** gem. § 61 Abs. 1 **festgesetzte Streitwert** heranzuziehen ist. Nach zutreffender Auffassung des BAG[2] kommt der Streitwertfestsetzung im Urteil eine mittelbare Bedeutung für die Berufungsmöglichkeit zu. Die Beschwer durch das erstinstanzliche Urteil kann grds. (Ausnahmen Rz. 64 f.) nicht höher sein als der im Urteil festgesetzte Streitwert, so dass er die Höhe der Beschwer begrenzt. Durch den im Urteil festgesetzten Streitwert und der ihm zukommenden Indizfunktion[3] ist für die Parteien schon mit Urteilserlass idR erkennbar, ob das Urteil rechtsmittelfähig ist oder nicht.

63 Der **Wert des Beschwerdegegenstandes**[4] ist somit nach folgenden Grundsätzen zu **ermitteln:** Er wird festgelegt durch die Anträge des Berufungsklägers, bezogen auf sein erstinstanzliches Begehren. Dabei ist zunächst durch Vergleich der vom Berufungsführer vor dem ArbG zuletzt in der Hauptsache gestellten Anträge mit dem, was er davon[5] im Urteil nicht erreicht hat, der Umfang des erstinstanzlichen Unterliegens zu ermitteln (dies ist die durch das Urteil erlittene Beschwer). Sodann ist zu vergleichen, was der Berufungsführer vom ArbG nicht erlangt hat und was er vom LAG zu seinen Gunsten anders entschieden haben will. Der so ermittelte Differenzbetrag muss mindestens 600,01 Euro betragen[6]. Nebenforderungen iSv. § 4 Abs. 1 Halbs. 2 ZPO, insbesondere Zinsen oder vorprozessual aufgewendete Kosten zur Durchsetzung des im laufenden Verfahren geltend gemachten Hauptanspruchs wirken nicht werterhöhend[7]. Wurde der Rechtsstreit vor dem ArbG teilweise erledigt erklärt mit Kostenentscheidung nach § 91a ZPO, so ist die Berufung grds. nur zulässig, wenn der nicht erledigte Teil die Beschwerdesumme erreicht[8]. Allerdings kann der Wert des Beschwerdegegenstandes grds. nicht höher sein als der im erstinstanzlichen Urteil festgesetzte Streitwert. Von diesem **Grundsatz**, der der Rechtsmittelklarheit dient, gibt es **Ausnahmen:**

64 Eine **offensichtlich fehlerhafte Streitwertfestsetzung** im Urteil (vgl. § 61 Rz. 13) bindet weder die Parteien noch das LAG. Eine offensichtliche Fehlerhaftigkeit ist anzunehmen, wenn die festgesetzte Höhe in jeder Beziehung unverständlich und unter keinem vernünftigen Gesichtspunkt zu rechtfertigen ist und außerdem der zutreffende Streitwert auf den ersten Blick die für den Beschwerdewert maßgebliche Grenze übersteigt oder unterschreitet[9]. Dabei kommt es auf die Sicht des über die Statthaftigkeit des Rechtsmittels entscheidenden Berufungsgerichts an.

65 Eine Bindung entfällt auch, wenn der Beschwerdewert **nach anderen Kriterien** als der festgesetzte Streitwert **zu ermitteln ist**[10]. Das ist zB der Fall bei einer isolierten **Auskunftsklage** oder einer **Stufenklage** (§ 254 ZPO), mit der in der ersten Stufe auf Auskunft bzw. Rechnungslegung geklagt wird. Die Streitwertfestsetzung im Urteil des ArbG orientiert sich hier am Interesse des Auskunft begehrenden Klägers und damit wertmäßig am zu schätzenden Wert der begehrten Zahlung (vgl. Rz. 78, Rz. 79). Legt daher der Auskunft begehrende **Kläger** Berufung ein, dann orientiert sich für ihn der Beschwerdewert iSv. § 64 Abs. 2 Buchst. b grds. am im Urteil festgesetzten Streitwert. Da die Auskunft die Geltendmachung des Leistungsanspruchs erst vorbereiten und erleichtern soll, beträgt der Wert des Auskunftsanspruchs idR einen Bruchteil des erwarteten Anspruchs. Der BGH nimmt bei einer isolierten Auskunftsklage etwa $1/10$ bis $1/4$ an[11]; vgl. auch Rz. 78. Demgegenüber richtet sich das Interesse des zur Auskunft verurteilten **Beklagten** nach seinem wirtschaftlichen Interesse, die Auskunft nicht erteilen zu müssen und damit an den Kosten und dem Aufwand zur Erstellung der Auskunft[12], das sind idR nur die Kosten für das bloße Zusammenstellen der Informationen und deren Übersendung. Hier fallen der Rechtsmittelstreitwert des Urteils und die Beschwer des verurteilten Beklagten idR auseinander[13]. Bei einer Klage auf **Feststellung** einer Forderung zur **Insolvenztabelle** bestimmt sich der Wert des Beschwerdegegenstandes iSv. § 64 Abs. 2 Buchst b) nach

---

1 Vgl. im Einzelnen zum unterschiedlichen Meinungsstand: *Schwab*, NZA 1991, 657 (659).
2 BAG v. 16.5.2007 – 2 AZB 53/06; BAG v. 27.5.1994 – 5 AZB 3/94, NZA 1994, 1054; aA BCF/*Creutzfeldt*, § 61 Rz. 20; GMP/*Germelmann*, § 61 Rz. 13.
3 Natter/Gross/*Pfeiffer*, § 58 Rz. 16.
4 Zur begrifflichen Abgrenzung zwischen der „Beschwer", dem „Wert der Beschwer" und dem „Wert des Beschwerdegegenstandes" vgl. *Jauernig*, NJW 2001, 3027; *Althammer*, NJW 2003, 1079, aber auch *Fischer*, NJW 2002, 1551.
5 Vgl. bei teilweiser Teilerledigungserklärung vor dem ArbG: BGH v. 12.4.2011 – VI ZB 44/10 = MDR 2011, 810:.
6 Vgl. im Einzelnen *Schwab*, Die Berufung im arbeitsgerichtlichen Verfahren, S. 89 f.
7 BGH v. 8.5.2012 – XI ZR 261/10, NJW 2012, 2446; BGH v. 30.1.2007 – X ZB 7/06, NJW 2007, 3289.
8 BGH v. 21.1.2014 – VI ZB 43/13, NJW 2014, 3249.
9 BAG v. 16.5.2007 – 2 AZB 53/06, NZA 2007, 830; BAG v. 19.1.2011 – 3 AZR 111/09, NZA 2011, 1054; LAG Köln v. 12.11.2003 – 8 Sa 706/03, NZA-RR 2004, 433.
10 BAG v. 27.5.1994 – 5 AZB 3/94, NZA 1994, 1054.
11 BGH v. 12.10.2011 – XII ZB 127/11, MDR 2011, 1438.
12 BGH v. 24.11.1994 – GSZ 1/94, NJW 1995, 664; BGH v. 11.3.2015 – XII ZB 317/14, NJW-RR 2015, 1153; BAG v. 27.5.1994 – 5 AZB 3/94, NZA 1994, 1054 (1056).
13 Vgl. zum Verhältnis von Kostenstreitwert und Beschwerdewert: BGH v. 26.10.2011 – XII ZB 465/11, NJW 2011, 3790.

dem bei der Verteilung der Insolvenzmasse zu erwartenden Betrag[1]. Der jeweilige Berufungskläger hat seinen Beschwerdewert gem. § 64 Abs. 5 glaubhaft zu machen (s. Rz. 85). Dabei hat der Kläger anzugeben, welche Vorstellungen er sich vom Wert des Leistungsanspruchs macht.

Maßgeblicher Zeitpunkt für die Berechnung des Beschwerdewertes ist derjenige der Einlegung der Berufung (§ 4 Abs. 1 Satz 1 ZPO). 66

Spätere Veränderungen, die auf der **Entwicklung des Rechtsstreits** beruhen, sind unschädlich. Erfüllt zB 67 der in der 1. Instanz obsiegende Beklagte nach Berufungseinlegung einen Teil der geltend gemachten Forderung freiwillig oder aufgrund einer Teileinigung der Parteien und rutscht der restliche streitige Teil unter die 600-Euro-Grenze ab, dann bleibt die Berufung zulässig, wenn der Kläger danach seinen Antrag nur der vom Gegner (mit-)geschaffenen Prozesslage anpasst[2]. Hatte der Beklagte im vorgenannten Fall nach Urteilserlass, aber schon vor Berufungseinlegung durch den Kläger die teilweise Erfüllung bewirkt, dann liegt im maßgeblichen Zeitpunkt der Einlegung kein ausreichender Beschwerdewert vor[3].

Demgegenüber hängt die Zulässigkeit der Berufung vom Klagziel des Berufungsklägers bei **Schluss der mündlichen Verhandlung** ab, wenn das Absinken unter die Erwachsenheitssumme auf sein **eigenes** freies „willkürliches" **Handeln** zurückzuführen ist, ohne dass er durch objektive äußere Umstände dazu genötigt worden ist[4]. Irrelevant ist bei einer freiwilligen Rücknahme das Motiv des Berufungsklägers. Die Rücknahme kann etwa beruhen auf einer nachträglich gewonnenen besseren Erkenntnis der fehlenden Erfolgsaussichten, auf einem unvollständigen oder fehlerhaften Hinweis des Gerichts[5], auf neuem Sachvortrag der Gegenseite, auf dem Ergebnis einer Beweisaufnahme[6] oder auf einer Beschränkung/Änderung des Klageantrags[7]. Übersteigt die Beschwer der in 1. Instanz unterlegenen Partei die Wertgrenze von 600 Euro, so kann grds. erst auf der Grundlage des in der mündlichen Berufungsverhandlung gestellten Antrags entschieden werden, ob der Wert des Beschwerdegegenstandes die 600-Euro-Grenze nach wie vor übersteigt. Ein im Zeitpunkt der Berufungseinlegung zunächst beschränkter Berufungsantrag, der die Berufungssumme nicht erreicht, kann bis zum Schluss der mündlichen Verhandlung vor dem LAG erweitert werden, soweit die Erweiterung von der fristgerecht gelieferten Berufungsbegründung gedeckt ist[8].

Die Berufung des **Beklagten** wird unzulässig, wenn er **im Laufe des Berufungsverfahrens** den klägerischen **Anspruch erfüllt**, so dass die Urteils**beschwer entfällt**. Dies ist zB gegeben, wenn der zur Auskunft verurteilte Beklagte diese im Berufungsverfahren bewusst oder unbewusst freiwillig erteilt. Seine Berufung verliert dann die Beschwer[9]. 68

Werden im Berufungsverfahren **mehrere Ansprüche** verfolgt bzw. bekämpft, dann ist die Statthaftigkeit der Berufung für jeden von ihnen gesondert zu prüfen. Zur Ermittlung des Beschwerdewerts nach § 64 Abs. 2 Buchst. b ist der Wert der Streitgegenstände gem. §§ 2, 5 ZPO **zusammenzurechnen**[10]. Voraussetzung hierfür ist, dass für die einzelnen Ansprüche jeweils ernsthafte Berufungsbegründungen vorliegen müssen[11]. Der Berufungskläger soll sich durch erkennbar nur zum Schein verfolgte Ansprüche die Berufungssumme nicht erschleichen[12] können, indem er etwa zunächst im geforderten Umfang Berufung einlegt und sie dann willkürlich wieder teilweise zurücknimmt, so dass der verbleibende Beschwerdewert dann unter 600 Euro sinkt[13] und kein Fall von § 64 Abs. 2 Buchst. a, c oder d vorliegt. Genauso wenig kann der Beschwerdewert erhöht und damit die 600 Euro-Grenze überschritten werden, indem mit der Berufung der Streitgegenstand erweitert und erst mit der Erweiterung der Beschwerdewert erreicht wird. 69

Hat das ArbG das Verfahren nicht willkürlich gem. § 145 ZPO getrennt, kann die Beschwer aus einem **Schlussurteil nicht** mit der aus einem **Teilurteil zusammengerechnet** werden. Dies gilt selbst dann, wenn die getrennten Verfahren in der Berufungsinstanz zur gemeinsamen Verhandlung und Entscheidung wieder verbunden werden[14]. 70

---

1 BGH v. 14.1.2016 – IX ZB 57/15, MDR 2016, 300.
2 Vgl. BAG v. 27.1.2004 – 1 AZR 105/03, DB 2004, 1376; BAG v. 23.3.2004 – 3 AZR 35/03, NZA 2004, 808.
3 LAG Hessen v. 11.11.1984 – 11 Sa 64/85, LAGE § 64 ArbGG 1979 Nr. 11.
4 Vgl. Beispiele bei Zöller/*Heßler*, § 511 ZPO Rz. 15–17.
5 BAG v. 19.1.2006 – 6 AZR 259/05; BAG v. 23.2.2016 – 3 AZR 230/14, NZA 2016, 1103.
6 BGH v. 15.3.2002 – V ZR 39/01, BB 2002, 1616; BAG v. 27.1.2004 – 1 AZR 105/03, NZA 2004, 1239.
7 BGH v. 10.1.2017 – VIII ZR 98/16.
8 BGH v. 9.11.2004 – VIII ZB 36/04, NJW-RR 2005, 714; BGH v. 27.3.2012 – VI ZB 74/11, MDR 2012, 932.
9 BGH v. 16.1.1951 – I ZR 1/50, NJW 1951, 274.
10 BAG v. 27.1.2004 – 1 AZR 105/03, NZA 2004, 1239.
11 GMP/*Germelmann*, § 64 ArbGG Rz. 23.
12 Vgl. zum prozessualen Rechtsmissbrauch: BAG v. 11.12.2007 – 3 AZR 280/06, NZA-RR 2008, 373.
13 BGH v. 8.10.1982 – V ZB 9/82, NJW 1983, 1063.
14 BGH v. 20.7.1999 – X ZR 139/96, NJW 2000, 217.

71 Für den Fall, dass der Berufungskläger erstinstanzlich die Höhe einer Leistung in das **Ermessen** des Gerichts gestellt hat, vgl. zum Vorliegen einer Beschwer Rz. 19.

72 Ist bei einer **Vergütungsklage** die Verurteilung zu einer **Brutto- abzüglich** einer **Nettovergütung** erfolgt, dann besteht der Beschwerdewert grds. in der Differenz der beiden Werte, weil ihre Höhe den konkreten Streitgegenstand bestimmt. Das gilt auch, wenn der Kläger die Abführung von Steuern und/oder SozV-Beiträgen bestreitet oder insoweit nichts vorträgt. Demgegenüber rechnet das LAG Berlin[1] dem Nettobetrag die darauf entfallenden Steuern und SozV-Beiträge hinzu, weil nach seiner Meinung davon auszugehen sei, der ArbGeb sei dieser Pflicht nachgekommen. Diese Meinung unterstellt einen nicht immer existenten Erfahrungssatz. Vielmehr ist prozessual auf den vom Kläger bestimmten Streitgegenstand abzustellen, der von einem bezifferten (Brutto-)Betrag einen bezifferten (Netto-)Betrag abzieht. Hat das ArbG im Urteil durch Auslegung des Klageantrags einen zugesprochenen Zahlungsantrag mit dem Zusatz „brutto" versehen, so liegt darin keine Einschränkung – es fehlt an einer Beschwer – eines ohne diesen Zusatz gestellten Antrags, wenn das Gericht damit nur verdeutlicht hat, dass der ArbN kraft Gesetzes Steuerschuldner ist. Will der Kläger dagegen eine **Nettolohnklage** erheben, gehört zur Bestimmtheit (§ 253 Abs. 2 Nr. 2 ZPO) seines Klageantrags, dass er die begehrte Zahlung als „netto" bezeichnet[2].

73 Auf die Differenz kommt es für den Beschwerdewert auch an, wenn wegen eines **Forderungsübergangs** auf einen teilweise leistenden Dritten (zB AA oder Krankenkasse) nur noch der Differenzbetrag zwischen Bruttovergütung und den von diesen Stellen geleisteten Beträgen eingeklagt wird. Keine Rolle spielt dabei, dass im arbeitsrechtlichen Prozessverfahren mittelbare Einflüsse auf andere Rechtsverhältnisse geschaffen werden, wie zB Anfallen von ArbGeb-Anteilen zur SozV oder der Forderungsübergang auf den Dritten.

74 Bei **Haupt- und Hilfsanträgen** ergibt sich die Beschwer für die jeweilige Partei aus dem Grad des Unterliegens. Weist also das ArbG zB den Hauptantrag ab und spricht den Hilfsantrag zu, dann ist der Kläger in Höhe des (vollen) Hauptantrags, der Beklagte in Höhe des Hilfsantrags beschwert[3]. Wird die Klage mit Haupt- und Hilfsanspruch oder mit mehreren Hilfsansprüchen abgewiesen, so sind alle Werte zu addieren, sofern sie nicht wirtschaftlich identisch sind[4] (s. auch § 12 Rz. 156.).

75 Die Beschwer bei einer **Aufrechnung** mit einer Gegenforderung ergibt sich daraus, ob die Hauptforderung streitig ist oder nicht. Ist die Klageforderung unstreitig, aber lediglich die zur Aufrechnung gestellte Gegenforderung streitig, dann beschwert nur die streitige Aufrechnungsforderung die Parteien[5].

76 Bei einer **Eventualaufrechnung**, wenn also der Beklagte schon die Hauptforderung bestreitet und nur hilfsweise mit einer Gegenforderung aufrechnet, gelten auch bei der Ermittlung der Beschwer die Grundsätze des Gebührenstreitwertes von § 45 Abs. 1 Satz 2 GKG entsprechend. Beide Streitwerte werden addiert, wenn der Beklagte mit der Hauptforderung unterliegt und auch seine hilfsweise zur Aufrechnung gestellte Gegenforderung materiell-rechtlich mit Rechtskraftwirkung verneint wird. In diesem Fall ist der Beklagte in doppelter Hinsicht unterlegen[6]. Wird die Klageforderung bejaht und auch die hilfsweise zur Aufrechnung gestellte Gegenforderung bejaht, dann ist der Kläger nur bezüglich der Gegenforderung beschwert. Seine eigene Forderung bleibt für den Kläger außer Ansatz, weil er mit ihr obsiegt hat[7]. Dagegen kann in diesem Falle der Beklagte in doppelter Hinsicht beschwert sein[8]. Eine solche besteht für den Beklagten darin, dass er die Klagesumme mit dem Verlust seiner Gegenforderung „bezahlt". Dies ist etwa der Fall, wenn das Gericht die streitige Klageforderung anerkennt und nur eine hilfsweise gem. §§ 387 ff. BGB zur Aufrechnung gestellte Forderung des Beklagten (gleichgültig, ob streitig oder unstreitig) die Klageforderung in Höhe der anerkannten Aufrechnungsforderung reduziert hat. Hier ist der Beklagte in Höhe der vollen Klageforderung beschwert. Der Beschwerdewert errechnet sich für ihn aus der Urteilssumme und der Gegenforderung, soweit über sie mit materieller Rechtskraft entschieden ist.

Beispiele:
– Die vom ArbG bejahte streitige Klageforderung = 3 000 Euro, der Beklagte rechnet hilfsweise erfolgreich mit einer streitigen Gegenforderung iHv. 1 200 Euro auf, so dass sich die Urteilssumme auf 1 800 Euro beläuft. Hier beträgt der Beschwerdewert für den Kläger 1 200 Euro, für den Beklagten 3 000 Euro (1 800 Euro plus 1 200 Euro).

---

1 LAG Berlin v. 19.10.1981 – 9 Sa 72/81, MDR 1982, 172 und ihm folgend GMP/*Germelmann*, § 64 Rz. 54; Hauck/Helml/*Hauck/Biebl*, § 64 ArbGG Rz. 5.
2 BAG v. 17.2.2016 – 5 AZN 981/15, NZA 2016, 574.
3 GMP/*Germelmann*, § 64 Rz. 54; GK-ArbGG/*Vossen*, § 64 Rz. 45.
4 BGH v. 10.10.1983 – III ZR 87/83, NJW 1984, 371.
5 Vgl. BGH v. 24.11.1971 – XIII ZR 80/71, BGHZ 57, 301; aA *Bettermann*, NJW 1972, 2285.
6 BGH v. 24.2.1994 – VII ZR 209/93, NJW 1994, 1538.
7 BGH v. 7.2.1980 – III ZR 172/79, KostRspr. GKG § 19 Nr. 33.
8 Zöller/*Heßler*, § 511 ZPO Rz. 23; BAG v. 21.1.1974 – 5 AZR 17/73, AP Nr. 24 zu § 72 ArbGG 1953, Streitwertrevision; BGH v. 26.1.1977 – IV ZR 208/75, WM 1977, 416.

– Die streitige Forderung = 3 000 Euro, der Beklagte erklärt erfolgreich Aufrechnung mit einer streitigen Gegenforderung iHv. 4 000 Euro, so dass nach dem Urteilstenor die Klage abgewiesen wird. Für Kläger und Beklagte beträgt hier der Beschwerdewert jeweils 3 000 Euro.

Erklärt das ArbG die hilfsweise zur **Aufrechnung** gestellte Gegenforderung – zu Recht oder zu Unrecht – nach § 390 Satz 2 BGB für **unzulässig**, dann führt die zur Aufrechnung gestellte Gegenforderung nicht zu einer Erhöhung der Beschwer, weil keine rechtskraftfähige Entscheidung darüber im Prozess ergangen ist[1].

Keine Erhöhung des Beschwerdewertes liegt in den vorgenannten Ausgangsfällen vor, wenn der Beklagte keine Aufrechnung iSd. §§ 387 ff. BGB erklärt, sondern nur ein schlichtes **Abrechnungsverhältnis** auf der Grundlage der Differenztheorie (Saldierung von Aktiv- und Minusposten) vorliegt. Hier wird der Wert der Beschwer auf Seiten des Beklagten in den vorgenannten Beispielsfällen nicht erhöht[2]. In diesen Fällen konzentriert sich das Prozessverfahren allein auf einen Zahlungsanspruch derjenigen Vertragspartei, die verrechnungsmäßig noch etwas fordert. Bei einem solchen Verrechnungsverhältnis wird nicht über eine Aufrechnung iSv. § 322 Abs. 2 ZPO entschieden. Hat das ArbG dagegen über Gegenforderungen ausdrücklich durch Aufrechnung entschieden, darf die Beschwer nicht mit der Begründung verneint werden, es liege in Wirklichkeit nur ein Abrechnungsverhältnis vor[3].

77

Bei einer Klage auf **Auskunftserteilung** und – oder – **Rechnungslegung** oder einer **Stufenklage** kommt voll zum Tragen, dass sich der Beschwerdewert nach wirtschaftlichen Gesichtspunkten richtet (vgl. Rz. 65). Beim **Kläger** soll die Klage auf Auskunftserteilung die Durchsetzung seines Hauptanspruches vorbereiten. Entsprechend dieser Zielsetzung besteht der Beschwerdewert in einem Bruchteil[4] des Hauptanspruchs; letzterer ist größenmäßig im Rahmen von § 64 Abs. 5 in etwa anzugeben, wenn lediglich sein Auskunftsbegehren vom ArbG abgelehnt worden ist[5]. In diesem Fall wird die Realisierung des Hauptanspruchs aus tatsächlichen Gründen erschwert, aber nicht rechtskraftfähig[6] aberkannt. Wird nicht nur das Auskunftsbegehren, sondern die Stufenklage insgesamt abgewiesen, dann bemisst sich die Beschwer wegen der weiter gehenden Rechtskraft nicht nach einem Bruchteil des Wertes des Hauptanspruchs, sondern nach dem genannten Gesamtwert[7]. Eine Stufenklage hat zur Folge, dass der Hauptanspruch bereits mit Erhebung der Stufenklage rechtshängig wird und deshalb zur Hemmung der **Verjährung** geeignet ist[8]. Demgegenüber hemmt die isolierte Klage auf Auskunftserteilung die Verjährung des Hauptanspruchs nicht[9]. Dies ist auch wertmäßig zu berücksichtigen.

78

Dagegen richtet sich das Interesse des zur Auskunft verurteilten **Beklagten** nach dem wirtschaftlichen Wert, die Auskunft nicht erteilen zu müssen. Dies ist der Wert des Zeit- und Arbeitsaufwandes, den die sorgfältige Erstellung der geschuldeten Auskunft verursacht[10]. Dieser Wert ist auch entscheidend bei der Verurteilung zur Abgabe einer eidesstattlichen Versicherung aufgrund der Vorschriften des bürgerlichen Rechts[11].

79

Die **Kosten** bei der Auskunfts- bzw. Rechnungslegungsklage hat das LAG anhand der spezifizierten Darlegungen des Rechtsmittelführers ermessensfehlerfrei nach §§ 2, 3 ZPO zu **schätzen**[12]. Ein geltend gemachtes Geheimhaltungsinteresse an der zu erteilenden Auskunft oder den herauszugebenden Geschäftsunterlagen kann für die Bemessung des Rechtsmittelinteresses erheblich sein. Dieses Interesse muss aber substantiiert dargelegt und erforderlichenfalls glaubhaft gemacht werden[13]. Zu den berücksichtigungsfähigen Kosten gehören neben dem Eigenaufwand auch Kosten für Hilfskräfte und für die Inanspruchnahme fachkundiger Dritter, auf deren Hilfe der Verpflichtete für eine sachgerechte Auskunftserteilung angewiesen ist, weil er dazu nicht in der Lage ist[14], zB für lange zurückliegende Zeiträume[15]. Allerdings ist die Aus-

---

1 BGH v. 31.7.2001 – XI ZR 217/01, NJW 2001, 3616.
2 Vgl. hierzu BGH v. 26.9.1991 – VII ZR 125/91, NJW 1992, 317.
3 BGH v. 13.12.2001 – VII ZR 148/01, NJW 2002, 900.
4 BGH v. 12.10.2011 – XII ZB 127/11 nimmt $1/4$–$1/10$ des Leistungsanspruchs an.
5 BGH v. 24.11.1994 – GSZ 1/94, NJW 1995, 664; BGH v. 23.2.1989 – I ZR 203/87, DB 1989, 1329.
6 Dies gilt auch im umgekehrten Falle der Verurteilung zur Auskunft: BAG v. 28.7.2009 – 3 AZR 43/08.
7 BGH v. 1.10.2001 – II ZR 217/01, NJW 2002, 71.
8 Vgl. *Nägele*, ArbRB 2008, 98 mwN.
9 BAG v. 26.9.2007 – 10 AZR 511/06, ArbRB 2008, 9.
10 BGH GZS v. 24.11.1994 – GSZ 1/94, NJW 1995, 664; BGH v. 5.2.2001 – II ZB 7/00, NJW 2001, 1284; BAG v. 27.5.1994 – 5 AZB 3/94, NZA 1994, 1054.
11 BGH v. 30.3.2000 – III ZB 2/00, NJW 2000, 2113.
12 BGH v. 24.6.1999 – IX ZR 351/98, NJW 1999, 3050.
13 BGH v. 10.6.1999 – VII ZB 17/98, NJW 1999, 3049; BGH v. 14.7.1999 – VIII ZR 29/99, NJW 1999, 3049.
14 BGH v. 15.2.2000 – X ZR 127/99, NJW 2000, 1724; BGH v. 21.6.2000 – XII ZB 12/97, NJW 2000, 3073 (für Hilfe durch Rechtsanwalt).
15 BGH v. 22.4.2009 – XII ZB 49/07, NJW 2009, 2218.

kunftspflicht persönlicher Natur. Daher ist es nicht gerechtfertigt, die Bewertung danach auszurichten, welche Vergütung ein Dritter dafür fordern könnte. Für die Bewertung des aufzuwendenden Zeitaufwands ist auf die Stundensätze zurückzugreifen, die der Auskunftspflichtige als Zeuge in einem Zivilprozess erhalten würde[1].

80 Bei **Klage und Widerklage** ist der Beschwerdewert nach §§ 2, 5 Halbs. 2 ZPO zu ermitteln.

81 Erlässt das ArbG ein **Anerkenntnisurteil** (§ 307 ZPO) nach einem tatsächlichen Anerkenntnis des Beklagten, dann ist dieser materiell durch ein nachteiliges rechtskraftfähiges Urteil beschwert und kann trotz Anerkenntnis nach Maßgabe von § 64 Abs. 2 dagegen Berufung einlegen; vgl. Rz. 21, Rz. 22.

82 Legen mehrere einfache (§§ 59, 60 ZPO) **Streitgenossen** gegen ein Urteil Berufung ein, dann kommt es nicht für jeden einzelnen auf seinen individuellen Beschwerdewert an. Vielmehr sind hier die Beschwerdewerte derjenigen Streitgenossen, die Berufung einlegen, zu addieren, soweit die verfolgten Ansprüche nicht wirtschaftlich identisch sind[2]. Es liegt hier ein Fall einer objektiven Klagehäufung iSv. § 5 ZPO vor. Für die Zusammenrechnung ist nicht erforderlich, dass diese Streitgenossen gemeinschaftlich in einem einheitlichen Schriftsatz Berufung einlegen. Es genügt, wenn mehrere Rechtsmittel zu einer Zeit beim LAG eingegangen sind, in der noch kein Streitgenosse die für ihn laufende Rechtsmittelfrist versäumt hat[3].

82a Beim erstinstanzlich unterlegenen Beklagten einer **Vollstreckungsabwehrklage** (§ 767 ZPO) richtet sich der Beschwerdewert danach, inwieweit die Zwangsvollstreckung für unzulässig erklärt worden und er in dieser Höhe materiell belastet ist[4].

83 Wendet sich der Beklagte im Berufungsverfahren nur gegen eine **Zug-um-Zug-Verurteilung**, so ist der Wert der von ihm zu erbringenden Gegenleistung für den Beschwerdewert maßgebend. Er richtet sich idR nach dem Zeit- und Kostenaufwand, der dem Beklagten bei der Erfüllung des Gegenanspruchs entsteht[5]. Allerdings wird die Beschwer nach oben durch den Wert des Klageanspruchs begrenzt[6]. Wird dagegen vom Beklagten mit der Berufung nur noch geltend gemacht, eine geschuldete Leistung sei nur Zug um Zug gegen eine Gegenleistung zu erbringen, so führt dieses bloß reduzierte Berufungsbegehren zur Vornahme eines Abschlags vom Wert der geforderten Gegenleistung[7].

84 Ist in den Fällen von § 64 Abs. 2 Buchst. b **der Beschwerdewert nicht erreicht** und die Berufung auch nicht zugelassen, dann ist die **Berufung nicht statthaft** und das Urteil erlangt **Rechtskraft**. Die Rüge, das ArbG habe den Anspruch auf Gewährung rechtlichen Gehörs (Art. 103 Abs. 1 GG) verletzt, eröffnet die Berufung nicht. Vielmehr ist in einem solchen Fall eine **Anhörungsrüge** nach § 78a vor dem ArbG statthaft mit dem Ziel, das erstinstanzliche Verfahren weiter zu betreiben.

85 Der Beschwerdewert ist gem. § 64 **Abs. 5 glaubhaft zu machen**. Hat das ArbG die Berufung gem. § 64 Abs. 2 Buchst. a zugelassen oder handelt es sich um eine Bestandsschutzstreitigkeit iSv. § 64 Abs. 2 Buchst. c oder um eine Berufung gegen ein 2. Versäumnisurteil (§ 64 Abs. 2 Buchst. d), bedarf es keiner Glaubhaftmachung, weil es hier auf einen Beschwerdewert nicht ankommt. Nur beim Wert des Beschwerdegegenstandes iSv. Abs. 2 Buchst. b kann eine Glaubhaftmachung in Betracht kommen. Die Glaubhaftmachung erfolgt nach § 294 ZPO, wobei aber eine eidesstattliche Versicherung nicht zugelassen ist. Der Beschwerdewert kann mit allen im Rahmen von § 286 Abs. 1 ZPO zur Führung des Vollbeweises zugelassenen Beweismitteln geführt werden, sofern etwa der Zeuge, Sachverständige oder die Partei im Termin **präsent** ist. Ein taugliches Beweismittel ist ua. nicht nur die förmlich Parteivernehmung (§ 448 ZPO), sondern auch die bloße Parteianhörung (§ 141 ZPO), sofern sie den Richter überzeugt[8]. § 64 Abs. 5 ist hier identisch mit § 511 Abs. 3 ZPO. Der Berufungskläger wird sich in erster Linie auf den Streitwert des erstinstanzlichen Urteils berufen, falls er das Urteil insgesamt angreift. In diesem Falle sind Angaben zum Beschwerdewert entbehrlich, wenn sie sich schon aus der Verfahrensakte ohne Weiteres ergeben. § 64 Abs. 5 kommt insbesondere in den meisten der oben genannten Fällen der Rz. 69–83 und in solchen Fällen zum Tragen, in denen erstinstanzliche Urteile nur teilweise angefochten werden, besonders wenn die verfolgten Ansprüche sich nicht auf bezifferte Forderungen beziehen oder ein Streitgegenstand verfolgt wird, dessen Wert sich nicht ohne Weiteres aus sich heraus ergibt.

---

1 BGH v. 11.3.2015 – XII ZB 317/14, NJW-RR 2015, 1153.
2 BGH v. 23.7.2015 – XI ZR 263/14, NJW 2015, 2816; Zöller/Heßler, § 511 ZPO Rz. 25 f.
3 BAG v. 31.1.1984 – 1 AZR 174/81, AP Nr. 15 zu § 87 BetrVG 1972 – Lohngestaltung.
4 BGH v. 27.1.2011 – VII ZB 21/09, MDR 2011, 505.
5 BGH v. 6.7.2010 – XI ZB 40/09.
6 BGH v. 14.2.1973 – V ZR 179/72, NJW 1973, 654.
7 LAG Berlin v. 17.3.1980 – 9 Sa 3/80, MDR 1980, 612; GMP/Germelmann, § 64 Rz. 26.
8 BGH v. 19.11.2014 – VIII ZR 79/14, NJW 2015, 873.

6. Bestandsstreitigkeiten

Nach § 64 Abs. 2 Buchst. c sind Streitigkeiten über das Bestehen, das Nichtbestehen oder die Kündigung eines Arbeitsverhältnisses wegen ihrer besonderen Bedeutung für die Arbeitsvertragsparteien stets berufungsfähig. Der Wortlaut dieser Norm ist identisch mit dem Regelungsumfang von § 61a Abs. 1 ArbGG, § 42 Abs. 2 Satz 1 GKG und teilidentisch mit § 2 Abs. 1 Nr. 3 Buchst. b. Die Norm ist im **Zweifel weit auszulegen**[1]. 86

Uneingeschränkt berufungsfähig sind alle Rechtsstreitigkeiten, in denen es um die Wirksamkeit einer **Kündigung**, den **Bestand** oder das **Zustandekommen** eines Arbeitsverhältnisses geht. Der Begriff der Kündigung eines Arbeitsverhältnisses erfasst nicht nur die reine Kündigungsschutzklage iSv. § 4 KSchG, sondern auch Klagen gegen Kündigungen, bei denen das KSchG nicht eingreift, gegen eine Änderungs-[2] oder Teilkündigung, einen Streit über die Dauer der Kündigungsfrist oder darüber, ob eine bestimmte Erklärung einer Partei überhaupt eine Kündigung darstellt sowie Verfahren mit einem Auflösungsantrag (§ 9 KSchG) einer oder beider Parteien, weil hier eine Feststellungsklage nach dem KSchG Teil des Auflösungsantrages ist. 87

Weiter gehend sind die Tatbestände des **Bestehens oder Nichtbestehens eines Arbeitsverhältnisses**. Darunter fallen etwa Fälle über die Wirksamkeit der Befristung[3] oder einer Bedingung des Arbeitsverhältnisses, allgemeine Feststellungsklagen (§ 256 ZPO) oder sonstige Klagen über das Vorliegen, Bestehen oder den Fortbestand eines Arbeitsverhältnisses (zB § 78a BetrVG), ob ein Arbeitsverhältnis nach § 10 AÜG zwischen Entleiher und LeihArbN fingiert wird oder Klagen wegen anderer Beendigungstatbestände als eine Kündigung (zB Auflösungsvertrag, Anfechtung, Erreichen der Altersgrenze), Statusklagen über das Vorliegen eines Arbeitsverhältnisses oder eines freien Mitarbeiterverhältnisses sowie alle Verfahren über das Zustandekommen, den Bestand oder den Fortbestand eines Arbeitsverhältnisses. Zu § 64 Abs. 2 Buchst. c gehören auch Verfahren, in denen der Bestand des Arbeitsverhältnisses lediglich streitige Vorfrage für andere geltend gemachte Ansprüche ist. 88

Eine Bestandsstreitigkeit liegt nach dem Wortlaut von § 64 Abs. 2 Buchst. c **nicht** vor, wenn mit der Klage nur ein **Einstellungsanspruch** des ArbN, mit dem ein zukünftiges Arbeitsverhältnis erst begründet werden soll, verfolgt wird[4]. Demgegenüber fällt ein **Wiedereinstellungsanspruch** des ArbN im Anschluss an eine betriebs-, verhaltens- oder personenbedingte Kündigung unter § 64 Abs. 2 Buchst. c, weil es in einem solchen Verfahren letztlich doch um den Fortbestand des bisherigen Arbeitsverhältnisses geht. Gleiches gilt bei einem Rückkehranspruch zum ursprünglichen ArbGeb. 89

Auf die Zulässigkeit oder gar Begründetheit der Klage **kommt es** nicht **an**, sondern allein auf den **Streitgegenstand**, dessen Inhalt vom Kläger bzw. Widerkläger bestimmt wird, selbst wenn sein Klagebegehren rechtlich ohne Weiteres unzulässig oder unbegründet ist. 90

Nicht erfasst von § 64 Abs. 2 Buchst. c werden Fälle, in denen es nur um einzelne Rechte und Pflichten aus einem unzweifelhaft (fort-)bestehenden Arbeitsverhältnis geht, zB bei einem Streit über eine Versetzung, Maßnahmen aus dem Direktionsrecht des ArbGeb oder die Ausübung eines vertraglich vorbehaltenen Widerrufs auf eine bestimmte Vergütungsleistung. 91

Nicht unter § 64 Abs. 2 Buchst. c fallen Streitigkeiten, die mit Feststellungsklagen in direkter **Verbindung stehen**, wie zB der (Weiter-)Beschäftigungsanspruch oder der auf Annahmeverzug gestützte Lohnanspruch, jedenfalls dann, wenn sie in einem separaten Prozessverfahren verfolgt werden oder im Falle einer gerechtfertigten Prozesstrennung (§ 145 ZPO). Im Falle einer Klagehäufung (§ 260 ZPO) der genannten Streitigkeiten mit einer Bestandsstreitigkeit findet Abs. 2 Buchst. c für das gesamte Verfahren nur Anwendung bei wirtschaftlicher Identität der Ansprüche, wenn also solch ein Anspruch mit der Bestandsstreitigkeit unmittelbar steht und fällt; andernfalls nicht[5]. 92

7. Zweites Versäumnisurteil

Ein zweites Versäumnisurteil (VU) nach § 345 ZPO oder ein VU gegen denjenigen, der Wiedereinsetzung beantragt hat (§ 238 Abs. 2 Satz 2 ZPO), ist zur Vermeidung einer Prozessverschleppung nur noch unter 93

---

1 GWBG/*Benecke*, § 64 Rz. 23.
2 Unbedeutend ist, ob die Änderungskündigung unter Vorbehalt angenommen wurde oder nicht.
3 *Germelmann*, NZA 2000, 1017 (1023); *Appel/Kaiser*, AuR 2000, 281 (282); *Schaub*, NZA 2000, 344 (346); aA *Rolfs*, NJW 2000, 1227 (1230).
4 Ebenso GMP/*Germelmann*, § 61a Rz. 5; Natter/Gross/*Pfeiffer*, § 64 Rz. 19.
5 So auch GMP/*Germelmann*, § 64 Rz. 61a.

den **einschränkenden** Voraussetzungen von § 64 Abs. 2 Buchst. d **berufungsfähig**. Die beschränkte Angreifbarkeit beruht auf dem das Versäumnisverfahren prägenden Gedanken, im Interesse einer Prozessbeschleunigung sei eine durch ein Versäumnisurteil gewarnte Partei zu besonders sorgfältiger Prozessführung gehalten. Allein die Begründung, das 2. VU sei materiell-rechtlich fehlerhaft, reicht nicht; eine solche Berufung ist als unzulässig zu verwerfen. Der Berufungsführer kann als besondere Zulässigkeitsvoraussetzung innerhalb der Berufungsbegründungsfrist[1] nur noch geltend machen, es habe **keine Säumnis** im Termin (vgl. Rz. 244), in dem das 2. VU ergangen ist, vorgelegen **oder** dieser Termin sei **ohne Verschulden versäumt** worden, so dass in beiden Fällen kein VU hätte ergehen dürfen. Wird die fehlende oder unverschuldete Säumnis nicht schlüssig dargelegt, ist die Berufung als unzulässig zu verwerfen. Diese Berufungsvariante stellt eine Kontrolle des Verfahrens beim Erlass des 2. VU dar[2]. Daher kann etwa in solch einem Fall die Berufung auch nicht auf einen Restitutionsgrund[3] oder das Vorbringen, das ArbG sei bei Erlass des 2. VU nicht ordnungsgemäß besetzt gewesen[4] oder die fehlende Schlüssigkeit der Klage gestützt werden, weil § 64 Abs. 2 Buchst. d für den Erlass eines 2. VU allein auf die Säumnis abstellt. Die Schlüssigkeit war bei Säumnis des Beklagten nur vor Erlass des vorausgegangenen VU zu prüfen. Demgegenüber kann die fehlende Schlüssigkeit gerügt werden, wenn ein Vollstreckungsbescheid dem 2. VU vorausgegangen war, bei dem keine Schlüssigkeitsprüfung stattfinden konnte[5]. Die Berufungsbegründung muss sich daher nur mit der Frage der fehlenden oder unverschuldeten Säumnis in der gebotenen Weise auseinandersetzen. **Unverschuldet** ist eine Versäumung nicht schon dann, wenn ein unvorhersehbarer Verhinderungsgrund vorliegt, sondern wenn zusätzlich die Partei alles ihr Zumutbare und Mögliche unternommen hat, um das Gericht von der Verhinderung zu informieren[6]. Die Verschuldensfrage ist im Übrigen nach den gleichen Maßstäben zu beurteilen, wie bei der Wiedereinsetzung in den vorigen Stand[7]. Die Beweislast für die Voraussetzungen hierfür trägt der Berufungsführer[8]. Ein Verschulden ihres Prozessbevollmächtigten ist der Partei gem. § 85 Abs. 2 ZPO zuzurechnen.

Ist die Berufung nach vorstehenden Einschränkungen zulässig, indem die Tür zum Berufungsgericht voll geöffnet ist, so prüft das LAG erst dann wie in einem normalen Berufungsverfahren die Zulässigkeit und Begründetheit der Klage. Vgl. zum Entscheidungsinhalt: Zöller/*Heßler*, § 514 Rz. 12.

Gegen ein **erstes Versäumnisurteil** findet nur der **Einspruch** nach § 59 ArbGG, §§ 330 ff. ZPO statt. Hat das ArbG einen als unzulässig erachteten Einspruch gegen ein VU entgegen § 341 Abs. 2 ZPO nicht durch Urteil, sondern fälschlicherweise durch „Beschluss" verworfen, ist dagegen nach dem Grundsatz der Meistbegünstigung (vgl. Rz. 28 ff.) nicht nur das Rechtsmittel der Berufung, sondern auch die sofortige Beschwerde der §§ 567 ZPO statthaft[9]. Gleiches gilt, wenn das ArbG ein 2. VU erlassen hat, obwohl es ein 1. VU hätte erlassen müssen. Für das gewählte Rechtsmittel sind grundsätzlich[10] die hierfür jeweils bestehenden Formen und Fristen einzuhalten. Das LAG hat das Verfahren sodann in die richtigen Bahnen zu überführen und es dort verfahrensrechtlich unter Beachtung von § 68 ArbGG iVm. § 538 Abs. 2 Satz 1 Nr. 6 ZPO[11] (vgl. § 68 Rz. 19 f.) korrekt weiterzuführen.

94 Die bis zum 31.12.2001 streitige Frage, ob es im arbeitsgerichtlichen Verfahren bei der Berufung gegen ein 2. VU in Streitigkeiten nach § 64 Abs. 2 Buchst. b eines Mindestbeschwerdewertes (derzeit: 600 Euro) bedarf, muss nach der jetzigen Fassung von § 64 Abs. 2 Buchst. d verneint werden. § 64 Abs. 2 Buchst. d ist eine eigenständige Regelung der Anfechtbarkeit eines 2. VU im ArbGG und enthält keine Einschränkung, so dass ein bestimmter Beschwerdewert nicht (mehr) erreicht werden muss[12].

8. Gründe zur Zulassung der Berufung

95 § 64 Abs. 3 enthält eine abschließende Regelung, in welchen Fällen das ArbG die Berufung zuzulassen hat. Liegt einer der in den Nrn. 1–3 genannten Gründe vor, dann muss das Gericht die Berufung zulassen. Ver-

---

1 HWK/*Kalb*, § 64 ArbGG Rz. 19.
2 *Schwab*, Die Berufung im arbeitsgerichtlichen Verfahren, S. 113.
3 BGH v. 6.10.2011 – IX ZB 148/11, NJW-RR 2011, 1692.
4 Vgl. BGH v. 26.11.2015 – VI ZR 488/14, NJW 2016, 642.
5 BGH v. 6.5.1999 – V ZB 1/99, NJW 1999, 2599.
6 BGH v. 25.11.2008 – VI ZR 317/07, NJW 2009, 687; LAG Düsseldorf v. 14.11.2007 – 12 Sa 1270/07.
7 Vgl. Einzelfälle bei Zöller/*Heßler*, § 514 ZPO Rz. 9.
8 BGH v. 22.3.2007 – IX ZR 100/06, NJW 2007, 2047.
9 OLG Celle v. 6.2.2003 – 2 W 5/03, ProzRB 2003, 179.
10 Zutreffend verneinend wenn zu Unrecht ein 2. VU anstatt ein 1. VU vom ArbG erlassen wurde: LAG Sachsen v. 24.11.2004 – 2 Sa 263/04.
11 LAG Hessen v. 12.5.2003 – 16 Sa 134/03, ArbuR 2004, 319.
12 *Schmidt/Schwab/Wildschütz*, NZA 2001, 1217; *Künzl*, ZTR 2001, 533; BCF/*Friedrich*, § 64 Rz. 9.

stößt das ArbG dagegen sehenden Auges, ist dies eine Willkürentscheidung[1]. Das ArbG hat insoweit **keinen Ermessensspielraum**[2]. Liegt keiner der Gründe vor, dann darf es die Berufung nicht zulassen.

Die Berufung ist zuzulassen, wenn die Rechtssache **grundsätzliche Bedeutung** hat; ein kollektivrechtlicher Bezug ist nicht erforderlich. Eine grundsätzliche Bedeutung setzt voraus, dass die rechtliche Problematik über den Einzelfall hinaus für eine Vielzahl gleich oder ähnlich liegender Fälle[3] richtungweisend zu lösen und nicht nur für die Rechtsbeziehungen der konkreten Prozessparteien klärungsbedürftig ist. Dieser Zulassungsgrund hat vornehmlich die Wahrung der Rechtseinheit im Auge und dient nicht den Belangen individueller Gerechtigkeit in einer konkreten Rechtsstreitigkeit, die keine formal- oder materiell-rechtlichen fallübergreifenden abstrakten Rechtsfragen aufwirft. Der Zulassungsgrund der grundsätzlichen Bedeutung entspricht weitgehend demjenigen in § 72 Abs. 2 Nr. 1. Daher kann im Einzelnen auf die dortigen Erläuterungen verwiesen werden (vgl. § 72 Rz. 24 ff.). Die prozessuale Darlegungs- und Beweislast für das Vorliegen der Vorrausetzungen einer grundsätzlichen Bedeutung trifft zunächst diejenige Partei, die sich darauf beruft[4]. 96

Trotz der weitgehenden Übereinstimmung mit § 72 Abs. 2 Nr. 1 ist zu beachten, dass es bei § 64 Abs. 3 um die Zulassung des Rechtsmittels zum LAG geht. Daher reicht es aus, wenn die klärungsbedürftige Rechtsfrage nur **Bedeutung für den Bezirk des LAG** hat[5]. Das ist etwa der Fall, wenn in einem bestimmten LAG-Bezirk Rechtsfragen auftauchen können, die es in anderen Bundesländern in dieser Form nicht gibt. Dies mögen zB landesspezifische gerichtsorganisatorische Fragen sein oder Rechtsfragen aus länderspezialgesetzlichen Bestimmungen, zB Rechtsfragen aus dem jeweiligen LPersVG oder aus dem nur im Saarland existierenden Änderungsgesetz Nr. 1436 für kriegs- und unfallbeschädigte ArbN der Privatwirtschaft[6]. 97

Nach § 64 Abs. 3 Nr. 2 Buchst. a ist die Berufung ohne weitere Rücksicht auf den Streitgegenstand zuzulassen bei Rechtsstreitigkeiten **zwischen Tarifvertragsparteien aus Tarifverträgen** oder über das Bestehen oder Nichtbestehen von Tarifverträgen. Stets ist erforderlich, dass beide Prozessparteien tatsächliche oder auch nur behauptete Parteien eines Tarifvertrags sind. Dieser Zulassungsgrund, der der weitergehenden Rechtskraftwirkung von § 9 TVG Rechnung trägt, entspricht demjenigen von § 72a Abs. 1 Nr. 1, so dass auf die dortigen Ausführungen verwiesen werden kann. Abs. 3 Nr. 2 Buchst. a ist auch teilidentisch mit § 2 Abs. 2 Nr. 1, wobei es aber nicht ausreicht, dass – wie bei § 2 Abs. 2 Nr. 1 – eine Prozesspartei nur ein Dritter ist, der den Tarifvertrag nicht abgeschlossen hat. Unschädlich für die Frage der Berufungszulassung ist, wenn zusätzlich neben den Tarifvertragsparteien auch ein oder mehrere Dritte(r) als Streitgenosse(n) oder Nebenintervenient(en) am Prozess beteiligt ist/sind[7]. Der Geltungsbereich des Tarifvertrags ist unerheblich, er kann sich innerhalb, aber auch außerhalb des Zuständigkeitsbereichs des ArbG bewegen. Entschließen sich also zB die Tarifvertragsparteien im Wege einer „abstrakten" Feststellungsklage, eine verbindliche Interpretation mit Wirkung für und gegen Dritte herbeizuführen (vgl. § 9 TVG), dann ist in diesem Fall wegen der weiter gehenden subjektiven Wirkungen stets die Berufung zuzulassen. 98

Größere praktische Relevanz hat der weitere kollektivrechtliche Zulassungsgrund von § 64 Abs. 3 Nr. 2 Buchst. b beim Streit um die **Auslegung eines Tarifvertrags**, dessen Geltungsbereich über den Bereich des ArbG hinausgeht. Dieser Zulassungsgrund verfolgt das Ziel einer möglichst einheitlichen Tarifauslegung im Bezirk des ArbG. Ist für eine Tarifauslegung nur dasselbe ArbG örtlich zuständig, entfällt der zwingende Zulassungsgrund von § 64 Abs. 3 Nr. 2 Buchst. b. Der Geltungsbereich eines Firmentarifvertrags erstreckt sich über den Bezirk eines ArbG hinaus, wenn es für die Geltendmachung von tariflichen Rechten aufgrund auswärtiger Betriebsstätten auch Bezirke anderer ArbG gibt als denjenigen, in dessen Bezirk das betreffende Unternehmen seinen Sitz hat[8]. Da auswärtige Kammern eines ArbG zum Zuständigkeitsbereich des Stammgerichts zählen, sind beide als eine Einheit zu sehen[9]. 99

Nicht von § 64 Abs. 3 Nr. 2 Buchst. b erfasst werden meist reine **Firmentarifverträge**, sofern ein solcher Tarifvertrag allein im Bezirk eines ArbG gilt. Ist der Bezirk des ArbG mit dem des LAG identisch, dann besteht die Möglichkeit einer den Gesamtbezirk umfassenden einheitlichen Rspr. des übergeordneten 100

---

1 Vgl. BVerfG v. 27.5.2016 – 1 BvR 345/16, NJW 2016, 3295.
2 GWBG/*Benecke*, § 64 Rz. 9; GMP/*Germelmann*, § 64 Rz. 19.
3 Vgl. BAG v. 28.6.2011 – 3 AZN 146/11, NZA 2011, 939.
4 Vgl. im Einzelnen BAG v. 26.9.2000 – 3 AZN 181/00, DB 2001, 288.
5 GMP/*Germelmann*, § 64 Rz. 23; GWBG/*Benecke*, § 64 Rz. 10; GK-ArbGG/*Vossen*, § 64 Rz. 66.
6 Vgl. dazu BAG v. 5.9.2002 – 9 AZR 355/01, NZA 2003, 1400; BAG v. 15.11.2005 – 9 AZR 633/05, NZA 2006, 879.
7 GMP/*Germelmann*, § 64 Rz. 22.
8 Vgl. BAG v. 26.9.2000 – 3 AZN 181/00, NZA 2001, 286.
9 Vgl. BAG v. 29.9.1982 – 4 AZN 329/82, EzA § 72a ArbGG 1979 Nr. 39.

LAG. Entgegen seinem reinen Wortlaut ist bei Identität des Zuständigkeitsbereichs des ArbG und des LAG die Berufung insoweit zuzulassen, weil hier der örtliche Zuständigkeitsbereich eines bestimmten ArbG kein fester organisatorischer Teilbezirk des übergeordneten LAG ist[1].

101 Wurde gem. § 17 Abs. 2 eine **Fachkammer** über einen Zuständigkeitsbereich eines ArbG hinausgehend installiert, ist für die Frage der Berufungszulassung entscheidend, ob der Geltungsbereich des streitbezogenen Tarifvertrags diesen erweiternden Zuständigkeitsbereich der Fachkammer überschreitet.

102 Entsprechend der Intention von § 64 Abs. 3 Nr. 2 Buchst. b einer einheitlichen Tarifauslegung ist dieser Zulassungsgrund auch dann erfüllt, wenn ein tarifvertragliches Auslegungsproblem nicht die **prozessuale Hauptfrage** ist, sondern nur eine **Vorfrage** betrifft[2]. Auch spielt keine Rolle, aus welchem Grund der Tarifvertrag überhaupt Anwendung findet, sei es kraft Organisationszugehörigkeit, Allgemeinverbindlichkeit oder arbeitsvertraglicher Inbezugnahme. Stets ist aber erforderlich, dass das erkennende Gericht zu einer Tarifauslegung kommt.

103 Wie bei § 72a Abs. 1 Nr. 2 muss auch beim Zulassungsgrund von § 64 Abs. 3 Nr. 2 Buchst. b die Auslegung des Tarifvertrags klärungsbedürftig sein. Eine solche **Klärungsbedürftigkeit** liegt nicht vor, wenn die Rechtslage zweifelsfrei eindeutig ist. Hiervon ist auch auszugehen, wenn die entscheidungserhebliche Rechtsfrage höchstrichterlich entschieden ist und hiergegen keine neuen, bisher noch nicht berücksichtigten Aspekte vorgetragen werden[3]. In diesen Fällen kommt es zu keiner klärungsbedürftigen Tarif-"Auslegung" iSv. § 64 Abs. 3 Nr. 2 Buchst. b durch das ArbG. Gleiches gilt, wenn ein Tarifvertrag inhaltlich eindeutig klar ist oder allein und zweifelsfrei ohne weiter gehenden einschlägigen Regelungsinhalt auf gesetzliche Normen verweist, wie zB auf § 626 BGB oder auf die Höhe der Entgeltfortzahlung im Krankheitsfall[4].

104 Stets muss es sich um einen **Tarifvertrag** iSd. TVG handeln. Dies ist zB nicht der Fall bei Betriebsvereinbarungen[5], den bindenden Festsetzungen nach dem HeimarbeitsG[6], den Richtlinien für Arbeitsverträge in den Einrichtungen des Deutschen Caritasverbandes[7], den Richtlinien im Bereich des Öffentlichen Dienstes (zB Lehrerrichtlinien) oder bei Dienstordnungen.

105 Nach **§ 64 Abs. 3 Nr. 2 Buchst. c** ist die Berufung zuzulassen bei Rechtsstreitigkeiten aus unerlaubten Handlungen anlässlich eines **Arbeitskampfes** oder bei Fragen der **Vereinigungsfreiheit** oder des Betätigungsrechts der Vereinigungen. Diese gesetzliche Regelung deckt sich mit der von § 2 Abs. 1 Nr. 2 und von § 72a Abs. 1 Nr. 3, so dass auf die dortigen Kommentierungen verwiesen werden kann.

106 Schließlich normiert § 64 Abs. 3 Nr. 3 den Zulassungsgrund, dass das ArbG in der **Auslegung** einer Rechtsvorschrift **abweicht** von einem im Verfahren **vorgelegten Urteil**,
– das für oder gegen eine Partei des Rechtsstreits ergangen ist oder
– des übergeordneten LAG.

Auch diese Zulassungsgründe zielen auf die Wahrung einer Rechtseinheitlichkeit ab. In beiden Fällen ist die formelle Vorlage durch die Parteien nicht immer erforderlich. Es genügt, wenn das ArbG Kenntnis von dem divergenzfähigen Urteil hat. Gerade bei dem 2. Zulassungsgrund wird oft das ArbG selbst vom LAG-Urteil Kenntnis haben und es in das Verfahren gem. § 139 ZPO einbringen. Ist das ArbG nicht im Besitz des Urteils, dann reicht im Allgemeinen die Vorlage einer unbeglaubigten Fotokopie des Urteilstextes[8]. Die Vorlagepflicht der Partei, die sich auf das Urteil beruft, ist nach dem Wortlaut des Gesetzes unterschiedlich geregelt. Bei der 1. Alternative muss die Partei das Urteil selbst vorlegen, sofern das ArbG nicht im Besitz des Urteils ist. Es reicht also für die Partei nicht aus, lediglich eine entsprechende prozessuale Behauptung einer anderweitigen Entscheidung aufzustellen. Bei der 2. Alternative (LAG-Divergenz) fehlt die gesetzliche Voraussetzung eines „vorgelegten" Urteils. Hier hat das ArbG ggf. das Urteil selbst vom übergeordneten LAG anzufordern. Voraussetzung ist aber, dass die Partei das Urteil und dessen Inhalt so detailliert im Prozess darlegt, dass die Gegenpartei und das Gericht den Urteilsinhalt nachvollziehen können.

---

1 GK-ArbGG/*Vossen*, § 64 Rz. 69; im Ergebnis ebenso: GMP/*Germelmann*, § 64 Rz. 23.
2 GMP/*Germelmann*, § 64 Rz. 23; *Schaub*, Formularsammlung, 7. Aufl., § 103 III 1g.
3 BAG v. 22.4.1987 – 4 AZN 114/87, AP Nr. 32 zu § 72a ArbGG 1979 – Grundsatz.
4 BAG v. 26.3.1981 – 2 AZN 410/80, EzA § 72a ArbGG 1979 Nr. 29.
5 BAG v. 22.6.1999 – 9 AZN 289/99, NZA 1999, 1238.
6 BAG v. 20.1.1981 – 3 AZN 302/80, EzA § 72a ArbGG Nr. 21.
7 BAG v. 7.9.1988 – 4 AZN 436/88, EzA § 72a ArbGG Nr. 52.
8 GMP/*Germelmann*, § 64 Rz. 26.

In beiden Fallvarianten ist erforderlich, dass das **ArbG** bei der Auslegung einer Rechtsvorschrift von dem 107
vorgelegten Urteil in einer entscheidungserheblichen Rechtsfrage **abweicht** und die Entscheidung **auf dieser Abweichung beruht**. Eine solche qualifizierte Abweichung liegt vor, wenn in beiden Entscheidungen
voneinander abweichende Rechtssätze aufgestellt werden und wenn das Ergebnis der Entscheidung auf diesen Rechtssätzen beruht, wenn also bei einer anderen Beurteilung der Rechtsfrage die Entscheidung zu einem anderen Ergebnis führen würde. Ist der divergierende Rechtssatz nur in einer Hilfs- oder weiteren
Begründung des ArbG enthalten, beruht dessen Entscheidung nicht auf der Divergenz. Insoweit deckt sich
§ 64 Abs. 3 Nr. 3 mit der Divergenzregelung von § 72 Abs. 2 Nr. 2. Während es nach § 72 Abs. 2 Nr. 2
schon ausreicht, dass dort das LAG „von einem Urteil" eines bestimmten Gerichts abweicht, muss dies
nach § 64 Abs. 3 Nr. 3 „in der Auslegung einer Rechtsvorschrift" geschehen. Unter Rechtsvorschriften fallen nicht nur formelle Gesetze, sondern alle Rechtsnormen, die sich durch einen kollektivrechtlichen Bezug
auf Dritte auswirken[1]. Dies sind zB Tarifverträge, Betriebsvereinbarungen, nicht jedoch (Formular-)Arbeitsverträge, weil Letztere nur Recht unter den Parteien setzen.

Die 1. Fallvariante betrifft ein von beiden Parteien oder nur einer Partei vorgelegtes **Urteil, das für oder** 108
gegen eine Partei des Rechtsstreits ergangen ist. Welches Gericht dieses Urteil erlassen hat, ist irrelevant.
Es kann ein anderes ArbG sein, aber ebenso ein Gericht eines anderen Rechtsweges. Es genügt, wenn ein
solches Urteil gegenüber dem Rechtsvorgänger einer Partei des jetzigen Rechtsstreits ergangen ist[2].

Schließlich ist die Berufung zuzulassen bei einer **Abweichung** von einem Urteil des übergeordneten LAG. 109
Das Urteil des übergeordneten LAG braucht nicht rechtskräftig zu sein. Die Abweichung von einem Urteil
eines anderen LAG oder gar des BAG fordert die Berufungszulassung nach § 64 Abs. 3 Nr. 3 nicht. Insoweit deckt sich diese Bestimmung nicht mit § 72 Abs. 2 Nr. 2. Die Gesamtregelungen von § 64 Abs. 3 zielen
auf eine einheitliche Rspr. ab. Daher wird in Fällen einer Divergenz iSv. § 64 Abs. 3 Nr. 3 mit einem Urteil
eines anderen LAG oder gar des BAG idR die Berufung nach § 64 Abs. 3 Nr. 1 wegen grundsätzlicher
Bedeutung zuzulassen sein[3].

9. Bindungswirkung der Zulassungsentscheidung (§ 64 Abs. 4)

Lässt das ArbG die Berufung zu, dann ist dieser Teil der Entscheidung **nicht** separat **rechtsmittelfähig**. 110
Das **LAG** ist an die Entscheidung des ArbG **gebunden**. Es kann die Berufung nicht etwa zurückweisen mit
der Begründung, ein Zulassungsgrund iSv. § 64 Abs. 3 habe entgegen der Einschätzung des ArbG nicht
vorgelegen (§ 64 Abs. 4). Genauso wenig ist die Entscheidung des ArbG anfechtbar, wenn es die Berufung
trotz Vorliegens eines Zulassungsgrundes iSv. § 64 Abs. 3 nicht zulässt[4]. Denkbar wäre allenfalls eine Anhörungsrüge nach Maßgabe von § 78a. Eine Nichtzulassungsbeschwerde wie bei der Revision (§ 72a) oder
einen sonstigen Rechtsbehelf gibt es bei der Berufungszulassung nicht.

Die Berufungszulassung bleibt auch wirksam, wenn das **ArbG** seine Zulassung unter einen Zulassungs 111
grund iSv. § 64 Abs. 3 subsumiert und die **Subsumtion** erkennbar **fehlerhaft** ist. Dies ergibt sich daraus,
dass in § 64 eine Begründungspflicht nicht normiert ist, so dass eine Begründung der Zulassung entbehrlich ist. Entscheidend ist gem. § 64 Abs. 4 allein die tatsächliche Zulassung, nicht die richtige Subsumtion.
Da es nach dem Wortlaut von § 64 Abs. 4 allein auf die Zulassungsentscheidung durch das ArbG ankommt
und somit die Rechtsmittelklarheit Priorität genießt, besteht eine Bindungswirkung für das LAG auch
dann, wenn das ArbG seine Zulassungsentscheidung auf einen Zulassungsgrund stützt, der in § 64 Abs. 3
gar nicht vorgesehen ist[5].

Eine **Bindungswirkung entfällt** allerdings in solchen Fällen, in denen kraft Gesetzes ein Rechtsmittel aus 112
geschlossen ist, wie bei einem Zwischenurteil (§ 303 ZPO) nach § 61 Abs. 3. Hier kann eine fehlerhafte
gerichtliche Entscheidung nicht einen positiv geregelten gesetzlichen Rechtsmittelausschluss beseitigen,
weil sich die Bindungswirkung nur auf das Vorliegen der Voraussetzungen von § 64 Abs. 3 bezieht[6].

---

1 Vgl. *Larenz*, Allg. Teil des deutschen Bürgerlichen Rechts, 8. Aufl., § 3 Rz. 1–20; Palandt/*Heinrichs*, 70. Aufl., Einleitung BGB Rz. 17–25.
2 GMP/*Germelmann*, § 64 Rz.26; *GWBG/Benecke*, § 64 Rz. 16.
3 GK-ArbGG/*Vossen*, § 64 Rz. 72; Hauck/Helml/Biebl/*Hauck/Biebl*, § 64 Rz. 12.
4 BAG v. 23.2.2016 – 3 AZR 230/14, NZA 2016, 1103; BAG v. 25.1.2017 – 4 AZR 519/15.
5 GMP/*Germelmann*, § 64 Rz. 47; GK-ArbGG/*Vossen*, § 64 Rz. 75, 76.
6 Vgl. BGH v. 1.10.2002 – IX ZB 271/02, NJW 2003, 70 im Falle der Zulassung einer unstatthaften Rechtsbeschwerde.

V. Die anwendbaren prozessualen Vorschriften im Berufungsverfahren

113 § 64 Abs. 6 stellt den **Grundsatz** auf, dass für das Berufungsverfahren vor dem LAG die Vorschriften der ZPO über die Berufung entsprechend gelten, also die §§ 511–541 ZPO. Dieser Grundsatz wird in **dreifacher** Hinsicht **durchbrochen**: Ausgenommen sind die Vorschriften für das Verfahren vor dem Einzelrichter (§§ 526, 527 ZPO), die leges speciales der §§ 64–69 und die in § 64 Abs. 7 enumerativ aufgezählten Vorschriften für das erstinstanzliche Verfahren.

114 Folgende **Prüfungsreihenfolge** der anzuwendenden Vorschriften besteht damit für das arbeitsgerichtliche Berufungsverfahren:

1. Die §§ **64–69** enthalten primär anzuwendende **Sonderregelungen** für das Verfahren vor dem LAG, die allen anderen Bestimmungen, insbesondere den §§ 511 ff. ZPO vorgehen und diese verdrängen.

2. Sodann ist die abschließende umfangreiche **Verweisungsvorschrift** von § 64 Abs. 7 zu beachten, die in einer kasuistischen abschließenden Aufzählung bestimmte Vorschriften des **erstinstanzlichen** arbeitsgerichtlichen Verfahrens auch für das Berufungsverfahren anwendbar erklärt. So sind die Regelungen der §§ 526, 527 ZPO (Einzelrichter) nicht anwendbar. Vielmehr hat der **Vorsitzende** der Berufungskammer über § 64 Abs. 7 auch im Berufungsverfahren die **Alleinentscheidungs**befugnisse wie sie für den erstinstanzlichen Vorsitzenden nach § 53 und § 55 Abs. 1 Nr. 1–9, Abs. 2 und 4 bestehen (vgl. auch Rz. 240 ff.). Soweit diese Normen keine Spezialregelungen bezüglich der Befugnisse des Vorsitzenden, der ehrenamtlichen Richter und der Entscheidungskompetenz der Kammer für das arbeitsgerichtliche Verfahren enthalten, gelten insoweit über § 53 Abs. 2 die Vorschriften der ZPO für das landgerichtliche Verfahren entsprechend.

3. Soweit keine Sonderregelungen nach den beiden vorstehenden Punkten existieren, finden im Übrigen gem. § 64 Abs. 6 die **§§ 511 ff. ZPO** Anwendung. Diese gelten nicht nur für die Durchführung des Berufungsverfahrens, sondern zB auch für die Beurteilung der Zulässigkeit der Berufung. In dem Umfang wie die §§ 511–541 ZPO keine speziellen Regelungen enthalten, werden über § 525 ZPO die für das erstinstanzliche Verfahren vor den LG geltenden Bestimmungen der §§ 253–494 ZPO für anwendbar erklärt.

VI. Einlegung der Berufung

1. Form und Formalien der Berufungsschrift

115 Die Berufung ist innerhalb der **Ein-Monats-Frist** von § 66 Abs. 1 Satz 1 (vgl. dazu § 66 Rz. 4–11) **beim** dem ArbG übergeordneten **LAG** einzulegen. Welches LAG es ist, ergibt sich aus den jeweiligen Gerichtsorganisationsvorschriften der einzelnen Bundesländer. Die Parteien des Rechtsstreits und deren Bevollmächtigte müssen diese nicht kennen, weil in der Rechtsmittelbelehrung des arbeitsgerichtlichen Urteils das zuständige LAG nebst Anschrift gem. § 9 Abs. 5 genannt sein muss, ansonsten ist die Rechtsmittelbelehrung nicht ordnungsgemäß.

Ob eine **Berufung** eingelegt ist, ist im Wege der **Auslegung der Berufungsschrift** und der sonst vorliegenden Unterlagen zu entscheiden. Prozesserklärungen sind wie Willenserklärungen auszulegen[1]. Dabei sind alle Umstände des Einzelfalles zu berücksichtigen, die dem LAG bis zum Ablauf der Rechtsmittelfrist bekannt geworden sind und dem Rechtsmittelgegner zugänglich waren. Im Zweifel ist das gewollt, was nach den Maßstäben der Rechtsordnung vernünftig ist und der richtig verstandenen Interessenlage des Erklärenden entspricht. Sind die gesetzlichen Anforderungen an eine Berufungsschrift erfüllt, kommt eine Deutung, der Schriftsatz sei nicht als unbedingte Berufung bestimmt, nur in Betracht, wenn sich dies aus den Begleitumständen mit einer jeden vernünftigen Zweifel ausschließenden Deutlichkeit ergibt[2]; vgl. zur Rechtsmittelbefugnis eines **Streithelfers**: BAG v. 31.1.2008 – 8 AZR 10/07; BGH v. 24.5.2012 – VII ZR 24/11 und BGH v. 23.8.2016 – VIII ZB 96/15.

Zum Antrag auf Bewilligung von **Prozesskostenhilfe für** eine beabsichtigte **Berufung** vgl. § 66 Rz. 54b, für eine unbedingt eingelegte Berufung vgl. § 66 Rz. 54a.

116 Prozessuale Formvorschriften stehen in einem Spannungsverhältnis zwischen materiellem Recht und Rechtssicherheit, zwischen bloßer Förmelei und Formenstrenge. Die zwingenden Frist- und Formvorschriften dienen nicht nur dem Schutz der Gegenpartei, sondern auch dem öffentlichen Interesse an einer geordneten Rechtspflege. Die Form der Berufungseinlegung richtet sich nach § 519 ZPO. Die Berufungsschrift ist ein sog. **bestimmender Schriftsatz**[3]; er muss daher gem. §§ 519 Abs. 4, 130 Nr. 6 ZPO von einem

---

1 BVerfG v. 8.8.2013 – 1 BvR 1314/13, NJW 2014, 291; BAG v. 22.12.2009 – 3 AZN 753/09, NZA 2010, 243; BAG v. 17.12.2015 – 2 AZR 304/15, NZA 2016, 568.
2 BGH v. 22.1.2002 – VI ZB 51/01, NJW 2002, 1352.
3 Zöller/*Greger*, § 129 ZPO Rz. 3.

Rechtsanwalt oder einem **postulationsfähigen** Verbandsvertreter iSv. § 11 Abs. 4 im Zeitpunkt der Vornahme der Prozesshandlung handschriftlich und eigenhändig **unterzeichnet** sein, soweit § 130 Nr. 6 ZPO keine Lockerungen bezüglich neuer Kommunikationsmittel enthält[1]. So tritt etwa bei einer elektronischen Aktenführung die elektronische Signatur an die Stelle der Unterschrift. Als bestimmender Schriftsatz muss die Berufungsschrift als zwingendes Wirksamkeitserfordernis die Unterschrift des für sie verantwortlich Zeichnenden enthalten[2]. Die Unterschrift ist ein unverzichtbares Formerfordernis (§ 295 Abs. 2 ZPO), das nicht durch rügelose Einlassung geheilt werden kann (§ 295 Abs. 1 ZPO). Zur Berufungseinlegung ist nach § 11 Abs. 4 Satz 1 jeder vor einem deutschen Gericht zugelassene Rechtsanwalt berechtigt. Der Berufungsschrift muss zu entnehmen sein, dass der Rechtsanwalt als freier, unabhängiger (§ 1 BORA), bei einem deutschen Gericht zugelassener Rechtsanwalt die Partei vertritt und die eigene Verantwortung für den Schriftsatz übernimmt. Diese Formalie ist nicht erfüllt, wenn ein **angestellter Syndikusanwalt** auf einem Briefbogen für die Firma Berufung einlegt und lediglich als „Syndikusanwalt" oder „Rechtsanwalt" unterzeichnet und auch sonst nicht zu erkennen gibt, dass er den Rechtsmittelführer als selbständiger nicht weisungsabhängiger Rechtsanwalt vertritt[3]. An der Wirksamkeit einer Berufungseinlegung fehlt es auch, wenn sich der Insolvenzverwalter im Berufungsverfahren vor dem LAG durch den Vertreter eines ArbGeb-Verbandes vertreten lässt, nach dessen Satzung die Mitgliedschaft des Schuldners mit Eröffnung des Insolvenzverfahrens geendet hat und der Insolvenzverwalter nicht selbst Mitglied des Verbandes ist[4]. Die Übernahme der Verantwortung fehlt auch, wenn der Rechtsanwalt eine von einem Dritten entworfene Berufungsbegründung mit einem distanzierenden Zusatz unterzeichnet[5]. Zur Postulationsfähigkeit des dienstleistenden europäischen Rechtsanwalts s. BAG v. 13.12.2012 – 6 AZR 303/12[6]. Nicht postulationsfähig sind vor dem LAG auch **Kammerrechtsbeistände**, die gem. § 209 Abs. 1 BRAO in die Rechtsanwaltskammer aufgenommen wurden[7]. Die **Unterzeichnung** der Berufungsschrift durch einen postulationsfähigen **Bevollmächtigten** mit dem Zusatz „i.A." (im Auftrag) anstatt „i.V."[8] wird so gedeutet, dass das Auftreten nur auf die Stellung eines bloßen Erklärungsboten hindeuten soll, was im Allgemeinen zur Übernahme der Verantwortung für den Inhalt des Schriftsatzes nicht ausreicht[9]. Die Übernahme der Verantwortung ist bei „i.A" dokumentiert, wenn der unterzeichnende Rechtsanwalt als Sozietätsmitglied (nicht der angestellte Anwalt) in Ausführung des ihm selbst erteilten Mandats tätig wird[10]. Demgegenüber hat der BGH[11] angenommen, ein Rechtsanwalt, der einen bestimmenden Schriftsatz für einen anderen Rechtsanwalt mit dem Zusatz „für Rechtsanwalt XY, nach Diktat verreist" unterzeichnet, übernimmt mit dieser Erklärung die eigene Verantwortung für den Inhalt des Schriftsatzes. Der Rechtsanwalt, der „für" einen anderen Rechtsanwalt einen bestimmenden Schriftsatz unterzeichnet, gibt zu erkennen, dass er als Unterbevollmächtigter tätig wird. Unschädlich ist nach LAG Düsseldorf[12] auch der maschinenschriftliche Zusatz „pro abs." unter die Unterschrift des Vertreters. Eine Übernahme der Verantwortung für den Inhalt des Rechtsmittelschriftsatzes liegt dagegen nicht vor, wenn der postulationsfähige Prozessbevollmächtigte unterschreibt mit dem Zusatz „Kenntnis genommen"[13]. Bei einer **Blankounterschrift** kann regelmäßig davon ausgegangen werden, der Unterzeichner habe den Inhalt des Schriftsatzes eigenverantwortlich überprüft[14]. Davon ist nicht auszugehen, wenn die aus einem Blankoexemplar ausgeschnittene Unterschrift auf die Telefaxvorlage geklebt wird[15]. Eine unwirksame Prozesshandlung kann von einem postulationsfähigen Bevollmächtigten **genehmigt** werden, aber nur innerhalb der (noch) laufenden Frist[16].

---

1 Vgl. zur früheren Fassung von § 130 Nr. 6 ZPO: BAG v. 27.3.1996 – 5 AZR 576/94, NZA 1996, 1115. Bei einer elektronischen Aktenführung tritt die elektronische Signatur an die Stelle der Unterschrift.
2 BAG v. 25.2.2015 – 5 AZR 849/13, NJW 2015, 3533.
3 BAG v. 19.3.1996 – 2 AZB 36/95, NZA 1996, 671; BAG v. 23.2.2005 – 4 AZR 139/04, NZA 2005, 1195; BAG v. 17.9.2013 – 9 AZR 75/12, NZA 2014, 502; vgl. LAG Hessen v. 28.5.2009 – 9 TaBV 35/09, NZA-RR 2009, 671 für einen zugelassenen Rechtsanwalt, der als Personalreferent bei einer Servicegesellschaft der Unternehmensgruppe Berufung einlegt.
4 BAG v. 20.11.1997 – 2 AZR 52/97, NZA 1998, 334.
5 BGH v. 14.3.2017 – VI ZB 34/16.
6 BAG v. 13.12.2012 – 6 AZR 303/12, NZA 2013, 636.
7 BAG v. 18.6.2015 – 2 AZR 58/14, NZA 2016, 381.
8 S. dazu BGH v. 26.4.2012 – VII ZB 83/10, NJW-RR 2012, 1139.
9 BGH v. 19.6.2007 – VI ZB 81/05; BGH v. 27.5.1993 – III ZB 9/93, NJW 1993, 2056; BAG v. 25.1.1999 – 2 AZB 40/98; Thomas/Putzo/*Reichold*, § 129 ZPO Rz. 7.
10 BGH v. 20.6.2012 – IV ZB 18/11, NJW 2012, 3379; BGH v. 25.9.2012 – VIII ZB 22/12, NJW 2013, 237.
11 BGH v. 31.3.2003 – II ZR 192/02, NJW 2003, 2028; BGH v. 26.7.2012 – III ZB 70/11, NJW 2012, 1142.
12 LAG Düsseldorf v. 15.8.2016 – 9 Sa 318/16.
13 BayOLG v. 14.8.2003 – 3 Z BR 160/03, NJW 2004, 524.
14 BGH v. 12.9.2012 – XII ZB 642/11, NJW 2012, 3378.
15 BGH v. 27.8.2015 – III ZB 60/14, NJW 2015, 3246.
16 BAG v. 17.9.2013 – 9 AZR 75/12, NJW 2014, 247.

Das **Fehlen einer Unterschrift** unter einen Schriftsatz kann bei Vorliegen besonderer Umstände ausnahmsweise unschädlich sein, wenn sich aus anderen Anhaltspunkten eine der Unterschrift vergleichbare Gewähr für die Urheberschaft und den Willen ergibt, das Schreiben in den Rechtsverkehr zu bringen. Das kann zB eine vom Anwalt mit Originalunterschrift beglaubigte Abschrift sein[1]. Entscheidend ist, ob sich dies aus dem bestimmenden Schriftsatz allein oder iVm. den ihn begleitenden Umständen hinreichend sicher ergibt, ohne dass darüber Beweis erhoben werden müsste[2].

117 Die eigenhändige **Unterschrift** ist gem. § 130 Nr. 6 ZPO kein bloß formelles Kriterium, sondern Teil des Schriftformerfordernisses und dient dem Nachweis, der Schriftsatz und sein Inhalt werde von einer Person verantwortet, die nach der maßgeblichen Prozessordnung befähigt und befugt ist, Prozesshandlungen vorzunehmen. Der Unterzeichnende bringt zum Ausdruck, er habe den Prozessstoff persönlich durchgearbeitet[3], mache sich den Inhalt des Schriftsatzes zu Eigen und übernehme die Verantwortung dafür. Die **Unterschrift** soll die Identifizierung des Urhebers der schriftlichen Prozesshandlung ermöglichen. Sie muss ein **Schriftbild** aufweisen, das individuell ist, über charakteristische Merkmale verfügt und sich so als eine eine Identität des Unterzeichnenden ausreichend kennzeichnende Unterschrift des Namens darstellt, die von Dritten nicht ohne Weiteres nachgeahmt werden kann. Von besonderer Bedeutung ist, ob der Unterzeichner auch sonst in gleicher oder ähnlicher Weise unterschreibt. Nicht erforderlich ist, dass die Person des Ausstellers unmittelbar bei Abgabe für den Erklärungsempfänger feststehen muss, die Unterschrift lesbar ist[4] oder auch nur einzelne Buchstaben zweifelsfrei erkennbar sind. Es genügt, dass ein Dritter, der den Namen des Unterzeichnenden kennt, diesen Namen aus dem Schriftzug noch herauslesen kann[5]. Dabei dürfen angesichts der Variationsbreite eines Schriftzuges keine erhöhten Anforderungen an das Schriftbild einer wirksamen Unterschrift gestellt werden, sofern die Autorenschaft gesichert ist[6]. Selbst wenn nur flüchtig geschrieben oder von einem starken Abschleifungsprozess gekennzeichnet, muss aber die Absicht einer vollen Unterschriftsleistung erkennbar sein[7]. Vereinfachungen, Verstümmelungen und Undeutlichkeiten schaden nichts. Die Grenze ist dort zu ziehen, wo eine Unterschrift nicht mehr individualisierbar ist und nicht mehr erkennen lässt, ob der Unterzeichner seinen vollen Namen oder bewusst und gewollt nur eine Abkürzung hat niederschreiben wollen[8]. Es darf nicht sein, dass sich der Unterzeichner – je nachdem was für ihn gerade günstig ist – entweder auf das eine oder andere berufen kann.

118 Die Unterzeichnung mit einer bloßen **Paraphe**, Initialen oder Handzeichen stellt keine ausreichende Unterschrift dar. Ein solches Namenskürzel deutet auf ein flüchtiges (internes) Abzeichnen eines Entwurfs hin, nicht aber auf die Übernahme der Letztverantwortung für den Inhalt eines Schriftsatzes[9]. Die Abgrenzung zwischen einer Unterschrift und einer bloßen Paraphe sollte als wesentliches Kriterium für die Beurteilung des Vorliegens einer wirksamen Unterschrift herangezogen werden. Ob ein Schriftzug eine Unterschrift oder lediglich eine Abkürzung darstellt, beurteilt sich dabei nach dem äußeren Erscheinungsbild[10]. Ein **Faksimilestempel** der Unterschrift unter einen herkömmlich erstellten Schriftsatz genügt nicht den Anforderungen von § 130 Nr. 6 ZPO[11].

119 Die **Prüfung**, ob eine Unterschrift die notwendigen Anforderungen erfüllt, hat das Gericht **von Amts wegen** vorzunehmen. Etwaige Zweifel an der Echtheit oder Vollständigkeit der Unterschrift hat es im Wege des Freibeweises (vgl. § 58 Rz. 23) zu klären[12].

---

1 BAG v. 13.2.2013 – 7 AZR 284/11, NZA 2013, 1271.
2 Vgl. BVerwG v. 27.1.2003 – 1 B 92/02, NJW 2003, 1544; BGH v. 7.5.2009 – VII ZB 85/08, NJW 2009, 2311.
3 BGH v. 24.1.2008 – IX ZB 258/05, NJW 2008, 1311.
4 LAG Nürnberg v. 18.4.2012 – 2 Sa 100/11, NZA-RR 2012, 409; BAG v. 25.2.2015 – 5 AZR 849/13, NZA 2015, 701.
5 BAG v. 25.4.2007 – 10 AZR 246/06; BGH v. 27.9.2005 – VIII ZB 105/04, NJW 2005, 3775; vgl. zur bewusst vielfältigen Unterschriftgestaltung zum Zwecke der Beweisvereitelung: BGH v. 23.9.2003 – XI ZR 380/00, NJW 2004, 222.
6 BABAG v. 30.8.2000 – 5 AZB 17/00, NZA 2000, 1248; BGH v. 26.4.2012 – VII ZB 36/10, NJW-RR 2012, 1140; BGH v. 9.7.2015 – V ZB 203/14, NJW 2015, 3104 („Schlangenlinien").
7 BFH v. 23.6.1999 – X R 113/96, NJW 2000, 607; BGH v. 29.11.2016 – VI ZB 16/16.
8 BGH v. 10.7.1997 – IX ZR 24/97, NJW 1997, 3380; BAG v. 25.2.2015 – 5 AZR 849/13, NZA 2015, 701; vgl. auch LAG Nürnberg v. 8.6.2000 – 2 Ta 65/00, NZA-RR 2000, 547 und LAG Hessen v. 3.9.2001 – 16 Sa 608/01, DB 2002, 1116, beide für erstinstanzliches Verfahren ohne Anwaltszwang.
9 BGH v. 28.9.1998 – II ZB 19/98, NJW 1999, 60.
10 BGH v. 15.11.2006 – IV ZR 122/05, DB 2007, 517; BAG v. 30.8.2000 – 5 AZB 17/00, DB 2000, 2616; LAG Berlin v. 12.10.2001 – 6 Sa 1227/01, NJW 2002, 989.
11 BAG v. 12.8.2008 – 10 AZR 692/08, NZA 2009, 1165; BAG v. 5.8.2009 – 10 AZR 692/08, NZA 2009, 1165.
12 BGH v. 24.7.2001 – VIII ZR 58/01, NJW 2001, 2888.

Dem Erfordernis der persönlichen Unterzeichnung bestimmender Schriftsätze ist genügt, wenn ein Rechts- 120
anwalt den zweiten Teil seines **Doppelnamens** nicht[1] oder nur zum Teil[2] benutzt, sofern der erste Name
für sich den allgemeinen Anforderungen genügt. Die Unterschrift nur mit dem **Vornamen** reicht nicht
aus, weil im Rechtsverkehr grds. mit dem Familiennamen unterzeichnet wird. Gleiches gilt für eine Unterschrift mit dem Vornamen und dem Anfangsbuchstaben des Nachnamens[3]. Keine Unterschrift stellt es
dar, wenn der Anwalt mit 3 Buchstaben mit jeweils nachfolgendem Punkt (A.B.C.) – die jeweiligen Anfangsbuchstaben seiner beiden Vornamen und seines Nachnamens – unterzeichnet[4].

Hat eine bestimmte Kammer eines Gerichts eine **bestimmte Form der Unterschrift** eines Prozessbevoll- 121
mächtigten einen längeren Zeitraum beanstandungslos als **ausreichend erachtet**, dann verstößt es gegen
die Pflicht zur fairen Verfahrensgestaltung, wenn die gleiche Kammer ohne Vorwarnung die gleiche Unterschrift plötzlich nicht mehr ausreichen lässt[5]. Auf die personelle Zusammensetzung der Kammer kommt
es nicht an, auch nicht auf die Person des Vorsitzenden, weil ein widersprüchliches gerichtliches Verhalten
aus der Sicht der Partei zu würdigen ist. Allerdings besteht kein Vertrauenstatbestand, wenn andere Kammern oder gar andere Gerichte bisher einen Namenszug nicht beanstandet haben. Jedoch kann hier eine
Wiedereinsetzung in den vorigen Stand gem. § 233 ZPO in Betracht kommen[6].

Lockerungen hat die Rspr. beim Unterschriftserfordernis beim Einlegen der Berufung durch **moderne** 122
Kommunikationsmittel vorgenommen. Hier gilt es, die im Interesse der Rechtsmittelsicherheit gebotenen
Formerfordernisse mit den moderner werdenden technischen Übermittlungsmöglichkeiten in sinnvoller
Weise miteinander in Einklang zu bringen. Von den Formerfordernissen werden Lockerungen hingenom-
men, soweit diese technisch notwendigerweise bedingt sind.

Schon das Reichsgericht hat entschieden[7], dass die Berufung auch **telegrafisch** eingelegt werden kann[8]. 123
Demgegenüber kann eine Berufung nicht **telefonisch** eingelegt werden, so dass auch ein gerichtlich auf-
genommener Vermerk über das Telefonat nichts weiter bewirkt, weil hier die Schriftform iSv. § 130 Nr. 6
ZPO fehlt[9].

Einstweilen frei 124–125

Bis sich der elektronische Rechtsverkehr durchgesetzt hat, spielt die Berufungseinlegung durch **Telefax** 126
noch eine bedeutende Rolle. Diese Übermittlungsform wird neben der postalischen Übersendung und der
direkten Abgabe bei Gericht, zB durch Einwurf in den Nachtbriefkasten, in der Praxis noch am häufigsten
verwendet. Obwohl auch bei der Telefaxübermittlung kein Schriftstück mit einer Originalunterschrift eingeht, sondern nur eine Fotokopie des Originals, steht fest, dass fristwahrende Schriftsätze auf diese Weise
wirksam in allen Gerichtszweigen eingereicht werden können[10]. Wie bei allen technischen Übermittlungs-
formen muss auch hier die Verantwortlichkeit des Prozessbevollmächtigten aus dem eingehenden Schriftstück direkt ersichtlich sein. Daher muss die beim Berufungsgericht eingehende Kopie grds. die vollständige Unterschrift des Schriftsatzes verantwortlichen Prozessbevollmächtigten enthalten[11].
Ein nicht unterzeichneter oder nur paraphierter Schriftsatz (vgl. Rz. 116 ff.) wahrt die Frist nicht. Soweit
bei Letzterem der BFH[12] Zweifel äußert, sind diese unberechtigt. Die eingehende Kopie kann keinen höheren Stellenwert haben als ein Original. Auch eine nur eingescannte Unterschrift erfüllt das Formerfordernis
nicht, wenn dieser Schriftsatz mittels eines normalen Faxgerätes und nicht unmittelbar aus dem Computer
versendet wird[13]. Von welchem Telefaxgerät das Schriftstück abgesendet wird, spielt keine Rolle[14].

Besondere Vorsicht ist geboten bei der Ermittlung der **richtigen Telefaxnummer** des Berufungsgerichts. 127
Dieser kommt im Telefaxverkehr der Adressierung des Schreibens gleich. Die Verwendung der richtigen
Anschrift des Gerichts muss der Rechtsanwalt bei der Unterzeichnung eines Schriftsatzes persönlich über-

---

1 Vgl. BGH v. 18.1.1996 – III ZR 73/95, NJW 1996, 997.
2 BAG v. 15.12.1987 – 3 AZR 606/87, AP Nr. 6 zu § 130 ZPO.
3 OLG Stuttgart v. 14.11.2001 – 3 U 123/01, NJW 2002, 832.
4 LAG Hamm v. 4.5.2016 – 11 Sa 1188/15.
5 BVerfG v. 26.4.1988 – 1 BvR 669/87, NJW 1988, 2787.
6 BGH v. 28.9.1998 – II ZB 19/98, NJW 1999, 60.
7 RGZ 158, 82.
8 Ebenso BGH v. 28.2.1983 – AnwZ (B) 2/83, NJW 1983, 1498.
9 Zöller/Heßler, § 519 ZPO Rz. 19; BGH v. 26.3.1981 – 1 StR 206/80, NJW 1981, 1627; BFH v. 10.7.1964 – III 120/
 61 U, NJW 1965, 174; aA *Stephan*, Anm. zu AP Nr. 1 zu § 129 ZPO.
10 Vgl. BVerfG v. 16.5.1994 – 2 BvR 196/92, NJW-RR 1995, 441.
11 BAG v. 27.3.1996 – 5 AZR 576/94, NZA 1996, 1115.
12 BFH v. 29.11.1995 – X B 56/95, NJW 1996, 1432.
13 BVerfG v. 18.4.2007 – 1 BvR 110/07, NJW 2007, 3117; BGH v. 10.10.2006 – XI ZB 40/05, NJW 2006, 3784.
14 BAG v. 14.3.1989 – 1 AZB 26/88, NJW 1989, 1822.

prüfen[1]. Daraus kann aber nicht geschlossen werden, der Rechtsanwalt müsse auch persönlich die richtige Telefaxnummer kontrollieren[2]. Jedoch hat der Anwalt für eine allgemeine **Büroorganisation** zu sorgen, dass eine wirksame Ausgangskontrolle sichergestellt ist und Fehlerquellen in größtmöglichen Umfang vermieden werden. Die mit der Versendung betraute Bürokraft muss angehalten sein zu prüfen, dass für die per Telefax übermittelten fristwahrenden Schriftsätze zutreffende Telefaxnummern verwendet werden[3]. Dabei ist auch ein Abgleich anhand einer zuverlässigen Quelle vorzunehmen[4]. Die Bürokraft muss im Rahmen der gebotenen organisatorischen Anweisungen insbesondere angehalten sein zu prüfen, ob der Schriftsatz tatsächlich versendet worden ist, den Inhalt des Sendeberichts nicht nur auf die vollständige und fehlerfreie Übermittlung des Textes[5], sondern auch auf die Anzahl der Seiten der Vorlage und die Anzahl der gesendeten Seiten zu überprüfen[6]. Diese Überprüfung ist Teil der gebotenen Ausgangskontrolle[7]. Bei relevanten Fristen, insb. Notfristen, muss die Weisung bestehen, Einzelnachweise über den Sendebericht auszudrucken und Fristen erst nach Kontrolle des Sendeberichts im Fristenkalender zu löschen[8]. Trägt der Sendebericht den Vermerk „OK", können sich die Beteiligten bei ordnungsgemäßer Bedienung des Faxgerätes und Kontrolle des vollständigen Sendevorgangs auf die Richtigkeit der Übermittlung verlassen[9]. Der mit einem „OK"-Vermerk versehene Sendebericht begründet keinen Beweis des ersten Anscheins (vgl. § 58 Rz. 22) für den tatsächlichen Zugang der Sendung durch Übermittlung der Signale beim Empfänger, sondern nur für das Zustandekommen der Verbindung[10]. Bestehen Zweifel an der Richtigkeit der Telefaxnummer und kommt trotz zahlreicher Anwählversuche[11] keine Verbindung zustande, sollte die Faxnummer im Internetauftritt des LAG[12], bei der zuständigen Rechtsanwaltskammer oder direkt beim zuständigen Gericht erfragt werden. Wird das Fax an ein falsches Gericht gesendet, geht es bei dem richtigen Gericht erst ein, wenn es diesem vorgelegt wird[13].

128 Zu einem **Kontrollanruf**, ob das Fax fehlerfrei angekommen ist, ist der Absender nicht verpflichtet, wenn ihm sein Sendebericht das „OK" für die Sendung gibt trotz des nicht bestehenden Beweises des ersten Anscheins für den tatsächlichen Zugang der Sendung.

129 Wird eine Berufung per **Telefax** eingelegt **und** wird innerhalb der Berufungsfrist an den Folgetagen nochmals der mit der Post übersandte **Originalschriftsatz** bei Gericht eingereicht, dann liegen im Zweifel zwei selbständige Einlegungsakte vor[14]. Mangels abweichender Anhaltspunkte stellen beide Erklärungen jeweils selbständige Einlegungsakte dar und bilden ein mehrfach eingelegtes einheitliches Rechtsmittel (vgl. Rz. 139 u. § 66 Rz. 51).

Nur ein Einlegungsakt liegt dagegen vor, wenn der Berufungsführer eine prozessuale Erklärung abgibt, wonach eine der beiden Prozesshandlungen keine eigenständige Bedeutung hat. Erklärt er zB in einer per Telefax übermittelten Berufung „Abschriften folgen auf dem Postwege" und gehen später auch nur als „beglaubigte Abschriften" bezeichnete Schriftsätze mit der Post ein, dann liegt nur ein per Telefax eingegangenes Rechtsmittel vor[15].

130 Bei der Übermittlung fristwahrender Schriftsätze per **Telefax** ist nicht selten das Rechtsinstitut der **Wiedereinsetzung in den vorherigen Stand** (§§ 233 ff. ZPO) zu bemühen. Bei der Beurteilung des Verschuldens an der Fristversäumung iSv. § 233 ZPO ist danach zu differenzieren, wo der Fehler bzw. Mangel liegt. Etwaige Fristversäumnisse, deren **Ursachen** allein in der Sphäre des Gerichts liegen, sind dem Absender nicht anzulasten. Er hat keinen Einfluss auf Störungen in den **Übermittlungsleitungen** und im **Empfangsgerät beim Gericht**. Erst Leitungen und Empfangsgerät stellen gemeinsam die vom Gericht eröffnete Zugangsmöglichkeit dar. Daher hat der Verwender eines ordnungsgemäß funktionierenden Sendegerätes mit der korrekten Eingabe der richtigen Empfangsnummer und der sachgerechten Nutzung seines Gerätes das

---

1 OVG Lüneburg v. 15.12.2005 – 2 LA 1242/04, NJW 2006, 1083.
2 BAG v. 21.9.2000 – 2 AZR 163/00, NJW 2001, 1595.
3 BAG v. 21.9.2000 – 2 AZR 163/00, NZA 2001, 406; BGH v. 24.10.2013 – V ZB 154/12.
4 BGH v. 24.10.2013 – V ZB 154/12, NJW 2014, 1390; BGH v. 26.7.2016 – VI ZB 58/14, NJW 2016, 3667.
5 Vgl. BGH v. 13.6.1996 – VII ZB 13/96, NJW 1996, 2513.
6 BGH v. 8.3.2001 – V ZB 5/01, NZA 2001, 855.
7 BGH v. 10.1.2000 – II ZB 14/99, NJW 2000, 1043.
8 BVerfG v. 30.5.2007 – 1 BvR 756/07, NJW 2007, 2839; BGH v. 18.7.2007 – XII ZB 32/07, NJW 2007, 2778.
9 BGH v. 1.3.2016 – VIII ZB 57/15, NJW 2016, 2042.
10 BGH v. 12.4.2016 – VI ZB 7/15, NJW 2016, 2510.
11 Vgl. dazu BGH v. 6.4.2011 – XII ZB 701/10, NJW 2011, 1972.
12 BGH v. 5.9.2012 – VII ZB 25/12, NJW 2012, 3516.
13 BGH v. 10.1.1990 – XII ZB 141/89, NJW 1990, 990; vgl. auch BVerwG v. 26.4.1988 – 9 C 271/86, NJW 1988, 2814.
14 Vgl. zum früheren Rechtszustand: BGH v. 20.9.1993 – II ZB 10/93, NJW 1993, 3141; vgl. auch BVerfG v. 30.5.1997 – 1 BvR 200/96, NJW 1997, 2941 und BAG v. 17.10.1995 – 3 AZR 863/94, NZA 1996, 278.
15 Vgl. zur früheren Rechtslage BAG v. 17.10.1995 – 3 AZR 863/94, NZA 1996, 278.

seinerseits Erforderliche zur Berufungswahrung getan, wenn er so rechtzeitig mit der Übermittlung beginnt, dass unter normalen Umständen mit ihrem Abschluss bis 24 Uhr am letzten Tag der Frist zu rechnen ist[1], s. Rz. 132. Von einer rechtzeitigen Übermittlungsbemühung kann nicht ausgegangen werden, wenn mit der Übermittlung am letzten Tag der Einlegungsfrist so spät begonnen wird, dass die Übertragung bis 24.00 Uhr deshalb scheitert, weil das Telefaxempfangsgerät des Gerichts durch eine andere Sendung belegt ist[2]. Von ausreichenden Übermittlungsbemühungen durch Telefaxnutzung sollte man auch nicht in solchen Fällen ausgehen, in denen ohne nennenswerten Zeit- oder Kostenaufwand eine andere Übermittlung ohne Weiteres machbar wäre, wenngleich das BVerfG[3] dies möglicherweise nicht so sehen könnte[4]. Ob das BVerfG allerdings eine grenzenlose Entscheidungsfreiheit stets fordern will, mag zweifelhaft sein. So ist es zB nicht einsehbar, dass kein Verschulden iSv. § 233 ZPO vorliegen soll, wenn ein Rechtsanwalt oder Verbandsvertreter, der in der Nähe des zuständigen LAG seine Geschäftsräume hat, allein vergeblich versucht, am letzten Tag der Frist den Schriftsatz mittels Telefax zu übersenden, obwohl der Schriftsatz in solch einem Fall zB unschwerlich in den Nachtbriefkasten eingeworfen werden kann[5]. Das BVerfG[6] hat eine Unzumutbarkeit angenommen bei einer vergeblich versuchten Telefaxübermittlung von Hamburg nach Rostock. Dies ist sicher einleuchtend. Gleiches gilt, wenn die RA-Kanzlei 300 km vom Berufungsgericht entfernt ist[7]. Der BGH[8] hält auch zu Recht eine abendliche Fahrt von Chemnitz nach Dresden für unzumutbar.

Probleme bezüglich der Wiedereinsetzung treten somit in solchen Fällen auf, deren **Ursachen beim Absender** liegen (vgl. Rz. 127).

Die Herstellung der Unterschrift auf technischem Weg beim **Computerfax** mittels eingescannter Unterschrift ist nach § 130 Nr. 6 ZPO zulässig. Die bloße Wiedergabe des Vor- und Nachnamens in der Computerschrift erfüllt das Unterschriftserfordernis nicht[9]. § 46c erlaubt, bestimmende Schriftsätze auch in Form eines elektronischen Dokumentes an das Gericht zu versenden. Wird eine Berufungsschrift per **E-Mail** übersendet, so ist diese Übermittlungsform nur dann zulässig, wenn sie mit der zugeteilten qualifizierten **elektronischen Signatur** nach dem SigG (§ 46c Abs. 1 Satz 2) versehen ist. Das Gesetz verlangt dabei ein qualifiziert signiertes Dokument und die Verschlüsselung (vgl. hierzu § 46c Rz. 8). Auf der Eingangsseite des Gerichts ist keine Verschlüsselung erforderlich[10]. Fehlt die Signatur, dann ist die erforderliche Schriftform nicht gewahrt[11]. Obwohl § 46c Abs. 1 Satz 2 als „Soll"-Vorschrift ausgestaltet ist, handelt es sich hierbei nicht nur um eine Ordnungsvorschrift; diese Schriftsätze müssen mit einer elektronischen Signatur versehen sein, weil diese anstelle der eigenhändigen Unterschrift iSv. § 130 Nr. 6 ZPO tritt[12]. Als Unterschriftersatz muss die Signatur durch den Rechtsanwalt persönlich erfolgen. Es ist unzulässig, dass die Signatur von einem Dritten, zB Anwaltsgehilfin, unter Verwendung der Signaturkarte des Rechtsanwalts vorgenommen wird[13]. § 46c Abs. 2 gibt den einzelnen Bundesländern die Möglichkeit, elektronische Dokumente im Wege des elektronischen Rechtsverkehrs mit den Gerichten zu eröffnen. Nur wenn diese Möglichkeit geschaffen ist, kann auf diesem Wege ein Rechtsmittel eingelegt werden. Ein Schriftsatz kann auch per **E-Mail** ohne elektronische Signatur bei Gericht eingereicht werden **mit** anhängender **pdf-Datei**. Das setzt voraus, dass das Dokument des Anhangs mit einer zumindest eingescannten Unterschrift des Prozessbevollmächtigten versehen ist und diese im Zeitpunkt des Fristablaufs beim Empfangsgericht ausgedruckt ist[14]. Erst der Ausdruck der anhängenden Bilddatei stellt das zuzustellende Dokument dar. Da dies von einem inneren Vorgang bei Gericht abhängt, ist diese Übermittlungsform riskant und letztlich

131

---

1 BVerfG v. 1.8.1996 – 1 BvR 121/95, NZA 1996, 1173; BVerfG v. 25.2.2000 – 1 BvR 1363/99, NZA 2000, 789; BGH v. 8.4.2014 – VI ZB 1/13; BGH v. 12.4.2016 – VI ZB 7/15, NJW 2016, 2510.
2 BVerfG v. 16.4.2007 – 2 BvR 359/07, NJW 2007, 2838; BVerfG v. 19.11.1999 – 2 BvR 565/98, NJW 2000, 574; LAG Köln v. 19.11.1999 – 11 Sa 706/99, NZA 2001, 1160.
3 BVerfG v. 1.8.1996 – 1 BvR 121/95, NZA 1996, 1173; BVerfG v. 21.6.2001 – 1 BvR 436/01, NJW 2001, 3473.
4 Vgl. hierzu auch *Hennecke*, NJW 1998, 2194 und 2958.
5 Für eine Auslegung der Rspr. des BVerfG: *Schwab*, FS zum 50-jährigen Bestehen der Arbeitsgerichtsbarkeit Rheinland-Pfalz, S. 729, 740; ebenso OVG Hamburg v. 5.11.1999 – 4 Bs 351/99, NJW 2000, 1667.
6 BVerfG v. 1.8.1996 – I BvR 121/95, NZA 1996, 1173.
7 BVerfG v. 21.6.2001 – 1 BvR 436/01, NJW 2001, 3473.
8 BGH v. 20.2.2003 – V ZB 60/02, AuR 2003, 433.
9 BGH v. 10.5.2005 – XI ZR 128/04, NJW 2005, 2086.
10 *Viefhues*, NJW 2005, 1009; *Fischer*, DRiZ 2005, 90.
11 BGH v. 14.1.2010 – VII ZB 112/08, NJW 2010, 2134; BGH v. 21.12.2010 – VI ZB 28/10, NJW 2011, 1294.
12 BGH v. 14.1.2010 – VII ZB 112/08, MDR 2010, 460.
13 BGH v. 21.12.2010 – VI ZB 28/10, NJW 2011, 1294.
14 BAG v. 11.7.2013 – 2 AZB 6/13, NZA 2013, 983; BGH v. 15.7.2008 – X ZB 8/08, NJW 2008, 2649; BGH v. 18.3.2015 – XII ZB 424/14, NJW 2015, 1527.

davon abzuraten. Diese mit Unsicherheiten behaftete Zulässigkeit einer „Container-Signatur" hat den Gesetzgeber veranlasst, diese Übermittlungsform gem. § 4 Abs. 2 ERV auszuschließen (s. § 46c Rz. 18 f.).

132 Der **Zugang** ist **bewirkt**, sobald die Empfangssignale vom Telefaxgerät des Gerichts vollständig aufgezeichnet worden sind[1]. Ist der Schriftsatz um 24.00 Uhr des letzten Tages der Frist noch nicht vollständig übermittelt, insbesondere wenn die Unterschrift am Schriftsatzende noch fehlt, ist die Frist versäumt[2]. Sind von einem mehrseitigen Schriftsatz nur einzelne Seiten angekommen, auf denen die Berufungsanträge, die Unterschrift des Anwalts und die tragenden Berufungsgründe enthalten sind, die erkennen lassen, inwieweit und mit welcher Begründung das Urteil angefochten wird, so steht dies der Zulässigkeit des Rechtsmittels nicht entgegen[3]. Sind hingegen die ankommenden Signale von dem Telefaxgerät des Gerichts, das einen internen Speicher besitzt, noch am letzten Tag der Frist empfangen worden, dann wird ein Zugang fingiert, auch wenn das Empfangsgerät einen solchen Ausdruck erst nach 24.00 Uhr fertigt[4]. Da die rechtzeitige Ankunft der Signale ausreicht, liegt auch dann ein Zugang vor, wenn diese angekommen sind, das Empfangsgerät das Schriftstück jedoch nicht oder nur so verstümmelt ausdruckt, dass sein wesentlicher Teil nicht erkennbar ist[5]. Die Frist ist gewahrt, wenn die Signale vor Beginn des Folgetages 0 Uhr eingegangen sind und damit vor Ablauf von 23.59 Uhr[6]. In Zweifelsfällen hat das Berufungsgericht die genaue Uhrzeit der Beendigung des Übertragungsvorganges aufzuklären. Bei unterschiedlichen Zeitangaben kommt dem offiziellen Zeitnachweis der Telekom ein höherer Beweiswert zu als der Uhrzeitangabe auf dem Sendeprotokoll[7]. Ein Zugang liegt auch vor, wenn das Fax auf einem Empfangsgerät der Post eingeht und von dort per Telebrief auf postalischem Weg – ähnlich wie ein Telegramm – dem Gericht zugeleitet wird. Bei drohendem Fristablauf bei der Übersendung eines längeren Schriftsatzes mit Telefax vor Mitternacht sollte im Einzelfall geprüft werden, ob ein kurzer Schriftsatz mit einem Antrag auf Fristverlängerung – sofern die Voraussetzungen etwa von § 66 Abs. 1 Satz 5 hierfür vorliegen – gesendet wird.

132a Nach § 46c kann ein Schriftstück auch mittels eines **elektronischen Dokuments** bei Gericht eingereicht werden (s. hierzu § 46c Rz. 2; zum Begriff s. § 46c Rz. 5 f.). Das elektronische Dokument tritt an die Stelle des Papieroriginals. Ein solches Dokument ist gem. § 46c Abs. 5 bei Gericht **eingegangen**, sobald die für den Empfang bestimmte Einrichtung es gespeichert hat. Ob und wann es beim Empfangsgericht ausgedruckt oder gar geöffnet wird, spielt keine Rolle. Der Absender kann diesen Zeitpunkt leicht nachvollziehen, da das Dokument nahezu zeitgleich mit seiner Absendung auch bei Gericht eingeht. Auch erhält er vom Gericht zum Nachweis des Zugangs eine automatisierte Zugangsbestätigung. Bei Störungen beim Übermittlungsvorgang gelten die drei Risikosphären (Absender, Leitungsweg, Empfänger) wie bei der Übermittlung mittels Telefax (s. Rz. 130).

2. Notwendige Angaben in der Berufungsschrift

133 Die Formerfordernisse von § 519 Abs. 2 ZPO dienen der Aufklärung von Gericht und Gegenpartei darüber, welches Urteil in welchem Umfang angefochten wird und wer die gegnerische Partei ist. Nach § 519 Abs. 2 Nr. 1 ZPO muss das **angefochtene Urteil** so bestimmt bezeichnet sein, dass sich das angerufene Gericht über dessen **Identität** Gewissheit verschaffen kann. Sowohl Gericht als auch die Gegenseite müssen Gewissheit haben, welches Urteil angefochten wird[8]. Für das Gericht muss innerhalb der Berufungsfrist die Identität des Urteils zweifelsfrei feststehen. Etwaige Zweifel des Prozessgegners können hingegen auch noch nach Ablauf der Rechtsmittelfrist behoben werden, wenn dadurch seine Rechtsverteidigung nicht beeinträchtigt wird[9]. Notwendig ist die Bezeichnung des ArbG, dessen Entscheidung angefochten wird und das erstinstanzliche Aktenzeichen[10]. Fehlt nur das Verkündungsdatum und ist zwischen den Parteien nur ein einziges Urteil vom genannten ArbG ergangen, besteht kein Zweifel, welches Urteil gemeint ist[11]. Anders ist die Situation, wenn mehrere Urteile in einem Verfahren ergangen sind, zB ein oder mehrere Teilurteile und ein Schlussurteil. Hier bedarf es einer Datumsangabe zur Individualisierung. Allerdings führt nicht jede Ungenauigkeit oder Auslassung, die eine Berufungsschrift enthält, zur Unzulässigkeit des Rechtsmittels. Fehlerhafte oder unvollständige Angaben schaden nicht, wenn aufgrund der

---

1 BAG v. 13.12.2012 – 6 AZR 303/12, NZA 2013, 636; BGH 8.4.2014 – VI ZB 1/13.
2 BGH v. 4.5.1994 – VIII ZB 21/94, NJW 1994, 2097.
3 BVerfG v. 23.6.2004 – 1 BvR 496/00, NJW 2004, 3551; BGH v. 5.9.2006 – VI ZB 7/06, NJW 2006, 3500.
4 BVerfG v. 1.8.1996 – I BvR 121/95, NZA 1996, 1173; BGH v. 7.7.2011 – I ZB 62/10, NJW 2012, 320.
5 BGH v. 19.4.1994 – VI ZB 3/94, NJW 1994, 1881.
6 BGH v. 8.5.2007 – VI ZB 74/06, NJW 2007, 2045.
7 Vgl. BGH v. 24.7.2003 – VII ZB 8/03, NJW 2003, 3487.
8 BGH v. 11.1.2001 – III ZR 113/00, NJW 2001, 1070; BGH v. 24.4.2003 – III ZB 94/02, NJW 2003, 1950.
9 BAG v. 27.11.2011 – 10 AZR 454/10, NZA 2011, 998; BGH v. 11.1.2006 – XII ZB 27/04, NJW 2006, 1003.
10 BGH v. 24.4.2003 – III ZB 94/02, NJW 2003, 1950.
11 BAG v. 9.1.1981 – 2 AZB 20/80, AP Nr. 45 zu § 518 ZPO.

sonstigen erkennbaren **Umstände**, zB die Übersendung einer Urteilskopie, für Gericht und Prozessgegner nicht zweifelhaft bleibt, welches Urteil angefochten wird[1]. Dabei sind bezüglich der Berufungs- bzw. Berufungsbegründungsfrist nur spätestens bis zum Ablauf der jeweiligen Frist dem LAG bekannt gewordene Umstände zu berücksichtigen[2]. Ob ein solcher Fall gegeben ist, hängt von den Umständen des Einzelfalles ab.

Mögliche Irrtümer und Verwechslungen werden in der Praxis vermieden und eventuelle Auslassungen ergänzt, wenn der Berufungsführer der Soll-Vorschrift von **§ 519 Abs. 3 ZPO** entsprechend eine **Urteilskopie** des angefochtenen Urteils **beifügt**. Dabei ist der genannte Zweck vielfach schon erfüllt, wenn wenigstens das Deckblatt des Urteils mit Rubrum und seinem Tenor vorgelegt wird. Dies betrifft die vorgenannten notwendigen Angaben ebenso wie die nachfolgenden Formalien. Bei einer Diskrepanz zwischen den Angaben im Berufungsschriftsatz und der Urteilskopie entscheiden die Angaben in der Urteilskopie[3]. Da die Beachtung von § 519 Abs. 3 ZPO der sicherste Weg zur Fehlerbehebung ist, sollte die Vorlage der Urteilskopie zur anwaltlichen Routinehandlung bei der Einlegung eines Rechtsmittels gehören. 134

Im Grundsatz muss der Berufungsschrift entnommen werden können, **für wen** Berufung eingelegt ist und **gegen wen** sie sich richtet[4]. Sowohl das Rechtsmittelgericht als ggf. auch einem Rechtsmittelgegner, dem die Berufungsschrift gem. § 521 Abs. 1 ZPO zuzustellen ist, müssen Klarheit über die Beteiligten und deren Stellung im Rechtsmittelverfahren haben. Dies fordert das Gebot der Rechtsmittelsicherheit und eines geregelten Ablaufs des Verfahrens[5]. Daran fehlt es zB, wenn in der Berufungsschrift der Rechtsmittelführer namentlich fehlerhaft bezeichnet[6] ist, indem an Stelle des wirklichen Berufungsklägers ein anderes, mit ihm nicht identisches Rechtssubjekt bezeichnet wird[7] oder eine ausgeschiedene Partei Berufung einlegt[8]. Auch ist eine „namens des Beklagten" eingelegte Berufung unzulässig, wenn bis zum Ablauf der Berufungsfrist nicht deutlich wird, welche der in der Berufungsschrift genannten Namen der Beklagte ist[9]. Die fehlende oder Falschbezeichnung des Beklagten ist unschädlich, wenn die beigefügten Unterlagen, eine Urteilskopie oder die Auslegung der Berufungsschrift ergibt, gegen wen sich das Rechtsmittel richtet[10]. Die Angabe eines **falschen Aktenzeichens** des ArbG ist zwar für das Berufungsgericht – bei Missachtung von § 519 Abs. 3 ZPO – bei Eingang der Berufungsschrift idR nicht erkennbar. Dies hindert das LAG nicht, seine üblichen prozessvorbereitenden Tätigkeiten aufzunehmen. Schädlich kann die Falschbezeichnung sein, wenn das genannte ArbG in mehreren Verfahren derselben Parteien am selben Tag mehrere Urteile verkündet hat[11]. 135

Fehler und **Auslassungen** sind **unschädlich**, wenn trotz unvollständiger oder fehlerhafter Angaben für Gericht und Prozessgegner das wirklich Gewollte deutlich wird oder sich aus dem übrigen Teil der Berufungsschrift die Parteirollen im Berufungsverfahren ergeben. Bestehen Zweifel an der Person des Rechtsmittelklägers, dann können diese im Wege der Auslegung der Berufungsschrift oder der etwa sonst vorliegenden Unterlagen beseitigt werden. Dabei sind, wie auch sonst bei der Auslegung von Prozesserklärungen, alle Umstände des Einzelfalles zu berücksichtigen, die dem Gericht bis zum Ablauf der Rechtsmittelfrist bekannt sind und dem Rechtsmittelgegner zugänglich waren[12]. So darf etwa die Berufung nicht wegen Formmängeln aus § 519 Abs. 2 ZPO verworfen werden, wenn sich die Mängel über einen Abgleich mit den erstinstanzlichen Akten vor Ablauf der Berufungsfrist als unschädlich erwiesen[13]. Die vorgenannten Grundsätze gelten zunächst auch, wenn auf einer Seite **mehrere Personen** stehen. Auch hier muss klar sein, wer Berufungskläger ist. Großzügiger ist die Rspr. bei Streitgenossen auf Beklagtenseite. Die uneingeschränkt eingelegte Berufung richtet sich im Zweifel gegen alle Streitgenossen, die in der Berufungsschrift aufgeführt sind[14]. 136

---

1 BVerfG v. 9.8.1991 – 1 BvR 630/91, NJW 1991, 3140; BGH v. 24.5.2006 – IV ZB 47/05, FA 2006, 244; BAG v. 23.8.2001 – 7 ABR 15/01, NZA 2001, 1214.
2 BGH v. 10.5.2005 – XI ZR 128/04, NJW 2005, 2086.
3 BVerfG v. 9.8.1991 – 1 BvR 630/91, NJW 1991, 3140.
4 BGH v. 19.2.2002 – VI ZR 394/00, NJW 2002, 1430; BAG v. 26.6.2008 – 2 AZR 23/07, NZA 2008, 1241; Zöller/*Heßler*, § 519 ZPO Rz. 30a, 31.
5 BAG v. 9.3.1978 – 3 AZR 421/77, AP Nr. 41 zu § 518 ZPO.
6 Es sei denn, der Berufungskläger lässt sich trotzdem der Berufungsschrift entnehmen: BAG v. 29.8.2007 – 4 AZR 571/06, NZA 2008, 664.
7 BGH v. 16.7.1998 – VII ZB 7/98, NJW 1998, 3499.
8 OLG München v. 25.1.2006 – 7 U 5103/05, BB 2006, 629.
9 BGH v. 15.7.1999 – IX ZB 45/99, NJW 1999, 3124.
10 BGH v. 24.7.2013 – XII ZB 56/13, MDR 2013, 1114; BGH v. 8.11.2001 – VII ZR 65/01, NJW 2002, 831 bei einem Streitverkündeten auf Beklagtenseite.
11 BGH v. 11.1.2006 – XII ZB 27/04, NJW 2006, 1003.
12 BGH v. 15.12.1998 – VI ZR 31/97, NJW 1999, 1554; BGH v. 11.1.2006 – XII ZB 27/04, NJW 2006, 1003.
13 BGH v. 6.12.2006 – IV ZR 20/06, BB 2007, 630.
14 Vgl. Zöller/*Heßler*, § 519 ZPO Rz. 32 mwN.

137 Ergeben sich die erforderlichen, **klarstellenden Angaben** erst aus einem **nachgereichten Schriftsatz** und ist dieser trotz rechtzeitiger Absendung wegen einer vom Rechtsmittelführer behaupteten Postverzögerung oder aus sonstigen vom Prozessbevollmächtigten nicht zu vertretenen Gründen erst **außerhalb der Frist** beim Rechtsmittelgericht eingegangen, dann muss der Rechtsmittelführer in einem solchen Falle Wiedereinsetzung in den vorigen Stand (§ 233 ZPO) beantragen[1].

138 Die Angabe der **ladungsfähigen Anschrift** des Rechtsmittelbeklagten oder seines Prozessbevollmächtigten ist keine Wirksamkeitsvoraussetzung mehr[2].

139 In all den vorgenannten Fällen der Rz. 133–137 werden **Fehler** oder Auslassungen jedenfalls dann **geheilt**, wenn innerhalb der Berufungsfrist von § 66 Abs. 1 Satz 1 ein **weiterer Schriftsatz** beim zuständigen LAG eingeht, der den Fehler oder eine Unklarheit beseitigt. Es reicht aus, wenn mangelhafte Angaben innerhalb der Rechtsmittelfrist sich aus anderen, dem LAG vorliegenden Unterlagen eindeutig entnehmen lassen. Dies ist zB eine vorgelegte Urteilskopie oder wenn sich Angaben elektronisch gespeicherter Daten, die beim LAG in vergleichbarer Weise wie sonstige Unterlagen verfügbar sind, entnehmen lassen[3]. Dies kann wohl nur der Fall sein, wenn die Geschäftsstelle im ordnungsgemäßen Geschäftsgang Zugriff auf diese Daten hat. Eine Heilung ist ferner möglich, wenn zB innerhalb der Monatsfrist die Gerichtsakte oder sonstige Schriftstücke beim LAG eingehen, aus denen eine evtl. Unklarheit aufgeklärt werden kann[4]. Generell ist das Berufungsgericht gehalten, sich die prozessrechtlich erforderliche Klarheit auch im Wege der Auslegung der Berufungsschrift und etwa sonst vorliegender Unterlagen zu gewinnen[5]. Zu Letzteren zählen auch die aufgrund eigener Initiative von der Geschäftsstelle ermittelten fehlenden Angaben, zB die telefonisch in der Rechtsanwaltskanzlei angeforderten und dann schriftlich gelieferten zusätzlichen Angaben[6]. Eine Rechtspflicht zur telefonischen Beischaffung von ergänzenden Angaben besteht aber für das LAG nicht. Nur telefonische Erfragungen erfüllen – auch bei Fertigung eines Aktenvermerks – das Schriftformerfordernis nicht[7]. Sofern zeitlich noch machbar, ist die Partei gem. § 139 ZPO zur schriftlichen Ergänzung/Klarstellung aufzufordern.

140 Werden – gleichgültig, ob von einer oder von mehreren Personen – **mehrere Rechtsmittelschriften** gegen dasselbe Urteil beim LAG eingereicht, – mögen einzelne für sich betrachtet formfehlerhaft oder verfristet sein –, dann stellen sie ein einziges Rechtsmittel dar, über das einheitlich zu entscheiden ist. Aus diesem **Grundsatz der Einheitlichkeit des Rechtsmittels** folgt, dass das Rechtsmittel insgesamt zulässig ist, falls auch nur eine der Prozesshandlungen wirksam ist. War die Berufungseinlegung formfehlerhaft, ist aber noch vor Ablauf dieser Ein-Monats-Frist die Berufungsbegründung beim LAG eingegangen, dann liegt in der Berufungsbegründung nochmals die Prozesshandlung einer Berufungseinlegung; es liegt ein einheitliches Rechtsmittel vor. Legt zB eine Partei bereits Berufung ein, obwohl ihr das Urteil noch nicht in vollständiger Ausfertigung zugestellt war, dann kann sie auch nach Zustellung des vollständig abgefassten Urteils nochmals Berufung binnen Monatsfrist ab Urteilszustellung einlegen. Dies gilt selbst dann, wenn die zuerst eingelegte Berufung bereits vom Gericht gem. § 522 Abs. 1 ZPO als unzulässig verworfen worden war[8]. Die isolierte „Zurücknahme" eines Einlegungsaktes hat deshalb auch nicht die Kostentragungspflicht aus § 516 Abs. 3 ZPO zur Folge[9].

141 Da selbst bei mehreren Berufungsschriften gegen ein Urteil nur ein Rechtsmittel vorliegt, erhalten alle Schriften **aktenordnungsmäßig** nur ein Aktenzeichen, und zwar dasjenige der ersten Prozesshandlung. Das Verfahren kann statistisch nur einmal erfasst werden und bedarf einer einheitlichen Entscheidung[10].

142 Mitunter wendet sich eine **Naturalpartei** nach Erlass des Urteils, meist schon vor dessen Zustellung **an das ArbG** und legt dagegen „Widerspruch", „Einspruch" oder ähnliches ein. Solche „Berufungen" sind wegen fehlender Postulationsfähigkeit iSv. § 11 Abs. 4 offensichtlich unzulässig. Bevor der Richter kurzerhand die Akte „dem zuständigen LAG zur Entscheidung" vorlegt, entspricht es dem Gebot einer fairen Prozessführung, die Partei vorher über die Unzulässigkeit ihres Rechtsmittels aufzuklären und auf die (spätere) Rechtsmittelbelehrung im Urteil zu verweisen. Geschieht dies nicht, sollte das LAG diese Unterlassung nachholen und nicht einfach die Berufung gem. § 522 Abs. 1 ZPO verwerfen. Schließlich war das LAG von

---

1 BAG v. 23.8.2001 – 7 ABR 15/01, NZA 2001, 1214.
2 BGH v. 11.10.2005 – XI ZR 398/04, NJW 2005, 3773; BAG v. 16.9.1986 – GS 4/85, NZA 1986, 202.
3 BAG v. 18.5.2010 – 3 AZR 373/08.
4 BGH v. 7.5.2009 – VII ZB 85/08, NJW 2009, 2311.
5 Vgl. hierzu BGH v. 7.11.1995 – VI ZB 12/95, NJW 1996, 320.
6 BAG v. 27.8.1996 – 8 AZB 14/96, NZA 1997, 456.
7 BAG v. 26.6.2008 – 2 AZR 23/07, NZA 2008, 1241.
8 BAG v. 13.9.1995 – 2 AZR 855/94, NZA 1996, 446.
9 Vgl. BVerfG v. 30.5.1997 – 1 BvR 200/96, NJW 1997, 2941.
10 Ebenso GMP/*Germelmann*, § 64 Rz. 72.

der Partei auch nicht das angegangene Gericht[1]. Eine von der Naturalpartei oftmals aus Unkenntnis eingelegte Berufung kann diese trotz fehlender Postulationsfähigkeit in gleicher Weise in entsprechender Anwendung von § 516 Abs. 3 ZPO und mit der Kostenfolge hieraus auch wieder „zurücknehmen"[2].

VII. Berufungsbegründung

Die **Frist** zur Berufungsbegründung beträgt gem. § 66 Abs. 1 **zwei Monate**. Die Frist beginnt ab Zustellung des vollständig abgefassten Urteils (§ 66 Rz. 14–31 und Rz. 45 ff.), spätestens aber nach Ablauf von fünf Monaten nach der Urteilsverkündung zu laufen (vgl. Rz. 170 ff. und § 66 Rz. 5). 143

Die **Berufungsbegründung** ist die **zentrale Prozesshandlung** des Rechtsmittelklägers in der 2. Instanz. Es stellt keine Rechtsmittelbegründung dar, wenn der Berufungskläger zwar einzelne Rügen erhebt, sich aber ausdrücklich die weitere Prüfung vorbehält, ob das Rechtsmittel überhaupt durchgeführt wird[3]. Aus der Berufungsbegründung muss ersichtlich sein, aus welchen Gründen und in welchem Umfang das erstinstanzliche Urteil angefochten und inwieweit seine Abänderung angestrebt wird. Der Grund der Unrichtigkeit des Urteils kann in einem Fehler liegen, der dem ArbG bei der Feststellung der entscheidungserheblichen Tatsachen oder bei der Anwendung des Rechts unterlaufen sein soll. Ein Urteil kann auch objektiv unrichtig sein, obwohl das Vordergericht aus seiner Sicht korrekt entschieden hat, wenn neue im Berufungsverfahren vorgetragene Tatsachen eine andere Entscheidung gebieten. Bei der Berufungsbegründung ist der Rechtsmittelkläger zum vollständigen Sachvortrag gehalten, weil er ansonsten Gefahr läuft, dass die Berufung wegen unzureichender Begründung (vgl. zum Begründungsinhalt Rz. 155 ff.) innerhalb der Begründungsfrist (§ 66 Rz. 45 ff.) als unzulässig verworfen oder er mit späterem Sachvortrag gem. § 67 Abs. 4 bei Verfahrensverzögerung ausgeschlossen wird. 144

Auf der anderen Seite gebietet der **verfassungsrechtliche Justizgewährungsanspruch**, dass ein vom Gesetz eröffnetes Rechtsmittel nicht durch überstrenge Handhabung der Zulässigkeitsanforderungen ineffektiv gemacht werden darf und faktisch leerläuft. Der Justizgewährleistungsanspruch gebietet es, bei der Auslegung von Berufungsbegründungen dasjenige als gewollt anzusehen, was dem recht verstandenen Interesse des Rechtsmittelführers entspricht und am ehesten geeignet ist, seinem Begehren zum Erfolg zu verhelfen[4].

1. Berufungsanträge

Der Umfang der Anfechtung eines erstinstanzlichen Urteils ergibt sich zunächst aus den **Berufungsanträgen** (§ 520 Abs. 3 Nr. 1 ZPO). Wie Klageanträge in der Klageschrift müssen auch sie bestimmt genug sein iSv. § 253 Abs. 1 Nr. 2 ZPO. Das ist der Fall, wenn die innerhalb der Begründungsfrist eingereichten Schriftsätze ihrem gesamten Inhalt nach eindeutig ergeben, in welchem Umfang und mit welchem Ziel das Urteil angefochten werden soll[5]. Ein Berufungsantrag sollte stets **konkret gefasst** sein, wenngleich eine formelle Notwendigkeit als Zulässigkeitsvoraussetzung der Berufung hierfür nicht zwingend ist. Es reicht auch aus, wenn sich aus dem Inhalt der innerhalb der Frist eingegangenen oder zulässigerweise in Bezug genommenen Schriftsätze eindeutig entnehmen lässt, in welchem Umfang das angefochtene Urteil abgeändert werden soll[6]. Das gilt auch für unbezifferte Anträge. Das Sachbegehren kann sich auch konkludent aus dem Zusammenhang ergeben. **Prozesserklärungen** sind nach den für Willenserklärungen des BGB (§ 133 BGB) entwickelten Grundsätzen **auszulegen**. Daher ist nicht am buchstäblichen Sinn des in der Prozesserklärung gewählten Ausdrucks zu haften, sondern der in der Erklärung verkörperte Wille ist anhand der erkennbaren Umstände – ggf. in einer Gesamtbetrachtung mehrerer Erklärungen – zu ermitteln. Im Zweifel ist gewollt, was nach den Maßstäben der Rechtsordnung vernünftig und der recht verstandenen Interessenlage entspricht[7]. Es sind aber auch die schutzwürdigen Belange des Erklärungsadressaten zu berücksichtigen[8]. Sie verbieten es, eindeutigen Erklärungen nachträglich einen Sinn zu geben, der dem Interesse des Erklärenden am vorteilhaftesten wäre. Daher kann es geboten sein, rechtskundige Prozessvertreter auch am Wortlaut ihrer Erklärungen festzuhalten[9]. 145

---

1 Ebenso GK-ArbGG/*Vossen*, § 66 Rz. 83.
2 Vgl. BAG v. 17.11.2004 – 9 AZN 789/04 (A).
3 BGH v. 14.3.2005 – II ZB 31/03, NJW-RR 2005, 793.
4 BaWüStGH v. 23.3.2015 – 1 VB 1/15, NZA 2015, 506.
5 BGH v. 19.11.2014 – XII ZB 522/14, NJW 2015, 1460.
6 Zöller/*Heßler*, § 520 ZPO Rz. 28; BAG v. 20.12.1988 – 1 ABR 63/87, NZA 1989, 393; BGH v. 22.3.2006 – VII ZR 212/04, NJW 2006, 2705.
7 BAG v. 15.5.2013 – 7 AZR 494/11, NZA 2013, 1267; BAG v. 23.3.2016 – 5 AZR 758/13, NZA 2016, 1229; BGH v. 21.6.2016 – II ZR 305/14.
8 BGH v. 11.7.2003 – V ZR 233/01, NJW 2003, 3203.
9 BAG v. 21.2.2013 – 6 AZR 524/11, NZA 2013, 625, a.E.

146 Trotz dieser fehlenden Formenstrenge gehört es zum guten Stil eines anwaltlichen Schriftsatzes, sein Herzstück, den prozessualen Antrag, **ausdrücklich** zu **formulieren** und – wie üblich – textlich abzusondern. Formulierungen wie, es werden „die erstinstanzlich zuletzt gestellten Anträge" verfolgt (nicht selten war es ohnehin nur ein Antrag oder der Berufungsführer hatte erstinstanzlich teilweise obsiegt), deuten eher auf eine gewisse Oberflächlichkeit hin. Auch können in der mündlichen Verhandlung für den Anwalt im Beisein seiner Partei unliebsame Situationen auftreten, wenn er sich in nicht eindeutigen Fällen zunächst seine konkrete Antragsfassung zusammenstellen muss. Schließlich kann ein eindeutiger Antrag auch einmal bei der Feststellung des Berufungsumfangs herangezogen werden, wenn dieser durch Auslegung und/oder Begründungsumfang nicht eindeutig zu ermitteln ist[1]. In der mündlichen Verhandlung kann die Verlesung der Anträge (§ 297 ZPO) durch eine Bezugnahme auf den entsprechenden Schriftsatz ersetzt werden[2]. Allerdings muss dabei klar und eindeutig sein, was beantragt wird und was nicht. Der Praxis sei empfohlen, die Sachanträge am Anfang eines Schriftsatzes zu positionieren. Ein inmitten des Schriftsatzes enthaltener Antrag birgt die Gefahr in sich, dass er von der Geschäftsstelle übersehen und nicht zugestellt wird, was zu späteren Verzögerungen führen kann.

147 **Prozessanträge** können unter den Voraussetzungen von §§ 263, 264, 533 Abs. 1 ZPO, die im arbeitsgerichtlichen Verfahren uneingeschränkt anwendbar sind, bis zum Schluss der mündlichen Verhandlung **zurückgenommen** oder **erweitert** werden. Eine Antragserweiterung scheidet aus, wenn sie sich auf einen Streitgegenstand des angefochtenen Urteils bezieht, mit dem der Berufungskläger unterlegen war und den er nicht innerhalb der Berufungsbegründungsfrist angegriffen hatte, weil insoweit das Urteil mit Fristablauf Rechtskraft erlangt hat. Auch muss es das grundsätzliche Ziel des Berufungsführers bis zum Schluss der mündlichen Verhandlung sein, zumindest im Umfang von § 64 Abs. 2 Buchst. b seine Beschwer aus dem Urteil des ArbG anzugreifen (vgl. Rz. 16, Rz. 17, Rz. 66–68). Dem erstinstanzlich obsiegenden Kläger steht im Berufungsverfahren zur Erweiterung seiner Klage nur der Weg der Anschlussberufung entsprechend den Voraussetzungen von § 524 ZPO zur Verfügung[3]. Demgegenüber bedarf es für eine Änderung des Klageantrages in 2. Instanz keiner Anschlussberufung, wenn sich die **Antragsänderung** nur im Rahmen von § 264 Nr. 3 ZPO hält (s. Rz. 188). Dies ist etwa der Fall bei einem Übergang von einer Leistungs- zu einer allgemeinen Feststellungsklage oder auf Feststellung der Forderung zur Insolvenztabelle. Eine derartige qualitative Klagebeschränkung ist keine teilweise Klagerücknahme (§ 269 Abs. 1 ZPO) und bedarf nicht der Zustimmung der Gegenseite[4]. Kein neuer Streitgegenstand liegt vor und damit nicht zustimmungspflichtig ist auch, wenn der Kläger etwa einen unbezifferten in einen bezifferten oder einen Feststellungsantrag wegen eines zwischenzeitlich fällig gewordenen Anspruchs in einen bezifferten Leistungsantrag umstellt. Bleiben Klageantrag und Sachvortrag unverändert, liegt keine Änderung des Streitgegenstands vor, wenn der Kläger beim Schadensersatz vom negativen Interesse (Vertrauensschaden) zum positiven Interesse (Erfüllungsschaden) übergeht[5].

Bei einer Antragserweiterung ist zudem zu beachten, dass eine **Klageänderung** iSv. § 263 ZPO gem. § 533 **Nr. 2 ZPO** nur auf einen solchen Tatsachenstoff (Sachverhalt) gestützt werden kann, den das Berufungsgericht nach § 529 ZPO ohnehin seiner Entscheidung zugrunde zu legen hat[6]. Das sind die vom Vordergericht festgestellten oder solche neuen Tatsachen, deren Berücksichtigung nach § 67 zulässig ist. Diese Einschränkung will die „Flucht in die Klageänderung" im Berufungsverfahren vermeiden. Das Gericht soll auf diese Weise nicht mit neuem Tatsachenstoff konfrontiert werden, der nach § 529 ZPO nicht zur Überprüfung ansteht[7]. Der neue Lebenssachverhalt darf somit nicht erst durch eine Klageänderung in das Verfahren eingeführt werden. Der **Sachdienlichkeit**[8] einer Klageänderung in Form einer **Klageerweiterung** in der 2. Instanz steht nicht entgegen, dass im Berufungsverfahren im Gegensatz zu dem erstinstanzlichen Verfahren (§ 12a Abs. 1) die unterlegene Partei der Gegenpartei die Kosten zu erstatten hat[9]; vgl. zur nachträglichen Erweiterung des Berufungsantrags Rz. 67.

Änderungen des Klageantrags nach **§ 264 ZPO** sind auch in der Berufungsinstanz nicht als Klageänderungen anzusehen, so dass § 533 ZPO auf sie keine Anwendung findet[10].

---

1 Vgl. hierzu: LAG Sachsen v. 31.7.2002 – 2 Sa 266/02, NZA-RR 2003, 438.
2 Vgl. dazu BAG v. 28.8.2008 – 2 AZR 63/07, NZA 2009, 276.
3 BAG v. 6.9.2006 – 5 AZR 643/05, DB 2007, 120.
4 BAG v. 15.6.2016 – 4 AZR 485/14; NZA 2017, 593.
5 BGH v. 18.5.2017 – VII ZR 122/14.
6 Vgl. zur Überprüfung in der Revisionsinstanz: BAG v. 17.5.2011 – 9 AZR 201/10, NZA-RR 2013, 111; BGH v. 17.10.2012 – XII ZR 101/10, NJW 2012, 3722.
7 *Schmidt/Schwab/Wildschütz*, NZA 2001, 1217 (1222) und NZA 2000, 343.
8 Vgl. BGH v. 27.9.2006 – VIII ZR 19/04.
9 BAG v. 6.12.2001 – 2 AZR 733/00, NZA 2002, 816.
10 BGH v. 7.5.2015 – VII ZR 145/12, NJW 2015, 2812.

Das **Auswechseln** der beklagten **Partei** in der Berufungsinstanz ist nur zulässig, wenn der bisherige Beklagte zustimmt oder sich dessen Verweigerung als rechtsmissbräuchlich erweist[1].

2. Berufungsgründe

a) Art der Berufungsgründe

Aus den Anträgen iVm. der Begründung muss klar ersichtlich sein, inwieweit das erstinstanzliche Urteil angefochten werden soll. Die Berufung kann neben neuem Sachvortrag gem. § 513 Abs. 1 ZPO nur darauf gestützt werden, das angefochtene Urteil beruhe auf einer Rechtsverletzung (§ 546 ZPO) oder nach § 529 ZPO zugrunde zu legende Tatsachen rechtfertigten eine andere Entscheidung. Grundsätzlich ist Prozessstoff des Berufungsverfahrens der im Tatbestand des erstinstanzlichen Urteils fehlerfrei, vollständig und überzeugend beurkundete Sachverhalt (§ 529 Abs. 1 Nr. 1 ZPO). Das System der Fehlerkontrolle stellt das erstinstanzliche Urteil in den Mittelpunkt, gegen das der Berufungsführer Einwendungen zu erheben hat. Die Berufungsbegründung muss gem. § 520 Abs. 3 ZPO auf die Berufungsgründe von § 513 Abs. 1 ZPO gestützt werden. Als Fehler des erstinstanzlichen Urteils kommen eine **Rechtsverletzung** (§ 520 Abs. 3 Satz 2 Nr. 2 ZPO) oder unrichtige oder unvollständige **Tatsachenfeststellungen** (§ 520 Abs. 3 Satz 2 Nr. 3 ZPO) in Betracht. Auch können **neue Tatsachen**, Beweismittel und Beweiseinreden, die die Berufung stützen (§ 520 Abs. 3 Satz 2 Nr. 4 ZPO), das Prozessergebnis beeinflussen. Dabei muss im Einzelnen angegeben werden, aus welchen Gründen der Berufungsführer die tatsächliche und rechtliche Würdigung des Vordergerichts in den angegebenen Punkten für unrichtig hält. Der **Zweck dieser** formellen **Erfordernisse** besteht darin, den Rechtsstreit für die Berufungsinstanz sachbezogen vorzubereiten, indem nicht nur pauschalierte, sondern auf den konkreten Einzelfall zugeschnittene Rechtsmittelbegründungen zu liefern sind.

b) Rechtsverletzungen

§ 520 Abs. 3 Satz 2 **Nr. 2** ZPO nennt den Berufungsgrund der **Rechtsverletzung**. Das Recht ist verletzt, wenn eine Norm gar nicht oder nicht richtig angewendet worden ist. Rechtsverletzung ist jede Verletzung einer geschriebenen Rechtsnorm oder eines ungeschriebenen Rechtsgrundsatzes. Hierzu zählt nicht nur formelles Bundes- und Landesrecht mit verfahrensrechtlichem und materiell-rechtlichem Charakter, öffentlich-rechtliche und privatrechtliche Satzungen, sondern zB auch kollektivrechtliche Normen wie Tarifverträge, Betriebsvereinbarungen oder betriebliche Regelungsabsprachen. Auch allgemeine Geschäftsbedingungen zählen zu den berufungsrelevanten Normen. Ferner ist die Auslegung einer Willenserklärung nach § 133 BGB oder die normative Vertragsauslegung nach § 157 BGB Rechtsanwendung, so dass auch solche Auslegungsfehler darunter fallen[2]. Dagegen ist bei einer Vertragsauslegung, -ergänzung oder -anpassung die Erforschung des übereinstimmenden oder mutmaßlichen Parteiwillens, der im Vertragswortlaut nicht oder nicht deutlich zum Ausdruck gekommen ist, eine Tatsachenfeststellung, die nach Nr. 3 anzugreifen ist. Die für die Auslegung von Individualerklärungen geltenden Grundsätze lassen sich auch auf diejenigen von Prozesshandlungen übertragen.

Die Rechtsverletzung betrifft den Bereich des **materiellen** und des **Verfahrensrechts**. Diese Unterscheidung ist im Hinblick auf den Überprüfungsumfang des Berufungsgerichts von Bedeutung. Nach § 529 Abs. 2 Satz 1 ZPO überprüft das LAG – wie in der Revision – die Verletzung des Verfahrensrechts nur auf eine entsprechende Rüge des Berufungsführers. Demgegenüber nimmt es von Amts wegen eine Überprüfung des materiellen Rechts und von solchen **Verfahrensfehlern**, die **von Amts wegen** zu berücksichtigen sind[3] (vgl. dazu Rz. 176 ff.), vor, weil es nach § 529 Abs. 2 Satz 2 ZPO „im Übrigen" an die geltend gemachten Berufungsgründe nicht gebunden ist. Für die Differenzierung zwischen materiellem und prozessualem Recht ist auf die Grundsätze von § 551 Abs. 3 Satz 1 Nr. 2 Buchst. b ZPO abzustellen[4]. Verfahrensfehler überprüft das LAG auch dann von Amts wegen, wenn sich aus ihnen Zweifel an der Richtigkeit oder Vollständigkeit der Feststellungen des ArbG ergeben. Ein solcher Verfahrensfehler liegt namentlich vor, wenn die Beweiswürdigung des ArbG nicht den Anforderungen genügt, die im Rahmen von § 286 Abs. 1 ZPO zu beachten sind[5].

Verletzt ist das **Recht**, wenn es nicht oder nicht richtig angewendet worden ist (§ 546 ZPO). Das sind etwa eine falsche Beweislastverteilung, das Übersehen, die Nichtanwendbarerklärung oder fehlerhafte Interpre-

---
1 BAG v. 18.5.2010 – 1 AZR 864/08, NZA 2010, 1198; vgl. zur Revisionsinstanz: BAG v. 21.6.2011 – 9 AZR 236/10, NZA 2011, 1274.
2 *Rimmelspacher*, NJW 2002, 1897 (1899).
3 Vgl. dazu Zöller/*Heßler*, § 529 ZPO Rz. 13; Musielak/*Ball*, § 529 ZPO Rz. 21.
4 Vgl. hierzu Zöller/*Gummer*, § 551 ZPO Rz. 14.
5 Vgl. dazu im Einzelnen: BGH v. 12.3.2004 – V ZR 257/03, NJW 2004, 1876; 19.3.2004 – V ZR 104/03, NJW 2004, 2152.

tation einer Norm. Maßgeblich ist der Zeitpunkt der letzten mündlichen Berufungsverhandlung. Bei der Rüge eines Rechtsverstoßes verlangt § 520 Abs. 3 Satz 2 Nr. 2 ZPO die Bezeichnung der Umstände, aus denen sich die Rechtsverletzung und deren Erheblichkeit für die angefochtene Entscheidung ergeben. Die Vorschrift bleibt darin nur wenig hinter den Voraussetzungen einer Revisionsbegründung nach § 551 Abs. 3 Nr. 2 Buchst. a ZPO zurück, die vom Revisionskläger die „bestimmte" Bezeichnung der Umstände für eine Rechtsverletzung abverlangt. Daher ist eine auf den konkreten Streitfall zugeschnittene Darlegung notwendig, in welchen Punkten und aus welchen materiell-rechtlichen oder verfahrensrechtlichen Gründen der Berufungskläger das arbeitsgerichtliche Urteil für unrichtig hält. Die Berufungsbegründung erfordert weder die ausdrückliche Benennung einer bestimmten Norm noch die Schlüssigkeit oder Vertretbarkeit der erhobenen Rügen[1].

150 **Erheblich** iSv. § 520 Abs. 3 Nr. 2 ZPO ist ein **Rechtsfehler** nur, wenn er das Ergebnis des erstinstanzlichen Urteils auch beeinflusst. Das Urteil müsste für den Berufungskläger günstiger ausgefallen sein, falls das ArbG das Recht richtig angewendet hätte. Bei einer Verletzung materiellen Rechts dürfte dies oftmals unproblematisch sein. Umfangreicher ist die Begründungspflicht bei **Verfahrensfehlern**. Rügt der Berufungskläger etwa die Verletzung der richterlichen Hinweispflicht nach § 139 ZPO, muss er auch darlegen, was er bei einem gerichtlichen Hinweis vorgetragen hätte und inwieweit dies den Ausgang des Rechtsstreits beeinflusst hätte. Da die Berufung – im Gegensatz zur Revision – aber auf neuen Tatsachenvortrag gestützt werden kann, kann die entsprechende Sachverhaltsergänzung auch noch im Berufungsverfahren nachgeliefert werden. Allerdings stellt es keine ausreichende Begründung dar, wenn der Berufungsführer nur Verfahrensrügen formal erhebt, ohne im Einzelfall notwendigen ergänzenden Sachvortrag, etwa zu seiner Erheblichkeit, dann wenigstens im Berufungsverfahren zu liefern. Ein formeller Vortrag von ergänzenden Tatsachen im Berufungsverfahren im Zusammenhang mit einer Rüge nach § 139 ZPO ist nicht immer zwingend notwendig. Es reicht aus, dass nach dem Inhalt der Berufungsbegründung ohne Zweifel ersichtlich ist, was aufgrund des unterlassenen gerichtlichen Hinweises vorgetragen worden wäre[2]. Wird die Nichtvernehmung eines Zeugen beanstandet, muss in der Berufungsbegründung angegeben werden, was der Zeuge gesagt hätte bzw. bekunden wird und in welcher Weise die Aussage das angegriffene Urteil beeinflusst hätte bzw. beeinflussen wird. Tiefer gehende Ausführungen sind nicht notwendig, weil es nur der Darlegung der Umstände der Rechtsverletzung bedarf. Das angegriffene Urteil muss auf der Rechtsverletzung beruhen. Die Rechtsverletzung muss die falsche Entscheidung verursacht haben. Im Bereich der Verfahrensfehler ist ausreichend, dass ohne die Rechtsverletzung möglicherweise anders erkannt worden wäre[3]. Im Übrigen ist das Berufungsgericht nach § 529 Abs. 2 Satz 2 ZPO an die geltend gemachten Rechtsverletzungen nicht gebunden und hat grds. selbst in der Sache umfassend zu prüfen und zu entscheiden[4].

c) Fehler im Tatsachenbereich

151 Der in § 520 Abs. 3 Satz 2 **Nr. 3** genannte Berufungsgrund, der im Kontext mit §§ 513, 529 ZPO steht, ist Ausfluss des eingeschränkten Überprüfungsumfangs des angefochtenen Urteils im Berufungsverfahren. Dementsprechend muss sich der Inhalt der Berufungsbegründung an dieser Zielsetzung orientieren[5]. Danach legt das Berufungsgericht seiner Entscheidung die erstinstanzlichen **Tatsachenfeststellungen** zugrunde, soweit sie nicht vom Berufungsführer angegriffen worden sind und auch aus der Sicht des LAG keine Anhaltspunkte für ihre Unrichtigkeit bestehen. Nach § 529 Abs. 1 Nr. 1 ZPO **entfällt eine Bindung** des Berufungsgerichts **an** die vom ArbG getroffenen Tatsachenfeststellungen, wenn konkrete Anhaltspunkte Zweifel an der Richtigkeit oder Vollständigkeit der entscheidungserheblichen Tatsachenfeststellungen begründen und deshalb eine erneute Feststellung geboten ist[6] (vgl. hierzu Rz. 226 ff.). Die Begründung der Berufung muss angeben, warum die Bindung an die festgestellten Tatsachen ausnahmsweise nicht bestehen soll[7]. **Relevante Zweifel** liegen schon dann vor, wenn die Unrichtigkeit oder Lückenhaftigkeit der arbeitsgerichtlichen Feststellungen als Folge der konkreten Anhaltspunkte nicht ausgeschlossen werden können. Diese Auslegung knüpft zwar an revisionsrechtliche Maßstäbe an[8], jedoch ist zu beachten, dass das LAG eine weitere Tatsacheninstanz ist. Als Tatsachengericht – insoweit unterscheidet sich das LAG vom Revisionsgericht – hat das LAG die erstinstanzliche Entscheidung in vollem Umfang im Rechtlichen und Tat-

---

1 BGH v. 26.6.2003 – III ZB 71/02, NJW 2003, 2532; Musielak/*Ball*, § 520 ZPO Rz. 31.
2 BGH v. 9.10.2003 – I ZR 17/01, MDR 2004, 408.
3 BGH v. 26.4.1989 – I ZR 220/87, NJW 1990, 121.
4 Vgl. für das Revisionsverfahren: BAG v. 15.4.2008 – 9 AZR 159/07, BB 2008, 2019.
5 BGH v. 28.5.2003 – XII ZB 165/02, NJW 2003, 2531.
6 Vgl. hierzu *Schmidt/Schwab/Wildschütz*, NZA 2001, 1217 (1221).
7 BGH v. 11.3.2014 – VI ZB 22/13.
8 *Rimmelspacher*, NJW 2002, 1902.

sächlichen zu überprüfen[1] und etwaige Fehler zu beseitigen. Das gilt auch für **Ermessen**sentscheidungen, die das LAG als weiteres Tatsachengericht im vollen Umfang eigenständig zu treffen hat[2].

§ 520 Abs. 3 Satz 2 Nr. 3 ZPO stellt keine eigenständigen formalen Anhaltspunkte bezüglich der Darlegung der Zweifel an der Richtigkeit und Vollständigkeit der Tatsachenfeststellungen auf. Jedoch mutet die Norm dem Rechtsmittelführer zu, die bestehenden Zweifel durch konkreten Tatsachvortrag aufzuzeigen und die zudem eine erneute Feststellung gebieten. Die Berufung muss die erstinstanzlichen Tatsachenfeststellungen in einem zweifelhaften Licht erscheinen lassen. Bloße substanzlose Behauptungen, die erstinstanzlichen Feststellungen seien unzutreffend, oder Vermutungen der Unrichtigkeit reichen nicht aus. Zudem muss die Möglichkeit aufgezeigt werden, dass bei weiteren, vollständigen oder richtigen Tatsachfeststellungen ein anderes Entscheidungsergebnis herauskommt.

Für den Berufungsführer genügt es zur Begründung des Rechtsmittels, die konkreten Zweifel zu behaupten, denn § 520 Abs. 3 Satz 2 Nr. 3 ZPO verlangt nur deren „Bezeichnung". Die Neufeststellung durch das LAG setzt jedoch voraus, dass es vom Vorliegen konkreter Anhaltspunkte überzeugt ist. Nur dann kommt das Gericht im Rahmen von § 529 Abs. 1 Nr. 1 ZPO zu neuen Tatsachenfeststellungen. Unklar war, ob Unrichtigkeiten des erstgerichtlichen Urteilstatbestandes mit der Berufung geltend gemacht oder lediglich mit einem beim ArbG gestellten **Tatbestandsberichtigungsantrag** gerügt werden können[3]. Letzterer Auffassung kann nicht gefolgt werden. Ein solcher Antrag ist überflüssig, weil das LAG eine zweite Tatsacheninstanz ist und nach § 529 Abs. 1 Nr. 1 ZPO fehlerhafte Tatsachenfeststellungen zu korrigieren hat[4], und zwar nach § 529 Abs. 2 Satz 2 ZPO selbst dann, wenn sie vom Berufungsführer nicht gerügt wurden; vgl. Rz. 226 ff.

Konkrete Anhaltspunkte bezüglich der Angreifbarkeit der Tatsachenfeststellungen sind zB: 152

Das Übergehen von erheblichen Beweisanträgen, etwa wegen vermeintlich mangelnder Substantiierung, unterlassene oder unzureichende Aufklärung des Sachverhalts, unterlassene, fehlerhafte oder unzureichende Sachverhalts- oder Beweiswürdigung, zu Unrecht erfolgter Ausschluss von Tatsachenvortrag, Nichtberücksichtigung von gerichtsbekannten oder offenkundigen Tatsachen, zu Unrecht oder fehlerhaft angewendete Lebenserfahrung, ein Verstoß gegen Denkgesetze oder eine Diskrepanz zwischen Sachverhaltsfeststellungen im Tatbestand und den Entscheidungsgründen des Urteils. Hat das Berufungsgericht keine geringe Zweifel an gewissen Tatsachenfeststellungen des ArbG, dann kann es im Rahmen von § 529 ZPO ggf. diese Feststellungen seiner Entscheidung unter evtl. Hinweis auf eine fehlende Rüge seiner Entscheidung zugrunde legen. Zu beachten ist stets, dass eine inhaltliche Überprüfungspflicht des LAG in Bezug auf das Ersturteil (s. Rz. 226) erst dann greifen kann, wenn es zuvor positiv festgestellt hat, dass das Rechtsmittel zulässig ist, also überhaupt eine ausreichende Urteilskritik vorliegt.

d) Neue Tatsachen

Neben den vorgenannten Berufungsgründen kann der Berufungsführer neue Angriffs- und Verteidigungsmittel sowie neuen Tatsachenvortrag gem. § 520 Abs. 3 Nr. 4 ZPO im Berufungsverfahren liefern. Voraussetzung hierfür ist, dass dieser Vortrag nicht nach § 67 **präkludiert** ist. Soweit Abs. 3 Nr. 4 auf § 531 Abs. 2 ZPO verweist, findet diese Präklusionsnorm im arbeitsgerichtlichen Verfahren keine Anwendung, hier gelten die weniger strengen abschließenden **Spezialregelungen von § 67**. Ob eine Tatsache „neu" ist, richtet sich allein danach, ob sie in 1. Instanz bereits vorgetragen war. Ob die Tatsache damals objektiv schon vorlag oder erst später entstanden ist, spielt ebenso wenig eine Rolle wie ein mögliches Motiv eines späten Vortrages[5]. **Keine** neuen Angriffs- und Verteidigungsmittel bilden **neu** vorgetragene **unstreitige Tatsachen**. Diese sind stets zu berücksichtigen und können selbst dann nicht präkludiert werden, wenn ihre Berücksichtigung zu einer Verfahrensverzögerung führt. Ansonsten müsste ein Gericht sehenden Auges auf einer falschen und den Sachvortrag der Parteien nur unvollständig würdigenden tatsächlichen Grundlage entscheiden[6]. 153

Nach § 9 Abs. 1 Satz 3 KSchG kann ein **Auflösungsantrag** iSv. §§ 9, 10 KSchG bis zum Zeitpunkt der letzten mündlichen Verhandlung vor dem LAG jederzeit gestellt werden. Eine zeitliche oder inhaltliche Einschränkung besteht dafür im Berufungsverfahren nicht.

---

1 BAG v. 12.9.2013 – 6 AZR 121/12, NZA 2013, 1412; Düwell/Lipke/*Maul-Satori*, § 64 Rz. 86; aA ErfK/*Koch*, § 66 ArbGG Rz. 28.
2 BGH v. 28.3.2006 – VI ZR 46/05, NJW 2006, 1589.
3 So OLG Karlsruhe v. 20.2.2003 – 12 U 210/02, ProzRB 2003, 207 m. Anm. *Gehrlein*.
4 Ebenso OLG Saarbrücken v. 18.2.2003 – 1 U 653/02-155, ProzRB 2003, 211 m. Anm. *Burgermeister*; vgl. auch *Müller/Heydn*, NJW 2005, 1750; *Stackmann*, NJW 2009, 1537.
5 Vgl. Näheres *Schwab*, Die Berufung im arbeitsgerichtlichen Verfahren, S. 227.
6 BGH v. 18.11.2004 – IX ZR 229/03, NJW 2005, 293.

Hat der ArbN vornehmlich mit einer fristgerecht erhobenen Kündigungsschutzklage nur einen bestimmten Unwirksamkeitsgrund geltend gemacht, dann kann er nach der ArbN-Schutzvorschrift von § 6 KSchG noch bis zum Schluss der mündlichen Verhandlung vor dem ArbG, also außerhalb der Drei-Wochen-Frist, sich auf noch weitere Unwirksamkeitsgründe berufen. Verletzt in diesem Zusammenhang das ArbG seine entsprechende Hinweispflicht aus § 6 Satz 2 KSchG, dann tritt die Präklusionswirkung von § 6 Satz 1 KSchG nicht ein und der ArbN kann er auch **noch** im **Berufungsverfahren** seinen Sachvortrag um neue Unwirksamkeitsgründe erweitern[1].

e) Zweck der Formalien

154 Die vorgenannten Formalien bewirken einerseits eine Konzentration und Beschleunigung des Verfahrens in der 2. Instanz und bringen andererseits Klarheit, in welchen Punkten das erstinstanzliche Urteil nicht angefochten werden soll und damit Rechtskraft erlangt. Gericht und Gegenpartei sollen allein schon aus der Berufungsbegründung erkennen können, welche Aspekte der Berufungskläger seiner Rechtsverfolgung bzw. Rechtsverteidigung zugrunde legen und mit welchen tatsächlichen und rechtlichen Erwägungen er welche Teile des angefochtenen Urteils bekämpfen will[2].

VIII. Umfang der Berufungsbegründung

1. Allgemeine Grundsätze

155 Im Rahmen von § 520 Abs. 3 ZPO ist eine **argumentative Auseinandersetzung** mit den **Urteilsgründen** geboten[3]. Eine Berufungsbegründung muss auf den Streitfall zugeschnitten sein und im Einzelnen konkret erkennen lassen, in welchen Punkten rechtlicher oder tatsächlicher Art sowie aus welchen Gründen der Berufungskläger das Urteil für unrichtig hält, also warum das Urteil falsch sein soll (vgl. auch Rz. 151 ff.). Dazu gehören die aus sich heraus verständlichen Angaben, welche bestimmten Punkte des angefochtenen Urteils der Berufungskläger angreift und welche Gründe er ihnen entgegensetzt[4]. Eine substantielle Urteilskritik (Urteilsschelte) liegt nicht vor, wenn der Berufungskläger lediglich seinen erstinstanzlichen Sachvortrag wiederholt[5] oder sogar nur pauschal Bezug nehmend auf ihn verweist, ohne sich mit den Urteilsgründen auseinander zu setzen[6]. Bloß pauschale Behauptungen oder Wertungen reichen idR nicht aus, es sei denn, das Urteil ist selbst weitgehend kurz und knapp. Der Rechtsmittelführer braucht regelmäßig nicht mehr an Begründung aufzuwenden als das ArbG in der angefochtenen Entscheidung an Argumentation geliefert hat. Die Substanz des Urteils bestimmt Inhalt, Umfang und Tiefe der ordnungsgemäßen Berufungsbegründung. Der Rechtsmittelführer sollte einen vollständigen Sachvortrag liefern, weil er bei Verfahrensverzögerung Gefahr läuft, mit verspätetem Sachvortrag nach § 67 Abs. 4 präkludiert zu werden. Eine detaillierte Kritik soll ua. auch dazu beitragen, dass der Berufungsführer sein Rechtsmittel noch einmal genau überdenkt und das Berufungsgericht zur richtigen Rechtsfindung kommt. Der Rechtsstreit soll für die Berufungsinstanz durch eine Zusammenfassung und Beschränkung des Rechtsstoffs ausreichend vorbereitet werden. Demnach muss die Berufungsbegründung jeweils auf den konkreten Streitfall zugeschnitten sein und sich mit den tragenden rechtlichen oder tatsächlichen Gründen des angefochtenen Urteils befassen, wenn es diese bekämpfen will[7]. Die Umstände sind mitzuteilen, die das Urteil aus Sicht des Rechtsmittelführers in Frage stellen. Besonderer formaler Anforderungen bedarf es nicht[8]. Der pauschale Hinweis auf eine Entscheidung eines anderen Gerichts kann eine eigene Auseinandersetzung mit der angefochtenen Entscheidung grds. selbst dann nicht ersetzen, wenn dieses Gericht zu dem vom Rechtsmittelführer angestrebten Ergebnis gekommen ist[9]. Es reicht idR nicht, unter Bezugnahme auf das erstinstanzliche Vorbringen[10] oder unter dessen bloßer Wiederholung die tatsächliche und/oder rechtliche Würdigung des Vordergerichts nur mit **formelhaften Wendungen** zu rügen, wie zB

---

1 Vgl. BAG v. 18.1.2012 – 6 AZR 407/10, NZA 2012, 817; BAG v. 25.10.2012 – 2 AZR 845/11, NZA 2013, 900.
2 BGH v. 6.5.1999 – III ZR 265/98, NJW 1999, 3126.
3 BAG v. 16.5.1990 – 4 AZR 145/90, AP Nr. 21 zu § 554 ZPO; BAG v. 16.8.1991 – 2 AZR 241/90, AP Nr. 2 zu § 15 SchwbG 1986.
4 BGH v. 4.11.2015 – XII ZB 12/14.
5 BAG v. 10.2.2005 – 6 AZR 183/04, NZA 2005, 597.
6 BGH v. 24.1.2000 – II ZR 172/98, NJW 2000, 1576.
7 BAG v. 25.4.2007 – 6 AZR 436/05; BGH v. 27.1.2015 – VI ZB 40/14.
8 BGH v. 13.9.2012 – III ZB 24/12, NJW 2012, 3581.
9 BAG v. 19.2.2013 – 9 AZR 543/11, NZA 2013, 928.
10 BAG v. 30.10.2012 – 1 ABR 64/11, NZA 2013, 287; BAG v. 15.11.2016 – 9 AZR 125/16, NZA 2017, 140.

- das ArbG habe die vom BAG aufgestellten Grundsätze zur Haftung im Arbeitsverhältnis nicht beachtet[1] oder die allgemeinen Regelungen des Europäischen Arbeitsrechts nicht berücksichtigt[2],
- das gesamte Urteil werde vollinhaltlich zur Überprüfung durch das Berufungsgericht gestellt[3],
- das ArbG habe die Grundsätze von § X verkannt,
- wenn lediglich die Gründe des angefochtenen Urteils wiederholt und als „unzutreffend" bezeichnet werden[4],
- entgegen der Auffassung des ArbG habe die unterlegene Partei „ersichtlich umfassend vorgetragen"[5],
- wenn die Nichterhebung eines angebotenen Beweises gerügt wird, ohne sich mit der im Urteil gegebenen Begründung zu befassen, weshalb das Vordergericht den Beweis nicht erhoben hat[6],
- unter Vorlage eines mittlerweile ergangenen und mit Freispruch endenden Strafurteils bloß zu behaupten, damit stehe (bei Vorliegen von gegenteiligen detaillierten Urteilsgründen des ArbG) fest, dass der Kläger keine Straftat begangen habe[7].

Der Berufungsführer muss deutlich zum Ausdruck bringen, dass sein Schriftsatz zur Berufungsbegründung bestimmt ist. **Keine Berufungsbegründung** liegt vor, wenn der Berufungskläger zwar einzelne Rügen erhebt, sich aber ausdrücklich die **weitere Prüfung vorbehält**, ob das Rechtsmittel überhaupt durchgeführt wird[8]. Enthält ein Schriftsatz einzelne Rügen verbunden mit einem Antrag nach § 66 Abs. 1 Satz 5 auf Fristverlängerung, dann dürfte oftmals noch keine ordnungsgemäße Begründung vorliegen, weil ein Antrag auf Fristverlängerung die Begründung nicht ersetzt[9], es sei denn, das bisher Vorgetragene ist schon ausreichend. Eine rechtzeitig gelieferte, aber inhaltlich **unzulängliche Begründung** kann nach Fristablauf **nicht** über eine **Wiedereinsetzung** (§§ 233 ff. ZPO) ergänzt oder geheilt werden, weil keine Frist versäumt wurde[10].

Eine Partei ist nicht gehindert, ihren **Vortrag** im Laufe des Rechtsstreits zu ändern, insbesondere zu **berichtigen**. Eine etwa sich ergebende Widersprüchlichkeit kann nur im Rahmen der Sachverhalts- und Beweiswürdigung (§ 286 ZPO) berücksichtigt werden[11]. Das gilt grds. auch für den in der Berufungsbegründung gelieferten Sachvortrag; allerdings muss auch bei der letztlich gültigen Version eine ausreichende Auseinandersetzung mit den Urteilsgründen vorliegen. Ein außerhalb der zweimonatigen Begründungsfrist gelieferter (berichtigter) Sachvortrag kann nicht nachträglich und dazu noch mit Rückwirkung eine andere Begründung abliefern. Die fristgerecht gelieferte Begründung muss auch bei Zugrundelegung des neuen Sachvortrags dann immer noch „passen"[12].

Eine ordnungsgemäße Berufungsbegründung ist auch für weitergehende **Nebenforderungen**, zB einen höheren **Zinssatz**, eine notwendige Formalie[13].

Auch genügt die bloß pauschale Darstellung anderer **Rechtsansichten** ohne jede Auseinandersetzung mit den Gründen des arbeitsgerichtlichen Urteils den Anforderungen an eine ordnungsgemäße Rechtsmittelbegründung nicht[14]. Die Bezeichnung einer verletzten Rechtsnorm ist nicht vorgeschrieben. Die Begründung muss jedoch den angeblichen Fehler des Urteils so aufzeigen, dass Gegenstand und Richtung des Berufungsangriffs erkennbar sind. Dabei sind lediglich die Umstände mitzuteilen, die das Urteil aus der Sicht des Berufungsführers in Frage stellen[15]. Besondere formale Anforderungen bestehen nicht. In diesem Zusammenhang muss die Berufungsbegründung – zugeschnitten auf den Streitfall und aus sich heraus verständlich – erkennen lassen, warum die Meinung des ArbG unrichtig sein soll[16] und nicht mit der Rechts-

156

---

1 LAG Berlin v. 16.6.1980 – 9 Sa 25/80, AP Nr. 31 zu § 519 ZPO.
2 BAG v. 7.7.1999 – 10 AZR 575/98, DB 1999, 2272.
3 BGH v. 9.3.1995 – IX ZR 143/94, NJW 1995, 1560.
4 BGH v. 18.9.2001 – X ZR 196/99, NJW 2002, 1578; BAG v. 15.3.2011 – 9 AZR 813/09, NZA 2011, 767.
5 BAG v. 16.5.2012 – 4 AZR 245/10, NZA-RR 2012, 599.
6 BGH v. 18.9.2001 – X ZR 196/99, NJW 2002, 1578.
7 BAG v. 25.4.2007 – 6 AZR 436/05, NZA 2007, 1387.
8 BAG v. 14.3.2005 – II ZB 31/03, BB 2005, 1136.
9 Vgl. BGH v. 16.10.1985 – VIII ZB 15/85, VersR 1986, 91; BGH v. 13.7.1988 – IVa ZR 303/87, NJW 1988, 3021.
10 HWK/*Kalb*, § 64 ArbGG Rz. 37.
11 BGH v. 20.5.2015 – VII ZB 53/13.
12 Vgl. BAG v. 6.1.2015 – 6 AZB 105/14 zur Unzulässigkeit von außerhalb der zweimonatigen Begründungsfrist gelieferten Begründung „ergänzenden" Sachvortrag.
13 BAG v. 17.6.1997 – 9 AZR 801/95, NZA 1998, 258; BGH v. 9.3.2012 – V 147/11, NJW 2012, 2796.
14 BAG v. 13.10.2009 – 9 AZR 875/08, NZA 2010, 245; BAG v. 18.5.2011 – 10 AZR 346/10, NZA 2011, 878.
15 BGH v. 11.3.2014 – VI ZB 22/13; BGH v. 10.3.2015 – VI ZB 28/14.
16 BGH v. 26.6.2003 – III ZB 71/02, NJW 2003, 2533; BAG v. 28.1.2009 – 4 AZR 912/07, DB 2009, 632; LAG Hessen v. 22.9.1998 – 9 Sa 1574/98, NZA-RR 1999, 607.

lage übereinstimmt. Es reicht nicht aus, lediglich die Meinung des ArbG als falsch oder irrig zu rügen, sondern es muss in noch erkennbarer Weise die eigene Rechtsansicht dargetan werden[1]. Die notwendige Intensität der Auseinandersetzung wird meist in Wechselwirkung zu der Urteilsbegründung stehen. Beschränkt sich diese etwa nur auf ein oder zwei Sätze oder auf einen einzigen rechtlichen Gesichtspunkt, so reicht es aus, wenn die Berufungsbegründung sich nur mit diesen knappen Ausführungen auseinander setzt und lediglich ähnlich kurz darlegt, warum diese Auffassung unrichtig sein soll[2]. Es bedarf nicht mehr an Begründung, als vom ArbG in einem Punkt selbst aufgewandt worden ist. Eine ausreichende Berufungsbegründung setzt nicht voraus, dass sich der Berufungskläger mit allen Punkten auseinander setzt, die einem Erfolg des Klagebegehrens hinderlich sein könnten. Es genügt, zu den Gründen Stellung zu nehmen, aus denen das ArbG der Klage stattgegeben oder sie abgewiesen hat.

2. Einzelfälle

157 Ausreichend ist, wenn der Berufungskläger nur **ein Tatbestandsmerkmal** einer gesetzlichen Norm im Urteil substantiiert angreift, verbunden mit der Folge, dass dann das gegnerische Recht nicht besteht (zB bei einem vom ArbG zuerkannten Schadensersatzanspruch wird nur das Merkmal der Kausalität gerügt).

Das angefochtene Urteil wird auch insgesamt in Frage gestellt, wenn sich die Berufungsgründe im ausreichenden Maße mit **einem einzelnen Streitpunkt** befassen, sofern dieser den **gesamten Streitgegenstand erfasst** und geeignet ist, dem Urteil insgesamt die Tragfähigkeit zu nehmen[3], zB ein Sachverständigengutachten stützt sowohl die Haupt- als auch die Hilfsbegründung eines Urteils. Hier reicht es aus, wenn die Berufungsbegründung nur das die gesamte Entscheidung stützende Gutachten angreift, ohne weitere Urteilsgründe zu erwähnen. Ergibt sich die Entscheidungserheblichkeit einer gerügten Rechtsverletzung oder einer beanstandenden Tatsachenfeststellung unmittelbar aus dem Urteil iVm. den Ausführungen in der Berufungsbegründung, bedarf es keiner gesonderten Darlegung in der weiteren Begründung[4]. Eine umfassende Begründung ist auch entbehrlich, wenn die Entscheidung über einen Streitgegenstand notwendig von der Entscheidung über einen anderen abhängt (s. Rz. 162b).

Wird die Klage zB allein aus dem Gesichtspunkt der Verjährung[5] oder wegen Versäumung einer Ausschlussfrist abgewiesen, reicht es grds. für eine ordnungsgemäße Berufungsbegründung aus, wenn der Kläger vorträgt, weshalb der Anspruch nicht verjährt oder nicht durch Ausschlussfrist erloschen ist.

158 Stützt das ArbG dagegen sein Urteil **bei einem Streitgegenstand** auf **mehrere** voneinander unabhängige, die Entscheidung jeweils **selbständig** tragende **rechtliche Erwägungen**, dann muss die Berufungsbegründung alle diese Erwägungen angreifen. Setzt sich die Berufungsbegründung nur mit einer der beiden oder mehreren Erwägungen des ArbG auseinander, ist die Berufung insgesamt unzulässig. Die Begründung muss darlegen, warum jede Erwägung des Vordergerichts die Entscheidung nicht tragen könne[6]. Das gilt auch für eine Haupt- und die Entscheidung selbständig tragende Hilfsbegründung[7]. Dabei spielt keine Rolle, ob der Rechtsmittelkläger erstinstanzlich zu allen Komplexen schriftsätzlich Stellung genommen hatte und er ergänzend hierauf verweist. Entscheidend ist, dass die Berufungsbegründung eine Auseinandersetzung mit allen die Entscheidung jeweils selbständig stützenden Erwägungen des ArbG vornimmt.

Beispiel: Das ArbG weist eine Klage auf Überstundenvergütung für die Monate März bis Juli ab mit den Begründungen, der Kläger habe die zeitliche Lage der einzelnen Überstunden nicht ausreichend substantiiert dargelegt, und zudem seien für die Monate März bis Mai mögliche Ansprüche nach einer tariflichen Ausschlussfristenregelung erloschen. Beschäftigt sich die Berufungsbegründung in notwendigem Maße nur mit der zeitlichen Lage der Überstunden, dann ist die Berufung bezüglich der Überstunden für die Monate März bis Mai wegen fehlender Auseinandersetzung mit der Ausschlussfrist unzulässig. Hingegen ist sie ausreichend begründet bezüglich der Ansprüche für Juni und Juli, weil nach dem arbeitsgerichtlichen Urteil Ausschlussfristen dem Klagebegehren insoweit nicht entgegenstehen.

Der nur auf einen Rechtsgrund bezogene Angriff ist allerdings ausreichend, wenn er aus Rechtsgründen auch den die Entscheidung selbständig tragenden anderen Grund zu Fall bringt. Ob dies der Fall ist, muss das LAG auch ohne Rüge von Amts wegen prüfen[8].

---

1 BGH v. 23.10.2012 – XI ZB 25/11, NJW 2013, 174.
2 BGH v. 18.11.1999 – III ZR 87/99, NJW 2000, 364; BAG v. 28.5.2009 – 2 AZR 223/08, BB 2010, 1863.
3 BGH v. 23.6.2015 – II ZR 166/14; BAG v. 28.5.2009 – 2 AZR 223/08, BB 2010, 1863.
4 BGH v. 10.3.2015 – VI ZB 28/14.
5 BGH v. 10.3.2015 – VI ZR 215/14.
6 BGH v. 27.1.2015 – VI ZB 40/14; BAG v. 10.6.2015 – 5 AZR 795/14; BAG v. 19.7.2016 – 2 AZR 637/15, NZA 2017, 116; *Lipke*, AuR 2007, 1; *Zöller/Heßler*, § 520 ZPO Rz. 37a.
7 BGH v. 28.2.2007 – V ZB 154/06, NJW 2007, 1534; BAG v. 12.11.2002 – 1 AZR 632/01, NZA 2003, 676.
8 BGH v. 28.2.2007 – V ZB 154/06, AnwBl 2007, 460; BAG v. 16.10.2007 – 9 AZR 144/07, NJW-RR 2008, 214.

Voraussetzung für das Vorliegen voneinander unabhängiger, das Urteil jeweils selbständig tragender Erwä- 159
gungen ist aber, dass die jeweiligen **Entscheidungsgründe gleichwertig** sind. Sie müssen den Rechtsmittelführer im Hinblick auf die Rechtskraftwirkung des § 322 Abs. 1 ZPO in gleicher Weise beschweren. An der Gleichwertigkeit fehlt es, wenn zB die Klage als unzulässig statt als unbegründet abgewiesen wird. Gleiches gilt, wenn das Gericht die Klage mit den Begründungen abweist, der erhobene Anspruch sei noch nicht fällig und zudem verjährt. Wegen der unterschiedlichen Rechtskraftwirkung (Klage ist nur derzeit unbegründet – sie ist es auf Dauer) kann sich die Rechtsmittelbegründung – was die Beseitigung der Beschwer angeht – auf die weiterreichende Verjährung beschränken[1].

Wird ein bestimmtes Klagebegehren auf **mehrere voneinander unabhängige Sachverhalte** (s. auch Rz. 16 160
und Rz. 17) gestützt, die jeweils für sich betrachtet den Anspruch zu begründen vermögen, dann liegen mehrere Streitgegenstände oder Ansprüche vor. Hat sich das ArbG mit allen Sachverhalten auseinander gesetzt und sie etwa bei Klageabweisung alle verneint, dann kann sich die Berufung auch auf einen Streitgegenstand beschränken[2]. Nur noch insoweit prüft das LAG das Klagebegehren. Gleiches muss gelten, wenn verschiedene Sachverhalte eine bestimmte Maßnahme jeweils eigenständig rechtfertigen sollen.

Beispiele:
- Bei einer Eingruppierungsklage stützt der Kläger sein erstinstanzliches Begehren auf das Vorliegen der Tarifmerkmale einer höheren Vergütungsgruppe, zusätzlich noch auf die Verletzung des allgemeinen Gleichbehandlungsgrundsatzes und auf eine Geschlechtsdiskriminierung (§ 1 AGG). Sämtliche Lebenssachverhalte stellen hier jeweils eigenständige Anspruchsgründe, also verschiedene Streitgegenstände dar[3]. Verneint das ArbG alle rechtlichen Voraussetzungen, dann kann der Kläger seine Berufung zB nur noch auf den Gleichbehandlungsgrundsatz stützen. Nur hierauf beschränkt sich dann die Prüfungspflicht des LAG.
- Der ArbGeb stützt eine Kündigung auf zwei voneinander unabhängige Sachverhalte (zB Diebstahl und häufiges Zuspätkommen). Keiner soll nach Auffassung des ArbG die Kündigung rechtfertigen. Der ArbGeb kann die Berufung nur mit einem dieser Sachverhalte begründen. Das LAG prüft dann die Kündigung nur noch bezüglich dieses gerügten Streitgegenstandes.

Anders ist die Rechtslage, wenn **ein Sachverhalt verschiedene Anspruchsgrundlagen** erfüllen soll (zB 161
Mehrarbeitsvergütung für einen bestimmten Tag). Als Anspruchsgrundlage sollen ein Tarifvertrag und der Arbeitsvertrag in Betracht kommen. Hier kann der Berufungsführer sein Klagebegehren nicht auf eine Anspruchsgrundlage beschränken, weil die Rechtsanwendung grds. nicht zur Disposition der Parteien steht. Möglich ist aber, dass er Sachvortrag nur zu einer Anspruchsgrundlage liefert.

Hat das ArbG im Urteil im Wege objektiver Klagehäufung über **mehrere Ansprüche** oder über einen teil- 162
baren Streitgegenstand entschieden, dann muss sich das LAG im vorgenannten Umfang grds. mit **jedem Teil** der Entscheidung auseinander setzen, der in das Berufungsverfahren gelangen soll[4]. Fehlen Ausführungen zu einem Anspruch, dann ist das Rechtsmittel insoweit unzulässig[5]. Hier sind mehrere eigenständige Forderungen nur prozessual in einem Klageverfahren zusammengefasst, ohne dass sie ihre Eigenständigkeit einbüßen. Ein und dieselbe Rechtsfolge kann aus ein und demselben Lebenssachverhalt und zugleich aus mehreren Normen des materiellen Rechts hergeleitet werden. Dann liegt Anspruchskonkurrenz und keine Verschiedenheit der Streitgegenstände vor[6]. Die identische Rechtsfolge kann auch aus unterschiedlichen Lebenssachverhalten (also von verschiedenen Streitgegenständen) oder von ein und demselben Lebenssachverhalt hergeleitet werden. Verschiedenartig ist der Streitgegenstand bei abtrennbaren Ansprüchen. Abtrennbar ist ein Anspruch, wenn es sich um einen rechtlich selbständigen Teil des Gesamtstreitstoffs handelt, über den auch ein Teilurteil ergehen könnte[7]. Hat das LAG die Klage aus einem einzigen allen gemeinsamen Grund abgewiesen, dann genügt die Auseinandersetzung mit diesem Grund. Auch in diesem Zusammenhang ist zu beachten, dass die Begründung stets urteilsbezogen sein muss. Behandelt daher das ArbG zwei rechtlich selbständige Ansprüche so, als seien diese voneinander abhängig, dann kann es auch ausreichen, wenn sich die Rechtsmittelbegründung allein mit dem vom ArbG behandelten Gegenstand befasst[8]. Die eigenständige Begründungspflicht greift auch für einen **echten Hilfs-**

---

1 Vgl. BGH v. 25.11.1999 – III ZB 50/99, NJW 2000, 590.
2 BAG v. 4.9.1996 – 4 AZN 104/96, NZA 1997, 282; BGH v. 27.1.1994 – I ZR 326/91, NJW 1994, 2289; BGH v. 15.2.1971 – III ZR 188/67, NJW 1971, 807.
3 Vgl. hierzu im Einzelnen BAG v. 17.4.2002 – 5 AZR 400/00, DB 2003, 341.
4 BAG v. 16.4.1997 – 4 AZR 653/95, NZA 1998, 45; BAG v. 18.4.2012 – 4 AZR 139/10, NZA 2013, 392.
5 BAG v. 23.11.2006 – 6 AZR 317/06, NZA 2007, 630; BAG 27.7.2010 – 1 AZR 186/09, NZA 2010, 1446.
6 Zöller/*Vollkommer*, Einl. Rz. 70.
7 Vgl. dazu BAG v. 19.4.2005 – 9 AZR 184/04, NZA 2005, 1208.
8 BAG v. 16.3.2004 – 9 AZR 323/03, NZA 2004, 1049.

anspruch, den der Kläger erfolglos vor dem ArbG geltend gemacht hat und der auch im Berufungsverfahren noch als echter Hilfsanspruch verfolgt werden soll[1].

162a Rügt der Berufungskläger, das erstinstanzliche Urteil sei verfahrensfehlerhaft zustande gekommen, weil das **ArbG gegen** die Hinweispflicht aus **§ 139 ZPO verstoßen** habe, dann muss der Berufungskläger im Einzelnen auch angeben, was er auf einen entsprechenden Hinweis vor dem ArbG vorgetragen hätte und dass das ArbG ohne den Verfahrensverstoß möglicherweise zu einem anderen Ergebnis gekommen wäre (Entscheidungserheblichkeit). Zudem muss er das in Verkennung der Rechtslage Versäumte in der Berufungsbegründung nachholen[2]. Diese Grundsätze gelten auch, wenn der Berufungsführer einen Verstoß gegen die **Verhandlungspflicht** nach einer Beweisaufnahme im Rahmen von **§ 285 ZPO** geltend macht[3].

162b Eine **Ausnahme von** der umfassenden **Begründungspflicht** bei mehreren selbständigen Ansprüchen besteht dann, wenn ein Anspruch von einem anderen Anspruch denknotwendig in seinem Bestehen **unmittelbar** abhängt. In diesem Fall ist es ausreichend, wenn sich die Berufungsbegründung allein mit den Ausführungen des angefochtenen Urteils zu dem Haupt- bzw. Grundanspruch befasst[4].

Beispiele:
- Weist das ArbG eine **Kündigungsschutzklage** und einen zusätzlich verfolgten **Weiterbeschäftigungsantrag** ab, dann ist es unschädlich, wenn sich der ArbN in der Berufungsbegründung nicht mit dem Weiterbeschäftigungsantrag befasst[5].
- Das gilt auch im umgekehrten Fall, wenn das ArbG beiden Ansprüchen stattgibt und der ArbGeb nur Ausführungen zur Kündigungsschutzklage in der Berufungsbegründung macht[6].
- Erhebt der Kläger neben einer **Kündigungsschutzklage** noch Klage auf **Vergütungszahlung** gem. § 615 BGB für die Zeit nach dem vorgesehenen Ende des Arbeitsverhältnisses und weist das ArbG beide Ansprüche ab, verbunden mit dem Hinweis, es bestehe wegen der Beendigung des Arbeitsverhältnisses auch kein Annahmeverzug, dann umfasst die Berufungsbegründung, die sich nur mit der Kündigung befasst, auch den zusätzlich verfolgten Lohnanspruch. Gleiches gilt, wenn das ArbG die Klage voll zuspricht.
- Wird mit einer **Eingruppierungsfeststellungsklage** hilfsweise die Eingruppierung nach der nächst niedrigeren Vergütungsgruppe erstrebt, dann bedarf der Hilfsantrag keiner Berufungsbegründung, wenn die mit dem Hauptantrag beanspruchte Vergütung auf eine echte Aufbaufallgruppe gestützt wird[7].
- Weist das ArbG eine Klage auf **Schadensersatz** wegen fehlender Kausalität der Nichterteilung eines ordnungsgemäßen **Zeugnisses**, und zwar einmal in ziffernmäßig bestimmter Höhe für die zurückliegende Zeit und zum anderen mit einem Feststellungsantrag für die Zukunft ab, dann muss der Berufungskläger den Anspruch auf einen zukünftigen Schaden nicht eigens erwähnen, weil das ArbG die Kausalität für beide Zeiträume als streitentscheidend angesehen hat[8].
- Eine eigenständige Begründung ist entbehrlich, wenn beide Ansprüche auf demselben **einheitlichen Lebenssachverhalt** beruhen und nur verfahrensrechtlich in anderer Gestalt auftreten. Das liegt vor, wenn zB ein Auskunftsanspruch einredeweise der Klageforderung entgegengesetzt und darüber hinausgehend mit einer Widerklage verfolgt wird. Hier muss die Widerklage formell nicht mit der gleichen Begründung auch angegriffen werden[9].
- Fordert der Kläger einen **Nachteilsausgleich** iSv. § 113 Abs. 3 BetrVG und erhebt er noch hilfsweise **Kündigungsschutzklage** und weist das ArbG beide Anträge ab, dann muss der Kläger auch den Kündigungsschutzantrag eigenständig begründen, wenn er diesen im Berufungsverfahren als Hilfsantrag weiterverfolgen will. Hier fehlt es an einer Abhängigkeit der beiden Klageanträge, sie schließen sich gegenseitig aus[10].
- Unterschiedliche und nicht voneinander abhängige Streitgegenstände liegen auch dann vor, wenn ein ArbN neben dem **Feststellungsantrag nach § 4 KSchG** oder der Geltendmachung der **Unwirksamkeit eines Aufhebungsvertrages** in beiden Fällen hilfsweise einen Antrag auf **Wiedereinstellung** verfolgt[11].

163 Die **vorgenannten Grundsätze gelten** – soweit eine Abhängigkeit besteht – **nicht uneingeschränkt**. Es bedarf eigenständiger Ausführungen in der Rechtsmittelbegründung zu weiteren Ansprüchen, wenn das ArbG seine Entscheidung bezüglich eines zusätzlichen Anspruches auf weitere Gründe gestützt hat, die nicht nur in der reinen Abhängigkeit der beiden Ansprüche wurzeln. Weist das ArbG etwa im o.g. ersten

---

1 BAG v. 25.5.2016 – 2 AZR 345/15, NZA 2016, 1140.
2 BGH v. 27.1.2015 – VI ZB 40/14, NJW-RR 2015, 511; BAG v. 17.1.2007 – 7 AZR 20/06, NZA 2007, 566; BAG v. 20.4.2016 – 10 AZR 111/15, NZA 2017, 141.
3 BGH v. 28.7.2016 – III ZB 127/15, NJW 2016, 2890.
4 BAG v. 16.3.2004 – 9 AZR 323/03, NZA 2004, 1049; BAG v. 15.12.2011 – 8 AZR 197/11, NZA 2013, 179.
5 BAG v. 2.4.1987 – 2 AZR 418/86, NZA 1987, 808; aA zu Unrecht noch BAG v. 13.6.1985 – 2 AZR 452/84, NZA 1986, 600.
6 BAG v. 3.4.1987 – 7 AZR 66/86, NZA 1988, 37.
7 BAG v. 16.4.1997 – 4 AZR 653/95, NZA 1998, 45.
8 BAG v. 24.3.1977 – 3 AZR 232/76, AP Nr. 12 zu § 630 BGB.
9 BAG v. 29.7.1992 – 4 AZR 512/91, NZA 1993, 851.
10 BAG v. 9.4.1991 – 1 AZR 488/90, NZA 1991, 813.
11 BAG v. 9.11.2006 – 2 AZR 532/05, DB 2007, 528; BAG v. 8.5.2008 – 6 AZR 517/07, NJW 2008, 3372.

Beispielsfall den Weiterbeschäftigungsantrag unter Angabe von einzelnen Tatsachen mit der zusätzlichen Begründung ab, im konkreten Falle überwiege zudem das Interesse des ArbGeb an der Nichtbeschäftigung, dann muss der Kläger auch seinen Weiterbeschäftigungsantrag insoweit eigenständig begründen. Gleiches gilt beim dritten Beispielsfall, wenn das ArbG die Lohnklage zB auch mit der weiteren Begründung abweist, der Kläger sei zudem nicht arbeitsfähig und/oder nicht arbeitswillig gewesen. Hat in den beiden Fällen der ArbGeb solche zusätzlichen Aspekte erstinstanzlich zwar schriftsätzlich vorgebracht, hat das ArbG sein Urteil aber nicht darauf gestützt, dann sind gesonderte Darlegungen dazu entbehrlich. Die Berufungsbegründung muss sich zu ihrer Wirksamkeit nur mit den Ausführungen im Urteil des ArbG auseinander setzen.

Keine ausreichende Berufungsbegründung stellt es dar, wenn der Rechtsmittelkläger im Wesentlichen nur behauptet, die Begründetheit seines Anspruches ergebe sich nach Grund und Höhe aus einem zu den Akten gereichten Anlagenkonvolut. Das LAG ist nicht verpflichtet, sich einzelne Forderungselemente **aus Anlagen zusammenzusuchen**. Das gilt insbesondere, wenn die Anlagen ungeordnet oder aus sich heraus nicht verständlich sind. Die Berufungsbegründung darf nicht in ein Rätselraten ausarten. Das Gericht ist nicht berechtigt und verpflichtet, sich das möglicherweise „Passende" aus eingereichten umfangreichen Unterlagen herauszusuchen, um zur Begründetheit eines Anspruchs zu gelangen. Dies wäre eine Verletzung des rechtlichen Gehörs (Art. 103 Abs. 1 GG), weil zu befürchten ist, dass die Gegenpartei aus denselben Unterlagen – vertretbar – gegenteilige Folgerungen zieht. Dem **LAG** muss es **möglich** sein, ohne unangemessenen Aufwand dem Vorbringen im Schriftsatz zu **folgen**. Die Grenze einer solchen Vorgehensweise ist dann erreicht, wenn der Rechtsmittelführer den vorzutragenden Inhalt auf die Dokumentationsebene der Anlage zur Rechtsmittelbegründung verlagert. Wird etwa bei einem Provisionsanspruch ein Saldo geltend gemacht, dann gehört zum zwingend vorzutragenden Inhalt eine verständliche Darlegung der Gesamtabrechnung. Werden solche Anlagen aber durchnummeriert und sachlich geordnet vorgelegt und nimmt der Berufungsführer schriftsätzlich im Einzelnen darauf Bezug, dann reicht dies für eine ausreichende Begründung aus, wenn die Angaben schon beim flüchtigen Durchlesen die geltend gemachte Forderung belegen[1]. 164

Eine **bloße Bezugnahme** auf der Berufungsbegründungsschrift **beigefügte Schriftstücke**, zB auf ein Prozesskostenhilfegesuch der Partei, ein Rechtsgutachten, einen Schriftsatz der **Partei**, dessen Inhalt sich der vor dem LAG postulationsfähige Vertreter zu Eigen macht, wird nicht als ausreichende Begründung angesehen. Damit werde nach außen nicht ausreichend belegt, dass der Verfasser der Berufungsbegründung den Prozessstoff eigenständig überprüft hat und es sich um das Ergebnis seiner geistigen Tätigkeit handelt[2]. Demgegenüber kann auf beigefügte Schriftstücke durch ausdrückliche Bezugnahme[3] verwiesen werden, wenn sie vom Verfasser der Berufungsbegründung oder einem sonstigen **Postulationsfähigen** iSv. § 11 Abs. 4 unterzeichnet sind, eine beglaubigte Abschrift beigefügt ist und inhaltlich eine ausreichende Begründung enthält, zB Bezugnahme auf einen begründeten Prozesskostenhilfeantrag[4], auf eine Berufungsbegründung in einer denselben Sachverhalt betreffenden einstweiligen Verfügungssache oder auf eine Berufungsbegründung in einer Parallelsache. Keine ordnungsgemäße Berufungsbegründung stellt es aber dar, wenn sie sich nur mit einem Urteil einer **anderen Kammer des ArbG in** einer **Parallelsache** auseinander setzt und wenn beide arbeitsgerichtliche Urteile völlig abweichend gefasst sind[5]. 165

Bezüglich der Ordnungsgemäßheit der Begründung ist **nicht notwendig**, dass die formell ausreichende **Rechtsmittelbegründung inhaltlich stichhaltig, schlüssig** oder gar **rechtlich vertretbar** ist[6]. Die angeführten Berufungsgründe müssen keinen begründeten Anlass geben für eine erneute und vom ArbG abweichende Würdigung/Tatsachenfeststellung. Die Berufung ist auch ausreichend begründet, wenn sie rechtlich oder tatsächlich neben der Sache liegt[7]. Insoweit sollte im Zweifel ein großzügiger Maßstab für den Rechtsmittelführer angelegt werden. Ein ausreichender Angriff liegt vor, wenn das Vorbringen generell geeignet ist, das Urteil zu Fall zu bringen, falls der Einwand zuträfe. Grundvoraussetzung ist aber, dass ein bestimmter Bezug eines Vorbringens mit dem verfolgten Anspruch erkennbar und zuordenbar und der Versuch einer urteilsbezogenen sachlichen und rechtlichen Kritik (Urteilsschelte) noch feststellbar ist. 166

---

1 BVerfG v. 30.6.1994 – 1 BvR 2112/93, NJW 1994, 2683.
2 BGH v. 10.3.1998 – XI ZB 1/98, NJW 1998, 1647; GK-ArbGG/*Vossen*, § 66 Rz. 137 mwN.
3 BAG v. 8.5.2008 – 1 ABR 56/06, NZA 2008, 726.
4 BGH v. 5.3.2008 – XII ZB 182/04, NJW 2008, 1740.
5 Vgl. BAG v. 30.5.2001 – 4 AZR 546/00, BAGR 2002, 27 für eine solche Revisionsbegründung.
6 BGH v. 10.3.2015 – VI ZB 28/14, NJW 2015, 1458; BGH v. 13.9.2012 – III ZB 24/12, NJW 2012, 3581.
7 Zöller/*Heßler*, § 520 ZPO Rz. 34 mwN; GK-ArbGG/*Vossen*, § 66 Rz. 134a.

167 Eine **Auseinandersetzung** mit dem Urteil ist **entbehrlich**, wenn die Berufung gem. § 520 Abs. 3 Satz 2 **Nr. 4** ZPO ausschließlich[1] auf **neue Tatsachen und Beweismittel** gestützt wird (vgl. Rz. 153), die eine Abänderung des Urteils bewirken sollen. Dies lassen die speziellen Präklusionsregelungen für das arbeitsgerichtliche Verfahren von § 67 mit den dort genannten Einschränkungen zu[2]. Dies gilt insbesondere für solche Beweismittel, die erst nach Schluss der mündlichen Verhandlung vor dem ArbG aufgefunden oder gar entstanden sind. Allerdings muss trotz der grundsätzlichen Zulässigkeit neuen Tatsachenvortrages mit der Berufung die Beschwer aus dem erstinstanzlichen Urteil angegriffen werden, vgl. Rz. 13 ff. Auch können über Nr. 4 keine auf neuen Lebenssachverhalten beruhenden Streitgegenstände im Wege der Klageerweiterung oder Klageänderung in das Berufungsverfahren eingeführt werden. Dies verbietet § 533 ZPO[3]. Dagegen kann vor dem LAG erhobene Widerklage auf Tatsachenstoff gestützt werden, der in erster Instanz vorgetragen war, für die Entscheidung über die Klage aber unerheblich ist[4].

168 Wird durch den Berufungsführer im Berufungsverfahren ein **neuer Anspruch** mittels **Klageänderung, -erweiterung, Widerklage** oder **Aufrechnung** in das Verfahren eingeführt, so stellt dies einen selbständigen prozessualen Angriff dar, dessen Zulassung sich nach §§ 263, 264, 533 ZPO bestimmt[5] (vgl. Rz. 147). § 533 ZPO steht erst recht keiner Ergänzung des Antrags um einen Hilfsantrag in der 2. Instanz entgegen[6], wenn er sich auf einen erstinstanzlich vorgetragenen Tatsachenkomplex bezieht. Eine Antragsänderung/-erweiterung ohne Änderung des Klagegrundes (Lebenssachverhalt, Tatsachenkomplex) stellt gem. § 264 Nr. 2 ZPO keine Klageänderung dar. Der Berufungsgegner muss in zweiter Instanz die vorgenannten Angriffsmittel mittels Anschlussberufung verfolgen[7]; vgl. Rz. 196. Hat das **ArbG über** einen erstinstanzlich gestellten **Anspruch nicht entschieden** und hat der Kläger weder Tatbestands- noch Urteilsergänzung beantragt, dann kann er diesen untergegangenen Anspruch im Berufungsverfahren erneut verfolgen[8]; vgl. auch § 66 Rz. 28 und § 69 Rz. 19.

169 Wird die **Berufung eingelegt vor Zustellung** des vollständig abgefassten Urteils, so mag dies unzweckmäßig sein, wenn es "ohne Not" geschieht (vgl. § 66 Rz. 30 ff.). Das ändert nichts an den Modalitäten zur Begründung des Rechtsmittels. Nach § 66 Abs. 1 Satz 2 ist die Berufung erst **zwei Monate nach Zustellung des Urteils** zu begründen. Auf den Zeitpunkt der Berufungseinlegung kommt es nicht an. Wird freilich die Berufung auch schon vor Urteilszustellung begründet und wird die Begründung innerhalb der stets gültigen gesetzlichen Zwei-Monats-Frist nicht mehr nachgeholt bzw. ergänzt, dann ist es unschädlich, wenn sich die gelieferte Begründung mit hypothetischen Entscheidungsgründen auseinandersetzt und diese auch tatsächlich "trifft", weil es nur auf das Vorliegen einer objektiv richtigen Begründung ankommt. Wer auf diese Weise agiert, trägt aber das Risiko, mit seinen Ausführungen die Urteilsgründe zu verfehlen[9].

3. Verstoß gegen Fünf-Monats-Frist und Berufungsbegründung

170 Ist das Urteil nach Ablauf von fünf Monaten[10] seit seiner Verkündung noch nicht in vollständiger Form, also mit Tatbestand und Entscheidungsgründen versehen, **zugestellt**, dann beginnen gem. § 66 Abs. 1 Satz 2 ab diesem Zeitpunkt trotzdem die Fristen für die Einlegung und Begründung der Berufung zu laufen[11]; vgl. zum Fristbeginn und den rechtlichen Konsequenzen: § 66 Rz. 5. Die Fünf-Monats-Frist ist eine **Höchstfrist**, die unabhängig vom Agieren des Gerichts oder der Parteien stets zu laufen beginnt. Der Gemeinsame Senat der Obersten Gerichte des Bundes hat darüber hinausgehend in seinem Beschluss vom 27.4.1993[12] entschieden, es handele sich um ein "Urteil ohne Gründe" iSv. § 547 Nr. 6 ZPO, wenn das LAG sein Urteil nicht innerhalb einer Frist von fünf Monaten mit vollständigem Tatbestand und Entscheidungsgründen schriftlich niederlegt, von den Richtern unterschrieben und der Geschäftsstelle zum Zwecke der Zustellung übergeben hat. Nach dem BVerfG[13] verstößt ein derart verspätet **abgesetztes** Urteil gegen

---

1 BGH v. 27.3.2007 – VIII ZB 123/06.
2 GK-ArbGG/*Vossen*, § 66 Rz. 140 f.; BAG v. 16.5.1990 – 4 AZR 145/90, NZA 1990, 825.
3 Vgl. hierzu *Schmidt/Schwab/Wildschütz*, NZA 2001, 1217 (1222).
4 BGH v. 13.1.2012 – V ZR 183/10, MDR 2012, 486.
5 BGH v. 20.9.2016 – VIII ZR 247/15.
6 BAG v. 28.10.2008 – 3 AZR 903/07, NZA-RR 2009, 327.
7 BGH v. 22.1.2015 – I ZR 127/13, NJW 2015, 1608.
8 BGH v. 20.1.2015 – VI ZR 209/14, NJW 2015, 1826.
9 BAG v. 16.6.2004 – 5 AZR 529/03, NZA 2004, 12139.
10 Vgl. zur Fünf-Monats-Frist im Einzelnen *Schwab*, Die Berufung im arbeitsgerichtlichen Verfahren, S. 175–188; *Künzl*, ZZP 2005, 59.
11 BAG v. 28.10.2004 – 8 AZR 492/03, NZA 2005, 125.
12 GmS-OGB v. 27.4.1993 – 1/92, NZA 1993, 1147.
13 BVerfG v. 27.4.2005 – 1 BvR 2674/04, NZA 2005, 782; BVerfG v. 15.9.2003 – 1 BvR 809/03, NZA 2003, 1355.

das Rechtsstaatsprinzip; es könne, selbst wenn es nach Fristablauf mit Gründen versehen abgesetzt und zugestellt werde, im Rechtsmittelverfahren keine Grundlage für eine Überprüfung darstellen und somit keinen Bestand haben. Die Überlegung, nach Ablauf von fünf Monaten sei wegen des abnehmenden Erinnerungsvermögens nicht mehr gewährleistet, dass im Urteil die wesentlichen Entscheidungsgründe wiedergegeben würden, die in der Beratung für die richterliche Überzeugung maßgebend gewesen seien, gilt für Urteile aller Instanzen. Das trifft auch auf ein Urteil des ArbG zu[1]. Bei einer verspäteten **Absetzung** sei dessen **Beurkundungsfunktion** wegen des abnehmenden richterlichen Erinnerungsvermögens **nicht mehr gewahrt**. Eine solche Entscheidung stelle als Urteil ohne Gründe ein sog. **Nichturteil** dar. Gelten Urteilsgründe – selbst wenn sie tatsächlich verspätet geliefert werden – rechtlich als nicht vorhanden, kann folglich auch keine Auseinandersetzung mit ihnen stattfinden. Dann muss das LAG wegen des Zurückverweisungsverbots von § 68[2] eine vollständige Sachaufklärung vornehmen. So muss es etwa eine erstinstanzlich durchgeführte Beweisaufnahme wiederholen. Wird das verspätet abgesetzte Urteil als ein solches ohne Urteilsgründe behandelt, dann reicht als **ausreichende Berufungsbegründung** allein schon die Rüge der Verletzung der Fünf-Monats-Frist aus[3]. Erst recht ist in diesem Fall eine (überflüssige) Berufungsbegründung nicht fehlerhaft, die sich nur mit hypothetischen Entscheidungsgründen auseinander setzt, mögen diese das Urteil später stützen oder nicht[4]. Liegt wegen der Verletzung der Absetzungsfrist ein Nichturteil des ArbG vor, kann das LAG in seinem Urteil auch nicht gem. § 69 Abs. 2, 3 darauf Bezug nehmen. Ansonsten würde das LAG-Urteil den Verfahrensfehler des Erstgerichts der fehlenden Begründung fortschreiben, was ein absoluter Revisionsgrund iSv. § 551 Nr. 7 ZPO wäre[5].

Ein **Urteil** des ArbG **ist** nur dann **vollständig abgesetzt**, wenn es den formalen Anforderungen der §§ 313–313b ZPO, § 60 Abs. 4 entspricht, eine Rechtsmittelbelehrung enthält, vom Vorsitzenden unterschrieben ist und der Geschäftsstelle zum Zwecke der Zustellung übergeben ist (vgl. § 72b Abs. 1 Satz 1). Inhaltliche Mängel, insbesondere Lücken in den Entscheidungsgründen, verlängern die Anfechtungsfrist nicht[6].

171 Die Fünf-Monats-Frist greift als Höchstfrist auch ein, wenn die eigentlich rechtzeitige Zustellung an einem **Zustellungsmangel** leidet, insbesondere sich der Zustellungstag nicht nachweisen lässt. Die Fünf-Monats-Frist ist eine **uneigentliche Frist**, die allein der technischen Bestimmung des Zeitpunkts dient, an dem die Ein-Monats-Frist zur Einlegung des Rechtsmittels zu laufen beginnt. § 222 Abs. 2 ZPO findet daher keine Anwendung, so dass es keine Rolle spielt, ob der letzte Tag der Frist ein Samstag, Sonntag oder Feiertag ist[7]. Die Frist von fünf Monaten ersetzt zur Fristberechnung die Zustellung des Urteils, ist aber selbst keine Art besondere „Rechtsmittelfrist".

172 Nicht jeder Verstoß gegen die fünfmonatige Zustellungsfrist bedeutet, dass das Urteil auch innerhalb dieser Frist nicht abgesetzt worden ist. Die Fünf-Monats-Frist von § 66 Abs. 1 Satz 2 beginnt auch in solchen Fällen zu laufen, in denen das ArbG **nicht** gegen die **fünfmonatige Absetzungsfrist** verstoßen hat, aber das Urteil trotzdem **nicht binnen fünf Monaten zugestellt** wird. Beide Verstöße regeln unterschiedliche Tatbestände und Interessenlagen. Insbesondere in **Grenzbereichen** der **Fristversäumung** tauchen solche Fälle auf, in denen die Berufungsfrist nach § 66 Abs. 1 Satz 2 zu laufen beginnt und trotzdem kein Verstoß gegen die Absetzungsfrist vorliegt. Wird etwa das Urteil kurz vor Ablauf von fünf Monaten in der erforderlichen Form der Geschäftsstelle zur Zustellung übergeben[8], erfolgt die Zustellung aber erst zB nach 5 1/2 Monaten, dann ist bei ihm die Beurkundungsfunktion gewahrt.

173 Diese **Differenzierung** wirkt sich nicht auf den **Frist**beginn, sondern nur auf den **Umfang** der Berufungsbegründung aus.

174 Verstößt das ArbG gegen die fünfmonatige **Absetzungsfrist**, muss auch dann die Berufung trotzdem nach § 66 Abs. 1 Satz 2 spätestens vor Ablauf von sieben Monaten begründet werden. Da das arbeitsgerichtliche Urteil aber so behandelt wird, als enthielte es keine Gründe (vgl. Rz. 170), reicht allein ein bloßer Hinweis hierauf als ausreichende Berufungsbegründung aus, weil man sich mit nicht existenten Gründen nicht auseinandersetzen kann. Erst recht reicht es aus, wenn man sich nur mit hypothetischen Gründen auseinandersetzt[9].

---

1 BAG v. 13.9.1995 – 2 AZR 855/94, NZA 1996, 446.
2 Vgl. zu diesem Fall: BAG v. 24.4.1996 – 5 AZN 970/95, NZA 1997, 176.
3 BAG v. 24.9.1996 – 9 AZR 364/95, NZA 1997, 507; BAG v. 24.8.2010 – 3 AZB 13/10, DB 2010, 2116.
4 BAG v. 5.3.1997 – 4 AZR 532/95, NZA 1997, 951.
5 BGH v. 23.10.1998 – LwZR 3/98, NJW 1999, 794.
6 Vgl. zur Abgrenzung BAG v. 20.12.2006 – 5 AZB 35/06, NZA 2007, 226.
7 BAG v. 17.2.2000 – 2 AZR 350/97, NZA 2000, 611; Zöller/*Heßler*, § 517 ZPO Rz. 18.
8 Diese Fallkonstellation überwiegt ganz eindeutig in der Praxis bei einschlägigen Verstößen.
9 BAG v. 13.9.1995 – 2 AZR 855/94, NZA 1996, 446.

175 Hat das ArbG das Urteil binnen fünf Monaten abgesetzt und liegt „nur" ein Verstoß gegen die fünfmonatige **Zustellungsfrist** von § 66 Abs. 1 Satz 2 vor, dann enthält das Urteil des ArbG rechtserhebliche Entscheidungsgründe, mit denen sich die Berufungsbegründung im allgemeinen Umfang beschäftigen muss. Da für die Parteien ein Verstoß gegen die Absetzungsfrist und der damit korrespondierende unterschiedliche Umfang der Berufungsbegründungspflicht nicht ohne Weiteres ersichtlich ist, bleibt ihnen nichts anderes übrig, als sich bei der Geschäftsstelle durch Einsichtnahme in die Gerichtsakte oder Einholung einer schriftlichen Auskunft[1] zu erkundigen, wann das Urteil abgesetzt worden ist. Auf der sicheren Seite ist der Anwalt immer, wenn er sich mit Urteilsgründen ausreichend auseinandersetzt, sofern ihm hierfür noch genügend Zeit vor Ablauf von sieben Monaten verbleibt; ggf. kann er – was bei solchen Fällen stets im Auge behalten werden sollte – einen Verlängerungsantrag nach § 66 Abs. 1 Satz 5 stellen. Bei einer **Versäumung** der Berufungsbegründungsfrist wegen Unkenntnis der Fristenproblematik scheidet eine **Wiedereinsetzung** aus, weil der Anwalt die unterschiedlichen Fristen von § 66 Abs. 1 Satz 2 kennen muss. Etwas anderes gilt, wenn er etwa durch eine fehlerhafte Rechtsmittelbelehrung im Urteil oder eine fehlerhafte Auskunft der Geschäftsstelle des Gerichts dazu veranlasst wurde[2]. Dann muss er sich aber grds. an den Inhalt der Rechtsmittelbelehrung halten und insbesondere eine dort genannte zu lange Frist trotzdem beachten. Hält er die im Urteil bezeichnete fehlerhafte Frist ein, verstößt er dabei aber gegen die siebenmonatige Begründungsfrist, dann ist ihm wegen dieser Fristversäumung Wiedereinsetzung auch von Amts wegen zu gewähren[3].

IX. Prüfung der Zulässigkeit der Berufung und ihre Verwerfung

1. Gerichtliche Prüfpflicht

176 Das LAG hat gem. § 66 Abs. 2 Satz 2 Halbs. 1 ArbGG, § 522 Abs. 1 ZPO **von Amts wegen** zu prüfen, ob die Berufung statthaft und in der gesetzlichen Form und Frist eingelegt worden ist. Dabei erstreckt sich die **Prüfungspflicht** auf alle die Zulässigkeit des Rechtsmittels als Prozessfortsetzungsvoraussetzung beziehenden Fragen, soweit sie nicht durch § 65 ausgeschlossen werden. Die Prüfung bezieht sich insbesondere darauf, ob die Berufung das zulässige Rechtsmittel gegen eine arbeitsgerichtliche Entscheidung ist, der Rechtsmittelführer beschwert ist, die Berufung nach § 64 Abs. 2 statthaft ist, das ArbG die Berufung wirksam gem. § 64 Abs. 3 Buchst. a zugelassen hat, die Berufung von einem postulationsfähigen Vertreter iSv. § 11 Abs. 4 form- und fristgerecht eingelegt und in gleicher Weise begründet worden ist oder ob etwa eine zur Auskunft verurteilte Partei diese objektiv erfüllt hat[4].

177 Die Prüfungspflicht **von Amts wegen** bedeutet, dass das Gericht auch ohne Rüge der Gegenpartei die zulässigkeitsrelevanten Fragen ggf. durch Beweisaufnahme im Wege des **Freibeweises** (vgl. § 58 Rz. 23) klären muss. Dies bedeutet aber nicht, dass das LAG auch ohne erkennbare oder gerügte Veranlassung stets umfassende Ermittlungen anzustellen braucht. Die Prüfungspflicht ist keine Amtsermittlungspflicht, sondern beschränkt sich grds. auf den Inhalt der Prozessakte, insbesondere die Schriftsätze nebst Anlagen. Es ist Aufgabe des Rechtsmittelklägers, sämtliche Zulässigkeitsvoraussetzungen darzulegen und zu beweisen[5]. Genügt dem LAG eine eidesstattliche Versicherung nicht, um zur vollen Überzeugung für die Einhaltung einer Frist zu erlangen, dann muss das Gericht auf andere Beweismittel zurückgreifen. Dazu gehört auch die Vernehmung der Person als Zeuge, die die eidesstattliche Versicherung abgegeben hat[6]. Zum Umfang der Beweislast, der zulässigen Beweismittel und der richterlichen Beweiswürdigung vgl. BGH v. 26.6.1997[7].

178 Stellt das Gericht einen **Zulässigkeitsmangel** fest, fordert Art. 103 Abs. 1 GG (Gewährung rechtlichen Gehörs), dass es den Berufungsführer zunächst darauf **hinweist**[8]. Dieser kann sodann sein Rechtsmittel gem. § 516 ZPO zurücknehmen, wegen einer Fristversäumung Wiedereinsetzung in den vorigen Stand gem. §§ 233 ff. ZPO beantragen, erläutern, weshalb das Rechtsmittel entgegen den Bedenken des Gerichts doch zulässig sein soll oder keine Erklärungen abgeben. Besteht der Mangel in einer Fristversäumung, ist es für das Gericht ratsam, der belasteten Partei eine Frist von mindestens zwei Wochen – bzw. einem Monat in den Fällen von § 234 Abs. 1 Satz 2 ZPO – zur Stellungnahme einzuräumen. Innerhalb dieser Frist kann diese ggf. einen Antrag auf Wiedereinsetzung in den vorigen Stand gem. § 236 ZPO stellen. Zur sicheren Ermittlung des Fristbeginns (§ 234 Abs. 2 ZPO) empfiehlt es sich für das Gericht, das Hinweisschreiben an

---

1 Weiterer Ermittlungen bedarf es nicht: BVerfG v. 30.4.2008 – 2 BvR 482/07, NJW 2008, 3276.
2 BAG v. 16.12.2004 – 2 AZR 611/03, NZA 2005, 1133; BAG v. 6.7.2005 – 4 AZR 35/04.
3 Vgl. zur Wiedereinsetzungsfrist BAG v. 24.8.2005 – 2 AZB 20/05, NZA 2005, 1262.
4 LAG Hessen v. 27.1.2017 – 14 Sa 95/16.
5 GMP/*Germelmann*, § 64 Rz. 61.
6 BVerwG v. 24.7.2008 – 9 B 41/07, NJW 2008, 3588.
7 BGH v. 26.6.1997 – V ZB 10/97, NJW 1997, 3319.
8 BGH v. 15.8.2007 – XII ZB 101/07, NJW-RR 2007, 1718; BGH v. 24.2.2010 – XII ZB 168/08, NJW-RR 2010, 1075.

den Berufungsführer (vorab) per Telefax oder elektronischem Dokument im elektronischen Rechtsverkehr zu versenden. Je nach dem Verhalten des Berufungsführers wird das LAG seine Entscheidung dann treffen. Entscheidet das LAG, ohne der Partei zuvor den gebotenen rechtlichen Hinweis zu erteilen, und verwirft es die Berufung gem. § 522 Abs. 1 Satz 2 ZPO, kann die Partei im Falle einer **Fristversäumung** trotzdem **nochmals Berufung** einlegen bzw. das Rechtsmittel begründen, falls die jeweilige Frist im erneuten Einlegungszeitpunkt noch nicht abgelaufen war, zB bei einem behaupteten Zustellungsmangel. Allerdings darf eine Berufung nicht wegen der Versäumnis der Rechtsmittelfrist verworfen werden, wenn über einen Wiedereinsetzungsantrag bezüglich dieser Fristversäumnis noch nicht entschieden ist und nicht gleichzeitig entschieden wird[1]. Eine Berufung, die bereits vor der **Unterbrechung** des **Verfahrens** (insbesondere gem. § 240 ZPO) unzulässig war, kann gem. § 249 Abs. 3 ZPO analog auch während der Verfahrensunterbrechung verworfen werden[2].

Eine gerichtliche **Verwerfungsentscheidung** erlangt **keine materielle Rechtskraft**, sie entfaltet aber eine **eingeschränkte Bindungswirkung**[3]. Deren Bindungswirkung ist der Entscheidungsformel, den gelieferten Gründen sowie dem dort in Bezug genommenen Sachvortrag der Parteien zu entnehmen. Einer bestimmten Rechtshandlung, zB Einlegung oder Begründung der Berufung, steht die Bindungswirkung einer früheren Verwerfungsentscheidung entgegen, wenn dem LAG mit der erneuten Rechtshandlung derselbe Sachverhalt unterbreitet wird, der bereits Gegenstand der früheren Verwerfungsentscheidung war. Sie bestimmte, dass die Berufung wegen eines ganz bestimmten Mangels, zB wegen Versäumung einer bestimmten Frist, unzulässig ist. Deshalb kann nach einer Verwerfung der Berufung wegen Versäumung dieser Frist – bei gleichem Sachverhalt – nicht geltend gemacht werden, „dieselbe" Frist sei doch nicht versäumt, weil sie zB nicht zu laufen begonnen habe. Ist dagegen der mit dem wiederholten Rechtsmittel unterbreitete Sachverhalt in entscheidungserheblichen Punkten anders gelagert, hindert die Bindungswirkung das Gericht nicht daran, nunmehr die Zulässigkeit des Rechtsmittels aus anderen Gründen doch entgegengesetzt zu beurteilen. Wird zB die Berufung wegen Versäumung der Berufungsbegründungsfrist verworfen, dann kann mit einer erneuten Berufung geltend gemacht werden, die Berufungsfrist habe noch nicht zu laufen begonnen. Auch kann die Partei in diesem Fall trotz des Verwerfungsbeschlusses noch einen Wiedereinsetzungsantrag gem. §§ 233 ff. ZPO stellen, mit dem sie etwa geltend machen kann, an der Versäumung der Berufungsbegründungsfrist treffe sie kein Verschulden. Ist der Partei vor Erlass der Verwerfungsentscheidung **kein rechtliches Gehör** (Art. 103 Abs. 1 GG) gewährt worden, **entfällt die Bindungswirkung**. Die benachteiligte Partei kann bei einer Bindungswirkung noch eine Anhörungsrüge nach Maßgabe von § 78a erheben. Im Rügeverfahren kann sie wegen eines höherrangigen Verfassungsverstoßes solche Einwendungen vorbringen, mit denen sie wegen der Bindungswirkung bei ordnungsgemäßem Verlauf ausgeschlossen wäre. Zu beachten ist allerdings, dass das Rügeverfahren von § 78a stets subsidiär ist (vgl. § 78a Rz. 7); vorrangig sind daher andere wirksame Rechtshandlungen bzw. Rechtsbehelfe zu ergreifen.

2. Gerichtliche Wahl der Entscheidungsform

Ist das Rechtsmittel **unzulässig**, wird es idR aus Gründen der Verfahrensbeschleunigung und -ökonomie gem. § 66 Abs. 2 Satz 2 ArbGG iVm. § 522 Abs. 1 ZPO **ohne mündliche Verhandlung** durch Beschluss des **Vorsitzenden**[4] verworfen. Der Vorsitzende kann auch Verhandlungstermin anberaumen, dann wird die Berufung durch Urteil der Kammer verworfen. Hält das LAG die Berufung für zulässig, stellt es dies im Urteil zu Beginn seiner Entscheidungsgründe fest. Schließlich ist es auch zulässig, aber unzweckmäßig und in der Praxis – soweit ersichtlich – unüblich, nach mündlicher Verhandlung zunächst durch Zwischenurteil (§ 303 ZPO) über die Zulässigkeit zu entscheiden.

Ist die **Zulässigkeit** der Berufung **rechtlich problematisch**, kann das LAG gleichfalls nach § 522 Abs. 1 Satz 3 ZPO **vorab** durch **Beschluss** über die Zulässigkeit der Berufung ohne mündliche Verhandlung entscheiden. Hält sie die Berufung für zulässig, beschließt sie, „die Berufung ist zulässig" oder beschränkt sich auf den jeweiligen Streitpunkt, zB „die Berufungsfrist ist eingehalten". Hält der Vorsitzende die Berufung für unzulässig, verwirft er die Berufung. Bei problematischen Zulässigkeitsfragen scheint es im arbeitsgerichtlichen Verfahren ratsam, vorsorglich ein **Verhandlungstermin** anzuberaumen und die bestehenden Probleme mit den Parteien in einem Rechtsgespräch zu erörtern. Nicht selten können gerade

---
1 BGH v. 15.4.2014 – VI ZR 462/13.
2 BGH v. 10.10.2013 – III ZR 358/13, MDR 2014, 109.
3 BGH v. 21.3.1991 – IX ZB 6/91, NJW 1991, 2081; BGH v. 12.12.1990 – VIII ZB 42/90, NJW 1991, 1116; BAG v. 15.8.1989 – 8 AZR 557/88, NZA 1990, 537; BAG v. 21.8.2003 – 8 AZR 444/02, NZA 2003, 1292; vgl. hierzu im Einzelnen *Schwab*, Die Berufung im arbeitsgerichtlichen Verfahren, S. 317–321.
4 Bis zum 31.3.2008 war die Kammer hierfür zuständig.
5 Nach dem Wortlaut von § 66 Abs. 2 Satz 2 Halbs. 2 müsste für diesen in der Praxis wohl seltenen Fall die Kammer zuständig sein, was wohl nicht der gesetzgeberische Wille war.

solche Verfahren dem Auftrag von § 57 Abs. 2 entsprechend gütlich beigelegt werden, was nicht selten der materiellen Gerechtigkeit eher entspricht.

181 Sind sämtliche **Zulässigkeitsvoraussetzungen erfüllt**, hat der Vorsitzende nach Eingang der Berufungsbegründung gem. § 66 Abs. 2 Satz 1 idR unverzüglich **Termin** zur mündlichen Verhandlung zu **bestimmen**. Die Entscheidung zur Terminsanberaumung enthält allerdings kein Präjudiz über die Zulässigkeit der Berufung. Die Kammer muss diese Frage im gesamten Berufungsverfahren stets klären.

3. Verhältnis von Zulässigkeit und Begründetheit der Berufung

182 Während im **Verhältnis** der **Zulässigkeit und Begründetheit** einer **Klage** eine rechtlich komplizierte Zulässigkeitsfrage grds. nicht offen bleiben kann, selbst wenn über deren Begründetheit ohne Weiteres entschieden werden könnte[1], gilt eine so scharfe Trennung nicht für die Zulässigkeit und Begründetheit der **Berufung**[2]. Es wird die Meinung vertreten, die Zulässigkeit des Rechtsmittels dürfe nicht offen gelassen werden[3]. Sachliche Gründe für eine solch strikte Trennung bestehen nicht immer. Eine Differenzierung zwischen Zulässigkeit und Begründetheit einer Klage erfordert die unterschiedlichen Rechtskraftwirkungen von Prozessurteil und Sachurteil. Wird gegen ein arbeitsgerichtliches Sachurteil Berufung eingelegt, deren Zulässigkeit rechtlich kompliziert oder ggf. zeitaufwändig ist, liegt aber die Unbegründetheit der Berufung ohne Weiteres auf der Hand, dann kann ihre Zulässigkeit idR offen bleiben. Die materielle Rechtskraft ist davon nicht betroffen. Das materielle Schicksal des Klageanspruchs, seine Begründetheit oder Unbegründetheit, wird in diesem Falle stets im laufenden Prozess mit Rechtskraft geklärt, sei es durch das materiell richtige erstinstanzliche oder erst durch das in der Sache entscheidende zweitinstanzliche Urteil. Geht es dagegen im Berufungsverfahren (auch) um die **Zulässigkeit** der **Klage oder** hält das LAG die **Berufung**, ihre Zulässigkeit unterstellt, in der Sache für **nicht aussichtslos**, dann kann die Zulässigkeit des Rechtsmittels nicht offen bleiben, weil sie das Ergebnis des Rechtsstreits beeinflusst[4]. Da ein LAG-Urteil jedoch revisibel sein kann und das BAG die materielle Rechtslage anders beurteilen kann als das LAG, muss im Falle des Offenlassens der Zulässigkeit der Berufung zudem eindeutig sein, dass kein Revisionsgrund von § 72 Abs. 2 vorliegen darf. Nur in solch klaren Fällen kann das LAG die Zulässigkeitsfrage der Berufung offen lassen. Ggf. können diesbezügliche Fehleinschätzungen des LAG vom BAG – idR nach einer von ihm mittels Nichtzulassungsbeschwerde zugelassenen Revision – noch korrigiert werden.

183 Das LAG hat seine Verwerfungsentscheidung ins Einzelne gehend zu **begründen**, weshalb es die Berufung für unzulässig hält[5]. Enthält die Verwerfungsentscheidung – sei es durch Urteil der Kammer oder durch Beschluss des Vorsitzenden allein – keine (nachvollziehbare) Begründung, ist Nichtzulassungsbeschwerde ohne Weiteres begründet.

184 Ergeht die Entscheidung über die Zulässigkeit bzw. Unzulässigkeit des Rechtsmittels nach mündlicher Verhandlung durch **Urteil**, ist als Rechtsmittel dagegen die **Revision** nur dann zulässig, wenn und soweit das LAG diese gem. § 72 zugelassen hat oder das BAG sie auf eine Nichtzulassungsbeschwerde gem. § 72a zulässt. Gleiches gilt jetzt auch, wenn der Vorsitzende durch Alleinentscheidung außerhalb mündlicher Verhandlung durch Beschluss entscheidet (s. § 66 Rz. 87).

185 Verwirft der Vorsitzende die Berufung ohne mündliche Verhandlung gem. § 66 Abs. 2 Satz 2 durch **Beschluss**, dann findet dagegen nicht die Rechtsbeschwerde (§§ 574 ff. ZPO), sondern als lex specialis die **Revisionsbeschwerde** nach § 77 statt. Für das Verfahren der Revisionsbeschwerde finden gem. § 77 Satz 4 die Vorschriften der §§ 574 ff. ZPO entsprechende Anwendung. Die revisionsähnlich ausgestaltete Revisionsbeschwerde, die nur eine Rechtsprüfung ermöglicht, kann im Falle ihrer Zulassung durch die Kammer des LAG binnen einer **Notfrist** von einem Monat, gerechnet ab Zustellung des Verwerfungsurteils, ausschließlich beim BAG eingelegt werden (judex ad quem). Eine Einlegung beim LAG wahrt die Monatsfrist nicht, das LAG hat auch keine Abhilfebefugnis iSv. § 572 Abs. 1 ZPO. Für die Revisionsbeschwerde gilt vor dem BAG der Vertretungszwang von § 11 Abs. 4 (vgl. im Einzelnen zum Rechtsbeschwerdeverfahren § 78 Rz. 71 ff.).

186 Vgl. zur fehlenden materiellen Rechtskraft, aber einer eingeschränkten **Bindungswirkung** eines **Verwerfungsbeschlusses** Rz. 178, Rz. 178a.

---

1 BGH v. 16.1.2008 – XII ZR 216/05, NJW 2008, 1227; Zöller/Greger, vor § 253 ZPO Rz. 10.
2 Vgl. Schwab, Die Berufung im arbeitsgerichtlichen Verfahren, S. 304–311.
3 GMP/Germelmann, § 64 Rz. 95.
4 Ebenso BAG v. 29.7.1997 – 3 AZR 134/96, NZA 1998, 544 für das Verhältnis von Zulässigkeit und Begründetheit der Revision.
5 BGH v. 18.9.2014 – V ZR 290/13, MDR 2015, 176.

X. Die Anschlussberufung

Die Vorschriften der ZPO über die Anschlussberufung (§ 524 ZPO) finden vor dem LAG gem. § 64 Abs. 6 entsprechende Anwendung. Wer Anschlussberufung einlegt, begehrt materiell mehr als nur das erstinstanzlich Erreichte zu sichern; dazu würde ein Antrag auf Zurückweisung der Berufung genügen[1]. Das gilt auch für einen Hilfsantrag, der in dem erstinstanzlich obsiegenden Hauptantrag enthalten ist[2]. Berechtigt zur Anschlussberufung ist nur eine Prozesspartei oder ihr Streithelfer, die auch Partei des Berufungsverfahrens ist; allein eine erstinstanzliche Parteistellung reicht nicht aus.

Die Anschlussberufung ist ein **Mittel der Prozesstaktik**[3]. Der Berufungsbeklagte hat die Wahl, ob er sich der Berufung des Gegners anschließt oder unter den Voraussetzungen von § 64 Abs. 2 eigenständig Berufung einlegt[4]. Ist eine Partei bereit, das Urteil hinzunehmen, wenn auch die Gegenpartei es akzeptiert, kann sie in Ruhe das Verhalten der Gegenseite abwarten. Lässt auch der Prozessgegner die Berufungsfrist verstreichen, kann das Urteil rechtskräftig werden. Legt hingegen die Gegenpartei Berufung ein, dann hat die Partei trotz Ablaufs der einmonatigen Berufungsfrist unter dem Aspekt der prozessualen Waffengleichheit immer noch die Möglichkeit, sich jetzt der Berufung des Prozessgegners gegen dasselbe Urteil anzuschließen. Dies führt zu einer gewissen Flexibilität in der Entschließungsfreiheit einer Prozesspartei. Eine Partei, die ein Urteil durch Berufung angreift, muss das Risiko sehen, in der nächsten Instanz nicht nur nichts zu erreichen, sondern durch eine mögliche Anschlussberufung noch weitere Nachteile in der Sache erleiden zu können. Der erstinstanzlich obsiegende Kläger muss sich der Berufung der Gegenseite anschließen, wenn er eine **Klageerweiterung** iSv. § 264 **Nr. 2**. ZPO vornehmen und neue Ansprüche einführen und sich nicht nur auf die Abwehr der Berufung beschränken will. Dagegen ist im Falle von § 264 **Nr. 3** ZPO (Anpassung an die Veränderungen durch Weiterverfolgung des einheitlichen Anspruchs in modifizierter Form) eine Anschlussberufung entbehrlich, weil hier das Begehren nicht über eine Abwehr der Berufung hinausgeht, da mit dem nunmehr geltend gemachten Antrag nicht mehr verlangt wird als erstinstanzlich zuerkannt.

Ist ein Urteil für beide Prozessparteien berufungsfähig, können innerhalb der einmonatigen Berufungsfrist **beide unabhängig voneinander** jeweils Berufung einlegen. Beide Rechtsmittel sind dann prozessual eigenständige **Hauptberufungen** iSv. §§ 64 ff. Das Schicksal der einen ist nicht mit dem der anderen verknüpft. Demgegenüber ist eine Anschlussberufung vom Hauptrechtsmittel abhängig. Sie verliert ihre Wirkung, wenn das Begehren der Berufung nicht weiterverfolgt wird/werden kann.

Nach Einlegung der Berufung kann die Gegenpartei innerhalb der einmonatigen Berufungsfrist, aber auch noch nach deren Ablauf innerhalb der Frist von § 524 Abs. 2 Satz 2 ZPO sich der Berufung anschließen.

Dies hat zur Folge, dass nach Einlegung einer Berufung durch die Gegenpartei **erkennbar** sein muss, ob eine prozessuale Erklärung der Partei, mit der auch sie sich gegen das erstinstanzliche Urteil wehrt, eine **eigenständige Berufung oder** eine **Anschlussberufung** darstellen soll. Zwar ist die Bezeichnung „Anschlussberufung" nicht unbedingt nötig. Es genügt der klar erkennbare Wille, dass der Berufungsbeklagte gerade diesen Weg wählt mit dem Ziel, eine Änderung des Urteils des ArbG zu seinen Gunsten zu erreichen[5]. Dabei muss bestimmbar sein, in welchem Umfang das Urteil angegriffen oder der Klageanspruch erweitert werden soll. Bei der **Auslegung** einer Prozesshandlung muss die Form des zulässigen Rechtsmittels gewahrt worden sein. Zudem muss trotz anderweitiger Bezeichnung das Richtige erkennbar oder unzweifelhaft sein, dass der Handelnde das zulässige Rechtsmittel einlegen wollte. Dabei kommt es auf die Sicht des Gerichts und des Prozessgegners an[6]. Erklärt eine Partei ausdrücklich und unzweideutig, sie lege Anschlussberufung ein, dann muss sie sich im weiteren Verfahren daran festhalten lassen. Sie kann dann nicht später einwenden, sie hätte auch Hauptberufung einlegen können[7]. Bestehen nicht genügende Anhaltspunkte für eine bloße Anschließung, dann liegt im Zweifel eine weitere eigenständige Hauptberufung vor[8]. Dann sind beide Rechtsmittel prozessual voneinander unabhängig (vgl. hierzu Rz. 139). Bei unklaren Prozesserklärungen gilt als Auslegungsgrundsatz, dass im Zweifel dasjenige gewollt ist, was nach den Maßstäben der Rechtsordnung vernünftig ist und der recht verstandenen Interessenlage entspricht. Dabei sind auch weitere Umstände und sonstige Erklärungen zu beachten. Haben beide Parteien Hauptberufung ein-

---

1 Vgl. BAG v. 9.12.2008 – 1 ABR 74/07, NZA-RR 2009, 260.
2 BAG v. 9.12.2008 – 1 ABR 74/07, NZA-RR 2009, 260.
3 Vgl. dazu *Schwab*, FA 2005, 130.
4 BGH v. 30.4.2003 – V ZB 71/02, NJW 2003, 2388.
5 BGH v. 3.11.1989 – V ZR 143/87, NJW 1990, 449; BGH v. 12.1.2001 – V ZR 468/99, NJW 2001, 1272; Zöller/*Heßler*, § 524 ZPO Rz. 6.
6 BAG v. 15.11.1963 – 1 AZR 221/63, AP Nr. 1 zu § 345 ZPO; BAG v. 15.5.2013 – 7 AZR 494/11, NZA 2013, 1267.
7 BAG v. 8.9.1998 – 3 AZR 368/98, NZA 1999, 611; BGH v. 6.7.2000 – VII ZB 29/99, NJW 2000, 3215.
8 BGH v. 30.4.2003 – V ZB 71/02, NJW 2003, 2388; BAG v. 30.10.2008 – III ZB 41/08, AnwBl 2009, 232.

gelegt und ist eine davon unzulässig, dann kann die unzulässige Berufung in eine Anschlussberufung umgedeutet werden, wenn die sonstigen Zulässigkeitsvoraussetzungen, insbesondere Frist und rechtzeitige Begründung, einer Anschlussberufung eingehalten wurden[1] und die Umdeutung von dem mutmaßlichen Parteiwillen gedeckt ist.

191 Die **Anschlussberufung** ist nach hM **kein Rechtsmittel** im eigentlichen Sinne, sondern stellt lediglich einen angreifenden prozessualen Antrag dar, innerhalb des vom Berufungskläger eingelegten Rechtsmittels[2]. Wegen fehlender Rechtsmittelfähigkeit setzt die Anschlussberufung zB keine Beschwer voraus[3]. Mit der Einlegung der Berufung durch den Prozessgegner ist die rechtsmittelbeschränkende Funktion der Beschwer ausgeschöpft[4].

Gegenstand der Anschlussberufung können Teile des Streitgegenstandes sein, über die das ArbG im angefochtenen Urteil zum Nachteil des Berufungsbeklagten entschieden hat. Sie ist auch zu dem ausschließlichen Zweck gestattet, den Klage**antrag zu erweitern**, neue Ansprüche geltend zu machen, eine Widerklage zu erheben oder eine Änderung der Entscheidung im Kostenpunkt anzustreben; vgl. hierzu Rz. 196. Allerdings begrenzt § 533 Nr. 2 ZPO eine Klageänderung, Widerklage oder eine Aufrechnung im Berufungsverfahren auf den Tatsachenstoff, den das Berufungsgericht seiner Entscheidung ohnehin zugrunde zu legen hat. Ein bereits rechtskräftig abgewiesener Anspruch, zB durch ein früheres Teilurteil, oder ein noch vor dem ArbG anhängiger Teil des Streitgegenstandes, können nicht Gegenstand der Anschlussberufung sein.

Die Anschlussberufung ist **akzessorisch** von der Berufung des Prozessgegners. Ist zB dessen Hauptberufung unzulässig oder wird sie wirksam zurückgenommen (§ 516 ZPO), dann verliert die Anschlussberufung gem. § 524 Abs. 4 ZPO kraft Gesetzes ihre Wirkung. Da durch § 66 Abs. 2 Satz 3 ausgeschlossen ist, dass im arbeitsgerichtlichen Verfahren das LAG die Berufung wegen fehlender Erfolgsaussicht gem. § 522 Abs. 2 ZPO durch Vorabbeschluss zurückweisen kann, greift hier die letzte Alternative von § 524 Abs. 4 ZPO nicht.

192 Die Anschlussberufung unterliegt einer **zeitlichen Begrenzung**. Eine solche ist für den Beginn der Zulässigkeit der Erhebung einer Anschlussberufung im Gesetz nicht vorgesehen. Allerdings kann eine Anschlussberufung nicht eingelegt werden, bevor die Hauptberufung der Gegenseite beim Gericht eingegangen ist, weil andernfalls von einer prozessual unzulässigen Gestaltungsmöglichkeit mit einem unsicheren Fortgang des Prozesses auszugehen ist. Eine solche Anschlussberufung bleibt unzulässig, auch wenn die Gegenseite dann Berufung einlegt.

Demgegenüber besteht eine zeitliche Grenze **nach hinten**. Zur Verhinderung einer Verfahrensverzögerung ist die Anschlussberufung gem. § 524 Abs. 2 Satz 2 ZPO grds. nur fristgebunden „bis zum Ablauf der dem Berufungsbeklagten gesetzten Frist zur Berufungserwiderung" zulässig. Eine solche richterliche „Fristsetzung" kennt das arbeitsgerichtliche Urteilsverfahren nicht. Nach der Spezialregelung von § 66 Abs. 1 Satz 3 muss die Berufung kraft Gesetzes binnen Monatsfrist nach Zustellung der Berufungsbegründung beantwortet werden. Da die ZPO-Normen im arbeitsgerichtlichen Verfahren gem. § 66 Abs. 6 nur „entsprechend" gelten, hat dies zur Folge, dass die Anschlussberufung generell nur bis zum Ablauf der Ein-Monats-Frist zur Berufungsbeantwortung eingelegt werden kann. Nur wenn der Vorsitzende die Frist zur Berufungsbeantwortung im Rahmen von § 66 Abs. 1 Satz 5 verlängert, wird im Umfang der gewährten Fristverlängerung automatisch auch die Frist zur Einlegung der Anschlussberufung hinausgeschoben[5]. Die Frist endet somit stets mit Ablauf der (ggf. vom LAG verlängerten) Berufungsbeantwortungsfrist iSv. § 66 Abs. 1 Satz 3. Die verspätet eingelegte Anschlussberufung ist als unzulässig zu verwerfen. Die **Ein-Monats-Frist** ist keine Notfrist wie dies in § 574 Abs. 4 Satz 1 ZPO für die Rechtsbeschwerde verankert ist, sondern eine gesetzliche Frist iSv. § 224 Abs. 2 ZPO, die wegen fehlender gesetzlicher Möglichkeit somit **nicht verlängerbar** ist. Auch kommt eine Wiedereinsetzung nicht in Betracht[6].

Haben beide Parteien Berufung eingelegt und ist die **Berufungsbegründung** einer Partei **verspätet** eingegangen, dann ist dieses Rechtsmittel im Zweifel als unselbständige **Anschlussberufung auszulegen**[7].

---

1 BGH v. 2.2.2016 – VI ZB 33/15; BGH v. 8.5.2012 – XI ZR 261/10, NJW 2012, 2446; Zöller/Heßler, § 524 Rz. 4; Schwab, FA 2005, 131; aA LAG Hamm v. 11.5.2006 – 16 Sa 1623/05, NZA-RR 2007, 35.
2 Schwab, Die Berufung im arbeitsgerichtlichen Verfahren, S. 290 f.
3 BAG v. 19.5.2016 – 3 AZR 766/14, NZA-RR 2016, 550.
4 BAG v. 29.9.1993 – 4 AZR 693/92, NZA 1994, 761; kritisch Zöller/Heßler, § 524 ZPO Rz. 31.
5 BAG v. 24.5.2012 – 2 AZR 124/11, NZA 2012, 1223; Schwab, FA 2005, 132; HWK/Kalb, § 64 ArbGG Rz. 40.
6 BGH v. 6.7.2005 – XII ZR 29/02, NJW 2005, 3068; str. vgl BGH v. 7.5.2015 – VII ZR 145/12, Rz. 37, NJW 2015, 2812.
7 BGH v. 21.12.2005 – XII ZB 33/05, MDR 2006, 587; BGH v. 30.10.2008 – III ZB 41/08, NJW 2009, 442.

Die einmonatige Einlegungsfrist bestimmt den **Zeitpunkt** des Eintritts der **Rechtskraft** eines nicht mit einer Hauptberufung angefochtenen **teilweisen Unterliegens des Berufungsbeklagten** vor dem ArbG. Dieser erstinstanzlich ausgeurteilte Teil des Streitgegenstands wird erst nach Ablauf der für eine Anschließung vorgesehenen Frist rechtskräftig[1] (Teilrechtskraft).

Dem Berufungskläger ist in analoger Anwendung von § 66 Abs. 1 Satz 2 ArbGG iVm. § 521 Abs. 2 ZPO eine **Frist zur Erwiderung der Anschlussberufung** von grds. einem Monat zu setzen (vgl. § 66 Rz. 60)[2].

Die gesetzliche **Ein-Monats-Frist** von § 66 Abs. 1 Satz 3 zur Berufungserwiderung **gilt** gem. § 524 Abs. 2 Satz 3 ZPO generell **nicht**, wenn mit der Anschlussberufung künftig fällig werdende **wiederkehrende Leistungen** nach § 323 ZPO verfolgt werden. In solchen Verfahren, kann eine Klageerweiterung auch noch bis zum Schluss der letzten mündlichen Verhandlung vorgenommen werden. Als Ausnahmeregelung setzt eine Anschlussberufung für wiederkehrende Leistungen nicht voraus, dass sich die tatsächlichen Verhältnisse oder Umstände seit der letzten mündlichen Verhandlung vor dem ArbG oder sogar seit Ablauf der Einmonatsfrist von § 524 Abs. 2 Satz 2 ZPO geändert haben[3]. Wird bei wiederkehrenden Leistungen mit der Anschlussberufung nur eine fehlerhafte Rechtsanwendung des ArbG gerügt, dann gilt für Rechtsausführungen auch nicht die Frist von § 520 Abs. 2 Satz 2[4]. Auch hier lässt der Gesetzeswortlaut von Abs. 2 Satz 3 eine solche Einschränkung nicht zu. Über diese Anspruchsart hinausgehend ist es – aus Gründen der **Waffengleichheit** in gleicher Weise wie für den Berufungsführer im Rahmen des Hauptrechtsmittels – **allgemein** zulässig, dass der Berufungsbeklagte auch über die Zeitbarriere von § 524 Abs. 2 Satz 2 ZPO hinaus sein Vorbringen zur eingelegten Anschlussberufung in den Grenzen von § 67 ergänzen, ändern und neuen Tatsachenvortrag liefern kann[5]. Es muss ihm möglich sein, angemessen **auf** den weiteren **Verlauf** des Verfahrens zu **reagieren** und die Grenzen der Verhandlung mitbestimmen zu können. Er kann im Rahmen der Anschlussberufung eine Klageerweiterung noch im Verhandlungstermin vornehmen, wenn diese durch die im Rahmen von § 520 Abs. 3 Satz 2 Nr. 2–4 ZPO fristgerecht gelieferte Begründung der Anschlussberufung gedeckt ist. So können bei erstmals im Verhandlungstermin monatlich fällig werdende Lohnansprüche, die mittels Anschlussberufung verfolgt werden, auch für die Folgemonate bis zum Verhandlungstermin geltend gemacht werden[6]. Der mit der Ausnahmeregelung bezweckte Grundsatz der Prozessökonomie und Waffengleichheit gebietet es, die Fristverlängerung nur auf solche Umstände zu begrenzen, die im zeitlichen Verlauf des Berufungsverfahrens wurzeln. Die außerhalb der Einmonatsgrenze eingelegte Anschlussberufung muss eine Reaktion auf eine erst nach Ablauf der Anschließungsfrist eingetretene Veränderung der Umstände sein. Nur dann ist sie „verspätet" zulässig[7]. Die Ein-Monats-Frist gilt auch nicht, wenn der erstinstanzlich obsiegende Kläger im Berufungsverfahren einen **Auflösungsantrag** nach § 9 Abs. 1 Satz 1 KSchG stellt, weil dieser nach Abs. 1 Satz 3 „bis zum Schluss der mündlichen Verhandlung" vor dem LAG noch gestellt werden kann.

Die **Anschlussberufung** muss in der Anschlussschrift direkt **begründet** werden (§ 524 Abs. 3 Satz 1 ZPO), andernfalls ist sie als unzulässig zu verwerfen. Enthält die Anschlussschrift keine Begründung, wird aber innerhalb der Monatsfrist von § 524 Abs. 2 Satz 2 ZPO die Begründung der Anschlussberufung „nachgereicht", dann ist dieser nachgereichte Schriftsatz als weitere eigenständige Einlegung einer Anschlussberufung anzusehen[8]. Beide Schriftsätze bilden eine Einheit, so dass die im 1. Schriftsatz enthaltene Anschlussberufung nicht etwa wegen fehlender Begründung separat verworfen werden könnte. Allerdings wirkt eine später binnen Monatsfrist eingereichte Begründung der Anschlussberufung nicht zurück auf den Zeitpunkt des ersten Einlegungsaktes[9]. Eine direkte Möglichkeit zur originären **Verlängerung der Anschlussbegründungsfrist** in analoger Anwendbarkeit von § 66 Abs. 1 Satz 5 scheidet aus. Allerdings wird diese Frist mittelbar dadurch verlängert, dass das LAG die Frist für die Berufungsbeantwortung verlängert.

Die **Verweisungsnorm** von § 524 Abs. 3 Satz 2 ZPO sichert die Anwendbarkeit wesentlicher prozessualer Berufungsgrundsätze auch für die Anschlussberufungsschrift. Danach muss auch der Anschließende seine Anschlussberufung auf die Berufungsgründe von § 520 Abs. 3 Nr. 2–4 ZPO stützen. Der Anschlussschriftsatz ist vom LAG der Gegenpartei zuzustellen, diese hat innerhalb der ihm vom LAG zu setzenden **Ein-Monats-Frist** von § 66 Abs. 1 Satz 3 (analog) die Anschlussberufung zu **beantworten** (str. vgl. § 66 Rz. 60).

---

1 BAG v. 6.5.2003 – 1 ABR 13/02, NZA 2003, 1349.
2 Wohl auch Natter/Gross/*Pfeiffer*, § 64 Rz. 51.
3 BGH v. 28.1.2009 – XII ZR 119/07, NJW 2009, 1271; BGH v. 22.3.2016 – VI ZR 168/14, NJW 2016, 1963.
4 AA OLG Koblenz v. 14.6.2007 – 7 UF 155/07, NJW 2007, 3362; *Born*, NJW 2005, 3040.
5 BGH v. 6.7.2005 – XII ZR 293/02, NJW 2005, 3067.
6 *Schwab*, FA 2005, 132.
7 Vgl. BGH v. 7.5.2015 – VII ZR 145/12, NJW 2015, 2812.
8 BAG v. 8.12.2011 – 6 AZR 452/10, NZA-RR 2012, 273.
9 OLG Köln v. 17.1.2003 – 5 U 5/03, NJW 2003, 1879.

195 Über die Anschlussberufung ist sachlich zu entscheiden, wenn auch über die Berufung entschieden wird oder bereits entschieden worden ist. Die **Anschlussberufung verliert** beim Wegfall der Hauptberufung gem. § 524 Abs. 4 ZPO kraft Gesetzes, also automatisch ihre **Wirkung**. Sie kann sachlich nicht mehr beschieden werden[1]. Neben den in § 524 Abs. 4 ZPO genannten Fällen der Rücknahme bzw. der Verwerfung scheidet eine Sachentscheidung über die Anschlussberufung auch aus, wenn die Parteien einen **Gesamtvergleich** über die Hauptberufung abschließen oder diese übereinstimmend für erledigt erklären. Dies gilt auch für einen mittels Anschlussberufung gestellten Auflösungsantrag nach § 9 KSchG. Wirkungslos wird eine Anschlussberufung auch, wenn der Streitgegenstand der Hauptberufung, auf den sich die Anschlussberufung beschränkt, durch Vergleich erledigt wird[2]. Besteht der Berufungsbeklagte trotzdem auf einer gerichtlichen Entscheidung, dann ist die Anschlussberufung trotz eines jetzt in § 524 Abs. 3 ZPO fehlenden Hinweises auf § 522 Abs. 1 ZPO in entsprechender Anwendung von § 522 Abs. 1 Satz 2 ZPO durch Beschluss auf seine Kosten zu verwerfen[3].

196 Wegen des fehlenden Rechtsmittelcharakters einer **Anschlussberufung** kann zB der erstinstanzlich voll obsiegende Kläger sich der Berufung des Beklagten anschließen, allein zum Zwecke einer **Klageerweiterung**[4]. Da diese jedoch im Umfang ihrer Erweiterung gleichzeitig auch eine **Klageänderung** zum Inhalt hat und § 533 Nr. 2 ZPO für das Berufungsverfahren eine Begrenzung auf den erstinstanzlichen Tatsachenstoff enthält, muss die Klageerweiterung auf den gleichen Lebenssachverhalt gestützt sein, den das LAG im Rahmen von § 529 Abs. 1 Nr. 1 und 2 ZPO zu überprüfen hat. § 533 ZPO (vgl. Rz. 147) gilt von seinem Wortlaut her nicht nur für den Hauptberufungsführer. Die Zulässigkeit der Klageänderung in der Berufungsinstanz steht – neben der Einwilligung des Gegners oder der Sachdienlichkeit – nach § 533 Nr. 2 ZPO unter der zusätzlichen Voraussetzung, dass sie auf Tatsachen gestützt werden kann, die das LAG seiner Verhandlung und Entscheidung über die Berufung ohnehin nach § 529 ZPO zugrunde zu legen hat. Nach § 529 Abs. 1 Nr. 2 ZPO hat das LAG ua. auch neue Tatsachen zu verwerten, soweit deren Berücksichtigung zulässig ist, was sich im arbeitsgerichtlichen Berufungsverfahren nach der weiten Regelung von § 67 richtet. § 524 Abs. 3 Satz 2 ZPO bezieht sich nur auf formelle, nicht auf materielle Berufungsnormen. **Erweiterungen** des Streitgegenstandes, zB in Form einer Klageerweiterung, -änderung oder Widerklage können im Berufungsverfahren vom Berufungsgegner **nur mittels** form- und fristgerecht eingelegter **Anschlussberufung** in das Berufungsverfahren gelangen[5]. Das gilt auch für einen erstmals erhobenen Hilfsantrag[6]. Insbesondere nach Ablauf der Anschließungsfrist sind solche prozessualen Vorgehensweisen im Berufungsverfahren grds. nicht mehr möglich[7].

Keiner Anschlussberufung bedarf es, wenn der Berufungsbeklagte im Berufungsverfahren keine Änderung iSv. § 263 ZPO oder Erweiterung des Klagegrundes iSv. § 260 ZPO vornimmt, sondern unter Beibehaltung des bisherigen Klagegrundes (Lebenssachverhalts) nur eine **Änderung bzw. Erweiterung des Klageantrages** nach **§ 264 Nr. 3 ZPO**. Das ist etwa der Fall, wenn der in 1. Instanz mit einem Feststellungsantrag Obsiegende in der 2. Instanz zum Leistungsantrag übergeht[8] oder umgekehrt. Hier wird nicht ein weiterer prozessualer Anspruch eingeführt oder der bisherige Anspruch durch einen anderen ersetzt, sondern der bereits anhängige Anspruch wird nur in der Hauptsache qualitativ verändert (vgl. auch Rz. 168 und Rz. 188)[9]. Bei solchen Änderungen ist eine Berufungsanschlussschrift entbehrlich; sie können daher auch noch in der mündlichen Verhandlung vorgenommen werden.

197 Im Gegensatz zu einem Rechtsmittel kann die Anschlussberufung **unter einer innerprozessualen Bedingung eingelegt** werden. So ist es zB zulässig, dass sie nur solange gelten soll, wie die Hauptberufung Wirkungen entfaltet. Auch kann sie zB als unechter Hilfsantrag vom Erfolg mit dem Hauptantrag auf Zurückweisung der Berufung des Prozessgegners abhängig gemacht werden. Dies hat zur Folge, dass ein solcher Antrag automatisch in der Revisionsinstanz anfällt, wenn das LAG über ihn nicht entscheiden brauchte, weil es der Berufung des Prozessgegners stattgegeben hatte[10].

---

1 Vgl. BAG v. 14.5.1996 – 2 AZR 539/75, EzA § 522 ZPO Nr. 1.
2 BAG v. 24.4.2014 – 8 AZR 429/12, NZA 2015, 185.
3 Vgl. BGH v. 27.4.1995 – VII ZR 218/94, NJW 1995, 2362; BGH v. 6.7.2000 – VII ZB 29/99, NJW 2000, 3215; GK-ArbGG/*Vossen*, § 64 Rz. 104.
4 BAG v. 30.5.2006 – 1 AZR 111/05; BAG v. 6.9.2006 – 5 AZR 643/05, DB 2007, 120.
5 BAG v. 24.5.2012 – 2 AZR 124/11, NZA 2012, 1223; BGH v. 22.1.2015 – I ZR 127/13; Natter/Gross/*Pfeiffer*, § 64 Rz. 47.
6 BGH v. 22.1.2015 – I ZR 127/13, NJW 2015, 1608.
7 Ausnahme ist das Stellen eines Auflösungsantrages wegen § 9 Abs. 1 Satz 3 KSchG.
8 BAG v. 21.2.2006 – 3 AZR 77/05, NZA 2006, 879.
9 Vgl. auch BAG v. 10.12.2002 – 1 AZR 96/02, NZA 2003, 736.
10 BAG v. 20.8.1997 – 2 AZR 620/96, NZA 1997, 1340 (1343); BAG v. 29.9.1993 – 4 AZR 693/92, NZA 1994, 761; *Schwab*, NZA 1998, 342 (346).

Mit einer Anschlussberufung muss materiell mehr **verfolgt werden** als eine bloße Zurückweisung der Berufung des Prozessgegners[1]. Daran fehlt es, wenn der Kläger lediglich die Begründung des obsiegenden Urteils angreift. Hat das ArbG zB einen dem Klagebegehren entsprechenden Erfüllungsanspruch zuerkannt, kann der Kläger nicht per Anschlussberufung verlangen, ihm den Anspruch als Schadensersatzforderung zuzusprechen[2]. Eine eigenständige Beschwer liegt aber vor, wenn der zuerkannte Anspruch ein Minus gegenüber dem weitergehenden Antrag ist. 198

Die **Anschließung geschieht**, was eine Frage ihrer Zulässigkeit ist, innerhalb der Ein-Monats-Frist von § 524 Abs. 2 ZPO im Wesentlichen in den Formen der Hauptberufung, also durch Einreichung eines Anschließungsschriftsatzes und seiner Begründung beim LAG (§ 524 Abs. 1 ZPO). Eine Erklärung zu Protokoll der Geschäftsstelle oder zu Protokoll in der mündlichen Verhandlung ist nicht zulässig[3]. 199

Nach § 524 Abs. 3 Satz 1 ZPO muss die Anschlussberufung in der Anschlussschrift **begründet** werden, andernfalls ist sie unzulässig, vgl. zu einer späteren Begründung und zum Umfang der Begründungspflicht Rz. 192a und 143 ff. Die Anschlussschrift ist ein bestimmender Schriftsatz iSv. § 130 ZPO. 200

Kostenmäßig wird die Anschlussberufung wie ein selbständiges Rechtsmittel behandelt. Über die Kostentragungspflicht hat das Gericht zusammen mit der Hauptberufung gem. §§ 91, 92 ZPO im Urteil zu entscheiden. Ggf. sind die Kosten von Berufung und Anschlussberufung zu quoteln. 201

Der Berufungsführer kann die Berufung ohne Zustimmung der Gegenseite bis zur Verkündung des Berufungsurteils zurücknehmen. Sofern die Parteien nichts Gegenteiliges vereinbaren, trägt der **Berufungskläger** im Falle einer **Berufungsrücknahme** auch die **Kosten** der wirkungslos werdenden **Anschlussberufung**[4]. Dies gilt auch für eine zunächst eingelegte Hauptberufung, die wegen verspäteter Berufungsbegründung als Anschlussberufung zu behandeln war[5]. Da allein der Berufungskläger das Schicksal des Berufungsverfahrens bestimmt, ist es sachgerecht, dass er die gesamten Kosten des Berufungsverfahrens trägt. In dieser Kostentragungspflicht kann im Einzelfall auch einmal ein **taktischer Anreiz** liegen, anstatt eine Hauptberufung einzulegen, sich einer solchen nur anzuschließen.

Schließt sich die Anschlussberufung einer unzulässigen Hauptberufung an oder war diese vor Einlegung der Anschlussberufung gem. § 516 ZPO zurückgenommen, dann trägt der Berufungsbeklagte die **Kosten** seiner von vornherein **wirkungslosen Anschlussberufung**. Eine eventuelle Unkenntnis von der Berufungsrücknahme ändert daran nichts[6]. Gleiches gilt, wenn die Anschlussberufung wegen Verstoßes gegen § 524 Abs. 2 Satz 2, Abs. 3 ZPO selbst unzulässig ist oder trotz Berufungsrücknahme und dadurch eintretender Wirkungslosigkeit die Anschlussberufung vom Berufungsbeklagten formell weiterverfolgt und als unzulässig verworfen wird, weil hier das Schicksal der Anschlussberufung nicht vom steuerbaren Verhalten des Berufungsklägers abhängt[7]. In diesen Fällen ist eine Kostenquotelung nach den Werten von Berufung und Anschlussberufung vorzunehmen. 202

Über die **Anschlussberufung** kann das LAG grds. **nicht** vorweg selbständig durch **Teilurteil** entscheiden, auch nicht wenn sie unheilbar unzulässig ist[8], weil die Anschlussberufung stets durch Rücknahme der Hauptberufung unzulässig werden kann. Durch Teilurteil kann über die Anschlussberufung (mit-)entschieden werden, wenn über die Hauptberufung ein Teilurteil ergeht. Ergeht in der Hauptberufung ein Teilurteil ohne (Mit-)Entscheidung über die Anschlussberufung, dann soll bei einer späteren Rücknahme des verbleibenden Teils der Hauptberufung die Anschlussberufung ihre Wirkung nicht mehr verlieren, so dass in diesem Falle auch über sie ein Teilurteil ergehen kann[9]. 203

---

1 Natter/Gross/*Pfeiffer*, § 64 Rz. 46; BAG v. 9.12.2008 – 1 ABR 74/07, NZA-RR 2009, 260.
2 BAG v. 11.11.1987 – 4 AZR 336/87, AP Nr. 140 zu §§ 22, 23 BAT 1975.
3 BGH v. 29.9.1992 – VI ZR 234/91, NJW 1993, 269; BAG v. 28.10.1981 – 4 AZR 251/79, AP Nr. 6 zu § 522a ZPO; aA MünchKommZPO/*Rimmelspacher*, § 522 Rz. 8.
4 BGH v. 7.2.2006 – XI ZB 9/05, BB 2006, 629; BGH v. 26.1.2005 – XII ZB 163/04, NJW-RR 2005, 727; Zöller/*Heßler*, § 524 ZPO Rz. 43.
5 BGH v. 7.2.2007 – XII ZB 175/06, MDR 2007, 788; BGH v. 8.5.2012 – XI ZR 261/10, NJW 2012, 2446.
6 Zöller/*Heßler*, § 524 ZPO Rz. 43; OLG Köln v. 17.1.2003 – 5 U 5/03, NJW 2003, 1879.
7 BAG v. 3.4.2008 – 2 AZR 720/06, NZA 2008, 1258.
8 BGH v. 10.5.1994 – XI ZB 2/94, MDR 1994, 940 = NJW 1994, 2235.
9 Vgl. Zöller/*Heßler*, § 524 ZPO Rz. 42.

XI. Rücknahme und Verzicht der Berufung

1. Berufungsrücknahme

204 Für die Berufungsrücknahme findet § 516 ZPO im arbeitsgerichtlichen Verfahren über § 64 Abs. 6 entsprechende Anwendung.

Die **Berufungsrücknahme** ist von einem **Berufungsverzicht** und einer **Klagerücknahme** abzugrenzen. Mit dem Berufungsverzicht wird das erstinstanzliche Urteil endgültig akzeptiert und erlangt Rechtskraft. Bei der Berufungsrücknahme erklärt der Berufungskläger, er verfolge die Überprüfung des Urteils nur mit dem konkreten Rechtsmittel nicht mehr weiter. Innerhalb der Berufungsfrist kann er daher erneut Berufung einlegen[1]. Die Klagerücknahme (§ 269 ZPO) beseitigt rückwirkend die gesamten Wirkungen der Rechtshängigkeit des Prozessverfahrens. Das erstinstanzliche Urteil wird wirkungslos, ohne dass es aufgehoben werden müsste (§ 269 Abs. 3 Satz 1 ZPO). Ähnlich wie bei einer Berufungsrücknahme kann auch bei einer Klagerücknahme erneut mit demselben Streitgegenstand Klage erhoben werden. Das Zustimmungserfordernis von § 269 Abs. 1 ZPO gilt auch im Berufungsverfahren. Darunter fällt auch eine teilweise Klagerücknahme. Diese muss sich aber auf einen abtrennbaren Teil eines Klagebegehrens beziehen, über das ein Teilurteil ergehen könnte. Möglich ist auch, dass aus Gründen der Kostengerechtigkeit nicht nur die Hauptsache, sondern auch ein **Rechtsmittel** gem. § 91a ZPO **für erledigt erklärt** werden kann, zB wenn die ursprüngliche Beschwer aus dem Urteil des ArbG nachträglich entfällt oder das Rechtsschutzbedürfnis später entfällt[2].

205 Eine **Zurücknahme** der Berufung, sei es ganz oder teilweise, ist erst nach ihrer Einlegung (§ 519 Abs. 1 ZPO) möglich. Eine vorher erklärte „Rücknahme" stellt einen Berufungsverzicht dar. Eine nach Einlegung der Berufung erklärte **Klagerücknahme** (§ 269 ZPO) erstreckt sich in ihren Wirkungen gem. § 269 Abs. 3 Satz 1 ZPO auf alle Instanzen, so dass keine zusätzliche Rechtsmittelrücknahme mehr erforderlich ist. Willigt der Beklagte in einem solchen Falle in eine Klagerücknahme gem. § 269 Abs. 1, 2 ZPO nicht ein, kann die Prozesserklärung der Klagerücknahme wegen ihrer unterschiedlichen prozessualen Wirkungen im Zweifelsfalle nicht in einen Berufungsverzicht oder eine -rücknahme umgedeutet werden.

206 Der Berufungskläger kann die **Berufung** gem. § 516 Abs. 1 ZPO ohne Zustimmung – anders bei einer Klagerücknahme, § 269 ZPO – der Gegenseite **bis zur Verkündung des Berufungsurteils zurücknehmen**. Damit ist eine die Instanz beendende Entscheidung gemeint. Der Berufungskläger kann somit seine Berufung auch noch nach Verkündung eines Versäumnisurteils des LAG zurücknehmen, wenn gegen dieses Urteil ein zulässiger Einspruch eingelegt worden ist[3]. Erging das Versäumnisurteil gegen den Berufungsbeklagten, dann trägt dieser – trotz Berufungsrücknahme – die Kosten seiner Säumnis[4]. Das LAG hat sein Urteil verkündet mit Verlesen der Urteilsformel (§ 311 Abs. 2 ZPO) durch den Kammervorsitzenden bzw. mit der öffentlich erklärten Bezugnahme hierauf bei Abwesenheit der Parteien im Sitzungssaal (§ 311 Abs. 4 Satz 2 ZPO), sei es am Ende der Sitzung oder in einem eigens anberaumten Verkündungstermin. Die Verkündung endet mit dem Verlesen des letzten Wortes der Urteilsformel[5]. Eine Berufungsrücknahme während des Verlesens der Urteilsformel ist nur zulässig, wenn der Vorsitzende das Verlesen unterbricht und dem Berufungskläger förmlich das Wort erteilt[6]. Der BGH[7] lässt dagegen eine Rücknahme nur bis zum Beginn des Verlesens der Urteilsformel zu. Das Gericht könne jedoch bei einem „Zwischenruf" der Berufungsrücknahme während des Verlesens der Urteilsformel die Verkündung abbrechen, wieder in die Verhandlung eintreten und dann könne die Rücknahme erklärt werden. Allerdings ist **mit Einwilligung** der Gegenpartei aufgrund der prozessualen Dispositionsfreiheit der Parteien die Berufungsrücknahme auch nach Verkündung des Berufungsurteils bis zum Eintritt der Rechtskraft zulässig[8]. Mit Berufungsrücknahme wird eine Anschlussberufung der Gegenseite kraft Gesetzes wirkungslos; dies gilt auch für einen mittels Anschlussberufung verfolgten Auflösungsantrag nach § 9 KSchG[9].

---

1 RGZ 158, 54.
2 Vgl. Zöller/*Vollkommer*, § 91a ZPO Rz. 19.
3 BGH v. 30.3.2006 – III ZB 123/05, NJW 2006, 2124.
4 OLG Köln v. 29.11.1989 – 2 U 36/89, MDR 1990, 256.
5 Vgl. *Hartmann*, NJW 2001, 2577 (2591).
6 *von Cube*, NJW 2002, 40.
7 BGH v. 30.6.2011 – III ZB 24/11, NJW 2012, 2662.
8 BAG v. 20.12.2007 – 9 AZR 1040/06, NZA 2008, 902.
9 BAG v. 3.4.2008 – 2 AZR 720/06, NZA 2008, 1258.

Der Gesetzgeber hat diesen späten Zeitpunkt der Rücknahmemöglichkeit gewählt, um dem Rechtsmittelkläger im Lichte der mündlichen Verhandlung bis zu deren Ende die freie Möglichkeit zur Berufungsrücknahme ohne Zeitdruck und ohne Zustimmung der Gegenpartei offenzuhalten[1].

Folge der **Berufungsrücknahme** ist gem. § 516 Abs. 3 Satz 1 ZPO der Verlust des eingelegten Rechtsmittels und dass der Berufungsführer die Kosten des Berufungsverfahrens zu tragen hat. Der **Rechtsmittelverlust** und die **Kostentragungspflicht** bestehen kraft Gesetzes, so dass es keines entsprechenden Antrages der Gegenseite bedarf. Den Beschluss erlässt der Kammervorsitzende **von Amts wegen**. Einer mündlichen Verhandlung bedarf es wegen dieser Entscheidungsform nach § 53 Abs. 1 ArbGG iVm. § 128 Abs. 4 ZPO nicht. Die Entscheidung ist unanfechtbar, das LAG kann aber die Rechtsbeschwerde nach § 574 Abs. 1 Nr. 2 ZPO zulassen. Vor Erlass eines entsprechenden Beschlusses hat das Gericht dem Berufungskläger rechtliches Gehör über seine beabsichtigte Entscheidung zu gewähren, weil nicht ausgeschlossen werden kann, dass auch eine andere Kostentragungspflicht (vgl. Rz. 208) in Frage kommen kann[2]. Bei einem Verstoß hiergegen ist eine Anhörungsrüge nach § 78a statthaft. 207

Nimmt der vor dem ArbG obsiegende Kläger im Berufungsverfahren – ob mit oder ohne rechtlichen Hinweis des LAG – **aufgrund neuen Vorbringens** des Beklagten im Berufungsverfahren jetzt seine **Klage zurück**, dann trägt der Beklagte die Kosten des Berufungsverfahrens, da § 97 Abs. 2 ZPO auch zur Anwendung käme, wenn durch Urteil die Klage abzuweisen wäre[3].

Legt eine Partei nur zur **Fristwahrung** oder „vorsorglich" Berufung ein und bittet sie die gegnerischen Prozessbevollmächtigten sich (noch) **nicht** bei Gericht zu **bestellen**, bis endgültig geklärt ist, ob die Berufung durchgeführt wird, dann ist der **Gegenanwalt** im Normalfall nicht gehindert, sich umgehend vor dem LAG zu bestellen. Hierfür erhält er nach VV Nr. 3201 eine **Verfahrensgebühr** iHv. 1,1[4]. Keine „Notwendigkeit" zur Kostenerstattung iSv. § 91 Abs. 1 Satz 1 ZPO besteht, wenn das LAG den Berufungsführer davon unterrichtet hat, dass die eingelegte Berufung mangels ordnungsgemäßer Vertretung im Berufungsverfahren unzulässig ist[5]. Stellt die Gegenpartei darüber hinaus den durch den **Antrag auf Zurückweisung** der Berufung, die dadurch nach VV Nr. 3200 ausgelöste erhöhte Gebührendifferenz (0,5) zur Höhe von 1,6 dann **nicht „notwendig"** iSv. § 91 Abs. 1 Satz 1 ZPO, wenn die Berufung noch nicht begründet ist und noch innerhalb der Berufungsbegründungsfrist zurückgenommen wird[6]. Diese Kostengrundsätze gelten unabhängig davon, ob die Berufung „nur zur Fristwahrung" oder ohne einen ähnlichen Zusatz eingelegt wird. Von einem Antrag auf Zurückweisung der Berufung, der eine volle Verfahrensgebühr auslöst, geht keine Prozessförderung aus, solange mangels einer Berufungsbegründung keine sachgerechte Prüfung des Rechtsmittels möglich ist[7]. Wird dagegen die Berufungsrücknahme nach Begründung des Rechtsmittels erklärt, dann ist die 1,6 fache Verfahrensgebühr im Normalfall auch als „notwendig" anzusehen, auch wenn sich der Berufungsbeklagte inhaltlich mit der Berufungsbegründung auseinander gesetzt hat[8]. Notwendig iSv. § 91 Abs. 1 Satz 1 ZPO sind nur Kosten für solche Maßnahmen, die im Zeitpunkt der Vornahme der kostenverursachenden Handlung **objektiv** erforderlich und geeignet zur Rechtsverfolgung oder -verteidigung erscheinen. Das ist vom Standpunkt einer verständigen und wirtschaftlich vernünftigen Partei aus zu beurteilen. Auf die auch unverschuldete Unkenntnis der Partei oder ihres Rechtsanwalts von den maßgeblichen objektiven Umständen kommt es nicht an[9]. Allein die **Entgegennahme** einer Berufung ohne eine weisungsgemäße weitere Tätigkeit löst für den erstinstanzlichen Prozessbevollmächtigten noch keine Verfahrensgebühr aus[10].

Der obsiegenden Partei sind die vor dem **LAG** entstandenen **Anwalts**kosten auch dann zu **erstatten**, wenn **Verbandsvertreter** iSv. § 11 Abs. 2 Nr. 4 und 5 bereit gewesen wären, die Vertretung **unentgeltlich** zu übernehmen. Die grundlose Nicht-Inanspruchnahme einer kostenlosen rechtlichen Unterstützung erachtet das BAG[11] **nicht** als Verstoß gegen das **Missbrauchsverbot**.

---

1 BT-Drs. 14/4722, S. 243.
2 Vgl. zur Klagerücknahme nach § 269 Abs. 3 Satz 3 ZPO: BGH v. 6.10.2005 – I ZB 37/05, NJW 2006, 775.
3 OLG Nürnberg v. 21.6.2012 – 4 U 1713/11, NJW 2013, 243.
4 BGH v. 17.12.2002 – X ZB 9/02, NJW 2003, 756 (zu § 32 BRAGO); LAG Köln v. 25.2.2016 – 4 Ta 31/16, NZA-RR 2016, 382.
5 BAG v. 14.11.2007 – 3 AZB 36/07, NZA 2008, 606.
6 BGH v. 3.6.2003 – VIII ZB 19/03, NJW 2003, 2992; BGH v. 3.7.2007 – VI ZB 21/06, NJW 2007, 3723; BAG v. 16.7.2003 – 2 AZB 50/02, NZA 2003, 1294.
7 BAG v. 16.7.2003 – 2 AZB 50/02, NZA 2003, 1294.
8 BGH v. 2.10.2008 – 1 ZB 111/07, AnwBl 2009, 235; vgl. aber auch: BGH v. 3.7.2007 – VI ZB 21/06, NJW 2007, 3723.
9 BGH v. 25.2.2016 – III ZB 66/15, NJW 2016, 2751: Einreichung einer kostenauslösenden Berufungserwiderung nach kurz zuvor erklärter Berufungsrücknahme.
10 LAG Berlin-Brandenburg v. 13.8 2012 – 17 Ta (Kost) 6077/12.
11 BAG v. 18.11.2015 – 10 AZB 43/15, NZA 2016, 188.

208 Beruht die **Berufungsrücknahme** auf einer **außergerichtlichen Vereinbarung** der Parteien, die intern die **Kosten**tragungspflicht für das Berufungsverfahren anders regelt, als § 516 Abs. 3 Satz 1 ZPO dies anordnet, sollte dies im Zusammenhang mit der Berufungsrücknahme dem LAG mitgeteilt werden, um eine von Amts wegen zu treffende Entscheidung nach § 516 Abs. 3 Satz 2 ZPO zu vermeiden. Bei einer Berufungsrücknahme aufgrund eines außergerichtlichen Vergleiches der Parteien gilt mangels gegenteiliger Anhaltspunkte die Sonderregelung von § 98 ZPO, die § 516 Abs. 3 ZPO vorgeht. Danach sind grds. die Kosten des Rechtsstreits und des Vergleichs als gegeneinander aufgehoben anzusehen[1]. **Vor** einer **Berufungsrücknahme** – auch auf Anraten des Gerichts – **hat** der **Rechtsanwalt** seinen Mandanten in tatsächlicher und rechtlicher Hinsicht so **aufzuklären**, dass dieser die wägbaren Prozessaussichten selbst beurteilen kann[2].

209 Die Rücknahme der Berufung ist **gegenüber dem LAG zu erklären** durch Einreichung eines Schriftsatzes oder durch Erklärung in der mündlichen Verhandlung (§ 516 Abs. 2 ZPO). Der Rücknahmeschriftsatz ist der Gegenseite durch die Geschäftsstelle nicht mehr förmlich zuzustellen (§ 270 ZPO). Hat die Partei selbst oder ein **nicht postulationsfähiger** Vertreter iSv. § 11 Abs. 4 Berufung eingelegt, **kann** der Betreffende auch selbst das (unwirksam) eingelegte Rechtsmittel in gleicher Weise wieder **zurücknehmen**[3].

210 Hat der Berufungskläger **mehrfach Berufung** gegen dasselbe Urteil eingelegt, zB durch zwei voneinander unabhängig handelnde Rechtsanwälte, dann erledigt eine vorbehaltlose Rücknahme wegen des Grundsatzes der Einheitlichkeit des Rechtsmittels regelmäßig sämtliche Berufungen[4]. Anders ist die Rechtslage, wenn er etwa ausdrücklich nur eine der Berufungserklärungen als überflüssig oder sie als partiell fehlerhaft einschätzend zurücknimmt, ansonsten aber an seinem Rechtsmittel festhalten will. Was tatsächlich gewollt ist, muss durch objektive Auslegung[5] ermittelt werden, notfalls nach Ausübung des Fragerechts nach § 139 ZPO bei nicht eindeutigem Erklärungsinhalt. Sich widersprechende Prozesserklärungen sind wirkungslos, wenn sie gleichzeitig abgegeben werden. Reichen sowohl die Hauptpartei als auch der einfache **Nebenintervenient** Rechtsmittelschriften ein, so handelt es sich um ein einheitliches Rechtsmittel, das der Nebenintervenient nicht gegen den ausdrücklichen Willen der Hauptpartei fortführen darf[6].

211 Bei einer uneingeschränkten Berufungsrücknahme werden **noch nicht rechtskräftige Entscheidungen** des Berufungsgerichts (zB ein Teilurteil) in entsprechender Anwendung von § 269 Abs. 3 Satz 1 ZPO **wirkungslos**[7]. Die Rücknahme kann sich aber auch auf noch nicht entschiedene Teile **beschränken**.

212 Da die Berufungsrücknahme eine **Prozesshandlung** darstellt,
– kann sie nur von einem postulationsfähigen Vertreter iSv. § 11 Abs. 4 erklärt werden (vgl. Rz. 142, Rz. 209),
– wegen Irrtums gem. § 119 BGB nicht angefochten werden,
– grds. nicht widerrufen werden, es sei denn, es liegt ein Restitutionsgrund nach §§ 580, 581 ZPO vor[8]. Auch wird ein Widerruf ausnahmsweise für zulässig gesehen, wenn die Zurücknahme der Berufung für das Gericht und den Rechtsmittelkläger sogleich als Versehen offenbar wird und deshalb nach Treu und Glauben als unwirksam zu behandeln ist[9],
– ist die Berufungsrücknahme bedingungsfeindlich. Sie darf aber von innerprozessualen Vorgängen abhängig gemacht werden, die nicht vom Verhalten des Berufungsführers abhängen,
– kann sie gem. § 516 Abs. 1 ZPO nur bis zur Urteilsverkündung durch das LAG zurückgenommen werden kann. Eine bis zum Eintritt der Rechtskraft erklärte Rücknahme ist mit Zustimmung der Gegenpartei zulässig.

---

1 BGH v. 25.5.1988 – VIII ZR 148/87, NJW 1989, 39; Zöller/*Heßler*, § 516 ZPO Rz. 18; GK-ArbGG/*Vossen*, § 64 Rz. 123; aA GMP/*Germelmann*, § 64 Rz. 112; Thomas/Putzo/*Reichold*, § 516 ZPO Rz. 9, wonach § 516 Abs. 3 ZPO dem § 98 ZPO vorgehen soll.
2 BGH v. 11.4.2013 – IX ZR 94/10, NJW 2013, 2036; BGH v. 26.1.2012 – IX ZR 222/09; BGH v. 11.3.2010 – IX ZR 104/08 zur Beratung für einen – auch auf Vorschlag des Gerichts – Vergleichsabschluss anstatt Urteil, vornehmlich für einen Abfindungsvergleich.
3 BAG v. 17.11.2004 – 9 AZN 789/04 (A); vgl. beim nicht postulationsfähigen Rechtsanwalt: BGH v. 22.3.1994 – XI ZB 3/94, NJW-RR 1994, 759.
4 BGH v. 30.5.2007 – XII ZB 82/06, NJW 2007, 3640; BAG v. 18.11.2009 – 5 AZR 41/09, NZA 2010, 183; OLG Frankfurt v. 19.11.2013 – 6 U 210/13, NJW 2014, 1678.
5 BGH v. 15.3.2006 – IV ZB 38/05, NJW-RR 2006, 862.
6 LAG Köln v. 22.12.2009 – 9 Sa 383/09, NZA-RR 2010, 210.
7 Musielak/*Ball*, § 516 ZPO Rz. 13; BLAH, § 516 ZPO Rz. 18.
8 BGH v. 16.5.1991 – III ZB 1/91, NJW 1991, 2839.
9 BVerwG v. 6.12.1996 – 8 Ca 41/95, NJW 1997, 2897 bei Rücknahmeerklärung in Folge einer Mandantenverwechslung; weiter gehend MünchKommZPO/*Rimmelspacher*, § 515 Rz. 14; weitere Ausnahmen s. Zöller/*Heßler*, § 516 ZPO Rz. 9–11.

Entsteht ein **Streit über die Wirksamkeit einer Berufungsrücknahme**, dann ist hierüber gem. § 516 Abs. 3 ZPO durch Beschluss zu entscheiden, falls die Wirksamkeit der Rücknahme bejaht wird[1]. Andernfalls ist das Berufungsverfahren so durchzuführen, wie wenn keine Berufungsrücknahme erklärt worden wäre. Zum Schicksal einer Anschlussberufung im Falle einer Berufungsrücknahme vgl. Rz. 195.

2. Berufungsverzicht

Eine Prozesspartei kann gem. § 64 Abs. 6 ArbGG, § 515 ZPO auf die Durch- bzw. Weiterführung der Berufung verzichten. Mit dieser Erklärung gibt die Partei **endgültig** das Recht auf, eine arbeitsgerichtliche Entscheidung durch Anrufung der nächsten Instanz anzufechten oder ein bereits eingeleitetes Berufungsverfahren insgesamt weiter zu betreiben, weil sie das Urteil des ArbG akzeptiert. Der Verzicht kann sich auf das gesamte Urteil oder auf einen selbständigen Teil davon beziehen[2]. Der Verzicht bedarf keiner besonderen Form und kann sowohl vertraglich vereinbart als auch einseitig von der Partei selbst – für den außergerichtlichen Parteiverzicht gilt § 11 Abs. 4 nicht – oder ihrem Rechtsanwalt erklärt werden[3].

Der **Erklärungsinhalt**, auf die Durchführung einer Berufung verzichten und die arbeitsgerichtliche Entscheidung akzeptieren zu wollen, muss wegen seiner weitreichenden Bedeutung und Folgen, dh. wegen der Unwiderruflichkeit und Unanfechtbarkeit einer solchen Erklärung (vgl. Rz. 218) eindeutig sein[4]. Zur Deutung des Erklärungsinhalts entscheidet eine objektive Betrachtungsweise[5]. Der Verzichtswille kann ausdrücklich, durch schlüssige Handlung oder stillschweigend erklärt werden, der Gebrauch des Wortes „Verzicht" ist nicht erforderlich. Eine **Verzichtserklärung** stellen im Allgemeinen die Erklärungen dar:
- „Der Kläger legt keine Berufung ein"[6],
- „Die Berufung wird nur hinsichtlich der Widerklage durchgeführt". Darin liegt ein Verzicht auf die Berufung gegen die Verurteilung in der Klage[7],
- die ausdrückliche Beschränkung der Berufung auf einen konkret bezeichneten Antrag von mehreren Klageanträgen[8],
- eine von einem Rechtsanwalt nach Ablauf der Rechtsmittelfrist gegenüber dem Prozessbevollmächtigten des Gegners abgegebene Erklärung, die fristwahrend eingelegte Berufung sei zurückgenommen worden, er möge sich deshalb nicht bestellen[9].

Keine endgültigen **Verzichtserklärungen** sind in die bloßen Mitteilungen:
- „Der Kläger beabsichtige nicht, gegen das Urteil Berufung einzulegen"[10],
- die Beklagte wolle das Urteil des ArbG rechtskräftig werden lassen und die Rechtsstreite nicht fortsetzen, es sei ein abschließender Vergleich in allen anhängigen arbeitsgerichtlichen Verfahren beabsichtigt[11],
- in der Erklärung gegenüber dem ArbG, auf die Begründung dessen Urteils zu verzichten, der Verzicht auf Entscheidungsgründe nach § 313a Abs. 1 Satz 2 ZPO[12] oder in der Ankündigung im Berufungsschriftsatz, im Berufungsverfahren nur noch einen eingeschränkten Klageantrag verfolgen zu wollen. Bei letzterer Erklärung fehlt es an der Bestimmbarkeit des Verzichtsumfangs,
- die bloße Mitteilung, die Berufung sei zurückgenommen, beinhaltet für sich allein keinen Verzicht, weil es dem Rechtsmittelführer freisteht, innerhalb der Berufungsfrist eine neue Berufung einzulegen.

Fraglich ist, ob mit der **Zahlung des streitigen Betrages** durch den Beklagten ein Rechtsmittelverzicht erklärt wird, indem der Schuldner den Klageanspruch vorbehaltlos **erfüllt**[13]. Ein rechtsgeschäftlicher Wille auf einen Rechtsmittelverzicht ist sicherlich nicht erkennbar, wenn der Beklagte ausdrücklich erklärt, die Zahlung erfolge „zur Abwendung der Zwangsvollstreckung"[14]. Dabei spielt keine Rolle, ob die Gegenpartei

---
1 BGH v. 11.5.1995 – V ZB 8/95, NJW 1995, 2229; Zöller/Heßler, § 516 ZPO Rz. 24.
2 BGH v. 28.3.1989 – VI ZR 246/88, VersR 1989, 602.
3 BGH v. 12.3.2002 – VI ZR 379/01, NJW 2002, 2108.
4 BAG v. 16.3.2004 – 9 AZR 323/03, NZA 2004, 1047 (1049); BAG v. 15.3.2006 – 9 AZN 885/05, NZA 2006, 877.
5 BGH v. 8.7.1981 – IVb ZB 660/80, NJW 1981, 2816.
6 BGH v. 12.10.1955 – VI ZB 15/55, LM § 514 ZPO Nr. 6.
7 BGH v. 28.3.1989 – VI ZB 246/88, MDR 1989, 728.
8 BGH v. 7.11.1989 – VI ZB 25/89, NJW 1990, 1118.
9 BGH v. 12.3.2002 – VI ZR 379/01, NJW 2002, 2108.
10 BGH v. 26.2.1958 – IV ZR 211/57, LM ZPO § 514 Nr. 8.
11 BAG v. 16.3.2004 – 9 AZR 323/03, NZA 2004, 1047.
12 BAG v. 15.3.2006 – 9 AZN 885/05, NZA 2006, 877.
13 Vgl. Zöller/Heßler, § 515 ZPO Rz. 5.
14 BAG v. 24.10.1995 – 9 AZR 431/94, NZA 1996, 423; BGH v. 6.5.1981 – IVa ZR 170/80, NJW 1981, 1729.

die Zwangsvollstreckung angedroht hatte oder der Beklagte von sich aus initiativ geworden war (vgl. § 62 Abs. 1 Satz 1). Zahlt der Beklagte nach Erlass des erstinstanzlichen Urteils und vor Rechtsmitteleinlegung die Urteilssumme aus freien Stücken und ohne Vorbehalt, dann liegt – sofern keine weiteren Anhaltspunkte bestehen – wegen der einschneidenden Rechtsfolgen auch darin kein Rechtsmittelverzicht, weil im bloßen Zahlungsvorgang kein klarer Verzichtswille artikuliert wird[1]. Dies gilt jedenfalls dann, wenn eine rechtsunkundige Partei eine solche Handlung vornimmt, erst recht nach Zahlungsaufforderung und Androhung der Zwangsvollstreckung durch einen gegnerischen Prozessbevollmächtigten, insbesondere wenn der Gläubiger nach Erteilung einer vollstreckbaren Ausfertigung des Titels zur Zahlung auffordert[2]. Kommt dagegen zum Ausdruck, die Zahlung erfolge, weil man „seine Ruhe haben will", dann dürfte dies einen Verzicht darstellen. Ob das eine oder andere anzunehmen ist, richtet sich gem. §§ 157, 133 BGB aus der objektivierten Sicht des Schuldners nach den dem Zahlungsempfänger erkennbaren Umständen[3]; vgl. auch Rz. 14.

217 Der Verzicht kann gem. § 515 ZPO auch schon **vor** Urteilserlass durch das ArbG erklärt werden. Diese Regelung korrespondiert mit § 313a Abs. 3 ZPO, der gem. § 69 Abs. 4 Satz 2 Halbs. 2 im arbeitsgerichtlichen Verfahren anwendbar ist. So können die Parteien – das gilt auch im Beschlussverfahren – vor oder in einem laufenden erstinstanzlichen Verfahren vereinbaren, sich der **Entscheidung** des ArbG **zu unterwerfen** und hiergegen kein Rechtsmittel einzulegen[4]. Als **Erklärungsempfänger** für den Verzicht kommen sowohl das erst- oder zweitinstanzliche Gericht als auch die Gegenpartei in Betracht[5].

218 Wird der Verzicht gegenüber dem **Gericht** – zulässig ist in mündlicher Verhandlung oder schriftlich – erklärt, dann stellt dies eine **Prozesshandlung** dar, die nach § 515 ZPO keiner Annahme oder Zustimmung durch den Prozessgegner bedarf. Die Verzichtserklärung ist **unwiderruflich** und **unanfechtbar**, es sei denn, es liegt ein Restitutionsgrund iSd. §§ 580, 581 ZPO vor[6], nach Rechtskraft des Urteils auch dann nicht mehr[7], vgl. auch Rz. 212. Ein gegenüber dem Gericht erklärter Berufungsverzicht führt zur Verwerfung der Berufung von Amts wegen. Demgegenüber führt der gegenüber der **Gegenpartei** erklärte Verzicht erst auf dessen **Einrede** hin zur Verwerfung der Berufung als unzulässig[8].

219 Der **Berufungsverzicht nach Einlegung der Berufung** entspricht in seinen Wirkungen einer Berufungsrücknahme zuzüglich der weiter gehenden Erklärung eines endgültigen Rechtsmittelverzichts[9]. Da die Berufungsrücknahme bis zur Urteilsverkündung durch das LAG gem. § 516 Abs. 1 ZPO **nicht** mehr der **Zustimmung** der Gegenseite bedarf, gilt Gleiches auch für eine Verzichtserklärung.

220 Der **gegenüber dem LAG** erklärte Verzicht kann nur von einem postulationsfähigen Prozessvertreter iSv. § 11 Abs. 4 und 5 wirksam erklärt werden, nicht von der Partei selbst. Gegenüber dem **ArbG** kann die Partei – auch wenn sie vertreten ist – selbst einen wirksamen Verzicht erklären, solange noch keine Berufung eingelegt ist. Trotz eines erklärten Verzichts kann die Partei noch eine Anschlussberufung einlegen wegen deren fehlenden Rechtsmittelcharakters (vgl. Rz. 191).

221 Der dem **Prozessgegner gegenüber erklärte Berufungsverzicht** ist formfrei möglich und kann auch dann wirksam von der Partei erklärt werden, wenn die Berufung schon eingelegt ist. Ein Vertretungszwang, zB in analoger Anwendung von § 11 Abs. 4 und 5, besteht nicht[10]. Ein solcher zwischen den Parteien erklärter Verzicht beendet als solcher noch nicht den Prozess, sondern muss vom Erklärungsempfänger in den Prozess eingeführt werden, dabei stellt er eine **prozessuale Einrede** dar. Folglich ist dieser Verzicht mit Zustimmung des Gegners widerruflich[11], auch kann der Gegner auf diese Einrede verzichten[12]. Der Einrede des Verzichts kann die Gegeneinrede der Arglist entgegengesetzt werden[13].

222 Eine Beendigung des Rechtsstreits durch **übereinstimmende Erledigungserklärungen** beider Parteien ist auch in der Rechtsmittelinstanz möglich. Voraussetzung ist aber, dass das jeweilige Rechtsmittel im Zeitpunkt der Erledigungserklärung (noch) zulässig ist. Das ist zB nicht mehr der Fall, wenn das Rechtsmittel

---

1 BGH v. 16.11.1993 – X ZR 7/92, MDR 1994, 1185; BGH v. 25.5.1976 – III ZB 4/76, MDR 1976, 1005; Thomas/Putzo/*Reichold*, § 515 ZPO Rz. 8; aA OLG Hamm v. 26.11.1974 – 9 U 66/74, NJW 1975, 935.
2 BAG v. 18.9.2012 – 9 AZR 1/11, NZA 2013, 216.
3 BAG v. 21.3.2012 – 5 AZR 320/11, NZA-RR 2012, 601; BAG v. 20.3.2014 – 8 AZR 269/13 (Weiterbeschäftigung).
4 BAG v. 8.9.2010 – 7 ABR 73/09, NZA 2011, 934.
5 BGH v. 28.3.1989 – VI ZB 246/88, AP Nr. 4 zu § 514 ZPO.
6 BGH v. 28.3.1989 – VI ZB 246/88, AP Nr. 4 zu § 514 ZPO.
7 BGH v. 6.3.1985 – VIII ZR 123/84, NJW 1985, 2335; BGH v. 12.3.2002 – VI ZR 379/01, NJW 2002, 2108.
8 BGH v. 27.3.2002 – XII ZR 203/99, NJW 2002, 2109.
9 BGH v. 9.12.1993 – IX ZR 64/93, NJW 1994, 737.
10 Vgl. Zöller/*Heßler*, § 515 ZPO Rz. 10.
11 BGH v. 6.3.1985 – VIII ZR 123/84, NJW 1985, 2335.
12 RGZ 150, 392.
13 Vgl. im Einzelnen Zöller/*Heßler*, § 515 ZPO Rz. 12.

wegen Fristversäumung für Berufungs- oder -begründungsfrist unzulässig ist[1]. Das Rechtsmittel ist dann als unzulässig zu verwerfen. Hat das LAG eine **Kostenentscheidung** nach § 91a ZPO bei übereinstimmender Erledigungserklärung zu treffen, bezieht sich diese auch auf die Kosten der ersten Instanz, selbst wenn dort noch ein Teil des Gesamtrechtsstreits anhängig ist[2]. Nach Verkündung eines Urteils gem. § 69 über den bisherigen Sachantrag ist auch schon vor Eintritt der Rechtskraft für eine **einseitige Erledigungserklärung** kein Raum mehr[3].

XII. Verfahren zur materiellen Entscheidung über die Berufung

Das LAG hat im gesamten Berufungsverfahren eventuelle Zulässigkeitsprobleme des Rechtsmittels inklusive einer hierzu erforderlichen Beweiserhebung von Amts wegen zu klären (vgl. im Einzelnen Rz. 176 ff.) und beim Fehlen einer Zulässigkeitsvoraussetzung die Berufung von Amts wegen grds. als **unzulässig** zu **verwerfen** (§ 522 Abs. 1 ZPO). Diese Entscheidung kann nach Wahl des Vorsitzenden entweder ohne mündliche Verhandlung durch ihn per Beschluss (§ 522 Abs. 1 Satz 3 ZPO) oder nach mündlicher Verhandlung durch Urteil der Kammer erlassen werden. 223

Im arbeitsgerichtlichen Verfahren kann die Berufung **nicht wegen fehlender Erfolgsaussicht vorweg** durch unanfechtbaren Beschluss der Kammer nach § **522 Abs. 2, 3 ZPO** ohne mündliche Verhandlung **zurückgewiesen** werden. § 66 Abs. 2 Satz 3 verhindert dieses Procedere. Allein schon die prozessuale Ausgestaltung von § 522 Abs. 2 Satz 2 ZPO spricht angesichts der Art der Beteiligung der ehrenamtlichen Richter gegen die Anwendung dieser Bestimmung, die eine Verfahrensbeschleunigung bewirken soll[4]. 224

Hält das LAG die Berufung für **zulässig**, dann entscheidet es, ob sie **begründet** ist. Dabei wird der Rechtsstreit in den von den Berufungsanträgen gesteckten Grenzen gem. §§ 528, 529 ZPO neu verhandelt, soweit dies im Berufungsverfahren noch zulässig ist. § **529 Abs. 2 Satz 1 ZPO** bestimmt, dass prozessuale Fehler des Vordergerichts nur auf Parteirüge vom LAG zu überprüfen sind, soweit es hierbei nicht um Mängel geht, die wegen eines öffentlichen Interesses von Amts wegen (vgl. Rz. 176 ff.) zu überprüfen sind[5]. 225

1. Prüfungsumfang des Berufungsgerichts

§ 529 Abs. 2 Satz 2 ZPO ordnet eine eigenständige **umfassende materiell-rechtliche Überprüfung der Rechtslage** im Rahmen des in das Berufungsverfahren gelangten Streitgegenstandes durch das LAG an. Die Überprüfungspflicht bezieht sich dabei auf alle von den Parteien erstinstanzlich vorgebrachten rechtlichen Aspekte, unabhängig davon, ob sie vom ArbG im Urteil thematisiert wurden oder von den Parteien im Berufungsverfahren wiederholt wurden oder nicht. Mit dem zulässigen Rechtsmittel gelangt der gesamte aus den Akten ersichtliche Streitstoff des ersten Rechtszugs in die Berufungsinstanz[6]. Das LAG hat nicht nur eigene Feststellungen zu treffen, wenn die Urteilsgründe des ArbG unklar, lückenhaft oder widersprüchlich sind, weil etwa Feststellungen im Urteilstatbestand nicht in Übereinstimmung zu bringen sind mit Teilen der Entscheidungsgründe. Aus Sicht des LAG reichen schon Anhaltspunkte für eine **Unrichtigkeit** der erstinstanzlichen **Feststellungen** aus (s. Rz. 230). Hat etwa der Kläger bei einer betriebsbedingten Kündigung erstinstanzlich die Betriebsratsanhörung bestritten oder Mängel bei der Sozialauswahl geltend gemacht und hat das ArbG aus seiner Sicht nicht damit auseinandergesetzt, dann muss das LAG im Falle ihrer Entscheidungserheblichkeit diese Rechtsfragen gem. § 529 Abs. 2 Satz 2 ZPO von Amts wegen klären, unabhängig davon, ob sie von den Parteien im Berufungsverfahren erneut angesprochen (Ausnahme: sie werden unstreitig gestellt) wurden oder nicht. Hat das ArbG eine **Klage** als **unbegründet** abgewiesen und hält das LAG die Klage bereits für **unzulässig**, dann hat das LAG die Klageabweisung durch Prozessurteil als unzulässig aufrechtzuerhalten. Darin liegt kein Verstoß gegen das Verbot der reformatio in peius[7]. Gleiches gilt für die von Amts wegen zu überprüfende **Kostenentscheidung** der Vorinstanz; ggf. hat der Rechtsmittelführer insoweit gem. § 308 Abs. 2 ZPO eine Verschlechterung hinzunehmen. Hat das ArbG über einen von mehreren Streitgegenständen oder über einen Anspruch nur teilweise **versehentlich nicht entschieden**, bleibt dieser Teil zunächst bei ihm anhängig. Der Kläger kann deswegen die Urteilsergänzung nach § 321 ZPO beantragen. Versäumt er die Zweiwochenfrist von § 321 Abs. 2 ZPO, erlischt 226

---

1 BAG v. 23.9.2015 – 5 AZR 290/15, NZA 2016, 64 für Revisionsverfahren.
2 BGH v. 8.4.2015 – VII ZR 254/14, NJW 2015, 1762.
3 Vgl. BAG v. 3.6.2015 – 2 AZB 116/14, NZA 2015, 894.
4 Vgl. *Schmidt/Schwab/Wildschütz*, NZA 2000, 855; ablehnend: *Lipke*, AuR 2007, 1.
5 Vgl. hierzu Zöller/*Heßler*, § 529 ZPO Rz. 13.
6 BGH v. 22.5.2012 – II ZR 35/10, MDR 2010, 1184.
7 BGH v. 22.1.1997 – VIII ZR 339/95, WM 1997, 1713 (1716).

die Rechtshängigkeit des betreffenden Anspruchs[1]. Er kann in einem neuen Prozess oder im Berufungsverfahren unter den Voraussetzungen einer zulässigen Klageerweiterung (s. Rz. 147) bzw. Anschlussberufung weiterverfolgt werden. War auch der Tatbestand des ArbG-Urteils lückenhaft, dann ist zunächst der Tatbestand gem. § 320 ZPO zu berichtigen. Die Frist des § 321 ZPO beginnt dann erst mit Zustellung des Berichtigungsbeschlusses[2]. Hat das ArbG das **Klagebegehren fehlerhaft ausgelegt**, dann gelangt das gesamte Verfahren – incl. der Frage, welcher Anspruch erhoben und beschieden worden ist – in die nächste Instanz[3]. Weist das ArbG Haupt-und Hilfsantrag ab und hat die Berufung hinsichtlich des Hauptantrags Erfolg, ist die Abweisung des Hilfsantrags ohne Weiteres hinfällig und gegenstandslos[4]. Zur Konzentration des Prozessverfahrens und Vermeidung einer Prozessverschleppung ist **neues Vorbringen** im Berufungsverfahren nur in den Grenzen von § 67 zulässig; liegt kein Fall von § 67 Abs. 1 vor, können neue Tatsachen unbeschränkt vor dem LAG vorgebracht werden, sofern sie nur fristgerecht iSv. § 67 Abs. 4 geliefert werden (vgl. hierzu § 67 Rz. 29–33 und 48–52; vgl. zur Anwendbarkeit von § 6 KSchG im Berufungsverfahren: Rz. 153). Echte **Hilfsanträge** stehen unter der innerprozessualen Bedingung, dass dem Hauptantrag nicht entsprochen wird. Hat das ArbG unter Abweisung des Hauptantrags nur dem Hilfsantrag entsprochen und spricht das LAG schon den Hauptantrag zu, dann wird die Verurteilung aufgrund des Hilfsantrags durch das ArbG wirkungslos. Die Rechtshängigkeit des Hilfsantrags entfällt rückwirkend[5].

Es steht für seine Überzeugungsbildung im Ermessen des Berufungsgerichts, eine **Beweisaufnahme** durch Vernehmung von Zeugen zu **wiederholen**. Das LAG ist hierzu gem. § 529 Abs. 1 Nr. 1, § 398 Abs. 1 ZPO verpflichtet, wenn sein Ermessen aufgrund konkreter Zweifel an der Richtigkeit und Vollständigkeit der entscheidungserheblichen Feststellungen des ArbG dies gebietet. **Grundsätzlich** hat das LAG auf die vom ArbG erstellte **Vernehmungsniederschrift abzustellen**. Ergeben sich keine konkreten Anhaltspunkte für eine fehlerhafte Beweisaufnahme oder Beweiswürdigung, bedarf es keiner erneuten Zeugenvernehmung; das LAG wird generell dem ArbG bei der Beweiswürdigung folgen, wenn keine Anhaltspunkte für eine fehlerhafte Rechtsanwendung gegeben sind. Allein die bloße Rüge, das Berufungsgericht möge die Aussage der Zeugen anders verstehen oder deren Glaubwürdigkeit anders beurteilen, rechtfertigt idR keine Wiederholung der Beweisaufnahme. Dazu bedarf es im Einzelfall zumindest gewisser Anhaltspunkte. Dagegen ist eine **erneute Zeugen-/Parteivernehmung geboten**, wenn sich Zweifel schon aus dem Protokoll ergeben, ob die Zeugenvernehmung erschöpfend war oder nicht versucht wurde, evtl. Widersprüche aufzuklären. Eine Wiederholung ist zB geboten, wenn das LAG die protokollierte Aussage anders verstehen[6] oder würdigen oder ihr ein anderes Gewicht oder Tragweite beimessen will[7], die protokollierten Aussagen für zu vage und präzisierungsbedürftig hält[8], die Glaubwürdigkeit eines Zeugen anders beurteilen will[9] oder wenn es eine vom Wortsinn abweichende Auslegung vornehmen will. Beabsichtigt das Berufungsgericht in der Beweiswürdigung dem Erstgericht nicht zu folgen, dann muss es die hierdurch belastete Partei so rechtzeitig darauf hinweisen, dass diese noch angemessen hierauf reagieren kann[10]. Deckt nach Auffassung des LAG die Zeugenaussage die Urteilsgründe nicht, dann ist die Beweisaufnahme ganz oder teilweise zu wiederholen.

227 Einer **erneuten** Beweisaufnahme bedarf es bei einer **abweichenden Würdigung** der Zeugenaussage dagegen **nicht**, wenn sich das LAG für seine abweichende Würdigung auf solche Umstände stützt, die weder die Urteilsfähigkeit, das Erinnerungsvermögen oder die Wahrheitsliebe des Zeugen noch die Vollständigkeit und Widerspruchsfreiheit seiner Aussage betreffen[11] oder das LAG bei Anlegung eines objektiven Auslegungsmaßstabes bei der Auslegung des Erklärungstatbestandes von demselben Beweisergebnis wie das ArbG ausgeht aber dabei objektiv zu einem anderen Ergebnis kommt[12].

Die **Wiederholung einer Sachverständigenbegutachtung** kommt nur in Betracht, wenn nach Ansicht des LAG Lücken oder Unklarheiten bestehen oder Anhaltspunkte vorliegen, das Gutachten beruhe auf unrichtigen Grundlagen oder weise sonstige Fehler auf[13].

---

1 Vgl. BAG v. 26.6.2008 – 6 AZN 1167/07, NZA 2008, 1028.
2 Zöller/*Vollkommer*, § 321 ZPO Rz. 6.
3 BAG v. 20.2.2014 – 2 AZR 864/12, NZA 2015, 124.
4 BGH v. 13.9.2016 – VII ZR 17/14.
5 BAG v. 12.8.2008 – 9 AZR 620/07, NZA-RR 2009, 430.
6 BGH v. 21.3.2012 – XII ZR 18/11, MDR 2012, 601; BGH v. 11.10.2016 – VIII ZR 300/15.
7 BGH v. 2.6.1999 – VII ZR 112/98, NJW 1999, 2972; BGH v. 21.6.2011 – II ZR 103/10, MDR 2011, 1133.
8 BAG v. 20.5.2008 – 9 AZN 1258/07, NZA 2008, 839.
9 BVerfG v. 22.11.2004 – 1 BvR 1935/03, NJW 2005, 1487; BAG v. 12.9.2006 – 6 AZN 491/06, AE 2007, 91.
10 BVerfG v. 12.6.2003 – 1 BvR 2285/02, NJW 2003, 2524.
11 BGH v. 10.3.1998 – VI ZR 30/97, NJW 1998, 2222; BGH v. 14.7.2009 – VIII ZR 3/09, AnwBl 2009, 803.
12 BGH v. 8.9.1997 – II ZR 55/96, NJW 1998, 384.
13 Zöller/*Heßler*, § 529 ZPO Rz. 9.

228 Neben der Feststellung von Tatsachen ist es auch Aufgabe des Berufungsgerichts, das angefochtene Urteil auf eine mögliche **Rechtsverletzung** hin zu überprüfen, vgl. hierzu Rz. 149 f. Da die Prüfung der juristischen Tatsachenwürdigung sich an § 546 ZPO zu orientieren hat, kann nur eine das LAG überzeugende Begründung des ArbG Bestand haben. Das LAG hat als Tatsacheninstanz zB bei der Auslegung einer Willenserklärung nicht nur die erstinstanzliche Auslegung auf eine Vertretbarkeit zu überprüfen, sondern die Erklärungen selbst auszulegen[1]. Steht dem Gericht eine **Ermessensentscheidung** zu, dann hat das Berufungsgericht als Tatsacheninstanz eigenes Ermessen auszuüben und darf nicht etwa nur die erstinstanzliche Entscheidung auf Ermessensfehler überprüfen[2]. Das LAG muss anhand der nach § 529 ZPO zu beachtenden Tatsachen das Recht selbst und unmittelbar anwenden.

Hebt das **BAG** in einem Revisionsverfahren das LAG-Urteil auf und **verweist** es den Rechtsstreit zur erneuten Verhandlung und Entscheidung an das LAG **zurück**, dann ist das LAG an die rechtliche Beurteilung, die das BAG bei seiner Aufhebung des Berufungsurteils zugrunde gelegt hat, gebunden[3].

229 In Verwirklichung des eingeschränkten Überprüfungsrahmens bestimmt § 529 Abs. 1 ZPO, dass eine grundsätzliche **Bindung des Berufungsgerichts** an die erstinstanzlich inhaltlich richtig getroffenen **Tatsachenfeststellungen** besteht. Das Urteil des ArbG bindet das LAG bei einer vollständigen und überzeugenden und damit richtigen Tatsachenfeststellung[4]; vgl. auch Rz. 151. **Grundlage der LAG-Entscheidung** ist der nicht nach § 67 präkludierte Tatsachenstoff, den die Parteien ihm geliefert haben. Das sind neben dem erstinstanzlichen Urteil der Inhalt der von den Parteien im Berufungsverfahren gewechselten Schriftsätze, die in den Sitzungsniederschriften enthaltenen Feststellungen und die (§ 529 Abs. 1 Nr. 1 ZPO) zutreffenden erstinstanzlichen Tatsachenfeststellungen; zum Prüfungsumfang s. Rz. 226.

230 Nach § 529 Abs. 1 Nr. 1 ZPO besteht keine Bindung des LAG an die vom ArbG getroffenen **Tatsachenfeststellungen**, wenn aus der Sicht des LAG **konkrete Anhaltspunkte Zweifel** an der Richtigkeit oder Vollständigkeit der entscheidungserheblichen Feststellungen begründen und deshalb eine erneute Feststellung geboten ist. Durch das Merkmal „Zweifel auf Grund konkreter Anhaltspunkte" soll erreicht werden, dass sich der innere Vorgang des Zweifels auf äußere Tatsachen stützen lässt, die bei objektiver Bewertung geeignet sind, die Richtigkeit oder Vollständigkeit der Urteilsfeststellungen in Zweifel zu ziehen[5]. Bei konkreten Anhaltspunkten an der Richtigkeit oder Vollständigkeit der entscheidungserheblichen Feststellungen ist das LAG nicht gehindert, die vom ArbG bejahte Glaubwürdigkeit eines Zeugen zu verneinen, selbst wenn der Zeuge mittlerweile verstorben oder seine erneute Vernehmung aus anderen Gründen nicht mehr möglich ist[6]. Dabei dürfen im Interesse an einer materiell richtigen Entscheidung die Anforderungen an die Annahme des begründeten Zweifels nicht überspannt werden. Ungeachtet einer entsprechenden Berufungsrüge muss eine gewisse – keine überwiegende – Wahrscheinlichkeit bestehen, dass im Falle einer Beweiserhebung die erstinstanzliche Feststellung keinen Bestand haben wird, weil sie falsch ist[7]. Die Zweifel können sich insbesondere aus Fehlern bei der Beweiserhebung oder -würdigung[8], dem Übergehen oder Fehlinterpretieren erstinstanzlichen Vorbringens der Parteien[9] oder ungenügender Sachaufklärung ggf. einhergehend mit unterlassenen Hinweispflichten ergeben. Hat das LAG Zweifel, dann hat es diese ohne Bindung an erstinstanzliche Feststellungen selbst aufzuklären und eine eigene Würdigung des Sachverhalts vorzunehmen.

Weitere Fälle für fehlerhafte Tatsachenfeststellungen vgl. Rz. 152.

2. Besonderheiten bei der rechtlichen Überprüfung

231 Außer der Konzeption des Berufungsverfahrens als Instrument der Fehlerkontrolle und deren Beseitigung und der Beschränkung des Novenrechts dienen der Verfahrensbeschleunigung noch **weitere Sonderregelungen**:

232 Das LAG prüft gem. § 65 nicht, ob der beschrittene **Rechtsweg** und die **Verfahrensart** zulässig ist. Dies gilt allerdings nicht, wenn das ArbG unter Verletzung von § 17a Abs. 3 GVG trotz einer entsprechenden Rüge nicht über diese Fragen durch einen selbständig anfechtbaren Beschluss entschieden hatte, sondern

---

1 BGH v. 14.7.2004 – VIII ZR 164/03, NJW 2004, 2752.
2 BGH v. 28.3.2006 – VI ZR 46/05, NJW 2006, 1592.
3 BAG v. 27.1.2011 – 8 AZR 483/09, NZA 2011, 689.
4 BGH v. 9.3.2005 – VIII ZR 266/03, NJW 2005, 1584.
5 BT-Drs. 14/6036, S. 123.
6 BGH v. 16.8.2016 – X ZR 96/14.
7 BGH v. 3.6.2014 – VI ZR 394/13, NJW 2014, 2797.
8 Vgl. hierzu im Einzelnen Zöller/*Heßler*, § 529 ZPO Rz. 3 ff.
9 Vgl. BGH v. 12.3.2004 – V ZR 257/03, NJW 2004, 1876; BGH v. 19.3.2004 – V ZR 104/03, NJW 2004, 2152.

fehlerhaft erst im Urteil[1]. Im Berufungsverfahren ist auch nicht, weder selbständig noch zusammen mit anderen Angriffen, der Einwand zulässig, das ArbG habe zu Unrecht seine **örtliche Zuständigkeit** angenommen (§ 48 Abs. 1 Nr. 1 ArbGG iVm. § 17a Abs. 2 und 3 GVG). Dies gilt sowohl dann, wenn das ArbG richtigerweise durch unanfechtbaren Vorabbeschluss über die örtliche Zuständigkeit entschieden hatte oder fälschlicherweise ausdrücklich erst im Urteil selbst.

233 Das **LAG** überprüft von Amts wegen und somit auch ohne Parteirüge[2] gem. § 512 ZPO die **Entscheidungen, die** dem angefochtenen **Urteil vorausgingen** und die nicht selbständig anfechtbar sind. Dies sind zB ein Zwischen- oder ein Grundurteil (§§ 303, 304 ZPO) sowie alle nicht selbständig anfechtbaren Beschlüsse und prozessleitenden Verfügungen des Vorsitzenden. Eine solche Überprüfbarkeit entfällt, wenn solche Entscheidungen gesetzlich ausdrücklich für unanfechtbar erklärt werden. So bestimmt zB § 238 Abs. 3 ZPO, dass die gerichtliche Entscheidung, die einem Antrag auf Wiedereinsetzung in den vorigen Stand stattgibt, unanfechtbar ist. Hier kann das Berufungsgericht die positive Entscheidung der Vorinstanz nicht abändern, falls nach seiner Meinung dem Antrag nicht hätte stattgegeben werden dürfen.

234 Eine eigenständige Überprüfung findet im Berufungsverfahren statt, wenn es um die Frage der **internationalen Zuständigkeit** geht[3], weil es sich hierbei um eine von Amts wegen zu prüfende Zulässigkeitsfrage handelt. Weder § 513 Abs. 2 ZPO[4] noch die §§ 17 ff. GVG enthalten hierfür spezialgesetzliche Regelungen die die Überprüfbarkeit einschränken. Das Fehlen der deutschen Gerichtsbarkeit ist ein Verfahrenshindernis, über dessen Vorliegen im Wege eines Zwischenstreits nach § 280 ZPO entschieden werden kann. Will das angerufene Gericht die internationale Zuständigkeit der deutschen Gerichtsbarkeit bindend feststellen, hat es im Wege eines Zwischenurteils gem. § 280 ZPO, aber nicht durch Beschluss nach § 17a GVG zu entscheiden[5]; s. § 64 Rz. 25 und § 61 Rz. 60. Fehlt die deutsche Gerichtsbarkeit, dann ist die Klage als unzulässig abzuweisen (vgl. auch Rz. 25 und § 65 Rz. 15). Allerdings kann die internationale Zuständigkeit deutscher Gerichte durch **rügelose Einlassung** in der Klageerwiderung nach Art. 24 S. 1 EuGVVO aF begründet werden[6].

235 Im arbeitsgerichtlichen Berufungsverfahren gelten **die allgemeinen zivilprozessualen Verhandlungsgrundsätze**, zB die Verhandlungs- und Beibringungsmaxime oder das Mündlichkeitsprinzip von § 128 Abs. 1 ZPO.

Der **Mündlichkeitsgrundsatz** hat zum Inhalt, dass ohne mündliche Verhandlung das Gericht keine Entscheidung erlassen und Entscheidungsgrundlage nur der Prozessstoff sein darf, der Gegenstand der mündlichen Verhandlung war[7]. Entdeckt das Gericht zB nach Schluss der mündlichen Verhandlung und vor einem gesonderten Verkündungstermin einen neuen rechtlichen Gesichtspunkt, auf den es seine Entscheidung stützen will, dann reicht es nicht aus, wenn es die Parteien gem. § 139 ZPO nur darauf hinweist, ihnen Gelegenheit zur Stellungnahme gibt und gleichzeitig den Verkündungstermin nach hinten verlegt. Hier hat das Gericht die mündliche **Verhandlung** nach § 156 ZPO **wieder** zu eröffnen[8] (vgl. zur Pflicht der Wiedereröffnung der mündlichen Verhandlung § 69 Rz. 3 und Rz. 3a).

236 Während im erstinstanzlichen Urteilsverfahren § 128 Abs. 2 Satz 2 ZPO ausgeschlossen ist (§ 46 Abs. 2), ist im Berufungsverfahren eine **Entscheidung ohne mündliche Verhandlung** gem. § 64 Abs. 6 statthaft, da diese Bestimmung im Verweisungskatalog von § 64 Abs. 7 fehlt. Eine solche **Entscheidung im schriftlichen Verfahren** bedarf freilich der Zustimmung beider Parteien und ist nur innerhalb der dreimonatigen zeitlichen Höchstgrenze von § 128 Abs. 2 Satz 3 ZPO zulässig. Die Entscheidung erlässt stets die Kammer, außer in den Fällen von § 55 Abs. 1.

---

1 BAG v. 26.3.1992 – 2 AZR 443/91, DB 1992, 1562.
2 Vgl. BAG v. 1.12.1985 – 5 AZR 466/75, AP Nr. 2 zu § 61 ArbGG 1953 – Grundurteil.
3 BGH, GSZ v. 14.6.1965 – GSZ 1/65, NJW 1965, 1665 m. Anm. *Cohn* in NJW 1966, 287; BAG v. 25.6.2013 – 3 AZR 138/11, NZA-RR 2013, 46; BAG v. 18.7.2013 – 6 AZR 882/11, NZA-RR 2013, 32; BGH 31.5.2011 – VI ZR 154/10.
4 Zöller/*Heßler*, § 513 ZPO Rz. 8.
5 BAG v. 20.10.2015 – 9 AZR 525/14, NZA 2016, 254.
6 Vgl. BGH v. 19.5.2015 – XI ZR 27/14, NJW 2015 2667.
7 MünchKommZPO/*Peters*, § 128 Rz. 8, 9.
8 BAG v. 23.1.1996 – 9 AZR 600/93, NZA 1996, 838.

XIII. Entsprechend anwendbare Vorschriften des arbeitsgerichtlichen Verfahrens nach § 64 Abs. 7

§ 64 Abs. 7 erklärt die meisten Vorschriften über das erstinstanzliche arbeitsgerichtliche Verfahren auch vor dem LAG für anwendbar. Dabei enthält der Verweisungskatalog eine **abschließende Aufzählung**. Soweit dort spezielle erstinstanzliche Verfahrensregeln nicht genannt sind, gelten diejenigen der ZPO (vgl. Rz. 113 f.). 237

1. Ablehnung von Richtern

Für die Ablehnung des Kammervorsitzenden und/oder einer oder beider ehrenamtlicher Richter entscheidet gem. § 49 Abs. 1 die gleiche Kammer unter Hinzuziehung der im Geschäftsverteilungsplan hierfür vorgesehenen jeweiligen nächstberufenen Vertreter. Dies gilt sowohl für den Vorsitzenden als auch für die Beisitzer aus ArbGeb- und aus ArbN-Kreisen. Wird die komplette Kammer abgelehnt inklusive aller Beisitzer dieser Kammer, also auch sämtlicher nächstberufenen Beisitzer der Kammer, dann entscheidet die Kammer des Vertreters des Vorsitzenden, sofern der Geschäftsverteilungsplan diesen Fall nicht anderweitig regelt. Werden alle Vorsitzenden eines LAG abgelehnt, dann entscheidet in entsprechender Anwendung von § 49 Abs. 1 und 2 der nach dem Geschäftsverteilungsplan zuständige Senat des BAG[1]. Das Verbot der Selbstentscheidung (§ 45 Abs. 1 ZPO) gilt nicht für ein auf keinen Sachgrund gestütztes offensichtlich unzulässiges und **rechtsmissbräuchliches Ablehnungsgesuch**[2]. 238

Über das Ablehnungsgesuch entscheidet die Kammer in voller Besetzung. Ihr Beschluss über die Ablehnung ist unanfechtbar (§ 49 Abs. 3), die Rechtsbeschwerde kann nicht zugelassen werden; wegen einer Anhörungsrüge vgl. § 78a Rz. 5.

2. Persönliches Erscheinen der Parteien

Auch im Berufungsverfahren kann der Vorsitzende das persönliche Erscheinen der Parteien zum Verhandlungstermin im gleichen Umfang wie das ArbG anordnen. Keine Anwendung findet allerdings § 51 Abs. 2 (Ablehnung der Zulassung des Prozessbevollmächtigten), da § 64 Abs. 7 nur auf § 51 Abs. 1 verweist und vor dem LAG gem. § 11 Abs. 4 Vertretungszwang herrscht. 239

3. Befugnisse und Alleinentscheidungsrecht des Vorsitzenden

§ 53 Abs. 1 Satz 1 gilt auch in der Berufungsinstanz. Danach kann der **Vorsitzende** des LAG solche Beschlüsse und Verfügungen, die ohne mündliche Verhandlung ergehen können, ohne Beteiligung der ehrenamtlichen Richter **alleine** erlassen. Dieser Grundsatz gilt, soweit keine andere gesetzliche Regelung vorhanden ist. So bestimmt etwa § 21 Abs. 5 Satz 2, dass die Kammer die Entscheidung zu treffen hat, einen ehrenamtlichen Richter zB wegen Wegfalls einer Berufungsvoraussetzung von seinem Amt zu entbinden. 240

Eine **Alleinentscheidung** durch den **Vorsitzenden** ist außerhalb der streitigen Verhandlung nach § 64 Abs. 7 in den Fällen von § 55 Abs. 1 Nr. 1–9, Abs. 2 und Abs. 4 zu treffen. Über einen Antrag auf **Tatbestandsberichtigung** entscheidet stets die Kammer nach den Grundsätzen von § 320 Abs. 3 und 4 ZPO; § 55 Abs. 1 Nr. 10 ist in § 64 Abs. 7 nicht genannt. 241

Eine **Güteverhandlung** (§ 54) gibt es vor dem LAG nicht, so dass auch die Alleinentscheidungsbefugnis des Vorsitzenden im Falle von § 55 Abs. 3 nicht eingreifen kann. 242

Demgegenüber kann auch der Vorsitzende in den Fällen von § 55 Abs. 4 zur Vorbereitung der Kammerverhandlung einen **Beweisbeschluss erlassen**, ein schriftliches Sachverständigengutachten oder sonstige Beweise einholen. In gleicher Weise hat der Vorsitzende die Möglichkeit und Verpflichtung, gem. § 56 Abs. 1 die mündliche **Verhandlung** durch sämtliche in dieser Vorschrift aufgeführten Maßnahmen **vorzubereiten**. 243

4. Versäumnisverfahren

Nach § 539 ZPO sind die Vorschriften bei einem Versäumnisurteil (VU) im Berufungsverfahren ähnlich gestaltet wie bei §§ 330, 331 ZPO. § 539 Abs. 1 ZPO sieht vor, dass die zulässige Berufung des **Berufungsklägers** ohne weitere Prüfung in der Sache im Falle seiner **Säumnis** im Verhandlungstermin vor dem LAG zurückzuweisen ist (wie § 330 ZPO). Ist seine Berufung unzulässig, zB nicht ordnungsgem. begründet, was von Amts wegen vorweg zu prüfen ist, dann wird sie durch kontradiktorisches unechtes VU verworfen, 244

---
1 GMP/*Germelmann*, § 64 Rz. 122.
2 BAG v. 7.2.2012 – 8 AZA 20/11, NZA 2012, 526.

das die Instanz beendet[1]. Bei Säumnis des **Berufungsbeklagten** muss dagegen das Berufungsvorbringen des Berufungsklägers seine Berufungsanträge rechtfertigen. Dabei ist sein letztes Vorbringen als zugestanden zu behandeln, auch wenn es mit dem erstinstanzlichen Sachvortrag nicht übereinstimmt. Soweit dieses Vorbringen den Berufungsantrag rechtfertigt, ist gem. § 539 Abs. 2 Satz 2 ZPO antragsgem. zu entscheiden. Umstände, die für die Unrichtigkeit des Berufungsklägers sprechen könnten, bleiben unberücksichtigt[2]. Das Ergebnis einer Beweisaufnahme bleibt selbst dann unberücksichtigt, wenn die Beweisaufnahme genau das Gegenteil des Vortrags des Berufungsklägers ergeben hat, es sei denn der Berufungskläger hat sich dieses Ergebnis in seinem Vortrag zu Eigen gemacht[3]. Ist das Berufungsvorbringen bezüglich der gestellten Berufungsanträge unschlüssig (wie § 331 ZPO), dann ist die Berufung durch unechtes VU zurückzuweisen, bei prozessualen Hindernissen ist sie zu verwerfen. Im Falle der Schlüssigkeit ergeht VU, gegen das der Einspruch zulässig ist. Notwendig ist, dass der säumigen Partei das Vorbringen der Gegenseite rechtzeitig mitgeteilt worden ist.

Dem Nichterscheinen zum Verhandlungstermin steht ein **Nichtverhandeln** trotz körperlicher Anwesenheit eines tauglichen Parteivertreters gleich (§ 333 ZPO). Ob ein Verhandeln vorliegt, ist aus den besonderen Umständen des einzelnen Falles für jeden Termin selbständig zu beurteilen. Verhandeln fordert eine aktive Beteiligung an der Erörterung des Rechtsstreits vor Gericht, mag sie sich auf eine Tat- oder Rechtsfrage beziehen. Nichtverhandeln iSd. § 333 ZPO ist jedenfalls die völlige Verweigerung der Einlassung zur Sache[4]. Der Begriff des Verhandelns setzt auf Seiten des Berufungs**klägers** neben der Einlassung zur Sache auch das Stellen eines Sachantrages voraus. Stellt er im Termin trotz seiner Einlassung zur Sache keinen Sachantrag, dann ist er als säumig zu behandeln[5]. Der Sachantrag kann auch konkludent gestellt sein, dann bedarf es dazu aber konkreter Anhaltspunkte. Dagegen muss sich aus dem Vorbringen des Berufungs**beklagten** nur ergeben, dass er sich gegen die Verurteilung wendet, eines formellen Sachantrages bedarf es bei ihm nicht, weil er nicht den Streitgegenstand des Berufungsverfahrens bestimmt. Liegt keine Säumnis vor, dann kann das LAG zugunsten des Rechtsmittelführers eine Entscheidung in der Hauptsache treffen, insbesondere durch kontradiktorisches Urteil entscheiden. Letzteres gilt sogar dann, wenn der Rechtsmittelkläger nur den Erlass eines VU gegen den Rechtsmittelbeklagten beantragt hatte[6].

Auch vor dem LAG beträgt die **Einspruchsfrist** gegen ein VU nur **eine Woche**. Da § 64 Abs. 7 einschränkungslos auf § 59 verweist, hat daraus der Große Senat des BAG[7] den Schluss gezogen, die Naturalpartei selbst könne in gleicher Weise wie gegen ein VU des ArbG (§ 58 Satz 2) auch gegen ein solches des LAG Einspruch einlegen. Insoweit besteht kein Vertretungszwang nach § 11 Abs. 4. Die Partei kann aber nur Einspruch einlegen, eine wirksame Begründung der Einspruchsschrift nach § 340 Abs. 3 ZPO kann sie nicht liefern. Erst recht kann sie nicht das weitere Verfahren betreiben.

Im Falle der **Säumnis** einer Partei im Verhandlungstermin **entscheidet** nach § 55 Abs. 1 Satz 1 die Kammer.

Im arbeitsgerichtlichen Verfahren findet gegen ein **2. VU des LAG** die **Revision** nur statt, wenn sie **zugelassen** ist[8]. Eine Nichtzulassungsbeschwerde kann gem. § 72a Abs. 2 Satz 2 Nr. 3 darauf gestützt werden, das LAG habe den Anspruch auf rechtliches Gehör (Art. 103 Abs. 1 GG) im Zusammenhang mit der Bejahung der schuldhaften Versäumung verletzt[9].

Legt eine Partei gegen ein VU des LAG **verspätet Einspruch** ein und kann ihr wegen der Fristversäumung auch keine Wiedereinsetzung in den vorigen Stand (§ 233 ZPO) gewährt werden, dann ist ein solcher verfristeter Einspruch gem. § 341 Abs. 2 ZPO iVm. § 64 Abs. 6 stets durch Urteil, gegen das die allgemeinen Rechtsbehelfe[10] statthaft sind, zu verwerfen. Diese Entscheidung trifft in mündlicher Verhandlung nach § 55 Abs. 1 die Kammer. Ergeht das Urteil ohne mündliche Verhandlung, dann entscheidet der Vorsitzende nach § 55 Abs. 1 Nr. 4a iVm. § 64 Abs. 7 allein.

Bei **Säumnis beider Parteien** kann über § 64 Abs. 6 ArbGG iVm. § 523 ZPO gem. § 251a ZPO eine Entscheidung nach Lage der Akten ergehen, wenn in einem früheren Termin mündlich verhandelt worden ist.

---

1 BAG v. 22.10.2009 – 8 AZR 520/08, BB 2010, 2703; LAG Köln v. 17.8.2007 – 4 Sa 359/07, AE 2009, 77.
2 BAG v. 18.8.2004 – 5 AZR 623/03, NZA 2004, 1294.
3 BAG v. 25.1.2006 – 10 AZR 84/05, DB 2006, 2696.
4 BGH v. 27.5.1986 – IX ZR 152/85, NJW-RR 1986, 1253.
5 BAG v. 4.12.2002 – 5 AZR 556/01, NZA 2003, 341; BAG v. 1.12.2004 – 5 AZR 121/04; Zöller/Herget, § 333 ZPO Rz. 1.
6 BAG v. 23.1.2007 – 9 AZR 492/06, NZA 2007, 1450.
7 BAG v. 10.7.1957 – GS 1/57, NJW 1957, 1652.
8 BAG v. 22.4.2004 – 2 AZR 314/03, NZA 2004, 871; BAG v. 5.6.2007 – 5 AZR 276/07, NZA 2007, 944.
9 § 72a Abs. 2 Satz 2 Nr. 3 trat erst am 1.1.2005 in Kraft und konnte vom BAG in seinem Urteil v. 22.4.2004 noch nicht berücksichtigt werden.
10 BGH v. 8.9.2011 – III ZR 259/10, MDR 2011, 1792.

XIV. Beschleunigte Erledigung von Bestandsstreitigkeiten

Bestandsschutzstreitigkeiten sind – wie § 61a dies für das erstinstanzliche Verfahren vorschreibt – auch im Berufungsverfahren gem. § 64 Abs. 8 zwingend beschleunigt zu erledigen. Damit gibt es für solche Verfahren ein **doppeltes Beschleunigungsgebot**. Nach § 9 Abs. 1 Satz 1 sind sämtliche arbeitsgerichtliche Verfahren generell beschleunigt zu erledigen. Die Kündigungsschutzverfahren sind zudem noch vorrangig zu bearbeiten. Diese Gebote richten sich an das ArbG und LAG und nur mittelbar an die Parteien. Die Parteien müssen sich aber darauf einstellen, dass insbesondere in Bestandsstreitigkeiten das Gericht Anträge, die objektiv zu einer Verfahrensverzögerung führen, stets mit dem Blick auf § 64 Abs. 8 zu würdigen hat. So sind etwa Terminverlegungsanträge (§ 227 ZPO) oder Anträge auf Fristverlängerung im Rahmen von § 66 Abs. 1 oder zur Erfüllung einer Auflage im Zweifelsfall restriktiv zu bescheiden. 245

Für das Gericht bedeutet das besondere Beschleunigungsgebot von § 64 Abs. 8, dass es solche Verfahren möglichst auf den frühesten freien Termin legen und solche Verfahren im speziellen Maße durch vorbereitende Maßnahmen gem. § 64 Abs. 7 iVm. § 56 Abs. 1 **beschleunigt erledigen** soll. Wie dabei im Einzelnen die Beschleunigung bewirkt wird, entscheidet der Einzelfall und steht im Ermessen des Gerichts. Das Gesetz schreibt keine Sanktionen bei einem Verstoß gegen das Beschleunigungsgebot vor[1]. Weder kann eine Nichtzulassungsbeschwerde (§ 72a) darauf gestützt noch in einem Revisionsverfahren eine Verletzung gerügt werden. § 64 Abs. 8 normiert einen allgemeinen Appell zur besonders zügigen Aufgabenerfüllung. Damit spricht es auch den Gesetzgeber und die Justizverwaltung an, die personelle und sachliche Ausstattung des LAG so vorzunehmen, dass dieses Gebot entsprechend Art. 6 EMRK de facto verwirklicht werden kann. Insbesondere Kündigungsschutzverfahren müssen nach Art. 2 Abs. 1 GG iVm. dem Rechtsstaatsprinzip innerhalb angemessener Frist erledigt werden[2]. 246

Zur **Rechtskraft** des **LAG-Urteils** vgl. § 69 Rz. 34. 247

§ 65 Beschränkung der Berufung

Das Berufungsgericht prüft nicht, ob der beschrittene Rechtsweg und die Verfahrensart zulässig sind und ob bei der Berufung der ehrenamtlichen Richter Verfahrensmängel unterlaufen sind oder Umstände vorgelegen haben, die die Berufung eines ehrenamtlichen Richters zu seinem Amte ausschließen.

I. Allgemeines 1
II. Fälle der Beschränkung der Berufung
   1. Rechtsweg 6
   2. Verfahrensart 16
   3. Örtliche Zuständigkeit 17
III. Ausnahmen von der Prüfungssperre 20
IV. Mängel bei der Heranziehung der ehrenamtlichen Richter 27
   1. Verfahrensmängel bei der Berufung 29
   2. Umstände, die die Berufung des ehrenamtlichen Richters ausschließen 30

Schrifttum: *Brückner*, Bindung des Rechtsmittelgerichts an den Rechtsweg im Fall der unterbliebenen oder verspäteten Rechtswegrüge, NJW 2006, 13; *Germelmann*, Neue prozessuale Probleme durch das Gesetz zur Beschleunigung des arbeitsgerichtlichen Verfahrens, NZA 2000, 1018; *Hohmann*, Die Arbeitgebereigenschaft als Voraussetzung des ehrenamtlichen Richteramts in der Arbeitsgerichtsbarkeit, RdA 2008, 336; *Kissel*, Die neuen §§ 17–17b GVG in der Arbeitsgerichtsbarkeit, NZA 1995, 345; *Schwab*, Neuerungen im arbeitsgerichtlichen Verfahren, NZA 1991, 662.

I. Allgemeines

Im Kontext mit § 48 Abs. 1 erweitert § 65 im Bereich des arbeitsgerichtlichen Verfahrens die Regelungen der §§ 17–17b GVG in erheblichem Umfang. All diese Vorschriften bezwecken eine Verfahrensbeschleunigung, Vereinfachung und Reduzierung kostenträchtiger lang dauernder und damit die endgültige Streiterledigung verzögernder prozessualer Vorfragen. So sollen die **Rechtswegfrage**, die **richtige Verfahrensart** 1

---
1 GMP/*Germelmann*, § 64 Rz. 133.
2 Vgl. generell zur angemessenen Dauer gerichtlicher Verfahren: BVerfG v. 17.11.1999 – 1 BvR 1708/99, AuR 2000, 22; EGMR v. 18.10.2001 – Beschwerde Nr. 42505/98, Mianowicz ./. Deutschland, AuR 2002, 428 zur Erledigung von Kündigungsschutzverfahren.

oder die **örtliche Zuständigkeit** (vgl. § 48 Abs. 1 Nr. 1) in einem möglichst frühen Zeitpunkt des Verfahrens schon vor der Verhandlung zur Sache in der 1. Instanz abschließend geklärt werden. Das weitere Verfahren darf im Berufungs- oder Revisionsverfahren gegen ein in der Hauptsache ergangenes Urteil nicht mehr mit dem Risiko eines insoweit später erkannten Mangels belastet werden. Die getroffene Entscheidung des ArbG ist im gesamten weiteren Hauptsacheverfahren bindend[1].

2 Tauchen Zweifel am eingeschlagenen Rechtsweg, der gewählten Verfahrensart oder der örtlichen Zuständigkeit auf, dann sollen sie vom ArbG möglichst frühzeitig geklärt werden (§ 17 Abs. 3 Satz 1 GVG). Kommt das Gericht bei der **von Amts wegen** vorzunehmenden Prüfung zum Ergebnis, der eingeschlagene Rechtsweg sei unzweifelhaft nicht gegeben, dann muss es nach § 17a Abs. 2 GVG dies vorab feststellen und gleichzeitig den Rechtsstreit an das im Rechtsweg zuständige Gericht verweisen. Hält es dagegen den eingeschlagenen Rechtsweg für eröffnet, dann liegt es in seinem pflichtgemäßen **Ermessen**, ob es trotzdem gem. § 17a Abs. 3 Satz 1 GVG über die Rechtswegfrage im Vorabverfahren entscheidet[2]. Hierzu besteht dann Veranlassung, wenn das ArbG meint, ggf. solle das LAG diese im Einzelfall zweifelhafte Rechtsfrage klären. Das ArbG **muss** vorab darüber entscheiden, wenn eine Partei eine solche Verfahrens**rüge** erhebt (§ 17 Abs. 3 Satz 2 GVG). Diese **Vorabentscheidung** ergeht vor einer Entscheidung über die Begründetheit der Klage[3], s. auch Rz. 15 Eine Klage- bzw. Antragsabweisung mit der Begründung, der Rechtsweg, die Verfahrensart oder die örtliche Zuständigkeit des angegangenen Gerichts sei nicht gegeben, kann nicht in Frage kommen. In diesem Fall muss das ArbG das Verfahren verweisen.

3 Die Rechtsmittelgerichte sollen sich im späteren Hauptsacheverfahren nicht mehr mit solchen Zuständigkeits- und Verfahrensfragen befassen müssen. Mit Ausnahme bei einer arbeitsgerichtlichen Entscheidung über die Frage der örtlichen Zuständigkeit (vgl. § 48 Abs. 1 Nr. 1) bietet das Gesetz für den Verlust des Rügerechts im späteren Hauptsacheverfahren als Korrelat die in § 17a Abs. 2–4 GVG vorgesehene **selbständig anfechtbare Vorabentscheidung** an. Gegen einen solchen vom ArbG ergehenden Beschluss (§ 48 Abs. 1 Nr. 2) ist bei einer Rüge des Rechtsweges oder der Verfahrensart gem. § 17a Abs. 4 Satz 3 GVG iVm. § 48 Abs. 1 die sofortige Beschwerde (§§ 567 ff. ZPO) gegeben. Das LAG kann gem. § 17a Abs. 4 Satz 4 GVG bei einer Rechtswegrüge gar die Rechtsbeschwerde zum BAG zulassen (vgl. dazu § 78 Rz. 68). Die in diesem Vorabverfahren ergehende gerichtliche Entscheidung, die allein die vorgenannten Zuständigkeitsfragen regelt, ist **bindend für** das gesamte spätere **Hauptsacheverfahren**. LAG und BAG können somit mit der Rechtswegfrage oder der Problematik der richtigen Verfahrensart bei richtiger Verfahrensgestaltung grds. nur vorab im Beschwerdeverfahren nach § 17a Abs. 4 Satz 3 GVG iVm. § 78 Satz 1 befasst werden.

4 § 65 gilt für alle arbeitsgerichtlichen Streitigkeiten. Das **ArbG ist** grds. (insb. mit Ausnahme der Verfahren nach § 2a Abs. 1 Nr. 5, § 99) **Eingangsgericht** und damit sachlich zuständig (vgl. Rz. 9 und 19) für alle Streitigkeiten des Urteils-, Beschluss- oder eigenständigen einstweiligen Verfügungsverfahrens. Bezüglich der Rechtswegfrage enthält § 65 eine inhaltsgleiche Regelung wie die allgemeine Bestimmung von § 17 Abs. 5 GVG.

5 Zu der Rechtsanwendung der §§ 17–17b GVG vgl. insbesondere § 48 Rz. 29–94.

II. Fälle der Beschränkung der Berufung

1. Rechtsweg

6 Das GG geht im Rahmen der staatlichen Gewaltenteilung bei der Säule der Jurisdiktion von einer einheitlichen Staatsgewalt, der „Rechtsprechung" aus (Art. 20 Abs. 2, 92 GG). Diese Staatsgewalt ist aber nicht etwa einer einzigen, mit allumfassender Zuständigkeit ausgestatteten Gerichtsbarkeit übertragen. Art. 95 GG hat das Gerichtswesen in fünf gleichwertige fachbezogene Gerichtsbarkeiten aufgegliedert. Die Zuordnung einzelner Rechtsstreite zu den einzelnen Gerichtsbarkeiten ist eine Frage des Rechtsweges. Die Arbeitsgerichtsbarkeit (§§ 2, 2a), die Sozialgerichtsbarkeit (§ 51 SGG) und die Finanzgerichtsbarkeit (§ 33 FGO) können auf einen detaillierten Zuständigkeitskatalog zurückgreifen, in welchen Fällen der Rechtsweg zu ihnen gegeben ist. Demgegenüber bestimmt § 13 GVG lediglich pauschal, dass die ordentlichen Gerichte zuständig sind für „bürgerliche" Streitigkeiten. Der Verwaltungsgerichtsbarkeit sind gem. § 40 Abs. 1 VwGO „öffentlich-rechtliche" Streitigkeiten zugewiesen. Dass auch bei dieser klaren gesetzlichen Gliederung Überschneidungen und Abgrenzungsprobleme auftauchen, ist unvermeidlich. Nach dieser gesetzli-

---

[1] BGH v. 18.9.2008 – V ZB 40/08, NJW 2008, 3572.
[2] BGH v. 12.11.1992 – V ZR 230/91, NJW 1993, 389; *Kissel*, NZA 1995, 345 (346); *Schwab*, NZA 1991, 662.
[3] *Kissel*, NZA 1995, 345 (346).

chen Konzeption ist die Abgrenzung zwischen der **ordentlichen Gerichtsbarkeit und** der **Arbeitsgerichtsbarkeit** eine Frage des **Rechtsweges** und nicht der sachlichen Zuständigkeit[1].

Die Richtigkeit des eingeschlagenen Rechtsweges ist eine **von Amts wegen** zu prüfende Sachurteilsvoraussetzung. Von den Gerichten für Arbeitssachen sind nur solche Rechtsstreite zu entscheiden, die ihnen die §§ 2, 2a und 3 zuweisen. 7

Ist der beschriebene **Rechtsweg unzulässig,** dann spricht das ArbG in voller Kammerbesetzung dies in einem vorab zu erlassenden Beschluss nach Anhörung der Parteien (vgl. Art. 103 Abs. 1 GG) aus und verweist nach Maßgabe des § 17a Abs. 2 GVG gleichzeitig den Rechtsstreit an das zuständige Gericht des nach seiner Meinung zulässigen Rechtsweges. Diese Entscheidung ist für das Adressatengericht bezüglich des Rechtsweges **bindend** (§ 17a Abs. 2 Satz 1 GVG), innerhalb des Rechtsweges kann das Adressatengericht aber eine Weiterverweisung, insb. wegen fehlender örtlicher Zuständigkeit des Adressatengerichts vornehmen. Für eine Durchbrechung der Bindungswirkung, wie sie im Anwendungsbereich von § 48 Abs. 1 Nr. 1 für objektiv willkürliche Entscheidungen hinsichtlich der örtlichen Zuständigkeit angenommen wird, ist hier allenfalls Raum bei ganz schwerwiegenden, **krassen**, nicht mehr hinnehmbaren **Verstößen** gegen die den Rechtsweg und seine Bestimmung regelnden materiell- und verfahrensrechtlichen Vorschriften. Nicht das Adressatengericht überprüft den Verweisungsbeschluss, sondern nur das Beschwerdegericht[2]. Das gilt gerade dann, wenn eine Partei die Rechtswegentscheidung des ArbG nicht angefochten hat. Zur Wahrung einer funktionierenden Rechtspflege und der Rechtssicherheit will das Gesetz die Parteien und nicht das Adressatengericht vor willkürlichen Verweisungen schützen[3]. In analoger Anwendung von **§ 36 Abs. 1 Nr. 6 ZPO** ist bei Weigerung des Adressatengerichts das Verfahren zu bearbeiten, das zuständige Gericht zu bestimmen[4]. Hält das Adressatengericht die Verweisung zu ihm für willkürlich, dann darf es den Rechtsstreit nicht an das Ausgangsgericht zurückverweisen/-geben, sondern muss das Verfahren zur Bestimmung der Zuständigkeit nach § 36 Abs. 1 ZPO dem Obergericht vorlegen[5]. Im arbeitsgerichtlichen Verfahren geschieht die Entscheidung über die Ablehnung der Übernahme und die Vorlage an ein Bundesgericht durch Alleinentscheidung des Vorsitzenden außerhalb mündlicher Verhandlung nach § 53 Abs. 1 Satz 1[6]. Zuständig für die Zuständigkeitsbestimmung ist derjenige oberste Gerichtshof des Bundes, der zuerst darum angegangen wird; vgl. auch § 78 Rz. 69. 8

Die **Beschlussformel** für einen Verweisungsbeschluss kann etwa lauten: 9

„Der Rechtsweg zu den Gerichten für Arbeitssachen ist unzulässig (nicht eröffnet). Das Prozessverfahren wird an das AG Mainz … verwiesen."

Der Verweisungsbeschluss ist zu **begründen** und kann sich nicht in der bloßen Angabe der Gesetzesbestimmungen erschöpfen, allenfalls liegt eine krasse Rechtsverletzung vor, die eine Durchbrechung der gesetzlichen Bindungswirkung ausnahmsweise rechtfertigt[7]. 9a

Hält das ArbG den zu ihm eingeschlagenen **Rechtsweg** für **zweifelhaft,** dann **kann** es vorab nach pflichtgemäßem **Ermessen** einen Beschluss über den eingeschlagenen Rechtsweg treffen (§ 17a Abs. 3 Satz 1 GVG). Eine solche von Amts wegen zu treffende Entscheidung wird das ArbG insbesondere erlassen, wenn nach seiner Meinung der eingeschlagene Rechtsweg zwar gegeben, das ArbG sich seiner Sache aber nicht ganz sicher ist. Es sollte dann eine Vorabentscheidung treffen, wenn Zweifel an der Beantwortung dieser Rechtsfrage bestehen, auch wenn das ArbG meint, die besseren Argumente sprächen für die Richtigkeit des eingeschlagenen Rechtsweges. Das Gericht **muss** eine **Vorwegentscheidung treffen,** wenn eine Partei nach § 17a Abs. 3 Satz 2 GVG die Rechtswegrüge erhebt. Ein Übergehen einer Rechtswegrüge stellt einen groben Verfahrensverstoß durch das ArbG dar. 10

In den Fällen von § 17a Abs. 3 Satz 2 GVG muss allerdings feststehen, dass ein bestimmtes **Vorbringen** einer Partei inhaltlich eine formelle **Rechtswegrüge** darstellt, sei sie nach Ansicht des ArbG begründet oder unbegründet. Nur im Falle einer tatsächlich erhobenen Rüge muss das ArbG zwingend eine Vorabentscheidung treffen. Aus dem Vorbringen muss erkennbar sein, dass eine separate Vorabentscheidung mit Bindungswirkung begehrt wird. Greift der Beklagte mit einem einschlägigen Sachvortrag etwa nur die materiell-rechtliche Begründetheit der Klage an, indem er zB nur pauschal oder konkret bestreitet oder 11

---

1 BAG v. 26.3.1992 – 2 AZR 443/91, NZA 1992, 954; GK-ArbGG/*Vossen*, § 65 Rz. 8, 9 mwN.
2 BGH v. 14.5.2013 – X ARZ 167/13, MDR 2013, 1242.
3 BGH v. 29.4.2014 – X ARZ 172/14, NJW 2014, 2125.
4 BAG v. 21.12.2015 – 10 AS 9/15, NZA 2016, 446.
5 LAG Berlin-Brandenburg. v. 20.3.2015 – 21 Ta 460/15, NZA-RR 2015, 385.
6 BAG v. 16.8.2016 – 9 AS 4/16, NZA 2016, 1358.
7 BAG v. 16.6.2015 – 10 AS 2/15, NZA 2015, 1020.

leugnet, dass der Kläger ArbN oder arbeitnehmerähnliche Person sei oder der Anspruch unbegründet sei, weil der Kläger kein ArbN ist, dann liegt allein darin noch nicht die Erhebung einer formellen Rechtswegrüge, was in Zweifelsfällen vom Gericht nach § 139 ZPO aufzuklären ist. Im Zweifel könnte sich das ArbG veranlasst sehen, vorab gem. § 17a Abs. 3 Satz 1 GVG über den Rechtsweg von Amts wegen zu entscheiden.

Legt eine Partei gegen die Entscheidung über die Rechtswegrüge erfolglos sofortige Beschwerde ein, dann trägt der Beschwerdeführer die **Kosten** seines erfolglosen **Rechtsmittels**. Der **Streitwert** beläuft sich auf einen Bruchteil des Hauptsacheverfahrens[1].

12 Wie jedes prozessuale Mittel unterfällt auch die Rechtswegrüge den **Grundsätzen von Treu und Glauben** (§ 242 BGB). Ist der eingeschlagene Rechtsweg zweifelsfrei zulässig und erhebt eine Partei die **Rechtswegrüge** offensichtlich aus **verfahrensfremden Zwecken** (zB trotz rechtskräftiger Entscheidung über die Rechtswegfrage, zur offensichtlichen Verfahrensverzögerung oder in der Hoffnung, dass sich die Richterbank im nächsten Kammertermin aus anderen Richtern zusammensetzt), dann kann die Rechtswegrüge vom ArbG übergangen werden[2]. Ein solches prozessuales Mittel ist gleich zu behandeln mit einem im Kammertermin rechtsmissbräuchlich erhobenen Ablehnungsgesuch gegenüber einem Richter wegen angeblicher Besorgnis der Befangenheit (§ 42 Abs. 2 ZPO) zur Verfolgung verfahrensfremder Zwecke[3]. Auch bei einer rechtsmissbräuchlichen Rechtswegrüge, die aber nur in ganz eindeutigen Fällen angenommen werden kann, sollte die Kammer diese durch einen gesonderten Beschluss als unzulässig verwerfen. Anschließend kann sie dann gleich die gebotene Entscheidung in der Hauptsache treffen. Auch dürfte in solchen Fällen die Rüge ohnehin in analoger Anwendung von § 282 Abs. 3 ZPO verspätet sein[4].

13 Entscheidet das ArbG durch anfechtbaren Beschluss, dann hat es das **Hauptsacheverfahren** gem. § 148 ZPO **auszusetzen**, bis der die Rechtswegfrage klärende Beschluss Rechtskraft erlangt hat[5]. Dies gilt unabhängig davon, ob das ArbG den eingeschlagenen Rechtsweg bejaht oder verneint und dann gleichzeitig verweist. Das ArbG kann aber auch, ohne das Verfahren gem. § 148 ZPO förmlich auszusetzen, einen meist zeitlich hinausgeschobenen Kammertermin für das Hauptsacheverfahren anberaumen. Eine Hauptsacheentscheidung kann dann aber erst ergehen, wenn zuvor die Rechtswegfrage rechtskräftig geklärt ist. Das verweisende Gericht darf gem. § 17b Abs. 1 Satz 1 GVG die **Akten nicht vor Rechtskraft** des Verweisungsbeschlusses an das Gericht, an das der Rechtsstreit verwiesen worden ist, **versenden**, was in der gerichtlichen Praxis leider nicht selten geschieht[6].

14 Rechtswegbeschlüsse sind gem. § 329 Abs. 3 ZPO wegen ihrer mit sofortiger Beschwerde (§ 17a Abs. 4 Satz 2 GVG iVm. § 567 ZPO) befristeten Anfechtungsmöglichkeit **förmlich zuzustellen**. Bei unterbliebener Zustellung eines Verweisungsbeschlusses an ein ordentliches Gericht bleibt dieser Beschluss in entsprechender Anwendung von § 66 Abs. 1 Satz 2 fünf Monate lang anfechtbar[7]. Unterlässt das ArbG die förmliche Zustellung oder ist die erteilte Rechtsmittelbelehrung fehlerhaft, kann gegen einen arbeitsgerichtlichen Beschluss gem. § 9 Abs. 5 gar 17 Monate lang das Rechtsmittel der sofortigen Beschwerde eingelegt werden. § 66 Abs. 1 Satz 2 mit seiner Begrenzung auf fünf Monate (vgl. § 64 Rz. 170) findet als lex specialis des Berufungsverfahrens hier keine analoge Anwendung[8].

15 Ist nach den vorgenannten Vorschriften die **Rechtswegfrage** vom ArbG bzw. in einem eventuellen Beschwerdeverfahren (§ 567 ZPO) vom LAG oder gar in einem weiteren Beschwerdeverfahren (§ 17a Abs. 4 Satz 4 GVG) vom BAG **rechtskräftig geklärt** worden, dann kann die Rechtswegfrage im anschließenden Berufungs- bzw. Revisionsverfahren der Hauptsache grds. (Ausnahmen s. Rz. 20–23) nicht mehr, weder von den Parteien noch vom Gericht, problematisiert werden[9]. Das LAG bzw. das BAG sind an die Entscheidung im Vorabverfahren gebunden. Die Beschränkung gilt für jedes Rechtsmittelverfahren gegen eine Hauptsacheentscheidung auch dann, wenn das Eingangsgericht die Klage wegen **Fehlens** einer anderen **Prozessvoraussetzung** fehlerhaft als unzulässig abweist, ohne zuvor über die Rechtswegrüge entschieden zu haben. Ob eine sonstige Prozessvoraussetzung fehlt, kann nur das zuständige Gericht entscheiden[10].

---

1 Das BAG hat $^1/_3$ (BAG v. 15.3.2000 – 5 AZB 70/99, NZA 2000, 672) des Hauptsachewertes angenommen; der BGH (BGH v. 18.9.2008 – V ZB 40/08, NJW 2008, 3572; 27.1.2000 – III ZB 67/99, NZA 2000, 391) setzt auf $^1/_5$ fest.
2 *Schwab*, Die Berufung im arbeitsgerichtlichen Verfahren, S. 277 f.
3 Vgl. hierzu Zöller/*Vollkommer*, § 42 ZPO Rz. 6, 29.
4 Vgl. LAG Berlin v. 24.11.1993 – 8 Sa 75/93, NZA 1994, 912.
5 BAG v. 26.3.1992 – 2 AZR 443/91, NZA 1992, 954; *Kissel*, NJW 1991, 949.
6 BAG v. 1.7.1992 – 5 AS 4/92, NZA 1992, 1047.
7 BAG v. 1.7.1992 – 5 AS 4/92, NZA 1992, 1047.
8 *Schwab*, Die Berufung im arbeitsgerichtlichen Verfahren, S. 279.
9 BGH v. 18.9.2008 – V ZB 40/08, NJW 2008, 3572.
10 Zöller/*Lückemann*, § 17a GVG Rz. 18.

Wird die vom ArbG verfahrensfehlerhaft übergangene Rüge im Berufungsverfahren wiederholt, muss das LAG zunächst über die Rechtswegrüge entscheiden (vgl. Rz. 21–24).

Die genannten Grundsätze gelten auch im Verfahren des **einstweiligen Rechtsschutzes**.

Sie gelten aber **nicht** hinsichtlich der Frage der **internationalen Zuständigkeit**[1]. Diese ist in jeder Instanz von Amts wegen zu prüfen[2]. Die §§ 17a, 17b GVG sind bei einer solchen Rüge nicht anwendbar. Das ArbG kann vorab die internationale Zuständigkeit durch ein selbständig anfechtbares Zwischenurteil gem. § 280 ZPO klären. Entscheidet das ArbG ohne Zwischenurteil, dann können eine Berufung und eine Revision auch darauf gestützt werden, das ArbG habe seine internationale Zuständigkeit zu Unrecht angenommen[3]; vgl. dazu § 64 Rz. 234. Die internationale Zuständigkeit hat jede Instanz eigenständig zu prüfen, fehlt sie, ist die Klage vom Instanzgericht als unzulässig abzuweisen. Gleiches gilt für eine sog. **Immunität** ausländischer Staaten im Inland[4]. Ob Fehler in der **funktionalen** Zuständigkeit (zB Fachkammer oder allgemeine Kammer bzw. Richter oder Rechtspfleger) von § 65 erfasst werden, kann offen bleiben, weil § 68 eine Zurückverweisung nicht zulässt[5].

2. Verfahrensart

In gleicher Weise wie die Frage des Rechtsweges wird auch die Problematik der richtigen Verfahrensart von § 65 erfasst. Auch insoweit ist gem. § 48 Abs. 1 über die Zulässigkeit der gewählten Verfahrensart in entsprechender Anwendung der §§ 17–17b GVG zu entscheiden.

Hierunter fallen Streitigkeiten, die entweder im Urteils- (§§ 48–77) oder im Beschlussverfahren (§§ 80–98) auszutragen sind oder im Hauptsache- oder einstweiligen Verfügungsverfahren. So kann etwa in einem laufenden Hauptsacheverfahren nicht im Wege einer objektiven Klagehäufung gleichzeitig noch eine einstweilige Verfügung in derselben Sache anhängig gemacht werden, sofern dieser Antrag nicht ausnahmsweise auf Erlass einer möglichen einstweiligen Anordnung in der Hauptsache (zB §§ 767, 769 ZPO) umgedeutet werden kann[6].

3. Örtliche Zuständigkeit

Die Berufung kann nicht darauf gestützt werden, das ArbG habe seine örtliche Zuständigkeit zu Unrecht angenommen. In gleicher Weise wie die Rechtswegfrage vorab zu klären ist, gilt dies auch für eine Entscheidung über die örtliche Zuständigkeit. Auch insoweit erklärt § 48 Abs. 1 die §§ 17 ff. GVG für entsprechend anwendbar, mit **zwei** wesentlichen **Ausnahmen:**

Ein arbeitsgerichtlicher Beschluss nach § 48 Abs. 1 ArbGG iVm. § 17a Abs. 3 GVG über die örtliche Zuständigkeit ist nach § 48 Abs. 1 Nr. 1 ausdrücklich für **unanfechtbar** erklärt. Eines Rückgriffes auf § 65 bedarf es somit nicht. Weder für das ArbG noch für die Parteien besteht eine Möglichkeit, die Frage der örtlichen Zuständigkeit in die nächste Instanz zu bringen. Eine sofortige Beschwerde zum LAG ist selbst dann unstatthaft, wenn das ArbG eine solche nach einer fehlerhaften Rechtsmittelbelehrung seines Beschlusses für gegeben erklärt. Darüber hinaus trifft aus Gründen der Verfahrensbeschleunigung die Entscheidung über die örtliche Zuständigkeit der **Vorsitzende** allein (§ 48 Abs. 1 Nr. 2, § 55 Abs. 1 Nr. 7) und nicht mehr die Kammer. Das Alleinentscheidungsrecht gilt unabhängig davon, ob der Beschluss außerhalb oder aufgrund mündlicher Verhandlung ergeht. Nur der Vorsitzende ist der gesetzliche Richter. Entscheidet trotzdem die Kammer, dann ist dieser Verweisungsbeschluss zwar fehlerhaft ergangen, aber trotzdem bindend und bleibt unanfechtbar[7]. Bei einem Streit über die **Bindungswirkung** eines Verweisungsbeschlusses über die örtliche Zuständigkeit im Rahmen eines negativen Kompetenzkonfliktes zwischen zwei ArbG, also innerhalb des eingeschlagenen Rechtsweges, ist im Rahmen von § 36 Abs. 2 ZPO das **LAG** zuständig, zu dessen Bezirk das zuerst mit der Sache befasste ArbG gehört[8]. Auch hier kommt eine Durchbrechung der Bindungswirkung nur in Betracht, wenn dies zur Wahrung einer funktionierenden Rechtspflege und der Rechtssicherheit notwendig ist.

Hat das ArbG trotz ausdrücklicher Rüge einer Partei unter Verstoß gegen § 17a Abs. 3 GVG nicht gesondert durch Vorabbeschluss über die örtliche Zuständigkeit entschieden, so bleibt diese Frage dem Hauptsacheverfahren entzogen. Das LAG hätte auch bei richtigem Verhalten des ArbG insoweit wegen § 48

---

1 BGH v. 16.12.2003 – XI ZR 474/02, NJW 2004, 1456; Natter/Gross/*Pfeiffer*, § 65 Rz. 2.
2 BAG v. 15.12.2016 – 6 AZR 430/15, NZA 2017, 502.
3 BGH v. 16.12.2003 – XI ZR 474/02, NJW 2004, 1456; Zöller/*Heßler*, § 513 ZPO Rz. 8.
4 Vgl. BAG v. 10.4.2013 – 5 AZR 78/12, NZA 2013, 1102.
5 GMP/*Germelmann*, § 65 Rz. 7; ErfK/*Koch*, § 65 ArbGG Rz. 3.
6 *Schwab*, Die Berufung im arbeitsgerichtlichen Verfahren, S. 279.
7 *Germelmann*, NZA 2000, 1018.
8 BAG v. 2.7.2014 – 10 AS 3/14.

Abs. 1 Nr. 1 keine Überprüfungsmöglichkeit gehabt. Ein solcher Verfahrensverstoß kann in den Rechtsmittelinstanzen nicht mehr behoben werden, eine Verweisung ist nicht mehr möglich[1].

19 Die Problematik der **sachlichen Zuständigkeit** spielt weitgehend nur in der ordentlichen Gerichtsbarkeit eine Rolle, wenn es um die Abgrenzung der Eingangszuständigkeit zwischen AG und LG geht. Demgegenüber ist im arbeitsgerichtlichen Verfahren (mit Ausnahme von § 2a Nr. 5 und des Sonderfalles von § 158 - neu: § 241 - Nr. 5 SGB IX im Bereich des Bundesnachrichtendienstes) das **ArbG Eingangsgericht aller Sachen**, so dass hier die sachliche Zuständigkeit kaum Bedeutung hat. Nicht ausgeschlossen ist auch hier die Möglichkeit der Klageerweiterung in der Berufungsinstanz.

III. Ausnahmen von der Prüfungssperre

20 § 65 findet nur dann Anwendung, wenn das ArbG prozessual in der Lage war, eine Entscheidung nach § 48 Abs. 1 ArbGG iVm. §§ 17–17b GVG zu treffen. Das ist nicht möglich, wenn die Klage erst im **Berufungsverfahren** gem. § 533 ZPO erweitert, geändert wird oder der Berufungsbeklagte dort erstmals eine Widerklage erhebt oder eine Aufrechnung erklärt, was aber nur noch eingeschränkt möglich ist (vgl. § 64 Rz. 147). In solch einem zulässigen Fall muss das **LAG prüfen**, ob das arbeitsgerichtliche Rechtsweg für diese neu in das Verfahren eingeführten Streitgegenstände gegeben ist. Oftmals wird sich die Zuständigkeit in solch einem Fall aus der Zusammenhangsregelung von § 2 Abs. 3 ergeben; ggf. ist der neue Anspruch abzutrennen und an das zuständige Gericht zu verweisen (vgl. § 48 Rz. 51). Auch dann, wenn sich die Frage der richtigen Verfahrensart für das Berufungsverfahren erweiternde Ansprüche stellt, kommt § 17a GVG ggf. zum Tragen.

21 Die Prüfungssperre von § 65 greift nicht, wenn das ArbG **trotz Rüge** einer Partei über die Zulässigkeit des Rechtsweges **verfahrenswidrig nicht** nach § 48 Abs. 1 ArbGG, § 17a Abs. 3 Satz 2 GVG eine **Vorabentscheidung** getroffen hat, sondern erst in den Gründen des Urteils über die Rüge entschieden. Dann liegt ein Verstoß gegen das Kernstück der genannten Bestimmungen vor. Deren Sinn ist es gerade, die Frage der Zulässigkeit des Rechtsweges vor dem Ergehen einer erstinstanzlichen Hauptsacheentscheidung für das gesamte weitere Verfahren bindend zu klären.

22 Bei diesem Procedere hat das ArbG sowohl in der Form (Urteil statt Beschluss) als auch nach dem Inhalt (in der Hauptsacheentscheidung statt vorab beschränkt auf die Rechtswegfrage) falsch entschieden. Diese inkorrekte Entscheidung kann nach dem **Grundsatz der Meistbegünstigung** (vgl. § 64 Rz. 28 ff.) sowohl mit der Berufung (§ 64) als auch mit der sofortigen Beschwerde (§§ 567 ff. ZPO) angegriffen werden[2]. Wird in einem solchen Falle gegen das Urteil Berufung eingelegt und die **Rechtswegrüge im zweitinstanzlichen Verfahren wiederholt**, dann hat das Berufungsgericht über die Zulässigkeit des beschrittenen Rechtsweges ausnahmsweise zu entscheiden, weil das Verfahren nur so in die richtige Bahn gebracht werden kann. Sind nach dem Prinzip der (angenommenen) Meistbegünstigung zwei verschiedene Rechtsmittel statthaft, sei trotzdem empfohlen, das vom Gericht in der Rechtsmittelbelehrung genannte Rechtsmittel unter Beachtung seiner einschlägigen Formalien zu wählen. Dann besteht nicht die Gefahr, dass das Obergericht die Frage des richtigen Rechtsmittels doch anders beurteilt als der Rechtsmittelführer.

23 Über die Zulässigkeit des Rechtsweges hat im Falle einer vom ArbG übergangenen Rechtswegrüge das **LAG**, gleichgültig ob es ihn bejaht oder verneint, im Berufungsverfahren **vorab** durch **Beschluss** zu entscheiden[3]. Verneint es die Zulässigkeit des Rechtsweges, so hat es dies im Beschluss auszusprechen und gleichzeitig unter Aufhebung des erstinstanzlichen Urteils den Rechtsstreit an das **zuständige erstinstanzliche Gericht** des zulässigen Rechtsweges zu verweisen. Bejaht es die Zulässigkeit des eingeschlagenen Rechtsweges, dann hat dies vorab im Beschluss auszusprechen. Erst anschließend entscheidet es in der Hauptsache.

24 Lässt das LAG die **Rechtsbeschwerde zum BAG** gem. § 17a Abs. 4 Satz 4 und 5 GVG zu (s. § 78 Rz. 68 f.), dann hat das LAG zunächst das Hauptsacheverfahren gem. § 148 ZPO auszusetzen, bis das BAG entschieden hat. Lässt das LAG die Rechtsbeschwerde[4] nicht zu, dann übersendet das LAG bei Verneinung des Rechtsweges die Akte an das verwiesene Gericht. Unabhängig vom Entscheidungsinhalt ist den Parteien vor einer Aktenübersendung gem. § 139 ZPO Gelegenheit zu geben, die getroffene Rechtswegentscheidung des LAG in ihre weiteren Überlegungen mit einzubeziehen.

---

1 BAG v. 5.9.1995 – 9 AZR 533/94, NZA 1996, 610; Natter/Gross/*Pfeiffer*, § 65 Rz. 10.
2 BAG v. 26.3.1992 – 2 AZR 443/91, NZA 1992, 954.
3 BAG v. 26.3.1992 – 2 AZR 443/91, NZA 1992, 954; BAG v. 28.2.1995 – 5 AZB 24/94, NZA 1995, 595; LAG Berlin v. 24.11.1993 – 8 Sa 75/83, NZA 1994, 912.
4 Vgl. BAG v. 26.9.2002 – 5 AZB 15/02, NZA 2002, 1302.

Die Prüfung der Rechtswegzuständigkeit hat bei Nichtbeachtung des § 17a GVG durch beide Vorinstanzen im Falle der Zulassung der **Revision** noch das BAG nach vorstehenden Grundsätzen vorzunehmen. Eine **Nichtzulassungsbeschwerde** kann auf § 72a Abs. 3 Satz 2 Nr. 3 bei einem Verstoß gegen rechtliches Gehör durch das LAG im Zusammenhang mit einer (unterlassenen) Rechtswegentscheidung gestützt werden. 25

Wurde erstinstanzlich der Rechtsweg von den Parteien nicht gerügt und hat das ArbG auch keinen Beschluss von Amts wegen nach § 17a Abs. 3 Satz 1 GVG erlassen, dann hat es mit Erlass eines Urteils den **Rechtsweg** zu den Gerichten für Arbeitssachen **stillschweigend bejaht**. Hier ist das LAG durch § 65 gehindert, die Frage des Rechtsweges zu prüfen[1]. Gleiches gilt, wenn erstinstanzlich das ArbG trotz erhobener Rechtswegrüge verfahrensfehlerhaft keine Vorabentscheidung getroffen hat, die Rüge im Berufungsverfahren aber nicht mehr wiederholt wird. 26

IV. Mängel bei der Heranziehung der ehrenamtlichen Richter

Das Berufungsgericht prüft nicht, ob 27
- bei der Berufung der ehrenamtlichen Richter Verfahrensmängel vorgekommen sind oder
- Umstände vorlagen, die die Berufung eines ehrenamtlichen Richters zu seinem Amte ausschließen.

Diese Rügen sind unzulässig, weil dies Umstände sind, die allein die Justizverwaltung beeinflussen kann, aber nicht vom gerichtlichen Spruchkörper steuerbar sind.
Werden solche Rügen von einer Partei im Berufungsverfahren vorgebracht, dann sind sie gem. § 65 ausgeschlossen. Daraus ergibt sich, dass die unter Beteiligung eines fehlerhaft zum ArbG berufenen ehrenamtlichen Richters ergangenen Entscheidungen wirksam sind und nicht etwa in der Berufungsinstanz mit der Begründung angefochten werden können, dem ehrenamtlichen Richter fehlten die Voraussetzungen der §§ 20–23. Erst recht kann mit einem solchen Vorbringen nicht die einstweilige Einstellung der Zwangsvollstreckung aus dem Urteil gem. § 62 Abs. 1 Satz 1 betrieben werden.

Werden spätere vom ArbG verursachte Mängel gerügt, die der Mitwirkung eines ehrenamtlichen Richters entgegenstehen (vgl. Rz. 29) und somit nach § 65 nicht ausgeschlossen sind, dann handelt es sich zwar um beachtliche Verfahrensmängel. Im Hinblick auf die beschränkten Zurückverweisungsmöglichkeiten des § **68** bleiben sie in der Sache wegen fehlender Entscheidungserheblichkeit **wirkungslos**. Das LAG hat ohnehin das Berufungsverfahren im Rahmen der §§ 64 ff. durchzuführen. Die Berufung kann daher in der Sache grds. nur Erfolg haben, wenn das ArbG den Rechtsstreit materiell-rechtlich fehlerhaft beurteilt hat. 28

1. Verfahrensmängel bei der Berufung

Die ehrenamtlichen Richter werden gem. § 20 von der zuständigen obersten Landesbehörde berufen. Dabei hat sich die zuständige Behörde an das in § 20 vorgeschriebene Verfahren zu halten. Die Behörde ist an die von den ArbGebVerbänden bzw. Gewerkschaften bei ihr eingereichten **Vorschlagslisten** gebunden. Nur dort genannte Personen dürfen berufen werden. Nach Eingang der Listen wählt die zuständige oberste Landesbehörde die benötigten ehrenamtlichen Richter aus. Dabei sind die ehrenamtlichen Richter in einem angemessenen Verhältnis unter billiger Berücksichtigung der Minderheiten aus den Vorschlagslisten zu entnehmen, so dass ein breites Spektrum des Arbeitslebens auf der Richterbank repräsentiert wird. Die Berufung zum ehrenamtlichen Richter ist abgeschlossen mit dem Zugang des Berufungsschreibens (vgl. § 20 Rz. 20). Nur **Mängel**, die im Verfahren **bis zu ihrer Berufung** zum ehrenamtlichen Richter vorkommen, sind gem. § 65 ausgeschlossen, nicht spätere Mängel[2]. Als **späterer Mangel** zählen zB die unterbliebene Vereidigung des ehrenamtlichen Richters (§ 45 Abs. 2 DRiG), ein ehrenamtlicher Richter sei unter Abweichung vom Turnus der nach § 31 aufgestellten Liste oder noch nach Ablauf seiner Amtszeit oder vor seiner Wiederernennung[3] zu den Sitzungen herangezogen worden. Gleiches gilt für den Einwand, ein ehrenamtlicher Richter sei gem. § 41 ZPO von der Ausübung des Richteramtes kraft Gesetzes ausgeschlossen gewesen oder ein solcher habe an der Entscheidung mitgewirkt, obwohl er erfolgreich gem. § 42 ZPO abgelehnt worden sei. 29

2. Umstände, die die Berufung des ehrenamtlichen Richters ausschließen

Hierunter fallen die in § 21 Abs. 5 genannten Ausschließungsgründe. Diese beziehen sich auf die Ernennungsvoraussetzungen der §§ 21–23. Erhebt eine Partei im Berufungsverfahren eine Rüge, die sich auf eine 30

---
1 BGH v. 18.9.2008 – ZB 40/08, NJW 2008, 3572; *Schwab*, NZA 1991, 662.
2 GMP/*Germelmann*, § 65 Rz. 10; GK-ArbGG/*Vossen*, § 65 Rz. 16; Hauck/Helml/Biebl/*Hauck/Biebl*, § 65 Rz. 8.
3 Vgl. BAG v. 16.5.2002 – 8 AZR 412/01, DB 2003, 296.

der Gründe der §§ 22–23 bezieht, dann hat das LAG die Unzulässigkeit der Rüge festzustellen und braucht nicht etwa auf ihre inhaltliche Begründetheit einzugehen. Die Prüfungssperre von § 65 ergreift nicht nur solche Gründe, die schon bei der Berufung des ehrenamtlichen Richters vorhanden waren, sondern auch diejenigen, deren Voraussetzungen erst nachträglich weggefallen sind, so dass eine Amtsentbindung nach § 21 Abs. 5 vorzunehmen gewesen wäre. Auch sind die Einwände ausgeschlossen, der ehrenamtliche Richter hätte nach § 27 wegen grober Amtspflichtverletzung von seinem Amt enthoben werden müssen oder er habe seine ArbN- bzw. ArbGeb-Eigenschaft nachträglich verloren.

§ 66 Einlegung der Berufung, Terminbestimmung

(1) Die Frist für die Einlegung der Berufung beträgt einen Monat, die Frist für die Begründung der Berufung zwei Monate. Beide Fristen beginnen mit der Zustellung des in vollständiger Form abgefassten Urteils, spätestens aber mit Ablauf von fünf Monaten nach der Verkündung. Die Berufung muss innerhalb einer Frist von einem Monat nach Zustellung der Berufungsbegründung beantwortet werden. Mit der Zustellung der Berufungsbegründung ist der Berufungsbeklagte auf die Frist für die Berufungsbeantwortung hinzuweisen. Die Fristen zur Begründung der Berufung und zur Berufungsbeantwortung können vom Vorsitzenden einmal auf Antrag verlängert werden, wenn nach seiner freien Überzeugung der Rechtsstreit durch die Verlängerung nicht verzögert wird oder wenn die Partei erhebliche Gründe darlegt.

(2) Die Bestimmung des Termins zur mündlichen Verhandlung muss unverzüglich erfolgen. § 522 Abs. 1 der Zivilprozessordnung bleibt unberührt; die Verwerfung der Berufung ohne mündliche Verhandlung ergeht durch Beschluss des Vorsitzenden. § 522 Abs. 2 und 3 der Zivilprozessordnung findet keine Anwendung.

I. Allgemeines 1	VI. Die Berufungsbeantwortungsfrist 58
II. Berufungsfrist 4	VII. Fristverlängerungen
1. Fristberechnung 12	1. Formalien 67
2. Urteilszustellung 14	2. Verlängerungsgründe 72
3. Sonstige Wirksamkeitsgründe des Urteils .. 19	3. Gerichtliche Entscheidung über die Verlängerung 81
III. Eingang der Berufungsschrift 32	VIII. Verwerfung einer unzulässigen Berufung . 87
IV. Versäumung der Berufungsfrist 39	IX. Keine Berufungszurückweisung bei fehlender Erfolgsaussicht 88
V. Die Berufungsbegründungsfrist	X. Terminsanberaumung 89
1. Fristbeginn 45	
2. Prozesskostenhilfe für das Berufungsverfahren 54	
3. Versäumung der Berufungsbegründungsfrist 55	

Schrifttum: Vgl. die Literaturnachweise zu § 64; *Fischer,* Notwendigkeit des Angriffs gegen das erstinstanzliche Urteil im PKH-Antrag für das Berufungsverfahren, MDR 2004, 1160; *Fölsch,* Rechtsmitteleinlegung unter der Bedingung der Bewilligung von Prozesskostenhilfe, NJW 2009, 2796; *Francken/Natter/Rieker,* Die Novellierung des Arbeitsgerichtsgesetzes und des § 5 KSchG durch das SGGArbGG-Änderungsgesetz, NZA 2008, 377; *Junck,* Prozesskosten- und Verfahrenskostenhilfe-Mandaten, NJW 2013, 667: *Künzl,* Rechtsmittelfrist im arbeitsgerichtlichen Verfahren bei verspäteter Urteilszustellung, ZZP 2005, 59; *Lipke,* Die Berufung im arbeitsgerichtlichen Verfahren, AuR 2007, 1; *Reinhard/Böggemann,* Gesetz zur Änderung des SozGG und des ArbGG – Änderungen des ArbGG, NJW 2008, 1263; *Schwab,* Die 5-Monatsfrist im arbeitsgerichtlichen Berufungsverfahren, FA 2003, 258; *Toussaint,* Rechtsmittel für auf Prozesskostenhilfe angewiesene Partei, NJW 2014, 3209.

I. Allgemeines

1 Die **Frist für die Einlegung der Berufung** beträgt – wie vor den ordentlichen Berufungsgerichten – einen Monat und für ihre **Begründung** zwei Monate (§ 66 Abs. 1 Satz 1). Als Maßnahmen zur Beschleunigung des arbeitsgerichtlichen Verfahrens erweisen sich die **Spezialregelungen** einer einmonatigen Berufungsbeantwortungsfrist sowie die Einschränkung, dass die Berufungsbegründungs- und die Berufungsbeantwortungsfrist jeweils nur einmal verlängert werden dürfen. Insoweit weicht § 66 Abs. 1 Satz 5 ArbGG von § 520 Abs. 2 Sätze 2 und 3 ZPO ab.

§ 66 ist nach der Verweisungsbestimmung von § 87 Abs. 2 auch im zweitinstanzlichen Rechtszug des **Beschlussverfahrens** anwendbar.

Soweit in § 66 keine eigenständigen Sonderregelungen enthalten sind, **finden** gem. § 64 Abs. 6 die **Formalien der §§ 517–522 ZPO Anwendung**. Dies sind die Bestimmungen über den Notfristcharakter der Berufungsfrist (§ 517 Halbs. 2 ZPO), den Fristbeginn bei einem Ergänzungsurteil (§ 518 ZPO), die formgerechte Einlegung der Berufung (§ 519 Abs. 1 ZPO) und den notwendigen Inhalt der Berufungsschrift (§ 519 Abs. 2 Nr. 1 und 2 ZPO). Auch gelten die Ordnungsvorschrift von § 519 Abs. 3 ZPO sowie die Verweisungsregelungen von § 519 Abs. 4 und § 520 Abs. 5 ZPO. Schließlich greifen die § 520 Abs. 1, Abs. 3 und § 522 Abs. 1 Satz 1–4 ZPO hinsichtlich der Zulässigkeitsprüfung und Verfahrensgestaltung der Berufung (§ 66 Abs. 2 Satz 2).

II. Berufungsfrist

Die Frist zur Einlegung der Berufung gegen ein Urteil des ArbG beträgt gem. § 66 Abs. 1 Satz 1 einen Monat. Die **einmonatige Berufungsfrist beginnt** mit der Zustellung des in vollständiger Form abgefassten Urteils, spätestens nach Ablauf von fünf Monaten nach der Urteilsverkündung (§ 66 Abs. 1 Satz 2). Auch beim Fehlen von schriftlichen Urteilsgründen liegt eine wirksame gerichtliche Entscheidung vor, die nur auf ein zulässiges Rechtsmittel hin aufgehoben werden kann[1]. Nach Zustellung einer abgekürzten Urteilsausfertigung (§ 317 Abs. 2 Satz 2 Halbs. 1 ZPO) zum Zwecke der Zwangsvollstreckung (§ 750 Abs. 1 Satz 2 ZPO) beginnt die Berufungsfrist nicht zu laufen. Allerdings zwingt eine vorläufige Vollstreckung den Schuldner, vor Urteilszustellung Berufung einlegen zu müssen, will er sich gegen die vorläufige Zwangsvollstreckung gem. § 62 Abs. 1 zur Wehr setzen (vgl. Rz. 31).

Nach dem 1.1.2002 war heftig umstritten[2], ob sich die in § 66 Abs. 1 Satz 2 normierte **Fünf-Monats-Frist** wegen fehlender Rechtsmittelbelehrung um die in § 9 Abs. 5 Satz 4 genannte Jahresfrist auf insgesamt maximal 17 Monate verlängert, was mittlerweile durch das BAG[3] geklärt ist. Fehlt es an der Urteilszustellung, dann **beginnen die Berufungs- und Berufungsbegründungsfrist** stets spätestens **mit Ablauf** von **fünf Monaten** nach der Verkündung zu laufen. Fristmäßig wird daher der Ablauf der Fünf-Monats-Frist so behandelt, als sei an diesem Tag das Urteil zugestellt worden; es gilt rein fristenmäßig quasi als zugestellt. Dies hat zur Folge, dass spätestens bis zum Ablauf eines weiteren Monats, also sechs Monate nach der Verkündung, die Berufung eingelegt und sie bis zum Ablauf von zwei Monaten, also sieben Monate nach der Verkündung, begründet werden muss. Wird die Berufung nicht binnen sechs Monaten nach seiner Verkündung eingelegt, dann erlangt das Urteil mit Ablauf von sechs Monaten **Rechtskraft**, selbst wenn bis zu diesem Zeitpunkt die Zustellung des in vollständiger Form abgefassten Urteils immer noch nicht erfolgt ist. Wird die Berufung zwar binnen sechs Monaten eingelegt, aber nicht vor Ablauf von sieben Monaten begründet, dann ist das Rechtsmittel wegen fehlender **Begründung** gem. § 66 Abs. 2 Satz 2 ArbGG iVm. § 522 Abs. 1 ZPO als unzulässig zu verwerfen. S. zum **Inhalt** der Berufungsbegründung bei einem Verstoß gegen die Fünf-Monats-Frist § 64 Rz. 170 ff.

Einstweilen frei   6–7

Stellt das ArbG das Urteil innerhalb von fünf Monaten nach seiner Verkündung zu, war das Urteil selbst (vgl. Rz. 14) oder der Zustellungsvorgang (vgl. Rz. 15) aber mit so **schweren Mängeln** behaftet, die die **Unwirksamkeit der Zustellung** nach sich ziehen (vgl. aber § 189 ZPO), dann findet § 66 Abs. 1 Satz 2 keine Anwendung, sondern hier greifen die spezielleren Regelungen in § 9 Abs. 5 Satz 3 und 4 als leges speciales. Die Frist für die Berufungseinlegung beträgt in solchen Fällen zwölf Monate (§ 9 Abs. 5 Satz 4), gerechnet ab (fehlerhafter) Zustellung[4]. Ein Wertungswiderspruch mit den Rechtsausführungen in vorgenannter Rz. 5 besteht nicht. Im Falle des reinen Ablaufs der Fünf-Monats-Frist wird die Partei durch fehlerhafte Urteilsteile (zB grob fehlerhafte Rechtsmittelbelehrung) oder ggf. durch nicht heilbare Mängel im Zustellungsverfahren nicht irritiert. Daher muss sie nach dem langen Zeitablauf von fünf Monaten nach der Urteilsverkündung aufgrund der Wertung des Gesetzgebers in § 66 Abs. 1 Satz 2 von sich aus aktiv werden[5].

---

[1] BGH v. 29.9.1998 – KZB 11/98, NJW 1999, 143.
[2] Vgl. zB nur 1. Aufl. § 9 Rz. 32 (*Weth*); *Künzl*, ZZP 2005, 59; *Schwab*, Die Berufung im arbeitsgerichtlichen Verfahren, S. 175–188.
[3] BAG v. 28.10.2004 – 8 AZR 492/03, NZA 2005, 125; BAG v. 3.11.2004 – 4 AZR 531/03; BAG v. 23.6.2005 – 2 AZR 423/04, NZA 2005, 1135; BAG v. 24.10.2006 – 9 AZR 709/05, NZA 2007, 228.
[4] *Künzl*, ZZP 2005, 77; *Schwab*, FA 2003, 258; aA für das ordentliche Verfahren ohne Geltung einer Bestimmung von § 9 Abs. 5: BGH v. 20.1.2011 – IX ZB 214/09, MDR 2011, 381.
[5] Vgl. BAG v. 24.10.2006 – 9 AZR 709/05, NZA 2007, 228.

War die **Rechtsmittelbelehrung** des Urteils zwar **unrichtig**, aber nicht so offenkundig falsch, dass sie ungeeignet wäre, den Anschein ihrer Richtigkeit zu erwecken, dann besteht kein Vertrauensschutz für die Partei, ihr die volle Jahresfrist von § 9 Abs. 5 Satz 4 zuzubilligen. Ein solcher Fall liegt vor, wenn das vollständig abgefasste Urteil zwar erst später als fünf Monate, aber noch vor Ablauf von sechs Monaten zugestellt wird[1]. Enthält in diesem Fall das Urteil die formularmäßige Rechtsmittelbelehrung, hiergegen könne binnen Monatsfrist Berufung eingelegt werden, dann ist diese Belehrung zwar falsch. Trotzdem ist hier die Partei gehalten, wenigstens den Inhalt der erteilten Belehrung zu befolgen[2]. Versäumt die Partei bei Ausschöpfung der in der Belehrung genannten Monatsfrist sodann die Höchstfrist von sechs Monaten zur Berufungseinlegung, hält sie sich aber an den Inhalt der ihr erteilten Belehrung, dann hat sie zwar die Berufungsfrist versäumt, ihr ist aber wegen der fehlerhaften Rechtsmittelbelehrung von Amts wegen gem. § 236 Abs. 2 Satz 2 ZPO Wiedereinsetzung zu gewähren[3]. Das gilt auch bei der Vertretung durch einen Rechtsanwalt, weil dieser nicht kenntnisreicher als das ArbG selbst sein muss. Die Rechtsfolge von § 9 Abs. 5 Satz 4 wird grds. nur dann ausgelöst, wenn sie den Rechtsmittelführer beschwert[4]. War die Rechtsmittelbelehrung im Falle einer verspäteten Urteilszustellung **richtig**, dann beginnt die Frist für eine ggf. in Frage kommende Wiedereinsetzung (§ 234 Abs. 1 Satz 1 ZPO) idR mit Zustellung des Urteils[5]. Allerdings stellt die bloße Unkenntnis der fünfmonatigen Frist ein Verschulden iSv. § 233 ZPO dar, weil jedenfalls einem Rechtsanwalt oder Verbandsvertreter die Fünf-Monats-Frist von § 66 Abs. 1 Satz 2 bekannt sein muss[6].

9 Wird das Urteil **innerhalb von fünf Monaten** nach Verkündung mit ordnungsgemäßer Rechtsmittelbelehrung **zugestellt**, dann läuft ab Zustellung die Ein-Monats-Frist zur Berufungseinlegung. Wird das Urteil **nach Ablauf** einer Frist von fünf Monaten, aber **vor** Ablauf von sechs Monaten zugestellt, dann wird das arbeitsgerichtliche Urteil nach Ablauf der sechsmonatigen Höchstfrist rechtskräftig, falls bis dahin keine Berufung eingelegt worden ist[7] (vgl. bei fehlerhafter Rechtsmittelbelehrung Rz. 8). Wird das Urteil erst nach sechs Monaten zugestellt, ist eine Berufung wegen eingetretener Rechtskraft nicht mehr möglich, selbst wenn es insoweit eine fehlerhafte Rechtsmittelbelehrung enthalten sollte.

10 Für die Berechnung des Endes der Fünf-Monats-Frist findet § 222 Abs. 2 ZPO keine Anwendung. Die **Fünf-Monats-Frist endet** daher auch, wenn der letzte Tag der Frist auf einen Samstag, Sonntag oder Feiertag fällt, weil es sich bei ihr um eine uneigentliche Frist und nicht um eine solche von § 222 Abs. 2 ZPO handelt[8].

11 Das **Urteil** des ArbG ist nach den Grundsätzen von § 60 zu verkünden. Wird das Urteil nicht – wovon § 60 Abs. 1 Satz 1 als Regelfall ausgeht – am Ende des Sitzungstages der Kammer verkündet, sondern in einem gesonderten Verkündungstermin, dann ist die Verkündung nicht deshalb unwirksam, weil es entgegen der Ordnungsvorschrift von § 60 Abs. 1 Satz 2 nicht innerhalb der Regelfrist von drei Wochen nach Schluss der mündlichen Verhandlung verkündet worden ist. Wird das Urteil in einem **gesonderten Termin verkündet**, dann **beginnt die Fünf-Monats-Frist** ab diesem Verkündungstermin zu laufen und nicht schon ab dem Zeitpunkt der Schließung der mündlichen Verhandlung.

1. Fristberechnung

12 Für die Fristberechnung greifen über die prozessuale Fristenregelung von § 222 ZPO die dort in Bezug genommenen materiell-rechtlichen Berechnungsgrundsätze der **§§ 187, 188 BGB**. Die Monatsfrist beginnt mit dem Tag der wirksamen Zustellung des in vollständiger Form abgefassten Urteils (§ 66 Abs. 1 Satz 2). Gemäß § 187 Abs. 1 BGB zählt dieser Tag bei der Fristberechnung nicht mit. Die Frist endet gem. § 188 Abs. 2 Satz 1 BGB einen Monat später mit dem Ablauf des Tages, an dem das Urteil zugestellt wurde. Fehlt ein solcher Tag im Folgemonat, dann gilt § 188 Abs. 3 BGB. Fällt im Rahmen von § 66 Abs. 1 Satz 1 der Tag des Fristendes der Ein- oder Zwei-Monats-Frist auf einen Samstag, Sonn- oder Feiertag, dann endet die Frist mit Ablauf des folgenden Werktages (§ 222 Abs. 2 ZPO).

---

1 Das ist die in der Praxis am weitaus häufigsten vorkommende Fallkonstellation bei Versäumung der fünfmonatigen Zustellungsfrist.
2 Vgl. BAG v. 8.6.2000 – 2 AZR 584/99, NZA 2001, 343; BAG v. 16.12.2004 – 2 AZR 611/03, NZA 2005, 1133; wohl aA BFH v. 12.3.2015 – III R 14/14, NJW 2015, 2688: es greift die Jahresfrist.
3 BAG v. 16.12.2004 – 2 AZR 611/03, NZA 2005, 1133.
4 BAG v. 22.8.2017 – 10 AZB 46/17.
5 BAG v. 23.6.2005 – 2 AZR 423/04, NZA 2005, 1135.
6 Vgl. auch BGH v. 13.4.2005 – VIII ZB 115/04, NJW 2005, 2860; BAG v. 24.10.2006 – 9 AZR 709/05, NZA 2007, 228.
7 Vgl. BAG v. 6.8.1997 – 2 AZB 17/97, NJW 1998, 774; BAG v. 8.6.2000 – 2 AZR 584/99, DB 2000, 2176; vgl. auch § 64 Rz. 171.
8 BAG v. 17.2.2000 – 2 AZR 350/99, DB 2000, 1288; vgl. auch § 64 Rz. 171.

Beispiele:
- Das Urteil wird am Montag, 5. April zugestellt, dann endet die Frist am Mittwoch, 5. Mai, 24.00 Uhr[1].
- Das Urteil wird am 30. Januar zugestellt, hier endet die Frist mit Ablauf des 28. Februar, bei Schaltjahren des 29. Februar, 24.00 Uhr.
- Das Urteil wird am Mittwoch, 26. November zugestellt, dann endet die Frist nicht mit Ablauf des Freitag, 26. Dezember (2. Weihnachtsfeiertag), sondern erst am darauffolgenden Werktag, also am Montag, 29. Dezember, 24.00 Uhr.

Die Festlegung von **Feiertagen** ist Ländersache (vgl. die Feiertagsübersicht in § 47 Rz. 9). Entscheidend ist, dass der betreffende Tag an dem Ort, an dem das Rechtsmittelgericht seinen Sitz hat, gesetzlicher Feiertag ist[2]. Keine Rolle spielt, ob am Absendeort auch ein gesetzlicher Feiertag ist. Dahinter steht die Überlegung, dass an einem Feiertag bei dem zuständigen LAG die allgemeine Post nicht zugestellt wird und die eingegangene Berufung dort ohnehin nicht bearbeitet wird. Dementsprechend gelten für das BAG die Feiertagsregelungen des Freistaates Thüringen[3]. 13

2. Urteilszustellung

In vollständiger Form mit Tatbestand und Entscheidungsgründen abgefasste (§ 60) arbeitsgerichtliche Urteile werden gem. § 50 Abs. 1 **von Amts wegen** in der in den §§ 169 ff. ZPO bestimmten Form zugestellt. Die Zustellung im Parteibetrieb ist unwirksam. Die Zustellung besteht aus der Bekanntgabe des zuzustellenden Schriftstückes an den Empfänger. Das bei der Zustellung zu übergebende Schriftstück kann nach der Neufassung des § 317 ZPO zum 1.7.2014 aus der Urschrift, einer Ausfertigung oder beglaubigten Abschrift bestehen[4]. Die Neuordnung der Zustellungsvorschriften hat daran festgehalten, dass eine Zustellung in ihrer Grundform der körperlichen Übergabe stattfindet. Die Regelform der Urteilszustellung ist die Übersendung einer beglaubigten Abschrift (§ 169 Abs. 2 ZPO). Nach § 168 Abs. 1 Satz 1 ZPO führt die Geschäftsstelle des Gerichts die Zustellung des vollständigen Urteils nach den §§ 173–175 ZPO durch. Ist – auch im Urteil des einstweiligen Verfügungsverfahrens – die Zustellung fehlerhaft und ist auch keine Heilung, zB nach § 189 ZPO durch tatsächliche Übergabe eingetreten, dann beginnt grds. die einmonatige Berufungsfrist nicht zu laufen[5], sondern die Fünf-Monats-Frist von § 66 Abs. 1 Satz 2; vgl. § 64 Rz. 171. Fehlt eine Rechtsmittelbelehrung, greift als lex specialis die Jahresfrist von § 9 Abs. 5 Satz 4[6]. Ist die Rechtsmittelbelehrung fehlerhaft: s. § 64 Rz. 175 und § 66 Rz. 21. Für die Wirksamkeit der Urteilszustellung kommt es entscheidend auf die äußere Form und den Inhalt der zur Zustellung verwendeten Ausfertigung an. **Mängel** der **Urteilsausfertigung**, zB teilweise Unleserlichkeit oder Vergessen einer Seite, schaden dann nicht, wenn der Zustellungsempfänger den Inhalt der Urschrift und insbesondere den Umfang seiner Beschwer erkennen kann. Wird eine Seite des Tatbestandes vergessen, ist dies eher unschädlich als bei Teilen der Entscheidungsgründe. Insbesondere bei Letzteren dürfte die Partei im Zweifel eher schützenswert sein[7]. Die vorhandenen Ausführungen müssen aber so vollständig sein, dass dem Berufungskläger eine Auseinandersetzung mit den Urteilsgründen möglich ist (vgl. auch Rz. 23). 14

Die **Urteilszustellung** ist nach den Vorschriften der §§ 166–190 ZPO zu **bewirken**. Eine fehlerhafte förmliche Zustellung setzt die Berufungsfrist nicht in Lauf. **Zustellungsmängel** können aber nach **§ 189 ZPO geheilt** werden, weil Formvorschriften für die Zustellung kein Selbstzweck sind, sondern nur dem tatsächlichen Zugang an den Adressaten und der Feststellung des Zeitpunktes des Zugangs dienen sollen. § 189 ZPO gilt für jede Zustellung, ihr liegt das Prinzip der Zweckerreichung zu Grunde. Wird das zuzustellende Schriftstück trotz Verletzung zwingender Zustellungsvorschriften an den Berechtigten oder seinen Bevollmächtigten iSv. § 171 ZPO (nicht an eine Ersatzperson iSv. § 178 ZPO) später tatsächlich übergeben, dann gilt das Schriftstück mit Übergabe, also mit Wirkung ex nunc, gem. § 189 ZPO als zugegangen[8]. Dies gilt auch, wenn durch die Zustellung eine Notfrist wie bei der Urteilszustellung (§ 517 ZPO) in Gang gesetzt wird[9]. Die **Heilungsvorschrift** des § 189 ZPO ist aber **nicht anwendbar**, wenn ein von Amts wegen förmlich zuzustellendes Dokument im Parteibetrieb zugestellt wird[10]. Wird im Rahmen der von Amts we- 15

---
1 BGH v. 8.5.2007 – VI ZB 74/06, NJW 2007, 2046.
2 BAG v. 24.9.1996 – 9 AZR 364/95, AP Nr. 22 zu § 7 BUrlG; BGH v. 10.1.2012 – VI ZA 27/11.
3 BAG v. 24.8.2011 – 8 AZN 808/11, NZA 2012, 111.
4 BGH v. 27.1.2016 – XII ZB 684/14, NJW 2016, 1180; s. auch BAG v. 25.2.2015 – 5 AZR 849/13.
5 BAG v. 23.7.1971 – 2 AZR 244/70, BB 1971, 1414.
6 Wohl aA Hauck/Helml/Biebl/*Hauck/Biebl*, § 66 Rz. 10: die Fünf-Monats-Frist.
7 BGH v. 10.3.1998 – X ZR 31/97, NJW 1998, 1959.
8 BGH v. 12.3.2015 – III ZR 207/14, NJW 2015, 1760 bei Zustellung an eine prozessunfähige Partei mit Übergabe an ihren gesetzlichen Vertreter.
9 Vgl. ausführlich zur Zustellung: Arbeitsrechtslexikon/*Schwab*: Zustellung A III.
10 BGH v. 19.5.2010 – IV ZR 14/08, MDR 2010, 885.

gen vorzunehmenden Zustellung eines Urteils eine unwirksame Ersatzzustellung vorgenommen, dann beginnen die Fristen von § 66 Abs. 1 Satz 1 in dem Zeitpunkt zu laufen, in dem das Urteil dem Berechtigten tatsächlich überreicht wird, er es also in den Händen hält[1]. Freilich muss die tatsächlichen Voraussetzungen eines solchen Heilungsvorganges derjenige beweisen, der aus der Zustellung günstige Folgen für sich herleitet. Den Zeitpunkt des Zugangs ermittelt das Gericht im Wege des Freibeweises in freier Beweiswürdigung[2] (vgl. § 58 Rz. 23). Auch eine missglückte Ersatzzustellung nach § 178 oder § 180 ZPO kann nach § 189 ZPO geheilt werden, wenn der Adressat das zuzustellende Schriftstück tatsächlich in die Hand bekommen hat[3]. Ob der Postmitarbeiter die Zustellungsurkunde richtig ausgefüllt hat, ist unerheblich, solange nur der Beweis der Zustellung erbracht wird[4].

16 Für die **Bewirkung der Zustellung** hat der Urkundsbeamte der **Geschäftsstelle** (§ 153 GVG) **Sorge zu tragen**. Regelmäßig lässt die Geschäftsstelle das Urteil mittels Postzustellungsurkunde durch die Deutsche Post AG oder eine andere private Gesellschaft übersenden. Möglich ist auch, dass sie einen Justizbediensteten, oftmals einen Justizwachtmeister, zur Zustellung einschaltet (§ 168 Abs. 1 Satz 2 ZPO), was insbesondere bei Zustellungen in Eilfällen von Vorteil ist. Zwischen behördlicher und postalischer Zustellung gibt es keine Rangordnung, so dass ein gerichtliches Schriftstück auf einem dieser beiden Wege oder kumulativ auf beiden zugestellt werden kann. Der Zeitpunkt der ersten wirksam bewirkten Zustellung ist für den Fristbeginn maßgebend[5]. Die Zustellungsperson kann die Zustellung an jedem Ort vornehmen, an dem sie die Person, der zugestellt werden soll, antrifft (§ 177 ZPO). Eine Zustellung an ein Postfach einer Partei ist jedenfalls dann eine ähnliche Vorrichtung iSv. § 180 Satz 1 ZPO, wenn eine Wohnanschrift des Zustellungsadressaten unbekannt oder nicht vorhanden ist[6]. Bei der Erteilung des Zustellungsauftrags übergibt die Geschäftsstelle der eingeschalteten Person das Urteil in einem verschlossenen Umschlag nebst einem Vordruck der Zustellungsurkunde (§ 176 ZPO). Der **Zustellungsvorgang** ist von der die Zustellung ausführenden Person auf dem dafür vorgesehenen Vordruck zu **beurkunden** (vgl. § 182 Abs. 2 ZPO). Die gem. § 190 ZPO über die Zustellung errichtete Urkunde begründet den vollen Beweis der darin bezeichneten Tatsachen (§ 182 Abs. 1 Satz 2, § 418 ZPO). Diese Beweiskraft reicht jedoch nur so weit, wie gewährleistet ist, dass die Zustellperson die jeweils festgehaltenen Tatsachen aus eigener Prüfung und Wahrnehmung selbst als zutreffend feststellen kann. Im Übrigen stellt sie ein wesentliches Beweisanzeichen für weitere Beurkundungen dar. Soweit eine ordnungsgemäße Postzustellungsurkunde vorliegt, besteht der Anschein der ordnungsgemäßen Zustellung[7]. Dagegen ist gem. § 418 Abs. 2 ZPO der Nachweis des Gegenteils durch den Adressaten zulässig. Dieser muss substantiiert angetreten werden. Es muss eine plausible und schlüssige Darstellung für die Unrichtigkeit der beurkundeten Tatsache dargelegt werden. Der Gegenbeweis ist nur geführt, wenn ein konkreter Sachverhalt nachgewiesen wird, der zur Überzeugung des Gerichts die Richtigkeit der Angaben in der Urkunde ausschließt[8]. Es bedarf des vollen Beweises eines anderen als des beurkundeten Geschehens[9]. Die bloße Behauptung, das Schriftstück nicht erhalten zu haben, reicht nicht. Auf die tatsächliche Kenntnisnahme des Empfängers kommt es bei dieser Zustellungsart nicht an. Die Pflicht, eine Zustellungsurkunde anzufertigen, besteht gem. § 182 Abs. 1 Satz 1 ZPO bei Zustellungen an einen hierzu Bevollmächtigten (§ 171 ZPO) und wenn die Zustellung nach den §§ 177–181 ZPO an den Zustellungsempfänger selbst oder eine Ersatzzustellung vorgenommen wird. Die **Urkunde** selbst ist nur dann **beweisfähig**, wenn sie korrekt und vollständig ausgefüllt ist[10], der Beweis des tatsächlichen Zugangs kann auch auf andere Weise erbracht werden[11].

17 Hat sich für die Partei erstinstanzlich ein **Prozessbevollmächtigter** bestellt, dann kann das Urteil wirksam nur noch an ihn zugestellt werden (§ 172 ZPO). Dies gilt auch für die nach § 11 postulationsfähigen beauftragten Prozessbevollmächtigten (§ 50 Abs. 2). Hat der öffentliche Dienstherr oder ein Privatbetrieb einem namentlich benannten Dienststellen- bzw. Betriebsangehörigen **Generalvollmacht** zur Führung ihrer ArbG-Prozesse erteilt, dann können Zustellungen wirksam nur an diesen (Prozess-)Bevollmächtigten bewirkt werden. Eine Ersatzzustellung an sonstige Dienststellen- bzw. Betriebsangehörige gem. §§ 183, 184

---

1 Großer Senat des BFH v. 6.5.2014 – GrS 2/13, NJW 2014, 2524.
2 BGH v. 27.5.2003 – VI ZB 77/02, NJW 2003, 2460.
3 BGH v. 21.3.2001 – VIII ZR 244/00, NJW 2001, 1946; BFH v. 6.5.2014 – GrS 2/13, NJW 2014, 2524.
4 Vgl. BSG v. 7.10.2004 – B 3 KR 14/04R, NZA 2005, 212.
5 EuGH v. 9.2.2006 – C-473/04 (Plumex/Young Sports NV), NJW 2006, 975.
6 BGH v. 14.6.2012 – V ZB 182/11, NJW-RR 2012, 1012.
7 Vgl. zum Beweiswert der jeweiligen Angaben: BGH v. 6.5.2004 – IX ZB 43/03, NJW 2004, 2386.
8 OLG Düsseldorf v. 27.4.2000 – 1 Ws 299/00, NJW 2000, 2831.
9 BGH v. 10.11.2005 – III ZR 104/05, NJW 2006, 151.
10 Vgl. bei Mängeln VGH Kassel v. 12.9.1995 – 11 UE 1128/94, NJW 1996, 1075; OLG Düsseldorf v. 19.7.2000 – 1 Ws 342/00, NJW 2000, 3511.
11 Vgl. BSG v. 7.10.2004 – B 3 KR 14/04R, NZA 2005, 212.

ZPO war nach den früheren Zustellungsvorschriften nicht wirksam[1]. Nunmehr wird für die Ersatzzustellung gem. § 178 Abs. 1 ZPO generell nur noch auf die „Person" abgestellt. Allerdings muss der Zustellungsauftrag an die richtige Person gerichtet sein, also zB an den Generalbevollmächtigten. Ansonsten ist ein Mangel jetzt nach § 189 ZPO heilbar.

Das unterschriebene und datierte **Empfangsbekenntnis** erbringt gem. § 174 Abs. 4 Satz 1, § 416 ZPO als Privaturkunde[2] vollen **Beweis** für die Entgegennahme des Schriftstücks als zugestellt sowie den Zeitpunkt der Zustellung, wenn es ein lesbares Datum und die vollständige Originalunterschrift des Empfängers enthält. Der erforderliche volle Gegenbeweis der Unrichtigkeit der gemachten Angaben – eine bloße Erschütterung des Beweiswertes reicht nicht aus – ist zulässig (vgl. § 58 Rz. 60). Es muss die Möglichkeit ausgeschlossen werden, dass die Angaben im Empfangsbekenntnis richtig sein konnten[3]. Erst mit dem Zeitpunkt der **Unterzeichnung** durch den Rechtsanwalt oder eines sonstigen Privilegierten iSv. § 174 Abs. 1 ZPO bzw. Vertreters (§ 50 Abs. 2) ist das Urteil zugestellt, nicht schon mit der Einlegung in sein Postfach oder dem Tag des Eingangs in der Kanzlei[4] oder dem Tag der Vorlage an den Privilegierten[5]. Der Tag der Unterzeichnung ist umgekehrt auch maßgeblich bei einer versehentlich zu frühen Rücksendung des Empfangsbekenntnisses[6]. Ist das Empfangsbekenntnis korrekt unterzeichnet, fehlt aber nur die Datumsangabe, dann führt dies nicht zur Unwirksamkeit der Zustellung; der Tag des Rücklaufs bei Gericht lässt Schlüsse auf den Zustellungstag zu[7]; es muss mangels gegenteiliger Anhaltspunkte spätestens am Vortag zugegangen sein. Der Zustellungsprivilegierte muss das Empfangsbekenntnis **persönlich** unterzeichnen, seine Paraphe oder eine Bevollmächtigung zur Unterzeichnung durch das Büropersonal genügt nicht[8]. Die fehlende Zurücksendung des Empfangsbekenntnisses lässt nicht auf die fehlende Empfangsbereitschaft des Prozessbevollmächtigten schließen, wenn der Wille zum Empfang aus anderen Umständen zuverlässig feststellbar ist, etwa die Übersendung des Urteils an den Mandanten oder der Raterteilung zur Einlegung der Berufung und Entgegennahme eines dahingehenden Auftrags[9].

Haben sich in einem Verfahren **mehrere Prozessbevollmächtigte** bestellt, ohne dass die Entziehung des Mandats eines der Bevollmächtigten angezeigt wird, so setzt bei Zustellung der gerichtlichen Entscheidung an beide Verfahrensbevollmächtigte die zeitlich erste Zustellung die Rechtsmittelfrist in Lauf. Trotzdem müssen in diesem Falle jeweils beide Prozessbevollmächtigte dafür Sorge tragen, dass die Fristberechnung mit der zeitlich ersten Zustellung beginnt[10].

Wird in den vorgenannten Fällen **nicht an den Prozessbevollmächtigten**, sondern an die Partei oder einen Unterbevollmächtigten[11] **zugestellt**, beginnt wegen nicht wirksamer Zustellung die einmonatige Berufungsfrist nicht zu laufen. Voraussetzung ist aber, dass die Prozessvollmacht im Zeitpunkt der Urteilszustellung noch wirksam fortbestanden hat[12]. Nach der Anzeige der Mandatsniederlegung gegenüber dem ArbG müssen Zustellungen nicht mehr gem. § 172 ZPO an den Prozessbevollmächtigten bewirkt werden. Trotzdem ist er nach § 87 Abs. 2 ZPO berechtigt noch Zustellungen für die Partei entgegenzunehmen. Macht er hiervon Gebrauch, ist diese Zustellung wirksam[13]. Auch kann eine Heilung nach § 189 ZPO stattfinden (vgl. Rz. 15). Für die Mandatsniederlegung im Berufungsverfahren gilt wegen des hier bestehenden Vertretungszwangs § 87 Abs. 1 Alt. 2 ZPO.

Die **Eröffnung** des **Insolvenzverfahrens** über das Vermögen des beklagten ArbGeb führt gem. § 240 ZPO grds. zur Unterbrechung eines Rechtsstreits gegen den ArbGeb, falls vom Klageantrag die Insolvenzmasse betroffen ist. Die im Unterbrechungszeitraum bewirkte Zustellung eines vor Eröffnung des Insolvenzverfahrens verkündeten Berufungsurteils ist grds. unwirksam. Der Rechtszug endet erst mit Einlegung der Berufung oder Eintritt der formellen Rechtskraft. Auch hier kann die unwirksame Zustellung in analoger Anwendung von § 189 ZPO geheilt werden[14].

---

1 Stein/Jonas/*Roth*, § 183 ZPO Rz. 15; BAG v. 13.6.1996 – 2 AZR 483/95, NZA 1997, 204; aA noch BAG v. 12.12.1969 – 2 AZR 74/69, NJW 1970, 966.
2 BGH v. 19.4.2012 – IX ZB 303/11, NJW 2012, 2117.
3 LAG Düsseldorf v. 7.7.2010 – 2 Ta 393/10, NZA-RR 2010, 658.
4 BFH v. 21.2.2007 – VII B 84/06.
5 BAG v. 11.1.1995 – 4 AS 24/94, NZA 1995, 550.
6 BGH v. 7.11.2006 – X ZR 149/04, BB 2007, 72; BGH v. 20.7.2006 – I ZB 39/05, NJW 2007, 600.
7 BGH v. 11.7.2005 – NotZ 12/05, NJW 2005, 3216.
8 BSG v. 23.4.2009 – B 9 VG 22/08, NJW 2010, 317.
9 BGH v. 13.1.2015 – VIII ZB 55/14, NJW-RR 2015, 953.
10 BGH v. 10.4.2003 – VII ZR 383/02, ProzRB 2003, 199 m. Anm. *Braunschneider*.
11 BGH v. 28.11.2006 – VIII ZB 52/06, BB 2007, 182.
12 LAG Köln v. 22.1.1996 – 3 Sa 722/95, NZA-RR 1997, 61.
13 BGH v. 19.9.2007 – VIII ZB 44/07, NJW 2008, 234.
14 Vgl. BAG v. 5.5.2015 – 1 AZR 763/13, NZA 2015, 1331.

3. Sonstige Wirksamkeitsgründe des Urteils

19 Das erstinstanzliche arbeitsgerichtliche Urteil ist gem. § 60 Abs. 4 Satz 1 nur vom Vorsitzenden zu **unterschreiben**. Wird es zusätzlich von den ehrenamtlichen Richtern unterschrieben, ist dies zwar überflüssig, aber unschädlich. Gleiches gilt, wenn die ehrenamtlichen Richter entgegen § 60 Abs. 3 Satz 2 die Urteilsformel nicht unterschrieben haben, falls das Urteil in ihrer Abwesenheit verkündet worden ist (vgl. auch § 60 Rz. 20 f.).
Die Wirksamkeit der Unterschrift des Richters ist nach den gleichen Grundsätzen zu beurteilen, wie sie für Rechtsanwälte gelten (vgl. § 64 Rz. 117 ff.). Hat der Vorsitzende das vollständig abgefasste Urteil nicht oder fehlerbehaftet unterschrieben, dann ist die Zustellung unwirksam, und die Rechtsmittelfrist beginnt nicht zu laufen[1]. Zwar kann das Fehlen der Unterschrift des Vorsitzenden jederzeit mit Wirkung für die Zukunft nachgeholt werden[2], allerdings beginnt vorher die Ein-Monats-Frist zur Berufungseinlegung nicht zu laufen. § 189 ZPO (s. Rz. 15) kann nur Zustellungsmängel heilen, aber keine Wirksamkeitsvoraussetzungen für das Zustandekommen des Urteils. Die fehlende Wiedergabe der tatsächlich geleisteten Unterschrift in der beglaubigten Urteilsabschrift/-ausfertigung macht deren Zustellung unwirksam und setzt die Rechtsmittelfrist nicht in Lauf[3]. Für die Zulässigkeit eines Rechtsmittels ist dies aber ohne Bedeutung.

20 Fraglich ist, ob das Urteil von den ehrenamtlichen Richtern unterzeichnet werden kann, wenn der **Vorsitzende an der Unterschriftsleistung verhindert** ist, zB bei dessen Tod oder nach seinem Ausscheiden aus dem Richterdienst. Das BAG[4] hat die Möglichkeit verneint, dass die ehrenamtlichen Richter dann das Urteil unterschreiben können. Bei einem Einzelrichter oder Amtsrichter besteht Einigkeit, dass in diesem Falle die Unterschrift nicht durch Dritte ersetzt werden kann[5]. Als Mitglieder eines Kollegialgerichts kennen die in ihrer Stellung weitestgehend vollwertigen ehrenamtlichen Richter des ArbG die Urteilsgründe. Daher ist ihnen die Möglichkeit einzuräumen, dass – wie sonst bei Kollegialgerichten – der dienstälteste Beisitzer den Verhinderungsvermerk unter Angabe des Hinderungsgrundes[6] unterzeichnet, vgl. hierzu § 69 Rz. 12 ff.

21 Integraler Bestandteil eines arbeitsgerichtlichen Urteils ist gem. § 9 Abs. 5 eine **Rechtsmittelbelehrung**. Nach § 9 Abs. 5 Satz 3 beginnt die Frist für ein Rechtsmittel nur zu laufen, wenn die Partei über das Rechtsmittel und das Gericht, bei dem es einzulegen ist, dessen Anschrift und die einzuhaltende Form und Frist schriftlich belehrt worden ist. Bei einem Verstoß dagegen kann nach § 9 Abs. 5 Satz 4 ein Rechtsmittel innerhalb eines Jahres seit Zustellung der Entscheidung eingelegt werden; vgl. Rz. 8 und Rz. 14. Fehlt die Rechtsmittelbelehrung, ist sie inhaltlich unrichtig oder vom Vorsitzenden nicht unterschrieben (§ 60 Abs. 4 Satz 1), dann liegt keine wirksame Zustellung vor, so dass die Rechtsmittelfrist nicht zu laufen beginnt[7]. Welche Fristen sich aus den unterschiedlichen Fehlerursachen ergeben, ist im Hinblick auf die Widersprüche in § 66 Abs. 1 Satz 2 einerseits und § 9 Abs. 5 andererseits nur schwer zu klären. Der Gesetzgeber hätte mit der Neuschaffung von § 66 Abs. 1 Satz 2 auch Klarstellungen in § 9 Abs. 5 vornehmen müssen. Aus anwaltlicher Fürsorge sollte **stets die Fünf-Monats-Frist** von § 66 Abs. 1 Satz 2 als Höchstfrist eingehalten werden. Das Urteil kann nicht wirksam zugestellt werden, wenn der Vorsitzende das Urteil vor der Rechtsmittelbelehrung, zB nach Tatbestand und Entscheidungsgründen unterzeichnet. Eine fehlerhafte Unterzeichnung liegt selbst dann vor, wenn die Entscheidungsgründe nach der Unterschrift sinngemäß den Hinweis enthalten, „die Rechtsmittelbelehrung liegt an" oder „... folgt auf der Folgeseite".

22 Die **Rechtsmittelbelehrung** muss **inhaltlich** auf den konkreten Einzelfall bezogen sein, sie muss die Parteien **konkret** belehren, welche von ihnen gegen die Entscheidung Berufung einlegen kann und welche nicht. Deshalb muss das ArbG selbst klären, ob einer der Tatbestände von § 64 Abs. 2 zur Zulässigkeit der Berufung vorliegt. Bei einer Streitigkeit iSv. § 64 Abs. 2 Buchst. b muss der Hinweis enthalten sein, dass hier der Mindestbeschwerdewert von 600 Euro überschritten sein muss (vgl. § 9 Rz. 25). Der bloß abstrakt-generelle Hinweis auf die Berufungsvorschrift von § 64 Abs. 2 reicht als ausreichende Belehrung nicht aus[8].

23 Im Gegensatz zum Fall einer gem. § 321 ZPO vorgenommenen Urteilsergänzung (vgl. Rz. 28), ist der Beginn der Berufungsfrist im Falle einer späteren **Berichtigung des Urteils** (§ 319 ZPO) gesetzlich nicht geregelt. Grundsätzlich schließen Auslassungen und offenbare Unrichtigkeiten, die gem. § 319 ZPO berich-

---

1 LAG Hessen v. 31.8.1992 – 16 Sa 1424/91, LAGE § 513 ZPO Nr. 6; GK-ArbGG/*Vossen*, § 66 Rz. 18.
2 BAG v. 23.10.1997 – IX ZR 249/96, NJW 1998, 610.
3 BGH v. 1.6.1983 – I ZB 3/83, VersR 1983, 874; BGH v. 26.9.1997 – IX ZB 6/97, NJW-RR 1998, 141.
4 BAG v. 20.12.1956 – 3 AZR 333/56, AP Nr. 1 zu § 315 ZPO.
5 Vgl. Nachweise bei Zöller/*Vollkommer*, § 315 ZPO Rz. 4.
6 Vgl. aber GK-ArbGG/*Vossen*, § 66 Rz. 19–21.
7 BAG v. 6.3.1980 – 3 AZR 7/80, AP Nr. 1 zu § 9 ArbGG 1979; BAG v. 1.3.1994 – 10 AZR 50/93, NZA 1994, 1053.
8 BAG v. 1.3.1994 – 10 AZR 50/93, NZA 1994, 1053; BAG v. 20.2.1997 – 8 AZR 15/96, NZA 1997, 901.

tigt werden können, die Wirksamkeit der Zustellung nicht aus[1]. Die offenbare Unrichtigkeit eines Urteils, die durch eine Berichtigung nach § 319 ZPO beseitigt werden kann, macht dessen Zustellung im Allgemeinen nicht unwirksam. Daher beginnt nach einer Berichtigung grds. keine neue Frist zu laufen[2]. Es ist – von nachfolgenden Ausnahmefällen abgesehen – zumutbar, bereits gegen das unberichtigte Urteil Rechtsmittel einzulegen. Stellt das ArbG nebst dem Berichtigungsbeschluss fehlerhaft eine erneute Urteilsausfertigung samt weiterer Rechtsmittelbelehrung zu, wonach ab Zustellung der berichtigten Fassung angeblich eine (weitere) Monatsfrist für die Berufungseinlegung laufen soll, setzt diese Verfahrensweise keine neue Berufungsfrist in Lauf. Allerdings begründet sie eine Wiedereinsetzung in den vorigen Stand (§ 233 ZPO) im Falle einer dadurch bedingten Versäumung der Berufungsfrist[3].

Von dem Grundsatz, dass ein **Berichtigungsbeschluss keine neue Rechtsmittelfrist** in Lauf setzt, ist dann eine **Ausnahme** zu machen, wenn das Urteil insgesamt nicht klar genug ist und die beschwerte Partei erstmals durch die Berichtigung eine Beschwer oder Rechtsmittelfähigkeit für sie überhaupt erkennen kann[4]. Irrtümer des Gerichts dürfen nicht die Rechtsmittelmöglichkeiten einer Partei beeinträchtigen oder gar vereiteln. In Fällen, in denen die Partei die negativen Belastungen aus dem Urteil erstmals dem Berichtigungsbeschluss entnehmen kann, läuft die Berufungsfrist daher erst mit Zustellung des Berichtigungsbeschlusses. Bezieht sich die Berichtigung dagegen auf eine fehlerhafte **Rechtsmittelbelehrung,** dann muss wegen § 9 Abs. 5 Sätze 3 und 4 nicht nur der Berichtigungsbeschluss, sondern das komplette Urteil, mit einer richtigen Rechtsmittelbelehrung versehen, nochmals zugestellt werden, weil erst jetzt eine wirksame Urteilszustellung vorliegt[5]. Irrtümer, die die Wirksamkeit der Urteilszustellung ausschließen, dürften bei einer Berichtigung des Tatbestandes des Urteils idR nicht vorliegen.

Wird **durch** einen **Berichtigungsbeschluss** eine **Partei ausgewechselt,** dann ist zu differenzieren. War die ausgewechselte Partei schon bisher (auch) Partei des Verfahrens, dann beginnt für sie die Berufungsfrist erst zu laufen, wenn ihr das Urteil zugestellt wird[6]. Dabei darf im arbeitsgerichtlichen Verfahren nicht nur der Berichtigungsbeschluss an die „neue" Partei zugestellt werden, sondern wegen § 9 Abs. 5 ist ein vollständiges, mit einer Rechtsmittelbelehrung versehenes Urteil zuzustellen. Soll dagegen mit dem Berichtigungsbeschluss erstmals eine neue Partei per Klageänderung in Form eines Parteiwechsels in das Verfahren eingeführt werden, dann ist dies nicht möglich. Per Berichtigungsbeschluss kann ein bisher am Verfahren nicht beteiligtes Rechtssubjekt nicht erstmals Prozesspartei werden[7].
Eine zwar **im** Rubrum eines **Urteils** des ArbG aufgeführte, in der Sache später aber nicht beschiedene – „**vergessene**" – **Partei** hat fristgemäß einen Antrag auf evtl. Tatbestandsberichtigung nach § 320 ZPO und auf Urteilsergänzung nach § 321 ZPO zu stellen; s. auch Rz. 28. Versäumt die Partei die Antragsfrist zur Urteilsergänzung, scheidet sie aus dem Rechtsstreit aus[8]. Sie kann dann erneut klagen bzw. verklagt werden.

Dies gilt aber nicht im Falle einer bloßen **Rubrumsberichtigung,** bei der die Partei – nicht selten in Kündigungsschutzverfahren – lediglich unrichtig bezeichnet worden war, ihre Identität aber von Anfang an feststand, erkennbar und ermittelbar ist[9]. Hier ist eine Rubrumsberichtigung– diese Entscheidung erwächst nicht in Rechtskraft und ist damit im weiteren Prozessverlauf nicht bindend – in analoger Anwendung von § 319 ZPO möglich und kann auch erstmals im Berufungsverfahren jederzeit von Amts wegen berichtigt werden. Die Parteien eines Prozesses werden von dem Kläger in der Klageschrift bezeichnet. Ist die Bezeichnung nicht eindeutig, so ist die beklagte Partei durch Auslegung zu ermitteln. Selbst bei äußerlich eindeutiger, aber offenkundig unrichtiger Bezeichnung ist grds. diejenige Person als Partei angesprochen, die erkennbar durch die Parteibezeichnung betroffen werden soll. Es kommt darauf an, welcher Sinn der von der klagenden Partei in der Klageschrift gewählten Parteibezeichnung bei objektiver Würdigung des Erklärungsinhalts beizulegen ist[10]. Zu berücksichtigen sind die dem Gericht und der Gegenpartei bekannten rechtlichen und tatsächlichen Umstände, die zusammen mit der in der Klageschrift gewählten Parteibe-

---

1 BGH v. 9.11.1994 – XII ZR 184/93, NJW 1995, 1033; BGH v. 9.12.1983 – V ZR 21/83, MDR 1984, 387; BGH v. 24.6.2003 – VI ZB 10/03, NJW 2003, 2991.
2 BVerfG v. 12.9.2000 – 1 BvR 1399/00, NJW 2001, 142; BGH v. 5.11.1998 – VII ZB 24/98, NJW 1999, 646; BAG v. 15.8.2001 – 7 ABR 53/00, NZA 2002, 112.
3 LAG Sachsen v. 25.8.1999 – 2 Sa 1301/98, NZA-RR 2000, 549.
4 BGH v. 9.11.1994 – XII ZR 184/93, NJW 1995, 1033; BGH v. 17.1.1991 – VII ZB 13/90, MDR 1991, 523; GMP/Germelmann, § 66 Rz. 13.
5 BAG v. 13.4.2005 – 5 AZB 76/04, NZA 2005, 836; LAG Rh.-Pf. v. 28.1.1999 – 2 Ta 3/99, NZA 1999, 1239.
6 OLG Düsseldorf v. 31.5.1990 – 10 U 5/90, MDR 1990, 930.
7 *Vollkommer*, MDR 1992, 662.
8 BGH v. 5.11.2014 – VIII ZR 257/13, NJW 2015, 952.
9 Zöller/*Vollkommer*, Vor § 50 ZPO Rz. 7; Arbeitsrechtslexikon/*Schwab*, Kündigungsschutzklage/-prozess II.
10 BAG v. 13.12.2012 – 6 AZR 348/11, NZA 2013, 669.

zeichnung die oft wirklich gemeinte Partei erkennen lassen. So kann etwa in einem Kündigungsschutzverfahren aus dem der Klageschrift beigefügten Kündigungsschreiben der wahre ArbGeb entnommen werden[1]. Dies gilt auch im Verhältnis Gemeinschuldner – Insolvenzverwalter als Partei kraft Amtes[2], weil nach Insolvenzeröffnung nur noch der Insolvenzverwalter fristwahrend verklagt werden kann. Stets muss die Identität der Partei von Anfang an feststehen und durch die Berichtigung gewahrt bleiben. Bleibt die Partei nicht dieselbe, dann liegt keine Parteiberichtigung vor, sondern es wird im Wege der Parteiänderung eine andere Partei in den Prozess eingeführt. Dies betrifft oftmals Fälle einer irrtümlichen Verwendung oder Unterlassung von Zusätzen im Zusammenhang mit der Bezeichnung einer Gesellschaftsform. Eine Rubrumsberichtigung ist nicht gegeben, wenn ein anderes, bisher nicht erkennbares Rechtssubjekt in Anspruch genommen werden soll[3].

27 **Beispiele:**
- Bezeichnet die Klageschrift die Beklagte mit „Deutsche Bundesbahn AG" anstatt richtig „Deutsche Bahn AG", dann kann diese Falschbezeichnung wegen feststehender Identität berichtigt werden. War die Klage jedoch gegen die „BRD" gerichtet gewesen, dann ist eine Rubrumsberichtigung ausgeschlossen, sofern aus der Klageschrift oder etwaigen Anlagen nicht deutlich wird, welche Partei tatsächlich gemeint ist[4].
- Bei einem ArbN, der im Inland bei einer Dienststelle der **Nato-Streitkräfte** beschäftigt ist, ist die Klage gem. Art. 56 VIII ZA-NTS gegen die BRepD als Prozessstandschafterin und nicht gegen die Dienststelle/den Entsendestaat zu richten. Wird die falsche Partei verklagt, dann ist die Klage nur fristwahrend, wenn aus ihr oder den Anlagen deutlich hervorgeht, dass der ArbN „zivile Arbeitskraft" ist, so dass die Unrichtigkeit erkennbar ist[5].
- Eine Kündigungsschutzklage ist rechtzeitig erhoben, wenn der Kläger im Rubrum der Klageschrift irrtümlich nicht seinen ArbGeb, sondern dessen bevollmächtigten Vertreter als Beklagten benannt hat[6], wenn anstatt einer juristischen Person deren gesetzlicher Vertreter als Partei angegeben oder anstatt des ArbGeb gegen eine andere Einrichtung vorgegangen wird[7] und jeweils aus dem beigefügten Kündigungsschreiben die wahre Partei zweifelsfrei erkannt werden kann.

28 Wird bei der Verkündung eines Urteils versehentlich ein Haupt- oder Neben**anspruch übergangen**, kann dieser Mangel nicht durch eine Protokollberichtigung nach § 164 ZPO behoben werden, wenn er dort im Tenor nicht erwähnt ist (das Protokoll ist insoweit richtig), sondern nur im Wege einer **Urteilsergänzung gem. § 321 ZPO**[8]. Ist er später im Tatbestand aufgeführt, hat aber das ArbG über ihn nicht entschieden, dann muss der Antragsteller zuerst gem. § 320 Abs. 1 ZPO eine Tatbestandsberichtigung beantragen und danach eine Urteilsergänzung nach § 321 Abs. 1 ZPO[9]. Auf diese Weise kann die Urteilslücke nachträglich wieder gefüllt werden. Wird innerhalb der laufenden Berufungsfrist das Urteil gem. § 321 ZPO nachträglich ergänzt, dann beginnt gem. § 64 Abs. 6 ArbGG, § 518 ZPO mit der Zustellung des Ergänzungsurteils der Lauf der Berufungsfrist auch für das zuerst ergangene Urteil von neuem. Der Neubeginn der noch nicht abgelaufenen Berufungsfrist für das Haupturteil fängt von da an zu laufen an, wenn das Ergänzungsurteil seinerseits nicht anfechtbar ist. War dagegen im Zeitpunkt der Verkündung des Ergänzungsurteils die Berufungsfrist schon abgelaufen, dann findet § 518 ZPO keine Anwendung. Für beide Urteile, die ihrem Wesen nach selbständige Teilurteile darstellen, gelten jeweils die allgemeinen Rechtsmittelvoraussetzungen von § 64 Abs. 2, so dass sich etwa eine Beschwer/der Beschwerdewert des Ergänzungsurteils nur nach diesem bemisst[10].

Eine **Ausnahme** von der jeweils eigenständigen Anfechtbarkeit der beiden Teilurteile besteht dann, wenn im Ergänzungsurteil nur noch über die Kostentragungspflicht entschieden wird. Trotz § 99 ZPO ist dann die Kostenentscheidung abänderbar, wenn auch das zu ergänzende Urteil wirksam angefochten wird.

Vorsicht ist geboten, wenn das ArbG im Urteil **einen** von mehreren **Klageanträgen übergeht** und wenn sich dieses Versäumnis nicht nur in der bloßen Unvollständigkeit, Lückenhaftigkeit des Urteils erschöpft, insbesondere nach seinem Tenor und Tatbestand zu einem sachlich unrichtigen Urteil führt. Ein Anspruch oder der Kostenpunkt ist nur dann nach § 321 Abs. 1 ZPO „übergangen", wenn er vom Gericht nur versehentlich nicht beachtet worden ist, nicht dagegen, wenn er bewusst, ggf. auch rechtsirrtümlich nicht be-

---

1 BAG v. 28.8.2008 – 2 AZR 279/07, NZA 2009, 221.
2 BAG v. 18.10.2012 – 6 AZR 41/11, NZA 2013, 1007; BAG v. 21.9.2006 – 2 AZR 573/05, NZA 2007, 404.
3 BGH v. 16.12.1997 – VI ZR 279/96, NJW 1998, 1496.
4 BAG v. 12.2.2004 – 2 AZR 136/03.
5 BAG v. 20.2.2014 – 2 AZR 248/13, NZA-RR 2015, 380.
6 BAG v. 15.3.2001 – 2 AZR 141/00, NZA 2001, 1267; BAG v. 28.8.2008 – 2 AZR 279/07, NZA 2009, 221.
7 BAG v. 28.8.2008 – 2 AZR 279/07, NZA 2009, 221.
8 BGH v. 24.9.2013 – I ZR 133/12.
9 BAG v. 15.3.2011 – 1 ABR 97/09, NZA 2011, 1112 (1116); BGH v. 20.1.2015 – VI ZR 209/14, NJW 2015, 1826.
10 BGH v. 27.11.1979 – VI ZR 40/78, NJW 1980, 840; Zöller/Heßler, § 518 ZPO Rz. 1; GK-ArbGG/Vossen, § 66 Rz. 32 f.

schieden wurde (vgl. auch § 69 Rz. 19)[1]. Da das Vorliegen einer reinen Entscheidungslücke und insbesondere die Bereitschaft des ArbG zu einer Urteilsergänzung nicht genau vorhersehbar ist, sollte bei einem solch fehlerhaften Urteil **neben** einem **Ergänzungsantrag** vorsorglich **auch Berufung** eingelegt werden, bevor es später ggf. zu spät ist[2].

Eine Berufungs**einlegung vor der Verkündung** des Urteils ist nicht möglich. Eine solche Berufung ist unzulässig und vermag auch nicht ein späteres Urteil zu erfassen. Im Zeitpunkt der Einlegung liegt dann allenfalls ein prozessual unzulässig bedingtes Rechtsmittel vor[3]. Der Rechtsmittelkläger muss nach der Verkündung gegen das Urteil erneut Berufung einlegen. 29

Ist ein Urteil **verkündet**, aber **noch nicht** wirksam **zugestellt**, dann beginnt gem. § 66 Abs. 1 Satz 2 die Berufungsfrist nicht zu laufen. Gleichwohl kann dagegen schon wirksam Berufung eingelegt werden[4]. Die Berufungsbegründungsfrist läuft trotzdem erst ab der späteren Urteilszustellung (§ 66 Abs. 1 Satz 2). Ein vor Urteilszustellung eingelegtes Rechtsmittel ändert am gesetzlichen Fristbeginn für die Berufungsbegründung, deren Ablauf sowie am gesetzlichen Begründungsumfang von § 520 Abs. 3 Nr. 2 ZPO nichts. Wer ohne Not seine Berufung schon vor Urteilszustellung einlegt und diese auch noch „verfrüht" begründet und eine solche innerhalb der gesetzlichen Frist von § 66 Abs. 1 Satz 2 dann nicht mehr nachholt, trägt das Risiko, mit seinen (hypothetischen) Ausführungen die Urteilsgründe zu verfehlen[5]. Auch sollte bei einer vorzeitigen Berufungseinlegung die Kostentragungspflicht von § 516 Abs. 3 ZPO stets bedacht werden, falls nach Kenntnis der Entscheidungsgründe das Urteil dann doch akzeptiert wird. 30

In folgenden Fällen ist eine **Berufungseinlegung vor Zustellung** des in vollständiger Form abgefassten Urteils **geboten**: 31

– Betreibt der Gläubiger die Zwangsvollstreckung aus dem Urteil mittels einer abgekürzten Urteilsausfertigung (§ 317 Abs. 2 Satz 2 Halbs. 1 iVm. § 750 Abs. 1 Satz 2 ZPO) und versucht der Schuldner die einstweilige **Einstellung der Zwangsvollstreckung** gem. § 62 Abs. 1 Sätze 2 und 3 zu erreichen, ist nach Erlass des Urteils des ArbG für die Einstellungsentscheidung nur noch das LAG zuständig. In diesem Falle bleibt dem Schuldner keine andere Wahl, als schon jetzt gegen das Urteil Berufung einzulegen. Er muss dann nur seinen Einstellungsantrag nach Maßgabe von § 62 Abs. 1 Satz 3 iVm. Satz 2 zeitnah begründen. Die Zweimonatsfrist zur Berufungsbegründung läuft auch dann erst ab (späterer) Urteilszustellung in vollständig abgefasster Form.

– Ist das Urteil **fünf Monate** nach der Urteilsverkündung – bei einem separaten Verkündungstermin beginnt die Frist erst von dann an zu laufen[6] – noch **nicht** mit Tatbestand und Entscheidungsgründen versehen wirksam **zugestellt**, dann beginnt trotzdem die Berufungsfrist zu laufen und der Rechtsmittelführer muss im Laufe des Folgemonats die Berufung gem. § 66 Abs. 1 einlegen und sie innerhalb eines weiteren Monats begründen (vgl. Rz. 5; vgl. in diesem Fall zum Begründungsumfang § 64 Rz. 170 ff.).

III. Eingang der Berufungsschrift

Die Berufung kann wirksam nur in **Schriftform** eingelegt werden (§ 519 Abs. 1 ZPO). Die Einlegung der Berufung zum Sitzungsprotokoll des ArbG oder zu Protokoll des Urkundsbeamten der Geschäftsstelle des ArbG oder des LAG ist ausgeschlossen. Ein Schriftsatz kann auf unterschiedliche Weise beim Gericht eingehen[7]. Zur **Prozesskostenhilfe** zur Berufungseinlegung s. Rz. 49, Rz. 50. 32

Die **Frist** zur Einlegung von Rechtsmitteln **endet** am letzten Tag mit Ablauf der letzten Minute von 23.59 Uhr; um 0.00 Uhr beginnt die 1. Minute des Folgetages. Damit der Bürger diese Frist auch uneingeschränkt nutzen kann, sind zur besseren Beweisbarkeit bei den Gerichten deutlich sichtbare **Nachtbriefkästen** angebracht, die technisch so eingerichtet sind, dass Einwürfe bis 24.00 Uhr ausgesondert werden, um den taggenauen Zugang zu gewährleisten[8]. Ein rechtzeitiger Zugang ist auch dann gegeben, wenn die Berufungsschrift bis 24.00 Uhr sonst wie **in den Machtbereich** des Adressatengerichts **gelangt** ist, zB durch 33

---

1 BGH v. 16.12.2005 – V ZR 230/04, NJW 2006, 1351, vgl. zum Procedere: BGH v. 20.1.2015 – VI ZR 209/14, NJW 2015, 1826.
2 BGH v. 30.9.2009 – VIII ZR 29/09, juris praxRep-Extra m. Anm. *Geisler*.
3 BAG v. 13.8.1985 – 4 AZN 212/85, AP Nr. 22 zu § 72a ArbGG 1979.
4 BAG v. 16.6.2004 – 5 AZR 529/03, NZA 2004, 1239.
5 BAG v. 16.6.2004 – 5 AZR 529/03, NZA 2004, 1239.
6 BAG v. 20.11.1997 – 6 AZR 215/96, NZA 1998, 1021.
7 Vgl. zu den einzelnen Modalitäten und Besonderheiten: *Schwab*, Die Berufung im arbeitsgerichtlichen Verfahren, S. 189–198.
8 Vgl. zur Notwendigkeit des Vorhaltens eines Nachtbriefkastens: BVerfG v. 7.5.1991 – 2 BvR 215/90, NJW 1991, 2076.

Einwurf in einen sonstigen Briefkasten des LAG ohne Rücksicht darauf, wann dieser geleert wird[1]. Ein Zugang liegt nur dann vor, wenn der Schriftsatz in die **tatsächliche** Verfügungsgewalt des Rechtsmittelgerichts kommt[2].

34 Die gemeinsame Einlaufstelle für mehrere Gerichte, zB örtliches ArbG und LAG, ändert nichts daran, dass immer nur bei einem dieser Gerichte Gewahrsam am Schriftstück begründet wird. Daher ist beim Vorhandensein einer **gemeinsamen Posteinlaufstelle** das Schriftstück nur bei dem Gericht eingegangen, an das es bei verschlossenem Umschlag auf dem Briefumschlag bzw. Adressatenfenster adressiert ist, weil nur das Adressatengericht die tatsächliche Verfügungsgewalt mit dem Eingang erhält[3]. Das gilt selbst dann, wenn es tatsächlich in den Briefkasten des richtigen Gerichts eingelegt wird und es wegen der fehlerhaften Adressierung auf dem Umschlag von dort ungeöffnet an das (unzuständige) Adressatengericht weitergeleitet wird[4]. Gleiches gilt, wenn sich in dem Umschlag noch weitere Schriftsätze für ein anderes Gericht befinden, ohne dass dies auf dem Umschlag kenntlich gemacht ist[5]. Die Gerichtsbediensteten, die die Post weiterleiten, sind an die getroffene Bezeichnung gebunden und nicht verpflichtet, von sich aus möglicherweise erkennbare Irrtümer eigenmächtig zu korrigieren[6]. Die verwendete Adressierung ist auch maßgeblich, wenn zwei Gerichte einen **gemeinsamen Nachtbriefkasten** unterhalten[7]. Das Schriftstück geht in diesem Fall mit dem Einwurf demjenigen Gericht zu, an das es äußerlich auf dem Briefumschlag adressiert ist, selbst wenn im Schriftsatz das zutreffende Aktenzeichen des richtigen Gerichts genannt ist[8]. Nur das in der Anschrift genannte Gericht erlangt mit der Einreichung die tatsächliche Verfügungsgewalt über das Schriftstück. Ist dagegen das Schriftstück falsch adressiert (zB an das BAG), wird es aber in den Briefkasten des Gerichts eingeworfen, für den es tatsächlich bestimmt ist (zB LAG Berlin), dann geht es dort (beim LAG) rechtzeitig mit dem Einwurf ein, selbst wenn das LAG und das ArbG einen gemeinsamen Nachtbriefkasten haben. Dies gilt jedenfalls dann, wenn es noch am gleichen Tag an das LAG weitergeleitet und dort geöffnet wird[9]. Eine falsche Adressierung ist bei Einwurf in einen Briefkasten unschädlich, wenn dieser nur **einem** einzigen Gericht, dem zuständigen Berufungsgericht dient[10].

35 Die Übergabe während der üblichen **Dienstzeit** oder gar an einen bestimmten **Bediensteten** des Gerichts ist nicht erforderlich[11]. Kein ausreichender Zugang liegt aber vor, wenn zB ein Schriftsatz einem Bediensteten des Gerichts in dessen außerhalb des Dienstgebäudes liegenden Privatwohnung übergeben wird. Nur wenn der Schriftsatz in diesem Fall noch bis 24.00 Uhr zum Dienstgebäude in dienstlichen Gewahrsam gebracht wird, liegt ein rechtzeitiger Zugang vor.

36 Stets hat der Rechtsmittelkläger die **Rechtzeitigkeit des Eingangs zu beweisen**[12]. Dies gilt insbesondere für den rechtzeitigen Einwurf in einen Nacht- oder normalen Briefkasten[13]. Für die Beweiserhebung gelten die Grundsätze des sog. **Freibeweises**[14], dh. das Gericht ist nicht an die Beweisantritte der Parteien gebunden und kann von Amts wegen die ihm erforderlich erscheinenden Erhebungen durchführen, zB gerichtsinterne Vorgänge aufklären (vgl. § 58 Rz. 23). Soweit ein Eingangsstempel des LAG eine Fristversäumnis dokumentiert, ist der Gegenbeweis nach § 418 Abs. 2 ZPO zulässig[15]. Notwendig ist stets die volle Überzeugung des Gerichts vom rechtzeitigen Eingang[16]. Eine bloß überwiegende Wahrscheinlichkeit – wie bei einer Glaubhaftmachung genügend – reicht nicht aus. Allein die kaum jemals auszuschließende Möglichkeit, dass ein Nachtbriefkasten aus technischen Gründen nicht funktioniert oder bei der Abstempelung Fehler unterlaufen, reicht zur Führung dieses Beweises nicht aus[17]. Wegen der Beweisnot der Parteien hinsichtlich gerichtsinterner Vorgänge dürfen aber die Anforderungen nicht überspannt werden. Angebotener Zeugenbeweis über den Zeitpunkt des Einwurfs ist zu erheben, falls dem Gericht eine anwaltliche

---

1 BVerfG v. 7.5.1991 – 2 BvR 215/90, NJW 1991, 2076.
2 BGH v. 18.2.1997 – VI ZB 28/96, NJW-RR 1997, 892; BGH v. 22.5.2014 – I ZR 70/14, NJW-RR 2014, 1401.
3 BAG v. 22.8.2017 – 10 AZB 46/17, NZA 2017, 1286.
4 BGH v. 2.3.2010 – IV ZB 15/09.
5 Vgl. LAG Düsseldorf v. 30.1.1999 – 10 Sa 1425/98, DB 1999, 644.
6 BAG v. 14.7.1988 – 4 AZB 6/88, NJW 1988, 3229.
7 BAG v. 5.11.1974 – 5 AZB 44/74, NJW 1975, 184.
8 BAG v. 29.8.2001 – 4 AZR 388/00, NZA 2002, 347.
9 LAG Berlin v. 21.12.2001 – 6 Sa 1972/01, NZA-RR 2002, 549.
10 KG v. 3.6.2010 – 8 U 21/10, AnwBl 2011, 401.
11 Vgl. weitere Einzelheiten bei Zöller/*Heßler*, § 519 ZPO Rz. 13–16.
12 BGH v. 30.1.1991 – VIII ZB 44/90, VersR 1991, 896; Zöller/*Heßler*, § 519 ZPO Rz. 20 mwN.
13 BGH v. 26.3.1981 – IVa ZB 4/81, NJW 1981, 1789.
14 BGH v. 9.7.1987 – VII ZB 10/86, MDR 1988, 136.
15 BGH v. 16.2.1984 – IX ZB 172/83, VersR 1984, 442; BGH v. 30.3.2000 – IX ZR 251/99, NJW 2000, 1872.
16 BGH v. 16.3.2000 – VII ZB 36/99, NJW 2000, 2280.
17 BGH v. 8.5.2007 – VI ZB 80/06, NJW 2007, 3069.

oder eidesstattliche Versicherung nicht genügt[1]; was stimmt, ist eine Frage der Beweiswürdigung[2]. Beim Freibeweis ist das Gericht nicht gehalten, über die dienstliche Äußerung der Wachtmeisterei hinaus möglichen Gründen für eine fehlerhafte Stempelung nachzugehen, wenn der Sachverhalt insoweit keine hinreichenden Anhaltspunkte bietet[3]. Den Verlust eines Schriftstücks auf dem Postweg kann die Partei idR nicht anders nachwiesen als die Glaubhaftmachung der rechtzeitigen Aufgabe zur Post[4]. Vgl. wegen eines hilfsweise zu stellenden Wiedereinsetzungsantrages Rz. 56.

Wird die Berufungsschrift oder ein sonstiger fristgebundener Schriftsatz statt an das LAG fehlerhaft an ein **anderes unzuständiges Gericht**, insbesondere an das erstinstanzliche ArbG, adressiert und dort eingereicht, dann liegt ein Zugang erst dann vor, wenn es von dort aus weitergeleitet beim LAG eingeht[5]. Handelt es sich beim fehlerhaft angegangenen um das erstinstanzliche ArbG, dann ist dieses aus einer nachwirkenden Fürsorgepflicht gehalten, im Zuge eines ordentlichen Geschäftsgangs den Schriftsatz unverzüglich an das LAG weiterzuleiten[6]. Wurde der Schriftsatz so rechtzeitig beim unzuständigen Gericht eingereicht, dass die fristgerechte Weiterleitung ohne Weiteres erwartet werden konnte und wäre dann der Schriftsatz noch fristgemäß beim LAG eingegangen, dann ist Wiedereinsetzung in den vorigen Stand zu gewähren[7]. Ein Verschulden des Prozessbevollmächtigten an der fehlerhaften Einreichung oder ein rechtzeitiges Erkennen des Fehlers vor Fristablauf[8] spielen keine Rolle. Die Bearbeitung im normalen Geschäftsgang erfordert keine Prüfung eines möglichen Fristablaufs, keine telefonische Benachrichtigung des Rechtsmittelführers oder eine Weiterleitung des Schriftsatzes an das LAG per Telefax[9]. Auch in sonstigen Fällen der offensichtlichen Unzuständigkeit des angegangenen Gerichts ist das Gericht gehalten, den Schriftsatz an das offensichtlich zuständige Gericht im normalen Geschäftsgang weiterzuleiten[10]. In diesem Rahmen ist das angegangene Gericht nicht zur sofortigen Prüfung der Zuständigkeit verpflichtet. Jedoch ist die Weiterleitung der Rechtsmittelschrift an das zuständige Gericht im Rahmen eines ordentlichen Geschäftsgangs geboten, wenn die Unzuständigkeit ohne Weiteres, leicht und einwandfrei zu erkennen ist. Solange die Akte noch nicht dem Richter vorliegt, kommt es für das leichte Erkennen auf das Wissen des zuständigen Geschäftsstellenbeamten an[11]. An den Richter sind dann andere Anforderungen für das Erkennen der Unzuständigkeit zu stellen[12]. 37

Zur Berufungseinlegung durch **moderne Telekommunikationsmittel**, vgl. § 64 Rz. 126–132. 38

Zum **Inhalt der Berufungsschrift**, vgl. § 64 Rz. 133–142.

IV. Versäumung der Berufungsfrist

Die einmonatige Berufungsfrist ist eine **Notfrist** (§ 517 Halbs. 2 ZPO). Als solche ist sie unabänderlich und kann weder abgekürzt noch verlängert werden (§ 224 Abs. 1, 2 ZPO). Dies gilt auch im **einstweiligen Verfügungsverfahren**. Will der Berufungskläger in einem Eilverfahren eine Beschleunigung des Berufungsverfahrens erreichen, kann er dies nur bewirken, wenn er schnellstmöglich gegen das erstinstanzliche Verfügungsurteil Berufung einlegt und diese umgehend, am Besten gleichzeitig, begründet. 39

Zu den Einzelheiten der **gerichtlichen Entscheidung** im Falle der Fristversäumung vgl. § 64 Rz. 178 ff.

Fristfehler bei der Berufungseinlegung können über die Bestimmungen der Wiedereinsetzung korrigiert werden. Leidet die Berufung **zudem** auch an einem **Formfehler**, der per se zur Unzulässigkeit des Rechtsmittels führt, hindert das eine Entscheidung über die Wiedereinsetzung nicht. Die fiktive Zulässigkeit des verspätet eingelegten Rechtsmittels ist keine Voraussetzung für einen Wiedereinsetzungsantrag[13].

---

1 BVerwG v. 24.7.2008 – 9 B 41/07, NJW 2008, 3588.
2 BGH v. 14.10.2004 – VII ZR 33/04, BB 2005, 182.
3 BGH v. 15.9.2005 – III ZB 81/04, NJW 2005, 3501.
4 BGH v. 10.9.2015 – III ZB 56/14, NJW 2015, 3517.
5 Die in der Praxis häufig vorkommenden Schriftsatzübermittlungen kurz vor Fristablauf bergen wegen meist fehlender Reparaturmöglichkeiten ein erhöhtes Risiko. Wenn möglich ist ratsam, etwa sieben Arbeitstage Abstand vom Fristablauf zu wahren.
6 BVerfG v. 20.6.1995 – 1 BvR 166/93, NJW 1995, 3173; BVerfG v. 17.1.2006 – 1 BvR 2558/05, NJW 2006, 1579; BVerfG v. 17.3.2005 – 1 BvR 950/04, NJW 2005, 2137; BGH v. 3.7.2006 – II ZB 24/05, NJW 2006, 3499.
7 BGH v. 14.12.2010 – VIII ZB 20/09, AnwBl 2011, 223.
8 BGH v. 28.6.2007 – V ZB 187/06, BB 2007, 2092.
9 BVerfG v. 3.1.2001 – 1 BvR 2147/00, NJW 2001, 1343; BAG v. 20.8.1997 – 2 AZR 9/97, NJW 1998, 923; BGH v. 27.7.2016 – XII ZB 203/15, NJW 2016, 3668.
10 BVerfG v. 17.1.2006 – 1 BvR 2558/05, NJW 2006, 1579; BGH v. 18.3.2008 – VIII ZB 4/06, NJW 2008, 1890.
11 BGH v. 12.10.2011 – IV ZB 17/10, NJW 2012, 78.
12 BGH v. 20.4.2011 – VII ZB 78/09, NJW 2011, 2052.
13 BAG v. 11.7.2013 – 2 AZB 6/13, NZA 2013, 983.

40 Bei einer Versäumung der Berufungsfrist kommt allenfalls noch eine **Wiedereinsetzung in den vorigen Stand** gem. §§ 233 ff. ZPO in Betracht. Dazu ist zunächst Voraussetzung, dass die Partei ohne ihr Verschulden verhindert war, die Berufungsfrist einzuhalten. Die Versäumung der Frist kann auf jedem Umstand beruhen, der verhindert hat, dass die fristwahrende Prozesshandlung rechtzeitig vorgenommen wurde. Der verfassungsrechtlich (Art. 2 Abs. 1 GG iVm. dem Rechtsstaatprinzip) garantierte Rechtsschutz verbietet es den Gerichten, den Parteien den Zugang zu einer in der Verfahrensordnung eingeräumten Instanz in unzumutbarer Weise aus sachlich nicht gerechtfertigten Gründen zu erschweren. Deshalb dürfen die Anforderungen an das, was der Betroffene veranlasst haben muss, nicht überspannt werden[1]. Die Partei hat ihr fehlendes Verschulden an der Nichteinhaltung der Frist schlüssig darzulegen durch eine aus sich heraus verständliche geschlossene Schilderung der tatsächlichen Abläufe und auf welchen konkreten Umständen die Fristversäumnis beruht[2]. Hat der Rechtsanwalt schuldhaft die ihm vorgelegte Rechtsmittelschrift nicht unterzeichnet, dann kann auf diesen Fehler nicht mehr abgestellt werden, wenn zeitlich danach von einer zuverlässigen Bürobediensteten vor dem Versenden die allgemein angeordnete Unterschriftenkontrolle unterlassen wurde[3]. Bei Fehlern des Büropersonals ist eine genaue Darlegung des Ausbildungsstandes und der Überwachung von Büropersonal oder der Büroorganisation zur Vermeidung des eingetretenen Fehlers erforderlich. Dies gilt insbesondere bei der Versendung mittels Computerfax oder elektronischen Dokumenten[4]. Beruht eine Fristversäumung auf Fehlern des Gerichts, dann sind die Anforderungen für eine Wiedereinsetzung mit besonderer Fairness zu handhaben[5]. Aus gerichtlichen Fehlern dürfen den Beteiligten keine Nachteile erwachsen. Ein Verschulden liegt nicht vor, wenn die Fristversäumung unter den gegebenen Umständen auch unter Beachtung der üblichen bei einer Prozessführung zu wahrenden Sorgfalt nicht vermieden werden konnte. Hier eine ausgewogene Balance zwischen Rechtssicherheit und Einzelfallgerechtigkeit zu finden, kann nur anhand der konkreten Umstände des Einzelfalles erreicht werden.

41 Der Maßstab des **Verschuldens** muss auf die vorauszusetzenden Fähigkeiten der betreffenden Person angelegt werden. Wenngleich die hM. hier einen objektivierten Verschuldensmaßstab des § 276 BGB anlegt[6], kann doch eine individualisierende Differenzierung nach verschiedenen Kategorien nicht außer Acht gelassen werden[7]. Der Verschuldensmaßstab ist bei Rechtsunkundigen, je nach Bildung, geringer als zB bei Rechtsanwälten. Innerhalb der verschiedenen Kategorien gibt es dann einen einheitlichen Maßstab. So kommt es etwa auf die übliche – nicht äußerste oder größtmögliche[8] – Sorgfalt eines ordentlichen Rechtsanwalts[9], eines ordentlichen ArbN, eines leitenden Angestellten, eines Handwerkmeisters oder eines Leiters eines Industriebetriebes an. Eine Differenzierung nach Kategorien darf aber nur zu Abweichungen in engen Nuancen und Grenzbereichen kommen, so dass sie in der weit überwiegenden Anzahl der Fälle in der Praxis unbedeutend bleibt. Für die Annahme eines Verschuldens genügt es nicht, eine lediglich objektiv mögliche Sorgfalt zu verlangen, durch die der Fehler hätte verhindert werden können, vielmehr muss die Beachtung dieser Sorgfalt im Einzelfall auch zumutbar sein[10].

42 Die Fristversäumnis muss durch die Partei selbst, ihren gesetzlichen Vertreter (§ 51 Abs. 2 ZPO) oder ihren Prozessbevollmächtigten (§ 85 Abs. 2 ZPO) unverschuldet sein.

Bei der Einschaltung eines **Prozessbevollmächtigten** darf ihn kein Verschulden an der Fristversäumung treffen; Fehler, die auf Verschulden seines Büropersonals beruhen, sind der Partei grds. nicht zuzurechnen. Entscheidend für eine Wiedereinsetzung ist die genaue Darlegung der Umstände, die der Prozessbevollmächtigte allgemein oder im konkreten Einfall eigenverantwortlich getroffen hat, dass der Fehler – so wie er vorgekommen ist – vermieden wird. Liegen die Gründe für die Versäumung zwar in dessen **Risikosphäre**, sind sie aber wegen fehlender Aufklärbarkeit nicht mehr einem bestimmten Verursacher zurechenbar, so ist der Partei die Wiedereinsetzung zu versagen, wenn ein Verschulden des Bevollmächtigten nicht ausgeschlossen werden kann. Steht dagegen fest, dass bei fehlender näherer Aufklärbarkeit jedenfalls den Bevollmächtigten kein Verschulden trifft, so steht dies einer Wiedereinsetzung nicht im Wege[11]. Bevollmächtigter iSv. § 85 Abs. 2 ZPO ist auch ein im Angestelltenverhältnis tätiger Rechtsanwalt, dem ein we-

---

1 Vgl. zB BVerfG v. 20.6.1995 – 1 BvR 166/93, AP Nr. 15 zu § 9 ArbGG 1979; BVerfG v. 15.1.1992 – 1 BvR 1140/86, BB 1992, 644; BVerfG v. 1.8.1996 – 1 BvR 121/95, NZA 1996, 1174.
2 BGH v. 14.3.2005 – II ZB 31/03, NJW-RR 2005, 793.
3 BGH v. 15.7.2014 – VI ZB 15/14, NJW 2014, 2961.
4 BGH v. 14.10.2014 – XI ZB 13/13, NJW-RR 2015, 624.
5 BVerfG v. 26.2.2008 – 1 BvR 232/07, NJW 2008, 2167.
6 Vgl. Zöller/*Greger*, § 233 ZPO Rz. 12.
7 Ebenso Stein/Jonas/*Roth*, § 233 ZPO Rz. 45; *Schwab*, Die Berufung im arbeitsgerichtlichen Verfahren, S. 200 f.
8 BGH v. 12.11.2013 – VI ZB 4/13.
9 BGH v. 17.8.2011 – I ZB 21/11, NJW-RR 2012, 122; BGH v. 16.9.2015 – V ZB 54/15, NJW 2016, 719.
10 BGH v. 22.11.1984 – VII ZR 160/84, NJW 1985, 1710.
11 BAG v. 9.1.1990 – 3 AZR 528/89, NZA 1990, 538.

sentlicher Teilbereich eines gerichtlichen Verfahrens zur selbständigen Erledigung übertragen worden ist[1]. Der Rechtsanwalt kann eine Schilderung ihm bekannter Vorgänge nicht nur durch eine eigene eidesstattliche Versicherung, sondern auch durch eine auf seine Standespflichten ausdrücklich bezugnehmende **anwaltliche Versicherung** glaubhaft machen[2].

Die Grundsätze der §§ 233 ff. ZPO gelten für **Verbandsvertreter** in gleicher Weise wie für Rechtsanwälte. Ihre Sorgfaltspflichten sind nicht höher, aber auch nicht niedriger wie die der Rechtsanwälte. Auch eine Differenzierung nach schwierigen oder leichten Rechtsfragen verbietet sich nach der Wertung von § 11. Dort werden die Verbandsvertreter den Rechtsanwälten gleichgestellt. Die gleichen Rechte bedingen auch die gleichen Pflichten[3], zumal die Verbände weitestgehend Volljuristen mit der Prozessführung beauftragen. 43

Näheres über zahlreiche Einzelfälle zum **Verschulden bei Fristversäumung** vgl. Zöller/*Greger*[4]. 44

V. Die Berufungsbegründungsfrist

1. Fristbeginn

Die Berufung ist gem. § 66 Abs. 1 Satz 1 innerhalb einer **Frist von zwei Monaten** beim LAG eingehend schriftsätzlich zu begründen, sofern sie nicht schon im Berufungsschriftsatz direkt begründet worden ist. Zum erforderlichen **Inhalt** der Begründung vgl. § 64 Rz. 143 ff. 45

Die Berufungsbegründungsfrist ist im Gegensatz zur Berufungsfrist keine Notfrist iSv. § 224 Abs. 1 ZPO. Sie **beginnt** gem. § 66 Abs. 1 Satz 2 mit dem Tag der ordnungsgemäßen Zustellung des in vollständiger Form abgefassten Urteils durch das ArbG, spätestens mit Ablauf von **fünf Monaten** nach der Urteilsverkündung; vgl. Rz. 5. Mit Zustellung des Urteils können die Parteien problemlos die einmonatige Berufungsfrist und die zweimonatige Begründungsfrist erkennen. Im Übrigen darf die Fünf-Monats-Frist in keinem Fristenkalender fehlen. Falls der ArbGeb während des Fristlaufs in **Insolvenz** fällt vgl. Rz. 18a.

Für die **Fristberechnung** gelten die Grundsätze von Rz. 12. Wird das Urteil an einem Samstag zugestellt, dann beginnt die Begründungsfrist ab dann zu laufen und nicht erst ab dem nächsten Werktag. § 222 Abs. 2 ZPO gilt nur für das Fristende, nicht für den Fristbeginn[5]. 46

Die Begründungsfrist beginnt auch dann erst ab Urteilszustellung zu laufen, wenn die **Berufung** schon **vor Zustellung** des in vollständiger Form abgefassten Urteils **eingelegt** wurde (vgl. Rz. 30). Da beide Fristen voneinander unabhängig sind, ist der Zeitpunkt der Urteilszustellung für den Beginn und den Ablauf der Berufungsbegründungsfrist auch dann maßgebend, wenn die **Berufung verspätet** erst nach einem Monat eingelegt wird[6]. Wird wegen der Versäumung der Berufungsfrist ein Antrag auf **Wiedereinsetzung** in den vorigen Stand gestellt, dann wird die Begründungsfrist nicht etwa solange gehemmt, bis über diesen Antrag entschieden ist[7]. Die Berufung muss auch dann fristgerecht innerhalb von zwei Monaten ab Urteilszustellung begründet werden, wenn dem Wiedereinsetzungsantrag später stattgegeben wird, sei es auch erst im Rechtsbeschwerdeverfahren durch das BAG (§§ 78, 64 Abs. 6 ArbGG iVm. §§ 574 ff. ZPO). Der Berufungskläger hat hier allenfalls die Möglichkeit, eine einmalige Verlängerung der Begründungsfrist gem. § 66 Abs. 1 Satz 5 zu erreichen in der Hoffnung, dass bis zum Ablauf der verlängerten Frist über das Wiedereinsetzungsgesuch entsprechend § 238 Abs. 1 Satz 2 ZPO endgültig entschieden ist. 47

Erkennt der Rechtsanwalt, dass er die **Frist** zur Begründung **nicht einhalten** kann, zB wegen Erkrankung, fehlender Information oder nicht genügender Zeit für die Anfertigung der Begründung, muss er durch einen vor Fristablauf gestellten Antrag auf **Fristverlängerung** dafür Sorge tragen, dass ein Wiedereinsetzungsgesuch nicht notwendig wird[8].

Sind im Zeitpunkt der Berufungseinlegung sowohl die Berufungs- als auch die Begründungsfrist abgelaufen, dann muss der Berufungskläger **Wiedereinsetzung für beide Fristen** beantragen. Beruhen beide evidente Fristversäumnisse auf demselben Lebenssachverhalt, dann ist ein etwa unvollständiger Antrag dahin gehend auszulegen, dass er sich auf beide Fristen beziehen soll. 48

---

1 BAG v. 21.1.1987 – 4 AZR 86/86, NZA 1987, 357.
2 BGH v. 1.5.2011 – IV ZB 6/10, BRAK-Mitt 2011, 239.
3 Ebenso GK-ArbGG/*Vossen*, § 66 Rz. 42; aA *Grunsky*, 7. Aufl., § 66 Rz. 3.
4 Zöller/*Greger*, § 233 ZPO Rz. 23.
5 *Baur/Gift*, Teil G Rz. 408.
6 Vgl. zum früheren Recht: GMP/*Germelmann*, § 66 Rz. 16; BGH v. 20.10.1976 – IV ZB 41/76, VersR 1977, 137.
7 BGH v. 9.1.1989 – II ZB 11/88, NJW 1989, 1155; Zöller/*Heßler*, § 520 ZPO Rz. 14.
8 BGH v. 1.7.2013 – VI ZB 18/12, NJW 2013, 3181; BGH v. 5.6.2012 – VI ZB 76/11, NJW 2013, 239.

49 Ein **Verschulden des Prozessbevollmächtigten** ist der antragstellenden Partei sowohl im PKH-Verfahren als auch im Verfahren auf Wiedereinsetzung gem. § 85 Abs. 2 ZPO zuzurechnen[1].

50 **Weist** das LAG den Antrag auf PKH-Bewilligung wegen fehlender hinreichender Erfolgsaussichten **zurück**, dann kann es **nicht gleichzeitig** schon wegen Fristversäumung die **Berufung verwerfen**[2]. Die Partei muss zuerst Gelegenheit erhalten, auf den Zurückweisungsbeschluss durch einen Wiedereinsetzungsantrag reagieren zu können (vgl. auch Rz. 56).

51 Führen die Parteien wegen der streitigen Angelegenheit ein gerichtliches oder außergerichtliches **Mediationsverfahren** durch, dann hemmt dieses den Lauf der Berufungsbegründungsfrist nicht. Auch kann der Mediationsrichter nicht wirksam in den Lauf von gesetzlichen Rechtsmittelfristen eingreifen[3].

52 Rechtsmittel können wiederholt eingelegt werden. Werden gegen ein Urteil **mehrere Rechtsmittel** eingelegt durch zwei voneinander unabhängige Prozessbevollmächtigte, so beginnt die zweimonatige Berufungsbegründungsfrist ab dem 1. Tag der Urteilszustellung an einen der (beiden) Prozessbevollmächtigten zu laufen. Da der Lauf der Begründungsfrist gesetzlich genau fixiert ist, spielt es keine Rolle, ob der Berufungskläger gegen das Urteil ein oder mehrere Rechtsmittelschriften beim LAG einreicht. Ist jeweils auch nur eine Frist schriftsätzlich gewahrt, dann sind wegen der Einheitlichkeit des Rechtsmittels alle Schriftsätze als fristwahrend zu behandeln, selbst wenn einzelne Einlegungsakte für sich separat betrachtet verfristet oder sonst unwirksam wären.

53 Legt eine Partei oder ihr **Streithelfer** Berufung ein, so liegt trotz der Personenvielfalt auch dann nur ein einheitliches Rechtsmittel vor[4]. Wird die Berufungsfrist und -begründungsfrist von einem der beiden eingehalten, gleichgültig von wem, dann ist das Rechtsmittel für beide insgesamt zulässig[5].

53a Eine in der Berufungsinstanz vorgenommene **Klageerweiterung** (§§ 524, 264 ZPO) muss durch den Berufungskläger nicht innerhalb der Berufungsbegründungsfrist vorgenommen werden, sofern sie nicht auf § 533 ZPO basiert. Eine solche Klagerweiterung ist **bis zum Schluss der mündlichen Verhandlung** vor dem LAG und nur im Rahmen eines insgesamt zulässigen Rechtsmittels möglich[6]. Wird sie dagegen vom Berufungsbeklagten im Wege der Anschlussberufung in das Verfahren eingeführt, dann kann dies grds. (§ 64 Rz. 192 mit Ausnahmen in § 64 Rz. 192a) nur innerhalb der Monatsfrist von § 524 Abs. 2 Satz 2 ZPO geschehen; ansonsten ist sie unzulässig.

53b Die zweimonatige Berufungsbegründungsfrist gilt auch im Verfahren des **Arrestes und der einstweiligen Verfügung**. Im Gegensatz zur Berufungsfrist ist die Begründungsfrist keine Notfrist (§ 224 Abs. 1 Satz 2 ZPO), sondern eine gesetzliche Frist iSv. § 224 Abs. 2 ZPO. Für die dort vorgesehene Abkürzungsmöglichkeit fehlt ein erheblicher Grund. Der Rechtsmittelführer kann zur Beschleunigung des Eilverfahrens die Berufung unverzüglich begründen[7].

2. Prozesskostenhilfe für das Berufungsverfahren.

54 Ist eine Partei für ein Berufungsverfahren auf Prozesskostenhilfe (PKH) angewiesen, kann sie mehrere Wege beschreiten.

54a Die Berufungs- und -begründungsfristen gelten auch, wenn der Berufungskläger **unbedingt Berufung** einlegt und für das dann laufende Berufungsverfahren einen Antrag auf Bewilligung von **PKH** wegen Kostenarmut stellt[8]. Das Schicksal der Bewilligung von PKH hat auf den Beginn, Lauf und Ende der beiden Fristen von § 66 Abs. 1 Satz 1 und 2 in diesem Fall keinen Einfluss. Allerdings kann dem Antragsteller keine PKH mangels hinreichender Erfolgsaussicht iSv. § 114 Satz 1 ZPO bewilligt werden, wenn er die Berufungs- oder Berufungsbegründungsfrist versäumt hat und eine Wiedereinsetzung ausscheidet. Hat das LAG über den PKH-Antrag nicht vor Ablauf der Berufungsbegründungsfrist entschieden und hat der Berufungskläger die Berufung deshalb nicht rechtzeitig begründen können, ist ihm hinsichtlich der versäumten Begründungsfrist Wiedereinsetzung in den vorigen Stand zu gewähren, wenn er sich für bedürftig halten durfte und aus seiner Sicht alles in seinen Kräften stehende zum Nachweis seiner Bedürftigkeit getan hatte. Daran scheitert es, wenn er in der PKH-Erklärung fehlerhafte Angaben gemacht

---

1 BGH v. 12.6.2001 – XI ZR 161/01, NJW 2001, 2720.
2 BGH v. 5.2.2013 – VIII ZB 38/12, NJW-RR 2013, 509; BGH v. 23.3.2011 – XII ZB 51/11, MDR 2011, 748.
3 BGH v. 12.2.2009 – VII ZB 76/07, NJW 2009, 1149.
4 BGH v. 24.1.2006 – VI ZB 49/05, BB 2006, 577.
5 Zöller/*Heßler*, § 520 ZPO Rz. 3.
6 BGH v. 24.2.1988 – IVb ZR 45/87, FamRZ 1988, 603.
7 Ebenso GMP/*Germelmann*, § 66 Rz. 20.
8 BGH v. 29.6.2006 – III ZA 7/06, NJW 2006, 2857.

hat[1]. Die Bedürftigkeit muss kausal für die fehlende Begründung sein[2]. Dazu muss der Rechtsanwalt zum Nachweis der Kausalität zu erkennen geben, dass er zu einer weiteren Tätigkeit im Berufungsverfahren nur bereit ist, wenn PKH bewilligt wird.

Beantragt demgegenüber ein Rechtsmittelführer innerhalb der auch hierfür maßgeblichen Berufungsfrist[3] lediglich, ihm für eine **beabsichtigte Berufung** PKH zu gewähren, dann ist mit dieser Antragstellung noch keine Berufung eingelegt. Zunächst wird hier nur ein PKH-Antrag für ein erst beabsichtigtes Rechtsmittel gestellt und mit der Berufungseinlegung solange abgewartet, bis über den PKH-Antrag entschieden ist. Allerdings führt ein solches Vorgehen ganz überwiegend zur Versäumung der Berufungs- und -begründungsfristen, was über die Vorschriften der Wiedereinsetzung behoben werden kann. Mit dieser Vorgehensweise gibt der Antragsteller zu erkennen, er sehe sich bis zur Entscheidung über den Antrag als unverschuldet verhindert, das Rechtsmittel wirksam einzulegen. Seine Mittellosigkeit – sie muss die Ursache[4] für die Fristversäumnis sein – stelle für ihn ein Hindernis dar, ein ordnungsgemäßes Berufungsverfahren einleiten zu können.

54b

Schon bei der **Antragsfassung** ist hier Vorsicht geboten. So soll laut BGH die Formulierung, das eingelegte Rechtsmittel werde nur für den Fall der Gewährung von PKH „eingelegt", „erhoben" oder „eingereicht", nur eine unzulässig bedingte Berufungseinlegung darstellen[5]. Demgegenüber ist mit der Antragsfassung „die Durchführung des Rechtsmittels werde von der Gewährung von PKH abhängig gemacht" das Rechtsmittel unbedingt eingelegt, weil nur seine „Durchführung" von der Bewilligung von PKH abhängig sein soll, was auf einen späteren Rücknahmewillen schließen lässt[6]. Es ist zunächst ein isolierter **Antrag auf Bewilligung** von PKH zu stellen. Für den Fall, dass PKH bewilligt wird, beabsichtigt der Antragsteller danach Berufung einzulegen.

54c

Dem PKH-Antrag zur anschließenden Berufungs**einlegung** ist zur Vermeidung der Benachteiligung einer mittellosen Partei grds. zu entsprechen, wenn die Partei fristgerecht einen vollständigen und ordnungsgemäßen PKH-Antrag gestellt hat[7]. Ein nicht fristgerecht eingereichtes unvollständiges Formular ist unschädlich, wenn der Vorsitzende auf Antrag die Vorlage von Unterlagen über das Fristende hinaus verlängert hatte[8]. Einer Begründung der Erfolgsaussichten zumindest in Grundzügen – das BAG und der BGH halten sie zu Recht für zweckmäßig und erwünscht; das gilt insbesondere für neue Tatsachen – bedarf es aber nicht. Das LAG muss dann die Erfolgsaussichten anhand des erstinstanzlichen Urteils und der Gerichtsakte prüfen[9]. Das LAG hat seine Entscheidung über den PKH-Antrag nur dann zu begründen, wenn es die Erfolgsaussichten verneint. Nach Bewilligung von PKH ist – sofern die Frist zur Berufungseinlegung dann versäumt ist – das Wiedereinsetzungsgesuch für die versäumte einmonatige Frist zur Berufungseinlegung rechtzeitig binnen zwei Wochen (§ 234 Abs. 1 Satz 1 ZPO) und unter Nachholung der versäumten Prozesshandlung (Berufungseinlegung) zu stellen.

54d

Wird PKH **verweigert**, dann steht nunmehr fest, dass die Bedingung nicht mehr eintreten wird. Entscheidet sich der Antragsteller trotzdem Berufung einzulegen, muss er Wiedereinsetzung in die versäumte **Berufungsfrist** beantragen. Diese wird er wegen Verschuldens grds.[10] nicht erlangen, wenn er – aus seiner Sicht betrachtet – mit der Ablehnung seines Antrags, etwa wegen mangelnder Bedürftigkeit, offensichtlich falscher, fehlender oder unvollständiger Angaben im PKH-Formular oder Nichtvorlage von Belegen gem. § 117 Abs. 2 ZPO vernünftigerweise rechnen musste[11]. Nach Bekanntgabe der Entscheidung über die verweigerte PKH bleiben der Partei noch etwa drei bis vier Tage Zeit der Überlegung, ob sie das Rechtsmittel auf eigene Kosten durchführen will. Danach beginnt die **zweiwöchige** Frist (§ 234 Abs. 1 Satz 1 ZPO) für das Wiedereinsetzungsgesuch und die mit ihm zu verbindende Einlegung der Berufung.[12]. Glei-

54e

---

1 BGH v. 16.12.2014 – VI ZA 15/14, NJW 2015, 1312: offensichtliches Verschweigen von Bankkonten.
2 Vgl. BVerfG v. 11.3.2010 – 1 BvR 290/10, NZA 2010, 966; BGH v. 13.1.2010 – XII ZB 108/09, AnwBl 2010, 628.
3 BGH v. 10.1.2012 – VI ZA 27/11, MDR 2012, 301.
4 Vgl. dazu BGH v. 6.5.2008 – VI ZB 16/07, NJW 2008, 2855 bei vorab vollständig gelieferter Begründung der Berufung gegen BGH v. 19.9.2013 – IX ZB 67/12, NJW 2014, 1307 bei bloßer Begründung des PKH-Antrages und BGH v. 29.3.2012 – IV ZB 16/11, NJW 2012, 2041 bei nicht unterzeichnetem Entwurf einer späteren Begründung.
5 BGH v. 20.7.2005 – XII ZB 31/05, ArbRB 2005, 263; BGH v. 5.2.2013 – VIII ZB 38/12, NJW-RR 2013, 509.
6 BGH v. 18.7.2007 – XII ZB 31/07, NJW-RR 2007, 1565; Vgl. zur Auslegung von unklaren Erklärungen auch BGH v. 21.12.2005 – XII ZB 33/05, NJW 2006, 693; BAG v. 5.7.2016 – 8 AZB 1/16.
7 BVerfG v. 11.3.2010 – 1 BvR 290/10, NZA 2010, 965.
8 BGH v. 13.12.2016 – VIII ZB 15/16.
9 BAG v. 5.7.2016 – 8 AZB 1/16.
10 Ausnahme vgl. BGH v. 2.4.2008 – XII ZB 131/06, AnwBl 2008, 546.
11 BGH 19.11.2008 – XI ZB 102/08, NJW 2009, 854; BGH v. 13.1.2010 – XII ZB 108/09;BGH v. 16.12.2014 – VI ZA 15/14.
12 BAG v. 3.7.2013 – 2 AZN 250/13, NZA-RR 2013, 660.

§ 66 Rz. 54f | Einlegung der Berufung, Terminbestimmung

ches gilt, wenn die PKH wegen fehlender Erfolgsaussicht versagt wird, es sei denn, die Erfolgsaussichten fehlen offensichtlich.

54f Ab Zustellung des PKH **gewährenden** Beschlusses ist zunächst nur Wiedereinsetzung für die Berufungs**einlegungs**frist zu beantragen und die Berufung nach § 236 Abs. 2 Satz 2 ZPO einzulegen. Demgegenüber beginnt zur Vermeidung unbilliger Fristnachteile für die PKH-Partei[1] die einmonatige Antragsfrist (§ 234 Abs. 1 Satz 2 ZPO) für die Wiedereinsetzung bezüglich der versäumten Berufungs**begründungs**frist erst mit dem Zugang des die Wiedereinsetzung gewährenden Beschlusses zur Einlegung der Berufung. Innerhalb der erst dann beginnenden Ein-Monats-Frist ist also der weitere Wiedereinsetzungsantrag wegen der Versäumung der Berufungsbegründung zu stellen und zusätzlich die Berufung zu begründen. Das Hindernis zur Wahrung der Berufungsbegründungsfrist ist hier nicht die Mittellosigkeit der Partei, sondern die fehlende Wiedereinsetzungsentscheidung für die Berufungseinlegung[2].

54g Folgende **Vorgehensweise** ist bei der **isolierten** PKH-Antragsstellung zu beachten:
– Innerhalb der einmonatigen Berufungsfrist ist beim LAG ein Antrag auf Bewilligung von PKH für ein danach beabsichtigtes Berufungsverfahren zu stellen. Dem Antrag muss ein vollständig ausgefülltes, mangelfreies und unterschriebenes Formular mit der Erklärung über die persönlichen und wirtschaftlichen Verhältnisse der Partei beigefügt sein.
– Nach Zugang der Entscheidung des LAG über den PKH-Antrag ist die Berufung einzulegen.

Gleichzeitig ist – sofern dies der Fall ist – Wiedereinsetzung gegen die Versäumung der Einlegungsfrist zu beantragen. Die Frist beträgt zwei Wochen und beginnt im Falle der **Ablehnung** der PKH nach Ablauf einer kurzen Überlegungsfrist von etwa 3-4 Tagen nach der Bekanntgabe der Entscheidung des LAG über den PKH-Antrag zu laufen. Wird PKH **bewilligt**, läuft die Zweiwochenfrist zur Einlegung ab Bekanntgabe des Bewilligungsbeschlusses. Zur Begründung genügt allein ein Hinweis auf die Bedürftigkeit der Partei.

- Nach Mitteilung der Entscheidung des LAG über den Wiedereinsetzungsantrag wegen Versäumung der Einlegungsfrist ist innerhalb der Monatsfrist von § 234 Abs. 1 Satz 2 ZPO die Begründung der Berufung vorzunehmen. Gleichzeitig ist – sofern dies der Fall ist – ein Antrag auf Wiedereinsetzung wegen Versäumung der Begründungsfrist unter Hinweis auf das Hindernis der Armut der Partei zu stellen. Ist die zweimonatige Begründungsfrist dann noch nicht abgelaufen, käme ggf. ein Antrag auf Fristverlängerung nach § 66 Abs. 1 Satz 5 in Betracht.

54h Eine **von** einer bedürftigen **Prozesspartei** selbst **eingelegte** Berufung darf, wenn die Partei innerhalb der Berufungsfrist Prozesskostenhilfe beantragt und eine ordnungsgemäß ausgefüllte Erklärung über die persönlichen und wirtschaftlichen Verhältnisse nebst den erforderlichen Belegen eingereicht hat, nicht als unzulässig verworfen werden, bevor über den Prozesskostenhilfeantrag entschieden worden ist[3].

3. Versäumung der Berufungsbegründungsfrist

55 Das Verfahren beurteilt sich im Falle der Versäumung der Berufungsbegründungsfrist nach den gleichartigen Grundsätzen wie bei der Versäumung der Berufungsfrist (vgl. Rz. 39 ff. und § 64 Rz. 176 ff.). Auch hier gilt, dass vor einer Verwerfung der Berufung als unzulässig dem Berufungskläger Gelegenheit zur Stellungnahme gewährt werden muss[4].

56 Der Berufungskläger hat die Möglichkeit, gem. §§ 233, 234 Abs. 1 Satz 2 ZPO binnen einer **Frist** von **einem Monat** ab Kenntniserlangung von der Versäumung der Berufungsbegründungsfrist **Wiedereinsetzung in den vorigen Stand** zu beantragen. Diese gesetzliche Regelung soll in erster Linie solche Fälle erfassen, in denen nach Gewährung von PKH für die Durchführung des Berufungsverfahrens (s. Rz. 54 ff.) dem Rechtsmittelführer die volle Frist von einem Monat zur Berufungsbegründung zur Verfügung stehen soll[5]. Die Sonderregelung von § 234 Abs. 1 Satz 2 ZPO ist jedoch ihrem Wortlaut her weitergehend und umfasst alle Fälle, in denen der Rechtsmittelführer ab dem Zeitpunkt der Kenntnis von der Versäumung der Berufungsbegründungsfrist Wiedereinsetzung wegen Versäumung dieser Frist beantragen kann[6]. Die **Frist beginnt** gem. § 234 Abs. 2 ZPO an dem Tag, an dem das Hindernis behoben ist. Das ist idR der Tag, an dem der Rechtsmittelführer Kenntnis von der Fristversäumnis erlangt. Die Rspr. des BGH, nach

---
1 Vgl. Zöller/*Greger*, § 234 Rz. 7a; BGH v. 17.5.2010 – II ZB 12/09, MDR 2010, 947.
2 BGH v. 19.6.2007 – XI ZB 40/06, NJW 2007, 3354; BGH v. 29.5.2008 – IX ZB 197/07, NJW 2008, 3500; BGH v. 30.4.2014 – III ZB 86/13, NJW 2014, 2442; aA noch BGH v. 11.6.2008 – XII ZB 184/05, NJW-RR 2008, 1313: schon mit Bekanntgabe des PKH-Bewilligungsbeschlusses.
3 BGH v. 13.12.2016 – VIII ZB 15/16; BGH v. 14.3.2017 – VI ZB 36/16.
4 BVerfG v. 2.4.1974 – 1 BvR 92 und 97/70, NJW 1974, 1279; BVerfG v. 9.7.1980 – 2 BvR 701/80, NJW 1980, 2698.
5 Vgl. BGH v. 29.6.2006 – III ZA 7/06, NJW 2006, 2858.
6 BGH v. 15.1.2008 – XI ZB 11/07, NJW 2008, 1164.

der die Frist zur Nachholung der Berufungsbegründung für die mittellose Partei erst mit der Mitteilung der Entscheidung über die Wiedereinsetzung gegen die Versäumung der Berufungsfrist beginnt (vgl. Rz. 54f), findet auf andere Fälle einer Wiedereinsetzung keine Anwendung[1]. Innerhalb der dann beginnenden Ein-Monats-Frist (und nicht der Zwei-Wochen-Frist von § 234 Abs. 1 Satz 1 ZPO) ist auch die Berufungsbegründung gem. § 236 Abs. 2 Satz 2 ZPO zu liefern[2]. Allein schon von daher entspricht es dem Gebot einer fairen Verfahrensgestaltung, vor einer gerichtlichen Verwerfungsentscheidung der Partei durch einen klaren und die Umstände der Fristversäumung benennenden Hinweis[3] Gelegenheit zu einer Antragstellung einzuräumen. Auch sollte das Gericht nicht vor Ablauf der einmonatigen Antragsfrist von § 234 Abs. 1 Satz 2 ZPO die Berufung als unzulässig verwerfen[4]. Hat das Gericht die Berufung wegen Fristversäumung – sei es mit oder ohne vorherige Gewährung rechtlichen Gehörs – als unzulässig verworfen, dann kann der Berufungskläger in einem Antrag auf Wiedereinsetzung in den vorigen Stand neben Wiedereinsetzungsgründen auch geltend machen, die Berufungsbegründungsfrist sei gar nicht versäumt, sondern der entsprechende Schriftsatz sei fristgem. beim LAG eingegangen[5]. Hilfsweise kann die Partei noch Wiedereinsetzung beantragen[6].

Den Berufungs- und den Berufungsbegründungsschriftsatz hat das LAG von Amts wegen gem. § 521 Abs. 1 ZPO nach den Grundsätzen von § 172 Abs. 2 ZPO **an den Prozessgegner zuzustellen**. Die Wirksamkeit der Einlegung hängt aber nicht von ihrer Zustellung ab. Dagegen ist der Zustellzeitpunkt maßgeblich für die Frist zur Einlegung einer Anschlussberufung (§ 66 Abs. 1 Satz 3 ArbGG iVm. § 524 Abs. 2 Satz 2 ZPO). Auch errechnet sich die Berufungsbeantwortungsfrist von § 66 Abs. 1 Satz 3 ab diesem Zeitpunkt. 57

VI. Die Berufungsbeantwortungsfrist

Im Gegensatz zum Verfahren vor dem ordentlichen Gericht (§ 521 Abs. 2 Satz 1 ZPO) bestimmt § 66 Abs. 1 Satz 3, dass im arbeitsgerichtlichen Verfahren die Berufung innerhalb einer Frist von einem Monat nach Zustellung der Berufungsbegründung beantwortet werden muss. Diese Frist führt zu einer Konzentration und Beschleunigung des Berufungsverfahrens[7]. Die gesetzlich vorgeschriebene Berufungsbeantwortung ist zwingend und steht nicht zur Disposition des Gerichts. Die Berufungserwiderung muss von einem postulationsfähigen Prozessvertreter iSv. § 11 Abs. 4 unterschrieben sein. 58

Die **Ein-Monats-Frist beginnt** mit der Zustellung der Berufungsbegründung. Sie errechnet sich nach den gleichen Grundsätzen wie die Berufungsfrist (vgl. Rz. 12). Das Zustelldatum der Berufungsbegründung ergibt sich aus dem Empfangsbekenntnis des Prozessbevollmächtigten; § 174 ZPO bei Rechtsanwälten, § 64 Abs. 7, § 50 Abs. 2 ArbGG iVm. § 174 ZPO bei Verbandsvertretern oder aus der Zustellungsurkunde des Berufungsbeklagten, sofern sich für ihn im Berufungsverfahren noch kein Prozessbevollmächtigter bestellt hat. 59

Begründet der Berufungskläger innerhalb der Berufungsfrist sein Rechtsmittel mit **mehreren** sukzessiv gelieferten **Schriftsätzen**, dann darf ein solches Taktieren das rechtliche Gehör (Art. 103 Abs. 1 GG) der Gegenpartei nicht beeinträchtigen. Grundsätzlich beginnt dann jeweils der Lauf einer neuen Berufungsbeantwortungsfrist[8]. Liefert der Berufungsführer die Ergänzung außerhalb der Begründungsfrist, hat der Vorsitzende der Gegenpartei nach § 274 Abs. 2 Nr. 1 ZPO Gelegenheit zur Stellungnahme durch Fristsetzung zu gewähren; § 67 Abs. 4 ist zu beachten.

Bei der Anordnung des **Ruhens** des **Verfahrens** nach § 251 ZPO wird die laufende Beantwortungsfrist unterbrochen. Nach Ruhensbeendigung beginnt die volle Frist von neuem zu laufen (§ 251 Satz 2 iVm. § 249 ZPO analog)[9].

Die Berufungsbeantwortung ist eine Ausprägung der Gewährung rechtlichen Gehörs (Art. 103 Abs. 1 GG). Eine Pflicht zur Beantwortung der Berufung besteht nicht. Wird die Berufung nicht oder nicht fristgerecht beantwortet, kann dies zu prozessualen und materiellen Nachteilen führen. Die Dauer der gesetzlichen **Erwiderungsfrist** erlangt auch Bedeutung für den Berufungskläger im Falle einer zulässigen **Anschlussberufung** durch den Berufungsbeklagten. Auch wenn die Anschlussberufung kein Rechtsmittel im eigentlichen 60

---

1 BGH v. 17.5.2010 – II ZB 12/09, MDR 2010, 947.
2 BAG v. 24.8.2005 – 2 AZR 20/05, NZA 2005, 1262; kritisch zu dieser Gesetzeslage: Zöller/*Greger*, § 234 Rz. 1.
3 BGH v. 28.10.2009 – IV ZB 10/09.
4 BAG v. 4.2.1994 – 8 AZB 16/93, NZA 1994, 907; vgl. BGH v. 15.4.2014 – VI ZR 462/13.
5 BAG v. 15.8.1989 – 8 AZR 557/88, NZA 1990, 537.
6 BGH v. 16.3.2000 – VII ZB 36/99, NJW 2000, 2280.
7 LAG Berlin v. 14.7.1997 – 9 Sa 52/97, NZA 1998, 167.
8 Natter/Gross/*Pfeiffer*, § 66 Rz. 37.
9 Natter/Gross/*Pfeiffer*, § 66 Rz. 37.

Sinne ist (vgl. § 64 Rz. 191), befindet sich der Anschlussberufungsbeklagte fristenmäßig wegen der Gewährung rechtlichen Gehörs in gleicher Lage wie der Berufungsbeklagte bei der Hauptberufung. Da das Gesetz eine Erwiderungsfrist bei einer Anschlussberufung nicht nennt, bedarf es insoweit in analoger Anwendung von § 521 Abs. 2 ZPO einer richterlichen Auflage, deren Dauer sich trotz fehlenden Rechtsmittelcharakters der Anschlussberufung wegen rechtlicher Gleichbehandlung bei weitgehend identischer Interessenlage an der Ein-Monats-Frist von § 66 Abs. 1 Satz 3 orientieren sollte[1].

61 Hat das LAG **Termin** zur mündlichen Verhandlung auf einen Tag **bestimmt**, an dem die Beantwortungsfrist **noch nicht abgelaufen** war, dann führt dies – außer in Verfahren des einstweiligen Rechtsschutzes – nicht zur Abkürzung der Monatsfrist. Der Berufungsbeklagte kann vorher die Berufung beantworten, so dass dann verhandelt werden kann, er muss es aber nicht. Auch kann gegen ihn in einem solchen Termin kein Versäumnisurteil ergehen.

62 Die Berufungsbeantwortungsfrist ist keine Notfrist, sondern eine **gesetzliche Frist** iSv. § 224 Abs. 2 ZPO. Daher kann sie vom Vorsitzenden grds. nicht abgekürzt werden.

63 Für das **Arrest- und einstweilige Verfügungsverfahren** enthält § 66 Abs. 1 zwar keine Sonderregelung. Trotzdem kann die einmonatige Berufungsbeantwortungsfrist keine Anwendung finden, weil ansonsten der Justizgewährungsanspruch des Berufungsklägers hier nicht gewährleistet wäre[2]. Wenn aus diesem Grunde schon die Einlassungsfrist der § 274 Abs. 3, § 523 Abs. 2 ZPO im Verfügungsverfahren nicht beachtet werden muss, hat dies erst recht für die längere Berufungsbeantwortungsfrist zu gelten[3]. Auch wenn diese Frist hier nicht gilt, so entscheidet über die Dauer der zu setzenden Erwiderungsfrist unter Abwägung der beiderseitigen Interessen der Einzelfall. Lässt sich der Berufungskläger trotz des gewählten Eilverfahrens ohne triftigen Grund mit der Berufungsbegründung Zeit, dann sollte grds. auch der Gegenpartei eine entsprechend lange Frist zugebilligt werden, was sich auf die Terminsbestimmung niederschlägt.

64 Auf die einmonatige **Berufungsbeantwortungsfrist** ist der Berufungsbeklagte bei der Zustellung der Begründung gem. § 66 Abs. 1 Satz 4 **hinzuweisen**, was in der Praxis formularmäßig geschieht. Die Geschäftsstelle des LAG hat in dem förmlichen Zustellungsnachweis über den Inhalt des zuzustellenden Schriftstückes auch mit aufzunehmen, dass die Belehrung dem Begründungsschriftsatz beigefügt war. Wurde der Berufungsbeklagte über die Frist nicht belehrt, dann läuft die einmonatige Beantwortungsfrist nicht. Dies hat zur Folge, dass verspätetes Vorbringen nicht wegen Versäumung der Frist nach § 67 Abs. 4 zurückgewiesen werden kann.

65 Die **Versäumung der Berufungsbeantwortungsfrist** unterscheidet sich bei den **Rechtsfolgen** grundlegend von der Versäumung der Berufungs- und Berufungsbegründungsfrist. Während die beiden Letzteren zur strengen Sanktion der Unzulässigkeit des Rechtsmittels führen, hat die Versäumung der Berufungsbeantwortungsfrist nur präklusionsrechtliche Bedeutung[4]. Nach § 67 Abs. 4 werden nach Ablauf der einmonatigen Beantwortungsfrist verspätet vorgebrachte neue Angriffs- und Verteidigungsmittel des Berufungsbeklagten vom LAG nur noch in drei Ausnahmefällen zugelassen. Danach dürfen sie

– erst nach der Berufungsbeantwortung entstanden sein oder
– nicht zu einer zeitlichen Verzögerung der Erledigung des Rechtsstreits führen oder
– ohne Verschulden nicht rechtzeitig vorgebracht werden können.

Vgl. im Einzelnen § 67 Rz. 48–52.

66 Im Gegensatz zum Vorbringen des Berufungsklägers ist das LAG beim **Berufungsbeklagten** nicht gehindert, dessen **erstinstanzlichen Sachvortrag** von Amts wegen zu **berücksichtigen**, es sei denn, er liefert im Berufungsverfahren kontroversen neuen Sachvortrag. Eine Regelung, die es dem Berufungsbeklagten auferlegt, erstinstanzliches Vorbringen zu wiederholen oder jedenfalls in Bezug zu nehmen, existiert für ihn – anders als für den Berufungskläger, § 520 Abs. 3 ZPO – nicht. Dem Berufungsbeklagten obliegt es gem. § 66 Abs. 1 Satz 3 iVm. § 67 Abs. 4 Satz 1 nur, seine Verteidigungsmittel innerhalb der Berufungsbeantwortungsfrist vorzubringen. In diesem Kontext darf er sich in erster Linie darauf beschränken, die zu seinen Gunsten ergangene Entscheidung zu verteidigen und neue Angriffsmittel des Berufungsklägers ab-

---

1 GMP/*Germelmann*, § 66 Rz. 24, stellt für die Beantwortungsfrist auf die zweiwöchige Einlassungsfrist von § 274 Abs. 3 Satz 1 ZPO ab.
2 GK-ArbGG/*Vossen*, § 66 Rz. 149.
3 GMP/*Germelmann*, § 66 Rz. 28; LAG Berlin v. 20.5.1985 – 9 Sa 38/85, LAGE § 7 BUrlG Nr. 9.
4 LAG Berlin v. 14.7.1997 – 9 Sa 52/97, NZA 1998, 168; BAG v. 5.9.1985 – 6 AZR 216/81, AP Nr. 1 zu § 4 TVG – Besitzstand; GMP/*Germelmann*, § 66 Rz. 29.

zuwehren[1]. Er kann in verstärktem Maße einen Hinweis des LAG nach § 139 ZPO erwarten, falls es abweichend vom ArbG die Sach-und Rechtslage beurteilen will und dadurch eine situationsbezogene Erwiderung geboten ist. Er braucht auch keine Stellungnahme in der Sache abzugeben, falls die Berufungsbegründung eine solche nicht erfordert.

VII. Fristverlängerungen

1. Formalien

Während die Frist zur Einlegung der Berufung als Notfrist gem. § 516 ZPO unabänderlich ist, können die **Berufungsbegründungs- und die Berufungsbeantwortungsfrist** gem. § 66 Abs. 1 Satz 5 jeweils **einmal verlängert** (vgl. Rz. 83) werden. 67

Die Fristen können der Partei nur **auf Antrag** verlängert werden[2]. Als Prozesshandlung ist ein Antrag auslegungsfähig. Dabei gilt der Grundsatz, dass im Zweifel dasjenige gewollt ist, was nach den Maßstäben der Prozessordnung vernünftig ist und dem recht verstandenen Interesse entspricht[3]. Der Antrag muss inhaltlich eindeutig auf Verlängerung einer bestimmten Frist gerichtet sein. Allein die Bitte des Berufungsklägers, die Berufungsbegründung beim Scheitern laufender Vergleichsverhandlungen bis zu einem bestimmten Zeitpunkt noch ergänzen zu dürfen, hat der BGH[4] als nicht bestimmt genug gehalten. Dem Antrag muss zwar nicht entnommen werden können, bis zu welchem konkreten Datum die Frist verlängert werden soll[5], allerdings sollte eine zeitliche Eingrenzung nicht fehlen. Andernfalls besteht die Gefahr, dass der Vorsitzende dem Antrag nur für eine kurze Zeit oder überhaupt nicht stattgibt[6]. Unterläuft dem Antragsteller ein offensichtliches Versehen in der Angabe des Datums der zu verlängernden Frist, hat das Gericht in gewissem Rahmen den Fehler aufzuklären[7]. Enthält der Antrag ein verkürztes Datum als es einem pauschal genannten Zeitraum entspricht, besteht für den Antragsteller kein Vertrauen auf einen dennoch späteren Fristablauf, falls das Gericht bis zum genannten konkreten Datum verlängert[8]. Die Angabe eines falschen Aktenzeichens in der Antragsschrift, ist idR unschädlich[9]. Bei dem Antrag handelt es sich um einen bestimmenden Schriftsatz, der dem Vertretungszwang von § 11 Abs. 4 unterliegt[10]. Stellt eine Partei einen Antrag auf **Bewilligung von PKH** für die beabsichtigte Berufungseinlegung (vgl. Rz. 54a–f), dann kann in diesem Verfahrensstadium noch keine Fristverlängerung begehrt werden, weil das Rechtsmittel noch gar nicht eingelegt ist[11]. Auch ist im weiteren Verlauf zu beachten, dass die Berufung im Zusammenhang mit einem Wiedereinsetzungsantrag fristgerecht begründet werden muss. Ein Verlängerungsantrag ersetzt nicht die gebotene Prozesshandlung. 68

Der Verlängerungsantrag bedarf zu seiner Wirksamkeit der **Schriftform**. **Mängel des Antrags** sind ohne Einfluss auf die Wirksamkeit der richterlichen Verlängerungsverfügung, sofern der Antrag fristgerecht gestellt wird und der Richter ihm trotz seiner formellen Mängel entspricht. Hat zB der Prozessbevollmächtigte des Rechtsmittelführers nur telefonisch die Fristverlängerung beantragt und sagt der Richter die Verlängerung vorbehaltlos zu, dann kann der Antragsteller auf die Wirksamkeit der Verlängerung vertrauen. Ob der Richter einen Aktenvermerk über das Gespräch anfertigt oder nicht, spielt keine Rolle[12]. 69

Ein schützenswerter Vertrauenstatbestand besteht für den Antragsteller auch, wenn die ihm von der Geschäftsstelle mitgeteilte Fristverlängerung nicht mit dem Zeitpunkt übereinstimmt, bis zu dem der Richter in der Urschrift die Frist verlängert hatte[13]. Nur wenn der Fehler des Gerichts offensichtlich ist, ist das Vertrauen des Mitteilungsempfängers nicht zu schützen. Dies ist noch nicht der Fall, wenn die Frist für einen üblichen längeren Zeitraum gewährt wurde, als sie beantragt war[14]. Die Frist läuft dann erst zum Zeitpunkt des mitgeteilten Datums ab.

---

1 BVerfG v. 23.6.1999 – 2 BvR 762/98, NJW 2000, 131; BVerfG v. 9.3.2015 – 1 BvR 2819/14, NJW 2015, 1746.
2 BGH v. 26.10.1989 – IVb ZB 135/88, NJW-RR 1990, 67.
3 BVerfG v. 8.8.2013 – 1 BvR 1314/13, NJW 2014, 291; BGH v. 21.6.2016 – II ZR 305/14.
4 BGH v. 10.7.1990 – XI ZB 5/90, NJW 1990, 2628.
5 Zöller/*Heßler*, § 520 ZPO Rz. 16.
6 GMP/*Germelmann*, § 66 Rz. 30.
7 BGH v. 11.2.1998 – VIII ZB 50/97, NJW 1998, 2291.
8 BGH v. 8.4.2015 – VII ZB 62/14, NJW 2015, 1966.
9 BGH v. 10.6.2003 – VIII ZB 126/02, NJW 2003, 3418.
10 Vgl. BGH v. 22.10.1997 – VIII ZB 32/97, NJW 1998, 1155; BGH v. 23.1.1985 – VIII ZB 18/84, NJW 1985, 1558.
11 GMP/*Germelmann*, § 66 Rz. 31.
12 BGH v. 22.10.1997 – VIII ZB 32/97, NJW 1998, 1155; BGH v. 23.1.1985 – VIII ZB 18/84, NJW 1985, 1558.
13 BAG v. 16.1.1979 – 6 AZR 683/76, EzA § 38 BetrVG 1972 Nr. 9.
14 BGH v. 21.1.1999 – V ZB 31/98, NJW 1999, 1036.

70 Der Verlängerungsantrag muss **vor Fristablauf** beim zuständigen[1] LAG **gestellt** worden sein. Innerhalb des Laufs der Begründungsfrist besteht grds. keine generelle Verpflichtung, sich bei Gericht über den Antragseingang und ob ihm stattgegeben wurde, zu **erkundigen**[2]. Hat der Antragsteller auf einen rechtzeitig gestellten Antrag aber innerhalb angemessener Frist keine Reaktion des Gerichts erhalten, dann hat er noch vor Ablauf der beantragten Fristverlängerung bei Gericht nachzufragen, ob und in welchem Umfang dem Antrag stattgegeben wurde[3]. Zu diesem Zeitpunkt wird die Monatsfrist von § 234 Abs. 1 Satz 2 ZPO in Gang gesetzt[4]. Mit Ablauf der Berufungsbegründungsfrist wird das Rechtsmittel unzulässig, so dass für einen **verspätet** gestellten Antrag eine trotzdem gewährte Fristverlängerung ins Leere geht. Eine dann fehlerhafte gerichtliche Fristverlängerung kann die eingetretene Rechtskraft nicht aufheben[5]. Eine Wiedereinsetzung wegen Versäumung der **rechtzeitigen** Antragstellung zur Fristverlängerung gibt es nicht[6].

71 Seit der Entscheidung des Großen Senats des BAG vom 24.8.1979[7] kommt es nicht mehr darauf an, ob das **Gericht** über einen rechtzeitig gestellten Antrag positiv **vor oder nach Fristablauf entscheidet**. Allerdings ist der Vorsitzende gehalten, **unverzüglich** über den Verlängerungsantrag zu entscheiden, um den nachträglichen Schwebezustand über die Zulässigkeit des Rechtsmittels baldmöglichst zu beenden. Die äußerste Grenze zur Entscheidung hat der Große Senat in entsprechender Anwendung von § 74 Abs. 1 Satz 1 auf einen Monat festgelegt. Missachtet der Vorsitzende diese Frist, dann entspricht es den Grundsätzen einer fairen Verfahrensgestaltung, dass er im Falle eines ordnungsgemäßen, vollständigen Antrages[8], die Frist so lange noch verlängert, wie er sie für den Antragsteller bei rechtzeitiger Entscheidung von der Dauer her verlängert hätte[9]. Fehler oder Nachlässigkeiten in der Sphäre des Gerichts können dem Antragsteller nicht angelastet werden. Keinesfalls kann die Berufung verworfen werden, bevor über den Verlängerungsantrag entschieden ist[10].

2. Verlängerungsgründe

72 Die Fristen können nur verlängert werden, wenn der Rechtsstreit durch die Verlängerung nicht verzögert wird oder wenn die Partei erhebliche Gründe darlegt.

73 Durch die Verlängerung der Berufungsbegründungsfrist wird idR eine zeitliche **Verzögerung** des Verfahrens eintreten, weil der Vorsitzende entsprechend dem Zeitraum der Verlängerung erst auf einen späteren Zeitpunkt Termin anberaumen wird.
Findet nach dem Terminstand der Kammer die mündliche Verhandlung ohnehin erst nach sechs Monaten oder noch später statt, soll nach *Vossen* die Annahme einer Verzögerung schwer verständlich sein[11]. Allerdings ist auch zu bedenken, gerade wenn ein Termin erst relativ spät stattfindet, sollte alles vermieden werden, um die Verfahrenserledigung nicht noch mehr hinauszuschieben. Das Verzögerungskriterium wird daher bei der Verlängerung der Berufungsbeantwortungsfrist eher Bedeutung erlangen können. Dabei ist insbesondere auf den festgesetzten Verhandlungstermin und die verbleibende Zeit zur Vorbereitung dieses Termins abzustellen. Ob eine Verzögerung vorliegt, entscheidet der Vorsitzende nach seiner freien Überzeugung. Das Gesetz räumt ihm insoweit einen weiten Beurteilungsspielraum ein, der auch von der Revisionsinstanz zu beachten ist.

74 Die Berufungsbegründungs- und Beantwortungsfrist kann der Vorsitzende auch verlängern, wenn die Partei erhebliche Gründe hierfür vorträgt. Als **erhebliche Gründe**[12] kommen ua. in Betracht: Die berufliche Überlastung bzw. starke Arbeitsbelastung des Prozessbevollmächtigten[13], Umfang und Schwierigkeit des Prozessstoffes, insbesondere bei der erstmaligen Beauftragung eines bestimmten Rechtsanwalts oder Verbandsvertreters im Berufungsverfahren, schwebende Vergleichsverhandlungen der Parteien, Erkrankung eines Großteils des Personals oder der Partei, kurzfristige Erkrankung des Prozessbevollmächtigten, zeit-

---

1 BGH v. 20.8.2014 – XII ZB 155/13, NJW 2014, 3159.
2 BGH v. 5.6.2012 – VI ZB 16/12, NJW 2012, 2522.
3 BGH v. 16.10.2014 – VII ZB 15/14, NJW-RR 2015, 700.
4 BGH v. 13.10.2011 – VII ZR 29/11, AnwBl 2012, 196.
5 BGH v. 10.1.2000 – II ZB 14/99, NJW 2000, 1043.
6 BGH v. 16.10.1986 – III ZB 30/86, VersR 1987, 308.
7 BAG v. 24.8.1979 – GS 1/78, AP Nr. 1 zu § 66 ArbGG 1979; dann auch BGH GSZ v. 18.3.1982 – GSZ 1/81, AP Nr. 35 zu § 519 ZPO.
8 Vgl. BAG v. 4.2.1994 – 8 AZB 16/93, AP Nr. 5 zu § 66 ArbGG 1979; BAG v. 27.9.1994 – 2 AZB 18/94.
9 Vgl. zB BVerfG v. 28.2.1989 – 1 BvR 649/88, NJW 1989, 1147.
10 BGH v. 3.2.1988 – IVb ZB 19/88, FamRZ 1988, 831; BGH v. 7.6.1982 – II ZB 7/81, VersR 1982, 1191.
11 GK-ArbGG/*Vossen*, § 66 Rz. 118.
12 Vgl. hierzu *Schwab*, Die Berufung im arbeitsgerichtlichen Verfahren, S. 257 f.
13 BVerfG v. 26.7.2007 – 1 BvR 602/07, NJW 2007, 3342; BVerfG v. 12.1.2000 – 1 BvR 222/99, NZA 2000, 446; BAG v. 27.9.1994 – 2 AZR 18/94, NZA 1995, 189.

aufwändige neue Informationsbeschaffung und Urkundenbeiziehung insbesondere aus dem Ausland, Urlaub des Prozessbevollmächtigten ohne zumutbare Vertretung[1].

Als **nicht erheblich** werden eingestuft die langfristige Urlaubsplanung des Prozessbevollmächtigten oder ihrer Partei, ohne vorher zumutbare Maßnahmen für eine Erledigung der Frist zu ergreifen oder das bloße Einverständnis der Gegenpartei. Ob und ggf. wie lange die Frist verlängert wird, ist am Einzelfall zu orientieren. Legt etwa eine Partei schon wenige Tage nach Urteilszustellung Berufung ein, verbleiben ihr kraft Gesetzes ggf. noch sechs bis acht Wochen zur Begründung ihres Rechtsmittels. Darin liegende ein- bis zweiwöchige Urlaube oder eine sonstige Ortsabwesenheit des Anwalts oder ihrer Partei müssen insbesondere in einem solchen Fall eine Verlängerung der Berufungsbegründungsfrist nicht bedingen[2]. 75

Streitig ist, wie umfangreich ein angegebener erheblicher **Grund konkretisiert** werden muss. Das LAG Düsseldorf[3] und das LAG Berlin[4] hatten entschieden, die pauschale Angabe eines geltend gemachten Verlängerungsgrundes reiche nicht aus[5], weil ansonsten die gesetzlichen Fristen problemlos umgangen werden können. Demgegenüber lehnt die hM eine solch restriktive Handhabung ab[6]. Danach ist die pauschale Angabe insbesondere eines allgemein anerkannten Verlängerungsgrundes ausreichend zur Bejahung der Rechtzeitigkeit. Dies gilt erst recht, wenn er noch näher allgemein umschrieben ist[7]. Trotzdem kann der Vorsitzende verlangen, dass ein zunächst nur pauschal genannter Verlängerungsgrund konkretisiert und glaubhaft (§ 294 ZPO) gemacht wird, da eine bloß schlagwortartige Angabe eines Grundes (zB „Urlaub des Rechtsanwalts" oder „der Partei") keinen subsumtionsfähigen Tatsachenvortrag darstellt. Im Einzelfall muss dem Gericht dann wenigstens die Möglichkeit eröffnet werden, eine ermessensfehlerfreie Entscheidung treffen zu können. Im Beispielsfall wären Angaben notwendig, wann der Urlaub gebucht wurde und wie lange er dauert. 76

Gibt das Rechtsmittelgericht einem auf einen anerkannten Verlängerungsgrund gestützten Verlängerungsantrag **nur für wenige Tage** statt, muss sichergestellt sein, dass dem Antragsteller die nur geringfügige Verlängerung umgehend vom Gericht mitgeteilt wird, notfalls telefonisch oder per Telefax, damit eine fristgerechte Erstellung des Schriftsatzes noch gewährleistet ist[8]. 77

Da § 66 Abs. 1 Satz 5 ebenso wie § 224 Abs. 2 ZPO eine Fristverlängerung vom Vorliegen von bestimmten Gründen abhängig macht, bedarf es allerdings der **Angabe eines bestimmten Grundes**. Ein Antrag ohne jegliche oder ohne eine plausible Begründung ist zurückzuweisen[9]. 78

Im Hinblick auf eine nicht einheitliche Rspr. ist bei dem Umfang der Konkretisierung anwaltliche Vorsicht angebracht. **Ist eine restriktive Handhabung** einer bestimmten Kammer des LAG **nicht** ohne Weiteres **bekannt**, ist der Partei Wiedereinsetzung in den vorigen Stand zu gewähren, wenn ein LAG die pauschale Angabe eines allgemein anerkannten Verlängerungsgrundes nicht ausreichen lässt[10]. Allerdings ist Wiedereinsetzung stets dann zu gewähren, wenn sich eine Partei auf einen Verlängerungsgrund beruft, der nach der Rspr. eines obersten Bundesgerichts eindeutig nicht zu beanstanden ist[11]. Ist hingegen die strenge Handhabung der Verfahrensvorschriften durch ein bestimmtes Gericht **bekannt**, so mag dies prozessual mit der Rspr. des BAG[12] nicht übereinstimmen, ein Verfassungsverstoß liegt dann aber wegen einer möglichen Vorhersehbarkeit der Entscheidung noch nicht vor[13]. 79

---

1 BVerfG v. 12.1.2000 – 1 BvR 1621/99, NZA 2000, 556; vgl. insgesamt GK-ArbGG/*Vossen*, § 66 Rz. 119; Zöller/ *Heßler*, § 520 ZPO Rz. 19.
2 *Schmidt/Schwab/Wildschütz*, NZA 2001, 2117 (2118).
3 LAG Düsseldorf v. 23.12.1993 – 12 Sa 1657/93, DB 1994, 1528.
4 LAG Berlin v. 26.1.1990 – 6 Sa 91/89, LAGE § 66 ArbGG 1979 Nr. 8; vgl. auch LAG Berlin v. 14.12.2000 – 16 Sa 2059/00; diese Rechtsanwendung hat das BAG v. 10.10.2004 – 5 AZB 37/04, NZA 2004, 1351, als „rechtswidrige Spruchpraxis" eingestuft.
5 Ebenso GMP/*Germelmann*, § 66 Rz. 40; kritisch zur hM *Schwab*, Die Berufung im arbeitsgerichtlichen Verfahren, S. 259 ff.
6 BVerfG v. 26.7.2007 – 1 BvR 602/07, NJW 2007, 3342; BAG v. 27.9.1994 – 2 AZB 18/94, NZA 1995, 189; *Müller-Glöge*, RdA 1999, 80 (86).
7 Vgl. BVerfG v. 12.1.2000 – 1 BvR 222/99, NZA 2000, 446; BVerfG v. 12.1.2000 – 1 BvR 1621/99, NZA 2000, 556.
8 BVerfG v. 25.9.2000 – 1 BvR 464/00, NZA 2001, 118.
9 LAG Rh.-Pf. v. 11.12.1995 – 6 Sa 1187/95, LAGE § 66 ArbGG 1979 Nr. 8; LAG Nürnberg v. 26.1.1994 – 4 Sa 1207/93, LAGE § 66 ArbGG 1979 Nr. 9.
10 BVerfG v. 25.9.2000 – 1 BvR 464/00, NZA 2001, 118; BAG v. 4.2.1994 – 8 AZB 16/93, NZA 1994, 907; BAG v. 27.9.1994 – 2 AZR 18/94, NZA 1995, 189.
11 BVerfG v. 12.1.2000 – 1 BvR 222/99, NZA 2000, 446; BVerfG v. 25.9.2000 – 1 BvR 464/00, NZA 2001, 119.
12 Vgl. dazu BAG v. 20.10.2004 – 5 AZB 37/04, NZA 2004, 1350.
13 BVerfG v. 13.3.2000 – 1 BvR 211/00, EzA-SD 2000, Nr. 12, 5.

80 Die Gründe für die Fristverlängerung sind gem. § 224 Abs. 2, § 294 Abs. 1 ZPO **glaubhaft** zu machen. Zur Glaubhaftmachung kann sich die Partei oder der Prozessbevollmächtigte aller in § 294 Abs. 1 ZPO zulässigen Beweismittel bedienen. Beruft sich der Prozessbevollmächtigte auf Vorgänge, die ihm selbst bekannt sind, genügt seine ausdrücklich erklärte[1] anwaltliche Versicherung der Richtigkeit seines schriftsätzlichen Sachvortrags. Allerdings kann der Vorsitzende im Einzelfall konkrete Auflagen zur Glaubhaftmachung erteilen, insbesondere wenn Anhaltspunkte dafür vorliegen, dass die geltend gemachten Gründe so nicht zutreffen und nur vorgeschoben sind.

3. Gerichtliche Entscheidung über die Verlängerung

81 Ausgehend von der Vertrauensschutz erzeugenden Rspr. des BVerfG, BGH und BAG sollte das Gericht mit einem Fristverlängerungsantrag nicht kleinlich verfahren, außer es liegen Anhaltspunkte für die Verfolgung verfahrensfremder Zwecke, zB Prozessverschleppung, vor. Das LAG hat die Möglichkeit, bei der **Dauer der Verlängerung** eine am Einzelfall orientierte Ermessensausübung vorzunehmen. Keinesfalls ist stets eine einmonatige Verlängerung vonnöten. Je nach dem mitgeteilten Grund kann auch nur eine mehrtägige Verlängerung gewährt werden, da § 66 Abs. 1 Satz 5 keine zeitliche Mindest- oder Höchstgrenze vorsieht. Entscheidend ist nicht, welche Verlängerung der Frist beantragt worden ist, sondern allein, welche Frist das Gericht gewährt hat[2]. Bei der Ermessensausübung hat der Vorsitzende zu beachten, dass arbeitsgerichtliche Verfahren generell zu beschleunigen sind (§ 9 Abs. 1 Satz 1), für Kündigungsschutzverfahren gilt dies im besonderen Maße (§ 64 Abs. 8). Insbesondere bei Kündigungsschutzverfahren sollten die Fristen grds. nicht um mehr als einen Monat verlängert werden, auch in sonstigen Verfahren sollte die Monatsgrenze einen markanten Grenzpunkt bilden; allerdings ist die Dauer eines Monats keine **Höchstgrenze**[3].

Das **Fristende** sollte **datumsmäßig** genau **fixiert** werden und nicht ohne einen Blick auf den Kalender auf ein Wochenende oder einen Feiertag gelegt werden[4] (vgl. Rz. 12 f.). Fällt das Ende der Fristverlängerung auf einen Samstag, Sonntag oder allgemeinen Feiertag, dann läuft die Frist erst mit Ende des nachfolgenden Werktags ab[5]. Erfolgt die Fristverlängerung „antragsgemäß", dann gilt die im Antrag angegebene Frist[6]. Wird die Frist pauschal nur für einen bestimmten Zeitraum verlängert, dann kann es für den Fristbeginn oder das Fristende zu Unklarheiten bezüglich der Einbindung eines evtl. Wochenendes führen[7]. Die Berufungsbegründungsfrist kann **nicht** unter einer **Bedingung** verlängert werden. Geschieht dies, ist die Bedingung unwirksam, die Fristverlängerung ist dagegen wirksam[8].

82 **Gibt das LAG** einem Verlängerungsantrag **teilweise statt**, indem es die Frist nur erheblich unter der beantragten Dauer verlängert, dann muss dem Antragsteller diese Entscheidung so **rechtzeitig bekannt gegeben** werden, dass ihm für eine fristgerechte Begründung noch Zeit verbleibt. Bei einem Verstoß gegen diese unverzügliche Mitteilungsfrist ist dem Antragsteller Wiedereinsetzung in den vorigen Stand (§ 233 ZPO) zu gewähren[9].

Lehnt der Vorsitzende die Fristverlängerung ab, ist er grds. verpflichtet, diese Entscheidung noch vor Fristablauf dem Antragsteller mitzuteilen, notfalls per Telefon, E-Mail oder Telefax[10].

83 Im arbeitsgerichtlichen Verfahren dürfen die beiden Fristen jeweils nur **einmal verlängert** werden (§ 66 Abs. 1 Satz 5); auch eine Zustimmung der Gegenpartei ist unbeachtlich[11]. Diese Beschränkung der Verlängerungsmöglichkeit dient der Beschleunigung des arbeitsgerichtlichen Verfahrens. § 520 Abs. 2 Sätze 2 und 3 ZPO, wonach die Frist mehrfach verlängert werden kann, findet vor dem LAG keine Anwendung. Eine weitere Verlängerung der Frist durch den Vorsitzenden – sei es bewusst oder nur aus Versehen – ist wegen fehlender gesetzlicher Grundlage nichtig[12]. Keine Rolle spielt, wie lange die gewährte Fristverlängerung bewilligt worden war. Der Gesetzeswortlaut lässt keine Auslegung zu, dass die jeweiligen Fristen etwa bis zur Gesamtdauer von einem Monat mehrfach verlängerbar sind[13]. Die gesetzliche Beschränkung ver-

---

1 BGH v. 1.5.2011 – IV ZB 6/10, BRAK-Mitt 2011, 239.
2 BAG v. 26.1.1962 – 2 AZR 244/61, NJW 1962, 1413; BGH v. 8.4.2015 – VII ZB 62/14.
3 BAG v. 16.7.2008 – 7 ABR 13/07, NZA 2009, 202; BAG v. 16.7.2008 – 7 ABR 13/07, NZA 2009, 202.
4 Vgl. dazu *Schwab*, Die Berufung im arbeitsgerichtlichen Verfahren, S. 267 ff.
5 BVerfG v. 28.9.1982 – 2 BvR 125/82, RPfl 1982, 478; BGH v. 14.12.2005 – IX ZB 198/04, NJW 2006, 700; Zöller/*Stöber*, § 222 ZPO Rz. 1.
6 BGH v. 30.4.2008 – I ZR 73/05, NJW-RR 2008, 1162.
7 Vgl. dazu BGH v. 14.12.2005 – IX ZB 198/04, NJW 2006, 700.
8 BGH v. 1.6.2017 – V ZB 106/16.
9 BVerfG v. 25.9.2000 – 1 BvR 464/00, NZA 2001, 118.
10 BGH v. 18.7.2007 – IV ZR 132/06, AnwBl 2007, 795.
11 BAG v. 7.11.2012 – 7 AZR 314/12, NZA 2013, 1035.
12 BAG v. 16.6.2004 – 5 AZR 529/03, NZA 2004, 1239; BAG v. 4.2.1994 – 8 AZB 16/93, NZA 1994, 907.
13 BAG v. 6.12.1994 – 1 ABR 34/94, NZA 1995, 549.

hindert das Entstehen eines Vertrauenstatbestandes, die – selbst bei Fehlern des Gerichts – als Verschulden iSv. § 233 ZPO eine Wiedereinsetzung ausschließt.

Ist der **Rechtsstreit** während des Laufs der nach § 66 Abs. 1 verlängerten Berufungsbegründungsfrist nach den §§ 239 ff. ZPO kraft Gesetzes **unterbrochen** oder vom Gericht **ausgesetzt** worden, dann kann das Gericht nach Aufnahme des Verfahrens (§ 250 ZPO) die Berufungsbegründungsfrist, die nach § 249 Abs. 1 ZPO von neuem zu laufen beginnt, noch einmal verlängern. Aufgrund des Neubeginns einer Berufungsbegründungfrist verliert die frühere Verlängerung ihre Bedeutung.

Wegen der fehlenden Möglichkeit der mehrfachen Fristverlängerung **empfiehlt es sich** (zB bei schwebenden Vergleichsverhandlungen), vorsorglich eine **ausreichend bemessene** Fristverlängerung zu beantragen und diese mit Blick auf die nur einmalige Verlängerungsmöglichkeit auch zu gewähren. Die Verlängerung der Berufungsbegründungsfrist erfordert im Zeitpunkt dieser gerichtlichen Entscheidung keine eigenständige richterliche Prüfung und Feststellung, dass die Berufung rechtzeitig eingelegt worden ist.

Haben **beide Parteien Berufung** eingelegt und beantragt nur eine Partei die Verlängerung der Begründungsfrist, dann gilt die Fristverlängerung nur für diejenige Partei, der die Frist verlängert worden ist[1]. Hat die andere Partei, der keine Fristverlängerung gewährt worden war, die zweimonatige Begründungsfrist von § 66 Abs. 1 Satz 1 versäumt, dann kann ihre verspätete Berufungsbegründung nur noch als Anschlussberufung iSv. § 524 ZPO aufrechterhalten werden, sofern dieser Schriftsatz innerhalb der Ein-Monats-Frist von § 524 Abs. 2 Satz 2 ZPO beim LAG eingegangen ist; vgl. § 64 Rz. 190. 84

Der **Kammervorsitzende entscheidet** über einen Verlängerungsantrag allein (§ 64 Abs. 7, § 53 Abs. 1 Satz 1), ohne dass vorher die Gegenseite angehört werden muss, weil eine wiederholte Verlängerung nicht erfolgen darf (vgl. § 225 Abs. 2 ZPO). 85

Die Verlängerungsverfügung des Vorsitzenden wird den Parteien **formlos mitgeteilt**, einer Zustellung bedarf es nicht[2]. 86

VIII. Verwerfung einer unzulässigen Berufung

Das LAG hat während der gesamten Dauer des Berufungsverfahrens **von Amts wegen** die **Prüfung der Zulässigkeit** des Rechtsmittels im Auge zu behalten. Kommt das Gericht zum Ergebnis, dass die Berufung unzulässig ist, dann hat es sie gem. § 66 Abs. 2 Satz 2 Halbs. 1, der auf § 522 Abs. 1 ZPO verweist, zu verwerfen. Unzulässig ist die Berufung, wenn sie nicht form- und fristgerecht (§ 66 Abs. 1 Sätze 1 und 2) eingelegt (vgl. Rz. 4 ff.) oder begründet (vgl. Rz. 45 ff.) worden ist oder wenn die fristgerecht gelieferte Berufungsbegründung inhaltlich nicht den Anforderungen von § 520 Abs. 3, 4, § 513 ZPO entspricht (vgl. § 64 Rz. 143 ff.). Ist wegen Versäumung einer der beiden Fristen ein **Wiedereinsetzungsantrag** (§ 233 ZPO) gestellt, darf die Berufung noch nicht wegen Fristversäumung verworfen werden, wenn bezüglich dieser Fristversäumung noch nicht über die Wiedereinsetzung entschieden ist oder nicht wenigstens gleichzeitig entschieden wird[3]. Die **Entscheidung** über die Verwerfung der Berufung kann ohne mündliche Verhandlung durch Beschluss oder aufgrund mündlicher Verhandlung durch Urteil ergehen. Die **Entscheidungskompetenz** ist geteilt: Kommt der Vorsitzende bei der Rechtsprüfung zum Ergebnis der Unzulässigkeit der Berufung, dann kann er nach seinem Ermessen dies durch Alleinentscheidung ohne mündliche Verhandlung beschließen. Er kann auch mündliche Verhandlung anberaumen; dann entscheidet die komplette Kammer durch Urteil[4]. Die Befugnis zur Alleinentscheidung außerhalb der mündlichen Verhandlung umfasst wegen der nur vorwiegend zu prüfenden Formalien auch die Versagung der Wiedereinsetzung wegen der Fristversäumung[5]. Vor einer Verwerfung der Berufung ist dem Rechtsmittelführer rechtliches Gehör zu gewähren. Der Verwerfungsbeschluss entfaltet Bindungswirkung nach § 318 ZPO. Er kann in einem Wiedereinsetzungsverfahren (§§ 233 ff. ZPO) abgeändert werden. 87

§ 66 Abs. 2 Satz 2 Halbs. 1 verweist ohne Einschränkung auf § 522 Abs. 1 ZPO. Der Wortlaut dieser Verweisung erfasst somit alle Regelungen des Abs. 1 von § 522 ZPO, also auch dessen Satz 4. Nach dieser Bestimmung findet gegen den **ohne mündliche Verhandlung** ergehenden Verwerfungsbeschluss stets die Rechtsbeschwerde (§ 77 nennt sie **Revisionsbeschwerde**) zum Revisionsgericht statt. Diese generelle Anfechtungsmöglichkeit ist im arbeitsgerichtlichen Verfahren nach § 77 Satz 1 durch spezialgesetzliche Regelung ausgeschlossen. Hier bedarf die Revisionsbeschwerde der Zulassung durch das LAG im Verwerfungs-

---

1 BGH v. 13.7.1972 – VII ZB 9/72, VersR 1972, 1129.
2 BGH v. 23.1.1985 – VIII ZB 18/84, NJW 1985, 1558.
3 BGH v. 15.4.2014 – VI ZR 462/13.
4 GMP/*Germelmann*, § 78 Rz. 43.
5 BAG v. 5.10.2010 – 5 AZB 10/10, NZA 2010, 1442.

beschluss oder durch das BAG im Verfahren einer Nichtzulassungsbeschwerde. In § 77 Satz 2 sind die Zulassungsfälle unter Hinweis auf § 72 Abs. 2 gesetzlich festgelegt (vgl. § 77 Rz. 9). Die Entscheidung des LAG über die Zulassung der Revisionsbeschwerde ist bezüglich der Zulassungsgründe für das BAG bindend. Eine Nichtzulassungsbeschwerde hatte es bisher bei der Revisionsbeschwerde iSv. § 77 nicht gegeben[1]. Diese Regelung hat das Sechste Gesetz zur Änderung des Vierten Buches Sozialgesetzbuch und anderer Gesetze v. 11.11.2016 (BGBl. I v. 16.11.2016, S. 2500) **grundlegend geändert**. Seit dem ist auch gegen den außerhalb mündlicher Verhandlung die Berufung verwerfenden Beschluss des Vorsitzenden die Nichtzulassungsbeschwerde zum BAG gegeben, soweit der Vorsitzende die Revision nicht zugelassen hat (s. § 77 Rz. 2, Rz. 13). Die die Revisionsbeschwerde nicht zulassende Entscheidung des LAG muss – unabhängig davon ob der Vorsitzende allein oder die Kammer entscheidet – die tragenden Feststellungen enthalten, die dem BAG die rechtliche Überprüfung im Rahmen einer Nichtzulassungsbeschwerde ermöglicht.

Verwirft die Kammer die Berufung durch Urteil, dann waren schon bisher dagegen die §§ 72 ff. anwendbar, also auch § 72a (Nichtzulassungsbeschwerde).

IX. Keine Berufungszurückweisung bei fehlender Erfolgsaussicht

88 § 66 Abs. 2 Satz 3 bestimmt, dass **§ 522 Abs. 2 und 3 ZPO** im arbeitsgerichtlichen Verfahren nicht anwendbar ist. Danach ist es dem LAG versagt, vorab die Berufung durch einstimmig gefassten Beschluss der Berufungskammer zurückweisen, wenn es der Auffassung ist, die Berufung habe im Ergebnis keine Aussicht auf Erfolg und der Rechtssache komme auch keine grundsätzliche Bedeutung zu.

X. Terminsanberaumung

89 Nach § 66 Abs. 2 Satz 1 muss der Termin zur mündlichen Verhandlung **unverzüglich** bestimmt werden. Diese gesetzliche Bestimmung stellt eine Sonderregelung gegenüber § 523 Abs. 1 Satz 2 ZPO dar. Eine Terminsanberaumung unterbleibt, wenn die Berufung gem. § 66 Abs. 2 Satz 2 ArbGG iVm. § 522 Abs. 1 ZPO außerhalb mündlicher Verhandlung durch Beschluss des Vorsitzenden als unzulässig zu verwerfen ist. Zur Prüfung, ob auch die zweimonatige Begründungsfrist eingehalten und das Rechtsmittel ordnungsgem. begründet ist, bedarf es idR des Vorliegens der Berufungsbegründung. Daher hat die Berufungserwiderung für die Terminsanberaumung keine Bedeutung[2]. Kein Grund für eine Verzögerung der Terminierung beim Vorliegen einer ausreichenden Berufungsbegründung ist eine Überlastung der Kammer. Auch wenn der Termin erst in vielen Monaten stattfinden soll, kann die Terminierung nicht verzögert werden. Sollte der Vorsitzende ausnahmsweise in besonderen Fallkonstellationen nicht unverzüglich Termin anberaumen, dann sollte er die Gründe hierfür den Parteien unverzüglich mitteilen und ggf. auf Widerspruch einer Partei umgehend Termin bestimmen. Ein solcher Fall liegt etwa vor bei einer Berufung gegen ein Teilurteil, bei dem der Verhandlungstermin vor dem ArbG über den verbleibenden Rest unmittelbar bevorsteht, so dass ohnehin ggf. die Gerichtsakte zum ArbG zu versenden wäre. Geht die Berufungsbegründung während einer kurzfristigen Erkrankung oder eines üblichen Jahresurlaubs des Vorsitzenden beim LAG ein, dann liegt eine „unverzügliche" Terminsanberaumung noch vor, wenn die Rückkehr des Vorsitzenden abgewartet wird[3]. In diesen Fällen kann schon während der Verhinderung des Vorsitzenden die Begründung dem Berufungsbeklagten von der Geschäftsstelle zugestellt und damit der Lauf der Beantwortungsfrist in Gang gesetzt werden. Eine Verzögerung der Verfahrensabwicklung tritt damit nicht ein. Auf diese Weise kann der Vorsitzende bei seiner baldigen Rückkehr eine bessere Koordination aller anzuberaumenden Termine (Verhandlungstag und insbesondere voraussichtliche Verhandlungsdauer) vornehmen. Damit ist eine zügige Verfahrenserledigung eher gewährleistet als bei einer undifferenzierten Terminsanberaumung. Auch können bei dieser Handhabung eher unliebsame Wartezeiten von Anwälten vermieden werden.

90 Die **Lage des Termins** bestimmt der Vorsitzende. Dabei hat er auf die Berufungsbeantwortungsfrist und die schnelle Erledigung von Kündigungsschutzverfahren (§ 64 Abs. 8) zu achten. Termin ist grds. auf den zeitnächsten Verhandlungstag anzuberaumen, sofern der Vorsitzende wegen möglicher weiterer vorbereitender Maßnahmen (zB Auflagenbeschluss, Beiziehung von Urkunden, Durchführung einer Beweisaufnahme im Wege der Rechtshilfe) nicht auf einen späteren Tag terminiert. So wünschenswert zeitnahe Termine auch sind, so kann doch ein zu früher Verhandlungstermin dem Ziel einer konzentrierten Verfahrenserledigung in einem Verhandlungstermin auch hinderlich sein. Muss dann vertagt werden, weil zB ein verzogener Zeuge nicht mehr rechtzeitig geladen werden konnte, hätte ein von Anfang an ein paar Wochen

---

1 BAG v. 6.1.2015 – 6 AZB 105/14, FA 2015, 118.
2 Ebenso GK-ArbGG/*Vossen*, § 66 Rz. 150; GMP/*Germelmann*, § 66 Rz. 47.
3 AA GMP/*Germelmann*, § 66 Rz. 46, der auch hier eine sofortige Terminierung fordert.

später anberaumter Termin der zügigen Verfahrenserledigung eher gedient. Einer Abstimmung des Termins mit den Parteivertretern bedarf es nicht.

Bei der Terminsbestimmung können ggf. auch die einwöchige **Ladungsfrist** (§ 217 ZPO) für den Berufungskläger und die zweiwöchige **Einlassungsfrist** (§ 523 Abs. 2 iVm. § 274 Abs. 3 ZPO) für den Berufungsbeklagten zu beachten sein. Eine Abkürzung dieser Fristen ist auf Antrag gem. § 256 Abs. 1 ZPO möglich.

Bei **Arrest- und einstweiligen Verfügungsverfahren** kann regelmäßig im kurzfristig gelieferten Berufungsbegründungsschriftsatz, mit dem eine unverzügliche Entscheidung erstrebt wird, ein Antrag auf Fristabkürzung gesehen werden (wegen Nichtgelten der Berufungsbeantwortungsfrist vgl. Rz. 63). Lässt sich der Berufungsführer mit der Berufungseinlegung und -begründung selbst viel Zeit, sollte zumindest die Einlassungs- und ggf. auch die diese konsumierende gesetzliche Beantwortungsfrist der Gegenseite zugebilligt werden. Nicht selten kann die Eilbedürftigkeit im Berufungsverfahren durch Zeitablauf weitgehend entfallen sein, so dass es in solchen Fällen ohnehin keiner Fristabkürzung bedarf. Allerdings hat das **LAG** im Eilrechtsschutz den Einzelfall angemessen so **zügig zu entscheiden**, dass ein wirkungsvoller Rechtsschutz gewährt wird. Eine wiederholte Terminverlegung kann das Grundrecht auf einen effektiven Rechtsschutz verletzen[1].

§ 67 Zulassung neuer Angriffs- und Verteidigungsmittel

(1) Angriffs- und Verteidigungsmittel, die im ersten Rechtszug zu Recht zurückgewiesen worden sind, bleiben ausgeschlossen.

(2) Neue Angriffs- und Verteidigungsmittel, die im ersten Rechtszug entgegen einer hierfür nach § 56 Abs. 1 Satz 2 Nr. 1 oder § 61a Abs. 3 oder 4 gesetzten Frist nicht vorgebracht worden sind, sind nur zuzulassen, wenn nach der freien Überzeugung des Landesarbeitsgerichts ihre Zulassung die Erledigung des Rechtsstreits nicht verzögern würde oder wenn die Partei die Verspätung genügend entschuldigt. Der Entschuldigungsgrund ist auf Verlangen des Landesarbeitsgerichts glaubhaft zu machen.

(3) Neue Angriffs- und Verteidigungsmittel, die im ersten Rechtszug entgegen § 282 Abs. 1 der Zivilprozessordnung nicht rechtzeitig vorgebracht oder entgegen § 282 Abs. 2 der Zivilprozessordnung nicht rechtzeitig mitgeteilt worden sind, sind nur zuzulassen, wenn ihre Zulassung nach der freien Überzeugung des Landesarbeitsgerichts die Erledigung des Rechtsstreits nicht verzögern würde oder wenn die Partei das Vorbringen im ersten Rechtszug nicht aus grober Nachlässigkeit unterlassen hatte.

(4) Soweit das Vorbringen neuer Angriffs- und Verteidigungsmittel nach den Absätzen 2 und 3 zulässig ist, sind diese vom Berufungskläger in der Berufungsbegründung, vom Berufungsbeklagten in der Berufungsbeantwortung vorzubringen. Werden sie später vorgebracht, sind sie nur zuzulassen, wenn sie nach der Berufungsbegründung oder der Berufungsbeantwortung entstanden sind oder das verspätete Vorbringen nach der freien Überzeugung des Landesarbeitsgerichts die Erledigung des Rechtsstreits nicht verzögern würde oder nicht auf Verschulden der Partei beruht.

I. Allgemeines	1	2. Zurückweisung nach § 67 Abs. 2	23
II. Eigenständige Regelung in § 67	3	a) Verzögerung des Rechtsstreits	29
III. Gerichtliche Hinweis- und Prozessförderungspflichten	5	b) Entschuldigung der Verspätung	34
IV. Neue Angriffs- und Verteidigungsmittel	8	c) Rechtsfolgen der Verspätung	36
V. Verletzung der Prozessförderungspflicht vor dem Arbeitsgericht		3. Zurückweisung wegen Verletzung der allgemeinen Prozessförderungspflicht gem. § 67 Abs. 3	39
1. Präklusion zurückgewiesenen Vorbringens gem. § 67 Abs. 1	16	VI. Prozessförderung in der Berufungsinstanz gem. § 67 Abs. 4	48
		VII. Überprüfung im Revisionsverfahren	53

Schrifttum: *Bader,* Das Gesetz zu Reformen am Arbeitsmarkt: Neues im Kündigungsschutzgesetz und im Befristungsrecht, NZA 2004, 65; *Baudewin/Wegner,* Die Präklusion im Zivilprozess – Bedeutung, Chancen, Risiken, NJW 2014, 1479; *Deubner,* Zurückweisung verspäteten Vorbringens als Rechtsmissbrauch, NJW 1987, 465; *Geisler,* Zu-

---

[1] BVerfG v. 3.9.2015 – 1 BvR 1983/15, NZA 2015, 1403.

rückweisung von Angriffs- und Verteidigungsmittel, AnwBl 2006, 524; *Lipke,* Die Berufung im arbeitsgerichtlichen Verfahren, AuR 2007, 1; *Meller-Hannich,* Zur Präklusion der Verjährungseinrede in der Berufungsinstanz, NJW 2006, 3385; *Preis,* Die „Reform" des Kündigungsschutzrechts, DB 2004, 77; *Weth,* Die Zurückweisung verspäteten Vorbringens im Zivilprozess, 1988 (Diss.).

I. Allgemeines

1 Das Berufungsverfahren ist eine weitere **Tatsacheninstanz**. Dabei sind die Parteien zur zügigen Verfahrensgestaltung gehalten. Sie haben bei ihrem dem Gericht unterbreiteten Sachvortrag stets eine Beschleunigung des Verfahrens im Auge zu behalten und eine Verzögerung zu vermeiden. Diesem Ziel dienen die Präklusionsregeln von § 67 für das arbeitsgerichtliche Berufungsverfahren und §§ 530, 531 ZPO für das ordentliche Zivilverfahren. Diese Normen unterscheiden sich zum Teil erheblich. Insbesondere § **531 Abs. 2 ZPO**, der neue Angriffs- und Verteidigungsmittel (vgl. § 282 Abs. 1 ZPO) in der 2. Instanz nur noch eingeschränkt zulässt, ist **im arbeitsgerichtlichen Verfahren** weder direkt noch analog anwendbar[1]. Der Gesetzgeber wollte durch das ZPO-ReformG bewusst die Präklusionsregelungen im arbeitsgerichtlichen Verfahren nicht verschärfen. Die in den beiden Zivilrechtswegen divergierenden Regelungen resultieren ua. daraus, dass die Parteien vor dem ArbG den Rechtsstreit aus sozialpolitischen Gründen selbst führen können. Dann sollen formale prozessuale Hürden auch niedrig bleiben. Die Entscheidung, Parteivortrag ganz oder teilweise nicht zu berücksichtigen, schränkt zwar das Grundrecht auf Gewährung rechtlichen Gehörs (Art. 103 Abs. 1 GG) ein, indem unter bestimmten Voraussetzungen Sachvortrag nicht berücksichtigt werden darf. Sie trägt aber auch einem effizienten Rechtsschutz auf Gewährung einer Entscheidung in angemessener Zeit Rechnung und verfolgt einen angemessenen Interessenausgleich beider Prozessparteien[2]. Dagegen spielen Aspekte der Arbeitserleichterung für das Gericht oder der Sanktion wegen der reinen Nichtbeachtung von Fristen grds. keine Rolle (vgl. aber Rz. 36).

§ 67 Abs. 1–3 schließt Sachvortrag aus, der schon erstinstanzlich hätte vorgebracht werden müssen. Im Gegensatz dazu bestimmt § 67 Abs. 4, wann neue, erstmals in der 2. Instanz vorgebrachte Angriffs- und Verteidigungsmittel wegen Verspätung auszuschließen sind. Die Präklusionsregelungen von § 67 Abs. 4 beziehen sich somit ausschließlich auf Verstöße gegen die Prozessförderungspflicht im Berufungsverfahren.

2 Es ist dringend anzuraten, mit Vorbringen und mit Einreden nicht bis zur Berufungsinstanz zu warten. Selbst wenn § 67 der Berücksichtigung derartigen Vorbringens im Einzelfall nicht entgegensteht, muss die Partei mit der **Kosten**folge aus § **97 Abs. 2 ZPO** rechnen. Hätte die Partei das verspätete Vorbringen schon in der 1. Instanz liefern können und obsiegt sie im Berufungsverfahren aufgrund des neuen Sachvortrages, dann sind ihr trotz ihres Obsiegens die **Kosten der Berufungsinstanz** aufzuerlegen[3]. Diese Gefahr besteht schon dann, wenn zweitinstanzlich eine Einrede oder neue Tatsachen vorgebracht werden, die dem LAG eine schnelle Entscheidung ermöglichen. Selbst wenn in diesem Fall die Berufung im Ergebnis auch aufgrund des übrigen Vorbringens möglicherweise erfolgreich gewesen wäre, greift § 97 Abs. 2 ZPO immer noch. Diese Kostenfolge scheidet nur dann aus, wenn die Kausalitätsfrage eindeutig zu verneinen ist. § 97 Abs. 2 ZPO will im Interesse der Prozessbeschleunigung diejenige Partei kostenmäßig belasten, die den Prozess in 1. Instanz nachlässig führt[4]. Das „Imstandesein" iSv. § 97 Abs. 2 ZPO setzt voraus, dass die Partei nicht nur in der Lage war, das Vorbringen im ersten Rechtszug geltend zu machen, sondern auch für eine sorgfältige und auf Förderung des Verfahrens bedachte Partei (vgl. § 282 ZPO) dafür auch Anlass bestand[5]. § 97 Abs. 2 ZPO greift auch dann, wenn sich aufgrund neuen Vorbringens im Berufungsverfahren nunmehr die Erfolglosigkeit der Klage ergibt, so dass der noch erstinstanzlich obsiegende Kläger auf Hinweis des LAG jetzt die **Klage zurücknimmt**[6].

Bezüglich der Kostenfolge von § 97 Abs. 2 ZPO steht dem Gericht **kein Ermessen** zu. Demgegenüber hat das LAG nach pflichtgemäßem Ermessen über die Kostentragungspflicht zu entscheiden, also ob dem Berufungsführer die gesamten oder doch ein Teil der Kosten des Berufungsverfahrens aufzuerlegen sind, wenn die Entscheidung auf neuem Sachvortrag einerseits und zudem auf dem ordnungswidrigen prozessualen Verhalten der Gegenseite andererseits beruht. Das ist etwa der Fall, wenn der Berufungsgegner wahrheitswidrig (neuen) Sachvortrag des Berufungsführers, den dieser schon erstinstanzlich hätte liefern können, bestreitet und das LAG deshalb eine Beweisaufnahme durchführen muss. Die Kosten der Beweis-

---

1 BAG v. 25.1.2005 – 9 AZR 44/04, NZA 2005, 1365; BAG v. 15.2.2005 – 9 AZN 892/04, NZA 2005, 484.
2 BVerfG v. 26.1.1995 – 1 BvR 1068/93, NJW 1995, 2980.
3 LAG Berlin.-Brandenburg v. 3.5.2013 – 10 Sa 1293/12.
4 Vgl. BGH v. 2.3.2005 – VIII ZR 174/04, NJW-RR 2005, 866.
5 BAG v. 28.5.2009 – 8 AZR 536/08, NZA 2009, 1016.
6 OLG Nürnberg v. 21.6.2012 – 4 U 1713/11, NJW 2013, 243.

aufnahme können in diesem Fall im Rahmen von § 97 Abs. 2 ZPO dem Berufungsgegner auferlegt werden[1].

II. Eigenständige Regelung in § 67

Die Präklusionsregelungen im arbeitsgerichtlichen Berufungsverfahren sind eigenständig in § 67 niedergelegt. § 531 ZPO ist hier nicht anwendbar.

Vier Fallgruppen gilt es zu unterscheiden:
- § 67 Abs. 1 gewährleistet, dass der wirksame **Ausschluss** der Partei **mit Angriffs- und Verteidigungsmitteln** durch das **ArbG** endgültig ist und im Berufungsverfahren nicht mehr geheilt werden kann. Ansonsten bliebe diese der Beschleunigung des erstinstanzlichen Verfahrens dienende Sanktion letztlich wirkungslos.
- § 67 Abs. 2 stellt auf eine **wirksame** fristgebundene **Auflagenerteilung** durch das ArbG ab, sei es nach § 56 Abs. 1 Satz 2 Nr. 1 in allgemeinen Verfahren oder nach § 61a Abs. 3 oder Abs. 4 in Kündigungsschutzverfahren. Angriffs- und Verteidigungsmittel, die in diesen Fällen auflagewidrig nicht vorgebracht wurden, sind im Berufungsverfahren nur unter den Voraussetzungen von § 67 Abs. 2 zuzulassen. Die Gemeinsamkeit von § 67 Abs. 1 und Abs. 2 besteht darin, dass in beiden Fällen das ArbG Auflagen erteilt hatte. Bei Abs. 1 hat es gelieferten verspäteten Sachvortrag wegen Verfahrensverzögerung zurückgewiesen, bei Abs. 2 konnte dies nicht geschehen, weil ein **Sachvortrag** erstinstanzlich von der Partei **überhaupt nicht geliefert** worden war.
- § 67 Abs. 3 betrifft Sachvortrag, den das ArbG durch **keine** oder eine **unwirksame** Auflagenerteilung gefordert hatte. Trotzdem wäre die Partei schon erstinstanzlich von sich aus verpflichtet gewesen, ihn aufgrund der von ihr stets zu beachtenden **allgemeinen Prozessförderungspflicht** (§ 282 ZPO) zu liefern. Solche **Verstöße** sind nur in den beiden Varianten von § 67 Abs. 3 (keine Verzögerung im Berufungsverfahren, keine grobe Nachlässigkeit) heilbar. Präklusionsrechtlich werden die erste und die zweite Instanz nach § 67 Abs. 2 und 3 wie eine Einheit gesehen.
- Während die drei vorgenannten Fallgruppen das erst- und zweitinstanzliche Verhältnis von verspätetem Sachvortrag betreffen, regelt § 67 Abs. 4 allein die Frage der **Verspätung** von Sachvortrag **im Berufungsverfahren**. Die spezialgesetzliche Regelung schreibt vor, **wann** die nach § 67 Abs. 2–3 zulässigen neuen Angriffs- und Verteidigungsmittel im Berufungsverfahren vorgebracht werden müssen.

Neuer Sachvortrag im Berufungsverfahren unterliegt somit einer doppelten Überprüfung. Er darf nicht nach Abs. 1–3 ausgeschlossen sein und muss zudem im Berufungsverfahren rechtzeitig iSv. Abs. 4 vorgebracht werden. Sind nach Auffassung des LAG neue Angriffs- und Verteidigungsmittel nach einem der vier Absätze von § 67 präkludiert, besteht kein Rangverhältnis der Vorschriften zueinander, das zwingend eine bestimmte Prüfungsfolge für das Gericht vorschreibt[2].

III. Gerichtliche Hinweis- und Prozessförderungspflichten

Die Möglichkeit der Zurückweisung verspäteten Vorbringens schränkt den verfassungsrechtlich garantierten Anspruch der Partei auf **Gewährung rechtlichen Gehörs** (Art. 103 Abs. 1 GG) ein, wenn der Tatrichter die Präklusionsvorschriften fehlerhaft anwendet[3]. Die Präklusionsvorschriften tangieren stets den grundrechtsrelevanten Bereich. Dabei geht es nicht nur um die richtige Auslegung und Anwendung der Präklusionsvorschriften, sondern auch um die korrekte Handhabung des Prozessverfahrens durch die Gerichte. Das gerichtliche Procedere ist verfassungsrechtlich unbedenklich, wenn die belastete Partei ausreichend Gelegenheit hatte, sich in allen für sie wichtigen Punkten zu äußern, dies aber aus von ihr zu vertretenden Gründen versäumt hat[4]. Wegen der einschneidenden Rechtsfolgen ist erforderlich, dass die Verzögerung allein von der Partei zu vertreten ist, nicht aber vom Gericht oder von Dritten[5]. Wegen der belastenden Folgen eines zurückzuweisenden Sachvortrages trifft das Gericht insoweit eine **besondere Prozessförderungs- und Fürsorgepflicht**. Beruht etwa die Verspätung eines Vorbringens auch auf einer Verletzung der richterlichen Fürsorgepflicht, schließt die rechtsstaatlich gebotene faire Verfahrensführung eine Präklusion aus[6]. Gleiches

---
1 LAG Thür. v. 31.1.2001 – 6/9 Sa 410/98, LAGE § 97 ZPO Nr. 2.
2 GMP/*Germelmann*, § 67 Rz. 1.
3 BGH v. 3.3.2015 – VI ZR 490/13, NJW-RR 2015, 1278.
4 BVerfG v. 1.4.1992 – 1 BvR 1097/91, NJW 1992, 2556; BVerfG v. 24.1.2005 – 1 BvR 2653/03, NJW 2005, 1768.
5 BVerfG v. 27.1.1995 – 1 BvR 1430/94.
6 BVerfG v. 14.4.1987 – 1 BvR 162/84, NJW 1987, 2003.

gilt, wenn eine unzulängliche richterliche Verfahrensleitung mitursächlich für die Verzögerung war[1]. Eine missbräuchliche Anwendung der Präklusionsvorschriften liegt auch in einer Zurückweisung trotz unzureichender Terminsvorbereitung[2]. Verspäteter Sachvortrag darf nicht zurückgewiesen werden, wenn trotz Verspätung eine Verzögerung durch zumutbare und gebotene richterliche prozessleitende Maßnahmen verhindert werden kann[3]. Diese Einschränkungen sind geboten, weil die Präklusionsbestimmungen keine Sanktionsnormen sind, sondern lediglich Verfahrensverzögerungen verhindern sollen.

5a Richterliche **Hinweise** sind gem. § 138 Abs. 4 ZPO grds. so **frühzeitig** vor der mündlichen Verhandlung zu erteilen, dass die Parteien zeitlich ausreichend[4] Gelegenheit haben, ihre Prozessführung darauf einzustellen. Erteilt das Gericht entgegen § 139 Abs. 4 ZPO den Hinweis erst in der mündlichen Verhandlung, darf die betroffene Partei daraus keine Nachteile erleiden und sie muss hierauf ausreichend reagieren können[5]. Kann eine sofortige Äußerung nach den konkreten Umständen nicht erwartet werden (vgl. Rz. 33), dann ist der Partei auf ihren Antrag gem. § 139 Abs. 5 ZPO ein **Schriftsatznachlass** zu gewähren, so dass es grds. einer Vertagung bedarf, soweit dies im Einzelfall sachgerecht erscheint. Das LAG kann auch in das schriftliche Verfahren nach § 128 Abs. 2 ZPO übergehen oder gem. § 139 Abs. 5, § 296a ZPO einen Schriftsatznachlass gewähren. Unterlässt das Gericht die derart gebotenen prozessualen Reaktionen, dann hat es – sofern noch kein Urteil verkündet ist – wenigstens die **mündliche Verhandlung** gem. § 156 Abs. 2 Nr. 1 ZPO **wieder zu eröffnen**, falls die Partei in einem nachgereichten Schriftsatz Rechtserhebliches vorbringt[6]. Diese Prüfung hat das LAG[7] auch dann vorzunehmen, wenn das Urteil nach Beratung und Abstimmung bereits gefällt (§ 309 ZPO), aber noch nicht verkündet ist. Die Hinweispflicht des Gerichts auf rechtliche oder tatsächliche Aspekte entfällt nicht allein deshalb, weil auch der **Prozessgegner** schon einschlägige **Bedenken erhoben** hatte. Ein Anwalt, der die Rechtslage ersichtlich falsch beurteilt und darauf vertraut, sein schriftsätzliches Vorbringen sei ausreichend, kann nicht ohne Weiteres erkennen, dass auch das Gericht die Meinung der Gegenseite teilt[8].

6 Die **fehlerhafte Anwendung** der Präklusionsnormen kann zu **mehrfachen Grundrechtsverstößen** führen. Es können verletzt sein das Grundrecht auf rechtliches Gehör (Art. 103 Abs. 1 GG), ferner der allgemeine Gleichheitssatz der gleichmäßigen Behandlung beider Parteien, das Willkürverbot von Art. 3 Abs. 1 GG und das Rechtsstaatprinzip (Art. 20 GG), das das Gebot nach einer materiell richtigen Entscheidung postuliert.

7 Knüpft das LAG bei **fehlerhafter Anwendung von sonstigen prozessualen Bestimmungen** an ein bestimmtes Verhalten einer Partei an, das der Sache nach die **gleichen Konsequenzen** wie die Präklusionsvorschriften hat, dann verletzt es damit den verfassungsrechtlichen Anspruch auf Gewährung rechtlichen Gehörs. Das ist etwa der Fall, wenn ein Gericht in einem bloßen Nichtbestreiten (§ 138 Abs. 3 ZPO) die Wirkungen eines gerichtlichen Geständnisses iSv. § 288 ZPO annimmt[9].

IV. Neue Angriffs- und Verteidigungsmittel

8 Neue Angriffs- und Verteidigungsmittel stellen alles sachliche und prozessuale Vorbringen zum Zwecke der inhaltlichen Beeinflussung der Entscheidung über die geltend gemachten Anträge dar. Dazu enthält § 282 Abs. 1 ZPO eine beispielhafte Aufzählung. Ihm **unterfallen** tatsächliche Behauptungen bzw. deren Bestreiten, das Geltendmachen von Einwendungen oder Einreden, das Vorbringen von Beweismitteln und Beweiseinreden sowie jegliche sachlich rechtlichen Erklärungen zu dem Anspruch[10].

9 **Kein** neues Angriffs- und Verteidigungsmittel ist das Vertreten einer **Rechtsansicht**, weil damit nur auf die richterliche Rechtsfindung Einfluss genommen werden soll. Die Präklusionsregelungen gelten auch **nicht** für neuen **unstreitigen Tatsachenvortrag**, sondern sie erfassen nur streitiges und zudem beweisbedürftiges Vorbringen. Irrelevanter bzw. unstreitiger Vortrag oder bis zum Schluss der mündlichen Ver-

---

1 BVerfG v. 9.2.1982 – 1 BvR 1379/80, NJW 1982, 1453.
2 BGH v. 2.12.1982 – VII ZR 71/82, NJW 1983, 575; BGH v. 14.10.2004 – VII ZR 180/03, NJW-RR 2005, 213.
3 BVerfG v. 21.2.1990 – 1 BvR 1117/89, NJW 1990, 2373; BGH v. 9.11.1990 – V ZR 194/89, NJW 1991, 1181; BGH v. 22.10.1998 – VII ZR 82/97, NJW 1999, 585; BGH v. 21.3.1991 – III ZR 118/89, NJW 1991, 2759.
4 S. OLG München v. 16.12.2014 – 9 U 491/14, NJW 2015, 1185.
5 BGH v. 15.3.2006 – IV ZR 32/05, NJW-RR 2006, 937; BGH v. 28.9.2006 – VII ZR 103/05, NJW-RR 2007, 17.
6 BGH v. 18.9.2006 – II ZR 10/05, BB 2006, 2552.
7 Die Entscheidung über die Wiedereröffnung treffen alle Richter der letzten mündlichen Verhandlung und nicht nur der Vorsitzende allein: BAG v. 18.12.2008 – 6 AZN 646/08, NZA 2009, 334.
8 BGH v. 7.12.2000 – I ZR 179/98, NJW 2001, 2548.
9 BVerfG v. 6.2.2001 – 1 BvR 1030/00, NJW 2001, 1565.
10 BAG v. 9.11.1983 – 5 AZR 355/81, BB 1984, 345 (346).

handlung unstreitig werdendes Vorbringen kann den Rechtsstreit nicht verzögern, weil es das Gericht wegen der Wahrung des Grundrechts auf rechtliches Gehör (Art. 103 Abs. 1 GG) seiner Entscheidung gem. § 529 Abs. 1 ZPO nicht bzw. ohne Weiteres zugrunde zu legen hat[1]. Dies gilt auch, wenn wegen des neuen unstreitigen Sachvortrags eine Vertagung zur Beweisaufnahme notwendig wird[2] oder sich das LAG wegen des neuen Sachvortrags am Terminstag außerstande sieht, die Rechtslage ohne vertiefende Vorbereitung zu beurteilen. Bei verzichtbaren Zulässigkeitsrügen greifen die Sonderregelungen von § 532 Satz 1–3 ZPO. Unverzichtbare **Zulässigkeitsmängel** sind von Amts wegen zu beachten, so dass ihnen das Gericht von sich aus stets nachzugehen hat.

Kein Angriffs- oder Verteidigungsmittel ist die **Klage oder Widerklage** selbst oder wenn eine notwendige Aufgliederung eines Klageantrags in der Berufungsinstanz nachgeholt wird[3]. Gleiches gilt für eine Klageerweiterung und eine Klageänderung (vgl. Rz. 11). Alle bilden den Angriff selbst und dienen nicht nur seiner Beeinflussung[4]. Eine Klageerweiterung ist gem. §§ 525, 264 ZPO ohne Einwilligung des Gegners möglich, so dass erstinstanzlich keine Fristversäumnis stattgefunden haben kann[5]. Eine Zurückweisung gem. § 67 Abs. 4 kann aber in Betracht kommen, wenn die tatsächlichen Ausführungen für die im Berufungsverfahren vorgenommene Klageerweiterung verspätet ergänzt oder berichtigt werden. 10

Die **Aufrechnung** mit einer Gegenforderung in der Form der Primär- oder Hilfsaufrechnung zählt zu den Verteidigungsmitteln iSv. § 67[6]. Sie hat den Charakter einer Prozesshandlung in Form einer rechtsvernichtenden Einrede[7]. Bezüglich ihrer prozessualen Behandlung enthält § 533 ZPO eine weitere Beschränkung. Nach § 533 ZPO ist die Aufrechnung im Berufungsverfahren nur zuzulassen, wenn die Gegenpartei in die Zulassung einwilligt oder das Gericht die Geltendmachung in dem anhängigen Verfahren für sachdienlich hält und zusätzlich der mit ihr in das Verfahren eingeführte Anspruch gem. § 533 Nr. 2 ZPO auf **demselben Lebenssachverhalt** beruht, den das Berufungsgericht seiner Entscheidung über die Berufung nach § 529 ZPO zugrunde zu legen hat. Sind diese Voraussetzungen nicht gegeben, ist die erstmalige Aufrechnung im Berufungsverfahren prozessual nicht zuzulassen[8]. Auch eine im Berufungsverfahren vorgenommene **Klageänderung** oder die erstmalige Erhebung einer **Widerklage** sind nach der Sonderregelung von § 533 ZPO zu beurteilen; (s. § 64 Rz. 147). Führt die verspätete Geltendmachung dazu, dass das LAG den Rechtsstreit zur weiteren Aufklärung vertagen müsste, kann es im Falle der fehlenden Einwilligung der Gegenpartei die Sachdienlichkeit verneinen. Stützt eine Partei im Berufungsverfahren bei gleichbleibendem Sachantrag den prozessualen Anspruch hilfsweise auf einen anderen Lebenssachverhalt, so ist eine solche objektive Klagehäufung als eine Klageänderung iSv. § 533 ZPO anzusehen. Als selbständiger Angriff unterfällt sie nicht dem § 67[9]. 11

In allen drei vorgenannten Fällen trifft die **Zulassungssperre** von § 533 ZPO nur die **prozessuale** Geltendmachung, **nicht die materiell-rechtlichen Wirkungen** einer Maßnahme[10]. Soweit bei einer Klageänderung, Aufrechnung oder Widerklage die Zulassungssperre von § 533 ZPO nicht greift, finden dann die allgemeinen Präklusionsregelungen von § 67 Anwendung. Dies ist zB der Fall, wenn der Beklagte mit der Forderung eines **Dritten** aufrechnet[11] oder der **Kläger** erstmals im Berufungsverfahren im Wege einer Replik aufrechnet[12]. Hat der Beklagte schon erstinstanzlich die Aufrechnung erklärt und hat das ArbG das diesbezügliche Vorbringen als unsubstantiiert zurückgewiesen, dann ist die wiederholte Aufrechnung in der Berufungsinstanz nicht neu, so dass sie auch nicht der Zulassungssperre von § 533 ZPO oder § 67 unterliegt[13]. Allerdings unterfällt neuer Sachvortrag hierzu den Regelungen von § 67, insbesondere von Abs. 4[14]. 12

Angriffs- und Verteidigungsmittel sind nur dann neu iSv. § 67, wenn der entsprechende Vortrag überhaupt früher hätte erfolgen können. Soweit sich die **materielle Rechtslage** erst **später geändert** hat, ist ein 13

---

1 BGH v. 23.6.2008 – GSZ 1/08.
2 BGH v. 18.11.2004 – IX ZR 229/03, NJW 2005, 291.
3 BGH v. 14.1.1993 – VII ZR 118/91, NJW 1993, 1393; vgl. zur Widerklage auch: BAG v. 25.1.2005 – 9 AZR 44/04, NZA 2005, 1366 (1368).
4 GMP/*Germelmann*, § 67 Rz. 6; GK-ArbGG/*Vossen*, § 67 Rz. 33.
5 BGH v. 23.6.2008 – GSZ 1/08, NJW 2008, 3434.
6 BGH v. 30.5.1984 – VIII ZR 20/83, NJW 1984, 1964.
7 *Weth*, Zurückweisung, S. 71, 73.
8 GMP/*Germelmann*, § 67 Rz. 3; vgl. allgemein zur Aufrechnung im Berufungsverfahren: Zöller/*Heßler*, § 533 ZPO Rz. 16 ff.
9 BAG v. 11.4.2006 – 9 AZN 892/05, NZA 2006, 750.
10 ErfK/*Koch*, § 67 ArbGG Rz. 9; vgl. zur Aufrechnung: BGH v. 22.5.1992 – V ZR 108/91, NJW 1992, 2575.
11 Vgl. BGH v. 22.5.1992 – V ZR 108/91, NJW 1992, 2275.
12 BGH v. 28.5.1990 – II ZR 248/89, MDR 1991, 227.
13 Vgl. Zöller/*Heßler*, § 533 ZPO Rz. 25.
14 GK-ArbGG/*Vossen*, § 67 Rz. 81 ff.

darauf gestützter Sachvortrag nicht als neues Vorbringen zu bewerten. So stellt die Erklärung einer **Anfechtung** im Berufungsverfahren selbst kein **Angriffs- und Verteidigungsmittel** dar und unterfällt nicht den Präklusionsnormen[1]. Wird also ein Rechtsgeschäft, zB ein Arbeitsvertrag, erst im Laufe des Berufungsverfahrens gem. §§ 119 oder 123 BGB angefochten, dann richtet sich seine Wirksamkeit ua. nach den materiell-rechtlichen Anfechtungsfristen. Wurde im Laufe des Berufungsverfahrens eine Anfechtung außerhalb des Prozesses erklärt, so ist dieser Tatbestand rechtzeitig in das Verfahren einzuführen und ist dann kein Verstoß gegen § 67. Mit der Erklärung und der Geltendmachung im Prozess wird der außerhalb des Verfahrens geschaffene Tatbestand prozessual zu einem Angriffs- und Verteidigungsmittel. Stützt der Beklagte eine Einwendung gegen einen Klageanspruch auf eine Rechtsposition, die er im Wege der **Abtretung** erworben hat, so ist ein solches Verteidigungsmittel erst mit dem Erwerb des Rechts entstanden[2].

13a Die im ordentlichen Verfahren[3] streitige Frage, ob die erstmals in der Berufungsinstanz erhobene **Verjährungseinrede präkludiert** sein soll, stellt sich im arbeitsgerichtlichen Verfahren praktisch nicht, weil hier § 531 Abs. 2 ZPO keine Anwendung findet. § 67 Abs. 2–3 schließen dieses Vorbringen nicht aus; allenfalls könnte § 67 Abs. 4 eingreifen, sofern der der Einrede zugrunde liegende streitige Sachvortrag verspätet vorgebracht wird und streitiger erheblicher Sachvortrag dazu geliefert wird. Bei Zulassung dürfte oft die Kostenregelung von § 97 Abs. 2 ZPO Anwendung finden[4] (vgl. Rz. 2).

14 **Nicht** unter § 67 fällt das Stellen eines **Auflösungsantrags** gem. §§ 9, 10 KSchG. Ein solcher Antrag kann gem. § 9 Abs. 1 Satz 3 KSchG stets bis zum Schluss der mündlichen Verhandlung in beiden Tatsacheninstanzen gestellt werden[5]. Sind die den Antrag stützenden Gründe in entscheidungserheblicher Weise streitig, muss somit inkl. des Kündigungsschutzverfahrens vertagt werden. Allerdings enthält § 9 Abs. 1 Satz 3 KSchG als lex specialis eine weitergehende eigenständige Fristenregelung. Ist die den Auflösungsantrag stellende Partei durch das erstinstanzliche Urteil nicht beschwert, insbesondere weil sie dort noch keinen Auflösungsantrag gestellt hatte, dann kann sie im Berufungsverfahren diesen Antrag nur im Wege einer **Anschlussberufung** anbringen. Bei Antragstellung muss also die Hauptberufung der Gegenseite noch anhängig sein[6]. Jedoch gilt für eine Anschlussberufung nicht die Frist von § 524 Abs. 2 Satz 2 ZPO.

Auch § 6 KSchG ist eine Präklusionsbestimmung mit einer eigenständigen Spezialregelung, die die allgemeinen Präklusionsnormen verdrängt[7].

15 **Neu** sind Angriffs- und Verteidigungsmittel, wenn sie zum ersten Mal in der Berufungsinstanz in den Prozess eingeführt werden. Maßstab ist der Schluss der mündlichen Verhandlung vor dem ArbG. Rechtzeitig geliefertes Vorbringen in einem vom ArbG nach § 283 ZPO nachgelassenen Schriftsatz zählt zur 1. Instanz. Nicht dazu zählt Vorbringen, das nicht nachgelassen wurde oder trotz des bewilligten Schriftsatznachlasses verspätet eingeht und daher nach § 296a ZPO unberücksichtigt bleiben muss. Ob der Tatsachenvortrag neu ist, wird anhand des Tatbestandes des arbeitsgerichtlichen Urteils, des Inhalts der Schriftsätze der Parteien und der Feststellungen in den Sitzungsniederschriften geprüft. Erstinstanzlich zunächst geltend gemachter, dann aber fallen gelassener Sachvortrag, ist neu im Berufungsverfahren, wenn er hier erneut vorgebracht und jetzt zur Entscheidung des Gerichts gestellt wird. Neu sind insbesondere ergänzender Sachvortrag oder andere bzw. weitere Beweismittel in der 2. Instanz. Wird dagegen durch neuen Sachvortrag erstinstanzliches schlüssiges Vorbringen nur zusätzlich konkretisiert, verdeutlicht oder erläutert, handelt es sich hierbei nicht um präkludierbares neues Vorbringen iSv. § 67[8]. Darunter kann auch ein zweitinstanzlich vorgelegtes Privatgutachten fallen[9], das qualifizierten Parteivortrag darstellt.

Wird im Tatbestand des arbeitsgerichtlichen Urteils ein Tatsachenvortrag der Parteien als unstreitig bezeichnet, so kann das LAG, wenn es keine Zweifel an der Richtigkeit und Vollständigkeit der Feststellungen im Urteil des ArbG hat, davon ausgehen, dass das entsprechende Vorbringen in 1. Instanz nicht bestritten oder unstreitig gestellt wurde. Dadurch ist das LAG aber nicht gehindert, gem. § 529 Abs. 1 Nr. 2 ZPO im Berufungsverfahren neu vorgebrachte, davon abweichende Angriffs- und Verteidigungsmittel der Parteien vorbehaltlich der Präklusionsregelungen von § 67 ggf. aufzuklären und sie anders zu würdigen[10].

---

1 BAG v. 9.11.1983 – 5 AZR 355/81, BB 1984, 345.
2 BGH v. 17.5.2011 – X ZR 77/10, GRUR 2011, 853.
3 Vgl. *Meller-Hannich*, NJW 2006, 3385.
4 Vgl. dazu: BGH v. 2.3.2005 – VIII ZR 174/04, NJW-RR 2005, 866.
5 BAG v. 11.7.2013 – 2 AZR 241/12, NZA 2013, 1259; GMP/*Germelmann*, § 67 Rz. 5.
6 BAG v. 3.4.2008 – 2 AZR 720/06, NZA 2008, 1258.
7 Ebenso *Bader*, NZA 2004, 65; aA *Preis*, DB 2004, 77 (77); offen gelassen von BAG v. 20.9.2012 – 6 AZR 483/11, NZA 2013, 94.
8 BGH v. 9.10.2014 – V ZB 225/12.
9 BGH v. 28.8.2012 – X ZR 99/11, GRUR 2012, 1236.
10 Vgl. BGH v. 13.7.2000 – I ZR 49/98, NJW 2001, 448; BGH v. 19.3.2004 – V ZR 104/03, NJW 2004, 2152.

V. Verletzung der Prozessförderungspflicht vor dem Arbeitsgericht

1. Präklusion zurückgewiesenen Vorbringens gem. § 67 Abs. 1

In 1. Instanz zu Recht wegen Verspätung zurückgewiesene Angriffs- und Verteidigungsmittel bleiben auch in der 2. Instanz ausgeschlossen (§ 67 Abs. 1 ZPO). Die Präklusionsregelung des Abs. 1 soll verhindern, dass die erstinstanzlich verletzte notwendige Prozessförderungspflicht durch nachholenden Vortrag in der 2. Instanz ausgehöhlt wird[1]. § 67 Abs. 1 ist verfassungsgemäß, zumal die Beschleunigungsvorschriften verfassungskonform auszulegen sind[2]. Das LAG hat die vom ArbG getroffene Zurückweisungsentscheidung voll nachzukontrollieren. Der Ausschluss des verspäteten Sachvortrags auch im Berufungsverfahren ist somit nur gerechtfertigt, wenn auch nach Auffassung des LAG das ArbG zu Recht den Sachvortrag zurückgewiesen hatte. Keine Rolle bei Abs. 1 spielt, ob die Zulassung des zurückgewiesenen Vorbringens den Rechtsstreit im Berufungsverfahren verzögern würde. 16

Der **Geltungsbereich** von § 67 Abs. 1 erstreckt sich auf **alle Fälle**, in denen das ArbG zu Recht verspätete Angriffs- und Verteidigungsmittel zurückgewiesen hat. Die Zurückweisung mag auf § 56 Abs. 2, § 61a Abs. 5 ArbGG, § 296 Abs. 2 ZPO iVm. § 282 ZPO oder auf § 340 Abs. 3 Satz 3 ZPO beruht haben. Im Falle einer verspäteten Einspruchsbegründung verweist § 340 Abs. 3 Satz 3 ZPO ua. auch auf § 296 Abs. 1 ZPO. Nur in diesem Zusammenhang findet § 296 Abs. 1 ZPO im arbeitsgerichtlichen Verfahren Anwendung. Ansonsten gilt er hier nicht[3]. 17

Bei seiner **Überprüfung** hat das **LAG** zu kontrollieren, ob alle gesetzlichen Voraussetzungen für eine Zurückweisung durch das ArbG gegeben waren. Das LAG hat insbesondere festzustellen, ob tatsächlich eine **allein von der Partei verursachte Verzögerung** dem Ausschluss durch das ArbG vorausgegangen war. Dazu ist zB zu prüfen, ob das ArbG eine ausreichend konkrete Auflage erteilt hatte, die Partei vom ArbG über die Folgen der Fristversäumung klar und unmissverständlich[4] belehrt worden war, der außerhalb der mündlichen Verhandlung erlassene Auflagenbeschluss der Partei gem. § 329 Abs. 2 Satz 2 ZPO förmlich zugestellt wurde, das ArbG durch mögliche prozessleitende Maßnahmen eine Verzögerung hätte verhindern können, ob die Zurückweisung hätte verhindert werden können, falls der Partei rechtliches Gehör bezüglich der beabsichtigten Zurückweisung gewährt worden wäre oder ob sie die Verspätung ihres Vortrages schon erstinstanzlich oder erst im Berufungsverfahren genügend entschuldigt. Unmaßgeblich ist, ob die Partei die Verspätung in 1. Instanz aus damaliger Sicht genügend entschuldigt hatte[5], sondern ob sie aus der jetzigen Sicht des LAG genügend entschuldigt ist. Neue Entschuldigungsgründe sind vom LAG zu berücksichtigen, wenn die Partei diese in 1. Instanz nicht vorbringen konnte[6], zB weil das ArbG der Partei keine Gelegenheit zur Stellungnahme gegeben hatte. Die Belehrungspflicht gilt auch im Falle einer Prozessvertretung durch Rechtsanwälte oder Verbandsvertreter. Auch ihnen muss unmissverständlich mitgeteilt werden, dass die vom Gericht gesetzten Schriftsatzfristen Präklusionswirkung haben. 18

§ 67 **Abs. 1 ist nicht anzuwenden**, wenn das vom ArbG ausgeschlossene Vorbringen erstinstanzlich streitig war, im Berufungsverfahren unstreitig geworden ist[7]. Zurückweisen konnte das ArbG nur **streitiges und prozesserhebliches Vorbringen**. Dies muss auch im Berufungsverfahren noch der Fall sein. Verspätetes Vorbringen liegt nicht vor, wenn das ArbG Vorbringen aus anderen Gründen nicht berücksichtigt hat. Hält es etwa Sachvortrag für unschlüssig oder sieht es in einem Beweisangebot einen prozessual unerheblichen Ausforschungsbeweis, dann unterfällt ein **ergänzender Sachvortrag** nicht dem § 67 Abs. 1[8]. Hat eine Partei nach Schluss der mündlichen Verhandlung neuen Sachvortrag geliefert, für den das ArbG die mündliche Verhandlung nicht wieder eröffnet hat (§§ 296a, 156 ZPO), dann stellt diese Entscheidung des ArbG keine Zurückweisung von verspätetem Vorbringen iSv. § 67 Abs. 1 dar[9]. Solcher Sachvortrag ist im Berufungsverfahren neu (vgl. Rz. 15). 19

Das Berufungsgericht hat im vollen Umfang nachzuprüfen, ob das ArbG neue Angriffs- und Verteidigungsmittel zu Recht zurückgewiesen hat. Alle gesetzlichen Voraussetzungen für eine Zurückweisung müssen erfüllt gewesen sein. Ergibt die Überprüfung durch das LAG, dass **das ArbG** Angriffs- und Verteidigungsmittel **zu Recht zurückgewiesen** hat, dann bleibt die Partei damit – abgesehen von den in Rz. 19 20

---

1 BVerfG v. 14.4.1987 – 1 BvR 162/84, NJW 1987, 2004.
2 BVerfG v. 30.1.1985 – 1 BvR 99/84, NJW 1985, 1149.
3 GK-ArbGG/*Vossen*, § 67 Rz. 22.
4 BGH v. 16.5.1991 – III ZR 82/90, NJW 1991, 2773; BGH v. 23.10.1990 – XI ZR 20/90, NJW 1991, 493.
5 So BGH v. 13.2.1980 – VIII ZR 61/79, NJW 1980, 1102.
6 BVerfG v. 14.4.1987 – 1 BvR 162/84, NJW 1987, 2003.
7 *Weth*, Zurückweisung, S. 81 ff.; Natter/Gross/*Pfeiffer*, § 67 Rz. 9; *Lipke*, AuR 2007, 3.
8 BGH v. 24.4.1985 – VIII ZR 95/84, NJW 1985, 1539; Düwell/Lipke/*Maul-Sartori*, § 67 Rz. 23.
9 BGH v. 10.7.1979 – VI ZR 223/78, MDR 1979, 1012.

genannten Ausnahmefällen – auch im Berufungsverfahren endgültig ausgeschlossen. Für das Berufungsgericht besteht hier kein Ermessensspielraum das zu Recht ausgeschlossene Vorbringen doch zuzulassen[1]. So ist zB ein Zeuge auch dann nicht zu zurückzuweisenem Vorbringen zu hören, wenn er vom LAG zu zugelassenem neuen Vorbringen vernommen werden muss[2]. Das LAG darf die erfolgte Zurückweisung nicht auf eine andere als die vom ArbG angewandte Vorschrift stützen. Auch kommt eine Auswechslung der Präklusionsbegründung durch das LAG grds. nicht in Betracht[3].

Zur Anwendung der Präklusionsvorschrift von § 6 KSchG im erstinstanzlichen **Kündigungsschutzverfahren** und dem Verhältnis dieser Vorschrift zu den allgemeinen Präklusionsbestimmungen, s. BAG v. 18.1.2012 und 20.9.2012[4].

21 Stellt das LAG fest, dass das **ArbG** die Verspätungsvorschriften **zu Unrecht nicht angewandt** hatte, dann darf es das erstinstanzlich verspätete Vorbringen nicht nach § 67 Abs. 1 zurückweisen. Das LAG hat dieses Vorbringen in den Grenzen von § 67 Abs. 4 zu berücksichtigen. Hat das ArbG verspätetes Vorbringen zu Unrecht zugelassen, dann ist das LAG an die Zulassung gebunden[5]. Mit der Zulassung durch das ArbG ist es Prozessstoff geworden, die eingetretene Verzögerung kann vom LAG nicht mehr beseitigt werden.

22 Die **gesetzliche Regelung** ist **inkonsequent**, aber nicht verfassungswidrig[6]. Die Partei, die in 1. Instanz sorglos verspätet vorträgt, aber wenigstens versucht, ihre vorherige Nachlässigkeit noch zu heilen, setzt sich dem endgültigen Ausschluss ihres verspäteten Vorbringens aus. Demgegenüber wird die Partei besser gestellt, die erstinstanzlich überhaupt nichts vorträgt. Das ArbG konnte nicht gelieferten Sachvortrag nicht als verspätet zurückweisen. Die Partei kann dann im Berufungsverfahren, was allerdings rechtzeitig geschehen muss, neuen oder erstmaligen Sachvortrag liefern. Außer der **Kosten**tragungspflicht im Berufungsverfahren nach § 97 Abs. 2 ZPO (vgl. Rz. 2) und ggf. der Auferlegung einer Verzögerungsgebühr nach § 38 GKG erleidet sie bei richtigem Verhalten im Berufungsverfahren prozessual keine weiteren Nachteile.

2. Zurückweisung nach § 67 Abs. 2

23 Von § 67 Abs. 2 wird neues Vorbringen erfasst, das schon erstinstanzlich hätte vorgebracht werden müssen, aber entgegen einer wirksam erteilten Auflage nicht vorgebracht worden ist. Insoweit unterscheidet sich § 67 Abs. 2 von Abs. 1. Bei Abs. 1 war verspäteter Sachvortrag erstinstanzlich geliefert worden, bei Abs. 2 nicht.

24 Für Rechtsstreitigkeiten um das Bestehen eines Arbeitsverhältnisses, also vor allem für Kündigungsschutzverfahren, enthält **§ 61a eine Sonderregelung**. Danach kann das ArbG den Parteien aufgeben, innerhalb konkret bestimmter Fristen (vgl. § 61a Abs. 3 und 4) auf die Klage zu erwidern bzw. hierauf zu replizieren. Verspäteter Sachvortrag hat das ArbG in solchen Fällen unter den Voraussetzungen von § 61a Abs. 5 und 6 zurückzuweisen. Eine inhaltlich ähnliche Regelung enthält § 56 Abs. 2 Satz 2 für die **sonstigen** Streitigkeiten im Urteilsverfahren.

25 Nach der beispielhaften Aufzählung von § 56 Abs. 1 Satz 2 Nr. 1 hat das Gericht die Parteien insbesondere zum umfassenden und damit konkreten Sachvortrag durch Erteilung von **Auflagen** aufzufordern. Die Versäumung einer auf diese Weise vom Gericht gesetzten Frist und einer daraus resultierenden Verfahrensverzögerung ist geeignet, um nach § 56 Abs. 2 zur Zurückweisung wegen Verspätung zu führen. § 67 Abs. 2 erstreckt sich nach dem Gesetzeswortlaut nur auf die Fristen, die Parteien nach § 56 Abs. 1 Satz 2 Nr. 1 oder § 61a Abs. 3 oder Abs. 4 gesetzt worden waren. § 67 Abs. 2 findet keine Anwendung auf andere als die genannten Fristen.

26 Eine Zurückweisung kommt nur in Betracht, wenn das ArbG den Prozessparteien **konkret formulierte Auflagen** erteilt hatte. Dies ergibt sich schon aus § 56 Abs. 1 Satz 2 Nr. 1, wonach das Gericht zB eine Frist zur Erklärung über „bestimmte klärungsbedürftige Punkte setzen" soll. So reicht es im Allgemeinen nicht aus, wenn einer Partei etwa nur aufgegeben wird, innerhalb einer bestimmten Frist „zum Schriftsatz der Gegenpartei Stellung zu nehmen"[7]. Die Auflage muss so konkret sein, dass die Partei angesichts des jeweiligen Streitgegenstandes je nach der prozessualen Lage eindeutig und unzweifelhaft erkennen kann, zu wel-

---

1 BVerfG v. 26.1.1995 – 1 BvR 1068/93, NJW 1995, 2980.
2 BGH v. 13.2.1980 – VIII ZR 61/79, NJW 1980, 1102.
3 BGH v. 22.2.2006 – IV ZR 56/05, NJW 2006, 1741.
4 BAG v. 18.1.2012 – 6 AZR 407/10, NZA 2012, 817; BAG v. 20.9.2012 – 6 AZR 483/11, NZA 2013, 94; BAG v. 25.10.2012 – 2 AZR 845/11, NZA 2013, 900.
5 Vgl. BAG v. 25.10.2012 – 2 AZR 845/11, NZA 2013, 900; GMP/*Germelmann*, § 67 Rz. 22.
6 BVerfG v. 7.10.1980 – 1 BvL 50, 89/79, NJW 1981, 271.
7 BAG v. 19.6.1980 – 3 AZR 1177/79, AP Nr. 1 zu § 56 ArbGG 1979; GK-ArbGG/*Vossen*, § 67 Rz. 25.

chen konkreten Punkten sie spezifiziert vortragen muss[1]. Je rechtlich vielschichtiger der Sachvortrag der Gegenpartei ist, desto konkreter muss die Auflage sein. Nicht immer zwingend notwendig ist, dass die einzelnen klärungsbedürftigen Punkte direkt in der Auflage angesprochen sein müssen. Ausreichend ist zB auch, wenn im Schriftsatz des Beklagten oder im Sitzungsprotokoll diese Punkte einzeln erwähnt sind und dem Kläger aufgegeben wird, zu den angesprochenen, klar gegliederten und abgrenzbaren Punkten ergänzend vorzutragen. Enthält zB die Klageschrift zu einem verfolgten Provisionsanspruch nur eine bestimmte Rechtsbehauptung und bestreitet der Beklagte den Grund und die Höhe eines solchen Anspruches, dann reicht es aus, wenn dem Kläger aufgegeben wird, „hierauf zu erwidern und insbesondere darzulegen und unter Beweis zu stellen, wann eine Provisionsvereinbarung im Rahmen des Arbeitsverhältnisses getroffen worden ist"[2].

Die Fristsetzung muss in einer **formell wirksamen Auflage** erteilt sein. Wurde die Auflage zB im Gütetermin erteilt, dann muss der Beschluss den Anforderungen von § 329 Abs. 1 ZPO entsprechend ordnungsgem. verkündet worden sein. Die konkrete Auflage bedarf einer inhaltlich klaren Belehrung über die Folgen der Fristversäumung[3], und die Sitzungsniederschrift muss gem. § 160 Abs. 3 Nr. 6 und Nr. 7 ZPO vom Vorsitzenden mit seiner vollständigen Unterschrift unterzeichnet sein. Ein außerhalb mündlicher Verhandlung erlassener gerichtlicher Beschluss, der eine Fristsetzung enthält, bedarf gem. § 329 Abs. 2 Satz 2 ZPO der **förmlichen Zustellung** einer beglaubigten Abschrift an die Partei, an welche sich die Fristsetzung richtet[4]. Die Frist für eine Replik der Gegenpartei (§ 276 Abs. 2 ZPO) soll nach dieser Entscheidung des BGH wegen möglicher Unklarheiten an der Fristeinhaltung wirksam erst nach Eingang der Klageerwiderung gesetzt werden können. Diese Annahme erscheint in dieser generellen Form überzogen, sofern der Inhalt der Auflage und das jeweilige Fristende objektiv klar und für jede Partei eindeutig erkennbar ist; ggf. kann das Gericht eine gesetzte Frist auf Antrag oder von Amts wegen konkretisieren oder verlängern, falls eine in einem umfassenden Auflagenbeschluss gesetzte Erwiderungsfrist – aus welchen Gründen auch immer – zunächst zu kurz bemessen oder sonst unvollständig war/geworden ist. Mit einer – insbesondere erstmaligen – Fristverlängerung sollte das ArbG nicht kleinlich umgehen. Ein früher umfassender inhaltlich eindeutiger Auflagenbeschluss hat den Vorteil, dass beide Seiten zeitig erkennen können, welche Konsequenzen auf sie zukommen, falls eine Partei das Verfahren schuldhaft verzögert. Auch haben die Parteien ggf. ausreichend Zeit, um intensiv Fakten zu eruieren.

Hat eine Partei in 1. Instanz nach vorgenannten Regelungen trotz Fristsetzung keinen Tatsachenvortrag geliefert, so kann dieser erstinstanzlich unterlassene Sachvortrag auch **erstmals in der 2. Instanz** geliefert werden. Es muss nur gewährleistet sein, dass seine Zulassung zu keiner Verfahrensverzögerung im Berufungsverfahren führt oder – bei Verzögerung – kein Verschulden an der Verspätung vorliegt. Vgl. zur Kostentragung Rz. 2.

Bei der Beurteilung einer Verfahrensverzögerung ist irrelevant, ob der Rechtsstreit möglicherweise auch bei Einhaltung der Erwiderungsfrist einen weiteren Termin erforderlich gemacht hätte. Derartige **hypothetische** Erwägungen sind abzulehnen, da sie die Funktion der Verspätungsvorschriften herabmindern würden und eine sichere Prognose vielfach gar nicht möglich ist[5]. Bei Überschreitung einer Schriftsatzfrist ist allein darauf abzustellen, ob durch die Zulassung des verspäteten Vorbringens eine sonst mögliche Entscheidung im anstehenden Termin verhindert wird.

a) Verzögerung des Rechtsstreits

Eine Verzögerung des Rechtsstreits tritt dann ein, wenn der **Rechtsstreit** in der Berufungsinstanz bei der Zulassung des verspäteten Vorbringens **länger dauern** würde als bei dessen Zurückweisung (absolute Theorie)[6]. Die Entscheidungsfindung muss in der Berufungsinstanz durch das verspätete Vorbringen hinausgeschoben werden[7]. Dabei ist idR erforderlich, dass die Anberaumung eines **neuen Termins** notwendig würde. Diese Einschränkung der Gewährung rechtlichen Gehörs ist mit Art. 103 Abs. 1 GG vereinbar[8]. Dies erfordert eine genaue Prüfung, ob das erstmals in der Berufungsinstanz gelieferte Vorbringen prozesserheblich und eine Beweiserhebung erforderlich macht. Verspätetes Vorbringen iSv. § 67 Abs. 2, das von

---

1 BAG v. 25.3.2004 – 2 AZR 380/03, NZA 2004, 1407; BAG v. 28.5.2009 – 8 AZR 536/08, NZA 2009, 1016.
2 BAG v. 19.5.1998 – 9 AZR 362/97.
3 Vgl. hierzu BGH v. 11.7.1985 – I ZR 145/83, NJW 1986, 133.
4 BGH v. 13.3.1980 – VII ZR 147/79, NJW 1980, 1167.
5 BGH v. 2.12.1982 – VII ZR 71/82, NJW 1983, 575 (577).
6 BAG v. 23.11.1988 – 4 AZR 393/80, AP Nr. 104 zu § 1 TVG – Tarifverträge: Bau; BVerfG v. 22.5.1979 – 1 BvR 1077/77, NJW 1980, 277; BGH v. 2.12.1982 – VII ZR 71/82, NJW 1983, 575.
7 BVerfG v. 26.1.1995 – 2 BvR 1068/93, NJW 1995, 2980.
8 BVerfG v. 5.5.1987 – 1 BvR 903/85, NJW 1987, 2733.

der Gegenseite im Verhandlungstermin nicht gem. § 138 Abs. 2–4 ZPO erheblich bestritten wird, muss vom LAG bei seiner Entscheidungsfindung berücksichtigt werden. Trifft das LAG eine Entscheidung nicht am Ende der Sitzung, sondern beraumt es einen gesonderten Verkündungstermin an, dann kann es auch dem Prozessgegner gem. § 283 ZPO Gelegenheit geben, zum nicht fristgerechten Vortrag noch Stellung zu nehmen[1]. Eine Verzögerung scheidet allein dadurch aus. Wird das verspätete Vorbringen noch so rechtzeitig geliefert, dass der Vorsitzende zum Termin noch Zeugen laden kann oder der betreffende Zeuge von der Partei im Termin gestellt wird, scheidet eine Präklusion grds. aus[2]. Das gilt insbesondere dann, wenn nur einfache, klar abgrenzbare Streitpunkte in der Beweisaufnahme in einem angemessenen zeitlichen Aufwand zu klären sind[3]. Allerdings ist das Gericht nicht zu unzumutbaren Maßnahmen verpflichtet, um eine drohende Verzögerung zu verhindern. Das ist etwa der Fall, wenn wegen verzögerten Sachvortrags kurzfristig acht Zeugen zu einem umfangreichen Prozessstoff geladen werden müssten und dadurch die Terminslage des Gerichts erheblich verzögert würde[4] oder wenn eine umfangreiche Beweisaufnahme in einem bereits anberaumten Termin nicht mehr durchgeführt werden könnte, weil eine Verlegung notwendig wäre[5]. Das kann aber nur gelten, wenn sich die Gegenpartei bis zum bzw. im Termin nicht rechtzeitig erklären kann.

30 Bei der **Terminierung** hat das Gericht nicht aus den Augen zu verlieren, dass so viel Zeit für jedes Verfahren eingeplant wird, dass ggf. noch kurzfristig Zeugen vernommen werden können[6]. Überhaupt kann nur solches Vorbringen zurückgewiesen werden, dessen **Verspätung allein** (Monokausalität) **von der belasteten Partei zu vertreten** ist. Sobald auch das Gericht oder das der Partei nicht zurechenbare Verhalten Dritter, zB nicht erschienene Zeugen, mitursächlich für eine Verzögerung sind, scheidet eine Präklusion aus[7]. Stets muss die Pflichtwidrigkeit des verspäteten Vortrages kausal für die Verzögerung sein. Ohne weiteren Aufwand erkennbar, dass es an der **Kausalität** für die Verzögerung fehlt, wäre die Präklusion rechtsmissbräuchlich[8]. Allerdings sind unklare und unsichere hypothetische Erwägungen, ob auch bei rechtzeitigem Vorbringen ein neuer Termin möglicherweise noch aus anderen Gründen erforderlich gewesen wäre, abzulehnen[9].

31 **Problematisch** sind in der Praxis die Fälle, in denen eine Partei erst so **kurzfristig vor dem Verhandlungstermin oder erst im Termin selbst** unter Gestellung eines präsenten Zeugen neuen Sachvortrag iSv. § 67 Abs. 2 liefert, dass oftmals die Gegenpartei zwar noch kurz vor oder im Verhandlungstermin darauf erwidern kann, ihr aber keine Zeit mehr bleibt, ggf. umfassend den neuen Sachvortrag aufzuklären oder angebotene Gegenzeugen laden zu lassen oder deren ladungsfähige Anschriften rechtzeitig beizuschaffen. Da die Zulassung des verspäteten Sachvortrages nicht die prozessualen Rechte der Gegenpartei verkürzen darf, ist in diesem Fall der verspätete Sachvortrag trotz noch möglicher Ladung der Zeugen von nur einer Prozesspartei zurückzuweisen. Allerdings hat sich die Gegenpartei darauf zu berufen, sie müsse den kurzfristig gelieferten neuen Sachvortrag mangels vorheriger ausreichender Gelegenheit zuerst noch mit ihrer eigenen Partei ins Einzelne gehend bereden und ggf. noch Gegenbeweis anbieten. Um ein auf diese Weise umfassendes rechtliches Gehör zu gewährleisten, müsste der Rechtsstreit zur notwendigen Fortsetzung der Beweisaufnahme vertagt werden. Dies führt zu einer nicht hinnehmbaren Verfahrensverzögerung[10]. Anders ist die Rechtslage, wenn die Partei rechtzeitig ankündigt, einen präsenten Zeugen zum Termin zu stellen[11], so dass der Gegenpartei ausreichend Zeit zur Stellungnahme verbleibt. Benennt eine Partei einen individualisierten **Zeugen ohne** dessen **ladungsfähige Anschrift**, dann genügt dies den Anforderungen des § 373 ZPO. Geschieht der Beweisantritt so rechtzeitig, dass das Gericht noch eine Beibringungsfrist gem. § 356 ZPO setzen kann, dann ist das Gericht nur dann berechtigt, von einer Beweiserhebung abzusehen, wenn es zur Behebung des Hindernisses fruchtlos eine Frist gesetzt hatte[12]. Dies gilt nach der Rspr. des BGH unabhängig davon, ob die Partei die ladungsfähige Anschrift des Zeugen unverschuldet oder verschuldet nicht früher angegeben hat[13].

---

1 Vgl. BVerfG v. 31.10.1988 – 2 BvR 95/88, NJW 1989, 705.
2 Vgl. BAG v. 23.11.1988 – 4 AZR 393/88, EzA § 67 ArbGG 1969 Nr. 1.
3 BGH v. 30.5.1984 – VIII ZR 20/83, NJW 1984, 1964.
4 BGH v. 18.5.1999 – X ZR 105/96, NJW 1999, 3272.
5 Vgl. LAG Köln v. 17.5.2006 – 6 Sa 1632/05, AE 2006, 299.
6 BVerfG v. 26.8.1988 – 2 BvR 1437/87, NJW 1989, 706; BGH v. 9.11.1990 – V ZR 194/89, NJW 1991, 1181.
7 GMP/*Germelmann*, § 67 Rz. 28.
8 BVerfG v. 27.1.1995 – 1 BvR 1430/94, NJW 1995, 1417.
9 BGH v. 2.12.1982 – VII ZR 71/82, NJW 1983, 575 (577).
10 Vgl. BGH v. 23.4.1986 – VIII ZR 93/85, NJW 1986, 2257; *Weth*, Zurückweisung, S. 251.
11 BGH v. 25.3.1999 – VII ZR 434/97, NJW 1999, 2446.
12 BVerfG v. 26.10.1999 – 2 BvR 1292/96, NJW 2000, 945.
13 BGH v. 31.3.1993 – VIII ZR 91/92, NJW 1993, 1926; aA BLAH, § 356 ZPO Rz. 4.

Geringfügige **Überschreitungen** des prognostizierten Endes **eines Verhandlungstermins** bis zu etwa 30 Minuten sind ohne Weiteres zumutbar, auch für die Beteiligten der nachfolgenden Verfahren. Terminsüberschreitungen aufgrund eines verspäteten Sachvortrages von mehr als einer Stunde sind allerdings idR für alle Beteiligten unzumutbar, insbesondere wenn noch weitere Verfahren nachfolgen. Deren Rechte sind gleichfalls zu wahren. In diesem Fall kann das Gericht auf Verzögerung erkennen. Nach der Terminierung kann es die Terminslage im Einzelfall ausschließen, Beweisanordnungen zur Abwendung sonst eintretender Verfahrensverzögerungen zu treffen[1]. 32

Auf die **Dauer einer Verzögerung** kommt es nicht an[2]. Stets ist zunächst erforderlich, dass sich die Gegenpartei zum verspäteten Sachvortrag prozessual erklärt iSv. § 138 Abs. 2–4 ZPO[3]. Kann sich die Gegenpartei zu nicht fristgemäßen entscheidungserheblichen neuen Angriffs- bzw. Verteidigungsmitteln nicht oder nicht ausreichend äußern, dann ist ihr auf ihren **Antrag**[4] (§ 139 Abs. 5 ZPO) nach **§ 283 ZPO** das Recht einzuräumen, zu einem Vorbringen noch **nachträglich schriftsätzlich Stellung zu nehmen**. Dabei darf das LAG gem. § 296a Satz 1 ZPO grds. nur die Erwiderung auf den verspäteten Sachvortrag der Gegenseite berücksichtigen, nicht jedoch neuen über die Replik hinausgehenden Sachvortrag[5]. Dadurch wird der verspätet vortragenden Partei für einen Tatsachenvortrag das letzte Wort entzogen, indem der Gegenpartei ein Nachschubrecht eingeräumt wird. Voraussetzung für die Gewährung einer Nachschubfrist ist, dass die Gegenpartei zu einer sofortigen Erklärung aufgrund ihres Kenntnisstandes im Verhandlungstermin nicht in der Lage sein muss, was von ihr darzulegen ist. Nachgeschobener und damit nicht verwertbarer neuer Sachvortrag in der Replik erfordert eine **Wiedereröffnung** der mündlichen Verhandlung, wenn die Voraussetzungen von § 296a Satz 2, § 156 Abs. 2 ZPO vorliegen. Auch eine Wiedereröffnung nach Ermessen – die Entscheidung trifft die vollständig besetzte Kammer – gem. § 156 Abs. 1 ZPO kann in Betracht kommen[6], insbesondere wenn die Interessen der die Verzögerung nicht verursachenden Gegenpartei angesichts des gewährten Nachschiebens dies jetzt gebieten. Die Gegenpartei ist aber **nicht befugt**, anstatt des Antrags auf eine Erwiderungsfrist iSv. § 283 ZPO die Einlassung[7] auf das verspätete Vorbringen im Verhandlungstermin zu verweigern, eine Vertagung zu beantragen oder allein die Zurückweisung des nachträglichen Vorbringens wegen Verspätung zu beantragen, was in der Praxis nicht selten geschieht. Kann von der Gegenpartei verlangt werden, dass sie sich sofort zu dem neuen Vorbringen äußert oder ist ihr vorzuwerfen, dass ihr Prozessbevollmächtigter hierzu infolge unzureichender Informationen außerstande ist, so scheidet ein Schriftsatznachlass aus[8]. Letzteres greift oftmals dann, wenn eine Partei trotz der Anordnung ihres **persönlichen Erscheinens** im Termin ohne ausreichende Entschuldigung **ausbleibt** und/oder sie ihren Prozessbevollmächtigten als ihren Terminsvertreter iSv. § 141 Abs. 3 Satz 2 ZPO entsendet. Wird der verspätete Vortrag in dem nachgelassenen Schriftsatz von der Gegenpartei bestritten und würde eine Beweisaufnahme in einem neuen Termin notwendig, dann liegt eine nicht hinnehmbare Verzögerung vor, so dass jetzt das Gericht den verspäteten Vortrag zurückweisen muss. Eine Partei, die sich erklären muss, unterliegt der **Wahrheitspflicht**, bei deren Verletzung der Tatbestand des Prozessbetruges erfüllt sein kann, so dass sie weder im Verhandlungstermin noch im nachgelassenen Schriftsatz aus prozesstaktischen Gründen ins Blaue hinein oder sogar schlicht wahrheitswidrig bestreiten darf. 33

b) Entschuldigung der Verspätung

Trotz Vorliegens einer Verzögerung scheidet eine Präklusion aus, wenn die Partei die verspätete Vorlage neuer Angriffs- und Verteidigungsmittel genügend entschuldigt. Die **Entschuldigungsgründe** sind schlüssig darzulegen und gem. § 67 Abs. 2 Satz 2 auf Verlangen des LAG **glaubhaft** (§ 294 ZPO) zu machen. Liegt das fehlende Verschulden in der Sphäre des Prozessbevollmächtigten, reicht idR eine anwaltliche Versicherung als Mittel der Glaubhaftmachung aus. Somit setzt eine Präklusion kumulativ eine Verzögerung und Verschulden der Partei bzw. ihres Prozessbevollmächtigten (§ 85 Abs. 2 ZPO) voraus. Das nicht zurechenbare Verschulden eines Dritten, das die Partei oder ihr Prozessbevollmächtigter nicht verhindern konnten, gereicht der Partei nicht zum Nachteil. Spielt Verschulden des Büropersonals des Prozessbevollmächtigten eine Rolle, so gelten die gleichen Grundsätze wie im Rahmen von § 233 ZPO bei der Wiedereinsetzung in den vorigen Stand. 34

---

1 BVerfG v. 26.8.1988 – 2 BvR 1437/87, NJW 1989, 706; BGH v. 18.5.1999 – X ZR 105/96, NJW 1999, 3272.
2 GK-ArbGG/*Vossen*, § 67 Rz. 42; *Weth*, Zurückweisung, S. 254.
3 *Brehm*, Anm. zu LAG Hamm v. 2.2.1995 – 4 Sa 1850/94, LAGE § 67 ArbGG 1979 Nr. 3.
4 Eine Anordnung von Amts wegen scheidet aus; ggf. ist die Gegenpartei vom Gericht gem. § 139 ZPO auf ihr(e) Antragsrecht/-pflicht hinzuweisen.
5 Zu dessen Behandlung vgl. Zöller/*Greger*, § 283 ZPO Rz. 5.
6 BAG v. 25.1.2012 – 4 AZR 185/10, NZA 2013, 42; BGH v. 11.3.2004 – I ZR 304/01, NJW 2004, 3102.
7 Die Einlassungsfrist von § 47 Abs. 1 gilt für die Erwiderung auf verspäteten Sachvortrag nicht.
8 Vgl. Nachweise bei Zöller/*Greger*, § 283 ZPO Rz. 2c, 3.

35 Die Partei bzw. ihr Prozessbevollmächtigter müssen diejenige **Sorgfalt** walten lassen, zu der sie nach der prozessualen Situation und nach ihren persönlichen Verhältnissen in der Lage sind[1]. Dafür trägt die Partei die volle **Darlegungs- und Beweislast**, so dass ein non-liquet zu ihren Lasten geht. Bevor das Gericht einen Verschuldensvorwurf erhebt, hat es der Partei vor dieser Entscheidung rechtliches Gehör (Art. 103 Abs. 1 GG) zu gewähren[2].

c) Rechtsfolgen der Verspätung

36 Hat eine Partei unter Verletzung von § 67 Abs. 2 Satz 1 neue Angriffs- und Verteidigungsmittel verspätet vorgebracht und führt die Verspätung zu einer Verzögerung des Rechtsstreits, ohne dass die Partei die Gründe für die Verspätung genügend entschuldigen kann, dann hat das LAG die verspäteten Mittel **von Amts wegen zurückzuweisen**[3]. Ein **Ermessensspielraum**, ob das LAG verspäteten Sachvortrag zurückweist oder nicht, steht ihm nach § 67 **nicht** zu (anders ist es im **Beschlussverfahren** nach § 83 Abs. 2). Genauso wenig ist eine Zurückweisung zB vom Antrag oder einer Rüge der Gegenpartei abhängig, was in der Praxis nicht selten verkannt wird. Die Präklusionsnormen dienen zwar in erster Linie, aber nicht nur den Interessen der Gegenpartei, sondern allgemein der Beschleunigung aller Verfahren, einer Entlastung der Gerichte und ihrem Schutz vor zeit- und kostenauslösenden Vertagungen. Deshalb muss das Gericht die Verspätungsfolgen auch dann anwenden, wenn die Gegenpartei mit der Zulassung einverstanden ist[4].

37 Gewährt das LAG der Partei vor einer Zurückweisung kein **rechtliches Gehör**, damit die Partei die Verspätung ggf. entschuldigen kann, dann kann bei Entscheidungserheblichkeit des Verstoßes gem. § 72a Abs. 3 Satz 2 Nr. 3 eine Nichtzulassungsbeschwerde und bei unanfechtbaren Entscheidungen eine Anhörungsrüge (§ 78a, vgl. § 78a Rz. 13 f., Rz. 38 f.) darauf gestützt werden. Bei zugelassener Revision kann das zu Unrecht zurückgewiesene Vorbringen wegen fehlerhafter Rechtsanwendung gerügt werden. In vorgenannter Weise sind LAG-Urteile einer strengen verfassungsrechtlichen Kontrolle zu unterziehen, weil Präklusionsvorschriften das rechtliche Gehör beschränken und wegen ihrer einschneidenden Folgen für die betroffene Partei strengen Ausnahmecharakter haben[5]. In diesem Zusammenhang geht eine verfassungsrechtliche Überprüfung über eine bloße Willkürkontrolle hinaus[6].

38 Weist das Gericht verspätetes Vorbringen zurück, dann geschieht dies als Rechtsanwendung **in der Entscheidung in der Hauptsache**, idR also im Urteil. Dabei hat das Gericht im Einzelnen zu **begründen**, weshalb es welchen Sachvortrag präkludiert hat[7]. Hat das LAG den verspäteten Vortrag zugelassen, dann ist das BAG im **Revisionsverfahren** an die Zulassung gebunden; s. Rz. 53[8].

3. Zurückweisung wegen Verletzung der allgemeinen Prozessförderungspflicht gem. § 67 Abs. 3

39 § 67 Abs. 3 sanktioniert auch im arbeitsgerichtlichen Verfahren die Verletzung der **allgemeinen Prozessförderungspflicht** des § 282 ZPO. Abs. 3 erfasst zwei unterschiedliche Verfahrensstadien: Die Vorschrift nimmt wegen nicht rechtzeitigen Vorbringens in der mündlichen Verhandlung auf § 282 Abs. 1 ZPO und wegen nicht rechtzeitiger Mitteilung an die Gegenpartei vor dem Verhandlungstermin auf § 282 Abs. 2 ZPO Bezug. Wegen Verletzung der Prozessförderungspflicht kann nach § 67 Abs. 3 verspäteter Sachvortrag im Berufungsverfahren präkludiert werden wegen einer erstinstanzlichen Verletzungshandlung der Partei, während die Verletzung der Prozessförderungspflicht im Berufungsverfahren nach § 67 Abs. 4 geahndet wird. Aus der allgemeinen Prozessförderungspflicht erwächst grds. keine allgemeine **Ermittlungspflicht** zur Feststellung noch nicht bekannter tatsächlicher Umstände für eine **Partei** hergeleitet werden. Eine zusätzliche Ermittlungspflicht ist nur unter besonderen Umständen anzunehmen[9]. Zusätzliche Informations- und Erkundigungspflichten bestehen für eine Partei nur im Rahmen des Zumutbaren. Dies gilt etwa für die Erkundigungspflichten derjenigen Partei, die mit Nichtwissen bestreiten will[10].

40 § 282 Abs. 1 ZPO begründet eine allgemeine Prozessförderungspflicht der Parteien **in der mündlichen Verhandlung** vor dem ArbG als paralleles Gegenstück zu der Konzentrations- und Beschleunigungspflicht

---

1 *Schneider*, MDR 1978, 969.
2 BGH v. 10.5.1984 – III ZR 29/83, NJW 1984, 2039; BGH v. 1.3.1986 – II ZR 107/85, NJW 1986, 3193.
3 GMP/*Germelmann*, § 67 Rz. 8; *Düwell/Lipke/Maul-Sartori*; 67 Rz. 13.
4 GK-ArbGG/*Vossen*, § 67 Rz. 56; *Weth*, Zurückweisung, S. 286; aA *Grunsky*, 7. Aufl., § 67 Rz. 6.
5 BVerfG v. 26.1.1995 – 1 BvR 1068/93, NJW 1995, 2980.
6 BVerfG v. 26.10.1999 – 2 BvR 1292/96, NJW 2000, 945.
7 BVerfG v. 28.1.1987 – 1 BvR 848/85; BVerfG v. 1.4.1992 – 1 BvR 1097/91, NJW 1992, 2556.
8 BAG v. 31.10.1984 – 4 AZR 604/82; BGH v. 22.1.2004 – V ZR 187/03, NJW 2004, 1458.
9 BGH v. 15.10.2002 – X ZR 69/01, ProzRB 2003, 106; *Zöller/Greger*, § 138 ZPO Rz. 16; weitergehend: BLAH, § 138 ZPO Rz. 56.
10 BGH v. 15.11.1989 – VIII ZR 46/89, MDR 1990, 333; BGH v. 10.10.1994 – II ZR 95/93, NJW 1995, 130.

des Gerichts. Danach haben die Parteien neue Angriffs- und Verteidigungsmittel im allgemeinen Interesse einer Verfahrensbeschleunigung **in** der ersten mündlichen **Verhandlung** konzentriert und nicht nur scheibchenweise vorzubringen. Dabei ist das Vorbringen im Verhandlungstermin so rechtzeitig zu liefern, wie es einer sorgfältigen und auf Förderung des Verfahrens bedachten Prozessführung entspricht[1]. Allerdings dürfen – insbesondere abhängig vom Verhalten der Gegenseite – prozesstaktische Erwägungen einer Partei nicht verhindert werden.

Größere praktische Bedeutung hat **§ 282 Abs. 2 ZPO**, der der schriftsätzlichen **Vorbereitung des Verhandlungstermins** dient. Ein schriftsätzliches Schweigen des Beklagten vor dem Gütetermin kann wegen § 47 Abs. 2 nicht sanktioniert werden. Allerdings kann vom Beklagten im Einzelfall verlangt werden, dass er schon im Gütetermin seine Angriffs- und Verteidigungsmittel vorbringt. Gibt das ArbG den Parteien im Gütetermin auf, die mündliche Verhandlung vor der Kammer schriftsätzlich vorzubereiten (vgl. § 129 Abs. 2 ZPO), dann kann es **konkret** gefasste Auflagen nach § 56 oder § 61a erteilen, so dass hier § 67 Abs. 2 Anwendung finden kann. Erteilt es dagegen **nur allgemein** gefasste Auflagen (zB zur Klageschrift Stellung zu nehmen, die Kündigungsgründe vorzutragen oder auf den Sachvortrag der Gegenseite zu erwidern), so kann dann verspäteter Sachvortrag nicht nach Abs. 2 präkludiert werden (vgl. Rz. 26). Die Partei kann in solchen Fällen im Einzelfall aber gegen § 282 Abs. 2 ZPO verstoßen[2]. Leiden vom ArbG erteilte Auflagen – seien sie ausreichend konkret oder nicht – an einem sonstigen Mangel (vgl. Rz. 27), dann kann auf die stets zu achtende allgemeine Prozessförderungspflicht zurückgegriffen werden. Auch außerhalb von §§ 56, 61a kann das Gericht den Parteien aufgeben, die Verhandlung durch Schriftsätze vorzubereiten (§ 46 Abs. 2 ArbGG iVm. § 129 Abs. 2, § 282 Abs. 2 ZPO), oder es kann einen Hinweis- und Auflagenbeschluss ohne Fristsetzung erlassen. Trotzdem haben die Parteien die allgemeine Prozessförderungspflicht aus § 282 Abs. 2 ZPO zu beachten. Die Parteien sind dabei gehalten, so rechtzeitig zu reagieren, wie es nach der Prozesslage einer sorgfältigen und auf die Förderung des Verfahrens bedachten Prozessführung entspricht. Welcher Zeitraum danach zuzubilligen ist, richtet sich nach den Umständen des Einzelfalles[3]. Was „**rechtzeitig**" ist, besagt nicht bereits die Ein-Wochen-Mindestfrist von § 132 Abs. 1 ZPO, sondern ergibt sich aus den Erfordernissen einer dem Gegner zeitlich zumutbaren Replik bis zum Ende des Verhandlungstermins, insbesondere aus den Umständen und dem Umfang seiner einzuholenden Erkundungen[4].

Auch **Rügen**, die die **Zulässigkeit der Klage betreffen**, unterfallen der allgemeinen Prozessförderungspflicht. Allerdings brauchen sie im arbeitsgerichtlichen Verfahren noch nicht im Gütetermin vorgebracht werden (§ 54 Abs. 2 Satz 3 ArbGG iVm. § 282 Abs. 3 Satz 1 ZPO). Sie können noch schriftsätzlich zur Vorbereitung des Kammertermins erklärt werden; fehlt es an einer gerichtlichen Fristsetzung, dann sind sie nach § 282 Abs. 1 ZPO zu Beginn des Kammertermins vorzubringen[5].

Verletzt eine Partei ihre allgemeine **Prozessförderungspflicht** im Verfahren vor dem **ArbG** und bringt sie neue Angriffs- und Verteidigungsmittel **erstmals im Berufungsverfahren**, dann ist sie **im Grundsatz** in der 2. Instanz zunächst damit **ausgeschlossen** (vgl. aber Rz. 44). Dabei steht dem LAG kein Ermessen zu, ob es das verspätete Vorbringen trotz Vorliegens der Voraussetzungen des Abs. 3 doch noch berücksichtigen darf, da die Zurückweisung obligatorisch ist[6]. Durch das insoweit fehlende Ermessen unterscheidet sich § 67 Abs. 3 ArbGG von § 296 Abs. 2 ZPO. In letzterer Bestimmung, die im erstinstanzlichen Verfahren Anwendung findet, ist angeordnet, dass das ArbG bei einer Verletzung der allgemeinen Prozessförderungspflicht verspätetes Vorbringen nicht zurückweisen muss, sondern es nur kann. § 67 Abs. 3 findet dagegen in der 2. Instanz Anwendung. Hat das ArbG die verspäteten Angriffs- und Verteidigungsmittel in seiner Entscheidung ausdrücklich oder stillschweigend zugelassen, dann ist die Zulassung endgültig. Das LAG ist daran gebunden, weil es die eingetretene Verzögerung nicht mehr rückgängig machen kann[7].

Die **Zurückweisung** von verspätetem Vorbringen im Zusammenhang mit der Verletzung der allgemeinen Prozessförderungspflicht ist **nicht möglich**, wenn:
– die Zulassung nach der freien Überzeugung des LAG die Erledigung des Rechtsstreits in der Berufungsinstanz nicht verzögert oder
– wenn die Partei das Vorbringen in der 1. Instanz nicht aus grober Nachlässigkeit unterlassen hatte.

---

1 GMP/*Germelmann*, § 67 Rz. 61.
2 Wieczorek/Schütze/*Weth*, § 296 ZPO Rz. 82.
3 BGH v. 4.4.2007 – VIII ZB 109/05, BB 2007, 1078.
4 Zöller/*Greger*, § 282 ZPO Rz. 4.
5 GMP/*Germelmann*, § 67 Rz. 13.
6 GK-ArbGG/*Vossen*, § 67 Rz. 62.
7 BGH v. 21.1.1981 – VIII ZR 10/80, NJW 1981, 928.

Die Nichtzulassung setzt also voraus, dass Verzögerung und fehlende Entschuldigung kumulativ zusammentreffen.

Eine Verzögerung scheidet auch hier aus, wenn das neue Vorbringen so rechtzeitig nach Abs. 4 vorgebracht wird, dass es die Erledigung des Berufungsverfahrens nicht verzögert (Rz. 29) oder das LAG die Möglichkeit hat, durch entsprechende Verfahrensgestaltung eine Verzögerung des Berufungsverfahrens zu vermeiden (vgl. Rz. 5, 24–27). Dadurch sind die Absätze 2 und 3 von § 67 in der Praxis weitgehend ineffektiv und bedeutungslos.

45 Anders als bei der Verzögerung sind die Voraussetzungen hinsichtlich des **Verschuldens** an dem verspäteten Vorbringen bei § 67 Abs. 3 ZPO ausgestaltet. Die Zulassung im Falle der Verletzung der allgemeinen Prozessförderungspflicht ist vorzunehmen, wenn die Partei das Vorbringen in der 1. Instanz nicht aus „grober" Nachlässigkeit unterlassen hatte. Insoweit unterscheidet sich der Verschuldensmaßstab in § 67 Abs. 3 von der Regelung in § 531 Abs. 2 Nr. 3 ZPO, wo nur noch einfache Nachlässigkeit erforderlich ist. **Grobe Nachlässigkeit** bedeutet, dass die Partei in besonders schwerwiegender Weise ihre Prozessförderungspflicht verletzt haben muss[1]. Die Partei muss die im Prozess erforderliche Sorgfalt in ungewöhnlich großem Maße verletzt und dasjenige unbeachtet gelassen haben, was im Streitfalle jeder Partei hätte einleuchten müssen[2]. Vom Vorwurf dieser groben Fahrlässigkeit muss sich die Partei durch geeignete Darlegungen exkulpieren[3]. Gibt die Partei keine Erklärung ab, dann kann das Gericht von keiner für die Partei günstigen Sachlage ausgehen[4]. Vor einer Zurückweisung ist auch hier der Partei **rechtliches Gehör** durch einen gerichtlichen Hinweis zu gewähren (vgl. Rz. 36).

46 Eine grobe Nachlässigkeit ist zB anzunehmen, wenn eine Partei eine allgemeine Schriftsatzfrist ohne Angabe von Gründen erheblich überschreitet und erst wenige Tage vor dem Kammertermin die gerichtliche Auflage erfüllt[5]. Gleiches gilt bei einem Verstoß der Partei gegen die ihr gem. § 138 Abs. 1 ZPO obliegende Wahrheitspflicht der wenn die Partei erst kurz vor dem Verhandlungstermin ihren Sachvortrag in wesentlichen Punkten ohne einleuchtenden Grund genau ins Gegenteil ändert[6]. Das gilt insbesondere dann, wenn das Gericht – ohne dass ihm Zeit für Aufklärung verbleibt – ins Unklare versetzt wird, von welchem Sachvortrag es ausgehen soll und welche Vorbereitungsmaßnahmen es noch rechtzeitig durchführen soll[7]. **Kein** Verschulden ist regelmäßig anzunehmen, wenn die Partei trotz Unterlassung erstinstanzlich obsiegt hatte[8] oder wenn sie sich bei ihrem Sachvortrag an der Rechtsauffassung des ArbG orientiert hatte. Auch scheidet eine grobe Nachlässigkeit aus, wenn die Verzögerung durch das Gericht, etwa durch Unterlassen vorbereitender Maßnahmen, bei einem Verstoß gegen die richterliche Hinweispflicht (§ 139 ZPO) oder in der Erteilung einer nicht ausreichend konkreten Auflage mit verursacht wurde oder wenn das neue Angriffs- und Verteidigungsmittel erst nach Schluss der mündlichen Verhandlung des ArbG entstanden ist[9].

47 Obsiegt die Partei aufgrund neuen Vorbringens im Berufungsverfahren, das nicht zurückgewiesen werden kann und das sie schon erstinstanzlich hätte vortragen können, so sind ihr nach der zwingenden Vorschrift von § 97 Abs. 2 ZPO die **Kosten des Rechtsmittelverfahrens** aufzuerlegen (vgl. Rz. 2).

VI. Prozessförderung in der Berufungsinstanz gem. § 67 Abs. 4

48 Durchaus effektiv sind die Verspätungsregelungen von § 67 **Abs. 4**. Die Bestimmung normiert im Zusammenwirken mit § 66 einen **eigenständigen Beschleunigungstatbestand** des arbeitsgerichtlichen Berufungsverfahrens. Danach müssen Angriffs- und Verteidigungsmittel, die nach § 67 Abs. 1–3 zulässig sind, vom Berufungskläger in der Berufungsbegründung und vom Berufungsbeklagten in der Berufungsbeantwortung vorgebracht werden. Bei diesen Fristen handelt es sich um gesetzliche **Ausschlussfristen**, die vom Richter bezüglich ihres Verzögerungseffektes nicht verlängert werden können, außer im generellen Rahmen von § 66 Abs. 1 Satz 5. Nach § 67 Abs. 4 Satz 2 können zwar Angriffs- und Verteidigungsmittel noch nach Ablauf der Berufungsbegründungsfrist vorgebracht werden. Die Anwendung von § 67 Abs. 4 Satz 2 setzt jedoch voraus, dass die eingelegte Berufung zulässig ist[10]. Das LAG muss die Parteien über die verzögerungs-

---

1 BVerfG v. 30.1.1985 – 1 BvR 99/84, NJW 1984, 1149.
2 BGH v. 24.9.1986 – VIII ZR 255/85, WPM 1986, 1509 (1510).
3 BGH v. 5.5.1982 – VIII ZR 152/81, NJW 1982, 2559 (2561) m. Anm. *Deubner*.
4 LAG Köln v. 4.2.1988 – 8 Sa 173/87, LAGE § 528 ZPO Nr. 3.
5 Vgl. LAG Köln v. 10.7.1984 – 1 Sa 415/84, EzA § 528 ZPO Nr. 2.
6 GMP/*Germelmann*, § 67 Rz. 15.
7 Zu prozesstaktischen Überlegungen für eine Verzögerung vgl. Zöller/*Heßler*, § 531 ZPO Rz. 31.
8 BGH v. 28.10.1982 – 3 ZR 128/81, NJW 1983, 931.
9 BGH v. 17.5.2011 – X ZR 77/10.
10 BAG v. 25.4.2007 – 6 AZR 436/05.

rechtlichen Folgen von § 67 Abs. 4 **nicht belehren**, da vor dem LAG ohnehin eine qualifizierte Vertretung nach § 11 Abs. 4 besteht. Hält eine Partei ihre Frist nicht ein, dann **muss** das LAG die verspäteten Angriffs- und Verteidigungsmittel zurückweisen. Auch § 67 Abs. 4 eröffnet ihm **keinen Ermessensspielraum**. § 67 Abs. 4, der somit einen weiteren Filter zur Sanktion verspäteten Vorbringens darstellt, enthält gesetzliche Sonderregelungen für das arbeitsgerichtliche Berufungsverfahren. Diese Bestimmung geht § 282 Abs. 1 und 2 ZPO vor.

Die Präklusionsregelung von § 67 Abs. 4 erlangt **in der Praxis** insbesondere in Fällen **Bedeutung**, in denen die Parteien nach längerer Schriftsatzpause erst kurz vor dem Verhandlungstermin in kurzen Abständen nacheinander eine größere Anzahl von Schriftsätzen, idR per Telefax, beim LAG einreichen. Dieses Procedere ist nicht ungefährlich, weil es einer Prüfung nach § 67 Abs. 4 zu unterziehen ist. Gleiches gilt für (bewusst) erstmaliges Vorbringen im Verhandlungstermin mit dem taktischen Effekt der Überraschung/ Verunsicherung von Gegner und Gericht.

Von der obligatorischen Zurückweisungspflicht des § 67 Abs. 4 von streitigem erheblichem Tatsachenvortrag enthält Satz 2 dieser Vorschrift **drei Ausnahmen**. Liegt eine davon vor, dann ist das verspätete Vorbringen zuzulassen: 49

- Die Angriffs- und Verteidigungsmittel sind erst nach der Berufungsbegründung bzw. -beantwortung entstanden, oder
- die Zulassung des verspäteten Vorbringens führt zu keiner Verfahrensverzögerung, oder
- die Verspätung des Vorbringens beruht nicht auf einem Verschulden der Partei.

Ist das Angriffs- und Verteidigungsmittel **erst nach** der Berufungsbegründung oder -beantwortung **entstanden**, konnte es folglich nicht früher vorgebracht werden. Es ist dann unabhängig davon zuzulassen, ob hierdurch das Verfahren verzögert wird oder nicht. Maßgeblicher Zeitpunkt für die Annahme einer Verfristung ist nach dem Gesetzeswortlaut derjenige, in dem die Berufungsbegründung oder -beantwortung beim LAG eingeht und nicht der Ablauf der längstmöglichen Fristen nach § 66 Abs. 1[1]. Geht allerdings innerhalb der jeweiligen Frist noch ein ergänzender Schriftsatz des Rechtsmittelklägers oder -beklagten ein, dann kommt es auf den Zeitpunkt dessen Eingangs an, weil die Parteien die Fristen jeweils voll nutzen können. Ist der Zeitpunkt des Entstehens von neuen Tatsachen streitig, dann ist das Vorbringen zuzulassen, wenn eine Beweisaufnahme über den Entstehenszeitpunkt genauso viel Zeit benötigen würde wie die Berücksichtigung dieses Vorbringens[2]. 50

Nachträglich entstanden iSv. § 67 Abs. 4 ist auch solches Vorbringen, das sich etwa aus der **Ausübung eines Gestaltungsrechts** durch eine der Parteien im Laufe des Berufungsverfahrens (vgl. auch Rz. 13, Rz. 14) ergibt, zB durch eine Abtretung des Rechts, Anfechtungs- oder Kündigungserklärung. Auch der behauptete Abschluss eines außergerichtlichen oder anderweitigen gerichtlichen Vergleiches, ein mittlerweile abgegebener Verzicht, eine Stundung oÄ fällt hierunter. Ob die Partei die Gestaltungswirkung auch schon früher hätte herbeiführen können, zB durch eine früher erklärte Anfechtung, ist unmaßgeblich[3]. Auch ein erst in der mündlichen Verhandlung vor dem Berufungsgericht gestellter Auflösungsantrag nach § 9 KSchG kann nicht wegen Verspätung zurückgewiesen werden, weil er nach der lex specialis von § 9 Abs. 1 Satz 3 KSchG bis zum Schluss der mündlichen Verhandlung vor dem LAG gestellt werden kann. Notfalls muss das gesamte Kündigungsschutzverfahren wegen einer einheitlich zu treffenden Entscheidung bei einem notwendigen neuen Termin wegen des Auflösungsantrages vertagt werden.

Angriffs- und Verteidigungsvorbringen, das schon vor der Berufungsbegründung oder -beantwortung entstanden, aber in diesen Schriftsätzen nicht vorgebracht worden war, ist trotzdem zuzulassen, wenn es zu **keiner Verfahrensverzögerung** durch **Vertagung** des Verhandlungstermins führt. Diese Regelung zielt gleichfalls auf eine Beschleunigung und Konzentration des Prozessverfahrens ab und dient dem Ziel der Erledigung des Rechtsstreits möglichst in einem Verhandlungstermin (vgl. § 64 Abs. 7, § 56 Abs. 1 Satz 1). Auch hier hat das Gericht durch zumutbare prozessleitende Verfügungen einer Verzögerung auch abzuwenden, zB Zeugen zur mündlichen Verhandlung zu laden[4]. Grundsätzlich sind auch solche Zeugen im Termin zu vernehmen, die erst zum Termin von einer Partei präsentiert werden. Dies setzt allerdings voraus, dass die Gegenpartei – auf deren Einwand – Gelegenheit hatte, zu bestimmtem Tatsachenvortrag ggf. nach erforderlicher Aufklärung ausreichend Stellung nehmen zu können und ggf. Gegenbeweis anzutreten[5]. Die Ver- 51

---

1 GMP/*Germelmann*, § 67 Rz. 24; aA *Schaub/Künzl*, Arbeitsgerichtsverfahren § 51 Rz. 125.
2 GWBG/*Benecke*, § 67 Rz. 10.
3 BAG v. 9.11.1983 – 5 AZR 355/81, BB 1984, 345; GK-ArbGG/*Vossen*, § 67 Rz. 71.
4 BAG v. 23.11.1988 – 4 AZR 393/88, NZA 1989, 436.
5 Vgl. BAG v. 23.6.2005 – 2 AZR 193/04, NZA 2005, 1234.

zögerung darf nicht durch Dritte, zB nicht erschienene geladene Zeugen, verursacht worden sein. Vgl. zur Verzögerung Rz. 29–33.

52 Verspäteter Vortrag ist auch dann zuzulassen, wenn die Verspätung **nicht** auf einem **Verschulden** der Partei oder ihres Prozessbevollmächtigten, was ihr gem. § 85 Abs. 2 ZPO zuzurechnen ist, beruht. Unverschuldetes Verhalten darf nicht präklusionsmäßig sanktioniert werden. Dabei genügt schon leichte Fahrlässigkeit, weil hier im Gegensatz etwa zu § 67 Abs. 3 ZPO kein qualifizierter Verschuldensmaßstab normiert ist[1]. Vgl. im Übrigen Rz. 34.

VII. Überprüfung im Revisionsverfahren

53 Hat das LAG (verspätete) Angriffs- und Verteidigungsmittel in seinem Urteil **zugelassen**, dann kann das BAG diese Entscheidung über die Zulassung grds. nicht überprüfen, soweit es um die Beurteilung von tatsächlichen Feststellungen des Berufungsgerichts geht[2]. So ist es eine Tatfrage, ob durch die Zulassung der Rechtsstreit verzögert wurde. Hat das LAG jedoch den Rechtsbegriff der Verzögerung verkannt oder sonst eine Rechtsfrage fehlerhaft entschieden, dann kann das BAG diesen Rechtsfehler – soweit dies noch möglich ist – korrigieren. Lässt etwa das LAG Sachvortrag unter Verstoß gegen § 67 Abs. 2–4 zu, dann handelt es sich hierbei zwar um eine revisible Rechtsanwendung. Trotzdem ist die fehlerhafte Zulassung für das BAG dann bindend, wenn die zu vermeidende Verzögerung nicht mehr rückgängig gemacht werden kann[3]. Auch ist der materiell richtigen Entscheidung der Vorzug zu geben. Hat das LAG erstinstanzlich zu Recht zurückgewiesenes Vorbringen unter falscher Rechtsanwendung von § 67 **Abs. 1** berücksichtigt, dann ist dieser Rechtsfehler in der Revisionsinstanz behebbar[4].

Hat demgegenüber das LAG Vorbringen als verspätet **zurückgewiesen** bzw. nicht berücksichtigt, dann unterliegt dieser Entscheidungsteil des LAG der revisionsrechtlichen Überprüfung, wobei auch hier eine Bindung des BAG an die tatsächlichen Feststellungen des LAG im Rahmen von § 559 Abs. 2 ZPO zu beachten ist. Im Rahmen dieser Bindungswirkung kann das Revisionsgericht im Einzelnen überprüfen, ob das LAG ein Parteivorbringen zu Recht nicht (mehr) berücksichtigt hat. Eine Nachholung der Zurückweisung oder einen Wechsel der Präklusionsbegründung kann das BAG nicht vornehmen[5].

Verweist das BAG den Rechtsstreit gem. § 563 Abs. 1 ZPO an das LAG **zurück**, dann hat der BGH[6] unter Hinweis auf § 531 Abs. 2 ZPO angenommen, dass zunächst objektiv ausgeschlossenes Vorbringen vom Berufungsgericht nach Zurückverweisung nicht (mehr) berücksichtigt werden darf. Dieser Auffassung kann im arbeitsgerichtlichen Verfahren nur hinsichtlich des Anwendungsbereiches von § 67 Abs. 1, nicht aber von Abs. 2–4 gefolgt werden, weil hier § 531 Abs. 2 ZPO unanwendbar ist und die Abs. 2–4 stets eine Verzögerung des Berufungsverfahrens fordern.

§ 68 Zurückverweisung

Wegen eines Mangels im Verfahren des Arbeitsgerichts ist die Zurückverweisung unzulässig.

I. Grundsätzliches 1
II. Zurückverweisung nach § 538 Abs. 2 Satz 1 Nr. 2–7 ZPO
  1. Allgemeines 4
  2. Einzelfälle der Zurückverweisung 9
    a) Verwerfung des Einspruchs (§ 538 Abs. 2 Satz 1 Nr. 2 ZPO) 10
    b) Anfechtung eines Prozessurteils (§ 538 Abs. 2 Satz 1 Nr. 3 ZPO) 11
    c) Grundurteil (§ 538 Abs. 2 Satz 1 Nr. 4 ZPO)   17
    d) Zweites Versäumnisurteil (§ 538 Abs. 2 Satz 1 Nr. 6 ZPO) 19
    e) Teilurteil (§ 538 Abs. 2 Satz 1 Nr. 7 ZPO) .. 21
  3. Eigene Sachentscheidung des Landesarbeitsgerichts 26

---

1 *Ostrowicz/Künzl/Scholz*, Rz. 501; GMP/*Germelmann*, § 67 Rz. 29.
2 Vgl. BVerfG v. 26.1.1995 – 1 BvR 1068/93, NJW 1995, 2980; BGH v. 21.1.1981 – VIII ZR 10/80, NJW 1981, 928; BGH v. 26.2.1991 – XI ZR 163/90, NJW 1991, 1896.
3 BAG v. 25.10.2012 – 2 AZR 845/11, NZA 2013, 900; BGH v. 22.1.2004 – V ZR 187/03, NJW 2004, 1458; *Ostrowicz/ Künzl/Scholz*, Rz. 502; Zöller/*Heßler*, § 531 ZPO Rz. 39; aA BGH v. 29.3.1984 – I ZR 230/81, NJW 1985, 743; offen gelassen: BGH v. 21.11.1996 – IX ZR 264/95, NJW 1997, 397.
4 *Düwell/Lipke/Maul-Sartori*, § 67 Rz. 26.
5 BGH v. 22.2.2006 – IV ZR 56/05, NJW 2006, 1741.
6 BGH v. 2.4.2004 – V ZR 107/03, NJW 2004, 2382.

III. Verbot der Zurückverweisung wegen eines Verfahrensmangels (§ 538 Abs. 2 Satz 1 Nr. 1 ZPO)
1. Allgemeines 30
2. Grundsätzliches Zurückverweisungsverbot ... 31
3. Ausnahmen vom Zurückverweisungsverbot .. 35

Schrifttum: *Bader*, Neues Gesetz zu Reformen am Arbeitsmarkt: Neues im Kündigungsschutzgesetz und im Befristungsrecht NZA 2004, 65; *Eylert*, § 6 KSchG und die arbeitsgerichtliche Hinweispflicht, NZA 2012, 9; *Francken/Natter/Rieker*, Die Novellierung des Arbeitsgerichtsgesetzes und des § 5 KSchG durch das SGGArbGG-Änderungsgesetz, NZA 2008, 377; *Müller-Glöge*, Arbeitsrecht und Verfahrensrecht, RdA 1999, 80; *Raab*, Der erweiterte Anwendungsbereich der Klagefrist gem. § 4 KSchG, RdA 2004, 321; *Schwab*, Die Berufung im arbeitsgerichtlichen Verfahren, Diss. 2005; *Schwab*, Neue Regeln für die nachträgliche Zulassung der Kündigungsschutzklage, FA 2008, 135.

I. Grundsätzliches

§ 538 Abs. 1 ZPO stellt im Bereich der **ordentlichen Gerichtsbarkeit** die Regel auf, dass das Berufungsgericht in dem zu ihm gelangten Rechtsstreit die erforderlichen Beweise selbst erheben[1] und in der Sache selbst entscheiden soll. Hiervon eröffnet § 538 Abs. 2 ZPO – bei fehlender Entscheidungsreife – eine Reihe von Ausnahmen. Hat das Gericht 1. Instanz den Rechtsstreit entschieden, **ohne** dass es zu einer **Entscheidung in der Sache** selbst gekommen ist, kann das Berufungsgericht in den in § 538 Abs. 2 Satz 1 Nr. 2–6 ZPO genannten Fällen das Verfahren an das Eingangsgericht zurückverweisen. Eine Zurückverweisung ist auch nach Nr. 7 vorzunehmen bei einem zu Unrecht erlassenen Teilurteil. Gleiches kann auch in Frage kommen bei einem im ersten Rechtszug vorgekommenen für den Verfahrensausgang ursächlichen wesentlichen Verfahrensmangel. Dies ist ein Verstoß des ArbG gegen eine Verfahrensnorm, der den prozessualen Weg zum Urteil oder die Art und Weise seines Erlasses betrifft (§ 538 Abs. 2 Satz 1 Nr. 1 ZPO). Die Zurückverweisungsmöglichkeit durch das Berufungsgericht ist jedoch eingeschränkt. Mit Ausnahme von § 538 Abs. 2 Satz 1 Nr. 7 ZPO (unzulässiges Teilurteil) ist die völlige oder teilweise **Zurückverweisung** des Rechtsstreits vom **Antrag** mindestens einer Partei abhängig. Wünschen dagegen beide Parteien trotz Vorliegens eines Zurückverweisungsgrundes eine Sachentscheidung des Berufungsgerichts, dann ist dieses hieran gebunden. § 538 Abs. 2 ZPO räumt dem Berufungsgericht nur eine Ermessensentscheidung ein, ob es bei einem gestellten Zurückverweisungsantrag tatsächlich zurückverweist oder das Verfahren selbst entscheidet. 1

Diese Zurückverweisungsmöglichkeiten für die ordentliche Gerichtsbarkeit werden im **arbeitsgerichtlichen Urteilsverfahren** noch weiter **eingeschränkt**. § 68 normiert ein **Verbot der Zurückverweisung** eines Rechtsstreits **wegen** eines vom ArbG verursachten **Verfahrensmangels** (§ 538 Abs. 2 Satz 1 Nr. 1). Dieses Verbot verfolgt den Zweck, das arbeitsgerichtliche Verfahren zu konzentrieren und zu beschleunigen. § 68 enthält damit neben § 65 eine weitere Ausprägung des in § 9 Abs. 1 Satz 1 postulierten allgemeinen Beschleunigungsgrundsatzes im Berufungsverfahren. Den Verlust eines mangelfreien Verfahrens in der 1. Instanz nimmt das Gesetz bewusst in Kauf zugunsten einer Beschleunigung, weil jede Zurückverweisung zwangsläufig zu einer Verfahrensverzögerung führt. Allerdings gibt es auch im arbeitsgerichtlichen Berufungsverfahren kein völliges Zurückverweisungsverbot. Vielmehr schließt § 68 die Zurückverweisung an das ArbG nicht aus in den Fällen des § 538. Abs. 2 Satz 1 Nr. 2, 3, 4, 6 und 7 ZPO, insbesondere wenn das ArbG aus seiner Sicht nicht zur Prüfung der Begründetheit des Klagebegehrens gekommen ist[2]. Ggf. stehen auch die Sonderregelungen von § 65 einer Zurückverweisung entgegen. Die der Aufhebung zugrunde liegende **missbilligende**[3] Rechtsansicht des Vordergerichts durch das LAG **bindet** in demselben Rechtsstreit entsprechend § 563 Abs. 2 ZPO **das ArbG** und später das erneut entscheidende LAG selbst[4]. 2

Im **Beschlussverfahren** findet § 68 keine Anwendung, weil § 91 Abs. 1 Satz 2 als lex specialis noch weiter gehend eigenständig bestimmt, dass im Beschlussverfahren eine Zurückverweisung überhaupt nicht zulässig ist. 3

In den Fällen einer **Verfahrensbeschwerde** (§§ 567 ff. ZPO) ist § 68 ebenfalls nicht anwendbar[5]. Im Beschwerdeverfahren verweist § 78 Satz 1 auf die Vorschriften der ZPO. Diese sehen in § 572 Abs. 3 ZPO eine erweiterte Zurückverweisungsmöglichkeit zur Ausführung von erforderlichen Anordnungen vor (vgl. § 78 Rz. 55).

---

1 Vgl. BGH v. 16.12.2004 – VII ZR 270/03, BB 2005, 516; BGH v. 14.6.2012 – IX ZR 150/11.
2 BAG v. 6.2.1958 – 2 AZR 493/57, AP Nr. 47 zu § 2 ArbGG m. Anm. *Zöllner*.
3 Bei einer Billigung entfällt die Bindung: BGH v. 10.8.2005 – XII ZR 97/02, BB 2005, 2154.
4 Vgl. im Verhältnis von 2. zur 3. Instanz: BAG v. 22.4.2004 – 8 AZR 269/03, AP Nr. 1 zu § 563 ZPO.
5 LAG Bremen v. 30.4.1987 – 4 Ta 25/87, LAGE § 78 ArbGG 1979 Nr. 1; GMP/*Germelmann*, § 68 Rz. 2; BCF/*Friedrich*, § 62 Rz. 4; LAG Sachsen v. 8.4.1997 – 1 Ta 89/97, NZA 1998, 223, das zudem eine Zurückverweisung an eine andere Kammer des ArbG für zulässig hält.

II. Zurückverweisung nach § 538 Abs. 2 Satz 1 Nr. 2–7 ZPO

1. Allgemeines

4 § 68 schließt eine **Zurückverweisung** in den Fällen von **§ 538 Abs. 2 Satz 1 Nr. 2–7 ZPO** nicht aus. Damit gelten diese Regelungen gem. § 64 Abs. 6 Satz 1 auch im arbeitsgerichtlichen Verfahren[1], soweit § 538 Abs. 2 ZPO nicht Fälle enthält, die vor dem ArbG überhaupt nicht anwendbar sind.

Alle Fälle von § 538 Abs. 2 Satz 1 Nr. 2–4, 6, 7 ZPO weisen die **Gemeinsamkeiten** auf, dass
- das ArbG über das Klagebegehren sachlich nicht entschieden hat, den Parteien insoweit also ein Rechtszug verloren ginge, wenn das LAG materiell entscheiden würde;
- eine weitere mündliche Verhandlung zur Sache nötig, der Rechtsstreit also noch nicht spruchreif ist und es eines Eingehens auf den vor dem ArbG vorgebrachten, dort aber nicht entschiedenen Prozessstoff bedarf. Eine Zurückverweisung scheidet also aus, wenn etwa die Klage aus anderen Gründen als unzulässig abzuweisen ist oder ein erstmaliges neues Vorbringen wegen Verspätung gem. § 67 zurückgewiesen werden müsste;
- die 1. Instanz somit nur mehr oder weniger formal ohne abschließende sachliche Prüfung über erhobene Ansprüche entschieden haben muss. Dieser Aspekt ist insbesondere in Fragen einer analogen Anwendung der Bestimmungen von Abs. 2 Nr. 2–4, 6,7 von besonderer Bedeutung[2].

5 Entschließt sich das LAG zu einer Zurückverweisung, dann hat es bei den in § 538 Abs. 2 Satz 1 Nr. 2–7 ZPO erwähnten Verstößen unter **Aufhebung** des arbeitsgerichtlichen Urteils den Rechtsstreit an das **ArbG zurückzuverweisen**. Dabei hebt das LAG das gesamte erstinstanzliche Urteil auf, damit auch inklusive evtl. Nebenentscheidungen, der Kostenentscheidung und der Streitwertfestsetzung im Urteil. Das LAG-Urteil selbst enthält keine Kostenentscheidung; über die Kostentragungspflicht für das bisherige Berufungsverfahren entscheidet das ArbG in seiner neuen Entscheidung. Beruht die Zurückverweisung auf einer fehlerhaften Sachbehandlung des ArbG, wird das LAG in seinem Urteil idR bestimmen, dass die Gerichtskosten des Berufungsverfahrens gem. § 21 Abs. 1 Satz 1 GKG nicht erhoben werden. Die Zuständigkeit beim ArbG ergibt sich aus dessen Geschäftsverteilungsplan. Fehlt eine Regelung, ist die (aktuelle) Kammer des bisherigen Vorsitzenden zuständig; dieser ist nicht vorbefasst iSv. §§ 41, 42 ZPO[3].

6 Vorgenannte Grundsätze gelten auch, wenn das LAG das erstinstanzliche Urteil nur bezüglich eines teilbaren **Teils des Streitgegenstandes**, über den ein Teilurteil gem. § 301 ZPO ergehen kann[4] aufhebt und insoweit zurückverweist und hinsichtlich des übrigen Teils eine eigene Sachentscheidung trifft. Die Kostenentscheidung für den abgetrennten Teil des Verfahrens hat dann wegen des Grundsatzes ihrer Einheitlichkeit das ArbG in seiner neuen Entscheidung zu treffen.

7 Die in § 538 Abs. 2 Nr. 2–7 ZPO festgelegte mögliche Zurückverweisung enthält nicht mehr das Kriterium der **Sachdienlichkeit**. § 538 Abs. 2 Satz 1 ZPO sieht nur vor, dass das Berufungsgericht das Verfahren zurückverweisen „darf". Damit räumt ihm das Gesetz für eine Zurückverweisung eine Ermessensentscheidung ein (vgl. Rz. 26). Unabhängig von der Ermessensentscheidung bestehen weitere zwingende kumulative Voraussetzungen für eine Zurückverweisung: ein entsprechender **Antrag** mindestens einer Partei und die **fehlende Entscheidungsreife**. Ohne diese beiden Voraussetzungen stellt sich die Ermessensentscheidung für das LAG nicht.

8 § 538 Abs. 1 ZPO findet auch Anwendung in **Arrest- und einstweiligen Verfügungsverfahren**. Allerdings wird gerade in diesen Fällen wegen der besonderen Eilbedürftigkeit – insbesondere soweit sie objektiv vorliegt – das LAG häufig sein Ermessen so auszuüben haben, dass es in der Sache selbst entscheidet[5].

2. Einzelfälle der Zurückverweisung

9 § 538 Abs. 2 Satz 1 **Nr. 5** ist im arbeitsgerichtlichen Verfahren bedeutungslos, weil es hier kein Verfahren im Urkunden- oder Wechselprozess gibt (§ 46 Abs. 2 Satz 2).

---

1 BAG v. 24.2.1982 – 4 AZR 313/80, AP Nr. 1 zu § 68 ArbGG 1979.
2 BAG v. 18.7.1969 – 2 AZR 498/68, AP Nr. 17 zu § 794 ZPO m. Anm. *Schumann*.
3 Natter/Gross/*Pfeiffer*, § 68 Rz. 12.
4 BGH v. 13.7.2011 – VIII ZR 342/09, NJW 2011, 2800.
5 Ebenso GMP/*Germelmann*, § 68 Rz. 11.

a) Verwerfung des Einspruchs (§ 538 Abs. 2 Satz 1 Nr. 2 ZPO)

Eine Zurückverweisung ist möglich, wenn das ArbG einen Einspruch gegen ein Versäumnisurteil durch Urteil gem. § 341 Abs. 1 ZPO fälschlicherweise als unzulässig verworfen hat und das LAG der Auffassung ist, der Einspruch sei form- und fristgerecht erfolgt. Dabei spielt keine Rolle, ob die arbeitsgerichtliche Entscheidung aufgrund (durch die Kammer) oder ohne mündliche Verhandlung (durch den Vorsitzenden) ergangen war. In beiden Fällen geschieht die Verwerfung des Einspruchs durch „Urteil", gegen das die Berufung unter den allgemeinen Voraussetzungen von § 64 Abs. 2 statthaft ist. Unter Nr. 2 fällt auch, wenn das ArbG einen Antrag auf Wiedereinsetzung in den vorigen Stand wegen Versäumung der Einspruchsfrist gem. § 238 Abs. 1 Satz 1 ZPO durch Endurteil abgelehnt hat, das LAG die Wiedereinsetzung aber gewährt. 10

In diesen Fällen überprüft das LAG nur, ob der Einspruch ordnungsgemäß war bzw. Wiedereinsetzung wegen Versäumung der Einspruchsfrist hätte gewährt werden müssen. Hier hatte das ArbG eine materiell-rechtliche Überprüfung nicht vorgenommen gehabt, weil das Verfahren – nach seiner Auffassung konsequent – in dieses Stadium nicht gekommen war. Diese Vorschrift findet somit keine analoge Anwendung, wenn das ArbG eine materiell-rechtliche Entscheidung getroffen hat, diese vom LAG als fehlerhaft eingestuft wird, der Streitgegenstand dann aber noch unter einem weiteren rechtlichen Gesichtspunkt geprüft werden müsste, den das ArbG nicht mehr geprüft hatte[1].

b) Anfechtung eines Prozessurteils (§ 538 Abs. 2 Satz 1 Nr. 3 ZPO)

Das LAG kann das Verfahren an das ArbG zurückverweisen, wenn das ArbG im Urteil nur über die **Zulässigkeit der Klage** entschieden und diese zu Unrecht verneint hat. Diese Bestimmung hat im arbeitsgerichtlichen Verfahren mit seinen gehäuften Feststellungsklagen besondere praktische Bedeutung. Voraussetzung für eine Zurückverweisung ist, dass sich das ArbG **materiell-rechtlich** nicht mit der Sache befasst hat. Weist das ArbG die Klage als unzulässig ab und äußert es sich in einer Art obiter dictum oder in einer Hilfsbegründung auch zur Begründetheit, dann hindert dies eine Zurückverweisung nicht, wenn die Zulässigkeitsentscheidung der tragende Urteilsgrund war. Hat das ArbG demgegenüber fehlerhaft die Zulässigkeit der Klage offen gelassen und in der Sache selbst entschieden, dann liegt eine Sachentscheidung vor. Eine Zurückverweisung scheidet hier aus, mag das LAG die Klage für zulässig halten oder nicht[2]. 11

Fälle von **Nr. 3** liegen zB vor, wenn das ArbG zu Unrecht das Feststellungsinteresse iSv. § 256 ZPO verneint hat, ohne die notwendige Sachentscheidung zu treffen oder die Klage wegen fehlenden Rechtsschutzbedürfnisses als unzulässig abgewiesen hat[3]. Eine Zurückverweisung kann auch in Betracht kommen, wenn das ArbG die Klage bei Verneinung eines anerkannten Zulässigkeitsgrundes nicht als unzulässig, sondern sie deshalb als unbegründet abweist[4]. Umgekehrt gilt auch, dass eine Zurückverweisung ausscheidet, wenn das ArbG die Klage irrtümlich als unzulässig abweist wegen eines zur Begründetheit gehörenden Grundes. Das ist zB der Fall, wenn das ArbG die Klage wegen fehlender Aktivlegitimation des Klägers als unzulässig abweist oder wenn es eine Kündigungsschutzklage als unzulässig abweist, weil es die Klagefrist des § 4 KSchG als versäumt hält. Auch in diesem Fall ist die Klage nicht unzulässig, sondern unbegründet[5]. 12

Hält das ArbG zB einen **Vergleich** als nicht rechtzeitig oder nicht wirksam widerrufen und entscheidet es daher nicht in der Sache selbst, dann kann das LAG, das den Vergleich als rechtmäßig widerrufen ansieht, den Rechtsstreit nach Aufhebung des arbeitsgerichtlichen Urteils in **analoger Anwendung** von Nr. 3 an das ArbG zurückverweisen[6]. Gleiches gilt, wenn zB das ArbG fälschlicherweise die **Klage für zurückgenommen** oder nicht rechtswirksam erhoben hält oder fälschlicherweise annimmt, eine prozessuale **Erledigungserklärung** (§ 91a ZPO) umfasse einen anderen Teil des Rechtsstreits, den die Parteien tatsächlich für erledigt erklärt haben[7]. Eine Zurückverweisung ist auch vorzunehmen beim Vorliegen eines erstinstanzlichen **Schein-** bzw. **Nichturteils**, das keine Rechtswirkungen entfaltet und dem auch keine verfahrensbeendende Wirkung zukommt[8] (vgl. auch § 60 Rz. 17). Das ist etwa der Fall bei einem Urteil, das entgegen einem entsprechenden Vermerk nicht verkündet worden ist. Trotz seiner Wirkungslosigkeit ist die Berufung gegen das Urteil zulässig zur Beseitigung des verkörperten Rechtsscheins des Urteils. 13

---

1 BAG v. 4.7.1978 – 1 AZR 301/77, DB 1978, 1892.
2 Natter/Gross/*Pfeiffer*, § 68 Rz. 17.
3 BAG v. 28.11.1963 – 5 AZR 68/63, DB 1965, 152; LAG Sachsen v. 24.1.1996 – 2 Sa 1093/95, LAGE § 256 ZPO Nr. 12.
4 BGH v. 11.3.1983 – V ZR 287/81, NJW 1984, 126.
5 BAG v. 18.1.2012 – 7 AZR 211/09, NZA 2012, 691; BAG v. 13.4.1989 – 2 AZR 441/88, NZA 1990, 395 (397).
6 BAG v. 18.7.1969 – 4 AZR 498/68, DB 1969, 1945.
7 LAG Hamm v. 24.11.1998 – 6 Sa 416/98, DB 1999, 491.
8 Zöller/*Vollkommer*, vor § 300 ZPO Rz. 14.

14 Kommt das LAG zum Ergebnis, es **fehle** an einer **anderen Prozessvoraussetzung** als sie das ArbG angenommen hatte, dann bestätigt es im Ergebnis die Klageabweisung als unzulässig aufgrund des nach seiner Auffassung gegebenen Mangels. Das Berufungsgericht hat gem. § 538 Abs. 2 Satz 2 ZPO über sämtliche Zulässigkeitsvoraussetzungen zu urteilen und nicht nur die vom ArbG überprüften.

15 Hat das ArbG über eine Zulässigkeitsfrage durch **Zwischenurteil** nach § 280 Abs. 1 ZPO entschieden, kommt eine Zurückverweisung nach Nr. 3 nicht in Betracht. Erachtet das LAG die Klage für unzulässig, weist es die Klage ab und das Verfahren ist damit erledigt. Im umgekehrten Falle gibt es nichts zum Zurückverweisen, weil bezüglich der Begründetheit das Verfahren nicht in die 2. Instanz gelangt war. Hierüber entscheidet dann das ArbG.

16 Die **Rechtsweg- und Zuständigkeitsfrage** bestimmt sich nach den Sonderregelungen von § 48 ArbGG, §§ 17–17b GVG. Falls das ArbG in solch einem Fall die Klage fehlerhaft als unzulässig abweist, vgl. hierzu § 65 Rz. 21, Rz. 22.

c) Grundurteil (§ 538 Abs. 2 Satz 1 Nr. 4 ZPO)

17 Sind in 1. Instanz **Grund und Höhe** eines Anspruches streitig, dann kann das Gericht gem. § 304 ZPO durch Zwischenurteil vorab über den Grund entscheiden. Im arbeitsgerichtlichen Verfahren erlangt diese Regelung keine nennenswerte praktische Relevanz, weil ein solches Grundurteil gem. § 61 Abs. 3 nicht selbständig berufungsfähig ist (vgl. § 61 Rz. 61). Es kann nur zusammen mit dem späteren Endurteil angefochten werden. Erlässt ein ArbG ein Grundurteil iSv. § 304 ZPO und wird dieses selbständig angefochten, dann ist eine solche Berufung unstatthaft. Dies gilt auch dann, wenn das arbeitsgerichtliche Urteil unter Verkennung von § 61 Abs. 3 eine fehlerhafte Rechtsmittelbelehrung enthält, wonach angeblich die Berufung nach allgemeinen Grundsätzen zulässig sein soll. Eine fehlerhafte Rechtsmittelbelehrung kann kein unstatthaftes Rechtsmittel eröffnen[1].

18 Nr. 4 ZPO findet **analoge Anwendung** bei einer **Stufenklage** (§ 240 ZPO), weil es sich hierbei nicht um ein Grundurteil handelt, so dass der Rechtsgedanke aus § 61 Abs. 3 einer analogen Anwendung nicht entgegensteht[2]. Hat das ArbG über den Auskunftsanspruch entschieden, dann kann das LAG grds. nicht von sich aus oder nur auf einseitigen Antrag hin über die 2. Stufe verhandeln und entscheiden[3]. Dagegen ist zB die Entscheidung durch das Berufungsgericht über den in 1. Instanz verbleibenden Rest bei Einverständnis der Parteien zulässig, indem es diesen Verfahrensteil an sich ziehen kann.

Hat das ArbG bei einer Stufenklage die Klage insgesamt oder nur bezüglich der ersten Stufe abgewiesen und gibt das LAG der ersten Stufe statt, dann kann es den Rechtsstreit zur Entscheidung über die weiteren Stufen der Klage an das ArbG zurückverweisen[4].

d) Zweites Versäumnisurteil (§ 538 Abs. 2 Satz 1 Nr. 6 ZPO)

19 Eine Zurückverweisung ist im arbeitsgerichtlichen Verfahren möglich, wenn ein 2. Versäumnisurteil des ArbG nach § 64 Abs. 2 Buchst. d aufgehoben wird, weil nach Auffassung des LAG kein Fall einer schuldhaften Säumnis iSv. § 64 Abs. 2 Buchst. d bei Erlass des 2. Versäumnisurteils durch das ArbG vorgelegen hat. Entscheidet in einem solchen Fall das LAG in der Sache nicht selbst, hat es das Verfahren unter Aufhebung des arbeitsgerichtlichen 2. Versäumnisurteils an das ArbG zurückzuverweisen, damit das ArbG eine Sachentscheidung treffen kann. Der Unterschied zwischen den Nrn. 2 und 6 besteht darin, dass bei Nr. 2 der (verspätete) Einspruch gem. § 341 ZPO durch Endurteil verworfen worden und bei Nr. 6 gegen den Einspruchführer ein 2. Versäumnisurteil (§ 345 ZPO) ergangen war. Nr. 6 gilt nicht für unechte Versäumnisurteile.

Erlässt das ArbG fälschlicherweise ein 2. Versäumnisurteil nach Verhandeln in der vorangegangenen Sitzung anstelle eines weiteren 1. Versäumnisurteils, dann muss das LAG das so bezeichnete 2. Versäumnisurteil aufheben und den Rechtsstreit insgesamt zurückverweisen[5].

20 Nr. 6 findet **entsprechende Anwendung** bei einer Berufung gegen ein arbeitsgerichtliches **Anerkenntnisurteil** (§ 307 ZPO), das trotz fehlenden wirksamen Anerkenntnisses erlassen worden war[6]. Auch in diesem

---

1 BAG v. 16.6.1998 – 5 AZR 67/97, NZA 1998, 1289; BAG v. 23.11.1994 – 4 AZR 743/93, NZA 1995, 655.
2 Ebenso LAG Köln v. 11.8.1992 – 4 Sa 470/91, NZA 1993, 864; GMP/*Germelmann*, § 68 Rz. 21.
3 BAG v. 18.6.1963 – 5 AZR 146/92, NJW 1963, 2142; BGH v. 13.12.1989 – IVb ZR 22/89, FamRZ 1990, 863.
4 BAG v. 21.11.2000 – 9 AZR 665/99, NZA 2001, 1093; vgl. zu den einzelnen Fallkonstellationen: Zöller/*Heßler*, § 538 ZPO Rz. 48.
5 LAG Sachsen v. 24.11.2004 – 2 Sa 263/04; dort auch zur Tenorierung durch das LAG.
6 Hauck/Helml/Biebl/*Hauck/Biebl*, § 68 Rz. 6; GMP/*Germelmann*, § 68 Rz. 18; GK-ArbGG/*Vossen*, § 68 Rz. 28.

Falle fehlt es an einer erstinstanzlichen Sachentscheidung, da das Urteil allein aus prozessualen Gründen ergangen war.

e) Teilurteil (§ 538 Abs. 2 Satz 1 Nr. 7 ZPO)

Obwohl ein fehlerhaft erlassenes Teilurteil an einem Verfahrensmangel leidet[1], damit eigentlich einen Unterfall von Nr. 1 darstellt und vom Wortlaut des § 68 erfasst wird[2], lässt § 538 Abs. 2 Satz 1 Nr. 7 ZPO auch bei einem unzulässig erlassenen Teilurteil eine Zurückverweisung an das ArbG zu. Das Problem einer Entscheidungsreife iSv. § 301 Abs. 1 ZPO stellt sich bei einem prozessual unzulässigen Teilurteil nicht. Nr. 7 soll verhindern, dass das Berufungsgericht an einer Zurückverweisung gehindert ist und damit ein einheitlich zu führender Rechtsstreit in zwei Instanzen gleichzeitig geführt werden muss[3]. Eine **Zurückverweisung** an das ArbG ist bei einem unzulässigen Teilurteil nach § 68 nur dann **möglich**, wenn der Mangel nicht anders behoben werden kann[4], insbesondere wenn feststeht, dass das ArbG über den bei ihm verbliebenen Teil noch zu entscheiden hat. 21

Das LAG kann ein vom ArbG unter Verstoß gegen § 301 ZPO erlassenes **Teilurteil** aufheben und das Verfahren an das erstinstanzliche Gericht zurückverweisen. § 538 Abs. 2 Satz 3 ZPO entbindet in diesem Falle die Zurückverweisung vom Erfordernis eines Partei**antrages**. Bei einem unzulässigen Teilurteil stellt sich das Problem der Schaffung unklarer Rechtskraftlagen. Es muss daher zur Vermeidung sich widersprechender Urteile gesichert sein, dass im gesamten Prozessverfahren von den Gerichten einheitlich über einen unteilbaren Anspruch entschieden wird. Dies kann geschehen, indem das LAG entweder das zu ihm gelangte Teilurteil aufhebt und es zur einheitlichen Entscheidung an das ArbG zurückverweist, sofern der noch nicht entschiedene Teil sich dort noch befindet. Möglich ist nach bestr. Ansicht auch ein **Hochziehen** des noch beim erstinstanzlichen Gericht anhängigen Verfahrensteils in die 2. Instanz durch das LAG. Schließlich kann das LAG mit seiner Entscheidung in der Sache abwarten, falls die begründete Hoffnung besteht, dass der restliche Verfahrensteil vom ArbG alsbald entschieden und auch vollumfänglich in die 2. Instanz gelangt. In diesem Fall muss das Berufungsgericht ggf. beide Urteile aufheben und – wie im Falle des Hochziehens – einheitlich entscheiden.

Hat das ArbG ein **unzulässiges Teilurteil** iSv. § 538 Abs. 2 Satz 1 Nr. 7 ZPO erlassen, werden die daraus sich ergebenden Probleme nicht einheitlich gelöst. Beim unzulässigen Teilurteil kann das **LAG** als weitere Tatsacheninstanz – im Gegensatz zum BAG als reine Revisionsinstanz[5] – diesen Fehler korrigieren, indem es den noch beim ArbG gebliebenen Teil **von Amts wegen an sich zieht** und damit über die Gesamtforderung einheitlich entscheiden kann[6]. Demgegenüber wird beim unzulässigen Teilurteil auch angenommen, hier läge ein vom LAG nicht korrigierbarer Mangel vor, der nur eine Zurückverweisung gebiete[7]. Letzterer Ansicht kann nicht gefolgt werden, sie zieht oftmals die Möglichkeit des Ansichziehens durch das LAG zu Unrecht überhaupt nicht in Erwägung und fördert nicht die Verfahrensbeschleunigung. 22

Ein **Teilurteil darf** gem. § 301 ZPO grds.[8] **nur ergehen**, wenn der entschiedene Teil in seinen Urteils-oder Begründungselementen von der Entscheidung über den Rest des geltend gemachten gesamten prozessualen Anspruchs unabhängig ist, so dass die Gefahr einander widersprechender Entscheidungen – zB infolge einer möglichen abweichenden Beurteilung durch das Rechtsmittelgericht oder durch das erkennende Gericht in einem späteren Teil- oder Schlussurteil oder wenn die Ansprüche in ein Abhängigkeitsverhältnis gestellt sind – ausgeschlossen ist[9]. Dieselbe entscheidungserhebliche Rechtsfrage darf sich daher demselben Gericht im noch nicht ausgeurteilten Teil nicht nochmals stellen können[10]; allein die Möglichkeit reicht. Das ist etwa der Fall, wenn alle Klageanträge sich stets auf denselben im Prozess streitigen Klagegrund (zB Vorliegen von Verschulden oder einer arglistigen Täuschungshandlung) stützen. Das kann nach § 301 23

---

1 Vgl. BGH v. 8.11.1995 – VIII ZR 269/94, NJW 1996, 395.
2 *Schmidt/Schwab/Wildschütz*, NZA 2001, 1217 (1222).
3 BT-Drs. 14/4722, S. 263.
4 LAG Hamm v. 14.7.2005 – 16 Sa 2022/04, ArbRB 2006, 67.
5 Vgl. insoweit BGH v. 13.10.2000 – V ZR 356/99, NJW 2001, 79.
6 BAG v. 12.8.1993 – 6 AZR 553/92, NZA 1994,135; BAG v. 24.11.2004 – 10 AZR 169/04, NZA 2005, 362; BGH v. 12.1.1999 – VI ZR 77/98, NJW 1999, 1036; Zöller/Vollkommer, § 301 ZPO Rz. 13; Zöller/Heßler, § 538 ZPO Rz. 55.
7 LAG Düsseldorf v. 28.2.1997 – 15 Sa 1738/96, LAGE § 4 KSchG Nr. 35; LAG Hessen v. 20.9.1999 – 16 Sa 2617/98, AuR 2000, 317; GK-ArbGG/*Vossen*, § 68 Rz. 17a; GMP/*Germelmann*, § 68 Rz. 25; im Verhältnis vom BAG zum LAG: BAG v. 23.3.2005 – 4 AZR 243/04, BAGR 2005, 286 mit abl. Anm. von *Schwab*.
8 Vgl. als Ausnahme: BGH v. 7.11.2006 – X ZR 149/04, NJW 2007, 156.
9 Vgl. BGH v. 30.11.2012 – V ZR 245/11, NJW 2013, 1009; BGH v. 13.7.2011 – VIII ZR 342/09, NJW 2011, 2800; BAG v. 4.5.2006 – 8 AZR 311/05, ArbRB 2006, 334.
10 BAG v. 18.2.2014 – 3 AZR 770/12, NZA 2015, 319; BAG v. 17.4.2013 – 4 AZR 361/11, NZA 2014, 928.

Abs. 1 Alt. 1 ZPO auch für den Fall gelten, dass von mehreren in einer Klage per objektiver Klagehäufung geltend gemachten Ansprüchen, die aus demselben tatsächlichen Geschehen hergeleitet werden, nur Teile davon entscheidungsreif sind[1] und eine oder mehrere Rechtsfragen in allen Ansprüchen in gleicher Weise geklärt werden müssen. Ein Teilurteil ist auch unzulässig bei **einheitlichen Ansprüchen**, die nicht teilbar sind. Das ist etwa der Fall bei einem Betriebsrentenanpassungsanspruch nach § 16 BetrAVG[2]. Auch bei einer subjektiven Klagehäufung können diese Voraussetzungen vorliegen[3].

24 Der Erlass eines unzulässigen Teilurteils, insbesondere bei unteilbaren Ansprüchen, stellt einen wesentlichen Verfahrensmangel iSv. § 538 Abs. 2 Satz 1 Nr. 7 ZPO dar. Hier ist das **Berufungsgericht** befugt, zur Beseitigung dieses Verfahrensfehlers den im ersten Rechtszug anhängig gebliebenen Teil des Rechtsstreits **an sich zu ziehen** und einheitlich über das gesamte Streitverfahren zu entscheiden. Das hat zur Folge, dass der noch beim ArbG anhängig gebliebene Prozess- bzw. Anspruchsteil erst in der 2. Instanz beginnt bzw. fortgesetzt wird. Insbesondere bei unteilbaren Ansprüchen, über die ein unzulässiges Teilurteil ergangen ist, besteht die Gefahr sich widersprechender Entscheidungen. Gleiches gilt auch bei unklaren Rechtskraftlagen, aber auch bei einer bloßen Präjudizialität einer für alle Ansprüche entscheidungserheblichen Rechtsfrage[4]. Zur Fassung des Urteilstenors: vgl. Rz. 29.

25 Das Problem des Zurückverweisens bzw. Ansichziehens stellt sich insbesondere, wenn das ArbG ein **Teilurteil** über **kein teilbares Streitverhältnis** erlässt. Streiten die Parteien zB über die Entfernung eines Abmahnungsschreibens aus der Personalakte und entscheidet das ArbG per Teilurteil, die **Abmahnung** sei für einen von mehreren im Abmahnschreiben genannten Pflichtverstößen zu entfernen, so ist dies rechtlich fehlerhaft. Das Abmahnschreiben kann nur vollständig entfernt werden bei einer Teilrechtswidrigkeit von mehreren Verstößen[5]. Das LAG kann theoretisch den Verfahrensmangel beheben, indem es unter Aufhebung des Teilurteils das Verfahren zurückverweist[6]. Der Beschleunigungsgrundsatz spricht eher dafür, dass das LAG den Streit über das gesamte Abmahnschreiben an sich zieht und über ihn einheitlich entscheidet.

Stellt das ArbG in einem Teilurteil fest, dass das Arbeitsverhältnis durch eine bestimmte ordentliche **Kündigung** nicht zu einem **bestimmten Zeitpunkt** beendet worden ist, und entscheidet es nicht über die **weitere** (fristlose) **Kündigung**, die bei ihrer Wirksamkeit das Arbeitsverhältnis zu einem früheren Zeitpunkt beenden würde, dann sieht das LAG Hessen[7] darin einen unbehebaren Mangel, der eine Zurückverweisung fordere. Das erscheint nicht zwingend, weil auch das LAG in seinem Urteil einen entsprechenden Vorbehalt aufnehmen kann[8]. Auch ist zu prüfen, ob sich nicht schon eine bewusste Beschränkung des Entscheidungsinhalts aus den Entscheidungsgründen des Urteils des ArbG[9], einer bestimmten prozessualen Verfahrensweise des ArbG[10] oder aus dem Vorbringen der Parteien[11] ohne Weiteres ergibt.

Entscheidet das ArbG unzulässig durch ein dem Feststellungsantrag (§ 4 KSchG) stattgebendes Teilurteil über die **Kündigungsschutzklage**, die **mit** einem **Auflösungsantrag** nach §§ 9, 10 KSchG verbunden ist, dann ist dieses Teilurteil aufzuheben und das Kündigungsschutzverfahren zurückzuverweisen, weil der noch anhängige Auflösungsantrag nicht in das Berufungsverfahren gelangt ist[12]. Über einen Kündigungsfeststellungs- und Auflösungsantrag kann grds. nur einheitlich entschieden werden[13]. Anderes gilt, wenn nach Anerkenntnis der Sozialwidrigkeit der Kündigung durch den ArbGeb hierüber ein Teil-Anerkenntnisurteil ergeht[14].

---

1 BGH v. 5.12.2000 – VI ZR 275/99, NJW 2001, 760.
2 BAG v. 18.3.2014 – 3 AZR 874/11, NZA-RR 2014, 490.
3 Vgl. BAG v. 4.5.2006 – 8 AZR 311/05, ArbRB 2006, 334.
4 Vgl. dazu BAG v. 23.3.2005 – 4 AZR 243/04, BAGR 2005, 285.
5 BAG v. 13.3.1991 – 5 AZR 133/90, NZA 1991, 768; Dörner/Luczak/Wildschütz/*Dörner*, Handbuch des Fachanwalts Arbeitsrecht, Kap. 4 Rz. 2363; Arbeitsrechtslexikon/*Bengelsdorf*: Abmahnung VII 3.
6 So LAG Düsseldorf v. 13.8.1987 – 5 Sa 750/87, LAGE § 611 BGB – Abmahnung Nr. 8.
7 LAG Hessen v. 20.9.1999 – 16 Sa 2617/98, AuR 2000, 317; ebenso LAG Nürnberg v. 17.12.2010 – 4 Sa 333/10, AE 2011, 136.
8 Vgl. BAG v. 31.3.1993 – 2 AZR 595/92, NZA 1993, 646.
9 BAG v. 22.11.2012 – 2 AZR 732/11, NZA 2013, 646.
10 BAG v. 25.3.2004 – 2 AZR 399/03, NZA 2004, 1218.
11 BAG v. 26.3.2009 – 2 AZR 633/07, NZA 2011, 168.
12 LAG Rh.-Pf. v. 10.7.1997 – 11 Sa 1144/96, NZA 1998, 903.
13 BAG v. 9.12.1971 – 2 AZR 118/71, AP Nr. 3 zu Art. 56 ZA-Nato-Truppenstatut; aA LAG Hamm v. 27.5.2013 – 8 Sa 103/13.
14 BAG v. 29.1.1981 – 2 AZR 1055/78, AP Nr. 6 zu § 9 KSchG 1969.

3. Eigene Sachentscheidung des Landesarbeitsgerichts

In allen vorgenannten Fällen des § 538 Abs. 2 Satz 1 Nr. 2–6 ZPO entscheidet das LAG entsprechend dem Grundsatz von § 538 Abs. 1 ZPO in der Sache selbst, es sei denn, es hält eine eigene Entscheidung nicht für geboten. Grundvoraussetzungen für eine Zurückverweisung sind das Vorliegen eines Zurückverweisungsantrages[1] mindestens einer Partei und die fehlende Entscheidungsreife[2]. Zudem eröffnet die Formulierung in § 538 Abs. 2 Satz 1 ZPO („darf... zurückverweisen") dem LAG für eine Zurückverweisung insoweit einen eingeschränkten Ermessensspielraum, als es hierfür sachdienliche Gründe geben muss. Danach hat das LAG bei seiner **Ermessensentscheidung** zu prüfen, ob der arbeitsgerichtliche Verstoß ohne größere Mühe von ihm geheilt werden kann und der Verlust einer weiteren Tatsacheninstanz beide Parteien oder nur eine nicht ernsthaft belastet[3]. Dabei ist das Interesse an einer schnelleren Erledigung gegenüber dem Verlust einer Tatsacheninstanz abzuwägen, wobei reine Zweckmäßigkeitserwägungen unzulässig sind. Im arbeitsgerichtlichen Verfahren wiegt insbesondere das Beschleunigungsgebot (§ 9 Abs. 1, § 64 Abs. 8) schwer. Von erheblicher Bedeutung wird auch sein, welche Belastungen eine Sachentscheidung für das LAG (Kenntnis von Örtlichkeiten), für die Parteien und für mögliche Zeugen mit sich bringt. Je umfangreicher die noch anzustellenden tatsächlichen Feststellungen sind, desto eher kommt eine Zurückverweisung in Frage. Die unterschiedlichen Örtlichkeiten (Anreiseweg von Zeugen!) zwischen erst- und zweitinstanzlichem Gericht sind zu erwägen. Auch sollte nach LAG Hamm[4] das Berufungsgericht die Art und das Maß der Fehlerhaftigkeit der arbeitsgerichtlichen Entscheidung insbesondere im Hinblick auf die Regelungen von § 529 ZPO nicht ganz aus den Augen lassen. Das LAG soll die für seine Ermessensentscheidung maßgeblichen Aspekte mit den Parteien erörtern und auch auf deren Vorstellungen eingehen, insbesondere wenn beide Parteien eine Zurückverweisung befürworten. Das LAG ist an Parteiwünsche aber nicht gebunden.

26

Voraussetzung einer eigenen Entscheidung durch das LAG ist auch hier, dass der erstinstanzliche Fehler **in der Berufungsinstanz korrigierbar** ist; s. Rz. 35.

27

Sieht das LAG von einer Zurückverweisung ab, dann bestehen bei einer eigenen Sachentscheidung keine verfahrensrechtlichen Einschränkungen oder Besonderheiten gegenüber einem sonstigen Berufungsverfahren. Das LAG entscheidet letztlich, ob die Klage begründet ist oder nicht. Es kann also zB auch unter Zurückweisung der Berufung die Klage als unbegründet abweisen. Ein Verstoß gegen das Verbot der reformatio in peius (§ 308 ZPO) liegt dann nicht vor[5].

28

Eine **Selbstbindung** tritt durch die zunächst getroffene Entscheidung des LAG, den Rechtsstreit nicht zurückzuverweisen, **nicht** ein. Ggf. kann aufgrund von Veränderungen im weiteren Verfahren oder fehlgegangener Erwartungen eine Zurückverweisung erst in einem späteren Termin noch in Frage kommen.

Erweist sich der **Tenor** des arbeitsgerichtlichen **Urteils** im Ergebnis als richtig, dann braucht dieser nicht abgeändert zu werden. Die Berufung ist dann mit der Kostenfolge aus § 97 Abs. 1 ZPO zurückzuweisen. Es reicht aus, wenn das LAG erst in den Entscheidungsgründen ua. Ausführungen zur Zulässigkeit macht. Demgegenüber wird die Auffassung vertreten, das LAG müsse bei einer eigenen Sachentscheidung im Tenor seines Urteils die Entscheidung des ArbG aufheben oder abändern und eine eigene Sachentscheidung treffen[6]. Entscheidend kann bei der Tenorierung nur sein, ob der Kläger mit seinem Klagebegehren letztlich durchdringt. Die Gründe für sein Scheitern liefern die Entscheidungsgründe des Urteils. Anders ist die Tenorierung bei einem **unzulässigen** arbeitsgerichtlichen **Teilurteil**, das nicht erkennen lässt, über welchen Teil der Ansprüche das ArbG überhaupt entschieden hat. Wegen dieser Unklarheit ist - bei Entscheidungsreife der gesamten Klageforderung - der beim ArbG verbliebene Teil zur Korrektur des Verfahrensmangels vom LAG an sich zu ziehen und unter ausdrücklicher Aufhebung des unklaren angefochtenen Urteils über die gesamten Klageansprüche zu befinden und folglich neu zu tenorieren[7].

29

---

1 BGH v. 22.6.2004 - XI ZR 90/03, NJW-RR 2004, 1637.
2 BGH v. 28.2.2005 - II ZR 220/03, ProzRB 2005, 232.
3 Thomas/Putzo/*Reichold*, § 538 ZPO Rz. 2, 6.
4 Vgl. dazu LAG Hamm v. 24.11.1998 - 6 Sa 416/98, DB 1999, 492.
5 BAG v. 23.8.1956 - 2 AZR 241/54, AP Nr. 1 zu § 536 ZPO; GMP/*Germelmann*, § 68 Rz. 27; vgl. auch BGH v. 21.4.1988 - VII ZR 372/86, AP Nr. 3 zu § 536 ZPO.
6 Hauck/Helml/*Hauck*/*Biebl*, § 68 Rz. 7; demgegenüber stellt GMP/*Germelmann*, § 68 Rz. 28 eine solche Tenorierung fakultativ zur Verfügung.
7 BAG v. 12.8.1993 - 6 AZR 553/92, NZA 1994, 133 (136).

III. Verbot der Zurückverweisung wegen eines Verfahrensmangels (§ 538 Abs. 2 Satz 1 Nr. 1 ZPO)

1. Allgemeines

30 Zur Systematik des Zurückverweisungsrechts vgl. Rz. 1.
Wegen eines vom ArbG verursachten Verfahrensmangels darf das LAG nach § 68 das Verfahren nicht an das ArbG zurückverweisen, sondern muss den Rechtsstreit selbst entscheiden. Demgegenüber ist dies im ordentlichen Verfahren nach § 538 Abs. 2 Satz 1 **Nr. 1** ZPO möglich; vgl. auch Rz. 2.

2. Grundsätzliches Zurückverweisungsverbot

31 Jede Zurückverweisung eines Rechtsstreits ist objektiv geeignet, dessen Erledigung zu verzögern. Um dies zu vermeiden, ordnet § 68 das Verbot der Zurückverweisung wegen eines Verfahrensmangels an. Keinen **Verfahrensmangel** stellt die unrichtige Beurteilung der Sach- und Rechtslage durch das ArbG dar, auch wenn der getroffenen Entscheidung etwa ein Verstoß gegen § 139 ZPO vorausgegangen war.

32 Die **Vorschrift** von § 68 kann sich in der gerichtlichen Praxis als mitunter **nicht** immer **unproblematisch** erweisen. Sie eröffnet dem erstinstanzlichen Gericht die Möglichkeit, einen Rechtsstreit nicht mit der gebotenen Gründlichkeit zu behandeln und zB ohne jegliche oder nennenswerte Aufklärung unter Verstoß gegen Art. 103 Abs. 1 GG, § 139 ZPO eine Überraschungsentscheidung zu treffen oder eine erforderliche Beweisaufnahme zu unterlassen, ohne befürchten zu müssen, den Rechtsstreit zur Erledigung der prozessualen Grundpflichten vom Berufungsgericht zurückverwiesen zu bekommen. Das Gesetz lässt auch dann keine Zurückverweisung zu.

33 Nach § 68 hat das **LAG keine Entscheidungsfreiheit**, auch bei schwersten Verfahrensfehlern und -verstößen iSv. Nr. 1, den Rechtsstreit an das ArbG **zurückzuverweisen**. Dies gilt nach allgemeiner Meinung[1] auch bei Verfassungsverstößen, wie zB bei Missachtung des Gebotes des gesetzlichen Richters (Art. 101 Abs. 1 Satz 2 GG), bei Verletzungen der Gewährung rechtlichen Gehörs (Art. 103 Abs. 1 GG) oder des Gleichheitssatzes (Art. 3 GG) in Gestalt des Gleichbehandlungsgrundsatzes. Eine restriktive Auslegung des § 68 ist auch nicht mit dem Argument möglich, andernfalls werde den Parteien eine Tatsacheninstanz genommen[2]. Liegt überhaupt eine arbeitsgerichtliche Entscheidung in der Sache vor, reicht dies nach der gesetzlichen Wertung von § 68 aus. Es ist dann Sache des Berufungsgerichts, ein einwandfreies Verfahren durchzuführen und zB eine notwendige umfassende Sachaufklärung zu betreiben. Die Existenz von zwei Tatsacheninstanzen ist verfassungsrechtlich nicht geboten[3].

34 Eine **Zurückverweisung scheidet auch aus,** wenn ein erstinstanzliches Urteil keinen Tatbestand[4] oder mangelhafte, unverständliche oder widersprüchliche Entscheidungsgründe enthält. Gleiches gilt zB bei einer fehlerhaften Urteilszustellung oder der Rüge, das Urteil enthalte eine unzureichende Unterschrift des Vorsitzenden[5] oder es fehlt dessen Unterschrift unter dem Urteil[6]. Auch bei Fehlern in der Tenorierung von Urteilen, die keinen vollstreckbaren Inhalt haben, scheidet eine Zurückverweisung aus, weil das LAG den arbeitsgerichtlichen Tenor neu fassen kann. Auch das Fehlen von Entscheidungsgründen überhaupt lässt keine Zurückverweisung zu[7]. Ein solcher Fall ist auch dann gegeben, wenn das Urteil des ArbG nicht innerhalb von fünf Monaten nach seiner Verkündung schriftlich niedergelegt und vom Richter unterschrieben der Geschäftsstelle zwecks Zustellung übergeben worden ist[8]. In einem solchen Fall ist davon auszugehen, dass wegen des abnehmenden Erinnerungsvermögens keine Gewähr mehr für die Zuverlässigkeit der Entscheidungsgrundlagen bestehen. Dies führt zu der Annahme einer nicht mit Gründen versehenen Entscheidung. Da das LAG als Tatsacheninstanz selbst die für seine Entscheidung erforderlichen Feststellungen trifft, kommt im Berufungsverfahren eine Zurückverweisung wegen fehlender Tatsachenfeststellungen nicht in Betracht[9]. Der hiermit verbundene Verlust einer Instanz ist angesichts des im arbeitsgerichtlichen

---

1 BAG v. 25.2.1988 – 2 AZR 500/87, RzKI 5c Nr. 26; BAG v. 13.9.1995 – 2 AZR 855/94, NZA 1996, 446 (448); BAG v. 25.4.2006 – 3 AZR 78/05; LAG Berlin v. 30.10.2009 – 6 Sa 955/09.
2 *Müller-Glöge*, RdA 1999, 80 (86).
3 BVerfG v. 7.7.1992 – 2 BvR 1631/90, BVerfGE 87, 48 (61), vgl. auch *Schwab*, Die Berufung im arbeitsgerichtlichen Verfahren, S. 17.
4 BAG v. 19.1.2011 – 3 AZR 111/09, NZA 2011, 1054.
5 BAG v. 19.5.1998 – 9 AZR 362/97, EzA § 56 ArbGG 1979 Nr. 2.
6 BAG v. 13.3.2013 – 7 AZR 334/11, NZA 2013, 804.
7 BAG v. 24.2.1982 – 4 AZR 313/80, AP Nr. 1 zu § 68 ArbGG 1979.
8 BAG v. 24.4.1996 – 5 AZN 970/95, NZA 1997, 176; BAG v. 13.9.1995 – 2 AZR 855/94, NZA 1996, 446; Natter/Gross/*Pfeiffer*, § 68 Rz. 3; GK-ArbGG/*Vossen*, § 68 Rz. 7; Hauck/Helml/Biebl/*Hauck/Biebl*, § 66 Rz. 3.
9 BAG v. 4.7.1978 – 1 AZR 301/77, NJW 1979, 79.

Verfahren bestehenden Beschleunigungsgebotes hinzunehmen. Das Zurückverweisungsverbot gilt zB auch, wenn das ArbG streitiges Vorbringen als unstreitig behandelt hat, unstreitiges Vorbringen unberücksichtigt lässt oder unter Verstoß gegen § 308 ZPO bei Verkennung der Rechtslage über mehr oder anderes im Urteil entscheidet, als eine Partei beantragt hat[1]. Das ist etwa der Fall, wenn das ArbG über den Klageantrag hinausgehend zu Unrecht angenommen hat, zwischen den Parteien bestünden zwei Arbeitsverhältnisse anstatt eines einheitlichen[2]. In diesem Fall gelangt der Streitgegenstand insgesamt – und nicht nur teilweise – in die nächste Instanz. Letzteres verneint das LAG Rheinland-Pfalz[3], wenn das ArbG unter Verstoß gegen § 308 ZPO ein Endurteil erlässt, obwohl der Kläger nur den Erlass eines Versäumnisurteils beantragt hatte.

3. Ausnahmen vom Zurückverweisungsverbot

Voraussetzung für die Einhaltung des Zurückverweisungsverbots bei Verfahrensmängeln ist die bestehende **Möglichkeit, den Fehler** des ArbG in der Berufungsinstanz **noch korrigieren zu können**[4]. Fehlt es an dieser Möglichkeit, kann die belastete Partei nicht endgültig mit den Folgen des Mangels behaftet bleiben. Dies verbietet schon die verfassungsrechtlich verankerte Rechtsschutzgarantie (Art. 19 Abs. 4 GG). Nicht vom LAG korrigierbar ist etwa, wenn das ArbG ein Urteil gegen die „falsche" Partei gesprochen hat, anstatt die richtige Partei in das Verfahren einzubeziehen[5] oder vor dem ArbG keine Anträge gestellt wurden und das ArbG trotzdem ein Urteil gesprochen hat[6]. Müsste ein entscheidungserheblicher Sachvortrag wegen Verspätung insbesondere nach § 67 Abs. 4 zurückgewiesen werden, kommt eine Zurückverweisung nicht in Betracht, weil dieses Vorbringen nicht mehr berücksichtigt werden darf. 35

Nach der bis zum 31.3.2008 geltenden Rechtslage lag ein nicht reparabler Verfahrensverstoß vor, wenn das ArbG über einen Antrag auf **nachträgliche Zulassung der Kündigungsschutzklage** nicht vorab, sondern erst im Urteil entschieden hatte. Durch die Neuregelung des gerichtlichen Verfahrens bei einem solchen Antrag[7] soll das ArbG gerade einheitlich durch Urteil und grds. nicht mehr vorab über einen Antrag nach § 5 KSchG durch Zwischenurteil entscheiden. Was früher unzulässig war, ist jetzt die Regel. 36

Eine Zurückverweisung ist nicht möglich, wenn eine **Kündigungsschutzklage** erst im Berufungsverfahren im Wege eines **Parteiwechsels** gegen den richtigen ArbGeb gerichtet wird[8]. Ein solches Prozessrechtsverhältnis war nie vor dem ArbG anhängig, so dass hier auch nur das LAG über den Antrag nach § 5 KSchG entscheiden kann. 37

Nach **§ 6 Satz 1 KSchG** kann sich der ArbN zur Begründung der Unwirksamkeit der Kündigung bis zum Schluss der mündlichen Verhandlung vor dem ArbG auch auf innerhalb der Drei-Wochen-Frist von § 4 KSchG nicht geltend gemachte Gründe berufen, sofern er innerhalb dieser Frist Klage erhoben hatte. Hierauf hat ihn das ArbG gem. § 6 Satz 2 KSchG hinzuweisen. Gleiches gilt, wenn etwa der ArbN binnen drei Wochen nur eine Lohnklage erhoben hat, der eine behauptete unwirksame Kündigung zugrunde liegen soll, so dass die Notwendigkeit eines Feststellungsantrags nach § 4 Satz 1 KSchG besteht[9]. **Verletzt** das ArbG seine **Hinweispflicht aus § 6 Satz 2 KSchG**[10], dann liegt ein Mangel des Verfahrens vor. Da § 6 KSchG eine Präklusionsvorschrift[11] ist, die als solche nach allgemeinen Bestimmungen streng auszulegen ist (vgl. § 67 Rz. 5), tritt die Präklusionswirkung nicht ein, wenn das ArbG seiner Hinweispflicht nicht nachgekommen ist. In diesem Fall kann der ArbN einen weiteren Unwirksamkeitsgrund auch noch – ggf. nach einem analog § 6 Satz 2 KSchG vom LAG-Vorsitzenden zu erteilenden Hinweis – im Berufungsverfahren geltend machen[12], den das LAG im Berufungsverfahren zu überprüfen hat. Einer Zurückverweisung bedarf es nicht[13]. 38

---

1 GMP/*Germelmann*, § 68 Rz. 3; BCF/*Friedrich*, § 68 Rz. 1.
2 BAG v. 20.2.2014 – 2 AZR 864/12, NZA 2015, 124.
3 LAG Rh.-Pf. v. 4.3.1997 – 6 Sa 1235/96, NZA 1997, 1072; ebenso Hauck/Helml/Biebl/*Hauck/Biebl*, § 68 Rz. 4.
4 GMP/*Germelmann*, § 68 Rz. 4;.
5 BAG v. 20.2.2014 – 2 AZR 248/13, NZA-RR 2015, 380: Urteil gegen einen NATO-Staat anstatt gegen die BRepD in Prozessstandschaft.
6 BAG v. 4.12.2002 – 5 AZR 556/01, NZA 2003, 341.
7 S. *Francken/Natter/Rieker*, NZA 2008, 377; *Schwab*, FA 2008, 135.
8 LAG Hamm v. 15.7.1993 – 8 Ta 440/92, NZA 1994, 288.
9 BAG v. 30.11.1961 – 2 AZR 295/61, AP Nr. 3 zu § 5 KSchG 1951; LAG Hessen v. 31.7.1986 – 12 Sa 341/86, LAGE § 130 BGB Nr. 5; BCF/*Friedrich*, § 68 Rz. 2.
10 Vgl. zu ihrem Umfang: BAG v. 18.1.2012 – 6 AZR 407/10, NZA 2012, 817; weitergehend *Eylert*, NZA 2012, 9.
11 *Eylert*, NZA 2012, 9; *Raab*, RdA 2004, 329; BAG v. 18.1.2012 – 6 AZR 407/10, NZA 2012, 817.
12 BAG v. 4.5.2011 – 7 AZR 252/10, NZA 2011, 1178; BAG v. 25.10.2012 – 2 AZR 845/11, NZA 2013, 900; ErfK/*Kiehl*, § 6 KSchG Rz. 7.
13 AA noch 4. Auflage.

Eine Zurückverweisung ist nicht zulässig, wenn das ArbG im 1. Kammertermin eine **Entscheidung nach Aktenlage** verkündet hat, mit der die Klage abgewiesen wurde, obwohl der Kläger im Gütetermin keinen Sachantrag gestellt hatte[1]. Diese Entscheidung des ArbG schon im 1. Kammertermin war zulässig (s. § 59 Rz. 53), weil im arbeitsgerichtlichen Verfahren nach dem Wortlaut von § 54 Abs. 1 Satz 1 die mündliche Verhandlung mit der Güteverhandlung „beginnt", obwohl dort keine Sachanträge gestellt werden. Richtiges prozessuales Verhalten des ArbG kann nicht zur Zurückverweisung führen. Im Übrigen könnte man – falls man der Gegenmeinung folgen würde, dass im Gütetermin noch keine mündliche Verhandlung iSv. § 251a Abs. 2 Satz 1 ZPO stattfinde – dem ArbG dann allenfalls entgegenhalten, es habe unter Verkennung der Rechtslage eine bestimmte Rechtsfrage entschieden. Dieser Rechtsfehler könnte dann auch vom LAG korrigiert werden; s. Rz. 34.

39 Hat das ArbG **nach** einer **Insolvenzeröffnung** die Unterbrechung des Verfahrens nach § 240 ZPO nicht beachtet und danach noch durch **Urteil** entschieden, so ist dieser Mangel in der 2. Instanz nicht heilbar. Das Verfahren ist nach wie vor in der 1. Instanz „unterbrochen" und dort noch nicht abgeschlossen. Dieser Abschluss kann auch in der 2. Instanz nicht herbeigeführt werden, so dass der Fehler nur durch eine Zurückverweisung korrigierbar ist[2].

§ 69 Urteil

(1) Das Urteil nebst Tatbestand und Entscheidungsgründen ist von sämtlichen Mitgliedern der Kammer zu unterschreiben. § 60 Abs. 1 bis 3 und Abs. 4 Satz 2 bis 4 ist entsprechend mit der Maßgabe anzuwenden, dass die Frist nach Absatz 4 Satz 3 vier Wochen beträgt und im Falle des Absatzes 4 Satz 4 Tatbestand und Entscheidungsgründe von sämtlichen Mitgliedern der Kammer zu unterschreiben sind.

(2) Im Urteil kann von der Darstellung des Tatbestandes und, soweit das Berufungsgericht den Gründen der angefochtenen Entscheidung folgt und dies in seinem Urteil feststellt, auch von der Darstellung der Entscheidungsgründe abgesehen werden.

(3) Ist gegen das Urteil die Revision statthaft, so soll der Tatbestand eine gedrängte Darstellung des Sach- und Streitstandes auf der Grundlage der mündlichen Vorträge der Parteien enthalten. Eine Bezugnahme auf das angefochtene Urteil sowie auf Schriftsätze, Protokolle und andere Unterlagen ist zulässig, soweit hierdurch die Beurteilung des Parteivorbringens durch das Revisionsgericht nicht wesentlich erschwert wird.

(4) § 540 Abs. 1 der Zivilprozessordnung findet keine Anwendung. § 313a Abs. 1 Satz 2 der Zivilprozessordnung findet mit der Maßgabe entsprechende Anwendung, dass es keiner Entscheidungsgründe bedarf, wenn die Parteien auf sie verzichtet haben; im Übrigen sind die §§ 313a und 313b der Zivilprozessordnung entsprechend anwendbar.

I. Allgemeines 1	3. Umfang von Tatbestand und Entscheidungsgründen, Bezugnahme 23
II. Urteil des Landesarbeitsgerichts	
1. Unterschrift der Richter 7	4. Zeitpunkt der Rechtskraft des LAG-Urteils 34
2. Inhalt des Urteils 16	

Schrifttum: *Griebeling*, Die Verwerfung unzulässiger Einsprüche durch Urteil, NZA 2002, 1073; *Schmidt/Schwab/Wildschütz*, Auswirkungen der Reform des Zivilprozesses auf das arbeitsgerichtliche Verfahren, NZA 2001, 1161 und 1217; *Schwab/Wildschütz/Heege*, Disharmonien zwischen ZPO und ArbGG, NZA 2003, 999.

I. Allgemeines

1 Zur historischen Entwicklung der Statthaftigkeit der Revision im arbeitsgerichtlichen Verfahren: vgl. 1. Auflage § 69 Rz. 1.

---

1 *Gravenhorst*, jurisPR-ArbR 13/2016 Nr. 6; aA 4. Aufl.; LAG Bremen v. 25.6.2003 – 2 Sa 67/03, BB 2005, 224; LAG Hamm v. 4.3.2011 – 18 Sa 907/10.
2 BAG v. 18.10.2006 – 2 AZR 563/05, NZA 2007, 767; LAG BW v. 23.9.2011 – 18 Sa 49/11, NZA-RR 2012, 33.

§ 69 enthält **eigenständige Regelungen** über den Inhalt des Urteils des LAG. Die nicht unerheblichen abweichenden Bestimmungen zum Urteilsinhalt des Berufungsgerichts im ordentlichen Verfahren (§ 540 ZPO) sind im arbeitsgerichtlichen Berufungsverfahren **nicht anzuwenden**. Wegen der Einbindung der ehrenamtlichen Richter finden dagegen kraft Verweisung weite Bereiche der erstinstanzlichen arbeitsgerichtlichen Urteilsnorm von § 60 auch in der 2. Instanz Anwendung; vgl. daher auch die **Kommentierungen** zu § 60.

§ 69 Abs. 1 Satz 2 verweist auf die erstinstanzlichen Vorschriften über die **Verkündung** des Urteils (§ 60 Abs. 1-3). Danach ist auch im arbeitsgerichtlichen Berufungsverfahren eine Verkündung des Urteils am Ende der Verhandlung bzw. des Sitzungstages die Regel. Ein späterer eigener Verkündungstermin wird nur aus den „besonderen Gründen" von § 60 Abs. 1 Satz 1 (vgl. § 60 Rz. 5) anberaumt. Bei einer Verkündung des Urteils ohne Hinzuziehung der ehrenamtlichen Richter muss die Urteilsformel vorher von dem Vorsitzenden und den ehrenamtlichen Richtern unterschrieben sein (§ 60 Abs. 3). Über § 69 Abs. 1 Satz 2 gelten im Berufungsverfahren ebenfalls die Regelungen von § 60 Abs. 4 Satz 2-4 für eine Urteilsverkündung in einem späteren Verkündungstermin (vgl. wegen näherer Einzelheiten § 60 Rz. 3-17). Jedoch beträgt im Berufungsverfahren die **Frist für die Absetzung** des Urteils **vier Wochen**, im Gegensatz zur dreiwöchigen Absetzungsfrist (§ 60 Abs. 4 Satz 3) für das ArbG. Die Vier-Wochen-Frist ist eine bloße Ordnungsvorschrift[1] und lässt sich in der Praxis nicht ohne Weiteres einhalten. Die Zeit für das Absetzen, das Schreiben, notwendige Korrekturen und die postalische Versendung, Weiterleitung und Rücksendung des Urteilsentwurfs an beide ehrenamtlichen Richter zur Unterzeichnung übersteigt häufig diese Frist. Ein Verstoß gegen die Ordnungsvorschrift eröffnet keine Anfechtungsmöglichkeit. Lässt sich die Vier-Wochen-Frist nicht einhalten, muss auch im Berufungsverfahren das Urteil alsbald nach Fristablauf angefertigt und von allen Richtern unterschrieben werden. Bei einem Verstoß gegen die fünfmonatige Absetzungsfrist s. Rz. 5.

Geht noch vor der **am Terminstag** erfolgten **Verkündung** der Entscheidung ein Schriftsatz beim Gericht ein und wird er noch vor Verkündung der Kammer zugänglich gemacht, hat die Kammer vor Urteilsverkündung zu prüfen, ob die Verhandlung wieder zu eröffnen ist[2].

Wird das Urteil nicht am Schluss des Sitzungstages der mündlichen Verhandlung **verkündet**, sondern erst an einem **späteren Terminstag**, so ist danach zu differenzieren, ob schlicht ein späterer Verkündungstermin anberaumt ist oder ob einer Partei noch ein nachträglicher Schriftsatznachlass gewährt worden ist[3]. Wird das Urteil in einem eigens anberaumten **späteren Termin** (§ 310 Abs. 2 ZPO) **verkündet**, dann könnten zwar gem. § 296a Satz 1 ZPO nach Schluss der mündlichen Verhandlung Angriffs- und Verteidigungsmittel nicht mehr vorgebracht werden. Nach § 296a Satz 2 ZPO bleibt hiervon allerdings ua. auch § 156 ZPO unberührt. Daher muss das Gericht nachträgliches Vorbringen in jedem Fall beachten[4]. Die Kammer hat dabei zu prüfen, ob Gründe iSv. § 156 Abs. 2 ZPO für eine **Wiedereröffnung** der **mündlichen Verhandlung** gegeben sind oder nach Ermessen des Gerichts (§ 156 Abs. 1 ZPO) diese Maßnahme zu ergreifen ist. Diese Prüfpflicht der Kammer besteht bis zur Verkündung des Urteils, und zwar auch dann, wenn das Urteil intern bereits gem. § 309 ZPO abschließend beraten, abgestimmt und der Tenor handschriftlich niedergelegt und unterschrieben ist[5]; ggf. ist erneut zu beraten, erst mit Verkündung ist das Urteil existent. Falls die Wiedereröffnung der mündlichen Verhandlung abgelehnt wird, verbleibt es bei dem bereits besprochenen und schriftlich fixierten Urteil. Zuständig für die Prüfung sind nicht der Vorsitzende allein, sondern alle Richter, die an der letzten mündlichen Verhandlung mitgewirkt haben[6]. Nimmt nur der Vorsitzende allein vom nachgereichten Schriftsatz Kenntnis, dann liegen darin Verstöße gegen die verfassungsrechtlichen Gebote des gesetzlichen Richters und gegen die Versagung rechtlichen Gehörs. Ist nach Schluss der mündlichen Verhandlung ein Richter verhindert oder ausgeschieden und war das Urteil zu diesem Zeitpunkt kammerintern noch nicht „gefällt" iSv. § 309 ZPO, ist gem. § 156 Abs. 2 Nr. 3 ZPO zwingend die mündliche Verhandlung wieder zu eröffnen, unabhängig davon, ob noch nachträglich ein Schriftsatz eingeht. Ist im Zeitpunkt des Eingangs eines Schriftsatzes das Urteil intern gefällt und ist einer der Richter, die an der letzten mündlichen Verhandlung teilgenommen haben, verhindert oder mittlerweile ausgeschieden, entscheiden über die Wiedereröffnung die verbliebenen Richter allein; nur sie verfügen

---
1 BAG v. 16.5.2002 – 8 AZR 412/01, MDR 2003, 47; BGH v. 9.2.1994 – 2 AZR 666/93, AP Nr. 105 zu § 613a BGB; BGH v. 6.12.1988 – VI ZB 27/88, NJW 1989, 1156.
2 BAG v. 14.12.2010 – 6 AZN 986/10, NZA 2011, 229.
3 Vgl. BGH v. 21.4.2015 – II ZR 255/13, NJW-RR 2015, 893.
4 BAG v. 18.12.2008 – 6 AZN 646/08, NZA 2009, 334.
5 BAG v. 25.1.2012 – 4 AZR 185/10; BAG v. 6.5.2015 – 2 AZN 984/14, NZA 2015, 956.
6 BAG v. 6.5.2015 – 2 AZN 984/14, NZA 2015, 956; BAG v. 18.12.2008 – 6 AZN 646/08, NZA 2009, 334.

über den einschlägigen Kenntnisstand der Kammer. Verkündet werden iSv. § 310 ZPO darf ein Urteil auch von anderen Richtern.

3b **Räumt** das Gericht einer Partei vor einem Verkündungstermin ein **Schriftsatzrecht** zur Stellungnahme **ein** und wird in einem daraufhin eingegangenen Schriftsatz neuer entscheidungserheblicher Prozessstoff geliefert, dann muss das Gericht gem. § 156 ZPO die mündliche Verhandlung wieder eröffnen oder im Berufungsverfahren in das schriftliche Verfahren nach § 128 Abs. 2 ZPO übergehen[1]. Durch die Einräumung einer Schriftsatzfrist nach § 283 ZPO wird für die betroffene Partei der Schluss der mündlichen Verhandlung hinsichtlich des zulässigen Erwiderungsvorbringens bis zum Ablauf der Frist verlängert[2]. Scheidet ein an der mündlichen Verhandlung beteiligter Richter vor Fristablauf aus, muss die mündliche Verhandlung wieder eröffnet werden. Versäumt eine Partei die Frist für einen ihr nachgelassenen Schriftsatz, hat das Gericht in analoger Anwendung von § 283 Satz 2 ZPO zu entscheiden, ob ein verspätetes Vorbringen noch berücksichtigt werden kann[3].

Entdeckt das Gericht zB nach Schluss der mündlichen Verhandlung und vor einem gesonderten Verkündungstermin einen **neuen rechtlichen Gesichtspunkt**, auf den es seine Entscheidung stützen will, dann reicht es nicht aus, wenn es die Parteien gem. § 139 ZPO nur darauf hinweist, ihnen Gelegenheit zur Stellungnahme gibt und gleichzeitig den Verkündungstermin nach hinten verlegt. Hier hat das Gericht die mündliche Verhandlung nach § 156 ZPO wieder zu eröffnen[4].

3c Die mündliche **Beratung** über die zu treffende Entscheidung hat idR im Beisein aller im letzten Verhandlungstermin hinzugezogenen Richter zu erfolgen (§§ 193, 194 GVG). In bestimmten Fällen kann eine Nachberatung im Wege einer **Telefonkonferenz** vorgenommen werden[5]. Das ist insbesondere im Verfahren vor dem LAG zweckmäßig, weil hier die ehrenamtlichen Richter idR längere, zeit- und kostenauslösende Anfahrtswege zum Gerichtssitz haben. Dabei kann jeder Richter zeitgleich mit jedem telefonisch kommunizieren. Mit dieser Vorgehensweise müssen alle beteiligten Richter einverstanden sein. Falls ein Richter dies wünscht oder ein neuer Gesichtspunkt dies erfordert, muss jederzeit in die erneute mündliche Beratung übergegangen werden. Eine Telefonkonferenz kann die zwingende mündliche inhaltliche Beratung im Beisein aller Richter nicht ersetzen. Sie kann nur neben diese treten, falls noch ein nachträglich auftauchender minderwichtiger Aspekt besprochen werden soll, wie etwa die Beratung bei einem nicht nachgelassenen nachträglich eingegangenen Schriftsatz, ob es durch ihn erforderlich ist, die mündliche Verhandlung wieder zu eröffnen; s. Rz. 3a. Sie kann nicht die Endberatung bei einem nachgelassenen Schriftsatz (s. Rz. 3b) ersetzen. Geht in diesem Falle nach der kammerintern abgeschlossenen inhaltlichen Endberatung noch ein weiterer Schriftsatz ein, kann hierüber per Telefonkonferenz über ein weiteres Vorgehen beraten werden.

4 Ein **Urteil** wird erst **mit** seiner **förmlichen Verlautbarung** mit allen prozessualen und materiell-rechtlichen Wirkungen **existent**. Vorher liegt nur ein – allenfalls den Rechtsschein eines Urteils erzeugender – Entscheidungsentwurf vor. Die Verkündung eines Urteils erfolgt im arbeitsgerichtlichen Verfahren grds. (vgl. Ausnahmen bei § 60 Rz. 2) öffentlich im Anschluss an die mündliche Verhandlung oder in einem hierfür anberaumten Termin durch Verlesen der Urteilsformel (vgl. § 60 Rz. 11). Mängel bei der Verkündung des Urteils stehen seinem wirksamen Erlass nur entgegen, wenn gegen elementare, zum Wesen der Verlautbarung gehörende Formerfordernisse verstoßen wurde, so dass von einer Verlautbarung im Rechtssinne nicht mehr gesprochen werden kann. Zu den Mindestanforderungen gehört, dass die hinreichend bestimmte Verlautbarung vom Gericht beabsichtigt war oder von den Parteien derart verstanden werden durfte und die Parteien von Erlass und Inhalt einer Entscheidung förmlich unterrichtet wurden[6]. Sind derartige Mindestanforderungen gewahrt[7], hindern auch Verstöße gegen zwingende Formerfordernisse das Entstehen eines wirksamen Urteils nicht[8]. Wird das Urteil in einem separaten Termin verkündet, ist die Verkündung auch dann wirksam, wenn das Urteil noch nicht in vollständiger Form iSv. § 69 Abs. 1 Satz 2 iVm. § 60 Abs. 4 Satz 2 vorliegt. Die Verkündung eines Urteils verlangt selbst bei Abwesenheit der Parteien gem. § 69 Abs. 1 Satz 2, § 60 Abs. 2 Satz 2 wenigstens die Bezugnahme auf die unterschriebene Urteilsformel. Jede zulässige Form der Verlautbarung[9] – Verlesen der Urteilsformel, Bezugnahme hierauf oder

---

1 BGH v. 20.9.2011 – VI ZR 5/11, NJW-RR 2011, 1558.
2 BGH v. 19.10.2004 – X ZR 98/03; BGH v. 21.4.2015 – II ZR 255/13, NJW-RR 2015, 893; BAG v. 26.3.2015 – 2 AZR 417/14, NZA 2015, 1083.
3 BGH v. 20.2.2014 – IX ZR 54/13, NJW-RR 2014, 505.
4 BAG v. 23.1.1996 – 9 AZR 600/93, NZA 1996, 838.
5 BAG v. 26.3.2015 – 2 AZR 417/14, NZA 2015, 1084; BAG v. 14.4.2015 – 1 AZR 223/14, NZA 2015, 1212.
6 BGH v. 8.2.2012 – XII ZB 165/11, MDR 2012, 424.
7 Vgl. hierzu Zöller/*Vollkommer*, § 310 ZPO Rz. 9.
8 BGH v. 12.3.2004 – V ZR 37/03, NJW 2004, 2019; BGH v. 24.9.2013 – I ZR 133/12, NJW 2014, 1304.
9 BGH v. 21.4.2015 – VI ZR 132/13, NJW 2015, 2342 m. Anm. *Kaiser*; BGH v. 12.2.2015 – IX ZR 156/14.

die Erklärung „anliegendes Urteil wird hiermit verkündet" – setzt deren vorherige **schriftliche** Niederlegung voraus. Fehlt es daran, so liegt keine wirksame Verkündung vor[1].

Bedeutung erlangen die prozessualen Absetzungsfristen dann, wenn das Urteil **nicht** entsprechend § 66 Abs. 1 Satz 2 **binnen fünf Monaten** (vgl. zur Fünf-Monats-Frist: § 64 Rz. 170 ff. und § 66 Rz. 5) nach der Verkündung schriftlich **niedergelegt** und von allen Richtern unterschrieben der Geschäftsstelle zum Zwecke der Zustellung übergeben ist[2]. Bei einem Verstoß gegen die fünfmonatige **Absetzungsfrist**[3] gilt das Urteil als nicht mit Gründen versehen iSv. § 547 Nr. 6 ZPO. In diesem Fall kann die beschwerte Partei innerhalb einer Notfrist von einem Monat – die Frist beginnt fünf Monate nach Verkündung des Urteils zu laufen – beim BAG **sofortige Beschwerde gem. § 72b** einlegen[4], mit der ausschließlich (vgl. § 72b Abs. 3 Satz 3) ein Verstoß gegen die fünfmonatige Absetzungsfrist gerügt werden kann, was zur Aufhebung des LAG-Urteils führt (vgl. § 72b Abs. 5). § 72b Abs. 1 findet nur Anwendung, wenn ein Urteil wegen verspäteter Absetzung deshalb den **formalen** Mindestanforderungen der §§ 313–313b ZPO nicht entspricht, wenn also schon von der äußeren Form her kein Urteil vorliegt. Ist das aber der Fall und sind nur die tatsächlich gelieferten Entscheidungsgründe so lückenhaft, dass sie nicht den **inhaltlichen** Mindestanforderungen des § 547 Nr. 6 ZPO genügen, zB weil geltend gemachte Ansprüche oder zentrale Angriffs- und Verteidigungsmittel übergangen werden, scheidet ein Vorgehen nach § 72b aus[5]. Solche Mängel sind bei zugelassener Revision mit der Revisionsbegründung und bei fehlender Revisionszulassung wegen Verletzung des Anspruchs auf rechtliches Gehör mit der Nichtzulassungsbeschwerde nach § 72a Abs. 3 Satz 2 Nr. 3 geltend zu machen. Enthält ein Protokoll die Feststellung, „anliegende Entscheidung" sei verkündet worden, so erbringt es nur dann Beweis dafür, dass ein Urteil auf der Grundlage einer schriftlich fixierten Urteilsformel verkündet worden ist, wenn das **Protokoll** innerhalb der **Fünf-Monats-Frist** von § 66 Abs. 1 Satz 2 erstellt worden ist[6].

Im **Beschlussverfahren** verweist § 91 Abs. 2 Satz 2 auf § 69 Abs. 1 Satz 2, so dass auch dort die Vorschriften des erstinstanzlichen Urteils (§ 60) mit der Maßgabe einer vierwöchigen Absetzungsfrist von § 69 Abs. 1 Satz 2 Anwendung finden.

II. Urteil des Landesarbeitsgerichts

1. Unterschrift der Richter

Im Gegensatz zum erstinstanzlichen Verfahren ist das von der Kammer des LAG getroffene und vom Vorsitzenden mit Tatbestand und Entscheidungsgründen abgefasste vollständige Urteil von allen an der Entscheidung mitwirkenden Mitgliedern der Kammer, also **auch** von den **ehrenamtlichen Richtern**, zu unterschreiben (§ 69 Abs. 1 Satz 1). Die ehrenamtlichen Richter unterschreiben dagegen nicht eine Entscheidung, die vom Vorsitzenden im Wege einer Alleinentscheidung nach § 64 Abs. 7, § 55 Abs. 1 getroffen worden ist, weil sie bei diesen Urteilen nicht mitgewirkt haben. Zu unterschreiben haben diejenigen ehrenamtlichen Richter, die bei der mündlichen Verhandlung, Beratung und Entscheidungsfindung mitgewirkt haben (§ 64 Abs. 6 ArbGG iVm. § 315 Abs. 1 Satz 1 ZPO). Wird das Urteil in einem gesondert anberaumten Verkündungstermin gem. § 69 Abs. 1 Satz 2, § 60 Abs. 4 Satz 2 erst später verkündet, dann unterschreiben die zu diesem Termin herangezogenen ehrenamtlichen Richter das Urteil nicht. Sie haben nicht bei der inhaltlichen Entscheidungsfindung, sondern lediglich bei der Verkündung mitgewirkt.

Das **Unterschriftserfordernis** der ehrenamtlichen Richter **bezweckt** einmal eine interne Kontrolle zur Überprüfung, ob die schriftliche Fassung des Urteils mit der von allen Richtern beschlossenen Entscheidung übereinstimmt. Auch soll damit nach außen dokumentiert werden, dass die von den Richtern unterschriebene Fassung mit dem von ihnen gefällten Urteil identisch ist[7]. Daher kann kein Mitglied der Kammer die Unterschrift unter das Urteil verweigern, falls es überstimmt worden ist oder es kann nicht im Urteilstenor seine abweichende Meinung zum Ausdruck bringen und (nur) diesen Bestandteil unterschreiben (vgl. § 195 GVG). Ggf. ist gegen diesen Richter bei beharrlicher Weigerung ein Ordnungsgeld gem.

---

[1] BAG v. 16.5.2002 – 8 AZR 412/01.
[2] GemS-OBG v. 27.4.1993 – GmS-OGB 1/92, NZA 1993, 1147; vgl. im Einzelnen *Schwab*, Die Berufung im arbeitsgerichtlichen Verfahren, S. 175, 182 ff.
[3] Ein Verstoß gegen die fünfmonatige Absetzungsfrist muss nicht vorliegen, nur weil das Urteil nach fünf Monaten noch nicht zugestellt worden ist; vgl. § 64 Rz. 172 f.
[4] BAG v. 2.11.2006 – 4 AZN 716/06, ArbRB 2007, 45.
[5] BAG v. 20.12.2006 – 5 AZB 35/06.
[6] BGH v. 13.4.2011 – XII ZR 131/09, NJW 2011, 1741.
[7] BAG v. 19.6.1998 – 6 AZB 48/97, NZA 1998, 1077.

§ 28 zu verhängen. Mit der Unterschrift bestätigt der Richter nur, dass die Urteilsgründe mit dem Ergebnis der Beratung übereinstimmen[1]. Kommt es innerhalb der Kammer zu Meinungsverschiedenheiten über einzelne Urteilsformulierungen des Vorsitzenden, dann ist auch insoweit nach erneuter Beratung durch Abstimmung mehrheitlich zu entscheiden[2]. Der überstimmte Richter muss dann die beschlossene Formulierung unterschreiben.

9 Die **Unterschrift** hat jeder Richter in der **Form** zu leisten, dass er mit seinem vollen Familiennamen unterzeichnet, auch mit Vornamen bei Namensgleichheit[3]. Eine bloße Paraphe stellt keine wirksame Unterschrift dar. Der Schriftzug muss individualisierbar und so ausgeprägt sein, dass insbesondere eine Unterscheidbarkeit von der Paraphe vorgenommen werden kann (vgl. im Einzelnen § 64 Rz. 117 ff.).

10 Zu unterschreiben ist von den **ehrenamtlichen** Richtern zwingend nur das **vollständige Urteil** mit Tatbestand und Entscheidungsgründen nebst Rechtsmittelbelehrung. Die Pflicht zur Unterzeichnung des schriftlich niedergelegten **Urteilstenors** trifft nur den Vorsitzenden, nicht die ehrenamtlichen Richter, da § 69 Abs. 1 Satz 1 dies nicht vorschreibt und zudem Abs. 1 Satz 2 auch auf § 60 Abs. 3 verweist. Gleichwohl ist es angezeigt, dass auch die Urteilsformel von den ehrenamtlichen Richtern unterschrieben wird. Sie sind bei der Urteilsfindung gleichberechtigte Richter und stehen auf einer Stufe mit dem Vorsitzenden. Sie dokumentieren durch ihre Unterschrift, dass das Beratungsergebnis der Kammer schriftlich richtig festgehalten ist. Auch kann in diesem Falle gem. § 69 Abs. 1 Satz 2, § 60 Abs. 4 Satz 3 auf Antrag eine nur vom Vorsitzenden unterzeichnete vollstreckbare Kurzausfertigung des Urteils (§ 317 Abs. 2 Satz 2 Halbs. 1, § 750 Abs. 1 Satz 2 ZPO) erteilt werden[4]. Sind die ehrenamtlichen Richter bei der Urteilsverkündung am Ende des Sitzungstages nicht mehr anwesend oder wird das Urteil in einem gesonderten Termin verkündet, dann muss die Urteilsformel vom Vorsitzenden und den ehrenamtlichen Richtern unterzeichnet sein (§ 60 Abs. 3 Satz 2).

11 Die **fehlende Unterschrift** kann jederzeit mit Wirkung für die Zukunft **nachgeholt** werden[5], auch noch, wenn das Verfahren schon in die Revisionsinstanz gelangt ist[6]. Als äußerste zeitliche Grenze für die Nachholbarkeit der Unterschrift kommt aber die fünfmonatige Absetzungsfrist (vgl. Rz. 4) in Betracht[7]. Bei fehlender Unterschrift eines beteiligten Richters, der an der Entscheidung mitgewirkt hat, liegt kein Urteil vor, das geeignet ist, bei seiner Zustellung Fristen in Lauf zu setzen. Daher muss bei fehlender Unterschrift das nunmehr vollständig unterschriebene Urteil erneut zugestellt werden[8]. Ist das Urteil ganz oder teilweise von anderen Mitgliedern der Kammer, die an der Entscheidungsfindung nicht mitgewirkt haben, unterschrieben, ohne dass ein Verhinderungsgrund vorgelegen hätte, dann ist es nicht iSv. § 72b Abs. 1 Satz 1 mit den Unterschriften sämtlicher Mitglieder der Kammer versehen[9]. Für die Zulässigkeit der Revision ist eine fehlende Unterschrift ohne Bedeutung, weil nach der Verkündung schon vor Urteilszustellung das Rechtsmittel eingelegt werden kann und eine verkündete Gerichtsentscheidung keinen Entwurf mehr darstellt, sondern auch ohne Unterschrift existent geworden ist. Nach Ablauf von fünf Monaten nach Verkündung greift § 547 Nr. 6 ZPO.

12 Ist ein Kammermitglied an der **Unterzeichnung** des Urteils aus triftigen Gründen **verhindert**, findet § 315 Abs. 1 Satz 2 ZPO über § 64 Abs. 6 ArbGG, § 525 ZPO Anwendung. Demnach vermerkt der Vorsitzende bei Verhinderung eines ehrenamtlichen Richters, dass dieser an der Unterschriftsleistung verhindert ist unter Angabe des Verhinderungsgrundes auf dem Urteil[10]. Bei Verhinderung des Vorsitzenden nimmt der dienstälteste ehrenamtliche Richter (§§ 197, 21f Abs. 2 Satz 2 GVG) den Vermerk vor und unterzeichnet für den Vorsitzenden[11]. Das hier maßgebliche Dienstalter bemisst sich nach der Dauer der Tätigkeit am LAG und nicht nach dem Lebensalter.

13 Aus der Fassung des Vermerks und dessen räumlicher Stellung muss sich zweifelsfrei ergeben, dass der Vermerk vom Vorsitzenden stammt und er die Verantwortung für den Vermerk übernimmt[12]. Es ist

---

1 BGH v. 25.2.1975 – 1 StR 558/74, NJW 1975, 1177.
2 GK-ArbGG/*Vossen*, § 69 Rz. 5; ErfK/*Koch*, § 69 Rz. 2; Hauck/Helml/Biebl/*Hauck/Biebl*, § 69 Rz. 2.
3 Vgl. *Felix*, NJW 1996, 1723.
4 GMP/*Germelmann*, § 69 Rz. 5.
5 BAG v. 19.12.2012 – 2 AZB 45/12, NZA 2013, 1375.
6 BGH v. 23.10.1997 – IX ZR 249/96, NJW 1998, 610; BGH v. 24.6.2003 – VI ZR 309/02, NJW 2003, 3057; Zöller/*Vollkommer*, § 315 ZPO Rz. 2; Hauck/Helml/Biebl/*Hauck/Biebl*, § 69 Rz. 2.
7 BGH v. 27.1.2006 – V ZR 243/04, NJW 2006, 1881.
8 BGH v. 26.9.1997 – IX ZB 6/97, NJW-RR 1998, 141.
9 BAG v. 19.12.2012 – 2 AZB 45/12, NJW 2013, 1982.
10 BAG v. 17.8.1999 – 3 AZR 526/97, NZA 2000, 55.
11 BAG v. 20.12.1956 – 3 AZR 333/56, NJW 1957, 725.
12 BAG v. 22.8.2007 – 4 AZN 1225/06.

zweckmäßig, den **Verhinderungsvermerk** gesondert zu unterschreiben[1]. Der Vermerk hat den Grund der Verhinderung allgemein anzugeben, die bloße Mitteilung „Abwesenheit" reicht nicht aus. Letzteres wäre ebenso ein absoluter Revisionsgrund iSv. § 547 Nr. 6 ZPO, wie wenn der Vermerk ganz fehlt. Auch beginnt in diesen Fällen eine Rechtsmittelfrist nicht zu laufen[2]. Zur Wirksamkeit des Verhinderungsvermerkes gehört, dass der Vorsitzende sich Kenntnis über diejenigen Tatsachen verschafft, die den berechtigten Schluss auf eine nicht nur kurzfristige Verhinderung zur Unterschriftsleistung zulassen. Maßgebend ist der subjektive Kenntnisstand des Vorsitzenden – etwaige ergänzende Kenntnisse seiner Geschäftsstelle werden ihm zugerechnet – im Überprüfungszeitpunkt[3]. Üblicherweise lautet der Vermerk: „Zugleich für den durch Krankheit (Urlaub, Ausscheiden bzw. Beendigung aus dem Amt oder sonstige dienstliche Gründe) an der Unterschriftsleistung verhinderten Richter NN". Nähere Angaben zum Verhinderungsgrund sind entbehrlich und werden vom Revisionsgericht, auch auf entsprechende pauschale Rüge, nicht näher nachgeprüft[4]. Etwas anderes gilt dann, wenn der Rechtsmittelführer im Einzelnen nachvollziehbar darlegt, dass der Verhinderungsvermerk auf willkürlichen und sachfremden Erwägungen oder darauf beruht, dass der Rechtsbegriff der Verhinderung ersichtlich verkannt worden ist[5]. In diesem Fall hat das Rechtsmittelgericht im Wege des Freibeweises (vgl. hierzu § 58 Rz. 23) zu klären, ob der betreffende Richter tatsächlich verhindert war, also ein Grund für die Ersetzung seiner Unterschrift vorgelegen hat.

Die **Verhinderungsgründe** können **tatsächlicher** oder **rechtlicher Art** sein. Anerkannt sind zB eine voraussichtlich längere Erkrankung eines Richters, Elternzeit, ein längerfristiger Urlaub[6] oder eine sonstige längerfristige Ortsabwesenheit. Kurzfristige Abwesenheiten von bis zu einer Woche[7] zählen nicht. Kein Verhinderungsgrund ist etwa die bloß fehlende kurzfristige Erreichbarkeit eines ehrenamtlichen Richters in den letzten Tagen der Fünf-Monats-Frist von § 66 Abs. 1 Satz 2[8]. Bei der Feststellung kommt auf die Gesamtdauer der Verhinderung an und nicht auf die noch verbleibende Zeit zur Unterschriftsleistung. Entscheidend ist der Zeitpunkt des Vorliegens eines unterschriftsreifen Entwurfs des Vorsitzenden. Ein Verhinderungsgrund besteht auch beim Tod eines Richters. Verstirbt der Vorsitzende, bevor er das Urteil abgesetzt hat, dann kann es einer der ehrenamtlichen Richter absetzen, weil sie vollwertige Richter sind und nirgends vorgeschrieben ist, dass nur der Berufsrichter ein Urteil anfertigen darf[9]. Das schließt freilich nicht aus, dass etwa ein Referendar oder ein anderer Berufsrichter des LAG anhand des Akteninhalts und ggf. nach Rücksprache mit den ehrenamtlichen Richtern einen bloßen Urteilsentwurf erstellt, den dann die ehrenamtlichen Richter ganz oder teilweise übernehmen und ggf. überarbeiten können. Die endgültige Urteilsfassung unterschreiben dann nur die ehrenamtlichen Richter mit dem Verhinderungsvermerk des Dienstältesten. Durch ihre Unterschrift bekennen sie sich zum erstellten Entwurf.

Problematischer werden die **rechtlichen Verhinderungen** angesehen, wie zB Versetzung des Vorsitzenden an ein anderes Gericht oder in den Ruhestand, Ausscheiden aus dem Richterdienst, Ablauf der Amtszeit oder einer Abordnung oder Amtsenthebungen gem. § 21 Abs. 5 des ehrenamtlichen Richters. Der auf diese Weise beim Gericht ausgeschiedene Richter (ein bloßer Kammerwechsel innerhalb des LAG ist unschädlich) hat seine Beurkundungsfunktion verloren. Da der Richter nicht mehr im Amt ist, kann er auch keine Amtshandlungen mehr vornehmen[10]. Diese rechtlichen Verhinderungen verbieten nicht, dass der Vorsitzende nach seinem Ausscheiden das Urteil noch absetzen kann. Es stellt dann einen Entwurf für die ehrenamtlichen Richter dar, der Vorsitzende darf das Urteil nur nicht mehr unterschreiben. Kein Hinderungsgrund besteht, wenn ein Richter überstimmt worden ist[11].

---

1 BGH v. 12.1.1961 – II ZR 149/60, NJW 1961, 782; Fischer, DRiZ 1994, 96.
2 BGH v. 21.5.1980 – VIII ZR 196/79, NJW 1980, 1849.
3 BAG v. 3.3.2010 – 4 AZB 23/09, NJW 2010, 2300.
4 BGH v. 10.5.1994 – X ZB 7/93, NJW-RR 1994, 1406; BAG v. 24.6.2009 – 7 ABN 12/09, NZA-RR 2009, 553.
5 BAG v. 17.8.1999 – 3 AZR 526/97, NZA 2000, 54.
6 Vgl. BAG v. 3.3.2010 – 4 AZB 23/09, NJW 2010, 2300.
7 BAG v. 24.6.2009 – 7 ABN 12/09, NZA-RR 2009, 553; BAG v. 3.3.2010 – 4 AZB 23/09, NJW 2010, 2300; BVerwG v. 9.7.2008 – 6 PB 17/08, NJW 2008, 3450.
8 Vgl. BAG v. 17.8.1999 – 3 AZR 526/97, NZA 2000, 55; BAG v. 24.6.2009 – 7 ABN 12/09, NZA-RR 2009, 553.
9 BAG v. 30.4.1971 – 3 AZR 198/70, AP Nr. 15 zu § 9 ArbGG 1953; BAG v. 20.12.1956 – 3 AZR 333/56, AP Nr. 1 zu § 315 ZPO m. zust. Anm. von Pohle.
10 BGH v. 5.7.1994 – 5 StR 664/93, MDR 1994, 1072; BVerwG v. 11.10.1993 – 2 B 32/93; BFH v. 8.5.2003 – IV R 63/99; GMP/Germelmann, § 69 Rz. 8; GK-ArbGG/Vossen, § 69 Rz. 6; aA BCF/Friedrich, § 60 Rz. 1; Vollkommer, NJW 1968, 1309; LAG Sachsen v. 10.11.1999 – 2 Sa 265/99, NZA-RR 2000, 609 bei einer Abordnung im Bereich desselben Dienstherrn.
11 BGH v. 27.1.1977 – IX ZR 147/92, NJW 1977, 765.

2. Inhalt des Urteils

16 Für den Inhalt des LAG-Urteils finden gem. § 69 Abs. 1 Satz 2 die Regelungen von § 60 Anwendung mit Ausnahme von § 60 Abs. 4 Satz 1, der durch § 69 Abs. 1 Satz 1 ersetzt wird sowie durch die beiden Modifikationen von § 69 Abs. 1 Satz 2; unanwendbar ist § 540 Abs. 1 ZPO. Danach beträgt die **Frist** für die **Abfassung** von Tatbestand und Entscheidungsgründen im Berufungsverfahren vier Wochen. Das so erstellte vollständige Urteil ist stets von allen Mitgliedern der Kammer zu unterschreiben. Nach § 69 Abs. 4 Satz 2 gelten die §§ 313a und 313b ZPO mit der Modifikation von § 69 Abs. 4 Satz 2 Halbs. 1. Soweit die §§ 69, 60 keine Sonder- inkl. Verweisungsregelungen enthalten, ist über § 64 Abs. 6 auf die übrigen Vorschriften der §§ 313–315 ZPO zurückzugreifen. Danach gilt zunächst allgemein für **Form und Inhalt** die Grundnorm von § 313 ZPO. Die dort aufgeführten Kriterien werden ergänzt durch die nach § 9 Abs. 5 erforderliche Rechtsmittelbelehrung und die Unterschriften sämtlicher Mitglieder der Kammer, die die Entscheidung getroffen haben[1]. Die Urteilsformel (§ 313 Abs. 1 Nr. 4 ZPO) enthält keine Streitwertfestsetzung, weil § 61 Abs. 1 in der Verweisungsnorm von § 64 Abs. 7 fehlt. Demgegenüber ist in der Urteilsformel auszusprechen, ob gegen das Urteil die Revision zugelassen wird oder nicht (§ 72 Abs. 1 Satz 2, § 64 Abs. 3a). Ist dies unterlassen worden, können die Parteien eine entsprechende Ergänzung binnen zwei Wochen ab Verkündung beantragen (vgl. dazu § 64 Rz. 50).

17 Echte **Versäumnisurteile des LAG**, die allein wegen der Säumnis der Partei ergehen, bedürfen keines Tatbestandes und keiner Entscheidungsgründe (§ 69 Abs. 4 Satz 2 Halbs. 2 ArbGG iVm. § 313b ZPO). Verneint das LAG dagegen die Schlüssigkeit des Berufungsvorbringens, ist die Berufung bei Säumnis des Berufungsbeklagten durch **unechtes** Versäumnisurteil zurückzuweisen, bei prozessualen Hindernissen ist sie – auch bei Säumnis des Berufungsführers – durch unechtes Versäumnisurteil zu verwerfen[2]. Hier trifft das Gericht inhaltlich dieselbe Entscheidung, die es auch bei Erscheinen der säumigen Partei getroffen hätte. Ein unechtes Versäumnisurteil ist wie ein streitiges Urteil zu behandeln, also mit Tatbestand und Entscheidungsgründen zu versehen. Bei teilweiser Schlüssigkeit ist die Berufung teilweise kontradiktorisch durch zu begründendes Urteil zurückzuweisen, im Übrigen ist ihr durch echtes Versäumnisurteil stattzugeben. Die eigenständigen Regelungen von § 539 ZPO für das Versäumnisverfahren finden im arbeitsgerichtlichen Berufungsverfahren Anwendung. Bei Säumnis **entscheidet** im Verhandlungstermin die volle **Kammer** gem. § 55 Abs. 1 Nr. 4, § 64 Abs. 7.

Vgl. zum Versäumnisverfahren in der 2. Instanz auch § 64 Rz. 244.

18 **Fehlen** in einem Urteil einzelne **Teile** von § 313 ZPO, dann wird dadurch die **Zustellung** des Urteils grds. **nicht unwirksam**, sofern das Urteil überhaupt in der Welt ist. Die Frist für die Einlegung einer Nichtzulassungsbeschwerde oder der zugelassenen Revision beginnt daher auch dann mit Urteilszustellung zu laufen, wenn zB die Angaben von § 313 Abs. 1 Nr. 3 ZPO fehlen und erst nachträglich durch Berichtigungsbeschluss gem. § 319 ZPO ergänzt werden[3]. Die vorgenannten Fristen beginnen allerdings dann nicht zu laufen, wenn die Auslassungen so erheblich sind, dass eine gebotene Auseinandersetzung mit dem Urteil nicht möglich ist (vgl. § 66 Rz. 23).

19 Nach § 559 Abs. 1 Satz 1 ZPO unterliegt der Beurteilung des BAG nur dasjenige Parteivorbringen, das aus dem **Berufungsurteil** oder dem **Sitzungsprotokoll** ersichtlich ist. Dabei werden tatsächliche Feststellungen in den Entscheidungsgründen dem Tatbestand zugerechnet. Eine **Unrichtigkeit** der tatbestandlichen Feststellungen kann grds. nur im Berichtigungsverfahren nach § 320 ZPO geltend gemacht werden. **Fehler**, die dem LAG bei Urteilserlass unterlaufen sind, können unter drei Voraussetzungen **nachträglich behoben** werden:

Der Antragsteller kann sich schon auf ein ihm vorliegendes **Sitzungsprotokoll** gem. § 314 Satz 2 ZPO berufen, falls dieses fehlerhaft, insbesondere unvollständig ist. Eine erforderliche Urteilsergänzung ersetzt die Protokollberichtigung nicht[4].

Die fehlerhafte Wiedergabe von Tatsachenfeststellungen im LAG-Urteil können gem. § 320 ZPO nur mittels **Tatbestandsberichtigung** behoben werden[5]. Hat das LAG bei seinem Urteil versehentlich einzelne Ansprüche übergangen, dann ist das **Urteil** auf Antrag einer Partei durch eine nachträgliche Entscheidung gem. § 321 ZPO zu **ergänzen**. Dieser Rechtsbehelf setzt eine unbewusste und auf einem Versehen beruhende Nichtbescheidung eines im Tatbestand des Urteils festgestellten prozessualen Anspruchs – sei es ein Haupt- oder Nebenanspruch oder eine erforderliche Kostenentscheidung – voraus. Hat das LAG einen

---

1 Vgl. zum erstinstanzlichen Urteil BAG v. 20.12.2006 – 5 AZB 35/06, NZA 2007, 226.
2 Vgl. zu Letzteren: BGH v. 7.3.1995 – XI ZB 1/95, NJW 1995, 1561.
3 BGH v. 23.4.1980 – IVb ZB 502/80, VersR 1980, 744.
4 BGH v. 24.9.2013 – I ZR 133/12.
5 BAG v. 8.11.2016 – 1 ABR 64/14, NZA 2017, 943.

übergangenen Anspruch nicht in den Tatbestand seines unvollständigen Urteils aufgenommen, dann ist auch der Tatbestand unvollständig und lückenhaft. Daher muss einer Urteilsergänzung (§ 321 ZPO) zuerst eine Berichtigung des Tatbestandes (§ 320 ZPO) vorangehen. Unter Berücksichtigung des berichtigten Tatbestandes hat er dann innerhalb der Zwei-Wochen-Frist von § 321 Abs. 2 ZPO die Urteilsergänzung zu beantragen. Die Zwei-Wochen-Frist beginnt erst mit der Zustellung des Berichtigungsbeschlusses und nicht bereits mit der Urteilszustellung zu laufen[1]. Eine Urteilsergänzung kann das LAG nur auf fristgerechten Antrag und nicht von Amts wegen vornehmen. Versäumt die Partei die Antragsfrist, entfällt die Rechtshängigkeit des übergangenen Anspruchs mit Fristablauf. Der übergangene Anspruch kann aber nach allgemeinen Grundsätzen erneut rechtshängig gemacht werden[2]; vgl. auch § 66 Rz. 28 und § 64 Rz. 168 und § 64 Rz. 226. Ähnliches gilt für Rügen, wonach der Tatbestand des LAG-Urteils fehlerhafte Feststellungen enthalten soll[3]. Auch hier bedarf es zuerst eines Antrages auf Tatbestandsberichtigung. Nur wenn diese Vorgehensweise beschritten worden ist – unabhängig davon, ob erfolgreich oder erfolglos – kann es im Verfahren der Nichtzulassungsbeschwerde bzw. der Revision rügemäßig berücksichtigt werden[4].

Nach § 319 ZPO kann das LAG Schreib-/Rechenfehler oder andere **offenbare Unrichtigkeiten** im Urteil jederzeit von Amts wegen **berichtigen**. Bei anderen Fehlern als Schreib- und Rechenfehlern muss deren Offenkundigkeit aus Umständen des Urteilserlasses nach außen hin evident sein. Dabei muss die Differenz zwischen dem Gewollten und dem Erklärten für die Parteien erkennbar sein. Sie müssen mit einer Berichtigung rechnen können. Nur für die beteiligten Richter mit ihren kammerinternen Kenntnissen, also nicht auch für Außenstehende, ersichtliche Irrtümer und Versehen können dagegen nicht nach § 319 ZPO von Amts wegen berichtigt werden.

Für Inhalt und Substanz von Tatbestand und Entscheidungsgründen gelten die Grundsätze von **§ 313 Abs. 2 und 3 ZPO**, die über § 64 Abs. 6 ArbGG iVm. § 525 ZPO anwendbar sind. § 69, insbesondere dessen Abs. 4, enthält Sonderregelungen über spezielle Rechtsfragen, aber nicht über die allgemeinen Bestimmungen zum Urteilsinhalt (vgl. § 69 Abs. 4 Satz 2 Halbs. 2). 20

Im Berufungsverfahren finden über § 64 Abs. 7 auch die erstinstanzlichen Vorschriften von § 61 Abs. 2 und 3 sowie § 62 entsprechende Anwendung. Somit sind auch **Urteile des LAG**, die mit Einspruch oder Revision anfechtbar sind und einen vollstreckungsfähigen Inhalt haben, auch ohne besonderen Ausspruch **vorläufig vollstreckbar**. Der Antrag auf Ausschließung der vorläufigen Vollstreckbarkeit aus dem LAG-Urteil muss vor dessen Erlass gestellt werden. Nur dann kann und darf das LAG im Urteil darüber befinden. Wird er erst später gestellt, kann grds. nur noch das BAG im Rahmen einer Nichtzulassungsbeschwerde oder der zugelassenen Revision darüber entscheiden. Das LAG kann nach der Verkündung seines Urteils nur in den Fällen des Wiederaufnahmeverfahrens (§ 79), der Wiedereinsetzung in den vorigen Stand (§§ 233 ff. ZPO), der Erhebung einer Anhörungsrüge nach § 78a Abs. 7 bei generell irrevisiblen LAG-Urteilen (vgl. Rz. 25) sowie des Einspruchs gegen ein Versäumnisurteil (§ 542 ZPO) die Zwangsvollstreckung gem. § 62 Abs. 1 ArbGG, § 707 Abs. 1, § 719 Abs. 1 ZPO aus seinem Urteil einstweilen einstellen. Die Entscheidung trifft in diesen Fällen der **Vorsitzende** gem. § 55 Abs. 1 Nr. 6, § 64 Abs. 7 **allein**. 21

Das LAG hat **in den Tenor** seines Urteils gem. § 72 Abs. 1 Satz 2, § 64 Abs. 3a Satz 1 immer die Entscheidung mit aufzunehmen, ob es die **Revision** gegen das Urteil **zulässt** oder **nicht zulässt**. Stets ist diese Entscheidung Bestandteil des Urteilstenors, vgl. im Einzelnen § 64 Rz. 50 ff. Eine Entscheidung über die Revisionszulassung ist allenfalls entbehrlich in generell irrevisiblen Urteilen im Arrest- und einstweiligen Verfügungsverfahren. Diese müssen aber die Belehrung über ihre Unanfechtbarkeit enthalten (vgl. § 9 Abs. 5 Satz 2). 22

3. Umfang von Tatbestand und Entscheidungsgründen, Bezugnahme

§ 69 Abs. 1 Satz 1 legt fest, dass das Urteil des LAG einen Tatbestand und Entscheidungsgründe benötigt und ein solches Urteil von allen Richtern zu unterschreiben ist. Im arbeitsgerichtlichen Berufungsverfahren sind die starken Einschränkungen von **§ 540 Abs. 1 ZPO** bei der Urteilsabfassung **unanwendbar** (§ 69 Abs. 4 Satz 1). 23

---

1 BAG v. 26.6.2008 – 6 AZN 1161/07, NZA 2008, 1028.
2 BAG v. 26.6.2008 – 6 AZN 1161/07, NZA 2008, 1028; s. zur Geltendmachung in der Revisionsinstanz: BAG v. 8.11.2016 – 1 ABR 57/14, NZA-RR 2017, 134.
3 BAG v. 19.11.2014 – 5 AZR 121/13, NZA-RR 2015, 255.
4 BGH v. 24.6.2014 – VI ZR 560/13, WM 2014, 1470; BAG v. 19.11.2014 – 5 AZR 121/13.

24 Zum Komplex des Wegfalls bzw. der begrenzten Darstellung von Tatbestand und Entscheidungsgründen im LAG-Urteil existieren **drei** unterschiedliche **Ausgangslagen**. Es gibt Berufungsurteile,
- die generell unanfechtbar sind,
- bei denen das LAG die Revision im Urteil gem. § 72 Abs. 1 Satz 1, Abs. 2 selbst zulässt,
- bei denen das LAG die Revision im Urteil nicht zugelassen hat, das BAG aber im Nachhinein über eine Nichtzulassungsbeschwerde (§ 72a) das LAG-Urteil isoliert auf die Entscheidung über die Nichtzulassung abändern kann und hierbei die Revision zulässt.

25 Bei **generell nicht anfechtbaren** Urteilen – das ist der Fall in Arrest- und einstweiligen Verfügungsverfahren – kann das LAG gem. § 69 Abs. 4 Satz 2 Halbs. 2 ArbGG iVm. § 313a Abs. 1 Satz 1 ZPO von Amts wegen vom **Tatbestand** ganz oder teilweise **absehen**. Maßgeblich für die zu treffende Ermessensentscheidung des LAG dürfte sein, dass ein formell und materiell mangelfreies erstinstanzliches Urteil vorliegt und zudem die Parteien im Berufungsverfahren keine Änderungen oder Ergänzungen ihres Sachvortrages vornehmen und keine neuen Rechtsfragen auftauchen. Dies betrifft nicht nur Rechtsstreite, in denen über reine Rechtsfragen gestritten wird, sondern auch solche Fälle, in denen der Sachvortrag der Parteien in den beiden Instanzen nicht differiert.

Bei solchen Rechtsstreitigkeiten kann das Berufungsgericht von den **Entscheidungsgründen** gem. § 69 Abs. 4 Satz 2 Halbs. 1 nur dann absehen, wenn beide Parteien auf ihre Mitteilung verzichten.

26 Hat das **LAG** im Urteil die **Revision zugelassen**, findet § 69 Abs. 3 Anwendung. In diesem Fall bedarf das Urteil zu seiner revisionsrechtlichen Überprüfbarkeit eines Tatbestandes zumindest in Form einer komprimierten Darstellung des Sach- und Streitstandes auf der Grundlage der mündlichen Sachvorträge der Parteien im Verhandlungstermin und im Übrigen einer Bezugnahme auf den beanstandungsfreien erstinstanzlichen Urteilstatbestand. Dabei ist auch eine Bezugnahme auf Schriftsätze möglich, soweit dadurch die Beurteilung des Parteivorbringens durch das Revisionsgerichts nicht wesentlich erschwert wird. Eine vorbehaltlose Antragstellung im Verhandlungstermin vor dem LAG stellt – mangels gegenteiliger Anhaltspunkte – eine Bezugnahme auf den gesamten bis zur Antragstellung vorliegenden Inhalt der Verfahrensakte beider Parteien dar, den das BAG seiner Entscheidung zugrunde legen kann[1]. Ein unvollständiger Tatbestand eines LAG-Urteils ist dann unschädlich, wenn für das Revisionsgericht der vom Vordergericht seiner Entscheidung zugrunde gelegte Sach- und Streitstand aus den Entscheidungsgründen des angefochtenen Urteils in ausreichendem Umfang erkennbar ist[2]. Tatsächliche Feststellungen in den Entscheidungsgründen werden dem Tatbestand zugerechnet.

27 In der Praxis überwiegen weitaus die Fälle, in denen das **LAG** die **Revision nicht zulässt**. Auch bei dieser Kategorie von LAG-Urteilen müssen sowohl die Parteien als auch das BAG in der Lage sein, eine Nichtzulassungsbeschwerde urteilsbezogen begründen bzw. überprüfen zu können. Die Parteien müssen erkennen können, ob etwa das LAG einen divergenzfähigen Rechtssatz iSv. § 72a Abs. 3 Nr. 2 iVm. § 72 Abs. 2 Nr. 2 aufgestellt oder relevanten Sachvortrag der Parteien nicht zur Kenntnis genommen (Art. 103 Abs. 1 GG) hat. Das BAG muss prüfen können, ob das LAG aus einem in § 72 Abs. 2 genannten Gründe die Revision hätte zulassen müssen. Dazu bedarf es eines den allgemeinen Anforderungen entsprechenden Urteilstatbestandes[3]. Ein Tatbestand ist entbehrlich, wenn die beschwerte Partei einen Rechtsmittelverzicht erklärt hat oder wenn die Parteien und das BAG aus der unzweifelhaft richtigen Sachverhaltsdarstellung im Urteil des ArbG und dem in der Sache nicht veränderten Vorbringen im Berufungsverfahren erkennen können, ob eine Voraussetzung für die Revisionszulassung vorliegt oder wenn sich aus den Entscheidungsgründen des LAG-Urteils der Sach- und Streitstand in einem für das Revisionsgericht zur Beurteilung der maßgeblichen Rechtsfrage ausreichendem Umfang ergibt[4]. Für die Parteien und das Revisionsgericht muss klar und eindeutig sein, welchen Streitstoff das LAG seiner Entscheidung zugrunde gelegt hat. Lässt das BAG erst nachträglich mit seiner Entscheidung über die Nichtzulassungsbeschwerde die Revision zu, dann muss das LAG-Urteil auch revisionsrechtlich überprüfbar sein[5]. Dementsprechend muss es von Anfang an so umfassend abgesetzt sein wie wenn das LAG die Revision selbst zugelassen hätte.

28 Ist die **Revision generell** gem. § 72 Abs. 1 Satz 1 **statthaft** – gleichgültig ob sie das LAG zugelassen hat oder nur die Möglichkeit einer Zulassung durch das BAG per Nichtzulassungsbeschwerde besteht –, dann **muss** ein Urteil gem. § 69 Abs. 3 grds. einen **Tatbestand enthalten**. Das Revisionsgericht muss bei seiner vorzunehmenden Rechtsprüfung insbesondere dem LAG-Urteil entnehmen können, was der Berufungs-

---
1 BAG v. 12.5.2010 – 2 AZR 544/08, NZA 2010, 1250.
2 BAG v. 18.4.2012 – 5 AZR 195/11, NZA 2012, 797.
3 BAG v. 30.9.2010 – 2 AZR 160/09, NZA 2011, 349; BGH v. 18.9.2012 – VI ZR 51/12, MDR 2012, 1362.
4 BAG v. 24.3.2011 – 2 AZR 170/10, NZA 2011, 992.
5 BAG v. 17.6.2003 – 2 AZR 123/02, NZA 2004, 564; BGH v. 30.9.2003 – VI ZR 438/02, NJW 2004, 293.

kläger mit seinem Rechtsmittel beim LAG erreichen wollte[1]. § 69 Abs. 3 verlangt eine gedrängte Darstellung des Sach- und Streitstandes auf der Grundlage der mündlichen Vorträge der Parteien im Verhandlungstermin und zumindest eine verkürzte Darstellung des etwaigen zweitinstanzlichen Vorbringens[2]. Dies ist erforderlich, weil nach § 559 Abs. 1 ZPO nur dasjenige Parteivorbringen, das primär aus dem Tatbestand des Berufungsurteils oder dem Sitzungsprotokoll ersichtlich ist der Beurteilung durch das Revisionsgericht unterliegt. Die Beweiskraft des Tatbestandes und seine Bindungswirkung für das BAG entfällt, wenn die vom LAG getroffenen Feststellungen unklar, lückenhaft oder widersprüchlich sind[3]. Für das BAG muss aus dem Urteil ersichtlich sein, von welchem Lebenssachverhalt, insbesondere von welchen tatsächlichen Gegebenheiten das LAG ausgegangen ist, so dass es eine umfassende rechtliche Überprüfung im Rahmen einer Rechtsbeschwerde oder der Revision vornehmen kann. Hat etwa das LAG ein Sachverständigengutachten eingeholt, dann muss das Gericht den begutachteten Sachverhalt mitteilen und kann insoweit nicht nur auf das Gutachten verweisen[4]. Ist dies dem Revisionsgericht nicht möglich, dann hebt das BAG das Berufungsurteil von Amts wegen auf und verweist den Rechtsstreit zur erneuten Verhandlung und Entscheidung an das LAG zurück[5]. Die Beweiskraft eines Urteilstatbestandes umfasst auch den Inhalt der im Tatbestand in Bezug genommenen Schriftsätze[6]. Bei einem Widerspruch zwischen dem Inhalt der vorbereitenden Schriftsätze und der Wiedergabe des Parteivorbringens im Urteilstatbestand sind die Ausführungen im Tatbestand maßgeblich. Ausnahmen von dem Grundsatz des Zugriffs auf den Urteilstatbestand sind nur dann möglich, wenn sich dem Revisionsgericht zweifelsfrei erschließt, von welchem Sachverhalt das Gericht bei seiner Entscheidungsfindung ausgegangen ist. Tatsächliche Feststellungen des LAG können sich zB[7] auch aus den Entscheidungsgründen ergeben, etwa ob eine bestimmte Behauptung bestritten ist oder nicht. Auch der Gebrauch einfacher juristischer Rechtsbegriffe, der jedem Teilnehmer des Rechtsverkehrs geläufig ist, stellt ausreichenden Tatsachenvortrag dar[8]. Der durch den Tatbestand gelieferte Beweis kann nur durch die im Sitzungsprotokoll ausdrücklich getroffenen Feststellungen gem. § 314 ZPO entkräftet werden[9].

Die **Beweiskraft** des Tatbestandes oder der Feststellungen in den Entscheidungsgründen eines Urteils und damit seine Bindungswirkung **entfällt**, soweit die tatsächlichen Feststellungen der Berufungsentscheidung derartige Unklarheiten enthalten, Lücken aufweisen oder widersprüchlich sind[10], dass für das BAG keine hinreichend sichere Beurteilung des Parteivorbringens besteht, weil etwa der im Tatbestand wiedergegebene Sachvortrag nicht mit den Entscheidungsgründen übereinstimmt[11]. Die Ermittlung und Feststellung des Sachverhalts ist keine Aufgabe des eine reine Rechtsprüfung vornehmenden Revisionsgerichts.

Eine **Bezugnahme** im **Tatbestand** auf **das erstinstanzliche Urteil**, die **Schriftsätze** der Parteien nebst Anlagen und die zu den **Sitzungsniederschriften** getroffenen Feststellungen ist zulässig. Allerdings muss der Tatbestand grds. soviel eigene Substanz haben, dass dem Revisionsgericht die Beurteilung des Sachvortrages noch möglich ist und dem Tatbestand die erforderliche Beweiskraft von § 314 ZPO noch zukommt. Eine völlige Bezugnahme auf den Tatbestand des erstinstanzlichen Urteils ist nur möglich, wenn der Sachverhalt unstreitig ist, im Berufungsverfahren keine neuen Tatsachen vorgetragen werden und die Parteien lediglich um Rechtsfragen streiten[12]. In solch einem Fall wird mit der Bezugnahme auf den Tatbestand des arbeitsgerichtlichen Urteils dieser in seiner Tatsachendarstellung Gegenstand des Berufungsverfahrens. Hat eine der Parteien in 2. Instanz neue Tatsachen vorgetragen oder neue Beweismittel angeboten, dann bedarf es eines eigenen Tatbestandes des LAG-Urteils. Nur dann vermag das Revisionsgericht zweifelsfrei zu erkennen, von welcher Sachlage das LAG ausgegangen ist, insbesondere, ob es die Fortentwicklung im Berufungsverfahren beachtet hat[13]. Möglich ist daher auch, dass das LAG wegen des erstinstanzlichen Sachvortrages auf den Tatbestand des erstinstanzlichen Urteils verweist und nur die **Anträge** und die Angriffs- und Verteidigungsmittel der Parteien **2. Instanz** näher darstellt. Allerdings ist dabei Voraussetzung, dass der Tatbestand des arbeitsgerichtlichen Urteils vollständig, nicht widersprüchlich, und zutreffend zwischen streitigem und unstreitigem Sachvortrag unterscheidet, also handwerklich beanstandungsfrei ist. Als

---

1 BGH v. 11.10.2012 – VII ZR 10/11, NJW 2012, 3569.
2 BAG v. 19.6.2007 – 2 AZR 599/06, NZA 2008, 551.
3 BAG v. 15.4.2008 – 9 AZR 159/07, BB 2008, 2019; BAG v. 2.3.2017 – 2 AZR 546/16, NZA 2017, 905.
4 BAG v. 14.9.2016 – 4 AZR 964/13, NZA-RR 2017, 264.
5 BAG v. 18.5.2006 – 6 AZR 627/05, DB 2006, 2693; BAG v. 17.6.2003 – 2 AZR 123/02, NZA 2004, 564.
6 BGH v. 7.9.2004 – X ZR 25/03, NJW 2004, 3777.
7 Vgl. auch BAG v. 26.4.2005 – 1 ABR 1/04, NZA 2005, 884.
8 BAG v. 23.2.2016 – 3 AZR 44/14, NZA 2016, 961 „das Versorgungswerk ist geschlossen".
9 BGH v. 13.7.1993 – VI ZR 278/92, NJW 1993, 3067.
10 BAG v. 18.9.2003 – 2 AZR 498/02, NZA 2004, 253.
11 BAG v. 23.2.2016 – 3 AZR 44/14, NZA 2016, 961.
12 BAG v. 24.6.1980 – 6 AZR 1020/78, NJW 1981, 2078; BAG v. 29.8.1984 – 7 AZR 617/82, NZA 1985, 35.
13 BAG v. 28.5.1997 – 5 AZR 632/96, NZA 1998, 279.

ausreichend kann ausnahmsweise auch noch angesehen werden, wenn wenigstens aus den Entscheidungsgründen des Urteils klar ersichtlich ist, von welchem Tatbestand das Berufungsgericht ausgegangen ist[1]. Ein Berufungsurteil, das nicht wenigstens eine Bezugnahme auf die tatsächlichen Feststellungen des angefochtenen Urteils mit Darstellungen etwaiger Änderungen oder Ergänzungen im Berufungsverfahren enthält, unterliegt im Revisionsverfahren grds. (von Amts wegen) der Aufhebung und Zurückweisung[2]. Eine ausdrückliche Bezugnahme auf die Feststellungen des erstinstanzlichen Urteils ist zwar im Berufungsurteil nicht zwingend erforderlich, aber trotzdem angebracht. Es reicht auch aus, wenn die tatsächlichen Feststellungen des Urteils des ArbG im Berufungsurteil ausreichend wiedergegeben werden[3].

30 Eine Verweisung auf das erstinstanzliche Urteil kann sich nicht auf die in 2. Instanz gestellten **Berufungsanträge**, insbesondere des Berufungsklägers, erstrecken. Eine Aufnahme der Berufungsanträge in das Berufungsurteil ist daher trotz des bestehenden Entlastungsaspektes grds. erforderlich. Eine Ausnahme hiervon ist dann zu machen, wenn nach übereinstimmender Erklärung der Parteien vor dem BAG der erstinstanzliche Tatbestand zutreffend ist und sich die im 2. Rechtszug von den Parteien gestellten Anträge aus der Sitzungsniederschrift des LAG ergeben[4]. Auch muss der Antrag des Berufungsklägers zwar nicht immer wörtlich wiedergegeben werden, aus dem Gesamtzusammenhang muss jedoch zweifelsfrei entnommen werden können, was der Rechtsmittelkläger vom LAG erstrebt[5]. Die von den Parteien in der mündlichen Verhandlung gestellten Sachanträge sind in die Sitzungsniederschrift aufzunehmen (§ 160 Abs. 3 Nr. 2 ZPO). Das Protokoll hat wegen seiner Beweiskraft (§ 165 ZPO) Vorrang vor den im Tatbestand genannten Sachanträgen[6].

31 Die **Entscheidungsgründe** sollen gem. § 313 Abs. 3 ZPO eine kurze Zusammenfassung der tragenden Erwägungen in tatsächlicher und rechtlicher Hinsicht enthalten. Nicht nötig ist, dass jede Einzelheit des Parteivorbringens und einer Beweisaufnahme erörtert wird. Jedoch müssen die Gründe nachvollziehbar sein, eine Nachprüfbarkeit durch das Revisionsgericht zulassen und feststellbar sein, ob wesentlicher Sachvortrag zur Kenntnis genommen und erwogen wurde[7]. So muss einem Urteil etwa entnommen werden können, an welcher Norm es die Wirksamkeit einer Kündigung überhaupt überprüft hat[8]. Prüft das LAG für eine außerordentliche Kündigung einen wichtigen Grund (§ 626 Abs. 1 BGB), so muss der gelieferte unstreitige und streitige Tatsachenvortrag hierfür konkret mitgeteilt werden; bloß allgemeine Wertungen werden dem nicht gerecht[9]. Ein **nicht mit Gründen versehenes Urteil** (§ 547 Nr. 6 ZPO) liegt vor, wenn sich das LAG in den Entscheidungsgründen mit den die Rechtsverfolgung und -verteidigung bedeutsamen Tatsachenbehauptungen der Parteien nicht auseinander setzt[10]. Gleiches gilt, wenn die Kammer das Urteil nicht binnen **fünf Monaten** von allen Richtern unterschrieben der Geschäftsstelle zum Zwecke der Zustellung übergibt (vgl. § 64 Rz. 170).

Eine **Bezugnahme** auf die **Entscheidungsgründe** des arbeitsgerichtlichen Urteils ist gem. § 69 Abs. 2 ganz oder teilweise zulässig, soweit das LAG den arbeitsgerichtlichen Entscheidungsgründen folgt. Dabei muss das LAG jedoch konkret angeben, inwieweit es den Gründen der angefochtenen Entscheidung folgt. Eine bloße Bezugnahme reicht dann nicht aus, wenn die Parteien im Berufungsverfahren neuen Sachvortrag liefern, selbst wenn die neuen Angriffs- und Verteidigungsmittel vom Berufungsgericht als nicht begründet angesehen werden[11]. § 69 Abs. 2 verfolgt den Zweck, das LAG von unnötiger Schreibarbeit zu entlasten, das Verfahren zu vereinfachen und es damit letztlich zu beschleunigen. Trotz dieser Erleichterungen hat das LAG die Ausführungen der Prozessparteien zur Kenntnis zu nehmen und sie in seine Entscheidungsfindung mit einzubeziehen, sofern die Ausführungen nicht neben der Sache liegen. Ob dies geschehen ist oder nicht, muss den Entscheidungsgründen entnommen werden können. Nur mit Angriffs- und Verteidigungsmitteln, die erkennbar – aus der Sicht des LAG – objektiv für den Ausgang des Verfahrens keine Bedeutung haben, braucht sich das Urteil nicht zu befassen. Nach diesen Grundsätzen reicht es zB nicht aus, wenn ein LAG-

---

1 BAG v. 15.8.2002 – 2 AZR 386/01, BAGR 2003, 254; BAG v. 17.6.2003 – 2 AZR 123/02, NZA 2004, 565; BAG v. 28.9.2005 – 10 AZR 593/04, NZA-RR 2006, 504.
2 BGH v. 22.12.2003 – VIII ZR 122/03, ProzRB 2004, 158.
3 Vgl. BGH v. 8.6.2004 – VI ZR 230/03, NJW 2004, 2828.
4 BAG v. 26.4.2005 – 1 ABR 1/04, NZA 2005, 884; zu formalistisch: BGH v. 14.1.2005 – V ZR 99/04, NJW-RR 2005, 716.
5 Vgl. zu § 540 ZPO: BGH v. 26.2.2003 – VIII ZR 262/02, NJW 2003, 1743.
6 BAG v. 10.5.2005 – 9 AZR 294/04, NZA 2006, 231.
7 Vgl. BVerfG v. 30.1.1985 – 1 BvR 99/84, NJW 1985, 1149; BVerfG v. 19.5.1992 – 1 BvR 986/91, BVerfGE 86, 133 (146); BGH v. 17.12.1996 – X ZR 76/94, NJW-RR 1997, 689; Zöller/*Vollkommer*, § 313 ZPO Rz. 19.
8 BAG v. 18.9.2008 – 2 AZR 414/07, ArbRB 2009, 40.
9 BAG v. 20.8.2009 – 2 AZR 165/08, NZA 2009, 1227.
10 BSG v. 14.11.1996 – 2 RU 15/96, MDR 1997, 373.
11 BGH v. 25.1.1980 – I ZR 124/77, NJW 1980, 2418; BAG v. 16.6.1998 – 5 AZR 255/98, NZA 1998, 1079.

Urteil nur aus dem wörtlichen Zitat der Gründe eines erstinstanzlichen Urteils in einem Parallelverfahren und der eigenen Wertung besteht, diese seien auf den Streitfall übertragbar, ohne sich mit bedeutsamem neuen bzw. unterschiedlichem Sachvortrag im eigenen Verfahren auseinanderzusetzen[1].

Bei generell unanfechtbaren Urteilen des LAG (Rz. 25) findet § 313a Abs. 1 ZPO nur teilweise Anwendung. Nach § 313a Abs. 1 Satz 2 ZPO kann das Berufungsgericht von der Darstellung der Entscheidungsgründe neben einem Verzicht der Parteien, der aktenkundig zu machen ist, auch dann absehen, wenn das Gericht den wesentlichen Inhalt der Entscheidungsgründe in die Sitzungsniederschrift aufnimmt. Ein derartiges **Protokollurteil** ist im arbeitsgerichtlichen Berufungsverfahren **ausgeschlossen** (§ 69 Abs. 4 Satz 1 und Satz 2 Halbs. 1). 32

Für LAG-Urteile, die generell revisibel sind oder werden können (vgl. Rz. 27, Rz. 28) und die noch im gleichen Verhandlungstermin verkündet werden, findet § 313a Abs. 2 ZPO auch im arbeitsgerichtlichen Verfahren Anwendung (§ 69 Abs. 4 Satz 2 Halbs. 2). Einer Darstellung des Tatbestandes und der Entscheidungsgründe bedarf es hier nicht, wenn die Parteien auf das Rechtsmittel der **Revision verzichten**. Ist das Urteil nur für eine Partei anfechtbar, so genügt es, wenn diese verzichtet (§ 313a Abs. 2 Satz 2 ZPO). Durch den verzichtsbedingten Wegfall gerichtlicher Arbeiten und fiskalischer Ausgaben werden die Parteien mit einer Reduzierung der Gerichtsgebühren gem. Nr. 8222 Nr. 2 bzw. Nr. 8223 der Anl. 1 GKG belohnt (vgl. § 12 Rz. 75–76a). Bei einem teilweisen Unterliegen beider Parteien müssen nach dem Gesetzeswortlaut beide auf das Rechtsmittel der Revision verzichten, damit das Berufungsgericht von der Rechtsfolge des § 313a Abs. 2 ZPO Gebrauch machen kann. Ein Rechtsmittelverzicht nur einer Partei im Umfang ihres Unterliegens führt nach dem Wortlaut von § 313a Abs. 2 Satz 1 ZPO nicht zum teilweisen Wegfall von Tatbestand und Entscheidungsgründen. Trotzdem ist hiervon aufgrund der Interessenlage der Parteien auszugehen. Der teilweise unterliegenden Partei muss die Möglichkeit erhalten bleiben, aus Kostengesichtspunkten auf solche Urteilsteile zu verzichten, die ihr Unterliegen behandeln. Die teilweise obsiegende Partei braucht nicht besser gestellt werden, als wenn sie voll obsiegt hätte[2]. Ein Rechtsmittelverzicht liegt wegen ihrer Unwiderruflichkeit und Unanfechtbarkeit noch nicht im bloßen **Verzicht auf Tatbestand und Entscheidungsgründe** gem. § 313a ZPO[3]. Vielmehr müssen die Parteien auf die Einlegung der Revision verzichten. Diese Erklärung hat auch den Wegfall von Tatbestand und Entscheidungsgründen zur Folge. 33

4. Zeitpunkt der Rechtskraft des LAG-Urteils

Formell rechtskräftig werden Urteile (Beschlüsse), die mit einem ordentlichen Rechtsmittel (Rechtsbehelf) nicht mehr angefochten werden können (§ 705 ZPO), jede Änderung im Rechtsmittelzug somit ausgeschlossen ist. Wegen der Möglichkeit der Einlegung einer Nichtzulassungsbeschwerde wird ein LAG-Urteil, das die **Revision nicht zulässt**, erst einen Monat nach seiner Zustellung **formell rechtskräftig**. Das gilt auch dann, wenn die Nichtzulassungsbeschwerde nicht eingelegt wird[4]. Wird die **zugelassene** Revision nicht eingelegt, dann erlangt das Urteil mit Ablauf der einmonatigen Revisionsfrist (§ 74 Abs. 1) Rechtskraft. 34

Wird gegen ein Berufungsurteil eine **Nichtzulassungsbeschwerde** eingelegt, die vom BAG **zurückgewiesen** wird, so wird das LAG-Urteil mit der ablehnenden Entscheidung des BAG rechtskräftig (§ 72a Abs. 5 Satz 6). Fraglich ist, auf welchen Zeitpunkt für die Wirksamkeit des BAG-Beschlusses über die Zurückweisung abzustellen ist. Der BGH[5] hat unter Hinweis auf § 544 Abs. 4 Satz 3 ZPO, wonach der ablehnende Beschluss den Parteien zuzustellen ist, angenommen, die Rechtskraft des Berufungsurteils trete **nicht** bereits mit seinem **Erlass**, sondern erst mit dieser gesetzlich vorgeschriebenen **Zustellung** ein. Eine solche förmliche Zustellung des Zurückweisungsbeschlusses sieht § 72a Abs. 5 nicht vor. Trotzdem dürfte auch im arbeitsgerichtlichen Verfahren für die genaue Beurteilung des Eintritts der Rechtskraft auf den Zustellungszeitpunkt an die unterlegene Partei abzustellen sein. Eine gerichtliche Entscheidung ist grds. erst dann wirksam, wenn sie verkündet oder der belasteten Partei bekannt gemacht worden ist[6]. Auch sieht § 586 Abs. 1 ZPO für den Kläger eines Wiederaufnahmeverfahrens eine Frist von einem Monat zur Erhebung einer Wiederaufnahmeklage vor. Diese Ein-Monats-Frist steht nur dann im vollen Umfang zur Verfügung, wenn die Rechtskraft nicht vor der Bekanntgabe des Beschlusses an den Beschwerdeführer eintritt.

---

1 BAG v. 16.6.1998 – 5 AZR 255/98, NZA 1998, 1079; vgl. auch BAG v. 19.3.2003 – 4 AZR 419/02, NZA-RR 2004, 29.
2 Ebenso *Schmidt/Schwab/Wildschütz*, NZA 2001, 1217 (1219).
3 BAG v. 15.3.2006 – 9 AZN 885/05, NZA 2006, 876; vgl. auch BGH v. 5.9.2006 – VI ZB 65/05, NJW 2006, 3498.
4 BAG v. 28.2.2008 – 3 AZB 56/07, NZA 2008, 660; dabei hat das BAG offengelassen, ob ein vorheriger Rechtsmittel- bzw. Rechtsbehelfsverzicht generell, insbesondere aus prozesstaktischen Gründen, geeignet ist, die Rechtskraft vorher eintreten zu lassen.
5 BGH v. 19.10.2005 – VIII ZR 217/04, NJW 2005, 3724.
6 *Zöller/Vollkommer*, § 329 ZPO Rz. 7, 19 ff.

35 Bei einer **Rücknahme** der Revision/Nichtzulassungsbeschwerde tritt Rechtskraft im Zeitpunkt des Zugangs der Rücknahme beim BAG nur ein, wenn die Monatsfrist zur Einlegung im Rücknahmezeitpunkt bereits abgelaufen ist (vgl. aber § 565 Satz 2 ZPO); ansonsten kann die Maßnahme bis zum Ablauf der Monatsfrist erneut ergriffen werden.

Eine **beiderseitige Erledigungserklärung** des Rechtsstreits vor dem BAG ist nur möglich, wenn die Revision/Nichtzulassungsbeschwerde im Erklärungszeitpunkt (noch) zulässig ist. Mit Ablauf der Einlegungs-/ bzw. Begründungsfrist war bereits Rechtskraft eingetreten[1].

§ 70 (aufgehoben)

§ 71 (weggefallen)

Dritter Unterabschnitt. Revisionsverfahren

§ 72 Grundsatz

(1) Gegen das Endurteil eines Landesarbeitsgerichts findet die Revision an das Bundesarbeitsgericht statt, wenn sie in dem Urteil des Landesarbeitsgerichts oder in dem Beschluss des Bundesarbeitsgerichts nach § 72a Abs. 5 Satz 2 zugelassen worden ist. § 64 Abs. 3a ist entsprechend anzuwenden.

(2) Die Revision ist zuzulassen, wenn

1. eine entscheidungserhebliche Rechtsfrage grundsätzliche Bedeutung hat,
2. das Urteil von einer Entscheidung des Bundesverfassungsgerichts, von einer Entscheidung des Gemeinsamen Senats der obersten Gerichtshöfe des Bundes, von einer Entscheidung des Bundesarbeitsgerichts oder, solange eine Entscheidung des Bundesarbeitsgerichts in der Rechtsfrage nicht ergangen ist, von einer Entscheidung einer anderen Kammer desselben Landesarbeitsgerichts oder eines anderen Landesarbeitsgerichts abweicht und die Entscheidung auf dieser Abweichung beruht oder
3. ein absoluter Revisionsgrund gemäß § 547 Nr. 1 bis 5 der Zivilprozessordnung oder eine entscheidungserhebliche Verletzung des Anspruchs auf rechtliches Gehör geltend gemacht wird und vorliegt.

(3) Das Bundesarbeitsgericht ist an die Zulassung der Revision durch das Landesarbeitsgericht gebunden.

(4) Gegen Urteile, durch die über die Anordnung, Abänderung oder Aufhebung eines Arrestes oder einer einstweiligen Verfügung entschieden wird, ist die Revision nicht zulässig.

(5) Für das Verfahren vor dem Bundesarbeitsgericht gelten, soweit dieses Gesetz nichts anderes bestimmt, die Vorschriften der Zivilprozessordnung über die Revision mit Ausnahme des § 566 entsprechend.

(6) Die Vorschriften des § 49 Abs. 1, der §§ 50, 52 und 53, des § 57 Abs. 2, des § 61 Abs. 2 und des § 63 *[ab 19.4.2018: dieses Gesetzes]* über Ablehnung von Gerichtspersonen, Zustellung, Öffentlichkeit, Befugnisse des Vorsitzenden und der ehrenamtlichen Richter, gütliche Erledigung des Rechtsstreits sowie Inhalt des Urteils und Übersendung von Urteilen in Tarifvertragssachen *[ab 19.4.2018: und des § 169 Absatz 3 und 4 des Gerichtsverfassungsgesetzes über die Ton- und Fernseh-Rundfunkaufnahmen sowie Ton- und Filmaufnahmen bei Entscheidungsverkündung]* gelten entsprechend.

---

1 BAG v. 23.9.2015 – 5 AZR 290/15, NZA 2016, 64; Achtung (!) bei einem ausgesetzten Verfahren.

I. Allgemeines
1. Grundzüge des Revisionsverfahrens 1
2. Revisionsgericht 7
II. Historische Entwicklung des Revisionsrechtes 9
III. Das revisionsfähige Urteil
1. Endurteile eines Landesarbeitsgerichts 12
2. Nicht revisionsfähige Entscheidungen 20
   a) Arrest und einstweilige Verfügung 20
   b) Sofortige Beschwerde 21
   c) Fehlerhafte Zulassung einer nicht revisionsfähigen Entscheidung 22
IV. Zulassung der Revision
1. Allgemeines 23
2. Zulassungsgründe 24
   a) Zulassung wegen grundsätzlicher Bedeutung einer Rechtsfrage 24
      aa) Rechtsfrage 25
      bb) Klärungsbedürftigkeit und -fähigkeit der Rechtsfrage 26
      cc) Allgemeine Bedeutung der Rechtsfrage 27
      dd) Entscheidungserheblichkeit 31

b) Zulassung wegen Divergenz 33
   aa) Divergenzfähiges Gericht/Entscheidung 34
   bb) Relevante Abweichung 37
      (1) Der abweichende Rechtssatz 38
      (2) Entscheidungserheblichkeit 41
c) Zulassung wegen Verfahrensverstößen ... 43
   aa) Allgemeines 43
   bb) Absolute Revisionsgründe 43a
      (1) Einzelfälle 43b
      (2) Vermutung der Entscheidungserheblichkeit 43c
   cc) Verletzung rechtlichen Gehörs 43d
      (1) Begriff 43d
      (2) Einzelfälle 43e
      (3) Entscheidungserheblichkeit 43f
3. Zulassungsentscheidung 44
   a) Form der Zulassungsentscheidung 45
   b) Umfang der Zulassungsentscheidung 49
   c) Wirkung der Zulassungsentscheidung 55
V. Anzuwendende Vorschriften 60
1. ZPO 60a
2. ArbGG 61
3. GVG 68

Schrifttum: *Bepler*, Änderungen im arbeitsgerichtlichen Verfahren durch das Anhörungsrügengesetz, RdA 2005, 62; *Dütz*, Aktuelle Fragen zur Arbeitsgerichtsgesetz-Novelle 1979, RdA 1980, 95; *Düwell*, Verengung und Ausweitung des Revisionszugangs zum Bundesarbeitsgericht – Rechtstatsachen, Rechtsentwicklung und Rechtspolitik, FS Bepler 2012, S. 113; *Germelmann*, Neue prozessuale Probleme durch das Gesetz zur Beschleunigung des arbeitsgerichtlichen Verfahrens, NZA 2000, 1017; *Gravenhorst*, Nicht zugelassene Revision ausnahmslos unstatthaft?, NZA 2004, 1261; *Gravenhorst*, Anhörungsrügengesetz und Arbeitsgerichtsverfahren, NZA 2005, 24; *Lakies*, Neu ab dem 1. Mai 2000: Verbessertes Arbeitsgerichtsgesetz und Schriftform für die Beendigung von Arbeitsverhältnissen, BB 2000, 667; *Prütting*, Gegenwartsprobleme der Beweislast, 1983; *Schmidt/Schwab/Wildschütz*, Die Auswirkungen der Reform des Zivilprozesses auf das arbeitsgerichtliche Verfahren, 2. Teil, NZA 2001, 1217.

I. Allgemeines

1. Grundzüge des Revisionsverfahrens

Im Rahmen des arbeitsgerichtlichen Urteilsverfahrens wird mit der **Revision** als einem echten Rechtsmittel eine **3. Instanz** eröffnet, die dem Revisionsführer die Möglichkeit gibt, Entscheidungen des LAG sowie im Falle der Sprungrevision nach § 76 Urteile des ArbG überprüfen zu lassen.

Ziel der Revision ist die **richtige Entscheidung** des einzelnen Rechtsstreites. Gleichzeitig obliegt ihr die **Rechtsfortbildung** und die Sorge für die **Einheitlichkeit der Rspr.** Das BAG wahrt die Rechtseinheit durch Auslegung von Rechtsnormen oder durch Aufstellung von abstrakt generellen Regeln zu sonstigen Rechtsfragen, die für die Instanzgerichte und die sonstige Rechtspraxis eine Richtschnur bei der Beurteilung von Einzelfällen darstellen können. Hinsichtlich der Rechtsfortbildung gilt ähnliches. Das geltende Recht soll durch die Aufstellung neuer, abstrakt-genereller Regeln neuen Entwicklungen oder Veränderungen auf sozialen, gesellschaftlichen, technischen oder sonstigen Gebieten Rechnung tragen. Die Aufstellung genereller Regeln dient der abstrahierenden Erläuterung von Rechtsbegriffen. Die Wahrung der Rechtseinheit sowie die Rechtsfortbildung wird dadurch allerdings nicht zum Hauptzweck der Revision. Letztlich geht es stets um die richtige Entscheidung des Einzelfalles. Das Allgemeininteresse an der Rechtsfortbildung sowie an der Herstellung und Bewahrung der Rechtseinheit bildet nur den Rahmen, innerhalb dessen die Erreichung des eigentlichen Revisionszwecks verfolgt wird[1].

Nach § 73 Abs. 1 kann die **Revision** nur darauf gestützt werden, dass das Urteil des LAG auf der **Verletzung einer Rechtsnorm** beruht. Anders als bei der Berufung findet eine **Überprüfung nur in rechtlicher**, nicht in tatsächlicher **Hinsicht** statt. Innerhalb dieses Rahmens erfolgt allerdings keine Beschränkung nur auf die Teile der angefochtenen Entscheidung, die von grundsätzlicher Bedeutung sind, bei denen das Be-

---

[1] Vgl. GK-ArbGG/*Mikosch*, § 72 Rz. 1; GWBG/*Benecke*, § 72 Rz. 1; GMP/*Müller-Glöge*, § 72 Rz. 1.

rufungsgericht von einer divergenzfähigen Entscheidung abweicht oder ein absoluter Revisionsgrund oder eine Verletzung rechtlichen Gehörs vorliegt. Die Belange der Parteien werden im Rahmen der angegriffenen Entscheidung in vollem Umfang überprüft, falls das Revisionsverfahren eröffnet ist.

4 Unter welchen rechtlichen **Voraussetzungen** gegen ein landesarbeitsgerichtliches Urteil Revision eingelegt werden kann, ist erschöpfend in § 72 Abs. 1 geregelt. Das Rechtsmittel der Revision ist danach nur statthaft, wenn es entweder in dem Urteil des LAG oder in dem Beschluss des BAG im Rahmen einer Nichtzulassungsbeschwerde nach § 72a Abs. 5 Satz 2 zugelassen worden ist. § 72 Abs. 1 gestaltet die Revisionsmöglichkeit folglich als **reine Zulassungsrevision** aus. Dies bedeutet, dass ohne eine entsprechende Zulassung die Revisionsinstanz nicht eröffnet ist, auch nicht bei Vorliegen absoluter Revisionsgründe oder der Verletzung des Anspruchs auf rechtliches Gehör (vgl. zur historischen Entwicklung Rz. 9 ff.).

5 § 72 Abs. 2 listet die Zulassungsgründe abschließend auf. Dabei hat das Revisionsrecht zuletzt im Hinblick auf die Zulassungsgründe durch das Gesetz über die Rechtsbehelfe bei Verletzung des Anspruchs auf rechtliches Gehör (**„Anhörungsrügengesetz"**) vom 9.12.2004 einige grundlegende Änderungen erfahren. Nach alter Rechtslage konnten selbst gröbste Verfahrensfehler ohne Zulassung nicht die Revisionsinstanz eröffnen[1]. Auch die Verletzung der in § 547 ZPO geregelten absoluten Revisionsgründe eröffnete die Revision nicht[2]. Diesen Misstand hat der Gesetzgeber behoben und mit Wirkung zum 1.1.2005 einen weiteren Zulassungsgrund in § 72 Abs. 2 Nr. 3 eingeführt. Danach ist die Revision zuzulassen, soweit ein absoluter Revisionsgrund gem. § 547 Nr. 1–5 ZPO oder eine Verletzung rechtlichen Gehörs geltend gemacht wird und vorliegt. Ohne Zulassung ist die Revision aber auch in diesen Fällen nicht eröffnet.

6 Die Revision ist ein **Rechtsmittel**. Soweit sie **statthaft** ist, also zugelassen und form- und fristgerecht eingelegt und begründet wurde, hemmt sie den Eintritt der formellen Rechtskraft (**Suspensiveffekt**). Das Verfahren wird in der Revisionsinstanz anhängig. Diese ist nunmehr funktionell zur Entscheidung zuständig und überprüft die Entscheidung rechtlich in vollem Umfang (**Devolutiveffekt**)[3].

2. Revisionsgericht

7 Nach § 72 Abs. 1 **ist Revisionsgericht** ausschließlich **das BAG**. Eine § 8 EGGVG vergleichbare Regelung existiert für das arbeitsgerichtliche Verfahren nicht. Die einzelnen Bundesländer haben daher nicht die Möglichkeit – bei Bestehen mehrerer LAG in einem Bundesland –, ein oberstes Landesgericht als Revisionsgericht zu errichten.

8 Das Revisionsgericht hat die Entscheidung der Vorinstanz soweit sie unrichtig ist, **aufzuheben**, § 72 Abs. 5 ArbGG iVm. §§ 562 ZPO. Die zu überprüfende Entscheidung kann im Falle der Aufhebung vom Revisionsgericht an das Berufungsgericht **zurückverwiesen** (§ 563 Abs. 1 ZPO) werden. Bei Vorliegen der Voraussetzung des § 563 Abs. 3 ZPO kann das BAG auch **in der Sache selbst entscheiden**, vgl. § 75 Rz. 2 ff.

II. Historische Entwicklung des Revisionsrechtes

9 Ausgangspunkt der historischen Entwicklung des Revisionsrechtes ist das **ArbGG vom 23.12.1926**, das zwei Revisionstatbestände kannte, die Zulassung durch das LAG im Falle der grundsätzlichen Bedeutung sowie eine zulassungsunabhängige Streitwertrevision, bei der die Wertgrenzen der ordentlichen Gerichtsbarkeit zugrunde gelegt wurden. Das **ArbGG vom 3.9.1953** erweiterte die Revisionstatbestände[4]. Danach war die Revision als Zulassungs-, Divergenz- oder Streitwertrevision statthaft. Ohne Zulassung durch das LAG war eine Revision statthaft, wenn das LAG mit seinem Berufungsurteil von einer Entscheidung des BAG abgewichen ist oder wenn der vom ArbG oder LAG festgesetzte Wert des Streitgegenstandes die in der ordentlichen bürgerlichen Gerichtsbarkeit geltende Revisionsstreitwertgrenze erreichte. Es gab also zwei Möglichkeiten, eine Revision ohne Zulassung durch das LAG zu erreichen. Durch das **Gesetz zur Änderung von Wertgrenzen und Kostenvorschriften in der Zivilgerichtsbarkeit** vom 27.11.1964[5] wurde durch Art. 3 Nr. 3a der Streitwert von der in der ordentlichen Gerichtsbarkeit geltenden gleichzeitig erhöhten Revisionsgrenze abgekoppelt und der maßgebende Streitwert auf DM 6000 festgesetzt. Das erste **Arbeitsrechts-**

---

1 Vgl. nur BAG v. 13.12.1995 – 4 AZN 576/95, AP Nr. 36 zu § 72a ArbGG 1979 in einem Fall, in dem das Urteil des LAG nicht innerhalb von fünf Monaten vollständig niedergelegt worden ist; BVerfG v. 26.3.2001 – 1 BvR 383/00, NZA 2001, 982.
2 BAG v. 8.10.2002 – 8 AZR 259/02, NZA 2003, 287; BAG v. 20.2.2001 – 4 AZR 677/00, BAGE 97, 63.
3 GK-ArbGG/*Mikosch*, § 72 Rz. 1; ErfK/*Koch*, § 72 ArbGG Rz. 2; Hauck/Helml/Biebl/*Hauck*, § 72 Rz. 2.
4 BGBl. I S. 1267 (1278 f.).
5 BGBl. I S. 933.

beschleunigungsgesetz vom 14.8.1969[1] brachte eine Erweiterung der Statthaftigkeit der Revision auf eine Divergenz zu einer Entscheidung des gemeinsamen Senats der obersten Gerichtshöfe des Bundes.

Während mit der **Vereinfachungsnovelle vom 3.12.1976**[2] Änderungen in Abs. 4 bezüglich der entsprechenden Anwendungen arbeitsrechtlicher Vorschriften auf das Revisionsverfahren eingeführt wurden, brachte das Gesetz zur **Beschleunigung und Bereinigung des arbeitsgerichtlichen Verfahrens vom 23.5.1979**[3] einen **Systemwechsel** hin zu einer ausschließlichen Zulassungsrevision. Die Zulassung kann seither entweder vom LAG im Urteil oder auf eine Nichtzulassungsbeschwerde hin erfolgen. Die Erreichung eines bestimmten Streitwertes ist anders als bei der Berufung, nicht mehr erforderlich. Bei der **Divergenz** hat sich durch die Gesetzesänderung in der Sache allerdings nicht viel geändert. Zwar ist die Revision bei einer vorhandenen Divergenz von der Entscheidung eines in § 72 genannten Gerichts für sich allein nicht mehr ipso iure statthaft, sondern bedarf ebenfalls der Zulassung durch das LAG. Nach **§ 72 Abs. 2 Nr. 2** ist das LAG aber verpflichtet die **Revision zuzulassen**, andernfalls kann gem. § 72a Abs. 5 Satz 2 Nichtzulassungsbeschwerde eingelegt werden.

10

Dieser Systemwechsel zur reinen Zulassungsrevision hat trotz diverser Änderungen des Revisionsrechtes nach wie vor Gültigkeit. Durch das **Arbeitsgerichtsbeschleunigungsgesetz vom 30.3.2000**[4] wurde § 72 Abs. 1 ein neuer Satz 2 angefügt worden, mit dem auf § 64 Abs. 3a Bezug genommen wird. Danach muss die Entscheidung des LAG über die Zulassung der Revision in den Urteilstenor aufgenommen werden, vgl. unten Rz. 45. Ist dies unterblieben, kann binnen zwei Wochen ab Verkündung des Urteils eine entsprechende Ergänzung beantragt werden, (vgl. auch § 64 Rz. 38 ff.). Auch durch die am **1.1.2002 in Kraft getretene Reform des Zivilprozesses** hat sich die Struktur der Revision als solche nicht verändert[5]. Wesentliche Änderungen betreffen die Revisionsfristen (§ 74 Abs. 1), Revisionsgründe (§ 73), Revisionsbegründung (§ 72) sowie die Anschlussrevision (§ 72 Abs. 5). Das Gesetz über die Rechtsbehelfe bei Verletzung des Anspruchs auf rechtliches Gehör („**Anhörungsrügengesetz**") vom **9.12.2004** hat mit Wirkung zum 1.1.2005 zwar gleichfalls wesentliche Änderungen des Revisionsrechtes bewirkt, aber in die bestehende Struktur systematisch integriert. Änderungen des Revisionsrechtes durch das Anhörungsrügengesetz betreffen den Revisionszugang durch die Erweiterung der Revisionsgründe bzw. der Gründe, auf die die Nichtzulassungsbeschwerde gestützt werden kann. Gründe für die Revisionszulassung und die Nichtzulassungsbeschwerde sind seither kongruent.[6] Kein Gleichlauf besteht demgegenüber mit den Gründen für die Zulassung der Sprungrevision, vgl. dazu § 76 Rz. 3. Neu und speziell für das arbeitsgerichtliche Verfahren eingeführt ist die sofortige Beschwerde nach § 72b, wenn das Endurteil des LAG nicht binnen fünf Monaten nach der Verkündung vollständig abgefasst und mit den Unterschriften der Kammermitglieder versehen der Geschäftsstelle übergeben worden ist.

11

III. Das revisionsfähige Urteil

1. Endurteile eines Landesarbeitsgerichts

Sofern die **Revision** durch das LAG oder auf die Nichtzulassungsbeschwerde hin vom BAG **zugelassen** wurde, ist sie gem. § 72 Abs. 1 nur **gegen Endurteile** eines LAG statthaft. Ausnahmsweise kann bei der Sprungrevision nach § 76 unmittelbar gegen das Urteil eines ArbG Revision eingelegt werden. Die revisible Entscheidung muss die Qualität eines Endurteils haben, um überhaupt mit der Revision angegriffen werden zu können. Endurteile sind Entscheidungen die Instanz ganz oder teilweise erledigen, indem sie über die ganze Klage oder Teile des Streitgegenstandes entscheiden[7]. Nach § 72 Abs. 1 wird bei dem Begriff Endurteil auf die Bedeutung für die Erledigung des Rechtsstreits und des Streitfalles abgestellt. Ein Endurteil ist zB auch ein Urteil, durch das die Berufung nach mündlicher Verhandlung als unzulässig verworfen wird[8]. Hinsichtlich der formalen Bedeutung wird bei einer Instanzenbeendigung zwischen Endurteilen, Zwischenurteilen und Vorbehaltsurteilen differenziert.

12

In diesem Sinne sind Endurteile als Voll-Endurteile (§ 300 ZPO) sowie Teil- und Schlussurteile (§ 301 ZPO) revisionsfähig. Ein **Teilurteil** ist ein Endurteil über einen selbständigen Teil des Streitgegenstandes.

13

---

1 Gesetz zur Änderung des Kündigungsrechts und anderer arbeitsrechtlicher Vorschriften, BGBl. I S. 1106 (1108).
2 Gesetz zur Vereinfachung und Beschleunigung gerichtlicher Verfahren, BGBl. I 1976, S. 3281 (3298).
3 BGBl. I S. 545 (552).
4 Gesetz zur Vereinfachung und Beschleunigung des arbeitsgerichtlichen Verfahrens, BGBl. I S. 333 (334).
5 BGBl. I S. 1887.
6 Vgl. auch BAG v. 10.7.2014 – 10 AZN 307/14, BAGE 148, 337.
7 GK-ArbGG/*Mikosch*, § 72 Rz. 6; ErfK/*Koch*, § 72 ArbGG Rz. 2; *Ostrowicz/Künzl/Scholz*, Rz. 529; Düwell/Lipke/ *Düwell*, § 72 Rz. 8; Hauck/Helml/Biebl/*Hauck*, § 72 Rz. 4.
8 BAG v. 7.11.2012 – 7 AZR 314/12, NZA 2013, 1035.

Dieser Streitgegenstand wird vom weiteren Verlauf des Rechtsstreits nicht mehr berührt. Über den Rest wird im letzten Teilurteil entschieden, dem sog. **Schlussurteil**, das die Instanz abschließt. Insofern erledigt bereits das Teilurteil den von ihm erfassten Streitgegenstand endgültig und ist demnach Endurteil iSd. § 72 Abs. 1. Auch das **Ergänzungsurteil** (§ 321 ZPO) ist als (Teil-)Endurteil ebenso wie das **unechte Versäumnisurteil** revisionsfähig. Zum echten Versäumnisurteil und zweiten Versäumnisurteil s. Rz. 19.

14 Im Gegensatz dazu entscheidet das **Zwischenurteil** nicht über den Streitgegenstand, sondern nur über einzelne Streitpunkte, so dass es, abgesehen von der ausdrücklichen Regelung in § 280 Abs. 2 ZPO für den Fall des Zwischenurteils über die Zulässigkeit einer Klage[1], **nicht revisionsfähig** ist. Nach § 61 Abs. 3 ist **abweichend** von den Regelungen der ZPO auch ein Zwischenurteil, das über den Grund des Anspruchs vorab entscheidet (**Grundurteil**, § 304 Abs. 2 ZPO), wegen der Rechtsmittel nicht als Endurteil anzusehen. Es kann deshalb erst zusammen mit dem Schlussurteil angefochten werden[2]. Eine Besonderheit besteht, wenn in einem einheitlichen Urteil über den Grund eines Teilanspruchs und zugleich über die Verpflichtung, allen künftigen Schaden zu ersetzen, entschieden worden ist. Ein solches Urteil unterliegt auch hinsichtlich der Entscheidung über den Grund des Anspruchs der Revision. Denn das Urteil erfasst den Grund des Anspruchs insgesamt[3].

15 **Vorbehaltsurteile** (§ 302 ZPO) lassen als auflösend bedingte Endurteile nur noch bestimmte Einwendungen des Beklagten offen. Sie sind den Endurteilen hinsichtlich der Anfechtbarkeit aber gleichgestellt, § 302 Abs. 3 ZPO. Eine Revision ist deshalb statthaft.

16 Über den **Wiedereinsetzungsantrag** kann durch Endurteil oder durch Zwischenurteil entschieden werden. Eine Entscheidung durch Endurteil ergeht immer dann, wenn über die nachgeholte Prozesshandlung im Endurteil zu entscheiden ist. Durch Zwischenurteil wird immer dann entschieden, wenn die Verhandlung auf die Wiedereinsetzung beschränkt war und dem Antrag stattgegeben wurde, da bei Versagung Entscheidungsreife auch bezüglich der Hauptsache besteht[4]. Soweit über die Wiedereinsetzung durch **Zwischenurteil** entschieden wird, ist die **Revision nicht statthaft**. Wird die Wiedereinsetzung hingegen durch **Endurteil** abgelehnt, handelt es sich um eine anfechtbare Entscheidung. Dabei kommt es in diesem Fall nicht darauf an, wie das LAG das Urteil bezeichnet. Hat das LAG also bei Versagung der Wiedereinsetzung durch Zwischenurteil entschieden, ist eine Revision statthaft, soweit sie gegen das Endurteil statthaft wäre[5].

17 Entscheidungen, die dem Endurteil vorausgegangen sind, unterliegen nach § 557 Abs. 2 ZPO der Beurteilung des Revisionsgerichts nur, soweit sie nicht unanfechtbar geworden sind. Diese **Vorentscheidungen** werden als vorweggenommener Teil des mit der Revision angefochtenen Endurteils behandelt. Deshalb ist auch eine inzidente Überprüfung der Entscheidung der LAG über ein Ablehnungsgesuch im Rahmen eines Rechtsmittels gegen die unter Mitwirkung des erfolglos abgelehnten Richters getroffene Hauptentscheidung ausgeschlossen[6]. Hier ist lediglich die Anhörungsrüge möglich.

18 Nach der Neuregelung des § 5 Abs. 4 KSchG zum 1.4.2008 erfolgt die Entscheidung über die **nachträgliche Zulassung der Kündigungsschutzklage** nicht mehr durch einen gesonderten Beschluss, sondern regelmäßig zusammen mit der Klage durch Urteil. Das ArbG kann das Verfahren aber zunächst auf die Verhandlung und Entscheidung über den Antrag auf nachträgliche Zulassung beschränken. In diesem Fall ergeht eine Entscheidung durch Zwischenurteil, die wie das Endurteil mit der Revision angefochten werden kann, § 5 Abs. 4 Satz 3 KSchG.

19 Das – **echte** – **Versäumnisurteil** ist ein Endurteil, das eigenen Regelungen folgt. Es kann mit einem Einspruch, § 59, angegriffen werden. Gegen ein **zweites Versäumnisurteil** hingegen steht der Partei, die Einspruch eingelegt hat, kein weiterer Einspruch zu. Das in der Berufungsinstanz ergehende zweite Versäumnisurteil ist deshalb als Endurteil anzusehen. Der Streit, ob die Revision gegen ein zweites Versäumnisurteil auch ohne Zulassung eingelegt werden kann, mit der Behauptung, es habe kein Fall der Säumnis vorgelegen, oder ob auch hier die Zulassung der Revision durch das LAG erforderlich ist, ist seit der Neuregelung des Rechtes der Nichtzulassungsbeschwerde obsolet. Die Revision ist auch in diesem Fall nur

---

1 BAG v. 17.10.1990 – 5 AZR 639/89, AP Nr. 9 zu § 5 ArbGG 1979.
2 BAG v. 15.8.1967 – 1 AZA 11/67, AP Nr. 1 zu § 61 ArbGG 1953 – Grundurteil; GMP/*Müller-Glöge*, § 72 Rz. 10; GK-ArbGG/*Mikosch*, § 72 Rz. 9; GWBG/*Benecke*, § 72 Rz. 5; ErfK/*Koch*, § 72 ArbGG Rz. 2; Ostrowicz/Künzl/Scholz, Rz. 530; HWK/*Bepler*/*Treber*, § 72 Rz. 4.
3 BAG v. 15.8.1967 – 1 AZA 11/67, AP Nr. 1 zu § 61 ArbGG 1953 – Grundurteil; GMP/*Müller-Glöge*, § 72 Rz. 10; GWBG/*Benecke*, § 72 Rz. 5.
4 Thomas/Putzo/*Reichold*, § 238 ZPO Rz. 6 f.
5 BAG v. 9.12.1955 – 2 AZR 439/54, AP Nr. 1 zu § 300 ZPO; GMP/*Müller-Glöge*, § 72 Rz. 6; GK-ArbGG/*Mikosch*, § 72 Rz. 8.
6 BAG v. 17.3.2016 – 6 AZN 1087/15, NZA 2016, 1100; BAG v. 23.9.2008 – 6 AZN 84/08, NZA 2009, 396; BGH v. 30.11.2006 – II ZR 93/06, MDR 2007, 599.

statthaft, wenn sie zugelassen worden ist[1]. Demgegenüber kann ein zweites Versäumnisurteil im zivilgerichtlichen Verfahren gem. § 565 Satz 1, § 514 Abs. 2 ZPO mit der Revision angegriffen werden, soweit diese darauf gestützt wird, ein Fall der schuldhaften Säumnis habe nicht vorgelegen[2]. Die unterschiedliche Ausgestaltung des Revisionsrechtes ist im Ergebnis unerheblich. Denn es liegt ein Verstoß gegen den Anspruch auf rechtliches Gehör vor, wenn die Voraussetzungen für den Erlass des zweiten Versäumnisurteils nicht vorlagen. In diesem Fall besteht der Zulassungsgrund des § 72 Abs. 2 Nr. 3, so dass auf diesen Mangel auch eine Nichtzulassungsbeschwerde gestützt werden könnte, § 72a Rz. 38a ff.[3]. Das unechte Versäumnisurteil ist ohnehin Endurteil, s. Rz. 13.

2. Nicht revisionsfähige Entscheidungen

a) Arrest und einstweilige Verfügung

Gegen Urteile, durch die über die Anordnung, Abänderung oder Aufhebung eines **Arrestes** oder einer **einstweiligen Verfügung** entschieden wird, ist die **Revision** nach § 72 Abs. 4 **unstatthaft**. Für den Zivilprozess enthält § 542 Abs. 2 Satz 1 ZPO eine entsprechende Regelung. Dahinter steht die Erwägung, dass die in § 72 Abs. 4 genannten Eilverfahren nur der vorläufigen Sicherung des Gläubigers dienen. Streitgegenstand ist nicht der materielle Anspruch selbst, sondern die Zulässigkeit seiner zwangsweisen Sicherung. Da im Arrest- oder Verfügungsverfahren die Hauptsache nicht vorweggenommen werden darf, ergeht hinsichtlich des materiellen Anspruchs keine der Rechtskraft fähige Entscheidung. Diese muss im Hauptsacheverfahren erwirkt werden und kann erst dann mit der Revision überprüft werden. Im Gegensatz dazu unterliegt ein Urteil, das über eine **Schadensersatzpflicht nach § 945 ZPO** entscheidet, nicht den Beschränkungen des § 72 Abs. 4. Es kann im Wege der Revision überprüft werden[4]. 20

b) Sofortige Beschwerde

Eine **Revision** kommt ebenso **nicht** in Betracht, soweit **Urteile mit der sofortigen Beschwerde anfechtbar** sind. Solche gesetzlich ausdrücklich bestimmten Fälle sind Entscheidungen über die Kosten nach einem Anerkenntnisurteil (§ 99 Abs. 2 ZPO), über ein Zwischenurteil über die Berechtigung einer Zeugnisverweigerung (§ 387 Abs. 3 ZPO) sowie ein Zwischenurteil über die Zulässigkeit einer Nebenintervention (§ 71 Abs. 2 ZPO). Das BAG kann die Entscheidung über die Zulässigkeit der Nebenintervention hingegen überprüfen, wenn die Entscheidung über die Zulassung des Streithelfers in das Endurteil mit aufgenommen wurde[5]. Eine Ausnahme von der Vorrangigkeit der sofortigen Beschwerde regelt § 72b. Hier steht bei verspätet abgesetzter Entscheidung durch das LAG zwar die sofortige Beschwerde offen. Alternativ kann allerdings auch die Revision eingelegt werden, soweit sie im Urteil zugelassen wurde, vgl. § 72b Rz. 8. 21

c) Fehlerhafte Zulassung einer nicht revisionsfähigen Entscheidung

Soweit ein LAG entgegen § 72 Abs. 4 ohne revisionsfähiges Endurteil die Revision zulässt, entfaltet dies keinerlei Wirkung[6]. Lässt das LAG also in den Fällen des Arrestes, der einstweiligen Verfügung oder der sofortigen Beschwerde die Revision zu, ist das BAG daran nicht gebunden. Entscheidet das Gericht 2. Instanz als Berufungsgericht fehlerhaft durch **Beschluss statt** durch ein **Urteil** und lässt es gegen seine Entscheidung ein Rechtsmittel zu, gebietet der **Grundsatz der Meistbegünstigung**, gegen einen solchen Beschluss auch die Revision zuzulassen, sofern gegen die gebotene Entscheidung ein Rechtsmittel überhaupt zulässig wäre[7]. 22

---

1 BAG v. 17.3.2016 – 6 AZN 1087/15, NZA 2016, 1100; BAG v. 5.6.2007 – 5 AZR 276/07, NZA 2007, 944; BAG v. 22.4.2004 – 2 AZR 314/03, EzA ArbGG 1979, § 72 Nr. 32. Vgl. *Dütz*, RdA 1980, 95; Hauck/Helml/Biebl/*Hauck*, § 72 Rz. 4; *Gift/Baur*, Teil I Rz. 17. GK-ArbGG/*Mikosch*, § 72 Rz. 11; GMP/*Müller-Glöge*, § 72 Rz. 3.
2 BGH v. 26.11. 2015 - VI ZR 488/14, juris.
3 BAG v. 17.3.2016 – 6 AZN 1087/15, NZA 2016, 1100; GMP/*Müller-Glöge*, § 72 Rz. 3; GK-ArbGG/*Mikosch*, § 72 Rz. 11; HWK/*Bepler/Treber*, § 72 Rz. 3; *Bepler*, RdA 2005, 73. AA *Gravenhorst*, NZA 2004, 1261.
4 GWBG/*Benecke*, § 72 Rz. 9; GK-ArbGG/*Mikosch*, § 72 Rz. 13; MünchKommZPO/*Krüger*, § 542 Rz. 14; *Ostrowicz/Künzl/Scholz*, Rz. 531; Düwell/Lipke/*Düwell*, § 72 Rz. 12.
5 Die frühere Rspr. des BAG v. 17.12.1987 – 6 AZR 747/85, EzA § 71 ZPO Nr. 1 ist überholt; vgl. BGH v. 5.12.2012 – I ZB 7/12, NJW-RR 2013, 490; GK-ArbGG/*Mikosch*, § 72 Rz. 14; Düwell/Lipke/*Düwell*, § 72 Rz. 13.
6 BAG v. 16.12.2004 – 9 AZN 969/04, AP Nr. 50 zu § 72 ArbGG 1979; BAG v. 22.1.2003 – 9 AZB 7/03, AP Nr. 1 zu § 78 ArbGG 1979; BAG v. 14.10.1982 – 2 AZR 570/80, EzA § 5 KSchG Nr. 19; GK-ArbGG/*Mikosch*, § 72 Rz. 15; ErfK/*Koch*, § 72 ArbGG Rz. 2; Hauck/Helml/Biebl/*Hauck*, § 72 Rz. 6.
7 BAG v. 14.10.1982 – 2 AZR 570/80, AP Nr. 2 zu § 72 ArbGG 1979; GMP/*Müller-Glöge*, § 72 Rz. 8; GK-ArbGG/*Mikosch*, § 72 Rz. 10; BeckOKArbR/*Klose*, § 72 Rz. 4; *Thomas/Putzo*, Vorb. § 511 ZPO Rz. 8; ErfK/*Koch*, § 72 ArbGG Rz. 2; *Ostrowicz/Künzl/Scholz*, Rz. 533; Düwell/Lipke/*Düwell*, § 72 Rz. 10; Hauck/Helml/Biebl/*Hauck*, § 72 Rz. 5.

IV. Zulassung der Revision

1. Allgemeines

23 Die Revision ist im arbeitsgerichtlichen Verfahren als reine **Zulassungsrevision** ausgestaltet, vgl. bereits Rz. 5. Sie ist also nur statthaft, wenn sie zugelassen worden ist. Damit korrespondiert die **Pflicht des LAG zur Zulassung**. Nach der zwingenden Vorschrift des § 72 Abs. 2 Nr. 1 **ist** die Revision vom LAG zuzulassen, wenn eine entscheidungserhebliche Rechtsfrage grundsätzliche Bedeutung hat, nach Nr. 2 eine divergente Entscheidung des erkennenden LAG von den dort genannten Gerichten vorliegt oder nach Nr. 3 ein absoluter Revisionsgrund gem. § 547 Nr. 1–5 ZPO oder eine Verletzung des Anspruchs auf rechtliches Gehör geltend gemacht wird und vorliegt. Liegen die genannten Voraussetzungen vor, muss das LAG die Revision also selbst dann zulassen, wenn es sie nicht für Erfolg versprechend hält. Ein **Ermessensspielraum besteht nicht**. Deswegen ist es auch völlig unerheblich, ob die Parteien die Zulassung der Revision beantragen. Hierbei handelt es sich lediglich um eine Anregung an das erkennende LAG. Die Zulassungspflicht des LAG ist abgesichert durch die Möglichkeit der Nichtzulassungsbeschwerde gem. § 72a. Das BAG ist seinerseits auch bei einer fehlerhaften Zulassung der Revision durch das LAG an die Zulassung gebunden, vgl. aber Rz. 58.

2. Zulassungsgründe

a) Zulassung wegen grundsätzlicher Bedeutung einer Rechtsfrage

24 Nach dem Gesetzeswortlaut muss eine entscheidungserhebliche Rechtsfrage grundsätzliche Bedeutung haben. Ob dies der Fall ist, richtet sich danach, ob die zu entscheidende Rechtsfrage klärungsfähig und klärungsbedürftig ist und die Klärung entweder von allgemeiner Bedeutung für die Rechtsordnung ist oder wegen ihrer tatsächlichen Auswirkungen die Interessen der Allgemeinheit oder eines größeren Teils der Allgemeinheit eng berührt[1]. Zudem muss die Rechtsfrage entscheidungserheblich sein. Diese Tatbestandsvoraussetzungen decken sich trotz der nunmehr zu § 543 Abs. 2 Nr. 1 ZPO bestehenden Wortlautdifferenz nach wie vor mit dieser Norm[2]. Es sind deshalb folgende Prüfkriterien abzuarbeiten:

aa) Rechtsfrage

25 Eine Rechtsfrage ist eine Frage, welche die Wirksamkeit, den Geltungsbereich, die Anwendbarkeit oder den Inhalt einer Norm zum Gegenstand hat[3]. Von der Rechtsfrage können alle gesetzlichen Regelungen des materiellen Rechts und des Verfahrensrechts betroffen sein. Es muss sich nicht um eine arbeitsrechtliche Frage handeln. Die Rechtsfrage kann auch fundamentale Fragen zur Darlegungs- und Beweislast und solche zur Anwendung und Auslegung von Verfahrensvorschriften betreffen[4]. Ebenso kann die Rechtsfrage aus einem anderen Rechtsgebiet stammen. Eine Rechtsfrage in diesem Sinn kann auch die Verfassungsmäßigkeit eines Gesetzes sein[5].

bb) Klärungsbedürftigkeit und -fähigkeit der Rechtsfrage

26 Nach herkömmlicher Definition muss die **Rechtsfrage klärungsbedürftig** und **klärungsfähig** sein. Die Begriffe werden allerdings nicht einheitlich verwendet, vielfach vermischt und zum Teil für unerheblich gehalten. Richtig an der Kritik ist, dass die Begriffe oft nicht trennscharf abgegrenzt und verwendet werden. Bei richtiger Abgrenzung sind die Merkmale indes unverzichtbar für die Feststellung der grundsätzlichen Bedeutung der Rechtsfrage[6]. Die Rechtsfrage ist **klärungsbedürftig**, wenn deren Beantwortung zweifelhaft

---

1 BAG v. 23.6.2016 – 8 AZN 205/16, juris; BAG v. 17.1.2012 – 5 AZN 1358/11, NZA 2012, 411; BAG v. 11.10.2010 – 9 AZN 418/10, NZA 2011, 1117; BAG v. 5.10.2010 – 5 AZN 666/10, NZA 2010, 1372; BAG v. 5.11.2008 – 5 AZN 842/08, NZA 2009, 55; BAG v. 11.3.2008 – 3 AZN 1311/07, nv.; BAG v. 13.6.2006 – 9 AZN 226/06, NZA 2006, 1004; BAG v. 15.2.2005 – 9 AZN 982/04, NZA 2005, 542; BAG v. 16.9.1997 – 9 AZN 133/97, AP Nr. 54 zu § 72a ArbGG 1979 – Grundsatz; BAG v. 5.12.1979 – 4 AZN 41/79, AP Nr. 1 zu § 72a ArbGG 1979 – Grundsatz; BAG v. 28.1.1981 – 4 AZN 468/80, AP Nr. 13 zu § 72a ArbGG 1979 – Grundsatz.
2 Bepler, RdA 2005, 65; Gravenhorst, NZA 2005, 24 (25); Hauck/Helml/Biebl/*Hauck*, § 72 Rz. 8; GK-ArbGG/*Mikosch*, § 72 Rz. 17.
3 BAG v. 23.6.2016 – 8 AZN 205/16, juris; BAG v. 15.3.2011 – 9 AZN 1232/10, NZA 2011, 997; BAG v. 11.10.2010 – 9 AZN 418/10, NZA 2011, 1117; BAG v. 23.3.2010 – 9 AZN 979/09; BAG v. 20.5.2008 – 5 AZN 1258/07, NZA 2008, 839; BAG v. 23.1.2007 – 9 AZN 792/06, AP Nr. 66 zu § 72a ArbGG 1979 – Grundsatz.
4 BAG v. 26.1.2006 – 9 AZA 11/05, NZA 2006, 1180; GWBG/*Benecke*, § 72 Rz. 14; GK-ArbGG/*Mikosch*, § 72 Rz. 18; ErfK/*Koch*, § 72 ArbGG Rz. 3a; Düwell/Lipke/*Düwell*, § 72 Rz. 19; BeckOKArbR/*Klose*, § 72 Rz. 7.
5 BAG v. 25.7.2006 – 3 AZN 108/06, NZA 2007, 407.
6 So auch BeckOKArbR/*Klose*, § 72 Rz. 7; vgl. dazu auch HWK/*Bepler/Treber*, § 72 Rz. 11/12.

und sie noch nicht entschieden ist. Entscheidend ist der mit der Rechtsfrage zur Entscheidung stehende Streitgegenstand. Letztlich muss die durch den Streitgegenstand aufgeworfene Rechtsfrage einer Klärung durch das BAG bedürfen. Dies ist nicht der Fall, wenn sie bereits durch das BAG beantwortet worden ist und von der Partei keine neuen, beachtlichen Gesichtspunkte gegen die Entscheidung des BAG vorgetragen werden[1]. In diesen Fällen kommt bei einer Abweichung des LAG von der Rspr. des BAG aber eine Zulassung wegen Divergenz in Betracht. Bloße Zweifel des LAG an der Richtigkeit der Beantwortung der Rechtsfrage reichen allerdings nicht. Vertritt das Berufungsgericht die gleiche Auffassung, besteht für eine Zulassung keine Veranlassung. Ist eine gesetzliche oder tarifliche Regelung völlig eindeutig, ist sie gleichfalls nicht klärungsbedürftig[2]. Denn die offenkundig zu beantwortende Rechtsfrage bedarf der Klärung durch das BAG nicht. Dies gilt auch dann, wenn die Rechtsfrage so einfach zu beantworten ist, dass divergierende Entscheidungen der LAGe nicht zu erwarten sind[3]. Insoweit ist die Klärungsbedürftigkeit aber schon zu bejahen, wenn nicht ausgeschlossen werden kann, dass andere LAGe zB bei der Frage des Bestehens einer Anspruchsgrundlage für ein Klagebegehren zu einem anderen Ergebnis gelangen[4]. Das Merkmal der **Klärungsfähigkeit** bezieht sich auf die Möglichkeit zur Beantwortung der klärungsbedürftigen Rechtsfrage durch das Revisionsgericht. Demgegenüber vermischte das BAG in seiner Rspr. früher zuweilen die Begriffe Klärungsfähigkeit und Entscheidungserheblichkeit[5]. Richtigerweise geht es nur darum, ob es sich um revisibles Recht handelt und die Rechtsfrage vom Revisionsgericht beantwortet werden kann[6]. Zwar hat das LAG dem BAG bei einer klärungsbedürftigen Rechtsfrage die Möglichkeit zur Beantwortung zu überlassen, es gibt jedoch Fälle, in denen dies von vornherein ausgeschlossen ist. Ein Beispiel: Da der Streitgegenstand durch die Anträge bestimmt wird, können auch die den Antrag konkretisierenden Tatsachen, aus denen sich die Rechtsproblematik ergeben soll, nicht erst in der Revisionsinstanz in den Prozess eingeführt werden[7]. Deshalb fehlt es an der Klärungsfähigkeit, wenn neue Tatsachen erforderlich werden. Das Merkmal der Klärungsfähigkeit besteht demgegenüber auch dann, wenn die Verfassungsmäßigkeit eines Gesetzes die entscheidungserhebliche Rechtsfrage darstellt. Zwar kann das BAG, falls es von der Verfassungsmäßigkeit einer Rechtsnorm ausgeht, die endgültige Entscheidung über die Verfassungswidrigkeit nicht selbst treffen. Allerdings kann das BAG in diesem Fall das Vorlageverfahren nach Art. 100 Abs. 1 GG einleiten. Dies reicht zur Begründung des Merkmals aus[8].

cc) Allgemeine Bedeutung der Rechtsfrage

Schließlich muss die Beantwortung der Rechtsfrage von **allgemeiner Bedeutung** sein. Dies ist der Fall, wenn die Entscheidung des BAG über den Einzelfall hinaus Bedeutung erlangt, so dass sie der Wahrung der Rechtseinheit oder der Rechtsfortbildung dient[9]. Letztlich muss die Klärung der Rechtsfrage entweder von allgemeiner Bedeutung für die Rechtsordnung sein oder wegen ihrer tatsächlichen Auswirkungen die Interessen zumindest eines größeren Teils der Allgemeinheit berühren[10]. Es reicht nicht aus, wenn nur das Rechtsverhältnis der Parteien oder auch nur wenige gleich gelagerte Rechtsverhältnisse betroffen werden. Vielmehr müssen die tatsächlichen Auswirkungen die Interessen der Allgemeinheit oder eines größeren

27

---

1 BAG v. 26.1.2017 – 6 AZN 835/16, juris; BAG v. 10.7.2014 – 10 AZN 307/14, BAGE 148, 337; BAG v. 27.3.2012 – 3 AZN 1389/11, NZA 2012, 3196; BVerfG v. 4.11.2008 – 1 BvR 2587/06, NZA 2009, 53; BAG v. 28.7.2009 – 3 AZN 224/09, NZA 2009, 859; BAG v. 26.6.2008 – 6 AZN 648/07, NZA 2008, 1145; BAG v. 20.5.2008 – 9 AZN 1258/07, NZA 2008, 839; BAG v. 11.3.2008 – 3 AZN 1311/07, nv.; BAG v. 26.1.2006 – 9 AZA 11/05, NZA 2006, 1180; BAG v. 14.4.2005 – 1 AZN 840/04, NZA 2005, 708; BAG v. 22.3.2005 – 1 ABN 1/05, NZA 2005, 652.
2 Vgl. auch BAG v. 10.7.2014 – 10 AZN 307/14, BAGE 148, 337; BAG v. 25.10.1989 – 2 AZN 401/89, AP Nr. 39 zu § 72a ArbGG 1979 – Grundsatz.
3 BAG v. 26.1.2006 – 9 AZA 11/05, NZA 2006, 1180; BAG v. 15.2.2005 – 9 AZN 982/04, NZA 2005, 542.
4 BAG v. 23.1.2007 – 9 AZN 792/06, AP Nr. 66 zu § 72a ArbGG 1979 – Grundsatz.
5 BAG v. 15.2.2005 – 9 AZN 982/04, NZA 2005, 542: „Die Frage ist klärungsfähig, wenn sie entscheidungserheblich war"; BAG v. 28.7.2009 – 3 AZN 224/09, NZA 2009, 859. Zutreffend: Düwell/Lipke/*Düwell*, § 72 Rz. 20; Beck-OKArbR/*Klose*, § 72 Rz. 7; GK-ArbGG/*Mikosch*, § 72 Rz. 23.
6 BAG v. 27.3.2012 – 3 AZN 1389/11, NZA 2012, 3196; BVerfG v. 4.11.2008 – 1 BvR 2587/06, NZA 2009, 53; BAG v. 26.6.2008 – 6 AZN 648/07, NZA 2008, 1145; BAG v. 22.3.2005 – 1 ABN 1/05, NZA 2005, 652; BAG v. 14.4.2005 – 1 AZN 840/04, NZA 2005, 708.
7 BAG v. 20.10.1982 – 4 AZN 405/82, AP Nr. 24 zu § 72 ArbGG 1979 – Grundsatz.
8 BAG v. 25.7.2006 – 3 AZN 108/06, NZA 2007, 407 allerdings unzutreffend zur Frage der „Entscheidungserheblichkeit".
9 BAG v. 26.1.2017 – 6 AZN 835/16, juris; BAG v. 25.9.2012 – 1 AZN 1622/12, AE 2012, 244; BAG v. 5.12.1979 – 4 AZN 41/79, AP Nr. 1 zu § 72a ArbGG 1979 – Grundsatz; GK-ArbGG/*Mikosch*, § 72 Rz. 21.
10 Vgl. auch BAG v. 10.7.2014 – 10 AZN 307/14, BAGE 148, 337; BAG v. 15.10.2012 – 5 AZN 1958/12, NZA 2012, 1388; BAG v. 28.6.2011 – 3 AZN 146/11, NZA 2011, 939; BAG v. 5.10.2010 – 5 AZN 666/10, NZA 2010, 1372; BAG v. 23.1.2007 – 9 AZN 792/06, AP Nr. 66 zu § 72a ArbGG 1979 – Grundsatz; BAG v. 26.9.2000 – 3 AZN 181/00, BAGE 95, 372.

Teils der Allgemeinheit eng berühren[1]. Allein schwere persönliche und wirtschaftliche Folgen, die sich aus dem Prozess für die Partei ergeben, rechtfertigen keine Revisionszulassung. Dies zeigt schon die Abschaffung der Streitwertrevision. Die tatsächlichen **Auswirkungen der Entscheidung** müssen **von erheblicher Tragweite für** die Allgemeinheit oder einen größeren Teil der Allgemeinheit sein. Als ausreichend wurde in der Rspr. des BAG bislang bspw. angesehen, wenn die Entscheidung für mehr als zwanzig gleich oder ähnlich liegende Fälle Bedeutung hat[2]. Allerdings war schon diese Grenze nicht schematisch anzuwenden. Entscheidend sind stets die Umstände des Einzelfalls. Es ist deshalb durchaus möglich, die relevante Betroffenheit der Allgemeinheit auch unterhalb dieser Schwelle anzunehmen. Das BAG hält deshalb zu Recht nicht mehr an einer starren Grenze fest[3]. Entscheidend ist, dass die Rechtsfrage über ein einzelnes Unternehmen hinaus Bedeutung hat und sich in einer unbestimmten Vielzahl von Fällen stellen kann, so dass abstrakte Interessen der Allgemeinheit betroffen sind[4].

28 Ähnlich liegt der Fall bei den sog. **Musterprozessen**. Bei diesen wird zwar nur ein einziger Rechtsstreit bis zum BAG durchgeführt, die Entscheidung wird gleichwohl für eine Vielzahl bereits anhängiger oder zu erwartender gleich gelagerter Prozesse ausschlaggebend, so dass die Rechtsfrage regelmäßig allgemeine Bedeutung hat[5]. Auch hier verbieten sich schematische Lösungen nach fest vorgegebenen Zahlenwerten.

29 Bei einem Rechtsstreit, der um die Auslegung eines **außer Kraft** getretenen **Tarifvertrags** geführt wird, fehlt es idR an der Bedeutung für die Allgemeinheit. Sie wird lediglich dann anerkannt, soweit nicht nur in Einzelfällen noch weitere Auseinandersetzungen um die auszulegende Tarifnorm geführt werden oder zu erwarten sind[6]. Ebenso verhält es sich mit **Gesetzen**, die außer Kraft getreten oder geändert worden sind[7]. Denn von solchen Rechtsfragen, deren Entscheidung von außer Kraft getretenen oder geänderten Gesetzen oder Tarifverträgen abhängen, sind künftig keinerlei Auswirkungen mehr zu erwarten[8].

30 Das Kriterium der allgemeinen Bedeutung erfordert seit der Neuregelung des Revisionsrechtes durch das Anhörungsrügengesetz nicht mehr, dass sich die **über den Einzelfall hinausreichende Bedeutung** der Rechtssache auf einen größeren Bezirk als den eines LAG erstreckt, weil das LAG in diesem Fall unter Wahrung der Rechtseinheit selbst entscheiden könne[9]. Die grundsätzliche Bedeutung kann deshalb nach dem eindeutigen Willen des Gesetzgebers jedenfalls bei Tarifauslegungsfragen auch bestehen, wenn der Tarifvertrag nur für einen LAG-Bezirk gilt. Nichts anderes gilt für andere Rechtsfragen. Das Merkmal der allgemeinen Bedeutung hat deshalb **keine geographische Komponente**[10]. Wird um die Auslegung eines Haustarifvertrages gestritten, betrifft dieser zwar nur ein Unternehmen, gleichwohl kann auch hier die allgemeine Bedeutung nicht von vornherein verneint werden[11]. Erforderlich ist, dass die zu klärende Rechtsfrage über den Einzelfall hinaus in weiteren Fällen streitig ist und maßgeblich für eine Vielzahl bereits anhängiger oder konkret zu erwartender gleichgelagerter Prozesse ist[12]. Denkbar ist die grundsätzliche Bedeutung in diesen Fällen auch, wenn die Regelung in anderen Regelungswerken verwendet wird. Das Merkmal der grundsätzlichen Bedeutung ist nicht bereits dann erfüllt, wenn eine Entscheidung objektiv **willkürlich** ist. Denn aus dem Begriff der Willkür ergibt sich nichts für die Bedeutung des Rechtsstreits für die Rechtsordnung oder die Allgemeinheit[13]. Die Sicherung einer einheitlichen Rspr. ist im Gegensatz zu § 543 Abs. 2 Satz 1 Nr. 2 Alt. 2 ZPO kein Zulassungsgrund nach dem ArbGG. Eine ergänzende Auslegung der Zulassungsgründe kommt nicht in Betracht. Die Beantwortung der Rechtsfrage berührt auch nicht

---

1 BAG v. 25.9.2012 – 1 AZN 1622/12, AE 2012, 244; BAG v. 28.6.2011 – 3 AZN 146/11, NZA 2011, 939; BAG v. 9.9.1981 – 4 AZN 241/81, AP Nr. 9 zu § 1 TVG – Tarifverträge: Metallindustrie; GK-ArbGG/*Mikosch*, § 72 Rz. 21.
2 BAG v. 26.9.2000 – 3 AZN 181/00, AP Nr. 61 zu § 72a ArbGG 1979 – Grundsatz; BAG v. 21.10.1998 – 10 AZN 588/89, AP Nr. 55 zu § 72a ArbGG 1979 – Grundsatz; BAG v. 15.11.1995 – 4 AZN 580/95, AP Nr. 49 zu § 72a ArbGG 1979 – Grundsatz. Zweifelnd: BAG v. 27.1.2010 – 3 AZR 549/08, AP TVG § 3 Nr. 46.
3 Vgl. auch BAG v. 10.7.2014 – 10 AZN 307/14, BAGE 148, 337; BAG v. 28.6.2011 – 3 AZN 146/11, NZA 2011, 939; Düwell/Lipke/*Düwell*, § 72 Rz. 24; ErfK/*Koch*, § 72 ArbGG Rz. 6.
4 BAG v. 25.9.2012 – 1 AZN 1622/12, AE 2012, 244; BAG v. 17.1.2012 – 5 AZN 1358/11, NZA 2012, 411; auch GWBG/*Benecke*, § 72 Rz.17; Düwell/Lipke/*Düwell*, § 72 Rz.18.
5 BAG v. 26.5.1955 – 2 AZR 66/53, AP Nr. 6 zu § 69 ArbGG 1953; GK-ArbGG/*Mikosch*, § 72 Rz. 21; Düwell/Lipke/*Düwell*, § 72 Rz. 26; Ostrowicz/Künzl/*Scholz*, Rz. 536; vgl. auch BAG v. 17.10.2001 – 4 AZN 326/01, nv.
6 BAG v. 24.3.1993 – 4 AZN 5/93, AP Nr. 21 zu § 72 ArbGG 1979.
7 BAG v. 24.3.1993 – 4 AZN 5/93, AP Nr. 21 zu § 72 ArbGG 1979.
8 BAG v. 21.10.1998 – 10 AZN 588/98, AP Nr. 55 zu § 72a ArbGG – Grundsatz; BAG v. 24.3.1993 – 4 AZN 5/93, AP Nr. 21 zu § 72a ArbGG 1979.
9 BAG v. 26.9.2007 – 10 AZN 768/07, NZA 2007, 1316; GMP/*Müller-Glöge*, § 72 Rz. 17.
10 GK-ArbGG/*Mikosch*, § 72 Rz. 24; HWK/*Bepler/Treber*, § 72 Rz. 13.
11 So aber wohl BAG v. 30.8.2010 – 5 AZN 671/10, AE 2011, 138.
12 BAG v. 5.10.2010 – 5 AZN 666/10, NZA 201, 1372; BAG v. 30.8.2010 – 5 AZN 671/10, AE 2011, 138; wohl einschränkend: BAG v. 28.6.2011 – 3 AZN 146/11, NZA 2011, 939; BAG v. 25.9.2012 – 1 AZN 1622/12, AE 2012, 244.
13 BAG v. 12.12.2006 – 3 AZN 625/06, NZA 2007, 581.

schon wegen ihrer tatsächlichen Auswirkungen das abstrakte Interesse der Allgemeinheit an der einheitlichen Entwicklung und Handhabung des Rechts, weil eine rechtskräftige Entscheidung in diesem Rechtsstreit die Bindungswirkung nach § 9 TVG auslöst. Die frühere Rspr. zur Privilegierung von Verbandsstreitigkeiten ist nicht mehr anzuwenden[1].

dd) Entscheidungserheblichkeit

Die zur Klärung anstehende Rechtsfrage von grundsätzlicher Bedeutung muss auch **entscheidungserheblich** sein. Dies ist der Fall, wenn die Entscheidung des Rechtsstreits von ihr abhängt, das Revisionsgericht also gezwungen ist, die streitige Rechtsfrage zu entscheiden[2]. Maßgeblich ist, ob das LAG eine Rechtsfrage aufgeworfen und seine Entscheidung von ihr abhängig gemacht hat. Das LAG muss die Rechtsfrage also auch beantwortet und bei einer anderen Beantwortung möglicherweise eine für den Beschwerdeführer günstigere Entscheidung getroffen haben[3]. Die Entscheidung des Rechtsstreits hängt nicht von einer Rechtsfrage ab, soweit das Berufungsgericht sein Urteil auf **mehrere Begründungen** gestützt hat, die die Entscheidung tragende Alternativbegründung jedoch nicht von grundsätzlicher Bedeutung ist[4]. Anders ist es, wenn auch die Alternativbegründung eine klärungsbedürftige Rechtsfrage von grundsätzlicher Bedeutung enthält. In den Fällen alternativer Begründungsmöglichkeiten ist das LAG zur Vermeidung einer Revisionszulassung nicht gehalten, das Urteil mit dem Argumentationsstrang zu begründen, der nicht klärungsbedürftig ist. Es kann seine Entscheidung allein auf die klärungsbedürftige Rechtsfrage stützen[5]. 31

Liegt lediglich ein sog. **obiter dictum** vor oder betrifft die Rechtsfrage nicht tragende Hilfs- oder Alternativbegründungen der Entscheidung, ist sie nicht entscheidungserheblich[6]. Die Entscheidungserheblichkeit wird demgegenüber nicht dadurch beseitigt, dass über die Verfassungsmäßigkeit eines Gesetzes gestritten wird[7]. 32

b) Zulassung wegen Divergenz

Die Revision muss im Falle der **Divergenz iSd. § 72 Abs. 2 Nr. 2** ebenfalls vom LAG zugelassen werden. Divergenz in diesem Sinne liegt vor, soweit das Urteil des LAG von einer Entscheidung der in § 72 Abs. 2 Nr. 2 genannten Gerichte abweicht und die Entscheidung auf dieser Abweichung beruht. Entscheidend sind folgende Kriterien: 33

aa) Divergenzfähiges Gericht/Entscheidung

Das Urteil des LAG muss von einer Entscheidung eines **Divergenzgerichtes**, also des BVerfG, des Gemeinsamen Senats der obersten Gerichtshöfe des Bundes oder des BAG abweichen. Solange eine Entscheidung des BAG in der Rechtsfrage nicht ergangen ist, liegt eine Divergenz ebenfalls vor, wenn die Entscheidung des LAG von einer Entscheidung einer anderen Kammer desselben LAG oder eines anderen LAG abweicht. Entscheidungen der nach Ordnungszahl selben Kammer des LAG sind – auch bei anderer personeller Zusammensetzung der Kammer – nicht divergenzfähig[8]. Die Aufzählung in § 72 Abs. 2 Nr. 2 ist **abschließend** sodass die Abweichung von einer Entscheidung eines anderen Gerichts eine Zulässigkeit wegen Divergenz nicht begründen kann[9]. Insbesondere ist eine Abweichung von Entscheidungen anderer oberster Bundesgerichte, etwa des BGH, der OLGe oder OVGe, nicht divergenzfähig[10]. Auch der EuGH ist 34

---

1 BAG v. 10.7.2014 – 10 AZN 307/14, BAGE 148, 337. AA Düwell/Lipke/*Düwell*, § 72 Rz. 26 mit Hinweis auf die Rspr. des BAG v. 17.6.1997 – 9 AZN 251/97, EzA § 72a ArbGG 1979 Nr. 78.
2 BAG v. 26.1.2017 – 6 AZN 835/16, juris; BAG v. 17.11.2015 – 1 ABN 39/15, ArbuR 2016, 41; BAG v. 26.6.2008 – 6 AZN 648/07, NZA 2008, 1145; BAG v. 22.3.2005 – 1 ABN 1/05, AP Nr. 9 zu § 72a ArbGG 1979 – Rechtliches Gehör; BAG v. 27.11.1984 – 3 AZN 502/84, AP Nr. 27 zu § 72a ArbGG 1979 – Grundsatz; BAG v. 28.1.1981 – 4 AZN 468/80, AP Nr. 13 zu § 72a ArbGG 1979 – Grundsatz.
3 BAG v. 15.10.2012 – 5 AZN 1958/12, NZA 2012, 1388; BAG 22.5.2012 – 1 ABN 27/12, BB 2012, 147; BAG v. 13.6.2006 – 9 AZN 226/06, NZA 2006, 1084; GK-ArbGG/*Mikosch*, § 72 Rz. 23; ErfK/*Koch*, § 72 ArbGG Rz. 4.
4 BAG v. 22.5.2012 – 1 ABN 27/12, BB 2012, 147; BAG v. 28.9.1989 – 6 AZN 303/89, EzA § 72a ArbGG 1979 Nr. 55.
5 GMP/*Müller-Glöge*, § 72 Rz. 13; GK-ArbGG/*Mikosch*, § 72 Rz. 23.
6 BAG v. 26.5.1955 – 2 AZR 66/53, AP Nr. 6 zu § 69 ArbGG 1953.
7 Vgl. dazu schon Rz. 25 mit Hinweis auf BAG v. 25.7.2006 – 3 AZN 108/06, NZA 2007, 407.
8 BAG v. 21.2.2002 – 2 AZN 909/01, AP Nr. 43 zu § 72a ArbGG 1979 Divergenz.
9 Düwell/Lipke/*Düwell*, § 72 Rz. 32; GK-ArbGG/*Mikosch*, § 72 Rz. 31; GMP/*Müller-Glöge*, § 72 Rz. 23; GWBG/*Benecke*, § 72 Rz.21; Ostrowicz/Künzl/*Scholz*, Rz. 537; HWK/*Bepler/Treber*, § 72 ArbGG Rz. 16. Erst recht nicht divergenzfähig sind Literaturmeinungen, vgl. BAG v. 18.5.2004 – 9 AZN 653/03, nv.
10 BAG v. 26.6.2001 – 9 AZN 132/01, AP Nr. 45 zu § 72a ArbGG 1979 zum BGH; BAG v. 25.3.1991 – 3 AZN 48/91, AP Nr. 26 zu § 72 ArbGG 1979 – Divergenz; BAG v. 29.1.1986 – 1 ABN 33/85, AP Nr. 17 zu § 72a ArbGG 1979 – Divergenz.

kein Divergenzgericht[1]. Allerdings kann in einem solchen Fall eine Zulassung wegen grundsätzlicher Bedeutung in Betracht kommen[2].

35 Das Merkmal einer **Entscheidung** des Divergenzgerichtes liegt vor, wenn vom Divergenzgericht eine abschließende gerichtliche Stellungnahme erfolgt ist. Irrelevant ist, in welchem Verfahren und in welcher Form die Entscheidung des Divergenzgerichtes ergangen ist. Divergenzfähig sind deshalb Kammer-, Senats- und Plenarentscheidungen des BVerfG ebenso wie Urteile und Beschlüsse des BAG oder – solange eine Entscheidung des BAG nicht ergangen ist – des LAG. Zu den Entscheidungen des BAG gehören auch solche **des Großen Senates**. Divergenzfähig sind auch Entscheidungen des BAG, in denen die Sache aufgehoben und zurückverwiesen (sog. Rückläufer) worden ist[3]. Ein Vorlagebeschluss an den Großen Senat des BAG[4] oder an das BVerfG sowie eine Kostenentscheidung[5] sind nicht divergenzfähig. Nicht divergenzfähig sind Ausführungen im berichtenden Teil einer Entscheidung des BVerfG[6], ebenso wenig Ausführungen in mündlicher Urteilsbegründung[7]. Soll die Revision auf Grund einer Divergenz zu einer Entscheidung eines LAG zugelassen werden, ist dies nur möglich, soweit eine Entscheidung des BAG dazu noch nicht ergangen ist[8]. Die Entscheidung des BAG muss zwar nicht rechtskräftig sein, darf sich aber auch nicht durch Vergleich oder Klagerücknahme erledigt haben. Eine aufgehobene Entscheidung des LAG ist nicht mehr divergenzfähig.

36 Grundsätzlich ist eine Entscheidung aber nur divergenzfähig, soweit der Rechtssatz, von dem abgewichen wird, **vor der Entscheidung des LAG** ergangen ist[9]. Ob Divergenz zu einer früheren, inzwischen aufgehobenen Entscheidung besteht, ist unerheblich[10]. Allein maßgeblich ist, ob eine Abweichung zu der letzten und somit jüngsten Entscheidung des divergenzfähigen Gerichtes besteht[11]. Auch bei sich widersprechenden Entscheidungen ist nur die letzte relevant. Entscheidend ist dabei die Sachlage bei der Entscheidung des LAG über die Zulassung der Revision.

bb) Relevante Abweichung

37 Divergenz setzt eine **relevante Abweichung** voraus. Das Urteil des LAG muss von einer Entscheidung des Divergenzgerichtes abweichen, und das Urteil muss auf dieser Abweichung beruhen.

(1) Der abweichende Rechtssatz

38 Die relevante Abweichung setzt zunächst voraus, dass das Urteil des LAG zu einer Rechtsfrage einen abstrakten Rechtssatz aufgestellt hat, der von einem abstrakten Rechtssatz zu der gleichen Rechtsfrage in der Referenzentscheidung des Divergenzgerichtes abweicht. Es geht also um den Vergleich zweier abstrakter Rechtssätze, wobei eine Abweichung besteht, wenn das LAG in seinem Urteil bei der rechtlichen Bewertung eines Sachverhaltes eine andere Auffassung vertritt als das Divergenzgericht. Das **LAG** muss also zunächst einmal in einem Urteil einen **abstrakten Rechtssatz aufgestellt** haben. Dieser liegt vor, wenn durch fallübergreifende Ausführungen ein Grundsatz aufgestellt wird, der für eine Vielzahl von Fällen Geltung beansprucht[12]. Der konkreten Subsumtion muss also ein Obersatz vorausgehen, weil der Begriff des abstrakten Rechtssatzes gerade den aufgestellten Obersatz bezeichnet. Ein Rechtssatz liegt deshalb nicht vor, wenn lediglich der Wortlaut eines Gesetzes wiedergegeben wird. Der Rechtssatz braucht nicht ausdrücklich aufgestellt zu werden. Es reicht, wenn er den fallbezogenen Ausführungen des Urteils entnommen werden

---

1 Kritisch dazu *Bepler*, RdA 2005, 73; GK-ArbGG/*Mikosch*, § 72 Rz. 32.
2 Vgl. ErfK/*Koch*, § 72 Rz. 7; *Prütting*, S. 225; GK-ArbGG/*Mikosch*, § 72 Rz. 32.
3 BAG v. 24.10.1988 – 4 AZR 424/88, AP Nr. 21 zu § 72a ArbGG 1979 – Divergenz; GWBG/*Benecke*, § 72 Rz. 29.
4 BAG v. 20.8.1986 – 8 AZN 244/86, AP Nr. 18 zu § 72 ArbGG 1979 – Divergenz.
5 BAG v. 23.7.1996 – 1 ABN 49/95, AP Nr. 34 zu § 72 ArbGG 1979 – Divergenz.
6 BAG v. 10.3.1999 – 4 AZN 857/98, NZA 99, 728.
7 BAG v. 17.1.2012 – 5 AZN 1358/11, NZA 2012, 411.
8 BAG v. 10.2.1981 – 1 ABN 19/80, AP Nr. 6 § 72a ArbGG 1979.
9 BAG v. 17.1.2012 – 5 AZN 1358/11, NZA 2012, 411; BAG v. 10.2.1981 – 1 ABN 19/80, AP Nr. 6 zu § 72a ArbGG 1979 – Divergenz; GK-ArbGG/*Mikosch*, § 72 Rz. 25; GMP/*Müller-Glöge*, § 72 Rz. 24; ErfK/*Koch*, § 72 ArbGG Rz. 9; Düwell/Lipke/*Düwell*, § 72 Rz. 36.
10 BAG v. 5.12.1995 – 9 AZN 678/95, AP Nr. 32 zu § 72a ArbGG 1979 – Divergenz.
11 BAG v. 8.8.2000 – 9 AZN 520/00, NZA 2001, 287; BAG v. 15.7.1986 – 1 ABN 13/86, AP Nr. 5 zu § 92a ArbGG 1979; GWBG/*Benecke*, § 72 Rz.31.
12 BAG v. 15.8.2012 – 7 AZN 956/12, NZA 2012, 1116; BAG v. 27.3.2012 – 3 AZN 1389/11, NZA 2012, 3196; BAG v. 10.2.2009 – 3 AZN 1003/08, AE 2009, 268; BAG v. 19.2.2008 – 9 AZN 777/07, NZA 2008, 848; BAG v. 12.12.2006 – 3 AZN 625/06, NZA 2007, 581; BAG v. 22.3.2005 – 1 ABN 1/05, NZA 2005, 652; BAG v. 1.10.2003 – 1 ABN 62/01, NZA 2003, 1357.

kann[1]. Er kann sich auch zwingend aus dem gedanklichen Gesamtzusammenhang der Entscheidung ergeben, sog. „verdeckter Rechtssatz". In einem derartigen Fall muss sich aber aus der Begründung der anzufechtenden Entscheidung zweifelsfrei ergeben, ob und welchen Rechtssatz das LAG aufgestellt hat[2]. Der abstrakte Rechtssatz muss zudem eine **Abweichung** enthalten. Das LAG muss also bei der rechtlichen Bewertung eine andere Auffassung vertreten als das Divergenzgericht. Dies liegt nicht vor, wenn zB ein Rechtssatz des BAG nur wiederholt wird. Denn hier fehlt es an einer abweichenden rechtlichen Schlussfolgerung[3]. Unerheblich ist auch eine lediglich fehlerhafte Interpretation der Rechtssätze. Versteht das LAG den Rechtssatz des BAG falsch, stellt es keinen abweichenden Rechtssatz auf, sondern kommt nur zu einer falschen Subsumtion[4]. Der Rechtssatz muss dabei in der die Instanz oder das Verfahren **beendenden Entscheidung** des LAG oder in einer vorangegangenen, das LAG bindenden Entscheidung – zB Grundurteil – enthalten sein. Eine Revisionszulassung ist nicht gerechtfertigt, wenn sich der Rechtssatz lediglich aus einem PKH- oder Beweisbeschluss oder einer anderen das Verfahren betreffenden Entscheidung ergibt[5]. Nicht ausreichend ist auch ein abweichender Rechtssatz in einer Entscheidung über die Kosten. Auch ein Rechtssatz über die Zulassung der Revision, die abweichend von der Rspr. des BAG beurteilt wird, kann die Divergenz nicht begründen[6]. Bei einem abgekürzten Urteil nach § 69 Abs. 2, in dem von der Darstellung der Entscheidungsgründe abgesehen wurde, weil das LAG der angefochtenen Entscheidung des ArbG folgt und dies in seinem Urteil feststellt, kommt eine Zulassung nur dann in Betracht, wenn sich der Rechtssatz aus der Entscheidung des ArbG ergibt[7].

Es ist **irrelevant, welche Rechtsfrage** der abweichende abstrakte Rechtssatz betrifft. Er kann regelmäßig jede Rechtsfrage betreffen. Er kann in einem allgemeinen Erfahrungssatz bestehen, eine Frage der Auslegung betreffen oder sich auf unbestimmte Rechtsbegriffe beziehen, soweit das LAG hierzu einen neuen Obersatz bildet, der von einem der genannten divergenzfähigen Gerichte abweicht[8]. 39

Umstritten ist, ob sich die voneinander abweichenden Rechtssätze auf die **gleiche Rechtsnorm eines bestimmten** gesetzlichen **Regelungskomplexes** beziehen müssen, oder ob es ausreicht, wenn sie zwar die gleiche, wenn auch in verschiedenen gesetzlichen Bestimmungen enthaltene Rechtsfrage betreffen. Zum Teil wird vertreten, dass die Zulassung der Revision wegen Divergenz der Sicherung der Rechtseinheit diene, so dass diese immer dann zuzulassen sei, wenn die gleiche Rechtsfrage betroffen sei. Unerheblich sei, ob sie im Rahmen verschiedener gesetzlicher Bestimmungen zu beantworten ist[9]. Nach anderer Auffassung müssen sich die voneinander abweichenden Rechtssätze stets auf die gleiche Rechtsnorm eines bestimmten gesetzlichen Regelungskomplexes beziehen, weil es nicht darum gehe, allgemeine Rechtsfragen einheitlich zu beantworten[10]. Die Rspr. des BAG zu diesem Problemkreis ist uneinheitlich. Zunächst wurde vertreten, dass es nicht ausreiche, dass die gleiche Rechtsfrage in verschiedenen gesetzlichen oder tariflichen Bestimmungen enthalten ist[11]. In neueren Entscheidungen hat das BAG angedeutet, dass sich die abweichenden Rechtssätze auch auf unterschiedliche Normen beziehen können, wenn die unterschiedlichen gesetzlichen 40

---

1 BAG v. 17.11.2015 – 1 ABN 39/15, ArbuR 2016, 41; BAG v. 15.8.2012 – 7 AZN 956/12, NZA 2012, 1116; BAG v. 27.3.2012 – 3 AZN 1389/11, NZA 2012, 3196; BAG v. 27.11.2002 – 4 AZN 497/02, nv.
2 BAG v. 19.8.2010 – 8 AZN 314/10, nv.; BAG v. 10.2.2009 – 3 AZN 1003/08, AE 2009, 268; BAG v. 12.12.2006 – 3 AZN 625/06, NZA 2007, 581; BAG v. 22.3.2005 – 1 ABN 1/05, NZA 2005, 652; BAG, 10.7.1984, 2 AZN 337/84, AP Nr. 15 zu § 72a ArbGG 1979 – Divergenz; BAG v. 4.8.1981 – 3 AZN 107/81, AP Nr. 9 zu § 72a ArbGG 1979 – Divergenz.
3 BAG v. 17.11.2015 – 1 ABN 39/15, ArbuR 2016, 41; BAG v. 26.2.2003 – 5 AZN 757/02, NZA 2003, 879; BAG v. 18.1.2001 – 2 AZN 1001/00, NZA-RR 2001, 383.
4 BAG v. 10.2.2009 – 3 AZN 1003/08, AE 2009, 268; GK-ArbGG/*Mikosch*, § 72 Rz. 27.
5 BAG v. 17.11.1988 – 4 AZN 504/88, AP Nr. 22 zu § 72 ArbGG 1979 – Divergenz; BAG v. 9.1.1989 – 3 AZN 618/88, AP Nr. 23 zu § 72 ArbGG 1979 – Divergenz; GMP/*Müller-Glöge*, § 72 Rz. 19; GK-ArbGG/*Mikosch*, § 72 Rz. 25; HWK/*Bepler/Treber*, § 72 Rz. 17; Düwell/Lipke/*Düwell*, § 72 Rz. 34.
6 BAG v. 23.7.1996 – 1 ABN 49/95, AP Nr. 34 zu § 72 ArbGG 1979 – Divergenz; BAG v. 9.1.1989 – 3 AZN 618/88, AP Nr. 23 zu § 72 ArbGG 1979 – Divergenz; GMP/*Müller-Glöge*, § 72 Rz. 19; GK-ArbGG/*Mikosch*, § 72 Rz. 25.
7 BAG v. 3.2.1981 – 5 AZN 503/80, AP Nr. 4 zu § 72 ArbGG 1979 – Divergenz; GMP/*Müller-Glöge*, § 72 Rz. 19; GK-ArbGG/*Mikosch*, § 72 Rz. 25; ErfK/*Koch*, § 72 ArbGG Rz. 8; HWK/*Bepler/Treber*, § 72 Rz. 15.
8 BAG v. 12.12.1968 – 1 AZR 238/68, AP Nr. 34 zu § 72 ArbGG 1953 – Divergenzrevision; GMP/*Müller-Glöge*, § 72 Rz. 18; GK-ArbGG/*Mikosch*, § 72 Rz. 28; BeckOKArbR/*Klose*, § 72 Rz. 10.2 Übereinstimmung nach „Wortlaut und Regelungsgehalt.
9 GmSOGB v. 6.2.1973 – GmS-OGB 1/72, AP Nr. 1 zu § 4 RsprEinhG; *Prütting*, S. 220; GMP/*Müller-Glöge*, § 72 Rz. 20; Düwell/Lipke/*Düwell*, § 72 Rz. 39; HWK/*Bepler/Treber*, § 72 Rz. 19.
10 GK-ArbGG/*Mikosch*, § 72 Rz. 28; Natter/Gross/*Zimmermann*, § 72 Rz. 25; *Buchholz*, 438.11 § 75 Nr. 2; Hauck/Helml/Biebl/*Hauck*, § 72 Rz. 10.
11 BAG v. 30.9.1975 – 2 AZR 398/75, AP Nr. 36 zu § 72 ArbGG 1953 – Divergenzrevision; BAG v. 17.7.1978 – 4 AZR 370/78, AP Nr. 40 zu § 72 ArbGG 1953 – Divergenzrevision; BAG v. 27.7.1990 – 6 PB 12/89, AP Nr. 25 zu § 72a ArbGG 1979 – Divergenz.

Bestimmungen in Wortlaut und Regelungsgehalt übereinstimmen und nicht nur vergleichbar sind[1]. Dem ist zuzustimmen. Soweit der Regelungsgegenstand unterschiedlicher Normenkomplexe identisch ist, sind diese nach den gleichen Prinzipien auszulegen. Die Einheitlichkeit der Rspr. erfordert in diesem Falle, dass die Revision zulässig ist. Freilich sind hier enge Maßstäbe zugrunde zu legen. Es bedarf der genauen Prüfung, ob die unterschiedlichen Normen nach Wortlaut und Regelungsgehalt übereinstimmen, weil die bloße Vergleichbarkeit nicht genügt[2].

(2) Entscheidungserheblichkeit

41 Für eine Revisionszulassung wegen Divergenz ist weiterhin maßgeblich, dass die **Entscheidung des LAG auf dem abweichenden Rechtssatz beruht.** Dies ist der Fall, wenn der vom LAG aufgestellte Rechtssatz mit dem von der Entscheidung des Divergenzgerichtes abgewichen wird, für die Entscheidung tragend ist und somit bei einer abweichenden rechtlichen Beurteilung die Entscheidung des LAG anders ausfallen würde[3]. Dabei muss das LAG abweichend von einer Entscheidung der divergenzfähigen Gerichte ausdrücklich eine andere Auffassung bei der Beurteilung eines Sachverhaltes vertreten. Eine Revision ist daher nicht gerechtfertigt, wenn das LAG zwar den Rechtssätzen der Entscheidung des Divergenzgerichtes folgen will, diese aber falsch anwendet, etwa weil es sie falsch versteht. Denn in diesem Fall wird kein neuer Rechtssatz aufgestellt. Die Entscheidung beruht nicht auf dem Rechtssatz, wenn das LAG die Entscheidung auf mehrere Begründungen stützt (Haupt- und Hilfsbegründungen, Alternativbegründungen) und nur eine der Begründungen eine Divergenz enthält. Denn das BAG könnte auch auf Nichtzulassungsbeschwerde eine Begründung, die keine Divergenz enthält, bestätigen, ohne dass zu der abweichenden Rechtsauffassung etwas gesagt werden müsste[4]. Anders natürlich, falls auch die Alternativbegründung eine Divergenz enthält. Irrelevant ist ebenfalls ein überflüssiges obiter dictum.

42 Muss auch die Entscheidung des LAG auf der abweichenden Entscheidung beruhen, gilt dies nicht für die **Entscheidung des Divergenzgerichtes.** Hier reicht bspw. eine Hilfsbegründung des BAG. Denn die Rechtseinheit ist bereits dann gefährdet, wenn von nicht entscheidungserheblichen Rechtssätzen divergenzfähiger Gerichte abgewichen wird. Eine Divergenz liegt demgegenüber nicht vor, wenn die Rechtsfrage in der anderen Entscheidung offen geblieben ist und das LAG nunmehr entscheidet[5].

c) Zulassung wegen Verfahrensverstößen

aa) Allgemeines

43 Die Revision ist auch bei bestimmten Verfahrensverstößen zuzulassen, dh. wenn ein **absoluter Revisionsgrund gem. § 547 Nr. 1–5 ZPO** oder eine entscheidungserhebliche Verletzung des Anspruchs auf **rechtliches Gehör** geltend gemacht wird und vorliegt. Letzter Zulassungsgrund kommt allerdings in Regelfall nur für eine nachträgliche Zulassung der Revision in Betracht[6]. Das Gesetz unterscheidet damit zwei Arten von Verfahrensverstößen, einerseits die absoluten Revisionsgründe des § 547 ZPO sowie andererseits die Gehörsverletzung. Dabei fällt auf, dass der Gesetzgeber § 547 ZPO nur unvollständig, nämlich mit Ausnahme von § 547 Nr. 6 ZPO in Bezug genommen hat, der eine Entscheidung ohne Gründe betrifft. Der Gesetzgeber ging davon aus, dass für den Fall des § 547 Nr. 6 ZPO der Rechtsbehelf der sofortigen Beschwerde nach § 72b ausreichend sei. Dem liegt die Vorstellung zugrunde, dass eine Entscheidung „ohne Gründe" regelmäßig Fälle der verspäteten Urteilsabsetzung betrifft. Dies ist indes zu kurz gedacht. Denn im Rahmen des § 547 Nr. 6 ZPO fehlt es an einer Begründung auch dann, wenn bei mehreren von der Entscheidung erfassten selbständigen Ansprüchen einer nicht behandelt wird, zentrale Verteidigungsmittel

---

1 BAG v. 20.8.2002 – 9 AZN 130/02, AP Nr. 45 zu § 72a ArbGG 1979 – Divergenz; BAG v. 8.12.1994 – 4 AZN 5/93, AP Nr. 28 zu § 72a ArbGG 1979 – Divergenz; BAG v. 24.3.1993 – 4 AZN 5/93, EzA § 72a ArbGG 1979 Nr. 62.

2 Vgl. auch BVerwG v. 27.7.1990 – 6 PB 12/89, AP Nr. 25 zu § 72a ArbGG – Divergenz, weitergehender: GmSOGB v. 6.7.1983 – GmS-OGB 1/72, AP Nr. 1 zu § 4 RsprEinhGH; GmSOGB v. 12.3.1987 – GmS-OGB 6/86, AP Nr. 35 zu § 5 BetrVG 1972; BeckOKArbR/*Klose*, § 72 Rz. 10.2; Düwell/Lipke/*Düwell*, § 72 Rz. 39; HWK/*Bepler/Treber*, § 72 Rz. 19; wohl auch ErfK/*Koch*, § 72 ArbGG Rz. 8.

3 BAG v. 15.8.2012 – 7 AZN 956/12, NZA 2012, 1116; BAG v. 27.3.2012 – 3 AZN 1389/11, NZA 2012, 3196; BAG v. 15.7.1986 – 1 ABN 13/86, AP Nr. 5 zu § 92a ArbGG 1979; GMP/*Müller-Glöge*, § 72 Rz. 21; GK-ArbGG/*Mikosch*, § 72 Rz. 29; HWK/*Bepler/Treber*, § 72 Rz. 20; Düwell/Lipke/*Düwell*, § 73 Rz.40.

4 BAG v. 22.5.2012 – 1 ABN 27/12, BB 2012, 147; BAG v. 6.12.2006 – 4 AZN 529/06, NZA 2007, 349; BAG v. 10.3.1999 – 4 AZN 857/98, NZA 1999, 726; BAG v. 27.10.1998 – 9 AZN 575/98, AP Nr. 39 zu § 72a ArbGG 1979 – Divergenz; BAG v. 9.12.1980 – 7 AZN 374/80, AP Nr. 3 zu § 72a ArbGG 1979 – Divergenz; ErfK/*Koch*, § 72 ArbGG Rz. 9.

5 BAG v. 22.5.2012 – 1 ABN 27/12, BB 2012, 147; BAG v. 27.7.1967 – 2 AZR 180/67, AP Nr. 30 zu § 72 ArbGG 1953 – Divergenzrevision.

6 So auch: HWK/*Bepler/Treber*, § 72 Rz. 8; Düwell/Lipke/*Düwell*, § 72 Rz. 43.

übergangen werden oder das Urteil lediglich nichtssagende Floskeln enthält oder völlig unverständlich ist[1]. Eine Ausdehnung des § 72b auf diese weiteren Gründe des § 547 Nr. 6 ZPO ist indes nicht möglich. Derartige Mängel sind bei zugelassener Revision mit der Revisionsbegründung und bei fehlender Zulassung wegen der Verletzung des Anspruchs auf rechtliches Gehör mit der Nichtzulassungsbeschwerde geltend zu machen, vgl. § 72b Rz. 15[2].

bb) Absolute Revisionsgründe

Die Revision ist nach § 72 Abs. 2 Nr. 3 zuzulassen, wenn 43a
- das erkennende Gericht nicht vorschriftsmäßig besetzt war, § 547 Nr. 1 ZPO
- ein Richter an der Entscheidung mitgewirkt hat, der von der Ausübung des Richteramtes kraft Gesetzes ausgeschlossen war, sofern nicht dieses Hindernis mittels eines Ablehnungsgesuchs ohne Erfolg geltend gemacht ist, § 547 Nr. 2 ZPO,
- ein Richter trotz begründeten Ablehnungsgesuchs an der Entscheidung mitgewirkt hat, § 547 Nr. 3 ZPO,
- eine Partei nicht ordnungsgemäß vertreten war und die Prozessführung nicht ausdrücklich oder stillschweigend genehmigt hat, § 547 Nr. 4 ZPO
- und schließlich eine Entscheidung aufgrund mündlicher Verhandlung ergangen ist, bei der die Vorschriften über die Öffentlichkeit des Verfahrens verletzt worden sind, § 547 Nr. 5 ZPO.

(1) Einzelfälle

Das **Gericht** ist nach § 547 Nr. 1 ZPO **nicht vorschriftsmäßig besetzt**, wenn die Besetzung entgegen §§ 6, 16 ArbGG nicht mit Berufsrichtern und mit ehrenamtlichen Richtern aus Kreisen der ArbN und ArbGeb erfolgte. Zu den Einzelheiten der nicht vorschriftsmäßigen Besetzung vergleiche im Einzelnen § 73 Rz. 35. Dazu gehört zB, dass ein Berufsrichter nicht gem. § 8 DRiG berufen worden ist. Die fehlerhafte Berufung von ehrenamtlichen Richtern nach § 20 ist hingegen wegen der Regelung in § 65 grds. der Überprüfung entzogen (vgl. dazu im Einzelnen § 73 Rz. 66). Dies betrifft jedoch nur das Verfahren bis zur Berufung. Sind ehrenamtliche Richter nicht vereidigt oder zwei ehrenamtliche Richter aus Kreisen der ArbN oder ArbGeb beteiligt worden, ist die Revision eröffnet. Nicht vorschriftsmäßig besetzt ist das Gericht auch im Falle eines abwesenden oder schlafenden Richters. Verstöße gegen die Geschäftsverteilung und solche bei der Anwendung des Geschäftsverteilungsplans begründen die Revision nicht in jedem Fall. Zu unterscheiden sind Aufstellungs- und Anwendungsmängel, vgl. § 73 Rz. 35. Für den absoluten Revisionsgrund des § 547 Nr. 2 ZPO ist entscheidend, dass ein Richter bei der Entscheidung mitgewirkt hat, der gem. § 41 ZPO von der Ausübung des Richteramtes kraft Gesetzes ausgeschlossen war. Es kommt also darauf an, ob in der Person des Richters ein Ausschließungsgrund nach § 41 Nr. 1-6 ZPO besteht. Dabei handelt es sich im Wesentlichen um Fälle, in denen die eigene Beteiligung des Richters am Rechtsstreit mit der neutralen Distanz des Richteramtes unvereinbar ist, vgl. zu den Einzelheiten § 73 Rz. 43. Umgekehrt besteht ein Revisionsgrund gem. § 547 Nr. 3 ZPO, wenn ein im Verfahren nach § 42 ZPO abgelehnter Richter an der Entscheidung mitgewirkt hat. Dies gilt auch für eine für begründet erklärte Selbstablehnung eines Richters gem. § 48 ZPO. Dies gilt jedoch nur, wenn ein Ablehnungsgesuch erfolgreich gewesen ist. Eine Überprüfung der Entscheidung über das zurückgewiesene Ablehnungsgesuch erfolgt nicht. Etwas anderes kann allenfalls gelten, wenn die Zurückweisung des Ablehnungsgesuchs auf willkürlichen und manipulativen Erwägungen beruht,[3] vgl. zu den Einzelheiten § 73 Rz. 44. Der absolute Revisionsgrund der **fehlerhaften Vertretung** gem. § 547 Nr. 4 ZPO greift zB Platz, wenn für eine prozessunfähige Partei kein Vertreter bestellt worden ist. Ebenso erfasst werden fehlende Parteifähigkeit und Prozessführungsbefugnis[4]. Gleiches gilt, wenn eine Partei gar nicht hinzugezogen worden ist.[5] Dabei ist zu beachten, dass dieser Zulassungsgrund nur von der Partei geltend gemacht werden kann, die im vorangegangenen Prozess nicht ordnungsgem. vertreten gewesen ist. Die fehlerhafte Vertretung des Prozessgegners ist nicht tatbestandlich, weil die Norm dem Schutz der vertretenen Partei dient[6]. Allerdings kann die nicht ordnungsgemäß vertretene Partei die Prozessführung ausdrücklich oder stillschweigend genehmigen. Die Partei ist auch dann nicht ordnungsgemäß vertreten, wenn trotz der Eröffnung des Insolvenzverfahrens das Verfahren nicht gem. § 240 ZPO unterbrochen wird und ein Urteil ergeht. Auf eine Kenntnis des Gerichts vom Unterbrechungsgrund

43b

---
1 Vgl. nur Zöller/Heßler, § 547 Rz. 7.
2 BAG v. 20.12.2006 – 5 AZB 35/06, NZA 2007, 226.
3 BAG v. 11.10.2010 – 9 AZN 418/10, NZA 2011, 1117.
4 Zöller/Heßler, § 547 Rz. 5.
5 Vgl. etwa BVerwG v. 22.1.2016 – 5 PB 10/15, NZA-RR 2016, 276.
6 BVerwG v. 22.1.2016 – 5 PB 10/15, NZA-RR 2016, 27; BAG v. 9.9.2010 – 4 AZN 354/10, NZA 2010, 1309.

kommt es nicht an[1]. Vgl. zu den Einzelheiten auch § 73 Rz. 45. Weiterer absoluter Revisionsgrund ist nach § 547 Nr. 5 ZPO die Verletzung der Vorschriften der **Öffentlichkeit des Verfahrens**[2]. Es kommt also darauf an, ob nach § 52 ArbGG, § 169 GVG bei der mündlichen Verhandlung die Öffentlichkeit trotz Vorliegens der Voraussetzungen nicht oder im Gegenteil zu Unrecht ausgeschlossen worden ist, vgl. § 73 Rz. 46.

(2) Vermutung der Entscheidungserheblichkeit

43c Soweit ein absoluter Revisionsgrund besteht, muss das Merkmal der Entscheidungserheblichkeit nicht mehr gesondert festgestellt werden. Denn bei Verfahrensmängeln stößt die Feststellung der Kausalität auf besondere Schwierigkeiten. Liegen derartige Verfahrensmängel vor, wird durch die Bezugnahme auf § 547 ZPO unwiderleglich vermutet, dass die Entscheidung auf ihnen beruht[3].

cc) Verletzung rechtlichen Gehörs

(1) Begriff

43d Die Zulassung der Revision bei der Verletzung des Anspruchs auf rechtliches Gehör beruht auf dem Anhörungsrügengesetz vom 9.12.2004. Die Merkmale des rechtlichen Gehörs hat das BVerfG wie folgt zusammengefasst: „Der Einzelne soll nicht nur Objekt der richterlichen Entscheidung sein, sondern vor einer Entscheidung, die seine Rechte betrifft, zu Wort kommen, um als Subjekt Einfluss auf das Verfahren nehmen zu können. Rechtliches Gehör sichert den Parteien ein Recht auf Information, Äußerung und Berücksichtigung mit der Folge, dass sie ihr Verhalten im Prozess eigenbestimmt und situationsspezifisch gestalten können. Insbesondere sichert es, dass sie mit Ausführungen und Anträgen gehört werden."[4]. Es geht also um die Einhaltung der **Spielregeln eines „fairen Verfahren"**[5]. Die Parteien müssen sich zu den entscheidungserheblichen Tatsachen und Rechtsfragen des Falles äußern können und das Gericht ist verpflichtet, die Ausführungen zur Kenntnis zu nehmen und in Erwägung zu ziehen[6]. Dies gilt allerdings von vornherein nur für schlüssigen Sachvortrag[7].

(2) Einzelfälle

43e Derartige Verfahrensverstöße sind in vielen Varianten denkbar, zB die fehlende Möglichkeit der Partei, sich zur Sache oder zur Rechtslage zu äußern, die Entscheidung des Gerichts vor Ablauf einer Stellungnahmefrist, die Gewährung einer zu kurzen Frist zur Stellungnahme, die Entscheidung ohne Einhaltung der gesetzlich gebotenen Ladungsfrist, unzutreffende Zurückweisung von nicht verspätetem Vorbringen, die fehlerhafte Säumnisentscheidung, das Übergehen eines Beweisantrags, Verstöße gegen die Hinweispflicht nach § 139 ZPO etwa dadurch, dass auf einen entscheidungserheblichen Gesichtspunkt nicht hingewiesen wurde, mit der auch ein gewissenhafter und rechtskundiger Prozessbevollmächtigter nicht zu rechnen brauchte, oder die Entscheidung durch einen abgelehnten Richter vor Entscheidung über das Ablehnungsgesuch oder durch einen unzuständigen Richter[8]. Die Beteiligung eines Prozessunfähigen reicht zur Wahrung rechtlichen Gehörs ebenso nicht aus[9]. Eine fehlerhafte sog. **Überraschungsentscheidung** liegt nur selten vor. Denn es reicht aus, wenn die Parteien bei Anwendung der von ihnen zu verlangenden Sorgfalt erkennen können, auf welche Gesichtspunkte es für die Entscheidung ankommen kann. Auch wenn die Rechtslage umstritten oder problematisch ist, muss ein Verfahrensbevollmächtigter grds. alle vertretbaren rechtlichen Gesichtspunkte von sich aus in Betracht ziehen und bei seinem Vortrag berücksichtigen. Erst wenn das Gericht seine Entscheidung ohne vorherigen Hinweis auf einen rechtlichen Gesichtspunkt abstellt, mit dem auch ein gewissenhafter und kundiger Prozessbevollmächtigter selbst unter Berücksichtigung der Vielfalt vertretbarer Rechtsauffassungen nicht zu rechnen brauchte, wird ihm recht-

---

1 BAG v. 6.12.2006 – 5 AZR 844/06, nv.; BAG v. 24.1.2001 – 5 AZR 228/00, ZInsO 2001, 727; BGH v. 21.6.1995 – VIII ZR 224/94, AP ZPO § 240 Nr. 4.
2 Vgl. nur BAG v. 22.9.2016 – 6 AZN 376/16, NZA 2016, 1356.
3 Vgl. nur BAG v. 6.12.2006 – 5 AZR 844/06, nv.; GK-ArbGG/*Mikosch*, § 72 Rz. 35.
4 BVerfG v. 17.7.2013 – 1 BvR 2540/12, NZS 2013, 737; BVerfG v. 30.4.2003 – 1 PBvU 1/02, BVerfGE 107, 395.
5 BAG v. 19.11.2008 – 10 AZR 671/07, NZA 2009, 318; BAG v. 11.4.2006 – 9 AZN 892/05, NZA 2006, 750.
6 BAG v. 4.7.2016 – 2 BvR 1552/14, juris; BAG v. 25.1.2017 – 10 ABR 81/16 (F), juris; BAG v. 25.8.2015 – 8 AZN 268/15, EzA § 72a ArbGG 1979 Nr 134; BVerfG v. 17.7.2013 – 1 BvR 2450/12, NZS 2013, 737; BAG v. 12.12.2012 – 5 AZR 858/12 (F), ArbRB 2013, 40; BAG v. 15.10.2012 – 5 AZN 1958/12, NZA 2012, 1388; BAG v. 14.12.2010 – 6 AZN 986/10, NZA 2011, 229; BAG v. 5.11.2009 – 2 AZR 487/08; BAG v. 10.2.2009 – 3 AZN 1003/08, AE 2009, 268.
7 BAG v. 18.3.2010 – 2 AZN 889/09, NZA 2010, 838.
8 *Bepler*, RdA 2005, 73; ErfK/*Koch*, § 72 Rz. 15.
9 BAG v. 28.5.2009 – 6 AZN 17/09, NZA 2009, 3051.

liches Gehör zu einer streitentscheidenden Frage versagt[1]. Er muss zudem schon in der Tatsacheninstanz bedenken, dass neuer Sachvortrag in der Revisionsinstanz grds. nicht berücksichtigungsfähig ist und deshalb in den Tatsacheninstanzen substantiiert vortragen[2]. Ansonsten ist das Gericht vor Schluss der mündlichen Verhandlung grds. nicht zur Offenlegung seiner Rechtsauffassung verpflichtet[3]. Dabei kann von einer Überraschungsentscheidung insbesondere nicht die Rede sein, wenn das Rechtsmittelgericht eine Rechtsfrage abweichend vom erstinstanzlichen Gericht beantwortet, die von Anfang an umstritten gewesen ist. Das Gebot des rechtlichen Gehörs verpflichtet auch dazu, die **Ausführungen der Prozessbeteiligten zur Kenntnis** zu nehmen[4]. Dabei ist es aber unerheblich, dass sich das Gericht in den Entscheidungsgründen des Urteils nicht mit jedem vorgetragenen Argument befasst. Denn nach § 313 Abs. 3 ZPO enthalten die Entscheidungsgründe eine kurze Zusammenfassung der die Entscheidung tragenden Gesichtspunkte. Auch ist grds. davon auszugehen, dass das Gericht seiner Pflicht zur Gewährung rechtlichen Gehörs nachkommt[5]. Geht allerdings ein Gericht auf den zentralen Sachvortrag zu einer Frage, die für das Verfahren von zentraler Bedeutung ist, nicht ein, lässt dies auf die Nichtberücksichtigung dieses Vortrags schließen[6]. Unzulässig ist es auch, entgegen einem zuvor gegebenen Hinweis auf tragende rechtliche Gesichtspunkte abzustellen, für die die Möglichkeit weiteren Vortrags angekündigt worden war[7]. Zur **Hinweispflicht nach § 139** Abs. 1 Satz 2 ZPO hat das BAG klargestellt, dass das Gericht die Verpflichtung hat die Parteien aufzufordern, ungenügende Angaben zu den geltend gemachten Tatsachen zu ergänzen und die Beweismittel zu bezeichnen. § 139 Abs. 1 ZPO verlangt aber nicht, dass das Gericht eine Partei, die sich zur Begründung ihres geltend gemachten Anspruches auf einen ganz bestimmten Lebenssachverhalt und eine sich daraus ergebende Anspruchsgrundlage stützt, darauf hinweist, bei verändertem Sachvortrag könnte auch eine andere Anspruchsgrundlage den geltend gemachten Anspruch rechtfertigen. Allerdings kann das LAG diese weitere Anspruchsgrundlage dann nicht im Urteil abarbeiten, ohne zuvor Gelegenheit zur Stellungnahme zu geben[8]. Auch ein unklarer Hinweisbeschluss kann das rechtliche Gehör verletzen[9]. Zudem ist zu berücksichtigen, dass die auf mangelnde Information nach § 139 Abs. 2 ZPO gestützte Rüge der Verletzung des Anspruchs auf rechtliches Gehör nicht dazu dient, Beweisanträge oder Fragen zu ersetzen, welche eine fachkundig vertretene Partei in zumutbarer Weise selbst hätte stellen können, jedoch zu stellen unterlassen hat[10]. Auch auf einen mangels Bestimmtheit unzulässigen Antrag ist hinzuweisen[11]. Auch Handlungen oder Unterlassungen eines Prozessbeteiligten als Äußerung zu entscheidungserheblichen Tatsachenfragen unterliegen den Anforderungen an das rechtliche Gehör. Will das Gericht zB Geschehen im Gerichtssaal entscheidungserhebliche Bedeutung beimessen, hat es die anwesenden Parteien darauf hinzuweisen[12]. Andererseits ist der Anspruch auf rechtliches Gehör nicht verletzt, wenn das Gericht **Tatsachen falsch wertet**. Der Anspruch auf rechtliches Gehör schützt auch nicht vor Rechtsfehlern. Entscheidend ist, dass es den Vortrag der Partei nicht zur Kenntnis nimmt oder nicht in Erwä-

---

1 BVerfG v. 4.7.2016 – 2 BvR 1552/14, juris; BAG v. 25.1.2017 – 10 ABR 81/16 (F), juris; BAG v. 16.10.2013 – 10 AZR 9/13, NZA 2014, 264; BAG v. 16.10.2013 – 10 AZR 9/13, NZA 2014, 264; BAG v. 25.9.2013 – 5 AZR 617/13 (F), NZA 2013, 1231; BAG v. 12.12.2012 – 5 AZR 858/12 (F), ArbRB 2013, 40; BAG v. 15.10.2012 – 5 AZN 1958/12, NZA 2012, 1388; BAG v. 8.10.2010 – 5 AZN 956/10, AE 2011, 137; BAG v. 20.3.2008 – 8 AZN 1062/07, NZA 2008, 662; BAG v. 31.8.2005 – 5 AZN 580/05, NZA 2005, 1204.
2 BAG v. 25.9.2013 – 5 AZR 617/13 (F), NZA 2013, 1231; BAG v. 22.5.2012 – 1 AZR 94/11, NZA 2012, 534.
3 BVerfG v. 4.7.2016 – 2 BvR 1552/14, juris; BAG v. 25.1.2017 – 10 ABR 81/16 (F), juris; BAG v. 25.9.2013 – 5 AZR 617/13 (F), NZA 2013, 1231; BAG v. 15.10.2012 – 5 AZN 1958/12, NZA 2012, 1388; BAG v. 17.1.2012 – 5 AZN 1358/11, NZA 2012, 411; BAG v. 31.5.2006 – 5 AZR 342/06, NZA 2006, 875; BAG v. 31.8.2005 – 5 AZN 187/05, NZA 2005, 1204; BAG v. 31.8.2005 – 5 AZN 580/05, NZA 2005, 1204; BAG v. 13.6.2006 – 9 AZN 226/06, NZA 2006, 1004; BVerfG v. 15.10.2009 – 1 BvR 3474/08, NVwZ 2009, 1489.
4 BAG v. 25.8.2015 – 8 AZN 268/15, EzA § 72a ArbGG 1979 Nr. 134; BVerfG v. 17.7.2013 – 1 BvR 2450/12, NZS 2013, 737.
5 BAG v. 25.8.2015 – 8 AZN 268/15, EzA § 72a ArbGG 1979 Nr. 134; BAG v. 20.6.2013 – 8 AZR 482/12, NZA 2014, 21; BAG v. 11.10.2010 – 9 AZN 418/10, NZA 2011, 1117; BAG v. 23.3.2010 – 9 AZN 1030/09, NZA 2010, 779; BAG v. 18.11.2008 – 9 AZN 836/08, NZA 2009, 223; BAG v. 5.11.2008 – 5 AZN 842/08, NZA 2009, 55; BAG v. 19.2.2008 – 9 AZN 1085/07, NZA 2009, 56; BAG v. 13.6.2006 – 9 AZN 226/06, NZA 2006, 1004; BAG v. 26.1.2006 – 9 AZA 11/05, NZA 2006, 1180; BAG v. 22.3.2005 – 1 ABN 1/05, NZA 2005, 652.
6 BAG v. 25.8.2015 – 8 AZN 268/15, EzA § 72a ArbGG 1979 Nr. 134; BVerfG v. 17.7.2013 – 1 BvR 2450/12, NZS 2013, 737.
7 BAG v. 20.3.2008 – 8 AZN 1062/07, NZA 2008, 662.
8 BAG v. 11.4.2006 – 9 AZN 892/05, NZA 2006, 750.
9 BAG v. 26.6.2008 – 6 AZN 1026/07, NZA 2008, 1206.
10 BAG v. 20.5.2008 – 9 AZN 1258/07, NZA 2008, 839.
11 BAG v. 27.7.2016 – 7 ABR 16/14, juris.
12 BAG v. 12.12.2006 – 3 AZN 625/06, NZA 2007, 793 zur Verwertung einer Entschuldigung des Klägers im Gerichtssaal für die Erfolgsaussicht eines Auflösungsantrages nach § 9 Abs. 1 KSchG.

gung zieht[1]. Über die Richtigkeit bestrittener Tatsachen darf nicht ohne hinreichende Prüfung entschieden werden[2]. Eine Verletzung des Anspruchs auf rechtliches Gehör durch **Verstoß gegen den allgemeinen Gleichheitssatz** kommt nur in Betracht, wenn dem Prozessverlauf eine zielgerichtete, auf sachfremden Überlegungen beruhende Ungleichbehandlung der Parteien bei der Anwendung der Präklusionsvorschriften zu entnehmen ist[3]. **Nachgereichte Schriftsätze** sind von der gesamten Kammer zur Kenntnis zu nehmen[4]. Denn die Entscheidung über die Wiedereröffnung der mündlichen Verhandlung treffen die Richter, die an der vorangegangenen letzten mündlichen Verhandlung beteiligt waren. Dass gilt auch, wenn das Urteil bereits gefällt, aber noch nicht verkündet ist. Erfolgt dies nicht und nimmt nur der Vorsitzende den Schriftsatz zur Kenntnis, wird der Prozesspartei, die den Schriftsatz verfasst hat, der gesetzliche Richter entzogen, vgl. § 73 Rz. 41 a.E. Wird der Schriftsatz hingegen nicht mehr vor der Verkündung vorgelegt, geht es nicht um einen Verstoß gegen den gesetzlichen Richter, sondern um eine Gehörsverletzung, wenn der Schriftsatz ordnungsgemäß rechtzeitig eingereicht worden ist. Dies ist nicht der Fall, wenn unmittelbar im Anschluss an die Verhandlung ein Schriftsatz per Fax eingereicht und nicht kenntlich gemacht wird, dass der Rechtsstreit kurz zuvor verhandelt worden war und sich die Kammer möglicherweise noch in der Beratung befindet. Zudem fehlt eine Gehörsverletzung wenn die Partei es ohne sachlichen Grund versäumt hat, die nun schriftsätzlich geltend gemachten Gründe in der mündlichen Verhandlung vorzutragen[5]. Das rechtliche Gehör ist auch verletzt, wenn ein **entscheidungserhebliches Beweisangebot** übergangen wird[6] oder das Gericht über eine Tatsache nicht alle hierzu benannten Zeugen, sondern nur präsente, nicht zum Termin geladene Zeugen vernommen hat[7] oder aber eine erforderliche Parteivernehmung unterbleibt[8]. Das Gericht ist aber zB nicht in jedem Fall verpflichtet, einen bereits schriftlich befragten Zeugen zu laden, um diesem in der mündlichen Verhandlung Fragen stellen oder vorlegen lassen zu können[9]. Auch das **Urteil** selbst kann das rechtliche Gehör verletzen, wenn es lediglich nichtssagende Floskeln enthält oder völlig unverständlich ist. In diesem Fall greift § 72b nicht Platz[10]. Hat das Gericht einen **Antrag übergangen**, ist zwar das rechtliche Gehör verletzt. In diesem Falle muss der Kläger aber im Wege einer Urteilsergänzung nach § 321 ZPO vorgehen[11].

(3) Entscheidungserheblichkeit

43f Die Verletzung des rechtlichen Gehörs muss entscheidungserheblich sein. Die Entscheidung des Rechtsstreits muss auf der Verletzung des rechtlichen Gehörs beruhen. Dies ist der Fall, wenn die Entscheidung entweder von Begründungselementen abhängt, die unter Verletzung des Anspruchs auf rechtliches Gehör rechtswidrig gewonnen worden sind, oder auf fehlenden Begründungselementen beruht, die bei Beachtung des Anspruchs auf rechtliches Gehör hätten berücksichtigt werden müssen und zu einer anderen Entscheidung geführt hätten. Wegen der Schwierigkeiten bei der Feststellung der Kausalität ist es ausreichend, dass nicht ausgeschlossen werden kann, dass bei unterbliebener Rechtsverletzung eine andere Entscheidung des Berufungsgerichts erfolgt wäre[12]. Es genügt die **ernsthafte Möglichkeit des Erfolgs** der Klage[13]. Dies gilt insbesondere bei einer unterbliebenen Beweisaufnahme. Hier kann nicht geprüft werden, wie sie voraussichtlich ausgegangen wäre[14]. Eine Verletzung des Anspruchs auf rechtliches Gehör durch Missachtung der sich aus § 139 ZPO ergebenden Hinweispflicht ist zB nur dann erheblich, wenn zu erwarten gewesen wäre, dass der Adressat des Hinweises schlüssigen bzw. erheblichen Sachvortrag dargelegt hätte. Nichts anderes gilt für die Unterschreitung der Einlassungsfrist. Auch hier muss zu erwarten gewesen sein, dass

---

1 BAG v. 15.10.2012 – 5 AZN 1958/12, NZA 2012, 1388; BAG v. 23.3.2010 – 9 AZN 1030/09, NZA 2010, 779; BAG v. 18.11.2008 – 9 AZN 836/08, NZA 2009, 223.
2 BAG v. 13.11.2007 – 3 AZN 449/07, NZA 2008, 1179.
3 BAG v. 19.2.2008 – 9 AZN 1085/07, NZA 2009, 56.
4 BAG v. 6.5.2015 – 2 AZN 984/14, NZA 2015, 956; BAG v. 25.1.2012 – 4 AZR 185/10, AP Nr. 88 zu § 233 ZPO 1977; BAG v. 18.12.2008 – 6 AZN 646/08, NZA 2009, 334.
5 BAG v. 14.12.2010 – 6 AZN 986/10, NZA 2011, 229.
6 BAG, 26.1.2017, 8 AZN 872/16, juris; BAG v. 5.11.2009 – 2 AZR 487/08 derz. nv.; BAG v. 10.2.2009 – 3 AZN 1003/08, AE 2009, 268.
7 BAG v. 10.5.2005 – 9 AZN 195/05, AP Nr. 5 zu § 72a ArbGG 1979 – Rechtliches Gehör.
8 BAG v. 19.11.2008 – 10 AZR 671/07, NZA 2009, 318.
9 BAG v. 26.1.2017, 8 AZN 872/16, juris.
10 BAG v. 20.12.2006 – 5 AZB 35/06, NZA 2007, 226, vgl. § 72b Rz. 15.
11 BAG v. 26.6.2008 – 6 AZN 1161/07, NZA 2008, 1028.
12 BAG v. 25.8.2015 – 8 AZN 268/15, EzA § 72a ArbGG 1979 Nr. 134; BAG v. 20.6.2013 – 8 AZR 482/12, NZA 2014, 21; BAG v. 10.2.2009 – 3 AZN 1003/08, AE 2009, 268; BAG v. 11.4.2006 – 9 AZN 892/05, NZA 2006, 750; BAG v. 10.5.2005 – 9 AZN 195/05, AP Nr. 5 zu § 72a ArbGG 1979 – Rechtliches Gehör.
13 BAG v. 18.11.2008 – 9 AZN 836/08, NZA 2009, 223; BAG v. 31.8.2005 – 5 AZN 580/05, NZA 2005, 1204.
14 BAG v. 10.5.2005 – 9 AZN 195/05, AP Nr. 5 zu § 72a ArbGG 1979 – Rechtliches Gehör.

innerhalb der Frist Schlüssiges oder Erhebliches vorgetragen worden wäre[1]. Es stellt sich in diesem Zusammenhang die Frage, ob hier eine eigene Schlüssigkeits- oder Erheblichkeitsprüfung des BAG erforderlich ist, oder ob die rechtliche Bewertung des LAG zugrunde zu legen ist. Da es um die Zulassung der Revision geht, erscheint die Prüfung aus Sicht des LAG vorzugswürdig[2]. Die Entscheidung des Rechtsstreits hängt nicht von einer Verletzung des Anspruchs auf rechtliches Gehör ab, soweit das Berufungsgericht sein Urteil auf mehrere Begründungen gestützt hat, die die Entscheidung tragende Alternativbegründung jedoch keine Verletzung des Anspruchs auf rechtliches Gehör enthält. Anders ist es, wenn die Verletzung rechtlichen Gehörs auch für die Alternativbegründung relevant ist[3].

3. Zulassungsentscheidung

Das LAG muss über die **Zulassung von Amts wegen** entscheiden. Liegt einer der Zulassungsgründe nach § 72 Abs. 2 vor, hat das LAG hinsichtlich seiner Entscheidung **keinen Ermessensspielraum**. Es muss die Revision unabhängig von einem Antrag der Parteien zulassen. Ein entsprechender Antrag ist deshalb lediglich eine Anregung an das Gericht[4], vgl. oben Rz. 23. 44

a) Form der Zulassungsentscheidung

Die **Zulassung** erfolgt **im Tenor** des Urteils des LAG. Dies ergibt sich aus § 72 Abs. 1 Satz 2, wonach § 64 Abs. 3a entsprechend anzuwenden ist. § 64 Abs. 3a seinerseits bestimmt, dass die Entscheidung des ArbG, ob die Berufung zugelassen oder nicht zugelassen werden soll, in den Urteilstenor aufzunehmen ist. Dadurch wird klargestellt, dass die Revisionszulassung **zwingend** im Urteilstenor aufzunehmen ist. Die gängige Formulierung lautet: „Die Revision wird für <Partei> zugelassen." Aufzunehmen ist auch die Entscheidung, die Revision nicht zuzulassen. Eine Zulassung nur in den Entscheidungsgründen oder eine **Rechtsmittelbelehrung**, die auf die Revision hinweist, sind unerheblich[5]. Sie eröffnen die Revision nicht. Umgekehrt wird die ordnungsgemäße Zulassung der Revision im Tenor nicht durch eine anders lautende Rechtsmittelbelehrung beseitigt. Die **falsche Bezeichnung** der Revision im Tenor, etwa als Revisionsbeschwerde, ist unschädlich. Es gilt der allgemeine Grundsatz „falsa demonstratio non nocet" soweit das gewollte Rechtsmittel eindeutig identifizierbar ist. Dabei ist regelmäßig davon auszugehen, dass das LAG das prozessual zulässige Rechtsmittel ermöglichen wollte. 45

Fehlt eine Entscheidung über die Zulassung der Revision, kann nach § 72 Abs. 1 Satz 2, § 64 Abs. 3a binnen zwei Wochen ab Verkündung des Urteils eine entsprechende **Ergänzung beantragt werden**. Wichtig ist, dass die Frist ausweislich des Wortlautes der Norm mit der Verkündung beginnt. Die Zustellung des Sitzungsprotokolls oder gar des abgefassten Urteils sind unerheblich. Den Parteien kann deshalb nur nachdrücklich dazu geraten werden, sich unverzüglich nach der Sitzung bei der Geschäftsstelle des Berufungsgerichtes nach der Entscheidung über die Revisionszulassung zu erkundigen, oder – soweit möglich – den Tenor online abzurufen, um den Antrag fristgerecht einreichen zu können[6]. Über diesen Antrag auf Ergänzung kann die Kammer ohne mündliche Verhandlung entscheiden. Zuständig ist die Kammer in der Besetzung bei Erlass des Berufungsurteils, § 309 ZPO. 46

Soweit die **Frist** zur nachträglichen Ergänzung **versäumt** wird, ist die **Revision nicht zugelassen**, weil es endgültig an einer ausdrücklichen Zulassung der Revision im Tenor des Berufungsurteils fehlt. Eine Ergänzung des Urteils von Amts wegen kommt nicht in Betracht. Insoweit stellt die Möglichkeit des Antrags nach § 64 Abs. 3a auch eine gegenüber § 319 Abs. 1 ZPO abschließende Regelung dar[7]. § 319 Abs. 1 ZPO kann deshalb kein „Vergessen", sondern nur ein „Versehen" korrigieren. Regelmäßig liegen die Voraussetzungen des § 319 Abs. 1 ZPO nämlich nicht vor. Zwar fehlt offenbar eine Entscheidung über die Zulassung der Revision, es ist jedoch in aller Regel nicht offensichtlich, ob sie zugelassen oder nicht zugelassen werden sollte. Denkbar wäre § 319 Abs. 1 ZPO also etwa dann, wenn die Kammer bei der Urteilsverkündung ausdrücklich auf die Zulassung hingewiesen und sich zB bei Abfassung des Tenors verschrieben hat, vgl. 47

---

1 BAG v. 20.4.2016 – 10 AZR 111/15, juris; BAG v. 31.8.2005 – 5 AZN 580/05, NZA 2005, 1204.
2 So zutreffend HWK/*Bepler*/*Treber*, § 72 Rz. 27; aA wohl BAG v. 31.8.2005 – 5 AZN 580/05, NZA 2005, 1204.
3 BAG v. 26.1.2017 – 6 AZN 835/16, juris; ErfK/*Koch*, § 72 ArbGG Rz. 16; HWK/*Bepler*/*Treber*, § 72 Rz. 27.
4 Vgl. nur ErfK/*Koch*, § 72 ArbGG Rz. 17; Ostrowicz/Künzl/*Scholz*, Rz. 543; Hauck/Helml/Biebl/*Hauck*, § 72 Rz. 12.
5 BAG v. 5.11.2003 – 4 AZR 643/02, NZA 2004, 447; *Lakies*, BB 2000, 667 ff. (669); GMP/*Müller-Glöge*, § 72 Rz. 35; GK-ArbGG/*Mikosch*, § 72 Rz. 40; vgl. BAG v. 20.9.2000 – 2 AZR 345/00, NZA 2001, 52; BeckOKArbR/*Klose*, § 72 Rz. 20; GWBG/*Benecke*, § 72 Rz.44; Düwell/Lipke/*Düwell*, § 72 Rz.62.
6 *Germelmann*, NZA 2000, 1017 (1023).
7 So auch GWBG/*Benecke*, § 72 Rz.45; Düwell/Lipke/*Düwell*, § 72 Rz.64.

auch § 64 Rz. 44[1]. Eine „vergessene" Zulassungsentscheidung kann über § 319 ZPO nicht korrigiert werden. Auch eine Ergänzung des Urteils nach § 321 ZPO scheidet aus. Da es sich nicht um eine Notfrist handelt, kommt auch eine Wiedereinsetzung in den vorigen Stand nicht in Betracht[2] (zu den Einzelheiten vgl. § 64 Rz. 176). Die Parteien wissen also innerhalb von zwei Wochen nach der Verkündung, ob die Revision zugelassen ist oder nicht. Möglich bleibt in diesem Fall aber die Nichtzulassungsbeschwerde[3], um noch eine Revisionszulassung zu erreichen[4]. Eine **Begründung** der Zulassungsentscheidung durch das LAG ist grds. nicht erforderlich, weil eine Begründungspflicht gesetzlich nicht vorgeschrieben ist. Es kommt darauf an, ob objektiv ein Zulassungsgrund besteht[5]. Gleichwohl finden sich zuweilen aber kurze Hinweise zum Zulassungsgrund[6]. Allerdings scheint das BVerfG ein Begründungserfordernis für die Fachgerichtsbarkeit anzudeuten. Lässt ein Fachgericht ein zulassungsbedürftiges Rechtsmittel nicht zu, müssen die Entscheidungsgründe das Bundesverfassungsgericht in die Lage versetzen zu überprüfen, ob das Gericht dabei ein von der jeweiligen Rechtsordnung grds. eröffnetes Rechtsmittel ineffektiv gemacht hat. Unterlässt das Fachgericht eine nachvollziehbare Begründung seiner Nichtzulassungsentscheidung und erhellt sich diese auch nicht aus dem Zusammenhang, kommt eine Aufhebung durch das Bundesverfassungsgericht dann in Betracht, wenn die Zulassung des Rechtsmittels nahegelegen hätte[7]. Ob sich daraus eine Begründungspflicht ergibt, wird unterschiedlich beurteilt[8]. Richtiger Weise besteht kein Begründungserfordernis. Der Entscheidung des BVerfG lag eine Konstellation zugrunde, in der auch die Nichtzulassungsbeschwerde ausgeschlossen war.

48 Gegen die positive Zulassung der Revision ist ein Rechtsmittel nicht gegeben.

b) Umfang der Zulassungsentscheidung

49 Die Revision kann vom LAG in vollem Umfang ohne jede Beschränkung zugelassen werden. Besteht die grundsätzliche Bedeutung, Divergenz oder der Verfahrensverstoß nur für einen Teil des Rechtsstreites, kann das LAG die **Revision auch beschränkt** zulassen. Dies setzt voraus, dass sich der Zulassungsgrund auf einen tatsächlich und rechtlich selbständigen und abtrennbaren Teil des Gesamtstreitstoffes bezieht, über den durch Teilurteil entschieden werden könnte[9]. Gedanklich hat das Berufungsgericht also zwei Fragen abzuarbeiten. Zunächst ist zu prüfen, ob der Zulassungsgrund besteht, also der Sache grundsätzliche Bedeutung zukommt, Divergenz oder ein Verfahrensverstoß vorliegt. Danach ist zu bedenken, ob der in Betracht kommende Zulassungsgrund für den gesamten Rechtsstreit oder für einen abtrennbaren Teil Bedeutung hat. Dabei ist zu berücksichtigen, dass das LAG nicht verpflichtet ist, die Revision zu beschränken. Auch wenn keine gesetzliche Pflicht zur Beschränkung der Revision besteht, entspricht es aber dem mit der Zulassungsrevision verfolgten Zweck, von der Möglichkeit der Beschränkung soweit wie möglich Gebrauch zu machen. Das BAG sollte entlastet und auf seine Aufgaben in der Wahrung der Rechtseinheit und der Rechtsfortbildung beschränkt werden. Deshalb ist stets zu prüfen, auf welchen tatsächlich und rechtlich abtrennbaren Teil des Gesamtstreitstoffs die Revision beschränkt werden kann[10].

50 **Mehrere Streitgegenstände** bilden stets einen tatsächlich und rechtlich selbständigen und abtrennbaren Teil des Gesamtstreitstoffs. Hier kann die Revision regelmäßig auf einzelne Streitgegenstände beschränkt werden[11]. Dies gilt etwa für Klage und Widerklage, die selbständige Streitgegenstände bilden. Zulässig ist auch die Beschränkung auf die Klageforderung oder zur Aufrechnung gestellte Forderung sowie auf den

---

1 Zöller/*Vollkommer*, § 319 ZPO Rz. 16; GK-ArbGG/*Mikosch*, § 72 Rz. 39; Hauck/Helml/Biebl/*Hauck*, § 72 Rz. 13; *Lakies*, BB 2000, 667; GMP/*Müller-Glöge*, § 72 Rz. 37; Düwell/Lipke/*Düwell*, § 72 Rz.64.
2 HWK/*Bepler/Treber*, § 72 Rz. 29; GMP/*Müller-Glöge*, § 72 Rz. 36; *Germelmann*, NZA 2000, 1017.
3 GMP/*Müller-Glöge*, § 72 Rz. 36; GK-ArbGG/*Mikosch*, § 72 Rz. 39; HWK/*Bepler/Treber*, § 72 Rz. 29.
4 Vgl. aber auch GMP/*Müller-Glöge*, § 72 Rz. 36, weil das Unterlassen der negativen Zulassungsentscheidung gleichsteht. Düwell/Lipke/*Düwell*, § 72 Rz.62 nur dann, wenn die Versäumung der Frist nach § 64 Abs. 3 a unverschuldet war.
5 BAG v. 11.10.2010 – 9 AZN 418/10, NZA 2011, 117.
6 GMP/*Müller-Glöge*, § 72 Rz. 34.
7 BVerfG v. 3.3.2014 – 1 BvR 2534/10, NJW 2014, 1796; BVerfG v. 21.3.2012 – 1 BvR 2365/11, NJW 2012, 1715; BVerfG v. 30.8.2010 - 1 BvR 1631/08, GRUR 2010, 999.
8 Dagegen GK-ArbGG/*Mikosch*, § 72 Rz. 39. Dafür Düwell/Lipke/*Düwell*, § 72 Rz.51.
9 BAG v. 15.1.2015 – 5 AZN 798/14, ZTR 2015, 234; BAG v. 28.8.2001 – 9 AZR 611/99, NZA 2002, 323; BAG v. 8.2.1994 – 9 AZR 591/93, AP Nr. 23 zu § 72 ArbGG 1979; BAG v. 3.2.1987 – 3 AZR 523/85, AP Nr. 54 zu § 74 HGB; BAG v. 18.12.1984 – 3 AZR 125/84, AP Nr. 8 zu § 17 BetrAVG; BeckOKArbR/*Klose*, § 72 Rz. 20.
10 BAG v. 28.8.2001 – 9 AZR 611/99, NZA 2002, 323.
11 BAG v. 18.12.1984 – 3 AZR 125/84, AP Nr. 8 zu § 17 BetrVG; BAG v. 19.10.1982 – 4 AZR 303/82, AP Nr. 1 zu § 72 ArbGG 1979; GK-ArbGG/*Mikosch*, § 72 Rz. 44.

Grund oder die Höhe der Klageforderung¹. In all diesen Fällen kann selbständig über einen Teil des Streitgegenstandes durch Teilurteil entschieden werden. Vom Teilurteil zu unterscheiden ist das Zwischenurteil nach § 303 ZPO. Wesen des Zwischenurteils ist, dass gerade nicht über einen Teil des Streitgegenstandes, sondern über einen von mehreren „Streitpunkten" entschieden wird². Nach hM kann die Zulassung der Revision auf diejenigen Teile des Rechtsstreits beschränkt werden, über die durch selbständig anfechtbares Zwischenurteil hätte entschieden werden können, insbesondere über das Zwischenurteil nach § 280 Abs. 2 ZPO über die Zulässigkeit der Klage³. Diese Auffassung ist abzulehnen. Entscheidend für die Beschränkung der Revisionszulassung ist, dass ein selbständig anfechtbarer Teil eines Rechtsstreits vorhanden ist. Dieser liegt jedoch nur dann vor, wenn das LAG gem. § 280 Abs. 1 und 2 ZPO gesondert verhandelt und entschieden hat. Bei einer einheitlichen Verhandlung kann nicht einfach isoliert ein „Streitpunkt" herausgegriffen und zur Revision zugelassen werden⁴.

Soweit ein **einheitlicher Streitgegenstand** vorliegt, kann die Revision bspw. auf den Kläger oder den Beklagten beschränkt werden. Dies kommt in Betracht, wenn beide Parteien durch die Entscheidung beschwert sind, aber nur hinsichtlich der Beschwer einer Partei ein Zulassungsgrund besteht. Bei subjektiver Klagehäufung kann die Revision für einzelne Streitgenossen zugelassen werden⁵. Dies greift freilich nur bei freiwilligen, nicht bei notwendigen Streitgenossen. Hier ist die einheitliche Zulassung zwingend⁶. Weiterhin ist eine Beschränkung möglich auf Berufung oder Anschlussberufung⁷ sowie Haupt- und Hilfsantrag⁸. 51

Eine **Revisionsbeschränkung auf einzelne Rechtsfragen**, konkurrierende Anspruchsgrundlagen, Angriffs- oder Verteidigungsmittel ist hingegen **nicht möglich**⁹, selbst wenn das LAG über einzelne Anspruchsgrundlagen durch Teilurteil rechtsfehlerhaft entschieden hat. Das gilt bspw. für die Beschränkung auf die „Frage der Pfändbarkeit der Urlaubsabgeltung"¹⁰. Aus diesem Grunde kann im Falle einer Kündigung keine beschränkte Zulassung auf die Frage der ordnungsgemäßen BR-Anhörung oder Sozialauswahl erfolgen¹¹. 52

Die **Beschränkung der Zulassung** ist ebenfalls **in den Tenor** aufzunehmen, ggf. durch Ergänzung des Tenors gem. § 64 Abs. 3 Satz 2. Denn nach § 64 Abs. 3a muss in den Tenor aufgenommen werden, ob die Revision „zugelassen oder nicht zugelassen wird". Da auch die Nichtzulassung in den Tenor aufgenommen werden muss, ist dort auch eine Beschränkung der Revision eindeutig zum Ausdruck zu bringen¹². 53

Die unwirksame Beschränkung entfaltet keine Wirkungen. Ist die Beschränkung nur in den Entscheidungsgründen ausgedrückt, ist die Revision – mangels wirksamer Beschränkung – unbeschränkt zugelassen. Erfolgt die Beschränkung zutreffend im Tenor, ist sie aber nicht eindeutig, gilt selbiges. Aus Gründen der Rechtsklarheit ist auch hier von einer unbeschränkten Zulassung des Rechtsmittels auszugehen¹³. Auch die Unzulässigkeit der vom Berufungsgericht vorgenommenen Beschränkung führt nicht zur Wirkungslosigkeit der Zulassung, vielmehr bleiben der unzulässigen Einschränkung die Rechtswirkungen versagt¹⁴. Irre- 53a

---

1 GWBG/*Benecke*, § 72 Rz. 49; GK-ArbGG/*Mikosch*, § 72 Rz. 45; GMP/*Müller-Glöge*, § 72 Rz. 41; Düwell/Lipke/*Düwell*, § 72 Rz.55.
2 Zöller/*Vollkommer*, § 303 ZPO Rz. 1.
3 GMP/*Müller-Glöge*, § 72 Rz. 41; Hauck/Helml/Biebl/*Hauck*, § 72 Rz. 15; GWBG/*Benecke*, § 72 Rz.49.
4 So auch HWK/*Bepler*/*Treber*, § 72 Rz. 31; GK-ArbGG/*Mikosch*, § 72 Rz. 45.
5 BAG v. 21.10.1982 – 2 AZR 591/80, AP Nr. 14 zu Art. 140 GG; BAG v. 28.5.1998 – 2 AZR 480/97, AP Nr. 36 zu § 72 ArbGG 1979; BAG v. 28.2.1985 – 2 AZR 403/83, AP Nr. 21 zu § 622 BGB.
6 BAG v. 28.3.1956 – 2 AZR 550/55, AP Nr. 38 zu § 72 ArbGG 1953.
7 BAG v. 28.3.1956 – 2 AZR 550/55, AP Nr. 38 zu § 72 ArbGG 1953; GK-ArbGG/*Mikosch*, § 72 Rz. 42; GMP/*Müller-Glöge*, § 72 Rz. 39; GWBG/*Benecke*, § 72 Rz. 49.
8 BAG v. 28.5.1985 – 2 AZR 403/83, AP Nr. 21 zu § 622 BGB.
9 BAG v. 15.1.2015 – 5 AZN 798/14, ZTR 2015, 234; BAG v. 28.5.2014 – 10 AZB 20/14, NZA-RR 2014, 445; BAG v. 9.3.1995 – 2 AZR 497/94, AP Nr. 123 zu § 626 BGB; BAG v. 8.2.1994 – 9 AZR 591/93, AP Nr. 23 zu § 72 ArbGG 1979; BAG v. 26.3.1986 – 7 AZR 585/84, AP Nr. 2 zu § 180 BGB; BAG v. 14.11.1984 – 7 AZR 133/83, AP Nr. 89 zu § 626 BGB; GK-ArbGG/*Mikosch*, § 72 Rz. 45; Düwell/Lipke/*Düwell*, § 72 Rz.56; GMP/*Müller-Glöge*, § 72 Rz. 42; ErfK/*Koch*, § 72 ArbGG Rz. 18; HWK/*Bepler*/*Treber*, § 72 Rz. 31; BeckOKArbR/*Klose*, § 72 Rz. 21.
10 BAG v. 28.8.2001 – 9 AZR 611/99, NZA 2002, 329.
11 BAG v. 14.11.1984 – 7 AZR 133/83, AP Nr. 89 zu § 626 BGB.
12 BAG v. 5.11.2003 – 4 AZR 643/02, NZA 2004, 447; GMP/*Müller-Glöge*, § 72 Rz. 43; Hauck/Helml/Biebl/*Hauck*, § 72 Rz. 13.
13 Vgl. auch BAG v. 6.9.1990 – 2 AZR 165/90, AP Nr. 47 zu § 615 BGB; BAG v. 18.12.1984 – 3 AZR 125/84, AP Nr. 8 zu § 17 BetrVG; GK-ArbGG/*Mikosch*, § 72 Rz. 42; ErfK/*Koch*, § 72 ArbGG Rz. 18; HWK/*Bepler*/*Treber*, § 72 Rz. 32; Düwell/Lipke/*Düwell*, § 72 Rz.62.
14 BAG v. 15.1.2015 – 5 AZN 798/14, ZTR 2015, 234; BAG v. 28.5.2014 – 10 AZB 20/14, NZA-RR 2014, 445; BAG v. 19.3.2003 – 5 AZN 751/02, BAGE 105, 308. Anders im Bereich der ZPO: BGH v. 11.3.2015 – VII ZR 90/14, juris; GK-ArbGG/*Mikosch*, § 72 Rz. 50.

levant ist der Inhalt der Rechtsmittelbelehrung. Sie eröffnet weder die Revisionsinstanz, noch beschränkt sie sie[1]. Auch eine im Tenor beschränkt ausgesprochene Zulassung kann in den Entscheidungsgründen nicht wirksam weiter eingeschränkt werden[2].

54 Ist die Revision nach vorstehenden Grundsätzen rechtswirksam beschränkt worden, wurde früher überwiegend vertreten, dass die **Anschlussrevision** nur hinsichtlich des zugelassenen Streitgegenstandes eingelegt werden kann[3]. Diese Auffassung ist seit der Neuregelung des § 554 Abs. 2 Satz 1 ZPO gegenstandslos. Die Anschlussrevision ist unbeschränkt möglich[4], vgl. § 74 Rz. 93.

c) Wirkung der Zulassungsentscheidung

55 Die Revision wird erst mit der ordnungsgemäßen Zulassung im Tenor des Urteils **statthaftes Rechtsmittel**. Die Zulassung wirkt umfassend. Erfasst werden auch die nicht selbständig anfechtbaren Zwischenurteile oder Grundurteile[5]. Ist die Revision unbeschränkt zugelassen worden, kann jede Partei, soweit sie durch das Urteil des LAG beschwert ist, Revision einlegen[6]. Wurde die Revision nur beschränkt zugelassen, kann die Revision im Umfang der Zulassung eingelegt werden. Mit einer **Anschlussrevision** ist allerdings eine Erweiterung auch auf die übrigen von der Zulassung ausgenommenen Streitgegenstände möglich, weil diese die Zulassung der Revision nicht voraussetzt, vgl. oben Rz. 54 und § 74 Rz. 93[7]. Die Anschlussrevision wird unzulässig, wenn die Partei, für die die Revision zugelassen worden ist, die Revision zurücknimmt oder als unzulässig verworfen wird, vgl. § 554 Abs. 4 ZPO[8].

56 Fällt der **Zulassungsgrund weg**, zB weil die Rechtsfrage von grundsätzlicher Bedeutung geklärt oder im Falle der Divergenz die abweichende Entscheidung aufgehoben wurde, ändert dies nichts an der Statthaftigkeit[9]. Auch eine entgegengesetzte Rechtsmittelbelehrung beseitigt die ordnungsgemäße Zulassung der Revision nicht[10], vgl. auch Rz. 45.

57 Nach § 72 Abs. 3 ist das **BAG an die Zulassung** der Revision durch das LAG **gebunden**. Ein **Rechtsmittel** gegen die Zulassung **gibt es nicht**. Auch eine Überprüfung der Zulassung durch das BAG auf ihre Rechtmäßigkeit hin erfolgt nicht.[11] Ebenso hat das BAG nicht die Möglichkeit, die Annahme der Revision abzulehnen. Letztlich ist es aus diesem Grunde völlig gleichgültig, wie das LAG die Zulassung begründet. Denn die Begründung der Zulassung spielt keine Rolle[12]. Lässt das LAG die Revision zB wegen einer Abweichung von einer der in § 72 Abs. 2 Nr. 2 genannten Entscheidungen zu, prüft das BAG also nicht mehr, ob eine Divergenz tatsächlich vorliegt. Auch ist es unerheblich, ob die Divergenz zu einem nicht divergenzfähigen Gericht begründet wird oder keine grundsätzliche Bedeutung festgestellt werden kann.

58 Die **Bindungswirkung** entfällt nur bei einer zur Nichtigkeit der Zulassung führenden offenkundigen Gesetzwidrigkeit[13], etwa wenn die Entscheidung nicht mit der Revision angefochten werden kann[14], zB bei Zulassung der Revision im Falle von Arrest oder einstweiliger Verfügung, vgl. schon Rz. 22. Soweit zuweilen eine Bindungswirkung abgelehnt wird, weil die Zulassung der Revision in einer fehlerhaften Form erfolgte, etwa durch einen Berichtigungsbeschluss, ist diese Rspr. überholt. Denn wegen § 72 Abs. 1, § 64 Abs. 3a fehlt es bereits an einer wirksamen Zulassung (vgl. Rz. 45 f.).

---

1 BAG v. 20.9.2000 – 2 AZR 345/00, EzA § 72 ArbGG 1979 Nr. 25; BAG v. 24.2.1988 – 4 AZR 614/87, AP Nr. 2 zu § 1 TVG – Tarifverträge Schuhindustrie; GK-ArbGG/*Mikosch*, § 72 Rz. 52.
2 BAG v. 5.11.2003 – 4 AZR 643/02, NZA 2004, 447.
3 BAG v. 19.10.1982 – 4 AZR 303/82, AP Nr. 1 zu § 72 ArbGG 1979.
4 BGH v. 24.6.2003 – KZR 32/02, NJW 2003, 2525; GK-ArbGG/*Mikosch*, § 72 Rz. 49.
5 BAG v. 31.8.1964 – 5 AZR 73/64, AP Nr. 25 zu § 72 ArbGG 1953 – Divergenzrevision; BAG v. 29.9.1958 – 2 AZR 324/57, AP Nr. 17 zu § 64 ArbGG 1953; GK-ArbGG/*Mikosch*, § 72 Rz. 53; GMP/*Müller-Glöge*, § 72 Rz. 44.
6 BAG v. 31.1.1956 – 3 AZR 185/54, AP Nr. 15 zu § 69 ArbGG 1953.
7 BAG v. 23.3.2016 – 7 AZR 828/13, BAGE 154, 354; BAG v 17.1.2012 – 3 AZR 10/10, NZA-RR 2013, 86.
8 GK-ArbGG/*Mikosch*, § 72 Rz. 58; GMP/*Müller-Glöge*, § 72 Rz. 46; Düwell/Lipke/*Düwell*, § 72 Rz.66.
9 GK-ArbGG/*Mikosch*, § 72 Rz. 57; GMP/*Müller-Glöge*, § 72 Rz. 45.
10 BAG v. 17.6.1999 – 6 AZR 620/92, NZA 1994, 764.
11 BAG v. 20.11.2014 – 2 AZR 755/13, NZA 2015, 612.
12 BAG v. 11.10.2010 – 9 AZN 418/10, NZA 2011, 117; ErfK/*Koch*, § 72 ArbGG Rz. 19; GWBG/*Benecke*, § 72 Rz. 50.
13 GS BAG v. 6.6.1956 – GS 2/56, AP Nr. 16 zu § 69 ArbGG 1953.
14 BAG v. 31.1.2008 – 8 AZR 10/07, AP Nr. 52 zu § 72 ArbGG 1979 zur Revision eines Streitverkündeten; GK-ArbGG/*Mikosch*, § 72 Rz. 60; GMP/*Müller-Glöge*, § 72 Rz. 49; ErfK/*Koch*, § 72 ArbGG Rz. 19; HWK/*Bepler/Treber*, § 72 Rz. 34.

Hat das Berufungsgericht die **Revision beschränkt zugelassen**, erfolgt aber eine Prüfung der Zulässigkeit der Beschränkung[1]. Ist die Beschränkung unzulässig, ist die Revision in vollem Umfang als zugelassen anzusehen, vgl. schon Rz. 54.

V. Anzuwendende Vorschriften

§ 72 Abs. 5 und 6 erklären für das Revisionsverfahren vor dem BAG einige Vorschriften der ZPO als auch des erstinstanzlichen arbeitsgerichtlichen Verfahrens für entsprechend anwendbar.

1. ZPO

Die **§§ 72–77 ArbGG** enthalten **spezielle Regelungen** für das arbeitsgerichtliche Revisionsverfahren. Nur soweit diese Vorschriften nichts anderes bestimmen finden nach **§ 72 Abs. 5 ArbGG** die Vorschriften der ZPO über die Revision mit Ausnahme von § 566 ZPO entsprechend Anwendung. Wegen der eigenständigen Normierung im ArbGG sind deshalb per se die §§ 542–546, 548, 553, 558, 560, 563 und 566 ZPO unanwendbar. An ihre Stelle treten die Regelungen des ArbGG. So sind Zulässigkeit der Revision, Nichtzulassungsbeschwerde, Revisionsgründe, Revisionsfrist, Sprungrevision etc. abschließend geregelt. Die übrigen Vorschriften bleiben anwendbar, etwa die absoluten Revisionsgründe nach § 547 ZPO, auf die durch § 72 Abs. 2 Nr. 3 verwiesen wird, §§ 552, 554–557, 559, 561, 562, 564 und 565 ZPO. Die Vorschriften über die Revisionseinlegung, §§ 549, 552, gelten mit den Modifikationen, die sie durch § 74 erfahren. Auch § 551 Abs. 3 Nr. 2 Satz 2 ZPO dürfte Anwendung finden. Auch im arbeitsgerichtlichen Verfahren kann im Falle der erfolgreichen Nichtzulassungsbeschwerde zur Begründung der Revision auf die Begründung der Nichtzulassungsbeschwerde Bezug genommen werden. Freilich müssen dann auch die Voraussetzungen des § 551 Abs. 3 Nr. 2 Buchst. a und b ZPO eingehalten werden[2]. Ein Automatismus besteht nicht. Die Verweisung hat auch zur Folge, dass die Vorschriften der ZPO über das Berufungsverfahren nur über § 565 ZPO in beschränktem Umgang zur Anwendung kommen. Über § 555 ZPO finden die Vorschriften über das landgerichtliche Verfahren im ersten Rechtszug entsprechend Anwendung.

2. ArbGG

Im Übrigen gelten für das Revisionsverfahren die in **§ 72 Abs. 6** aufgezählten Vorschriften über das arbeitsgerichtliche Urteilsverfahren. Diese betreffen die Ablehnung von Gerichtspersonen, Zustellung, Öffentlichkeit, Befugnisse des Vorsitzenden, Befugnisse der ehrenamtlichen Richter, die gütliche Erledigung des Rechtsstreites sowie Inhalt des Urteils und Übersendung von Urteilen in Tarifvertragssachen. Im Einzelnen sind folgende Vorschriften anwendbar:

Nach § 49 Abs. 1 entscheidet die Kammer über **die Ablehnung von Gerichtspersonen**. Wird ein Richter abgelehnt, entscheidet demnach der Senat in voller Besetzung einschließlich der ehrenamtlichen Richter[3]. Nach § 45 Abs. 1 ZPO wirkt der abgelehnte Richter nicht mit. Falls der Senat beschlussunfähig wird, erfolgt eine Ergänzung durch das Präsidium[4]. Dieses Verfahren greift auch Platz, wenn ein Richter nach § 48 ZPO die Selbstablehnung anzeigt.

Nach § 50 erfolgt auch die **Zustellung** des Revisionsurteils binnen drei Wochen seit Übergabe des von sämtlichen Mitgliedern des Senates unterschriebenen Urteils nebst Tatbestand und Entscheidungsgründen an die Geschäftsstelle.

Nach § 52 sind die **Verhandlungen** vor dem Senat und die Verkündung der Entscheidungen **öffentlich**. Möglich ist auch der Ausschluss der Öffentlichkeit. Im Hinblick auf § 52 Satz 4 sind Ton- und Fernseh- und Rundfunkaufnahmen unzulässig, sobald die mündliche Verhandlung begonnen hat.

Nach § **53** erlässt der **Vorsitzende** die nicht aufgrund einer mündlichen Verhandlung ergehenden Beschlüsse und Verfügungen **allein**, soweit nichts anderes bestimmt ist. Da die Vorschrift letztlich das Verhältnis der Berufsrichter zu den ehrenamtlichen Richtern regelt, richtet sich nach § 53 wann der Vorsitzende und die berufsrichterlichen Beisitzer, also der berufsrichterliche Senat allein ohne die ehrenamtlichen Beisitzer entscheiden[5]. Eine Alleinentscheidungsbefugnis des Vorsitzenden ist der Regelung nicht zu ent-

---

[1] BAG v. 18.12.1984 – 3 AZR 389/83, AP Nr. 8 zu § 17 BetrAVG; HWK/*Bepler/Treber*, § 72 Rz. 34; GK/ArbGG/ *Mikosch*, § 72 Rz. 62; GMP/*Müller-Glöge*, § 72 Rz. 51.
[2] *Schmidt/Schwab/Wildschütz*, NZA 2001, 1229; Hauck/Helml/Biebl/*Hauck*, § 72 Rz. 18.
[3] BAG v. 29.10.1992 – 5 AZR 377/92, AP Nr. 9 zu § 42 ZPO.
[4] BAG v. 30.5.1972 – 1 AZR 11/72, AP Nr. 2 zu § 42 ZPO.
[5] BAG v. 2.6.1954 – 2 AZR 63/53, AP Nr. 1 zu § 53 ArbGG 1953; GK-ArbGG/*Mikosch*, § 72 Rz. 67; GMP/*Müller-Glöge*, § 72 Rz. 58; GWBG/*Benecke*, § 72 Rz. 54.

nehmen, da sie das Verhältnis des Vorsitzenden zu den berufsrichterlichen Beisitzern gar nicht betrifft[1]. Eine Erweiterung der Befugnisse des Vorsitzenden ist der Regelung nicht zu entnehmen. Das Verhältnis des Vorsitzenden zu den Mitgliedern des Spruchkörpers regelt § 53 Abs. 2. Aus den anwendbaren Vorschriften der ZPO (vgl. Rz. 60) ergibt sich, dass der Vorsitzende für die Terminierung allein zuständig ist. Ebenso obliegt ihm die Verhandlungsführung nach § 136 Abs. 1 ZPO. Eine Kontrolle durch die anderen Mitglieder des Spruchkörpers findet nicht statt. Insoweit greift lediglich § 140 ZPO, der die Beanstandung von auf die Sachleitung bezogene Anordnungen betrifft. Danach kann eine auf die Sachleitung bezogene Anordnung des Vorsitzenden oder eine von dem Vorsitzenden oder einem Gerichtsmitglied gestellte Frage von einer bei der Verhandlung beteiligten Person als unzulässig beanstandet werden. In diesem Falle entscheidet der Senat. Dies gibt jedoch nicht dem einzelnen Mitglied des Senates das Recht, Anordnungen oder Fragen des Vorsitzenden zu beanstanden. Denn der Begriff „an der Verhandlung beteiligte Person" bezieht sich nicht auf das einzelne Senatsmitglied[2]. Auch die Befugnisse nach § 139 ZPO stehen dem Vorsitzenden zu. Insbesondere die Hinweispflicht nach § 139 Abs. 3 ZPO trifft ihn. Fragen der Mitglieder des Senates muss er nach § 196 Abs. 2 ZPO gestatten.

66 Nach § 57 Abs. 2 soll die **gütliche Erledigung** des Rechtsstreites während des gesamten Verfahrens angestrebt werden. Auch in der Revisionsinstanz hat der Senat die Möglichkeit einer einvernehmlichen Regelung zu prüfen und mit den Parteien zu erörtern. Freilich ist hierzu kein besonderes Güteverfahren vorgesehen. Im Rahmen der Vergleichsmöglichkeiten kann der Vorsitzende auch Tendenzen andeuten, ohne sich dem Vorwurf der Befangenheit auszusetzen. Denn diese Offenheit gehört zum Vergleichsgespräch in sämtlichen Instanzen und ist uU sogar erforderlich, um sich nicht einer Verletzung des Anspruchs auf rechtliches Gehör auszusetzen, vgl. Rz. 43e.

67 Spricht das Urteil die **Verpflichtung zur Vornahme einer Handlung** aus, so ist der Beklagte auf Antrag des Klägers zugleich für den Fall, dass die Handlung nicht binnen einer bestimmten Frist vorgenommen ist, zur Zahlung einer von ArbG nach freiem Ermessen festzusetzenden **Entschädigung** zu verurteilen. Das regelt § 61 Abs. 2 Satz 1. Nach Satz 2 ist die Zwangsvollstreckung nach §§ 887 und 888 ZPO in diesem Fall ausgeschlossen. Aus der Anwendbarkeit von § 61 Abs. 2 im Revisionsverfahren folgt, dass der Kläger den Antrag auf Verurteilung des Beklagten zur Zahlung einer Entschädigung auch noch in der Revisionsinstanz stellen kann. Er hat also noch in der Revisionsinstanz das Wahlrecht, ob er vollstreckt oder Zahlung einer Entschädigung geltend macht.

68 Nach § 63 muss auch das BAG rechtskräftige Urteile, die in bürgerlichen Rechtsstreitigkeiten **zwischen Tarifvertragsparteien** aus dem Tarifvertrag oder über das Bestehen oder Nichtbestehen eines Tarifvertrags ergangen sind, alsbald der Arbeitsbehörde des betreffenden Landes und dem BMAS in vollständiger Form abschriftlich übersenden.

3. GVG

69 Mit Wirkung ab dem 19.4.2018 finden aufgrund des Gesetzes zur Erweiterung der Medienöffentlichkeit in Gerichtsverfahren (EMöGG v. 8.10.2017, BGBl I S. 3546) § 169 Abs. 3 und 4 GVG über die **Ton- und Fernseh-Rundfunkaufnahmen** sowie **Ton- und Filmaufnahmen** bei der Entscheidungsverkündung entsprechende Anwendung. Auch wenn nach § 169 Abs. 1 Satz 2 GVG Ton- und Fernseh-Rundfunkaufnahmen sowie Ton- und Filmaufnahmen zum Zwecke der öffentlichen Vorführung oder Veröffentlichung ihres Inhalts grundsätzlich unzulässig sind (s. § 52 Rz. 9), kann das BAG durch Beschluss neben der Ausnahme des § 169 Abs. 2 GVG zudem für die Verkündung von Entscheidungen in besonderen Fällen Ton- und Fernseh-Rundfunkaufnahmen sowie Ton- und Filmaufnahmen zum Zwecke der öffentlichen Vorführung oder der Veröffentlichung ihres Inhalts zulassen. Zur Wahrung schutzwürdiger Interessen der Beteiligten oder Dritter sowie eines ordnungsgemäßen Ablaufs des Verfahrens können die Aufnahmen oder deren Übertragung teilweise untersagt oder von der Einhaltung von Auflagen abhängig gemacht werden. Erforderlich ist insoweit eine Ermessensentscheidung des Gerichtes, die sich am Informationsbedürfnis der Öffentlichkeit und dem Schutz der Persönlichkeitsrechte der Beteiligten orientiert. Darüber hinaus müssen der Grundsatz eines fairen Verfahrens sowie die Funktionsfähigkeit der Rechtspflege berücksichtigt werden. In diesem Rahmen scheint eher Zurückhaltung angebracht. Insbesondere ist eine Zulassung nicht in jedem Fall geboten, in dem eine Pressemitteilung verfasst wird.

---

[1] GK-ArbGG/*Mikosch*, § 72 Rz. 71; GMP/*Müller-Glöge*, § 72 Rz. 58; GWBG/*Benecke*, § 72 Rz. 54.
[2] So auch GK-ArbGG/*Mikosch*, § 72 Rz. 72.

§ 72a Nichtzulassungsbeschwerde

(1) Die Nichtzulassung der Revision durch das Landesarbeitsgericht kann selbständig durch Beschwerde angefochten werden.

(2) Die Beschwerde ist bei dem Bundesarbeitsgericht innerhalb einer Notfrist von einem Monat nach Zustellung des in vollständiger Form abgefassten Urteils schriftlich einzulegen. Der Beschwerdeschrift soll eine Ausfertigung oder beglaubigte Abschrift des Urteils beigefügt werden, gegen das die Revision eingelegt werden soll.

(3) Die Beschwerde ist innerhalb einer Notfrist von zwei Monaten nach Zustellung des in vollständiger Form abgefassten Urteils zu begründen. Die Begründung muss enthalten:
1. die Darlegung der grundsätzlichen Bedeutung einer Rechtsfrage und deren Entscheidungserheblichkeit,
2. die Bezeichnung der Entscheidung, von der das Urteil des Landesarbeitsgerichts abweicht, oder
3. die Darlegung eines absoluten Revisionsgrundes nach § 547 Nr. 1 bis 5 der Zivilprozessordnung oder der Verletzung des Anspruchs auf rechtliches Gehör und der Entscheidungserheblichkeit der Verletzung.

(4) Die Einlegung der Beschwerde hat aufschiebende Wirkung. Die Vorschriften des § 719 Abs. 2 und 3 der Zivilprozessordnung sind entsprechend anzuwenden.

(5) Das Landesarbeitsgericht ist zu einer Änderung seiner Entscheidung nicht befugt. Das Bundesarbeitsgericht entscheidet unter Hinzuziehung der ehrenamtlichen Richter durch Beschluss, der ohne mündliche Verhandlung ergehen kann. Die ehrenamtlichen Richter wirken nicht mit, wenn die Nichtzulassungsbeschwerde als unzulässig verworfen wird, weil sie nicht statthaft oder nicht in der gesetzlichen Form und Frist eingelegt und begründet ist. Dem Beschluss soll eine kurze Begründung beigefügt werden. Von einer Begründung kann abgesehen werden, wenn sie nicht geeignet wäre, zur Klärung der Voraussetzungen beizutragen, unter denen eine Revision zuzulassen ist, oder wenn der Beschwerde stattgegeben wird. Mit der Ablehnung der Beschwerde durch das Bundesarbeitsgericht wird das Urteil rechtskräftig.

(6) Wird der Beschwerde stattgegeben, so wird das Beschwerdeverfahren als Revisionsverfahren fortgesetzt. In diesem Fall gilt die form- und fristgerechte Einlegung der Nichtzulassungsbeschwerde als Einlegung der Revision. Mit der Zustellung der Entscheidung beginnt die Revisionsbegründungsfrist.

(7) Hat das Landesarbeitsgericht den Anspruch des Beschwerdeführers auf rechtliches Gehör in entscheidungserheblicher Weise verletzt, so kann das Bundesarbeitsgericht abweichend von Absatz 6 in dem der Beschwerde stattgebenden Beschluss das angefochtene Urteil aufheben und den Rechtsstreit zur neuen Verhandlung und Entscheidung an das Landesarbeitsgericht zurückverweisen.

I. Allgemeines	
1. Überblick	1
2. Gegenstand der Nichtzulassungsbeschwerde	3
3. Antragsberechtigung	9
4. Rechtsnatur der Nichtzulassungsbeschwerde	10
II. Die Nichtzulassungsbeschwerde wegen grundsätzlicher Bedeutung	
1. Grundsätzliche Bedeutung	13
2. Maßgeblicher Zeitpunkt	33
III. Die Nichtzulassungsbeschwerde wegen Divergenz	
1. Divergenz	34
2. Maßgeblicher Zeitpunkt	37
IV. Die Nichtzulassungsbeschwerde wegen Verfahrensfehlern	38a
1. Absolute Revisionsgründe	38b
2. Rechtliches Gehör	38d
V. Einlegung der Nichtzulassungsbeschwerde, § 72a Abs. 2	
1. Frist	39
2. Form/Inhalt	42
3. Bedingung	45
4. Beschränkung und Rücknahme	46a
VI. Begründung der Nichtzulassungsbeschwerde, § 72a Abs. 3	
1. Frist, Form	47
2. Inhaltliche Anforderungen	51
a) Allgemeines	51
b) Nichtzulassungsbeschwerde bei grundsätzlicher Bedeutung	55
c) Nichtzulassungsbeschwerde bei Divergenz	58a
aa) Divergenzfähige Entscheidung	59
bb) Der abweichende Rechtssatz	60
cc) Entscheidungserheblichkeit	65
d) Nichtzulassungsbeschwerde bei Verfahrensfehlern	65a

| aa) Absolute Revisionsgründe 65a
| bb) Rechtliches Gehör 65b
| VII. Wirkung der Nichtzulassungsbeschwerde, § 72a Abs. 4 und 5
| 1. Suspensiv- und Devolutiveffekt 66
| 2. Auswirkungen auf die Zwangsvollstreckung 68
| VIII. Entscheidung des Bundesarbeitsgerichts über die Nichtzulassungsbeschwerde, § 72a Abs. 5
| 1. Verfahren und Form der Entscheidung 70
| a) Die unzulässige Nichtzulassungsbeschwerde 71
| b) Die begründete/unbegründete Nichtzulassungsbeschwerde 74
| 2. Beteiligung der ehrenamtlichen Richter bei der Beschlussfassung 80
| 3. Begründung der Entscheidung 82
| 4. Wirkungen der Entscheidung und Rechtsmittel 83
| a) Überblick 83
| b) Überleitung in das Revisionsverfahren .. 86
| c) Zurückverweisung an das LAG 87a
| 5. Erledigung 87b
| 6. Aussetzung 87c
| IX. Kosten, Gebühren, Rechtsanwaltsvergütung und Streitwert 88
| X. Prozesskostenhilfe, Notanwalt und Wiedereinsetzung 93

Schrifttum: *Bepler*, Änderungen im arbeitsgerichtlichen Verfahren durch das Anhörungsrügengesetz, RdA 2005, 62; *Bepler*, Änderungen im arbeitsgerichtlichen Verfahren durch das Anhörungsrügengesetz, RdA 2005, 76; *Dörner*, Praktisches Arbeitsrecht, 2. Aufl. 1993; *Düwell/Lipke*, Arbeitsgerichtsvefahren, 2000; *Etzel*, Die Nichtzulassungsbeschwerde wegen grundsätzlicher Bedeutung der Rechtssache, ZTR 1997, 284; *Etzel*, Arbeitsrecht, 7. Aufl. 1995; *Etzel*, Die Nichtzulassungsbeschwerde nach dem Anhörungsrügengesetz, ZTR 2005, 249.

I. Allgemeines

1. Überblick

1 Die **Nichtzulassungsbeschwerde** wurde als Ausgleich für die Einführung der reinen Zulassungsrevision im Rahmen des Gesetzes zur Beschleunigung und Bereinigung des arbeitsgerichtlichen Verfahrens vom 21.5.1979 (BGBl. I S. 545) in das ArbGG aufgenommen, vgl. dazu § 72 Rz. 4. Es wird geprüft, ob das LAG die Revision entgegen § 72 nicht zugelassen hat. Liegen die Voraussetzungen vor, lässt das BAG die Revision auf Antrag zu. Ziel ist es, nachträglich die Zulassung der Revision zu erreichen.

2 Das Anhörungsrügengesetz vom 9.12.2004 hat die Bedeutung und Reichweite der Nichtzulassungsbeschwerde erheblich erweitert, indem es die privilegierten Fälle, in denen die Nichtzulassungsbeschwerde im Falle der grundsätzlichen Bedeutung erhoben werden konnte, abschaffte und die Nichtzulassungsbeschwerde auch auf die in § 72 Abs. 2 Nr. 3 neu geregelten Zulassungsgründe bei bestimmten Verfahrensmängeln erstreckte. Seither sind die Gründe für die Zulassung der Revision durch das LAG und der nachträglichen Zulassung durch das BAG deckungsgleich geregelt.

Eine Erweiterung hat die Nichtzulassungsbeschwerde nunmehr durch das Sechste Gesetz zur Änderung des Vierten Buches Sozialgesetzbuch und anderer Gesetze vom 11.11.2016 (BGBl. v. 16.11.2016, S. 2500) erfahren. Diese Änderung betrifft die Revisionsbeschwerde. Gegen den die Berufung als unzulässig verwerfenden Beschluss des LAG und die Nichtzulassung der Revisionsbeschwerde existierte bislang kein Rechtsmittel. Die Nichtzulassung konnte insbesondere nicht mit der Nichtzulassungsbeschwerde angefochten werden[1]. Nun gelten die allgemeinen Regeln[2]. Gegen die Nichtzulassung der Revisionsbeschwerde kann die Nichtzulassungsbeschwerde eingelegt werden, vgl. § 77 Rz. 1.

2. Gegenstand der Nichtzulassungsbeschwerde

3 Gegenstand der Nichtzulassungsbeschwerde ist die **Zulassung zur Revision**. Die Nichtzulassung der Revision durch das LAG kann dabei sowohl durch ausdrückliche Ablehnung der Zulassung im Tenor als auch durch fehlende Erklärung zur Revisionszulassung erfolgen, vgl. § 72 Rz. 44 ff. In beiden Fällen fehlt die erforderliche positive Zulassungsentscheidung und die Nichtzulassungsbeschwerde ist die letzte Möglichkeit die Revisionsinstanz zu erreichen, soweit nicht eine Ergänzung nach § 72 Abs. 1 iVm. § 64 Abs. 3a möglich ist (vgl. § 72 Rz. 46). § 72a regelt damit **abschließend**, unter welchen Voraussetzungen die Revision im Falle der Nichtzulassung durch das LAG trotz des Vorliegens der Voraussetzungen des § 72 Abs. 2

---

1 BAG v. 31.7.2007 – 3 AZN 326/07, NZA 2008, 432; BAG v. 5.9.2007 – 3 AZB 41/06, NZA 2008, 1207; BAG v. 23.5.2000 – 9 AZB 21/00, AP Nr. 10 zu § 77 ArbGG 1979; BAG v. 25.10.1979 – 5 AZB 43/79, AP Nr. 1 zu § 77 ArbGG 1979; HWK/*Bepler/Treber*, § 77 Rz. 5; Hauck/Helml/Biebl/*Hauck*, § 77 Rz. 5; ErfK/*Koch*, § 77 ArbGG Rz. 2; Düwell/Lipke/*Düwell*, § 77 Rz. 2; GMP/*Müller-Glöge*, § 77 Rz. 9; GK-ArbGG/*Mikosch*, § 77 Rz. 17.
2 Vgl. auch BeckOKArbR/*Klose* § 72a Rz.1.

im Wege der nachträglichen Überprüfung der Entscheidung des LAG durch das BAG eröffnet werden kann[1]. Als Korrektiv verfolgt sie also das Ziel, die Zulassung in den Fällen durchzusetzen, in denen das LAG die Revision irrtümlich nicht zugelassen hat. Dies gilt nunmehr auch im Falle des § 77, soweit das LAG in seinem die Berufung als unzulässig verwerfenden Beschluss die Revision irrtümlich nicht zulässt.

Andere Ziele können mit der Nichtzulassungsbeschwerde **nicht** verfolgt werden. Insbesondere kann die Nichtzulassung der Rechtsbeschwerde nach § 574 Abs. 1 ZPO nicht mit der Nichtzulassungsbeschwerde nach § 72a ArbGG angefochten werden[2]. Auch gegen einen Beschluss des ArbG nach § 126 InsO ist die Nichtzulassungsbeschwerde nicht statthaft. Aus dem Regelungszusammenhang von § 126 Abs. 2 und § 122 Abs. 3 Satz 2 InsO folgt, dass die Rechtsbeschwerde an das BAG in diesem Fall das einzige Rechtsmittel gegen die Entscheidung des ArbG ist. Sie findet nur statt, wenn sie im Beschluss des ArbG zugelassen wird. Damit hat der Gesetzgeber eindeutig zum Ausdruck gebracht, dass die Regelung über die Zulassung der Revision, nicht aber die Regelung über die Nichtzulassungsbeschwerde anwendbar ist[3]. Nur gegen ein Urteil des LAG, nicht gegen Beschlüsse und Verfügungen des LAG bzw. seines Vorsitzenden, die vor der die Instanz abschließenden Entscheidung ergehen, findet die Nichtzulassungsbeschwerde statt[4]. 4

Nach § 72 Abs. 4 ist gegen Urteile, durch die über die Anordnung, Abänderung oder Aufhebung eines **Arrestes** oder einer **einstweiligen Verfügung** entschieden wird, die Revision nicht zulässig, vgl. § 72 Rz. 20 ff. Dies gilt auch für das Verfahren der Nichtzulassungsbeschwerde, selbst wenn das LAG über die Zulassung bzw Nichtzulassung der Revision gegen dieses nicht revisionsfähige Urteil entschieden hat[5]. Die Nichtzulassungsbeschwerde ist ebenfalls unstatthaft, wenn lediglich eine Vorentscheidung, also zB eine Entscheidung über ein Ablehnungsgesuch inzident angegriffen werden soll[6] (vgl. § 72 Rz. 17).

Die Nichtzulassungsbeschwerde kann nicht auf Gründe gestützt werden, die nicht mehr der **Überprüfung durch das Revisionsgericht** unterliegen. Wird eine Entscheidung angefochten, die nach Zurückweisung durch das Revisionsgericht erfolgte, können die Aspekte, die bereits Gegenstand des ersten Revisionsverfahrens waren, grds. nicht mehr zur Grundlage von Angriffen im Rahmen der Nichtzulassungsbeschwerde gemacht werden[7].

Für **nicht rechtzeitig abgesetzte Urteile** enthält § 72b ein besonderes Rechtsmittel. Eine Nichtzulassungsbeschwerde kann auf diesen Mangel nicht gestützt werden[8]. Denn die Regelung in § 72b ist abschließend. Liegen die Voraussetzungen für eine sofortige Beschwerde nach § 72b vor, ist sie der einzige Rechtsbehelf, der gegen ein verspätet abgesetztes Urteil des LAG statthaft ist, in dem die Revision nicht zugelassen worden ist. Erst wenn ein Urteil mit Gründen vorliegt, kann die Nichtzulassungsbeschwerde in Betracht kommen, wenn das LAG die Revision nicht zugelassen hat, vgl. § 72b Rz. 7. Wird gleichwohl die Nichtzulassungsbeschwerde erhoben, kann sie uU aber in eine sofortige Beschwerde nach § 72b **umgedeutet** werden, wenn die Einlegungs- und Begründungsfrist eingehalten worden ist[9].

Soweit trotz der Aufnahme von Verfahrensverstößen in den Katalog der Nichtzulassungsgründe ein die Revision nicht rechtfertigender Verfahrensverstoß vorliegen sollte, kommt eine **Verfassungsbeschwerde** in Betracht[10]. Im Hinblick auf das Erfordernis der Rechtswegerschöpfung nach § 90 Abs. 2 BVerfGG wäre grds. auch die Nichtzulassungsbeschwerde vorrangig. Das ist nicht der Fall, wenn sie offensichtlich aussichtslos ist[11].

Liegen die Voraussetzungen des § 72a vor, **muss die Revision zugelassen werden**. Dem BAG steht im Rahmen der Nichtzulassungsbeschwerde kein Ermessensspielraum zu. Die Entscheidung über die Nichtzulassungsbeschwerde ist unanfechtbar[12]. 5

Einstweilen frei 6–8

---

1 BAG v. 15.9.2009 – 3 AZN 404/09, NJW 2009, 3739; BAG v. 22.12.2009 – 3 AZN 753/09, NZA 2010, 243.
2 BAG v. 2.6.2008 – 3 AZB 24/08, AP Nr. 11 zu § 85 ArbGG 1979; BAG v. 23.5.2000 – 9 AZB 21/00, AP Nr. 43 zu § 72a ArbGG 1979.
3 BAG v. 14.8.2001 – 2 ABN 20/01, AP Nr. 44 zu § 72a ArbGG 1979 – Divergenz.
4 BAG v. 14.3.2001 – 2 AZB 43/00, FA 2001, 311.
5 BAG v. 16.12.2004 – 9 AZN 969/04.
6 BAG v. 23.9.2008 – 6 AZN 84/08, NZA 2009, 396.
7 BAG v. 22.12.2009 – 3 AZN 753/09, NZA 2010, 243; BAG v. 15.9.2009 – 3 AZN 404/09, NJW 2009, 3739.
8 BAG v. 2.11.2006 – 4 AZN 716/06, NZA 2007, 111; BAG v. 15.3.2006 – 9 AZN 885/05, EzA ArbGG 1979 § 72a Nr. 107; GK-ArbGG/*Mikosch* § 72b Rz. 4.
9 BAG v. 24.2.2015 – 5 AZN 1007/14, NZA 2015, 511; BAG v. 2.11.2006 – 4 AZN 716/06, NZA 2007, 111.
10 HWK/*Bepler/Treber*, § 72a Rz. 5.
11 Vgl. BVerfG v. 6.12.2001 – 1 BvR 1976/01, nv.
12 GK-ArbGG/*Mikosch*, § 72a Rz. 76.

3. Antragsberechtigung

9 Soweit das Berufungsgericht die Revision nicht zugelassen oder jedenfalls keine Entscheidung über die Zulassung der Revision getroffen hat, kann **jede Partei**, die durch die Berufung beschwert, also ganz oder teilweise unterlegen ist, **Nichtzulassungsbeschwerde** einlegen[1]. Die Beschwer eines Klägers als Nichtzulassungsbeschwerdeführer ergibt sich aus der Differenz zwischen dem vor dem Berufungsgericht gestellten Sachantrag und der darüber ergangenen Entscheidung; bei nicht eindeutigem Tenor kann sie sich auch aus den Gründen ergeben. Entfällt die mit der anzufechtenden Entscheidung verbundene Beschwer während des Nichtzulassungsbeschwerdeverfahrens, entfällt auch das Rechtsschutzbedürfnis für die weitere Durchführung der Nichtzulassungsbeschwerde[2].

Das LAG hat die Möglichkeit, die Revision beschränkt für einen tatsächlich und rechtlich selbständigen und abtrennbaren Teil des Gesamtstreitstoffes zuzulassen, über den durch Teilurteil entschieden werden könnte, § 72 Rz. 49. Wird die Revision vom LAG nur **teilweise zugelassen**, steht für den nicht zugelassenen Teil die Nichtzulassungsbeschwerde offen[3]. Bei mehreren Streitgegenständen in einer Entscheidung werden nur diejenigen zur Revision zugelassen, die den Tatbestand des § 72a erfüllen[4]. Sind beide Parteien beschwert, können sie jeweils unabhängig voneinander die Nichtzulassungsbeschwerde einlegen[5]. Ihre Anträge werden gesondert geprüft und beschieden. Eine einheitliche Zulassung kommt selbst dann nicht in Betracht, wenn beide Parteien denselben Fehler rügen. Für das Verfahren gilt Vertretungszwang, § 11 Abs. 4, s. Rz. 43.

Hat das Landesarbeitsgericht die Revision nur beschränkt zugelassen, ist diese **Beschränkung** aber **unwirksam**, kann der Kläger keine Nichtzulassungsbeschwerde einlegen. Denn der unzulässigen Einschränkung bleiben die Rechtswirkungen versagt. Die Revision ist dann unbeschränkt zugelassen. Die Nichtzulassungsbeschwerde ist unzulässig, denn sie ist auf ein rechtliches Ergebnis gerichtet, das bereits eingetreten ist[6].

4. Rechtsnatur der Nichtzulassungsbeschwerde

10 Die Rechtsnatur der Nichtzulassungsbeschwerde wird nicht einheitlich beurteilt. Nach st. Rspr. des BAG und der wohl überwiegend in der Lit. vertretenen Auffassung ist die Nichtzulassungsbeschwerde entgegen dem gesetzlichen Wortlaut, der das in § 72a geregelte Verfahren als „Beschwerde" bezeichnet, kein Rechtsmittel, sondern ein **Rechtsbehelf**[7]. Nach anderer Auffassung handelt es sich um ein **Rechtsmittel**[8].

11 Rechtsbehelfe sind prozessuale Mittel zur Verwirklichung eines Rechtes. Rechtsmittel sind Rechtsbehelfe, durch die eine Entscheidung vor ihrer Rechtskraft zur **Nachprüfung** einer höheren Instanz gestellt wird[9]. Charakteristisch für ein Rechtsmittel sind **Suspensiv- und Devolutiveffekt** (vgl. dazu schon § 72 Rz. 6). Der Eintritt der Rechtskraft wird gehemmt und die sachliche „Prüfung der Richtigkeit der angefochtenen Entscheidung" fällt der höheren Instanz zu[10]. Der Suspensiveffekt ist in § 72a Abs. 4 ausdrücklich angeordnet. Der Eintritt der Rechtskraft wird gehemmt. Das gilt auch, wenn nur eine Partei die Nichtzulassungsbeschwerde einlegt, obwohl beide Parteien beschwert sind, weil die Möglichkeit der Anschlussrevision besteht[11], vgl. Rz. 66.

Nach Auffassung des BAG und der ihm folgenden Lit. fehlt es der Nichtzulassungsbeschwerde am notwendigen Devolutiveffekt. Im Rahmen von § 72a werde die angefochtene Entscheidung nicht auf ihre volle Richtigkeit im Umfang ihrer Suspendierung überprüft. Es gehe lediglich um die vorgeschaltete Frage, ob

---

1 BAG v. 17.2.2016 – 5 AZN 981/15, NZA 2016, 574; BAG v. 15. 2. 2012 – 7 ABN 59/11, NZA-RR 2012, 602; BAG v. 12.8.1981 – 4 AZN 166/81, AP Nr. 11 zu § 72a ArbGG 1979; GMP/*Müller-Glöge*, § 72a Rz. 6.
2 BAG v. 17.2.2016 – 5 AZN 981/15, NZA 2016, 574.
3 GK-ArbGG/*Mikosch*, § 72a Rz. 5; GMP/*Müller-Glöge*, § 72a Rz. 6; GWBG/*Benecke*, § 72a Rz. 3; *Stahlhacke/Bader*, § 72a ArbGG Rz. 3.
4 GK-ArbGG/*Mikosch*, § 72a Rz. 5.
5 BAG v. 12.8.1981 – 4 AZN 166/81, AP Nr. 11 zu § 72a ArbGG 1979.
6 BAG v. 15.1.2015 – 5 AZN 798/14, ArbuR 2015, 117.
7 BAG v. 13.10.2015 – 3 AZN 915/15 (F), NZA 2016, 127; BAG v. 12.9.2012 – 5 AZN 1743/12 (F), NZA 2012, 1319; BAG v. 8.6.2010 – 6 AZN 163/10, NZA 2010, 909; BAG v. 22.7.2008 – 3 AZN 584/08 (F), NZA 2009, 1054; BAG v. 8.7.2008 – 3 AZB 31/08, NZA-RR 2008, 540; BAG v. 9.7.2003 – 5 AZN 316/03, AP Nr. 49 zu § 72a ArbGG 1979; BAG v. 18.5.1999 – 9 AZN 209/99, AP Nr. 57 zu § 72a ArbGG 1979 – Grundsatz; GMP/*Müller-Glöge*, § 72a Rz. 7; HWK/*Bepler/Treber*, § 72a Rz. 5, 9; ErfK/*Koch*, § 72a ArbGG Rz. 1; GK-ArbGG/*Mikosch*, § 72a Rz. 3; GWBG/*Benecke*, § 72a Rz. 5; BeckOKArbR/*Klose*, § 72a Rz. 3a; Düwell/Lipke/*Düwell*, § 72a Rz. 8; *Etzel*, ZTR 2005, 249.
8 GK-ArbGG/*Bader*, § 9 Rz. 88; GMP/*Prütting*, § 9 Rz. 26; Natter/Gross/*Gross*, § 72 a Rz. 2; Ostrowicz/Künzl/Scholz, Rz. 552; *Leipold*, Anm. zu AP Nr. 5 zu § 72a ArbGG 1979; *Wieser*, Rz. 378.
9 Zöller/*Heßler*, Vor § 511 ZPO Rz. 4.
10 *Rosenberg/Schwab/Gottwald*, S. 800.
11 Düwell/Lipke/*Düwell*, § 72a Rz. 26.

die Revision als Rechtsmittel gegen das Berufungsurteil überhaupt zugelassen ist[1]. Diese Sichtweise greift indes zu kurz. Ziel der Nichtzulassungsbeschwerde ist nur die Zulassung der Revision. Mit Einlegung der Beschwerde fällt diese Entscheidung ausschließlich dem BAG zu. Dies wird deutlich durch § 72a Abs. 5 Satz 1. Das Berufungsgericht darf seiner Ablehnung der Zulassung der Revision nicht mehr abhelfen. Insoweit besteht ein ausschließlich auf die Beschwerde bezogener Devolutiveffekt. Dass der Suspensiveffekt weiter reicht als der Devolutiveffekt, weil das BAG die angefochtene Entscheidung nicht auf ihre Richtigkeit hin prüft, ist nichts Ungewöhnliches und für die Begriffsbestimmung unerheblich. Damit der Tenor nicht in Rechtskraft erwächst, ist es notwendig, dass sich der Suspensiveffekt neben der Frage, ob die Revision zuzulassen ist, auf das materielle Urteil erstreckt. Dieser „erweiterte" Suspensiveffekt ändert nichts an der Tatsache, dass der Devolutiveffekt für den Streitgegenstand der Beschwerde, der eben nicht das materielle Urteil beinhaltet, in vollem Umfang eintritt. Die Nichtzulassungsbeschwerde ist deshalb nach richtiger Ansicht ein **Rechtsmittel**.

Auswirkungen hat der Streit auf die **Rechtsmittelbelehrung** nach § 9 Abs. 5. Folgt man der Auffassung des BAG, ist eine Belehrung nach dieser Vorschrift **nicht erforderlich**. Denn § 9 Abs. 5 ist nur auf Rechtsmittel anwendbar[2]. Ein Hinweis auf die Möglichkeit der Nichtzulassungsbeschwerde genügt demnach, ist nach hM aber auch erforderlich. Daraus folgt, dass die Frist für die Nichtzulassungsbeschwerde ohne Rücksicht auf eine Belehrung in jedem Fall mit Zustellung des Urteils des LAG beginnt[3]. Nach der Rspr. des BAG ist allerdings nicht einmal ein Hinweis auf die Möglichkeit der Nichtzulassungsbeschwerde erforderlich. Eine „mindere Form" der Rechtsmittelbelehrung als Voraussetzung für den Beginn des Fristlaufs komme bei Unanwendbarkeit des § 9 Abs. 5 nicht in Betracht. Auch ein faires Verfahren erfordere keinen Hinweis. Den Rechtsanwälten könne zugemutet werden, sich über die Möglichkeit des Rechtsbehelfs zu informieren[4]. Nach richtiger Auffassung greift indes die Belehrungspflicht des § 9 Abs. 5, da es sich um ein Rechtsmittel handelt. Die Frist zur Einlegung der Beschwerde beginnt demnach erst mit entsprechender Belehrung zu laufen. 12

II. Die Nichtzulassungsbeschwerde wegen grundsätzlicher Bedeutung

1. Grundsätzliche Bedeutung

Ob eine zu entscheidende Rechtsfrage **grundsätzliche Bedeutung** hat, richtet sich danach, ob sie klärungsfähig und klärungsbedürftig ist und die Klärung entweder von allgemeiner Bedeutung für die Rechtsordnung ist oder wegen ihrer tatsächlichen Auswirkungen die Interessen der Allgemeinheit oder eines größeren Teils der Allgemeinheit eng berührt. Zudem muss die Rechtsfrage entscheidungserheblich sein. Für diese Merkmale wird auf die Ausführungen in § 72 Bezug genommen. Danach gilt Folgendes: 13

Eine **Rechtsfrage** ist eine Frage, welche die Wirksamkeit, den Geltungsbereich, die Anwendbarkeit oder den Inhalt einer Norm zum Gegenstand hat und die nicht notwendig eine Frage des Arbeitsrechts sein muss (vgl. § 72 Rz. 25). Die Rechtsfrage ist **klärungsbedürftig**, wenn sie noch nicht entschieden ist und von der Partei keine neuen, beachtlichen Gesichtspunkte gegen die Entscheidung des BAG vorgetragen werden. Sie ist **klärungsfähig**, wenn sie vom Revisionsgericht beantwortet werden kann (vgl. § 72 Rz. 26). Das Merkmal der allgemeinen Bedeutung erfordert, dass die Klärung der Rechtsfrage von allgemeiner Bedeutung für die Rechtsordnung sein muss oder wegen ihrer tatsächlichen Auswirkungen die Interessen zumindest eines größeren Teils der Allgemeinheit berührt (vgl. § 72 Rz. 27–30). Die Rechtsfrage ist entscheidungserheblich, wenn die Entscheidung des Rechtsstreits von ihr abhängt, das Revisionsgericht also gezwungen ist, die streitige Rechtsfrage zu entscheiden (vgl. § 72 Rz. 31–32).

Grundlage für die Überprüfung der **grundsätzlichen Bedeutung** sind die **Ausführungen des LAG**. Erforderlich ist, dass sich das LAG mit der Rechtsfrage befasst hat[5]. Übernimmt es die Rechtsausführungen des ArbG, sind diese maßgeblich[6]. Soweit das LAG sein Urteil auf mehrere Begründungen stützt, muss **jede** 14

---

1 BAG v. 12.9.2012 – 5 AZN 1743/12 (F), NZA 2012, 1319; BAG v. 1.4.1980 – 4 AZN 77/80, AP Nr. 5 zu § 72a ArbGG 1979; BAG v. 18.5.1999 – 9 AZN 209/99, AP Nr. 57 zu § 72a ArbGG 1979 – Grundsatz.
2 BAG v. 9.7.2003 – 5 AZN 316/03, AP Nr. 49 zu § 72a ArbGG 1979; BAG v. 1.4.1980 – 4 AZN 77/80, AP Nr. 5 zu § 72a ArbGG 1979; LAG Köln v. 7.8.1998 – 11 Sa 1218/97, AP Nr. 19 zu § 9 ArbGG 1979; LAG Nürnberg v. 10.5.1988 – 7 Sa 16/88, LAGE § 59 ArbGG Nr. 1.
3 Hauck/Helml/Biebl/*Hauck*, § 72a Rz. 1.
4 BAG v. 9.7.2003 – 5 AZN 316/03, AP Nr. 49 zu § 72a ArbGG 1979.
5 BAG v. 13.6.2006 – 9 AZN 226/06, NZA 2006, 1004.
6 BAG v. 17.2.1981 – 4 AZN 505/80, AP Nr. 14 zu § 72a ArbGG 1979 – Grundsatz; GK-ArbGG/*Mikosch*, § 72a Rz. 8.

Begründung grundsätzliche Bedeutung haben[1]. Das gilt auch für eine **Hilfsbegründung**[2]. Andernfalls ist die Rechtsfrage nicht klärungsbedürftig, vgl. umfassend: § 72 Rz. 31. Denn dann wäre das BAG nicht gezwungen, den Rechtsstreit zu entscheiden. Freilich kann die Zulassung der Revision hinsichtlich der Hilfsbegründung auch mit Divergenz begründet werden. Es ist zulässig, die Beschwerde für eine Argumentation auf Divergenz, für eine andere auf grundsätzliche Bedeutung zu stützen[3]. Entscheidend ist lediglich, dass die Nichtzulassungsbeschwerde für jede tragende Begründung zulässig ist. Das Revisionsgericht muss gezwungen sein, den Rechtsstreit zu entscheiden.

15 Auch die häufig anzutreffende Begründung, das LAG habe die umfangreiche Rspr. des BAG nicht berücksichtigt, ist für das Merkmal der grundsätzlichen Bedeutung unerheblich. Denn das Merkmal der Entscheidungserheblichkeit erfordert, dass das LAG die Rechtsfrage auch beantwortet hat[4].

16–32 Einstweilen frei

2. Maßgeblicher Zeitpunkt

33 Maßgeblich für die Beurteilung der grundsätzlichen Bedeutung ist der Zeitpunkt **der Entscheidung** des BAG über die Nichtzulassungsbeschwerde[5]. Dies hat zur Folge, dass eine Rechtsfrage, die im Zeitraum nach der Verkündung der Entscheidung des LAG und vor Beschlussfassung über die Nichtzulassungsbeschwerde vom BAG entschieden oder auf andere Weise geklärt wird, ihre grundsätzliche Bedeutung verliert. Denn durch die anderweitige Entscheidung des BAG entfällt die Klärungsbedürftigkeit der Rechtsfrage. Hat das BAG die Rechtsfrage anders beantwortet als das LAG, besteht der Klärungsbedarf fort. Das BAG hat im Anschluss an BVerfG und BGH entschieden, dass von diesem Grundsatz aus Gründen der Effektivität des Rechtsschutzes eine Ausnahme zu machen sein soll, wenn die Rechtsfrage erst nach Einlegung der Nichtzulassungsbeschwerde iSd. Beschwerdeführers vom BAG beantwortet worden ist. In diesem Fall könne der Beschwerdeführer davon ausgehen, dass eine volle Überprüfung des Urteils stattfinde. Diese Position könne ihm nicht nachträglich entzogen werden. Als Korrektiv seien aber die Erfolgsaussichten der Revision zusätzlich zu berücksichtigen[6]. Dem ist zuzustimmen. Der Verlust der Beschwerde würde andernfalls gegen die Erfordernisse der Rechtsmittelklarheit, der Vorhersehbarkeit staatlichen Handelns sowie der Effektivität des gerichtlichen Rechtsschutzes verstoßen. In keinem Fall kommt es auf die Verkündung der Berufungsurteils an[7]. Das folgt aus dem Wortlaut der gesetzlichen Vorschrift sowie dem Sinn und Zweck des Verfahrens der Nichtzulassungsbeschwerde. Die Revision dient insoweit vor allem der Wahrung der Einheit der Rspr. Eine doppelte Entscheidung zu demselben Rechtsstreit dient weder diesem Zweck noch ist sie prozessökonomisch. Wie das LAG bei der Beurteilung der Zulassung im Rahmen von § 72 muss sich auch das BAG bei der Nichtzulassungsbeschwerde nur an der zum Zeitpunkt der Urteilsfindung maßgebenden Rechtslage orientieren[8] (vgl. auch § 72 Rz. 36 zur Divergenz).

III. Die Nichtzulassungsbeschwerde wegen Divergenz

1. Divergenz

34 Mit der Nichtzulassungsbeschwerde kann der Beschwerdeführer des Weiteren geltend machen, dass das **Urteil** des LAG **von einer Entscheidung** der in § 72 Abs. 2 Nr. 2 genannten Gerichte **abweicht** und auf dieser Abweichung beruht. Auch für diese Merkmale wird auf die Ausführungen zu § 72 Bezug genommen.

---

1 BAG v. 22.5.2012 – 1 ABN 27/12, BB 2012, 147; BAG v. 28.9.1989 – 6 AZN 303/89, AP Nr. 38 zu § 72a ArbGG 1979 – Grundsatz; BAG v. 27.11.1984 – 3 AZN 502/84, AP Nr. 27 zu § 72a ArbGG 1979 – Grundsatz; GK-ArbGG/*Mikosch*, § 72a Rz. 9; GMP/*Müller-Glöge*, § 72a Rz. 14; GWBG/*Benecke*, § 72a Rz. 13.
2 BAG v. 27.11.1984 – 3 AZN 502/84, AP Nr. 27 zu § 72a ArbGG 1979 – Grundsatz; GK-ArbGG/*Mikosch*, § 72a Rz. 9; GMP/*Müller-Glöge*, § 72a Rz. 14.
3 BAG v. 10.3.1999 – 4 AZN 857/98, AP Nr. 41 zu § 72a ArbGG 1979; GMP/*Müller-Glöge*, § 72a Rz. 14.
4 BAG v. 13.6.2006 – 9 AZN 226/06, NZA 2006, 1004; GK-ArbGG/*Mikosch*, § 72a Rz. 8.
5 BAG v. 27.3.2012 – 3 AZN 1389/11, NZA 2012, 3196; BAG v. 16.9.1997 – 9 AZN 512/97, AP Nr. 54 zu § 72a ArbGG; BAG v. 3.11.1982 – 4 AZN 420/82, AP Nr. 17 zu § 72a ArbGG 1979; GK-ArbGG/*Mikosch*, § 72a Rz. 15; *Etzel*, ZTR 1997, 248 (257); GMP/*Müller-Glöge*, § 72a Rz. 16; HWK/*Bepler/Treber*, § 72a Rz. 30; *Ostrowicz/Künzl/Scholz*, Rz. 552j; ErfK/*Koch*, § 72a ArbGG Rz. 3; Hauck/Helml/Biebl/*Hauck*, § 72a Rz. 3; Düwell/Lipke/*Düwell*, § 72a Rz. 88.
6 BAG v. 27.3.2012 – 3 AZN 1389/11, NZA 2012, 3196; vgl. auch BVerfG v. 25.7.2005 – 1 BvR 2419/03, WM 2005, 2014; BGH v. 6.5.2004 – I ZR 197/03, NJW 2004, 3188.
7 *Grunsky*, 7. Aufl., § 72a Rz. 5.
8 BAG v. 3.11.1982 – 4 AZN 420/82, AP Nr. 17 zu § 72a ArbGG 1979; GK-ArbGG/*Mikosch*, § 72a Rz. 15; *Ostrowicz/Künzl/Scholz*, Rz. 553j.

Entscheidend ist, dass ein Urteil des LAG von einer Entscheidung eines in § 72 Abs. 2 Nr. 2 **abschließend genannten** Divergenzgerichtes, also des BVerfG, des Gemeinsamen Senats der obersten Gerichtshöfe des Bundes oder des BAG abweicht. Entscheidungen anderer als in § 72 Abs. 2 Nr. 2 genannter Gerichte können zur Begründung einer Divergenz nicht herangezogen werden, auch wenn es sich um Entscheidungen anderer oberer Gerichtshöfe handelt. Ebenfalls nicht divergenzfähig sind Urteile derselben Kammer des LAG, deren Entscheidung mit der Nichtzulassungsbeschwerde angefochten wird[1]. Allenfalls kann in einem solchen Fall, soweit die Voraussetzungen gegeben sind, eine Zulassung wegen grundsätzlicher Bedeutung in Betracht kommen (vgl. § 72 Rz. 34–36).

Die relevante Abweichung erfordert, dass das Urteil des LAG zu einer Rechtsfrage einen abstrakten Rechtssatz aufgestellt hat, der von einem abstrakten Rechtssatz zu der gleichen Rechtsfrage in der Referenzentscheidung des Divergenzgerichtes abweicht. Es geht also um den Vergleich zweier abstrakter Rechtssätze. So reicht es zB nicht, dass nur eine Rechtsvorschrift zitiert wird, weil damit kein Rechtssatz aufgestellt wird. Ebenso wenig wird ein Rechtssatz aufgestellt, wenn lediglich ein vom BAG aufgestellter Rechtssatz wörtlich wiedergegeben wird. Denn ein abstrakter Rechtssatz liegt nur vor, wenn durch fallübergreifende Regelungen eine generelle Regel aufgestellt wird, die für eine Vielzahl von gleich gelagerten Fällen gilt. Das Gericht muss also seiner Subsumtion einen Obersatz vorangestellt haben (vgl. zu den Einzelheiten § 72 Rz. 37–40).

Die Entscheidung beruht auf dieser Abweichung, wenn der vom LAG aufgestellte Rechtssatz, mit dem von der Entscheidung des Divergenzgerichtes abgewichen wird, für die Entscheidung tragend ist und somit bei einer abweichenden rechtlichen Beurteilung die Entscheidung des LAG anders ausfallen würde (vgl. zu den Einzelheiten § 72 Rz. 41–42).

Einstweilen frei 35

Bei der auf Divergenz gestützten Nichtzulassungsbeschwerde kommt es nicht darauf an, ob der die Divergenz begründenden Rechtsfrage grundsätzliche Bedeutung zukommt. 36

2. Maßgeblicher Zeitpunkt

Maßgeblich für die Beurteilung der rechtlich relevanten Divergenz ist wiederum der Zeitpunkt **der Entscheidung** des BAG über die Nichtzulassungsbeschwerde[2]. 37

Dabei kommt es zunächst darauf an, dass im **Zeitpunkt der Verkündung** des Urteils des LAG eine Divergenz zu einer Entscheidung eines divergenzfähigen Gerichtes bestand. Dies scheidet von vornherein sachlogisch aus, wenn die die Divergenz begründende Entscheidung nicht **vor** der anzufechtenden Entscheidung ergangen ist, vgl. § 72 Rz. 36. Zulässig ist es aber, wenn die herangezogene Entscheidung nach der angefochtenen Entscheidung ergangen ist, aber wiederholend auf einen Rechtssatz verweist, der bereits vor der Verkündung des anzufechtenden Urteils aufgestellt worden ist[3]. Weicht die anzufechtende Entscheidung hingegen **nicht mehr ab**, bedarf es ebenfalls nicht der Durchführung des Revisionsverfahrens. Ist also zum Zeitpunkt der Entscheidung des BAG die im Verkündungszeitpunkt des Urteils des LAG existierende abweichende Entscheidung zwischenzeitlich aufgehoben worden, ist die Divergenz entfallen. Sinn und Zweck der Nichtzulassungsbeschwerde ist es nicht, stets die fehlerhafte Nichtzulassung durch das LAG zu korrigieren und somit eine Zulassung zur Revision zu erreichen. Es geht um die Wahrung der Einheit der Rspr.[4]. Dieser Zweck kann nicht mehr herbeigeführt werden[5]. Des Weiteren gebieten der in § 9 Abs. 1 zum Ausdruck kommende arbeitsrechtliche Beschleunigungsgrundsatz sowie die beabsichtigte Entlastung des Revisionsgerichts, die Verkündung der Entscheidung über die Nichtzulassungsbeschwerde als maßgeblichen Zeitpunkt anzusehen. 38

IV. Die Nichtzulassungsbeschwerde wegen Verfahrensfehlern

Nach § 72 Abs. 2 Nr. 3 ist die Revision bei bestimmten Verfahrensverstößen zuzulassen, dh. wenn ein absoluter Revisionsgrund gem. § 547 Nr. 1–5 ZPO besteht oder eine entscheidungserhebliche Verletzung des Anspruchs auf rechtliches Gehör geltend gemacht wird und vorliegt. Das Gesetz unterscheidet also zwei 38a

---

1 BAG v. 21.2.2002 – 2 AZN 909/01, NZA 2002, 758.
2 BAG v. 3.11.1982 – 4 AZN 420/82, AP Nr. 17 zu § 72a ArbGG 1979; BAG v. 5.12.1995 – 9 AZN 678/95, AP Nr. 32 zu § 72a ArbGG 1979 – Divergenz; HWK/*Bepler*/*Treber*, § 72a Rz. 30; Dörner, Rz. 701; GK-ArbGG/*Mikosch*, § 72a Rz. 23.; GMP/*Müller-Glöge*, § 72a Rz. 20; Ostrowicz/Künzl/Scholz, Rz. 553; Düwell/Lipke/*Düwell*, § 72a Rz.88.
3 BAG v. 15.11.1994 – 5 AZN 617/94, AP Nr. 27 zu § 72a ArbGG – Divergenz.
4 BAG v. 15.10.1979 – 7 AZN 9/79, AP Nr. 1 zu § 72a ArbGG 1979.
5 BAG v. 3.11.1982 – 4 AZN 420/82, AP Nr. 17 zu § 72a ArbGG 1979; BAG v. 5.12.1995 – 9 AZN 678/95, AP Nr. 32 zu § 72a ArbGG 1979 – Divergenz; GK-ArbGG/*Mikosch*, § 72a Rz. 23; Dörner, Rz. 701.

Arten von Verfahrensverstößen, einerseits die absoluten Revisionsgründe des § 547 ZPO sowie andererseits die Gehörsverletzung.

1. Absolute Revisionsgründe

38b Mit der Nichtzulassungsbeschwerde kann der Beschwerdeführer geltend machen, dass
- das erkennende Gericht nicht vorschriftsmäßig besetzt war, § 547 Nr. 1 ZPO,
- ein Richter an der Entscheidung mitgewirkt hat, der von der Ausübung des Richteramtes kraft Gesetzes ausgeschlossen war, sofern nicht dieses Hindernis mittels eines Ablehnungsgesuchs ohne Erfolg geltend gemacht ist, § 547 Nr. 2 ZPO,
- ein Richter trotz begründeten Ablehnungsgesuchs an der Entscheidung mitgewirkt hat, § 547 Nr. 3 ZPO,
- eine Partei nicht ordnungsgemäß vertreten war und die Prozessführung nicht ausdrücklich oder stillschweigend genehmigt hat, § 547 Nr. 4 ZPO und schließlich
- eine Entscheidung aufgrund mündlicher Verhandlung ergangen ist, bei der die Vorschriften über die Öffentlichkeit des Verfahrens verletzt worden sind, § 547 Nr. 5 ZPO.

Zu den Einzelheiten der absoluten Revisionsgründe § 73 Rz. 35–47. § 547 Nr. 6 ZPO, der die Entscheidung ohne Gründe betrifft, hat der Gesetzgeber nicht in Bezug genommen, weil er – unzutreffend – ausweislich der Begründung davon ausging, dass für den Fall des § 547 Nr. 6 ZPO der neue Rechtsbehelf der sofortigen Beschwerde nach § 72b ausreichend sei (vgl. § 72 Rz. 43).

38c Zu beachten ist, dass das Merkmal der **Entscheidungserheblichkeit** nicht gesondert festgestellt werden muss, soweit ein absoluter Revisionsgrund besteht. Liegen derartige Verfahrensmängel vor, wird durch die Bezugnahme auf § 547 ZPO unwiderleglich vermutet, dass die Entscheidung auf ihnen beruht, § 72 Rz. 43c.

2. Rechtliches Gehör

38d Die Nichtzulassungsbeschwerde kann auch auf die Verletzung des Anspruchs auf rechtliches Gehör gestützt werden. Das rechtliche Gehör verpflichtet das Gericht, die Ausführungen der Prozessparteien zur Kenntnis zu nehmen und in Erwägung zu ziehen. Dabei müssen die Parteien bei Anwendung der von ihnen zu verlangenden Sorgfalt erkennen können, auf welche Gesichtspunkte es für die Entscheidung ankommen kann. Auch wenn die Rechtslage umstritten oder problematisch ist, muss ein Verfahrensbevollmächtigter grds. alle vertretbaren rechtlichen Gesichtspunkte von sich aus in Betracht ziehen und bei seinem Vortrag berücksichtigen. Stellt das Gericht seine Entscheidung ohne vorherigen Hinweis auf einen rechtlichen Gesichtspunkt ab, mit dem auch ein gewissenhafter und kundiger Prozessbevollmächtigter selbst unter Berücksichtigung der Vielfalt vertretbarer Rechtsauffassungen nicht zu rechnen brauchte, wird ihm rechtliches Gehör zu einer streitentscheidenden Frage versagt. Vgl. zu den Einzelheiten § 72 Rz. 43d ff.

38e Die Verletzung des rechtlichen Gehörs muss entscheidungserheblich sein. Dies ist der Fall, wenn die Entscheidung entweder von Begründungselementen abhängt, die unter Verletzung des Anspruchs auf rechtliches Gehör rechtswidrig gewonnen worden sind oder auf fehlenden Begründungselementen beruht, die bei Beachtung des Anspruchs auf rechtliches Gehör hätten berücksichtigt werden müssen. Es reicht aber aus, dass nicht ausgeschlossen werden kann, dass bei unterbliebener Rechtsverletzung eine andere Entscheidung des Berufungsgerichts erfolgt wäre (vgl. zu den Einzelheiten § 72 Rz. 43f). Für die Entscheidungserheblichkeit kommt es nach dem Wortlaut der Norm ausschließlich auf das Urteil des LAG an[1]. Nach anderer Auffassung kann eine eindeutig und unvertretbar falsch beurteilte Entscheidungserheblichkeit für die Nichtzulassungsbeschwerde nicht maßgeblich bleiben[2].

V. Einlegung der Nichtzulassungsbeschwerde, § 72a Abs. 2

1. Frist

39 Die Nichtzulassungsbeschwerde ist bei dem BAG innerhalb einer **Notfrist von einem Monat** nach Zustellung des in vollständiger Form abgefassten Urteils einzulegen, § 72a Abs. 2 Satz 1. Die **Einlegung beim**

---

[1] *Bepler*, RdA 2005, 73; BAG v. 31.8.2005 – 5 AZN 580/05, NZA 2005, 1204.
[2] GK-ArbGG/*Mikosch*, § 72a Rz. 30.

BAG ist zwingend. Die Einlegung beim LAG wirkt nicht fristwahrend. Etwas anderes gilt nur dann, wenn das LAG die Beschwerde an das BAG weiterleitet und die Beschwerde dort innerhalb der Frist eingeht[1].

Die Einlegungsfrist ist eine Notfrist iSv. § 224 Abs. 1 Satz 2 ZPO, so dass sie weder einer Verkürzung noch einer Verlängerung zugänglich ist. Bei unverschuldeter Fristversäumung kann jedoch **Wiedereinsetzung** in den vorigen Stand nach §§ 233 ff. ZPO gewährt werden[2]. Nach Ablauf eines Jahres scheidet die Wiedereinsetzung aber aus, § 234 Abs. 3 ZPO. Als Wiedereinsetzungsgrund wäre zwar grds. denkbar, dass der Beschwerdeführer von einer divergenzfähigen Entscheidung innerhalb der Beschwerdefrist keine Kenntnis erlangt hat. Es liegt aber im Prozessrisiko der Parteien, ob sie eine früher ergangene Entscheidung ermitteln und heranziehen[3]. Zu beachten ist, dass der Rechtsanwalt die Verantwortung für die Einlegung des Rechtsmittels beim zuständigen Gericht trägt, nicht sein Büropersonal. Es handelt sich nicht um eine Routinefrist, ausführlich zur Begründungsfrist Rz. 48. Zur Wiedereinsetzung bei PKH Rz. 94.

40

Die **Fristberechnung** erfolgt nach den §§ 221, 222 ZPO. Aufgrund der Verweisung in § 222 Abs. 1 ZPO richten sich Fristbeginn und Fristende nach §§ 187, 188 BGB. Für den Fristbeginn entscheidend ist nach § 187 Abs. 1 BGB das Ereignis „Zustellung". Dementsprechend richtet sich das Fristende nach § 188 Abs. 2 Alt. 1 BGB. Der Fristlauf **beginnt** also grds. mit vollständiger Zustellung des Urteils. Vor Zustellung des Urteils läuft keine Frist. Die Zustellung eines Protokolls über den Verkündungstermin oder die Zustellung einer abgekürzten Urteilsausfertigung gem. § 317 Abs. 2 ZPO ist nicht ausreichend. Die Frist **endet** an dem Tag, der dem Ereignistag entspricht, bzw. bei Fehlen des entsprechenden Tages gem. § 188 Abs. 3 BGB. Bei Zustellung am 1.10. endet die Frist am 1.11. Handelt es sich bei diesem Tag um einen Samstag, Sonn- oder Feiertag, greift § 193 BGB. Da es sich bei der Nichtzulassungsbeschwerde entgegen der hM um ein Rechtsmittel handelt, s. Rz. 10, greift § 9 Abs. 5 Satz 1. Die Jahresfrist findet Anwendung[4]. Das BAG hat zuletzt offengelassen, ob die Nichtzulassungsbeschwerde wirksam vor Zustellung des Urteils des LAG eingelegt werden kann[5]. Das BAG begründet seine Zweifel mit der Rechtsnatur der Nichtzulassungsbeschwerde. Da es sich bei der Nichtzulassungsbeschwerde nach der hier vertretenen Auffassung um ein Rechtsmittel handelt, ist diese Auffassung abzulehnen, vgl. § 74 Rz. 20 zur Revision.

41

Ist das **Verfahren unterbrochen**, läuft die Frist nicht, § 249 ZPO, vgl. § 74 Rz. 25. Im Falle der Unterbrechung durch Eröffnung des Insolvenzverfahrens beginnt sie mit dessen Aufnahme von neuem zu laufen[6]. Dies gilt auch bei einer Aussetzung, etwa nach § 246 ZPO. In diesem Fall kann eine **Entscheidung über die Aufnahme des Verfahrens** durch das BAG nach § 246 Abs. 2, § 239 Abs. 2 ZPO erforderlich werden, wenn der Insolvenzverwalter die Aufnahme abgelehnt hat. Dann ist das Nichtzulassungsbeschwerdeverfahren durch Beschluss für aufgenommen zu erklären[7].

2. Form/Inhalt

Die Beschwerde ist bei dem BAG **schriftlich** einzulegen, § 72a Abs. 2. Die Beschwerdeschrift ist ein bestimmender Schriftsatz. Sie muss wenigstens den **Formerfordernissen** genügen, denen auch die allgemeine Beschwerde im Zivilprozess **nach § 569 Abs. 2 ZPO** unterliegt. Das angefochtene Urteil ist eindeutig nach Gericht, Datum und Aktenzeichen zu bezeichnen[8]. Diese Angaben können unterbleiben, wenn sie sich aus den sonstigen Umständen ergeben[9]. Dies ist zB der Fall, wenn der Beschwerdeschrift gem. § 72a Abs. 2 Satz 2 eine Ausfertigung oder beglaubigte Abschrift des Urteils des Berufungsgerichts beigefügt wird. Die Beifügung dieser Unterlagen ist empfehlenswert, um Unklarheiten und Lücken im Beschwerdeschriftsatz zu bereinigen. Da es sich bei § 72a Abs. 2 Satz 2 jedoch lediglich um eine Soll-Vorschrift handelt, hat deren Nichtbeachtung nicht die Unzulässigkeit der Nichtzulassungsbeschwerde zur Folge. Des Weiteren müssen in der Beschwerdeschrift der Beschwerdeführer und -gegner bezeichnet werden. Es muss sich ergeben, für und gegen wen die Beschwerde eingereicht ist. Die Angabe der ladungsfähigen Anschriften der Parteien ist jedoch nicht erforderlich[10]. Der Schriftsatz muss die Erklärung enthalten,

42

---

1 BAG v. 4.11.1980 – 4 AZN 370/80, AP Nr. 7 zu § 72a ArbGG 1979; Düwell/Lipke/*Düwell*, § 72a Rz.20.
2 BAG v. 11.8.2011 – 9 AZN 806/11, NZA 2011, 1445; BAG v. 7.7.2011 – 2 AZN 294/11, NZA 2012, 55; BAG v. 19.9.1983 – 5 AZN 446/83, AP Nr. 18 zu § 78a ArbGG 1979; BeckOKArbR/*Klose*, § 72a Rz.3.
3 So zutreffend: GK-ArbGG/*Mikosch*, § 72a Rz. 86.
4 AA Hauck/Helml/Biebl/*Hauck*, § 72a Rz. 9; Düwell/Lipke/*Düwell*, § 72a Rz. 21; BAG v. 9.7.2003 – 5 AZN 316/03, AP Nr. 49 zu § 72a ArbGG 1979; vgl. schon oben Rz. 10.
5 BAG v. 8.6.2010 – 6 AZN 163/10, NZA 2010, 909.
6 BAG v. 20.8.2013 – 3 AZR 302/13, FA 2013, 340.
7 BAG v. 13.4.2017 – 7 AZN 732/16 (A).
8 BAG v. 27.10.1981 – 3 AZN 283/81, AP Nr. 12 zu § 72a ArbGG 1979.
9 GMP/*Müller-Glöge*, § 72 Rz. 27; GK-ArbGG/*Mikosch*, § 72a Rz. 32, 33; Düwell/Lipke/*Düwell*, § 72a Rz. 24.
10 BAG v. 27.10.1981 – 3 AZN 283/81, AP Nr. 12 zu § 72a ArbGG 1979.

dass Nichtzulassungsbeschwerde eingelegt wird. Dabei braucht der Begriff „Nichtzulassungsbeschwerde" nicht notwendig verwendet zu werden. Es reicht aus, wenn sich aus den Umständen ergibt, dass die Einlegung einer Nichtzulassungsbeschwerde gewollt ist. Die Umdeutung einer unzulässig eingelegten Revision in eine Nichtzulassungsbeschwerde ist jedoch nicht möglich[1]. Die nicht statthafte Nichtzulassungsbeschwerde kann aber in eine sofortige Beschwerde nach § 72b umgedeutet werden (Rz. 4). Der richtige Antrag ergibt sich aus dem Gegenstand der Nichtzulassungsbeschwerde. Da sie sich gegen die Nichtzulassung als solche richtet, kann zB wie folgt formuliert werden:

„Es wird beantragt, die Revision gegen das Urteil des LAG <Name> vom <Datum> <Aktenzeichen> für <den/die Kläger(in)/den/die Beklagte(n)> zuzulassen."[2]

Soweit die Zulassung nur für einen Teil des Streitgegenstandes beantragt werden soll, lautet der Antrag:

„Es wird beantragt, die Revision gegen das Urteil des LAG <Name> vom <Datum> <Aktenzeichen> für <den/die Kläger(in)/den/die Beklagte(n)> zuzulassen, soweit es über den Anspruch <nähere Bezeichnung> entschieden hat."[3]

Hat das LAG die Revision teilweise zugelassen, kann beantragt werden:

„Es wird beantragt, die Revision gegen das Urteil des LAG <Name> vom <Datum> <Aktenzeichen> für <den/die Kläger(in)/den/die Beklagte(n)> auch insoweit zuzulassen, als das LAG über den Anspruch <nähere Bezeichnung> entschieden hat."[4]

43 Die Beschwerde muss gem. § 11 Abs. 4 von einem vor dem BAG **zugelassenen Bevollmächtigten** eingelegt und von diesem **unterzeichnet** werden[5]. Dies sind außer Rechtsanwälten auch Gewerkschaften und Arb-Geb-Verbände, soweit sie durch Personen mit der Befähigung zum Richteramt handeln. Die Einlegung durch die Partei selbst oder die übrigen in § 11 Abs. 2 Satz 2 Nr. 1–3 genannten Personen genügt nicht, insbesondere nicht die Unterschrift eines Syndikusanwalts, vgl. umfassend § 74 Rz. 5 ff. Dabei ist zu beachten, dass die Prozessvollmacht des Bevollmächtigten noch besteht und nicht – etwa durch Eröffnung des Insolvenzverfahrens – erloschen ist[6]. Mit der Eröffnung des **Insolvenzverfahrens** erlischt die Prozessvollmacht des die Nichtzulassungsbeschwerde einlegenden Rechtsanwaltes, § 117 InsO. Ob der Insolvenzverwalter die Einlegung durch den nicht mehr prozessführungsbefugten Schuldner genehmigen kann, hat das BAG offengelassen.

44 Die Einlegung kann auch mittels **Telegramm** oder **Telefax** erfolgen, § 74 Rz. 8. Zum Computerfax mit eingescannter Unterschrift, vgl. § 74 Rz. 8. Nicht möglich ist die Einlegung per E-Mail oder SMS. Zu beachten ist aber, dass beim BAG in allen Verfahrensarten elektronische Dokumente eingereicht werden können, vgl. § 74 Rz. 9.

3. Bedingung

45 Aus Gründen der Rechtssicherheit und Rechtsklarheit kann eine Nichtzulassungsbeschwerde **nicht unter einer Bedingung**, zB für den Fall, dass Prozesskostenhilfe gewährt wird, eingelegt werden. Auch für die Nichtzulassungsbeschwerde kann allerdings Prozesskostenhilfe beantragt werden. Ist dies der Fall und soll sie nur erhoben werden, wenn Prozesskostenhilfe bewilligt wird, muss zunächst ein isolierter Prozesskostenhilfe-Antrag gestellt werden. Nach der Bewilligung kann, soweit die Voraussetzungen vorliegen, ggf. Wiedereinsetzung gem. §§ 233, 234 ZPO beantragt werden (vgl. zur Prozesskostenhilfe umfassend Rz. 93). Zuweilen kann die Wirksamkeit der Revisionszulassung zweifelhaft sein. Hier wird teilweise aus prozessökonomischen Gründen eine Einlegung der Nichtzulassungsbeschwerde für den Fall befürwortet, dass die vom Berufungsgericht ausgesprochene Zulassung der Revision unwirksam ist[7]. Dies ist abzuleh-

---

1 BAG v. 4.7.1985 – 5 AZR 318/85, nv.; BSG v. 23.6.1975 – 12 RJ 72/75, SozR 1500 § 160a Nr. 6; GMP/*Müller-Glöge*, § 72a Rz. 27; ErfK/*Koch*, § 72a ArbGG Rz. 6; aA Hauck/Helml/Biebl/*Hauck*, § 72a Rz. 9.
2 GK-ArbGG/*Mikosch*, § 72a Rz. 2; HWK/*Bepler*/*Treber*, § 72a Rz. 10; Düwell/Lipke/*Düwell*, § 72a Rz. 2.
3 Ähnlich: HWK/*Bepler*/*Treber*, § 72a Rz. 11; vgl. auch Düwell/Lipke/*Düwell*, § 72a Rz. 2.
4 Ähnlich: HWK/*Bepler*/*Treber*, § 72a Rz. 11; Düwell/Lipke/*Düwell*, § 72a Rz. 2.
5 Zum Vertretungszwang: BAG 18.8.2015 – 7 ABN 32/15, NZA 2015, 1211; BAG v. 20.9.2011 – 9 AZN 582/11, NZA 212, 175.
6 BAG v. 20.8.2013 – 3 AZR 302/13, FA 2013, 340.
7 ErfK/*Koch*, § 72a ArbGG 1979 Rz. 6; GMP/*Müller-Glöge*, § 72a Rz. 29; Hauck/Helml/Biebl/*Hauck*, § 72a Rz. 9; GWBG/*Benecke*, § 72a Rz. 3, 31; Düwell/Lipke/*Düwell*, § 72a Rz.25; BeckOKArbR/*Klose*, § 72a Rz.4; HWK/*Bepler*/*Treber*, § 72a ArbGG Rz. 7.

nen[1]. Die Gegenansicht verkennt, dass es sich auch bei der hilfsweisen Einlegung um eine echte Bedingung handelt. Denn über den Hilfsantrag soll nur dann entschieden werden, wenn dem Hauptantrag nicht in der begehrten Weise stattgegeben wird. Dass Rechtsbehelfe und Rechtsmittel aus Gründen der Rechtssicherheit und Rechtsklarheit bedingungsfeindlich sind, ist jedoch allgemein anerkannt und wird auch von der Gegenansicht nicht bestritten. Eine hilfsweise Beschwerdeeinlegung ist abzulehnen. Auch prozessökonomische Gesichtspunkte greifen nicht.

Zulässig dagegen ist eine von der hilfsweisen Einlegung zu unterscheidende **vorsorgliche Beschwerdeeinlegung**. Diese erfolgt unbedingt und mit vollem Kostenrisiko[2]. 46

4. Beschränkung und Rücknahme

Die Nichtzulassungsbeschwerde kann bei mehreren Streitgegenständen auf einzelne Streitgegenstände **beschränkt** werden, vgl. zur Beschränkungsmöglichkeit § 72 Rz. 49 ff. Ist dies der Fall, wird das anzufechtende Urteil hinsichtlich des nicht angefochtenen Teils rechtskräftig. 46a

Die Nichtzulassungsbeschwerde kann ohne Zustimmung der Gegenseite nach §§ 565, 516 ZPO **zurückgenommen** werden[3]. Die zum 1.1.2014 in Kraft getretene Änderung des § 565 Satz 2 ZPO, wonach die Revision ohne Einwilligung des Revisionsbeklagten nur bis zum Beginn der mündlichen Verhandlung zur Hauptsache zurückgenommen werden kann, findet nach dem ausdrücklichen Wortlaut der Norm keine Anwendung auf die Nichtzulassungsbeschwerde. Dies entspricht auch dem Sinn und Zweck der Regelung, vgl. § 74 Rz. 76. Die Rücknahme der Nichtzulassungsbeschwerde ist regelmäßig von der dem Prozessbevollmächtigten erteilten **Vollmacht** gedeckt. Selbst wenn die Rücknahme weisungswidrig erfolgt sein sollte, bleibt die Prozesshandlung wirksam. Auch ein **Widerruf** kommt regelmäßig nicht in Betracht[4]. Eine „faktische" Mandatsniederlegung ist wegen § 87 Abs. 1 ZPO unerheblich.

VI. Begründung der Nichtzulassungsbeschwerde, § 72a Abs. 3

1. Frist, Form

Die Beschwerde ist innerhalb einer **Notfrist von zwei Monaten** nach Zustellung des in vollständiger Form abgefassten Urteils **zu begründen**, § 72a Abs. 3 Satz 1. Die Begründungsfrist beginnt also nicht mit dem Eingang der Rechtsmittelschrift beim Rechtsmittelgericht, sondern ausschließlich mit der Zustellung des landesarbeitsgerichtlichen Urteils. 47

Für die schriftliche Begründung der Nichtzulassungsbeschwerde besteht **Vertretungszwang**. Die Begründung der Nichtzulassungsbeschwerde muss deshalb von einem Bevollmächtigten iSv. § 11 Abs. 4 unterzeichnet werden[5]. Auch hier ist erforderlich, dass die Prozessvollmacht des Bevollmächtigten noch besteht und nicht – etwa durch Eröffnung des **Insolvenzverfahrens** – erloschen ist. Die Notfrist zur Begründung der Nichtzulassungsbeschwerde beginnt mit der Aufnahme des Nichtzulassungsbeschwerdeverfahrens von neuem zu laufen, § 249 Abs. 1 ZPO[6]. Die Begründung kann als elektronisches Dokument übermittelt werden, vgl. § 74 Rz. 9.

Die **Fristberechnung** erfolgt gem. §§ 221, 222 ZPO, vgl. dazu schon Rz. 41. Die Begründungsfrist ist wie die Einlegungsfrist eine **Notfrist** gem. § 224 ZPO, so dass **keine Verlängerungsmöglichkeit** besteht[7]. Bei unverschuldeter Versäumung der Begründungsfrist kann aber **Wiedereinsetzung** in den vorigen Stand gem. §§ 233 ff. ZPO gewährt werden. Zur **Wiedereinsetzung und Prozesskostenhilfe** vgl. Rz. 93 f. Umstritten ist, ob es sich bei der Frist für die Berechnung zur Begründung der Nichtzulassungsbeschwerde um eine Routinefrist handelt, die der Rechtsanwalt seinem geschulten Büropersonal überlassen darf. Hier wird zum Teil darauf abgestellt, dass es sich bei der Frist infolge der Vereinheitlichung der Rechtsmittelfristen 48

---

[1] BAG v. 13.8.1985 – 4 AZN 212/85, AP Nr. 22 zu § 72a ArbGG 1979; BAG v. 13.12.1995 – 4 AZN 576/95, AP Nr. 36 zu § 72a ArbGG 1979; GK-ArbGG/*Mikosch*, § 72a Rz. 36; *Ostrowicz/Künzl/Scholz*, Rz. 552d;.
[2] BAG v. 18.12.1984 – 3 AZR 125/84, AP Nr. 8 zu § 17 BetrAVG; GK-ArbGG/*Mikosch*, § 72a Rz. 36; HWK/*Bepler/Treber*, § 72a Rz. 7; *Ostrowicz/Künzl/Scholz*, Rz. 552d; GWBG/*Benecke*, § 72a Rz. 3.
[3] BAG v. 10.1.2017 – 10 AZN 938/16 (A), BB 2017, 563; BAG, 24.6.2003, AP Nr. 48 zu § 77a ArbGG 1979; Hauck/Helml/*Biebl/Hauck*, § 72a Rz. 9; GMP/*Müller-Glöge*, § 72a Rz. 26.
[4] BAG v. 10.1.2017 – 10 AZN 938/16 (A), BB 2017, 563.
[5] BAG v. 18.8.2015 – 7 ABN 32/15, NZA 2015, 1211; BAG v. 20.9.2011 – 9 AZN 582/11, NZA 212, 175.
[6] BAG v. 20.8.2013 – 3 AZR 302/13, FA 2013, 340.
[7] GMP/*Müller-Glöge*, § 72a Rz. 25; ErfK/*Koch*, § 72a ArbGG Rz. 6; Hauck/Helml/*Biebl/Hauck*, § 72a Rz. 10; GK-ArbGG/*Mikosch*, § 72a Rz. 37; HWK/*Bepler/Treber*, § 72a Rz. 14.

der ZPO und im ArbGG nur noch um eine Routinefrist handele¹. Diese Auffassung ist abzulehnen. Die Feststellung und Berechnung der Frist ist grds. Sache des mit der Prozessvertretung betrauten Rechtsanwalts. Denn es handelt sich nur dann um eine Routinefrist, wenn es sich um eine einfache und übliche, in der Praxis des Rechtsanwalts häufig vorkommende Frist handelt². Das wird die Frist für die Begründung der Nichtzulassungsbeschwerde in den seltensten Fällen sein. Der Rechtsanwalt kann die Berechnung der Frist deshalb nicht seinem – wenn auch geschulten – Büropersonal überlassen. Fehler des Büropersonals bei der Fristberechnung rechtfertigen die Wiedereinsetzung nicht³. Im Übrigen hat der Rechtsanwalt bei jeder Vorlage der Handakten eigenverantwortlich zu prüfen, wann die Frist für die erforderliche Prozesshandlung abläuft. Wird ihm die Akte zwecks Einlegung der Nichtzulassungsbeschwerde vorgelegt, muss er die ordnungsgemäße Notierung der Frist zur Begründung der Nichtzulassungsbeschwerde prüfen⁴.

49 Im Falle der **Wiedereinsetzung** hinsichtlich der Versäumung der Frist zur **Einlegung** der Nichtzulassungsbeschwerde ist zu beachten, dass die Begründungsfrist auch dann mit der Zustellung des landesarbeitsgerichtlichen Urteils beginnt, wenn über den Wiedereinsetzungsantrag bei Ablauf der Begründungsfrist noch nicht entschieden worden ist⁵. Für den Beschwerdeführer steht der Ablauf der Begründungsfrist von vornherein fest. Der Beschwerdeführer kann sich daher unabhängig vom Eingang der Nichtzulassungsbeschwerde beim BAG auf die rechtzeitige Begründung der Beschwerde einstellen. Gründe der Rechtsmittelklarheit oder der Rechtssicherheit gebieten nicht, den Lauf der Frist zur Begründung der Nichtzulassungsbeschwerde bei verspäteter Beschwerdeeinlegung von der Entscheidung über den Antrag auf Wiedereinsetzung abhängig zu machen. Die Begründung kann jedoch innerhalb eines Monats nach Wegfall des Hindernisses nachgeholt werden, wenn der Beschwerdeführer nicht nur an der rechtzeitigen Einlegung, sondern zusätzlich an der rechtzeitigen Begründung gehindert war. Dies kommt in Betracht, wenn die Partei außerstande war, die Kosten des Prozesses zu bestreiten. Auf Anträge einer nicht mittellosen Partei lässt sich dies nicht übertragen⁶. Wiedereinsetzung kommt nicht in Betracht, wenn die Begründungsfrist gewahrt wurde, der Beschwerdeführer jedoch einen Zulassungsgrund „übersehen" hat und darlegt, er sei unverschuldet nicht in der Lage gewesen, den – weiteren – Zulassungsgrund rechtzeitig vorzutragen⁷.

50 Der Lauf der Frist zur Begründung einer Nichtzulassungsbeschwerde wird durch einen **Antrag auf Prozesskostenhilfe** dann nicht gehemmt, wenn die Nichtzulassungsbeschwerde unbedingt eingelegt worden ist⁸. Vgl. zur Wiedereinsetzung bei Prozesskostenhilfe Rz. 93 und Rz. 45.

2. Inhaltliche Anforderungen

a) Allgemeines

51 Die Nichtzulassungsbeschwerde ist nach § 72a Abs. 3 Satz 1 zu begründen. Das Begründungserfordernis ist **nicht zu unterschätzen**. Es bestehen strenge Anforderungen, die auch verfassungsrechtlich nicht zu beanstanden sind.⁹ Die Nichtzulassungsbeschwerde wird verworfen, wenn sie nicht ordnungsgemäß begründet worden ist. Dabei muss die Begründung keinen besonderen Antrag enthalten. Aus ihr muss nur hervorgehen, dass die Zulassung der Revision gegen das Urteil des LAG begehrt wird. Der Beschwerdeführer braucht insoweit auch nicht darzulegen, auf welchen Tatbestand er seine Beschwerde stützt. Er muss lediglich entsprechende Fakten vortragen. Dabei schadet eine Falschbezeichnung nicht, sofern nur die tatsächlichen Voraussetzungen des Zulassungsgrundes vorliegen¹⁰.

---

1 HWK/*Bepler/Treber*, § 72a Rz. 15; offen: Düwell/Lipke/*Düwell*, § 72a Rz.22, 98.
2 Zöller/*Greger*, § 233 ZPO Rz. 23 „Fristenbehandlung".
3 GK-ArbGG/*Mikosch*, § 72a Rz. 86. Zur alten Rechtslage: BAG v. 20.6.1995 – 3 AZN 261/95, AP Nr. 42 zu § 233 ZPO 1977; BAG v. 27.9.1995 – 4 AZN 473/95, AP Nr. 43 zu § 233 ZPO 1977; Hauck/Helml/Biebl/*Hauck*, § 72a Rz. 10.
4 Vgl. zur Revision BAG v. 18.6.2015 – 8 AZR 556/14.
5 BAG v. 7.7.2011 – 2 AZN 294/11, NZA 2012, 55; BAG v. 12.2.1997 – 5 AZN 1106/96, AP Nr. 38 zu § 72a ArbGG 1979; BAG v. 26.7.1988 – 1 ABN 16/88, AP Nr. 25 zu § 72a ArbGG 1979; BAG v. 1.8.1983 – 1 ABR 33/83, nv.; GMP/*Müller-Glöge*, § 72a Rz. 25; Hauck/Helml/Biebl/*Hauck*, § 72a Rz. 10.
6 BAG v. 7.7.2011 – 2 AZN 294/11, NZA 2012, 55; BAG v. 26.6.2006 – 9 AZA 11/05, AP ZPO 1977 § 233 Nr. 81; BAG v. 19.9.1983 – 5 AZN 446/83, AP Nr. 18 zu § 78a ArbGG 1979. Vgl. zur Prozesskostenhilfe Rz. 93.
7 Ostrowicz/*Künzl*/Scholz, Rz. 552a.
8 BAG v. 12.2.1997 – 5 AZN 1106/96, AP Nr. 38 zu § 72a ArbGG 1979.
9 BVerfG v. 28.9.2015 – 1 BvR 2656/14, NZA 2016, 253.
10 BAG v. 28.7.2009 – 3 AZN 224/09, NZA 2009, 859; BAG v. 26.6.2008 – 6 AZN 648/07, NZA 2008, 1145; GMP/*Müller-Glöge*, § 72a Rz. 31; GK-ArbGG/*Mikosch*, § 72a Rz. 45; GWBG/*Benecke*, § 72a Rz. 36; Hauck/Helml/Biebl/*Hauck*, § 72a Rz. 10.

Dass das landesarbeitsgerichtliche Urteil in der Sache unrichtig ist, muss im Rahmen der Nichtzulassungsbeschwerde nicht nachgewiesen werden. Die Nichtzulassungsbeschwerde ist nicht mit der Revisionsbegründung zu verwechseln. Entscheidend ist lediglich, ob die Revision gegen dieses Urteil hätte zugelassen werden müssen. Das wird häufig übersehen. 52

Wird mit einem unbeschränkt eingelegten Rechtsmittel eine Entscheidung über **mehrere prozessuale Ansprüche** angegriffen, muss sich die **Rechtsmittelbegründung auf jeden einzelnen** der entschiedenen Ansprüche beziehen. Jede der vom Landesarbeitsgericht gegebenen Begründungen muss angegriffen werden. Fehlen Ausführungen zu einem Anspruch, ist das Rechtsmittel insoweit unzulässig[1]. Betrifft der Rechtsstreit mehrere prozessuale Ansprüche, muss die unbeschränkt eingelegte Nichtzulassungsbeschwerde dann nicht für jeden prozessualen Anspruch begründet werden, wenn das LAG die Klage aus einem einzigen allen gemeinsamen Grund abgewiesen hat. Dann genügt die Auseinandersetzung mit diesem Grund[2]. 53

Beruht die Entscheidung des LAG auf einer **Doppelbegründung**, ist die Revision sowohl im Falle der Divergenz als auch der Grundsatzbeschwerde nur zuzulassen, wenn mit der Nichtzulassungsbeschwerde beide Begründungen des LAG angegriffen werden und die Rügen gegen jede der beiden Begründungen für sich betrachtet begründet sind[3]. Dabei kann die Beschwerde hinsichtlich einer Begründung auf Divergenz, hinsichtlich der anderen auf grundsätzliche Bedeutung der Rechtssache gestützt werden[4]. Dies gilt auch im Falle von Haupt- und Hilfsbegründungen. Hier muss dargelegt werden, dass sowohl die Haupt- als auch die Hilfsbegründung die Divergenz enthalten oder von grundsätzlicher Bedeutung sind[5].

Beschränkt der Beschwerdeführer die Nichtzulassungsbeschwerde **auf einen selbständig anfechtbaren Teil** des Urteils, kann er nach Ablauf der Begründungsfrist seine Beschwerde nicht auf den anderen Teil erweitern, da das Urteil dann insofern rechtskräftig geworden ist[6]. Bei einer nur beschränkten Zulassung der Revision durch das LAG beschränkt sich die Nichtzulassungsbeschwerde von allein auf den nicht zugelassenen Teil des Urteils[7]. 54

b) Nichtzulassungsbeschwerde bei grundsätzlicher Bedeutung

Begehrt der Beschwerdeführer mit der Nichtzulassungsbeschwerde die **Zulassung zur Revision wegen grundsätzlicher Bedeutung** der Rechtsfrage, **muss** er durch konkreten Tatsachenvortrag die Voraussetzungen des § 72 Abs. 2 Nr. 1 darlegen. Der Beschwerdeführer muss die durch die anzufechtende Entscheidung aufgeworfene Rechtsfrage konkret benennen und ihre Klärungsfähigkeit, Klärungsbedürftigkeit, Entscheidungserheblichkeit und allgemeine Bedeutung aufzeigen[8]. An die Darlegung der Rechtsfrage sind dann keine besonderen Anforderungen zu stellen, wenn sie sich aus der Beschwerde zweifelsfrei ergibt[9]. Bleibt entsprechend substantiierter Vortrag aus, ist die Nichtzulassungsbeschwerde unzulässig. Es bedarf also bereits an dieser Stelle zur Begründung der grundsätzlichen Bedeutung der entscheidungserheblichen Rechtsfrage entsprechenden substantiierten Vorbringens in der Beschwerdebegründung[10]. 55

Der Beschwerdeführer muss zunächst konkret zur grundsätzlichen Bedeutung vortragen. Eine Rechtsfrage hat grundsätzliche Bedeutung, wenn der Rechtsstreit von einer klärungsfähigen und klärungsbedürftigen Rechtsfrage abhängt und diese Klärung entweder von allgemeiner Bedeutung für die Rechtsordnung ist oder wegen ihrer tatsächlichen Auswirkungen die Interessen der Allgemeinheit oder eines größeren Teils der Allgemeinheit eng berührt, vgl. § 72 Rz. 27. Der Beschwerdeführer muss also zunächst eine Frage aufzeigen, die die Wirksamkeit, den Geltungsbereich, die Anwendbarkeit oder den Inhalt einer Norm zum Gegenstand hat. Welche **Rechtsfrage** betroffen sein soll, hat der Beschwerdeführer regelmäßig **auszufor-** 56

---

1 BAG v. 6.5.2015 – 2 AZN 984/14, NZA 2015, 956; BAG v. 18.03.2010 – 2 AZN 889/09, NZA 2010, 838; BAG v. 5.11.2008 – 5 AZN 842/08, NZA 2009, 55; BAG v. 6.12.1994 – 9 AZN 337/94, AP Nr. 38 zu § 72a ArbGG 1979; BAG v. 27.10.1989 – AZN 575/98, AP Nr. 39 zu § 72a ArbGG 1979 – Divergenz; Hauck/Helml/Biebl/*Hauck*, § 72a Rz. 12; BeckOKArbR/*Klose*, § 72a Rz.9.
2 BAG v. 10.3.1999 – 4 AZN 857/98, NZA 1999, 726.
3 BAG v. 27.3.2012 – 3 AZN 1389/11, NZA 2012, 3196.
4 BAG v. 22.5.2012 – 1 ABN 27/12, BB 2012, 147; BAG v. 18.3.2010 – 2 AZN 889/09, AP Nr. 69 zu § 72a ArbGG 1979; BAG v. 10.3.1999 – 4 AZN 857/98, NZA 1999, 726.
5 BAG v. 27.10.1998 – 9 AZN 575/98, NZA 1999, 222 zur Divergenzbeschwerde.
6 GK-ArbGG/*Mikosch*, § 72a Rz. 45; GMP/*Müller-Glöge*, § 72a Rz. 31; GWBG/*Benecke*, § 72a Rz. 31.
7 GMP/*Müller-Glöge*, § 72a Rz. 31.
8 BAG v. 21.2.2017 – 4 AZN 964/16, n.v.; BAG v. 17.11.2015 – 1 ABN 39/15; BAG v. 30.8.2010 – 5 AZN 671/10, AE 2011, 138.
9 BAG v. 14.4.2005 – 1 AZN 840/04, NZA 2005, 708.
10 BAG v. 17.11.2015 – 1 ABN 39/15; BAG v. 5.10.2010 – 5 AZN 666/10, NZA 2010, 1372; BAG v. 14.4.2005 – 1 AZN 840/04, NZA 2005, 708; BAG v. 5.12.1979 – 4 AZN 41/79, AP Nr. 1 zu § 72a ArbGG 1979 – Grundsatz; BAG v. 24.3.1987 – 4 AZN 725/86, AP Nr. 31 zu § 72a ArbGG 1979 – Grundsatz.

mulieren[1]. Das BAG verlangt, dass die Rechtsfrage so konkretisiert werden muss, dass sie mit „Ja" oder „Nein" beantwortet werden kann. Das schließt allerdings nicht aus, dass eine Frage gestellt wird, die nach den formulierten Voraussetzungen mehrere Antworten zulässt. Unzulässig ist jedoch eine Fragestellung, deren Beantwortung von den Umständen des Einzelfalls abhängt und damit auf die Antwort „kann sein" hinausläuft[2].

Im Hinblick auf die **allgemeine Bedeutung** der Rechtsfrage ist darzulegen, weshalb sie über den Einzelfall hinaus Bedeutung erlangt, so dass sie der Wahrung der Rechtseinheit oder Rechtsfortbildung dient. Dazu reicht es nicht aus zu behaupten, dass viele ArbN unter den Geltungsbereich eines beanstandeten Firmentarifvertrages fallen[3]. Es ist näher zu begründen, weshalb die Klärung der Frage das abstrakte Interesse der Allgemeinheit berührt. Es muss dargelegt werden, dass sich die aufgeworfene Rechtsfrage in einer unbestimmten Vielzahl weiterer Fälle stellen kann und das abstrakte Interesse der Allgemeinheit an der einheitlichen Entwicklung und Handhabung des Rechts berührt. Das gilt in besonderem Maße bei Haustarifverträgen (vgl. auch § 72 Rz. 27 ff.)[4]. Pauschale allgemein gehaltene Ausführungen reichen deshalb von vornherein nicht aus[5]. Die Behauptung der bloßen Möglichkeit, die Auslegung könne sich auf gleich gelagerte Fälle auswirken, genügt ebenfalls nicht[6]. Auch reicht nicht, dass dargelegt wird, dass eine rechtskräftige Entscheidung Bindungswirkung nach § 9 TVG auslöst[7].

Zudem muss sie **klärungsbedürftig und klärungsfähig** sein. Es muss also vom Beschwerdeführer dargelegt werden, dass die Rechtsfrage zweifelhaft ist und noch nicht durch das BAG beantwortet worden ist oder dass sie zwar beantwortet worden ist, aber aus konkreten gewichtigen neuen Gesichtspunkten anders zu entscheiden ist[8]. Der Beschwerdeführer muss auch darlegen, dass die Rechtsfrage **entscheidungserheblich** ist[9]. Wird substantiierter Vortrag durch den Beschwerdegegner substantiiert bestritten, muss der Beschwerdeführer sein Vorbringen so weit konkretisieren, dass die grundsätzliche Bedeutung der Rechtsfrage plausibel bleibt. Dies kann er auch nach Ablauf der Beschwerdebegründungsfrist tun[10].

57 Die Darlegung der grundsätzlichen Bedeutung dürfte ausnahmsweise auch stillschweigend möglich sein, nämlich dann, wenn sich aus der dargelegten Rechtsfrage ohne Weiteres deren grundsätzliche Bedeutung ergibt. Wird bspw. die Nichtzulassungsbeschwerde auf eine Divergenz gestützt, so muss BAG diese auch unter dem Gesichtspunkt der grundsätzlichen Bedeutung der Rechtssache prüfen, wenn sich für deren Vorliegen Anhaltspunkte aus der Begründung ergeben, vgl. Rz. 75. Denn es ist kaum denkbar, dass eine Partei die Zulassung der Revision nur wegen Divergenz begehrt, an der Durchführung der Nichtzulassungsbeschwerde aber kein Interesse hat, wenn sie sich aus grundsätzlicher Bedeutung ergibt[11]. Ob dem Rechtsstreit tatsächlich grundsätzliche Bedeutung beizumessen ist, ist demgegenüber eine Frage der Begründetheit. Dies dürfte auch gelten, soweit die Entscheidungserheblichkeit offensichtlich ist[12].

---

1 BAG v. 23.6.2016 – 8 AZN 205/16; BAG v. 10.7.2014 – 10 AZN 307/14, NZA 2014, 982; BAG v. 27.3.2012 – 3 AZN 1389/11, NZA 2012, 3196; BAG v. 5.4.2011 – 8 AZN 1332/10, AE 2011, 203; BAG v. 23.9.2008 – 6 AZN 84/08, NZA 2009, 396; BAG v. 26.6.2008 – 6 AZN 648/07, NZA 2008, 1145; BAG v. 22.8.2007 – 4 AZN 1225/06, nv.; BAG v. 14.4.2005 – 1 AZN 840/04, NZA 2005, 708; Hauck/Helml/Biebl/*Hauck*, § 72a Rz. 11; ErfK/*Koch*, § 72a Rz. 2; BeckOKArbR/*Klose*, § 72a Rz. 11.
2 BAG v. 23.6.2016 – 8 AZN 205/16; BAG v. 5.12.2011 – 5 AZN 1036/11, NZA 2012, 165; BAG v. 23.3.2010 – 9 AZN 979/09, NZA 2010, 725; BAG v. 5.11.2008 – 5 AZN 842/08, NZA 2009, 55; BAG v. 23.1.2007 – 9 AZN 792/06, AP Nr. 66 zu § 72a ArbGG 1979 – Grundsatz.
3 BAG v. 10.7.2014 – 10 AZN 307/14, NZA 2014, 982; BAG v. 5.10.2010 – 5 AZN 666/10, NZA 2010, 1372.
4 BAG v. 25.9.2012 – 1 AZN 1622/12, AE 2012, 244; BAG v. 14.12.2010 – 6 AZN 986/10, NZA 2011, 229.
5 BAG v. 8.6.2010 – 4 AZN 163/10, NZA 2010, 909; BAG v. 23.1.2002 – 4 AZN 760/01, ZNV 2002, 87; BAG v. 17.10.2001 – 4 AZN 326/01, nv.
6 BAG v. 24.3.1987 – 4 AZN 725/86, AP Nr. 31 zu § 72a ArbGG 1979 – Grundsatz.
7 BAG v. 10.7.2014 – 10 AZN 307/14, NZA 2014, 982.
8 BAG v. 17.11.2015 – 1 ABN 39/15; BAG v. 22.5.2012 – 1 ABN 27/12, BB 2012, 147; BAG v. 14.12.2010 – 6 AZN 986/10, NZA 2011, 229; BAG v. 26.1.2006 – 9 AZA 11/05, NZA 2006, 1180; BAG v. 11.3.1995 – 4 AZN 1105/94, AP Nr. 193 zu BAT 1975 §§ 22, 23; BAG v. 9.9.1981 – 4 AZN 241/81, AP Nr. 9 zu § 1 TVG – Tarifverträge: Metallindustrie; BAG v. 3.11.1982 – 4 AZN 480/82, AP Nr. 17 zu § 72a ArbGG 1979 – Grundsatz; BAG v. 9.9.1981 – 4 AZN 241/81, AP Nr. 18 zu § 72a ArbGG 1979 – Grundsatz.
9 BAG v. 17.11.2015 – 1 ABN 39/15; BAG v. 18.3.2010 – 2 AZN 889/09, NZA 2010, 838; BAG v. 22.8.2007 – 4 AZN 1225/06.
10 BAG v. 26.9.2000 – 3 AZN 181/00, AP Nr. 61 zu § 72a ArbGG 1979 – Grundsatz; BAG v. 15.11.1995 – 4 AZN 580/95, AP Nr. 49 zu § 72a ArbGG 1979 – Grundsatz.
11 Freilich von BAG v. 25.10.1989 – 2 AZN 401/89, AP Nr. 39 zu § 72a ArbGG 1979 – Grundsatz ausdrücklich offengelassen.
12 BAG v. 15.3.2011 – 9 AZN 1232/10, NZA 2011, 997.

Völlig unzureichend ist auch der Vortrag, die Beschwerde habe grundsätzliche Bedeutung, weil sie bisher vom BAG noch nicht entschieden worden sei[1]. Die Nichtzulassungsbeschwerde bei grundsätzlicher Bedeutung kann auch nicht damit begründet werden, das LAG habe den Rechtsstreit unrichtig entschieden. Denn mit dieser Begründung wird gerade keine Rechtsfrage formuliert[2]. Auch die Behauptung der Verfassungswidrigkeit einer entscheidungserheblichen Norm im Nichtzulassungsbeschwerdeverfahren macht es nicht entbehrlich, die grundsätzliche Bedeutung darzulegen. Die Begründungsanforderungen werden dadurch nicht geringer. Insbesondere hat der Beschwerdeführer darzulegen, weshalb die Norm verfassungswidrig sein soll[3]. Ebenso wenig reicht die Behauptung aus, dass sich das LAG nach Auffasung des Beschwerdeführers mit bestimmten Rechtsfragen hätte befassen müssen, die sich jedoch nach der Begründung des LAG gerade nicht gestellt haben. 58

c) Nichtzulassungsbeschwerde bei Divergenz

Divergenz liegt vor, soweit das Urteil des LAG von einer Entscheidung der in § 72 Abs. 2 Nr. 2 genannten Gerichte abweicht und die Entscheidung auf dieser Abweichung beruht. Dies bedeutet, dass das Urteil des LAG zu einer **Rechtsfrage** einen **abstrakten Rechtssatz** aufgestellt hat, der von einem **abstrakten Rechtssatz** zu der gleichen Rechtsfrage in der Referenzentscheidung des Divergenzgerichtes **abweicht**, vgl. § 72 Rz. 37 ff. Zudem muss die Entscheidung des LAG auf dem abweichenden Rechtssatz **beruhen**, also bei einer abweichenden rechtlichen Beurteilung anders ausfallen. Dabei regelt § 72a, dass die Begründung die Bezeichnung der Entscheidung, von der das Urteil des LAG abweicht, enthalten muss. Die Angabe der divergierenden Entscheidung allein reicht jedoch zur Begründung der Nichtzulassungsbeschwerde wegen Divergenz nicht aus. Erforderlich ist die Darlegung sämtlicher Tatbestandsmerkmale durch den Beschwerdeführer. Vor diesem Hintergrund muss dieser neben dem abstrakten Rechtssatz aus der angefochtenen Entscheidung auch darlegen, dass die anzufechtende Entscheidung von einem abstrakten Rechtssatz der divergenzfähigen Entscheidung abweicht und dass die Entscheidung des LAG auf dieser Abweichung beruht. 58a

Eine Nichtzulassungsbeschwerde, die den Formerfordernissen nicht genügt, ist als unzulässig zu verwerfen[4]. Die Prüfung im Rahmen der Zulässigkeit umfasst jedoch nicht, ob die vom Beschwerdeführer aufgezeigten Rechtssätze tatsächlich divergieren und die anzufechtende Entscheidung auf der Abweichung beruht. Das ist eine Frage der Begründetheit.

aa) Divergenzfähige Entscheidung

Der Beschwerdeführer muss in der Beschwerdebegründung also zunächst die **Entscheidung des divergenzfähigen Gerichtes**, von der das LAG in seinem Urteil abgewichen sein soll, durch Angabe des Gerichts, Datums und Aktenzeichens oder einer Fundstelle genau bezeichnen. Es gehört nicht zu den Aufgaben des BAG, selbst ermittelnd tätig zu werden[5]. 59

bb) Der abweichende Rechtssatz

Der Beschwerdeführer muss des Weiteren darlegen, welche voneinander abweichenden abstrakten Rechtssätze das angezogene Urteil einerseits und das angefochtene Urteil andererseits aufgestellt haben und dass die angefochtene Entscheidung auf dem angeführten Rechtssatz beruht. Es müssen also die divergierenden Rechtssätze gegenübergestellt werden. Dabei ist erforderlich, dass die Rechtssätze die gleiche Rechtsfrage betreffen. Die Beschwerde muss also darlegen, dass in der anzufechtenden Entscheidung und in der zur Begründung der Divergenz herangezogenen Entscheidung eines Divergenzgerichtes sich widersprechende 60

---

1 BAG v. 15.3.2011 – 9 AZN 1232/10, NZA 2011, 997; BAG v. 15.2.2005 – 9 AZN 982/04, BAGE 113, 321; BAG v. 27.3.2002 – 8 AZN 117/02, nv.
2 BAG v. 5.4.2011 – 8 AZN 1332/10, AE 2011, 203.
3 BAG v. 25.7.2006 – 3 AZN 108/06, NZA 2007, 407.
4 BAG v. 23.3.2010 – 9 AZN 1030/09, NZA 2010, 779; BAG v. 23.3.2010 – 9 AZN 979/09, NZA 2010, 725; BAG v. 14.4.2005 – 1 AZN 840/04, NZA 2005, 708; BAG v. 27.3.2002 – 8 AZN 117/02, nv.; BAG v. 22.11.1979 – 3 AZN 24/79, AP Nr. 3 zu § 72a ArbGG 1979; BAG v. 9.12.1980 – 7 AZN 374/80, AP Nr. 3 zu § 72a ArbGG 1979 – Divergenz; BAG v. 14.2.2001 – 9 AZN 878/00, EzA § 72a ArbGG Nr. 94; GK-ArbGG/*Mikosch*, § 72a Rz. 52; *Dörner*, § 72a Rz. 712; ErfK/*Koch*, § 72a ArbGG Rz. 7; *Gift/Baur*, Teil I Rz. 94 f.; GMP/*Müller-Glöge*, § 72a Rz. 31.
5 BAG v. 9.9.2010 – 4 AZN 354/10, NZA 2010, 1309; BAG v. 26.6.2008 – 6 AZN 648/07, NZA 2008, 1145; BAG v. 22.10.2001 – 9 AZN 622/01, NZA 2002, 168, das insbesondere die Angabe der Fundstelle für erforderlich hält. Freilich war die Darlegung auch das Paradigma des substanzlosen Vortrags. Die Beschwerde hatte nur auf die „Fortführung der Entscheidung des Bundesverfassungsgerichtes vom 17.4.1991" verwiesen. GMP/*Müller-Glöge*, § 72a Rz. 34; ErfK/*Koch*, § 72a ArbGG Rz. 4; *Ostrowicz/Künzl/Scholz*, Rz. 553; Hauck/Helml/Biebl/*Hauck*, § 72a Rz. 12; GWBG/*Benecke*, § 72a Rz. 14.

Rechtssätze zu derselben Rechtsfrage aufgestellt worden sind[1]. Sind die sich widersprechenden Rechtssätze auf der Grundlage unterschiedlicher Normen aufgestellt, muss dargelegt werden, dass die unterschiedlichen Normen einen identischen Regelungsgegenstand betreffen. Die bloße Vergleichbarkeit genügt nicht. Im Regelfall dürfte eine wörtliche Übereinstimmung erforderlich sein[2], vgl. § 72 Rz. 40. Insbesondere muss aus der Entscheidung des anzufechtenden Urteils ein abstrakter, die Entscheidung tragender Rechtssatz angeführt werden, der von einem ebenfalls angeführten abstrakten Rechtssatz des angezogenen Urteils abweicht. Die **bloße Bezeichnung** des divergierenden Urteils ist nicht ausreichend.

61 Der Beschwerdeführer muss also zunächst einen **bestimmten Rechtssatz** aus dem anzufechtenden Berufungsurteil **aufzeigen**. Dazu sollte der Beschwerdeführer die Rechtssätze wörtlich wiedergeben und mit Seitenzahlen der jeweiligen Entscheidung zitieren. Es ist nicht Aufgabe des Beschwerdegerichts, aus den Ausführungen des LAG einen möglicherweise abweichenden Rechtssatz herauszusuchen. Es obliegt dem Beschwerdeführer, den seiner Ansicht nach vom LAG zu einer bestimmten Rechtsfrage aufgestellten und von Rechtssätzen anderer Gerichte abweichenden Rechtssatz aufzuzeigen. Dieser Rechtssatz wird vom LAG idR selbst als abstrakter abweichender Rechtssatz formuliert worden sein. Dies ist jedoch nicht zwangsläufig. Er kann sich auch aus scheinbar fallbezogenen Ausführungen ergeben[3]. Jedoch muss sich der Rechtssatz aus der Begründung so deutlich und unmittelbar ergeben, dass zweifelsfrei ist, welchen Rechtssatz die Entscheidung aufgestellt hat[4]. In diesem Fall muss der Beschwerdeführer, um seiner Begründungslast zu genügen, den sog. „verdeckten Rechtssatz" **selbst formulieren**, der seiner Ansicht nach den einzelfallbezogenen Ausführungen des LAG entnommen werden kann und der im Widerspruch zu den Rechtssätzen anderer Gerichte stehen soll[5]. Dabei muss die Beschwerde ihre Schlussfolgerung eingehend begründen, also die Gesichtspunkte für ihre Ableitung des behaupteten Rechtssatzes aus den fallbezogenen Ausführungen des LAG[6] benennen.

Dem so ermittelten Rechtssatz muss ein divergierender Rechtssatz aus der konkret benannten Entscheidung des divergenzfähigen Gerichtes gegenübergestellt werden.

Insoweit enthält jede Rechtsanwendung (Subsumtion) zwar zwangsläufig die Aufstellung eines Rechtssatzes. Gleichwohl ist streng **zwischen der Divergenz** und der möglicherweise **unrichtigen Rechtsanwendung** zu **unterscheiden**[7]. Aus einer fallbezogenen unrichtigen Anwendung eines sogar ausdrücklich genannten Rechtssatzes kann somit nicht hergeleitet werden, das LAG habe einen davon abweichenden anderen abstrakten Rechtssatz aufstellen wollen[8]. Damit reicht die für fehlerhaft gehaltene Rechtsanwendung oder die behauptete unterlassene Anwendung der Rspr. des BAG oder eines anderen Divergenzgerichtes zur Begründung der Beschwerde nicht aus[9]. Dieser Fehler der „Rüge der unrichtigen Rechtsanwendung" ist häufig und die Beschwerde spricht in diesem Falle nicht von einem Rechtssatz, sondern von einem „Rechtsverständnis" und es wird die Rechtsauffassung des LAG analysiert und kritisiert. Dies ist für die Begründung der Beschwerde unbrauchbar. Es reicht auch nicht aus, Urteilspassagen zusammenzufassen und Textausschnitte als divergierend zu bezeichnen. Es muss konkret dargelegt werden, woraus sich

---

1 BAG v. 18.5.2004 – 3 AZW 653/03, nv.; BAG v. 1.10.2003 – 1 ABN 62/01, NZA 2003, 1357; BAG v. 22.1.2001 – 9 AZN 622/01, NZA 2002, 168; BAG v. 14.2.2001 – 9 AZN 878/00, AP Nr. 42 zu § 72a ArbGG 1979 – Divergenz; BAG v. 20.8.2002 – 9 AZN 130/02, AP Nr. 45 zu § 72a ArbGG 1979 – Divergenz.
2 BAG v. 20.8.2002 – 9 AZN, 130/02, AP Nr. 45 zu § 72a ArbGG 1979 – Divergenz.
3 BAG v. 6.12.2006 – 4 AZN 529/06, NZA 2007, 349; BAG v. 22.3.2005 – 1 ABN 1/05, NZA 2005, 652; BAG v. 24.6.2003 – 9 AZN 319/03, ArbuR 2003, 358; BAG v. 4.8.1981 – 3 AZN 107/81, AP Nr. 9 zu § 72a ArbGG 1979 – Divergenz; BAG v. 16.12.1982 – 2 AZN 337/82, AP Nr. 11 zu § 72a ArbGG 1979 – Divergenz; GMP/*Müller-Glöge*, § 72a Rz. 34; HWK/*Bepler/Treber*, § 72a Rz. 19; BeckOKArbR/*Klose*, § 72a Rz. 13.
4 BAG v. 23.3.2010 – 9 AZN 1030/09, NZA 2010, 779; BAG v. 24.6.2003 – 9 AZN 319/03, ArbuR 2003, 358; BAG v. 10.7.1984 – 2 AZN 337/84, AP Nr. 15 zu § 72a ArbGG 1979 – Divergenz.
5 BAG v. 27.3.2012 – 3 AZN 1389/11, NZA 2012, 3196; BAG v. 19.8.2010 – 8 AZN 314/10,nv.; BAG v. 29.12.2008 – 4 AZN 535/08, AE 2009, 145; BAG v. 6.12.2006 – 4 AZN 529/06, AP Nr. 51 zu § 72a ArbGG 1979 Divergenz; BAG v. 1.3.2005 – 9 AZN 29/05, AP Nr. 2 zu § 72a ArbGG 1979 – Rechtliches Gehör; BAG, 18.5.2004, AP Nr. 46 zu § 72a ArbGG 1979 – Divergenz; BAG v. 24.6.2003 – 9 AZN 319/03, ArbuR 2003, 358; BAG v. 14.2.2001 – 9 AZN 878/00, EzA § 72a ArbGG Nr. 94; GK-ArbGG/*Mikosch*, § 72a Rz. 53; Hauck/Helml/Biebl/*Hauck*, § 72a Rz. 12.
6 BAG v. 15.10.2012 – 5 AZN 1958/12, NZA 2012, 1388; BAG v. 15.8.2012 – 7 AZN 956/12, NZA 2012, 1116; BAG v. 6.12.2006 – 4 AZN 529/06, NZA 2007, 349.
7 BAG v. 15.8.2012 – 7 AZN 956/12, NZA 2012, 1116; BAG v. 9.9.2010 – 4 AZN 354/10, NZA 2010, 1309; BAG v. 1.9.2010 – 5 AZN 599/10, NZA 2010, 1196; BAG v. 16.12.1982 – 2 AZN 337/82, AP Nr. 11 zu § 72a ArbGG 1979 – Divergenz.
8 BAG v. 6.12.2006 – 4 AZN 529/06, NZA 2007, 349; BAG v. 14.4.2005 – 1 AZN 840/04, NZA 2005, 708; BAG v. 22.2.1983 – 1 ABN 33/82, AP Nr. 13 zu § 72a ArbGG 1979 – Divergenz.
9 BAG v. 17.11.2015 – 1 ABN 39/15; BAG v. 19.2.2008 – 9 AZN 777/07, NZA 2008, 848; BAG v. 5.9.2007 – 3 AZB 41/06, NZA 2008, 1207; BAG v. 14.4.2005 – 1 AZN 840/04, NZA 2005, 708; BAG v. 22.3.2005 – 1 ABN 1/05, NZA 2005, 652; BAG v. 20.1.2005 – 2 AZN 941/04, NZA 2005, 316.

ergibt, dass die Ausführungen des LAG fallübergreifend, abstrakt und für vergleichbare Sachverhalte Geltung beanspruchen[1].

Des Weiteren kann, wenn das LAG bei seiner Entscheidung einen Gesichtspunkt, der nach der einschlägigen Rspr. des BAG zu beachten ist, nicht erwähnt, nicht im Wege des Umkehrschlusses auf einen divergierenden Rechtssatz des LAG geschlossen werden, wenn dieses seiner Begründung ausdrücklich den zutreffenden Rechtssatz vorangestellt hat[2]. 62

Ein abstrakter Rechtssatz liegt außerdem nicht vor bei bloßer Wiedergabe des Wortlauts einer Gesetzesvorschrift[3] oder sinngemäßer Wiedergabe des Inhalts einer Tarifnorm in den Entscheidungsgründen ohne weitere Aussage[4]. Ebenso wenig ausreichend ist eine wörtliche Übernahme von Rechtssätzen des BAG ohne Aufstellung eines fallübergreifenden Rechtssatzes[5].

Es ist unerheblich, ob das **LAG** in der anzufechtenden Entscheidung erstmals **selbst die divergierende Auffassung vertreten** hat. Es kann auch gem. § 69 Abs. 2, 3 ArbGG in den Entscheidungsgründen auf die Rechtsauffassung der 1. Instanz verweisen. Das Urteil des LAG ist dann so zu lesen, als habe es die Entscheidungsgründe des erstinstanzlichen Urteils in seine Begründung übernommen[6]. Entscheidend ist dann der Rechtssatz im Urteil des ArbG. Dieser ist aufzuzeigen. 63

Des Weiteren kann mit Rechtssätzen, die das LAG abweichend von der Rspr. des BAG zu der Frage aufgestellt hat, unter welchen **Voraussetzungen die Revision zuzulassen** sei, eine Divergenz nicht begründet werden[7]. Mit der Entscheidung im Sinne dieser Vorschrift sind nur die Rechtssätze gemeint, die das LAG seinem Urteil, dem Ausspruch über das Klagebegehren, zugrunde legen will. Denn die Voraussetzungen, unter denen ein LAG die Revision zuzulassen hat, sind in § 72 Abs. 2 abschließend geregelt. Das LAG hat zu beurteilen, ob die Rechtssache grundsätzliche Bedeutung hat oder ob es mit seinem Urteil von einer divergenzfähigen Entscheidung der in § 72 Abs. 2 Nr. 2 genannten Gerichte und Spruchkörper abweichen will. Im Sinne dieser Bestimmung können Rechtssätze, die die Form der Zulassung der Revision betreffen, keine abweichenden Rechtssätze sein. 64

cc) Entscheidungserheblichkeit

Des Weiteren muss für eine ordnungsgemäße Begründung die **Entscheidungserheblichkeit der Divergenz** dargelegt werden. Dies ist der Fall, wenn die anzufechtende Entscheidung zu einem anderen Ergebnis geführt hätte, hätte das LAG dieser statt des selbst aufgestellten Rechtssatzes den Rechtssatz aus der angezogenen Entscheidung zugrunde gelegt, vgl. § 72 Rz. 41. Es ist vom Beschwerdeführer darzulegen, dass der abstrakte Rechtssatz der angezogenen Entscheidung, wäre er berücksichtigt worden, zu einem anderen Ergebnis geführt hätte[8]. Nicht ausreichend ist, wenn der Beschwerdeführer nur die von der Rspr. der anderen Gerichte abweichenden Erwägungen wiedergibt. Auch reicht es nicht aus, die Entscheidungserheblichkeit lediglich zu behaupten. Vielmehr sind die konkreten Auswirkungen anzugeben. Hier kommt es entscheidend darauf an, ob und inwieweit das LAG seine Entscheidung begründet. Dies gilt insbesondere bei einer **doppelten Begründung**. Die Entscheidung beruht zB nicht auf dem Rechtssatz, wenn das LAG die Entscheidung auf mehrere Begründungen stützt (Haupt- und Hilfsbegründungen, Alternativbegründungen) und nur eine der Begründungen eine Divergenz enthält, Rz. 53. Hier muss also Divergenz in sämtlichen Begründungen aufgezeigt werden. Wird eine Entscheidung mit mehreren Streitgegenständen angefochten, muss die Begründung der Nichtzulassungsbeschwerde jeden einzelnen Streitgegenstand erfassen. Erfasst sie nur einen Teil, kann sie allenfalls teilweise Erfolg haben[9]. 65

---

1 BAG v. 25.8.2015 – 8 AZN 268/15, EzA § 72a ArbGG 1979 Nr 134.
2 BAG v. 10.12.1997 – 4 AZN 737/97, AP Nr. 40 zu § 72a ArbGG 1979; BAG v. 22.2.1983 – 1 ABN 33/82, AP Nr. 13 zu § 72a ArbGG 1979 – Divergenz.
3 BAG v. 16.9.1997 – 9 AZN 512/97, NZA 1998, 54; BAG v. 8.8.1997 – 4 AZN 369/97, AP Nr. 35 zu § 72a ArbGG 1979.
4 BAG v. 16.9.1997 – 9 AZN 512/97, AP Nr. 36 zu § 72a ArbGG 1979 – Divergenz.
5 BAG v. 18.1.2001 – 2 AZN 1001/00, NZA-RR 2001, 389; BAG v. 28.4.1998 – 9 AZN 227/98, AP Nr. 37 zu § 72a ArbGG 1979 – Divergenz.
6 BAG v. 3.2.1981 – 5 AZN 503/80, AP Nr. 4 zu § 72a ArbGG 1979 – Divergenz.
7 BAG v. 9.1.1989 – 3 AZN 618/88, AP Nr. 23 zu § 72a ArbGG 1979 – Divergenz.
8 BAG v. 8.10.2010 – 5 AZN 956/10, AE 2011, 137; BAG v. 9.9.2010 – 4 AZN 354/10, NZA 2010, 1309.
9 BAG v. 27.3.2012 – 3 AZN 1389/11, NZA 2012, 3196; BAG v. 6.12.2006 – 4 AZN 529/06, NZA 2007, 349; Hauck/Helml/*Hauck*, § 72a Rz. 12.

d) Nichtzulassungsbeschwerde bei Verfahrensfehlern
aa) Absolute Revisionsgründe

65a Will der Beschwerdeführer einen absoluten Revisionsgrund geltend machen, muss die Begründung gem. § 72a Abs. 3 Nr. 3 die Darlegung eines absoluten Revisionsgrundes nach § 547 Nr. 1–5 ZPO enthalten. Erforderlich ist also substantiierter Tatsachenvortrag im Hinblick auf die Tatbestandsmerkmale eines absoluten Revisionsgrundes, vgl. § 72 Rz. 43a ff. Insbesondere reicht es nicht aus, den behaupteten Revisionsgrund nur zu benennen[1]. So erfordert die Rüge der nicht ordnungsgemäßen Besetzung des Gerichtes nach § 547 Nr. 1 ZPO, dass aufgezeigt wird, aus welchen konkreten Gründen der herangezogene Richter nicht zur Entscheidung berufen war[2]. Die Rüge kann nicht auf einen bloßen Verdacht des Vorliegens eines Verfahrensmangels gestützt werden[3]. Im Falle eines Anwendungsmangels des Geschäftsverteilungsplanes ist die Darlegung erforderlich, welche Regelung der Geschäftsverteilungsplan vorsieht, welcher Verstoß vorliegen soll und weshalb der Verstoß eine willkürliche Umgehung des Geschäftsverteilungsplanes darstellen soll[4]. Handelt es sich um gerichtsinterne Vorgänge, muss der Beschwerdeführer darlegen, dass er eine zweckentsprechende Aufklärung zumindest versucht hat. Dies erfordert, dass er Einsicht in die Gerichtsakten nimmt und Auskünfte bei der Geschäftsstelle einholt[5]. Soweit geltend gemacht werden soll, dass bei der Prüfung der Wiedereröffnung der mündlichen Verhandlung anlässlich **nachgereichter Schriftsätze** gegen § 547 Nr. 1 verstoßen worden sein soll (vgl. dazu § 72 Rz. 43a ff.), muss dargelegt werden, wann das Urteil „gefällt" worden ist bzw. welcher Richter unzutreffend beteiligt worden sein soll[6].

Zu beachten ist, dass unanfechtbare Entscheidungen, die dem Endurteil vorausgegangen sind, nicht der Beurteilung durch das Revisionsgericht unterliegen. Dies gilt auch im Verfahren der Nichtzulassungsbeschwerde[7]. Deshalb kann mit der Nichtzulassungsbeschwerde nicht gerügt werden, dass ein **Ablehnungsgesuch** unrichtig entschieden worden ist (s. auch § 72 Rz. 43b)[8]. Allerdings kann der absolute Revisionsgrund der fehlerhaften Besetzung des Gerichts ausnahmsweise mit der Nichtzulassungsbeschwerde geltend gemacht werden, wenn das Ablehnungsgesuch nicht nur fehlerhaft behandelt worden ist, sondern das Berufungsgericht bei der Bescheidung des Ablehnungsgesuchs Bedeutung und Tragweite der Verfassungsgarantie des Art. 101 Abs. 1 Satz 2 GG grundlegend verkannt hat. Dann stellt die in fehlerhafter Besetzung ergangene, die Instanz abschließende Entscheidung einen eigenständigen Verstoß gegen den Grundsatz des gesetzlichen Richters dar[9]. Etwas anderes gilt für einen Trennungsbeschluss[10].

Der Beschwerdeführer muss im Gegensatz zu den übrigen Zulassungsgründen das Merkmal der Entscheidungserheblichkeit nicht gesondert darlegen, soweit ein absoluter Revisionsgrund besteht. Durch die Bezugnahme auf § 547 ZPO wird unwiderleglich vermutet, dass die Entscheidung auf ihnen beruht, vgl. § 72 Rz. 43c[11].

bb) Rechtliches Gehör

65b Will der Beschwerdeführer die Verletzung des Anspruchs auf rechtliches Gehör geltend machen, muss die Begründung gem. § 72a Abs. 3 Nr. 3 die **Darlegung der Verletzung und der Entscheidungserheblichkeit** der Verletzung enthalten. Der Grundsatz des rechtlichen Gehörs erfordert, dass der Einzelne nicht nur Objekt der richterlichen Entscheidung sein soll, sondern vor einer Entscheidung, die seine Rechte betrifft, zu Wort kommen soll, um als Subjekt Einfluss auf das Verfahren nehmen zu können. Rechtliches Gehör sichert den Parteien ein Recht auf Information, Äußerung und Berücksichtigung[12]. Es geht also um die Einhaltung der Spielregeln eines „fairen Verfahrens"[13]. Derartige Verfahrensverstöße sind in vielen Varianten denkbar, vgl. umfassend § 72 Rz. 43d ff., stellen aber Anforderungen an den Beschwerdeführer[14]. Denn es

---

1 BAG v. 5.6.2014 – 6 AZN 267/14, NZA 2014, 799; BAG v. 17.1.2012 – 5 AZN 1358/11, NZA 2012, 411; BAG v. 5.12.2011 – 5 AZN 1036/11, NZA 2012, 1165.
2 Vgl. zur Rechtsbeschwerde: BAG v. 23.7.2014 – 7 ABR 23/12, NZA 2014, 1288.
3 BAG v. 14.9.2016 – 4 AZN 540/16, NZA 2016, 1423.
4 Vgl. auch BAG v. 23.9.2008 – 6 AZN 84/08, NZA 2009, 396.
5 BAG v. 14.9.2016 – 4 AZN 540/16, NZA 2016, 1423; BAG v. 14.12.2010 – 6 AZN 986/10, NZA 2011, 229.
6 BAG v. 6.5.2015 – 2 AZN 984/14, NZA 2015, 956.
7 BAG v. 21.9.2016 – 10 AZN 67/16, NZA 2016, 1352.
8 BAG v. 17.3.2016 – 6 AZN 1087/15, NZA 2016, 1100; BAG v. 11.10.2010 – 9 AZN 418/10, NZA 2011, 1117.
9 BAG v. 17.3.2016 – 6 AZN 1087/15, NZA 2016, 1100; BVerfG v. 11.3.2013 – 1 BvR 2853/11, NVwZ-RR 2013, 583; auch BeckOKArbR/*Klose*, § 72a Rz. 14.2.
10 BAG v. 21.9.2016 – 10 AZN 67/16, NZA 2016, 1352.
11 Vgl. nur BAG v. 6.12.2006 – 5 AZR 844/06, nv.; GK-ArbGG/*Mikosch*, § 72a Rz. 69.
12 BVerfG v. 30.4.2003 – 1 PBvU 1/02, BVerfGE 107, 395.
13 So zutreffend ausdrücklich auch BAG v. 11.4.2006 – 9 AZN 892/05, NZA 2006, 750.
14 Vgl. HWK/*Bepler*/*Treber*, § 72a Rz. 24.

muss einerseits konkret dargelegt werden, in welcher Weise der Anspruch auf rechtliches Gehör verletzt worden ist. Dazu muss die Gehörsrüge die Tatsachen enthalten, die den Mangel ergeben, auf den sich die Beschwerde stützen will[1]. Andererseits muss vorgetragen werden, wie es sich ausgewirkt hätte, wenn dem Beschwerdeführer rechtliches Gehör gewährt worden wäre. Es muss also regelmäßig auch die **Kausalität** dargelegt werden[2]. Jedoch mit einer Einschränkung. Es muss nicht dargelegt werden, dass bei Gewährung des rechtlichen Gehörs tatsächlich anders entschieden worden wäre. Es reicht aus, dass der Schluss gerechtfertigt ist, dass bei richtigem Verfahren eine andere als die getroffene Entscheidung im Bereich des Möglichen liegt, also möglicherweise anders entschieden worden wäre[3], vgl. § 72 Rz. 43 f. Insoweit gelten die Anforderungen, die an eine ordnungsgemäße Verfahrensrüge nach § 551 Abs. 3 Satz 1 Nr. 2 gestellt werden[4]. Im Einzelnen:

Macht der Beschwerdeführer eine Verletzung des Anspruchs auf rechtliches Gehör durch **Missachtung** der sich aus § 139 ZPO ergebenden **Hinweispflicht** geltend, ist zur Begründung erforderlich, dass er konkret darlegt, aufgrund welcher Umstände das LAG in welcher Situation welchen konkreten Hinweis hätte geben müssen, was der Beschwerdeführer auf diesen Hinweis vorgetragen hätte und dass das LAG dann möglicherweise anders entschieden hätte[5]. Auch ist darzulegen, dass mit der rechtlichen Beurteilung durch das Berufungsgericht auch ein gewissenhafter und rechtskundiger Prozessbevollmächtigter auch unter Beachtung der Vielfalt vertretbarer Rechtsauffassungen nicht zu rechnen brauchte[6]. Nichts anderes gilt für die Unterschreitung der Einlassungsfrist. Auch hier muss konkret dargelegt werden, dass innerhalb der Frist Entscheidungserhebliches vorgetragen worden wäre. Im Hinblick auf die Entscheidungserheblichkeit reicht aus, dass das Gericht bei Beachtung der Hinweispflicht möglicherweise anders entschieden hätte[7]. 65c

Macht der Beschwerdeführer geltend, sein **Tatsachenvortrag** sei **unberücksichtigt** geblieben, muss er angeben, welche Tatsachen er wann genau in den Instanzen behauptet hat und wie darauf vom ArbG bzw. LAG reagiert worden ist[8]. Dazu gehört die Angabe des in Frage kommenden Schriftsatzes mit Datum und Seitenzahl. Nicht ausreichend ist die Darlegung, das Gericht habe sich in den Gründen der Entscheidung nicht mit bestimmten vom Beschwerdeführer vorgetragenen Argumenten auseinandergesetzt. Denn es ist grds. davon auszugehen, dass das Gericht seiner Pflicht zur Gewährung rechtlichen Gehörs nachkommt, so dass es nicht verpflichtet ist, sich mit jedem Vorbringen in den Entscheidungsgründen ausdrücklich zu befassen[9]. Hier müssen weitere Gesichtspunkte dargelegt werden, aus denen ersichtlich ist, dass das tatsächliche Vorbringen entweder überhaupt nicht zur Kenntnis genommen oder bei der Entscheidung nicht erwogen worden ist. Dies ist insbesondere der Fall, wenn das Gericht auf den wesentlichen Kern des Vortrags einer Partei zu einer Frage, die für das Verfahren von zentraler Bedeutung ist, in den Entscheidungsgründen nicht eingeht[10]. 65d

Meint der Kläger, es habe keine ausreichende Erörterung stattgefunden, muss er darlegen, wozu er sich nicht hat äußern können und weshalb er keine Möglichkeit hatte, sich Gehör zu verschaffen[11].

---

1 BAG v. 10.5.2005 – 9 AZN 195/05, AP Nr. 5 zu § 72a ArbGG 1979 – Rechtliches Gehör.
2 BAG v. 10.5.2005 – 9 AZN 195/05, AP Nr. 5 zu § 72a ArbGG 1979 – Rechtliches Gehör.
3 BAG v. 11.4.2006 – 9 AZN 892/05, NZA 2006, 750; BAG v. 10.5.2005 – 9 AZN 195/05, AP Nr. 5 zu § 72a ArbGG 1979 – Rechtliches Gehör.
4 BAG v. 6.5.2015 – 2 AZN 984/14, NZA 2015, 956. Vgl. auch BAG v. 20.4.2016 – 10 AZR 111/15, juris.
5 BAG v. 17.11.2015 – 1 ABN 39/15, juris; BAG v. 25.2.2013 – 8 AZN 420/13, nv.; BAG v. 23.9.2008 – 6 AZN 84/08, NZA 2009, 396; BAG v. 26.6.2008 – 6 AZN 1026/07, NZA 2008, 1206; BAG v. 11.4.2006 – 9 AZN 892/05, NZA 2006, 750; BAG v. 14.3.2005 – 1 AZN 1002/04, AP Nr. 53 zu § 72a ArbGG 1979; BAG v. 31.8.2006 – 5 AZN 580/05, NZA 2005, 1204; BAG v. 31.8.2006 – 5 AZN 187/05, NZA 2005, 1204.
6 BAG v. 9.9.2010 – 4 AZN 354/10, NZA 2010, 1309.
7 BAG v. 22.5.2007 – 3 AZN 1155/06, NZA 2007, 885; BAG v. 14.3.2005 – 1 AZN 1002/04, AP Nr. 53 zu § 72a ArbGG 1979.
8 BAG v. 1.9.2010 – 5 AZN 599/10, NZA 2010, 1196; BAG v. 15.9.2009 – 3 AZN 404/09, NJW 2009, 3739; BAG v. 10.2.2009 – 3 AZN 1003/08, AE 2009, 268; BAG v. 5.11.2008 – 5 AZN 842/08, NZA 2009, 55; BAG v. 22.8.2007 – 4 AZN 1225/06, nv.; BAG v. 22.3.2005 – 1 ABN 1/05, NZA 2005, 652; BAG, 20.1.2005, AP Nr. 1 zu § 72a ArbGG 1979 – Rechtliches Gehör.
9 BAG v. 25.8.2015 – 8 AZN 268/15, EzA § 72a ArbGG 1979 Nr 134; BAG v. 27.3.2012 – 3 AZN 1389/11, NZA 2012, 3196; BAG v. 5.11.2008 – 5 AZN 842/08, NZA 2009, 55; BAG v. 22.8.2007 – 4 AZN 1225/06, nv.; BAG v. 13.6.2006 – 9 AZN 226/06, NZA 2006, 1004; BAG v. 26.1.2006 – 9 AZA 11/05, NZA 2006, 1180; BAG v. 22.3.2005 – 1 ABN 1/05, AP Nr. 3 zu § 72a ArbGG 1979 – Rechtliches Gehör.
10 BAG v. 25.8.2015 – 8 AZN 268/15, EzA § 72a ArbGG 1979 Nr 134; BVerfG v. 17.7.2013 – 1 BvR 2450/12, NZS 2013, 737; BAG v. 26.1.2006 – 9 AZA 11/05, NZA 2006, 1180; BVerfG v. 31.3.1998 – 1 BvR 2008/97, NJW 1998, 2583.
11 BAG v. 23.9.2008 – 6 AZN 84/08, NZA 2009, 396.

Wird die Gehörsrüge darauf gestützt, dass ein **nachgereichter Schriftsatz** nicht mehr bei der Entscheidung berücksichtigt worden ist, muss dargelegt werden, dass der Schriftsatz ordnungsgemäß rechtzeitig eingereicht worden ist. Insbesondere ist darzulegen, dass zum Zeitpunkt des Eingangs des Schriftsatzes das Urteil noch nicht verkündet gewesen ist. Vermutungen sind nicht ausreichend. Der Beschwerdeführer muss insoweit zumutbare Erkundigungen bei Gericht einholen[1] Wird der Schriftsatz unmittelbar im Anschluss an die mündliche Verhandlung kurz vor der Verkündung eingereicht, muss dargelegt werden, weshalb es nicht möglich gewesen sein soll, die rechtlichen Standpunkte bereits in der mündlichen Verhandlung vorzutragen[2].

Wird das **Übergehen eines Beweisantritts** gerügt, muss der Beschwerdeführer nach Beweisthema und Beweismittel angeben, zu welchem Punkt das LAG eine an sich gebotene Beweisaufnahme unterlassen haben soll und wo das Beweisangebot zu finden ist[3]. Zudem muss dargelegt werden, dass die Unterlassung der Beweiserhebung für die Entscheidung kausal war. Es muss also aufgezeigt werden, was eine Beweisaufnahme ergeben hätte und dass das Ergebnis unter Beachtung des Begründungsweges des LAG zu einer anderen, günstigeren Entscheidung geführt hätte[4]. Hat das LAG dagegen Beweis erhoben, ist von der Erheblichkeit der Beweistatsachen auszugehen[5]. Das gilt auch für ein Übergehen der Parteivernehmung nach § 448 ZPO zu einem Vieraugengespräch[6].

Wird die Gehörsverletzung damit begründet, das LAG habe in der mündlichen Verhandlung eine entscheidungserhebliche Rechtsfrage nicht aufgezeigt, muss der gesamte Verhandlungsgang nacherzählt werden[7]. Allerdings ist zu beachten, dass ein Prozessbevollmächtigter alle vertretbaren rechtlichen Gesichtspunkte grds. von sich aus in Betracht ziehen und berücksichtigen muss. Er muss bei einer unzureichenden Information durch den Vorsitzenden zB über ein Telefonat mit einem Dritten auch darlegen, aus welchen Gründen es für den in der Berufungsverhandlung anwaltlich und damit fachkundig vertretenen Kläger unzumutbar gewesen wäre, die Information als unzureichend zu beanstanden und um Vervollständigung zu bitten[8].

Rügt der Beschwerdeführer, das Urteil enthalte lediglich nichts sagende Floskeln oder sei völlig unverständlich, ist gleichfalls substantiierter Vortrag zu erwarten. Zu beachten ist, dass § 72b diese Fallgruppe nicht erfasst[9], vgl. § 72b Rz. 15.

65e Auch die **Entscheidungserheblichkeit** muss dargelegt werden. Wegen der Schwierigkeiten bei der Feststellung der Kausalität ist es ausreichend, dass nicht ausgeschlossen werden kann, dass bei unterbliebener Rechtsverletzung eine andere Entscheidung des Berufungsgerichts erfolgt wäre[10]. Dies gilt insbesondere bei einer Beweisaufnahme[11]. Die Entscheidung des Rechtsstreits hängt nicht von einer Verletzung des Anspruchs auf rechtliches Gehör ab, soweit das Berufungsgericht sein Urteil auf mehrere Begründungen gestützt hat, die die Entscheidung tragende Alternativbegründung jedoch keine Verletzung des Anspruchs auf rechtliches Gehör enthält. Anders ist es, wenn die Verletzung rechtlichen Gehörs auch für die Alternativbegründung relevant ist[12]. Vgl. zum Ganzen § 72 Rz. 43 f.

Hat das LAG gem. § 313a Abs. 1 Satz 2 entschieden, kann eine Verletzung rechtlichen Gehörs nicht geltend gemacht werden[13].

---

1 BAG v. 14.12.2010 – 6 AZN 986/10, NZA 2011, 229. Vgl. auch Rz. 65a.
2 BAG v. 14.12.2010 – 6 AZN 986/10, NZA 2011, 229.
3 BAG v. 10.2.2009 – 3 AZN 1003/08, AE 2009, 268; BAG v. 23.9.2008 – 6 AZN 84/08, NZA 2009, 396.
4 BAG v. 17.11.2015 – 1 ABN 39/15.
5 BAG v. 10.5.2005 – 9 AZN 195/05, AP Nr. 5 zu § 72a ArbGG 1979 – Rechtliches Gehör; BAG v. 14.5.2005 – 1 AZN 840/04, NZA 2005, 708.
6 BAG v. 22.5.2007 – 3 AZN 1155/06, NZA 2007, 885.
7 BAG v. 1.3.2005 – 9 AZN 29/05, AP Nr. 2 zu § 72a ArbGG 1979 – Rechtliches Gehör.
8 BAG v. 20.5.2008 – 9 AZN 1258/07, NZA 2008, 839.
9 BAG v. 20.12.2006 – 5 AZB 35/06, NZA 2007, 226.
10 BAG v. 23.9.2008 – 6 AZN 84/08, NZA 2009, 396; BAG v. 31.8.2006 – 5 AZN 580/05, NZA 2005, 1204: Es genüge die „ernsthafte Möglichkeit eines Erfolgs der Klage". Vgl. aber auch BAG v. 14.12.2010 – 6 AZN 986/10, NZA 2011, 229.
11 BAG v. 17.11.2015 – 1 ABN 39/15; BAG v. 10.5.2005 – 9 AZN 195/05, AP Nr. 5 zu § 72a ArbGG 1979 – Rechtliches Gehör.
12 BAG v. 31.8.2005 – 5 AZN 187/05, AP Nr. 6 zu § 72a ArbGG 1979 – Rechtliches Gehör; BAG v. 10.5.2005 – 9 AZN 195/05, AP Nr. 5 zu § 72a ArbGG 1979 – Rechtliches Gehör.
13 GWBG/*Benecke*, § 72a Rz. 22; ErfK/*Koch*, § 72a Rz. 5; vgl. auch BAG v. 15. 3. 2006 – 9 AZN 885/05, NZA 2006, 876.

VII. Wirkung der Nichtzulassungsbeschwerde, § 72a Abs. 4 und 5

1. Suspensiv- und Devolutiveffekt

Die Einlegung der Nichtzulassungsbeschwerde hat **aufschiebende Wirkung**, § 72a Abs. 4. Diese Norm ergänzt § 705 ZPO und hat zur Folge, dass das angefochtene Urteil – selbst bei einer völlig aussichtslosen Beschwerde – nicht in Rechtskraft erwächst. Zwar muss bei einer beiderseitigen Beschwer durch das Berufungsurteil jede Partei für sich Nichtzulassungsbeschwerde einlegen, um eine Zulassung zur Revision zu erreichen. Jedoch bedeutet dies nicht, dass die Rechtskraft des Urteils nur für die jeweilige Partei gehemmt wird, die die Nichtzulassungsbeschwerde einlegt. Wegen der Möglichkeit einer unselbständigen Anschlussrevision wird das berufungsgerichtliche Urteil im Ganzen nicht rechtskräftig, auch wenn nur eine Partei die Nichtzulassungsbeschwerde eingelegt hat[1]. Dies gilt freilich nur dann, wenn tatsächlich die Möglichkeit einer Anschlussrevision besteht. Beschränkt der Beschwerdeführer seine Nichtzulassungsbeschwerde auf einen Teil des Urteils des LAG, tritt nur hinsichtlich dieses Teils der Suspensiveffekt gem. § 72a Abs. 4 ein. Bezüglich des restlichen Teils erwächst die Entscheidung des LAG in Rechtskraft[2]. 66

Des Weiteren tritt **mit Einlegung** der Nichtzulassungsbeschwerde der **Devolutiveffekt** ein, denn die Entscheidung über die Beschwerde obliegt allein dem BAG, § 72a Abs. 5. Das LAG ist zu einer Änderung seiner Entscheidung nicht befugt, § 72a Abs. 5; vgl. zur Rechtsnatur der Nichtzulassungsbeschwerde Rz. 10. 67

2. Auswirkungen auf die Zwangsvollstreckung

Das Urteil des LAG ist bis zur Entscheidung über die Nichtzulassungsbeschwerde nur vorläufig vollstreckbar. Mit der Einlegung der Nichtzulassungsbeschwerde kann allerdings gem. § 719 ZPO auf Antrag die **Zwangsvollstreckung** aus dem Berufungsurteil **eingestellt** werden, § 72a Abs. 4 Satz 2[3]. Die Nichtzulassungsbeschwerde hat insoweit die gleiche Wirkung wie eine statthafte Revision. Über diesen Antrag entscheidet das BAG ohne mündliche Verhandlung. Der Beschwerdeführer muss zur Begründung seines Antrags glaubhaft machen, dass ihm durch die Vollstreckung ein nicht zu ersetzender Nachteil entstehen würde und kein überwiegendes Interesse des Gläubigers an der Vollstreckung besteht, § 719 Abs. 2 Satz 1 und 2. Ob dies der Fall ist, beurteilt sich unter anderem nach den Erfolgsaussichten der Nichtzulassungsbeschwerde und der Revision. Hat die Nichtzulassungsbeschwerde oder die Revision keine Aussicht auf Erfolg, kommt eine Einstellung nicht in Betracht[4]. Ein Nachteil ist nur dann unersetzbar, wenn er nicht mehr rückgängig gemacht oder ausgeglichen werden kann. Bloße finanzielle Nachteile genügen nicht, solange sie nicht mit irreparablen Folgeschäden verbunden sind[5]. 68

Ist eine zeitlich beschränkte Verurteilung des Beklagten erfolgt, scheidet eine **Einstellung der Zwangsvollstreckung** regelmäßig aus, weil dem Urteil andernfalls jegliche Bedeutung genommen werden würde. Wird also bspw. ein ArbN zur Unterlassung von Wettbewerb für die Dauer von zwei Jahren verurteilt, kann einem Antrag auf einstweilige Einstellung der Zwangsvollstreckung für die Dauer des Revisionsverfahrens regelmäßig dann nicht stattgegeben werden, wenn die Karenzzeit bis zur Entscheidung des BAG praktisch abgelaufen sein wird. Etwas anderes gilt nur dann, wenn eine kursorische Prüfung der Rechtslage mit hinreichender Sicherheit ergibt, dass der ArbN zu Unrecht zur Wettbewerbsenthaltung verurteilt worden ist[6]. 69

VIII. Entscheidung des Bundesarbeitsgerichts über die Nichtzulassungsbeschwerde, § 72a Abs. 5

1. Verfahren und Form der Entscheidung

Das **BAG entscheidet** über die Nichtzulassungsbeschwerde **durch Beschluss**, der auch ohne mündliche Verhandlung ergehen kann, § 72a Abs. 5 Satz 2. Ob das BAG eine mündliche Verhandlung durchführen will, steht in seinem Ermessen. Bei der Entscheidung ohne mündliche Verhandlung muss es dem Be- 70

---

1 GWBG/*Benecke*, § 72a Rz. 32; GK-ArbGG/*Mikosch*, § 72a Rz. 40; GMP/*Müller-Glöge*, § 72a Rz. 41.
2 GWBG/*Benecke*, § 72a Rz. 32; Hauck/Helml/Biebl/*Hauck*, § 72a Rz. 13.
3 Zweifelnd: Düwell/Lipke/*Düwell*, § 72a Rz. 29.
4 BAG v. 27.6.2000 – 9 AZN 525/00, AP Nr. 42 zu § 72a ArbGG 1979; BAG v. 6.1.1971 – 3 AZR 384/70, AP Nr. 3 zu § 719 ZPO; GMP/*Müller-Glöge*, § 72a Rz. 43; GWBG/*Benecke*, § 72a Rz. 32; HWK/*Bepler/Treber*, § 72a Rz. 13; Düwell/Lipke/*Düwell*, § 72a Rz. 28; GK-ArbGG/*Mikosch*, § 72a Rz. 42.
5 Zöller/*Herget*, § 707 ZPO Rz. 13.
6 BAG v. 22.6.1972 – 3 AZR 263/72, AP Nr. 4 zu § 719 ZPO; BGH v. 6.7.1979 – I ZR 55/79, AP Nr. 5 zu § 719 ZPO.

schwerdegegner Gelegenheit zu einer schriftlichen Stellungnahme geben. Soweit eine mündliche Verhandlung stattfindet, können die Parteien aufgrund der Dispositionsmaxime als Herren des Verfahrens dort über den Streitgegenstand disponieren, insbesondere einen Vergleich schließen. Im Rahmen einer etwaigen Verhandlung hat das BAG auch eine gütliche Einigung anzustreben[1].

Ist die Nichtzulassungsbeschwerde **unzulässig**, ist sie **zu verwerfen**. Ist sie **unbegründet**, ist sie **zurückzuweisen**. Ist sie **begründet**, hat das BAG die **Revision zuzulassen**. In diesem Fall wird das Urteil des LAG mit der stattgebenden Entscheidung revisibel.

a) Die unzulässige Nichtzulassungsbeschwerde

71 Die unzulässige Nichtzulassungsbeschwerde ist zu verwerfen. Die Unzulässigkeit der Beschwerde kann auf formellen Mängeln beruhen. Unzulässig ist die Beschwerde, wenn sie **nicht statthaft** ist, also die Zulassung der Revision gegen ein Urteil begehrt wird, gegen das die Revision nicht gegeben ist[2]. Allerdings kann die nicht statthafte Nichtzulassungsbeschwerde uU in eine sofortige Beschwerde nach § 72b umgedeutet werden, s. § 72b Rz. 5. Die Umdeutung hat allerdings nur dann Erfolg, wenn die Einlegungs- und Begründungsfrist eingehalten worden ist[3]. Unzulässigkeit liegt ebenfalls vor, wenn der Beschwerdeführer **nicht beschwert** ist[4] oder auf die Nichtzulassungsbeschwerde oder Revision gem. § 74 verzichtet hat. Sie ist ferner unzulässig, wenn die Nichtzulassungsbeschwerde **nicht form- und fristgerecht eingelegt** wurde. Enthält das Urteil mehrere Streitgegenstände, muss jeder einzelne mit der Nichtzulassungsbeschwerde angegriffen werden. Andernfalls ist die Nichtzulassungsbeschwerde hinsichtlich der Teile des Urteils unzulässig, für den eine Begründung der Nichtzulassungsbeschwerde nicht erfolgt ist. Etwas anderes gilt nur, wenn die Klage aus einem allen Ansprüchen gemeinsamen Grund abgewiesen worden ist[5], vgl. Rz. 53. Unzulässigkeit liegt zudem vor, wenn die **Begründung der Nichtzulassungsbeschwerde** nicht den in § 72a Abs. 3 Satz 2 genannten inhaltlichen Anforderungen entspricht, also bei der Grundsatzbeschwerde nicht die grundsätzliche Bedeutung der Rechtsfrage, bei der Divergenzbeschwerde nicht die voneinander abweichenden abstrakten Rechtssätze bzw. bei der Verfahrensbeschwerde weder ein absoluter Revisionsgrund noch eine Verletzung des Anspruchs auf rechtliches Gehör dargelegt werden, vgl. dazu umfassend Rz. 51 ff.

72–73 Einstweilen frei

b) Die begründete/unbegründete Nichtzulassungsbeschwerde

74 Ist die Entscheidung des LAG, die Revision nicht zuzulassen, rechtmäßig, ist die Nichtzulassungsbeschwerde **unbegründet**. In diesem Fall ist sie durch Beschluss **zurückzuweisen**. Entscheidend für den Erfolg der Nichtzulassungsbeschwerde ist allein, ob objektiv Zulassungsgründe vorliegen.

75 Im Fall der **Begründetheit der Nichtzulassungsbeschwerde** hat das BAG die **Revision zuzulassen**. So ist im Falle einer auf Divergenz gestützten Nichtzulassungsbeschwerde nach der Herausarbeitung der divergierenden Rechtssätze entscheidend, ob die behauptete Divergenz besteht. Es wird also bspw. nachgeprüft, ob der Rechtssatz in der angezogenen Entscheidung überhaupt aufgestellt worden ist[6]. Das BAG braucht aber nicht zu prüfen, ob das angefochtene Urteil von einer anderen als der in der Begründung genannten Entscheidung abweicht. Insoweit ist das BAG bei der Prüfung der Begründetheit **an den dargelegten Zulassungsgrund gebunden**. Eine andere Sichtweise widerspräche dem im Verfahrensrecht herrschenden Beschleunigungsgrundsatz. Hinzu kommt, dass sich die Bedeutung des § 72a Abs. 3 Satz 2, der die Bezeichnung der divergierenden Entscheidungen verlangt, auf Null reduzieren würde. Es hat diese Nichtzulassungsbeschwerde jedoch auch unter dem Gesichtspunkt der grundsätzlichen Bedeutung der Rechtssache zu prüfen, wenn sich für deren Vorliegen Anhaltspunkte aus der Begründung ergeben[7].

76 Liegt im Falle der auf Divergenz gestützten Nichtzulassungsbeschwerde die behauptete Abweichung vor, hat das BAG **keinen Ermessensspielraum**[8]. Die Zulassung kann nicht etwa deshalb abgelehnt werden, weil

---

1 Vgl. GWBG/*Benecke*, § 72a Rz. 45; Ostrowicz/Künzl/Scholz, Rz. 557.
2 GMP/*Müller-Glöge*, § 72a Rz. 44.
3 BAG v. 24.2.2015 – 5 AZN 1007/14, NZA 2015, 511; BAG v. 2.11.2006 – 4 AZN 716/06, NZA 2007, 111.
4 BAG v. 12.8.1981 – 4 AZN 166/81, AP Nr. 11 zu § 72a ArbGG 1979.
5 BAG v. 10.3.1999 – 4 AZN 857/98, AP Nr. 41 zu § 72a ArbGG 1979; BAG v. 6.12.1994 – 9 AZN 337/94, AP Nr. 32 zu § 72a ArbGG 1979; GMP/*Müller-Glöge*, § 72a Rz. 45; ErfK/*Koch*, § 72a ArbGG Rz. 7; Hauck/Helml/Biebl/*Hauck*, § 72a Rz. 15; BeckOKArbR/*Klose*, § 72a Rz. 17.
6 BAG v. 27.3.2012 – 3 AZN 1389/11, NZA 2012, 756; BAG v. 24.6.2003 – 9 AZN 319/03, AP Nr. 48 zu § 72a ArbGG 1979; BAG v. 26.2.2003 – 5 AZN 757/02, AP Nr. 101 zu § 615 BGB.
7 BAG v. 25.10.1989 – 2 AZN 401/89, AP Nr. 39 zu § 72a ArbGG 1979 – Grundsatz; GMP/*Müller-Glöge*, § 72a Rz. 31; Hauck/Helml/Biebl/*Hauck*, § 72a Rz. 15.
8 GWBG/*Benecke*, § 72a Rz. 7; Düwell/Lipke/*Düwell*, § 72a Rz. 85.

die Revision keine Aussicht auf Erfolg verspricht. Denn das BAG nimmt bei seiner Entscheidung über die Nichtzulassungsbeschwerde keine Sachprüfung des berufungsgerichtlichen Urteils vor, vgl. dazu Rz. 3. Diese Prüfungsbefugnis steht dem BAG auch dann nicht zu, wenn es der Nichtzulassungsbeschwerde stattgibt und die Parteien mit einer sofortigen Hauptsacheentscheidung einverstanden sind[1]. Mit der Zulassung der Revision ist deshalb auch noch keine Aussage oder gar Vorentscheidung über die Erfolgsaussichten der sich anschließenden Revision verbunden.

Liegt dem landesarbeitsgerichtlichen Urteil eine Entscheidung über mehrere Streitgegenstände zugrunde und besteht nur für einen dieser Streitgegenstände ein Zulassungsgrund, wird die Revision nur beschränkt auf diesen Teil des Urteils zugelassen[2]. 77

Das BAG hat die **Revision nur für die Partei, die die Nichtzulassungsbeschwerde eingelegt hat,** zuzulassen. Legt der Beschwerdeführer daraufhin die Revision ein, besteht für den Beschwerdegegner die Möglichkeit der Anschlussrevision[3]. Im Fall der beiderseitigen Einlegung der Nichtzulassungsbeschwerde hat das BAG jede Nichtzulassungsbeschwerde gesondert nach den allgemeinen Grundsätzen auf ihre Zulässigkeit und Begründetheit zu überprüfen. Dies kann zur Folge haben, dass das Revisionsgericht gegen ein berufungsgerichtliches Urteil die Revision nur teilweise zulässt[4]. In diesem Fall kann die Partei, deren Nichtzulassungsbeschwerde erfolglos war, allerdings wiederum Anschlussrevision einlegen. Das Gleiche gilt, wenn eine Partei von der Einlegung der Nichtzulassungsbeschwerde abgesehen hat und für den Gegner die Revision zugelassen wurde. Denn die Anschlussrevision setzt die Zulassung der Revision nicht voraus, vgl. § 72 Rz. 54, Rz. 55 und § 74 Rz. 93[5]. 78

Die Zulässigkeit der Beschwerde kann nach hM dahinstehen, wenn sie ohnehin unbegründet ist, weil bei der Nichtzulassungsbeschwerde keine Entscheidung in der Sache mit entsprechenden Rechtskraftfolgen ergeht. Es werde nur über das Erfordernis einer neuen Sachentscheidung geurteilt[6]. Dagegen wird vorgebracht, dass nach § 72a Abs. 5 Satz 3 für die Verwerfung andere Richter zuständig sind als für die Unbegründetheit[7]. Dieses Argument übersieht allerdings, dass die ehrenamtlichen Richter nur in bestimmten Fällen bei der Entscheidung über die Zulässigkeit der Nichtzulassungsbeschwerde nicht zu beteiligen sind. 79

2. Beteiligung der ehrenamtlichen Richter bei der Beschlussfassung

Grundsätzlich erfolgt die Entscheidung des BAG über die Nichtzulassungsbeschwerde unter **Hinzuziehung der ehrenamtlichen Richter**, § 72a Abs. 5 Satz 2. Das gilt unabhängig davon, ob mit oder ohne mündliche Verhandlung entschieden wird[8]. Die Mitwirkung der ehrenamtlichen Richter ist nur dann nicht erforderlich, wenn die Nichtzulassungsbeschwerde aus einfachen verfahrensrechtlichen Gründen als unzulässig verworfen werden soll. Wann dies der Fall ist, ist in § 72a Abs. 5 Satz 3 abschließend angeführt. Danach kann eine Heranziehung der ehrenamtlichen Richter unterbleiben, wenn die Nichtzulassungsbeschwerde als unzulässig verworfen wird, weil sie nicht statthaft oder nicht in der gesetzlichen Form und Frist eingelegt und begründet ist. Diese abschließende Regelung gilt seit der Neufassung des § 72a Abs. 5 Satz 2 für sämtliche Revisionsgründe. Werden die ehrenamtlichen Richter gleichwohl beteiligt, liegt ein Verstoß gegen den gesetzlichen Richter vor. 80

Einstweilen frei 81

3. Begründung der Entscheidung

Dem **Beschluss** soll eine kurze **Begründung hinzugefügt** werden, § 72a Abs. 5 Satz 4. Sie ist aber gem. § 72a Abs. 5 Satz 5 entbehrlich, wenn sie nicht geeignet ist, zur Klärung der Voraussetzungen einer Nichtzulassungsbeschwerde beizutragen. Dabei kommt es nicht darauf an, ob eine Verwerfung oder Zurückweisung der Nichtzulassungsbeschwerde erfolgt oder ob ihr stattgegeben wird[9]. Einer Begründung bedarf es zB nicht, wenn die Nichtzulassungsbeschwerde ohne Beteiligung der ehrenamtlichen Richter als unzulässig 82

---

1 GWBG/*Benecke*, § 72a Rz. 49.
2 BAG v. 19.6.1981 – 5 AZN 395/80, AP Nr. 8 zu § 72a ArbGG 1979; GK-ArbGG/*Mikosch*, § 72a Rz. 76; Hauck/Helml/Biebl/*Hauck* § 72a Rz. 15.
3 BAG v. 12.8.1981 – 4 AZN 166/81, AP Nr. 11 zu § 72a ArbGG 1979.
4 BAG v. 12.8.1981 – 4 AZN 166/81, AP Nr. 11 zu § 72a ArbGG 1979.
5 BAG v. 23.3.2016 – 7 AZR 828/13, BAGE 154, 354; BAG v. 17.1.2012 – 3 AZR 10/10, NZA-RR 2013, 86.
6 GK-ArbGG/*Mikosch*, § 72a ArbGG Rz. 75; GMP/*Müller-Glöge*, § 72a Rz. 48.
7 Düwell/Lipke/*Düwell*, § 72a Rz. 86.
8 BVerfG v. 23.8.1995 – 1 BvR 568/93, NZA 1996, 616; ErfK/*Koch*, § 72a ArbGG Rz. 7.
9 Diese Regelung ist verfassungsrechtlich unbedenklich: BVerfG v. 8.12.2010 – 1 BvR 1382/10, NJW 2011, 1497 zu § 544 ZPO.

verworfen wird, da in diesem Fall die Beschwerde den für jedermann ersichtlichen gesetzlichen Anforderungen nicht genügt[1]. In der Praxis wird zwischenzeitlich häufig auf eine Begründung verzichtet. In keinem Fall enthält die Begründung eine Darstellung des Sach- und Streitstandes. Diese ist überflüssig, weil im Verfahren nur die Voraussetzungen der §§ 72a, 72 geprüft werden. Entscheidend ist, dass nur eine **kurze** Begründung verlangt wird[2].

4. Wirkungen der Entscheidung und Rechtsmittel

a) Überblick

83 Wird die Nichtzulassungsbeschwerde durch das BAG als unzulässig **verworfen** oder als unbegründet **zurückgewiesen**, wird das **Urteil** des Berufungsgerichts gem. § 72a Abs. 5 Satz 6 **rechtskräftig**. Es können **keine Rechtsmittel** gegen die Entscheidung des BAG über die Nichtzulassungsbeschwerde eingelegt werden. Dies ergibt sich aus § 72a Abs. 5 Satz 6. Jede andere Entscheidung wäre mit dem Institut der materiellen Rechtskraft, die Rechtsfrieden und Rechtsklarheit gewährleisten soll, nicht zu vereinbaren. Denn andernfalls würde die Rechtskraft des anzufechtenden Urteils rückwirkend beseitigt[3].

84 Jedoch kann gegen den Beschluss des BAG über die Nichtzulassungsbeschwerde entsprechend §§ 578 ff. ZPO die **Wiederaufnahme des Verfahrens** in Betracht kommen. Denn gegen einen Beschluss des BAG, durch den eine Nichtzulassungsbeschwerde verworfen wird, findet entsprechend § 79 ArbGG, §§ 578 ff. ZPO die Wiederaufnahme des Verfahrens statt. Zu entscheiden ist in diesem Fall aufgrund eines Antrages durch Beschluss, der ohne mündliche Verhandlung ergehen kann; eine Nichtigkeitsklage ist in einen solchen Antrag umzudeuten[4]. Dabei ist die Wiederaufnahme des Zulassungsverfahrens nur möglich, wenn die Wiederaufnahme entweder die Tatbestände des § 72a oder das Zulassungsverfahren selbst betreffen. Wiederaufnahmegründe, die den Rechtsstreit im Übrigen betreffen, sind bei dem Gericht anzubringen, dass den Rechtsstreit entschieden hat[5].

Zudem kann eine Partei gegen die Entscheidung des BAG den **Rechtsbehelf des § 78a** „Anhörungsrüge" bei Verletzung des rechtlichen Gehörs erheben[6]. Diese ist jedoch nur begründet, wenn die Zurückweisung auf einer neuen und eigenständigen Verletzung des Anspruchs auf rechtliches Gehör beruht[7]. Das BAG kann eine etwaige Verletzung aber noch im Verfahren über die Anhörungsrüge heilen[8]. Eine Anhörungsrüge gegen die Entscheidung über eine Nichtzulassungsbeschwerde kann jedoch nicht dazu eingelegt werden, eine Ergänzung der Begründung herbeizuführen. Ansonsten hätte es eine Partei in der Hand, auf diesem Wege die Regelung des § 72 a Abs. 5 Satz 5 ArbGG auszuhebeln[9].

Nach Erfolglosigkeit dieses Rechtsbehelfes kommt eine Verfassungsbeschwerde gem. Art. 93 Abs. 4a GG in Betracht, wenn die Partei durch den Beschluss in einem Grundrecht verletzt wurde[10].

85 Wird der Nichtzulassungsbeschwerde **stattgegeben**, wird das **Urteil** des LAG im zugelassenen Umfang **revisibel**. Auch diese stattgebende Entscheidung kann nicht mit Rechtsmitteln angegriffen werden. Dies aus folgendem Grund: Gemäß § 72 Abs. 3 ist das BAG an die Zulassung der Revision durch das LAG gebunden, vgl. § 72 Rz. 57. Auch diese Entscheidung kann nicht durch die Parteien angefochten werden. Ist jedoch schon die das BAG bindende Zulassung der Revision durch das LAG nicht anfechtbar, so kann erst recht die auf eine Nichtzulassungsbeschwerde hin ergehende Entscheidung des BAG keinem weiteren

---

1 BAG v. 5.4.2011 – 8 AZN 1332/10, AE 2011, 203; vgl. auch GK-ArbGG/*Mikosch*, § 72a Rz. 77.
2 So auch BAG v. 5.4.2011 – 8 AZN 1332/10, AE 2011, 203.
3 BAG v. 10.10.2012 – 5 AZN 991/12 (A), NZA 2013, 167; BAG v. 4.3.1980 – 5 AZN 102/79, AP Nr. 2 zu § 329 ZPO; GMP/*Müller-Glöge*, § 72a Rz. 53; ErfK/*Koch*, § 72a ArbGG Rz. 8; Düwell/Lipke/*Düwell*, § 72a Rz. 114.
4 BAG v. 13.10.2015 – 3 AZN 915/15 (F), NZA 2016, 127; BAG v. 12.9.2012 – 5 AZN 1743/12 (F), NZA 2012, 1319; BAG v. 11.1.1995 – 4 AS 24/94, AP Nr. 5 zu § 579 ZPO; GK-ArbGG/*Mikosch*, § 72a Rz. 79; GMP/*Müller-Glöge*, § 72a Rz. 53.
5 BAG v. 13.10.2015 – 3 AZN 915/15 (F), NZA 2016, 127; BAG v. 12.9.2012 – 5 AZN 1743/12 (F), NZA 2012, 1319 mit Hinweis auf die Rechtsnatur der Nichtzulassungsbeschwerde.
6 Vgl. BAG v. 10.10.2012 – 5 AZN 991/12 (A), NZA 2013, 167; BAG v. 22.7.2008 – 3 AZN 584/08 (F), NZA 2009, 1054.
7 Vgl. BGH v. 23.10.2009 – V ZR 105/09, NJW-RR 2010, 274.
8 BVerfG v. 24.2.2009 – 1 BvR 188/09, NVwZ 2009, 580.
9 BAG v. 9.4.2014 – 1 AZN 262/14 (F), NZA 2014, 992; BGH v. 15.8.2013 – I ZR 91/12, BeckRS 2013, 15061.
10 BVerfG v. 28.9.2015 – 1 BvR 2656/14, NZA 2016, 253; Hauck/Helml/Biebl/*Hauck* § 72a Rz. 17; ErfK/*Koch*, § 72a ArbGG Rz. 8.

Rechtsmittel unterliegen¹. Die Zulassung des berufungsgerichtlichen Endurteils zur Revision erstreckt sich auch auf vorangegangene, nicht selbständig anfechtbare Zwischenurteile².

b) Überleitung in das Revisionsverfahren

Hat die Nichtzulassungsbeschwerde Erfolg, geht das Beschwerdeverfahren nach § 72a Abs. 6 Satz 1 eo ipso in das Revisionsverfahren über. Denn die form- und fristgerechte Einlegung der Nichtzulassungsbeschwerde **gilt** gem. § 72a Abs. 6 Satz 2 **als Einlegung der Revision**. Nach erfolgreicher Nichtzulassungsbeschwerde muss die Revision also nicht mehr separat eingelegt werden. Dies bedeutet, dass die Einlegung der Nichtzulassungsbeschwerde zugleich eine bis zur Zustellung des Zulassungsbeschlusses bedingte Revisionseinlegung ist³. Eine erneute Einlegung der Revision schadet aber nicht. Auch bei zwei Einlegungsakten ist nur von einem Rechtsmittel auszugehen.⁴

86

Demgegenüber ist allerdings nach wie vor **erforderlich**, dass die **Revision selbständig begründet** wird. Denn die Nichtzulassungsbeschwerde verfolgt ein anderes Rechtsschutzziel als die Revision. Im ersten Fall geht es lediglich um das Erreichen der Zulassung zur Revision im Hinblick auf bestimmte Zulassungsgründe, im zweiten Fall um die Richtigkeit des Urteils des LAG. Der Beschwerdeführer ist auch nicht auf die Geltendmachung der in seiner Nichtzulassungsbeschwerde niedergelegten Gründe beschränkt. Er kann sich auf alle Revisionsgründe berufen. Soweit im Ausnahmefall die Begründung der Nichtzulassungsbeschwerde bereits dem Begründungserfordernis der Revision entsprechen sollte, ist in jedem Falle eine fristgerechte Bezugnahme auf diese Gründe erforderlich⁵.

Die **Frist zur Begründung der Revision** beginnt gem. § 72a Abs. 6 Satz 3 mit der Zustellung der Entscheidung über die erfolgreiche Nichtzulassungsbeschwerde an den Beschwerdeführer⁶.

Dem stattgebenden Beschluss des BAG ist **keine Rechtsmittelbelehrung** beizufügen. Denn § 9 Abs. 5 ist nur über das Rechtsmittel zu belehren. Die Revision aber ist nunmehr eo ipso statthaft und gilt als Revisionseinlegung. Eine isolierte Rechtsmittelbelehrung über die Revisionsbegründungsfrist ist gesetzlich nicht vorgesehen. Es reicht deshalb ein Hinweis auf die Revisionsbegründungsfrist. Dieser wird vom BAG regelmäßig im Rahmen des Beschlusses erteilt⁷.

87

c) Zurückverweisung an das LAG

Nach § 72a Abs. 7 kann das BAG bei einer erfolgreichen Nichtzulassungsbeschwerde wegen Verletzung des Anspruchs auf rechtliches Gehör das angefochtene Urteil im Beschluss über die Nichtzulassungsbeschwerde aufheben und zur neuen Verhandlung und Entscheidung an das LAG zurückverweisen. Diese Möglichkeit dient der Beschleunigung des Verfahrens und orientiert sich an der Regelung des § 544 Abs. 7 ZPO⁸. Die Regelung ist auch sinnvoll. Das BAG wird die Möglichkeit zur Zurückverweisung idR nutzen, wenn der Verfahrensfehler im Revisionsverfahren nicht mehr geheilt werden kann oder inhaltlich keine Rechtsfragen von grundsätzlicher Bedeutung betroffen sind bzw. keine Divergenz vorliegt⁹.

87a

Die Zurückverweisung an das LAG kann dabei gem. § 563 Abs. 1 Satz 2 ZPO auch an eine andere Kammer des LAG erfolgen. Zwar regelt § 72a Abs. 7 diese Möglichkeit nicht ausdrücklich, doch gelangt die Norm über § 73 Abs. 5 zur entsprechenden Anwendung. Dem steht auch § 72b Abs. 5 nicht entgegen, der diese Form der Zurückverweisung ausdrücklich vorsieht. Denn ein Umkehrschluss ist wegen der unterschiedlichen Regelungskomplexe der Normen nicht gerechtfertigt¹⁰.

Der Gesetzgeber hat die Möglichkeit der Zurückverweisung ausdrücklich nur für die Gehörsverletzung vorgesehen. Nicht nachzuvollziehen ist, wieso der Gesetzgeber diese Möglichkeit nicht auch bei Vorliegen

---

1 BAG v. 15.5.1984 – 1 ABN 2/84, AP Nr. 19 zu § 72a ArbGG 1979.
2 BAG v. 31.8.1964 – 5 AZR 73/64, AP Nr. 25 zu § 72 ArbGG 1953 – Divergenzrevision; GK-ArbGG/*Mikosch*, § 72a Rz. 85.
3 BAG v. 18.3.2010 – 8 AZR 1044/08, NZA 2010, 1129; vgl. nur Zöller/*Heßler*, § 54 ZPO4 Rz. 15.
4 BAG v. 18.3.2010 – 8 AZR 1044/08, NZA 2010, 1129; GK-ArbGG/*Mikosch*, § 74 Rz. 22; BeckOKArbR/*Klose*, § 72a Rz. 20.
5 BAG v. 28.9.2016 – 7 AZR 128/14, BB 2017, 500; BAG v. 22.10.2015 – 6 AZR 758/14, BB 2016, 63; BAG v. 13.10.2009 – 9 AZR 875/08, NZA 2010, 245; BAG v. 8.5.2008 – 1 ABR 56/06, NZA 2008, 726 zur Rechtsbeschwerde.
6 BAG v. 23.9. 2015 – 5 AZR 290/15 (F), NZA 2016, 64.
7 BAG v. 15.12.2005 – 2 AZN 939/05, DB 2006, 730; BAG v. 15.2.2005 – 9 AZN 982/04, NZA 2005, 542.
8 BT-Drs. 15/3706.
9 BAG v. 28.5.2009 – 6 AZN 17/09, NZA 2009, 3051; BAG v. 18.12.2008 – 6 AZN 646/08, NZA 2009, 334; BAG v. 10.5.2005 – 9 AZN 195/05, AP Nr. 5 zu § 72a ArbGG 1979 – Rechtliches Gehör; *Bepler*, RdA 2005, 65.
10 BAG v. 5.6.2014 – 6 AZN 267/14, NZA 2014, 799; BAG v. 12.12.2006 – 3 AZN 625/06, NZA 2007, 581.

eines absoluten Revisionsgrundes nach § 547 Nr. 1–5 ZPO geregelt hat. War eine Partei im Verfahren vor dem LAG zB nicht ordnungsgemäß vertreten, wäre es wünschenswert, dass das LAG unter Vermeidung dieses Mangels erneut entscheidet und nicht dass das BAG überflüssigerweise mit dem Rechtsstreit befasst wird. Hier spricht einiges für ein Redaktionsversehen des Gesetzgebers[1]. Das BAG wendet in Fällen der Verletzung eines absoluten Revisionsgrundes nunmehr auch § 72a Abs. 1 analog an[2]. Dies ist konsequent.

Die Zurückverweisung an das LAG steht im Ermessen des BAG. Sie ist insbesondere zu nutzen, wenn keine revisiblen Rechtsfragen betroffen sind. Das BAG macht von dieser Möglichkeit auch Gebrauch. So hat es den Rechtsstreit an das LAG zurückverwiesen, wenn das Revisionsverfahren keine Möglichkeit bietet, die gerügte Gehörsverletzung zu heilen[3]. Ebenso hat es den Rechtsstreit in einem Fall zurückverwiesen, in dem Handlungen eines Prozessbeteiligten unzutreffend festgestellt und gedeutet worden sind[4]. Gleichfalls bietet sich die Zurückverweisung an, wenn das Urteil des LAG keinen Tatbestand enthält und insoweit auch bei Fortsetzung des Revisionsverfahrens eine Zurückverweisung erfolgen müsste[5].

5. Erledigung

87b Grundsätzlich kommt auch im Verfahren der Nichtzulassungsbeschwerde eine Erledigung des Verfahrens aufgrund der Erklärungen der Parteien in Betracht. Gegenstand der Erledigung kann dabei nicht nur die **Hauptsache**, sondern nach der Rspr. des BAG – in Ausnahmefällen – auch das **Rechtsmittel** selbst sein.

Wird die **Hauptsache** für erledigt erklärt, findet § 91a ZPO Anwendung. Denn § 91a ZPO ist im Verfahren nach § 72a anzuwenden, weil auch hier eine Entscheidung über die Kosten gem. § 97 ZPO ergehen kann, vgl. Rz. 88. Wird eine zunächst zulässige und begründete Klage gegenstandslos, soll der Kläger nicht gezwungen werden, sie mit der Kostenfolge des § 269 Abs. 3 ZPO zurückzunehmen, um eine Klageabweisung zu vermeiden. Eine angemessene Kostenentscheidung ermöglicht nur § 91a ZPO. Das gilt auch für die Nichtzulassungsbeschwerde. § 91a ZPO greift in allen kontradiktorischen Verfahren, in denen eine Kostenentscheidung möglich ist[6]. Die übereinstimmende Erledigungserklärung der Hauptsache im Rechtsmittelzug setzt aber voraus, dass das Rechtsmittel statthaft und zulässig ist. Zudem muss sich die Hauptsache erledigt haben, vgl. § 75 Rz. 46 ff.

Bei einer Erledigung des **Rechtsmittels** ist nach § 91a ZPO allein über die Kosten des Rechtsmittels zu entscheiden[7]. Nach Auffassung des BAG kann das Rechtsmittel für erledigt erklärt werden, wenn ihm durch ein nachträgliches Ereignis die Grundlage entzogen wird und die Rücknahme des Rechtsmittels zu einer unangemessenen Kostenentscheidung führen würde[8]. Liegt ein solcher Fall vor, wird geprüft, ob das ursprünglich zulässige und begründete Rechtsmittel nachträglich unzulässig oder unbegründet geworden ist, § 75 Rz. 51.

6. Aussetzung

87c Hängt die Entscheidung eines Rechtsstreits davon ab, ob eine Allgemeinverbindlicherklärung oder eine Rechtsverordnung wirksam ist, hat das Gericht das Verfahren bis zur Erledigung des Beschlussverfahrens nach § 2a Abs. 1 Nummer 5 auszusetzen. Eine Aussetzung darf jedoch nur erfolgen, wenn die Entscheidung ausschließlich von der nach § 97 ArbGG maßgeblichen Frage der Tariffähigkeit oder Tarifzuständigkeit abhängt. Gegenstand der Entscheidung über die Nichtzulassungsbeschwerde ist jedoch ausschließlich die Frage, ob ein gesetzlicher Grund für die Zulassung der Revision iSd. § 72a Abs. 3 Satz 2, § 72 Abs. 2 vorliegt. Die Entscheidung hierüber hängt nicht von der Wirksamkeit oder Unwirksamkeit einer Allgemeinverbindlicherklärung oder einer Rechtsverordnung ab[9]. Damit scheidet diese Möglichkeit der Aussetzung aus.

---

1 Bepler, NZA 2005, 76; ErfK/Koch, § 72a Rz. 10; GWBG/Benecke, § 72a Rz. 51; BeckOKArbR/Klose, § 72a Rz. 21. AA GK-ArbGG/Mikosch, § 72a Rz. 84; GMPMüller-Glöge, § 72a Rz. 62; HWK/Bepler/Treber, § 72a Rz. 32.
2 BAG v. 5.6.2014 – 6 AZN 267/14, NZA 2014, 799.
3 BAG v. 10.5.2005 – 9 AZN 195/05, AP Nr. 5 zu § 72a ArbGG 1979 – Rechtliches Gehör.
4 BAG v. 12.12.2006 – 3 AZN 625/06, NZA 2007, 581.
5 BAG v. 31.8.2005 – 5 AZN 580/05, NZA 2005, 1204.
6 BAG v. 24.6.2003 – 9 AZN 319/03, ArbuR 2003, 358; Vgl. auch Zöller/Heßler, § 544 ZPO, Rz. 12e.
7 Vgl. Zöller/Vollkommer, § 91a ZPO Rz. 19; BAG v. 20.12.2007 – 9 AZR 1040/06, NZA 2008, 902.
8 BAG v. 20.12.2007 – 9 AZR 1040/06, NZA 2008, 902.
9 BAG v. 20.8.2014 – 10 AZN 573/14, MDR 2014, 1453.

IX. Kosten, Gebühren, Rechtsanwaltsvergütung und Streitwert

Bleibt die **Nichtzulassungsbeschwerde erfolglos**, dh. ist sie vom BAG als unzulässig verworfen worden oder als unbegründet zurückgewiesen worden, hat der **Beschwerdeführer** gem. § 97 ZPO die **Kosten** des Verfahrens zu tragen[1]. 88

Hat das BAG die Revision **zugelassen**, werden die Kosten des Verfahrens über die Nichtzulassungsbeschwerde Teil der **Kosten des Revisionsverfahrens**. Denn gesonderte Kosten fallen nicht an. Sie sind dann von demjenigen zu übernehmen, dem diese Kosten später auferlegt werden, also dem, der im Revisionsverfahren unterliegt. Es ergeht keine Kostenentscheidung des BAG[2]. Dies gilt auch, wenn die Sache gem. § 72a Abs. 7 zur neuen Verhandlung und Entscheidung an das LAG zurückverwiesen wird. Dann entscheidet das Berufungsgericht über die Kosten. Ist die Nichtzulassungsbeschwerde **teilweise erfolgreich**, hat das BAG hinsichtlich des erfolglosen Teils eine Kostenentscheidung zu treffen[3]. In Einzelfällen wird auch über die außergerichtlichen Kosten gesondert entschieden[4]. 89

Begründet der Beschwerdeführer die Revision nicht, hat er die Kosten des Verfahrens zu tragen[5]. Im Falle einer Rücknahme der Nichtzulassungsbeschwerde durch den Beschwerdeführer werden diesem gem. § 516 Abs. 3 ZPO analog ebenfalls die Kosten des Verfahrens auferlegt[6]. 90

Die **Gerichtsgebühr** ergibt sich aus Nr. 8612 des in Anlage 1 zu § 3 Abs. 2 GKG geregelten Gebührenverzeichnisses und beträgt 1,6, sofern die Nichtzulassungsbeschwerde verworfen oder zurückgewiesen wird. Wird sie zurückgenommen oder das Verfahren durch anderweitige Erledigung beendet, reduziert sich die Gebühr auf 0,8 (8613). Dies gilt auch, wenn eine nicht postulationsfähige Partei eine Nichtzulassungsbeschwerde eingelegt hat und sie nach Belehrung zurücknimmt[7]. Die Gebühr entsteht nicht, soweit die Revision infolge der Nichtzulassungsbeschwerde zugelassen wird. Die **Rechtsanwaltsvergütung** richtet sich nach dem RVG. Die Verfahrensgebühr nach Nr. 3506 des Vergütungsverzeichnisses zu § 2 Abs. 2 RVG beträgt ebenfalls 1,6. Sie wird auf die Verfahrensgebühr für ein nachfolgendes Revisionsverfahren angerechnet. Entscheidet das BAG nach fakultativer mündlicher Verhandlung fällt eine Terminsgebühr nach Nr. 3516 an, die 1,2 beträgt. 91

Der **Streitwert der Nichtzulassungsbeschwerde** ist der Wert der Hauptsache im vorangegangenen Berufungsverfahren, wenn die begehrte Zulassung den gesamten Streitstoff der Berufungsinstanz erfasst[8]. Ist der Antrag der Nichtzulassungsbeschwerde nur auf eine beschränkte Zulassung des berufungsgerichtlichen Urteils zur Revision gerichtet, entspricht der Streitwert nur der auf diesen Teil bezogenen Beschwer[9]. Der Streitwert ist von Amts wegen festzusetzen, § 63 GKG. 92

X. Prozesskostenhilfe, Notanwalt und Wiedereinsetzung

Dem Beschwerdeführer und dem Beschwerdegegner kann nach entsprechendem Antrag für das Verfahren jeweils **Prozesskostenhilfe** gewährt werden[10]. Zu beachten ist, dass der Lauf der Frist zur Begründung der Nichtzulassungsbeschwerde nach Abs. 3 durch den Antrag auf Prozesskostenhilfe nicht gehemmt wird, sofern die Nichtzulassungsbeschwerde vorbehaltlos eingelegt und gleichzeitig für die Durchführung des Verfahrens Prozesskostenhilfe beantragt wird[11]. In diesem Falle greift auch die Wiedereinsetzungsmöglichkeit nicht Platz. Vielmehr ist PKH erst dann zu bewilligen, wenn die Nichtzulassungsbeschwerde begründet 93

---

1 BAG v. 12.8.1981 – 4 AZN 166/81, AP Nr. 11 zu § 72a ArbGG 1979; GMP/*Müller-Glöge*, § 72a Rz. 54; GK-ArbGG/*Mikosch*, § 72a Rz. 89; GWBG/*Benecke*, § 72a Rz. 52; ErfK/*Koch*, § 72a ArbGG Rz. 9; Ostrowicz/Künzl/Scholz, Rz. 561; Hauck/Helml/Biebl/*Hauck*, § 72a Rz. 19.
2 BAG v. 12.8.1981 – 4 AZN 166/81, AP Nr. 11 zu § 72a ArbGG 1979; GMP/*Müller-Glöge*, § 72a Rz. 54; GK-ArbGG/*Mikosch*, § 72a Rz. 89; GWBG/*Benecke*, § 72a Rz. 52; Düwell/Lipke/*Düwell*, § 72a Rz. 110.
3 BAG v. 23.3.2010 – 9 AZN 979/09, NZA 2010, 725; BAG v. 19.12.2007 – 5 AZN 1190/07.
4 BAG v. 23.3.2010 – 9 AZN 979/09, NZA 2010, 725.
5 GK-ArbGG/*Mikosch*, § 72a Rz. 89; Ostrowicz/Künzl/Scholz, Rz. 561; Hauck/Helml/Biebl/*Hauck*, § 72a Rz. 19.
6 GK-ArbGG/*Mikosch*, § 72a Rz. 89; Düwell/Lipke/*Düwell*, § 72a Rz. 108.
7 BAG v. 17.11.2004 – 9 AZN 789/04 (A), AP Nr. 19 zu § 11 ArbGG 1979 – Prozessvertreter.
8 BAG v. 8.3.2017 – 3 AZN 886/16 (A).
9 GMP/*Müller-Glöge*, § 72a Rz. 56; GK-ArbGG/*Mikosch*, § 72a Rz. 90; ErfK/*Koch*, § 72a ArbGG Rz. 9.
10 BAG v. 5.6.2014 – 6 AZN 267/14; BAG v. 11.10.2010 – 9 AZN 418/10, NZA 2011, 117; BAG v. 28.4.1980 – 6 AZN 96/80, AP Nr. 6 zu § 72a ArbGG 1979; BAG v. 19.9.1983 – 5 AZN 446/83, AP Nr. 18 zu § 72a ArbGG 1979; GMP/*Müller-Glöge*, § 72a Rz. 57; GK-ArbGG/*Mikosch*, § 72a Rz. 88; HWK/*Bepler/Treber*, § 72a Rz. 33; BeckOK ArbR/*Klose*, § 72a Rz.3.
11 BAG v. 12.2.1997 – 5 AZN 1106/96, AP Nr. 38 zu § 72a ArbGG 1979; HWK/*Bepler/Treber*, § 72a ArbGG Rz. 33; GK-ArbGG/*Mikosch*, § 72a Rz. 88; Ostrowicz/Künzl/Scholz, Rz. 559.

worden ist[1]. Die Beschwerde kann auch nicht für den Fall eingelegt werden, dass für ihre Durchführung Prozesskostenhilfe bewilligt wird. Möglich ist aber ein isolierter Prozesskostenhilfe-Antrag, vgl. Rz. 45. Eine andere Frage ist, ob der Antrag auf Prozesskostenhilfe bereits die „laienhafte" Bezeichnung von möglichen Zulassungsgründen iSd. § 72a Abs. 3 erfordert, damit die Erfolgsaussichten iRd. § 114 Abs. 1 S. 1 ZPO beurteilt werden können. Das BAG hat dies bisher offengelassen[2]. Das dürfte zu bejahen sein.

Auf ihren Antrag kann einer Partei für ein Nichtzulassungsbeschwerdeverfahren vor dem BAG ein zur Vertretung vor dem BAG notwendiger Rechtsanwalt gem. § 11 Abs. 4 Satz 1 ArbGG (**„Notanwalt"**) beizuordnen sein, wenn sie keinen zu ihrer Vertretung bereiten Prozessvertreter findet (§ 72 Abs. 5 iVm. §§ 555, 78b ZPO). Die Partei muss darlegen und glaubhaft machen, dass sie eine gewisse Anzahl von Rechtsanwälten vergeblich um die Übernahme eines Mandats ersucht hat. Die Beiordnung eines Notanwalts setzt ferner voraus, dass die Rechtsverfolgung nicht mutwillig oder aussichtslos erscheint (§ 78b Abs. 1 ZPO)[3].

94 Bei unverschuldeter Versäumung der Beschwerde bzw. Beschwerdebegründungsfrist kann **Wiedereinsetzung in den vorigen Stand** gem. §§ 233 ff. ZPO gewährt werden, vgl. schon Rz. 40. Dies ist insbesondere der Fall, wenn eine Partei die Frist zur Einlegung der Nichtzulassungsbeschwerde versäumt hat, weil sie nicht in der Lage war, die Kosten des Prozesses aufzubringen. Allerdings muss der Rechtsmittelführer in diesem Falle innerhalb der Rechtsmittelfrist alles Zumutbare unternehmen, um das in seiner Mittellosigkeit bestehende Hindernis zu beheben. Er muss deshalb bis zum Ablauf der Rechtsmittelfrist alle Voraussetzungen für die Prozesskostenhilfe-Gewährung schaffen[4]. Wird über den Prozesskostenhilfe-Antrag dann erst nach Ablauf der Beschwerdefrist entschieden, kann die Partei innerhalb von zwei Wochen nach Zustellung des Bewilligungsbeschlusses die Wiedereinsetzung beantragen. Dabei ist gem. § 236 Abs. 2 Satz 2 ZPO die Nichtzulassungsbeschwerde einzulegen. Fraglich ist, wann die Nichtzulassungsbeschwerde begründet werden muss. Grundsätzlich hat die Begründung innerhalb von zwei Monaten nach Zustellung des Urteils zu erfolgen, wenn zu diesem Zeitpunkt über die Wiedereinsetzung noch nicht entschieden worden ist (vgl. Rz. 48). Nach zutreffender Auffassung steht der betreffenden Partei zur **Begründung der Beschwerde** im Falle des Prozesskostenhilfe-Antrags eine Frist von einem Monat zur Verfügung, die mit der Zustellung des die **Wiedereinsetzung bewilligenden Beschlusses** beginnt. Andernfalls wäre der Beschwerdeführer genötigt, das Rechtsmittel zu begründen, bevor er weiß, ob ihm wegen der Versäumung der Einlegungsfrist Wiedereinsetzung in den vorigen Stand gewährt wird[5]. Dies gilt selbst dann, wenn die Partei die Frist zur Begründung der Beschwerde ebenfalls versäumt hat. Würde dem Beschwerdeführer, der ohne Verschulden gehindert war, die Begründungsfrist einzuhalten, keine dafür laufende besondere Frist eingeräumt, müsste er zugleich mit der innerhalb von zwei Wochen zu beantragenden Wiedereinsetzung gegen die Versäumung der Einlegungsfrist auch Wiedereinsetzung für die versäumte Begründungsfrist beantragen. Dazu müsste er mit dem letztgenannten Antrag zugleich die Begründung nachholen. Das würde die nach der gesetzgeberischen Vorstellung jedenfalls eingeräumte generelle Begründungsfrist von einem Monat ungerechtfertigt verkürzen. Der Beschwerdeführer hat ab Zustellung des Beschlusses, mit dem der Wiedereinsetzung im Hinblick auf die Versäumung der Beschwerdefrist stattgegeben worden ist, also einen Monat Zeit, die Nichtzulassungsbeschwerde zu begründen[6]. Wird die beantragte Prozesskostenhilfe nach dem Ablauf der Rechtsmittelfrist **verweigert**, bleibt der Partei nach der Bekanntgabe der Entscheidung noch eine Zeit von höchstens drei bis vier Tagen für die Überlegung, ob sie das Rechtsmittel auf eigene Kosten durchführen will. Dann beginnt die zweiwöchige Frist des § 234 Abs. 1 Satz 1 ZPO für das Wiedereinsetzungsgesuch und die mit ihm zu verbindende Einlegung des Rechtsmittels[7].

---

1 BAG v. 15.2.2005 – 5 AZN 781/04 (A), AP Nr. 2 zu § 119 ZPO.
2 BAG v. 26.1.2006 – 9 AZA 11/05 NZA 2006,1180; BeckOK ArbR/*Klose*, § 72a Rz.3.
3 BAG v. 10.1.2017 – 10 AZN 938/16 (A), BB 2017, 563; BAG v. 25.8.2014 – 8 AZN 226/14, NJW 2015, 1712; BAG v. 19.5.2010 – 2 AZN 281/10 (A), AP ArbGG 1979 § 72 Nr. 56; BAG v. 28.12.2007 – 9 AS 5/07, NZA 2008, 491.
4 BAG v. 11.10.2010 – 9 AZN 418/10, NZA 2011, 117; BGH v. 26.5.2008 – II ZB 19/07, NJW-RR 2008, 1306; BAG v. 26.1.2006 – 9 AZA 11/05, NZA 2006, 1180. Einschränkend BGH v. 11.6.2008 – XII ZB 184/05, NJW-RR 2008, 1313.
5 BAG v. 3.7.2013 – 2 AZN 250/13, NZA-RR 2013, 660; BAG v. 7.7.2011 – 2 AZN 294/11, NZA 2012, 55; BAG v. 19.9.1983 – 5 AZN 446/83, AP Nr. 18 zu § 72a ArbGG 1979.
6 BAG v. 7.7.2011 – 2 AZN 294/11, NZA 2012, 55, BAG v. 19.9.1983 – 5 AZN 446/83, AP Nr. 18 zu § 72a ArbGG 1979; HWK/*Bepler/Treber*, § 72a ArbGG Rz. 33; GK-ArbGG/*Mikosch*, § 72a Rz. 86; Ostrowicz/*Künzl/Scholz*, Rz. 559.
7 BAG v. 3.7.2013 – 2 AZN 250/13, NZA-RR 2013, 660.

§ 72b Sofortige Beschwerde wegen verspäteter Absetzung des Berufungsurteils

(1) Das Endurteil eines Landesarbeitsgerichts kann durch sofortige Beschwerde angefochten werden, wenn es nicht binnen fünf Monaten nach der Verkündung vollständig abgefasst und mit den Unterschriften sämtlicher Mitglieder der Kammer versehen der Geschäftsstelle übergeben worden ist. § 72a findet keine Anwendung.

(2) Die sofortige Beschwerde ist innerhalb einer Notfrist von einem Monat beim Bundesarbeitsgericht einzulegen und zu begründen. Die Frist beginnt mit dem Ablauf von fünf Monaten nach der Verkündung des Urteils des Landesarbeitsgerichts. § 9 Abs. 5 findet keine Anwendung.

(3) Die sofortige Beschwerde wird durch Einreichung einer Beschwerdeschrift eingelegt. Die Beschwerdeschrift muss die Bezeichnung der angefochtenen Entscheidung sowie die Erklärung enthalten, dass Beschwerde gegen diese Entscheidung eingelegt werde. Die Beschwerde kann nur damit begründet werden, dass das Urteil des Landesarbeitsgerichts mit Ablauf von fünf Monaten nach der Verkündung noch nicht vollständig abgefasst und mit den Unterschriften sämtlicher Mitglieder der Kammer versehen der Geschäftsstelle übergeben worden ist.

(4) Über die sofortige Beschwerde entscheidet das Bundesarbeitsgericht ohne Hinzuziehung der ehrenamtlichen Richter durch Beschluss, der ohne mündliche Verhandlung ergehen kann. Dem Beschluss soll eine kurze Begründung beigefügt werden.

(5) Ist die sofortige Beschwerde zulässig und begründet, ist das Urteil des Landesarbeitsgerichts aufzuheben und die Sache zur neuen Verhandlung und Entscheidung an das Landesarbeitsgericht zurückzuverweisen. Die Zurückverweisung kann an eine andere Kammer des Landesarbeitsgerichts erfolgen.

I. Überblick	
1. Entwicklung	1
2. Inhalt der Entscheidung	3
3. Rechtsnatur	6
4. Abschließende Regelung	7
5. Verhältnis zur Revision/Wahlrecht	8
II. Statthaftigkeit	
1. Endurteil	9
2. Nicht rechtzeitige Absetzung des Urteils	13
a) Formale Vollständigkeit	13
b) Fristberechnung	14
c) Inhaltliche Mängel	15
3. Beschwer	16
III. Einlegung der sofortigen Beschwerde	
1. Zuständiges Gericht	17
2. Einlegungsfrist	18
3. Form/Inhalt	22
4. Beschränkung der Einlegung und Rücknahme	26
5. Bedingung	28
IV. Begründung der sofortigen Beschwerde	
1. Begründungsfrist	31
2. Inhalt der Begründung	32
V. Entscheidung über die sofortige Beschwerde	
1. Allgemeines	34
2. Form	36
3. Inhalt	38
4. Wirkung	41
VI. Kosten/Streitwert/PKH	42

Schrifttum: *Bepler*, Änderungen im arbeitsgerichtlichen Verfahren durch das Anhörungsrügengesetz, RdA 2005, 62; *Gravenhorst*, Anhörungsrügengesetz und Arbeitsgerichtsverfahren, NZA 2005, 24; *Treber*, Neuerungen durch das Anhörungsrügengesetz, NJW 2005, 97.

I. Überblick

1. Entwicklung

Die sofortige Beschwerde beruht auf dem am 1.1.2005 in Kraft getretenen Anhörungsrügengesetz vom 9.12.2004, (BGBl. I S. 3220). Sie schafft die Möglichkeit, Entscheidungen von Rechtsstreitigkeiten durch zweitinstanzliche Urteile, die erst später als fünf Monate nach ihrer Verkündung vollständig abgefasst und mit den Unterschriften sämtlicher erkennender Richter versehen zur Geschäftsstelle gelangt sind, fachgerichtlich zu korrigieren. Die praktische Bedeutung ist gering. Im Jahre 2016 sind beim BAG sechs Beschwerden nach § 72b ArbGG eingegangen. 1

2 Die Regelung beruht auf der Entscheidung des BVerfG vom 30.4.2003[1]. Darin hatte das BVerfG gefordert, dass eine Verletzung des Verfahrensgrundrechts auf rechtliches Gehör gem. Art. 103 Abs. 1 GG innerhalb der Fachgerichtsbarkeit beseitigt werden müsse. Denn nach der vorherigen Rechtslage konnte weder eine Revision noch eine Nichtzulassungsbeschwerde darauf gestützt werden, dass das Urteil eines LAG nicht innerhalb von fünf Monaten nach seiner Verkündung vollständig abgefasst der Geschäftsstelle übergeben worden ist. Vielmehr war das Urteil erst auf eine Verfassungsbeschwerde hin vom BVerfG aufzuheben und an das LAG zurückzuverweisen. Denn eine rechtsstaatliche Urteilsbegründung, auf die eine Revision gestützt werden kann, ist nicht mehr möglich, wenn die Entscheidungsgründe des Berufungsurteils fünf Monate nach seiner Verkündung noch nicht abgesetzt sind[2].

2. Inhalt der Entscheidung

3 Ist das Endurteil des LAG nicht binnen fünf Monaten nach der Verkündung vollständig abgefasst und mit den Unterschriften der Kammermitglieder versehen der Geschäftsstelle übergeben, ist das Urteil allein aus diesem Grunde aufzuheben und **die Sache** zur neuen Verhandlung und Entscheidung an das LAG – ggf. auch an eine andere Kammer – **zurückzuverweisen**. Der Gesetzgeber eröffnet mit der form- und fristgebundenen sofortigen Beschwerde ein einfaches und schnelles Verfahren, um eine Sache vor dem LAG neu verhandeln zu können und eine mit Gründen versehene Entscheidung zu erhalten. Durch die Ausgestaltung des Beschwerdeverfahrens wird dem BAG eine zügige Beschlussfassung ermöglicht, die weder einer mündlichen Verhandlung noch der Hinzuziehung der ehrenamtlichen Richterinnen und Richter bedarf. So wird dem in der Arbeitsgerichtsbarkeit besonders ausgeprägten Grundsatz der Beschleunigung des Verfahrens Rechnung getragen[3].

4 Die **Terminologie** ist uneinheitlich. Während einige die Beschwerde als Kassationsbeschwerde[4] bezeichnen, verwenden andere den Begriff Aufhebungsbeschwerde[5] oder Untätigkeitsbeschwerde[6].

5 Eine unzulässige Nichtzulassungsbeschwerde kann uU in eine Beschwerde nach § 72b **umgedeutet** werden. Dies ist allerdings nur dann möglich, wenn die eingelegte Nichtzulassungsbeschwerde zugleich den Anforderungen von § 72b Abs. 2 und 3 genügt[7].

3. Rechtsnatur

6 Die sofortige Beschwerde ist ein **Rechtsmittel**[8]. Charakteristisch für ein Rechtsmittel sind Suspensiv- und Devolutiveffekt. Der Eintritt der Rechtskraft wird gehemmt, und die Entscheidung über das Rechtsmittel fällt der höheren Instanz zu (vgl. umfassend § 72a Rz. 10 ff.). Diese Wirkungen hat die sofortige Beschwerde. Insbesondere liegt der erforderliche Devolutiveffekt vor. Mit Einlegung der Beschwerde fällt die Entscheidung ausschließlich dem BAG zu. Insoweit besteht ein ausschließlich auf die Beschwerde bezogener Devolutiveffekt. Dass der Suspensiveffekt weiter reicht als der Devolutiveffekt, weil das BAG die angefochtene Entscheidung nicht auf ihre Richtigkeit hin prüft, ist für die Begriffsbestimmung genauso unerheblich wie im Rahmen der Diskussion des Rechtscharakters der Nichtzulassungsbeschwerde. Das BAG entscheidet über den Bestand des Urteils.

4. Abschließende Regelung

7 Die Regelung ist abschließend. Liegen die Voraussetzungen für eine sofortige Beschwerde nach § 72b vor, ist sie der **einzige Rechtsbehelf**, der gegen ein verspätet abgesetztes Urteil des LAG statthaft ist. Die Rüge der verspäteten Absetzung kann weder mit der Revision selbst noch mit der Nichtzulassungsbeschwerde

---

[1] BVerfG v. 30.4.2003 – 1 PBvU 1/02, BVerfGE 107, 395.
[2] Vgl. zur damaligen Rechtslage: BVerfG v. 30.4.2003 – 1 PBvU 1/02, BVerfGE 107, 395; BVerfG v. 26.3.2001 – 1 BvR 383/00, NZA 2001, 982; BAG v. 1.10.2003 – 1 ABN 62/01, NZA 2003, 1356; BAG v. 8.10.2002 – 8 AZR 259/02, NZA 2003, 287; BAG v. 20.2.2001 – 4 AZR 677/00, BAGE 97, 63; BAG v. 13.12.1995 – 4 AZN 576/95, AP Nr. 36 zu § 72a ArbGG 1979.
[3] BT-Drs. 15/3706, S. 21.
[4] Beck OKArbR/*Klose*, § 72b Rz. 1; BCF/*Friedrich*, § 72b Rz. 1; HWK/*Bepler/Treber*, § 72b Rz. 1, die nunmehr auch den Begriff Untätigkeitsbeschwerde verwenden.
[5] ErfK/*Koch*, § 72b Rz. 3.
[6] GMP/*Müller-Glöge*, § 72b Rz. 5; vgl. auch HWK/*Bepler/Treber*, § 72b Rz. 1.
[7] BAG v. 24.2.2015 – 5 AZN 1007/14, NZA 2015, 511; BAG v. 2.11.2006 – 4 AZN 716/06, NZA 2007, 112.
[8] GK-ArbGG/*Mikosch*, § 72b Rz. 5; HWK/*Bepler/Treber*, § 72b Rz. 5; GWBG/*Benecke*, § 72 b Rz. 1; Düwell/Lipke/*Düwell*, § 72b Rz. 4; *Treber*, NJW 2005, 97. Auch die Gesetzesbegründung spricht von einem Rechtsmittel, BT-Drs. 15/3706, S. 21. AA GMP/*Müller-Glöge*, § 72b Rz. 5.

geltend gemacht werden[1]. Dies ist für die **Revision** ausdrücklich in § 73 Abs. 1 Satz 2 geregelt. Für die **Nichtzulassungsbeschwerde** ergibt sich diese Rechtsfolge aus dem Wortlaut von § 72b Abs. 1 Satz 2 und § 72a Abs. 3 Satz 2 Nr. 3, einem Vergleich mit dem Wortlaut des § 73 Abs. 1 Satz 2 und der Entstehungsgeschichte der Norm. § 72b Abs. 1 Satz 2 ordnet an, dass § 72a, also die Regelung der Nichtzulassungsbeschwerde, keine Anwendung findet. Dabei ist zu beachten, dass der Gesetzgeber des Anhörungsrügengesetzes entsprechend dem Auftrag des BVerfG im Plenarbeschluss vom 30.4.2003 mit § 72b einen besonderen Rechtsbehelf geschaffen hat, mit dessen Hilfe verspätet abgesetzte und deshalb rechtsstaatswidrig zustande gekommene zweitinstanzliche Entscheidungen der Gerichte für Arbeitssachen fachgerichtlich korrigiert werden können. Daraus kann nur gefolgert werden, dass § 72a insgesamt unanwendbar ist. Erst wenn ein Urteil mit Gründen vorliegt, soll die Nichtzulassungsbeschwerde möglich sein, soweit das LAG die Revision nicht zugelassen hat. Bei einem Urteil ohne Gründe ist nur das Rechtsmittel der sofortigen Beschwerde statthaft[2]. Vorsorglich – also für den Fall, dass tatsächlich gleichwohl ein vollständig abgefasstes Urteil vorhanden gewesen sein sollte – kann natürlich Nichtzulassungsbeschwerde eingelegt werden[3].

5. Verhältnis zur Revision/Wahlrecht

Die Regelung ist zwar **abschließend** für die **Rüge der verspäteten Urteilsabsetzung**. Dies schließt jedoch nicht aus, dass die beschwerte Partei **Revision** einlegt, wenn das LAG diese in seinem Urteil **zugelassen** hat. Hat das LAG die Revision im Tenor des verkündeten Urteils zugelassen, hat die beschwerte Partei ein **Wahlrecht**[4]. Dieses Wahlrecht ist zwar im Gesetz nicht ausdrücklich erwähnt. Es ergibt sich aber aus der gesetzlichen Konstruktion[5]. Die beschwerte Partei muss sich in diesem Fall also entscheiden, ob sie den Rechtsstreit wegen der nicht rechtzeitigen Absetzung des Urteils vor dem LAG neu verhandeln möchte oder eine Revision in der Sache durchführt.

Möglich ist es auch, beide Rechtsmittel **gleichzeitig** einzulegen[6]. Dies hat folgenden Hintergrund: Schwierigkeiten bei der Ausübung des Wahlrechtes bestehen für die Parteien in diesen Fällen schon deshalb, weil die Frist zur Einlegung und zur Begründung der Revision unabhängig von der Zustellung des in vollständiger Form abgefassten Urteils spätestens mit Ablauf von fünf Monaten nach der Verkündung zu laufen beginnt. Wird also beispielsweise das Urteil vom LAG noch rechtzeitig abgesetzt und kommt es bei der Zustellung der Entscheidung an die Parteien zu Verzögerungen, ist der Rechtsmittelführer in einer Zwickmühle. Die Fristen für die Einlegung der Revision und der sofortigen Beschwerde nach § 72b enden zeitgleich, so dass ein Wahlrecht nicht weiterhilft. Erforderlich ist es vielmehr, beide Rechtsmittel gleichzeitig einzulegen. Das BAG wird sich dann aber im Regelfall zuerst mit der sofortigen Beschwerde befassen. Im Erfolgsfall wäre dann die Revision gegenstandslos[7].

Zu betonen ist allerdings, dass die Revision nicht mit dem Argument der verspäteten Urteilsabsetzung begründet werden kann. Es ist wegen § 73 Abs. 1 Satz 2 auch nicht möglich, zur Begründung der Revision auf die fehlenden Urteilsgründe zu verweisen[8]. Denn das Fehlen von Gründen als solches kann nur mit der Beschwerde nach § 72b angegriffen werden. Die Revision muss in diesen Fällen deshalb mit **anderen Rügen** begründet werden. Möglich ist dies etwa, wenn die Kammer in der mündlichen Verhandlung deutlich gemacht hat, auf welche tatsächlichen und rechtlichen Gesichtspunkte sie ihre Entscheidung stützt. Denkbar ist auch, dass das Urteil des LAG zwar verspätet aber doch noch innerhalb der Revisionsbegründungsfrist dem Beschwerdeführer zugestellt wird, so dass er sich zur Begründung der Revision mit dem

---

[1] BAG v. 24.2.2015 – 5 AZN 1007/14, NZA 2015, 511; BAG v. 27.6.2012 – 5 AZR 530/11, NZA 2012, 1147; BAG v. 24.6.2009 – 7 ABN 12/09, NZA-RR 2009, 553; BAG v. 2.11.2006 – 4 AZN 716/06, NZA 2007, 111; BAG v. 15.3.2006 – 9 AZN 885/05, EzA ArbGG 1979 § 72a Nr. 107; GK-ArbGG/*Mikosch*, § 72b Rz. 4; *Bepler*, RdA 2005, 65; HWK/*Bepler/Treber*, § 72b Rz. 3; BeckOKArbR/*Klose*, § 72b Rz. 4; Ostrowicz/Künzl/Scholz, Rz. 564, 565; GMP/*Müller-Glöge*, § 72b Rz. 2; GWBG/*Benecke*, § 72 b Rz. 2; aA offenbar *Gravenhorst*, der von der Entbehrlichkeit der Regelung ausgeht.
[2] BAG v. 24.2.2015 – 5 AZN 1007/14, NZA 2015, 511; BAG v. 24.6.2009 – 7 ABN 12/09, NZA-RR 2009, 553; BAG v. 2.11.2006 – 4 AZN 716/06, NZA 2007, 111.
[3] BAG v. 22 8. 2007 – 4 AZN 1225/06, NZA-RR 2007, 672.
[4] Düwell/Lipke/*Düwell*, § 72b Rz. 11; GK-ArbGG/*Mikosch*, § 72b Rz. 21; HWK/*Bepler/Treber*, § 72b Rz. 10; BeckOKArbR/*Klose*, § 72b Rz. 3; ErfK/*Koch*, § 72b ArbGG Rz. 3; GMP/*Müller-Glöge*, § 72b Rz. 9; GWBG/*Benecke*, § 72b Rz. 2; Hauck/Helml/Biebl/*Hauck*, § 72b Rz. 7; BCF/*Friedrich*, § 72b Rz. 8. Auch ausdrücklich BR-Drs. 636/04, S. 50.
[5] Näher: Düwell/Lipke/*Düwell*, § 72b Rz. 22ff.
[6] Ausführlich Düwell/Lipke/*Düwell*, § 72b Rz. 26; GK-ArbGG/*Mikosch*, § 72b Rz. 21. Ähnlich: HWK/*Bepler/Treber*, § 72b Rz. 10.
[7] GK-ArbGG/*Mikosch*, § 72b Rz. 21; Düwell/Lipke/*Düwell*, § 72b Rz. 26. Zweifelnd: GMP/*Müller-Glöge*, § 72b Rz. 10.
[8] AA ErfK/*Koch*, § 72b ArbGG Rz. 4. Vgl auch BAG v. 27.6.2012 – 5 AZR 530/11, NZA 2012, 1147.

Urteil auseinandersetzen kann[1]. Eine **Nichtzulassungsbeschwerde** scheidet demgegenüber insgesamt aus. Denn § 72b ordnet an, dass § 72a keine Anwendung findet. Dies wirkt umfassend (vgl. auch Rz. 7)[2].

II. Statthaftigkeit

1. Endurteil

9   Die sofortige Beschwerde ist statthaft gegen Endurteile des LAG. Endurteile sind Entscheidungen, die die Instanz ganz oder teilweise erledigen, indem sie über die ganze Klage oder Teile des Streitgegenstandes entscheiden. § 72b betrifft damit wie § 72 nur **Urteile, gegen die** eine **Revision** an das BAG überhaupt **zugelassen** werden könnte. Deshalb kann im Hinblick auf die Statthaftigkeit in vollem Umfang auf die Einzelfälle des § 72 verwiesen werden (vgl. zum Begriff und zu den Einzelfällen umfassend § 72 Rz. 12). Unerheblich ist demgegenüber, ob das LAG im verkündeten Tenor die Revision zugelassen hat oder nicht.

10 Gegen Urteile, durch die über die Anordnung, Abänderung oder Aufhebung eines **Arrestes** oder einer **einstweiligen Verfügung** entschieden wird, ist die Revision nach § 72 Abs. 4 **unstatthaft**. Deshalb ist auch die sofortige Beschwerde nach § 72b unstatthaft gegen Urteile im Verfahren des einstweiligen Rechtsschutzes[3]. Diese Konsequenz wird in der Lit. jedoch vielfach abgelehnt. Dem Gesetzgeber sei insoweit ein Redaktionsversehen unterlaufen. Nach seinem Willen bedürften alle Entscheidungen einer Begründung[4]. Für ein derartiges Redaktionsversehen bestehen indes keinerlei Anhaltspunkte. Denn der Gesetzgeber will ausweislich seiner Begründung eine Parallelität zwischen der Revision und der sofortigen Beschwerde herstellen und das Rechtsmittel in das Revisionsrecht integrieren. Dies ist schon an der systematischen Stellung des § 72b zu erkennen. Auch bedürfen nicht alle Entscheidungen einer Begründung. Hat das LAG rechtmäßig auf Tatbestand und Entscheidungsgründe gem. §§ 69 ff. verzichtet, greift § 72b nicht.

11 Umstritten ist auch, ob **Urteile des ArbG** als Endurteil anzusehen sind, bei denen die Sprungrevision zugelassen worden ist und die verspätet zur Geschäftsstelle gelangen[5]. Dies ist angesichts des eindeutigen Wortlautes der Vorschrift abzulehnen. Der Normtext spricht von einem Urteil des LAG. Auch besteht kein Bedürfnis für die Zulassung der sofortigen Beschwerde. Die Partei kann Berufung einlegen. Denn sie hat ein Wahlrecht zwischen der Durchführung der Revision und der Berufung, vgl. § 76 Rz. 43.

12 Es gilt aber auch hier der **Grundsatz der Meistbegünstigung**. Entscheidet das Gericht 2. Instanz als Berufungsgericht fehlerhaft durch Beschluss statt durch ein Urteil und wäre bei richtiger Entscheidungsform gegen das Urteil die Revision oder die Nichtzulassungsbeschwerde statthaft, muss nach dem Grundsatz der Meistbegünstigung gegen dieses Urteil auch die sofortige Beschwerde möglich sein.

2. Nicht rechtzeitige Absetzung des Urteils

a) Formale Vollständigkeit

13 Voraussetzung für die Statthaftigkeit der sofortigen Beschwerde ist des Weiteren, dass das Urteil nicht binnen fünf Monaten nach der Verkündung **vollständig abgefasst** und mit den Unterschriften sämtlicher Mitglieder der Kammer versehen der Geschäftsstelle übergeben worden ist. Ein Urteil ist nur dann vollständig abgefasst, wenn es den formalen Anforderungen der §§ 313–313b ZPO, § 69 ArbGG entspricht. Entscheidend ist der **formale Mindestgehalt**[6]. Das Urteil muss demnach enthalten die **Bezeichnung** der **Parteien**, ihrer **gesetzlichen Vertreter** und der **Prozessbevollmächtigten**; die Bezeichnung des **Gerichtes** und die **Namen der Richter**, die an der Entscheidung mitgewirkt haben; den Tag, an dem die mündliche Verhandlung geschlossen worden ist; die **Urteilsformel**; den **Tatbestand**, in dem die erhobenen Ansprüche und die dazu vorgebrachten Angriffs- und Verteidigungsmittel unter Hervorhebung der Anträge nur ihrem wesentlichen Inhalt nach knapp dargestellt werden (§ 313 Abs. 2 Satz 1 ZPO); die **Entscheidungsgründe**, die eine kurze Zusammenfassung der Erwägungen enthalten, auf denen die Entscheidung in tat-

---

1 GK-ArbGG/*Mikosch*, § 72b Rz. 20.
2 BAG v. 24.2.2015 – 5 AZN 1007/14, NZA 2015, 511; BAG v. 2.11.2006 – 4 AZN 716/06, NZA 2007, 111; GMP/*Müller-Glöge*, § 72b Rz. 11.
3 So auch Hauck/Helml/Biebl/*Hauck*, § 72b Rz. 3; GK-ArbGG/*Mikosch*, § 72b Rz. 9; GMP/*Müller-Glöge*, § 72b Rz. 6; GWBG/*Benecke*, § 72b Rz. 4.
4 ErfK/*Koch*, § 72b ArbGG Rz. 2; BeckOKArbR/*Klose*, § 72b Rz. 2.
5 Bejahend: *Bepler*, RdA 2005, 65 (76); BCF/*Friedrich*, ArbGG § 72b Rz. 5; BeckOKArbR/*Klose*, § 72b Rz. 3; Ablehnend: ErfK/*Koch*, § 72b ArbGG Rz. 2; GMP/*Müller-Glöge*, § 72b Rz. 7.
6 BAG v. 20.12.2006 – 5 AZB 35/06, NZA 2007, 226; GK-ArbGG/*Mikosch*, § 72b Rz. 11; GMP/*Müller-Glöge*, § 72b Rz. 21; GWBG/*Benecke*, § 72b Rz. 8; Düwell/Lipke/*Düwell*, § 72b Rz. 6; HWK/*Bepler/Treber*, § 72b Rz. 8.

sächlicher und rechtlicher Hinsicht beruht (§ 313 Abs. 3 ZPO); die **Rechtsmittelbelehrung** gem. § 9 Abs. 5 und die **Unterschriften** sämtlicher Mitglieder der Kammer, die bei der Entscheidung mitgewirkt haben. Fehlt eine dieser Voraussetzungen, ist das Urteil nicht vollständig abgefasst. Damit erfasst die Norm zunächst den Fall, dass innerhalb der Frist überhaupt kein Urteil oder nur ein abgekürztes Urteil zur Geschäftsstelle gelangt ist. Ausreichend für die Statthaftigkeit ist auch, dass erforderliche Teile fehlen, also zB die Begründung. Auf Tatbestand und Entscheidungsgründe kann das LAG allerdings unter den Voraussetzungen des § 69 Abs. 2 und 3 verzichten[1]. Hat das LAG davon fehlerhaft Gebrauch gemacht, wäre eine materielle Prüfung durch das BAG erforderlich. Nach allgemeiner Auffassung kann eine solche im Rahmen des § 72b nicht geleistet werden. Deshalb scheidet eine Beschwerde nach § 72b in diesen Fällen aus. Eine materielle Prüfung erfolgt allein im Rahmen des Revisionsgrundes von § 547 Nr. 6 ZPO bei zugelassener Revision, vgl. § 73 Rz. 48. Möglich ist insoweit auch eine Nichtzulassungsbeschwerde.

Das Urteil ist auch nicht vollständig, wenn nicht alle Mitglieder der Kammer das Urteil unterschrieben haben[2]. **Fehlende richterliche Unterschriften** können zwar mit Wirkung für die Zukunft nachgeholt werden. Die gilt aber nicht, wenn die für die Einlegung des Rechtsmittels längste Frist von fünf Monaten nach der Verkündung der Entscheidung abgelaufen ist[3]. Das Rechtsmittel ist auch statthaft, wenn die Unterschrift eines Richters zu Unrecht durch einen **Verhinderungsvermerk** iSd. § 315 Abs. 1 Satz 2 ZPO ersetzt wurde[4]. Dabei liegt eine rechtlich relevante Verhinderung nicht schon dann vor, wenn der betreffende Richter an nur einem Tag verhindert ist. Der Richter muss bei Unterschriftsreife auf längere Zeit tatsächlich oder rechtlich an der Unterschriftsleistung gehindert sein. Dabei muss die Verhinderung nach der Prognose voraussichtlich länger als eine Woche dauern. Hiervon hat sich der Vorsitzende zu vergewissern[5]. Stellt sich die Prognose nachträglich als unzutreffend heraus, ist dies unschädlich[6]. Diese Voraussetzungen sind vom BAG ggf. im Rahmen einer Beweisaufnahme zu klären. Es kann sich aber darauf beschränken, eine dienstliche Erklärung einzuholen[7]. Das BAG hat entschieden, dass der Verhinderungsvermerk nicht gesondert unterschrieben werden muss. Ausreichend sei, dass der Vorsitzende die Verantwortung für den Vermerk übernehme, was sich aus den Umständen ergeben könne[8]. Ein Mangel nach § 72b liegt ebenfalls vor, wenn versehentlich **andere Richter** als diejenigen unterzeichnen, die an der Entscheidung mitgewirkt haben. Dieser Fehler kann bei einem Verkündungstermin auftreten, wenn das Urteil von den ehrenamtlichen Richtern unterzeichnet wird, die bei einem späteren Verkündungstermin anwesend waren[9].

Soweit die **Rechtsmittelbelehrung** fehlt, greift § 72b allerdings nicht. Denn die Rechtsfolge dieses Fehlers ist in § 9 Abs. 5 Satz 4 ausdrücklich geregelt. Es greift als Spezialregelung eine verlängerte Rechtsmittelfrist.

b) Fristberechnung

Für die Einhaltung der Frist von fünf Monaten ist der zeitliche Abstand zwischen der Verkündung und der Übergabe des vollständig schriftlich niedergelegten Urteils an die Geschäftsstelle entscheidend. Dies gilt auch für einen separat anberaumten Verkündungstermin, so dass insbesondere nicht auf den Abstand zur letzten mündlichen Verhandlung abzustellen ist[10]. Die Fristberechnung richtet sich aufgrund der Verweisung in § 222 Abs. 1 ZPO nach §§ 187, 188 BGB. Für den Fristbeginn entscheidend ist nach § 187 Abs. 1 BGB das Ereignis „Verkündung". Dementsprechend richtet sich das Fristende nach § 188 Abs. 2 Alt. 1 BGB. Der Fristlauf beginnt also grds. am Tag nach der notwendigen Verkündung des Urteils. Die Frist endet an dem Tag, der dem Ereignistag entspricht. Bei Verkündung am 1.10. endet die Frist also am 1.3. des Folgejahres. Fehlt der entsprechende Tag, endet die Frist gem. § 188 Abs. 3 mit dem Ablauf des letzten

---

1 BAG v. 20.12.2006 – 5 AZB 35/06, NZA 2007, 226; BAG v. 15.3.2006 – 9 AZN 885/05, NZA 2006, 876.
2 BAG v. 19.12.2012 – 2 AZB 45/12, NZA 2013, 1375.
3 BAG v. 19.12.2012 – 2 AZB 45/12, NZA 2013, 1375; BGH v. 27.1.2006 – V ZR 243/04, NJW 2006, 1881; BGH v. 24.6.2003 – VI ZR 309/02, NJW 2003, 3075; Düwell/Lipke/*Düwell*, § 72b Rz. 8.
4 BAG v. 6.5.2015 – 2 AZN 984/14, NZA 2015, 956; BAG v. 3.3.2010 – 4 AZB 23/09, NZA 2010, 910; BAG v. 24.6.2009 – 7 ABN 12/09, NZA-RR 2009, 553; BAG v. 17.8.1999 – 3 AZR 526/97, AP Nr. 51 zu § 551 ZPO.
5 BAG v. 3.3.2010 – 4 AZB 23/09, NZA 2010, 910; BAG v. 24.6.2009 – 7 ABN 12/09, NZA-RR 2009, 553; BAG v. 17.8.1999 – 3 AZR 526/97, AP Nr. 51 zu § 551 ZPO; Hauck/Helml/Biebl/*Hauck*, § 73 Rz. 19; GMP/*Müller-Glöge*, § 72b Rz. 24; Düwell/Lipke/*Düwell*, § 72b Rz. 8.
6 BAG v. 3.3.2010 – 4 AZB 23/09, NZA 2010, 910 unter Aufgabe seiner bisherigen Rspr. mit einer Prognose für eine Verhinderung von zwei Wochen – BAG v. 22.8.2007 – 4 AZN 1225/06, BAGE 133, 285; GMP/*Müller-Glöge*, § 72b Rz. 24.
7 HWK/*Bepler/Treber*, § 72b Rz. 2, vgl. aber auch BAG v. 22.8.2007 – 4 AZN 1225/06, NZA-RR 2007, 672; BAG v. 3.3.2010 – 4 AZB 23/09, NZA 2010, 910.
8 BAG v. 22.8.2007 – 4 AZN 1225/06, NZA-RR 2007, 672.
9 BAG v. 19.12.2012 – 2 AZB 45/12, NZA 2013, 1375; BeckOKArbR/*Klose*, § 72b Rz. 8.
10 HWK/*Bepler/Treber*, § 72b Rz. 4.

Tages dieses Monats, so dass die Frist bei Verkündung am 30.9 am 28. oder 29.2 des Folgejahres endet. § 222 Abs. 2 ZPO findet auf die Fünf-Monats-Frist keine Anwendung. Eine Überschreitung dieser Frist liegt auch dann vor, wenn der letzte Tag der Frist auf einen Sonnabend, Sonntag oder Feiertag fällt und das vollständig abgefasste Urteil erst am darauf folgenden Werktag von den Richtern unterschrieben und der Geschäftsstelle übergeben wird. Denn die Frist dient allein der technischen Bestimmung des Zeitpunktes des Beginns der Rechtsmittelfrist. Im Übrigen besteht auch kein Schutzbedürfnis, die Frist auszudehnen. Die Fünf-Monats-Frist hat nicht den Sinn, den Parteien ungeschmälert bis zum letzten Tag und – wenn dieser ein Samstag, Sonntag oder Feiertag ist – bis zum nächsten Werktag für Handlungen oder Überlegungen zur Verfügung zu stehen[1].

c) Inhaltliche Mängel

15 Der Wortlaut der Norm stellt ausschließlich auf den formalen Mindestgehalt eines Urteils ab, s. Rz. 13. Problematisch ist aber, ob die Beschwerde auch dann statthaft ist, wenn zwar formal eine rechtzeitige Entscheidung vorliegt, die Entscheidung aber deshalb völlig unbrauchbar ist, weil zentrale Verteidigungsmittel übergangen werden oder das Urteil lediglich **nichts sagende Floskeln** enthält oder **völlig unverständlich** ist[2]. Dies ist umstritten[3]. Nach Auffassung des BAG ist § 72b in diesen Fällen nicht anzuwenden. Derartige Mängel seien bei zugelassener Revision mit der Revisionsbegründung und bei fehlender Zulassung wegen der Verletzung des Anspruchs auf rechtliches Gehör mit der Nichtzulassungsbeschwerde geltend zu machen[4]. Zur Begründung führt das BAG aus, dass § 72b im Gegensatz zum absoluten Revisionsgrund nach § 547 Nr. 6 ZPO allein auf den formalen Mindestinhalt eines Urteils abstelle. Die ZPO-Bestimmung sei auf den Inhalt der Entscheidung bezogen, während die ArbGG-Regelung auf die äußere Form des Urteils abstelle. Deshalb seien die weiteren Fälle des § 547 Nr. 6 ZPO, in denen zwar Entscheidungsgründe vorhanden sind, diese aber inhaltlichen Mindestanforderungen nicht genügen, wie bspw. das Übergehen geltend gemachter Ansprüche oder zentraler Angriffs- und Verteidigungsmittel[5] nicht mit der sofortigen Beschwerde nach § 72b geltend zu machen[6]. Diese Argumentation ist zutreffend. Die Beschränkung auf den formalen Mindestgehalt ergibt sich nicht nur aus dem Wortlaut, sondern auch aus dem systematischen Zusammenhang und der Gesetzesbegründung. Mit der Beschwerderegelung in § 72b soll ein einfaches und schnelles Verfahren eröffnet werden, um die Sache so bald wie möglich vor dem LAG neu verhandeln zu können und eine mit Gründen versehene Entscheidung zu erhalten. Zu diesem Zweck hat der Gesetzgeber ein rein formales Verfahren gewählt. Nur diese formale Überprüfung rechtfertigt die im Gesetz vorgesehene Entscheidung des BAG ohne Hinzuziehung der ehrenamtlichen Richter. Geht es um eine materielle Prüfung des Parteivortrags, wirken die ehrenamtlichen Richter sowohl im Revisionsverfahren als auch im Nichtzulassungsbeschwerdeverfahren mit[7].

3. Beschwer

16 Die sofortige Beschwerde kann nur vom Beschwerten eingelegt werden. Ob eine Beschwer vorliegt, bestimmt sich nach dem Inhalt der anzufechtenden Entscheidung. Grundsätzlich sind zur Bestimmung des relevanten Inhaltes auch die Entscheidungsgründe heranzuziehen. Da diese bei der nicht rechtzeitig abgesetzten Entscheidung fehlen, ist allein auf den **verkündeten Tenor** abzustellen[8]. Das Fehlen des Urteils allein kann die Beschwer nicht begründen. Sind nach dem Tenor beide Parteien beschwert, können sie das Rechtsmittel unabhängig voneinander einlegen.

---

1 BAG v. 17.2.2000 – 2 AZR 350/99, AP Nr. 52 zu § 551 ZPO; HWK/*Bepler/Treber*, § 72b Rz. 5; GK-ArbG/*Mikosch*, § 72b Rz. 12; BeckOKArbR/*Klose*, § 72b Rz. 8; aA GMP/*Müller-Glöge*, § 72b Rz. 25. Vgl. auch BAG v. 3.3.2010 – 4 AZB 23/09 NZA 2010, 910.
2 Vgl. nur Zöller/*Heßler*, § 547 ZPO Rz. 7.
3 Ablehnend: Düwell/Lipke/*Düwell*, § 72b Rz. 10; GWBG/*Benecke*, § 72 b Rz.8; GMP/*Müller-Glöge*, § 72b Rz. 23; HWK/*Bepler/Treber*, § 72b Rz. 4b; *Bepler*, RdA 2005, 72, der in solchen Fällen lediglich die Revisionszulassung wegen Verletzung rechtlichen Gehörs befürwortet. Bejahend: GK-ArbGG/*Mikosch*, § 72b Rz. 15 ff; BeckOKArbR/*Klose*, § 72b Rz. 9.
4 BAG v. 20.12.2006 – 5 AZB 35/06, NZA 2007, 226.
5 Vgl. BGH v. 18.2.1993 – IX ZR 48/92, NJW-RR 1993, 706, unter I 1 und 2 der Gründe; BGH v. 24.5.1988 – VI ZR 159/87, NJW 1989, 773, zu II 1 der Gründe.
6 BAG v. 20.12.2006 – 5 AZB 35/06, NZA 2007, 226.
7 So zutreffend: BAG v. 20.12.2006 – 5 AZB 35/06, NZA 2007, 226.
8 GK-ArbGG/*Mikosch*, § 72b Rz. 18.

III. Einlegung der sofortigen Beschwerde

1. Zuständiges Gericht

Die beschwerte Partei muss die sofortige Beschwerde fristgerecht beim **BAG** einlegen und begründen. Die Einlegung beim LAG wirkt nicht fristwahrend. Etwas anderes gilt nur dann, wenn das LAG die Beschwerde an das BAG weiterleitet und die Beschwerde dort innerhalb der Frist eingeht.

17

2. Einlegungsfrist

Die Frist zur Einlegung der sofortigen Beschwerde beträgt **einen Monat**. Sie beginnt mit Ablauf von **fünf Monaten nach der Verkündung des Urteils des LAG**, vgl. Rz. 14. Es ist also zunächst einmal der Ablauf der Absetzungsfrist zu prüfen. Die Einlegungsfrist ist im Anschluss zu berechnen[1]. Die Absetzungsfrist richtet sich aufgrund der Verweisung in § 222 Abs. 1 ZPO nach § 187 Abs. 1, § 188 Abs. 2 BGB, vgl. Rz. 14. Für den Beginn der Absetzungsfrist entscheidend ist nach § 187 Abs. 1 BGB das Ereignis „Verkündung". Bei Verkündung des Urteils am 1.10. beginnt diese Frist von fünf Monaten gem. § 188 Abs. 2 Alt. 1 BGB am 2.10. und endet am 1.3. des Folgejahres. Die Frist für die **Einlegung** der sofortigen Beschwerde beginnt deshalb am 2.3 und endet am 1.4. Fehlt der entsprechende Tag, endet die Frist gem. § 188 Abs. 3 mit dem Ablauf des letzten Tages dieses Monats. Bei Verkündung des Urteils am 30.8. endet die Frist von fünf Monaten am 30.1. des Folgejahres. Die Frist für die Einlegung der sofortigen Beschwerde beginnt deshalb am 1.2 und endet am 28. oder 29.2. § 222 Abs. 2 ZPO greift Platz.

18

Die Einlegungsfrist ist eine **Notfrist** iSv. § 224 Abs. 1 Satz 2 ZPO, so dass sie weder einer Verkürzung noch einer Verlängerung zugänglich ist. Bei unverschuldeter Fristversäumung kann jedoch Wiedereinsetzung in den vorigen Stand nach §§ 233 ff. ZPO gewährt werden[2]. Zu beachten ist, dass es sich bei der Frist zur Einlegung der Beschwerde nicht um eine Routinefrist handelt, die der Rechtsanwalt seinem geschulten Büropersonal überlassen darf. Denn es handelt sich nur dann um eine Routinefrist, wenn es sich um einfache und übliche, in der Praxis des Rechtsanwaltes häufig vorkommende Fristen handelt. Dies ist diese Frist nicht, sondern allenfalls die Berechnung der Fünf-Monats-Frist als solche[3]. Die Feststellung und Berechnung der Frist ist deshalb Sache des mit der Prozessvertretung betrauten Rechtsanwalts.

19

Eine **Rechtsmittelbelehrung** ist nicht erforderlich. Dies regelt § 72b Abs. 2 Satz 3. Es wird klargestellt, dass § 9 Abs. 5 keine Anwendung findet, da eine Belehrung über das Rechtsmittel ohnehin aus tatsächlichen Gründen nicht in Betracht kommt. Ein unterlassener Hinweis auf das Rechtsmittel soll nicht dazu führen können, dass das Rechtsmittel noch binnen Jahresfrist eingelegt werden kann[4].

20

Da die Parteien nicht zuverlässig beurteilen können, ob das Urteil rechtzeitig abgesetzt worden ist oder nicht, weil sie die internen Vorgänge bei Gericht nicht kennen, kann nur geraten werden, dass sich die **Prozessbevollmächtigen** die Frist von fünf Monaten notieren und bei nicht vorliegendem Urteil durch Akteneinsicht klären, ob das Urteil rechtzeitig der Geschäftsstelle übergeben worden ist. **Im Zweifel** ist die sofortige Beschwerde einzulegen[5].

21

3. Form/Inhalt

Die Beschwerde ist beim BAG **schriftlich** einzulegen. Die Beschwerdeschrift ist ein bestimmender Schriftsatz. Sie muss wenigstens den Formerfordernissen genügen, denen auch die allgemeine Beschwerde im Zivilprozess nach § 569 Abs. 2 ZPO unterliegt. Die Einlegung kann auch mittels Telegramm oder Telefax erfolgen. Zu den Formerfordernissen im Einzelnen vgl. § 74 Rz. 8. Nicht möglich ist die Einlegung per E-Mail oder SMS. Zu beachten ist aber, dass beim BAG seit dem 1.4.2006 in allen Verfahren elektronische Dokumente eingereicht werden können, § 74 Rz. 9.

22

Die Beschwerde muss gem. § 11 Abs. 4 von einem vor dem BAG zugelassenen Bevollmächtigten eingelegt und von diesem unterzeichnet werden. Dies sind außer Rechtsanwälten auch Gewerkschaften und Arb-Geb-Verbände, soweit sie durch Personen mit der Befähigung zum Richteramt handeln. Die Einlegung durch die Partei selbst oder die übrigen in § 11 Abs. 2 Satz 2 Nr. 1–3 genannten Personen genügt nicht, vgl. § 74 Rz. 5 ff.

23

---

1 GK-ArbGG/*Mikosch*, § 72b Rz. 24.
2 GK-ArbGG/*Mikosch*, § 72b Rz. 60ff; GMP/*Müller-Glöge*, § 72b Rz. 15; *Ostrowicz/Künzl/Scholz*, Rz. 566.
3 GK-ArbGG/*Mikosch*, § 72b Rz. 60.
4 BT-Drs. 15/3706, S. 21.
5 Düwell/Lipke/*Düwell*, § 72b Rz. 11; HWK/*Bepler/Treber*, § 72b Rz. 6; *Ostrowicz/Künzl/Scholz*, Rz. 564; *Treber*, NJW 2005, 100.

24 Die Beschwerdeschrift muss die **Bezeichnung der angefochtenen Entscheidung** sowie die **Erklärung** enthalten, dass **Beschwerde** gegen diese Entscheidung eingelegt wird. Das angefochtene Urteil ist deshalb zunächst eindeutig zu individualisieren. Dazu gehört die genaue Bezeichnung nach Gericht, Datum und Aktenzeichen. Es muss sich auch ergeben, für und gegen wen die Beschwerde eingereicht ist. Zudem muss klar werden, dass Beschwerde eingelegt werden soll. Dabei braucht der Rechtsmittelführer das Wort „Beschwerde" nicht zu verwenden. Es muss nur deutlich werden, dass das Urteil wegen der fehlenden vollständigen Abfassung angegriffen werden soll. Die Beschwerde muss nicht sogleich mit ihrer Einlegung begründet werden, vgl. dazu Rz. 31. Zur Vermeidung von Risiken sollte der Beschwerdeschrift zumindest eine Kopie des Protokolls der Urteilsverkündung des LAG beigefügt werden[1].

25 Der **Antrag** ergibt sich aus dem Gegenstand der Beschwerde. Da sie sich gegen das verspätet abgesetzte Berufungsurteil richtet und Ziel die Zurückverweisung an das LAG zu neuer Verhandlung und Entscheidung ist, kann zB wie folgt formuliert werden:

Formulierungsvorschlag:
„Es wird beantragt, das Urteil des LAG <Name> vom <Datum> <Aktenzeichen> aufzuheben und die Sache zur neuen Verhandlung und Entscheidung an das LAG <ggf. an eine andere Kammer> zurückzuverweisen."[2]

4. Beschränkung der Einlegung und Rücknahme

26 Das Rechtsmittel der sofortigen Beschwerde ist nur gegen das Urteil als ganzes statthaft[3]. Eine Beschränkung auf bestimmte Streitgegenstände mit der Folge, dass das anzufechtende Urteil hinsichtlich des nicht angefochtenen Teils rechtskräftig wird, kommt nicht in Betracht[4]. Nach Sinn und Zweck der sofortigen Beschwerde kann das Urteil nur insgesamt aufgehoben und zur erneuten Verhandlung und Entscheidung an das LAG zurückverwiesen werden. Hinzu kommt, dass sich die unterschiedlichen Streitgegenstände ohnehin nicht zwingend aus dem verkündeten Tenor ergeben müssen, so dass dieser zur Bestimmung der Teilrechtskraft idR untauglich ist.

27 Die Beschwerde kann ohne Zustimmung der Gegenseite nach § 516 ZPO analog bis zur Beendigung des Verfahrens zurückgenommen werden.[5] Auch die Rücknahme unterliegt dem Vertretungszwang des § 11 Abs. 4. Die Wirkung der Rücknahme ist durch Beschluss auszusprechen.

5. Bedingung

28 Aus Gründen der Rechtssicherheit und Rechtsklarheit kann die sofortige Beschwerde nicht unter einer Bedingung, zB dass Prozesskostenhilfe gewährt wird, eingelegt werden. Ebenso unzulässig ist die Einlegung für den Fall, dass das Urteil nicht mehr rechtzeitig abgesetzt wird oder nur für den Fall, dass es bisher nicht rechtzeitig abgesetzt worden ist[6].

29 Zulässig dagegen ist eine von der hilfsweisen Einlegung zu unterscheidende vorsorgliche Beschwerdeeinlegung. Diese erfolgt unbedingt und mit vollem Kostenrisiko.

30 Auch für die sofortige Beschwerde kann allerdings Prozesskostenhilfe beantragt werden. Ist dies der Fall und soll sie nur erhoben werden, wenn Prozesskostenhilfe bewilligt wird, muss zunächst ein isolierter PKH-Antrag gestellt werden. Nach der Bewilligung kann, soweit die Voraussetzungen vorliegen, ggf. Wiedereinsetzung gem. §§ 233, 234 ZPO beantragt werden, vgl. § 72a Rz. 94.

IV. Begründung der sofortigen Beschwerde

1. Begründungsfrist

31 Das Gesetz regelt keine ausdrückliche Frist zur Begründung der sofortigen Beschwerde. Sie muss zwar nicht sogleich mit ihrer Einlegung begründet werden, die Begründung muss aber spätestens mit **Ablauf der Einlegungsfrist** beim BAG eingegangen sein[7]. Auch insoweit kommt **Wiedereinsetzung** in Betracht.

---

1 GK-ArbGG/*Mikosch*, § 72b Rz. 29.
2 Ähnlich: HWK/*Bepler/Treber*, § 72b Rz. 7; Düwell/Lipke/*Düwell*, § 72b Rz. 13.
3 So auch HWK/*Bepler/Treber*, § 72b Rz. 5 Fn. 10.
4 So aber GK-ArbGG/*Mikosch*, § 72b Rz. 30; Düwell/Lipke/*Düwell*, § 72b Rz. 12.
5 So auch GK-ArbGG/*Mikosch*, § 72b Rz. 44.
6 GK-ArbGG/*Mikosch*, § 72b Rz. 31.
7 GMP/*Müller-Glöge*, § 72b Rz. 17; ErfK/*Koch*, § 72b Rz. 6; GK-ArbGG/*Mikosch*, § 72b Rz. 35; BCF/*Friedrich*, § 72b Rz. 3; Düwell/Lipke/*Düwell*, § 72b Rz. 13.

2. Inhalt der Begründung

Die Beschwerde kann nur damit begründet werden, dass das Urteil des LAG mit Ablauf von fünf Monaten nach der Verkündung noch nicht vollständig abgefasst und mit den Unterschriften sämtlicher Mitglieder der Kammer versehen der Geschäftsstelle übergeben worden ist. Die Begründung kann sich also zunächst darauf beziehen, dass innerhalb der Frist überhaupt kein Urteil oder nur ein abgekürztes Urteil zur Geschäftsstelle gelangt ist, vgl. Rz. 13. Der Beschwerdeführer muss darlegen, wann das Urteil verkündet worden ist und ob und in welcher Form es wann der Geschäftsstelle übergeben worden ist. Er kann auch darlegen, dass das Urteil bis zum Fristablauf nicht begründet worden ist, oder nicht alle Mitglieder der Kammer das Urteil unterschrieben haben. Zu beachten ist, dass der Beschwerdeführer dabei interne gerichtliche Abläufe darlegen muss, die sich seiner eigenen Wahrnehmung entziehen. Zur Substantiierung kann er deshalb Einsicht in die Prozessakten nehmen oder auf dienstliche Stellungnahmen der Mitarbeiter der Geschäftsstelle oder auf die amtliche Auskunft des Präsidenten des LAG zurückgreifen[1]. Dabei wird der Zeitpunkt der Übergabe des Urteils an die Geschäftsstelle regelmäßig dem „Laufzettel" zu entnehmen sein, der sich in der Akte befindet. Sind trotz Antrag auf Akteneinsicht und Auskunftsersuchen die Formalien nicht zu klären, reicht es aus, dass der Beschwerdeführer behauptet, ihm sei das Urteil nicht innerhalb der Frist zugestellt worden und seine Bemühungen und deren Ergebnislosigkeit darlegt[2]. Ist die Unterschrift eines Richters zu Unrecht durch einen Verhinderungsvermerk iSd. § 315 Abs. 1 Satz 2 ZPO ersetzt worden, muss der Beschwerdeführer darlegen, dass der Vermerk auf willkürlichen oder sachfremden Erwägungen beruht oder dass der Begriff der Verhinderung verkannt worden ist[3].

32

Die Beschwerde ist nach zutreffender Auffassung nicht statthaft, wenn zwar formal eine rechtzeitige Entscheidung vorliegt, die Entscheidung aber lediglich nichts sagende Floskeln enthält oder völlig unverständlich ist, s. Rz. 15.

33

V. Entscheidung über die sofortige Beschwerde

1. Allgemeines

Das BAG prüft, ob die Beschwerde statthaftes Rechtsmittel ist und rechtzeitig und formgem. eingelegt und begründet worden ist. Die sofortige Beschwerde ist **begründet**, wenn sich nicht feststellen lässt, dass das Berufungsurteil binnen fünf Monaten nach der Verkündung vollständig abgefasst und mit den Unterschriften sämtlicher Mitglieder der Kammer versehen der Geschäftsstelle übergeben worden ist. Ohne Einfluss auf die Entscheidung ist, dass das anzufechtende Urteil noch vor der Entscheidung des BAG über die Beschwerde vollständig abgesetzt zur Geschäftsstelle gelangt. Es besteht eine unwiderlegliche Vermutung, dass eine rechtsstaatliche Urteilsbegründung nicht mehr möglich ist, wenn die Entscheidungsgründe eines Berufungsurteils fünf Monate nach seiner Verkündung noch nicht abgesetzt und von den Mitwirkenden unterschrieben sind. Aufgrund des abnehmenden Erinnerungsvermögens der Richter besteht die Gefahr, dass die Verhandlungs- und Beratungsergebnisse nur unzutreffend wiedergegeben und eher rekonstruiert als reproduziert werden[4]. Dies wird zum Teil anders gesehen, wenn der Rechtsmittelführer erklärt, Tatbestand und Feststellungen des LAG gegen sich gelten lassen zu wollen. In diesem Fall könne das – verspätet übergebene – Berufungsurteil Grundlage der Revision sein[5]. Dies ist jedoch nur in dem Fall denkbar, dass der Beschwerdeführer ausnahmsweise neben der sofortigen Beschwerde auch Revision eingelegt hat, und im Zeitpunkt der Zustellung des abgefassten Urteils die Revisionsbegründungsfrist noch nicht abgelaufen ist, vgl. Rz. 8. Dann kann er die sofortige Beschwerde zurücknehmen und die Revision auf der Grundlage des verspätet abgesetzten Urteils begründen.

34

Das BAG wird den Zeitpunkt der Übergabe des Urteils an die Geschäftsstelle regelmäßig der Prozessakte entnehmen können. Es kann jedoch auch eine Beweisaufnahme durchführen und eine Auskunft der Geschäftsstellenmitarbeiter, der beteiligten Richter der erkennenden Kammer oder des Präsidenten des LAG einholen. Das BAG ist bei der Tatsachenermittlung nicht an Anträge gebunden. Es gilt der Freibeweis[6].

35

---

1 Vgl. auch ErfK/*Koch*, § 72b ArbGG Rz. 6. AA GK-ArbGG/*Mikosch*, § 72b Rz. 37, der bei Fehlen eines Urteils derartigen Sachvortrag für reine Förmelei hält.
2 So zutreffend: *Ostrowicz/Künzl/Scholz*, Rz. 566.
3 BAG v. 17.8.1999 – 3 AZR 526/97, AP Nr. 51 zu § 551 ZPO; HWK/*Bepler/Treber*, § 72b Rz. 4a.
4 BVerfG v. 26.3.2001 – 1 BVR 389/00, NJW 2001, 2162; BeckOKArbR/*Klose*, § 72b Rz. 8.
5 ErfK/*Koch*, § 72b ArbGG Rz. 5 unter Hinweis auf BAG v. 1.10.2003 – 1 ABN 62/01, AP Nr. 50 zu § 72a ArbGG 1979. Unklar: *Ostrowicz/Künzl/Scholz*, Rz. 565.
6 GK-ArbGG/*Mikosch*, § 72b Rz. 42; GMP/*Müller-Glöge*, § 72b Rz. 19; Düwell/Lipke/*Düwell*, § 72b Rz. 21.

2. Form

36 Gemäß § 72b Abs. 4 Satz 1 entscheidet das BAG über die sofortige Beschwerde durch **Beschluss**. Eine Beteiligung der **ehrenamtlichen Richter** ist nicht vorgesehen.

37 Der Beschluss kann **ohne mündliche Verhandlung** ergehen. Ob das BAG eine mündliche Verhandlung durchführen will, steht also in seinem Ermessen. Bei der Entscheidung ohne mündliche Verhandlung muss es dem Beschwerdegegner allerdings Gelegenheit zu einer schriftlichen Stellungnahme geben. Soweit eine mündliche Verhandlung stattfindet, können die Parteien aufgrund der Dispositionsmaxime als Herren des Verfahrens dort über den Streitgegenstand disponieren, insbesondere einen Vergleich schließen. Im Rahmen der Verhandlung hat das BAG auch eine gütliche Einigung anzustreben.

3. Inhalt

38 Ist die Beschwerde **unzulässig**, ist sie zu verwerfen. Die Unzulässigkeit der Beschwerde kann auf formellen Mängeln beruhen. Sie ist zB unzulässig, wenn sie nicht statthaft ist, also die Beschwerde gegen ein Urteil begehrt wird, gegen das die Revision nicht gegeben ist, der Beschwerdeführer nicht beschwert ist oder die Beschwerde nicht form- und fristgerecht eingelegt wurde. Unzulässigkeit liegt zudem vor, wenn die Begründung der Beschwerde nicht den genannten inhaltlichen Anforderungen entspricht. Ist sie **unbegründet**, ist sie zurückzuweisen. Die Beschwerde ist unbegründet, wenn das Urteil tatsächlich binnen fünf Monaten nach der Verkündung vollständig abgefasst und mit Unterschriften sämtlicher Mitglieder der Kammer versehen der Geschäftsstelle übergeben worden ist.

Eine unzulässige Nichtzulassungsbeschwerde kann uU in eine Beschwerde nach § 72b **umgedeutet** werden, falls die eingelegte Nichtzulassungsbeschwerde zugleich den Anforderungen von § 72 Abs. 2 und 3 genügt[1].

39 Ist sie **zulässig und begründet**, hebt das BAG die Entscheidung des LAG ohne weitere Prüfung auf. Die Sache ist zur neuen **Verhandlung und Entscheidung** an das LAG, ggf. auch an eine andere Kammer desselben LAG, **zurückzuverweisen**. Welchen Weg das BAG wählt, steht in seinem Ermessen. Da vor dem Berufungsgericht ohnehin eine neue Verhandlung und Entscheidung zu erfolgen hat, ist der Aspekt der Verfahrensbeschleunigung kein Argument, bei umfangreichen Verfahren die Sache regelmäßig an die bereits befasste Kammer zurückzuverweisen[2]. Das BAG wird zu bedenken haben, ob der Vertrauensverlust der Parteien gegenüber der zuvor befassten Kammer so schwer wiegt, dass eine Zurückverweisung an eine andere Kammer des LAG sinnvoll erscheint. Eine andere Bewertung kommt in Betracht, wenn der Kammervorsitz zwischenzeitlich gewechselt hat und eine sachgerechte Behandlung zu erwarten ist[3]. Das BAG kann aber nicht an eine konkrete andere Kammer zurückverweisen. Welche Kammer in diesem Fall zuständig ist, ist letztlich im Geschäftsverteilungsplan des jeweiligen LAG zu regeln[4]. Dabei ist es nicht ausgeschlossen, dass dem neuen Spruchkörper Richter angehören, die am Ersturteil mitgewirkt haben. In jedem Falle ist eine eigene Sachentscheidung des BAG ausgeschlossen.

40 Dem Beschluss soll eine kurze Begründung beigefügt werden. In keinem Fall enthält die Begründung eine Darstellung des Sach- und Streitstandes. Diese ist überflüssig, weil im Verfahren nur die Voraussetzungen des § 72b geprüft werden. Ausreichend ist eine kurze Begründung, aus der sich die verspätete Absetzung des Berufungsurteils ergibt.

4. Wirkung

41 Wird die sofortige Beschwerde durch das BAG als unzulässig verworfen oder als unbegründet zurückgewiesen, wird das Urteil des Berufungsgerichts rechtskräftig. Gegen die Entscheidung des BAG über die sofortige Beschwerde können **keine Rechtsmittel** eingelegt werden. Der Beschluss des BAG ist endgültig.

VI. Kosten/Streitwert/PKH

42 Ist die sofortige Beschwerde zulässig und begründet, wird das Urteil aufgehoben und der Rechtsstreit an das LAG zurückverwiesen, so dass das BAG keine eigene Kostenentscheidung trifft. Diese trifft vielmehr das LAG. Wird die sofortige Beschwerde als unzulässig verworfen oder als unbegründet zurückgewiesen,

---

1 Vgl. oben Rz. 5 und BAG v. 24.2.2015 – 5 AZN 1007/14, NZA 2015, 511; BAG v. 2.11.2006 – 4 AZN 716/06, NZA 2007, 112.
2 So aber BeckOKArbR/*Klose*, § 72b Rz. 10. Vgl. auch BAG v. 24.6.2009 – 7 ABN 12/09, NZA-RR 2009, 553.
3 Düwell/Lipke/*Düwell*, § 72b Rz. 19.
4 Vgl. § 75 Rz. 7. Ebenso GK-ArbGG/*Mikosch*, § 72b Rz. 50.

ist sie mit einer Kostenentscheidung zu versehen[1]. Die gerichtliche Gebühr richtet sich nach Nr. 8614 des Kostenverzeichnisses der Anlage 1 zu § 3 Abs. 2 GKG und beträgt derzeit 50 Euro.

Der Rechtsanwalt erhält eine Verfahrensgebühr nach Nr. 3500 der Anlage 1 des Vergütungsverzeichnisses zu § 2 Abs. 2 RVG von 0,5. Entscheidet das BAG nach fakultativer mündlicher Verhandlung fällt eine Terminsgebühr iHv. 0,5 nach Nr. 3513 an. 43

Der Streitwert entspricht der Beschwer durch das Urteil des LAG[2]. 44

Für das Beschwerdeverfahren kann dem Beschwerdeführer **Prozesskostenhilfe** bewilligt werden. PKH für den Gegner wird demgegenüber vielfach für ausgeschlossen gehalten. Denn er könne die Entscheidung praktisch nicht beeinflussen. Dem ist zuzustimmen[3]. 45

§ 73 Revisionsgründe

(1) Die Revision kann nur darauf gestützt werden, dass das Urteil des Landesarbeitsgerichts auf der Verletzung einer Rechtsnorm beruht. Sie kann nicht auf die Gründe des § 72b gestützt werden.
(2) § 65 findet entsprechende Anwendung.

I. Allgemeines	1
II. Verletzung einer Rechtsnorm	4
III. Die Verletzung materiellen Rechts	
1. Allgemeines	7
2. Deutsches Gesetzesrecht	9
3. Ausländisches Recht/Unionsrecht	10
4. Satzungen, Dienstordnungen und kirchliches Recht	11
5. Tarifverträge	13
6. Betriebsvereinbarungen	15
7. Unbestimmte Rechtsbegriffe	17
8. Ermessen	19
9. Denkgesetze, Erfahrungssätze, Beweiswürdigung, Beweislastregeln	21
10. Willenserklärungen und Verträge	23
11. Rechtsgeschäftsähnliche Handlungen	27a
12. Betriebliche Übung/Gesamtzusage	27b
13. Prozesshandlungen	28
IV. Die Verletzung von Verfahrensrecht	
1. Allgemeines	29
2. Von Amts wegen zu berücksichtigende Verfahrensmängel	30
3. Auf Rüge zu berücksichtigende Verfahrensmängel	32
V. Absolute Revisionsgründe	
1. Überblick	34a
2. § 547 Nr. 1 ZPO	35
3. § 547 Nr. 2 ZPO	43
4. § 547 Nr. 3 ZPO	44
5. § 547 Nr. 4 ZPO	45
6. § 547 Nr. 5 ZPO	46
7. § 547 Nr. 6 ZPO	47
VI. Grundlage der Nachprüfung	
1. Vorbringen in der Vorinstanz	53
2. Berücksichtigung neuer Tatsachen	57
VII. Beurteilungszeitpunkt	59
VIII. Entscheidungserheblichkeit	60
IX. Ausgeschlossene Revisionsgründe	64

Schrifttum: *Adam*, Die Überprüfung unbestimmter Rechtsbegriffe durch das Bundesarbeitsgericht, ZTR 2001, 349; *Rimmelspacher*, Zur Systematik der Revisionsgründe, ZZP 1984, 41; *Schmidt/Schwab/Wildschütz*, Die Auswirkungen der Reform des Zivilprozesses auf das arbeitsgerichtliche Verfahren (Teil 2), NZA 2001, 1217.

I. Allgemeines

Die Vorschrift bestimmt für das ArbG-Verfahren eigenständig und abschließend, auf welche Gründe die Revision gestützt werden kann[4]. 1

Prüfungsgegenstand der Revision ist, ob das Urteil des LAG auf der **Verletzung einer Rechtsnorm** beruht, also das LAG eine Rechtsnorm auf dem Gebiet des materiellen Rechts oder des Verfahrensrechts verletzt hat. Die Verletzung jeder Rechtsnorm reicht aus, Rz. 4 ff.

---
1 BAG v. 20.12.2006 – 5 AZB 35/06, NZA 2007, 226; GK-ArbGG/*Mikosch*, § 72b Rz. 53.
2 BAG v. 2.11.2006 – 4 AZN 716/06, NZA 2007, 111.
3 GMP/*Müller-Glöge*, § 72b Rz. 34; GK-ArbGG/*Mikosch*, § 72b Rz. 56.
4 Hauck/Helml/*Hauck*, § 73 Rz. 1; GK-ArbGG/*Mikosch*, § 73 Rz. 1.

2 Mit der Revision wird das angefochtene Urteil nur **auf Rechtsfehler** hin **überprüft**. Das Revisionsgericht ist keine neue Tatsacheninstanz. Grundlage der Prüfung im Revisionsverfahren sind nach § 559 ZPO die tatsächlichen Feststellungen im Tatbestand des Berufungsurteils. Dazu gehört auch das Parteivorbringen, das sich aus dem Sitzungsprotokoll ergibt. Zugrunde zu legen ist das aus Urteilstatbestand, Sitzungsprotokollen und in Bezug genommenen Schriftsätzen und Anlagen ersichtliche Parteivorbringen in der Vorinstanz. Das BAG ist an diese Feststellungen gebunden. Eine Ausnahme besteht, wenn bei der Feststellung des Tatbestandes Vorschriften verletzt worden sind und eine entsprechende Verfahrensrüge erhoben worden ist[1], vgl. zur Grundlage der Nachprüfung umfassend Rz. 53 ff.

3 Das auf den Sachverhalt anzuwendende Recht hat das BAG grds. selbst zu kennen[2]. Es gilt der Grundsatz **jura novit curia**. Dies gilt vor allem für Bundes- und Landesrecht. Die **Existenz anderer Rechtsvorschriften**, insbesondere ausländisches Recht, Gewohnheitsrecht, Satzungen, Tarifverträge oder Betriebsvereinbarungen hat das **BAG** nach § 293 ZPO zu **ermitteln**. Dies freilich nur, soweit sich Anhaltspunkte aus dem Parteivortrag ergeben[3]. Im Rahmen dieser Ermittlungen kann sich das BAG sämtlicher Erkenntnisquellen bedienen. Insbesondere ist es nicht auf die von den Parteien beigebrachten Nachweise beschränkt. Auf der Grundlage des anwendbaren **Untersuchungsgrundsatzes** liegt es im pflichtgemäßen Ermessen des BAG, welche Erkenntnisquellen genutzt und in welchem Umfang Ermittlungen durchgeführt werden. Das BAG kann die Ermittlung der Rechtsnormen selbst durchführen, oder den Rechtsstreit an das LAG zurückverweisen und dem LAG die entsprechend erforderlichen Ermittlungen übertragen[4]. Soweit zumutbar, obliegt den Parteien eine Mitwirkungspflicht. Tragen die Parteien bspw. übereinstimmend den Inhalt des anzuwendenden ausländischen Rechts vor, kann das Gericht in aller Regel diesen Vortrag als richtig zugrunde legen, ohne gegen seine Ermittlungspflicht nach § 293 ZPO zu verstoßen[5]. Andererseits: Legen die Parteien trotz Aufforderung einen anwendbaren Tarifvertrag nicht vor und wird er von den Parteien auch nicht näher bezeichnet, muss das BAG nicht selbst tätig werden. Es darf dann davon ausgehen, dass ein derartiger Tarifvertrag nicht besteht, vgl. dazu Rz. 13.

II. Verletzung einer Rechtsnorm

4 Nach § 73 ist maßgeblich, dass das Urteil des LAG auf der **Verletzung einer Rechtnorm** beruht.

5 Der Begriff der **Rechtsnorm** wird weit verstanden. Dazu gehört nicht nur Bundes- oder Landesrecht, sondern auch Rechtsverordnungen, allgemeine Erfahrungssätze oder Denkgesetze. Irrelevant ist, ob es sich um materielles oder Verfahrensrecht handelt. Die Differenzierung bleibt allerdings gleichwohl relevant. Bei einer ordnungsgem. erhobenen materiell-rechtlichen Rüge ist das Revisionsgericht verpflichtet, das gesamte Berufungsurteil auf Fehler im materiellen Recht zu prüfen. Verfahrensfehler hingegen müssen regelmäßig in jedem Einzelfall gerügt und begründet werden[6], vgl. Rz. 29 ff.

6 Der Begriff „Rechtsverletzung" ist in **§ 546 ZPO** legaldefiniert. Danach ist das Recht **verletzt**, wenn eine Rechtsnorm nicht oder nicht richtig angewendet worden ist. Dies ist der Fall, wenn das Berufungsgericht entweder auf den von ihm festgestellten Sachverhalt eine Rechtsnorm unzutreffenderweise nicht angewendet hat oder aber eine Rechtsnorm angewendet hat, obwohl die Voraussetzungen nicht vorlagen. Ursachen solcher Rechtsnormverletzungen sind vielfältig. Möglich ist, dass das Berufungsgericht die Tatbestandsvoraussetzungen der anzuwendenden Norm nicht zutreffend ermittelt oder den Sachverhalt unter die Rechtsnorm unzutreffend subsumiert hat[7]. Es geht also um eine uneingeschränkte Prüfung der vollständigen und richtigen Anwendung der Rechtsnormen. Ausnahmen bestehen lediglich bei unbestimmten Rechtsbegriffen oder bei einem dem LAG eingeräumten Ermessen. Hier ist der Prüfungsumfang eingeschränkt, vgl. dazu Rz. 17, 19.

6a Fehler im Rahmen des § 546 ZPO können die Behandlung **materiellen Rechts** betreffen (dazu Rz. 7 ff.) oder aber **Verfahrensfehler**, also prozessuale Vorgänge (dazu Rz. 29 ff.). Ein materieller Fehler wird mit

---

1 GMP/*Müller-Glöge*, § 73 Rz. 2; GK-ArbGG/*Mikosch*, § 73 Rz. 2; Düwell/Lipke/*Düwell*, § 73 Rz. 2.
2 Vgl. nur BAG v. 13.12.2011 – 3 AZR 852/09, DB 2012, 984; ErfK/*Koch*, § 73 ArbGG Rz. 2.
3 Vgl. BAG v. 9.8.1995 – 6 AZR 1047/94, AP Nr. 8 zu § 293 ZPO.
4 BAG v. 17.11.2015 – 9 AZR 610/14, juris; BAG v. 10.4.1975 – 2 AZR 128/74, AP Nr. 12 zu Internationales Privatrecht, Arbeitsrecht; BAG v. 18.12.1958 – 2 AZR 24/56, AP Nr. 4 zu § 293 ZPO; GMP/*Müller-Glöge*, § 73 Rz. 2; GK-ArbGG/*Mikosch*, § 73 Rz. 3; ErfK/*Koch*, § 73 ArbGG Rz. 2; Hauck/Helml/Biebl/*Hauck*, § 73 Rz. 3; HWK/*Bepler*/*Treber*, § 73 Rz. 5.
5 BAG v. 10.4.1975 – 2 AZR 128/74, AP Nr. 12 zu Internationales Privatrecht, Arbeitsrecht.
6 Düwell/Lipke/*Düwell*, § 73 Rz. 10; GK-ArbGG/*Mikosch*, § 73 Rz. 12; GWBG/*Benecke*, § 73 Rz. 8.
7 GK-ArbGG/*Mikosch*, § 73 Rz. 6.

einer Sachrüge, ein prozessualer Fehler grds. mit einer Verfahrensrüge geltend gemacht, soweit er nicht von Amts wegen zu berücksichtigen ist.

III. Die Verletzung materiellen Rechts

1. Allgemeines

Bei einer zugelassenen, frist- und formgerecht eingelegten und begründeten Revision überprüft das BAG von Amts wegen die **Anwendung des materiellen Rechtes** durch das LAG. Dies ist ein entscheidender Unterschied zur Verletzung einer Verfahrensvorschrift, die grds. nicht von Amts wegen zu berücksichtigen ist, vgl. Rz. 5 und Rz. 29 ff. Bei einem materiell-rechtlichen Verstoß wird das Urteil unabhängig von einer bestimmten Rüge aufgehoben. Die ordnungsgemäße Erhebung einer Sachrüge eröffnet deshalb die volle materiell-rechtliche Prüfung durch das BAG[1]. Es wird umfassend geprüft, ob die richtige Rechtsnorm richtig angewendet worden ist. Eine Beschränkung erfolgt insbesondere nicht auf die Gründe, für die die Revision zugelassen worden ist.

Die **Fehler** im materiellen Recht können **vielfältige Ursachen** haben. Zu diesen materiellen Rechtsnormen gehören etwas das gesamte deutsche Gesetzesrecht, autonom gesetztes Recht, Denkgesetze oder Willenserklärungen. Im Einzelnen gilt Folgendes:

2. Deutsches Gesetzesrecht

Zu den materiellen Rechtsnormen, die das LAG verletzt haben kann, gehört zunächst das gesamte **Bundes- und Landesrecht**. Dabei ist die Rechtsgrundlage unerheblich. Rechtsnormen in diesem Sinne sind auch die aufgrund einer gesetzlichen Ermächtigungsnorm erlassenen Rechtsverordnungen oder darauf beruhenden Verwaltungsvorschriften, soweit sie objektives Recht enthalten[2]. Auch Staatsverträge können unmittelbar geltendes Recht enthalten. Erforderlich ist aber, dass die im Staatsvertrag enthaltenen Rechte in innerstaatliches Recht transformiert worden sind[3]. Zum materiellen Recht gehört auch Gewohnheitsrecht. Das BAG muss die tatsächlichen Feststellungen, aus denen sich Gewohnheitsrecht ergibt, nach § 293 ZPO treffen[4], vgl. schon Rz. 3.

3. Ausländisches Recht/Unionsrecht

Rechtsnormen können auch in **ausländischem Recht** enthalten sein, gleichgültig, welchen Rang dieses Recht in der ausländischen Rechtsordnung einnimmt. Dies ist vor allem in Fällen der Anwendung der **Regeln des Internationalen Privatrechtes** bedeutsam, also etwa wenn inländische Gerichte aufgrund der im EGBGB enthaltenen Verweisungen ausländisches Recht anwenden müssen. In diesem Falle hat das deutsche Gericht den Inhalt des ausländischen Rechtes von Amts wegen festzustellen und so auszulegen und anzuwenden, wie es der Richter des betreffenden Landes täte. Es ist bei der Ermittlung des Rechts nicht auf die von den Parteien beigebrachten Nachweise beschränkt, sondern kann andere Erkenntnisquellen nutzen. Das BAG kann die Ermittlung des ausländischen Rechtes selbst vornehmen oder dem LAG überlassen und den Rechtsstreit zur Ermittlung des Inhalts des ausländischen Rechtes zurückverweisen. Tragen die Parteien übereinstimmend den Inhalt des anzuwendenden ausländischen Rechts vor, kann dieser Vortrag als richtig zugrunde gelegt werden, ohne gegen die Ermittlungspflicht nach § 293 ZPO zu verstoßen[5]. Vom Revisionsgericht wird im Hinblick auf § 293 ZPO überprüft, ob der Tatrichter sein Ermessen fehlerfrei ausgeübt, insbesondere die sich anbietenden Erkenntnisquellen ausgeschöpft hat. Gibt die angefochtene Entscheidung keinen Aufschluss darüber, dass der Tatrichter seiner Pflicht nachgekommen ist, das ausländische Recht zu ermitteln, wie es in Rspr. und Rechtslehre Ausdruck und in der Praxis Anwendung findet, ist revisionsrechtlich davon auszugehen, dass eine ausreichende Erforschung des ausländischen Rechts verfahrensfehlerhaft unterblieben ist[6].

---

1 Düwell/Lipke/*Düwell*, § 73 Rz. 10; GK-ArbGG/*Mikosch*, § 73 Rz. 12.
2 Düwell/Lipke/*Düwell*, § 73 Rz. 12; GK-ArbGG/*Mikosch*, § 73 Rz. 15; GMP/*Müller-Glöge*, § 73 ArbGG Rz. 6; ErfK/*Koch*, § 73 ArbGG Rz. 3.
3 GK-ArbGG/*Mikosch*, § 73 Rz. 15; GMP/*Müller-Glöge*, § 73 Rz. 6.
4 BAG v. 7.7.1955 – 2 AZR 27/53, AP Nr. 1 zu § 32 AOG – Tarifordnung; GK-ArbGG/*Mikosch*, § 73 Rz. 15; GMP/*Müller-Glöge*, § 73 Rz. 6; Düwell/Lipke/*Düwell*, § 73 Rz. 12; GWBG/*Benecke* § 73 Rz.16.
5 BAG v. 20.9.2012 – 6 AZR 253/11, NZA 2013, 797; BAG v. 10.4.1975 – 2 AZR 128/74, AP Nr. 12 zu Internationales Privatrecht, Arbeitsrecht unter Aufgabe von BAG v. 20.7.1967 – 2 AZR 372/66, AP Nr. 10 zu Internationales Privatrecht, Arbeitsrecht; Düwell/Lipke/*Düwell*, § 73 Rz. 36; GK-ArbGG/*Mikosch*, § 73 Rz. 16; GWBG/*Benecke*, § 73 Rz. 12.
6 BAG v. 17.11.2015 – 9 AZR 610/14, juris.

Auch das unmittelbar oder mittelbar anwendbare **Unionsrecht** enthält Rechtsnormen. Bei unmittelbar anwendbarem Unionsrecht, etwa Verordnungen nach § 288 Abs. 2 AEUV, kann die Revision unmittelbar auf die Verletzung dieser Norm gestützt werden. Es besteht ein Anwendungsvorrang des Unionsrechtes[1]. Bei dem nur mittelbar geltenden Unionsrecht, etwa den Richtlinien nach § 288 Abs. 3 AEUV gelten Besonderheiten. Hier ist Ausgangspunkt die geltende innerstaatliche Norm. Dessen Auslegung und Anwendung kann aber europäisches Recht verletzen. Das BAG muss als letztinstanzliches Gericht dem EuGH eine Auslegungsfrage nach Art. 267 AEUV vorlegen, wenn sich in dem bei ihm anhängigen Verfahren eine entscheidungserhebliche Frage des Gemeinschaftsrechts stellt, es sei denn, das Gericht hat festgestellt, dass die betreffende Bestimmung des Gemeinschaftsrechts bereits Gegenstand einer Auslegung des EuGH war oder dass die richtige Anwendung des Gemeinschaftsrechts derart offenkundig ist, dass für einen vernünftigen Zweifel keinerlei Raum bleibt[2]. Unterbleibt die Vorlage, liegt ein Verstoß gegen den gesetzlichen Richter vor, unten Rz. 41.

4. Satzungen, Dienstordnungen und kirchliches Recht

11 Revisibel sind **Satzungen** der Gebiets- und sonstigen öffentlich-rechtlichen Körperschaften und Anstalten sowie Satzungen von juristischen Personen des Privatrechtes einschließlich der Satzungen eines nicht rechtsfähigen Vereins, etwa einer **Gewerkschaft**[3]. Nicht revisibel sind demgegenüber nur rein intern wirkende Verwaltungsvorschriften, Erlasse und Dienstanweisungen[4]. Ebenfalls überprüfbar ist das Stiftungsrecht rechtsfähiger **Stiftungen**[5]. **Vereinssatzungen** sind zwar keine Rechtsnormen, gleichwohl kann das BAG den Inhalt feststellen und die Anwendung überprüfen. Dies hat insbesondere für das Gebiet der betrieblichen Altersversorgung weitreichende Konsequenzen. Auslegung und Anwendung von Satzungen der als Vereine organisierten Pensionskassen kann überprüft werden[6].

Ebenfalls revisibel sind die **Dienstordnungen** der Sozialversicherungsträger[7].

12 Auch **kirchliches Recht** ist revisibel. Dies gilt etwa für die Arbeitsvertragsrichtlinien – AVR – des Diakonischen Werkes[8]. Das BAG hat auch hier die Pflicht, den Inhalt dieses Rechts selbst zu ermitteln, soweit es sich um unmittelbares kirchliches Recht handelt[9].

5. Tarifverträge

13 Zu den Rechtsnormen des materiellen Rechtes, die vom BAG überprüft werden können, gehört **der normative Teil eines Tarifvertrags**[10]. Dies umfasst zunächst die Frage, ob es sich bei dem in Rede stehenden Regelwerk überhaupt um einen Tarifvertrag handelt[11]. Ebenfalls von Amts wegen zu prüfen ist die Frage, ob der normative oder schuldrechtliche Teil des Tarifvertrags betroffen ist. Geprüft wird auch, ob der Tarifvertrag wirksam zustande gekommen ist[12]. Das BAG ist aber nicht von sich aus dazu verpflichtet zu prüfen, ob überhaupt ein Tarifvertrag Anwendung findet. Die Tarifbindung ist vielmehr von den Parteien darzulegen und zu beweisen. Erst wenn die Tarifbindung feststeht, hat das BAG den in Betracht kommenden Tarifvertrag sowie dessen Rechtsnormen von Amts wegen zu ermitteln und festzustellen[13]. Etwas anderes gilt freilich dann, wenn dem BAG aus dem Akteninhalt konkrete Hinweise für das Eingreifen eines Tarifvertrags vorliegen. Dann muss das BAG unter Mitwirkung der Parteien die Anwendbarkeit des Tarifvertrags klären. Das BAG kann die Ermittlung aber auch dem LAG überlassen und den Rechtsstreit deswegen

---

1 GK-ArbGG/*Mikosch*, § 73 Rz. 16a; vgl. auch Düwell/Lipke/*Düwell*, § 73 Rz. 37 m.w.N.
2 Zutreffend BeckOKArbR/*Klose*, § 73 Rz. 3a.
3 BAG v. 27.11.1964 – 1 ABR 13/63, AP Nr. 1 zu § 2 TVG – Tarifzuständigkeit; Düwell/Lipke/*Düwell*, § 73 Rz. 18; GK-ArbGG/*Mikosch*, § 73 Rz. 20; GWBG/*Benecke*, § 73 Rz. 17; HWK/*Bepler/Treber*, § 73 Rz. 4.
4 Hauck/Helml/Biebl/*Hauck*, § 73 Rz. 4.
5 BAG v. 7.12.1961 – 2 AZR 12/61, AP Nr. 1 zu § 611 BGB – Faktisches Arbeitsverhältnis.
6 BAG v. 17.1.1969 – 3 AZR 69/67, AP Nr. 1 zu § 242 BGB – Ruhegehalt-Pensionskassen; Düwell/Lipke/*Düwell*, § 73 Rz. 18; GK-ArbGG/*Mikosch*, § 73 Rz. 20; GWBG/*Benecke*, § 73 Rz. 17; GMP/*Müller-Glöge*, § 73 Rz. 16.
7 BAG v. 26.9.1984 – 4 AZR 608/83, DB 1985, 343.
8 Vgl. auch BAG v. 21.11.2013 – 6 AZR 664/12, NZA 2014, 362; BAG v. 24.3.2009 – 9 AZR 983/07, NZA 2009, 438; BAG v. 26.7.2007 – 7 AZR 515/05, NZA 2007, 34.
9 BAG v. 19.12.1969 – 1 ABR 10/69, AP Nr. 12 zu § 81 BetrVG; Düwell/Lipke/*Düwell*, § 73 Rz. 20; GK-ArbGG/*Mikosch*, § 73 Rz. 21; GWBG/*Benecke*, § 73 Rz. 6.
10 Zuletzt: BAG v. 7.6.2006 – 4 AZR 316/05, NZA 2007, 343; BAG v. 8.3.2006 – 10 AZR 129/05, NZA 2007, 159; BAG v. 30.9.1971 – 5 AZR 123/71, AP Nr. 12 zu § 1 TVG – Auslegung; GMP/*Müller-Glöge*, § 73 Rz. 14; BeckOKArbR/*Klose*, § 73 Rz. 10.
11 BAG v. 18.11.1965 – 2 AZR 92/65, AP Nr. 17 zu § 1 TVG.
12 BAG v. 20.4.1994 – 4 AZR 354/93, NZA 1994, 1090; BAG v. 20.3.1997 – 6 AZR 885/95, NZA 1997, 896.
13 BAG v. 8.7.2015 – 4 AZR 51/14 NZA 2015, 1462.

zurückverweisen[1]. Insoweit greift § 293 ZPO, vgl. Rz. 3. § 293 ZPO greift aber nicht, wenn die Anwendung eines Tarifvertrags ausschließlich auf einer individualvertraglichen Vereinbarung beruht[2].

Der **schuldrechtliche Teil** des Tarifvertrags ist nach den Regeln zu überprüfen, die für sonstige einzelvertragliche Abreden gelten, vgl. dazu Rz. 23[3]. 14

6. Betriebsvereinbarungen

Eine Rechtsnorm ist auch verletzt, wenn unmittelbar geltende Bestimmungen einer **Betriebsvereinbarung** oder der **Spruch einer Einigungsstelle** nicht oder falsch angewendet worden sind[4]. Auch hier kann das BAG die notwendigen Feststellungen selbst treffen. Ob der ArbN von den Regelungen der Betriebsvereinbarung erfasst wird, muss das BAG wie bei der Feststellung der Tarifbindung nicht von Amts wegen prüfen. Das muss der ArbN darlegen und beweisen. Auch insoweit greift § 293 ZPO, vgl. Rz. 13[5]. 15

Der **schuldrechtliche Teil** der Betriebsvereinbarung ist nach den Regeln zu überprüfen, die für sonstige einzelvertragliche Abreden gelten, vgl. dazu Rz. 23 ff.[6]. 16

Ob eine im Zuge eines Betriebsüberganges nach § 613a Abs. 1 Satz 2 BGB in Individualrecht transformierte Betriebsvereinbarung wie eine Individualvereinbarung eingeschränkt überprüft wird oder ob es sich um eine typische Klausel handelt, hat das BAG offen gelassen[7]. Hier dürfte aber von einer typischen Klausel auszugehen sein, vgl. Rz. 24.

7. Unbestimmte Rechtsbegriffe

Zuweilen enthalten Rechtsnormen **unbestimmte Rechtsbegriffe**. Dazu gehören bspw. der „wichtige Grund" bei § 626 BGB, die „Sozialwidrigkeit" in § 1 KSchG oder Generalklauseln wie „Treu und Glauben" oder „Billigkeit". Den Gegensatz dazu bilden **abstrakte Rechtsbegriffe**, die aufgrund vorgegebener Definition bestimmt sind[8]. Nach der st. Rspr. des BAG ist die richtige Rechtsanwendung durch das BAG bei unbestimmten Rechtsbegriffen nur in beschränktem Umfang einer Überprüfung zugänglich, weil dem LAG in gewissen Umfang ein Beurteilungsspielraum zustehe[9]. Eine Rechtsverletzung soll nur dann vorliegen, wenn der Rechtsbegriff selbst verkannt wird, bei der Subsumtion des Sachverhaltes unter den zugrunde zu legenden Rechtsbegriff der Begriffsumfang verlassen wird, Denkgesetze oder allgemeine Erfahrungssätze verletzt werden, bei einer gebotenen Interessenabwägung nicht der gesamte Sachverhalt berücksichtigt wird oder das Ergebnis widersprüchlich ist[10]. Im Übrigen aber soll ein weitreichender Beurteilungsspielraum der Tatsacheninstanz bestehen. Die Rspr. des BAG ist umstritten. Es wird insbesondere vorgebracht, dass das BAG mit einer eingeschränkten Prüfung die Aufgaben des Revisionsgerichtes verkenne. Auch bei unbestimmten 17

---

1 GWBG/*Benecke*, § 73 Rz. 14; Düwell/Lipke/*Düwell*, § 73 Rz. 15, 16; GK-ArbGG/*Mikosch*, § 73 Rz. 17, 18.
2 BAG v. 8.7.2015 – 4 AZR 51/14 NZA 2015, 1462.
3 Düwell/Lipke/*Düwell*, § 73 Rz. 15; GWBG/*Benecke*, § 73 Rz. 13; GK-ArbGG/*Mikosch*, § 72 Rz. 17.
4 BAG v. 19.4.1963 – 1 AZR 160/62, AP Nr. 3 zu § 52 BetrVG; BAG v. 30.8.1963 – 1 ABR 12/62, AP Nr. 4 zu § 57 BetrVG; Düwell/Lipke/*Düwell*, § 73 Rz. 17; GK-ArbGG/*Mikosch*, § 73 Rz. 19; ErfK/*Koch*, § 73 ArbGG Rz. 4; GWBG/*Benecke*, § 73 Rz. 15; GMP/*Müller-Glöge*, § 73 Rz. 15.
5 BAG v. 28.10.2008 – 3 AZR 903/07, NZA-RR 2009, 327.
6 GWBG/*Benecke*, § 73 Rz. 15.
7 BAG v. 14.8.2001 – 1 AZR 619/00, NZA 2002, 276; vgl. auch BAG v. 25.2.1998 – 2 AZR 279/97, BAGE 88, 131; BAG v. 18.10.2000 – 2 AZR 485/99, AP Nr. 39 zu § 9 KSchG 1969.
8 Vgl. dazu BAG v. 31.7.2002 – 4 AZR 129/01, NZA 2003, 1151. Sie werden im vollen Umfang überprüft, etwa der Begriff des „Arbeitsvorgangs" im BAT.
9 BAG v. 23.3.2016 – 7 AZR 828/13, NZA 2016, 881; BAG v. 15.6.2011 – 4 AZR 737/09, NZA 2012, 471; BAG v. 25.9.2013 – 10 AZR 270/12, NZA 2014, 41; BAG v. 22.10.2008 – 10 AZR 703/07, NZA 2009, 161; BAG v. 6.7.2006 – 2 AZR 442/05, NZA 2007, 139; BAG v. 23.11.2000 – 2 AZR 533/99, NZA 2001, 601 (Soziale Auswahl); BAG v. 10.11.2005 – 2 AZR 44/05, NZA 2006, 655; BAG v. 12.4.2002 – 2 AZR 148/01, NZA 2002, 1081 (Personenbedingte Kündigung); BAG v. 12.1.2006 – 2 AZR 21/05, NZA 2006, 917 (Verhaltensbedingte Kündigung); BAG v. 27.4.2006 – 2 AZR 386/05, NZA 2006, 977 (Wichtiger Grund); BAG v. 23.2.2006 – 2 AZR 162/05, NZA 2007, 30 (Betriebsbedingte Kündigung); BAG v. 26.7.2006 – 7 AZR 495/06, NZA 2007, 147 (sachlicher Grund bei Befristung); BAG v. 4.5.2006 – 8 AZR 311/05, NZA 2006, 1428 (Verschulden); BAG v. 23.6.2005 – 2 AZR 256/04, NZA 2006, 363 (Auflösungsantrag).
10 BAG v. 13.10.2016 – 3 AZR 439/15, BB 2016, 2611; BAG v. 11.7.2013 – 2 AZR 994/12, NZA 2014, 250; BAG v. 23.5.2013 – 2 AZR 102/12, NZA 2013, 1416; BAG v. 5.6.2008 – 2 AZR 907/06, NZA 2008, 1120; BAG v. 23.3.2006 – 2 AZR 162/05, NZA 2007, 30; BAG v. 11.12.2003 – 2 AZR 667/02, NZA 2004, 785; BAG v. 16.3.2000 – 2 AZR 75/99, NZA 2000, 1332; BAG v. 12.8.1999 – 2 AZR 923/98, NZA 2000, 481; BAG v. 12.4.2002 – 2 AZR 148/01, NZA 2002, 1081; BAG v. 5.2.1998 – 2 AZR 227/97, AP Nr. 143 zu § 626 BGB.

Rechtsbegriffen sei es Aufgabe der Revision die Rechtseinheit zu wahren und zu überprüfen, ob diese Begriffe zutreffend ausgelegt werden[1].

18 Die Kritik greift jedoch nicht durch. Richtig ist, dass es für das Berufungsgericht keinen freien Rechtsraum geben darf. Dies aber leistet die Rspr. des BAG. Regelmäßig muss zwischen dem **Tatbestandsbereich** und der **Rechtsbeurteilung** unterschieden werden. Diese schwierige Abgrenzung ermöglicht die Rspr. des BAG. Denn das BAG legt den unbestimmten Rechtsbegriff im Interesse der Rechtseinheit verbindlich aus, wenn überprüft wird, ob dieser selbst verkannt worden ist. Dann aber kann es nur in Randbereichen einen Beurteilungsspielraum des LAG geben, um die Berücksichtigung der Umstände des Einzelfalles zu ermöglichen[2]. Dieser Freiraum bei der Berücksichtigung der Umstände des Einzelfalles ist nicht zu beanstanden[3]. So kann zB die Interessenabwägung des § 626 Abs. 1 im Revisionsverfahren nur darauf überprüft werden, ob alle vernünftigerweise in Betracht kommenden Umstände des Einzelfalles dahin gehend gewürdigt worden sind, ob es dem Kündigenden unzumutbar gewesen ist, das Arbeitsverhältnis bis zu ordentlichen Beendigungsmöglichkeit fortzusetzen. Die Bewertung der für und gegen die Unzumutbarkeit der Weiterbeschäftigung sprechenden Umstände liegt im Beurteilungsspielraum der Tatsacheninstanz und kann nicht durch eine eigene Wertung des Revisionsgerichtes ersetzt werden[4].

Rechtsfehler bei der Auslegung unbestimmter Rechtsbegriffe, insbesondere der nicht fehlerfreien Interessenabwägung, führen regelmäßig zur Aufhebung und Zurückverweisung, § 75 Rz. 9. Denn die fehlerfreie Interessenabwägung obliegt in erster Linie der Tatsacheninstanz. Darüber hinaus wird es regelmäßig an hinreichenden tatsächlichen Feststellungen fehlen[5]. Etwas anderes gilt, wenn alle abwägungsrelevanten Gesichtspunkte vom Berufungsgericht festgestellt worden sind und weitere Aufklärung nicht zu erwarten ist. Bei dieser Interessenabwägung kann sich der Senat der Würdigung der Tatsacheninstanz anschließen[6].

8. Ermessen

19 Vom Beurteilungsspielraum ist das Ermessen zu unterscheiden. So ist dem LAG zB bei der Bemessung einer Abfindung gem. §§ 9, 10 KSchG Ermessen eingeräumt. Soweit das Recht eine Entscheidung in das **Ermessen des Gerichtes** stellt, kann das Revisionsgericht nicht sein Ermessen an die Stelle des Ermessens des Berufungsgerichtes setzen[7]. Die **Anwendung des bestehenden Ermessensspielraums** ist vielmehr der **Nachprüfung** durch das BAG **entzogen** und nur eingeschränkt revisionsrechtlich überprüfbar. Die Ermessensentscheidung ist nur daraufhin überprüfbar, ob das Berufungsgericht sein **Ermessen überhaupt erkannt** und ob es von seinem **Ermessen** fehlerfrei **Gebrauch gemacht** hat. Hierzu gehört, dass das Berufungsgericht erkannt hat, dass kein Zwang zum Handeln bestand und alle relevanten Umstände gewürdigt hat und sich nicht von sachfremden Erwägungen hat leiten lassen. Überprüfbar sind also nur die Voraussetzungen und Grenzen des Ermessens. Dies gilt für sowohl für Ermessensentscheidungen im materiellen Recht wie im Verfahrensrecht[8].

Auch die **richterliche Ersatzleistungsbestimmung** nach § 315 Abs. 3 BGB ist eine Ermessensentscheidung. Allerdings scheint das BAG in diesem Fall teilweise eine umfassende Prüfung vornehmen zu wollen[9]. In anderem Zusammenhang formuliert das BAG hingegen, dass viel dafür spreche, dass die Überprüfung der Ermessensentscheidung des Arbeitgebers durch das Landesarbeitsgericht als Tatsacheninstanz nur einer eingeschränkten Kontrolle des Revisionsgerichts unterliege, nämlich dahin, ob der Rechtsbegriff „billiges Ermessen" verkannt, der äußere Ermessensrahmen überschritten, innere Ermessensfehler begangen,

---

1 *Grunsky*, Anm. AP Nr. 1 zu § 72a ArbGG 1979; GK-ArbGG/*Mikosch*, § 73 Rz. 27 ff.
2 BeckOKArbR/*Klose*, § 73 Rz. 4; ErfK/*Koch*, § 73 ArbGG Rz. 5; Düwell/Lipke/*Düwell*, § 73 Rz. 24. Weiter gehend: GMP/*Müller-Glöge*, § 73 Rz. 9.
3 BeckOKArbR/*Klose*, § 73 Rz. 4; *Adam*, ZTR 2001, 349 (351). Wohl zweifelnd: *Ostrowicz/Künzl/Scholz*, Rz. 584.
4 BAG v. 23.3.2016 – 7 AZR 828/13, NZA 2016, 881; BAG v. 8.6.2000 – 2 AZR 638/99, NZA 2000, 1283; BAG v. 18.10.2000 – 2 AZR 131/00, NZA 2001, 383.
5 BAG v. 13.12.2016 – 9 AZR 606/15, ArbR 2017, 115; BAG v. 13.10.2016 – 3 AZR 439/15, BB 2016, 2611; BAG v. 23.3.2016 – 7 AZR 828/13, NZA 2016, 881; BAG v. 8.6.2000 – 2 AZR 638/99, NZA 2000, 1283.
6 BAG v. 23.3.2016 – 7 AZR 828/13, NZA 2016, 881; BAG v. 12.8.1999 – 2 AZR 923/98, NZA 2000, 421; BAG v. 7.12.2000 – 6 AZR 444/99, NZA 2001, 780.
7 BAG v. 3.8.2016 – 10 AZR 710/14, NZA 2016, 1334; Hauck/Helml/Biebl/*Hauck*, § 73 Rz. 6; ErfK/*Koch*, § 73 ArbGG Rz. 6; GK-ArbGG/*Mikosch*, § 73 Rz. 34; GWBG/*Benecke*, § 73 Rz. 11; Düwell/Lipke/*Düwell*, § 73 Rz. 23; BeckOKArbR/*Klose*, § 73 Rz. 5; HWK/*Bepler/Treber*, § 73 Rz. 9.
8 BGH v. 8.11.2011 – EnZR 32/10, RdE 2012, 63; BAG v. 29.1.1992 – 5 AZR 266/90, AP Nr. 104 zu § 611 BGB – Lehrer, Dozenten; BAG v. 6.10.1991 – 5 AZR 35/91, AP Nr. 1 zu § 19 BErzGG; BAG v. 26.1.1971 – 1 AZR 304/70, AP Nr. 10 zu § 847 BGB; Düwell/Lipke/*Düwell*, § 73 Rz. 23; GK-ArbGG/*Mikosch*, § 73 Rz. 34; GMP/*Müller-Glöge*, § 73 Rz. 11.
9 BAG v. 11.7.2013 – 2 AZR 994/12, NZA 2014, 250; BAG v. 10.7.2013 – 10 AZR 915/12, NZA 2013, 1143; lassen dies für den Bereich des billigen Ermessens des § 315 BGB, § 106 GewO letztlich aber offen.

unsachliche Erwägungen zugrunde gelegt oder wesentlicher Tatsachenstoff außer Acht gelassen worden ist[1]. Letztere Sichtweise dürfte zutreffend sein. Die Billigkeitskontrolle ist in erster Linie Aufgabe der Tatsacheninstanzen. Es sind die tatsächlichen Gegebenheiten des Falles festzustellen und zu würdigen[2]. Ein Fall eigener richterlicher Ermessensentscheidung liegt demgegenüber nicht vor, wenn nur ein dem ArbGeb eingeräumtes Ermessen überprüft wird[3].

Wird das Ermessen vom Berufungsgericht verkannt, ist die Sache regelmäßig zurückzuverweisen. Stehen die für die Entscheidung maßgeblichen Tatsachen jedoch fest, ist das Revisionsgericht in der Lage, die Beurteilung selbst vorzunehmen[4].

9. Denkgesetze, Erfahrungssätze, Beweiswürdigung, Beweislastregeln

Zum materiellen Recht gehören **die allgemeinen Denkgesetze**. Auch sie können verletzt werden, da sie als Obersätze jeder konkreten Rechtsanwendung vorangehen. Deshalb können Rechenfehler, sofern sie nicht wegen offenbarer Unrichtigkeit berichtigt werden, oder logische Fehler die Revision begründen[5].

Zu den materiellen Rechtsfehlern gehören auch **Verstöße gegen Erfahrungssätze**[6] sowie die Grundsätze der **Darlegungs- und Beweislast**.

In diesen Bereich gehören auch Fehler bei der **Beweiswürdigung** nach § 286 ZPO[7]. Dies ist zwar an sich Sache des Tatrichters und damit weitgehend der Nachprüfung entzogen. Allerdings können auch hier Denk- und/oder Erfahrungssätze missachtet werden. Insoweit kann die Beweiswürdigung von falschen Grundlagen ausgehen oder aus richtigen Grundlagen falsche Schlüsse gezogen werden, weil sie mit der allgemeinen Lebenserfahrung nicht vereinbar sind. Letztlich kommt es darauf an, ob die Beweiswürdigung den Gesetzen der Logik folgt.

10. Willenserklärungen und Verträge

Bestimmungen in Verträgen und **Willenserklärungen** sind keine Rechtsnormen iSv. § 73. Sie sind damit grds. **nicht revisibel**. Ihre Auslegung wird daher vom BAG grds. nicht geprüft, sondern ist Sache des Tatsachengerichts. Dies gilt jedoch nicht uneingeschränkt.

Eine wesentliche Ausnahme basiert auf der vom BAG vorgenommenen **Differenzierung zwischen typischen und nichttypischen Vereinbarungen**[8]. Atypisch sind echte Individualabreden. Typisch sind demgegenüber Vereinbarungen, die in einer Vielzahl von Fällen gleichlautend verwendet werden, also die besonderen Umstände des Einzelfalles nicht berücksichtigen, sondern generell angewendet werden und so in ihrer Wirkung über das einzelne Arbeitsverhältnis hinausreichen. Bei derartigen typischen Willenserklärungen und Verträgen besteht ein Bedürfnis einer Prüfung durch das BAG, weil sie in einer Vielzahl von Fällen verwendet werden. Hier muss im Interesse der Rechtseinheit eine einheitliche Auslegung sichergestellt werden. Deshalb werden **typische Vereinbarungen** wie Rechtsnormen behandelt. Kriterium eines derartigen revisiblen Rechtssatzes und damit einer „objektiven Norm" ist, ob es sich um eine abstrakt generelle Regel handelt, dh. um einen Rechtssatz, der in seiner juristischen Bedeutung über das einzelne Rechtsverhältnis hinausreicht. Ihr Inhalt und ihre Auslegung werden **im vollen Umfang** durch das BAG überprüft[9].

---

1 BAG v. 13.12.2016 – 9 AZR 606/15, ArbR 2017, 115.
2 Zutreffend: BeckOKArbR/*Klose*, § 73 Rz. 5.
3 So zutreffend: Düwell/Lipke/*Düwell*, § 73 Rz. 23.
4 BGH v. 8.11.2011 – EnZR 32/10, RdE 2012, 63; BAG v. 19.6.1985 – 5 AZR 57/84, AP Nr. 11 zu § 4 BAT; Hauck/Helml/Biebl/*Hauck*, § 73 Rz. 6.
5 Vgl. nur BAG v. 12.2.2015 – 6 AZR 845/13, juris; RG v. 11.5.1927 – I 219/26, JW 1927, 2135; Hauck/Helml/Biebl/ *Hauck*, § 73 Rz. 7; ErfK/*Koch*, § 73 ArbGG Rz. 10, 11; GMP/*Müller-Glöge*, § 73 Rz. 13; HWK/*Bepler/Treber*, § 73 Rz. 4.
6 BAG v. 9.3.1972 – 1 AZR 261/71, AP Nr. 2 zu § 561 ZPO; vgl. auch GK-ArbGG/*Mikosch*, § 73 Rz. 35.
7 BAG v. 12.2.2015 – 6 AZR 845/13, juris ; Düwell/Lipke/*Düwell*, § 73 ArbGG Rz. 26; GK-ArbGG/*Mikosch*, § 73 Rz. 35.
8 Vgl. nur BAG v. 15.12.2016 – 6 AZR 430/15, juris; BAG v. 20.5.1999 – 6 AZR 601/97, NZA 2000, 492. Vgl. auch *Gravenhorst*, jurisPK-ArbR 49/2014 Anm. 4 zu BAG v. 25.09.2014 – 2 AZR 567/13, der die Differenzierung insgesamt nicht für sachgerecht hält. Sie sei mit dem Inkrafttreten der §§ 305 ff. BGB überholt.
9 BAG v. 22.3.2017 – 4 AZR 462/16, juris; BAG v. 10.9.2009 – 2 AZR 822/07, NZA 2010, 334; BAG v. 19.3.2003 – 4 AZR 331/02, NZA 2003, 1207; BAG v. 16.2.2000 – 4 AZR 14/99, NZA 2001, 331; BAG v. 4.8.1955 – 2 AZR 588/54, AP Nr. 6 zu § 242 BGB – Ruhegehalt; BAG v. 17.12.1960 – 3 AZR 125/59, AP Nr. 11 zu § 550 ZPO; Düwell/Lipke/ *Düwell*, § 73 ArbGG Rz. 21; GK-ArbGG/*Mikosch*, § 73 Rz. 41; ErfK/*Koch*, § 73 ArbGG Rz. 7; GMP/*Müller-Glöge*, § 73 Rz. 18; GWBG/*Benecke*, § 73 Rz. 19; Hauck/Helml/Biebl/*Hauck*, § 73 Rz. 9; BeckOKArbR/*Klose*, § 73 Rz. 9.

25 **Typische Vereinbarungen** liegen zB immer dann vor, wenn es sich um **allgemeine Geschäftsbedingungen** handelt.[1] Typisch sind also Arbeitsverträge, die auf die AVR[2] oder Tarifverträge[3] Bezug nehmen, Formular- und Musterarbeitsverträge[4], Ruhestandsrichtlinien[5] oder Ausgleichsquittungen, die nach Vordruck verwendet werden[6]. Auch eine Ausgleichsklausel in einem Aufhebungsvertrag ist uneingeschränkt überprüfbar. Es handelt sich nämlich um eine in Aufhebungsverträgen und Vergleichen im Kündigungsschutzverfahren vielfach verwendete Klausel[7]. Dies gilt auch für Verträge, die von einem ArbGeb ständig und gleichlautend verwendet werden[8], selbst wenn die einheitliche Anwendung von Vertragsbestimmungen lediglich auf einer betrieblichen Übung beruht[9]. Vom ArbGeb verwendete Formulararbeitsverträge unterliegen also der vollen Auslegung durch das Revisionsgericht[10]. Enthält ein Mustervertrag neben allgemein verwendeten Klauseln zusätzlich einzelvertraglich ausgehandelte Abreden, soll nach Auffassung des BAG der gesamte Vertrag hingegen als nicht typisch anzusehen sein. Eine Überprüfung der nichttypischen Vereinbarungen scheide aus, weil der gesamte Vertrag seinen vorformulierten Charakter verliere[11]. Dem ist nicht zu folgen. Richtig ist, dass die einzelvertraglich ausgehandelten Abreden der Kontrolle durch das Revisionsgericht entzogen sind. Allerdings können die verbleibenden typischen Elemente im Regelfall problemlos abgetrennt werden und bleiben damit revisibel. Entscheidend ist also die Teilbarkeit der Regelungskomplexe. Gerichtliche Vergleiche sind grds. nur eingeschränkt überprüfbar, vgl. dazu Rz. 28.

26 Die **Auslegung von atypischen Willenserklärungen und Verträgen**, also echten Individualvereinbarungen, kann demgegenüber nur **eingeschränkt** vom BAG geprüft werden, da es sich mangels erforderlicher Typisierung nicht um Normen nach § 73 handelt.

Der Überprüfung durch das BAG unterliegt nur, ob bei der Auslegung dieser Verträge und Willenserklärungen gegen die materiell-rechtlichen Auslegungsregeln der §§ 133, 157 BGB verstoßen wurde, ob Denkgesetze und allgemeine Erfahrungssätze verletzt worden sind oder der Tatsachenstoff vollständig verwendet worden ist[12]. Nachgeprüft wird bspw., ob eine Erklärung auslegungsfähig ist oder nicht, ob eine gebotene Auslegung unterlassen bzw. umgekehrt eine eindeutige Bestimmung ausgelegt wurde. In diesem Sinne wird auch geprüft, ob die Voraussetzungen für eine ergänzende Vertragsauslegung vorlagen[13]. Die Auslegung selbst wird hingegen nicht geprüft, insbesondere nicht, ob sie richtig ist. Sie ist nicht revisibel[14]. Es wird nur geprüft, ob die Auslegung möglich ist.

---

1 BAG v. 22.3.2017 – 4 AZR 462/16, juris.
2 BAG v. 26.7.2007 – 7 AZR 515/05, NZA 2007, 34.
3 BAG v. 14.12.2005 – 4 AZR 536/04, NZA 2006, 607; BAG v. 11.10.1967 – 4 AZR 451/66, AP Nr. 1 zu § 1 TVG – Tarifverträge: Rundfunk. Offen lassend BAG v. 14.8.2001 – 1 AZR 619/00, NZA 2002, 276 für eine Betriebsvereinbarung, die infolge eines Betriebsübergangs nach § 613a Abs. 1 Satz 2 BGB in Individualrecht transformiert worden ist. Vgl. auch oben Rz. 16.
4 BAG v. 21.8.2013 – 5 AZR 581/11, NZA 2014, 271; BAG v. 1.2.2013 – 5 AZR 2/12, NZA 2013, 1024; BAG v. 18.11.2009 – 4 AZR 514/08, NZA 2010, 170; BAG v. 20.9.2006 – 10 AZR 33/06, NZA 2007, 165; BAG v. 12.9.2006 – 9 AZR 675/05, NZA 2007, 219; BAG v. 17.9.2003 – 4 AZR 533/02, NZA 2004, 437.
5 BAG v. 25.6.2013 – 3 AZR 219/11, NZA 2013, 1422.
6 BAG v. 23.10.2013 – 5 AZR 135/12, NZA 2014, 200; BAG v. 6.4.1977 – 4 AZR 721/75, AP Nr. 4 zu § 4 KSchG 1969.
7 BAG v. 17.10.2000 – 3 AZR 69/99, NZA 2001, 203, vgl. umfassend unten Rz. 28 zu Prozesshandlungen.
8 BAG v. 20.5.2008 – 9 AZR 271/07, juris; BAG v. 22.5.1985 – 4 AZR 88/84, AP Nr. 6 zu § 1 TVG – Tarifverträge – Bundesbahn; BAG v. 4.10.1957 – 1 AZR 31/56, AP Nr. 7 zu § 1 TOA; GK-ArbGG/*Mikosch*, § 73 Rz. 42; HWK/*Bepler*/*Treber*, § 73 Rz. 12.
9 BAG v. 1.3.1972 – 4 AZR 200/71, AP Nr. 11 zu § 242 BGB – Betriebliche Übung.
10 BAG v. 22.3.2017 – 4 AZR 462/16, juris; BAG v. 20.6.2013 – 8 AZR 280/12, NZA 2013, 1265; BAG v. 22.10.2008 – 4 AZR 784/07, NZA 2009, 151; BAG v. 24.9.2008 – 6 AZR 76/07, NZA 2009, 155; BAG v. 16.2.2000 – 4 AZR 14/99, NZA 2001, 331 zum ISR Flottenvertrag.
11 BAG v. 15.11.2000 – 5 AZR 296/99, NZA 2001, 1248; BAG v. 16.10.1987 – 7 AZR 204/87, AP Nr. 2 zu § 53 BAT; Düwell/Lipke/*Düwell*, § 73 Rz. 21. AA GK-ArbGG/*Mikosch*, § 73 Rz. 39; ErfK/*Koch*, § 73 ArbGG Rz. 7; GMP/*Müller-Glöge*, § 73 Rz. 23; HWK/*Bepler*/*Treber*, § 73 Rz. 10.
12 BAG v. 15.12.2016 – 6 AZR 430/15, juris; BAG v. 25.4.2013 – 8 AZR 453/12, NZA 2013, 1206; BAG v. 27.2.2013 – 4 AZR 78/11, NZA 2013, 1026; BAG v. 22.7.2010 – 8 AZR 144/09, NZA 2011, 743; BAG v. 21.4.2009 – 9 AZR 391/08, NZA 2010, 155; BAG v. 10.7.2008 – 2 AZR 209/07, NZA 2008, 1292; BAG v. 6.9.2006 – 5 AZR 703/05, NZA 2007, 36; BAG v. 6.3.2003 – 2 AZR 128/02, NZA 2003, 1389; BAG v. 20.5.1999 – 6 AZR 601/97, NZA 2000, 493; BAG v. 11.5.2000 – 2 AZR 54/99, NZA 2000, 1055; BAG v. 17.10.2000 – 3 AZR 69/99, NZA 2001, 203; BAG v. 15.11.2000 – 5 AZR 296/99, NZA 2001, 1248; BAG v. 7.12.2000 – 6 AZR 444/99, NZA 2001, 780.
13 BAG v. 8.6.2000 – 2 AZR 207/99, NZA 2000, 1013; BAG v. 8.11.1972 – 4 AZR 15/72, AP Nr. 3 zu § 157 ZPO.
14 GK-ArbGG/*Mikosch*, § 73 Rz. 38; ErfK/*Koch*, § 73 ArbGG Rz. 7; GMP/*Müller-Glöge*, § 73 Rz. 24; HWK/*Bepler*/*Treber*, § 73 Rz. 10; BeckOKArbR/*Klose*, § 73 Rz. 8.

Um eine atypische Willenserklärung handelt es sich zB bei einem konkludent geschlossenen Arbeitsvertrag[1], einer einseitigen Freistellung des ArbN durch den ArbGeb[2], der BR-Anhörung[3], einem Widerspruch des BR[4], dem Widerspruch des ArbN gegen einen Betriebsübergang[5] oder einer Zusage während eines Einstellungsgespräches[6].

Ausnahmsweise wird eine typische Willenserklärung wie eine atypische Willenserklärung behandelt, wenn sich Inhalt und Bedeutung der Erklärung der Parteien nur aus den näheren nur die Parteien berührenden nichttypischen Umständen erschließen[7].

Keine Frage der Auslegung ist die **Feststellung** der für die Auslegung **erheblichen Tatsachen**. Soweit dem Berufungsgericht keine tatsächlichen Fehler bei der Feststellung des Tatsachenstoffs unterlaufen sind, ist das Revisionsgericht an die Feststellungen gebunden. Für die Auslegungsgrundlage, also den Wortlaut einer Willenserklärung oder des Vertrages, ist deshalb grds. von den Feststellungen des LAG auszugehen, vgl. Rz. 53 ff. Die Feststellung des Berufungsgerichtes, eine Willenserklärung habe einen bestimmten Inhalt, ist keine tatsächliche Feststellung, sondern im Gegenteil gerade das Ergebnis einer Auslegung. Es bindet das Revisionsgericht deshalb nicht, wenn bei der Auslegung die unter Rz. 26 dargestellten Rechtsfehler unterlaufen sind[8]. 27

Ist die Auslegung fehlerhaft, hat das BAG den Rechtsstreit regelmäßig an das Berufungsgericht zurückzuverweisen. Nur ausnahmsweise kommt eine eigene Auslegung der Willenserklärungen und Verträge durch das Revisionsgericht in Betracht. Dies ist der Fall, wenn das Berufungsgericht die zur Auslegung erforderlichen Feststellungen getroffen hat und weitere Feststellungen nicht mehr in Betracht kommen[9]. Dies soll auch gelten, wenn eine Vertragsurkunde nur in eine bestimmte Richtung ausgelegt werden kann[10]. Dem ist zu folgen. Eine Sachentscheidung in der Revisionsinstanz setzt voraus, dass die tatsächlichen Feststellungen getroffen und weitere entgegenstehende Feststellungen nicht mehr zu erwarten sind. Dies ist der Fall, wenn eine Vertragsurkunde eindeutig einen bestimmten Inhalt hat[11].

11. Rechtsgeschäftsähnliche Handlungen

Der für nichttypische Willenserklärungen geltende eingeschränkte Prüfungsmaßstab gilt auch für einseitige rechtsgeschäftsähnliche Handlungen. Um solche handelt es sich zB bei der individuellen Geltendmachung von Ansprüchen gegen den ArbGeb. Dies ist keine Willenserklärung, sondern eine einseitige rechtsgeschäftsähnliche Handlung, auf die die Vorschriften des BGB über Rechtsgeschäfte entsprechend ihrer Eigenart analoge Anwendung finden. Entsprechend anwendbar sind auch die Vorschriften über die Auslegung von Willenserklärungen, §§ 133, 157 BGB[12]. 27a

12. Betriebliche Übung/Gesamtzusage

Die Klärung der Frage, ob aus einem wiederholten tatsächlichen Verhalten des ArbGeb eine betriebliche Übung und damit ein Anspruch des ArbN auf zukünftige Gewährung der Leistung entsteht, ist in erster Linie eine tatrichterliche Aufgabe. Insoweit sind Inhalt und Reichweite einer betrieblichen Übung, die sich aus dem tatsächlichen Verhalten des Arbeitgebers ableitet, von den Tatsachengerichten unter Berücksichtigung aller Umstände des Einzelfalles zu ermitteln. Das Revisionsgericht kann insoweit nur überprüfen, ob der angenommene Erklärungswert des tatsächlichen Verhaltens den Auslegungsregeln der §§ 133, 157 BGB entspricht, mit den Gesetzen der Logik und den allgemeinen Erfahrungssätzen vereinbar ist und ob das Berufungsgericht alle wesentlichen Umstände des Falles berücksichtigt hat[13]. Ob und in welchem Um- 27b

---

1 BAG v. 2.11.2016 – 10 AZR 419/15, NZA 2017, 187.
2 BAG v. 6.9.2006 – 5 AZR 703/05, NZA 2007, 36.
3 BAG v. 22.9.2005 – 6 AZR 607/04, NZA 2006, 429.
4 BAG v. 11.5.2000 – 2 AZR 54/99, NZA 2000, 1055.
5 BAG v. 13.7.2006 – 8 AZR 382/05, NZA 2006, 1406.
6 BAG v. 7.12.2000 – 6 AZR 444/99, NZA 2001, 780.
7 BAG v. 14.3.2006 – 9 AZR 312/05, NZA 2007, 1233 zur Bescheinigung nach § 312 SGB III.
8 So auch GMP/*Müller-Glöge*, § 73 Rz. 25; GK-ArbGG/*Mikosch*, § 73 ArbGG Rz. 38. AA: BAG v. 14.9.1972 – 5 AZR 212/72, AP Nr. 34 zu § 133 BGB.
9 BAG v. 17.11.2016 – 6 AZR 487/15, BB 2017, 308; BAG v. 24.11.2005 – 2 AZR 614/04, NZA 2006, 366; BAG v. 28.2.1991 – 8 AZR 83/90, NZA 1991, 685; BAG v. 20.5.1999 – 6 AZR 601/97, NZA 2000, 492.
10 BAG v. 28.2.1990 – 7 AZR 149/89, NZA 1990, 746; Hauck/Helml/Biebl/*Hauck*, § 73 Rz. 4.
11 Vgl. umfassend zur Sachentscheidungsbefugnis BAG v. 2.12.1999 – 8 AZR 796/98, NZA 2000, 369; BAG v. 17.10.2000 – 3 AZR 69/99, NZA 2001, 203.
12 BAG v. 16.4.2013 – 9 AZR 731/11, BAGE 145, 8; BAG v. 17.4.2002 – 5 AZR 644/00, NZA 2002, 1341. AA: GMP/*Müller-Glöge*, § 73 Rz. 27.
13 HWK/*Bepler/Treber*, § 73 Rz. 13.

fang der sich aus der betrieblichen Übung ergebende Erklärungswert überprüft wird, war lange streitig und auch in der Rspr. des BAG uneinheitlich[1]. Zwischenzeitlich hat sie die Auffassung durchgesetzt, dass die aufgrund einer betrieblichen Übung typisiert gestalteten Arbeitsbedingungen einer uneingeschränkten Prüfung unterzogen werden[2]. Richtigerweise ist die Feststellung der betrieblichen Übung eine tatrichterliche Aufgabe. Die Auslegung der Erklärung selbst ist aber voll zu überprüfen, weil die betriebliche Übung typisierenden Charakter hat. Eine betriebliche Übung wirkt auf alle Arbeitsverhältnisse. Individuelle Einzelheiten werden nicht verhandelt. Sie kommt daher ähnlich wie die Verwendung eines Formulararbeitsvertrages in die Nähe von Allgemeinen Geschäftsbedingungen, deren Auslegung revisionsrechtlich voll überprüfbar ist, wobei die zugrunde liegenden Tatsachenfeststellungen den Instanzgerichten obliegen. Zu den tatsächlichen Grundlagen der Nachprüfung vgl. Rz. 53 ff.

Eine **Gesamtzusage**, etwa in einer allgemeinen schriftlichen Personalinformation an alle Mitarbeiter unterliegt der uneingeschränkten revisionsrechtlichen Überprüfung[3].

13. Prozesshandlungen

28   Prozesshandlungen unterliegen in vollem Umfang der **Nachprüfung durch das Revisionsgericht**[4]. So ist bei der Auslegung eines Klageantrags neben dessen Wortlaut auch die Klagebegründung mit zu berücksichtigen. Es ist der wirkliche Wille des Klägers zu erforschen und nicht an dem buchstäblichen Sinne des Ausdrucks zu haften. Der Antragswortlaut hat hinter dem erkennbaren Sinn und Zweck des Antrags zurückzutreten[5]. Nicht einheitlich beantwortet wird die Frage, ob **Prozessvergleiche** uneingeschränkt revisibel sind. Nach der ursprünglichen Auffassung des BAG waren Prozessvergleiche voll nachprüfbar, weil es sich bei dem Vergleich um eine Prozesshandlung handelt[6]. In neueren Entscheidungen sind der 3., 4., 6. und 10. Senat demgegenüber wie selbstverständlich von der eingeschränkten Überprüfbarkeit ausgegangen[7]. Der 8. Senat hat die Frage ausdrücklich ebenso offen gelassen wie der 5. und 7. und neuerdings auch wieder der 10. Senat[8]. Der 8. Senat scheint jetzt nach dem Inhalt des Vergleiches zu differenzieren[9]. Der vollen Überprüfbarkeit wird entgegengehalten, dass der Prozessvergleich nicht nur Prozesshandlung ist, sondern auch einen materiellen Inhalt hat[10]. Hinsichtlich dieses Inhaltes stehe er einer individualrechtlichen Vereinbarung gleich. Diese Auffassung ist zutreffend. Denn im Vordergrund steht die materielle Gestaltung der Rechtslage durch die Individualabrede. Es ist deshalb irrelevant, ob zB eine Aufhebungsvereinbarung gerichtlich oder außergerichtlich abgeschlossen wird. Richtigerweise ist deshalb die prozessbeendende Wirkung als Prozesshandlung voll überprüfbar. Hinsichtlich des materiellen Inhalts ist danach zu differenzieren, ob die Klausel des gerichtlichen Vergleiches typisch oder nichttypisch ist. Ein gerichtlicher Vergleich, der Standardklauseln enthält, kann deshalb voll überprüft werden[11], vgl. auch Rz. 25.

---

1 Für die eingeschränkte Prüfung: BAG v. 28.6.2006 – 10 AZR 385/05, BAGE 118, 360; BAG v. 7.11.2002 – 2 AZR 742/00, NZA 2003, 1139; BAG v. 16.1.2002 – 5 AZR 715/00, NZA 2002, 632; zweifelnd: BAG v. 25.6.2002 – 3 AZR 360/01, NZA 2003, 875 mit dem zutreffenden Hinweis auf den kollektiven Aspekt der betrieblichen Übung. Für eine umfassende Prüfung: BAG v. 21.1.2003 – 9 AZR 546/01, EzA BGB 2002 § 611 Gratifikation, Prämie Nr. 5.
2 Grundlegend: BAG v. 28.6.2006 – 10 AZR 385/05, BAGE 118, 360; BAG v. 24.2.2016 – 4 AZR 990/13, NZA 2016, 557; BAG v. 19.8.2015 – 5 AZR 450/14; juris; BAG v. 5.5.2015 – 1 AZR 806/13; AP Nr 356 zu § 1 TVG Tarifverträge: Bau; BAG v. 31.7.2007 – 3 AZR 189/06; NZA-RR 2008, 263; grundlegend 28.6.2006 – 10 AZR 385/05 – Rn. 39 mwN, BAGE 118, 360; Ostrowicz/Künzl/Scholz Rz. 584; GMP/Müller-Glöge, § 73 Rz. 21; GWBG/Benecke, § 73 Rz. 20. Differenzierend: GK-ArbGG/Mikosch, § 73 Rz. 42; vgl. auch BeckOKArbR/Klose, § 73 Rz. 11.
3 BAG v. 23.10.2002 – 10 AZR 48/02, NZA 2003, 558.
4 BAG v. 5.7.2016 – 8 AZB 1/16, JurBüro 2016, 592; BAG v. 15.5.2013 – 7 AZR 494/11, NZA 2013, 1267; BAG v. 13.11.2012 – 3 AZR 444/10, NZA 2013, 1279; BAG v. 15.9.2009 – 3 AZR 173/08 – NZA 2010, 342; BAG v. 15.3.2001 – 2 AZR 141/00, NZA 2001, 1267; BAG v. 3.4.2001 – 9 AZR 301/80, NZA 2002, 90; BAG v. 27.10.1998 – 9 AZR, 726/97, NZA 1999, 777; BAG v. 22.5.1985 – 4 AZR 88/84, AP Nr. 7 zu § 1 TVG – Tarifverträge: Bundesbahn; ErfK/Koch, § 73 ArbGG Rz. 15; GMP/Müller-Glöge, § 73 Rz. 28; Düwell/Lipke/Düwell, § 73 Rz. 33. Vgl. auch § 74 Rz. 43.
5 BAG v. 13.11.2012 – 3 AZR 444/10, NZA 2013, 1279; BAG v. 15.3.2001 – 2 AZR 141/00, NZA 2001, 1287.
6 BAG v. 19.5.2004 – 5 AZR 434/03, AP Nr. 108 zu § 615 BGB; BAG v. 4.3.2004 – 8 AZR 203/03, NZA 2004, 999; BAG v. 22.5.2003 – 2 AZR 250/02. So auch GMP/Müller-Glöge, § 73 Rz. 22; ErfK/Koch, § 73 ArbGG Rz. 15.
7 BAG v. 21.1.2014 – 3 AZR 362/11, AP Nr. 43 zu § 1 BetrAVG Auslegung; BAG v. 1.6.2006 – 6 AZR 59/06, NZA 2006, 95; BAG v. 15.9.2004 – 4 AZR 9/04, NZA 2005, 524 jeweils ohne sich mit der bisherigen Rspr. zu befassen. Ausführlich dagegen BAG v. 8.3.2006 – 10 AZR 349/05, NZA 2006, 854 unter Aufgabe der bisherigen Rspr.
8 BAG v. 9.12.2015 – 7 AZR 117/14, NZA 2016, 552; BAG v. 22.10.2008 – 10 AZR 617/07 – NZA 2009, 140; BAG v. 24.8.2006 – 8 AZR 574/05, NZA 2007, 328; BAG v. 29.9.2004 – 5 AZR 99/04, NZA 2005, 104.
9 BAG v. 23.6.2016 – 8 AZR 757/14, NZA 2016, 1459.
10 HWK/Bepler/Treber, § 73 Rz. 15; GK-ArbGG/Mikosch, § 73 Rz. 43; Ostrowicz/Künzl/Scholz, Rz. 588.
11 HWK/Bepler/Treber, § 73 Rz. 15 jedenfalls dann, wenn es um die Annahme eines gerichtlichen Vergleichsvorschlags geht. Vgl. aber auch BAG v. 8.3.2006 – 10 AZR 349/05, NZA 2006, 854.

IV. Die Verletzung von Verfahrensrecht

1. Allgemeines

Die **Revision** kann auch **auf Verfahrensfehler gestützt** werden. Dabei ist zunächst danach zu differenzieren, ob das BAG sie von Amts wegen zu berücksichtigen hat oder nicht. Denn bei nicht von Amts wegen zu berücksichtigenden Verfahrensfehlern ist es notwendig, dass die Parteien auf den Mangel hinweisen. Dies ergibt sich aus § 557 Abs. 3 Satz 2 ZPO. Die Norm bestimmt, dass auf Verfahrensmängel, die nicht von Amts wegen zu prüfen sind, das angefochtene Urteil nur geprüft werden darf, wenn die Mängel nach den §§ 551 und 554 Abs. 3 ZPO gerügt worden sind.

2. Von Amts wegen zu berücksichtigende Verfahrensmängel

Bei **von Amts wegen** zu berücksichtigenden Mängeln ist eine **Rüge** der Parteien **nicht erforderlich**. Auf solche Mängel kann von den Parteien deshalb bis zum Schluss der mündlichen Verhandlung hingewiesen werden. Problematisch ist allerdings, wann ein von Amts wegen zu berücksichtigender Verfahrensmangel vorliegt. Denn dies ist gesetzlich nicht definiert. Entscheidend ist, ob die Einhaltung der jeweiligen Verfahrensvorschrift im öffentlichen Interesse gefordert wird, der in den Vorinstanzen unterlaufene Verfahrensverstoß also nicht hingenommen werden kann. Werden demgegenüber nur die Interessen einer Partei berührt, besteht kein Bedürfnis für die Überprüfung des Urteils ohne Revisionsrüge[1].

Beispiele für von Amts wegen zu berücksichtigende Verfahrensmängel sind das **Fehlen staatlicher Rechtsprechungsgewalt**[2], das **Fehlen allgemeiner Prozessvoraussetzungen** wie Partei- und Prozessfähigkeit[3], Prozessführungsbefugnis[4] oder das Vorliegen einer rechtskräftigen Entscheidung[5]. Nichts anderes gilt für die **Zulässigkeit der Berufung**[6]. Das Revisionsgericht muss also von Amts wegen prüfen, ob die in den Vorinstanzen eingelegten Rechtsmittel ordnungsgem. waren. Es kommt nicht darauf an, ob das LAG die Berufung als zulässig angesehen hat[7].

Problematisch ist, ob das Revisionsgericht im Rahmen der von Amts wegen vorzunehmenden Prüfung, ob die Berufung zulässig war, über einen Antrag auf **Wiedereinsetzung in den vorigen Stand** gegen die Versäumung der Berufungsbegründungsfrist selbst entscheiden kann. Denn nach § 237 ZPO wäre grds. das LAG zuständig. Hinzu kommt, dass nach § 238 Abs. 3 ZPO eine vom Berufungsgericht gewährte Wiedereinsetzung unanfechtbar ist. Eine Wiedereinsetzung durch das Revisionsgericht kommt deshalb nur in Ausnahmefällen in Betracht[8]. Insoweit ist anerkannt, dass das Revisionsgericht über einen vom Berufungsgericht übergangenen oder erstmals im Revisionsrechtszug gestellten Antrag auf Wiedereinsetzung in den vorigen Stand gegen die Versäumung der Berufungs- oder Berufungsbegründungsfrist selbst urteilen kann[9]. Gleichfalls kann das Revisionsgericht entscheiden, wenn nach Aktenlage die Wiedereinsetzung ohne Weiteres zu gewähren wäre[10]. Ebenso, wenn die Entscheidung über die Revision materiell zum selben Ergebnis führen würde, wie die Versagung der Wiedereinsetzung[11]. Falls kein Ausnahmefall vorliegt, ist der Rechtsstreit schon wegen der Entscheidung über die Wiedereinsetzung zurückzuverweisen.

---

1 Stein/Jonas/*Grunsky*, § 559 ZPO Rz. 9; GK-ArbGG/*Mikosch*, § 73 Rz. 47; Düwell/Lipke/*Düwell*, § 73 ZPO Rz. 47.
2 BAG v. 7.2.1990 – 5 AZR 84/89, AP Nr. 37 zu Art. 140 GG.
3 BAG v. 5.6.2014 – 6 AZN 267/14, NZA 2014, 799; BAG v. 28.2.1974 – 2 AZR 191/73, AP Nr. 4 zu § 56 ZPO; BAG v. 15.9.1977 – 3 AZR 410/76, AP Nr. 5 zu § 56 ZPO.
4 BAG v. 11.8.1998 – 9 AZR 83/97, AP Nr. 22 zu § 812 BGB.
5 GK-ArbGG/*Mikosch*, § 73 Rz. 48.
6 BAG v. 23.2.2016 – 3 AZR 230/14, NZA 2016, 1104; BAG v. 19.11.2015 – 2 AZR 217/15, NZA 2016, 540; BAG v. 19.2.2013 – 9 AZR 543/11, NZA 2013, 928; BAG v. 16.5.2012 – 4 AZR 245/10, NZA-RR 2012, 599; BAG v. 18.5.2011 – 4 AZR 552/09, AP Nr. 45 zu § 69 ArbGG 1979; BAG v. 26.8.2009 – 4 AZR 280/08, NZA 2010, 238; BAG v. 24.9.2008 – 6 AZR 76/07, NZA 2009, 155; BAG v. 8.10.2008 – 5 AZR 526/07, NZA 2008, 1429; BAG v. 16.11.2005 – 7 AZR 81/05, NZA 2006, 785; BAG v. 27.10.2005 – 8 AZR 546/03, NZA 2006, 259; BAG v. 4.6.2003 – 10 AZR 586/02, NZA 2003, 1088.
7 BAG v. 23.2.2016 – 3 AZR 230/14, NZA 2016, 1104; BAG v. 19.2.2013 – 9 AZR 543/11, NZA 2013, 928; BAG v. 15.3.2011 – 9 AZR 813/09, NZA 2011, 767.
8 BAG v. 13.12.2012 – 6 AZR 303/12, NZA 2013, 636; BAG v. 5.2.2004 – 8 AZR 112/03, NZA 2004, 541; BAG v. 9.7.2003 – 10 AZR 615/02, NZA 2004, 344.
9 BAG v. 5.2.2004 – 8 AZR 112/03, NZA 2004, 541; BGH v. 6.10.1952 – III ZR 369/51, BGHZ 7, 280; BLAH, § 237 ZPO Rz. 3.
10 BAG v. 13.12.2012 – 6 AZR 303/12, NZA 2013, 636; BGH v. 22.9.1992 – VI ZB 22/92, AP Nr. 24 zu § 233 ZPO 1977.
11 BAG v. 4.6.2003 – 10 AZR 586/02, AP Nr. 2 zu § 209 InsO.

Ob die fehlerhafte Entscheidung durch Teilurteil von Amts wegen zu berücksichtigen ist oder nicht, hat das BAG zunächst offen gelassen[1], geht aber nun zutreffend regelmäßig von einer von Amts wegen vorzunehmenden Prüfung der Zulässigkeit von Teilurteilen iSv. § 301 ZPO aus[2].

3. Auf Rüge zu berücksichtigende Verfahrensmängel

32 Sind Verfahrensfehler **nicht von Amts wegen** zu berücksichtigen, müssen die **Parteien** auf den jeweiligen Mangel **hinweisen**. Dies betrifft im Wesentlichen die Fälle fehlenden rechtlichen Gehörs, also zB die Aufklärungsrüge, daneben aber auch die Beweisrüge. Die Revision kann im Rahmen der Verfahrensrüge auch darauf gestützt werden, dass der verfassungsrechtlich garantierte Anspruch aus Art. 103 GG auf rechtliches Gehör verletzt worden ist. Vgl. dazu ausführlich § 72 Rz. 43 ff.

33 Darüber hinaus kann auch eine Verletzung der sich aus § 139 ZPO ergebenden Pflichten geltend gemacht werden. Bei der **Aufklärungsrüge** geht es um die Verletzung der gerichtlichen Aufklärungspflicht. Es muss dargelegt werden, dass das Gericht seine Aufklärungspflicht verletzt hat, was die Partei vorgetragen hätte, wenn das Gericht seiner Aufklärungspflicht genügt hätte, und dass die Entscheidung dann anders ausgefallen wäre, vgl. dazu im Einzelnen § 74 Rz. 57[3].

34 Bei der **Beweiswürdigung** kann nur geprüft werden, ob § 286 ZPO verletzt worden ist, also ob die gesetzlichen Grenzen von § 286 ZPO eingehalten worden sind[4]. Ob dies aufgrund einer Sachrüge oder einer Verfahrensrüge erfolgt, ist streitig[5]. Nach § 286 ZPO müssen die Tatsacheninstanzen unter Berücksichtigung des gesamten Inhaltes der Verhandlung und des Ergebnisses einer durchgeführten Beweisaufnahme entscheiden, ob sie eine tatsächliche Behauptung für wahr oder für unwahr halten. Dabei muss die Beweiswürdigung vollständig, widerspruchsfrei und umfassend sein. Maßstab für den Grad der Überzeugung ist ein für das praktische Leben brauchbarer Grad von Gewissheit, die vernünftigen Zweifeln Schweigen gebietet, ohne sie jedoch völlig auszuschließen. Vom Revisionsgericht wird deshalb geprüft, ob der gesamte Inhalt der Verhandlung berücksichtigt worden ist[6], ob eine Würdigung aller erhobenen Beweise stattgefunden hat, ob die Beweiswürdigung in sich widerspruchsfrei und frei von Verstößen gegen Naturgesetze, Denkgesetze und allgemeine Erfahrungssätze ist[7] und ob keine zu hohen Anforderungen an den Grad der richterlichen Überzeugung gestellt worden sind[8]. Diese Grundsätze gelten auch außerhalb einer durchgeführten Beweisaufnahme. Die **Würdigung der Tatsachengrichte** ist nur daraufhin überprüfbar, ob sie in sich widerspruchsfrei ist und nicht gegen Rechtssätze, Denkgesetze oder Erfahrungssätze verstößt[9].

V. Absolute Revisionsgründe

1. Überblick

34a Das Gesetz kennt absolute Revisionsgründe. Diese sind in § 547 ZPO abschließend zusammengefasst. Die Besonderheit der absoluten Revisionsgründe besteht darin, dass die Kausalität der Rechtsverletzung nicht gesondert geprüft wird. Liegt einer der in § 547 ZPO geregelten Tatbestände vor, wird unwiderleglich vermutet, dass die Entscheidung auf dem Verstoß beruht. Das Urteil ist in jedem Falle aufzuheben. § 563 ZPO findet keine Anwendung, vgl. dazu ausführlich Rz. 63 f.

Allerdings setzt die Berücksichtigung eines absoluten Revisionsgrundes voraus, dass die Revision zulässig ist. Allein das Vorliegen eines absoluten Revisionsgrundes eröffnet die Revision nicht. Sie muss entweder vom Berufungsgericht zugelassen worden sein, oder es muss erfolgreich Nichtzulassungsbeschwerde ein-

---

1 BAG v. 23.3.2005 – 4 AZR 243/04, NZA 2006, 1062.
2 BAG v. 13.4.2016 – 4 AZR 13/13, juris; BAG v. 19.11.2014 – 4 AZR 996/12, juris; BAG v. 17.4.2013 – 4 AZR 361/11, juris.
3 Vgl. auch BAG v. 12.4.2002 – 2 AZR 148/01, NZA 2002, 1081.
4 BAG v. 17.3.2016 – 8 AZR 677/14, ArbuR 2016, 217; BAG v. 13.11.2013 – 10 AZR 639/13; BAG v. 26.9.2013 – 8 AZR 650/12, NZA 2014, 258; BAG v. 12.4.2002 – 2 AZR 148/01, NZA 2002, 1081; BAG v. 13.2.2003 – 8 AZR 654/01, NZA 2003, 552. Vgl. auch BGH v. 13.8.2013 – VI ZR 389/12, NZA 2014, 91; GK-ArbGG/*Mikosch*, § 73 Rz. 46.
5 Vgl. GMP/*Müller-Glöge*, § 74 Rz. 110; auch BAG v. 9.3.1972 – 1 AZR 261/71, AP Nr. 2 zu § 561 ZPO. Richtig: GK-ArbGG/*Mikosch*, § 73 Rz. 46.
6 Die Beweiswürdigung muss vollständig sein, BAG v. 21.3.2001 – 5 AZR 352/99, NZA 2001, 1017.
7 BAG v. 17.3.2016 – 8 AZR 677/14, ArbuR 2016, 217; BAG v. 26.9.2013 – 8 AZR 650/12, NZA 2014, 258; BAG v. 12.11.1998 – 8 AZR 292/97, nv.; BAG v. 25.2.1998 – 2 AZR 327/97, nv.
8 Umfassend BAG v. 27.3.2003 – 2 AZR 51/02, NZA 2003, 1193; BAG v. 12.4.2002 – 2 AZR 148/01, NZA 2002, 1081; BAG v. 13.2.2002 – 5 AZR 588/00, NZA 2002, 739; BAG v. 17.2.2000 – 2 AZR 927/98, RzK I 6e Nr. 20; BAG v. 3.4.1986 – 2 AZR 324/85, AP Nr. 18 zu § 626 BGB – Verdacht strafbarer Handlung.
9 BAG v. 2.8.2013 – 8 AZR 563/12, NZA 2014, 82.

gelegt worden sein. Allerdings ist das Vorliegen bestimmter absoluter Revisionsgründe einerseits ein Zulassungsgrund nach § 72 Abs. 2 Nr. 3, andererseits ein Grund, der die Nichtzulassungsbeschwerde nach § 72a begründet.
Auch absolute Revisionsgründe sind **nicht zwingend von Amts wegen** zu berücksichtigen. Ob ein absoluter Revisionsgrund von Amts wegen oder erst auf eine Rüge hin zu prüfen ist, hängt vom jeweiligen absoluten Revisionsgrund selbst ab, vgl. zur Differenzierung Rz. 30.

2. § 547 Nr. 1 ZPO

Nach § 547 Nr. 1 ZPO liegt ein absoluter Revisionsgrund vor, wenn das erkennende Gericht **nicht vorschriftsmäßig besetzt** war. Erkennendes Gericht ist das Gericht, dessen Entscheidung angefochten wird. Abzustellen ist auf die Besetzung des Spruchkörpers bei Schluss der mündlichen Verhandlung. Soweit das Urteil im schriftlichen Verfahren ergeht, ist die Besetzung bei der Beschlussfassung maßgeblich. Auf einen in den Vorinstanzen begangenen Verstoß kommt es nicht an[1]. § 547 Nr. 1 ZPO erfasst auch die Fälle, in denen über die Rechtsstreitigkeit andere Richter entscheiden als die, die gesetzlich dazu berufen sind. Aus Art. 101 Abs. 1 Satz 2 GG, der den gesetzlichen Richter garantiert, folgt, dass die Rechtsprechungsorgane nicht anders besetzt werden dürfen, als es in den allgemeinen Normen des Gesetzes und der Geschäftsverteilungspläne vorgesehen ist. Gesetzlicher Richter bedeutet, dass sich der für die einzelne Sache zuständige Richter im Voraus möglichst eindeutig aus einer abstrakt generellen Regelung ergeben muss. Entscheidend ist die normative, abstrakt generelle Vorherbestimmung des jeweils zuständigen Richters[2].

In der Arbeitsgerichtsbarkeit können Fehler bei der Besetzung die Beteiligung der Berufsrichter und der ehrenamtlichen Richter betreffen. Beide Gruppen müssen nach abstrakt generellen Regelungen bestimmt werden. Willkürlich ist die Bestimmung bereits dann, wenn die Zuständigkeitsbestimmung von Fall zu Fall im Gegensatz zur beschriebenen abstrakt generellen Heranziehung erfolgt[3]. Eine Ermessensentscheidung kommt nur dann in Betracht, wenn sie in der Hand eines unabhängigen Richters liegt[4]. Daneben liegt ein Besetzungsfehler auch vor, wenn die Sache der falschen Kammer zugeordnet worden ist. Im Einzelnen gilt Folgendes:

Das Grundgesetz und die Gerichtsverfassung sehen im Interesse der sachlichen und persönlichen Unabhängigkeit der Richter vor, dass ihr Amt grds. von bei dem betreffenden Gericht **planmäßig und auf Lebenszeit** ernannten Richtern ausgeübt wird. Das Gericht ist deshalb nicht ordnungsgemäß besetzt, wenn die **Berufsrichter** nicht nach § 8 DRiG berufen worden sind. Der Einsatz von **nicht planmäßigen Richtern** bei einem Gericht ist möglich, aber auf das zwingend gebotene Maß zu beschränken. Die Notwendigkeiten, die eine solche Verwendung rechtfertigen, können in den einzelnen Gerichtszweigen, bei den einzelnen Gerichten und bei ihren Kammern oder Senaten örtlich und zeitlich verschieden sein; daher hängt es von den jeweiligen besonderen Umständen ab, ob und in welchem Maß im Einzelfall die Besetzung der erkennenden Gerichte mit nicht planmäßigen Richtern zulässig ist[5]. Ein derartiger zwingender Grund für den Einsatz planmäßiger Richter unterer Gerichte in Abordnung an obere Gerichte ist die **Eignungserprobung**. Deshalb kann ein Richter am ArbG vorübergehend Vorsitzender einer Kammer an einem LAG sein[6]. Zudem liegen zwingende Gründe für einen Einsatz nicht planmäßiger Richter an oberen Gerichten vor, wenn **vorübergehend ausfallende planmäßige Richter**, deren Arbeit von den im Geschäftsverteilungsplan bestimmten Vertretern neben den eigenen Aufgaben nicht bewältigt werden kann, vertreten werden müssen oder wenn ein zeitweiliger außergewöhnlicher Arbeitsanfall aufzuarbeiten ist. Auch in solchen Fällen ist die Verwendung von nicht planmäßigen Richtern nicht gerechtfertigt, wenn die Arbeitslast des Gerichts

35

36

---

1 BAG v. 16.10.2008 – 7 AZN 427/08, NZA 2009, 510; BAG v. 27.3.1961 – 4 AZR 94/95, AP Nr. 1 zu § 551 ZPO.
2 BAG v. 21.9.2016 – 10 AZN 67/16, NZA 2016, 1352; BAG v. 14.9.2016 – 4 AZN 540/16, NZA 2016, 1423; BAG, 23.07.2014 – 7 ABR 23/12, NZA 2014, 1288; BAG v. 5.12.2011 – 5 AZN 1036/11, NZA 2012, 1165; BAG v. 26.9.2007 – 10 AZR 35/07, NZA 2007, 1318; BAG v. 20.6.2007 – 10 AZR 375/06, NJW 2007, 3146; BAG v. 16.5.2002 – 8 AZR 412/01, AP Nr. 61 zu Art. 101 GG; BAG v. 22.3.2001 – 8 AZR 565/00, AP Nr. 59 zu Art. 101 GG; BAG v. 26.9.1996 – 8 AZR 126/95, AP Nr. 3 zu § 39 ArbGG 1979.
3 BAG v. 21.9.2016 – 10 AZN 67/16, NZA 2016, 1352; BAG v. 18.5.2002 – 8 AZR 412/01, AP Nr. 61 zu Art. 101 GG; HWK/*Bepler/Treber*, § 73 Rz. 18.
4 BAG v. 21.9.2016 – 10 AZN 67/16, NZA 2016, 1352; BVerfG v. 12.11.2008 – 1 BvR 2788/08, NJW 2009, 907; BVerfG v. 14.6.2007 – 2 BvR 1447/05, NJW 2007, 2977.
5 BAG v. 14.9.2016 – 4 AZN 540/16, NZA 2016, 1423; BAG v. 18.6.2015 – 8 AZN 881/14, AE 2015, 226; BAG v. 23.07.2014, 7 ABR 23/12, NZA 2014, 1288; ErfK/*Koch*, § 72 ArbGG Rz. 11; Düwell/Lipke/*Düwell*, § 73 Rz. 51 GK-ArbGG/*Mikosch*, § 73 Rz. 51.
6 BAG v. 14.9.2016 – 4 AZN 540/16, NZA 2016, 1423; BAG v. 18.6.2015 – 8 AZN 881/14, AE 2015, 226; BAG v. 23.07.2014 – 7 ABR 23/12, NZA 2014, 1288; BAG v. 6.6.2007 – 4 AZR 411/06, NZA 2008, 1087; BAG v. 25.3.1971 – 2 AZR 187/70, AP Nr. 3 zu § 36 ArbGG 1953; BVerfG v. 22.6.2006 – 2 BvR 957/05, juris.

deshalb nicht bewältigt werden kann, weil es unzureichend mit Planstellen ausgestattet ist, oder weil die Justizverwaltung es versäumt hat, offene Planstellen binnen angemessener Frist zu besetzen[1]. Die Abordnung muss die Ausnahme bleiben und darf nicht zur Regel werden.

Bei **überbesetzten Spruchkörpern** muss die Heranziehung der Berufsrichter zu den einzelnen Sitzungen vorab durch einen Beschluss des Spruchkörpers in abstrakt genereller Form geregelt sein. Sie darf nicht im Ermessen des Vorsitzenden stehen, § 21 GVG[2].

37 Maßgeblich für die **Verteilung der Eingänge** ist der jeweilige **Geschäftsverteilungsplan**. Dieser ist nicht nur bloßes Internum der Gerichtsverwaltung, sondern Voraussetzung für die Bestimmung des gesetzlichen Richters. Der für die Sache zuständige Richter muss sich im Voraus abstrakt generell ermitteln lassen[3]. Dabei treten bei der Aufstellung von Geschäftsverteilungsplänen zuweilen Fehler auf. Allerdings führt nicht jeder Verstoß gegen den Geschäftsverteilungsplan zum absoluten Revisionsgrund der fehlerhaften Besetzung. Zu unterscheiden sind Aufstellungs- und Anwendungsmängel. Leidet der Geschäftsverteilungsplan an einem wesentlichen Aufstellungsmangel, ist die Revision begründet. Anwendungsmängel begründen die Revision nicht schon bei jeder fehlerhaften Anwendung[4]. Die Grenze zur Verfassungswidrigkeit ist erst überschritten, wenn die Entscheidung eines Gerichts von willkürlichen Erwägungen bestimmt ist oder bei verständiger Würdigung der das Grundgesetz beherrschenden Gedanken nicht mehr verständlich erscheint und offensichtlich unhaltbar ist[5]. Entscheidend für die Bewertung der Willkür sind die Umstände des Einzelfalls. Hat die Kammer ihre Zuständigkeit aufgrund einer unrichtigen Auslegung des Geschäftsverteilungsplanes bejaht oder irrig eine Zuständigkeit angenommen, liegt kein absoluter Revisionsgrund vor[6]. Erst wenn die Kammer ihre Zuständigkeit bewusst unter Verstoß gegen den Geschäftsverteilungsplan bejaht, liegt ein absoluter Revisionsgrund vor. Darauf kommt es aber nicht an, wenn die Zuteilungsregelung selbst schon unverständlich ist[7]. Willkür und kein Irrtum besteht aber, wenn trotz Rüge der Zuständigkeit eine eindeutige Regelung im Geschäftsverteilungsplan nicht angewendet wird[8]. Die Kammer hat in diesem Fall die vorschriftsmäßige Besetzung missachtet. Unerheblich ist, ob die Parteien mit der abweichenden Besetzung einverstanden waren[9]. Der Revisionsgrund liegt weiterhin vor, wenn der Vorsitzende außerhalb der in § 55 Abs. 1 aufgelisteten Fälle allein entscheidet[10]. § 547 Nr. 1 ZPO greift auch, wenn ein Geschäftsverteilungsplan keine Regelung zur Prozessverbindung nach § 147 ZPO enthält. Der Verbindungsbeschluss nach § 147 ZPO steht nicht im Rahmen freien, sondern pflichtgemäßen Ermessens des Gerichts[11].

38 Die fehlerhafte **Berufung** von **ehrenamtlichen Richtern** nach § 20 ist gem. § 65 grds. der Überprüfung entzogen. Dies betrifft jedoch nur das Verfahren bis zur Berufung. Die **Heranziehung** der ehrenamtlichen Richter muss nach einer Liste gem. §§ 31, 39 erfolgen. Sie muss sich nach abstrakt generellen Regeln vollziehen. Dabei ist unerheblich, dass die Richter allen Kammern zugewiesen werden[12]. Allerdings führt auch hier nicht jeder Anwendungsfehler zu einem absoluten Revisionsgrund. Entscheidend ist wiederum die willkürliche Anwendung. So darf die Heranziehung nicht im Einzelfall einer Ermessensentscheidung durch den Vorsitzenden oder der Kammer überlassen bleiben, auch nicht im Falle der Fortsetzung der mündlichen Verhandlung in gleicher Besetzung[13]. Die Regelung in einem Geschäftsverteilungsplan, dass ein verhinderter ehrenamtlicher Richter bei nächster Gelegenheit hinzugezogen wird, ist nicht zu beanstanden[14]. Demgegenüber liegt ein absoluter Revisionsgrund vor, wenn ein nicht berufener ehrenamtlicher Richter

---

1 BAG v. 14.9.2016 – 4 AZN 540/16, NZA 2016, 1423; BAG v. 18.6.2015 – 8 AZN 881/14, AE 2015, 226; BAG v. 23.7.2014 – 7 ABR 23/12, NZA 2014, 1288; Düwell/Lipke/*Düwell*, § 73 Rz. 52.
2 BAG v. 8.4.1997 – 1 BvU 1/95, AP Nr. 53 zu Art. 101 GG; Düwell/Lipke/*Düwell*, § 73 Rz. 62.
3 BAG v. 9.6.2011 – 2 ABR 35/10, NZA 2011, 1446; GK-ArbGG/*Mikosch*, § 73 Rz. 53.
4 BAG v. 21.9.2016 – 10 AZN 67/16, NZA 2016, 1352; BVerfG v. 16.12.2014 – 1 BvR 2142/11, BVerfGE 138, 64.
5 BAG v. 21.9.2016 – 10 AZN 67/16, NZA 2016, 1352; BVerfG v. 4.2.2016 – 2 BvR 2223/15, NVwZ 2016, 764; BAG v. 9.6.2011 – 2 ABR 35/10, NZA 2011, 1446; BVerfG v. 12.11.2008 – 1 BvR 2788/08, NJW 2009, 907; BAG v. 23.3.2010 – 9 AZN 1030/09, ArbRB online, BGHZ 85, 116; Zöller/*Lückemann*, § 16 GVG Rz. 2.
6 Zöller/Heßler, § 547 ZPO Rz. 2, 2a; GWBG/*Benecke*, § 73 Rz. 31; Düwell/Lipke/*Düwell*, § 73 Rz. 57.
7 BAG v. 9.6.2011 – 2 ABR 35/10, NZA 2011, 1446.
8 BVerfG v. 29.2.2009 – 1 BvR 182/09; BAG v. 20.6.2007 – 10 AZR 375/06, NJW 2007, 3146.
9 BAG v. 25.8.1983 – 6 ABR 31/82, AP Nr. 11 zu § 551 ZPO; BAG v. 19.6.1973 – 1 AZR 521/72, AP Nr. 47 zu Art. 9 GG – Arbeitskampf; vgl. auch BAG v. 22.3.2001 – 8 AZR 565/00, AuR 2001, 359.
10 GMP/*Müller-Glöge*, § 73 Rz. 42; GK-ArbGG/*Mikosch*, § 73 Rz. 54.
11 BAG v. 21.9.2016 – 10 AZN 67/16, NZA 2016, 1352.
12 BAG v. 16.10.2008 – 7 AZN 427/08, NZA 2009, 510; BAG v. 26.9.1996 – 8 AZR 126/95, AP Nr. 3 zu § 39 ArbGG 1979; BAG v. 2.12.1999 – 2 AZR 843/98, AP Nr. 4 zu § 79 ArbGG 1979; Düwell/Lipke/*Düwell*, § 73 Rz. 61.
13 BAG v. 26.9.2007 – 10 AZR 35/07, NZA 2007, 1318; BAG v. 26.9.1996 – 8 AZR 126/95, AP Nr. 3 zu § 39 ArbGG 1979; BAG v. 16.11.1995 – 8 AZR 864/93, AP Nr. 54 zu Einigungsvertrag Anlage I Kap. XIX.
14 Sächs. VerfGH v. 25.6.1998 – 7 IV 97, NZA-RR 1998, 461.

geziert herangezogen wird, mögen auch die Parteien damit einverstanden gewesen sein[1]. Ebenso zu behandeln ist der Fall, dass bei Erkrankung eines eingeplanten ehrenamtlichen Richters nicht eine Notliste abgearbeitet wird, sondern einer herangezogen wird, der gerade im Gericht anwesend ist, etwa von einer anderen Kammer, die ihren Sitzungstag bereits beendet hat.

Gleichfalls liegt keine ordnungsgemäße Besetzung vor, wenn ein **ehrenamtlicher Richter** noch **nach** dem Ablauf **seiner Amtszeit** mitwirkt[2] oder wenn die ehrenamtlichen Richter nicht vor Beginn der mündlichen Verhandlung vereidigt worden sind[3]. Ein absoluter Revisionsgrund liegt auch vor, wenn die mündliche Verhandlung zwar noch während der Amtszeit eines ehrenamtlichen Richters stattfindet, die Entscheidung aber erst nach dem Ablauf der Amtszeit des ehrenamtlichen Richters beraten wird[4]. In einem solchen Fall muss die mündliche Verhandlung wieder eröffnet werden und ein neuer Verhandlungstermin stattfinden. 39

Ein Sonderproblem tritt auf, wenn ein ehrenamtlicher Richter die Voraussetzung für die **Zugehörigkeit zu einer Gruppe** nicht mehr erfüllt. So kann ein Beisitzer aus den Kreisen der ArbN zum Geschäftsführer bestellt werden. Erfüllt ein Beisitzer die Voraussetzungen für eine Berufung nicht mehr, muss er nach § 21 Abs. 5 auf Antrag entbunden werden. Die Regelung der Amtsentbindung zeigt, dass der betroffene ehrenamtliche Richter im Amt bleibt und an Entscheidungen mitwirken kann. Dies ergibt sich auch aus § 65[5], vgl. Rz. 66. 40

Schließlich ist eine ordnungsgemäße Besetzung nicht gegeben, wenn ein mitwirkender **Richter** während eines Teils der mündlichen Verhandlung **schlief oder gar abwesend** war, selbst wenn dies nur zeitweise der Fall gewesen ist. Denn die ordnungsgemäße Besetzung verlangt, dass alle Richter an der Sitzung teilnehmen[6]. Denn nur wenn jeder Richter die wesentlichen Vorgänge der mündlichen Verhandlung in sich aufgenommen hat, ist er in der Lage, unter Berücksichtigung des gesamten Inhalts der Verhandlung zu entscheiden. Deshalb schadet regelmäßig auch eine kurze Abwesenheit, selbst bei Vergleichsgesprächen. Denn auch diese sind Teil der mündlichen Verhandlung, solange nicht die Kammer eines ihrer Mitglieder durch Beschluss mit der Führung von Vergleichsgesprächen beauftragt hat[7]. Bei einem körperlichen Leiden eines Richters ist dessen Wahrnehmungsfähigkeit entscheidend[8]. 41

Der absolute Revisionsgrund des § 547 Nr. 1 ZPO kann aber auch vorliegen, wenn **nach Schluss der mündlichen Verhandlung eingegangene Schriftsätze** nicht von der gesamten Kammer zur Kenntnis genommen werden. Auch diese Schriftsätze sind von der Kammer zu beachten und es ist zu prüfen, ob die mündliche Verhandlung wiedereröffnet wird. Dies gilt auch, wenn das Urteil nach Beratung bereits gefällt, aber noch nicht verkündet ist. Nimmt allein der Berufsrichter diesen Schriftsatz zur Kenntnis, wird der Prozesspartei, die den Schriftsatz verfasst hat, der gesetzliche Richter entzogen[9]. Wird der Schriftsatz hingegen nicht mehr vor der Verkündung vorgelegt, geht es nicht um einen Verstoß gegen den gesetzlichen Richter, sondern allenfalls um eine Gehörsverletzung.

Ebenso ist der Revisionsgrund des § 547 Nr. 1 ZPO gegeben, wenn der Einzelrichter statt der Kammer entschieden hat. So liegt der Fall, wenn das LAG keine Entscheidung nach Aktenlage gem. § 331a ZPO durch Alleinentscheidung treffen durfte. Denn auch die fehlerhafte Alleinentscheidung stellt eine nicht ordnungsgemäße Besetzung des Gerichtes dar[10].

Das Gericht ist ebenfalls nicht vorschriftsmäßig besetzt, wenn ein Ablehnungsgesuch unter Mitwirkung der abgelehnten Richter entschieden worden ist, sofern nicht das Ablehnungsgesuch für sich allein – ohne jede weitere Aktenkenntnis – offenkundig die Ablehnung nicht zu begründen vermag[11].

---

1 BAG v. 25.8.1983 – 6 ABR 31/82, AP Nr. 11 zu § 551 ZPO.
2 BAG v. 16.5.2002 – 8 AZR 412/01, AP Nr. 61 zu Art. 101 GG; BAG v. 12.5.1961 – 1 AZR 570/59, AP Nr. 2 zu § 551 ZPO.
3 BAG v. 17.3.2010 – 5 AZN 1042/09, wonach unwahrscheinlich ist, dass die Vereidigung nach der Vorbesprechung erfolgte; BAG v. 11.3.1965 – 5 AZR 129/64, AP Nr. 28 zu § 2 ArbGG 1953 – Zuständigkeitsprüfung.
4 BAG v. 16.5.2002 – 8 AZR 412/01, AP Nr. 61 zu Art. 101 GG.
5 BAG v. 17.1.2012 – 7 AZN 423/12, AE 13, 128.
6 BAG v. 23.6.2016 – 8 AZN 205/16, juris; BAG v. 31.1.1958 – 1 AZR 477/57, AP Nr. 1 zu § 164 ZPO; ErfK/*Koch*, § 72 Rz. 11.
7 BAG v. 23.6.2016 – 8 AZN 205/16, juris zu einem verspätet erschienenen ehrenamtlichen Richter.
8 Vgl. für einen blinden Richter BSG v. 21.7.1965 – 11 RA 208/64, AP Nr. 7 zu § 551 ZPO.
9 BAG v. 6.5.2015 – 2 AZN 984/14, NZA 2015, 956; BAG v. 14.4.2015 – 1 AZR 223/14, juris zur Telefonkonferenz; BAG v. 26.03.2015 – 2 AZR 417/14, juris; BAG v. 25.1.2012 – 4 AZR 185/10, AP Nr. 88 zu § 233 ZPO 1977; BAG v. 14.12.2010 – 6 AZN 986/10, NZA 2011, 229; BAG v. 18.12.2008 – 6 AZN 646/08, BAGE 129, 89; ErfK/*Koch*, § 72 ArbGG Rz. 11; BeckOKArbR/*Klose*, § 72 Rz.12.2; HWK/*Bepler/Treber*, § 73 Rz. 18.
10 BAG v. 5.6.2014 – 6 AZN 267/14, NZA 2014, 799.
11 BAG v. 17.3.2016 – 6 AZN 1087/15, NZA 2016, 1100; Vgl. auch BAG v. 20.4.2016 – 7 ABN 55/15, juris.

Ein Verstoß gegen den gesetzlichen Richter liegt auch vor, wenn das BAG entgegen Art. 267 AEUV das Gemeinschaftsrecht selbst auslegt[1].

42 Ob ein absoluter Revisionsgrund nach § 547 Nr. 1 ZPO vorlag, wird vom BAG nur auf eine **zulässige Rüge** nach § 551 Abs. 3 Nr. 2 ZPO hin geprüft[2].

Ob das ArbG in der vorangegangenen Entscheidung nicht ordnungsgemäß besetzt war, spielt regelmäßig keine Rolle, weil der Besetzungsfehler erster Instanz durch eine Entscheidung des LAG seine Bedeutung verliert[3].

3. § 547 Nr. 2 ZPO

43 Ein absoluter Revisionsgrund besteht ebenfalls, wenn ein **Richter** mitwirkt, **der** kraft Gesetzes nach § 41 ZPO **ausgeschlossen war**. Es kommt darauf an, ob in der Person des Richters ein Ausschließungsgrund nach § 41 Nr. 1–6 ZPO besteht. Dabei handelt es sich im Wesentlichen um Fälle, in denen die eigene Beteiligung des Richters am Rechtsstreit mit der neutralen Distanz des Richteramtes unvereinbar ist. Ausschließungstatbestand ist insoweit die Parteistellung des Richters, seines Ehegatten oder bestimmter naher Verwandter (§ 41 Nr. 1–3 ZPO); die Stellung als Interessenvertreter einer Partei, § 41 Nr. 4 ZPO; die Funktion als vernommener Zeuge oder Sachverständiger, § 41 Nr. 5 ZPO sowie die Funktion als erkennender und im Rechtsmittelverfahren tätiger Richter, § 41 Nr. 6 ZPO. Hatte ein entsprechendes Ablehnungsgesuch keinen Erfolg, kann die spätere Rüge nicht mit Erfolg auf die Mitwirkung des Richters gestützt werden, in dessen Person ein Ausschließungsgrund nach § 41 ZPO bestand[4].

4. § 547 Nr. 3 ZPO

44 Ein absoluter Revisionsgrund liegt ebenfalls vor, wenn ein **Richter** mitwirkt, **der** wegen der Besorgnis der Befangenheit **abgelehnt** worden ist. Dieser Grund greift also nur, wenn ein Ablehnungsgesuch erfolgreich gewesen ist. Eine Überprüfung der Entscheidung über das zurückgewiesene Ablehnungsgesuch erfolgt nicht. Etwas anderes kann allenfalls gelten, wenn die Zurückweisung des Ablehnungsgesuchs auf willkürlichen und manipulativen Erwägungen beruht[5]. Dieser absolute Revisionsgrund ist nur auf eine Rüge hin zu berücksichtigen.

5. § 547 Nr. 4 ZPO

45 Ein absoluter Revisionsgrund besteht, wenn eine **Partei** in dem Verfahren **nicht nach den Vorschriften der Gesetze vertreten** war und sie die Prozessführung weder ausdrücklich noch stillschweigend genehmigt hat. Die gesetzlichen Vorschriften über die Vertretung einer Partei im Prozess dienen dem Schutz der vertretenen Partei. Sie soll davor geschützt werden, dass sie ihre prozessualen Rechte mangels Vertretung nicht wahrnehmen konnte. Der Revisionsgrund kann daher nur von der Partei geltend gemacht werden, die in dem vorangegangenen Rechtsstreit nicht ordnungsgemäß vertreten war[6]. Die fehlerhafte Vertretung des Prozessgegners ist nicht tatbestandlich, weil die Norm dem Schutz der vertretenen Partei dient. Das gilt auch dann, wenn und soweit die Gegenseite im Rechtsstreit erfolgreich geblieben ist[7]. Auch dieser absolute Revisionsgrund ist nur auf eine Rüge hin zu berücksichtigen.

Dieser absolute Revisionsgrund liegt bspw. vor, wenn ein Prozessunfähiger ohne gesetzlichen Vertreter auftritt. Selbiges gilt, wenn für den ArbN ein Gewerkschaftssekretär aufgetreten ist, der nicht vertretungsberechtigt war, weil der ArbN nicht Mitglied der Gewerkschaft ist, für die der Gewerkschaftssekretär vertretungsbefugt ist[8]. Die Partei ist auch dann nicht ordnungsgemäß vertreten, wenn trotz der Eröffnung des

---

1 BVerfG v. 25.2.2010 – 1 BvR 230/09, NZA 2010, 439; BeckOKArbR/*Klose*, § 73 Rz. 3a.
2 BAG v. 17.9.2014 – 10 AZB 4/14, NZA 2015, 1405; BAG v. 25.8.1983 – 6 ABR 31/82, AP Nr. 11 zu § 551 ZPO; GK-ArbGG/*Mikosch*, § 73 Rz. 56; Düwell/Lipke/*Düwell*, § 73 Rz. 63; GMP/*Müller-Glöge*, § 73 Rz. 40; HWK/*Bepler/Treber*, § 73 Rz. 18; GWBG/*Benecke*, § 72 Rz.33.
3 BAG v. 17.9.2014 – 10 AZB 4/14, NZA 2015, 1405.
4 BAG v. 20.1.2009 – 1 ABR 78/07, NZA 2009, 640; GK-ArbGG/*Mikosch*, § 72 Rz. 57; GMP/*Müller-Glöge*, § 73 Rz. 46.
5 BAG v. 17.3.2016 – 2 AZR 110/15, ArbR 2016, 531; BAG v. 11.10.2010 – 9 AZN 418/10, NZA 2011, 1117; BAG v. 20.1.2009 – 1 ABR 78/07, NZA 2009, 640.
6 BAG v. 14.12.2010 – 6 AZN 986/10, NZA 2011, 229; BAG v. 9.9.2010 – 4 AZN 354/10, NZA 2010, 1309. Vgl. auch BVerwG v. 22.1.2016 – 5 PB 10/15, NZA-RR 2016, 276 wonach der Fehler schon dann vorliegt, wenn eine Partei/Beteiligter nicht im Verfahren angehört worden ist.
7 BAG v. 14.12.2010 – 6 AZN 986/10, NZA 2011, 229; BAG v. 9.9.2010 – 4 AZN 354/10, NZA 2010, 1309.
8 BAG v. 16.5.1975 – 2 AZR 147/74, AP Nr. 35 zu § 11 ArbGG 1953.

Insolvenzverfahrens das Verfahren nicht gem. § 240 ZPO unterbrochen wird und ein Urteil ergeht. Auf eine Kenntnis des Gerichts vom Unterbrechungsgrund kommt es nicht an[1].

Nicht anders als die fehlerhafte Vertretung ist die **unterlassene Beteiligung eines Dritten** zu bewerten, der nach zwingenden rechtlichen Vorschriften am Verfahren zu beteiligen gewesen wäre[2]. Dieser Fehler ist ohne eine darauf gerichtete Rüge von Amts wegen zu berücksichtigen.

6. § 547 Nr. 5 ZPO

Gemäß § 52 Satz 1 ArbGG sind die Verhandlungen vor dem Arbeitsgericht öffentlich. Das gilt ausdrücklich auch für die Beweisaufnahme. Der **Grundsatz der Öffentlichkeit**, der zu den Prinzipien demokratischer Rechtspflege gehört und in § 169 Satz 1 GVG niedergelegt ist, verlangt, dass jedermann bei der Sitzung anwesend sein kann. Erforderlich ist weiter, dass sich jeder Interessierte ohne besondere Schwierigkeit Kenntnis von Ort und Zeit der Sitzung verschaffen kann[3]. 46

Welche Anforderungen an die **Zugänglichkeit** zu stellen sind, hängt vom Einzelfall ab. Wird eine Verhandlung oder Beweisaufnahme an einem anderen Ort als dem Sitzungssaal fortgesetzt, ist deshalb sicherzustellen, dass auch unbeteiligte Personen Ort und Zeit der Weiterverhandlung ohne besondere Schwierigkeiten erfahren können[4]. Erforderlich ist regelmäßig, dass Ort und Zeit des neuen Verhandlungsorts in öffentlicher Sitzung verkündet und durch einen Hinweis am Gerichtssaal bekannt gemacht werden. Deshalb ist die Verlegung einer Beweisaufnahme in das Dienstzimmer des Vorsitzenden als solches nicht zu beanstanden, wenn potentielle Zuhörer über Ort und Zeit der Fortsetzung informiert werden. Unerheblich ist etwa, dass die Eingangstüre zum Gerichtsgebäude geschlossen ist, Zuhörer sich aber mit Hilfe einer Klingel Einlass verschaffen können[5].

Eine **Verletzung der Öffentlichkeit** der Verhandlung liegt auch vor, wenn während der letzten mündlichen Verhandlung, auf die das Urteil ergeht, die Öffentlichkeit entgegen den gesetzlichen Bestimmungen in § 52 ArbGG, §§ 169, 173–175 GVG ausgeschlossen war. Dasselbe gilt, wenn die Öffentlichkeit teilgenommen hat, obgleich sie ausgeschlossen war. Da über den Verweis in § 52 auch § 174 GVG Anwendung findet, der die Begründung des Ausschlusses der Öffentlichkeit zwingend vorschreibt, erfüllt schon die Unterlassung der Angabe der Gründe gem. § 174 GVG den Tatbestand der Nr. 5[6].

Der Revisionsgrund muss **gerügt** werden.

7. § 547 Nr. 6 ZPO

Ein absoluter Revisionsgrund liegt schließlich vor, wenn das **Urteil nicht mit der notwendigen Begründung** versehen ist. Entscheidend für das Vorliegen dieses Revisionsgrundes ist, ob das Urteil mit einer den Bestimmungen des Gesetzes genügenden Begründung versehen ist. Welchen Anforderungen die Begründung des Berufungsurteils gerecht werden muss, richtet sich nach § 69 ArbGG iVm. § 313 Abs. 2 und 3, §§ 313a, 313b ZPO. Danach enthalten die Entscheidungsgründe eine kurze Zusammenfassung der Erwägungen, auf denen die Entscheidung in tatsächlicher und rechtlicher Hinsicht beruht. Im Tatbestand soll eine knappe Darstellung des wesentlichen Sach- und Streitstandes erfolgen. 47

Die Bedeutung dieses Revisionsgrundes wird **durch § 72b eingeschränkt**. Ist das Endurteil des LAG nicht binnen fünf Monaten nach der Verkündung vollständig abgefasst und mit den Unterschriften der Kammer versehen der Geschäftsstelle übergeben, ist das Urteil nach § 72b allein aus diesem Grunde aufzuheben und zur neuen Verhandlung und Entscheidung an das LAG – ggf. auch an eine andere Kammer – zurückzuverweisen. Der Gesetzgeber eröffnet damit ein einfaches und schnelles Verfahren, um eine Sache vor dem LAG neu verhandeln zu können und mit Gründen versehene Entscheidung zu erhalten. Diese Regelung steht in einem **Spannungsverhältnis** zu § 547 Nr. 6 ZPO. Liegen Tatbestand und Entscheidungsgründe nicht innerhalb von fünf Monaten nach der Verkündung des Urteils schriftlich vor, handelt es sich nämlich auch um eine Entscheidung ohne Gründe iSd. § 547 Nr. 6 ZPO. Auch eine zeitlich später vollständig abgefasste Entscheidung ist als nicht mit Gründen versehen anzusehen[7]. Indes kann diese Fallgruppe nicht mehr im Rahmen des § 547 Nr. 6 ZPO berücksichtigt werden. Denn § 72b regelt nunmehr abschlie- 48

---
1 BAG v. 6.12.2006 – 5 AZR 844/06, nv.; BAG v. 24.1.2001 – 5 AZR 228/00, ZInsO 2001, 727; BGH v. 21.6.1995 – VIII ZR 224/94, AP ZPO § 240 Nr. 4.
2 BAG v. 23.7.2014 – 7 ABR 23/12, NZA 2014, 1288; GK-ArbGG/*Mikosch*, § 73 Rz. 59.
3 BAG v. 22.9.2016 – 6 AZN 376/16, NZA 2016, 1356.
4 BAG v. 22.9.2016 – 6 AZN 376/16, NZA 2016, 1356.
5 BAG v. 19.2.2008 – 9 AZN 777/07, NZA 2008, 848.
6 Zöller/*Heßler*, § 547 ZPO Rz. 6.
7 BAG v. 9.7.2003 – 5 AZR 175/03, nv.; BAG v. 17.2.2000 – 2 AZR 350/99, AP Nr. 52 zu § 551 ZPO; BAG v. 19.10.2000 – 6 AZR 238/99, nv.; BAG v. 26.9.2001 – 10 AZR 166/01, nv.; BAG v. 8.6.2000 – 2 AZR 149/00, nv.;

ßend, welche Möglichkeiten dem Beschwerten zur Verfügung stehen, wenn das Urteil nicht binnen fünf Monaten nach der Verkündung vollständig abgefasst und mit den Unterschriften der Kammer versehen der Geschäftsstelle übergeben worden ist. Bei einem solchen Verfahrensfehler steht ausschließlich das Rechtsmittel der sofortigen Beschwerde nach § 72b zur Verfügung[1]. Dies schließt aber nicht aus, dass die beschwerte Partei Revision einlegt, wenn das LAG diese zugelassen hat, vgl. umfassend § 72b Rz. 15.

Umgekehrt ist der Anwendungsbereich des § 547 Abs. 1 Nr. 6 ZPO weiter als der des § 72b. Denn § 72b stellt im Gegensatz zum absoluten Revisionsgrund nach § 547 Nr. 6 ZPO allein auf den **formalen Mindestinhalt** eines Urteils[2] ab. § 72b erfasst also nicht die Fälle, in denen die Entscheidung zentrale Verteidigungsmittel übergeht oder das Urteil lediglich nichts sagende Floskeln enthält oder völlig unverständlich ist[3].

§ 547 Abs. 1 Nr. 6 ZPO erfasst deshalb zunächst die Fälle, in denen das **Berufungsurteil** zwar rechtzeitig abgesetzt worden ist, aber entgegen § 69 Abs. 2 weder eine zulässige Bezugnahme auf das arbeitsgerichtliche Urteil noch gem. § 69 Abs. 1 und 3 eine gedrängte Darstellung des Sach- und Streitstandes enthält. Denn einem solchen Urteil kann idR nicht entnommen werden, welchen Streitstoff das Berufungsgericht seiner Entscheidung zu Grunde gelegt hat[4]. Etwas anderes gilt ausnahmsweise dann, wenn der Zweck des Revisionsverfahrens, dem Revisionsgericht die Nachprüfung des Berufungsurteils und insbesondere dessen Rechtsanwendung auf den festgestellten Sachverhalt zu ermöglichen, im Einzelfall deshalb erreicht werden kann, weil der Sach- und Streitstand sich aus den Entscheidungsgründen des angefochtenen Urteils in einem für die Beurteilung der aufgeworfenen Rechtsfragen ausreichenden Umfang ergibt[5].

Nicht mit Gründen versehen ist die Entscheidung auch, wenn aus ihr nicht zu erkennen ist, welche tatsächlichen **Feststellungen** und welche rechtlichen **Erwägungen** maßgeblich waren[6]. Dies ist der Fall, wenn das Berufungsurteil lediglich die Gründe eines anderen Urteils in einem gleich gelagerten Fall wiederholt und ausführt, diese Gründe seien übertragbar, solange sich nicht trotz der Wiederholung der Urteilsgründe der anderen Entscheidung ergibt, dass das Berufungsgericht den Sachvortrag der Parteien in der Berufungsinstanz wahrgenommen und gewürdigt hat[7]. Gleiches gilt, wenn die Gründe absolut **unverständlich** oder **nichts sagend** sind oder der Tenor im Widerspruch zu den Gründen steht[8]. Dies gilt vor allem bei leeren Redensarten oder der bloßen Wiedergabe des Gesetzes. Zwar muss sich das Urteil nicht mit sämtlichem Vorbringen auseinander setzen. Es muss aber erkennbar sein, dass das Gericht das tatsächliche Vorbringen der Parteien zur Kenntnis genommen hat. Ein völliges Fehlen liegt ebenfalls vor, wenn auf einzelne Ansprüche oder auf einzelne selbständige Angriffs- und Verteidigungsmittel (zB Klagegründe, Einwendungen und Einreden wie Verjährung, Mitverschulden, Aufrechnung uä., Repliken, Dupliken) überhaupt nicht eingegangen worden ist[9]. Nichts anderes gilt für fehlende Ausführungen zu einer in der Berufungsinstanz vorgenommenen Klageerweiterung[10]. Dagegen genügt es nicht, wenn die Gründe zu den einzelnen Ansprüchen und Angriffs- und Verteidigungsmitteln nur sachlich unvollständig, unzureichend, unrichtig oder sonst rechtsfehlerhaft sind[11]. Die erforderliche Begründung fehlt auch, wenn das Berufungsgericht zwar über einen Haupt- und einen Hilfsantrag entschieden, sich in den Gründen aber nur mit dem Hilfsantrag befasst.[12]

BAG v. 26.4.2000 – 4 AZR 193/00, nv.; GemS OGB v. 27.4.1993 – GmS OGB 1/92, AP Nr. 21 zu § 551 ZPO; BAG v. 4.8.1993 – 4 AZR 501/92, NZA 1993, 1150; Hauck/Helml/Biebl/*Hauck*, § 73 Rz. 19.
1 BAG v. 2.11.2006 – 4 AZN 716/06, NZA 2007, 1111; HWK/*Bepler/Treber*, § 73 Rz. 21.
2 BAG v. 20.12.2006 – 5 AZB 35/06, NZA 2007, 226; GK-ArbGG/*Mikosch*, § 72b Rz. 11; GMP/*Müller-Glöge*, § 72b Rz. 21; GWBG/*Benecke*, § 72 b Rz. 8; Düwell/Lipke/*Düwell*, § 72b Rz. 6; HWK/*Bepler/Treber*, § 72b Rz. 4b. Ausführlich § 72b Rz. 15.
3 Vgl. nur Zöller/*Heßler*, § 547 ZPO Rz. 7.
4 BAG v. 24.3.2011 – 2 AZR 170/10, NZA 2011, 993.
5 BAG v. 21.8.2013 – 5 AZR 581/11, NZA 2014, 271; BAG v. 21.2.2013 – 8 AZR 68/12, NZA 2013, 955; BAG v. 24.3.2011 – 2 AZR 170/10, NZA 2011, 993; BAG v. 24.1.2008 – 6 AZN 1193/06, nv.; BAG v. 18.5.2006 – 6 AZR 627/05, NZA 2006, 1037; BAG v. 17.6.2003 – 2 AZR 129/02, NZA 2004, 565; BAG v. 15.8.2002 – 2 AZR 386/01, NZA 2004, 288.
6 BAG v. 21.4.2015 – 3 AZR 102/14, NZA 2015, 1216; BAG v. 11.11.2014 – 3 AZR 848/11, juris; BAG v. 11.12.2013 – 4 AZR 250/12, NZA 2014, 742.
7 BAG v. 21.4.2015 – 3 AZR 102/14, NZA 2015, 1216; BAG v. 11.11.2014 – 3 AZR 848/11, juris.
8 BAG v. 20.12.2012 – 2 AZR481/11, NZA 2013, 925; BAG v. 18.11.2008 – 3 AZR 417/07, NZA 2009, 1112; BAG v. 13.12.2005 – 3 AZR 214/05, AP Nr. 5 zu § 1 BetrAVG Auslegung; BAG v. 18.9.2003 – 2 AZR 498/02, NZA 2004, 253.
9 BAG v. 11.12.2013 – 4 AZR 250/12, NZA 2014, 742; vgl. GK-ArbGG/*Mikosch*, § 73 Rz. 64.
10 BAG v. 21.8.2013 – 5 AZR 581/11, NZA 2014, 271.
11 BAG v. 20.1.2000 – 2 ABR 30/99, AP Nr. 1 zu § 126 InsO; BAG v. 16.6.1998 – 5 AZR 255/98, AP Nr. 3 zu § 543 Nr. 3 ZPO.
12 BAG v. 13.3.2013 – 7 AZR 334/11, NZA 2013, 804.

Allerdings ist zu beachten, dass nach § 69 Abs. 2 von der **Darstellung des Tatbestandes** und, soweit das 49
Berufungsgericht den Gründen der angefochtenen Entscheidung folgt und dies in seinem Urteil feststellt,
auch von der Darstellung der **Entscheidungsgründe** abgesehen werden kann. Verweist das Berufungsgericht zulässigerweise nach § 69 Abs. 2 auf das Urteil des ArbG, ist der Tatbestand von § 547 Nr. 6 ZPO
nicht erfüllt[1]. Die Vorschrift findet jedoch nur dann Anwendung, wenn gem. § 313a Abs. 1 ZPO das Berufungsurteil unzweifelhaft nicht der Revision unterliegt. Auf einen Tatbestand kann – wegen der Möglichkeit der Nichtzulassungsbeschwerde – deshalb bei Berufungsurteilen regelmäßig nur dann verzichtet werden, wenn ein Rechtsmittelverzicht erklärt worden ist. Zumindest eine verkürzte Darstellung ist ansonsten
auch zweitinstanzlich erforderlich[2]. Dies beinhaltet, dass das Berufungsurteil auch bei nicht vom LAG zugelassener Revision zumindest die Fortentwicklung des Sach- und Streitstandes wiedergeben muss[3]. Zulässig ist es, auf ein vorangegangenes Revisionsurteil nach Aufhebung und Zurückverweisung Bezug zu nehmen. Es handelt sich dann um eine „andere Unterlage" nach § 69 Abs. 3 Satz 2[4]. Soweit ein Rechtsmittel
unzweifelhaft nicht zulässig ist, ist der Tatbestand ebenfalls entbehrlich, § 313a Abs. 1 ZPO.

Ist die **Revision** gegen das Urteil **statthaft**, gilt § 69 Abs. 3. Diese Vorschrift findet auch Anwendung, 50
wenn die Revision erst aufgrund einer Nichtzulassungsbeschwerde durch das BAG zugelassen worden ist[5].
In diesen Fällen **soll** der Tatbestand eine gedrängte Darstellung des Sach- und Streitstandes auf der Grundlage der mündlichen Vorträge der Parteien enthalten. Eine Bezugnahme ist in diesem Falle nur möglich,
soweit hierdurch die Beurteilung des Parteivorbringens nicht wesentlich erschwert wird. Letztlich scheidet
damit wohl eine vollständige Bezugnahme auf das Urteil des ArbG aus. Das Urteil muss zumindest die
Fortentwicklung des Sach- und Streitstandes in der Berufungsinstanz angeben[6]. Daher sind Berufungsurteile, die keinen entsprechenden Tatbestand enthalten, auch ohne entsprechende Rüge grds. aufzuheben.
Dabei führt der Mangel regelmäßig zur Zurückverweisung. Ausnahmsweise kann das Revisionsgericht
aber auch bei diesem Mangel von einer Aufhebung und Zurückverweisung absehen, wenn sich der maßgebliche Sach- und Streitstand einschließlich des Vorbringens im zweiten Rechtszug aus dem in Bezug genommenen erstinstanzlichen Urteil und den Entscheidungsgründen des Berufungsurteils ergibt. Dabei
kann auch berücksichtigt werden, ob die Parteien in der Revision das Fehlen eines ordnungsgemäßen Tatbestandes rügen oder die Feststellungen des in Bezug genommenen Urteils 1. Instanz bestätigen[7].

Einstweilen frei 51

Das Fehlen von Tatbestand- und Entscheidungsgründen ist von Amts wegen zu berücksichtigen[8]. Das gilt 52
ebenfalls, soweit die Feststellungen Unklarheiten enthalten, Lücken aufweisen oder widersprüchlich sind[9].
Rechtsfolge ist die Aufhebung der angefochtenen Entscheidung. Etwas anderes kommt in Betracht, wenn
die Entscheidungsgründe hinreichende Anhaltspunkte zum Sach- und Streitstand enthalten und die aufgeworfenen Fragen danach beurteilt werden können[10].

VI. Grundlage der Nachprüfung

1. Vorbringen in der Vorinstanz

Das Revisionsgericht ist keine neue Tatsacheninstanz. **Maßgeblich** für die Überprüfung in der Revisions- 53
instanz ist der vom LAG **festgestellte Tatbestand**. Nach § 559 Abs. 1 ZPO unterliegt der Beurteilung des
Revisionsgerichtes nur das Parteivorbringen, das aus dem Tatbestand des Berufungsurteils oder dem Sitzungsprotokoll ersichtlich ist. Dazu gehört auch das Parteivorbringen in Schriftsätzen und Anlagen, auf

---

1 BAG v. 26.6.1980 – 6 AZR 1020/78, AP Nr. 2 zu § 543 ZPO; ErfK/*Koch*, § 73 ArbGG Rz. 19; *Schmidt/Schwab/ Wildschütz*, NZA 2001, 1217 (1219).
2 BAG v. 24.3.2011 – 2 AZR 170/10, NZA 2011, 993; BAG v. 20.8.2009 – 2 AZR 165/08, NZA 2009, 1227.
3 BAG v. 11.11.2014 – 3 AZR 848/11, juris; BAG v. 16.8.1998 – 5 AZR 255/98, AP Nr. 3 zu § 543 ZPO; Hauck/ Helml/Biebl/*Hauck*, § 73 Rz. 18; HWK/*Bepler/Treber*, § 73 Rz. 20.
4 BAG v. 7.12.1988 – 7 AZR 198/88, NZA 1989, 527; ErfK/*Koch*, § 73 ArbGG Rz. 30; Hauck/Helml/Biebl/*Hauck*, § 73 Rz. 18.
5 BAG v. 18.5.2006 – 6 AZR 627/05, NZA 2006, 1037.
6 S.a. Hauck/Helml/Biebl/*Hauck*, § 73 Rz. 18; BAG v. 14.11.2001 – 7 AZR 568/00, NZA 2002, 393. Vgl. auch BAG v. 17.8.2010 – 9 AZR 347/09, NZA 2011, 216.
7 BAG v. 14.11.2001 – 7 AZR 560/00, NZA 2001, 392.
8 BAG v. 21.2.2013 – 8 AZR 68/12, NZA 2013, 955; BAG v. 17.6.2003 – 2 AZR 123/02, NZA 2004, 564; BAG v. 30.10.1970 – 5 AZR 196/70, AP Nr. 7 zu § 313 ZPO; BAG v. 14.11.2001 – 7 AZR 568/00, NZA 2002, 392.
9 BAG v. 18.9.2003 – 2 AZR 498/02, NZA 2004, 253.
10 BAG v. 21.2.2013 – 8 AZR 68/12, NZA 2013, 955.

die im Berufungsurteil Bezug genommen worden ist. Das Revisionsgericht ist an die festgestellten Tatsachen gebunden, wobei die Rechtsgrundlage der Feststellung irrelevant ist. Die Feststellungen können offenkundig sein, auf einer gesetzlichen Vermutung beruhen oder bewiesen sein[1].

54 Ein in sich **widersprüchlicher Tatbestand** bildet indes keine geeignete Grundlage für eine Beurteilung durch das BAG[2]. Ist bspw. im Berufungsurteil eine erhebliche Tatsache zugleich als unstreitig und als streitig dargestellt, hat das BAG das Berufungsurteil aufzuheben und die Sache zur weiteren Verhandlung und Entscheidung zurückzuweisen[3].

55 Lässt das LAG offen, ob **tatsächliche Behauptungen streitig** sind, kann die Revisionsinstanz dies unter Berücksichtigung des Parteivorbringens selbst feststellen[4].

56 Sind **die tatsächlichen Feststellungen** des Berufungsurteils **unrichtig**, hat die betroffene Partei, die Revision einlegen will, einen Berichtigungsantrag nach § 320 ZPO zu stellen, um eine Korrektur zu erreichen[5]. Kann ein derartiger Antrag nicht gestellt werden, weil das Urteil des LAG später als drei Monate nach seiner Verkündung zugestellt worden ist, hat die betroffene Partei die Feststellungen des Berufungsgerichtes zu rügen[6]. Zu den Tatsachenfeststellungen gehören auch solche in den Entscheidungsgründen[7].

Hat das LAG festgestellt, dass eine tatsächliche Behauptung wahr oder nicht wahr ist, ist diese Feststellung nach **§ 559 Abs. 2 ZPO** ebenfalls bindend, solange nicht hinsichtlich des Verfahrens, das zu dieser Feststellung geführt hat, eine zulässige und begründete Verfahrensrüge erhoben worden ist[8]. Es besteht jedoch keine Bindung an Tatsachen, die das Revisionsgericht von Amts wegen zu prüfen hat. Das Gericht muss deshalb von Amts wegen den Parteivortrag auf möglicherweise anwendbare Tarifnormen prüfen[9].

2. Berücksichtigung neuer Tatsachen

57 **Neues** tatsächliches **Vorbringen** ist in der Revisionsinstanz grds. **ausgeschlossen**, § 559 Abs. 1 Satz 1 ZPO. Dies gilt selbst dann, wenn die betroffene Partei kein Verschulden daran trifft, dass die maßgeblichen Tatsachen erst nach dem Schluss der mündlichen Berufungsverhandlung bekannt werden[10]. Dieser Grundsatz gilt indes nicht uneingeschränkt. Ausnahmsweise können neue Tatsachenfeststellungen berücksichtigt werden.

58 Nach § 559 Abs. 1 Satz 2 ZPO können **neue Tatsachen** eingeführt werden, wenn sie der **Begründung einer Verfahrensrüge** nach § 551 Abs. 3 Nr. 2 ZPO dienen sollen. Neues tatsächliches Vorbringen ist vom Revisionsgericht auch dann zu berücksichtigen, wenn Sachurteilsvoraussetzungen betroffen sind, die von Amts wegen zu berücksichtigen sind, falls das Revisionsgericht die Tatsachen selbst feststellen kann. Dazu gehören insbesondere solche Tatsachen, von denen die Zulässigkeit der Revision abhängt[11]. Neue Tatsachen sind außerdem zu berücksichtigen, wenn erstmals das Revisionsgericht auf eine bisher nicht beachtete Rechtslage hinweist. Die Parteien können dann an dieser neuen Rechtslage orientierte Tatsachen vorbringen, die dann die Zurückweisung rechtfertigen[12]. Schließlich lässt die Rspr. aus **prozessökonomischen Gesichtspunkten** neues tatsächliches Vorbringen zu. Dies ist der Fall, wenn das neue tatsächliche Vorbringen

---

1 Vgl. BAG v. 20.9.2016 – 3 AZR 273/15, NZA 2017, 64; BAG v. 10.3.2015 – 3 AZR 36/14, juris; BAG v. 6.12.2001 – 2 AZR 396/00, NZA 2002, 732.
2 GK-ArbGG/*Mikosch*, § 73 Rz. 73; Düwell/Lipke/*Düwell*, § 73 Rz. 94; GMP/*Müller-Glöge*, § 74 Rz. 105; Hauck/Helml/Biebl/*Hauck*, § 73 Rz. 2; BeckOKArbR/*Klose*, § 73 Rz. 1; BAG v. 24.2.1999 – 4 AZR 62/98, NZA 1999, 995. Vgl. auch BAG v. 23.2.2016 – 3 AZR 44/14, NZA 2016, 961.
3 BAG v. 14.6.1967 – 4 AZR 282/66, AP Nr. 13 zu § 91a ZPO.
4 BAG v. 27.1.1983 – 2 AZR 188/81, AP Nr. 12 zu § 38 – Internationale Zuständigkeit; GK-ArbGG/*Mikosch*, § 73 Rz. 75.
5 BAG v. 6.9.1994 – 9 AZR 221/99, NZA 1995, 953; ErfK/*Koch*, § 73 ArbGG Rz. 1; GMP/*Müller-Glöge*, § 74 Rz. 106.
6 BAG v. 3.5.1957 – 1 AZR 563/55, AP Nr. 2 zu § 60 ArbGG 1953; GK-ArbGG/*Mikosch*, § 73 Rz. 74.
7 BAG v. 20.5.1988 – 2 AZR 682/87, NZA 1989, 464; ErfK/*Koch*, § 73 ArbGG Rz. 1; Hauck/Helml/Biebl/*Hauck*, § 73 Rz. 2.
8 BAG v. 23.2.2016 – 3 AZR 44/14, NZA 2016, 961; GMP/*Müller-Glöge*, § 74 Rz. 108.
9 BAG v. 20.6.2013 – 6 AZR 842/11, NZA 2014, 384.
10 BAG v. 23.2.2016 – 3 AZR 44/14, NZA 2016, 961; BAG v. 13.4.1956 – 1 AZR 390/55, AP Nr. 9 zu § 9 MuSchG; Düwell/Lipke/*Düwell*, § 73 Rz. 95; GK-ArbGG/*Mikosch*, § 73 Rz. 78.
11 BAG v. 27.1.1961 – 1 AZR 311/59, AP Nr. 26 zu § 11 ArbGG 1953; GK-ArbGG/*Mikosch*, § 73 Rz. 79; Düwell/Lipke/*Düwell*, § 73 Rz. 95; GMP/*Müller-Glöge*, § 74 Rz. 115; Hauck/Helml/Biebl/*Hauck*, § 73 Rz. 2. Vgl. auch BGH v. 11.10.1979 – III ZR 25/77, DB 1980, 201; BGH v. 17.12.1956 – II ZR 274/55, BGHZ 22, 370.
12 BAG v. 9.10.1973 – 1 ABR 29/73, AP Nr. 3 zu § 38 BetrVG 1972.

unstreitig oder die Richtigkeit offenkundig ist und die Belange der anderen Partei nicht entgegenstehen[1]. Deshalb sind neue Tatsachen zu berücksichtigen, die nach der letzten mündlichen Verhandlung vor dem Berufungsgericht entstanden sind und auch unter Zugrundelegung der Rechtsauffassung des Berufungsgerichtes zu einer anderen Beurteilung der Rechtslage führen können. Dies soll auch gelten, wenn die neuen Tatsachen andernfalls einen Grund für die Wiederaufnahme des Verfahrens bilden würden[2]. Des Weiteren zu berücksichtigen sind nach der letzten mündlichen Verhandlung in der Berufungsinstanz ergangene behördliche Akte[3], etwa die Anerkennung als Schwerbehinderter, die Erteilung einer behördlichen Genehmigung oder die Eröffnung des Insolvenzverfahrens[4]. Gleichfalls zu berücksichtigen sind Änderungen der Rechtslage, also Gesetzesänderungen oder Änderungen von Tarifverträgen[5].

VII. Beurteilungszeitpunkt

Richtiger Beurteilungszeitpunkt für die Bewertung der Existenz einer Rechtsverletzung durch das Revisionsgericht ist der **Zeitpunkt der Entscheidung über die Revision**. Welche Rechtsnorm zu diesem Zeitpunkt zugrunde gelegt wird, ergibt sich aus den anwendbaren Rechtsnormen[6]. Unerheblich ist, ob die Rechtsnorm zum Zeitpunkt der Entscheidung noch in Kraft ist. Hat das LAG eine Norm angewendet, die zum Zeitpunkt des Schlusses der mündlichen Revisionsverhandlung nicht mehr in Kraft ist, muss geprüft werden, ob der Klageanspruch noch nach altem Recht zu beurteilen ist[7]. Umgekehrt kann die Revision auch auf Rechtsnormen gestützt werden, die nach dem Erlass des Berufungsurteils verkündet worden sind, wenn sie rückwirkend in Kraft getreten sind. Entscheidend ist, dass die neue Norm rückwirkend den in der Vergangenheit liegenden Tatbestand erfasst[8]. 59

VIII. Entscheidungserheblichkeit

Die Revision kann nur darauf gestützt werden, dass das Urteil des LAG auf einer Rechtsverletzung **beruht**. Für diese Kausalität ist entscheidend, ob die Entscheidung des Berufungsgerichtes ohne den Fehler anders ausgefallen wäre. Auszugehen ist dabei vom Berufungsurteil. Allerdings ist diese Kausalität selbst bei Vorhandensein eines Fehlers nicht zwingend. Das Revisionsgericht ist nämlich nicht gehalten, dem Revisionsurteil nur die vom LAG erwogenen Anspruchsgrundlagen zugrunde zu legen. Nach § 561 ZPO ist die Revision auch dann zurückzuweisen, wenn sich das Berufungsurteil aus anderen Gründen als richtig erweist[9]. 60

Bei einem **materiell-rechtlichen Fehler** wird die Kausalität der Gesetzesverletzung für den Inhalt des Urteils durch Subsumtion des vom LAG festgestellten Sachverhaltes unter die einschlägige Norm ermittelt. 61

Ist **gegen eine Verfahrensvorschrift verstoßen** worden, reicht die Möglichkeit einer günstigeren Entscheidung aus. Es genügt, dass eine für den Revisionskläger günstigere Entscheidung nicht ausgeschlossen werden kann, wenn die verletzte Verfahrensvorschrift beachtet worden wäre. Das Revisionsgericht ist nämlich bei einem Verfahrensfehler idR nicht in der Lage, von sich aus festzustellen, wie das Urteil ohne den Fehler ausgefallen wäre[10]. Es genügt die ernsthafte Möglichkeit des Erfolgs der Klage, vgl. umfassend § 72 Rz. 43 f. 62

Anders liegt der Fall bei den in § 547 ZPO abschließend aufgelisteten **absoluten Revisionsgründen**, vgl. schon umfassend Rz. 34a ff. sowie § 72 Rz. 43c. Liegt ein derartiger absoluter Revisionsgrund nach § 547 ZPO vor, bedarf es keiner gesonderten Feststellung, dass das Urteil auf der Verletzung der entsprechenden Rechtsnorm beruht. Es wird für jeden der absoluten Revisionsgründe die Kausalität des Verfahrensversto- 63

---

1 BAG v. 28.1.2010 – 2 AZR 985/08, BB 2010, 1980; BAG v. 17.12.2009 – 6 AZR 242/09, NZA 2010, 274; BAG v. 16.5.1990 – 4 AZR 145/90, AP Nr. 21 zu § 554 ZPO; Hauck/Helml/Biebl/*Hauck*, § 73 Rz. 2; ErfK/*Koch*, § 73 ArbGG Rz. 1; GMP/*Müller-Glöge*, § 74 Rz. 116.
2 GMP/*Müller-Glöge*, § 74 Rz. 117; GK-ArbGG/*Mikosch*, § 73 Rz. 82.
3 BAG v. 8.12.2015 – 3 AZR 141/14, NZA 2016, 720.
4 ErfK/*Koch*, § 73 ArbGG Rz. 1; Hauck/Helml/Biebl/*Hauck*, § 73 Rz. 2; GMP/*Müller-Glöge*, § 74 Rz. 118.
5 ErfK/*Koch*, § 73 ArbGG Rz. 1.
6 GMP/*Müller-Glöge*, § 73 Rz. 3; Düwell/Lipke/*Düwell*, § 73 Rz. 102; GK-ArbGG/*Mikosch*, § 73 Rz. 85; HWK/*Bepler*/*Treber*, § 73 Rz. 1.
7 BAG v. 20.5.1957 – 2 AZR 530/56, AP Nr. 1 zu § 20 MieterSchG.
8 BAG v. 22.1.1959 – 1 AZR 535/55, AP Nr. 2 zu § 7 AltbankenG Berlin.
9 BAG v. 13.12.2016 – 9 AZR 574/15, NZA 2017, 459; BAG v. 16.3.2000 – 2 AZR 75/99, NZA 2000, 1933; GK-ArbGG/*Mikosch*, § 73 Rz. 88; Düwell/Lipke/*Düwell*, § 73 Rz. 98.
10 BAG v. 23.1.1996 – 9 AZR 600/93, AP Nr. 20 zu § 64 ArbGG 1979; Düwell/Lipke/*Düwell*, § 73 Rz. 99; GK-ArbGG/*Mikosch*, § 73 Rz. 90; *Rimmelspacher*, ZZP Bd. 84, 1971, 41 (52); Zöller/*Heßler*, § 546 ZPO Rz. 8.

ßes unwiderleglich vermutet[1]. Es ist keine weitere Prüfung einer Gesetzwidrigkeit mehr vorzunehmen. § 561 ist hier unanwendbar. In diesem Fall ist das Urteil stets aufzuheben und an das Berufungsgericht zurückzuverweisen[2].

IX. Ausgeschlossene Revisionsgründe

64 Obgleich es sich um die Verletzung von Rechtsnormen handelt, kann nach § 73 Abs. 2 iVm. § 65 in drei Fällen die **Revision nicht** darauf gestützt werden. Nicht geprüft wird, **ob der beschrittene Rechtsweg** und **die Verfahrensart zulässig sind, ob bei der Berufung der ehrenamtlichen Richter Fehler** unterlaufen sind oder ob **Umstände vorgelegen haben, die die Berufung eines ehrenamtlichen Richters** zu seinem Amte ausschließen.

65 Die Zulässigkeit des Rechtsweges kann im Revisionsverfahren regelmäßig nicht geprüft werden. Denn die Frage der **Zulässigkeit des Rechtsweges** wird nach § 48 Abs. 1 vorab in einem besonderen Verfahren nach § 17a GVG entschieden. § 17a GVG enthält insoweit eine eigenständige Regelung für den Streit über die Zulässigkeit des Rechtsweges[3]. Im Hinblick auf diese separate Regelung bedarf es nicht der Prüfung durch das Revisionsgericht, ob der Rechtsweg zu Recht bejaht worden ist. Diese gesetzliche Ausgestaltung der Zulässigkeitsprüfung und die Beschränkung auf das Verfahren nach § 17a GVG setzt jedoch voraus, dass das nach § 17a GVG vorgegebene Verfahren auch tatsächlich eingehalten worden ist. Hat ein Gericht, das den beschrittenen Rechtsweg für zulässig erachtet und der Klage stattgegeben hat, trotz Zulässigkeitsrüge nicht vorab durch einen Beschluss nach § 17a Abs. 3 Satz 2 GVG über die Zulässigkeit des Rechtsweges entschieden, sondern in den Entscheidungsgründen und wird dies von der Revision gerügt, kann das BAG bei einer zugelassenen Revision gleichwohl eine Zulässigkeitsprüfung vornehmen. Es kann nämlich unter den Voraussetzungen des § 17a Abs. 4 Satz 4 GVG entscheiden. Die Zulassung der Revision wird insoweit wie eine Zulassung der weiteren sofortigen Beschwerde nach § 17a Abs. 4 Satz 6 GVG behandelt[4]. Ist demgegenüber die Revision erst auf eine Nichtzulassungsbeschwerde zugelassen worden, besteht das Prüfungsverbot nach § 73 Abs. 2 fort. Denn gegen einen Beschluss nach § 17a Abs. 4 GVG, in dem eine weitere sofortige Beschwerde nach § 17a Abs. 4 Satz 4 GVG nicht zugelassen wird, gibt es nach § 78 Satz 2 keine Nichtzulassungsbeschwerde[5].

66 Kraft der ausdrücklichen Regelung in § 65 prüft das BAG nicht, ob in der Vorinstanz **bei der Berufung der ehrenamtlichen Richter** Fehler unterlaufen sind **oder** ob Umstände vorgelegen haben, die die **Berufung eines ehrenamtlichen Richters** in sein Amt **ausschließen**. Die Berufung der ehrenamtlichen Richter richtet sich nach den §§ 20–23. Dass diese Vorschriften verletzt worden sind, kann mit der Revision nicht geltend gemacht werden. Ist der ehrenamtliche Richter zB formell berufen, kommt es nicht darauf an, ob er hätte berufen werden dürfen. Es kann ebenso wenig vom Revisionsgericht geprüft werden, ob der ehrenamtliche Richter ua. § 21 Abs. 5 ArbGG von seinem Amt hätte entbunden werden müssen. Verliert ein ehrenamtlicher Richter die Eigenschaft als ArbGeb oder ArbN und wirkt er gleichwohl an einer Entscheidung des Arbeitsgerichts oder des Landesarbeitsgerichts mit, kann dies nicht mit einem Rechtsmittel gerügt werden, solange er nicht von seinem Amt entbunden ist[6].

Von diesen Mängeln bei der Berufung strikt zu unterscheiden sind Fehler **bei der Heranziehung** der ehrenamtlichen Richter zu den einzelnen Sitzungen nach dem jeweiligen Geschäftsverteilungsplan. Diese Mängel betreffen die ordnungsgemäße Besetzung des Spruchkörpers und sind deswegen absolute Revisionsgründe nach § 547 Nr. 1 ZPO, vgl. Rz. 35, ebenso § 72 Rz. 42 ff.[7]. Dies betrifft insbesondere die Mitwirkung eines Richters, dessen Amtsperiode angelaufen ist. Denn dabei geht es nicht um einen Mangel bei der Berufung, sondern um die Mitwirkung[8].

---

1 BAG v. 16.5.2002 – 8 AZR 412/01, AP Nr. 61 zu Art. 101 GG.
2 BAG v. 9.6.2011 – 2 ABR 35/10, NZA 2011, 1446; BAG v. 26.9.1996 – 8 AZR 126/95, AP Nr. 3 zu § 39 ArbGG 1979; ErfK/*Koch*, § 73 ArbGG Rz. 17; GMP/*Müller-Glöge*, § 73 ArbGG Rz. 40; Hauck/Helml/Biebl/*Hauck*, § 73 Rz. 13.
3 BAG v. 31.8.2010 – 3 ABR 139/09, NZA 2011, 995.
4 BAG v. 5.5.2010 – 7 AZR 728/08, BB 2010, 1275; BAG v. 21.4.2009 – 3 AZR 285/07, NZA-RR 2010, 168; GMP/*Müller-Glöge*, § 73 Rz. 31; Düwell/Lipke/*Düwell*, § 73 Rz. 105; HWK/*Bepler/Treber*, § 73 Rz. 22. AA BAG v. 28.4.1992 – 1 ABR 68/91, AP Nr. 11 zu § 50 BetrVG 1972.
5 GMP/*Müller-Glöge*, § 73 Rz. 31; Düwell/Lipke/*Düwell*, § 73 Rz. 105. AA: GK-ArbGG/*Mikosch*, § 73 Rz. 104.
6 BAG v. 15.5.2012 – 7 AZN 423/12, AE 2013, 128.
7 Vgl. auch GK-ArbGG/*Mikosch*, § 73 Rz. 106; GMP/*Müller-Glöge*, § 73 Rz. 35, 36; Düwell/Lipke/*Düwell*, § 73 Rz. 106; Hauck/Helml/Biebl/*Hauck*, § 73 Rz. 20.
8 BAG v. 16.5.2002 – 8 AZR 412/01, AP Nr. 61 zu Art. 101 GG.

§ 74 Einlegung der Revision, Terminbestimmung

(1) Die Frist für die Einlegung der Revision beträgt einen Monat, die Frist für die Begründung der Revision zwei Monate. Beide Fristen beginnen mit der Zustellung des in vollständiger Form abgefassten Urteils, spätestens aber mit Ablauf von fünf Monaten nach der Verkündung. Die Revisionsbegründungsfrist kann einmal bis zu einem weiteren Monat verlängert werden.
(2) Die Bestimmung des Termins zur mündlichen Verhandlung muss unverzüglich erfolgen. § 552 Abs. 1 der Zivilprozessordnung bleibt unberührt. Die Verwerfung der Revision ohne mündliche Verhandlung ergeht durch Beschluss des Senats und ohne Zuziehung der ehrenamtlichen Richter.

I. Allgemeines 1	bb) Verfahrensrügen 53
II. Einlegung der Revision 3	cc) Begründung vor Zustellung 57a
1. Adressat der Revisionsschrift 3a	dd) Bezugnahme auf die Nichtzulassungsbeschwerde 57b
2. Form der Revisionsschrift 4	V. Beschwer eines Prozessbeteiligten 58
3. Inhalt der Revisionsschrift 13	VI. Terminsbestimmung 60
4. Revisionsfrist 20	VII. Entscheidung über die Zulässigkeit der Revision
5. Mehrfache Einlegung 28a	1. Zulässigkeitsprüfung 63
6. Einlegung bei erfolgreicher Nichtzulassungsbeschwerde 28b	a) Statthaftigkeit 65
III. Zustellung an den Gegner 29	b) Frist und Form 66
IV. Begründung der Revision 30a	c) Beschwer 67
1. Revisionsbegründungsfrist 31	2. Verwerfung der Revision 69
2. Form der Revisionsbegründung 37	3. Zulässigkeit der Revision 74
3. Inhalt der Revisionsbegründung 40	VIII. Rücknahme der Revision und Verzicht
a) Grundsatz 40	1. Rücknahme 76
b) Revisionsantrag 40a	2. Verzicht 82
aa) Grundsatz 40a	IX. Anschlussrevision 89
bb) Antragsänderung 44	X. Vorläufige Vollstreckbarkeit 96
c) Revisionsgründe 48	
aa) Materiell-rechtliche Rügen 48a	

Schrifttum: *Düwell*, Die Schriftform für Rechtsmittel in den arbeitsgerichtlichen Verfahrensarten, NZA 1999, 291; *Künzl*, Die Reform des Zivilprozesses, ZTR 2001, 492; *Künzl*, Rechtsmittelfrist im arbeitsgerichtlichen Verfahren bei verspäteter Urteilsabsetzung, ZZP 2005, 53; *Schmidt/Schwab/Wildschütz*, ZPO-Reform und arbeitsgerichtliche Verfahren (Teil 2), NZA 2001, 1217.

I. Allgemeines

§ 74 regelt die Einlegung der Revision und ihre Begründung. Diese **Regelung** ist aber **nicht abschließend**[1]. Daneben sind gem. § 72 Abs. 5 die entsprechenden Vorschriften der ZPO in den §§ 549–553 anzuwenden. Die Anforderungen an die ordnungsgemäße Einlegung der Revision ergeben sich folglich aus einem komplexen Zusammenspiel von ArbGG und ZPO.

Bei der Revision handelt es sich um ein Rechtsmittel. Es gelten deshalb die allgemeinen Prüfkriterien, bei denen zwischen Zulässigkeit und Begründetheit unterschieden wird. Die Zulässigkeit des Rechtsmittels setzt die Statthaftigkeit des Rechtsmittels, die Wahrung von Form und Frist sowie eine Beschwer voraus. § 74 regelt in diesem Zusammenhang iVm. den Vorschriften der ZPO, wie die Revision einzulegen und zu begründen ist und wie sich der weitere Verfahrensgang gestaltet. Die Revision ist statthaft, wenn sie durch das LAG im Urteil (§ 72 Abs. 1) oder auf eine Nichtzulassungsbeschwerde durch das BAG zugelassen worden ist (§ 72a Abs. 1). Formell ist eine Revisionsschrift erforderlich (Rz. 3 ff.), die der Begründung bedarf (Rz. 31 ff.). Ferner muss der Rechtsmittelführer beschwert, also die ergangene Entscheidung für ihn nachteilig sein. Die Revision kann **von jeder Partei**, dem Nebenintervenienten[2] und vom streitgenössischen

---
1 ErfK/*Koch*, § 74 Rz. 1; Hauck/Helml/Biebl/*Hauck*, § 74 Rz. 1; GMP/*Müller-Glöge*, § 74 Rz. 1; Düwell/Lipke/*Düwell*, § 74 Rz. 1.
2 BAG v. 13.4.2016 – 4 AZR 13/13, juris; BAG, 18.9.2014 - 8 AZR 733/13, juris.

Nebenintervenienten[1] auch gegen den Willen der Hauptpartei eingelegt werden[2]. Hinsichtlich der Beschwer ist auf die Situation der Hauptpartei abzustellen. Die Revision kann also nur eingelegt werden, solange und soweit die Hauptpartei Revision einlegen könnte[3]. Vgl. Rz. 59.

Mit der fristgemäßen Einlegung der Revision wird der Eintritt der Rechtskraft gehemmt (Suspensiveffekt), und die nächst höhere Instanz entscheidet über die Revision (Devolutiveffekt). Das LAG kann seine Entscheidung nicht mehr ändern.

§ 74 betrifft nur die Einlegung der Revision. Eine **Revisionserwiderung** für den Revisionsbeklagten kennt die arbeitsgerichtliche Revision nicht. Gleichwohl ist sie selbstverständlich sinnvoll.

II. Einlegung der Revision

3   Die zu beachtenden **Formanforderungen** ergeben sich neben § 74 aus den §§ 549 und 550 ZPO. § 549 Abs. 1 Satz 1 ZPO bestimmt, dass die Revision durch **Einreichung** der **Revisionsschrift** bei dem Revisionsgericht eingelegt wird. Dabei handelt es sich um eine Prozesshandlung.

1. Adressat der Revisionsschrift

3a Die Revision ist **beim BAG** durch Einreichung einer Revisionsschrift einzulegen. Dies ergibt sich ohne Weiteres aus § 549 Abs. 1 Satz 1. Revisionsgericht ist das BAG, vgl. § 72 Rz. 7.

2. Form der Revisionsschrift

4   Die Revisionsschrift ist ein sog. **bestimmender Schriftsatz** gem. § 129 ZPO[4]. Ein bestimmender Schriftsatz kündigt ein Vorbringen nicht nur an, sondern enthält Erklärungen in **Schriftform**. Die Revisionsschrift muss deshalb nach § 130 Nr. 6 ZPO schriftlich erfolgen und die Unterschrift der Person, die den Schriftsatz verantwortet, enthalten.

5   Die Revisionsschrift muss gem. § 11 Abs. 4 von einem vor dem BAG zugelassenen Bevollmächtigten eingelegt und von diesem unterzeichnet werden. Dies sind außer Rechtsanwälten auch Gewerkschaften und ArbGeb-Verbände, soweit sie durch Personen mit der Befähigung zum Richteramt handeln. Die Einlegung durch die Partei selbst oder die übrigen in § 11 Abs. 2 Satz 2 Nr. 1–3 genannten Personen genügt nicht[5]. Die das Verfahren einleitende Prozesshandlung erfordert demnach, dass ein **Schriftsatz eigenhändig** von einem postulationsfähigen **Bevollmächtigten unterschrieben** und beim BAG **eingereicht** wird[6]. Wichtig ist auch, dass die Prozessvollmacht des Bevollmächtigten noch besteht und nicht – etwa durch Eröffnung des Insolvenzverfahrens – erloschen ist[7]. Ob der Insolvenzverwalter die Einlegung durch den nicht mehr prozessführungsbefugten Schuldner genehmigen kann, hat das BAG in diesem Zusammenhang aber offengelassen. Hiervon ausgenommen sind nur Vollmachten, die nicht auf das zur Insolvenzmasse gehörende Vermögen ausgestellt sind. Diese bleiben über die Verfahrenseröffnung hinaus wirksam[8].

Die **eigenhändige Unterschrift** soll dem Nachweis dienen, dass der Schriftsatz von einer Person, die nach der maßgeblichen Prozessordnung befähigt und befugt ist, Prozesshandlungen vorzunehmen, in eigener Verantwortung vorgelegt wird. Die Unterschrift muss daher ein Schriftbild aufweisen, das individuell und einmalig ist, entsprechende charakteristische Merkmale hat und sich so als eine die Identität des Unterzeichnenden ausreichend kennzeichnende Unterschrift des Namens darstellt, die von Dritten nicht ohne Weiteres nachgeahmt werden kann[9]. Die Anforderungen an eine ordnungsgemäße Unterschrift werden

---

1 Vgl. zum Begriff BAG v. 21.6.2011 – 9 AZR 236/10, NZA 2011, 1274.
2 BAG v. 15.1.1985 – 3 AZR 39/84, AP Nr. 3 zu § 67 ZPO; ErfK/*Koch*, § 74 ArbGG Rz. 1; Hauck/Helml/Biebl/*Hauck*, § 74 Rz. 2.
3 BAG v. 17.8.1984 – 3 AZR 597/83, AP Nr. 2 zu § 67 ZPO. Dem hat sich der BGH angeschlossen, BGH v. 24.5.2012 – VII ZR 24/11, NJW-RR 2012, 1042.
4 Vgl. dazu Zöller/*Greger*, § 129 ZPO Rz. 3; GK-ArbGG/*Mikosch*, § 74 Rz. 6.
5 BAG v. 20.9.2011 – 9 AZN 582/11, NZA 2012, 175; BAG v. 17.11.2004 – 9 AZN 789/04 (A), AP Nr. 19 zu § 11 ArbGG 1979 – Prozessvertreter. Zur Bestellung eines Notanwaltes nach § 11 Abs. 2 Satz 1 vgl. BAG v. 28.12.2007 – 9 AS 5/07, NZA 2008, 491.
6 BAG v. 20.9.2011 – 9 AZN 582/11, NZA 2012, 175; HWK/*Bepler/Treber*, § 74 Rz. 6; ErfK/*Koch*, § 74 ArbGG Rz. 4; Hauck/Helml/Biebl/*Hauck*, § 74 Rz. 3; GWBG/*Benecke*, § 74 Rz. 3.
7 BAG v. 28.8.2013 – 5 AZN 426/13 (F), NZA 2013, 1303.
8 BAG v. 5.5.2015 – 1 AZR 763/13, NZA 2015, 1331.
9 Vgl. BGH v. 2.7.2014 – 4 StR 215/14, juris; BAG v. 16.10.2013 – 10 AZR 9/13, juris; BGH v. 26.7.2012 – III ZB 70/11, juris; BGH v. 26.10.2011 – IV ZB 9/11, juris; BGH v. 17.11.2009 – XI ZB 6/09, juris; BAG v. 30.8.2000 – 5 AZB 17/00, NZA 2000, 1248.

streng gehandhabt, überhöhte Anforderungen sind jedoch ebenfalls zu vermeiden. Vereinfachungen, Undeutlichkeiten und Verstümmelungen schaden nichts. Es muss sich aber vom äußeren Erscheinungsbild her um einen Schriftzug handeln, der erkennen lässt, dass der Unterzeichner seinen vollen Namen und nicht nur eine Abkürzung hat niederschreiben wollen[1]. Es ist also nicht erforderlich, dass die Unterschrift lesbar ist. Eine Abkürzung durch Wiedergabe von Anfangsbuchstaben oder eine Paraphe reichen nicht. Hat ein Rechtsmittelgericht allerdings eine Paraphe über einen längeren Zeitraum akzeptiert, bedarf es eines Hinweises, dass sie künftig nicht mehr akzeptiert wird, bevor das Rechtsmittel verworfen wird[2].

Durch die Unterzeichnung muss der **Bevollmächtigte** zum Ausdruck bringen, dass er die **Verantwortung für die Revisionsschrift** übernimmt[3]. Einschränkende Zusätze, die der Unterschrift beigefügt werden, können deshalb schädlich sein. Rechtsmittelschriften können allerdings in Untervollmacht von jedem beim Rechtsmittelgericht postulationsfähigen Rechtsanwalt, auch von einem in Untervollmacht für einen anderen Rechtsanwalt handelnden Rechtsanwalt, unterzeichnet werden. Der Unterbevollmächtigte muss sich dann gegenüber dem Rechtsmittelgericht als selbständig verantwortlicher Bevollmächtigter zu erkennen geben. Dadurch unterscheidet er sich von einem Boten, dem Überbringer einer fremden Erklärung. Erklärungen wirken unmittelbar für und gegen den Vertretenen nur dann, wenn der Vertreter sie im Namen des Vertretenen abgibt[4]. Eine Untervollmacht, zB „für Rechtsanwalt X" oder „in Vertretung von Rechtsanwalt X", ist also möglich, ebenso „für die urlaubsbedingt abwesende"[5]. Unzulässig wäre demgegenüber der Zusatz „Verfasser Rechtsanwalt X" oder „im Auftrag"[6]. Auch reicht es nicht aus, dass der Prozessbevollmächtigte die Rechtsauffassung der Partei mitteilt und sich gleichzeitig davon distanziert[7]. Bei einem Rechtsanwalt ist zu beachten, dass er nur dann als Organ der Rechtspflege auftritt, wenn er außerhalb eines Arbeitsverhältnisses handelt, das ihn dem Weisungsrecht der Partei unterwirft. Ist ein Rechtsanwalt bei einer Partei angestellt als **„Syndikusanwalt"**, obliegt es deshalb der Partei, dem Rechtsanwalt außerhalb seines Anstellungsverhältnisses einen gesonderten Auftrag und eine Vollmacht zu erteilen. Legt ein angestellter Rechtsanwalt ein Rechtsmittel ein, muss der Rechtsmittelschrift zu entnehmen sein, dass der Handelnde als unabhängiger Prozessbevollmächtigter auftritt und als solcher ohne Bindung an die Weisungen seines Mandanten die Verantwortung für den Schriftsatz übernimmt[8]. 6

Hat ein Rechtsanwalt die Revisionsschrift nicht unterzeichnet, ist es ausreichend, wenn eine **Abschrift** von ihm **unterzeichnet** worden ist und der Unterzeichnende der Verfasser der Revisionsschrift ist[9]. 7

Der **Schriftform** ist genügt, wenn die Revisionsschrift **telegraphisch**[10], durch **Fernschreiben**[11], per **Telebrief**[12] oder per **Telefax**[13] übermittelt wird. Dabei ist es irrelevant, von welchem Gerät das Telefax gesendet worden ist[14]. Zweifelhaft ist, ob ein **Computerfax** mit **eingescannter Unterschrift** ausreicht. Denn bei einem derartigen Computerfax handelt es sich nicht um die Wiedergabe eines eigenhändig unterzeichneten Originals. Vielmehr wird die Unterschrift des Anwalts im Rechner hinterlegt und in die die Revisionsschrift enthaltende Textdatei einkopiert. Ein unterzeichnetes Original gibt es in diesem Fall nicht. Deshalb hatte der BGH ein derartiges Computerfax mangels Schriftform als unzulässig angesehen[15]. Der vom BGH angerufene Gemeinsame Senat hat das Computerfax zugelassen, um dem technischen Fortschritt Rechnung zu tragen und sich dabei auf den Vergleich mit der zulässigen Übermittlung der Revisionsschrift per Telegramm bezogen[16]. Das ist zwar widersprüchlich. Während bei einem Computerfax die eingescannte Unterschrift genügen soll, reicht bei einem körperlich bei Gericht eingereichten Schriftsatz der Faksimilestempel der Unter- 8

---

1 BAG v. 30.8.2000 – 5 AZB 17/00, NZA 2000, 1248; BAG v. 27.3.1996 – 5 AZR 576/94, AP Nr. 67 zu § 518 ZPO. Vgl. zur Unterschrift auch BAG v. 6.9.2012 – 2 AZR 858/11, juris.
2 BAG v. 18.6.1997 – 4 AZR 710/95, AP Nr. 2 zu § 1 TVG – Kündigung.
3 BAG v. 16.10.2013 – 10 AZR 9/13, NZA 2014, 264.
4 BAG v. 22.5.1990 – 3 AZR 55/90, AP Nr. 38 zu § 519 ZPO.
5 BAG v. 16.10.2013 – 10 AZR 9/13, NZA 2014, 264.
6 BAG v. 22.5.1990 – 3 AZR 55/90, AP Nr. 38 zu § 519 ZPO; Ostrowicz/Künzl/Scholz, Rz. 572.
7 BAG v. 20.9.2011 – 9 AZN 582/11, NZA 2012, 175.
8 BAG v. 17.9.2013 – 9 AZR 75/12 –, NZA 2014, 502; BAG v. 19.3.1996 – 2 AZB 36/95, AP Nr. 13 zu § 11 ArbGG 1979 – Prozessvertreter.
9 BAG v. 30.5.1978 – 1 AZR 664/75, AP Nr. 42 zu § 518 ZPO; ErfK/Koch, § 74 ArbGG Rz. 4; Hauck/Helml/Biebl/Hauck, § 74 Rz. 3; Beck OKArbR/Klose, § 74 Rz. 3.
10 BAG v. 1.7.1971 – 5 AZR 75/71, AP Nr. 1 zu § 129 ZPO.
11 BVerfG v. 11.2.1987 – 1 BvR 475/85, NJW 1987, 2076.
12 BAG v. 1.6.1983 – 5 AZR 468/80, AP Nr. 54 zu § 1 LohnFG.
13 BAG v. 27.1.2000 – 6 AZR 429/98, NZA 2000, 1239; BAG v. 14.3.1989 – 1 AZB 26/88, AP Nr. 10 zu § 130 ZPO.
14 BAG v. 14.3.1989 – 1 AZB 26/88, AP Nr. 10 zu § 130 ZPO.
15 BGH v. 29.9.1998 – XI ZR 367/97, AP Nr. 31 zu § 64 ArbGG 1979.
16 GmSOGB v. 5.4.2000 – GmS-OGB 1/98, AP Nr. 2 zu § 129 ZPO; BGH v. 10.10.2000 – XI ZR 387/97, NJW 2001, 831.

schrift des Rechtsanwaltes nicht aus. Hier wird stattdessen eine Originalunterschrift verlangt[1]. Es sollte deshalb in allen Fällen ausreichen, dass sich aus dem bestimmenden Schriftsatz allein oder iVm. beigefügten Unterlagen die Urheberschaft und der Wille, das Schreiben in den Rechtsverkehr zu bringen, hinreichend sicher, dh. ohne die Notwendigkeit einer Klärung durch Rückfrage oder durch Beweiserhebung, ergibt[2].

9 **Zulässig** ist es auch, einen **unterzeichneten Schriftsatz einzuscannen** und zB per E-Mail als PDF-Dokument an das BAG zu übermitteln, weil insoweit kein Unterschied zu einem Telefax besteht[3]. Erforderlich ist dann nach h.M. aber, dass der ausgedruckte Schriftsatz dem Gericht noch **innerhalb der Rechtsmittelfrist** vorliegt[4]. **Nicht** ausreichend ist die Einlegung der Revision per **E-Mail**[5] oder **SMS**.

Darüber hinaus können bei dem BAG bereits seit dem 1.4.2006 in allen Verfahrensarten auf der Grundlage der VO über den **elektronischen Rechtsverkehr** vom 9.3.2006 elektronische Dokumente eingereicht werden. Dazu stellte das BAG bisher auf seiner Internetseite spezielle Zugangs- und Übertragungssoftware zur Verfügung, damit eine Kommunikation per sog. „EGVP" erfolgen konnte. Allerdings soll die Kommunikation zwischen Justiz und Rechtsanwälten künftig aufgrund des Gesetzes zur Förderung über den elektronischen Rechtsverkehr durch das besondere elektronische Anwaltspostfach (beA) erfolgen. Bis zur verpflichtenden Nutzung des beA wird der EGVP-Classic-Client übergangsweise noch bis 1.1.2018 fortgeführt. Danach sollten Anwälte das beA zur Kommunikation nutzen, die übrigen Beteiligten müssen eine andere EGVP Sende- und Empfangskomponente verwenden. Die Einzelheiten ergeben sich aus § 46c Abs. 3 und Abs. 4, vgl. § 46c Rz. 4 ff.

10 Bei der Übermittlung per Telefax, ist zu beachten, dass alle notwendigen Bestandteile eines bestimmenden Schriftsatzes einschließlich der Unterschrift bis zum Fristablauf **vom Empfangsgerät** des Gerichtes vollständig **aufgezeichnet** werden. Unerheblich ist insbesondere, ob das nach Dienstschluss geschieht und wann der Geschäftsstellenbeamte den Eingangsstempel anbringt[6]. Unschädlich bei der Faxübertragung ist allerdings, dass eine Seite eines Telefaxes nicht vollständig übermittelt wurde. Sind von einer Revisionsschrift nur die erste Seite, die ua. die Revisionsanträge enthält, und die letzte Seite, die ua. die Unterschrift des Prozessbevollmächtigten enthält, per Telefax rechtzeitig eingegangen, ist die Revision zulässig, wenn sich aus dem eingegangenen Text der Revisionsbegründung ergibt, dass

– die Revisionsanträge von der Unterschrift des Prozessbevollmächtigten gedeckt sind,
– in welchem Umfang das Berufungsurteil angegriffen wird und
– mit welchen Erwägungen die tragenden Gründe des Berufungsurteils angegriffen werden[7].

Bei der Übermittlung des elektronischen Dokuments ist zu beachten, dass dies erst dann eingegangen ist, sobald es auf der für den Empfang bestimmten Einrichtung des Gerichts gespeichert ist, § 130a Abs. 5 ZPO.

11 Im Übrigen dürfen **Risiken und Unsicherheiten**, deren Ursache allein in der Sphäre des Gerichtes liegt, bei der Entgegennahme fristgebundener Schriftsätze **nicht auf den** rechtsuchenden **Bürger** abgewälzt werden. Bei einer Fristversäumung wegen eines gestörten Telefaxempfangs auf Seiten des Gerichtes wird dieser Fehler dem Gericht zugerechnet[8]. Hier ist Wiedereinsetzung zu gewähren, wenn der Rechtsanwalt mit der Absendung des Telefaxes so rechtzeitig begonnen hatte, dass unter normalen Umständen mit einem vollständigen Empfang des Telefaxes vor Fristablauf zu rechnen war[9]. Nichts anderes gilt bei einem elektronischen Dokument.

12 Die **Erfordernisse** der Schriftform müssen **innerhalb der Revisionsfrist** erfüllt werden. Es reicht nicht, dass der Geschäftsstelle des Revisionsgerichtes innerhalb der Revisionsfrist telefonisch Ergänzungen mitgeteilt bzw. Falschbezeichnungen korrigiert werden. Anders liegt der Fall, wenn aufgrund telefonischer Nachfrage der Geschäftsstelle die Angaben durch den Revisionskläger schriftlich ergänzt werden[10].

---

1 BAG v. 5.8.2009 – 10 AZR 692/08, NZA 2009, 1168. Zweifelnd GMP/*Müller-Glöge*, § 74 Rz. 12; Düwell, NZA 1999, 293; Düwell/Lipke/*Düwell*, § 74 Rz. 8.
2 So auch zutreffend BVerwG v. 30.3.2006 – 8 B 8/06, NJW 2006, 1989.
3 BGH v. 18.3.2015 – XII ZB 424/14, NJW 2015, 1527; BAG v. 11.7.2013 – 2 AZB 6/13, NZA 2013, 983; BGH v. 15.7.2008 – X ZB 8/08, NJW 2008, 2649; Vgl. auch Düwell/Lipke/*Düwell*, § 74 Rz. 9.
4 BAG v. 11.7.2013 – 2 AZB 6/13, NZA 2013, 983.
5 BGH v. 11.7.2013 – 2 AZB 6/13; BGH v. 4.12.2008 – IX ZB 41/08, NJW-RR 2009, 357.
6 BAG v. 13.12. 2012 – 6 AZR 303/12, NZA 2013, 636; BAG v. 14.7.2010 – 10 AZR 781/08; BAG v. 19.1.1999 – 9 AZR 679/97, NZA 1999, 925.
7 BAG v. 27.1.2000 – 6 AZR 429/98, AP Nr. 40 zu § 1 TVG – Tarifverträge: DDR.
8 BAG v. 11.7.2013 – 2 AZB 6/13, NZA 2013, 983, BVerfG v. 14.5.1985 – 1 BvR 370/84, BVerfGE 69, 381 (386).
9 BVerfG v. 1.8.1996 – 1 BvR 121/95, AP Nr. 47 zu § 233 ZPO 1977.
10 BAG v. 27.8.1996 – 8 AZB 14/96, NZA 1997, 456.

3. Inhalt der Revisionsschrift

Den Inhalt der Revisionsschrift regelt § 74 nicht. Er ergibt sich deshalb aus § 549 ZPO. **13**
Nach § 549 Abs. 2 ZPO sind auf die Revisionsschrift die allgemeinen Vorschriften über die vorbereitenden **Schriftsätze** anzuwenden. Deren Inhalt regelt § 130 ZPO. Nach § 130 Nr. 1 ZPO soll die Revisionsschrift deshalb insbesondere die Bezeichnung der Parteien und ihrer gesetzlichen Vertreter nach Namen, Stand oder Gewerbe, Wohnort und Parteistellung, die Bezeichnung des Gerichtes und des Streitgegenstandes und die Zahl der Anlagen enthalten.
Es muss innerhalb der Revisionsfrist insbesondere eindeutig angegeben werden, **für und gegen wen** die Revision eingelegt wird[1]. Zweifel bestehen dabei vor allem dann, wenn beide Parteien durch das Berufungsurteil beschwert sind. Es reicht aus, wenn sich die Parteien innerhalb der Revisionsfrist aus anderen Tatsachen ergeben[2]. Wird in der Rechtsmittelschrift nicht ausdrücklich angegeben, für wen das Rechtsmittel eingelegt wird, so ist es allerdings nicht ausreichend, dass in ihr der Rechtsmittelkläger an erster Stelle genannt wird[3]. Nicht erforderlich ist die Angabe der ladungsfähigen Anschrift des Revisionsbeklagten oder seiner Prozessbevollmächtigten. Ausreichend ist, dass die Parteien und ihre Vertreter konkret bezeichnet werden[4]. Auch eine fehlerhafte Parteibezeichnung kann ausgelegt werden[5].

Nach § 549 Abs. 1 Satz 2 Nr. 1 ZPO muss in der Revisionsschrift das **Urteil genannt** werden, gegen das **14** die Revision gerichtet ist. Die Bezeichnung des Urteils erfolgt dabei nach Gericht, Verkündungsdatum und Aktenzeichen[6]. Es reicht nicht, dass der Rechtsmittelgegner erkennen kann, welches LAG gemeint ist. Auch Datum und Aktenzeichen müssen zutreffend sein. Allerdings führt nicht jeder Fehler zur Unzulässigkeit des Rechtsmittels. Es reicht aus, wenn die Identifizierung des Urteils aufgrund der sonstigen für das BAG erkennbaren Umstände innerhalb der Revisionsfrist erfolgen kann. Dazu kann insbesondere eine beigefügte Abschrift des Urteils herangezogen werden, weil die Revision als Prozesshandlung der Auslegung zugänglich ist[7]. Lässt sich hingegen aus dem gesamten Inhalt der Revisionsschrift oder den Begleitumständen nicht entnehmen, welches Urteil angefochten wird, ist die Revision unzulässig[8]. Insbesondere besteht keine Nachforschungspflicht durch das BAG. Das Rechtsmittelgericht ist auch nicht verpflichtet, die Rechtsmittelschrift sofort nach Eingang auf Richtigkeit und Vollständigkeit hin zu überprüfen und mögliche Zweifelspunkte durch Rückfrage aufzuklären. **Um Unklarheiten zu vermeiden**, sollte der Revisionsschrift deshalb eine **beglaubigte Abschrift** des angefochtenen Urteils beigefügt werden, § 550 Abs. 1 ZPO[9].

Richtet sich die Revision gegen ein arbeitsgerichtliches **Schlussurteil**, erfasst dieses auch ein vorangegangenes Grundurteil oder nicht selbständig anfechtbares Zwischenurteil. Eine ausdrückliche Bezeichnung dieser Urteile in der Revisionsschrift ist entbehrlich[10]. **15**

Die Revisionsschrift muss zudem erkennen lassen, dass gegen das näher bezeichnete Urteil Revision eingelegt wird, § **549 Abs. 1 Satz 2 Nr. 2 ZPO**. Entsprechend dem Grundsatz „falsa demonstratia non nocet" schadet eine falsche Bezeichnung des Rechtsmittels nicht, solange nur der **Wille zur Revision** klar erkennbar ist[11]. **16**

Dies ist nicht der Fall, wenn **Prozesskostenhilfe** beantragt wird und dem entsprechenden Gesuch um Bewilligung von Prozesskostenhilfe eine Abschrift der Revisionsschrift beigefügt wird. Hier wird nicht deutlich, ob das Prozesskostenhilfegesuch gleichzeitig als Einlegung der Revision zu verstehen ist[12]. Ebenso **17**

---

1 BAG v. 18.5.2010 – 3 AZR 372/08; BAG v. 18.5.2006 – 2 AZR 245/06, ZTR 2007, 50; BAG v. 4.7.1973 – 1 AZB 12/73, AP Nr. 20 zu § 518 ZPO.
2 BAG v. 18.5.2006 – 2 AZR 245/06, ZTR 2007, 50; BAG v. 13.12.1995 – 4 AZR 603/94, AP Nr. 15 zu § 1 TVG – Rückwirkung.
3 BAG v. 18.4.1972 – 1 AZR 73/72, AP Nr. 4 zu § 553 ZPO.
4 BAG v. 16.9.1986 – GS 4/85, AP Nr. 53 zu § 518 ZPO; ErfK/*Koch*, § 74 ArbGG Rz. 4; Hauck/Helml/Biebl/ *Hauck*, § 74 Rz. 4; GMP/*Müller-Glöge*, § 74 Rz. 18; GK-ArbGG/*Mikosch*, § 74 Rz. 9.
5 BAG v. 18.5.2010 – 3 AZR 373/08, NZA 2010, 935.
6 BAG v. 19.5.2009 – 9 AZR 145/08, NZA 2010, 176; Hauck/Helml/Biebl/*Hauck*, § 74 Rz. 4.
7 BAG v. 19.5.2009 – 9 AZR 145/08, NZA 2010, 176; BAG v. 12.1.2005 – 5 AZR 144/04, AP Nr. 69 zu § 612 BGB; BAG, 24.6.2004, AP Nr. 3 zu § 104 SGB VII; BAG v. 18.2.1972 – 5 AZR 5/72, AP Nr. 3 zu § 553 ZPO; ErfK/*Koch*, § 74 ArbGG Rz. 2; Hauck/Helml/Biebl/*Hauck*, § 74 Rz. 4; GMP/*Müller-Glöge*, § 74 Rz. 15; HWK/*Bepler/Treber*, § 74 Rz. 8.
8 BAG v. 15.2.1973 – 5 AZR 554/72, AP Nr. 18 zu § 518 ZPO.
9 Vgl. nur GK-ArbGG/*Mikosch*, § 74 Rz. 10; Düwell/Lipke/*Düwell*, § 74 Rz. 11; GWBG/*Benecke*, § 74 Rz. 4.
10 BAG v. 1.12.1975 – 5 AZR 466/75, AP Nr. 2 zu § 61 ArbGG 1953 – Grundurteil.
11 BAG v. 3.12.1985 – 4 ABR 7/85, AP Nr. 1 zu § 74 BAT; ErfK/*Koch*, § 74 ArbGG Rz. 3; Hauck/Helml/Biebl/*Hauck*, § 74 Rz. 4; GMP/*Müller-Glöge*, § 74 Rz. 16.
12 BAG v. 17.3.1960 – 1 AZB 5/60, AP Nr. 21 zu § 64 ArbGG 1953; GMP/*Müller-Glöge*, § 74 Rz. 17; HWK/*Bepler/Treber*, § 74 Rz. 8 Hauck/Helml/Biebl/*Hauck*, § 74 Rz. 4.

reicht es nicht, wenn Prozesskostenhilfe „zum Zweck der Durchführung der Revision" beantragt wird. Diese Aussage hat einen unklaren, nicht zu deutenden Inhalt[1].

18 Die Revision muss **unbedingt** eingelegt werden. Eine Einlegung für den Fall, dass PKH bewilligt wird, ist ebenso unzulässig wie die Einlegung nur für den Fall der Statthaftigkeit oder ihrer Zulässigkeit[2]. Zulässig ist hingegen die Verbindung mit einem Antrag auf Wiedereinsetzung, falls der Rechtsmittelführer befürchtet, die Einlegungsfrist sei nicht gewahrt[3]. Ebenfalls zulässig ist die Verbindung der Revision mit einer Nichtzulassungsbeschwerde, falls die Revision nicht zugelassen worden ist[4].

19 Eine Formulierung der Revisionseinlegung könnte etwa wie folgt lauten:
„legen wir namens und in Vollmacht des Klägers/der Beklagten und Revisionsklägers gegen das Urteil des LAG <Name> vom <Verkündungsdatum> <Aktenzeichen>, zugestellt am <Datum> Revision ein.
Eine Kopie des Urteils ist beigefügt.
Revisionsantrag und Revisionsbegründung bleiben einem gesonderten Schriftsatz vorbehalten."

4. Revisionsfrist

20 Die Revision kann eingelegt werden, sobald das **Urteil verkündet** worden ist. Eine Revision, die vor diesem Zeitpunkt eingelegt wird, ist unwirksam. Sie wird insbesondere nicht mit der Verkündung des späteren Urteils wirksam[5]. Die Revision kann aber **vor der Zustellung** des Urteils eingelegt werden[6]. Vgl. zur Nichtzulassungsbeschwerde § 72a Rz. 41.

21 Die **Revisionsfrist** beträgt nach § 74 Abs. 1 Satz 1 **einen Monat**. Es handelt sich um eine Notfrist, so dass sie weder einer Verkürzung noch einer Verlängerung zugänglich ist. Auch wenn § 74 die Frist nicht ausdrücklich als Notfrist bezeichnet, ergibt sich dies aus § 548 ZPO[7]. Bei unverschuldeter Fristversäumung kann jedoch **Wiedereinsetzung** in den vorigen Stand nach §§ 233 ff. ZPO gewährt werden[8]. Wird zB die Revisionsschrift beim LAG eingelegt und verzögert sich die Weiterleitung an das BAG, ist Wiedereinsetzung nur zu gewähren, wenn die Revisionsschrift bei ordnungsgemäßer Weiterleitung fristgerecht beim BAG eingegangen wäre[9]. Eine verspätet eingelegte Revision kann aber uU als unselbständige Anschlussrevision aufrechterhalten werden. Zu den Einzelheiten der Wiedereinsetzung vgl. Rz. 35 im Rahmen der Revisionsbegründungsfrist.

22 Die **Frist beginnt** regelmäßig mit der **Zustellung** des **in vollständiger Form** abgefassten Urteils. Abzustellen ist dabei auf die Zustellung des Urteils von Amts wegen. Eine Zustellung im Parteibetrieb löst den Fristbeginn nicht aus. Der Fristbeginn wird ebenso nicht durch eine formlose Zustellung durch die Geschäftsstelle ausgelöst oder wenn ein Urteil in abgekürzter Form zugestellt wird. Welches Gericht das Urteil ausgefertigt hat, ist unerheblich.

Für die **Berechnung** der Frist gelten § 222 ZPO, §§ 187, 188 BGB. Für den Fristbeginn entscheidend ist nach § 187 Abs. 1 BGB das Ereignis „Zustellung". Bei der Berechnung des Fristbeginns wird also der Tag der Zustellung nicht mitgerechnet. Die Revision muss demnach gem. § 188 Abs. 2 Alt. 1 BGB spätestens an dem Tag beim BAG eingehen, der seiner Zahl nach dem des Vormonats entspricht[10]. Bei Zustellung am 1.10. endet die Frist am 1.11. Fehlt dieser Tag, greift § 188 Abs. 3 BGB, zB bei Zustellung am 31.1. endet die Frist am 28. oder 29.2. Als allgemeine Feiertage im Sinne der genannten Vorschriften gelten die gesetzlichen Feiertage am Sitz des BAG in Erfurt, die sich aus dem Feiertagsgesetz des Freistaates Thüringen ergeben[11].

---

1 GK-ArbGG/*Mikosch*, § 74 Rz. 17; Hauck/Helml/Biebl/*Hauck*, § 74 Rz. 4.
2 BAG v. 22.11.1968 – 1 AZB 31/68, AP Nr. 13 zu § 518 ZPO; Hauck/Helml/Biebl/*Hauck*, § 74 Rz. 4 Düwell/Lipke/ *Düwell*, § 74 Rz. 15 HWK/*Bepler/Treber*, § 74 Rz. 8.
3 BAG v. 4.8.1969 – 1 AZB 16/69, AP Nr. 6 zu § 519b ZPO.
4 Vgl. GMP/*Müller-Glöge*, § 74 Rz. 17.
5 BGH v. 18.9.1963 – V ZR 192/61, LM § 511 ZPO Nr. 17; ErfK/*Koch*, § 74 ArbGG Rz. 5; Hauck/Helml/Biebl/ *Hauck*, § 74 Rz. 6; GMP/*Müller-Glöge*, § 74 Rz. 9; Düwell/Lipke/*Düwell*, § 74 Rz. 31.
6 BAG v. 5.5.2015 – 1 AZR 763/13, NZA 2015, 1331; BAG v. 23.2.2010 – 2 AZR 659/08, juris. Für die Nichtzulassungsbeschwerde BAG v. 8.6.2010 – 6 AZN 163/10, NZA 2010, 909.
7 GMP/*Müller-Glöge*, § 74 Rz. 6; HWK/*Bepler/Treber*, § 74 Rz. 10. AA *Ostrowicz/Künzl/Scholz*, Rz. 571; Beck OKArbR/*Klose*, § 74 Rz. 5.
8 BAG v. 15.10.2013 – 3 AZR 640/13; BAG v. 13.3.2013 – 5 AZR 146/12, NZA 2013, 782.
9 BAG v. 20.8.1997 – 2 AZR 9/97, NZA 1997, 1965.
10 GK-ArbGG/*Mikosch*, § 74 Rz. 25; Düwell/Lipke/*Düwell*, § 74 Rz. 22; GMP/*Müller-Glöge*, § 74 Rz. 6; ErfK/*Koch*, § 74 ArbGG Rz. 5; Hauck/Helml/Biebl/*Hauck*, § 74 Rz. 6; HWK/*Bepler/Treber*, § 74 Rz. 13.
11 Vgl. dazu GMP/*Müller-Glöge*, § 74 Rz. 6.

Wird das Urteil nicht zugestellt, beginnt die Revisionsfrist **spätestens mit Ablauf von fünf Monaten** nach 23
der Verkündung des Urteils. Dies regelt § 74 Abs. 1 Satz 2. In diesem Falle besteht allerdings auch die
Möglichkeit, nach § 72b vorzugehen. Insoweit besteht ein Wahlrecht, vgl. § 72b Rz. 8. Legt der Beschwerte
auch Revision ein, richtet sich das Fristende nach § 188 Abs. 2 Alt. 1 BGB. Die Frist beginnt am Tag nach
der Verkündung und endet an dem Tag, der dem Ereignistag entspricht. Bei Verkündung am 1.10 endet
die Fünf-Monats-Frist am 1.3. des Folgejahres. Fehlt dieser Tag, greift § 188 Abs. 3 BGB, so dass die Fünf-
Monats-Frist bei Verkündung am 30.9. am 28. oder 29.2. des Folgejahres endet. Mit Ablauf der Frist beginnt dann die einmonatige Revisionsfrist. Zwar fehlt bei einem Urteil, das nicht zugestellt worden ist,
zwangsläufig die Rechtsmittelbelehrung. Gleichwohl hat der Gesetzgeber in § 74 ausdrücklich angeordnet,
dass die Einlegungsfrist spätestens mit Ablauf von fünf Monaten nach der Urteilsverkündung beginnt. Die
Revisionsfrist endet damit auch ohne Zustellung des Urteils in jedem Falle mit dem Ablauf des sechsten
auf die Verkündung folgenden Monats[1]. Dies gilt sogar dann, wenn das Urteil des LAG kurz vor Ablauf
der Fünf-Monats-Frist doch noch zugestellt wird und eine „normale" Rechtsmittelbelehrung über die Einlegung der Revision enthält[2].

Die Revisionsfrist beginnt auch im Falle der **Berichtigung gem. § 319 ZPO** mit der Zustellung des Urteils. 24
Etwas anders gilt, wenn erst die Berichtigung eine Beschwer erkennen lässt[3].

Ergeht demgegenüber innerhalb der Revisionsfrist ein **Ergänzungsurteil** nach § 321 ZPO, beginnt mit der
Zustellung des Ergänzungsurteils der Lauf der Frist auch gegen das zuerst zugestellte Urteil von neuem.
§ 518 ZPO gilt auch im Revisionsverfahren[4]. Anders, wenn gegen das Ergänzungsurteil selbst die Revision
nicht zulässig ist. Wird die Revision gegen das Ergänzungsurteil dann später durch Beschluss des BAG
zugelassen, beginnt die Revisionsfrist auch für das zunächst ergangene Urteil mit der Zustellung dieses Beschlusses.

Wird die Revision durch einen **Ergänzungsbeschluss nach § 72 Abs. 1 Satz 2, § 64 Abs. 3a** nachträglich
durch das LAG zugelassen, beginnt die Revisionsfrist erst mit der Zustellung dieses Beschlusses, auch
wenn die Zustellung des in vollständiger Form abgefassten Urteils vorher erfolgt sein sollte, vgl. § 72
Rz. 46[5].

Ist das **Verfahren unterbrochen**, läuft die Frist nicht, § 249 ZPO. Das gilt auch, wenn das Urteil des LAG 25
trotz der Unterbrechung des Verfahrens verkündet worden ist. Gegen ein derartiges Urteil kann bereits
vor Beendigung der Unterbrechung die Revision eingelegt werden, um diesen Mangel zu rügen. Denn es
liegt der absolute Revisionsgrund des § 547 Nr. 4 ZPO vor[6]. Wird ansonsten während einer Unterbrechung
Revision eingelegt, bleibt sie aber nicht ohne jede Wirkung. Denn nach § 249 Abs. 2 ZPO sind die während
der Unterbrechung vorgenommenen Prozesshandlungen nur der anderen Partei gegenüber ohne rechtliche Wirkung.

Aus dieser nur relativen Unwirksamkeit folgt, dass die während der Unterbrechung eingelegte Revision 26
gegenüber dem Gericht nicht unwirksam ist[7]. Das Revisionsgericht wird während der Unterbrechung lediglich nicht tätig. Die Revisionseinlegung muss deshalb mit dem Entfallen des Unterbrechungstatbestan-
des nicht wiederholt werden. Nach Wiederaufnahme hat das BAG dann über die Sache zu verhandeln und
zu entscheiden[8].

---

1 BAG v. 16.4.2003, NZA 2004, 114; GK-ArbGG/*Mikosch*, § 74 Rz. 26; GMP/*Müller-Glöge*, § 74 Rz. 7; Hauck/Helml/
Biebl/*Hauck*, § 74 Rz. 6; HWK/*Bepler/Treber*, § 74 Rz. 12; Beck OKArbR/*Klose*, § 74 Rz. 7; GWBG/*Benecke*, § 74
Rz. 2; *Ostrowicz/Künzl/Scholz*, Rz. 571; *Künzl*, ZZP 2005, 53 (73).
2 BAG v. 16.1.2008 – 7 AZR 1090/06, FA 2008, 147.
3 Düwell/Lipke/*Düwell*, § 74 Rz. 27. Vgl. auch BAG v. 10.5.2005 – 9 AZR 251/04, NZA 2006, 439.
4 BGH v. 24.2.1953 – I ZR 98/52, LM § 51 ZPO Nr. 1; Düwell/Lipke/*Düwell*, § 74 Rz. 28; Hauck/Helml/Biebl/*Hauck*,
§ 74 Rz. 6; HWK/*Bepler/Treber*, § 74 Rz. 11.
5 GMP/*Müller-Glöge*, § 74 Rz. 8; Hauck/Helml/Biebl/*Hauck*, § 74 Rz. 6; HWK/*Bepler/Treber*, § 74 Rz. 10; Beck
OKArbR/*Klose*, § 74 Rz. 6.
6 BAG v. 5.5.2015 – 1 AZR 763/13, NZA 2015, 1331; BAG v. 6.12.2006 – 5 AZR 844/06, nv.; BAG v. 18.10.2006 – 2
AZR 563/05, NZA 2007, 765; BAG v. 18.3.1976 – 3 AZR 161/75, AP Nr. 2 zu § 244 ZPO; Düwell/Lipke/*Düwell*,
§ 74 Rz. 30.
7 BAG v. 5.5.2015 – 1 AZR 763/13, NZA 2015, 1331; BAG v. 6.12.2006 – 5 AZR 844/06, nv.; BAG v. 18.10.2006 – 2
AZR 563/05, NZA 2007, 765.
8 GK-ArbGG/*Mikosch*, § 74 Rz. 28.

27 Hat eine Partei **mehrere Prozessbevollmächtigte**, ist die erste **Zustellung an einen** dieser Prozessbevollmächtigten mit Wirkung für alle maßgeblich[1]. Die Zustellung an einen Unterbevollmächtigten des Hauptbevollmächtigten setzt die Frist allerdings nicht in Gang[2].

28 Die Revisionsschrift muss innerhalb der Revisionsfrist beim BAG **eingehen**. Die Einlegung der Revision beim LAG genügt nicht, es sei denn, die Revision wird vom LAG an das BAG weitergeleitet und geht beim BAG noch innerhalb der Revisionsfrist ein[3]. Sie ist beim BAG **eingegangen**, wenn sie unter Aufhebung der Verfügungsgewalt des Einreichers in die Verfügungsgewalt des BAG gelangt ist. In diesem Sinne eingegangen ist ein Telefax, wenn die Empfangssignale vom Telefaxgerät vollständig aufgezeichnet worden sind. Dies muss innerhalb der Revisionsfrist erfolgen, vgl. Rz. 8, Rz. 11. Deshalb ist nicht entscheidend, dass ein Eingang nach Dienstschluss erfolgt oder wann der Eingangsstempel angebracht wird.

5. Mehrfache Einlegung

28a Die Revision kann beim BAG innerhalb der laufenden Revisionsfrist mehrfach eingelegt werden. Dies ist insbesondere der Fall, wenn einer mit Telefax eingelegten Revision noch ein Originalschriftsatz folgt[4]. Werden hingegen die im Telefax angekündigten Originale nachgereicht, ist darin keine neue Revisionseinlegung zu sehen[5]. Insbesondere kann eine unzulässige Revision innerhalb der Frist durch eine zulässige nachgeholt werden. Ist mehrfach Revision eingelegt worden, ist gleichwohl nur ein Rechtsmittel anhängig[6].

6. Einlegung bei erfolgreicher Nichtzulassungsbeschwerde

28b Ist die **Revision** vom Berufungsgericht **nicht zugelassen** worden, kann dagegen in bestimmten Fällen **Nichtzulassungsbeschwerde** eingelegt werden, vgl. § 72a. Hat die Nichtzulassungsbeschwerde Erfolg, geht das Beschwerdeverfahren nunmehr eo ipso in das Revisionsverfahren über. Die form- und fristgerechte Einlegung der Nichtzulassungsbeschwerde gilt gem. § 72a Abs. 6 Satz 2 als Einlegung der Revision. Nach erfolgreicher Nichtzulassungsbeschwerde muss von dem Rechtsmittel der Revision also nicht mehr durch separate Einlegung der Revision Gebrauch gemacht werden. Dies bedeutet, dass die Einlegung der Nichtzulassungsbeschwerde zugleich eine bis zur Zustellung des Zulassungsbeschlusses bedingte Revisionseinlegung ist. Die doppelte Einlegung schadet aber nicht[7]. Dagegen ist allerdings nach wie vor erforderlich, dass die Revision **selbständig begründet** wird, vgl. Rz. 57b, § 72a Rz. 86.

III. Zustellung an den Gegner

29 Nach § 550 Abs. 2 ZPO ist die Revisionsschrift der **Gegenpartei zuzustellen**. Der Revisionsführer soll mit dem Original der Revision die erforderliche Anzahl der beglaubigten Abschriften einreichen. Das BAG bittet um acht Abschriften. Ein Verstoß gegen diese Ordnungsvorschrift macht die Revision allerdings nicht unzulässig.

30 Dem Revisionsbeklagten ist der **Zeitpunkt mitzuteilen**, an dem die Revision beim BAG eingegangen ist.

IV. Begründung der Revision

30a Der Revisionskläger muss die **Revision nach § 551 Abs. 1 ZPO begründen**. Dabei handelt es sich ausschließlich um eine Zulässigkeitsvoraussetzung. Begründung und Begründetheit der Revision sind streng voneinander zu unterscheiden. Für die ordnungsgemäße Revisionsbegründung ist es deshalb irrelevant, ob der gerügte Rechtsfehler tatsächlich vorliegt. Für die Zulässigkeit der Revision ist nur entscheidend, dass eine Begründung formal ordnungsgem. erfolgte. Allerdings kann der Revisionskläger in diesem Fall auch noch nach Ablauf der Revisionsbegründungsfrist weitere materielle Fehler rügen, da das Revisionsgericht nach § 557 Abs. 3 Satz 1 ZPO nicht an die dargelegten Revisionsgründe gebunden ist, vgl. Rz. 36.

---

1 BAG v. 23.1.1986 – 6 ABR 47/82, AP Nr. 31 zu § 5 BetrVG 1972; ErfK/*Koch*, § 74 ArbGG Rz. 5; Hauck/Helml/Biebl/*Hauck*, § 74 Rz. 6; GMP/*Müller-Glöge*, § 74 Rz. 6; HWK/*Bepler/Treber*, § 74 Rz. 10.
2 BAG v. 12.3.1964 – 1 AZB 5/64, AP Nr. 1 zu § 176 ZPO; ErfK/*Koch*, § 74 ArbGG Rz. 5; Hauck/Helml/Biebl/*Hauck*, § 74 Rz. 6.
3 BAG v. 17.11.1975 – 4 AZR 546/75, AP Nr. 12 zu § 234 ZPO; ErfK/*Koch*, § 74 ArbGG Rz. 5; Hauck/Helml/Biebl/*Hauck*, § 74 Rz. 2.
4 BAG v. 19.5.1999 – 8 AZB 8/99, NZA 1999, 895.
5 BAG v. 17.10.1995 – 3 AZR 863/94, NZA 1996, 278.
6 BAG v. 18.3.2010 – 8 AZR 1044/08, NZA 2010, 112; HWK/*Bepler/Treber*, § 74 Rz. 5.
7 BAG v. 18.3.2010 – 8 AZR 1044/08, NZA 2010, 1129; vgl. § 72a Rz. 86.

1. Revisionsbegründungsfrist

Nach § 74 beträgt die Frist zur Begründung der Revision **zwei Monate**. Sie beginnt im selben Zeitpunkt wie die Frist zur Einlegung der Revision, also mit Zustellung des in vollständiger Form abgefassten Urteils, spätestens aber mit Ablauf von fünf Monaten nach der Verkündung des Urteils, § 74 Abs. 1 Satz 1. Entscheidend für den Fristbeginn ist nach § 187 Abs. 1 BGB das Ereignis „Zustellung", so dass dieser Tag nicht mitgerechnet wird. Die Frist endet gem. § 188 Abs. 2 Alt. 1 BGB an dem Tag, der dem Ereignistag entspricht. Bei Zustellung am 1.10. endet die Frist am 1.12. Entsprechendes gilt bei einem nicht zugestellten Urteil, vgl. Rz. 20 ff. 31

Die Revisionsbegründungsfrist ist **keine Notfrist**. Sie kann nach § 74 Abs. 1 Satz 2 allerdings nur **einmal** bis zu einem weiteren Monat **verlängert werden**. Die Entscheidung über die Verlängerung der Frist trifft der Vorsitzende allein, § 72 Abs. 5 iVm. § 551 ZPO. Der Verlängerungsantrag muss vor Ablauf der Begründungsfrist beim Revisionsgericht eingehen. Unerheblich ist, dass die Entscheidung über die Verlängerung selbst erst nach dem Ablauf der Revisionsbegründungsfrist getroffen wird[1]. Da das Gesetz die einmalige Fristverlängerung nicht vom Vorliegen bestimmter Gründe abhängig macht, kann der Antragsteller auf die Bewilligung der Fristverlängerung regelmäßig vertrauen, wenn er irgendeine schlüssige Begründung findet. Ob das BAG die Dauer von einem Monat ausschöpft, hängt vom Inhalt der Begründung ab. Auf die Verlängerungsdauer von einem Monat kann bei einem Verlängerungsgesuch deshalb nicht vertraut werden[2]. 32

Es ist nur die **einmalige Verlängerung** möglich. Eine nochmalige Verlängerung kommt selbst dann nicht in Betracht, wenn sich der Gegner mit einer nochmaligen Verlängerung einverstanden erklärt oder wichtige Gründe vorliegen. Denn § 551 Abs. 2 Satz 5 ZPO findet keine Anwendung[3]. Auch wenn die Frist von einem Monat bei der ersten Verlängerung nicht ausgeschöpft worden ist, kommt eine weitere Verlängerung nicht in Betracht. Eine zweite Verlängerung der Rechtsmittelbegründungsfrist ist also auch dann nicht zulässig, wenn erst durch sie eine insgesamt einmonatige Fristverlängerung erreicht werden würde[4]. 33

Aufgrund der eindeutigen gesetzlichen Regelung steht es dem Vorsitzenden auch **nicht** frei, von sich aus eine **zweite Verlängerung** zu bewilligen. Auch § 551 Abs. 2 Satz 6 ZPO findet keine Anwendung[5]. Verlängert der Vorsitzende die Begründungsfrist gleichwohl gesetzwidrig ein zweites Mal, ist das unwirksam. Die Verlängerung wirkt in jedem Falle nur bis zum rechtlich zulässigen Zeitpunkt[6]. Allerdings darf der Prozessbevollmächtigte in diesem Fall auf die Verlängerung vertrauen. Er ist durch einen Fehler des Gerichtes daran gehindert worden, die Revision fristgerecht zu begründen. Letztlich dürfte in einem derartigen Fall die Wiedereinsetzung durchgreifen[7]. 34

Vertrauensschutz in eine ordnungsgemäße Verlängerung besteht auch bei Fehlern in der Sphäre des Gerichtes, etwa wenn der zugrunde liegende Verlängerungsbeschluss nicht unterschrieben worden ist. Hat die Partei, zu deren Gunsten die Frist verlängert wird, ein nach den Umständen begründetes Vertrauen darauf, dass der Fristverlängerung eine wirksame Entscheidung zugrunde liegt, ist die Frist zu ihren Gunsten als verlängert zu behandeln, auch wenn in Wirklichkeit keine wirksame Verlängerung vorliegt[8].

Wegen der **Versäumung der Begründungsfrist**, auch der verlängerten, kann **Wiedereinsetzung** in den vorigen Stand beantragt werden, soweit die Voraussetzungen der §§ 230 ff. ZPO vorliegen[9]. Dabei steht 35

---

1 BAG GS v. 24.8.1979 – GS 1/78, AP Nr. 1 zu § 66 ArbGG 1979. Vgl. auch BAG v. 18.6.2015 – 8 AZR 556/14, juris.
2 So auch: GMP/*Müller-Glöge*, § 74 Rz. 37.
3 *Schmidt/Schwab/Wildschütz*, NZA 2001, 1223. Vgl. auch *Künzl*, ZTR 2001, 536; HWK/*Bepler/Treber*, § 74 Rz. 15, 17.
4 BAG v. 6.12.1994 – 1 ABR 34/94, AP Nr. 7 zu § 66 ArbGG 1979; GK-ArbGG/*Mikosch*, § 74 Rz. 33; GMP/*Müller-Glöge*, § 74 Rz. 36; HWK/*Bepler/Treber*, § 74 Rz. 17.
5 *Schmidt/Schwab/Wildschütz*, NZA 2001, 1223.
6 BAG v. 19.3.2008 – 7 AZR 1100/06, NZA 2009, 84; BAG v. 20.1.2004 – 9 AZR 291/02, AP Nr. 1 zu § 112 LPVG RP; Beck OKArbR/*Klose*, § 74 Rz. 16; *Ostrowicz/Künzl/Scholz*, Rz. 575a.
7 BAG v. 19.3.2008 – 7 AZR 1100/06, NZA 2009, 84; Düwell/Lipke/*Düwell*, § 74 Rz. 44; GK-ArbGG/*Mikosch*, § 74 Rz. 34.
8 BAG v. 19.7.2011 – 3 AZR 571/09, juris; BGH, 23.1.1985 - VIII ZB 18/84, juris;
9 BAG v. 18.6.2015 – 8 AZR 556/14, juris; BAG v. 20.8.2013 – 2 AZR 302/13, FA 2013, 340; BAG v. 17.1.2012 – 3 AZR 572/09, AP Nr. 88 zu § 233 ZPO 1977; BAG v. 7.7.2011 – 2 AZR 38/10, NZA 2012, 637; BAG v. 2.11.2010 – 5 AZR 456/10 (F), nv.; BAG v. 21.10.2009 – 10 AZR 786/08, nv.; BAG v. 31.1.2008 – 8 AZR 27/07, NZA 2008, 705; BAG v. 19.7.2007 – 6 AZR 432/06, NZA 2007, 1126; BAG v. 15.7.2004 – 2 AZR 376/03, NZA 2005; BAG v. 29.4.2003 – 3 AZR 242/02, nv.; BAG v. 19.2.2002 – 3 AZR 105/00, EzA § 239 ZPO Nr. 54; Hauck/Helml/Biebl/ *Hauck*, § 74 Rz. 12; Düwell/Lipke/*Düwell*, § 74 Rz. 46; HWK/*Bepler/Treber*, § 74 Rz. 15; ErfK/*Koch*, § 74 ArbGG Rz. 6.

das Verschulden des Prozessbevollmächtigten dem Verschulden der Partei gleich, § 85 Abs. 2 ZPO. Insoweit ist zu beachten, dass es zu den Organisationspflichten eines Rechtsanwalts gehört, selbst oder durch Anweisungen an geschultes Personal dafür Sorge zu tragen, dass unmittelbar nach Zustellung des Urteils des LAG die Frist für die Rechtsmittelbegründung notiert wird[1]. Es muss eine zuverlässige Fristenkontrolle, insbesondere des Postausgangs organisiert werden[2]. Da es sich nicht um eine Routinefrist handelt, kann der Rechtsanwalt die Berechnung der Frist nicht seinem – wenn auch geschulten – Büropersonal überlassen, vgl. dazu auch § 72a Rz. 48. Eigenes Verschulden des Prozessbevollmächtigten liegt zB vor, wenn er bei Vorlage der Handakte vor Fristablauf nicht selbst prüft, ob im Fristenkalender die zutreffenden Fristen vermerkt sind oder eine Frist im Kalender streicht, nachdem er die Anweisung zur Übermittlung der Revisionsbegründung per Telefax erteilt hat, dies aber nicht prüft[3]. Ist der Rechtsanwalt erkrankt, muss er für seine Vertretung sorgen, soweit nicht die Erkrankung ihn überrascht und Maßnahmen zur Fristwahrung unzumutbar sind[4]. Ist wegen der Versäumung der Begründungsfrist die Wiedereinsetzung beantragt worden, muss die Revisionsbegründung zusammen mit dem Antrag auf Wiedereinsetzung erfolgen. Denn innerhalb der zweiwöchigen Frist muss die Revisionsbegründung als versäumte Prozesshandlung nachgeholt werden, § 236 Nr. 2 Satz 2 ZPO. Ein Antrag auf Verlängerung der Revisionsbegründungsfrist ersetzt die nachzuholende Prozesshandlung nicht[5]. Bei Fehlern des Gerichtes sind die Anforderungen an die Wiedereinsetzung mit besonderer Fairness zu handhaben[6].

36 Ist eine fristgemäße Revisionsbegründung eingereicht worden, kann eine Wiedereinsetzung nach zutreffender Auffassung nicht zu dem Zweck gewährt werden, nach dem Ablauf der Begründungsfrist eine **weitere, fristgebundene Revisionsrüge** nachzuschieben, die ohne Verschulden nicht rechtzeitig geltend gemacht werden konnte[7]. Für die Wiedereinsetzung besteht in diesen Fällen kein Bedürfnis, weil materiellrechtliche Rügen ohnehin auch nach Ablauf der Begründungsfrist vorgebracht werden können, wenn die Revision fristgerecht begründet wurde. Der Streit wirkt sich also lediglich für Verfahrenrügen aus. Hier ist aber zu berücksichtigen, dass § 233 ZPO die Wiedereinsetzung nur bei Versäumung einer Frist, nicht bei Versäumung eines Einzelvorbringens vorsieht.

Probleme bestehen auch, wenn das **Urteil des LAG erst nach Ablauf der 5-Monats-Frist zugestellt** wird und eine „normale" Rechtsmittelbelehrung enthält. Denn die Revisionsfrist beginnt spätestens mit Ablauf von fünf Monaten nach der Verkündung des Urteils, vgl. Rz. 23. Dann läuft die Begründungsfrist unabhängig von der Zustellung. Ob in dieser Situation bei Fristversäumnis eine Wiedereinsetzung möglich ist, ist zweifelhaft. Auch wenn eine falsche Rechtsmittelbelehrung beigefügt gewesen sein sollte darf nicht übersehen werden, dass der Vertreter von sich aus gehalten ist, die 5-Monatsfrist als spätesten Zeitpunkt des Fristbeginns zu notieren[8].

2. Form der Revisionsbegründung

37 Die **Revisionsbegründung** ist – wie die Revisionsschrift – ein **bestimmender Schriftsatz**. Sie muss deshalb, sofern sie noch nicht in der Revisionsschrift enthalten ist (§ 551 Abs. 2 ZPO), von einem postulationsfähigen Bevollmächtigten unterzeichnet sein und kann insbesondere durch Telefax eingereicht werden. Auch die elektronische Übermittlung ist möglich. Es gelten die gleichen Anforderungen wie bei der Revisionseinlegung, vgl. Rz. 3 ff.

38 Die Revisionsbegründung muss stets selbst die **Begründung der Revision enthalten**. Eine **Verweisung** auf die in 1. oder 2. Instanz eingereichten Schriftsätze **reicht nicht aus**. Ausreichend ist jedoch die ausdrückliche **Bezugnahme** auf beim Revisionsgericht eingereichte Schriftsätze, zB im **Prozesskostenhilfeverfahren** vor

---

1 BAG v. 18.6.2015 – 8 AZR 556/14, juris; BAG v. 17.1.2012 – 3 AZR 572/09, AP Nr. 88 zu § 233 ZPO 1977; BAG v. 31.1.2008 – 8 AZR 27/07, NZA 2008, 705; BAG v. 29.4.2003 – 3 AZR 242/02, nv.; BAG v. 19.2.2002 – 3 AZR 105/00, EzA § 233 ZPO Nr. 54; BAG v. 30.5.2001 – 4 AZR 271/00, AP Nr. 74 zu § 239 ZPO 1977.
2 BAG v. 25.5.2016 – 5 AZR 614/15, juris; BAG v. 7.7.2011 – 2 AZR 38/10, NZA 2012, 637; BAG v. 2.11.2010 – 5 AZR 456/10 (F), nv.; BGH v. 20.12.2006 – IV ZB 25/06, FamRZ 2007, 1637.
3 BAG v. 18.6.2015 – 8 AZR 556/14, juris ; BAG v. 31.1.2008 – 8 AZR 27/07, NZA 2008, 705; BAG v. 19.7.2007 – 6 AZR 432/06, NZA 2007, 1126; vgl. auch GK-ArbGG/*Mikosch*, § 74 Rz. 36.
4 BAG v. 20.8.2013 – 3 AZR 302/13, FA 2013, 340.
5 BAG v. 16.1.1989 – 5 AZR 579/88, AP Nr. 3 zu § 222 ZPO.
6 BAG v. 19.3.2008 – 7 AZR 1100/06, NZA 2009, 84.
7 So auch BAG v. 6.6.1962 – 3 AZR 296/59, AP Nr. 10 zu § 554 ZPO; Hauck/Helml/Biebl/*Hauck*, § 74 Rz. 12; GK-ArbGG/*Mikosch*, § 74 Rz. 37; GMP/*Müller-Glöge*, § 74 Rz. 38; HWK/*Bepler/Treber*, § 74 Rz. 15. Wohl auch ErfK/*Koch*, § 74 ArbGG Rz. 6. AA *Thomas/Putzo*, § 554 Rz. 15; Düwell/Lipke/*Düwell* § 74 Rn. 46.
8 Düwell/Lipke/*Düwell* § 74 Rn. 40.

dem Revisionsgericht oder im Verfahren über eine **Nichtzulassungsbeschwerde**[1]. Allerdings liegt in einer ordnungsgem. begründeten Nichtzulassungsbeschwerde regelmäßig nicht zugleich auch eine ordnungsgemäße Revisionsbegründung, weil deren Rechtsschutzziel unterschiedlich ist, vgl. § 72a Rz. 51, Rz. 75 ff.

Sind am Rechtsstreit **Streitgenossen** beteiligt, reicht auch die Bezugnahme auf die von den Streitgenossen mit Wirkung für die Partei eingelegte Revision und deren Revisionsbegründung[2]. 39

3. Inhalt der Revisionsbegründung

a) Grundsatz

Der Inhalt der Revisionsbegründung richtet sich nach § 551 Abs. 3 ZPO. Danach muss die Revisionsbegründung die **Erklärung** enthalten, inwieweit das **Urteil angefochten** und dessen Aufhebung beantragt wird, sowie die **Angabe der Revisionsgründe**. § 551 ZPO differenziert also zwischen dem Revisionsantrag und der Revisionsbegründung. 40

b) Revisionsantrag

aa) Grundsatz

Nach § 551 Abs. 3 Nr. 1 ZPO muss die Revisionsbegründung den **Revisionsantrag** enthalten. Zum Revisionsantrag gehört neben dem Antrag, das angefochtene Urteil aufzuheben, auch der **Sachantrag**, also der Antrag, wie in der Sache entschieden werden soll. Der Revisionskläger muss deutlich machen, welche **sachliche Änderung** er konkret durchsetzen will, also entweder die Zurückweisung der Berufung gegen das Ersturteil oder unter Abänderung des Ersturteils zugunsten des Revisionsklägers zu entscheiden. Aus dem Revisionsantrag muss also in jedem Falle ersichtlich sein, inwieweit das Urteil angefochten und dessen Aufhebung begehrt wird. Nicht erforderlich ist aber, dass der Revisionsantrag gesondert hervorgehoben oder ausdrücklich formuliert worden ist[3]. Es reicht aus, wenn sich aus der Rechtsmittelschrift und Rechtsmittelbegründung das Begehren, insbesondere der **Umfang des Rechtsmittelangriffs**, eindeutig und klar erkennen lässt[4]. Im eigenen Interesse sollte der Revisionskläger allerdings den Revisionsantrag ausdrücklich formulieren. Dabei ist die konkrete Formulierung je nach Fallkonstellation unterschiedlich. Für den in 1. Instanz erfolgreichen Kläger reicht es aus zu beantragen, „das angefochtene Urteil aufzuheben und den Rechtsstreit an die Vorinstanz zurückzuverweisen", wenn aus seinem Vorbringen zu entnehmen ist, dass er seinen ursprünglichen Sachantrag nach wie vor verfolgt[5]. Dieser Antrag ist aber unklar, wenn der Kläger in beiden Instanzen verloren hat. Hier muss der Antrag genau erkennen lassen, welche sachliche Änderung der Revisionskläger verfolgt. Eine besonders klare Fassung des Antrags ist insbesondere bei einer beschränkt eingelegten Revision unerlässlich. Ohne einen entsprechend klaren Antrag ist nicht ersichtlich, inwieweit das Urteil letztendlich angefochten werden soll. Es könnte zB wie folgt formuliert werden: 40a

Formulierungsvorschlag:
Unterliegen des Klägers/Beklagten in 1. und 2. Instanz: „Es wird beantragt, das Urteil des LAG <Name, Datum, AZ> aufzuheben und unter Abänderung des Urteils des ArbG <Name, Datum, AZ> den Beklagten zu verurteilen an den Kläger 5 000 Euro zu zahlen (bzw. die Klage abzuweisen)."
Obsiegen des Klägers/Beklagten in 1. Instanz und Unterliegen in 2. Instanz: „Es wird beantragt, das Urteil des LAG <Name, Datum, AZ> aufzuheben und die Berufung des Klägers/Beklagten gegen das Urteil des ArbG <Name, Datum, AZ> zurückzuweisen."

Der **Antrag auf Zurückverweisung** der Sache an das Berufungsgericht braucht nicht ausdrücklich gestellt zu werden. Darüber entscheidet das Revisionsgericht von Amts wegen. Es kann auch trotz eines derartigen Antrags in der Sache selbst entscheiden, soweit die Voraussetzungen dafür vorliegen[6]. Vgl. dazu umfassend § 75 Rz. 2 ff. 41

---

[1] BAG v. 8.5.2008 – 1 ABR 56/06, NZA 2008, 726; GK-ArbGG/*Mikosch*, § 74 Rz. 41; GMP/*Müller-Glöge*, § 74 Rz. 39; Düwell/Lipke/*Düwell*, § 74 Rz. 55; ErfK/*Koch*, § 74 ArbGG Rz. 6; Hauck/Helml/Biebl/*Hauck*, § 74 Rz. 9; HWK/*Bepler/Treber*, § 74 Rz. 14.
[2] GK-ArbGG/*Mikosch*, § 74 Rz. 41; GMP/*Müller-Glöge*, § 74 Rz. 39; Düwell/Lipke/*Düwell*, § 74 Rz. 56.
[3] BAG v. 31.7.2014 – 2 AZR 505/13, NZA 2015, 245; BAG v. 20.4.2010 – 3 AZR 225/68, NZA 2010, 883; BAG v. 31.1.2008 – 8 AZR 12/07, nv.; BAG v. 6.10.1965 – 2 AZR 404/64, AP Nr. 4 zu § 59 PersVG; GK-ArbGG/*Mikosch*, § 74 Rz. 42; GMP/*Müller-Glöge*, § 74 Rz. 40; Düwell/Lipke/*Düwell*, § 74 Rz. 57; GWBG/*Benecke*, § 74 Rz. 12.
[4] BAG v. 31.7.2014 – 2 AZR 505/13, NZA 2015, 245; BAG v. 31.1.2008 – 8 AZR 12/07, nv.; BAG v. 4.10.2005 – 9 AZR 449/04, AP Nr. 16 zu § 3 ATG; BAG v. 22.5.1985 – 4 AZR 427/83, NZA 1986, 169.
[5] BAG v. 16.3.1966 – 1 AZR 446/65, AP Nr. 33 zu § 4 TVG – Ausschlussfristen; GMP/*Müller-Glöge*, § 74 Rz. 40; vgl. auch Zöller/*Heßler*, § 551 ZPO Rz. 6; HWK/*Bepler/Treber*, § 74 Rz. 18; Hauck/Helml/Biebl/*Hauck*, § 74 Rz. 13.
[6] BAG v. 6.10.1965 – 2 AZR 404/64, AP Nr. 4 zu § 59 PersVG.

42 Der **Antrag** muss das Begehren des Revisionsklägers enthalten, die aus dem Berufungsurteil folgende **Beschwer zu beseitigen**. Ist der Antrag nicht darauf gerichtet, ist die Revision als unzulässig zu verwerfen. Letztlich handelt es sich in diesem Fall um eine unzulässige Klageänderung[1].

43 Mit der Revision gegen die Entscheidung über den Hauptantrag fällt auch ein **Hilfsantrag** beim Revisionsgericht an, ohne dass es eines besonderen Antrags des Revisionsklägers bedarf[2]. Hat der Beklagte gegen die Verurteilung auf den Hilfsantrag und der Kläger gegen die Abweisung des Hauptantrages Revision eingelegt, wird die Revision des Beklagten gegenstandslos, wenn das Revisionsgericht dem Hauptantrag stattgibt. Die Verurteilung auf den Hilfsantrag ist aufzuheben[3].

Darüber hinaus hat das BAG die gestellten Prozessanträge ohnehin rechtsschutzgewährend auszulegen. Es kann insbesondere auch Hinweise erteilen und Anträge in der mündlichen Verhandlung klarstellen lassen[4].

bb) Antragsänderung

44 Das Revisionsgericht ist an die Revisionsanträge gebunden, § 557 Abs. 1 ZPO. Dabei ist zunächst zu beachten, dass der **Revisionsantrag** nach dem Ablauf der Revisionsbegründungsfrist nicht mehr erweitert werden kann, denn das angefochtene Urteil ist hinsichtlich des nicht angegriffenen Teils rechtskräftig geworden.

Auch eine **Änderung des Sachantrages** ist in der Revisionsinstanz grds. unzulässig[5]. Schließlich ist es nur die Aufgabe des Revisionsgerichtes zu prüfen, ob die Vorinstanz fehlerfrei entschieden hat. Das ist offensichtlich, denn für die Entscheidung über einen geänderten Sachantrag neues Tatsachenmaterial benötigt wird. Denn gem. § 559 Abs. 1 Satz 1 ZPO unterliegt der Beurteilung durch das Revisionsgericht nur das Parteivorbringen, das aus dem Tatbestand des Berufungsurteils oder dem Sitzungsprotokoll ersichtlich ist. Eine Ausnahme besteht für den Fall einer Beschränkung des Klageantrags nach § 264 Nr. 2 oder Nr. 3 ZPO, wenn der geänderte Antrag auf den Feststellungen des LAG oder einem in der Revisionsinstanz unstreitig gestellten Sachverhalt beruht, sich das rechtliche Prüfprogramm nicht ändert und die Verfahrensrechte der anderen Partei nicht verkürzt werden[6]. So liegt der Fall, wenn der Kläger in der Revisionsinstanz erstmals Zinsen einklagt[7]. Das BAG hat unter diesen Voraussetzungen den Übergang von der Leistungsklage zur Feststellungsklage ebenso für zulässig gehalten[8] wie den umgekehrten Fall[9]. Bedenken gegen diese Ausdehnung auf den Übergang zur Leistungsklage bestehen allerdings, weil es hinsichtlich der Höhe der Leistungen häufig nicht unstreitig zu stellender weiterer Feststellungen bedarf[10]. Nach hM kann der frühere Hilfsantrag in der Revisionsinstanz zum Hauptantrag und umgekehrt der frühere Hauptantrag zum

---

1 BAG v. 29.10.1969 – 5 AZR 581/59, AP Nr. 3 zu § 511 ZPO.
2 BAG v. 22.3.2001 – 8 AZR 565/00, NZA 2002, 1350; BAG v. 18.12.1980 – 2 AZR 1006/78, AP Nr. 22 zu § 102 BetrVG 1972; GMP/*Müller-Glöge*, § 74 Rz. 43.
3 Düwell/Lipke/*Düwell*, § 74 Rz. 61; GMP/*Müller-Glöge*, § 74 Rz. 43.
4 Vgl. nur BAG v. 18.3.2014 – 9 AZR 669/12, ZTR 2014, 549; BAG v. 9.7.2013 – 1 AZR 275/12, NZA 2013, 1438; BAG v. 15.5.2013 – 7 AZR 494/11, NZA 2013, 1267.
5 BAG v. 18.5.2016, 10 AZR 183/15, juris; BAG v. 26.8.2015 – 4 AZR 41/14, juris; BAG v. 4.8.2015 – 3 AZR 137/13, NZA 2015, 1447; BAG v. 26.6.2013 – 5 AZR 428/12, NZA 2013, 1262; BAG v. 20.4.2010 – 3 AZR 509/08, NZA 2011, 1092; BAG v. 24.6.2008 – 9 AZR 313/07, NZA 2008, 1309; BAG v. 12.7.2006 – 5 AZR 646/05, NZA 2006, 1294; BAG v. 7.12.2005 – 5 AZR 535/04, NZA 2006, 423; BAG v. 8.9.1971 – 4 AZR 405/70, AP Nr. 46 zu §§ 22, 23 BAT; BAG v. 16.11.1982 – 3 AZR 177/82, AP Nr. 8 zu § 42 SchwbG; GK-ArbGG/*Mikosch*, § 74 Rz. 48; GMP/*Müller-Glöge*, § 74 Rz. 44; HWK/*Bepler/Treber*, § 74 Rz. 19; Hauck/Helml/Biebl/*Hauck*, § 74 Rz. 14; Beck OKArbR/*Klose*, § 74 Rz. 11; GWBG/*Benecke*, § 74 Rz. 13. Einschränkend: Düwell/Lipke/*Düwell*, § 74 Rz. 60.
6 BAG, 18.5.2016, 10 AZR 183/15, juris; BAG v. 23.3.2016 – 5 AZR 758/13, NZA 2016, 1229; BAG v. 4.8.2015 – 3 AZR 137/13, NZA 2015, 1447; BAG v. 26.6.2013 – 5 AZR 428/12, NZA 2013, 1262; BAG v. 5.12.2012 – 7 AZR 698/11, NZA 2013, 515; BAG v. 25.1.2012 – 4 AZR 147/10, NZA-RR 2012, 530; BAG v. 13.12.2011 – 1 AZR 508/10, NZA 2012, 876; BAG v. 20.4.2010 – 3 AZR 509/08, NZA 2011, 1092; BAG v. 24.6.2008 – 9 AZR 313/07, NZA 2008, 1309; BAG v. 15.7.2008 – 3 AZR 172/07, NZA 2009, 506; BAG v. 21.6.2005 – 9 AZR 409/04, NZA 2006, 317; BAG v. 10.2.2004 – 9 AZR 89/03, AP Nr. 6 zu § 2 ATG; BAG v. 5.11.1985 – 1 ABR 49/83, AP Nr. 2 zu § 98 BetrVG 1972; ErfK/*Koch*, § 74 ArbGG Rz. 7; Hauck/Helml/Biebl/*Hauck*, § 74 Rz. 14; vgl. auch BAG v. 21.1.2003 – 1 ABR 9/02, NZA 2003, 1097 zur Rechtsbeschwerde.
7 BAG v. 28.7.2005 – 3 AZR 14/05, NZA 2006, 336.
8 BAG v. 7.12.2005 – 5 AZR 535/04, NZA 2006, 423; BAG v. 22.11.2005 – 1 AZR 458/04, AP Nr. 176 zu § 102 BetrVG 1972; BAG v. 28.6.2005 – 1 ABR 25/04, AP Nr. 146 zu § 102 BetrVG 1972; BAG v. 3.9.1986 – 4 AZR 355/85, AP Nr. 125 zu §§ 22, 23 BAT 1975.
9 BAG v. 25.1.2012 – 4 AZR 147/10, NZA-RR 2012, 530BAG v. 28.1.2004 – 5 AZR 58/03, AP Nr. 21 zu § 3 EntgeltFG.
10 AA GMP/*Müller-Glöge*, § 74 Rz. 44; Hauck/Helml/Biebl/*Hauck*, § 74 Rz. 14; GWBG/*Benecke*, § 74 Rz. 13.

Hilfsantrag erhoben werden[1]. Ist die Revision über den Hauptantrag eingelegt, ist auch über den Hilfsantrag zu entscheiden, vgl. Rz. 43. Demgegenüber stellt die Einführung eines zusätzlichen Hilfsantrages in der Revisionsinstanz eine nachträgliche Anspruchshäufung (§ 260 ZPO) und damit eine Klageänderung gem. § 263 ZPO dar. Dies ist kein Fall von § 264 ZPO[2]. Darüber hinaus ist es zulässig, wenn zwar neue Tatsachen zur Begründung der Klageänderung herangezogen werden, diese aber auch vom Revisionsgericht selbst hätten berücksichtigt werden müssen, etwa wenn das Revisionsgericht von Amts wegen weiteren tatsächlichen Entwicklungen nach der Berufungsverhandlung nachgehen muss[3].

Die **erstmalige Erhebung einer Widerklage** ist in der Revisionsinstanz ebenso unzulässig wie die Erhebung einer Zwischenfeststellungsklage. Nach Auffassung des BAG gilt dies hinsichtlich der Zwischenfeststellungsklage jedenfalls dann, wenn die Zwischenfeststellungsklage in 1. Instanz hätte erhoben werden können und dafür weitere tatrichterliche Feststellungen erforderlich sind[4]. 45

Eine **unzulässige Antragsänderung** liegt nicht vor, wenn der geänderte Antrag bereits in der Berufungsinstanz gestellt, die Antragsänderung vom Berufungsgericht aber nicht zugelassen worden ist und der geänderte Antrag nun weiter verfolgt wird. In einem derartigen Fall kann das Revisionsgericht selbst über die Zulässigkeit der Antragsänderung nach § 263 ZPO entscheiden[5]. Ebenso zulässig ist eine Antragsänderung, die auf § 180 Abs. 2 InsO beruht[6]. 46

In der Revisionsinstanz kann erstmals über den Antrag nach § 717 Abs. 3 ZPO auf **Schadensersatz wegen der Vollstreckung** des Urteils oder nach § 61 Abs. 2 auf Entschädigung für eine nicht fristgerechte Handlung entschieden werden[7]. Für § 717 Abs. 3 ZPO hat das BAG zutreffend darauf hingewiesen, dass der Vollstreckungsschuldner nicht darunter leiden soll, dass der Gläubiger sich durch voreilige Ausnutzung der ihm vom Staat durch die vorläufige Vollstreckbarkeit des Urteils eingeräumten Machtstellung in den Genuss der Urteilssumme gesetzt hat. Bis zur Urteilsaufhebung durch das Revisionsgericht besteht der Bereicherungsanspruch nur bedingt. Die Urteilsaufhebung ist ein innerprozessuales Ereignis, ohne dessen Eintritt über den Antrag nach § 717 Abs. 3 ZPO nicht zu befinden ist[8]. 47

In der Rspr. und Lit. wurde ursprünglich vertreten, dass auch ein **gewillkürter Parteiwechsel** ist in der Revisionsinstanz grds. ausgeschlossen sei[9]. Dies folge aus § 559 Abs. 1 ZPO. § 559 Abs. 1 setzt dem Parteiwechsel Grenzen. Ein Parteiwechsel in der Rechtsmittelinstanz ist aber möglich, wenn der bisherige Beklagte zustimmt oder sich dessen verweigerte Zustimmung als rechtsmissbräuchlich erweist[10]. 47a

c) Revisionsgründe

Zum notwendigen Inhalt einer Revisionsbegründung gehört nach § 551 Abs. 3. Nr. 2 ZPO die Angabe der Revisionsgründe. Dabei unterscheidet § 551 Abs. 3 Nr. 2 ZPO zwischen **Sach- und Verfahrensrügen**. Während bei Sachrügen die Bezeichnung der Umstände ausreicht, aus denen sich die Rechtsverletzung ergibt, bestehen bei Verfahrensrügen erhöhte Anforderungen. Hier müssen die Tatsachen bezeichnet werden, aus denen sich der Mangel ergibt. Der Grund für diese Differenzierung besteht darin, dass das Revisionsgericht den Sachmangel dem Urteil selbst entnehmen kann. Mängel im Verfahren ergeben sich dem gegenüber allenfalls aus den Akten. Hier müssen also außerhalb des Urteils liegende Tatsachen herangezogen werden. Diese Differenzierung setzt sich auch inhaltlich fort. Soweit Verfahrensmängel nicht gerügt werden, bleiben sie in aller Regel unberücksichtigt. Sachmängel werden materiell unbeschränkt geprüft[11]. 48

---

1 BAG v. 4.5.1977 – 4 AZR 755/75, AP Nr. 17 zu § 611 Bergbau; ErfK/*Koch*, § 74 ArbGG Rz. 7; Zöller/*Heßler*, § 551 ZPO Rz. 7; Beck OKArbR/*Klose*, § 74 Rz. 11; Düwell/Lipke/*Düwell*, § 74 Rz. 60.
2 BAG v. 12.7.2006 – 5 AZR 646/05, NZA 2006, 1294.
3 BAG v. 6.6.2007 – 4 AZR 411/06, NZA 2008, 1087.
4 BAG v. 25.6.1981 – 6 AZR 524/78, AP Nr. 1 zu § 256 ZPO 1977; GK-ArbGG/*Mikosch*, § 74 Rz. 50; GMP/*Müller-Glöge*, § 74 Rz. 48.
5 BAG v. 23.5.1985 – 1 ABR 39/81, AP Nr. 11 zu § 87 BetrVG 1972 – Überwachung.
6 BAG v. 24.1.2006 – 3 AZR 484/04, NZA 2007, 279.
7 BAG v. 14.4.2011 – 6 AZR 727/09, BAGE 137, 347; BAG v. 23.12.1961 – 5 AZR 53/61, AP Nr. 2 zu § 717 ZPO; ErfK/*Koch*, § 74 ArbGG Rz. 7; GMP/*Müller-Glöge*, § 74 Rz. 50.
8 BAG v. 14.4.2011 – 6 AZR 727/09, BAGE 137, 347; GMP/*Müller-Glöge*, § 74 Rz. 50.
9 BAG v. 14.9.1983 – 4 AZR 78/81, juris; BGH v. 7.7.2008 – II ZR 26/07, MDR 2008, 1183; BGH v. 7.2.1990 – VIII ZR 98/89, WM 1990, 742; BGH v. 24.9.1982 – V ZR 188/79, DB 1982, 2562. Vgl. auch Zöller/*Heßler* § 559 Rz. 4.
10 BAG v. 21.6.2011 – 9 AZR 236/10, BAGE 138, 148; BAG v. 18.5.2010 – 1 AZR 864/08, NZA 2010, 1198; Düwell/Lipke/*Düwell*, § 74 Rz. 62.
11 Vgl. Zöller/*Heßler*, § 551 ZPO Rz. 10.

§ 551 Abs. 3 Nr. 2 ZPO betrifft ausschließlich die **Zulässigkeit** der Revision. Wird die Revisionsbegründung diesen Anforderungen nicht gerecht, ist die Revision als unzulässig zu verwerfen. Auf den inhaltlichen Prüfungsumfang im Falle der Zulässigkeit der Revision hat die Norm keinen Einfluss. Dieser richtet sich nach § 557 Abs. 3 ZPO. Ist die Revision durch eine ordnungsgemäße Sachrüge zulässig, ist sie materiell nicht auf diesen Grund beschränkt. Es findet eine umfassende Prüfung statt, § 557 Abs. 3 Satz 1 ZPO. Eine Sachrüge ist deshalb völlig entbehrlich, wenn eine ordnungsgemäße Verfahrensrüge erhoben worden ist. Sie führt selbst dann zur umfassenden materiellen Prüfung, falls die Verfahrensrüge unbegründet ist.

aa) Materiell-rechtliche Rügen

48a Soweit ein materiell-rechtlicher Mangel gerügt werden soll, sind die Tatsachen zu bezeichnen, aus denen sich die **Rechtsverletzung** ergibt, § 551 Abs. 3 Nr. 2 Buchst. a ZPO. Dabei reichen allgemeine Ausführungen nicht aus. Dies gilt bspw. für die formelhafte Begründung, das angefochtene Urteil sei unrichtig, weil es materielles Recht verletze. Die Umstände müssen vielmehr genau bezeichnet werden. Erforderlich ist die konkrete Darlegung der Gründe, aus denen das angefochtene Urteil rechtsfehlerhaft sein soll[1]. Dabei ist sehr sorgfältig vorzugehen.

49 Welche Umstände im Einzelnen aufgezeigt werden müssen, ergibt sich aus dem Wesen des materiellen Revisionsgrundes. Entscheidend ist, dass die Begründung den Rechtsfehler der Vorinstanz aufdeckt. Bei einer materiellrechtlichen Rüge ist deshalb eine **Begründung** zu verlangen, die sich mit den tragenden Erwägungen des **angefochtenen Urteils auseinander setzt**. Es muss im Einzelnen dargelegt werden, warum die Erwägungen des Berufungsgerichtes unzutreffend sind. Der Revisionskläger muss den Revisionsangriffen eine sorgfältige, über ihren Umfang keinen Zweifel lassende Begründung zuteil werden lassen[2]. Dies kommt auch im Wortlaut des § 551 Abs. 3 Nr. 2 Buchst. a ZPO zum Ausdruck. Die Revisionsbegründung muss den **Rechtsfehler** des Berufungsgerichtes letztlich detailliert **aufzeigen**, also die Gründe enthalten, weshalb das Urteil nach Auffassung des Revisionsklägers unrichtig ist. Gegenstand und Zielrichtung des Revisionsangriffs müssen klar erkennbar sein. Zudem muss die Rechtfertigung des sachlichrechtlichen Angriffs erkennen lassen, dass sich der Revisionskläger einer Nachprüfung des angefochtenen Urteils unterzogen hat. Die Revisionsbegründung muss sich mit den tragenden Gründen der angefochtenen Entscheidung auseinander setzen. Hierdurch wird gewährleistet, dass der Revisionskläger das Urteil genau durchdenkt[3]. Entscheidend ist, dass das Urteil in Frage gestellt wird. Ob die erhobene Rüge eine vertretbare Rechtsauffassung darstellt, ist für die Zulässigkeit der Revision irrelevant[4].

An diesen Anforderungen der Revisionsbegründung hat auch das mit Wirkung ab 16.8.2014 geschaffene Beschlussverfahren nach § 98 ArbGG zur Überprüfung der Wirksamkeit einer AVE oder einer entsprechenden Rechtsverordnung nichts geändert. Die hierfür maßgeblichen Vorschriften des ArbGG und der ZPO sind vielmehr gleich geblieben[5].

Daraus folgt: Von vornherein ungeeignet ist eine pauschale Bezugnahme auf vorinstanzliches Vorbringen[6]. Es reicht auch nicht, wenn sich die Revisionsbegründung auf die bloße Wiedergabe anderer Rechtsansichten ohne jede Einbeziehung der angefochtenen Entscheidung beschränkt[7]. Besonders prägnant ist der Be-

---

1 BAG v. 15.1.2013 – 9 AZR 276/11; BAG v. 22.10.2009 – 8 AZR 520/08, BB 2010, 2703; BAG v. 6.1.2004 – 9 AZR 680/02, NZA 2004, 449; ErfK/*Koch*, § 74 ArbGG Rz. 8; GMP/*Müller-Glöge*, § 74 Rz. 53; GK-ArbGG/*Mikosch*, § 74 Rz. 52.
2 BAG v. 9.8.2016 – 9 AZR 628/15, juris; BAG v. 16.4.2015 – 6 AZR 352/14, NZA 2015, 1023; BAG v. 23.5.2013 – 2 AZR 120/12, NZA 2013, 1211; BAG v. 12.12.2012 – 4 AZR 171/11, NZA-RR 2013, 616; BAG 21.4.2010 – 4 AZR 768/08, BB 2010, 2236; BAG v. 19.3.2008 – 7 AZR 1100/06, NZA 2009, 84; BAG v. 4.9.1975 – 3 AZR 230/75, AP Nr. 15 zu § 554 ZPO; BAG v. 10.4.1984 – 1 ABR 62/82, AP Nr. 1 zu § 94 ArbGG 1979; BAG v. 16.8.1991 – 2 AZR 241/90, AP Nr. 2 zu § 15 SchwbG 1986; BAG v. 29.10.1997 – 5 AZR 624/96, AP Nr. 30 zu § 554 ZPO.
3 BAG v. 11.8.2016 – 8 AZR 406/14, NZA-RR 2017, 132; BAG v. 16.4.2015 – 6 AZR 352/14, NZA 2015, 1023; BAG v. 13.11.2013 – 10 AZR 639/13 nv.; BAG v. 20.6.2013 – 8 AZR 482/12, NZA 2014, 21; BAG v. 15.1.2013 – 9 AZR 276/11; BAG v. 18.5.2011 – 10 AZR 346/10, NZA 2011, 878; BAG v. 22.10.2009 – 8 AZR 520/08, BB 2010, 2703; BAG v. 13.10.2009 – 9 AZR 875/08, NZA 2010, 245; BAG v. 14.7.2005 – 8 AZR 300/04, NZA 2005, 1299. Vgl. auch BAG v. 19.4.2005 – 9 AZR 184/04, AP Nr. 43 zu § 15 BErzGG; BAG v. 11.10.2006 – 4 AZR 544/05, § 551 ZPO 2002 Nr. 3; BAG v. 6.1.2004 – 9 AZR 680/02, NZA 2004, 449; BAG v. 16.4.2003 – 4 AZR 367/02, AP Nr. 1 zu § 551 ZPO. Ähnlich auch BAG v. 27.10.2005 – 6 AZR 408/05, nv.; BAG v. 10.5.2005 – 9 AZR 230/04, NZA 2006, 156.
4 BAG v. 20.6.2013 – 6 AZR 842/11, NZA 2014, 384.
5 BAG v. 17.2.2016 – 10 AZR 600/14, NZA 2016, 782; Beck OKArbR/*Klose*, § 74 Rz. 13.2.
6 BAG v. 17.2.2016 – 10 AZR 600/14, NZA 2016, 782; BAG v. 22.10.2009 – 8 AZR 520/08, BB 2010, 2703.
7 BAG v. 9.8.2016 – 9 AZR 628/15, juris; BAG v. 17.2.2016 – 10 AZR 600/14, NZA 2016, 782; BAG v. 8.7.2015 – 4 AZR 323/14, juris; BAG v. 13.11.2013 – 10 AZR 639/13; BAG v. 20.6.2013 – 8 AZR 482/12, NZA 2014, 21; BAG v. 18.5.2011 – 10 AZR 346/10, NZA 2011, 878; BAG v. 21.4.2010 – 4 AZR 768/08, DB 2010, 1998; BAG v. 13.10.2009 – 9 AZR 875/08, NZA 2010, 245; 28.1.2009 – 4 AZR 912/07, NZA 2009, 1111; BAG v. 13.4.2000 – 2 AZR 173/99,

gründungsmangel, wenn der Revisionskläger lediglich rügt, dass das angefochtene Urteil nicht die allgemeinen Regelungen des Europäischen Arbeitsrechts berücksichtigt[1]. Auf dieser Grundlage reicht ebenfalls nicht die bloße Darstellung der Begründungen aus anderen Urteilen ohne jede Auseinandersetzung mit den Gründen des Berufungsgerichtes[2]. Unzureichend ist es auch, wenn die Revision der Auffassung des LAG lediglich die eigene Auffassung gegenüberstellt, ohne auf dessen tragende Begründung einzugehen und aufzuzeigen, weshalb sie fehlerhaft sein soll[3]. Ebenfalls nicht ausreichend ist der Hinweis auf ein ergangenes positives erstinstanzliches Urteil. Dieses kann sich schon zeitlich nicht mit den Gründen des Urteils des LAG auseinander gesetzt haben. Andererseits besteht auch eine **Wechselwirkung** zur Begründung des Berufungsgerichtes. Vom Revisionskläger kann auch nicht mehr verlangt werden, als vom Gericht seinerseits aufgewendet worden ist[4].

Diese **Begründungsstrenge** ist zuweilen kritisiert worden[5]. Sie **ist** jedoch **gerechtfertigt**. Die Aufgabe des Revisionsgerichtes ist die Wahrung der Rechtseinheit und Rechtsfortbildung. Um dieser Aufgabe gerecht werden zu können, muss auch vom Revisionskläger verlangt werden, sich intensiv mit dem angefochtenen Urteil auseinander zu setzen. Dem steht auch nicht entgegen, dass das Revisionsgericht nach § 557 Abs. 3 Satz 1 ZPO an die geltend gemachten Revisionsgründe nicht gebunden ist. Denn auch der Revisionskläger ist nicht auf die Darlegung der Gründe beschränkt, die zur Zulassung der Revision geführt haben. Letztlich ist es Ausfluss der Parteimaxime, vom Revisionskläger zu verlangen, sich mit der Entscheidung auseinander zu setzen[6].

Bei **allgemein anerkannten Rechtsgrundsätzen** braucht in der Revisionsschrift nicht angegeben zu werden, aus welchen Normen sie entwickelt worden sind. Es genügt die allgemeine Kennzeichnung des Rechtssatzes, bspw. als „Wegfall der Geschäftsgrundlage". Bei auf Richterrecht basierenden Rechtssätzen genügt die Bezeichnung der Rechtssätze. Nicht erforderlich ist die Zitierung von Urteilen, in denen das Richterrecht entwickelt wurde[7]. 50

Bezeichnet der Revisionskläger eine **Norm** als **verletzt**, die **tatsächlich nicht verletzt** ist, ist die Revision gleichwohl zulässig begründet, falls aus der Revision insgesamt erkennbar ist, welche Rechtsverletzung gerügt werden soll. Die falsche Bezeichnung ist unschädlich[8]. Ausreichend ist, dass die Revisionsbegründung überhaupt Gründe darlegt, aus denen sich eine Rechtsverletzung und die Fehlerhaftigkeit des Berufungsurteils ergeben soll. Bei einer zulässigen Revision prüft das BAG dann von Amts wegen, ob das materielle Recht richtig angewendet worden ist. Der Revisionskläger kann bei einer zulässigen Revision auch noch nach dem Ablauf der Revisionsbegründungsfrist ohne Einschränkung auf bisher nicht bezeichnete Rechtsfehler hinweisen[9]. 51

Wird die Revision **ausschließlich auf neue Tatsachen gestützt**, ist eine Auseinandersetzung mit dem Berufungsurteil entbehrlich. Sofern diese Tatsachen nach der letzten mündlichen Verhandlung vor dem Berufungsgericht entstanden sind und auch unter Zugrundelegung der Rechtsauffassung in der angefochtenen Entscheidung zu einer anderen Beurteilung der Klageforderung führen können, reicht es aus, diese Tatsachen darzulegen. Kann das Revisionsgericht dann aufgrund der neuen Tatsachen zu einem anderen Ergebnis als das Berufungsgericht kommen, ohne die Richtigkeit des Berufungsurteils überprüfen zu müssen, braucht vom Revisionskläger eine Auseinandersetzung mit dem Berufungsurteil nicht verlangt zu werden[10].

Ist im Berufungsurteil über **mehrere selbständige Streitgegenstände** entschieden worden, muss die Revision für jeden Streitgegenstand einzeln begründet werden. Sie muss sich also mit den tragenden Gründen in Bezug auf alle Streitgegenstände, die von den Revisionsanträgen erfasst werden, auseinandersetzen. An- 52

---

nv.; BAG v. 29.10.1997 – 5 AZR 624/96, AP Nr. 30 zu § 554 ZPO; vgl. auch GMP/*Müller-Glöge*, § 74 Rz. 53; GK-ArbGG/*Mikosch*, § 74 Rz. 56; Düwell/Lipke/*Düwell*, § 74 Rz. 91; Zöller/*Heßler*, § 551 ZPO Rz. 11; GWBG/*Benecke*, § 74 Rz. 16.
1 BAG v. 7.7.1999 – 10 AZR 575/98, NZA 2000, 112; Hauck/Helml/Biebl/*Hauck*, § 74 Rz. 16.
2 BAG v. 15.5.2002 – 4 AZR 419/01, AP Nr. 38 zu § 554 ZPO.
3 BAG v. 30.5.2001 – 4 AZR 272/00, nv.; BAG v. 21.8.2002 – 4 AZR 186/01, nv.
4 BAG v. 19.12.2013 – 6 AZR 190/12, NZA 2014, 373; BAG v. 15.4.2008 – 1 AZR 65/07, NZA 2008, 888.
5 Vgl. GWBG/*Benecke*, § 74 Rz. 14; GK-ArbGG/*Mikosch*, § 74 Rz. 57.
6 So auch Hauck/Helml/Biebl/*Hauck*, § 74 Rz. 16; GMP/*Müller-Glöge*, § 74 Rz. 55; Düwell/Lipke/*Düwell*, § 74 Rz. 66.
7 So zutreffend GK-ArbGG/*Mikosch*, § 74 Rz. 53.
8 BAG v. 22.3.2003 – 1 AZR 496/02, NZA 2004, 568.
9 BAG v. 6.1.2004 – 9 AZR 680/02, NZA 2004, 449; GK-ArbGG/*Mikosch*, § 74 Rz. 55; GMP/*Müller-Glöge*, § 74 Rz. 58. Das gilt nicht für Verfahrensrügen, vgl. Rz. 55.
10 BAG v. 16.4.2015 – 6 AZR 352/14, NZA 2015, 1023; Beck OKArbR/*Klose*, § 74 Rz. 13.2.

dernfalls ist sie hinsichtlich des nicht begründeten Streitgegenstandes unzulässig[1]. Eine Ausnahme besteht, wenn die Entscheidung über den einen Streitgegenstand notwendig von der Entscheidung über den anderen konkret angefochtenen abhängt, also im Falle der Akzessorietät[2]. Diese Grundsätze gelten auch, wenn das Berufungsgericht über einen Haupt- und einen (echten) Hilfsantrag entschieden hat.

Hat das Berufungsgericht die Entscheidung auf zwei oder mehrere voneinander unabhängige, **selbständig tragende rechtliche Erwägungen** („Doppelbegründung") gestützt, muss die Revisionsbegründung beide bzw. alle Erwägungen angreifen; denn sie muss im Falle ihrer Berechtigung geeignet sein, die Entscheidung in Frage zu stellen. Setzt sich die Revisionsbegründung nur mit einer der Begründungen auseinander, ist die Revision insgesamt unzulässig[3].

bb) Verfahrensrügen

53 Wird eine **Verfahrensrüge** erhoben ist im Hinblick auf § 557 Abs. 3 Satz 2 ZPO nach der **Art des Verfahrensmangels zu unterscheiden**. Handelt es sich um einen Verfahrensfehler, der von Amts wegen zu berücksichtigen ist, ist eine Rüge entbehrlich. Handelt es sich hingegen nicht um einen von Amts wegen zu berücksichtigenden Verfahrensfehler, bedarf es für die Zulässigkeit der Revision einer ordnungsgem. erhobenen Rüge, zur Differenzierung ausführlich § 73 Rz. 30. Diese setzt nach § 551 Abs. 3 Nr. 2 Buchst. b ZPO voraus, dass der Revisionskläger innerhalb der Revisionsbegründungsfrist auch die Tatsachen bezeichnet, aus denen sich der Verfahrensmangel ergibt. Dies beinhaltet die Darlegung, dass das Urteil auf dem Verfahrensfehler beruht, also der Verfahrensmangel für das Ergebnis kausal geworden ist[4]. Es reicht aber aus, dass das Berufungsgericht ohne Verfahrensverstoß **möglicherweise** anders entschieden hätte, sofern sich dies nicht aus der Art des gerügten Verfahrensfehlers von selbst ergibt[5].

54 Eine ausdrückliche Verfahrensrüge ist auch dann erforderlich, wenn ein **absoluter Revisionsgrund** geltend gemacht werden soll, soweit es sich nicht um einen absoluten Revisionsgrund handelt, der von Amts wegen zu beachten ist, vgl. dazu § 73 Rz. 35 ff. Dabei besteht im Hinblick auf die Geltendmachung absoluter Revisionsgründe allerdings die Besonderheit, dass die Ursächlichkeit des Verfahrensmangels für die Entscheidung nicht begründet werden muss. Sie wird unwiderleglich vermutet.

55 Zu rügende **Verfahrensfehler**, die nicht innerhalb der Revisionsbegründungsfrist vorgebracht worden sind, können nach Ablauf der Revisionsbegründungsfrist **nicht nachgeschoben** werden[6]. Eine Wiedereinsetzung in den vorigen Stand nach § 233 ZPO scheidet aus, vgl. Rz. 36 mwN.

56 An die **Darlegung des Verfahrensverstoßes** sind **strenge Anforderungen** zu stellen[7]. Es genügen keine pauschalen Hinweise, sondern die Tatsachen iSv. § 551 ZPO sind genau zu bezeichnen. Dies gilt insbesondere bei Verstößen gegen das rechtliche Gehör, vgl. dazu schon ausführlich § 72 Rz. 43e, § 72a Rz. 65b.

57 Bei einer **Aufklärungsrüge** reicht es zB nicht aus, ganz pauschal auf die Verletzung der Aufklärungspflicht hinzuweisen, vgl. schon § 73 Rz. 33. Es muss vielmehr vorgetragen werden, welchen konkreten Hinweis

---

1 BAG v. 25.5.2016 – 2 AZR 345/15, NZA 2016, 1140; BAG v. 22.10.2015 – 2 AZR 650/14, NZA 2016, 630; BAG v. 18.6.2015 – 2 AZR 480/14, juris; BAG v. 15.10.2013 – 3 AZR 653/11, NZA 2014, 308; BAG v. 20.6.2013 – 8 AZR 482/12, NZA 2014, 21; BAG v. 16.11.2011 – 4 AZR 234/10, AP Nr. 13 zu § 1 TVG Bezugnahme auf Tarifvertrag; BAG v. 26.9.2007 – 5 AZR 870/06, NZA 2008, 1063; BAG v. 9.11.2005 – 4 AZR 141/05, nv.; BAG v. 24.1.2006 – 3 AZR 479/04, AP Nr. 27 zu § 77 BetrVG 1972 Betriebsvereinbarung; BAG v. 19.4.2005 – 9 AZR 184/04, AP Nr. 49 § 15 BErzGG; BAG v. 29.6.2000 – 6 AZR 78/99, nv.; BAG v. 16.4.1997 – 4 AZR 653/95, AP Nr. 35 zu § 72 ArbGG 1979; Zöller/*Heßler*, § 551 ZPO Rz. 12; HWK/*Bepler/Treber*, § 74 Rz. 23; Beck OKArbR/*Klose*, § 74 Rz. 12; ErfK/*Koch*, § 74 ArbGG Rz. 9; Hauck/Helml/Biebl/*Hauck*, § 74 Rz. 17; Düwell/Lipke/*Düwell*, § 74 Rz. 67.
2 BAG v. 25.5.2016 – 2 AZR 345/15, NZA 2016, 1140; BAG v. 15.10.2013 – 3 AZR 653/11, NZA 2014, 308; BAG v. 16.11.2011 – 4 AZR 234/10, AP Nr. 13 zu § 1 TVG Bezugnahme auf Tarifvertrag; BAG v. 26.9.2007 – 5 AZR 870/06, NZA 2008, 1063; BAG v. 15.11.1994 – 5 AZR 681/93, NZA 1995, 936; BAG v. 9.4.1991 – 1 AZR 488/90, AP Nr. 8 zu § 18 BetrVG 1972; ErfK/*Koch*, § 74 ArbGG Rz. 9; Hauck/Helml/Biebl/*Hauck*, § 74 Rz. 17; Beck OKArbR/*Klose*, § 74 Rz. 12.
3 BAG v. 25.5.2016 – 2 AZR 345/15, NZA 2016, 1140; BAG v. 10.6.2015 – 5 AZR 795/14, AP Nr. 77 zu § 551 ZPO; BAG v. 19.3.2008 – 5 AZR 442/07, NZA 2008, 1031.
4 BAG v. 20.4.2016 – 10 AZR 111/15, NZA 2017, 141; BAG v. 17.2.2016 – 10 AZR 600/14, juris; BAG v. 6.10.2005 – 2 AZR 280/04, NZA 2006, 431; BAG v. 10.5.2005 – 9 AZR 230/04, NZA 2006, 156; BAG v. 6.1.2004 – 9 AZR 680/02, NZA 2004, 449.
5 BAG v. 9.3.1972 – 1 AZR 261/71, AP Nr. 2 zu § 561 ZPO; BAG v. 29.1.1992 – 7 ABR 27/91, AP Nr. 1 zu § 7 BetrVG 1972; BAG v. 23.1.1996 – 9 AZR 600/93, AP Nr. 20 zu § 64 ArbGG 1979; ErfK/*Koch*, § 74 ArbGG Rz. 10; Hauck/Helml/Biebl/*Hauck* § 74 Rz. 19; GMP/*Müller-Glöge*, § 74 Rz. 59. Wohl auch BAG v. 15.11.2006 – 7 ABR 6/06, juris.
6 Etwas anderes gilt für materiellrechtliche Rügen. Sie sind zu berücksichtigen, falls fristgem. zumindest eine ordnungsgemäße Sach- oder Verfahrensrüge erhoben worden ist, BAG v. 6.1.2004 – 9 AZR 680/02, NZA 2004, 449.
7 GK-ArbGG/*Mikosch*, § 74 Rz. 63; Düwell/Lipke/*Düwell*, § 74 Rz. 73; vgl. schon oben Rz. 49.

das LAG dem Revisionskläger hätte erteilen müssen und was dieser auf einen derartigen **Hinweis** des Gerichtes vorgetragen hätte. Es ist also im Einzelnen darzulegen, dass für das LAG eine Aufklärungspflicht bestand, diese verletzt worden ist, was die Partei vorgetragen hätte, wenn das Gericht seiner Aufklärungspflicht genügt hätte, und dass danach die Entscheidung anders ausgefallen wäre. Nur bei der Darlegung all dieser Umstände ist eine Überprüfung der Kausalität zwischen Verfahrensmangel und Ergebnis möglich[1]. Dabei reicht es für die Kausalität aber aus, dass nicht ausgeschlossen werden kann, dass bei richtiger Ausübung der Hinweispflicht eine andere Entscheidung des Berufungsgerichts erfolgt wäre. Vgl. auch § 72 Rz. 43e, oben Rz. 53. Geht es im Rahmen des § 139 ZPO um die Unbestimmtheit des Sachantrages, ist der Revisionskläger gehalten, den Antrag zu formulieren, den er bei einem entsprechenden Hinweis des Berufungsgerichtes gestellt hätte[2]. Auch bei der angeblich fehlenden Berücksichtigung von Parteivortrag bei der Tatsachenfeststellung muss genau angegeben werden, aufgrund welchen Vortrags das LAG zu welcher Tatsachenfeststellung hätte gelangen müssen[3].

Wird von einer Partei die Verletzung des Anspruchs auf **rechtliches Gehör** gerügt, gehört es zu einer zulässigen Verfahrensrüge, dass sie die Tatsachen bezeichnet, die den behaupteten Verfahrensmangel ergeben sollen. Dafür ist es erforderlich, dass sie konkret darlegt, welches wesentliche Vorbringen das Berufungsgericht übergangen haben soll[4]. Soll **Prozessvortrag übergangen** worden sein, muss dargelegt werden, in welchem Schriftsatz und auf welcher Seite der Vortrag zu finden sein soll[5].

Wird das **Unterlassen einer Beweiserhebung** gerügt, muss die Partei darlegen, wo das entsprechende Beweisangebot gemacht worden ist, über welches entscheidungserhebliche Thema Beweis hätte erhoben werden müssen und welches Ergebnis die Beweisaufnahme gehabt hätte[6]. Anzugeben ist auch, dass die Unterlassung der Beweiserhebung kausal für die Entscheidung gewesen ist, wobei wiederum ausreicht, dass bei unterbliebener Rechtsverletzung eine andere Entscheidung nicht ausgeschlossen werden kann. Eine allgemeine Bezugnahme auf den übergangenen Beweisantritt ist nicht ausreichend[7]. Dabei ist sehr sorgfältig vorzugehen. So sollte – jedenfalls bei längeren Schriftsätzen – der übergangene Beweisantritt nach Schriftsatz und Seitenzahl dargelegt werden. Wichtig ist auch die Bezeichnung des Beweismittels[8]. Geht es um Indiztatsachen ist auch anzugeben, was sich aus der Hilfstatsache für die zu beweisende Haupttatsache ergibt. Das Revisionsgericht ist nicht gehalten, aus den Akten der Vorinstanzen passende Beweisanträge herauszusuchen. Von der Übergehung eines Beweisantritts zu unterscheiden sind Fehler der **Beweiswürdigung**. Hier kann lediglich gerügt werden, dass § 286 ZPO verletzt worden ist[9]. Dies setzt voraus, dass die Beweiswürdigung nicht vollständig, in sich widersprüchlich ist oder gegen Denk- oder allgemeine Erfahrungssätze verstößt, vgl. dazu § 73 Rz. 34[10]. Für die Rüge ist entscheidend, dass genau angegeben wird, auf-

---

1 BAG v. 23.3.2016 – 5 AZR 758/13, NZA 2016, 1229; BAG v. 16.10.2013 – 10 AZR 9/13, NZA 2014, 264; BAG v. 24.4.2008 – 8 AZR 347/07, NZA 2009, 39; BAG v. 13.12.2006 – 10 AZR 792/05, NZA 2007, 325; BAG v. 7.12.2005 – 5 AZR 254/05, NZA 2006, 684; BAG v. 10.5.2005 – 9 AZR 230/04, NZA 2006, 156; BAG v. 6.1.2004 – 9 AZR 680/02, NZA 2004, 449; BAG v. 23.7.2003 – 9 AZR 270/02, NZA 2004, 385; BAG v. 12.4.2002 – 2 AZR 148/01, NZA 2002, 1081 zu einer unterlassenen Fragestellung. BAG v. 20.1.2000 – 2 AZR 65/99, NZA 2000, 367 zur Rüge einer „Überraschungsentscheidung"; BAG v. 18.2.2003 – 2 AZR 356/02, NZA 2003, 911 zur Antragstellung; GMP/*Müller-Glöge*, § 74 Rz. 61; Düwell/Lipke/*Düwell*, § 74 ArbGG Rz. 74; ErfK/*Koch*, § 74 ArbGG Rz. 11; GK-ArbGG/*Mikosch*, § 74 Rz. 70; HWK/*Bepler/Treber*, § 74 Rz. 27; Zöller/*Heßler*, § 551 ZPO, Rz. 14; Hauck/Helml/Biebl/*Hauck*, § 74 Rz. 20.
2 BAG v. 10.5.2005 – 9 AZR 230/04, NZA 2006, 156. Hier hatte der Revisionskläger allerdings lediglich erklärt, er hätte „einen Antrag speziell auf einen Arbeitsplatz gerichtet". Dies reicht natürlich nicht, weil die Kausalität nicht beurteilt werden kann. Der Antrag hätte konkret formuliert werden müssen.
3 BAG v. 18.1.2007 – 8 AZR 250/06, nv.
4 BAG v. 20.6.2013 – 8 AZR 482/12, NZA 2014, 21; BAG v. 24.4.2008 – 8 AZR 347/07, NZA 2009, 39. Vgl. dazu schon ausführlich § 72 Rz. 43e, § 72a Rz. 65b.
5 Vgl. § 72a Rz. 65b ff., auch BAG v. 28.8.2013 – 10 AZR 323/12, NZA 2013, 1302; BAG v. 15.9.2009 – 3 AZN 404/09, NJW 2009, 3739.
6 BAG v. 13.11.2013 – 10 AZR 639/13; BAG v. 25.4.2013 – 8 AZR 453/12, NZA 2013, 1206; BAG v. 12.12.2012 – 4 AZR 171/11, NZA-RR 2013, 616; BAG v. 23.9.2008 – 6 AZN 84/08, NZA 2009, 396; BAG v. 16.2.2006 – 8 AZR 204/05, NZA 2006, 795; BAG v. 21.7.2005 – 6 AZR 452/04, NZA 2006, 542; BAG v. 6.1.2004 – 9 AZR 680/02, NZA 2004, 449; BAG v. 13.12.2000 – 5 AZR 334/99, NZA 2002, 390; BAG v. 16.5.2000 – 9 AZR 279/99, NZA 2000, 1246; BAG v. 12.4.2000 – 5 AZR 704/98, NZA 2000, 1959; BAG v. 6.2.1974 – 3 AZR 232/73, AP Nr. 38 zu § 133 BGB; BAG v. 11.4.1985 – 2 AZR 239/84, AP Nr. 39 zu § 102 BetrVG; GMP/*Müller-Glöge*, § 74 Rz. 61; ErfK/*Koch*, § 74 ArbGG Rz. 12; GK-ArbGG/*Mikosch*, § 74 Rz. 68; Hauck/Helml/Biebl/*Hauck*, § 74 Rz. 20 Beck OKArbR/*Klose*, § 74 Rz. 14.1;
7 BAG v. 6.1.2004 – 9 AZR 680/02, NZA 2004, 449 zur Nichteinholung eines Sachverständigengutachtens.
8 BAG v. 13.11.2013 – 10 AZR 639/13; BAG v. 12.7.2007 – 2 AZR 666/05, NZA 2008, 1264; BAG v. 16.2.2006 – 8 AZR 204/05, NZA 2006, 795; BAG v. 20.11.2003 – 8 AZR 580/02, NZA 2004, 489.
9 BAG v. 15.9.2016 – 8 AZR 351/15, juris; BAG v. 6.10.2005 – 2 AZR 280/04, NZA 2006, 431.
10 BAG v. 13.11.2013 – 10 AZR 639/13; BAG v. 6.1.2004 – 9 AZR 680/02, NZA 2004, 449.

grund welchen Vortrags das Berufungsgericht zu welchen Tatsachenfeststellungen hätte gelangen müssen und dass das Urteil darauf beruht[1]. Wird ein Sachverständigengutachten in Frage gestellt, muss dargelegt werden, welche Erkenntnisse der Sachverständige bei der Erstattung des Gutachtens nicht berücksichtigt hat und inwieweit er bei Berücksichtigung der fehlenden Erkenntnisse zu einem anderen Ergebnis gelangt wäre[2]. Ein Verfahrensverstoß liegt auch vor, wenn das Berufungsgericht die Glaubwürdigkeit eines Zeugen ohne erneute Vernehmung anders beurteilt als das ArbG[3].

Sollen **Feststellungen des LAG** gerügt werden, kann dies regelmäßig in einem Tatbestandsberichtigungsantrag nach § 320 ZPO erfolgen. Dieser muss zwei Wochen nach der Zustellung, spätestens aber drei Monate seit der Verkündung des Urteils gestellt werden. Falls das Urteil des LAG danach zugestellt wird, scheidet ein Tatbestandsberichtigungsantrag aus. In dieser Situation kann die Verfahrensrüge erhoben und dargelegt werden, welche Berichtigung im Einzelnen innerhalb der Drei-Monats-Frist beim LAG beantragt worden wäre und dass das Urteil darauf beruht[4].

Die Zulassung **verspäteten Vorbringens** durch das LAG kann mit der Revision nicht gerügt werden, da die insoweit eingetretenen Verzögerungen nicht mehr beseitigt werden können[5]. Umgekehrt kann aber gerügt werden, dass das LAG unzulässigerweise Vorbringen als verspätet behandelt und nicht zugelassen hat[6]. Die Rüge, das LAG habe zu Unrecht eine Klageänderung als sachdienlich zugelassen, ist durch § 286 ZPO ausgeschlossen[7].

cc) Begründung vor Zustellung

57a Die dargestellten Anforderungen an die Begründung von Sach- und Verfahrensrüge gelten auch, wenn die Revisionsbegründung vor der Zustellung des Berufungsurteils erstellt worden ist. Der Revisionsführer kann die Anforderungen an die Revisionsbegründung nicht dadurch umgehen, dass er – ohne Not – das Rechtsmittel vor Zustellung des Urteils begründet. Wenn er so vorgeht, möglicherweise im legitimen Interesse einer Verfahrensbeschleunigung, trägt er das Risiko, dass er sich nicht hinreichend mit der noch nicht vorliegenden Begründung des LAG auseinander setzt. Hier kann nur nachdrücklich angeraten werden, nach Zustellung des Urteils die Begründung, soweit möglich, innerhalb der Revisionsbegründungsfrist zu ergänzen. Jedenfalls ist die Revisionsbegründung nicht allein deshalb unzulässig, weil sie vor der Zustellung des Urteils erstellt worden ist[8]. Im Übrigen ist die Möglichkeit eine Beschwerde nach § 72b zu prüfen.

dd) Bezugnahme auf die Nichtzulassungsbeschwerde

57b Hat die Nichtzulassungsbeschwerde Erfolg, geht das Beschwerdeverfahren nach § 72a Abs. 6 Satz 1 eo ipso in das Revisionsverfahren über. Gleichwohl ist natürlich eine selbständige Revisionsbegründung erforderlich. Soweit im Ausnahmefall die Begründung der Nichtzulassungsbeschwerde bereits dem Begründungserfordernis der Revision entsprechen sollte, ist in jedem Falle eine **fristgerechte ausdrückliche Bezugnahme** auf diese Gründe erforderlich[9]. Vgl. Rz. 28b, § 72a Rz. 86.

V. Beschwer eines Prozessbeteiligten

58 Die zulässige Rüge setzt voraus, dass der **Revisionskläger** durch die angefochtene Entscheidung **beschwert** ist und zwar nicht nur bei der Einlegung, sondern noch im Zeitpunkt der Entscheidung über das Rechtsmittel[10]. Die Beschwer besteht in der Differenz zwischen dem Sachantrag, der in der Berufungsinstanz gestellt worden ist, und der vom Berufungsgericht ergangenen Entscheidung. Sie ergibt sich demnach regel-

---

1 BAG v. 13.11.2013 – 10 AZR 639/13; BAG v. 28.8.2013 – 10 AZR 323/12, NZA 2013, 1302.
2 BAG v. 21.11.1996 – 6 AZR 222/96, NZA 1997, 1174.
3 BAG v. 26.9.1989 – 3 AZR 375/89, AP Nr. 3 zu § 389 ZPO; ErfK/*Koch*, § 74 ArbGG Rz. 13; GMP/*Müller-Glöge*, § 74 Rz. 64.
4 BAG v. 11.6.1963 – 4 AZR 180/62, AP Nr. 1 zu § 320 ZPO; Düwell/Lipke/*Düwell*, § 74 Rz. 75; GMP/*Müller-Glöge*, § 74 Rz. 65; GK-ArbGG/*Mikosch*, § 74 Rz. 71; Hauck/Helml/Biebl/*Hauck*, § 74 Rz. 20.
5 BAG v. 20.4.1983 – 4 AZR 497/80, AP Nr. 2 zu § 21 TV AL II.
6 Düwell/Lipke/*Düwell*, § 74 Rz. 76; GMP/*Müller-Glöge*, § 74 Rz. 66.
7 GMP/*Müller-Glöge*, § 74 Rz. 67; Düwell/Lipke/*Düwell*, § 74 Rz. 77.
8 BAG v. 16.4.2003 – 4 AZR 367/02, AP Nr. 1 zu § 551 ZPO; GK-ArbGG/*Mikosch*, § 74 Rz. 52; vgl. zur Berufungsbegründung BAG v. 6.3.2003 – 2 AZR 596/02, NZA 2003, 814.
9 BAG v. 28.9.2016 – 7 AZR 128/14, BB 2017, 500; BAG v. 22.10.2015 – 6 AZR 758/14, BB 2016, 63; BAG v. 13.10.2009 – 9 AZR 875/08, NZA 2010, 245; BAG v. 8.5.2008 – 1 ABR 56/06, NZA 2008, 726 zur Rechtsbeschwerde; Beck OKArbR/*Klose*, § 74 Rz. 4.
10 BAG v. 26.6.2013 – 5 AZR 428/12, NZA 2013, 1262; BAG v. 13.3.2013 – 7 AZR 334/11, NZA 2013, 804; BAG v. 21.3.2012 – 5 AZR 320/11, NJW 2012, 3327; BGH v. 29.6.2004 – X ZB 11/04, NJW-RR 2004, 1365; Zöller/*Heßler*,

mäßig aus dem Urteilstenor. Falls dieser nicht eindeutig ist, können auch die Entscheidungsgründe herangezogen werden[1]. Ein Rechtsschutzinteresse ist demgegenüber keine besondere Voraussetzung für die Zulässigkeit des Rechtsmittels. Mit dem Erfordernis der Beschwer ist gewährleistet, dass das Rechtsmittel nicht eingelegt wird, ohne dass ein sachliches Bedürfnis des Rechtsmittelklägers hieran besteht[2].

Hat der Revisionskläger **vollständig obsiegt**, ist eine **Beschwer nicht vorhanden**. Sie kann nicht aus der Art der Begründung der Entscheidung abgeleitet werden. Eine Ausnahme besteht, wenn die Klage als unzulässig abgewiesen worden ist. Hier kann der obsiegende Beklagte Revision einlegen mit dem Ziel, dass die Klage als unbegründet abgewiesen wird, damit der Kläger keinen neuen Prozess gegen ihn anstrengen kann[3]. Ist die Klage abgewiesen worden, fehlt eine Beschwer des Beklagten. Er ist allerdings beschwert, wenn die Klage mit der Begründung abgewiesen worden ist, die Klageforderung sei durch Aufrechnung erloschen. Hier kann er Revision einlegen mit dem Ziel, dass die Klage aus anderen Gründen abgewiesen wird, damit ihm seine aufrechenbare Forderung erhalten bleibt[4]. Eine Beschwer liegt auch darin, dass das LAG nicht in der Sache entschieden, sondern den Rechtsstreit entgegen § 68 an das ArbG zurückverwiesen hat[5]. In vermögensrechtlichen Streitigkeiten ist nicht erforderlich, dass die Beschwer 600 Euro übersteigt. § 64 Abs. 2 gilt im Revisionsverfahren nicht. 59

Revision kann nur von einem **Prozessbeteiligten** eingelegt werden. Dazu zählen neben den Parteien auch ein etwaiger Streithelfer. Ein Streitverkündeter hingegen kann keine Revision einlegen. Auch kann eine Revisionseinlegung im Regelfall nicht als Streitbeitritt ausgelegt werden[6]. Handelt es sich um einen **Streithelfer**, bilden seine und die Revision der unterstützten Partei ein einheitliches Rechtsmittel, so dass die Form- und Fristanforderungen nur einmal erfüllt sein müssen[7]. Der Streithelfer kann aber auch unabhängig von der von ihm unterstützten Hauptpartei Revision einlegen. Dies sogar gegen den ausdrücklichen Willen der Hauptpartei[8]. Allerdings muss der Streithelfer dann die für die unterstützte Partei laufenden Fristen beachten. Hinsichtlich der Beschwer ist auf die Situation der Hauptpartei abzustellen. Die Revision kann also nur eingelegt werden, solange und soweit die Hauptpartei Revision einlegen könnte[9].

VI. Terminsbestimmung

Nach § 74 Abs. 2 Satz 1 muss die **Bestimmung des Termins** zur mündlichen Verhandlung **unverzüglich** erfolgen. Zuständig für die Terminsbestimmung ist der Senatsvorsitzende, § 216 Abs. 2 ZPO. Er entscheidet auch über Anträge auf Terminsverlegung. Der Verlegungsgrund ist nach § 227 Abs. 2 ZPO auf Verlangen des Vorsitzenden glaubhaft zu machen[10]. Beschlüsse über die Terminierung und die Terminsverlegung sind nach § 227 Abs. 4 Satz 3 unanfechtbar. 60

Nach § 74 Abs. 2 Satz 2 bleibt § 552 ZPO unberührt. Mit diesem Hinweis wird klargestellt, dass das Revisionsgericht auch die Möglichkeit hat, die Revision ohne mündliche Verhandlung durch Beschluss als unzulässig zu verwerfen.

Aus diesem Regelungsmechanismus folgt, dass das BAG über die **zulässige Revision** aufgrund mündlicher Verhandlung entscheidet. In diesem Falle wird der Termin ohne schuldhaftes Zögern bestimmt. Bei der Terminierung ist der arbeitsrechtliche **Beschleunigungsgrundsatz** zu beachten. Ladungs- und Einlassungsfristen sind einzuhalten. Die Terminierung ist Sache des Vorsitzenden. Im Allgemeinen erfolgt eine Terminierung entsprechend der Reihenfolge des Eingangs. Allerdings findet nicht direkt bei Eingang der Sache eine Terminierung statt. Die Senate terminieren üblicherweise über einen Zeitraum von einem halben Jahr im Voraus. Die übrigen terminierungsreifen Sachen werden in der Reihenfolge ihres Eingangs 61

Vor § 511 Rz. 10a; Thomas/Putzo/*Reichold*, § 511 ZPO Rz. 16; GK-ArbGG/*Mikosch*, § 74 Rz. 65; GWBG/*Benecke*, § 74 Rz. 26.
1 BAG v. 23.2.2010 – 2 AZR 554/08, NZA 2010, 1128; BAG v. 24.6.1969 – 1 AZR 261/68, AP Nr. 1 zu § 564 ZPO; GMP/*Müller-Glöge*, § 74 Rz. 79.
2 BAG v. 24.9.2015 – 6 AZR 497/14, ZTR 2016, 54; Beck OKArbR/*Klose*, § 74 Rz. 1.
3 BAG v. 15.4.1986 – 1 ABR 55/84, AP Nr. 36 zu § 99 BetrVG 1972; HWK/*Bepler/Treber*, § 74 Rz. 2.
4 BAG v. 24.1.1974 – 5 AZR 17/73, AP Nr. 24 zu § 72 ArbGG 1953 – Streitwertrevision.
5 BAG v. 24.2.1982 – 4 AZR 313/80, AP Nr. 1 zu § 68 ArbGG 1979.
6 BAG v. 31.1.2008 – 8 AZR 10/07, AP Nr. 52 zu § 72 ArbGG.
7 BAG v. 16.9.1999 – 2 AZR 712/98, NZA 2000, 208.
8 BAG v. 15.1.1985 – 3 AZR 39/84, AP Nr. 3 zu § 67 ZPO; ErfK/*Koch*, § 74 ArbGG Rz. 1; Hauck/Helml/Biebl/*Hauck*, § 74 Rz. 2.
9 BAG v. 17.8.1984 – 3 AZR 597/83, AP Nr. 2 zu § 67 ZPO.
10 Bei kurzfristigen Terminverlegungsanträgen muss der Verlegungsgrund mit dem Antrag glaubhaft gemacht werden: Düwell/Lipke/*Düwell*, § 74 Rz. 84; BFH v. 10.4.2015 – III B 42/14, juris.

gesammelt. Diese Vorgehensweise ist angesichts der großen Zahl anhängiger Revisionen nicht zu beanstanden.

62 Im Falle der **Unzulässigkeit** kann ohne mündliche Verhandlung entschieden werden. Da die Revision noch aufgrund der mündlichen Verhandlung als unzulässig verworfen werden kann, enthält die bloße Bestimmung eines Termins zur mündlichen Verhandlung noch **keine** das Revisionsgericht bindende **Vorentscheidung über** die **Zulässigkeit** der Revision.

VII. Entscheidung über die Zulässigkeit der Revision

1. Zulässigkeitsprüfung

63 Nach § 74 Abs. 2 Satz 2 ArbGG bleibt **§ 552 ZPO unberührt.** § 552 Abs. 1 ZPO bestimmt, dass das Revisionsgericht von Amts wegen zu prüfen hat, ob die Revision an sich statthaft und ob sie in der gesetzlichen Form und Frist eingelegt und begründet worden ist. Mangelt es an einem dieser Erfordernisse, so ist die Revision als unzulässig zu verwerfen, dazu sogleich Rz. 69 ff.

64 Vor dem Hintergrund dieser Regelung bedarf es zunächst der **Zulässigkeitsprüfung.** Diese Zulässigkeitsprüfung erstreckt sich auf alle Zulässigkeitsvoraussetzungen. Unzulässig ist die Revision, wenn sie weder vom LAG noch vom BAG auf eine Nichtzulassungsbeschwerde hin zugelassen worden ist, wenn sie nicht form- und fristgerecht eingelegt und begründet worden ist, der Kläger nicht beschwert ist oder er auf die Revision verzichtet hat. Zu prüfen ist auch die Prozessfähigkeit[1].

Im Einzelnen gilt Folgendes:

a) Statthaftigkeit

65 Das BAG **prüft** zunächst, ob das **Rechtsmittel statthaft** ist. Dies ist der Fall, wenn das LAG die Revision bindend zugelassen oder wenn das BAG sie auf eine begründete Nichtzulassungsbeschwerde zugelassen hat. Die Revision ist also unzulässig, wenn sie weder vom LAG noch durch Beschluss des BAG zugelassen worden ist[2]. Es ist grds. das zugelassene Rechtsmittel einzulegen. Ist dem LAG bei der Entscheidung ein Fehler unterlaufen, geht dies allerdings nicht zu Lasten der davon betroffenen Partei. Es ist in diesem Falle nach dem Grundsatz der Meistbegünstigung sowohl das Rechtsmittel statthaft, das der tatsächlichen Entscheidungsart entspricht, als auch das Rechtsmittel gegen die Entscheidung gegeben, die richtigerweise hätte ergehen müssen. Hätte das LAG statt im Beschlussverfahren im Urteilsverfahren entscheiden müssen und dementsprechend statt der Rechtsbeschwerde die Revision zulassen müssen, kann die unterlegene Partei zwischen dem tatsächlich zugelassenen Rechtsmittel der Rechtsbeschwerde und dem objektiv statthaften Rechtsmittel der Revision wählen[3].

Zu beachten ist, dass der Umstand, dass die Revision auf eine Nichtzulassungsbeschwerde hätte zugelassen werden müssen, nicht zur Zulässigkeit der Revision führt. Auch das Vorhandensein eines absoluten Revisionsgrundes macht die Revision nicht als solches zulässig, vgl. § 72 Rz. 4.

b) Frist und Form

66 Ebenso unzulässig ist die Revision, wenn sie **nicht form- und fristgem.** eingelegt oder begründet worden ist. Formfehler können allerdings noch innerhalb der Revisionsfrist geheilt werden. Ist die Revision formgerecht begründet worden, liegt die behauptete Rechtsverletzung aber nicht vor, ist die Revision nicht unzulässig, sondern unbegründet. Zulässig ist die Revision auch, wenn sie auf die Verletzung einer Rechtsvorschrift gestützt wird, die nicht revisibel ist. Sie ist dann unbegründet[4]. Das Gleiche gilt, wenn ein Verfahrensfehler gerügt wird, der nach § 295 Abs. 1 ZPO geheilt worden ist[5]. Liegt eine Kombination aus zulässiger Rüge materieller Rechtsfehler und unzulässiger Verfahrensrüge vor, ist die Revision insgesamt zulässig. Die nicht ordnungsgem. begründete Verfahrensrüge darf jedoch vom Revisionsgericht nicht berücksichtigt werden und führt nicht zu einer Aufhebung des Berufungsurteils[6].

---

1 BAG v. 5.6.2014 – 6 AZN 267/14, NZA 2014, 799.
2 BAG v. 8.10.2002 – 8 AZR 259/02, NZA 2003, 287; GMP/*Müller-Glöge*, § 74 Rz. 77; Düwell/Lipke/*Düwell*, § 74 Rz. 90; ErfK/*Koch*, § 74 ArbGG Rz. 14.
3 GK-ArbGG/*Mikosch*, § 74 Rz. 76 f.; Düwell/Lipke/*Düwell*, § 74 Rz. 95.
4 BGH v. 26.10.1979 – I ZR 6/79, ZZP Bd. 93, 1980, 331; GMP/*Müller-Glöge*, § 74 Rz. 78; Düwell/Lipke/*Düwell*, § 74 Rz. 92; ErfK/*Koch*, § 74 ArbGG Rz. 14. AA BAG v. 2.2.1983 – 5 AZR 1133/79, AP Nr. 1 zu § 73 ArbGG 1979. Für Unzulässigkeit: GK-ArbGG/*Mikosch*, § 74 Rz. 78.
5 BAG v. 17.4.1985 – 4 AZR 362/83, AP Nr. 4 zu § 1 TVG – Tarifverträge: Presse.
6 GMP/*Müller-Glöge*, § 74 Rz. 78; Düwell/Lipke/*Düwell*, § 74 Rz. 93; GK-ArbGG/*Mikosch*, § 74 Rz. 78.

c) Beschwer

Die Revision ist auch unzulässig, wenn der **Revisionskläger** durch die angefochtene Entscheidung gar **nicht beschwert** ist, oben Rz. 58. Ebenfalls unzulässig ist die Revision, wenn der Revisionskläger auf das Rechtsmittel der Revision verzichtet hat, dazu Rz. 76.

Auch in der Revisionsinstanz werden die **Prozessführungsbefugnis** des Revisionsklägers und seine ordnungsgemäße gesetzliche Vertretung von Amts wegen geprüft. Die Vollmacht des Prozessbevollmächtigten ist nur auf Rüge des Revisionsbeklagten zu prüfen. Fehlt es an einem der Erfordernisse, ist die Revision unzulässig[1].

2. Verwerfung der Revision

Ist die Revision unzulässig, wird sie nach § 552 Abs. 1 Satz 2 ZPO **als unzulässig verworfen**. Die Entscheidung kann ohne mündliche Verhandlung ergehen. In diesem Fall entscheidet der Senat ohne Hinzuziehung der ehrenamtlichen Richter. Das ist aber nicht zwingend. Der Senat kann auch mündlich verhandeln und durch Urteil entscheiden[2].

Das **Revisionsgericht** ist an einen Verwerfungsbeschluss **gebunden**. Es kann ihn selbst dann nicht abändern, wenn er grob fehlerhaft ist[3]. Auch Gegenvorstellungen haben keinen Erfolg[4]. Es kommt allenfalls eine Anhörungsrüge nach § 78a oder eine Verfassungsbeschwerde in Betracht.

Ist die Revision nur **teilweise** unzulässig, kann sie **insoweit** durch Beschluss **verworfen** werden. Wird zB im Falle mehrerer Urteilsaussprüche eine Divergenz nur bezüglich eines Urteilsausspruches dargelegt, im Übrigen nicht, kann das BAG die Revision durch Beschluss teilweise als unzulässig verwerfen[5].

Ist die Revision als unzulässig verworfen worden, bezieht sich die **Verwerfung** nur **auf das eingelegte Rechtsmittel**. Die Revision kann deshalb erneut eingelegt werden, wenn die Revisionseinlegungsfrist noch nicht abgelaufen ist. Dies kann etwa der Fall sein, wenn die Revision vor Zustellung des vollständig abgefassten Urteils eingelegt worden ist. Hier kann nach Zustellung des Urteils erneut Revision eingelegt werden[6].

Ist die Zulässigkeit der Revision zweifelhaft, soll sie in Ausnahmefällen unterstellt werden können, etwa wenn die Revision jedenfalls unbegründet ist und die Klärung der Zulässigkeit den Rechtsstreit erheblich verzögern würde[7].

Von den Fällen der noch nicht abgelaufenen Frist abgesehen, wird das Urteil des LAG mit der Verwerfung der Revision rechtskräftig[8].

3. Zulässigkeit der Revision

Nach §§ 303, 552 ZPO kann das Revisionsgericht die **Zulässigkeit** der Revision **durch gesonderten Beschluss** bejahen. Dieser Beschluss bedarf keiner mündlichen Verhandlung. Er ergeht ohne Zuziehung der ehrenamtlichen Richter[9]. Hat das Revisionsgericht eine solche Entscheidung getroffen, ist es daran gebunden[10].

Ist die Revision zulässig, wird Termin zur mündlichen Verhandlung bestimmt, vgl. dazu bereits Rz. 60, Rz. 69.

---

1 GMP/*Müller-Glöge*, § 74 Rz. 82; GK-ArbGG/*Mikosch*, § 74 Rz. 76.
2 GMP/*Müller-Glöge*, § 74 Rz. 84; Düwell/Lipke/*Düwell*, § 71 Rz. 97; GK-ArbGG/*Mikosch*, § 74 Rz. 79.
3 BFH v. 19.6.1979 – VII R 79–80/78, AP Nr. 1 zu § 329 ZPO; GMP/*Müller-Glöge*, § 74 Rz. 84, 85; Düwell/Lipke/*Düwell*, § 71 Rz. 99; GK-ArbGG/*Mikosch*, § 74 Rz. 81; ErfK/*Koch*, § 74 ArbGG Rz. 14; GWBG/*Benecke*, § 74 Rz. 30.
4 BAG v. 18.5.1972 – 3 AZR 27/72, AP Nr. 1 zu § 238 ZPO.
5 BAG v. 17.11.1966 – 3 AZR 347/66, AP Nr. 29 zu § 72 ArbGG 1979; GMP/*Müller-Glöge*, § 74 Rz. 84; ErfK/*Koch*, § 74 ArbGG Rz. 14.
6 GMP/*Müller-Glöge*, § 74 Rz. 85; Düwell/Lipke/*Düwell*, § 71 Rz. 100; GK-ArbGG/*Mikosch*, § 74 Rz. 81.
7 BAG v. 29.7.1997 – 3 AZR 134/96, NZA 1998, 544; Hauck/Helml/Biebl/*Hauck*, § 74 Rz. 24; GMP/*Müller-Glöge*, § 74 Rz. 84.
8 GemSOGB v. 24.10.1983 – GmS-OGB 1/83, AP Nr. 1 zu § 705 ZPO.
9 BAG v. 29.2.1956 – 2 AZR 504/55, AP Nr. 37 zu § 72 ArbGG 1953; BAG v. 15.5.1984 – 1 AZR 532/80, NZA 1984, 98.
10 BAG v. 22.12.1956 – 3 AZR 91/56, AP Nr. 2 zu § 554a ZPO.

VIII. Rücknahme der Revision und Verzicht

1. Rücknahme

76 Das ArbGG enthält keine eigene Regelung über die **Rücknahme** der Revision, so dass nach § 72 Abs. 5 ArbGG die §§ 565, 516 ZPO Anwendung finden. Nach der urspünglichen Rechtslage konnte die Revision bis zur Verkündung des Revisionsurteils zurückgenommen werden. Auf eine Einwilligung des Gegners kam es nicht an. Seit dem 1.1.2014 kann die Revision gem. § 565 Satz 2 ZPO ohne Einwilligung des Revisionsbeklagten nur bis zum Beginn der mündlichen Verhandlung des Revisionsbeklagten zur Hauptsache zurückgenommen werden. Diese Änderung durch das Gesetz zur Förderung des elektronischen Rechtsverkehrs vom 10.10.2013 hat das Ziel, eine taktisch motivierte Vermeidung einer höchstrichterlichen Entscheidung zu vermeiden[1]. Insofern hatte der Gesetzgeber festgestellt, dass Parteien den Prozessverlust durch Revisionsrücknahme oder Anerkenntnis im Einzelfall der streitigen Entscheidung vorzogen.

Die Rücknahme ist bedingungsfeindlich und ab Einlegung des Rechtsmittels möglich. Ob das Rechtsmittel der Revision zulässig ist, ist für die Frage der Rücknahme irrelevant. Die Rücknahmebefugnis endet in jedem Fall mit der Verkündung des Revisionsurteils[2]. In voller oder teilweiser Kenntnis des Revisionsurteils kann die Rücknahme nicht mehr wirksam erklärt werden[3]. Anders ist die Situation bei einem Versäumnisurteil. Hier kann die Revision mit Zustimmung des Gegners auch noch nach Verkündung zurückgenommen werden[4].

77 Gem. § 516 Abs. 2 Satz 1 ZPO ist die **Rücknahme gegenüber dem BAG** zu erklären. Sie erfolgt entweder durch Einreichung eines Schriftsatzes nach § 516 Abs. 2 Satz 2 ZPO oder durch Erklärung in der mündlichen Verhandlung. Sie muss durch einen postulationsfähigen Bevollmächtigten erklärt werden, § 11 Abs. 4. Ein Widerruf der Rücknahme ist nicht möglich, selbst wenn der Gegner zustimmt[5]. Etwas anderes kommt nur dann in Betracht, wenn ein Restitutionsgrund nach §§ 580, 581 ZPO vorliegt[6].

78 Wird die Revision zurückgenommen, kann sie **erneut eingelegt** werden, soweit die Revisionsfrist noch nicht abgelaufen ist. Hierdurch unterscheidet sich die Rücknahme vom Verzicht. Bei einem wirksamen Verzicht kann das Rechtsmittel nicht erneut eingelegt werden[7]. Sofern die Revision allerdings nicht erneut eingelegt werden kann, bewirkt die Rücknahme den Verlust der eingelegten Revision[8].

79 Die Rücknahme erfasst das Rechtsmittel regelmäßig in seiner Gesamtheit. Allerdings ist eine **Teilrücknahme** zulässig, sofern sich die Rücknahme auf einen abtrennbaren Teil des prozessualen Anspruchs bezieht. Dies liegt vor, wenn über den Teil ein Teilurteil nach § 301 ZPO ergehen könnte[9]. Möglich ist es auch, im Falle einer Mehrheit von Parteien, die Revision gegen eine zurückzunehmen[10].

80 Der Zurücknehmende hat die **Kosten** der zurückgenommenen Revision zu tragen. Hierzu zählen auch die Kosten einer unselbständigen Anschlussrevision des Gegners. Das Gericht hat durch **Beschluss** auszusprechen, dass der Revisionskläger verpflichtet ist, die durch das Rechtsmittel entstandenen Kosten zu tragen und dass der Revisionskläger des eingelegten Rechtsmittels durch dessen Rücknahme verlustig ist. Nach § 516 Abs. 3 Satz 2 ZPO ergeht dieser Beschluss von Amts wegen ohne Antrag des Gegners[11].

81 Die Rücknahme der Revision ist streng zu unterscheiden von der **Rücknahme der Klage**. Für die Klagerücknahme gilt auch in der Revisionsinstanz § 269 ZPO[12]. Sie bedarf der Einwilligung des Beklagten. Sie gilt jedoch im Fall des § 269 Abs. 2 Satz 4 ZPO als erteilt. Soweit der Kläger seine Klage zurückgenommen hat, muss er die hierdurch in der Revisionsinstanz entstandenen Verfahrenskosten nach § 269 Abs. 3 ZPO tragen.

---

1 *Winter*, NJW 2014, 267.
2 BAG v. 12.12.2012 – 4 AZR 171/11, NZA-RR 2013, 616.
3 BAG v. 12.12.2012 – 4 AZR 171/11, NZA-RR 2013, 616; BGH v. 30.3.2006 – III ZB 123/05, NJW 2006, 2124; GMP/*Müller-Glöge*, § 74 Rz. 21.
4 So zutreffend GMP/*Müller-Glöge*, § 74 Rz. 21 mit Hinweis auf BGH v. 30.6.2011 – III ZB 24/11, NJW 2011, 2662.
5 GMP/*Müller-Glöge*, § 74 Rz. 22; Düwell/Lipke/*Düwell*, § 71 Rz. 106; GK-ArbGG/*Mikosch*, § 74 Rz. 87.
6 BGH v. 30.5.2007 – XII ZB 82/06, NJW 2007, 3640; GK-ArbGG/*Mikosch*, § 74 Rz. 87.
7 Düwell/Lipke/*Düwell*, § 74 Rz. 103; GK-ArbGG/*Mikosch*, § 74 Rz. 84; GWBG/*Benecke*, § 74 Rz. 6.
8 GK-ArbGG/*Mikosch*, § 74 Rz. 88; GMP/*Müller-Glöge*, § 74 Rz. 22.
9 GK-ArbGG/*Mikosch*, § 74 Rz. 85.
10 Vg. Nur BAG v. 12.7.2016 – 9 AZR 791/14, juris; BAG v. 25.4.2013 – 6 AZR 49/12, juris.
11 GMP/*Müller-Glöge*, § 74 Rz. 23.
12 So auch: Beck OKArbR/*Klose*, § 74 Rz. 17; HWK/*Bepler*/*Treber*, § 74 Rz. 35.

2. Verzicht

Jede Partei kann nach §§ 565, 515 ZPO auf die Revision verzichten. § 515 ZPO bestimmt, dass die **Wirksamkeit eines Verzichts** nicht davon abhängig ist, dass der Gegner die Verzichtsleistung angenommen hat. 82

Der Verzicht ist also eine einseitige Erklärung, die sowohl **gegenüber dem Gegner** als auch **gegenüber dem Gericht** erklärt werden kann. Erfolgt die Erklärung gegenüber dem Gericht, ist der Verzicht von Amts wegen zu berücksichtigen. Im Falle der Erklärung gegenüber dem Gegner wird der Verzicht nur auf die Einrede des Gegners hin berücksichtigt. Der Verzicht unterliegt als Prozesshandlung dem Vertretungszwang, § 11 Abs. 4, soweit er nicht außergerichtlich gegenüber dem Gegner erklärt wird. 83

Die Annahme eines Rechtsmittelverzichts unterliegt strengen Anforderungen[1]. Die **Auslegung als Verzichtserklärung** setzt voraus, dass der eindeutige Wille zum Ausdruck kommt, es bei dem ergangenen Urteil belassen zu wollen. An dem Willen der verzichtenden Partei dürfen keine Zweifel bestehen[2]. Dies wurde verneint für die Erklärung, „es sei nicht beabsichtigt, ein Rechtsmittel einzulegen"[3]. Es wurde hingegen bejaht für die unbedingte Erklärung, es werde kein Rechtsmittel eingelegt[4]. Erbringt der Beklagte die ausgeurteilte Leistung an den Kläger, liegt demgegenüber noch kein Verzicht vor. Gleiches gilt für einen Verzicht auf die Entscheidungsgründe[5]. Auch bei einer nur teilweisen Anfechtung des Urteils liegt regelmäßig ohne das Hinzutreten weiterer Umstände kein Verzicht auf die Revision hinsichtlich des weiteren Teils vor[6]. 84

Der Verzicht ist als Prozesshandlung grds. **unwiderruflich und unanfechtbar**[7]. Mit dem Einverständnis des Gegners kann der Verzicht, anders als die Zurücknahme der Revision, wirksam widerrufen werden[8]. Ein/e Widerruf/Anfechtung kommt nur dann in Betracht, wenn ein Restitutionsgrund gegeben ist[9]. 85

Der Verzicht **wirkt** umfassend. Durch den Verzicht **verliert** die verzichtende Partei endgültig das Recht, eine ihr ungünstige Entscheidung überprüfen zu lassen. Allerdings ist auch hier ein **Teilverzicht** zulässig, sofern sich die Rücknahme auf einen abtrennbaren Teil des prozessualen Anspruchs bezieht[10]. 86

Eine durch Verzicht unzulässige Revision ist durch Beschluss als unzulässig zu verwerfen. Ein Verzicht schließt jedoch nicht aus, dass sich die verzichtende Partei der Revision der anderen Partei anschließt, vgl. dazu sogleich Rz. 89. 87

Eine Partei kann sich bereits vor Erlass der Entscheidung des LAG verpflichten, **auf ein Rechtsmittel** gegen die Entscheidung zu **verzichten**. Dieser Fall ist zwar nicht gesetzlich geregelt. Es ist aber allgemein anerkannt, dass eine solche Verpflichtung durch einen Vertrag begründet werden kann. Hält sich die verzichtende Partei nicht an die Erklärung, kann der Rechtsmittelgegner die Einrede des Verzichtes erheben. Dadurch wird die Revision unzulässig[11]. Die Einrede muss nicht förmlich erhoben werden. Sofern die den Verzicht rechtfertigenden Tatsachen vorgetragen werden, kann die Einrede auch in dem Antrag liegen, die Revision zurückzuweisen[12]. 88

IX. Anschlussrevision

Das ArbGG enthält **keine eigenständige Regelung** der Anschlussrevision. Vielmehr finden aufgrund der Verweisung in § 72 Abs. 5 die Vorschriften der ZPO über die Revision Anwendung[13]. Hier bestimmt § 554 ZPO, dass sich der Revisionsbeklagte bis zum Ablauf eines Monats nach der Zustellung der Revisions- 89

---

1 BAG v. 18.2.2016 – 8 AZR 426/14, FA 2016, 247; BAG v. 27.7.2010 – 3 AZR 317/08, BAGE 135, 187.
2 BAG v. 18.2.2016 – 8 AZR 426/14, FA 2016, 247; BAG v. 27.7.2010 – 3 AZR 317/08, BAGE 135, 187; BAG v. 15.3.2006 – 9 AZN 885/05, NZA 2006, 876; BAG v. 16.3.2004 – 9 AZR 323/02, BAGE 110, 45; BGH v. 3.4.1974 – IV ZR 83/73, NJW 1974, 1248.
3 BGH v. 26.2.1958 – IV ZR 211/57, LM § 514 Nr. 8.
4 BGH v. 19.3.1991 – XI ZR 138/90, NJW-RR 1991, 1213.
5 BAG v. 15.3.2006 – 9 AZN 885/05, NZA 2006, 876.
6 BAG v. 18.2.2016 – 8 AZR 426/14, FA 2016, 247; BAG v. 20.7.2004 – 9 AZR 570/03, NZA 2005, 952; Enger: BGH v. 28.3.1989 – VI ZR 246/88, AP Nr. 4 zu § 514 ZPO.
7 GK-ArbGG/*Mikosch*, § 74 Rz. 89.
8 RG v. 19.3.1936 – IV 290/35, RGZ 150, 392 (395).
9 BGH v. 6.3.1985 – VIII ZR 123/84, AP Nr. 3 zu § 514 ZPO.
10 GK-ArbGG/*Mikosch*, § 74 Rz. 89.
11 GMP/*Müller-Glöge*, § 74 Rz. 27; Düwell/Lipke/*Düwell*, § 71 Rz. 114; GK-ArbGG/*Mikosch*, § 74 Rz. 90; Hauck/Helml/Biebl/*Hauck*, § 74 Rz. 29; Zöller/*Heßler*, § 515 ZPO Rz. 14; HWK/Bepler/*Treber*, § 74 Rz. 37.
12 BAG v. 8.3.1957 – 2 AZR 554/55, AP Nr. 1 zu § 514 ZPO.
13 So auch BAG v. 13.12.2016 – 9 AZR 574/15, NZA 2017, 459; BAG v. 17.1.2012 – 3 AZR 10/10, NZA-RR 2013, 86.

begründung der Revision anschließen kann. Nach § 554 Abs. 2 Satz 1 ZPO ist die Anschließung sogar dann statthaft, wenn der Revisionsbeklagte bereits auf die Revision verzichtet hatte.

90 Die früher geltende Differenzierung zwischen einer selbständigen, dh. innerhalb der Revisionsfrist eingelegten und unselbständigen Anschlussrevision wurde aufgehoben. § 554 ZPO kennt **nur noch** die **unselbständige Anschlussrevision**. Von der Anschlussrevision zu unterscheiden ist der Fall, dass beide teilweise unterlegenen Parteien völlig unabhängig voneinander gegen das Berufungsurteil Revision einlegen. Es handelt sich in diesem Fall um zwei selbständige Revisionen.

91 **Wesentliches Merkmal** der Anschlussrevision ist, dass sich der Einlegende dem Rechtsmittel der Gegenpartei anschließen will. Es handelt sich um ein Angriffsmittel des Revisionsbeklagten. Dies setzt eine Beschwer des Anschlussrevisionsklägers voraus[1]. Der Vorteil für den Revisionsbeklagten besteht darin, dass der Revisionskläger nach § 72 Abs. 5 ArbGG iVm. § 516 Abs. 3 ZPO die gesamten durch die Einlegung der Revision entstandenen Kosten tragen muss, falls er die Revision zurücknimmt.

92 Die Anschließung erfolgt gem. § 554 Abs. 1 Satz 2 ZPO durch **Einreichung einer Revisionsanschlussschrift** beim BAG. Form und Inhalt dieser Anschlussschrift richten sich nach den für die Revisionsschrift geltenden Grundsätzen. Denn § 554 Abs. 3 Satz 2 ZPO ordnet die entsprechende Anwendung von § 551 Abs. 3 ZPO an, der die Anforderungen an die Revisionsbegründung regelt. Zur ordnungsgemäßen Begründung der Anschlussrevision müssen gem. § 72 Abs. 5 ArbGG iVm. § 554 Abs. 3 Satz 2, § 551 Abs. 3 Satz 1 Nr. 2 ZPO die Revisionsgründe dezidiert angegeben werden, vgl. Rz. 3 ff. Die Anschlussrevision muss nach § 554 Abs. 3 ZPO in der Anschlussschrift begründet werden. Die Begründung in einem separaten Schriftsatz wird jedoch allgemein als zulässig angesehen, soweit dieser innerhalb der Anschlussfrist beim Revisionsgericht eingeht. Der Umfang der Begründung richtet sich nach den für die Revision geltenden Grundsätzen, vgl. dazu Rz. 30.

Die Anschlussrevision muss einen Lebenssachverhalt betreffen, der mit dem von der Revision erfassten Streitgegenstand in einem **unmittelbaren** rechtlichen oder wirtschaftlichen **Zusammenhang** steht. Neue prozessuale Ansprüche werden grds. nicht zur gerichtlichen Entscheidung gestellt[2].

Die **Frist** für die Einlegung der Anschlussrevision beträgt einen Monat. Sie beginnt mit dem Ereignis „Zustellung der Revisionsbegründung" des Gegners gem. § 187 Abs. 1 BGB. Dementsprechend richtet sich das Fristende nach § 188 Abs. 2 Alt. 1 BGB und entspricht dem Ereignistag. Wird die Revisionsbegründung am 1.10. zugestellt, muss die Anschlussschrift bis zum 1.11. eingegangen sein. Bei der Versäumung der Frist zur Einlegung der Anschlussrevision ist **keine Wiedereinsetzung in den vorigen Stand** nach § 233 ZPO möglich[3]. Denn die Anschließungsfrist ist keine Notfrist, da sie vom Gesetz nicht als solche bezeichnet wird, vgl. § 224 Abs. 1 Satz 2 ZPO, und auch nicht in § 233 ZPO genannt ist. Wird hingegen die Begründungsfrist versäumt, ist die Wiedereinsetzung möglich.

93 Ist die **Revision beschränkt zugelassen** worden, kann die Anschlussrevision nach § 554 Abs. 2 Satz 1 ZPO auch gegen den Teil gerichtet werden, für den die Revision nicht zugelassen worden ist[4]. Dies gilt in gleicher Weise, wenn die Revision nur für eine Partei zugelassen worden, ist. Die Anschlussrevision kann also auch dann eingelegt werden, wenn die Revision nur für die andere Partei zugelassen worden ist[5].

94 Die **Anschlussrevision verliert** nach § 554 Abs. 4 ZPO ihre **Wirkung**, wenn die **Revision zurückgenommen** oder als unzulässig verworfen wird. Diese Wirkung tritt unabhängig davon ein, ob die die Anschlussrevision einlegende Partei von der Wirkung Kenntnis hatte. Die Rechtsfolge des § 554 Abs. 4 ZPO tritt auch ein, wenn die Klage zurückgenommen oder auf die Durchführung der Revision verzichtet wird. Zur Kostenfolge vgl. schon Rz. 91. Der Wirkverlust greift auch dann Platz, wenn sich die Parteien hinsichtlich des mit der Hauptrevision angegriffenen Teils vergleichen[6]. Der Revisionsbeklagte kann dies nur dadurch verhindern, dass er der Klagerücknahme nicht zustimmt oder sich nicht auf einen entsprechenden Ver-

---

1 BAG v. 23.2.2010 – 2 AZR 554/08, NZA 2010, 1128.
2 BAG v. 17.1.2012 – 3 AZR 10/10, NZA-RR 2013, 86; BGH v. 22.11.2007 – I ZR 74/05, BGHZ 174, 244; BAG v. 20.5.2009 – 5 AZR 312/08; BAG v. 5.6.2003 – 6 AZR 277/02, AP ZPO 1977 § 256 Nr. 81.
3 BAG v. 17.1.2012 – 3 AZR 10/10, NZA-RR 2013, 86; GMP/*Müller-Glöge*, § 74 Rz. 72; GK-ArbGG/*Mikosch*, § 74 Rz. 94; Düwell/Lipke/*Düwell*, § 74 Rz. 125. AA Ostrowicz/Künzl/Scholz, Rz. 612; GWBG/*Benecke*, § 74 Rz. 31.
4 BAG v. 23.3.2016 – 7 AZR 828/13 –, BAGE 154, 354; BAG v. 17.1.2012 – 3 AZR 10/10, NZA-RR 2013, 86; BGH v. 24.6.2003 – KZR 32/02, NJW 2003, 2525; GK-ArbGG/*Mikosch*, § 74 Rz. 94; GMP/*Müller-Glöge*, § 74 Rz. 74; HWK/*Bepler*/*Treber*, § 74 Rz. 40.
5 So auch BAG v. 23.3.2016 – 7 AZR 828/13 –, BAGE 154, 354; BAG v. 17.1.2012 – 3 AZR 10/10, NZA-RR 2013, 86; BGH v. 23.2.2005 – II ZR 147/03, NJW-RR 2005, 651; GK-ArbGG/*Mikosch*, § 74 Rz. 94; Zöller/*Heßler*, § 554 ZPO Rz. 3a; offen: HWK/*Bepler*/*Treber*, § 75 Rz. 40, GMP/*Müller-Glöge*, § 74 Rz. 74. Eine andere Auffassung andeutend: Düwell/Lipke/*Düwell*, § 74 Rz. 121.
6 BAG v. 14.5.1976 – 2 AZR 539/75, AP Nr. 1 zu § 522 ZPO.

gleich einlässt. Die Anschlussrevision behält hingegen ihre Wirkung, wenn über die Hauptrevision in der Sache entschieden wird oder eine Erledigung der Hauptsache eintritt[1].

Das **Revisionsgericht prüft** von Amts wegen, ob die **Anschlussrevision statthaft** ist und innerhalb der gesetzlichen Frist formgerecht eingelegt und begründet worden ist. Fehlt es an einer dieser Voraussetzungen, ist die **Revision** als **unzulässig zu verwerfen**, § 552 ZPO. Hält der Revisionsbeklagte seine bspw. durch Vergleich wirkungslos gewordene Anschlussrevision aufrecht, ist sie ebenfalls als unzulässig zu verwerfen[2]. Der Verwerfungsbeschluss kann entsprechend § 74 Abs. 2 Satz 3 ohne mündliche Verhandlung und ohne Hinzuziehung der ehrenamtlichen Richter erfolgen.

95

X. Vorläufige Vollstreckbarkeit

Urteile der ArbG und der LAG sind gem. § 62 Abs. 1 stets **vorläufig vollstreckbar**. Hat das Berufungsgericht die vorläufige Vollstreckbarkeit ausgeschlossen, kann das BAG nach Ablauf der Revisionsbegründungsfrist ohne mündliche Verhandlung durch Beschluss das Urteil nach § 558 ZPO für vorläufig vollstreckbar erklären, soweit es durch die Revisionsanträge nicht angefochten worden ist[3]. Die Entscheidung ist erst nach Ablauf der Revisionsbegründungsfrist zulässig.

96

Nach § 719 Abs. 2 ZPO kann das BAG auf Antrag die **Zwangsvollstreckung** aus dem Urteil des LAG **einstweilen einstellen**. Dieser Antrag hängt nicht davon ab, ob der Beklagte zuvor beim LAG den Ausschluss der vorläufigen Vollstreckbarkeit beantragt hatte. Es muss glaubhaft gemacht werden, dass dem Schuldner durch die Vollstreckung ein nicht zu ersetzender Nachteil entstehen würde und ein überwiegendes Interesse des Gläubigers nicht entgegensteht. Ob dies der Fall ist, beurteilt sich unter anderem nach den Erfolgsaussichten der Revision. Die Einstellung der Zwangsvollstreckung ist abzulehnen, wenn die Revision keine Aussicht auf Erfolg hat[4]. Gleiches gilt, wenn bei einer zeitlich beschränkten Verurteilung dem Urteil durch die Einstellung jede Wirkung genommen werden würde[5]. Vgl. auch § 72a Rz. 68 ff.

97

§ 75 Urteil

(1) Die Wirksamkeit der Verkündung des Urteils ist von der Anwesenheit der ehrenamtlichen Richter nicht abhängig. Wird ein Urteil in Abwesenheit der ehrenamtlichen Richter verkündet, so ist die Urteilsformel vorher von sämtlichen Mitgliedern des erkennenden Senats zu unterschreiben.
(2) Das Urteil nebst Tatbestand und Entscheidungsgründen ist von sämtlichen Mitgliedern des erkennenden Senats zu unterschreiben.

I. Allgemeines	1	III. Das Revisionsurteil	
II. Entscheidung über die Revision	1a	1. Verkündung des Revisionsurteils	21
1. Zurückweisung der Revision	2	2. Inhalt des Revisionsurteils	27
2. Aufhebung des Urteils/Aufhebung des Verfahrens	3	3. Unterzeichnung des Revisionsurteils	31
3. Neue Sachentscheidung	6	4. Zustellung des Revisionsurteils	34
a) Zurückverweisung	7	5. Berichtigung/Ergänzung	36
b) Ersetzende Entscheidung	9	IV. Versäumnisverfahren/Anerkenntnis	37
4. Wirkung der Zurückverweisung	13	V. Entscheidung nach Aktenlage	45
5. Bindung des BAG	20	VI. Erledigung	46
6. Weitere Entscheidungsmöglichkeiten	20a	VII. Kosten, Gebühren, Rechtsanwaltsvergütung	52

---

1 BGH v. 22.5.1984 – III ZB 9/84, NJW 1986, 852.
2 Vgl. BAG v. 14.5.1976 – 2 AZR 539/75, AP Nr. 1 zu § 522 ZPO; GK-ArbGG/*Mikosch*, § 74 Rz. 97; GMP/*Müller-Glöge*, § 74 Rz. 76; Hauck/Helml/Biebl/*Hauck*, § 74 Rz. 30; Beck OKArbR/*Klose*, § 74 Rz. 20.
3 GMP/*Müller-Glöge*, § 74 Rz. 87; Düwell/Lipke/*Düwell*, § 74 Rz. 130; GK-ArbGG/*Mikosch*, § 74 Rz. 98; ErfK/*Koch*, § 74 ArbGG Rz. 15.
4 BAG v. 6.1.1971 – 3 AZR 384/70, AP Nr. 3 zu § 719 ZPO; Ostrowicz/Künzl/*Scholz*, Rz. 611; Hauck/Helml/Biebl/ *Hauck*, § 74 Rz. 26; GMP/*Müller-Glöge*, § 74 Rz. 87; Beck OKArbR/*Klose*, § 74 Rz. 23.
5 BAG v. 22.6.1972 – 3 AZR 263/72, AP Nr. 4 zu § 719 ZPO; BAG v. 6.7.1979 – I ZR 55/79, AP Nr. 5 zu § 719 ZPO; ErfK/*Koch*, § 74 ArbGG Rz. 15; Hauck/Helml/Biebl/*Hauck*, § 74 Rz. 26; GMP/*Müller-Glöge*, § 74 Rz. 87; HWK/ *Bepler/Treber*, § 74 Rz. 33.

I. Allgemeines

1 Die Vorschrift regelt die **Verkündung und Unterzeichnung des Revisionsurteils**. Es wird bestimmt, inwieweit ehrenamtliche Richter bei der Verkündung des Urteils mitwirken und auf welche Weise Urteilsformel und Urteil unterzeichnet werden. Eine Regelung des Inhalts des Revisionsurteils enthält § 75 nicht. Soweit die Vorschrift keine Regelung enthält, gelten aber nach § 72 Abs. 5 die Vorschriften der §§ 555–559 und 562–565 ZPO einschließlich der darin enthaltenen Verweisungen auf das Verfahren vor den LG. Das betrifft insbesondere §§ 310–312, 313 und 315 ZPO.

II. Entscheidung über die Revision

1a Die Entscheidungsmöglichkeiten des BAG sind vielfältig. Die unzulässige Revision wird als unzulässig verworfen, ausführlich § 74 Rz. 63 ff. Im – zulässigen – Revisionsverfahren entscheidet das Revisionsgericht im Rahmen der Anträge über das angefochtene Berufungsurteil. Dabei besteht keine Bindung an die geltend gemachten Revisionsgründe, § 557 Abs. 3 Satz 1 ZPO. Sie sind nur relevant für die Zulässigkeit der Revision. Das BAG hat das angefochtene Urteil umfassend auf seine Richtigkeit zu prüfen, vgl. § 74 Rz. 48 ff. Für Verfahrensfehler ist jedoch zu beachten, dass diese nur überprüft werden, wenn sie von Amts wegen zu berücksichtigen oder ordnungsgem. gerügt worden sind, vgl. umfassend § 73 Rz. 29 ff. Bei der Überprüfung der Berufungsentscheidung hat das Revisionsgericht grds. die vom Berufungsgericht festgestellten Tatsachen zugrunde zu legen, vgl. ausführlich § 73 Rz. 53 ff.

1. Zurückweisung der Revision

2 Die Revision ist unbegründet und **zurückzuweisen**, wenn das angefochtene Urteil des LAG **keine Rechtsverletzung** aufweist, also weder materielles Recht noch Verfahrensrecht nicht oder nicht richtig angewandt worden ist, § 73 Rz. 4 ff.[1]. Die Revision ist des Weiteren zurückzuweisen, wenn das Urteil des LAG zwar eine Rechtsnorm verletzt, sich die Entscheidung des LAG aber aus anderen Gründen als richtig darstellt, § 561 ZPO[2]. Dabei ist unerheblich, ob die das Ergebnis tragende Begründung bereits im Urteil des LAG etwa in Form einer Hilfsbegründung enthalten gewesen ist oder ob das BAG eine neue Begründung für das vom LAG gefundene – richtige – Ergebnis gibt. Hat das LAG die Klage unzutreffend als unzulässig abgewiesen, während die Klage tatsächlich unbegründet ist, ist die Entscheidung des LAG nicht richtig. Soweit das BAG die Sachentscheidung selbst treffen kann (vgl. dazu Rz. 9, Rz. 11), ist das Urteil aufzuheben und die Klage als unbegründet abzuweisen[3].

Wird die Revision zurückgewiesen, kann ein unklarer Tenor der angefochtenen Entscheidung durch das BAG klargestellt und zu diesem Zweck neu gefasst werden. Ebenso können Unrichtigkeiten gem. § 319 Abs. 1 ZPO korrigiert werden. Eine inhaltliche Änderung ist in diesem Falle freilich nicht möglich. Die Zurückweisung erfolgt in diesen Fällen „mit der Maßgabe"[4].

2. Aufhebung des Urteils/Aufhebung des Verfahrens

3 Soweit die **Revision begründet** ist, ist das angefochtene **Urteil aufzuheben**, § 562 Abs. 1 ZPO. Die Aufhebung erfolgt im Umfang der Begründetheit. Betrifft der vom BAG festgestellte Rechtsverstoß nur einen iSv. § 301 ZPO selbständigen, abtrennbaren Streitgegenstand, ist die Aufhebung auf diesen selbständigen Streitgegenstand zu beschränken und die Revision im Übrigen zurückzuweisen. Vgl. auch § 72 Rz. 49 ff. Hat das LAG ein Teilurteil erlassen, das nicht erkennen lässt, über welchen Anspruch oder welchen Teil eines Anspruchs entschieden ist, so liegt darin ein wesentlicher Verfahrensmangel. Das Revisionsgericht hebt das unzulässige Teilurteil des LAG auf und entscheidet, wenn die Sache zur Endentscheidung reif ist, seinerseits über die Klage insgesamt. Das Teilurteil des LAG ist allerdings auch dann aufzuheben, wenn die Revision zurückzuweisen ist, weil sie in der Sache unbegründet ist[5]. Dies trifft ebenfalls zu, wenn mit der Revision über ein nicht anfechtbares Zwischenurteil oder Grundurteil zu entscheiden ist.

---

[1] BAG v. 16.4.2003 – 4 AZR 367/02, AP Nr. 1 zu § 551 ZPO 2002. Dies gilt auch, wenn schon die Berufung unzulässig gewesen ist, BAG v. 4.6.2003 – 10 AZR 586/03, NZA 2003, 1088.
[2] Vgl. BAG v. 16.3.2000 – 2 AZR 75/99, NZA 2000, 1332; BeckOKArbR/*Klose*, § 75 Rz. 2.
[3] BAG v. 2.12.1999 – 8 AZR 796/98, NZA 2000, 369; BAG v. 10.12.1965 – 4 AZR 161/65, AP Nr. 11 zu § 565 ZPO; HWK/*Bepler*/*Treber*, § 75 Rz. 12.
[4] BAG v. 10.12.2002 – 6 AZR 718/00, AP Nr. 59 zu § 80 BetrVG 1972; GK-ArbGG/*Mikosch*, § 75 Rz. 15; HWK/*Bepler*/*Treber*, § 75 Rz. 11.
[5] BAG v. 12.8.1993 – 6 AZR 553/92, AP Nr. 1 zu § 2 BMT-G II SR.

Wird das Urteil **wegen eines Verfahrensmangels aufgehoben**, so ist zugleich **das Verfahren** insoweit **aufzuheben**, als es durch den Mangel betroffen wird, § 562 Abs. 2 ZPO. Ob und inwieweit das Verfahren von einem Verfahrensverstoß betroffen ist, kann nicht pauschal beantwortet werden. Es handelt sich stets um eine Frage des Einzelfalles. Ist also etwa die Beweiserhebung durch das LAG wegen Verstoßes gegen das rechtliche Gehör fehlerhaft, hebt das BAG insoweit auch das Verfahren auf, so dass die Beweisaufnahme nach Zurückverweisung wiederholt werden muss.

Das BAG hat **bspw.** entschieden: Lässt der Tenor eines Berufungsurteils selbst unter Berücksichtigung der Entscheidungsgründe nicht zweifelsfrei erkennen, inwieweit das Berufungsgericht über die von den Parteien geltend gemachten Ansprüche entschieden hat, führt dieser Mangel, der von Amts wegen zu beachten ist, zur Aufhebung des angefochtenen Urteils und des ihm zugrunde liegenden Verfahrens[1]. Gleiches gilt, wenn der Tatbestand des Berufungsurteils infolge widersprüchlicher Angaben nicht zweifelsfrei erkennen lässt, welchen tatsächlichen Streitstoff das Gericht seiner Entscheidung zugrunde gelegt hat[2].

Hat das Revisionsgericht die Sache in die Berufungsinstanz unter **Aufhebung des Berufungsurteils, jedoch nicht unter Aufhebung des zweitinstanzlichen Verfahrens** zurückverwiesen, bleibt zB eine im ersten Berufungsverfahren durchgeführte Beweisaufnahme in der Welt. Es besteht kein Zwang, sie zu wiederholen. Jedoch muss eine neue Beweiswürdigung vorgenommen werden[3]. Das ist unproblematisch, wenn Vorsitzende(r) und Beisitzer an der vorangegangenen Beweisaufnahme vor dem LAG teilgenommen haben. Zwar erfordert auch ein Richterwechsel nach einer Beweiserhebung nicht deren Wiederholung, insbesondere kommt eine Verwertung des Protokolls der Aussage als Urkunde in Betracht. Bedenken bestehen aber, wenn nicht ins Protokoll aufgenommene Eindrücke bewertet werden sollen.[4]

3. Neue Sachentscheidung

Nach der Aufhebung des Urteils des LAG **fehlt es an einer Sachentscheidung** über die Berufung. Hier kann das BAG entweder eine **eigene Sachentscheidung** treffen, oder aber den Rechtsstreit an das LAG **zurückverweisen**. Das BAG entscheidet von Amts wegen, ob der Rechtsstreit zurückverwiesen wird oder ob die Voraussetzungen für eine eigene Entscheidung vorliegen.

a) Zurückverweisung

Nach § 563 Abs. 1 Satz 1 ZPO ist der **Rechtsstreit** im Falle der Aufhebung des Urteils grds. zur anderweitigen Verhandlung und Entscheidung an das Berufungsgericht **zurückzuverweisen**. Die Zurückverweisung durch das BAG kann ausdrücklich auch **an eine andere Kammer** des Berufungsgerichtes erfolgen, § 563 Abs. 1 Satz 2 ZPO. Allerdings kann das BAG nicht bestimmen, welche Kammer des LAG dies sein soll. Eine andere Sichtweise ließe sich nicht mit dem Anspruch auf den gesetzlichen Richter nach Art. 101 GG vereinbaren. Ansonsten wäre es theoretisch möglich, dass das BAG ganz gezielt an eine Kammer zurückverweist, die für eine bestimmte Rspr. bekannt ist. Letztlich ist diese Frage im Geschäftsverteilungsplan des jeweiligen LAG zu regeln[5]. Dabei ist es nicht ausgeschlossen, dass dem neuen Spruchkörper Richter angehören, die am Ersturteil mitgewirkt haben.

In Einzelfällen kann die **Zurückverweisung auch an das ArbG** erfolgen. Dies ist möglich, wenn das LAG die Sache an das ArbG hätte zurückverweisen können[6]. Das hat das BAG für den Fall des fehlenden Feststellungsinteresses entschieden. Hat das ArbG eine Klage zu Unrecht wegen Fehlens des Feststellungsinteresses als unzulässig abgewiesen, könnte das LAG im Berufungsverfahren den Rechtsstreit an das ArbG zurückverweisen oder selbst entscheiden. Hat das LAG in diesem Fall das erstinstanzliche Urteil bestätigt, muss das Revisionsgericht die Entscheidung treffen, ob es an das ArbG oder das LAG zurückverweist. Dabei wird es insbesondere den Beschleunigungsgrundsatz zu beachten haben[7]. Ebenso ist die Zurückverweisung an das ArbG möglich, wenn ein Verfahrensmangel vorliegt. Zwar ist in diesen Fällen wegen der Regelung in § 68 abweichend von § 538 Abs. 2 ZPO eine Zurückverweisung unzulässig. Es ist aber anerkannt,

---

1 BAG v. 24.6.1969 – 1 AZR 261/68, AP Nr. 12 zu § 322 ZPO.
2 BAG v. 15.1.1958 – 4 AZR 90/55, AP Nr. 5 zu § 313 ZPO; ErfK/*Koch*, § 75 ArbGG Rz. 4.
3 BAG v. 14.2.1964 – 1 AZR 296/63, AP Nr. 10 zu § 565 ZPO.
4 Für Wiederholung: BGH v. 4.2.1997 – XI ZR 160/96, NJW 1997, 1587; Zöller/*Greger*, § 355 ZPO Rz. 6. Für generelle Verwertbarkeit: BAG v. 14.2.1964 – 1 AZR 296/63, AP Nr. 10 zu § 565 ZPO.
5 Düwell/Lipke/*Düwell*, § 75 Rz. 18; GMP/*Müller-Glöge*, § 74 Rz. 132; Hauck/Helml/Biebl/*Hauck*, § 75 Rz. 4; HWK/Bepler/Treber, § 75 Rz. 13; Ostrowicz/Künzl/*Scholz*, Rz. 620.
6 BAG v. 18.10.2006 – 2 AZR 563/05, ZIP 2007, 745.
7 BAG v. 23.2.1967 – 3 AZR 237/66, AP Nr. 45 zu § 256 ZPO; BAG v. 28.11.1963 – 5 AZR 68/63, AP Nr. 25 zu § 2 ArbGG 1953 – Zuständigkeitsprüfung; BeckOKArbR/*Klose*, § 75 Rz. 2; GMP/*Müller-Glöge*, § 74 Rz. 133; Ostrowicz/Künzl/*Scholz*, Rz. 620.

dass eine Zurückverweisung wegen eines Verfahrensmangels dann möglich ist, wenn das Verfahren an einem solchen Mangel leidet, der in der Berufungsinstanz nicht mehr korrigiert werden kann[1].

b) Ersetzende Entscheidung

9 Das BAG hat eine **ersetzende Entscheidung** zu treffen, wenn das Urteil nur wegen einer **Rechtsverletzung** bei der Anwendung des Gesetzes auf das festgestellte Sachverhältnis aufzuheben ist und nach dem festgestellten Sachverhältnis die Sache zur **Endentscheidung reif** ist, vgl. § 563 Abs. 3 ZPO[2]. Das setzt regelmäßig voraus, dass keine weiteren Feststellungen erforderlich sind. Es bedarf also keiner Zurückverweisung des Rechtsstreits an das LAG, wenn das BAG auf der Grundlage des festgestellten bzw. unstreitigen Sachverhalts den Rechtsstreit abschließend entscheiden kann. Dies betrifft im Wesentlichen Subsumtionsfehler des Berufungsgerichtes[3]. Das BAG kann zB eine vom Berufungsgericht **unterlassene Auslegung** selbst vornehmen, wenn die Auslegung ohne Erschließung weiteren Tatsachenmaterials vorgenommen werden kann[4]. Das Revisionsgericht kann zB nichttypische Willenserklärungen und Verträge selbst auslegen, wenn der erforderliche Sachverhalt vollständig festgestellt ist und kein weiteres tatsächliches Vorbringen zu erwarten ist[5]. Bei Rechtsfehlern in Bezug auf die Auslegung unbestimmter Rechtsbegriffe ist der Rechtsstreit zurückzuverweisen, vgl. zum unbestimmten Rechtsbegriff § 73 Rz. 17. Denn die fehlerfreie Interessenabwägung, etwa bei § 626 BGB, ist in erster Linie Sache der Tatsacheninstanz[6]. Etwas anderes gilt, wenn alle abwägungsrelevanten Gesichtspunkte durch das Berufungsgericht festgestellt worden sind und eine weitere Sachaufklärung nach der Zurückverweisung nicht zu erwarten ist. Hier kann sich das Revisionsgericht bei der abschließenden Interessenabwägung auch der arbeitsgerichtlichen Würdigung anschließen[7].

10 Weitere **Beispiele** sind die **Verwerfung der Berufung**, die das LAG fälschlich für zulässig erachtet hat oder wenn der Feststellungsklage das Feststellunginteresse fehlt[8]. Uneinheitlich wird demgegenüber beurteilt, ob das BAG abschließend entscheiden kann, wenn erst in der Revisionsinstanz die Unschlüssigkeit oder Unbestimmtheit der Klage auffällt.[9]. Hier stellt sich die Frage, ob das BAG die Sache an das Berufungsgericht zurückverweisen muss, auf die einen aufgeben muss, auf die fehlende Schlüssigkeit hinzuweisen[10]. Eine Entscheidung des BAG ist hingegen möglich, wenn die Vorinstanzen ein **unzulässiges Teilurteil** erlassen haben. Hat das LAG zB, ohne den Verfahrensfehler des ArbG zu erkennen, über die Berufung sachlich entschieden, hebt das Revisionsgericht das unzulässige Teilurteil des ArbG auf und entscheidet, wenn die Sache zur Endentscheidung reif ist, seinerseits über die Klage insgesamt, vgl. zum Teilurteil schon Rz. 3.

11 An der **Entscheidungsreife** fehlt es regelmäßig, wenn **absolute Revisionsgründe** vorliegen[11], wenn hinsichtlich der tatsächlichen Feststellungen zulässige und begründete **Verfahrensrügen** erhoben worden oder von Amts wegen zu berücksichtigen sind und dadurch die Bindungswirkung an die Feststellungen des LAG entfällt. Werden bisher getrennt geführte Verfahren erst in der Revisionsinstanz verbunden und waren in diesen Verfahren nicht jeweils dieselben Parteien beteiligt, kann die Zurückverweisung an das Berufungsgericht erforderlich sein, um den Verfahrensbeteiligten das rechtliche Gehör uneingeschränkt zu

---

1 BAG v. 18.10.2006 – 2 AZR 563/05, ZIP 2007, 745 zur fehlerhaften Verkündung eines arbeitsgerichtlichen Urteils wegen Nichtbeachtung der Unterbrechung nach § 240 ZPO.
2 BAG v. 4.10.2005 – 9 AZR 507/04, NZA 2006, 437; BAG v. 9.9.2003 – 9 AZR 574/02, NZA 2004, 484.
3 BAG v. 25.4.2013 – 6 AZR 800/11, NZA-RR 2014, 217; Düwell/Lipke/*Düwell*, § 75 Rz. 12; BeckOKArbR/*Klose*, § 75 Rz. 1.
4 BAG v. 21.11.1958 – 1 AZR 107/58, AP Nr. 11 zu § 611 BGB – Gratifikation.
5 BAG v. 4.12.2002 – 7 AZR 545/01, NZA 2003, 916; BAG v. 20.5.1999 – 6 AZR 601/97, NZA 2000, 492; vgl. auch § 73 Rz. 27 zur Auslegungsproblematik. Vgl. auch Zöller/*Heßler*, § 563 ZPO Rz. 11; BAG v. 17.10.2000 – 3 AZR 69/99, NZA 2001, 203; BAG v. 18.9.2001 – 9 AZR 307/00, NZA 2002, 268.
6 BAG v. 12.1.2006 – 2 AZR 179/05, NZA 2006, 981; BAG v. 8.6.2000 – 2 AZR 638/99, NZA 2000, 1283.
7 BAG v. 26.7.2006 – 7 AZR 495/05, NZA 2007, 151; BAG v. 12.8.1999 – 2 AZR 923/98, NZA 2000, 421; vgl. zur Beweiswürdigung BAG v. 6.12.2001 – 2 AZR 396/00, NZA 2002, 732; BAG v. 12.4.2002 – 2 AZR 708/00, NZA 2003, 42.
8 BAG v. 10.12.1965 – 4 AZR 161/65, AP Nr. 11 zu § 565 ZPO; Düwell/Lipke/*Düwell*, § 75 Rz. 21.
9 Vgl. BAG v. 17.12.2014 – 5 AZR 963/12, juris mit ablehnender Anmerkung *Gravenhorst*, jurisPK 15/2015; ErfK/*Koch*, § 75 ArbGG Rz. 5; GMP/*Müller-Glöge*, § 74 Rz. 134; Düwell/Lipke/*Düwell*, § 75 Rz. 21.
10 So: Düwell/Lipke/*Düwell*, § 75 Rz. 14, soweit weiterer Tatsachenvortrag in der Berufungsinstanz zu erwarten gewesen wäre.
11 BAG v. 9.6.2011 – 2 ABR 35/10, NZA 2011, 1446; BAG v. 17.8.1999 – 3 AZR 528/97, NZA 2000, 54; vgl. BVerfG v. 26.7.2001 – 1 BvR 383/00, NZA 2001, 982; BAG v. 22.3.2001 – 8 AZR 565/00, NZA 2002, 1350 – zu § 547 Nr. 1 ZPO. So ist die Heilung des Verstoßes gegen den gesetzlichen Richter nur durch Zurückverweisung an die Kammer möglich, die nach dem Geschäftsverteilungsplan ursprünglich zuständig war. Vgl. auch BAG v. 16.5.2002 – 8 AZR 412/01, AP Nr. 61 zu Art. 101 GG zur „vorschriftsmäßigen Besetzung".

gewährleisten[1]. Sind Tatsachen vom LAG in Hilfsbegründungen enthalten, etwa weil die Klage wegen des Fehlens von Sachurteilsvoraussetzungen als unzulässig abgewiesen worden ist, sind diese Feststellungen für das BAG regelmäßig nicht bindend festgestellt[2]. Das Revisionsgericht kann die vom Berufungsgericht als unzulässig abgewiesene Klage nur dann als unbegründet abweisen, wenn der Klagevortrag nach jeder Richtung unschlüssig und die Möglichkeit auszuschließen ist, dass der Kläger seinen Anspruch durch Einführung neuen Prozessstoffs noch schlüssig macht. Dasselbe gilt, wenn das Berufungsgericht die erforderlichen tatsächlichen Feststellungen getroffen hat und neuer Tatsachenstoff nicht mehr zu erwarten ist. Diese hinreichende Feststellung des Sachverhältnisses wird jedoch nur selten vorliegen[3].

Die von Amts wegen zu berücksichtigende Verletzung des **§ 308 Abs. 1 Satz 1 ZPO** führt zwar regelmäßig zur Aufhebung des angegriffenen Urteils[4]. Es bedarf jedoch keiner Zurückverweisung, wenn das BAG aufgrund des unstreitigen Tatbestandes abschließend entscheiden kann.

Hat das Berufungsurteil **einen unverständlichen Tatbestand**, liegt der absolute Revisionsgrund des § 547 Nr. 6 ZPO vor, vgl. § 73 Rz. 47 ff. Dies führt regelmäßig zur Aufhebung und Zurückverweisung. Denn mangels bekanntem Streitstoff ist dem BAG in aller Regel eine abschließende Überprüfung nicht möglich. Ausnahmsweise kann es davon jedoch absehen, wenn sich der maßgebliche Sach- und Streitstand einschließlich des Vorbringens im zweiten Rechtszug aus dem in Bezug genommenen erstinstanzlichen Urteil und den Entscheidungsgründen des Berufungsurteils in einem für eine Sachentscheidung ausreichenden Umfang ergeben. Dabei kann auch berücksichtigt werden, ob die Parteien im Revisionsverfahren das Fehlen eines ordnungsgemäßen Tatbestandes beanstandet haben oder ob sie übereinstimmend die tatsächlichen Feststellungen in dem vom LAG in Bezug genommenen erstinstanzlichen Urteil bestätigen[5].

Geht es um eine **Ermessensentscheidung**, kommt eine eigene Entscheidung des BAG regelmäßig ebenfalls nicht in Betracht, solange keine Ermessensreduzierung auf Null vorliegt. Gleiches gilt im Falle der Einräumung eines Beurteilungsspielraums. 12

Ist nur ein **Teil zur Entscheidung reif**, kann das Revisionsgericht in einem Teilurteil in der Sache selbst entscheiden und hinsichtlich des übrigen Teils die Sache zur neuen Verhandlung und Entscheidung an das LAG zurückverweisen[6], vgl. auch unten Rz. 3.

4. Wirkung der Zurückverweisung

Nach der Zurückverweisung wird die Sache regelmäßig beim **LAG** – oder in Ausnahmefällen beim ArbG – **neu verhandelt**. Dabei bildet die neue mündliche Verhandlung mit der früheren eine Einheit. Sie wird fortgesetzt. In den Grenzen von § 67 können dabei auch neue Angriffs- und Verteidigungsmittel vorgebracht werden. 13

Bei der erneuten Verhandlung und Entscheidung ist das **Berufungsgericht** nach § 563 Abs. 2 ZPO **an die rechtliche Beurteilung** des BAG **gebunden**. Dies umfasst die der **Aufhebung zugrunde liegenden Rechtsausführungen** in ihrer Gesamtheit[7]. Erfasst werden nicht nur die rechtlichen Erwägungen, die unmittelbar für die Aufhebung des Berufungsurteils ursächlich geworden sind, sondern auch die vorhergehenden Gründe, die notwendige Voraussetzung für die unmittelbaren Aufhebungsgründe waren[8]. Die Bindung besteht auch bei der Anwendung von Vertragsrecht der Europäischen Union, wenn die Zurückverweisung zum Zweck der ergänzenden Tatsachenfeststellung erfolgt[9]. Die Bindungswirkung ist aber auf die die Aufhebung tragende Begründung des Revisionsurteils beschränkt. Bestätigende Ausführungen des Revisionsgerichts in der aufhebenden Entscheidung sind dagegen nur obiter dicta, also nicht tragende Entscheidungsgründe, da auf ihnen die zur Zurückverweisung führende Entscheidung nicht beruhen kann. In 14

---

1 BAG v. 27.3.1981 – 7 AZR 523/78, AP Nr. 1 zu § 611 BGB – Arbeitspapiere.
2 Düwell/Lipke/*Düwell*, § 75 Rz. 16.
3 BAG v. 25.10.2001 – 6 AZR 718/00, NZA 2002, 1052; BAG v. 2.12.1999 – 8 AZR 796/98, NZA 2000, 369; Zöller/ Heßler, § 563 ZPO Rz. 11; Thomas/Putzo/*Reichold*, § 563 ZPO, Rz. 13; BLAH, § 563 ZPO Rz. 11 Düwell/Lipke/ *Düwell*, § 75 Rz. 21.
4 HWK/*Bepler/Treber*, § 75 Rz. 14; Zöller/*Vollkommer*, § 308 ZPO Rz. 6. BAG v. 25.4.2013 – 6 AZR 800/11, NZA-RR 2014, 217.
5 BAG v. 18.11.2008 – 3 AZR 417/07, NZA 2009, 1112; BAG v. 13.12.2005 – 3 AZR 214/05, AP Nr. 5 zu § 1 BetrAVG Auslegung; BAG v. 19.8.2003 – 9 AZR 611/02, NZA 2004, 665; BAG v. 14.11.2001 – 7 AZR 568/00, NZA 2002, 392; BAG v. 25.4.2002 – 2 AZR 352/01, NZA 2003, 273; BAG v. 20.1.2000 – 2 ABR 30/99, NZA 2001, 170.
6 BAG v. 12.12.2006 – 1 AZR 96/06, DB 2007, 866; GMP/*Müller-Glöge*, § 74 Rz. 140; HWK/*Bepler/Treber*, § 75 Rz. 13.
7 ErfK/*Koch*, § 75 ArbGG Rz. 6; BAG v. 20.3.2003 – 8 AZR 77/02, NZA 2004, 344.
8 BAG v. 27.1.2011 – 8 AZR 483/09, NZA 2011, 689; BAG v. 16.12.1961 – 2 AZR 231/59, AP Nr. 1 zu § 565 ZPO.
9 BAG v. 23.2.1994 – 4 AZR 219/93, DB 1995, 226.

diesem Fall kann die Vorinstanz ihre ursprüngliche Rechtsauffassung auch dann aufgeben, soweit sie vom Revisionsgericht gebilligt wurde[1].

15 Hat das BAG die Sache **wegen eines Verfahrensfehlers aufgehoben**, ist das LAG gehalten, diesen zu beheben. Es ist dabei auch daran gebunden, dass dieser Verfahrensverstoß nach der Auffassung des BAG für die Entscheidung kausal gewesen ist. Das LAG kann bspw. bei der Aufhebung seiner Beweisaufnahme nicht weiteren Beweis erheben und anschließend entscheiden, auf die Beweisaufnahme komme es nun nicht mehr an[2].

16 Die **Bindungswirkung** setzt weiter voraus, dass die **tatsächlichen Feststellungen** des LAG, die der Entscheidung des BAG zugrunde gelegen haben, **unverändert** bleiben. Hat sich also in der neuen Verhandlung der Sachverhalt geändert, hat das LAG diese neuen Feststellungen zugrunde zu legen, und die Bindungswirkung entfällt. Es ist also frei bei der Würdigung des neuen Sachverhaltes. Hintergrund ist, dass den Parteien durch die Zurückverweisung wieder eine Tatsacheninstanz eröffnet wird, in der im gesetzlich zulässigen Rahmen neue Tatsachen und neue Angriffs- und Verteidigungsmittel vorgebracht werden können. Insoweit können vom LAG auch neue Feststellungen getroffen werden. Das LAG ist nach der Zurückverweisung berechtigt und ggfs. verpflichtet, neue tatsächliche Feststellungen zu treffen[3]. Das gilt auch dann, wenn hinsichtlich der bisherigen tatsächlichen Feststellungen gar keine Revisionsrügen erhoben worden sind oder etwaige erhobene Revisionsrügen als nicht durchgreifend angesehen worden sind[4]. Zur Verwertung einer bereits im ersten Berufungsverfahren durchgeführten Beweisaufnahme vgl. auch schon oben Rz. 5.

17 Die **Bindungswirkung entfällt** des Weiteren, wenn sich die Rechtslage ändert oder wenn das Revisionsgericht selbst seine Rechtsauffassung ändert oder diese später durch eine Entscheidung des Gemeinsamen Senates oder des BVerfG überholt ist[5].

18 Das LAG ist **nicht an Hinweise** des BAG **zur weiteren Behandlung** der Sache **gebunden**. Etwas anderes mag dann gelten, wenn die entsprechenden rechtlichen Erwägungen zugleich auch der Aufhebung zugrunde gelegen haben[6].

19 Hat das BAG die Sache unmittelbar an das ArbG zurückverwiesen, ist das ArbG an die rechtliche Beurteilung gebunden[7]. Die Nichtbeachtung der Bindungswirkung ist in einem erneuten Revisionsverfahren vom BAG von Amts wegen zu prüfen[8].

5. Bindung des BAG

20 Das **BAG ist ebenfalls an seine Entscheidung gebunden**. Aus der Bindung des Berufungsgerichtes an die Rechtsauffassung des BAG folgt im Umkehrschluss auch die Bindung des BAG, wenn es denn erneut mit der Sache befasst wird[9]. Etwas anderes gilt nur, wenn die Sache auf erneute Revision wieder an das BAG gelangt und das BAG in der Zwischenzeit anlässlich eines anderen Rechtsstreits seine Rechtsansicht geändert hat[10]. Das BAG kann seine Rechtsansicht also nicht anlässlich der erneuten Beschäftigung mit derselben Sache erstmals ändern[11]. Dies gilt auch, wenn in demselben Rechtsstreit ein anderer Senat des BAG

---

1 BAG v. 23.2.2016 – 3 AZR 960/13, NZA 2016, 642; BeckOKArbR/*Klose*, § 75 Rz. 4; Zöller/*Heßler*, § 563 ZPO Rz. 3a; Düwell/Lipke/*Düwell*, § 75 Rz. 25.
2 BAG v. 28.7.1981 – 1 ABR 56/78, AP Nr. 2 zu § 87 BetrVG 1972 – Provision.
3 BAG v. 27.1.2011 – 8 AZR 483/09, NZA 2011, 689; BAG v. 14.4.1967 – 5 AZR 535/65, AP Nr. 12 zu § 565 ZPO; Düwell/Lipke/*Düwell*, § 75 Rz. 28; GMP/*Müller-Glöge*, § 74 Rz. 142; HWK/*Bepler/Treber*, § 75 Rz. 15.
4 BGH v. 7.2.1969 – V ZR 115/65, AP Nr. 13 zu § 565 ZPO.
5 BAG v. 10.11.2015 – 3 AZR 390/14, DB 2016, 540; BAG v. 15.9.2009 – 3 AZN 404/09, NZA 2009, 1372; BAG v. 20.3.2003 – 8 AZR 77/02, NZA 204, 344; ErfK/*Koch*, § 75 ArbGG Rz. 6.
6 Vgl. Düwell/Lipke/*Düwell*, § 75 Rz. 30. Vgl. zu einem derartigen Hinweis etwa BGA v. 6.9.2006 – 5 AZR 703/05, NZA 2007, 36.
7 BAG v. 28.11.1963 – 5 AZR 68/83, AP Nr. 25 zu § 2 ArbGG 1953 – Zuständigkeitsprüfung.
8 BAG v. 27.1.2011 – 8 AZR 483/09, NZA 2011, 689.
9 BAG v. 15.9.2009 – 3 AZN 404/09, NZA 2009, 1372; BAG v. 22.4.2004 – 8 AZR 269/03, AP Nr. 18 zu § 628 BGB; BAG v. 19.2.1959 – 2 AZR 209/56, AP Nr. 1 zu § 318 Nr. 1 ZPO; BAG v. 20.11.1990 – 3 AZR 613/89, AP Nr. 8 zu § 1 BetrAVG – Gleichberechtigung; Düwell/Lipke/*Düwell*, § 75 Rz. 33.
10 BAG v. 10.11.2015 – 3 AZR 390/14, DB 2016, 540; BAG v. 15.9.2009 – 3 AZN 404/09, NZA 2009, 1372; BAG v. 22.4.2004 – 8 AZR 269/03, AP Nr. 18 zu § 628 BGB; BAG v. 19.2.1997 – 5 AZR 982/94, AP Nr. 24 zu § 618 BGB; GmS OGB v. 6.2.1973 – GmS-OGB 1/72, AP Nr. 1 zu § 4 RsprEinhG; ErfK/*Koch*, § 75 ArbGG Rz. 6.
11 BAG v. 22.4.2004 – 8 AZR 269/03, AP Nr. 18 zu § 628 BGB; BAG v. 28.7.1981 – 1 ABR 79/79, AP Nr. 2 zu § 87 BetrVG 1972 – Provision; Ostrowicz/Künzl/*Scholz*, Rz. 620.

über die Aufhebung und Zurückverweisung entschieden hatte. Die Bindungswirkung erstreckt sich aber nicht auf neue Anträge[1].

6. Weitere Entscheidungsmöglichkeiten

Unabhängig von der materiellen Entscheidung kann das BAG das Verfahren gem. Art. 234 EG aussetzen und dem **EuGH vorlegen**[2]. In den Fällen des § 45 Abs. 2–4 ist ein Vorlageverfahren an den großen Senat einzuleiten[3]. Auch eine Aussetzung nach § 148 ZPO ist möglich[4].

III. Das Revisionsurteil

1. Verkündung des Revisionsurteils

Das Revisionsurteil des BAG ist zu verkünden. Es ist unerheblich, ob das Urteil des BAG aufgrund einer mündlichen Verhandlung ergeht oder das BAG nach § 128 ZPO im schriftlichen Verfahren entscheidet. Das Urteil wird durch die Verkündung existent[5]. Vor der Verkündung handelt es sich lediglich um einen unverbindlichen Entwurf. Dieser darf niemandem zur Einsicht vorgelegt oder schriftlich mitgeteilt werden, § 299 Abs. 4 ZPO[6]. Eine Ausnahme vom Erfordernis der Verkündung besteht nach § 310 Abs. 3 ZPO für Anerkenntnisurteile außerhalb der mündlichen Verhandlung oder bei einem Urteil, das den Einspruch gegen ein Versäumnisurteil als unzulässig verwirft. Hier ersetzt die Zustellung des Urteils dessen Verkündung.

Die Verkündung richtet sich nach **§ 72 Abs. 5 ArbGG iVm. § 555 ZPO**. Diese Norm verweist auf §§ 310, 311 und 312 ZPO. Nach § 310 Abs. 1 ZPO wird das Urteil in dem Termin, in dem die mündliche Verhandlung geschlossen wird oder in einem sofort anzuberaumenden Termin verkündet, dem sog. **Verkündungstermin**. Für diesen Verkündungstermin gelten die engen Voraussetzungen des § 60 nicht. Das BAG kann deshalb ohne Weiteres sogleich einen Verkündungstermin anberaumen, vgl. § 310 Abs. 1 Satz 1 ZPO. Der Verkündungstermin soll nach § 310 Abs. 1 Satz 2 ZPO nur dann über drei Wochen hinaus angesetzt werden, wenn wichtige Gründe, insbesondere der Umfang oder die Schwierigkeit der Sache dies erfordern. Ob das BAG das Urteil im Anschluss an die mündliche Verhandlung verkündet oder einen separaten Verkündungstermin anberaumt, entscheidet es nach freiem Ermessen[7].

Der **Verkündungstermin** liegt beim BAG regelmäßig **außerhalb der Frist von drei Wochen**. Die Zeit für die Absetzung des Urteilsentwurfs und dessen Versendung an die ehrenamtlichen Richter übersteigt im Regelfall wegen der Komplexität der Fälle die Frist. Wird das Urteil nicht im unmittelbaren Anschluss an die mündliche Verhandlung, sondern im Verkündungstermin verkündet, so muss es nach § 310 Abs. 2 ZPO bei der Verkündung in vollständiger Form abgefasst sein. Dieses Erfordernis ist jedoch keine Wirksamkeitsvoraussetzung[8].

Nach § 75 Abs. 1 Satz 1 brauchen die **ehrenamtlichen Richter** bei der Verkündung **nicht anwesend** zu sein. Das gilt nicht nur für den Fall der Verkündung in einem separaten Verkündungstermin, sondern auch dann, wenn das Urteil im unmittelbaren Anschluss an die mündliche Verhandlung verkündet wird. Soll die Verkündung ohne die ehrenamtlichen Richter erfolgen, ist die Urteilsformel vorher von sämtlichen Mitgliedern des erkennenden Senates, also auch von den ehrenamtlichen Richtern, zu unterschreiben, § 75 Abs. 1 Satz 2. Die Ausnahme für die ehrenamtlichen Richter gilt indes nicht für die **berufsrichterlichen Beisitzer**[9]. Sie müssen anwesend sein, wenn die Verkündung in dem Termin erfolgt, in dem die mündliche Verhandlung geschlossen wird. Wird hingegen ein besonderer Verkündungstermin anberaumt, kann der Vorsitzende des Senats das Urteil allein verkünden, § 311 Abs. 4 Satz 1 ZPO. In der Praxis werden die Revisionsurteile regelmäßig nach abschließender Beratung am Ende des Sitzungstages des Senates im Beisein aller Senatsmitglieder verkündet.

---

1 BAG v. 20.3.2003 – 8 AZR 77/02, NZA 2004, 344.
2 BAG v. 23.7.2009 – 8 AZR 538/08, NZA 2010, 89; BAG v. 27.6.2006 – 3 AZR 352/05 (A), NZA 2006, 1276.
3 BAG v. 28.7.2009 – 3 AZR 250/07, NZA 2010, 356.
4 BAG v. 20.5.2010 – 6 AZR 481/09 (A).
5 Zöller/*Vollkommer*, § 310 ZPO Rz. 1, 7; HWK/*Bepler/Treber*, § 75 Rz. 18.
6 GK-ArbGG/*Mikosch*, § 75 Rz. 2; Düwell/Lipke/*Düwell*, § 75 Rz. 62.
7 GMP/*Müller-Glöge*, § 75 Rz. 2; GK-ArbGG/*Mikosch*, § 75 Rz. 3; GWBG/*Benecke*, § 75 Rz. 3; Stein/Jonas/*Leipold*, § 310 ZPO Rz. 30.
8 GK-ArbGG/*Mikosch*, § 75 Rz. 4; Düwell/Lipke/*Düwell*, § 75 Rz. 63; HWK/*Bepler/Treber*, § 75 Rz. 17; Zöller/*Vollkommer*, § 310 Rz. 5; BGH v. 2.3.1988 – IVb ZR 19/88, NJW 1988, 2046.
9 Hauck/Helml/*Hauck*, § 75 Rz. 2; GWBG/*Benecke*, § 75 Rz. 3.

25 Das Urteil wird nach § 311 Abs. 2 ZPO durch **Verlesung der Urteilsformel** verkündet. Nach § 311 Abs. 2 Satz 2 ZPO kann die Verlesung der Urteilsformel durch eine Bezugnahme auf die Urteilsformel ersetzt werden, wenn bei der Verkündung keine der Parteien erschienen ist. Die Urteilsformel muss schriftlich abgefasst sein. Es ist nicht erforderlich, dass die Urteilsformel unterschrieben ist. Etwas anderes gilt für Versäumnis-, Anerkenntnis- oder Verzichtsurteile. Sie brauchen nach § 311 Abs. 2 Satz 2 ZPO vor der Verkündung nicht schriftlich niedergelegt zu sein. Fehlt die schriftliche Urteilsformel, ist das Urteil nicht wirksam verkündet. Dies ist allerdings nicht schon dann der Fall, wenn sich die schriftliche Urteilsformel nicht in der Akte befindet. Hier kann die Protokollierung Beweis für die ordnungsgemäße Verkündung erbringen[1].

26 Anders als im Berufungs- oder erstinstanzlichen Verfahren ist das **BAG nicht verpflichtet**, bei Anwesenheit der Parteien bei der Verkündung die wesentlichen **Entscheidungsgründe mitzuteilen**. Denn § 60 Abs. 2 greift nicht Platz. Aufgrund der Verweisung in § 72 Abs. 5 ist nur § 311 Abs. 3 ZPO anwendbar. Danach werden die Entscheidungsgründe bei Anwesenheit der Parteien bei der Verkündung nur dann mitgeteilt, wenn das BAG dies für angemessen hält. Könnten durch die mündliche Erläuterung einer komplizierten Rechtsmaterie Missverständnisse entstehen, wird der Senat mündliche Erläuterungen regelmäßig unterlassen. Im Interesse einer frühzeitigen Mitteilung der Entscheidungsgründe bei Prozessen von grundlegender Bedeutung gibt das BAG kurze Pressemitteilungen heraus. Sie sind auch im Internet unter **www.bundesarbeitsgericht.de** verfügbar.

Ob und welche **Folgen ein Verlautbarungsmangel** hat, richtet sich nach den allgemeinen Grundsätzen. Liegen die Mindestanforderungen einer Verkündung nicht vor, handelt es sich um ein wirkungsloses Urteil[2].

2. Inhalt des Revisionsurteils

27 Aufgrund der Verweisung in § 72 Abs. 5 richtet sich der **Inhalt des Revisionsurteils nach § 313 ZPO**. Das Urteil hat also grds. insbesondere **Urteilsformel, Tatbestand und Entscheidungsgründe** zu enthalten sowie **Rubrum**, die Bezeichnung des Gerichtes, die Namen der Richter und den Tag, an dem die mündliche Verhandlung geschlossen worden ist. Im Hinblick auf die notwendigen Entscheidungsgründe bestimmt § 313 Abs. 3 ZPO, dass diese eine kurze Zusammenfassung der Erwägungen, auf denen die Entscheidung in tatsächlicher und rechtlicher Hinsicht beruht, enthalten müssen. Ein umfangreicher wissenschaftlicher Apparat ist regelmäßig nicht erforderlich[3]. Nach § 564 ZPO braucht die Entscheidung **nicht begründet** zu werden, wenn das Revisionsgericht Rügen von Verfahrensmängeln nicht für durchgreifend erachtet, soweit nicht nach § 564 Satz 2 ZPO absolute Revisionsgründe betroffen sind. Vgl. dazu § 73 Rz. 34a ff.

28 Da gegen Urteile des BAG ein Rechtsmittel nicht gegeben ist, bedarf das Revisionsurteil nach § 313a Abs. 1 Satz 1 ZPO allerdings grds. **keines Tatbestandes**. Gleichwohl ist er üblich. Die Parteien können auch beim BAG nach § 313a Abs. 1 ZPO auf Entscheidungsgründe verzichten[4]. Damit ist allerdings keine Kostenprivilegierung verbunden. Tatbestand und Entscheidungsgründe sind des Weiteren entbehrlich, wenn ihr wesentlicher Inhalt in das Protokoll aufgenommen wurde, § 313a Abs. 1 Satz 2 ZPO. Zudem bedürfen **Versäumnis-, Anerkenntnis oder Verzichtsurteile** des BAG keines Tatbestandes und keiner Entscheidungsgründe[5], § 313b Abs. 1 ZPO.

29 Die Entbehrlichkeit von Tatbestand und Entscheidungsgründen gilt allerdings nur, wenn das BAG eine eigene Sachentscheidung trifft. **Verweist** das BAG den Rechtsstreit an das LAG **zurück**, ist ein **vollständiges Urteil** erforderlich. Das LAG muss wissen, weshalb das Urteil vom BAG aufgehoben wurde[6]. Nach § 313a Abs. 4 Nr. 4 und 5 ZPO kann darüber hinaus vom Tatbestand nicht abgesehen und auch nicht auf Entscheidungsgründe verzichtet werden, wenn eine Verurteilung zu künftig fällig werdenden wiederkehrenden Leistungen erfolgt ist oder das Urteil im Ausland geltend gemacht werden soll.

30 Verstößt das BAG gegen die Bestimmungen von § 313 ZPO, hat dies keinen Einfluss auf die Wirksamkeit des Revisionsurteils. Ist ein Urteil wirksam verkündet, ist es existent und beachtlich.

---

1 BAG v. 16.5.2002 – 8 AZR 412/01, BAGE 101, 145; GK-ArbGG/*Mikosch*, § 75 Rz. 6.
2 Zu den Folgen einer fehlerhaften Verkündung Zöller/*Vollkommer* § 310 ZPO Rz. 7.
3 Zutreffend GK-ArbGG/*Mikosch*, § 75 Rz. 13.
4 BAG v. 15.12.2011 – 2 AZR 715/10, nv.; BAG v. 11.11.2012 – 8 AZR 652/09; BeckOKArbR/*Klose*, § 75 Rz. 8; GK-ArbGG/*Mikosch*, § 75 Rz. 14.
5 BAG v. 18.10.2011 – 9 AZR 338/10, nv.; BAG v. 9.3.1993 – 9 AZR 180/92, nv.
6 GK-ArbGG/*Mikosch*, § 75 Rz. 14; Düwell/Lipke/*Düwell*, § 75 Rz. 60; Hauck/Helml/Biebl/*Hauck*, § 75 Rz. 3; GMP/ *Müller-Glöge*, § 75 Rz. 6.

3. Unterzeichnung des Revisionsurteils

Nach § 75 Abs. 2 wird das vollständig abgesetzte Revisionsurteil **von sämtlichen Mitgliedern** des erkennenden Senats, also auch den ehrenamtlichen Richter, **unterschrieben**. Für den Fall der Verhinderung eines Richters gilt § 315 ZPO. Danach ist der Verhinderungsgrund anzugeben und von dem Vorsitzenden oder bei dessen Verhinderung von dem dienstältesten beisitzenden Berufsrichter unter dem Urteil zu vermerken. Ein Richter ist bspw. an der Unterschrift verhindert, wenn er sich im Urlaub befindet, schwer erkrankt ist oder seine Amtszeit beendet ist. Scheidet ein Richter zwischen dem Schluss der mündlichen Verhandlung und dem Schluss der Beratung und Abstimmung aus, ist die Verhandlung nach § 156 Abs. 2 Nr. 3 ZPO wieder zu eröffnen. 31

Die Weigerung eines überstimmten Richters, das Urteil zu unterzeichnen ist kein Fall der Verhinderung iSv. § 315 ZPO[1]. Die **Weigerung ist unzulässig**, § 195 GVG. 32

Urteile, die im Anschluss an die mündliche Verhandlung verkündet werden, müssen **vor Ablauf von drei Wochen**, gerechnet vom Tag der Verkündung, nach § 315 Abs. 2 ZPO **vollständig abgefasst der Geschäftsstelle übergeben** werden. Die Zeit für die Absetzung des Urteils und dessen Versendung an die ehrenamtlichen Richter übersteigt auch hier im Regelfall wegen der Komplexität der Fälle die Frist. Deshalb ist innerhalb der genannten Frist das von den Richtern unterschriebene Urteil ohne Tatbestand und Entscheidungsgründe der Geschäftsstelle zu übergeben. Dieses abgekürzte Urteil muss die Bestandteile enthalten, die in § 313 Abs. 1 Nr. 1–4 ZPO aufgelistet sind. Charakteristisch sind Rubrum und Tenor. Der von sämtlichen Mitgliedern des Senates unterzeichnete Tenor reicht nicht aus. Wird so verfahren, sind Tatbestand und Entscheidungsgründe alsbald nachträglich anzufertigen, von allen Mitgliedern des Senates zu unterzeichnen und der Geschäftsstelle zu übergeben[2]. 33

4. Zustellung des Revisionsurteils

Nach § 72 Abs. 6 iVm. § 50 werden Revisionsurteile den Parteien **von Amts wegen zugestellt**. Auch das abgekürzte Urteil ist zuzustellen.[3] Keine Anwendung findet § 317 Abs. 1 Satz 3 ZPO. Danach kann die Zustellung auf Antrag der Parteien um bis zu fünf Monate aufgeschoben werden. 34

Nach § 62 Abs. 6 iVm. § 63 sind **rechtskräftige Urteile**, die in bürgerlichen Rechtsstreitigkeiten **zwischen TV-Parteien** aus dem TV oder über das Bestehen oder Nichtbestehen des TV ergangen sind, alsbald der zuständigen obersten Landesbehörde und dem Bundesminister für Arbeit und Sozialordnung in vollständiger Form abschriftlich zu übersenden. 35

5. Berichtigung/Ergänzung

Eine **Tatbestandsberichtigung** nach § 320 ZPO kommt bei Revisionsurteilen nicht in Betracht. Denn das Urteil beruht auf den Feststellungen des LAG. Ihnen kommt keine urkundliche Beweiskraft nach § 314 ZPO zu[4]. Offenbare Unrichtigkeiten können nach § 319 ZPO korrigiert werden[5]. Die Entscheidung ergeht nach Anhörung der Parteien durch Beschluss des Senates außerhalb der mündlichen Verhandlung. Dabei entscheiden die berufsrichterlichen Mitglieder des Senats, § 72 Abs. 6 iVm. § 53 Abs. 1 Satz 1.[6] 36

Darüber hinaus kommt auch ein Antrag nach § 321 ZPO auf **Ergänzung des Urteils** in Betracht. Dieser kann sich insbesondere darauf beziehen, dass der Antragsteller meint, ein Rechtsmittelantrag oder der Kostenpunkt sei übergangen worden. Die nachträgliche Entscheidung muss binnen einer zweiwöchigen Frist, die mit der Zustellung des Revisionsurteils beginnt, durch Einreichung eines Schriftsatzes beantragt werden. Über den Antrag wird – auch bei einer Zurückweisung - durch Urteil entschieden. Die Entscheidung trifft der Senat einschließlich der ehrenamtlichen Richter. Allerdings können dabei regelmäßig auch Richter mitwirken, die an der Hauptsacheentscheidung nicht mitgewirkt haben[7]. Nur bei der Ergänzung des 36a

---

1 Zöller/*Vollkommer*, § 315 ZPO Rz. 1.
2 GK-ArbGG/*Mikosch*, § 75 Rz. 16; GMP/*Müller-Glöge*, § 75 Rz. 8; Hauck/Helml/Biebl/*Hauck*, § 75 Rz. 3; ErfK/*Koch*, § 75 ArbGG Rz. 9; BeckOKArbR/*Klose*, § 75 Rz. 8.
3 BeckOKArbR/*Klose*, § 75 Rz. 9.
4 BAG v. 13.8.1985 – 4 AZR 304/83, AP Nr. 5 zu § 320 ZPO; Hauck/Helml/Biebl/*Hauck*, § 75 Rz. 3; Düwell/Lipke/*Düwell*, § 75 Rz. 77; GMP/*Müller-Glöge*, § 75 Rz. 6.
5 Düwell/Lipke/*Düwell*, § 75 Rz. 76; Hauck/Helml/Biebl/*Hauck*, § 75 Rz. 3; ErfK/*Koch*, § 75 ArbGG Rz. 8.
6 GK-ArbGG/*Mikosch*, § 75 Rz. 17; GMP/*Müller-Glöge*, § 75 Rz. 6.
7 BAG v. 14.12.2011 – 5 AZR 406/10 (A), NZA 2012, 582; BAG v. 15.9.2011 – 8 AZR 781/10, nv.; GMP/*Müller-Glöge*, § 75 Rz. 12; GK-ArbGG/*Mikosch*, § 75 Rz. 18.

IV. Versäumnisverfahren/Anerkenntnis

37 Für das Versäumnisverfahren vor dem BAG gelten aufgrund der Verweisung in § 72 Abs. 5 ArbGG iVm. § 555 ZPO die **Bestimmungen der §§ 330 ff. ZPO** für das Verfahren vor den LG entsprechend. Eine ausdrückliche Verweisung auf § 539 ZPO, der das Versäumnisverfahren in der Berufungsinstanz regelt, fehlt zwar. Gleichwohl ist § 539 ZPO auch im Revisionsverfahren anwendbar[2]. Die ehrenamtlichen Richter wirken bei der Entscheidung mit, da § 72 Abs. 6 nicht auf § 55 Abs. 1 Nr. 4 verweist.

38 Ist der **Revisionskläger säumig**, wird die Revision auf Antrag des Revisionsbeklagten ohne Sachprüfung durch Versäumnisurteil zurückgewiesen.

39 Ist der **Revisionsbeklagte säumig**, entscheidet das BAG in der Sache. Soweit das Vorbringen des Revisionsklägers den Revisionsantrag rechtfertigt, ist nach dem Antrag zu erkennen, andernfalls ist die Revision zurückzuweisen[3]. Dabei ist die Fiktion des § 331 Abs. 1 Satz 1 ZPO nur eingeschränkt anzuwenden. Denn das BAG entscheidet grds. auf der Basis des vom LAG festgestellten Sachverhaltes. Soweit der Revisionskläger allerdings zulässigerweise neue Tatsachen vorträgt, gilt dies nach § 335 Abs. 1 Nr. 3 ZPO als zugestanden. Vgl. zu neuem Vorbringen in der Revisionsinstanz § 73 Rz. 57 ff. Dies gilt auch für neues tatsächliches Vorbringen zur Unterstützung einer Verfahrensrüge. Ausgenommen sind lediglich Verfahrensmängel, die von Amts wegen zu berücksichtigen sind[4].

40 Für die Frage der Säumnis gelten **die allgemeinen Grundsätze**. Als säumig ist nach § 333 ZPO auch diejenige Partei anzusehen, die zwar erschienen ist, aber nicht zur Sache verhandelt.

41 Gegen das Versäumnisurteil kann **Einspruch** eingelegt werden. Dabei ist zu beachten, dass die einwöchige Einspruchsfrist des § 59 im Revisionsverfahren keine Anwendung findet. Die Einspruchsfrist beträgt nach der Verweisung in § 72 Abs. 5 ArbGG iVm. §§ 565, 525, 339 ZPO **zwei Wochen**. Da vor dem Revisionsgericht Vertretungszwang besteht, kann der Einspruch nur durch einen Bevollmächtigten nach § 11 Abs. 4 eingelegt werden[5].

42 Ist der **Einspruch unzulässig**, wird er durch **Urteil** verworfen, §§ 565, 525, 341 ZPO. Das BAG kann nach freiem Ermessen mit oder ohne mündliche Verhandlung entscheiden, § 341 Abs. 2 ZPO. An dieser Entscheidung wirken die ehrenamtlichen Richter mit[6].

43 Das Versäumnisurteil muss gem. § 708 Nr. 2 ZPO für **vorläufig vollstreckbar** erklärt werden. Die ansonsten nach § 62 geltende generelle vorläufige Vollstreckbarkeit von Urteilen findet im Revisionsverfahren keine Anwendung[7].

44 Wird die Revision trotz Säumnis des Revisionsbeklagten durch **unechtes Versäumnisurteil** zurückgewiesen, wird das Urteil mit der Verkündung rechtskräftig. Dem Revisionskläger steht dagegen weder ein Rechtsmittel noch ein Rechtsbehelf zu.

44a Der Revisionsbeklagte kann den Anspruch natürlich auch anerkennen[8]. Dabei ist seit dem 1.1.2014 durch § 555 Abs. 3 ZPO klargestellt, dass ein **Anerkenntnisurteil** nur auf gesonderten **Antrag des Klägers** er-

---

[1] BAG v. 14.12.2011 – 5 AZR 406/10 (A), NZA 2012, 582; BAG v. 23.8.2011 – 3 AZR 650/09, NZA 2012, 37; GMP/*Müller-Glöge*, § 75 Rz. 12.
[2] BAG v. 8.5.2014 – 6 AZR 465/12, NJW 2014, 3262; GK-ArbGG/*Mikosch*, § 73 Rz. 132; GMP/*Müller-Glöge*, § 74 Rz. 145; Düwell/Lipke/*Düwell*, § 75 Rz. 35ff; Zöller/*Heßler*, § 555 ZPO Rz. 4; Thomas/Putzo/*Reichold*, § 557 ZPO Rz. 5; BLAH, § 557 ZPO Rz. 2; HWK/*Bepler/Treber*, § 75 Rz. 23.
[3] BAG v. 8.5.2014 – 6 AZR 465/12, NJW 2014, 3262; BAG v. 10.4.1991 – 5 AZR 226/90, AP Nr. 3 zu § 10 BBiG; BAG v. 4.10.1978 – 5 AZR 326/77, AP Nr. 3 zu § 3 LohnFG; GK-ArbGG/*Mikosch*, § 73 Rz. 133; GMP/*Müller-Glöge*, § 74 Rz. 145; Düwell/Lipke/*Düwell*, § 75 Rz. 37.
[4] BAG v. 8.5.2014 – 6 AZR 465/12, NJW 2014, 3262; GK-ArbGG/*Mikosch*, § 73 Rz. 133; GMP/*Müller-Glöge*, § 74 Rz. 145.
[5] BAG v. 8.5.2014 – 6 AZR 465/12, NJW 2014, 3262; BAG v. 4.5.1956 – 1 AZR 284/55, AP Nr. 44 zu § 72 ArbGG 1953.
[6] So zutreffend: GMP/*Müller-Glöge*, § 74 Rz. 148. Zur früheren Rechtslage vgl. BAG v. 17.5.1968 – 1 AZR 339/67, AP Nr. 1 zu § 340a ZPO.
[7] BAG v. 8.5.2014 – 6 AZR 465/12, NJW 2014, 3262; BAG v. 28.10.1981 – 4 AZR 251/79, AP Nr. 6 zu § 522a ZPO; Düwell/Lipke/*Düwell*, § 75 Rz. 40.
[8] BAG v. 14.7.2010 – 10 AZR 865/09.

geht. Damit wird der vor der ZPO-Reform 2002 bestehende Zustand wieder hergestellt. Hierdurch soll vermieden werden, dass der Beklagte ohne Einfluss des Klägers eine streitige Revisionsentscheidung durch Urteil verhindern kann.

V. Entscheidung nach Aktenlage

Ist in einem früheren Termin beim BAG **bereits verhandelt** worden, kann nach § 331a ZPO eine Entscheidung nach Lage der Akten ergehen[1].Erforderlich ist aber auch hier eine vorangegangene zweiseitige mündliche Verhandlung in der Revisionsinstanz.

45

VI. Erledigung

Aufgrund der in § 72 Abs. 6 enthaltenen Verweisungsnorm gilt auch in der Revisionsinstanz **§ 91a ZPO**. Danach können die Parteien in der Revisionsinstanz den Rechtsstreit übereinstimmend **für erledigt erklären**. Dies ist Ausfluss der Dispositionsmaxime[2].

46

Die **übereinstimmende Erledigungserklärung** beider Parteien erfordert, dass die Revision zulässig ist. Erklären die Parteien den Rechtsstreit trotz Unzulässigkeit gleichwohl übereinstimmend für erledigt, ist diese Erklärung wirkungslos. Die unzulässige Revision ist dann trotz der übereinstimmenden Erledigungserklärungen als unzulässig zu verwerfen[3].

47

Bei zulässiger übereinstimmender Erledigungserklärung hat das BAG über die **Kosten** unter Berücksichtigung des bisherigen Sach- und Streitstandes nach billigem Ermessen zu befinden. Ist die Rechtslage unklar und schwierig, bedarf es keiner abschließenden Beurteilung durch das BAG. Die Kosten können in diesem Fall gleichmäßig auf beide Parteien verteilt werden[4]. Macht der Senat von der durch § 91a Abs. 1 ZPO eröffneten Möglichkeit Gebrauch, über die Kosten eines von den Parteien übereinstimmend für erledigt erklärten Rechtsstreits ohne mündliche Verhandlung zu entscheiden, ergeht die Entscheidung ohne Hinzuziehung der ehrenamtlichen Richter, § 72 Abs. 6 iVm. § 53 Abs. 1 Satz 1[5]. Die berufsrichterlichen Mitglieder hingegen sind zu beteiligen. Denn § 53 regelt lediglich das Verhältnis der Berufsrichter zu den ehrenamtlichen Richtern und nicht die Alleinentscheidungsbefugnis des Vorsitzenden, vgl. § 72 Rz. 65.

48

In der Revisionsinstanz kann der Revisionskläger den Rechtsstreit (die Hauptsache) auch **einseitig** für **erledigt** erklären[6]. Diese Erklärung kann nicht ohne Weiteres in eine Rücknahme der Klage oder der Revision umgedeutet werden. Hierzu müsste eine eindeutige Willensäußerung des Klägers vorliegen. Dies ist regelmäßig nicht der Fall. Die einseitige Erledigungserklärung enthält eine Klageänderung. Die Klage ist dann auf eine Feststellung der Erledigung der Hauptsache gerichtet. Eine Klageänderung ist in der Revisionsinstanz allerdings nur möglich, wenn das erledigende Ereignis unstreitig ist, vgl. § 74 Rz. 44 ff. Bei Unzulässigkeit der Klageänderung ist über den ursprünglichen Antrag zu entscheiden[7].

49

Die Erledigung setzt voraus, dass die Revision zulässig gewesen ist und die Klage ursprünglich zulässig und begründet war und dass nachträglich ein erledigendes Ereignis eingetreten ist[8]. Darüber, ob ein erledigendes Ereignis eingetreten ist, hat das BAG notfalls Beweis zu erheben[9].

50

---

1 BAG v. 6. 7. 2007 – 8 AZR 796/06, NZA 2007, 1419, BAG v. 1.3.1963 – 1 AZR 356/61, AP Nr. 2 zu § 56 ZPO. Vgl. auch BAG v. 8.5.2014 – 6 AZR 465/12, NJW 2014, 3262.
2 BAG v. 20.12.2007 – 9 AZR 1040/06, NZA 2008, 902; BAG v. 28.8.2001 – 9 AZR 611/99, NZA 2002, 923; BAG v. 12.6.1967 – 3 AZR 368/66, AP Nr. 12 zu § 91a ZPO; BAG v. 17.8.1961 – 5 AZR 311/60, AP Nr. 9 zu § 91a ZPO.
3 BAG v. 23.9.2015 – 5 AZR 290/15, NZA 2016, 64; BGH v. 28.10.2008 – VIII ZB 28/08, NJW-RR 2009, 422; BAG v. 17.8.1961 – 5 AZR 311/60, AP Nr. 9 zu § 91a ZPO; GMP/*Müller-Glöge*, § 74 Rz. 28; GK-ArbGG/*Mikosch*, § 73 Rz. 138; Düwell/Lipke/*Düwell*, § 75 Rz. 48.
4 BAG v. 21.7.2009 – 9 AZR 279/08, NZA 2010, 415; BAG v. 12.6.1967 – 3 AZR 386/66, AP Nr. 12 zu § 91a ZPO; BAG v. 23.8.1999 – 4 AZR 686/98, AP Nr. 1 zu § 53 ArbGG 1979. Anders, wenn die Erledigung auf einer Berufungsrücknahme beruht, BAG v. 20.12.2007 – 9 AZR 1040/06, NZA 2008, 902.
5 BAG v. 28.8.2001 – 9 AZR 611/99, NZA 2002, 323; BAG v. 23.8.1999 – 4 AZR 686/98, AP Nr. 1 zu § 53 ArbGG 1979.
6 BAG v. 25.7.2002 – 6 AZR 31/00, NZA 2003, 400; BAG v. 5.7.2000 – 5 AZR 901/98, FA 2000, 388; GK-ArbGG/*Mikosch*, § 73 Rz. 140; GMP/*Müller-Glöge*, § 74 Rz. 29; Düwell/Lipke/*Düwell*, § 75 Rz. 48.
7 HWK/*Bepler*/*Treber*, § 75 Rz. 27.
8 BAG v. 25.7.2002 – 6 AZR 31/00, NZA 2003, 400; BAG v. 9.12.1981 – 4 AZR 312/79, AP Nr. 8 zu § 4 BAT; BAG v. 5.7.2000 – 5 AZR 901/98, FA 2000, 388.
9 GMP/*Müller-Glöge*, § 74 Rz. 29; AA GK-ArbGG/*Mikosch*, § 73 Rz. 143.

51 Fehlt es an einem erledigenden Ereignis, ist die Feststellungsklage abzuweisen. Ist die Revision zulässig und war die Klage vor Eintritt des erledigenden Ereignisses zulässig und begründet, ist im Falle der einseitigen Erledigungserklärung die Erledigung der Hauptsache durch Urteil festzustellen. Ist das erledigende Ereignis eingetreten, war die Klage aber von Anfang an unzulässig oder unbegründet, ist die Feststellungsklage abzuweisen[1]. Über die Kosten wird nach § 91 ZPO entschieden. Bei wirksamer Erledigung hat der widersprechende Beklagte die Kosten zu tragen.

Ob demgegenüber auch das **Rechtsmittel** selbst **für erledigt erklärt werden** kann, wird nicht einheitlich beurteilt. Nach Auffassung des BAG kann das Rechtsmittel erledigt werden, wenn ihm durch ein nachträgliches Ereignis die Grundlage entzogen wird und die Rücknahme des Rechtsmittels zu einer unangemessenen Kostenentscheidung führen würde[2].

VII. Kosten, Gebühren, Rechtsanwaltsvergütung

52 Ist die Revision erfolglos, dh. wird sie als unzulässig verworfen oder als unbegründet zurückgewiesen, hat der Revisionskläger gem. § 97 ZPO die **Kosten des Verfahrens** zu tragen. Bei vollem Erfolg ist hingegen nicht nach § 97 ZPO, sondern nach § 91 ZPO über die Kosten zu entscheiden. Bei einer Zurückverweisung bleibt der Erfolg offen. In diesem Fall ist die Kostenentscheidung des Rechtsmittelverfahrens dem unteren Gericht zu übertragen, das nach §§ 91 ff. ZPO entscheiden muss. Der Tenor lautet regelmäßig: „Der Rechtsstreit wird zur neuen Verhandlung und Entscheidung – auch über die Kosten der Revision – an das LAG zurückverwiesen. Die **Gerichtsgebühr** ergibt sich aus Nr. 8230 des in Anlage 1 zu § 3 Abs. 2 GKG geregelten Gebührenverzeichnisses und beträgt 4,0. Sie ermäßigt sich nach Nr. 8231 auf 0,8 bei Beendigung des Verfahrens durch Zurücknahme der Revision oder der Klage, bevor die Schrift zur Begründung der Revision eingegangen ist. Nach Nr. 8232 tritt in bestimmten Fällen eine Ermäßigung auf 2,4 ein. Die gilt zB bei Rücknahme der Revision vor dem Schluss der mündlichen Verhandlung. Die **Rechtsanwaltsvergütung** richtet sich nach dem RVG. Die Verfahrensgebühr nach Nr. 3206 des Vergütungsverzeichnisses zu § 2 Abs. 2 RVG beträgt 1,6. Die Terminsgebühr richtet sich nach Nr. 3210 und beträgt 1,5.

§ 76 Sprungrevision

(1) Gegen das Urteil eines Arbeitsgerichts kann unter Übergehung der Berufungsinstanz unmittelbar die Revision eingelegt werden (Sprungrevision), wenn der Gegner schriftlich zustimmt und wenn sie vom Arbeitsgericht auf Antrag im Urteil oder nachträglich durch Beschluss zugelassen wird. Der Antrag ist innerhalb einer Notfrist von einem Monat nach Zustellung des in vollständiger Form abgefassten Urteils schriftlich zu stellen. Die Zustimmung des Gegners ist, wenn die Revision im Urteil zugelassen ist, der Revisionsschrift, andernfalls dem Antrag beizufügen.

(2) Die Sprungrevision ist nur zuzulassen, wenn die Rechtssache grundsätzliche Bedeutung hat und Rechtsstreitigkeiten betrifft
1. zwischen Tarifvertragsparteien aus Tarifverträgen oder über das Bestehen oder Nichtbestehen von Tarifverträgen,
2. über die Auslegung eines Tarifvertrags, dessen Geltungsbereich sich über den Bezirk des Landesarbeitsgerichts hinaus erstreckt, oder
3. zwischen tariffähigen Parteien oder zwischen diesen und Dritten aus unerlaubten Handlungen, soweit es sich um Maßnahmen zum Zwecke des Arbeitskampfes oder um Fragen der Vereinigungsfreiheit einschließlich des hiermit im Zusammenhang stehenden Betätigungsrechts der Vereinigungen handelt.

Das Bundesarbeitsgericht ist an die Zulassung gebunden. Die Ablehnung der Zulassung ist unanfechtbar.

(3) Lehnt das Arbeitsgericht den Antrag auf Zulassung der Revision durch Beschluss ab, so beginnt mit der Zustellung dieser Entscheidung der Lauf der Berufungsfrist von neuem, sofern der Antrag in der gesetzlichen Form und Frist gestellt und die Zustimmungserklärung beigefügt war. Lässt das

---

1 BAG v. 5.7.2000 – 5 AZR 901/98, FA 2000, 388; BAG v. 9.12.1981 – 4 AZR 312/79, AP Nr. 8 zu § 4 BAT.
2 BAG v. 20.12.2007 – 9 AZR 1040/06, NZA 2008, 902. Vgl. zum Ganzen Düwell/Lipke/*Düwell*, § 75 Rz. 54 mit Hinweis auf BGH v. 17.9.2008 – IV ZB 17/08, NJW 2009, 234.

Arbeitsgericht die Revision durch Beschluss zu, so beginnt mit der Zustellung dieser Entscheidung der Lauf der Revisionsfrist.

(4) Die Revision kann nicht auf Mängel des Verfahrens gestützt werden.

(5) Die Einlegung der Revision und die Zustimmung gelten als Verzicht auf die Berufung, wenn das Arbeitsgericht die Revision zugelassen hat.

(6) Verweist das Bundesarbeitsgericht die Sache zur anderweitigen Verhandlung und Entscheidung zurück, so kann die Zurückverweisung nach seinem Ermessen auch an dasjenige Landesarbeitsgericht erfolgen, das für die Berufung zuständig gewesen wäre. In diesem Falle gelten für das Verfahren vor dem Landesarbeitsgericht die gleichen Grundsätze, wie wenn der Rechtsstreit auf eine ordnungsgemäß eingelegte Berufung beim Landesarbeitsgericht anhängig geworden wäre. Das Arbeitsgericht und das Landesarbeitsgericht haben die rechtliche Beurteilung, die der Aufhebung zugrunde gelegt ist, auch ihrer Entscheidung zugrunde zu legen. Von der Einlegung der Revision nach Absatz 1 hat die Geschäftsstelle des Bundesarbeitsgerichts der Geschäftsstelle des Arbeitsgerichts unverzüglich Nachricht zu geben.

I. Allgemeines	1	2. Zulassung durch Beschluss	26
II. Zulassungsverfahren		3. Beschränkte Zulassung	31
1. Allgemeines	4	4. Entscheidung über die Zulassung	33
2. Antrag/Frist	5	5. Rechtsmittel gegen die Zulassungsentscheidung	34
3. Zustimmung	8		
III. Zulassungsgründe		V. Wirkung der Zulassungsentscheidung	
1. Allgemeines	17	1. Beginn der Revisionsfrist	36
2. Die privilegierten Tatbestände	21a	2. Wirkung der Nichtzulassung	38
a) Rechtsstreitigkeiten aus Tarifverträgen, § 76 Abs. 2 Nr. 1	21a	3. Bindung an die Zulassung	39
b) Rechtsstreitigkeit über Auslegung eines Tarifvertrages, § 76 Abs. 2 Nr. 2	21b	VI. Revision und Berufung	
aa) Parteien	21c	1. Rechtsmittelwahlrecht bei Zulassung der Sprungrevision	43
bb) Begriff des Tarifvertrags	21d	2. Ende des Wahlrechts	44
cc) Geltungsbereich des Tarifvertrags	21e	3. Berufung bei Nichtzulassung	46a
dd) Streitgegenstand	21f	VII. Durchführung der Sprungrevision	
c) Rechtsstreitigkeit über unerlaubte Handlungen, § 76 Abs. 2 Nr. 3	21g	1. Grundsatz	47
IV. Zulassungsentscheidung	22	2. Ausschluss von Verfahrensrügen	48
1. Zulassung im Urteil	23	3. Zurückverweisung	50
		4. Kosten	52

Schrifttum: *Etzel*, Die Nichtzulassungsbeschwerde wegen grundsätzlicher Bedeutung der Rechtssache, ZTR 1997, 248.

I. Allgemeines

Das arbeitsgerichtliche Verfahren sieht grds. einen **Rechtsweg durch drei Instanzen** vor. § 76 regelt in Abweichung von diesem Instanzenzug die Möglichkeit, ein Urteil des ArbG unter Übergehung des LAG unmittelbar durch Revision zum BAG anzugreifen. Eine derartige Möglichkeit bezeichnet man als **Sprungrevision**. Dabei regelt § 76 die Sprungrevision eigenständig und abschließend. § 566 ZPO findet aufgrund der ausdrücklichen Regelung in § 72 Abs. 5 keine Anwendung. 1

Da durch die Sprungrevision auf eine **2. Tatsacheninstanz verzichtet** wird, kommt sie nur **ausnahmsweise** in besonderen Fallkonstellationen in Betracht. Es handelt sich idR um Streitigkeiten, bei denen der Tatbestand unstreitig ist und bereits in der 1. Instanz alle Tatsachen aufgeklärt worden sind, die für die Entscheidung des Rechtsstreits von Bedeutung sein können. Ziel ist die weitere Beschleunigung des Verfahrens. Die Sprungrevision hat geringe praktische Bedeutung. 2

Auch die Sprungrevision ist eine **zulassungsgebundene Revision**. Allerdings ist das Zulassungsverfahren für die Sprungrevision beim ArbG anders ausgestaltet als das Verfahren der Revisionszulassung beim LAG. Das LAG muss die Revision zulassen, wenn einer der in § 72 Abs. 2 genannten Tatbestände eingreift, also eine entscheidungserhebliche Rechtsfrage grundsätzliche Bedeutung hat, nach Nr. 2 eine divergente Entscheidung des erkennenden LAG von den dort genannten Gerichten vorliegt oder nach Nr. 3 ein abso- 3 luter Revisionsgrund gem. § 547 Nr. 1–5 ZPO oder eine Verletzung des Anspruchs auf rechtliches Gehör geltend gemacht wird und vorliegt. Das ArbG hingegen kann die Revision nur zulassen, wenn die Sache grundsätzliche Bedeutung hat **und** zusätzlich die Voraussetzungen des § 76 Abs. 2 Nr. 1–3 vorliegen. Diese zusätzlichen Voraussetzungen entsprechen seit der Neuregelung des Revisionsrechtes durch das Anhörungsrügengesetz allerdings weder denen der Zulassung der Revision in § 72 Abs. 2, noch stimmen sie mit den Anforderungen der Nichtzulassungsbeschwerde in § 72a überein. Ob die Anpassung des § 76 Abs. 2 bewusst unterblieben ist oder aber schlicht ein Redaktionsversehen vorliegt, ist nicht klar[1]. Eine **Parallele** besteht aber zu den Streitgegenständen, bei deren Vorliegen das Arbeitsgericht die Berufung zuzulassen hat, § 64 Abs. 3 S. 1 Nr. 2 lit. a–c.

Für die Zulassung selbst sieht das Gesetz zwei Wege vor. Die Zulassung kann bereits im Urteil erster Instanz erfolgen oder nachträglich durch Beschluss des ArbG.

Dem Übergehen der Berufungsinstanz müssen **alle Parteien zustimmen**. Zu beachten ist, dass mit der Sprungrevision nur die Klärung der materiellen Rechtsfrage herbeigeführt werden kann. Auf Verfahrensmängel kann das Rechtsmittel nicht gestützt werden.

Wird die Sprungrevision zugelassen, hat die beschwerte Partei ein **Wahlrecht** zwischen Berufung und Sprungrevision. Im Einzelnen gilt Folgendes:

II. Zulassungsverfahren

1. Allgemeines

4 Die **Sprungrevision** ist gegen das Urteil eines ArbG nur dann statthaft, wenn sie **zugelassen** worden ist. Die Zulassung kann nur durch das ArbG erfolgen. Voraussetzung ist, dass ein Antrag auf Zulassung gestellt wurde und der Gegner schriftlich zustimmt. Die Zulassung erfolgt dann entweder **im Urteil** oder **nachträglich** durch **Beschluss**.

2. Antrag/Frist

5 Die **Zulassung** der Sprungrevision setzt zunächst einen **Antrag** voraus. Antragsberechtigt ist die jeweils beschwerte Partei, also zB der Kläger, der Beklagte, uU auch beide Parteien. Für eine Partei, die voll obsiegt hat, fehlt es an der Beschwer[2]. Der Antrag kann schon während des laufenden arbeitsgerichtlichen Verfahrens von jeder Partei bis zum Schluss der mündlichen Verhandlung gestellt werden. In diesem Falle ist er formfrei möglich und das ArbG kann hierüber bereits im Urteil entscheiden[3].

6 Wird der Antrag auf Zulassung der Sprungrevision nicht bis zur Verkündung des erstinstanzlichen Urteils gestellt, ist er **innerhalb einer Notfrist von einem Monat** nach Zustellung des in vollständiger Form abgefassten Urteils **schriftlich** zu stellen. Diese Frist deckt sich mit der Frist zur Einlegung der Berufung nach § 66 Abs. 1 (zur Berufungsfrist im Falle der Nichtzulassung der Sprungrevision vgl. Rz. 43). Da es sich um eine Notfrist handelt, kommt eine Fristverlängerung nicht in Betracht. Bei schuldloser Versäumung der Frist kann gem. § 233 ZPO Wiedereinsetzung in den vorigen Stand gewährt werden[4].

7 Für den Antrag auf nachträgliche Zulassung der Sprungrevision durch das ArbG besteht **kein Anwaltszwang**, da der Antrag Teil des Verfahrens in der 1. Instanz ist. Der Antrag kann deshalb auch von der Partei selbst gestellt werden. Es ist gleichgültig, welche Partei den Antrag stellt, wenn beide Parteien durch das Urteil beschwert sind.

3. Zustimmung

8 Dem Antrag auf Zulassung der Sprungrevision muss der **Gegner** schriftlich **zustimmen**. Diese Erklärung ist notwendiger Bestandteil einer zulässigen Sprungrevision. Die schriftliche Zustimmung ist, wenn die Revision im Urteil zugelassen worden ist, der Revisionsschrift, andernfalls dem Antrag beizufügen. Zu unterscheiden sind also **zwei unterschiedliche Fälle**.

9 Hat eine Partei den **Antrag** auf Zulassung der Sprungrevision schon **während des laufenden Rechtsstreits**, also vor Schluss der letzten mündlichen Verhandlung gestellt, bedarf der Antrag als solcher keiner Zustim-

---

1 So auch *Ostrowicz/Künzl/Scholz*, Rz. 634.
2 Düwell/Lipke/*Düwell*, § 76 Rz. 9.
3 BAG v. 11.10.1993 – 4 AZR 316/93, AP Nr. 169 zu § 1 TVG – Tarifverträge: Bau; HWK/*Bepler/Treber*, § 76 Rz. 4.
4 Hauck/Helml/*Hauck*, § 76 Rz. 2; GK-ArbGG/*Mikosch*, § 76 Rz. 4; Düwell/Lipke/*Düwell*, § 76 Rz. 10; *Ostrowicz/Künzl/Scholz*, Rz. 632.

mung des Gegners. Die **Zustimmung** des Gegners muss in diesem Falle vielmehr **erst der Revisionsschrift selbst beigefügt werden**[1].

Wird der **Antrag** auf Zulassung der Sprungrevision hingegen erst **nachträglich** gestellt, also innerhalb eines Monats nach Zustellung des in vollständiger Form abgefassten Urteils, ist die **Zustimmung** des Gegners schon **dem Antrag** auf Zulassung der Sprungrevision **beizufügen**. 10

Die Zustimmung zur Sprungrevision muss wegen der mit ihr verbundenen Nachteile – Verzicht auf eine Tatsacheninstanz – vom Gegner **eindeutig** erklärt worden sein, vgl. § 76 Abs. 4 und 5. Das BAG hat insoweit zutreffend entschieden, dass eine entsprechende Zustimmungserklärung zum Antrag des Gegners nicht schon im eigenen Antrag einer Partei gesehen werden kann, die Sprungrevision zuzulassen[2]. Ebenfalls nicht ausreichend ist die Erklärung des „Einverständnisses mit der Zulassung der Sprungrevision"[3]. Derartige Erklärungen der Parteien sind aber der Auslegung fähig. Stellt eine Partei bspw. nachträglich klar, dass ein entsprechender Antrag auf Zulassung der Sprungrevision auch die Zustimmung zum Antrag des Gegners enthält, reicht dies aus[4]. Das spätere prozessuale Verhalten ist aber nur eingeschränkt zu berücksichtigen. Es ist jedenfalls nach Ablauf der Revisionsfrist nicht mehr von ausschlaggebender Bedeutung, weil die Zustimmung bis zu diesem Zeitpunkt vorliegen muss[5]. Eindeutig ist zB folgende Erklärung: 11

Formulierungsvorschlag:
„In dem Rechtsstreit <./.> wird der Einlegung der Sprungrevision gegen das Urteil des ArbG vom <Datum, Az.:> zugestimmt."

Die **Zustimmungserklärung** unterliegt **nicht** dem **Anwaltszwang**, vgl. zum Antrag Rz. 7. Sie kann deshalb von der Partei selbst erklärt werden. Dies gilt auch, wenn die Zustimmungserklärung im Falle der nachträglichen Zulassung der Sprungrevision der Revisionsschrift beigefügt und dem BAG gegenüber erklärt wird. Denn das Zulassungsverfahren ist in das Verfahren vor dem ArbG integriert[6]. 12

Die Zustimmungserklärung bedarf **der Schriftform**. Sie muss grds. eigenhändig vom Zustimmenden unterzeichnet werden. Sie kann aber auch zur Niederschrift des Urkundsbeamten der Geschäftsstelle oder zu Protokoll in der mündlichen Verhandlung erklärt werden. In diesem Falle ist dem Revisionsgericht eine beglaubigte Abschrift des entsprechenden Protokolls einzureichen, um dem Schriftformerfordernis zu genügen[7]. Die Schriftform ist ebenfalls gewahrt bei Übermittlung der Zustimmungserklärung durch Telegramm, Fernschreiben oder Telefax[8]. Dem Antrag muss das jeweilige Original der Zustimmungserklärung beigefügt werden. Eine Fotokopie zB des Telefaxes der Erklärung reicht nicht.[9] Es reicht aber aus, das Telefax, mit dem der Gegner die Zustimmung zur Einlegung der Sprungrevision erteilt hat, fristgerecht gleichfalls per Telefax zu übermitteln[10]. Nicht ausreichend ist, dass der Revisionskläger, der von einem Anwalt vertreten wird, dem Antrag eine vom Prozessbevollmächtigten mit einem Beglaubigungsvermerk versehene Fotokopie der Zustimmungserklärung des Gegners beifügt[11]. Ebenso wenig reicht eine E-Mail oder SMS. Anders bei elektronisch signierter und auf einem sicheren Übermittlungsweg übermittelten Zustimmung. 13

Ist die Sprungrevision im Urteil zugelassen worden, muss die schriftliche Zustimmungserklärung nicht zwingend bereits mit der Revisionsschrift eingereicht werden. Es reicht, wenn sie **innerhalb der Revisions-** 14

---

1 Hauck/Helml/Biebl/*Hauck*, § 76 Rz. 4.
2 BAG v. 16.6.1998 – 5 AZR 67/97, NZA 1998, 1288; BAG v. 28.10.1986 – 3 AZR 218/86, AP Nr. 7 zu § 76 ArbGG 1976; BAG v. 16.11.1981 – 6 AZR 621/80, AP Nr. 1 zu § 76 ArbGG 1979; HWK/*Bepler/Treber*, § 76 Rz. 6; GK-ArbGG/*Mikosch*, § 76 Rz. 5; GMP/*Müller-Glöge*, § 76 Rz. 16; ErfK/*Koch*, § 76 ArbGG Rz. 3; BeckOK/*Klose*, § 76 Rz. 2.
3 BAG v. 4.12.2002 – 10 AZR 83/02, NZA 2003, 344; vgl. auch BAG v. 16.4.2003 – 7 ABR 27/02, NZA 2003, 1105.
4 BAG v. 28.10.1986 – 3 AZR 218/86, AP Nr. 7 zu § 76 ArbGG 1976.
5 BAG v. 4.12.2002 – 10 AZR 83/02, NZA 2003, 334 zum Antrag, die Sprungrevision zurückzuweisen.
6 BAG v. 17.4.1985 – 5 AZR 191/83; BAG v. 9.6.1982 – 4 AZR 247/80, AP Nr. 22, § 23 BAT – Lehrer; BAG v. 30.7.1992 – 6 AZR 11/92, AP Nr. 1 zu § 1 TVAng – Bundespost; GK-ArbGG/*Mikosch*, § 76 Rz. 5; GMP/*Müller-Glöge*, § 76 Rz. 17; Düwell/Lipke/*Düwell*, § 76 Rz. 11; Hauck/Helml/Biebl/*Hauck*, § 76 Rz. 5; GWBG/*Benecke*, § 76 Rz. 10; Natter/Gross/*Gross*, § 76 Rz. 7.
7 BAG v. 16.11.1981 – 6 AZR 621/80, AP Nr. 1 zu § 76 ArbGG 1979; Hauck/Helml/Biebl/*Hauck*, § 76 Rz. 5; Natter/Gross/*Gross*, § 76 Rz. 6; HWK/*Bepler/Treber*, § 76 Rz. 7.
8 BAG v. 30.5.2001 – 4 AZR 269/00, ZTR 2001, 560; GK-ArbGG/*Mikosch*, § 76 Rz. 6; GMP/*Müller-Glöge*, § 76 Rz. 17; HWK/*Bepler/Treber*, § 76 Rz. 7.
9 BVerfG v. 15.2.1993 – 1 BvR 1045/92.
10 BAG v. 27.5.2004 – 6 AZR 6/03, NZA-RR 2005, 387.
11 BAG v. 14.3.2001 – 4 AZR 367/00, EzA § 76 ArbGG 1979 Nr. 8; Ostrowicz/Künzl/*Scholz*, Rz. 633.

frist beim BAG vorgelegt wird[1]. Wird im Antrag lediglich auf eine mündlich protokollierte Zustimmungserklärung des Gegners Bezug genommen, muss die erstinstanzliche Akte mitsamt der protokollierten Zustimmungserklärung des Gegners ebenfalls noch innerhalb der Antragsfrist beim BAG eingehen. Es ist auch nicht zwingend erforderlich, dass der Antragsteller selbst tätig wird und die Zustimmungserklärung einreicht. Die Zustimmung kann vielmehr auch vom Gegner selbst unmittelbar dem ArbG bzw. dem BAG übermittelt werden[2].

15 Da die **Zustimmung** des Gegners in diesem Fall **Teil des Revisionsverfahrens** ist, kann im Falle des verspäteten Eingangs der Zustimmung nach zutreffender Auffassung auf Antrag Wiedereinsetzung in den vorigen Stand gem. § 233 ZPO gewährt werden, wenn der Revisionskläger ohne Verschulden daran gehindert war, die Zustimmung innerhalb der Frist einzureichen. Dabei wird dem Revisionskläger das Verschulden des Revisionsgegners zugerechnet. Die fehlende Beifügung der Zustimmungserklärung ist ebenso zu bewerten wie ein Mangel der Revisionsschrift selbst[3]. Geht die Zustimmungserklärung nicht innerhalb der Revisionsfrist ein, wird die Sprungrevision als unzulässig verworfen.

16 Die Zustimmungserklärung kann als Prozesshandlung **nicht mehr widerrufen** werden, nachdem sie beim ArbG oder BAG eingegangen ist[4]. Dabei muss sich der Revisionskläger ein Verschulden des Prozessbevollmächtigten nach § 85 Abs. 2 ZPO zurechnen lassen[5].

III. Zulassungsgründe

1. Allgemeines

17 Das **ArbG** ist bei der Zulassung der Sprungrevision an die Zulassungsgründe von § 76 Abs. 2 **gebunden**. Danach ist die Sprungrevision nur zuzulassen, wenn die Rechtssache grundsätzliche Bedeutung hat **und** eine der in Abs. 2 Nr. 1–3 **abschließend aufgezählten** Rechtsstreitigkeiten betrifft.

18 Der **Begriff der grundsätzlichen Bedeutung** entspricht dem Begriff der grundsätzlichen Bedeutung von § 72 Abs. 2 Nr. 1. Dabei ist unerheblich, dass nach § 76 die „Rechtssache" grundsätzliche Bedeutung haben muss, während § 72 Abs. 2 Nr. 1 auf den Begriff der „Rechtsfrage" abstellt. Denn die durch das Anhörungsrügengesetz veränderte Terminologie von „Rechtssache" hin zur „Rechtsfrage" in § 72 hat nur redaktionelle Auswirkungen. Entscheidend ist deshalb, dass der Streit der Parteien die Wirksamkeit, den Geltungsbereich, die Anwendbarkeit oder den Inhalt einer Norm betrifft. Die Rechtssache muss klärungsbedürftig, klärungsfähig und von allgemeiner Bedeutung sein. Wegen des Begriffsinhaltes der grundsätzlichen Bedeutung der Rechtssache wird deshalb auf die Ausführungen zu § 72 Rz. 24 ff. verwiesen.

19 Das Merkmal „grundsätzliche Bedeutung der Rechtssache" reicht allerdings für die Statthaftigkeit der Sprungrevision nicht aus. Vielmehr kommt es darauf an, ob **zusätzlich** der Katalog des § 76 Abs. 2 Nr. 1–3 erfüllt ist, also die dort genannten tariflichen und koalitionsrechtlichen Angelegenheiten. Die Beschränkung durch den engen Katalog des § 76 Abs. 2 ist verfassungsrechtlich unbedenklich. Es stellt sich jedoch die Frage, ob der Gesetzgeber die Anpassung an das Anhörungsrügengesetz schlicht übersehen hat. Zwar liegt ein Redaktionsversehen nahe. Da dies aber nicht offensichtlich der Fall ist, ist an den eingeschränkten Voraussetzungen festzuhalten[6]. Jedenfalls besteht eine Parallele zu den Streitgegenständen, bei deren Vorliegen das Arbeitsgericht die Berufung zuzulassen hat, § 64 Abs. 3 S. 1 Nr. 2 lit. a–c.

20 Die Sprungrevision ist nur **in den genannten Fällen** zuzulassen. Die Aufzählung ist abschließend. Andere Rechtsstreitigkeiten eröffnen die Sprungrevision nicht. Analogien sind nicht möglich. Die Voraussetzungen des § 76 Abs. 2 Nr. 1–3 müssen aber nicht kumulativ vorliegen.

21 Weitere Zulässigkeitsvoraussetzung ist, dass eine **Revision** gegen das Urteil **überhaupt möglich** ist. In Arrest- und in einstweiligen Verfügungsverfahren ist die Sprungrevision deshalb ausgeschlossen. Denn nach

---

1 Vgl. BAG v. 21.3.2012 – 4 AZR 311/10; BAG v. 4.12.2002 – 10 AZR 83/02, NZA 2003, 344; BAG v. 16.4.2003 – 7 ABR 27/02, NZA 2003, 1105; BAG v. 13.10.1992 – 6 AZR 230/92, nv.
2 BAG v. 25.4.1979 – 4 AZR 968/77, AP Nr. 1 zu § 76 ArbGG 1979; GK-ArbGG/*Mikosch*, § 76 Rz. 6; GMP/*Müller-Glöge*, § 76 Rz. 17.
3 BAG v. 28.10.1986 – 3 AZR 218/86, AP Nr. 7 zu § 76 ArbGHG 1979; GK-ArbGG/*Mikosch*, § 76 Rz. 5; GMP/*Müller-Glöge*, § 76 Rz. 17; HWK/*Bepler/Treber*, § 76 Rz. 8. AA BSG v. 15.3.1978 – 1 RA 33/77, SozR 1500 § 67 SGG Nr. 11. Offen gelassen BAG v. 14.3.2001 – 4 AZR 367/00, EzA § 76 ArbGG 1979 Nr. 8.
4 Hauck/Helml/Biebl/*Hauck*, § 76 Rz. 9; GMP/*Müller-Glöge*, § 76 Rz. 15; vgl. Zöller/*Greger*, Vor § 128 ZPO Rz. 13 ff.
5 Vgl. BAG v. 14.3.2001 – 4 AZR 3967/00, EzA § 76 ArbGG 1979 Rz. 8.
6 *Ostrowicz/Künzl/Scholz*, Rz. 634.

§ 72 Abs. 4 könnte auch das LAG die Revision nicht wirksam zulassen, vgl. dazu ausführlich schon § 72 Rz. 20 ff.[1].

2. Die privilegierten Tatbestände

a) Rechtsstreitigkeiten aus Tarifverträgen, § 76 Abs. 2 Nr. 1

Die Sprungrevision ist zuzulassen bei Rechtsstreitigkeiten zwischen **Tarifvertragsparteien aus Tarifverträgen** oder über das Bestehen oder Nichtbestehen von Tarifverträgen. Streitigkeiten in diesem Sinne sind solche nach § 2 Abs. 1 Nr. 1. Allerdings müssen entgegen § 2 Abs. 1 Nr. 1 auf beiden Seiten Tarifvertragsparteien nach § 2 TVG stehen. Streitigkeiten zwischen einer Tarifvertragspartei und einem Dritten genügen den Anforderungen des § 76 Abs. 2 Nr. 1 nicht. Streitgegenstand muss ein Tarifvertrag iSv. § 1 TVG sein. Nach § 1 TVG regelt ein Tarifvertrag die Rechte und Pflichten der Tarifvertragsparteien und enthält Rechtsnormen, die den Inhalt, den Abschluss und die Beendigung von Arbeitsverhältnissen sowie betriebliche und betriebsverfassungsrechtliche Fragen ordnen können. Unerheblich ist, ob es sich um den normativen oder den schuldrechtlichen Teil des Tarifvertrags handelt. Der **normative Teil** ist zB betroffen, wenn streitig ist, wie eine bestimmte Tarifnorm auszulegen ist, der **schuldrechtliche** dagegen, wenn die Durchführungspflicht der Tarifpartner in Frage steht. 21a

Kein Streit iSd. § 76 Abs. 2 Nr. 1 liegt vor, wenn die Anwendung des Tarifvertrags auf das einzelne Arbeitsverhältnis bezweifelt wird. Die bloße Subsumtion eines Tarifvertrags und seiner Normen genügen nicht. Dasselbe gilt für die Verletzung der Grundsätze über die Annahme oder eventuelle Ausfüllung von Tariflücken[2]. Mit Streitigkeiten zu einem **Vorvertrag** über den Abschluss eines Tarifvertrags kann die Sprungrevision ebenfalls nicht begründet werden[3]. Denn dem Vorvertrag kommt die für die arbeitsrechtlichen Beziehungen wichtige Außenwirkung nicht zu. Er wirkt nur zwischen den Vertragsparteien, während Tarifverträge idR die Rechtsbeziehungen einer unbestimmten Vielzahl von Dritten unmittelbar regeln.

Dem Tarifvertrag in Nr. 1 muss keine bezirksübergreifende Geltung zukommen, da dieser Tatbestand unabhängig von Nr. 2 ist[4].

b) Rechtsstreitigkeit über Auslegung eines Tarifvertrages, § 76 Abs. 2 Nr. 2

Die Sprungrevision ist ebenfalls zuzulassen bei Streitigkeiten über die **Auslegung eines Tarifvertrags**, dessen Geltungsbereich sich über den Bezirk des LAG hinaus erstreckt. Streitgegenstand muss gerade die Auslegung eines Tarifvertrags sein. 21b

aa) Parteien

Im Gegensatz zu § 76 Abs. 2 Nr. 1 müssen die **Parteien** nicht notwendigerweise Tarifvertragsparteien iSd. § 2 TVG sein. Voraussetzung ist, dass die Interessen der Parteien von der Auslegung des Tarifvertrags unmittelbar betroffen sind. Die Auslegung des Tarifvertrags muss entscheidungserheblich sein[5]. Dazu muss der Tarifvertrag gelten. Die Tarifgebundenheit der Parteien kann dabei sowohl auf § 3 TVG als auch auf § 5 Abs. 1 TVG basieren. Es genügt auch, wenn der Tarifvertrag kraft individualvertraglicher Vereinbarung für das Arbeitsverhältnis der Parteien gilt und der Geltungsbereich des Tarifvertrags das Arbeitsverhältnis erfassen würde, wenn die Beteiligten tarifgebunden wären[6]. 21c

bb) Begriff des Tarifvertrags

Gegenstand muss auch hier ein **Tarifvertrag iSv. § 1 TVG** sein. Ein Haustarifvertrag reicht aus. Ein auf Abschluss eines Tarifvertrags gerichteter **Vorvertrag** allerdings auch hier nicht, s. Rz. 21a. 21d

---

1 Hauck/Helml/Biebl/*Hauck*, § 76 Rz. 3; GK-ArbGG/*Mikosch*, § 76 Rz. 11; GMP/*Müller-Glöge*, § 76 Rz. 3.
2 BAG v. 24.3.1987 – 4 AZN 725/86, NZA 88, 259 (259).
3 BAG v. 28.8.1982 – 4 AZN 305/82, AP Nr. 23 zu § 72a ArbGG 1979 – Grundsatz; *Etzel*, ZTR 1997, 248 (249). AA Schwab/Weth/*Schwab*, § 64 Rz.102.
4 BAG v. 17.6.1997 – 9 AZN 251/97, AP Nr. 51 zu § 72a ArbGG 1979 – Grundsatz; *Etzel*, ZTR 1997, 248 ff. (249).
5 BAG v. 28.1.1981 – 4 AZN 468/80, AP Nr. 13 zu § 72a ArbGG 1979.
6 BAG v. 18.5.1982 – 3 AZN 23/82, AP Nr. 22 zu § 72a ArbGG 1979 – Grundsatz.

Kein Tarifvertrag sind zB Richtlinien des Deutschen Caritasverbandes[1], EWG-VO[2], bindende Festsetzungen nach § 19 Heimarbeitsgesetz[3], Dienstordnungen der Selbstverwaltungskörperschaften der SozV, die für Dienstordnungsangestellte gelten[4], kirchliche Vergütungsregeln aufgrund von Kirchengesetzen[5], die AVR bzw. der Bundesangestelltentarifvertrag in kirchlicher Fassung[6]. Begründet wird dies vom BAG damit, dass die Tarifvertragsparteien über diese Bestimmungen nicht im Einzelnen verhandelt haben und übereingekommen sind, so dass die Vorschriften nicht nach Maßgabe des TVG zustande gekommen sind[7]. Dienst-, Betriebsvereinbarungen und Dienstordnungen, die in einem bundesweit geltenden Tarifvertrag zugelassen sind, können einem Tarifvertrag nicht gleichgestellt werden[8]. Auf von Tarifvertragsparteien zusammengestellte, aber nicht tarifierte Auslegungsgrundsätze kann die Vorschrift nicht angewendet werden[9]. Der Ausschließlichkeitscharakter der Vorschrift verbietet die analoge Anwendung der Vorschrift auf Regelungen, die keine Tarifverträge iSd. materiellen Arbeitsrechts sind[10].

cc) Geltungsbereich des Tarifvertrags

21e Der **Geltungsbereich** des Tarifvertrags muss sich nach § 76 Abs. 1 Nr. 2 über den Bezirk des LAG hinaus erstrecken. Gilt der Tarifvertrag nur innerhalb eines Bezirkes, reicht die Entscheidung des LAG zur Wahrung der Rechtseinheit aus und einer Entscheidung durch das BAG bedarf es nicht.

Maßgebend für die Bestimmung des Geltungsbereiches ist der im Tarifvertrag vorgesehene **räumliche Geltungsbereich**. Dieser muss sich über den Bezirk eines LAG erstrecken. Der LAG-Bezirk umfasst auch die Außenkammern des Gerichts. Ein Tarifvertrag erstreckt sich daher nicht über den Bezirk des LAG hinaus, wenn er zwar über den Bezirk von sog. detachierten Kammern hinaus, nicht aber über den Bezirk des LAG hinaus gilt[11].

Der Geltungsbereich eines **Haustarifvertrags** erstreckt sich über den Bezirk des LAG hinaus, wenn es für die Geltendmachung von tariflichen Rechten aufgrund auswärtiger Betriebsstätten auch Gerichtsstände in Bezirken anderer LAG gibt als dem, in dessen Bezirk das betreffende Unternehmen seinen Sitz hat. Ausreichend ist also, wenn einzelne Betriebsstätten der Firma außerhalb des LAG-Bezirkes liegen und dadurch für die Geltendmachung tariflicher Rechte Gerichtsstände anderer LAG begründet werden[12]. Möglich ist auch, dass für Betriebe in einem LAG-Bezirk ein Haustarifvertrag abgeschlossen ist und ein weiterer Tarifvertrag für die in einem anderen LAG-Bezirk liegenden Betriebe des ArbGeb auf diesen Haustarifvertrag verweist[13].

Weniger eindeutig ist die Situation, wenn sich der Tarifvertrag, insbesondere ein Firmentarifvertrag, nicht über den Bezirk eines LAG hinaus erstreckt, aber ein **anderer Tarifvertrag aus einem anderen LAG-Bezirk** inhaltlich Gleiches regelt oder gar auf diesen Tarifvertrag Bezug nimmt. Dabei können einerseits bestimmte Teilbereiche übernommen werden, anderseits aber auch der gesamte Tarifvertrag. Anerkannt ist, dass das **wortgleiche Vorkommen einer einzelnen Tarifnorm** in anderen Tarifverträgen außerhalb des LAG-Bezirkes allein den Geltungsbereich des Tarifvertrags nicht über den Bezirk des LAG ausdehnt[14]. Hintergrund dieser Rspr. ist, dass bei der Tarifauslegung auf den Gesamtzusammenhang abzustellen ist. Deshalb kann bei einer einzelnen Norm nicht zwingend davon ausgegangen werden, dass die Tarifvertragsparteien sie in demselben Sinn gebrauchen wollten. Anders liegt der Fall, wenn **ganze Regelungsbereiche** wie Urlaub, Kündigung oder Ähnliches identisch sind und keine Anhaltspunkte, die auf eine un-

---

1 BAG v. 23.1.2002 – 4 AZN 760/01, ZMV 2002, 87; BAG v. 24.9.1980 – 4 AZN 289/80, AP Nr. 9 zu § 72a ArbGG 1979 – Grundsatz; BAG v. 6.10.1981 – 4 AZN 352/81, AP Nr. 21 zu § 72a ArbGG 1979 – Grundsatz; BAG v. 13.1.1981 – 4 AZN 370/86, AP Nr. 30 zu § 72a ArbGG 1979 – Grundsatz; BAG v. 12.11.1991 – 4 AZN 464/91, AP Nr. 42 zu § 72a ArbGG – Grundsatz.
2 BAG v. 9.11.1993 – 9 AZN 281/93, AP Nr. 43 zu § 72a ArbGG 1979 – Grundsatz.
3 BAG v. 20.1.1981 – 3 AZN 302/80, AP Nr. 12 zu § 72a ArbGG 1979 – Grundsatz.
4 BAG v. 31.3.1983 – 2 AZN 76/83, AP Nr. 26 zu § 72a ArbGG 1979 – Grundsatz.
5 BAG v. 7.9.1988 – 4 AZN 436/88, AP Nr. 36 zu § 72a ArbGG 1979 – Grundsatz.
6 BAG v. 5.1.1989 – 4 AZN 628/88, AP Nr. 37 zu § 72a ArbGG 1979 – Grundsatz.
7 BAG v. 6.10.1981 – 4 AZN 352/81, AP Nr. 21 zu § 72a ArbGG 1979 – Grundsatz.
8 BAG v. 24.1.1981 – 6 AZN 471/80, AP Nr. 15 zu § 72a ArbGG 1979 – Grundsatz; BAG v. 22.6.1999 – 9 AZN 288/99, AP Nr. 58 zu § 72a ArbGG 1979 – Grundsatz.
9 BAG v. 27.11.1985 – 4 AZN 506/85, AP Nr. 29 zu § 72a ArbGG 1979 – Grundsatz.
10 BAG v. 24.9.1980 – 4 AZN 289/80, AP Nr. 9 zu § 72a ArbGG 1979 – Grundsatz.
11 BAG v. 29.9.1982 – 4 AZN 329/82, AP Nr. 15 zu § 72a ArbGG 1979.
12 BAG v. 26.9.2000 – 3 AZN 181/00, AP Nr. 61 zu § 72a ArbGG 1979 – Grundsatz.
13 BAG v. 30.11.1994 – 10 AZN 702/94, NZA 1995, 438.
14 BAG v. 15.10.1980 – 4 AZN 269/80, AP Nr. 10 zu § 72a ArbGG 1979 – Grundsatz.

terschiedliche Gebrauchsweise deuten, existieren[1]. Erforderlich ist aber, dass es sich um in sich abgeschlossene Regelungsbereiche handelt, die wörtlich identisch sind. Denn dann hat die Auslegung der Tarifnorm aus diesen Regelungsbereichen unmittelbare Bedeutung für die Auslegung der Tarifnorm in den anderen Tarifverträgen. Der Gesetzgeber hat der Auslegung von Tarifverträgen einen hohen Stellenwert eingeräumt. Es sollen unterschiedliche Auslegungsergebnisse vermieden werden. Dies gilt insbesondere, wenn die mehreren Tarifverträge von denselben Tarifvertragsparteien abgeschlossen worden sind. Hier kann davon ausgegangen werden, dass sie demselben Begriff auch denselben Inhalt geben wollten. Auf jeden Fall ausreichend ist es deshalb, wenn ein Tarifvertrag einen anderen in Bezug nimmt, der in einem anderen LAG-Bezirk Anwendung findet. Dies gilt auch für einen Haustarifvertrag[2].

Streiten sich **Tarifvertragsparteien** um die **Auslegung eines Tarifvertrags**, muss sich der Geltungsbereich des Tarifvertrags ausnahmsweise nicht über den Bezirk des LAG erstrecken[3]. Die grundsätzliche Bedeutung der Streitigkeit ergibt sich in diesen Fällen bereits aus der Bindungswirkung der rechtskräftigen Entscheidung für die Gerichte und Schiedsgerichte (§ 9 TVG).

dd) Streitgegenstand

Der Streitgegenstand muss sich auf die **Tarifauslegung** beziehen. Auslegung eines Tarifvertrags bedeutet in diesem Zusammenhang die fallübergreifende, abstrakte Interpretation der zur Tarifanwendung notwendigen Rechtsbegriffe[4]. Der Rechtsbegriff muss im Tarifvertrag enthalten sein. Die Subsumtion des Einzelfalles unter solche Rechtsbegriffe wird von der Gesetzesnorm nicht erfasst, wenn die Auslegung des Rechtsbegriffs selbst nicht streitig ist[5]. Nur aus der Feststellung des Inhalts der Tarifnorm durch das Berufungsgericht, nicht aus dessen Anwendung auf den Einzelfall kann sich eine grundsätzliche Bedeutung der Rechtssache ergeben[6].

21f

Übernimmt ein Tarifvertrag eine **außertarifliche normative Regelung**, bspw. § 626 BGB, nahezu wörtlich und ohne inhaltliche Abweichung, so handelt es sich wie im Falle der bloßen Verweisung auf eine solche Norm nicht um eine eigenständige tarifliche Regelung. Auch ein solcher Rechtsstreit wird deshalb nicht um die „Auslegung eines Tarifvertrags" iSv. § 76 Abs. 2 Nr. 2 geführt. Um die „Auslegung eines Tarifvertrags" iSv. § 76 Abs. 2 Nr. 2 handelt es sich nur dann, wenn die Tarifvertragsparteien selbst der von ihnen in der Tarifnorm getroffenen Regelung normativen Charakter verliehen haben oder wenn sie zwar eine außertarifliche normative Regelung übernommen haben, sie aber in einem bestimmten tariflichen Sinne verstanden wissen wollen[7]. Grundsätzlich aber reicht die Auslegung von allgemeinen Rechtsbegriffen, die der Tarifvertrag enthält oder auf die er verweist, nicht.

c) Rechtsstreitigkeit über unerlaubte Handlungen, § 76 Abs. 2 Nr. 3

Zu den privilegierten Streitigkeiten gehören nach § 76 Abs. 2 Nr. 3 Rechtsstreitigkeiten **zwischen tariffähigen Parteien** oder **zwischen diesen und Dritten** aus unerlaubten Handlungen, soweit es sich um Maßnahmen zum Zwecke des **Arbeitskampfes** oder um Fragen der **Vereinigungsfreiheit** einschließlich des hiermit im Zusammenhang stehenden Betätigungsrechts der Vereinigung handelt. Diese Regelung entspricht der des § 2 Abs. 1 Nr. 2. Insoweit wird auf die Ausführungen in § 2 Rz. 54 ff. verwiesen.

21g

IV. Zulassungsentscheidung

Für die Zulassungsentscheidung sieht § 76 **zwei** unterschiedliche **Wege** vor. Die Zulassung kann einerseits durch **Urteil**, andererseits nachträglich durch **Beschluss** erfolgen.

22

---

1 BAG v. 24.3.1993 – 4 AZN 5/93, AP Nr. 21 zu § 72 ArbGG 1979. Vgl. auch BAG v. 29.9.1982 – 4 AZN 329/82, AP Nr. 15 zu § 72a ArbGG 1979; BAG v. 15.10.1980 – 4 AZN 269/80, AP Nr. 10 zu § 72 ArbGG 1979 – Grundsatz.
2 BAG v. 30.11.1994 – 10 AZN 702/94, AP Nr. 46 zu § 72a ArbGG 1979 – Grundsatz.
3 BAG v. 17.6.1997 – 9 AZN 251/97, AP Nr. 51 zu § 72a ArbGG 1979 – Grundsatz.
4 BAG v. 18.6.1997 – 4 AZN 78/97, AP Nr. 52 zu § 72a ArbGG 1979 – Grundsatz; BAG v. 12.12.1979 – 4 AZN 43/79, AP Nr. 2 zu § 72a ArbGG 1979 – Grundsatz.
5 BAG v. 5.12.1979 – 4 AZN 41/79, AP Nr. 1 zu § 72a ArbGG 1979 – Grundsatz; BAG v. 12.12.1979 – 4 AZN 43/79, AP Nr. 2 zu § 72a ArbGG 1979 – Grundsatz.
6 BAG v. 18.6.1997 – 4 AZN 78/97, AP Nr. 52 zu § 72a ArbGG 1979 – Grundsatz.
7 BAG v. 13.12.1995 – 4 AZN 763/95, AP Nr. 50 zu § 72a ArbGG 1979 – Grundsatz; BAG v. 26.3.1981 – 2 AZN 410/80, AP Nr. 17 zu § 72a ArbGG – Grundsatz; BAG v. 16.1.1980 – 4 AZN 87/79, AP Nr. 3 zu § 72a ArbGG 1979 – Grundsatz.

1. Zulassung im Urteil

23 Eine oder beide Parteien können den Antrag auf Zulassung der Sprungrevision schon während des laufenden Rechtsstreits stellen, vgl. Rz. 5 ff. Dieser Antrag wird durch **Urteil** beschieden[1]. In diesem Fall hat sowohl die Zulassung als auch die Zurückweisung der Sprungrevision im **Tenor zu erfolgen**, vgl. § 64 Abs. 3a. **Nicht ausreichend** ist die Zulassung der Sprungrevision in den Gründen des Urteils[2].

24 Ist der rechtzeitig gestellte **Zulassungsantrag nicht** im Tenor **beschieden** worden, kann die **Sprungrevision** nur noch **nachträglich durch Beschluss** zugelassen werden. Binnen einer **Notfrist** von einem Monat nach Zustellung des Urteils kann eine Entscheidung über die Sprungrevision beantragt werden. Der Urteilsergänzung binnen einer Frist von zwei Wochen entsprechend § 64 Abs. 3a S.2 bedarf es wegen dieser Sonderregelung nicht[3].

25 Auch nach der Zulassung der Sprungrevision sind die Parteien nicht verpflichtet, gegen das Urteil Revision einzulegen. **Trotz der Zulassung** der Sprungrevision können sie **auch Berufung** einlegen. Nach § 76 Abs. 5 gelten **erst die Einlegung** der Revision und die Zustimmung als Verzicht auf die Berufung. Dies hat Konsequenzen für die Rechtsmittelbelehrung. Das Urteil muss eine **Rechtsmittelbelehrung** für beide Rechtsmittel erhalten. Fehlt eine entsprechende Belehrung, kann die beschwerte Partei das Rechtsmittel, über das sie nicht belehrt worden ist, nach § 9 Abs. 5 Satz 4 grds. auch noch innerhalb eines Jahres seit Zustellung des Urteils einlegen[4]. Dies gilt aber nicht für die Revision. Denn nach § 74 Abs. 1 Satz 2 beginnt die Einlegungsfrist spätestens mit Ablauf von fünf Monaten nach der Urteilsverkündung. Auch die Frist für die Einlegung der Sprungrevision endet damit in jedem Falle mit dem Ablauf des sechsten auf die Verkündung folgenden Monats, vgl. § 74 Rz. 23[5]. Die Rechtsmittelbelehrung zur Möglichkeit der Sprungrevision hat auch einen Hinweis auf das Erfordernis der Zustimmung des Gegners zu enthalten[6].

2. Zulassung durch Beschluss

26 War die Sprungrevision nicht bis zum Schluss der letzten mündlichen Verhandlung von einer Partei beantragt, kann sie auf Antrag nachträglich durch Beschluss zugelassen werden. Zur Antragstellung und zur Zustimmung in diesem Falle Rz. 6 und Rz. 10. Die Zustimmung muss dem Antrag beigefügt werden.

27 Über den **nachträglichen Antrag** auf Zulassung der Sprungrevision entscheidet die **Kammer des ArbG**, die über den Rechtsstreit selbst entschieden hat. Es ist jedoch nicht erforderlich, dass dieselben Richter mitwirken. Die Entscheidung kann ohne mündliche Verhandlung ergehen. Wird ohne mündliche Verhandlung entschieden, wirken die ehrenamtlichen Richter nicht mit. Die Entscheidung kann in diesem Fall nach § 53 Abs. 1 durch den Vorsitzenden allein getroffen werden[7].

28 Der **Beschluss bedarf keiner Begründung**, wenn dem Antrag voll stattgegeben wird, da er nicht anfechtbar ist. Wird die Sprungrevision nur teilweise zugelassen, ist die ablehnende Entscheidung hinsichtlich des nicht zugelassenen Teils zu begründen.

29 Hat das ArbG die **Zulassung der Sprungrevision** bereits im Urteil **abgelehnt**, kann der nachträgliche Antrag auf Zulassung nicht mehr gestellt werden[8]. Denn die Ablehnung im Urteil ist unanfechtbar, § 76 Abs. 2 Satz 3. Da über den Antrag nur einheitlich entschieden werden kann, greift diese Rechtsfolge auch dann Platz, wenn in der mündlichen Verhandlung nur eine Partei den Antrag gestellt hat, der abschlägig beschieden wurde und nun die andere Partei den nachträglichen Antrag auf Zulassung der Sprungrevision stellt. Etwas anderes gilt nur, wenn das ArbG den gestellten Antrag nicht beschieden hat, s. Rz. 24.

30 Auch der Beschluss muss nach § 9 Abs. 5 eine **Rechtsmittelbelehrung**, allerdings nur hinsichtlich der Sprungrevision, enthalten. Denn die Zustellung des Beschlusses setzt die Revisionsfrist in Lauf. Eine Belehrung über die Berufung ist nicht erforderlich, da sie bereits im Urteil erfolgte.

---

1 Vgl. BAG v. 21.3.2012 – 4 AZR 311/10.
2 Hauck/Helml/Biebl/*Hauck*, § 76 Rz. 4; GK-ArbGG/*Mikosch*, § 76 Rz. 12; Düwell/Lipke/*Düwell*, § 76 Rz. 6. AA Ostrowicz/Künzl/*Scholz*, Rz. 635 mit dem Hinweis darauf, dass § 76 nicht auf § 64 Abs. 3a verweist. Dieser Hinweis greift jedoch nicht.
3 So auch: GMP/*Müller-Glöge*, § 76 Rz. 7; Hauck/Helml/Biebl/*Hauck*, § 76 Rz. 4; GK-ArbGG/*Mikosch*, § 76 Rz. 12. AA Düwell/Lipke/*Düwell*, § 76 Rz. 6; HWK/*Bepler/Treber*, § 76 Rz. 10.
4 GMP/*Müller-Glöge*, § 76 Rz. 8; Ostrowicz/Künzl/*Scholz*, Rz. 635.
5 So auch: Düwell/Lipke/*Düwell*, § 76 Rz. 7; HWK/*Bepler/Treber*, § 76 Rz. 12.
6 BAG v. 16.6.1998 – 5 AZR 67/97, NZA 1998, 1288.
7 BAG v. 9.6.1982 – 4 AZR 247/80, AP Nr. 8 zu §§ 22, 23 BAT – Lehrer; GK-ArbGG/*Mikosch*, § 76 Rz. 14; GMP/*Müller-Glöge*, § 76 Rz. 13; Düwell/Lipke/*Düwell*, § 76 Rz. 17; Hauck/Helml/Biebl/*Hauck*, § 76 Rz. 5; ErfK/*Koch*, § 76 ArbGG Rz. 1; GWBG/*Benecke*, § 76 Rz. 5; HWK/*Bepler/Treber*, § 76 Rz. 11.
8 Hauck/Helml/Biebl/*Hauck*, § 76 Rz. 5; Ostrowicz/Künzl/*Scholz*, Rz. 637.

3. Beschränkte Zulassung

Die Sprungrevision kann auch nur **hinsichtlich einzelner Streitgegenstände** zugelassen werden. Hat das ArbG bspw. über mehrere selbständige Klageansprüche entschieden, kann die Sprungrevision für den gesamten Rechtsstreit zugelassen werden, oder wie bei der Zulassung der Revision, beschränkt werden auf die Klageansprüche, die nach § 76 Abs. 2 privilegiert sind[1]. Das ArbG ist nicht gehalten, über die selbständigen Klageansprüche durch Teilendurteil zu entscheiden. Ist von mehreren selbständigen Klageansprüchen nur einer nach § 76 Abs. 2 privilegiert, kann das ArbG die Sprungrevision auch insgesamt zulassen. Dann erstreckt sich die Zulassung der Sprungrevision auch auf die anderen Klageansprüche. Eine Prozesstrennung dürfte indes nur selten prozessökonomisch sein.

Auch bei einer **subjektiven Klagehäufung** ist die Zulässigkeit der Sprungrevision für jeden Streitgenossen separat zu prüfen. Die Sprungrevision kann deshalb auch beschränkt für einzelne Streitgenossen zugelassen werden, während die übrigen auf das Rechtsmittel der Berufung beschränkt sind. Eine Trennung des Rechtsstreits in einen Teil, der mit der Berufung und in einen Teil, der mit der Sprungrevision weiterverfolgt wird, erscheint aber auch hier nicht zweckmäßig[2].

Soweit die Zulassung im Urteil erfolgt, muss sich die Beschränkung aus dem Tenor des erstinstanzlichen Urteils ergeben. Eine Beschränkung in den Entscheidungsgründen ist unwirksam[3].

4. Entscheidung über die Zulassung

Liegen die Voraussetzungen des § 76 für die Zulassung der Sprungrevision vor und stimmt der Gegner zu, muss das ArbG die Sprungrevision zulassen. Andernfalls ist der Antrag zurückzuweisen oder ggf. beschränkt zuzulassen. Dem ArbG ist bei der Entscheidung kein Ermessensspielraum eingeräumt[4]. Vgl. zur Zulassungsentscheidung des LAG § 72 Rz. 44.

5. Rechtsmittel gegen die Zulassungsentscheidung

Nach § 76 Abs. 2 Satz 3 ist die **Ablehnung der Zulassung unanfechtbar**. Dabei ist unerheblich, ob das ArbG über die Zulassung durch Urteil oder nachträglich durch Beschluss entschieden hat[5]. Auch eine Nichtzulassungsbeschwerde scheidet aus. Denn deren Voraussetzungen sind in § 72a abschließend normiert. Unter den Voraussetzungen des § 64 Abs. 3 kann allerdings Berufung eingelegt werden. Hat das ArbG die Zulassung der Revision im Urteil abgelehnt, scheitert ein nachträglicher Antrag auf Zulassung der Sprungrevision durch Beschluss, vgl. Rz. 29.

Die **Entscheidung**, die Sprungrevision **zuzulassen**, ist ebenfalls grds. **nicht mit Rechtsmitteln anfechtbar**. Der Antragsteller ist in diesem Fall schon nicht beschwert. Aber auch für den Gegner besteht kein Bedürfnis ein Rechtsmittel einzulegen. Denn die in 1. Instanz obsiegende Partei kann die erforderliche Zustimmung zur Sprungrevision verweigern und insoweit den Zulassungsantrag des Gegners leer laufen lassen. Etwas anderes gilt für Rechtsfehler, die vom BAG nicht geprüft werden können. Denkbar ist ein Bedürfnis für ein Rechtsmittel bspw. gegen den Beschluss, mit dem die Sprungrevision nachträglich zugelassen wird, nur in dem Fall, dass das ArbG die Sprungrevision zugelassen hat, ohne dass die erforderliche Zustimmungserklärung des Gegners vorlag. Dieser Beschluss ist dann mit der sofortigen Beschwerde nach § 78 Satz 1 binnen einer Notfrist von zwei Wochen anfechtbar[6].

---

[1] GK-ArbGG/*Mikosch*, § 76 Rz. 15; GMP/*Müller-Glöge*, § 76 Rz. 4; GWBG/*Benecke*, § 76 ArbGG Rz. 3; HWK/*Bepler/Treber*, § 76 Rz. 13; Hauck/Helml/Biebl/*Hauck* § 76 Rz. 3; ErfK/*Koch*, § 77 ArbGG Rz. 2.

[2] HWK/*Bepler/Treber*, § 76 Rz. 13; GMP/*Müller-Glöge*, § 76 Rz. 4; Hauck/Helml/Biebl/*Hauck*, § 76 Rz. 3.

[3] Vgl. zur beschränkten Revisionszulassung § 72 Rz. 53 mit Hinweis auf BAG v. 5.11.2003 – 4 AZR 643/02, NZA 2004, 447.

[4] Hauck/Helml/Biebl/*Hauck*, § 76 Rz. 3; ErfK/*Koch*, § 76 ArbGG Rz. 2; Ostrowicz/Künzl/Scholz, Rz. 635; GWBG/*Benecke*, § 76 Rz. 4; Düwell/Lipke/*Düwell*, § 76 Rz. 16; GMP/*Müller-Glöge*, § 76 Rz. 3; GK-ArbGG/*Mikosch*, § 76 Rz. 17; BCF/*Friedrich*, § 76 Rz.6.

[5] Düwell/Lipke/*Düwell*, § 76 Rz. 18; Hauck/Helml/Biebl/*Hauck*, § 76 Rz. 6.

[6] BeckOKArbR/*Klose*, § 76 Rz. 3; HWK/*Bepler/Treber*, § 76 Rz. 14; Düwell/Lipke/*Düwell*, § 76 Rz. 18; GK-ArbGG/*Mikosch*, § 76 Rz. 19; Ostrowicz/Künzl/Scholz, Rz. 637; aA GMP/*Müller-Glöge*, § 76 Rz. 18 mit dem Hinweis, es fehle an einem „Gesuch" iSd. § 567 ZPO.

V. Wirkung der Zulassungsentscheidung

1. Beginn der Revisionsfrist

36 Hat das ArbG die Sprungrevision im **Urteil** zugelassen, richtet sich die **Revisionsfrist nach** § 74. Sie beginnt demnach mit der Zustellung des in vollständiger Form abgefassten Urteils, spätestens aber mit Ablauf von fünf Monaten nach der Verkündung. Vgl. dazu umfassend § 74 Rz. 20 ff.

37 Ist die Zulassung der Sprungrevision **nachträglich** durch **Beschluss** ausgesprochen worden, greift § 76 Abs. 3 Satz 2. Die Revisionsfrist beginnt mit der Zustellung dieses Beschlusses.

Mit der Zulassung der Sprungrevision ist, soweit erforderlich, zugleich auch die Berufung nach § 64 Abs. 3 zugelassen.

2. Wirkung der Nichtzulassung

38 Hat das ArbG den Antrag auf Zulassung der Sprungrevision **im Urteil** zurückgewiesen, kann unter den Voraussetzungen des § 64 Berufung eingelegt werden. Hier bestehen keine Besonderheiten. Die Berufungsfrist beginnt mit der Zustellung des Urteils, § 66. **Lehnt das ArbG** die Zulassung der Sprungrevision nachträglich **durch Beschluss ab**, beginnt nach § 76 Abs. 3 Satz 1 mit der Zustellung dieses Beschlusses der Lauf der **Berufungsfrist von neuem**, sofern der Antrag in der gesetzlichen Form und Frist gestellt worden ist und die Zustimmungserklärung beigefügt war. Eine versäumte Berufungsfrist kann also nicht dadurch geheilt werden, dass ein unzulässiger Antrag auf nachträgliche Zulassung der Sprungrevision gestellt wird. Dieser abschlägig zu bescheidende Antrag löst die Wirkung des § 76 Abs. 3 Satz 1 nicht aus, vgl. auch Rz. 43.

3. Bindung an die Zulassung

39 Nach § 76 Abs. 2 Satz 2 ist das **BAG an die Zulassung gebunden**. Das BAG hat daher grds. nicht zu prüfen, ob das ArbG die Sprungrevision ohne Rechtsfehler zugelassen hat[1]. Streitig ist allerdings die genaue Reichweite der Bindungswirkung. Nach der ganz herrschenden Ansicht soll das Revisionsgericht nicht der Prüfung enthoben sein, ob die **Zulassung nichtig** ist, etwa wenn die gesetzlichen Mindestvoraussetzungen einer Zulassung fehlen. Eine Sprungrevision dürfe nach dieser Auffassung nur dann zugelassen werden, wenn eine der Tarifstreitigkeiten oder Kollektivstreitigkeiten vorliegt, die in § 76 Abs. 2 Satz 1 Nr. 1–3 abschließend aufgeführt sind. Letztlich ist nach der ganz hM die Zulassungsentscheidung unverbindlich, wenn sie keinen der genannten privilegierten Tatbestände betrifft[2]. Diese Auffassung ist mit dem Wortlaut von § 76 Abs. 2 Satz 2 indes nicht zu vereinbaren. § 76 Abs. 2 Satz 1 bezieht sich auf **beide Zulassungsvoraussetzungen**, also sowohl auf die grundsätzliche Bedeutung[3] als auch auf die privilegierten Tatbestände. Nach zutreffender Auffassung bindet die Entscheidung des ArbG, die Sprungrevision zuzulassen, das BAG umfassend, soweit es um die Voraussetzungen von Abs. 2 Satz 1 geht[4].

40 Es besteht aber **keine Bindungswirkung**, wenn gegen ein Urteil gar keine Revision eingelegt werden kann, vgl. Rz. 21[5].

41 Das BAG kann ebenfalls überprüfen, ob die Zustimmung des Gegners vorliegt und ordnungsgem. erteilt worden ist. Liegt die Zustimmung dem Gericht nicht vor, wird die Sprungrevision als unzulässig verworfen. Hat das ArbG die Sprungrevision im Urteil zugelassen, scheidet allerdings eine Überprüfung der Zustimmungserklärung aus, wenn das ArbG im Urteil ausdrücklich festgestellt hat, die Zustimmung liege vor[6].

42 Einstweilen frei

---

1 BAG v. 18.10.2005 – 3 AZR 505/04, NZA 2006, 618.
2 BAG v. 16.11.1982 – 3 AZR 177/82, AP Nr. 8 zu § 42 SchwbG; BAG v. 12.2.1985 – 3 AZR 335/82, AP Nr. 4 zu § 76 ArbGG 1979; GWBG/*Benecke*, § 76 Rz. 3; GK-ArbGG/*Mikosch*, § 76 Rz. 21; GMP/*Müller-Glöge*, § 76 Rz. 20; Hauck/Helml/Biebl/*Hauck*, § 76 Rz. 7; offen: ErfK/*Koch*, § 76 ArbGG Rz. 2.
3 BAG v. 18.10.1995 – 10 AZR 213/95, nv.; BAG v. 13.10.1992 – 6 AZR 230/92, nv.; BAG v. 16.11.1982 – 3 AZR 177/82, AP Nr. 8 zu § 42 SchwbG.
4 BAG v. 25.4.1996 – 3 AZR 316/95 (A), AP Nr. 10 zu § 76 ArbGG 1979. Der Dritte Senat hatte in dieser Entscheidung die übrigen Senate angefragen, ob an der bisherigen Rechtsauffassung festgehalten wird. Die Hauptsache wurde allerdings zuvor durch Vergleich erledigt. Ebenso: BeckOK ArbR/*Klose*, § 76 Rz. 9; Düwell/Lipke/*Düwell*, § 76 Rz. 30; HWK/*Bepler*/*Treber*, § 76 Rz. 15; Natter/Gross/*Gross*, § 76 Rz. 16.
5 BAG v. 14.10.1982 – 2 AZR 570/80, AP Nr. 2 zu § 72 ArbGG 1979; Hauck/Helml/Biebl/*Hauck*, § 76 Rz. 7; BeckOK ArbR/*Klose*, § 76 Rz. 9.
6 GK-ArbGG/*Mikosch*, § 76 Rz. 21; GMP/*Müller-Glöge*, § 76 Rz. 22.

VI. Revision und Berufung

1. Rechtsmittelwahlrecht bei Zulassung der Sprungrevision

Ist die **Sprungrevision** durch das ArbG **zugelassen** worden, kann gegen dieses Urteil sowohl **Revision** als auch **Berufung** eingelegt werden[1]. Die beschwerte Partei kann frei wählen, welches der beiden möglichen Rechtsmittel sie einlegen will. Weder der Antrag auf Zulassung der Sprungrevision, noch die Zulassung derselben zwingen sie, Revision einzulegen. Dies ergibt sich aus dem Umkehrschluss zu § 76 Abs. 5[2]. Soweit die Berufung der Zulassung bedurfte, liegt diese in der Zulassung der Sprungrevision. Denn die Zulassung der Sprungrevision umfasst zugleich auch die Zulassung der Berufung, da zumindest der Zulassungsgrund des § 64 Abs. 3 Nr. 1 immer vorliegt.[3] Sind beide Parteien beschwert, kommt es wegen der Regelung in § 76 Abs. 5 nicht zu Konflikten, unten Rz. 44.

43

Im Gegensatz zur Ablehnung der Zulassung (Rz. 46a) ist nicht geregelt, ob und wie sich die Zulassung der Sprungrevision auf die Berufungsfrist auswirkt. Erfolgte die Zulassung der Sprungrevision im Urteil, bestehen allerdings keine Probleme, weil Revisions- und Berufungsfrist gleich berechnet werden. Probleme treten aber auf, wenn die Sprungrevision nachträglich durch Beschluss zugelassen wird, weil zum Zeitpunkt der Entscheidung in aller Regel die Berufungsfrist abgelaufen sein wird. Um das Wahlrecht nicht zu entwerten, wird man die Regelung in § 76 Abs. 3 Satz 1 auf diesen Fall anwenden müssen, so dass die Berufungsfrist mit Zustellung der Entscheidung neu beginnt. Zur Sicherheit sollte die Partei, die die nachträgliche Zulassung der Sprungrevision betreibt, innerhalb der Berufungsfrist auch die Berufung einlegen[4]. Vgl. auch Rz. 38.

2. Ende des Wahlrechts

Wird von dem Rechtsmittel der **Revision** Gebrauch gemacht, gilt dies nach § 76 Abs. 5 als **Verzicht auf die Berufung**. Eine bereits zuvor eingelegte Berufung wird nachträglich unzulässig, wenn sie nicht zurückgenommen wird. Auch die Zustimmung zur Sprungrevision gilt nach § 76 Abs. 5 als Verzicht auf die Berufung, wenn das ArbG die Revision zugelassen hat. Diese Verzichtswirkung tritt allerdings erst dann ein, wenn die andere Partei die Revision tatsächlich einlegt. Die Verzichtswirkung greift also nicht bereits mit Zugang der Zustimmungserklärung beim ArbG oder BAG. Andernfalls wäre der Zustimmende in unerträglicher Weise gegenüber dem Revisionskläger benachteiligt. Dieser geht des Rechtsmittels der Berufung erst verlustig, wenn er die Revision einlegt. Dann aber kann der Gegner nicht früher gebunden sein. Auch der Gegner kann deshalb unabhängig von seiner Zustimmung zur Sprungrevision Berufung einlegen, solange die Revision noch nicht eingelegt worden ist. Diese wird dann mit der Einlegung der Revision durch ihn selbst oder den Gegner unzulässig[5].

44

Die **Verzichtswirkung** nach § 76 Abs. 5 bleibt bestehen, wenn die eingelegte Revision später zurückgenommen, als unzulässig verworfen oder zurückgewiesen wird[6]. Dies gilt bspw. auch dann, wenn die der Revisionsschrift beizufügende Zustimmungserklärung fehlte. Eine Berufung kommt dann nicht mehr in Betracht.

45

Etwas anderes soll nach der ganz überwiegenden Auffassung gelten, wenn das BAG die **Revision** mit der Begründung **verwirft**, es sehe die **Zulassung** der Revision **nicht als bindend** an. Dies sind nach der hM die Fälle, in denen bspw. kein privilegierter Tatbestand betroffen ist, vgl. Rz. 39. Dahinter steht das Argument, dass die Zulassung der Revision, die tatsächlich nicht die Revisionsinstanz eröffnen kann, den Parteien das Rechtsmittel der Berufung nicht nehmen kann. Folglich soll das Rechtsmittel der Berufung in dieser Situation nach herrschender Auffassung noch eingelegt werden können. Hinsichtlich der inzwischen abgelaufenen Berufungsbegründungsfrist soll Wiedereinsetzung in den vorigen Stand beantragt werden können. Die Partei sei gleichsam durch eine gerichtliche Entscheidung daran gehindert worden, das zulässige Rechtsmittel einzulegen[7]. Nach der hier vertretenen Auffassung hat das BAG in diesen Fällen schon gar nicht die

46

---

1 Hauck/Helml/Biebl/*Hauck*, § 76 Rz. 4; ErfK/*Koch*, § 76 ArbGG Rz. 1; GMP/*Müller-Glöge*, § 76 Rz. 25; HWK/*Bepler/Treber*, § 76 Rz. 18.
2 HWK/*Bepler/Treber*, § 76 Rz. 18; GK-ArbGG/*Mikosch*, § 76 Rz. 23; GMP/*Müller-Glöge*, § 76 Rz. 25; GWBG/*Benecke*, § 76 Rz. 12 unter Aufgabe der bisher vertretenen gegenteiligen Ansicht.
3 ErfK/*Koch*, § 76 Rz. 3; BeckOK/*Klose*, § 76 Rz. 7.
4 So auch Ostrowicz/Künzl/Scholz, Rz. 637. AA GK-ArbGG/*Mikosch*, § 76 Rz. 23.
5 So auch GMP/*Müller-Glöge*, § 76 Rz. 25.
6 Hauck/Helml/Biebl/*Hauck*, § 76 Rz. 8; GWBG/*Benecke*, § 76 Rz. 12; GK-ArbGG/*Mikosch*, § 76 Rz. 23; GMP/*Müller-Glöge*, § 76 Rz. 27; Düwell/Lipke/*Düwell*, § 76 Rz. 41.
7 So ausdrücklich GK-ArbGG/*Mikosch*, § 76 Rz. 24; GMP/*Müller-Glöge*, § 76 Rz. 28; BCF/*Friedrich*, § 76 Rz. 9.

Möglichkeit zur Verwerfung der Revision, vgl. Rz. 39. Soweit das BAG an seiner Rechtsauffassung festhält, kann eine Verzichtswirkung mit der hM nicht angenommen werden.

3. Berufung bei Nichtzulassung

46a Hat das ArbG die Zulassung der Sprungrevision durch Urteil oder Beschluss abgelehnt, kann Berufung eingelegt werden, sofern die übrigen Voraussetzungen einer Berufung vorliegen. Zur Berufungsfrist in diesem Falle vgl. Rz. 38.

VII. Durchführung der Sprungrevision

1. Grundsatz

47 Ist die Revisionsinstanz eröffnet, gelten für die **Durchführung des Verfahrens** die allgemeinen Grundsätze des Revisionsverfahrens. Insoweit kann auf die Ausführungen zu § 74 verwiesen werden. Nach der wirksamen Einlegung der Sprungrevision richtet sich das Verfahren allein nach diesen allgemeinen Regeln. Dies bedeutet, dass der Revisionsgegner Anschlusssprungrevision einlegen kann, ohne dass der Revisionsführer dem zustimmen muss[1]. Die Frist für die Revision beträgt einen Monat. Die Frist zur Begründung der Revision zwei Monate. Zu den Einzelheiten, insbesondere Form, Frist und Begründung, vgl. § 74.

Zur Zustimmungserklärung vgl. Rz. 8 ff. Geht die Zustimmungserklärung nicht innerhalb der Revisionsfrist ein, wird die Sprungrevision als unzulässig verworfen.

2. Ausschluss von Verfahrensrügen

48 Nach § 76 Abs. 4 kann die **Revision nicht auf Mängel des Verfahrens** gestützt werden. Damit sind Verfahrensrügen, etwa Aufklärungsrügen ausgeschlossen, vgl. § 73 Rz. 32 ff. Diese Mängel können auch nicht neben materiell-rechtlichen Rügen geltend gemacht werden. Hintergrund dieser Bestimmung ist eine Beschleunigung des Verfahrens. Es soll eine schnelle Entscheidung des Revisionsgerichtes in der Sache erreicht werden. Verzögerungen, die darauf beruhen, dass ein Rechtsstreit wegen gravierender Verfahrensmängel zurückverwiesen werden muss, sollen ausgeschlossen werden[2].

49 Dies gilt jedoch nicht für solche **Verfahrensmängel**, die **von Amts wegen zu berücksichtigen sind**, vgl. § 73 Rz. 30. Sie sind beachtlich[3]. Wird die Revision ausschließlich mit Verfahrensmängeln begründet, die nicht von Amts wegen zu berücksichtigen und damit unbeachtlich sind, führt dies nicht zur Unzulässigkeit des Rechtsmittels. Es ist in der Sache zu entscheiden und die Revision als unbegründet abzuweisen[4]. Da die Sprungrevision nicht auf derartige Mängel des Verfahrens gestützt werden kann, muss eine Partei, die einen solchen Mangel geltend machen will, Berufung einlegen. Das BAG hat bspw. entschieden, dass eine Partei, die rügt, das Gericht habe unter Verletzung verfahrensrechtlicher Vorschriften unstreitigen Parteivortrag übergangen, statt der Sprungrevision Berufung einlegen muss[5].

3. Zurückverweisung

50 Auf die Sprungrevision kann das BAG gem. § 563 ZPO selbst in der Sache entscheiden. Soweit das BAG nicht endgültig in der Sache entscheidet, kann es den **Rechtsstreit zurückverweisen**. Dies richtet sich nach § 76 Abs. 6. Verweist das BAG die Sache zur anderweitigen Verhandlung und Entscheidung zurück, kann die Zurückverweisung nach seinem Ermessen auch an dasjenige LAG erfolgen, das für die Berufung zuständig gewesen wäre. Das BAG hat also die Wahl, ob es den Rechtsstreit zur anderweitigen Verhandlung an das ArbG oder an das LAG zurückverweisen will, das für die Berufung zuständig wäre.

51 Wird die Sache vom BAG an das LAG zurückverwiesen, hat es nach § 76 Abs. 6 Satz 2 so zu verfahren, als wenn zulässig Berufung eingelegt worden wäre. Es gelten für das Verfahren vor dem LAG die gleichen Grundsätze, wie wenn der Rechtsstreit auf eine ordnungsmäßig eingelegte Berufung beim LAG anhängig

---

1 BAG v. 12.6.1996 – 4 ABR 1/95, AP Nr. 2 zu § 96a ArbGG 1979 zur Anschlusssprungrechtsbeschwerde; GK-ArbGG/*Mikosch*, § 76 Rz. 25; GMP/*Müller-Glöge*, § 76 Rz. 29; Düwell/Lipke/*Düwell*, § 76 Rz. 43.
2 BAG v. 12.6.1996 – 4 ABR 1/95, AP Nr. 2 zu § 96a ArbGG 1979.
3 BAG v. 12.6.1996 – 4 ABR 1/95, AP Nr. 2 zu § 96a ArbGG 1979; Hauck/Helml/Biebl/*Hauck*, § 76 Rz. 12.
4 So auch GMP/*Müller-Glöge*, § 76 Rz. 31; BLAH, § 566 ZPO Rz. 6. AA Abweisung als unzulässig: GK-ArbGG/*Mikosch*, § 76 Rz. 28; Düwell/Lipke/*Düwell*, § 76 Rz. 45 unter Hinweis auf BAG v. 6.1.2004 – 9 AZR 680/02, NZA 2004, 449. Dabei wird aber übersehen, dass es nicht um einen Mangel der Begründung geht. Die Rüge ist ordnungsgemäß geltend gemacht, sie kann nur die Sprungrevision nicht begründen.
5 BAG v. 28.5.1998 – 6 AZR 349/96, AP Nr. 52 zu § 611 BGB – Bühnenengagementvertrag; GK-ArbGG/*Mikosch*, § 76 Rz. 26; GMP/*Müller-Glöge*, § 76 Rz. 31; Zöller/*Heßler*, § 566 ZPO Rz. 5.

geworden wäre. § 76 Abs. 6 Satz 3 bestimmt, dass das ArbG und das LAG die rechtliche Beurteilung, die der Aufhebung zugrunde gelegt ist, auch ihrer Entscheidung zugrunde zu legen haben. Von der Einlegung der Revision hat die Geschäftsstelle des BAG nach § 76 Abs. 6 Satz 4 der Geschäftsstelle des ArbG unverzüglich Nachricht zu geben.

4. Kosten

Der gesonderte Beschluss des LAG über die Zulassung/Nichtzulassung der Sprungrevision erhält keine Kostenentscheidung. Eine besondere Gerichtsgebühr fällt nicht an, weil der Antrag auf Sprungrevision in das Verfahren vor den Arbeitsgerichten integriert ist. Er wird von Nr. 8210 der Anlage 1 zu § 2 Abs. 2 GKG erfasst.[1] Wird die Sprungrevision eingelegt, gelten die Gebührenvorschriften für das Revisionsverfahren, also Nr. 8230, vgl. § 76 Rz. 52. 52

Die Rechtsanwaltsvergütung richtet sich nach dem RVG. Auch hier fällt eine besondere Gebühr für den Beschluss über die Zulassung/Nichtzulassung der Sprungrevision nicht an, sondern die Gebühren sind nach Nr. 3100 der Anlage 1 zu § 2 Abs. 2 RVG abgegolten.[2] Wir die Sprungrevision eingelegt, greift Nr. 3206 des Vergütungsverzeichnisses zu § 2 Abs. 2 RVG.

§ 77 Revisionsbeschwerde

Gegen den Beschluss des Landesarbeitsgerichts, der die Berufung als unzulässig verwirft, findet die Revisionsbeschwerde statt, wenn das Landesarbeitsgericht sie in dem Beschluss oder das Bundesarbeitsgericht sie zugelassen hat. Für die Zulassung der Revisionsbeschwerde gelten § 72 Abs. 2 und § 72a entsprechend. Über die Nichtzulassungsbeschwerde und die Revisionsbeschwerde entscheidet das Bundesarbeitsgericht ohne Zuziehung der ehrenamtlichen Richter. Die Vorschriften der Zivilprozessordnung über die Rechtsbeschwerde gelten entsprechend.

I. Allgemeines 1	IV. Verfahren
II. Zulässigkeit der Revisionsbeschwerde	1. Einlegung der Revisionsbeschwerde 14
1. Verwerfung der Berufung durch Beschluss ... 4	2. Begründung der Revisionsbeschwerde 16
2. Zulassung der Revisionsbeschwerde 7	3. Entscheidung über die Revisionsbeschwerde . 18
3. Zulassungsgrund 9	V. Die Anfechtung von Entscheidungen, die keinem Rechtsmittel unterliegen 22
4. Bindung des Revisionsgerichtes 11	
III. Rechtsmittel gegen Nichtzulassung der Revisionsbeschwerde 13	

Schrifttum: *Gravenhorst*, § 77 n.F. ArbGG Revisionsbeschwerde, FA 2017, 37; *Oetker*, Die Verwerfung unzulässiger Rechtsmittel und Rechtsbehelfe ohne mündliche Verhandlung im arbeitsgerichtlichen Verfahren, NZA 1989, 201; *Schmidt/Schwab/Wildschütz*, Die Auswirkungen der Reform des Zivilprozesses auf das arbeitsgerichtliche Verfahren (Teil 2), NZA 2001, 1217; *Tiedemann*, Änderungen im Recht der Revisionsbeschwerde (§ 77 ArbGG) ArbRB 2017, 90-92; *Ulrici*, Nichtzulassungsbeschwerde gegen berufungsverwerfende Beschlüsse in der Arbeitsgerichtsbarkeit, NZA 2014, 1245.

I. Allgemeines

§ 77 regelt die Anfechtung von **Beschlüssen** des LAG, in denen eine Berufung als unzulässig verworfen worden ist. § 77 bezieht sich insoweit auf die Befugnis des Berufungsgerichtes, eine unzulässige Berufung nach § 66 Abs. 2 Satz 2 ohne mündliche Verhandlung durch Beschluss zu verwerfen. Ziel der Revisionsbeschwerde ist die Aufhebung des Verwerfungsbeschlusses des LAG, so dass das LAG über die Berufung entscheiden muss. 1

Soweit das LAG die **unzulässige Berufung** durch Beschluss **verwirft**, bestimmt § 77 als Rechtsmittel die **Revisionsbeschwerde**, die in der ZPO als Rechtsbeschwerde bezeichnet wird. Diese Regelung hat durch das Sechste Gesetz zur Änderung des Vierten Buches Sozialgesetzbuch und anderer Gesetze vom 11.11.2016 (BGBl. v. 16.11.2016, S. 2500) eine **grundlegende Änderung** erfahren. War es bisher so, dass 2

---

[1] GK-ArbGG/*Mikosch*, § 76 Rz. 30; Düwell/Lipke/*Düwell*, § 76 Rz. 48.
[2] GK-ArbGG/*Mikosch*, § 76 Rz. 30; Düwell/Lipke/*Düwell*, § 76 Rz. 48.

der Beschluss des LAG – abweichend von den Regelungen der ZPO – nur dann anfechtbar war, wenn das LAG die Revisionsbeschwerde zugelassen hatte[1], gelten mit Wirkung ab dem 17.11.2016 die allgemeinen Regeln. Gegen die Nichtzulassung der Revisionsbeschwerde kann nunmehr die Nichtzulassungsbeschwerde eingelegt werden. Da das 6. SGB IV-Änderungsgesetz keine Übergangsvorschrift enthält, kann die Nichtzulassungsbeschwerde eingelegt werden gegen alle Beschlüsse, bezüglich derer die Frist des § 72a Abs. 2 S. 1 im Zeitpunkt des Inkrafttretens noch nicht abgelaufen gewesen ist.[2]

Gemäß § 77 Satz 4 finden die Vorschriften der ZPO über das Rechtsbeschwerdeverfahren in §§ 574–577 ZPO entsprechende Anwendung.

3 Die **Revisionsbeschwerde**, bei der es sich letztlich um eine sofortige Beschwerde handelt, darf nicht mit der nach § 92 im Beschlussverfahren eröffneten Möglichkeit der Rechtsbeschwerde an das BAG verwechselt werden.

II. Zulässigkeit der Revisionsbeschwerde

1. Verwerfung der Berufung durch Beschluss

4 § 77 betrifft nur den Fall, dass das LAG eine **Berufung** gem. § 66 Abs. 2 ArbGG iVm. § 522 Abs. 1 ZPO **durch Beschluss als unzulässig verworfen** hat. Die Revisionsbeschwerde ist hingegen nicht das statthafte Rechtsmittel, wenn die Verwerfung der Berufung durch Urteil erfolgt ist. In diesem Fall ist gegen das die Berufung als unzulässig verwerfende Urteil das richtige Rechtsmittel die Revision, soweit deren Voraussetzungen vorliegen[3]. Möglich ist es in diesem Falle auch, dass die Revision aufgrund einer erfolgreichen Nichtzulassungsbeschwerde eröffnet wird. Zur Befugnis der Verwerfung der Berufung als unzulässig durch Beschluss des Vorsitzenden, vgl. § 66 Rz. 87.

5 § 77 ist entsprechend anzuwenden, wenn das LAG nach der Verwerfung der Berufung als unzulässig durch einen weiteren Beschluss einen **Antrag auf Wiedereinsetzung** in den vorigen Stand wegen der Versäumung der Berufungsfrist oder der Frist zur Begründung der Berufung **zurückgewiesen** hat[4] (vgl. auch Rz. 8). Unerheblich ist dabei, dass die Berufung schon vorher durch Beschluss als unzulässig verworfen worden ist[5]. Maßgeblich ist die Zulassung in dem neuerlichen Verwerfungsbeschluss[6]. Soweit die Wiedereinsetzung in dem Beschluss abgearbeitet worden ist, mit dem die Berufung als unzulässig verworfen worden ist, bestehen keine Besonderheiten[7].

6 **Zulässig** ist die Revisionsbeschwerde des Weiteren nur dann, **wenn** gegen ein entsprechendes Urteil das Rechtsmittel der **Revision statthaft wäre**. Denn auf die Revisionsbeschwerde ist § 72 Abs. 4 anwendbar. In einem Arrest- oder einstweiligen Verfügungsverfahren ist deshalb für die Revisionsbeschwerde kein Raum, vgl. auch § 72 Rz. 20 ff. Der einstweilige Rechtsschutz ist auf zwei Instanzen beschränkt. Dies gilt selbst dann, wenn das LAG durch Beschluss entschieden und darin die Rechtsbeschwerde zugelassen hat[8].

2. Zulassung der Revisionsbeschwerde

7 Das **LAG muss** die Revisionsbeschwerde im Beschluss über die Verwerfung der Berufung **zugelassen haben**[9]. Dabei erfolgt die Zulassung grds. im Tenor des Verwerfungsbeschlusses. Wie bei anderen nicht ver-

---

1 Dagegen sprachen keine verfassungsrechtlichen Bedenken: vgl. nur BVerfG, Beschl. des Ausschusses gem. § 93a II vom 10.8.1978 – 2 BvR 415/78, AP Nr. 19 zu § 77 ArbGG 1953. Vgl. aber auch *Gravenhorst*, FA 2017, 37 und *Ulrici*, NZA 2014, 1245.
2 So zu Recht: BeckOKArbR/*Klose*, § 77 Rz. 1-2. Vgl. *Tiedemann*, ArbRB 2017, 90.
3 BAG v. 7.11.2012 – 7 AZR 314/12, NZA 2013, 1035; BAG v. 5.9.2007 – 3 AZB 41/06, NZA 2008, 1207; BAG v. 31.7.2007 – 3 AZN 326/07, NZA 2008, 432; GK-ArbGG/*Mikosch*, § 77 Rz. 4; GMP/*Müller-Glöge*, § 77 Rz. 3; GWBG/*Benecke*, § 77 Rz. 3; Hauck/Helml/Biebl/*Hauck*, § 77 Rz. 2; ErfK/*Koch*, § 77 ArbGG Rz. 1; HWK/*Bepler/Treber*, § 77 Rz. 2.
4 BAG v. 23.5.1989 – 2 AZB 1/89, AP Nr. 14 zu § 233 ZPO; BAG v. 29.3.1971 – 4 AZB 34/70, AP Nr. 7 zu § 519b ZPO; BAG v. 24.8.2005 – 2 AZB 20/05, NZA 2005, 1265.
5 BAG v. 5.10.2010 – 5 AZB 10/10, NZA 2010, 1442; BAG v. 4.8.1969 – 1 AZB 16/69, AP Nr. 6 zu § 519b ZPO; Düwell/Lipke/*Düwell*, § 77 Rz. 4; ErfK/*Koch*, § 77 ArbGG Rz. 1; GMP/*Müller-Glöge*, § 77 Rz. 3; GK-ArbGG/*Mikosch*, § 77 Rz. 4.
6 BAG v. 4.2.1994 – 8 AZB 16/93, NZA 1994, 907.
7 BAG v. 5.10.2010 – 5 AZB 10/10, NZA 2010, 1442.
8 BAG v. 22.1.2003 – 9 AZB 7/03, AP Nr. 1 zu § 78 ArbGG 1979; GK-ArbGG/*Mikosch*, § 77 Rz. 12; GMP/*Müller-Glöge*, § 77 Rz. 4; Düwell/Lipke/*Düwell*, § 77 Rz. 6; Hauck/Helml/Biebl/*Hauck*, § 77 Rz. 3. AA *Ostrowicz/Künzl/Scholz*, Rz. 218.
9 BAG v. 23.5.2000 – 9 AZB 21/00, AP Nr. 10 zu § 77 ArbGG 1979.

kündeten Beschlüssen ist es aber ausreichend, wenn sie sich aus den Gründen ergibt[1]. Denn § 77 verweist nicht auf § 72 Abs. 1 Satz 2 (vgl. auch § 78 Rz. 75).

Eine **nachträgliche Zulassung** der Revisionsbeschwerde ist grds. nicht möglich[2]. § 72 Abs. 1 iVm. § 64 Abs. 3a Satz 2 findet keine entsprechende Anwendung, so dass eine nachträgliche Ergänzung nicht möglich ist[3]. Denn § 77 bestimmt nicht, dass die Entscheidung über die Zulassung in den Tenor des Beschlusses aufgenommen werden muss. Auch eine Ergänzung nach § 321 ZPO scheidet aus. Denkbar ist lediglich eine Korrektur des Verwerfungsbeschlusses in den engen Grenzen der **Berichtigung des Urteils** nach § 319 ZPO, soweit eine offenbare Unrichtigkeit vorhanden ist. Dies ist der Fall, wenn das Gericht die Revisionsbeschwerde zulassen wollte und dies versehentlich unterblieben ist. Das Versehen muss allerdings nach außen hervortreten und für Dritte ohne Weiteres erkennbar sein[4]. Maßgeblicher Zeitpunkt für die Beurteilung ist der Zeitpunkt der Entscheidung[5]. Hat das LAG zunächst die Berufung ohne Zulassung der Revisionsbeschwerde als unzulässig verworfen, kann die Revisionsbeschwerde auch noch in dem Beschluss zugelassen werden, in dem über die Wiedereinsetzung gem. § 233 ZPO entschieden wird, vgl. oben Rz. 5. Darüber hinaus kann die nachträgliche Zulassung im Rahmen einer Anhörungsrüge nach § 78a erfolgen[6]. Zur Frage der nachträglichen Zulassung bei greifbarer Gesetzeswidrigkeit Rz. 13, Rz. 22.

Eine **falsche Bezeichnung** des zugelassenen Rechtsmittels schadet nicht, wenn sich aus dem Gesamtzusammenhang ergibt, dass das LAG das zulässige Rechtsmittel zulassen wollte[7]. Insoweit ist der vom LAG zum Zwecke der Zulassung verwendete Begriff der Auslegung fähig.

3. Zulassungsgrund

Für die Zulassung der Revisionsbeschwerde gilt § **72 Abs. 2** entsprechend. Es muss also einer der in § 72 Abs. 2 genannten Zulassungsgründe vorliegen, also eine Rechtsfrage von grundsätzlicher Bedeutung betroffen sein, Divergenz zu einem Divergenzgericht bestehen, ein absoluter Revisionsgrund oder eine Gehörsverletzung geltend gemacht werden und vorliegen, vgl. im Einzelnen § 72 Rz. 23 ff. Einer Begründung durch das LAG bedarf es nicht, vgl. auch Rz. 11.

Die Zulassungsentscheidung steht nicht im Ermessen des Gerichts. Liegt ein in § 72 genannter Zulassungsgrund vor, ist die Revisionsbeschwerde zuzulassen.

4. Bindung des Revisionsgerichtes

Das **BAG ist an die Zulassungsentscheidung** des LAG gebunden, § 574 Abs. 3 Satz 2 ZPO. Wegen dieser Bindung kommt es für das BAG auch nicht darauf an, weshalb das LAG die Revisionsbeschwerde zugelassen hat. Eine Nachprüfung der gesetzeswidrigen Zulassungsentscheidung des LAG würde eine Begründungspflicht des LAG voraussetzen. Eine entsprechende Begründungspflicht ist indes nirgends normiert. Selbst eine offensichtlich unzutreffende Begründung der positiven Zulassungsentscheidung macht die Zulassung nicht nichtig[8]. Etwas anderes gilt nur in den Fällen, in denen die Revision von vornherein nicht in Betracht kommt, vgl. Rz. 6.

Die Entscheidung über die Zulassung muss nach § 9 Abs. 5 eine **Rechtsmittelbelehrung** enthalten. Denn es handelt sich bei der Revisionsbeschwerde um ein befristetes Rechtsmittel[9]. Enthält der Verwerfungsbeschluss keine Rechtsmittelbelehrung, kann die zugelassene Revisionsbeschwerde gem. § 9 Abs. 5 Satz 4 innerhalb eines Jahres ab Zustellung der Entscheidung eingelegt werden.

---

1 BGH v. 24.4.2013 – VII ZB 54/11, WM 2013, 1078; BAG v. 17.1.2007 – 5 AZB 43/06, NZA 2007, 644; GMP/*Müller-Glöge*, § 77 Rz. 5; HWK/*Bepler/Treber*, § 77 Rz. 4; ErfK/*Koch*, § 77 ArbGG Rz. 2; GWBG/*Benecke*, § 77 Rz. 2.
2 BGH v. 12.12.2012 – IV ZB 26/12, VersR 2013, 920.
3 GK-ArbGG/*Mikosch*, § 77 Rz. 13; HWK/*Bepler/Treber*, § 77 ArbGG Rz. 2, 4; wohl auch GMP/*Müller-Glöge*, § 77 Rz. 5. Die bisher vertretene Gegenauffassung wird aufgegeben. Vgl. auch *Tiedemann*, ArbRB 2017, 90.
4 BGH v. 24.4.2013 – VII ZB 54/11, WM 2013, 1078. Vgl. aber auch GK-ArbGG/*Mikosch*, § 77 Rz. 13, GMP/*Müller-Glöge*, § 78 Rz. 42, die eine Anwendung des § 64 Abs. 3a analog befürworten, wenn der Beschluss gar keine Stellung zur Zulassung nimmt. Wie hier HWK/*Bepler/Treber*, § 77 Rz.4.
5 BGH v. 24.4.2013 – VII ZB 54/11, WM 2013, 1078; BGH v. 30.7.2008 – II ZB 40/07, MDR 2008, 1292.
6 BGH v. 12.12.2012 – IV ZB 26/12, VersR 2013, 920; im Wege der „Gegenvorstellung" BGH v. 4.11.2007 – VII ZB 28/07, NJW-RR 2007, 1654.
7 So auch Hauck/Helml/Biebl/*Hauck*, § 77 Rz. 3.
8 GK-ArbGG/*Mikosch*, § 77 Rz. 16; GMP/*Müller-Glöge*, § 77 Rz. 7; Düwell/Lipke/*Düwell*, § 77 Rz. 8; ErfK/*Koch*, § 77 ArbGG Rz. 2; Hauck/Helml/Biebl/*Hauck*, § 77 Rz. 4. AA GWBG/*Benecke* § 77 Rz. 1; Stahlhacke/*Bader*, § 77 Rz. 2; vgl. auch BGH v. 14.5.2013 – VIII ZB 51/12.
9 ErfK/*Koch*, § 77 ArbGG Rz. 2; GMP/*Müller-Glöge*, § 77 Rz. 8; Hauck/Helml/Biebl/*Hauck*, § 77 Rz. 5.

III. Rechtsmittel gegen Nichtzulassung der Revisionsbeschwerde

13 Durch die Neuregelung vom 11.11.2016 ist die **Rechtslage** mit Wirkung ab dem 17.11.2016 **neu gestaltet** worden. Gegen den die Berufung verwerfenden Beschluss des LAG und die Nichtzulassung der Revisionsbeschwerde existierte bislang kein Rechtsmittel. Die Nichtzulassung konnte insbesondere nicht mit der Nichtzulassungsbeschwerde angefochten werden[1]. Nichts anderes galt bei offensichtlichen Verfahrensverstößen[2] oder greifbarer Gesetzeswidrigkeit, s. Rz. 22. Dies ist nunmehr anders. Soweit das LAG in seinem die Berufung verwerfenden Beschluss die Revision nicht zulässt, kann Nichtzulassungsbeschwerde beim BAG eingelegt werden.

Die Beschwerde muss in diesem Fall also innerhalb einer Notfrist von einem Monat nach Zustellung des in vollständiger Form abgefassten Beschlusses beim Bundesarbeitsgericht schriftlich **eingelegt** werden, vgl. § 72a Rz. 39–46.

Die Nichtzulassungsbeschwerde ist innerhalb einer Notfrist von zwei Monaten nach Zustellung des in vollständiger Form abgefassten Beschlusses zu **begründen**. Eine Verlängerung kommt nicht in Betracht. Inhaltlich ist das Begründungserfordernis der Nichtzulassungsbeschwerde nicht zu unterschätzen. Dabei ist zu beachten, dass es nicht darum geht, ob das arbeitsgerichtliche Urteil oder der Beschluss des LAG richtig gewesen ist. Entscheidend ist nur, ob das LAG bei seiner die unzulässige Berufung durch Beschluss verwerfenden Entscheidung die Revisionsbeschwerde hätte zulassen müssen.[3] Das Begründungserfordernis korrespondiert mit dem Zulassungsgrund. Es muss also einer der in § 72 Abs. 2 genannten Zulassungsgründe dargelegt werden, also dass eine Rechtsfrage von grundsätzlicher Bedeutung betroffen ist, Divergenz zu einem Divergenzgericht besteht, ein absoluter Revisionsgrund vorhanden ist oder eine Gehörsverletzung geltend gemacht wird und vorliegt, vgl. zu den Einzelheiten § 72a Rz. 47–65.

Das BAG entscheidet über die Nichtzulassungsbeschwerde durch Beschluss ohne mündliche Verhandlung (§ 72a Rz. 70) ohne Hinzuziehung der ehrenamtlichen Richter. Zwar wirken bei der Entscheidung über die Nichtzulassungsbeschwerde regelmäßig die ehrenamtlichen Richter mit (§ 72a Rz. 80). § 77 Satz 3 enthält insoweit aber eine abweichende Regelung[4].

Wird die Nichtzulassungsbeschwerde als unzulässig verworfen oder als unbegründet zurückgewiesen, wird der Beschluss des LAG rechtskräftig, § 72a Abs. 6 Satz 6. Ein Rechtsmittel gegen die Entscheidung des BAG existiert nicht.

Hat die Nichtzulassungsbeschwerde Erfolg, geht das Beschwerdeverfahren eo ipso in das Revisionsbeschwerdeverfahren über. Dies ergibt sich aus § 72a Abs. 6 Satz 1 und 2. Danach gilt die form- und fristgerecht eingelegte Nichtzulassungsbeschwerde als Einlegung der Revision und das Beschwerdeverfahren wird als Revisionsverfahren fortgesetzt. Dies gilt über den Verweis in § 77 Satz 2 entsprechend. Die Revisionsbeschwerde muss dann also nicht mehr separat eingelegt werden. Dem entsprechend beginnt mit der Zustellung des der Nichtzulassungsbeschwerde stattgebenden Beschlusses die Frist zur Begründung der Revisionsbeschwerde, Rz. 16 ff. Erforderlich ist die Darlegung der Umstände, aus denen sich die Rechtsverletzung ergibt und die Bezeichnung der Tatsachen, die den Mangel ergeben, sofern die Revisionsbeschwerde auf eine Verfahrensverletzung gestützt wird, § 575 Abs. 3 ZPO.

IV. Verfahren

1. Einlegung der Revisionsbeschwerde

14 Nach § 77 Satz 4 gelten die Vorschriften der ZPO über die Rechtsbeschwerde entsprechend. Insoweit greifen die §§ 574 ff. ZPO. Die Anforderungen an Frist, Form und Begründung der Revisionsbeschwerde richten sich nach § 575 ZPO. Die Einlegung erfolgt durch Einreichung einer **Beschwerdeschrift**. Die Revisionsbeschwerde muss **beim Beschwerdegericht**, dh. dem BAG, **eingelegt** werden, § 575 Abs. 1 Satz 1 ZPO. Die Einlegung bei dem Gericht, dessen Entscheidung angefochten wird, genügt nicht[5]. Für die Revisionsbeschwerde besteht **Vertretungszwang**. Sie muss deshalb von einem Rechtsanwalt unterzeichnet sein, vgl. dazu § 74 Rz. 5 ff. Die

---

1 BAG v. 31.7.2007 – 3 AZN 326/07, NZA 2008, 432; BAG v. 5.9.2007 – 3 AZB 41/06, NZA 2008, 1207; BAG v. 23.5.2000 – 9 AZB 21/00, AP Nr. 10 zu § 77 ArbGG 1979; BAG v. 25.10.1979 – 5 AZB 43/79, AP Nr. 1 zu § 77 ArbGG 1979; HWK/*Bepler*/*Treber*, § 77 Rz. 5; Hauck/Helml/Biebl/*Hauck*, § 77 Rz. 5; ErfK/*Koch*, § 77 ArbGG Rz. 2; Düwell/Lipke/*Düwell*, § 77 Rz. 2; GMP/*Müller-Glöge*, § 77 Rz. 9; GK-ArbGG/*Mikosch*, § 77 Rz. 17.
2 BAG v. 8.3.1978 – 2 AZB 32/77, AP Nr. 18 zu § 77 ArbGG 1953.
3 *Tiedemann*, ArbRB 2017, 90.
4 *Tiedemann*, ArbRB 2017, 90.
5 Zöller/*Heßler*, § 575 ZPO Rz. 4; *Schmidt*/*Schwab*/*Wildschütz*, NZA 2001, 1226; ErfK/*Koch*, § 77 ArbGG, Rz. 3, BAG v. 23.8.2001 – 7 ABR 15/01, NZA 2001, 1214.

Beschwerdefrist beträgt **einen Monat nach Zustellung** des Beschlusses. Zum Fristbeginn bei nachträglicher Zulassung durch einen Ergänzungsbeschluss gem. § 72 Abs. 1, § 64 Abs. 3a vgl. Rz. 8. Im Falle einer falschen Rechtsmittelbelehrung gilt § 9 Abs. 5 Satz 4, vgl. Rz. 12. Die Beschwerdefrist ist eine Notfrist, so dass sie nicht verlängert werden kann. Eine Wiedereinsetzung in den vorigen Stand ist möglich[1].

Die Beschwerdeschrift muss als notwendigen **Inhalt** die **Entscheidung**, gegen die die Revisionsbeschwerde gerichtet ist, **bezeichnen** und die **Erklärung enthalten**, dass gegen diese Entscheidung Revisionsbeschwerde eingelegt wird. Der Beschwerdeführer ist eindeutig zu bezeichnen. Freilich genügt es, wenn sich die Bezeichnung des Beschwerdeführers innerhalb der Beschwerdefrist aus den dem BAG vorliegenden Unterlagen zweifelsfrei entnehmen lässt. Eine Ausfertigung der beglaubigten Abschrift der angefochtenen Entscheidung soll der Revisionsbeschwerdeschrift zur Vermeidung von Unklarheiten beigefügt werden[2]. Bei Eingang der Revisionsbeschwerdeschrift sind vom BAG Prozessakten von der Geschäftsstelle des LAG anzufordern. 15

Aus dem Erfordernis der Einlegung der Revisionsbeschwerde beim Rechtsbeschwerdegericht folgt, dass ein Abhilfeverfahren nicht stattfindet[3].

2. Begründung der Revisionsbeschwerde

Die Revisionsbeschwerde ist innerhalb einer Frist **von einem Monat zu begründen**, sofern nicht schon die Beschwerdeschrift eine Begründung enthält, § 575 Abs. 2 Satz 1 ZPO. Die Frist beginnt mit der Zustellung der angefochtenen Entscheidung, § 575 Abs. 2 Satz 2 ZPO. Es handelt sich nicht um eine Notfrist. Der Vorsitzende kann die Frist auf Antrag verlängern, wenn der Gegner einwilligt, § 575 Abs. 2 Satz 3 iVm. § 551 Abs. 2 Satz 5, 6 ZPO. Liegt keine Einwilligung des Gegners vor, kann die Frist um bis zu zwei Monate verlängert werden. Die Entscheidung über die Verlängerung der Begründungsfrist ist davon abhängig, ob der Rechtsstreit durch die Verlängerung nach der Überzeugung des Vorsitzenden nicht verzögert wird, oder aber, dass der Beschwerdeführer erhebliche Gründe darlegt. Auch bei Versäumung der Begründungsfrist kommt eine Widereinsetzung in Betracht[4]. 16

Die Begründung der Revisionsbeschwerde muss die Erklärung enthalten, **in wieweit** die Entscheidung des LAG **angefochten und** deren **Aufhebung beantragt** wird. Der Antrag kann zB lauten, das konkret nach Datum und Aktenzeichen bezeichnete Urteil aufzuheben und die Sache zur erneuten Verhandlung und Entscheidung an das LAG zurückzuverweisen[5]. Weiterhin ist darzulegen, in wieweit die Voraussetzungen für die Zulässigkeit des Rechtsmittels vorliegen. Anzugeben sind auch die Umstände, aus denen sich die Rechtsverletzung ergibt und die Bezeichnung der Tatsachen, die den Mangel ergeben, sofern die Revisionsbeschwerde auf eine Verfahrensverletzung gestützt wird, § 575 Abs. 3 ZPO. Im Wesentlichen gelten hier die gleichen Erfordernisse wie für die Begründung der Revision, vgl. § 74 Rz. 48 ff. Ist die Begründung unzureichend, ist die Revisionsbeschwerde unzulässig, § 577 Abs. 1 Satz 2 ZPO[6]. 17

3. Entscheidung über die Revisionsbeschwerde

Das BAG **kann** über die Revisionsbeschwerde **ohne mündliche Verhandlung** entscheiden. Ehrenamtliche Richter sind nicht hinzuzuziehen, § 77 Abs. 3. Aufgrund der eindeutigen gesetzlichen Anordnung gilt dies unabhängig davon, ob über die Revisionsbeschwerde ohne mündliche Verhandlung oder aufgrund einer mündlichen Verhandlung entschieden wird[7]. 18

Im Verfahren der Revisionsbeschwerde entscheidet ein Senat des BAG auch dann in der nach § 77 Satz 2 vorgeschriebenen Besetzung, wenn er bei einem anderen Senat gem. § 45 Abs. 3 Satz 1 anfragt, ob dieser an seiner Rechtsauffassung festhält. § 45 Abs. 3 Satz 3 ist nicht anzuwenden, soweit er die Beschlussfassung in der für Urteile erforderlichen Besetzung vorschreibt[8].

Der Prüfungsumfang richtet sich nach § 577 ZPO. Danach ist die Revisionsbeschwerde bei **Form- und Fristmängeln** vom BAG als unzulässig zu **verwerfen**, vgl. § 577 Abs. 1 Satz 1 und 2 ZPO. Das BAG hat dabei von Amts wegen zu prüfen, ob die Revisionsbeschwerde in der gesetzlichen Form und Frist eingelegt und begründet wurde. Gleiches gilt, wenn die Revisionsbeschwerde nicht vom LAG zugelassen oder auf eine Nichtzulassungsbeschwerde hin eröffnet worden ist. 19

---

1 Zöller/*Heßler*, § 575 ZPO Rz. 2; ErfK/*Koch*, § 77 ArbGG, Rz. 3; GK-ArbGG/*Mikosch*, § 77 Rz. 21.
2 Zöller/*Heßler*, § 575 ZPO Rz. 3.
3 Zöller/*Heßler*, § 575 ZPO Rz. 5; GK-ArbGG/*Mikosch*, § 77 Rz. 9.
4 BGH v. 15.1.2008 – XI ZB 11/07, NJW 2008, 1164; GK-ArbGG/*Mikosch*, § 77 Rz. 23.
5 Vgl. *Hamacher*, Antragslexikon Arbeitsrecht Rechtsmittelverfahren IV.
6 Vgl. auch *Schmidt/Schwab/Wildschütz*, NZA 2001, 1226.
7 HWK/*Bepler/Treber*, § 77 Rz. 7; Hauck/Helml/Biebl/*Hauck*, § 77 Rz. 7.
8 BAG v. 19.6.1998 – 6 AZB 48/97 (A) NZA 1998, 1076.

20 Ist die Revisionsbeschwerde zulässig, aber unbegründet, wird sie zurückgewiesen.

21 Ist die Revisionsbeschwerde zulässig und begründet, wird der **Verwerfungsbeschluss aufgehoben**. Damit steht die Zulässigkeit der Berufung fest und das Verfahren wird wieder in der Berufungsinstanz anhängig[1]. Das LAG ist in diesem Falle an die Entscheidung des BAG gebunden und hat über die Berufung zu entscheiden, vgl. § 577 Abs. 4 Satz 4 ZPO. Ausnahmsweise kommt eine Aufhebung und Zurückverweisung an das LAG zur erneuten Entscheidung über die Zulässigkeit der Berufung in Betracht. Dies ist etwa der Fall, wenn das LAG verfahrensfehlerhaft entschieden hat, dass die Sache noch nicht entscheidungsreif ist[2]. Nach § 575 Abs. 5 iVm. § 570 Abs. 3 ZPO kann das BAG vor der Entscheidung eine einstweilige Anordnung erlassen. Es kann insbesondere die Vollziehung der angeordneten Entscheidung einschließlich der des ArbG aussetzen[3]. Dies kommt aber nur in Betracht, wenn die Revisionsbeschwerde zulässig und in der Sache nicht aussichtslos ist, was anhand der Begründung der Revisionsbeschwerde zu prüfen ist[4].

V. Die Anfechtung von Entscheidungen, die keinem Rechtsmittel unterliegen

22 Soweit Entscheidungen nach der gesetzlichen Regelung nicht mit Rechtsmitteln oder Rechtsbehelfen überprüft werden können, stellt sich im Einzelfall die Frage, ob und inwieweit eine Überprüfung der Entscheidung gleichwohl in Betracht kommen kann. Vor der Eröffnung der Nichtzulassungsbeschwerde durch das 6. SGB IV-Änderungsgesetz stellte sich diese Frage auch hier. Das BAG erkannte zunächst einen im Gesetz nicht vorgesehenen außerordentlichen Rechtsbehelf der **außerordentlichen sofortigen Beschwerde** an, der auf die Ausnahmefälle krassen Unrechts beschränkt war. Diese Voraussetzung sollte vorliegen, wenn die Entscheidung mit der geltenden Rechtsordnung schlechthin unvereinbar ist, weil sie jeder rechtlichen Grundlage entbehrt und dem Gesetz inhaltlich fremd ist[5]. An dieser Sichtweise ist richtig, dass die Garantie eines effektiven Rechtsschutzes erfordert, den Rechtsuchenden bei greifbarer Gesetzeswidrigkeit nicht schutzlos zu stellen. Indes bedarf es dafür nicht der Anerkennung eines außerhalb des gesetzlichen Rechtsmittelkataloges stehenden Rechtsbehelfes. Denn in diesen Fällen greift regelmäßig die Korrekturmöglichkeit der Anhörungsrüge nach § 78a Platz. Diese Möglichkeit der Selbstkorrektur ist vorrangig. Zudem ist zwischenzeitlich auch Rechtsschutz in Form der Untätigkeitsbeschwerde bei überlanger Verfahrensdauer normiert. Im Ergebnis ist damit ein außerordentlicher Rechtsbehelf abzulehnen[6] (vgl. umfassend § 78 Rz. 101 ff.).

Vierter Unterabschnitt. Beschwerdeverfahren, Abhilfe bei Verletzung des Anspruchs auf rechtliches Gehör

§ 78 Beschwerdeverfahren

Hinsichtlich der Beschwerde gegen Entscheidungen der Arbeitsgerichte oder ihrer Vorsitzenden gelten die für die Beschwerde gegen Entscheidungen der Amtsgerichte maßgebenden Vorschriften der Zivilprozessordnung entsprechend. Für die Zulassung der Rechtsbeschwerde gilt § 72 Abs. 2 entsprechend. Über die sofortige Beschwerde entscheidet das Landesarbeitsgericht ohne Hinzuziehung der ehrenamtlichen Richter, über die Rechtsbeschwerde das Bundesarbeitsgericht.

---

1 BAG v. 4.6.2008 – 3 AZB 37/08, NZA-RR 2009, 555.
2 GK-ArbGG/*Mikosch*, § 77 Rz. 27; ErfK/*Koch*, § 77 ArbGG Rz. 6; Düwell/Lipke/*Düwell*, § 77 Rz. 16; GMP/*Müller-Glöge*, § 77 Rz. 16; Hauck/Helml/Biebl/*Hauck*, § 77 Rz. 7; HWK/*Bepler*/*Treber*, § 77 Rz. 7; BeckOKArbR/*Klose*, § 77 Rz. 4.
3 BGH v. 27.7.2006 – IX ZB 204/04, NJW 2006, 3553; BGH v. 1.2.2005 – IX ZB 208/05, NJW-RR 2006, 332.
4 Zöller/*Heßler*, § 575 ZPO Rz. 11.
5 BAG v. 5.11.2003 – 10 AZB 59/03, NZA 2003, 1421; BAG v. 19.6.2002 – 2 AZB 9/02, ArbuR 2002, 470; BGH v. 14.12.1989 – IX ZB 40/89, NJW 1990, 1794; BGH v. 12.10.1989 – VII ZB 4/89, BGHZ 109, 41; BGH v. 4.3.1993 – V ZB 5/99, BGHZ 121, 397; BGH v. 8.10.1992 – VII ZB 9/92, BGHZ 119, 372; vgl. auch BAG v. 22.10.1999 – 5 AZB 21/99, NZA 2000, 503; BAG v. 23.5.2000 – 9 AZB 21/00, NZA 2000, 844.
6 BAG v. 6.1.2015 – 6 AZB 105/14, AP ArbGG 1979 § 77 Nr. 13; BVerfG v. 25.11.2008 – 1 BvR 848/07, NJW 2009, 829; BAG v. 3.2.2009 – 3 AZB 101/08, NZA 2009, 396; GWBG/*Benecke*, § 77 Rz. 3; ErfK/*Koch*, § 78 ArbGG Rz. 12. Noch anders: GK-ArbGG/*Mikosch*, § 77 Rz. 18.

I. Grundsätzliches	1	VII. Rechtsmittel im Beschwerdeverfahren	66
II. Beschwerdefähige Entscheidungen		VIII. Die Rechtsbeschwerde	71
1. Allgemeines	8	1. Wesen der Rechtsbeschwerde	72
2. Die Statthaftigkeit der sofortigen Beschwerde	14	2. Anwendungsbereich der Rechtsbeschwerde	73
3. Die Erinnerung	21	3. Statthaftigkeit der Rechtsbeschwerde	74
4. Entscheidungen des Rechtspflegers	22	4. Die Anschlussrechtsbeschwerde	77
III. Beschwerdefrist	25	5. Frist, Form und Begründung der Rechtsbeschwerde	78
IV. Die Einlegung der Beschwerde	29	6. Prozessuale Behandlung der Rechtsbeschwerde durch das Bundesarbeitsgericht	95
V. Die Entscheidung des Arbeitsgerichts über die Beschwerde		IX. Greifbare Gesetzwidrigkeit	101
1. Abhilfeentscheidung des Arbeitsgerichts	43	X. Die Gegenvorstellung	104
2. Nichtabhilfe durch das Arbeitsgericht	51		
VI. Die Entscheidung des Landesarbeitsgerichts über die Beschwerde	54		

Schrifttum: *Althammer/Löhning*, ZPO-Reform und Meistbegünstigungsgrundsatz, NJW 2004, 1567; *Bader*, Auswirkungen des neuen Beschwerderechts auf die Wertbeschwerden im arbeitsgerichtlichen Verfahren, NZA 2002, 121; *v. Gierke/Seiler*, Revisionszulassung und Rechtsbeschwerdezulässigkeit – Tendenzen in der neueren Rechtsprechung des BGH, NJW 2004, 1497; *Nägele/Böhm*, Die Gegenvorstellung – ein wichtiger Rechtsbehelf im arbeitsgerichtlichen Verfahren, ArbRB 2004, 126; *Schmidt/Schwab/Wildschütz*, Die Auswirkungen der Reform des Zivilprozesses auf das arbeitsgerichtliche Verfahren, NZA 2001, 1161 und 1217; *Schneider*, ZPO-Reform: Abhilfe im Beschwerdeverfahren, MDR 2003, 253; *Schwab/Wildschütz/Heege*, Disharmonien zwischen ZPO und ArbGG, NZA 2003, 999; *Schwab/Maatje*, Zulässigkeitsprobleme bei Verfahrens- und Wertbeschwerden, NZA 2011, 769; *Steinbeiß-Winkelmann*, Die Verfassungsbeschwerde als Untätigkeitsbeschwerde?, NJW 2008, 1783.

I. Grundsätzliches

§ 78 enthält nur geringe eigene Spezialregelungen, so dass in arbeitsgerichtlichen Streitigkeiten für die Verfahrensbeschwerde weitgehend die **§§ 567 ff. ZPO entsprechende Anwendung** finden. Die auf zwei Wochen befristete sofortige Beschwerde dient dem berechtigten Interesse der Beteiligten nach Beschleunigung des Verfahrens und der möglichst frühzeitigen Schaffung von klaren Rechtslagen in Verfahrensfragen. Bei nachträglicher Änderung der Sachlage kann idR ein weiterer neuer Antrag gestellt werden. Wegen sozialhilferechtlicher Aspekte des Prozesskostenhilfeverfahrens beträgt in solchen Verfahren die Anfechtungsmöglichkeit von Negativentscheidungen einen Monat (§ 127 Abs. 2, 3 ZPO). Die Rechtsbeschwerde zum BAG trägt zur Rechtsvereinheitlichung und Rechtsklarheit bei. Sie eröffnet dem BAG den Weg, Fragen von grundsätzlicher Bedeutung auch in den für den Rechtsalltag bedeutenden Verfahrensfragen zu klären. Wo sie fehlt, muss die Praxis ggfs. mit einer breiten Meinungsvielfalt der Instanzgerichte, die dem Rechtsanwender die tägliche Praxis erheblich erschwert, zurechtkommen. 1

Die **sofortige Beschwerde** ist trotz ihres nur modifizierten Devolutiveffektes kein Rechtsbehelf, sondern ein echtes **Rechtsmittel**[1], für das § 78 Satz 1 die Vorschriften der §§ 567–577 ZPO im arbeitsgerichtlichen Verfahren entsprechend anwendbar erklärt. Das hat zur Folge, dass mit der sofortigen Beschwerde anfechtbare Entscheidungen gem. § 9 Abs. 5 mit einer Rechtsmittelbelehrung zu versehen und gem. § 329 Abs. 3 ZPO zuzustellen sind. Das Beschwerdeverfahren unterscheidet sich vom Berufungsverfahren insbesondere durch eine geringere Formenstrenge, kürzere Fristen, ein vereinfachtes Verfahren, in dem in vielen Fällen ohne mündliche Verhandlung, insbesondere durch das LAG, entschieden wird, was zu einer erheblichen Verfahrensbeschleunigung führt. 2

Nicht primär erfasst werden von den §§ 567 ff. ZPO Entscheidungen aufgrund von **Gesetzen außerhalb der ZPO**, die meist rechtswegübergreifend gelten: Solche Normen enthalten zum Teil eigenständige Verfahrensregelungen und ein teilweise gesondert geregeltes Beschwerderecht. Dazu zählen zB die Verfahren der §§ 66–70 GKG, §§ 33, 56, 59 RVG oder § 4 Abs. 3–8 JVEG. So bestimmt etwa § 33 Abs. 3 Satz 3 RVG, dass gegen die Entscheidung des ArbG über die Festsetzung des Gegenstandswertes die Beschwerde binnen zwei Wochen nach Zustellung der Entscheidung einzulegen ist, nach § 68 Abs. 1 Satz 3 GKG sind die Erinnerung und die Beschwerde an keine kurze Frist gebunden. In beiden Fällen ist eine Abhilfemöglichkeit durch das erstinstanzliche Gericht vorgesehen. Für diese eigenständigen Regelungen gelten die §§ 567 ff. 3

---

1 Zöller/*Heßler*, § 567 ZPO Rz. 1; *Schmidt/Schwab/Wildschütz*, NZA 2001, 1217 (1224).

ZPO nicht. Daraus folgt, dass etwa in Wertfestsetzungsverfahren aufgrund der Spezialregelungen in § 33 RVG oder §§ 68, 66 GKG auch keine Rechtsbeschwerde zum BAG stattfindet[1].

4   Auch im Beschwerdeverfahren werden vom zweitinstanzlichen Gericht Tatsachenentscheidungen getroffen und Rechtsfragen geklärt. Dabei kann die Beschwerde nach § 571 Abs. 1 Satz 2 ZPO auf neue Tatsachen und Beweismittel gestützt werden. Wegen des Rechtsmittelcharakters der Beschwerde hat sie einen **Suspensiveffekt**, da durch ihre Einlegung der Eintritt der Rechtskraft hinausgeschoben wird. Sie enthält aber auch einen **modifizierten Devolutiveffekt**, indem sie die von ihr betroffene Rechtsfrage in die nächste Instanz bringt, vorausgesetzt, das ArbG hilft der Beschwerde nicht ab (§ 572 Abs. 1 ZPO). Die Abhilfemöglichkeit verkürzt das Verfahren und entlastet das Beschwerdegericht, ändert aber nichts am Rechtsmittelcharakter des Gesamtverfahrens, da erst mit Vorlage zum LAG der Angriff zur Beschwerde wird.

Die sofortige **Beschwerde** zeichnet sich durch ein erheblich **beschleunigtes Verfahren** aus. Insoweit beinhaltet das Beschwerdeverfahren erhebliche Vorteile gegenüber dem schwerfälligen Verfahren eines Zwischenurteils (§ 303 ZPO).

5   **§ 78 findet Anwendung** im arbeitsgerichtlichen **Urteilsverfahren**, und zwar sowohl in normalen Hauptsacheverfahren wie auch in Arrest- und einstweiligen Verfügungsverfahren. Im **Beschlussverfahren** der §§ 80 ff. verweist § 83 Abs. 5 auf § 78, so dass über diese Verweisungsnormen auch in dieser Verfahrensart in dortigen Verfahrensbeschwerden die §§ 567 ff. ZPO letztlich anwendbar sind. Trotz der überwiegenden Namensgleichheit (Beschwerde) unterscheiden sich beide Rechtsmittel erheblich. Mit der Verfahrensbeschwerde nach § 78 ArbGG iVm. §§ 567 ff. ZPO werden zum ganz überwiegenden Teil arbeitsgerichtliche Entscheidungen im Laufe eines erstinstanzlichen Verfahrens selbständig angefochten. Dagegen richtet sich im Beschlussverfahren die Beschwerde von § 87 gegen den das Verfahren beendenden Beschluss des ArbG in der Hauptsache und entspricht damit der Berufung im Urteilsverfahren. Somit können in einem Beschlussverfahren bestimmte Verfahrensentscheidungen des ArbG mit der (Verfahrens-)Beschwerde nach § 83 Abs. 5 angefochten werden und die spätere Endentscheidung mit der Beschwerde von § 87.

6   § 78 ArbGG iVm. §§ 567 ff. ZPO stellen bestimmte **erstinstanzliche** Entscheidungen mit dem Rechtsmittel der sofortigen Beschwerde zur Überprüfung des LAG. Im Erfolgsfalle greift das Beschwerdegericht auf diese Weise in Einzelfragen in das meist noch laufende erstinstanzliche Verfahren korrigierend ein. § 78 Satz 1 erfasst **keine Erstentscheidungen des LAG** in einem laufenden Berufungsverfahren. Diese sind nach § 574 Abs. 1 Nr. 2 ZPO nur mittels einer ausdrücklich vom LAG zugelassenen Rechtsbeschwerde zum BAG angreifbar. Fehlt eine Zulassung durch das LAG sind sie unanfechtbar, eine Art Nichtzulassungsbeschwerde gibt es hier nicht. Nach § 567 Abs. 1 ZPO findet die Beschwerde nur gegen „erstinstanzliche" Entscheidungen statt. Abgesehen von der Rechtsbeschwerde der §§ 574 ff. ZPO fehlt eine entsprechende Vorschrift für die 2. Instanz, etwa als Nachfolgenorm von § 70 aF[2].

7   In der **Verfahrensgestaltung** enthalten die Beschwerdevorschriften nur lückenhafte Regelungen. Soweit Sondervorschriften in den §§ 567 ff. ZPO fehlen, ist es aufgrund des Rechtsmittelcharakters angezeigt, auf die allgemeinen Grundsätze des Berufungsverfahrens und der §§ 46 ff. zurückzugreifen. Durch die Verweisungsregelungen von § 64 Abs. 6 und 7 kommen so oftmals die **allgemeinen Verfahrensvorschriften** zur Anwendung. So bedürfen etwa Beschlüsse der richterlichen Unterschrift; fehlt sie, liegt nur ein Scheinbeschluss vor[3]. Auch sind Beschlüsse von Amts wegen zuzustellen (§ 50). Beim Rückgriff auf die allgemeinen Bestimmungen ist aber Bedacht zu nehmen, dass der zu treffende Beschluss des LAG in aller Regel ohne mündliche Verhandlung ergeht. Auch entscheidet der Vorsitzende in der Beschwerdeinstanz stets allein (§ 78 Satz 3). Nach dem eindeutigen Wortlaut dieser Norm ist allein der Vorsitzende und nicht die Kammer auch dann funktional zuständig, wenn das LAG über die sofortige Beschwerde aufgrund mündlicher Verhandlung entscheidet.

II. Beschwerdefähige Entscheidungen

1. Allgemeines

8   Ob eine arbeitsgerichtliche Entscheidung mittels sofortiger Beschwerde angefochten werden kann, ist eine Frage der **Statthaftigkeit des Rechtsmittels**. Insoweit sieht § 567 Abs. 1 ZPO eine Mischung aus Enumerationsprinzip (Nr. 1) und Generalklausel (Nr. 2) vor. Der Beschwerderechtszug ist eröffnet in allen Einzelfällen, in denen die ZPO oder andere Gesetze das Rechtsmittel der allein noch bestehenden soforti-

---

1 BAG v. 17.3.2003 – 2 AZB 21/02, NZA 2003, 682.
2 Vgl. die Kommentierung von § 70 in der 1. Aufl.
3 BAG v. 18.5.2010 – 3 AZB 9/10, NJW 2010, 2748.

gen Beschwerde ausdrücklich vorsehen. Daneben greift die abstrakt generelle Regelung von § 567 Abs. 1 Nr. 2 ZPO (s. Rz. 16–19) unter den **drei** kumulativ erforderlichen **Voraussetzungen**, dass das ArbG
a) nur auf Antrag einer Partei über ein das Verfahren betreffendes Gesuch entscheidet und
b) dieses zurückgewiesen hat und
c) über das ohne mündliche Verhandlung entschieden werden kann.

Wie jedes Rechtsmittel setzt die Beschwerde eine **Beschwer** des Beschwerdeführers voraus (vgl. insoweit § 64 Rz. 13 ff.). Der Beschwerdeführer muss mit diesem Rechtsmittel den Entscheidungssatz inhaltlich anfechten und die Beseitigung eines in der angefochtenen Entscheidung gesehenen materiellen Nachteils anstreben und im Beschwerdeverfahren nicht nur etwas inhaltlich anderes oder auch nur eine andere Begründung[1] verlangen. Die Beschwer muss noch im Zeitpunkt der Entscheidung über das Rechtsmittel gegeben sein, andernfalls ist es als unzulässig zu verwerfen[2]. An einer Beschwer fehlt es zB, wenn in einem Beschlussverfahren der BR – im Gegensatz zum nach § 40 BetrVG erstattungspflichtigen ArbGeb – bei einer gerichtlichen Gegenstandswertfestsetzung (§ 33 RVG) mittels Beschwerde einen höheren Gegenstandswert für seinen Rechtsanwalt erstrebt. Hier ist nur der verfahrensbevollmächtigte Rechtsanwalt, aber nicht der BR beschwert. Gleiches gilt grds. für eine Wertbeschwerde der Partei mit dem Ziel, eine Werterhöhung für den eigenen oder sogar gegnerischen Rechtsanwalt zu erreichen. Die Beschwer muss sich aus dem materiellen Inhalt der Entscheidung ergeben. Wie beim Berufungsverfahren (vgl. § 64 Rz. 21) ist auch beim Beschwerdeverfahren der Beschwerde**gegner** materiell beschwert, wenn der Antrag des Beschwerdeführers als unzulässig verworfen statt als unbegründet zurückgewiesen wird[3]. 9

In **Kostensachen**[4] wird zudem als besondere Zulässigkeitsvoraussetzung eine **Mindestbeschwerdesumme** vorausgesetzt. In diesen Fällen ist die Beschwerde gem. § 567 Abs. 2 Satz 1 ZPO nur statthaft, wenn im maßgeblichen Zeitpunkt der Beschwerdeeinlegung der Wert des Beschwerdegegenstandes **200 Euro** übersteigt. Berechnet wird dieser Betrag nicht nach dem Kostengesamtbetrag, sondern nach der Differenz, um den sich der Beschwerdeführer wirtschaftlich verbessern will[5]. Es sind die Gebühren, die der Rechtsanwalt im Fall des vom ArbG festgesetzten Werts erhält denen gegenüberzustellen, die er erhalten würde im Fall der von ihm begehrten Festsetzung. Dabei ist jeweils die auf die Vergütung entfallene **Umsatzsteuer hinzuzurechnen**, ungeachtet dessen, dass sie der Anwalt an das FA abzuführen hat. 10

Wird mit der Beschwerde die **Kostengrundentscheidung** in den Fällen von § 91a Abs. 2 Satz 2 ZPO und § 99 Abs. 2 Satz 2 ZPO angefochten, dann ist weitere Zulässigkeitsvoraussetzung, für die sofortige Beschwerde, dass der **Streitwert der Hauptsache** 600 Euro übersteigt. Die sofortige Beschwerde ist in den beiden Fällen daher nur zulässig, wenn bei einer Streitigkeit iSv. § 64 Abs. 2 Buchst. b die Hauptsache berufungsfähig wäre. Anders als bei der sofortigen Beschwerde gegen einen Beschluss, mit dem die Bewilligung von Prozesskostenhilfe abgelehnt worden ist und gegen den nach § 46 Abs. 2 Satz 3 die sofortige Beschwerde nicht nur bei Überschreitung des Betrages von 600 Euro, sondern stets bei Bestandsschutzstreitigkeiten statthaft ist[6], enthalten die beiden Bestimmungen eine derartige Harmonisierung im Rechtsmittel des arbeitsgerichtlichen Verfahrens nicht. Von einem Übersehen des Gesetzgebers kann in den §§ 91a, 99 ZPO angesichts der praktizierten Angleichung in § 46 Abs. 2 Satz 3 nicht ausgegangen werden[7]. Auch stellen die § 91a Abs. 2 und § 99 Abs. 2 ZPO auf den Streitwert des Verfahrens ab, während bei § 64 Abs. 2 Buchst. b der Beschwerdewert maßgeblich ist. Damit bedarf es auch bei einer Bestandsschutzstreitigkeit für eine Anfechtbarkeit auch in den beiden Fällen der Kostenentscheidung bei einer Erledigungserklärung und einem Anerkenntnisurteil stets eines Streitwertes in der Hauptsache, der 600 Euro übersteigt[8].

Wendet sich die Beschwerde nicht gegen die generelle Kostentragungspflicht, sondern gegen **bestimmte Ansätze oder gegen die Höhe** von festgesetzten Kosten, Gebühren oder Auslagen oder gegen die Wertfestsetzung, dann beträgt auch hier die Zulässigkeitsgrenze 200 Euro. Unter diese Kategorie fallen zB Wertbeschwerden nach § 33 Abs. 3 RVG bzw. § 68 Abs. 1 GKG, Beschwerden gegen die Zurückweisung der Erinnerung gegen den Gerichtskostenansatz nach § 66 Abs. 2 GKG (vgl. zu den drei vorgenannten Fällen auch Rz. 3), Beschwerden gegen die Kostenfestsetzung nach §§ 103 ff. ZPO, § 11 RVG oder des im Prozesskostenhilfeverfahren beigeordneten Rechtsanwalts nach § 56 Abs. 2 Satz 1 iVm. § 33 Abs. 3 RVG. Ange- 11

---
1 Zöller/Heßler, § 567 ZPO Rz. 5.
2 Musielak/Ball, § 567 ZPO Rz. 19.
3 LAG Hamm v. 7.11.1985 – 8 Ta 34/85, AP Nr. 8 zu § 5 KSchG 1969.
4 Gleiches gilt bei den befristeten Wertbeschwerden von § 33 Abs. 3 RVG bzw. § 68 Abs. 1 GKG.
5 LAG Rh.-Pf. v. 27.1.1012 – 1 Ta 285/11.
6 BAG v. 8.9.2011 – 3 AZB 46/10, NZA 2011, 1382.
7 Vgl. Schwab/Wildschütz/Heege, NZA 2003, 999.
8 Schmidt/Schwab/Wildschütz, NZA 2001, 1161; GMP/Müller-Glöge, § 78 Rz. 10.

12 Zur Zulässigkeit einer Beschwerde gehört ua. auch der **Nachweis des Übersteigens der Beschwerdesumme**, sofern dies aus dem Rechtsbegehren nicht ohne Weiteres ersichtlich ist. Der Wert des Beschwerdegegenstandes ist allerdings bedeutungslos, wenn der Erlass der beantragten Entscheidung generell verweigert wird. Bei der völligen Verweigerung einer Kostengrundentscheidung oder einer Festsetzung spielt ein Beschwerdewert keine Rolle[1]. Gleiches gilt auch, wenn das ArbG die Beschwerde wegen grundsätzlicher Bedeutung zugelassen hat (vgl. zB § 33 Abs. 3 Satz 2 RVG, § 68 Abs. 1 Satz 2 GKG).

Hilft das ArbG einer Beschwerde **teilweise ab**, so dass beim dann noch verbleibenden Differenzbetrag die Beschwerdesumme von 200,01 Euro nicht mehr erreicht ist, dann wird die beim LAG anfallende Beschwerde unstatthaft[2].

13 Auch im arbeitsgerichtlichen Verfahren ist eine **Anschlussbeschwerde** gem. § 567 Abs. 3 ZPO zulässig. Eine Anschließung kommt in Betracht, wenn eine mögliche Beschwerdesumme nicht erreicht ist oder der Beschwerdegegner von der Einlegung einer statthaften Beschwerde absieht in der Hoffnung, auch der Gegner werde seinen Teil des Unterliegens akzeptieren. Sieht er sich in dieser Hoffnung getäuscht, bietet ihm § 567 Abs. 3 ZPO die Möglichkeit, ungeachtet eines eventuell erklärten Rechtsmittelverzichts oder des zwischenzeitlichen Ablaufs der Beschwerdefrist unselbständige Anschlussbeschwerde einzulegen mit dem Ziel, eine Änderung der arbeitsgerichtlichen Entscheidung zu seinen Gunsten zu erreichen. § 567 Abs. 3 ZPO ist inhaltlich den Bestimmungen über die Anschlussberufung (§ 524 ZPO) nachgebildet, so dass die dort geltenden Grundsätze (vgl. § 64 Rz. 188 ff.) auch bei der Anschlussbeschwerde Anwendung finden, sofern die §§ 567 ff. ZPO keine Sonderregelungen enthalten. So besteht zB im Gegensatz zu § 524 Abs. 3 ZPO für die Anschlussbeschwerde kein Begründungszwang, sie „soll" nach § 571 Abs. 1 ZPO nur begründet werden. Die Anschlussbeschwerde kann auch nur zur Geltendmachung neuer Ansprüche eingelegt werden, selbst wenn diese eine etwaige Beschwerdesumme nicht erreichen. Solange das ArbG über eine (Haupt-)Beschwerde noch nicht gem. § 572 Abs. 1 ZPO entschieden hat, ist die Anschlussbeschwerde beim ArbG einzulegen, das dann auch zu prüfen hat, ob es der Anschlussbeschwerde abhilft. Befindet sich das Beschwerdeverfahren bereits beim LAG, kann die Anschließung nur noch bei diesem erklärt werden. Eine dann noch beim ArbG eingereichte Anschließung ist von diesem ohne Abhilfeentscheidung dem LAG weiterzuleiten, weil das Verfahren nicht mehr beim ArbG anhängig ist[3].

2. Die Statthaftigkeit der sofortigen Beschwerde

14 Zur Zulässigkeit der sofortigen Beschwerde nach § 567 Abs. 1 Nr. 1 ZPO vgl. Rz. 8.

15 **Beispielsfälle**, in denen eine sofortige Beschwerde **gesetzlich vorgesehen** (§ 567 Abs. 1 **Nr. 1** ZPO) ist:

Die ZPO und das ArbGG enthalten zahlreiche einzelne Bestimmungen, die ausdrücklich vorschreiben, dass gegen bestimmte gerichtliche Entscheidungen das Rechtsmittel der sofortigen Beschwerde statthaft ist. Das sind zB sofortige Beschwerden nach § 127 Abs. 2 ZPO (Nichtbewilligung oder Aufhebung einer bewilligten Prozesskostenhilfe, Ablehnung der Beiordnung eines Rechtsanwalts im Prozesskostenhilfeverfahren oder Auferlegung von Raten), § 252 ZPO (Anordnung einer Verfahrensaussetzung), § 380 Abs. 3, § 141 Abs. 3 Satz 1 ZPO (Ordnungsgelder gegen geladene, aber nicht erschienene Zeugen bzw. Parteien), gegen den Kostenfestsetzungsbeschluss nach Erledigung der Hauptsache (§ 91a Abs. 2 ZPO), gegen die Kostenentscheidung im Anerkenntnisurteil[4] (§ 99 Abs. 2 ZPO), gegen die Ablehnung einer Aussetzungs- oder Ruhensanordnung (§ 252 ZPO), gegen eine vorgenommene Urteilsberichtigung (§ 319 Abs. 3 ZPO), gegen Entscheidungen im Zwangsvollstreckungsverfahren, die ohne mündliche Verhandlung ergehen (§ 793 ZPO), wie zB Beschlüsse über Zwangsmittel gem. § 888 ZPO, gegen einen Beschluss über die Zulässigkeit des beschrittenen Rechtsweges (§ 17a Abs. 4 Satz 2 GVG) oder über die richtige Verfahrensart (§ 48 Abs. 1 ArbGG iVm. § 17a Abs. 4 Satz 2 GVG)[5]. Sieht das Gesetz gegen eine gerichtliche Entscheidung die sofortige Beschwerde vor (zB gegen eine – vorübergehende – Verfahrensaussetzung nach § 252 ZPO), dann ist erst recht ein Rechtsmittel gegen einen Beschluss statthaft, der noch weitergehende Rechtsfolgen feststellt (zB dauernde Beendigung des Verfahrens)[6].

---

1 Zöller/*Heßler*, § 567 ZPO Rz. 39.
2 Düwell/Lipke/*Oesterle*, § 78 Rz. 22; GMP/*Müller-Glöge*, § 78 Rz. 23; Zöller/*Heßler*, § 567 ZPO Rz. 47;.
3 Zöller/*Heßler*, § 567 ZPO Rz. 61.
4 Vgl. BGH v. 22.10.2015 – V ZB 93/13, NJW 2016, 572, Anerkenntnis unter einem Zug-um-Zug-Vorbehalt.
5 Vgl. eine weitere Einzelauflistung: Stein/Jonas/*Grunsky*, § 567 ZPO Rz. 11.
6 BAG v. 22.4.2009 – 3 AZB 97/08, NZA 2009, 804.

Die sofortige Beschwerde findet gem. § 567 Abs. 1 Nr. 2 ZPO ferner statt gegen solche Entscheidungen, die 16
- eine mündliche Verhandlung nicht erfordern und
- durch die ein das Verfahren betreffendes Gesuch einer Partei zurückgewiesen wird und
- es sich dabei um eine Entscheidung handelt, die nicht von Amts wegen getroffen werden musste, sondern nur aufgrund eines Antrages der Beschwerdepartei ergangen ist.

Alle drei Voraussetzungen müssen **kumulativ erfüllt** sein. Diese Einschränkungen bezwecken, das Verfahren in der Hauptsache nicht durch Rechtsmittel gegen Zwischen- und Nebenentscheidungen unvertretbar auf Kosten eines wirksamen Rechtsschutzes zu verzögern.

Ausreichend ist nach dem Wortlaut von § 567 Abs. 1 ZPO, dass die Entscheidung **ohne mündliche Verhandlung** ergehen **kann**. Ob im Einzelfall mündlich verhandelt worden ist, spielt keine Rolle. Ist für eine bestimmte Entscheidung eine mündliche Verhandlung obligatorisch vorgeschrieben, ist die zu treffende Entscheidung nur bei ausdrücklicher gesetzlich angeordneter Zulassung (§ 567 Abs. 1 Nr. 1 ZPO) beschwerdefähig. Fehlt eine solche Zulassung, kann die Entscheidung allenfalls im Rahmen eines Rechtsmittelverfahrens gegen die Hauptsacheentscheidung zur Überprüfung durch das LAG gestellt werden[1]. 17

An einem **Verfahrensgesuch** fehlt es, wenn lediglich einem Antrag der Gegenpartei widersprochen oder dessen Zurückweisung beantragt wird[2]. Das Verfahren ist betroffen, wenn es den Verfahrensablauf in allen seinen Teilen angeht, nicht aber, wenn es um die (End-)Entscheidung über den Prozessgegenstand selbst geht, sei es über Teile davon durch Teilurteil (§ 301 ZPO) oder über das gesamte Verfahren. Auch gehören die Geschäfte des inneren Dienstbetriebes und die Akte der Justizverwaltung nicht zum Verfahren iSv. § 567 Abs. 1 ZPO. 18

Keine Beschwerde ist gegeben, wenn die Ablehnung von verfahrensbezogenen Anordnungen auf Entscheidungen beruht, die das Gericht von Amts wegen zu treffen hat oder die im freien Ermessen des Gerichts stehen und **einen Antrag nicht erfordern**. Hierunter fallen zB Anträge auf Vertagung einer Verhandlung, auf getrennte Verhandlung von Klage und Widerklage, auf Hinzuziehung eines Dolmetschers[3], auf Zurückweisung eines Prozessbevollmächtigten einer trotz Anordnung des persönlichen Erscheinens nicht erschienenen Partei gem. § 51 Abs. 2 Satz 1[4] oder auf Terminsbestimmung. Allerdings ist eine Terminsbestimmung dann beschwerdefähig, wenn sie „vorerst" ganz abgelehnt oder soweit hinausgezögert wird, dass sie in ihren praktischen Wirkungen einer Verfahrensaussetzung oder Ruhensanordnung gleichkommt (§ 252 ZPO analog)[5]. 19

Nicht beschwerdefähig sind auch Entscheidungen, die innere Vorgänge des **erst**instanzlichen Verfahrens betreffen und die das Beschwerdegericht nicht kennen kann. So ist etwa eine sofortige Beschwerde grds. nicht zulässig gegen die Zurückweisung eines Antrages auf Protokollberichtigung mit der Begründung, das Protokoll sei inhaltlich zutreffend[6]. Nicht beschwerdefähig gem. § 792 ZPO ist eine Entscheidung über eine einstweilige Einstellung der Zwangsvollstreckung nach § 769 Abs. 1 ZPO im Rahmen einer Vollstreckungsabwehrklage von § 767 ZPO[7]. § 707 Abs. 2 ZPO gilt hier analog; auch ist eine solche Entscheidung jederzeit vom Gericht frei abänderbar, um der jeweiligen Prozesslage gerecht zu werden. 19a

Bestimmte gerichtliche Entscheidungen werden ausdrücklich **im Gesetz** als **nicht anfechtbar erklärt** und sind damit unstatthaft. Beispiele: Die Bewilligung von Prozesskostenhilfe ist für den Antragsgegner gem. § 127 Abs. 2 Satz 1 ZPO unanfechtbar. Das gilt auch für einen Beschluss mit dem das PKH-Verfahren an ein Gericht eines anderen Rechtswegs verwiesen wird, weil auch die Bindungswirkung nur auf das PKH-Verfahren bezieht[8]. Nur die Staatskasse hat nach § 127 Abs. 3 ZPO ein beschränktes Beschwerderecht. Wird einer Partei bei Fristversäumung Wiedereinsetzung in den vorigen Stand gewährt, dann ist diese Entscheidung gem. § 238 Abs. 3 ZPO unanfechtbar und bindet auch die Obergerichte im nachfolgenden Instanzenzweg[9]. Nicht beschwerdefähig sind zB auch Entscheidungen über die Ablehnung von Gerichtspersonen (§ 49 Abs. 3), die Ablehnung der Zulassung eines Prozessbevollmächtigten im Verhandlungstermin wegen des Nichterscheinens einer persönlich geladenen Partei (§ 51 Abs. 2 Satz 1), die Zurückweisung ei- 20

---

1 GK-ArbGG/*Ahrend*, § 78 Rz. 29.
2 Zöller/*Heßler*, § 567 ZPO Rz. 32.
3 OLG Stuttgart v. 20.12.1961 – 3 W 73/61, NJW 1962, 540.
4 LAG Rh.-Pf. v. 11.8.1981 – 1 Ta 158/81, LAGE § 51 ArbGG 1979 Nr. 2; GMP/*Germelmann*, § 51 Rz. 31.
5 GK-ArbGG/*Ahrend*, § 78 Rz. 28; LAG BW v. 24.9.1985 – 14 Ta 27/85, NZA 1986, 338; s. auch Rz. 103.
6 BAG v. 25.11.2008 – 3 AZB 64/08, NJW 2009, 1161; Zöller/*Stöber*, § 164 ZPO Rz. 11.
7 BAG v. 5.11.2003 – 10 AZB 59/03; BGH v. 21.4.2004 – XII ZB 279/03, NJW 2004, 2224.
8 BGH v. 25.2.2016 – IX ZB 61/15, NJW 2016, 1520.
9 Vgl. zur Entscheidungsbefugnis des Obergerichts: BGH v. 20.5.2014 – VI ZR 384/13, NJW-RR 2014, 1532.

nes nicht postulationsfähigen Bevollmächtigten oder die Untersagung des Vortrages von ungeeigneten Personen vor Gericht (§ 11 Abs. 3 Satz 3), versagte Fristverlängerung (§ 225 Abs. 3 ZPO), vorläufige Vollstreckbarkeit eines Urteils (§ 62 Abs. 1 Satz 5) oder Berichtigung des Urteilstatbestandes (§ 320 Abs. 4 Satz 4 ZPO).

3. Die Erinnerung

21 Soll eine Entscheidung des beauftragten (§ 361 ZPO) oder ersuchten Richters (§ 362 ZPO) oder des **Urkundsbeamten der Geschäftsstelle** (§ 153 GVG) angegriffen werden, so ist zuerst durch den Rechtsbehelf der form- und fristgebundenen **Erinnerung** die Entscheidung des Prozessgerichts gem. § 573 ZPO herbeizuführen. Erst die auf die Erinnerung ergehende Entscheidung des Richters des ArbG ist unter den Voraussetzungen der §§ 567 ff. ZPO beschwerdefähig, soweit gesetzliche Regelungen außerhalb der ZPO kein eigenes Rechtsbehelfs- bzw. Rechtsmittelverfahren vorsehen. Solche Sonderregelungen stellen § 66 GKG und §§ 55, 56 RVG dar. Nach § 66 GKG findet gegen die Entscheidung über den **Ansatz der Gerichtskosten** zunächst die unbefristete Erinnerung statt (§ 66 Abs. 1 GKG). Gegen die Entscheidung des Richters über die Erinnerung ist die unbefristete Beschwerde gem. § 66 Abs. 2 Satz 1 GKG statthaft, wenn der Wert des Beschwerdegegenstandes 200 Euro übersteigt oder wenn sie vom Richter wegen grundsätzlicher Bedeutung in dem Erinnerungsbeschluss zugelassen wurde (§ 66 Abs. 2 GKG). Der Urkundsbeamte entscheidet auch über die Festsetzung der **Prozesskostenhilfe- Anwaltsvergütung** gem. §§ 55, 56 RVG. Diese Bestimmungen enthalten eigenständige und abschließende Verfahrensregelungen[1]. Der Urkundsbeamte hat dabei zu entscheiden, ob er der Erinnerung abhilft (§ 56 Abs. 2 Satz 1 iVm. § 33 Abs. 4 Satz 1 RVG); andernfalls legt er die Sache mit einem Nichtabhilfevermerk versehen unverzüglich dem Vorsitzenden der betreffenden Kammer innerhalb der Instanz vor. Hilft der Urkundsbeamte der Erinnerung ab, so stellt die Abhilfeentscheidung eine weitere mittels Erinnerung angreifbare Entscheidung dar, gegen die die jetzt beschwerte Partei nun ihrerseits Erinnerung einlegen kann. Die anschließend ergehende Entscheidung des Kammervorsitzenden des ArbG ist durch befristete Beschwerde (§ 56 Abs. 2 Satz 1 iVm. § 33 Abs. 3 Satz 3 RVG) anfechtbar, wenn das Rechtsmittel zugelassen wurde oder der Wert des Beschwerdegegenstandes 200 Euro übersteigt. Beschwerdegegenstand ist auch hier die Differenz zwischen der festgesetzten und der mit der Beschwerde geforderten Vergütung (vgl. Rz. 10).

4. Entscheidungen des Rechtspflegers

22 Gegen die Entscheidung des Rechtspflegers sind nach § 11 RPflG die allgemeinen Rechtsmittel zulässig. § 11 Abs. 1 RPflG eröffnet die sofortige Beschwerde der §§ 567 ff. ZPO. Für das arbeitsgerichtliche Verfahren ist insbesondere die Zuständigkeit des Rechtspflegers in den in § 21 RPflG genannten Kostenfestsetzungsverfahren sowie in den im Prozesskostenhilfeverfahren gem. §§ 120a, 124 ZPO zu treffenden Überwachungsanordnungen von § 20 Nr. 4 Buchst. b und c RPflG von praktischer Bedeutung. Bei Letzteren ist gegen die Entscheidung des Rechtspflegers die sofortige Beschwerde gem. § 127 Abs. 2 ZPO statthaft. In Kostensachen, insbesondere bei den Kostenfestsetzungsverfahren gegen die Gegenpartei (§§ 103 ff. ZPO) bzw. des Rechtsanwalts gegen die eigene Partei (§ 11 RVG) ist nur beim Erreichen des Beschwerdewertes (200 Euro) von § 567 Abs. 2 ZPO gem. § 11 Abs. 1 RPflG iVm. § 104 Abs. 3 Satz 1 ZPO die sofortige Beschwerde zum LAG möglich (vgl. Rz. 10). Die Entscheidung über eine mögliche Abhilfe (§ 572 Abs. 1 ZPO) trifft der Rechtspfleger.

Trifft der Rechtspfleger eine Entscheidung, für die der Richter funktionell zuständig ist, dann ist diese unwirksam und damit aufzuheben. Der Richter hat selbst dann darüber (erneut) zu entscheiden, wenn das Beschwerdegericht sie für inhaltlich zutreffend entschieden hält[2].

23 Wird mit der Anfechtung der **Beschwerdewert** von 200 Euro **nicht überschritten**, ist gem. § 11 Abs. 2 Satz 1 RPflG die zweiwöchig befristete Erinnerung zulässig, über die nur **in der Instanz** durch den Rechtspfleger und – soweit er der Erinnerung nicht abhilft – durch den Richter zu entscheiden ist. Die Entscheidung des Arbeitsrichters ist wegen Nichterreichens des Beschwerdewertes von 200,01 Euro unanfechtbar.

24 Ob ein Fall von § 11 Abs. 1 oder § 11 Abs. 2 RPflG gegeben ist, lässt sich der Entscheidung des Rechtspflegers zum Zeitpunkt ihres Erlasses idR noch nicht entnehmen, weil zu diesem Zeitpunkt der Umfang einer möglichen Anfechtung und des daraus resultierenden Beschwerdewertes nicht absehbar ist. Einem **Rechtsbehelf**, der gegen die Entscheidung des Rechtspflegers eingelegt wird, muss daher wegen der unterschiedlichen Zuständigkeiten und Verfahrensgestaltungen genau entnommen werden können, in welchem

---

1 Vgl. *Fölsch*, Rpfleger 2004, 385.
2 BGH v. 2.6.2005 – IX ZB 287/03, NJW-RR 2005, 1299.

Umfang sein Beschluss angefochten wird. Der Rechtspfleger hat nach Eingang eines Rechtsbehelfes in Zweifelsfällen dies gem. § 139 ZPO aufzuklären[1].

III. Beschwerdefrist

Die sofortige Beschwerde ist gem. § 569 Abs. 1 Satz 1 ZPO grds. innerhalb einer Frist von zwei Wochen einzulegen. Die **Zwei-Wochen-Frist** ist eine Notfrist, die als solche weder verkürzt noch verlängert werden kann. Zustellungsmängel können über § 189 ZPO geheilt werden. Gegen ihre Versäumung ist die Wiedereinsetzung in den vorigen Stand (§§ 233 ff. ZPO) möglich. Für die Fristberechnung gelten die Grundsätze von § 66 Rz. 12, Rz. 13.   25

Die **Frist beginnt** gem. § 569 Abs. 1 Satz 2 ZPO mit der Zustellung der Entscheidung, unabhängig davon, ob diese in oder außerhalb mündlicher Verhandlung erlassen worden ist. Mit der sofortigen Beschwerde angreifbare Entscheidungen müssen gem. § 329 Abs. 3 ZPO stets **förmlich zugestellt** werden, damit der Lauf der Rechtsmittelfrist in Gang gesetzt wird. Das Rechtsmittel kann aber schon vor dem gesetzlich festgelegten Fristbeginn wirksam eingelegt und begründet werden, sobald die Entscheidung existent ist, insbesondere, wenn ein Beschluss formlos mitgeteilt wird. Das ist unabhängig davon, ob eine Verkündung oder Zustellung gesetzlich (§ 329 Abs. 2 und 3 ZPO) vorgesehen ist[2]. Die Einlegungsfrist beginnt aber nur zu laufen, wenn die Partei gem. § 9 Abs. 5 ordnungsgem. über das Rechtsmittel **schriftlich belehrt** worden ist. Wegen dieses Schriftformerfordernisses bedarf der Beschluss daher auch dann einer förmlichen Zustellung, wenn er bei Anwesenheit der Partei in mündlicher Verhandlung verkündet und die Partei mündlich über das Rechtsmittel belehrt worden ist. Eine Zustellung durch direkte Übergabe nach § 177 ZPO ist möglich.   26

Wird ein zugestellter **Beschluss** später **berichtigt**, beginnt die Beschwerdefrist nur dann mit der Zustellung des Berichtigungsbeschlusses, wenn der Beschwerdeführer aus der ihm zunächst zugestellten Entscheidung den Umfang seiner Beschwer nicht ohne Weiteres erkennen kann[3] (vgl. auch § 66 Rz. 23).

Bei unterbliebener (zB ohne Zustellungswillen nur formlos übermittelter) oder gem. § 189 ZPO nicht heilbarer fehlerhafter **Zustellung** eines Beschlusses (s. § 66 Rz 15) beginnt im ordentlichen Zivilverfahren die **Beschwerdefrist** gem. § 569 Abs. 1 Satz 2 ZPO spätestens mit Ablauf von **fünf Monaten** nach der Verkündung bzw. mit der Bekanntgabe des Beschlusses zu laufen. Die sofortige Beschwerde kann somit in diesen Fällen bis zum Ablauf von fünf Monaten zuzüglich zwei Wochen eingelegt werden. Bekannt gegeben sind aufgrund mündlicher Verhandlung ergangene Beschlüsse mit ihrer Verkündung; ohne mündliche Verhandlung erlassene Beschlüsse mit ihrer Mitteilung[4]. Ist der verkündete Beschluss der Partei überhaupt noch nicht der Partei bekannt gegeben ist, dann schließt sich im arbeitsgerichtlichen Verfahren in diesen Fällen an den Ablauf der Fünf-Monats-Frist noch die Jahresfrist von § 9 Abs. 5 Satz 4 an. Eine § 66 Abs. 1 Satz 2 nachgebildete Vorschrift („…spätestens aber mit Ablauf von fünf Monaten nach der Verkündung"; s. § 66 Rz. 5) fehlt im Beschwerdeverfahren. In diesen Fällen beginnt die zweiwöchige Beschwerdefrist spätestens nach Ablauf von 17 Monaten zu laufen, hat zwei weiteren Wochen ist rechtskräftig[5]. Ein Beschluss gegen den die sofortige Beschwerde statthaft ist, bedarf einer schriftlichen **Rechtsmittelbelehrung** nach § 9 Abs. 5. Bei Zustellung des schriftlichen Beschlusses mit einer fehlenden oder fehlerhaften Rechtsmittelbelehrung greift die Jahresfrist von § 9 Abs. 5 Satz 4; vgl. Rz. 78.   27

Eine Zwei-Wochen-Frist gilt nach § 569 nur, „sofern keine andere Frist bestimmt ist". Solch eine **Ausnahme** existiert für Entscheidungen im Verfahren der **Prozesskostenhilfe**. Hier beträgt die **Beschwerdefrist** des Antragstellers bei ihn belastenden Entscheidungen **einen Monat** (§ 127 Abs. 2 Satz 3 ZPO). Die Ein-Monats-Frist gilt auch für das eingeschränkte Beschwerderecht der Staatskasse nach § 127 Abs. 3 ZPO gegen den die Prozesskostenhilfe bewilligenden Beschluss. Dieser wird der Staatskasse nicht von Amts wegen mitgeteilt (§ 127 Abs. 3 Satz 6 ZPO). Da der Bezirksrevisor als Vertreter der Staatskasse in der Praxis in den meisten Fällen erst Kenntnis von der bewilligten Prozesskostenhilfe anlässlich stichprobenartiger Anforderungen ausgewählter Prozessakten erhält, bestimmt § 127 Abs. 3 Satz 3, 4 ZPO, dass die Beschwerdefrist für ihn – längstens jedoch für die Dauer von drei Monaten nach der Verkündung – erst mit dem Zeitpunkt der Bekanntgabe an zu laufen beginnt. Das ist der Zeitpunkt des Akteneingangs im Rahmen eines ordnungsgemäßen Geschäftsgangs auf Initiative des Rechtspflegers bei dem Gericht, an dem der Bezirks-   28

---

1 Vgl. zu den unterschiedlichen Rechtsbehelfen und Verfahrensregelungen: Zöller/*Herget*, §§ 103, 104 ZPO Rz. 9 ff.
2 BAG v. 18.5.2010 – 3 AZB 9/10, NJW 2010, 2748.
3 BGH v. 5.11.1998 – VII ZB 24/98, MDR 1999, 312.
4 BAG v. 1.7.1992 – 5 AS 4/92, NZA 1992, 1047.
5 *Schmidt/Schwab/Wildschütz*, NZA 2001, 1224; Düwell/Lipke/*Oesterle*, § 78 Rz. 29; vgl. zum früheren Recht: BAG v. 5.8.1996 – 5 AZB 15/96, NZA 1996, 1175.

revisor tätig ist. Zur Überprüfung von Entscheidungen des Rechtspflegers mittels sofortiger Beschwerde, vgl. Rz. 22–24.

IV. Die Einlegung der Beschwerde

29 Die Beschwerde wird gem. § 569 Abs. 1 Satz 1 ZPO nach **der freien** Wahl des Beschwerdeführers bei dem **ArbG**, das die angefochtene Entscheidung erlassen hat, **oder** beim **LAG** eingelegt. Trotz der bestehenden freien Wahlmöglichkeit ist es ratsam und **zweckmäßig**, die sofortige Beschwerde **beim Ausgangsgericht** (judex a quo) **einzulegen**. Andernfalls muss das LAG den bei ihm eingereichten Schriftsatz wegen der Abhilfemöglichkeit (§ 572 Abs. 1 ZPO) zunächst an das ArbG weiterleiten, was einen zusätzlichen Zeit- und Verwaltungsaufwand mit sich bringt. Auch ist es in vielen Fällen von Vorteil, wenn das ArbG durch eine Einlegung bei ihm schnelle Kenntnis vom Rechtsmittel erlangt und dies ggf. bei seiner weiteren Verfahrensgestaltung berücksichtigen kann. Die Gerichtsakte ist ohnehin bei Nichtabhilfe inkl. des Rechtsmittels unverzüglich gem. § 572 Abs. 1 Satz 1 ZPO dem LAG vorzulegen.

30 **Bedeutung erlangt die Auswahlmöglichkeit** unter den unterschiedlichen Gerichten im Falle einer drohenden Versäumung der Zwei-Wochen-Frist bei einer sofortigen Beschwerde. Hier handelt der Anwalt etwa schuldhaft iSv. § 233 ZPO, wenn er vergeblich per Telefax versucht, eine sofortige Beschwerde nur beim Beschwerdegericht einzulegen und er es dann unterlässt, die Beschwerde beim Prozessgericht einzureichen[1].

Wird die sofortige Beschwerde bei einem **unzuständigen** Gericht eingelegt, dann wirkt sie nicht fristwahrend, es sei denn, sie ist nach Weiterleitung innerhalb der Beschwerdefrist doch noch bei einem zuständigen Gericht eingegangen. Eine **Wiedereinsetzung** in den vorigen Stand ist wegen der Fristversäumung möglich (vgl. Rz. 25).

31 Die sofortige Beschwerde hat idR **keine aufschiebende Wirkung** (vgl. § 570 Abs. 1 ZPO), so dass der Fortgang des Verfahrens durch sie nicht unterbrochen werden muss. Das Ausgangsgericht oder das Beschwerdegericht können jedoch gem. § 570 Abs. 2 bzw. 3 ZPO von Amts wegen anordnen, dass die Vollziehung auszusetzen ist. Taktische Gesichtspunkte mögen für die Wahl des anzugehenden Gerichts eine Rolle spielen, wenn es um den Erlass von **einstweiligen Anordnungen** gem. § 570 Abs. 3 ZPO geht. Das LAG ist – abweichend vom ArbG – vor seiner Entscheidung nach § 570 Abs. 3 ZPO in dringenden Fällen für einstweilige Anordnungen zuständig, wenn das Rechtsmittel bei ihm eingelegt wird, sonst erst mit der Vorlage durch das ArbG nach dessen Nichtabhilfeentscheidung[2]. Ob im Falle einer ins Auge gefassten einstweiligen Anordnung die sofortige Beschwerde beim Ausgangsgericht oder beim Beschwerdegericht eingelegt wird, mag vom Einzelfall abhängen. Allerdings ist zu bedenken, dass solche Anordnungen in erster Linie von einem Richter, der auch die Gerichtsakte kennt, sofort erlassen werden sollten[3].

32 Die **Form der Beschwerde** ist gem. § 569 ZPO durch Einreichung eines Schriftsatzes (Abs. 2) oder durch Erklärung zu Protokoll der Geschäftsstelle (Abs. 3) möglich, nicht jedoch telefonisch. Über den Wortlaut von § 569 Abs. 3 ZPO hinausgehend kann die Beschwerde auch zum richterlichen Sitzungsprotokoll erklärt werden[4]. Für den Schriftsatz, mit dem die sofortige Beschwerde eingelegt wird, gelten weitgehend die Formvorschriften für die Berufungseinlegung (vgl. § 64 Rz. 116 ff.) mit einigen wesentlichen Unterschieden:

Die sofortige Beschwerde kann von der Partei selbst eingelegt werden, sei es zum ArbG oder zum LAG. Ein **Vertretungszwang** iSv. § 11 Abs. 4 **besteht** auch vor dem LAG **nicht**, da die Beschwerde auch zu Protokoll der Geschäftsstelle erklärt werden kann und der Rechtsstreit vor dem ArbG nicht als Anwaltsprozess zu führen ist (vgl. § 569 Abs. 3 ZPO, § 11 Abs. 1 Satz 1). Ordnet das LAG dagegen – was in der Praxis selten ist – einen mündlichen Verhandlungstermin über die Beschwerde an, besteht für diesen Termin nach allgemeiner Ansicht der Vertretungszwang von § 11 Abs. 4[5]. Die ehrenamtlichen Richter wirken auch in diesem Fall nicht mit (§ 78 Satz 3).

33 § 569 Abs. 2 Satz 2 ZPO trifft eine ausdrückliche Regelung über den **Mindestinhalt der Beschwerde**. Die Vorschrift verlangt für eine ordnungsgemäße Beschwerdeschrift in entsprechender Anwendung von § 519 Abs. 2 ZPO die Bezeichnung der angefochtenen Entscheidung sowie die Erklärung, dass Beschwerde eingelegt wird. Eine unrichtige Bezeichnung des Rechtsmittels (zB Widerspruch oder Einspruch) ist unschädlich, solange der Wille erkennbar ist, eine individualisierbare Entscheidung solle ganz oder teilweise sach-

---

1 BVerfG v. 17.1.2000 – 1 BvR 2143/99, NJW 2000, 1636.
2 Zöller/*Heßler*, § 570 ZPO Rz. 3.
3 Zu den Kriterien für eine einstweilige Anordnung vgl. BGH v. 21.3.2002 – IX ZB 48/02, NJW 2002, 1658.
4 Zöller/*Heßler*, § 569 ZPO Rz. 9; GK-ArbGG/*Ahrend*, § 78 Rz. 37.
5 GMP/*Müller-Glöge*, § 78 Rz. 20; HWK/*Kalb*, § 78 ArbGG Rz. 15.

lich überprüft werden. Ist auf diese Weise die angefochtene Entscheidung erkennbar, dann scheidet nach Ablauf der Beschwerdefrist eine Umdeutung dahin gehend aus, in Wirklichkeit habe eine andere Entscheidung angefochten werden sollen. Lässt sich einem Vorbringen trotz Aufklärungsbemühungen des Gerichts nicht entnehmen, gegen welche arbeitsgerichtliche Entscheidung es sich wendet, dann ist die Beschwerde wegen fehlender Bestimmtheit unzulässig. Da die sofortige Beschwerde ein Rechtsmittel ist, kann sie idR nicht unter einer Bedingung eingelegt werden.

An den **formellen Inhalt der Beschwerdeschrift** dürfen keine strengen Anforderungen gestellt werden, wenn eine Naturalpartei selbst Beschwerde einlegt. Es muss substantiell erkennbar sein, gegen welchen Beschluss von welchem Gericht sich die Beschwerde richtet und dass die Partei diesen ganz oder auch nur teilweise nicht gegen sich gelten lassen und mit ihrem Schriftsatz angreifen will. 34

Eines bestimmten **Beschwerdeantrages** bedarf es zur Ordnungsgemäßheit der Einlegung nicht, wenngleich es ratsam ist, einen solchen zu stellen. Der Beschwerdeschrift muss der **Umfang** der Anfechtung entnommen werden können, wozu in erster Linie der Antrag dient. Gerade in Beschwerdesachen ist nicht immer eindeutig, ob die angefochtene Entscheidung ganz, teilweise und ggf. in welchem Umfang angegriffen wird. Dies hat besondere Bedeutung, wenn es eines Beschwerdewertes bedarf (vgl. Rz. 10, Rz. 23 f.). In diesen Fällen muss der Wert des Beschwerdegegenstandes als Zulässigkeitsvoraussetzung für das Rechtsmittel aus dem Beschwerdevorbringen ermittelbar sein. 35

Eine **Begründung der Beschwerde** ist keine Wirksamkeitsvoraussetzung für die Zulässigkeit des Rechtsmittels. § 571 Abs. 1 ZPO schreibt nur vor, dass die Beschwerde begründet werden „soll". Diese **Sollvorschrift** besteht in erster Linie im eigenen Interesse des Beschwerdeführers, um dem ArbG und dem LAG aufzuzeigen, was als fehlerhaft empfunden wird. Auch ermöglicht eine Begründung dem Gericht eine gezielte, problemorientierte Nachprüfung des Rechtsmittels. Bei unklarem Rechtsbegehren hat das Gericht das Verfahrensziel gem. § 139 ZPO aufzuklären. Wegen der Ausgestaltung als Sollvorschrift hat eine fehlende Begründung keine prozessualen Konsequenzen, insbesondere ist die Beschwerde allein deshalb nicht unzulässig. Eine gesetzliche Verpflichtung des Gerichts, eine Rechtsmittelbegründung anzufordern, besteht nicht. Trotzdem ist es im Regelfalle schon aus Gründen der Rechtsklarheit zur Vermeidung von Missverständnissen und für die idR zu treffende Kostenentscheidung angezeigt, dass das Gericht vor einer Entscheidung dem Beschwerdeführer ausdrücklich Gelegenheit gibt, sein Rechtsmittel binnen einer bestimmten Frist zu begründen. Hat sich der Beschwerdeführer ausdrücklich eine Begründung vorbehalten, muss das Gericht mit einer die Beschwerde zurückweisenden Entscheidung eine angemessene Zeit warten, sofern es für die Begründung keine Frist gesetzt hat[1]. Ist ein **Mindestbeschwerdewert** Zulässigkeitsvoraussetzung für die Beschwerde (vgl. Rz. 10), muss sich dieser Wert dem Vorbringen entnehmen lassen. 36

Unabhängig von dieser generellen Möglichkeit des Gerichts, dem Beschwerdeführer Gelegenheit zur Begründung seines Rechtsmittels einzuräumen, **kann** das **LAG** auch eine **Ausschlussfrist** für das Vorbringen von Angriffs- oder Verteidigungsmitteln **setzen** (§ 571 Abs. 3 Satz 1 ZPO). Dies können etwa Fristen zur Begründung der Beschwerde, zum Vortrag von einzelnen konkret benannten Streitpunkten, zur Stellungnahme durch den Beschwerdegegner oder zur Erwiderung hierauf sein. Mit der Fristsetzung ist der Adressat über die Folgen der Fristversäumnis zu belehren. Die nicht oder nicht ordnungsgemäße Erfüllung der gerichtlichen Auflage hat nur Präklusionssanktion. Unentschuldigter verspäteter Sachvortrag wird unter den Voraussetzungen von § 571 Abs. 3 Satz 2 ZPO, der wortgleich mit § 296 Abs. 1 ZPO ist, zurückgewiesen (vgl. zum Verschulden und zur Verzögerung § 67 Rz. 29 ff.). Ein nach Fristablauf aber vor Erlass der Entscheidung über die Beschwerde eingehender Schriftsatz hat das LAG zur Kenntnis zu nehmen und zumindest daraufhin zu überprüfen, ob darin enthaltene Rechtsausführungen beachtlich sind. Dass ein verspäteter Sachvortrag zu einer Verzögerung führt, dürfte wohl allenfalls in kontradiktorischen Beschwerdeverfahren der Fall sein. Setzt das Gericht keine Ausschlussfrist (mit Belehrung), sondern nur eine allgemeine fristgebundene Schriftsatzfrist – was in diesen Verfahren wohl die Regel sein dürfte –, kann der Beschwerdeführer die Begründung bis zur Entscheidung über die Beschwerde nachreichen. Ordnet das Gericht eine schriftliche Erklärung an, kann diese in einem Schriftsatz oder zu Protokoll der Geschäftsstelle des ArbG geliefert werden (§ 571 Abs. 4 Satz 2, § 569 Abs. 3 Nr. 1 ZPO, § 11 Abs. 1 Satz 1). 37

Auflagen iSv. § 571 Abs. 3 ZPO können nur der Vorsitzende oder die Kammer des **LAG** zur Herbeiführung einer Abhilfeentscheidung (§ 572 Abs. 1 Satz 1 ZPO) erteilen[2]. Vor dem ArbG können keine Auflagen mit Präklusionswirkung erteilt werden, weil das ArbG nur in einer Art Gegenvorstellung seine eigene Entscheidung eingeschränkt überprüfen kann (vgl. Rz. 43). Im Beschwerdeverfahren trifft das LAG bzw. das BAG die Letztentscheidung über eine beschwerdefähige Rechtsfrage. Eine Verfahrensverzögerung tritt im 38

---
1 BGH v. 2.3.2017 – V ZB 138/16.
2 So Düwell/Lipke/*Oesterle*, § 78 Rz. 37; Ostrowicz/Künzl/Scholz, Rz. 648; GMP/*Müller-Glöge*, § 78 Rz. 22.

39 Eine **Belehrungspflicht** des Gerichts gegenüber den Parteien über die Folgen der Fristversäumung, wie sie zB in § 61a Abs. 6, § 56 Abs. 2 Satz 2, § 67 ArbGG, § 276 Abs. 2, § 277 Abs. 2 ZPO enthalten sind, normiert § 571 Abs. 3 ZPO zwar nicht. Trotzdem ist das Gericht nach rechtsstaatlichen Aspekten der Gewährung effektiven rechtlichen Gehörs (Art. 103 Abs. 1 GG) gehalten, auf die gravierenden Rechtsfolgen (vgl. § 67 Rz. 5) der Versäumung einer gesetzten Ausschlussfrist unzweideutig hinzuweisen. Schließlich kann das Gericht auch allgemeine fristgebundene Auflagen ohne Ausschlussfristencharakter erteilen, das dürfte in der Praxis auch die Regel sein.

Der Text beginnt mit: gesamten Beschwerdeverfahren erst dann ein, wenn das LAG als Tatsacheninstanz seine Entscheidung wegen verspäteten erheblichen Sachvortrages zurückstellen müsste und dies auf der schuldhaften Verspätung beruht. Dies dürfte in der Praxis selten der Fall sein.

40 **Beschwerdeberechtigt** ist in erster Linie diejenige Partei, die durch eine gerichtliche Entscheidung einen unmittelbaren Nachteil erleidet und damit beschwert ist (vgl. Rz. 9). Legt ein **Rechtsanwalt** im Streitwert- oder Kostenfestsetzungsverfahren Beschwerde ein, kann er im eigenen Interesse, aber auch im Interesse seiner **Partei** handeln. Wegen der fehlenden Kostenerstattungspflicht des Prozessgegners von Rechtsanwaltskosten für die 1. Instanz (§ 12a Abs. 1 Satz 1) erlangt die klare Trennung, für wen der Rechtsanwalt ein Rechtsmittel einlegt, besonders im arbeitsgerichtlichen Verfahren praktische Bedeutung. Da sich in 1. Instanz Rechtsanwalt und eigener Mandant in Streitwert- oder Kostenfestsetzungsverfahren vielmals im Interessengegensatz befinden, handelt hier der Rechtsanwalt im Zweifel im eigenen Namen. Legt er aber „im Namen und im Auftrag meines Mandanten" gegen eine gerichtliche Streitwertfestsetzung Beschwerde ein mit dem Ziel, eine höhere Festsetzung zu erlangen, ist dieses Rechtsmittel mangels Beschwer der beschwerdeführenden Partei unzulässig (vgl. Rz. 9). Der Rechtsanwalt ist auch nicht selbst beschwert, wenn einer Partei keine Prozesskostenhilfe bewilligt wird oder eine Anwaltsbeiordnung nach § 121 Abs. 2 ZPO abgelehnt wird[1]. In **Beschlussverfahren** ist auch der ArbGeb – im Gegensatz zum BR – als letztlich kostenbelasteter Teil selbst dann am Wertfestsetzungsverfahren zu beteiligen, wenn nur der Rechtsanwalt des BR einen einschlägigen Antrag stellt bzw. Beschwerde einlegt.

41 Am Prozessverfahren nicht beteiligte **Dritte** sind hingegen **nicht beschwerdebefugt**, selbst wenn sie mittelbar von einer gerichtlichen Entscheidung betroffen werden. Daher steht der **Rechtsschutzversicherung** einer Prozesspartei kein eigenes Beschwerderecht zu. Freilich kann die Versicherung im Innenverhältnis ihrem Versicherungsnehmer Weisungen aus dem Versicherungsvertrag erteilen, ua. auch, dass die Partei gegen eine gerichtliche Festsetzung im eigenen Namen Beschwerde einlegt. Eine solche Beschwerde der Partei ist deshalb nicht unzulässig[2]. Formell ist sie eine Prozesshandlung der Partei. Welche Motive die Partei dazu bewegt, ist unerheblich. Schädlich wäre allenfalls wenn die Partei insoweit widersprüchliche Prozesserklärungen abgibt. Es muss klar und erkennbar sein, ob die Partei in solch einem Fall Beschwerde einlegt oder nicht und eine Beschwer im angefochtenen Beschluss tatsächlich bekämpfen will.

42 In gleicher Weise wie die **Beschwerde** eingelegt wird, kann sie auch **zurückgenommen** oder auf das Rechtsmittel **verzichtet** werden. Einer Einwilligung des Prozessgegners bedarf es nicht. Dem Beschwerdeführer werden bei einer Beschwerderücknahme oder einem -verzicht, soweit eine Kostenerstattung stattfindet, in analoger Anwendung von § 516 Abs. 3 ZPO die **Kosten** des Beschwerdeverfahrens auferlegt[3], s. Rz. 63, Rz. 64. Mit einer Beschwerderücknahme erklärt die Partei, dass sie die angefochtene Entscheidung durch das konkrete Rechtsmittel nicht mehr angreift. Weiter gehend ist ein Beschwerdeverzicht. Durch diese Erklärung gibt der Verzichtende endgültig das Recht auf, die gerichtliche Entscheidung überhaupt anzufechten (vgl. zur Unterscheidung bei der Berufung: § 64 Rz. 204 und Rz. 214 f.). Wegen der rechtlichen Bedeutung und Tragweite muss ein Verzicht eindeutig einer Prozesshandlung entnommen werden können. Erklärt eine Partei zB im Rahmen der gebotenen **Anhörung** vor einer **Streitwertfestsetzung** gegenüber dem Gericht ausdrücklich ihr Einverständnis mit der beabsichtigten Festsetzung, dann liegt in dieser Erklärung noch kein Rechtsmittelverzicht gegen die spätere Festsetzung[4]. Der Erklärende bringt nur zum Ausdruck, er erachte die beabsichtigte Höhe nach erster Prüfung für zutreffend, nicht aber, dass er auf jegliches Beschwerderecht endgültig und definitiv verzichten will. Erklärt ein Rechtsanwalt im Rahmen der Anhörung dagegen auch noch, er verzichte auf Rechtsmittel, dann ist von einem Rechtsmittelverzicht auszugehen[5].

---

1 BAG v. 8.11. 2004 – 3 AZB 54/03, BAGRep 2005, 379 m. Anm. *Schwab*.
2 GK-ArbGG/*Ahrend*, § 78 Rz. 50; aA LAG Bremen v. 20.7.1988 – 4 Ta 35/88, LAGE § 10 BRAGO Nr. 3; LAG Sachsen v. 15.3.2010 – 4 Ta 54/10.
3 BGH v. 15.11.1951 – IV ZB 42/51, LM § 515 ZPO Nr. 1.
4 LAG Rh.-Pf. v. 2.7.2009 – 1 Ta 141/09; *Schwab/Maatje*, NZA 2011, 769; aA MünchKommZPO/*Braun*, § 567 Rz. 13.
5 LAG Rh.-Pf. v. 3.9.2007 – 1 Ta 203/07.

Nach § 567 Abs. 3 ZPO kann der Beschwerdegegner **Anschlussbeschwerde** einlegen und damit die angegriffene Entscheidung auch zu seinen Gunsten zur Überprüfung stellen[1]. Wegen des fehlenden Rechtsmittelcharakters ist die Anschließung auch dann möglich, wenn diese Partei zuvor einen Beschwerdeverzicht erklärt, die Beschwerdefrist versäumt hat oder ein ggf. erforderlicher Beschwerdewert nicht erreicht ist. Dieses prozessuale Gestaltungsmittel ist vom Schicksal der (Haupt-)Beschwerde abhängig und verliert seine Wirkung bei Rücknahme der sofortigen Beschwerde oder wenn diese als unzulässig verworfen wird.

V. Die Entscheidung des Arbeitsgerichts über die Beschwerde

1. Abhilfeentscheidung des Arbeitsgerichts

Stets trifft das ArbG die gesetzliche Verpflichtung, gem. § 572 Abs. 1 ZPO über die sofortige Beschwerde selbst zu entscheiden. Das ArbG hat daher vor einer Vorlage zum LAG zu prüfen, ob die Beschwerde **begründet** ist. Der Ausgangsrichter (judex a quo) erhält durch Einräumung der Abhilfemöglichkeit in einer Art Vorverfahren, das inhaltlich einer Gegenvorstellung entspricht, die Gelegenheit, seine Entscheidung nochmals zu überprüfen, sie kurzer Hand zurückzunehmen oder zu berichtigen. Die Abhilfebefugnis vermeidet den Anfall einer gerichtlichen Beschwerdegebühr[2], verkürzt das Verfahren, dient der Selbstkontrolle des ArbG und erspart dem Betroffenen den Gang zum Beschwerdegericht, das mit der Korrektur von Fehlern, die das Ausgangsgericht selbst erkennt, erst gar nicht befasst und belastet wird. Bei seiner Nichtabhilfeentscheidung hat das ArbG sich insbesondere mit **neuem Tatsachenvortrag** auseinander zu setzen, hierzu Stellung zu nehmen, neue Beweismittel zu berücksichtigen und evtl. Beweis zu erheben. Auf neuen Tatsachenvortrag ist bei der Nichtabhilfeentscheidung grds. auch dann einzugehen, wenn er für unerheblich erachtet wird[3]. Mit der Abhilfeentscheidung erledigt sich die sofortige Beschwerde im Umfange der Abhilfe und fällt insoweit erst gar nicht beim Beschwerdegericht an.

Ist die sofortige Beschwerde **unzulässig**, zB wegen Verfristung, dann ist der erstinstanzliche Spruchkörper nach § 572 Abs. 1 Satz 1 ZPO nicht befugt, das Verfahren unter Hinweis auf die Unzulässigkeit dem Beschwerdegericht vorzulegen[4]. Vielmehr hat das ArbG der Beschwerde abzuhelfen, soweit es sie – unabhängig von deren Zulässigkeit – für „begründet" hält[5]. Verfristetes Vorbringen kann stets als form- und fristfreie allgemeine **Gegenvorstellung** (vgl. Rz. 104) angesehen werden, weil idR dem Vorbringen des Beschwerdeführers entnommen werden kann, er halte eine getroffene gerichtliche Entscheidung für fehlerhaft und wünsche ihre Abänderung. Im Umfange seiner Begründetheit ist das ArbG verpflichtet, der Beschwerde abzuhelfen. Eine **Abhilfemöglichkeit entfällt** nur, wenn das ArbG aus rechtlichen Gründen die angefochtene Entscheidung nicht mehr abändern darf, insbesondere bei einem unzulässigen Eingriff in eine mittlerweile eingetretene **materielle Rechtskraft** des angefochtenen Beschlusses[6]. Dann hat das ArbG ohne Prüfung ihrer Begründetheit der Beschwerde nicht abzuhelfen und sie dem LAG vorzulegen. Nur das LAG darf das unzulässige Rechtsmittel verwerfen. Damit ist das LAG zB auch originär zuständig (§ 237 ZPO) zur Entscheidung über einen Antrag auf Wiedereinsetzung wegen Versäumnis der Beschwerdefrist von § 569 Abs. 1 Satz 1 ZPO. Vor einer entsprechenden Vorlage zum LAG hat auch hier das ArbGG zunächst eine Entscheidung nach § 572 Abs. 1 ZPO zu treffen[7].

Das ArbG hat der Beschwerde **abzuhelfen**, wenn und soweit es diese inhaltlich für gerechtfertigt erachtet. Wird die Beschwerde direkt beim LAG eingelegt, hat es das Rechtsmittel dem erstinstanzlichen ArbG weiterzuleiten zur Prüfung, ob es der Beschwerde abhilft.

Bei seiner Abhilfe-/Nichtabhilfeentscheidung ist das ArbG gem. § 572 Abs. 1 Satz 2, **§ 318 ZPO** an **frühere** Entscheidungen gebunden, sofern diese nicht in einem höheren Rechtszug abgeändert oder aufgehoben wurden oder mit einer solchen Entscheidung in Widerspruch stehen. Das betrifft insbesondere frühere Zwischenurteile und rechtskräftig abgeschlossene Beschwerdeverfahren. Auch kann das ArbG nicht **von Amts wegen** – von § 319 ZPO abgesehen – seine eigene (noch nicht rechtskräftige) Entscheidung abändern (Ausnahme § 63 Abs. 4 GKG). Eine Bindung an den aktuell **angefochtenen** Beschluss kann damit

---

1 HWK/*Kalb*, § 78 ArbGG Rz. 17; Zöller/*Heßler*, § 568 ZPO Rz. 58.
2 HWK/*Kalb*, § 78 ArbGG Rz. 18.
3 Vgl. Zöller/*Heßler*, § 572 ZPO Rz. 7.
4 *Schwab/Maatje*, NZA 2011, 769.
5 Zöller/*Heßler*, § 572 ZPO Rz. 14; Musielak/*Ball*, § 572 ZPO Rz. 4; *Lipp*, NJW 2002, 1700 (1702); LAG Rh.-Pf. v. 16.7.2009 – 1 Ta 139/09.
6 ZB erwachsen Entscheidungen im PKH-Verfahren nicht in materielle Rechtskraft: BGH v. 16.12.2008 – VIII ZB 78/06, NJW 2009, 857; Arbeitsrechtslexikon/*Schwab*: Prozesskostenhilfe A IV.
7 LAG Rh.-Pf. v. 19.4.2010 – 1 Ta 65/10.

45 Nach § 572 Abs. 1 Satz 1 ZPO **entscheidet** über die Abhilfe „das Gericht" oder der „Vorsitzende". Diese Differenzierung hat zur Folge, dass die Abhilfeentscheidung der **Vorsitzende** des ArbG allein zu treffen hat, wenn eine von ihm gefällte Entscheidung angefochten wird, andernfalls entscheidet die **Kammer**[2]. Bei der Kammerzuständigkeit entscheiden nicht die ehrenamtlichen Richter, die bei der angegriffenen Entscheidung mitgewirkt haben, sondern es ist die nach dem Geschäftsverteilungsplan im Entscheidungszeitpunkt nach § 31 maßgebliche Kammerbesetzung heranzuziehen[3].

keinesfalls gemeint sein, weil es sonst kein Abhilfeverfahren gäbe[1] und § 572 Abs. 1 Satz 1 ZPO ein gesetzlich angeordneter Bestandteil des Beschwerdeverfahrens ist.

Trifft der **Vorsitzende** in einer **Kammersache** (zB im Verfahren nach § 17a GVG) die Entscheidung über die **Nichtabhilfe allein**, so stellt dies einen Verfahrensmangel iSv. § 538 Abs. 2 Nr. 1 ZPO dar. Problematisch ist, ob das LAG das Verfahren wegen dieses Verfahrensmangels notwendigerweise zur Nachholung einer fehlerfreien (Nicht-)Abhilfeentscheidung durch die Kammer an das ArbG zurückverweisen muss oder dies nur im Rahmen einer Ermessensentscheidung kann. Gegen eine notwendige Zurückverweisung spricht, dass Gegenstand der Prüfung durch das Beschwerdegericht die angefochtene Entscheidung der Kammer und nicht die Nichtabhilfeentscheidung ist[4]. Allerdings betrifft die Nichtabhilfeentscheidung auch die Frage des gesetzlichen Richters (Art. 101 Abs. 1 Satz 2 GG), weil hier die Richtigkeit der Kammerentscheidung erneut zu klären ist. Es kann nicht ausgeschlossen werden, dass die Kammer und der Vorsitzende unterschiedlich entscheiden, so dass ein Fall einer notwendigen Zurückverweisung besteht[5], es sei denn, es steht zweifelsfrei fest, dass die Entscheidung der Kammer auch nicht anders ausfallen darf, weil sie in der Sache richtig ist. Dann muss die Rechtslage aber klar sein. Eine Zurückverweisung kommt bei unklarer Rechtslage insbesondere dann in Betracht, wenn das Rechtsmittel auf neue rechtliche oder tatsächliche Aspekte gestützt war, auf die der allein entscheidende Vorsitzende in seiner Nichtabhilfeentscheidung nicht oder nur rudimentär eingegangen ist[6] und die auf die Rechtslage Einfluss nehmen können. Das allgemeine Beschleunigungsgebot[7] kann nicht höher zu bewerten sein als die verfassungsrechtliche Frage des gesetzlichen Richters. Beschleunigungsaspekte können nur bei eindeutiger Rechtslage zum Tragen kommen; vgl. auch Rz. 55.

46 Über die Beschwerde hat das ArbG in **Form** eines vom Richter zu unterzeichnenden[8] **Beschlusses**[9] zu entscheiden, der idR mit Gründen zu versehen ist[10]. Einer Begründung bedarf es jedenfalls dann, wenn neue Tatsachen oder Rechtsmeinungen vom Beschwerdeführer vorgebracht werden. Stets sind die Beteiligten auch bei Nichtabhilfe hierüber zu **informieren**, weil jetzt erst aus dem Angriff eine (formelle) Beschwerde wird, mit der das Beschwerdegericht befasst wird und dort Kosten anfallen können. Die Parteien haben ein anerkennenswertes Interesse zu erfahren, ob das ArbG die Beschwerde für begründet gehalten hat und wie es über ihr Abänderungsbegehren im Rahmen des speziellen Verfahrens von § 572 Abs. 1 ZPO entschieden hat.

47 Will das ArbG der Beschwerde ganz oder teilweise abhelfen, hat es der **Gegenpartei** vor seiner Entscheidung **rechtliches Gehör** zu gewähren[11]. Wer Gegenpartei ist, richtet sich danach, wessen rechtliche Interessen durch die gerichtliche Entscheidung möglicherweise direkt verletzt werden können. Bei einer Wert- oder Kostenfestsetzung zwischen Rechtsanwalt und eigener Partei (§ 11 RVG) sind wegen § 12a Abs. 1 Satz 1 im Urteilsverfahren idR nur diese von einer entsprechenden gerichtlichen Entscheidung betroffen.

48 Mit der Nichtabhilfeentscheidung kann auch noch eine mögliche fehlende **Begründung** des angefochtenen Beschlusses **nachgeholt** oder vorhandene Gründe ergänzt werden. Insbesondere bei Ermessensentscheidungen oder in Fällen, in denen sich die Gründe für die getroffene gerichtliche Entscheidung nicht ohne

---

1 *Schneider*, MDR 2003, 253; LAG Köln v. 10.3.2006 – 3 Ta 47/06, NZA-RR 2006, 319; *Schwab/Maatje*, NZA 2011, 769; aA *Quecke*, NZA 2007, 897, der zu Unrecht meinte, im Rechtsmittelverfahren von § 5 Abs. 4 Satz 3 KSchG aF habe § 318 ZPO einer Entscheidungskompetenz des ArbG entgegengestanden.
2 *Zöller/Heßler*, § 572 ZPO Rz. 9a.
3 Ebenso BCF/*Friedrich*, § 78 Rz. 5; LAG Berlin v. 15.2.2006 – 13 Ta 170/06, NZA-RR 2006, 493; LAG Schl.-Holst. v. 1.7.2005 – 2 Ta 160/05, NZA 2005, 1079.
4 Im Ergebnis ebenso LAG Berlin v. 15.2.2006 – 13 Ta 170/06, NZA-RR 2006, 493.
5 Vgl. LAG BW v. 7.8.2002 – 15 Ta 12/02, ArbRB 2003, 46 m. Anm. *Berscheid*; LAG Rh.-Pf. v. 25.1.2007 – 11 Ta 10/07; aA aus Beschleunigungsaspekten LAG Hamm v. 8.9.2011 – 2 Ta 738/10; LAG Hessen v. 15.5.2008 – 20 Ta 80/08; BAG v. 17.9.2014 – 10 AZB 4/14, NZA 2015, 1405, das nur bei Willkürentscheidungen zurückverweist.
6 Vgl. LAG Bremen v. 5.1.2006 – 3 Ta 69/05, NZA-RR 2006, 211; Juris PR-ArbR 18/2006 m. Anm. *Gravenhorst*.
7 Vgl. dazu Rechtswegbeschwerdeverfahren: BAG v. 17.2.2003 – 5 AZB 37/02, NZA 2003, 517.
8 Vgl. beim Fehlen der richterlichen Unterschrift: BAG v. 18.5.2010 – 3 AZB 9/10.
9 GMP/*Müller-Glöge*, § 78 Rz. 28.
10 HWK/*Kalb*, § 78 ArbGG Rz. 20.
11 *Zöller/Heßler*, § 572 ZPO Rz. 9.

Weiteres aus dem Gesetz oder dem Akteninhalt zweifelsfrei ergeben, ist spätestens die Nichtabhilfeentscheidung mit nachvollziehbaren Gründen zu versehen. Eine fehlende Unterschrift des Richters unter den angefochtenen Beschluss wird durch den unterzeichneten Nichtabhilfebeschluss mit Wirkung ab dann geheilt[1].

Mit der Abhilfe durch das ArbG ist das **Beschwerdeverfahren erledigt**. Die Gegenpartei kann die gerichtliche Entscheidung nun ihrerseits mittels sofortiger Beschwerde angreifen, sofern die Voraussetzungen von §§ 567 ff. ZPO jetzt für sie erfüllt sind. 49

Einstweilen frei 50

2. Nichtabhilfe durch das Arbeitsgericht

Hilft das ArbG der Beschwerde nicht ab, so hat es sie **unverzüglich** dem LAG gem. § 572 Abs. 1 Satz 1 Halbs. 2 ZPO **vorzulegen**. Eine feste Frist enthält das Gesetz nicht. Mit der Verwendung des Begriffes „unverzüglich" ist das Gericht angehalten, seine Entscheidung über die Abhilfe oder Nichtabhilfe zügig und ohne schuldhaftes Zögern (§ 121 Abs. 1 BGB) zu treffen. Damit wird ihm eine angemessene Frist eingeräumt, deren Dauer von den Umständen des Einzelfalls bestimmt wird. Es kann zB geboten sein, sofort oder erst nach Gehörsgewährung für die Gegenseite zu entscheiden, den Sachverhalt noch näher aufzuklären oder eine Entscheidung erst nach einer erforderlichen Beweisaufnahme zu treffen. 51

Eine Vorlagepflicht besteht für das ArbG auch, wenn die **Beschwerde** unzulässig oder unstatthaft ist. Ist die Beschwerde dagegen offensichtlich **unstatthaft**, entfällt eine Pflicht zur Vorlage. Auf ausdrückliches Verlangen des Beschwerdeführers sollte die Beschwerde idR auch in solchen Fällen vorgelegt werden, es sei denn, sie erweist sich als offensichtlich querulatorisch[2]. 52

Bei **teilweiser Abhilfe** erfolgt eine Vorlage nur bezüglich des nicht abgeholfenen Teils. Ist ein bestimmter **Beschwerdewert** erforderlich (vgl. Rz. 10), dann ist dieser nach dem durch die Teilabhilfe des ArbG noch verbleibenden Restbetrag zu ermitteln (vgl. Rz. 12), weil nur insoweit ein Beschwerdeverfahren entsteht (vgl. Rz. 43, Rz. 46). 53

Vgl. zur Befugnis zum Erlass von **einstweiligen Anordnungen** Rz. 23 und Rz. 90.

VI. Die Entscheidung des Landesarbeitsgerichts über die Beschwerde

Das Beschwerdeverfahren ist nicht Teil des Urteilsverfahrens, sondern findet erst als eigenständiges Verfahren nach Nichtabhilfe durch das ArbG vor dem LAG statt. Erst mit Vorlage zum LAG nach Entscheidung des ArbG im Rahmen von § 572 Abs. 1 Satz 1 ZPO **entsteht** das eigentliche **Beschwerdeverfahren**. Solange sich das Verfahren nach Einlegung einer Beschwerde noch beim ArbG befindet, ist der (Nicht)-Abhilfeabschnitt zwar zwingender vorgeschalteter Teil des Verfahrens nach Einlegung des Rechtsmittels, das eigentliche kostenauslösende Beschwerdeverfahren beginnt aber erst vor dem LAG. Das ArbG ist ab Erlass[3] des Beschlusses über die Nichtabhilfe dann nicht mehr zur Abhilfe befugt. Das LAG, das per Beschluss über die Beschwerde entscheidet, hat gem. § 572 Abs. 2 ZPO von Amts wegen sämtliche Zulässigkeitsvoraussetzungen des Rechtsmittels zu prüfen, insbesondere, ob es statthaft und fristgerecht ist. Ist die Beschwerde unzulässig, hat sie das LAG zu verwerfen, ist sie unbegründet, wird sie vom LAG zurückgewiesen. Ist sie begründet, hebt das LAG die angefochtene Entscheidung auf. Bedarf es in der Sache einer ersetzenden Entscheidung, was vielfach bei der Zurückweisung eines Antrags oder der Zuerkennung eines gestellten Begehrens geboten ist, trifft diese Sachentscheidung das LAG. 54

Das **LAG kann** stattdessen das Verfahren zur Entscheidung in der Sache an das ArbG **zurückverweisen** und dabei dem erstinstanzlichen Gericht gem. § 572 Abs. 3 ZPO die erforderlichen Anordnungen übertragen. Hier ist das ArbG durch die Übertragung der „erforderlichen Anordnung" und in entsprechender Anwendung von § 563 Abs. 2 ZPO an die rechtliche Beurteilung und an konkrete Anweisungen durch das LAG gebunden[4]. Eine Zurückverweisung zur ersetzenden Entscheidung kann nach dem Ermessen des LAG insbesondere in Betracht kommen, wenn das ArbG unter Verstoß gegen die Gewährung rechtlichen Gehörs (Art. 103 Abs. 1 GG) oder unter sonstigen schweren Verfahrensmängeln entschieden hat und/oder eine weitere Aufklärung oder Beweisaufnahme geboten ist. In Betracht zu ziehen ist zB eine Zurückverwei- 55

---

1 BAG v. 18.5.2010 – 3 AZB 9/10, NJW 2010, 2748.
2 Vgl. hierzu Zöller/*Heßler*, § 567 ZPO Rz. 17.
3 Vgl. dazu BGH v. 16.9.2016 – V ZR 3/16.
4 BGH v. 22.11.2012 – XII ZB 42/11, NJW 2013, 1310 (mit Ausnahmefall); Zöller/*Heßler*, § 572 ZPO Rz. 27 ff.; GMP/*Müller-Glöge*, § 78 Rz. 34.

sung bei gerichtlichen Ermessensentscheidungen in der angefochtenen Grundentscheidung, die das ArbG nicht oder nur unzureichend begründet hat und die sich auch aus dem Akteninhalt für die Parteien und das LAG nicht zweifelsfrei ergeben. Hier haben die Parteien ein Recht auf eine nachvollziehbare Gerichtsentscheidung, was nicht zuletzt auch kostenmäßig für ein Beschwerdeverfahren Relevanz erlangen kann, weil das Rechtsmittel erst durch Vorlage beim LAG formell zur – ggfs. kostenauslösenden – Beschwerde wird.

Im Einzelfall kann es nach dem LAG Sachsen[1] gerechtfertigt sein, die Sache an eine andere Kammer des ArbG zurückzuverweisen.

Allerdings sollte bei der Ausübung des Ermessens stets der besondere **Beschleunigungsgrundsatz** des arbeitsgerichtlichen Verfahrens (§ 9 Abs. 1, § 61a Abs. 1) bedacht werden. Wenngleich § 68 im Beschwerdeverfahren nicht anwendbar ist, so bezweckt auch diese Norm eine Verfahrensbeschleunigung. Dieser allgemeine Grundgedanke ist auch im Rahmen von § 572 Abs. 3 ZPO zu beachten. So hat das BAG[2] (vgl. auch Rz. 45) entschieden, dass im Rechtswegbestimmungsverfahren des § 17a GVG eine Zurückverweisung vom LAG zum ArbG unzulässig sein soll. Das gilt erst recht, wenn das Hauptsacheverfahren ein Kündigungsschutzverfahren ist. Ob dem BAG in dieser Stringenz gefolgt werden kann, muss zwar wegen der Spezialregelung von § 572 Abs. 3 ZPO in Frage gestellt werden, kann aber letztlich dahingestellt bleiben. Jedenfalls muss vom LAG gefordert werden, dass es möglichst selbst in der Sache entscheidet und dabei Klarstellungen oder Sachaufklärungen selbst vornimmt; vgl. auch Rz. 45.

56 Besteht hingegen **Entscheidungsreife**, so hat das LAG in aller Regel, auch bei wesentlichen Verfahrensmängeln, selbst die ersetzende Entscheidung zu treffen, was auch dem Fortgang eines möglichen Hauptsacheverfahrens dienlich ist. Erst recht gilt dies bei eilbedürftigen Sachen.

57 **Mit der Vorlage** der Beschwerde zum **LAG** steht nur noch diesem die **Entscheidungskompetenz** über die streitgegenständliche Sach- und Rechtslage zu, soweit die Entscheidung dort angefallen ist. Das LAG ist volle zweite Tatsacheninstanz. Es überprüft daher die arbeitsgerichtliche Entscheidung im Umfange der Anfechtung (§ 572 Abs. 1 Satz 2, § 318 ZPO) ohne Einschränkung in tatsächlicher und rechtlicher Hinsicht. Dies gilt auch für gerichtliche Ermessensentscheidungen, die das Beschwerdegericht nicht nur einer eingeschränkten **Ermessenskontrolle** zu unterziehen hat. Gerade weil das LAG auch im Beschwerdeverfahren von § 78 eine zweite Tatsacheninstanz – im Gegensatz zum BAG bei einer Rechtsbeschwerde (s. Rz. 71 ff.) – ist und § 545 Abs. 1 ZPO weder direkt noch analog anwendbar ist, hat das LAG – in gleicher Weise wie bei den Rechtsmitteln der Berufung und der Beschwerde der §§ 87 ff. – eine eigene Ermessensentscheidung zu treffen[3]. Es leuchtet nicht ein, dass und wie das LAG zwar neue Tatsachen berücksichtigen muss, wenn es angeblich gleichzeitig eine erstinstanzliche Ermessensentscheidung nur einer Rechtsprüfung unterziehen darf.

58 Da die Beschwerde gem. § 571 Abs. 2 Satz 1 ZPO auf neue Tatsachen- und Beweismittel gestützt werden kann, finden die **Präklusionsvorschriften** von § 67 wegen ihres Ausnahmecharakters im Beschwerdeverfahren **keine** Anwendung. Das gilt auch bezüglich einer analogen Anwendung von § 296 ZPO[4]. Neue Tatsachen können auch für Beschwerden im **Prozesskostenhilfeverfahren** vorgebracht werden, sei es, dass es um die Bewilligung, die spätere Abänderung (§ 120a ZPO) oder den Entzug (§ 124 ZPO) von Prozesskostenhilfe geht. Auch wenn der Rechtspfleger etwa wegen unterlassener Mitwirkungshandlung der Partei, der Prozesskostenhilfe bewilligt worden war, trotz mehrfacher vergeblicher Aufforderung die Bewilligung gem. § 124 Nr. 2, § 120a Abs. 1 ZPO aufhebt, geht der Sanktionscharakter von § 124 Nr. 2 ZPO nicht soweit, dass die Partei im Beschwerdeverfahren mit neuem Vorbringen, insbesondere Vorlage der erforderlichen Vermögens- und Einkommensnachweise, ausgeschlossen wäre[5]. Die nach § 120a Abs. 1 Satz 3 ZPO zu setzende Erklärungsfrist ist keine Ausschlussfrist. Der Nachteil geht nur so weit, dass das Gericht zu Lasten des nicht mitwirkenden Antragstellers im Umfang der unterlassenen Mitwirkung mangels besserer Kenntnisse nach Fristablauf negative Tatsachen unterstellen darf. Der Fristablauf präkludiert den Antragsteller aber nicht mit neuem Sachvortrag innerhalb der Beschwerdefrist von § 127 Abs. 3 Satz 3 ZPO. Auch gilt zu beachten, dass Prozesskostenhilfe versagende Beschlüsse keine materielle Rechtskraft entfal-

---

1 LAG Sachsen v. 8.4.1997 – 1 Ta 89/97, NZA 1998, 223; zustimmend GK-ArbGG/*Dörner*, § 78 Rz. 83.
2 BAG v. 17.2.2003 – 5 AZB 37/02, NZA 2003, 517; s. auch BAG v. *17.9.2014* – 10 AZB 4/14, NZA 2015, 1405.
3 LAG Rh.-Pf. v. 14.1.1991 – 9 Ta 3/91, LAGE § 12 ArbGG 1979 – Streitwert Nr. 88; jetzt auch LAG Nürnberg v. 30.7.2014 – 4 Ta 83/14, NZA-RR 2014, 561; aA GMP/*Müller-Glöge*, § 78 Rz. 33; LAG Nürnberg v. 11.11.1992 – 6 Ta 153/92, NZA 1993, 430, das nur auf Ermessensfehler kontrolliert; einschränkend bei der reinen Ermessensentscheidung von § 148 ZPO: BGH v. 12.12.2005 – II ZB 30/04, BB 2006, 465.
4 BVerfG v. 9.2.1982 – 1 BvR 799/78, NJW 1982, 1635.
5 BAG v. 18.11.2003 – 5 AZB 46/03, NZA 2004, 1062; Zöller/*Geimer*, § 124 ZPO Rz. 10a mwN; vgl. Arbeitsrechtslexikon/*Schwab*: Prozesskostenhilfe A VI.

ten, so dass jedenfalls bis zum Abschluss der Instanz ein erneuter Antrag auf Bewilligung von Prozesskostenhilfe gestellt werden kann; es kann allenfalls am Rechtsschutzinteresse für einen neuen Antrag fehlen, wenn greifbare Anhaltspunkte dafür sprechen, dass die Partei eine Ratenzahlungsanordnung erneut missachten wird[1].

Das **LAG** kann die arbeitsgerichtliche Entscheidung nur im Umfange der Anfechtung überprüfen. Es ist daher gem. § 572 Abs. 1 Satz 2, § 318 ZPO **an die gestellten Anträge gebunden**. Dies hat zur Folge, dass die angefochtene Entscheidung grds. nicht zum Nachteil des Beschwerdeführers abgeändert werden kann. Es gilt entsprechend den Vorschriften für die Berufung (§ 528 Satz 2 ZPO) das Verbot der **reformatio in peius**. Gleiches gilt für das ArbG, wenn das LAG den angefochtenen Beschluss ganz oder teilweise aufhebt und das Verfahren gem. § 572 Abs. 3 ZPO zur erneuten Entscheidung an das ArbG zurückverweist[2]. Eine Zurückverweisung darf den Beschwerdeführer nicht schlechter stellen als eine eigene Sachentscheidung durch das LAG. Das Verschlechterungsverbot **greift** dann **nicht**, wenn der Beschwerdegegner seinerseits eine zulässige Beschwerde oder Anschlussbeschwerde (§ 567 Abs. 3 ZPO) eingelegt hat oder wenn das Gericht kraft Gesetzes die arbeitsgerichtliche Entscheidung von Amts wegen abändern darf, wie dies nach § 68 Abs. 1 Satz 4 iVm. § 63 Abs. 3 Satz 2 GKG für die Streitwertfestsetzung der Fall ist. Hier können sowohl das ArbG als auch das LAG die gegen die Streitwertfestsetzung gerichtete Beschwerde innerhalb der Sechs-Monats-Frist von § 68 Abs. 1 Satz 3 iVm. § 63 Abs. 3 GKG auch zum Anlass für eine Streitwerterhöhung oder -herabsetzung nehmen (vgl. § 12 Rz. 135 f.). Diese Grundsätze finden wegen ihres Ausnahmecharakters keine analoge Anwendung im Beschwerdeverfahren nach § 33 Abs. 3 RVG, da für den dortigen Parteienstreit diese Möglichkeit nicht eröffnet ist[3], vgl. § 12 Rz. 140.

Die Entscheidung des LAG über die Beschwerde kann **ohne mündliche Verhandlung** ergehen. Da die gerichtliche Entscheidung gem. § 572 Abs. 4 ZPO durch Beschluss ergeht, bedarf es nach der allgemeinen Anordnung von § 128 Abs. 4 ZPO keiner mündlichen Verhandlung. Beraumt der Vorsitzende eine mündliche Verhandlung an, ergeht seine Entscheidung auch dann durch Beschluss (§ 572 Abs. 4 ZPO).

Im arbeitsgerichtlichen Verfahren **entscheidet** das LAG nach der Sonderregelung von § 78 Satz 3 stets durch den **Vorsitzenden allein**. Die ehrenamtlichen Richter wirken somit selbst dann nicht mit, wenn das LAG über die Beschwerde aufgrund mündlicher Verhandlung entscheidet[4] oder in solchen Fällen, in denen das ArbG durch die vollbesetzte Kammer entscheiden musste. Ordnet der Vorsitzende eine mündliche Verhandlung über die Beschwerde an, was in seinem Ermessen steht und in der Praxis nur selten erforderlich ist, dann besteht nur für den Verhandlungstermin **Vertretungszwang** im Rahmen von § 11 Abs. 4 (vgl. Rz. 32)[5], ansonsten können die Parteien das Beschwerdeverfahren selbst einleiten und durchführen, insbesondere Schriftsätze mit Sachanträgen zum LAG einreichen.

Zur Anfechtbarkeit der Entscheidung und zur Vorgehensweise des LAG gegen **formfehlerhafte Entscheidungen** des ArbG, insbesondere in der falschen Entscheidungsform, vgl. § 64 Rz. 28 ff. Verwirft etwa das ArbG den verspäteten Einspruch gegen ein Versäumnisurteil entgegen § 341 Abs. 2 ZPO durch Beschluss statt durch Urteil, so kann die unterlegene Partei dagegen nach Maßgabe der ihr erteilten Rechtsmittelbelehrung auch sofortige Beschwerde einlegen. Das LAG hat dann gleichwohl in der „an sich" gegebenen Form, also durch Urteil zu entscheiden[6].

Ergeht **der Beschluss des LAG** über die Beschwerde aufgrund mündlicher Verhandlung, so ist er zu verkünden. Lässt das LAG – ob mit oder ohne mündliche Verhandlung entscheidend – die Rechtsbeschwerde nach § 574 Abs. 1 ZPO zu, dann ist der Beschluss stets mit einer schriftlichen Rechtsmittelbelehrung versehen (§ 9 Abs. 5 Satz 3) förmlich zuzustellen; andernfalls ist der **Beschluss** nach § 329 ZPO **formlos mitzuteilen**. Enthält er einen vollstreckbaren Inhalt, dann ist er nach § 329 Abs. 3 ZPO zuzustellen. Wird die Rechtsbeschwerde zum BAG nicht zugelassen, dann enthält der Beschluss des LAG nach § 9 Abs. 5 Satz 2 die Rechtsmittelbelehrung, dass gegen diese Entscheidung kein Rechtsmittel gegeben ist (§ 78 Abs. 2). In diesem Falle erlangt die im Beschwerdeverfahren entschiedene Rechtsfrage mit Verkündung bzw. Zustellung oder Bekanntgabe des Beschlusses Rechtskraft, sofern die Entscheidung rechtskraftfähig ist. Eine **Nichtzulassungsbeschwerde** – ähnlich wie § 72a für das Berufungsverfahren – gibt es gegen den Beschluss des LAG über die sofortige Beschwerde nicht[7].

---

1 BGH v. 3.3.2004 – IV ZB 43/03, NJW 2004, 1805; BGH v. 12.7.2005 – VI ZB 72/03, BB 2005, 2435.
2 Vgl. BGH v. 6.5.2004 – IX ZB 349/02, NJW 2004, 2521.
3 LAG Hessen v. 23.4.1999 – 15/6 Ta 426/98, NZA-RR 1999, 382.
4 Düwell/Lipke/*Oesterle*, § 78 Rz. 49; *Schmidt/Schwab/Wildschütz*, NZA 2001, 1217 (1226).
5 Hauck/Helml/Biebl/*Hauck*, § 78 Rz. 9; HWK/*Kalb*, § 78 ArbGG Rz. 15.
6 Vgl. etwa LAG Köln v. 26.2.2003 – 7 Ta 229/02, NZA-RR 2004, 107; vgl. zur Anfechtung von inkorrekten Entscheidungen: *Schwab*, Die Berufung im arbeitsgerichtlichen Verfahren, S. 27–40.
7 BAG v. 11.6.2009 – 9 AZA 8/09, NZA 2009, 1374.

63 Im Grundsatz hat der Beschluss eine **Kostenentscheidung** zu enthalten, die nach §§ 91 ff. ZPO zu ergehen hat. Das gilt wenn das jeweilige Beschwerdeverfahren als Parteienstreit kontradiktorisch ausgestaltet ist. Allein wegen des Anfalls von **Gerichts**kosten für das Beschwerdeverfahren bedarf es allerdings nicht immer zwingend einer Kostenentscheidung, weil das Gebührenverzeichnis der Anlage 1 in den Nummern 8610–8624, ggf. ergänzt durch die Regelungen des GKG, bereits selbst gesetzliche Kostentragungsregelungen in Form von Festgebühren (vgl. § 12 Rz. 83) enthält. Einer Kostenentscheidung bedarf es bei Beschwerden im Urteilsverfahren beim Anfallen von erstattungsfähigen **außergerichtlichen** Kosten der Verfahrensbeteiligten[1], vornehmlich für die Hinzuziehung eines Prozessbevollmächtigten im Beschwerdeverfahren. Dabei ist zu beachten, dass bei etlichen Beschwerdeverfahren kraft Gesetzes grds. keine außergerichtliche Kostenerstattung stattfindet[2]. Für das Beschwerdeverfahren der §§ 567 ff. ZPO finden die Sonderregelungen von **§ 12a Abs. 1 Satz 1** (für Rechtsanwaltskosten und Zeitversäumnis der Partei) **keine Anwendung**. § 12a gilt nur im erstinstanzlichen Urteilsverfahren und ist in § 78 nicht erwähnt[3]. Das Beschwerdeverfahren ist nicht Teil des Urteilsverfahrens. Für das Beschwerdeverfahren gelten die allgemeinen Kostenregelungen von §§ 91 ff. ZPO.

Der unterliegende Beschwerdegegner ist dann Kostenschuldner, wenn es in dem Beschwerdeverfahren auch um seine unmittelbare Rechtsposition geht und er sich am Beschwerdeverfahren in der Weise beteiligt, dass er das Rechtsbegehren des Beschwerdeführers inhaltlich angreift, eines förmlichen Antrages bedarf es nicht[4]. Ist das Beschwerdeverfahren in dieser Weise **kontradiktorisch** ausgestattet, dann ist grds. eine Kostenentscheidung im Beschwerdeverfahren erforderlich, weil es dann im Beschwerdeverfahren um die widerstreitenden Interessen beider Parteien geht. Liegt **kein** kontradiktorisches Verfahren (zB Bewilligung von PKH, Festsetzung eines Ordnungsgeldes) vor, ist eine Kostenentscheidung für außergerichtliche Kosten im Beschwerdeverfahren nicht veranlasst. Dies hat zur Folge, dass etwaige erstattungsfähige Kosten eines solchen Beschwerdeverfahrens –sollten sie überhaupt notwendig iSv. § 91 ZPO sein – nicht durch eine Kostenentscheidung im Beschwerdeverfahren geregelt, sondern von der Kostengrundentscheidung des Hauptsacheverfahrens erfasst werden[5]. Ist im Beschwerdeverfahren die gebotene **Kostenentscheidung** versehentlich **unterblieben**, kann sie in analoger Anwendung von § 321 ZPO ergänzt werden. Wurde der ergänzende Beschluss nicht förmlich zugestellt, sondern den Parteien nur formlos mitgeteilt, beginnt in diesem Fall die zweiwöchige Antragsfrist von § 321 Abs. 2 ZPO nicht zu laufen[6].

64 Eine **Kostenentscheidung** ist auch in **Verfahrensbeschwerden**, die in einem Beschlussverfahren gem. § 83 Abs. 5 eingelegt werden können, nicht zu treffen. Für die Gerichtskosten greift hier die Sonderregelung von § 2 Abs. 2 GKG. Die Erstattung von gerichtlichen oder außergerichtlichen Kosten des Rechtsanwalts des BR richtet sich nicht nach prozessrechtlichen (zB § 91, § 92, § 97 ZPO), sondern nach den materiellrechtlichen Bestimmungen des BetrVG, insbesondere von § 40 BetrVG[7].

Im **Beschlussverfahren** gilt die Kostenfreiheit von § 2 Abs. 2 GKG aber nicht für **Gegenstandswertbeschwerden** eines verfahrensbevollmächtigten **Rechtsanwalts**[8]. Eine auf § 33 Abs. 3 RVG gestützte Beschwerde ist kein Verfahren „nach § 2a Abs. 1" iSv. § 2 Abs. 2 GKG, sondern ein eigenständiges Beschwerdeverfahren, das keinen betriebsverfassungsrechtlichen Anspruch betrifft und für das nicht die Gerichtskosten privilegierten Grundsätze der §§ 80 ff. eingreifen. Es weist lediglich die Besonderheit auf, dass es als Neben- bzw. Annexverfahren im Rahmen eines Beschlussverfahrens stattfindet. Der Anwalt zählt nicht zum privilegierten Personenkreis von § 2a. Wird dagegen im Beschlussverfahren die Beschwerde des mit Kosten belasteten ArbGeb gegen eine Wertfestsetzung zurückgewiesen, greift für ihn die Kostenfreiheit von § 2 Abs. 2 GKG.

---

1 GK-ArbGG/*Ahrend*, § 78 Rz. 85 f.; GMP/*Müller-Glöge*, § 78 Rz. 37; vgl. auch BAG v. 20.8.2007 – 3 AZB 50/05, NJW 2006, 252; BGH v. 22.6.2011 – 1 ZB 77/10, AnwBl 2011, 874.
2 Vgl. zB §§ 66 Abs. 8, 68 Abs. 3 GKG (vgl. dazu *Schneider*, NJW 2011, 2628), § 33 Abs. 9, § 56 Abs. 2 RVG; § 127 Abs. 4 ZPO.
3 BAG v. 27.10.2014 – 10 AZB 93/14, NZA 2015, 182.
4 Vgl. etwa Zöller/*Herget*, § 97 ZPO Rz. 9, 10; LAG Nürnberg v. 14.5.2001 – 7 Ta 93/01, NZA-RR 2001, 661 im Falle der Verfahrensaussetzung gem. § 148 ZPO.
5 BAG v. 27.10.2014 – 10 AZB 93/14, NZA 2015, 182; BAG v. 1.10.2014 – 10 AZB 24/14, NZA 2014, 1421.
6 OLG Karlsruhe v. 7.4.2014 – 9 W 28/13, NJW 2014, 2053.
7 BAG v. 27.7.1994 – 7 ABR 10/93, NZA 1995, 545; Arbeitsrechtslexikon/*Schwab*: Kosten des arbeitsgerichtlichen Verfahrens III 3.
8 Ebenso GMP/*Germelmann*, § 12 Rz. 142; LAG Rh.-Pf. v. 4.4.2007 – 1 Ta 46/07, juris; LAG Hamm v. 19.3.2007 – 10 Ta 97/07, NZA-RR 2007, 491; LAG Köln v. 31.3.2000 – 10 Ta 50/00, BB 2001, 831; für Kostenfreiheit: LAG MV v. 16.11.2000 – 1 Ta 67/00, NZA, 2001, 1160.

Soweit im Beschwerdeverfahren keine Pauschalgebühr anfällt[1], sollte der **Streitwert** des Beschwerdeverfahrens schon im Beschluss **festgesetzt** werden. Unabhängig davon, ob das Beschwerdeverfahren gerichtsgebührenfrei ist, ist der Streitwert festzusetzen, wenn eine außergerichtliche Kostenerstattung stattfindet. Der Gegenstandswert kann auch nachträglich auf Antrag gem. § 33 RVG oder (vgl. § 12 Rz. 140) von Amts wegen nach § 68 GKG durch gesonderten Beschluss festgesetzt werden, wenn das LAG den Beschwerdewert nicht schon in seiner Endentscheidung festgesetzt hat. 65

VII. Rechtsmittel im Beschwerdeverfahren

Beschwerdefähig sind Entscheidungen des **ArbG** nur in den Fällen von § 567 Abs. 1 Nr. 2 ZPO oder soweit die (sofortige) Beschwerde im Gesetz für ausdrücklich statthaft erklärt wird (vgl. Rz. 14–19). Dagegen werden bestimmte arbeitsgerichtliche Entscheidungen kraft Gesetzes ausdrücklich für nicht beschwerdefähig erklärt (vgl. Rz. 20). Der Ausschluss eines Rechtsmittels gegen Beschlüsse des ArbG ist im Allgemeinen verfassungsrechtlich unbedenklich, wie zB der in § 49 Abs. 3 angeordnete Ausschluss einer Beschwerde gegen die Ablehnung von Richtern[2]. Liegen einer nicht beschwerdefähigen Entscheidung Verstöße gegen das rechtliche Gehör (Art. 103 Abs. 1 GG) zugrunde, dann kann dagegen unter den Voraussetzungen von § 78a eine **Anhörungsrüge** (vgl. insbesondere § 78a Rz. 5, Rz. 6 und Rz. 40–45) angebracht werden. Bei einfachrechtlichen Verstößen unterhalb der Verfassungsebene besteht bei unanfechtbaren gerichtlichen Beschlüssen, die nicht in Rechtskraft erwachsen, die Möglichkeit, diese instanzintern mittels einer **Gegenvorstellung** anzugehen (vgl. Rz. 104 ff.). 66

Entscheidungen des **LAG** über eine Beschwerde oder verfahrensmäßige LAG-Entscheidungen im Rahmen eines dort laufenden Berufungsverfahrens sind grds. **nicht beschwerdefähig**. Die Verweisung in § 78 Satz 1 erstreckt sich vom Wortlaut her nur auf anfechtbare Entscheidungen des ArbG, nicht aber des LAG. Jedoch sind die Bestimmungen der §§ 574 ff. ZPO über die Rechtsbeschwerde auch Teil des arbeitsgerichtlichen Beschwerdeverfahrens der §§ 567 ff. ZPO[3]. § 574 Abs. 1 Satz 1 Nr. 2 ZPO bestimmt, dass das LAG die **Rechtsbeschwerde zulassen** kann, wenn es als Beschwerdegericht im Rahmen von §§ 567 ff. ZPO oder als Berufungsgericht im Rahmen von §§ 64 ff. eine generell beschwerdefähige Entscheidung getroffen hat. Somit besteht auch im arbeitsgerichtlichen Verfahren die Möglichkeit, solch ein Verfahren bis zum BAG zu bringen. Voraussetzung hierfür ist aber stets, dass das LAG die Rechtsbeschwerde ausdrücklich zulässt. Eine Nichtzulassungsbeschwerde (vgl. § 72a) gibt es für die fehlende Zulassung der Rechtsbeschwerde nicht. 67

Die Regelungen der Rechtsbeschwerde der §§ 574 ff. ZPO erfassen für sich betrachtet nicht die Bestimmungen der § 17–§ 17b GVG im **Rechtswegbestimmungsverfahren**. Das GVG gilt umfassend nur für den Bereich der ordentlichen Gerichtsbarkeit, nicht aber für das arbeitsgerichtliche Verfahren (vgl. § 2 EGGKG und § 9 Abs. 2 ArbGG; § 9 Rz. 5 f.), enthält eigene Beschwerderegelungen über Rechtswegentscheidungen. Diese finden über § 48 Abs. 1 Satz 1 auch im arbeitsgerichtlichen Verfahren Anwendung. Gegen eine Entscheidung des ArbG über den Rechtsweg ist daher gem. § 48 Abs. 1 Satz 1 iVm. § 17a Abs. 4 Satz 3 GVG die sofortige Beschwerde nach § 78 Satz 1, §§ 567 ff. ZPO zum LAG statthaft. Zudem ist auch hier gem. § 17a Abs. 4 Satz 4 GVG die Beschwerde zum BAG statthaft, wenn sie das LAG bei seiner Entscheidung über eine sofortige Beschwerde zugelassen hat. Bei dieser Beschwerde zum BAG handelt es sich um eine Rechtsbeschwerde iSv. § 574 ZPO[4] (vgl. § 48 Rz. 74). Das LAG darf und muss die Rechtsbeschwerde zum BAG gem. § 17a Abs. 4 Satz 5 GVG nur zulassen, wenn die Rechtsfrage grundsätzliche Bedeutung (s. § 72 Abs. 2 Nr. 1) hat oder wenn das LAG bei seinem Beschluss von einer Entscheidung eines obersten Gerichtshofes des Bundes oder des Gemeinsamen Senats der obersten Gerichtshöfe des Bundes abweicht. Lässt das LAG in einer Rechtswegsache die Rechtsbeschwerde nicht zu, dann eröffnen auch hier weder § 78 noch § 17a Abs. 4 GVG die Möglichkeit einer **Nichtzulassungsbeschwerde**[5]. Das BAG ist an die Zulassung gebunden. 68

Vorgenannte Grundsätze gelten über § 48 Abs. 1 auch bei einer Rechtsbeschwerde über die richtige **Verfahrensart** (Urteils-/Beschlussverfahren).

Erweist sich eine gem. § 17a GVG erfolgte Rechtsweg**verweisung** wegen krasser Rechtsverletzung als **grob fehlerhaft**, dann kann das Adressatgericht seinen Rechtsweg ungeachtet der grundsätzlichen Bindungswirkung des Verweisungsbeschlusses (§ 17a Abs. 2 Satz 3 GVG, § 48 Abs. 1 ArbGG) in analoger Anwendung 69

---

1 Nr. 8330, 8612 GKG-KV.
2 BAG v. 27.7.1998 – 9 AZB 5/98, NZA 1999, 335.
3 Vgl. zum Geltungsbereich *Schwab*, NZA 2002, 1378.
4 BAG v. 26.9.2002 – 5 AZB 15/02, NZA 2002, 1302.
5 BAG v. 22.2.1994 – 10 AZB 4/94, NJW 1994, 2110; GMP/*Müller-Glöge*, § 78 Rz. 43.

von § 36 Abs. 1 Nr. 6 ZPO für unzulässig erklären und – nach seiner Wahl – die Sache dem **Bundesgericht** entweder seines eigenen Rechtsweges oder desjenigen des Ausgangsgerichts zwecks Bestimmung des zuständigen Gerichts **vorlegen**. Diese Durchbrechung der gesetzlichen Bindungswirkung gilt auch dann, wenn keine der Parteien den Verweisungsbeschluss angefochten hat und er damit bestandskräftig geworden ist[1]. Objektive Willkürlichkeit liegt nur vor, wenn die Rechtsanwendung oder das Verfahren unter keinem denkbaren rechtlichen Aspekt mehr vertretbar ist und sich daher der Schluss aufdrängt, die Entscheidung beruhe auf sachfremden und damit willkürlichen Erwägungen[2]. Die Bindungswirkung darf aber nicht durch eine Rechtskontrolle des Adressatengerichts ausgehöhlt werden, weil nur das Beschwerdegericht zur Rechtsprüfung legitimiert ist; vgl. auch § 65 Rz. 8.

70 Die Rechtsbeschwerde zum BAG im Rechtswegbestimmungsverfahren ist gem. § 575 Abs. 1 ZPO binnen einer **Notfrist von einem Monat** nach Zustellung des Beschlusses einzulegen und zu begründen. Die Rechtsbeschwerde ist nach dem einschränkungslosen Wortlaut des Gesetzes nicht auf die Fälle beschränkt, in denen bei einer Entscheidung in der Hauptsache die Revision bzw. Rechtsbeschwerde zum BAG möglich wäre. Sie ist somit auch dann statthaft, wenn Gegenstand des Ausgangsverfahrens eine **einstweilige Verfügung** ist, bei der der Instanzenzug beim LAG gem. § 72 Abs. 4 endet. Auch hier kann im Interesse der Einheitlichkeit der Rspr. in der bedeutsamen Frage des **Rechtsweges** (vgl. aber Rz. 74 für sonstige Verfahren) die Rechtsbeschwerde zugelassen werden, weil die Entscheidung über den Rechtsweg aus der Hauptsache herausgelöst ist und die weitere Beschwerde im Hinblick auf § 17a Abs. 4 Satz 4 GVG kein in der Hauptsache sonst unstatthaftes Rechtsmittel ersetzt[3] (s. § 48 Rz. 78). Dies gilt nicht zuletzt wegen einer starken faktischen Bindungswirkung einer BAG-Entscheidung selbst dann, wenn die Hauptsache schon anhängig und das ebenfalls angegangene ArbG das Gericht der Hauptsache iSv. § 937 ZPO ist[4]. Diese Erwägungen greifen nicht mehr, wenn es um die Anfechtbarkeit einer Entscheidung in der Hauptsache geht[5].

VIII. Die Rechtsbeschwerde

71 Die § 574–§ 577 ZPO finden im arbeitsgerichtlichen Verfahren über § 78 Satz 1 Anwendung, soweit in § 78 Satz 2 und 3 keine Sonderregelungen enthalten sind[6] oder keine sonstige Spezialvorschrift die Anwendung von § 574 Abs. 2 ZPO, § 78 ausschließt. Die Rechtsbeschwerde erfasst solche beschwerdefähigen Entscheidungen des **LAG**, die in mündlicher Verhandlung verkündet oder, sofern sie nicht verkündet werden, vom Vorsitzenden unterschrieben der Geschäftsstelle zum Zwecke der Zustellung übergeben worden sind und zugestellt oder bekannt gemacht wurden. Die Rechtsbeschwerde findet im arbeitsgerichtlichen Verfahren gegen verfahrensbegleitende Beschlüsse des LAG nicht nur im Bereich des **Urteilsverfahrens**, sondern auch im Rahmen eines **Beschlussverfahrens** nur dann statt, wenn sie das LAG zugelassen hat[7]. § 90 Abs. 3 steht einer zugelassenen Rechtsbeschwerde nicht entgegen[8].

1. Wesen der Rechtsbeschwerde

72 Auch in zivilprozessualen Beschwerdesachen tauchen Grundsatzfragen auf, die vom obersten Gericht für Arbeitssachen zu klären sind, so dass es seiner Funktion als Wahrer der Rechtseinheitlichkeit und als Rechtsfortbilder nachkommen kann. Die Rechtsbeschwerde führt auch zu einer höheren Transparenz und besseren Durchschaubarkeit des Rechtsmittelsystems im Anwendungsbereich der ZPO.

Die Rechtsbeschwerde ist revisionsrechtlich ausgestaltet und auf eine Rechtsprüfung beschränkt. Daher müssen LAG-Beschlüsse, die die Rechtsbeschwerde zulassen, den maßgeblichen Sachverhalt, den Streitgegenstand und die in beiden Instanzen gestellten Anträge enthalten, es sei denn, der maßgebliche Sachverhalt und das Rechtsschutzziel ergeben sich mit hinreichender Deutlichkeit aus den Beschlussgründen. Die

---

1 BAG v. 28.2.2006 – 5 AS 19/05, NZA 2006, 453; BAG v. 12.7.2006 – 5 AS 7/06, NZA 2006, 1004; GMP/*Müller-Glöge*, § 78 Rz. 61 f.
2 BVerfG v. 26.7.2005 – 1 BvR 85/04, NJW 2005, 3345.
3 Vgl. BGH v. 9.11.2006 – I ZB 28/06, NJW 2007, 1819; BAG v. 24.5.2000 – 5 AZB 66/99, NZA 2000, 903; aA BVerwG v. 8.8.2006 – 6 B 65.06, NVwZ 2006, 1291; GMP/*Müller-Glöge*, § 78 Rz. 49.
4 BAG v. 24.5.2000 – 5 AZB 66/99, NZA 2000, 903; BAG v. 29.10.2001 – 5 AZB 44/00, NZA 2002, 166.
5 BGH v. 10.10.2002 – VII ZB 11/02, NJW 2003, 69.
6 *Schwab*, NZA 2002, 1378; *Dietermann/Gaumann*, NJW 2003, 799.
7 BAG v. 28.2.2003 – 1 AZB 53/02, NZA 2003, 516; BAG v. 25.8.2004 – 1 AZB 41/03, NZA 2004, 1240.
8 BAG v. 22.3.2017 – 1 AZB 55/16, NZA 2017, 806.

Sachverhaltsfeststellungen des LAG sind Grundlagen der Entscheidung des Rechtsbeschwerdegerichts[1]; andernfalls sind sie nicht mit Gründen versehen[2] und das BAG verweist das Verfahren zum LAG zurück.

Im Verfahren über die Bewilligung von **Prozesskostenhilfe** ist die Rechtsbeschwerde **eingeschränkt**. Sie kann bei Versagung durch das LAG nur bezüglich Fragen des Verfahrens oder der persönlichen und wirtschaftlichen Verhältnisse des Antragstellers zugelassen werden, zB ob die Rechtsverfolgung mutwillig ist iSv. § 114 Abs. 2 ZPO[3] oder wenn das LAG die Beiordnung eines Rechtsanwalts nach § 121 Abs. 2 ZPO abgelehnt hat. Geht es dagegen um die Beurteilung der hinreichenden Erfolgsaussichten (§ 114 Abs. 1 ZPO) in der Sache, dann hat die beabsichtigte Rechtsverfolgung oder Rechtsverteidigung -wenn man deswegen das BAG anruft-, schon per se hinreichende Aussicht auf Erfolg iSv. § 114 ZPO, so dass dann von den Tatsachengerichten Prozesskostenhilfe zu bewilligen ist[4].

Begehrt der Antragsteller **Prozesskostenhilfe für das Rechtsbeschwerdeverfahren**, dann ist bei der Prüfung der Erfolgsaussicht der Rechtsbeschwerde – ebenso wie in der Revisionsinstanz auch – entscheidend auf den voraussichtlichen Erfolg in der **Hauptsache** selbst und nicht auf einen davon losgelösten Erfolg des Rechtsmittels wegen eines Verfahrensfehlers abzustellen[5]. Das kann natürlich nur solche Fälle erfassen, bei denen das Hauptsacheverfahren noch beim LAG anhängig ist. In anderen Fällen sind die hinreichenden Erfolgsaussichten in aller Regel zu bejahen, weil die zu klärende Rechtsfrage grundsätzliche Bedeutung hat oder eine Divergenz vorliegen soll.

2. Anwendungsbereich der Rechtsbeschwerde

Die Rechtsbeschwerde zum BAG findet nur statt **gegen Beschlüsse des LAG**. Beschwerdefähige Entscheidungen des ArbG sind mit der sofortigen Beschwerde zum LAG angreifbar. Die §§ 574 ff. ZPO sind primär anwendbar im Rahmen des Geltungsbereiches der ZPO/des ArbGG. Im arbeitsgerichtlichen Verfahren gelten sie über § 78 Satz 1 entsprechend[6]. Nicht erfasst von den §§ 567 ff. ZPO werden gesetzliche Bestimmungen außerhalb der ZPO, die ein gesondert geregeltes Beschwerderecht haben (zB § 33 RVG, § 68 GKG, § 17 Abs. 4 GVG). Bei den **Wertbeschwerden** ist die Rechtsbeschwerde nicht statthaft wegen der eigenständigen Regelungen in § 68 Abs. 1 Satz 5, § 66 Abs. 3 Satz 3 GKG bzw. § 33 Abs. 4 Satz 3 RVG.

3. Statthaftigkeit der Rechtsbeschwerde

Die Rechtsbeschwerde ist nur zulässig, wenn das Gesetz eine Anfechtbarkeit der Entscheidung vorsieht. Zudem ist sie nur statthaft, wenn sie das **LAG zugelassen** hat, etwa in seiner Entscheidung über die sofortige Beschwerde nach § 572 Abs. 2 Satz 2, Abs. 3 ZPO. Die Zulassung bedarf keines Parteiantrages[7], ein solcher ist nur als Anregung für das Gericht zu verstehen. Zulassen kann sie das LAG gem. § 574 Abs. 1 Nr. 2 ZPO auch bei von ihm getroffenen Erstentscheidungen im Rahmen eines Berufungsverfahrens. Bei gesetzlich unanfechtbaren Entscheidungen entfaltet die Zulassung durch das LAG keine Bindungswirkung und sie bleibt letztlich wirkungslos. Folglich bleibt in diesem Falle die Rechtsbeschwerde grds. unzulässig, selbst wenn sie vom LAG fälschlicherweise zugelassen worden ist[8], weil durch eine gesetzwidrige Entscheidung kein weiteres Rechtsmittel geschaffen werden kann. Für die Frage, ob die Rechtsbeschwerde zugelassen wurde, ist die richterliche Entscheidung des LAG und nicht eine hiervon abweichende den Parteien mitgeteilte fehlerhafte Ausfertigung oder Abschrift der Geschäftsstelle maßgebend[9].

Beschlüsse, die der Rechtsbeschwerde unterliegen, müssen den maßgeblichen **Sachverhalt** enthalten, s. Rz. 72; vgl. zum Überprüfungsumfang durch das BAG Rz. 95 ff.

§ 574 Abs. 1 **Nr. 1** ZPO erlangt im arbeitsgerichtlichen Verfahren keine Bedeutung[10]. Der wichtigste Fall, der im Gesetz ausdrücklich angeordneten Statthaftigkeit einer Rechtsbeschwerde, § 522 Abs. 1 Satz 4 ZPO (Verwerfung einer Berufung als unzulässig), wird in § 77 eigenständig geregelt. Danach muss auch in diesem Fall das LAG die Rechtsbeschwerde ausdrücklich zulassen. Auch bei der **Revisionsbeschwerde** iSv.

---

1 BGH v. 16.12.2008 – VIII ZB 78/06, NJW 2009, 857; BGH v. 16.4.2013 – VI ZB 50/12, MDR 2013, 1243.
2 BGH v. 14.6.2010 – II ZB 20/09; BGH v. 27.8.2014 – XII ZB 266/13.
3 BAG v. 17.2.2011 – 6 AZB 3/11, NZA 2011, 422; GMP/*Müller-Glöge*, § 78 Rz. 47.
4 Vgl. BVerfG v. 4.2.2004 – 1 BvR 596/03, NJW 2004, 1789; BVerfG v. 28.1.2013 – 1 BvR 274/12.
5 BGH v. 27.6.2003 – IXa ZB 21/03, BB 2003, 1700.
6 *Kerwer*, RdA 2004, 122; *Schwab*, NZA 2002, 1378; BAG v. 22.1.2003 – 9 AZB 7/03, NZA 2003, 399; aA BAG v. 20.8.2002 – 2 AZB 16/02, NZA 2002, 1228.
7 Düwell/Lippke/*Oesterle*, § 78 Rz. 62.
8 BGH v. 7.2.2013 – VII ZB 58/12, MDR 2013, 560; BGH v. 25.6.2009 – IX ZB 161/08, NJW 2009, 3653; BAG v. 20.8.2002 – 2 AZB 16/02, NZA 2002, 1229; BAG v. 25.11.2008 – 3 AZB 64/08, NJW 2009, 1161.
9 BGH v. 13.10.2016 – IX ZB 57/14.
10 Vgl. im Übrigen zu § 7 InsO: BGH v. 11.7.2002 – IX ZB 80/02, BB 2002, 2410.

§ 77 handelt es sich um eine Rechtsbeschwerde (§ 574 ZPO) mit den nach § 575 ZPO zu beachtenden Formalien. Gleiches gilt für die nach § 17a Abs. 4 Satz 4 GVG vom LAG zum BAG zugelassene Beschwerde. Auch diese weitere Beschwerde im Rechtswegbestimmungsverfahren ist eine Rechtsbeschwerde iSv. §§ 574 ff. ZPO[1]. Lässt das LAG die Rechtsbeschwerde nicht zu, kann ihre Zulassung nicht per **Nichtzulassungsbeschwerde** erreicht werden, weil dieser Rechtsbehelf weder in § 78 noch in §§ 574 ff. ZPO vorgesehen ist[2]. Hat das LAG die gesetzlich statthafte Rechtsbeschwerde zugelassen, dann ist das **BAG** an diese Entscheidung **gebunden** (§ 574 Abs. 3 Satz 2 ZPO). Die Bindungswirkung der Rechtsmittelzulassung umfasst bei der Rechtsbeschwerde ebenso wie bei der Revision (§ 543 Abs. 2 Satz 2 ZPO) nur die Bejahung der in den § 574 Abs. 3 Satz 1, Abs. 2 ZPO genannten Zulassungsvoraussetzungen[3]. Die Bindungswirkung erfasst nicht die Fälle, in denen die Rechtsbeschwerde von vornherein unstatthaft ist[4]. Die Bindungswirkung besteht daher im Grundsatz nur, wenn zwei selbständige Zulässigkeitsvoraussetzungen erfüllt sind: Die Zulassung und die Statthaftigkeit müssen gegeben sein.

Von diesem Grundsatz gibt es **Ausnahmen:** Kann eine Rechtsfrage nicht per Rechtsbeschwerde zum BAG gebracht werden, dann scheidet eine Zulassung in einem anderen Verfahren, in dem die Zulassung eigentlich möglich ist, aus, wenn in diesem Verfahren allein eine Rechtsfrage geklärt werden soll, die nicht zum BAG gebracht werden kann oder in einem anderen Verfahren zu klären wäre. So ist zB die Streitwertfestsetzung im Rahmen eines Kostenfestsetzungsbeschlusses nicht im eigentlichen Kostenfestsetzungsverfahren angreifbar. Deshalb kann das LAG im Hinblick auf § 33 Abs. 4 Satz 3 RVG, § 68 Abs. 1 Satz 5, § 66 Abs. 3 Satz 3 GKG auch nicht die Rechtsbeschwerde in einem Kostenfestsetzungsverfahren zulassen, die damit begründet wird, diesem liege ein unrichtiger Streitwert zugrunde[5]. Hat ein LAG in Verkennung der Unstatthaftigkeit einer Beschwerde als Beschwerdegericht sachlich über die Beschwerde entschieden (obwohl es sie hätte als unstatthaft verwerfen müssen), dann ist die dagegen vom LAG zugelassene Rechtsbeschwerde statthaft, damit das BAG die fehlerhafte Entscheidung des LAG korrigieren kann[6].

Zwischen der **Unstatthaftigkeit** und der bloßen **Unzulässigkeit** einer Beschwerde ist zu unterscheiden. Ist eine Entscheidung des ArbG von Gesetzes wegen nicht anfechtbar, dann ist die Beschwerde unstatthaft, weil eine gesetzliche Grundlage für die Anfechtbarkeit fehlt. Ist die sofortige Beschwerde jedoch generell möglich, fehlt es jedoch an einer allgemeinen sonstigen Zulässigkeitsvoraussetzung (zB Beschwer, Verfristung, Bestimmtheit), so dass das LAG das Rechtsmittel verwirft, dann kann das LAG die Rechtsbeschwerde zulassen.

Eine Rechtsbeschwerde ist im Hinblick auf § 72 Abs. 4 in Verfahren des **vorläufigen Rechtsschutzes unstatthaft**; das LAG kann sie in solchen Verfahren somit nicht wirksam zulassen[7]. Zu einer Rechtswegentscheidung im einstweiligen Verfügungsverfahren, vgl. Rz. 69.

75 Die **Entscheidung über die Zulassung** der Rechtsbeschwerde ist aus Gründen der Rechtsklarheit zweckmäßigerweise in den **Beschlusstenor** aufzunehmen. Wenngleich im Beschwerdeverfahren die strengeren Formalregelungen von § 72 Abs. 1 Satz 3a, § 64 Abs. 3a nicht für anwendbar erklärt werden, scheint es richtig, diese entsprechend anzuwenden in den wohl selteneren Fällen der Verkündung eines Beschlusses, der erst später zugestellt wird. Einer derartigen Formenstrenge bedarf es aber nicht bei Beschlüssen, die ohnehin nur durch Zustellung bekannt gemacht werden. In solchen Fällen kann das Rechtsmittel auch in den Entscheidungsgründen[8] oder gar in der Rechtsmittelbelehrung zugelassen werden. Letzteres ist nur möglich, wenn die Zulassung auf dem wirklichen Willen des Vorsitzenden (vgl. § 78 Satz 3) beruht und nicht, wenn nur aus Versehen eine fehlerhafte Rechtsmittelbelehrung verwendet worden ist. Aus Gründen der Rechtsklarheit sollte das LAG daher stets in den Tenor seines Beschlusses die Entscheidung mit aufnehmen, ob es die Rechtsbeschwerde zulässt oder nicht. Das gilt insbesondere bei Zulassung der Rechtsbeschwerde. Nach § 319 ZPO kann bei einer versehentlich unterbliebenen Entscheidung zwar eine Be-

---

1 BAG v. 26.9.2002 – 5 AZB 15/02, NZA 2002, 1302.
2 BT-Drs. 14/4722, S. 69; BAG v. 11.6.2009 – 9 AZA 8/09, NZA 2009, 1374.
3 BGH v. 1.10.2002 – IX ZB 271/02, NJW 2003, 70.
4 BAG v. 20.8.2002 – 2 AZB 16/02, NZA 2002, 1228; BAG v. 22.1.2003 – 9 AZB 7/03.
5 BAG v. 4.8.2004 – 3 AZB 15/04; vgl. auch BGH v. 17.3.2004 – IV ZB 21/02, NJW-RR 2004, 1219 bei einer Rechtsbeschwerde im Rahmen einer Kostenentscheidung nach § 91a ZPO.
6 BAG v. 25.11.2008 – 3 AZB 64/08, NJW 2009, 1161; aA BGH v. 25.6.2009 – IX ZB 161/08, NJW 2009, 3653; GMP/*Müller-Glöge*, § 78 Rz. 44.
7 BAG v. 22.1.2003 – 9 AZB 7/03, NZA 2003, 399; BGH v. 10.10.2002 – VII ZB 11/02, NJW 2003, 69; BGH v. 27.2.2003 – I ZB 22/02, NJW 2003, 1531.
8 BAG v. 17.1.2007 – 5 AZB 43/06, NZA 2007, 644; HWK/*Kalb*, § 78 ArbGG Rz. 27.

schlussberichtigung vorgenommen werden[1]; allerdings müssen die strengen Voraussetzungen für eine Berichtigung[2] im Hinblick auf die Zulassungsentscheidung tatsächlich vorliegen.

Ist die Zulassung der Rechtsbeschwerde im Beschluss des LAG – sei es als Beschwerde- oder Berufungsgericht – nicht ausgesprochen worden, kann sie später durch **Ergänzungsentscheidung** entsprechend § 321 ZPO **nicht nachgeholt** werden[3]. Die Bestimmungen von § 64 Abs. 3a, § 72 Abs. 1 Satz 2 sind nicht analog anwendbar.

§ 78 Satz 2 enthält durch seine Verweisung auf § 72 Abs. 2 eine eigenständige Regelung über die **Zulassungskriterien**. Danach kann das LAG die Rechtsbeschwerde nur zulassen wegen grundsätzlicher Bedeutung der Entscheidung (§ 72 Abs. 2 Nr. 1) oder im Falle einer Divergenz (§ 72 Abs. 2 Nr. 2). § 72 Abs. 2 Nr. 3 scheidet in der Praxis aus, weil das LAG nicht erst einen der dort genannten Verstöße begehen dürfte, um dann anschließend die Rechtsbeschwerde deswegen zuzulassen. Insbesondere sind die weniger klaren Bestimmungen von § 574 Abs. 2 Nr. 2 ZPO im arbeitsgerichtlichen Verfahren unanwendbar[4]. Durch die Verweisung auf § 72 Abs. 2 trägt auch das Beschwerderecht zur Rechtsvereinheitlichung und -klarheit bei. Die Revision, die Nichtzulassungsbeschwerde (§ 72a), die Rechtsbeschwerde im Beschlussverfahren (§ 92 Abs. 1 Satz 2) und die Rechtsbeschwerde iSv. §§ 574 ff. ZPO stellen einheitlich auf die Zulassungsgründe von § 72 Abs. 2 ab.

76

4. Die Anschlussrechtsbeschwerde

Wie bei der sofortigen Beschwerde (§ 567 Abs. 3 ZPO) – s. Rz. 13 – hat auch der Beschwerdegegner die Möglichkeit, sich gem. § 574 Abs. 4 ZPO einer Rechtsbeschwerde anzuschließen. Dies kann der Rechtsbeschwerdegegner selbst dann, wenn er auf die Rechtsbeschwerde verzichtet hatte, die Rechtsbeschwerdefrist für ihn verstrichen oder die Rechtsbeschwerde für ihn nicht zugelassen worden ist. In Parallele zur Anschlussbeschwerde (§ 567 Abs. 3 ZPO), der Anschlussberufung (§ 524 Abs. 2 ZPO) und der Anschlussrevision (§ 554 Abs. 2 ZPO) ist auch die Anschlussrechtsbeschwerde nur zeitlich befristet zulässig. Sie muss innerhalb einer **Notfrist** von **einem Monat** nach der Zustellung der Begründung der Rechtsbeschwerde eingelegt werden, andernfalls ist sie vom BAG als unzulässig zu verwerfen. Die Anschließung erfolgt dabei durch Einreichen eines Schriftsatzes beim BAG. Da es sich dabei inhaltlich um die Einlegung einer Rechtsbeschwerde handelt, muss die Anschlussschrift den Anforderungen einer Rechtsbeschwerdeschrift (§ 575 Abs. 1 Satz 2, 3 ZPO) genügen. Auch die Anschlussrechtsbeschwerde ist nur in unselbständiger Form möglich. Sie verliert daher ihre Wirkung, wenn die Rechtsbeschwerde zurückgenommen oder als unzulässig verworfen wird.

77

Die Anschlussbeschwerde ist **in der Anschlussschrift zu begründen**. Geschieht dies nicht, dann ist es ausreichend, wenn die Begründung innerhalb der einmonatigen Einlegungsfrist geliefert wird. Beide Schriftsätze sind in diesem Fall als eine Einheit anzusehen. Auch kann der spätere fristgerecht gelieferte Begründungsschriftsatz notfalls im Zweifelsfall als erneute Einlegung ausgelegt werden. Eine Verlängerungsmöglichkeit für die Begründungsfrist besteht nicht, da § 74 Abs. 1 Satz 3 oder § 551 Abs. 2 Satz 5 ZPO keine analoge Anwendung finden. Dies sieht § 574 Abs. 4 ZPO nicht vor, sondern ordnet ausdrücklich an, dass die Anschlussbeschwerde direkt zu begründen ist. Wegen ihres Notfristcharakters findet bei einer Fristversäumung eine Wiedereinsetzung nach den §§ 233 ff. ZPO statt (§ 224 Abs. 1 Satz 2 ZPO).

5. Frist, Form und Begründung der Rechtsbeschwerde

Insbesondere bei diesen Zulässigkeitsvoraussetzungen zeigt sich die Nähe zur Revision.

78

Die Rechtsbeschwerde muss innerhalb einer **Notfrist von einem Monat** beim BAG **eingelegt** werden (§ 575 Abs. 1 Satz 1 ZPO). Die Monatsfrist beginnt mit der nach § 329 Abs. 3 ZPO erforderlichen Zustellung der angefochtenen Entscheidung; zur Fristberechnung, vgl. § 66 Rz. 12, Rz. 13. Die Frist für die Einlegung[5] beginnt nur zu laufen, wenn der Rechtsmittelführer darüber nach § 9 Abs. 5 belehrt worden ist. Eine Bestimmung über eine Fünf-Monats-Frist wie sie § 569 Abs. 1 Satz 2 ZPO oder § 66 Abs. 1 Satz 2, § 74 Abs. 1 Satz 2 beinhalten, fehlt in § 575 ZPO, so dass die Rechtsbeschwerde bei fehlender oder fehlerhafter **Rechtsmittelbelehrung** binnen Jahresfrist von § 9 Abs. 5 eingelegt werden kann[6]. Bei fehlender oder unwirksamer Zustellung des ansonsten mit einer ordnungsgemäßen Rechtsmittelbelehrung versehe-

---

1 BGH v. 14.9.2004 – VI ZB 61/03, AnwBl 2004, 729; aA wohl BCF/*Friedrich*, § 78 Rz. 7.
2 Vgl. hierzu BAG v. 29.8.2001 – 5 AZB 32/00, BAGR 2001, 86; BGH, 14.9. 2004 – VI ZB 61/03.
3 BGH v. 24.11.2003 – II ZB 37/02, NJW 2004, 779.
4 *Schwab*, NZA 2002, 1378.
5 Belehrt das LAG fehlerhaft über die **Begründungs**frist: vgl. BAG v. 29.3.2006 – 3 AZB 69/05, NZA 2006, 693.
6 BAG v. 8.5.2003 – 2 AZB 56/02, NZA 2004, 1407; GK-ArbGG/*Dörner*, § 78 Rz. 46; aA BCF/*Friedrich*, § 78 Rz. 8 und GMP/*Müller-Glöge*, § 78 Rz. 46 (beide: 17-Monats-Frist).

nen Beschlusses beginnt daher die Ein-Monats-Frist von § 575 Abs. 1 Satz 1 ZPO grds. nicht zu laufen (vgl. Rz. 27 und § 66 Rz. 21). Allerdings findet § 189 ZPO Anwendung, so dass mit tatsächlicher Kenntnisnahme des richtigen Empfängers das mit Zustellungswille – ein solcher Wille des Gerichts ist erforderlich – zugeleitete Schriftstück an ihn als zugestellt gilt und ab seiner Kenntnisnahme dann die Monatsfrist zu laufen beginnt. Wegen der Ausgestaltung als Notfrist ist im Falle der Versäumung der Einlegungsfrist eine Wiedereinsetzung in den vorigen Stand gem. § 233 ZPO möglich. Die Ein-Monats-Frist ist nur gewahrt, wenn das Rechtsmittel innerhalb dieser Frist beim BAG (judex ad quem) eingeht. Die Einlegung beim LAG wahrt die Frist nicht. Wird die Rechtsbeschwerde fehlerhaft beim LAG eingelegt, dann gelten die gleichen Grundsätze wie bei der Berufungs- bzw. Revisionseinlegung beim Ausgangsgericht. Das LAG ist dann gehalten, die Rechtsbeschwerdeschrift im Rahmen eines ordnungsgemäßen Geschäftsgangs unverzüglich an das BAG weiterzuleiten (vgl. § 66 Rz. 37). Aus dieser Ausgestaltung ergibt sich, dass das **LAG keine Abhilfemöglichkeit** entsprechend § 572 Abs. 1 ZPO erhält.

79 Da die Rechtsbeschwerde gem. § 575 Abs. 1 Satz 1 ZPO nur beim BAG eingelegt werden kann, besteht bei diesem Beschwerdeverfahren ein **Vertretungszwang** gem. § 11 Abs. 4 durch einen Rechtsanwalt oder eine Person mit Befähigung zum Richteramt, wenn sie für eine der in § 11 Abs. 2 Satz 2 Nr. 4 und 5 genannten Organisationen handelt[1].

Die Rechtsbeschwerdeschrift ist ein **bestimmender Schriftsatz**, der den Anforderungen an eine Rechtsmittelschrift genügen muss (§ 575 Abs. 1 Satz 2 ZPO). Eine fehlerhafte oder unvollständige Bezeichnung ist unschädlich, falls die angefochtene Entscheidung zweifelsfrei individualisierbar und der Wille, Rechtsbeschwerde einzulegen, eindeutig erkennbar ist (vgl. im Einzelnen § 64 Rz. 133 ff.). § 575 Abs. 1 Satz 3 ZPO gibt dem Beschwerdeführer auf, dem BAG zusammen mit der Beschwerdeschrift eine Ausfertigung oder beglaubigte Abschrift der angefochtenen Entscheidung vorzulegen. Die Verletzung dieser Ordnungsvorschrift zieht keine prozessualen Nachteile mit sich. Sie sollte vom Beschwerdeführer aber beachtet werden, weil sie hilft, mögliche Unklarheiten oder Falschbezeichnungen in der Beschwerdeschrift aufzuhellen (vgl. § 64 Rz. 134).

Lässt das LAG gegen seine Entscheidung die Rechtsbeschwerde nicht zu, dann kann eine gleichwohl dagegen **beim LAG** eingelegte **unstatthafte** „sofortige" oder „weitere" **Beschwerde** nicht in eine Rechtsbeschwerde **umgedeutet** werden, sofern nicht die Voraussetzungen von § 574 Abs. 1 ZPO[2], also insbesondere eine Zulassung vorliegen. Eine analoge Anwendung von § 140 BGB kommt nur in Betracht, wenn die Voraussetzungen einer anderen, dem gleichen Zwecke dienenden Prozesshandlung erfüllt sind[3]. Bezeichnet der Beschwerdeführer das Rechtsmittel dagegen als Rechtsbeschwerde, dann ist diese zwar mangels Zulassung unstatthaft. Das LAG kann diese aber ggf. in eine Rüge gem. § 78a oder eine Gegenvorstellung umdeuten und darüber entscheiden; vgl. Rz. 104 ff.

80 Die Rechtsbeschwerde muss innerhalb einer **Frist von einem Monat** (§ 575 Abs. 2 ZPO) **begründet** werden. Die Begründungsfrist beginnt zu laufen mit der Zustellung der angefochtenen Entscheidung. Damit ist die **Begründungsfrist identisch** mit der **Einlegungsfrist** von § 575 Abs. 1 Satz 1 ZPO, so dass der Rechtsmittelführer insgesamt nur einen Monat Zeit hat, Rechtsbeschwerde einzulegen und zu begründen, was nicht in einem, sondern auch in getrennten Schriftsätzen geschehen kann.

81 Die **Begründungsfrist** kann unter den Voraussetzungen von § 575 Abs. 2 Satz 3, der auf § 551 Abs. 2 Satz 5, 6 ZPO verweist, vom BAG auf Antrag **verlängert** werden. Bezüglich der Verlängerungsmöglichkeit als solcher und der Dauer der Verlängerung enthält § 78 – im Gegensatz zu § 66 Abs. 1 Satz 4 (Berufung) und § 74 Abs. 1 Satz 3 (Revision) – keine Spezialregelung. Daher kann die Begründungsfrist auf Antrag um bis zu zwei Monate verlängert werden, wenn nach der freien Überzeugung des Vorsitzenden das Rechtsbeschwerdeverfahren nicht verzögert wird oder der Rechtsmittelführer erhebliche Gründe hierfür darlegt (§ 551 Abs. 2 Satz 6 ZPO). Eine noch weitere Verlängerung ist sogar möglich, wenn der Gegner einwilligt (§ 551 Abs. 2 Satz 5 ZPO). Diese langen Fristverlängerungsmöglichkeiten sind ggf. mit den Beschleunigungsgrundsätzen von § 9 Abs. 1 oder gar von § 64 Abs. 8 nicht vereinbar, so dass im Einzelfall die Höchstfrist im Falle von Abs. 2 Satz 6 nicht immer ausgeschöpft werden sollte.

82 **Über** die **Einlegungsfrist** muss der Rechtsbeschwerdeführer gem. § 9 Abs. 5 Satz 3 und 4 **belehrt** werden, dagegen nicht über die Begründungsfrist[4]. Sowohl gegen die **Versäumung** der **Einlegungsfrist** – sie ist gem. § 575 Abs. 1 Satz 1 ZPO eine Notfrist – als auch der **Begründungsfrist** kann Wiedereinsetzung in den vorigen Stand gem. § 233 Satz 1 ZPO begehrt werden. War schon die Ein-Monats-Frist für die Ein-

---

1 GMP/*Müller-Glöge*, § 78 Rz. 51.
2 BGH v. 20.3.2002 – XII ZB 27/02, NJW 2002, 1958.
3 BGH v. 20.3.2002 – XII ZB 27/02, NJW 2002, 1958; vgl. auch BAG v. 21.6.2006 – 3 AZB 65/05.
4 BAG v. 5.2.2004 – 8 AZR 112/03, NZA 2004, 540.

legung der Rechtsbeschwerde versäumt, dann muss wegen der Parallelität der Fristendauer auch gleichzeitig die Wiedereinsetzung für die Begründungsfrist beantragt werden. In diesem Falle liegt es nahe, einen beschränkten Antrag wegen Versäumung der Einlegungsfrist als gleichzeitig gestellten Antrag bezüglich der Versäumung der Begründungsfrist auszulegen, weil beide Fristen identisch sind und der erste ohne den zweiten keinen Sinn erkennen lässt. Enthält der LAG-Beschluss auch eine Belehrung über die Begründungsfrist und ist die darin genannte Frist fehlerhaft, dann können die Parteien grds. auf die unzutreffende Rechtsmittelbelehrung des LAG vertrauen, so dass im Falle einer Fristversäumung eine Wiedereinsetzung (§ 233 ZPO) möglich ist[1].

Die **Rechtsbeschwerde** kann in analoger Anwendung von §§ 565, 516 ZPO jederzeit ohne Zustimmung des Beschwerdegegners **zurückgenommen** werden. Eine Anschlussrechtsbeschwerde (vgl. Rz. 77) verliert damit automatisch ihre Wirkung. 83

Die Rechtsbeschwerde bedarf zu ihrer Wirksamkeit einer **Begründung** (§ 575 Abs. 2, 3 ZPO), ansonsten ist sie als unzulässig zu verwerfen. Damit werden an sie höhere Anforderungen als an eine sofortige Beschwerde zum LAG gestellt, die nur begründet werden „soll" (§ 571 Abs. 1 ZPO). Der **notwendige Inhalt** der Begründungspflicht ergibt sich aus § 575 Abs. 3 ZPO. Diese Bestimmung ist an § 551 Abs. 3 ZPO angelehnt, so dass im Einzelnen auf die Kommentierung in § 74 Rz. 48–57 zum Umfang der Revisionsbegründung verwiesen werden kann. Enthält zB die Entscheidung des LAG zwei selbständige voneinander unabhängige Begründungen, dann muss sich die Beschwerdebegründung mit beiden tragenden Erwägungen auseinandersetzen; andernfalls ist sie wegen fehlender ordnungsgemäßer Begründung unzulässig[2]. Nach § 575 Abs. 3 Nr. 1 ZPO muss aus der Begründung klar erkennbar sein, inwieweit die Entscheidung des LAG angefochten und ggf. ihre Aufhebung beantragt wird. Dieses Ziel ergibt sich in erster Linie aus den Rechtsbeschwerdeanträgen und/oder aus dem Inhalt der Begründung. Bestandteil des Rechtsbeschwerdeantrages sollte sein, wie in der Sache selbst entschieden werden soll. Ergibt sich aus der Begründung das zweifelsfreie Begehren des Beschwerdeführers, ist das Fehlen eines Antrages unschädlich[3]; vgl. § 64 Rz. 145. 84

§ 575 Abs. 3 Nr. 2 ZPO, der auf § 574 Abs. 1 Nr. 1 ZPO verweist, spielt im arbeitsgerichtlichen Verfahren keine Rolle[4], weil es hier keine gesetzliche Bestimmung gibt, die die Zulassung der Rechtsbeschwerde vorschreibt. 85

Nach § 575 **Abs. 3 Nr. 3** Buchst. a ZPO muss der Rechtsbeschwerdeführer die Umstände bezeichnen, aus denen sich die **Rechtsverletzung** ergibt. Nach dem Gesetzeswortlaut muss die verletzte Norm nicht namentlich bezeichnet werden, weil aus der Angabe der Umstände erkennbar ist. Allerdings muss aus der Begründung die Art der Rechtsverletzung erkennbar sein. Eine rein formelhafte Begründung, das materielle oder prozessuale Recht sei verletzt, reicht nicht aus. Sachlich muss sich die Begründung mit den Erwägungen des angefochtenen Beschlusses argumentativ auseinander setzen und im Einzelnen dartun, warum diese unrichtig sind[5]. 86

Wird nach § 575 Abs. 3 Nr. 3 Buchst. b ZPO die Verletzung einer das Verfahren betreffenden Rechtsvorschrift gerügt, also eine **Verfahrensrüge** erhoben, dann sind auch diejenigen Tatsachen anzugeben, die den Verfahrensverstoß ergeben. Dabei muss – wie bei der Revision – dargelegt werden, dass die Entscheidung auch auf dem Verfahrensverstoß beruht, dh. dass das LAG bei richtigem Verfahren möglicherweise anders entschieden hätte. Als solche Verstöße kommen etwa in Betracht, die Verletzung von Art. 103 Abs. 1 GG, § 139 ZPO oder die Rüge der unterlassenen Beweiserhebung, trotz Vorliegens eines ordnungsgemäßen Beweisangebots. Im Falle der Rüge der Verletzung einer Verfahrensnorm darf allerdings der Rechtsbeschwerdeführer das Rügerecht in der 2. Instanz nicht verloren haben (§ 576 Abs. 3, §§ 556, 295 ZPO). Dies ist der Fall, wenn er die Rüge bereits in der 2. Instanz hätte geltend machen können, um den dort absehbaren Fehler noch instanzintern zu heilen. 87

§ 575 Abs. 4 ZPO stellt klar, dass für die Beschwerde- und die Beschwerdebegründungsschrift die allgemeinen Vorschriften für die vorbereitenden Schriftsätze der **§§ 130 ff. ZPO gelten**. Das BAG muss die Beschwerdeschrift und, falls die Begründung in einem gesonderten Schriftsatz geliefert wird, auch die Begründungsschrift dem Rechtsbeschwerdegegner zustellen (§ 575 Abs. 4 Satz 2 ZPO). Letzteres ist allein schon deshalb notwendig, um die Einhaltung der Ein-Monats-Frist für eine mögliche Anschlussrechtsbeschwerde (§ 574 Abs. 4 ZPO) ermitteln zu können. 88

---
1 BAG v. 25.1.2007 – 5 AZB 49/06, NZA 2007, 580; BAG v. 3.2.2009 – 5 AZB 100/08, NZA 2009, 670.
2 BGH v. 29.9.2005 – IX ZB 430/02, NJW 2006, 776.
3 GMP/*Müller-Glöge*, § 78 Rz. 53.
4 *Künzl*, ZTR 2001, 537.
5 BAG v. 30.9.2008 – 3 AZB 47/08, NZA 2009, 112.

89 Das BAG muss nach Eingang der Rechtsbeschwerdeschrift die **Akten** von der Geschäftsstelle der Vorinstanz unverzüglich **anfordern** und sie nach Erledigung der Rechtsbeschwerde unter Beifügung einer beglaubigten Abschrift der in der Rechtsbeschwerdeinstanz ergangenen Entscheidung dorthin zurücksenden (§ 575 Abs. 5, § 541 ZPO).

90 Die Rechtsbeschwerde hat nur dann **aufschiebende Wirkung**, wenn sie sich gegen ein vom LAG verhängtes Ordnungs- oder Zwangsmittel richtet (§ 575 Abs. 5, § 570 Abs. 1 ZPO). Entsprechend § 570 Abs. 3 ZPO kann das BAG die Vollziehung der angefochtenen Entscheidung aussetzen. Es kann darüber hinausgehend auch **einstweilige Anordnungen** anderer Art erlassen. Sie müssen sich auf die Wirkung der angefochtenen Entscheidung beziehen; die gegenläufigen Interessen an der sofortigen Vollziehbarkeit bzw. deren zeitlichen Aussetzung sind dabei miteinander abzuwägen. Solche sind zeitlich und/oder inhaltlich beschränkt möglich, zB bis zu einer Endentscheidung durch das BAG oder auch bis zu einer rechtskräftigen Entscheidung in der Beschwerdesache (im Falle einer Zurückverweisung).

91 In Übereinstimmung mit § 545 ZPO bestimmt § 576 Abs. 1 ZPO, dass nur die **Verletzung von Bundesrecht** oder von Vorschriften gerügt werden kann, die über den Zuständigkeitsbereich des jeweilgen LAG hinausgehen.

92 Das Vorbringen **neuer Tatsachen und Beweismittel** ist wegen der revisionsrechtlichen Ausgestaltung des Rechtsmittels auch im Rechtsbeschwerdeverfahren **nicht** möglich.

93 In Übereinstimmung mit § 17a Abs. 1, 5 GVG, § 571 Abs. 2 Satz 2 ZPO legt auch § 576 Abs. 2 ZPO fest, dass die Rechtsbeschwerde **nicht darauf gestützt** werden kann, das erstinstanzliche Gericht habe seine **Zuständigkeit zu Unrecht angenommen**. Da die §§ 567 ff. ZPO im arbeitsgerichtlichen Verfahren nach § 78 Satz 1 nur entsprechend gelten, fallen unter § 576 Abs. 2 ZPO alle Zuständigkeitsregelungen von § 48 (Rechtsweg, Verfahrensart, örtliche Zuständigkeit). § 576 Abs. 2 greift aber nicht, wenn Gegenstand der angefochtenen Entscheidung gerade die Rechtsfrage des richtigen Rechtsweges oder der richtigen Verfahrensart ist.

94 § 576 Abs. 3 ZPO erklärt **Bestimmungen aus dem Revisionsrecht** für **entsprechend anwendbar**. Mit dem Verweis auf § 546 ZPO wird der revisionsrechtliche Begriff der Verletzung des Rechts für das Rechtsbeschwerderecht übernommen. Die ebenfalls für entsprechend anwendbar erklärte Norm des § 547 ZPO stellt absolute Rechtsbeschwerdegründe auf. Die **Kausalität** der Rechtsverletzung für die angefochtene Entscheidung wird in den Fällen der nicht vorschriftsmäßigen Besetzung des Gerichts (§ 547 Nr. 1 ZPO), der Mitwirkung ausgeschlossener (§ 547 Nr. 2 ZPO) oder wegen Befangenheit abgelehnter Richter (§ 547 Nr. 3 ZPO), der nicht ordnungsgemäßen Vertretung (§ 547 Nr. 4 ZPO), der Verletzung der Vorschriften über die Öffentlichkeit des Verfahrens (§ 547 Nr. 5 ZPO) oder beim Fehlen einer Begründung (§ 547 Nr. 6 ZPO) unwiderlegbar vermutet.

6. Prozessuale Behandlung der Rechtsbeschwerde durch das Bundesarbeitsgericht

95 § 577 ZPO enthält Regelungen zum Prüfungsumfang und zu Inhalt und Form der Entscheidung des BAG über die Rechtsbeschwerde.

In Übereinstimmung mit der Revisionsbestimmung von § 552 Abs. 1 ZPO **prüft das BAG** von Amts wegen die **Statthaftigkeit** und **Zulässigkeit** der Rechtsbeschwerde, insbesondere, ob sie in der gesetzlichen Form und Frist eingelegt und auch ausreichend begründet worden ist. Andernfalls verwirft das BAG die Rechtsbeschwerde durch Beschluss. Im Einzelnen kann auf die Kommentierung zur Zulässigkeitsprüfung der Revision im Rahmen von § 74 Rz. 63–68 verwiesen werden.

96 § 577 Abs. 2 ZPO überträgt die Grundsätze der Revisionsvorschrift des § 557 Abs. 1 und 3 ZPO auf das Rechtsbeschwerdeverfahren bezüglich des **Umfangs der Begründetheitsprüfung** durch das BAG. Die Rechtsbeschwerdeanträge begrenzen die Begründetheitsprüfung. In der Sache ist das BAG an die vorgebrachten Rechtsbeschwerdegründe nicht gebunden. Es prüft also von Amts wegen, ausgehend von den vom LAG festgestellten Tatsachen, ob die angefochtene Entscheidung **materiell-rechtlich** richtig ist. Eine Einschränkung besteht nach Abs. 2 Satz 3 nur für **Verfahrensmängel**. Die von Amts wegen zu prüfenden Verfahrensfragen[1], vgl. § 64 Rz. 176, überprüft das BAG uneingeschränkt. Demgegenüber werden nicht von Amts wegen zu prüfende Verfahrensmängel[2] nur dann und insoweit überprüft, wie sie vom Rechtsbeschwerdeführer detailliert gerügt worden sind. Für die Bindungswirkung an die in der Vorinstanz getroffenen **Tatsachenfeststellungen** gelten über Abs. 2 Satz 4 die Grundsätze von § 559 ZPO.

---

1 Vgl. hierzu Zöller/*Heßler*, § 557 ZPO Rz. 7–9.
2 Vgl. hierzu Zöller/*Heßler*, § 557 ZPO Rz. 10, 11.

Liegt zwar eine Rechtsverletzung vor, ist die angegriffene **Entscheidung** im Ergebnis aber **richtig**, dann weist das BAG das Rechtsmittel gem. § 577 Abs. 3 ZPO zurück. Diese Norm entspricht § 561 ZPO im Revisionsverfahren. Soweit die Rechtsbeschwerde begründet ist, dh. eine Rechtsverletzung vorliegt, und das Ergebnis sich auch aus anderen Gründen als nicht richtig erweist, hebt das BAG die angegriffene Entscheidung auf. In diesem Falle entscheidet es nach § 577 Abs. 5 ZPO in der Sache selbst, wenn und soweit die streitigen Rechtsfragen eine Endentscheidung zulassen. Andernfalls verweist es das Beschwerdeverfahren zur erneuten Entscheidung an das LAG zurück, in dem es zB dem Beschwerdegericht auferlegt, weitere Feststellungen zu treffen und ggf. Beweise zu erheben (Abs. 4 Satz 1). Leidet die angefochtene Entscheidung auch an einem Verfahrensmangel, dann hebt es das Verfahren, soweit es durch den Mangel betroffen ist, auf. Im Falle einer Zurückverweisung kann das BAG nach seinem Ermessen das Verfahren einer anderen Kammer des LAG zuweisen. 97

Nach § 577 Abs. 6 ZPO ergeht die Entscheidung des BAG durch **Beschluss**. Dem BAG ist daher nach § 128 Abs. 4 ZPO freigestellt, ob es nach einer schriftlichen Anhörung der Verfahrensbeteiligten oder aufgrund einer mündlichen Verhandlung seine Entscheidung trifft. Letzteres wird eher die Ausnahme sein. Der Senat entscheidet über die Rechtsbeschwerde, wie über eine Beschwerde nach § 17a Abs. 4 GVG, ohne die ehrenamtlichen Richter[1]. Dies ergibt sich allerdings nicht aus § 78 Satz 3, in dem nur das Alleinentscheidungsrecht des Vorsitzenden des LAG festgelegt ist, sondern aus einer analogen Anwendung von § 72 Abs. 6 iVm. § 53 Abs. 1 Satz 1. Das trifft jedenfalls für eine ohne mündliche Verhandlung ergehende Entscheidung zu. 98

Der Beschluss des BAG enthält eine **Kostenentscheidung**, soweit eine solche auch beim Beschluss des LAG erforderlich ist (vgl. Rz. 63, Rz. 64). Weist das BAG die Rechtsbeschwerde zurück, dann werden **Gerichtsgebühren** iHv. 95 bzw. 145 Euro erhoben (vgl. Nrn. 8620 und 8623 von Teil 8 der Anlage 1 zu § 3 Abs. 2 GKG). Nimmt der Beschwerdeführer die Rechtsbeschwerde zurück, fällt eine Gebühr von 50 Euro gem. Nr. 8624 an[2]. 99

Gegen **Entscheidungen des BAG** in einem laufenden Verfahren ist kein Rechtsmittel statthaft. Eine gleichwohl eingelegte Beschwerde kann in eine Gegenvorstellung umgedeutet werden, solange die gerichtliche Entscheidung noch abänderbar ist. Darüber hinaus besteht gem. § 78a eine Abänderungskompetenz bei eingetretener Rechtskraft nur, wenn das BAG unter Verstoß gegen rechtliches Gehör (Art. 103 Abs. 1 GG) eine Entscheidung getroffen hat (vgl. § 78a Rz. 15)[3]. 100

IX. Greifbare Gesetzwidrigkeit

Die bestehende Prozessordnung schreibt auch für das arbeitsgerichtliche Verfahren ein **zwingendes** und klar umrissenes **Rechtsmittelsystem** vor. Seine Berechenbarkeit dient der Rechtssicherheit und klärt den Eintritt der Rechtskraft gerichtlicher Entscheidungen. Das kodifizierte Rechtsmittelsystem erscheint trotz der Neuregelung in § 78a nach wie vor lückenhaft und de lege ferenda in seinen Randbereichen noch ergänzungsbedürftig. 101

Bei gröbsten Verfahrensfehlern hat die Rspr. insbesondere im Bereich der Verfahrensbeschwerde bis zum Wirksamwerden des ZPO-Reformgesetzes am 1.1.2002 in Ausnahmefällen krassen Unrechts ein **außerordentliches Rechtsmittel** wegen greifbarer Gesetzwidrigkeit der angefochtenen Entscheidung praeter legem zugelassen[4]. Ein solcher Fall war anzunehmen, wenn die angefochtene Entscheidung jeder gesetzlichen Grundlage entbehrt und inhaltlich dem Gesetz fremd bzw. mit der Rechtsordnung schlechthin unvereinbar ist[5]. Greifbare Gesetzwidrigkeit lag auch bei Erlass eines **willkürlichen** (vgl. § 78a Rz. 45) **Zivilurteils** vor. Einheitlich und berechenbar war diese Rspr. nicht. Deshalb wollte das BVerfG mit seiner Plenarentscheidung vom 30.4.2003[6] diesem unsicheren Rechtszustand ein Ende bereiten. Das BVerfG bestimmt, dass auch die Absicht, bei Verfahrensverstößen eine zusätzliche Korrekturmöglichkeit zur Entlastung des Verfassungsgerichts zu schaffen, die Fachgerichte nicht legitimiere, außerhalb des gesetzlichen Rechtsmittelkatalogs eigene Rechtsbehelfe zu kreieren. Die Prozessparteien müssen der Rechtsordnung unmittelbar entnehmen können, ob und unter welchen Voraussetzungen der Unterliegende in die nächste Instanz gelangen kann. Eine dies bezweckende außerordentliche Beschwerde beinhalten weder das ArbGG noch die ZPO. In Konsequenz dieser verfassungsgerichtlichen Vorgaben und vor allen Dingen nach der 102

---

1 GMP/*Müller-Glöge*, § 78 Rz. 55; BAG v. 10.12.1992 – 8 AZB 6/92, AP Nr. 4 zu § 17a GVG.
2 BAG v. 8.7.2008 – 3 AZB 31/08, NZA 2008, 1376 zur damaligen Gebührenhöhe.
3 Vgl. gegen Entscheidungen des BVerfG: BVerfG v. 13.2.2008 – 2 BvR 256/08, NJW 2008, 1582.
4 BGH v. 14.12.1989 – IX ZB 40/89, NJW 1990, 1794; BGH v. 10.9.2002 – X ARZ 217/02, NJW 2002, 3634.
5 BGH v. 28.10.1998 – VIII ZR 190/98, NJW 1999, 240.
6 BVerfG v. 30.4.2003 – 1 PBvU 1/02, NJW 2003, 1924.

Schaffung von § 78a haben in der Folgezeit die Obergerichte die Existenz einer außerordentlichen Beschwerde zu Recht verneint[1]. Eine außerordentliche Beschwerde **zum nächst höheren Instanzgericht** ist **unstatthaft**. Ein außerordentliches Rechtsmittel mit Devolutiveffekt ist auch dann unstatthaft, wenn die Entscheidung ein Verfahrensgrundrecht des Beschwerdeführers verletzt oder aus sonstigen Gründen „greifbar gesetzwidrig" ist (vgl. auch § 78a Rz. 40-45). Liegen solche gravierenden Gesetzesverstöße vor, dann gehen diese fast immer einher mit einem Verstoß gegen die Gewährung eines effizienten rechtlichen Gehörs (Art. 103 Abs. 1 GG), so dass dann eine instanzinterne **Anhörungsrüge** nach § 78a in Betracht kommen kann.

103 Auch eine **Untätigkeitsbeschwerde** bei **überlanger Verfahrensdauer** ist bisher noch nicht kodifiziert. Einige Instanzgerichte wollen sie nach wie vor als außerordentlichen Rechtsbehelf anerkennen[2]. Einer solchen überflüssigen Konstruktion bedarf es nicht. Wenn schon eine nur (kurzfristige) Verfahrensaussetzung mittels sofortiger Beschwerde anfechtbar ist, dann muss eine solche Beschwerdemöglichkeit in analoger Anwendung von § 252 ZPO erst recht bestehen, wenn das ArbG auf lange Dauer schlicht jeglichen Rechtsschutz versagt[3]. Jedenfalls seit Inkrafttreten des Gesetzes über den Rechtsschutz bei überlangen Gerichtsverfahren und strafrechtlichen Ermittlungsverfahren am 3.12.2011 (s. § 9 Abs. 2 Satz 2) ist eine Untätigkeitsbeschwerde nicht mehr statthaft[4]. Überlange Verfahrensdauern verletzen den verfassungsrechtlich garantierten Anspruch auf effektiven Rechtsschutz aus Art. 2 Abs. 1 iVm. Art. 20 Abs. 3 GG)[5]. Nach dem EGMR[6] muss ein innerstaatlicher Rechtsbehelf bei überlanger Verfahrensdauer wirksam sein entweder durch einen Rechtsbehelf mit präventiver oder mit kompensatorischer Wirkung. Der deutsche Gesetzgeber hat sich mit § 198 GVG bewusst für eine Kompensationslösung entschieden mit einem Entschädigungsanspruch bei „unangemessener Dauer eines Gerichtsverfahrens"[7].

X. Die Gegenvorstellung

104 Die Gegenvorstellung ist ein im Gesetz nicht erwähnter formloser Rechtsbehelf. Sie gehört nicht zum Rechtsweg. Die Gegenvorstellungr zielt auf eine Überprüfung und Abänderung einer getroffenen Entscheidung durch das Instanzgericht ab, das die Entscheidung getroffen hat. Mit der Gegenvorstellung wendet sich der Betroffene außerhalb der einschlägigen Verfahrensordnung und förmlicher Verfahrensrechte an das Gericht mit dem Ziel der Überprüfung und Korrektur seiner Entscheidung unter bestimmten rechtlichen Gesichtspunkten. Ihr Anwendungsbereich erstreckt sich insbesondere auf gerichtliche Entscheidungen, die von einer Prozesspartei als besonders fehlerhaft angesehen werden.

Ob und in welchen Fällen eine Gegenvorstellung als nicht kodifizierter Rechtsbehelf zulässig sein soll, war insbesondere seit dem Beschluss des BVerfG vom 30.4.2003[8] zunächst unklar. Mit seinem Plenarbeschluss hatte das BVerfG lediglich gefordert, dass aus rechtsstaatlichen Gründen bei einem Verstoß gegen das Grundrecht der Gewährung rechtlichen Gehörs (Art. 103 Abs. 1 GG) ein gesetzlicher Rechtsbehelf zu schaffen ist. Dem ist der Gesetzgeber in enger Anlehnung an den erteilten Auftrag im arbeitsgerichtlichen Verfahren durch die Schaffung von § 78a nachgekommen. Aus den Erwägungen des BVerfG vom 30.4.2003 lässt sich aber nicht herleiten, dass eine Gegenvorstellung gegen bestimmte gerichtliche Entscheidungen von Verfassungs wegen unzulässig wäre[9]. Die Rspr. der Obersten Bundesgerichte war uneinheitlich, ob und ggf. unter welchen Voraussetzungen eine Gegenvorstellung zulässig sein soll[10]. Der BFH hatte diese Rechtsfrage zwischenzeitlich dem GmS-OGB zur Entscheidung vorgelegt gehabt[11], hat dann aber – unter Rücknahme der Vorlage – zu Recht auch die Zulässigkeit einer Gegenvorstellung bejaht[12]. Sie ist nach der wegweisenden Entscheidung des BVerfG vom 25.11.2008[13] trotz fehlender Kodifizierung unter nachfolgenden Voraussetzungen generell zulässig.

---

1 BGH v. 15.2.2006 – IV ZB 57/04; BAG v. 8.8.2005 – 5 AZB 31/05, NZA 2005, 1318: BAG v. 3.2.2009 – 3 AZB 101/08, NZA 2009, 396; BVerwG v. 5.10.2004 – 2 B 90/04, NJW 2005, 771; BFH v. 14.3.2007 – IV S 13/06.
2 Vgl. zB OLG Düsseldorf v. 5.3.2009 – 23 W 99/08, NJW 2009, 2388, mwN.
3 Vgl. zu dieser Überlegung: BAG v. 22.4.2009 – 3 AZB 97/08, NZA 2009, 804.
4 BGH v. 20.11.2012 – VIII ZB 49/12, NJW 2013, 385.
5 BVerfG v. 5.8.2013 – 1 BvR 2965/10, NZA 2013, 1229.
6 EGMR v. 8.6.2006 – 75529/01, NJW 2006, 2389.
7 Vgl. zur Auslegung dieser Bestimmung: BVerwG 12.7.2013 – 5 C 23.12 D; BSG 21.2.2013 – B 10ÜG 1/12 KL; BGH v. 14.11.2013 – II ZR 376/12.
8 BVerfG v. 30.4.2003 – 1 PBvU 1/02, NJW 2003, 1924.
9 BVerfG v. 25.11.2008 – 1 BvR 848/07, NJW 2009, 829.
10 Vgl. Zusammenstellung bei BVerfG v. 25.11.2008 – 1 BvR 848/07, NJW 2009, 829 (831).
11 BFH v. 26.9.2007 – V S 10/07, NJW 2008, 543.
12 BFH v. 1.7.2009 – V S 10/07, NJW 2009, 3053.
13 BVerfG v. 25.11.2008 – 1 BvR 848/07, NJW 2009, 829.

Ein Gericht ist bei einer sachlichen Entscheidung über eine Gegenvorstellung von der Beachtung der einschlägigen gesetzlichen Regelungen namentlich des Verfahrensrechts nicht befreit. Die Prinzipien der materiellen Gerechtigkeit und der Rechtssicherheit prägen den Konflikt über die Zulässigkeit einer Gegenvorstellung. 105

Drei Ausgangslagen gilt es zu differenzieren: Entscheidungen, die 106
- keine Bindungswirkung entfalten und jederzeit abänderbar sind (Rz. 107),
- unanfechtbar sind (Rz. 108) und
- mit Ablauf einer Rechtsmittelfrist Rechtskraft erlangen (Rz. 110, Rz. 111).

Von der **Zulässigkeit** einer Gegenvorstellung ist nach wie vor jedenfalls in solchen Fällen auszugehen, in denen das **Gericht** an seine eigene Entscheidung **nicht gebunden** ist, so dass keine der Parteien auf seine dauernde Bestandskraft vertrauen kann, weil das Gericht seine Entscheidung ohnehin auf (weiteren) Antrag oder von Amts wegen ändern kann. Dies sind in erster Linie prozessleitende Anordnungen und Terminierungen des Vorsitzenden[1]. Auch Streitwertfestsetzungen durch LAG oder BAG nach § 68 Abs. 1 Satz 3 GKG, die sechs Monate lang frei abänderbar sind, fallen für die Dauer von sechs Monaten darunter[2]. Diese Rechtsfragen sind nicht vom Verdikt des BVerfG vom 30.4.2003 erfasst, weil die dort genannten Gründe auf diese Sachverhalte nicht passen. Nach Ablauf der Rechtsmittelfrist ist dagegen eine Gegenstandswertfestsetzung nach § 33 RVG wegen ihrer bindenden Bestandskraft zwischen den Beteiligten vom ArbG nicht mittels Gegenvorstellung angreifbar; die Wertfestsetzung ist nur im Fristenrahmen von § 33 Abs. 3 RVG anfechtbar. 107

Die **Gegenvorstellung** ist zudem **statthaft** gegenüber Beschlüssen gegen die kein spezieller Rechtsbehelf gegeben ist und das Gericht seine Entscheidung noch abändern kann. Dies sind **unanfechtbare** Erstentscheidungen eines Eingangs- oder Instanzgerichts und letztinstanzliche Entscheidungen. Diese sind bei einfachrechtlichen Verstößen auf Gegenvorstellung abänderbar, soweit keine Bindungswirkung nach § 318 ZPO eingetreten ist. Oftmals sind prozessual **unstatthafte** Rechtsmittel oder Rechtsbehelfe **in eine Gegenvorstellung umzudeuten**, wenn sich aus der Rechtsmittelschrift ergibt, dass (zunächst) ein Gericht seine eigene Entscheidung abändern soll. Demgegenüber fehlt der Gegenvorstellung das Rechtsschutzbedürfnis, wenn die angegangene Entscheidung rechtsmittelfähig oder zB eine erneute Antragstellung möglich ist. Hier liegt es nahe, die formell als Gegenvorstellung bezeichnete Eingabe, ggf. nach Anhörung gem. § 139 ZPO der sie einlegenden Partei, entsprechend ihrer recht verstandenen Interessenlage in den zulässigen Rechtsbehelf bzw. Antrag umzudeuten. Vor einer abändernden Entscheidung ist der **Gegenpartei rechtliches Gehör** zu gewähren, wenn durch eine abändernde Entscheidung in deren Rechtsposition eingegriffen werden soll. Im Anwendungsbereich von § 78a ist die Anhörungsrüge der einschlägige Rechtsbehelf. Wird die zweiwöchige Rügefrist von § 78a Abs. 2 versäumt, scheidet wegen einer Verletzung des rechtlichen Gehörs (Art. 103 Abs. 1 GG) eine Gegenvorstellung aus. Letztere darf keine gesetzlichen Zulässigkeitsvoraussetzungen von kodifizierten Rechtsbehelfen/-mitteln aushebeln. 108

Zwar gibt es auch **keinen** formell kodifizierten **Anspruch auf Bescheidung** einer unstatthaften Beschwerde oder einer Gegenvorstellung. Trotzdem hat das Gericht angesichts der Existenz einer Gegenvorstellung stets zu prüfen, ob sich die Gegenvorstellung gegen einen abänderbaren Beschluss richtet und Anlass zu dessen Änderung besteht. In diesem Zusammenhang ist es in aller Regel angezeigt, dass das Gericht, insbesondere bei erstmaligen Gesuchen, die Parteien über die gerichtliche Einschätzung des Vorbringens informiert. 109

Eine freie Abänderungsmöglichkeit scheidet allerdings grds. aus gegen solche Entscheidungen, die durch den Ablauf einer Rechtsmittelfrist in **materielle Rechtskraft** erwachsen sowie bei den auf ein befristetes Rechtsmittel ergangenen Entscheidungen. Dem Gericht ist es verwehrt, sich während eines laufenden Verfahrens über die in § 318 ZPO angeordnete Bindungswirkung hinwegzusetzen. Die **Wirkung** einer Gegenvorstellung kann **nicht weiter gehen** als die eines statthaften **befristeten** Rechtsmittels, bei dem ungeachtet etwaiger Rechtsfehler mit Ablauf der Rechtsmittelfrist die gerichtliche Entscheidung in Rechtskraft erwächst, falls kein Rechtsmittel eingelegt wird. Andernfalls bestünde eine zeitliche Limitierung der Möglichkeit der Abänderbarkeit der getroffenen Entscheidung außerhalb des gesetzlichen Rechtsmittelsystems, was der erforderlichen Rechtssicherheit entgegenstünde und gegen § 79 ArbGG iVm. §§ 578 ff. ZPO verstieße. Eine in der ZPO nicht vorgesehene Durchbrechung der materiellen Rechtskraft (vgl. § 79 Rz. 1) durch einen im Wege der Rechtsfortbildung entwickelten neuen Rechtsbehelf könnte nur der Gesetzgeber 110

---
1 Vgl. BAG v. 10.3.1993 – 4 AZR 541/92, NZA 1993, 382.
2 BGH v. 19.9.2012 – V ZB 56/12, NJW 2013, 470; aA VGH Kassel v. 20.3.2009 – 6 A 2226/08.Z, NJW 2009, 2761, mwN.

schaffen. Dies hat zur Folge, dass Beschlüsse, die materiell in Rechtskraft erwachsen oder durch das Beschwerdegericht aufgrund eines fristgebundenen Rechtsmittels (sofortige Beschwerde) ergangen sind, nicht mehr (Ausnahme s. Rz. 111) mit der Gegenvorstellung angegriffen werden können, selbst wenn sie inhaltlich für fehlerhaft gehalten werden[1]. Die materielle Rechtskraft gerichtlicher Entscheidungen sichert zwischen den Beteiligten die Rechtssicherheit und den Rechtsfrieden[2].

111 Dieser auf der Rechtssicherheit basierende **Grundsatz** wird allerdings **durch § 78a** bei unanfechtbaren Verstößen bei der Verletzung des Grundrechts auf Gewährung **rechtlichen Gehörs** (Art. 103 Abs. 1 GG) **durchbrochen**, weil dieser Grundrechtsverstoß schwerwiegender ist als Rechtskraftaspekte (vgl. § 78a Rz. 2). Mit § 78a ist eine instanzinterne Abhilfe für Gehörsverletzungen geschaffen. Der Wortlaut dieser Norm erfasst nur Gehörsverletzungen, aber keine anderen Grundrechtsverstöße[3] (vgl. auch § 78a Rz. 40 ff.). So werden etwa gerichtliche Willkürentscheidungen, die zu einem groben prozessualen oder sozialen Unrecht führen können, von § 78a weder vom Wortlaut noch durch eine analoge Anwendung dieser Norm mangels unbewusster planwidriger Lücke erfasst. Die Folge davon ist, dass bei sonstigen Grundrechtsverstößen stets nur die Verfassungsbeschwerde offensteht. Wenngleich § 78a vor allem eine Vermeidung von Verfassungsbeschwerden bezweckt, hat der Gesetzgeber sich leider nur zu einer engen Regelung in § 78a entschlossen. Sachlich Zusammenhängendes wird durch diese am Wortlaut der Norm zu orientierende Auslegung zwar auseinandergerissen. Es ist aber allein Sache des Gesetzgebers bei sonstigen Verfassungsverstößen generell zunächst eine instanzinterne Abhilfemöglichkeit zu schaffen.

Andere Verstöße gegen Verfahrensgrundrechte mit Verfassungsrang überwiegen zwar auch den einfachrechtlichen Grundsatz des Vertrauens auf die Rechtskraft, jedoch gibt es für sie keine dem § 78a entsprechende Norm, die das Instanzgericht ermächtigt, in die Rechtskraft seiner eigenen Entscheidung einzugreifen. Der Beschwerdeführer muss bei einem geltend gemachten Grundrechtsverstoß wegen des Grundsatzes der Subsidiarität einer Verfassungsbeschwerde (§ 90 Abs. 2 BVerfGG) zunächst keine Gegenvorstellung erheben, sondern muss direkt binnen Monatsfrist (§ 93 Abs. 1 Satz 1 BVerfGG) Verfassungsbeschwerde einlegen, weil die **Gegenvorstellung** – im Gegensatz zu einer Nichtzulassungsbeschwerde nach § 72a[4] – nicht zum **Rechtsweg** gehört[5]. Das schließt freilich nicht aus, parallel zur fristgerecht zu erhebenden Verfassungsbeschwerde ggf eine Gegenvorstellung beim entscheidenden Gericht zu erheben. Keine der beiden Maßnahmen ist wegen der anderen unzulässig.

112 Mangels Rechtsmittelcharakters ist eine Gegenvorstellung vom Gericht nicht „als unzulässig zu verwerfen", sondern im **Tenor** seiner **Entscheidung** festzustellen „Die Gegenvorstellung ist unzulässig oder unbegründet". Werden weitere Gegenvorstellungen ohne erneute Gesichtspunkte eingelegt, genügt die bloße Mitteilung, dass keine Veranlassung besteht, den Beschluss abzuändern. Führt die Gegenvorstellung zu einer Abänderung der gerichtlichen Entscheidung, geschieht dies durch einen förmlichen Beschluss.

§ 78a Abhilfe bei Verletzung des Anspruchs auf rechtliches Gehör

(1) Auf die Rüge der durch die Entscheidung beschwerten Partei ist das Verfahren fortzuführen, wenn
1. ein Rechtsmittel oder ein anderer Rechtsbehelf gegen die Entscheidung nicht gegeben ist und
2. das Gericht den Anspruch dieser Partei auf rechtliches Gehör in entscheidungserheblicher Weise verletzt hat.

Gegen eine der Endentscheidung vorausgehende Entscheidung findet die Rüge nicht statt.

(2) Die Rüge ist innerhalb einer Notfrist von zwei Wochen nach Kenntnis von der Verletzung des rechtlichen Gehörs zu erheben; der Zeitpunkt der Kenntniserlangung ist glaubhaft zu machen. Nach Ablauf eines Jahres seit Bekanntgabe der angegriffenen Entscheidung kann die Rüge nicht mehr erhoben werden. Formlos mitgeteilte Entscheidungen gelten mit dem dritten Tage nach Aufgabe zur Post als bekannt gegeben. Die Rüge ist schriftlich bei dem Gericht zu erheben, dessen Entscheidung angegriffen wird. Die Rüge muss die angegriffene Entscheidung bezeichnen und das Vorliegen der in Absatz 1 Satz 1 Nr. 2 genannten Voraussetzungen darlegen.

---
1 Zöller/*Heßler*, § 567 ZPO Rz. 24; GK-ArbGG/*Dörner*, § 78 Rz. 14 f.; BAG v. 10.10.2012 – 5 AZN 991/12, NZA 2013, 167.
2 BVerfG v. 25.11.2008 – 1 BvR 848/07, NJW 2009, 831.
3 BVerfG v. 30.4.2008 – 2 BvR 482/07, NJW 2008, 3275.
4 BVerfG v. 27.2.2009 – 1 BvR 3505/08, NZA 2009, 509.
5 BVerfG v. 25.11.2008 – 1 BvR 848/07, NJW 2009, 829.

(3) Dem Gegner ist, soweit erforderlich, Gelegenheit zur Stellungnahme zu geben.
(4) Das Gericht hat von Amts wegen zu prüfen, ob die Rüge an sich statthaft und ob sie in der gesetzlichen Form und Frist erhoben ist. Mangelt es an einem dieser Erfordernisse, so ist die Rüge als unzulässig zu verwerfen. Ist die Rüge unbegründet, weist das Gericht sie zurück. Die Entscheidung ergeht durch unanfechtbaren Beschluss. Der Beschluss soll kurz begründet werden.
(5) Ist die Rüge begründet, so hilft ihr das Gericht ab, indem es das Verfahren fortführt, soweit dies aufgrund der Rüge geboten ist. Das Verfahren wird in die Lage zurückversetzt, in der es sich vor dem Schluss der mündlichen Verhandlung befand. § 343 der Zivilprozessordnung gilt entsprechend. In schriftlichen Verfahren tritt an die Stelle des Schlusses der mündlichen Verhandlung der Zeitpunkt, bis zu dem Schriftsätze eingereicht werden können.
(6) Die Entscheidungen nach den Absätzen 4 und 5 erfolgen unter Hinzuziehung der ehrenamtlichen Richter. Die ehrenamtlichen Richter wirken nicht mit, wenn die Rüge als unzulässig verworfen wird oder sich gegen eine Entscheidung richtet, die ohne Hinzuziehung der ehrenamtlichen Richter erlassen wurde.
(7) § 707 der Zivilprozessordnung ist unter der Voraussetzung entsprechend anzuwenden, dass der Beklagte glaubhaft macht, dass die Vollstreckung ihm einen nicht zu ersetzenden Nachteil bringen würde.
(8) Auf das Beschlussverfahren finden die Absätze 1 bis 7 entsprechende Anwendung.

I. Genesis der Norm und Überblick 1	2. Substantiierung der Rüge 32
II. Statthaftigkeit der Rüge	a) Darlegungsumfang 32
1. Rügefähige Entscheidungen 5	b) Entscheidungserheblichkeit 33
2. Nachrang der Gehörsrüge 7	3. Einzelfälle 34
3. Rüge gegen Entscheidungen des Arbeitsgerichts 9	a) Verstoß gegen Hinweispflichten (Art. 103 Abs. 1 GG – § 139 ZPO) 34
4. Rüge gegen Entscheidungen des Landesarbeitsgerichts 13	b) Fehler bei der Beweisaufnahme (§§ 284 ff. ZPO) 37
5. Rüge gegen Entscheidungen des Bundesarbeitsgerichts 15	c) Zurückweisung verspäteten Vorbringens 38
	d) Andere Verfahrensgrundrechte 40
III. Frist und Form der Rüge	VII. Entscheidung über die Rüge
1. Frist 16	1. Prüfungsreihenfolge und Entscheidung ... 46
2. Form 22	2. Rechtliches Gehör der Gegenpartei 52
IV. Rügeberechtigung 25	3. Beteiligung der ehrenamtlichen Richter . 53
V. Inhalt der Rügeschrift 26	VIII. Zwangsvollstreckung aus der gerügten Entscheidung 55
VI. Rügegründe	
1. Der Grundsatz des rechtlichen Gehörs 30	IX. Kosten des Rügeverfahrens 56

Schrifttum: *Bepler,* Änderungen im arbeitsgerichtlichen Verfahren durch das Anhörungsrügengesetz, RdA 2005, 65; *Bloching/Kettinger,* Verfahrensgrundrechte im Zivilprozess – Nun endlich das Comeback der außerordentlichen Beschwerde?, NJW 2005, 860; *Bloching/Kettinger,* Das Anhörungsrügengesetz in der zivilrechtlichen Praxis, JR 2005, 441; *Desens,* Die subsidiäre Verfassungsbeschwerde und ihr Verhältnis zu fachgerichtlichen Anhörungsrügen, NJW 2006, 1243; *Düwell,* Das Anhörungsrügengesetz: Mehr Rechtsschutz in den arbeitsgerichtlichen Verfahren, FA 2005, 76; *Gravenhorst,* Anhörungsrügengesetz und Arbeitsgerichtsverfahren, NZA 2005, 24; *Guckelberger,* Die Anhörungsrüge nach § 152a VwGO, NVwZ 2005, 11; *Jooß,* Sekundäre Anhörungsrüge nach fortgesetztem Verfahren, NJW 2016, 1210; *Nassall,* Anhörungsrügengesetz – Nach der Reform ist vor der Reform, ZRP 2004, 164; *Natter,* Anhörungsrüge und Revisionszulassung Neue Disharmonien zwischen Zivilprozessordnung und Arbeitsgerichtsgesetz durch das Anhörungsrügengesetz vom 9.12.2004, Jahrbuch des Arbeitsrechts 2005, 95; *Rensen,* Die Gehörsrüge nach Inkrafttreten des Anhörungsrügengesetzes, MDR 2005, 181; *Rieble/Vielmeier,* Riskante Anhörungsrüge, JZ 2011, 923; *Sangmeister,* Hoffnung auf die Anhörungsrüge?, NJW 2007, 2363; *Schneider, Egon,* Gehörsrüge des § 321a ZPO – Anhörungsrüge, Ausnahmeberufung, Ausnahmebeschwerde, Willkürverbot zu § 78a, MDR 2006, 969; *Schneider, Egon,* Die Gehörsrüge bei Richterwechsel, MDR 2005, 248; *Schwab,* Die Berufung im arbeitsgerichtlichen Verfahren, Diss. 2005; *Treber,* Neuerungen durch das Anhörungsrügengesetz, NJW 2005, 97; *Voßkuhle,* Bruch mit einem Dogma: Die Verfassung garantiert Rechtsschutz gegen den Richter, NJW 2003, 2193; *Zuck,* Rechtliches Gehör im Zivilprozess – Die anwaltlichen Sorgfaltspflichten nach dem Inkrafttreten des Anhörungsrügengesetzes, AnwBl 2006, 773; *Zuck,* Anwalt oder Gericht – wer sichert das rechtliche Gehör?, NJW 2008, 2078; *Zuck,* Die Anhörungsrüge im Zivilprozess, AnwBl 2008, 168; *Zuck,* Die Gewährleistung effektiven Rechtsschutzes im Zivilprozess, NJW 2013, 1132; *Zwanziger,* Nichtzulassungsbeschwerde und Gehörsrüge in der Arbeitsgerichtsbarkeit, NJW 2008, 3388; *Vielmeier*, Rechtswegerschöpfung bei verzögerter Anhörungsrüge, NJW 2013, 346.

I. Genesis der Norm und Überblick

1 Das BVerfG[1] hatte dem Gesetzgeber aufgegeben, eine fachgerichtliche Abhilfemöglichkeit zu schaffen für solche Fälle, in denen ein Gericht den Anspruch auf Gewährung rechtlichen Gehörs in entscheidungserheblicher Weise verletzt. Dabei ging das BVerfG davon aus, dass die bis dahin von der Rspr. entwickelten außerordentlichen Rechtsbehelfe (zB außerordentliche Beschwerde, Gegenvorstellung, Ausnahmeberufung) dem verfassungsrechtlichen Gebot der Rechtsmittelklarheit nicht genügen; vgl. auch § 78 Rz. 102.

2 Das AnhörungsrügenG[2] weitete in den einzelnen Verfahrensordnungen den zuvor auf § 321a ZPO beschränkten defizitären Anwendungsbereich der Gehörsrüge allumfassend aus. Für den Bereich des arbeitsgerichtlichen Verfahrens eröffnet § 78a rechtskraftdurchbrechend die Möglichkeit der Erhebung der Gehörsrüge innerhalb aller drei Instanzen und damit eine **Selbstkorrektur** durch den judex a quo bei allen mit Rechtsmitteln oder Rechtsbehelfen nicht mehr angreifbaren Entscheidungen sowohl im Urteils- als auch im Beschlussverfahren (§ 78a Abs. 8). Für das **Beschlussverfahren** finden die Absätze 1–7 entsprechende Anwendung (§ 78a Abs. 8). Hier ist die Bedeutung der Anhörungsrüge erstinstanzlich geringer, weil alle Beschlüsse des ArbG gem. § 87 Abs. 1 stets rechtsmittelfähig sind. Von der Ausgangslage her ist bei einer gerichtlichen Gehörsverletzung die Anrufung des BVerfG entbehrlich, weil die Gerichte für Arbeitssachen nach Maßgabe der Regelungen von § 78a einen einschlägigen **Verfassungsverstoß** aufgrund des hohen Stellenwerts des grundrechtsgleichen Rechts auf rechtliches Gehör (Art. 103 Abs. 1 GG) ohne Rücksicht auf niederrangigere Rechtskraftaspekte selbst zu beheben haben. Diese „kleine Verfassungsbeschwerde"[3] gilt als Abhilfeverfahren gegenüber allen letztinstanzlichen Entscheidungen, gleichgültig von welchem Gericht sie stammen. Gegen eine ablehnende Entscheidung des angegangenen Gerichts über die Anhörungsrüge ist dann die **Verfassungsbeschwerde** möglich, weil erst dann der Rechtsweg erschöpft ist[4]; s. auch Rz 50a. Die Entscheidung über die Anhörungsrüge kann auch eine eigenständige verfassungsrechtliche Beschwer enthalten, zB wenn sich die Rüge vor dem BVerfG nicht gegen die inhaltliche Überprüfung des Gehörsverstoßes richtet, sondern den Zugang zum Anhörungsrügeverfahren betrifft[5].
Zu den die Rechtskraft **durchbrechenden** Rechtsbehelfen vgl. § 79 Rz. 1.

3 In den Rügenormen hat sich der Gesetzgeber bewusst und ausdrücklich[6] darauf beschränkt, in den fachgerichtlichen Rechtsbehelfssystemen **nur** eine Rügemöglichkeit bezüglich Verstößen gegen das grundrechtsgleiche Recht auf **rechtliches Gehör** (Art. 103 Abs. 1 GG) zu schaffen. Eine Erstreckung des Rechtsbehelfs auf Verletzung anderer Verfahrensgrundrechte sei nach Meinung des Gesetzgebers nicht Gegenstand des vom BVerfG erteilten Gesetzgebungsauftrags gewesen. Verstoßen unanfechtbare Entscheidungen allein gegen andere Verfahrensgrundrechte und liegt nicht gleichzeitig auch ein Verstoß gegen rechtliches Gehör (Art. 103 Abs. 1 GG) mit vor (vgl. Rz. 40 ff.), dann ist gegen eine solche Entscheidung nur die Verfassungsbeschwerde möglich, weil § 78a nicht analog auf andere Verfahrensgrundrechte gestützt werden kann[7].

4 Die für das arbeitsgerichtliche Verfahren eigenständige und abschließende Norm des § 78a ist in ihren Absätzen 1–5 vom Wortlaut her identisch mit § 321a Abs. 1–5 ZPO. Die drei letzten Absätze tragen den **Besonderheiten des arbeitsgerichtlichen Verfahrens** Rechnung mit ihren speziellen Regelungen über die Heranziehung der ehrenamtlichen Richter, die einstweilige Einstellung der Zwangsvollstreckung und die Erstreckung auf die Beschlussverfahren der §§ 80–98. Liegt eine zulässige – diese (Vor-)Prüfung erfolgt ohne die ehrenamtlichen Richter – und begründete Rüge vor, dann wird der abgeschlossene Verfahrensabschnitt im Umfang der Rüge fortgesetzt und der Rechtsstreit insoweit neu entschieden. Da die Anhörungsrüge **kein Rechtsmittel** darstellt – es fehlen Suspensiv- und Devolutiveffekt –, ist das Gericht nicht nach § 9 Abs. 5 verpflichtet, die Parteien auf diese rechtliche Möglichkeit hinzuweisen[8].

---

1 Plenarbeschl. v. 30.4.2003 – 1 PBvU 1/02, NJW 2003, 1924.
2 BGBl. I S. 3220 ff.
3 So *Gravenhorst*, MDR 2003, 886 und *Bloching/Kettinger*, NJW 2005, 860 (863).
4 BVerfG v. 25.11.2008 – 1 BvR 848/07, NJW 2009, 829.
5 BVerfG v. 26.2.2008 – 1 BvR 2327/07, NJW 2008, 2167; BVerfG v. 23.10.2007 – 1 BvR 782/07, NJW 2007, 2241.
6 BR-Drs. 663/04, S. 33.
7 BVerfG v. 30.4.2008 – 2 BvR 482/07, NJW 2008, 3275; *Rieble/Vielmeier*, JZ 2011, 923.
8 BAG v. 22.7.2008 – 3 AZN 584/08.

II. Statthaftigkeit der Rüge

1. Rügefähige Entscheidungen

Nach § 78a Abs. 1 Satz 1 ist auf Rüge der durch die Entscheidung beschwerten Partei das Verfahren im gerügten Umfang fortzusetzen, wenn
1) ein Rechtsmittel oder ein sonstiger Rechtsbehelf gegen die Entscheidung nicht statthaft ist, also kraft Gesetzes nicht besteht, und
2) das Gericht den Anspruch der rügenden Partei auf rechtliches Gehör (Art. 103 Abs. 1 GG) in entscheidungserheblicher Weise verletzt hat.

Die Rüge muss nach § 78a Abs. 2 Satz 5 die angegriffene Entscheidung bezeichnen und das Vorliegen der in Abs. 1 Satz 1 Nr. 2 genannten Voraussetzungen darlegen.

Zu den nicht rechtsmittelfähigen „Entscheidungen" zählen nicht nur Urteile von ArbG, LAG und BAG, sondern auch solche Beschlüsse, mit denen ein Rechtsmittel (zB § 66 Abs. 2 Satz 2, § 74 Abs. 2 Satz 2 ZPO iVm. § 522 Abs. 1 ZPO) oder ein Rechtsbehelf (zB § 341 Abs. 1 Satz 2 ZPO) verworfen wird. Die **Endentscheidung** wird oft ein Teil- oder Schlussurteil sein. In Betracht kommen jedoch auch Beschlüsse, die entweder die Instanz im Hauptsacheverfahren oder einen Beschwerderechtszug abschließen. Damit ist auch eine Endentscheidung in einem **selbständigen Nebenverfahren** rügbar. Zu solchen Verfahrensentscheidungen zählen etwa die unanfechtbaren Entscheidungen im Prozesskostenhilfeverfahren[1], die Entscheidung über eine Richterablehnung (§ 49 Abs. 3)[2], der Verweisungsbeschluss des ArbG über die örtliche Zuständigkeit (§ 48 Abs. 1 Nr. 1), unanfechtbare Beschlüsse zum Streitwert gem. § 63 Abs. 2 GKG oder § 33 Abs. 1 RVG[3], unanfechtbare Entscheidungen über die Erinnerung über den Kostenansatz nach § 66 Abs. 1 GKG oder im Kostenfestsetzungsverfahren nach § 104 Abs. 1 ZPO, nicht mehr anfechtbare Entscheidungen im Verfahren der Zwangsvollstreckung oder gegen einen die Nichtzulassungsbeschwerde zurückweisenden Beschluss des BAG[4]. Soweit in den vorgenannten Fällen die (sofortige) Beschwerde gegen einen Beschluss des ArbG statthaft ist, sind die Entscheidungen des LAG im Beschwerdeverfahren rügbar, falls das Beschwerdegericht die weitere bzw. Rechtsbeschwerde zum BAG nicht zulässt oder seine Entscheidung kraft Gesetzes unanfechtbar ist.

Der Anwendungsbereich der Norm erfasst auch alle unanfechtbaren Entscheidungen des ArbG bzw. LAG im **einstweiligen Rechtsschutz**, weil eine Korrektur der Gehörsverletzung nur im Hauptsacheverfahren vielfach verspätet und damit unzureichend wäre[5]. Ein Ausschluss einer Anhörungsrüge besteht in Eilverfahren nicht. Sie ist zur Wahrung der Subsidiarität einer Verfassungsbeschwerde bei einer Verletzung des rechtlichen Gehörs beim Instanzgericht zu erheben[6].

Für die Beschreitung des Verfahrens nach § 78a kann gesondert **Prozesskostenhilfe** beantragt werden[7]. Jedoch ist nach dem Grundsatz „keine PKH für PKH" nach einer den Antragsteller belastenden unanfechtbaren Entscheidung des Gerichts aufgrund eines PKH-Antrags danach die Bewilligung von PKH für ein beabsichtigtes Rügeverfahren gegen eine negative Entscheidung im PKH-Verfahren ausgeschlossen[8].

Die Anhörungsrüge gibt es nur gegen Endentscheidungen und laut § 78a Abs. 1 Satz 2 **nicht gegen Zwischenentscheidungen**, die keine abschließenden Entscheidungen sind. Zu Letzteren zählen zB verfahrensleitende Maßnahmen, etwa im Rahmen der Terminierung, Terminsvorbereitung, Trennungs- oder Verbindungsbeschlüsse oder ein Beweisbeschluss. Mit dieser Einschränkung berücksichtigt der Gesetzgeber, dass das ArbGG und die ZPO die isolierte Anfechtung von Zwischenentscheidungen im Interesse einer zügigen Erledigung des Rechtsstreits bewusst eingegrenzt. Die allgemein bestehenden Beschränkungen der Rechtsbehelfe und ihre anerkannten (fehlenden) Korrekturmöglichkeiten sollten durch § 78a weder ausgeweitet[9] noch beschränkt werden. Dagegen unterfallen zur Vermeidung einer Rechtsschutzlücke solche Zwischenentscheidungen der Anhörungsrüge, die wegen möglicher Gehörsverletzungen im weiteren fachgericht-

---

1 Dies sind PKH-Entscheidungen des ArbG in den Fällen von § 127 Abs. 2 Satz 2 Halbs. 2 ZPO iVm. § 46 Abs. 2 Satz 3, des LAG bei der nicht zugelassenen Rechtsbeschwerde im Hauptsache- oder Beschwerdeverfahren und alle Entscheidungen des BAG.
2 BVerfG v. 23.10.2007 – 1 BvR 782/07, NZA 2008, 1201; BAG v. 29.8.2016 – 9 AZR 533/16.
3 GK-ArbGG/*Dörner*, § 78a Rz. 7; BCF/*Creutzfeldt*, § 78a Rz. 3.
4 BGH v. 19.5.2008 – VII ZR 159/07.
5 BT-Drs. 15/3706, S. 14; Zöller/*Vollkommer*, § 321a ZPO Rz. 3; *Treber*, NJW 2005, 97 (98).
6 BVerfG v. 8.6.2016 – 1 BvR 3046/15, NJW 2016, 2943.
7 BGH v. 28.1.2014 – XI ZR 372/12.
8 OLG Köln v. 11.12.2014 – 7 W 52/14, NJW-RR 2015, 576.
9 BT-Drs. 15/3706, S. 16.

lichen Verfahren nicht mehr überprüft und korrigiert werden können[1]. Das ist etwa der Fall bei einer gewährten Wiedereinsetzung in den vorigen Stand (§ 238 Abs. 3 ZPO), s.a. Rz. 5. Sollten im Verfahrensstadium einer Zwischenentscheidung nicht anfechtbare Gehörsverletzungen vorkommen, dann steht die Kausalität der Gehörsverletzung – im Gegensatz zu den unter Rz. 5 genannten Nebenentscheidungen – für einen bestimmten generell nicht mehr behebbaren Verfahrensausgang nicht fest.

2. Nachrang der Gehörsrüge

7 Der Rechtsbehelf der Gehörsrüge findet nur statt, soweit **kein Rechtsmittel** oder kein sonstiger **Rechtsbehelf** gegen die Entscheidung gegeben ist. Die Subsidiarität der Anhörungsrüge folgt damit den gleichartigen Grundsätzen der Nachrangigkeit einer Verfassungsbeschwerde[2]. Danach hat der Beschwerdeführer im Rahmen des Zumutbaren alle nach Lage der Sache sonst zur Verfügung stehenden zulässigen prozessualen Möglichkeiten auszuschöpfen, um die Grundrechtsverletzung zu beseitigen[3]. Bestehen etwa Zweifel, ob ein Urteil des ArbG wegen Erreichens des Beschwerdewertes von 600 Euro rechtsmittelfähig ist, dann hat ein Rechtsanwalt den für seine Partei sichersten Weg zu beschreiten, selbst wenn die Einlegung von zwei Rechtsbehelfen (hier Berufung und Anhörungsrüge) notwendig wird und einer davon unzulässig ist[4]. Nur wenn ein Rechtsmittel/-behelf höchst zweifelhaft ist, muss dieser vorrangige Weg nicht beschritten werden[5]. Der Vorrang bezieht sich nicht nur auf die behauptete Verletzung des Rechts aus Art. 103 Abs. 1 GG, sondern dann zusätzlich auch auf weitere Verfassungsverstöße[6] (vgl. Rz. 44), weil das fortgesetzte Verfahren, soweit die Rüge reicht, in vollem Umfang wieder eröffnet wird und sodann **alle früheren Fehler behoben** werden können[7]. Ein **Wahlrecht** zwischen verschiedenen Rechtsschutzmöglichkeiten gibt es **nicht**[8]. Mit der strikten Subsidiarität der Anhörungsrüge sollte andernfalls unvermeidbaren Konkurrenzen zwischen diesem Rechtsbehelf und den Rechtsmitteln entgegengewirkt werden[9]. Erst nach Durchführung des Rügeverfahrens steht dem Rügeführer die **Verfassungsbeschwerde** gegen die zurückweisende Rügeentscheidung innerhalb der Monatsfrist von § 93 Abs. 1 BVerfGG ohne Weiteres offen[10]. Der Grundsatz der Subsidiarität ist eine zwingende Zulässigkeitsvoraussetzung einer Verfassungsbeschwerde und steht nicht zur Disposition des Beschwerdeführers[11]. Erkennt das Fachgericht in seiner Entscheidung über die Anhörungsrüge einen gerügten einschlägigen Verfassungsverstoß nicht an, kann dieser mit der anschließenden Verfassungsbeschwerde erneut dem BVerfG zur Entscheidung vorgelegt werden. Dort kann auch ein Verfassungsverstoß des Fachgerichts im Rügeverfahren genuin geltend gemacht werden. Wegen des Nachrangs ist aber jede Gehörsverletzung, die in der Anhörungsrüge – trotz bestehender Möglichkeit – nicht vorgebracht wurde, für die Verfassungsbeschwerde verbraucht[12]. Zur Erschöpfung des Rechtswegs gehört es, dass der Beschwerdeführer die vor dem Fachgericht jeweils gültigen Formalien und die Begründungsanforderungen des vorrangigen Rechtsmittels/-behelfs beachtet hat und somit das vorrangig einzuschlagende fachgerichtliche Verfahren ordnungsgemäß beschritten und betrieben worden ist[13]. So muss er alle prozessualen Möglichkeiten ausschöpfen, um eine Korrektur der geltend gemachten Verfassungsverletzung zu erwirken. Dazu gehört etwa auch, eine Anhörungsrüge zu erheben und diese ordnungsgemäß zu begründen[14]. Er muss rechtzeitig versuchen, sich vor dem Fachgericht in der mündlichen Verhandlung nachhaltig Gehör zu verschaffen[15]. Nur wenn ihm dieses Vorgehen in eigener Sache vom Fachgericht vereitelt wird, greift das Vorrangverhältnis nicht. Zum einstweiligen Rechtsschutz s. Rz. 5.

8 Aufgrund der Plenarentscheidung des BVerfG v. 30.4.2003[16] finden die bis zum 1.1.2005 von der Rspr. entwickelten **außerordentlichen** nicht kodifizierten **Rechtsbehelfe** spätestens seit der Geltung von § 78a

---

1 BVerfG v. 23.10.2007 – 1 BvR 782/07, NZA 2008, 1201; BVerfG v. 12.1.2009 – 1 BvR 3113/08, NJW 2009, 833.
2 Vgl. hierzu im Anhang nach § 122: Verf. BVerfG/EuGH Rz. 29 ff.
3 BVerfG v. 9.11.2004 – 1 BvR 684/98, NJW 2005, 1413; BVerfG v. 9.1.2006 – 1 BvR 2483/05, NJW 2006, 1505.
4 BGH v. 8.5.2012 – VI ZB 2/11, NJW 2012, 2523.
5 BVerfG v. 16.6.2014 – 1 BvR 1443/12, NJW 2014, 2635.
6 BVerfG v. 25.4.2005 – 1 BvR 644/05, NJW 2005, 3059.
7 BVerfG v. 25.8.2015 – 1 BvR 1528/14, NZA 2016, 122.
8 *Guckelberger*, NVwZ 2005, 11.
9 BT-Drs. 15/3706, S. 13.
10 BVerfG v. 25.11.2008 – 1 BvR 848/07, NJW 2009, 829; BVerfG v. 25.8.2015 – 1 BvR 1528/14, NZA 2016, 122.
11 BerlVerfGH v. 27.5.2008 – VerfGH 140/05, NJW 2008, 3421.
12 *Rieble/Vielmeier*, JZ 2011, 923.
13 BVerfG v. 27.6.2007 – 1 BvR 1470/07, NJW 2007, 3054; BVerfG v. 9.7.2007 – 1 BvR 646/06, NJW 2007, 3418; *Zwanziger*, NJW 2008, 3388.
14 Vgl. BVerfG v. 28.9.2015 – 1 BvR 2656/14, NZA 2016, 253, Verfassungsbeschwerde nach unzureichend begründeter Nichtzulassungsbeschwerde.
15 BAG v. 14.12.2010 – 6 AZN 986/10, NZA 2011, 229.
16 BVerfG v. 30.4.2003 – 1 PBvU 1/02, NJW 2003, 1924.

keine Anwendung mehr. Gegenvorstellung gegen Rechtskraft erlangte Entscheidungen, außerordentliche Beschwerde oÄ existieren in den Fällen einer Verletzung des rechtlichen Gehörs als formelle Rechtsbehelfe nicht mehr, so dass sie unstatthaft sind (vgl. § 78 Rz. 102). Die herkömmliche form-, frist- und kostenfreie **Gegenvorstellung** bleibt mangels förmlicher Rechtsbehelfsqualität insoweit statthaft als mit ihr keine Grundrechtsverletzung gerügt wird, sondern nur angeregt wird, **einfachrechtliche Verstöße, die keine Bindungswirkung haben,** zu beheben[1] (vgl. im Einzelnen § 78 Rz. 104 ff.).

3. Rüge gegen Entscheidungen des Arbeitsgerichts

Gegen **Urteile** des ArbG ist die Anhörungsrüge in den Fällen von § 64 Abs. 2 Buchst. b (vgl. § 64 Rz. 61 ff.) mit einem Beschwerdewert bis zu 600 Euro nur gegeben, wenn das ArbG die Berufung nicht nach § 64 Abs. 2 Buchst. a zugelassen hat (vgl. § 64 Rz. 38 ff.). In Bestandsstreitigkeiten iSv. § 64 Abs. 2 Buchst. c (vgl. § 64 Rz. 86 ff.), bei Säumnisentscheidungen iSv. § 64 Abs. 2 Buchst. d (vgl. § 64 Rz. 93 ff.) und bei Streitgegenständen von § 64 Abs. 2 Buchst. b, in denen der Wert des Beschwerdegegenstandes 600 Euro übersteigt, scheidet die Anhörungsrüge wegen der Berufungsmöglichkeit aus. Wird in den letztgenannten Fällen bei Streitigkeiten mit mehreren Streitgegenständen der maßgebliche Beschwerdewert nur aus der Gesamtsumme aller oder mehrerer Ansprüche erreicht (vgl. § 64 Rz. 69), wird aber eine Gehörsverletzung partiell nur bei solchen Ansprüchen geltend gemacht, die einzeln oder in ihrer Addition die 600-Euro-Grenze nicht überschreiten, ist insoweit die Anhörungsrüge statthaft, sofern das Urteil im Übrigen nicht angegriffen werden soll. Andere Rechtsbehelfe sind nur dann vorrangig, wenn sie auch tatsächlich Erfolg versprechen. Legt eine Partei ein Rechtsmittel ein, das der anderen durch die Gehörsverletzung betroffenen Partei nicht zusteht, dann ist die im Einzelfall statthafte **Anschließung in der höheren Instanz** vorrangig, weil dann der Fehler auf andere Weise behoben werden kann[2]. Dem steht nicht entgegen, dass bei einer Berufungsrücknahme die Frist für eine Anhörungsrüge in aller Regel abgelaufen ist, weil in diesem Falle für die Anhörungsrüge **Wiedereinsetzung** in den vorigen Stand zu gewähren wäre, da der Subsidiaritätsgrundsatz die belastete Partei aus rechtlichen Gründen zur Einlegung der Anschlussberufung gezwungen hatte[3]. Erschließt sich die Gehörsverletzung einer Partei, für die die Voraussetzungen von § 64 Abs. 2 für eine Berufungseinlegung nicht erfüllt sind, erst – wie wohl ganz überwiegend – aus den Urteilsgründen, dann ist sie gehalten, fristgerecht die Gehörsrüge beim ArbG zu erheben, weil sie in aller Regel nicht sicher vorhersehen kann, ob die Gegenpartei das Berufungsverfahren beschreiten wird, da Berufungs- und Rügefristen unterschiedlich lang sind. Streitig ist, **welches Verfahren** bei der zweifachen Vorgehensweise **vorrangig** ist. Wegen der Subsidiarität der Gehörsrüge ist dieses Verfahren beim ArbG gem. § 148 ZPO auszusetzen und das obergerichtliche Verfahren zu betreiben[4]; bei einer Verwerfung oder Rücknahme des Hauptrechtsmittels ist dann das ausgesetzte Verfahren fortzuführen. Wird über das Anschlussrechtsmittel entschieden – gleich mit welchem Ergebnis –, dann wird das ausgesetzte Verfahren gegenstandslos.

Gegen verfahrensbeendende Beschlüsse (§ 84) im **Beschlussverfahren** kommt die Anhörungsrüge nicht in Betracht, weil diese gem. § 87 Abs. 1 stets rechtsmittelfähig sind.

Sollte eine Gehörsverletzung mit einem Antrag auf Tatbestands- bzw. **Urteilsberichtigung** (§§ 320, 319 ZPO) oder mit einem Antrag auf **Wiedereröffnung der mündlichen Verhandlung**[5] (§ 156 ZPO) korrigierbar sein, dann gehen auch diese Möglichkeiten § 78a vor. Erst recht hat dies für den in Betracht kommenden Antrag auf **Urteilsergänzung** (§ 321 ZPO) zu gelten, weil ein übergangener Anspruch idR eine Gehörsverletzung darstellt. Wird das rechtliche Gehör für den nicht übergangenen, ausgeurteilten Urteilsteil geltend gemacht, so greifen hierfür die Grundsätze von Rz 9. Sollte erst beim späteren Ergänzungsurteil eine eigenständige weitere Gehörsverletzung vorkommen, kann diese nach § 78a gerügt werden. Ist eine bestehende Rechtsmittelfrist schuldlos versäumt, aber die Frist (vgl. Rz. 16 ff.) für eine Anhörungsrüge wegen des unterschiedlichen Fristbeginns noch nicht abgelaufen, dann ist das Verfahren der Wiedereinsetzung (§ 233 ZPO) für die **Rechtsmittelfrist vorrangig**.

Ist für eine Entscheidung die **Rechtsmittelfrist** (sie beginnt idR mit Zustellung) **abgelaufen**, die zweiwöchige **Rügefrist** von § 78a Abs. 2 aber noch **nicht** (sie beginnt mit Kenntniserlangung), ist streitig, ob dann die Anhörungsrüge noch zulässig ist. Teilweise wird dies verneint[6]. Ist die Frist für eine vorrangige Wie-

---

1 GMP/*Prütting*, § 78a Rz. 8.
2 Düwell/Lipke/*Oesterle*, § 78a Rz. 19; *Bepler*, RdA 2005, 65 (67); Zöller/*Vollkommer*, § 321a ZPO Rz. 4; *Bloching/Kettinger*, JR 2005, 441 (445); aA GK-ArbGG/*Dörner*, § 78a Rz. 13; Musielak/*Musielak*, § 321a ZPO Rz. 5.
3 Vgl. BVerfG v. 9.1.2006 – 1 BvR 2483/05, NJW 2006, 1505.
4 Düwell/Lipke/*Oesterle*, § 78a Rz. 19; aA Hannich/Meyer-Seitz/*Engers*, ZPO-Reform-2002, § 321a Rz. 25, der von einer Vorgreiflichkeit des Rügeverfahrens ausgeht.
5 Das Gericht ist von Amts wegen verpflichtet, die mündliche Verhandlung wieder zu eröffnen, wenn ihm eine Gehörsverletzung erkennbar ist (BVerfG v. 26.11.2008 – 1 BvR 3135/07, AnwBl 2009, 150).
6 BCF/*Creutzfeldt*, § 78a Rz. 4; GK-ArbGG/*Dörner*, § 78a Rz. 12.

dereinsetzung (§ 234 ZPO) in das Rechtsmittel abgelaufen, muss man aus Gründen eines effektiven Verfassungsrechtsschutzes hier die Anhörungsrüge für zulässig erachten[1].

11 Die für das ArbG beschriebenen vorgenannten Grundsätze gelten auch in Verfahren vor dem **LAG** und – soweit anwendbar – vor dem **BAG**.

12 Erklärt eine **Rechtsmittelbelehrung** eine Entscheidung **fälschlicherweise** für **rechtsmittelfähig**, so wird diese durch den Fehler nicht mit dem genannten Rechtsmittel angreifbar. In diesem Fall kann eine Anhörungsrüge erhoben werden, sofern die übrigen Voraussetzungen von § 78a vorliegen. Im Normalfall kann sich auch die anwaltlich vertretene Partei auf die fehlerhafte Rechtsmittelbelehrung verlassen, so dass ihr nach Aufdeckung des Fehlers zumindest Wiedereinsetzung gegen die Versäumung der Notfrist von Abs. 2 Satz 1 zu gewähren ist.

4. Rüge gegen Entscheidungen des Landesarbeitsgerichts

13 Gegen ein **Urteil** des LAG findet die Anhörungsrüge **nur** in den nach § 72 Abs. 4 generell nicht anfechtbaren Entscheidungen im **einstweiligen Rechtsschutz** statt. Gleiches gilt im **Beschlussverfahren** gegen Beschlüsse im **Einigungsstellenbesetzungsverfahren** von § 100 (vgl. § 100 Abs. 2 Satz 4).

Lässt das LAG in einem Hauptsacheverfahren die Revision nicht zu, dann kann die Partei nach § 72 Abs. 2 Nr. 3 iVm. § 72a Abs. 3 Satz 2 Nr. 3 mit der **Nichtzulassungsbeschwerde** eine entscheidungserhebliche Gehörsverletzung geltend machen mit der Folge, dass hier eine Anhörungsrüge zum LAG unstatthaft ist[2]. Über eine Rüge der Gehörsverletzung durch das LAG entscheidet nicht mehr das Instanzgericht selbst, sondern das BAG. Als Korrelat dafür kann (nicht muss) das BAG bei einer erheblichen Verletzung – ohne selbst in der Sache zu entscheiden – das LAG-Urteil aufheben und das Verfahren zur erneuten Verhandlung und Entscheidung zurückverweisen (§ 72a Abs. 7). Eine Zurückverweisung ist angezeigt, wenn das BAG im Revisionsverfahren den Fehler aus Verfahrensgründen nicht selbst beheben kann, zB bei einem mit Erfolg gerügten Übergehen eines Beweisantritts[3] oder einer unterlassenen Beweisaufnahme und deren Entscheidungserheblichkeit. Soll die Gehörsverletzung durch das BAG im Nichtzulassungsbeschwerdeverfahren vorgekommen sein, ist hierfür als entscheidendes Gericht das BAG zuständig.

Der Anspruch auf rechtliches Gehör ist verletzt, wenn das Berufungsgericht bei einer **Beweiswürdigung** den Prozessstoff nur **unvollständig** berücksichtigt, indem es erstinstanzlich erhobene Beweise unbeachtet lässt, sondern nur eigene Beweismittel seiner Entscheidung zugrunde legt ohne sich mit dem erstinstanzlichen Beweisergebnis auseinander zu setzen[4].

14 **Verwirft** der Vorsitzende des **LAG** außerhalb mündlicher Verhandlung die **Berufung** gem. § 66 Abs. 2 Satz 2 ArbGG iVm. § 522 Abs. 1 ZPO **durch Beschluss,** dann ist auch dieser Beschluss mit der Revisionsbeschwerde (§ 77) nur anfechtbar, wenn der Vorsitzende dieses Rechtsmittel zugelassen hat. Im Gegensatz zur früheren Rechtslage ist nunmehr auch gegen den Verwerfungsbeschluss des Vorsitzenden die Nichtzulassungsbeschwerde gegeben; s. § 66 Rz. 87. Dann ist auch hier von dieser Möglichkeit vorrangig Gebrauch zu machen.

5. Rüge gegen Entscheidungen des Bundesarbeitsgerichts

15 Die Urteile und Beschlüsse des BAG im laufenden Revisionsverfahren (zB Versagung von Prozesskostenhilfe, Kostenentscheidungen oder Streitwertfestsetzung) und im Verfahren über die Revisionszulassung nach § 72a sind nicht rechtsmittelfähig, so dass hier kein vorrangig einzulegendes Rechtsmittel der Anhörungsrüge entgegensteht[5]. Bei den **zurückverweisenden Entscheidungen** (§ 563 Abs. 1 ZPO) besteht nicht ohne Weiteres eine Rügemöglichkeit, auch wenn das Vordergericht an die rechtliche Beurteilung des Revisionsgerichts gem. § 563 Abs. 2 ZPO gebunden ist. Ändert sich durch die Art und den Inhalt des Verstoßes der Bindungsumfang von § 563 Abs. 2 ZPO nicht, kann auch das Vordergericht bei seiner erneuten Entscheidung den Verstoß beheben[6]. Wird mit der Anhörungsrüge fehlende Berücksichtigung von Tatsachenvortrag durch das BAG geltend gemacht, so muss der Rügeführer darlegen, dass die vom Revisionsgericht

---

1 GMP/*Prütting*, § 78a Rz. 13; Düwell/Lipke/*Oesterle*, § 78a Rz. 5.
2 BGH v. 13.12.2004 – II ZR 249/03, NJW 2005, 680, ErfK/*Koch*, § 78a ArbGG Rz. 2; *Zwanziger*, NJW 2008, 3388; LAG Bremen v. 11.6.2008 – 3 Sa 110/07, NZA 2008, 968.
3 BAG v. 10.5.2005 – 9 AZN 195/05, NZA 2005, 1205.
4 BGH v. 14.1.2014 – VI ZR 340/13, bei Einholung eines neuen Sachverständigengutachtens.
5 Vgl. zur Rüge, der BGH habe bei einer zurückgewiesenen Nichtzulassungsbeschwerde Sachvortrag des Beschwerdeführers nicht zu Kenntnis genommen: BGH v. 19.9.2006 – X ZR 178/04, NJW 2006, 3786 m. Besprechung von *Sangmeister*, NJW 2007, 2363.
6 Für einen strikten Ausschluss der Gehörsrüge bei einer Zurückverweisung: BCF/*Creutzfeldt*, § 78a Rz. 8.

nicht berücksichtigten Tatsachen nach § 559 ZPO überhaupt berücksichtigungsfähig waren, da das BAG nur unter den Voraussetzungen von § 559 ZPO Tatsachenvortrag verwerten darf[1]. Im Übrigen gehen auch vor dem BAG die allumfassenden Grundsätze der § 319–§ 321 ZPO einer Anhörungsrüge vor. Die Anhörungsrüge ist von der **Gegenvorstellung** abzugrenzen, die keine rechtskraftdurchbrechende Wirkung hat (s. zur Gegenvorstellung § 78 Rz. 104 ff.).

Weist das BAG eine auf § 72a Abs. 3 Satz 2 Nr. 3 (Gehörsverstoß) gestützte **Nichtzulassungsbeschwerde** 15a gegen ein LAG Urteil **zurück**, dann ist gegen den BAG-Beschluss eine **Anhörungsrüge** statthaft. Darin können nur neue und eigenständige Gehörsverstöße des BAG selbst in dem von ihm im Rahmen von § 72a betriebenen Verfahren geltend gemacht werden. Es kann nicht etwa gerügt werden, das BAG habe zu Unrecht einen behaupteten Gehörsverstoß des LAG in seinem Beschluss nach § 72a Abs. 5 Satz 2 nicht gesehen, nicht geheilt und habe damit den LAG-Verstoß letztlich „aufrecht erhalten"[2]. Die reine Erfolglosigkeit einer Nichtzulassungsbeschwerde in der Sache gegen einen Gehörsverstoß des LAG ist für sich genommen keine neue Gehörsverletzung nunmehr auch durch das BAG. Ist die Nichtzulassungsbeschwerde erfolglos, weil das BAG keinen Gehörsverstoß durch das LAG gesehen hat, kann der Betroffene den behaupteten Gehörsverstoß des LAG nur mit der Verfassungsbeschwerde rügen[3]. Nach erfolgloser Nichtzulassungsbeschwerde kann der Betroffene im Hinblick auf § 72a Abs. 5 Satz 5 keine Ergänzung der Begründung des Zurückweisungsbeschlusses erreichen[4].

III. Frist und Form der Rüge

1. Frist

Die Rüge muss nach § 78a Abs. 2 Satz 2 innerhalb einer **Notfrist** von **zwei Wochen** nach Kenntnis von der 16 Gehörsverletzung **erhoben** und in dieser Frist auch inhaltlich **begründet** werden[5]. Die Frist wird nach § 222 ZPO iVm. § 187 Abs. 1, § 188 Abs. 2 Alt. 1 BGB berechnet (vgl. § 66 Rz. 12). Die Zwei-Wochen-Frist ist eine gesetzliche Frist iSv. § 224 Abs. 2 ZPO, die wegen fehlender gesetzlicher Möglichkeit somit nicht veränderbar ist. Wegen der Ausgestaltung als Notfrist ist bei einer schuldlosen Fristversäumung eine Wiedereinsetzung in den vorigen Stand möglich (§ 233, § 224 Abs. 1 ZPO).

Die **Rügefrist läuft ab positiver Kenntnis** von der Verletzung des rechtlichen Gehörs, was frühestens ab 17 Bekanntgabe der jeweiligen Gerichtsentscheidung mit Eindeutigkeit feststellbar ist. Der Zeitpunkt der Kenntniserlangung vom Rügeführer **glaubhaft** (vgl. § 294 ZPO) zu machen, was zur Zulässigkeit der Rüge gehört. Zur Glaubhaftmachung reicht schon eine anwaltliche Versicherung aus[6]. Das Gesetz stellt somit für den Fristbeginn auf einen ausschließlich subjektiven Umstand in der Sphäre der rügenden Partei ab. Es kommt nach dem Willen des Gesetzgebers insbesondere nicht auf objektive Fixpunkte wie die Zustellung oder Bekanntgabe der Entscheidung an.[7] Die Kenntnis wird die Partei – sofern sie nicht durch Akteneinsicht oder auf sonstige Weise sichere Kenntnis erlangt- idR erst aus der Lektüre der vollständig begründeten Entscheidung erlangen, allein die Kenntnis des Urteilstenors reicht idR nicht aus[8]. Mündliche Äußerungen des Gerichts bei der Urteilsverkündung schaffen die Kenntnis nur dann, wenn sie bezüglich der Gehörsverletzung eindeutig und vollständig sind, was in der Praxis wohl selten der Fall sein dürfte, da mündliche Urteilsgründe nur vorläufig informieren[9]. Der Partei muss idR zugebilligt werden, zunächst die vollständigen Entscheidungsgründe abwarten zu können und/oder erst Akteneinsicht zu nehmen, bevor sich ihr mit Gewissheit ein tatsächlicher Verfassungsverstoß erschließt und damit die Rügefrist in Gang setzt. Wenn das Gericht hier einen zu engen Maßstab anlegt, provoziert es objektiv unbegründete vorsorgliche Gehörsrügen. Nach Zustellung einer Entscheidung ist die Partei aber gehalten, diese umgehend auf einen möglichen Gehörsverstoß zu überprüfen. Vorstehendes gilt auch im **Beschlussverfahren**, wenn ein materiell Beteiligter nicht am Verfahren beteiligt war und er erst nachträglich von der ihn belastenden Ent-

---

1 BAG v. 30.11.2005 – 2 AZR 622/05, NZA 2006, 452.
2 *Zuck* (AnwBl 2008, 168) nennt dies eine „sekundäre Gehörsrüge".
3 BVerfG v. 5.5.2008 – 1 BvR 562/08, NJW 2008, 2635; BGH v. 20.11.2007 – VI ZR 38/07, NJW 2008, 923; *Zwanziger*, NJW 2008, 3388.
4 BAG v. 9.4.2014 – 1 AZN 262/14, NZA 2014, 992.
5 BAG v. 27.4.2010 – 5 AZN 336/10 (F), ArbRB 2010, 246.
6 BVerfG v. 4.4.2007 – 1 BvR 66/07, NJW 2007, 2242.
7 Vgl. Stellungnahme in BT-Drs. 15/3966, S. 6.
8 BGH v. 15.7.2010 – I ZR 160/07.
9 BVerfG v. 22.6.2011 – 1 BvR 2553/10; BAG v. 29.11.2016 – 10 ABR 68/16(F).

scheidung Kenntnis erlangt. Entscheidend für den Fristbeginn ist dann, wann er die Umstände für seine Beteiligtenstellung erkennen kann[1].

18 Der positiven Kenntnis kann im Interesse der Rechtssicherheit das **Kennenmüssen** nicht gleichgesetzt werden[2]. Da das Prozessrecht grds. zwischen der Kenntnis und dem Kennenmüssen differenziert[3] und die Anhörungsrüge zumindest insoweit strukturell dem Wiederaufnahmeverfahren von § 79 ArbGG, § 586 Abs. 2, § 589 Abs. 2 ZPO angeglichen ist, kommt es nach dem klaren Gesetzeswortlaut nur auf die positive Kenntnis des Rügeführers an[4]. Verschließt sich eine Partei jedoch bewusst der Kenntnis bestimmter Tatsachen, ist sie nach dem allumfassenden Grundsatz von Treu und Glauben so zu behandeln, als hätte sie positive Kenntnis[5] (vgl. auch § 79 Rz. 21 mwN). Kenntnisnahme liegt vor, wenn eine Partei/ihr Prozessbevollmächtigter die wesentlichen Umstände kennt, aus denen sich ihre Rügeberechtigung ergibt. Bei der Fristwahrung wird dem Rügeführer die Kenntnis seines Prozessbevollmächtigten gem. **§ 85 Abs. 2 ZPO** zugerechnet[6]. Mangels gegenteiliger Anhaltspunkte und Parteivortrages ist generell davon auszugehen, dass die Partei von ihrem Rügerecht im Zeitpunkt der Zustellung der Entscheidung auch Kenntnis erlangt[7]. Denkbar ist aber, dass etwa bei einer Ersatzzustellung durch Niederlegung (§ 181 ZPO) oder im Einzelfall erst durch spätere Akteneinsicht dieser Zeitpunkt hinausgeschoben wird[8].

19 Wird die Rüge innerhalb der folgenden zwei Wochen nach Zustellung erhoben, ist eine ausdrückliche **Glaubhaftmachung** nach Abs. 2 Satz 1, Halbs. 2 entbehrlich, weil der Zustellungszeitpunkt und damit der grds. früheste Zeitpunkt der Kenntniserlangung aktenkundig ist[9]. Gleiches gilt in Fällen der Zustellungsfiktion von Abs. 2 Satz 3. Beruft sich der Rügeführer dagegen auf einen späteren Zeitpunkt der Kenntniserlangung, so hat er diesen substantiiert darzulegen und glaubhaft zu machen[10].

20 Aus Gründen der ebenfalls Verfassungsrang beanspruchenden Rechtssicherheit kann die Rüge unabhängig von dem Zeitpunkt der Kenntniserlangung nach Ablauf eines Jahres seit Bekanntgabe der angegriffenen Entscheidung nicht mehr erhoben werden (§ 78a Abs. 2 Satz 2). Diese **Jahresfrist** ist eine materiell-rechtliche Ausschlussfrist, so dass eine Wiedereinsetzung (§ 233 ZPO) nach Fristablauf ausscheidet. Auch ist nach Ablauf dieser Frist keine Verfassungsbeschwerde mehr möglich.

21 Sofern die anzugreifende Entscheidung nur **formlos mitgeteilt** wird, gilt sie kraft gesetzlicher **Fiktion** nach Abs. 2 Satz 3 mit dem dritten Tag nach Aufgabe zur Post als bekannt gegeben. Die Fiktion der Bekanntgabe bezweckt, dass nicht zuzustellende Entscheidungen nicht allein wegen einer möglichen Gehörsrüge zustellungspflichtig werden. Der Zugangszeitpunkt nach Abs. 2 Satz 2 steht auch fest, wenn nicht die Post AG, sondern ein anderes Unternehmen mit der Beförderung beauftragt oder das Schriftstück auf einem anderen Wege dem Empfänger zugeleitet wird[11]. Diese unwiderlegliche **Bekanntgabefiktion** erlangt nur Bedeutung für die Bestimmung der objektiv zu ermittelnden Ein-Jahres-Frist von Abs. 2 Satz 2[12]. Keinesfalls wird auch die tatsächliche subjektive Kenntnisnahme des Betroffenen für den Fristbeginn nach Abs. 2 Satz 1 nach Ablauf von drei Tagen fingiert. Eine **Belehrung** gem. § 9 Abs. 5 Satz 1 ist weder über die zweiwöchige **Rügefrist** noch über die Ein-Jahres-Frist erforderlich, weil es sich bei der Anhörungsrüge um kein förmliches Rechtsmittel handelt[13].

2. Form

22 Die Anhörungsrüge ist schriftlich bei demjenigen **Ausgangsgericht** zu erheben, bei dessen Entscheidung das rechtliche Gehör verletzt sein soll (judex a quo). Dieser Rechtsbehelf ist also nicht beim höherinstanzlichen Gericht – anders ist dies bei einer Nichtzulassungsbeschwerde gem. § 72a Abs. 3 Satz 2 Nr. 3 – einzulegen, so dass ihm der Devolutiveffekt fehlt. Wird die Rüge beim **unzuständigen Gericht** erhoben, dann

---

1 AA *Rieble/Vielmeier*, JZ 2009, 923, die auf den Zeitpunkt der Kenntnisnahme des Tenors abstellen und nur die Begründungsfrist auf die inhaltliche Kenntnisnahme hinausschieben.
2 So aber *Bepler*, RdA 2005, 65 (67); *Treber*, NJW 2005, 97 (99); *Oberthür*, ArbRB 2005, 27.
3 Vgl. etwa § 199 Abs. 1 Nr. 2 BGB.
4 BVerfG v. 4.4.2007 – 1 BvR 66/07, NJW 2007, 2242; BAG v. 31.5.2006 – 5 AZR 342/06(F), NZA 2006, 875; GK-ArbGG/*Dörner*, § 78a Rz. 21; *Natter*, JbArbR Bd 42 S. 102; *Guckelberger*, NVwZ 2005, 11 (14); *Rensen*, MDR 2005, 181 (183).
5 BVerfG v. 14.4.2010 – 1 BvR 299/10, NJW-RR 2010, 1215; Düwell/Lipke/*Oesterle*, § 78a Rz. 44.
6 Ebenso: *Guckelberger*, NVwZ 2005, 11 (15).
7 *Bepler*, RdA 2005, 65 (67); BSG v. 9.9.2010 – B 11 AL 4/10 C.
8 BCF/*Creutzfeldt*, § 78a Rz. 14.
9 *Bepler*, RdA 2005, 65 (67); GK-ArbGG/*Dörner*, § 78a Rz. 19.
10 BSG v. 9.9.2010 – B 11 AL 4/10 C.
11 GK-ArbGG/*Dörner*, § 78a Rz. 22.
12 BVerfG v. 4.4.2007 – 1 BvR 66/07, NJW 2007, 2242.
13 Düwell/Lipke/*Oesterle*, § 78a Rz. 37; *Oberthür*, ArbRB 2005, 27.

ist sie fristenmäßig erst dann eingegangen, wenn sie im Wege eines ordnungsgemäßen Geschäftsganges an das zuständige Gericht weitergeleitet ist und dort eingeht. Verzögert sich die Weitergabe aus Gründen, die in der Sphäre des unzuständigen Gerichts liegen, dann kann im Hinblick auf einen fristenmäßig relevanten Anteil der Zeitverzögerung ggf. Wiedereinsetzung (§ 233 ZPO) erlangt werden. Allerdings ist bei den Aspekten Verzögerung/ordnungsgemäßer Geschäftsgang zu beachten, dass bei einem reinen Rechtsfehler der Rügeperson das Geschäftsstellenpersonal nicht die Rechtskenntnisse für die Fehlererkennung haben muss. Diese Prüfung fällt in den richterlichen Bereich. Der Richter muss die Eingabe alsbald bearbeiten.

Für die Erhebung der Rüge besteht vor dem LAG und dem BAG **Vertretungszwang** im Umfang von § 11 Abs. 4. Vor dem LAG kann die Partei somit in einem Berufungsverfahren nicht selbst die Rüge erheben[1], wohl aber in einem Beschwerdeverfahren nach § 78. In einem Beschlussverfahren sind die Beteiligten selbst rügeberechtigt. Vertretungszwang besteht hier für die Anhörungsrüge beim LAG grds. nicht (vgl. § 89 Abs. 1). Dagegen besteht für die Einlegung einer Nichtzulassungsbeschwerde iSv. § 72a Vertretungszwang. 23

Die Rüge ist gem. Abs. 2 Satz 4 **schriftlich** zu erheben, worunter auch ein Telefax oder ein Computerfax mit einer eingescannten Unterschrift (§ 130 Nr. 6 ZPO)[2] oder mit einer elektronischen Signatur versehen, fällt. Vor dem ArbG kann sie gem. § 46 Abs. 2 ArbGG, § 496, § 129a ZPO auch zu Protokoll der Rechtsantragsstelle des Prozessgerichts oder eines anderen ArbG erklärt werden. 24

IV. Rügeberechtigung

Nach § 78a Abs. 1 Satz 1 kann die Anhörungsrüge von jeder Partei erhoben werden, die durch die gerichtliche Entscheidung beschwert wird und deren Anspruch auf rechtliches Gehör vom Gericht verletzt sein soll. Ob eine **Beschwer** des Rügeführers vorliegt, die durch die Fortsetzung des Verfahrens beseitigt werden soll, richtet sich nach den allgemeinen Grundsätzen des Rechtsmittelverfahrens (vgl. § 64 Rz. 14–22). Auf einen Beschwerdewert kommt es für eine Beschwer nicht an; dieser ist allenfalls zB nach § 64 Abs. 2 Buchst. b, § 567 Abs. 2 ZPO, § 66 Abs. 2 GKG oder § 33 Abs. 3 Satz 1 RVG entscheidend für die Rechtsmittelfähigkeit der Entscheidung selbst und damit mittelbar auch für die Statthaftigkeit einer Rüge. 25

V. Inhalt der Rügeschrift

Die Rügeschrift muss – was eine Zulässigkeitsfrage ist – einen bestimmten **Mindestinhalt** aufweisen. Dazu gehört 26
- die Bezeichnung der Entscheidung des Prozessverfahrens nach Datum und Aktenzeichen,
- die substantiierte Darlegung der Verletzung rechtlichen Gehörs,
- die Entscheidungserheblichkeit der Verletzung, also die nähere Begründung, weshalb die Entscheidung ohne die Gehörsverletzung möglicherweise zugunsten des Rügeführers ausgefallen wäre

und

- wann der Rügeführer von der Verletzung Kenntnis erlangt hat. Dieser Zeitpunkt ist entsprechend § 294 ZPO glaubhaft zu machen (Abs. 2 Satz 1 Halbs. 2).

Die **Rügeschrift** braucht nicht ausdrücklich die Bezeichnung „Anhörungsrüge" oder Ähnliches zu enthalten; eine **Falschbezeichnung** ist unschädlich, da eine Prozesserklärung auslegungsfähig ist[3]. Wie auch sonst bei Rechtsbehelfen reicht es aus, wenn die angegriffene Entscheidung[4] (vgl. auch § 64 Rz. 133) und das tatsächliche Rechtsbegehren innerhalb der Zwei-Wochen-Frist dem tatsächlichen und/oder rechtlichen Vorbringen zweifelsfrei zu entnehmen ist. 27

Da der Rügeführer den entscheidungserheblichen **Gehörsverstoß** nach Abs. 2 Satz 5 „**darlegen**" muss, genügt es nicht, wenn in der Rügeschrift bloß pauschal oder formelhaft behauptet wird, das Gericht habe bei der fraglichen Entscheidung rechtliches Gehör verletzt[5]. Es muss daher substantiell erkennbar sein, gegen welche Entscheidung sich die Partei in der Sache wendet, was das Gericht hätte beachten müssen, was bei ausreichender Gewährung des rechtlichen Gehörs vorgetragen worden wäre und weshalb der Rügeführer nicht völlig grundlos meint, das übergangene Vorbringen hätte zu einem anderen Ergebnis geführt. Bei den **Minimalanforderungen** an einen ordnungsgemäßen **Rügeinhalt** ist innerhalb eines bestimmten Rah- 28

---

1 LAG Rh.-Pf. v. 2.2.2005 – 2 Sa 1212/03, LAGR 2005, 157.
2 Vgl. BGH v. 10.5.2005 – XI ZR 128/04, NJW 2005, 2086.
3 BVerfG v. 25.1.2014 – 1 BvR 1126/11, NJW 2014, 991.
4 Vgl. BGH v. 24.4.2003 – III ZB 94/02, MDR 2003, 948.
5 *Guckelberger*, NVwZ 2005, 11 (14).

mens danach zu differenzieren, ob die Rügeschrift von einem qualifizierten Bevollmächtigten oder von einer ohne nähere Fachkenntnisse ausgestatteten Naturalpartei erhoben wird[1]. Das Institut der Anhörungsrüge darf wegen zu strenger Anforderungen nicht ineffektiv[2] werden. Auf der anderen Seite verlangt § 78a Abs. 1 Satz 1 Nr. 2 als Zulässigkeitsvoraussetzung die konkrete Darlegung von qualifizierten Voraussetzungen, wie sie üblicherweise Gegenstand einer einschlägigen Verfassungsbeschwerde sind. Allein aufgrund der Behauptung, die Entscheidung sei aus bestimmten rechtlichen Gründen falsch, ist ungenügend und lässt nicht automatisch gerade auf einen Gehörsverstoß iSv. Art. 103 Abs. 1 GG schließen. Es muss also innerhalb der Zweiwochenfrist ein **einschlägiger Bezug** auch bei einer Naturalpartei zumindest laienhaft substanziell **dargetan** sein.

29 Da § 78a Abs. 1 und Abs. 2 Satz 1, 4 und 5 strukturell den § 234 Abs. 1 Satz 1 und § 236 Abs. 2 Satz 1 ZPO entspricht, ist auch bei der Anhörungsrüge davon auszugehen, dass nach **Ablauf** der zweiwöchigen **Einlegungsfrist** rechtzeitig geliefertes **Vorbringen** noch **ergänzt**, konkretisiert und erläutert, aber nicht ein neuer Sachverhaltskomplex in das Verfahren eingeführt werden kann[3].

VI. Rügegründe

1. Der Grundsatz des rechtlichen Gehörs

30 Während die Rechtsschutzgarantie (Art. 19 Abs. 4 GG) den Zugang zum Verfahren sichert, zielt Art. 103 Abs. 1 GG auf einen **angemessenen und fairen Ablauf** auch des arbeitsgerichtlichen **Verfahrens** ab. Der Einzelne soll nicht Objekt der richterlichen Entscheidung sein, sondern er muss sein Recht vor Gericht auch effektiv geltend machen können. Das vom Gericht zu gewährende grundrechtsgleiche Recht auf rechtliches Gehör ist als „prozessuales Urrecht des Menschen" in drei Bereiche aufgefächert: Es sichert jeder Partei das Recht auf **Information, Äußerung und Berücksichtigung**[4] mit der Folge, dass alle Beteiligten durch ihr Verhalten auf den Prozessverlauf und die gerichtliche Entscheidung Einfluss nehmen können. Die Parteien sollen vor Gericht nicht nur formell, sondern auch substanziell ankommen, also wirklich gehört werden[5]. Dazu müssen sie sich über den gesamten Verfahrensstoff informieren können. Sie müssen sich grds. zu allen Tatsachen, die der gerichtlichen Entscheidung zugrunde liegen, eigenbestimmt und situationsspezifisch äußern können, so dass sie von einer gerichtlichen Entscheidung nicht überrascht werden. Dieses Recht kann durch die Vorenthaltung von Informationen, die das Obergericht außerhalb der Beweisaufnahme, zB durch ein Telefonat mit dem Vorderrichter, gewonnen und zur Beweiswürdigung genutzt hat, verletzt werden[6]. Das Recht auf ein kontradiktorisches Verfahren ist aber nicht immer schrankenlos. Einschränkungen sind etwa zulässig, wenn es um die ärztliche Schweigepflicht geht, also um **personenbezogene Daten**, die in den Schutzbereich von Art. 8 EMRK fallen. Allerdings ist auch das Recht auf Wahrung der Schweigepflicht nicht absolut[7]. Es muss sicher sein, dass eine Partei tatsächliche Kenntnis über schriftsätzliches Vorbringen oder gerichtliche Anordnungen erhält. Bei formloser Übersendung gerichtlicher Mitteilungen oder Dokumente besteht keine Vermutung für deren Zugang. Der Bürger trägt weder das Risiko des Verlustes im Übermittlungswege noch die Beweislast für den Nichtzugang[8]. Schließlich muss das Gericht, und zwar der komplette Spruchkörper und nicht nur der Vorsitzende[9], die Ausführungen der Prozessbeteiligten zur Kenntnis nehmen und bereit sein, sie in seine gerichtliche Willensbildung auch tatsächlich mit einzubeziehen[10]. Daran fehlt es, wenn das Gericht Parteivortrag zwar im Ansatz zur Kenntnis nimmt, die Begründung aber erkennen lässt, dass es ihn nicht wirklich erwogen[11], in seinem Sinn erfasst[12] oder Beweisantritte übergangen hat[13] oder wenn es vor Ablauf einer gesetzten Stellungnahmefrist oder ohne Einhaltung einer gesetzlichen Frist gegen die Partei entscheidet, für die eine noch offene

---

1 *Bepler*, RdA 2005, 65 (67); ErfK/*Koch*, § 78a ArbGG Rz. 3; nach AK-ArbGG/*Dörner*, § 78a Rz. 26, ist eine Absenkung der Anforderungen rechtlich nicht möglich.
2 Vgl. BVerfG v. 31.3.2004 – 1 BvR 356/04, NJW 2004, 3622.
3 Ebenso BCF/*Creutzfeldt*, § 78a Rz. 16; BGH v. 15.7.2010 – I ZR 160/07, NJW-RR 2010, 1414.
4 Vgl. *Zuck*, NJW 2005, 3754.
5 BVerfG v. 30.4.2003 – 1 PBvU 1/02, NJW 2003, 1926; BVerfG v. 14.3.2007 – 1 BvR 2748/06, NJW 2007, 2241.
6 BAG v. 20.5.2008 – 9 AZN 1258/07, NZA 2009, 839.
7 Vgl. dazu EGMR v. 27.3.2013 – 20041/10 (ETERNITT/Frankreich), NZA 2013, 1069.
8 BVerfG v. 19.6.2013 – 2 BvR 1969/12.
9 BAG v. 18.12.2008 – 6 AZN 646/08, NZA 2009, 334.
10 BAG v. 25.9.2013 – 5 AZR 617/13, NZA 2013, 1231.
11 BVerfG v. 26.11.2008 – 1 BvR 670/08, NJW 2009, 1584.
12 BGH v. 9.2.2009 – II ZR 77/08, NJW 2009, 2137.
13 BVerfG v. 10.2.2009 – 1 BvR 1232/07, NJW 2009, 1585; BGH v. 6.4.2009 – II ZR 117/08, NJW 2009, 2139.

Frist besteht[1]. Geht das Gericht auf den wesentlichen Kern des Tatsachenvortrags einer Partei zu einer Frage, die für das Verfahren von zentraler Bedeutung ist, in den Entscheidungsgründen nicht ein, so lässt dies auf die Nichtberücksichtigung des Vortrags schließen. Für die Annahme einer Gehörsverstoßes reicht eine **objektive Verletzung** aus, ein schuldhaftes oder sogar willkürliches Handeln des Gerichts ist nicht erforderlich[2]. Dieses Prozessgrundrecht ist, wie andere Grundrechte auch, nicht schrankenlos. Es schützt die Parteien nicht davor, dass das entscheidende Gericht den Sachvortrag einer Partei aus Gründen des formellen oder materiellen Rechts ganz oder zum Teil nicht berücksichtigt[3]. Das Gericht hat sich nach dem Rechtsstandpunkt des Gerichts nicht mit jedem als unerheblich oder aber offensichtlich unsubstantiiert angesehenen Vorbringen der Parteien auseinander zu setzen (vgl. § 313 Abs. 2 und 3 ZPO). Gleiches gilt, wenn Vorbringen aus verfahrensrechtlichen Gründen nicht berücksichtigt wurde. Allein der Umstand, dass sich die Gründe einer Entscheidung mit einem bestimmten Gesichtspunkt nicht ausdrücklich auseinander setzen, rechtfertigt noch nicht die Annahme, das Gericht habe dieses Vorbringen unter Verletzung des Anspruchs auf rechtliches Gehör übergangen. Hierzu bedarf es besonderer Anhaltspunkte[4]. Es muss sich im Einzelfall klar ergeben, dass das Gericht die Ausführungen eines Prozessbeteiligten nicht zur Kenntnis genommen und nicht in Erwägung gezogen hat[5].

Das Gericht kann rechtliches Gehör ggf. verletzen, wenn es einen nach Beschlussfassung, aber vor Herausgabe des nicht veröffentlichten Beschlusses eingegangenen Schriftsatz unberücksichtigt lässt[6]. Vgl. zur Pflicht, die mündliche **Verhandlung wieder** zu **eröffnen** § 69 Rz. 3a.

Art. 103 Abs. 1 GG soll nicht davor schützen, dass das Gericht der materiell-rechtlichen Auffassung einer Partei nicht folgt oder dem Vortrag einer Partei nicht die aus deren Sicht richtige Bedeutung beimisst[7]. Die Anhörungsrüge dient nur der Korrektur von Gehörsverletzungen, nicht aber der Wiederholung, Vertiefung oder Ergänzung des Sachvortrags einer Partei. Auch kann mit einer Anhörungsrüge nicht die bloß materielle Unrichtigkeit der gerügten Entscheidung geltend gemacht werden, insbesondere nicht durch ergänzenden Sachvortrag[8]. Die Gehörsrüge ist daher grds. **kein taugliches Mittel**, vermeintlich oder tatsächlich mit der objektiven **einfachrechtlichen** Rechtslage nicht übereinstimmende **fehlerhafte Entscheidungen** zu korrigieren, weil die Befriedungsfunktion der Rechtskraft dem entgegensteht. Die Verletzung einfach-rechtlicher Bestimmungen beinhaltet nicht zwangsläufig einen Verstoß gegen Art. 103 Abs. 1 GG. Kommt das Gericht bei einer tatsächlich durchgeführten Feststellung und Bewertung der von den Parteien vorgetragenen Tatsachen zu einer unrichtigen Schlussfolgerung oder Wertung oder liest es die für die Entscheidung des Rechtsstreits maßgeblichen Normen oder das Normgefüge nicht sorgfältig, hat es das Vorbringen nur rechtlich fehlerhaft beurteilt[9]. Behandelt dagegen das Gericht zentralen Vortrag einer Partei mit keinem Wort oder nur mit einer formelhaften Wendung, zB „hinreichende Anhaltspunkte für die geltend gemachte Rechtsfolge seien nicht ersichtlich", verletzt es den Anspruch auf rechtliches Gehör[10] oder wenn das Gericht durch eine mehrfache fehlerhafte prozessuale Vorgehensweise weiteres Vorbringen einer Partei zu den Kernfragen des Rechtsstreits abgeschnitten hat[11]. Gleiches gilt, wenn das Gericht in seiner Begründung auf den wesentlichen Kern des Vortrages einer Partei nicht eingeht, obwohl es nach seiner Rechtsansicht veranlasst wäre[12] oder auf Vortrag zu einer zentralen Bedeutung erlangenden abweichenden obergerichtlichen Auffassung nicht eingeht und auch den Zugang zum Obergericht durch Rechtsmittelzulassung nicht eröffnet[13].

Die **Grenze** einer zu akzeptierenden unrichtigen Entscheidung ist jedenfalls dort überschritten, wo das Gericht bei seiner fehlerhaften Entscheidung die Bedeutung und Tragweite der immanenten Grenze der Wahrung der Verfahrensgrundrechte der Parteien verletzt hat, die fehlerhafte Rechtsanwendung nicht mehr

---

1 HWK/*Kalb*, § 78a ArbGG Rz. 4.
2 BVerfG v. 7.12.1982 – 2 BvR 1118/82, NJW 1983, 2187.
3 BVerfG v. 19.10.2004 – 2 BvR 779/04; BGH v. 24.3.2015 – VI ZR 179/13, NJW 2015, 2125.
4 BVerfG v. 26.11.2008 – 1 BvR 670/08, NJW 2009, 1584; BAG v. 22.3.2005 – 1 ABN 1/05, NZA 2005, 652; BAG v. 19.2.2008 – 9 AZN 1085/07, NZA 2009, 56.
5 BVerfG v. 17.7.2013 – 1 BvR 2540/12, ArbRB 2013, 337.
6 BGH v. 12.7.2012 – IX ZB 270/11.
7 BAG v. 18.11.2008 – 9 AZN 836/08, NZA 2009, 223; BGH v. 7.7.2011 – I ZB 68/10.
8 BFH v. 11.3.2008 – VIII S 22/07, jurisPR-Steuer 2008, 236.
9 BAG v. 18.11.2008 – 9 AZN 836/08, NZA 2009, 223; BAG v. 17.1.2012 – 5 AZN 1358/11, NZA 2012, 411; BAG v. 15.10.2012 – 5 AZN 1958/12.
10 BAG v. 5.11.2008 – 5 AZN 842/08, NZA 2009, 55.
11 BGH v. 14.2.2008 – VII ZR 100/07, jurisPR-Extra 2009, 8.
12 Vgl. BVerfG v. 10.2.2009 – 1 BvR 1232/07, NJW 2009, 1587; BVerfG v. 31.3.1998 – 1 BvR 2008/97, NJW 1998, 2583; BAG v. 25.8.2015 – 8 AZN 268/15.
13 BVerfG v. 17.7.2013 – 1 BvR 2540/12, ArbRB 2013, 337.

verständlich ist und sich der Schluss aufdrängt, sie beruhe auf sachfremden Erwägungen[1]. Die Verletzung einer **Verfahrensbestimmung** stellt dann zugleich einen Verstoß gegen Art. 103 Abs. 1 GG dar, wenn das Gericht bei der Auslegung oder Anwendung der Verfahrensbestimmung die Bedeutung oder Tragweite des Anspruchs auf rechtliches Gehör verkannt hat[2].

2. Substantiierung der Rüge

a) Darlegungsumfang

32 Wer eine Anhörungsverletzung geltend macht, muss dies **substantiiert darlegen** (Abs. 2 Satz 5). Der gerügte Verstoß fordert eine nachvollziehbare Darlegung der Tatsachen und Umstände, aus denen sich eine entscheidungserhebliche Verletzung des Anspruchs auf rechtliches Gehör ergeben soll. Nach dem allgemeinen Sprachgebrauch bedeutet das Verb „darlegen", etwas erläutern, näher auf etwas eingehen oder etwas substantiieren[3]. Das BAG hat bei der Nichtzulassungsbeschwerde, die auf eine Anhörungsverletzung gem. § 72a Abs. 3 Satz 2 Nr. 3 gestützt wird, verlangt, der Beschwerdeführer müsse die Verletzung so umfassend darstellen, dass das BAG allein anhand der Lektüre des Beschwerdeschriftsatzes und des LAG-Urteils erkennen könne, ob ein Verstoß gegen rechtliches Gehör vorliegt[4], die bloße Behauptung eines Gehörsverstoßes genüge diesen Anforderungen nicht[5]. Diese spezifischen Voraussetzungen gelten für den Sustantiierungsumfang im Rahmen von § 78a nicht, weil das Ausgangsgericht den Inhalt seiner Verfahrensakte und die näheren Umstände, die der gerügten Entscheidung vorausgingen, aus eigener Anschauung kennt. Es reicht daher aus, wenn der Rügeführer konkrete Verstöße nachvollziehbar aufzeigt, die das Gericht in die Lage versetzen, den gerügten Fehler zu individualisieren und nicht einen möglichen Verstoß erst von Amts wegen zu suchen. Wird mit der Rüge geltend gemacht, das Gericht habe einen rechtlichen Hinweis unterlassen, ist darzulegen, inwiefern darin eine Verletzung des Anspruchs auf das rechtliche Gehör liegt[6]. Dabei ist darzutun, welcher tatsächliche Vortrag geliefert war oder welche für die Entscheidung erheblichen rechtlichen Ausführungen auf einen entsprechenden Hinweis gemacht worden wären und dass die Entscheidung bei Beachtung dieses Vorbringens möglicherweise anders ausgefallen wäre[7]. Wird gerügt, das Gericht habe gelieferten Sachvortrag übergangen, ist dies im Einzelnen schlüssig darzutun, also wo, was vorgetragen worden war; vgl. Rz. 36. Der Sachverhalt, der unter Wahrung des rechtlichen Gehörs zu beurteilen gewesen wäre, muss das Begehren der Partei rechtfertigen. Das ist nur bei einem schlüssigen bzw. erheblichen Vortrag in Bezug auf die Gehörsverletzung der Fall. Ein rügebezogener Sachvortrag wird nicht allein durch die umfassende wörtliche Wiedergabe von schriftsätzlichem Vorbringen ersetzt. Es ist in der Begründung herauszuarbeiten, dass in der Entscheidung ein Rechtsstandpunkt eingenommen worden ist, bei dem das als übergangen gerügten Vorbringen schlechthin nicht unberücksichtigt bleiben konnte und seine Nichtberücksichtigung sich nur damit erklären lässt, dass es nicht zur Kenntnis genommen worden ist[8].Es ist auch darzutun, inwiefern die Berücksichtigung dieses Vortrages die Entscheidung hätte beeinflussen können. Art. 103 Abs. 1 GG schützt nicht davor, dass das Gericht dem Vortrag der Beteiligten in materiell-rechtlicher Hinsicht nicht die aus deren Sicht richtige Bedeutung beimisst[9].

b) Entscheidungserheblichkeit

33 Des Weiteren ist plausibel darzutun, weshalb der jeweilige Gehörsverstoß als entscheidungserheblich anzusehen ist. Dabei reicht es als Zulässigkeitsvoraussetzung aus, dass bei einer korrekten Verfahrensweise unter Zugrundelegung der vom LAG getroffenen tatsächlichen Feststellungen und seiner rechtlichen Ausführungen und Argumentationslinie[10] die Entscheidung **möglicherweise anders ausgefallen wäre**[11] oder, anders ausgedrückt, ein für den Rügeführer günstigeres Ergebnis wäre nicht auszuschließen, wenn das Gericht den verfassungsrechtlichen Anforderungen hinreichend Rechnung getragen hätte[12]. Abs. 2 Satz 1

---

1 BAG v. 19.2.2008 – 9 AZN 1085/07, NZA 2009, 56.
2 BVerfG v. 14.3.2007 – 1 BvR 2748/06, NJW 2007, 2241.
3 BGH v. 1.10.2002 – XI ZR 71/02, NJW 2003, 68; BVerwG v. 2.10.1961 – VIII B 78.61, BVerwGE 13, 91.
4 BAG v. 20.1.2005 – 2 AZN 941/04, NZA 2005, 316.
5 BAG v. 14.3.2005 – 1 AZN 1002/04, NZA 2005, 596.
6 BAG v. 31.5.2006 – 5 AZR 342/06 (F).
7 BAG v. 5.2.2013 – 7 AZR 947/12, NZA 2013, 1376.
8 BGH v. 23.8.2016 – VIII ZR 46/15.
9 BVerfG v. 4.8.2004 – 1 BvR 1557/01, NVwZ 2005, 81; BAG v. 31.5.2006 – 5 AZR 342/06, DB 2006, 2412.
10 BAG v. 11.4.2006 – 9 AZN 892/05, NZA 2006, 751; BAG v. 22.3.2005 – 1 ABN 1/05, NZA 2005, 652.
11 BVerfG v. 12.6.2003 – 1 BvR 2285/02, NJW 2003, 2524; BAG v. 18.11.2208 – 9 AZN 836/08, NZA 2009, 223.
12 So kann etwa einem übergangenen Beweisangebot nicht entgegengehalten werden, der Zeuge hätte aller Voraussicht nach doch nichts anderes ausgesagt, man hätte ihm ohnehin nicht geglaubt oder er hätte das bisherige Ergebnis der Beweisaufnahme doch nicht erschüttern können – vgl. auch § 58 Rz. 16. besser: in Fließtext.

Nr. 2 verlangt somit eine Begründungspflicht, die bei Verletzung von Verfahrensfehlern im Revisionsverfahren (§ 73) zu beachten ist[1]. Allerdings darf dem Rügeführer in der Sache über die Rüge nicht ein Vorteil eingeräumt werden, den er ohne die Verletzung rechtlichen Gehörs auch nicht gehabt hätte. Das ist der Fall, wenn keine Möglichkeit besteht, dass die Entscheidung auch bei ordnungsgemäßer Anhörung durch das Gericht anders ausgefallen wäre[2], was durch eine **Schlüssigkeitsprüfung** festzustellen ist. Weist zB das Gericht unter (behaupteter) Verletzung rechtlichen Gehörs einen Antrag zurück, dann ist eine daraufhin erhobene Anhörungsrüge unbegründet, wenn das Gericht auch bei ausreichender Gehörsgewährung keine für den Rügenden günstigere Entscheidung hätte treffen können[3]. Ob tatsächlich eine Gehörsverletzung vorliegt, ist zwar eine Frage der Begründetheit der Anhörungsrüge (s. Rz. 48). Steht jedoch von vornherein fest, dass die geltend gemachte Gehörsverletzung keinerlei nachteilige Wirkungen für die betroffene Partei haben kann, ist sie bereits unzulässig[4]. Ein Beteiligter kann eine entscheidungserhebliche Gehörsverletzung nur darlegen, wenn er die Gründe der beanstandeten Entscheidung kennt. Dabei ist die **schriftliche** von dem bzw den berufenen Richter(n) unterschriebene **Entscheidungsfassung** maßgeblich. Nur mündlich mitgeteilte Entscheidungsgründe oder eine Presseerklärung reichen nicht aus, weil sie nur vorläufig informieren[5].

3. Einzelfälle

a) Verstoß gegen Hinweispflichten (Art. 103 Abs. 1 GG – § 139 ZPO)

Gerichtliche Hinweispflichten dienen der Vermeidung von Überraschungsentscheidungen und konkretisieren den Anspruch der Parteien auf rechtliches Gehör (Art. 103 Abs. 1 GG). Das grundrechtsgleiche Recht auf rechtliches Gehör garantiert den Verfahrensbeteiligten, dass sie Gelegenheit erhalten, sich vor Erlass einer gerichtlichen Entscheidung zu dem ihr zugrunde liegenden Sachverhalt zu äußern. Das rechtliche Gehör zum Streitgegenstand einer Klage bezieht sich auf den Sachverhalt, seinen Vortrag und die Stellung von sachdienlichen Klageanträgen[6]. Das grundrechtsgleiche Recht auf **rechtliches Gehör** ist nicht schon dann verletzt, wenn der Richter einer Hinweispflicht aus § 139 ZPO nicht nachkommt. Nicht jeder **einfachrechtliche Verstoß gegen § 139 ZPO** führt automatisch zu einer Grundrechtsverletzung. Hierfür bedarf es eines erheblichen Verstoßes, mit dem die Partei im Einzelfall nicht zu rechnen brauchte.

34

Das Gericht erfüllt den **Umfang** seiner Hinweispflicht aus **§ 139 ZPO** dann, wenn es die Parteien auf den noch fehlenden Sachvortrag, den es als entscheidungserheblich ansieht, unmissverständlich und nicht nur allgemein und pauschal gehalten hinweist und ihnen die Möglichkeit eröffnet, ihren Vortrag sachdienlich zu ergänzen. Diese Hinweispflicht besteht grds. auch in Verfahren, die durch Prozessbevollmächtigte betrieben werden. Das gilt jedenfalls dann, wenn ein Bevollmächtigter die Rechtslage falsch beurteilt. Ob er sie bei kritischer Prüfung der eigenen Rechtsauffassung selbst hätte erkennen können, spielt keine Rolle[7]. Ein Gericht kann aber nicht nach Art. 103 Abs. 1 GG verpflichtet sein, auf für die Partei deutlich erkennbare Unzulänglichkeiten ihres Sachvortrages hinzuweisen, zB auf die mangelnde Schlüssigkeit, wenn schon die Gegenseite dies in klarer und ausreichender Weise gerügt oder das (Vorder-)Gericht darauf hingewiesen hat[8]. Gleiches gilt, wenn die Rechtslage bezüglich des zentralen Gegenstands des Rechtsstreits für einen gewissenhaften und rechtskundigen Prozessbevollmächtigten auf der Hand liegt[9] oder wenn der Rechtsmittelführer mit vertretbaren Argumenten die erstinstanzliche Rechtsauffassung im Berufungsverfahren angreift und das LAG dem folgt[10].

Ein Gericht verstößt dann gegen **Art. 103 Abs. 1 GG**, wenn es ohne vorherigen Hinweis Anforderungen an den Sachvortrag stellt oder auf rechtliche Gesichtspunkte abstellt, mit denen auch ein gewissenhafter und kundiger Prozessbeteiligter selbst unter Berücksichtigung der Vielfalt vertretbarer Rechtsauffassungen

---

1 Schmidt/Schwab/Wildschütz, NZA 2001, 1166.
2 BAG v. 31.8.2005 – 5 AZN 580/05, NZA 2005, 1204.
3 BGH v. 19.9.2006 – X ZR 178/04, NJW 2006, 3786.
4 BGH v. 17.2.2015 – XI ZR 17/14.
5 BVerfG v. 22.6.2011 – 1 BvR 2553/10; BAG v. 29.11.2016 – 10 ABR 68/16(F); BGH v. 15.7.2010 – I ZR 160/07.
6 BGH v. 23.4.2009 – IX ZR 95/06, WM 2009,1155.
7 BCF/Creutzfeldt, § 78a Rz. 18; vgl. dazu BGH v. 7.12.2000 – I ZR 179/98, NJW 2001, 2548; Zöller/Greger, § 139 ZPO Rz. 6.
8 BGH v. 20.12.2007 – IX ZR 207/05, NJW-RR 2008, 581.
9 BGH v. 21.11.2007 – IV ZR 321/05, NJW 2008, 378.
10 BVerwG v. 24.7.2008 – 6 PB 18/08, NZA-RR 2009, 37.

oder aufgrund des bisherigen Prozessverlaufs[1] nicht zu rechnen brauchte[2]. Will das Gericht von seiner den Parteien mitgeteilten Rechtsauffassung später abweichen oder hat eine Partei einen nicht hinreichend klaren Hinweis falsch aufgenommen, dann muss das Gericht nach Art. 103 Abs. 1 GG diesen präzisieren und der Partei erneut Gelegenheit geben, dazu Stellung zu nehmen[3]. Zu beachten ist jedoch, dass das Gericht vor Schluss der mündlichen Verhandlung grds. nicht immer zur völligen Offenlegung seiner Rechtsauffassung verpflichtet sein kann[4]. Diese wird nicht selten erst in einer eingehenden Schlussberatung festgelegt. Eine **Verletzung** des Rechts auf rechtliches Gehör (Art. 103 Abs. 1 GG) kann grds. durch das weitere Verfahren **geheilt** werden[5].

35 Eine mit der Anhörungsrüge angreifbare **Überraschungsentscheidung** liegt vor, wenn es sich um einen offenkundigen Verstoß gegen das einfache Verfahrensrecht handelt. Das ist insbesondere der Fall, wenn die Auslegung und Anwendung des entscheidungserheblichen Verfahrensrechts durch das Gericht im Prozessrecht keine Stütze mehr findet. Die Entscheidung muss dabei auf einem rechtlichen Gesichtspunkt beruhen, mit dem angesichts des bisherigen Prozessverlaufs auch eine kundige Partei oder deren Prozessvertreter nicht rechnen musste[6]. Das ist ohne Weiteres dann anzunehmen, wenn vorher ein gegensätzlicher richterlicher Hinweis gegeben worden war[7]. So verstößt etwa das Berufungsgericht gegen Art. 103 Abs. 1 GG, wenn es seine abändernde Entscheidung auf eine von einer Partei in 1. Instanz lediglich am Rande in Betracht gezogene Vertragsauslegung[8] oder auf einen anderen bisher von den Parteien nicht vorgetragenen Lebenssachverhalt[9] stützt, ohne den Parteien vorher durch unmissverständlichen **Hinweis**[10] ausreichend **Gelegenheit zur Stellungnahme** zu geben. Geschieht der Hinweis erst in mündlicher Verhandlung, bedarf es ggf. einer Vertagung; insbesondere wenn eine Partei beantragt, ihr Gelegenheit zum schriftsätzlichen Sachvortrag einzuräumen. Gleiches gilt, wenn das Gericht auf erstmals in der mündlichen Verhandlung vorgebrachten Sachvortrag einer Partei abstellt, obwohl –auch ohne ausdrücklichen Antrag auf einen Schriftsatznachlass- ausreichend deutlich ist, dass der Prozessgegner sich die Möglichkeit vorbehalten will, auf das Vorbringen der Gegenseite noch Stellung zu nehmen[11]. Das Gericht ist stets verpflichtet, auf eine sachdienliche **Antragsfassung**, insbesondere auf die Konkretisierung eines unbestimmten Feststellungsantrags hinzuweisen[12].

36 Wer einen unterlassenen Hinweis im Sachvortrag **moniert**, muss – als Zulässigkeitsvoraussetzung einer Anhörungsrüge(s. Rz. 47) – im Einzelnen **konkret vortragen**, welchen Hinweis das Gericht aus dessen Sicht hätte geben müssen. Sodann muss der unterbliebene Vortrag vollständig nachgeholt und der eigene Vortrag schlüssig gemacht werden was daraufhin vorgetragen worden wäre und weshalb dieser zusätzliche Sachvortrag zu einer anderen Entscheidung geführt hätte (Kausalität)[13]. Dies gilt auch für das **Beschlussverfahren**, weil dort nur ein eingeschränkter Amtsermittlungsgrundsatz gilt. Im Rahmen der Begründetheitsprüfung hat sodann das Gericht eine Schlüssigkeitsprüfung vorzunehmen, ob bei Berücksichtigung des neuen Sachvortrages eine ernsthafte Möglichkeit einer anderweitigen Entscheidung besteht[14]. Die in ihrem Anspruch auf rechtliches Gehör verletzte Partei ist so zu stellen, und zwar auch nicht schlechter, aber auch nicht besser, als wäre ihr rechtliches Gehör gewährt worden[15]. Macht der Rügeführer geltend, das **Gericht** habe eine bestimmte entscheidungserhebliche und nicht vorhersehbare **Rechtsfrage nicht angesprochen**, muss er substantiiert darlegen, was er dazu vorgetragen hätte und inwiefern dies möglicherweise zu einem anderen Ergebnis geführt hätte[16].

---

1 ZB unterlassener Hinweis auf die Unzulässigkeit der Berufung: BAG v. 31.7.2007 – 3 AZN 326/07, NZA 2008, 432.
2 BVerfG v. 25.10.2001 – 1 BvR 1079/96, NJW 2002, 1334; BVerfG v. 12.6.2003 – 1 BvR 2285/02, NJW 2003, 2524; BAG v. 31.8.2005 – 5 AZN 187/05, NZA 2005, 1204.
3 BGH v. 25.6.2002 – X ZR 83/00, NJW 2002, 3320; BGH v. 16.4.2008 – XII ZB 192/06, NJW 2008, 2036.
4 BAG v. 31.5.2006 – 5 AZR 342/06(F), NZA 2006, 875.
5 BVerfG v. 26.11.2008 – 1 BvR 670/08, NJW 2009, 1584.
6 BAG v. 12.6.2003 – 1 BvR 2285/02, NJW 2003, 2524.
7 BVerfG v. 15.8.1996 – 2 BvR 2600/95, NJW 1996, 3202.
8 BGH v. 4.10.2004 – II ZR 356/02, BGHReport 2005, 302.
9 BAG v. 11.4.2006 – 9 AZN 892/05, NZA 2006, 750.
10 BGH v. 8.2.1999 – II ZR 261/97, MDR 1999, 758.
11 BVerfG v. 10.12.2014 – 2 BvR 514/12, NJW 2015, 1166.
12 BGH v. 23.4.2009 – IX ZR 95/06, WM 2009, 1155.
13 BAG v. 14.3.2005 – 1 AZN 1002/04, NZA 2005, 596; BAG v. 11.4.2006 – 9 AZN 892/05, NZA 2006, 751.
14 Bejaht es diese Möglichkeit, hat es das Verfahren nach Abs. 5 fortzusetzen; andernfalls hat es die Rüge nach Abs. 4 Satz 3 zurückzuweisen.
15 BAG v. 31.8.2005 – 5 AZN 580/04, NZA 2005, 1204.
16 Noch weitergehend: BAG v. 1.3.2005 – 9 AZN 29/05 bei einer entsprechenden Nichtzulassungsbeschwerde.

b) Fehler bei der Beweisaufnahme (§§ 284 ff. ZPO)

Ein gerichtlicher Verstoß gegen das zivilprozessuale Beweisrecht ist zunächst nur ein einfachrechtlicher Mangel, der bei einer letztinstanzlichen Entscheidung grds. hinnehmbar ist. Ist der Verstoß allerdings eklatant, wird die Schwelle eines Verfassungsverstoßes gegen Art. 103 Abs. 1 GG erreicht[1]. Nach Art. 103 Abs. 1 GG haben die Parteien in einem Verfahren nicht nur das Recht zur Äußerung, sondern daraus resultiert auch die **Pflicht des Gerichts, Anträge und Ausführungen** der Beteiligten zur **Kenntnis zu nehmen und in Erwägung zu ziehen**. Es gehört in einem bürgerlichen Rechtsstreit zu einer unerlässlichen Verfahrensregel, dass das Gericht die Richtigkeit bestrittener Tatsachen nicht ohne hinreichende Prüfung bejaht. In diesem Rahmen bedarf es eines Mindestmaßes an rechtlichem Gehör. Die **Nichtberücksichtigung** eines erheblichen **Beweisangebots** bildet einen Gehörsverstoß, wenn sie im Prozessrecht keine Stütze mehr findet[2]. Hat etwa das LAG im Rahmen von § 529 Abs. 1 Nr. 1 ZPO Zweifel an den erstinstanzlichen Feststellungen, dann stellt es einen Verfassungsverstoß dar, wenn es abweichend vom ArbG die Glaubwürdigkeit eines Zeugen ohne dessen eigene Vernehmung anders beurteilen will[3]. Enthält die gerügte Entscheidung die unzutreffende Aussage, die Partei sei beweisfällig geblieben, wurde also ein Beweisantritt übergangen, so liegt darin ein Gehörsverstoß. Hier genügt zur ausreichenden Darlegung regelmäßig die zusätzliche Angabe von Schriftsatz und Seitenzahl oder Benennung der Anlage über den Beweisantritt[4]. Ein verfassungsrechtlich erheblicher Verstoß liegt auch vor, wenn das Gericht nur den Beweismitteln einer Partei, aber nicht diejenigen der Gegenpartei nachgeht oder wenn das Berufungsgericht nur die von einer Partei benannten Zeugen erneut vernimmt, nicht aber diejenigen der Gegenpartei. Dies gilt auch, wenn die Gegenpartei zu einem umstrittenen Inhalt eines Vier-Augen-Gespräches gem. § 141 oder § 448 ZPO im Gegensatz zum Zeugen nicht ebenfalls erneut vernommen wird[5] oder wenn das LAG nur auf eine eigene Beweiserhebung abstellt, ohne sich mit einer erstinstanzlichen gegenteiligen einschlägigen Beweiserhebung auseinanderzusetzen[6]. Schließlich verstößt es gegen Art. 103 Abs. 1 GG, wenn das Gericht die Vernehmung eines Zeugen unterlässt mit dem Hinweis, dem Zeugen könne ohnehin nicht geglaubt werden[7] oder der Zeuge hätte ohnehin nichts anderes aussagen können. 37

c) Zurückweisung verspäteten Vorbringens

Die zivilprozessualen Präklusionsregelungen schränken zur Vorbeugung einer Verfahrensverzögerung die Parteirechte vor Gericht ein (vgl. § 67 Rz. 5). Sie sollen gewährleisten, dass das Gericht den Rechtsstreit möglichst in einem Verhandlungstermin erledigt. Zu diesem Zweck hat das Gericht zB rechtzeitig (§ 139 Abs. 1 Satz 2 ZPO) den Parteien fristgebundene Auflagen zu ergänzendem Sachvortrag zu erteilen oder Zeugen zu laden. 38

Die **Präklusionsvorschriften tangieren** stets den **grundrechtsrelevanten Bereich**. Die Möglichkeit der Zurückweisung verspäteten Vorbringens schränkt den verfassungsrechtlich garantierten Anspruch der Partei auf Gewährung rechtlichen Gehörs ein. **Verletzt** das **Gericht** die zu wahrenden **Prozessförderungs- und Fürsorgepflichten**, schließt die rechtsstaatlich gebotene faire Verfahrensführung eine Präklusion verspäteten Vortrags aus. Insbesondere das BVerfG[8] hat unter Berufung auf diese Verfassungsgrundsätze durch eine Fülle von Entscheidungen eine nicht missbräuchliche und zurückhaltende Anwendung der Präklusionsvorschriften stets angemahnt. In diesem Zusammenhang steht die prozessuale Verfahrensgestaltung unter einer aktiven und gesteigerten richterlichen Obhut. Das Procedere der Zurückweisung ist unbedenklich, wenn die belastete Partei trotz erteilter ordnungsgemäßer richterlicher Hinweise nach § 139 ZPO und der Einräumung ausreichender Gelegenheit, sich in allen für sie wichtigen Punkten zu äußern, dies aus **allein** (Monokausalität) **von ihr** zu vertretenden Umständen versäumt hat[9]. Beruht dagegen die Verspätung eines Vorbringens auch auf einer Verletzung der richterlichen Fürsorgepflicht, schließt die rechtsstaatlich gebotene faire Verfahrensführung eine Präklusion aus[10]. Gleiches gilt in Fällen, in denen eine unzulängliche richterliche Verfahrensleitung mitursächlich für eine Verzögerung war[11]. Eine missbräuchliche 39

---

1 Zuck, NJW 2010, 3494.
2 BGH v. 27.10.2015 – VI ZR 355/14, NJW 2016, 641.
3 BVerfG v. 22.11.2004 – 1 BvR 1935/03, NJW 2005, 1487; BVerfG v. 12.6.2003 – 1 BvR 2285/02, NJW 2003, 2524.
4 GK-ArbGG/*Dörner*, § 78a Rz. 29.
5 BVerfG v. 21.2.2001 – 2 BvR 140/00, NJW 2001, 2531.
6 BGH v. 14.1.2014 – VI ZR 340/13, NJW-RR 2001, 1147.
7 BVerfG v. 22.1.2001 – 1 BvR 2075/98, NJW-RR 2001, 1006.
8 Vgl. zB nur BVerfG v. 21.2.1990 – 1 BvR 1117/89, NJW 1990, 2373; BVerfG v. 6.2.2001 – 1 BvR 1030/00, NJW 2001, 1565.
9 BVerfG v. 1.4.1992 – 1 BvR 1097/91, NJW 1992, 2556.
10 BVerfG v. 14.4.1987 – 1 BvR 162/84, NJW 1987, 2003.
11 BVerfG v. 9.2.1982 – 1 BvR 1379/80, NJW 1982, 1453.

Anwendung liegt auch in einer Zurückweisung trotz unzureichender Terminsvorbereitung[1] oder wenn das Gericht die gesetzlichen Präklusionsnormen fehlerhaft anwendet[2]. Weist das LAG prozessordnungswidrig entgegen § 67 Abs. 4 verspäteten Sachvortrag nicht zurück (s. § 67 Rz. 48) und bestimmt es neuen Termin, so liegt allein darin noch kein Verstoß gegen Art. 103 Abs. 1 GG[3].

d) Andere Verfahrensgrundrechte

40 Schon der mit 10:6 Stimmen ergangene Plenarbeschluss des BVerfG vom 30.4.2003[4] ist leider einer generellen Klärung des Grundrechtsschutzes ausgewichen. Trotz zahlreicher Anregungen im Laufe des Gesetzgebungsverfahrens hat auch der Gesetzgeber in § 78a die Gehörsrüge mit Bewusstheit **nicht** auf die Verletzung **anderer Verfahrensgrundrechte** als des Anspruchs auf rechtliches Gehör (Art. 103 Abs. 1 GG) ausgedehnt. Damit kann auch nur der ausdrücklich genannte Verfassungsverstoß mit § 78a gerügt werden. Eine analoge Anwendung scheidet mangels unbewusster Regelungslücke aus[5]. In der Lit. ist heftig umstritten, wie die Praxis bei angenommenen Verstößen etwa gegen das Willkürverbot (Art. 3 Abs. 1 GG), das Grundrecht auf ein faires Verfahren (Art. 2 Abs. 1 iVm. Art. 20 Abs. 3 GG), den gesetzlichen Richter (Art. 101 Abs. 1 Satz 2 GG) oder die Rechtsweggarantie (Art. 19 Abs. 4 GG) zu verfahren hat. Diese Frage dürfte mittlerweile vom BVerfG[6] selbst geklärt sein. Es hat nämlich entschieden, dass mit einer **Anhörungsrüge nur** eine **Verletzung** des Anspruchs auf **rechtliches Gehör** (Art. 103 Abs. 1 GG) gerügt werden kann, nicht aber ein Verstoß gegen Art. 19 Abs. 4 GG. Bei alleinigen Verstößen gegen andere Verfahrensgrundrechte ist daher nach Erschöpfung des Rechtsweges nur die Verfassungsbeschwerde gegeben (vgl. aber Rz. 44, Rz. 45).

41 Im **Gesetzgebungsverfahren** wurde eine Erstreckung von § 78a auf andere Verfahrensgrundsätze abgelehnt mit dem Hinweis, insoweit könnten die früher anerkannten außerordentlichen Rechtsbehelfe wie die außerordentliche Beschwerde, Gegenvorstellung oä. weiter zur Anwendung gelangen[7].

42 Diese Auffassung steht im **Widerspruch zum** klaren Wortlaut des Plenums des **BVerfG**[8], das die Entscheidungskompetenz zur Schaffung von Rechtsmitteln dem Gesetzgeber und nicht den Gerichten zuweist[9]. Der aus dem Rechtsstaatsprinzip folgende Grundsatz der Rechtsmittelklarheit zwingt dazu, dass Rechtsbehelfe in der geschriebenen Rechtsordnung geregelt und ihre Voraussetzungen für die Bürger erkennbar sein müssen. Die Gerichte können den Katalog möglicher Rechtsmittel nicht beliebig erweitern. Zu Recht erkennen daher die obersten Gerichte die außerordentlichen ungeschriebenen Rechtsbehelfe mittlerweile nicht mehr an[10]; vgl. § 78 Rz. 103. Dies gilt erst recht nach der Einführung von § 78a[11]. Vgl. zur Zulässigkeit einer **Gegenvorstellung**: § 78 Rz. 104 ff.

Eine außerordentliche Beschwerde ist auch gegen **Verweisungsbeschlüsse** wegen örtlicher Unzuständigkeit (§ 48 Abs. 1 Nr. 1) nicht statthaft. Allerdings tritt bei greifbarer Gesetzwidrigkeit für das Adressatgericht keine Bindungswirkung ein und es kann den Weg von § 36 Abs. 1 Nr. 6 ZPO beschreiten[12]; s. § 65 Rz. 17.

43 Im Hinblick auf das dabei zu beachtende materielle **Subsidiaritätsgebot** des Art. 90 Abs. 2 Satz 1 BVerfGG muss stets geprüft werden, ob nicht **vorrangige Rechtsbehelfe** im Einzelfall zur Verfügung stehen, was nicht selten der Fall ist. Das BVerfG[13] hat entschieden, dass der Beschwerdeführer bei einem geltend gemachten Grundrechtsverstoß wegen des Grundsatzes der Subsidiarität einer Verfassungsbeschwerde (§ 90 Abs. 2 BVerfGG) zunächst **keine Gegenvorstellung** erheben, sondern direkt binnen Monatsfrist (§ 93 Abs. 1 Satz 1 BVerfGG) Verfassungsbeschwerde einlegen muss, weil die Gegenvorstellung nicht zum

---

1 BGH v. 2.12.1982 – VII ZR 71/82, NJW 1983, 575.
2 BGH v. 9.6.2005 – V ZR 271/04, NJW 2005, 2624; BGH v. 3.11.2008 – II ZR 236/07, NJW-RR 2009, 332 (in der Berufungsinstanz).
3 Vgl. dazu BAG v. 19.2.2008 – 9 AZN 1085/07, NZA 2009, 56.
4 BVerfG v. 30.4.2003 – 1 PBvU 1/02, NJW 2003, 1924.
5 *Guckelberger*, NVwZ 2005, 11 (13); *Rensen*, MDR 2005, 181 (183); *Düwell/Lipke/Oesterle*, § 78a Rz. 27; aA *Schenke*, NVwZ 2005, 734; OVG Lüneburg v. 8.2.2006 – 11 LA 82/05.
6 BVerfG v. 30.4.2008 – 2 BvR 482/07, NJW 2008, 3275; ebenso BGH v. 13.12.2007 – I ZR 47/06, NJW 2008, 2126; BGH v. 14.4.2016 – IX ZR 197/15.
7 BT-Drs. 15/3706, S. 14; ebenso *Bloching/Kettinger*, NJW 2005, 860 (862); *E. Schneider*, MDR 2006, 969.
8 BVerfG v. 30.4.2003 – 1 PBvU 1/02, NJW 2003, 1928.
9 *Schwab*, Die Berufung im arbeitsgerichtlichen Verfahren, S. 57 f.; *Nassall*, ZRP 2004, 164 (168).
10 BAG v. 8.8.2005 – 5 AZB 31/05, NZA 2005, 1318; BGH v. 15.2.2006 – IV ZB 57/04; BVerwG v. 5.10.2004 – 2 B 90/04, NJW 2005, 771; BFH v. 14.3.2007 – IV S 13/06 (PKH); GK-ArbGG/*Dörner*, § 78a Rz. 8.
11 BGH v. 20.11.2012 – VIII ZB 49/12, NJW 2013, 385.
12 LAG Rh.-Pf. v. 25.7.2006 – 2 Ta 111/06, PraxRep Extra 2007, 161 m. zust. Anm. *Gravenhorst*.
13 BVerfG v. 25.11.2008 – 1 BvR 848/07, NJW 2009, 829.

Rechtsweg zählt. Dagegen muss zunächst eine **Nichtzulassungsbeschwerde** gem. § 72a gegen ein Urteil des LAG vor einer Verfassungsbeschwerde eingelegt werden[1]. Er muss aber alle prozessualen Möglichkeiten ausschöpfen, um eine Korrektur der geltend gemachten Verfassungsverletzung zu erwirken. Dazu gehört auch, eine Anhörungsrüge zu erheben und diese ordnungsgemäß zu begründen[2].

Daneben gibt es noch weitere vorrangige Handlungsmöglichkeiten:

Wurde etwa einer Partei in einem rechtskräftig abgeschlossenen Verfahren der **gesetzliche Richter** (Art. 101 Abs. 1 GG) in willkürlicher Weise entzogen, kann das Verfahren gem. § 79 ArbGG iVm. § 579 Abs. 1 Nr. 1 ZPO wieder aufgenommen werden[3]. Wird gleichzeitig bei einem unteilbaren Streitgegenstand ein Verstoß gegen **Art. 103 Abs. 1 GG und** gegen **andere Grundrechte gerügt**, ist wegen aller Grundrechtsverstöße zuerst und allein die Gehörsrüge zu erheben, weil das Fachgericht im Erfolgsfall dem Gehörsverstoß abhelfen – indem es das Verfahren im Umfang der Rüge fortsetzt – und insoweit im Rahmen einer umfassenden erneuten Rechtsprüfung andere Rechtsverstöße mit beheben kann[4]. Nicht selten bereitet es dabei erhebliche Schwierigkeiten, den Schutzbereich des Art. 103 Abs. 1 GG von anderen Verfahrensgrundsätzen wegen zahlreicher Berührungspunkte und Überschneidungen voneinander abzugrenzen[5]. Beziehen sich die Gehörsrüge und gleichzeitig erhobene andere Grundrechtsrügen dagegen auf eindeutig unterschiedliche Streitgegenstände oder auf denjenigen Teil eines Streitgegenstandes, dessen Fortführung aufgrund der Gehörsrüge nicht geboten ist, dann können die anderen Verfahrensgrundrechte im nur eingeschränkt fortgesetzten fachgerichtlichen Verfahren von § 78a wegen fehlender Reparaturmöglichkeit nicht geltend gemacht werden. Hier ist bezüglich der übrigen Grundrechtsverstöße nur die binnen Monatsfrist einzulegende Verfassungsbeschwerde eröffnet[6]. 44

Eine gerichtliche Entscheidung verletzt das **Willkürverbot**, wenn diese bei Würdigung der die Verfassung beherrschenden Gedanken nicht verständlich ist und sich der Schluss aufdrängt, sie beruhe auf sachfremden Erwägungen. Dies ist der Fall, wenn die Entscheidung oder die Verfahrensgestaltung des Gerichts unter keinem rechtlichen Gesichtspunkt vertretbar erscheint, wenn sie schlechthin unhaltbar und nicht nachvollziehbar und offensichtlich sachwidrig ist[7]. Dass eine Entscheidung des LAG objektiv willkürlich ist, begründet nicht die grundsätzliche Bedeutung der Rechtssache iSv. § 72a Abs. 1 iVm. § 72 Abs. 2 Nr. 1 und eröffnet deshalb nicht die Zulassung der Revision im Verfahren der Nichtzulassungsbeschwerde[8]. Die Feststellung von Willkür enthält nicht per se einen subjektiven Schuldvorwurf, vielmehr ist sie im objektiven Sinne zu verstehen als eine Maßnahme, die im Verhältnis zu der Situation, der sie Herr werden soll, objektiv eindeutig unangemessen ist[9]. In den weitaus überwiegenden Fällen beinhaltet eine Willkürentscheidung auch eine Gehörsverletzung. Liegt eine Willkürentscheidung vor, dann gehen mit ihr idR auch unterlassene umfassende Hinweise durch das Gericht einher mit der Folge, dass eine solche Entscheidung die Partei überrascht und damit auch § 78a eingreift[10]. Bestandteil des umfassenden Anspruchs auf rechtliches Gehör ist zudem, dass das Gericht in angemessener Weise der Sachvortrag der Parteien offensichtlich und willens ist, ihre Rechtsansichten in seine Entscheidung mit einfließen zu lassen (vgl. Rz. 30). Ein Gericht, das gegen diese elementaren Grundsätze verstößt, gewährt in aller Regel nicht das gebotene rechtliche Gehör[11]. Ob das Rügeverfahren dann allerdings zu einer willkürfreien Entscheidung führt, hängt im Einzelfall davon ab, inwieweit das Gericht die Stärke hat und willens ist, einen eigenen Verfassungsverstoß anzuerkennen und von einem falschen Verfassungsverständnis abzurücken[12]. Spätestens gegen diese Entscheidung ist dann die Verfassungsbeschwerde eröffnet. 45

---

1 BVerfG v. 27.2.2009 – 1 BvR 3505/08, NZA 2009, 509.
2 Vgl. BVerfG v. 28.9.2015 – 1 BvR 2656/14, NZA 2016, 253, Verfassungsbeschwerde nach unzureichend begründeter Nichtzulassungsbeschwerde.
3 BT-Drs. 15/3706, S. 14.
4 BVerfG v. 25.4.2005 – 1 BvR 644/05, NJW 2005, 3059.
5 Vgl. *Jarass/Pieroth*, GG, Art. 103 Rz. 2 ff.
6 Vgl. zur Abgrenzung von Gehörsrüge und Verfassungsbeschwerde: *Desens*, NJW 2006, 1243.
7 BVerfG v. 8.1.2004 – 1 BvR 864/03, NJW 2004, 1373; BVerfG v. 23.6.2004 – 1 BvR 496/00, NJW 2004, 3551; BayVerfGH v. 22.7.2005 – Vf. 72-VI-04, NJW 2005, 3771; *Zuck*, AnwBl. 2006, 773 (776).
8 BAG v. 12.12.2006 – 3 AZN 625/06, NZA 2007, 582.
9 BGH v. 7.10.2004 – V ZR 328/03, NJW 2005, 153.
10 *Schwab*, Die Berufung im arbeitsgerichtlichen Verfahren, S. 59 f.; *Desens*, NJW 2006, 1243 (1246).
11 Vgl. BVerfG v. 23.6.2004 – 1 BvR 496/00, NJW 2004, 3551 bei überzogenen Anforderungen von Form- und Fristvorschriften für Rechtsmittel.
12 Zu pessimistisch und bedenkenlos generalisierend: *E. Schneider*, MDR 2006, 969; *Gravenhorst*, NZA 2005, 24, die außer Acht lassen, wie leichtfertig oftmals Willkürakte einfach behauptet werden. Auch droht dem selbstherrlichen Richter stets eine verfassungsgerichtliche Schelte. Nicht selten beanstandet eine „Gehörsrüge" substantiell nur, das Gericht sei in der Sache zu Unrecht der eigenen Auffassung nicht gefolgt.

VII. Entscheidung über die Rüge

1. Prüfungsreihenfolge und Entscheidung

46 Die Behandlung der Anhörungsrüge steht nicht im Ermessen des Gerichts, sondern ihre **Prüfung** vollzieht sich in **drei Schritten:**

47 1. prüft das Gericht nach § 78a Abs. 4 Satz 1 von Amts wegen die **Zulässigkeit der Rüge**, also ob sie statthaft und in der gesetzlichen Form (vgl. Rz. 22–24) und Frist (vgl. Rz. 16–21) eingelegt und ordnungsgemäß begründet (vgl. Rz. 32 ff.) ist. Unzulässig ist die Rüge, wenn die Gehörsverletzung nicht in der gebotenen Weise substantiiert dargetan ist[1] (vgl. Rz. 32). Fehlt es hieran ganz oder teilweise, so wird die Rüge im Umfang des Mangels als unzulässig verworfen. Unzulässig ist die Rüge zB, wenn bei einem gerügten Verstoß gegen die Hinweispflicht nicht dargetan wird, welcher rechtliche oder tatsächliche Vortrag geliefert worden wäre, weshalb die Entscheidung ohne die Gehörsverletzung möglicherweise anders ausgefallen wäre oder sich der Rügeführer substantiell nicht auf eine entscheidungserhebliche Verletzung des rechtlichen Gehörs beruft, sondern zB nur näher darlegt, der Entscheidungsinhalt stimme mit der materiellen Rechtslage nicht überein ohne auf die speziellen Tatbestandsmerkmale von § 78a einzugehen. Ist die Rüge aus zutreffenden Gründen als unzulässig verworfen, dann schlägt sich dieser Mangel auch auf eine evtl. anschließend einzulegende Verfassungsbeschwerde gegen die gerügte Entscheidung nieder, weil dann der vorgeschaltete Rechtsweg nicht in der gehörigen Weise beschritten worden war[2]. Damit wird auch die Verfassungsbeschwerdebefugnis vernichtet[3].

48 2. Ist die Rüge ganz oder teilweise zulässig, prüft das Gericht, ob sie im Umfang ihrer Zulässigkeit in der Sache **begründet** ist, also ob das Gericht bei der gerügten Entscheidung den Anspruch der Rügepartei auf rechtliches Gehör tatsächlich in entscheidungserheblicher Weise verletzt hat. Das Gericht hat in diesem Verfahrensstadium materiell-rechtlich per Schlüssigkeitsprüfung zu klären, ob es bei Berücksichtigung des Vorbringens des Rügeführers in der Sache zu einem für diesen günstigeren Ergebnis gekommen wäre[4]. Begründet ist die Rüge somit nur, soweit sich die Verletzung des rechtlichen Gehörs auf die angegriffene Entscheidung ausgewirkt hat. Eine **unbegründete** Rüge hat die **Kammer** (falls die gerügte Entscheidung von ihr stammt), nach § 78a Abs. 4 Satz 3 zurückzuweisen. Wird mit der Anhörungsrüge die Verletzung des Anspruchs auf rechtliches Gehör geltend gemacht, so zählt die Anhörungsrüge an das Fachgericht ebenfalls zum Rechtsweg, von dessen Erschöpfung die Zulässigkeit einer **Verfassungsbeschwerde** gem. § 99 Abs. 2 BVerfGG im Regelfall abhängt[5]. Erst gegen die Entscheidung des Fachgerichts über die Anhörungsrüge ist die Verfassungsbeschwerde möglich.

49 Sowohl die Verwerfung als auch die Zurückweisung der Rüge geschieht per **Beschluss**, der seinerseits unanfechtbar ist und nach § 78a Abs. 4 Satz 5 kurz begründet werden soll. Aus der Beschlussform ergibt sich zugleich, dass die Entscheidung des Gerichts nach § 128 Abs. 4 ZPO ohne mündliche Verhandlung ergehen kann[6], selbst wenn die Ausgangsentscheidung aufgrund mündlicher Verhandlung ergangen war. Da die Zurückweisung nur einer kurzen Begründung bedarf, reicht es als **Begründungsumfang** aus, wenn sich der Beschluss auf eine Auseinandersetzung mit dem/den Schwerpunkt(en) des Angriffs des Rügeführers beschränkt[7]. Es muss nicht auf alle Einzelpunkte eingegangen werden. Allerdings muss ersichtlich werden, dass das Gericht das Vorbringen des Rügeführers zur Kenntnis genommen hat, inhaltlich reflektiert und in seine Entscheidung hat mit einfließen lassen. Mit Hilfe der Anhörungsrüge kann der Rügeführer grds. keine weitergehende Begründung der angegriffenen nicht rechtsmittelfähigen Entscheidung erreichen[8].

50 3. Bei einer **begründeten Rüge** hilft ihr das Gericht ab, indem es im Umfange der Begründetheit, also ganz oder teilweise, durch Beschluss das **Verfahren fortführt**. Ist der von der Rüge betroffene Streitgegenstand nicht teilbar, muss der Prozess in vollem Umfang fortgeführt werden. Dabei wird das Verfahren – ähnlich wie beim Einspruch gegen ein Versäumnisurteil – in die Lage zurückversetzt, in der es sich vor dem Schluss der mündlichen Verhandlung befunden hat (§ 78a Abs. 5 Satz 2). Im schriftlichen Verfahren tritt an die Stelle des Schlusses der mündlichen Verhandlung der Zeitpunkt, bis zu dem Schriftsätze eingereicht werden können. Dabei wird unter Berücksichtigung des weiteren Vorbringens der Parteien das Verfahren

---

1 GK-ArbGG/*Dörner*, § 78a Rz. 36.
2 Düwell/Lipke/*Oesterle*, § 78a Rz. 45; Zöller/*Vollkommer*, § 321a ZPO Rz. 16.
3 *Rieble*/*Vielmeier*, JZ 2011, 923 (925); vgl. BVerfG v. 28.9.2015 – 1 BvR 2656/14, NZA 2016, 253.
4 BGH v. 19.9.2006 – X ZR 178/04, NJW 2006, 3786; aA *Sangmeister*, NJW 2007, 2363 (2367).
5 BVerfG v. 25.11.2008 – 1 BvR 848/07, NJW 2009, 829.
6 *Natter*, JbArbR Bd 42, 103.
7 BGH v. 12.1.2006 – IX ZB 223/04; BGH v. 24.2.2005 – III ZR 263/04, NJW 2005, 1432.
8 S. zur Nichtzulassungsbeschwerde: BAG v. 9.4.2014 – 1 AZN 262/14, NZA 2014, 992.

fortgesetzt und sodann unter Anwendung der Grundsätze von § 343 ZPO die gerügte Entscheidung neu getroffen. In der Sache findet im Bereich des Umfangs der Fortsetzung dann eine umfassende neue Rechtsprüfung statt[1]. Das Verfahren wird so fortgesetzt als ob es keine Zäsur gegeben hätte; so ist zB neuer Sachvortrag möglich. Erging die gerügte Entscheidung aufgrund mündlicher Verhandlung, so ist vor dem ArbG grds. erneut mündlich zu verhandeln, weil das Verfahren in der Sache fortgesetzt und erneut entschieden wird. Lediglich vor dem LAG und BAG kann der Übergang in das schriftliche Verfahren nach § 128 Abs. 2 ZPO in Betracht kommen. Soweit die spätere Entscheidung im Ergebnis mit der früheren übereinstimmt, wird die alte Entscheidung aufrechterhalten. Soweit dies nicht der Fall ist, hebt das Gericht seine frühere Entscheidung auf und ersetzt sie durch eine anderweitige. Weil das Verfahren nicht beendet, sondern fortgeführt und neu entschieden wird, besteht **kein Verbot der reformatio in peius**[2], so dass das neue Ergebnis auch (weitere) Verschlechterungen für die Rügepartei zur Folge haben kann. Gelangt das Verfahren nach der Fortsetzung in zulässiger Weise in die nächste Instanz, zB jetzt durch Berufungszulassung, dann hat das Rechtsmittelgericht die Entscheidung des Vordergerichts darauf zu überprüfen, ob das Ausgangsgericht das Verfahren zu Recht fortgesetzt hat, also ob die Anhörungsrüge statthaft, zulässig und begründet war[3].

Wird die Anhörungsrüge zurückgewiesen, kann sich die Frage stellen, ob nunmehr erneut ein Verstoß gegen rechtliches Gehör vorliegt, so dass zur Erschöpfung des Rechtswegs vor einer Verfassungsbeschwerde eine weitere Anhörungsrüge gegen die neuerliche Entscheidung notwendig ist (**sekundäre Anhörungsrüge nach fortgesetztem Verfahren**). Wird die Anhörungsrüge als unzulässig verworfen oder als unbegründet zurückgewiesen, bedarf es keiner weiteren Rüge, selbst wenn mit ihr geltend gemacht wird, in diesem Verfahrensabschnitt sei es zu einer erneuten Gehörsverletzung gekommen[4]. Dann ist das fachgerichtliche Verfahren beendet (Abs. 4 Satz 4). Bejaht dagegen das Ausgangsgericht die Zulässigkeit und Begründetheit der Rüge, muss es das ursprüngliche Verfahren fortsetzen und eine neue Sachentscheidung treffen. Kommt es in dem fortgesetzten Verfahren zu einer weiteren eigenständigen Verletzung des rechtlichen Gehörs, dürfte davon auszugehen sein, dass hierfür eine erneute (sekundäre) Anhörungsrüge vor der Anrufung des BVerfG notwendig ist[5]. Wird dagegen geltend gemacht, im fortgesetzten Verfahren sei der ursprüngliche Gehörsverstoß nicht behoben worden, müsste dieser Mangel mit der Verfassungsbeschwerde angegriffen werden, weil für ihn der Rechtsweg erschöpft ist.

50a

Wird die Rüge gegen ein unanfechtbares die Instanz beendendes Urteil erhoben, dann wird zwar das ursprüngliche Verfahren fortgesetzt und es ist verfahrensmäßig nicht erledigt, trotzdem war das Ursprungsverfahren **statistisch** erledigt. Dies hat zur Folge, dass es neu einzutragen und zumindest in analoger Anwendung von § 5 Abs. 5 AktO ein **neues Aktenzeichen** erhält wie bei einem Wiedereinsetzungsantrag bei einem verspäteten Einspruch gegen ein Versäumnisurteil.

51

2. Rechtliches Gehör der Gegenpartei

Da die Rüge nicht nur die Rechtsposition der Rügepartei verbessern soll, sondern in aller Regel Nachteile für den Verfahrensgegner zur Folge hat, ist diesem gem. § 78a Abs. 3 Gelegenheit zur Stellungnahme zu gewähren. Dadurch kann die Gegenpartei ihren Vortrag an das Rügevorbringen anpassen. **Entbehrlich** ist die Anhörung des Gegners, soweit rechtliches Gehör nicht erforderlich ist, etwa weil die Rüge offensichtlich unzulässig oder unbegründet ist. Gleiches gilt bei nicht kontradiktorischen Verfahren(sabschnitten), bei denen bei einer bestimmten Entscheidung keine Gegenpartei vorhanden ist.

52

3. Beteiligung der ehrenamtlichen Richter

Als Sonderregelung zu § 321a ZPO bestimmt § 78a Abs. 6, dass **die ehrenamtlichen Richter** an der Entscheidung über die Rüge nur dann **nicht mitwirken**, wenn die Rüge nach § 78a Abs. 4 Satz 2 als **unzulässig** verworfen oder eine **Alleinentscheidung des Vorsitzenden** mit der Rüge angegriffen wird. In diesen beiden Fällen entscheidet der Vorsitzende allein. Das Gesetz räumt ihm insoweit kein Ermessen ein, die ehrenamtlichen Richter doch hinzuzuziehen. Geschieht dies trotzdem fehlerhaft, dann hat nicht der gesetzliche Richter entschieden.

53

---

1 AA wohl *Jooß*, NJW 2016, 1210, der wohl meint, das Verfahren dürfe sich nur auf die erfolgreich gerügten Gründe beschränken. Diese Begrenzung gilt nur für den 2. Schritt (Prüfung der Begründetheit) von Rz. 48, aber nicht mehr im 3. Schritt.
2 BGH v. 14.4.2016 – IX ZR 197/15, NJW 2016, 3035; Düwell/Lipke/*Oesterle*, § 78a Rz. 50.
3 BGH v. 14.4.2016 – IX ZR 197/15, NJW 2016, 3035.
4 So wohl BVerfG v. 26.4.2011 – 2 BvR 597/11; BVerfG v. 22.5.2015 – 1 BvR 2291/13.
5 Ebenso Jooß, NJW 2016, 1210.

54 Wirken die ehrenamtlichen Richter an der Entscheidung über die Rüge mit, dann hat das Gericht in der Besetzung zu entscheiden, die sich aus dem **Geschäftsverteilungsplan** ergibt. Enthält dieser keine Regelung für das Verfahren nach § 78a, dann sind die ehrenamtlichen Richter – wie bei einem Einspruch gegen ein Versäumnisurteil – in der Reihenfolge der Liste von § 31 heranzuziehen[1].

VIII. Zwangsvollstreckung aus der gerügten Entscheidung

55 Die Einlegung der Rüge hemmt den Eintritt der Rechtskraft nicht. Da dem Rechtsbehelf somit kein Suspensiveffekt zukommt, kann der Begünstigte trotz der Rüge aus der angegriffenen Entscheidung, sofern sie einen vollstreckbaren Titel enthält, die Zwangsvollstreckung betreiben. Der Rügeführer erhält allerdings die Möglichkeit, die Einstellung der Zwangsvollstreckung zu bewirken (vgl. § 707 Abs. 1 Satz 1 ZPO)[2]. Als Parallelregelung zu § 62 Abs. 1 Satz 2 ordnet **§ 78a Abs. 7** an, dass auch in dieser Prozesslage ein Schuldner die Einstellung der Zwangsvollstreckung nur erreichen kann, wenn er **glaubhaft** macht, dass die vorläufige Vollstreckung ihm einen **nicht zu ersetzenden Nachteil** bringt. Soweit § 78a Abs. 7 vom Wortlaut her nur den „Beklagten" erwähnt, handelt es sich hierbei um ein gesetzgeberisches Redaktionsversehen[3]. Die Antragsbefugnis zur Einstellung der Zwangsvollstreckung hat die beschwerte Partei unabhängig von ihrer Partei- bzw. Beteiligtenrolle. Zusätzliche Voraussetzung für eine einstweilige Einstellung der Zwangsvollstreckung ist, dass die Anhörungsrüge auch in der Sache eine Erfolgsaussicht hat[4]. Die nicht beschwerdefähige **Entscheidung** über die vorläufige Einstellung der Zwangsvollstreckung trifft der **Vorsitzende allein** bzw. beim BAG die Berufsrichter ohne Hinzuziehung der ehrenamtlichen Richter. Vor der Entscheidung ist die Gegenpartei anzuhören, sofern eine sofortige Entscheidung, insbesondere aus Zeitgründen, nicht erforderlich ist. Bei besonderer Dringlichkeit kann die Anhörung nachgeholt werden und ggf. zu einer Abänderung des Einstellungsbeschlusses führen[5].

IX. Kosten des Rügeverfahrens

56 Das Rügeverfahren verursacht eine zusätzliche **Gerichtsgebühr** in Form einer Entscheidungsgebühr, wenn die Rüge im vollen Umfang gem. § 78a Abs. 4 Satz 2 als unzulässig verworfen oder gem. § 78a Abs. 4 Satz 3 als unbegründet zurückgewiesen wird. In diesen Fällen beträgt die Gerichtsgebühr in allen Instanzen einheitlich 50 Euro (KV Nr. 8500 von Teil 8 der Anlage 1 zu § 3 Abs. 2 GKG; vgl. § 12 Rz. 74). Keine eigenständige Gerichtsgebühr fällt somit an, wenn das Verfahren im Umfang der Rüge ganz oder auch nur teilweise gem. § 78a Abs. 5 fortgesetzt wird, unabhängig vom späteren Ausgang des Verfahrens (vgl. § 343 ZPO).

57 Der bisherige **Rechtsanwalt** erhält für die Vertretung im Rügeverfahren keine gesonderte Gebühr, weil es gebührenrechtlich gem. § 19 Abs. 1 Satz 2 Nr. 5 RVG zum Rechtszug gehört[6]. Dagegen fällt eine Verfahrensgebühr aus VV Nr. 3330 und eine Terminsgebühr aus VV Nr. 3331 RVG an, wenn der Rechtsanwalt die Partei im Rügeverfahren erstmals vertritt. Die Höhe der Gebühr richtet sich nach dem Wert des Gegenstandes des Rügeverfahrens. Die erstinstanzliche Sonderregelung von § 12a Abs. 1 Satz 1 erfasst auch das Rügeverfahren.

Fünfter Unterabschnitt. Wiederaufnahme des Verfahrens

§ 79 Wiederaufnahme des Verfahrens

Die Vorschriften der Zivilprozessordnung über die Wiederaufnahme des Verfahrens gelten für Rechtsstreitigkeiten nach § 2 Abs. 1 bis 4 entsprechend. Die Nichtigkeitsklage kann jedoch nicht auf Mängel des Verfahrens bei der Berufung der ehrenamtlichen Richter oder auf Umstände, die die Berufung eines ehrenamtlichen Richters zu seinem Amt ausschließen, gestützt werden.

---

1 BAG v. 22.7.2008 – 3 AZN 584/08, NZA 2009, 1054; *Natter*, JbArbR Bd 42, 103; BCF/*Creutzfeldt*, § 78a Rz. 22; aA *Bepler*, RdA 2005, 65 (68); *Düwell*, FA 2005, 76.
2 *Gravenhorst*, NZA 2005, 24.
3 *Bepler*, RdA 2005, 65 (67); GK-ArbGG/*Dörner*, § 78a Rz. 47.
4 HWK/*Bepler*, § 78a ArbGG Rz. 12.
5 *Ostrowicz/Künzl/Scholz*, Rz. 667.
6 BCF/*Creutzfeldt*, § 78 Rz. 23; Düwell/Lipke/*Oesterle*, § 78a Rz. 61.

I. Allgemeines zum Wiederaufnahmeverfahren 1	2. Restitutionsgründe 16a
II. Anfechtbare Entscheidungen 7	IV. Das Wiederaufnahmeverfahren
III. Wiederaufnahmegründe 9a	1. Klageschrift 19
1. Nichtigkeitsgründe 10	2. Gerichtliche Entscheidung 25

Schrifttum: *Prütting/Weth*, Rechtskraftdurchbrechung bei unrichtigen Titeln, 2. Aufl. 1994.

I. Allgemeines zum Wiederaufnahmeverfahren

Die **materielle Rechtskraft** eines Urteils setzt voraus, dass es formell rechtskräftig (§ 705 ZPO) geworden und damit nicht mehr anfechtbar ist. **Formell rechtskräftig** werden Urteile im Urteilsverfahren oder Beschlüsse im Beschlussverfahren, wenn sie mit einem ordentlichen Rechtsmittel nicht mehr angefochten werden können. Mit Eintritt der Unanfechtbarkeit, also der formellen Rechtskraft, entfaltet eine gerichtliche Entscheidung ihre materiellen Rechtskraftwirkungen. Die materielle (innere) Rechtskraft bedeutet, dass die in dem Urteil bzw. Beschluss behandelten Fragen durch die am Prozessverfahren Beteiligten bei unverändertem Sachverhalt nicht erneut einer Entscheidung der Gerichte für Arbeitssachen unterbreitet werden können[1]. Auch wenn das Urteil zu einem fehlerhaften Ergebnis gelangt ist und somit objektiv mit der Rechtslage nicht übereinstimmt oder gar an schweren Mängeln leidet, regelt es aufgrund seiner materiellen Rechtskraft die mit ihm entschiedenen Rechtsfragen. Diese Rechtsfolge gebietet der Rechtsfriede. Das Rechtsgefühl der Parteien und ihr Vertrauen in die Rechtspflege sowie die Autorität der Gerichte als Teil unseres Staatswesens würden aber Schaden nehmen, gäbe es innerhalb eines gewissen Zeitraums keinen Weg zur Beseitigung von Urteilen, die zB schwerste Mängel aufweisen oder unter gravierenden Verfahrensfehlern oder unter sonstigen rechtsstaatlich nicht hinnehmbaren Umständen zustande gekommen sind. Diesen **Zweck** verfolgen ua. auch die Vorschriften der **Wiederaufnahme** des Verfahrens der §§ 578–591 ZPO. 1

Auf eine **Rechtskraftdurchbrechung** zielen noch **weitere Rechtsinstitute**, die Abänderungsklage nach § 323 ZPO, die Vollstreckungsabwehrklage (§ 767 ZPO), die Gehörsrüge (§ 78a ArbGG), die Wiedereinsetzung in den vorigen Stand (§ 233 ff. ZPO), die Nichtigkeitsbeschwerde nach § 569 Abs. 1 Satz 3 ZPO, die Aufhebung von Vorbehaltsurteilen im Nachverfahren gem. § 302 Abs. 4 Satz 2, § 600 Abs. 2 ZPO oder die Klage aus § 826 BGB (materielle Unrichtigkeit des Titels, Kenntnis des Gläubigers von der Unrichtigkeit sowie das Vorliegen besonderer Umstände, aufgrund derer es dem Gläubiger zugemutet werden muss, die ihm unverdient zugefallene Rechtsposition aufzugeben)[2].

Die Vorschriften der **ZPO** über Wiederaufnahmeverfahren werden im **arbeitsgerichtlichen Verfahren** im Grundsatz übernommen mit der Ausnahme, dass § 579 Abs. 1 Nr. 1 ZPO hinsichtlich der **ehrenamtlichen Richter** nur **eingeschränkt Anwendung findet** (s. Rz. 13).

Die Wiederaufnahme geschieht durch eine neue Verhandlung eines bereits rechtskräftig abgeschlossenen Verfahrens, des sog. Vor- oder Hauptprozesses. Die Wiederaufnahme erfolgt gem. § 578 ZPO durch **zwei verschiedene Klagearten**, die Nichtigkeits- und die Restitutions-(Wiederherstellungs-)Klage. 2

Die **Nichtigkeitsklage** ist bestimmt durch das Vorliegen von schweren Verfahrensmängeln ohne Rücksicht darauf, ob sie auf den Verfahrensausgang des Hauptprozesses einen Einfluss ausgeübt haben. Bei der Nichtigkeitsklage wirken somit die zugrunde liegenden Mängel ähnlich wie absolute Revisionsgründe iSv. § 547 ZPO. Allein ihr Vorliegen führt schon zur Nichtigkeit der Entscheidung des Vorprozesses und damit zu dessen Fortführung, eines **Kausalitäts**zusammenhangs zwischen ihrem Vorliegen und dem früheren Prozessausgang bedarf es **nicht**.

Demgegenüber kommt es bei der **Restitutionsklage** darauf an, dass „das Urteil auf den Mängeln begründet ist" (vgl. § 580 Nr. 1, 2, 3, 6 ZPO). Der Restitutionsgrund muss somit kausal für die Unrichtigkeit des Urteils sein[3]. Die in § 580 aufgeführten Restitutionsgründe führen somit nur dann zu einer Wiederaufnahme des rechtskräftig abgeschlossenen Verfahrens, wenn zwischen ihnen und der vorherigen Entscheidung des Vorprozesses ein ursächlicher Zusammenhang besteht[4].

---
1 BAG v. 6.6.2000 – 1 ABR 21/99, NZA 2001, 156.
2 Vgl. dazu *Prütting/Weth*, Rechtskraftdurchbrechung bei unrichtigen Titeln.
3 Zöller/*Greger*, § 580 ZPO Rz. 5.
4 BGH v. 21.1.1988 – III ZR 252/86, MDR 1988, 566.

3   Die **Nichtigkeitsklage** (§ 579 ZPO) findet statt wegen der Verletzung grundlegender Prozessnormen, die **Restitutionsklage** (§ 580 ZPO) wegen unrichtiger oder unvollständiger Urteilsgrundlagen. Die beiden unterschiedlichen Klagearten beruhen auf der Annahme, dass bei schweren Verfahrensmängeln das frühere Urteil **nichtig**, bei fehlerhaften Urteilsgrundlagen dagegen nur **anfechtbar** ist. Vom Verfahrensziel her unterscheiden sich die Verfahren nicht. **Beide wollen** die ergangene Entscheidung beseitigen und eine **Neuverhandlung in der Sache** herbeiführen. Das erfolgreiche Wiederaufnahmeverfahren führt unter Durchbrechung der Rechtskraft zu einer rückwirkenden Beseitigung des angegriffenen Urteils. Damit wird der Streitgegenstand der früheren Entscheidung rückwirkend wieder rechtshängig.

4   Beide **Klagen** sind trotz ihres rechtsmittelähnlichen Charakters – in gleicher Weise wie § 78a bei Verstößen gegen das grundrechtsgleiche Recht auf Gewährung rechtlichen Gehörs (Art. 103 Abs. 1 GG) – **keine Rechtsmittel:** Schon die Form ist eine andere, nämlich eine besondere Klage. Da sie sich gegen rechtskräftig abgeschlossene Verfahren richten, fehlt ihnen der Suspensiveffekt eines Rechtsmittels, der den Eintritt der Rechtskraft nur suspendiert. Auch bringen sie das Verfahren nicht in die nächste Instanz, sondern führen zu einer neuen Verhandlung vor demselben Gericht, so dass es ihnen am Devolutiveffekt mangelt. Durch das Wiederaufnahmeverfahren fällt nicht der Rechtsstreit als solcher beim angerufenen Gericht an. Es geht nicht um die Überprüfung einer Sachentscheidung eines anderen Gerichts, sondern um die Frage, ob das Verfahren gegen die angegriffene Sachentscheidung trotz der bestehenden Rechtskraft wieder betrieben werden kann.

5   Die Vorschriften der §§ 578 ff. ZPO über die **Wiederaufnahme** eines rechtskräftig abgeschlossenen Zivilverfahrens **finden** gem. § 79 auch **im arbeitsgerichtlichen Urteilsverfahren Anwendung**, da in dieser Verfahrensart die in § 2 Abs. 1–4 genannten Rechtsstreitigkeiten auszutragen sind. Eine einschränkende **Ausnahme** von diesen Grundsätzen normiert § 79 Satz 2 nur bezüglich des Nichtigkeitsgrundes von § 579 Abs. 1 Nr. 1 ZPO hinsichtlich der Mitwirkung der ehrenamtlichen Richter.

6   Für das **Beschlussverfahren** gilt aufgrund der Verweisungsvorschrift von § 80 Abs. 2 das Gleiche. Dabei finden die Regeln der ZPO entsprechende Anwendung sowohl hinsichtlich der Voraussetzungen, unter denen ein Wiederaufnahmeverfahren zulässig ist, als auch für dessen Durchführung (vgl. auch § 80 Rz. 43).

II. Anfechtbare Entscheidungen

7   Eine Wiederaufnahmeklage findet statt gegen formell **rechtskräftige Endurteile** jeder Instanz. **Zuständig** ist daher **ausschließlich das Gericht**, dessen Urteil angefochten wird und das die maßgebliche **Letztentscheidung** im Vorprozess getroffen hat (§ 584 ZPO). Die Art der Endurteile spielt keine Rolle, auch Teil-, Grund-, Gestaltungs-, Anerkenntnis-, Versäumnis-, Arrest- und Verfügungsurteile sind wiederaufnahmefähig. Gleiches gilt gem. § 584 Abs. 2 ZPO für rechtskräftige Vollstreckungsbescheide. Irrelevant ist auch, ob das Endurteil als Prozess- oder als Sachurteil ergangen ist. Über den Wortlaut von § 578 Abs. 1 ZPO hinausgehend ist die Wiederaufnahme des Verfahrens auch dann statthaft, wenn die letzte gerichtliche Entscheidung ein seiner Bedeutung nach einem Urteil gleichkommender urteilsvertretender **Beschluss**[1] war, etwa eine Entscheidung nach § 66 Abs. 2 Satz 2 ArbGG iVm. § 522 Abs. 1 ZPO oder § 74 Abs. 2 Satz 2 ArbGG iVm. § 552 ZPO, durch den die Berufung bzw. Revision als unzulässig verworfen worden war[2]. Gleiches gilt für einen Beschluss, durch den eine **Nichtzulassungsbeschwerde** (§ 72a) verworfen worden ist[3]. Da hier das BAG aber nur die Frage der Pflicht zur Revisionszulassung überprüft, kann der Wiederaufnahmeantrag beim BAG nur darauf beschränkt werden, dass gerade dieser Beschluss des BAG auf einem Nichtigkeits- oder Restitutionsgrund beruht. Wiederaufnahmegründe, die den übrigen Rechtsstreit betreffen, sind beim LAG anzubringen. Ein zu Unrecht ergangener Beschluss des LAG über die Zurückweisung der Berufung wegen fehlender Erfolgsaussichten iSv. § 522 Abs. 2 ZPO ist zur Wiederaufnahme geeignet, da er im arbeitsgerichtlichen Verfahren nicht ergehen darf (§ 66 Abs. 2 Satz 2). Leiden Verfahren, die durch **Beschluss** rechtskräftig beendet werden, an schwerwiegenden Mängeln, dann treten in solchen Fällen an Stelle einer Klage ein **Antrag**, über den das Gericht durch Beschluss entscheidet und der auch ohne mündliche Verhandlung ergehen kann[4].

8   **Nicht separat wiederaufnahmefähig** sind im arbeitsgerichtlichen Verfahren **solche Urteile**, die kraft Gesetzes **nicht rechtsmittelfähig** sind. Dies ist bei Grundurteilen und unanfechtbaren Zwischenurteilen der

---

1 BGH v. 8.5.2006 – II ZB 10/05, BB 2006, 1528.
2 BGH v. 18.11.1982 – III ZR 113/79, NJW 1983, 883; BAG v. 20.1.1955 – 2 AZR 300/54, NJW 1955, 926; GK-ArbGG/*Mikosch*, § 79 Rz. 9.
3 BAG v. 13.10.2015 – 3 AZN 915/15, NZA 2016, 127; BAG v. 12.9.2012 – 5 AZN 1743/12(F), NZA 2012, 1319; Düwell/Lipke/*Lipke*, § 79 Rz 4.
4 BAG v. 18.10.1990 – 8 AS 1/90, NZA 1991, 363.

Fall (vgl. § 61 Rz. 61, § 64 Rz. 24 und Rz. 25). Auch besteht wegen § 583 ZPO kein Bedürfnis, dass Vorbehaltsurteile wieder aufgenommen werden. Die vorgenannten Urteile können stets nur auf dem Weg der Wiederaufnahmeklage gegen das Endurteil angefochten werden. Gegen **Prozessvergleiche** gibt es keine Wiederaufnahme, da sie den Endurteilen nicht gleichstehen[1]. Sie können gem. §§ 119, 123 BGB angefochten oder es kann nach § 323a ZPO auf ihre Abänderung geklagt werden[2]. Ist die Anfechtung des Prozessvergleiches erfolgreich, dann sind im weiterzuführenden Verfahren Fehler, die mögliche Wiederaufnahmegründe beinhalten – trotz § 559 ZPO auch noch im Revisionsverfahren – zu beheben[3]. Gegen ein Scheinurteil gibt es kein Wiederaufnahmeverfahren, weil hier eine Feststellungsklage nach § 256 ZPO möglich ist. Auch ein Nichturteil bedarf keiner Wiederaufnahme, da es die Instanz noch nicht beendet hat. Hier reicht ein Antrag aus, das Verfahren fortzusetzen. Die Nichtigkeit eines Prozessvergleichs ist durch Fortsetzung dieses Verfahrens zu beseitigen[4].

Unterschiedlich ist die Wiederaufnahme bei **Entscheidungen**, bei denen die **Rechtsmittelfrist noch nicht abgelaufen** ist. Wegen der Subsidiarität der Restitutionsklage als ultima-ratio-Maßnahme mit rechtskraftdurchbrechender Wirkung ist sie gem. § 582 ZPO unzulässig, wenn eine Partei den Wiederaufnahmegrund im Vorprozess schuldhaft nicht geltend gemacht hat. Deswegen muss die Partei nach Kenntniserlangung von Restitutionsgründen das statthafte Rechtsmittel einlegen, solange dies noch möglich ist. Dieser Grundsatz gilt gem. § 579 Abs. 2 ZPO auch in den Fällen der **Nichtigkeits**gründe von § 579 Abs. 1 **Nr. 1** und **Nr. 3** ZPO. Demgegenüber kann bei den restlichen Nichtigkeitstatbeständen von § 579 Abs. 1 ZPO der Betroffene wählen, ob er gegen die seiner Ansicht nach in einem fehlerhaften Verfahren ergangene Entscheidung Rechtsmittel einlegt oder diese Entscheidung rechtskräftig werden lässt und sie später mit der Nichtigkeitsklage angreift[5]. Nicht zulässig ist es aber, zunächst wegen des behaupteten Verfahrensmangels Rechtsmittel einzulegen und zusätzlich auch noch gegen eine abschlägige Entscheidung des Rechtsmittelgerichts die Wiederaufnahme zu betreiben[6].

III. Wiederaufnahmegründe

Die Voraussetzungen für eine Wiederaufnahme sind in den §§ 579–581 ZPO aufgeführt. Im Folgenden werden **ausgesuchte** im arbeitsgerichtlichen Verfahren relevante **Fallgestaltungen herausgegriffen**.

1. Nichtigkeitsgründe

§ 579 Abs. 1 ZPO enthält eine **abschließende Aufzählung** der Nichtigkeitsgründe. Nur bei einem der hier aufgeführten Gründe und nicht etwa bei weiteren sonstigen schweren Gesetzesverstößen, die etwa einen Revisionsgrund iSv. § 547 ZPO darstellen, kommt eine Wiederaufnahme in Frage[7]. Eine analoge Anwendung auf andere schwere Verfahrensfehler ist unzulässig. Bei Verstößen gegen die Gewährung rechtlichen Gehörs (Art. 103 Abs. 1 GG) greift bei unanfechtbaren Endentscheidungen die Sonderregelung von § 78a.

Eine Nichtigkeitsklage kann gem. § 579 Abs. 1 Nr. 1 ZPO auf eine nicht vorschriftsmäßige **Besetzung des Gerichts** gestützt werden, sofern dieser Mangel nicht noch durch ein Rechtsmittel geltend gemacht werden konnte (§ 579 Abs. 2 ZPO). Ein beachtlicher Verstoß gegen die Vorschriften über die Besetzung der Richterbank liegt zB vor, wenn

- das Gericht entgegen § 309 ZPO bei der Verhandlung oder Entscheidung nicht vorschriftsmäßig besetzt war,
- zu der Sitzung nicht jeweils ein ehrenamtlicher Richter von ArbGeb- und ArbN-Seite herangezogen wurde und damit die Parität nach § 16 verletzt ist,
- ein ehrenamtlicher Richter nicht entsprechend der für die Kammer festgelegten Liste (§ 31) zu den einzelnen Sitzungen herangezogen wurde,
- eine Kammer beschlossen hat, in einem Fortsetzungstermin solle in gleicher Kammerbesetzung weiterverhandelt werden, was dann auch geschieht, diese Heranziehung der ehrenamtlichen Richter aber nicht dem Listenturnus oder dem Geschäftsverteilungsplan des Gerichts entspricht. Die abstrakt generelle Vorausbestimmung des gesetzlichen Richters muss sich bis auf die letzte Regelungsstufe erstre-

---

1 Zöller/Greger, vor § 578 ZPO Rz. 13; BGH v. 4.11.1976 – VII ZR 6/76, NJW 1977, 583.
2 Vgl. wegen Änderung der Rspr.: BGH v. 5.9.2001 – XII ZR 108/00, NJW 2001, 3618.
3 BAG v. 15.5.1997 – 2 AZR 43/96, NZA 1998, 33.
4 Düwell/Lipke/*Lipke*, § 79 Rz 4.
5 BGH v. 5.5.1982 – IVb ZR 707/80, MDR 1982, 1004; BAG v. 21.7.1993 – 7 ABR 25/92, NZA 1994, 957.
6 BAG v. 21.7.1993 – 7 ABR 25/92, NZA 1994, 957.
7 BAG v. 21.7.1993 – 7 ABR 25/92, NZA 1994, 957; BAG v. 13.10.2015 – 3 AZN 915/15.

cken. Der zuständige Richter muss sich blindlings aufgrund allgemeiner, vorab festgelegter und möglichst eindeutiger Merkmale ergeben. Eine auf den Einzelfall bezogene Auswahl der Richter verstößt gegen Art. 101 Abs. 1 Satz 2 GG. Ein solcher Verstoß liegt noch nicht vor, wenn das Gericht eine Bestimmung zur Heranziehung ehrenamtlicher Richter nur irrtümlich falsch anwendet[1]. Eine nicht normativ gebundene Bestimmung von Fall zu Fall ist aber willkürlich und unzulässig[2]. Allerdings führen Fehler bei der Heranziehung der ehrenamtlichen Richter in einer Sache nur zu einer nicht vorschriftsmäßigen Besetzung der Richterbank in gerade dieser Sache. Sie bewirken keinen sog. Domino-Effekt mit der Folge, dass sich ein Besetzungsfehler in einem Verfahren, das am gleichen Tag terminiert war, nicht auf die Termine in allen anderen Sachen perpetuiert und auch dort der gesetzliche Richter nicht gewahrt wäre[3],

– ohne Vorliegen der Voraussetzungen der § 53 Abs. 1, § 55 Abs. 1 der Vorsitzende allein anstelle der Kammer entschieden hat[4]. Umgekehrt verneint die Lit. einen Nichtigkeitsgrund, wenn die ehrenamtlichen Richter an einer Entscheidung mitgewirkt haben, obwohl sie vom Vorsitzenden allein hätte getroffen werden müssen[5]. Allerdings entscheiden auch dann Richter außerhalb ihres Legitimationsbereiches und es kann auch hier nicht ausgeschlossen werden, dass eine Alleinentscheidung des Vorsitzenden anders hätte ausfallen können,

– wenn der Vorsitzende des LAG durch Alleinentscheidung ohne Vorliegen der gesetzlichen Voraussetzungen eine Entscheidung nach Lage der Akten (§ 331a ZPO) trifft[6].

12 Reine Verkündungs- oder Beweisaufnahmetermine fallen **nicht** unter § 579 Abs. 1 Nr. 1 ZPO.

13 § 79 Satz 2 bestimmt **einschränkend**, dass ein Nichtigkeitsgrund nicht gegeben ist, wenn das Verfahren bei der Berufung der an der Entscheidung mitwirkenden ehrenamtlichen Richter fehlerhaft war (§ 20) oder wenn Umstände vorliegen, die die Berufung eines ehrenamtlichen Richters zu seinem Amt ausschließen (§§ 21–23). Das „Verfahren bei der Berufung der ehrenamtlichen Richter" bezieht sich auf die **Berufung als ehrenamtlicher Richter** gem. § 20 und nicht auf die spätere Heranziehung durch das Gericht. § 79 Satz 2 benennt damit die gleichen Ausnahmetatbestände, wie sie mit anderer Zielsetzung in § 65 enthalten sind (vgl. § 65 Rz. 29 f.). Dies sind Umstände, auf die der richterliche Spruchkörper oder die Geschäftsstelle keinen Einfluss haben. Ist ein ehrenamtlicher Richter erst einmal benannt, vereidigt und wird er dementsprechend als Richter zum Verfahren hinzugezogen, so soll es hierbei sein Bewenden haben.

War ein Richter **kraft Gesetzes** gem. § 41 ZPO von der Ausübung des Richteramtes **ausgeschlossen**, dann erfüllt dies den Nichtigkeitsgrund von § 579 Abs. 1 Nr. 2 ZPO.

14 Ein in der Praxis nicht unbedeutender Nichtigkeitsgrund ist in **§ 579 Abs. 1 Nr. 4 ZPO** geregelt und betrifft die Fälle **nicht ordnungsgemäßer Vertretung**. Die Vorschrift schützt diejenigen Parteien, denen die Handlungen vollmachtsloser Vertreter nicht zugerechnet werden dürfen[7] oder die sich mangels eigenverantwortlicher Regelungsmöglichkeit zur Erledigung ihrer Angelegenheiten eines Dritten bedienen müssen[8]. Ein solcher Sachverhalt liegt vor, wenn die **Partei prozessunfähig**[9] und nicht durch ihren gesetzlichen Vertreter vertreten war. Nicht ausreichend war die Beauftragung eines postulationsfähigen Prozessbevollmächtigten (§ 11 Abs. 2 und 4) durch die prozessunfähige Partei, sofern die Partei schon im Zeitpunkt der Beauftragung außerstande war, eine ordnungsgemäße Prozessvollmacht zu erteilen[10]. Befand sich die Partei dagegen nur vorübergehend in einem die freie Willensbestimmung ausschließenden Zustand krankhafter Störung der Geistestätigkeit, dann ist die Partei nur in dieser Zeitphase geschäftsunfähig (§ 104 Nr. 2 BGB). Hier kann die Partei im Zustande der Geschäftsfähigkeit die Prozessführung ausdrücklich oder stillschweigend genehmigen. Auch greift § 579 Abs. 1 Nr. 4 ZPO nicht, wenn eine Partei erst im Laufe des Rechtsstreits prozessunfähig geworden ist und wenn sie noch im Zustand der Prozessfähigkeit einem postulationsfähigen Prozessbevollmächtigten ordnungsgemäße Prozessvollmacht erteilt hatte[11]. Da die Prozessfähigkeit als Pro-

---

1 BAG v. 23.3.2010 – 9 AZN 1030/09, NZA 2010, 779.
2 BAG v. 26.9.1996 – 8 AZR 126/95, NZA 1997, 333; BAG v. 16.11.1995 – 8 AZR 864/93, NZA 1996, 590; BAG v. 2.12.1999 – 2 AZR 843/98, NZA 2001, 733.
3 BAG v. 7.5.1998 – 2 AZR 344/97, NZA 1998, 1301.
4 Hauck/Helml/*Hauck*, § 78 Rz. 4.
5 GMP/*Müller-Glöge*, § 79 Rz. 7; GK-ArbGG/*Mikosch*, § 79 Rz. 22; GWBG/*Benecke*, § 79 Rz. 7;
6 BAG v. 5.6.2014 – 6 AZN 267/14.
7 BGH v. 5.5.1982 – IVb ZR 707/80, MDR 1982, 1004.
8 BAG v. 18.10.1990 – 8 AS 1/90, NZA 1991, 363.
9 Vgl. zu den Voraussetzungen: BAG v. 28.5.2009 – 6 AZN 17/09, NJW 2009, 3051.
10 GK-ArbGG/*Mikosch*, § 79 Rz. 27; BAG v. 11.6.1963 – 2 AZR 418/62, AP Nr. 1 zu § 104 BGB.
11 BGH v. 29.5.1963 – IV ZR 73/63, MDR 1964, 126; BAG v. 20.1.2000 – 2 AZR 733/98, NZA 2000, 613.

zessvoraussetzung in jeder Lage des Verfahrens von Amts wegen zu prüfen ist[1], greift § 579 Abs. 1 Nr. 4 ZPO selbst dann, wenn das Gericht im Vorprozess die Prozessfähigkeit der Partei ausdrücklich geprüft und (fälschlich) bejaht hatte[2].

Bei einer nicht erkennbar prozessunfähigen Partei, die Adressat einer unwirksamen Zustellung – s. zur Zustellung § 66 Rz. 14, Rz. 15 – bei der **Ausgangsentscheidung** ist, besteht für diese Partei die **Wahlmöglichkeit**, gegen die Ausgangsentscheidung entweder mittels eines Rechtsmittels/Rechtsbehelfs vorzugehen oder aber diese Entscheidung in Rechtskraft erwachsen zu lassen und später – unter den Erleichterungen von § 586 Abs. 3 ZPO – eine auf § 579 Abs. 1 Nr. 4 ZPO gestützte Nichtigkeitsklage zu erheben (vgl. § 579 Abs. 2 ZPO). Um der prozessunfähigen Partei diese Wahlmöglichkeit zu erhalten, muss zuvor der Lauf der Rechtsmittel-/Rechtsbehelfsfrist auch bei einer nach § 170 Abs. 1 Satz 2 ZPO unwirksamen Zustellung an die Partei in Gang gesetzt werden. Ansonsten könnte die Ausgangsentscheidung nie in Rechtskraft erwachsen[3].

§ 579 Abs. 1 Nr. 4 ZPO findet keine analoge Anwendung auf den Fall einer **fehlerhaft** angeordneten **öffentlichen Zustellung**, wenn die Voraussetzungen von § 185 ZPO für die Zulässigkeit einer solchen Zustellung erkennbar nicht vorgelegen haben. Hier wird die Rechtsmittelfrist nicht in Gang gesetzt[4].

Keinen Wiederaufnahmegrund stellt es dar, wenn ein **Prozessbevollmächtigter** nicht die nach § 11 Abs. 2, 4 und 5 aufgestellten Voraussetzungen zur **Postulationsfähigkeit** erfüllt[5]. Allerdings dürfte dies dann nicht gelten, wenn der nicht postulationsfähige Prozessbevollmächtigte aufgetreten ist, obwohl ihm die gesetzlichen Voraussetzungen zur Prozessvertretung fehlen[6]. § 579 Abs. 1 Nr. 4 ZPO erfasst das Auftreten von Prozessvertretern, die **von vornherein keine Vollmacht** der Partei zur Vertretung im Prozess hatten[7]. Eine Nichtigkeitsklage kann nicht darauf gestützt werden, eine Partei sei in der 1. Instanz des Hauptprozesses nicht ordnungsgemäß vertreten gewesen, wenn das Berufungsgericht diese Frage bereits geprüft und die ordnungsgemäße Vertretung bejaht hatte[8]. 15

Streitig ist, ob § 579 Abs. 1 Nr. 4 ZPO bei **jeder Verletzung** des Anspruchs der Parteien auf Gewährung **rechtlichen Gehörs** entsprechende Anwendung findet. Das BAG[9] lehnt bei diesem Sachverhalt wegen fehlender Analogiefähigkeit eine analoge Anwendung zu Recht ab. Wegen der Subsidiarität einer Verfassungsbeschwerde vor Erschöpfung des Rechtsweges hat das BVerfG[10] allerdings eine Verfassungsbeschwerde nicht zur Entscheidung angenommen. Hiervon dürfte aber in arbeitsgerichtlichen Streitigkeiten nicht auszugehen sein, weil das BAG als zuständiges Fachobergericht eine analoge Anwendung von § 579 Abs. 1 Nr. 4 abgelehnt hat, so dass hier der Rechtsweg als erschöpft angesehen werden muss. Soweit zudem der Anwendungsbereich von § 78a reicht (vgl. § 78a Rz. 5–7), gehen diese Sonderregelungen einer Wiederaufnahme ohnehin vor. Ein Wiederaufnahmeverfahren ist auch ausgeschlossen, wenn der Rügeführer die Zwei-Wochen-Frist von § 78a Abs. 2 Satz 2 (vgl. § 78a Rz. 16–18) schuldhaft versäumt hat. 16

2. Restitutionsgründe

Bei den Restitutionsgründen von § 580 Nr. 1–5 ZPO liegt dem Urteil eine strafbare Handlung zugrunde, bei Nr. 6 ist eine bestimmte Urteilsgrundlage weggefallen und bei Nr. 7 steht die Urteilsgrundlage mit qualifizierten verbrieften Beweismitteln in Widerspruch. Das eine Konventionsverletzung feststellende Urteil des EGMR berechtigt zur Restitutionsklage, wenn das Urteil eines Gerichts für Arbeitssachen auf dieser Verletzung beruht. Ein Vertrauensschutz in die neuen Erkenntnisse ist dann nicht veranlasst, wenn der Restitutionskläger den Anfechtungsgrund bei sorgfältiger Prozessführung im Vorprozess hätte geltend machen können[11]. 16a

Nach **§ 580 Nr. 6 ZPO** ist die Restitutionsklage möglich im Falle des **Wegfalls der Urteilsgrundlage**. Nach dieser Vorschrift findet zwar die Restitutionsklage nur statt, wenn ein Urteil eines anderen Gerichts, auf 17

---

1 Vgl. hierzu BAG v. 20.1.2000 – 2 AZR 733/98, NZA 2000, 613.
2 BGH v. 5.5.1982 – IVb ZR 707/80, NJW 1982, 2449.
3 BGH v. 15.1.2014 – VIII ZR 100/13, NJW 2014, 937.
4 BGH v. 6.10.2006 – V ZR 282/05, NJW 2007, 303.
5 BAG v. 18.10.1990 – 8 AS 1/90, NJW 1991, 1252.
6 Ebenso GK-ArbGG/*Mikosch*, § 79 Rz. 28.
7 BVerfG v. 29.10.1997 – 2 BvR 1390/95, NJW 1998, 745.
8 LAG Nürnberg v. 27.11.1995 – 7 Sa 647/94, NZA-RR 1996, 351.
9 BAG v. 21.7.1993 – 7 ABR 25/92, NZA 1994, 957; ebenso Zöller/*Greger*, § 579 ZPO Rz. 7; aA MünchKommZPO/*Braun*, § 579 Rz. 3; offen gelassen: BVerfG v. 13.9.1991 – 2 BvR 355/91, NJW 1992, 496 und BGH v. 3.11.1993 – XII ZR 135/92, NJW 1994, 589 (591).
10 BVerfG v. 13.9.1991 – 2 BvR 355/91, NJW 1992, 496.
11 Zöller/*Greger*, § 580 ZPO Rz. 1.

welches das rechtskräftige Urteil des Vorprozesses gegründet ist, durch ein anderes rechtskräftiges Urteil eines anderen Gerichts aufgehoben ist. § 580 Nr. 6 ZPO ist aber auch auf den Fall anzuwenden, dass das Urteil des Vorprozesses auf einem Verwaltungsakt beruht, der später durch ein rechtskräftiges verwaltungsgerichtliches Urteil aufgehoben worden ist. Daher ist die Wiederaufnahme eines **Kündigungsschutzprozesses** eines **schwerbehinderten Menschen** nach rechtskräftigem Abschluss des Kündigungsschutzprozesses zulässig, wenn die erteilte Zustimmung des Integrationsamtes zur Kündigung gem. §§ 85, 91 (neu: §§ 168, 174) SGB IX nachträglich im verwaltungsgerichtlichen Rechtsweg wieder aufgehoben wird[1]. Das Gleiche gilt, wenn nach Rechtskraft eines die Kündigungsschutzklage abweisenden Urteils ein **Feststellungsbescheid** des **Versorgungsamtes** mit Rückwirkung ergeht mit dem Inhalt, dass der gekündigte ArbN im Zeitpunkt der Kündigung ein schwerbehinderter Mensch oder ein diesem gleichgestellter behinderter Mensch iSv. § 68, § 2 Abs. 3 SGB IX war[2]. Die durch das Integrationsamt erteilte Zustimmung entfaltet – es sei denn dieser Verwaltungsakt ist nichtig – für den Kündigungsschutzprozess solange Wirksamkeit, wie sie nicht bestands- oder rechtskräftig aufgehoben worden ist. Ein **Kündigungsschutzverfahren**, in dem die Schwerbehinderteneigenschaft des Klägers eine Rolle spielen kann, sollte daher wegen seines gesteigerten Beschleunigungsgebots (§ 61a) im Hinblick auf ein an sich vorgreifliches einschlägiges Verwaltungsstreitverfahren gegen die erteilte Zustimmung grds. **nicht ausgesetzt** (§ 148 ZPO) werden. Eine Aussetzung ist idR ermessensfehlerhaft[3]. Das gilt idR auch für Vergütungsansprüche aus **Annahmeverzug**, die vom Ausgang des Kündigungsschutzverfahrens abhängen, auch wenn gegen das rechtskräftige Urteil Verfassungsbeschwerde eingelegt wird[4]. Der schwerbehinderte Kläger kann notfalls die Abänderung eines die Klage rechtskräftig abweisenden arbeitsgerichtlichen Urteils im Wege der Restitutionsklage erreichen[5]. Freilich muss hier das arbeitsgerichtliche Verfahren vor Ablauf der Fünf-Jahres-Frist von § 586 Abs. 2 Satz 2 ZPO, berechnet ab Rechtskraft des Urteils im Kündigungsschutzverfahren des Vorprozesses, wieder aufgenommen werden, ansonsten wird die Restitutionsklage unzulässig. Die Erhebung einer Restitutionsklage hemmt nicht die **Verjährung** von Zahlungsansprüchen des ArbN wegen Annahmeverzugs[6].

18 Nach § 580 Nr. 7 Buchst. b ZPO ist die Restitutionsklage möglich, wenn eine Partei eine „andere" **Urkunde** auffindet oder zu benutzen in den Stand gesetzt wird, die eine ihr günstige Entscheidung herbeigeführt haben würde. Zu den die Restitution begründenden Urkunden iSv. § 580 Nr. 7 Buchst. b ZPO zählen nicht nur Urkunden mit formeller Beweiskraft iSd. §§ 415 ff. ZPO, sondern auch solche, die für die zu beweisenden Tatsachen nur einen frei zu würdigenden Beweiswert haben, wie zB **Strafurteile**[7]. Demgegenüber stellt eine staatsanwaltschaftliche Einstellungsverfügung nach § 170 Abs. 2 StPO weder eine „Urkunde" iSv. § 580 Nr. 7 Buchst. b ZPO noch ein Urteil nach § 580 Nr. 6 ZPO dar[8]. Die Norm erfasst nur solche Urkunden, die bei der letzten mündlichen Verhandlung in der Tatsacheninstanz des Hauptprozesses **bereits existent** waren und somit hätten vorgelegt werden können. Damit muss die Urkunde grds. spätestens zum Schluss der mündlichen Verhandlung des Vorprozesses errichtet gewesen sein. Ein Strafurteil, das erst **nach** rechtskräftiger Beendigung eines Kündigungsrechtsstreits ergeht, berechtigt daher keine Wiederaufnahme[9]. Ausnahmsweise sind auch nachträglich errichtete Urkunden mit vergangenheitsbezogenen Aussagen und bei geringer Gefahr einer nachträglichen missbräuchlichen Benutzung oder Beschaffung als Restitutionsgrund anzuerkennen[10]. Sie können ihrer Natur nach nicht in zeitlichem Zusammenhang mit den durch sie bezeugten notwendigen Tatsachen errichtet werden, da sie im Zeitpunkt ihrer Errichtung zeitlich zurückliegende Tatsachen beweisen sollen. Hierzu zählt etwa eine Geburtsurkunde, aus der sich die Empfängniszeit errechnen lässt. Gleiches gilt für den Bescheid des Versorgungsamtes, der mit Rückwirkung eine Schwerbehinderung feststellt[11]. Dazu zählt nicht ein nachträglich erlassener/s Strafbefehl bzw. Strafurteil.

Es reicht aus, wenn der Restitutionskläger nachträglich eine Urkunde auffindet, die ihn überhaupt veranlasst, eine gegnerische Behauptung aus dem Vorprozess erstmals zu bestreiten[12]. Bei einer **Kündigung**, die auf eine **Straftat** oder den **Verdacht einer Straftat** gestützt ist, **bindet** ein deswegen ergehendes **Straf-**

---

1 BAG v. 25.11.1980 – 6 AZR 210/80, BB 1982, 121; BAG v. 26.9.1991 – 2 AZR 132/91, NZA 1992, 1073 (1076 mwN).
2 BAG v. 15.8.1984 – 7 AZR 558/82, NJW 1985, 1485.
3 LAG Meck.-Vorp. v. 17.3.2017 – 5 Ta 8/17, NZA-RR 2017, 374.
4 BAG v. 16.4.2014 – 10 AZB 6/14, NJW 2014, 1903.
5 BAG v. 13.9.1995 – 2 AZR 587/94, NZA 1996, 81 (82); BAG v. 23.5.2013 – 2 AZR 991/11, NZA 2013, 1375.
6 BAG v. 24.9.2014 – 2 AZR 593/12, NZA 2015, 36.
7 BAG v. 25.4.2007 – 6 AZR 436/05; BAG v. 22.1.1998 – 2 AZR 455/97, NZA 1998, 726.
8 BAG v. 29.9.2011 – 2 AZR 674/10, AP Nr. 16 zu § 580 ZPO.
9 BAG v. 29.9.2011 – 2 AZR 674/10, AP Nr. 16 zu § 580 ZPO.
10 Vgl. hierzu BAG v. 22.1.1998 – 2 AZR 455/97, NZA 1998, 726 (727).
11 BAG v. 15.8.1984 – 7 AZR 558/82, AP Nr. 13 zu § 12 SchwbG.
12 BGH v. 21.10.2004 – IX ZR 59/04, NJW 2005, 222.

urteil oder ein Strafbefehl ein anschließend über den gleichen Sachverhalt befindendes Zivil- oder ArbG gem. § 14 Abs. 2 Nr. 1 EGZPO **nicht**. Das ArbG muss in eigener Verantwortung bei eigenständiger Bewertung der vorgetragenen Verdachtsmomente in einem vollständigen zivilprozessualen Verfahren selbst den Sachverhalt aufklären und entscheiden, ob die Kündigungsschutzklage Erfolg hat oder nicht. In Betracht kommt nur die Verwertung einzelner Beweisergebnisse des Strafverfahrens, wie zB der Protokolle über Zeugenvernehmungen im Wege des Urkundsbeweises[1]. Wegen dieser fehlenden Bindungswirkung des Zivilgerichts an die Entscheidung des Strafgerichts (und umgekehrt) ist weder ein nachträglich ergangener Strafbefehl[2] noch ein nachträglich ergangener Freispruch[3] eine die Restitution begründende Tatsache. Gleiches gilt für ein nachträglich erstelltes Vernehmungsprotokoll über entlastende Zeugenaussagen, ein nachfolgender Beschluss des Strafgerichts, die Eröffnung des Hauptverfahrens abzulehnen[4] oder das Auffinden von Niederschriften von Zeugen oder Sachverständigen, deren Vernehmung im Hauptprozess hätte beantragt werden können[5]. Anders liegt der Sachverhalt, wenn Erklärungen bereits vernommener Zeugen nach Rechtskraft des Hauptprozesses aufgefunden werden, bei denen die protokollierten Aussagen der Zeugen von solchen des Vorprozesses abweichen[6].

Nach § 580 Nr. 8 ZPO findet die Restitutionsklage statt, wenn der EGMR eine Verletzung der **Europäischen Konvention** zum Schutz der Menschenrechte und Grundfreiheiten oder ihrer Protokolle festgestellt hat und das Urteil eines deutschen Gerichts auf dieser Verletzung beruht. Die Vorschrift betrifft nach der Überleitungsregelung von § 35 EGZPO nur Urteile, die nach dem 31.12.2006 rechtskräftig geworden sind. Auf den Zeitpunkt der Entscheidung des EGMR kommt es nicht an[7]. Dieser Stichtag ist verfassungsrechtlich nicht zu beanstanden[8]. 18a

IV. Das Wiederaufnahmeverfahren

1. Klageschrift

Die Wiederaufnahme erfolgt nur in Form der Nichtigkeits- oder der Restitutionsklage (§ 578 ZPO), nicht durch andere Klagearten. Die **Klageerhebung** richtet sich nach § 253 ZPO (§ 585 ZPO) und der Klageinhalt nach §§ 587, 588 ZPO. Zu den anfechtbaren Entscheidungen vgl. Rz. 7–9. 19

Zur **Zulässigkeit** der Wiederaufnahmeklage gehört die Darlegung im Sinne eines schlüssigen Behauptens eines gesetzlichen Wiederaufnahmegrundes iSd. § 579, § 580 ZPO. Zur **Zulässigkeit** eines Nichtigkeitsantrages gehört die schlüssige Darlegung der Tatsachen, aus denen der Antragsteller einen Wiederaufnahmegrund ableitet. Bei Unterstellung der tatsächlichen Behauptungen muss ein Wiederaufnahmegrund gegeben sein. Fehlt es hieran, ist der Antrag unzulässig[9]. Hingegen ist es eine Frage der **Begründetheit** der Wiederaufnahmeklage, ob und inwieweit der Wiederaufnahmekläger mit dem schlüssig behaupteten Wiederaufnahmegrund in der Sache durchdringt[10], ob er also tatsächlich vorliegt oder nicht. 20

Der Wiederaufnahmekläger kann sich mit einer **teilweisen Aufhebung** des angefochtenen Urteils begnügen, selbst wenn sich der Wiederaufnahmegrund auf die gesamte Entscheidung auswirkt[11]. Das Gericht ist an den Umfang des Klageantrags gebunden (§ 308 ZPO). Verfolgt der Kläger die Wiederaufnahme nur zum Teil, so behält das Urteil im Übrigen Bestand. Im Falle der teilweisen Wiederaufnahme hat die **Gegenpartei** ebenfalls die Möglichkeit, einen sie beschwerenden Teil des Urteils mit der **Wiederaufnahmeklage** anzugreifen, wenn sie ihn nicht gegen sich gelten lassen will. Wegen der Zulässigkeit der teilweisen Wiederaufnahme ist es zB auch möglich, dass sich die Wiederaufnahmeklage im Falle einer gerichtlichen Auflösung des Arbeitsverhältnisses gegen Zahlung einer Abfindung gem. § 9, § 10 KSchG nur auf die erfolgte Auflösung des Arbeitsverhältnisses beschränken kann trotz der grundsätzlichen Unzulässigkeit eines Teilurteils (§ 301 ZPO) über die Unwirksamkeit der Kündigung[12].

---

1 BAG v. 26.3.1992 – 2 AZR 519/91, AP Nr. 23 zu § 626 BGB – Verdacht strafbarer Handlung.
2 BGH v. 6.7.1979 – I ZR 135/77, NJW 1980, 1000.
3 BGH v. 8.2.1984 – IVa ZR 203/81, VersR 1984, 453; LAG Rh.-Pf. v. 13.4.2005 – 10 Sa 581/04, LAGR 2005, 319.
4 BAG v. 22.1.1998 – 2 AZR 455/97, NZA 1998, 726.
5 BAG v. 29.2.1984 – IVb ZB 28/83, NJW 1984, 1543.
6 BGH v. 12.12.1962 – IV ZR 127/62, BGHZ 38, 333 (338).
7 BAG v. 22.11.2012 – 2 AZR 570/11, MDR 2013, 726.
8 BVerfG v. 20.4.2016 – 2 BvR 1488/14, NZA 2016, 1163.
9 BAG v. 13.10.2015 – 3 AZN 915/15, NZA 2016, 127.
10 BAG v. 15.8.1984 – 7 AZR 558/82, NZA 1985, 100.
11 BAG v. 2.12.1999 – 2 AZR 843/98, NZA 2000, 735; Zöller/*Greger*, § 588 ZPO Rz. 4.
12 BAG v. 2.12.1999 – 2 AZR 843/98, NZA 2000, 733.

21 Beide Klageformen sind **befristet** (§ 586 ZPO). Sie müssen innerhalb einer **Notfrist von einem Monat** erhoben werden, andernfalls sind sie unzulässig. Die Frist beginnt gem. § 586 Abs. 2 ZPO mit der Kenntnis der tatsächlichen Umstände des Anfechtungsgrundes, aber nicht vor der Rechtskraft des Urteils. Urteile werden rechtskräftig mit Ablauf einer Rechtsmittelfrist. Die Einlegung einer Verfassungsbeschwerde gegen die Endentscheidung hemmt die Rechtskraft nicht. Bei Urteilen, gegen die ein Rechtsmittel kraft Gesetzes nicht gegeben ist, tritt die formelle Rechtskraft (§ 705 ZPO) mit Verkündung ein. Darunter fallen insbesondere Urteile des BAG, des LAG in einstweiligen Verfügungsverfahren oder des ArbG bei Zahlungsklagen – ohne Berufungszulassung – mit einem Streitwert bis zu 600 Euro (§ 64 Abs. 2 Buchst. b). Auf den Zeitpunkt der rechtlichen Zuordnung der tatsächlichen Umstände des Anfechtungsgrundes unter einen Wiederaufnahmetatbestand kommt es nicht an. Kenntnis vom Anfechtungsgrund im Sinne dieser Vorschrift bedeutet grds. die positive, sichere Kenntnis der Tatsachen, die den Wiederaufnahmegrund ausfüllen. Diesem positiven Wissen stehen aber Tatsachen gleich, deren Kenntnis sich die Partei bewusst verschließt[1]. Weiß sie schon länger um die Anfechtungsgründe, unterlässt sie es aber, sich positive, sichere Kenntnis der Umstände zu verschaffen, so hemmt dies den Lauf der Notfrist des § 586 Abs. 1 ZPO nicht. Sinn und Zweck der Notfrist dient der Rechtssicherheit. Dieser widerspräche es, wenn ein Aufnahmekläger die Ermittlungen, die ihm die Präzisierung seines erforderlichen Vortrages erlauben, innerhalb der Fünf-Jahres-Frist des § 586 Abs. 2 Satz 2 ZPO beliebig lange hinauszögern könnte[2].

Fünf Jahre nach Eintritt der formellen **Rechtskraft** der Entscheidung des Vorprozesses sind beide Klagen gem. § 586 Abs. 2 Satz 2 ZPO **unzulässig**. Weist das BAG eine Nichtzulassungsbeschwerde (§ 72a) gegen ein LAG-Urteil zurück, dann tritt die Rechtskraft mit Zustellung des Zurückweisungsbeschlusses ein; s. auch § 69 Rz. 34. Eine Ausnahme für den Fristbeginn enthält § 586 Abs. 3 ZPO für die Fälle der Nichtigkeitsklage bei nicht ordnungsgemäßer Vertretung im Vorprozess. Hier beginnt der Lauf der Fristen erst ab dem Tage, an dem der Partei, und bei mangelnder Prozessfähigkeit ihrem gesetzlichen Vertreter, das Urteil zugestellt wird[4]. In einem Wiederaufnahmeverfahren können nachträglich bekannt gewordene Wiederaufnahmegründe noch wirksam nachgeschoben werden, auch wenn die Wiederaufnahmeklage mit den zunächst geltend gemachten Gründen unzulässig war. Dies gilt zumindest dann, wenn die einmonatige Klagefrist für die nachgeschobenen Gründe im Zeitpunkt ihres Nachschiebens noch nicht abgelaufen ist[5].

22 Nach § 589 Abs. 2 ZPO muss der Kläger die Tatsachen für die Fristeinhaltung **glaubhaft** (§ 294 ZPO) machen. Die Glaubhaftmachung kann noch bis zum Schluss der mündlichen Verhandlung nachgeholt werden[6]. Zur Glaubhaftmachung iSv. § 294 ZPO kann eine einfache anwaltliche Erklärung ausreichen, sofern sich ihr Inhalt auf die eigene Berufstätigkeit des erklärenden Anwalts und eigene Wahrnehmungen bezieht[7].

23 Die Klage ist gem. § 584 ZPO einzureichen bei demjenigen **letztinstanzlichen Gericht**, das **in der Sache** endgültig entschieden hat, also gegen dessen Endentscheidung. Daher liegt keine Sachentscheidung des LAG vor, wenn es die Berufung als unzulässig verworfen hat. Im Gegensatz zum Rechtsmittelverfahren wahrt eine Klageerhebung vor einem unzuständigen Gericht die einmonatige Klagefrist[8].

24 § 587 ZPO, der insoweit § 253 Abs. 2 Nr. 2 ZPO ersetzt, enthält neben der Sollvorschrift von § 588 ZPO Regelungen über den **Inhalt der Klage**. Danach muss die Klageschrift die Bezeichnung des Urteils des Vorprozesses enthalten sowie die Erklärung, ob eine Nichtigkeits- oder Restitutionsklage vorliegt. Die richtige Klassifizierung der Klage ist keine notwendige Prozessvoraussetzung. Es muss erkennbar sein, dass der Kläger die Wiederaufnahme des Verfahrens erstrebt[9]. Erforderlich ist auch nicht, dass der Kläger eine (zutreffende) numerische Benennung eines Anfechtungsgrundes anführt, sondern es reicht die Angabe von Tatsachen, die sich einer der gesetzlichen Tatbestände für eine Wiederaufnahme inhaltlich zuordnen lassen. Die für die Schlüssigkeit der Klage erforderlichen Angaben können auch noch im Laufe des Verfahrens nachgeholt werden[10]. Schlüssiges Behaupten erfordert, dass nach dem – seine Richtigkeit unterstellten – Klägervortrag ein Wiederaufnahmegrund gegeben ist.

---

1 BGH v. 30.3.1993 – X ZR 51/92, NJW 1993, 1597.
2 BAG v. 20.8.2002 – 3 AZR 133/02, NZA 2003, 453.
3 BAG v. 26.11.2009 – 2 AZR 185/08, NZA 2010, 443; BAG v. 29.9.2011 – 2 AZR 674/10.
4 Vgl. BGH v. 30.11.1962 – IV ZR 194/62, MDR 1963, 391.
5 BAG v. 7.5.1998 – 2 AZR 344/97, NZA 1998, 1301.
6 Stein/Jonas/*Grunsky*, § 588 ZPO Rz. 1; MünchKommZPO/*Braun*, § 588 Rz. 1.
7 Vgl. BAG v. 7.5.1998 – 2 AZR 344/97, NZA 1998, 1301.
8 BAG v. 20.6.1958 – 2 AZR 231/55, NJW 1958, 1605; BAG v. 20.8.2002 – 3 AZR 133/02, NZA 2003, 453; BGH v. 20.2.1986 – III ZR 232/84, BGHZ 97, 155 (161); Zöller/*Greger*, § 586 ZPO Rz. 4.
9 BAG v. 20.6.1958 – 2 AZR 231/55, NJW 1958, 1605.
10 Zöller/*Greger*, § 586 ZPO Rz. 6.

2. Gerichtliche Entscheidung

Das Gericht hat **zunächst** gem. § 589 Abs. 1 Satz 1 ZPO von Amts wegen die **Zulässigkeit** der Wiederaufnahmeklage zu **prüfen**, dh. ob sie an sich statthaft ist, sie sich also gegen ein taugliches rechtskräftiges Endurteil richtet unter schlüssiger Behauptung eines gesetzlichen Wiederaufnahmegrundes und ob sie in der gesetzlichen Form und Frist erhoben ist. Fehlt eine dieser oder eine sonstige allgemeine Zulässigkeitsvoraussetzung (zB Beschwer des Wiederaufnahmeklägers, Beachtung von § 579 Abs. 2, § 581, § 582 ZPO, Klage durch und gegen die richtige Partei des Vorprozesses), ist die Wiederaufnahmeklage als unzulässig zu verwerfen (§ 589 Abs. 1 Satz 2 ZPO).

25

Erweist sich die Wiederaufnahmeklage als zulässig, so ist im **zweiten Verfahrensabschnitt** zunächst von Amts wegen die **Begründetheit** der Wiederaufnahmeklage zu prüfen, also ob der vom Kläger behauptete Wiederaufnahmegrund tatsächlich besteht. Liegt kein Wiederaufnahmegrund vor, so ist die (neue) Klage als unbegründet abzuweisen. So wird zB die Wiederaufnahme eines durch rechtskräftiges Urteil abgeschlossenen Verfahrens nach § 580 Nr. 7 Buchst. b ZPO nur zugelassen, wenn nachträglich eine **Urkunde** aufgefunden wird, die zu einer für den Wiederaufnahmekläger günstigeren Entscheidung des Vorprozesses geführt hätte. Das Restitutionsgericht hat daher zu prüfen, wie der Vorprozess zu entscheiden gewesen wäre, wenn außer dem gesamten Streitstoff, wie er im Zeitpunkt der letzten mündlichen Verhandlung des Vorprozesses vorgelegen hat, auch noch die jetzt beigebrachte Urkunde berücksichtigt worden wäre. Deshalb kommt es für die Begründetheit des Wiederaufnahmebegehrens regelmäßig nicht darauf an, wie sich der Restitutionsbeklagte jetzt auf die nunmehr unter Urkundsbeweis gestellten Behauptungen einlässt. Die Restitutionsklage muss grds. losgelöst vom jetzigen prozessualen Verhalten des Restitutionsbeklagten geprüft werden[1].

26

Hat das Gericht einen Wiederaufnahmegrund bejaht, so wird in einem **dritten Verfahrensabschnitt** im Umfange der Anfechtung **erneut** unter rückwirkender Beseitigung seiner Rechtskraft zur Hauptsache im Vorprozess **verhandelt**, soweit das frühere Urteil vom Anfechtungsgrund betroffen ist (ersetzendes Verfahren). Der Vorprozess wird im Umfange der Wiederaufnahme im Zeitpunkt vor seinem Urteilserlass fortgesetzt. Grundlage für die neue Entscheidung ist der nicht angegriffene Teil des alten Verfahrens und das Ergebnis der neuen Verhandlung.

27

Kommt das Gericht in der Sache zu einem **anderen Ergebnis** als das frühere Urteil, dann hebt es seine Entscheidung auf und erlässt eine neue. Kommt es zum **gleichen Ergebnis**, kann es wegen der Begründetheit des Wiederaufnahmegrundes sein altes Urteil aufheben und gleichzeitig ein neues Urteil, wenngleich gleichen Inhalts, erlassen. Es kann aber auch im Tenor seines neuen Urteils sein früheres Urteil bestätigen[2], was sicherlich der elegantere Weg ist. In den neuen Entscheidungsgründen ist dies aber ausdrücklich festzuhalten.

28

Das Gericht kann über alle drei **Verfahren**sabschnitte gesondert verhandeln und jeweils durch nicht anfechtbares Zwischenurteil entscheiden. Wegen der fehlenden Rechtsmittelfähigkeit eines Zwischenurteils (vgl. § 303, § 512, § 548 ZPO) dürfte grds. eine Entscheidung in einem einheitlichen Verfahren prozessökonomischer und verfahrensbeschleunigend (§ 9 Abs. 1) sein. Kommt das Gericht im dritten Verfahrensabschnitt des Wiederaufnahmeverfahrens zu keinem anderen Prozessergebnis als im Vorprozess, so bedürfen die Zulässigkeit und Begründetheit der Wiederaufnahmeklage keiner abschließenden Prüfung. In einem solchen Falle kann Prozesskostenhilfe für ein Wiederaufnahmeverfahren verweigert werden[3].

29

Die **Kostenentscheidung** richtet sich gem. §§ 91 ff. ZPO nach dem Ausgang des gesamten Verfahrens, also des Vorprozesses und des Wiederaufnahmeverfahrens[4]. War im Ergebnis das Urteil des Vorprozesses zu bestätigen, trägt der Wiederaufnahmekläger im Grundsatz die Kosten des gesamten Verfahrens. Im Falle einer Urteilsabänderung trägt die im Wiederaufnahmeverfahren unterlegene Partei die Kosten beider Verfahren. Dieser Kostengrundsatz umfasst zB auch die Kosten einer erfolglosen Nichtzulassungsbeschwerde zum BAG (§ 72a) gegen das erste Urteil, selbst wenn das BAG in seinem Zurückweisungsbeschluss nach § 72a Abs. 5 Satz 2 die Kosten der Nichtzulassungsbeschwerde dem Beschwerdeführer auferlegt hatte und das LAG in einem späteren Restitutionsverfahren sein früheres Urteil abändert. Mit dem neuen Urteilsspruch ist auch die Kostenregelung im Beschluss des BAG gegenstandslos geworden[5].

30

Für **Rechtsmittel** gegen Urteile im Wiederaufnahmeverfahren gelten gem. § 591 ZPO keine Besonderheiten, es finden insbesondere die Regelungen und Grundsätze von § 64 und § 72 Anwendung.

31

---

1 Vgl. mit Ausnahme: BGH v. 28.2.2007 – XII ZR 95/04, BB 2007, 966.
2 Vgl. BLAH, § 590 ZPO Rz. 6; Zöller/Greger, § 590 ZPO Rz. 16.
3 BGH v. 28.9.1993 – III ZA 3/93, NJW 1993, 3140.
4 GK-ArbGG/Mikosch, § 79 ZPO Rz. 98; Zöller/Greger, § 590 ZPO Rz. 17.
5 LAG Hessen v. 25.6.2001 – 2 Ta 266/01, BB 2001, 2653.

Zweiter Abschnitt. Beschlussverfahren

Erster Unterabschnitt. Erster Rechtszug

§ 80 Grundsatz

(1) Das Beschlussverfahren findet in den in § 2a bezeichneten Fällen Anwendung.

(2) Für das Beschlussverfahren des ersten Rechtszugs gelten die für das Urteilsverfahren des ersten Rechtszugs maßgebenden Vorschriften über Prozessfähigkeit, Prozessvertretung, Ladungen, Termine und Fristen, Ablehnung und Ausschließung von Gerichtspersonen, Zustellungen, persönliches Erscheinen der Parteien, Öffentlichkeit, Befugnisse des Vorsitzenden und der ehrenamtlichen Richter, Mediation und außergerichtliche Konfliktbeilegung, Vorbereitung der streitigen Verhandlung, Verhandlung vor der Kammer, Beweisaufnahme, gütliche Erledigung des Verfahrens, Wiedereinsetzung in den vorigen Stand und Wiederaufnahme des Verfahrens entsprechend, soweit sich aus den §§ 81 bis 84 nichts anderes ergibt. Der Vorsitzende kann ein Güteverfahren ansetzen; die für das Urteilsverfahren des ersten Rechtszugs maßgebenden Vorschriften über das Güteverfahren gelten entsprechend.

(3) § 48 Abs. 1 findet entsprechende Anwendung.

I. Allgemeines	
1. Zur Geschichte des Beschlussverfahrens	1
2. Rechtsnatur des Beschlussverfahrens	3
3. Besonderheiten des Beschlussverfahrens	5
4. Abgrenzung zum Urteilsverfahren	9
II. Gegenstand des Beschlussverfahrens (Abs. 1)	
1. Die in § 2a bezeichneten Fälle	12
2. Das Beschlussverfahren in personalvertretungsrechtlichen Streitigkeiten (§ 83 Abs. 2 BPersVG)	17
3. Das Beschlussverfahren nach der Insolvenzordnung (§§ 122 ff. InsO)	19
a) Allgemeines	19
b) Das Beschlussverfahren nach § 122 InsO	20
c) Das Beschlussverfahren nach § 126 InsO	22
III. Die im Beschlussverfahren anwendbaren Vorschriften (Abs. 2)	
1. Allgemeines	27
2. Die ausdrücklich in § 80 Abs. 2 genannten Gegenstände	28
a) Prozessfähigkeit	28
b) Prozessvertretung	29
c) Ladungen, Termine und Fristen	30
d) Ablehnung und die Ausschließung von Gerichtspersonen	31
e) Zustellungen	32
f) Persönliches Erscheinen der Beteiligten	34
g) Öffentlichkeit	35
h) Befugnisse des Vorsitzenden und der ehrenamtlichen Richter	36
i) Mediation und außergerichtliche Konfliktbeilegung	36a
j) Vorbereitung der streitigen Verhandlung	37
k) Verhandlung vor der Kammer	38
l) Beweisaufnahme	40
m) Die gütliche Erledigung des Verfahrens	41
n) Wiedereinsetzung in den vorigen Stand	42
o) Wiederaufnahme des Verfahrens	43
p) Güteverfahren (Satz 2)	44
IV. Rechtsweg, Verfahrensart und Zuständigkeit (Abs. 3)	45

Schrifttum: *Düwell,* Was ändert sich in den arbeitsgerichtlichen Verfahrensarten?, AiB 2000, 243; *Faber/Härtl,* Das Beschlussverfahren im Personalvertretungsrecht, Die Personalvertretung 1996, 337; *Giesen,* Das neue Kündigungsschutzrecht in der Insolvenz, ZIP 1998, 46; *Herbst,* Das arbeitsgerichtliche Beschlussverfahren, AiB 1998, 383; *Kossens,* Das Arbeitsgerichtsbeschleunigungsgesetz, AiB 2000, 185; *Kreuzer,* Das arbeitsgerichtliche Beschlussverfahren – Kein Buch mit sieben Siegeln, AA 2010, 1; *Lakies,* Zu den seit 1.10.1996 geltenden arbeitsrechtlichen Vorschriften der Insolvenzordnung, RdA 1997, 145; *Lakies,* Neu ab 1. Mai 2000: Verbessertes Arbeitsgerichtsverfahren und Schriftform für die Beendigung von Arbeitsverhältnissen, BB 1999, 667; *Müller,* Praktische Probleme der seit 1.10.1996 geltenden arbeitsrechtlichen Vorschriften der Insolvenzordnung, NZA 1998, 1315; *Rieble,* Das insolvenzarbeitsrechtliche Beschlussverfahren des § 126 InsO, NZA 2007, 1393; *Schaub,* Arbeitsrecht in der Insolvenz, DB 1999, 217; *Schaub,* Das personalvertretungsrechtliche Beschlussverfahren, ZTR 2001, 97; *Schrader,* Übergangsregelungen zum Konkursrecht, NZA 1997, 70; *Schubert,* Mediation – ein Thema auch im kollektiven Arbeitsrecht?, Anforderungen an ein modernes kollektives Arbeitsrecht, Festschrift für Otto Ernst Kempen, 2013, 401; *Schwarze/Hartwig,* Das arbeitsgerichtliche Beschlussverfahren, JuS 2005, 988, 1089; *Warrikoff,* Die Stellung der Arbeitnehmer nach der neuen Insolvenzordnung, BB 1994, 2338; *Weth,* Das arbeitsgerichtliche Beschlussverfahren, München 1995; *Zimmerling,* Die Güteverhandlung im personalvertretungsrechtlichen Beschlussverfahren, Die Personalvertretung 2002, 194.

I. Allgemeines

1. Zur Geschichte des Beschlussverfahrens

Die §§ 80 ff. behandeln das arbeitsgerichtliche **Beschlussverfahren**. Es hat mit 22 Paragraphen eine wahrlich stiefmütterliche Behandlung durch den Gesetzgeber erfahren[1]. Das Beschlussverfahren ist seit 1926 Bestandteil des ArbGG und wurde durch das ArbGG 1979 erheblich verändert. Durch dieses Gesetz sind zahlreiche Regelungslücken im Beschlussverfahren geschlossen worden. Zudem wurde die Dispositionsbefugnis der Parteien erheblich ausgedehnt. Schließlich wurde durch das Gesetz zur Vereinfachung und Beschleunigung des arbeitsgerichtlichen Verfahrens (Arbeitsgerichtsbeschleunigungsgesetz) im Jahr 2000 eine fakultative Güteverhandlung eingefügt, § 80 Abs. 2 Satz 2 (vgl. dazu ausführlich unter Rz. 44)[2]. 1

Die **Bezeichnung** des Verfahrens als „Beschlussverfahren" ist missglückt, weil auch das arbeitsgerichtliche Urteilsverfahren mit einem Beschluss enden kann und es durchaus auch in anderen Verfahrensordnungen instanzbeendende Beschlüsse gibt[3]. Schließlich wird auch der Anschein erweckt, dass die arbeitsgerichtlichen Beschlüsse – ähnlich wie es für die zivilrechtlichen Beschlüsse angenommen wird – minderwichtige Entscheidungen wären, was nicht der Fall ist. 2

2. Rechtsnatur des Beschlussverfahrens

Die **Rechtsnatur** des Beschlussverfahrens ist seit seinem Bestehen **umstritten**[4]. Nach einer früheren Ansicht wurde das Beschlussverfahren als ein Verfahren der Arbeitsverwaltung angesehen[5]. Weiter gab es die Auffassung, dass es sich beim Beschlussverfahren um ein verwaltungsgerichtliches Verfahren handele[6]. Eine andere Ansicht ordnete das Beschlussverfahren der Gerichtsbarkeit zu[7]. 3

Nach heute einhelliger Ansicht handelt es sich beim Beschlussverfahren um ein **Verfahren der Rspr.**[8]. Das Beschlussverfahren ist Rspr. im formellen Sinne, aber nur zum Teil im materiellen Sinne. Zur Rspr. im formellen Sinne gehören alle Angelegenheiten, die durch Gesetz den Gerichten als Spruchkörpern übertragen sind. Durch § 2a werden den ArbG bestimmte arbeitsrechtliche Bereiche zur Entscheidung im Beschlussverfahren zugewiesen. Damit sind Entscheidungen im Beschlussverfahren formelle Rspr. Von dem in § 2a den ArbG übertragenen Angelegenheiten (Rspr. im formellen Sinne) gehören diejenigen auch zur Rspr. im materiellen Sinne, bei denen die Entscheidung nicht aufgrund von Zweckmäßigkeitsüberlegungen, sondern aufgrund von Rechtsanwendung, dh. aufgrund rechtlicher Beurteilung eines Sachverhalts ergeht. Das ist bei der überwiegenden Zahl der Entscheidungen im Beschlussverfahren der Fall. Nur in seltenen Fällen, wie zB der Bestellung des Wahlvorstandes nach § 16 Abs. 2 BetrVG, wird aufgrund von bloßen Zweckmäßigkeitsüberlegungen entschieden. Demnach ist eine Entscheidung im Beschlussverfahren nicht immer Rspr. im materiellen Sinne[9]. Nachdem festgestellt worden ist, dass es sich beim Beschlussverfahren um Rspr. im formellen Sinn handelt, bleibt die Frage, welcher Gerichtsbarkeit das Beschlussverfahren zuzurechnen ist. Ältere Auffassungen, nach denen es sich beim Beschlussverfahren dem Wesen nach um Verwaltungsgerichtsbarkeit oder um freiwillige Gerichtsbarkeit handelt mit der Folge, dass die VwGO bzw. das FGG analog anzuwenden sind, sind abzulehnen. Es handelt sich vielmehr beim Beschlussverfahren um ein Verfahren der Arbeitsgerichtsbarkeit[10], auf das die Vorschriften des ArbGG und der ZPO anwendbar sind. 4

3. Besonderheiten des Beschlussverfahrens

Das Beschlussverfahren[11] unterscheidet sich vom Urteilsverfahren zunächst in seiner **Terminologie**. Gemäß § 81 wird das Verfahren durch die Einreichung eines **Antrags** und nicht durch die Erhebung einer Klage eingeleitet. „Parteien" gibt es im Beschlussverfahren nicht, sondern nur **Beteiligte** (vgl. dazu näher 5

---

1 *Auffarth* in FS G. Müller, 1981, S. 3.
2 Vgl. dazu näher *Lakies*, BB 1999, 667 (669); *Düwell*, AiB 2000, 243 (244); *Kossens*, AiB 2000, 185 (186).
3 Näher dazu *Weth*, Das arbeitsgerichtliche Beschlussverfahren, S. 1; s.a. GWBG/*Greiner*, § 80 Rz. 1.
4 Vgl. dazu ausführlich *Weth*, Das arbeitsgerichtliche Beschlussverfahren, S. 15.
5 *Kaufmann*, AuR 1954, 1; *Karger*, JW 1928, 1644; *Reuscher*, BB 1949, 421 (422).
6 *Kaskel*, Die neue Arbeitsgerichtsbarkeit, 1927, S. 33; *Dietz*, NJW 1953, 1489.
7 *Körnich*, Beschlussverfahren, S. 27 ff.; *Kny*, Arbeitsgerichtsbehörden, S. 114 ff.
8 GMP/*Matthes*/*Spinner*, § 80 Rz. 6; GWBG/*Greiner*, § 80 Rz. 2; *Weth*, Das arbeitsgerichtliche Beschlussverfahren, S. 19 ff.
9 Näher hierzu *Weth*, Das arbeitsgerichtliche Beschlussverfahren, S. 19 ff.
10 Vgl. zum Ganzen *Weth*, Das arbeitsgerichtliche Beschlussverfahren, S. 15 ff.
11 Vgl. *Weth*, Besonderheiten der Arbeitsgerichtsbarkeit, in: 50 Jahre saarländische Arbeitsgerichtsbarkeit, 1997, S. 157 (173 ff.).

die Kommentierung zu § 81 und § 83). Das Gericht entscheidet nicht durch Urteil, sondern durch **Beschluss** (§ 84). Es gibt die Rechtsmittel der Beschwerde und Rechtsbeschwerde statt der Berufung und der Revision.

6 Im Beschlussverfahren gilt gem. § 83 Abs. 1 nicht der Beibringungs-, sondern der (eingeschränkte) **Untersuchungsgrundsatz** (vgl. dazu näher unter § 83). Anders als im Urteilsverfahren trifft das Gericht demnach im Beschlussverfahren die Pflicht, den Sachverhalt zu ermitteln, wobei die Parteien nach Kräften mitzuwirken haben (§ 83 Abs. 1 Satz 2). Das Gericht soll den wahren Sachverhalt ermitteln[1]. An Geständnisse eines Beteiligten ist das Gericht nicht gebunden; § 138 Abs. 3 und § 288 ZPO gelten insoweit nicht[2].

7 Das Beschlussverfahren kennt **kein Versäumnisverfahren**[3] (vgl. § 83 Abs. 4). Erscheint ein Beteiligter im Anhörungstermin nicht, so bedeutet dies nicht gem. § 331 Abs. 1 ZPO, dass das Vorbringen der anderen Beteiligten als zugestanden anzusehen ist. Der säumige Beteiligte hat aber sein Recht auf rechtliches Gehör verwirkt; er muss im weiteren Verlauf des Verfahrens nicht angehört werden.

8 Im Beschlussverfahren werden nach § 2 Abs. 2 GKG **keine Gerichtskosten** erhoben. Es ergeht demnach nach st. Rspr. und hM keine Kostenentscheidung[4].

4. Abgrenzung zum Urteilsverfahren

9 Das Verfahren vor den Gerichten für Arbeitssachen bestimmt sich nach den §§ 2 und 2a. Diese ordnen für die in § 2 geregelten Arbeitssachen das Urteilsverfahren an, während die in § 2a genannten Arbeitssachen im Beschlussverfahren zu entscheiden sind[5]. Die beiden **Verfahrensarten schließen sich gegenseitig aus**[6]. Die Abgrenzung zwischen den beiden Verfahrensarten ergibt sich aus dem Inhalt des geltend gemachten Anspruchs bzw. aus der Art des Rechtsverhältnisses, dessen Feststellung begehrt wird[7].

10 **Mehrere Ansprüche** die zum einen im Urteilsverfahren zum anderen im Beschlussverfahren zu entscheiden sind, können nicht gem. § 260 ZPO verbunden werden, da sie nicht derselben Prozessart angehören. Eine Vereinbarung hierüber ist unwirksam (vgl. dazu § 2a Rz. 5 und Rz. 49).

11 Durch § 48 Abs. 1 hat der Gesetzgeber zum Ausdruck gebracht, dass der Antragsteller in seinem **Antrag deutlich machen** muss, ob er den Rechtsstreit im **Urteils- oder Beschlussverfahren** entschieden haben möchte[8]. Demnach hat er die Wahl der Verfahrensart durch die Stellung des Antrags. An diese Wahl der Verfahrensart durch den Antragsteller sind die ArbG gebunden; der Antrag kann nicht vom Gericht umgedeutet werden oder sonst in der richtigen Verfahrensart durchgeführt werden[9]. Wählt der Antragsteller eine unzulässige Verfahrensart, so hat das Gericht von Amts wegen nach Anhörung der Beteiligten gem. § 80 Abs. 3, § 48 Abs. 1 ArbGG iVm. § 17a Abs. 2 GVG den Rechtsstreit an das zuständige Gericht in der zulässigen Verfahrensart zu verweisen[10]. Demnach kann das ArbG den Antrag nicht als unzulässig abweisen, wenn der Antragsteller die falsche Verfahrensart in seinem Antrag gewählt hat[11]. Kann dem Antrag nicht eindeutig entnommen werden, welche Verfahrensart von dem Antragsteller gewählt wurde, so ist der **Antrag auszulegen**[12]. Ergibt sich aus der Auslegung kein Ergebnis, so ist der Antragsteller zu befragen[13].

---

1 BAG v. 10.12.1992 – 2 ABR 32/92, NZA 1993, 501.
2 BAG v. 10.12.1992 – 2 ABR 32/92, NZA 1993, 501; GMP/*Matthes/Spinner*, § 83 Rz. 92; GWBG/*Greiner*, § 83 Rz. 6; *Weth*, Das arbeitsgerichtliche Beschlussverfahren, S. 288.
3 So die hM vgl. Nachweise bei *Weth*, Das arbeitsgerichtliche Beschlussverfahren, S. 258.
4 Vgl. BAG v. 20.4.1999 – 1 ABR 13/98, NZA 1999, 1235 mwN mit krit. Anm. *Leipold*, SAE 2000, 254, der allerdings zugibt, dass eine generelle Verneinung jedenfalls der Rechtsklarheit dient; *Weth*, Das arbeitsgerichtliche Beschlussverfahren, S. 253 mwN; Hauck/Helml/Biebl/*Helml*, § 12 Rz. 17; BCF/*Creutzfeldt*, §§ 12, 12a Rz. 99; vgl. auch GMP/*Matthes*, § 84 Rz. 31 ff.; GK-ArbGG/*Ahrendt*, § 84 Rz. 13.
5 BAG v. 13.3.2001 – 1 AZB 19/00, AP Nr. 17 zu § 2a ArbGG 1979.
6 BAG v. 25.11.1992 – 7 ABR 80/91; BAG v. 10.10.1969 – 1 AZR 5/69, AP Nr. 1 zu § 8 ArbGG 1953; GWBG/*Greiner*, § 80 Rz. 9 mwN.
7 GWBG/*Greiner*, § 80 Rz. 9.
8 *Weth*, Das arbeitsgerichtliche Beschlussverfahren, S. 239.
9 BAG v. 25.11.1992 – 7 ABR 80/91; GK-ArbGG/*Dörner*, § 80 Rz. 19.
10 GWBG/*Greiner*, § 80 Rz. 17; *Weth*, Das arbeitsgerichtliche Beschlussverfahren, S. 239.
11 *Weth*, Das arbeitsgerichtliche Beschlussverfahren, S. 239.
12 GK-ArbGG/*Dörner*, § 80 Rz. 19.
13 *Weth*, Das arbeitsgerichtliche Beschlussverfahren, S. 239; aA GK-ArbGG/*Dörner*, § 80 Rz. 19, es sei die Sache in der ihr zukommenden Verfahrensart zu behandeln.

II. Gegenstand des Beschlussverfahrens (Abs. 1)

1. Die in § 2a bezeichneten Fälle

Gemäß § 80 Abs. 1 findet das **Beschlussverfahren in den in § 2a bezeichneten Fällen** Anwendung. Darunter fallen vor allem die Angelegenheiten aus dem BetrVG, soweit nicht für Maßnahmen nach seinen §§ 119–121 BetrVG die Zuständigkeit eines anderen Gerichts gegeben ist (§ 2a Abs. 1 Nr. 1). Um eine Angelegenheit aus dem BetrVG handelt es sich, wenn die durch das BetrVG geregelte Ordnung des Betriebs und die gegenseitigen Rechte und Pflichten der Betriebsparteien als Träger dieser Ordnung im Streit sind[1]. Das gilt auch dann, wenn es um Rechte betriebsverfassungsrechtlicher Organe geht, die sich nicht unmittelbar aus dem BetrVG ergeben, vielmehr ihre Grundlage in Tarifverträgen oder in anderen Rechtsvorschriften haben[2].

12

Nach der Rspr. wurden unter anderem **folgende Streitigkeiten** aus dem BetrVG **dem Beschlussverfahren zugewiesen**: Streitigkeiten zwischen einzelnen BR-Mitgliedern[3], Streitigkeiten über die Unwirksamkeit von Betriebsvereinbarungen[4], Streitigkeiten bezüglich der Anfechtung von BR-Wahlen[5] oder Erstattung der Kosten, die für die Schulung eines Mitglieds der Jugend- und Auszubildendenvertretung entstanden sind[6] (vgl. § 2a Rz. 21 ff.). Auch Rechtsanwaltskosten, die aufgrund eines arbeitsgerichtlichen Beschlussverfahrens entstanden sind, sind als Durchsetzungskosten im arbeitsgerichtlichen Beschlussverfahren geltend zu machen[7]. Auch bei einem Streit über den Honoraranspruch eines außerbetrieblichen Beisitzers einer betriebsverfassungsrechtlichen Einigungsstelle handelt es sich um eine Angelegenheit aus dem Betriebsverfassungsgesetz iSd. § 2a Abs. 1 Nr. 1 ArbGG[8].

13

Das Beschlussverfahren findet ferner statt in Angelegenheiten aus dem **Sprecherausschussgesetz**, soweit nicht für Maßnahmen nach seinen §§ 34–36 die Zuständigkeit eines anderen Gerichts gegeben ist (§ 2a Abs. 1 Nr. 2); in Angelegenheiten aus dem **Mitbestimmungsgesetz**, dem **Mitbestimmungsergänzungsgesetz** und dem **Drittbeteiligungsgesetz** (§ 2a Abs. 1 Nr. 3); in Angelegenheiten aus den **§§ 177, 178, 222 des SGB IX** (§ 2a Abs. 1 Nr. 3a); in Angelegenheiten aus dem Gesetz über **Europäische Betriebsräte**, soweit nicht für Maßnahmen nach seinen §§ 43–45 die Zuständigkeit eines anderen Gerichts gegeben ist (§ 2a Abs. 1 Nr. 3b); in Angelegenheiten aus § 51 des **Berufsbildungsgesetzes** (§ 2a Abs. 1 Nr. 3c); in Angelegenheiten aus § 10 des Bundesfreiwilligendienstgesetzes (§ 2a Abs. 1 Nr. 3d) in Angelegenheiten aus dem **SE-Beteiligungsgesetz** (§ 2a Abs. 1 Nr. 3e); in Angelegenheiten aus dem **SCE-Beteiligungsgesetz** (§ 2a Abs. 1 Nr. 3f); in Angelegenheiten aus dem **Gesetz über die Mitbestimmung der ArbN bei einer grenzüberschreitenden Verschmelzung** (§ 2a Abs. 1 Nr. 3g[9]) sowie bei der Entscheidung über die **Tariffähigkeit** und die **Tarifzuständigkeit** einer Vereinigung (§ 2a Abs. 1 Nr. 4); schließlich bei der Entscheidung über die Wirksamkeit einer Allgemeinverbindlicherklärung (§ 2a Abs. 1 Nr. 5). Vgl. dazu die Erl. zu § 2a.

14

Abgesehen von den in § 2a genannten Fällen, finden sich auch in anderen Gesetzen Normen, die auf das arbeitsgerichtliche Beschlussverfahren verweisen. So ist das arbeitsgerichtliche Beschlussverfahren über § 83 Abs. 2 BPersVG **in den personalvertretungsrechtlichen Streitigkeiten** vor den Verwaltungsgerichten anzuwenden.

15

In der **Insolvenzordnung** nehmen §§ 122 ff. InsO ebenfalls auf das arbeitsgerichtliche Beschlussverfahren Bezug. Gemäß § 122 InsO hat der Insolvenzverwalter die Möglichkeit, die Zustimmung des ArbG dazu zu beantragen, dass die Betriebsänderung durchgeführt wird. Nach § 126 InsO kann er im Wege des arbeitsgerichtlichen Beschlussverfahrens feststellen lassen, dass die Kündigung bestimmter ArbN sozial gerechtfertigt ist (vgl. Rz. 19 ff.).

16

---

1 BAG v. 13.3.2001 – 1 AZB 19/00, AP Nr. 17 zu § 2a ArbGG 1979; BAG v. 26.5.1992 – 10 ABR 63/91, BAGE 70, 281; BAG v. 1.12.1992 – 1 ABR 28/92, BAGE 72, 29.
2 BAG v. 13.3.2001 – 1 AZB 19/00, AP Nr. 17 zu § 2a ArbGG 1979; BAG v. 26.5.1992 – 10 ABR 63/91, BAGE 70, 281; BAG v. 1.12.1992 – 1 ABR 28/92, BAGE 72, 29; vgl. dazu auch § 2a Rz. 60 ff., § 2a Rz. 65 f.
3 BAG v. 13.11.1991 – 7 ABR 8/91, AP Nr. 9 zu § 26 BetrVG 1972; BAG v. 11.3.1992 – 7 ABR 50/91, AP Nr. 11 zu § 38 BetrVG 1972; BAG v. 27.5.1982 – 6 ABR 66/79, AP Nr. 1 zu § 34 BetrVG 1972.
4 BAG v. 20.8.1991 – 1 ABR 85/90, NZA 1992, 317.
5 BAG v. 14.11.2001 – 7 ABR 40/00, DB 2002, 2003.
6 BAG v. 30.3.1994 – 7 ABR 45/93, NZA 1995, 382 (383).
7 LAG Hamm v. 21.7.2006 – 10 TaBV 11/06.
8 LAG Hamm v. 10.2.2012 – 10 TaBV 67/11, juris Rz. 68.
9 Mit Art. 6 des Gesetzes zur Einführung des Bundesfreiwilligendienstes vom 28.4.2011 (BGBl. I 2011 S. 687) ist § 2a Abs. 1 wie folgt geändert worden: „Die bisherigen Nummern 3 d bis f werden die Nummern 3 e bis g." (BGBl. I 2011 S. 691). Der Gesetzgeber hat aber offensichtlich vergessen § 10 an die Änderung des § 2a Abs. 1 anzupassen. Es ist aber davon auszugehen, dass die Angelegenheiten nach § 2a Abs. 1 Nr. 3g – wie vor der Gesetzesänderung – auch jetzt noch von § 10 erfasst sind.

2. Das Beschlussverfahren in personalvertretungsrechtlichen Streitigkeiten (§ 83 Abs. 2 BPersVG)

17 Über § 83 Abs. 2 BPersVG ist das Beschlussverfahren auch bei bestimmten Streitigkeiten aus dem BPersVG anwendbar. Ob für Streitigkeiten aus den Personalvertretungsgesetzen der Länder das arbeitsgerichtliche Beschlussverfahren anwendbar ist, richtet sich nach den jeweiligen Landesgesetzen. Die Länder können nämlich gem. § 187 Abs. 2 VwGO für das Gebiet des Personalvertretungsrechts, für das gem. § 106 BPersVG die Verwaltungsgerichte zuständig sind, von der VwGO abweichende Vorschriften über das Verfahren erlassen. Auch wenn für personalvertretungsrechtliche Streitigkeiten das arbeitsgerichtliche Beschlussverfahren einschlägig ist, so bleiben doch die Verwaltungsgerichte weiterhin zuständig, lediglich das Verfahren erfolgt nach den Regelungen des arbeitsgerichtlichen Beschlussverfahrens. Das hat zur Folge, dass zwei verschiedene Gerichte unabhängig voneinander über gleiche oder ähnliche Sachverhalte entscheiden und sich widersprechende Entscheidungen ergeben; dies wird in der Lit. zu Recht kritisiert[1].

18 Welche personalvertretungsrechtlichen Streitigkeiten im Beschlussverfahren zu entscheiden sind, ergibt sich aus der Aufzählung in § 83 Abs. 1 BPersVG[2]. Ist eine ausdrückliche Zuständigkeit nach dem Wortlaut dieser Norm nicht gegeben, liegt jedoch eine vergleichbare Rechtsschutzsituation vor, so ist im Beschlussverfahren zu entscheiden[3].

3. Das Beschlussverfahren nach der Insolvenzordnung (§§ 122 ff. InsO)

a) Allgemeines

19 In dem Beschlussverfahren gem. §§ 122 und 126 InsO ist Antragsteller der Insolvenzverwalter (§ 122 Abs. 1 Satz 1, § 126 Abs. 1 Satz 1 InsO). Diese Verfahren sind gem. § 122 Abs. 2 Satz 3 und § 126 Abs. 2 Satz 3 InsO iVm. § 61a ArbGG vorrangig zu behandeln[4]. Zur Beschleunigung der Verfahren trägt auch die Besonderheit bei, dass es keine Beschwerde zum LAG gibt (§ 122 Abs. 3 Satz 1 und § 126 Abs. 2 Satz 2 InsO), sondern die Rechtsbeschwerde an das BAG stattfindet, wenn sie in dem Beschluss des ArbG zugelassen wird (§ 122 Abs. 3 Satz 2 und § 126 Abs. 2 Satz 2 InsO).

b) Das Beschlussverfahren nach § 122 InsO

20 Das Beschlussverfahren nach § 122 InsO verfolgt den **Zweck**, möglichst schnell und effektiv eine Betriebsänderung durchzuführen, ohne das Risiko von Nachteilsausgleichsansprüchen der ArbN gem. § 113 Abs. 3 BetrVG zu tragen[5]. § 122 InsO ermöglicht daher dem **Insolvenzverwalter**, ohne die Durchführung des Verfahrens nach § 112 BetrVG eine **Betriebsänderung**. Voraussetzungen dafür ist gem. § 122 Abs. 1 InsO, dass der Insolvenzverwalter den BR rechtzeitig umfassend informiert hat und drei Wochen nach Verhandlungsbeginn oder schriftlicher Aufforderung dazu ein Interessensausgleich nicht zu Stande gekommen ist. Das ArbG entscheidet gem. § 122 Abs. 2 InsO unter Berücksichtigung der wirtschaftlichen Lage des Betriebes, der sozialen Belange der ArbN und der Eilbedürftigkeit der Betriebsänderung. Dabei ist es nicht Aufgabe des Gerichtes zu prüfen, ob eine Betriebsänderung wirtschaftlich sinnvoll ist. Dies ist die alleinige Entscheidung des Insolvenzverwalters[6]. Entscheidend für das ArbG ist allein die Eilbedürftigkeit der Betriebsänderung aufgrund der wirtschaftlichen Lage des Betriebes[7].

21 Beteiligte des Beschlussverfahrens nach § 122 InsO sind der Insolvenzverwalter und der BR (§ 122 Abs. 2 Satz 2 InsO).

c) Das Beschlussverfahren nach § 126 InsO

22 Im Rahmen des § 126 InsO hat der Insolvenzverwalter die Möglichkeit, nach erfolgloser Verhandlung mit dem BR über einen Interessensausgleich im Beschlussverfahren[8] feststellen zu lassen, dass die **Kündigung bestimmter ArbN sozial gerechtfertigt** ist.

---

1 GMP/*Matthes/Spinner*, § 80 Rz. 11.
2 So GK-ArbGG/*Dörner*, § 80 Rz. 68; GMP/*Matthes/Spinner*, § 80 Rz. 13; enger *Schaub*, ZTR 2001, 97 (98).
3 GMP/*Matthes/Spinner*, § 80 Rz. 13.
4 Kritisch hierzu *Müller*, NZA 1998, 1315 (1318).
5 *Warrikoff*, BB 1994, 2338 (2340); *Lakies*, RdA 1997, 145 (148); *Schrader*, NZA 1997, 70 (73).
6 *Warrikoff*, BB 1994, 2338 (2340); *Lakies*, RdA 1997, 145 (149).
7 *Schrader*, NZA 1997, 70 (73); *Warrikoff*, BB 1994, 2338 (2340).
8 Vgl. dazu *Rieble*, NZA 2007, 1393.

Aus § 126 Abs. 2 Satz 1 Halbs. 2 InsO ergibt sich, dass das Verfahren gleichermaßen bei Beendigungs- und Änderungskündigungen zulässig ist[1]. Das Verfahren ist **auch bei betriebsratslosen Betrieben** durchführbar (§ 126 Abs. 1 Satz 1 InsO). 23

Beteiligte sind der Insolvenzverwalter, der BR, soweit er besteht, und die im Antrag bezeichneten ArbN. Weiterer Beteiligter kann der Erwerber des Betriebes sein, § 128 Abs. 1 Satz 2 InsO. 24

Antragsteller in diesem Verfahren ist der Insolvenzverwalter. Sein Antrag ist unzulässig, wenn bereits ein Interessenausgleich mit Namensliste nach § 125 InsO vorliegt[2]. § 122 Abs. 1 Satz 3 InsO ermächtigt den Insolvenzverwalter dazu, die Anträge nach § 122 und § 126 InsO gleichzeitig zu stellen. 25

Gemäß § 127 Abs. 2 InsO ist der **Individualkündigungsschutzprozess** auf Antrag des Insolvenzverwalters bis zur rechtskräftigen Entscheidung des Verfahrens nach § 126 InsO **auszusetzen**, wenn der ArbN vor dieser Entscheidung Kündigungsschutzklage erhoben hat. Die **Entscheidung** im Beschlussverfahren entfaltet aufgrund der ausdrücklichen gesetzlichen Regelung in § 127 Abs. 1 InsO **Bindungswirkung** für den Kündigungsschutzprozess des ArbN. 26

III. Die im Beschlussverfahren anwendbaren Vorschriften (Abs. 2)

1. Allgemeines

Wesentliche Teile des Beschlussverfahrens sind durch Verweisungen auf das Urteilsverfahren und die ZPO geregelt. Die vom Gesetzgeber in § 80 Abs. 2 gewählte Art der **Verweisung** ist allerdings wenig geglückt. Das erschwert die Frage, welche Vorschriften des Urteilsverfahrens anwendbar sind[3]. Trotz der eingeschränkten Verweisung in § 80 Abs. 2 sind die Vorschriften des Urteilsverfahrens insgesamt anwendbar. Daher ist insbesondere auch § 46 Abs. 2 und damit die ZPO anwendbar. Damit **entstehen im Beschlussverfahren** im Wesentlichen **keine Regelungslücken**[4]. Die Vorschriften des Urteilsverfahrens und der ZPO sind allerdings nur insoweit anwendbar, als sich aus den §§ 80–98 nicht etwas anderes ergibt. 27

2. Die ausdrücklich in § 80 Abs. 2 genannten Gegenstände

a) Prozessfähigkeit

§ 80 Abs. 2 enthält einige Begriffe, zu denen sich im arbeitsgerichtlichen Urteilsverfahren keine besonderen Vorschriften finden. Das gilt etwa für die Prozessfähigkeit. Sie ist im ArbGG **nicht ausdrücklich** geregelt. Daher sind sowohl im arbeitsgerichtlichen Urteilsverfahren (gem. § 46 Abs. 2) als auch im arbeitsgerichtlichen Beschlussverfahren (gem. § 80 Abs. 2, § 46 Abs. 2) die §§ 51–57 ZPO anwendbar. 28

b) Prozessvertretung

Die Prozessvertretung ist in § 11 sowohl für das Urteils- als auch für das Beschlussverfahren geregelt. Durch § 11 werden die Vorschriften der §§ 78, 79 ZPO modifiziert. Im Übrigen finden neben § 11 und § 11a die meisten Vorschriften der ZPO über die Prozessbevollmächtigten und Beistände (§§ 78–90 ZPO) Anwendung. 29

c) Ladungen, Termine und Fristen

Auch hinsichtlich **Ladungen, Termine und Fristen** gelten die Vorschriften des Urteilsverfahrens. Soweit in der Überschrift von § 47 von Ladung die Rede ist, ist das gegenstandslos geworden. § 47 enthält nur noch eine Sonderregelung hinsichtlich der Einlassungsfrist. Im Übrigen gelten im Beschlussverfahren für Ladungen, Termine und Fristen, §§ 497, 214–229 ZPO. 30

d) Ablehnung und die Ausschließung von Gerichtspersonen

Für die **Ablehnung und die Ausschließung von Gerichtspersonen** gelten über § 80 Abs. 2, § 49 und § 46 Abs. 2 ArbGG iVm. §§ 41 ff. ZPO. Über die Ablehnung von Gerichtspersonen entscheidet demnach die Kammer, § 49 Abs. 1. § 41 ZPO, der den Ausschluss von der Ausübung des Richteramtes zum Gegenstand 31

---
1 *Lakies*, RdA 1997, 145 (151).
2 *Giesen*, ZIP 1998, 46 (51).
3 So zu Recht GMP/*Matthes/Spinner*, § 80 Rz. 40.
4 Vgl. dazu ausführlich *Weth*, Das arbeitsgerichtliche Beschlussverfahren, S. 28 ff.

e) Zustellungen

32 Die **Zustellung von Beschlüssen** im arbeitsgerichtlichen Beschlussverfahren obliegt nach § 80 Abs. 2, § 50 Abs. 1 den ArbG **von Amts wegen** und richtet sich nach den §§ 166 ff. ZPO[2]. Neben diesen Vorschriften sind auch §§ 498, 270 und 317 (mit Ausnahme des Abs. 1 Satz 3) ZPO anwendbar. Die vereinfachte Zustellung nach § 174 ZPO, durch die der Nachweis einer Zustellung durch Verwendung eines Empfangsbekenntnisses an Stelle der an sich erforderlichen Zustellungsurkunde erleichtert wird, ist im Beschlussverfahren auch gegenüber den nach § 11 zur Prozessvertretung zugelassenen Personen möglich, § 50 Abs. 2[3]. Gemäß § 50 Abs. 2 ArbGG ist auch § 178 Abs. 1 Nr. 2 ZPO anwendbar, der die Ersatzzustellung in Geschäftsräumen regelt. Wird der Zustelladressat nicht angetroffen, so kann einer in einem Geschäftsraum des Zustelladressaten beschäftigten Person zugestellt werden. Eine Zustellung an den BR-Vorsitzenden kann also, wenn er nicht angetroffen wird, der im BR-Büro anwesenden Bürokraft zugestellt werden, die dem BR vom ArbGeb zur Verfügung gestellt worden ist[4].

33 § **317 Abs. 1 Satz 3 ZPO** ist gem. § 50 Abs. 1 Satz 2 **nicht anwendbar**. Daher kann der Vorsitzende die Zustellung verkündeter Urteile nicht bis zum Ablauf von fünf Monaten nach der Verkündung hinausschieben, wenn ein übereinstimmender Antrag der Beteiligten vorliegt.

f) Persönliches Erscheinen der Beteiligten

34 Für das persönliche Erscheinen der Beteiligten gilt über § 80 Abs. 2 § 51 Abs. 1 Satz 1, und dieser verweist in § 51 Abs. 1 Satz 2 im Übrigen direkt auf § 141 Abs. 2 und 3 ZPO. Der Prozessbevollmächtigte kann – nach einer in der Lit. vertretenen Auffassung – bei Nichterscheinen des Beteiligten allerdings nicht gem. § 51 Abs. 2 zurückgewiesen werden, da es im Beschlussverfahren kein Versäumnisverfahren gibt und nach dem Untersuchungsgrundsatz das Gericht verpflichtet ist, den Prozessbevollmächtigten als Erkenntnisquelle zu nutzen, um den Sachverhalt zu ermitteln[5]. Dem ist nicht zu folgen. Wenn ein Beteiligter trotz Anordnung des persönlichen Erscheinens unentschuldigt nicht erscheint, hat der Beteiligte seine Mitwirkungspflicht verletzt. Das Gericht ist daher nicht verpflichtet, den Prozessbevollmächtigten als Erkenntnisquelle zu nutzen. Etwas anderes gilt, wenn der Prozessbevollmächtigte – wie § 141 Abs. 3 Satz 2 ZPO fordert – zur Aufklärung des Tatbestandes in der Lage und zur Abgabe der gebotenen Erklärungen, insbesondere zu einem Vergleichsabschluss, ermächtigt ist[6]. Das Gericht kann gem. § 141 Abs. 3 ZPO ein Ordnungsgeld gegen den nicht erschienenen Beteiligten festsetzen. Bei Organen der Betriebsverfassung und der Personalvertretung trifft dies den jeweiligen Vorsitzenden persönlich[7].

g) Öffentlichkeit

35 Die Öffentlichkeit kann gem. § 80 Abs. 2 iVm. § 52 nach denselben Voraussetzungen wie im Urteilsverfahren ausgeschlossen werden.

h) Befugnisse des Vorsitzenden und der ehrenamtlichen Richter

36 Die Befugnisse des Vorsitzenden und der ehrenamtlichen Richter sind über § 80 Abs. 2 die gleichen wie im Urteilsverfahren, §§ 53, 55. Über § 53 Abs. 2 sind die Vorschriften der ZPO über die Befugnisse des Vorsitzenden und der ehrenamtlichen Richter anwendbar. Das sind die Vorschriften der §§ 136, 139, 159 Abs. 1, §§ 163, 216 Abs. 2 ZPO. Über § 55 ArbGG sind §§ 306, 307 ZPO anwendbar. Durch die Einführung der Güteverhandlung im Beschlussverfahren gilt jetzt auch § 55 Abs. 3. Demnach kann der Vorsitzende allein entscheiden, wenn in der Verhandlung, die unmittelbar an die Güteverhandlung anschließt, eine das Verfahren beendende Entscheidung ergehen kann, die von den Parteien übereinstimmend beantragt wurde[8].

---

1 GMP/*Matthes*/*Spinner*, § 80 Rz. 50; GWBG/*Greiner*, § 80 Rz. 32: nur Antragssteller und Antragsgegner.
2 BAG v. 17.2.1983 – 6 ABR 18/82, MDR 1983, 962.
3 Vgl. BAG v. 17.2.1983 – 6 ABR 18/82, MDR 1983, 962.
4 GK-ArbGG/*Dörner*, § 80 Rz. 42.
5 GMP/*Matthes*/*Spinner*, § 80 Rz. 52.
6 Vgl. GWBG/*Greiner*, § 80 Rz. 22.
7 GMP/*Matthes*/*Spinner*, § 80 Rz. 52.
8 GMP/*Matthes*/*Spinner*, § 80 Rz. 57; aA ErfK/*Koch*, § 80 ArbGG Rz. 4.

i) Mediation und außergerichtliche Konfliktbeilegung

Das neue Mediationsrecht (Gesetz zur Förderung der Mediation und anderen Verfahren der außergerichtlichen Konfliktbeilegung[1]) findet Niederschlag in den neu eingeführten § 54 Abs. 6, § 54a und gilt ausweislich der Gesetzesergänzung in § 80 Abs. 2 auch im Beschlussverfahren[2]. 36a

j) Vorbereitung der streitigen Verhandlung

Die Vorbereitung der streitigen Verhandlung obliegt nach § 80 Abs. 2 iVm. § 56 dem **Vorsitzenden**. 37

k) Verhandlung vor der Kammer

Hinsichtlich der Verhandlung vor der Kammer verweist **§ 80 Abs. 2 auf § 57**. Danach soll die Verhandlung möglichst in einem Termin zu Ende geführt werden, § 57 Abs. 1 Satz 1. Während des ganzen Verfahrens soll die gütliche Erledigung des Rechtsstreits angestrebt werden (§ 57 Abs. 2). 38

Allen Beteiligten ist vom Gericht **rechtliches Gehör** zu gewähren. Jeder Beteiligte muss die Möglichkeit haben, seinen Standpunkt in rechtlicher und tatsächlicher Hinsicht darzulegen. Das Gericht ist verpflichtet, das Vorbringen der Beteiligten bei seiner Entscheidung zu berücksichtigen. Ob der Beteiligte die Möglichkeit nutzt, sich zu äußern, bleibt ihm überlassen. Das Gericht muss aber iSd. § 139 ZPO auf Stellung von sachdienlichen Anträgen hinwirken[3]. 39

l) Beweisaufnahme

Für die Beweisaufnahme gilt über § 80 Abs. 2 § 58. Demnach kann, wie auch im Urteilsverfahren, durch Beschluss der Kammer die Beweisaufnahme dem Vorsitzenden übertragen werden. Über § 58 iVm. § 46 Abs. 2 ArbGG, § 495 ZPO finden die Bestimmungen der ZPO in vollem Umfang Anwendung; es sind die §§ 284-294, 355-494a ZPO. 40

m) Die gütliche Erledigung des Verfahrens

Während der Dauer des Beschlussverfahrens soll gem. § 57 Abs. 2 eine gütliche Erledigung des Verfahrens versucht werden, wobei zu beachten ist, dass es zu einem Vergleich nur insoweit kommen kann, als die Beteiligten über den Verfahrensgegenstand verfügen können. 41

n) Wiedereinsetzung in den vorigen Stand

Für die Wiedereinsetzung in den vorigen Stand gelten über § 80 Abs. 2, § 46 Abs. 2 ArbGG die §§ 233-238 ZPO. Eine Wiedereinsetzung in den vorigen Stand ist bei der Versäumung materieller Antragsfristen (etwa § 19 Abs. 2 oder § 76 Abs. 5 Satz 4 BetrVG) jedoch nicht möglich[4]. 42

o) Wiederaufnahme des Verfahrens

Über § 80 Abs. 2, § 79 kommen zur Regelung der **Wiederaufnahme des Verfahrens** die Vorschriften der §§ 578-591 ZPO zur Anwendung. Jeder Beteiligte kann die Wiederaufnahme des Verfahrens beantragen. Die §§ 579, 580 ZPO sind im Beschlussverfahren so auszulegen, dass bei Bezugnahme auf bestimmte Verhältnisse oder Verhaltensweisen einer Partei oder ihres Vertreters alle Beteiligten des Verfahrens gemeint sind[5]. 43

p) Güteverfahren (Satz 2)

Durch das Arbeitsgerichtsbeschleunigungsgesetz, welches den Satz 2 in § 80 Abs. 2 neu eingeführt hat, kann der Vorsitzende auch im Beschlussverfahren ein **Güteverfahren** vor der Hauptanhörung durchführen. Es ist aber in das Ermessen des Vorsitzenden gestellt, ob er einen Gütetermin ansetzt[6]. Der Grund hierfür ist, dass bei besonders eiligen Fällen, wie bei Unterlassungsanträgen, eine obligatorische Güteverhandlung in betriebsverfassungsrechtlichen Streitigkeiten sich kontraproduktiv auswirken würde[7]. Der 44

---

1 BGBl. I 2012 S. 1577 ff.
2 BT-Drs. 17/5335, 24.
3 GWBG/*Greiner*, § 80 Rz. 26.
4 GK-ArbGG/*Dörner*, § 80 Rz. 61.
5 GMP/*Matthes*/*Spinner*, § 80 Rz. 64.
6 *Düwell*, AiB 2000, 244.
7 *Düwell*, AiB 2000, 244.

Vorsitzende kann nicht nur eine Güteverhandlung anberaumen, sondern er hat auch die Möglichkeit, gem. § 54 Abs. 1 Satz 5 mit Zustimmung der Parteien in einem weiteren Termin die Güteverhandlung fortzusetzen bzw. mit Einverständnis der Beteiligten allein zu entscheiden, § 55 Abs. 3[1].

IV. Rechtsweg, Verfahrensart und Zuständigkeit (Abs. 3)

45 § 80 Abs. 3 ordnet die entsprechende Anwendung des § 48 Abs. 1 an. Es gelten daher auch im Beschlussverfahren für die Zulässigkeit des Rechtsweges, für die Wahl der richtigen Verfahrensart und für die örtliche Zuständigkeit die §§ 17–17b GVG mit den in § 48 genannten Maßgaben (vgl. im Einzelnen § 2a Rz. 117 ff. und die Kommentierung zu § 48).

§ 81 Antrag

(1) Das Verfahren wird nur auf Antrag eingeleitet; der Antrag ist bei dem Arbeitsgericht schriftlich einzureichen oder bei seiner Geschäftsstelle mündlich zur Niederschrift anzubringen.

(2) Der Antrag kann jederzeit in derselben Form zurückgenommen werden. In diesem Fall ist das Verfahren vom Vorsitzenden des Arbeitsgerichts einzustellen. Von der Einstellung ist den Beteiligten Kenntnis zu geben, soweit ihnen der Antrag vom Arbeitsgericht mitgeteilt worden ist.

(3) Eine Änderung des Antrags ist zulässig, wenn die übrigen Beteiligten zustimmen oder das Gericht die Änderung für sachdienlich hält. Die Zustimmung der Beteiligten zu der Änderung des Antrags gilt als erteilt, wenn die Beteiligten sich, ohne zu widersprechen, in einem Schriftsatz oder in der mündlichen Verhandlung auf den geänderten Antrag eingelassen haben. Die Entscheidung, dass eine Änderung des Antrags nicht vorliegt oder zugelassen wird, ist unanfechtbar.

I. Allgemeines 1	a) Funktion der Antragsbefugnis 50
II. Die Einleitung des Verfahrens	b) Verhältnis der Antragsbefugnis zur Beteiligtenfähigkeit 51
1. Die Antragstellung 2	c) Gesetzliche Grundlagen 52
2. Inhaltliche Anforderungen an die Antragsschrift 3	d) Voraussetzungen der Antragsbefugnis .. 54
a) Bestimmtheit des Sachantrags 4	aa) Antragsbefugnis aufgrund unmittelbarer Betroffenheit 55
b) Begründung des Antrags 9	bb) Antragsbefugnis aufgrund Gesetzes . 63
c) Bezeichnung des Gerichts 11	e) Wegfall der Antragsbefugnis 64
d) Bezeichnung der Beteiligten 12	f) Die Prozessstandschaft 66
e) Unterschrift des Antragstellers 17	aa) Gesetzliche Prozessstandschaft 67
3. Funktionen des Antrags 18	bb) Gewillkürte Prozessstandschaft ... 68
a) Bestimmung des Streitgegenstandes 18	g) Einzelfälle 72
b) Bestimmung der Verfahrensart 19	aa) Antragsbefugnis von Arbeitgebern und Dienststellen 72
c) Rechtshängigkeit und Wahrung von Fristen 22	bb) Antragsbefugnis von Arbeitnehmern 74
4. Antragsarten 23	cc) Antragsbefugnis des Betriebsrats sowie ähnlicher Stellen 76
a) Leistungsanträge 24	dd) Antragsbefugnis von Betriebsratsmitgliedern 80
b) Gestaltungsanträge 26	
c) Feststellungsanträge 27	ee) Antragsbefugnis von Gewerkschaften und Arbeitgeberverbänden 82
d) Hilfsanträge 30	
e) Wideranträge 31	4. Das Rechtsschutzinteresse 87
5. Antragshäufung 32	a) Leistungsanträge 90
6. Auslegung des Antrags 33	b) Gestaltungsanträge 92
III. Der Antragsteller 34	c) Feststellungsanträge 94
IV. Die Zulässigkeit des Antrags 35	V. Mehrheit von Antragstellern
1. Die Beteiligtenfähigkeit 40	1. Notwendige Mehrheit 97
2. Die Prozessfähigkeit 46	2. Tatsächliche Mehrheit 98
3. Die Antragsbefugnis 49	

---

1 GMP/*Matthes*/*Spinner*, § 80 Rz. 57; aA ErfK/*Koch*, § 80 ArbGG Rz. 4. Zur Güteverhandlung im personalvertretungsrechtlichen Beschlussverfahren vgl. *Zimmerling*, Die Personalvertretung 2002, 194 ff.

| VI. Zustellung des Antrags und Ladung der Parteien 99
| VII. Rücknahme des Antrags (Abs. 2) 101
| 1. Zulässigkeit der Rücknahme 102
| 2. Form der Rücknahme 105
| 3. Wirkungen der Rücknahme 106
| 4. Einstellung des Verfahrens 107
| VIII. Änderung des Antrags (Abs. 3)
| 1. Begriff der Antragsänderung 111
| 2. Zulässigkeit der Antragsänderung 113
| 3. Entscheidung über die Antragsänderung .. 119

Schrifttum: *Bittner*, Abschied vom Globalantrag, 2013; *Dunkl*, Der Begriff und die Arten der Beteiligten im arbeitsgerichtlichen Beschlussverfahren, 1979; *Etzel*, Probleme des arbeitsgerichtlichen Beschlussverfahrens, RdA 1974, 215; *Etzel*, Das Beschlussverfahren, AR-Blattei SD März 2004, Arbeitsgerichtsbarkeit XII 160.12; *Fenn*, Effektivere Gestaltung des Beschlussverfahrens durch vermehrte Dispositionsbefugnisse für die Beteiligten, FS 25 Jahre BAG, 1979, S. 91; *Fiebig*, Die Bestimmtheit des Unterlassungsantrags nach § 23 Abs. 3 Satz 1 BetrVG, NZA 1993, 58; *van Friesen*, Antragsrecht des Betriebsrates (Personalrates) nach § 80 Abs. 1 Nr. 1 BetrVG (§ 68 Abs. 1 Nr. 2 BPersVG) im arbeitsgerichtlichen (verwaltungsgerichtlichen) Beschlussverfahren, BB 1983, 1280; *Jacobs*, Der Globalfeststellungsantrag im arbeitsgerichtlichen Beschlussverfahren, FS für E. Picker, 2010, S. 1013; *Kempff*, Klagebefugnis für Gewerkschaften gegen tarifwidrige Betriebsvereinbarungen? AiB 1989, 66; *Klocke*, Die Antragsrücknahme im arbeitsgerichtlichen Beschlussverfahren, NZA-RR 2016, 561; *Laber*, Fragen der Antragstellung im Beschlussverfahren, ArbRB 2007, 28; *Laux*, Die Antrags- und Beteiligungsbefugnis im arbeitsgerichtlichen Beschlussverfahren, 1985; *Matthes*, Zur Antragstellung im Beschlussverfahren, DB 1984, 453; *Matthießen*, Antragsbefugnisse der Tarifparteien im arbeitsgerichtlichen Beschlussverfahren, DB 1988, 285; *Müller*, Zum Rechtsschutz des Arbeitgebers gegen die Anerkennung von Betriebsräteschulungen nach § 37 Abs. 7 BetrVG, DB 1985, 704; *Müller-Knapp*, Anträge im Beschlussverfahren, ArbR 2010, 35; *Mues*, Spielregeln für Feststellungsanträge des Betriebsrats im Beschlussverfahren, ArbRB 2009, 381; *Rossmanith*, Betriebliche Mitbestimmung – Beschlussverfahren – Rechtsschutzinteresse, AuR 1982, 339; *Sabottig*, Zur Antragsbefugnis und Beteiligung im Beschlussverfahren, PersR 1985, 28; *Schmidt*, Befristungskontrolle im arbeitsgerichtlichen Beschlussverfahren, AuR 1988, 26; *Schwarze/Hartwig*, Das arbeitsgerichtliche Beschlussverfahren, JuS 2005, 988, 1089; *Thon*, Zur Antragstellung im arbeitsgerichtlichen Beschlussverfahren, AuR 1996, 175; *Weth*, Das arbeitsgerichtliche Beschlussverfahren, München 1995.

I. Allgemeines

§ 81 regelt in Abs. 1 die **Einleitung des Beschlussverfahrens**. Das Beschlussverfahren wird nur auf Antrag eingeleitet, § 81 Abs. 1 Halbs. 1. Es kann nicht von Amts wegen begonnen werden[1]. Es gilt also auch im Beschlussverfahren der Dispositionsgrundsatz. Abs. 2 regelt die Rücknahme des Antrags und die damit einhergehenden Folgen. Schließlich regelt Abs. 3 die Antragsänderung.

II. Die Einleitung des Verfahrens

1. Die Antragsstellung

Das Beschlussverfahren wird nur auf Antrag, nicht von Amts wegen eingeleitet (§ 81 Abs. 1 Halbs. 1). Der Antragsteller muss die **Antragsschrift** beim ArbG **schriftlich** einreichen oder bei dessen Geschäftsstelle mündlich zur Niederschrift anbringen, § 81 Abs. 1 Halbs. 2. Für die Einreichung eines schriftlichen Antrags gelten die Grundsätze über die Einreichung der Klageschrift entsprechend. Auch eine durch Telefax übermittelte Antragsschrift ist damit wirksam eingereicht. Unter den Voraussetzungen des § 46c kann der Antrag auch als elektronisches Dokument mit einer qualifizierten Signatur eingereicht werden. Gemäß § 253 Abs. 5 ZPO soll zusammen mit der Antragsschrift zugleich die erforderliche Zahl von Abschriften eingereicht werden. Allerdings hat es auf die Zulässigkeit des Antrags keine Auswirkungen, wenn dies unterbleibt[2]. Das Verfahren kann nicht durch Beantragung eines Mahnbescheids eingeleitet werden. Auch können Zahlungsansprüche, die dem Beschlussverfahren unterworfen sind, nicht im Wege des Mahnverfahrens geltend gemacht werden[3].

2. Inhaltliche Anforderungen an die Antragsschrift

Einzelheiten darüber, welchen Inhalt die Antragsschrift haben muss, finden sich weder in § 81 noch an anderer Stelle im ArbGG. Die Verweisung der § 80 Abs. 2, § 46 Abs. 2 Satz 1 auf die zivilprozessualen Vor-

---
[1] GWBG/*Greiner*, § 81 Rz. 1.
[2] GMP/*Matthes/Spinner*, § 81 Rz. 13.
[3] GMP/*Germelmann*, § 46a Rz. 2.

schriften bezieht sich nicht auf den Inhalt der Antragsschrift. Es ist aber allgemein anerkannt, dass § 253 Abs. 2 ZPO entsprechend anwendbar ist[1].

a) Bestimmtheit des Sachantrags

4   Die Antragsschrift muss einen **bestimmten Sachantrag** enthalten, § 253 Abs. 2 Nr. 2 ZPO. Im Beschlussverfahren muss der Antrag ebenso bestimmt sein wie im Urteilsverfahren[2]. Der Antrag genügt den Bestimmtheitsanforderungen, wenn er den Streitgegenstand so genau bezeichnet, dass die eigentliche Streitfrage mit Rechtskraftwirkung zwischen den Beteiligten entschieden werden kann[3]. Ein Antrag, mit dem etwa Handlungspflichten des ArbGeb festgestellt werden sollen, muss die eindeutige Bestimmung des vom ArbGeb erwarteten Verhaltens zulassen[4]; ein auf Unterlassung gerichteter Antrag muss so genau bestimmt sein, dass der Antragsgegner der gerichtlichen Entscheidung unschwer entnehmen kann, welches Verhalten ihm aufgegeben worden ist[5]. Entspricht der Antrag dem Bestimmtheitserfordernis nicht, ist er unter Berücksichtigung seiner Begründung **auszulegen**[6]. Wegen des Erfordernisses der Prozessklarheit darf die Auslegung sich aber nicht völlig vom Wortlaut entfernen und über einen eindeutigen Antrag hinwegsetzen[7]. Dabei ist entgegen der früheren Auffassung des BAG[8] keine großzügigere Auslegung als im Urteilsverfahren geboten. Es gibt keine tragfähigen Argumente, die eine unterschiedliche Auslegung der Anträge im Urteilsverfahren einerseits und im Beschlussverfahren andererseits rechtfertigen (vgl. Rz. 33).

5   Auch **Globalanträge** müssen dem Bestimmtheitserfordernis genügen. Dabei handelt es sich um Anträge auf Vornahme einer Handlung, Unterlassung oder Duldung, die sich einschränkungslos auf alle denkbaren Möglichkeiten erstrecken, unter denen das geltend gemachte Recht bestehen soll[9].

6   **Beispiele:**
 - Der Antragsteller kann die Feststellung beantragen, dass der ArbGeb nicht berechtigt ist, sich im Rahmen seiner Unterrichtungs- und Beratungspflichten nach § 90 BetrVG durch andere Personen als seine gesetzlichen Vertreter oder leitende Angestellte iSv. § 5 Abs. 3 BetrVG gegenüber dem BR vertreten zu lassen[10].
 - Der Antragsteller kann die Feststellung eines Mitwirkungsrechts des BR hinsichtlich jeder Anordnung von Überstunden beantragen[11].
 - Der Antragsteller kann auch die Feststellung beantragen, dass Personalversetzungen innerhalb der Abteilungen eines Unternehmens ohne Zustimmung des BR unwirksam sind[12], bzw. beantragen, den ArbGeb zu verpflichten, dem BR zur Erfüllung seiner Aufgaben die Benutzung des bürointernen Mailbox-Systems zu gestatten[13].

---

1 St. Rspr., vgl. BAG v. 22.7.2014 – 1 ABR 9/13, Rz. 12; BAG v. 8.11.1983 – 1 ABR 57/81, EzA § 81 ArbGG 1979 Nr. 4; BAG v. 3.5.1984 – 6 ABR 68/81, EzA § 81 ArbGG 1979 Nr. 6; BAG v. 22.10.1985 – 1 ABR 38/83, EzA § 87 BetrVG 1972 – Betriebliche Lohngestaltung Nr. 10; BAG v. 29.6.1988 – 7 ABR 15/87, EzA § 118 BetrVG 1972 Nr. 43; BAG v. 7.8.1990 – 1 ABR 68/89, EzA § 99 BetrVG 1972 Nr. 91; BAG v. 11.12.1991 – 7 ABR 16/91, EzA § 90 BetrVG 1972 Nr. 2; BAG v. 3.5.2006 – 1 ABR 63/04, NZA 2007, 286 Rz. 16.
2 BAG v. 27.7.2016 – 7 ABR 16/14, NJW 2016, 3801 (3802), Rz. 13; BAG v. 22.7.2014 – 1 ABR 9/13, Rz. 12; BAG v. 24.8.2011 – 7 ABR 8/10, NZA 2012, 223 (225), Rz. 20; BAG v. 3.5.2006 – 1 ABR 63/04, NZA 2007, 285 (286) Rz. 16; BAG v. 14.9.2010 – 1 ABR 32/09, NZA 2011, 364 (365), Rz.14.
3 BAG v. 22.7.2014 – 1 ABR 9/13, Rz. 12; BAG v. 7.8.1990 – 1 ABR 68/89, EzA § 99 BetrVG 1972 Nr. 91 mwN; BAG v. 11.12.1991 – 7 ABR 16/91, EzA § 90 BetrVG 1972 Nr. 2; BAG, 3. 5.2006 – 1 ABR 63/04, NZA 2007, 285, 286 Rz. 16; BAG v. 24.8.2011 – 7 ABR 8/10, NZA 2012, 223 (225), Rz. 20; BAG v. 14.9.2010 – 1 ABR 32/09, NZA 2011, 364 (365), Rz.14.
4 BAG v. 10.12.2002 – 1 ABR 7/02, AP Nr. 59 zu § 80 BetrVG 1972.
5 LAG Hamm v. 23.1.2004 – 10 TaBV 43/03, juris Rz. 54; BAG v. 14.9.2010 – 1 ABR 32/09, NZA 2011, 364 (365), Rz.14.
6 BAG v. 27.10.1992 – 1 ABR 17/92, EzA § 87 BetrVG 1972 – Betriebliche Lohngestaltung Nr. 40.
7 BAG v. 27.10.1992 – 1 ABR 17/92, EzA § 87 BetrVG 1972 – Betriebliche Lohngestaltung Nr. 40; BAG v. 13.7.1993 – 1 ABR 2/93.
8 BAG v. 8.2.1957 – 1 ABR 11/55, AP Nr. 1 zu § 82 BetrVG; BAG v. 9.10.1970 – 1 ABR 18/69, EzA § 63 BetrVG Nr. 3; BAG v. 16.2.1973 – 1 ABR 18/72, EzA § 19 BetrVG 1972 Nr. 1.
9 BAG v. 10.6.1986 – 1 ABR 61/84, EzA § 87 BetrVG 1972 – Arbeitszeit Nr. 18; BAG v. 18.9.1991 – 7 ABR 63/90, AP Nr. 40 zu § 40 BetrVG; BAG v. 11.12.1991 – 7 ABR 16/91, AP Nr. 2 zu § 90 BetrVG 1972; BAG v. 17.2.1993 – 7 ABR 19/92, SAE 1994, 78; BAG v. 3.5.1992 – 1 ABR 31/91, EzA § 77 BetrVG 1972 Nr. 47; vgl. ausführlich zum Globalfeststellungsantrag im arbeitsgerichtlichen Verfahren *Jacobs*, in FS E. Picker, 2010, S. 1013 ff.
10 BAG v. 11.12.1991 – 7 ABR 16/91, AP Nr. 2 zu § 90 BetrVG 1972.
11 BAG v. 10.6.1986 – 1 ABR 61/84, EzA § 87 BetrVG 1972 – Arbeitszeit Nr. 18; BAG v. 10.3.1992 – 1 ABR 31/91, EzA § 77 BetrVG 1972 Nr. 47.
12 BAG v. 6.12.1994 – 1 ABR 30/94, AP Nr. 24 zu § 23 BetrVG 1972.
13 BAG v. 17.2.1993 – 7 ABR 19/92, EzA § 40 BetrVG 1972 Nr. 69.

Umfasst der Antrag aber nur einen Fall, in dem das begehrte Recht nicht besteht, ist er insgesamt unbegründet[1]. Einem Globalantrag kann also nur stattgegeben werden, wenn der **Anspruch** auf Vornahme, Unterlassung oder Duldung der Handlung unter allen denkbaren Gesichtspunkten **einschränkungslos** besteht[2]. Unzulässig ist ein Globalantrag allerdings dann, wenn ihm die erforderliche Bestimmtheit fehlt. Das hatte das BAG[3] zu Recht in einem Fall angenommen, in dem der antragstellende BR nahezu wörtlich die in § 99 Abs. 1 BetrVG geregelten Verpflichtungen des ArbGeb wiederholt und beantragt hatte, diesem aufzugeben, „die Mitwirkungs-, Mitbestimmungs- und Informationsrechte des BR nach dem BetrVG zu wahren, insbesondere gem. § 99 BetrVG den BR vor jeder Einstellung, Eingruppierung, Umgruppierung und Versetzung zu unterrichten, ihm die erforderlichen Bewerbungsunterlagen vorzulegen und Auskünfte über die Person der Beteiligten zu geben, sowie dem Antragsteller unter Vorlage der erforderlichen Unterlagen Auskunft über die Auswirkung der geplanten Maßnahme zu geben und die Zustimmung des BR zu der geplanten Maßnahme einzuholen". Hier wird letztlich vom Antragsteller verlangt, sich in Zukunft in allen auftretenden Fällen gesetzeskonform zu verhalten. Jeglicher Bezug zu einem konkreten Fall fehlt; es kann hier nicht eine Streitfrage mit Rechtskraftwirkung zwischen den Beteiligten entschieden werden. Der Antragsgegner weiß – angesichts der vielen Streitfragen, die sich hinter den genannten Formulierungen verbergen – nicht, wie er sich konkret verhalten soll. Zu Recht hat daher das BAG klargestellt, dass der BR sich in diesem Fall gerade auf die umstrittenen personellen Maßnahmen hätte beziehen und diese hätte eindeutig umschreiben müssen[4].

Hat der Antragsteller keinen Sachantrag gestellt, muss der Vorsitzende des ArbG gem. § 139 ZPO **darauf hinweisen**, dass es eines solchen Antrags bedarf. Entspricht der Antrag nicht den Bestimmtheitserfordernissen, muss der Vorsitzende gem. § 139 ZPO **darauf hinwirken**, dass der Antragsteller einen sachdienlichen Antrag stellt, also einen Antrag, der sein Begehren bestimmt bezeichnet. Das Begehren des Antragstellers ist als unzulässig zurückzuweisen, wenn er trotz eines entsprechenden Hinweises des Gerichts keinen Antrag stellt oder einen unbestimmten Antrag nicht präzisiert[5].

b) Begründung des Antrags

Aus § 253 Abs. 2 Nr. 2 ZPO ergibt sich, dass der Sachantrag begründet werden muss[6]. Der **Begründungszwang** lässt sich nicht nur aus § 253 ZPO, sondern auch aus der durch § 83 Abs. 1 angeordneten Mitwirkungspflicht der Parteien herleiten. Eine fehlende Begründung ist ein Inhaltsmangel, der zur Abweisung der Klage als unzulässig führt[7]. Darauf muss der Vorsitzende gem. § 139 ZPO hinweisen. Wird die Begründung trotz eines Hinweises nicht nachgereicht, ist der Antrag als unzulässig zurückzuweisen[8].

Das **Nachreichen der Begründung** ist in den Fällen unproblematisch, in denen der Antrag nicht binnen einer Frist gestellt werden muss. In den Fällen, in denen der Antrag dagegen innerhalb einer bestimmten Ausschlussfrist eingereicht werden muss (zB § 19 Abs. 2, § 76 Abs. 5 Satz 4 BetrVG), führt die nach Ablauf dieser Frist eingereichte Begründung des zunächst unzulässigen Antrag nicht zu dessen nachträglicher Zulässigkeit. Aus prozessualer Sicht wird durch das Nachreichen der Begründung aus dem unzulässigen ein zulässiger Antrag. Die Beseitigung des Mangels wirkt allerdings nicht zurück[9]. Der unzulässige Antrag ist damit nicht geeignet, die Ausschlussfrist zu wahren, mit deren Versäumung der Antrag endgültig keinen Erfolg mehr haben kann. So ist bspw. in einem Wahlanfechtungsverfahren der Antrag zurückzuweisen, wenn er nicht innerhalb der Frist des § 19 Abs. 2 Satz 2 BetrVG begründet wird[10].

---

1 BAG v. 11.12.1991 – 7 ABR 16/91, AP Nr. 2 zu § 90 BetrVG 1972 mwN; BAG v. 17.2.1993 – 7 ABR 19/92, EzA § 40 BetrVG 1972 Nr. 69, krit. dazu *Thon*, ArbuR 1996, 175 (177).
2 BAG v. 18.9.1991 – 7 ABR 63/90, AP Nr. 40 zu § 40 BetrVG.
3 BAG v. 17.3.1987 – 1 ABR 65/85, NZA 1987, 786.
4 BAG v. 17.3.1987 – 1 ABR 65/85, NZA 1987, 786 (788).
5 Vgl. BAG v. 27.7.2016 – 7 ABR 16/14, NJW 2016, 3801, Rz. 20 ff.; BAG v. 13.3.1973 – 1 ABR 15/72, BB 1973, 847; *Weth*, Das arbeitsgerichtliche Beschlussverfahren, S. 297.
6 St. Rspr., vgl. BAG v. 24.5.1965 – 1 ABR 1/65, AP Nr. 14 zu § 18 BetrVG; BAG v. 13.3.1973 – 1 ABR 15/72, AP Nr. 1 zu § 20 BetrVG 1972; BAG v. 26.5.1988 – 1 ABR 11/87, AP Nr. 26 zu § 76 BetrVG 1972; *Weth*, Das arbeitsgerichtliche Beschlussverfahren, S. 236.
7 Thomas/Putzo/*Reichold*, § 253 ZPO Rz. 20; LAG Rh.-Pf. v. 20.12.2007 – 10 TaBV 39/07, juris Rz. 29 ff.
8 BAG v. 11.11.1998 – 7 ABR 57/97, NZA 1999, 945; BAG v. 11.3.1998 – 7 ABR 59/96, NZA 1998, 953.
9 BGH v. 29.11.1956 – III ZR 235/55, BGHZ 22, 254; BGH v. 21.12.1983 – IVb ZB 29/82, NJW 1984, 926; BAG v. 26.2.1980 – 6 AZR 970/77, AP Nr. 3 zu § 110 ArbGG 1953.
10 BAG v. 24.5.1965 – 1 ABR 1/65, AP Nr. 14 zu § 18 BetrVG; BAG v. 26.5.1988 – 1 ABR 11/87, AP Nr. 26 zu § 76 BetrVG 1972.

c) Bezeichnung des Gerichts

11 In der **Antragsschrift** muss das **Gericht bezeichnet** sein, es gilt § 253 Abs. 2 Nr. 1 ZPO entsprechend. Sie erfolgt normalerweise dadurch, dass die Antragsschrift an ein bestimmtes Gericht adressiert wird. Der Angabe einer bestimmten Kammer bedarf es nicht.

d) Bezeichnung der Beteiligten

12 Während § 253 Abs. 2 Nr. 1 ZPO die **Bezeichnung der Parteien** fordert, ist die Bedeutung dieser Vorschrift für das Beschlussverfahren umstritten. Teilweise wird nur die Angabe des Antragstellers gefordert[1]. Die Bezeichnung der übrigen Beteiligten sei zwar empfehlenswert, aber nicht erforderlich. Diese Beteiligten ermittle das Gericht von Amts wegen. Nach anderer Auffassung muss die Antragsschrift neben dem Antragsteller auch erkennen lassen, gegen wen sie sich richtet. Lediglich die übrigen Beteiligten brauchten nicht angegeben zu werden. Abweichend von den genannten Auffassungen darf nach Ansicht von *Grunsky*[2] das Gericht nicht von Amts wegen Beteiligte ermitteln. Es sei allein der Antragsteller, der die Verfahrensbeteiligten bestimmt. Das Gericht habe keine Möglichkeit, von sich aus weitere Beteiligte hinzuzuziehen.

13 Einer **Bezeichnung des Antragsgegners bedarf es nicht**, da § 253 Abs. 2 Nr. 1 ZPO im arbeitsgerichtlichen Beschlussverfahren nicht voll anwendbar ist. Die Vorschriften der ZPO sind nämlich im Beschlussverfahren nur insoweit anwendbar, als sich aus den §§ 81–84 nichts anderes ergibt, § 80 Abs. 2. Bezüglich der Bezeichnung des Antragsgegners ergibt sich aber etwas anderes aus § 83 Abs. 3. Nach dieser Vorschrift muss das Gericht bestimmte Personen und Stellen am Verfahren beteiligen. Das Gericht muss also die materiell Beteiligten von Amts wegen vollständig feststellen und von Amts wegen zum Verfahren hinzuziehen[3]. Für den Antragsteller darf kein Nachteil daraus entstehen, dass er den Antragsgegner nicht bezeichnet. Die fehlende Bezeichnung des Antragsgegners macht den Antrag daher nicht unzulässig.

14 Werden **sonstige Beteiligte** nicht bezeichnet, ist dies ebenfalls unschädlich. Bei fehlender Bezeichnung durch den Antragsteller ist das Gericht verpflichtet festzustellen, wer Antragsgegner ist und welche Personen und Stellen neben dem Antragsgegner am Verfahren zu beteiligen sind. Der Antragsteller muss also den Antragsgegner und die sonstigen Beteiligten in der Antragsschrift nicht bezeichnen.

15 Umstritten ist darüber hinaus die Frage, ob die **Bezeichnung** von Personen oder Stellen als Beteiligte in der Antragsschrift für das Gericht **bindend** ist[4]. Der Antragsteller kann dadurch, dass er seinen Antrag **gegen einen bestimmten Antragsgegner** richtet, das Gericht binden und verhindern, dass das Gericht den Antragsgegner bestimmt. Die Auffassung, dass das Gericht gegen den Willen des Antragstellers eine andere als die von ihm benannte Person oder Stelle zum Antragsgegner bestimmen kann, ist mit dem Dispositionsgrundsatz nicht vereinbar[5]. Durch ein solches Auswechseln des Antragsgegners durch das Gericht würde der Streitgegenstand nämlich geändert. Darüber hinaus würde dem Antragsteller durch die Verurteilung des gegen seinen Willen bestimmten Antragsgegners etwas zugesprochen, was er nicht beantragt hat. Das wäre ein Verstoß gegen § 308 Abs. 1 Satz 1 ZPO. Das Gericht ist also gebunden, wenn der Antragsteller in seinem Auftrag den Antragsgegner bestimmt.

16 Etwas anderes gilt, wenn der Antragsteller das Gericht **auffordert**, neben dem Antragsgegner **sonstige Beteiligte** (also solche Beteiligte, die weder Antragsteller noch Antragsgegner sind) **zum Verfahren hinzuzuziehen**. Durch die Beteiligung bzw. Nichtbeteiligung der sonstigen Beteiligten wird der Streitgegenstand nicht geändert. Die sonstigen Beteiligten können nicht verurteilt werden. Die Gründe, die dafür sprechen, dass das Gericht an die Bezeichnung des Antragsgegners gebunden ist, gelten beim sonstigen Beteiligten nicht. Ein sonstiger Beteiligter ist daher dann vom Gericht zu beteiligen, wenn er beteiligungsbefugt ist. Ob er vom Antragsteller bezeichnet worden ist oder nicht, ist unerheblich.

---

1 GMP/*Matthes/Spinner*, § 81 Rz. 11.
2 *Grunsky*, ArbGG, 7. Aufl. 1995, § 80 Rz. 27.
3 BAG v. 20.7.1982 – 1 ABR 19/81, AP Nr. 26 zu § 76 BetrVG 1952; BAG v. 26.11.1968 – 1 ABR 7/68, AP Nr. 18 zu § 76 BetrVG; BAG v. 6.11.1973 – 1 ABR 15/73, AP Nr. 8 zu § 89 ArbGG 1953.
4 Verneinend GMP/*Matthes/Spinner*, § 81 Rz. 12; GWBG/*Greiner*, § 81 Rz. 4, 13; für eine solche Bindung noch *Grunsky*, ArbGG, 7. Aufl. 1995, § 80 Rz. 27.
5 *Weth*, Das arbeitsgerichtliche Beschlussverfahren, S. 238.

e) Unterschrift des Antragstellers

Die Antragsschrift muss als **bestimmender Schriftsatz** vom Antragsteller oder einem postulationsfähigen Vertreter unterzeichnet sein[1]. Eine durch Telefax übermittelte Antragsschrift genügt unter den gleichen Voraussetzungen, unter denen ein Rechtsmittel eingelegt werden kann.

3. Funktionen des Antrags

a) Bestimmung des Streitgegenstandes

Der **Antrag** ist auch im arbeitsgerichtlichen Beschlussverfahren **Grundlage für die Tätigkeit** des Gerichts und gibt die Zielrichtung vor[2]. Mit seinem Antrag bestimmt der Antragsteller, welche Fragen er vom Gericht geklärt haben will[3]. Er bestimmt den Streitgegenstand[4]. Der **Streitgegenstand** muss so **genau bezeichnet** werden, dass die eigentliche Streitfrage mit Rechtskraftwirkung zwischen den Beteiligten entschieden werden kann[5]. Das gilt auch und vor allem für Anträge, mit denen Unterlassen von Handlungen verlangt wird[6]. Der Antrag umschreibt den einzelnen Fall, der Grundlage für die Prüfung bildet, welche Stellen und Personen im eingeleiteten Beschlussverfahren zu beteiligen sind[7]. Nur in dem durch den Streitgegenstand abgesteckten Rahmen darf und muss das Gericht den Sachverhalt von Amts wegen aufklären[8]. Es ist dem Gericht nicht gestattet, über die Anträge der Beteiligten hinaus eine Nachprüfung vorzunehmen[9]. Das Gericht ist auch insoweit an die Anträge gebunden, als es den Beteiligten nicht etwas zusprechen darf, was nicht beantragt ist[10]. Insoweit gilt § 308 Abs. 1 ZPO auch im Beschlussverfahren[11].

b) Bestimmung der Verfahrensart

Der Antragsteller muss in seiner Antragsschrift deutlich machen, ob er im Urteils- oder Beschlussverfahren entschieden haben will. Die Wahl der Verfahrensart unterliegt allerdings nicht der Disposition des Antragstellers oder der Beteiligten[12]. Lässt sich die Verfahrensart nicht eindeutig aus der Antragsschrift entnehmen, ist diese **auszulegen**. Im Zweifelsfall ist der Antragsteller zu befragen und durch richterlichen Hinweis gem. § 139 ZPO **auf eine Klarstellung hinzuwirken** (vgl. dazu auch Rz. 33).

Hat der Antragsteller die falsche Verfahrensart gewählt, **verweist das Gericht von Amts wegen in die richtige Verfahrensart**. Dies ergibt sich aus § 48 Abs. 1, der für die Zulässigkeit der Verfahrensart auf die §§ 17–17b GVG verweist. Gemäß § 17a Abs. 2 GVG spricht das Gericht, falls der Rechtsweg unzulässig ist, dies nach Anhörung der Parteien von Amts wegen aus und verweist den Rechtsstreit zugleich an das zuständige Gericht des zulässigen Rechtswegs. Auf das arbeitsgerichtliche Verfahren angewandt besagt diese Vorschrift, dass das Gericht, falls der Antragsteller die falsche Verfahrensart gewählt hat, dies nach Anhörung der Beteiligten von Amts wegen ausspricht und dann ebenfalls von Amts wegen den Rechtsstreit in die richtige Verfahrensart verweist. Der Sachantrag des Antragstellers kann daher **nicht** mit der Begründung **als unzulässig zurückgewiesen werden**, er habe die falsche Verfahrensart gewählt. Bei ordnungsgemäßem Vorgehen des Gerichts wird das Begehren des Antragstellers ohne sein Zutun in der richtigen Verfahrensart behandelt.

---

1 BAG v. 21.10.1969 – 1 ABR 8/69, AP Nr. 10 zu § 3 BetrVG; GMP/*Matthes*/*Spinner*, § 81 Rz. 7.
2 BAG v. 26.11.1968 – 1 ABR 7/68, AP Nr. 18 zu § 76 BetrVG.
3 BAG v. 26.6.1973 – 1 ABR 24/72, AP Nr. 2 zu § 2 BetrVG 1972; BAG v. 19.5.1978 – 6 ABR 25/75, AP Nr. 1 zu § 88 BetrVG 1972.
4 BAG v. 19.5.1978 – 6 ABR 25/75, AP Nr. 1 zu § 88 BetrVG 1972; BAG v. 27.10.1992 – 1 ABR 17/92, EzA § 87 BetrVG 1972 – Betriebliche Lohngestaltung Nr. 40.
5 BAG v. 7.8.1990 – 1 ABR 68/89, NZA 1991, 150 mwN; vgl. auch BAG v. 6.11.1990 – 1 ABR 60/89, SAE 1992, 1; BAG v. 23.4.1991 – 1 ABR 49/90, NZA 1991, 817.
6 BAG v. 17.6.1997 – 1 ABR 10/97.
7 BAG v. 25.8.1981 – 1 ABR 61/79, AP Nr. 2 zu § 83 ArbGG 1979; BAG v. 29.7.1982 – 6 ABR 51/79, AP Nr. 5 zu § 83 ArbGG 1979.
8 BAG v. 25.9.1986 – 6 ABR 68/84, AP Nr. 7 zu § 1 BetrVG 1972; BAG v. 13.3.1973 – 1 ABR 15/72, AP Nr. 1 zu § 20 BetrVG 1972; vgl. GMP/*Matthes*/*Spinner*, § 81 Rz. 33.
9 BAG v. 13.3.1973 – 1 ABR 15/72, AP Nr. 1 zu § 20 BetrVG 1972.
10 BAG v. 27.10.1992 – 1 ABR 17/92, EzA § 87 BetrVG 1972 – Betriebliche Lohngestaltung Nr. 34; BAG v. 6.12.1983 – 1 ABR 43/81, EzA § 87 BetrVG 1972 – Bildschirmarbeitsplatz Nr. 1.
11 Unbestritten, vgl. nur BAG v. 13.6.1989 – 1 ABR 4/88, AP Nr. 36 zu § 80 BetrVG 1972; BAG v. 20.12.1988 – 1 ABR 63/87, AP Nr. 5 zu § 92 ArbGG 1979; *Weth*, Das arbeitsgerichtliche Beschlussverfahren, S. 188.
12 BAG v. 5.4.1984 – 6 AZR 70/83, AP Nr. 13 zu § 78a BetrVG 1972.

21 Besonderheiten ergeben sich beim **Verfahren vor den Verwaltungsgerichten**[1]. Sie entscheiden über personalvertretungsrechtliche Streitigkeiten durch besondere Spruchkörper: die Fachkammern und Fachsenate für Personalvertretungssachen (vgl. § 84 BPersVG und die entsprechenden Ländervorschriften). Hier stellt sich zusätzlich die Frage nach dem zuständigen Spruchkörper innerhalb des verwaltungsgerichtlichen Beschlussverfahrens. Dabei ist § 17a GVG, der an sich nur Fragen der Zulässigkeit des Rechtswegs betrifft, entsprechend anzuwenden. Über Streitigkeiten betreffend die Zuständigkeit eines Spruchkörpers ist durch gesonderten Beschluss von Amts wegen zu entscheiden.

c) Rechtshängigkeit und Wahrung von Fristen

22 Mit der ersten **Zustellung** der Antragsschrift an einen Beteiligten wird die Streitsache **rechtshängig** (§ 261 Abs. 1 ZPO). Es treten die in § 261 Abs. 3 ZPO genannten Wirkungen ein. Sind wie etwa bei der Anfechtung der BR-Wahl Fristen einzuhalten (§ 19 Abs. 2 BetrVG), ist § 167 ZPO anwendbar. Es gilt daher die Frist als gewahrt, wenn der Antrag binnen der Frist bei Gericht eingereicht und die Antragsschrift dann demnächst zugestellt wird[2].

4. Antragsarten

23 Ebenso wie im arbeitsgerichtlichen Urteilsverfahren und im zivilprozessualen Verfahren kann im arbeitsgerichtlichen Beschlussverfahren die **Verurteilung zu einer Leistung** begehrt werden. Es kann das **Bestehen oder Nichtbestehen eines Rechtsverhältnisses** zum Gegenstand eines Antrags gemacht werden, aber auch eine Rechtsänderung beantragt werden. Das Beschlussverfahren kennt also sowohl Leistungs- als auch Feststellungs- und Gestaltungsanträge.

a) Leistungsanträge

24 Leistungsansprüche ergeben sich für das arbeitsgerichtliche Beschlussverfahren häufig aus dem BetrVG. Vorschriften dieses Gesetzes, die eine Verpflichtung des ArbGeb zur Leistung von Geld oder Sachen, zur Vorlage von Unterlagen oder zur Unterrichtung des BR normieren, gewähren gleichzeitig einen Anspruch auf Erfüllung dieser Verpflichtungen[3]. Solche Ansprüche sind auch nicht durch § 23 Abs. 3 BetrVG auf den Fall beschränkt, dass die Nichterfüllung der Verpflichtung sich als ein grober Pflichtverstoß des ArbGeb darstellt. § 23 Abs. 3 BetrVG stellt lediglich eine abschließende Regelung der Ansprüche des BR gegen den ArbN bei **Verstößen gegen Beteiligungsrechte des BR** dar. Ansprüche auf Leistung von Geld oder Sachen, Vorlage von Unterlagen und Unterrichtung gewähren aber keine unmittelbare Beteiligung. Auf sie findet § 23 Abs. 3 BetrVG daher keine Anwendung[4].

25 **Beispiele für Ansprüche aus dem BetrVG:**
- Gewährung des Zutritts betriebsfremder Personen zum BR-Büro, jedoch nur soweit dies zur Erfüllung der Aufgaben des BR erforderlich ist[5];
- Kostenerstattungsansprüche[6];
- Freistellung von Verbindlichkeiten[7];
- Zurverfügungstellung von Sachmitteln gem. § 40 BetrVG[8];
- Vorlage von Unterlagen[9];
- Auskunftsansprüche[10];
- Anspruch auf Gewährung von Einblick in Bruttolohn- und Gehaltslisten[11];

---

1 GMP/*Matthes*/*Spinner*, § 81 Rz. 6.
2 GK-ArbGG/*Ahrendt*, § 81 Rz. 13; aA GMP/*Matthes*/*Spinner*, § 81 Rz. 35, rechtzeitige Einreichung des Antrags reiche zur Fristwahrung aus.
3 BAG v. 17.5.1983 – 1 ABR 21/80, AP Nr. 19 zu § 80 BetrVG 1972.
4 BAG v. 17.5.1983 – 1 ABR 21/80, AP Nr. 19 zu § 80 BetrVG 1972; BAG v. 22.2.1983 – 1 ABR 27/81, AP Nr. 2 zu § 23 BetrVG 1972.
5 BAG v. 25.3.1992 – 7 ABR 65/90, EzA § 2 BetrVG 1972 Nr. 14; BAG v. 18.9.1991 – 7 ABR 63/90, AP Nr. 40 zu § 40 BetrVG 1972.
6 BAG v. 26.7.1989 – 7 ABR 72/88, EzA § 2a ArbGG 1979 Nr. 1.
7 BAG v. 8.4.1992 – 7 ABR 56/91, AP Nr. 15 zu § 20 BetrVG 1972.
8 BAG v. 25.1.1995 – 7 ABR 37/94, EzA § 40 BetrVG 1972 Nr. 73.
9 BAG v. 20.9.1990 – 1 ABR 74/89, EzA § 80 BetrVG 1972 Nr. 39; BAG v. 5.2.1991 – 1 ABR 24/90, AP Nr. 10 zu § 106 BetrVG 1972.
10 BAG v. 30.9.2008 – 1 ABR 54/07, NZA 2009, 502 (503) Rz. 30 ff.
11 BAG v. 30.9.2008 – 1 ABR 54/07, NZA 2009, 502 (503) Rz. 20 ff.

- Zustimmung zur Beiziehung eines Sachverständigen[1];
- Durchführung von Unterrichtung und Beratung[2];
- Anwendung bestehender Betriebsvereinbarungen[3];
- Aufhebung von personellen Einzelmaßnahmen[4];
- Unterlassung von Versetzungen ohne vorherige Zustimmung des BR[5];
- Unterlassung von mitbestimmungspflichtigen Handlungen ohne vorherige Zustimmung bzw. Einigung mit dem BR[6];
- Unterlassung von Verstößen gegen die Geheimhaltungspflicht[7].

b) Gestaltungsanträge

Mit Gestaltungsanträgen wird die unmittelbare **Rechtsänderung durch Gerichtsentscheidung** begehrt. Im BetrVG sind Gestaltungsentscheidungen des Gerichts etwa in folgenden Fällen vorgesehen: 26
- Wahlanfechtung gem. § 19 Abs. 1 BetrVG;
- Auflösung des BR oder Ausschluss eines BR-Mitglieds, § 23 Abs. 1 BetrVG;
- Auflösung eines Arbeitsverhältnisses gem. § 78a Abs. 4 Nr. 2 BetrVG.

c) Feststellungsanträge

Feststellungsanträge sind auf die **Feststellung des Bestehens oder Nichtbestehens eines Rechtsverhältnisses** oder einzelner **Berechtigungen** aus einem Rechtsverhältnis gerichtet[8]. Auch einzelne Ansprüche aus einem Rechtsverhältnis können Gegenstand eines Feststellungsantrags sein[9]. Das Rechtsverhältnis kann entweder zwischen den Verfahrensbeteiligten bestehen oder zwischen einem der Verfahrensbeteiligten und einem Dritten. Im letzten Fall muss der Verfahrensbeteiligte aber ein eigenes rechtliches Interesse an der Feststellung der Drittrechtsbeziehung haben. Das ist der Fall, wenn durch das Rechtsverhältnis die rechtliche Lage des Verfahrensbeteiligten beeinflusst werden könnte[10]. Auch allgemeine Zwischenfeststellungsanträge sind zulässig[11]. 27

Unzulässig sind dagegen Anträge, die auf die Feststellung von Tatsachen oder tatsächlichen Vorgängen gerichtet sind[12]. Dies gilt auch, wenn das Gesetz an das Vorliegen bestimmter Tatsachen zwingende Rechtsfolgen knüpft. Durch Auslegung kann ein derart unzulässiger Feststellungsantrag aber in einen Leistungsantrag umgedeutet werden[13]. 28

Gegenstand von Feststellungsanträgen können bspw. sein: 29
- Bestehen oder Nichtbestehen eines Mitbestimmungsrechts an einer näher zu bezeichnenden Maßnahme[14];
- Bestehen oder Nichtbestehen von Pflichten zur Unterrichtung und Vorlage von Unterlagen[15] bzw. sonstiger betriebsverfassungsrechtlicher Rechte und Pflichten;
- Wirksamkeit oder Weitergeltung einer Betriebsvereinbarung[16];
- Unwirksamkeit des Spruchs einer Einigungsstelle[17];

---

1 BAG v. 26.2.1992 – 7 ABR 51/90, AP Nr. 48 zu § 80 BetrVG 1972.
2 BAG v. 26.1.1988 – 1 ABR 34/86, AP Nr. 31 zu § 80 BetrVG 1972.
3 BAG v. 18.10.1988 – 1 ABR 31/87, EzA § 83 ArbGG 1979 Nr. 8.
4 BAG v. 23.11.1993 – 1 ABR 34/93, EzA § 99 BetrVG 1972 Nr. 119.
5 BAG v. 6.12.1994 – 1 ABR 30/94, EzA § 23 BetrVG 1972 Nr. 37.
6 BAG v. 3.5.1994 – 1 ABR 24/93, EzA § 23 BetrVG 1972 Nr. 36.
7 BAG v. 26.2.1987 – 6 ABR 46/84, AP Nr. 2 zu § 79 BetrVG 1972.
8 BAG v. 22.10.1985 – 1 ABR 47/83, EzA § 87 BetrVG 1972 – Werkwohnung Nr. 7.
9 BAG v. 24.2.1987 – 1 ABR 73/84, EzA § 80 BetrVG 1972 Nr. 28.
10 BAG v. 22.10.1985 – 1 ABR 47/83, EzA § 87 BetrVG 1972 – Werkwohnung Nr. 7.
11 BAG v. 1.2.1989 – 4 ABR 86/88, AP Nr. 63 zu § 99 BetrVG 1972.
12 BAG v. 22.10.1985 – 1 ABR 47/83, EzA § 87 BetrVG 1972 – Werkwohnung Nr. 7.
13 BAG v. 26.10.1982 – 1 ABR 11/81, EzA § 111 BetrVG 1972 Nr. 15.
14 BAG v. 27.10.1992 – 1 ABR 17/92, EzA § 87 BetrVG 1972 – Betriebliche Lohngestaltung Nr. 40; BAG v. 30.8.1994 – 1 ABR 3/94, EzA § 99 BetrVG 1972 Nr. 125.
15 BAG v. 9.5.1995 – 1 ABR 61/94, EzA § 106 BetrVG Nr. 18.
16 BAG v. 10.3.1992 – 3 ABR 54/91, AP Nr. 5 zu § 1 BetrAVG – Betriebsvereinbarung.
17 BAG v. 4.5.1993 – 1 ABR 57/92, AP Nr. 1 zu § 105 GewO.

– Eigenschaft bestimmter Personen als ArbN iSv. § 5 BetrVG und damit verbundene Rechte und Pflichten des BR[1];
– Eigenschaft eines ArbN als leitender Angestellter[2].

d) Hilfsanträge

30 Hilfsanträge sind unter den gleichen **Bedingungen wie im Urteilsverfahren** zulässig. Sie können nicht unter einer (echten) außerprozessualen Bedingung gestellt werden. Verstößt ein Antrag dagegen, ist er unwirksam[3]. Zulässig ist bspw. ein Antrag auf Feststellung, dass die Zustimmung des BR zu einer personellen Einzelmaßnahme als erteilt gilt, hilfsweise auf Ersetzung dieser Zustimmung[4].

e) Widersprüche

31 Auch **Wideranträge sind zulässig**. Daher kann der Widerantrag auf Aufhebung einer personellen Einzelmaßnahme nach § 101 BetrVG in einem vom ArbGeb eingeleiteten Zustimmungsersetzungsverfahren gem. § 99 Abs. 4 BetrVG gestellt werden[5]. Unzulässig ist jedoch die Beantragung des genauen Gegenteils von dem, was vom Antragsteller begehrt wird. Dem steht die Rechtshängigkeit des Streitgegenstands entgegen[6].

5. Antragshäufung

32 Eine **objektive Antragshäufung** ist zulässig[7]. Kraft Gesetzes findet eine Antragshäufung bei der Durchführung vorläufiger personeller Maßnahmen nach § 99 Abs. 4, § 100 Abs. 2, 3 BetrVG statt[8]. Bei objektiver Antragshäufung ist hinsichtlich jeden Antrags zu prüfen, welche Personen oder Stellen Beteiligte am Verfahren über den jeweiligen Antrag sind[9].

6. Auslegung des Antrags

33 Wird das Begehren des Antragstellers aus seinem Antrag nicht eindeutig ersichtlich, ist er auszulegen. Das Gericht muss den wirklichen Willen des Antragstellers ermitteln. Ausgangspunkt für die Auslegung ist der **Wortlaut des Antrags unter Berücksichtigung des vom Antragsteller erstrebten Ziels**[10]. Bei der Auslegung sind die Begründung des Antrags, der Standpunkt des Erklärungsempfängers und die diesem erkennbaren Umstände zu berücksichtigen. Die Grenze der Auslegung ist der eindeutige Wortlaut des Antrags. Bei Unzulässigkeit des Antrags hat das Gericht dann gem. § 139 ZPO auf die Stellung eines sachdienlichen Antrags hinzuwirken. Das BAG vertritt die Auffassung, im Beschlussverfahren sei eine großzügigere Auslegung der Anträge geboten als im Urteilsverfahren[11]. Diese Auffassung ist zu Recht auf Kritik gestoßen[12]. Hierfür bietet das Gesetz keine Anhaltspunkte. Außerdem liefe eine derart weit verstandene Auslegung darauf hinaus, den Parteien ein bestimmtes Begehren zu unterstellen[13]. Es bleibt daher bei den allgemeinen Auslegungsgrundsätzen.

III. Der Antragsteller

34 **Antragsteller** ist, wer Rechtsschutz begehrt. Der Antragsteller nimmt eine Sonderstellung unter den Beteiligten ein. Er formuliert die Anträge und bestimmt durch sie, welche Fragen er vom Gericht geklärt haben

---

1 BAG v. 18.4.1989 – 1 ABR 97/87, AP Nr. 65 zu § 99 BetrVG 1972.
2 BAG v. 11.1.1995 – 7 ABR 33/94, AP Nr. 55 zu § 5 BetrVG 1972.
3 BAG v. 7.5.1986 – 2 ABR 27/85, AP Nr. 18 zu § 103 BetrVG 1972.
4 BAG v. 28.1.1986 – 1 ABR 10/84, AP Nr. 34 zu § 99 BetrVG; GMP/*Matthes/Spinner*, § 81 Rz. 22.
5 ErfK/*Koch*, § 81 ArbGG Rz. 5.
6 BAG v. 8.8.1989 – 1 ABR 61/88, EzA § 106 BetrVG 1972 Nr. 8.
7 BAG v. 29.7.1982 – 6 ABR 51/79, AP Nr. 5 zu § 83 ArbGG 1979.
8 BAG v. 15.9.1987 – 1 ABR 44/86, AP Nr. 46 zu § 99 BetrVG 1972.
9 BAG v. 31.1.1989 – 1 ABR 60/87, AP Nr. 12 zu § 81 ArbGG 1979.
10 BAG v. 17.6.1997 – 1 ABR 10/97.
11 BAG v. 11.11.1997 – 1 ABR 29/97, AP Nr. 17 zu § 99 BetrVG 1972 – Eingruppierung; BAG v. 26.10.1982 – 1 ABR 11/81, AP Nr. 10 zu § 111 BetrVG 1972.
12 Vgl. GK-ArbGG/*Ahrendt*, § 81 Rz. 49; GMP/*Matthes/Spinner*, § 81 Rz. 34; *Thon*, ArbuR 1996, 175 (178); *von Hoyningen-Huene*, Anm. EzA § 99 BetrVG 1972 Nr. 69.
13 Vgl. GK-ArbGG/*Ahrendt*, § 81 Rz. 49.

will[1]. Er **bestimmt den Streitgegenstand**[2]. Er kann dadurch, dass er seinen Antrag gegen einen bestimmten Antragsgegner richtet, das Gericht binden und so erreichen, dass das Gericht den Antragsgegner bestimmt. Der Antrag ist auch im Beschlussverfahren die Grundlage für die Tätigkeit des Gerichts und gibt ihr die Zielrichtung[3]. Der Antragsteller ist immer formell Beteiligter. Er wird es durch Einreichung seines Antrags bei Gericht[4]. Fehlt dem Antragsteller die Antragsbefugnis, ist er also lediglich formell Beteiligter, ist sein Antrag als unzulässig abzuweisen. Ist der Antragsteller antragsbefugt, ist er (auch) materiell Beteiligter; es ist dann (bei Vorliegen der übrigen Prozessvoraussetzungen) in der Sache zu entscheiden.

IV. Die Zulässigkeit des Antrags

Der Antrag ist zulässig, wenn (alle) **Zulässigkeitsvoraussetzungen** gegeben sind. Die Zulässigkeitsvoraussetzungen lassen sich in Prozessvoraussetzungen und Prozesshindernisse unterteilen. **Prozessvoraussetzungen** sind stets von Amts wegen zu beachten, also auch dann, wenn sich kein Beteiligter auf sie beruft. Fehlen sie, ist eine Entscheidung in der Sache ausgeschlossen. Der Antrag ist als unzulässig zurückzuweisen. **Prozesshindernisse** (verzichtbare Zulässigkeitsrügen) werden vom Gericht nur auf Rüge hin beachtet. Liegen gerügte Prozesshindernisse vor, ist der Antrag als unzulässig zurückzuweisen[5]. Verzichtbare Zulässigkeitsrügen sind im zivilprozessualen Verfahren die Rüge gem. § 1027 ZPO im schiedsgerichtlichen Verfahren, die Einrede der fehlenden Ausländersicherheit (§§ 110 ff. ZPO) und die Einrede der mangelnden Kostenerstattung (§ 269 Abs. 6 ZPO). Diese Rügen gibt es im arbeitsgerichtlichen Beschlussverfahren nicht[6]; es sind hier nur die Prozessvoraussetzungen von Bedeutung.

35

Die Prozessvoraussetzungen werden üblicherweise in drei Gruppen unterteilt, nämlich solche Prozessvoraussetzungen, die die Gerichte, solche, die die Beteiligten und solche, die den Streitgegenstand betreffen[7].

36

Es gibt fünf **Prozessvoraussetzungen, die die Beteiligten betreffen**:

37

- die Beteiligten müssen existieren (vgl. dazu Rz. 42 ff.);
- die Beteiligten müssen beteiligtenfähig sein (vgl. dazu Rz. 40 ff.);
- die Beteiligten müssen prozessfähig sein (vgl. dazu Rz. 46 ff.);
- die Beteiligten müssen antrags- bzw. beteiligungsbefugt sein (vgl. dazu Rz. 49 und § 83 Rz. 49 ff.);
- bei Mangel der Prozessfähigkeit muss für die Beteiligten der ordnungsgemäße gesetzliche Vertreter handeln (vgl. dazu § 11).

Zu den **Prozessvoraussetzungen, die das Gericht betreffen**, werden gerechnet:

38

- das Vorliegen der deutschen Gerichtsbarkeit;
- die Zulässigkeit des Rechtsweges;
- die internationale Zuständigkeit;
- die örtliche, sachliche und funktionelle Zuständigkeit.

Für diese Prozessvoraussetzungen gilt – mit einer Ausnahme – im Beschlussverfahren nichts anderes als im Urteilsverfahren, so dass auf die dortige Kommentierung verwiesen werden kann. Bei der Ausnahme handelt es sich um die örtliche Zuständigkeit, die in § 82 für das Beschlussverfahren eine besondere Regelung erfahren hat.

Für die **Prozessvoraussetzungen, die den Streitgegenstand betreffen**, gilt:

39

- Über den Streitgegenstand darf nicht bereits ein anderes gleichgerichtetes Verfahren rechtshängig sein.
- Es darf noch nicht über die Streitsache rechtskräftig entschieden sein.

Für diese beiden Prozessvoraussetzungen gilt im Beschlussverfahren nichts Besonderes. Es kann insoweit auf die Kommentierung zum Urteilsverfahren verwiesen werden.

---

1 BAG v. 26.6.1973 – 1 ABR 24/72, AP Nr. 2 zu § 2 BetrVG 1972; BAG v. 15.9.1965 – 1 ABR 3/65, AP Nr. 4 zu § 94 ArbGG 1953.
2 BAG v. 19.5.1978 – 6 ABR 25/75, AP Nr. 1 zu § 88 BetrVG 1972; BAG v. 16.2.1973 – 1 ABR 18/72, AP Nr. 1 zu § 19 BetrVG 1972.
3 BAG v. 26.11.1968 – 1 ABR 7/68, AP Nr. 18 zu § 76 BetrVG.
4 BAG v. 14.12.2010 – 1 ABR 93/09, NZA 2011, 473, Rz. 10.
5 Vgl. zum Ganzen *Weth*, Das arbeitsgerichtliche Beschlussverfahren, S. 241.
6 *Weth*, Das arbeitsgerichtliche Beschlussverfahren, S. 253.
7 *Weth*, Das arbeitsgerichtliche Beschlussverfahren, S. 241 ff. mwN.

- Der Streitgegenstand muss des Rechtsschutzes fähig und bedürftig sein (Rechtsschutzinteresse, vgl. dazu Rz. 87 ff.).
- Der Antrag muss ordnungsgem. sein, insbesondere muss die Antragsschrift den notwendigen Inhalt haben (vgl. dazu Rz. 3 ff.).

1. Die Beteiligtenfähigkeit

40 Die Beteiligtenfähigkeit (Beteiligungsfähigkeit) im Beschlussverfahren entspricht der Parteifähigkeit im Urteilsverfahren. Sie ist die Fähigkeit, Subjekt des Prozesses zu sein, also Antragsteller, Antragsgegner oder sonstiger Beteiligter. Nur wer die aktive Beteiligtenfähigkeit besitzt, kann Betreiber eines arbeitsgerichtlichen Beschlussverfahrens sein[1]. Die Beteiligtenfähigkeit ist in § 10 ArbGG iVm. § 50 ZPO geregelt. § 10 knüpft dabei an § 50 ZPO an und erweitert den Kreis derjenigen, die fähig sind, sich aktiv an einem Prozess zu beteiligen, über rechtsfähige Personen hinaus, etwa auf Gewerkschaften, ArbGebVerbände und solche Personen und Stellen, die nach dem BetrVG und anderen Gesetzen beteiligt sind (etwa BR, Wirtschaftsausschuss, Wahlvorstand). Nach dem insoweit eindeutigen Wortlaut des § 10 ist beteiligtenfähig die betriebsverfassungsrechtliche Stelle als solche und nicht die Gesamtheit ihrer Mitglieder. Zu den Einzelheiten vgl. die Kommentierung zu § 10.

41 Die Beteiligtenfähigkeit ist **Prozess- und Prozesshandlungsvoraussetzung**. Sie ist in jeder Lage des Verfahrens von Amts wegen zu prüfen, wenn Bedenken gegen sie auftreten (vgl. § 56 Abs. 1 ZPO)[2]. Fehlt die Beteiligtenfähigkeit des Antragstellers oder des Antraggegners, ist der Antrag als unzulässig zurückzuweisen. Beim Streit um die Beteiligtenfähigkeit einer Person bzw. Stelle ist diese als beteiligtenfähig zu behandeln[3].

42 Die **Beteiligtenfähigkeit endet** bei **natürlichen Personen** mit dem Tod. Bei **juristischen Personen** endet die Beteiligtenfähigkeit im Fall der Liquidation mit der Vollbeendigung der Liquidation. Diese tritt nicht ein, wenn noch verteilbares Vermögen oder sonstiger Abwicklungsbedarf besteht[4]. Sie tritt auch nicht ein, wenn eine beklagte juristische Person während des Rechtsstreits liquidiert wird. In diesem Fall besteht die Beteiligtenfähigkeit bis zum Ende des anhängigen Prozesses fort[5]. Anders formuliert: Wird im **Passivprozess** eine juristische Person liquidiert, fällt ihre Beteiligtenfähigkeit nicht weg; vielmehr besteht sie bis zum Ende des anhängigen Prozesses fort. Im **Aktivprozess** ist die juristische Person so lange beteiligtenfähig, wie sie tatsächlich noch verteilbares Vermögen hat oder Abwicklungsbedarf besteht. Beim Erlöschen einer juristischen Person, deren Vermögen ohne Liquidation auf einen Gesamtnachfolger übergegangen ist, finden die §§ 239, 246 ZPO Anwendung. Es tritt ein Parteiwechsel kraft Gesetzes ein. Der Prozess wird mit dem Gesamtnachfolger fortgesetzt[6].

43 Für die Beteiligtenfähigkeit einer betriebsverfassungsrechtlichen Stelle ist es ohne Bedeutung, wenn sich ihre Zusammensetzung durch Auswechseln einzelner Mitglieder ändert. Beteiligtenfähig ist nämlich die betriebsverfassungsrechtliche Stelle als solche, nicht die Gesamtheit ihrer Mitglieder. Wird die betriebsverfassungsrechtliche Stelle allerdings funktionslos, ohne dass ihre Funktion auf einen Nachfolger übergeht (etwa der BR bei Betriebsstilllegung), fällt die Beteiligtenfähigkeit der betriebsverfassungsrechtlichen Stelle nur dann weg, wenn ausgeschlossen werden kann, dass ihr noch Rechte zustehen und die ausstehende Entscheidung für die Beteiligten noch Auswirkungen haben kann[7].

44 Wird eine betriebsverfassungsrechtliche Stelle durch ihren Funktionsnachfolger ersetzt (etwa der BR durch den neugewählten BR), findet ein gesetzlicher Beteiligtenwechsel statt. Der Prozess wird mit dem Funktionsnachfolger (also etwa dem neuen BR) fortgesetzt[8]. Der Beteiligtenwechsel tritt in diesem Fall ohne Weiteres allein aufgrund des materiellen Rechts ein, der Vornahme irgendwelcher Prozesshandlungen be-

---

1 BAG v. 29.11.1989 – 7 ABR 64/87, AP Nr. 3 zu § 10 ArbGG 1979.
2 Vgl. BAG v. 23.4.1971 – 1 ABR 26/70, AP Nr. 2 zu § 97 ArbGG 1953.
3 BAG v. 25.8.1981 – 1 ABR 61/79, AP Nr. 2 zu § 83 ArbGG 1979; BAG v. 22.1.1980 – 1 ABR 48/77, AP Nr. 3 zu § 87 BetrVG 1972 – Lohngestaltung.
4 Vgl. BAG v. 9.7.1981 – 2 AZR 329/79, AP Nr. 4 zu § 50 ZPO.
5 BAG v. 9.7.1981 – 2 AZR 329/79, AP Nr. 4 zu § 50 ZPO; vgl. auch BAG v. 28.10.1992 – 7 ABR 14/92, NZA 1993, 466.
6 BAG v. 5.2.1991 – 1 ABR 32/90, NZA 1991, 639; aA *Walker*, SAE 1989, 149 (152).
7 BAG v. 20.4.1982 – 1 ABR 3/80, AP Nr. 15 zu § 112 BetrVG 1972; vgl. auch *Weth*, Das arbeitsgerichtliche Beschlussverfahren, S. 96 ff., 175 f.
8 Vgl. BAG v. 18.10.1988 – 1 ABR 31/87, AP Nr. 10 zu § 81 ArbGG 1979; BAG v. 23.6.2010 – 7 ABR 3/09, NZA 2010, 1361 (1362), Rz. 11; BAG v. 8.12.2010 – 7 ABR 69/09, NZA 2011, 362 (363), Rz. 11; BAG v. 24.8.2011 – 7 ABR 8/10, NZA 2012, 223 (224), Rz. 15.

darf es nicht¹. Das BAG hat einen solchen automatischen Beteiligtenwechsel angenommen für den Fall, dass ein kleinerer Betrieb eingegliedert wird. In diesem Fall verliert der im aufgenommenen Betrieb gebildete BR sein Amt, wenn auch im aufnehmenden Betrieb ein BR gebildet sei. Ihm verbleibe auch kein Übergangsmandat (§ 21a Abs. 2 iVm. § 21a Abs. 1 Satz 1 letzter Halbs. BetrVG)².

Die Beteiligtenfähigkeit ist von der Antrags- bzw. Beteiligungsbefugnis zu trennen³. Die Beteiligtenfähigkeit ist die rechtlich geregelte Eigenschaft einer Person bzw. Stelle und bestimmt sich nach deren persönlichen Fähigkeiten und Verhältnissen. Die Antrags- bzw. Beteiligungsbefugnis ist keine persönliche Eigenschaft der Partei. Sie soll Popularklagen ausschließen und gibt an, welche beteiligtenfähigen Personen im konkreten Einzelfall zur Stellung des Antrags berechtigt sind (Antragsbefugnis) bzw. welche Person zum konkreten Verfahren vom Gericht hinzugezogen werden muss (Beteiligungsbefugnis). Nur wer antrags- und beteiligungsbefugt ist, kann eine Sachentscheidung über den Antrag erreichen⁴ (vgl. dazu Rz. 49 ff.). 45

2. Die Prozessfähigkeit

Die Prozessfähigkeit ist die Fähigkeit, Prozesshandlungen selbst oder durch selbst bestellte Vertreter wirksam vor- oder entgegenzunehmen. Sie ist im ArbGG nicht ausdrücklich geregelt; es sind über die Verweisungsnormen der § 80 Abs. 2, § 46 Abs. 2 ArbGG die §§ 51 ff. ZPO anwendbar. Prozessfähig ist eine Person, insoweit sie sich durch Verträge verpflichten kann (§ 52 ZPO). Ob juristische Personen prozessfähig sind, ist streitig. Der Streit kann aber dahinstehen, da nach einhelliger Auffassung die Organe juristischer Personen im Prozess die Stellung von gesetzlichen Vertretern Prozessunfähiger haben; durch diese gesetzlichen Vertreter handeln die juristischen Personen im Prozess. 46

Prozessfähigkeit ist **Prozess- und Prozesshandlungsvoraussetzung**. Der Mangel der Prozessfähigkeit ist in jeder Lage des Verfahrens von Amts wegen zu beachten⁵. Prozessunfähigkeit des Antragstellers oder des Antragsgegners führt zur Zurückweisung des Antrags als unzulässig. 47

Ob betriebsverfassungsrechtliche Stellen prozessfähig sind, ist streitig, aber (wie bei juristischen Personen, vgl. Rz. 46) ohne praktische Bedeutung. Jedenfalls handeln sie im Prozess durch ihre Mitglieder. Hat die betriebsverfassungsrechtliche Stelle keinen Vorsitzenden, müssen alle Mitglieder der Stelle gemeinschaftlich handeln. Es liegt insoweit ein Fall der Gesamtvertretung vor (vgl. § 11 Rz. 37). Hat die betriebsverfassungsrechtliche Stelle einen Vorsitzenden, so vertritt er die Stelle im Prozess (vgl. § 11 Rz. 37). Er hat die Macht zur wirksamen Vornahme und Entgegennahme aller Handlungen, die im Dienst der Prozessführung stehen. Die Erklärungen und Prozesshandlungen des Vorsitzenden sind auch wirksam, wenn sie nicht im Rahmen der Beschlüsse des BR halten⁶. 48

3. Die Antragsbefugnis

Die Antragsbefugnis ist Verfahrensvoraussetzung und muss in jedem Stadium des Verfahrens von Amts wegen geprüft werden. Fehlt sie, ist der Antrag als unzulässig zurückzuweisen. 49

a) Funktion der Antragsbefugnis

Die Antragsbefugnis dient im arbeitsgerichtlichen Beschlussverfahren als **Sachentscheidungsvoraussetzung** dazu, **Popularklagen auszuschließen**⁷. Das Beschlussverfahren könnte sonst von jedermann eingeleitet werden, und es würden „sehr leicht eine Fülle unangebrachter, den Rechtsweg insgesamt hemmender Vorfälle vor Gericht getragen werden, was der Rechtspflege zutiefst abträglich wäre"⁸. 50

---

1 BAG v. 21.1.2003 – 1 ABR 9/02, NZA 2003, 1097 (1098).
2 BAG v. 21.1.2003 – 1 ABR 9/02, NZA 2003, 1097 (1098).
3 Vgl. BAG v. 25.8.1981 – 1 ABR 61/79, AP Nr. 2 zu § 83 ArbGG 1979; BAG v. 29.11.1989 – 7 ABR 64/87, AP Nr. 3 zu § 10 ArbGG 1979.
4 Vgl. dazu *Weth*, Das arbeitsgerichtliche Beschlussverfahren, S. 89 ff.
5 BAG v. 15.9.1977 – 3 AZR 410/76, AP Nr. 5 zu § 56 ZPO.
6 *Weth*, Das arbeitsgerichtliche Beschlussverfahren, S. 156 ff.; vgl. auch § 10 Rz. 41; aA GMP/*Matthes/Schlewing*, § 10 Rz. 43. Der Vorsitzende vertrete den BR nur im Rahmen der von ihm gefassten Beschlüsse. Es spreche jedoch eine jederzeit widerlegbare Vermutung dafür, dass seinen prozessualen Erklärungen oder Handlungen ein entsprechender Beschluss des BR zugrunde liege.
7 BAG v. 7.6.2016 – 1 ABR 30/14, NZA 2016, 1350 (1351), Rz. 15; BAG v. 9.9.2015 – 7 ABR 69/13, BB 2015, 3132 (3133), Rz. 16; BAG v. 17.2.2015 – 1 ABR 41/13, Rz. 16; BAG v. 22.7.2014 – 1 ABR 94/12, Rz. 12; BAG v. 30.9.2008 – 1 ABR 54/07, NZA 2009, 502 (,503) Rz. 20.
8 BAG v. 27.8.1968 – 1 ABR 4/67, AP Nr. 11 zu § 81 BetrVG.

b) Verhältnis der Antragsbefugnis zur Beteiligtenfähigkeit

51 Antrags- und Beteiligungsbefugnis sind **Sachentscheidungsvoraussetzungen**[1]. Streng zu trennen von der Antrags- und Beteiligungsbefugnis ist die **Beteiligtenfähigkeit**[2]. Die Beteiligtenfähigkeit ist die Fähigkeit, selbst Beteiligter am arbeitsgerichtlichen Beschlussverfahren zu sein. Sie entspricht der Parteifähigkeit im Urteilsverfahren und ist geregelt in § 10 ArbGG iVm. § 50 ZPO[3]. Dagegen geben Antrags- und Beteiligungsbefugnis darüber Auskunft, wer im konkreten Fall richtiger Beteiligter bzw. richtiger Antragsteller ist. Die Trennung weist deutliche Parallelen zu der für die ZPO vorzunehmenden Unterscheidung zwischen Parteifähigkeit und Prozessführungsbefugnis auf.

c) Gesetzliche Grundlagen

52 Antrags- und Beteiligungsbefugnis folgen nach Ansicht des BAG nicht unmittelbar aus § 83 Abs. 3. Diese Vorschrift bestimme vielmehr nur, welche beteiligungsfähigen Personen oder Stellen im bereits eingeleiteten Beschlussverfahren von Amts wegen zu hören sind. Sie setze voraus, dass bereits ein Verfahren eingeleitet ist und besage nichts über das Recht, einen Antrag im arbeitsgerichtlichen Beschlussverfahren stellen zu können. Die Antragsbefugnis sei vielmehr nach den Regeln über die Einleitung eines gerichtlichen Verfahrens zu bestimmen[4]. Das BAG verweist in diesem Zusammenhang auf § 81 Abs. 1[5]. Diese Norm besagt aber nur, dass das Verfahren auf Antrag eingeleitet wird. Über die Antragsbefugnis ist ihr nichts zu entnehmen. Es ist daher festzustellen, dass die Antragsbefugnis im arbeitsgerichtlichen Beschlussverfahren, ebenso wie die Prozessführungsbefugnis im zivilprozessualen Verfahren im Verfahrensrecht nicht grundlegend geregelt ist. Man wird sowohl die Prozessführungsbefugnis als auch die Antragsbefugnis als gewohnheitsrechtlich anerkannte Rechtsinstitute anzusehen haben[6].

53 *Grunsky* vertritt demgegenüber die Ansicht, die **Antragsbefugnis** sei **nicht nötig**, weil das materielle Recht dafür Sorge trage, dass grds. nur der Rechtsinhaber selbst sein Recht mit Erfolg einklagen könne[7]. Entgegen dieser Auffassung kann das materielle Recht allein aber nicht Gewähr leisten, dass Popularklagen ausgeschlossen werden. Die Antragsbefugnis ist daher unverzichtbar.

d) Voraussetzungen der Antragsbefugnis

54 Antragsbefugt ist die Person oder Stelle, der das Gesetz diese Befugnis ausdrücklich eingeräumt hat. Darüber hinaus ist antragsbefugt, wer durch die gerichtliche Entscheidung in seiner Rechtsstellung unmittelbar betroffen werden kann.

aa) Antragsbefugnis aufgrund unmittelbarer Betroffenheit

55 Die Antragsbefugnis ist gegeben, wenn der **Antragsteller** durch die begehrte Entscheidung in seiner Rechtsstellung **unmittelbar betroffen** wird[8] oder betroffen werden kann[9]. Durch die Formulierung, die Antragsbefugnis sei gegeben, wenn der Antragsteller durch die begehrte Entscheidung betroffen werden könne, soll zum Ausdruck kommen, dass die Rechtsstellung nur berührt wird, wenn dem Antrag stattgegeben wird. Ein bloß rechtliches Interesse an der begehrten Entscheidung reicht daher nicht aus[10]. Die Betroffenheit richtet sich nach dem Streitgegenstand, der durch den Antrag bestimmt wird, und den dazu geltenden Rechtsvorschriften[11].

---

1 BAG v. 25.8.1981 – 1 ABR 61/79, AP Nr. 2 zu § 83 ArbGG 1979; BAG v. 18.8.1987 – 1 ABR 65/86, AP Nr. 6 zu § 81 ArbGG 1979; BAG v. 23.2.1988 – 1 ABR 75/86, AP Nr. 9 zu § 81 ArbGG 1979.
2 Vgl. BAG v. 29.11.1989 – 7 ABR 64/87, AP Nr. 3 zu § 10 ArbGG 1979; BAG v. 25.8.1981 – 1 ABR 61/79, AP Nr. 2 zu § 83 ArbGG 1979.
3 BAG v. 29.11.1989 – 7 ABR 64/87, AP Nr. 3 zu § 10 ArbGG 1979.
4 BAG v. 18.8.1987 – 1 ABR 65/86, AP Nr. 6 zu § 81 ArbGG 1979; BAG v. 29.7.1982 – 6 ABR 51/79, AP Nr. 5 zu § 83 ArbGG 1979; BAG v. 23.2.1988 – 1 ABR 75/86, AP Nr. 9 zu § 81 ArbGG 1979; BAG v. 30.10.1986 – 1 ABR 75/86, AP Nr. 6 zu § 47 BetrVG 1972.
5 BAG v. 18.8.1987 – 1 ABR 65/86, AP Nr. 6 zu § 81 ArbGG 1979.
6 *Weth*, Das arbeitsgerichtliche Beschlussverfahren, S. 192 mwN; *Matthießen*, DB 1988, 285; *Dütz*, Anm. zu BAG v. 10.6.1986 – 1 ABR 59/84, SAE 1988, 277 (278); *Leipold*, Anm. zu BAG v. 30.10.1986 – 6 ABR 52/83, SAE 1988, 3.
7 *Grunsky*, ArbGG, 7. Aufl. 1995, § 80 Rz. 29 ff.; *Grunsky*, DB 1990, 526 (527); ihm folgend *Kreutz*, Anm. zu BAG v. 14.2.1978 – 1 ABR 46/77, SAE 1980, 74 (75).
8 BAG v. 23.2.1988 – 1 ABR 75/86, AP Nr. 9 zu § 81 ArbGG 1979.
9 BAG v. 10.6.1986 – 1 ABR 59/84, AP Nr. 26 zu § 80 BetrVG 1972; BAG v. 18.8.1987 – 1 ABR 65/86, AP Nr. 6 zu § 81 ArbGG 1979.
10 BAG v. 19.9.1985 – 6 ABR 4/85, EzA § 19 BetrVG 1972 Nr. 22.
11 BAG v. 30.10.1986 – 6 ABR 52/83, EzA § 47 BetrVG 1972 Nr. 4.

Die **Formel** von der unmittelbaren Betroffenheit ist im konkreten Einzelfall **schwer fassbar**. Das BAG hat die unmittelbare Betroffenheit für bestimmte Fallkonstellationen daher näher präzisiert. So hat das Gericht ausgesprochen, eine Person oder Stelle werde durch eine Entscheidung immer dann in ihrer Rechtsstellung unmittelbar betroffen, wenn sie eigene Rechte geltend macht[1]. Einer besonderen Prüfung der Antragsbefugnis bedarf es in diesen Fällen nicht[2]. Ob das geltend gemachte Recht dem Antragsteller zusteht, ist eine Frage der Begründetheit des Antrags, nicht eine solche der Antragsbefugnis und damit der Zulässigkeit des Antrags[3]. Hier erfüllt der materiell-rechtliche Anspruch die Aufgabe, Popularklagen auszuschließen[4]. Das arbeitsgerichtliche Beschlussverfahren weist insoweit keinen Unterschied zum Zivilprozess auf. Ebenso wenig wie dort die Klagebefugnis geprüft wird, wenn der Kläger einen eigenen Anspruch gegen den Beklagten geltend macht, ist die Prüfung der Antragsbefugnis bei vergleichbaren Leistungsanträgen im Beschlussverfahren geboten[5]. Ausnahmsweise ist die Antragsbefugnis bei der Geltendmachung eigener Rechte nicht gegeben, wenn sich der Antragsteller solcher Rechte berühmt, deren Bestehen von vornherein ausgeschlossen ist[6].

Die Anforderungen an die Antragsbefugnis sind bei Leistungs-, Feststellungs- und Gestaltungsanträgen unterschiedlich ausgestaltet. Das hat folgenden Grund. Die Antragsbefugnis dient dazu, Popularklagen auszuschließen. Bei Leistungsanträgen, bei denen der Antragsteller ein eigenes Recht geltend macht, ist die zur Entscheidung gestellte Frage nicht unabhängig vom Antragsteller zu beantworten. Dem Antrag ist nämlich nur stattzugeben, wenn dem Antragsteller ein Anspruch zusteht. Das materielle Recht schafft also durch den Anspruch eine Verknüpfung zwischen den Beteiligten des Verfahrens. Macht sich jemand eigenmächtig zum Sachwalter von fremden Angelegenheiten, hat er also keinen Anspruch, wird sein Antrag abgewiesen. Der (materiell-rechtliche) Anspruch erfüllt bei Leistungsklagen die Aufgabe, Popularklagen auszuschließen. Bei diesen Anträgen bedarf es daher in aller Regel der Prüfung der Antragsbefugnis nicht. Etwas anderes gilt im Falle von Feststellungs- und Gestaltungsanträgen. Hier könnte jeder, auch ein völlig Unbeteiligter, eine stattgebende Entscheidung erreichen, wenn nicht vorher die Frage geprüft würde, ob er berechtigt ist, einen Antrag zu stellen. Das folgt aus der Tatsache, dass die Entscheidung bei diesen Anträgen unabhängig von der Person des Antragstellers ergehen kann. Denn weder die Frage, ob eine bestimmte Person leitender Angestellter ist, noch die Frage, ob die BR-Wahl ordnungsgemäß durchgeführt worden ist, ist in Abhängigkeit vom Antragsteller unterschiedlich zu beantworten. Bei Feststellungs- und Gestaltungsanträgen ist also das Institut der Antragsbefugnis von besonderer Bedeutung[7].

Bei **Leistungsanträgen** gilt: Der Antragsteller ist antragsbefugt, wenn er mit seinem Antrag ein **eigenes Recht** geltend macht. Dies entspricht der Prozessführungsbefugnis im Rahmen des zivilprozessualen Verfahrens. Sie liegt in aller Regel vor, wenn der Kläger ein Recht als eigenes in Anspruch nimmt. Es muss in einem solchen Fall ein besonderer Grund vorliegen, wenn dem Kläger die Prozessführungsbefugnis fehlen soll. Der ist gegeben, wenn der Antragsteller ein eigenes Recht geltend macht, dessen Bestehen von vornherein ausgeschlossen ist[8], wenn er sich also eines Rechts berühmt, das offensichtlich nicht bestehen kann. Erscheint die geltend gemachte Rechtsposition immerhin möglich, ist die Antragsbefugnis gegeben[9]. Einer Prüfung der Antragsbefugnis bedarf es bei Leistungsanträgen daher idR nicht.

Etwas **anderes gilt**, wenn der Antragsteller **fremde Rechte im eigenen Namen** geltend macht (Fall der Prozessstandschaft) oder wenn sich im Verfahren Anhaltspunkte dafür ergeben, dass der Antragsteller, obwohl er eigene Rechte geltend macht, nicht antragsbefugt ist. Hier lässt sich als Beispiel etwa der Rechtsnachfolger im Fall des § 265 ZPO nennen. Er ist, trotz des Rechtsübergangs auf ihn, ohne Zustimmung des Prozessgegners nicht prozessführungsbefugt.

---

1 BAG v. 10.6.1986 – 1 ABR 59/84, AP Nr. 26 zu § 80 BetrVG 1972; BAG v. 16.12.1986 – 1 ABR 35/85, AP Nr. 13 zu § 87 BetrVG 1972 – Ordnung des Betriebes; BAG v. 18.8.1987 – 1 ABR 65/86, AP Nr. 6 zu § 81 ArbGG 1979; BAG v. 21.9.1989 – 1 ABR 32/89, AP Nr. 72 zu § 99 BetrVG 1972.
2 Vgl. nur BAG v. 16.12.1986 – 1 ABR 35/85, AP Nr. 13 zu § 87 BetrVG 1972 – Ordnung des Betriebes; BAG v. 26.7.1989 – 7 ABR 72/88, AP Nr. 4 zu § 2a ArbGG 1979.
3 BAG v. 10.6.1986 – 1 ABR 59/84, AP Nr. 26 zu § 80 BetrVG 1972; BAG v. 26.7.1989 – 7 ABR 72/88, AP Nr. 4 zu § 2a ArbGG 1979.
4 GK-ArbGG/*Ahrendt*, § 81 Rz. 69.
5 Vgl. BAG v. 26.7.1989 – 7 ABR 72/88, AP Nr. 4 zu § 2a ArbGG 1979.
6 BAG v. 7.6.2016 – 1 ABR 30/14, NZA 2016, 1350 (1351), Rz. 15; BAG v. 9.9.2016 – 7 ABR 69/13, BB 2015, 3132 (3133), Rz. 16; BAG v. 17.2.2015 – 1 ABR 41/13, Rz. 16; BAG v. 22.7.2014 – 1 ABR 94/12, Rz. 12; BAG v. 30.9.2008 – 1 ABR 54/07, NZA 2009, 502 (503) Rz. 20.
7 Vgl. zum Ganzen *Weth*, Das arbeitsgerichtliche Beschlussverfahren, S. 122 ff.
8 BAG v. 30.9.2008 – 1 ABR 54/07, NZA 2009, 502 (503) Rz. 20.
9 BAG v. 30.9.2008 – 1 ABR 54/07, NZA 2009, 502 (503) Rz. 20.

60 Bei **Feststellungsanträgen** kann auf die Prüfung der Antragsbefugnis verzichtet werden, wenn der Antragsteller ausweislich seines Antrags ein **eigenes Recht geltend macht**[1]. Antragsbefugt ist damit, wer die **Feststellung eines Rechtsverhältnisses** beantragt, an dem er **selbst beteiligt** ist. Dies ist bspw. der Fall, wenn der BR die Feststellung begehrt, dass der ArbGeb die Werksausweise auch während eines Arbeitskampfes nicht ohne dessen Zustimmung verändern darf[2]. Durch den Antrag wird eine personelle Verknüpfung zwischen Antragsteller und dem Rechtsverhältnis, dessen Feststellung begehrt wird, hergestellt. Durch diese Verknüpfung ist eine Popularklage ausgeschlossen. Dem Antrag ist nämlich nur stattzugeben, wenn dem Antragsteller ein materielles Recht zusteht (ein Mitbestimmungsrecht an der Gestaltung der Werksausweise). Es kann nicht ein völlig Unbeteiligter eine stattgebende Entscheidung erreichen. Auch hier übernimmt also, wie im Fall der Leistungsklagen, das materielle Recht die Aufgabe, Popularklagen auszuschließen. Die Antragsbefugnis muss daher in aller Regel nicht geprüft werden.

61 In allen übrigen Fällen, in denen nicht durch den Antrag eine Verknüpfung von Antragsteller und der zur Entscheidung stehenden Frage hergestellt wird, ist zu **untersuchen**, ob eine **unmittelbare Betroffenheit des Antragstellers** gegeben ist. Anders als für die Prozessführungsbefugnis im Zivilprozess reicht die bloße Behauptung des Antragstellers, er mache ein eigenes Recht geltend, allein noch nicht aus, denn Gegenstand des Beschlussverfahrens ist nicht notwendig ein subjektives Recht des Antragstellers[3]. Das behauptete eigene Recht ist deshalb nicht notwendig mit dem Streitgegenstand identisch; daher kann es, um Popularklagen auszuschließen, nicht genügen, dass der Antragsteller ein eigenes Recht lediglich behauptet[4]. Es ist vielmehr zu fordern, dass die den Streitgegenstand betreffende Norm des materiellen Rechts dem Antragsteller eine **eigene Rechtsposition zuordnet**[5]. Die Antragsbefugnis ist folglich nur dann anzunehmen, wenn der Antragsteller sich auf eine Norm berufen kann, die ihm eine solche eigene Rechtsposition zuordnet und es ihm damit erlaubt, sich mittels eigenen Antrags zu schützen. Ob die den Streitgegenstand betreffende Norm dem Antragsteller eine solche Rechtsposition zuordnet, muss das Gericht im Rahmen der Zulässigkeit prüfen.

62 Ebenso wie bei Feststellungsanträgen **kann** bei **Gestaltungsanträgen** in bestimmten Fällen auf die **Prüfung der Antragsbefugnis verzichtet** werden. Das ist immer der Fall, wenn der Antragsteller ausweislich seines Antrags die Gestaltung seiner eigenen (materiellen) Rechtslage begehrt. Es ist offenkundig, dass der Antragsteller durch eine Entscheidung, die seine Rechtslage umgestaltet, unmittelbar betroffen wird. Das gilt sowohl für eine Entscheidung, die ein Rechtsverhältnis aufhebt, als auch für eine Entscheidung, die ein Rechtsverhältnis begründet. In diesen Fällen kann daher die Antragsbefugnis als gegeben angenommen werden; sie bedarf nicht der Prüfung. Etwas anderes gilt nur dann, wenn der Antragsteller nicht die Gestaltung der eigenen Rechtslage, sondern nur allgemein die Gestaltung einer Rechtslage beantragt. Hier bedarf es der Prüfung, ob unmittelbare Betroffenheit vorliegt (vgl. dazu Rz. 61).

bb) Antragsbefugnis aufgrund Gesetzes

63 Die Antragsbefugnis ist nicht nur gegeben, wenn der Antragsteller durch die begehrte Entscheidung in seiner Rechtslage unmittelbar betroffen wird. Sie liegt selbstverständlich auch dann vor, wenn das Gesetz dem Antragsteller die **Antragsbefugnis ausdrücklich einräumt**, wie etwa in § 16 Abs. 2, § 17 Abs. 3, § 18 Abs. 1 und 2, § 19 Abs. 2, § 23 Abs. 1 und 3, §§ 48, 76 Abs. 2 und 5, § 99 Abs. 4, § 100 Abs. 2, § 103 Abs. 2 BetrVG[6]. Hat der Gesetzgeber dem Antragsteller ein eigenes Recht ausdrücklich zugewiesen, kann auf die Prüfung der unmittelbaren Betroffenheit verzichtet werden[7]. Allerdings muss das Gesetz dem Antragsteller gerade die Antragsbefugnis zubilligen; es reicht insoweit nicht aus, dass der Antragsteller sein Begehren auf eine Norm stützt, die zumindest auch dem Schutz seiner Interessen zu dienen bestimmt ist[8]. Nur die konkret bezeichneten Personen haben in der entsprechenden Angelegenheit ein Antragsrecht[9].

---

1 BAG v. 23.2.1988 – 1 ABR 75/86, AP Nr. 9 zu § 81 ArbGG 1979; BAG v. 5.5.1992 – 1 ABR 1/92, NZA 1992, 1089.
2 BAG v. 16.12.1986 – 1 ABR 35/85, AP Nr. 13 zu § 87 BetrVG 1972 – Ordnung des Betriebs.
3 *Leipold*, Anm. zu BAG v. 30.10.1986 – 6 ABR 52/83, SAE 1988, 3 (4); aA *Dütz*, Anm. zu BAG v. 3.2.1976 – 1 ABR 121/74, AP Nr. 8 zu § 118 BetrVG 1972; GWBG/*Greiner*, § 81 Rz. 15.
4 *Leipold*, Anm. zu BAG v. 30.10.1986 – 6 ABR 52/83, SAE 1988, 3 (4).
5 BAG v. 19.2.1975 – 1 ABR 55/73, AP Nr. 9 zu § 5 BetrVG 1972; vgl. auch *Matthießen*, DB 1988, 285 (286); *Dütz*, Anm. zu BAG v. 30.10.1986 – 6 ABR 52/83, AP Nr. 6 zu § 47 BetrVG 1972; *Natzel*, Anm. zu BAG v. 16.12.1986 – 1 ABR 35/85, SAE 1989, 246.
6 Ausführliche Zusammenstellung bei *Lepke*, ArbuR 1973, 108.
7 BAG v. 30.10.1986 – 6 ABR 52/83, AP Nr. 6 zu § 47 BetrVG 1972.
8 BAG v. 23.2.1988 – 1 ABR 75/86, AP Nr. 9 zu § 81 ArbGG 1979.
9 GMP/*Matthes/Spinner*, § 81 Rz. 59.

e) Wegfall der Antragsbefugnis

Die **Antragsbefugnis ist Verfahrensvoraussetzung.** Sie muss in jedem Stadium des Verfahrens gegeben sein und geprüft werden[1]. Fällt die Antragsbefugnis im Lauf des Verfahrens weg, ist der Antrag als unzulässig zurückzuweisen.

Besonderheiten gelten für die Fälle der Anfechtung einer BR-Wahl durch drei wahlberechtigte ArbN (§ 19 BetrVG). Für die Antragsbefugnis kommt es allein auf die Wahlberechtigung im Zeitpunkt der BR-Wahl an[2]. Es muss nicht die Betriebszugehörigkeit von mindestens drei die Wahl anfechtenden ArbN während der gesamten Dauer des Beschlussverfahrens gegeben sein. Dies ergibt sich aus Sinn und Zweck von § 19 BetrVG. Müsste nämlich die Wahlberechtigung der Antragsteller im Lauf des gesamten Beschlussverfahrens gegeben sein, könnte das Wahlanfechtungsverfahren von außen manipuliert werden. Der ArbGeb könnte durch Kündigung, Wegloben oder Weglocken der Antragsteller unmittelbar auf das Wahlanfechtungsverfahren einwirken und es unzulässig machen[3]. Hieraus wird deutlich, dass sich dem materiellen Recht nicht nur entnehmen lässt, wer antragsbefugt ist, sondern auch weitere Regelungen finden lassen, die bei der Prüfung der Antragsbefugnis des Antragstellers berücksichtigt werden müssen.

f) Die Prozessstandschaft

Wie bereits ausgeführt, muss bei Leistungsanträgen idR die Antragsbefugnis nicht geprüft werden (vgl. Rz. 57 ff.). Etwas anderes gilt im Fall der Prozessstandschaft. Hier muss deren Zulässigkeit geprüft werden. Prozessstandschaft ist die **Geltendmachung fremder Rechte im eigenen Namen.** Erfolgt sie kraft gesetzlicher Ermächtigung, spricht man von **gesetzlicher Prozessstandschaft,** erfolgt sie aufgrund einer Ermächtigung seitens des Inhabers des Rechts, spricht man von **gewillkürter Prozessstandschaft.**

aa) Gesetzliche Prozessstandschaft

Nach ganz hM gibt es im arbeitsgerichtlichen Beschlussverfahren **Fälle gesetzlicher Prozessstandschaft.** Dazu gehört § 23 Abs. 3 BetrVG. Dort wird der BR bzw. die im Betrieb vertretene Gewerkschaft ermächtigt, vom ArbGeb auch in solchen Fällen Vornahme, Duldung oder Unterlassung von Handlungen zu verlangen, in denen er nicht Gläubiger der Verpflichtung ist, gegen die der ArbGeb in grober Weise verstoßen hat. Insoweit besteht gesetzliche Prozessstandschaft[4].

bb) Gewillkürte Prozessstandschaft

Im arbeitsgerichtlichen Beschlussverfahren ist in bestimmten Fällen auch die **gewillkürte Prozessstandschaft zulässig.** So kann nach § 50 Abs. 2 BetrVG der GBR vom BR beauftragt werden, eine bestimmte Angelegenheit für ihn zu behandeln. Gemäß § 58 Abs. 2 BetrVG kann der GBR den KBR beauftragen, eine Angelegenheit für ihn zu behandeln. Zu den Angelegenheiten, mit denen der GBR bzw. der KBR beauftragt werden kann, gehört auch das Führen eines Prozesses[5]. § 50 Abs. 2, § 58 Abs. 2 geben also dem Rechtsinhaber (BR bzw. GBR) die Möglichkeit, einen Dritten (GBR bzw. KBR) zu ermächtigen, fremde Rechte im eigenen Namen geltend zu machen. Diese Vorschriften gestatten also gewillkürte Prozessstandschaft[6].

Darüber hinaus bejaht die hM die allgemeine Zulässigkeit von gewillkürter Prozessstandschaft im arbeitsgerichtlichen Beschlussverfahren[7]. Die **Rspr.** scheint ebenfalls von der allgemeinen Zulässigkeit der Prozessstandschaft auszugehen[8]. Gewillkürte Prozessstandschaft ist im arbeitsgerichtlichen Beschlussverfahren

---

[1] BAG v. 21.11.1975 – 1 ABR 12/75, AP Nr. 6 zu § 118 BetrVG 1972; BAG v. 14.2.1978 – 1 ABR 46/77, AP Nr. 7 zu § 19 BetrVG 1972; BAG v. 10.6.1983 – 6 ABR 50/82, AP Nr. 10 zu § 19 BetrVG 1972; vgl. dazu auch *Weth*, Das arbeitsgerichtliche Beschlussverfahren, S. 129.
[2] BAG v. 4.12.1986 – 6 ABR 48/85, AP Nr. 13 zu § 19 BetrVG 1972; BAG v. 15.2.1989 – 7 ABR 9/88, AP Nr. 17 zu § 19 BetrVG 1972. In früheren Entscheidungen ist das Gericht dagegen noch davon ausgegangen, die Antragsbefugnis entfalle, wenn ein oder mehrere ArbN im Lauf des Wahlanfechtungsverfahrens aus ihrem Arbeitsverhältnis ausscheiden und das Verfahren daher nicht mehr von mindestens drei ArbN weiterbetrieben wird, vgl. BAG v. 21.11.1975 – 1 ABR 12/75, AP Nr. 6 zu § 118 BetrVG 1972; BAG v. 14.2.1978 – 1 ABR 46/77, AP Nr. 7 zu § 19 BetrVG; BAG v. 10.6.1983 – 6 ABR 50/82, AP Nr. 10 zu § 19 BetrVG 1972.
[3] Vgl. *Weth*, Anm. zu BAG v. 15.2.1989 – 7 ABR 9/88, SAE 1990, 291 (293).
[4] GMP/*Matthes/Spinner*, § 81 Rz. 61.
[5] BAG v. 6.4.1976 – 1 ABR 27/74, AP Nr. 2 zu § 50 BetrVG 1972.
[6] GMP/*Matthes/Spinner*, § 81 Rz. 61.
[7] *Etzel*, RdA 1974, 214 (215).
[8] BAG v. 23.2.1988 – 1 ABR 75/86, AP Nr. 9 zu § 81 ArbGG 1979; BAG v. 18.8.1987 – 1 ABR 65/86, AP Nr. 6 zu § 81 ArbGG 1997. Das BAG spricht in beiden Beschlüssen davon, es könne, von Ausnahmen wie der Prozessstandschaft abgesehen, ein Verfahren nur einleiten, wer behaupte, Träger des streitbefangenen Rechts zu sein.

immer dann zulässig, wenn der Rechtsinhaber nach materiellem Recht befugt ist, über seine Rechtsposition zu verfügen[1]. Wie im zivilprozessualen Verfahren ist auch im Beschlussverfahren erforderlich, dass der Prozessstandschafter ein eigenes rechtliches Interesse an der Geltendmachung des fremden Rechts hat[2]. Der BR kann allerdings nicht im Beschlussverfahren im eigenen Namen Ansprüche aus Betriebsvereinbarungen (etwa Betriebsrentenansprüche) geltend machen, die den einzelnen ArbN zustehen. Über diese Ansprüche muss vielmehr im Urteilsverfahren zwischen ArbGeb und ArbN entschieden werden[3].

70 Da die Mitglieder des BR zB über **Kostenerstattungsansprüche** für ihre BR-Tätigkeit verfügen können, können sie auch den BR ermächtigen, diese Ansprüche für sie **geltend zu machen**. Gewillkürte Prozessstandschaft ist in diesem Fall zulässig[4]. Anders ist es bei den betriebsverfassungsrechtlichen Rechten des BR. Über sie kann der BR grds. nicht verfügen und sie einem anderen übertragen (das ist nur in den gesetzlich geregelten Ausnahmefällen möglich, etwa § 50 Abs. 2)[5]. Eine im Betrieb vertretene Gewerkschaft kann daher nicht die betriebsverfassungsrechtlichen Rechte des BR als Prozessstandschafterin wahrnehmen[6].

71 Wenn der Rechtsinhaber einen **Dritten** ermächtigt, sein (des Rechtsinhabers) Recht im eigenen (des Dritten) Namen geltend zu machen, verzichtet der Rechtsinhaber damit zugleich auf die Beteiligung im arbeitsgerichtlichen Beschlussverfahren. Er ist also, obwohl materiell Beteiligter, nicht neben dem Prozessstandschafter am Beschlussverfahren (formell) zu beteiligen[7].

g) Einzelfälle

aa) Antragsbefugnis von Arbeitgebern und Dienststellen

72 Die **Antragsbefugnis ist zu bejahen** in folgenden Fällen:
- Bestehen oder Reichweite eines Mitbestimmungsrechts[8];
- Klärung der Rechte von BR oder Personalrat sowie einzelner Mitglieder[9];
- Feststellung der Wahlberechtigung bestimmter Beschäftigter[10];
- Feststellung des Vorliegens einer betriebsratsfähigen Organisationseinheit gem. § 18 Abs. 2 BetrVG[11];
- Stellung des Antrags nach § 9 Abs. 4 BPersVG durch den Leiter einer Dienststelle[12];
- Antragsbefugnis des einzelnen ArbGeb auf Feststellung der Tariffähigkeit oder Tarifzuständigkeit einer Gewerkschaft[13].

73 **Keine Antragsbefugnis** besteht dagegen in folgenden Fällen: keine Antragsbefugnis einzelner Gesellschafter, wenn ArbGeb eine Gesellschaft ist[14]; diese sind nicht ArbGeb im betriebsverfassungsrechtlichen Sinn. Ihnen steht damit kein eigenes betriebsverfassungsrechtliches Recht zu. – Keine Antragsbefugnis im Verfahren über eine Schulung als geeignet iSv. § 37 Abs. 7 BetrVG, unabhängig davon, ob er aufgrund der Anerkennung der Veranstaltung auf Lohnfortzahlung in Anspruch genommen wird[15].

bb) Antragsbefugnis von Arbeitnehmern

74 Der einzelne ArbN ist **antragsbefugt** für ein Verfahren, in dem seine betriebsverfassungsrechtliche Stellung geklärt werden soll,

---

1 BAG v. 29.8.1985 – 6 ABR 63/82, AP Nr. 13 zu § 83 ArbGG 1979; GMP/*Matthes*/*Spinner*, § 81 Rz. 61.
2 BAG v. 27.11.1973 – 1 ABR 11/73, AP Nr. 4 zu § 40 BetrVG 1972; *Etzel*, RdA 1974, 215 (225); *Weth*, Das arbeitsgerichtliche Beschlussverfahren, S. 212.
3 BAG v. 18.1.2005 – 3 ABR 21/04, juris Rz. 33 ff.
4 *Wiese*, Anm. zu BAG v. 6.11.1973 – 1 ABR 26/73, AP Nr. 6 zu § 37 BetrVG 1972.
5 BAG v. 29.8.1985 – 6 ABR 63/82, AP Nr. 13 zu § 83 ArbGG 1979.
6 BAG v. 27.11.1973 – 1 ABR 11/73, AP Nr. 4 zu § 40 BetrVG 1972.
7 *Laux*, Die Antrags- und Beteiligungsbefugnis, S. 67 f.
8 BAG v. 13.10.1987 – 1 ABR 53/86, EzA § 81 ArbGG 1979 Nr. 12.
9 BVerwG v. 19.12.1980 – 6 P 11/79, BVerwGE 61, 251.
10 BVerwG v. 11.3.1982 – 6 P 8/80, BVerwGE 65, 127.
11 BAG v. 25.9.1986 – 6 ABR 68/84, AP Nr. 7 zu § 1 BetrVG 1972.
12 BVerwG v. 13.2.1976 – VII P 9/74, BVerwGE 50, 176.
13 BAG v. 17.2.1970 – 1 ABR 14/69, AP Nr. 2 zu § 2 TVG – Tarifzuständigkeit.
14 BAG v. 28.11.1977 – 1 ABR 36/76, AP Nr. 6 zu § 19 BetrVG 1972; BAG v. 29.8.1985 – 6 ABR 63/82, AP Nr. 13 zu § 83 ArbGG 1979.
15 BAG v. 25.6.1981 – 6 ABR 92/79, AP Nr. 38 zu § 37 BetrVG 1972; BAG v. 17.12.1981 – 6 AZR 546/78, AP Nr. 41 zu § 37 BetrVG 1972; *Richardi*, SAE 1984, 8; *Grunsky*, Anm. zu BAG v. 21.6.1981 – 6 ABR 92/79 und BAG v. 17.12.1981 – 6 AZR 546/78, AP Nr. 38, 41 zu § 37 BetrVG 1972.

- zB Wahlberechtigung oder die Eigenschaft als leitender Angestellter[1];
- Stellung als Mitglied des Aufsichtsrats[2];
- Anfechtung einer BR-Wahl, auch wenn der ArbN im Lauf des Verfahrens aus dem Betrieb ausscheidet und damit seine Wahlberechtigung verliert[3].

Er ist dagegen **nicht antragsbefugt:** Für ein Zustimmungsersetzungsverfahren nach § 99 Abs. 4 BetrVG[4] für die Feststellung, ob eine Betriebs- oder Dienstvereinbarung unwirksam ist[5].

cc) Antragsbefugnis des Betriebsrats sowie ähnlicher Stellen

In folgenden Fällen **besteht eine Antragsbefugnis** des BR bzw. Personalrats:
- Geltendmachung von Kostenerstattungsansprüchen von BR-Mitgliedern im Zusammenhang mit der Durchführung einer Schulungsveranstaltung[6]; die Antragsbefugnis entfällt, wenn die Mitglieder die Ansprüche an eine Gewerkschaft abgetreten haben[7];
- Geltendmachung von Ansprüchen der Mitglieder des Personalrats auf Reisekostenerstattung[8];
- Verlangen der bestimmten Anwendung eines Tarifvertrags[9], wenn der BR insoweit eigene Rechte hat;
- Geltendmachung von Rechten des Wirtschaftsausschusses[10];
- Begehren auf Freistellung der Mitarbeiter des BR zum Besuch von Schulungsveranstaltungen[11] oder wegen deren Tätigkeit für den BR[12];
- Feststellung, ob eine Dienst- oder Betriebsvereinbarung wirksam ist[13];
- Anspruch auf Anwendung und Durchführung einer Betriebsvereinbarung[14].
- Klärung der Rechte gegenüber der Stufenvertretung[15];
- Klärung des Verhältnisses von BR zu GBR bzw. KBR[16];
- Antrag des BR auf Einstellung der Tätigkeit eines Sprecherausschusses der Leitenden Angestellten[17];
- Antragsbefugnis des örtlichen Personalrates, wenn die vorgesetzte Dienstbehörde entschieden hat[18];
- Feststellung der Unwirksamkeit einer dem BR-Vorsitzenden erteilten „Abmahnung als Betriebsrat", wenn der BR eine Behinderung in seiner Amtsführung geltend macht[19].

Dagegen ist die **Antragsbefugnis zu verneinen:**
- Der BR ist nicht antragsbefugt zur Geltendmachung von Honoraransprüchen der von ihm benannten Mitglieder der Einigungsstelle[20]. Diese haben unmittelbar aus § 76a Abs. 3 BetrVG einen Anspruch; einer Honorarzusage des BR bedarf es nicht. Der BR ist durch eine gerichtliche Entscheidung über den Vergütungsanspruch daher nicht in seiner materiellen Rechtsstellung betroffen[21];

---

1 BAG v. 15.12.1972 – 1 ABR 8/72, EzA § 14 BetrVG 1972 Nr. 1; BAG v. 28.4.1964 – 1 ABR 1/64, AP Nr. 3 zu § 4 BetrVG 1952.
2 BAG v. 21.12.1965 – 1 ABR 12/65, AP Nr. 14 zu § 76 BetrVG 1952.
3 BAG v. 4.12.1986 – 6 ABR 48/85, EzA § 19 BetrVG 1972 Nr. 24; BVerwG v. 27.4.1983 – 6 P 17/81, BVerwGE 67, 145.
4 BAG v. 17.5.1983 – 1 ABR 5/80, EzA § 99 BetrVG 1972 Nr. 36; GK-ArbGG/*Ahrendt*, § 81 Rz. 93.
5 OVG Hamburg v. 23.8.1966 – Bs PB 1/66, AP Nr. 17 zu § 76 PersVG; aA *Dütz*, AuR 1973, 353, sofern er in seiner betriebsverfassungsrechtlichen Stellung betroffen ist.
6 BAG v. 30.3.1994 – 7 ABR 45/93, EzA § 40 BetrVG 1972 Nr. 71.
7 BAG v. 15.1.1992 – 7 ABR 23/90, EzA § 40 BetrVG 1972 Nr. 61.
8 BVerwG v. 27.8.1990 – 6 P 26/87, AP Nr. 5 zu § 44 BPersVG.
9 BAG v. 10.6.1986 – 1 ABR 59/84, AP Nr. 26 zu § 80 BetrVG 1972.
10 BAG v. 18.7.1978 – 1 ABR 34/75, AP Nr. 1 zu § 108 BetrVG 1972.
11 BAG v. 6.11.1973 – 1 ABR 8/73, AP Nr. 5 zu § 37 BetrVG 1972; BAG v. 20.10.1993 – 7 ABR 14/93, AP Nr. 91 zu § 37 BetrVG 1972.
12 BAG v. 27.6.1990 – 7 ABR 43/89, EzA § 37 BetrVG 1972 Nr. 105.
13 BVerwG v. 5.2.1971 – VII P 12/70, AP Nr. 7 zu § 67 PersVG.
14 BAG v. 21.1.2003 – 1 ABR 9/02, NZA 2003, 1097 (1098).
15 BVerwG v. 24.11.1961 – VII P 10/59, AP Nr. 2 zu § 74 PersVG.
16 BAG v. 20.12.1995 – 7 ABR 8/95, AP Nr. 1 zu § 58 BetrVG 1972.
17 LAG Hamm v. 22.11.1973 – 8 TaBV 62/73, EzA § 5 BetrVG 1972 Nr. 6.
18 Vgl. *Sabottig*, PersR 1985, 28.
19 BAG v. 9.9.2015 – 7 ABR 69/13, BB 2015, 3132 (3133), Rz. 17.
20 BAG v. 12.2.1992 – 7 ABR 34/91, AP Nr. 2 zu § 76a BetrVG 1972.
21 BAG v. 12.2.1992 – 7 ABR 34/91, AP Nr. 2 zu § 76a BetrVG 1972.

- der Personalrat hat keine Antragsbefugnis zur Anfechtung der Wahl des Vertrauensmanns der Schwerbehinderten[1];
- der BR ist nicht antragsbefugt zur Geltendmachung von Ansprüchen einzelner ArbN als Prozessstandschafter[2]; er macht nicht die Verletzung eigener Rechte geltend. Keine Prozessstandschaft aus § 80 Abs. 1 Nr. 1 BetrVG[3].
- Der BR kann die Unwirksamkeit einer von einer anderen ArbN-Vertretung abgeschlossenen Betriebsvereinbarung nicht unabhängig von einem Eingriff in seine eigene betriebsverfassungsrechtliche Rechtsposition geltend machen. Weder das BetrVG noch das ArbGG sehen ein inhaltliches Normenkontrollrecht der auf den unterschiedlichen Ebenen im Unternehmen und Konzern errichteten ArbN-Vertretungen vor. Die gerichtliche Überprüfung einer nicht selbst abgeschlossenen Betriebsvereinbarung kann von einem antragstellenden BR nur im Hinblick auf eine Verletzung gerade dieser Regelungsbefugnis erfolgen[4].

78 Es besteht eine Antragsbefugnis der **Stufenvertretung:**
- wenn das Mitbestimmungsrecht ihr gegenüber bestritten wird[5];
- wenn die vorgesetzte Dienstbehörde entschieden hat[6].

Der **GBR** ist antragsbefugt:
- bei Antrag auf Auskunft an den Wirtschaftsausschuss[7];
- bei Hinzuziehung bestimmter Personen zu den Sitzungen des Wirtschaftsausschusses[8].

Es besteht keine Antragsbefugnis der **Jugend- und Auszubildendenvertretung** nach § 23 Abs. 3 BetrVG[9]; dagegen ist sie antragsbefugt, wenn sie eigene Rechte gegenüber dem BR geltend macht.

79 Nicht an der Antragsbefugnis, sondern am **Rechtsschutzbedürfnis** fehlt es dagegen in folgenden Fällen:
- Keine Anfechtung der eigenen Wahl des BR, da insoweit das Rechtsschutzbedürfnis fehlt; der BR kann jederzeit selbst zurücktreten und damit das Verfahrensziel, nämlich die Feststellung der Unwirksamkeit der BR-Wahl, erreichen[10].
- Kein Rechtsschutzinteresse für die Feststellung eines betriebsverfassungsrechtlichen Mandats für einen BR, dessen Amtszeit abgelaufen ist, sofern nicht ausnahmsweise ein Restmandat besteht[11].

dd) Antragsbefugnis von Betriebsratsmitgliedern

80 Hier geht es um die **Geltendmachung eigener Rechte** in der Funktion **als BR-Mitglied**, nicht als ArbN[12]. Eine BR-Minderheit kann nicht gegen den Willen der Mehrheit Rechte des BR geltend machen[13].

81 Das einzelne **BR-Mitglied** ist in folgenden Fällen antragsbefugt:
- Verfahren über die Wirksamkeit eines BR-Beschlusses[14];
- Bildung eines Ausschusses[15];

---

1 BVerwG v. 17.3.1983 – 6 P 30/82, ZBR 1983, 278.
2 BAG v. 24.2.1987 – 1 ABR 73/84, AP Nr. 28 zu § 80 BetrVG 1972 – betreffend die Unwirksamkeit der Befristung eines Arbeitsvertrages eines ArbN; BAG v. 21.1.2003 – 1 ABR 9/02, NZA 2003, 1097 (1098); vgl. auch BAG v. 18.1.2005 – 3 ABR 21/04, juris Rz. 33 ff.; BAG v. 20.5.2008 – 1 ABR 19/07, NZA-RR 2009, 102 (103) Rz. 14 f.
3 BAG v. 5.5.1992 – 1 ABR 1/92, NZA 1992, 1089; BAG v. 20.12.1995 – 7 ABR 8/95, EzA § 58 BetrVG 1972 Nr. 1.
4 BAG v. 5.3.2013 – 1 ABR 75/11, DB 2013, 1423, Rz. 18.
5 BVerwG v. 4.4.1985 – 6 P 37/82, ZBR 1985, 283.
6 S. *Sabottig*, PersR 1985, 28.
7 BAG v. 8.8.1989 – 1 ABR 61/88, AP Nr. 6 zu § 106 BetrVG 1972.
8 BAG v. 18.11.1980 – 1 ABR 31/78, AP Nr. 2 zu § 108 BetrVG 1972.
9 BAG v. 15.8.1978 – 6 ABR 10/76, AP Nr. 1 zu § 23 BetrVG 1972.
10 BAG v. 20.2.1986 – 6 ABR 5/85, AP Nr. 2 zu § 5 BetrVG 1972 – Rotes Kreuz.
11 BAG v. 27.8.1996 – 3 ABR 21/95, AP Nr. 4 zu § 83a ArbGG 1979; BAG v. 11.10.1995 – 7 ABR 17/95, AP Nr. 2 zu § 21 BetrVG 1972.
12 BAG v. 13.7.1955 – 1 ABR 31/54, AP Nr. 2 zu § 81 BetrVG.
13 LAG Düsseldorf v. 24.10.1989 – 16 (5) TaBV 67/89, BB 1990, 184; LAG Hessen v. 21.4.1988 – 12 TaBV 111/87, DB 1988, 487; LAG Köln v. 15.6.2007 – 8 TaBVGa 4/07, juris Rz. 44.
14 BAG v. 7.6.2016 – 1 ABR 30/14, NZA 2016, 1350 (1351), Rz. 16; BAG v. 1.6.1976 – 1 ABR 99/74, AP Nr. 1 zu § 28 BetrVG 1972; BAG v. 3.4.1979 – 6 ABR 64/76, AP Nr. 1 zu § 13 BetrVG 1972; BVerwG v. 21.6.1982 – 6 P 13/79, BVerwGE 66, 15; BVerwG v. 24.11.1983 – 6 P 21/81, BVerwGE 68, 203.
15 BAG v. 13.11.1991 – 7 ABR 18/91, EzA § 27 BetrVG 1972 Nr. 7.

- sonstige betriebsratsinterne Organisationsakte wie die Wahl des BR-Vorsitzenden und seines Stellvertreters[1];
- Freistellung von BR-Mitgliedern gem. § 38 BetrVG[2];
- Verlangen nach Erstattung verauslagter Kosten der BR-Tätigkeit[3].

Das einzelne Mitglied ist dagegen nicht antragsbefugt bei der Feststellung der Wirksamkeit der Errichtung eines GBR[4]; insoweit handelt es sich nur um ein Recht des BR.

ee) Antragsbefugnis von Gewerkschaften und Arbeitgeberverbänden

Die **Antragsbefugnis einer Gewerkschaft**[5] ist gegeben, wenn sie eigene Rechte geltend macht. Stützt sich die Gewerkschaft auf betriebsverfassungsrechtliche Rechte ist die Antragsbefugnis nur insoweit gegeben, als ihr das Gesetz entsprechende Rechte ausdrücklich einräumt[6]. 82

Die **Rspr. zur Antragsbefugnis der Gewerkschaften** hat sich im Lauf der Zeit erheblich gewandelt. Nach früherer Rspr. des BAG genügte schon ein berechtigtes Interesse der im Betrieb vertretenen Gewerkschaft an der begehrten Entscheidung, um ihre Antragsberechtigung zu bejahen[7]. Das BAG hat diese Rspr. in der Folgezeit aufgegeben und fordert nun für die Antragsbefugnis der im Betrieb vertretenen Gewerkschaft deren unmittelbare Betroffenheit[8]. 83

Die einer Gewerkschaft zustehenden Antragsrechte können auch von deren **Kreisverwaltung** oder **der örtlichen Verwaltungsstelle** wahrgenommen werden[9]. Eine Spitzenorganisation ist dagegen nicht zur Wahrnehmung der Rechte berechtigt[10]. 84

Die Gewerkschaft kann grds. nicht in gewillkürter Prozessstandschaft Rechte des BR geltend machen[11].

Die **Antragsbefugnis** ist **zu bejahen** für folgende Fälle: 85
- Eine Gewerkschaft ist antragsbefugt in einem Verfahren über das Teilnahmerecht von Gewerkschaftsmitgliedern an Sitzungen des BR, des Wirtschaftsausschusses oder einer Betriebsversammlung[12].
- In Verfahren auf Anerkennung einer Schulungsveranstaltung als geeignet iSv. § 37 Abs. 7 BetrVG sind die Spitzenorganisationen der Gewerkschaften und ArbGeb-Verbände antragsbefugt[13]; bei Ablehnung der Anerkennung ist auch die einzelne Gewerkschaft als Träger der Schulungsveranstaltung antragsbefugt[14]. Im Übrigen sind Spitzenorganisationen antragsbefugt, wenn ihnen das Gesetz die Sachwalterstellung zubilligt. Auf die Geltendmachung eines eigenen Rechts kommt es in diesen Fällen nicht an[15].
- Antrag der Gewerkschaft auf Auflösung des BR gem. § 23 Abs. 1 BetrVG (aufgrund der ausdrücklichen Zuweisung der Antragsbefugnis). Unerheblich ist, ob ein Mitglied des BR der Gewerkschaft angehört, da das Antragsrecht nach § 23 Abs. 1 BetrVG der Einhaltung bzw. der Wiederherstellung der betriebs-

---

1 BAG v. 8.4.1992 – 7 ABR 71/91, AP Nr. 11 zu § 26 BetrVG 1972.
2 BAG v. 29.7.1982 – 6 ABR 51/79, AP Nr. 5 zu § 83 ArbGG 1979.
3 BAG v. 14.9.1994 – 7 ABR 27/94, AP Nr. 99 zu § 37 BetrVG 1972; BAG v. 6.11.1973 – 1 ABR 26/73, AP Nr. 6 zu § 37 BetrVG 1972.
4 GMP/*Matthes/Spinner*, § 81 Rz. 65; aA BAG v. 15.8.1978 – 6 ABR 56/77, AP Nr. 3 zu § 47 BetrVG 1972.
5 Vgl. *Matthießen*, DB 1988, 285.
6 GK-ArbGG/*Ahrendt*, § 81 Rz. 94; BAG v. 3.2.1976 – 1 ABR 121/74, AP Nr. 8 zu § 118 BetrVG 1972; BVerwG v. 11.5.1962 – VII P 6/61, AP Nr. 16 zu § 22 PersVG; BVerwG v. 18.1.1990 – 6 P 8/88, PersV 1990, 348.
7 BAG v. 5.6.1964 – 1 ABR 11/63, AP Nr. 7 zu § 2 BetrVG; BAG v. 14.11.1958 – 1 ABR 4/58, AP Nr. 6 zu § 81 ArbGG 1953; BAG v. 8.12.1970 – 1 ABR 23/70, AP Nr. 21 zu § 76 BetrVG.
8 BAG v. 16.2.1973 – 1 ABR 18/72, AP Nr. 1 zu § 19 BetrVG 1972; BAG v. 26.6.1973 – 1 ABR 24/72, AP Nr. 2 zu § 2 BetrVG 1972; BAG v. 18.12.1973 – 1 ABR 35/73, AP Nr. 7 zu § 37 BetrVG 1972; BAG v. 30.10.1986 – 6 ABR 52/83, AP Nr. 6 zu § 47 BetrVG 1972; BAG v. 23.2.1988 – 1 ABR 75/86, AP Nr. 9 zu § 81 ArbGG 1979.
9 BAG v. 1.6.1966 – 1 ABR 17/65, AP Nr. 15 zu § 18 BetrVG; BAG v. 6.12.1977 – 1 ABR 28/77, AP Nr. 10 zu § 118 BetrVG 1972; VGH BW v. 9.2.1988 – 15 S 4/88, PersR 1988, 305.
10 BVerwG v. 11.2.1981 – 6 P 20/80, BVerwGE 61, 334.
11 BAG v. 27.11.1973 – 1 ABR 11/73, AP Nr. 4 zu § 40 BetrVG 1972.
12 BAG v. 18.11.1980 – 1 ABR 31/78, AP Nr. 2 zu § 108 BetrVG 1972; BAG v. 14.2.1967 – 1 ABR 7/66, AP Nr. 2 zu § 45 BetrVG.
13 BAG v. 5.11.1974 – 1 ABR 146/73, AP Nr. 19 zu § 37 BetrVG 1972; BAG v. 30.8.1989 – 7 ABR 65/87, AP Nr. 73 zu § 37 BetrVG 1972; BAG v. 11.8.1993 – 7 ABR 52/92, AP Nr. 92 zu § 37 BetrVG 1972; zustimmend *Glaubitz*, SAE 1994, 244 (245).
14 *Kopp*, AuR 1976, 333.
15 GK-ArbGG/*Ahrendt*, § 81 Rz. 99.

verfassungsrechtlichen Ordnung dient, unabhängig davon, ob es sich bei den BR-Mitgliedern um Gewerkschaftsangehörige handelt oder nicht[1].
- Geltendmachung eines groben Pflichtverstoßes des ArbGeb gem. § 23 Abs. 3 BetrVG; Antragsbefugnis der im Betrieb vertretenen Gewerkschaften: nur soweit es um den Schutz der betriebsverfassungsrechtlichen Ordnung geht[2].
- Tarifzuständigkeit einer Gewerkschaft durch ArbGebVerband auch für ein einzelnes Mitglied[3].
- Bei einem Antrag der Gewerkschaft gegen einen ArbGeb auf Unterlassung grober Rechtsverletzungen (§ 23 Abs. 3 BetrVG) oder auf Unterlassung eines Eingriffs in ihre Koalitionsfreiheit aus Art. 9 Abs. 3 GG ist ebenfalls die Antragsbefugnis der Gewerkschaft zu bejahen[4].

86 Die **Antragsbefugnis fehlt** dagegen:
- Feststellung, dass in einem Betrieb ein BR gewählt werden kann[5];
- Feststellung, dass ein Personalratsmitglied seine Pflichten grob verletzt hat[6];
- Anfechtung der Wahl des Vertrauensmannes der Schwerbehinderten[7];
- Anfechtung der Wahl des Vorstandes des Personalrats[8];
- Feststellungsantrag auf Unwirksamkeit einer Betriebsvereinbarung wegen Verstoßes gegen § 77 Abs. 3 BetrVG durch die Tarifparteien[9] (diese – so das BAG – umstrittene Senatsrechtsprechung beruhe auf der Annahme, dass die Betriebsvereinbarung ausschließlich die Rechtsverhältnisse zwischen BR und ArbGeb sowie zwischen ArbGeb und ArbN betreffe, und dass die Gewerkschaft an diesen Rechtsverhältnissen nicht beteiligt sei[10]; insbesondere haben die Gewerkschaften auch kein generelles Aufsichts- und Kontrollrecht gegenüber den Betriebspartnern; für Anträge mit diesem Streitgegenstand fehlt die Antragsbefugnis[11]. Anders ist es, wenn die Gewerkschaften – gestützt auf § 23 Abs. 3 BetrVG oder mit der Begründung, sie werde durch das Vorgehen des ArbGeb in ihrer Koalitionsfreiheit (Art. 9 Abs. 3 GG) verletzt – Unterlassungsansprüche geltend macht[12].
- Streit über die ordnungsgemäße Konstituierung eines GBR[13]. Etwaige Rechte ergeben sich weder aus § 47 Abs. 2 und Abs. 5 BetrVG noch aus allgemeinen betriebsverfassungsrechtlichen Grundsätzen[14]. Demgegenüber haben die im Unternehmen und im Konzern vertretenen Gewerkschaften bezüglich des Ausschlusses von Mitgliedern des GBR und des KBR ein Antragsrecht (vgl. §§ 48, 56 BetrVG)[15].

4. Das Rechtsschutzinteresse

87 Im arbeitsgerichtlichen Urteilsverfahren und im zivilprozessualen Verfahren muss für die Klage ein Rechtsschutzbedürfnis bestehen. Auch im arbeitsgerichtlichen Beschlussverfahren ist das **Rechtsschutzbedürfnis** eine in allen Instanzen von Amts wegen zu prüfende Prozessvoraussetzung[16]. Dadurch soll verhindert werden, dass das Beschlussverfahren zur Klärung abstrakter Rechtsfragen missbraucht wird. Die Gerichte sollen nicht für Entscheidungen in Anspruch genommen werden, die nach ihrem Ausspruch für

---

1 BAG v. 22.6.1993 – 1 ABR 62/92, AP Nr. 22 zu § 23 BetrVG 1972.
2 BAG v. 20.8.1991 – 1 ABR 85/90, AP Nr. 2 zu § 77 BetrVG 1972 – Tarifvorbehalt.
3 BAG v. 19.11.1985 – 1 ABR 37/83, AP Nr. 4 zu § 2 TVG – Tarifzuständigkeit.
4 BAG v. 20.4.1999 – 1 ABR 13/98, NZA 1999, 1235 f.; BAG v. 20.4.1999 – 1 ABR 72/98, SAE 1999, 253 (256); vgl. LAG Hamm v. 29.7.2011 – 10 TaBV 91/10, juris Rz. 69.
5 BAG v. 3.2.1976 – 1 ABR 121/74, AP Nr. 8 zu § 118 BetrVG 1972.
6 BVerwG v. 13.3.1964 – VII P 13/62, AP Nr. 6 zu § 26 PersVG.
7 BVerwG v. 17.3.1983 – 6 P 30/82, ZBR 1983, 278.
8 BVerwG v. 27.9.1990 – 6 P 23/88, AP Nr. 2 zu § 19 BetrVG.
9 BAG v. 23.2.1988 – 1 ABR 75/86, EzA § 81 ArbGG 1979 Nr. 13.
10 BAG v. 20.4.1999 – 1 ABR 13/98, NZA 1999, 1235 (1236); vgl. auch BAG v. 20.4.1999 – 1 ABR 72/98, SAE 1999, 253 (256).
11 BAG v. 18.8.1987 – 1 ABR 65/86, EzA § 81 ArbGG 1979 Nr. 11; BAG v. 23.2.1988 – 1 ABR 75/86, EzA § 81 ArbGG 1979 Nr. 13.
12 BAG v. 20.4.1999 – 1 ABR 13/98, NZA 1999, 1235 (1236).
13 BAG v. 30.10.1986 – 6 ABR 52/83, NZA 1988, 27.
14 BAG v. 30.10.1986 – 6 AZR 52/83, NZA 1988, 27.
15 BAG v. 29.8.1985 – 6 ABR 63/82, NZA 1986, 400.
16 St. Rspr., vgl. BAG v. 13.3.1991 – 7 ABR 5/90, EzA § 19 BetrVG 1972 Nr. 29; BAG v. 21.6.2006 – 7 ABR 45/05, juris Rz. 9.

die Beteiligten ohne rechtliche Auswirkungen sind[1]. Das Rechtsschutzinteresse muss bis zum Zeitpunkt der letzten Entscheidung in der Rechtsbeschwerdeinstanz vorliegen; es darf nicht vorher entfallen[2].

Die **Rspr. des BAG** zum Rechtsschutzinteresse hat mit der Entscheidung vom 29.7.1982[3] eine grundlegende Änderung erfahren. Zwar hat das BAG in der Rspr. vor dem 29.7.1982 stets darauf hingewiesen, dass das Beschlussverfahren nicht der Klärung abstrakter Rechtsfragen diene. Es sei nicht Aufgabe der Gerichte, Entscheidungen zu treffen, die nur theoretische Bedeutung hätten und auf ein Rechtsgutachten über einen abstrakten Fall hinauslaufen würden[4]. Gleichzeitig hat es aber eine Reihe von Fällen in der Sache entschieden, obwohl – wie das BAG formuliert – der „den bisherigen Verfahrensgegenstand bildende Streitpunkt in dem gegenwärtigen Verfahren in Fortfall gekommen"[5] ist. Im Beschluss vom 29.7.1982 werden zwar teilweise noch die Formulierungen der früheren Rspr. übernommen. In der Sache geht das BAG aber neue Wege. Es stellt klar, dass das Rechtsschutzbedürfnis für einen solchen Antrag fehlt, mit dem ausschließlich die Feststellung begehrt wird, eine bestimmte bereits abgeschlossene Maßnahme sei unwirksam, wenn diese Maßnahme für die Verfahrensbeteiligten im Zeitpunkt der Entscheidung keine Rechtswirkungen mehr hat[6]. Allein der Umstand, dass die Entscheidung für künftige Fälle Richtschnur für das Handeln der Beteiligten sein könnte, begründet nun kein Rechtsschutzinteresse mehr. Das BAG hat damit die oben geschilderte Rspr. aufgegeben (vgl. dazu auch Rz. 96). 88

Das Vorliegen des Rechtsschutzinteresses ist in allen Instanzen **von Amts wegen zu prüfen**. Bestehen Zweifel am Vorliegen oder am späteren Fortfall des Rechtsschutzinteresses muss das Gericht notfalls eine Beweisaufnahme durchführen, um diese Frage zu klären. Vorher darf keine Sachentscheidung ergehen. Die Darlegungslast für die Voraussetzungen, aus denen sich das Rechtsschutzinteresse ergibt, liegt beim Antragsteller[7]. Fehlt das Rechtsschutzinteresse oder fällt es später weg, ist der Antrag als unzulässig zurückzuweisen[8]. 89

Bei der Feststellung des Rechtsschutzinteresses erscheint es zweckmäßig, nach den einzelnen Antragsarten zu unterscheiden.

a) Leistungsanträge

Bei den Leistungsanträgen ergibt sich das Rechtsschutzinteresse regelmäßig aus dem Umstand, dass ein Anspruch geltend gemacht wird[9]. Auch ein Antrag auf künftige Unterlassung eines bestimmten Verhaltens ist ein Leistungsantrag und folglich die Darlegung eines Rechtsschutzinteresses entbehrlich[10]. In diesen Fällen entfällt regelmäßig die Prüfung des Rechtsschutzinteresses durch das Gericht[11]. 90

Ausnahmsweise fehlt das Rechtsschutzbedürfnis, wenn der **Antragsteller der Entscheidung nicht bedarf**. Dies ist der Fall, wenn er bereits einen vollstreckbaren Leistungstitel besitzt[12]. Darunter fallen auch die Vollstreckung ermöglichende Prozessvergleiche iSv. § 83a, sofern der Vergleich unmittelbar zur geforderten Leistung verpflichtet[13]. 91

---

1 BAG v. 29.7.1982 – 6 ABR 51/79, AP Nr. 5 zu § 83 ArbGG 1979; BAG v. 16.3.1965 – 1 ABR 15/64, AP Nr. 10 zu § 92 ArbGG 1953.
2 BAG v. 29.7.1982 – 6 ABR 51/79, EzA § 81 ArbGG 1979 Nr. 2.
3 BAG v. 29.7.1982 – 6 ABR 51/79, AP Nr. 5 zu § 83 ArbGG 1979.
4 BAG v. 13.7.1962 – 1 ABR 1/61, AP Nr. 2 zu § 24 BetrVG; BAG v. 27.4.1962 – 1 ABR 1/59, AP Nr. 2 zu § 80 ArbGG 1953; BAG v. 15.12.1972 – 1 ABR 5/72, AP Nr. 5 zu § 80 ArbGG 1953; BAG v. 24.4.1979 – 1 ABR 43/77, AP Nr. 63 zu Art. 9 GG – Arbeitskampf.
5 BAG v. 16.3.1965 – 1 ABR 15/64, AP Nr. 10 zu § 92 ArbGG 1953.
6 So auch BAG v. 23.1.1986 – 6 ABR 51/81, AP Nr. 32 zu § 5 BetrVG 1972; BAG v. 18.2.1986 – 1 ABR 27/84, AP Nr. 33 zu § 99 BetrVG 1979; BAG v. 28.1.1992 – 1 ABR 56/90, NZA 1992, 805; BAG v. 20.4.1999 – 1 ABR 13/98, NZA 1999, 1235 (1236). Vgl. auch BAG v. 13.10.1987 – 1 ABR 10/86, AP Nr. 24 zu § 87 BetrVG 1972 – Arbeitszeit.
7 BAG v. 13.10.1987 – 6 ABR 51/79, EzA § 87 BetrVG 1972 – Arbeitszeit Nr. 25.
8 BAG v. 17.7.1964 – 1 ABR 3/64, AP Nr. 3 zu § 80 ArbGG 1953; BAG v. 29.7.1982 – 6 ABR 51/79, AP Nr. 5 zu § 83 ArbGG 1979.
9 BAG v. 19.6.1984 – 1 ABR 6/83, EzA § 92 BetrVG 1972 Nr. 1; BAG v. 21.9.1989 – 1 ABR 32/89, EzA § 99 BetrVG 1972 Nr. 76; GK-ArbGG/*Ahrendt*, § 81 Rz. 103.
10 BAG v. 22.10.1985 – 1 ABR 38/83, EzA § 87 BetrVG 1972 – Betriebliche Lohngestaltung Nr. 10.
11 BAG v. 25.8.1983 – 6 ABR 52/80, AP Nr. 14 zu § 59 KO.
12 GK-ArbGG/*Ahrendt*, § 81 Rz. 103.
13 BAG v. 23.6.1992 – 1 ABR 53/91, AP Nr. 51 zu § 87 BetrVG 1972 – Arbeitszeit.

b) Gestaltungsanträge

92 Auch bei **Gestaltungsanträgen** besteht regelmäßig ein Rechtsschutzinteresse. Dies ergibt sich daraus, dass bei Gestaltungsanträgen die erstrebte Umgestaltung der Rechtslage nur durch die gerichtliche Entscheidung erfolgen kann[1]. Das Rechtsschutzinteresse fehlt dagegen ausnahmsweise, wenn die begehrte Entscheidung keine gestaltende Wirkung haben kann[2]. Das ist der Fall, wenn das zu gestaltende Rechtsverhältnis nicht mehr besteht.

93 **Einzelfälle:**
- Im betriebsverfassungsrechtlichen Wahlanfechtungsverfahren nach § 19 BetrVG entfällt das Rechtsschutzinteresse für einen Antrag, die Wahl für unwirksam zu erklären, mit dem Ablauf der Amtszeit des Gremiums, dessen Wahl angefochten wird[3]. Das Rechtsschutzinteresse für ein Wahlanfechtungsverfahren entfällt im Fall des Rücktritts des BR erst dann, wenn der neue BR gewählt und das Wahlergebnis bekannt gegeben ist[4]. So lange führt der zurückgetretene BR nämlich nach § 22 iVm. § 13 Abs. 2 Nr. 3 BetrVG die Geschäfte weiter.
- Das Rechtsschutzinteresse entfällt auch, wenn das BR-Mitglied, gegen das ein Ausschlussverfahren betrieben wird, durch Ablauf seiner Amtszeit aus dem BR ausscheidet[5]. Es lebt auch nicht wieder auf, wenn das Mitglied wieder in den neu gebildeten BR gewählt wird[6]. Ein Rechtsschutzbedürfnis ist hingegen gegeben, wenn der Ausschluss aus dem neugewählten BR beantragt wird[7].
- Das Rechtsschutzbedürfnis für die Anfechtung der Freistellungswahl (§ 38 BetrVG) besteht nicht (mehr), wenn die Amtszeit des BR, der die Wahl der freizustellenden BR-Mitglieder durchgeführt hat, beendet ist. Dann ist nämlich auch die Amtszeit der freigestellten BR-Mitglieder beendet. Würde das Gericht die Freistellungswahl für unwirksam erklären, hätte das für die Beteiligten keine Auswirkungen mehr[8].
- Anträge des ArbGeb auf Ersetzung der Zustimmung des BR zu einer personellen Einzelmaßnahme oder auf Feststellung, dass eine vorläufige personelle Maßnahme aus sachlichen Gründen dringend erforderlich ist (§ 99 Abs. 4, § 100 Abs. 2 Satz 1 BetrVG) sowie der Antrag des BR auf Aufhebung einer personellen Maßnahme (§ 101 BetrVG) erledigen sich mit der Beendigung der betreffenden personellen Einzelmaßnahme[9].

c) Feststellungsanträge

94 Der **Prüfung** des Rechtsschutzinteresses kommt **bei Feststellungsanträgen** besondere Bedeutung zu. Hier wird statt von Rechtsschutzinteresse häufig auch von Feststellungsinteresse gesprochen. Die Rspr. des BAG zum Feststellungsinteresse ist kaum noch überschaubar; sie ist darüber hinaus keineswegs einheitlich. Es gelten dieselben Maßstäbe wie im arbeitsrechtlichen Urteilsverfahren und im Zivilprozess[10]; insbesondere gilt auch im Beschlussverfahren, dass ein Leistungsantrag im Allgemeinen dem Feststellungsantrag vorzuziehen ist, weil aus ihm vollstreckt werden kann. Allerdings ist das Feststellungsverfahren dann das geeignetere Verfahren, wenn es um die grundsätzliche Klärung eines streitigen Rechtsverhältnisses geht und das Feststellungsverfahren zu einer umfassenden Bereinigung des Streits führen kann[11].

95 An das Feststellungsinteresse sind folgende **Anforderungen** zu stellen[12]:
(1) Ein zwischen den Beteiligten bestehendes Rechtsverhältnis oder ein dem Antragsteller zustehendes Recht muss **durch eine tatsächliche Unsicherheit** gefährdet sein. Ein auf die Klärung einer bloßen Rechtsfrage gerichteter Feststellungsantrag ist unzulässig, weil er auf die Erstattung eines Rechtsgutachtens hinauslaufen würde[13].

---

1 GK-ArbGG/*Ahrendt*, § 81 Rz. 108.
2 GMP/*Matthes/Spinner*, § 81 Rz. 30.
3 BAG v. 13.3.1991 – 7 ABR 5/90, EzA § 19 BetrVG 1972 Nr. 29.
4 BAG v. 29.5.1991 – 7 ABR 54/90, AP Nr. 6 zu § 4 BetrVG 1972.
5 BAG v. 29.4.1969 – 1 ABR 19/68, AP Nr. 9 zu § 23 BetrVG 1972; BAG v. 13.7.1962 – 1 ABR 1/61, AP Nr. 2 zu § 24 BetrVG; BAG v. 8.12.1961 – 1 ABR 8/60, AP Nr. 1 zu § 23 BetrVG.
6 BAG v. 29.4.1969 – 1 ABR 19/68, AP Nr. 9 zu § 23 BetrVG 1972.
7 LAG Düsseldorf v. 23.1.2015 – 6 TaBV 48/14, NZA-RR 2015, 299 (300).
8 BAG v. 21.6.2006 – 7 ABR 45/05, juris Rz. 9.
9 BAG v. 26.4.1990 – 1 ABR 79/89, EzA § 83a ArbGG 1979 Nr. 1.
10 BAG v. 11.11.1997 – 1 ABR 21/97, AP Nr. 1 zu § 36 BDSG; BAG v. 13.10.1987 – 1 ABR 53/86, EzA § 81 ArbGG 1979 Nr. 12.
11 BAG v. 15.12.1998 – 1 ABR 9/98, DB 1999, 910.
12 Vgl. dazu *Weth*, Das arbeitsgerichtliche Beschlussverfahren, S. 250 f.
13 BAG v. 3.5.2006 – 1 ABR 63/04, NZA 2007, 285 (286)Rz. 19.

(2) Die Entscheidung muss **geeignet** sein, **die Unsicherheit** über das Rechtsverhältnis **zu beseitigen**.
(3) Ein **einfacherer Weg** als die Entscheidung des Gerichts **darf nicht offen stehen**.
(4) Der Antragsteller muss ein **rechtliches Interesse** an einer alsbaldigen Klarstellung durch eine gerichtliche Entscheidung haben[1].

Ein **Rechtsverhältnis** ist jedes durch die Herrschaft einer Rechtsnorm über einen konkreten Sachverhalt entstandene Verhältnis einer Person zu einer anderen Person oder zu einer Sache[2]. Eine **Gefährdung des Rechtsverhältnisses** liegt vor, wenn zwischen den Beteiligten Streit besteht[3], wenn bspw. der ArbGeb ein Mitbestimmungsrecht des BR bestreitet oder der BR ein Mitbestimmungsrecht ernsthaft behauptet[4]. 96

Wenn die Feststellung begehrt wird, dass eine bestimmte, bereits abgeschlossene Maßnahme unwirksam sei oder dass an ihr ein Mitwirkungsrecht des BR bestanden habe, entfällt das Rechtsschutzbedürfnis, falls die Maßnahme im Zeitpunkt der Entscheidung keine Rechtswirkungen mehr entfaltet[5]. Ist der den bisherigen Verfahrensgegenstand bildende Streitpunkt in dem gegenwärtigen Verfahren in Fortfall gekommen, besteht insoweit kein Streit mehr[6]. Während für eine nur auf die Vergangenheit gerichtete Feststellung, aus der keinerlei Rechtswirkungen für die Zukunft mehr folgen, kein Rechtsschutzbedürfnis besteht[7], könne das Bestehen und der Umfang eines betrieblichen Mitbestimmungsrechts trotz der tatsächlichen Erledigung eines aktuellen Konflikts im Wege eines Feststellungsantrags zur Entscheidung gestellt werden, wenn der betreffende Streit auch zukünftig im Betrieb auftreten kann[8]. Diese Rspr. erkennt – wie das BAG formuliert hat – an, dass konkrete Streitfälle oft Ausdruck einer generellen Streitfrage sind, die immer wieder zu ähnlichen Auseinandersetzungen führen kann[9]. Zu weitgehend ist mE die gelegentlich vom BAG vertretene Auffassung zu der Frage, ob der BR ein bestimmtes Mitbestimmungsrecht hat, könne auch dann mit einem Feststellungsantrag zur Entscheidung gestellt werden, wenn ein Konflikt dieses Inhalts aufgrund der betrieblichen Verhältnisse zumindest jederzeit entstehen könne[10]. Da in einem Betrieb ein Konflikt über ein Mitbestimmungsrecht immer entstehen kann, wäre das der Abschied vom Erfordernis des Rechtsschutzinteresses.

Ein Feststellungsantrag muss sich nicht auf das Rechtsverhältnis insgesamt erstrecken, sondern kann sich – so das BAG – auf Teilrechtsverhältnisse, insbesondere auf einzelne Beziehungen oder Folgen aus einem Rechtsverhältnis, auf bestimmte Ansprüche oder Verpflichtungen oder auf den Umfang einer Leistungspflicht beschränken. Bloße Elemente oder Vorfragen eines Rechtsverhältnisses können nicht zum Gegenstand eines Feststellungsantrags gemacht werden[11].

V. Mehrheit von Antragstellern

1. Notwendige Mehrheit

Eine notwendige **Mehrheit von Antragstellern** liegt vor, wenn bestimmte Rechtshandlungen eine Mehrheit von Personen voraussetzen. Das Gesetz verlangt in bestimmten Fällen eine **Mindestzahl** von Antragstellern, so bei einer Wahlanfechtung gem. § 19 BetrVG, § 25 BPersVG, §§ 21, 22 MitbestG oder bei einem Antrag auf Auflösung des BR oder auf Ausschluss eines Mitglieds aus dem BR gem. § 23 Abs. 1 BetrVG. Dabei handelt es sich um eine besondere Prozessvoraussetzung, die während der gesamten Dauer des Ver- 97

---

1 BAG v. 29.7.1982 – 6 ABR 51/79, AP Nr. 5 zu § 83 ArbGG 1979; BAG v. 22.10.1985 – 1 ABR 47/83, AP Nr. 5 zu § 87 BetrVG 1972 – Werkmietwohnungen.
2 BAG v. 3.5.2006 – 1 ABR 63/04, NZA 2007, 285 (286) Rz. 19.
3 BAG v. 15.2.1989 – 1 ABR 36/89, SAE 1991, 189; BAG v. 13.10.1987 – 1 ABR 10/86, AP Nr. 24 zu § 87 BetrVG 1972 – Arbeitszeit; BAG v. 15.4.1986 – 1 ABR 55/84, AP Nr. 36 zu § 99 BetrVG 1972.
4 BAG v. 13.10.1987 – 1 ABR 10/86, AP Nr. 24 zu § 87 BetrVG 1972 – Arbeitszeit.
5 BAG v. 23.7.1996 – 1 ABR 17/96, DB 1997, 380; LAG Schl.-Holst. v. 28.2.2007 – 6 TaBV 8/06, juris Rz. 39; ArbG Berlin v. 1.10.2008 – 39 BV 8679/07, juris Rz. 26; *Kocher*, ArbuR 1999, 382 (386).
6 Vgl. BAG v. 15.2.1989 – 7 ABR 9/88, SAE 1990, 289; danach fällt das Rechtsschutzbedürfnis für die Anfechtung einer Betriebsratswahl weg, wenn die antragstellenden ArbN aus dem Betrieb ausgeschieden sind. Das BAG begründet das damit, die Fehlerhaftigkeit der Wahl könne in diesem Fall keine Auswirkungen mehr auf die Antragsteller haben. Der Auffassung des BAG kann nicht gefolgt werden, vgl. *Weth*, Anm. zu BAG v. 15.2.1989 – 7 ABR 9/88, SAE 1990, 291 (294); *Weth*, Das arbeitsgerichtliche Beschlussverfahren, S. 251.
7 BAG v. 18.2.2003 – 1 ABR 17/02.
8 BAG v. 10.12.2002 – 1 ABR 7/02, AP Nr. 59 zu § 80 BetrVG 1972.
9 BAG v. 20.4.1999 – 1 ABR 13/98, AP Nr. 43 zu § 81 ArbGG 1979; BAG v. 12.11.2002 – 1 ABR 60/01, NZA 2004, 1290 (1291).
10 BAG v. 27.1.2004 – 1 ABR 5/03, NZA 2004, 941.
11 BAG v. 3.5.2006 – 1 ABR 63/04, NZA 2007, 285 (286) Rz. 19.

fahrens vorliegen muss[1]. Fehlt es daran, sind alle Anträge als unzulässig abzuweisen. Die einzelnen Antragsteller behalten ihre Selbständigkeit. Jeder Antragsteller kann unabhängig von den anderen seinen Antrag zurücknehmen[2]. Eine Auswechslung von Antragstellern ist nicht zulässig[3]. Über die Anträge ist einheitlich in einem Verfahren zu entscheiden.

2. Tatsächliche Mehrheit

98 Eine **tatsächliche Mehrheit** liegt vor, wenn **mehrere Antragsteller gemeinsam** den gleichen oder unterschiedliche Anträge stellen, ohne dass dies gesetzlich verlangt wird. Dies ist der Fall, wenn sowohl BR als auch GBR oder mehrere BR Anträge stellen. Auch der an einem Verfahren Beteiligte kann selbst einen Sachantrag stellen und dadurch zum Antragsteller werden[4]. Der Sachantrag darf jedoch nicht allein einen negativen Feststellungsantrag als Antwort auf einen positiven Feststellungsantrag zum Inhalt haben. Bei Stellung mehrerer Sachanträge ist für jeden einzelnen dessen Zulässigkeit zu prüfen. Im Übrigen sind mehrere anhängig gewordene Verfahren miteinander zu verbinden[5]. Die einzelnen Antragsteller behalten dabei ihre Selbständigkeit. Das Gericht kann das Verfahren bezüglich einzelner Anträge aber auch abtrennen, wenn es dies für sachdienlich erachtet.

VI. Zustellung des Antrags und Ladung der Parteien

99 Die Antragsschrift ist mindestens eine Woche vor dem Termin zur mündlichen Verhandlung zuzustellen, § 80 Abs. 2 Satz 1, § 47 Abs. 1. Umstritten ist, ob die Antragsschrift allen Beteiligten zugestellt werden muss oder ob eine förmliche Zustellung allein an den Antragsgegner ausreicht. § 81 Abs. 2 Satz 3 spricht von der „Mitteilung" an die Beteiligten. Daraus wird zum Teil der Schluss gezogen, dass zur ordnungsgemäßen Ladung der sonstigen Verfahrensbeteiligten eine formlose Mitteilung genügt[6]. § 215 ZPO ist jedoch zu entnehmen, dass eine Ladung grds. durch Zustellung erfolgt. Die Antragsschrift ist daher **allen Verfahrensbeteiligten zuzustellen**[7]. Die Ermittlung der Beteiligten und die Zustellung an diese erfolgt durch das Gericht von Amts wegen. Hinsichtlich der Ermittlung der Beteiligten trifft den Antragsteller eine Mitwirkungspflicht aus § 83 Abs. 1 Satz 2[8]. Werden im Lauf des Verfahrens weitere Beteiligte bekannt, ist diesen die Antragsschrift nachträglich zuzustellen[9]. Eine Änderung der Antragsschrift erfordert eine erneute Zustellung an die Beteiligten[10].

100 Ergänzend gelten auch hier die zivilprozessualen Vorschriften. Für den Eintritt der **Rechtshängigkeit** ist die Person des Antragsgegners nicht entscheidend. Gemäß § 261 Abs. 1 ZPO tritt Rechtshängigkeit bereits mit der ersten Zustellung an einen Beteiligten ein[11]. Für die Wahrung von Fristen gilt § 167 ZPO. Nach Einreichung der Antragsschrift muss unverzüglich Termin zur mündlichen Verhandlung bestimmt werden (§ 216 Abs. 2 ZPO). Sodann müssen alle Beteiligten zur mündlichen Verhandlung geladen werden (§ 83 Abs. 4 Satz 2). Die Ladung ist zuzustellen (§ 215 ZPO).

VII. Rücknahme des Antrags (Abs. 2)

101 Das **Beschlussverfahren** kann **ohne Sachentscheidung** beendet werden, wenn der Antragsteller seinen Antrag wirksam zurücknimmt.

1. Zulässigkeit der Rücknahme

102 Der Antragsteller kann seinen **Antrag jederzeit zurücknehmen**, § 81 Abs. 2 Satz 1. Die Rücknahme ist bis zur Rechtskraft der Entscheidung möglich, also auch nach der mündlichen Verhandlung und der Beweis-

---

1 BAG v. 14.2.1978 – 1 ABR 46/77, AP Nr. 7 zu § 19 BetrVG 1972; BAG v. 8.12.1981 – 1 ABR 71/79, AP Nr. 25 zu § 76 BetrVG.
2 BAG v. 12.2.1985 – 1 ABR 11/84, EzA § 19 BetrVG 1972 Nr. 21; BVerwG v. 8.2.1982 – 6 P 43/80, BVerwGE 65, 33.
3 BAG v. 12.2.1985 – 1 ABR 11/84, EzA § 19 BetrVG 1972 Nr. 21.
4 BAG v. 31.1.1989 – 1 ABR 60/87, AP Nr. 12 zu § 81 ArbGG 1979.
5 BAG v. 26.11.1968 – 1 ABR 7/68, AP Nr. 18 zu § 76 BetrVG.
6 *Grunsky*, ArbGG, 7. Aufl. 1995, § 81 Rz. 3.
7 GMP/*Matthes/Spinner*, § 81 Rz. 71; GK-ArbGG/*Ahrendt*, § 81 Rz. 122; GWBG/*Greiner*, § 81 Rz. 9.
8 GMP/*Matthes/Spinner*, § 81 Rz. 71.
9 GMP/*Matthes/Spinner*, § 81 Rz. 71.
10 GMP/*Matthes/Spinner*, § 81 Rz. 71; GK-ArbGG/*Ahrendt*, § 81 Rz. 123.
11 GMP/*Matthes/Spinner*, § 81 Rz. 71; GK-ArbGG/*Ahrendt*, § 81 Rz. 123.

aufnahme. Sogar nachdem der Beschluss bereits verkündet wurde, ist die Rücknahme zulässig[1]. Ein bereits ergangener Beschluss wird in diesem Fall entsprechend § 269 Abs. 3 Satz 1 ZPO wirkungslos. Eine ausdrückliche Aufhebung des Beschlusses ist nicht erforderlich.

In 1. Instanz bedarf die Rücknahme des Antrags **nicht der Zustimmung des Antragsgegners** und der sonstigen Beteiligten[2]. Im Beschlussverfahren 2. und 3. Instanz bedarf die Antragsrücknahme dagegen gem. § 87 Abs. 2 Satz 3 bzw. § 92 Abs. 2 Satz 3 der Zustimmung der anderen Beteiligten.

103

Haben mehrere Antragsteller einen Antrag gestellt, kann grds. **jeder** von ihnen seinen Antrag unabhängig vom Verhalten der übrigen Antragsteller **zurücknehmen**[3]. Die Frage, ob dies auch gilt, wenn drei ArbN gem. § 19 Abs. 2 BetrVG die BR-Wahl angefochten haben, wird unterschiedlich beantwortet. Nach der älteren Rspr. des BAG[4] und teilweise in der Lit. vertretener Auffassung[5] tragen alle Antragsteller den Antrag gemeinsam. Er kann daher nur von allen gemeinsam zurückgenommen werden. Nach neuerer Rspr.[6] und Lehre[7] kann auch bei der Anfechtung der BR-Wahl jeder antragstellende ArbN seinen Antrag ohne Zustimmung der übrigen Beteiligten zurücknehmen. Der letztgenannten Auffassung ist zuzustimmen. Zwar sind bei der BR-Wahl die Anfechtenden notwendige Streitgenossen[8]. Es handelt sich dabei jedoch nicht um eine Streitgenossenschaft aus materiell-rechtlichen Gründen, sondern um eine solche aus prozessrechtlichen Gründen[9]. In den Fällen der Streitgenossenschaft aus prozessrechtlichen Gründen kann aber jeder Streitgenosse seinen Antrag zurücknehmen[10]. Ein anderes Ergebnis würde dem Sinn des § 19 BetrVG zuwiderlaufen. Nach dieser Vorschrift muss die Anfechtung in jedem Stadium des Verfahrens von drei ArbN getragen werden. Lässt man aber nur eine gemeinsame Rücknahme des Antrags zu, läuft dies darauf hinaus, dass letztlich die Wahlanfechtung doch nur von einem ArbN getragen würde, wenn zwei der drei ArbN von der Wahlanfechtung Abstand nehmen wollten, den Antrag aber mangels Einverständnisses des Dritten nicht wirksam zurücknehmen können[11]. Die noch anhängigen Anträge sind als unzulässig zurückzuweisen, wenn die erforderliche Mindestzahl von Antragstellern nicht mehr erreicht ist[12].

104

2. Form der Rücknahme

Die **Rücknahme** des Antrags kann gem. § 81 Abs. 2 Satz 1 **in derselben Form** erfolgen, in der der **Antrag eingereicht** worden ist. Damit ist nicht gemeint, dass die Form der Rücknahme zwingend der Form der Antragseinreichung entsprechen muss. Der Antragsteller kann vielmehr wählen, ob er die Rücknahme schriftlich oder zur Niederschrift der Geschäftsstelle erklärt oder ob er die Rücknahme in der mündlichen Verhandlung zu Protokoll des Gerichts erklärt, vgl. § 160 Abs. 3 Nr. 8 ZPO[13]. Ein schriftlicher Antrag kann folglich in der mündlichen Verhandlung zu Protokoll des Gerichts zurückgenommen werden. Eine teilweise Rücknahme ist möglich, soweit der Streitgegenstand teilbar ist[14].

105

3. Wirkungen der Rücknahme

Wird der Antrag **zurückgenommen**, ist der **Rechtsstreit als nicht anhängig** geworden anzusehen. Eine bereits ergangene, noch nicht rechtskräftige Entscheidung wird wirkungslos, ohne dass es einer ausdrücklichen Aufhebung bedarf. Das folgt aus § 269 ZPO, der insoweit anwendbar ist[15]. Da nach Antragsrücknahme der Rechtsstreit als nicht anhängig geworden anzusehen ist, kann der zurückgenommene Antrag erneuert und damit der gleiche Streitfall erneut rechtshängig gemacht werden.

106

---

1 Vgl. *Weth*, Das arbeitsrechtliche Beschlussverfahren, S. 323; aA GMP/*Matthes/Spinner*, § 81 Rz. 74.
2 GWBG/*Greiner*, § 81 Rz. 22; GMP/*Matthes/Spinner*, § 81 Rz. 73.
3 GWBG/*Greiner*, § 81 Rz. 22; GMP/*Matthes/Spinner*, § 81 Rz. 75; *Molkenbur*, DB 1992, 425 (429).
4 BAG v. 8.12.1970 – 1 ABR 23/70, AP Nr. 21 zu § 76 BetrVG.
5 Vgl. dazu *Dietz/Nikisch*, § 81 ArbGG Rz. 30; *Dersch/Volkmar*, § 81 ArbGG Rz. 6.
6 BAG v. 12.2.1985 – 1 ABR 11/84, AP Nr. 27 zu § 76 BetrVG 1952.
7 GMP/*Matthes/Spinner*, § 81 Rz. 75.
8 *Weth*, Anm. zu BAG v. 15.2.1989 – 7 ABR 9/88, SAE 1990, 291 (294).
9 *Weth*, Anm. zu BAG v. 15.2.1989 – 7 ABR 9/88, SAE 1990, 291 (294) Fn. 29.
10 *Rosenberg/Schwab/Gottwald*, ZPR, § 49 Rz. 38.
11 BAG v. 12.2.1985 – 1 ABR 11/84, AP Nr. 27 zu § 76 BetrVG 1952.
12 BAG v. 10.6.1983 – 6 ABR 50/82, AP Nr. 10 zu § 19 BetrVG 1972.
13 GWBG/*Greiner*, § 81 Rz. 23; GMP/*Matthes/Spinner*, § 81 Rz. 76.
14 GMP/*Matthes/Spinner*, § 81 Rz. 76.
15 AA GMP/*Matthes/Spinner*, § 81 Rz. 82.

4. Einstellung des Verfahrens

107 Nach Rücknahme des Antrags durch den Antragsteller **stellt** der Vorsitzende des Gerichts **von Amts wegen durch Beschluss** das **Verfahren ein**, § 81 Abs. 2 Satz 2. Diese Einstellung hat lediglich deklaratorische Bedeutung[1]. Sie erfolgt **ohne** jede **Sachprüfung**[2]. Nach anderer Ansicht ist der Einstellungsbeschluss dagegen konstitutiv. Allein die Rücknahme des Antrags führe, wie etwa § 81 Abs. 2 deutlich mache, nicht von selbst zur Beendigung des Verfahrens. Es bedürfe noch einer Handlung des Gerichts, nämlich der Einstellung des Verfahrens. Ein bereits beendetes Verfahren könne nicht mehr eingestellt werden; es werde daher die Instanz erst durch den Einstellungsbeschluss des Gerichts beendet. Der Wortlaut der Vorschrift spricht zwar eher für die letztgenannte Meinung, allerdings lässt sich der Wortlaut auch im Sinn der ersten Meinung verstehen, nämlich dahin, dass der Beschluss des Vorsitzenden nicht die Einstellung ist, sondern diese lediglich feststellt. So wie auch nach § 269 Abs. 4 ZPO das Gericht bestimmende Wirkungen der Klagerücknahme durch Beschluss ausspricht. Es sind im Übrigen keine Gründe ersichtlich, warum die Rücknahme des Antrags im Beschlussverfahren eine andere Art von Parteihandlung sein soll als die Rücknahme der Klage im arbeitsgerichtlichen Urteilsverfahren bzw. im zivilprozessualen Verfahren. Die Rücknahme der Klage gem. § 269 ZPO ist Bewirkungshandlung, dh. sie ist nicht dazu bestimmt, eine Entscheidung des Gerichts herbeizuführen, sondern sie begründet im Verfahren, in dem sie vorgenommen wird, eine bestimmte Prozesssituation[3]. Nach der Gegenmeinung ist die Rücknahme des Antrags im Beschlussverfahren Erwirkungshandlung. Sie soll das Gericht nämlich zu einer bestimmten Entscheidung veranlassen und den Stoff zu der Begründung liefern. Die Antragsrücknahme soll das Gericht zur Entscheidung veranlassen, das Verfahren einzustellen. Entscheidungsspielraum hat das Gericht bei dieser Entscheidung aber nicht[4]. Es muss einstellen, wenn der Antrag zurückgenommen ist. Schon das lässt es fraglich erscheinen, ob es sinnvoll ist, die Antragsrücknahme als Erwirkungshandlung anzusehen. Im Übrigen gibt es, wie schon angedeutet, keinen Grund, warum die Antragsrücknahme im Beschlussverfahren, die im Übrigen zahlreiche Übereinstimmungen mit der Klagerücknahme nach § 269 ZPO aufweist, anders als diese nicht unmittelbar ohne Entscheidung des Gerichts das Verfahren beenden soll.

108 Auf Antrag hat das Gericht im Einstellungsbeschluss auszusprechen, dass eine **bereits ergangene Entscheidung wirkungslos ist**, § 269 Abs. 4 ZPO. Liegt eine Entscheidung noch nicht vor, hat das Gericht auf Antrag im Einstellungsbeschluss auszusprechen, dass der Rechtsstreit als nicht anhängig geworden anzusehen ist, § 269 Abs. 4 ZPO[5].

109 Eine **Kostenentscheidung** trifft das Gericht nicht. Im Beschlussverfahren ist dafür nach st. Rspr. kein Raum[6]. Dort werden nämlich gem. § 2 Abs. 2 GKG Kosten (= Gebühren und Auslagen) nicht erhoben. Einer Entscheidung über die Gerichtskosten bedarf es daher nicht. Auch für eine Entscheidung über außergerichtliche Kosten ist nach ganz hM im Beschlussverfahren kein Raum[7]. Nach Auffassung von *Grunsky* muss, auch wenn eine Kostenentscheidung nicht ergeht, § 269 Abs. 3 Satz 2 ZPO jedenfalls insoweit angewandt werden, dass der Antragsteller die den übrigen Beteiligten entstandenen Kosten materiell-rechtlich zu ersetzen hat[8]. Dem ist nicht zuzustimmen. Da den Beteiligten gem. § 2 Abs. 2 GKG Gerichtskosten nicht entstehen, wären gem. § 269 ZPO die außergerichtlichen Kosten zu ersetzen. Bezüglich dieser Kosten steht der Anwendung von § 269 ZPO aber § 12a Abs. 1 Satz 1 entgegen, der nicht nur den prozessualen Kostenerstattungsanspruch, sondern insoweit auch einen materiell-rechtlichen Kostenerstattungsanspruch gem. § 269 ZPO ausschließt[9]. § 269 Abs. 3 Satz 2 ZPO ist daher im arbeitsgerichtlichen Beschlussverfahren nicht anwendbar.

110 Von der Einstellung ist **allen Beteiligten**, denen der Antrag bereits mitgeteilt worden ist, **Kenntnis zu geben**, § 81 Abs. 2 Satz 2. Das kann durch formloses Schreiben geschehen[10]. Gegen den Einstellungsbeschluss

---

1 LAG Hessen v. 24.1.1984 – 4 TaBV 82/83, NZA 1984, 269; LAG Hamm v. 26.5.1989 – 8 TaBV 34/89, DB 1989, 1578; LAG Hamm v. 21.9.1999 – 13 TaBV 53/99, NZA-RR 2000, 660 (661); GWBG/*Greiner*, § 81 Rz. 26; *Lepke*, DB 1975, 1938 (1942); aA LAG Rh.-Pf. v. 26.6.1982 – 6 TaBV 10/82, EzA § 92 ArbGG 1979 Nr. 1; GK-ArbGG/*Ahrendt*, § 81 Rz. 132.
2 *Lepke*, DB 1975, 1938 (1942); LAG Hamm v. 21.9.1999 – 13 TaBV 53/99, NZA-RR 2000, 660 (661).
3 *Rosenberg/Schwab/Gottwald*, ZPR, § 64 Rz. 15.
4 *Fenn*, FS Schiedermair, 2001, S. 117 (118).
5 Dazu *Lepke*, DB 1975, 1938 (1942).
6 BAG v. 20.4.1999 – 1 ABR 13/98, NZA 1999, 1235 (1237).
7 BAG v. 7.7.1954 – 1 ABR 2/54, AP Nr. 1 zu § 13 BetrVG; BAG v. 22.2.1963 – 1 ABR 8/62, AP Nr. 9 zu § 92 ArbGG 1953; BAG v. 20.4.1999 – 1 ABR 13/98, NZA 1999, 1235 (1237); aA noch *Grunsky*, ArbGG, 7. Aufl. 1995, § 80 Rz. 6.
8 *Grunsky*, ArbGG, 7. Aufl. 1995, § 81 Rz. 9.
9 Vgl. BAG v. 30.4.1992 – 8 AZR 288/91, NZA 1992, 1101.
10 GWBG/*Greiner*, § 81 Rz. 25; GMP/*Matthes/Spinner*, § 81 Rz. 79.

ist die Beschwerde zum LAG zulässig, § 83 Abs. 5, § 78 (vgl. dazu auch die Kommentierung zu § 78 und § 83)[1]. Sie kann etwa darauf gestützt werden, dass eine Antragsrücknahme nicht erfolgt ist.

VIII. Änderung des Antrags (Abs. 3)

1. Begriff der Antragsänderung

Die Antragsänderung in der **1. Instanz** ist in § 81 Abs. 3 geregelt. Die Vorschrift wurde durch die Arbeitsgerichtsnovelle vom 21.5.1979[2] eingeführt. Im **2. Rechtszug** ist § 81 Abs. 3 entsprechend anwendbar (§ 87 Abs. 2 Satz 3). Im **Rechtsbeschwerdeverfahren** findet § 81 Abs. 3 jedoch keine Anwendung[3]. § 92 Abs. 2 Satz 3 verweist lediglich auf § 81 Abs. 2 Satz 2 und 3, nicht jedoch auf § 81 Abs. 3. Eine Antragsänderung ist daher in der Rechtsbeschwerdeinstanz nicht mehr zulässig[4], es sei denn, es handelt sich lediglich um eine Beschränkung des bisherigen Leistungsantrages[5]. Die Antragsänderung soll auch dann ausnahmsweise zulässig sein, wenn sie aus prozessökonomischen Gründen angezeigt ist. Das hat das BAG in einem Fall angenommen, in dem sich der Sachantrag auf den in der Beschwerdeinstanz festgestellten Sachverhalt stützen kann, und weiter ausgeführt, das sei insbesondere gerechtfertigt, wenn die anderen Verfahrensbeteiligten gegen die Antragsänderung keine Einwendungen hätten, ihre Verfahrensrechte nicht verkürzt würden und die Antragsänderung darauf beruhe, dass die Vorinstanzen gem. § 139 ZPO gebotene Hinweise unterlassen hätten[6]. Der Begriff der Antragsänderung deckt sich mit dem der Klageänderung im zivilprozessualen Verfahren nach § 263 ZPO. Von daher bedeutet Änderung des Antrags die Änderung oder Erweiterung des Streitgegenstandes eines anhängigen Verfahrens[7]. Von der Antragsänderung zu unterscheiden ist die bloße **Klarstellung des Antrags**. Es ist durch Auslegung zu ermitteln, ob mit dem äußerlich geänderten Antrag zugleich auch ein anderes Begehren verfolgt wird[8]. 111

Eine Änderung des Antrags ist auch der **Wechsel in der Person des Antragstellers**[9] oder in der Person **des Antragsgegners**[10], sowie der **Beitritt eines weiteren Antragstellers**[11]. Eine Antragsänderung liegt auch dann vor, wenn sich der ursprünglich streitige Vorfall erledigt hat, die dabei aufgetretene Streitfrage aber für die Zukunft entschieden werden soll[12]. Sie ist ferner zu bejahen, wenn der Personalrat einer aus ursprünglich mehreren Dienststellen gebildeten neuen Dienststelle kraft eigenen Rechts in ein Beschlussverfahren eintritt, das von einem Personalrat einer der nunmehr aufgelösten ursprünglichen Dienststellen eingeleitet worden ist[13]. In einem Verfahren um die Rechtmäßigkeit einer Maßnahme des Wahlvorstandes kann der Antrag dahin geändert werden, dass nun die Wahl selbst angefochten wird, wenn diese zwischenzeitlich stattgefunden hat[14]. 112

2. Zulässigkeit der Antragsänderung

Eine Änderung des Antrags ist zulässig, wenn die übrigen **Beteiligten zustimmen oder die Änderung sachdienlich ist**, § 81 Abs. 3 Satz 1. 113

---

1 LAG, Hamm Beschl. v. 21.9.1999 – 13 TaBV 53/99, NZA-RR 2000, 660 (661); LAG Köln v. 27.11.1995 – 3 Ta 297/95, NZA 1996, 840; LAG Hamm v. 26.5.1989 – 8 TaBV 34/89, LAGE § 81 ArbGG 1979 Nr. 1; LAG Hessen v. 24.1.1984 – 4 TaBV 82/83, NZA 1984, 269; GWBG/*Greiner*, § 81 Rz. 27; aA LAG Rh.-Pf. v. 25.6.1982 – 6 TaBV 10/82, BB 1982, 1859; GMP/*Matthes/Spinner*, § 81 Rz. 80; GK-ArbGG/*Ahrendt*, § 81 Rz. 132. Nach dieser Auffassung ist die Beschwerde nach § 87 gegeben.
2 BGBl. I, S. 545.
3 BAG v. 26.10.1994 – 7 ABR 11/94.
4 BAG v. 13.12.2005 – 1 ABR 31/03; BAG v. 26.10.2004 – 1 ABR 37/03, juris Rz. 28; BAG v. 26.10.1994 – 7 ABR 11/94; GMP/*Matthes/Schlewing*, § 92 Rz. 23.
5 BAG v. 31.10.1995 – 1 ABR 5/95, NZA 1996, 890.
6 BAG v. 26.10.2004 – 1 ABR 37/03, juris Rz. 28; BAG v. 13.12.2005 – 1 ABR 31/03.
7 BAG v. 31.1.1989 – 1 ABR 60/87, AP Nr. 12 zu § 81 ArbGG 1979.
8 GMP/*Matthes/Spinner*, § 81 Rz. 84.
9 BVerwG v. 21.3.1989 – 1 ABR 60/87, AP Nr. 12 zu § 81 ArbGG 1979; OVG NRW v. 17.2.2000 – 1 A 329/98. PVL, ZfPR 2001, 109.
10 BAG v. 13.12.2005 – 1 ABR 31/03; GMP/*Matthes/Spinner*, § 81 Rz. 85.
11 BAG v. 16.12.1986 – 1 ABR 35/85, NZA 1987, 355; BAG v. 31.1.1989 – 1 ABR 60/87, AP Nr. 12 zu § 81 ArbGG 1979.
12 BAG v. 29.7.1982 – 6 ABR 51/79, AP Nr. 5 zu § 83 ArbGG 1979; BAG v. 10.4.1984 – 1 ABR 73/82, AP Nr. 3 zu § 81 ArbGG 1979.
13 OVG Lüneburg v. 9.11.2011 – 18 LP 10/09, juris Rz. 23.
14 BAG v. 15.12.1972 – 1 ABR 5/72, AP Nr. 5 zu § 80 ArbGG 1953; BAG v. 14.1.1983 – 6 ABR 39/82, AP Nr. 9 zu § 19 BetrVG 1972; *Dütz*, SAE 1975, 38.

114 **Umstritten** ist, ob die **Zustimmung aller** am Verfahren **Beteiligten** zur Antragsänderung erforderlich ist oder ob es nur der Zustimmung des Antragsgegners, sowie derjenigen bedarf, auf die sich die Rechtskraft des Beschlusses erstreckt. Der Wortlaut des § 81 Abs. 3 differenziert nicht zwischen verschiedenen Kategorien von Beteiligten. Alle Beteiligten, die durch die begehrte Entscheidung unmittelbar in ihrer Rechtsstellung betroffen werden können, müssen der Antragsänderung zustimmen. Das sind neben dem Antragsteller der Antragsgegner und die sonstigen Beteiligten, soweit sie beteiligungsbefugt sind[1]. Es bedarf allerdings nur der Zustimmung derjenigen Beteiligten, die sowohl nach dem alten als auch nach dem neuen Antrag zu beteiligen sind. Für diejenigen, die nach dem neuen Antrag nicht mehr zu beteiligen sind, stellt sich die Antragsänderung als (teilweise) Antragsrücknahme dar und bedarf deshalb in der 1. Instanz nicht der Zustimmung, vgl. § 81 Abs. 2. Die Zustimmung ist gegenüber dem Gericht abzugeben. Sie kann schriftlich, zu Protokoll der Geschäftsstelle oder zu Protokoll des Gerichts im Anhörungstermin erklärt werden.

115 § 81 Abs. 3 Satz 2 enthält eine **Zustimmungsfiktion** für den Beteiligten, der sich ohne Widerspruch auf die Antragsänderung eingelassen hat. Die Vorschrift enthält gegenüber § 267 ZPO eine Erweiterung. Die Fiktion kann nicht durch Widerspruch beseitigt werden. Eine Einlassung iSv. § 81 Abs. 3 Satz 2 liegt nicht vor, wenn der Beteiligte zu dem Änderungsantrag überhaupt nicht Stellung genommen hat.

116 Das **Zustimmungserfordernis** für die Antragsänderung steht **in Widerspruch zu der** jederzeit möglichen **Antragsrücknahme** nach § 81 Abs. 2. Dem Antragsteller steht es daher frei, seinen Antrag zurückzunehmen und den neuen Antrag in einem neuen Verfahren anhängig zu machen[2]. Der Antragsteller kann auf diese Weise ggf. das Zustimmungserfordernis umgehen.

117 An Stelle der Zustimmung der Beteiligten ist die **Antragsänderung** auch dann zulässig, wenn sie das Gericht für **sachdienlich** erachtet. Sachdienlichkeit liegt vor, wenn die Früchte des bisherigen Verfahrens für die Entscheidung über den geänderten Antrag nutzbar gemacht werden können und wenn zu erwarten ist, dass nach dem neuen Antrag der Streit besser oder endgültig beigelegt werden kann und ein weiteres Verfahren vermieden wird. Die Prozessfrüchte können idR dann nicht nutzbar gemacht werden, wenn ein völlig neuer Streitstoff eingeführt werden soll[3]. Dagegen ist die Frage, ob das Verfahren durch die Änderung des Antrags verzögert wird, allein nicht maßgeblich für die Feststellung der Sachdienlichkeit[4]. Auch auf die Erfolgsaussichten der geänderten Anträge ist nicht abzustellen. Das Gericht hat die Entscheidung im pflichtgemäßen Ermessen zu treffen.

118 § 264 ZPO findet entsprechende Anwendung[5]. Keine Änderung des Antrages liegt damit in den von § 264 ZPO erfassten Fällen der Änderung des Streitgegenstandes vor. Es kommt hier nicht auf die Zustimmung der Beteiligten oder die Sachdienlichkeit der Änderung an. In diesen Fällen gilt die Änderung des Antrages kraft Gesetzes als sachdienlich[6].

3. Entscheidung über die Antragsänderung

119 Über die **Zulässigkeit** der Antragsänderung kann ggf. durch **Zwischenbeschluss** entschieden werden, § 303 ZPO entsprechend. Die Entscheidung, dass eine Änderung des Antrags nicht vorliegt oder zugelassen wird, ist unanfechtbar, § 81 Abs. 3 Satz 3.

120 Ist die Antragsänderung zulässig, ist nur noch **über den geänderten Antrag zu entscheiden**. Ist die Antragsänderung unzulässig, ist der geänderte Antrag als unzulässig abzuweisen und zu fragen, ob in dem Antragsänderungsbegehren eine konkludente Rücknahme des ursprünglichen Antrags enthalten ist oder ob der Antragsteller hilfsweise den ursprünglichen Antrag weiterverfolgt. Liegt eine wirksame Antragsrücknahme nicht vor, ist der ursprüngliche Antrag mangels wirksamer Rücknahme weiterhin anhängig.

---

1 *Weth*, Das arbeitsgerichtliche Beschlussverfahren, S. 203 ff.
2 GMP/*Matthes/Spinner*, § 81 Rz. 90.
3 BAG v. 5.5.1992 – 1 ABR 1/92, NZA 1992, 1089; BAG v. 15.3.2011 – 1 ABR 112/09, NZA-RR 2011, 462 (465), Rz. 32; vgl. auch LAG Düsseldorf v. 23.1.2015 – 6 TaBV 48/14, NZA-RR 2015, 299 (300).
4 BAG v. 5.5.1992 – 1 ABR 1/92, NZA 1992, 1089.
5 BAG v. 14.1.1983 – 6 ABR 39/82, AP Nr. 9 zu § 19 BetrVG 1972; GWBG/*Greiner*, § 81 Rz. 33; *Fenn*, FS 25 Jahre BAG, S. 105.
6 GMP/*Matthes/Spinner*, § 81 Rz. 84.

§ 82 Örtliche Zuständigkeit

(1) Zuständig ist das Arbeitsgericht, in dessen Bezirk der Betrieb liegt. In Angelegenheiten des Gesamtbetriebsrats, des Konzernbetriebsrats, der Gesamtjugendvertretung oder der Gesamt-Jugend- und Auszubildendenvertretung, des Wirtschaftsausschusses und der Vertretung der Arbeitnehmer im Aufsichtsrat ist das Arbeitsgericht zuständig, in dessen Bezirk das Unternehmen seinen Sitz hat. Satz 2 gilt entsprechend in Angelegenheiten des Gesamtsprecherausschusses, des Unternehmenssprecherausschusses und des Konzernsprecherausschusses.

(2) In Angelegenheiten eines Europäischen Betriebsrats, im Rahmen eines Verfahrens zur Unterrichtung und Anhörung oder des besonderen Verhandlungsgremiums ist das Arbeitsgericht zuständig, in dessen Bezirk das Unternehmen oder das herrschende Unternehmen nach § 2 des Gesetzes über Europäische Betriebsräte seinen Sitz hat. Bei einer Vereinbarung nach § 41 Absatz 1 bis 7 des Gesetzes über Europäische Betriebsräte ist der Sitz des vertragschließenden Unternehmens maßgebend.

(3) In Angelegenheiten aus dem SE-Beteiligungsgesetz ist das Arbeitsgericht zuständig, in dessen Bezirk die Europäische Gesellschaft ihren Sitz hat; vor ihrer Eintragung ist das Arbeitsgericht zuständig, in dessen Bezirk die Europäische Gesellschaft ihren Sitz haben soll.

(4) In Angelegenheiten nach dem SCE-Beteiligungsgesetz ist das Arbeitsgericht zuständig, in dessen Bezirk die Europäische Genossenschaft ihren Sitz hat; vor ihrer Eintragung ist das Arbeitsgericht zuständig, in dessen Bezirk die Europäische Genossenschaft ihren Sitz haben soll.

(5) In Angelegenheiten nach dem Gesetz über die Mitbestimmung der Arbeitnehmer bei einer grenzüberschreitenden Verschmelzung ist das Arbeitsgericht zuständig, in dessen Bezirk die aus der grenzüberschreitenden Verschmelzung hervorgegangene Gesellschaft ihren Sitz hat; vor ihrer Eintragung ist das Arbeitsgericht zuständig, in dessen Bezirk die aus der grenzüberschreitenden Verschmelzung hervorgehende Gesellschaft ihren Sitz haben soll.

I. Allgemeines 1	VI. Zuständigkeit in Angelegenheiten aus dem SCE-Beteiligungsgesetz (Abs. 4) 19
II. Zuständigkeit nach der Lage des Betriebes (Abs. 1 Satz 1) 6	VII. Zuständigkeit in Angelegenheiten nach dem Gesetz über die Mitbestimmung der Arbeitnehmer bei einer grenzüberschreitenden Verschmelzung (Abs. 5) 20
III. Zuständigkeit nach dem Sitz des Unternehmens (Abs. 1 Satz 2 u. 3) 12	
IV. Zuständigkeit bei Streitigkeiten im Rahmen eines Europäischen Betriebsrats (Abs. 2) 17	VIII. Zuständigkeit bei Streitigkeiten um die Tariffähigkeit oder Tarifzuständigkeit einer Vereinigung 21
V. Zuständigkeit in Angelegenheiten aus dem SE-Beteiligungsgesetz (Abs. 3) 18	IX. Zuständigkeit in sonstigen Angelegenheiten 22

Schrifttum: *Behrens/Kramer*, Der beauftragte Gesamtbetriebsrat, DB 1994, 94; *Boemke*, Internationale Gerichtszuständigkeit in betriebsverfassungsrechtlichen Angelegenheiten, DB 2012, 802; *Kloppenburg*, Örtliche Zuständigkeit im Beschlussverfahren bei Filialbetrieben, jurisPR – ArbR 20/2010 Anm. 2; *Krasshöfer-Pidde/Molkenbur*, Zur örtlichen Zuständigkeit der Gerichte für Arbeitssachen, NZA 1988, 236; *Molkenbur*, Verfahrensrechtliche Probleme des arbeitsgerichtlichen Beschlussverfahrens, DB 1992, 425; *Willemsen/Hohenstatt*, Chancen und Risiken von Vereinbarungen gemäß Art. 13 der „Euro-Betriebsrat"-Richtlinie, NZA 1995, 399.

I. Allgemeines

§ 82 regelt, welches **ArbG örtlich** für ein anhängig zu machendes oder anhängig gewordenes arbeitsgerichtliches Beschlussverfahren **zuständig** ist. Das gilt nicht uneingeschränkt für alle im Beschlussverfahren zu entscheidenden Angelegenheiten, sondern, wie sich aus dem Wortlaut der Norm ergibt, nur für diejenigen Fälle, in denen das **Beschlussverfahren** einen **Betrieb**, ein **Unternehmen** oder eine Gesellschaft **betrifft**[1]. § 82 ist unvollständig und stiftet eher Verwirrung als Nutzen. Unstreitig gilt er für die in § 2a Abs. 1 Nr. 1 und 2 genannten Angelegenheiten aus dem BetrVG und SprAuG und für die in § 2a Abs. 1 Nr. 3, 3d, 3e und 3f aufgeführten Angelegenheiten. Für die Entscheidungen gem. § 2a Abs. 1 Nr. 4 und Nr. 5 gilt § 82 nicht. Für diese gelten vielmehr die Spezialvorschriften des § 97 Abs. 2 bzw. des § 98 Abs. 2[2].

---

1 Vgl. *Weth*, Beschlussverfahren, S. 242.
2 GK-ArbGG/*Ahrendt*, § 82 Rz. 42 f.

Ob und wieweit § 82 für die in § 2 Abs. 1 Nr. 3 Buchst. a und b genannten Fälle gilt, ist problematisch (vgl. dazu Rz. 22 f.). Ausgehend vom arbeitsgerichtlichen Beschlussverfahren als einem besonderen Verfahren für betriebsverfassungsrechtliche Streitigkeiten knüpft die Regelung der örtlichen Zuständigkeit an die Lage des Betriebes bzw. des Unternehmens an. Dies trägt Zweckmäßigkeitserwägungen Rechnung. Die Sachnähe der im Beschlussverfahren zu entscheidenden Streitigkeiten mit dem Betrieb bzw. dem Unternehmen rechtfertigt die Anknüpfung des Gerichtsstandes an dessen örtliche Lage. Dabei wird es sich regelmäßig auch um den den Beteiligten nächstliegenden Gerichtsstand handeln.

Soweit § 82 anwendbar ist, ist diese **Regelung zwingend** und **abschließend**[1]. Die Vorschriften der ZPO kommen auch nicht ergänzend zur Anwendung. Eine von der ausschließlichen Zuständigkeit des § 82 abweichende örtliche Zuständigkeit kann nicht durch rügelose Einlassung begründet werden[2]. In den **Beschlussverfahren, in denen § 82 ArbGG nicht anwendbar ist**, gelten gem. § 80 Abs. 2, § 46 Abs. 2 die Regeln der ZPO über die örtliche Zuständigkeit.

2 Inwieweit **Parteivereinbarungen** über den Gerichtsstand zulässig sind, ist umstritten. Da es sich bei § 82 um einen ausschließlichen Gerichtsstand handelt[3], kommen solche Vereinbarungen nur dann in Betracht, wenn nach § 82 mehrere ArbG örtlich zuständig sind[4]. In diesem Fall hat der Antragsteller ein Wahlrecht zwischen den zuständigen ArbG, welches er in Rücksprache mit den anderen Beteiligten ausüben kann[5].

3 § 82 knüpft für die Zuständigkeit an den **Betrieb** oder das **Unternehmen** an, das von dem **konkreten Streit betroffen** ist, nicht aber an den Gerichtsstand der einzelnen Beteiligten. Daher ist es unerheblich, ob der Betrieb oder das Unternehmen Antragsteller oder sonstiger Beteiligter des Verfahrens ist[6]. Es kommt allein auf den **materiellen Verfahrensgegenstand** an[7]. Die Verlegung des Betriebes bzw. des Unternehmens während des Verfahrens lässt den einmal begründeten Gerichtsstand unberührt, § 261 Abs. 3 Nr. 2 ZPO gilt entsprechend[8].

4 Die **örtliche Zuständigkeit** des Gerichts ist Sachentscheidungsvoraussetzung. Das Gericht prüft sie daher (in erster Instanz) **von Amts** wegen. Bei Feststellung der Unzuständigkeit verweist es den Rechtsstreit – ebenfalls von Amts wegen – gem. § 80 Abs. 3, § 48 Abs. 1 ArbGG iVm. § 17a GVG an das örtlich zuständige Gericht. Der Antrag kann daher keinesfalls wegen örtlicher Unzuständigkeit als unzulässig abgewiesen werden[9].

5 Der Verweisungsbeschluss ist grds. unanfechtbar, § 48 Abs. 1 Nr. 1. In der **Beschwerdeinstanz** ist die örtliche Zuständigkeit nicht mehr von Amts wegen zu prüfen, § 88 iVm. § 65.

II. Zuständigkeit nach der Lage des Betriebes (Abs. 1 Satz 1)

6 Nach § 82 Abs. 1 Satz 1 ist das Gericht örtlich zuständig, **in dessen Bezirk der Betrieb** liegt. In der öffentlichen Verwaltung gilt entsprechendes für die Dienststelle. § 82 Abs. 1 Satz 1 ist nicht anwendbar, wenn das Verfahren keinen Bezug zu einem Betrieb (zB Verfahren über die Tariffähigkeit) hat (vgl. dazu Rz. 21) oder wenn § 82 Abs. 1 Satz 2–3, Abs. 2–5 einschlägig ist[10].

7 Der Begriff des Betriebes bestimmt sich nach **materiellem Betriebsverfassungsrecht**[11]. Danach ist der Betrieb die organisatorische Einheit, innerhalb deren der Unternehmer allein oder in Gemeinschaft mit seinen Mitarbeitern mit Hilfe von sächlichen oder immateriellen Mitteln bestimmte arbeitstechnische Zwecke fortgesetzt verfolgt[12]. Der Betrieb liegt dort, wo die Verwaltung des Betriebes ihre Tätigkeit entfaltet, wo die Betriebsleitung ihren Sitz hat[13]. Diese Begriffsbestimmung ist insbesondere dann bedeutsam, wenn ein Betrieb aus mehreren Betriebsstellen, Verkaufsstellen oder Filialen besteht, für die ein gemeinsamer BR

---

1 GWBG/*Greiner*, § 82 Rz. 1; ErfK/*Koch*, § 82 ArbGG Rz. 1; GMP/*Matthes/Spinner*, § 82 Rz. 2.
2 GK-ArbGG/*Ahrendt*, § 82 Rz. 6.
3 GK-ArbGG/*Ahrendt*, § 82 Rz. 6.
4 GMP/*Matthes/Spinner*, § 82 Rz. 2.
5 GMP/*Matthes/Spinner*, § 82 Rz. 2.
6 BAG v. 19.6.1986 – 6 ABR 66/84, DB 1987, 339.
7 BAG v. 19.6.1986 – 6 ABR 66/84, DB 1987, 339; *Molkenbur*, DB 1992, 425 (429).
8 GWBG/*Greiner*, § 82 Rz. 3.
9 GK-ArbGG/*Bader*, § 48 Rz.19.
10 Vgl. GK-ArbGG/*Ahrendt*, § 82 Rz. 10.
11 BAG v. 19.6.1986 – 6 ABR 66/84, DB 1987, 339; LAG Berlin-Brandenburg v. 20.4.2015 – 21 SHa 462/15; GWBG/ *Greiner*, § 82 Rz. 3.
12 BAG v. 23.9.1982 – 6 ABR 42/81, DB 1983, 1498; BAG v. 7.8.1986 – 6 ABR 57/85, NJW 1987, 2036; BAG v. 29.5.1991 – 7 ABR 54/90, DB 1992, 231.
13 GMP/*Matthes/Spinner*, § 82 Rz. 8; *Weth*, Beschlussverfahren, S. 244.

gewählt worden ist. In diesen Fällen wird die örtliche Zuständigkeit durch den Sitz der gemeinsamen Betriebsleitung begründet. Dies gilt selbst dann, wenn die streitige Angelegenheit lediglich eine einzelne Betriebs- oder Verkaufsstelle betrifft, diese aber außerhalb des Gerichtsbezirkes liegt, in dem die Betriebsleitung ihren Sitz hat[1].

Betriebsteile gelten unter den Voraussetzungen des § 4 Satz 1 BetrVG als selbständige Betriebe. Zuständig ist dann das ArbG im Bezirk des Betriebsteils[2]. Besteht ein Betrieb aus mehreren iSv. § 4 Abs. 2 BetrVG als unselbständig geltenden Betriebsteilen, ist der Antrag am Sitz des Hauptbetriebes zu stellen, dem die Betriebsteile angehören. Nach der Rspr. des BAG ist dies der Ort, an dem die für die Betriebsteile maßgebliche Leitung institutionalisiert ist[3]. Dies ist regelmäßig der Sitz der Verwaltung. 8

Gemäß § 50 Abs. 2 BetrVG ist der **GBR** in bestimmten Fällen zur gerichtlichen Geltendmachung von Rechten des BR befugt. Da es sich hierbei nicht um Angelegenheiten des GBR, sondern vielmehr um solche des BR handelt, ist das ArbG örtlich zuständig, in dessen Bezirk der Betrieb liegt, für dessen BR der GBR tätig wird[4]. 9

§ 18 Abs. 2 BetrVG eröffnet die Möglichkeit, eine gerichtliche Entscheidung über die **BR-Fähigkeit einer Organisationseinheit** herbeizuführen. Diese Frage ist für die betriebsverfassungsrechtliche Mitbestimmungsordnung von erheblicher Bedeutung. Liegen in diesen Fällen (als Beispiel sei die Frage genannt, ob mehrere Betriebe einen Betrieb bilden) die Betriebe in verschiedenen Gerichtsbezirken, kommt die Zuständigkeit mehrerer Gerichte in Betracht. Nach zutreffender Ansicht kann der Antragsteller wählen, bei welchem der an sich zuständigen Gerichte er den Rechtsstreit anhängig machen will[5]. 10

Nach anderer Ansicht kommt es jedoch erst gar nicht zu einer konkurrierenden Zuständigkeit. Über den durch die Antragsschrift festgelegten materiellen Verfahrensgegenstand ist vielmehr eine **eindeutige Zuweisung** zu einem Gericht vorzunehmen[6]. Soll nach dem Antrag festgestellt werden, dass ein Betriebsteil oder ein Nebenbetrieb einem Hauptbetrieb zuzuordnen sind, ist auf die Lage des Hauptbetriebs abzustellen. Richtet sich der Antrag auf Feststellung der Selbständigkeit eines Betriebsteils bzw. Nebenbetriebs, bestimmt sich die Zuständigkeit nach dessen Lage. Der Antragsteller legt damit in seiner Antragsschrift durch die Bezeichnung des Streitgegenstands zugleich den Gerichtsstand fest. Die Sachentscheidung darüber, ob die Rechtsauffassung des Antragstellers zutreffend ist, erfolgt erst in der Begründetheitsprüfung. Für die Zulässigkeit genügt dagegen, dass sich die zuständigkeitsbegründenden Tatsachen schlüssig aus der Antragsschrift ergeben[7]. Diese Auffassung führt dazu, dass je nach dem Ergebnis der Entscheidung uU das unzuständige Gericht entschieden hat. Im Übrigen könnte die von Amts wegen zu erfolgende Verweisung wegen örtlicher Unzuständigkeit durch Antragsänderung abgewendet werden. All das spricht für ein Wahlrecht. 11

III. Zuständigkeit nach dem Sitz des Unternehmens (Abs. 1 Satz 2 u. 3)

In den in **§ 82 Abs. 1 Satz 2 und 3** genannten Rechtsstreitigkeiten ist das ArbG örtlich zuständig, in dessen Bezirk das Unternehmen seinen **Sitz** hat. Zweck dieser Vorschriften ist es, für zentrale Fragen des Unternehmens eine einheitliche örtliche Zuständigkeit am Sitz des Unternehmens zu schaffen[8]. Dadurch wird verhindert, dass für einzelne Betriebe eines Unternehmens unterschiedliche Entscheidungen getroffen werden, weil verschiedene ArbG zuständig sind[9]. 12

Der Sitz des Unternehmens ist der in der Satzung oder im Gesellschaftsvertrag festgelegte **(statuarische) Sitz**. Dieser ist auch dann maßgeblich, wenn der tatsächliche Sitz ein anderer ist[10]. Sofern die Satzung nicht ausdrücklich einen Sitz bestimmt, ist ergänzend § 17 ZPO heranzuziehen. Danach gilt als Sitz des Unternehmens der Ort, an dem die Verwaltung geführt wird[11]. Damit ist die örtliche Zuständigkeit eindeutig bestimmt. 13

---

1 GMP/*Matthes/Spinner*, § 82 Rz. 8.
2 GK-ArbGG/*Ahrendt*, § 82 Rz. 15.
3 BAG v. 23.9.1982 – 6 ABR 42/81, DB 1983, 1498 (1499).
4 GMP/*Matthes/Spinner*, § 82 Rz. 9; GK-ArbGG/*Ahrendt*, § 82 Rz. 23.
5 GMP/*Matthes/Spinner*, § 82 Rz. 8.
6 So GK-ArbGG/*Ahrendt*, § 82 Rz. 15.
7 GK-ArbGG/*Ahrendt*, § 82 Rz. 15, in Anlehnung an die Rspr. zu den sog. doppelrelevanten Tatsachen, vgl. BGH v. 25.11.1993 – IX ZR 32/93, NJW 1994, 1413.
8 BAG v. 19.6.1986 – 6 ABR 66/84, DB 1987, 339.
9 BAG v. 19.6.1986 – 6 ABR 66/84, DB 1987, 339.
10 GK-ArbGG/*Ahrendt*, § 82 Rz. 17.
11 GMP/*Matthes/Spinner*, § 82 Rz. 11.

14 **Fallen satzungsmäßiger Sitz und Verwaltungssitz auseinander**, hat nach einer Ansicht der Antragsteller ein Wahlrecht zwischen den Gerichtsständen[1]. Dies trifft nicht zu, da hier keine konkurrierende Zuständigkeit besteht[2]. Vielmehr ist der satzungsmäßige bzw. gesellschaftsvertragliche Sitz vorrangig. Das ergibt sich aus § 17 Abs. 1 Satz 2 ZPO, der nur hilfsweise auf den Verwaltungssitz abstellt[3]. Aus Satzung bzw. Gesellschaftsvertrag ergibt sich eben „etwas anderes" iSv. § 17 Abs. 1 Satz 2 ZPO.

14a Der Antragsteller hat aber ein **Wahlrecht** in entsprechender Anwendung von § 35 ZPO zwischen mehreren Gerichtsständen, wenn in der Satzung mehrere Unternehmenssitze gleichrangig nebeneinander festgelegt sind (sog. Doppelsitz).

15 Besonderheiten gelten für ein **ausländisches Unternehmen** mit inländischen Betriebsteilen. Ein ausländisches Unternehmen hat seinen Sitz dort, wo im Inland die zentrale Leitung der inländischen Betätigung liegt[4].

16 Liegen mehrere zu einem **Konzern** iSv. § 18 Abs. 1 AktG verbundene Unternehmen vor, bestimmt der Sitz des herrschenden Unternehmens den Gerichtsstand[5]. Dies folgt daraus, dass KBR und Konzernsprecherausschuss bei dem herrschenden Unternehmen als konzernrechtliche Entscheidungsträger angesiedelt sind[6].

IV. Zuständigkeit bei Streitigkeiten im Rahmen eines Europäischen Betriebsrats (Abs. 2)

17 § 82 Abs. 2 Satz 1 regelt die örtliche Zuständigkeit für Streitigkeiten in **Angelegenheiten des EBR**. Für Streitigkeiten aus dem EBRG ist das **ArbG** zuständig, in dessen Bezirk das **Unternehmen** oder das **herrschende Unternehmen** nach § 2 EBRG seinen **Sitz** hat. Maßgebend ist der inländische Sitz des Unternehmens, das iSd. § 3 Abs. 1 EBRG gemeinschaftsweit tätig ist, in Deutschland befindliche Sitz des herrschenden Unternehmens einer Unternehmensgruppe iSv. § 3 Abs. 2 EBRG[7]. Die Bestellung der inländischen ArbN-Vertreter im EBR einer gemeinschaftsweit tätigen Unternehmensgruppe mit Sitz des herrschenden Unternehmens im Ausland nach § 18 Abs. 2, § 23 Abs. 3 Buchst. a EBRG (wenn also ein KBR nicht besteht) ist eine Angelegenheit des GBR iSv. § 82 Abs. 1 Satz 2 ArbGG. Für Streitigkeiten über die Rechtmäßigkeit der Bestellung sei das ArbG örtlich und international zuständig, in dessen Bereich das nach der Zahl der wahlberechtigten ArbN größte Unternehmen, bei dem ein GBR gebildet sei, seinen Sitz habe.[8]

V. Zuständigkeit in Angelegenheiten aus dem SE-Beteiligungsgesetz (Abs. 3)

18 Durch Art. 6 des Gesetzes zur Einführung der Europäischen Gesellschaft (SEEG) vom 22.12.2004[9] wurde § 82 ein Absatz 3 hinzugefügt. In Angelegenheiten aus dem SE-Beteiligungsgesetz sieht § 82 Abs. 3 eine Zuständigkeit des ArbG vor, in dessen Bezirk die Europäische Gesellschaft ihren Sitz hat (Rz. 12 ff.) bzw. bei noch nicht erfolgter Eintragung ihren Sitz haben soll. Die Formulierung „Angelegenheiten" ist in diesem Zusammenhang weit zu verstehen[10]. Sie umfasst auch Streitigkeiten mit den Wahlgremien und Angelegenheiten der ArbN-Vertreter im Aufsichtsrat[11].

VI. Zuständigkeit in Angelegenheiten aus dem SCE-Beteiligungsgesetz (Abs. 4)

19 Mit Art. 8 des Gesetzes zur Einführung der Europäischen Genossenschaft und zur Änderung des Genossenschaftsrechts vom 14.8.2006[12] wurde § 82 Abs. 4 angefügt. Wie in Absatz 3 hat der Gesetzgeber bei der Frage der örtlichen Zuständigkeit der ArbG in Angelegenheiten aus dem SCE-Beteiligungsgesetz auf den

---

1 *Molkenbur*, DB 1992, 425 (429).
2 Vgl. GK-ArbGG/*Ahrendt*, § 82 Rz. 18.
3 Vgl. GK-ArbGG/*Ahrendt*, § 82 Rz. 18.
4 BAG v. 31.10.1975 – 1 ABR 4/74, DB 1976, 295 (296).
5 GMP/*Matthes/Spinner*, § 82 Rz. 7; GK-ArbGG/*Ahrendt*, § 82 Rz. 24; *Fitting*, § 54 BetrVG, Rz. 61.
6 GK-ArbGG/*Ahrendt*, § 82 Rz. 24.
7 GK-ArbGG/*Ahrendt*, § 82 Rz. 26, LAG Düsseldorf v. 15.12.2005 – 11 TaBV 47/05, ArbuR 2006, 254.
8 BAG v. 18.4.2007 – 7 ABR 30/06, NZA 2007, 1375 (1378) Rz. 27 f.
9 BGBl. I S. 3675 (3700).
10 BT-Drs. 15/3405, S. 59.
11 BT-Drs. 15/3405, S. 59.
12 BGBl. I S. 1911 (1949).

Sitz der Genossenschaft bzw. vor ihrer Eintragung auf den künftigen Sitz der Genossenschaft abgestellt. Auch hier ist der Begriff der „Angelegenheit" weit zu verstehen und gilt insbesondere auch für Angelegenheiten der ArbN-Vertreter im Aufsichts- oder Verwaltungsrat[1].

VII. Zuständigkeit in Angelegenheiten nach dem Gesetz über die Mitbestimmung der Arbeitnehmer bei einer grenzüberschreitenden Verschmelzung (Abs. 5)

§ 82 Abs. 5 wurde mit Art. 2 des Gesetzes zur Umsetzung der Regelungen über die Mitbestimmung der ArbN bei einer Verschmelzung von Kapitalgesellschaften aus verschiedenen Mitgliedstaaten vom 21.12.2006[2] eingefügt. Örtlich zu ständig ist danach das ArbG, in dessen Bezirk die aus der grenzüberschreitenden Verschmelzung hervorgegangene Gesellschaft ihren Sitz hat bzw. bei noch nicht erfolgter Eintragung ihren Sitz haben soll. Der Begriff der „Angelegenheit" ist weit zu verstehen. Auch Angelegenheiten der ArbN-Vertreter im Aufsichts- oder Verwaltungsrat fallen hierunter[3]. 20

VIII. Zuständigkeit bei Streitigkeiten um die Tariffähigkeit oder Tarifzuständigkeit einer Vereinigung

Die Vorschrift des § 82 ist insoweit **nicht abschließend**, als durch sie keine Regelung der Zuständigkeit für die Fälle erfolgt, in denen das arbeitsgerichtliche Beschlussverfahren gerade nicht einen Betrieb oder ein Unternehmen betrifft. Dazu gehören auch Streitigkeiten über die Tariffähigkeit und Tarifzuständigkeit einer Vereinigung iSv. § 2a Abs. 1 Nr. 4. Nach hM gelten gem. § 80 Abs. 2, § 46 Abs. 2 die Regeln der ZPO über die örtliche Zuständigkeit. Daher ist bei einer Streitigkeit über die Tariffähigkeit oder Tarifzuständigkeit einer Vereinigung das ArbG örtlich zuständig, in dessen Bezirk die Vereinigung ihren Sitz hat[4]. Unerheblich ist nach hM, ob die Vereinigung Antragsgegner ist oder als Antragsteller auftritt[5]. Warum in letzterem Fall die ZPO nicht gelten soll, begründet die hM nicht. Es sind auch keine Gründe ersichtlich, warum sich in diesem Fall die örtliche Zuständigkeit nicht nach der ZPO und damit dem Sitz des Antragsgegner richten soll. Die hM ist insoweit abzulehnen[6]. 21

IX. Zuständigkeit in sonstigen Angelegenheiten

Gemäß § 2a Abs. 1 Nr. 3c ist über die Angelegenheiten aus § 51 des BBiG im Beschlussverfahren zu entscheiden. Die nach § 51 BBiG zu bildende **besondere Interessenvertretung der Auszubildenden** ist allerdings in § 82 nicht angesprochen, so dass sich die Frage stellt, welches ArbG für die auf diese Interessenvertretung bezogenen Streitigkeiten örtlich zuständig ist. Hier wird mit Hinweis darauf, die Interessenvertretung werde nur auf betrieblicher Ebene gebildet, vertreten, es finde die Grundregel des § 82 Abs. 1 Satz 1 Anwendung[7]. Demnach ist das ArbG zuständig, in dessen Bezirk die sonstige Berufsbildungseinrichtung liegt. 22

Auch die in § 2a Abs. 1 Nr. 3a genannten Streitigkeiten der Schwerbehindertenvertretungen finden in § 82 keine Erwähnung. Zu sinnvollen Ergebnissen führt hier nur eine analoge Anwendung des § 82 Abs. 1, so dass für die Schwerbehindertenvertretungen die Regelungen für den BR entsprechend gelten[8]. Es ist also bei Streitigkeiten der örtlichen Schwerbehindertenvertretung und des Werkstattrates der Sitz des Betriebes, bei Streitigkeiten der Gesamtschwerbehindertenvertretung und der Konzernschwerbehindertenvertretung der Sitz des Unternehmens entscheidend[9]. 23

In Beschlussverfahren, in denen § 82 ArbGG nicht anwendbar ist, gelten gem. § 80 Abs. 2, § 46 Abs. 2 die Regeln der ZPO über die örtliche Zuständigkeit. 24

---

1 BT-Drs. 16/1025, S. 99.
2 BGBl. I S. 3332 (3341).
3 BT-Drs. 16/2922, S. 14.
4 GMP/*Matthes/Spinner*, § 82 Rz. 20; GK-ArbGG/*Ahrendt*, § 82 Rz. 42.
5 GWBG/*Greiner*, § 82 Rz. 11; GMP/*Matthes/Spinner*, § 82 Rz. 20.
6 *Weth*, Beschlussverfahren, S. 243.
7 ErfK/*Koch*, § 82 ArbGG Rz. 3; GK-ArbGG/*Ahrendt*, § 82 Rz. 39; GMP/*Matthes/Spinner*, § 82 Rz. 23.
8 GMP/*Matthes/Spinner*; § 83 Rz. 22.
9 GK-ArbGG/*Ahrendt*, § 82 Rz. 38.

§ 83 Verfahren

(1) Das Gericht erforscht den Sachverhalt im Rahmen der gestellten Anträge von Amts wegen. Die am Verfahren Beteiligten haben an der Aufklärung des Sachverhalts mitzuwirken.
(1a) Der Vorsitzende kann den Beteiligten eine Frist für ihr Vorbringen setzen. Nach Ablauf einer nach Satz 1 gesetzten Frist kann das Vorbringen zurückgewiesen werden, wenn nach der freien Überzeugung des Gerichts seine Zulassung die Erledigung des Beschlussverfahrens verzögern würde und der Beteiligte die Verspätung nicht genügend entschuldigt. Die Beteiligten sind über die Folgen der Versäumung einer nach Satz 1 gesetzten Frist zu belehren.
(2) Zur Aufklärung des Sachverhalts können Urkunden eingesehen, Auskünfte eingeholt, Zeugen, Sachverständige und Beteiligte vernommen und der Augenschein eingenommen werden.
(3) In dem Verfahren sind der Arbeitgeber, die Arbeitnehmer und die Stellen zu hören, die nach dem Betriebsverfassungsgesetz, dem Sprecherausschussgesetz, dem Mitbestimmungsgesetz, dem Mitbestimmungsergänzungsgesetz, dem Drittelbeteiligungsgesetz, den §§ 177, 178, 222 des Neunten Buches Sozialgesetzbuch, dem § 18a des Berufsbildungsgesetzes und den zu diesen Gesetzen ergangenen Rechtsverordnungen sowie nach dem Gesetz über europäische Betriebsräte, dem SE-Beteiligungsgesetz, dem SCE-Beteiligungsgesetz und dem Gesetz über die Mitbestimmung der Arbeitnehmer bei einer grenzüberschreitenden Verschmelzung im einzelnen Fall beteiligt sind.
(4) Die Beteiligten können sich schriftlich äußern. Bleibt ein Beteiligter auf Ladung unentschuldigt aus, so ist der Pflicht zur Anhörung genügt; hierauf ist in der Ladung hinzuweisen. Mit Einverständnis der Beteiligten kann das Gericht ohne mündliche Verhandlung entscheiden.
(5) Gegen Beschlüsse und Verfügungen des Arbeitsgerichts oder seines Vorsitzenden findet die Beschwerde nach Maßgabe des § 78 statt.

I. Allgemeines	1
II. Untersuchungsgrundsatz (§ 83 Abs. 1)	
1. Allgemeines	2
2. Aufklärung des Sachverhaltes	5
a) Umfang der gerichtlichen Aufklärungspflicht (§ 83 Abs. 1 Satz 1)	5
b) Mitwirkungspflicht der Beteiligten (§ 83 Abs. 1 Satz 2)	10
III. Zurückweisung verspäteten Vorbringens (§ 83 Abs. 1a)	18
IV. Der Beweis (§ 83 Abs. 2)	22
1. Die Beweislast	23
a) Die objektive Beweislast	23
b) Die subjektive Beweislast	25
c) Das Verhältnis von Beweis- und Behauptungslast	27
2. Das Beweismaß	29
3. Die Beweismittel	30
4. Die Beweiserhebung	31
a) Beweisantritt	31
b) Beweisführung	33
c) Beweisaufnahme	34
V. Die Beteiligten des Beschlussverfahrens	
1. Allgemeines	37
2. Formell Beteiligte	39
a) Antragsteller	40
b) Antragsgegner	41
c) Sonstige Beteiligte	47
3. Materiell Beteiligte	49
a) Allgemeines	49
b) Antragsteller	52
c) Antragsgegner	55
d) Sonstige Beteiligte	56
e) Einzelfälle	60
aa) Arbeitgeber	60
bb) Arbeitnehmer	63
cc) Betriebsrat, Personalrat und Sprecherausschuss	67
dd) Gesamt- und Konzernbetriebsrat sowie Gesamtsprecherausschuss	77
ee) Jugend- und Auszubildendenvertretung sowie besondere Interessenvertretung gem. § 51 BBiG	79
ff) Einzelne Organmitglieder	81
gg) Wirtschaftsausschuss	85
hh) Einigungsstelle	86
ii) Wahlvorstand	87
jj) Gewerkschaften	90
kk) Arbeitgeberverbände	91
ll) Beteiligte gem. SE- und SCE-Beteiligungsgesetz und MgVG	93b
f) Nebenintervention und Streitverkündung	94
VI. Rechtsfolgen bei fehlerhafter Beteiligung	
1. Nichtbeteiligung eines Beteiligten	99
2. Beteiligung eines Nichtbeteiligten	103
VII. Anhörung der Beteiligten (§ 83 Abs. 3, Abs. 4)	
1. Die Vorbereitung des Anhörungstermins	106
2. Der Anhörungstermin	107
3. Ausbleiben des Geladenen im Anhörungstermin (§ 83 Abs. 4 Satz 2)	111
4. Schriftliches Verfahren (§ 83 Abs. 4 Satz 3)	114
5. Fehlende Anhörung eines Beteiligten	119
VIII. Beschwerde (§ 83 Abs. 5)	120

I. Allgemeines

Abs. 1 des § 83 regelt die Erforschung des Sachverhalts. Sie hat von Amts wegen zu erfolgen. Durch das Arbeitsgerichtsbeschleunigungsgesetz[1] ist der am 1.5.2000 in Kraft getretene **Abs. 1a** ins ArbGG eingefügt worden. Er hat die **Zurückweisung verspäteten Vorbringens** zum Gegenstand. In **Abs. 2** werden die **Mittel** genannt, die dem Gericht zu Aufklärung des Sachverhalts zur Verfügung stehen. **Abs. 3 und Abs. 4** befassen sich mit der **Anhörung der Beteiligten**, und Abs. 5 ermöglicht schließlich die **Beschwerde** gegen Beschlüsse und Verfügungen des ArbG bzw. seines Vorsitzenden.

II. Untersuchungsgrundsatz (§ 83 Abs. 1)

1. Allgemeines

Nach § 83 Abs. 1 Satz 1 erforscht das Gericht den Sachverhalt im Rahmen der gestellten Anträge von Amts wegen. Die Beteiligten trifft bei der Aufklärung des Sachverhaltes eine Mitwirkungspflicht (§ 83 Abs. 1 Satz 2).

Umstritten ist, welcher **Verfahrensgrundsatz** für die Erforschung des Sachverhalts und damit für die Beschaffung der gesetzlichen Entscheidungsgrundlage im arbeitsgerichtlichen Beschlussverfahren gilt. Die heute hM geht vom **Untersuchungsgrundsatz**[2] bzw. **eingeschränkten Untersuchungsgrundsatz**[3] aus.

Der Begriff Untersuchungsgrundsatz umfasst zwei gänzlich unterschiedliche Grundsätze. Beide sagen etwas über die Verantwortung bei der Beschaffung der entscheidungserheblichen Tatsachen aus. Allerdings unterscheiden sie sich dadurch, dass sie bei der Verteilung dieser Verantwortung zwischen Gericht und Beteiligten erheblich voneinander abweichen.

Einer der beiden als Untersuchungsgrundsatz bezeichneten Grundsätze gilt im Strafprozess. Danach trägt das Gericht die alleinige Verantwortung für die tatsächlichen Urteilsgrundlagen. Das Gericht hat von Amts wegen, von sich aus und unabhängig von den Parteien, den Sachverhalt vollständig aufzuklären, also alle erforderlichen Tatsachen und Beweismittel heranzuziehen und zu prüfen. Den Angeklagten trifft keine Mitwirkungspflicht bei der Tatsachenbeschaffung; er muss sich nicht an der Aufklärung des Sachverhalts beteiligen. Sein Verhalten ist ohne Einfluss auf die dem Gericht aus dem Aufklärungsgebot erwachsenden Verpflichtungen[4].

Bei dem anderen unter den Begriff Untersuchungsgrundsatz fallenden Grundsatz sind die Parteien zur Mitwirkung bei der Aufklärung des Sachverhalts verpflichtet. Dieser Untersuchungsgrundsatz gilt im verwaltungsgerichtlichen, finanzgerichtlichen und sozialgerichtlichen Verfahren. Er findet auch im arbeitsgerichtlichen Beschlussverfahren Anwendung. Denn § 83 Abs. 1 entspricht inhaltlich weitgehend den § 86 Abs. 1 VwGO, § 76 Abs. 1 FGO und § 103 SGG. Die Verantwortung für die Aufklärung des Sachverhalts ist zwischen Gericht und Beteiligten geteilt. Insoweit kann von einem **eingeschränkten Untersuchungsgrundsatz** gesprochen werden.

2. Aufklärung des Sachverhaltes

a) Umfang der gerichtlichen Aufklärungspflicht (§ 83 Abs. 1 Satz 1)

Das Gericht erforscht den Sachverhalt im Rahmen der gestellten Anträge **von Amts wegen** (§ 83 Abs. 1 Satz 1). Das Gericht muss den Sachverhalt allerdings nur so weit aufklären, als das aus seiner Sicht zur Entscheidung über den gestellten Antrag erforderlich ist[5]. Das Gericht kann die für die Entscheidung notwendige Tatsachengrundlage dadurch beschaffen, dass es selbst Tatsachen in den Prozess einführt. Das Gericht ist nämlich nicht gehindert, von sich aus Tatsachen in den Prozess einzuführen[6], und zwar im Rahmen des durch die Anträge abgesteckten Streitgegenstandes. Das Gericht kann seiner Verpflichtung auch dadurch genügen, dass es die Beteiligten auffordert, weitere Tatsachen vorzutragen.

---

1 BGBl. 2000 I S. 333 ff.
2 BAG v. 10.8.1994 – 7 ABR 35/93, NZA 1995, 796; BAG v. 10.12.1992 – 2 ABR 32/92, NZA 1993, 501; GMP/*Matthes*/*Spinner*, § 83 Rz. 82; GK-ArbGG/*Dörner*, § 83 Rz. 1.
3 BAG v. 21.9.2016 – 10 ABR 33/15, Rz. 87; *Weth*, Das arbeitsgerichtliche Beschlussverfahren, S. 261 mit ausführlichen Nachweisen auch zur Gegenansicht; GWBG/*Greiner*, § 83 Rz. 4 mwN.
4 Vgl. dazu ausführlich *Weth*, Das arbeitsgerichtliche Beschlussverfahren, S. 275 ff.
5 BAG v. 17.6.1998 – 7 ABR 25/97, NZA 1999, 163 (165); BAG v. 16.5.2007 – 7 ABR 63/06, AP Nr. 3 zu § 96a ArbGG 1979, Rz. 26.
6 BAG v. 25.9.1986 – 6 ABR 68/84, AP Nr. 7 zu § 1 BetrVG 1972; BAG v. 21.10.1980 – 6 ABR 41/78, AP Nr. 1 zu § 54 BetrVG 1972; GK-ArbGG/*Dörner*, § 83 Rz. 141; aA *Thon*, ArbuR 1996, 175 mwN.

6 Das Gericht ist nicht zu einer Ermittlungstätigkeit „ins Blaue hinein" verpflichtet. Die Pflicht zur Sachverhaltsermittlung setzt daher erst ein, wenn das Vorbringen der Beteiligten und der schon bekannte Sachverhalt **Anhaltspunkte** dafür bieten, dass der entscheidungserhebliche Sachverhalt noch **nicht vollständig ist** und noch weiterer Aufklärung bedarf[1]. Einer weiteren Aufklärung bedarf es idR nicht, wenn die Beteiligten einen Sachverhalt übereinstimmend vorgetragen haben oder dem substantiierten Vorbringen eines Beteiligten nicht widersprochen wird oder sich dem Gericht an der Richtigkeit des Vorbringens keine Zweifel aufdrängen[2].

7 Fordert das Gericht einen Beteiligten, der die Behauptungslast trägt, dazu auf, **weitere Tatsachen** vorzutragen, und folgt der Beteiligte dieser Aufforderung nicht, endet die Aufklärungspflicht des Gerichts. Es ist in diesem Fall nicht verpflichtet, mit den ihm ggf. noch zur Verfügung stehenden Mitteln den Versuch zu machen, den Sachverhalt weiter aufzuklären. Das Gericht kann auf der Grundlage der in den Prozess eingeführten Tatsachen entscheiden.

8 Das Gericht ist verpflichtet und berechtigt, **Beweis zu erheben, wenn die Wahrheit** einer entscheidungserheblichen Tatsache **nicht feststeht**; das gilt auch dann, wenn die Beteiligten keinen Beweis angetreten haben. Das Gericht kann auch über solche Tatsachen Beweis erheben, die zugestanden oder nicht bestritten sind; § 138 Abs. 3, § 288 ZPO gelten im Beschlussverfahren nicht.

9 Die Beteiligten sind berechtigt, **alle Tatsachen** vorzutragen, die ihnen von Bedeutung erscheinen, **Beweisanträge** zu stellen, **Rechtsausführungen** zu machen und sich zum gegnerischen Vorbringen und zu Beweisergebnissen zu äußern. Wenn das Gericht von sich aus Tatsachen oder Beweismittel in den Prozess einführt, sind die Beteiligten dazu zu hören. Wenn die Parteien von sich aus vortragen, ist das Gericht verpflichtet, dieses Vorbringen zu berücksichtigen, soweit es erheblich ist. Das ergibt sich unmittelbar aus Art. 103 Abs. 1 GG[3].

b) Mitwirkungspflicht der Beteiligten (§ 83 Abs. 1 Satz 2)

10 Gemäß § 83 Abs. 1 Satz 2 haben die **Beteiligten bei der Aufklärung** des Sachverhaltes **mitzuwirken**. Durch den Wortlaut wird deutlich, dass die Verpflichtung der Beteiligten vom Verhalten des Gerichts abhängig ist. Das Gericht ist **„Herr der Sachverhaltsaufklärung"** und für sie verantwortlich. Zur Erfüllung seiner Verpflichtung kann das Gericht die Beteiligten heranziehen, sie sind dann zur Mitwirkung verpflichtet. Die **Beteiligten sind die Gehilfen** des Gerichts bei der Sachverhaltsaufklärung; sie müssen nicht von sich aus tätig werden. Dabei trifft diese Pflicht alle Beteiligten, insbesondere nicht nur den Antragsteller.

11 Eine Ausnahme vom Grundsatz, dass die Beteiligten nicht von sich aus tätig werden müssen, scheint die Verpflichtung darzustellen, den Antrag zu begründen. Es handelt sich aber insoweit um **keine echte Ausnahme**. Auch hier muss das Gericht nämlich die Parteien darauf hinweisen, dass die erforderlichen Tatsachen noch beigebracht werden müssen. Insoweit hat das BAG zu Recht in seiner Entscheidung vom 11.3.1998[4] darauf hingewiesen, dass das Vorbringen eines Beteiligten nur dann als nicht ausreichender Vortrag bewertet werden kann, wenn das Gericht den Beteiligten auf diese Einschätzung hingewiesen und zur Ergänzung des Vorbringens anhand konkreter richterlicher Fragestellungen aufgefordert hat. Erst wenn die Beteiligten einem solchen Hinweis nicht Folge leisten, darf das für die Beteiligten nachteilige Folgen haben. Auch hier kann man also von einer Verantwortung des Gerichts für die Tatsachenbeschaffung sprechen, da es die Beteiligten dazu auffordern muss. Erst durch diese Aufforderung entsteht eine „echte" Mitwirkungslast, deren Verletzung Nachteile für die Beteiligten hat. Ein Verstoß allein gegen die „Verpflichtung", den Antrag zu begründen, hat idR keine nachteiligen Folgen[5].

12 Ohne die Mitwirkungspflicht der Beteiligten könnten in einer Vielzahl von Fällen die für die Entscheidung erforderlichen Tatsachen nicht beigebracht werden. Anders als den Strafgerichten stehen den **ArbG** nämlich **keine Ermittlungsbehörden zur Seite**. Sie müssen daher die Möglichkeit haben, durch Befragen bzw. durch Aufforderung die Beteiligten zum Vorbringen von Tatsachen zu veranlassen. Ein ganz wichtiger Teil der Mitwirkungspflicht der Beteiligten ist die Verpflichtung, den Antrag zu begründen[6]. Diese Begrün-

---

1 LAG Berlin-Brandenburg v. 28.7.2016 – 10 TaBV 367/16.
2 BAG v. 17.6.1998 – 7 ABR 25/97, NZA 1999, 163 (165).
3 Weth, Das arbeitsgerichtliche Beschlussverfahren, S. 282.
4 BAG v. 11.3.1998 – 7 ABR 59/96, NZA 1998, 953 (955).
5 Etwas anderes gilt, wenn eine Anfechtung der BR-Wahl nicht rechtzeitig begründet wird. Dies hängt mit der im materiellen Recht getroffenen Regelung des § 19 Abs. 2 BetrVG zusammen, ändert aber nichts an der in § 83 Abs. 1 vorgesehenen Verantwortung für die Tatsachenbeschaffung.
6 Vgl. dazu Regierungsentwurf eines Gesetzes zur Beschleunigung und Bereinigung des arbeitsgerichtlichen Verfahrens, BT-Drs. 8/11567, 36.

dung ist, wie das BAG zu Recht ausgeführt hat, erforderlich, damit die Gerichte einen Ausgangs- und Anhaltspunkt für das dann durchzuführende Verfahren haben[1]. Aus der Mitwirkungspflicht des § 83 Abs. 1 Satz 2 ergibt sich also für den Antragsteller, dass er seinen Antrag begründen muss, um dem Gericht einen Ausgangs- und Anhaltspunkt für das weitere von Amts wegen durchzuführende Verfahren zu geben[2]. Begründet der Antragsteller seinen Antrag trotz eines Hinweises des Gerichts nicht, ist sein Antrag als unzulässig zurückzuweisen. Enthält der Vortrag des Beteiligten Anhaltspunkte, muss das Gericht weiter aufklären.

Der **Antragsteller** darf sich daher nach der – allerdings nicht einheitlichen (vgl. Rz. 14) – Rspr. des BAG nicht darauf beschränken, lediglich die BR-Wahl anzufechten oder die Überschreitung der Grenzen des Ermessens durch die Einigungsstelle (§ 76 Abs. 5 Satz 4 BetrVG) geltend zu machen. Er muss im Fall der Wahlanfechtung den **Tatbestand unterbreiten**, der nach seiner Ansicht die Anfechtung der BR-Wahl rechtfertigt. Im Fall der Einigungsstelle muss der Antragsteller Tatsachen vortragen, die geeignet sind, Zweifel an der Einhaltung des Ermessens durch die Einigungsstelle zu begründen[3]. Wird im Fall der Wahlanfechtung ein Antrag ohne Begründung eingereicht, liegt eine ordnungsgemäße Wahlanfechtung nicht vor[4]. Ein Nachschieben von Gründen ist nur innerhalb der Fristen des § 19 Abs. 2 BetrVG (Wahlanfechtung) möglich. Gleiches gilt im Fall des § 76 Abs. 5 Satz 4 BetrVG (Überschreiten der Grenzen des Ermessens durch die Einigungsstelle). Nach Fristablauf ist ein Nachschieben von Gründen unbeachtlich[5]. Nach Auffassung des BAG ist ein Antrag, mit dem die BR-Wahl angefochten wird, allerdings nicht nur dann mangelhaft, wenn ihm jegliche Begründung fehlt. Er ist auch dann nicht ordnungsgemäß, wenn der Antragsteller nicht einen betriebsverfassungsrechtlich erheblichen Tatbestand vorträgt, der möglicherweise die Ungültigkeit der durchgeführten Wahl begründen kann. Der Antragsteller muss vielmehr einen Sachverhalt darlegen, der Anlass zu der Ansicht des Antragstellers geben kann, es sei gegen die Vorschriften des BetrVG bei der Wahl verstoßen worden[6].

13

Zur Begründung seines Sachantrags muss also der Antragsteller dem Gericht die **Tatsachen** unterbreiten, **die** seiner Ansicht nach das mit dem Antrag verfolgte **Begehren begründen**[7]. Er muss, wie das BAG an anderer Stelle formuliert hat, Tatsachen vortragen, aus denen er das mit dem Antrag verfolgte Begehren herleitet[8]. Das BAG präzisiert die Anforderungen an die Begründung dann weiter dahin, globale Behauptungen ohne jeden näheren Sachvortrag genügten auch im arbeitsgerichtlichen Beschlussverfahren nicht[9]; der Vortrag müsse mindestens so viele **Anhaltspunkte** enthalten, dass der Tatsachenrichter aus ihnen entnehmen könne, **worauf der Antragsteller seinen Antrag stütze**. Auch im Beschlussverfahren sei es nicht Aufgabe des Gerichts, ohne ausreichenden Sachvortrag der Beteiligten von sich aus Überlegungen darüber anzustellen, ob möglicherweise ein anderer, bisher von den Beteiligten noch nicht vorgetragener Sachverhalt geeignet sei, eine ausreichende Begründung für die mit ihren Anträgen verfolgten Ansprüche zu geben[10]. Die hier geschilderte Rspr. des BAG erscheint einleuchtend und richtig. Sie scheint ein schlüssiges Konzept für die Zusammenarbeit zwischen Gericht und Parteien entworfen zu haben, das sich wie folgt beschreiben lässt: Der Antragsteller muss zur Begründung seines Antrags Tatsachen vortragen. Allerdings muss er nicht alle Tatsachen vortragen, die sein Begehren rechtfertigen, die also erforderlich sind, um seinen Antrag begründet erscheinen zu lassen. Der Antragsteller muss vielmehr nur so viele Tatsachen vortragen, dass der Richter einen Ausgangspunkt für das von Amts wegen weiter durchzuführende Verfahren hat. Enthält das Vorbringen der Beteiligten die geforderten Anhaltspunkte, endet ihre Vortragspflicht. Es

14

---

1 Vgl. BAG v. 24.5.1965 – 1 ABR 1/65, AP Nr. 14 zu § 18 BetrVG; BAG v. 26.5.1988 – 1 ABR 11/87, AP Nr. 26 zu § 76 BetrVG 1972.
2 BAG v. 24.5.1965 – 1 ABR 1/65, AP Nr. 14 zu § 18 BetrVG; BAG v. 26.5.1988 – 1 ABR 11/87, AP Nr. 26 zu § 76 BetrVG 1972.
3 BAG v. 24.5.1965 – 1 ABR 1/65, AP Nr. 14 zu § 18 BetrVG; BAG v. 26.5.1988 – 1 ABR 11/87, AP Nr. 26 zu § 76 BetrVG 1972.
4 Vgl. BAG v. 24.5.1965 – 1 ABR 1/65, AP Nr. 14 zu § 18 BetrVG; BAG v. 26.5.1988 – 1 ABR 11/87, AP Nr. 26 zu § 76 BetrVG 1972.
5 Vgl. BAG v. 26.5.1988 – 1 ABR 11/87, AP Nr. 26 zu § 76 BetrVG 1972.
6 BAG v. 24.5.1965 – 1 ABR 1/65, AP Nr. 14 zu § 18 BetrVG; vgl. auch BAG v. 3.6.1969 – 1 ABR 3/69, AP Nr. 17 zu § 18 BetrVG.
7 BAG v. 13.3.1973 – 1 ABR 15/72, AP Nr. 1 zu § 20 BetrVG 1972; BAG v. 26.6.1973 – 1 ABR 21/72, AP Nr. 3 zu § 20 BetrVG 1972; BAG v. 19.3.1974 – 1 ABR 87/73, AP Nr. 1 zu § 17 BetrVG 1972.
8 BAG v. 26.8.1975 – 1 ABR 12/74, AP Nr. 21 zu § 37 BetrVG 1972; BAG v. 9.9.1975 – 1 ABR 21/74, AP Nr. 6 zu § 83 ArbGG 1953.
9 BAG v. 19.2.1975 – 1 ABR 94/73, AP Nr. 10 zu § 5 BetrVG 1972.
10 BAG v. 13.3.1973 – 1 ABR 15/72, AP Nr. 1 zu § 20 BetrVG 1972; BAG v. 26.6.1973 – 1 ABR 21/72, AP Nr. 3 zu § 20 BetrVG 1972; BAG v. 28.1.1975 – 1 ABR 92/73, AP Nr. 20 zu § 37 BetrVG 1972; BAG v. 21.10.1980 – 6 ABR 41/78, AP Nr. 1 zu § 54 BetrVG 1972.

beginnt die Aufklärungspflicht des Gerichts; es muss den Sachverhalt von Amts wegen aufklären und eigene Erhebungen anstellen. Die Rspr. des BAG ist aber leider nicht einheitlich. Sie stellt an den Vortrag der Parteien unterschiedliche, sich widersprechende Anforderungen. Während die soeben geschilderte Rspr. Anhaltspunkte im Vorbringen der Beteiligten verlangt, die Ausgangspunkt für weitere Ermittlungen sein können, verlangt das Gericht an anderer Stelle vom Antragsteller schlüssiges Vorbringen[1]. Wird verlangt, das Vorbringen der Beteiligten müsse Anhaltspunkte bieten, so heißt das, dass die Partei nicht alle Tatsachen vortragen muss, die ihren Antrag begründet erscheinen lassen. Vielmehr muss das Gericht, wenn die Beteiligten ausreichende Anhaltspunkte beigebracht haben, tätig werden und von Amts wegen weitere Tatsachen beischaffen. Ganz anders verhält es sich, wenn der Vortrag der Parteien schlüssig sein muss. Ein Vortrag ist dann schlüssig, wenn der Kläger bzw. Antragsteller seiner Darlegungslast genügt hat, wenn er also Tatsachen vorgetragen hat, die iVm. einem Rechtssatz geeignet und erforderlich sind, das geltend gemachte Recht als in der Person des Klägers entstanden erscheinen zu lassen. Ist ein Vorbringen schlüssig, hat der Kläger alle Tatsachen in den Prozess eingeführt, die für eine ihm positive Entscheidung erforderlich sind. Er hat nicht lediglich Anhaltspunkte gegeben, aus denen sich entnehmen lässt, worauf er seinen Antrag stützt. Da der Antragsteller alle Tatsachen beigebracht hat, die er beischaffen muss, bleibt bezüglich der Beschaffung von Tatsachen für eine Aufklärungspflicht des Gerichts kein Raum[2]. Wird **schlüssiges Vorbringen** gefordert, so wird letztlich vom **Beibringungsgrundsatz** ausgegangen, der aber gerade im arbeitsgerichtlichen Beschlussverfahren nicht gilt. Diese Auffassung ist daher **abzulehnen**.

15 Das Gericht kann seiner Aufklärungspflicht nicht nur dadurch nachkommen, dass es selbst Tatsachen in den Prozess einführt, sondern auch dadurch, dass es dem Beteiligten aufgibt, zu bestimmten erklärungsbedürftigen Punkten weiter vorzutragen. Durch diese Auflage löst das Gericht die Aufklärungspflicht des Beteiligten aus. Er muss weitere Tatsachen vortragen. Führt der Beteiligte nicht weitere Tatsachen in den Prozess ein, obwohl das Gericht ihn dazu zu Recht aufgefordert hat, muss das Gericht nicht von sich aus weiter tätig werden. Die Aufklärungspflicht des Gerichts endet. Es kann auf der Grundlage der in den Prozess eingeführten Tatsachen entscheiden.

16 Ein Beteiligter ist nicht verpflichtet, Beweisanträge zu stellen. Das Gericht muss vielmehr von Amts wegen über entscheidungserhebliche Tatsachen Beweis erheben.

17 Zur Mitwirkungspflicht der Beteiligten gem. § 83 Abs. 1 Satz 2 gehört nicht nur die Pflicht zum **Sachvortrag an sich**, sondern auch die Pflicht zum **Sachvortrag zur rechten Zeit**. Verspätetes Vorbringen kann im arbeitsgerichtlichen Beschlussverfahren gem. § 83 Abs. 1a zurückgewiesen werden.

III. Zurückweisung verspäteten Vorbringens (§ 83 Abs. 1a)

18 Durch das **Arbeitsgerichtsbeschleunigungsgesetz** wurde mit Wirkung vom 1.5.2000 Absatz 1a in § 83 eingefügt. Danach kann der Vorsitzende den Beteiligten für ihr **Vorbringen** eine **Frist** setzen. Nach Ablauf dieser Frist kann das Vorbringen zurückgewiesen werden, wenn nach der freien Überzeugung des Gerichts seine Zulassung die Erledigung des Beschlussverfahrens verzögern würde und der Beteiligte die Verspätung nicht genügend entschuldigt. Die Beteiligten sind über die Folgen der Versäumung der gesetzten Frist zu belehren. Nach st. Rspr. des BVerfG hindert der Anspruch auf Gewährung rechtlichen Gehörs den Gesetzgeber nicht, durch Präklusionsvorschriften auf eine Prozessbeschleunigung hinzuwirken, sofern die betroffene Partei ausreichend Gelegenheit hatte, sich zu allen für sie wichtigen Punkten zur Sache zu äußern, dies aber aus von ihr zu vertretenden Gründen versäumt hat[3].

19 Bezüglich der Tatbestandsvoraussetzungen Verspätung, Verzögerung und Entschuldigung gilt im Beschlussverfahren nichts anderes als im Urteilsverfahren. Es kann insoweit auf die Kommentierung zu § 56 Abs. 2 und § 67 verwiesen werden.

20 Sämtliche gesetzlichen **Voraussetzungen für eine Präklusion** müssen vom Gericht dargelegt werden. Dazu gehören regelmäßig die Angabe, auf welchen Tatbestand die Präklusion gestützt wird, sowie Ausführungen zur Verspätung, zur Verzögerung, zum Fehlen von Entschuldigungsgründen und zur Ausübung des tatrichterlichen Präklusionsermessens[4].

---

1 BAG v. 14.3.1978 – 1 ABR 2/75, AP Nr. 3 zu § 97 ArbGG 1953, „es fehlt demnach an der auch im Beschlussverfahren erforderlichen Schlüssigkeit des Tatsachenvortrags. Der Antrag erweist sich in vollem Umfang als unbegründet."
2 Vgl. *Weth*, Das arbeitsgerichtliche Beschlussverfahren, S. 267 ff.
3 BVerfG v. 14.11.1989 – 1 BvR 956/89, NJW 1990, 566 f. mwN.
4 BVerwG v. 27.3.2000 – 9 B 518/99, NVwZ 2000, Beilage Nr. 9, 99.

Das Gericht darf nur dann Vorbringen der Beteiligten zurückweisen, wenn die Beteiligten über **die Folgen** **der Versäumung der gesetzten Frist belehrt** worden sind (§ 83 Abs. 1a Satz 3). Es genügt dabei regelmäßig nicht, wenn dem Betroffenen lediglich aufgegeben wird, auf das Vorbringen der Gegenseite fristgebunden zu erwidern[1]. Vielmehr darf das Gericht Vorbringen des Beteiligten, der eine ihm gesetzte Frist versäumt hat, nur dann zurückweisen, wenn es bei der Fristsetzung die klärungsbedürftigen Punkte genau bezeichnet hat und dem Beteiligten vor Augen geführt und klar gemacht wird, dass er sich gegen die Klage grds. nur innerhalb der gesetzten Frist verteidigen kann, dass ihm bei Versäumung dieser Frist im Allgemeinen jede Verteidigung abgeschnitten ist und er Gefahr läuft, den Prozess vollständig zu verlieren[2]. Dabei reicht die bloße Wiederholung des Gesetzeswortlauts wegen der einschneidenden Folgen einer Fristversäumung grds. nicht aus[3]. 21

IV. Der Beweis (§ 83 Abs. 2)

Im arbeitsgerichtlichen Beschlussverfahren gilt im Wesentlichen das **Beweisrecht der ZPO**[4]. **Abweichungen** ergeben sich allerdings aus **§ 83 Abs. 1**, der sowohl für die Initiative zur Beweisführung als auch für die Beischaffung von Tatsachen Bedeutung hat[5]. Bezüglich dieser Punkte gelten die Regeln der ZPO nicht. Dagegen hat § 83 Abs. 1 keine Auswirkungen auf die Durchführung der Beweisaufnahme und die Beweiswürdigung[6]; hier gelten die Regeln der ZPO. 22

1. Die Beweislast

a) Die objektive Beweislast

Ebenso wie im Urteilsverfahren ist auch im arbeitsgerichtlichen Beschlussverfahren im Falle eines non liquet zum Nachteil dessen zu entscheiden, der die objektive Beweislast trägt[7]. Ein Fall des non liquet ist gegeben, wenn es dem Richter trotz Ausschöpfung aller möglichen und prozessual zulässigen Beweismittel nicht gelungen ist, eine Überzeugung zu gewinnen, wenn es ihm also nicht gelungen ist, das Vorliegen oder Nichtvorliegen aller rechtserheblichen Tatsachen festzustellen. 23

Soweit das Gesetz keine ausdrückliche Anordnung bezüglich der Beweislastverteilung enthält, gilt auch im arbeitsgerichtlichen Beschlussverfahren die als Teil des geltenden Gesetzesrechts anzusehende **Grundregel**. Nach ihr hat der Anspruchsteller die Beweislast für die rechtsbegründenden Tatbestandsmerkmale, der Anspruchsgegner die Beweislast für die rechtshindernden, rechtsvernichtenden und rechtshemmenden Tatsachen[8]. 24

b) Die subjektive Beweislast

Die subjektive Beweislast, auch **Beweisführungslast** genannt, ist eine den Beteiligten obliegende Last, durch eigenes Tätigwerden den Beweis der streitigen Tatsachen zu führen, um den Prozessverlust zu vermeiden[9]. Der Beteiligte muss, um seiner Beweisführungslast zu genügen, Beweismittel. Es ist der hM[10] nicht zu folgen, dass der Beteiligte im arbeitsgerichtlichen Beschlussverfahren nicht die Beweisführungslast trägt. Zwar ist richtig, dass der Beteiligte nicht verpflichtet ist, Beweisanträge zu stellen. Das Gericht muss von Amts wegen über entscheidungserhebliche Tatsachen Beweis erheben. Eine Ausnahme gilt allerdings dann, wenn dem Gericht Beweismittel nicht bekannt sind. Es kann dann einen Beteiligten auffordern, Beweismittel für bestimmte entscheidungserhebliche Tatsachen zu benennen. Der Beteiligte ist dann aufgrund seiner aus § 83 Abs. 1 Satz 2 folgenden Mitwirkungspflicht verpflichtet, Beweismittel zu benennen. Kommt der Beteiligte dieser Aufforderung nicht nach, verliert er den Prozess. 25

---

1 BAG v. 19.6.1980 – 3 AZR 1177/79, AP Nr. 1 zu § 56 ArbGG 1979.
2 BAG v. 19.5.1998 – 9 AZR 362/97; BGH v. 16.5.1991 – III ZR 82/90, NJW 1991, 2772; BAG v. 19.6.1980 – 3 AZR 1177/79, AP Nr. 1 zu § 56 ArbGG 1979.
3 BAG v. 19.5.1998 – 9 AZR 362/97; BGH v. 23.10.1990 – XI ZR 20/90, NJW 1991, 493.
4 Vgl. *Prütting/Weth*, DB 1989, 2273 (2277); GMP/*Prütting*, § 58 Rz. 2.
5 Vgl. dazu *Prütting/Weth*, DB 1989, 2273 (2277).
6 Vgl. dazu *Prütting/Weth*, DB 1989, 2273 (2277).
7 Darüber besteht in neuerer Zeit wohl Einigkeit. Vgl. nur LAG Rh.-Pf. v. 26.1.2007 – 8 TaBV 65/06, juris Rz. 38; GMP/*Prütting*, § 58 Rz. 72, 75 mwN; *Weth*, Das arbeitsgerichtliche Beschlussverfahren, S. 308 mwN. Äußerst zögerlich GMP/*Matthes/Spinner*, § 83 Rz. 94.
8 *Weth*, Das arbeitsgerichtliche Beschlussverfahren, S. 308; *Prütting*, Gegenwartsprobleme der Beweislast, S. 265 ff.
9 GMP/*Prütting*, § 58 Rz. 74.
10 Vgl. nur GMP/*Prütting*, § 58 Rz. 74.

26 Auch im arbeitsgerichtlichen Beschlussverfahren tragen die Beteiligten also eine Beweisführungslast; sie wird ausgelöst durch die Aufforderung des Gerichts, Beweismittel zu benennen. Die Aufforderung des Gerichts darf – so der Beteiligte sie nicht befolgt – allerdings nur dann für ihn nachteilige Folgen haben, wenn sie zu Recht erfolgt ist. Das ist nur dann der Fall, wenn dem Gericht die Beweismittel nicht bekannt sind und der Beteiligte die objektive Beweislast trägt[1].

c) Das Verhältnis von Beweis- und Behauptungslast

27 Die Behauptungslast beantwortet die Frage, wer im Hinblick auf die jeweils begehrte Rechtsfolge das Vorliegen eines bestimmten Tatbestandsmerkmals behaupten muss, welcher Beteiligte also Tatsachenbehauptungen aufstellen muss, die dieses Tatbestandsmerkmal erfüllen.

28 Auch im arbeitsgerichtlichen Beschlussverfahren gibt es eine Behauptungslast der Beteiligten. Sie wird ausgelöst durch die **Aufforderung des Gerichts** an einen Beteiligten, weitere Tatsachen vorzubringen. Es steht allerdings nicht im Belieben des Gerichts, welchen Beteiligten es zu weiterem Vorbringen auffordert. Das Gericht darf vielmehr nur denjenigen Beteiligten zu weiterem Vorbringen auffordern, der die objektive Beweislast trägt. Auch im arbeitsgerichtlichen Beschlussverfahren folgt also die Behauptungslast der objektiven Beweislast. Es muss also nur derjenige Beteiligte Tatsachen vortragen, der die Beweislast für sie trägt. Nur diesen Beteiligten darf das Gericht zu weiterem Tatsachenvorbringen auffordern und nur diesen Beteiligten darf das Gericht auch dazu auffordern, Beweismittel zu benennen[2].

2. Das Beweismaß

29 Gemäß § 84 entscheidet das Gericht nach seiner freien, aus dem Gesamtergebnis des Verfahrens gewonnenen Überzeugung. § 84 enthält nach ganz hM **keine Senkung des Beweismaßes**. Es gilt vielmehr das Regelbeweismaß des § 286 ZPO[3]. Der Richter muss eine Tatsache „für wahr erachten"; er darf also all das nicht seiner Entscheidung zugrunde legen, wofür nur eine gewisse Plausibilität oder überwiegende Wahrscheinlichkeit spricht. Vielmehr verlangt **die volle Überzeugung des Richters** im Regelfall eine sehr hohe Wahrscheinlichkeit für die streitige Tatsachenbehauptung[4].

3. Die Beweismittel

30 Wie im Urteilsverfahren ist auch im Beschlussverfahren das Gericht auf **die gesetzlich festgelegten Beweismittel** beschränkt. Es gilt also im Beschlussverfahren der Strengbeweis. Welche Beweismittel dem Gericht zur Verfügung stehen, ergibt sich aus § 83 Abs. 2. Danach können zur Aufklärung des Sachverhalts Urkunden eingesehen, Auskünfte eingeholt, Zeugen, Sachverständige und Beteiligte vernommen und der Augenschein eingenommen werden. Die Beteiligten können – entgegen einer früher vertretenen Auffassung[5] – nicht als Zeugen vernommen werden. Sie können allerdings nach den Regeln der §§ 445 ff. ZPO als „Partei" vernommen werden[6].

4. Die Beweiserhebung

a) Beweisantritt

31 Im arbeitsgerichtlichen Urteilsverfahren erfolgt der Beweisantritt durch tatsächliche Behauptungen und Benennung von Beweismitteln. Nichts anderes gilt im Beschlussverfahren. Auch hier kann Beweis durch tatsächliche Behauptungen und Benennung von Beweismitteln angetreten werden.

32 Die angetretenen Beweise werden dann im Urteilsverfahren entweder von Amts wegen oder auf Antrag erhoben. Lediglich der Zeugenbeweis erfolgt nur auf Antrag (§ 373 ZPO). Dagegen kann im **Beschlussverfahren** der Beweis mit allen Beweismitteln ohne Antrag und ohne dass ein Beweis angetreten ist, von Amts wegen erhoben werden. Das ist Folge des Untersuchungsgrundsatzes (§ 83 Abs. 1).

b) Beweisführung

33 Im Urteilsverfahren erfolgt die Beweisführung dadurch, dass die beweisbelastete Partei für ihre erheblichen und bestrittenen Tatsachenbehauptungen Beweis anbietet. Im **Beschlussverfahren** ist der beweisbelastete

---

1 Vgl. zum Ganzen *Weth*, Das arbeitsgerichtliche Beschlussverfahren, S. 308 f.
2 Vgl. *Weth*, Das arbeitsgerichtliche Beschlussverfahren, S. 309 ff.
3 Vgl. nur *Weth*, Das arbeitsgerichtliche Beschlussverfahren, S. 311 mwN.
4 GMP/*Prütting*, § 58 Rz. 59.
5 *Dersch/Volkmar*, § 83 ArbGG Rz. 6.
6 *Weth*, Das arbeitsgerichtliche Beschlussverfahren, S. 314.

Beteiligte nur zur Beweisführung verpflichtet, wenn das Gericht ihn auffordert, für bestimmte Tatsachen Beweismittel zu benennen.

c) Beweisaufnahme

Für die Beweisaufnahme gelten im arbeitsgerichtlichen **Beschlussverfahren** keine Besonderheiten. Es gelten die gleichen Regeln wie im Urteilsverfahren. Es ist also über § 80 Abs. 2, § 58 anwendbar. Im Übrigen gelten die Regeln der ZPO. 34

Die Beweisaufnahme wird **durch förmlichen Beweisbeschluss** (§§ 358, 358a, 359 ZPO) oder formlos in der mündlichen Verhandlung angeordnet. Der Beweisbeschluss muss verkündet werden[1]. Die Beweisaufnahme findet vor der Kammer statt (§ 58 Abs. 1 Satz 1). Die Beteiligten sind berechtigt an der Beweisaufnahme teilzunehmen (§ 357 ZPO). 35

Entgegen dem Wortlaut des § 83 Abs. 2 steht eine **Beweisaufnahme nicht im Belieben des Gerichts**[2]. Das Gericht ist berechtigt und ggf. verpflichtet, auch Beweise zu erheben, die nicht von einem Beteiligten angetreten sind[3]. Das Gericht ist an das Vorbringen der Parteien nicht gebunden; § 138 Abs. 3 und § 288 ZPO gelten nicht[4]. Das Gericht kann auch dann Beweis erheben, wenn Tatsachen zugestanden oder nicht bestritten sind. Allerdings wird das Gericht idR keine Zweifel an der Richtigkeit des Vorgetragenen haben, so dass kein Beweis erhoben werden wird[5]. 36

V. Die Beteiligten des Beschlussverfahrens

1. Allgemeines

Während im arbeitsgerichtlichen Urteilsverfahren und im Verfahren der ZPO die teilnehmenden Personen als Parteien bezeichnet werden, nennt das ArbGG die Subjekte des Beschlussverfahrens **Beteiligte**. An mehreren Stellen geht das ArbGG erkennbar von einer Untergliederung der Beteiligten in den Antragsteller und die übrigen bzw. anderen Beteiligten aus (vgl. § 81 Abs. 3, § 83a Abs. 3, § 87 Abs. 2, § 92 Abs. 2, § 96a Abs. 1). Der Begriff Antragsteller wird allerdings nur in § 83a Abs. 3 Satz 1 ausdrücklich genannt. Der Begriff Antragsgegner kommt im ArbGG nicht vor, wohl aber spricht § 87 Abs. 2 Satz 2 vom Beschwerdegegner. Ob das Beschlussverfahren einen Antragsgegner kennt, ist eine der vielen Streitfragen, die sich um die Beteiligten des Beschlussverfahrens ranken. 37

Im arbeitsgerichtlichen Verfahren gilt ein **dualistischer Beteiligtenbegriff**. Es wird zwischen formell und materiell Beteiligten getrennt[6]. **Formell beteiligt** ist jede Person, die aus eigenem Antrieb am Verfahren teilnimmt oder vom Gericht zum Verfahren zugezogen wird. Ist der formell Beteiligte nicht auch materiell beteiligt, handelt es sich um einen **lediglich formell Beteiligten**. **Materiell Beteiligter** ist, wer antrags- bzw. beteiligtenbefugt ist. 38

2. Formell Beteiligte

Formell Beteiligter ist, wie gezeigt, wer aus eigenem Antrieb am Verfahren teilnimmt oder vom Gericht zum Verfahren beigezogen wird[7]. Maßgebend für die formelle Stellung ist nicht, ob der Beteiligte in seinen Rechten durch die begehrte Entscheidung unmittelbar betroffen werden kann. Auch wenn die materielle Rechtsstellung der Person, die sich selbst beteiligt oder vom Gericht zum Verfahren hinzugezogen wird, nicht berührt ist, wenn diese Person also weder antrags- noch beteiligungsbefugt ist, ist sie dennoch formell beteiligt. Diese Stellung verliert der formell Beteiligte nicht dadurch, dass er sich am Verfahren nicht beteiligt, also keine Erklärungen abgibt und keine Prozesshandlungen vornimmt. 39

---

1 Vgl. Thomas/Putzo/*Reichold*, § 359 ZPO Rz. 1.
2 GMP/*Matthes/Spinner*, § 83 Rz. 99.
3 BAG v. 21.10.1980 – 6 ABR 41/78, AP Nr. 1 zu § 54 BetrVG 1972; GMP/*Matthes/Spinner*, § 83 Rz. 99.
4 BAG v. 10.12.1992 – 2 ABR 32/92, NZA 1993, 501; GMP/*Matthes/Spinner*, § 83 Rz. 92; GWBG/*Greiner*, § 83 Rz. 13; *Weth*, Das arbeitsgerichtliche Beschlussverfahren, S. 288.
5 BAG v. 10.12.1992 – 2 ABR 32/92, NZA 1993, 501 ff.; GMP/*Matthes/Spinner*, § 83 Rz. 93.
6 Vgl. BAG v. 18.10.1988 – 1 ABR 31/87, NZA 1989, 396; BAG v. 30.10.1986 – 6 ABR 52/83, NZA 1988, 27; ausführlich dazu *Weth*, Das arbeitsgerichtliche Beschlussverfahren, S. 100 ff.
7 Vgl. ausführlich *Weth*, Das arbeitsgerichtliche Beschlussverfahren, S. 107.

a) Antragsteller

40 Der Antragsteller wird durch die **Einreichung seines Antrags** bei Gericht zum formell Beteiligten. Er nimmt eine Sonderstellung ein. Ohne ihn und seinen Antrag gibt es kein Verfahren (§ 81 Abs. 1). Der Antragsteller formuliert den Antrag und legt den Streitgegenstand und damit die übrigen Personen und Stellen fest, die nach materiellem Recht an dem Verfahren ebenfalls beteiligt sind[1]. Im Rahmen der Antragsbefugnis wird geklärt, ob ihm die Position zusteht; die Stellung als formell Beteiligter erlangt der Antragsteller aber unabhängig davon schon allein mit der Einreichung des Antrages[2]. Ist der Antragsteller tatsächlich antragsbefugt, so ist er auch materiell Beteiligter, und über seinen Antrag ist in der Sache zu entscheiden. Fehlt ihm aber die Antragsbefugnis, so ist sein Antrag als unzulässig abzuweisen und er bleibt nur formell Beteiligter[3].

b) Antragsgegner

41 Ob das Beschlussverfahren einen Antragsgegner kennt, ist umstritten. Nach Auffassung von *Matthes* kennt das **Beschlussverfahren** nur einen **einheitlichen Beteiligtenbegriff** und verbietet jede Differenzierung zwischen notwendigen und sonstigen Beteiligten[4]. Es gebe nur Beteiligte mit gleicher Rechtsstellung, von denen lediglich der Antragsteller über den von ihm gestellten Antrag eine besonders ausgestaltete Rechtsstellung einnehme. Den Begriff des Antragsgegners kenne das Beschlussverfahren nicht. Auch diejenige Person, gegen die Rechtsschutz begehrt werde, sei Beteiligte des Beschlussverfahrens wie jede sonstige Person oder Stelle, die durch die begehrte Entscheidung in ihrer betriebsverfassungsrechtlichen oder gleichgestellten Rechtsposition betroffen werden könne[5]. *Matthes* verkennt hier eine für die Rechtsstellung der Parteien bzw. Beteiligten grundlegende Tatsache. Diese Tatsache ist für den Zivilprozess prägnant dahin formuliert worden, dass die Rechtsstellung der Parteien formell eine gleiche, materiell aber ungleichartig ist. Formelle Gleichheit zeige sich darin, dass beiden Parteien in gleicher Weise und unter denselben Voraussetzungen dieselben prozessualen Rechte zustünden. Hier sei auf den Anspruch der Parteien auf rechtliches Gehör, auf Akteneinsicht, auf Antragstellung und auf Rechtsmitteleinlegung hinzuweisen. Materiell allerdings sei die Rechtsstellung der Parteien durchaus unterschiedlich. Der Kläger könne allenfalls mit der Klage abgewiesen und in die Kosten verurteilt werden. Der Beklagte aber könne außer zur Kostentragung auch zu einer Leistung an den Kläger verurteilt werden[6].

42 Es gibt also im Beschlussverfahren einen Beteiligten, der sich von den anderen Beteiligten dadurch unterscheidet, das er verurteilt werden kann, den Antragsgegner. Das **Beschlussverfahren kennt** also einen **Antragsgegner**. Dafür sprechen weiter folgende Argumente: Der Gesetzgeber wollte durch das ArbGG 1979 das Beschlussverfahren zu einem kontradiktorischen, also einem Verfahren mit Antragsgegnern ausgestalten. Er hat dies auch getan, wofür insbesondere die deutliche Annäherung des Beschlussverfahrens an das Urteilsverfahren und an das Verfahren der ZPO spricht. Die Vorschriften der ZPO sind durch die Verweisungen in § 80 Abs. 2, § 83 Abs. 5, §§ 84, 85 so weitgehend anwendbar, dass das Beschlussverfahren als ein auf die ZPO zentriertes Verfahren bezeichnet werden kann. Sodann ist darauf hinzuweisen, dass eine Vorschrift wie § 85, nach der gegen bestimmte Beteiligte vollstreckt werden kann, in einem Verfahren, dem ein Antragsgegner fremd ist, kein Raum ist. § 85 setzt vielmehr einen Antragsgegner voraus, gegen den eine Entscheidung ergangen ist und gegen den nun vollstreckt werden kann. Aus § 85 ergibt sich weiter, dass es nicht nur den Antragsteller und sonstige Beteiligte gibt, sondern dass die sonstigen Beteiligten zu unterscheiden sind in solche, gegen die vollstreckt werden kann, und solche, gegen die nicht vollstreckt werden kann. Diejenigen, die verurteilt werden können und gegen die vollstreckt werden kann, werden im Verfahrensrecht gemeinhin als Antragsgegner bezeichnet. Es sind keine Gründe ersichtlich, warum im Beschlussverfahren etwas anderes gelten soll[7].

43 Schließlich wird durch die hier vertretene Auffassung die Widersprüchlichkeit vermieden, die der Gegenauffassung anhängt. Diese erkennt zwar Verfahren mit notwendiger Gegnerschaft an[8], bestreitet jedoch die Existenz eines Antragsgegners.

---

1 GK-ArbGG/*Dörner*, § 83 Rz. 25.
2 *Weth*, Das arbeitsgerichtliche Beschlussverfahren, S. 111; BAG v. 14.12.2010 – 1 ABR 93/09, NZA 2011, 473 (474), Rz. 10.
3 GK-ArbGG/*Dörner*, § 83 Rz. 29; *Weth*, Das arbeitsgerichtliche Beschlussverfahren, S. 111.
4 GMP/*Matthes/Spinner*, § 83 Rz. 7.
5 GMP/*Matthes/Spinner*, § 83 Rz. 14 ff.
6 *Rosenberg/Schwab*, 14. Aufl. 1986, Zivilprozessrecht, § 40 V, S. 218.
7 Vgl. zum Ganzen *Weth*, Das arbeitsgerichtliche Beschlussverfahren, S. 180 ff.
8 Vgl. GMP/*Matthes/Spinner*, § 83 Rz. 14; ErfK/*Koch*, § 83 ArbGG Rz. 6.

Nachdem soeben festgestellt worden ist, dass das Beschlussverfahren einen Antragsgegner kennt, bleibt die 44
Frage, ob es in allen Beschlussverfahren einen Antragsgegner geben muss oder ob einzelne Beschlussverfahren denkbar sind, in denen es einen Antragsgegner nicht gibt. Nun muss es bei Leistungsanträgen stets einen Antragsgegner geben. Wer Antragsgegner ist, ergibt sich schon aus dem Sachantrag. Feststellungsanträge sind nur zulässig, wenn unter den Beteiligten Streit über das Bestehen oder Nichtbestehen eines Rechtsverhältnisses oder Rechts besteht; besteht kein Streit, so fehlt das Rechtsschutzinteresse. Bei Feststellungsanträgen ist also, soweit sich der Antragsgegner nicht schon aus dem Sachantrag ergibt, derjenige Antragsgegner, der mit dem Antragsteller im Streit liegt. Bei Gestaltungsanträgen muss es einen Antragsgegner geben, wenn um subjektive Rechte oder Rechtspositionen gestritten wird und wenn es unter den übrigen Beteiligten (das sind alle Beteiligten außer dem Antragsteller) einen gibt, dessen Stellung sich von der Stellung aller anderen Beteiligten dadurch unterscheidet, dass er durch die Entscheidung direkt getroffen wird, während die Betroffenheit der anderen Beteiligten lediglich ein Reflex der Gestaltung der Rechtsstellung des Antragsgegners ist. Nun gibt es im arbeitsgerichtlichen Beschlussverfahren auch solche durch Gestaltungsanträge eingeleitete Verfahren, in denen keiner der soeben genannten Fälle vorliegt. Lediglich in diesen wenigen Fällen lässt sich nicht zwingend nachweisen, dass es einen Antragsgegner geben muss. Anders ist es in der überwiegenden Zahl der Fälle, nämlich bei allen Feststellungs- und Leistungsanträgen und bei einem Großteil der Gestaltungsanträge; hier muss es einen Antragsgegner geben. Das arbeitsgerichtliche Beschlussverfahren kann daher also als kontradiktorisches Verfahren bezeichnet werden.

Was die Existenz eines Antragsgegners betrifft, so **hat das BAG** im Beschluss vom 20.4.1999 ausgeführt: 45
„Die Rollen der Beteiligten im Beschlussverfahren stimmen nicht mit denjenigen der Parteien im Urteilsverfahren überein. So folgt die Beteiligtenstellung dem materiellen Recht, hängt also nicht vom Willen der Betroffenen ab. Auch ist nicht immer feststellbar, ob Beteiligte obsiegen oder unterliegen, denn die bloße Beteiligung erfordert keine Antragstellung: Insbesondere gibt es keinen Antragsgegner"[1]. Das BAG verkennt hier, dass die Beteiligtenstellung sehr wohl vom Willen des Betroffenen abhängen kann. Das gilt zunächst für den Antragsteller. Das gilt aber, wenn der Antragsteller die Verurteilung eines Beteiligten begehrt, auch für diesen. Dessen Beteiligung am Verfahren hängt nämlich nicht vom materiellen Recht, sondern vom Willen des Antragstellers ab. Die Ausführungen des BAG, dass die Beteiligtenstellung dem materiellen Recht folgt, gilt also nur für die sonstigen Beteiligten (die also weder Antragsteller sind und deren Verurteilung nicht begehrt wird). Daraus ist aber für die Existenz des Antragsgegners nichts herzuleiten.

Der **Antragsgegner muss** vom Gericht zum Verfahren **hinzugezogen werden**, weil der Antragsteller seinen Antrag gegen ihn gerichtet hat. Ist der Antragsteller lediglich formell Beteiligter (also nicht beteiligungsbefugt), ist der gegen ihn gerichtete Antrag als unzulässig abzuweisen. Ist der Antragsgegner materiell Beteiligter (also antragsbefugt), kann eine Entscheidung in der Sache ergehen. 46

c) Sonstige Beteiligte

Sonstiger Beteiligter ist, wer weder Antragsteller noch Antragsgegner ist. Sonstige Beteiligte werden **formell beteiligt**, indem das Gericht sie zum Verfahren hinzuzieht oder sie selbst tätig werden. Für Letzteres genügt es jedoch nicht, dass eine Person oder Stelle lediglich im Anhörungstermin anwesend ist[2]. Die Person oder Stelle muss vielmehr in einem Schriftsatz an das Gericht bzw. durch Erklärungen in der mündlichen Verhandlung deutlich machen, dass sie sich am Verfahren beteiligen will. Dies kann etwa dadurch geschehen, dass die betreffende Person oder Stelle Tatsachen vorträgt oder Beweisanträge stellt. Nicht erforderlich ist jedoch, dass der sonstige Beteiligte dem Antragsteller oder Antragsgegner beitritt oder ihn unterstützt; er darf sich auch anders als der Nebenintervenient durchaus mit Erklärungen oder Handlungen dieser Beteiligten in Widerspruch setzen[3]. Ist der sonstige Beteiligte nicht beteiligtenbefugt, so nimmt das Gericht sein Vorbringen nicht zu Kenntnis. Der sonstige Beteiligte hat lediglich einen Anspruch nach Art. 103 Abs. 1 GG darauf, zur Zulässigkeit seiner Beteiligung gehört zu werden[4]. Hat das Gericht einen sonstigen Beteiligten am Verfahren beteiligt, obwohl ihm die Beteiligtenbefugnis fehlt, bedarf es keines förmlichen Beschlusses, um die Beteiligung zu beenden. Der zu Unrecht Beteiligte muss lediglich tatsäch- 47

---

1 BAG v. 20.4.1999 – 1 ABR 13/98, AP Nr. 43 zu § 81 ArbGG 1979; so auch BAG v. 2.6.2008 – 3 AZB 24/08, JurBüro 2008, 550 (551).
2 BAG v. 14.2.1978 – 1 ABR 46/77, AP Nr. 7 zu § 19 BetrVG 1972; BAG v. 21.11.1975 – 1 ABR 12/75, NJW 1976, 1165.
3 *Weth*, Das arbeitsgerichtliche Beschlussverfahren, S. 208.
4 *Weth*, Das arbeitsgerichtliche Beschlussverfahren, S. 208.

lich nicht mehr weiter am Verfahren beteiligt werden. Allerdings kann der zu Unrecht Beteiligte die dann ergehende gerichtliche Entscheidung mit der Behauptung angreifen, er sei zu Unrecht nicht beteiligt worden. Das Rechtsmittelgericht muss dann prüfen, ob er zu beteiligen war oder nicht. Ist die Beteiligung fehlerhaft nicht erfolgt, muss die angegriffene Entscheidung aufgehoben werden.

48 Wer vom Gericht zum Verfahren hinzugezogen worden ist, verliert seine **Stellung als formell Beteiligter** nicht dadurch, dass er im Verfahren keine Erklärungen abgibt und keine Prozesshandlungen vornimmt. Für die Stellung als formell Beteiligter ist nämlich eine Reaktion des Angesprochenen nicht erforderlich.

3. Materiell Beteiligte

a) Allgemeines

49 Materiell Beteiligter ist, wer **antrags- bzw. beteiligtenbefugt** ist. Das ist derjenige, der durch die gerichtliche Entscheidung in seiner Rechtsstellung unmittelbar betroffen wird[1] oder werden kann[2], zum anderen derjenige, dem das Gesetz ausdrücklich die Antrags- bzw. Beteiligtenbefugnis eingeräumt hat[3]. Weil sie antrags- bzw. beteiligtenbefugt sind, können sie eine Entscheidung in der Sache erreichen[4].

50 Die nach materiellem Recht Beteiligten sind **vom Gericht von Amts wegen vollständig festzustellen**[5] und auch noch in der Rechtsmittelinstanz zum Verfahren hinzuzuziehen[6]. Sie sind also auch von Amts wegen formell am Verfahren zu beteiligen, dh., sie sind zum Termin vor die Kammer zu laden, und sie sind dort zu hören[7]. Ferner sind ihnen Anträge und die Entscheidung zuzustellen, ihre Erklärungen, die das Verfahren betreffen, sind einzuholen oder entgegenzunehmen[8].

51 Umgekehrt gilt, dass auch der **Verlust der Beteiligtenstellung** von Amts wegen festzustellen ist und zwar auch dann, wenn er erst in der Rechtsbeschwerdeinstanz eintritt[9].

51a Die Stellung als materiell Beteiligter ergibt sich unmittelbar aus dem Gesetz. Einer darauf gerichteten Handlung der Person oder des Gerichts bedarf es nicht[10]. Auch derjenige, der sich nicht am Verfahren beteiligt, verliert seine Stellung als materiell Beteiligter nicht.

b) Antragsteller

52 Nach hM ist der **Antragsteller antragsbefugt**, wenn das Gesetz ihm die Antragsbefugnis ausdrücklich eingeräumt hat oder wenn er durch die begehrte Entscheidung in seiner Rechtsstellung **unmittelbar betroffen** wird (vgl. dazu auch § 81)[11]. Anderenfalls ist er lediglich formell Beteiligter und das Gericht muss das Vorbringen zur Begründetheit des Antrags nicht zur Kenntnis nehmen und in Erwägung ziehen. Der Antragsteller hat dann lediglich einen Anspruch auf rechtliches Gehör bezüglich der Zulässigkeit seines Antrags[12].

---

1 St. Rspr. vgl. BAG v. 27.5.2015 – 7 ABR 24/13, Rz. 10; BAG v. 18.11.2014 – 1 ABR 21/13, Rz. 12; BAG v. 15.10.2014 – 7 ABR 71/12, NZA 2015, 176 (177), Rz. 21; BAG v. 28.9.1988 – 1 ABR 37/87, AP Nr. 55 zu § 99 BetrVG 1972; BAG v. 25.9.1986 – 6 ABR 68/84, AP Nr. 7 zu § 1 BetrVG 1972; BAG v. 13.3.1984 – 1 ABR 49/83, AP Nr. 9 zu § 83 ArbGG 1979.
2 Vgl. BAG v. 21.9.1989 – 1 ABR 32/89, AP Nr. 72 zu § 99 BetrVG 1972; BAG v. 18.4.1989 – 1 ABR 97/87, AP Nr. 65 zu § 99 BetrVG 1972; BAG v. 18.12.1990 – 1 ABR 11/90, NZA 1991, 484 (486).
3 Weth, Das arbeitsgerichtliche Beschlussverfahren, S. 148.
4 BAG v. 18.8.1987 – 1 ABR 65/86, AP Nr. 6 zu § 81 ArbGG 1979; BAG v. 30.10.1986 – 6 ABR 52/83, AP Nr. 6 zu § 47 BetrVG 1972.
5 BAG v. 27.5.2015 – 7 ABR 24/13, Rz. 10; BAG v. 15.10.2014 – 7 ABR 71/12, NZA 2015, 176 (177), Rz. 21; BAG v. 6.11.1973 – 1 ABR 15/73, AP Nr. 8 zu § 89 ArbGG 1953.
6 BAG v. 28.9.1988 – 1 ABR 37/87, AP Nr. 55 zu § 99 BetrVG 1972; BAG v. 18.12.1973 – 1 ABR 35/73, AP Nr. 7 zu § 37 BetrVG 1972.
7 GK-ArbGG/*Dörner*, § 83 Rz. 32; GMP/*Matthes/Spinner*, § 83 Rz. 17.
8 GMP/*Matthes/Spinner*, § 83 Rz. 17.
9 BAG v. 25.9.1996 – 1 ABR 25/96, AP Nr. 4 zu § 97 ArbGG 1979, NZA 1997, 668; zustimmend *Oetker*, Anm. zu AP Nr. 4 zu § 97 ArbGG 1979.
10 BAG v. 20.8.2014 – 7 ABR 60/12, Rz. 17; BAG v. 23.6.2010 – 7 ABR 3/09, NZA 2010, 1361, (1362), Rz. 11.
11 BAG v. 23.2.1988 – 1 ABR 75/86, NZA 1989, 229; BAG v. 18.8.1987 – 1 ABR 65/86, AP Nr. 6 zu § 81 ArbGG 1979; BayVGH v. 23.11.2009 – 17 P 08.1.74, PersV 2011, 229; GK-ArbGG/*Dörner*, § 83 Rz. 20; *Weth*, Das arbeitsgerichtliche Beschlussverfahren, S. 194.
12 GK-ArbGG/*Dörner*, § 83 Rz. 28.

Die unmittelbare Betroffenheit des Antragstellers ist **bei Leistungsanträgen** grds. nicht zu prüfen, da der materiell-rechtliche Anspruch die Aufgabe erfüllt, Popularklagen auszuschließen. Das Gleiche gilt bei Feststellungsanträgen, wenn der Antragsteller ausweislich seines Sachantrags die Feststellung eines Rechtsverhältnisses begehrt, an dem er selbst beteiligt ist[1], und bei Gestaltungsanträgen, wenn der Antragsteller ausweislich seines Sachantrags die Gestaltung seiner eigenen Rechtsstellung beantragt[2]. 53

Bei allen übrigen Anträgen ist zu prüfen, ob die den **Streitgegenstand** betreffende Norm des materiellen Rechts dem Antragsteller eine **Rechtsposition zuordnet**, die es erlaubt, sich mittels eigenem Antrag zu schützen. Es reicht nicht aus, wenn der Antragsteller lediglich behauptet, das Gesetz ordne ihm eine solche Rechtsposition zu. Das Gericht muss prüfen, ob dies der Fall ist. Steht dem Antragsteller diese Rechtsposition zu, liegt unmittelbare Betroffenheit vor und der Antragsteller ist antragsbefugt[3]. 54

c) Antragsgegner

Beteiligungsbefugt ist nach st. Rspr. des BAG, wer durch die begehrte Entscheidung in seiner **Rechtsstellung unmittelbar betroffen** werden kann[4]. Die Prüfung der Beteiligungsbefugnis des Antragsgegners ist entbehrlich, wenn das Gesetz dem Antragsgegner die **Beteiligungsbefugnis ausdrücklich einräumt**. Darüber hinaus ist die Prüfung der unmittelbaren Betroffenheit bei Leistungsanträgen entbehrlich. Hier schafft das materielle Recht durch den Anspruch eine Verknüpfung zwischen den Beteiligten. Es darf nur der Antragsgegner zur Leistung verurteilt werden, gegen den der Antragsteller einen Anspruch hat. Das materielle Recht gewährleistet also, dass nicht ein völlig Unbeteiligter verurteilt wird. Bei Gestaltungsanträgen ist die Prüfung der Beteiligungsbefugnis entbehrlich, wenn der Antragsteller ausweislich seines Antrags die Gestaltung der Rechtsstellung des Antragsgegners begehrt[5]. In allen anderen Fällen ist sie zu prüfen. 55

d) Sonstige Beteiligte

Sonstiger Beteiligter ist, wer weder einen Antrag gestellt hat noch Antragsgegner ist. Wer neben Antragsteller und Antragsgegner sonstiger Beteiligter sein kann, richtet sich nach materiellem Recht. 56

Ein sonstiger Beteiligter ist von Amts wegen zum Verfahren hinzuzuziehen (er ist also formell zu beteiligen), wenn er beteiligungsbefugt ist. Der beteiligungsbefugte sonstige Beteiligte ist materiell Beteiligter. Ein sonstiger Beteiligter ist beteiligungsbefugt, wenn ihm die Beteiligungsbefugnis ausdrücklich durch Gesetz eingeräumt ist oder wenn er durch die zu erwartende Entscheidung in seiner Rechtsstellung unmittelbar betroffen werden kann[6]. Unmittelbare Betroffenheit ist zu bejahen, wenn dem Gericht eines Nachfolgeprozesses für den Fall, dass im Vorprozess (das ist der Prozess, in dem sich die Frage der Beteiligten der „sonstigen Beteiligten" stellt) die Entscheidung rechtskräftig würde, die Prüfungskompetenz in mindestens einer entscheidungserheblichen Frage entzogen wäre. Ausnahmsweise muss eine Person oder Stelle, obwohl sie von der vom Antragsteller begehrten Entscheidung betroffen wird, nicht zum Verfahren hinzugezogen werden, wenn ein Fall materiell-rechtlichen Schutzes oder materiell-rechtlicher Abhängigkeit vorliegt. 57

Ein **Fall materiell-rechtlichen Schutzes** liegt vor, wenn materiell-rechtliche Mittel zur Verfügung stehen, die die Stellung des Dritten gegenüber der zwischen den Prozessparteien ergehenden Entscheidung abzuschirmen vermögen und der Dritte daher der Beteiligung zur Geltendmachung seines Schutzes nicht bedarf. 58

Ein **Fall materiell-rechtlicher Abhängigkeit** ist gegeben, wenn der Dritte auch eine rechtsgeschäftliche Verfügung der Beteiligten hinnehmen müsste bzw. wenn für die Beteiligten des Verfahrens die Möglichkeit besteht, über die im Prozess umstrittene Beziehung ohne Mitsprache des Dritten mit einer ihn betreffenden Wirkung zu disponieren[7]. 59

---

1 BAG v. 5.5.1992 – 1 ABR 1/92, NZA 1992, 1089; BAG v. 23.2.1988 – 1 ABR 75/86, NZA 1989, 229.
2 *Weth*, Das arbeitsgerichtliche Beschlussverfahren, S. 194.
3 Vgl. dazu ausführlich *Weth*, Das arbeitsgerichtliche Beschlussverfahren, S. 228.
4 Vgl. nur BAG v. 4.12.1986 – 6 ABR 48/85, AP Nr. 13 zu § 19 BetrVG 1972; BAG v. 26.10.2004 – 1 ABR 31/03, NZA 2005, 538 (539); BAG v. 31.5.2005 – 1 ABR 22/04, NZA 2006, 56.
5 *Weth*, Das arbeitsgerichtliche Beschlussverfahren, S. 199.
6 LAG München v. 7.7.2015 – 6 TaBV 73/14, Rz. 37.
7 Vgl. zum Ganzen *Weth*, Das arbeitsgerichtliche Beschlussverfahren, S. 205 ff.

e) Einzelfälle

aa) Arbeitgeber

60 In Angelegenheiten nach dem BetrVG (zB Wahlanfechtungsverfahren[1]) ist der ArbGeb stets zu beteiligen, da er durch Streitigkeiten über die betriebsverfassungsrechtliche Ordnung immer betroffen ist[2]. Das gilt auch bei betriebsratsinternen Auseinandersetzungen[3]; ebenso für die Angelegenheiten aus dem MitbestG, dem MontMitBestErgG, dem DrittelbG und dem SprAuG. Für Entscheidungen über die Tariffähigkeit und Tarifzuständigkeit einer Vereinigung ist gem. § 97 Abs. 2 der § 83 Abs. 3 lediglich entsprechend anwendbar. Da es in diesem Verfahren in aller Regel an einem Bezug zu einem einzelnen Unternehmen und damit einem ArbGeb fehlen wird, kann hier nicht davon ausgegangen werden, dass ein ArbGeb stets zwingend zu beteiligen ist[4].

61 Führt ein ArbGeb gemeinsam mit anderen Gesellschaften derselben Unternehmensgruppe einen **Betrieb**, und ist in einem Verfahren nur ein Arbeitsverhältnis zu einem der beteiligten ArbGeb betroffen und ausschließlich die Beteiligung des BR bei der Eingruppierung Streitgegenstand, so ist auch nur der betroffene ArbGeb beteiligungsbefugt[5]. Denn die Eingruppierung betrifft – anders als die Ausübung sonstiger Mitbestimmungsrechte – nicht die Führung des Betriebs insgesamt, sondern nur denjenigen ArbGeb, zu dem das Arbeitsverhältnis besteht[6]. Bei einer Versetzung im Gemeinschaftsbetrieb sind nach Ansicht des BAG alle am Betrieb beteiligten Unternehmen ArbGeb im Sinne der § 99 Abs. 1, § 101 Satz 1 BetrVG und als solche nach § 83 Abs. 3 am Verfahren zu beteiligen. Schließlich betreffe in einem Gemeinschaftsbetrieb eine Versetzung nicht allein den Vertragsarbeitgeber, sondern alle beteiligten Unternehmen[7].

62 Bei einem **Betriebsübergang** im Laufe eines Beschlussverfahrens wird der neue Betriebsinhaber an Stelle des bisherigen Inhabers Beteiligter des anhängigen Verfahrens[8].

bb) Arbeitnehmer

63 Der **einzelne ArbN** ist beteiligt, wenn er durch die zu treffende Entscheidung **unmittelbar** in seiner betriebsverfassungsrechtlichen, personalvertretungsrechtlichen oder mitbestimmungsrechtlichen Stellung **betroffen** ist oder werden kann[9]. Bei Angelegenheiten, die nicht nur den ArbN, sondern die ganze Belegschaft betreffen, werden die ArbN durch den BR repräsentiert[10]. Im personalvertretungsrechtlichen Beschlussverfahren ist der einzelne Beschäftigte nur zu beteiligen, wenn es um seine personalvertretungsrechtliche Position (wie etwa sein Wahlrecht), nicht aber wenn es um seine dienstrechtliche Stellung geht[11]. Wenn Personalrat und Dienststelle darüber streiten, ob in einer Personalangelegenheit dieses Beschäftigten ein Mitbestimmungsrecht besteht, ist der Beschäftigte nicht zu beteiligen. Denn in einem solchen Verfahren sind die kollektivrechtlichen Rechtsbeziehungen zwischen Personalrat und Dienststellenleiter zu klären; die individuelle Rechtsposition einzelner Beschäftigter bleibt davon grds. unberührt[12].

64 In seiner **betriebsverfassungsrechtlichen Stellung** unmittelbar selbst betroffen ist ein ArbN etwa dann, wenn um sein aktives oder passives Wahlrecht oder um seine Mitgliedschaft in einem betriebsverfassungs-

---

1 BAG v. 4.12.1986 – 6 ABR 48/85, AP Nr. 13 zu § 19 BetrVG 1972; GMP/*Matthes/Spinner*, § 83 Rz. 39; GK-ArbGG/*Dörner*, § 83 Rz. 71.
2 BAG v. 19.2.1975 – 1 ABR 55/73, AP Nr. 9 zu § 5 BetrVG 1972; BAG v. 16.3.2005 – 7 ABR 37/04, NZA 2005, 1069 (1070).
3 BAG v. 16.3.2005 – 7 ABR 37/04, NZA 2005, 1069 (1070).
4 *Grunsky*, ArbGG, 7. Aufl. 1995, § 83 Rz. 13.
5 BAG v. 11.11.1997 – 1 ABR 29/97, AP Nr. 17 zu § 99 BetrVG 1972.
6 BAG v. 11.11.1997 – 1 ABR 29/97, AP Nr. 17 zu § 99 BetrVG 1972; ähnlich auch LAG Nürnberg v. 22.3.1995 – 4 TaBV 44/94, NZA-RR 1996, 91.
7 BAG v. 29.9.2004 – 1 ABR 39/03, NZA 2005, 420, m. zust. Anm. *Feuerborn*, RdA 2005, 377 (378).
8 BAG v. 25.9.1996 – 1 ABR 25/96, AP Nr. 4 zu § 97 ArbGG 1979 mwN; zustimmend *Oetker*, Anm. zu AP Nr. 4 zu § 97 ArbGG 1979; BAG v. 5.2.1991 – 1 ABR 32/90, AP Nr. 89 zu § 613a BGB; BAG v. 28.9.1988 – 1 ABR 37/87, NZA 1989, 188; BAG v. 9.12.2008 – 1 ABR 75/07, NZA 2009, 254, Rz. 13.
9 St. Rspr.; vgl. BAG v. 28.9.1988 – 1 ABR 37/87, AP Nr. 55 zu § 99 BetrVG 1972; BAG v. 25.9.1986 – 6 ABR 68/84, AP Nr. 7 zu § 1 BetrVG 1972; BAG v. 13.3.1984 – 1 ABR 49/83, AP Nr. 9 zu § 83 ArbGG 1979; vgl. BAG v. 21.9.1989 – 1 ABR 32/89, AP Nr. 72 zu § 99 BetrVG 1972; BAG v. 18.4.1989 – 1 ABR 97/87, AP Nr. 65 zu § 99 BetrVG 1972; BAG v. 18.12.1990 – 1 ABR 11/90, NZA 1991, 484 (486).
10 Vgl. GWBG/*Greiner*, § 83 Rz. 28 mwN.
11 BVerwG v. 30.12.1993 – 6 P 6/92.
12 Vgl. BVerwG v. 22.3.2006 – 6 P 10.05, PersV 2006, 384 (385).

rechtlichen Organ gestritten wird[1]. Die betriebsverfassungsrechtliche Stellung eines ArbN ist ferner dann unmittelbar betroffen, wenn darum gestritten wird, ob er leitender Angestellter ist oder nicht[2].

Der einzelne ArbN ist **nicht zu beteiligten**, wenn es sich um eine Streitigkeit handelt, die sich mit der **Auflösung des BR** oder einer **Anfechtung der BR-Wahl** befasst[3]. Umstritten ist, ob in Verfahren nach den § 99 Abs. 4, §§ 101 und 104 BetrVG betroffene ArbN zu beteiligen sind[4]. Nach Ansicht des BAG ist ein von einer geplanten Versetzung betroffener ArbN im Beschlussverfahren über die Ersetzung der Zustimmung des BR nicht Beteiligter in diesem Beschlussverfahren[5]. Das BAG argumentiert insoweit, dass mit § 99 BetrVG kollektivrechtliche Rechtsbeziehungen, nicht individualrechtliche geregelt werden[6]. Gegenstand des Beschlussverfahrens über die Zustimmungsersetzung nach § 99 Abs. 4 BetrVG sei die ordnungsgemäße Beteiligung des BR sowie dessen Zustimmungsverweigerungsrecht, nicht ein mögliches Individualrecht einzelner ArbN auf Einstellung, Eingruppierung, Umgruppierung oder Versetzung. Es diene damit nur der Kompetenzbestimmung und -abgrenzung zwischen ArbGeb und BR[7]. Zu berücksichtigen sei weiter, dass durch das Beschlussverfahren über die Zustimmungsersetzung nur diese, nicht aber die beabsichtigte Maßnahme des ArbGeb ersetzt werden könne; ob die Maßnahme selbst vorgenommen werde, hänge allein vom ArbGeb ab[8]. 65

Die Antwort auf die Frage, ob der einzelne ArbN in den Verfahren nach § 99 Abs. 4, §§ 101 und 104 BetrVG zu beteiligen ist, richtet sich danach, ob der ArbN durch die Entscheidung in diesen Verfahren unmittelbar in seiner Rechtsstellung betroffen werden kann. Das wiederum ist eine Frage des materiellen Rechts[9]. Was das Verfahren nach § 99 Abs. 4 BetrVG betrifft, so hat *Grunsky*[10] zu Recht darauf hingewiesen, die Entscheidung im Beschlussverfahren entfalte für einen eventuell späteren Rechtsstreit zwischen dem ArbGeb und ArbN über dessen individualrechtliche Rechtsposition keine präjudizielle Wirkung. Werde der Antrag auf Ersetzung der Zustimmung des BR abgewiesen, so könne der ArbN gegenüber dem ArbGeb gleichwohl Recht bekommen. Trotzdem könne die Rechtsstellung des ArbN durch die Abweisung des Antrags auf Ersetzung der Zustimmung des BR betroffen sein. Wenn auch die Wirksamkeit des zwischen ArbGeb und ArbN geschlossenen Arbeitsvertrages durch die Verweigerung der Zustimmung des BR zur Einstellung nicht berührt werde, so hindere die Zustimmungsverweigerung den ArbGeb aber daran, den ArbN tatsächlich zu beschäftigen. Dieser könne also seinen Beschäftigungsanspruch nicht durchsetzen und müsse damit rechnen, dass sein Arbeitsverhältnis demnächst wieder gekündigt werde. Man könne deshalb nicht davon sprechen, das Zustimmungsersetzungsverfahren gehe den ArbN nichts an, weil seine Rechte vom Ausgang des Verfahrens nicht berührt würden. Der Auffassung von *Grunsky* ist zuzustimmen. Auch in den Fällen der §§ 104[11], 101 BetrVG ist der ArbN in der geschilderten Weise betroffen und zum Verfahren hinzuzuziehen. 66

cc) Betriebsrat, Personalrat und Sprecherausschuss

Das **ArbGG** enthält **keine Sonderregelungen** dahingehend, dass ein BR in allen Beschlussverfahren über betriebsverfassungsrechtliche Angelegenheiten unabhängig von seiner materiell-rechtlichen Betroffenheit nach § 83 Abs. 3 zu beteiligen wäre[12]. Daher wird auf die allgemeine Definition des materiell Beteiligten zurückgegriffen. Danach sind BR, Personalrat und Sprecherausschuss Beteiligte grds. in allen Verfahren, in denen es um die **Wahl, den Fortbestand oder die Zusammensetzung** (bspw. die Feststellung der Nicht- 67

---

1 BAG v. 13.7.1955 – 1 ABR 31/54, AP Nr. 2 zu § 81 BetrVG 1952; ArbG Göttingen v. 7.3.2007 – 3 BV 14/06, juris Rz. 19; GK-ArbGG/*Dörner*, § 83 Rz. 79.
2 BAG v. 22.2.1994 – 7 ABR 33/93; BAG v. 31.1.1986 – 6 ABR 47/82, AP Nr. 31 zu § 5 BetrVG 1972; BAG v. 13.10.1981 – 1 ABR 35/79, AP Nr. 1 zu § 117 BetrVG 1972; BAG v. 29.1.1980 – 1 ABR 49/78, AP Nr. 24 zu § 5 BetrVG 1972; BAG v. 5.3.1974 – 1 ABR 19/73, AP Nr. 1 zu § 5 BetrVG 1972.
3 *Weth*, Das arbeitsgerichtliche Beschlussverfahren, S. 207; zustimmend GK-ArbGG/*Dörner*, § 83 Rz. 80.
4 Vgl. dazu umfassend *Wahlers*, Die Personalvertretung 1999, 482 ff.
5 BAG v. 27.5.1982 – 6 ABR 105/79, AP Nr. 3 zu § 80 ArbGG 1979 unter Aufgabe der bisherigen Rspr.; vgl. dazu auch die Entscheidungen des BVerwG, auf die verwiesen wird; ablehnend *Schmidt*, Anm. zu AP Nr. 3 zu § 80 ArbGG 1979; zustimmend GK-ArbGG/*Dörner*, § 83 Rz. 81.
6 BAG v. 27.5.1982 – 6 ABR 105/79, AP Nr. 3 zu § 80 ArbGG 1979.
7 BAG v. 10.12.1992 – 2 ABR 32/92, AP Nr. 4 zu § 87 ArbGG 1979; BAG v. 17.5.1983 – 1 ABR 5/80, AP Nr. 18 zu § 99 BetrVG 1972.
8 BAG v. 27.5.1982 – 6 ABR 105/79, AP Nr. 3 zu § 80 ArbGG 1979.
9 Vgl. *Weth*, Das arbeitsgerichtliche Beschlussverfahren, S. 117 ff.
10 *Grunsky*, SAE 1983, 22.
11 Vgl. dazu LAG BW v. 24.1.2002 – 4 TaBV 1/01; LAG Hamm v. 23.10.2009 – 10 TaBV 39/09, juris Rz. 62.
12 BAG v. 11.11.1998 – 4 ABR 40/97, AP Nr. 18 zu § 50 BetrVG 1972; BAG v. 15.1.1992 – 7 ABR 23/90, AP Nr. 41 zu § 40 BetrVG 1972.

wählbarkeit einzelner Mitglieder)[1] des jeweiligen Gremiums geht. Der BR, Personalrat oder Sprecherausschuss ist grds. auch dann Beteiligter eines Verfahrens, wenn seine **Beteiligungsrechte** gegenüber dem ArbGeb bestimmt werden sollen[2]. Er ist auch zu beteiligen, wenn es um die Anfechtung der Wahl der Jugend- und Auszubildendenvertretung geht[3].

68 In einem Beschlussverfahren, in dem ein BR-Mitglied im Hinblick auf § 37 Abs. 6 BetrVG die **Erstattung** von ihm aus der Beteiligung an einer **Schulung** erwachsenden **Kosten** geltend macht, ist der BR Beteiligter[4]. Auch wenn es in einem solchen Verfahren um die Kostenerstattung früherer BR-Mitglieder geht, ist immer der jeweilige BR beteiligt[5]. Sollten hingegen diese Ansprüche von einer Gewerkschaft nach einer Abtretung geltend gemacht werden und sind diese Ansprüche dem Grunde unstreitig, so sind weder die Schulungsteilnehmer noch der BR zu beteiligen[6].

69 Werden die ArbN-Vertreter im **Aufsichtsrat** in **Urwahl** gewählt, so ist in einem Verfahren über die zutreffende Eintragung eines ArbN in die Wählerliste der BR des betreffenden Betriebes nicht nach § 83 Abs. 3 beteiligt[7].

70 Einstweilen frei

71 Obwohl die **Einzel-BR** ein Interesse an der Feststellung der Nachwirkung einer Gesamtbetriebsvereinbarung haben, werden sie in ihrer Rechtsstellung nach Ansicht des LAG Berlin nicht betroffen, so dass sie **nicht zu beteiligen** sind[8]. Steht in Verfahren zwischen ArbGeb und GBR die Zuständigkeit des GBR im Streit, sind an den Verfahren auch die Einzel-BR zu beteiligen[9].

72 Nach Ansicht des BAG werden bei der Frage, ob einem bestimmten **BR** ein geltend gemachtes **Mitbestimmungsrecht** zusteht, die anderen BR des gleichen Unternehmens **nicht unmittelbar** in ihrer betriebsverfassungsrechtlichen Rechtsstellung **betroffen**[10]. Diese Frage kann für jeden BR eines Unternehmens anders zu beantworten sein. Das bloße Interesse an der gerichtlichen Klärung einer umstrittenen Rechtsfrage, das die BR aller Niederlassungen des ArbGeb haben können, macht sie noch nicht zu Beteiligten des Beschlussverfahrens. Damit sind diejenigen BR, die nicht selbst für sich einen Antrag auf Feststellung ihres Mitbestimmungsrechts gestellt haben, nicht Beteiligte des Verfahrens über diesen Feststellungsantrag geworden, der allein Gegenstand des Rechtsbeschwerdeverfahrens ist. Sie sind daher auch nicht befugt, ein Rechtsmittel gegen die Entscheidung des LAG über diesen Antrag einzulegen. Ebenso kommt eine Beteiligung der örtlichen BR nicht in Betracht, wenn es um die Mitbestimmung an einer Entscheidung des ArbGeb geht, die notwendig oberhalb der Ebene der einzelnen Betriebe getroffen wird, etwa weil sie das Verhältnis der einzelnen Betriebe zueinander betrifft[11]. Zu Recht hat das BAG im Beschluss v. 23.8.2006 klargestellt, dass die örtlichen BR nicht am Beschlussverfahren beteiligt werden müssen, wenn mit einer Entscheidung, die einem vom GBR gestellten Antrag über einen betriebsverfassungsrechtlichen Anspruch oder das Bestehen eines Mitbestimmungsrechts stattgibt, inzident darüber entschieden wird, dass der Anspruch bzw. das Mitbestimmungsrecht den örtlichen BR nicht zusteht. Auch in diesen Fällen richtet sich die Beteiligungsbefugnis danach, ob der örtliche BR in seiner Rechtsstellung unmittelbar betroffen werden kann. Voraussetzung dafür ist – so das BAG –, dass eine Rechtsposition des örtlichen BR als Inhaber des vom GBR geltend gemachten Anspruchs oder Rechts materiell-rechtlich ernsthaft in Frage kommt. Scheidet das Betroffensein des örtlichen BR ohne ernsthafte Zweifel aus, ist dieser nicht am Verfahren zu beteiligen[12].

73 Der **amtierende BR** ist nach Auffassung des LAG Baden-Württemberg nicht Beteiligter eines Beschlussverfahrens, in dem der ArbGeb versucht, die angesetzte **BR-Wahl** zu verhindern, auszusetzen oder zu korrigieren[13].

---

1 Vgl. GWBG/*Greiner*, § 83 Rz. 31 f. mit weiteren Beispielen.
2 GK-ArbGG/*Dörner*, § 83 Rz. 82.
3 BAG v. 20.2.1986 – 6 ABR 25/85, AP Nr. 1 zu § 63 BetrVG 1972.
4 BAG v. 13.7.1977 – 1 ABR 19/75, AP Nr. 8 zu § 83 ArbGG 1953; BVerwG v. 22.7.1982 – 6 P 42/79; GWBG/*Greiner*, § 83 Rz. 32; GMP/*Matthes/Spinner*, § 83 Rz. 51; vgl. auch LAG Hamm v. 9.3.2007 – 10 TaBV 36/06, juris Rz. 90.
5 BAG v. 3.4.1979 – 6 ABR 64/76, AP Nr. 1 zu § 13 BetrVG 1972; GMP/*Matthes/Spinner*, § 83 Rz. 52.
6 BAG v. 15.1.1992 – 7 ABR 23/90, NZA 1993, 189.
7 BAG v. 25.8.1981 – 1 ABR 61/79, AP Nr. 2 zu § 83 ArbGG 1979.
8 LAG Berlin v. 22.7.1997 – 3 TaBV 1/96.
9 BAG v. 9.7.2013 – 1 ABR 17/12, NZA 2013, 1166 (1167), Rz. 12.
10 BAG v. 31.1.1989 – 1 ABR 60/87, AP Nr. 12 zu § 81 ArbGG.
11 BAG v. 28.3.2006 – 1 ABR 59/04, NZA 2006, 1367 (1368).
12 BAG v. 28.3.2006 – 1 ABR 59/04, NZA 2006, 1367 Rz. 12 ff.
13 LAG BW v. 13.4.1994 – 9 TaBV 4/94, DB 1994, 1091.

Endet die Amtszeit eines BR infolge vorzeitiger Neuwahl eines BR nach § 13 Abs. 2 Nr. 1 BetrVG, so verliert der BR mit der **Bekanntgabe des Wahlergebnisses** aus der Neuwahl die Befugnis, in einem von ihm anhängig gemachten Beschlussverfahren Beteiligter zu sein[1]. Daher kann er gegen den seinen Antrag zurückweisenden Beschluss des ArbG auch dann keine Beschwerde mehr einlegen, wenn die Entscheidung noch vor Beendigung seiner Amtszeit ergangen ist[2]. 74

Stehen die streitigen Beteiligtenrechte dem BR auch über dessen Amtszeit hinaus aufgrund eines **Restmandates** zu, so bleibt er insoweit Beteiligter. Dazu hat das BAG entschieden, dass im Falle einer **Betriebsstilllegung**, bei der auch die Arbeitsverhältnisse der BR-Mitglieder gekündigt werden können (§ 15 Abs. 4 KSchG) und bei der daher mit der Kündigung der Arbeitsverhältnisse aller BR-Mitglieder auch ein BR nicht mehr besteht (§ 24 Abs. 1 Nr. 3 BetrVG), der BR doch ein Restmandat behält, um seine mit der Betriebsstilllegung zusammenhängenden gesetzlichen Aufgaben zu erfüllen[3]. Ein solches Restmandat des BR ist nach Ansicht des BAG nicht nur für solche Fälle zu bejahen, in denen die Betriebsstilllegung zu einer Zeit beschlossen worden ist, in der im Betrieb ein BR (noch) bestand, die Beteiligung des BR also noch während seiner Amtszeit jedenfalls beginnen konnte[4], sondern auch dann, wenn die Betriebsänderung erst beschlossen wird, wenn die Amtszeit des BR bereits ihr Ende gefunden hat[5]. Denn die Anerkennung eines Restmandats für den BR über das Ende seiner Amtszeit hinaus beruhe auf der Erwägung, dass gerade im Falle einer Betriebsstilllegung die Beteiligungsrechte des BR leer laufen müssten, wenn der BR nach der Beendigung der Arbeitsverhältnisse aller seiner Mitglieder nicht mehr tätig werden könnte. Verhandlungen über einen Sozialplan würden vielfach eine längere Zeit in Anspruch nehmen, so dass die Zeit bis zur Beendigung der Arbeitsverhältnisse der BR-Mitglieder bis zu einer Einigung der Betriebspartner nicht ausreiche. Das gelte erst recht, wenn eine Einigungsstelle angerufen werden müsse, oder wenn über die Wirksamkeit des Spruchs der Einigungsstelle unter den Betriebspartnern Streit entstehe, der zu einem gerichtlichen Verfahren führe. Würde der BR in diesen Fällen nach Beendigung der Arbeitsverhältnisse seiner sämtlichen Mitglieder nicht mehr tätig werden können, könnte es zur Vereinbarung eines Sozialplans nur dann kommen, wenn darüber eine Einigung bis zum Ausscheiden der BR-Mitglieder aus dem Betrieb gelinge. Streitigkeiten über die Wirksamkeit eines zustande gekommenen Sozialplans könnten nach diesem Zeitpunkt nicht zu Ende geführt werden. Daher bestehe ein unabweisbares Bedürfnis, die Beteiligungsrechte des BR anlässlich einer Betriebsstilllegung auch für den Fall fortbestehen zu lassen, dass die Arbeitsverhältnisse der BR-Mitglieder mit der Stilllegung des Betriebs endeten und daher der BR an sich aufhören würde zu bestehen[6]. 75

Nach der Rspr. des BAG ist der bloße **Wechsel des Betriebsinhabers** ohne Bedeutung für die betriebsverfassungsrechtliche Stellung des für diesen Betrieb gewählten BR. Der BR behält das ihm durch Wahl vermittelte Mandat zur Vertretung der ArbN-Interessen und zur Wahrnehmung betriebsverfassungsrechtlicher Aufgaben[7]. Das Amt des BR erlischt, wenn ein Betrieb aufgehört hat zu bestehen und **in einen anderen Betrieb eingegliedert** wird[8]. Dann werden die ArbN vom BR des aufnehmenden Betriebes vertreten; ein Restmandat des alten BR besteht nicht. 76

Zur Beteiligungsbefugnis einer nach **kirchlichem Recht** gewählten Mitarbeitervertretung vgl. LAG Düsseldorf[9]. 76a

---

1 LAG Hamm v. 4.2.1977 – 3 TaBV 75/76, DB 1977, 1514.
2 LAG Hamm v. 4.2.1977 – 3 TaBV 75/76, DB 1977, 1514.
3 BAG v. 14.8.2001 – 1 ABR 52/00, NZA 2002, 109; BAG v. 5.10.2000 – 1 AZR 48/00, NZA 2001, 849; BAG v. 12.1.2000 – 7 ABR 61/98, AP Nr. 5 zu § 24 BetrVG 1972; BAG v. 30.10.1979 – 1 ABR 112/77, AP Nr. 9 zu § 112 BetrVG 1972.
4 Vgl. zum Meinungsstand in der Lit. *Preis*, Anm. zu EzA § 111 BetrVG 1972 Nr. 21 mwN; *Biebl*, Anm. zu BAG v. 16.6.1987 – 1 AZR 528/85, ArbuR 1990, 307 (309) mwN.
5 BAG v. 16.6.1987 – 1 AZR 528/85, NZA 1987, 858, m. krit. Anm. *Preis*, EzA § 111 BetrVG 1972 Nr. 21, der im Regelfall das Wiederaufleben eines Restbetriebsmandats für nicht möglich hält; m. krit. Anm. *Otto*, SAE 1988, 141 (144), der ein Restmandat grds. nur bejaht, wenn das Beteiligungsrecht des BR vor dessen Amtsende entstanden ist, ausnahmsweise jedoch ein Restmandat anerkennt, wenn der ArbGeb Beteiligungsrechte treuwidrig vereitelt oder wenn wegen des ArbGeb-Verhaltens rechtlich gehindert sind, einen neuen BR zu wählen.
6 BAG v. 16.6.1987 – 1 AZR 528/85, NZA 1987, 858.
7 BAG v. 11.10.1995 – 7 ABR 17/95, NZA 1996, 495; BAG v. 28.9.1988 – 1 ABR 37/87, AP Nr. 55 zu § 99 BetrVG 1972.
8 BAG v. 25.9.1996 – 1 ABR 25/96, AP Nr. 4 zu § 97 ArbGG 1979 mwN; zust. *Oetker*, Anm. zu AP Nr. 4 zu § 97 ArbGG 1979.
9 LAG Düsseldorf v. 17.3.2009 – 8 TaBV 76/08, juris Rz. 48.

dd) Gesamt- und Konzernbetriebsrat sowie Gesamtsprecherausschuss

77 Ein GBR ist am Verfahren zu beteiligen, wenn es im betreffenden Verfahren um die Rechtmäßigkeit seiner Errichtung geht[1]. In § 50 BetrVG sind die Befugnisse zwischen GBR und Einzel-BR aufgeteilt. So ist der **GBR beteiligungsbefugt**, nach § 50 Abs. 1 BetrVG, wenn es sich um die Behandlung von Angelegenheiten handelt, die das Gesamtunternehmen oder mehrere Betriebe betreffen und nicht durch die einzelnen BR innerhalb ihrer Betriebe geregelt werden können. Der GBR ist daher zuständig für den Abschluss eines Sozialplans, der darauf beruht, dass die in einem Interessenausgleich vereinbarte Betriebsänderung nicht nur einen einzigen Betrieb, sondern die Mehrzahl der Betriebe der ArbGeb betrifft und die Durchführung der Betriebsänderung betriebsübergreifend einheitliche Kompensationsregelungen erfordert[2].

78 In einem Verfahren, in dem über ein umstrittenes Mitbestimmungsrecht des örtlichen BR zu entscheiden ist, ist der **GBR** zu beteiligen, wenn die Entscheidung über die fehlende Regelungskompetenz des örtlichen BR zugleich die Zuständigkeit bzw. Unzuständigkeit des GBR bedeutet. Das gilt selbst dann, wenn der GBR eine eigene Regelungszuständigkeit nicht ausdrücklich in Anspruch genommen hat[3]. Allerdings ist der GBR nur zu beteiligen, wenn er durch die Entscheidung unmittelbar in seiner Rechtsstellung betroffen werden kann. Voraussetzung dafür ist, dass eine Rechtsposition des GBR als Inhaber des vom örtlichen BR geltend gemachten Rechts materiell-rechtlich ernsthaft in Frage kommt[4]. Unproblematisch ist der BR Beteiligter iSv. § 83 Abs. 3, wenn er das streitige Mitbestimmungsrecht für sich selbst behauptet. Endet die Amtszeit des GBR, weil mit der Konstituierung eines gemeinsamen BR die Amtszeit der bisherigen Einzelbetriebsräte beendet worden ist, so dass die Voraussetzungen für eine Errichtung des GBR nicht mehr vorliegen, so verliert der GBR seine Beteiligteneigenschaft[5].

ee) Jugend- und Auszubildendenvertretung sowie besondere Interessenvertretung gem. § 51 BBiG

79 Jugend- und Auszubildendenvertretungen sowie die besondere Interessenvertretung gem. § 51 BBiG sind am Verfahren zu beteiligten, wenn es um ihre Recht geht. Demnach sind sie Verfahrensbeteiligte beim Streit um die Erforderlichkeit der Teilnahme eines ihrer Mitglieder an einer Schulungsveranstaltung[6].

80 Die betriebsverfassungsrechtliche Rechtsstellung der Jugend- und Auszubildendenvertretung wird durch den Streit, in welcher **Höhe** die **Schulungskosten** für die betroffenen Mitglieder von dem ArbGeb zu tragen sind, nicht unmittelbar berührt; sie ist daher nicht zu beteiligen[7].

ff) Einzelne Organmitglieder

81 Das einzelne Organmitglied kann grds. Beteiligter in einem arbeitsrechtlichen Beschlussverfahren sein, wenn es um seine Stellung innerhalb des Organs oder um eigene betriebsverfassungsrechtliche Rechte gegenüber dem ArbGeb geht[8]. In einem Beschlussverfahren mit dem Ziel der Bestellung eines Wahlvorstandes durch das ArbG sind die als Mitglieder des Wahlvorstandes vorgeschlagenen Personen jedoch nicht Beteiligte[9]. Die vorgeschlagenen Personen sind nämlich nicht unmittelbar in ihrer Rechtsstellung betroffen, weil das ArbG nicht verpflichtet ist, den Vorschlag zu berücksichtigen. Es ist vielmehr in der Wahl der zu bestellenden Personen frei[10]. Wird über Rechte gestritten, die den einzelnen Mitgliedern des Wahlvorstandes bezüglich des Wahlverfahrens zustehen, so sind diese Mitglieder des Wahlvorstandes Beteiligte[11]. Stehen die betriebsverfassungsrechtlichen Rechte nicht einzelnen Organmitgliedern, sondern einer Gesamtheit von ihnen zu, so sind in einem betreffenden Verfahren alle Organmitglieder zu beteiligen[12]. Hat das

---

1 BAG v. 15.8.1978 – 6 ABR 56/77, AP Nr. 3 zu § 47 BetrVG 1972.
2 BAG v. 23.10.2002 – 7 ABR 55/01, Pressemitteilungen des BAG Nr. 73/02.
3 BAG v. 8.6.2004 – 1 ABR 4/03, NZA 2005, 227 (229); aA BAG v. 13.3.1984 – 1 ABR 49/82, NZA 1984, 172; Schwab/Weth/*Weth*, 1. Aufl., § 83 Rz. 78.
4 BAG v. 28.3.2006 – 1 ABR 59/04, NZA 2006, 1367 Rz. 12.
5 BAG v. 22.6.2005 – 7 ABR 30/04, juris Rz. 8 ff.
6 BAG v. 10.5.1974 – 1 ABR 47/73, AP Nr. 2 zu § 65 BetrVG 1972.
7 BAG v. 30.3.1994 – 7 ABR 45/93, NZA 1995, 283.
8 GK-ArbGG/*Dörner*, § 83 Rz. 101.
9 BAG v. 6.12.1977 – 1 ABR 28/77, AP Nr. 10 zu § 118 BetrVG 1972.
10 *Fitting*, § 16 BetrVG, Rz. 61.
11 GK-ArbGG/*Dörner*, § 83 Rz. 106 mwN.
12 BAG v. 26.2.1987 – 6 ABR 54/85, NZA 1987, 750–751; BAG v. 29.7.1982 – 6 ABR 51/79, AP Nr. 5 zu § 83 ArbGG 1979; GK-ArbGG/*Dörner*, § 83 Rz. 105.

Verfahren allerdings **Rechte des Organs** zum Gegenstand, so ist nur dieses und nicht das Organmitglied Beteiligter[1].

Bei einem **Wahlanfechtungsverfahren** oder bei einem Verfahren auf Wahlberichtigung sind die einzelnen BR-Mitglieder zu beteiligen, wenn das Verfahren zu einem Verlust ihres Mandates führen kann[2]. Bei einem Streit über die Gültigkeit der Wahl des BR-Vorsitzenden sind der Gewählte und auch die unterlegenen Kandidaten Beteiligte[3]. In einem Verfahren auf Berichtigung des Wahlverfahrens sind die gewählten BR-Mitglieder, die durch die begehrte Entscheidung ihr Amt verlieren würden, zu beteiligen[4]. Wahlbewerber, die erst durch das Verfahren eine Rechtsstellung als Organmitglied erlangen sollen, sind nach Auffassung des BAG nicht zu beteiligen. Das BAG verkennt hier, dass diese Wahlbewerber durch die Entscheidung unmittelbar in ihrer Rechtsstellung betroffen werden, weil sie bei stattgebender Entscheidung gewählt wären.

82

Ein Organmitglied ist zu beteiligen in einem Verfahren, in dem die Erforderlichkeit einer von ihm besuchten **Schulungsveranstaltung** geklärt werden soll[5]. Wird in einem Verfahren Kostenerstattung wegen Teilnahme an einer solchen Veranstaltung begehrt, so ist daran auch das fordernde BR-Mitglied Beteiligter, solange es noch Inhaber des Freistellungs- oder Kostenerstattungsanspruches ist[6]. Ist dieser Anspruch aber an die Gewerkschaft abgetreten worden und wird deren Berechtigung auch nicht bestritten, so ist das Organmitglied nicht mehr zu beteiligen.

83

Wird ein Verfahren auf Ersetzung der **Zustimmung zu einer außerordentlichen Kündigung** betrieben, so ist gem. § 103 Abs. 2 BetrVG das jeweilige Organmitglied zu beteiligen[7]. Ferner ist eine Beteiligung auch notwendig, wenn ein BR-Mitglied in einem Verfahren gem. § 99 Abs. 4 BetrVG oder § 101 BetrVG aufgrund einer Versetzung, die sein Ausscheiden aus dem Betrieb zur Folge hat, sein BR-Mandat verliert[8].

84

gg) Wirtschaftsausschuss

Der Wirtschaftsausschuss besitzt lediglich eine Hilfsfunktion für den BR, weshalb umstritten ist, ob ihm überhaupt betriebsverfassungsrechtliche Rechte zustehen können oder nur dem BR[9]. Der Wirtschaftsausschuss soll daher nach Auffassung des BAG an einem Beschlussverfahren, in welchem über die Rechtmäßigkeit seiner Errichtung gestritten wird, nicht zu beteiligen sein[10]. In einem Beschlussverfahren, in dem die Betriebspartner über die Berechtigung des BR (GBR) zur Bildung des Wirtschaftsausschusses streiten, ist er ebenfalls nicht beteiligt[11]. Die Rspr. des BAG scheint deshalb problematisch, weil in den genannten Fällen die Existenz des Wirtschaftsausschusses in Frage steht und sich wohl kaum bestreiten lässt, dass insoweit unmittelbare Betroffenheit vorliegt. Die Beteiligungsbefugnis des Wirtschaftsausschusses hat das BAG in einem Verfahren bejaht, in dem Rechte gegen den Wirtschaftsausschuss geltend gemacht wurden[12]. Offen gelassen hat das BAG die Frage, ob der Wirtschaftsausschuss zu beteiligen ist, wenn es um seine Geschäftsfähigkeit und seine Aufgaben geht[13]. Das ist zu bejahen[14].

85

hh) Einigungsstelle

Die Einigungsstelle ist in einem Verfahren, in dem der ArbGeb und der BR über die **Wirksamkeit eines Spruchs der Einigungsstelle** streiten, **nicht Beteiligter**[15]. Das BAG hat insoweit zu Recht darauf hingewiesen, dass die Einigungsstelle an einem arbeitsgerichtlichen Beschlussverfahren, in dem es um die Frage gehe, ob die zu regelnde Angelegenheit dem Mitbestimmungsrecht des BR unterliege und ob demgem. die Einigungsstelle zuständig sei, nicht beteiligt und deshalb auch nicht gem. § 83 Abs. 3 anzuhören sei, weil es

86

---

1 Vgl. BAG v. 3.10.1978 – 6 ABR 102/76, EzA § 40 BetrVG 1972 Nr. 37.
2 BAG v. 12.10.1976 – 1 ABR 1/76, AP Nr. 1 zu § 8 BetrVG 1972; GMP/*Matthes/Spinner*, § 83 Rz. 60.
3 GK-ArbGG/*Dörner*, § 83 Rn 102 mwN.
4 BAG v. 16.3.2005 – 7 ABR 40/04, BAGE 114, 119 (123).
5 BAG v. 30.3.1994 – 7 ABR 45/93, AP Nr. 42 zu § 40 BetrVG 1972; BAG v. 28.1.1975 – 1 ABR 92/73, AP Nr. 20 zu § 37 BetrVG 1972; GMP/*Matthes/Spinner*, § 83 Rz. 60.
6 Vgl. BAG v. 15.1.1992 – 7 ABR 23/90, NZA 1993, 189.
7 BAG v. 10.12.1992 – 2 ABR 32/92, NZA 1993, 501; *Schultes*, Anm. zu EzA § 103 BetrVG 1972 Nr. 33, der dem BR-Mitglied die Stellung eines Nebenbeteiligten gem. § 66 ff. ZPO analog geben will.
8 GK-ArbGG/*Dörner*, § 83 Rz. 104; GMP/*Matthes/Spinner*, § 83 Rz. 61.
9 GMP/*Matthes/Spinner*, § 83 Rz. 65.
10 BAG v. 29.6.1988 – 7 ABR 50/88.
11 BAG v. 8.3.1983 – 1 ABR 44/81, NJW 1984, 1144.
12 BAG v. 5.11.1985 – 1 ABR 56/83, juris Rz. 23.
13 BAG v. 18.7.78 – 1 ABR 34/75, DB 1978, 2223.
14 GK-ArbGG/*Dörner*, § 83 Rz. 96.
15 BAG v. 22.1.1980 – 1 ABR 28/78, AP Nr. 7 zu § 111 BetrVG 1972.

sich in einem solchen Falle allein um einen Kompetenzstreit zwischen den Betriebspartnern handele, an dessen Entscheidung die Einigungsstelle wegen ihrer bloßen Hilfs- und Ersatzfunktion für die Betriebspartner kein eigenes betriebsverfassungsrechtliches Interesse haben könne[1]. Die Einigungsstelle ist ferner nicht Beteiligter in einem Verfahren, in dem ihre **Mitglieder Erstattung ihrer Kosten** begehren[2].

ii) Wahlvorstand

87 Der Wahlvorstand ist an allen Verfahren, die während eines laufenden Wahlverfahrens wegen einer Maßnahme des Wahlvorstandes geführt werden, **zu beteiligen**[3]. Ebenso ist der Wahlvorstand in einem Verfahren zu beteiligen, in dem seine Geschäftsführung, seine Abberufung oder seine Ersetzung (§ 18 Abs. 1 BetrVG) in Frage steht[4]. Dies gilt sowohl für BR-Wahlen, als auch für die Wahl von ArbN-Vertretern zum Aufsichtsrat.

88 Ist dem **Wahlvorstand**, den der BR des in einen anderen Betrieb integrierten Betriebs bestellt hat, durch rechtskräftige einstweilige Verfügung untersagt worden, jegliche Maßnahmen im Hinblick auf **Vorbereitung und Durchführung der BR-Wahlen** zu unterlassen, so bleibt er jedoch bis zum rechtskräftigen Abschluss des Beschlussverfahrens im Amt und für dieses Verfahren **beteiligungsbefugt**[5]. Das BAG hat zwar erwogen, die Funktion des Wahlvorstandes in der Weise zeitlich zu begrenzen, dass ein nach § 16 Abs. 1 Satz 1 BetrVG bestellter Wahlvorstand sein nach Ablauf des regelmäßigen Wahlzeitraums für BR-Wahlen nach § 13 Abs. 1 BetrVG verliert[6]. Allerdings sei ein Wahlvorstand, der seiner gesetzlichen Pflicht nach § 18 Abs. 1 Satz 1 BetrVG genügen wolle, daran aber durch gerichtlichen Spruch gehindert wird, mangels Pflichtverletzung nicht absetzbar. Er verliere sein Amt auch nicht wegen Zeitablaufs. Die Tatsache, dass dem Wahlvorstand durch rechtskräftige einstweilige Verfügung ohne zeitliche Beschränkung aufgegeben worden sei, jegliche Maßnahmen im Hinblick auf Vorbereitung und Durchführung der BR-Wahl im betreffenden Jahr zu unterlassen, enthalte nicht die Aussage, er könne seine Funktion überhaupt nicht mehr ausüben und sei deshalb nicht mehr beteiligungsbefugt. Das Verbot der einstweiligen Verfügung sollte nur so lange bestehen, als nicht zugunsten des BR und des Wahlvorstands zwei betriebsratsfähige Betriebe festgestellt würden. Dann wäre der Verfügungsausspruch hinfällig. Demnach bestünde die Möglichkeit, dass der Wahlvorstand nach Abschluss des Verfahrens tätig werde und ggf. einen BR in der Vertriebsniederlassung wählen ließe, bis zum rechtskräftigen Abschluss dieses Verfahrens fort. Seine Funktion sei noch nicht beendet und er daher beteiligungsbefugt[7].

89 Nach **Konstituierung des BR** ist der Wahlvorstand nicht mehr Beteiligter im Beschlussverfahren; auch dann nicht, wenn es sich um ein Wahlanfechtungsverfahren handelt und sich die Anfechtung auf Mängel seiner Bestellung oder seines Verfahrens bezieht[8].

jj) Gewerkschaften

90 Das **BAG** hat, was die Antrags- und Beteiligungsbefugnis der Gewerkschaften betrifft, seine Rspr. im Laufe der Zeit erheblich gewandelt. Während nach früherer Rspr. ein berechtigtes Interesse ausreiche, fordert die Rspr. nunmehr **unmittelbare Betroffenheit als Voraussetzung der Beteiligtenbefugnis**[9]. So hat das BAG die unmittelbare Betroffenheit und damit die Beteiligungsbefugnis der im Betrieb vertretenen Gewerkschaft verneint, wenn ArbGeb und BR darüber streiten, ob der ArbGeb berechtigt war, Überstunden, die im Zusammenhang mit Streikmaßnahmen in seinem Betrieb stehen, ohne Zustimmung des BR festzusetzen[10]. Dies betraf nach Ansicht des BAG allein die Kompetenzabgrenzung zwischen ArbGeb und BR; die Gewerkschaften seien dadurch nicht unmittelbar in einer Rechtsposition berührt und daher nicht zu beteiligen. Auch in einem Verfahren über die **Erforderlichkeit von Schulungs- und Bildungsveranstaltungen** (§ 37 Abs. 6 BetrVG) ist die Gewerkschaft nach Auffassung des BAG nicht Beteiligte; selbst dann

---

1 BAG v. 28.7.1981 – 1 ABR 65/79, AP Nr. 3 zu 87 BetrVG 1972 – Arbeitssicherheit; BAG v. 22.1.1980 – 1 ABR 48/77, AP Nr. 3 zu § 87 BetrVG 1972 – Lohngestaltung; BAG v. 22.1.1980 – 1 ABR 28/78, AP Nr. 7 zu § 111 BetrVG 1972; BAG v. 28.4.1981 – 1 ABR 53/79, AP Nr. 1 zu § 87 BetrVG 1972 – Vorschlagswesen.
2 GMP/*Matthes/Spinner*, § 83 Rz. 67.
3 GMP/*Matthes/Spinner*, § 83 Rz. 69; GK-ArbGG/*Dörner*, § 83 Rz. 97.
4 GMP/*Matthes/Spinner*, § 83 Rz. 69.
5 BAG v. 25.9.1986 – 6 ABR 68/84, NZA 1987, 708 vgl. umfassend dazu auch *Zwanziger*, DB 1999, 2264.
6 BAG v. 25.9.1986 – 6 ABR 68/84, NZA 1987, 708.
7 BAG v. 25.9.1986 – 6 ABR 68/84, NZA 1987, 708.
8 BAG v. 14.1.1983 – 6 ABR 39/82, AP Nr. 9 zu § 19 BetrVG.
9 BAG v. 5.3.1974 – 1 ABR 19/73, AP Nr. 1 zu § 5 BetrVG 1972; BAG v. 9.2.1982 – 1 ABR 36/80, AP Nr. 24 zu § 118 BetrVG 1972; BAG v. 25.5.1982 – 1 ABR 19/80, AP Nr. 2 zu § 87 BetrVG 1972 – Prämie; BAG v. 9.2.1984 – 6 ABR 10/81, AP Nr. 9 zu § 77 BetrVG 1972.
10 BAG v. 24.4.1979 – 1 ABR 43/77, AP Nr. 63 zu Art. 9 GG – Arbeitskampf.

nicht, wenn sie Träger dieser Veranstaltung ist[1]. In zwei Beschlüssen von 1982 hat das BAG jedoch ausgeführt, die **Gewerkschaften** würden durch die Entscheidung über die **Nichtigkeit der BR-Wahl** in ihrer betriebsverfassungsrechtlichen Rechtsstellung **unmittelbar berührt**[2]. In einem Beschlussverfahren über die **Allgemeinverbindlichkeitserklärung** eines Tarifvertrages sind die Tarifvertragsparteien, die den Tarifvertrag abgeschlossen haben, stets zu beteiligen[3]. Die Beteiligung der Tarifvertragsparteien ergibt sich aus ihren Antragsrechten nach § 5 TVG, §§ 7, 7a AEntG und § 3a AÜG. Sie sind unmittelbar in ihrer Rechtsstellung als Antragssteller berührt, wenn die Allgemeinverbindlichkeitserklärung für (un)wirksam erklärt wird[4].

kk) Arbeitgeberverbände

Den ArbGebVerbänden sind keine betriebsverfassungsrechtlichen Rechtspositionen zugestanden worden. Dementsprechend sind sie in solchen Beschlussverfahren nicht zu beteiligen. Ihnen fehlt die Beteiligungsbefugnis etwa, wenn um die Berechtigung des ArbGeb gestritten wird im Rahmen einer Betriebsversammlung einen Verbandsvertreter hinzuzuziehen[5]. 91

Weiterhin hat das BAG erklärt, dass in einem Beschlussverfahren zwischen BR und ArbGeb über die **Nachwirkung einer** ergänzenden **Betriebsvereinbarung** die Tarifvertragsparteien nicht zu beteiligen sind, da sie nicht in ihren betriebsverfassungsrechtlichen Rechtspositionen betroffen seien[6]. Gegenstand des Verfahrens sei im betreffenden Fall allein die Frage, ob eine Betriebsvereinbarung nachwirke, während die Kompetenzen der Tarifvertragsparteien nicht berührt seien[7]. 92

1993 hat das BAG die **Beteiligungsbefugnis einer Spitzenorganisation** von ArbGebVerbänden im Verfahren nach § 37 BetrVG über die Anerkennung einer Schulungsveranstaltung bejaht, nicht jedoch des einzelnen ArbGebVerbandes[8]. 93

Sofern durch den ArbGebVerband ein Tarifvertrag abgeschlossen wurde, über dessen **Allgemeinverbindlichkeitserklärung** im Beschlussverfahren verhandelt wird, ist der ArbGebVerband stets zu beteiligen[9]. 93a

ll) Beteiligte gem. SE- und SCE-Beteiligungsgesetz und MgVG

Nach dem Gesetz über die Beteiligung der ArbN in einer Europäischen Gesellschaft (SE-Beteiligungsgesetz) sind beteiligtenfähige Stellen etwa das **besondere Verhandlungsgremium, das Wahlgremium und die Leitung**. Diese sind nach allgemeinen Grundsätzen beteiligungsbefugt, dh. wenn die Beteiligungsbefugnis ausdrücklich durch Gesetz eingeräumt ist oder wenn sie durch die zu erwartende Entscheidung in ihrer Rechtsstellung unmittelbar betroffen werden können. 93b

f) Nebenintervention und Streitverkündung

Ob im arbeitsrechtlichen Beschlussverfahren ein **Dritter** zur Unterstützung eines Beteiligten in einem anhängigen Verfahren **beitreten** kann, ist streitig. 94

In seiner Entscheidung vom 24.10.1989 hat das LAG Hessen die Zulässigkeit der Nebenintervention verneint[10]. Begründet hat das LAG seine Ansicht unter anderem damit, dass die Nebenintervention nicht den Grundlagen und in ihren rechtlichen Zweck nicht dem Zweck des Beschlussverfahrens entspreche. Weiterhin regele das ArbGG abschließend, wer am arbeitsgerichtlichen Beschlussverfahren zu beteiligen sei. §§ 66 ff. ZPO seien daher nicht anwendbar. Es sei auch kein Bedürfnis für eine Nebenintervention erkennbar. Schließlich widerspreche die Nebenintervention dem Gedanken der vertrauensvollen Zusammenarbeit des § 2 BetrVG. Es sei nämlich denkbar, dass wenn der Nebenintervenient Rechtsmittel einlege, der ArbGeb oder der BR, nur weil er sich nicht ausdrücklich erkläre, im Beschlussverfahren gezwungen werde, weiterhin Beteiligter eines Verfahrens zu sein, dessen Ausgang er an sich hinnehmen wollte[11]. Auch das 95

---

1 BAG v. 25.1.1975 – 1 ABR 92/73, DB 1975, 1996.
2 BAG v. 9.2.1982 – 1 ABR 36/80, AP Nr. 24 zu § 118 BetrVG 1972; BAG v. 20.7.1982 – 1 ABR 19/81, AP Nr. 26 zu § 76 BetrVG 1952.
3 BAG v. 21.9.2016 – 10 ABR 33/15, Rz. 80.
4 BAG v. 21.9.2016 – 10 ABR 33/15, Rz. 80.
5 BAG v. 19.5.1978 – 6 ABR 41/75, BB 1978, 1519; GMP/*Matthes/Spinner*, § 83 Rz. 77.
6 BAG v. 9.2.1984 – 6 ABR 10/81, NZA 1984, 96.
7 BAG v. 9.2.1984 – 6 ABR 10/81, NZA 1984, 96; BAG v. 25.5.1982 – 1 ABR 19/90, AP Nr. 2 zu § 87 BetrVG 1972.
8 BAG v. 11.8.1993 – 7 ABR 52/92, AP Nr. 92 zu § 37 BetrVG 1972.
9 BAG v. 21.9.2016 – 10 ABR 33/15, Rz. 80.
10 LAG Hessen v. 24.10.1989 – 5 TaBV Ga 155/89, DB 1990, 2126.
11 LAG Hessen v. 24.10.1989 – 5 TaBV Ga 155/89, DB 1990, 2126.

BAG hat in seiner Entscheidung vom 5.12.2007 die Zulässigkeit der Nebenintervention verneint. Die §§ 66 ff. ZPO würden von der Verweisung in § 80 Abs. 2 Satz 1 auf die ZPO nicht erfasst. Darüber hinaus enthalte § 80 Abs. 2 Satz 1 letzter Halbsatz ausdrücklich die Einschränkung, dass die Bestimmungen des Urteilsverfahrens nur anwendbar seien, soweit sich aus §§ 81–84 nichts anderes ergebe. Für das arbeitsgerichtliche Beschlussverfahren habe der Gesetzgeber besondere Verfahrensregelungen über die am Verfahren Beteiligten getroffen, die einer Heranziehung der Regelung der Nebenintervention entgegenstünden. Das Gesetz sehe als Verfahrenssubjekte für das Beschlussverfahren nur einen Antragsteller und die sonstigen nach § 83 Abs. 3 anzuhörenden oder am Verfahren zu beteiligenden Stellen vor. Für die Zulassung einer Nebenintervention bestehe auch kein praktisches Bedürfnis. Durch die Ausgestaltung der Beteiligtenstellung sei die Einbeziehung und Mitwirkung der unmittelbar betroffenen Verfahrensobjekte gewährleistet. Die Geltung der §§ 66 ff. ZPO würde demgegenüber zu einer systemwidrigen Einwirkungsmöglichkeit von weiteren, nicht unmittelbar betroffenen Verfahrenssubjekten führen, deren Einbeziehung nicht vom Verfahrensgegenstand, sondern von dem Willen eines Beteiligten abhänge[1].

96 Die **Argumentation der Rspr. überzeugt nicht.** Zunächst ist nicht einsichtig, warum die Nebenintervention dem Gedanken der vertrauensvollen Zusammenarbeit widersprechen soll. § 2 BetrVG kann im Übrigen schon deshalb nicht gegen die Zulässigkeit der Nebenintervention insgesamt sprechen, weil das Beschlussverfahren auch eine Vielzahl von Angelegenheiten betrifft, in denen § 2 BetrVG überhaupt nicht anwendbar ist[2]. Ebenfalls nicht einsichtig ist, warum die vertrauensvolle Zusammenarbeit dadurch gestört werden soll, dass das Verfahren ggf. etwas länger dauert. Auch die Behauptung, das ArbGG regele die Beteiligung am Beschlussverfahren abschließend, geht fehl. Nach hM ist nämlich die Aufzählung in § 80 Abs. 2 nicht abschließend, sondern nur beispielhaft. Es werden daher alle Regelungslücken des Beschlussverfahrens durch das arbeitsgerichtliche Urteilsverfahren und die ZPO geschlossen[3]. Im arbeitsgerichtlichen Beschlussverfahren sind daher über § 80 Abs. 2, § 46 Abs. 2 die Vorschriften der ZPO, auch die §§ 66 ff. ZPO, anwendbar, soweit sich aus §§ 81–84 nichts anderes ergibt. Aus diesen Normen ergeben sich aber keine Anhaltspunkte, dass die §§ 66 ff. ZPO nicht anwendbar sein sollen.

97 Vielmehr ist im arbeitsgerichtlichen Beschlussverfahren sowohl Raum als auch ein **Bedürfnis für die Nebenintervention.** Im arbeitsgerichtlichen Beschlussverfahren kann auf die Sachentscheidung einwirken, wer materiell Beteiligter ist. Materiell beteiligt ist derjenige, der durch die begehrte Entscheidung unmittelbar in seiner Rechtsstellung betroffen werden kann. Ein bloßes rechtliches Interesse daran, dass eine Partei obsiegt, reicht für die Stellung als Hauptverfahrensbeteiligter (also als materiell beteiligter Antragsteller, Antragsgegner oder sonstiger Beteiligter) nicht aus. Wer lediglich ein rechtliches Interesse am Obsiegen einer Partei hat, erfüllt allerdings die Voraussetzungen des § 66 ZPO; er kann nach dieser Vorschrift im zivilprozessualen Verfahren als Nebenintervenient einer Partei beitreten. Ebenso wie im ZPO-Verfahren zwischen den Hauptverfahrensbeteiligten einerseits und den nicht am Verfahren zu Beteiligenden andererseits Raum für Nebenverfahrensbeteiligte ist, ist auch im Beschlussverfahren Raum zwischen denjenigen, die nicht zu beteiligen sind und den Hauptverfahrensbeteiligten, solche Personen und Stellen als Nebenverfahrensbeteiligte am Verfahren zu beteiligen, die ein rechtliches Interesse am Obsiegen einer Partei haben. Haupt- und Nebenverfahrensbeteiligte lassen sich klar voneinander trennen. Wer lediglich ein rechtliches Interesse am Obsiegen einer Partei hat, ist Nebenverfahrensbeteiligter. Wer durch die begehrte Entscheidung in seiner Rechtsstellung unmittelbar betroffen wird, ist Hauptverfahrensbeteiligter. Zu Recht hat *Grunsky* darauf hingewiesen, dass für die Nebenintervention nur dann kein Bedürfnis besteht, wenn der materiell interessierte Dritte ohnehin am Verfahren zu beteiligen ist. Wenn der lediglich materiell Interessierte aber, wie im Beschlussverfahren, nicht am Verfahren beteiligt werden muss, dann entsteht, wie *Grunsky* treffend formuliert, eine *Beteiligtenlücke*. Sie muss dergestalt geschlossen werden, dass der Betroffene dem Verfahren beitreten kann[4]. Die Beteiligung Dritter ist im Beschlussverfahren – ebenso wie im zivilprozessualen Verfahren – nicht systemwidrig.

98 Dass ein Bedürfnis für die Nebenintervention im arbeitsgerichtlichen Beschlussverfahren besteht, zeigt das nachfolgende Beispiel[5]. Der ArbGeb benötigt zur Einstellung, Eingruppierung, Umgruppierung, Versetzung eines ArbN die Zustimmung des BR (§ 99 BetrVG). Nimmt der ArbGeb eine dieser Maßnahmen ohne Zustimmung des BR vor, so kann der BR gem. § 101 BetrVG beim ArbG beantragen, dem ArbGeb aufzugeben, die personelle Maßnahme aufzuheben. Die fehlende Zustimmung des BR wirkt sich allerdings

---

1 BAG v. 5.12.2007 – 7 ABR 72/06, NZA 2008, 653 (655), Rz. 25 f.
2 Vgl. dazu ausführlich *Weth*, Das arbeitsgerichtliche Beschlussverfahren, S. 212 ff.
3 *Weth*, Das arbeitsgerichtliche Beschlussverfahren, S. 28.
4 *Grunsky*, Anm. zu BAG v. 27.5.1982, SAE 1983, 20 (23); vgl. auch *Weth*, Das arbeitsgerichtliche Beschlussverfahren, S. 213.
5 Vgl. dazu ausführlich *Weth*, Das arbeitsgerichtliche Beschlussverfahren, S. 213 ff.

nicht auf die vertraglichen Vereinbarungen zwischen ArbGeb und ArbN aus. So ist die Zustimmung des BR zur Einstellung nicht Wirksamkeitsvoraussetzung für den abgeschlossenen Arbeitsvertrag[1]. Wird dem Antrag des BR nach § 101 Satz 1 BetrVG stattgegeben, so darf der ArbGeb den ArbN nicht weiter beschäftigen. Der ArbN hat also ein erhebliches Interesse daran, dass der ArbGeb siegt. Da die Entscheidung nach § 101 Satz 1 BetrVG keine Rechtskraftwirkung gegen den ArbN hat, ist dieser auch nicht unmittelbar betroffen und am Verfahren zu beteiligen. Daher ist hier von einer zulässigen Nebenintervention auszugehen[2].

VI. Rechtsfolgen bei fehlerhafter Beteiligung

1. Nichtbeteiligung eines Beteiligten

In jedem Verfahrensstadium muss von Amts wegen geprüft werden, ob eine Person oder Stelle am Verfahren beteiligt werden muss[3]. Für den Fall, dass das **Gericht** es **unterlässt**, eine nach materiellem Recht zu beteiligende Person oder Stelle **zu beteiligen**, hat das BAG folgende Grundsätze zur Behandlung der fehlerhaften Nichtbeteiligung entwickelt: 99

Bemerkt das Gericht, dass es eine zu beteiligende Person oder Stelle nicht zum Verfahren hinzugezogen hat, kann dieser **Fehler** jederzeit auch noch in der Rechtsmittelinstanz durch eine künftige Beteiligung **geheilt** werden[4]. Es ist dabei erforderlich, dass dem Beteiligten die Antragsschrift und die schriftlichen Äußerungen der übrigen Beteiligten zugeleitet werden, ferner muss er Gelegenheit erhalten, zum bisherigen Verfahren nachträglich Stellung zu nehmen[5]. Der zu Unrecht nicht zum Verfahren Hinzugezogene muss sich nach seiner Beteiligung nicht im Rahmen der gestellten Anträge halten; er kann durch Antragsänderung den Streitstoff erweitern[6]. 100

Ein materiell **Beteiligter, der** vom Gericht **nicht zum Verfahren hinzugezogen worden ist**, kann gegen die in diesem Verfahren ergangene Entscheidung **Rechtsmittel** einlegen[7]. 101

Auch demjenigen, der **fehlerhaft nicht beteiligt** worden war, muss die **Entscheidung zugestellt** werden. Vor Zustellung beginnt die Rechtsmittelfrist nicht zu laufen[8]. Allerdings trete – so das BAG – auch bei fehlender Zustellung an den fehlerhaft nicht Beteiligten dann formelle und materielle Rechtskraft der erstinstanzlichen Entscheidung ein, wenn die Fristen der § 87 Abs. 2, § 66 Abs. 1, § 9 Abs. 5 abgelaufen seien[9]. Daraus ergab sich nach Ansicht des BAG, dass 17 Monate nach Verkündung der Entscheidung ein Rechtsmittel unzulässig ist[10]. Nachdem § 66 geändert worden ist, hat das BAG seine Rspr. bezüglich der Frist geändert. Die formelle und materielle Rechtskraft tritt nach der geänderten Rspr. nach sechs Monaten ein (vgl. dazu § 9 Rz. 33 mwN). Die Rechtskraft erstreckt sich allerdings nicht auf den fehlerhaft Nichtbeteiligten[11].

Umstritten ist, welche Folgen die fehlerhafte **Nichtbeteiligung in der Beschwerdeinstanz** hat, wenn sie mit der Rechtsbeschwerde gerügt wird. Nach richtiger Ansicht ist die angefochtene Entscheidung aufzuheben, wenn der zu Unrecht nicht Beteiligte die Rechtsbeschwerde selbst eingelegt hat oder die von einem anderen Beteiligten eingereicht wurde und der in den unteren Instanzen zu Unrecht nicht Beteiligte sich in der Rechtsbeschwerdeinstanz am Verfahren beteiligt und sich zur Sache äußert. Die von einem anderen eingelegte Rechtsbeschwerde muss hingegen zurückgewiesen werden, wenn der zu Unrecht nicht Beteiligte in der Rechtsbeschwerdeinstanz völlig passiv bleibt und keine Erklärungen zu Sache abgibt[12]. 102

---

1 Vgl. BAG v. 2.7.1980 – 5 AZR 56/79, AP Nr. 5 zu § 101 BetrVG; ErfK/*Kania*, § 99 BetrVG Rz. 45 mwN.
2 Vgl. dazu ausf. *Weth*, Das arbeitsgerichtlich Beschlussverfahren, S. 212 ff.; aA GMP/*Matthes/Spinner*, § 83 Rz. 23 ff.; GK-ArbGG/*Dörner*, § 83 Rz. 54.
3 BAG v. 28.3.2006 – 1 ABR 58/04, NZA 2006, 1112 Rz. 18.
4 BAG v. 17.4.2012 – 1 ABR 84/10, NZA 2013, 230 (232), Rz. 15; BAG v. 6.6.2000 – 1 ABR 21/99, BAGE 95, 47 (51); BAG v. 18.4.1989 – 1 ABR 97/87, AP Nr. 65 zu § 99 BetrVG 1972; BAG v. 20.7.1982 – 1 ABR 19/81, AP Nr. 26 zu § 76 BetrVG 1952; BAG v. 28.9.1988 – 1 ABR 37/87, AP Nr. 55 zu § 99 BetrVG 1972.
5 GMP/*Matthes/Spinner*, § 83 Rz. 26; GK-ArbGG/*Dörner*, § 83 Rz. 60.
6 BAG v. 2.4.1987 – 6 ABR 29/85, AP Nr. 3 zu § 87 ArbGG 1979.
7 Vgl. BAG v. 19.5.1978 – 6 ABR 41/75, AP Nr. 3 zu § 43 BetrVG 1972; BVerwG v. 6.4.2011 – 6 PB 20/10, NZA-RR 2011, 447, Rz. 7.
8 BAG v. 26.11.1968 – 1 ABR 7/68, AP Nr. 18 zu § 76 BetrVG.
9 BAG v. 26.11.1968 – 1 ABR 7/68, AP Nr. 18 zu § 76 BetrVG.
10 BAG v. 14.9.1984 – 7 AZR 528/83, NZA 1985, 195.
11 *Weth*, Das arbeitsgerichtliche Beschlussverfahren, S. 222; aA GMP/*Matthes/Spinner*, § 83 Rz. 31.
12 Vgl. dazu ausf. *Weth*, Das arbeitsgerichtliche Beschlussverfahren, S. 222 ff.

2. Beteiligung eines Nichtbeteiligten

103 Wird – im umgekehrten Fall – eine nach materiellem Recht **nicht beteiligte Person** oder Stelle dennoch durch das Gericht am Verfahren beteiligt, so erwirbt diese deshalb noch nicht die Rechte und Pflichten eines Beteiligten[1]. Da Antragsteller und Antragsgegner vom Gericht beteiligt werden müssen, kommt eine solche Konstellation grds. nur bei den sonstigen Beteiligten vor.

104 Über die **Folgen des Verfahrensfehlers** der fehlerhaften Beteiligung herrscht in Rspr. und Lit. weitgehend **Einigkeit**. So muss das Vorbringen des zu Unrecht Beteiligten zur Sache nicht berücksichtigt werden[2]. Die fehlerhafte Beteiligung in den Vorinstanzen führt dazu, dass der Betroffene in der Rechtsbeschwerdeinstanz nicht mehr beteiligt wird[3]. Er scheidet rein tatsächlich aus dem Verfahren aus. Eines förmlichen Beschlusses bedarf es insoweit nicht. Allerdings muss derjenige, der in der 1. Instanz zu Unrecht beteiligt worden ist, in 2. Instanz Gelegenheit erhalten, zur Frage der Beteiligung Stellung zu nehmen[4].

105 Regelmäßig wird eine Entscheidung nicht auf der fehlerhaften Beteiligung eines Dritten beruhen, sodass eine fehlerhafte Beteiligung keinen Grund für eine Aufhebung der Entscheidung des LAG sein kann.

VII. Anhörung der Beteiligten (§ 83 Abs. 3, Abs. 4)

1. Die Vorbereitung des Anhörungstermins

106 Der Vorsitzende kann einen Gütetermin ansetzen, er muss es aber nicht (§ 80 Abs. 2 Satz 2). Der **Anhörungstermin** nach gescheitertem Gütetermin muss ebenso wie der Anhörungstermin, der im Beschlussverfahren ohne Gütetermin angesetzt wird, **vom Vorsitzenden umfassend vorbereitet** werden. Der Anhörungstermin ist dabei ebenso vorzubereiten wie die mündliche Verhandlung vor der Kammer im Urteilsverfahren[5]. Insbesondere soll die Verhandlung möglichst in einem Termin beendet werden (§ 80 Abs. 2, § 57 Abs. 1 Satz 1). Der Vorsitzende kann gem. § 55 Abs. 4 vor dem Anhörungstermin einen Beweisbeschluss erlassen; er kann gem. § 56 Abs. 1 vorgehen und etwa den Beteiligten aufgeben, sich zu bestimmten klärungsbedürftigen Punkten zu erklären. Die Beteiligten können sich gem. § 83 Abs. 4 Satz 1 schriftlich äußern und so zur Vorbereitung der mündlichen Verhandlung beitragen.

2. Der Anhörungstermin

107 Im arbeitsgerichtlichen **Beschlussverfahren muss eine mündliche Verhandlung stattfinden**, sofern nicht die Beteiligten darauf **verzichten** (§ 83 Abs. 4 Satz 3). Die mündliche Verhandlung erfolgt vor der Kammer. Das war in § 83 Abs. 4 Satz 1 Halbs. 1 ausdrücklich geregelt. Daran hat sich aber durch die Streichung dieses Halbsatzes durch das Arbeitsgerichtsbeschleunigungsgesetz nichts geändert[6].

108 Der Vorsitzende eröffnet und leitet die mündliche Verhandlung (§ 80 Abs. 2, § 53 Abs. 2 ArbGG, § 136 Abs. 1 ZPO). Sie wird durch die Stellung der Anträge eingeleitet (§ 80 Abs. 2, § 46 Abs. 2 ArbGG, § 137 Abs. 1 ZPO) und ist gem. § 80 Abs. 2, § 57 Abs. 1 möglichst in einem Termin zu Ende zu führen. Ist das nicht durchführbar, insbesondere weil eine Beweisaufnahme nicht sofort stattfinden kann, so ist der Termin zur weiteren Verhandlung, die sich alsbald anschließen soll, sofort zu verkünden (§ 80 Abs. 2, § 57 Abs. 1). Über den Anhörungstermin ist ein Protokoll aufzunehmen (§ 159 ZPO), für dessen Inhalt § 160 ZPO gilt[7].

109 Das Gericht kann in jeder Lage des Rechtsstreits **das persönliche Erscheinen** der Parteien anordnen (§ 80 Abs. 2, § 51). Die mündliche Verhandlung ist öffentlich (§ 80 Abs. 2, § 52). Sie soll – worauf *Matthes*[8] zu Recht hinweist – die umfassende Aufklärung des Sachverhalts ermöglichen und gewährleisten, dass die Beteiligten rechtliches Gehör erhalten. Die Beteiligten dürfen sich daher in der mündlichen Verhandlung zu allen ihnen wichtig erscheinenden Tatsachen- und Rechtsfragen äußern. Wer in der mündlichen Verhandlung zu hören ist, regelt § 83 Abs. 3. Es sind Personen bzw. Stellen, die nach den in § 83 Abs. 3 genannten Gesetzen im einzelnen Fall beteiligt sind. § 83 Abs. 3 scheint keine gelungene Vorschrift. Man wird all-

---

1 BAG v. 25.8.1981 – 1 ABR 61/79, AP Nr. 2 zu § 83 ArbGG 1979; BVerwG v. 26.7.1979 – 6 P 44/78, AP Nr. 4 zu § 75 BPersVG; GMP/*Matthes*/*Spinner*, § 83 Rz. 19.
2 BAG v. 27.5.1982 – 6 ABR 105/79, AP Nr. 3 zu § 80 ArbGG 1979.
3 BAG v. 18.12.1990 – 1 ABR 11/90, AP Nr. 98 zu § 1 TVG – Tarifverträge.
4 BAG v. 31.5.1983 – 1 ABR 57/80, AP Nr. 27 zu § 118 BetrVG 1972.
5 GK-ArbGG/*Dörner*, § 83 Rz. 159.
6 So zu Recht GMP/*Matthes*/*Spinner*, § 83 Rz. 105.
7 GMP/*Matthes*/*Spinner*, § 83 Rz. 106.
8 GMP/*Matthes*/*Spinner*, § 83 Rz. 105.

gemein sagen können, dass zur mündlichen Verhandlung Antragsteller und Antragsgegner sowie die sonstigen Beteiligten zu laden sind, die beteiligungsbefugt sind, die also materiell Beteiligte sind. Ausnahmsweise sind auch die sonstigen Beteiligten, die lediglich formell beteiligt sind, zu laden, wenn über deren Beteiligungsbefugnis gestritten wird.

Ist die Sache vollständig erörtert, schließt der Vorsitzende die mündliche Verhandlung (§ 136 Abs. 4 ZPO). Nach Schluss der mündlichen Verhandlung können Angriffs- und Verteidigungsmittel von den Beteiligten nicht mehr vorgebracht werden (§ 296a ZPO); die Beteiligten müssen also mit weiterem Tatsachenvorbringen nicht gehört werden. 110

3. Ausbleiben des Geladenen im Anhörungstermin (§ 83 Abs. 4 Satz 2)

Das **Beschlussverfahren** kennt **kein Versäumnisverfahren**[1]. Erscheint ein Beteiligter im Anhörungstermin nicht, so bedeutet dies nicht gem. § 331 Abs. 1 ZPO, dass das Vorbringen der anderen Beteiligten als zugestanden anzusehen ist[2]. Das Gesetz hat in § 83 Abs. 4 Satz 2 eine andere Regelung für den Fall vorgesehen, dass ein Beteiligter trotz Ladung unentschuldigt ausbleibt. Danach ist der Pflicht zur Anhörung Genüge getan und das Gericht kann bei Entscheidungsreife entscheiden[3]. Ansonsten muss der Sachverhalt weiter weiter aufgeklärt werden. Der säumige Beteiligte hat allerdings nur dann sein Recht auf rechtliches Gehör verwirkt, wenn er trotz Ladung unentschuldigt ausbleibt. Wird ein Beteiligter nicht geladen oder kann ein Beteiligter sein Ausbleiben ausreichend entschuldigen, so muss ein neuer Termin zur mündlichen Verhandlung anberaumt werden. Das gilt unabhängig davon, ob der Beteiligte sich schon schriftlich geäußert hat oder nicht. 111

Durch § 83 Abs. 4 Satz 2 soll sichergestellt werden, dass das Verfahren durch das **Fernbleiben eines Beteiligten nicht verzögert wird**. Sinn und Zweck der Norm ist insoweit also nicht den unentschuldigt Ausbleibenden dergestalt zu bestrafen, dass er sein Recht auf Anhörung gänzlich verliert. Kommt es also aufgrund anderer Umstände ohnehin zu einer Vertagung des Termins, in dem der Beteiligte fehlte, muss der unentschuldigt Ausgebliebene angehört werden[4]. 112

Auf den Umstand, dass bei unentschuldigtem **Ausbleiben** des Beteiligten der Pflicht zur Anhörung Genüge genügt ist, muss in der **Ladung** hingewiesen werden (§ 83 Abs. 4 Satz 2 Halbs. 2). Das Ausbleiben ist entschuldigt, wenn im Zeitpunkt der mündlichen Verhandlung eine als Entschuldigung gedachte Äußerung vorliegt und daneben auch tatsächlich ein hinreichender Entschuldigungsgrund gegeben ist[5]. Dieser Grund kann auch noch nachträglich vorgetragen werden; die Kammer muss darüber entscheiden, ob der Grund im Einzelfall ausreicht. Ist das Fernbleiben entschuldigt, so bestimmt die Kammer einen neuen Termin zur Anhörung. 113

4. Schriftliches Verfahren (§ 83 Abs. 4 Satz 3)

Gemäß § 83 Abs. 4 Satz 3 kann das Gericht mit Einverständnis der Beteiligten auch **ohne mündliche Verhandlung** entscheiden. Selbst wenn alle Beteiligten zustimmen, ist das Gericht aber nicht gezwungen, das Verfahren schriftlich zu führen. 114

Das Einverständnis der Beteiligten muss **ausdrücklich erklärt** werden; eine Fiktion des Einverständnisses ist nicht möglich. So kann ein Einverständnis nicht angenommen werden, nur weil ein Beteiligter nach Aufforderung, sich zu äußern, eine gesetzte Frist tatenlos verstreichen lässt[6]. Der Rechtsgedanke des § 83a Abs. 3 Satz 2 kann demnach nicht hier übertragen werden[7]. Ebenso wenig kann ein ausdrückliches Einverständnis darin gesehen werden, dass sich alle Beteiligten unabhängig voneinander schriftlich äußern[8]. 115

Damit die Beteiligten ihr **Recht auf Gehör** ausreichend wahrnehmen können, muss das Gericht den Beteiligten mitteilen, bis zu welchem Zeitpunkt Schriftsätze eingereicht werden können. Das Gericht kann stattdessen den Beteiligten auch eine Äußerungsfrist setzen[9]. 116

---

1 So die hM vgl. Nachweise bei *Weth*, Das arbeitsgerichtliche Beschlussverfahren, S. 258.
2 GMP/*Matthes/Spinner*, § 83 Rz. 92 mwN.
3 LAG Berlin v. 5.3.1990 – 9 TaBV 6/89, NZA 1990, 577.
4 GK-ArbGG/*Dörner*, § 83 Rz. 168.
5 GWBG/*Greiner*, § 83 Rz. 51.
6 GMP/*Matthes/Spinner*, § 83 Rz. 116.
7 Vgl. GK-ArbGG/*Dörner*, § 83 Rz. 169.
8 GMP/*Matthes/Spinner*, § 83 Rz. 116; GK-ArbGG/*Dörner*, § 83 Rz. 170.
9 Vgl. *Weth*, Das arbeitsgerichtliche Beschlussverfahren, S. 259.

117 Ebenso wie das Gericht auf die Folgen des unentschuldigten Ausbleibens in der mündlichen Verhandlung hinweisen muss, muss es hier darauf hinweisen, dass ohne die Beteiligten entschieden werden kann, wenn sie nicht binnen der gesetzten Frist oder innerhalb des vorgegebenen Zeitraums Schriftsätze einreichen[1].

118 Auch wenn das schriftliche Verfahren die mündliche Verhandlung ersetzt, muss das Gericht dennoch einen **Termin für die Entscheidung** bestimmen. Diese Entscheidung ist zu verkünden[2].

5. Fehlende Anhörung eines Beteiligten

119 Verletzt das Gericht den **Anspruch** des Beteiligten **auf rechtliches Gehör**, so liegt ein Verfahrensfehler vor, der mit der Beschwerde nach § 87 Abs. 1 geltend gemacht werden kann[3]. Das LAG entscheidet dann, ohne den Rechtsstreit an das ArbG zurückzuweisen. Dies folgt aus § 91 Abs. 1 Satz 2. Unterläuft dem LAG ein solcher Verfahrensfehler kommt eine Aufhebung und Zurückverweisung in Betracht, wenn die Entscheidung auf dem Verfahrensfehler beruht und sich nicht aus anderen Gründen als richtig erweist[4]. Einer auf die fehlende Anhörung in den Tatsacheninstanzen gestützter Zurückverweisung bedarf es allerdings nicht, wenn die Anhörung in der Rechtsbeschwerdeinstanz nachgeholt wird und der Beteiligte Gelegenheit erhält, sich in tatsächlicher und rechtlicher Hinsicht zu äußern[5]. Ist gegen die Entscheidung des Gerichts ein Rechtsmittel oder ein anderer Rechtsbehelf nicht gegeben, so steht demjenigen, dessen Anspruch auf rechtliches Gehör verletzt ist, die Gehörsrüge des § 78a zur Verfügung (§ 78a Abs. 8).

VIII. Beschwerde (§ 83 Abs. 5)

120 Gegen Beschlüsse **und Verfügungen des ArbG** oder seines Vorsitzenden findet die Beschwerde statt (§ 83 Abs. 5). Über § 78 Satz 1 sind die Normen über das Beschwerdeverfahren gem. §§ 567 ff. ZPO anwendbar. Unter § 83 Abs. 5 fallen **nur nicht instanzbeendende Beschlüsse**. Die instanzbeendenden Beschlüsse unterliegen §§ 87 ff. Beschwerdefähige Entscheidungen nach § 83 Abs. 5 stellen demnach verfahrensleitende Anordnungen und Entscheidungen dar, die im Laufe des Verfahrens ergehen.

121 Der **Beschluss des** erstinstanzlichen **Kammervorsitzenden** über die Einstellung des Beschlussverfahrens (§ 81 Abs. 2) ist mit der Beschwerde nach § 83 Abs. 5 ArbGG iVm. §§ 78, 567 ff. ZPO anfechtbar – nicht mit der (im Beschlussverfahren an Stelle der Berufung tretenden) Beschwerde nach §§ 87 ff.[6].

122 Hat das ArbG ein **Beschlussverfahren zu Unrecht eingestellt**, so muss ein Beteiligter, der die Fortsetzung des Beschlussverfahrens erreichen will, gegen den Einstellungsbeschluss Beschwerde nach § 83 Abs. 5 einlegen[7]. Solange der Einstellungsbeschluss besteht, stellt er ein Verfahrenshindernis dar[8].

123 Gegen eine **Vorabentscheidung** über die zutreffende Verfahrensart nach § 80 Abs. 3 ArbGG iVm. § 48 Abs. 1, §§ 17 ff. GVG ist nach § 17a Abs. 4 Satz 3 GVG die sofortige Beschwerde nach § 567 Abs. 1 ZPO gegeben[9].

§ 83a Vergleich, Erledigung des Verfahrens

(1) Die Beteiligten können, um das Verfahren ganz oder zum Teil zu erledigen, zu Protokoll des Gerichts oder des Vorsitzenden oder des Güterichters einen Vergleich schließen, soweit sie über den Gegenstand des Vergleichs verfügen können, oder das Verfahren für erledigt erklären.

(2) Haben die Beteiligten das Verfahren für erledigt erklärt, so ist es vom Vorsitzenden des Arbeitsgerichts einzustellen. § 81 Abs. 2 Satz 3 ist entsprechend anzuwenden.

---

1 Weth, Das arbeitsgerichtliche Beschlussverfahren, S. 259.
2 Vgl. GWBG/Greiner, § 83 Rz. 52; GK-ArbGG/Dörner, Rz. 170.
3 Vgl. zur Frage, ob ein „Beschluss" des ArbG darüber, wer an einem arbeitsgerichtlichen Beschlussverfahren als Beteiligter iSd. § 83 Abs. 3 anzusehen und wem demzufolge Gehör zu gewähren ist, mit der Beschwerde angegriffen werden kann, vgl. LAG Nürnberg v. 4.1.2007 – 6 Ta 206/06, NZA-RR 2007, 214 (215).
4 GMP/Matthes/Spinner, § 83 Rz. 117.
5 BAG v. 15.10.2014 – 7 ABR 71/12, NZA 2015, 176 (177), Rz. 21.
6 LAG Hamm v. 21.9.1999 – 13 TaBV 53/99, NZA-RR 2000, 660 (661); LAG Hamm v. 26.5.1989 – 8 TaBV 34/89, NZA 1989, 863; LAG Hessen v. 24.1.1984 – 4 TaBV 82/83, NZA 1984, 269.
7 LAG Köln v. 27.11.1995 – 3 Ta 297/95, NZA 1996, 840.
8 LAG Köln v. 27.11.1995 – 3 Ta 297/95, NZA 1996, 840.
9 ErfK/Koch, § 83 ArbGG Rz. 11.

(3) Hat der Antragsteller das Verfahren für erledigt erklärt, so sind die übrigen Beteiligten binnen einer von dem Vorsitzenden zu bestimmenden Frist von mindestens zwei Wochen aufzufordern, mitzuteilen, ob sie der Erledigung zustimmen. Die Zustimmung gilt als erteilt, wenn sich der Beteiligte innerhalb der vom Vorsitzenden bestimmten Frist nicht äußert.

I. Allgemeines 1	III. Erledigung der Hauptsache
II. Der Vergleich	1. Übereinstimmende Erledigungserklärung ... 14
1. Der Prozessvergleich 2	2. Einseitige Erledigungserklärung des Antragstellers 20
2. Der außergerichtliche Vergleich 13	3. Erledigungserklärung anderer Beteiligter 24
	4. Erledigung von Amts wegen 25

Schrifttum: *Schumann*, Die geglückte Judikatur des Bundesarbeitsgerichts zur Erledigung der Hauptsache, Festschrift für Reinhard Richardi zum 70. Geburtstag, 2007, S. 403.

I. Allgemeines

Vor Änderung des ArbGG durch das Gesetz zur Beschleunigung und Bereinigung des arbeitsgerichtlichen Verfahrens vom 21.5.1979 wurde über die Frage, ob das arbeitsgerichtliche Beschlussverfahren durch einen Vergleich beendet werden kann, heftig gestritten. Das **BAG** hatte diese Frage in zwei Entscheidungen vom 17.10.1963[1] offen gelassen, ist aber in seiner Entscheidung vom 29.1.1974[2] offensichtlich von der **Zulässigkeit** solcher **Vergleiche** ausgegangen[3]. Unklar war darüber hinaus, ob im Beschlussverfahren die Hauptsache durch die Beteiligten für erledigt erklärt werden kann. Das BAG hatte dies in einer Reihe von Entscheidungen verneint[4], während die Lit. es teilweise für zulässig hielt[5]. Zur Klärung der angesprochenen Streitfragen hat der Gesetzgeber § 83a Abs. 1 eingeführt, der den Beteiligten die Möglichkeit gibt, das Beschlussverfahren ganz oder zum Teil durch Vergleich oder durch Erledigungserklärung zu beenden. Damit erweitert diese Vorschrift gleichzeitig die Dispositionsbefugnis der Parteien über das Verfahren. § 83a regelt nur den Fall der übereinstimmenden Erledigungserklärung, also den Fall, dass alle Beteiligten mit der Erledigung einverstanden sind. Den Fall der einseitigen Erledigungserklärung regelt § 83a nicht.

II. Der Vergleich

1. Der Prozessvergleich

Die Beteiligten können durch Abschluss eines wirksamen gerichtlichen Vergleichs das **Verfahren ganz oder zum Teil** (sog. Teilvergleich) **beenden**. Dies rechtfertigt sich aus der **Dispositionsbefugnis der Parteien** über das Verfahren. Da der Prozessvergleich eine gütliche Erledigung des Rechtsstreits herbeiführt, ist das Gericht gem. § 80 Abs. 2, § 57 Abs. 2 auch im Beschlussverfahren gehalten, auf eine Verfahrensbeendigung durch Vergleich hinzuwirken. Der Vergleich kann zu Protokoll des Gerichts oder des Vorsitzenden oder des Güterichters geschlossen werden (§ 83a Abs. 1). Für die Protokollierung des Vergleichs gelten die § 160 Abs. 3 Nr. 1 und § 162 Abs. 1 ZPO[6]. Die in der Lit. vertretene Auffassung[7], ein Vergleich könne nach § 278 Abs. 6 ZPO auch durch Übersendung einer von den Beteiligten gefertigten und unterzeichneten Urkunde geschlossen werden, scheint problematisch. Es mag zwar richtig sein, dass § 83a Abs. 1 aufgrund eines Redaktionsversehens nicht geändert worden ist. Angesichts des eindeutigen Wortlauts des § 83a Abs. 1 scheint aber der Weg über § 278 Abs. 6 ZPO versperrt. Der Prozessvergleich im Beschlussverfahren ist wie auch im zivilprozessualen Verfahren als Prozessvertrag mit Doppelnatur anzusehen. Zum einen stellt er eine Prozesshandlung, zum anderen einen privatrechtlichen Typenvertrag gem. § 779 BGB dar[8]. Aufgrund dieses Rechtscharakters kann im Einzelfall ein Vergleich, der keine Wirkung auf den Prozess hat, zumindest außergerichtlich Konsequenzen herbeiführen. Der gerichtlich protokollierte Vergleich ist Vollstreckungstitel (vgl. § 85 Abs. 1 Satz 1). Steht dessen Wirksamkeit in Zweifel, ist mit der Vollstre-

---

1 BAG v. 17.10.1963 – 1 ABR 2/63, NJW 1964, 790; BAG v. 17.10.1963 – 1 ABR 4/63, DB 1964, 339 (340).
2 BAG v. 29.1.1974 – 1 ABR 34/73, DB 1974, 1535 (1536).
3 *Weth*, Das arbeitsgerichtliche Beschlussverfahren, S. 338.
4 BAG v. 21.6.1957 – 1 ABR 1/56, DB 1957, 972.
5 *Fenn*, FS Schiedermair, 2001, S. 117 (134).
6 GMP/*Matthes/Spinner*, § 83a Rz. 2; GK-ArbGG/*Dörner*, § 83a Rz. 6.
7 *Bram*, FA 2007, 2.
8 BAG v. 5.8.1982 – 2 AZR 199/80, NJW 1983, 2212 (2213).

3 Der wirksame **Vergleich beendet das Verfahren**, ohne dass es einer Entscheidung des Gerichts bedarf[2]. Sind im Verfahren bereits Entscheidungen ergangen, aber noch nicht rechtskräftig, werden sie ohne gesonderte Aufhebung durch das Gericht wirkungslos[3]. Ein wirksamer Prozessvergleich steht einem neuen Prozess mit gleichem Streitgegenstand nicht entgegen[4]. Gleichwohl kann er Einfluss auf dessen Ausgang haben. Wird nach Vergleichsabschluss ein weiterer Prozess angestrengt, ist bei dessen Sachentscheidung die mit dem Vergleich vereinbarte materielle Regelung grds. zu berücksichtigen.

4 Voraussetzung für einen wirksamen Prozessvergleich ist, dass **alle** am Verfahren **Beteiligten den Vergleich schließen**[5]. (Allerdings müssen die sonstigen Beteiligten nicht zustimmen, wenn sie lediglich formell beteiligt sind. Sie müssen nämlich weder zur Zulässigkeit noch zur Begründetheit des Antrags gehört werden. Sie sind – ohne dass es eines förmlichen Beschlusses bedarf – nicht am Verfahren zu beteiligen.) Abweichend von der hier vertretenen Auffassung, dass alle (materiell) Beteiligten den Vergleich schließen müssen, vertritt *Grunsky* auf der Grundlage seines uneinheitlichen Beteiligtenbegriffes die Auffassung, dass die „sonstigen Beteiligten" an einem Vergleich nicht mitzuwirken brauchen[6]. Da die Normen über das Beschlussverfahren aber gerade nicht zwischen verschiedenen Arten der Beteiligung differenzieren, erscheint Letzteres nur schwerlich vertretbar. Im Übrigen wäre das Ergebnis, dass die sonstigen Beteiligten nicht zustimmen müssen, mit ihrer Stellung unvereinbar. Sie sind am Verfahren zu beteiligen, weil sie durch die begehrte Entscheidung unmittelbar betroffen werden können; sie haben Anspruch darauf, zum gesamten Sachverhalt gehört zu werden; sie können das Verfahren durch ihre Äußerung und Anträge beeinflussen. Wenn aber der sonstige Beteiligte bezüglich seiner formellen Rechtsstellung den unmittelbar Beteiligten (also Antragsteller und Antragsgegner) gleichsteht und aufgrund der prozessualen Waffengleichheit gleichstehen muss, ist es mit dieser Stellung nicht vereinbar, wenn die sonstigen Beteiligten nicht beim Abschluss eines Vergleichs beteiligt werden müssen[7].

5 Ein Vergleich, der **nicht von allen Beteiligten geschlossen** wurde, führt nicht zur Beendigung des Verfahrens[8]. Der Vorsitzende hat in einem solchen Fall die übrigen Beteiligten zu befragen, ob sie sich dem Vergleich anschließen[9]. Bei Zustimmung entfaltet er seine verfahrensbeendende Wirkung. Eine konkludente Zustimmung ist nicht ausreichend[10]. Eine analoge Anwendung des § 83a Abs. 3 verbietet sich schon systematisch[11]. Im Übrigen birgt der Vergleich anders als die Erledigungserklärung die Gefahr einer Vollstreckung, die Fiktion einer Zustimmung iSd. Abs. 3 wäre somit nicht interessengerecht[12]. Daher kann der Vergleich nicht durch Schweigen zustande kommen, die Zustimmung muss vielmehr ausdrücklich zu Protokoll des Gerichts ergehen.

6 Soll lediglich ein **Teil des Verfahrens** durch Vergleich beendet werden, dh. ist der Verfahrensgegenstand teilbar (objektive Antragshäufung) mit unterschiedlicher Beteiligung, haben bei einem Teilvergleich nur die von diesem Verfahrensteil unmittelbar Betroffenen am Vergleich mitzuwirken[13]. Der Teilvergleich bedarf somit nicht der Zustimmung aller Beteiligter.

7 Neben der Zustimmung fordert ein wirksamer Vergleichsabschluss, dass die Beteiligten **über den Gegenstand des Vergleichs verfügen** können (§ 83a Abs. 1 aE), so wie sie es tatsächlich getan haben, und dem Ergebnis des Vergleichs darf zwingendes Recht nicht entgegenstehen. Insoweit gilt im Beschlussverfahren nichts anderes als im zivilprozessualen Verfahren[14]. Auch für dieses Verfahren ist anerkannt, dass der Gegenstand des Prozessvergleichs der Verfügung der Parteien unterliegen muss. Ob der Vergleichsgegenstand zur Disposition der Beteiligten steht, bestimmt sich grds. nach materiellem Recht (vgl. § 83a Abs. 1 aE)[15]. So ist bspw. Verfügungsbefugnis im Anwendungsbereich zwingender Rechtsvorschriften nicht gegeben.

---

1 GMP/*Matthes/Spinner*, § 83a Rz. 9.
2 *Weth*, Das arbeitsgerichtliche Beschlussverfahren, S. 341.
3 GMP/*Matthes/Spinner*, § 83a Rz. 3; *Dütz*, RdA 1980, 99; GK-ArbGG/*Dörner*, § 83a Rz. 14.
4 GMP/*Matthes/Spinner*, § 83a Rz. 10.
5 GMP/*Matthes/Spinner*, § 83a Rz. 4; GK-ArbGG/*Dörner*, § 83a Rz. 7.
6 *Grunsky*, ArbGG, 7. Aufl. 1995, § 83a Rz. 3.
7 *Weth*, Das arbeitsgerichtliche Beschlussverfahren, S. 341.
8 GMP/*Matthes/Spinner*, § 83a Rz. 5.
9 ErfK/*Koch*, § 83a ArbGG Rz. 1.
10 ErfK/*Koch*, § 83a ArbGG Rz. 1.
11 GMP/*Matthes/Spinner*, § 83a Rz. 5.
12 Vgl. GK-ArbGG/*Dörner*, § 83a Rz. 8.
13 GMP/*Matthes/Spinner*, § 83a Rz. 4; GK-ArbGG/*Dörner*, § 83a Rz. 9.
14 *Weth*, Das arbeitsgerichtliche Beschlussverfahren, S. 338.
15 GK-ArbGG/*Dörner*, § 83a Rz. 11; GMP/*Matthes/Spinner*, § 83a Rz. 8; GWBG/*Greiner*, § 83a Rz. 5.

Dies erfasst Regelungen über die Errichtung, Zusammensetzung und Organisation des BR[1]. Zu differenzieren bleibt aber bei Vergleichen, die Mitbestimmungs- oder sonstige Beteiligungsrechte zum Gegenstand haben. In einem einzelnen, streitigen Fall kann der BR eine vorläufige oder endgültige Regelung auf diesem Gebiet treffen, dh. im konkreten Mitbestimmungsfall besitzt der BR Verfügungsbefugnis[2]. Hingegen kann er sich dieser Rechte nicht schon im Voraus auch für künftige Verfahren begeben.

In betriebsverfassungsrechtlichen Streitigkeiten sind Vergleiche unzulässig, die das aktive oder passive Wahlrecht von ArbN, den Rücktritt des BR, die Erforderlichkeit einer BR-Wahl oÄ zum Gegenstand haben[3]. Insoweit stehen auch hier zwingende Rechtsvorschriften einer freien Verfügung über den Vergleichsgegenstand entgegen[4]. **Bei vermögensrechtlichen Streitigkeiten** hingegen, wie etwa über die Erstattung von Kosten und Erbringung von Leistungen für die BR-Tätigkeit, wird eine solche Verfügungsbefugnis in aller Regel gegeben sein[5].   8

Obliegt einem am Vergleich Beteiligten **keine Verfügungsbefugnis über den Vergleichsgegenstand**, so führt dies zur materiellen Unwirksamkeit des Vergleichs. Dem Vergleich kommt keine verfahrensbeendigende Wirkung zu[6]. Höchst **streitig** ist, ob das Gericht einen solchen **Vergleich protokollieren** muss. *Matthes* und *Spinner* bejahen diese Frage[7]. Die Verpflichtung des Gerichts zur Protokollierung ergebe sich schon daraus, dass die Beteiligten mit dem – zwar unwirksamen – Vergleich zu erkennen geben, dass sie das Verfahren übereinstimmend für erledigt ansehen. Auch bei einer übereinstimmenden Erledigungserklärung prüfe das Gericht nicht, ob das Verfahren tatsächlich erledigt sei. Zudem könnten die Beteiligten auch einen außergerichtlichen Vergleich schließen und ausdrücklich übereinstimmend die Erledigung des Verfahrens erklären, ohne dass das Gericht die Wirksamkeit des Vergleichs prüfen könne oder müsse.   9

Diese **Begründung überzeugt nicht**. Während es in den dort genannten Fällen aus prozessualer Sicht lediglich zur Beendigung des Verfahrens kommt, wird das Gericht, wenn es einen unwirksamen Vergleich protokolliert, gezwungen, einen Vollstreckungstitel zu schaffen[8]. Wird aus dem Vergleich vollstreckt, so kann nach Ansicht von *Matthes* und *Spinner* die Unwirksamkeit des Vergleichs im Wege der Vollstreckungsgegenklage nach § 767 ZPO geltend gemacht werden[9]. Seine Auffassung hat also zur Folge, dass das Gericht durch Protokollierung des Vergleichs einen Titel schaffen muss, von dem schon im Zeitpunkt der Protokollierung feststeht, dass er auf Antrag eines Beteiligten wieder aufgehoben werden muss. Das verstößt gegen das Prozessökonomie. Im Übrigen ist es bedenklich, dass das Gericht gezwungen wird, sehenden Auges einen Vollstreckungstitel zu schaffen, aus dem zwar vollstreckt werden kann, aber eigentlich – was das Gericht auch weiß – nicht vollstreckt werden darf[10]. Die Auffassung von *Matthes* ist daher abzulehnen. Das Gericht kann somit nicht verpflichtet werden, einen Vergleich zu protokollieren, wenn die Beteiligten nicht über den Vergleichsgegenstand verfügen können, wenn also der Vergleich unwirksam ist[11].   10

Da ein unwirksamer Vergleich das Verfahren nicht beendet, muss das Gericht vor einer möglichen Einstellung des Verfahrens durch den Vorsitzenden die **Wirksamkeit des Vergleichs prüfen**. Besteht hinsichtlich der Wirksamkeit eines Vergleichs Streit, so ist dieser im noch anhängigen oder in einem neuen Verfahren zu klären[12]. Der alte Prozess ist fortzusetzen, sofern die Mängel des Vergleichs bereits im Zeitpunkt seines Abschlusses vorlagen (zB Nichtigkeitsgründe §§ 134, 138 BGB). Die Partei, die sich auf die Unwirksamkeit des Vergleichs beruft, muss ihren bisherigen Antrag aufrechterhalten. Erweist sich der Vergleich als unwirksam, ist dieser Antrag weiterhin rechtshängig, das Gericht hat über ihn zu entscheiden. Stellt das Gericht die Wirksamkeit des Vergleichs fest, ist der Antrag als unzulässig abzuweisen. Insoweit fehlt es am erforderlichen Rechtsschutzbedürfnis. Die Frage der Wirksamkeit eines Vergleichs kann durch Zwischenurteil geklärt werden, § 280 Abs. 2 ZPO[13]. Ziehen die Beteiligten die verfahrensbeendigende Wirkung des Vergleichs nicht in Zweifel, meint aber eine Partei gleichwohl den Vergleich nicht erfüllen zu müssen, etwa weil der Vergleich aufgehoben wurde oder die Geschäftsgrundlage weggefallen ist, geht es also um die   11

---

1 Vgl. weiter GK-ArbGG/*Dörner*, § 83a Rz. 12 ff.
2 GMP/*Matthes/Spinner*, § 83a Rz. 8.
3 GMP/*Matthes/Spinner*, § 83a Rz. 8.
4 GMP/*Matthes/Spinner*, § 83a Rz. 6.
5 ErfK/*Koch*, § 83a ArbGG Rz. 1.
6 GK-ArbGG/*Dörner*, § 83a Rz. 16; GMP/*Matthes/Spinner*, § 83a Rz. 9.
7 GMP/*Matthes/Spinner*, § 83a Rz. 9.
8 *Weth*, Das arbeitsgerichtliche Beschlussverfahren, S. 339.
9 GMP/*Matthes/Spinner*, § 83a Rz. 9.
10 *Weth*, Das arbeitsgerichtliche Beschlussverfahren, S. 339, 340.
11 *Weth*, Das arbeitsgerichtliche Beschlussverfahren, S. 340.
12 BAG v. 25.6.1981 – 2 AZR 219/79, MDR 1982, 526; vgl. GMP/*Matthes/Spinner*, § 83a Rz. 9.
13 GK-ArbGG/*Dörner*, § 83a Rz. 17, 17a.

Auslegung des Vergleichs, ist ein neues Verfahren anzustrengen oder mit der Vollstreckungsgegenklage gem. § 767 ZPO vorzugehen, sofern die Zwangsvollstreckung aus dem Vergleich droht[1].

12 Werden die Beteiligten vor Gericht von einem **Anwalt** vertreten, so wird auch der Abschluss eines Vergleichs von der **Prozessvollmacht** erfasst (§ 81 ZPO)[2]. In der Rechtsmittelinstanz gilt § 83a grds. entsprechend, § 90 Abs. 2, § 95 Abs. 4[3].

2. Der außergerichtliche Vergleich

13 Eine unmittelbare Auswirkung auf das anhängige Verfahren kommt dem außergerichtlichen Vergleich nicht zu; er beendet weder das Verfahren noch stellt er eine Prozesshandlung dar[4]. Daher müssen ihm nicht alle Beteiligten zustimmen oder über den Vergleichsgegenstand tatsächlich materiell-rechtlich verfügen können[5]. Zu einer Beendigung des Verfahrens bedarf es beim außergerichtlichen Vergleich einer weiteren eigenständigen Prozesshandlung, die in einer Erledigungserklärung aller Beteiligten oder in einer Antragsrücknahme bestehen kann[6]. Wird das Verfahren trotz eines wirksamen außergerichtlichen Vergleichs fortgeführt, muss dieser Vergleich bei der Sachentscheidung über den weitergeführten Antrag Berücksichtigung finden[7]. Auf den außergerichtlichen Vergleich ist § 779 BGB anwendbar.

III. Erledigung der Hauptsache

1. Übereinstimmende Erledigungserklärung

14 Die Beteiligten können gem. § 83a das **Verfahren** gegenüber dem Gericht **für erledigt erklären**. § 83a regelt die **übereinstimmende Erledigungserklärung**[8]. Sie liegt vor, wenn alle Beteiligten, also Antragsteller, Antragsgegner und die sonstigen Beteiligten die Erledigung erklärt haben. Darüber, wie zu verfahren ist, wenn ein oder mehrere Beteiligte der Erledigung widersprechen (Fall der sog. einseitigen Erledigungserklärung), enthält § 83a keine Regelung[9]. Anders als beim Vergleich müssen die Parteien zu einer wirksamen Erledigungserklärung nicht über den Streitgegenstand verfügen können[10]. Die insoweit unterschiedliche Behandlung rechtfertigt sich dadurch, dass bei Erledigung der Hauptsache die Beteiligten keine Rechte verlieren. Wird ein Verfahren für erledigt erklärt, kann ein Beteiligter mit der Aussicht auf einen für ihn erfolgreichen Ausgang dieselbe Streitsache erneut anhängig machen[11]. Anders ist es beim wirksamen Vergleich. Hier ist bei der Sachentscheidung im erneuten Prozess die mit dem Vergleich vereinbarte Regelung zu berücksichtigen (vgl. Rz. 3), so dass der ursprüngliche Antrag (des ersten Prozesses) keine Aussicht auf Erfolg hat.

15 Die Erledigungserklärung ist Prozesshandlung. Als solche ist sie unwiderruflich und muss schriftlich oder zu Protokoll gegenüber dem Gericht erklärt werden (§ 83a Abs. 1)[12]. Die Erledigungserklärung kann bis zur Verkündung der Entscheidung abgegeben werden[13]. Darüber hinaus kann ein Verfahren auch nach Verkündung der Entscheidung für erledigt erklärt werden, bis zum Eintritt der Rechtskraft[14].

16 Hat der Antragsteller die Hauptsache für erledigt erklärt, muss der Vorsitzende die übrigen Beteiligten auffordern, binnen einer Frist von mindestens zwei Wochen mitzuteilen, ob sie der Erledigung zustimmen (§ 83a Abs. 3 Satz 1). Die Aufforderung ist verzichtbar, wenn die Beteiligten bereits zu einem früheren Zeitpunkt mitgeteilt haben, dass sie der Erledigung zustimmen oder nicht[15]. Äußern sich die Beteiligten

---

1 GK-ArbGG/*Dörner*, § 83a Rz. 18.
2 GK-ArbGG/*Dörner*, § 83a Rz. 4.
3 GK-ArbGG/*Dörner*, § 83a Rz. 1 und § 90 Rz. 15.
4 GMP/*Matthes*/*Spinner*, § 83a Rz. 11; GWBG/*Greiner*, § 83a Rz. 3.
5 *Dütz*, RdA 1980, 99; GMP/*Matthes*/*Spinner*, § 83a Rz. 11.
6 GMP/*Matthes*/*Spinner*, § 83a Rz. 11; GWBG/*Greiner*, § 83a Rz. 3; ErfK/*Koch*, § 83a ArbGG Rz. 2.
7 BAG v. 29.1.1974 – 1 ABR 34/73, DB 1974, 1535 (1536); GMP/*Matthes*/*Spinner*, § 83a Rz. 11.
8 GWBG/*Greiner*, § 83a Rz. 7.
9 BAG v. 26.4.1990 – 1 ABR 79/89, NZA 1990, 822.
10 GWBG/*Greiner*, § 83a Rz. 4.
11 GMP/*Matthes*/*Spinner*, § 83a Rz. 15; GWBG/*Greiner*, § 83a Rz. 7; GK-ArbGG/*Dörner*, § 83a Rz. 25.
12 GMP/*Matthes*/*Spinner*, § 83a Rz. 12.
13 *Weth*, Das arbeitsgerichtliche Beschlussverfahren, S. 328.
14 BAG v. 27.8.1996 – 3 ABR 21/95, NZA 1997, 623 (624); LAG Hamm v. 24.8.1972 – 8 Ta 55/72, DB 1972, 1927; LAG Hamm v. 24.7.1974 – 8 Ta 54/73, MDR 1974, 964; GMP/*Matthes*/*Spinner*, § 83a Rz. 12.
15 *Weth*, Das arbeitsgerichtliche Beschlussverfahren, S. 329.

innerhalb der gesetzten Frist nicht, wird ihre Zustimmung fingiert (§ 83a Abs. 3 Satz 2). Bei Fristversäumung ist daher Wiedereinsetzung in den vorigen Stand nicht möglich[1].

Die **Erledigung** muss von **allen** am Verfahren **Beteiligten erklärt** werden[2], also vom Antragsteller, Antragsgegner und von den sonstigen Beteiligten. Die Erledigungserklärung von Antragsgegner und sonstigen Beteiligten wird in § 83a Abs. 3 als Zustimmung bezeichnet. Eine einmal wirksam abgegebene Erledigungserklärung ist als Prozesshandlung unwiderruflich[3]. Die sonstigen Beteiligten müssen auch dann mitwirken, wenn sie nur materiell beteiligt sind[4]. Die Gegenansicht hält lediglich die Zustimmung der Beteiligten für erforderlich, die ihrerseits einen Antrag gestellt haben oder gegen die sich ein Antrag richtet[5]. Dieser Auffassung ist nicht zu folgen; sie findet im Gesetz keine Stütze.

Haben alle Beteiligten die Hauptsache **für erledigt erklärt** oder gilt die Zustimmung gem. § 83a Abs. 3 Satz 2 als erteilt, ist das **Verfahren beendet**. Der Vorsitzende hat das Verfahren durch Beschluss einzustellen, ohne zu prüfen, ob das Verfahren tatsächlich erledigt ist[6]. Zu prüfen bleibt nur, ob alle Beteiligten das Verfahren für erledigt erklärt haben. Wird das Verfahren eingestellt, verlieren bisher ergangene Entscheidungen automatisch ihre Wirkung. Auf Antrag kann dies durch Beschluss ausgesprochen werden (vgl. § 269 Abs. 4 ZPO)[7]. Eine Kostenentscheidung gem. § 91a ZPO analog ergeht dabei nicht. Alle Beteiligten sind von der Einstellung in Kenntnis zu setzen (§ 81 Abs. 2 Satz 3). Der Einstellungsbeschluss steht einem neuen Verfahren über den gleichen Gegenstand nicht entgegen[8]. Er kann mit der Beschwerde gem. § 83 Abs. 5, § 78 angefochten werden[9].

Dass § 83a Abs. 3 die Zustimmung aller Beteiligten zur Erledigungserklärung voraussetzt, ist nur **für die Beschwerde und Rechtsbeschwerdeinstanz**, nicht aber für das erstinstanzliche Beschlussverfahren **von Bedeutung**[10]. Der Antragsteller kann nämlich das Zustimmungserfordernis dadurch umgehen, dass er seinen Antrag zurücknimmt[11]. Dies ist gem. § 81 Abs. 2 Satz 1 jederzeit möglich. Einer Zustimmung durch die übrigen Beteiligten bedarf es insoweit nicht. Mit der Rücknahme kann der Antragsteller das gleiche Ziel erreichen wie mit der Erledigungserklärung, nämlich die Beendigung des Verfahrens. Stimmen also die übrigen Beteiligten der Erledigungserklärung des Antragstellers iSd. § 83a Abs. 3 nicht zu, kann das Verfahren unabhängig davon zumindest dann eingestellt werden, wenn die Erledigungserklärung zugleich als Rücknahme des Antrages auszulegen ist[12]. Da in 2. und 3. Instanz auch die Antragsrücknahme der Zustimmung der übrigen Beteiligten bedarf, kann in diesen Instanzen das Zustimmungserfordernis des § 83a Abs. 3 nicht durch eine Rücknahme des Antrages umgangen werden[13].

2. Einseitige Erledigungserklärung des Antragstellers

Stimmt **nur ein Beteiligter** der Erledigungserklärung des Antragstellers nicht zu, liegt kein Anwendungsfall des § 83a vor[14]. In dieser Situation kommen die in der Rspr. des BAG anerkannten Grundsätze über die einseitige Erledigungserklärung zum Zuge[15].

In früheren Entscheidungen hat das **BAG** diesen Fall der Erledigungserklärung entsprechend den Regeln des Urteilsverfahrens behandelt[16]. Das Gericht forderte eine Prüfung, ob nach Rechtshängigkeit ein Ereignis eingetreten sei, das einem zulässigen und begründeten Antrag die Zulässigkeit und Begründetheit nimmt[17]. Es ist also zum einen zu prüfen, ob ein erledigendes Ereignis eingetreten ist, und es ist zum ande-

---

1 GWBG/*Greiner*, § 83a Rz. 9; GMP/*Matthes/Spinner*, § 83a Rz. 17; GK-ArbGG/*Dörner*, § 83a Rz. 27, 28.
2 GK-ArbGG/*Dörner*, § 83a Rz. 23; GMP/*Matthes/Spinner*, § 83a Rz. 12.
3 LAG Berlin v. 13.7.2004 – 16 TaBV 2358/03, LAGE § 103 BetrVG 2001 Nr. 3; GMP/*Matthes/Spinner*, § 83a Rz. 12; GK-ArbGG/*Dörner*, § 83a Rz. 22.
4 *Weth*, Das arbeitsgerichtliche Beschlussverfahren, S. 329.
5 *Grunsky*, ArbGG, 7. Aufl. 1995, § 83a Rz. 5.
6 BAG v. 26.4.1990 – 1 ABR 79/89, NZA 1990, 822 (823); GK-ArbGG/*Dörner*, § 83a Rz. 25.
7 GMP/*Matthes/Spinner*, § 83a Rz. 14.
8 GK-ArbGG/*Dörner*, § 83a Rz. 25.
9 BVerwG v. 8.3.2010 – 6 PB 47/09, juris Rz. 4 mwN.
10 GMP/*Matthes/Spinner*, § 83a Rz. 19.
11 *Weth*, Das arbeitsgerichtliche Beschlussverfahren, S. 330.
12 GMP/*Matthes/Spinner*, § 83a Rz. 19.
13 *Weth*, Das arbeitsgerichtliche Beschlussverfahren, S. 330.
14 BAG v. 3.6.2015 – 2 AZB 116/14, Rz. 12.
15 BVerwG v. 20.11.1998 – 6 P 8/98, ZfPR 1999, 50 (51).
16 BAG v. 6.11.1984 – 1 ABR 61/81, NZA 1985, 635; BAG v. 10.6.1986 – 1 ABR 59/84, NZA 1987, 28 (29); BAG v. 15.9.1987 – 1 ABR 44/86, NZA 1988, 101 (102).
17 BAG v. 15.9.1987 – 1 ABR 44/86, NZA 1988, 101 (102); GMP/*Matthes/Spinner*, § 83a Rz. 21; vgl. GWBG/*Greiner*, § 83a Rz. 13.

ren zu prüfen, ob der Antrag zunächst zulässig und begründet war. Ergibt diese Prüfung, dass es an einer Erledigung fehlt, so ist über den ursprünglichen Sachantrag zu entscheiden. Ist die Hauptsache erledigt, ist dies durch Beschluss auszusprechen[1]. Nur so werde vermieden, dass der Antragsteller gezwungen sei, an seinem erledigten Antrag festzuhalten und dessen Abweisung hinzunehmen. Anderseits werde ihm die Möglichkeit genommen, ein nicht erledigtes Verfahren ohne Zustimmung der Beteiligten einer Entscheidung zu entziehen[2].

22 Im Beschluss von **26.4.1990**[3] ist das **BAG von seiner bisherigen Rspr.** abgerückt und hat ausgesprochen, dass im Fall einer einseitigen Erledigungserklärung durch den Antragsteller nur zu prüfen ist, ob ein erledigendes Ereignis tatsächlich eingetreten ist. Ein **erledigendes Ereignis** sind tatsächliche Umstände, die nach Anhängigkeit des Beschlussverfahrens eingetreten sind und dazu führen, dass das Begehren des Antragstellers jedenfalls nunmehr als unzulässig oder unbegründet abgewiesen werden müsste[4]. Das BAG hat im Beschluss von 26.4.1990[5] seine Rspr.-Änderung auf folgende Argumente gestützt: § 83a Abs. 3 fingiere mit Ablauf der Frist zur Stellungnahme die Zustimmung der übrigen Beteiligten zur Erledigungserklärung des Antragstellers. Diese Fiktion könne nicht zum Inhalt haben, dass der Beteiligte den Antrag nunmehr als von Anfang an zulässig und begründet ansehe. Das Gesetz fingiere die Zustimmung des Beteiligten deshalb, weil dieser mit seinem Schweigen zum Ausdruck bringe, dass er den Eintritt des erledigenden Ereignisses nicht bestreite. Verweigere ein Beteiligter die Zustimmung, so bestreite er das Vorliegen eines erledigenden Ereignisses. In diesem Fall müsse das Gericht prüfen, ob ein solches Ereignis eingetreten sei[6]. Im Übrigen gebe es für das Beschlussverfahren keinen Grund, warum bei einseitiger Erledigung geprüft werden muss, ob der Antrag von Anfang an zulässig und begründet war. Im Urteilsverfahren könne ein solcher Grund darin bestehen, dass der Beklagte, der mit einer von Anfang an unzulässigen oder unbegründeten Klage überzogen worden sei, ein Interesse daran habe, nicht mit den Kosten des Verfahrens belastet zu werden. Käme es allein darauf an, dass ein erledigendes Ereignis eingetreten sei, so sei in diesem Fall über die Kosten gem. § 91a ZPO nach billigem Ermessen zu entscheiden. Der Beklagte laufe Gefahr, aufgrund dieser Ermessensentscheidung mit Kosten belastet zu werden, obwohl die Klage von Anfang an unzulässig oder unbegründet gewesen sei. Solche Kostenüberlegungen spielten im arbeitsgerichtlichen Beschlussverfahren aber keine Rolle. Dort gebe es keine prozessuale Kostentragungspflicht und dementsprechend keine Kostenentscheidung. Jeder Beteiligte habe grds. seine Kosten selbst zu tragen. Da ein Kosteninteresse im Beschlussverfahren auf Seiten der Beteiligten nicht gegeben sei, bestätige eine Entscheidung, dass der Antrag ursprünglich nicht zulässig oder begründet gewesen sei, dem widersprechenden Beteiligten lediglich, dass er Recht gehabt habe. Dies sei aber nicht Gegenstand des Beschlussverfahrens[7]. Auch andere Interessen der Beteiligten – außer dem Kosteninteresse – lägen nicht vor, die es rechtfertigen würden, darüber zu entscheiden, ob der Antrag ursprünglich zulässig oder begründet war[8]. In st. Rspr. habe das BAG ein Interesse des Antragstellers an der Entscheidung einer streitigen Rechtsfrage dann nicht als berechtigt angesehen, wenn sich der Antrag auf eine konkrete, aber abgeschlossene Maßnahme beziehe. Es könne daher auch dem einer Erledigungserklärung widersprechenden Beteiligten nicht noch ein berechtigtes Interesse an der Entscheidung einer streitigen abstrakten Rechtsfrage zuerkannt werden. Das gelte um so mehr, als die den Antrag abweisende oder die Erledigung feststellende Entscheidung eine Antwort auf die streitige Rechtsfrage allenfalls in der Begründung gebe, diese aber nicht mit Rechtskraft zwischen den Beteiligten entscheide. Wolle der widersprechende Beteiligte eine bestimmte Rechtsfrage entschieden haben, so könne er selbst einen darauf gestellten Antrag entweder im gleichen oder in einem anderen Verfahren stellen.

23 Der Auffassung des BAG ist zuzustimmen[9]. Die **Rspr.** des BAG hat für die Prüfung des Gerichts **folgende Konsequenzen:** Widerspricht ein Beteiligter der Erledigungserklärung des Antragstellers, muss das Gericht prüfen, ob Erledigung eingetreten ist[10]. Ein erledigendes Ereignis liegt vor, wenn nach Rechtshängigkeit

---

1 BAG v. 6.11.1984 – 1 ABR 61/81, NZA 1985, 635 (636); BAG v. 10.6.1986 – 1 ABR 59/84, NZA 1987, 28; BAG v. 15.9.1987 – 1 ABR 44/86, NZA 1988, 101 (102).
2 BAG v. 6.11.1984 – 1 ABR 61/81, NZA 1985, 635 (636); BAG v. 10.6.1986 – 1 ABR 59/84, NZA 1987, 28; BAG v. 15.9.1987 – 1 ABR 44/86, NZA 1988, 101 (102).
3 BAG v. 26.4.1990 – 1 ABR 79/89, NZA 1990, 822 (823); so auch BAG v. 8.12.2010 – 7 ABR 69/09, NZA 2011, 362 (363), Rz. 8.
4 BAG v. 8.12.2010 – 7 ABR 69/09, NZA 2011, 362 (363), Rz. 8; BAG v. 19.2.2008 – 1 ABR 65/05, NZA-RR 2008, 490 (491), Rz. 28; BAG v. 9.12.2008 – 1 ABR 75/07, NZA 2009, 254 (255), Rz. 16.
5 BAG v. 26.4.1990 – 1 ABR 79/89, NZA 1990, 822 (823).
6 BAG v. 26.4.1990 – 1 ABR 79/89, NZA 1990, 822 (823).
7 BAG v. 26.4.1990 – 1 ABR 79/89, NZA 1990, 822 (824).
8 BAG v. 26.4.1990 – 1 ABR 79/89, NZA 1990, 822 (824).
9 *Weth*, Das arbeitsgerichtliche Beschlussverfahren, S. 331 ff.; aA *Peterek/Jox*, SAE 1991, 168; *Jost/Sundermann*, ZZP 105 (1992), 261.
10 LAG Rh.-Pf. v. 25.4.2006 – 5 TaBV 2/06, juris Rz. 20.

des Antrages tatsächliche Umstände eingetreten sind, aufgrund deren der Antrag jedenfalls jetzt als unzulässig oder unbegründet abgewiesen werden müsste[1]. Im arbeitsgerichtlichen Beschlussverfahren haben zur Gegenstandslosigkeit des Antrags führende Umstände auch dann erledigende Wirkung, wenn sie vor Rechtshängigkeit eintreten. Dies gilt jedenfalls dann, wenn der Antrag zu diesem Zeitpunkt bei Gericht anhängig war[2]. Auf die Zulässigkeit und Begründetheit des ursprünglichen Antrages kommt es hingegen nicht mehr an[3]. Ist ein erledigendes Ereignis eingetreten, so ist das Verfahren vom Gericht – ebenso wie bei übereinstimmender Erledigungserklärung – einzustellen. Hiergegen steht die Beschwerde gem. § 87 offen[4]. Stellt das Gericht ein erledigendes Ereignis nicht fest, ist über den Antrag in der Sache zu entscheiden.

3. Erledigungserklärung anderer Beteiligter

Erklären **andere Beteiligte** als der Antragsteller das Verfahren für erledigt, findet § 83a **keine Anwendung**, insbesondere gilt dessen Absatz 3 nicht entsprechend. Die Erledigungserklärung eines anderen Beteiligten hat keine Auswirkung auf das weitere Verfahren[5]. Auch im Beschlussverfahren bestimmt nur der Antragsteller, ob eine gerichtliche Entscheidung herbeigeführt bzw. was zur gerichtlichen Entscheidung gestellt werden soll. Daher kann auch nur der Antragsteller durch Erledigungserklärung auf eine gerichtliche Entscheidung im laufenden Verfahren verzichten[6]. Die Erledigungserklärung eines anderen Beteiligten kann allerdings Indizwirkung für das fehlende Rechtsschutzbedürfnis entfalten und das Gericht veranlassen, von Amts wegen zu prüfen, ob sich das Verfahren tatsächlich erledigt hat; denn in diesem Fall wird regelmäßig das Rechtsschutzinteresse für den fraglichen Antrag entfallen[7]. Verneint das Gericht ein Rechtsschutzbedürfnis des Antragstellers und hält dieser seinen Antrag aufrecht, so ist der Antrag als unzulässig abzuweisen[8].

4. Erledigung von Amts wegen

Vor der Einführung des § 83a ins ArbGG hatte das BAG es in mehreren Entscheidungen für möglich gehalten, dass ein Gericht unter Aufhebung bereits ergangener Beschlüsse **von Amts wegen** ein Verfahren **für erledigt erklärt**[9].

Unter Geltung des § 83a kann diese Auffassung **nicht aufrechterhalten** werden[10]. § 83a fordert eindeutig, dass es zur Erledigung des Verfahrens der Erklärung der Parteien bedarf. Allein den Beteiligten obliegt die Entscheidung, das Verfahren fortzusetzen[11].

Der geänderten Gesetzeslage hat das BAG nunmehr entsprochen. Ist Erledigung eingetreten und fehlt es an einer Erledigungserklärung, erklärt es das Verfahren **nicht mehr von Amts wegen für erledigt**. Vielmehr prüft es, ob noch ein Rechtsschutzinteresse besteht, wenn sich nach seinen Feststellungen das Verfahren erledigt hat[12]. Liegt ein solches nicht vor, wird der Antrag mangels Rechtsschutzbedürfnisses als unzulässig abgewiesen[13].

---

1 BVerwG v. 20.11.1998 – 6 P 8/98, ZfPR 1999, 50 (51); GMP/*Matthes/Spinner*, § 83a Rz. 22; LAG Rh.-Pf. v. 25.4.2006 – 5 TaBV 2/06, juris Rz. 20.
2 BAG v. 23.1.2008 – 1 ABR 64/06, NJW 2008, 1977 (1978) Rz. 15; BAG v. 19.2.2008 – 1 ABR 65/05, NZA-RR 2008, 490 (491) Rz. 28.
3 BAG v. 19.6.2001 – 1 ABR 48/00, NZA 2002, 756 (757); BAG v. 26.4.1990 – 1 ABR 79/89, NZA 1990, 822; BAG v. 27.8.1996 – 3 ABR 21/95, NZA 1997, 623 (624); BVerwG v. 18.6.1999 – 6 P 4/99; LAG Rh.-Pf. v. 25.4.2006 – 5 TaBV 2/06, juris Rz. 20.
4 GK-ArbGG/*Dörner*, § 83a Rz. 30.
5 BAG v. 26.3.1991 – 1 ABR 26/90, NZA 1991, 729; BVerwG v. 8.7.2015 – 5 PB 19.14, Rz. 2; GK-ArbGG/*Dörner*, § 83a Rz. 32.
6 ErfK/*Koch*, § 83a ArbGG Rz. 2.
7 LAG Hamm v. 23.10.2009 – 10 TaBV 59/09; GMP/*Matthes/Spinner*, § 83a Rz. 25; GK-ArbGG/*Dörner*, § 83a Rz. 32; BAG v. 23.1.1986 – 6 ABR 47/82, NJW 1986, 2785.
8 BAG v. 6.10.1978 – 1 ABR 75/76, DB 1979, 408 (409); BAG v. 23.1.1986 – 6 ABR 47/82, NJW 1986, 2785; GMP/*Matthes/Spinner*, § 83a Rz. 25.
9 BAG v. 21.6.1957 – 1 ABR 1/56, DB 1957, 972; BAG v. 8.12.1961 – 1 ABR 8/60, NJW 1962, 654 (655).
10 GMP/*Matthes/Spinner*, § 83a Rz. 26.
11 GK-ArbGG/*Dörner*, § 83a Rz. 33.
12 ErfK/*Koch*, § 83a ArbGG Rz. 2.
13 BAG v. 23.1.1986 – 6 ABR 47/82, NJW 1986, 2785; BAG v. 26.10.2004 – 1 ABR 45/03, NZA 2005, 535 (538); BAG v. 16.11.2004 – 1 ABR 48/03, NZA 2005, 775 (779); BAG v. 14.12.2004 – 1 ABR 55/03, NZA 2005 827 (831); BAG v. 25.1.2005 – 1 ABR 61/03, NZA 2005, 1199 (1203).

28 Dies gilt auch für den Antrag nach § 100 Abs. 2 Satz 3 BetrVG auf Feststellung, dass die **vorläufige personelle Maßnahme aus sachlichen Gründen dringend erforderlich** sei, obwohl sich dieser Antrag nach Ansicht des BAG mit der rechtskräftigen Ersetzung der Zustimmung des BR zur endgültigen Maßnahme erledigt[1]. Das folgt daraus, dass der Feststellungsantrag nach § 100 Abs. 2 Satz 3 BetrVG von vornherein nur einen Zwischenstreit für die Dauer des Zustimmungsverfahrens betrifft[2].

§ 84 Beschluss

Das Gericht entscheidet nach seiner freien, aus dem Gesamtergebnis des Verfahrens gewonnenen Überzeugung. Der Beschluss ist schriftlich abzufassen. § 60 ist entsprechend anzuwenden.

I. Entscheidung durch Beschluss	III. Die Rechtskraft 15
1. Grundlagen des Beschlusses 1	1. Formelle Rechtskraft 16
2. Formalien des Beschlusses 4	2. Materielle Rechtskraft 22
3. Kostenentscheidung 8	3. Die Grenzen der Rechtskraft 29
II. Die Wirkungen der Entscheidung 11	

I. Entscheidung durch Beschluss

1. Grundlagen des Beschlusses

1 Im arbeitsgerichtlichen Beschlussverfahren erfolgt die Entscheidung über den gestellten Antrag durch **Beschluss**, § 84 Satz 2. Der Beschluss entspricht in seiner Funktion dem Urteil im Urteilsverfahren, beendet mithin das Verfahren[3]. Er ergeht, wenn der Rechtsstreit zur Endentscheidung reif ist, wenn also der Sachverhalt hinreichend geklärt ist[4] oder weitere Aufklärung nicht zu erreichen ist. Der Beschluss ergeht grds. durch die Kammer, dh. die ehrenamtlichen Richter wirken an der Entscheidung mit[5]. Ergeht ein Beschluss im Anschluss an eine Güteverhandlung, so kann der Vorsitzende aufgrund des Beschleunigungsgrundsatzes (§ 9 Abs. 1) bei Zustimmung aller Verfahrensbeteiligten allein entscheiden (§ 80 Abs. 2 iVm. § 55 Abs. 3).

2 Nach § 84 Satz 1 entscheidet das Gericht nach seiner freien, aus dem Gesamtergebnis des Verfahrens gewonnenen Überzeugung. Das Gericht kann also keine Ermessensentscheidung treffen[6]. Es ist im Beschlussverfahren nicht freier gestellt als im Urteilsverfahren; auch im Beschlussverfahren ist die Entscheidung eine **Rechtsentscheidung**[7]. Das Gericht ist an das Gesamtergebnis des Verfahrens, an materielles Recht und an Verfahrensrecht gebunden[8]. Es ist insbesondere an den Sachantrag des Antragstellers gebunden und darf den Beteiligten gem. § 308 Abs. 1 ZPO nichts zusprechen, was nicht beantragt ist[9]. Das Gericht darf nur im Rahmen des durch die Anträge abgesteckten Streitgegenstandes den Sachverhalt von Amts wegen aufklären. Es ist nicht befugt, über die Anträge der Beteiligten hinaus eine Nachprüfung vorzunehmen[10]. Allerdings obliegt es seiner freien Überzeugung, welche rechtlichen Fragen es für entscheidungserheblich hält[11]. Das Gericht muss jedoch das ihm unterbreitete Vorbringen der Verfahrensbeteiligten umfassend zur Kenntnis nehmen und bei der Entscheidungsfindung in Erwägung ziehen[12]. Allerdings ist es nicht verpflichtet in den Entscheidungsgründen das Vorbringen der Verfahrensbeteiligten in allen Einzelheiten zu würdigen. Daher kann aus einer fehlenden Erörterung von Teilen des Vorbringens nicht ge-

---

1 GK-ArbGG/*Dörner*, § 83a Rz. 34; GMP/*Matthes*/*Spinner*, § 83a Rz. 26.
2 GMP/*Matthes*/*Spinner*, § 83a Rz. 26.
3 GWBG/*Greiner*, § 84 Rz. 1; *Weth*, Das arbeitsgerichtliche Beschlussverfahren, S. 344.
4 *Dietz*/*Nikisch*, § 84 ArbGG Rz. 8.
5 GMP/*Matthes*/*Spinner*, § 84 Rz. 2; *Weth*, Das arbeitsgerichtliche Beschlussverfahren, S. 344.
6 GK-ArbGG/*Ahrendt*, § 84 Rz. 10; *Weth*, Das arbeitsgerichtliche Beschlussverfahren, S. 344.
7 GMP/*Matthes*/*Spinner*, § 84 Rz. 8; *Weth*, Das arbeitsgerichtliche Beschlussverfahren, S. 344.
8 GMP/*Matthes*/*Spinner*, § 84 Rz. 8; *Weth*, Das arbeitsgerichtliche Beschlussverfahren, S. 344.
9 GMP/*Matthes*/*Spinner*, § 84 Rz. 9; *Weth*, Das arbeitsgerichtliche Beschlussverfahren, S. 345.
10 *Weth*, Das arbeitsgerichtliche Beschlussverfahren, S. 345; GMP/*Matthes*/*Spinner*, § 84 Rz. 9.
11 GK-ArbGG/*Ahrendt*, § 84 Rz. 11 mwN.
12 BVerwG v. 1.10.1993 – 6 P 7/91, ZfPR 1994, 50 mwN m. zust. Anm. *Ilbertz*, ZfPR 1994, 53.

schlossen werden, diese seien nicht erwogen. Eine derartige Annahme ist nur gerechtfertigt, wenn Tatsachen oder Tatsachenkomplexe übergangen werden, deren Entscheidungserheblichkeit sich aufdrängt[1].

Das Gericht darf nach Ermittlung des Sachverhalts nicht das Ermittlungsergebnis seiner Entscheidung zugrunde legen, das es für das wahrscheinlichste hält, wofür also nur eine gewisse Plausibilität oder eine überwiegende Wahrscheinlichkeit spricht. Vielmehr muss der Richter gem. § 84 voll überzeugt sein, dh., es muss eine sehr hohe Wahrscheinlichkeit für eine streitige Tatsachenbehauptung sprechen; ist dies der Fall, darf der Richter sie seiner Entscheidung zugrunde legen[2].

2. Formalien des Beschlusses

Der Beschluss des Gerichts ist gem. § 84 Satz 2 **schriftlich** abzufassen. Für seinen **Inhalt** gilt § 313 ZPO entsprechend[3]. Der Beschluss muss also die Bezeichnung aller Beteiligten, ihrer gesetzlichen Vertreter und ihrer Prozessbevollmächtigten enthalten. Es reicht nicht aus, dass nur die Beteiligten genannt werden, die sich im Verfahren geäußert haben[4]. Der Beschluss muss weiter die Bezeichnung des Gerichts, die Namen der entscheidenden Richter und den Tag angeben, an dem die mündliche Verhandlung geschlossen worden ist. Er muss einen Entscheidungstenor haben[5] und Tatbestand und Entscheidungsgründe enthalten. Letzteres ergibt sich nicht nur aus § 313 ZPO, sondern auch aus § 60 Abs. 4 Satz 1, der gem. § 84 Satz 3 im Beschlussverfahren anwendbar ist. Gegen verfahrensbeendende Beschlüsse ist nach § 87 unabhängig von einem bestimmten Beschwerdewert die Beschwerde statthaft[6]. Daher muss der Beschluss eine **Rechtsmittelbelehrung** gem. § 9 Abs. 5 enthalten (vgl. dazu ausführlich unter § 9). Schließlich muss er **vom Vorsitzenden unterschrieben** werden, § 84 Satz 3, § 60 Abs. 4 Satz 1[7].

Anders als arbeitsgerichtliche Urteile, bei denen jede Entscheidung mit vollstreckungsfähigem Inhalt vorläufig vollstreckbar ist, sind die Beschlüsse nur in vermögensrechtlichen Streitigkeiten (zum Begriff vgl. § 85 Rz. 8) **vorläufig vollstreckbar**, § 85 Abs. 1 Satz 2. Die vorläufige Vollstreckbarkeit muss im Tenor des Beschlusses ausgesprochen werden[8].

Eine Festsetzung des **Streitwertes** ist nicht erforderlich, da § 61 Abs. 1 in § 84 nicht für entsprechend anwendbar erklärt wird[9]. Die Festsetzung des Verfahrenswertes zur anwaltlichen Gebührenberechnung erfolgt auf Antrag durch gesonderten Beschluss.

Der Beschluss muss gem. § 83 Satz 3, § 60 Abs. 1 **verkündet** werden und gem. § 80 Abs. 2, § 50 Abs. 1 innerhalb von drei Wochen nach Übergabe an die Geschäftsstelle von Amts wegen allen Beteiligten zugestellt werden, unabhängig davon, ob sie sich zum Verfahren geäußert haben oder zum Anhörungstermin erschienen sind oder nicht[10]. Die Zustellung der instanzbeendenden Beschlüsse ist auch dann nicht entbehrlich, wenn ein Beteiligter unentschuldigt der mündlichen Verhandlung ferngeblieben ist, § 83 Abs. 4[11]. Auch in diesem Fall muss dem Beteiligten die Entscheidung zugestellt werden[12].

3. Kostenentscheidung

Im Beschlussverfahren ist nach st. Rspr. und hM in der Lit. **kein Raum für eine Entscheidung** über die Pflicht eines Beteiligten, anderen Beteiligten die außergerichtlichen **Verfahrenskosten zu erstatten**[13].

---

1 BVerwG v. 1.10.1993 – 6 P 7/91, ZfPR 1994, 50 m. zust. Anm. *Ilbertz*, ZfPR 1994, 53.
2 Vgl. dazu *Weth*, Das arbeitsgerichtliche Beschlussverfahren, S. 345.
3 GMP/*Matthes/Spinner*, § 84 Rz. 10; *Weth*, Das arbeitsgerichtliche Beschlussverfahren, S. 345; aA *Wlotzke/Schwedes/Lorenz*, § 84 ArbGG Rz. 2; *Dütz*, RdA 1980, 99.
4 GK-ArbGG/*Ahrendt*, § 84 Rz. 6; *Weth*, Das arbeitsgerichtliche Beschlussverfahren, S. 345; GMP/*Matthes/Spinner*, § 84 Rz. 10.
5 GK-ArbGG/*Ahrendt*, § 84 Rz. 7; *Weth*, Das arbeitsgerichtliche Beschlussverfahren, S. 345; GMP/*Matthes/Spinner*, § 84 Rz. 11.
6 GK-ArbGG/*Ahrendt*, § 84 Rz. 7; ErfK/*Koch*, § 84 ArbGG Rz. 1.
7 GK-ArbGG/*Ahrendt*, § 84 Rz. 5; *Weth*, Das arbeitsgerichtliche Beschlussverfahren, S. 345; GMP/*Matthes/Spinner*, § 84 Rz. 10.
8 ErfK/*Koch*, § 84 ArbGG Rz. 1; *Weth*, Das arbeitsgerichtliche Beschlussverfahren, S. 345; GMP/*Matthes/Spinner*, § 84 Rz. 12; aA GK-ArbGG/*Ahrendt*, § 84 Rz. 12.
9 GK-ArbGG/*Ahrendt*, § 84 Rz. 14; GMP/*Matthes/Spinner*, § 84 Rz. 14; ErfK/*Koch*, § 84 ArbGG Rz. 1.
10 ErfK/*Koch*, § 84 ArbGG Rz. 1; GK-ArbGG/*Ahrendt*, § 84 Rz. 17; *Weth*, Das arbeitsgerichtliche Beschlussverfahren, S. 345; GMP/*Matthes/Spinner*, § 84 Rz. 18 f.
11 BAG v. 6.10.1978 – 1 ABR 75/76, AP Nr. 2 zu § 101 BetrVG 1972.
12 BAG v. 6.10.1978 – 1 ABR 75/76, AP Nr. 2 zu § 101 BetrVG 1972.
13 Vgl. BAG v. 20.4.1999 – 1 ABR 13/98, NZA 1999, 1235 mwN m. krit. Anm. *Leipold*, SAE 2000, 254, der allerdings zugibt, dass eine generelle Verneinung jedenfalls der Rechtsklarheit dient; *Weth*, Das arbeitsgerichtliche Beschlussverfahren, S. 253 mwN; GMP/*Matthes/Spinner*, § 84 Rz. 31.

9   Das folgt nach Ansicht der **Rspr.** nicht nur aus der in § 12 Abs. 5 aF (jetzt § 2 Abs. 2 GKG) enthaltenen Regelung für die Erhebung von Gerichtskosten, sondern auch aus dem Fehlen einer entsprechenden Vorschrift für die Erstattung außergerichtlicher Kosten[1]. Das Fehlen eines dem § 12a äquivalenten Paragraphen für das Beschlussverfahren sei auch keine planwidrige Regelungslücke. Die Rollen der Beteiligten im Beschlussverfahren stimmten nicht mit denjenigen der Parteien im Urteilsverfahren überein. So folge die Beteiligtenstellung dem materiellen Recht, hänge also nicht vom Willen der Betroffenen ab. Auch sei nicht immer feststellbar, ob Beteiligte obsiegt hätten oder ob sie unterlegen seien, denn die bloße Beteiligung erfordere keine Antragstellung; insbesondere gebe es keinen Antragsgegner. Schließlich gehe es vielfach um Rechte und Pflichten des BR, der vermögenslos sei[2].

10 Auch im Fall der **Verfahrensbeteiligung einer Gewerkschaft** gelte nichts anderes[3]. Zwar sei zuzugeben, dass sich Beteiligte eines Beschlussverfahrens in ähnlicher Weise gegenüberstehen könnten wie die Parteien im Urteilsverfahren. Das ändere aber nichts an dem grds. unterschiedlichen Ausgangspunkt, der in der materiell-rechtlich determinierten Beteiligtenstellung und darin liege, dass es keinen Antragsgegner im Sinne eines „Beklagten" gebe. Die vielfältigen Gestaltungsformen, die bei einem Beschlussverfahren hinsichtlich der Beteiligung von betriebsverfassungsrechtlichen und anderen Rechtsträgern in Betracht kämen, ließen es nicht zu, je nach den Umständen des Einzelfalles und hinsichtlich bestimmter Beteiligter bei der Frage der Erstattungsfähigkeit der Kosten zu differenzieren. Das Gesetz biete keinen Anhaltspunkt dafür, die Rechtsstellung der Beteiligten eines Beschlussverfahrens derart unterschiedlich zu bewerten. Insoweit sei vielmehr von typisierenden Wertungen auszugehen, die nur einheitlich für alle Fälle des Beschlussverfahrens getroffen werden könnten.

II. Die Wirkungen der Entscheidung

11 Durch den **Beschluss** wird das Verfahren für die jeweilige **Instanz abgeschlossen**[4]. Das Gericht ist gem. § 318 ZPO an seine Entscheidung gebunden. Es darf sie nur noch ergänzen oder berichtigen, wenn die Voraussetzungen der §§ 319–321 ZPO vorliegen.

12 Der durch das ZPO-ReformG eingeführte § 321a ZPO, wonach eine Abhilfe durch das erstinstanzliche Gericht bei Verletzung des Anspruchs auf rechtliches Gehör möglich ist, ist im Beschlussverfahren nicht anwendbar[5]. Es gilt nunmehr § 78a (vgl. § 78a Abs. 8), wonach ein Beteiligter, der durch die Entscheidung beschwert ist, die Verletzung seines Anspruchs auf rechtliches Gehör rügen kann, wenn ein Rechtsmittel oder ein anderer Rechtsbehelf gegen die Entscheidung nicht gegeben ist.

13 Wird gegen den Beschluss **kein Rechtsmittel eingelegt** oder sind die Rechtsmittel erschöpft, wird der Beschluss formell und materiell rechtskräftig[6].

14 Aus rechtskräftigen Beschlüssen findet die Zwangsvollstreckung statt. Diese ist im Beschlussverfahren in § 85 geregelt (vgl. dazu ausführlich unter § 85 Rz. 1 ff.).

III. Die Rechtskraft

15 Die Entscheidungen im arbeitsgerichtlichen Beschlussverfahren sind der **formellen und materiellen** Rechtskraft fähig[7]. Das ergibt sich zum einen aus § 85 Abs. 1, der davon spricht, es finde die Zwangsvollstreckung aus rechtskräftigen Beschlüssen der ArbG statt, zum anderen aber auch daraus, dass gem. § 80 Abs. 2 die Vor-

---

1 BAG v. 20.4.1999 – 1 ABR 13/98, NZA 1999, 1235.
2 BAG v. 20.4.1999 – 1 ABR 13/98, NZA 1999, 1235.
3 Vgl. BAG v. 20.4.1999 – 1 ABR 13/98, NZA 1999, 1235.
4 *Weth*, Das arbeitsgerichtliche Beschlussverfahren, S. 346.
5 So zu Recht GMP/*Matthes/Spinner*, § 84 Rz. 21.
6 *Weth*, Das arbeitsgerichtliche Beschlussverfahren, S. 346.
7 BAG v. 6.2.1968 – 1 ABR 5/67, AP Nr. 16 zu § 76 BetrVG; BAG v. 27.8.1968 – 1 ABR 6/68, AP Nr. 4 zu § 80 ArbGG 1953; BAG v. 27.1.1981 – 6 ABR 68/79, AP Nr. 2 zu § 80 ArbGG 1979; BAG v. 24.4.1975 – 2 AZR 118/74, AP Nr. 3 zu § 103 BetrVG 1972; BAG v. 1.2.1983 – 1 ABR 33/78, AP Nr. 14 zu § 322 ZPO; BAG v. 19.11.1985 – 1 ABR 37/83, AP Nr. 4 zu § 2 TVG – Tarifzuständigkeit; BAG v. 25.11.1986 – 1 ABR 22/85, AP Nr. 36 zu § 2 TVG; ErfK/*Koch*, § 84 ArbGG Rz. 2; GK-ArbGG/*Ahrendt*, § 84 Rz. 18; *Weth*, Das arbeitsgerichtliche Beschlussverfahren, S. 359; GMP/*Matthes/Spinner*, § 84 Rz. 22 ff.; aA teilweise das ältere Schrifttum. Danach erwachsen zwar alle Beschlüsse in formelle Rechtskraft (*Dietz/Nikisch*, § 80 ArbGG Rz. 29; *Dersch/Volkmar*, § 84 ArbGG Rz. 6); nur bestimmte Beschlüsse erwachsen aber in materielle Rechtskraft.

schrift über die Wiederaufnahme des Verfahrens (§ 79) im Beschlussverfahren anwendbar ist. Eine Wiederaufnahme des Verfahrens ist aber nur gegen einen rechtskräftigen Beschluss denkbar[1].

1. Formelle Rechtskraft

Formelle Rechtskraft bedeutet **Unangreifbarkeit einer Entscheidung**; sie ist in ihrem Bestand gesichert und unterliegt nicht mehr einem Rechtsmittel oder Einspruch (vgl. § 705 ZPO)[2]. Formelle Rechtskraft tritt bei solchen Beschlüssen, gegen die ein Rechtsmittel statthaft ist, mit Ablauf der Rechtsmittelfrist ein, sofern ein Rechtsmittel nicht eingelegt wird.

Gegen die Beschlüsse der ArbG ist das Rechtsmittel der **Beschwerde** nach § 87 Abs. 1 statthaft. Mit Ablauf der einmonatigen Beschwerdefrist werden diese Beschlüsse rechtskräftig, sofern nicht rechtzeitig ein Rechtsmittel eingelegt worden ist[3].

Gegen einen das Verfahren beendenden Beschluss des LAG ist, wenn sie zugelassen worden ist, die **Rechtsbeschwerde** nach § 92, sonst die Nichtzulassungsbeschwerde nach § 92a gegeben. In beiden Fällen tritt, wenn nicht fristgerecht Rechtsmittel eingelegt worden ist, die formelle Rechtskraft mit Ablauf der Rechtsmittelfrist ein[4].

Ausnahmsweise ist ein **Rechtsmittel** gegen einen Beschluss des LAG **nicht statthaft**. Das ist der Fall bei Beschlüssen des LAG im Verfahren auf Erlass einer einstweiligen Verfügung, § 92 Abs. 1 Satz 3. Das Gleiche gilt bei Beschlüssen, durch die die Beschwerde als unzulässig verworfen wird, weil sie nicht in der gesetzlichen Form oder Frist eingelegt worden ist, § 89 Abs. 3. Schließlich ist ein Rechtsmittel gegen Entscheidungen des LAG gem. § 99 Abs. 2 (Bestellung eines Vorsitzenden der Einigungsstelle, Bestimmung der Zahl der Beisitzer der Einigungsstelle) nicht gegeben, § 99 Abs. 2 Satz 4[5]. Hier wird der Beschluss des LAG mit Verkündung rechtskräftig; erfolgt eine Verkündung nicht, so wird der Beschluss erst mit der Zustellung formell rechtskräftig[6].

Auch gegen **Beschlüsse des BAG** ist ein Rechtsmittel nicht statthaft, sie werden daher ebenfalls mit Verkündung oder, falls eine solche nicht erfolgt, mit der Zustellung formell rechtskräftig[7].

Da alle Beteiligten Rechtsmittel einlegen können, kann formelle Rechtskraft erst dann eintreten, wenn die **Rechtsmittelfrist für alle Beteiligten abgelaufen** ist, ohne dass Rechtsmittel eingelegt worden sind[8].

2. Materielle Rechtskraft

Die materielle Rechtskraft soll der Gefahr einer zweiten, widersprechenden Entscheidung begegnen und Rechtssicherheit und Rechtsfrieden gewährleisten. Sie verhindert, dass zwischen **denselben Beteiligten derselbe Streitgegenstand** in einem zweiten Verfahren geltend gemacht wird[9]. Dabei wird der Streitgegenstand bestimmt von dem Grund des zur Entscheidung gestellten Antrages und von dem zugehörigen Lebenssachverhalt, aus dem die begehrte Rechtsfolge hergeleitet wird[10]. Die materielle Rechtskraft verhindert auch, dass in einem zweiten Verfahren das unmittelbare Gegenteil der Entscheidung begehrt wird, sog. **kontradiktorisches Gegenteil**. Stellt der Antragsteller in einem neuen Verfahren einen Antrag mit demselben Streitgegenstand wie in einem früheren Verfahren, so wird der Antrag als unzulässig zurückgewiesen[11].

Die materielle Rechtskraft muss sich auch im Fall der **Präjudizialität** bewähren[12]. Ein solcher Fall liegt vor, wenn eine festgestellte oder verneinte Rechtsfolge in einem späteren Prozess mit identischen Beteilig-

---

1 BAG v. 6.6.2000 – 1 ABR 21/99, BAGE 95, 47 (53).
2 BAG v. 6.6.2000 – 1 ABR 21/99, BAGE 95, 47 (52); *Weth*, Das arbeitsgerichtliche Beschlussverfahren, S. 359.
3 *Weth*, Das arbeitsgerichtliche Beschlussverfahren, S. 360.
4 GMP/*Matthes/Schlewing*, § 91 Rz. 16; *Weth*, Das arbeitsgerichtliche Beschlussverfahren, S. 360.
5 *Weth*, Das arbeitsgerichtliche Beschlussverfahren, S. 360.
6 *Weth*, Das arbeitsgerichtliche Beschlussverfahren, S. 360.
7 *Weth*, Das arbeitsgerichtliche Beschlussverfahren, S. 360.
8 BAG v. 26.11.1968 – 1 ABR 7/68, AP Nr. 18 zu § 76 BetrVG; BAG v. 6.11.1973 – 1 ABR 15/73, AP Nr. 8 zu § 89 ArbGG 1953; *Weth*, Das arbeitsgerichtliche Beschlussverfahren, S. 36; GMP/*Matthes/Spinner*, § 84 Rz. 23.
9 BAG v. 6.6.2000 – 1 ABR 21/99, BAGE 95, 47 (53); *Weth*, Das arbeitsgerichtliche Beschlussverfahren, S. 360 ff.; GMP/*Matthes/Spinner*, § 84 Rz. 24.
10 BAG v. 20.3.1996 – 7 ABR 41/95, AP Nr. 32 zu § 19 BetrVG 1972; BAG v. 1.2.1983 – 1 ABR 33/78, NJW 1984, 1710.
11 BAG v. 1.2.1983 – 1 ABR 33/78, NJW 1984, 1710.
12 *Rosenberg/Schwab*, ZPR, 14. Aufl. 1986, § 155, S. 984; *Weth*, Das arbeitsgerichtliche Beschlussverfahren, S. 361.

24 Das Phänomen der Präjudizialität ist im Rahmen des arbeitsgerichtlichen Verfahrens durchaus **von praktischer Bedeutung**. Die Fälle, in denen eine Entscheidung, die im arbeitsgerichtlichen Beschlussverfahren ergangen ist, präjudizielle Wirkung entfaltet, sind nämlich nicht selten.

25 Genannt sei als **Beispiel** die Entscheidung über die Frage, ob ein ArbN leitender Angestellter iSd. § 5 Abs. 3 BetrVG ist. Diese Entscheidung bindet das Gericht in einem späteren Wahlanfechtungsverfahren (§ 19 BetrVG)[3]. Allerdings kann dem BAG insoweit nicht gefolgt werden, als es erklärt, dass eine Feststellung, wer von den Beteiligten leitender Angestellter ist, für und gegen alle wirkt, insbesondere alle Beteiligten dieses Verfahrens. Dies ist nur dann der Fall, wenn es sich um einen Gestaltungsbeschluss handelt oder der Gesetzgeber angeordnet hat, dass dieser Beschluss für und gegen alle wirkt. Ein Feststellungsbeschluss entfaltet nur Rechtskraft zwischen den Beteiligten. Das gilt auch im Falle der Präjudizialität. Auch hier entfaltet die Entscheidung des Erstprozesses nur dann Bindungswirkung, wenn die Beteiligten beider Prozesse identisch sind. Die Rechtskraft der ersten Entscheidung wirkt also nicht für und gegen alle, sondern nur für die Beteiligten des Feststellungsverfahrens[4].

26 Daher kann der **BR**, nachdem im Kündigungsschutzprozess des ArbN gegen den ArbGeb als Vorfrage die Frage entschieden worden ist, ob der ArbN leitender Angestellter ist[5], ein **Beschlussverfahren einleiten**, in dem er die Feststellung begehrt, der ArbN sei nicht leitender Angestellter. Die Rechtskraft der Entscheidung im Kündigungsrechtsstreit steht dem nicht entgegen, da sie sich nicht auf ihn erstreckt; er war am Kündigungsschutzverfahren nämlich nicht beteiligt[6].

27 Die präjudizielle Wirkung einer Entscheidung lässt sich auch am Beispiel einer **Entscheidung über die Ersetzung der Zustimmung zur außerordentlichen Kündigung** eines BR-Mitglieds verdeutlichen. Wird die Zustimmung des BR zur Kündigung durch das Gericht ersetzt, so hindert diese Entscheidung im Zustimmungsersetzungsverfahren das Gericht im Kündigungsschutzprozess des ArbN gegen den ArbGeb zu prüfen, ob die Kündigung unter Berücksichtigung aller Umstände berechtigt war[7]. Denn der gekündigte ArbN ist am Zustimmungsersetzungsverfahren zu beteiligen (§ 103 Abs. 2 Satz 2 BetrVG). Das Gericht trifft demnach im Zustimmungsersetzungsverfahren die präjudizierende Feststellung, dass eine außerordentliche Kündigung unter Berücksichtigung aller Umstände zum damaligen Zeitpunkt gerechtfertigt war und das Gericht ist in dem nachfolgenden Kündigungsschutzverfahren daran gebunden[8].

28 **Bindungswirkung** entfaltet aufgrund der ausdrücklichen gesetzlichen Regelung in § 127 Abs. 1 InsO auch eine Entscheidung im Beschlussverfahren (zum Kündigungsschutz) für eine Entscheidung im Urteilsverfahren (Kündigungsschutzprozess).

3. Die Grenzen der Rechtskraft

29 Die Rechtskraft eines arbeitsgerichtlichen Beschlusses ist nicht **zeitlich** begrenzt[9]. Ein rechtskräftiger Beschluss entfaltet daher materielle Rechtskraft auf Dauer[10]. Die Rechtskraft steht allerdings dann einer erneuten Entscheidung nicht entgegen, wenn eine wesentliche Änderung der tatsächlichen oder gesetzlichen Voraussetzungen eingetreten ist[11]. Eine solche wesentliche Änderung der tatsächlichen Verhältnisse liegt vor, wenn sich aufgrund der Änderung die Feststellung verbietet, der hinsichtlich der nunmehr vorgetrage-

---

1 BAG v. 20.3.1996 – 7 ABR 41/95, AP Nr. 32 zu § 19 BetrVG 1972; *Prütting*, RdA 1991, 257 (260); *Weth*, Das arbeitsgerichtliche Beschlussverfahren, S. 361.
2 *Prütting*, RdA 1991, 257 (260); *Weth*, Das arbeitsgerichtliche Beschlussverfahren, S. 361.
3 Vgl. BAG v. 5.3.1974 – 1 ABR 19/73, AP Nr. 1 zu § 5 BetrVG 1972.
4 *Weth*, Das arbeitsgerichtliche Beschlussverfahren, S. 362.
5 BAG v. 19.8.1975 – 1 AZR 5163/74, AP Nr. 5 zu § 102 BetrVG 1972.
6 *Weth*, Das arbeitsgerichtliche Beschlussverfahren, S. 363 mwN.
7 BAG v. 18.9.1997 – 2 ABR 15/97, AP Nr. 35 zu § 103 BetrVG 1972; BAG v. 24.4.1975 – 2 AZR 118/74, AP Nr. 3 zu § 103 BetrVG 1972; *Weth*, Das arbeitsgerichtliche Beschlussverfahren, S. 363; GK-ArbGG/*Ahrendt*, § 84 Rz. 41.
8 BAG v. 18.9.1997 – 2 ABR 15/97, AP Nr. 35 zu § 103 BetrVG 1972; BAG v. 24.4.1975 – 2 AZR 118/74, AP Nr. 3 zu § 103 BetrVG 1972.
9 *Weth*, Das arbeitsgerichtliche Beschlussverfahren, S. 365.
10 *Weth*, Das arbeitsgerichtliche Beschlussverfahren, S. 365.
11 BAG v. 1.2.1983 – 1 ABR 33/78, AP Nr. 14 zu § 322 ZPO m. zust. Anm. *Leipold*. Vgl. auch BAG v. 27.8.1968 – 1 ABR 6/68, AP Nr. 4 zu § 80 ArbGG 1953; BAG v. 27.1.1981 – 6 ABR 68/79, AP Nr. 2 zu § 80 ArbGG 1979; GMP/*Matthes/Spinner*, § 84 Rz. 26; *Weth*, Das arbeitsgerichtliche Beschlussverfahren, S. 365.

nen Verhältnisse bestehende Streit der Beteiligten sei schon entschieden worden[1]. Es müssen sich – wie das BAG an anderer Stelle ausführt – gerade diejenigen Tatsachen oder Rechtsgrundlagen geändert haben, die für die in der früheren Entscheidung ausgesprochene Rechtsfolge als maßgeblich angesehen worden sind[2]. Eine Änderung der Gesetzeslage macht eine neue Entscheidung dann möglich, wenn das neue Gesetz Rückwirkung entfaltet und auch bereits rechtskräftig entschiedene Fälle erfassen soll. Eine Rechtsänderung wird auch bei Dauerrechtsverhältnissen berücksichtigt werden müssen. In allen übrigen Fällen steht trotz Änderung der Gesetzeslage die Rechtskraft einer neuen Entscheidung entgegen[3]. Ein Wandel der Rspr. hat keine Auswirkungen auf die Rechtskraft einer Entscheidung[4].

Die **subjektiven Grenzen der Rechtskraft** sind umstritten. Nach Auffassung von *Grunsky* ist mancher, der nach § 83 Abs. 3 am Verfahren zu beteiligen ist, so wenig am Rechtsstreit interessiert, dass es ihm weder zugemutet werden könne noch ein praktisches Bedürfnis dafür bestehe, die Rechtskraft auch auf ihn zu erstrecken. Dies rechtfertige es, allein den Antragsteller und den Antragsgegner an den Beschluss zu binden[5]. Dagegen spricht aber, dass diese Ansicht die materielle Rechtskraft in unvertretbarer Weise eingrenzt[6]. Sie verkennt zudem, dass das Gesetz für eine Beschränkung der Rechtskraft lediglich auf Antragsteller und Antragsgegner keinen Anhaltspunkt enthält[7]. Die Ansicht von *Grunsky* ist daher abzulehnen.

Demgegenüber will die wohl hM die Rechtskraft einer Entscheidung nicht nur auf den Antragsteller und den Antragsgegner, sondern auf alle formell Beteiligten erstrecken[8]. Das BAG hat insoweit ausgeführt, die Rechtskraft eines Beschlusses erstrecke sich auf alle Beteiligten des Verfahrens, insbesondere damit auf Antragsteller und Antragsgegner[9]. *Matthes* und *Spinner* wollen über die hM hinausgehen und die Rechtskraft auf alle Beteiligten erstrecken unabhängig davon, ob sie sich im Verfahren geäußert haben oder nicht, dh. auch auf diejenigen, die nur materiell Beteiligte, nicht aber formell Beteiligte sind[10]. Wenn aber ein materiell Beteiligter vom Gericht nicht formell am Verfahren beteiligt worden ist, liegt ein Fall fehlerhafter Nichtbeteiligung vor. In diesem Fall erstreckt sich die Rechtskraft nicht auf denjenigen, der fehlerhaft nicht beteiligt worden ist. Er kann die im Verfahren entschiedenen Fragen zum Gegenstand eines neuen Verfahrens machen; er ist daran nicht durch die Rechtskraft der Entscheidung im ursprünglichen Verfahren gehindert[11]. Es ist daher mit der hM davon auszugehen, dass sich die Rechtskraft auf alle formell Beteiligten erstreckt.

Welche Teile der Entscheidung in Rechtskraft erwachsen, ist eine Frage der **objektiven Grenzen der Rechtskraft**. Unstreitig erwächst der Entscheidungssatz in Rechtskraft[12]. Darüber hinaus müssen nach hM aber auch die Entscheidungsgründe herangezogen werden, wenn der Streitgegenstand und damit der Umfang der Rechtskraft abgegrenzt werden soll[13].

Da bei abweisenden Entscheidungen dem Entscheidungssatz nicht zu entnehmen ist, worüber entschieden wurde, ist bei diesen Entscheidungen die Heranziehung der Entscheidungsgründe zur Bestimmung der Rechtskraft zwingend notwendig[14]. Für die tragenden Abweisungsgründe ist eine Bindungswirkung zu bejahen[15].

---

1 BAG v. 1.2.1983 – 1 ABR 33/78, AP Nr. 14 zu § 322 ZPO; vgl. auch BAG v. 20.3.1996 – 7 ABR 41/95, AP Nr. 32 zu § 19 BetrVG 1972.
2 BAG v. 6.6.2000 – 1 ABR 21/99, BAGE 95, 47 (55).
3 Vgl. *Weth*, Das arbeitsgerichtliche Beschlussverfahren, S. 365 f.
4 BAG v. 20.3.1996 – 7 ABR 41/95, AP Nr. 32 zu § 19 BetrVG 1972.
5 *Grunsky*, ArbGG, 7. Aufl. 1995, § 80 Rz. 50; *Grunsky*, Anm. zu BAG v. 27.1.1981 – 6 ABR 68/79, AP Nr. 2 zu § 80 ArbGG 1979.
6 *Prütting*, RdA 1991, 257 (260); *Weth*, Das arbeitsgerichtliche Beschlussverfahren, S. 366.
7 BAG v. 27.1.1981 – 6 ABR 68/79, AP Nr. 2 zu § 80 ArbGG 1979; vgl. dazu auch *Prütting*, RdA 1991, 257 (260); *Weth*, Das arbeitsgerichtliche Beschlussverfahren, S. 366.
8 GK-ArbGG/*Ahrendt*, § 84 Rz. 27; *Prütting*, RdA 1991, 257 (260); *Weth*, Das arbeitsgerichtliche Beschlussverfahren, S. 366 f.
9 BAG v. 20.3.1996 – 7 ABR 41/95, AP Nr. 32 zu § 19 BetrVG 1972.
10 GMP/*Matthes/Spinner*, § 84 Rz. 28 f.
11 *Weth*, Das arbeitsgerichtliche Beschlussverfahren, S. 222 und S. 366.
12 Zöller/*Vollkommer*, Vor § 322 ZPO Rz. 31; MünchKommZPO/*Gottwald*, § 322 Rz. 85; *Weth*, Das arbeitsgerichtliche Beschlussverfahren, S. 367.
13 Vgl. nur Zöller/*Vollkommer*, Vor § 322 ZPO Rz. 31.
14 BAG v. 12.6.1990 – 3 AZR 524/88, DB 1990, 2271; BAG v. 21.9.1989 – 1 ABR 32/89, AP Nr. 72 zu § 99 BetrVG 1972.
15 Vgl. *Weth*, Das arbeitsgerichtliche Beschlussverfahren, S. 367 mwN.

33 Nicht von der Rechtskraft erfasst werden hingegen die einzelnen Urteilselemente, also die tatsächlichen Feststellungen, die Feststellungen einzelner Tatbestandsmerkmale, die der Entscheidung zugrunde liegenden vorgreiflichen Rechtsverhältnisse, sonstige Vorfragen sowie die Schlussfolgerungen, auch wenn diese für die Entscheidung tragend gewesen sind.

§ 85 Zwangsvollstreckung

(1) Soweit sich aus Absatz 2 nichts anderes ergibt, findet aus rechtskräftigen Beschlüssen der Arbeitsgerichte oder gerichtlichen Vergleichen, durch die einem Beteiligten eine Verpflichtung auferlegt wird, die Zwangsvollstreckung statt. Beschlüsse der Arbeitsgerichte in vermögensrechtlichen Streitigkeiten sind vorläufig vollstreckbar; § 62 Abs. 1 Satz 2 bis 5 ist entsprechend anzuwenden. Für die Zwangsvollstreckung gelten die Vorschriften des Achten Buches der Zivilprozessordnung entsprechend mit der Maßgabe, dass der nach dem Beschluss Verpflichtete als Schuldner, derjenige, der die Erfüllung der Verpflichtung auf Grund des Beschlusses verlangen kann, als Gläubiger gilt und in den Fällen des § 23 Abs. 3, des § 98 Abs. 5 sowie der §§ 101 und 104 des Betriebsverfassungsgesetzes eine Festsetzung von Ordnungs- oder Zwangshaft nicht erfolgt.

(2) Der Erlass einer einstweiligen Verfügung ist zulässig. Für das Verfahren gelten die Vorschriften des Achten Buches der Zivilprozessordnung über die einstweilige Verfügung entsprechend mit der Maßgabe, dass die Entscheidungen durch Beschluss der Kammer ergehen, erforderliche Zustellungen von Amts wegen erfolgen und ein Anspruch auf Schadensersatz nach § 945 der Zivilprozessordnung in Angelegenheiten des Betriebsverfassungsgesetzes nicht besteht. Eine in das Schutzschriftenregister nach § 945a Absatz 1 der Zivilprozessordnung eingestellte Schutzschrift gilt auch als bei allen Arbeitsgerichten der Länder eingereicht.

I. Regelungsinhalt 1	(bb) Vollstreckung gegen die Mitglieder der Stelle persönlich 32
II. Anwendungsbereich 2	3. Entsprechende Anwendung der Vorschriften des Achten Buches der ZPO 38
III. Die Zwangsvollstreckung im Beschlussverfahren (§ 85 Abs. 1) 3	a) Funktionelle Zuständigkeit 39
1. Vollstreckbarkeit (Abs. 1 Satz 1, 2) 4	b) Zustellung des Titels 40
a) Beschlüsse der Arbeitsgerichte 5	c) Durchführung der Zwangsvollstreckung .. 41
aa) Rechtskräftige Beschlüsse (Abs. 1 Satz 1) 6	d) Schadensersatz bei Aufhebung des Beschlusses 42
bb) Beschlüsse in vermögensrechtlichen Angelegenheiten (Abs. 1 Satz 2) 8	e) Kosten der Zwangsvollstreckung 43
b) Gerichtliche Vergleiche (Abs. 1 Satz 1) 13	4. Einschränkung der Vollstreckung in einzelnen Fallgruppen (Abs. 1 Satz 3) 45
c) Sonstige Titel 14	a) § 23 Abs. 3 BetrVG 46
2. Gläubiger und Schuldner (Abs. 1 Satz 3) 15	b) § 98 Abs. 5 BetrVG 48
a) Verpflichteter und Berechtigter 16	c) §§ 101, 104 BetrVG 49
b) Gläubiger- und Schuldnerfähigkeit im Beschlussverfahren 17	IV. Der einstweilige Rechtsschutz im Beschlussverfahren (Abs. 2) 50
aa) Natürliche und juristische Personen ... 18	1. Praktische Relevanz 51
bb) Betriebsrat und andere Stellen 19	2. Arten 52
(1) Stellen als Vollstreckungsgläubiger ... 20	3. Ausschluss 54
(a) Vollstreckung wegen einer Geldforderung 21	a) §§ 99 ff. BetrVG 55
(b) Herausgabevollstreckung 22	b) § 98 Abs. 5 BetrVG 56
(c) Erzwingung vertretbarer Handlungen 23	c) § 104 BetrVG 57
(d) Erzwingung unvertretbarer Handlungen, Duldungen und Unterlassungen 24	d) § 103 BetrVG 58
(2) Stelle als Vollstreckungsschuldner ... 25	e) § 100 ArbGG 59
(a) Vollstreckung wegen einer Geldforderung 26	f) § 97 ArbGG 60
(b) Herausgabevollstreckung 27	g) § 16 Abs. 2, § 17 Abs. 4, § 18 Abs. 1, § 23 Abs. 1 und Abs. 2 BetrVG 61
(c) Erzwingung von Handlungen, Duldungen und Unterlassungen 30	4. Verhältnis zwischen § 85 Abs. 2 und § 23 Abs. 3 BetrVG 62
(aa) Vollstreckung gegen die Stelle als solche 31	5. Allgemeine Voraussetzungen für die Zulässigkeit und die Begründetheit des Gesuchs 63
	a) Verfügungsanspruch 64

b) Verfügungsgrund 65
6. Verfahrensrechtliche Besonderheiten im Beschluss(eil)verfahren 66
   a) Zuständigkeit des Amtsgerichts 67
   b) Eilkompetenz des Vorsitzenden 68
   c) Verzicht auf mündliche Verhandlung 69
   d) Bedeutung des Untersuchungsgrundsatzes . 70
   e) Zustellungen von Amts wegen 74
   f) Rechtsbehelfe 75
   g) Vollziehung 76
   h) Schutzschrift 77
   i) Ausschluss von Schadensersatzansprüchen . 78
7. Typische Fallgruppen von einstweiligen Verfügungen 79
   a) Betriebsratswahlen 80
      aa) Verfügungsansprüche 81
      bb) Möglicher Inhalt des Verfügungsanspruches 84
      cc) Verfügungsgrund 85
   b) Betriebsversammlung 86
      aa) Verfügungsansprüche des Arbeitgebers 87
      bb) Verfügungsgrund 88
   c) Zutrittsrecht der Gewerkschaft zum Betrieb 89
      aa) Verfügungsanspruch einer im Betrieb vertretenen Gewerkschaft 90
      bb) Verfügungsgrund 91
   d) Amtsausübung 92
      aa) Verfügungsansprüche 93
      bb) Verfügungsgrund 94
   e) Materielle Ausstattung des Betriebsrats ... 95
      aa) Verfügungsanspruch 96
      bb) Verfügungsgrund 97
   f) Schulungsveranstaltungen 98
      aa) Rechtsgrundlagen für mögliche Verfügungsansprüche 99
      bb) Vollstreckbarkeit der Ansprüche 100
      cc) Verfügungsgrund 102
   g) Beteiligungsrechte des Betriebsrats 103
      aa) Soziale Angelegenheiten 104
         (1) Verfügungsanspruch 105
         (2) Verfügungsgrund 107
      bb) Personelle Angelegenheiten 108
      cc) Wirtschaftliche Angelegenheiten 110
      dd) Missbrauch von Mitbestimmungsrechten 114
8. Grenzüberschreitende vorläufige Kontenpfändung 115

Schrifttum: Zur Zwangsvollstreckung im Beschlussverfahren: *Herbst/Bertelsmann/Reiter*, Arbeitsgerichtliches Beschlussverfahren, 2. Aufl. 1998, Teil 5; *Jahnke*, Zwangsvollstreckung in der Betriebsverfassung, 1977; *Rewolle*, Die Zwangsvollstreckung gegen den Betriebsrat, BB 1974, 888; *Rudolf*, Vorläufige Vollstreckbarkeit von Beschlüssen des Arbeitsgerichtes, NZA 1988, 420; *Weth*, Das arbeitsgerichtliche Beschlussverfahren, 1995, S. 346.
Zum einstweiligen Rechtsschutz im Beschlussverfahren: *Baur*, Verfahrens- und materiell-rechtliche Probleme des allgemeinen Unterlassungsanspruchs des Betriebsrats bei betriebsverfassungswidrigen Maßnahmen des Arbeitgebers, ZfA 1997, 445; *Bengelsdorf*, Unzulässigkeit einer Untersagungsverfügung bei Betriebsänderungen, DB 1990, 1233, 1282; *Bengelsdorf*, Rechtliche Möglichkeiten zur Beschleunigung des erzwingbaren Einigungsstellenverfahrens, BB 1991, 613; *Bertelsmann*, Einstweilige Verfügungen im Beschlussverfahren, AiB 1998, 689; *Bram*, Wahlstop im Eilbeschlussverfahren, FA 2006, 66; *Christoffer*, Die Schutzschrift im arbeitsgerichtlichen Eilverfahren, 2007; *Dütz*, Einstweiliger Rechts- und Interessenschutz in der Betriebsverfassung, ZfA 1972, 247; *Dütz*, Unterlassungs- und Beseitigungsansprüche des Betriebsrates gegen den Arbeitgeber im Anwendungsbereich von § 87 BetrVG, Rechtsgutachten, 1983; *Dütz*, Verfassungsmäßige Gewährleistung eines vorbeugenden Rechtsschutzes im Betriebsverfassungsrecht, Rechtsgutachten, 1984; *Dütz*, Erzwingbare Verpflichtungen des Arbeitgebers gegenüber dem Betriebsrat, DB 1984, 115; *Dütz*, Effektiver Rechtsschutz des Betriebsrates beim Interessenausgleich, AuR 1998, 181; *Dunkl/Moeller/Baur/Feldmeier*, Handbuch des vorläufigen Rechtsschutzes, 3. Aufl. 1999 (Teil B Abschnitt B bearbeitet von *Baur*); *Ehler*, Einstweilige Verfügung auf Unterlassung betriebsbedingter Kündigungen, BB 1994, 2270; *Ehler*, Schutzschrift zur Abwehr einer einstweiligen Verfügung auf Unterlassung einer Betriebsänderung, BB 2000, 978; *Ehrich*, Einstweilige Verfügung gegen betriebsbedingte Kündigungen, BB 1993, 356; *Ernst*, Rechtsprechung zur einstweiligen Verfügung wegen Betriebsänderung und zu deren Gegenstandswert, AuR 2002, 19; *Faecks*, Die einstweilige Verfügung im Arbeitsrecht, NZA 1985, Beil. 3, S. 6; *Faecks*, Checkliste zur einstweiligen Verfügung im Arbeitsrecht, NZA 1985, 591; *Fay/Homburg*, Einstweiliger Rechtsschutz im Zusammenhang mit Betriebsratswahlen, AuR 2012, 290; *Francken*, Weitere Optimierung des arbeitsgerichtlichen Verfahrens, NJW 2007, 1792; *Francken/Natter/Rieker*, Der Referentenentwurf vom 16.5.2007 und weitere Optimierungsvorschläge zum arbeitsgerichtlichen Verfahren, NZA 2007, 833; *Gastell/Heilmann*, Anspruch des Betriebsrates aus einem Interessenausgleich, FA 1998, 102; *Gaul*, Der Unterlassungsanspruch durch einstweilige Verfügung im Arbeitsrecht, Aktuelle Aspekte des Arbeitsrechts, 1987, S. 365; *Gentz*, Schutz gegen den Missbrauch (?) von Mitbestimmungsrechten, NZA 2004, 1011; *Haas*, Die einstweilige Verfügung im personalvertretungsrechtlichen Beschlussverfahren, ZTR 1994, 3; *Hartwig*, Einstweiliger Rechtsschutz in Arbeitsgerichtsverfahren, Jura 2009, 370; *Heider*, Der Eilantrag auf Abbruch von Betriebsratswahlen, NZA 2010, 488; *Heinze*, Die betriebsverfassungsrechtlichen Ansprüche des Betriebsrates gegenüber dem Arbeitgeber, DB 1983, Beil. 9; *Heinze*, Einstweiliger Rechtsschutz im arbeitsgerichtlichen Verfahren, RdA 1986, 273; *Heinze*, Verfahren und Entscheidung der Einigungsstelle, RdA 1990, 262; *Held*, Der Erlass einstweiliger Verfügungen gegen den Wahlvorstand nach Einleitung einer Betriebsratswahl, DB 1985, 1691; *Hempel*, Der einstweilige Rechtsschutz im mitarbeitervertretungsrechtlichen Verfahren nach dem MVG.EKD, NZA 2015, 1488; *Herbst/Bertelsmann/Reiter*, Arbeitsgerichtliches Beschlussverfahren, 2. Aufl. 1998, Teil 4; *Konzen*, Betriebsverfassungsrechtliche Leistungspflichten des Abeitgebers, 1984; *Konzen*, Rechtsfragen bei der Sicherung der betrieblichen Mitbestimmung, NZA 1995, 865; *Korinth*, Einstweiliger Rechtsschutz im Arbeitsgerichtsverfahren, 3. Aufl. 2015; *Leisten*, Einstweilige Verfügung zur Sicherung von Mitbestimmungsrechten des Betriebsrates beim Einsatz von Fremdfirmen, BB 1992, 266; *Lipinski/Reinhard*, Kein Unterlassungsanspruch des Betriebsrats bei Betriebsänderungen – auch nicht bei Berücksichtigung der Richtlinie 2002/14/EG, NZA 2009, 1184; *Olderog*, Probleme des einstweiligen Rechtsschutzes im Bereich der sozialen Mitbestimmung,

NZA 1985, 753; *Otto/Schmidt*, Bestellung des Wahlvorstands – Grenzen und Rechtsschutzmöglichkeiten, NZA 2014, 169; *Pahle*, Der vorläufige Rechtsschutz des Betriebsrates gegen mitbestimmungswidrige Maßnahmen des Arbeitgebers, NZA 1990, 51; *Pflüger*, Der Unterlassungsanspruch des Betriebsrates bei Betriebsänderungen, DB 1998, 2062; *Prütting*, Unterlassungsanspruch und einstweilige Verfügung in der Betriebsverfassung, RdA 1995, 257; *Raab*, Der Unterlassungsanspruch des Betriebsrates, ZfA 1997, 183; *Richter*, Einstweilige Verfügung im Beschlussverfahren, PersR 1991, 12; *Rieble/Triskatis*, Vorläufiger Rechtsschutz im Betriebsratswahlverfahren, NZA 2006, 233; *Roos*, Die Durchsetzung der betriebsverfassungsrechtlichen Beteiligungsrechte, AiB 1996, 545; *Schäfer*, Der einstweilige Rechtsschutz im Arbeitsrecht, 1996; *Schmädicke*, Der Verfügungsgrund beim Antrag des Betriebsrats auf Unterlassung von Personalabbaumaßnahmen, NZA 2004, 295; *Schwonberg*, Die einstweilige Verfügung des Arbeitgebers in Mitbestimmungsangelegenheiten im Rechtsschutzsystem der Betriebsverfassung, 1997; *Trittin*, Der Unterlassungsanspruch des Betriebsrates zur Sicherung seiner Mitwirkungsrechte gem. §§ 90, 111, 112 BetrVG, DB 1983, 230; *Trittin*, Betriebsräte ohne vorbeugenden Rechtsschutz?, BB 1984, 1169; *Tschöpe*, Anwalts-Handbuch Arbeitsrecht, 9. Aufl. 2015, Teil 5 (bearbeitet von *Wessel*); *Veit/Wichert*, Betriebsratswahlen: Einstweilige Verfügung gegen rechtswidrige Maßnahmen des Wahlvorstands, DB 2006, 390; *Walker*, Der einstweilige Rechtsschutz im Zivilprozess und im arbeitsgerichtlichen Verfahren, 1993; *Walker*, Zum Unterlassungsanspruch des Betriebsrates bei mitbestimmungswidrigen Maßnahmen des Arbeitgebers, DB 1995, 1961; *Walker*, Verfahrensrechtliche Streitfragen im arbeitsgerichtlichen Eilverfahren, Gedächtnisschrift für Heinze, 2005, 1009; *Walker*, Grundlagen und aktuelle Entwicklungen des einstweiligen Rechtsschutzes im Arbeitsgerichtsprozess, ZfA 2005, 45; *Walker*, Zum Unterlassungsanspruch des Betriebsrats bei Betriebsänderungen, FA 2008, 290; *Wenzel*, Risiken des schnellen Rechtsschutzes – Zur einstweiligen Verfügung im Arbeitskampf-, Vertrags- und Betriebsverfassungsrecht, NZA 1984, 112; *Wichert*, Einstweiliger Rechtsschutz bei Betriebsratswahlen, AuA 2010, 148; *Winterfeld*, Einstweiliger Rechtsschutz bei fehlerhafter Betriebsratswahl, NZA 1990, Beil. 1, S. 20; *Worzalla*, Für die Zulässigkeit der einstweiligen Regelungsverfügung im Beschlussverfahren bei mitbestimmungspflichtigen Angelegenheiten, BB 2005, 1737; *Zwanziger*, Gerichtliche Eingriffe in laufende Betriebsratswahlen, DB 1999, 2264.

I. Regelungsinhalt

1 § 85 ist die einzige Vorschrift im ArbGG mit einem inhaltlichen Regelungsgehalt **zur Zwangsvollstreckung** und **zum einstweiligen Rechtsschutz** im arbeitsgerichtlichen Beschlussverfahren. Soweit § 85 nicht auf § 62 verweist und auch keine eigenen Sonderregelungen trifft, gelten gem. § 85 Abs. 1 Satz 3 die Vorschriften des Achten Buches der ZPO entsprechend. Der Aufbau der Norm ist übersichtlicher als der des § 62: Abs. 1 betrifft die Zwangsvollstreckung, Abs. 2 den einstweiligen Rechtsschutz im arbeitsgerichtlichen Beschlussverfahren.

II. Anwendungsbereich

2 Aus der systematischen Stellung des § 85 im ersten Unterabschnitt (erster Rechtszug) des zweiten Abschnitts (Beschlussverfahren) innerhalb des dritten Teils (Verfahren vor den Gerichten für Arbeitssachen) folgt, dass die Vorschrift unmittelbar nur im **erstinstanzlichen Beschlussverfahren** gilt. Für die Zwangsvollstreckung in der **Beschwerdeinstanz** verweist § 87 Abs. 2 Satz 1 auf § 85. Für die **Rechtsbeschwerdeinstanz** erklärt § 92 Abs. 2 Satz 1 ebenfalls den § 85 für entsprechend anwendbar; allerdings findet gem. § 92 Abs. 1 Satz 3 im Eilverfahren innerhalb des arbeitsgerichtlichen Beschlussverfahrens keine Rechtsbeschwerde statt. Im **Urteilsverfahren** gilt für die Zwangsvollstreckung und für den einstweiligen Rechtsschutz nicht § 85, sondern ausschließlich § 62, der bis auf einzeln genannte Abweichungen die Vorschriften des Achten Buches der ZPO für anwendbar erklärt.

III. Die Zwangsvollstreckung im Beschlussverfahren (§ 85 Abs. 1)

3 § 85 Abs. 1 trifft in Satz 1 und 2 eine **von der ZPO** und von § 62 Abs. 1 **abweichende Regelung** über die Vollstreckbarkeit arbeitsgerichtlicher Beschlüsse und gerichtlicher Vergleiche im Beschlussverfahren, in Satz 3 Halbs. 1 eine Regelung zur Bestimmung von Schuldner und Gläubiger und in Satz 3 Halbs. 2 für bestimmte Fälle einen Ausschluss der Festsetzung von Ordnungs- und Zwangshaft.

1. Vollstreckbarkeit (Abs. 1 Satz 1, 2)

4 Für die Vollstreckbarkeit von arbeitsgerichtlichen Beschlüssen und gerichtlichen Vergleichen treffen die Sätze 1 und 2 **Sonderregelungen**. Diese sind hinsichtlich der in Betracht kommenden Titel aber nicht abschließend (zu sonstigen Vollstreckungstiteln s. noch Rz. 14).

a) Beschlüsse der Arbeitsgerichte

Die Vollstreckbarkeit von arbeitsgerichtlichen Beschlüssen hängt davon ab, ob es um eine **vermögensrechtliche** oder um eine **nicht vermögensrechtliche** Streitigkeit geht.

aa) Rechtskräftige Beschlüsse (Abs. 1 Satz 1)

Beschlüsse der ArbG in anderen als vermögensrechtlichen Streitigkeiten sind grds. **nicht vorläufig**, sondern erst mit Eintritt der Rechtskraft **vollstreckbar**. Deshalb darf ein vom ArbG eingesetzter Wahlvorstand (§ 17 Abs. 4 BetrVG) die BR-Wahl erst durchführen, wenn der Bestellungsbeschluss rechtskräftig ist[1]. Erstinstanzliche Beschlüsse werden mit Ablauf der Beschwerdefrist (§ 87 Abs. 2, § 66 Abs. 1 Satz 1)[2], Beschlüsse der LAGe (falls die Rechtsbeschwerde zugelassen wurde) mit Ablauf der Frist für die Einlegung der Rechtsbeschwerde (§ 92 Abs. 2 Satz 1, § 74 Abs. 1 Satz 1) oder (wenn die Rechtsbeschwerde nicht zugelassen wurde) mit Ablauf der Frist für die Einlegung der Nichtzulassungsbeschwerde (§ 92a Satz 2, § 72a Abs. 2 Satz 1)[3] rechtskräftig. Der **Grund dieser Beschränkung der Vollstreckbarkeit** liegt darin, dass die Durchführung von Beschlüssen in nicht vermögensrechtlichen Angelegenheiten der Betriebsverfassung in aller Regel weder rückgängig gemacht noch sachgerecht in Geld ausgeglichen werden kann[4]. Falls der BR vollstreckt, könnte er als vermögensloses Organ ohnehin nicht auf Schadensersatz in Anspruch genommen werden. Soweit es nach Satz 1 keine vorläufige Vollstreckbarkeit gibt, ist § 717 Abs. 2 ZPO, der als Anspruchsgrundlage für einen Schadensersatzanspruch in Betracht käme, von vornherein nicht anwendbar (s. noch Rz. 42). Auch § 62 Abs. 1 Satz 2–5 über den Ausschluss der vorläufigen Vollstreckbarkeit und die Einstellung der Zwangsvollstreckung spielen bei denjenigen Titeln im Beschlussverfahren, bei denen es gar keine vorläufige Vollstreckbarkeit gibt, keine Rolle.

Nur solche rechtskräftigen Beschlüsse sind vollstreckungsfähig, durch die **einem Beteiligten eine Verpflichtung auferlegt** wird. Das kann die Verpflichtung zur Zahlung eines Geldbetrages (s. dazu aber noch Rz. 8 ff.), zur Herausgabe von Sachen, zur Vornahme einer Handlung, Duldung oder Unterlassung oder zur Abgabe einer Willenserklärung sein. Nicht vollstreckbar sind dagegen lediglich feststellende (zB Feststellung einer betriebsratsfähigen Organisationseinheit nach § 18 Abs. 2 BetrVG; Feststellung der Tariffähigkeit oder -zuständigkeit einer Vereinigung nach § 97) oder gestaltende Beschlüsse (zB Bestellung [§ 16 Abs. 2, § 17 Abs. 4, § 23 Abs. 2 BetrVG] oder Ersetzung [§ 18 Abs. 1 Satz 2 BetrVG] des Wahlvorstandes; Stattgabe einer Wahlanfechtung gem. § 19 BetrVG; Ausschluss eines BR-Mitglieds aus dem BR oder Auflösung des BR gem. § 23 Abs. 1 BetrVG; Zustimmungsersetzung gem. § 99 Abs. 4, § 103 Abs. 2 BetrVG). Das ist keine Besonderheit gegenüber der Vollstreckung nach § 62 oder nach der ZPO, weil auch dort nur Leistungsurteile, nicht aber Feststellungs- oder Gestaltungsurteile vollstreckbar sind. Feststellende oder gestaltende arbeitsgerichtliche Beschlüsse sind allerdings auch nicht wegen der Kosten vollstreckbar, weil es im Beschlussverfahren nach ganz hM keine Kostenentscheidung gibt (s. dazu § 84 Rz. 8 ff.)[5]. Deshalb sind auch solche Beschlüsse, die ein Leistungsbegehren abweisen, nicht vollstreckbar.

bb) Beschlüsse in vermögensrechtlichen Angelegenheiten (Abs. 1 Satz 2)

Arbeitsgerichtliche Beschlüsse in vermögensrechtlichen Angelegenheiten sind schon **vor Rechtskraft vorläufig vollstreckbar**. Das sind solche Beschlüsse, die auf Geldzahlung oder Sachleistung gerichtet sind (insbes. nach § 20 Abs. 3, § 40 Abs. 1 BetrVG). Hier ist eine Rückgängigmachung bei späterer Aufhebung des Titels noch am ehesten denkbar. Dagegen zählen Streitigkeiten über Beteiligungsrechte der betriebsverfassungsrechtlichen Organe nicht zu den vermögensrechtlichen Angelegenheiten iSd. § 85 Abs. 1 Satz 2, selbst wenn es im Ergebnis um die Verfolgung wirtschaftlicher Zwecke geht[6]; denn hier stehen das Ob, der Umfang und die Ausübung des Beteiligungsrechts im Vordergrund, und ein vollzogener Beschluss dazu lässt sich für die Vergangenheit weder rückabwickeln noch in Geld ausgleichen. Deshalb sind Beschlüsse über die Pflicht zur Aufstellung eines Sozialplans[7], über dessen Durchführung[8] oder über die Wirksamkeit einer ohne Mitwirkung des BR geregelten Lohngestaltung nicht vorläufig vollstreckbar.

---

1 LAG Hamm v. 14.8.2009 – 10 TaBVGa 3/09, NZA-RR 2010, 191 f.
2 BAG v. 27.1.1981 – 6 ABR 68/79, BAGE 35, 1.
3 BAG v. 25.1.1979 – 2 AZR 983/77, AP Nr. 12 zu § 103 BetrVG 1972.
4 *Walker*, Der einstweilige Rechtsschutz, Rz. 787.
5 GMP/*Matthes/Spinner*, § 84 Rz. 31; GK-ArbGG/*Vossen*, § 85 Rz. 9; *Weth*, Beschlussverfahren, S. 253 mwN.
6 ErfK/*Koch*, § 85 ArbGG Rz. 1; GMP/*Matthes/Spinner*, § 85 Rz. 6; GK-ArbGG/*Vossen*, § 85 Rz. 11; Hauck/Helml/Biebl/*Hauck*, § 85 Rz. 4; aM *Dütz*, DB 1980, 1120 (1122); *Herbst/Bertelsmann/Reiter*, Arbeitsgerichtliches Beschlussverfahren, Rz. 175; *Rudolf*, NZA 1988, 420.
7 Vgl. LAG Nds. v. 19.12.1986 – 6 Ta 446/86, DB 1987, 1440.
8 BAG v. 22.1.2013 – 1 ABR 92/11, DB 2013, 1184 (Ls.).

9 Nach dem Gesetzeswortlaut, der vergleichbar wie in § 62 Abs. 1 Satz 1 formuliert ist, tritt die vorläufige Vollstreckbarkeit kraft Gesetzes ein. Trotzdem wird allgemein ein ausdrücklicher **Ausspruch der vorläufigen Vollstreckbarkeit im Beschluss** verlangt oder jedenfalls angeregt[1]. Eine solche Klarstellung[2] ist in der Tat aus Gründen der Rechtssicherheit sinnvoll; denn dem Tenor in der Hauptsache kann nicht immer ohne weiteres entnommen werden, ob es um eine vermögensrechtliche Streitigkeit geht.

10 Der Ausspruch der vorläufigen Vollstreckbarkeit wird wie im Zivilprozess **von Amts wegen** in den Tenor aufgenommen. Unterbleibt ein solcher Ausspruch, ist der Beschluss auf Antrag durch das Prozessgericht nachträglich zu ergänzen (§ 85 Abs. 1 Satz 3 ArbGG iVm. §§ 716, 321 ZPO). Falls gegen den Beschluss Beschwerde nach § 87 eingelegt wird, kann auch in der Beschwerdeinstanz beantragt werden, dass über die vorläufige Vollstreckbarkeit vorab verhandelt und entschieden wird (§ 85 Abs. 1 Satz 3 ArbGG iVm. § 718 Abs. 1 ZPO); diese Entscheidung ist gem. § 718 Abs. 2 ZPO unanfechtbar.

11 Von dem Grundsatz der vorläufigen Vollstreckbarkeit von Beschlüssen in vermögensrechtlichen Streitigkeiten macht **§ 23 Abs. 3 BetrVG** keine Ausnahme[3]. Zwar darf die Verurteilung zu einem Ordnungs- oder Zwangsgeld nach § 23 Abs. 3 Satz 2, 3 BetrVG erst erfolgen, wenn der ArbGeb einer rechtskräftigen Entscheidung iSv. § 23 Abs. 3 Satz 1 BetrVG zuwider gehandelt hat. Aber bei dieser auf Vornahme einer Handlung, Duldung oder Unterlassung gerichteten Entscheidung geht es auch nicht um eine vermögensrechtliche Streitigkeit; vielmehr soll § 23 Abs. 3 BetrVG vor allem die zukünftige Einhaltung der Mitwirkungs- und Mitbestimmungsrechte des BR sichern[4]. Daher ist es geradezu konsequent, wenn die den §§ 888, 890 ZPO vergleichbare Zwangsvollstreckung gem. § 23 Abs. 3 Satz 2, 3 BetrVG erst nach Rechtskraft möglich ist. Zum Verhältnis zwischen der Vollstreckung nach § 85 Abs. 1 und derjenigen nach § 23 Abs. 3 BetrVG s. im Übrigen noch Rz. 47.

12 Bei der Durchsetzung vorläufig vollstreckbarer Beschlüsse findet gem. Abs. 1 Satz 2 Halbs. 2 die Regelung des **§ 62 Abs. 1 Satz 2–5** über den Ausschluss der vorläufigen Vollstreckbarkeit und die Einstellung der Zwangsvollstreckung entsprechende Anwendung. Die vorläufige Vollstreckbarkeit kann also ausgeschlossen werden, wenn der Schuldner einen nicht zu ersetzenden Nachteil (s. § 62 Rz. 12 ff.) glaubhaft macht. Nur unter dieser engen Voraussetzung kommt auch eine Einstellung der Zwangsvollstreckung in Betracht, wenn der Verpflichtete sich gegen den vorläufig vollstreckbaren Beschluss gem. § 719 ZPO und gegen einen rechtskräftigen Beschluss gem. § 707 ZPO wehrt (§ 62 Rz. 28 ff.). Die Einstellung kann auch bei der Beschlussvollstreckung nur ohne Sicherheitsleistung erfolgen (§ 62 Rz. 32, Rz. 37)[5]. Die Entscheidung über den Einstellungsantrag trifft der Vorsitzende allein durch Beschluss (§ 62 Rz. 35 f.). Sie ist nicht anfechtbar, kann aber aufgrund einer Gegenvorstellung abgeändert werden (§ 62 Rz. 38 f.).

b) Gerichtliche Vergleiche (Abs. 1 Satz 1)

13 Die Zulässigkeit von gerichtlichen Vergleichen im arbeitsgerichtlichen Beschlussverfahren ist in § 83a, der durch die ArbGG-Novelle vom 21.5.1979 eingefügt wurde, ausdrücklich geregelt. Gerichtliche Vergleiche sind schon nach § 794 Abs. 1 Nr. 1 ZPO Vollstreckungstitel; insofern hat ihre Erwähnung in § 85 Abs. 1 Satz 1 lediglich eine klarstellende Bedeutung. Vergleiche kommen allerdings nur bei einer Vollstreckung nach § 85 als Titel in Betracht, nicht dagegen bei einer solchen nach § 23 Abs. 3 Satz 2 BetrVG; denn dort wird die Vollstreckung ausdrücklich von einem Verstoß gegen eine rechtskräftige gerichtliche Verurteilung abhängig gemacht (s. noch Rz. 47). Vergleiche müssen wie Beschlüsse einen vollstreckungsfähigen Inhalt haben, also einem Beteiligten eine hinreichend bestimmte[6] Verpflichtung auferlegen. Die Voraussetzung der Rechtskraft spielt bei Vergleichen ebenso wie die Unterscheidung zwischen vermögensrechtlichen und anderen Streitigkeiten keine Rolle. Der Vergleich muss während des anhängigen Beschlussverfahrens zu dessen vollständiger oder teilweiser Erledigung zwischen den Beteiligten des Beschlussverfahrens über einen ihrer Verfügungsbefugnis unterliegenden Gegenstand[7] zur Niederschrift des Gerichts, des Vorsitzenden oder des Güterichters geschlossen sein (§ 83a Abs. 1). Die Vollstreckungsklausel wird gem. § 85 Abs. 1

---

1 *Dütz*, DB 1980, 1122; GMP/*Matthes*/*Spinner*, § 85 Rz. 6; Hauck/Helml/Biebl/*Hauck*, § 85 Rz. 4; GK-ArbGG/*Vossen*, § 85 Rz. 13; GWBG/*Greiner*, § 80 Rz. 48; Natter/Gross/*Roos*, § 85 Rz. 6; Ostrowicz/Künzl/*Scholz*, Handbuch des arbeitsgerichtlichen Verfahrens, Rz. 752, 920 ff.; *Rudolf*, NZA 1988, 420 (421); *Weth*, Beschlussverfahren, S. 349.
2 In diesem Sinne auch ErfK/*Koch*, § 85 ArbGG Rz. 1; GK-ArbGG/*Vossen*, § 85 Rz. 13; Herbst/Bertelsmann/Reiter, Arbeitsgerichtliches Beschlussverfahren, Rz. 223; *Rudolf*, NZA 1982, 420 (421).
3 Wie hier Natter/Gross/*Roos*, § 85 Rz. 8; aA GMP/*Matthes*/*Spinner*, § 85 Rz. 6; GK-ArbGG/*Vossen*, § 85 Rz. 12; *Weth*, Beschlussverfahren, S. 349.
4 GK-BetrVG/*Oetker*, § 23 Rz. 147 f.; Richardi/*Thüsing*, § 23 BetrVG Rz. 98.
5 *Herbst*/*Bertelsmann*/*Reiter*, Arbeitsgerichtliches Beschlussverfahren, Rz. 582; *Rudolf*, NZA 1988, 420 (421, 422).
6 LAG Hamm v. 3.2.2010 – 10 Ta 537/09, Rz. 37.
7 Dazu *Lepke*, DB 1977, 629 (633).

Satz 3 ArbGG iVm. § 795 ZPO von dem Urkundsbeamten (§ 724 Abs. 2 ZPO) oder (bei titelergänzenden und titelübertragenden Klauseln nach §§ 726, 727 ZPO) vom Rechtspfleger (§ 20 Nr. 12 RPflG) des Gerichts erteilt, vor dem der Vergleich geschlossen wurde (vgl. § 724 Abs. 2 ZPO). Ist der Vergleich auf Abgabe einer Willenserklärung gerichtet, kommt der nur für rechtskraftfähige Entscheidungen geltende § 894 ZPO nicht zur Anwendung; die Vollstreckung erfolgt vielmehr nach § 888 ZPO durch Verhängung von Zwangsmitteln[1]. Die Unzulässigkeit der Zwangsvollstreckung aus einem gerichtlichen Vergleich kann der Schuldner durch Vollstreckungsabwehrantrag nach § 767 geltend machen, über den wiederum im Beschlussverfahren entschieden wird[2].

c) Sonstige Titel

§ 85 Abs. 1 trifft zwar für gerichtliche Beschlüsse und Vergleiche **Sonderregelungen bezüglich der Vollstreckbarkeit**, schließt damit aber die Vollstreckung aus anderen Titeln nicht aus. Insoweit gelten über § 85 Abs. 1 Satz 3 vielmehr die Regeln des Achten Buches der ZPO. Von den in § 794 ZPO genannten Vollstreckungstiteln spielt allerdings abgesehen von den Prozessvergleichen und Beschlüssen, die nach § 83 Abs. 5 mit der Beschwerde anfechtbar sind (§ 794 Abs. 1 Nr. 3 ZPO), nur noch die Vollstreckbarerklärung des Anwaltsvergleichs (§ 794 Abs. 1 Nr. 4b, § 796b ZPO)[3] eine Rolle. Kostenfestsetzungsbeschlüsse (§ 794 Abs. 1 Nr. 2 ZPO) haben dagegen keine Bedeutung, weil nach ganz hM im Beschlussverfahren keine Kostenentscheidung ergeht (s. schon Rz. 7). Ferner kommen Arrest- und Verfügungsbeschlüsse als Vollstreckungstitel in Betracht (§ 85 Abs. 2 iVm. §§ 936, 928 ZPO). Dagegen spielen für vollstreckbar erklärte Schiedssprüche und -vergleiche nach § 109 Abs. 1 keine Rolle, weil im Beschlussverfahren schiedsgerichtliche Vereinbarungen nicht zulässig sind (§§ 4, 101).

2. Gläubiger und Schuldner (Abs. 1 Satz 3)

Das Zwangsvollstreckungsverfahren ist ein **Zweiparteienverfahren** zwischen dem Gläubiger und dem Schuldner. Im Urteilsverfahren sind die Parteien des Erkenntnisverfahrens, also Kläger und Beklagter, oder deren Rechtsnachfolger (vgl. § 727 ZPO) Gläubiger und Schuldner im Vollstreckungsverfahren. Da es im arbeitsgerichtlichen Beschlussverfahren keine Parteien, sondern nur Beteiligte gibt, hat der Gesetzgeber in § 85 Abs. 1 Satz 3 Halbs. 1 definiert, wer Gläubiger und Schuldner ist.

a) Verpflichteter und Berechtigter

Der nach dem Beschluss Verpflichtete ist Vollstreckungsschuldner. Derjenige Beteiligte, der die Erfüllung der Verpflichtung verlangen kann, ist Vollstreckungsgläubiger. Die weiteren Beteiligten des Beschlussverfahrens sind am Vollstreckungsverfahren nicht beteiligt. Gläubiger kann nur der Antragsteller (vgl. § 81) des Erkenntnisverfahrens sein; denn gem. § 308 Abs. 1 ZPO ist das Gericht an den Antrag gebunden, und es darf keinem Beteiligten etwas zusprechen, was nicht beantragt ist[4]. Schuldner ist derjenige, demgegenüber im Erkenntnisverfahren Rechtsschutz begehrt wurde. Auch das folgt aus § 308 Abs. 1 ZPO; denn das Gericht darf nur demjenigen eine Verpflichtung auferlegen, gegen den der Antragsteller es beantragt hat. Insoweit ist von dem Antragsgegner zu sprechen[5] (s. auch § 83 Rz. 41 ff.), auch wenn das ArbGG den Begriff des Antragsgegners im Beschlussverfahren nicht kennt[6].

b) Gläubiger- und Schuldnerfähigkeit im Beschlussverfahren

Bei der Vollstreckung im Urteilsverfahren und im Zivilprozess müssten Gläubiger und Schuldner im Vollstreckungsverfahren **rechts- und damit parteifähig** sein[7]; denn das zwangsweise durchzusetzende Recht muss dem Gläubiger überhaupt zustehen können, und der Schuldner muss Träger einer Verpflichtung sein können. Im Beschlussverfahren gelten insoweit folgende Besonderheiten:

---

1 Wieczorek/Schütze/*Paulus*, § 794 ZPO Rz. 49; Schuschke/*Walker*, § 888 ZPO Rz. 5 und § 794 ZPO Rz. 29.
2 BAG v. 19.2.2008 – 1 ABR 86/06, NZA 2008, 899.
3 Zur Anwendbarkeit im Arbeitsgerichtsprozess s. schon § 62 Rz. 44.
4 BAG v. 13.6.1989 – 1 ABR 4/88, AP Nr. 36 zu § 80 BetrVG 1972 (Bl. 954 R); GMP/*Matthes*/*Spinner*, § 81 Rz. 33; GWBG/*Greiner*, § 80 Rz. 20; *Weth*, Beschlussverfahren, S. 235; *Wieser*, Arbeitsgerichtsverfahren, Rz. 543.
5 GWBG/*Greiner*, § 80 Rz. 5; MünchArbR/*Jacobs*, § 345 Rz. 13; *Weth*, Beschlussverfahren, S. 130; *Wieser*, Arbeitsgerichtsverfahren, Rz. 590.
6 Deshalb ablehnend gegenüber der Bezeichnung Antragsgegner GMP/*Matthes*/*Spinner*, § 83 Rz. 14.
7 S. nur *Brox*/*Walker*, Zwangsvollstreckungsrecht, Rz. 22.

aa) Natürliche und juristische Personen

18 Die **Parteifähigkeit** ist **unproblematisch**, soweit Gläubiger und Schuldner natürliche (ArbGeb, ArbN) oder juristische Personen (ArbGeb) sind (§ 50 Abs. 1 ZPO). Das Gleiche gilt für eine OHG oder KG (§ 124 Abs. 1, § 161 Abs. 2 HGB) und für Gewerkschaften und ArbeitgeberVereinigungen, selbst wenn sie als nicht rechtsfähige Vereine organisiert sind (§ 10).

bb) Betriebsrat und andere Stellen

19 Neben natürlichen und juristischen Personen kommen auch der BR und andere (vor allem betriebsverfassungsrechtliche) Stellen als Gläubiger und Schuldner in Betracht. Zu diesen Stellen gehören etwa der GBR und der KBR, die Jugend- und Auszubildendenvertretung sowie die Gesamtjugend- und -auszubildendenvertretung, der Wahlvorstand, die Einigungsstelle, die Bordvertretung, der See-BR, der Betriebsausschuss, eine tarifliche Schlichtungsstelle (§ 76 Abs. 8 BetrVG), eine Beschwerdestelle (§ 86 Satz 2 BetrVG), der Wirtschaftsausschuss, im Personalvertretungsrecht auch eine Gruppe von Beamten (§ 17 Abs. 3, § 18 BPersVG). Soweit allerdings das materielle Betriebsverfassungsrecht für einen Antrag im Beschlussverfahren eine bestimmte Mindestzahl von ArbN vorsieht (§ 16 Abs. 2, § 17 Abs. 3, § 18 Abs. 1, § 19 Abs. 2, § 23 Abs. 1 Satz 1 BetrVG), geht es dabei nicht um eine Gruppe als Stelle, sondern um natürliche Personen, deren Mindestzahl lediglich eine besondere Verfahrensvoraussetzung ist[1]. Als Stellen außerhalb des BetrVG sind vor allem zu nennen der Sprecherausschuss der leitenden Angestellten (vgl. § 2a Nr. 2) sowie aus dem Bereich des Personalvertretungsrechts die Personalräte, die Bezirks- und die Hauptpersonalräte sowie die Dienststelle (§ 6 BPersVG); denn gem. § 83 Abs. 2 BPersVG und den entsprechenden Vorschriften der Landespersonalvertretungsgesetze finden auch in Streitigkeiten vor den Verwaltungsgerichten über das Personalvertretungsrecht die Vorschriften des ArbGG über das arbeitsgerichtliche Beschlussverfahren entsprechende Anwendung.

(1) Stellen als Vollstreckungsgläubiger

20 Soweit das materielle Recht (zB das BetrVG) den genannten Stellen Rechte einräumt, müssen diese aufgrund des Justizgewährungsanspruchs, der sich außerhalb des Geltungsbereichs von Art. 19 Abs. 4 GG vor allem aus dem Rechtsstaatsprinzip ergibt und Verfassungsrang hat[2], auch zwangsweise durchsetzbar sein. Daraus folgt, dass der BR und die anderen Stellen grds. als Vollstreckungsgläubiger iSv. § 85 Abs. 1 Satz 3 in Betracht kommen. Das gilt ungeachtet des Umstandes, dass der fehlenden Vermögensfähigkeit dieser Stellen[3] bei dem Umfang und der Art und Weise der Zwangsvollstreckung Rechnung zu tragen ist. Soweit die Stellen die Eigenschaft als Vollstreckungsgläubiger haben, können sie als teilrechtsfähig angesehen werden[4]. Damit korrespondiert die Beteiligtenfähigkeit der Stellen gem. § 10, die sich auf das Vollstreckungsverfahren erstreckt[5].

(a) Vollstreckung wegen einer Geldforderung

21 Wenn eine Stelle nach materiellem Recht Geldzahlung beanspruchen kann (zB Anspruch des BR gem. § 40 BetrVG auf Zahlung eines Kostenvorschusses[6]), kommt als Vollstreckungsart die Zwangsvollstreckung wegen einer Geldforderung nach den §§ 808 ff. ZPO in Betracht. Nach richtiger Ansicht kann zu Gunsten des BR oder einer anderen Stelle gepfändet werden[7]. Allerdings ist bei der Pfändung und Verwertung sowie bei der anschließenden Auskehr des Verwertungserlöses zu berücksichtigen, dass der materielle Anspruch des BR nicht auf Übereignung des Geldes gerichtet ist, sondern nur auf eine Übertragung des Besitzes am Geld, verbunden mit der Ermächtigung, darüber zweckgebunden für den ArbGeb zu verfügen. Das hat

---

1 BAG v. 12.2.1985 – 1 ABR 11/84, AP Nr. 27 zu § 76 BetrVG 1952 (Bl. 225 R); GMP/*Matthes*/*Schlewing*, § 10 Rz. 31.
2 *Walker*, Der einstweilige Rechtsschutz, Rz. 43, 47 aE.
3 BAG v. 13.5.1998 – 7 ABR 65/96, NZA 1998, 900; BAG v. 24.4.1986 – 6 AZR 607/83, NZA 1987, 100; *Fitting*, § 1 BetrVG Rz. 194; *Löwisch*/*Kaiser*, vor § 1 BetrVG Rz. 21, 36; GK-BetrVG/*Franzen*, § 1 Rz. 72; HWGNRH/*Rose*, Einl. Rz. 102; *Jahnke*, RdA 1975, 343; *Konzen*, ZfA 1985, 469 (485); *Rewolle*, BB 1974, 888; einschränkend DKK/*Wedde*, BetrVG, Einl. Rz. 141 f.; *Richardi*, Einl. Rz. 111 ff.
4 S. dazu ErfK/*Koch*, § 85 ArbGG Rz. 2; GMP/*Matthes*/*Spinner*, § 85 Rz. 13; GWBG/*Greiner*, § 85 Rz. 3; Hauck/Helml/Biebl/*Hauck*, § 85 Rz. 5.
5 GMP/*Matthes*/*Spinner*, § 85 Rz. 12; *Herbst*/*Bertelsmann*/*Reiter*, Arbeitsgerichtliches Beschlussverfahren, Rz. 588; *Weth*, Beschlussverfahren, S. 350.
6 DKK/*Wedde*, § 40 BetrVG Rz. 13; *Fitting*, § 40 BetrVG Rz. 91; GK-BetrVG/*Weber*, § 40 Rz. 35; HWGNRH/*Glock*, § 40 BetrVG Rz. 91; Richardi/*Thüsing*, BetrVG, § 40 Rz. 44.
7 ErfK/*Koch*, § 85 ArbGG Rz. 2; GMP/*Matthes*/*Spinner*, § 85 Rz. 13; GK-ArbGG/*Vossen*, § 85 Rz. 20a; GWBG/*Greiner*, § 85 Rz. 5; Hauck/Helml/Biebl/*Hauck*, § 85 Rz. 5; *Weth*, Beschlussverfahren, S. 350; aM *Jahnke*, Zwangsvollstreckung in der Betriebsverfassung, S. 90.

folgende Konsequenzen: Durch die Auskehr des Erlöses an den BR wird diesem nicht kraft Hoheitsaktes das Eigentum am Erlös übertragen; denn erstens ist der zu vollstreckende materielle Anspruch nicht auf Übereignung gerichtet, und zweitens reicht die Teilrechtsfähigkeit des BR nicht so weit, dass er überhaupt Eigentümer sein könnte. Der BR wird also wie bei einer freiwilligen Erfüllung durch den ArbGeb nur Besitzer des an ihn ausgekehrten Erlöses. Mit der Besitzeinräumung ist gleichzeitig das Recht verbunden, über dieses Geld zweckgebunden für den ArbGeb zu verfügen. Insofern unterscheiden sich die rechtlichen Wirkungen der Auskehr des Erlöses von denen, die sonst bei einer Zwangsvollstreckung wegen Geldforderungen eintreten[1]. Der Gesetzgeber hat in § 85 Abs. 1 Satz 3 die Vorschriften des Achten Buches der ZPO zu Recht nur für entsprechend anwendbar erklärt.

(b) Herausgabevollstreckung

Die Herausgabevollstreckung zu Gunsten des BR oder anderer Stellen ist gem. §§ 883 ff. ZPO **möglich**. Aus § 40 BetrVG kann geschlossen werden, dass aus der Sicht des Gesetzgebers der BR als solcher Besitz an Geld- und Sachmitteln haben und deshalb auch gem. § 883 Abs. 1 aE ZPO Besitz an den vom ArbGeb herauszugebenden Sachmitteln erwerben kann[2]. Den Vollstreckungsauftrag an den Gerichtsvollzieher erteilt der BR zwar in eigener Zuständigkeit, aber kraft Gesetzes mit verpflichtender Wirkung für den ArbGeb. Dieser ist deshalb auch Kostenschuldner[3].

(c) Erzwingung vertretbarer Handlungen

Gerade auf der Grundlage von § 40 BetrVG ist der materielle Anspruch des BR allerdings in aller Regel nicht auf Herausgabe bestimmter Sachen, sondern auf Bereitstellung von Räumen, Sach- und Personalmitteln gerichtet. Dieser Anspruch kann durch eine vertretbare Handlung erfüllt werden[4]. Deshalb wird in der Zwangsvollstreckung der BR gem. § 887 Abs. 1 ZPO zur Ersatzvornahme auf Kosten des ArbGeb ermächtigt. Auf Antrag des BR wird der ArbGeb verpflichtet, einen Vorschuss auf die voraussichtlich entstehenden Kosten zu leisten (§ 887 Abs. 2 ZPO). Weigert sich der ArbGeb, kann der Vorschuss auf der Grundlage des Beschlusses nach § 887 Abs. 2 ZPO, der Vollstreckungstitel iSv. § 794 Abs. 1 Nr. 3 ZPO ist, beigetrieben werden. Diese Beitreibung erfolgt wieder nach den §§ 808 ff. ZPO, also durch Pfändung und Verwertung. Auch hier wird dem BR nicht das Eigentum am Erlös übertragen, sondern nur der Besitz, verbunden mit der Ermächtigung, zum Zwecke der Ersatzvornahme darüber zu verfügen.

(d) Erzwingung unvertretbarer Handlungen, Duldungen und Unterlassungen

Soweit dem BR oder einer anderen Stelle ein Anspruch auf Vornahme einer unvertretbaren Handlung, auf Duldung oder auf Unterlassung zusteht, kann der BR oder die Stelle als Vollstreckungsgläubiger die zwangsweise Durchsetzung durch Anordnung von Zwangsmitteln nach § 888 ZPO[5] oder die Sanktion einer Zuwiderhandlung durch **Verhängung von Ordnungsmitteln** nach § 890 ZPO beantragen. Auf diese Vollstreckung wirkt sich die mangelnde Vermögensfähigkeit des BR oder der Stelle nicht aus; denn das Zwangs- oder Ordnungsgeld kommt nicht dem Gläubiger zugute, sondern wird zu Gunsten der Staatskasse beigetrieben[6].

(2) Stelle als Vollstreckungsschuldner

Soweit der BR oder eine andere Stelle nach materiellem Recht im Beschlussverfahren zu etwas verpflichtet werden kann (§ 85 Abs. 1 Satz 1 und Satz 3), folgt auch hier aus dem Rechtsstaatsprinzip, dass eine zwangsweise Durchsetzung möglich sein muss. Insoweit ist der BR oder die Stelle als teilrechtsfähig anzusehen. Die Beteiligtenfähigkeit aus dem Erkenntnisverfahren setzt sich im Vollstreckungsverfahren fort. Allerdings ergeben sich für die Zwangsvollstreckung aus der fehlenden Vermögensfähigkeit Modifikationen, die sich bei den verschiedenen Vollstreckungsmöglichkeiten unterschiedlich auswirken.

---

1 S. dazu nur *Brox/Walker*, Zwangsvollstreckungsrecht, Rz. 454.
2 S. auch GWBG/*Greiner*, § 85 Rz. 5.
3 *Jahnke*, Zwangsvollstreckung in der Betriebsverfassung, S. 90 f.
4 BAG v. 21.4.1983 – 6 ABR 70/82, AP Nr. 20 zu § 40 BetrVG 1972.
5 LAG Hessen v. 25.6.2007 – 4 Ta 92/07, AuR 2008, 78 f. (Ls.): Zwangsgeldfestsetzung zur Aufhebung einer personellen Maßnahme.
6 S. nur *Brox/Walker*, Zwangsvollstreckungsrecht, Rz. 1090, 1108.

(a) Vollstreckung wegen einer Geldforderung

26 Die Vollstreckung wegen einer Geldforderung, bei der auf Vermögenswerte der Stelle zurückgegriffen werden müsste, **spielt bei der Zwangsvollstreckung** gegen den BR oder eine andere Stelle **keine Rolle**. Diese Stellen sind nämlich nach materiellem Recht keinen Ansprüchen auf Geldzahlung ausgesetzt. Es gibt keine entsprechende gesetzliche Pflicht, und die genannten Stellen können sich auch nicht rechtsgeschäftlich zur Geldzahlung verpflichten[1]. Wenn die Stellen Rechtsgeschäfte mit Dritten (zB mit einem Rechtsanwalt) abschließen, dann handeln sie insoweit zwar kraft eigener Zuständigkeit, aber eben als Stelle und damit im Namen und mit verpflichtender Wirkung für das Unternehmen. Das ist schon auf materiell-rechtlicher Ebene eine notwendige Konsequenz der Vermögensunfähigkeit des BR. Davon abgesehen könnte eine Geldforderung auch deshalb nicht durchgesetzt werden, weil der BR oder die Stelle kein Vermögen hat, auf das im Wege der Pfändung zugegriffen werden könnte. Geld- und Sachmittel im Besitz der Stelle stehen nicht in deren Eigentum[2]. Die Bildung eigenen Vermögens scheitert schon an der fehlenden Vermögensfähigkeit und an dem Umlageverbot des § 41 BetrVG.

(b) Herausgabevollstreckung

27 Dagegen kann der BR oder eine andere Stelle durchaus Vollstreckungsschuldner einer Herausgabevollstreckung nach § 883 ZPO sein, weil dafür eine Vermögensfähigkeit nicht erforderlich ist. Entscheidend ist allein, dass die Stelle Besitz an beweglichen Sachen haben und der Gerichtsvollzieher diese Sachen wegnehmen und dem Gläubiger übergeben kann. Diese Voraussetzungen liegen vor; denn zB in § 40 BetrVG geht das Gesetz selbst davon aus, dass der BR als Stelle im Besitz von Räumen, Sachmitteln und Geld (Vorschüsse) sein kann. Wenn er deshalb nach materiellem Recht zur Herausgabe von Akten, PC, Datenträgern, Fachliteratur, Mobiliar oder Rückzahlung von Vorschüssen verpflichtet ist, kann gegen ihn die Zwangsvollstreckung nach § 883 ZPO betrieben werden[3]. Allerdings können die dabei entstehenden Kosten des Gerichtsvollziehers nicht vom BR erstattet verlangt werden[4].

28 Fraglich ist bei der Herausgabevollstreckung allein, wer zur **Abgabe der eidesstattlichen Versicherung nach § 883 Abs. 2 ZPO** verpflichtet ist, wenn die herauszugebende Sache nicht vorgefunden wird. Diese Versicherung kann nur eine natürliche Person abgeben. Dazu sind diejenigen Mitglieder der Stelle verpflichtet, die im konkreten Fall Erklärungen für die Stelle abgeben können. Das wird oft der Vorsitzende (vgl. § 26 Abs. 2 BetrVG) sein, kann aber nach materiellem Recht (zB nach den § 27 Abs. 2, 3 oder § 28 Abs. 1, 2 BetrVG) auch ein anderes Mitglied sein[5].

29 Auch eine **Räumungsvollstreckung nach § 885 ZPO** ist gegen den BR oder eine andere Stelle möglich, falls im Erkenntnisverfahren eine entsprechende Verpflichtung tituliert wurde; denn um den Schuldner aus dem Besitz zu setzen (§ 885 Abs. 1 ZPO), ist seine Vermögensfähigkeit nicht erforderlich.

(c) Erzwingung von Handlungen, Duldungen und Unterlassungen

30 Problematisch ist, ob und wie die Verpflichtung des BR oder einer anderen Stelle zur Vornahme einer Handlung (zB Abrechnung geleisteter Kostenvorschüsse), einer Duldung (des Zutritts zum BR-Büro) oder einer Unterlassung (eines Aufrufes zum Arbeitskampf) vollstreckt werden kann.

(aa) Vollstreckung gegen die Stelle als solche

31 Die Zwangsvollstreckung nach den §§ 887, 888 und 890 ZPO setzt voraus, dass eine Geldzahlung des Schuldners (Kosten der Ersatzvornahme, Zwangsgeld, Ordnungsgeld) erzwungen werden kann. Die Belastung einer Stelle mit einer Geldzahlung ist aber nicht möglich, weil die nicht vermögensfähige Stelle nicht über ihr selbst gehörendes Geld verfügt. Zwar kann sie Geld (zB erhaltene Kostenvorschüsse) im Besitz haben, aber dabei handelt es sich nicht um Vermögen der Stelle, und diese darf über solches Geld nur zweckgebunden für den ArbGeb verfügen. Daher **scheidet** eine Zwangsvollstreckung gem. §§ 887, 888, 890

---

1 Ausf. *Jahnke*, Zwangsvollstreckung in der Betriebsverfassung, S. 53 f.; ebenso *Fitting*, § 1 BetrVG Rz. 199 ff.; Natter/Gross/Roos, § 85 Rz. 19; aM *Weth*, Beschlussverfahren, S. 352.
2 LAG Hamburg v. 19.10.1976 – 1 TaBV 6/75, BB 1977, 846; *Rewolle*, BB 1974, 888.
3 ErfK/*Koch*, § 85 ArbGG Rz. 2; GMP/*Matthes/Spinner*, § 85 Rz. 15; GK-ArbGG/*Vossen*, § 85 Rz. 21; GWBG/*Greiner*, § 85 Rz. 6; *Herbst/Bertelsmann/Reiter*, Arbeitsgerichtliches Beschlussverfahren, Rz. 589; *Rewolle*, BB 1974, 888 (889); *Weth*, Beschlussverfahren, S. 352.
4 *Jahnke*, Zwangsvollstreckung in der Betriebsverfassung, S. 83.
5 *Jahnke*, Zwangsvollstreckung in der Betriebsverfassung, S. 83 f.

ZPO gegen die Stelle als solche **aus**[1]. Eine Ausnahme mag für den Fall gelten, dass der Gläubiger sich grds. mit einer Ersatzvornahme auf eigene Kosten zufrieden gibt und einen entsprechenden Antrag stellt[2]; auf diese Möglichkeit kann der Gläubiger aber nicht gegen seinen Willen verwiesen werden.

(bb) Vollstreckung gegen die Mitglieder der Stelle persönlich

Die aufgrund des Rechtsstaatsprinzips notwendige **Vollstreckungsmöglichkeit**, von welcher der Gesetzgeber bei der Fassung des § 85 Abs. 1 auch ausgegangen ist[3], lässt sich mithin nur durch eine Vollstreckung gegen die Mitglieder des BR oder anderer Stellen persönlich verwirklichen. Soweit das möglich ist, wird dann auf ihr persönliches Vermögen zugegriffen, um gem. § 887 ZPO die Kosten der Ersatzvornahme und gem. §§ 888, 890 ZPO das Zwangs- und das Ordnungsgeld beizutreiben. Gegen die Mitglieder persönlich kann auch eine Zwangs- oder Ordnungshaft verhängt werden. Die persönliche Inanspruchnahme der einzelnen Mitglieder im Rahmen der Zwangsvollstreckung ist allerdings dann problematisch, wenn der Titel gegen die Stelle als solche gerichtet ist. Dieser Titel kann nämlich nicht ohne weiteres gegen einzelne Mitglieder nach § 727 oder § 731 ZPO umgeschrieben werden[4]; denn die Mitglieder sind nicht Rechtsnachfolger der Stelle. Für die Frage, unter welchen Voraussetzungen die Zwangsvollstreckung gegen die Mitglieder der Stelle persönlich betrieben werden kann, ist zu unterscheiden: 32

Falls die **Verpflichtung** nach materiellem Recht in der **Vornahme einer Handlung** besteht, kann diese Verpflichtung gar nicht von der Stelle als solcher, sondern (ebenso wie bei einer juristischen Person) nur durch den Vorsitzenden oder ein anderes Mitglied erfüllt werden. Dieses Mitglied ist dann zur Vornahme der Handlung verpflichtet. Dabei geht es etwa um die Einberufung einer BR-Sitzung durch den Vorsitzenden gem. § 29 Abs. 2 Satz 1 BetrVG, um die Ausführung eines BR-Beschlusses gem. § 26 Abs. 2 Satz 1 BetrVG oder um Handlungen zur Führung der laufenden Geschäfte gem. § 27 Abs. 3 BetrVG. Deshalb muss schon der Titel gegen den Vorsitzenden oder das andere zuständige Mitglied persönlich erwirkt werden. Titelschuldner ist dann nicht die Stelle, sondern eine natürliche Person. Aus dem gegen sie ergangenen Titel kann unproblematisch auch gegen sie persönlich Zwangsgeld und Zwangshaft verhängt werden. 33

Die **Verpflichtung** des BR oder einer anderen Stelle als solcher kann allerdings darin bestehen, **einen Beschluss** (vgl. § 33 BetrVG) **zu fassen**. Die Beschlussfassung ist überhaupt die einzige Form, in der die Stelle als solche handeln kann[5]. Wie die Verpflichtung der Stelle zur Beschlussfassung zwangsweise durchgesetzt wird, hängt vom Inhalt der Verpflichtung ab: Muss ein **Beschluss mit einem fest bestimmten Inhalt** gefasst werden, greift § 894 ZPO ein[6]. Mit Rechtskraft des Titels wird der verlangte Beschluss der Stelle fingiert. Für die zwangsweise Durchsetzung des Titels ist also ein Rückgriff auf die Mitglieder persönlich nicht erforderlich. Zwar kann die Ausführung des fingierten Beschlusses wiederum nur von dem Vorsitzenden oder einem anderen zuständigen Mitglied der Stelle vorgenommen werden; aber zur zwangsweisen Durchsetzung dieser Verpflichtung ist dann auch ein Titel gegen das Mitglied persönlich erforderlich. 34

Steht dagegen aufgrund des Titels **der Inhalt** des von der Stelle zu fassenden **Beschlusses noch nicht fest**, kann ein solcher Beschluss mit einem bestimmten Inhalt auch nicht nach § 894 ZPO fingiert werden. Vielmehr kommt dann nur eine Vollstreckung nach § 888 ZPO in Betracht. Da die Stelle als solche aber keine unvertretbare Handlung vornehmen kann, muss in diesem Fall schon der Titel gegen die Mitglieder der Stelle gerichtet sein und auf Mitwirkung bei der Beschlussfassung lauten. Aus diesem Titel können die Zwangsmittel des § 888 ZPO unproblematisch gegen diejenigen Mitglieder verhängt werden, die ihren titulierten Verpflichtungen zur Mitwirkung nicht nachkommen. 35

Falls nach dem Vollstreckungstitel **die Stelle zur Duldung oder Unterlassung verpflichtet** ist, darf kein Mitglied der Stelle dieser Verpflichtung zuwider handeln. Jedes Mitglied, welches in dieser Eigenschaft gegen die Duldungs- oder Unterlassungspflicht verstößt, löst für sich persönlich die Sanktionen des Ord- 36

---

1 LAG BW v. 26.3.1996 – 7 TaBV 1/96, DB 1996, 2084 (2085); LAG Berlin v. 26.3.1984 – 9 TaBV 4/84, NZA 1984, 333; LAG Hamburg v. 19.10.1976 – 1 TaBV 6/75, BB 1977, 846; ErfK/*Koch*, § 85 ArbGG Rz. 2; GMP/*Matthes/Spinner*, § 85 Rz. 17; Hauck/Helml/Biebl/*Hauck*, § 85 Rz. 5; *Herbst/Bertelsmann/Reiter*, Arbeitsgerichtliches Beschlussverfahren, Rz. 589; so jetzt auch GWBG/*Greiner*, § 85 Rz. 6.
2 HdbVR/*Baur*, B Rz. 290; GK-ArbGG/*Vossen*, § 85 Rz. 23.
3 In diesem Sinne auch LAG BW v. 26.3.1996 – 7 TaBV 1/96, DB 1996, 2084 (2085); LAG Hamburg v. 3.9.1987 – 1 TaBV 4/87, NZA 1988, 371 (372); GMP/*Matthes/Spinner*, § 85 Rz. 18; *Rewolle*, BB 1974, 888 (889); *Weth*, Beschlussverfahren, S. 353; *Wichert*, AuA 2010, 148 (150); aM *Rudolf*, NZA 1988, 420 (423).
4 *Herbst/Bertelsmann/Reiter*, Arbeitsgerichtliches Beschlussverfahren, Rz. 590; Natter/Gross/*Roos*, § 85 Rz. 26; *Rudolf*, NZA 1988, 420 (424); vgl. für § 727 ZPO ebenso GMP/*Matthes/Spinner*, § 85 Rz. 19, die aber im Widerspruch dazu eine Klauselerteilung gegen das Mitglied analog § 731 ZPO befürworten.
5 *Weth*, Beschlussverfahren, S. 353.
6 Ebenso GK-ArbGG/*Vossen*, § 85 Rz. 22.

nungsgeldes und der Ordnungshaft gem. § 890 ZPO aus[1]. Voraussetzung für die Verhängung eines Ordnungsmittels ist gem. § 890 Abs. 2 ZPO eine entsprechende **Androhung**. Es reicht aus, wenn diese in dem im Erkenntnisverfahren ergangenen Beschluss gegenüber der Stelle enthalten ist[2]. Ferner setzt die Verhängung einer Ordnungsmaßnahme voraus, dass das Mitglied **schuldhaft** gegen die Duldungs- oder Unterlassungsverpflichtung der Stelle verstoßen hat[3].

37 Unter den genannten Voraussetzungen liegt darin, dass im Rahmen der Zwangsvollstreckung gegen eine Stelle ein Mitglied dieser Stelle persönlich in Anspruch genommen wird, **kein Verstoß gegen § 78 Satz 2 BetrVG**, wonach die Mitglieder wegen ihrer Tätigkeit nicht benachteiligt werden dürfen; denn diese Vorschrift bezweckt nicht den Schutz vor Sanktionen wegen eines Verstoßes gegen titulierte Verpflichtungen.

3. Entsprechende Anwendung der Vorschriften des Achten Buches der ZPO

38 Gemäß § 85 Abs. 1 Satz 3 gelten für die Zwangsvollstreckung die Vorschriften des Achten Buches der ZPO, also die §§ 704–915h ZPO, entsprechend. Insoweit kann weitgehend auf die Ausführungen zu den allgemeinen Prozessvoraussetzungen, den allgemeinen und den besonderen Vollstreckungsvoraussetzungen, den Vollstreckungshindernissen, zur Durchführung der Zwangsvollstreckung, zu den Rechtsbehelfen und den Kosten in der Zwangsvollstreckung im arbeitsgerichtlichen Urteilsverfahren (§ 62 Rz. 41 ff.) verwiesen werden. Einzelne Besonderheiten sind zu beachten.

a) Funktionelle Zuständigkeit

39 **Funktionell zuständig** ist bei der Pfändung beweglicher Sachen (§§ 808 ff. ZPO) und bei der Vollstreckung zur Erwirkung der Herausgabe von Sachen (§§ 883 ff. ZPO) der Gerichtsvollzieher, bei der Vollstreckung wegen Geldforderungen in Forderungen und andere Vermögensrechte (§§ 828 ff. ZPO) sowie bei der im Beschlussverfahren kaum relevanten Vollstreckung in das unbewegliche Vermögen (§§ 864 ff. ZPO) das Vollstreckungsgericht. Das ist auch bei der Vollstreckung aus arbeitsgerichtlichen Beschlüssen gem. § 764 Abs. 1 ZPO das AG. Es entscheidet in den meisten Fällen durch den Rechtspfleger (vgl. § 3 Nr. 1 Buchst. i, § 20 Nrn. 15–17 RpflG). Für die Vollstreckung zur Erwirkung von vertretbaren und unvertretbaren Handlungen (§§ 887, 888 ZPO) sowie von Duldungen und Unterlassungen (§ 890 ZPO) ist das Prozessgericht des ersten Rechtszuges zuständig. Das ist das ArbG, in Angelegenheiten des Personalvertretungsrechts das Verwaltungsgericht.

b) Zustellung des Titels

40 Zu den allgemeinen Vollstreckungsvoraussetzungen gehört neben dem Vorliegen eines Vollstreckungstitels und einer Vollstreckungsklausel auch die **Zustellung des Titels**. § 80 Abs. 2 verweist für die Zustellung auf § 50 Abs. 1. Danach werden die arbeitsgerichtlichen Beschlüsse grds. von Amts wegen zugestellt. Das bedeutet jedoch nicht, dass auch die Zwangsvollstreckung aus arbeitsgerichtlichen Beschlüssen erst nach einer Amtszustellung möglich ist. Vielmehr reicht dafür gem. § 750 Abs. 1 Satz 2 ZPO auch eine Zustellung durch den Gläubiger, also eine Zustellung im Parteibetrieb, aus[4]. Die Gegenansicht, wonach § 750 Abs. 1 Satz 2 ZPO hinsichtlich der Möglichkeit der Parteizustellung durch § 50 Abs. 1 verdrängt werde[5], überzeugt nicht. Gegen diese Ansicht spricht zum einen ein Umkehrschluss aus § 50 Abs. 1 Satz 2, durch den zwar § 317 Abs. 1 Satz 3 ZPO, nicht aber § 750 Abs. 1 Satz 2 ZPO ausgeschlossen wird. Vor allem gibt es keinen sachlichen Grund dafür, warum in den Fällen, in denen die Vollstreckung eilt, der Gläubiger nicht die Möglichkeit haben soll, durch eine Zustellung im Parteibetrieb schnell die Vollstreckungsvoraussetzungen zu schaffen.

c) Durchführung der Zwangsvollstreckung

41 Es gelten die Vorschriften über die Zwangsvollstreckung wegen einer Geldforderung (§§ 802a ff. ZPO), wegen eines Herausgabeanspruches (§§ 883 ff. ZPO), wegen eines Anspruches auf Vornahme einer vertretbaren oder unvertretbaren Handlung (§§ 887, 888 ZPO), wegen eines Unterlassungs- oder Duldungs-

---

[1] LAG BW v. 26.3.1996 – 7 TaBV 1/96, DB 1996, 2084 (2085); LAG Hamburg v. 3.9.1987 – 1 TaBV 4/87, NZA 1988, 371 (372); GMP/*Matthes*/*Spinner*, § 85 Rz. 20; GWBG/*Greiner*, § 85 Rz. 6; MünchArbR/*Jacobs*, § 346 Rz. 28; *Weth*, Beschlussverfahren, S. 354; aM GK-ArbGG/*Vossen*, § 85 Rz. 25; Natter/Gross/*Roos*, § 85 Rz. 26.
[2] GMP/*Matthes*/*Spinner*, § 85 Rz. 20; aM MünchArbR/*Jacobs*, § 346 Rz. 28 (Androhung gegen das einzelne Mitglied erforderlich).
[3] Zum Verschuldenserfordernis s. nur *Brox*/*Walker*, Zwangsvollstreckungsrecht, Rz. 1100.
[4] LAG Hessen v. 13.7.1987 – 1 Ta 151/87, LAGE § 888 ZPO Nr. 12; GWBG/*Benecke*, § 50 Rz. 9; *Herbst*/*Bertelsmann*/*Reiter*, Arbeitsgerichtliches Beschlussverfahren, Rz. 578.
[5] LAG Hessen v. 29.8.1985 – 3 Ta 188/85, LAGE § 50 ArbGG 1979 Nr. 1; GMP/*Germelmann*, § 50 Rz. 8.

anspruchs (§ 890 ZPO) und wegen eines Anspruchs auf Abgabe einer Willenserklärung (§ 894 ZPO). Zu den modifizierten Rechtsfolgen bei der Pfändung einer beweglichen Sache s. schon Rz. 21. Entsprechendes gilt bei der Einziehung einer überwiesenen Forderung. Wenn die Vollstreckung nach den §§ 887, 888 oder 890 ZPO durch das Prozessgericht erfolgt, richtet sich das Verfahren nach § 891 ZPO. Die Entscheidungen können also nach Anhörung des Schuldners ohne mündliche Verhandlung ergehen. Sie werden deshalb gem. § 53 Abs. 1 Satz 1 vom Vorsitzenden allein erlassen. Die Rechtsbehelfe in der Zwangsvollstreckung aus arbeitsgerichtlichen Beschlüssen sind dieselben wie bei der Vollstreckung aus arbeitsgerichtlichen Urteilen und aus Urteilen der Zivilgerichte (s. dazu § 62 Rz. 89 ff.). Das gilt auch für die selbstständigen Klagen nach den §§ 767 und 771 ZPO (dazu § 62 Rz. 93 f.). Eine Klage nach § 767 ZPO gegen die Vollstreckung des BR aus einem Titel, der auf Unterlassung einseitiger Anordnung von Überstunden gerichtet ist, kann etwa begründet sein, wenn die Betriebsparteien nach dem Erkenntnisverfahren eine Betriebsvereinbarung zur Anordnung von Überstunden in Eilfällen getroffen haben; denn mit dem Abschluss der Betriebsvereinbarung erlischt der titulierte Unterlassungsanspruch[1]. Ferner kann eine Vollstreckungsgegenklage Erfolg haben, wenn bei einem auf Unterlassung mitbestimmungswidriger Maßnahmen gerichteten Beschluss der Betrieb als Bezugsobjekt des Beschlusses weggefallen ist[2]. Über die Klagen nach §§ 767, 771 ZPO entscheidet das ArbG im Beschlussverfahren[3].

d) Schadensersatz bei Aufhebung des Beschlusses

Die Verweisung in § 85 Abs. 1 Satz 3 auf das Achte Buch der ZPO erstreckt sich zwar ihrem Wortlaut nach auch auf § 717 ZPO. Nach **§ 717 Abs. 2 ZPO** ist der Gläubiger, der aus einem lediglich vorläufig vollstreckbaren Titel vollstreckt, dem Schuldner zum Schadensersatz verpflichtet, wenn die vorläufige Vollstreckbarkeit nachträglich wieder wegfällt. Diese Vorschrift, die auch für die Zwangsvollstreckung im arbeitsgerichtlichen Urteilsverfahren gilt (s. § 62 Rz. 6), findet jedoch bei der Vollstreckung aus Titeln im arbeitsgerichtlichen Beschlussverfahren zumindest dann keine Anwendung, wenn sich der Ersatzanspruch gegen eine vermögenslose betriebsverfassungsrechtliche Stelle richtet[4], was häufig der Fall sein wird. Das folgt ebenso wie für den Ausschluss des § 945 ZPO, der in § 85 Abs. 2 Satz 2 aE ausdrücklich angeordnet ist, daraus, dass der BR und andere Stellen mangels Vermögensfähigkeit als Schadensersatzschuldner ausscheiden[5]. Bei einer vorläufigen Vollstreckung durch den ArbGeb könnte dieser zwar auf Schadensersatz in Anspruch genommen werden, doch erleiden der BR und andere Stellen durch eine gegen sie gerichtete Vollstreckung keinen ersatzfähigen Vermögensschaden, und sie können auch gar nicht Gläubiger eines entsprechenden Schadensersatzanspruches sein[6]. Etwas anderes mag gelten, wenn es bei dem Schadensersatzanspruch nicht um einen solchen für oder gegen eine vermögenslose betriebsverfassungsrechtliche Stelle geht. So hat das BAG[7] § 717 Abs. 2 ZPO im Beschlussverfahren in einem Fall für anwendbar erklärt, in dem der ArbGeb zur Abwendung der Zwangsvollstreckung Zahlungen an den Rechtsanwalt des BR erbracht und nach Aufhebung des Zahlungstitels Schadensersatz nach § 717 Abs. 2 ZPO von dem Rechtsanwalt verlangt hat. Allerdings ist der Vollstreckungsgläubiger auch im arbeitsgerichtlichen Beschlussverfahren einer **Bereicherungshaftung** nach **§ 717 Abs. 3 ZPO** ausgesetzt, wenn der Beschluss aufgehoben oder abgeändert wird[8]. Dann muss das aufgrund dieses Beschlusses Gezahlte (zB Kostenvorschuss nach § 40 BetrVG) nach den §§ 812 ff. BGB an den Schuldner herausgegeben werden.

e) Kosten der Zwangsvollstreckung

Gerichtskosten (Gebühren und Auslagen) werden für die Zwangsvollstreckung nach § 85 nicht erhoben (**§ 11 GKG**). Der sachliche Grund für die Kostenfreiheit, die Vermögenslosigkeit des BR und der anderen beteiligten Stellen, besteht auch in der Zwangsvollstreckung.

---

1 BAG v. 19.6.2012 – 1 ABR 35/11, NZA 2012, 1179.
2 Hess. LAG v. 21.1.2010 – 5 TaBV 201/08, Rz. 20 ff.
3 BAG v. 18.3.2008 – 1 ABR 3/07, NZA 2008, 1259 Rz. 13; BAG v. 19.2.2008 – 1 ABR 86/06, NZA 2008, 899 Rz. 11; GMP/*Matthes*/*Spinner*, § 85 Rz. 24.
4 *Dütz*, DB 1980, 1120 (1122 f.); ErfK/*Koch*, § 85 ArbGG Rz. 3; GMP/*Matthes*/*Spinner*, § 85 Rz. 26; GK-ArbGG/*Vossen*, § 85 Rz. 32; GWBG/*Greiner*, § 85 Rz. 1; MünchArbR/*Jacobs*, § 346 Rz. 26; aM *Rudolf*, NZA 1988, 420 (424); *Weth*, Beschlussverfahren, S. 355.
5 Zu § 945 ZPO s. *Dütz*, ZfA 1972, 247 (250); *Walker*, Der einstweilige Rechtsschutz, Rz. 902; Schuschke/*Walker*, § 945 ZPO Rz. 57; aM (gegen eine direkte oder analoge Anwendung des § 85 Abs. 2 Satz 2) BAG v. 12.11.2014 – 7 ABR 86/12, NJW 2015, 894 Rz. 23 ff.
6 S. nochmals *Walker*, Der einstweilige Rechtsschutz, Rz. 902; Schuschke/*Walker*, § 945 ZPO Rz. 57.
7 BAG v. 12.11.2014 – 7 ABR 86/12, NJW 2015, 894 Rz. 15 ff.
8 Ebenso Hauck/Helml/Biebl/*Hauck*, § 85 Rz. 6.

44 Trotzdem können auch bei der Zwangsvollstreckung nach § 85 Kosten entstehen, nämlich die **Kosten einer Ersatzvornahme, Kosten des Gerichtsvollziehers** und **außergerichtliche Kosten** (insbesondere Anwaltskosten). Kostenschuldner kann hier niemals der vermögenslose BR oder eine andere Stelle sein, sondern immer nur der ArbGeb oder ein einzelnes Mitglied des BR oder einer Stelle, welches (zB wegen einer Zuwiderhandlung gegen eine Unterlassungsverpflichtung) im Wege der Zwangsvollstreckung persönlich in Anspruch genommen wird. Falls Kosten dadurch verursacht werden, dass der BR oder eine andere Stelle etwa einen Gerichtsvollzieher oder einen Rechtsanwalt beauftragt, wird dieser Auftrag mit verpflichtender Wirkung für den ArbGeb erteilt[1], sofern die Voraussetzungen des § 40 BetrVG vorliegen. Dieser ist deshalb auch Kostenschuldner (s. schon Rz. 22, Rz. 27). Eine Kostenerstattung gem. § 788 Abs. 1 ZPO findet weder in diesem Fall noch dann statt, wenn der ArbGeb unmittelbar einen Gerichtsvollzieher oder Rechtsanwalt beauftragt, um die Zwangsvollstreckung gegen den BR oder eine Stelle zu betreiben[2].

4. Einschränkung der Vollstreckung in einzelnen Fallgruppen (Abs. 1 Satz 3)

45 Die §§ 888, 890 ZPO über die Zwangsvollstreckung zur Erwirkung einer unvertretbaren Handlung und zur Erzwingung von Duldungen und Unterlassungen stehen in Konkurrenz zu verschiedenen Vorschriften des BetrVG, die für bestimmte Fälle ebenfalls Vollstreckungsregelungen treffen.

a) § 23 Abs. 3 BetrVG

46 Der **ArbGeb** kann im Beschlussverfahren gem. § 23 Abs. 3 Satz 1 BetrVG bei einem groben Verstoß gegen seine betriebsverfassungsrechtlichen Pflichten zu einer **Handlung, Duldung oder Unterlassung verurteilt werden**. Bei dieser Vorschrift handelt es sich um eine materielle Anspruchsgrundlage[3]. Wenn der ArbGeb gegen eine solche rechtskräftig titulierte Verpflichtung verstößt, ist er gem. § 23 Abs. 3 Satz 2, 3 BetrVG auf Antrag zu einem Ordnungsgeld oder Zwangsgeld von jeweils höchstens 10 000 Euro (§ 23 Abs. 3 Satz 5 BetrVG) zu verurteilen. Darin liegt in mehrfacher Hinsicht eine Einschränkung der Vollstreckungsmöglichkeit: Nach § 23 Abs. 3 Satz 2 BetrVG kann nur aus einer rechtskräftigen gerichtlichen Entscheidung, nicht dagegen aus einem im Erkenntnisverfahren nach § 23 Abs. 3 BetrVG geschlossenen Vergleich die Zwangsvollstreckung betrieben werden[4]. Ferner kommen Ordnungs- oder Zwangshaft von vornherein nicht in Betracht. Außerdem kann das Ordnungs- oder Zwangsgeld nur in der gegenüber den §§ 888, 890 ZPO viel geringeren Höhe von 10 000 Euro verhängt werden.

47 Zum **Verhältnis zwischen § 23 Abs. 3 BetrVG und § 890 ZPO** nimmt das BAG[5] an, § 23 Abs. 3 BetrVG schließe eine weitergehende Vollstreckung nach § 890 ZPO zur Durchsetzung einer Unterlassungsverpflichtung aus. Danach kann gegen den ArbGeb eine Ordnungshaft, die in § 23 Abs. 3 BetrVG nicht vorgesehen ist, nicht verhängt werden. Wenn eine Ordnungshaft schon bei einer Vollstreckung nach § 23 Abs. 3 BetrVG wegen eines groben Verstoßes nicht in Betracht komme, müsse sie zur Vermeidung von Wertungswidersprüchen bei der Unterlassungsvollstreckung wegen nicht grober Verstöße erst recht ausscheiden. Konsequenterweise dürfte daher auch das Ordnungsgeld die in § 23 Abs. 3 BetrVG vorgesehene Höchstgrenze von 10 000 Euro nicht überschreiten. Entsprechendes muss wohl für die Vollstreckung eines Anspruchs auf Vornahme einer unvertretbaren Handlung nach § 888 ZPO gelten.

47a Diese Frage ist damit für die Praxis entschieden. Über die Berechtigung dieses „erst-recht-Arguments" kann man allerdings diskutieren. Unterlassungsansprüche nach § 23 Abs. 3 BetrVG und solche, die nach § 85 Abs. 1 ArbGG iVm. § 890 ZPO vollstreckt werden, stehen nämlich nicht in einem Verhältnis von Weniger und Mehr zueinander. Nach § 23 Abs. 3 BetrVG können der BR oder eine im Betrieb vertretene Gewerkschaft auch dann die Beachtung des BetrVG verlangen und erzwingen, wenn sie durch das pflichtwidrige Verhalten des ArbGeb nicht in eigenen Rechten betroffen und daher nur Prozessstandschafter sind. Insoweit hat § 23 Abs. 3 BetrVG mit seiner eingeschränkten Vollstreckungsmöglichkeit also eine Auf-

---

1 *Jahnke*, Zwangsvollstreckung in der Betriebsverfassung, S. 90 f.
2 S.a. BAG v. 2.6.2008 – 3 AZB 24/08, AP § 85 ArbGG 1979 Nr. 11, Rz. 12; *Jahnke*, Zwangsvollstreckung in der Betriebsverfassung, S. 83.
3 Str.; wie hier BAG v. 22.2.1983 – 1 ABR 27/81, DB 1983, 1926 (1927); BAG v. 17.5.1983 – 1 ABR 21/80, DB 1983, 1986 (1987 f.); BAG v. 17.3.1987 – 1 ABR 65/85, BB 1987, 1878 (1879); BAG v. 23.4.1991 – 1 ABR 49/90, DB 1991, 2347; BAG v. 20.8.1991 – 1 ABR 85/90, DB 1992, 275; *Heinze*, DB 1983, Beil. 9, S. 4; *Walker*, Der einstweilige Rechtsschutz, Rz. 774, 856.
4 LAG Düsseldorf v. 26.7.1990 – 7 Ta 139/90, NZA 1992, 188; LAG Düsseldorf v. 26.4.1993 – 7 Ta 316/92, LAGE § 23 BetrVG 1972 Nr. 30, S. 2; LAG Schl.-Holst. v. 16.6.2000 – 5 Ta 22/00; GK-ArbGG/*Vossen*, § 85 Rz. 17; aM LAG BW v. 30.12.1993 – 15 TaBV 3/93, BB 1994, 1504; LAG Bremen v. 16.12.1988 – 4 TaBV 30/88, NZA 1989, 588; LAG Hamburg v. 27.1.1992 – 5 Ta 25/91, NZA 1992, 568.
5 BAG v. 5.10.2010 – 1 ABR 71/09, ZIP 2011, 140.

fangfunktion. Wenn dagegen der BR in eigenen Rechten betroffen ist und aufgrund anderer Anspruchsgrundlagen einen allgemeinen Handlungs-, Duldungs- oder Unterlassungsanspruch gegen den ArbGeb hat, ist er nicht auf die eingeschränkte Vollstreckungsmöglichkeit des § 23 Abs. 3 BetrVG für Prozessstandschafter angewiesen. Vielmehr kann er die Vollstreckung nach § 85 Abs. 1 ArbGG iVm. §§ 888, 890 ZPO betreiben[1]. Bei dieser Lösung sind Ordnungs- und Zwangsgeld auch bei Verstoß gegen einen gerichtlichen Vergleich möglich, und zwar bis zur Höhe von 250 000 Euro (§ 890 ZPO) bzw. 25 000 Euro (§ 888 ZPO)[2], und als Ordnungs- oder Zwangsmittel kommt auch Haft in Betracht; denn § 85 Abs. 1 Satz 3 betrifft nur die Vollstreckung nach § 23 Abs. 3 BetrVG.

b) § 98 Abs. 5 BetrVG

Nach § 98 Abs. 5 Satz 1 BetrVG kann der BR unter bestimmten Voraussetzungen der **Bestellung** einer mit der Durchführung einer betrieblichen Berufsbildung beauftragten Person **widersprechen** oder deren Abberufung verlangen. Wenn der ArbGeb eine entsprechende rechtskräftige Entscheidung nicht befolgt, ist er dazu gem. § 98 Abs. 5 BetrVG auf Antrag des BR bei einer Zuwiderhandlung gegen die Bestellungsuntersagung durch Ordnungsgeld bis zur Höhe von 10 000 Euro und bei einem Verstoß gegen die Abberufungspflicht durch ein Zwangsgeld bis zu 250 Euro für jeden Tag der Zuwiderhandlung anzuhalten. Die Verhängung von Ordnungs- oder Zwangshaft ist in § 98 BetrVG nicht vorgesehen und in § 85 Abs. 1 Satz 3 ausdrücklich ausgeschlossen. Daneben kommt eine Vollstreckung nach § 85 Abs. 1 durch Verhängung von Zwangs- oder Ordnungsgeld in der Höhe, wie sie in den §§ 888, 890 ZPO vorgesehen ist, nicht in Betracht. § 98 Abs. 5 BetrVG ist für die zwangsweise Durchsetzung des in Abs. 2 geregelten Anspruchs eine abschließende Sonderregelung, und zwar auch gegenüber der Vollstreckung nach § 23 Abs. 3 Satz 2, 3 BetrVG[3].

c) §§ 101, 104 BetrVG

Wenn der ArbGeb eine **personelle Maßnahme** iSv. § 99 BetrVG **ohne die erforderliche Zustimmung** des BR durchführt oder aufrechterhält, obwohl die dafür erforderlichen Voraussetzungen des § 100 Abs. 2 Satz 3 BetrVG nicht vorliegen oder obwohl die vorläufige personelle Maßnahme aufgrund einer rechtskräftigen Entscheidung nach § 100 Abs. 3 Satz 1 BetrVG endet, kann der BR gem. § 101 Satz 1 BetrVG die Aufhebung der personellen Maßnahme verlangen. Kommt der ArbGeb einer entsprechenden rechtskräftigen Entscheidung nicht nach, ist er dazu gem. § 101 Satz 2 BetrVG auf Antrag des BR durch Zwangsgeld iHv. 250 Euro für jeden Tag der Zuwiderhandlung anzuhalten. Auch hier ist Zwangshaft als Beugemittel durch § 85 Abs. 1 Satz 3 ausdrücklich ausgeschlossen. Eine vergleichbare Regelung trifft § 104 Satz 2, 3 BetrVG für den Fall, dass der ArbGeb einer rechtskräftigen Entscheidung zuwiderhandelt, durch die ihm auf Antrag des BR die Entlassung oder Versetzung eines betriebsstörenden ArbN aufgegeben wurde. Dazu kann er durch Zwangsgeld bis zu 250 Euro für jeden Tag der Zuwiderhandlung, nicht dagegen durch Zwangshaft (§ 85 Abs. 1 Satz 3), angehalten werden. – Die §§ 101, 104 BetrVG schließen in ihrem Anwendungsbereich sowohl die Verhängung eines Zwangsgeldes in der Höhe, die in § 888 ZPO vorgesehen ist, als auch eine Vollstreckung nach § 23 Abs. 3 BetrVG aus[4].

IV. Der einstweilige Rechtsschutz im Beschlussverfahren (Abs. 2)

Nach § 85 Abs. 2 Satz 1 ist auch im arbeitsgerichtlichen Beschlussverfahren der **Erlass einer einstweiligen Verfügung zulässig**. Für das Eilverfahren erklärt § 85 Abs. 2 Satz 2 die Vorschriften des Achten Buches der ZPO für entsprechend anwendbar. Lediglich für die Zuständigkeit zum Erlass von Eilbeschlüssen, für Zustellungen im Eilverfahren und für den Anspruch auf Schadensersatz, wenn sich eine Eilanordnung als von Anfang an ungerechtfertigt erweist, enthält § 85 Abs. 2 Satz 2 Sonderregelungen.

---

1 LAG Düsseldorf v. 26.6.2003 – 16 Ta 47/03, NZA-RR 2004, 154; LAG Hessen v. 2.12.2010 – 5 TaBV 115/10, NZA-RR 2011, 302 (304); DKK/*Trittin*, § 23 BetrVG Rz. 365; *Herbst/Bertelsmann/Reiter*, Arbeitsgerichtliches Beschlussverfahren, Rz. 584; GK-ArbGG/*Vossen*, § 85 Rz. 15.
2 AA LAG Düsseldorf v. 26.6.2003 – 16 Ta 47/03, NZA-RR 2004, 154; GK-ArbGG/*Vossen*, § 85 Rz. 16.
3 BAG v. 22.2.1983 – 1 ABR 27/81, AP Nr. 2 zu § 23 BetrVG 1972; BAG v. 17.3.1987 – 1 ABR 65/85, AP Nr. 7 zu § 23 BetrVG 1972; *Fitting*, § 98 BetrVG Rz. 26 und § 23 BetrVG Rz. 58; GK-BetrVG/*Oetker*, § 23 Rz. 206; GK-BetrVG/*Raab*, § 98 Rz. 37.
4 S. nur BAG v. 5.12.1978 – 6 ABR 70/77, DB 1979, 1282; *Fitting*, § 101 BetrVG Rz. 1; GK-BetrVG/*Raab*, § 101 Rz. 19, 21 und § 104 Rz. 19.

1. Praktische Relevanz

51 Über die **quantitative Bedeutung des einstweiligen Rechtsschutzes** speziell im arbeitsgerichtlichen Beschlussverfahren lässt sich nur schwer eine gesicherte Aussage treffen; denn in den offiziellen Ergebnissen der Statistik der Arbeitsgerichtsbarkeit ist die Zahl von Arresten und einstweiligen Verfügungen nur für die Urteils- und Beschlussverfahren gemeinsam ausgewiesen. Veröffentlichte Einzelerfahrungen[1] sprechen aber dafür, dass die zahlenmäßige Bedeutung der Eilverfahren im Beschlussverfahren größer ist als diejenige im Urteilsverfahren (s. dazu § 62 Rz. 102), möglicherweise auch als diejenige der zivilprozessualen Eilverfahren[2]. Der Hauptgrund für ein Bedürfnis nach einstweiligem Rechtsschutz im arbeitsgerichtlichen Beschlussverfahren liegt darin, dass Beschlüsse in anderen als vermögensrechtlichen Angelegenheiten erst mit Rechtskraft vollstreckbar sind. Daher ist der einstweilige Rechtsschutz oft der einzige effektive Rechtsschutz. – Nach den veröffentlichten Eilentscheidungen der ArbG und LAG stehen in der Praxis einstweilige Verfügungen in Wahlangelegenheiten und auf Unterlassung betriebsbedingter Kündigungen vor der Durchführung eines Interessenausgleichsverfahrens im Vordergrund. In rechtlicher Hinsicht werfen die Eilverfahren in Beschlussangelegenheiten ebenso wie diejenigen im Urteilsverfahren oft mehr Probleme auf als die Hauptsacheverfahren. Die Auseinandersetzung mit Meinungsstreitigkeiten wie zB beim betriebsverfassungsrechtlichen Unterlassungsanspruch wird durch den erhöhten Zeitdruck zusätzlich erschwert. Zudem stellt sich in vielen Fällen die Frage, welche Auswirkungen sich aus dem vom Urteilsverfahren abweichenden Verfahrensrecht des Beschlussverfahrens für das Eilverfahren ergeben.

2. Arten

52 § 85 Abs. 2 Satz 1 erklärt nur einstweilige Verfügungen für zulässig. Es ist jedoch kein Grund dafür ersichtlich, dass der Gesetzgeber mit dieser Klärung des früheren Meinungsstreites über die Zulässigkeit **einstweiliger Verfügungen** gleichzeitig die Zulässigkeit des **Arrestes** ausschließen wollte. Soweit dem BR oder einer anderen Stelle ein Anspruch auf Geldzahlung zusteht (zB Vorschuss der BR-Kosten nach § 40 BetrVG), kann die Vollstreckung dieses Anspruchs (s. Rz. 21) auch durch Arrest gesichert werden[3]. Insoweit spielt es keine Rolle, dass der Anspruch nicht auf Übereignung des Geldes gerichtet ist, sondern lediglich auf Übertragung des Besitzes am Geld, verbunden mit der Ermächtigung, zweckgebunden darüber zu verfügen; denn auch ein Geldzahlungsanspruch mit diesem eingeschränkten Inhalt lässt sich durch Arrest sichern. Die grundsätzliche Zulässigkeit des Arrestes ändert allerdings nichts daran, dass dieser in der Praxis des arbeitsgerichtlichen Beschlussverfahrens praktisch keine erwähnenswerte Rolle spielt. Wenn der BR oder eine andere Stelle überhaupt einmal in Zusammenhang mit einer Geldforderung auf einstweiligen Rechtsschutz angewiesen ist, dann wird dem Antragsteller im Zweifel mit einer durch Arrest möglichen bloßen Sicherung dieses Anspruches nicht gedient sein; vielmehr wird er auf eine schnelle Durchsetzung des Anspruches angewiesen sein. Das ist aber nicht im Wege des Arrestes, sondern nur durch eine einstweilige (Befriedigungs-)Verfügung möglich. Aus diesem Grund ist auch die nach §§ 946 ff. ZPO grundsätzlich mögliche grenzüberschreitende vorläufige Kontenpfändung (dazu näher § 62 Rz. 174 ff.) im Beschlussverfahren ohne praktische Relevanz.

53 Die kraft Gesetzes angeordnete Zulässigkeit einstweiliger Verfügungen bezieht sich schon nach dem Gesetzeswortlaut auf alle **Verfügungsarten**, also auch auf **Befriedigungsverfügungen**[4]. § 85 Abs. 1 Satz 1, wonach die Zwangsvollstreckung aus Beschlüssen in anderen als vermögensrechtlichen Angelegenheiten erst nach Eintritt der Rechtskraft stattfindet, spricht nicht gegen die Zulässigkeit von Befriedigungsverfügungen[5]. Das folgt schon aus dem Vorbehalt in § 85 Abs. 1 Satz 1, soweit sich aus Abs. 2 nichts anderes ergibt; denn die Verweisung auf das Achte Buch der ZPO enthält keine Einschränkung auf bloße Sicherungsverfügungen. Tatsächlich bilden die Befriedigungsverfügungen sogar den Hauptanwendungsfall des einstweiligen Rechtsschutzes im arbeitsgerichtlichen Beschlussverfahren. Wie im Urteilsverfahren (dazu § 62 Rz. 107) und im zivilprozessualen Eilverfahren sind auch im Beschlussverfahren lediglich **feststellen-**

---

[1] *Bertelsmann*, AiB 1998, 681 (682); *Herbst/Bertelsmann/Reiter*, Arbeitsgerichtliches Beschlussverfahren, Rz. 304–306.

[2] S. dazu das ausführliche statistische Material bis zum Jahr 1988 bei *Walker*, Der einstweilige Rechtsschutz, Rz. 24 ff. und Anh. Tabellen 1–3.

[3] ErfK/*Koch*, § 85 ArbGG Rz. 4; GMP/*Matthes/Spinner*, § 85 Rz. 28; GK-ArbGG/*Vossen*, § 85 Rz. 34, 37; GWBG/*Greiner*, § 85 Rz. 34; HdbVR/*Baur*, B Rz. 290; Hauck/Helml/Biebl/*Hauck*, § 85 Rz. 8; *Herbst/Bertelsmann/Reiter*, Arbeitsgerichtliches Beschlussverfahren, Rz. 312; MünchArbR/*Jacobs*, § 346 Rz. 35; Natter/Gross/*Roos*, § 85 Rz. 36; *Walker*, Der einstweilige Rechtsschutz, Rz. 763; Schuschke/*Walker*, § 916 ZPO Rz. 17; *Wieser*, Arbeitsgerichtsverfahren, Rz. 711.

[4] GMP/*Matthes/Spinner*, § 85 Rz. 29; *Herbst/Bertelsmann/Reiter*, Arbeitsgerichtliches Beschlussverfahren, Rz. 300; *Pahle*, NZA 1990, 51 (52); *Walker*, Der einstweilige Rechtsschutz, Rz. 765.

[5] So aber wohl *Heinze*, RdA 1986, 273 (286); i. Erg. ebenso *Schlochauer*, Das Arbeitsrecht der Gegenwart, 20, 61 (68).

de einstweilige Verfügungen ausgeschlossen[1]. Der einstweilige Rechtsschutz dient nicht dazu, von den Gerichten nicht vollziehbare Rechtsgutachten mit vorläufigem Charakter erstellen zu lassen. Anders hat allerdings das BAG entschieden: Das Gebot effektiven Rechtsschutzes könne auf Antrag des ArbGeb den Erlass einer einstweiligen Verfügung auf Feststellung des Bestehens von Unterlassungspflichten des BR rechtfertigen[2]. Eine auf Unterlassung gerichtete Leistungsverfügung lehnt das BAG in solchen Fällen ab, weil es einen betriebsverfassungsrechtlichen Unterlassungsanspruch des ArbGeb gegen den BR verneint[3].

3. Ausschluss

Das materielle Recht enthält Vorschriften, in denen auch die Durchsetzung des jeweiligen Rechts abschließend geregelt ist. Dadurch wird gleichzeitig die Zulässigkeit einstweiliger Verfügungen ausgeschlossen. Ein Ausschluss kann sich ferner aus abschließenden Vorschriften des Verfahrensrechts ergeben. 54

a) §§ 99 ff. BetrVG

Nach § 99 BetrVG benötigt der ArbGeb **für personelle Einzelmaßnahmen die Zustimmung des BR**, die 55 er im Falle der Verweigerung gem. § 99 Abs. 4 BetrVG durch das ArbG ersetzen lassen muss. Falls es aus sachlichen Gründen dringend erforderlich ist, darf er die personelle Maßnahme gem. § 100 Abs. 1 Satz 1 BetrVG allerdings vorläufig durchführen. Er ist insoweit also auf keinen gerichtlichen einstweiligen Rechtsschutz nicht angewiesen[4]. Falls der ArbGeb eine personelle Maßnahme durchführt, obwohl die Voraussetzungen des § 100 BetrVG dafür nicht vorliegen, steht dem BR ebenfalls kein einstweiliger Rechtsschutz zur Verfügung; denn die Rechte des BR bei der mitbestimmungswidrigen Durchführung personeller Einzelmaßnahmen durch den ArbGeb sind in § 101 BetrVG (Aufhebung der personellen Maßnahme, wozu der ArbGeb durch ein Zwangsgeld angehalten werden kann) abschließend geregelt. Wenn der BR zusätzlich durch eine einstweilige Verfügung die Unterlassung oder sofortige Aufhebung einer personellen Maßnahme erreichen könnte, wäre das mit der gesetzlichen Wertung in § 100 BetrVG, wonach der ArbGeb eine vorläufige Maßnahme auch ohne Zustimmung des BR und ohne Inanspruchnahme gerichtlicher Hilfe vorläufig durchführen kann, nicht vereinbar[5]. Die §§ 99–101 BetrVG schließen grds. (zu möglichen Ausnahmen s. noch Rz. 109) also für ihren Anwendungsbereich den einstweiligen Rechtsschutz sowohl für den ArbGeb als auch für den BR aus[6]. Das gilt nicht nur für den Fall, in dem der ArbGeb sich über die Zustimmungsverweigerung des BR hinwegsetzt, sondern auch dann, wenn er sich von vornherein gar nicht um eine Zustimmung des BR bemüht[7].

b) § 98 Abs. 5 BetrVG

Nach § 98 Abs. 2 BetrVG hat der BR das Recht, der **Bestellung** einer mit der Durchführung der betrieb- 56 lichen Berufsbildung beauftragten Person **zu widersprechen** oder ihre **Abberufung zu verlangen**. Falls der ArbGeb sich darüber hinwegsetzt, kann er auf Antrag des BR zur Unterlassung der Bestellung oder zur Abberufung der bestellten Person verurteilt und gem. § 98 Abs. 5 BetrVG durch ein Ordnungs- oder

---

1 LAG Düsseldorf v. 6.9.1995 – 12 TaBV 69/95, NZA-RR 1996, 12 (13); GMP/*Matthes/Spinner*, § 85 Rz. 29; *Herbst/Bertelsmann/Reiter*, Arbeitsgerichtliches Beschlussverfahren, Rz. 349; Natter/Gross/*Roos*, § 85 Rz. 39; aM *Schwonberg*, Die einstweilige Verfügung des ArbGeb in Mitbestimmungsangelegenheiten im Rechtsschutzsystem der Betriebsverfassung, S. 287 ff., 316.
2 BAG v. 28.5.2014 – 7 ABR 36/12, NZA 2014, 1213 Rz. 21.
3 BAG v. 28.5.2014 – 7 ABR 36/12, NZA 2014, 1213 Rz. 17 ff.
4 *Dütz*, ZfA 1972, 247 (253); *Heinze*, RdA 1986, 273 (286); *Leisten*, BB 1992, 266 (272); *Walker*, Der einstweilige Rechtsschutz, Rz. 766.
5 LAG Hessen v. 15.12.1987 – 4 TaBVGa 160/87, NZA 1989, 232; ArbG Münster v. 19.12.1990 – 4 BVGa 5/90, DB 1991, 103; *Dütz*, ZfA 1972, 247 (253 f.); *Walker*, Der einstweilige Rechtsschutz, Rz. 767; aM LAG BW v. 7.11.1989 – 8 TaBVHa 1/89, NZA 1990, 286 (287); LAG Köln v. 13.8.2002 – 12 Ta 244/02, NZA-RR 2003, 249; ArbG Frankfurt v. 13.11.1985 – 9 BVGa 53/85, AuR 1986, 157; *Derleder*, AuR 1983, 289 (302); *Leisten*, BB 1992, 266 (272 f.).
6 So jetzt auch BAG v. 23.6.2009 – 1 ABR 23/08, NZA 2009, 1430 (1432 f.); vorher schon LAG BW v. 7.11.1989 – 8 TaBVHa 1/89, NZA 1990, 286 (287); LAG Hessen v. 15.12.1987 – 4 TaBVGa 160/87, NZA 1989, 232; LAG Hamm v. 17.2.1998 – 13 TaBV 14/98, NZA-RR 1998, 421; ArbG Münster v. 19.12.1990 – 4 BVGa 5/80, DB 1991, 103; ArbG Stuttgart v. 27.2.1997 – 9 BV 1/97, NZA-RR 1997, 481 (482); *Dütz*, ZfA 1972, 247 (253); *Eich*, DB 1983, 657 (660); *Faecks*, NZA 1985, Beil. 3, S. 6 (15); GMP/*Matthes/Spinner*, § 85 Rz. 29; GWBG/*Greiner*, § 85 Rz. 19; HdbVR/*Baur*, B Rz. 282, 323; *Heinze*, RdA 1986, 273 (291); *Herbst/Bertelsmann/Reiter*, Arbeitsgerichtliches Beschlussverfahren, Rz. 370; *Walker*, ZfA 2005, 45 (72); *Wenzel*, NZA 1984, 112 (116); aM LAG Köln v. 13.8.2002 – 12 Ta 244/02, NZA-RR 2003, 249; LAG Nds. v. 25.7.1995 – 11 TaBV 68/95, NZA-RR 1996, 217 zumindest für den Fall, in dem die personelle Maßnahme befristet ist, so dass das Verfahren nach § 101 BetrVG leer läuft; *Korinth*, Einstweiliger Rechtsschutz, K Rz. 122; Natter/Gross/*Roos*, § 85 Rz. 56.
7 *Walker*, Der einstweilige Rechtsschutz, Rz. 768; aM *Bertelsmann*, AiB 1998, 681 (685).

Zwangsgeld dazu angehalten werden. Mit dieser Regelung sind die Rechte des BR ebenso wie in den §§ 100, 101 BetrVG abschließend geregelt. Daneben scheidet eine einstweilige Verfügung auf Unterlassung der Bestellung oder auf Abberufung der bestellten Person aus[1].

c) § 104 BetrVG

57 Nach § 104 BetrVG kann der **BR** unter bestimmten Voraussetzungen die **Entlassung oder Versetzung eines ArbN verlangen**. Befolgt der ArbGeb eine entsprechende rechtskräftige Entscheidung nicht, ist er dazu auf Antrag des BR durch ein Zwangsgeld anzuhalten. Die Regelung des § 104 BetrVG korrespondiert mit den §§ 99–101 BetrVG. Während der BR dort zur Durchsetzung seines Zustimmungsverweigerungsrechts bei personellen Einzelmaßnahmen auf einen rechtskräftigen Beschluss im Aufhebungsverfahren angewiesen ist, muss er zur Durchsetzung seines ebenfalls bei personellen Einzelmaßnahmen bestehenden Initiativrechts nach § 104 BetrVG ebenfalls einen rechtskräftigen Beschluss des ArbG erwirken. § 104 BetrVG schließt daher die Möglichkeit, durch eine einstweilige Verfügung eine Versetzung oder Kündigung oder auch nur eine Suspendierung[2] zu erreichen, aus[3].

d) § 103 BetrVG

58 Nach § 103 Abs. 1 BetrVG kann der ArbGeb einem **Mitglied des BR** oder einer anderen betrieblichen Interessenvertretung nur **mit vorheriger Zustimmung** des BR außerordentlich **kündigen**. Eine verweigerte Zustimmung muss er durch das ArbG ersetzen lassen (§ 103 Abs. 2 BetrVG). Entsprechendes gilt gem. § 103 Abs. 3 BetrVG für eine nicht einvernehmliche Versetzung, die zu einem Verlust des Amtes oder der Wählbarkeit führen würde. Die gerichtliche Zustimmungsersetzung wird erst mit Rechtskraft wirksam. Sie kann nicht durch eine sofort wirkende einstweilige Verfügung erreicht werden[4]. Andernfalls würde der Zweck des § 103 BetrVG, die Störung der Funktionsfähigkeit des BR durch eine ungerechtfertigte außerordentliche Kündigung oder Versetzung eines Mitglieds zu verhindern, unterlaufen[5]. Dem ArbGeb bleibt zwar die Möglichkeit, schon vor rechtskräftigem Abschluss des Zustimmungsersetzungsverfahrens das betroffene BR-Mitglied von seiner Arbeitspflicht zu suspendieren; dadurch wird allerdings weder das Arbeitsverhältnis noch das BR-Amt beendet, und der ArbGeb bleibt unter den Voraussetzungen des § 615 BGB zur Lohnzahlung verpflichtet[6]. Versetzt der ArbGeb ein BR-Mitglied ohne die erforderliche Zustimmung des BR, kann dieser im Wege einer einstweiligen Verfügung die Rückgängigmachung der Maßnahme verlangen[7].

e) § 100 ArbGG

59 Nach § 100 ArbGG **entscheidet** das **ArbG** bei **Streitigkeiten zwischen ArbGeb und BR** über die Person des Vorsitzenden oder die Zahl der Beisitzer einer Einigungsstelle (§ 76 Abs. 2 Satz 2, 3 BetrVG) im Beschlussverfahren. Hierbei handelt es sich ohnehin schon um ein beschleunigtes gerichtliches Verfahren (Beschränkung der Zuständigkeitsprüfung auf offensichtliche Unzuständigkeit, verkürzte Fristen, Begrenzung der Rechtsmittel). Dieses spezielle beschleunigte Verfahren schließt den allgemeinen einstweiligen Rechtsschutz aus[8] (s. auch § 100 Rz. 28). Dieser Ausschluss des einstweiligen Rechtsschutzes folgt zudem daraus, dass die nach § 100 ArbGG ergehende Entscheidung keinen Leistungsinhalt hat und deshalb nicht vollziehbar ist. Konsequent hat der Gesetzgeber in § 100 Abs. 1 Satz 2 ArbGG für das Verfahren auch nur auf die §§ 80–84, nicht dagegen auf § 85 Abs. 2 verwiesen.

---

1 GMP/*Matthes/Spinner*, § 85 Rz. 39; GK-ArbGG/*Vossen*, § 85 Rz. 62; *Heinze*, RdA 1986, 273 (291); *Walker*, Der einstweilige Rechtsschutz, Rz. 769.
2 Für eine einstweilige Verfügung auf Suspendierung aber *Dütz*, ZfA 1972, 247 (254); *Faecks*, NZA 1985, Beil. 3, S. 6 (13).
3 GMP/*Matthes/Spinner*, § 85 Rz. 39; *Walker*, Der einstweilige Rechtsschutz, Rz. 771.
4 Vgl. die Begründung des Regierungsentwurfs, BT-Drs. VI/1786, S. 53.
5 *Walker*, Der einstweilige Rechtsschutz, Rz. 776.
6 *Walker*, Der einstweilige Rechtsschutz, Rz. 777 mwN.
7 LAG Nürnberg v. 11.10.2011 – 7 Ta BVGa 7/10, DB 2011, 883 (Ls.).
8 ArbG Düsseldorf v. 24.6.1992 – 4 BVGa 14/92, BB 1992, 1791; ArbG Ludwigshafen v. 20.11.1996 – 3 GaBV 3062/96, NZA 1997, 172; ArbG Siegburg v. 15.11.2001 – 5 BVGa 6/01, DB 2002, 278; *Bengelsdorf*, BB 1991, 613 (614 ff.); *Dütz*, AuR 1973, 353 (372); *Heinze*, RdA 1990, 262 (280); Natter/Gross/*Roos*, § 85 Rz. 61; *Olderog*, NZA 1985, 753 (757); *Walker*, Der einstweilige Rechtsschutz, Rz. 778 f.; *Wenzel*, NZA 1984, 112 (116).

f) § 97 ArbGG

Nach § 97 ArbGG entscheidet das ArbG über die **Tariffähigkeit** und die **Tarifzuständigkeit** einer Vereinigung im **Beschlussverfahren**. Für das Verfahren verweist § 97 Abs. 2a ebenso wie § 100 Abs. 1 Satz 2 nur auf die die meisten Regelungen in §§ 80–84, nicht dagegen auf § 85 Abs. 2. Die Entscheidung kann daher nicht durch einstweilige Verfügung herbeigeführt werden. Ihr Inhalt wäre ohnehin nicht vollziehbar (Rz. 53). 60

g) § 16 Abs. 2, § 17 Abs. 4, § 18 Abs. 1, § 23 Abs. 1 und Abs. 2 BetrVG

Soweit nach materiellem Recht das ArbG den **Wahlvorstand** für eine BR-Wahl zu bestellen hat (§ 16 Abs. 2, § 17 Abs. 4, § 23 Abs. 2 BetrVG), einen Wahlvorstand durch einen anderen zu ersetzen hat (§ 18 Abs. 1 BetrVG), den BR aufzulösen oder ein BR-Mitglied auszuschließen hat (§ 23 Abs. 1 BetrVG), kann diese gerichtliche Entscheidung über die Zusammensetzung eines betriebsverfassungsrechtlichen Organs nicht im Wege des einstweiligen Rechtsschutzes erreicht werden[1]. Es wäre mit dem Vertrauen des Rechtsverkehrs in die Zusammensetzung eines betriebsverfassungsrechtlichen Organs und in die Wirksamkeit der von diesem vorgenommenen Amtshandlungen nicht vereinbar, wenn die Zusammensetzung des Organs und die Wirksamkeit der Amtshandlungen unter dem Vorbehalt der rechtlichen Aufhebbarkeit stünden. 61

4. Verhältnis zwischen § 85 Abs. 2 und § 23 Abs. 3 BetrVG

Durch die besondere Vollstreckungsregelung nach § 23 Abs. 3 BetrVG bei groben Pflichtverletzungen des ArbGeb (Rz. 46 f.) wird die Zulässigkeit des einstweiligen Rechtsschutzes nicht ausgeschlossen. Vielmehr kann der besondere Unterlassungs-, Duldungs- oder Handlungsanspruch nach § 23 Abs. 3 Satz 1 BetrVG unter den dort genannten Voraussetzungen (grober Verstoß) auch im Eilverfahren geltend gemacht werden[2]. Ein Bedürfnis nach entsprechendem einstweiligem Rechtsschutz kann in solchen Fällen bestehen, in denen der BR und die im Betrieb vertretenen Gewerkschaften nicht schon aufgrund anderer Anspruchsgrundlagen wegen der Betroffenheit in eigenen Rechten einen entsprechenden materiellen Anspruch haben und deshalb als Prozessstandschafter mit Hilfe des Anspruchs nach § 23 Abs. 3 Satz 1 BetrVG für die Einhaltung des Betriebsverfassungsrechts sorgen wollen. Falls zur Sicherung oder Durchsetzung dieses Anspruchs eine einstweilige Verfügung ergeht, ist für deren Vollziehung allerdings § 23 Abs. 3 Satz 5 BetrVG (geringere Höhe des Ordnungs- oder Zwangsgeldes, keine Ordnungs- oder Zwangshaft) die Spezialvorschrift gegenüber den §§ 888, 890 ZPO[3]. Ob Gleiches auch für die Vollziehung von solchen einstweiligen Verfügungen gilt, mit denen ein Handlungs- oder Unterlassungsanspruch gegen den ArbGeb wegen einer nicht groben Pflichtverletzung aufgrund einer Verletzung eigener Rechte des BR oder der Gewerkschaft verfolgt wird, ist umstritten (dazu schon Rz. 47 f.). 62

5. Allgemeine Voraussetzungen für die Zulässigkeit und die Begründetheit des Gesuchs

Zwar verweist § 85 Abs. 2 Satz 2 anders als die vergleichbare Vorschrift des § 62 Abs. 2 nur für das Verfahren auf eine entsprechende Anwendung der Vorschriften des Achten Buches der ZPO. Gleiches gilt jedoch über den Wortlaut hinaus auch für die Voraussetzungen, die für die Zulässigkeit und die Begründetheit des Gesuchs erforderlich sind (s. schon § 62 Rz. 109 ff.). 63

a) Verfügungsanspruch

Als Verfügungsanspruch kommen nur solche Ansprüche in Betracht, über die nach § 2a im Beschlussverfahren zu entscheiden ist. Das trifft auf die meisten **im BetrVG geregelten Ansprüche** zu (s. zu den typischen Fallgruppen von einstweiligen Verfügungen im Beschlussverfahren noch Rz. 79 ff.). Nur die indivi- 64

---

1 *Herbst/Bertelsmann/Reiter*, Arbeitsgerichtliches Beschlussverfahren, Rz. 358 f.; *Walker*, Der einstweilige Rechtsschutz, Rz. 780.
2 LAG Düsseldorf v. 16.5.1990 – 12 TaBV 9/90, NZA 1991, 29; ArbG Leipzig v. 5.9.2002 – 7 BV Ga 54/02, NZA-RR 2003, 142; DKK/*Trittin*, § 23 BetrVG Rz. 279; GK-BetrVG/*Oetker*, § 23 Rz. 254; Hauck/Helml/Biebl/*Hauck*, § 85 Rz. 12; *Heinze*, DB 1983, Beil. 9, S. 23; *Konzen*, Betriebsverfassungsrechtliche Leistungspflichten des ArbGebs, S. 75; *Walker*, Der einstweilige Rechtsschutz, Rz. 774; aM LAG Hamm v. 4.2.1977 – 3 TaBV 75/76, EzA § 23 BetrVG 1972 Nr. 5; LAG Köln v. 21.2.1989 – 8/2 TaBV 73/88, LAGE § 23 BetrVG Nr. 20; LAG Nds. v. 5.6.1987 – 12 TaBV 17/87, LAGE § 23 BetrVG Nr. 11; LAG Nürnberg v. 31.8.2005 – 6 TaBV 41/05, NZA-RR 2006, 137 (138); *Bertelsmann*, AiB 1998, 681 (685); GMP/*Matthes/Spinner*, § 85 Rz. 39; *Herbst/Bertelsmann/Reiter*, Arbeitsgerichtliches Beschlussverfahren, Rz. 361.
3 LAG Hessen v. 11.8.1987 – 5 TaBVGa 88/87, BB 1988, 68 (69); *Konzen*, Betriebsverfassungsrechtliche Leistungspflichten des ArbGebs, S. 109; Natter/Gross/*Roos*, § 85 Rz. 58; *Walker*, Der einstweilige Rechtsschutz, Rz. 773.

dualrechtlichen Ansprüche aus den § 102 Abs. 5 Satz 1, § 78a Abs. 2 BetrVG auf Weiterbeschäftigung nach einer Kündigung oder nach Beendigung des Berufsausbildungsverhältnisses (s. dazu § 62 Rz. 150 ff.) und aus § 102 Abs. 5 Satz 2 BetrVG auf Entbindung von der Weiterbeschäftigungspflicht (s. dazu § 62 Rz. 153 ff.) sind im Urteilsverfahren zu verfolgen. Nach (der hier abgelehnten) Ansicht des BAG ist auch über den **Anspruch der Gewerkschaft auf Unterlassung tarifwidriger Vereinbarungen**, der auf § 1004 analog, § 823 Abs. 2 BGB iVm. Art. 9 Abs. 3 GG gestützt wird, im Beschlussverfahren zu entscheiden, sofern der BR am Zustandekommen der Vereinbarung beteiligt war (dazu § 2 Rz. 76 und § 2a Rz. 58)[1]. Konsequenterweise richtet sich auch die Zulässigkeit von Unterlassungsverfügungen nach § 85.

b) Verfügungsgrund

65 Bei der Prüfung des Verfügungsgrundes (s. dazu schon § 62 Rz. 111 f.) ist zu berücksichtigen, dass nach Abs. 1 Satz 1 Beschlüsse in anderen als vermögensrechtlichen Angelegenheiten erst nach Rechtskraft vollstreckbar sind. Deshalb kann die für den Verfügungsgrund notwendige **Dringlichkeit** im Einzelfall eher zu bejahen sein[2], weil der Zeitablauf bis zum rechtskräftigen Abschluss des Hauptsacheverfahrens einem effektiven Rechtsschutz entgegenstehen kann. Hat allerdings der Antragsteller selbst einen größeren Zeitablauf in Kauf genommen, ohne einstweiligen Rechtsschutz zu beantragen, ist wegen Selbstwiderlegung ein Verfügungsgrund zu verneinen[3]. Außerdem darf bei der Prüfung des Verfügungsgrundes die Wertung des § 85 Abs. 1 Satz 1, wonach die Vollstreckung von Beschlüssen in nicht vermögensrechtlichen Streitigkeiten, deren Vollziehung in aller Regel weder rückgängig gemacht noch in Geld ausgeglichen werden kann, erst nach Rechtskraft zulässig ist, nicht durch einen großzügigen Erlass von einstweiligen Verfügungen ausgehebelt werden. Deshalb kommt der bei allen Befriedigungsverfügungen notwendigen **Interessenabwägung** (s. dazu schon § 62 Rz. 112) im Beschlussverfahren eine besondere Bedeutung zu. Für diese Interessenabwägung ist in erster Linie die Eindeutigkeit der Rechtslage von Bedeutung: Wenn alles dafür spricht, dass der Antragsteller auch im Hauptsacheverfahren obsiegen wird, ist die einstweilige Verfügung auch dann zu erlassen, wenn sie den Gegner endgültig mit erheblichen Nachteilen belastet[4]. Falls es an einer eindeutigen Rechtslage fehlt, spricht zwar weniger der Ausschluss des § 945 ZPO[5], wohl aber die Wertung des § 85 Abs. 1 Satz 1 dafür, die beantragte einstweilige Verfügung im Zweifel (wenn also die Interessen des Antragstellers nicht eindeutig überwiegen) nicht zu erlassen.

6. Verfahrensrechtliche Besonderheiten im Beschluss(eil)verfahren

66 Für das **Verfahren** gelten gem. § 85 Abs. 2 Satz 2 die **Vorschriften des Achten Buches der ZPO** über die einstweilige Verfügung **entsprechend**. Die Entscheidung über das Gesuch kann also grds. ohne mündliche Anhörung der Beteiligten ergehen[6]. Anstelle des im Hauptsacheverfahren erforderlichen Beweises reicht Glaubhaftmachung der entscheidungserheblichen Tatsachen. § 920 Abs. 2, § 294 ZPO aus. Die Rechtslage ist dagegen wie im Eilverfahren nach § 62 und nach der ZPO nicht nur summarisch, sondern vollständig zu prüfen. Die Möglichkeiten des Antragsgegners, eine ergangene Eilanordnung durch die besonderen Rechtsbehelfe des Widerspruchs gem. §§ 924 f. ZPO, der Aufhebungsverfahren gem. §§ 926, 927 ZPO und des Rechtfertigungsverfahrens gem. § 942 Abs. 3 ZPO[7] schnell wieder aufheben zu lassen, bestehen auch im arbeitsgerichtlichen Beschluss(eil)verfahren. Verfahrensrechtliche Besonderheiten ergeben sich aus § 85 Abs. 2 Satz 2 und daraus, dass einige für die Hauptsache geltende Abweichungen des arbeitsgerichtlichen Beschlussverfahrens vom Urteilsverfahren und vom Zivilprozess auf das Eilverfahren durchschlagen:

---

1 BAG v. 13.3.2001 – 1 AZB 19/00, NZA 2001, 1037; BAG v. 20.4.1999 – 1 ABR 72/98, NZA 1999, 887.
2 *Pahle*, NZA 1990, 51 (54); *Walker*, Der einstweilige Rechtsschutz, Rz. 787.
3 Speziell zum Beschlussverfahren: LAG Hessen v. 25.6.2009 – 5 TaBVGa 52/09 Rz. 14 ff.; LAG Köln v. 13.8.1996 – 11 TaBV 173/96, AP Nr. 6 zu § 62 ArbGG 1979; vgl. auch ArbG Berlin v. 18.5.1990 – 18 BVGa 2/90, EzA § 85 ArbGG 1979 Nr. 1.
4 VG Düsseldorf v. 11.05.2017 – 40 L 1742/17.PVL, Rz. 12, BeckRS 2017, 122101 (zum personalvertretungsrechtlichen Unterlassungsanspruch); *Walker*, Der einstweilige Rechtsschutz, Rz. 788; ebenso LAG München v. 18.11.2009 – 11 TaBVGa 16/09, NZA-RR 2010, 189 (191); *Herbst/Bertelsmann/Reiter*, Arbeitsgerichtliches Beschlussverfahren, Rz. 453.
5 *Walker*, Der einstweilige Rechtsschutz, Rz. 789.
6 BAG v. 28.8.1991 – 7 ABR 72/90, BB 1991, 2306 (2308); GMP/*Matthes/Spinner*, § 85 Rz. 45; GWBG/*Greiner*, § 85 Rz. 28; *Walker*, Der einstweilige Rechtsschutz, Rz. 887; *Wenzel*, DB 1972, 1290 (1293).
7 Falls man entsprechend § 942 Abs. 1 ZPO neben dem Gericht der Hauptsache auch das ArbG der belegenen Sache für zuständig hält (s. dazu Schuschke/*Walker*, § 942 ZPO Rz. 25).

a) Zuständigkeit des Amtsgerichts

Neben der Zuständigkeit des ArbG als Gericht der Hauptsache gem. § 937 Abs. 1 ZPO ist – anders als im Zivilprozess – selbst in dringenden Fällen die Zuständigkeit des AG gem. § 942 Abs. 1 ZPO nicht gegeben[1] (s. zur Zuständigkeit im Urteils(eil)verfahren schon § 62 Rz. 100). Das ist die zwingende Folge daraus, dass es sich bei dem Verhältnis zwischen der Arbeitsgerichtsbarkeit und der ordentlichen Gerichtsbarkeit seit der Änderung der §§ 2, 2a, 48, 48a und der §§ 17 ff. GVG durch das 4. VwGO-Änderungsgesetz vom 1.1.1991[2] um selbständige, gleichwertige Rechtswege handelt[3] und die Rechtswegzuständigkeit auch im Eilverfahren zu prüfen ist (§ 2 Rz. 12). Die ausschließliche Zuständigkeit der ArbG im Beschluss(eil)verfahren ist auch sachgerecht; nach der Gegenansicht müsste nämlich gerade in den besonders eilbedürftigen Fällen iSv. § 942 Abs. 1 ZPO der Amtsrichter unter erhöhtem Zeitdruck über möglicherweise schwierige materielle Fragen des Betriebsverfassungsrechts und das auch noch in dem ihm im Zweifel nicht geläufigen Beschlussverfahren entscheiden. Allerdings kann § 942 Abs. 1 ZPO entsprechend angewendet werden in dem Sinne, dass bei besonderer Dringlichkeit neben dem ArbG der Hauptsache das ArbG der belegenen Sache zuständig ist[4]. 67

b) Eilkompetenz des Vorsitzenden

Nach § 85 Abs. 2 Satz 2 ergehen die Entscheidungen durch Beschluss der Kammer. Umstritten ist, ob trotz dieser Regelung gem. § 944 ZPO der Vorsitzende in dringenden Fällen, in denen eine mündliche Verhandlung nicht erforderlich ist, allein entscheiden kann[5]. Das ist zu bejahen. Durch § 85 Abs. 2 Satz 2 soll lediglich die Anwendung des § 53 Abs. 1 ausgeschlossen werden. Das bedeutet nämlich, dass auch dann grds. die gesamte Kammer entscheidet, wenn keine mündliche Verhandlung stattfindet[6]. Bei einer Entbehrlichkeit der mündlichen Verhandlung liegen aber nicht automatisch die noch engeren Voraussetzungen des § 944 ZPO vor. Vielmehr muss für ein **Alleinentscheidungsrecht des Vorsitzenden** neben der Entbehrlichkeit einer mündlichen Verhandlung zusätzlich noch eine **besondere Dringlichkeit** in dem Sinne vorliegen, dass schon die Heranziehung der ehrenamtlichen Richter und die damit verbundene Zeitverzögerung einem effektiven Rechtsschutz des Antragstellers entgegenstehen würde[7]. Der Gesichtspunkt des effektiven Rechtsschutzes spricht entscheidend dafür, auch im Beschlussverfahren unter den engen Dringlichkeitsvoraussetzungen des § 944 ZPO eine Entscheidung durch den Vorsitzenden zuzulassen[8]. Auf diese Weise wird eine sinnvolle Übereinstimmung hinsichtlich der Zuständigkeit im zivilprozessualen Eilverfahren, im arbeitsgerichtlichen Urteils(eil)verfahren und im Beschluss(eil)verfahren erreicht. Es wäre schwer einzusehen, wenn zwar bei einer aus drei (im Zweifel schnell verfügbaren) Berufsrichtern bestehenden Kammer beim LG unter den Voraussetzungen des § 944 ZPO der Vorsitzende allein entscheiden könnte, 68

---

1 GK-ArbGG/*Vossen*, § 85 Rz. 69; GMP/*Matthes/Spinner*, § 85 Rz. 42; GWBG/*Greiner*, § 85 Rz. 26; Hauck/Helml/Biebl/*Hauck*, § 85 Rz. 13; *Herbst/Bertelsmann/Reiter*, Arbeitsgerichtliches Beschlussverfahren, Rz. 509; *Walker*, Der einstweilige Rechtsschutz, Rz. 880 f.; *Walker*, Gedächtnisschrift Heinze, 2005, S. 1009 (1012); jetzt auch MünchKommZPO/*Drescher*, § 942 Rz. 20; aM HdbVR/*Baur*, B Rz. 266 und 267 (anders aber für das Urteilsverfahren *Baur* in Gift/Baur, Urteilsverfahren, Teil J Rz. 67).
2 BGBl. I S. 2809.
3 BAG v. 26.3.1992 – 2 AZR 443/91, NZA 1992, 954; BAG v. 1.7.1992 – 5 AS 4/92, NZA 1992, 1047; LAG Hessen v. 6.1.1992 – 9 Ta 268/91, DB 1992, 1636; *Koch*, NJW 1991, 1856 (1858); *Walker*, Der einstweilige Rechtsschutz, Rz. 734, 881; Zöller/*Lückemann*, Vor §§ 17–17b GVG Rz. 10.
4 *Walker*, Der einstweilige Rechtsschutz, Rz. 735.
5 Ablehnend BAG v. 28.8.1991 – 7 ABR 72/90, BB 1991, 2306 (2308); Ascheid, Urteils- und Beschlussverfahren, Rz. 1830; *Baur*, ZfA 1997, 445 (501 f.); DLW/*Stichler*, Kap. 16 Rz. 75; GMP/*Matthes/Spinner*, § 85 Rz. 45; *Hilger*, Der ArbGeb 1986, 51; *Kehrmann/Schmahl*, AuR 1977, 15 (16 ff.); *Küster*, DB 1972, 631; Natter/Gross/*Roos*, § 85 Rz. 67; *Simitis/Weiss*, DB 1973, 1240 (1252); vgl. auch ErfK/*Koch*, § 85 ArbGG Rz. 6 und GK-ArbGG/*Vossen*, § 85 Rz. 80, die einerseits § 944 ZPO nicht anwenden wollen, andererseits in Ausnahmefällen aber doch ein Alleinentscheidungsrecht des Vorsitzenden bejahen.
6 BAG v. 28.8.1991 – 7 ABR 72/90, BB 1991, 2306.
7 Vgl. *Dütz*, ZfA 1972, 246 (257); *Walker*, Der einstweilige Rechtsschutz, Rz. 885; *Walker*, Gedächtnisschrift Heinze, 2005, S. 1009 (1013).
8 *Bertelsmann*, AiB 1998, 681 (690); *Dütz*, ZfA 1972, 246 (256 f.); *Francken*, NJW 2007, 1792 (1793); GWBG/*Greiner*, § 85 Rz. 27; *Herbst/Bertelsmann/Reiter*, Arbeitsgerichtliches Beschlussverfahren, Rz. 530 ff.; *Schreiber*, SAE 1992, 337; *Walker*, Der einstweilige Rechtsschutz, Rz. 884 f.; *Walker*, Gedächtnisschrift Heinze, 2005, S. 1009 (1013 f.); Schuschke/*Walker*, § 944 ZPO Rz. 8; *Wenzel*, DB 1972, 1290 (1292); *Wenzel*, NZA 1984, 112 (115); *Wieser*, Arbeitsgerichtsverfahren, Rz. 712; wohl auch HdbVR/*Baur*, B Rz. 282 (anders aber *Baur*, ZfA 1997, 445 [501 f.]); ebenso OVG Magdeburg v. 14.9.2011 – 5 M 14/11, NZA-RR 2012, 168 für Eilentscheidungen im personalvertretungsrechtlichen Verfahren.

c) Verzicht auf mündliche Verhandlung

69 Die Verweisung in § 85 Abs. 2 Satz 2 bezieht sich auch auf § 937 Abs. 2 ZPO. Danach kann die **Zurückweisung** eines Gesuchs grds. **ohne mündliche Verhandlung** erfolgen. Demgegenüber kommt im Urteils(eil)verfahren eine Abweisung des Gesuchs gem. § 62 Abs. 2 Satz 2 nur in dringenden Fällen in Betracht. Ob eine nicht an besondere Voraussetzungen geknüpfte Zurückweisung des Gesuchs ohne mündliche Verhandlung mit dem Grundsatz des rechtlichen Gehörs vereinbar ist, ist zweifelhaft[2]. Selbst wenn man das aber im Anwendungsbereich des § 937 Abs. 2 ZPO bejaht, kommt jedenfalls im arbeitsgerichtlichen Beschlussverfahren ebenso wie im Urteilsverfahren eine Zurückweisung ohne mündliche Verhandlung nur bei besonderer Dringlichkeit in Betracht[3]. Entgegen dem insoweit missverständlichen Wortlaut des Abs. 2 Satz 2 spricht nämlich nichts dafür, dass die Zurückweisung ohne mündliche Verhandlung im Beschlussverfahren unter leichteren Voraussetzungen möglich sein soll als gem. § 62 Abs. 2 im Urteilsverfahren. Im Gegenteil heißt es in der Begründung des Regierungsentwurfs zur Änderung des § 62 durch das Rechtspflege-Vereinfachungsgesetz vom 17.12.1990[4], dass § 937 Abs. 2 ZPO im arbeitsgerichtlichen Verfahren (nicht nur im Urteilsverfahren) nicht angewendet werden soll[5]. Das ist lediglich aufgrund eines gesetzgeberischen Versehens in § 85 Abs. 2 Satz 2 nicht mehr besonders zum Ausdruck gebracht worden[6]. Aus dem im Beschlussverfahren geltenden Untersuchungsgrundsatz (s. dazu Rz. 70) und aus der Tatsache, dass wegen des Ausschlusses des Schadensersatzanspruchs nach § 945 ZPO (Abs. 2 Satz 2; s. dazu Rz. 78) Fehlentscheidungen nicht ausgeglichen werden können, folgt sogar, dass § 85 Abs. 2 Satz 2 besonders restriktiv zu handhaben und in aller Regel erst nach mündlicher Anhörung zu entscheiden ist.

d) Bedeutung des Untersuchungsgrundsatzes

70 Der in § 83 Abs. 1 Satz 1 für das Beschlussverfahren geregelte Untersuchungsgrundsatz gilt auch im Eilverfahren[7]. Das entbindet den Antragsteller allerdings nicht davon, seinen Anspruch zu begründen und die dafür erforderlichen **Tatsachen darzulegen** (vgl. § 83 Abs. 1 Satz 2). Es reicht jedoch aus, wenn der Sachverhaltskern vorgetragen wird[8]; das ArbG muss dann auf der Grundlage dieses Sachverhaltskerns schon für die Schlüssigkeitsprüfung von Amts wegen Ermittlungen anstellen.

71 Der Untersuchungsgrundsatz hat auch Auswirkungen auf die Anforderungen an die gem. § 920 Abs. 2, § 294 ZPO erforderliche **Glaubhaftmachung**[9]. Wenn der Antragsteller eine erforderliche Glaubhaftmachung nicht selbst angeboten hat, muss das Gericht eine mündliche Verhandlung anberaumen und von sich aus eine weitere Aufklärung versuchen[10]. Aus dem Untersuchungsgrundsatz folgt ferner, dass die Glaubhaftmachung entgegen § 294 Abs. 2 ZPO nicht auf präsente Beweismittel beschränkt ist; vielmehr kommt im Beschluss(eil)verfahren auch eine (kurzfristige) Vertagung für eine Beweisaufnahme in Betracht[11].

---

1 *Walker*, Der einstweilige Rechtsschutz, Rz. 884; *Wenzel*, DB 1972, 1290 (1292); zustimmend *Francken*, NJW 2007, 1792 (1793).
2 *Walker*, Der einstweilige Rechtsschutz, Rz. 292 ff.; Schuschke/*Walker*, § 937 ZPO Rz. 18.
3 LAG Nürnberg v. 27.4.1998 – 5 Ta 42/98, NZA-RR 1998, 563; LAG Hessen v. 28.1.2002 – 9 TaBV Ga 7/02, NZA-RR 2002, 424; GWBG/*Greiner*, § 85 Rz. 27; DLW/*Stichler*, Kap. 16 Rz. 75; *Herbst/Bertelsmann/Reiter*, Arbeitsgerichtliches Beschlussverfahren, Rz. 535; Schuschke/*Walker*, § 937 ZPO Rz. 19; *Walker*, Der einstweilige Rechtsschutz, Rz. 889; *Walker*, Gedächtnisschrift Heinze, 2005, S. 1009 (1015); aM ErfK/*Koch*, § 85 ArbGG Rz. 6.
4 BGBl. I S. 2847.
5 BT-Drs. 11/3621, S. 56 f.
6 *Walker*, Der einstweilige Rechtsschutz, Rz. 889.
7 LAG Nürnberg v. 1.4.1999 – 6 Ta 6/99, NZA 2000, 335 (336); *Faecks*, NZA 1985, Beil. 3, S. 6 (14); GMP/*Matthes/Spinner*, § 85 Rz. 44; GK-ArbGG/*Vossen*, § 85 Rz. 73; GWBG/*Greiner*, § 85 Rz. 29; HdbVR/*Baur*, B Rz. 276; Natter/Gross/Roos, § 85 Rz. 63; *Walker*, Der einstweilige Rechtsschutz, Rz. 890; *Wenzel*, DB 1972, 1290 (1292); *Wenzel*, NZA 1984, 112 (115). Für eine lediglich eingeschränkte Geltung des Untersuchungsgrundsatzes im Eilverfahren dagegen LAG Nürnberg v. 8.2.2011 – 6 TaBVGa 17/10, DB 2011, 715 (Ls.).
8 *Bertelsmann*, AiB 1998, 681 (689); GMP/*Matthes/Spinner*, § 83 Rz. 86; HdbVR/*Baur*, B Rz. 276; *Herbst/Bertelsmann/Reiter*, Arbeitsgerichtliches Beschlussverfahren, Rz. 506; *Wenzel*, DB 1972, 1290 (1292).
9 Zur Anwendbarkeit des § 920 Abs. 2 ZPO im arbeitsgerichtlichen Beschlussverfahren s. BAG v. 28.8.1991 – 7 ABR 72/90, BB 1991, 2306 (2307).
10 *Bertelsmann*, AiB 1998, 681 (690); *Herbst/Bertelsmann/Reiter*, Arbeitsgerichtliches Beschlussverfahren, Rz. 524; *Walker*, Der einstweilige Rechtsschutz, Rz. 891; *Wenzel*, DB 1972, 1290 (1292).
11 Vgl. BAG v. 28.8.1991 – 7 ABR 72/90, BB 1991, 2306 (2307); *Herbst/Bertelsmann/Reiter*, Arbeitsgerichtliches Beschlussverfahren, Rz. 527; *Walker*, Der einstweilige Rechtsschutz, Rz. 892 (897); *Wenzel*, DB 1972, 1290 (1293).

Zwar brauchen auch im Beschlussverfahren unwiderlegbar vermutete oder offenkundige Tatsachen nicht 72
glaubhaft gemacht zu werden. Dagegen schließt ein fingiertes oder abgegebenes Geständnis (§ 138 Abs. 3,
§ 288 ZPO) im Beschluss(eil)verfahren die **Glaubhaftmachungsbedürftigkeit** nicht aus[1]. Eine Bindung
des Gerichts an ein Geständnis wäre mit dem Untersuchungsgrundsatz nicht vereinbar.

Wegen des Untersuchungsgrundsatzes ist eine **Anwendung des § 921 Satz 1 ZPO ausgeschlossen**. Nach 73
dieser Vorschrift kann das Gericht die beantragte Eilmaßnahme auch ohne Glaubhaftmachung anordnen,
wenn der Antragsteller Sicherheit leistet. Diese Möglichkeit ist mit dem auf Wahrheitsermittlung angelegten Untersuchungsgrundsatz nicht vereinbar[2]. Zudem könnte die Sicherheitsleistung ihren Zweck, einen
Schadensersatzanspruch nach § 945 ZPO abzusichern[3], im arbeitsgerichtlichen Beschlussverfahren wegen
des Ausschlusses von § 945 ZPO in § 85 Abs. 2 Satz 2 nicht erreichen.

e) Zustellungen von Amts wegen

Nach § 85 Abs. 2 Satz 2 erfolgen erforderliche Zustellungen von Amts wegen. Insoweit gilt also im Eilver- 74
fahren nichts anderes als im Hauptsacheverfahren (§ 80 Abs. 2, § 50 Abs. 1). Darin liegt eine Abweichung
von § 922 Abs. 2 ZPO, wonach ohne mündliche Verhandlung ergangene Eilanordnungen im Parteibetrieb
zugestellt werden[4]. Dagegen schließt § 85 Abs. 2 Satz 2 eine Anwendung des § 922 Abs. 3 ZPO, wonach
ein das Gesuch zurückweisender Beschluss dem Gegner nicht mitzuteilen ist, nicht aus. Der Sinn dieser
Regelung, dem Antragsteller die Möglichkeit zu erhalten, den Antragsgegner noch im Beschwerdeverfahren mit einer einstweiligen Verfügung zu überraschen[5], passt im arbeitsgerichtlichen Beschlussverfahren
genauso wie im Zivilprozess und im arbeitsgerichtlichen Urteilsverfahren[6]. Der Wortlaut des § 85 Abs. 2
Satz 2 steht einer Anwendung des § 922 Abs. 3 ZPO nicht entgegen[7]; denn die gesetzlich vorgesehene
Amtszustellung bezieht sich ausdrücklich nur auf erforderliche Zustellungen, und im Fall des § 922 Abs. 3
ZPO liegt diese Erforderlichkeit gerade nicht vor. Zu den Anforderungen an eine Zustellung zum Zweck
der Vollziehung iSv. § 929 ZPO s. noch Rz. 76.

f) Rechtsbehelfe

Für die Statthaftigkeit des Rechtsbehelfs ist zu unterscheiden[8]: Gegen den instanzbeendenden Beschluss 75
des ArbG nach mündlicher Verhandlung findet gem. **§ 87 Abs. 1 die Beschwerde** an das LAG statt. Gegen
dessen Beschluss ist gem. § 92 Abs. 1 Satz 3 die Rechtsbeschwerde ausgeschlossen. Die im ArbGG geregelten Rechtsmittel sind jedoch für das Beschluss(eil)verfahren nicht abschließend. Nach § 85 Abs. 2 Satz 2
kann der Antragsgegner gegen den **ohne mündliche Verhandlung** ergangenen **stattgebenden Beschluss
Widerspruch nach §§ 924 f. ZPO** einlegen[9], über den immer aufgrund mündlicher Anhörung durch Beschluss zu entscheiden ist. Für die Entscheidung über den Widerspruch gegen eine vom LAG ohne mündliche Verhandlung erlassene Eilanordnung soll nach hM das ArbG zuständig sein[10]. Der mit dem Widerspruch bezweckten Selbstüberprüfung und dem Beschleunigungszweck des Eilverfahrens entspricht es
jedoch eher, wenn sogleich das LAG zur Entscheidung über den Widerspruch gegen seine Eilanordnung
zuständig ist[11]. Falls einzelne nicht in mündlicher Verhandlung angehörte Beteiligte Widerspruch nach
§ 924 ZPO und andere angehörte Beteiligte Beschwerde einlegen, ist das Beschwerdeverfahren gem. § 148

---

1 Zur Anwendbarkeit der § 138 Abs. 3, § 288 ZPO im arbeitsgerichtlichen Beschlussverfahren s. nur GMP/*Matthes/
  Spinner*, § 83 Rz. 92; GWBG/*Greiner*, § 83 Rz. 10.
2 *Walker*, Der einstweilige Rechtsschutz, Rz. 896; *Walker*, Gedächtnisschrift Heinze, 2005, S. 1009 (1016).
3 *Walker*, Der einstweilige Rechtsschutz, Rz. 896; Schuschke/*Walker*, § 921 ZPO Rz. 16.
4 Zum Sinn dieser Abweichung s. Schuschke/*Walker*, § 922 ZPO Rz. 46.
5 Schuschke/*Walker*, § 922 ZPO Rz. 32.
6 *Walker*, Der einstweilige Rechtsschutz, Rz. 899; Schuschke/*Walker*, § 922 ZPO Rz. 46.
7 Wie hier GMP/*Matthes/Spinner*, § 85 Rz. 46; Herbst/Bertelsmann/Reiter, Arbeitsgerichtliches Beschlussverfahren,
  Rz. 547 f.; aM wohl *Wenzel*, DB 1972, 1290 (1294).
8 Zum System der Rechtsbehelfe gegen Entscheidungen im Eilverfahren nach der ZPO s. Schuschke/*Walker*, § 924
  ZPO Rz. 1 ff.
9 LAG Hessen v. 30.4.1992 – 12 TaBVGa 38/92, BB 1992, 2511; LAG Hamm v. 19.4.1973 – 8 TaBV 9/73, DB 1973,
  1024; LAG Schl.-Holst. v. 25.11.1999 – 4 Sa 584/99, NZA-RR 2000, 143; GMP/*Matthes/Spinner*, § 85 Rz. 49; GK-
  ArbGG/*Vossen*, § 85 Rz. 82; GWBG/*Greiner*, § 85 Rz. 30; HdbVR/*Baur*, B Rz. 283; *Walker*, Der einstweilige
  Rechtsschutz, Rz. 987; *Wenzel*, DB 1972, 1290 (1291).
10 HdbVR/*Baur*, B Rz. 287; Herbst/Bertelsmann/Reiter, Arbeitsgerichtliches Beschlussverfahren Rz. 563; *Wenzel*, DB
   1972, 1290 (1294).
11 LAG Schl.-Holst. v. 25.11.1999 – 4 Sa 584/99, NZA-RR 2000, 143 (145); *Walker*, Der einstweilige Rechtsschutz,
   Rz. 907.

ZPO[1] auszusetzen, weil die Entscheidung über den Widerspruch dem Beschwerdeführer die Beschwer nehmen kann[2]. Gegen die **Abweisung des Gesuchs ohne mündliche Verhandlung** kann der Antragsteller die **sofortige Beschwerde** nach § 567 Abs. 1 Nr. 2 ZPO einlegen. Gegen die Beschwerdeentscheidung findet eine Rechtsbeschwerde gem. § 78 Satz 2 iVm. § 72 Abs. 2 nicht statt, selbst wenn sie vom LAG zugelassen wurde[3]. Das ergibt sich aus dem Sinn der § 72 Abs. 4, § 92 Abs. 1 Satz 3, wonach im Eilverfahren die dritte Instanz ausgeschlossen ist (s. schon § 62 Rz. 113). Der Antragsgegner kann ferner das Fristsetzungsverfahren entsprechend § 926 Abs. 1 ZPO und die Aufhebungsverfahren nach den § 926 Abs. 2, § 927 ZPO betreiben[4]. Die gerichtliche Aufhebungsentscheidung im Widerspruchs- oder Aufhebungsverfahren ist wie im Zivilprozess gem. § 708 Nr. 6 ZPO für vorläufig vollstreckbar zu erklären; diese Vorschrift geht gem. Abs. 2 Satz 2 der Regelung des Abs. 1 Satz 1 vor[5].

g) Vollziehung

76 Die Vollziehung erfolgt wie im Urteilsverfahren (§ 62 Rz. 121) gem. §§ 928, 936 ZPO durch Zwangsvollstreckung. Sie ist gem. § 929 Abs. 3 ZPO schon vor der Zustellung der einstweiligen Verfügung möglich und muss innerhalb der Monatsfrist des § 929 Abs. 2 ZPO beantragt werden. Umstritten ist, wie innerhalb dieser Frist die Vollziehung von Unterlassungsverfügungen, die ohne mündliche Anhörung im arbeitsgerichtlichen Beschlussverfahren erlassen wurden, durchzuführen ist. Im Eilverfahren nach der ZPO reicht für die Vollziehung iSv. § 929 ZPO die in § 922 Abs. 2 ZPO vorgesehene Parteizustellung aus, weil darin die notwendige Vollstreckungsinitiative des Gläubigers liegt und weitere Vollstreckungshandlungen zur Durchsetzung eines Unterlassungstitels nicht erforderlich sind[6]. Gemäß § 85 Abs. 2 Satz 2 wird zwar die Parteizustellung iSv. § 922 Abs. 2 ZPO durch eine Amtszustellung ersetzt. Das gilt aber nur für das Wirksamwerden, nicht für die Vollziehung des Beschlusses iSv. § 929 ZPO[7]. Soweit man mit der hM für die Vollziehung eine Vollziehungsinitiative des Gläubigers verlangt, die bei Unterlassungsverfügungen idR nur in einer Parteizustellung liegen kann[8], muss das konsequenterweise auch für die Vollziehung von einstweiligen Verfügungen im arbeitsgerichtlichen Beschlussverfahren gelten. Danach ist neben der Amtszustellung nach § 85 Abs. 2 Satz 2, die für das Wirksamwerden des Beschlusses die Parteizustellung nach § 922 Abs. 2 ZPO ersetzt, für die Vollziehung nach § 929 ZPO zusätzlich eine Parteizustellung erforderlich[9]. Die Vollziehung kann entgegen § 921 Satz 2 ZPO[10] nicht von einer Sicherheitsleistung abhängig gemacht werden; denn diese dient nur dazu, einen Schadensersatzanspruch nach § 945 ZPO abzusichern[11], und sie kann diesen Zweck wegen des Ausschlusses von § 945 ZPO durch § 85 Abs. 2 Satz 2 im arbeitsgerichtlichen Beschluss(eil)verfahren nicht erreichen[12].

h) Schutzschrift

77 Schutzschriften haben im Beschlussverfahren schon deshalb eine **deutlich geringere Bedeutung** als im Urteilsverfahren (s. dazu schon § 62 Rz. 123), weil die Entscheidung seltener ohne mündliche Verhandlung ergeht (s. Rz. 69 aE); nur für diesen Fall haben Schutzschriften einen Sinn. Allerdings sind sie auch in Beschlusssachen nicht vollkommen ungewöhnlich[13]. Wenn sie eingereicht werden, muss das Gericht sie auch berücksichtigen (§ 62 Rz. 124); dieses Ergebnis ist im Beschlussverfahren schon eine notwendige Folge des

---

1 Zur Anwendbarkeit des § 148 ZPO im arbeitsgerichtlichen Beschlussverfahren LAG Berlin v. 8.5.1979 – 3 Ta 3/79, JZ 1981, 32; LAG Düsseldorf v. 15.11.1974 – 16 TaBV 23/74, EzA § 148 ZPO Nr. 1; LAG Hamm v. 26.3.1979 – 3 TaBV 6/78, EzA § 148 ZPO Nr. 8.
2 Mit ähnlicher Begründung GWBG/*Greiner*, § 85 Rz. 30.
3 BAG v. 22.1.2003 – 9 AZB 7/03, NZA 2003, 399.
4 HdbVR/*Baur*, B Rz. 288; *Walker*, Der einstweilige Rechtsschutz, Rz. 908.
5 *Walker*, Der einstweilige Rechtsschutz, Rz. 609.
6 *Schuschke*/Walker, § 929 ZPO Rz. 28 ff.; *Walker*, Der einstweilige Rechtsschutz, Rz. 579.
7 *Walker*, Der einstweilige Rechtsschutz, Rz. 911.
8 S. nur *Schuschke*/Walker, § 929 ZPO Rz. 28 ff.; Zöller/*Vollkommer*, § 929 ZPO Rz. 18, jeweils mwN; aM *Walker*, Der einstweilige Rechtsschutz, Rz. 394, 581 ff.
9 LAG Berlin v. 18.8.1987 – 3 TaBV 4/87, NZA 1987, 825; LAG Hessen v. 20.2.1990 – 5 TaBVGa 171/89, NZA 1991, 30; GK-ArbGG/*Vossen*, § 85 Rz. 86; GMP/*Matthes/Spinner*, § 85 Rz. 46; GWBG/*Greiner*, § 85 Rz. 32; aM (Amtszustellung reicht aus) LAG Hamm v. 7.8.1987 – 8 Sa 1369/86, NZA 1987, 825.
10 Unter den Voraussetzungen des § 921 kann nicht nur die Anordnung, sondern auch die Vollziehung einer angeordneten einstweiligen Verfügung von einer Sicherheitsleistung abhängig gemacht werden. S. Musielak/*Huber*, § 921 ZPO Rz. 8; Schuschke/*Walker*, § 921 ZPO Rz. 6; Zöller/*Vollkommer*, § 921 ZPO Rz. 4.
11 Schuschke/*Walker*, § 921 ZPO Rz. 12.
12 *Walker*, Der einstweilige Rechtsschutz, Rz. 904; Schuschke/*Walker*, § 921 ZPO Rz. 16.
13 *Christoffer*, Die Schutzschrift im arbeitsgerichtlichen Eilverfahren, 2007, S. 133 ff.; *Ehler*, BB 2000, 978; *Herbst/Bertelsmann/Reiter*, Arbeitsgerichtliches Beschlussverfahren, Rz. 569.

Untersuchungsgrundsatzes. Können mehrere Gerichte zuständig sein, musste die Schutzschrift bis zum 31.12.2015 bei allen von ihnen eingereicht werden, wenn sichergestellt sein sollte, dass das tatsächlich vom Antragsteller im Eilverfahren angerufene Gericht die Schutzschrift überhaupt berücksichtigen konnte.

Seit dem **1.1.2016** ist dem Abs. 2 ein neuer Satz 3 angefügt[1]. Dieser ergänzt den ebenfalls ab 1.1.2016 geltenden neuen § 945a ZPO (dazu schon § 62 Rz. 124a). Danach braucht die Schutzschrift nicht mehr bei jedem ArbG, das für den erwarteten Antrag auf Erlass einer Eilanordnung zuständig sein könnte, eingereicht zu werden. Vielmehr reicht die Einstellung in das seit 1.1.2016 länderübergreifend geführte **elektronische Schutzschriftenregister** aus. Durch die Einstellung in das Register gilt die Schutzschrift als bei allen ArbGen der Länder eingereicht (§ 85 Abs. 2 Satz 3).   77a

i) Ausschluss von Schadensersatzansprüchen

§ 945 ZPO findet gem. Abs. 2 Satz 2 in betriebsverfassungsrechtlichen Eilverfahren **keine Anwendung**. Es besteht Einigkeit darüber, dass der Ausschluss des § 945 ZPO auch für die nicht zum Betriebsverfassungsrecht gehörenden Beschlussverfahren nach § 2a gilt[2]. Das beruht auf der Vermögensunfähigkeit des BR und anderer Stellen nach dem BetrVG, dem Sprecherausschussgesetz und den Mitbestimmungsgesetzen. Solche Stellen kommen daher weder als Gläubiger noch als Schuldner eines Schadensersatzanspruches in Betracht. Selbst wenn aber sowohl auf Gläubiger- als auch auf Schuldnerseite nur natürliche oder juristische Personen stehen sollten, scheidet angesichts des unmissverständlichen Gesetzeswortlauts eine Anwendung des § 945 ZPO aus[3]. Wegen der Unanwendbarkeit des § 945 ZPO darf die Anordnung oder Vollziehung der Eilmaßnahme auch entgegen § 921 Satz 2 ZPO nicht von einer Sicherheitsleistung des Antragstellers abhängig gemacht werden (s. dazu Rz. 76).   78

7. Typische Fallgruppen von einstweiligen Verfügungen

Einstweilige Verfügungen im Beschlussverfahren kommen in der Praxis vor allem im Zusammenhang mit **Wahlen** und zur **Untersagung von Kündigungen** vor Abschluss eines Interessenausgleichsverfahrens vor. Daneben kann sich ein Bedürfnis nach einstweiligem Rechtsschutz aber auch im Zusammenhang mit **Betriebsversammlungen**, mit dem **Zutrittsrecht von Gewerkschaften** zum Betrieb, mit der **Amtsausübung** von BR-Mitgliedern, mit der materiellen **Ausstattung des BR**, mit der **Teilnahme an Schulungsveranstaltungen** und mit **Mitbestimmungsrechten** des BR auch in anderen Angelegenheiten als dem Interessenausgleichsverfahren ergeben.   79

a) Betriebsratswahlen

Im Zusammenhang mit BR-Wahlen (ebenso mit den im MitbestG, im MontMitBestErgG und im DrittelbG geregelten Wahlen der ArbN-Vertreter in den Aufsichtsrat, die gem. § 2a Abs. 1 Nr. 3 zu den Angelegenheiten des arbeitsgerichtlichen Beschlussverfahrens gehören) stellt sich die Frage, ob, von wem und mit welchen Konsequenzen Verstöße gegen Wahlvorschriften im Eilverfahren unterbunden werden können[4]. Ein Bedürfnis nach vorbeugendem einstweiligem Rechtsschutz stellt sich deshalb, weil die Wahlanfechtung gem. § 19 BetrVG erst mit Rechtskraft des darauf ergehenden arbeitsgerichtlichen Beschlusses und nur ex nunc wirkt[5]. Bis dahin kann die Amtszeit des fehlerhaft gewählten Gremiums schon wieder abgelaufen oder jedenfalls durch die handelnden Personen eine andere „Wahlwirklichkeit"[6] geschaffen sein. Für einen effektiven Rechtsschutz müssen daher einstweilige Verfügungen möglich sein[7].   80

---

1 BGBl. 2013 I S. 3786. Zur amtlichen Begründung s. BT-Drs. 17/12634, 35 und 37.
2 GMP/*Matthes*/*Spinner*, § 85 Rz. 51; GWBG/*Greiner*, § 85 Rz. 33; *Walker*, Der einstweilige Rechtsschutz, Rz. 902; Schuschke/*Walker*, § 945 ZPO Rz. 57.
3 BAG v. 12.11.2014 – 7 ABR 86/12, NZA 2015, 252 Rz. 25.
4 Fallgestaltungen aus der Praxis sind zusammengestellt bei *Herbst*/*Bertelsmann*/*Reiter*, Arbeitsgerichtliches Beschlussverfahren, Rz. 315 ff.
5 BAG v. 15.12.1991 – 7 ABR 18/91, DB 1992, 1986; BAG v. 13.11.1991 – 7 ABR 8/91, DB 1992, 1988; *Fitting*, § 19 BetrVG Rz. 49; GK-BetrVG/*Kreutz*, § 19 Rz. 117; HWGNRH/*Nicolai*, § 19 BetrVG Rz. 35; *Zwanziger*, DB 1999, 2264.
6 *Rieble*/*Triskatis*, NZA 2006, 233 (234).
7 BAG v. 15.12.1972 – 1 ABR 5/72, BB 1973, 520; LAG Berlin v. 26.3.1984 – 9 TaBV 4/84, NZA 1984, 333; LAG Düsseldorf v. 19.12.1977 – 2 TaBV 37/77, DB 1978, 255; LAG Hamm v. 10.3.1998 – 3 TaBV 37/98, NZA-RR 1998, 400; LAG Hannover v. 4.12.2003 – 16 TaBV 91/03, ZIP 2004, 377 mit Anm. *Bayerlein*/*Wybitul*, EWiR 2004, 579 f.; ArbG Emden v. 3.4.1984 – 1 BVGa 1/84, NZA 1985, 228; ArbG Herne v. 7.12.1977 – 1 BV 33/77, DB 1978, 594; *Bram*, FA 2006, 66; *Fitting*, § 18 BetrVG Rz. 36, § 20 BetrVG Rz. 6; GK-BetrVG/*Kreutz*, § 18 Rz. 83 ff.; *H. Hanau*, DB 1986, Beil. 4, S. 9; HdbVR/*Baur*, B Rz. 296; *Stege*/*Weinspach*/*Schiefer*, § 19 BetrVG Rz. 14 f.; *Veit*/*Wichert*, DB 2006, 390; *Walker*, Der einstweilige Rechtsschutz, Rz. 791; *Walker*, ZfA 2005, 45 (69); *Winterfeld*, NZA 1990, Beil. 1,

aa) Verfügungsansprüche

81 Wie sich aus der Wertung des § 19 Abs. 1, 2 BetrVG ergibt, haben zunächst der **ArbGeb** und eine **im Betrieb vertretene Gewerkschaft**[1] einen Anspruch auf Vermeidung solcher Wahlfehler[2], durch die eine objektiv richtige Zusammensetzung des BR gefährdet ist. Ein solcher Verfügungsanspruch setzt erstens voraus, dass es sich um einen wesentlichen Wahlfehler handelt; daher reicht ein Verstoß gegen unverbindliche Ordnungsvorschriften der Wahlordnung 2001[3] für einen Verfügungsanspruch nicht aus[4]. Zweitens muss aufgrund des Wahlfehlers jedenfalls die Möglichkeit bestehen, dass dadurch das Wahlergebnis verfälscht wird. Falls der Fehler sich dagegen auf das Gesamtergebnis nicht auswirken kann, besteht auch kein durchsetzbarer Anspruch des ArbGeb oder der im Betrieb vertretenen Gewerkschaft auf Vermeidung dieses Fehlers[5].

82 Jeder **wahlberechtigte ArbN** hat einen Anspruch darauf, dass er sein subjektives Wahlrecht geltend machen kann. Rechtsgrundlagen dafür sind die Vorschriften über das aktive und passive Wahlrecht. Aus ihnen kann sich ein Verfügungsanspruch des ArbN ergeben. Insoweit kommt es nicht darauf an, ob eine Verletzung dieser Vorschriften entscheidenden Einfluss auf das Wahlergebnis haben kann; denn anders als bei der Wahlanfechtung nach § 19 BetrVG geht es bei den Vorschriften über das aktive und passive Wahlrecht nicht nur um die objektiv richtige Zusammensetzung des Gremiums, sondern um den Schutz des subjektiven Wahlrechts[6].

83 Diejenigen wahlberechtigten **ArbN, die einen Wahlvorschlag einreichen**, haben gem. § 14 Abs. 4 BetrVG iVm. § 6 WahlO 2001 einen Anspruch darauf, dass ihre Wahlvorschlagsliste bei der Durchführung der Wahl berücksichtigt wird. Voraussetzung ist, dass die Liste von einer genügenden Anzahl wahlberechtigter ArbN unterzeichnet ist (§ 14 Abs. 4 BetrVG)[7], nach Maßgabe von § 6 Abs. 1 Satz 2 WahlO 2001 rechtzeitig beim Wahlvorstand eingereicht wurde und den formellen und inhaltlichen Anforderungen des § 6 Abs. 2 ff. WahlO 2001 entspricht[8]. Ein entsprechender Anspruch steht der **Gewerkschaft** zu, die gem. § 14 Abs. 5 BetrVG eine Wahlvorschlagsliste einreicht[9].

bb) Möglicher Inhalt des Verfügungsanspruches

84 Wenn der ArbGeb, eine im Betrieb vertretene Gewerkschaft oder ein ArbN im Wege des einstweiligen Rechtsschutzes verhindern will, dass eine Wahl trotz Vorliegens eines Wahlfehlers durchgeführt wird, scheidet eine bloße Feststellungsverfügung, die etwa auf Feststellung der Nichtigkeit eines BR-Beschlusses über die Einsetzung eines Wahlvorstands gerichtet ist, aus[10]. Mit ihr könnte das angestrebte Ziel gar nicht erreicht werden. Im Übrigen ist es umstritten, welchen Inhalt die beantragte einstweilige Verfügung haben kann. In Betracht kommen die **Aussetzung der Wahl** bis zur rechtskräftigen Entscheidung in der Hauptsache, ein **berichtigender Eingriff** in das Wahlverfahren und ein endgültiger **Abbruch der Wahl**. Nach verbreiteter Ansicht darf die Wahl grds. nur ausgesetzt werden[11]. Diese Ansicht geht davon aus, dass ein bloßer Aufschub der Wahl das mildeste Mittel ist, um den Verfügungsanspruch zu sichern. Tatsächlich wird jedoch durch eine Aussetzung bis zur Rechtskraft des Hauptsacheverfahrens uU für mehrere Jahre sowohl die Durchführung der bereits angelaufenen Wahl als auch eine Neuwahl verhindert und damit

---

S. 20; *Zwanziger*, DB 1999, 2264; aM wohl ArbG Lingen v. 3.3.1987 – 1 BVGa 4/87, NZA 1988, 40; einschränkend MünchArbR/*Jacobs*, § 346 Rz. 32; MünchKommZPO/*Drescher*, § 935 Rz. 135.

1 Zu der notwendigen Darlegung des Vertretenseins im Betrieb s. *Grunsky*, AuR 1990, 105; *Prütting/Weth*, AuR 1990, 269 und DB 1989, 2273; *Walker*, FS E. Schneider, 1997, S. 147 (155 ff.).
2 Eine Übersicht über typische Wahlfehler geben *Rieble/Triskatis*, NZA 2006, 233 (238).
3 BGBl. 2001 I S. 3494.
4 Vgl. im Zusammenhang mit § 19 BetrVG BAG v. 29.6.1965 – 1 ABR 2/65, BAGE 17, 223 (227); *Fitting*, § 19 BetrVG Rz. 10; GK-BetrVG/*Kreutz*, § 19 Rz. 17 ff.; Richardi/*Thüsing*, § 19 BetrVG Rz. 5.
5 Vgl. ArbG Herne v. 19.3.1965 – BV 5/65, BB 1965, 1398; *H. Hanau*, DB 1986, Beil. 4, S. 6; *Walker*, Der einstweilige Rechtsschutz, Rz. 793.
6 *Walker*, Der einstweilige Rechtsschutz, Rz. 796.
7 Fehlt es an den Stützunterschriften, liegt auch kein Verfügungsanspruch auf Zulassung der Vorschlagsliste zur Betriebsratswahl vor. Dazu LAG Hessen v. 28.1.2002 – 9 TaBV Ga 7/02, NZA-RR 2002, 424.
8 S. dazu etwa LAG Bremen v. 26.3.1998 – 1 TaBV 9/98, NZA-RR 1998, 401.
9 S. dazu LAG Hamm v. 10.3.1998 – 3 TaBV 37/98, NZA-RR 1998, 400.
10 Vgl. (mit Einschränkungen) LAG Hamm v. 6.9.2013 – 7 TaBVGa 7/13, NZA-RR 2013, 637 (638); aM *Otto/Schmidt*, NZA 2014, 169 (172 f.).
11 LAG Düsseldorf v. 24.10.1977 – 5 TaBV 68/77, DB 1978, 211; 24.1.1978 – 5 TaBV 105/77, DB 1978, 987 (zur Aufsichtsratswahl); LAG Hannover v. 4.12.2003 – 16 TaBV 91/03, ZIP 2004, 377 mit Anm. *Bayerlein/Wybitul*, EWiR 2004, 579 f.; LAG Nürnberg v. 10.4.1978 – 4 TaBV 6/78, ARSt. 1979, 47; ArbG Paderborn v. 16.4.1965 – BV 3/65, DB 1965, 979; *Faecks*, NZA 1985, Beil. 3, S. 6 (14); *Heinze*, RdA 1986, 273 (286); Herbst/Bertelsmann/*Reiter*, Arbeitsgerichtliches Beschlussverfahren, Rz. 457.

möglicherweise ein betriebsratsloser Zustand festgeschrieben. In solchen Fällen ist deshalb der berichtigende Eingriff in das Wahlverfahren, durch den etwa dem Wahlvorstand im Wege der einstweiligen Verfügung die Ergänzung der Wählerliste oder die Zulassung einer Wahlvorschlagsliste aufgegeben wird, vorzuziehen[1]. Jedenfalls dann, wenn die einstweilige Verfügung auf schwerste Verfahrensmängel gestützt wird, die eine Wahlnichtigkeit[2] begründen würden, würde eine Aussetzung nur zu einer unnötigen Verzögerung führen; hier muss ein berichtigender Eingriff trotz seiner befriedigenden Wirkung zulässig sein[3]. Das gilt allerdings nicht schon bei einer voraussichtlichen Anfechtbarkeit der Wahl. Falls die Verhinderung eines schwersten Verfahrensmangels durch einen berichtigenden Eingriff (etwa aus zeitlichen Gründen) nicht möglich ist, kann die einstweilige Verfügung auf Unterlassung der Durchführung[4] oder endgültigen Abbruch der Wahl gerichtet sein[5]. Zwar kann auch der Abbruch der Wahl zu einem vorübergehenden betriebsratslosen Zustand führen; aber dieser dauert jedenfalls nicht so lange wie bei einer Aussetzung bis zur Rechtskraft des Hauptsacheverfahrens.

cc) Verfügungsgrund

Zumindest dann, wenn durch einstweilige Verfügung ein berichtigender Eingriff in das Wahlverfahren vorgenommen oder die Wahl abgebrochen wird, handelt es sich um eine **Befriedigungsverfügung**. Die dafür nach § 940 ZPO erforderliche **Notwendigkeit** (s. schon Rz. 65 und § 62 Rz. 111 f.) ergibt sich aus der Gefahr eines endgültigen Rechtsverlustes; eine nachträgliche Anfechtung der Wahl, zu welcher der einzelne ArbN gem. § 19 Abs. 2 BetrVG ohnehin nicht berechtigt ist, würde nämlich erst ex nunc ab Rechtskraft des Anfechtungsbeschlusses wirken, so dass das rechtswidrig gewählte Gremium möglicherweise mehrere Jahre lang im Amt wäre[6]. An der Notwendigkeit iSd. § 940 ZPO fehlt es allerdings, solange der Antragsteller noch die Möglichkeit hat, im Wege des Einspruchs nach § 4 WahlO 2001 die Richtigkeit der Wäh-

---

1 So auch LAG Bremen v. 26.3.1998 – 1 TaBV 9/98, NZA-RR 1998, 401 (402); LAG Düsseldorf v. 27.3.1975 – 11 Ta 28/75, DB 1975, 937 (938); LAG Hamburg v. 19.4.2010 – 7 TaBVGa 2/10, NZA-RR 2010, 585 (586); LAG Hamm v. 10.3.1998 – 3 TaBV 37/98, NZA-RR 1998, 400; LAG Köln v. 27.12.1989 – 10 TaBV 70/89, DB 1990, 539; LAG Nürnberg v. 13.3.1991 – 7 TaBV 6/91, LAGE § 18 BetrVG 1972 Nr. 4; ArbG Hamburg v. 5.12.1987 – 1 GaBV 45/77, DB 1978, 1180 (berichtigender Eingriff in Aufsichtsratswahl nach dem Mitbestimmungsgesetz); DKK/*Hemborg*, § 19 BetrVG Rz. 16–22; *Fitting*, § 18 BetrVG Rz. 40 ff.; GK-ArbGG/*Vossen*, § 85 Rz. 51 f.; GK-BetrVG/*Kreutz*, § 18 Rz. 87 f.; *H. Hanau*, DB 1986, Beil. 4, S. 11; *Heider*, NZA 2010, 488 (489); *Held*, DB 1985, 1691 (1692); *Korinth*, Einstweiliger Rechtsschutz, K Rz. 93; *Rieble/Triskatis*, NZA 2005, 233 (236); *Salamon*, NZA 2014, 175 (178); *Veit/Wichert*, DB 2006, 390 (392); *Walker*, Der einstweilige Rechtsschutz, Rz. 797; *Walker*, ZfA 2005, 45 (70); *Wichert*, AuA 2010, 148; *Zwanziger*, DB 1999, 2264 (2265); offen gelassen von LAG Berlin v. 7.2.2006 – 4 TaBV 214/06, NZA 2006, 509 (510).
2 S. dazu BAG v. 27.4.1976 – 1 AZR 482/75, AP Nr. 4 zu § 19 BetrVG 1972; 24.1.1964 – 1 ABR 14/63, AP Nr. 6 zu § 3 BetrVG; LAG Hamburg v. 6.5.1996 – 4 TaBV 3/96, NZA-RR 1997, 136 (140); *Fitting*, § 19 BetrVG Rz. 4; GK-BetrVG/*Kreutz*, § 19 Rz. 132 ff.
3 LAG BW v. 13.4.1994 – 9 TaBV 4/94, DB 1994, 1091; LAG Düsseldorf v. 19.12.1977 – 2 TaBV 37/77, DB 1978, 255 (256) (zur Aufsichtsratswahl); LAG Hamm v. 10.4.1975 – 8 TaBV 29/75, DB 1975, 1176; *Fitting*, § 18 BetrVG Rz. 42.
4 LAG Hamm v. 6.9.2013 – 7 TaBVGa 7/13, NZA-RR 2013, 637 ff. unter Berufung auf BAG v. 27.7.2011 – 7 ABR 61/10, NZA 2012, 345, wonach ein Abbruch der BR-Wahl (nur) bei deren voraussichtlicher Nichtigkeit in Betracht kommt.
5 LAG BW v. 19.6.1996 – 15 TaBV 10/96, NZA-RR 1997, 141 (auch bei bloßer Anfechtbarkeit der Wahl); LAG Berlin v. 7.2.2006 – 4 TaBV 214/06, NZA 2006, 509 (511); LAG Hamburg v. 19.4.2010 – 7 TaBVGa 2/10, NZA-RR 2010, 585 (586); LAG Hamburg v. 6.5.1996 – 4 TaBV 3/96, NZA-RR 1997, 136 (138); 26.4.2006 – 6 TaBV 6/06, NZA-RR 2006, 413 (414); LAG Hamm v. 18.9.1996 – 3 TaBV 108/96, BB 1996, 2622; 9.9.1994 – 3 TaBV 137/94, BB 1995, 260; LAG Hannover v. 4.12.2003 – 16 TaBV 91/03, ZIP 2004, 377; LAG Hessen v. 12.3.1998 – 12 TaBVGa 27/98, NZA-RR 1998, 544; LAG Köln v. 29.3.2001 – 5 TaBV 22/01, BB 2001, 1356; ArbG Hamburg v. 5.4.2006 – 1 GaBV 1/06, NZA-RR 2006, 361 (362 f.); *Bram*, FA 2006, 66 (67); DKK/*Hemborg*, § 19 BetrVG Rz. 22; *Fitting*, § 18 BetrVG Rz. 42 f. (jedenfalls bei Nichtigkeit, mwN zu anderen unheilbaren Wahlmängeln); GK-ArbGG/*Vossen*, § 85 Rz. 53; GK-BetrVG/*Kreutz*, § 18 Rz. 87 f., 90 f.; *H. Hanau*, DB 1986, Beil. 4, S. 10; *Natter/Gross/Roos*, § 85 Rz. 49; *Heider*, NZA 2010, 488 (490); Richardi/*Thüsing*, § 18 BetrVG Rz. 21; *Walker*, Der einstweilige Rechtsschutz, Rz. 798; *Walker*, ZfA 2005, 45 (70); *Winterfeld*, NZA 1990, Beil. 1, S. 20; aM *Zwanziger*, DB 1999, 2264 (2265).
6 Vgl. *Held*, DB 1985, 1691 (1692); *Walker*, Der einstweilige Rechtsschutz, Rz. 799; *Winterfeld*, NZA 1990, Beil. 1, S. 20 (25). Ein Verfügungsgrund wird auch von der Rspr. mit dieser Begründung bejaht, zB von LAG Bremen v. 26.3.1998 – 1 TaBV 9/98, NZA-RR 1998, 401 (402); LAG Hamburg v. 6.5.1996 – 4 TaBV 3/96, NZA-RR 1997, 136 (137); LAG Hamm v. 10.3.1998 – 3 TaBV 37/98, NZA-RR 1998, 400; LAG Hamm v. 18.9.1996 – 3 TaBV 108/96, BB 1996, 2622; LAG Hamm v. 9.9.1994 – 3 TaBV 137/94, BB 1995, 260; LAG Hessen v. 12.3.1998 – 12 TaBVGa 27/98, NZA-RR 1998, 544 (545).

lerliste zu erreichen[1]. Die im Rahmen des § 940 ZPO erforderliche **Interessenabwägung** (s. schon Rz. 65 und § 62 Rz. 112) wird bei Bejahung des Verfügungsanspruchs idR zu Gunsten des Antragstellers ausgehen; denn es hat niemand ein berechtigtes Interesse an der Fortführung einer Wahl, die aufgrund eines Wahlfehlers nichtig ist oder jedenfalls eine nachträgliche Anfechtung provoziert[2].

b) Betriebsversammlung

86 Im Vorfeld einer Betriebsversammlung kann der ArbGeb an einer einstweiligen Verfügung auf Verschiebung oder Untersagung der Versammlung interessiert sein. Ferner kann eine im Betrieb vertretene Gewerkschaft eine einstweilige Verfügung gegen den ArbGeb auf Zutrittsgewährung zum Betrieb (dazu Rz. 89 ff.) oder gegen den BR auf Durchführung einer Betriebsversammlung begehren. Schließlich kann dem BR an einer einstweiligen Verfügung auf Zurverfügungstellung eines geeigneten Raumes oder auf Mitteilung von Namen und Anschriften abwesender ArbN, die er über eine kurzfristig anberaumte außerordentliche Betriebsversammlung unterrichten will[3], gelegen sein. In der Praxis stehen jedoch Verfügungsgesuche des ArbGeb auf Verschiebung oder Untersagung einer Betriebsversammlung im Vordergrund[4]:

aa) Verfügungsansprüche des Arbeitgebers

87 Da nach § 44 Abs. 1 BetrVG bei der Wahl des Zeitpunktes der Betriebsversammlung auf die Eigenart des Betriebes Rücksicht zu nehmen ist, kann sich aus dieser Vorschrift ein **Anspruch** des ArbGeb **auf Verschiebung oder Unterlassung einer Betriebsversammlung** ergeben[5]. Voraussetzung dafür ist, dass dem ArbGeb durch den vorgesehenen Termin derart wesentliche Nachteile (zB durch überdurchschnittliche Geschäftseinbußen während eines Oster-, Weihnachts- oder Schlussverkaufs) drohen, dass eine andere Terminierung „zwingend" erforderlich ist (§ 44 Abs. 1 Satz 1 BetrVG)[6]. Ferner steht dem ArbGeb gem. § 45 BetrVG, wonach auf Betriebsversammlungen nur unmittelbar betriebs- oder arbeitnehmerbezogene Angelegenheiten behandelt werden dürfen, ein Anspruch darauf zu, dass keine unzulässigen (zB parteipolitischen) Themen behandelt werden. Schließlich kann der ArbGeb die vollständige Unterlassung einer zusätzlichen Betriebsversammlung verlangen, wenn die dafür nach § 43 Abs. 1 Satz 4 BetrVG erforderlichen Voraussetzungen nicht vorliegen.

bb) Verfügungsgrund

88 Die erforderliche **Dringlichkeit** oder **Notwendigkeit** für eine Verschiebung oder Untersagung einer Betriebsversammlung ergibt sich in aller Regel aus dem andernfalls drohenden endgültigen Rechtsverlust; denn bis zu dem vorgesehenen Versammlungstermin ist ein effektiver Rechtsschutz im Hauptsacheverfahren wegen der damit verbundenen Zeitdauer nicht möglich. Eine zusätzliche **Interessenabwägung** ist für das Vorliegen eines Verfügungsgrundes nicht erforderlich, wenn es dem ArbGeb lediglich um die Verschiebung einer geplanten Betriebsversammlung geht und der BR kein besonderes Interesse an dem konkret vorgesehenen Versammlungstermin hat; dann handelt es sich nämlich lediglich um eine bloße Sicherungsverfügung, deren Erlass nicht vom Ausgang einer Interessenabwägung abhängig ist[7]. Wenn dagegen der vorgesehene Versammlungstermin zB mit der Aktualität eines Ereignisses zusammenhängt, kann die Verschiebung des Termins einer Untersagung gleichkommen. Dann handelt es sich um eine Befriedigungsverfügung, deren Erlass vom Ausgang einer Interessenabwägung abhängig ist. Nach den allgemeinen Regeln ist hierfür in erster Linie die Eindeutigkeit der Rechtslage, im Übrigen das Gewicht des Nachteils ausschlaggebend, der den Beteiligten je nach Ausgang der Entscheidung über das Verfügungsgesuch droht.

---

1 *Bulla*, DB 1975, 1795 (1798); GK-BetrVG/*Kreutz*, § 4 WahlO 1972 Rz. 4; *Walker*, Der einstweilige Rechtsschutz, Rz. 800.
2 *Walker*, Der einstweilige Rechtsschutz, Rz. 801.
3 Dazu ArbG Berlin v. 29.1.2004 – 75 BVGa 1964/04, NZA-RR 2004, 642 (Verfügungsanspruch aus § 80 Abs. 2 Satz 2 BetrVG).
4 Nachweise bei *Herbst/Bertelsmann/Reiter*, Arbeitsgerichtliches Beschlussverfahren, Rz. 328.
5 Vgl. LAG BW v. 12.7.1979 – 9 TaBV 3/79, BB 1980, 1267; LAG Düsseldorf v. 24.10.1972 – 11 (6) BVTa 43/72, DB 1972, 2212; ArbG Wuppertal v. 23.1.1975 – 1 BVGa 1/75, DB 1975, 1084; HdbVR/*Baur*, B Rz. 303; *Heinze*, RdA 1986, 273 (289); HWGNRH/*Worzalla*, § 44 BetrVG Rz. 10; *Schuschke*/Walker, Vor § 935 ZPO Rz. 180.
6 Vgl. LAG BW v. 12.7.1979 – 9 TaBV 3/79, BB 1980, 1267; LAG Düsseldorf v. 24.10.1972 – 11 (6) BVTa 43/72, DB 1972, 2212; ArbG Essen v. 14.4.2011 – 2 BVGa 3/11 (zwingende Notwendigkeit verneint); ArbG Wuppertal v. 23.1.1975 – 1 BVGa 1/75, DB 1975, 1084.
7 *Brox/Walker*, Zwangsvollstreckungsrecht, Rz. 1581; *Walker*, Der einstweilige Rechtsschutz, Rz. 245.

c) Zutrittsrecht der Gewerkschaft zum Betrieb

Es ist allgemein anerkannt, dass die Gewerkschaft ihr Zutrittsrecht zum Betrieb im Wege der einstweiligen Verfügung gegen den ArbGeb durchsetzen kann[1] (zum Zutrittsrecht von BR-Mitgliedern s. noch Rz. 93). 89

aa) Verfügungsanspruch einer im Betrieb vertretenen Gewerkschaft

Nach § 2 Abs. 2 BetrVG hat jede im Betrieb vertretene Gewerkschaft einen Anspruch darauf, dass einem **Beauftragten Zutritt zum Betrieb gewährt** wird, damit die Gewerkschaft ihre betriebsverfassungsrechtlichen Aufgaben wahrnehmen kann[2]. Von diesem allgemeinen Anspruch abgesehen folgt auch aus dem Recht der Gewerkschaft auf Teilnahme an bestimmten Gremiensitzungen und -versammlungen (§ 31, 46 Abs. 1, § 51 Abs. 1, § 53 Abs. 3, § 59 Abs. 1, § 65 Abs. 1, § 73 Abs. 2 BetrVG) ein Zutrittsrecht zu den im Betrieb stattfindenden Sitzungen. Den teilnehmenden Beauftragten darf die anspruchsberechtigte Gewerkschaft selbst bestimmen, sofern der ArbGeb nicht einen konkreten Anlass hat (zB Verrat von Betriebsgeheimnissen, grobe Beleidigungen), bestimmten Personen den Zutritt zu verweigern[3]. 90

bb) Verfügungsgrund

Falls die Gewerkschaft im Wege des einstweiligen Rechtsschutzes Zutrittsgewährung verlangt, geht es um eine **Befriedigungsverfügung**. Deren **Notwendigkeit** iSv. § 940 ZPO ergibt sich aus dem andernfalls drohenden endgültigen Rechtsverlust bzgl. des konkreten Anlasses[4]. Die zusätzlich erforderliche **Interessenabwägung** wird jedenfalls dann, wenn der ArbGeb den Zutritt nicht insgesamt, sondern nur bestimmten Personen verweigert und wenn die Rechtslage nicht eindeutig zu Gunsten der antragstellenden Gewerkschaft spricht, meist zu Gunsten des ArbGeb ausgehen und damit dem Erlass einer einstweiligen Verfügung entgegenstehen[5]; denn die Gewerkschaft kann ihr Zutrittsrecht zumeist auch durch einen anderen als den ursprünglich ausgewählten Beauftragten sachgerecht ausüben. 91

d) Amtsausübung

Im Zusammenhang mit der Amtsausübung des BR-Mitglieds kann sowohl der ArbGeb an einer Untersagung der weiteren Amtsausübung als auch das BR-Mitglied am Schutz vor Behinderungen seiner Amtsausübung interessiert sein[6]. 92

aa) Verfügungsansprüche

Der ArbGeb kann gem. § 23 Abs. 1 BetrVG die **Unterlassung jeder weiteren Amtsausübung** verlangen, wenn ein BR-Mitglied seine Amtspflichten grob verletzt und deshalb aus dem BR ausgeschlossen werden kann[7]. Voraussetzung ist allerdings, dass dem ArbGeb schon bis zum rechtskräftigen Abschluss des Ausschlussverfahrens nach § 23 Abs. 1 BetrVG eine weitere vertrauensvolle Zusammenarbeit mit dem betroffenen BR-Mitglied (zB aufgrund ruf- und kreditschädigender Presseveröffentlichungen) nicht zumutbar ist[8]. – Wenn umgekehrt der ArbGeb (zB durch Zutrittsverweigerung zum Betrieb) ein BR-Mitglied an seiner Amtsausübung hindert, kann dieses Mitglied gem. § 78 Satz 1 BetrVG einen **Anspruch auf ungestörte** 93

---

1 S. nur DKK/*Berg*, § 2 BetrVG Rz. 141; *Fitting*, § 2 BetrVG Rz. 75; GK-ArbGG/*Vossen*, § 85 Rz. 42; GK-BetrVG/ *Franzen*, § 2 Rz. 79; HWGNRH/*Nicolai*, § 2 BetrVG Rz. 237; *Korinth*, Einstweiliger Rechtsschutz, K Rz. 1a ff.; *Richardi*, § 2 BetrVG Rz. 178; *Schuschke*/Walker, Vor § 935 ZPO Rz. 182; *Walker*, Der einstweilige Rechtsschutz, Rz. 807 ff.
2 Zum Charakter dieser Norm als Anspruchsgrundlage s. nur BAG v. 22.2.1983 – 1 ABR 27/81, DB 1983, 1926 (1927).
3 S. nur BAG v. 18.3.1964 – 1 ABR 12/63, BAGE 15, 307 (314 f.); BAG v. 14.2.1967 – 1 ABR 7/66, BAGE 19, 236 (241).
4 LAG Hamm v. 12.6.1975 – 8 TaBV 37/75, EzA § 46 BetrVG 1972 Nr. 1; ArbG Hamburg v. 6.5.1997 – 25 GaBV 4/ 97, AuR 1998, 43 (44) (zum Zutrittsrecht des Betriebsrats); *Schuschke*/Walker, Vor § 935 ZPO Rz. 182; *Walker*, Der einstweilige Rechtsschutz, Rz. 809.
5 *Heinze*, RdA 1986, 273 (287); *Korinth*, Einstweiliger Rechtsschutz, K Rz. 9; *Schuschke*/Walker, Vor § 935 ZPO Rz. 182; *Walker*, Der einstweilige Rechtsschutz, Rz. 809.
6 Fallgestaltungen aus der Praxis sind zusammengestellt bei *Herbst/Bertelsmann/Reiter*, Arbeitsgerichtliches Beschlussverfahren, Rz. 320 ff.
7 BAG v. 29.4.1969 – 1 ABR 19/68, AP Nr. 9 zu § 23 BetrVG 1952; LAG Hamm v. 18.9.1975 – 8 TaBV 65, 67, 68/75, BB 1975, 1302; LAG München v. 26.8.1992 – 5 TaBV 43/92, BB 1993, 2168; DKK/*Trittin*, § 23 BetrVG Rz. 95; *Fitting*, § 23 BetrVG Rz. 32; GK-BetrVG/*Oetker*, § 23 Rz. 102 f.; HWGNRH/*Huke*, § 23 BetrVG Rz. 35; Richardi/ *Thüsing*, § 23 BetrVG Rz. 51; *Stege/Weinspach/Schiefer*, § 23 BetrVG Rz. 7.
8 Vgl. BAG v. 18.3.1964 – 1 AZR 12/63, DB 1964, 992; LAG Hamm v. 18.9.1975 – 8 TaBV 65, 67, 68/75, BB 1975, 1302.

Amtsausübung und damit verbunden auf Zutritt zum Betrieb und zu den einzelnen Arbeitsplätzen haben[1]. Das gilt auch während einer individualrechtlichen Freistellung von der Arbeit, sofern das Arbeitsverhältnis noch besteht[2]. Falls allerdings der ArbGeb dem BR-Mitglied nach einer fristlosen Kündigung den Zutritt zum Betrieb verweigert, ist bei Wirksamkeit der Kündigung das Arbeitsverhältnis und damit auch die Mitgliedschaft im BR (§ 24 Nr. 3 BetrVG) erloschen. Dann besteht auch kein auf Zutritt gerichteter Verfügungsanspruch mehr. Ein Zutrittsrecht besteht selbst dann nicht, wenn das BR-Mitglied Kündigungsschutzklage erhebt oder wenn noch ein Zustimmungsersetzungsverfahren schwebt[3]; denn wegen des unsicheren Ausgangs des Kündigungsschutzverfahrens kommt bis dahin eine Fortsetzung der Amtsausübung nicht in Betracht[4]. Etwas anderes gilt nur dann, wenn die Kündigung (zB mangels Zustimmung des BR) offensichtlich unwirksam ist. Solange mit an Sicherheit grenzender Wahrscheinlichkeit im Kündigungsschutzverfahren festgestellt wird, dass das Arbeitsverhältnis durch die Kündigung nicht aufgelöst wurde (und damit die Mitgliedschaft im BR nicht erloschen ist), besteht auch der Anspruch auf ungestörte Amtsausübung fort[5]. Auch solchen gekündigten ArbN, die Kündigungsschutzklage erhoben haben und als Wahlbewerber zur BR-Wahl kandidieren, steht nach verbreiteter Ansicht ein zeitlich begrenztes Zutrittsrecht zum Zwecke der Wahlwerbung zu[6].

bb) Verfügungsgrund

94 Bei einstweiligen Verfügungen auf Untersagung der weiteren Amtsausübung und auf Gewährung des Zutritts zur ungestörten Amtsausübung handelt es sich um **Befriedigungsverfügungen**[7]. Die für den Verfügungsgrund erforderliche **Notwendigkeit** ergibt sich aus der Gefahr des andernfalls zumindest für die Zeit bis zum Abschluss des Hauptsacheverfahrens drohenden endgültigen Rechtsverlustes[8]. Der Ausgang der **Interessenabwägung** ist meist schon durch die Bejahung des jeweiligen Verfügungsanspruches vorgezeichnet: Wenn bereits der materielle Unterlassungsanspruch des ArbGeb darauf beruht, dass diesem eine Fortsetzung der Amtsausübung nicht zuzumuten ist, kann die Interessenbewertung im Rahmen des Verfügungsgrundes nicht anders ausgehen. Ergibt sich umgekehrt der Verfügungsanspruch des BR-Mitglieds auf ungestörte Amtsausübung daraus, dass eine vom ArbGeb ausgesprochene fristlose Kündigung offensichtlich unwirksam ist, fällt aufgrund dieser Eindeutigkeit der Rechtslage auch die Interessenabwägung im Rahmen des Verfügungsgrundes zu Gunsten des BR-Mitglieds aus[9].

e) Materielle Ausstattung des Betriebsrats

95 Verfügungsgesuche im Zusammenhang mit der materiellen Ausstattung des BR kommen in der Praxis nicht besonders häufig vor, sind aber andererseits auch nicht ohne jede Bedeutung[10].

---

1 LAG Berlin-Brandenburg v. 2.9.2009 – 17 TaBVGa 1372/09 Rz. 16, 19; LAG Düsseldorf v. 22.2.1977 – 11 TaBV 7/77, DB 1977, 1053 (1054); LAG München v. 18.11.2009 – 11 TaBVGa 16/09 Rz. 36 ff.; LAG München v. 26.8.1992 – 5 TaBV 43/92, BB 1993, 2168; ArbG Hagen v. 13.2.2007 – 4 BV Ga 2/07, NZA-RR 2007, 527; ArbG Hamburg v. 6.5.1997 – 25 GaBV 4/97, NZA-RR 1998, 78 (79); DKK/*Buschmann*, § 78 BetrVG Rz. 17, 39; GK-BetrVG/*Kreutz*, § 78 Rz. 39; *Korinth*, Einstweiliger Rechtsschutz, K Rz. 16.
2 LAG München v. 18.11.2009 – 11 TaBVGa 16/09, NZA-RR 2010, 189 (190).
3 Vgl. zu einem solchen Fall ArbG Hagen v. 13.2.2007 – 4 BV Ga 2/07, NZA-RR 2007, 527 (Kündigung wegen Einbruchs in das BR-Büro).
4 LAG Düsseldorf v. 27.2.1975 – 3 TaBV 2/75, DB 1975, 700; LAG Köln v. 12.12.2001 – 8 TaBV 72/01, NZA-RR 2002, 425 (426); LAG Schl.-Holst. v. 2.9.1976 – 4 TaBV 11/76, DB 1976, 1974 (1975); *Heinze*, RdA 1986, 273 (288); *Korinth*, Einstweiliger Rechtsschutz, K Rz. 16; *Walker*, Der einstweilige Rechtsschutz, Rz. 814. Vorsichtiger LAG München v. 19.3.2003 – 7 TaBV 65/02, NZA-RR 2003, 641 (Interessenabwägung im Einzelfall).
5 LAG Düsseldorf v. 22.2.1977 – 11 TaBV 7/77, DB 1977, 1053; LAG Köln v. 12.12.2001 – 8 TaBV 72/01, NZA-RR 2002, 425 (426); LAG Schl.-Holst. v. 2.9.1976 – 4 TaBV 11/76, DB 1976, 1974 (1975); *Heinze*, RdA 1986, 273 (288); *Korinth*, Einstweiliger Rechtsschutz, K Rz. 17; *Walker*, Der einstweilige Rechtsschutz, Rz. 815 f.
6 LAG Hamm v. 6.5.2002 – 10 TaBV 53/02, NZA-RR 2003, 480 mwN.
7 LAG München v. 26.8.1992 – 5 TaBV 43/92, BB 1993, 2168.
8 Ebenso ArbG Hamburg v. 6.5.1997 – 25 GaBV 4/97, NZA-RR 1998, 78 (80).
9 ArbG Hamburg v. 28.1.1976 – 3 GaBV 31/75, DB 1976, 490 (491); *Herbst/Bertelsmann/Reiter*, Arbeitsgerichtliches Beschlussverfahren, Rz. 461; *Walker*, Der einstweilige Rechtsschutz, Rz. 818.
10 So jedenfalls für die Hinzuziehung eines Sachverständigen nach § 80 Abs. 2 BetrVG *Bertelsmann*, AiB 1998, 681 (686); s. ferner DKK/*Wedde*, § 40 BetrVG Rz. 210; GK-BetrVG/*Weber*, § 40 Rz. 226; *Herbst/Bertelsmann/Reiter*, Arbeitsgerichtliches Beschlussverfahren, Rz. 326 f.; HWGNRH/*Glock*, § 40 BetrVG Rz. 153; *Korinth*, Einstweiliger Rechtsschutz, K Rz. 28 ff.

aa) Verfügungsanspruch

Der BR hat gem. § 40 Abs. 1 BetrVG einen Anspruch gegen den ArbGeb auf **Übernahme der** für die BR-Tätigkeit **notwendigen Kosten** und gem. § 40 Abs. 2 BetrVG einen Anspruch auf Bereitstellung der erforderlichen Räume, Informations- und Kommunikationstechnik, Sach- und Personalmittel[1]. Der Anspruch aus § 40 Abs. 1 BetrVG kann nicht nur auf Kostenerstattung und auf Freistellung von einer Verbindlichkeit, sondern auch auf Zahlung eines Kostenvorschusses gerichtet sein[2]. Voraussetzung ist, dass die geltend gemachten Kosten für eine ordnungsgemäße BR-Tätigkeit erforderlich sind.

96

bb) Verfügungsgrund

Der BR wird im Zusammenhang mit seinem Ausstattungsanspruch nach § 40 BetrVG in aller Regel nicht an einer bloßen Sicherung, sondern an einer schnellen Erfüllung seines zB auf Kostenvorschuss gerichteten Anspruchs interessiert sein. Die Durchsetzung ist nur im Wege einer **Befriedigungsverfügung** möglich. Die dafür erforderliche **Notwendigkeit** kann nur dann bejaht werden, wenn der BR andernfalls einen endgültigen Rechtsverlust befürchten muss oder jedenfalls in eine solche Notlage kommt, dass ihm die Wahrnehmung seiner gesetzlichen Aufgaben unzumutbar erschwert wird[3]. Diese Voraussetzung wird selten vorliegen. Falls etwa der Streit darum geht, ob der ArbGeb dem BR eine bestimmte Fachzeitschrift, eine zusätzliche Schreibkraft oder einen PC zur Verfügung stellen muss, wird die Erfüllung dieses Anspruchs idR nicht so dringlich sein, dass sie im Wege des einstweiligen Rechtsschutzes durchgesetzt werden muss. Auf eine **Interessenabwägung** kommt es dann gar nicht mehr an.

97

f) Schulungsveranstaltungen

Wenn ArbGeb und BR darüber streiten, ob Mitglieder des BR gem. § 37 Abs. 6, 7 iVm. Abs. 2 BetrVG unter **Freistellung** von ihrer beruflichen Tätigkeit an Schulungsveranstaltungen teilnehmen dürfen, stellt sich sowohl für den BR und für einzelne BR-Mitglieder als auch für den ArbGeb die Frage nach einstweiligem Rechtsschutz[4].

98

aa) Rechtsgrundlagen für mögliche Verfügungsansprüche

Gemäß § 37 Abs. 7 BetrVG hat jedes BR-Mitglied einen **Anspruch auf Freistellung** für insgesamt 3 Wochen **zur Teilnahme an bestimmten Schulungs- und Bildungsveranstaltungen**. Gemäß § 37 Abs. 6 BetrVG hat der BR als solcher einen Anspruch darauf, dass einzelne Mitglieder zur Teilnahme an Schulungs- und Bildungsveranstaltungen freigestellt werden, in denen die für die Arbeit des BR erforderlichen Kenntnisse vermittelt werden. Diese Ansprüche des einzelnen BR-Mitglieds und des BR kommen grds. als Verfügungsansprüche in Betracht (s. aber noch Rz. 100). Umgekehrt hat der ArbGeb einen Anspruch darauf, dass die BR-Mitglieder nicht während der Arbeitszeit an einer Schulungsveranstaltung teilnehmen, wenn die dafür erforderlichen Voraussetzungen des § 37 Abs. 6, 7 BetrVG nicht vorliegen; Anspruchsgrundlage für einen entsprechenden Unterlassungsanspruch ist der Arbeitsvertrag, wonach auch die BR-Mitglieder in ihrer Eigenschaft als ArbN verpflichtet sind, die vereinbarte Arbeitsleistung zu erbringen.

99

bb) Vollstreckbarkeit der Ansprüche

Allerdings ist es zweifelhaft, ob die genannten Ansprüche überhaupt durch einstweilige Verfügung gesichert oder durchgesetzt werden können. Die **Ansprüche der BR-Mitglieder und des BR** auf Freistellung zwecks Teilnahme an einer Schulungsveranstaltung hängen nur davon ab, ob die Voraussetzungen des § 37 Abs. 6 oder Abs. 7 BetrVG objektiv vorliegen. Falls der ArbGeb mit der Teilnahme an der Schulungsveranstaltung nicht einverstanden ist, folgt daraus keine Teilnahmesperre[5]. Der BR und das einzelne BR-Mitglied können ihren Teilnahmeanspruch also selbst durchsetzen, ohne dass es der Mitwirkung des ArbGeb durch förmliche Freistellung bedarf. Zwar kann im Beschlussverfahren geklärt werden, ob die Voraussetzungen für eine Teilnahme an einer Schulungsveranstaltung vorliegen; das erfolgt durch einen feststel-

100

---

1 Zur Qualität des § 40 BetrVG als Anspruchsgrundlage s. nur BAG v. 22.3.1983 – 1 ABR 27/81, DB 1983, 1926 (1927); BAG v. 17.5.1983 – 1 ABR 21/80, DB 1983, 1986 (1988).
2 S. nur DKK/*Wedde*, § 40 BetrVG Rz. 13; *Dütz/Säcker*, DB 1972, Beil. 17, S. 15; *Fitting*, § 40 BetrVG Rz. 91; GK-BetrVG/*Weber*, § 40 Rz. 35; HWGNRH/*Glock*, § 40 BetrVG Rz. 91; Richardi/*Thüsing*, § 40 BetrVG Rz. 44.
3 S. nur *Dütz/Säcker*, DB 1972, Beil. 17, S. 15; *Fitting*, § 40 BetrVG Rz. 148. *Walker*, Der einstweilige Rechtsschutz, Rz. 820; ebenso *Herbst/Bertelsmann/Reiter*, Arbeitsgerichtliches Beschlussverfahren, Rz. 464.
4 Überblick über mögliche Rechtsschutzbegehren bei *Herbst/Bertelsmann/Reiter*, Arbeitsgerichtliches Beschlussverfahren, Rz. 325.
5 LAG BW v. 17.12.1987 – 11 TaBV 3/87, AuR 1988, 258; LAG Hamm v. 24.10.1974 – 8 TaBV 42/74, DB 1974, 2486; *Stege/Weinspach/Schiefer*, § 37 BetrVG Rz. 53a.

lenden Beschluss, der nicht vollstreckbar ist. Eine bloße Feststellung mit vorläufigem Charakter kann aber durch einstweilige Verfügung nicht erfolgen[1]. Zur Sicherung oder Durchsetzung des Teilnahmeanspruches nach § 37 Abs. 6, 7 BetrVG kommt mithin eine einstweilige Verfügung schon mangels eines einzuklagenden Verfügungsanspruchs nicht in Betracht[2]. Das muss selbst nach der Gegenansicht[3] jedenfalls dann gelten, wenn der ArbGeb gem. § 37 Abs. 6 Satz 5 oder Abs. 7 Satz 3 BetrVG unter Berufung auf betriebliche Notwendigkeiten die Einigungsstelle anruft und dabei nicht rechtsmissbräuchlich handelt[4]; denn nach der gesetzlichen Regelung ist in solchen Fällen schon der Bestand des materiellen Teilnahmerechts von dem Spruch der Einigungsstelle abhängig.

101 Der **Anspruch des ArbGeb** auf Unterlassung der Teilnahme an einer Schulungsveranstaltung kann jedenfalls dann nicht durch einstweilige Verfügung durchgesetzt werden, wenn man mit dem BAG annimmt, bei der zu erbringenden Arbeitsleistung handele es sich immer um eine unvertretbare Handlung[5] (dazu schon § 62 Rz. 77). Der Unterlassungsanspruch des ArbGeb ist nämlich lediglich das Spiegelbild des Anspruchs auf Arbeitsleistung. Da dieser Anspruch gem. § 888 Abs. 3 ZPO nicht vollstreckt werden kann, kommt auch eine einstweilige Verfügung nicht in Betracht[6]. Sie ist aber selbst dann ausgeschlossen, wenn man entgegen der Ansicht des BAG eine einstweilige Verfügung auch als vertretbare Handlung für möglich hält, die nach § 887 ZPO vollstreckt wird, so dass § 888 Abs. 3 ZPO nicht eingreift. Dann fehlt es nämlich regelmäßig an einem Verfügungsgrund, weil die Ersatzvornahme (durch Einstellung eines anderen ArbN) dem ArbGeb auch ohne einstweilige Verfügung möglich ist[7] (s. schon § 62 Rz. 133).

cc) Verfügungsgrund

102 Sofern man mit der hier vertretenen Ansicht schon das Vorliegen eines geeigneten Verfügungsanspruches ablehnt, kommt es auf die Prüfung eines Verfügungsgrundes gar nicht mehr an. Falls man dagegen mit der hM sowohl zu Gunsten des BR oder einzelner BR-Mitglieder als auch zu Gunsten des ArbGeb einstweilige Verfügungen für möglich hält[8], sind im Rahmen des Verfügungsgrundes die Voraussetzungen für eine **Befriedigungsverfügung** zu prüfen. An der erforderlichen **Notwendigkeit** der einstweiligen Verfügung wird es wegen des bevorstehenden Termins der Schulungsveranstaltung selten fehlen. Falls im Rahmen der **Interessenabwägung** nicht schon die Eindeutigkeit der Rechtslage zur Bejahung oder Verneinung des Verfügungsgrundes führt, wird es auch darauf ankommen, ob eine Schulungsveranstaltung mit dem gewünschten Thema ohne Nachteile auch zu einem späteren Termin besucht werden kann, so dass dem BR und dem BR-Mitglied ein Abwarten des Hauptsacheverfahrens zugemutet werden kann.

g) Beteiligungsrechte des Betriebsrats

103 Der Bestand und der Umfang der verschiedenen Beteiligungsrechte des BR in sozialen, personellen und wirtschaftlichen Angelegenheiten lassen sich zwar grds. im Beschlussverfahren klären. Diese Klärung kommt allerdings angesichts der Dauer des Hauptsacheverfahrens für die Beteiligung im konkreten Einzelfall zu spät. Ob und wie die verschiedenen Beteiligungsrechte durch einstweilige Verfügungen gesichert oder durchgesetzt werden können, hängt davon ab, ob dem BR ein dem einstweiligen Rechtsschutz zugänglicher Verfügungsanspruch zusteht und ob im konkreten Einzelfall ein Verfügungsgrund gegeben ist. Die Problematik liegt durchgängig beim Verfügungsanspruch. In welchem Umfang dem BR im Zusammenhang mit seinen Beteiligungsrechten klagbare und damit verfügungsfähige Ansprüche zustehen, gehört

---

1 *Brox/Walker*, Zwangsvollstreckungsrecht, Rz. 1595; *Dütz*, DB 1976, 1428 (1431 f.).
2 Heinze, RdA 1986, 273 (287); *Natter/Gross/Roos*, § 85 Rz. 44; *Walker*, Der einstweilige Rechtsschutz, Rz. 824; *Walker*, ZfA 2005, 45 (76).
3 LAG Hamm v. 24.10.1974 – 8 TaBV 42/74, DB 1974, 2486 (2488); wohl auch VGH München v. 6.7.2017 – 17 PC 17/1238, Rz. 12 ff., das eine Freistellungsverfügung nach Personalvertretungsrecht mangels Verfügungsgrundes abgelehnt hat; DKK/*Wedde*, § 37 BetrVG Rz. 160, 195, 198; *Fitting*, § 37 BetrVG Rz. 252; LAG Köln v. 12.12.2001 – 8 TaBV 72/01, NZA-RR 2002, 425 (426); GK-BetrVG/*Weber*, § 37 Rz. 296; HWGNRH/*Glock*, § 37 BetrVG Rz. 185; *Korinth*, Einstweiliger Rechtsschutz, K Rz. 34; *Stege/Weinspach/Schiefer*, § 37 BetrVG Rz. 53a.
4 *Walker*, Der einstweilige Rechtsschutz, Rz. 825; ebenso *Herbst/Bertelsmann/Reiter*, Arbeitsgerichtliches Beschlussverfahren, Rz. 463; HWGNRH/*Glock*, § 37 BetrVG Rz. 192; *Korinth*, Einstweiliger Rechtsschutz, K Rz. 36.
5 BAG v. 4.3.2004 – 8 AZR 196/03, NZA 2004, 727 (732).
6 *Walker*, Der einstweilige Rechtsschutz, Rz. 826.
7 *Walker*, ZfA 2005, 45 (76 f.).
8 S. nur LAG Hamm v. 24.10.1974 – 8 TaBV 42/74, DB 1974, 2486; DKK/*Wedde*, § 37 BetrVG Rz. 160, 195, 198; *Fitting*, § 37 BetrVG Rz. 252, 257 ff.; GK-BetrVG/*Weber*, § 37 Rz. 296; HWGNRH/*Glock*, § 37 BetrVG Rz. 185; *Stege/Weinspach/Schiefer*, § 37 BetrVG Rz. 53a.

zu den umstrittensten Fragen im ganzen Betriebsverfassungsrecht[1]. Im Einzelnen ist nach den verschiedenen Mitwirkungs- und Mitbestimmungstatbeständen zu unterscheiden:

aa) Soziale Angelegenheiten

Nach § 87 Abs. 1 BetrVG hat der BR in den dort geregelten sozialen Angelegenheiten mitzubestimmen. Kommt eine Einigung mit dem ArbGeb nicht zustande, wird sie gem. § 87 Abs. 2 BetrVG durch den Spruch der Einigungsstelle ersetzt.

104

(1) Verfügungsanspruch

Das **Mitbestimmungsrecht** als solches kann zwar Gegenstand eines Feststellungsantrags sein; es ist aber nicht vollstreckbar und daher auch **nicht durch einstweilige Verfügung durchsetzbar**[2]. Gleiches gilt für den aus dem Mitbestimmungsrecht folgenden Anspruch des BR darauf, dass der ArbGeb vor Durchführung einer mitbestimmungspflichtigen Maßnahme mit dem BR darüber verhandelt[3]. Dieser **Verhandlungsanspruch** ist vom Gesetzgeber nämlich nicht als einklagbarer Anspruch ausgestaltet; vielmehr muss der BR gem. § 87 Abs. 2 BetrVG die Einigungsstelle anrufen, wenn es nicht zu einer Einigung mit dem ArbGeb kommt[4]. Insoweit spielt es keine Rolle, ob der ArbGeb von vornherein gar nicht in Verhandlungen mit dem BR eingetreten ist oder ob eine Einigung trotz durchgeführter Verhandlungen scheitert[5]. Das **Recht des BR zur Anrufung der Einigungsstelle** nach § 87 Abs. 2 BetrVG kann der BR ohne gerichtliche Hilfe verwirklichen. Insoweit wäre eine **einstweilige Verfügung sinnlos**. Falls der ArbGeb seine Mitwirkung an der Einigungsstelle verweigert, wird der Vorsitzende der Einigungsstelle in dem Verfahren nach § 100 vom ArbG bestellt (s. dazu schon Rz. 59), und die Einigungsstelle entscheidet ohne Mitwirkung von ArbGeb-Beisitzern (§ 76 Abs. 5 Satz 2 BetrVG). Neben dem beschleunigten Verfahren nach § 100 gibt es keinen einstweiligen Rechtsschutz (s. schon Rz. 59). Die Einigungsstelle selbst kann dem BR ebenfalls keinen einstweiligen Rechtsschutz gewähren; denn sie entscheidet nicht in Rechtsstreitigkeiten, sondern in Regelungsstreitigkeiten[6]. Durch den Spruch der Einigungsstelle wird ein materieller Anspruch des BR erst begründet. Der **Anspruch aus dem Spruch der Einigungsstelle** ist ebenso wie der Anspruch auf Einhaltung und Durchführung einer Betriebsvereinbarung ein **klagbarer und vollstreckbarer Verfügungsanspruch**[7]. Dagegen ist ein Verfügungsanspruch auf Untersagung der Durchführung eines Einigungsstellenspruchs nur ausnahmsweise gegeben, wenn dieser offensichtlich rechtswidrig ist[8].

105

Daraus folgt, dass **vor einer Entscheidung der Einigungsstelle** als Verfügungsanspruch allenfalls ein Anspruch des BR auf Unterlassung einer einseitig vom ArbGeb durchgeführten Maßnahme in Angelegenheiten des § 87 Abs. 1 BetrVG in Betracht kommt. Ausdrücklich geregelt ist ein solcher Unterlassungsanspruch nur in **§ 23 Abs. 3 Satz 1 BetrVG** (s. dazu schon Rz. 62). Dieser Anspruch kommt jedoch nur bei einer groben Pflichtverletzung des ArbGeb in Betracht, also nicht etwa bei jeder Missachtung des § 87 BetrVG. Eine grobe Pflichtverletzung wird etwa dann kaum vorliegen, wenn der ArbGeb bei unklarer Rechtslage gegen § 87 BetrVG verstößt. Ein **allgemeiner Unterlassungsanspruch** des BR außerhalb des Anwendungsbereichs § 23 Abs. 3 Satz 1 BetrVG wird vom BAG insbes. bei einem Verstoß des ArbGeb gegen § 87 BetrVG in st. Rspr. bejaht. Der BR habe einen Unterlassungsanspruch als selbstständig einklagbaren Nebenleistungsanspruch, der wiederum seine Grundlage in dem zwischen ArbGeb und BR bestehenden Betriebsverhältnis habe, welches durch das Gebot der vertrauensvollen Zusammenarbeit nach § 2

106

---

1 Zu Einzelfällen vgl. etwa LAG Nürnberg v. 31.8.2005 – 6 TaBV 41/05, NZA-RR 2006, 137: kein Unterlassungsanspruch des BR aus § 75 BetrVG und kein Anspruch auf Herausgabe eines Betriebsüberleitungsvertrages aus § 80 Abs. 2 Satz 2 BetrVG.
2 *Baur*, ZfA 1997, 445 (479); *Walker*, Der einstweilige Rechtsschutz, Rz. 831; aM ErfK/*Koch*, § 85 ArbGG Rz. 4; GMP/*Matthes*/*Spinner*, § 85 Rz. 34, wonach allein das Bestehen eines Mitbestimmungsrechts für eine Unterlassungsverfügung ausreichen soll.
3 *Heinze*, RdA 1986, 273 (289).
4 Ebenso GK-BetrVG/*Oetker*, § 23 Rz. 165.
5 *Heinze*, RdA 1986, 273 (289); *Walker*, Der einstweilige Rechtsschutz, Rz. 832.
6 *Bengelsdorf*, BB 1991, 613 (618); *Heinze*, RdA 1990, 262 (279); *Olderog*, NZA 1985, 753 (756); *Walker*, Der einstweilige Rechtsschutz, Rz. 836.
7 LAG Berlin v. 8.11.1990 – 14 TaBV 5/90, DB 1991, 1288; 6.12.1984 – 4 TaBV 2/84, BB 1985, 1199; LAG Köln v. 20.4.1999 – 13 Ta 243/99, NZA-RR 2000, 311; *Dütz*, ZfA 1972, 247 (269); GK-BetrVG/*Kreutz*, § 76 Rz. 178; GMP/*Matthes*/*Spinner*, § 85 Rz. 40; GWBG/*Greiner*, § 85 Rz. 23a; *Heinze*, RdA 1986, 273 (290); *Herbst*/*Bertelsmann*/*Reiter*, Arbeitsgerichtliches Beschlussverfahren, Rz. 377 f. (414); *Walker*, Der einstweilige Rechtsschutz, Rz. 837.
8 LAG Köln v. 30.7.1999 – 11 TaBV 35/99, NZA 2000, 334.

BetrVG geprägt sei[1]. Damit hat das BAG seine frühere Rspr.[2], mit der es einen allgemeinen Unterlassungsanspruch des BR ausdrücklich verneint hatte, aufgegeben. Diese Entwicklung ist zwar zum Teil auf Kritik gestoßen[3], aber sie bestimmt die gegenwärtige Praxis. Diese ist darauf eingestellt, dass der BR zur Sicherung seines Mitbestimmungsrechts in sozialen Angelegenheiten nach § 87 BetrVG einen materiellen Anspruch auf Unterlassung mitbestimmungswidriger Maßnahmen hat, der durch einstweilige Verfügung gesichert werden kann[4].

(2) Verfügungsgrund

107 Für die Prüfung des Verfügungsgrundes gelten die allgemeinen Regeln. Bei der auf Unterlassung gerichteten einstweiligen Verfügung handelt es sich um eine **Befriedigungsverfügung**[5]. Deren **Notwendigkeit** ist zu bejahen, wenn bei Durchführung der beanstandeten Maßnahme das Mitbestimmungsrecht des BR leer zu laufen droht[6]. Der Ausgang der zusätzlich erforderlichen **Interessenabwägung** hängt in erster Linie davon ab, ob die Rechtslage eindeutig zu Gunsten des ArbGeb oder des BR spricht. Bei unklarer Rechtslage kommt es ua. auf den Schaden an, der dem ArbGeb droht, wenn er die geplante Maßnahme aufgrund einer Unterlassungsverfügung nicht durchführen darf. Ein Verfügungsgrund kann im Einzelfall verneint werden, wenn der ArbGeb die Maßnahme erst vorgenommen hat, nachdem der BR jegliche Verhandlungen über die mitbestimmungspflichtige Maßnahme verweigert hat[7].

bb) Personelle Angelegenheiten

108 Die Mitwirkungsrechte des BR bei der **Personalplanung** (§ 92 BetrVG), bei der **Stellenausschreibung** (§ 93 BetrVG), bei der **Gestaltung von Personalfragebogen** und der **Aufstellung allgemeiner Beurteilungsgrundsätze** (§ 94 BetrVG), bei der Aufstellung von **Auswahlrichtlinien** (§ 95 BetrVG) und im Zusammenhang mit **Fragen der Berufsbildung** (§§ 96 bis 98 BetrVG) sind vom Gesetzgeber ganz überwiegend **nicht als einklagbare Ansprüche ausgestaltet**. Lediglich bei einer groben Verletzung dieser Beteiligungsrechte steht dem BR ein einklagbarer und im Eilverfahren geltend zu machender Anspruch nach § 23 Abs. 3 BetrVG zu. Ferner kommen als Rechtsfolgen eines Verstoßes ein Zustimmungsverweigerungsrecht des BR bei personellen Einzelmaßnahmen gem. § 99 Abs. 2 Nrn. 2 und 5 BetrVG, ein Widerspruchsrecht des BR gegen eine Kündigung gem. § 102 Abs. 3 Nr. 2 BetrVG oder individualrechtliche Sanktionen (Recht zur Lüge bei unzulässigen Personalfragebogen) in Betracht[8].

109 Bei **personellen Einzelmaßnahmen** ist einstweiliger Rechtsschutz zur Verhinderung mitbestimmungswidriger Maßnahmen des ArbGeb grds. durch die §§ 100, 101 BetrVG ausgeschlossen (s. schon Rz. 55). Ausnahmsweise werden einstweilige Unterlassungsverfügungen zu Gunsten des BR zT allerdings dann befürwortet, wenn die personellen Einzelmaßnahmen wie Versetzungen und Einstellungen auf einen kürzeren Zeitraum befristet sind, so dass das Aufhebungsverfahren nach § 101 BetrVG leer läuft[9]. Gegen diese Ansicht spricht jedoch, dass der Gesetzgeber sich auch in solchen Fällen für andere Sanktionen entschieden und dem BR gerade keinen Unterlassungsanspruch eingeräumt hat. Bei einem Verstoß des ArbGeb gegen seine Pflicht, gem. § 99 Abs. 1 BetrVG den BR vor einer personellen Einzelmaßnahme rechtzeitig und umfassend zu unterrichten, kommt nämlich nicht nur der besondere Unterlassungsanspruch nach § 23 Abs. 3 BetrVG, sondern gem. § 121 BetrVG auch eine Geldbuße bis zu 10 000 Euro in Betracht. Diese gesetzlich

---

1 BAG v. 3.5.1994 – 1 ABR 24/93, DB 1994, 2450 m. abl. Anm. *Walker*, SAE 1995, 99; bestätigt in BAG v. 6.12.1994 – 1 ABR 30/94, NZA 1995, 488; BAG v. 23.7.1996 – 1 ABR 13/96, NZA 1997, 274; BAG v. 25.2.1997 – 1 ABR 69/96, NZA 1997, 955.
2 BAG v. 22.2.1983 – 1 ABR 27/81, DB 1983, 1926; BAG v. 17.5.1983 – 1 ABR 21/80, DB 1983, 1986. Zur Würdigung dieser Rspr. s. ausführlich GK-BetrVG/*Oetker*, § 23 Rz. 127 ff.
3 *Bauer/Diller*, ZIP 1995, 95; *Bengelsdorf*, SAE 1996, 130 (141); *Dobberahn*, NJW 1995, 1333; *von Hoyningen-Huene*, EWiR 1995, 219; HWGNRH/*Worzalla*, § 87 BetrVG Rz. 739 ff.; *Konzen*, NZA 1995, 865 (869); *Walker*, SAE 1995, 99 (103); *Walker*, DB 1995, 1961 (1963).
4 GK-BetrVG/*Wiese*, § 87 Rz. 1082; *Walker/Gaumann*, SAE 2003, 88.
5 Zutreffend *Baur*, ZfA 1997, 445 (480); aM wohl GMP/*Matthes/Spinner*, § 85 Rz. 34.
6 LAG Hamm v. 19.4.1973 – 8 TaBV 9/73, DB 1973, 1024; LAG Hessen v. 15.7.1987 – 15 BVGa 14/87, BB 1988, 68 (69); ArbG Frankfurt v. 2.9.1982 – 4 BVGa 28/82, DB 1983, 239 (240); ArbG Solingen v. 9.1.1986 – 4 BVGa 1/86, DB 1986, 1027; *Walker*, Der einstweilige Rechtsschutz, Rz. 828; aM *Korinth*, Einstweiliger Rechtsschutz, K Rz. 113, der nicht auf das Leerlaufen des Mitbestimmungsrechts, sondern auf die Vereitelung des ArbN-Schutzes abstellt.
7 ArbG Herne v. 5.6.2003 – 4 BVGa 10/03, NZA-RR 2003, 575.
8 Zu Einzelheiten s. *Walker*, Der einstweilige Rechtsschutz, Rz. 864–868, auch zu den (praktisch weniger relevanten) Fällen, in denen ausnahmsweise ein Verfügungsanspruch gegeben sein kann.
9 LAG Nds. v. 25.7.1995 – 11 TaBV 68/95, NZA-RR 1996, 217; ArbG Hameln v. 12.10.1990 – 2 BVGa 15/90, BB 1990, 2342 (2343); *Lipke*, DB 1980, 2239 (2241); ausdrücklich offen gelassen von LAG Hamm v. 17.2.1998 – 13 TaBV 14/98, NZA-RR 1998, 421.

vorgesehenen Sanktionen sind abschließend und können auf der Grundlage des geltenden Rechts nicht durch Zuerkennung eines allgemeinen Unterlassungsanspruchs ergänzt werden[1]. Folglich können mangels Verfügungsanspruchs selbst in Ausnahmefällen personelle Einzelmaßnahmen des ArbGeb nicht durch eine vom BR erwirkte einstweilige Verfügung verhindert werden.

cc) Wirtschaftliche Angelegenheiten

Im Zusammenhang mit den Beteiligungsrechten des BR in wirtschaftlichen Angelegenheiten steht die Frage nach der Zulässigkeit einstweiliger Verfügungen auf **Unterlassung betriebsbedingter Kündigungen bis zum Abschluss der Interessenausgleichsverhandlungen** ganz im Vordergrund. Voraussetzung ist auch hier, dass dem BR als Verfügungsanspruch ein entsprechender materieller Unterlassungsanspruch zusteht. Eine ausdrückliche Anspruchsgrundlage gibt es ebenso wenig wie im Zusammenhang mit der Verhinderung mitbestimmungswidriger Maßnahmen in sozialen Angelegenheiten. Eine Unterlassungsverfügung kommt daher nur dann in Betracht, wenn dem BR auch in wirtschaftlichen Angelegenheiten ein allgemeiner Unterlassungsanspruch zusteht. Das wird von einer verbreiteten Ansicht bejaht[2]. Der Anspruch wird teilweise mit dem Unterrichtungs- und Beratungsanspruch des BR nach § 111 BetrVG, zum Teil mit dem durch § 2 Abs. 1 BetrVG ausgestalteten gesetzlichen Schuldverhältnis zwischen Unternehmer und BR iVm. dem Mitbestimmungstatbestand der §§ 111 f. BetrVG begründet. Oft wird von den Vertretern dieser Ansicht betont, dass durch eine Unterlassungsverfügung aber nur der Verhandlungsanspruch des Betriebsrats gesichert, nicht dagegen die Betriebsänderung verhindert werden solle[3]. Mit der wohl ebenso starken Gegenansicht[4] ist dagegen ein durch einstweilige Verfügung durchzusetzender Unterlassungsanspruch des BR zu verneinen. Der Gesetzgeber hat die Unterrichtung und Beratung des BR vor Durchführung einer Betriebsänderung nach § 111 BetrVG nur als bloße Obliegenheit[5] des ArbGeb ausgestaltet. Der Interessenausgleich kann im Gegensatz zum Sozialplan (vgl. § 112 Abs. 4 BetrVG) nicht erzwungen werden. Nach § 113 BetrVG können bei der grundlosen Abweichung des ArbGeb von einem vereinbarten Interessenausgleich oder bei der Durchführung einer Betriebsänderung ohne den vorherigen Versuch eines Interessenausgleichs die von der Betriebsänderung betroffenen ArbN lediglich Abfindungen oder andere Zahlungen als Nachteilsausgleich verlangen. Das mitbestimmungswidrige Verhalten des ArbGeb löst insoweit also le-

---

1 So auch BAG v. 23.6.2009 – 1 ABR 23/08, NZA 2009, 1430 (1432 f.); vorher schon LAG Hessen v. 15.12.1987 – 4 TaBV Ga 160/87, NZA 1989, 232; *Boemke*, ZfA 1992, 473 (523); GK-BetrVG/*Raab*, § 101 Rz. 22; HWGNRH/*Huke*, § 101 BetrVG Rz. 16; *Konzen*, Betriebsverfassungsrechtliche Leistungspflichten des ArbGebs, S. 81 f.; *Walker*, Der einstweilige Rechtsschutz, Rz. 872; *Walker*, DB 1995, 1961 (1964); aM *Lipke*, DB 1980, 2239 (2241).
2 LAG Berlin v. 7.9.1995 – 10 TaBV 5/95, AP Nr. 36 zu § 111 BetrVG 1972; LAG Hamm v. 17.2.2015 – 7 TaBVGa 1/15, NZA-RR 2015, 247 (248); LAG Hamm v. 28.8.2003 – 13 TaBV 127/03, NZA-RR 2004, 80; LAG Hamm v. 21.8.2008 – 13 TaBVGa 16/08; LAG Hessen v. 27.6.2007 – 4 TaBVGa 137/07; LAG Hessen v. 6.4.1993 – 4 TaBVGa 45/93, AuR 1994, 162; LAG Hamburg v. 26.6.1997 – 6 TaBV 5/97, ZIP 1997, 2205 m. zust. Anm. *Berscheid*; LAG Hamm v. 23.3.1983 – 12 TaBV 15/83, AuR 1984, 54; LAG Hessen v. 19.1.2010 – 4 TaBVGa, NZA-RR 2010, 187 (189), aber nicht bzgl. reiner Vorbereitungshandlungen; LAG München v. 22.12.2008 – 6 TaBVGa 6/08, AuR 2009, 142; LAG Schl.-Holst. v. 15.12.2010 – 3 TaBVGa 12/10, DB 2011, 714; LAG Thür. v. 18.8.2003 – 1 Ta 104/03, ZIP 2004, 1118; ArbG Hamburg 25.1.2007 – 25 GaBV 1/07, AuR 2007, 397; *Derleder*, AuR 1983, 289 (302); *Derleder*, AuR 1985, 65 (77); *Dütz*, DB 1984, 115 (126); *Dütz*, AuR 1998, 181 (182 f.); *Ernst*, AuR 2003, 19 (21 f.); *Fischer*, AuR 1997, 177; *Fitting*, § 111 BetrVG Rz. 138; GMP/*Matthes*/*Spinner*, § 85 Rz. 31 ff.; GWBG/*Greiner*, § 85 Rz. 14; *Herbst*/*Bertelsmann*/*Reiter*, Arbeitsgerichtliches Beschlussverfahren, Rz. 389 ff.; *Korinth*, Einstweiliger Rechtsschutz, K Rz. 148; Natter/Gross/*Roos*, § 85 Rz. 48; *Pflüger*, DB 1998, 2062 (2063 ff.); *Trittin*, DB 1983, 230; *Zwanziger*, BB 1998, 477 (480).
3 ZB LAG Berlin-Brandenburg v. 19.6.2014 – 7 TaBVGa 1219/14, DB 2014, 14; LAG Hamm v. 17.2.2015 – 7 TaBVGa 1/15, NZA-RR 2015, 247 (248).
4 LAG BW v. 28.8.1985 – 2 TaBV 8/85, DB 1986, 805; LAG Düsseldorf v. 14.12.2005 – 12 TaBV 60/05; LAG Hessen v. 21.9.1982 – 4 TaBVGa 94/82, DB 1983, 613; LAG Hamm v. 1.4.1997 – 13 TaBV 34/97, NZA-RR 1997, 343; LAG Köln v. 27.5.2009 – 2 TaBVGa 7/09; LAG Köln v. 30.3.2006 – 2 Ta 145/06; LAG Köln v. 30.4.2004 – 5 Ta 166/04, NZA-RR 2005, 199 mit zust. Anm. *Lelley* in EwiR 2004, 1215; LAG München v. 8.6.2005 – 5 TaBV 46/05; LAG München v. 24.9.2003 – 5 TaBV 48/03, NZA-RR 2004, 536; LAG Nds. v. 5.6.1987 – 12 TaBV 17/87, LAGE § 23 BetrVG 1972 Nr. 11; LAG Nürnberg v. 9.3.2009 – 6 TaBVGa 2/09; LAG Rh.-Pf. v. 30.3.2006 – 11 TaBV 53/05; LAG Rheinland-Pfalz v. 27.8.2014 – 4 TaBVGa 4/14, NZA-RR 2015, 197; LAG Rh.-Pf. v. 24.11.2004 – 9 TaBV 29/04; LAG Sa.-Anh. v. 30.11.2004 – 11 TaBV 18/04; LAG Schl.-Holst. v. 13.1.1992 – 4 TaBV 54/91, DB 1992, 1788; ebenso (in anderem Zusammenhang) BAG v. 28.8.1991 – 7 ABR 72/90, NZA 1992, 41 (42); *Bauer*, DB 1994, 217 (224); *Bauer*/*Lingemann*, NZA 1995, 813 (817); *Bengelsdorf*, SAE 1996, 139; *Ehler*, BB 1994, 2270; *Ehrich*, BB 1993, 356 (358 f.); GK-BetrVG/*Oetker*, § 111 Rz. 269 ff.; *Hanau*, NZA 1996, 841 (844 f.); HWGNRH/*Hess*, § 111 BetrVG Rz. 196; *Heupgen*, NZA 1997, 1271; *Hümmerich*/*Spirolke*, BB 1996, 1986 (1989 f.); *Lipinski*/*Reinhardt*, NZA 2009, 1184; *Raab*, ZfA 1997, 183 (245 ff.); *Schaub*, EWiR 1997, 369 (370); *Walker*, Der einstweilige Rechtsschutz, Rz. 876 f.; *Walker*, FA 2008, 290 (291 ff.); *Walker*, DB 1995, 1961 (1965); *Walker*, ZfA 2005, 45 (73 f.).
5 BAG v. 28.8.1991 – 7 ABR 72/91, NZA 1992, 41 (42).

diglich individualrechtliche Ansprüche einzelner betroffener ArbN aus. Außerdem kann ein Verstoß des ArbGeb gegen seine Unterrichtungs- und Verhandlungsobliegenheit gem. § 121 BetrVG mit einem Bußgeld bis zu 10 000 Euro geahndet werden. Diese Sanktionen sind allerdings abschließend. Einen Unterlassungsanspruch des BR hat der Gesetzgeber bewusst nicht vorgesehen, und zwar auch nicht bei der Neufassung des § 113 BetrVG durch Gesetz vom 25.9.1996[1], als er in Kenntnis des Meinungsstreites um einen Unterlassungsanspruch einen solchen gerade nicht in das Gesetz aufgenommen hat, sondern durch die Einfügung der damaligen (inzwischen wieder aufgehobenen) Sätze 2 und 3 des § 113 Abs. 3 BetrVG die Rechtsstellung des BR eher geschwächt hat. Auch § 122 InsO, wonach dem Insolvenzverwalter die Durchführung einer Betriebsänderung schon vor Abschluss des Interessenausgleichverfahrens vom ArbG gestattet werden kann, wenn die wirtschaftliche Lage des Unternehmens das erfordert, enthält zum Unterlassungsanspruch des BR keine Aussage[2].

111 Die **Verneinung eines Unterlassungsanspruchs** des BR hat einen **verfassungsrechtlichen Hintergrund**[3]: In wirtschaftlichen Angelegenheiten gilt der Grundsatz der freien Unternehmerentscheidung. Das echte Mitbestimmungsrecht des BR beim Sozialplan (§ 112 Abs. 4 BetrVG) beschränkt sich auf die sozialen Folgen einer Betriebsänderung für die einzelnen betroffenen ArbN. Konsequenterweise kann der BR eine Betriebsänderung nicht verhindern; vielmehr sind die Sanktionen bei einer Missachtung der Vorschriften über den Interessenausgleich auf individualrechtliche Ansprüche der von der Betriebsänderung betroffenen ArbN und auf die Möglichkeit eines Bußgeldes beschränkt. Mangels eines Verfügungsanspruches kann der BR dem ArbGeb mithin nicht im Wege der einstweiligen Verfügung die Durchführung betriebsbedingter Kündigungen vor Abschluss eines Interessenausgleichsverfahrens untersagen lassen. Auf das Vorliegen eines Verfügungsgrundes kommt es gar nicht mehr an.

112 Ob ein allgemeiner Unterlassungsanspruch in wirtschaftlichen Angelegenheiten mit **europarechtlichen Aspekten** begründet werden kann[4], ist zweifelhaft. Zwar müssen nach Art. 8 Abs. 1 RL 2002/14/EG vom 11.3.2002 geeignete Verwaltungs- und Gerichtsverfahren zur Durchsetzung der Anhörungs- und Unterrichtungsrechte u.a. zu Entscheidungen, die wesentliche Veränderungen der Arbeitsorganisation oder der Arbeitsverträge mit sich bringen können, zur Verfügung stehen. Außerdem müssen nach Art. 8 Abs. 2 RL 2002/14/EG angemessene und abschreckende Sanktionen für den Fall des Verstoßes gegen die Richtlinie vorgesehen werden. Aber die individualrechtliche Sanktion des Nachteilsausgleichs (§ 113 Abs. 3 BetrVG) und die Bußgeldsanktion des § 121 BetrVG dürften als hinreichende Sanktionen im Sinne der RL ausreichen. Da beide Sanktionen gleichzeitig ein Druckmittel gegenüber dem ArbGeb zur Einhaltung des in §§ 111, 112 BetrVG vorgesehenen Verfahrens sind, dienen sie mittelbar auch der Durchsetzung des Unterrichtungs- und Beratungsrechts des BR, das im Fall grober bevorstehender Verstöße des ArbG zudem im Verfahren nach § 23 Abs. 3 BetrVG verfolgt werden kann. Deshalb spricht viel dafür, dass auch aus der RL 2002/14/EG kein allgemeiner Unterlassungsanspruch in wirtschaftlichen Angelegenheiten abzuleiten ist[5].

113 Das **BAG** hatte zwar bisher keine Gelegenheit zur Klärung dieses Meinungsstreits. Aber verschiedene Senate haben im Rahmen anderer Verfahren Andeutungen gemacht, die als Ablehnung eines allgemeinen Unterlassungsanspruchs bei Betriebsänderungen verstanden werden können. Der 7. Senat hat im Jahr 1991 entschieden, dass ein Interessenausgleich keinen Anspruch des BR auf Einhaltung, sondern lediglich eine Naturalobligation des ArbGeb erzeugt[6]. Der 1. Senat hat im Jahr 2005 dem BR einen Unterlassungsanspruch gegenüber der Verwendung eines Punktesystems, das der ArbGeb entgegen § 95 Abs. 1 BetrVG einseitig aufgestellt hat, zugesprochen. Im vorliegenden Zusammenhang wichtig ist die Begründung: Dem BR stehe zur Durchsetzung seines Mitbestimmungsrechts keine andere Möglichkeit als der Unterlassungsanspruch zur Verfügung, weil dem ArbGeb bei einer Verletzung des § 95 BetrVG „anders als etwa im Falle des § 102 BetrVG (vgl. § 102 Abs. 1 Satz 3 BetrVG) oder des § 111 BetrVG (vgl. § 113 Abs. 3 BetrVG) keine

---

1 BGBl. I S. 1476.
2 Wie hier etwa ArbG Schwerin v. 13.2.1998 – 1 BVGa 2/98, NZA-RR 1998, 448 (450); *Schaub*, EWiR 1997, 369 (370); aM *Dütz*, AuR 1998, 181 (187 f.); *Woeller*, AiB 1997, 317 (319); *Zwanziger*, BB 1998, 477 (480).
3 S. aus jüngerer Zeit nur *Walker*, FA 2008, 290 (291 ff.).
4 So LAG Hamm v. 30.7.2007 – 10 TaBVGa 17/07, Rz. 28 f.; LAG Hamm v. 30.4.2008 – 13 TaBVGa, Rz. 28 f.; LAG Hessen v. 27.6.2007 – 4 TaBVGa 137/07 Rz. 35, AuR 2008, 267 (268); LAG Schl.-Holst. v. 15.12.2010 – 3 TaBVGa 12/10, DB 2011, 714; LAG Schl.-Holst. v. 20.7.2007 – 3 TaBVGa 1/07, Rz. 45, NZA-RR 2008, 244 (246); Richardi/Annuß, BetrVG, § 111 Rz. 168; *Kohte/Ritschel*, jurisPR-ArbR 49/2007 Anm. 1; *Kohte/Schulze-Doll*, jurisPR-ArbR 14/2006 Anm. 3.
5 Wie hier etwa LAG Nürnberg v. 9.3.2009 – 6 TaBVGa 2/09 Rz. 33 f.; LAG Rh.-Pf. v. 24.11.2004 – 9 TaBV 29/04; *Giesen*, RdA 2000, 298 (302 f.) (noch zum Entwurf der Richtlinie); *Lipinski/Reinhardt*, NZA 2009, 1184 (1187 ff.); *Lobinger*, FS Richardi, 2007, S. 657 (660), der aber meint, der BR könne als Standschafter einen ArbN zustehenden Unterlassungsanspruch geltend machen (zweifelhaft); *Walker*, FA 2008, 290 (292 f.).
6 BAG v. 28.8.1991 – 7 ABR 72/90, NZA 1992, 41.

Sanktionen" drohten[1]. Das legt den Umkehrschluss nahe, dass gegenüber einem Verstoß gegen § 111 BetrVG kein Unterlassungsanspruch besteht[2].

dd) Missbrauch von Mitbestimmungsrechten

Fraglich ist, ob sich der ArbGeb im Wege des einstweiligen Rechtsschutzes dagegen wehren kann, dass der BR eine nach dem BetrVG erforderliche Zustimmung missbräuchlich verzögert, verweigert oder mit Kompensationsforderungen verbindet[3]. Wegen der Unzulässigkeit von Feststellungsverfügungen käme allenfalls eine auf Zustimmungsersetzung gerichtete Befriedigungsverfügung in Betracht. Gegen eine solche Möglichkeit sprechen aber die gesetzlichen Sonderregeln für die Fälle, in denen es nicht zu der notwendigen Einigung zwischen ArbGeb und BR kommt (§ 87 Abs. 2, §§ 100, 103 BetrVG)[4]. Solange sich keine allgemeine Rechtsüberzeugung bildet, dass der ArbGeb auch an sich mitbestimmungspflichtige Maßnahmen unter bestimmten Dringlichkeitsvoraussetzungen und bei missbräuchlicher Verweigerung des BR allein vornehmen darf[5], sollten die Betriebspartner sich auf den Abschluss von Rahmen-Betriebsvereinbarungen verständigen, in denen das Verfahren in näher zu definierenden Eilfällen festgelegt wird.

114

8. Grenzüberschreitende vorläufige Kontenpfändung

Soweit es um die grenzüberschreitende Vollstreckung von Geldforderungen geht, gibt es auch bei der Vollstreckung im arbeitsgerichtlichen Beschlussverfahren über den Verweis in § 85 Abs. 2 Satz 2 seit dem 18.1.2017 die Möglichkeit der vorläufigen Kontenpfändung nach der EuKoPfVO. Deren Durchführung ist durch Gesetz v. 21.11.2016 in §§ 946 bis 959 ZPO geregelt worden[6]. Siehe dazu § 62 Rz. 174 ff. Die Relevanz dieser dem Arrestverfahren entsprechenden Möglichkeit, die grenzüberschreitende Zwangsvollstreckung wegen einer Geldforderung zu sichern, ist im arbeitsgerichtlichen Beschlussverfahren allerdings gering.

115

§ 86 (weggefallen)

Zweiter Unterabschnitt. Zweiter Rechtszug

§ 87 Grundsatz

(1) Gegen die das Verfahren beendenden Beschlüsse der Arbeitsgerichte findet die Beschwerde an das Landesarbeitsgericht statt.

(2) Für das Beschwerdeverfahren gelten die für das Berufungsverfahren maßgebenden Vorschriften über die Einlegung der Berufung und ihre Begründung, über Prozessfähigkeit, Ladungen, Termine und Fristen, Ablehnung und Ausschließung von Gerichtspersonen, Zustellungen, persönliches Erscheinen der Parteien, Öffentlichkeit, Befugnisse des Vorsitzenden und der ehrenamtlichen Richter, Güterichter, Mediation und außergerichtliche Konfliktbeilegung, Vorbereitung der streitigen Verhandlung, Verhandlung vor der Kammer, Beweisaufnahme, gütliche Erledigung des Rechtsstreits, Wiedereinsetzung in den vorigen Stand und Wiederaufnahme des Verfahrens sowie die Vorschriften des § 85 über die Zwangsvollstreckung entsprechend. Für die Vertretung der Beteiligten gilt § 11 Abs. 1 bis 3 und 5 entsprechend. Der Antrag kann jederzeit mit Zustimmung der anderen Be-

---

1 BAG v. 26.7.2005 – 1 ABR 29/04, NZA 2005, 1372.
2 So auch *Jacobs/Bürger*, SAE 2006, 256 (259); *Lipinski/Reinhardt*, NZA 2009, 1184 (1187 ff.); *Walker*, FA 2008, 290 (291).
3 Dazu *Genz*, NZA 2004, 1011; *Konzen*, FS Zöllner, 1998, S. 799 (825 ff.); *Schwonberg*, Die einstweilige Verfügung des ArbGebs in Mitbestimmungsangelegenheiten im Rechtsschutzsystem der Betriebsverfassung, 1997, 73 ff., 247; *Walker*, ZfA 2005, 45 (74 ff.); *Worzalla*, BB 2005, 1737.
4 *Walker*, ZfA 2005, 45 (74 f.).
5 Vgl. aber ArbG Herne v. 5.6.2003 – 4 BVGa 10/03, NZA-RR 2003, 575, wonach trotz Alleinentscheidung des ArbGeb der BR keinen Verfügungsgrund für eine Unterlassungsverfügung hat, wenn er jegliche Verhandlungen mit dem ArbGeb über die mitbestimmungspflichtige Maßnahme verweigert hat.
6 BGBl. I S. 2591. Zur Begründung BT-Drs. 18/7560v. 17.2.2016.

teiligten zurückgenommen werden; § 81 Abs. 2 Satz 2 und 3 und Absatz 3 ist entsprechend anzuwenden.

(3) In erster Instanz zu Recht zurückgewiesenes Vorbringen bleibt ausgeschlossen. Neues Vorbringen, das im ersten Rechtszug entgegen einer hierfür nach § 83 Abs. 1a gesetzten Frist nicht vorgebracht wurde, kann zurückgewiesen werden, wenn seine Zulassung nach der freien Überzeugung des Landesarbeitsgerichts die Erledigung des Beschlussverfahrens verzögern würde und der Beteiligte die Verzögerung nicht genügend entschuldigt. Soweit neues Vorbringen nach Satz 2 zulässig ist, muss es der Beschwerdeführer in der Beschwerdebegründung, der Beschwerdegegner in der Beschwerdebeantwortung vortragen. Wird es später vorgebracht, kann es zurückgewiesen werden, wenn die Möglichkeit es vorzutragen vor der Beschwerdebegründung oder der Beschwerdebeantwortung entstanden ist und das verspätete Vorbringen nach der freien Überzeugung des Landesarbeitsgerichts die Erledigung des Rechtsstreits verzögern würde und auf dem Verschulden des Beteiligten beruht.

(4) Die Einlegung der Beschwerde hat aufschiebende Wirkung; § 85 Abs. 1 Satz 2 bleibt unberührt.

I. Überblick 1	cc) Anschlussbeschwerde 47
II. Die Beschwerde im Beschlussverfahren (Abs. 1)	2. Die entsprechende Geltung der Vorschriften über die Zwangsvollstreckung (§ 87 Abs. 2 Satz 1, 2. Teil) 48
1. Statthaftigkeit/zulässiger Beschwerdegegenstand 3	3. Die Vertretung der Beteiligten 52
2. Zulässigkeit der Beschwerde an das LAG; Beschwer und Beschwerdebefugnis 9	4. Die Antragsrücknahme (§ 87 Abs. 2 Satz 3, Halbs. 1) 54
a) Beschwer 10	5. Die Antragsänderung (§ 87 Abs. 2 Satz 3, Halbs. 2) 62
b) Beschwerdebefugnis 16	
III. Die für das Beschwerdeverfahren geltenden Vorschriften (Abs. 2)	IV. Zurückweisung verspäteten Vorbringens; Präklusion (Abs. 3) 73
1. Die entsprechende Geltung der für das Berufungsverfahren maßgebenden Vorschriften (§ 87 Abs. 2 Satz 1, 1. Teil) 24	V. Die Wirkungen der Beschwerde (Abs. 4)
a) Allgemeines 24	1. Der Devolutiveffekt 80
b) Einzelheiten 28	2. Der Suspensiveffekt 81
aa) Frist zur Einlegung und zur Begründung der Beschwerde 28	3. Einzelfragen zur aufschiebenden Wirkung der Beschwerde 83
bb) Weitere Einzelfragen 32	4. Die vorläufige Vollstreckbarkeit (§ 87 Abs. 4, Halbs. 2) 87

Schrifttum: *Büge*, Rechtsprechung des 6. Senats des Bundesverwaltungsgerichts zum Personalvertretungsrecht, DVBl. 2013, 1238; *Burkholz*, Rechtsprechung zum Personalvertretungsrecht 2015, PersR 2016, Nr. 6, 37; *Conze*, Zur aktuellen Rechtsprechung des BVerwG zum Personalvertretungsrecht, öAT 2017, 23; *Deinert/Kittner*, Die arbeitsrechtliche Bilanz der schwarz-gelben Koalition 2009–2013, RdA 2013, 257; *Düwell*, Mediation endlich gesetzlich geregelt, BB 2012, 1921; *Francken*, Das Gesetz zur Förderung der Mediation und das arbeitsgerichtliche Verfahren, NZA 2012, 836; *Francken/Natter/Rieker*, Die Novellierung des Arbeitsgerichtsgesetzes und des § 5 KSchG durch das SGGArbGG-Änderungsgesetz, NZA 2008, 377; *Holthaus/Koch*, Auswirkungen der Reform des Zivilprozessrechts auf arbeitsgerichtliche Verfahren, RdA 2002, 140; *Linsenmaier*, Non volenti fit iniuria – Beschlussverfahren ohne Betriebsratsbeschluss, Arbeitsrecht im sozialen Dialog, in FS Wißmann, 2005, S. 278; *Rudolf*, Zur vorläufigen Vollstreckbarkeit von Beschlüssen des Arbeitsgerichts, NZA 1988, 420; *Schaub*, Das personalvertretungsrechtliche Beschlussverfahren, ZTR 2001, 97; *Schwab*, Die Fünf-Monatsfrist im arbeitsgerichtlichen Berufungsverfahren, FA 2003, 258; *Vogelgesang*, Die höchstrichterliche Rechtsprechung zum Personalvertretungsrecht (und auch Betriebsverfassungsrecht) im Jahr 2013/2014, ZTR 2014, 454; *ders.*, Die höchstrichterliche Rechtsprechung zum Personalvertretungs- und parallel Betriebsverfassungsrecht 2015/2016, ZTR 2017, 272; *Zwanziger*, Das Arbeitsrecht der Insolvenzordnung, 4. Aufl. 2010.

I. Überblick

1   Das ArbGG regelt unterschiedliche Arten von „Beschwerden", die sachlich voneinander zu unterscheiden sind. Die hier darzustellende Beschwerde gem. § 87 Abs. 1 – im Anschluss an *Dersch/Volkmar*[1] auch „**Beschlussbeschwerde**" genannt – ist das statthafte **Rechtsmittel** „gegen die das Verfahren beendenden Beschlüsse der Arbeitsgerichte". Die Beschwerde nach den §§ 87–91 tritt im arbeitsgerichtlichen **Beschluss-**

---

[1] *Dersch/Volkmar*, § 87 ArbGG Rz. 1.

verfahren (§ 2a, §§ 80 ff.) an die Stelle der Berufung im Urteilsverfahren (§§ 64 ff.). Gegen andere, nicht instanzbeendende und damit **verfahrensleitende Beschlüsse und Verfügungen des ArbG oder des/der Vorsitzenden**[1], soweit sie anfechtbar sind, findet demgegenüber gem. § 83 Abs. 5 die sog. Verfahrensbeschwerde[2] statt. Diese richtet sich nach § 78 Satz 1 bzw. nach näherer Maßgabe spezialgesetzlicher Bestimmungen, so dass im Ergebnis die Beschwerde nach der ZPO stattfindet (**Sofortige Beschwerde** gem. §§ 567 ff. ZPO und ggfls. anschließend die **Rechtsbeschwerde** nach § 574 ZPO). Gegen Beschlüsse des ArbG zur Festsetzung des Gegenstandswerts der anwaltlichen Vergütung ist gem. § 33 Abs. 3 RVG die befristete Beschwerde statthaft. Gegen den Beschluss, durch den der Wert für die Gerichtsgebühren festgesetzt worden ist (§ 63 Abs. 2 GKG), findet die (einfache) Beschwerde nach § 68 GKG statt.

In **personalvertretungsrechtlichen** Beschlussverfahren[3] entscheiden die Gerichte der Verwaltungsgerichtsbarkeit in entsprechender Anwendung der Vorschriften des ArbGG (vgl. dazu die § 106 und § 83 Abs. 2 BPersVG bzw. die entsprechenden Vorschriften der Länder sowie bei § 80 Rz. 15, Rz. 17 f. und § 92 Rz. 2[4]). Für derartige Beschlussverfahren in Personalvertretungsangelegenheiten gelten die folgenden Erläuterungen entsprechend.

II. Die Beschwerde im Beschlussverfahren (Abs. 1)

1. Statthaftigkeit/zulässiger Beschwerdegegenstand

Gegenstand der sog. Beschlussbeschwerde sind, soweit sie vom Beschwerdeführer angegriffen werden, alle das **Verfahren ganz oder teilweise beendenden** Beschlüsse des ArbG. **Beschwerdefähig** sind somit **unabhängig von der Höhe des Streitwertes** alle arbeitsgerichtlichen Beschlüsse gem. § 84 Sätze 1-2, also auch sog. **Teilbeschlüsse**, im Beschlussverfahren, was sich auch aus § 8 Abs. 4 ergibt. **Zwischenbeschlüsse** gem. § 303 ZPO, die im Beschlussverfahren selten sein dürften, sind nicht anfechtbar[5]. Demgegenüber sich Zwischenbeschlüsse über den Grund gem. § 304 ZPO anfechtbar, denn § 61 Abs. 3 gilt hier nicht[6]. Beschlüsse des ArbG über den nach § 4a Abs. 2 Satz 2 TVG im Betrieb anwendbaren Tarifvertrag unterliegen ebenfalls der Beschwerde (§ 99 Abs. 2). Auch die Beschlüsse des ArbG im Rahmen des **Einigungsstelleneinsetzungsverfahrens** nach § 100 sind mit der Beschwerde anfechtbar. Damit die Beschlüsse des ArbG ihre (Instanz-)beendende Wirkung haben, müssen sie öffentlich verkündet oder zugestellt sein. Ist noch kein Beschluss gem. § 84 verkündet worden, kommt die zulässige Einlegung einer Beschwerde gem. § 87 Abs. 1 nicht in Betracht. Auch durch die spätere Verkündung oder Zustellung eines verfahrensbeendenden Beschlusses gem. § 84 wird die zuvor bereits eingelegte Beschwerde wohl nicht nachträglich zulässig[7]. Möglich bleibt dagegen die erneute Einlegung der Beschwerde. Der verfahrensleitende Beschluss des ArbG darüber, wer im konkreten Rechtsstreit als Beteiligter iSd. § 83 Abs. 3 anzusehen ist und wem demzufolge rechtliches Gehör zu gewähren ist, ist nicht beschwerdefähig, auch nicht iSv. § 78 Satz 1[8].

Grundsätzlich umstritten ist die Statthaftigkeit der Beschwerde gegen (Teil-)**Einstellungsbeschlüsse** des Vorsitzenden gem. § 81 Abs. 2 Satz 2 und § 83a Abs. 2 Satz 1 (nach Antragsrücknahme und nach Erledigungserklärung durch die Beteiligten). Nach Ansicht von *Greiner*[9] sind derartige Beschlüsse nicht mit der Beschlussbeschwerde nach § 87, sondern mit der (ZPO-)Verfahrensbeschwerde (§§ 567 ff. ZPO) gem. § 78 Satz 1 iVm. § 83 Abs. 5 anzufechten[10] (s. dazu auch § 81 Rz. 110 und die dort zitierte Rspr.). Diese Ansicht begegnet Bedenken, weil ein (Teil-)Einstellungsbeschluss nicht lediglich verfahrensleitende oder nur deklaratorische Bedeutung hat. Aus den § 81 Abs. 2, § 83a Abs. 2, § 89 Abs. 4 und § 94 Abs. 3 ergibt sich vielmehr für das Beschlussverfahren, dass Antragsrücknahme, Rechtsmittelrücknahme und selbst die überein-

---

1 Siehe zur Abgrenzung: BAG v. 23.1.2008 – 1 ABR 64/06, NZA 2008, 841.
2 HWK/*Bepler*/*Treber*, § 83 ArbGG Rz. 40.
3 S. dazu *Schaub*, ZTR 2001, 97 (99 ff., 101).
4 Exemplarisch über die Rspr. des BVerwG zum Personalvertretungsrecht seit dem Jahre 2013 berichten *Vogelgesang*, ZTR 2014, 454 und ZTR 2017, 272 sowie *Burkholz*, PersR 2016, Nr 6, 37 und *Conze*, öAT 2017, 23.
5 Thomas/Putzo/*Reichold*, § 303 ZPO Rn. 7.
6 GMP/*Matthes*/*Schlewing*, § 87 Rz. 3; GWBG/*Greiner*, § 87 Rz. 2; Düwell/Lipke/*Oesterle*, § 87 Rz. 6; GK-ArbGG/*Ahrendt*, § 87 Rz. 6; aA BeckOKArbR/*Roloff*, § 87 Rn. 2 unter Hinweis auf den arbeitsgerichtlichen Beschleunigungsgrundsatz.
7 Vgl. GMP/*Germelmann*, § 66 Rz. 14; beachte auch Zöller/*Heßler*, § 517 ZPO Rz. 2; s. zur Frage der Rechtsmitteleinlegung vor Entscheidungszustellung bei Rz. 29 sowie BAG v. 28.2.2008 – 3 AZB 56/07, NZA 2008, 660.
8 LAG Nürnberg v. 4.1.2007 – 6 Ta 206/06, NZA-RR 2007, 214; LAG Hessen v. 13.2.2012 – 4 Ta 52/12.
9 GWBG/*Greiner*, § 87 Rz. 3.
10 Das LAG Nürnberg v. 2.4.2003 – 6 TaBV 2/03 neigt sogar zu der Ansicht, dass der Einstellungsbeschluss überhaupt nicht mit Rechtsmitteln anfechtbar sei; zulässig sei jedoch die Selbstkorrektur, also die Abänderung der eigenen Entscheidung durch das Ausgangsgericht selbst.

stimmende Erledigungserklärung der Beteiligten gerade nicht unmittelbar zur Beendigung des Verfahrens führen. Hinzutreten muss vielmehr der förmliche Einstellungsbeschluss des Vorsitzenden. Erst dieser Einstellungsbeschluss beendet das Verfahren. Damit handelt es sich bei dem Einstellungsbeschluss um einen „das Verfahren beendenden Beschluss" iSd. § 87 Abs. 1. Statthaft ist deswegen die Beschlussbeschwerde nach § 87[1], nicht dagegen die Verfahrensbeschwerde nach § 83 Abs. 5 iVm. § 78 Satz 1. In der gerichtlichen Praxis werden (Teil-)**Einstellungsbeschlüsse** allerdings nur ganz selten angegriffen, zumal sie ohnehin kaum mit einer Rechtsmittelbelehrung versehen werden.

5 Um keinen „das Verfahren beendenden Beschluss" handelt es sich bei Entscheidungen, die das ArbG hinsichtlich der Zulässigkeit des **Rechtsweges** oder der **Verfahrensart** sowie hinsichtlich der **örtlichen Zuständigkeit** trifft (vgl. § 48 Abs. 1, § 80 Abs. 3, § 78 Satz 1 und § 83 Abs. 5; § 17a GVG). Hinsichtlich derartiger Beschlüsse kommt – soweit nicht ohnehin kraft Gesetzes Unanfechtbarkeit gegeben ist – lediglich die **sofortige Beschwerde** gem. §§ 567 ff. ZPO (iVm. § 17a Abs. 4 Satz 3 GVG) in Betracht (s. dazu näher die Erläuterungen zu den § 2a Rz. 122 und § 48 Rz. 57 ff.).

6 Genau zu differenzieren ist auch bei der Statthaftigkeit der Beschlussbeschwerde in den Fällen des **einstweiligen Rechtsschutzes** gem. § 85 Abs. 2 Satz 1. Wenn das ArbG **ohne mündliche Anhörung** der Beteiligten den **Antrag auf Erlass einer einstweiligen Verfügung zurückweist**[2], wird zwar durch eine derartige Entscheidung an sich – dh. soweit es um einstweiligen Rechtsschutz geht – das erstinstanzliche Verfahren „beendet". Gleichwohl ist in einem derartigen Fall nicht die Beschlussbeschwerde gem. § 87 Abs. 1 gegeben, sondern die **sofortige Beschwerde** als Verfahrensbeschwerde gem. § 567 Abs. 1 Nr. 2 ZPO (s. § 85 Rz. 75). Insoweit sind die vorrangigen Vorschriften der ZPO zu beachten, auf die nach näherer Maßgabe des § 85 Abs. 2 Satz 2 verwiesen wird. Wurde hingegen der **stattgebende Beschluss im einstweiligen Verfügungsverfahren ohne mündliche Anhörung erlassen**, ist die Beschlussbeschwerde gem. § 87 Abs. 1 ebenfalls nicht statthaft, sondern der **Widerspruch** gem.§§ 924, 936 ZPO (s. § 85 Rz. 75)[3]. Der Widerspruch führt zur Anberaumung eines Termins zur mündlichen Anhörung gem. § 925 ZPO und § 83 Abs. 4. Erst der dann vom ArbG erlassene Beschluss eröffnet die Beschwerde gem. § 87 Abs. 1. Demgegenüber ist die Beschwerde gegen – stattgebende oder zurückweisende – Beschlüsse **im einstweiligen Verfügungsverfahren**, die das ArbG **nach mündlicher Anhörung erlassen hat, statthaft**.

7 Ausnahmen von der Statthaftigkeit der Beschwerde enthalten weiter die § 122 Abs. 2, Abs. 3 Satz 1 InsO (Gerichtliche Zustimmung zur Durchführung einer Betriebsänderung) und § 126 Abs. 2 Satz 2 InsO (Feststellungsantrag des Insolvenzverwalters, dass die Kündigung der Arbeitsverhältnisse durch dringende betriebliche Erfordernisse bedingt und sozial gerechtfertigt ist) für die Beschlüsse des ArbG, die in den **besonderen und beschleunigten Beschlussverfahren der Insolvenzordnung** erlassen werden[4]. Trotz der Instanzbeendigung findet gegen diese erstinstanzlichen Beschlüsse nicht die Beschwerde gem. § 87 Abs. 1 zum LAG, sondern (nur) die Rechtsbeschwerde zum BAG statt, sofern sie in dem Beschluss des ArbG zugelassen worden ist. Eine Beschwerdemöglichkeit gegen die Nichtzulassung ist nicht gegeben. Eine Besonderheit kann auch im Fall einer zugelassenen **Sprungrechtsbeschwerde** gelten (§ 76 Abs. 5 iVm. § 96a Abs. 2).

8 Schließlich steht eine **unterbliebene** oder **fehlerhafte Rechtmittelbelehrung** der Statthaftigkeit der Beschwerde nicht entgegen. Entscheidend für die Statthaftigkeit der Beschwerde ist, soweit nicht der sog. Grundsatz der Meistbegünstigung eingreift, ob es sich bei der Entscheidung um einen verfahrensbeendenden Beschluss iSv. § 84 Sätze 1-2 handelt. Sofern ein solcher Beschluss nicht vorliegt und die Beschwerde iSv. § 87 Abs. 1 nicht das gesetzlich vorgesehene Rechtsmittel ist, wird dieses nicht dadurch statthaft, dass die Vorinstanz das Rechtsmittel zulässt oder hierüber unzutreffend belehrt[5].

2. Zulässigkeit der Beschwerde an das LAG; Beschwer und Beschwerdebefugnis

9 „Findet statt" iSd. § 87 Abs. 1 besagt lediglich, dass die Beschwerde überhaupt nur gegen die dort genannten Beschlüsse statthaft sein kann. Über diese „Statthaftigkeit" der Beschwerde an das LAG (siehe oben)

---

1 GMP/*Matthes/Schlewing*, § 87 Rz. 5; ErfK/*Koch*, § 87 ArbGG Rz. 1; HWK/*Bepler/Treber*, § 87 ArbGG Rz. 2; GK-ArbGG/*Ahrendt*, § 87 Rz. 6; BeckOK ArbR/*Roloff*, § 87 Rn. 3; LAG Rh.-Pf. v. 25.6.1982 – 6 TaBV 10/82, EzA Nr. 1 zu § 92 ArbGG; vgl. auch BAG v. 17.11.2010 – 1 ABR 120/09, NZA-RR 2011, 415 (419); aA BVerwG v. 8.3.2010 – 6 PB 47/09, NZA-RR 2010, 323; LAG Hamm v. 21.9.1999 – 13 TaBV 53/99, NZA-RR 2000, 660; LAG Hamm v. 26.5.1989 – 8 TaBV 34/89, DB 1989, 1578; LAG Hessen v. 24.1.1984 – 4 TaBV 82/83, NZA 1984, 269; LAG Hamburg v. 27.8.1990 – 5 TaBV 3/90; *Molkenbur*, DB 1992, 425 (429).
2 Wurde dagegen nach mündlicher Anhörung entschieden, ist die Beschlussbeschwerde gem. § 87 Abs. 1 statthaft.
3 LAG Hessen v. 30.4.1992 – 12 TaBVGa 38/92, NZA 1993, 816.
4 S. zu diesen Verfahren näher bei *Zwanziger*, Das Arbeitsrecht der Insolvenzordnung, S. 213 ff. und S. 299 ff.
5 Vgl. BAG v. 19.6.2012 – 1 ABR 35/11, NZA 2012, 1179; BAG v. 15.9.2005 – 3 AZB 48/05, NZA-RR 2006, 211.

hinaus setzt deren Zulässigkeit im Übrigen voraus, dass die **allgemeinen und besonderen Zulässigkeitsvoraussetzungen** der Beschwerde erfüllt sind (s. dazu auch die Erläuterungen zu § 89 Rz. 23 ff.).

a) Beschwer

Zu diesen weiteren Zulässigkeitsvoraussetzungen gehört insbesondere, dass der Beschwerdeführer durch den angefochtenen Beschluss des ArbG **beschwert** ist[1]. Bei der Beschwer geht es darum, ob das Rechtsmittel mangels Rechtsschutzbedürfnisses im Einzelfall unzulässig ist, nicht um die Frage, ob grds. ein Rechtsmittel gegeben ist[2]. Die Beschwer muss im Zeitpunkt der Einlegung des Rechtsmittels vorliegen und darf nicht vor der Entscheidung über das Rechtsmittel entfallen[3]. Es kommt hierbei nicht auf die Höhe der Beschwer an, dh. es gibt – anders als bspw. bei § 64 Abs. 2 Buchst. a. – **keinen Mindestbeschwerdewert**[4]. Der **Antragsteller** eines Beschlussverfahrens ist dann beschwert, wenn der erstinstanzliche Beschluss des ArbG im Tenor zu seinem Nachteil von dem zuletzt gestellten (Sach-)Antrag gem. § 81 abweicht, dh. hinter dem gestellten Antrag zurückbleibt (**formelle Beschwer**)[5], wobei es unerheblich ist, ob der Antrag als unzulässig oder unbegründet zurückgewiesen wurde. Die eingelegte Beschwerde muss darauf abzielen, dass gerade diese Beschwer beseitigt wird. Die Beschwer des Antragstellers ist durch einen Vergleich der beantragten zur ergangenen Entscheidung zu ermitteln. 10

Die **Beschwer** eines **anderen Beteiligten** (als des Antragstellers) besteht, wenn er durch die angegriffene Entscheidung nach ihrem Inhalt in der **materiellen Rechtsstellung**, die seine Beteiligungsbefugnis begründet, objektiv „in irgendeiner Weise beeinträchtigt"[6] bzw. „unmittelbar betroffen" wird (**materielle Beschwer**)[7]. Da der – dem Tenor und den Entscheidungsgründen zu entnehmende – **rechtskraftfähige Inhalt** des erstinstanzlichen Beschlusses für das Vorliegen der Beschwer maßgebend ist, kann sie nicht allein der – nicht in Rechtskraft erwachsenden – Begründung entnommen werden[8]. Eine Beschwer von Beteiligten ergibt sich ferner nicht ohne weiteres bereits daraus, dass sie in dem Verfahren der 1. Instanz formell **nicht beteiligt** wurden. Dies kann zwar ihre **Beschwerdebefugnis** begründen[9], beinhaltet jedoch nicht zugleich auch die weitere Voraussetzung des Vorliegens einer materiellen Beschwer[10]. Für die Beschwer eines übrigen Beteiligten ist es ferner unerheblich, ob er erstinstanzlich einen **Antrag auf Zurückweisung** gestellt hat, da er nach § 83 Abs. 4 Satz 1 hierzu nicht verpflichtet ist. Stellt ein Beteiligter den gleichen Antrag wie der Antragsteller, so ist es eine Frage der Auslegung, ob er aus eigenem materiellen Recht eine Sachentscheidung begehrt oder das Begehren des Antragstellers lediglich unterstützen will. So ist bspw. der BR in einem Wahlanfechtungsverfahren, das eine Gewerkschaft gem. § 19 BetrVG initiiert hat und indem er den selben Sachantrag wie die Gewerkschaft gestellt, nicht beschwert, wenn erstinstanzlich dem Antrag („festzustellen, dass die Wahl unwirksam ist.") entsprochen wurde[11]. 11

Eine Beschwer kann auch in den Fällen gegeben sein kann, in denen – neben dem Antragsteller – sich die übrigen Beteiligten nach ihrem Prozessvorbringen gegen eine **Zurückweisung** des Antrages des Antragstellers **als unzulässig wehren und eine Zurückweisung als unbegründet erstreben**[12]. Die Beschwer liegt in diesem Fall darin, dass entgegen dem Abweisungsantrag das ArbG keine rechtskraftfähige Sachentscheidung getroffen hat. So können in einem Beschlussverfahren nach § 103 Abs. 2 BetrVG der BR und der beteiligte ArbN durch den Beschluss des ArbG insoweit formell nicht betroffen sein, als sie mit der Zurückweisung des Zustimmungsersetzungsantrages des ArbGeb äußerlich ihr Verfahrensziel erreicht haben; gleichwohl kann in derartigen Fällen eine Beschwer vorliegen[13]. 12

---

1 BAG v. 17.4.2012 – 1 ABR 5/11, NZA 2012, 1104.
2 Vgl. BAG v. 28.2.2008 – 3 AZB 56/07, NZA 2008, 660.
3 Vgl. BGH v. 29.6.2004 – X ZB 11/04, NJW-RR 2004, 1365; Zöller/Heßler, Vor § 511 Rz. 10a.
4 Siehe Francken/Natter/Rieker, NZA 2008, 377 (384), die de lege ferenda hier für Änderungen zur Entlastung der LAG von Bagatellverfahren plädieren.
5 BAG v. 15.8.2012 – 7 ABR 6/11, NZA-RR 2013, 161; vgl. BAG v. 13.12.2012 – 6 AZR 348/11, NZA 2013, 669; HWK/Bepler/Treber, § 87 ArbGG Rz. 6; Zöller/Heßler, Vor § 511 ZPO Rz. 13. Eine derartige „formelle Beschwer" hat in nicht unbedenklicher Weise BAG v. 19.11.1974 – 1 ABR 50/73, NJW 1975, 1244, auch für einen sonstigen Beteiligten ausreichend lassen; zu recht ablehnend insoweit GMP/Matthes/Schlewing, § 89 Rz. 8.
6 So BAG v. 29.1.1992 – 7 ABR 29/91, NZA 1993, 379; BAG v. 22.4.1997 – 1 ABR 74/96, NZA 1997, 1297.
7 So BAG v. 17.4.2012 – 1 ABR 5/11, NZA 2012, 1104; BAG v. 8.12.2009 – 1 ABR 66/08, NZA 2010, 404; HWK/Bepler/Treber, § 87 ArbGG Rz. 6.
8 BAG v. 29.1.1992 – 7 ABR 29/91, NZA 1993, 379; LAG Köln v. 7.5.1992 – 6 (13) TaBV 7/92, LAGE § 87 ArbGG 1979 Nr. 2.
9 Vgl. BAG v. 2.4.1987 – 6 ABR 29/85, NZA 1988, 217.
10 BAG v. 29.1.1992 – 7 ABR 29/91, NZA 1993, 379.
11 LAG Sa.-Anh. v. 8.10.2003 – 3 (7) TaBV 33/02.
12 BAG v. 22.10.1985 – 1 ABR 81/83, BB 1986, 1776.
13 BAG v. 18.9.1997 – 2 ABR 15/97, NZA 1998, 189; vgl. BAG v. 8.12.2009 – 1 ABR 41/09, NZA 2010, 665.

13 Eine Beschwerde kann auch dann zulässig sein, wenn **in den Gründen** der instanzbeendenden Entscheidung des ArbG dem Begehren des Beschwerdeführers zwar **entsprochen**, im Tenor hingegen ihm nicht stattgegeben worden ist[1].

14 Liegt dagegen eine versehentlich **lückenhafte** Entscheidung des ArbG vor (iSv. § 321 Abs. 1 ZPO; diese Vorschrift ist wegen § 80 Abs. 2, § 46 Abs. 2 auch im Beschlussverfahren anwendbar), muss der Antragsteller darauf gem. § 321 Abs. 2 ZPO binnen zweier Wochen mit einem Antrag auf nachträgliche Ergänzung reagieren, ansonsten entfällt die Rechtshängigkeit des übergangenen Begehrens[2]. Nur ausnahmsweise kann ein übergangener Antrag, dessen Rechtshängigkeit durch Ablauf der Frist nach § 321 Abs. 2 ZPO entfallen ist, in der zweiten Instanz wieder in den Prozess eingeführt werden[3], wenn der Rechtsstreit wegen anderer Teile des Prozessstoffs dort noch anhängig ist.

15 Bei einer Anschlussbeschwerde (s. dazu die Erl. zu § 89 Rz. 40 ff.) ist zu beachten, dass bei ihr – anders als bei der Anschlussrechtsbeschwerde – keine Beschwer verlangt wird[4].

b) Beschwerdebefugnis

16 Des Weiteren setzt eine zulässige Beschwerde die **Beschwerdebefugnis** des Beschwerdeführers voraus. Die Beschwerdebefugnis folgt der Beteiligungsbefugnis. Beschwerdebefugt ist nur, wer **zu Recht am Verfahren beteiligt oder zu Unrecht nicht am Verfahren beteiligt wurde**, aber gem. § 83 Abs. 3 am Verfahren zu beteiligen gewesen wäre[5]. Grundsätzlich können alle Beteiligten (= Antragsteller und sonstige Beteiligte) beschwerdebefugt sein, die durch die von ihnen angestrebte gerichtliche Entscheidung in ihrer betriebsverfassungsrechtlichen, personalvertretungsrechtlichen oder mitbestimmungsrechtlichen **Rechtsstellung unmittelbar betroffen** werden[6]. Wird zB dem Zustimmungsersetzungsantrag des ArbGeb gem. § 103 Abs. 2 BetrVG vom ArbG stattgegeben, so ist der betroffene ArbN (BR-Mitglied), dessen außerordentliche Kündigung beabsichtigt ist, durch den Beschluss des ArbG beschwert und kann deshalb hiergegen nach § 87 Abs. 1 Beschwerde auch dann einlegen, wenn der BR dieses Rechtsmittel nicht einlegt oder einlegen will[7]. Der **Verlust der Beteiligtenfähigkeit** führt zur Unzulässigkeit eines Rechtsmittels. Ist jedoch die **Beteiligtenfähigkeit** gerade **streitig**, so wird sie hinsichtlich der Zulässigkeit des Rechtsmittels unterstellt. Es entspricht einem allgemeinen prozessualen Grundsatz, dass eine Partei, deren Parteifähigkeit oder gar rechtliche Existenz überhaupt im Streit steht, wirksam ein Rechtsmittel mit dem Ziel einlegen kann, eine Sachentscheidung zu erlangen, bspw. wenn ein antragstellender Betriebsrat für sich in Anspruch nimmt, ein im Restmandat amtierender Betriebsrat und damit eine nach dem BetrVG beteiligte Stelle zu sein[8]. Eine **fehlerhafte** oder **irrtümliche Beteiligung am Verfahren** kann hingegen eine Beschwerdebefugnis nicht begründen[9], selbst wenn das ArbG vom Antrag des entsprechenden Beteiligten abgewichen ist oder diesen in der Rechtsmittelbelehrung auf die Statthaftigkeit der Beschwerde hingewiesen hat.

17 Mit der rechtsgeschäftlichen Übertragung eines (Teil-)Betriebes auf den **Betriebserwerber** gem. § 613a BGB kann uU das Amt des für den **gemeinsamen Betrieb** gewählten BR und damit auch dessen Beschwerdebefugnis entfallen[10]. Geht der Betrieb im Laufe eines arbeitsgerichtlichen Beschlussverfahrens auf einen neuen Inhaber über und berührt der Verfahrensgegenstand die betriebsverfassungsrechtliche Rechtsposition des ArbGeb, tritt der Betriebserwerber automatisch nicht nur in die materiell-betriebsverfassungsrechtliche, sondern auch in die prozessuale Rechtsposition des Veräußerers ein. Besonderer Prozesserklärungen der Verfahrensbeteiligten bedarf es dazu nicht[11].

---

1 Vgl. BVerwG v. 13.8.1992 – 6 P 20/91, ZTR 1993, 128; vgl. auch zur Beschwer bei einer inzidenter erfolgten Zurückweisung des Antrages: BAG v. 28.5.2002 – 1 ABR 37/01, NZA 2003, 171.
2 BAG v. 10.3.2009 – 1 ABR 93/07, NZA 2009, 622.
3 Evtl. durch Antragserweiterung: vgl. BAG v. 21.8.2012 – 3 ABR 20/10.
4 Vgl. BAG v. 14.9.2010 – 1 ABR 26/09; für die Anschlussberufung: BAG v. 29.9.1993 – 4 AZR 693/92, NZA 1994, 761; BAG v. 19.10.2011 – 7 AZR 471/10; BGH v. 17.8.2011 – I ZR 108/09, MDR 2011, 1311.
5 BAG v. 8.11.2011 – 1 ABR 42/10, DB 2012, 1213; BAG v. 22.5.2012 – 1 ABR 7/11, NZA-RR 2013, 78.
6 HWK/*Bepler/Treber*, § 87 ArbGG Rz. 5; GMP/*Matthes/Schlewing*, § 89 Rz. 3.
7 BAG v. 10.12.1992 – 2 ABR 32/92, NZA 1993, 501.
8 BAG v. 27.5.2015 – 7 ABR 20/13, AP Nr. 15 zu § 3 BetrVG 1972.
9 BAG v. 22.5.2012 – 1 ABR 7/11, NZA-RR 2013, 78; BAG v. 8.11.2011 – 1 ABR 42/10, DB 2012, 1213; BAG v. 13.3.1984 – 1 ABR 49/82, NZA 1984, 172.
10 LAG Berlin v. 3.1.1996 – 9 TaBV 8/95, NZA-RR 1996, 456; beachte aber die §§ 21a und 21b BetrVG zum Übergangs- und Restmandat des BR sowie LAG Saarland v. 19.11.2008 – 2 TaBV 2/08; mit der Beschwerdebefugnis des Mitinhabers eines **Gemeinschaftsbetriebs** befasst sich BAG v. 14.9.2010 – 1 ABR 32/09, NZA 2011, 364.
11 BAG v. 28.4.2009 – 1 ABR 97/07, NZA 2009, 1102; BAG v. 9.12.2008 – 1 ABR 75/07, NZA 2009, 254; vgl. LAG Nürnberg v. 4.1.2007 – 6 Ta 206/06, NZA-RR 2007, 214.

Geht im Laufe eines Beschlussverfahrens die Zuständigkeit für die Wahrnehmung des im Verfahren umstrittenen Mitbestimmungsrechts auf ein anderes betriebsverfassungsrechtliches Organ – zB vom BR auf den GBR – über, so wird dieses Organ Beteiligter des anhängigen Beschlussverfahrens; so kann die Beschwerdebefugnis des BR auf einen neu gebildeten GBR übergehen[1]. Endet aufgrund einer Neuwahl das Amt eines BR, wird nach dem Prinzip der Funktionsnachfolge und dem Grundgedanken der Kontinuität betriebsverfassungsrechtlicher Interessenvertretungen der neu gewählte BR – unabhängig von der jeweiligen personellen Zusammensetzung – **Funktionsnachfolger**[2] seines Vorgängers und tritt in dessen Beteiligtenstellung in einem arbeitsgerichtlichen Beschlussverfahren ein. Eine Funktionsnachfolge findet grds. statt bei einem unveränderten Betriebszuschnitt, beim Übergang von den gesetzlichen zu gekürten Betriebsverfassungsstrukturen, bei der Änderung eines Tarifvertrags nach § 3 Abs. 1 Nr. 1 bis Nr. 3 BetrVG sowie bei der Rückkehr zu den gesetzlichen Betriebsverfassungsstrukturen. Der neu gewählte Betriebsrat wird Funktionsnachfolger hinsichtlich der von ihm nunmehr repräsentierten Einheit. Er nimmt als „neuer Rechtsinhaber" auch ohne entsprechende Prozesserklärungen der Verfahrensbeteiligten automatisch die verfahrensrechtliche Stellung des bisherigen Betriebsrats ein[3]. Der neue BR ist dann beschwerdebefugt[4]. 18

Werden in einem Beschlussverfahren im Wege subjektiver und/oder objektiver **Antragshäufung** mehrere Anträge gestellt, so ist hinsichtlich eines jeden Antrages bzw. eines jeden Beteiligten das Vorliegen von Beschwer und Beschwerdebefugnis des jeweiligen Beteiligten getrennt zu prüfen. Sind Personen oder Stellen iSd. § 83 Abs. 3 nur hinsichtlich eines von mehreren Anträgen/Verfahrensgegenständen beteiligt, so kann sich auch nur insoweit für sie eine Beschwer und Beschwerdebefugnis ergeben[5]. 19

Das materielle Recht kann sich auf das Rechtsschutzinteresse[6], uU aber auch auf die Beschwerdebefugnis auswirken, etwa in den Fällen (vgl. Wahlanfechtung gem. § 19 Abs. 2 Satz 1 BetrVG), in denen das Gesetz eine bestimmte **Mindestzahl** von Antragstellern verlangt: 20

– So kann eine im Betrieb vertretene Gewerkschaft nach Ablauf der Ausschlussfrist des § 19 Abs. 2 BetrVG einem Wahlanfechtungsverfahren nicht als Antragsteller beitreten und nach Ausscheiden eines von drei antragstellenden ArbN das Beschlussverfahren fortsetzen[7]. Hier war die Anfechtung der Betriebsratswahl unzulässig. Im Falle eines zurückweisenden Beschlusses des ArbG ist die Beschwerde der verbleibenden zwei antragstellenden ArbN als unzulässig zu verwerfen[8]. 21

– Haben drei wahlberechtigte ArbN die Wahl des BR oder der ArbN-Vertreter im Aufsichtsrat angefochten und fällt einer dieser ArbN während des Wahlanfechtungsverfahrens fort, so kann an seine Stelle zwar kein anderer, bislang unbeteiligter ArbN des Betriebs die Anfechtung weiter betreiben[9]. Allerdings besteht die Möglichkeit, dass ein weiterer bereits beteiligter ArbN sich der Beschwerde anschließt, um das Mindestquorum wieder zu erreichen. 22

In einem Wahlanfechtungsverfahren ist der BR beschwerdebefugt, soweit das ArbG einen von ihm gestellten Antrag abgewiesen oder die BR-Wahl für nichtig oder unwirksam erklärt hat[10]. 23

---

1 BAG v. 18.10.1988 – 1 ABR 31/87, NZA 1989, 396.
2 S. näher zum Begriff der Funktionsnachfolge BAG v. 24.8.2011 – 7 ABR 8/10, NZA 2012, 223.
3 BAG v. 13.5.2014 – 1 ABR 9/12, NZA-RR 2015, 23 f.; BAG v. 13.2.2013 – 7 ABR 36/11, Rn. 16, NZA-RR 2013, 521.
4 Nach BAG v. 13.2.2013 – 7 ABR 36/11, NZA-RR 2013, 521, gilt dies auch, wenn während eines laufenden Beschlussverfahrens an Stelle des bisher nur für den Betrieb eines Unternehmens gewählten BR oder der mehreren in den Betrieben des Unternehmens gewählten BR aufgrund der rechtlichen Beurteilung des Wahlvorstands ein BR für einen (tatsächlichen oder vermeintlichen) gemeinsamen Betrieb mehrerer Unternehmen gewählt wird.
5 BAG v. 31.1.1989 – 1 ABR 60/87, NZA 1989, 606.
6 Vgl. BAG v. 15.2.1989 – 7 ABR 9/88, NZA 1990, 115 in teilweiser Abweichung von BAG v. 4.12.1986 – 6 ABR 48/85, NZA 1987, 166.
7 BAG v. 10.6.1983 – 6 ABR 50/82, DB 1983, 2142; die in diesem Beschluss vertretene Ansicht, die Antragsberechtigung von mindestens drei wahlberechtigten ArbN müsse während der gesamten Dauer des Beschlussverfahrens gegeben sein, wurde freilich in BAG v. 4.12.1986 – 6 ABR 48/85, NZA 1987, 166 aufgegeben; dort hat sich das BAG der Meinung des BVerwG v. 20.11.1983 – 6 P 22/83, PersV 1986, 26 angeschlossen. Vgl. zur weiteren Entwicklung der Rspr.: BAG v. 15.2.1989 – 7 ABR 9/88, NZA 1990, 115 sowie BAG v. 16.11.2005 – 7 ABR 9/05, NZA 2006, 340.
8 BAG v. 12.2.1985 – 1 ABR 11/84, BAGE 48, 96 ff. = NZA 1985, 786.
9 BAG v. 12.2.1985 – 1 ABR 11/84, NZA 1985, 786; vgl. zum Quorum bei Wahlanfechtungen und Rechtsmitteln auch die Ansicht des BVerwG v. 27.4.1983 – 6 P 17/81, BVerwGE 67, 145 sowie BVerwG v. 8.2.1982 – 6 P 43/80, BVerwGE 65, 33: Es genüge nicht, dass sich zwei weitere Antragsteller der von einem Antragsteller eingelegten Beschwerde anschließen; die Beschwerde sei unzulässig.
10 BAG v. 20.3.1996 – 7 ABR 34/95, NZA 1997, 107.

III. Die für das Beschwerdeverfahren geltenden Vorschriften (Abs. 2)

1. Die entsprechende Geltung der für das Berufungsverfahren maßgebenden Vorschriften (§ 87 Abs. 2 Satz 1, 1. Teil)

a) Allgemeines

24 § 87 Abs. 2 Satz 1 regelt das Beschwerdeverfahren so, dass für die **dort genannten** Regelungsgegenstände und Materien auf die für das **Berufungsverfahren** geltenden Vorschriften (§§ 64 ff. iVm. §§ 511 ff. ZPO) verwiesen wird. Außerdem wird die entsprechende Geltung der Vorschriften des § 85 über die Zwangsvollstreckung angeordnet. Die in § 87 Abs. 2 Satz 1 genannten Regelungsmaterien stimmen – abgesehen von der Einlegung und Begründung der Berufung sowie der Prozessvertretung und Zwangsvollstreckung – mit den in § 80 Abs. 2 aufgezählten Gegenständen überein. Deswegen wird wegen der Erläuterung der insoweit in Bezug genommenen Vorschriften auf die entsprechenden Kommentierungen bei § 80 Rz. 27 ff. sowie bei § 64 Rz. 237 ff. verwiesen. Insgesamt ist die gesetzestechnische Lösung als missglückt zu bezeichnen, da sie zu **unübersichtlichen und komplizierten Verweisungsketten** führt[1].

25 Klarzustellen ist, dass die in § 87 Abs. 2 Satz 1 in Bezug genommenen Bestimmungen nur insoweit gelten, als sich aus den Vorschriften der §§ 87–91 „**nichts anderes ergibt**". Zwar fehlt an dieser Stelle des Gesetzes – anders als in § 80 Abs. 2 – eine diesbezügliche ausdrückliche Einschränkung. Bei zutreffender Gesetzesauslegung ergibt sich diese Einschränkung jedoch auch im Rahmen des § 87 Abs. 2 Satz 1. Bei den nachfolgenden Bestimmungen der §§ 88–91 handelt es sich – wie schon bei § 87 Abs. 1, Abs. 2 Satz 2 und 3 sowie bei Abs. 3 und 4 – um **verfahrensrechtliche Sondervorschriften**, die als solche den in § 87 Abs. 2 Satz 1 in Bezug genommenen allgemeinen Bestimmungen vorgehen. Die zuletzt genannten Bestimmungen sind also nur insoweit anzuwenden, als sich aus den Besonderheiten des arbeitsgerichtlichen Beschlussverfahrens und hier insbesondere aus den §§ 88–91 nichts anderes ergibt[2].

26 § 522 Abs. 2 und 3 ZPO ist kraft ausdrücklicher gesetzlicher Anordnung (§ 89 Abs. 3 Satz 4) unanwendbar. Fraglich ist im Hinblick auf die eben bei Rz. 25 gemachte Einschränkung, ob die – mit dem Gesetz zur Reform des Zivilprozesses novellierten – §§ 513, 520 und 529 ZPO im (Beschluss-)Beschwerdeverfahren gelten[3]. Geht man davon aus, dass der Gesetzgeber mit dem ZPO-RG vom 27.7.2001 (BGBl. I S. 1887) in erster Linie eben den Zivilprozess, nicht aber das landesarbeitsgerichtliche (Beschluss-)Beschwerdeverfahren gem. den §§ 87 ff. reformieren wollte, dann deutet einiges darauf hin, dass er – abgesehen von den Änderungen in den § 83 Abs. 1a und § 87 Abs. 3 – an den im Beschlussverfahren erster und zweiter Instanz geltenden Grundsätzen gerade nicht gerüttelt hat[4]. Dafür spricht auch, dass der Gesetzgeber die mit § 70 Satz 1 aF vergleichbare Bestimmung des § 90 Abs. 3 im ZPO-RG völlig unangetastet gelassen hat[5]. Das Beschlussverfahren wird vor dem Beschwerdegericht im Rahmen der gestellten Anträge in tatsächlicher und rechtlicher Hinsicht neu verhandelt. Das LAG hat als **zweite Tatsacheninstanz** die erstinstanzliche Entscheidung nicht nur auf Rechtsfehler[6] hin zu überprüfen. Mit den sich aus § 87 Abs. 3 ergebenden Einschränkungen sind vielmehr auch die erstinstanzlichen Tatsachenfeststellungen uneingeschränkt zu kontrollieren und – soweit fehlerhaft – zu korrigieren. Eine grundsätzliche Bindung des Beschwerdegerichts an erstinstanzliche Tatsachenfeststellungen (§ 513 Abs. 1 Alt. 2 ZPO iVm. § 529 Abs. 1 Nr. 1 ZPO) scheidet aus, da auch im zweitinstanzlichen Beschlussverfahren der Untersuchungsgrundsatz des § 83 Abs. 1 iVm. § 90 Abs. 2 gilt[7]. Bezüglich der erstinstanzlichen Auslegung von Individualvereinbarungen und unbestimmten Rechtsbegriffen ist die Prüfungsbefugnis des LAG nicht in gleichem Umfang wie die des Revisions- und Rechtsbeschwerdegerichts beschränkt[8].

27 Fehlen allerdings entgegenstehende Sonderregelungen des Beschlussverfahrens, dann ist es nicht ausgeschlossen, dass im zweitinstanzlichen Beschlussverfahren auch solche Vorschriften des ArbGG und der

---

1 So auch GK-ArbGG/*Ahrendt*, § 87 Rz. 9.
2 GMP/*Matthes/Schlewing*, § 87 Rz. 10; ErfK/*Koch*, § 87 ArbGG Rz. 2. Siehe insofern die tabellarische Übersicht der anwendbaren Regelungen bei GK-ArbGG/*Ahrendt*, § 87 Rz. 11.
3 Verneinend: *Holthaus/Koch*, RdA 2002, 140 (159); beachte zur Frage der Anwendbarkeit des § 520 Abs. 3 Satz 2 Nr. 1 und Nr. 2 ZPO die Erläuterungen zu § 89 Rz. 15 und § 89 Rz. 21.
4 AA LAG Sachsen v. 16.8.2006 – 2 TaBV 11/05: Das ZPO-RG habe auch die Struktur der Beschwerde geändert.
5 Letzteres lässt sich nicht als bloßes Redaktionsversehen auffassen (so aber ErfK/*Koch*, § 90 ArbGG Rz. 1).
6 ISv. § 546 ZPO iVm. § 513 Abs. 1 Alt. 1 ZPO.
7 Vgl. jeweils ErfK/*Koch*, § 83 ArbGG Rz. 1 [zur Geltung des Untersuchungsgrundsatzes in der Beschwerdeinstanz] und § 87 ArbGG Rz. 2 [§ 513 I ZPO ist nicht anwendbar], – ebenso ErfK/*Koch*, § 89 Rz. 4; HWK/*Bepler/Treber*, § 89 ArbGG Rz. 6.
8 S. BAG v. 12.9.2013 – 6 AZR 121/12, NZA 2013, 1412 zur vergleichbaren Prüfungsbefugnis des Berufungsgerichts.

ZPO anwendbar sind, auf die in § 87 Abs. 2 nicht direkt oder mittelbar verwiesen wird. Für das arbeitsgerichtliche Beschlussverfahren „ungeeignet" sollen die zivilprozessualen Bestimmungen in den § 265 und § 325 ZPO sein (so der 1. Senat)[1]. Dagegen ist nach Ansicht des 7. Senats die Vorschrift des § 325 Abs. 1 ZPO im arbeitsgerichtlichen Beschlussverfahren entsprechend anzuwenden[2].

b) Einzelheiten

aa) Frist zur Einlegung und zur Begründung der Beschwerde

28 Insoweit ist – vorbehaltlich der in § 89 Abs. 1 und 2 enthaltenen Regelungen und der Rz. 25–26 gemachten Einschränkung – die **Verweisung auf** die entsprechenden im Urteilsverfahren für die **Berufung** geltenden Bestimmungen zu beachten, dh. § 66 (s. § 66 Rz. 1 ff.) sowie § 64 Abs. 6 Satz 1 iVm. §§ 517–520 ZPO)[3].

29 Jedenfalls aus der in Bezug genommenen Vorschrift des § 519 Abs. 1 ZPO lässt sich – iVm. § 87 Abs. 1 – ableiten, dass die „Beschwerde an das LAG" **fristwahrend nur bei** dem zuständigen **LAG** eingereicht werden kann[4]. Bei dem ArbG (oder VG), das den anzufechtenden Beschluss gem. den § 84 und § 87 Abs. 1 erlassen hat, kann die Beschlussbeschwerde – anders als früher nach § 89 Abs. 1 Satz 1 ArbGG 1953 – nicht fristwahrend eingelegt werden. Geschieht dies gleichwohl, dann hat zwar das ArbG (bzw. das VG) fristgebundene Schriftsätze für das Rechtsmittelverfahren, die bei ihm eingereicht werden, im Zuge des ordentlichen Geschäftsgangs an das Rechtsmittelgericht weiterzuleiten. Für die Frage der Fristwahrung kommt es jedoch alleine auf den Zeitpunkt des Eingangs beim zuständigen Rechtsmittelgericht an[5].

30 Neben den zitierten Vorschriften – hier insbesondere § 66 – sind noch als speziellere Bestimmungen über die Einlegung und Begründung der Beschwerde die in § 89 Abs. 1 und Abs. 2 enthaltenen Regelungen zu beachten (s. dazu die dortigen Erl.). Die Frist für die **Einlegung** der Beschwerde beträgt als **Notfrist einen Monat** und die Frist für die **Begründung** der Beschwerde **zwei Monate** (§ 66 Abs. 1 Satz 1 und § 87 Abs. 2[6]). Beide Fristen beginnen mit der Zustellung des in vollständiger Form abgesetzten Beschlusses gem. § 84, **spätestens aber mit Ablauf von fünf Monaten nach der Verkündung** des erstinstanzlichen Beschlusses, § 66 Abs. 1 Satz 2[7], ohne dass es für den Ablauf der Fünf-Monats-Frist darauf ankäme, ob das Ende der Fünf-Monats-Frist auf einen Sonntag, einen allgemeinen Feiertag oder einen Sonnabend fällt[8]. Die Zustellung wird durch die Fünf-Monats-Frist ersetzt[9]. Richtiger Ansicht nach[10] stellt die Vorschrift des § 66 Abs. 1 Satz 2 im Verhältnis zu § 9 Abs. 5 Satz 3 und 4 die speziellere Norm dar. Wenn innerhalb der fünf Monate nach Verkündung beginnenden einmonatigen Rechtsmittelfrist die Entscheidung zugestellt wird, verlängern sich die Rechtsmitteleinlegungs- und Rechtsmittelbegründungsfrist nicht (vgl. Erl. zu § 66 Rz. 10 und zu § 89 Rz. 9)[11]. Darin, dass ein verfahrensbeendender Beschluss des ArbG fünf Monate nach seiner Verkündung noch nicht in vollständiger Form unterschrieben der Geschäftsstelle übergeben wurde, liegt ein schwerer Verfahrensmangel[12]. Diesem Verfahrensmangel trägt das Gesetz in den § 72b und § 92b[13] sowie dadurch hinreichend Rechnung, dass die Fristen für die Einlegung der Beschwerde und

---

1 BAG v. 9.12.2008 – 1 ABR 75/07, NZA 2009, 254; eine **Titelumschreibung** auf den Betriebserwerber ist aber gem. den §§ 325 und 727 ZPO möglich: LAG Köln v. 18.8.2010 – 11 Ta 336/09; vgl. auch BAG v. 5.2.1991 – 1 ABR 32/90, NZA 1991, 639; BAG v. 6.6.2000 – 1 ABR 21/99, NZA 2001, 156.
2 BAG v. 1.8.1990 – 7 ABR 91/88, NZA 1991, 643.
3 Vgl. dazu *Holthaus/Koch*, RdA 2002, 140 (159).
4 Bzw. in **Personalvertretungssachen** bei dem zuständigen Beschwerdegericht der Verwaltungsgerichtsbarkeit (OVG oder VGH).
5 BAG v. 20.8.1997 – 2 AZR 9/97, NZA 1997, 1365; BVerfG v. 17.1.2006 – 1 BvR 2558/05, NJW 2006, 1579.
6 Diese Bestimmungen verlangen nicht die Zustellung der anzufechtenden Entscheidung als Voraussetzung für die Einlegung des Rechtsmittels; vgl. BAG v. 8.6.2010 – 6 AZN 163/10, NZA 2010, 909. Auch vor dem gesetzlich festgelegten Fristbeginn kann ein Rechtsmittel eingelegt und begründet werden; Voraussetzung für die Zulässigkeit des Rechtsmittels ist jedoch, dass die Entscheidung bereits in der Welt ist; BAG v. 28.2.2008 – 3 AZB 56/07, NZA 2008, 660.
7 Letzteres gilt auch bei fehlerhafter oder gänzlich fehlender Rechtsmittelbelehrung.
8 Die Vorschrift des § 222 Abs. 2 ZPO gilt insoweit nicht; s. Erl. zu § 66 Rz. 10; BAG v. 17.2.2000 – 2 AZR 350/99, NZA 2000, 611; BAG v. 3.3.2010 – 4 AZB 23/09, NZA 2010, 910; LAG Nürnberg v. 29.5.2013 – 7 Sa 326/12; Zöller/*Heßler*, § 517 ZPO Rz. 18; auf die Einlegungs- und Begründungsfrist ist § 222 Abs. 2 ZPO dagegen anwendbar; vgl. GMP/*Germelmann*, § 66 Rz. 17.
9 S. zu deren Berechnung BSG v. 17.2.2009 – B 2 U 189/08 B.
10 BAG v. 28.10.2004 – 8 AZR 492/03, NZA 2005, 125; BAG v. 23.6.2005 – 2 AZR 423/04, NZA 2005, 1135; zuvor bereits *Schwab*, FA 2003, 258.
11 *Treber*, jurisPR-ArbR 17/2006 Anm. 1; GMP/*Germelmann*, § 66 Rz. 18.
12 Vgl. § 547 Nr. 6 ZPO; GemS OGB v. 27.4.1993 – GmS-OGB 1/92, NJW 1993, 2603.
13 Sofortige Beschwerde wegen verspäteter Absetzung der Beschwerdeentscheidung; s. dazu die Erl. bei § 92b.

für ihre Begründung jeweils erst fünf Monate nach der Verkündung zu laufen beginnen[1]. Bei fehlender Zustellung eines in vollständiger Form abgefassten Beschlusses des ArbG endet die Beschwerdefrist also sechs Monate nach der Verkündung des Beschlusses. Eine **einmalige Verlängerung der Beschwerdebegründungsfrist** auf rechtzeitigen Antrag des Beschwerdeführers ist zulässig, wobei eine derartige Verlängerung auch um mehr als einen Monat zulässig ist[2], weil in § 66 Abs. 1 Satz 5, auf den in § 87 Abs. 2 Satz 1 für das Beschwerdeverfahren verwiesen wird, anders als für die Rechtsbeschwerdebegründungsfrist (§ 92 Abs. 2 Satz 1 iVm. § 74 Abs. 1 Satz 3) keine Frist bestimmt ist, bis zu deren Ablauf die Frist für die Berufungsbegründung höchstens verlängert werden darf[3]. Eine weitere Verlängerung der Beschwerdebegründungsfrist ist ausgeschlossen.

31 Zu beachten ist, dass in dem besonderen Beschlussverfahren über die Einrichtung und **Besetzung der Einigungsstelle** gem. § 76 Abs. 2 Satz 2 und 3 BetrVG (s. dazu die Erl. zu § 100) die §§ 87 ff. (nur) nach näherer Maßgabe des § 100 Abs. 2 anwendbar sind. Hier ist die Beschwerde innerhalb einer Frist von **zwei Wochen** einzulegen und zu begründen (§ 100 Abs. 2 Satz 2).

bb) Weitere Einzelfragen

32 Wegen der weiteren in § 87 Abs. 2 Satz 1 in Bezug genommenen Materien/Regelungsgegenstände werden lediglich folgende Hinweise gegeben:

33 Die im ArbGG nicht geregelte **Prozessfähigkeit** (und Prozessführungsbefugnis) bestimmt sich nach den §§ 51 ff. ZPO. Hinsichtlich der **Parteifähigkeit** (§ 50 ZPO), die im Beschlussverfahren besser als **Beteiligtenfähigkeit** bezeichnet wird, ist § 10 Satz 1, 2. Hs. zu beachten.

34 Für **Ladungen, Termine** und **Fristen** gelten gem. § 64 Abs. 6 Satz 1 die §§ 214 ff. ZPO und § 523 ZPO entsprechend. Die Terminsbestimmung durch den Vorsitzenden der Beschwerdekammer hat entsprechend § 216 Abs. 2 ZPO und § 66 Abs. 2 Satz 1 unverzüglich zu erfolgen. Hierbei handelt es sich im Beschwerdeverfahren um einen Anhörungstermin. Die Anberaumung eines Gütetermins ist ausgeschlossen (§ 87 Abs. 2, § 64 Abs. 7 iVm. § 525 Satz 2 ZPO). Bei der Ladung muss der Vorsitzende auf die Einhaltung von Ladungs- und Einlassungsfristen, auf den Kreis der zu beteiligenden Stellen und Personen sowie auf die Dauer der – von ihm zu bestimmenden – Äußerungsfrist (Beschwerdebeantwortungsfrist; vgl. § 90 Abs. 1 Satz 1) Bedacht nehmen. Zwischen der **Zustellung der Beschwerdeschrift** und dem Anhörungstermin müssen als **Einlassungsfrist** für die übrigen Beteiligten **mindestens zwei Wochen** liegen (§ 87 Abs. 2, § 64 Abs. 6 Satz 1 iVm. § 523 Abs. 2, § 274 Abs. 3 Satz 1 ZPO). Die **Ladungsfrist** für den Termin zur mündlichen Verhandlung beträgt **mindestens drei Tage** (§ 87 Abs. 2, § 64 Abs. 6 Satz 1 iVm. § 523 Abs. 1 Satz 2, § 217 ZPO).

35 Soweit es um die **Ablehnung** und **Ausschließung** von „Gerichtspersonen" geht, gelten § 49 Abs. 1–2, § 64 Abs. 7 entsprechend, die durch die §§ 41 ff. ZPO ergänzt werden. Grundsätzlich gilt das Verbot der Selbstentscheidung. Über offensichtlich unzulässige und rechtsmissbräuchliche Ablehnungsgesuche kann ausnahmsweise unter Beteiligung des abgelehnten Richters entschieden werden[4]. Die Beschlüsse des LAG über Befangenheitsgesuche sind unanfechtbar (§ 49 Abs. 3 und § 90 Abs. 3).

36 Erforderliche **Zustellungen** bewirkt von Amts wegen die Geschäftsstelle der zuständigen Kammer des LAG (§ 46 Abs. 2 Satz 1, §§ 50 und 64 Abs. 7 iVm. §§ 166–190 ZPO, s. die Erl. zu § 50 Rz. 5 ff.).

37 Um eine bessere Mitwirkung der Beteiligten an der Sachverhaltsaufklärung – und uU auch an der gütlichen Beilegung des Verfahrens – zu gewährleisten, kann deren **persönliches Erscheinen** der Beteiligten oder ihrer Vertreter zum Anhörungstermin angeordnet werden (§ 51). Fraglich ist, ob die Zulassung eines Verfahrensbevollmächtigten abgelehnt werden kann, wenn der persönlich geladene Beteiligte trotz Anordnung seines persönlichen Erscheinens unentschuldigt dem Anhörungstermin fernbleibt und deswegen der Zweck der Anhörung vereitelt wird. Die gesetzliche Verweisung erfasst von ihrem Wortlaut her an sich auch die sich aus § 51 Abs. 2 Satz 1 ergebende Sanktion. Deswegen könnte man die Ansicht vertreten[5], dass der Vorsitzende die Zulassung eines – statt des persönlich geladenen Beteiligten erschienenen – Verfahrensbevollmächtigten ablehnen bzw. zurückweisen könne. Demgegenüber verneint die hM diese Zu-

---

1 Vgl. BGH v. 25.3.2009 – XII ZB 150/08, FamRZ 2009, 1132.
2 AA GWBG/*Greiner*, § 87 Rz. 15, der wegen des Beschleunigungsgrundsatz grdsl. nur von einer Verlängerung um einen Monat ausgeht.
3 BAG v. 16.7.2008 – 7 ABR 13/07, BAGE 127, 126 ff. = NZA 2009, 202 ff.
4 BAG v. 7.2.2012 – 8 AZA 20/11, NZA 2012, 526; str.
5 Wie früher *Grunsky*, 7. Aufl., § 80 Rz. 36; anders jetzt GWBG/*Greiner*, § 80 Rz. 22.

rückweisungsmöglichkeit unter Hinweis auf den Amtsermittlungsgrundsatz des Beschlussverfahrens[1]. Die hM verdient den Vorzug (auch) deswegen, weil das Beschlussverfahren kein Versäumnisverfahren kennt und die Bestimmungen der § 83 Abs. 1a und § 87 Abs. 3 ausreichen, um die Beteiligten zur besseren Mitwirkung an der Sachverhaltsaufklärung anzuhalten.

Soweit – wie wohl regelmäßig – ein mündlicher Anhörungstermin stattfindet, ist der in § 52 verankerte Grundsatz der **Öffentlichkeit** der Verhandlung/Anhörung zu beachten. Nur **mit Einverständnis der Beteiligten** kann das LAG ausnahmsweise im **schriftlichen Verfahren** entscheiden (§ 83 Abs. 4 Satz 3 iVm. § 90 Abs. 2 bzw. § 64 Abs. 7 iVm. § 128 Abs. 2 ZPO; s. Erl. § 83 Rz. 114 ff.). 38

Auch soweit es um die **Vorbereitung des Termins zur mündlichen Anhörung** und die **richterlichen Befugnisse** des Kammervorsitzenden und der ehrenamtlichen Richter geht, gelten die entsprechenden Bestimmungen des Urteilsverfahrens (§§ 53, 55, 56 und 64 Abs. 7). In den besonderen Beschlussverfahren über die Errichtung und Besetzung der **Einigungsstelle** gem. § 76 Abs. 2 Satz 2 und 3 BetrVG tritt allerdings im Beschwerdeverfahren an die Stelle der Beschwerdekammer der Vorsitzende (§ 99 Abs. 2 Satz 3). Die **gütliche Erledigung des Rechtsstreits** (§ 64 Abs. 7, § 57 Abs. 2) soll auch im Beschwerdeverfahren jederzeit angestrebt werden. 39

Aufgrund entsprechender Ergänzung des § 87 Abs. 2 Satz 1 („Güterichter, Mediation und außergerichtliche Konfliktbeilegung") sind im zweitinstanzlichen Beschlussverfahren § 54 Abs. 6 und § 54a anwendbar[2]. Die Verweisung an den **Güterichter** setzt nach dem Gesetzeszweck die Zustimmung aller materiell Beteiligten voraus[3]. 40

Der **modifizierte Untersuchungsgrundsatz** des § 83 Abs. 1 gilt gem. § 90 Abs. 2 auch im Beschwerdeverfahren[4]. Er ist auch in Verfahren auf Erlass einer einstweiligen Verfügung zu beachten (s. § 85 Rz. 70)[5], wobei allerdings im Einzelfall die Pflicht zur Amtsermittlung mit dem dort auch verfolgten Ziel, schnell effektiven Rechtsschutz zu gewähren, kollidieren kann[6]. 41

Die richterliche **Hinweispflicht** des § 139 ZPO (Pflicht zur materiellen Prozessleitung) gilt auch im zweitinstanzlichen Beschlussverfahren. Ebenso ist der Anspruch auf **rechtliches Gehör** zu beachten. Dieser Anspruch gebietet es jedoch nicht, dass das Rechtsmittelgericht auf seine vom erstinstanzlichen Gericht abweichende Auffassung in einer entscheidungserheblichen Rechtsfrage hinweist, wenn die angefochtene Entscheidung in diesem Punkt vom Rechtsmittelführer mit vertretbaren Ausführungen angegriffen wird[7]. Auch ist Art. 103 Abs. 1 GG nicht (ohne Weiteres) verletzt, wenn der Richter einer durch einfaches Verfahrensrecht begründeten Hinweispflicht nicht nachkommt[8]. Aus Art. 103 Abs. 1 GG ergibt sich keine allgemeine Frage- und Aufklärungspflicht des Richters. Bisweilen bitten Beteiligte oder Verfahrensbevollmächtigte das Gericht um Hinweise. Derartigen Bitten darf der Kammervorsitzende mit Rücksicht auf die gebotene Neutralität und Äquidistanz des Gerichts gegenüber den Verfahrensbeteiligten nicht ohne Weiteres nachkommen[9]. 42

Hinsichtlich der mündlichen Verhandlung (= Anhörung vor der Beschwerdekammer) ist zu beachten, dass diese möglichst in einem Termin zu Ende zu führen ist. Auch soll die **gütliche Erledigung** während des „ganzen Verfahrens" – also auch noch im Beschwerdeverfahren – angestrebt werden (§ 57 und § 64 Abs. 7). Nach dem Zweck der in § 85 Abs. 2 und 99 genannten Verfahren verbietet sich ein Güteverfahren jedoch im Rahmen des einstweiligen Rechtsschutzes und bei der Entscheidung über die Besetzung der Einigungsstelle[10]. Eigenständig ausgeprägt ist die Ausgestaltung des Anhörungstermins selbst durch die spezielle Verweisung in § 90 Abs. 2 auf die § 83 und § 83a. Der Wortlaut des § 83a Abs. 1 („zur Niederschrift") schließt die Anwendung des § 278 Abs. 6 ZPO wohl aus (str.; vgl. § 90 Rz. 29). 43

---

1 Vgl. GMP/*Matthes/Spinner*, § 80 ArbGG Rz. 52, § 83 Rz. 98 und GMP/*Matthes/Schlewing* § 87 Rz. 16; HWK/*Bepler/Treber*, § 87 ArbGG Rz. 9.
2 *Deinert/Kittner*, RdA 2013, 257(262); *Düwell*, BB 2012, 1921; *Francken*, NZA 2012, 836 (839).
3 Vgl. BT-Drs. 17/8085, S. 21 („nur mit Einverständnis der Parteien"); ErfK/*Koch*, § 54 ArbGG Rz. 11; HWK/*Bepler/Treber*, § 80 ArbGG Rz. 8 und § 87 ArbGG Rz. 9.
4 ErfK/*Koch*, § 83 ArbGG Rz. 1.
5 ErfK/*Koch*, § 85 ArbGG Rz. 6.
6 Vgl. LAG Nürnberg v. 8.2.2011 – 6 TaBVGa 17/10.
7 BAG v. 17.10.2012 – 5 AZN 2097/12; BVerwG v. 24.7.2008 – 6 PB 18/08, NZA-RR 2009, 37.
8 Vgl. BVerfG v. 10.10.1989 – 1 BvR 1549/88, AP Nr. 5d zu § 611 BGB Betriebsgeheimnis.
9 S. näher dazu BAG v. 19.10.2010 – 6 AZR 118/10, NZA 2011, 62. Von Rechtsanwälten, Verbandsvertretern und Gewerkschafts-/Rechtssekretären kann wohl ohnehin erwartet werden, dass sie das Gesetz und die veröffentlichte höchstrichterliche Rspr., vornehmlich die in der Entscheidungssammlung des BAG abgedruckten Entscheidungen, berücksichtigen; vgl. BGH v. 29.3.1983 – VI ZR 172/81, NJW 1983, 1665.
10 HWK/*Bepler/Treber*, § 80 ArbGG Rz. 8; GWBG/*Greiner*, § 80 Rz. 23.

44 Diese spezielle Verweisung ist im Hinblick auf § 83 Abs. 2 auch hinsichtlich der Aufklärung des Sachverhaltes und der Durchführung einer **Beweisaufnahme** zu beachten. Weiter gelten insoweit die in Betracht kommenden zivilprozessualen Bestimmungen (§§ 141 ff., 371 f., 373 ff., 402 ff. und 415 ff. ZPO).

45 Auch im zweitinstanzlichen Beschlussverfahren sind bestimmte Fristen zu wahren. Werden diese Fristen versäumt, so kann uU nach näherer Maßgabe des § 525 ZPO, § 64 Abs. 6 die **Wiedereinsetzung in den vorigen Stand** gem. den §§ 233 ff. ZPO beantragt werden. Das Verschulden des Verfahrensbevollmächtigten steht auch im arbeitsgerichtlichen Beschlussverfahren dem Verschulden des jeweiligen Beteiligten nach § 85 Abs. 2 ZPO gleich[1].

46 Schließlich gelten die Vorschriften über die **Wiederaufnahmeverfahren** gem. den §§ 578 ff. ZPO entsprechend (§ 79; vgl. dazu auch die schon in § 80 Abs. 2 enthaltene Verweisung für das Beschlussverfahren des 1. Rechtszuges).

cc) Anschlussbeschwerde

47 Im Beschwerdeverfahren ist schließlich eine **Anschlussbeschwerde** für einen beschwerdebefugten Beteiligten statthaft, insbesondere wenn die jeweilige Beschwerde(einlegungs)frist bereits verstrichen ist (§ 87 Abs. 2 Satz 1, § 64 Abs. 6 Satz 1 iVm. § 524 ZPO). Für einen erstinstanzlich voll obsiegenden Antragsteller ist sie die einzige Möglichkeit, zweitinstanzlich eine Antragsänderung oder -erweiterung zu erreichen[2]. Die Anschlussbeschwerde ist beim LAG als Beschwerdegericht schriftlich einzulegen (§ 524 Abs. 1 ZPO). Eine Erklärung zu Protokoll genügt nicht. Es bedarf dazu nicht der ausdrücklichen Bezeichnung als Anschlussbeschwerde[3], ggfls. ist durch Auslegung zu ermitteln, ob eine eigenständige Beschwerde oder eine (unselbständige) Anschlussbeschwerde gewollt ist. Eine **Beschwer** ist für den Anschlussbeschwerdeführer nicht erforderlich. Allerdings muss die **Beschwerdebefugnis** vorliegen. Bezüglich Form, Inhalt und Zustellung der Anschlussbeschwerdeschrift gelten die Regelungen für die Beschwerde entsprechend. Nach § 524 Abs. 2 Satz 2 ZPO ist eine Anschlussbeschwerde nur bis zum Ablauf der einem Beteiligten gesetzten Frist zur Beschwerdeerwiderung zulässig. Wird die Erwiderungsfrist verlängert, verlängert sich automatisch die Einlegungsfrist[4]. Wurde die Frist zur Beschwerdeerwiderung iSv. § 521 Abs. 2 Satz 1 ZPO nicht wirksam gesetzt, ist eine Anschließung bis zum Schluss des Termins zur Anhörung beim LAG möglich[5], bspw. wenn einem Betriebsrat „Gelegenheit gegeben wird, binnen eines Monats schriftsätzlich" zur Beschwerdebegründung der ArbGeb „Stellung zu nehmen". Eine so bestimmte Frist ist hinsichtlich ihres Beginns – und damit zwangsläufig ihres Endes – unklar. Auch liegt in der „Gelegenheit zur Stellungnahme" kein „Setzen" einer Erwiderungsfrist, sondern die Zustellung der Beschwerdeschrift und Beschwerdebegründung zur Äußerung iSv. § 90 Abs. 1 Satz 1. Nach § 524 Abs. 3 Satz 1 ZPO muss die Anschlussberufung schließlich – hinreichend – in der Anschlussschrift begründet werden[6], anderenfalls ist sie unzulässig. Eine Anschlussbeschwerde verliert ihre Wirkung, wenn die (Haupt-)Beschwerde, der sich ein Beteiligter angeschlossen wurde, zurückgenommen oder als unzulässig verworfen wird (§ 524 Abs. 4 ZPO). Dasselbe erfolgt, wenn das Verfahren durch übereinstimmende Erledigungserledigung oder durch Vergleich beendet wird. Der Beschluss des LAG lautet wie folgt: „Das Verfahren [Az.] wird eingestellt. Die Anschlussbeschwerde des Beteiligten zu [x] vom [Datum] ist wirkungslos".

2. Die entsprechende Geltung der Vorschriften über die Zwangsvollstreckung (§ 87 Abs. 2 Satz 1, 2. Teil)

48 Beschlüsse der ArbG und der LAG in **vermögensrechtlichen Streitigkeiten** sind nach näherer Maßgabe des § 85 Abs. 1 iVm. § 87 Abs. 4 Halbs. 2 vorläufig vollstreckbar. Soweit sich aus § 85 nichts anderes ergibt, findet im Übrigen **nur aus rechtskräftigen** gerichtlichen Beschlüssen oder aus gerichtlichen Vergleichen die Zwangsvollstreckung statt[7]. Für die Zwangsvollstreckung aus Beschlüssen gelten nach näherer Maßgabe des § 85 Abs. 1 Satz 3 die Bestimmungen des Achten Buches der ZPO. Die Verweisung des § 85 Abs. 1 Satz 3 ist allerdings einschränkend dahingehend auszulegen, dass § 788 ZPO keine Anwendung findet[8].

---

1 BAG v. 8.5.2008 – 1 ABR 56/06, NZA 2008, 726.
2 BAG v. 17.2.2015 – 1 ABR 45/13, BAGE 151, 27 ff.= NZA 2015, 762 ff.; BAG v. 14.5.2013 – 1 ABR 10/12, ZTR 2013, 698 ff.
3 BAG, 30.5.2006 – 1 AZR 111/05, Rn. 42 mwN, BAGE 118, 211 ff.
4 Zöller/Heßler, § 524 ZPO Rn. 10 mwN.
5 BAG v. 23.8.2016 – 1 ABR 22/14, Rz. 54, NZA 2017, 194 (199).
6 BAG v. 14.9.2010 – 1 ABR 26/09, Rz. 8.
7 Vgl. insoweit zur Durchführung eines angefochtenen Einigungsstellenspruchs BAG v. 22.1.2013 – 1 ABR 92/11, NZA 2013, 752.
8 BAG v. 2.6.2008 – 3 AZB 24/08, JurBüro 2008, 550.

Der Schuldner eines vollstreckungsfähigen Titels iSv. § 85 Abs. 1 Satz 1 kann gem. § 85 Abs. 1 Satz 3 ArbGG iVm. § 767 Abs. 1 ZPO die Unzulässigkeit der Zwangsvollstreckung aus diesem Titel in einem neuerlichen Beschlussverfahren durch Vollstreckungsabwehrantrag geltend machen[1]. Die Regel, dass im Zwangsvollstreckungsverfahren nicht nach den Vorschriften über das Beschlussverfahren entschieden wird, gilt dann nicht[2]. 49

In bestimmten Fällen kann auch ein Rechtsmittelgericht – wie das LAG im Beschlussbeschwerdeverfahren – „**Gericht der Hauptsache**" im Sinne der Bestimmungen über die Gewährung des einstweiligen Rechtsschutzes sein (vgl. § 937 Abs. 1, § 943 ZPO). Diesem Gesichtspunkt trägt die in § 87 Abs. 2 Satz 1 – 2. Teil – enthaltene Verweisung auf § 85 Abs. 2 Rechnung. Daraus ergibt sich insbesondere, dass – je nach Lage des Falles – das LAG als Gericht der Hauptsache eine einstweilige Verfügung erlassen kann, wenn das Beschlussverfahren als Hauptsachverfahren bereits in zweiter Instanz anhängig ist[3]. In der Praxis dürfte diese aber kaum von Relevanz sein, da es bei einem erst in zweiter Instanz anhängig gemachten einstweiligen Verfügungsverfahren regelmäßig am erforderlichen Verfügungsgrund mangels Eilbedürftigkeit mangeln dürfte. 50

Die Regelung des § 85 Abs. 2 mit seiner Verweisung auf die Vorschriften der ZPO gilt gem. § 87 Abs. 2 mit der Folge, dass die Regelungen der § 87 Abs. 4 und § 85 Abs. 1 Satz 2 im Verfahren der **einstweiligen Verfügung** des arbeitsgerichtlichen Beschlussverfahrens nicht anwendbar sind[4]. 51

3. Die Vertretung der Beteiligten

§ 87 Abs. 2 Satz 2 ordnet für die Vertretung der Beteiligten die entsprechende Geltung des § 11 Abs. 1–3 und Abs. 5 an. Als **Sonderregelung** ist für den **Beschwerdeführer** insoweit aber zu beachten, dass die **Beschwerdeschrift** von einem Rechtsanwalt oder einer anderen zur Vertretung befugten Person (Verbandsvertreter/Gewerkschafts- bzw. Rechtssekretär[5]) unterzeichnet sein muss (§ 11 Abs. 4 Satz 2 und Abs. 2 Satz 2 Nr. 4 und 5). Dieses qualifizierte **Unterschriftserfordernis** gilt auch für die **Beschwerdebegründung**. Abgesehen von dieser sich aus § 89 Abs. 1 Satz 2 ergebenden Ausnahme kann sich aber der Beschwerdeführer – wie die übrigen Beteiligten – im Beschwerdeverfahren beim LAG entweder selbst vertreten oder sich durch Personen, die gem. § 11 für eine Vertretung in Betracht kommen (s. dazu die Erl. zu § 11), vertreten lassen. Das Vertretungsverbot des § 11 Abs. 5 ist zu beachten. Das Beschwerdeverfahren ist daher kein Anwaltsprozess iSv. § 78 ZPO. Die Beteiligten sind daher vor dem LAG grds. selbst postulationsfähig. 52

Zur Verfahrenseinleitung und zur wirksamen Beauftragung eines Verfahrensbevollmächtigten für das Beschwerdeverfahren bedarf es auf **Betriebsratsseite** einer entsprechenden Beschlussfassung des BR[6]. Die Hinzuziehung eines Rechtsanwalts erfordert im Hinblick auf § 40 Abs. 1 BetrVG einen ordnungsgemäßen Beschluss des BR, und zwar grds. für jede Instanz. Jedenfalls dann, wenn der BR erstinstanzlich unterlegen ist, ist es die Pflicht jedes verständigen BR, über die Fortführung des Verfahrens erneut zu beraten und einen Beschluss unter Berücksichtigung der erstinstanzlichen Entscheidungsgründe zu fassen[7]. Ohne wirksamen Beschluss ist dem BR die Vornahme wirksamer Prozesshandlungen versagt. Für den BR gleichwohl gestellte Anträge sind nach näherer Maßgabe der höchstrichterlichen Rspr. als unzulässig abzuweisen[8]. Allerdings ist das Bestreiten des ArbGeb mit Nichtwissen, ob der BR einen **ordnungsgemäßen Beschluss** hinsichtlich der Einleitung und Durchführung des Beschwerdeverfahrens gefasst hatte, für die Zulässigkeit der Beschwerde nicht ohne Weiteres von Bedeutung[9]. Prinzipiell soll es zur Einlegung eines Rechtsmittels gegen eine den BR beschwerende Entscheidung durch einen ordnungsgem. beauftragten Verfahrensbevollmächtigten **keiner gesonderten** Beschlussfassung des BR bedürfen[10]. Wird zB in einem zwischen BR und ArbGeb geführten Beschlussverfahren die vom BR seinem Verfahrensbevollmächtigten erteilte **Prozessvollmacht** vom ArbGeb nicht in Abrede gestellt, so ist zu beachten, dass die einmal erteilte Vollmacht 53

---

1 BAG v. 18.3.2008 – 1 ABR 3/07, NZA 2008, 1259; BAG v. 19.2.2008 – 1 ABR 86/06, NZA 2008, 899.
2 Entsprechendes gilt in den Fällen der § 731 u. § 771 ZPO, vgl. GMP/Matthes/Spinner, § 85 Rz. 24.
3 GK-ArbGG/Ahrendt, § 87 Rz. 27; GMP/Matthes/Schlewing § 87 Rz. 21; Str. ist, welches Gericht in einem derartigen Fall über den Widerspruch gegen eine ohne mündliche Verhandlung erlassene einstweilige Verfügung zu entscheiden hat; s. dazu § 85 Rz. 75; LAG Schl.-Holst. v. 25.11.1999 – 4 Sa 584/99, NZA-RR 2000, 143; KG v. 8.7.2004 – 12 W 21/04; siehe auch GK-ArbGG/Ahrendt, § 87 Rz. 28.
4 LAG Berlin v. 12.11.2003 – 3 Ta 2142/03, DB 2003, 2796.
5 S. dazu bei § 89 Rz. 5.
6 BAG v. 30.9.2008 – 1 ABR 54/07, NZA 2009, 502; BAG v. 19.1.2005 – 7 ABR 24/04.
7 BAG v. 18.3.2015 – 7 ABR 4/13, NZA 2015, 954 ff.
8 ErfK/Koch, § 10 ArbGG Rz. 8.
9 BAG v. 9.12.2003 – 1 ABR 44/02, NZA 2004, 746.
10 BAG v. 6.11.2013 – 7 ABR 84/11, NZA-RR 2014, 196.

gem. § 81 ZPO iVm. § 46 Abs. 2 im Außenverhältnis – in den zeitlichen Grenzen des § 87 ZPO – zu allen den Rechtsstreit betreffenden Prozesshandlungen, also auch zur Einlegung von Rechtsmitteln, ermächtigt. § 81 ZPO gilt – ebenso wie § 88 Abs. 2 ZPO – auch im Beschlussverfahren[1]. Nach § 85 Abs. 1 ZPO sind die vom Bevollmächtigten vorgenommenen Prozesshandlungen für die Partei in gleicher Art verpflichtend, als wenn sie von der Partei selbst vorgenommen worden wären. Das gilt sowohl für die Einlegung von Rechtsmitteln als auch für eine – nicht selten auf einen rechtlichen Hinweis des Gerichts ohnehin angezeigten – Modifikation oder Änderung der Antragstellung, selbst wenn sie wie vorliegend erst in der Beschwerdeinstanz erfolgt[2]. Etwas anderes kann nur dann gelten, wenn das Vertretungsverhältnis des Verfahrensbevollmächtigten des BR bei Vornahme der jeweiligen Prozesshandlung schon beendet war[3]. Tritt als Verfahrensbevollmächtigter des BR ein Rechtsanwalt auf, ist die ordnungsgemäße Erteilung der Anwaltsvollmacht grds. nur auf Rüge eines Verfahrensbeteiligten zu prüfen (§ 88 Abs. 2 ZPO). Wird die Erteilung der Vollmacht in Abrede gestellt, hat der Verfahrensbevollmächtigte seine Vollmacht nachzuweisen. Wird die ordnungsgemäße Beschlussfassung des BR über die Bevollmächtigung bestritten, muss der Nachweis eines wirksamen Gremiumsbeschlusses geführt werden[4]. Im Übrigen kann der durch eine nicht ordnungsgemäße Beschlussfassung vermittelte Vertretungsmangel grds. in jeder Lage des Verfahrens geheilt werden. Das ist aber nicht stillschweigend ohne Beschlussfassung möglich[5]. Der Beschluss muss vor Erlass einer den Antrag als unzulässig zurückweisenden Prozessentscheidung gefasst werden[6]. Der Nachweis über die – bis zum Zeitpunkt der Prozessentscheidung erfolgte – Beschlussfassung kann noch im Rechtsmittelverfahren erfolgen[7].

4. Die Antragsrücknahme (§ 87 Abs. 2 Satz 3, Halbs. 1)

54 Die **Antragsrücknahme** ist von der – zustimmungsfrei möglichen – Rücknahme der Beschwerde nach § 89 Abs. 4 zu unterscheiden. Während des erstinstanzlichen Beschlussverfahrens kann der Antrag jederzeit in der Form des § 81 Abs. 1 Halbs. 2 ohne Zustimmung der anderen Beteiligten zurückgenommen werden (§ 81 Abs. 2 Satz 1). Allerdings stellt sich die Rechtslage anders dar, wenn bereits eine erstinstanzliche Entscheidung über den Antrag ergangen ist: Während des zweitinstanzlichen Beschlussverfahrens kann der Antrag nur noch mit Zustimmung der anderen Beteiligten zurückgenommen werden. Richtiger Ansicht nach gilt das **Zustimmungserfordernis** des § 87 Abs. 2 Satz 3 Halbs. 1 in analoger Anwendung dieser Vorschrift bereits ab Beendigung des erstinstanzlichen Beschlussverfahrens[8], ohne dass es entscheidend darauf ankommt, ob auch schon eine Beschwerde gegen den erstinstanzlichen Beschluss eingelegt wurde oder nicht. Dieses Auslegungsergebnis folgt aus Sinn und Zweck des § 87 Abs. 2 Satz 3: wenn bereits eine arbeitsgerichtliche Entscheidung über den Antrag ergangen ist, soll sich der Antragsteller nach einer für ihn ungünstigen erstinstanzlichen Entscheidung nicht mehr einseitig dem Verfahren entziehen können und damit eine rechtskräftige Entscheidung verhindern[9]. Dies bedeutet, dass der Antragsteller einen seinen Antrag zurückweisenden Beschluss nicht dadurch wirkungslos machen kann, dass er – statt Beschwerde einzulegen – den Antrag einseitig zurücknimmt.

55 Das Zustimmungserfordernis stellt auf die „Zustimmung der anderen Beteiligten" ab. Zwar scheint der Wortlaut insoweit eindeutig zu sein: gefordert wird wohl die Zustimmung **aller** anderen **Beteiligten**. Gleichwohl meint *Grunsky*[10], dass damit nicht alle Personen oder Stellen gemeint seien, die nach § 83 Abs. 3 anzuhören seien; es gelte entsprechendes wie bei der übereinstimmenden Erledigungserklärung gem. den § 83a Abs. 2, Abs. 3 und § 90 Abs. 2. Insoweit hält *Grunsky* „in der Regel" nur die Zustimmung der Beteiligten für erforderlich, die ihrerseits einen Antrag gestellt haben oder gegen die sich ein Antrag richtet.

---

1 BAG v. 6.11.2013 – 7 ABR 84/11, NZA-RR 2014, 196.
2 BAG v. 4.12.2013 – 7 ABR 7/12, NZA 2014, 803 ff.
3 Vgl. BAG v. 26.5.2009 – 1 ABR 12/08, NZA-RR 2009, 588; BAG v. 11.9.2001 – 1 ABR 2/01, ZBVR 2002, 150; beachte auch BAG v. 29.4.2004 – 1 ABR 30/02, NZA 2004, 670; BAG v. 18.2.2003 – 1 ABR 17/02, NZA 2004, 336; BAG v. 1.10.1991 – 1 ABR 81/90.
4 *Linsenmaier*, FS Wißmann, 2005, S. 378 (389 ff.).
5 BAG v. 19.1.2005 – 7 ABR 24/04; LAG Berlin-Brandenburg v. 8.5.2009 – 6 TaBV 88/09.
6 BAG v. 6.12.2006 – 7 ABR 62/05.
7 BAG v. 16.11.2005 – 7 ABR 12/05, NZA 2006, 553; vgl. zu Ladungsmängeln und zur Unwirksamkeit eines BR-Beschlusses BAG v. 9.7.2013 – 1 ABR 2/13 (A), NZA 2013, 1433.
8 HWK/*Bepler/Treber*, § 81 ArbGG Rz. 29; ErfK/*Koch*, § 81 ArbGG Rz. 6; GMP/*Matthes/Spinner*, § 81 Rz. 74; GWBG/*Greiner*, § 87 Rz. 22; GK-ArbGG/*Ahrendt*, § 87 Rz. 31.
9 Vgl. BAG v. 26.4.1990 – 1 ABR 79/89, NZA 1990, 822; BAG v. 10.6.1986 – 1 ABR 59/84, NZA 1987, 28.
10 *Grunsky*, 7. Aufl., § 87 Rz. 30; anders jetzt GWBG/*Greiner*, § 87 Rz. 23.

Der Auffassung von *Grunsky* ist nicht zu folgen, da sich aus dem Gesetz ausreichende Anhaltspunkte für eine restriktive Auslegung des Begriffs „andere Beteiligte" nicht ergeben. Die Verweigerung oder Nichterteilung der Zustimmung zu einer Antragsrücknahme mag für das Beschwerdegericht (LAG; VGH bzw. OVG) Anlass sein (nochmals) besonders sorgfältig zu prüfen, ob eine bislang am Verfahren beteiligte Person oder Stelle wirklich „Beteiligter" im Rechtssinne ist. Die Beantwortung dieser Frage hängt davon ab, ob die Person oder Stelle durch die begehrte Entscheidung in ihrer betriebsverfassungsrechtlichen, personalvertretungsrechtlichen, betriebsvertretungsrechtlichen oder mitbestimmungsrechtlichen Rechtsstellung unmittelbar betroffen wird. Die Beteiligung ergibt sich dabei unmittelbar aus dem materiellen Recht, ohne dass es insoweit auf irgendwie geartete Prozesshandlungen ankäme[1]. Ist dies der Fall, dann ist diese Person oder Stelle „anderer" Beteiligter iSd. § 87 Abs. 2 Satz 3 Halbs. 1. Es ist anerkanntes, dass – abgesehen von weiterreichenden Rechten des Antragstellers – alle Beteiligten die gleichen Rechte und Pflichten haben[2]. Mit Rücksicht darauf bezieht sich das Zustimmungserfordernis des § 87 Abs. 2 Satz 3 auf alle übrigen materiell Beteiligten[3]. 56

Die Zustimmung aller Beteiligten zur Antragsrücknahme stellt eine **Prozesshandlung** dar, die gegenüber dem LAG vorzunehmen ist. Sie erfolgt nach Antragsrücknahme in der Form des § 81 Abs. 1 Halbs. 2 entweder durch Einreichung eines entsprechenden Schriftsatzes oder im mündlichen Anhörungstermin durch zu protokollierende Erklärung (analog § 160 Abs. 3 Nr. 8 ZPO). 57

Die **Zustimmung** muss **eindeutig** – grds. also **ausdrücklich** – erklärt werden[4]. Nur ausnahmsweise wird sie auch durch schlüssiges Verhalten erklärt werden können. Eine bloße Untätigkeit des oder der anderen Beteiligten genügt nicht; die Regelung des § 83a Abs. 3 (iVm. § 90 Abs. 2) ist insoweit unanwendbar[5] (vgl. demgegenüber für die Klagerücknahme: § 64 Abs. 6 iVm. § 525 Satz 1 ZPO iVm. § 269 Abs. 2 Satz 4 ZPO[6]). Eine Zustimmung durch Schweigen – nach Fristsetzung – scheidet somit aus. Eine einmal erteilte Zustimmung ist als Prozesshandlung grds. **unwiderruflich**. 58

Sind Antragsrücknahme und Zustimmung dazu von allen Beteiligten wirksam erklärt worden, hat der Vorsitzende das Verfahren unter Beachtung der § 87 Abs. 2 Satz 3 Halbs. 2 und § 81 Abs. 2 Satz 2 und 3 förmlich durch rechtsmittelfähigen Beschluss einzustellen, der den Beteiligten bekannt zu geben ist, soweit ihnen der Antrag vom ArbG zugestellt oder sonstwie mitgeteilt worden war. Mit dem Einstellungsbeschluss entfällt die **Rechtshängigkeit des Antrages** (§ 269 Abs. 3 Satz 1 ZPO). Diese Wirkungen sind auf Antrag eines Beteiligten auszusprechen. Die Antragsrücknahme steht einer erneuten Antragstellung nicht im Wege (§ 269 Abs. 6 ZPO)[7]. Die Rechtsbeschwerde zum BAG findet gegen den **Einstellungsbeschluss** des Vorsitzenden nur unter den Voraussetzungen des § 574 Abs. 1 Nr. 2 ZPO bzw. § 92 Abs. 1 statt[8], nämlich wenn sie vom LAG zugelassen wird, wozu jedoch kaum Anlass bestehen dürfte. 59

Bei **mehreren** Antragstellern kann die Antragsrücknahme eines Antragstellers dazu führen, dass die (materiell-rechtlich) notwendige Mindestzahl von Antragstellern nicht mehr erreicht wird und deswegen das anhängig gebliebene Antragsbegehren der anderen Antragsteller unzulässig wird[9]. 60

Die **Wirkungslosigkeit** des zuvor ergangenen, noch nicht rechtskräftigen Beschlusses des ArbG kann – als Folge der Antragsrücknahme (vgl. § 269 Abs. 3 Satz 1 ZPO) – entsprechend § 269 Abs. 4 ZPO im Einstellungsbeschluss oder – zeitlich danach – in einem gesonderten Beschluss ausgesprochen werden. 61

---

1 Vgl. BAG v. 25.9.1996 – 1 ABR 25/96, NZA 1997, 668.
2 GMP/*Matthes*/*Spinner*, § 83 Rz. 34.
3 GMP/*Matthes*/*Schlewing*, § 87 Rz. 25.
4 BAG v. 19.2.1991 – 1 ABR 36/90, NZA 1991, 565.
5 GMP/*Matthes*/*Schlewing*, § 87 Rz. 26; HWK/*Bepler*/*Treber*, § 87 ArbGG Rz. 11; GWBG/*Greiner*, § 87 Rz. 23; GK-ArbGG/*Ahrendt*, § 87 Rz. 32.
6 Auch diese Vorschrift ist nicht anwendbar: ErfK/*Koch*, § 87 ArbGG Rz. 3; HWK/*Bepler*/*Treber*, § 87 ArbGG Rz. 11; GWBG/*Greiner*, § 87 Rz. 3; GK-ArbGG/*Ahrendt*, § 87 Rz. 32. Hätte der Gesetzgeber im Rahmen des § 87 Abs. 1 Satz 3 die entsprechende Anwendung einer Zustimmungsfiktion gewollt, hätte er die im ArbGG bereits enthaltene Fiktion des § 83a Abs. 3 Satz 2 in die Verweisungskette des § 87 Abs. 1 Satz 3 Halbs. 2 aufgenommen. Da er dies aber nicht getan hat, kann nicht auf die außerhalb des ArbGG geregelte Zustimmungsfiktion des § 269 Abs. 2 Satz 4 ZPO zurückgegriffen werden.
7 BAG v. 12.11.2002 – 1 ABR 60/01, NZA 2004, 1289.
8 Vgl. zur Problematik LAG Rh.-Pf. v. 25.6.1982 – 6 TaBV 10/82, EzA § 92 ArbGG 1979 Nr. 1 sowie oben bei Rz. 4; GK-ArbGG/*Ahrendt*, § 87 Rz. 33.
9 BAG v. 10.6.1983 – 6 ABR 50/82, DB 1983, 2142; BAG v. 12.2.1985 – 1 ABR 11/84, NZA 1985, 786; s. dazu auch oben bei Rz. 18 ff.

5. Die Antragsänderung (§ 87 Abs. 2 Satz 3, Halbs. 2)

62 Der 2. Halbsatz von § 87 Abs. 2 Satz 3 ordnet ua. die entsprechende Geltung des § 81 Abs. 3 Satz 1–2 an. Hiernach ist eine Änderung des Antrags zulässig, wenn die übrigen **Beteiligten zustimmen**, die Zustimmung wegen **rügeloser Einlassung** der Beteiligten als erteilt gilt oder das Gericht die Änderung für **sachdienlich** hält, soweit nicht ein Fall des § 264 ZPO vorliegt (s. Rz. 65). In der Erweiterung des Streit- oder Verfahrensgegenstands eines anhängigen Verfahrens liegt grds. eine Antragsänderung. Ähnlich wie im Rahmen des § 87 Abs. 2 Satz 3 Halbs. 1 bezieht sich (auch) hier das **Zustimmungserfordernis** auf alle „anderen Beteiligten". Zwar hat der Gesetzgeber unterschiedliche Formulierungen gewählt. Der Sache nach sind mit den „übrigen Beteiligten" jedoch alle anderen Beteiligten gemeint.

63 Fraglich ist, ob die zweitinstanzliche Antragsänderung unter der zusätzlichen Voraussetzung des **§ 533 Nr. 2 ZPO** steht[1]. Gegen die Anwendbarkeit dieser Vorschrift spricht nicht bereits der Umstand, dass dort – soweit es um die zugrunde zu legenden Tatsachen geht – auf § 529 ZPO und damit mittelbar auch auf § 531 ZPO, der im zweitinstanzlichen Beschlussverfahren unanwendbar ist[2], abgestellt wird. Im ArbGG-Berufungsverfahren wird § 531 ZPO durch § 67 verdrängt[3]. Im zweitinstanzlichen Beschlussverfahren geht § 87 Abs. 3 als Spezialregelung der Bestimmung des § 531 ZPO vor. Die Verdrängung des § 531 ZPO durch die Spezialregelungen des ArbGG (§ 67 und § 87 Abs. 3) führt aber nicht zwingend dazu, § 533 Nr. 2 ZPO für unanwendbar zu halten. Ob und inwieweit die Berücksichtigung neuer Tatsachen in der zweiten Instanz zulässig ist, richtet sich nach § 67 (im Berufungsverfahren) und nach § 87 Abs. 3 (im zweitinstanzlichen Beschlussverfahren/Beschwerdeverfahren). Demgem. ist § 533 ZPO jedenfalls im ArbGG-Berufungsverfahren anzuwenden[4]. Das LAG Berlin-Brandenburg geht von der Anwendbarkeit des § 533 ZPO auch im Beschwerdeverfahren aus[5]. Das BAG führt aus, dass ein in erster Instanz voll obsiegender Antragsteller noch in zweiter Instanz eine Antragserweiterung vornehmen könne, – und zwar „gem. § 87 Abs. 2 Satz 1, § 64 Abs. 6 Satz 1 ArbGG iVm. § 533 ZPO"[6]. Der 1. Senat schränkt dies lediglich dahingehend ein, dass eine derartige Antragserweiterung (des erstinstanzlich voll obsiegenden Antragstellers) „nur durch eine Anschlussbeschwerde" möglich sei[7]. In einer anderen Entscheidung desselben Senats heißt es, dass eine Antragsänderung im Beschwerdeverfahren nur zulässig sei, wenn die übrigen Beteiligten zustimmten oder das Gericht die Änderung für sachdienlich halte, – und zwar „nach § 87 Abs. 2 Satz 3 Halbs. 2, § 81 Abs. 3 ArbGG"[8]. Die Frage der Anwendbarkeit des § 533 Nr. 2 ZPO hängt davon ab, ob man die in § 87 Abs. 2 Satz 3 Halbs. 2 – letzter Teil – enthaltene Verweisung auf § 81 Abs. 3 als abschließende Regelung zu verstehen hat oder ob daneben über § 87 Abs. 2 Satz 1 die Vorschrift des § 64 Abs. 6 Satz 1 anwendbar ist (und damit auch § 533 ZPO). Gegen die Anwendbarkeit des § 533 ZPO spricht, dass in § 87 Abs. 2 Satz 1 nicht generell und umfassend auf die für das Berufungsverfahren maßgebenden Vorschriften verwiesen wird, sondern nur in Bezug auf die dort genannten Regelungsgegenstände und Materien. Die Klage- oder Antragsänderung wird in § 87 Abs. 2 Satz 1 nicht – jedenfalls nicht *expressis verbis* – genannt. Ausdrücklich Bezug auf die Antragsänderung gem. § 81 Abs. 3 nimmt das Gesetz dagegen in § 87 Abs. 2 Satz 3 Halbs. 2 – letzter Teil –. Dies spricht dafür, dass die Antragsänderung **nicht** die zusätzlichen Anforderungen des § 533 Nr. 2 ZPO erfüllen muss[9].

64 Wegen der Fragen, wann eine Änderung des Antrags vorliegt und unter welchen Voraussetzungen das Gericht sie für sachdienlich halten kann, wird zunächst auf die entsprechenden Erläuterungen zu § 81 (§ 81 Rz. 111 ff., Rz. 117) verwiesen. Im Übrigen können für das Beschwerdeverfahren keine anderen Grundsätze gelten als für das Berufungsverfahren[10]. Bei materiell unverändertem Streitgegenstand – wenn der An-

---

1 Nämlich, dass sie (nur) auf Tatsachen gestützt werden kann, die das Gericht seiner Verhandlung und Entscheidung ohnehin „nach § 529 ZPO" zugrunde zu legen hat. Der Zweck des § 533 Nr. 2 ZPO (s. dazu Zöller/*Heßler*, § 533 ZPO Rz. 1) trifft auch auf das Beschlussverfahren zu. Auch hier erscheint es angebracht, den Beteiligten die Möglichkeit zu nehmen, durch prozessuale Maßnahmen, wie Antragsänderungen oder Widerbzw. Gegenanträge, die durch § 87 Abs. 3 an sich vorgesehene Beschränkung des Tatsachenstoffes zu umgehen.
2 ErfK/*Koch*, § 87 ArbGG Rz. 4.
3 Holthaus/*Koch*, RdA 2002, 140 (153); BAG v. 19.8.2010 – 8 AZR 315/09, NZA 2010, 1443.
4 BAG v. 25.1.2005 – 9 AZR 44/04, NZA 2005, 1365; ErfK/*Koch*, § 67 ArbGG Rz. 1 und 7.
5 Vgl. LAG Berlin-Brandenburg v. 19.7.2011 – 7 TaBV 764/11; das Gericht hat die Frage aber nicht weiter problematisiert. Es hat in apodiktischer Kürze festgestellt, dass in seinem Fall „die Voraussetzungen von § 533 Halbs. 2 ZPO ... unzweifelhaft" vorlagen.
6 So die von BAG v. 10.3.2009 – 1 ABR 93/07, NZA 2009, 622 zitierte Paragraphenkette.
7 BAG v. 10.3.2009 – 1 ABR 93/07, NZA 2009, 622. Da in diesem Fall eine Anschließung des Antragstellers/ArbGeb an das Rechtsmittel des BR nicht wirksam erfolgt war, nahm das BAG keine weiteren Feststellungen und Wertungen im Hinblick auf die §§ 529 und 533 ZPO vor.
8 So die von BAG v. 15.3.2011 – 1 ABR 112/09, NZA-RR 2011, 462 zitierte Paragraphenkette.
9 BeckOKArbR/*Roloff*, § 87 ArbGG Rz. 29; ebenso ErfK/*Koch*, § 87 ArbGG Rz. 4.
10 BAG v. 20.1.1976 – 1 ABR 44/75, NJW 1976, 727.

trag lediglich modifiziert wird – handelt es sich nicht um eine unzulässige Antragsänderung[1]. Allein mit dem Übergang des Betriebs auf einen neuen ArbGeb ändert sich der Verfahrensgegenstand regelmäßig nicht[2].

§ 264 ZPO ist für die Beurteilung der Zulässigkeit einer Antragsänderung im Beschlussverfahren entsprechend anwendbar, auch wenn dies in § 81 Abs. 3 nicht ausdrücklich ausgesprochen ist[3]. So kann in der Umstellung eines Feststellungsantrages auf einen Leistungsantrag eine nach § 264 Nr. 2 ZPO zulässige Antragserweiterung liegen, soweit sich der Leistungsantrag auf dasselbe Rechtsverhältnis bezieht und der zugrunde liegende Lebenssachverhalt, auf den der Antragsteller seinen Anspruch stützt, derselbe bleibt[4]. Die Änderung des Antrags ist uU auch dann noch in 2. Instanz möglich, wenn die Veränderung des den Verfahrensgegenstand prägenden Sachverhaltes schon im Verlauf der 1. Instanz eingetreten ist und die Antragsänderung schon zum damaligen Zeitpunkt möglich gewesen wäre[5]. Erfolgt auf Anregung des Gerichts in der Beschwerdeinstanz des Beschlussverfahrens nach Ablauf der Beschwerdefrist in Anpassung an einen veränderten Sachverhalt der Übergang von einem Feststellungsantrag zu einem Leistungsantrag, so muss diese Antragsänderung anerkannt werden[6].

Auch steht im Beschlussverfahren die Rücknahme eines von mehreren Anträgen in erster Instanz der neuerlichen Antragstellung in zweiter Instanz grds. nicht entgegenstehen. Damit wird idR eine Antragsänderung verbunden sein[7].

Wird die **Zustimmung** zur Antragsänderung nicht ausdrücklich erklärt, so **gilt** sie (doch) **als erteilt**, wenn die übrigen Beteiligten sich – ohne zu widersprechen und damit **rügelos** – in einem Schriftsatz oder im Anhörungstermin („in der mündlichen Verhandlung") auf den geänderten Antrag eingelassen haben (vgl. zu derartigen Fallkonstellationen[8]). Unter den in § 81 Abs. 3 Satz 1, § 87 Abs. 2 Satz 3 Halbs. 2 genannten Voraussetzungen nimmt das Gesetz bei einer erst im Beschwerdeverfahren erfolgten Antragsänderung den Verlust einer Tatsacheninstanz in Kauf.

Freilich setzt hier – in der 2. Instanz – die Antragsänderung die **Zulässigkeit der Beschwerde** (im Sinne der Erl. zu § 89) voraus. Erweist sich die Beschwerde als unzulässig – etwa weil sie zu spät eingelegt oder begründet worden ist –, so ist sie zu verwerfen, ohne dass über den geänderten Antrag in der Sache zu entscheiden wäre. Ist die Beschwerde jedoch zulässig, so kann eine Antragsänderung auch dann sachdienlich sein, wenn den Beteiligten eine Instanz verloren geht; dies hat jedenfalls dann zu gelten, wenn der Streitstoff im Wesentlichen derselbe ist. Sorgt der geänderte Antrag dafür, dass die eigentliche Streitfrage der Beteiligten endgültig gerichtlich geklärt und ein weiteres Verfahren vermieden wird, dann ist die **Sachdienlichkeit zu bejahen**[9], zumal dann, wenn das bisherige Vorbringen der Beteiligten durch die Antragsänderung nicht wertlos wird. Die Frage der Antragsbefugnis und die Begründetheit des mit der Antragserweiterung angebrachten Begehrens sind für dessen Sachdienlichkeit nicht maßgeblich[10].

Die Sachdienlichkeit kann dagegen **zu verneinen** sein, wenn ein völlig neuer Streitstoff zur Entscheidung gestellt wird, ohne dass die Möglichkeit besteht, das bisherige Prozessergebnis mit zu verwerten[11]. Zu Recht wird die Ansicht vertreten, dass im höheren Rechtszug das Vorliegen von „Sachdienlichkeit" strenger – als erstinstanzlich – zu prüfen sei[12].

---

1 Vgl. BAG v. 27.3.1979 – 6 ABR 15/77, AP Nr. 7 zu § 80 ArbGG 1953.
2 BAG v. 28.4.2009 – 1 ABR 97/07, NZA 2009, 1102.
3 BAG v. 4.12.2013 – 7 ABR 7/12, NZA 2014, 803 ff.; BAG v. 14.1.1983 – 6 ABR 39/82, DB 1983, 2142; BAG v. 17.11.2010 – 7 ABR 113/09; NZA 2011, 816 (zu § 264 Nr. 3 ZPO: Übergang von einem Freistellungs- auf einen Erstattungsantrag); BAG v. 30.9.2008 – 1 ABR 54/07, NZA 2009, 502 (Antragsbeschränkung: Übergang von einem Leistungs- zu einem Feststellungsantrag).
4 LAG Hamm v. 4.3.2005 – 10 TaBV 124/04; vgl. auch BAG v. 21.2.2006 – 3 AZR 77/05: ein Anschlussrechtsmittel sei entbehrlich.
5 BAG v. 14.1.1983 – 6 ABR 39/82, DB 1983, 2142.
6 BAG v. 20.1.1976 – 1 ABR 44/75, NJW 1976, 727.
7 BAG v. 12.11.2002 – 1 ABR 60/01, NZA 2004, 1290.
8 BAG v. 13.12.2011 – 1 ABR 2/10, NZA 2012, 571; BAG v. 14.9.2010 – 1 ABR 29/09, MDR 2011, 735; BAG v. 16.7.1991 – 1 ABR 69/90, NZA 1992, 72; BAG v. 23.4.1991 – 1 ABR 49/90, NZA 1991, 817; BAG v. 31.1.1989 – 1 ABR 60/87, NZA 1989, 606.
9 Vgl. dazu LAG Berlin-Brandenburg v. 9.12.2008 – 16 TaBV 1476/08; sowie – für das Verwaltungsstreitverfahren – OVG Thür. v. 16.2.1999 – 2 KO 769/96, ThürVBl. 1999, 209.
10 BAG v. 4.12.2013 – 7 ABR 7/12.
11 Ebenso BAG v. 15.3.2011 – 1 ABR 112/09, NZA-RR 2011, 462 zu einem Streitstoff, bei dessen Beurteilung das Ergebnis der bisherigen Prozessführung nicht verwertet werden konnte.
12 Vgl. LAG BW v. 11.8.2000 – 18 Sa 38/00 – sowie die Hinweise von Musielak/Voit/*Foerste*, § 263 ZPO Rz. 7 f.; eine strengere Prüfung erscheint im Hinblick auf den vom Gesetzgeber mit § 87 Abs. 3 verfolgten Zweck geboten.

70 Das LAG darf die Zulässigkeit der Antragsänderung nicht offen lassen. In eine sachlich-rechtliche Prüfung des Antragsbegehrens darf das Gericht grds. nur dann eintreten, wenn es die Antragsänderung für zulässig hält. Hat sich das Beschwerdegericht mit der Zulässigkeit der Antragsänderung nicht auseinander gesetzt, so kann das Rechtsbeschwerdegericht die unterbliebene Prüfung nachholen[1].

71 Die Vorschriften über die Antragsänderung sind auch dann zu beachten, wenn einem Beschwerdeverfahren ein **Dritter** mit einem eigenständigen – den Streit- bzw. Verfahrensgegenstand verändernden – Sachantrag **beitritt**. Entsprechendes gilt, wenn eine bereits am Verfahren beteiligte Person oder Stelle einen eigenen Sachantrag stellt, der den Streitgegenstand ändert oder erweitert[2]. Auch dann, wenn ein bisher am Verfahren Beteiligter nunmehr einen eigenen Sachantrag stellt, ist diese Änderung an die allgemeinen Zulässigkeitsvoraussetzungen einer Antragsänderung gebunden[3].

72 Nach § 81 Abs. 3 Satz 3 ArbGG ist die Entscheidung des LAG, dass eine Änderung des Antrags nicht vorliegt oder zugelassen wird, gerichtlich nicht überprüfbar[4]. Ein etwaiger (Zwischen-)Beschluss ist unanfechtbar. An die **Nichtzulassung einer Antragsänderung** durch das LAG wegen einer von diesem nicht angenommenen Sachdienlichkeit ist das BAG im Rechtsbeschwerdeverfahren dagegen **nicht gebunden**[5].

IV. Zurückweisung verspäteten Vorbringens; Präklusion (Abs. 3)

73 Die Vorschrift des § 83 Abs. 1 Satz 2 verpflichtet die Beteiligten eines Beschlussverfahrens an der Aufklärung des Sachverhalts mitzuwirken. Danach ist zunächst der Antragsteller gehalten, die anspruchsbegründenden Tatsachen vorzutragen. Hält das Gericht dieses Vorbringen oder die Einlassung eines anderen Beteiligten – etwa die des „Antragsgegners" – für unzureichend, hat es darauf hinzuweisen und Gelegenheit zu ergänzendem Vorbringen zu geben. Dabei können dem Antragsteller wie den sonstigen Beteiligten entsprechend dem auch für das Beschlussverfahren geltenden arbeitsgerichtlichen **Beschleunigungsgrundsatz** gem. § 83 Abs. 1a Fristen gesetzt werden, nach deren erfolglosem Ablauf das Gericht aufgrund des bis dahin bekannten Sachverhalts entscheiden kann. Darüber sind die Beteiligten zu belehren. Das gilt jedenfalls in Fällen, in denen das Gericht für die Feststellungen der entscheidungserheblichen Tatsachen auf die Mitwirkung der Beteiligten angewiesen ist[6]. Die Frage einer Präklusion oder Zurückweisung von streitigem Sachvortrag stellt sich auch im Rahmen des Beschwerdeverfahren gem. § 87 Abs. 3[7]. Unstreitiges Vorbringen ist idR zu berücksichtigen[8].

74 Für das Beschwerdeverfahren gelten für die Zurückweisung verspäteten Vorbringen gem. § 87 Abs. 3 folgende Möglichkeiten gegeben:
– **Präklusion:** Wurde im Beschluss der 1. Instanz (§ 84) verspätet **erfolgtes** Vorbringen, dh. den Tatsachenvortrag eines Beteiligten, „zu Recht", dh. unter Beachtung der formellen und inhaltlichen Voraussetzungen des § 83 Abs. 1a **zurückgewiesen**, so **bleibt** der verspätet vortragende Beteiligte mit diesem Vorbringen auch im Beschwerdeverfahren **ausgeschlossen** (§ 87 Abs. 3 Satz 1). Eine ordnungsgemäße Zurückweisung des ArbG, was das LAG zu überprüfen hat, führt zwingend zur Präklusion des Vorbringens; insoweit besteht für das LAG kein Ermessensspielraum für dessen Zulassung[9], so dass es unbeachtlich ist, ob die Berücksichtigung des Vorbringens die Erledigung des Rechtsstreits verzögern würde.
– **Zurückweisung:** Neues Vorbringen[10], das **in 1. Instanz** entgegen einer hierfür nach § 83 Abs. 1a gesetzten Frist **nicht vorgebracht** wurde, **kann** (nicht: muss) gem. § 87 Abs. 3 Satz 2 zurückgewiesen werden, wenn

---

1 Vgl. – für das Urteilsverfahren – BAG v. 9.11.1999 – 3 AZR 432/98, NZA 2001, 221.
2 BAG v. 31.1.1989 – 1 ABR 60/87, NZA 1989, 606; LAG Hamm v. 20.9.2012 – 10 TaBV 65/12.
3 BAG v. 27.1.1998 – 1 ABR 38/97.
4 BAG v. 15.4.2008 – 1 ABR 14/07, NZA 2008, 1020; BAG v. 12.11.2002 – 1 ABR 60/01, Rz. 16, NZA 2004, 1289; BAG v. 19.2.2002 – 1 ABR 20/01, NZA 2003, 1159.
5 BAG v. 23.2.2016 – 1 ABR 5/14, Rn. 16, NZA 2016, 972; BAG v. 4.12.2013 – 7 ABR 7/12, NZA 2014, 803.
6 BAG v. 12.5.1999 – 7 ABR 36/97, NZA 1999, 1290; s. dazu auch bei § 90 Rz. 8 ff.
7 S. zu § 83 Abs. 1a, § 87 Abs. 3: BAG v. 18.2.2003 – 1 ABR 17/02, NZA 2004, 336.
8 Str.; vgl. HWK/*Bepler/Treber*, § 67 ArbGG Rz. 2 und 4 sowie § 87 Rz. 15; BGH v. 16.10.2008 – IX ZR 135/07, NJW 2009, 685; BGH v. 18.11.2004 – IX ZR 229/03, NJW 2005, 291; BGH v. 31.1.1980 – VII ZR 96/79, NJW 1980, 945.
9 *Holthaus/Koch*, RdA 2002, 140 (159).
10 „Neu" ist ein Vorbringen, wenn es in der Vorinstanz nicht vorgetragen war. Darüber hinaus kann aber auch ein in zweiter Instanz konkretisiertes erstinstanzliches Vorbringen uU „neu" sein, nämlich etwa dann, wenn es einen (völlig) pauschalen erstinstanzlichen Vortrag konkretisiert oder erstmals substantiiert; aber nicht dann, wenn ein bereits schlüssiges oder erhebliches Vorbringen aus erster Instanz durch weitere Tatsachenbehauptungen zusätz-

- seine Zulassung nach der freien Überzeugung des LAG die Erledigung des Beschlussverfahrens **verzögern** würde[1] **und**
- der Beteiligte die Verzögerung nicht genügend entschuldigt (s. zu möglichen Entschuldigungsgründen die Erl. zu § 67 Rz. 34 f. und zu § 56 Rz. 37 f.). Anders als etwa in § 67 Abs. 2 Satz 2 ist für das Beschwerdeverfahren eine Glaubhaftmachung des Entschuldigungsgrundes nicht (ausdrücklich) vorgesehen. Die Entscheidung über die Zurückweisung liegt – anders als bei § 67 Abs. 2 Satz 1 – im Ermessen des LAG. Hat das LAG das Vorbringen zugelassen, ist diese Entscheidung nicht anfechtbar[2]. Sämtliche Beteiligten können nach hM auch durch **übereinstimmende Erklärung** auf die Zurückweisungsmöglichkeit des § 87 Abs. 3 Satz 2 **verzichten**[3]. Dies wird vor allem dann der Fall sein, wenn die Berücksichtigung dieses Vorbringens zweckdienlich ist, was das LAG auch bei seiner Ermessensentscheidung zu berücksichtigen hat.

Soweit neues Vorbringen nach § 87 Abs. 3 Satz 2 im Beschwerdeverfahren überhaupt **zulässig** ist, muss es gem. § 87 Abs. 3 Satz 3 der Beschwerdeführer in der **Beschwerdebegründung** und der Beschwerdegegner[4] in der „**Beschwerdebeantwortung**" (s. Rz. 76) vortragen. Wird es später vorgebracht, **kann** (nicht: muss) es gem. § 87 Abs. 3 Satz 4 vom LAG zurückgewiesen werden, wenn 75

- die Möglichkeit es vorzutragen, vor der Beschwerdebegründung oder Beschwerdebeantwortung entstanden ist, **und**
- das verspätete Vorbringen nach der freien Überzeugung des LAG die Erledigung des Rechtsstreits verzögern würde **und** auf dem Verschulden (Vorsatz oder Fahrlässigkeit) des Beteiligten beruht[5].

Diese Voraussetzungen müssen kumulativ vorliegen, was jedoch selten der Fall sein dürfte. Das LAG muss gem. § 87 Abs. 3 Satz 4 von seinem Ermessen Gebrauch machen und seine Entscheidung begründen.

Beschwerdegegner ist derjenige Beteiligte, der seinerseits durch eine abändernde Entscheidung des Beschwerdegerichts beschwert wäre oder doch zumindest in der Rechtsposition berührt würde, die seine Beteiligtenstellung begründet[6]. Der Beschwerdegegner ist zwar nach ordnungsgemäßer Zustellung verpflichtet, sich zur Beschwerde und Beschwerdebegründung zu äußern[7], dh. diese zu beantworten (§ 90 Abs. 1 Satz 1; s. dazu § 90 Rz. 5). Eine Frist für die Beschwerdebeantwortung besteht allerdings unmittelbar kraft Gesetzes nicht (§ 87 Abs. 2 Satz 1 verweist gerade nicht auf § 66 Abs. 1 Satz 3)[8]. Mit der „Beschwerdebeantwortung" meint das Gesetz in § 87 Abs. 3 Satz 3 aber erkennbar eine **fristgebundene** Äußerung. Fristgebunden ist die Äußerung gem. § 90 Abs. 1 Satz 1 jedoch erst nach entsprechender richterlicher Fristsetzung gem. § 83 Abs. 1a iVm. § 90 Abs. 2. Fehlt es an einer derartigen (mit § 521 Abs. 2 Satz 1 ZPO vergleichbaren) Fristsetzung, ist § 87 Abs. 3 Satz 3 auf den oder die Beschwerdegegner nicht anwendbar, – 76

---

lich verdeutlicht oder erläutert wird; vgl. für den Zivilprozess BGH v. 21.12.2011 – VIII ZR 166/11, NJW-RR 2012, 341. Vgl. zum Begriff „neu" auch die Erl. zu § 67 Rz. 9 und 15.
1 S. zum Verzögerungsbegriff die Erl. zu § 67 Rz. 29 ff.
2 BAG v. 18.2.2003 – 1 ABR 17/02, NZA 2004, 336.
3 HWK/*Bepler/Treber*, § 87 ArbGG Rz. 14; BeckOKArbR/*Roloff*, § 87 ArbGG Rz. 32; GWBG/*Greiner*, § 87 ArbGG Rz. 29; GK-ArbGG/*Ahrendt*, § 87 Rz. 42.
4 Das Gesetz kennt also den Begriff des Beschwerdegegners; aA GMP/*Matthes/Schlewing*, § 87 Rz. 29: ebenso wenig wie es einen Antragsgegner gebe, gebe es einen „Beschwerdegegner". Den Begriff des Beschwerdegegners verwendet nicht nur das Gesetz, sondern auch das BAG in seinen Entscheidungen: s. dazu BAG v. 9.12.2008 – 1 ABR 74/07; BAG v. 17.4.2003 – 8 ABR 24/02; BAG v. 27.7.2005 – 7 ABR 54/04; BAG v. 1.12.1996 – 4 ABR 1/95, NZA 1997, 565; BAG v. 2.4.1987 – 6 ABR 29/85, NZA 1988, 217; BAG v. 31.10.1972 – 1 ABR 4/72. Auch in der LAG-Rspr. wird der Begriff verwendet, vgl. bspw. LAG Hessen v. 6.5.1997 – 9 TaBV 187/96, BB 1998, 1011; LAG Rh.-Pf. v. 1.7.2010 – 5 TaBV 1/10.
5 Von der Zurückweisungsmöglichkeit des § 87 Abs. 3 Satz 4 hat bspw. das LAG Hessen v. 27.11.2007 – 4 TaBV 134/07, Gebrauch gemacht.
6 Das ist idR der Beteiligte, der erstinstanzlich obsiegt hat. Ähnlich AnwK-ArbR/*Breinlinger*, § 87 Rz. 26: Beschwerdegegner ist der durch den erstinstanzlichen Beschluss begünstigte Beteiligte. Bisweilen wird in der Lit. geltend gemacht, das Beschlussbeschwerdeverfahren kenne keinen „Beschwerdegegner" (vgl. BeckOKArbR/*Roloff*, § 90 ArbGG Rz. 3). Dieser Ansicht ist der eindeutige Wortlaut des Gesetzes entgegenzuhalten. Das Gesetz (§ 87 Abs. 3 Satz 3) kennt den „Beschwerdegegner". Freilich ist es – je nach Fallgestaltung – nicht ausgeschlossen, dass dem Beschwerdeführer mehrere Beschwerdegegner gegenüber stehen, möglicherweise sogar alle übrigen Beteiligten (vgl. BeckOKArbR/*Roloff*, § 87 ArbGG Rz. 33).
7 GMP/*Matthes/Schlewing*, § 90 Rz. 4.
8 Damit ähnelt die Rechtslage insoweit der, die sich für das ZPO-Berufungsverfahren aus § 521 Abs. 2 Satz 1 ZPO ergibt.

die Vorschrift läuft dann ins Leere[1]. Somit können die übrigen Beteiligten ihr Vorbringen schriftsätzlich bis unmittelbar vor bzw. mündlich sogar noch in dem Anhörungstermin vortragen[2].

77 § 87 Abs. 3 geht als Spezialregelung der Vorschrift des § 531 ZPO eindeutig vor[3]. Unanwendbar ist auch § 530 ZPO[4]. Auch § 67 findet im Beschlussverfahren keine Anwendung[5], denn in § 87 Abs. 2 Satz 1 wird nicht – jedenfalls nicht ausdrücklich – Bezug genommen auf die für das Berufungsverfahren maßgebenden Vorschriften über verspätetes Vorbringen und über die Zulassung neuer Angriffs- und Verteidigungsmittel. § 87 Abs. 3 enthält eine eigenständige, inhaltlich abschließende Regelung, die für die Beteiligten Einschränkungen der Zulassung von Vorbringen im Hinblick auf die Präklusionsvorschriften im erstinstanzlichen Verfahren vorsieht. Die Vorschrift des § 67 findet deswegen im Beschwerdeverfahren keine Anwendung[6]. Dies schließt es nicht von vornherein aus, bei der Auslegung von Rechtsbegriffen, die in § 87 Abs. 3 enthalten sind, die Rspr. zu ähnlichen – in § 67 enthaltenen – Rechtsbegriffen heranzuziehen; dabei sind jedoch immer die Besonderheiten des Beschlussverfahrens zu beachten. Mit dieser Maßgabe wird ergänzend auf die Erläuterungen zu § 67 verwiesen, zumal § 67 Abs. 1, 2 und 4 überwiegend § 87 Abs. 3 entsprechen.

78 Zwar ist gerade im Beschlussverfahren idR eine schnelle Erledigung des Verfahrens geboten[7]. Bei der Anwendung der Präklusionsvorschriften müssen die Gerichte gleichwohl in besonderem Maße die Grundsätze rechtsstaatlicher Verfahrensgestaltung beachten (Art. 103 Abs. 1 GG: Gewährung rechtlichen Gehörs[8]). Präklusionsvorschriften haben Ausnahmecharakter, so dass ihre Anwendung durch die Fachgerichte einer **strengen verfassungsrechtlichen Kontrolle** zu unterziehen ist[9]. Von ihnen sollte daher nur sparsam Gebrauch gemacht werden. Dies gilt auch für das Beschwerdeverfahren.

79 Die Entscheidung des LAG, das betreffende Vorbringen zuzulassen, ist nicht mit der Rechtsbeschwerde anfechtbar[10].

V. Die Wirkungen der Beschwerde (Abs. 4)

1. Der Devolutiveffekt

80 Die Anfechtung einer gerichtlichen Entscheidung stellt nur dann ein Rechtsmittel dar, wenn das Gesetz ihr neben einer aufschiebenden Wirkung (Hemmungswirkung/Suspensiveffekt) auch einen Devolutiveffekt, dh. die Wirkung verleiht, die Rechtssache vor eine höhere Instanz zu bringen[11]. Insoweit bewirkt die Einlegung der Beschwerde gegen einen verfahrensbeendenden Beschluss des ArbG nach den §§ 87–91 unmittelbar, selbst wenn sie im Einzelfall unzulässig ist, zunächst, dass das Beschlussverfahren in der 2. Instanz, also **bei dem Beschwerdegericht** (= LAG; in personalvertretungsrechtlichen Beschlussverfahren: bei dem OVG bzw. dem Verwaltungsgerichtshof/VGH) **anhängig** wird. Das Verfahren fällt als solches beim Beschwerdegericht an[12]. Somit entfaltet die Beschlussbeschwerde einen Devolutiveffekt. Eine Abhilfemöglichkeit entsprechend der allgemeinen Bestimmung zur sofortigen Beschwerde in § 572 Abs. 1 ZPO (iVm. § 78 Satz 1) ist dem ArbG nicht eröffnet[13]. Vielmehr ist das ArbG gem. § 318 ZPO an die Entscheidung, die in dem von ihm gem. § 84 erlassenen Beschluss enthalten ist, gebunden. Zwar gilt die Vorschrift des § 318 ZPO nach ihrem Wortlaut nicht für Beschlüsse. Gleichwohl ist § 318 ZPO auf (urteilsähnliche) Beschlüsse

---

1 Vgl. ErfK/*Koch*, § 87 ArbGG Rz. 4.
2 GMP/*Matthes/Schlewing*, § 87 Rz. 29; GWBG/*Greiner*, § 87 Rz. 30; GK-ArbGG/*Ahrendt*, § 87 Rz. 45.
3 ErfK/*Koch*, § 87 ArbGG Rz. 4; Stein/Jonas/*Althammer*, § 530 Rz. 31 und § 531 Rz. 25. Vgl. insoweit für eine vergleichbare Problematik – zum Vorrang des § 67 –: BAG v. 15.2.2005 – 9 AZN 892/04, NZA 2005, 484; BAG v. 19.8.2010 – 8 AZR 315/09; NZA 2010, 1443.
4 ErfK/*Koch*, § 87 ArbGG Rz. 4, der zu recht auch § 533 ZPO für unanwendbar hält; s. dazu Rz. 63.
5 Offen gelassen für § 67 Abs. 2 in BAG v. 18.2.2003 – 1 ABR 17/02, NZA 2004, 336.
6 Ebenso GWBG/*Greiner*, § 87 Rz. 26; HWK/*Bepler/Treber*, § 87 ArbGG Rz. 14; Hauck/Helml/Biebl/*Hauck*, § 87 Rz. 5.
7 BAG v. 27.11.1973 – 1 ABR 11/73, MDR 1974, 522.
8 Vgl. zB zu den verfassungsrechtlichen Anforderungen an die Zurückweisung eines verspäteten Beweisangebots durch Mitteilung der ladungsfähigen Anschrift eines Zeugen: BVerfG v. 26.10.1999 – 2 BvR 1292/96, NJW 2000, 945.
9 BVerfG v. 26.1.1995 – 1 BvR 1068/93, NJW 1995, 2980.
10 BAG v. 18.2.2003 – 1 ABR 17/02, NZA 2004, 336.
11 Vgl. LAG Köln v. 7.8.1998 – 11 Sa 1218/97, AP Nr. 19 zu § 9 ArbGG 1979; vgl. zum Devolutiv- und Suspensiveffekt auch BAG v. 1.4.1980 – 4 AZN 77/80, NJW 1980, 2599 und LAG Saarland v. 15.11.2006 – 1 Ta 19/06, ZTR 2006, 377.
12 Vgl. dazu und wegen der weitergehenden Hemmungswirkung Zöller/*Heßler*, Vor § 511 ZPO Rz. 4 und BGH v. 12.5.1992 – VI ZR 118/91, NJW 1992, 2296.
13 ErfK/*Koch*, § 87 ArbGG Rz. 2; GMP/*Matthes/Schlewing*, § 87 Rz. 6.

zumindest dann entsprechend anwendbar, wenn dem Rechtsmittel oder Rechtsbehelf ein automatischer Devolutiveffekt zukommt[1]. Unabänderbar – vom erlassenden Gericht – sind Beschlüsse, die der formellen Rechtskraft fähig sind. Beschlüsse, die gem. § 84 erlassen werden, sind der formellen Rechtskraft fähig.

2. Der Suspensiveffekt

Während § 705 Satz 2 ZPO insoweit bestimmt, dass die rechtzeitige Einlegung des Rechtsmittels den Eintritt der Rechtskraft hemmt, ordnet § 87 Abs. 4 Halbs. 1 ergänzend an, dass die **Einlegung der Beschwerde aufschiebende Wirkung** hat (ähnliche Regelungen enthalten für die Rechtsbeschwerde und die Nichtzulassungsbeschwerde § 92 Abs. 3 Satz 1 und § 72a Abs. 4 Satz 1 iVm. § 92a Satz 2)[2], so dass der **Eintritt der Rechtskraft der erstinstanzlichen Entscheidung gehemmt** wird. Eine Verwerfung der Beschwerde als unzulässig hat nach näherer Maßgabe der höchstrichterlichen Rspr. zur Folge, dass die Hemmungswirkung der eingelegten Beschwerde (erst) mit Rechtskraft des Verwerfungsbeschlusses entfällt[3]. Daraus ergibt sich, dass eine an sich statthafte und rechtzeitig eingelegte Beschwerde auch dann den Suspensiveffekt entfaltet, wenn sie im Übrigen unzulässig ist[4], bspw. weil sie nicht rechtzeitig begründet wird. 81

Aufschiebende Wirkung tritt auch dann ein, wenn die an sich statthafte Beschwerde erst nach Ablauf der Beschwerdefrist – also nicht rechtzeitig iSd. § 705 ZPO und des § 66 Abs. 1 Satz 1, § 87 Abs. 2 Satz 1 – eingelegt wurde, das Beschwerdegericht dem Beschwerdeführer wegen der Versäumung der Beschwerdefrist aber Wiedereinsetzung in den vorigen Stand gewährt[5]. Auch wenn ein Rechtsmittel (oder Rechtsbehelf) unzulässig ist, sagt dies nichts über die formelle Rechtskraft einer Entscheidung aus, solange es (oder er) nur an sich gegeben, also statthaft, ist und die Einlegungsfrist noch nicht abgelaufen ist[6]. 82

3. Einzelfragen zur aufschiebenden Wirkung der Beschwerde

Die Bestimmung des § 87 Abs. 4 Halbs. 1 ergänzt entsprechende materiell-rechtliche Vorschriften (insbesondere) des BetrVG, die Entscheidungen „des Arbeitsgerichts" vorsehen, – wie zB in den Fällen des § 19 Abs. 1, § 23 Abs. 1, § 99 Abs. 4 oder des § 103 Abs. 2 Satz 1 BetrVG. In derartigen Fällen entfaltet erst eine rechtskräftige Entscheidung rechtliche Bindungswirkung. 83

So steht die Ungültigkeit/Unwirksamkeit einer lediglich anfechtbaren (nicht: nichtigen) **BR-Wahl** erst mit der rechtskräftigen Entscheidung – die (auch) nur für die Zukunft wirkt – fest[7]. Bis zum rechtskräftigen Abschluss des Wahlanfechtungsverfahrens bleibt auch ein nicht ordnungsgemäß gewählter BR mit allen betriebsverfassungsrechtlichen Befugnissen im Amt[8]. Wird ein **Wahlvorstand** durch einen erstinstanzlichen Beschluss des ArbG durch einen neuen Wahlvorstand ersetzt, so darf der neue Wahlvorstand erst tätig werden und die BR-Wahl durchführen, wenn dieser Beschluss rechtskräftig ist[9]. Der Kündigungsschutz nach § 15 Abs. 3 KSchG verlangt jedoch nicht die materiell-rechtliche Wirksamkeit der gerichtlichen Bestellung[10]. 84

Im Rahmen des § 23 Abs. 1 BetrVG bewirkt erst der rechtskräftige Beschluss die Auflösung des BR; erst mit der Rechtskraft des den Ausschluss aussprechenden Beschlusses erlischt die Mitgliedschaft des BR-Mitglieds im BR. 85

---

1 BAG v. 2.4.1987 – 6 ABR 29/85, NZA 1988, 217; Zöller/*Vollkommer*, § 318 ZPO Rz. 9; anwendbar ist freilich auch § 319 ZPO, vgl. dazu BAG v. 29.8.2001 – 5 AZB 32/00, NZA 2002, 286: fehlerhafter, aber nicht „greifbar gesetzwidriger" LAG-Berichtigungsbeschluss, durch den der Tenor einer bereits verkündeten Entscheidung in sein Gegenteil verkehrt wurde.
2 Vgl. dazu LAG Berlin v. 13.7.2004 – 16 TaBV 2358/03.
3 GmSOGB v. 24.10.1983 – GmS-OGB 1/83, NJW 1984, 1027; s. dazu BFH v. 15.12.1999 – XI R 75/97; zum Umfang der Hemmungswirkung: BAG v. 20.7.2004 – 9 AZR 570/03 (Erstreckung auf die gesamte erstinstanzliche Entscheidung).
4 GMP/*Matthes/Schlewing*, § 87 Rz. 6; ErfK/*Koch*, § 87 ArbGG Rz. 2; HWK/*Bepler/Treber*, § 87 ArbGG Rz. 19.
5 Vgl. GMP/*Matthes/Schlewing*, § 87 Rz. 6; Vgl. zur ähnlichen Problematik bei der Nichtzulassungsbeschwerde (§ 72a Abs. 4 Satz 1 iVm. § 92a Satz 2) bei § 91 Rz. 27.
6 BAG v. 28.2.2008 – 3 AZB 56/07, NZA 2008, 660.
7 BAG v. 13.3.1991 – 7 ABR 5/90, NZA 1991, 946.
8 BAG v. 27.7.2011 – 7 ABR 61/10, NZA 2012, 345.
9 LAG Hamm v. 14.8.2009 – 10 TaBVGa 3/09, NZA-RR 2010, 191; LAG Nds. v. 4.12.2003 – 16 TaBV 91/03, NZA-RR 2004, 197 unter Bezugnahme auf BAG v. 25.9.1986 – 6 ABR 68/84, NZA 1987, 708; BAG v. 10.11.2004 – 7 ABR 19/04, NZA 2005, 426; vgl. auch LAG Köln v. 29.5.2013 – 3 TaBVGa 3/13: für die wirksame gerichtliche Bestellung eines Wahlvorstands ist ein rechtskräftiger Beschluss in der Hauptsache erforderlich.
10 BAG v. 26.11. 2009 – 2 AZR 185/08, NZA 2010, 443.

86 Bedeutsam ist die aufschiebende Wirkung der Beschwerde insbesondere in den Fällen, in denen der wirksame Kündigungsausspruch von der gerichtlich ersetzten Zustimmung einer dritten Stelle (etwa des BR) abhängt. So kann der ArbGeb einem BR-Mitglied erst dann wirksam eine außerordentliche Kündigung aussprechen, wenn der Beschluss über die Ersetzung der vom BR verweigerten Zustimmung (§ 103 Abs. 2 BetrVG) rechtskräftig bzw. unanfechtbar ist, § 15 Abs. 1 KSchG. Eine vor diesem Zeitpunkt erklärte Kündigung ist nicht nur schwebend unwirksam, sondern unheilbar nichtig. Die diesbezügliche Rspr.[1] ist aber nicht dahin zu verstehen, der ArbGeb müsse im Falle einer offensichtlich unstatthaften Divergenzbeschwerde gegen einen die Zustimmung des BR ersetzenden Beschluss der ArbG zur Wahrung der Zwei-Wochen-Frist des § 626 Abs. 2 BGB die Kündigung bereits vor Eintritt der formellen Rechtskraft dieses Beschlusses aussprechen[2].

4. Die vorläufige Vollstreckbarkeit (§ 87 Abs. 4, Halbs. 2)

87 Soweit sich aus § 85 Abs. 2 nichts anderes ergibt, findet die **Zwangsvollstreckung nur aus rechtskräftigen** Beschlüssen der ArbG oder gerichtlichen Vergleichen statt, durch die einem Beteiligten eine Verpflichtung auferlegt wird. Die aufschiebende Wirkung einer Beschwerde hängt nicht von deren Zulässigkeit ab.

88 Für **vermögensrechtliche Streitigkeiten** (s. zu diesem Begriff oben bei § 85 Rz. 8 ff.[3]) gilt es freilich die in § 87 Abs. 4 Halbs. 2 enthaltene Ausnahme zu beachten: Beschlüsse der ArbG in vermögensrechtlichen Streitigkeiten sind bzw. bleiben – auch nach Einlegung der Beschwerde – **vorläufig vollstreckbar**. Da aus dem Tenor nicht immer ersichtlich ist, ob die eine Verpflichtung aussprechende Entscheidung in einer vermögensrechtlichen Streitigkeit ergangen ist, sollte die vorläufige Vollstreckbarkeit (insoweit anders als bei Urteilen) in der Entscheidungsformel selbst zum Ausdruck gebracht werden[4]. Nach der Gegenmeinung bedarf die vorläufige Vollstreckbarkeit angesichts ihrer gesetzlichen Anordnung keiner ausdrücklichen Tenorierung[5]. Soweit es um die **Einstellung** der Zwangsvollstreckung aus einem vorläufig vollstreckbaren Beschluss des ArbG geht, gilt § 62 Abs. 1 Satz 2–5 gem. § 85 Abs. 1 Satz 2 entsprechend (s. § 85 Rz. 12)[6]. Für Vollstreckungsschutzanträge ist nach Einlegung der Beschwerde das LAG zuständig (§ 719 Abs. 1 Satz 1, § 707 Abs. 1 ZPO).

89 Die einstweilige Verfügung im Beschlussverfahren ist grds. sofort vollstreckbar, wenn alle Voraussetzungen für deren Vollziehung vorliegen[7]. Die aufschiebende Wirkung einer nach § 87 dagegen eingelegten Beschwerde ändert daran nichts[8].

90 Fraglich ist, ob für die besondere Art der Vollstreckung (= **Vollziehung**) von Entscheidungen im Rahmen des einstweiligen Rechtsschutzes die Bestimmung des § 62 Abs. 1 gilt[9]. Diese Frage ist wohl zu verneinen (s. dazu bei § 62 Rz. 122). Für das Verfahren des einstweiligen Rechtsschutzes gelten modifiziert gem. § 85 Abs. 2 Satz 2 die Vorschriften des 8. Buches der ZPO. Wurde gegen eine – ausnahmsweise ohne mündliche Verhandlung/Anhörung erlassene – Beschlussverfügung Widerspruch eingelegt, so kann das Gericht, das über den Widerspruch zu befinden hat, zuvor nach § 707 ZPO eine einstweilige Anordnung treffen, ohne an die Beschränkungen des § 62 Abs. 1 Satz 2 und des § 707 Abs. 1 Satz 2 ZPO gebunden zu sein (§ 924 Abs. 3 ZPO).

91 Anders verhält es sich dagegen bei einstweiligen Verfügungen, die aufgrund mündlicher Verhandlung/Anhörung erstmals ergangen sind oder nach Widerspruch bestätigt werden. Insoweit kann das LAG als Beschwerdegericht die Vollziehung nur ausnahmsweise einstellen (§§ 719, 707 ZPO).

---

1 Vgl. BAG v. 25.1.1979 – 2 AZR 983/77, DB 1979, 1704.
2 S. die Klarstellung in BAG v. 9.7.1998 – 2 AZR 142/98, NZA 1998, 1273; vgl. dazu auch LAG Nds. v. 22.1.2010 – 10 Sa 424/09.
3 Sowie zur Abgrenzung: BAG v. 22.1.2013 – 1 ABR 92/11, NZA 2013, 752.
4 *Rudolf*, NZA 1988, 420 (421); HWK/*Bepler/Treber*, § 85 ArbGG Rz. 8.
5 LAG Berlin-Brandenburg v. 17.7.2012 – 10 Ta 1367/12.
6 HWK/*Bepler/Treber*, § 85 ArbGG Rz. 2.
7 GMP/*Matthes/Spinner*, § 85 ArbGG Rz. 29; Zöller/*Vollkommer*, ZPO § 929 Rz. 1.
8 LAG Berlin v. 12.11.2003 – 3 Ta 2142/03, DB 2003, 2796 = LAGE § 85 ArbGG 1979 Nr. 6.
9 Vgl. LAG Hamm v. 10.6.1988 – 8 Ta 254/88, DB 1988, 1908; LAG Hamm v. 6.5.1977 – 3 TaBV 35/77, DB 1977, 1420; LAG Nürnberg v. 21.8.1985 – 6 TaBV 3/85.

§ 88 Beschränkung der Beschwerde

§ 65 findet entsprechende Anwendung.

I. Allgemeines 1
II. Ausgeschlossene Beschwerdegründe
  1. Berufung der ehrenamtlichen Richter 4
  2. Zulässigkeit des Rechtswegs und der Verfahrensart 5
  3. Örtliche Zuständigkeit 11
III. Die Ausnahmen vom Prüfungsverbot
  1. Die Notwendigkeit von Ausnahmen 12
  2. Die weitere Verfahrensweise des LAG (Fallgruppen) 17
    a) Das ArbG hat die Rechtswegrüge nicht beschieden 18
    b) Das ArbG entscheidet zu Unrecht in der Verfahrensart des Beschlussverfahrens ... 19
IV. Rechtsfolgen 21

Schrifttum: *Busemann*, Aktuelle Rechtsprechung zum Verfahrensrecht des ArbGG-Beschlussverfahrens, NZA-RR 2014, 457; *Kissel*, Die neuen §§ 17 bis 17b GVG in der Arbeitsgerichtsbarkeit, NZA 1995, 345; *Treber*, Aufrechterhaltung eines Arrestbefehls im Widerspruchsverfahren, der durch sachlich unzuständiges Gericht vor Verweisung an das zuständige erlassen wurde, jurisPR-ArbR 7/2006 Anm. 6.

I. Allgemeines

§ 88 bezieht sich auf bestimmte im Beschwerdeverfahren ausgeschlossene **Beschwerdegründe**. Sieht man einmal von der Zurückweisung bzw. dem Ausschluss verspäteten Vorbringens ab (vgl. § 87 Abs. 3[1]), wird das Beschlussverfahren an sich im Beschwerdeverfahren vor dem LAG[2] in **tatsächlicher und rechtlicher Hinsicht neu verhandelt** und die **erstinstanzliche Entscheidung vollumfänglich überprüft**. Wegen des (eingeschränkten) Untersuchungsgrundsatzes ist das LAG zudem nicht auf die vorgebrachten Beschwerdegründe beschränkt. Von daher könnte man annehmen, dass sich der Prüfungsumfang des Beschwerdegerichts auch darauf erstreckt, dass der beschrittene Rechtsweg und die Verfahrensart zulässig sind, ob die 1. Instanz die örtliche Zuständigkeit zu Recht angenommen hat und ob an der erstinstanzlichen Entscheidung Richter mitgewirkt haben, die an sich nicht hätten mitwirken dürfen. Etwaige Mängel im Verfahren des ArbG in den genannten Rechtsmaterien sind aber im Hinblick auf die Beschränkung der Beschwerdegründe, wie sich aus § 88 und der entsprechenden Anwendung des § 65 ergibt (s. dazu zunächst die Erläuterungen zu § 65), als Beschwerdegründe im Rahmen des Beschwerdeverfahrens ausgeschlossen. Die Bestimmung des § 88 hat wegen des Verweises auf § 65 und des Zurückverweisungsverbots des § 91 Abs. 1 Satz 2 nur eine eingeschränkte eigenständige Bedeutung[3]. Der Katalog der von der Prüfungskompetenz ausgenommen Rechtsfragen des § 65 ist abschließend und darf nicht erweiternd ausgelegt werden[4]. 1

Diese **Einschränkung** der **Beschwerdegründe** und damit der **Prüfungskompetenz des LAG** ergibt sich daraus, dass dem Beschwerdegericht eine Zurückverweisung des Beschlussverfahrens an das ArbG verwehrt ist. Mit Rücksicht auf dieses – sich aus § 91 Abs. 1 Satz 2 ergebenden – **Zurückverweisungsverbot** ist es für die Beschwerdeentscheidung des LAG grds. bedeutungslos, ob dem ArbG in 1. Instanz Verfahrensfehler unterlaufen sind. Je nachdem, welche Verfahrensfehler dem ArbG unterlaufen sind[5], können erstinstanzliche Verfahrensmängel in Ausnahmefällen allerdings dazu führen, dass das Beschwerdegericht das Beschlussverfahren im Rahmen einer zulässigen Beschwerde gewissermaßen wie ein erstinstanzliches Gericht durchführen muss, ohne Ergebnisse der bisherigen erstinstanzlichen Prozessführung verwerten zu können[6]. 2

---

1 S. dazu die Erläuterungen bei § 87 Rz. 73 ff.
2 Bzw. – in personalvertretungsrechtlichen Beschlussverfahren – vor dem OVG oder vor dem VGH; vgl. dazu bei § 87 Rz. 2.
3 GMP/*Matthes/Schlewing*, § 88 Rz. 2; vgl. auch GWBG/*Greiner*, § 88 Rz. 1.
4 Die Prüfungssperre gilt bspw. nicht für das Verhältnis der Arbeitsgerichte zu den nach dem Betriebsverfassungsgesetz errichteten Stellen für eine innerbetriebliche Streitschlichtung, vgl. BAG v. 11.2.2014 – 1 ABR 76/12, NZA-RR 2015, 26.
5 Bspw. Fehler bei der Heranziehung der ehrenamtlichen Richter (§ 31 Abs. 1), die dazu führen, dass die Richterbank nicht vorschriftsmäßig besetzt ist.
6 HWK/*Bepler/Treber*, § 88 ArbGG Rz. 4 und § 91 ArbGG Rz. 3. Dies kann im Einzelfall bedeuten, dass die für die Entscheidung erforderlichen tatsächlichen Feststellungen neu zu treffen sind und eine erstinstanzlich durchgeführte Beweisaufnahme zu wiederholen ist.

3 Selbstverständlich darf das **LAG** – auch wenn für seine Entscheidung Verfahrensfehler, die dem ArbG unterlaufen sind, grds. unerheblich sind – etwaige Verfahrensfehler des ArbG nicht wiederholen oder ähnliche Verfahrensfehler neu begehen, zB hinsichtlich der Beteiligung oder Nichtbeteiligung gem. den § 83 Abs. 3 und § 90 Abs. 2 anzuhörender Personen oder Stellen.

II. Ausgeschlossene Beschwerdegründe

1. Berufung der ehrenamtlichen Richter

4 Unerheblich für die Beschwerdeentscheidung des LAG ist insbesondere, ob bei der **Berufung der erstinstanzlichen Richter** dem ArbG gem. § 20 Verfahrensfehler unterlaufen sind oder Umstände vorgelegen haben, die die Berufung eines ehrenamtlichen Richters zu seinem Amte nach §§ 21–23 ausschließen. Dementsprechend kann die Beschwerde sind auf entsprechende Mängel gestützt werden. Auf konkrete Rüge ist jedoch zu prüfen, ob die Teilnahme des ehrenamtlichen Richters an dem erstinstanzlichen Anhörungstermin ordnungsgemäß erfolgt ist, bspw. ob er entsprechend der nach der Liste gebotenen Reihenfolge herangezogen wurde (s. § 31), ob er beeidet wurde oder ob seine Amtszeit nicht bereits abgelaufen war.

2. Zulässigkeit des Rechtswegs und der Verfahrensart

5 Ausgeschlossen als Beschwerdegrund ist die fehlerhafte Bejahung von Rechtsweg und Verfahrensart, wenn die Vorinstanz die Verfahrensgrundsätze des § 17a Abs. 2–4 GVG beachtet und eine Vorab-Entscheidung getroffen hat. § 17a Abs. 5 GVG ordnet bereits an, dass das Gericht, das über ein Rechtsmittel gegen eine Entscheidung in der Hauptsache zu befinden hat, nicht prüft, ob der beschrittene Rechtsweg zulässig ist. Dieses **Prüfungsverbot** bzgl. des zulässigen Rechtswegs – auch Prüfungssperre genannt – wird in dem in § 88 in Bezug genommenen § 65 wiederholt. Das Prüfungsverbot des § 88 erstreckt sich weiter auf die Frage, ob die im arbeitsgerichtlichen Verfahren gewählte Verfahrensart (Urteils- oder Beschlussverfahren?) zulässig ist (§ 48 Abs. 1), so dass im Rahmen eines Beschwerdeverfahrens auch Angelegenheiten zu verhandeln sein können, die nicht vom Katalog des § 2a erfasst werden, was ggfls. zu Nachteilen für die Beteiligten führen kann, da es im Beschlussverfahren keine Säumnisentscheidung gibt und auch keine Kostengrundentscheidung getroffen wird[1].

6 Die Prüfungssperre ergibt sich daraus, dass gegen die entsprechenden Vorab-Beschlüsse des ArbG den Beteiligten nach § 17a Abs. 4 Satz 3 GVG iVm. § 78 Satz 1 die sofortige Beschwerde als statthaftes Rechtsmittel zur Verfügung steht. Wenn diese nicht eingelegt wird, ist die Entscheidung im Verhältnis der Beteiligten zueinander bindend und der Prüfungskompetenz des LAG im Hauptsacheverfahren zurecht entzogen.

7 Das Prüfungsverbot gilt auch, wenn der Rechtsstreit von einem Gericht zu Unrecht durch rechtskräftigen Beschluss (§ 17a Abs. 2 Satz 3 GVG) eines anderen Gerichts an die Gerichte für Arbeitssachen verwiesen wurde[2], solange es sich bei dem Verweisungsbeschluss nicht um eine krasse Rechtsverletzungen bzw. um eine krasse Fehlbeurteilung handelt, die ausnahmsweise zu einer Durchbrechung der gesetzlichen Bindungswirkung eines rechtskräftigen Verweisungsbeschlusses führt[3].

8 Der Grundsatz der eingeschränkten Prüfungskompetenz des Beschwerdegerichts ist auch dann zu beachten, wenn das ArbG die Zulässigkeit des Rechtswegs und der Verfahrensart **stillschweigend** durch Erlass eines das erstinstanzliche Verfahren in der Hauptsache beendenden Beschlusses gem. § 84 bejaht hat oder diese Fragen **inzident** bzw. **implizit** im Rahmen der Entscheidung zur Hauptsache mitentschieden hat[4]. Das Vorstehende gilt auch dann, wenn die Parteien/Beteiligten im ersten Rechtszug die mit der Rechtswegwahl und der Wahl der Verfahrensart zusammenhängenden Rechtsfragen weder gesehen noch erörtert haben und dementsprechend zur Sache verhandelt haben. Für das Rechtsmittelverfahren folgt daraus, dass ein entsprechender – in 1. Instanz unbeanstandet gebliebener – Mangel des Rechtswegs oder der Verfahrensart gewissermaßen geheilt ist. Die Heilung führt dazu, dass das Rechtsmittelverfahren so weiterzuführen ist, als sei der Mangel nicht vorhanden[5]. Etwas anderes gilt insoweit ausnahmsweise aber dann, wenn das ArbG dabei verfahrensfehlerhaft die entsprechende Zulässigkeitsrüge eines Beteiligten bzw. einer Partei iSd. § 17a Abs. 3 Satz 2 GVG und des § 48 Abs. 1 übergeht (s. dazu näher Rz. 12 ff.).

---

1 GMP/*Matthes*/*Schlewing*, § 88 Rz. 5.
2 GK-ArbGG/*Ahrendt*, § 88 Rz. 8; BAG v. 14.12.1998 – 5 AS 8/98, NZA 1999, 390.
3 BAG v. 2.7.2014 – 10 AS 3/14, NZA 2015, 448; BGH v. 11.8.2015 – X ARZ 174/15, NZA-RR 2015, 552 ff.
4 BAG v. 20.4.1999 – 1 ABR 72/98, NZA 1999, 887; OVG NRW v. 9.4.2003 – 1 A 500/01. PVL.
5 Vgl. BGH v. 18.9.2008 – V ZB 40/08, NJW 2008, 3572.

In **personalvertretungsrechtlichen Beschlussverfahren** bedeutet die nach § 83 Abs. 2 BPersVG gebotene sinngemäße Anwendung der Vorschriften des ArbGG, dass die Verwaltungsgerichte gem. § 48 Abs. 1 Satz 1 ArbGG die §§ 17–17b GVG entsprechend anzuwenden haben[1]. Das Beschwerdegericht (OVG/VGH) ist nach einer erstinstanzlichen Sachentscheidung gem. den §§ 65 und 88 an einer Überprüfung des beschrittenen Rechtswegs und der Verfahrensart gehindert, wenn im erstinstanzlichen Verfahren eine Rüge fehlender Zuständigkeit der Fachkammer nicht erhoben worden ist. Die Prüfsperre tritt allerdings nicht ein, wenn die Vorinstanz gegen die verfahrensrechtlichen Bestimmungen verstoßen hat, welche im Zusammenhang mit der Beurteilung der zulässigen Verfahrensart und des Rechtswegs zu beachten sind[2] (s. dazu näher Rz. 12 ff.).

Hinsichtlich **der internationalen Zuständigkeit** scheidet ein Vorabentscheidungsverfahren gem. § 17a Abs. 3 GVG iVm. § 48 Abs. 1 aus[3]. Entsprechendes gilt für die Klärung der Frage, inwieweit die Beteiligten der **deutschen Gerichtsbarkeit** gem. §§ 18–20 GVG unterworfen sind (oder ob sie Immunität genießen). Hierüber kann allerdings vorab (jeweils) abgesondert verhandelt und dann ein entsprechender Zwischenbeschluss erlassen werden[4]. Das Verhältnis der staatlichen Gerichtsbarkeit zu den von einer **Kirche** im Rahmen ihrer Selbstbestimmung errichteten Kirchengerichten (Art. 140 GG iVm. Art. 137 WRV) regelt § 17a GVG ebenfalls nicht[5]. Diese Aspekte sind also nicht von der Prüfsperre des § 88 erfasst.

3. Örtliche Zuständigkeit

Hat das ArbG die **örtlichen Zuständigkeit** (vgl. § 82 und die dortigen Erl.) durch gesonderten Vorabbeschluss (§ 48 Abs. 1 Nr. 1 iVm. § 17a Abs. 3 GVG) ausdrücklich bejaht, ist dieser Beschluss kraft gesetzlicher Anordnung gem. § 17a Abs. 5 GVG iVm. § 48 Abs. 1 Satz 1, § 80 Abs. 3[6] unanfechtbar. Hat das ArbG hingegen die örtliche Zuständigkeit inzident im instanzbeendenden Beschluss gem. § 84 zu Unrecht bejaht, so ist das Beschlussverfahren nicht etwa unter Aufhebung des erstinstanzlichen Beschlusses an das örtlich zuständige ArbG zu verweisen. Insoweit bleibt es vielmehr dabei, dass hinsichtlich der örtlichen Zuständigkeit die Prüfungskompetenz des Rechtsmittelgerichts ausgeschlossen ist (§ 87 Abs. 2 Satz 1, § 64 Abs. 6 Satz 1 iVm. § 513 Abs. 2 ZPO)[7]. Diese Prüfungssperre gilt – abweichend zu den Regelungen zum Rechtsweg und zur Verfahrensart – auch in den Fällen fehlerhafter Behandlung von Rügen zur örtlichen Zuständigkeit (s. dazu näher Rz. 12 ff.).

III. Die Ausnahmen vom Prüfungsverbot

1. Die Notwendigkeit von Ausnahmen

Die Bestimmungen des § 17a Abs. 5 GVG sowie der §§ 48 und 65 setzen als selbstverständlich voraus, dass im erstinstanzlichen Verfahren die Fragen des Rechtsweges, der Verfahrensart und der örtlichen Zuständigkeit ordnungsgemäß geprüft worden sind und verfahrensmäßig einwandfrei entschieden worden sind, – dass also insbesondere die entsprechende **Rüge** eines Beteiligten oder einer Partei nicht **verfahrensfehlerhaft übergangen** worden ist, sondern eine entsprechende Vorab-Entscheidung erlassen wurde. Dabei muss die Rüge iSd. Gesetzes den Willen des Beteiligten bzw. der Partei verdeutlichen, dass das Gericht über seine gesetzlich vorausgesetzte allgemeine Prüfungspflicht hinaus vorab die Rechtswegfrage bzw. die Frage der zulässigen Verfahrensart formell klären möge[8]. Durch diese gesetzlichen Vorgaben soll zu einem möglichen früheren Zeitpunkt erstinstanzlich eine bindende Vorabentscheidung ergehen. Hält sich das ArbG nicht an die gesetzlich vorgegebene Verfahrensweise, dann **dürfen die Parteien/Beteiligten durch die unrichtige Verfahrensweise des ArbG keine Nachteile in ihren prozessualen Rechten erleiden**[9]. Entsprechendes gilt, wenn das ArbG eine Person oder Stelle, die es gem. § 83 Abs. 3 hätte beteiligen müssen,

---

1 BVerwG v. 30.1.2013 – 6 P 5/12, BVerwGE 145, 368 ff. = NZA-RR 2013, 446.
2 S. dazu näher BVerwG v. 30.1.2013 – 6 P 5/12, NZA-RR 2013, 446 mit Anm. *Busemann*, NZA-RR 2014, 457.
3 LAG Rh.-Pf. v. 15.10.1991 – 10 Ta 159/91, NZA 1992, 138; vgl. zu § 513 Abs. 2 ZPO auch BGH v. 16.12.2003 – XI ZR 474/02, NJW 2004, 1456.
4 Vgl. BAG v. 7.11.2000 – 1 ABR 55/99, NZA 2001, 1211.
5 BAG v. 12.10.2010 – 9 AZR 554/09, NZA-RR 2011, 216; BVerwG v. 28.4.1994 – 2 C 23.92, NJW 1994, 3367.
6 Vgl. BAG v. 5.9.1995 – 9 AZR 533/94, NZA 1996, 610.
7 GWBG/*Greiner*, § 88 Rz. 3.
8 OVG NRW v. 30.10.1997 – 1 A 3743/94. PVB, NZA-RR 1998, 431.
9 LAG Schleswig-Holstein v. 16.2.2012 – 4 TaBV 28/11; BAG v. 16.12.2009 – 5 AZR 125/09; *Kissel*, NZA 1995, 345 (350 f.); Zöller/*Lückemann*, § 17a GVG Rz. 17. AA möglicherweise BAG v. 28.4.1992 – 1 ABR 68/91, NZA 1993, 31; dort wurde angenommen, das Revisionsgericht könne den Rechtsweg auch dann nicht überprüfen, wenn die Vorinstanzen trotz rechtzeitiger Rüge keine Vorabentscheidung getroffen haben. Ob dem zu folgen ist, lässt BAG v. 24.3.1998 – 9 AZR 172/97, NZA 1999, 107 offen.

13 Wird trotz Rüge nicht vorab in einem gesonderten Beschluss über die Zulässigkeit von Rechtsweg und/oder Verfahrensart gem. § 17a Abs. 4 Satz 3 GVG entschieden, sondern erst in der die Instanz beendenden Entscheidung[3], gilt nach Ansicht des BAG der Grundsatz der **Meistbegünstigung**. Das Verfahren müsse auf den Weg gebracht werden, auf den es bei korrekter Entscheidung des ArbG gelangt wäre[4]. In einem derartigen Fall greifen § 17a Abs. 5 GVG sowie die § 65 und § 88 nicht ein. Vielmehr ist in einem derartigen Fall die Zulässigkeit des Rechtsweges und der Verfahrensart auch noch vom Rechtsmittelgericht der Hauptsache zu prüfen[5].

14 Bejaht das ArbG – trotz vorheriger Rüge – die Zulässigkeit des Rechtsweges oder der Verfahrensart nur in den Gründen der erstinstanzlichen Entscheidung oder (überhaupt nur) konkludent, so dass es zu Unrecht nicht durch besonderen Beschluss (§ 17a Abs. 3 GVG) vorab entschieden hat, dann ist die Beschwerde nach § 87 Abs. 1 (auch) als sofortige Beschwerde gem. § 83 Abs. 5 und § 78 ArbGG iVm. § 17a Abs. 4 GVG zu behandeln, wenn der Beschwerdeführer seine erstinstanzlich erhobenen Rüge im Beschwerdeverfahren aufrechterhält[6] bzw. die prozessordnungswidrige Verfahrensweise des ArbG beanstandet. Dies bedeutet, dass das Rechtsmittelgericht unter diesen Voraussetzungen berechtigt ist, auch die Frage der Zulässigkeit des Rechtsweges und der Verfahrensart zu überprüfen, so dass eine Ausnahme vom Prüfungsverbot besteht[7].

15 Die Zulässigkeit des beschrittenen Rechtswegs kann entgegen dem Grundsatz des § 17a Abs. 5 GVG auch noch im Beschwerdeverfahren überprüft werden, wenn in der Beschlussphase eines Verfahrens des vorläufigen Rechtsschutzes bis zur erstinstanzlichen Entscheidung der Antragsgegner nicht beteiligt war, da er unter diesen Umständen in erster Instanz keine Gelegenheit hatte, eine die Zulässigkeit des Rechtswegs betreffenden Rüge gem. § 17a Abs. 3 Satz 2 GVG zu erheben[8]. Entsprechendes gilt, wenn erstinstanzlich das ArbG nicht alle Beteiligten in das Verfahren einbezogen hat und einer der erstmals in der Beschwerdeinstanz Beteiligten die Rüge nach § 17a GVG erhebt[9].

16 Die vorstehenden Erwägungen und Ausnahmen lassen sich jedoch nicht auf die unzutreffende Annahme der **örtlichen Zuständigkeit** bzw. das Versäumnis einer entsprechenden Vorabentscheidung wegen § 48 Abs. 1 Nr. 1 übertragen. Das LAG hätte wegen der gesetzlich angeordneten Unanfechtbarkeit selbst bei einem ordnungsgemäßen Beschluss des ArbG nach § 17a Abs. 3 Satz 2 GVG, § 48 Abs. 1 Nr. 1, § 80 Abs. 3 keine Möglichkeit der Überprüfung im Beschwerdeweg, dh. selbst bei korrektem Verfahren könnten die Beteiligten/Parteien die Entscheidung des ArbG nicht gerichtlich überprüfen lassen. Da keine Instanz genommen und insoweit kein Rechtsnachteil zugefügt wurde, verbleibt es in den Fällen fehlerhafter Behandlung von Rügen zur örtlichen Zuständigkeit bei der oben (Rz. 11) erwähnten Prüfungssperre[10]. Das Meistbegünstigungsprinzip eröffnet keine rechtlichen Möglichkeiten, die auch bei einer richtigen Verfahrensweise nicht bestanden hätten[11].

---

1 Vgl. Zöller/*Lückemann*, § 17a GVG Rz. 17.
2 GK-ArbGG/*Ahrendt*, § 88 Rz. 10.
3 Also im Urteil gem. § 69 oder im Beschluss gem. § 84 ArbGG.
4 BAG v. 21.4.1993 – 5 AZR 276/92.
5 Ob dies aber ein Anwendungsfall des Meistbegünstigungsgrundsatzes ist, erscheint zweifelhaft; vgl. BGH v. 19.11.1992 – V ZB 37/92, NJW 1993, 332; OLG Frankfurt v. 3.9.2008 – 19 W 60/08, NZA-RR 2009, 104; Zöller/*Lückemann*, § 17a GVG Rz. 17. Die dort genannten Gründe sprechen dagegen, dass die erstinstanzlich unterlegene Partei, Person oder Stelle (Beteiligte), deren Rüge übergangen wurde, „wahlweise" soll Rechtsmittel einlegen können (str.). Es ist wohl eher das Rechtsmittel einzulegen, „das sich aus der Fassung der anzufechtenden Entscheidung ergibt" bzw. „das der Art der tatsächlich gefällten Entscheidung nach der Verfahrensordnung entspricht" (Formulierungen aus BAG v. 26.3.1992 – 2 AZR 443/91, NZA 1992, 954); vgl. auch Erl. zu § 65 Rz. 22).
6 Zur Notwendigkeit des Vorliegens beider Voraussetzungen (weil sich ursprünglich rügende Partei nicht mit der fehlerhaften Verfahrensweise der ersten Instanz abfinden kann): BAG v. 19.11.1997 – 5 AZR 21/97, NZA 1998, 595; OVG NRW v. 30.10.1997 – 1 A 3743/94.PVB, NZA-RR 1998, 431; vgl. auch BAG v. 19.3.2003 – 4 AZR 271/02, NZA 2003, 1221.
7 HWK/*Bepler/Treber*, § 88 ArbGG Rz. 5; GMP/*Germelmann*, § 65 Rz. 14; GMP/*Matthes/Schlewing*, § 88 Rz. 7.
8 OLG Frankfurt v. 28.3.2007 – 3 W 20/07, NZA 2007, 710.
9 ErfK/*Koch*, § 88 ArbGG Rz. 1.
10 Vgl. BAG v. 5.9.1995 – 9 AZR 533/94, NZA 1996, 610; BVerwG v. 7.1.2003 – 6 P 7/02, PersV 2003, 139; HWK/*Bepler/Treber*, § 88 ArbGG Rz. 6; GMP/*Matthes/Schlewing*, § 88 Rz. 6; GWBG/*Greiner*, § 88 Rz. 5; aA Hauck/Helml/Biebl/*Hauck*, § 88 Rz. 3.
11 So zutreffend HWK/*Bepler/Treber*, § 88 ArbGG Rz. 6; Düwell/Lipke/*Oesterle*, § 88 Rz. 6.

2. Die weitere Verfahrensweise des LAG (Fallgruppen)

Nach näherer Maßgabe der höchstrichterlichen Rspr. ist das Verfahren bei fehlerhafter Vorgehensweise des ArbG (wieder) „in die richtige Bahn zu lenken"[1]. Dabei können sich ua. folgende **Entscheidungsmöglichkeiten** ergeben, wobei das Hauptsacheverfahren ggf. zunächst gem. § 148 ZPO auszusetzen ist. Bei mehreren Streit- bzw. Verfahrensgegenständen kann sich uU die Notwendigkeit einer Trennung des Rechtsstreits ergeben[2].

a) Das ArbG hat die Rechtswegrüge nicht beschieden

Hat das ArbG eine die Zulässigkeit des Rechtsweges betreffende Rüge nicht ordnungsgemäß beschieden, dann hat das LAG nunmehr eine Verweisungsentscheidung nach § 17a Abs. 2 Satz 1 GVG oder die **Vorab-Entscheidung** gem. § 17a Abs. 3 GVG zu erlassen und dabei auch darüber zu befinden, ob es die weitere sofortige Beschwerde (Rechtsbeschwerde) zum BAG gem. § 17a Abs. 3 Satz 4 GVG zulässt[3]. Dabei handelt es sich um die (Verfahrens-)Rechtsbeschwerde iSd. §§ 574 ff. ZPO[4]. Die Entscheidung über die Hauptsache ist sodann bis zur Entscheidung des BAG auszusetzen (§ 148 ZPO). Nach eingetretener Rechtskraft der Verweisungs- oder Vorab-Entscheidung ist entweder Anhörungstermin im Beschlussbeschwerdeverfahren, dh. in der Hauptsache, zu bestimmen, wenn die Zulässigkeit des Rechtsweges in der Vorab-Entscheidung rechtskräftig bejaht wurde, oder die Akte ist an das Gericht des zulässigen anderen Rechtsweges abzugeben, an das das Verfahren nach § 17a Abs. 2 Satz 1 GVG rechtskräftig verwiesen wurde. Bei inkorrekter erstinstanzlicher Entscheidung ist diese mit dem allgemeinen Rechtsmittel (hier: Beschlussbeschwerde nach § 87 Abs. 1) auch in der Rechtswegfrage anfechtbar. Hält zB das LAG – anders als das ArbG – den Rechtsweg zu den Gerichten für Arbeitssachen gem. § 2 oder § 2a nicht für gegeben, hat es unter Abänderung (Aufhebung) der gesamten erstinstanzlichen Entscheidung durch Beschluss nach § 17a Abs. 2 Satz 1 GVG zu entscheiden und den Rechtsstreit an das im Rechtsweg zuständig Gericht erster Instanz zu verweisen (vgl. § 48 Rz. 71)[5].

b) Das ArbG entscheidet zu Unrecht in der Verfahrensart des Beschlussverfahrens

Hat das ArbG nach Auffassung des LAG **zu Unrecht** in der Verfahrensart des **Beschlussverfahrens** entschieden (statt im Urteilsverfahren), so darf das LAG die erstinstanzliche Entscheidung nicht einfach aufheben und die Sache zur erneuten Verhandlung an das ArbG zurückverweisen. Vielmehr hat vom LAG durch Vorab-Entscheidung die zulässige Verfahrensart „Urteilsverfahren" gem. § 17a Abs. 4 GVG festzustellen und das Verfahren in das Urteilsverfahren überzuleiten (bzw. abzugeben oder zu „verweisen"). Nach eingetretener Rechtskraft der Vorab-Entscheidung ist entsprechend den für das Berufungsverfahren geltenden Bestimmungen der §§ 64 ff. zu verfahren[6], dh. die Beschwerde ist dann als Berufung zu behandeln, die dann entsprechend des Geschäftsverteilungsplans des LAG der entsprechenden Kammer zuzuteilen ist. Entsprechendes gilt im umgekehrten Fall (= bei erstinstanzlicher Entscheidung im Urteilsverfahren statt im Beschlussverfahren zweitinstanzliche Überleitung in das Beschlussverfahren).

Die **Möglichkeit der Zurückverweisung** bei der falschen Wahl der Verfahrensart in die 1. Instanz ist nicht gegeben, weil § 91 Abs. 1 Satz 2 dem Beschwerdegericht, das einen Beschluss des ArbG iSd. §§ 84 und 87 Abs. 1 überprüft, eine derartige Entscheidung untersagt[7]. (Auch) gem. § 68 ist die Zurückverweisung wegen eines Mangels im Verfahren ausgeschlossen.

---

1 BAG v. 21.4.1993 – 5 AZR 276/92; BSG v. 9.2.1993 – 12 RK 75/92, NZA 1994, 191; BeckOKArbR/*Roloff*, § 88 ArbGG Rz. 4.
2 Vgl. BAG v. 16.12.2009 – 5 AZR 125/09, zu einem Fall, in dem die Vorinstanz außerhalb der Zuständigkeit der Gerichte für Arbeitssachen den Beklagten zu einer Leistung verurteilt hatte.
3 BAG v. 26.3.1992 – 2 AZR 443/91, NZA 1992, 954.
4 BAG v. 26.9.2002 – 5 AZB 15/02, NZA 2002, 1302; vgl. auch BAG v. 28.2.2003 – 1 AZB 53/02, NZA 2003, 516.
5 GK-ArbGG/*Ahrendt*, § 88 Rz. 14; vgl. zur ähnlichen Problematik im Urteilsverfahren BAG v. 26.3.1992 – 2 AZR 443/91, NZA 1992, 954; BGH v. 4.3.1998 – VIII ZB 25/97, NJW 1998, 2057; Zöller/*Lückemann*, § 17a GVG Rz. 17; beachte zur Abgrenzung: LAG Nds. v. 5.9.2005 – 11 Sa 189/05, MDR 2006, 592; *Treber*, jurisPR-ArbR 7/2006 Anm. 6.
6 HWK/*Bepler*/*Treber*, § 88 ArbGG Rz. 5; GK-ArbGG/*Ahrendt*, § 88 Rz. 15.
7 Vgl. BAG v. 17.2.2003 – 5 AZB 37/02, NZA 2003, 517; GMP/*Matthes*/*Schlewing*, § 88 Rz. 8; aA ErfK/*Koch*, § 88 ArbGG Rz. 1.

IV. Rechtsfolgen

21 Verstößt das LAG gegen die sich aus § 17a Abs. 5 GVG, § 513 Abs. 2 ZPO sowie den §§ 65 und 88 ergebenden Prüfungsverbote, so stellt dies einen wesentlichen Verfahrensmangel iSd. Revisions- bzw. Rechtsbeschwerderechts dar, der bei Entscheidungserheblichkeit und ordnungsgemäßer Erhebung einer entsprechenden Rüge beim BAG zu einer Zurückverweisung in eine der beiden Tatsacheninstanzen führen kann[1].

22 Unterlässt das Beschwerdegericht in den in Rz. 12 ff. genannten Fällen die unter den dort genannten Voraussetzungen ausnahmsweise gebotene Prüfung der Zulässigkeit von Rechtsweg oder Verfahrensart, hat das Rechtsbeschwerdegericht diese Fragen im Rahmen des § 557 Abs. 3 Satz 2 ZPO zu prüfen[2]. Bei verfahrensfehlerhaft unterlassener Vorab-Entscheidung kann das Rechtsbeschwerdegericht also befugt sein, im Rahmen des Rechtsbeschwerdeverfahrens die Frage der zulässigen Verfahrensart[3] oder die des zulässigen Rechtsweges[4] in seine Prüfung einzubeziehen[5] (s. dazu näher bei § 73 Rz. 65).

23 Liegen die erwähnten Voraussetzungen nicht vor, bleibt es für das BAG als Rechtsbeschwerde- bzw. Revisionsgericht bei der Prüfungssperre des § 17a Abs. 5 GVG sowie der §§ 65, 73 Abs. 2 und § 93 Abs. 2[6].

§ 89 Einlegung

(1) Für die Einlegung und Begründung der Beschwerde gilt § 11 Abs. 4 und 5 entsprechend.

(2) Die Beschwerdeschrift muss den Beschluss bezeichnen, gegen den die Beschwerde gerichtet ist, und die Erklärung enthalten, dass gegen diesen Beschluss die Beschwerde eingelegt wird. Die Beschwerdebegründung muss angeben, auf welche im einzelnen anzuführenden Beschwerdegründe sowie auf welche neuen Tatsachen die Beschwerde gestützt wird.

(3) Ist die Beschwerde nicht in der gesetzlichen Form oder Frist eingelegt oder begründet, so ist sie als unzulässig zu verwerfen. Der Beschluss kann ohne vorherige mündliche Verhandlung durch den Vorsitzenden ergehen; er ist unanfechtbar. Er ist dem Beschwerdeführer zuzustellen. § 522 Abs. 2 und 3 der Zivilprozessordnung ist nicht anwendbar.

(4) Die Beschwerde kann jederzeit in der für ihre Einlegung vorgeschriebenen Form zurückgenommen werden. Im Falle der Zurücknahme stellt der Vorsitzende das Verfahren ein. Er gibt hiervon den Beteiligten Kenntnis, soweit ihnen die Beschwerde zugestellt worden ist.

I. Allgemeines	1
II. Die Einlegung der Beschwerde (Abs. 1)	
1. Beim LAG	2
2. Qualifiziertes Unterschriftserfordernis, Vertretung und sonstige Formerfordernisse	3
3. Die Beschwerde(einlegungs)frist	9
III. Der Inhalt der Beschwerdeschrift (Abs. 2 Satz 1)	10
IV. Die Beschwerdebegründung (Abs. 2 Satz 2)	
1. Die Frist für die Beschwerdebegründung	15
2. Die Form der Beschwerdebegründung	23
3. Der Inhalt der Beschwerdebegründung	24
a) Die Anforderungen, die sich aus § 89 Abs. 2 Satz 2 ergeben	24
aa) Die Angabe der Beschwerdegründe	24
bb) Die Angabe neuer Tatsachen	28
b) Der Beschwerdeantrag	30
V. Der Sonderfall: die Anschlussbeschwerde	
1. Statthaftigkeit und Zulässigkeit	33
2. Einlegung und Begründung der Anschlussbeschwerde	38
a) Einlegung der Anschlussbeschwerde	38
b) Form der Anschlussbeschwerde	40
c) Frist	41
d) Begründung der Anschlussbeschwerde	43
e) Weiteres Vorgehen und Wirkungen der Anschlussbeschwerde	45
VI. Die unzulässige Beschwerde (Abs. 3)	47

---

1 Vgl. GMP/Germelmann, § 65 Rz. 15.
2 BGH v. 20.1.2005 – III ZR 278/04, NJW-RR 2005, 721: Prüfung auch ohne entsprechende Verfahrensrüge (für den dort entschiedenen Fall). Demgegenüber hält GMP/Müller-Glöge, § 73 Rz. 31, eine Rüge wohl für erforderlich.
3 Vgl. BVerwG v. 30.1.2013 – 6 P 5/12, NZA-RR 2013, 446, zur Frage, ob das personalvertretungsrechtliche Beschlussverfahren die zulässige **Verfahrensart** ist.
4 Vgl. BAG v. 16.12.2009 – 5 AZR 125/09, NZA 2010, 472: Hat das LAG unter Übergehung einer erhobenen Rechtswegrüge einem **rechtsweg**fremden Anspruch stattgegeben, ist diese mit einem zulässigen Rechtsmittel angefochtene Entscheidung vom BAG aufzuheben und in den zulässigen Rechtsweg zu verweisen.
5 GMP/Müller-Glöge, § 73 Rz. 31 ff.
6 BAG v. 15.10.2013 – 1 ABR 31/12, NZA 2014, 319; BAG v. 17.5.2011 – 1 AZR 473/09, NZA 2011, 1169.

1. Die Nichtbeachtung der gesetzlichen Form	48	d) Anfechtbarkeit oder Endgültigkeit der Verwerfungsentscheidung	61
2. Die Nichtbeachtung der gesetzlichen Fristen	49	VII. Die Rücknahme der Beschwerde (Abs. 4)	
3. Sonstige Fälle der Unzulässigkeit	50	1. Die Erklärung der Rücknahme	65
4. Die Verwerfung der Beschwerde als unzulässig	53	2. Die Folgen der Beschwerderücknahme	69
a) Der Beschluss gem. § 91 Abs. 1 Satz 1	54	a) Der Einstellungsbeschluss	69
b) Der Beschluss gem. § 89 Abs. 3 Satz 2	55	b) Die Folgen der Beschwerderücknahme	72
c) Die Zustellung des Verwerfungsbeschlusses	59	VIII. Der Verzicht auf die Beschwerde	74

Schrifttum: *Bepler*, Änderungen im arbeitsgerichtlichen Verfahren durch das Anhörungsrügengesetz, RdA 2005, 65; *Bram*, Häufige Fehler bei der Einlegung und Begründung von Berufung und Beschwerde, FA 2005, 226; *Heiderhoff*, Zur Abschaffung der Anschlussberufung, NJW 2002, 1402; *Müller-Glöge*, Arbeitsrecht und Verfahrensrecht, RdA 1999, 80; *v. Olshausen*, Wer zu spät kommt ... Zur Abschaffung der selbständigen Anschlussberufung, NJW 2002, 802; *Schneider*, Gehörsrüge des § 321a ZPO – Anhörungsrüge, Ausnahmeberufung, Ausnahmebeschwerde, Willkürverbot, MDR 2006, 969; *Schwab*, Das Telefax im Arbeitsleben und im Umgang mit Gerichten, in: Arbeitsrecht und Arbeitsgerichtsbarkeit (FS zum 50-jährigen Bestehen der Arbeitsgerichtsbarkeit in Rheinland-Pfalz), 1999, S. 729; *Treber*, Neuerungen durch das Anhörungsrügengesetz, NJW 2005, 97; *Treber*, Virtuelle Justizkommunikation ante portas, NZA 2014, 450.

I. Allgemeines

§ 89 regelt – als Zulässigkeitsvoraussetzung – sowohl die Frist als auch die Form für die Einlegung und die Begründung der Beschwerde an das LAG sowie die Behandlung einer unzulässigen Beschwerde durch das LAG und die – gegenüber der ZPO – eingeschränkte Möglichkeit einer Vorabverwerfung. Ferner erfährt die Rücknahme der Beschwerde eine Regelung. Die Regelung ist nicht abschließend. Ergänzt wird § 89 über § 87 Abs. 2 durch die entsprechenden Regelungen zur Berufung in § 66 Abs. 1 (siehe auch die dortigen Ausführungen) iVm. § 519, § 520 ZPO. Die **Beschwerde** muss für ihre Zulässigkeit ferner **statthaft** sein (s. dazu § 87 Rz. 3 ff.). Darüber hinaus müssen die allgemeinen Voraussetzungen für die Beschwerde als Rechtsmittel vorliegen, dh. der Beschwerdeführer muss **beschwert** (s. dazu § 87 Rz. 10 ff.) und **beschwerdebefugt** (s. dazu § 87 Rz. 16 ff.) sein. 1

II. Die Einlegung der Beschwerde (Abs. 1)

1. Beim LAG

Die Einlegung der Beschwerde erfolgt dadurch, dass bei **dem zuständigen Beschwerdegericht** (LAG; in personalvertretungsrechtlichen Beschlussverfahren bei dem OVG oder VGH[1]) gem. § 64 Abs. 6 Satz 1 iVm. § 519 Abs. 1 ZPO eine **Beschwerdeschrift** eingereicht wird. Die Einlegung kann auch mittels Telekopie oder Telefax bewirkt werden (vgl. § 130 Nr. 6 ZPO)[2]. Wird die Beschwerde hingegen beim ArbG (oder in personalvertretungsrechtlichen Verfahren beim VG) eingelegt, ist das erstinstanzliche Gericht im ordentlichen Geschäftsgang verpflichtet, die Beschwerde an das LAG weiterzuleiten. Die Beschwerdefrist wird jedoch nur gewahrt, wenn die Beschwerde fristgerecht beim LAG eingeht[3]. Unterhalten ArbG und LAG im selben Gebäude einen gemeinsamen Briefkasten, geht die Beschwerdeschrift zunächst bei dem Gericht ein, an das sie adressiert ist[4] (s. im Übrigen § 87 Rz. 29). 2

2. Qualifiziertes Unterschriftserfordernis, Vertretung und sonstige Formerfordernisse

Allgemeinen Grundsätzen entsprechend (§ 519 Abs. 4 ZPO; § 87 Abs. 2 Satz 1 iVm. § 64 Abs. 7) muss die Beschwerdeschrift – als **bestimmender Schriftsatz** (§ 130 Nr. 6 ZPO) – **eigenhändig unterzeichnet** sein[5]. Eine Unterschrift muss die Identität des Unterschreibenden erkennen lassen, individuelle und entsprechend charakteristische Merkmale aufweisen, die Nachahmung erschweren, sich als Wiedergabe eines Namens darstellen und die Absicht einer vollen Unterschriftsleistung erkennen lassen[6]. Ein Unterschrift-Fak- 3

---

1 Vgl. dazu *Schaub*, ZTR 2001, 97 (101).
2 BAG v. 7.10.1995 – 3 AZR 863/94, NZA 1996, 278; *Schwab*, FS 50 Jahre Arbeitsgerichtsbarkeit, 1999, S. 729.
3 BAG v. 20.8.1997 – 2 AZR 9/97, NZA 1997, 1365; BVerfG v. 17.1.2006 – 1 BvR 2558/05, NJW 2006, 1579.
4 BAG v. 29.4.1986 – 7 AZB 6/85, BAGE 52, 19 ff. = MDR 1986, 876.
5 Qualifiziertes Unterschriftserfordernis; s. dazu § 64 Rz. 116 ff.; *Zöller/Greger*, § 130 ZPO Rz. 7 ff. Vgl. zur Übermittlung per Computerfax: GmS der OBG v. 5.4.2000 – GmS-OGB 1/98, NZA 2000, 959.
6 BGH v. 16.7.2013 – VIII ZB 62/12, NJW-RR 2013, 1395.

similestempel ist keine eigenhändige Unterschrift der Person, die den Schriftsatz iSd. § 130 Nr. 6 ZPO verantwortet[1]. Mit der Unterschrift ist zum Ausdruck zu bringen, dass eine entsprechende Verantwortung für den bestimmenden Schriftsatz übernommen wird. Bei einem Rechtsanwalt versteht sich dies im Zweifel grdsl. von selbst, es sei denn, er erklärt durch Zusätze oder Vorbehalte Gegenteiliges[2]. Die ordnungsgemäße Unterschrift ist vAw zu prüfen. Wegen § 295 Abs. 2 kann der Mangel der ordnungsgemäßen Unterschrift als zwingendes Formerfordernis nicht durch rügelose Einlassung geheilt werden (§ 295 Abs. 1).

4 Die **elektronische Kommunikation** mit dem Gericht[3] ist für den Rechtsuchenden nur nach näherer Maßgabe entsprechender Rechtsverordnungen eröffnet[4]. Ein bestimmender Schriftsatz – wie die Beschwerdeschrift – kann zwar auch ohne qualifizierte elektronische Signatur formgerecht per **E-Mail** übermittelt werden. Auf diese Weise wahrt der Schriftsatz aber nur dann die Rechtsmittelfrist, wenn er dem zuständigen Beschwerdegericht – mit der in Kopie wiedergegebenen Unterschrift des Prozessbevollmächtigten versehen – noch innerhalb der Frist in ausgedruckter Form vorliegt[5].

5 Die Besonderheit des § 89 Abs. 1 besteht – abweichend davon, dass es bei dem Beschwerdeverfahren um **keinen Anwaltsprozess** iSv. § 78 ZPO handelt – darin, dass für die **Einlegung und Begründung der Beschwerde** die entsprechende Geltung des § 11 Abs. 4 und 5 angeordnet wird, während die Beteiligten ansonsten selbst durchweg postulationsfähig sind. Auf die Erläuterungen zu § 11 Abs. 4 und 5 wird verwiesen. Die entsprechende Anwendung der vorgenannten Bestimmungen bedeutet, dass die Vertretungsverbote des § 11 Abs. 5 zu beachten sind und dass die Beschwerdeschrift und die Beschwerdebegründung von einem **Rechtsanwalt** oder einem **Verbandsvertreter** bzw. **einem Gewerkschafts-/Rechtssekretär** iSv. § 11 Abs. 4 Satz 2 iVm. § 11 Abs. 2 Satz 2 Nr. 4 oder 5 unterzeichnet sein muss[6]. Anders als im Rahmen des § 11 Abs. 4 Satz 3 iVm. § 94 Abs. 1 (Rechtsbeschwerde) ist hier die **Befähigung zum Richteramt** nicht zu verlangen, dh. es muss nicht ein sog. Volljurist unterzeichnet haben[7]. Aus § 89 Abs. 1 kann nicht weitergehend gefolgert werden, dass der Beschwerdeführer im gesamten Beschwerdeverfahren anwaltlich oder durch einen Verbandsvertreter vertreten sein muss[8].

6 Wird eine Prozesshandlung – wie die Einlegung einer Beschwerde – nicht ordnungsgemäß oder von einer postulationsunfähigen Person vorgenommen, so führt dies zur Unzulässigkeit der Prozesshandlung. Der Mangel der nichtordnungsgemäßen Unterschrift kann innerhalb der einmonatigen Beschwerdefrist geheilt werden. Geschieht dies nicht, ist die Beschwerde gem. § 89 Abs. 3 Satz 2 als unzulässig zu verwerfen (s. dazu Rz. 56).

7 Der Beschwerdeschrift soll nach § 519 Abs. 3 ZPO eine Ausfertigung oder begl. Abschrift des angefochtenen erstinstanzlichen Beschlusses beigefügt werden. Nach der Rspr. empfiehlt sich diese Vorlage[9]. Ein Verstoß hiergegen macht die Beschwerde jedoch nicht unzulässig.

---

1 BAG v. 5.8.2009 – 10 AZR 692/08, NZA 2009, 1165; dort auch zu Ausnahmen, die (angeblich) der technischen Entwicklung geschuldet sind; s. dazu: BFH v. 9.3.2009 – VII B 238/08 [elektronisch übermittelte Bilddatei]; BGH v. 15.7.2008 – X ZB 8/08, NJW 2008, 2649.
2 Str.; vgl. BAG v. 20.9.2011 – 9 AZN 582/11, NZA 2012, 175; BAG v. 26.7.1967 – 4 AZR 172/66, DB 1967, 1904; BGH v. 26.7.2012 – III ZB 70/11, NJW-RR 2012, 1142 für die Zusätze „nach Diktat außer Haus" und „i.A."; BGH v. 25.9.2012 – VIII ZB 22/12, NJW 2013, 237; LAG Berlin-Brandenburg v. 29.11.2012 – 25 Sa 1145/12; LAG BW v. 21.10.2011 – 12 Ta 17/11; LAG Nds. v. 17.11.1998 – 12 Sa 1959/98, DB 1999, 644, nachfolgend BAG v. 25.1.1999 – 2 AZB 40/98; dazu LAG Nürnberg v. 8.6.2000 – 2 Ta 65/00, NZA-RR 2000, 547.
3 S. dazu das Gesetz über die Verwendung elektronischer Kommunikationsformen in der Justiz (JKomG) v. 22.3.2005, BGBl. I 2005, S. 837. Für die Zeit ab dem 1.1.2018 ist das Gesetz zur Förderung des elektronischen Rechtsverkehrs mit den Gerichten zu beachten (ERVGerFöG, BGBl. I 2013, S. 3786); dazu Treber, NZA 2014, 450.
4 Die Bundesregierung und die Landesregierungen bestimmen jeweils für ihren Bereich durch Rechtsverordnung den Zeitpunkt, von dem an elektronische Dokumente bei den Gerichten eingereicht werden können, sowie die für die Bearbeitung der Dokumente geeignete Form. Näheres dazu bei § 46c und den dortigen Erlass; vgl. auch die Nachweise in http://www.egvp.de/gerichte/ [= Elektronisches Gerichts- und Verwaltungspostfach].
5 Vgl. BAG v. 11.7.2013 – 2 AZB 6/13, NZA 2013, 983; BGH v. 4.12.2008 – IX ZB 41/08, NJW-RR 2009, 357.
6 Düwell/Lipke/Oesterle, § 89 Rz. 8; ErfK/Koch, § 89 ArbGG Rz. 3 und 4. Dies gilt auch für das zweitinstanzliche personalvertretungsrechtliche Beschlussverfahren: BVerwG v. 4.8.2010 – 6 P 12/09, NZA-RR 2010, 672. S. zur Neuregelung auch S. 58 der BT-Drs. 16/6634 v. 10.10.2007.
7 HWK/Bepler/Treber, § 89 ArbGG Rz. 4; GWBG/Greiner, § 89 Rz. 7; aA GMP/Matthes/Schlewing, § 89 Rz. 13 und Rz. 24.
8 BAG v. 20.3.1990 – 1 ABR 20/89, BAGE 64, 254 ff. = NZA 1990, 699; GMP/Matthes/Schlewing, § 89 Rz. 14; GWBG/Greiner, § 89 Rz. 3.
9 Fehler und Mängel der Rechtsmittelschrift können **nicht** dadurch behoben werden, dass das Gericht die notwendigen – ergänzenden – Informationen lediglich durch eigene Ermittlungen **mündlich** zur Kenntnis bekommt. Die Bemühungen des Gerichts, die Mängel einer Rechtsmittelschrift durch eigene Handlungen auszugleichen (zB durch eine telefonische Ermittlung der fehlenden Angaben und Fertigung eines Aktenvermerks) können grds. nicht zu

Nach § 519 Abs. 4 iVm. § 133 Abs. 1 Satz 1 ZPO ist der Beschwerdeschrift – ggfls. nach weiterer Aufforderung durch das LAG – die erforderliche Anzahl von Abschriften für die übrigen Beteiligten beizufügen. 8

3. Die Beschwerde(einlegungs)frist

Die Frist für die Beschwerdeeinlegung beträgt – ebenso wie die Frist zur Einlegung der Berufung – als **Notfrist einen Monat** (§ 87 Abs. 2 Satz 1 iVm. § 66 Abs. 1 Satz 1 iVm. § 517 ZPO). Sie beginnt mit der Zustellung des in vollständiger Form abgefassten instanzbeendenden Beschlusses nach § 84, § 87 Abs. 1. Die Übersendung einer abgekürzten Fassung nach § 60 Abs. 4 Satz 3, Halbs 2 genügt nicht[1]. Eine Verlängerung der Beschwerdeeinlegungsfrist ist nicht möglich (§ 224 Abs. 2 ZPO). Wegen des Beginns und der Berechnung der Beschwerdeeinlegungsfrist, die nicht verlängerbar ist, wird im Übrigen auf § 87 Rz. 30 verwiesen[2]. Die Vorschrift des § 9 Abs. 5 Satz 4 ist bei Zustellung der Entscheidung des ArbG mit fehlerhafter Rechtsmittelbelehrung nach Ablauf von fünf Monaten seit der Verkündung weder auf die Beschwerdefrist noch auf die Beschwerdebegründungsfrist anwendbar[3]. Fehlt es somit an der Zustellung eines vollständig abgefassten Beschlusses des ArbG, beginnt die Beschwerdefrist spätestens mit Ablauf von fünf Monaten seit der Verkündung der Entscheidung und endet sechs Monate nach er Verkündung. Bei Versäumung der Beschwerdefrist ist im Falle der schuldlosen Versäumung eines **Wiedereinsetzung in den vorherigen Stand** möglich (§§ 233 ff. ZPO), wobei allerdings das Verschulden des Verfahrensbevollmächtigten nach § 85 Abs. 1 ZPO zugerechnet wird[4]. 9

III. Der Inhalt der Beschwerdeschrift (Abs. 2 Satz 1)

Die Beschwerdeschrift eröffnet einen neuen Verfahrensabschnitt des Beschlussverfahrens. Sie hat weit reichende Konsequenzen für die Beteiligten (vgl. § 87 Abs. 4 Halbs. 1: aufschiebende Wirkung); sie entfaltet als vollwertiges Rechtsmittel den Devolutiv- und Suspensiveffekt (s. auf § 87 Rz. 80 ff.). Aus diesem Grunde sind an den notwendigen Inhalt einer ordnungsgemäßen Beschwerdeschrift keine zu geringen **Anforderungen** zu stellen. 10

§ 89 Abs. 2 Satz 1 verlangt zunächst die **Bezeichnung des Beschlusses**, gegen den die Beschwerde gerichtet ist. Damit ist der das erstinstanzliche Beschlussverfahren beendende Beschluss gem. den §§ 84 und 87 Abs. 1 gemeint. Dieser Beschluss ist nach **Arbeitsgericht** (in personalvertretungsrechtlichen Beschlussverfahren: Verwaltungsgericht)[5], das ihn erlassen hat, **Aktenzeichen**[6] und **Entscheidungsdatum** (Verkündungs- und/oder Zustellungsdatum) zu bezeichnen. Abweichend von der früheren gegenteiligen Rspr. müssen die **ladungsfähigen Anschriften** der Beteiligten – mit Ausnahme des Beschwerdeführers – oder die Anschriften ihrer Verfahrensbevollmächtigten nicht mehr angegeben werden[7]. Von der nicht notwendigen Angabe der ladungsfähigen Anschriften ist die Frage zu unterscheiden, ob – und ggf. welche – Beteiligte in der Beschwerdeschrift zu bezeichnen sind. Aufgrund der Bezugnahme auf die § 130 Nr. 1 und § 519 Abs. 4 ZPO (§ 87 Abs. 2 Satz 1 iVm. § 64 Abs. 6 Satz 1) ergibt sich zunächst im Sinne einer Sollvorschrift, dass die übrigen Beteiligten in der Beschwerdeschrift zu nennen sind. 11

§ 89 Abs. 2 Satz 1 verlangt von dem Beschwerdeführer weiter, dass er erklärt, dass gegen „diesen" Beschluss Beschwerde eingelegt wird, dh. das Rechtsmittel ist zu bezeichnen, wobei eine Falschbezeichnung unschädlich ist, solange der Wille, das zutreffende und statthafte Rechtsmittel einlegen zu wollen, erkennbar ist[8]. Damit wird stillschweigend zugleich die Angabe verlangt, **für wen** Beschwerde eingelegt wird, dh. wer **Be-** 12

---

einer Heilung des formellen Mangels und zur Zulässigkeit des Rechtsmittels führen; vgl. Zöller/Heßler, § 519 ZPO Rz. 30; beachte aber BAG v. 26.6.2008 – 2 AZR 23/07, NZA 2008, 1241: formalistische Anforderungen sind nicht zu stellen.
1 Vgl. BAG v. 27.11.1973 – 1 ABR 5/73, BAGE 25, 407 ff. =NJW 1974, 1156.
2 S. dazu auch bei § 66 Rz. 4 ff. und Rz. 12 ff.
3 Vgl. BVerwG v. 5.10.2011 – 6 P 18/10, NZA-RR 2012, 165; BAG v. 16.12.2004 – 2 AZR 611/03, NZA 2005, 1133; BAG v. 24.10.2006 – 9 AZR 709/05, NZA 2007, 228; BAG v. 16.1.2008 – 7 AZR 1090/06.
4 LAG Hamm v. 7.10.2005 – 10 TaBV 93/05.
5 Erkennbar irrtümliche Bezeichnung (zB „Nürnberg" statt „München") kann unschädlich sein; vgl. BAG v. 6.3.2003 – 2 AZN 446/02, ArbRB 2004, 272.
6 S. dazu BAG v. 27.7.2011 – 10 AZR 454/10, NZA 2011, 998; BAG v. 25.9.1996 – 1 ABR 25/96, NZA 1997, 668.
7 GK-ArbGG/Ahrendt, § 89 Rz. 23; BAG v. 31.1.1989 – 1 ABR 48/87; BAG (GS) v. 16.9.1986 – GS 4/85, NZA 1987, 136; LAG Hessen v. 22.11.2006 – 2/8 Sa 1450/05.
8 BAG v. 3.12.1985 – 4 ABR 7/85, DB 1986, 1980.

schwerdeführer ist[1], wobei insofern auf die ladungsfähige Anschrift anzugeben ist. Ungeachtet der Fassung des in Bezug genommenen § 130 ZPO als Soll- bzw. Ordnungsvorschrift ist insoweit ein zwingendes Erfordernis gegeben[2]. Die Bezeichnung des Beschwerdeführers muss allerdings nicht unbedingt ausdrücklich erfolgen. Es genügt, wenn sie sich innerhalb der Beschwerdefrist aus anderen dem Beschwerdegericht vorliegenden **Unterlagen** zweifelsfrei entnehmen lässt. „Unterlage" in diesem Sinne sind nicht nur schriftliche Unterlagen wie die Verfahrensakten, sondern auch elektronisch gespeicherte Daten, wenn sie in vergleichbarer Weise verfügbar sind[3].

13 Aus der Rechtsmittelschrift muss sich im Anwendungsbereich des § 519 ZPO zusätzlich ergeben, **gegen wen** das Rechtsmittel eingelegt wird[4], dh. die übrigen Beteiligten sind anzugeben. Die Praxis sollte sich in Bezug auf den **Beschwerdegegner** (s. näher zu diesem Begriff § 87 Rz. 76) darauf einstellen, dass dies nach der Rspr. auch für die Beschwerdeschrift des § 89 Abs. 2 gilt[5], obgleich sich dieses Erfordernis aus dem Wortlaut der Vorschrift nicht ergibt[6]. Auch hier reicht es aus, dass innerhalb der Rechtsmittelfrist die Person des Rechtsmittelgegners aus dem Gericht vorliegenden Unterlagen erkennbar wird (die Angabe der ladungsfähigen Anschrift der weiteren Beteiligten ist ohnehin keine Zulässigkeitsvoraussetzung)[7]. Die Zulässigkeit eines Rechtsmittels scheitert nicht an unvollständigen oder fehlerhaften Bezeichnungen des erstinstanzlichen Gerichts oder der Beteiligten des Rechtsmittelverfahrens, wenn in Anbetracht der jeweiligen Umstände letztlich kein Zweifel an dem wirklich Gewollten aufkommen kann[8]. Ungenauigkeiten und Unrichtigkeiten in der Bezeichnung der Verfahrenssubjekte schaden nicht, wenn trotz dieser Mängel unzweideutig ersichtlich ist, gegen wen sich das Rechtsmittel richtet[9].

14 Auch im Zusammenhang mit § 89 Abs. 2 Satz 1 zunächst gegebene Formfehler oder inhaltliche Mängel können innerhalb der einmonatigen Beschwerdefrist behoben werden[10].

IV. Die Beschwerdebegründung (Abs. 2 Satz 2)

1. Die Frist für die Beschwerdebegründung

15 Die **Frist zur Begründung der Beschwerde** beträgt – ebenso wie die Frist zur Begründung der Berufung – **zwei Monate** (§ 87 Abs. 2 Satz 1 iVm. § 66 Abs. 1 Satz 1). Die Frist beginnt gem. § 66 Abs. 1 Satz 2 mit der Zustellung des in vollständiger Form abgefassten Beschlusses des ArbG gem. § 84, spätestens aber mit Ablauf von fünf Monaten nach der Verkündung (Letzteres gilt auch bei fehlerhafter oder gänzlich fehlender Rechtsmittelbelehrung), dh. sie endet spätestens sieben Monate nach Verkündung des angefochtenen erstinstanzlichen Beschlusses. Wegen weiterer Einzelheiten zum Fristbeginn „spätestens aber mit Ablauf von fünf Monaten nach der Verkündung" wird auf § 87 Rz. 30 verwiesen. Der Erlass eines Berichtigungsbeschlusses gem. § 319 ZPO wirkt sich nicht ohne Weiteres auf Beginn und Lauf der Begründungsfrist aus[11].

16 Wird – wie dies in der Praxis bisweilen geschieht – bereits unmittelbar nach Verkündung und schon vor der Zustellung des – das erstinstanzliche Beschlussverfahren beendenden – vollständig abgesetzten (dh. mit Gründen versehen) Beschlusses des ArbG Beschwerde eingelegt, so ändert dies nichts daran, dass die Beschwerdebegründungsfrist (erst) mit der Zustellung des in vollständiger Form abgefassten Beschlusses gem. § 84 – spätestens aber mit Ablauf von fünf Monaten nach der Verkündung – zu laufen beginnt.

---

1 LAG Hamm v. 15.4.2005 – 10 TaBV 101/04; vgl. – für die Rechtsbeschwerde – BAG v. 23.8.2001 – 7 ABR 15/01, NZA 2001, 1214 und – für den Fall der Nichtzulassungsbeschwerde – BAG v. 27.10.1981 – 3 AZN 315/81, BB 1982, 122 sowie – für die Berufung – BAG v. 17.5.2001 – 8 AZB 15/01, FA 2001, 341.
2 Vgl. BGH v. 9.12.1987 – IVb ZR 4/87, NJW 1988, 2114.
3 Wie etwa ein elektronisches Geschäftsstellenprogramm, auf das sowohl die Richter als auch die Geschäftsstellenmitarbeiter des LAG Zugriff haben; BAG v. 18.5.2010 – 3 AZR 373/08, NZA 2010, 935.
4 Zöller/Heßler, § 519 ZPO Rz. 31; LAG Hamm v. 15.4. 2005 – 10 TaBV 101/04.
5 So zumindest BAG v. 17.4.2003 – 8 ABR 16/02; LAG Hamm v. 15.4.2005 – 10 TaBV 101/04; aA GMP/Matthes/Schlewing § 89 Rz. 18; ErfK/Koch § 89 ArbGG Rz. 3. Für die Auffassung des BAG könnte sprechen, dass das zweitinstanzliche Beschlussverfahren nach dem Gesetz (§ 87 Abs. 3 Satz 3) nicht nur den „Beschwerdeführer" sondern eben auch den „Beschwerdegegner" kennt.
6 Nach HWK/Bepler/Treber, § 89 ArbGG Rz. 2 müssen die übrigen Beteiligten nicht notwendig aufgeführt werden.
7 S. Rz. 11 sowie Zöller/Heßler, § 519 ZPO Rz. 31; LAG Hamm v. 15.4. 2005 – 10 TaBV 101/04; GK-ArbGG/Ahrendt, § 88 Rz. 23.
8 Vgl. BAG v. 26.6.2008 – 2 AZR 23/07, NZA 2008, 1241.
9 BAG v. 17.4.2003 – 8 ABR 24/02.
10 Vgl. BAG v. 11.7.2013 – 2 AZB 6/13, NZA 2013, 983 (984 aE).
11 Vgl. BAG v. 15.8.2001 – 7 ABR 53/00, NZA 2002, 112.

Entsprechend anwendbar ist die Bestimmung des § 66 Abs. 1 Satz 5 über die Möglichkeit der **einmalige** 17
Fristverlängerung (s. dazu die Erl. zu § 66). Die Verlängerung der Beschwerdebegründungsfrist wird – von Ausnahmen abgesehen – regelmäßig dazu führen, dass sich nach der freien Überzeugung des Vorsitzenden der zuständigen Beschwerdekammer beim LAG die Erledigung des Beschlussverfahrens verzögern dürfte, weil die Terminierung dann eben erst entsprechend später erfolgen kann. Ähnliches gilt, wenn – was im Beschwerdeverfahren nach näherer Maßgabe von § 128 Abs. 2 ZPO und § 83 Abs. 4 Satz 3 möglich ist – ohne mündliche Anhörung entschieden werden soll.

Aus diesem Grunde setzt die Verlängerung der Begründungsfrist idR voraus, dass der Beschwerdeführer 18
im Verlängerungsgesuch **erhebliche Gründe**, die einer rechtzeitigen Begründung entgegenstehen sollen, darlegt. Die insoweit nur geringe Anforderungen stellende Rspr. des BAG[1] führt dazu, dass sich in der Praxis die Verfahrensbevollmächtigten bisweilen damit begnügen, den behaupteten Verlängerungsgrund nur pauschal anzugeben[2]. Verfahrensbevollmächtigte und Gerichte sollten sich demgegenüber darin einig sein, dass die „lange Bank" – um es ähnlich wie *Müller-Glöge*[3] zu formulieren – (auch) „nicht der richtige Ort" für Beschlussverfahren ist. Unverständlich ist es in diesem Zusammenhang, dass der Gesetzgeber den „offenen Wortlaut" der Norm des § 66 Abs. 1 Satz 5 weiterhin unverändert lässt (keine zeitliche Höchstgrenze für die Verlängerung der Rechtsmittelbegründungsfrist; insbesondere beschränkt das Gesetz die Verlängerung nicht auf einen Monat, wie es in § 520 Abs. 2 Satz 3 ZPO der Fall ist). Der Große Senat des BAG hat allerdings bereits im Jahre 1979 erwogen, dass wegen des Gebots der Rechtsklarheit der richterlichen Verlängerungsbefugnis eine zeitliche Grenze gesetzt sein muss. Er hat die Auffassung vertreten, dass diese Grenze **äußerstenfalls bei einem Monat** nach Ablauf der ursprünglichen Frist zu ziehen ist[4]. Für die Revisionsinstanz ergibt sich diese äußerste Grenze schon aus § 74 Abs. 1 Satz 3, der nur eine einmalige Verlängerung um einen Monat gestattet. Daran sollte sich die gerichtliche Praxis bei der entsprechenden Anwendung des § 66 Abs. 1 Satz 5 im Beschlussbeschwerdeverfahren orientieren und, auch wenn eine zeitliche Höchstgrenze fehlt, im Regelfall die Verlängerung der Beschwerdebegründungsfrist nicht über die Monatsgrenze hinaus bewilligen (s. auch § 87 Rz. 30)[5]. Ein Beschwerdeführer, dem vom LAG gleichwohl eine Verlängerung der Beschwerdebegründungsfrist um mehr als einen Monat bewilligt worden ist, kann allerdings idR auf die rechtliche Zulässigkeit dieser Verlängerung vertrauen[6].

Aus dem klaren Wortlaut des § 66 Abs. 1 Satz 5, der lediglich eine einmalige Verlängerung der Begründungsfrist zulässt, ergibt sich, dass jedenfalls eine **wiederholte Fristverlängerung unzulässig** ist[7]. Eine 19
zweite Verlängerung der Beschwerdebegründungsfrist ist selbst dann unzulässig, wenn der erstinstanzliche Beschluss noch nicht zugestellt ist. § 66 Abs. 1 Satz 5 enthält keine Anhaltspunkte für eine vom Wortlaut abweichende Auslegung dahin, dass die Begründungsfrist – etwa bis zur Gesamtdauer von einem Monat – mehrfach verlängert werden kann. Insbesondere spricht auch der Zweck der Vorschrift, der auf die Beschleunigung des Verfahrens gerichtet ist, gegen eine erweiternde Auslegung.

Eine **Verlängerung der Rechtsmittelbegründungsfrist**, in dem im Wege einer **Korrektur** lediglich die erste (zu knapp bemessene) Verlängerungs-Entscheidung aus der Welt geschafft und damit die Frist insgesamt nur einmal – etwa um einen Monat – verlängert wird, scheidet grdsl. aus. Eine derartige Korrektur 20
kann allenfalls in Betracht gezogen werden, wenn der erste Verlängerungsbeschluss fehlerhaft war. Wenn jedoch der Vorsitzende der Beschwerdekammer des LAG mit dem zweiten Verlängerungs-Beschluss eine

---

1 Vgl. dazu die Begründungen der Fristverlängerungsgesuche in BAG v. 27.9.1994 – 2 AZB 18/94, NZA 1995, 189: „im Hinblick auf ‚außergewöhnl. Arbeitsbelastung' und ‚wegen der Vielzahl der zu bearbeitenden Vorgänge' " könne das Rechtsmittel ‚nicht fristgemäß' begründet werden" und in BAG v. 4.2.1994 – 8 AZR 16/93, NJW 1994, 907: „eine ordnungsgemäße Bearbeitung sei aufgrund einer Vielzahl von gleichzeitig ablaufender Fristen nicht möglich". Nach BAG v. 20.10.2004 – 5 AZB 37/04, NZA 2004, 1350 ist es regelmäßig nicht erforderlich, die Gründe für die behauptete Belastung und ihre Auswirkungen auf das konkrete Verfahren besonders darzulegen.
2 Strengere Anforderungen stellen dagegen: LAG Berlin v. 14.12.2000 – 16 Sa 2095/00, FA 2001, 279; LAG Düsseldorf v. 23.12.1993 – 12 (11) Sa 1657/93, VersR 1994, 1208; LAG Nürnberg v. 26.1.1994 – 4 Sa 1277/93, LAGE § 66 ArbGG 1979 Nr. 9; beachte dazu: BVerfG v. 12.1.2000 – 1 BvR 222/99, NZA 2000, 446 sowie BVerfG v. 13.3.2000 – 1 BvR 211/00, NJW-RR 2000, 1366.
3 *Müller-Glöge*, RdA 1999, 80 (87).
4 BAG (GS) v. 24.8.1979 – GS 1/78, NJW 1980, 309; ähnlich die Formulierung in BAG v. 20.10.2004 – 5 AZB 37/04, NZA 2004, 1350: „nicht verpflichtet, die Monatsfrist auszuschöpfen"; vgl. auch dazu *Müller-Glöge*, RdA 1999, 87 sowie BeckOKArbR/*Roloff*, § 89 ArbGG Rz. 9.
5 GK-ArbGG/*Ahrendt*, § 89 Rz. 31; HWK/*Bepler/Treber*, § 89 ArbGG Rz. 4; s. auch Düwell/Lipke/*Oesterle*, § 89 Rz. 13.
6 Vgl. BAG v. 16.7.2008 – 7 ABR 13/07, NZA 2009, 202.
7 Vgl. BAG v. 16.6.2004 – 5 AZR 529/03.

neue wertende Entscheidung über eine angemessene Fristverlängerung getroffen hat, ist dies nichts anderes als eine wiederholte Fristverlängerung, die das Gesetz ausdrücklich ausschließt[1].

21 Der ordnungsgemäß begründete **Verlängerungsantrag** muss **vor Fristablauf** bei dem Beschwerdegericht eingehen[2], das ihn unverzüglich, aber auch noch[3] nach Fristablauf bescheiden muss. Der Antrag muss entweder vom Beschwerdeführer oder von einem Bevollmächtigten gem. § 11 Abs. 4 und Abs. 5 unterzeichnet sein. Er muss den erheblichen Grund für die beantragte Fristverlängerung (s. auch Rz. 18) benennen. Die Entscheidung des Vorsitzenden über den Fristverlängerungsantrag – entweder per Beschluss oder Verfügung – ist nach § 90 Abs. 3 unanfechtbar.

22 Eine **Rechtsmittelbelehrung** (im anzufechtenden Beschluss des ArbG), die hinsichtlich der Einlegungsfrist zutreffend, hinsichtlich der Begründungsfrist aber unrichtig bzw. missverständlich ist, beeinflusst den Beginn und Lauf der Beschwerdebegründungsfrist nicht[4]. Unter den Voraussetzungen der §§ 233 ff. ZPO kann bei der Versäumung der gesetzlichen oder richterlich verlängerten Beschwerdebegründungsfrist die **Wiedereinsetzung** in den vorigen Stand beantragt werden (§ 66 Abs. 6 iVm. § 87 Abs. 2; s. dazu § 66 Rz. 40 ff. und Rz. 55 f.)[5].

2. Die Form der Beschwerdebegründung

23 Die Beschwerdebegründung ist bei dem LAG (bzw. – in personalvertretungsrechtlichen Beschlussverfahren – bei dem OVG oder VGH) einzureichen[6] oder per Telekopie/Telefax an das Beschwerdegericht zu übermitteln (s. dazu Rz. 2 und die dortigen Nachweise). Das qualifizierte Unterschriftserfordernis (s. Rz. 3 ff.: gem. § 89 Abs. 1 iVm. § 11 Abs. 4 Satz 1 und 2 Unterschrift von einem Rechtsanwalt oder einem Verbandsvertreter der in § 11 Abs. 4, Abs. 2 Satz 2 Nr. 4 oder 5 genannten Art) erstreckt sich auch auf die Beschwerdebegründung; dies gilt auch im personalvertretungsrechtlichen Beschlussverfahren[7]. Aus § 89 Abs. 1 kann nicht weitergehend gefolgert werden, dass der Beschwerdeführer, nachdem die Beschwerde eingelegt und begründet wurde, im weiteren Beschwerdeverfahren durchgehend anwaltlich oder durch einen Verbandsvertreter vertreten sein muss[8].

3. Der Inhalt der Beschwerdebegründung

a) Die Anforderungen, die sich aus § 89 Abs. 2 Satz 2 ergeben

aa) Die Angabe der Beschwerdegründe

24 § 89 Abs. 2 Satz 2 verlangt für eine ordnungsgemäße Beschwerdebegründung zunächst die Angabe, auf welche im Einzelnen anzuführenden **Beschwerdegründe** die Beschwerde gestützt wird. Mit den „Beschwerdegründen" sind ähnliche Gründe (dort „Gründe der Anfechtung") gemeint, wie sie früher gem. § 519 Abs. 3 Nr. 2 ZPO aF in einer Berufungsbegründung enthalten sein mussten (nunmehr verlangt § 520 Abs. 3 Satz 2 Nr. 2 ZPO insoweit die Bezeichnung der Umstände, aus denen sich die Rechtsverletzung und deren **Erheblichkeit** für die angefochtene Entscheidung ergibt; s. dazu näher die Erläuterungen § 64 Rz. 148 ff.). Aufgrund der Beschwerdebegründung muss deutlich erkennbar sein, in welchen Punkten **tatsächlicher und/oder rechtlicher Art** der angefochtene Beschluss des ArbG unrichtig sein soll und die Darlegung der Erheblichkeit dieses Verstoßes auf die angefochtene Entscheidung[9]. Der Beschwerdeführer muss bei der Bezeichnung der gerügten Rechtsfehler die seiner Ansicht nach **verletzten Rechtsnormen** benennen und die Entscheidungserheblichkeit für die angefochtene Entscheidung begründen. Die Überprüfungskompetenz des LAG ist – abgesehen von § 88 – in rechtlicher und tatsächlicher Hinsicht im Rahmen des (eingeschränkten) Untersuchungsgrundsatzes uneingeschränkt und das Beschwerdeverfahren eine vollwertige Tatsacheninstanz, so dass es sich bei Beschwerdebegründung trotz aller inhaltlichen Vorgaben um eine **formalen Akt** handelt[10]. Die Restriktionen des § 513 Abs. 1 ZPO gelten im arbeitsgericht-

---

1 BAG v. 6.12.1994 – 1 ABR 34/94, NZA 1995, 549.
2 BAG v. 4.6.2003 – 10 AZR 586/02, NZA 2003, 1088 (1089).
3 Unter Beachtung von BAG v. 24.8.1979 – GS 1/78, BAGE 32, 71.
4 BAG v. 5.2.2004 – 8 AZR 112/03, NZA 2004, 540; BAG v. 4.6.2003 – 10 AZR 586/02, NZA 2003, 1088 (1089); ebenso ErfK/*Koch*, § 9 ArbGG Rz. 8; GMP/*Prütting*, § 9 Rz. 43.
5 Vgl. BVerwG v. 17.4.2013 – 6 P 9/12, NZA-RR 2013, 381.
6 Zum Einreichen bei elektronischer Form der Berufungsbegründung: BGH v. 15.7.2008 – X ZB 8/08, NJW 2008, 2649.
7 BVerwG v. 4.8.2010 – 6 P 12/09, NZA-RR 2010, 672.
8 GMP/*Matthes/Schlewing*, § 87 Rz. 23 und § 89 Rz. 14.
9 BAG v. 30.10.2012 – 1 ABR 64/11, NZA 2013, 287, zitiert insoweit „§ 89 Abs. 2 Satz 2 ArbGG iVm. § 520 Abs. 3 Satz 2 Nr. 2 ZPO".
10 GWBG/*Greiner*, § 89 Rz. 11; BeckOKArbR/*Roloff*, § 89 ArbGG Rz. 7.

lichen Beschlussverfahren nicht[1]. Diese inhaltlichen Anforderungen an eine Beschwerdebegründung gelten auch im personalvertretungsrechtlichen Beschlussverfahren[2].

Der Beschwerdeführer muss sich mit den **rechtlichen oder tatsächlichen Argumenten des angefochtenen Beschlusses des ArbG im Einzelnen bzw. hinreichend auseinander setzen**[3]. In der Begründung muss deutlich ausgeführt werden, was gegen die angefochtene Entscheidung eingewendet wird, so dass das LAG und der Rechtsmittelgegner lediglich durch Lesen der angefochtenen Entscheidung nebst dem darin in Bezug genommenen Schriftgut und der Rechtsmittelbegründung in der Lage sind zu erkennen, was der Rechtsmittelführer gegen den erstinstanzlichen Beschluss vorbringen will[4]. Dabei kommt es nicht darauf an, ob die rechtliche Beurteilung des Beschwerdeführers richtig ist oder nicht[5]. Das prozessuale Gebot einer inhaltlichen Auseinandersetzung mit der erstinstanzlichen Entscheidung reicht nicht weiter als von deren Gründen vorgegeben. Vom Rechtsmittelführer kann allerdings nicht mehr an Begründung verlangt werden als vom Gericht seinerseits aufgewendet[6] **Allgemeine, formelhafte Wendungen genügen hierfür nicht**, vielmehr sind **konkrete Rügen** zu erheben. Durch eine bloße – pauschale – Bezugnahme auf eigenes erstinstanzliches Vorbringen oder auf das Vorbringen eines anderen Beteiligten kann die Beschwerde – abgesehen von ganz seltenen Ausnahmefällen – nicht begründet werden[7]. Durch diese Anforderungen soll sichergestellt werden, dass der Beschwerdeführer die angefochtene Entscheidung im Hinblick auf das Rechtsmittel überprüft und mit Blickrichtung auf die Rechtslage durchdenkt[8]. Dementsprechend ungenügend ist idR der pauschale Hinweis auf die Entscheidung eines anderen Gerichts. Ein derartiger Hinweis kann eine eigene Auseinandersetzung des Beschwerdeführers mit der angefochtenen Entscheidung grds. selbst dann nicht ersetzen, wenn dieses Gericht zu dem vom Beschwerdeführer angestrebten Ergebnis gekommen ist[9]. Erst recht liegt keine ausreichende Rechtsmittelbegründung vor, wenn sich der Rechtsmittelführer, der das Rechtsmittel nicht ausschließlich auf einen neuen Grund stützen will, mit keinem einzigen der Streitpunkte befasst, hinsichtlich derer er durch die angefochtene Entscheidung beschwert ist[10].

Macht der Antragsteller **mehrere** eigenständige **Ansprüche**, denen das ArbG stattgibt, geltend – bspw. einen Anspruch mit einem allgemeinen, auch für die Zukunft wirkenden Feststellungsantrag und einen Anspruch mit einem in Tatsachen der Vergangenheit begründeten Leistungsantrag –, dann handelt es sich, wenn die Ansprüche nicht auf demselben einheitlichen Lebenssachverhalt beruhen, um zwei verschiedene Streitgegenstände. In einem solchen Fall genügt die Begründung der Beschwerde nur dann den gesetzlichen Anforderungen, wenn sich der Rechtsmittelführer mit beiden Streitgegenständen auseinander setzt[11]. Anderes gilt ausnahmsweise dann, wenn die Begründetheit des einen Antrages von der Begründetheit des anderen Antrages abhängt oder wenn beide Ansprüche auf demselben einheitlichen Lebenssachverhalt beruhen und nur in verfahrensrechtlich anderer Gestalt wieder auftreten. In einem derartigen Ausnahmefall kann die Auseinandersetzung mit einem (dem vorgreiflichen) der mehreren Ansprüche genügen. Auch wenn das ArbG zwei rechtlich selbständige Ansprüche so behandelt hat, als seien diese voneinander abhängig, kann es ausreichen, wenn sich die Rechtsmittelbegründung allein mit dem vom Gericht behandelten Streitgegenstand befasst[12].

Stützt das ArbG die Zurückweisung eines Antrages auf zwei voneinander unabhängige, selbständig tragende rechtliche Erwägungen („**Doppelbegründung**" oder „**Alternativbegründung**"[13]), so muss die Beschwerdebegründung beide Erwägungen angreifen. Setzt sich die Begründung nur mit einer der beiden Erwägungen des ArbG auseinander, ist die Beschwerde insgesamt unzulässig[14]. Ob dies auch für solche Fälle zutrifft, in denen die Vorinstanz das Antragsbegehren in erster Linie als unzulässig und zusätzlich – im Rahmen einer **Hilfsbegründung**/Hilfserwägung – auch noch als unbegründet zurückgewiesen hat, ist

---

1 HWK/*Bepler/Treber*, § 89 ArbGG Rz. 6.
2 OVG Berlin-Brandenburg v. 29.10.2012 – OVG 62 PV 8.13.
3 BAG v. 28.6.2005 – 1 ABR 26/04, NZA 2006, 113; LAG Hessen v. 23.2.1988 – 5 TaBV 18/87, NZA 1988, 706.
4 Vgl. BAG v. 20.7.1971 – 1 AZR 314/70, AP Nr. 25 zu § 519 ZPO.
5 Vgl. BAG v. 24.1.2001 – 5 AZR 132/00, FA 2001, 279; BGH v. 12.5.2009 – XI ZB 21/08.
6 BAG v. 15.4.2008 – 1 AZR 65/07, NZA 2008, 888.
7 BAG v. 29.1.1992 – 7 ABR 29/91, NZA 1993, 379; LAG Hessen v. 6.9.2005 – 4 TaBV 107/05; beachte zur Frage der **richterlichen Hinweispflicht** im Zusammenhang mit Mängeln der Rechtsmittelbegründung: BAG v. 19.10.2010 – 6 AZR 118/10, NZA 2011, 62.
8 BAG v. 30.10.2012 – 1 ABR 64/11, NZA 2013, 287; BAG, 27.7.2010 -- 1 AZR 186/09, NZA 2010, 1446.
9 Vgl. BAG v. 19.2.2013 – 9 AZR 543/11, NZA 2013, 928.
10 Vgl. BAG v. 16.12.1957 – 1 AZB 36/57, AP Nr. 6 zu § 519 ZPO.
11 Vgl. BAG v. 16.10.1986 – 6 ABR 4/84, DB 1987, 1439.
12 BAG v. 16.3.2004 – 9 AZR 323/03, NZA 2004, 1047.
13 S. zu diesen beiden Begriffen BAG, 18.3. 2010 – 2 AZN 889/08, NZA 2010, 838.
14 Vgl. BAG v. 19.10.2010 – 6 AZR 118/10, NZA 2011, 62; BAG v. 15.11.2006 – 7 ABR 6/06; BAG v. 17.10.2007 – 4 AZR 755/06, NZA-RR 2008, 306; BAG v. 11.3.1998 – 2 AZR 497/97, NZA 1998, 959.

allerdings zweifelhaft. Diese Zweifel ergeben sich daraus, dass derartige Hilfserwägungen nach näherer Maßgabe der höchstrichterlichen Rspr. mitunter als „nicht geschrieben" gelten[1]. Jedenfalls dann, wenn aus der erstinstanzlichen Entscheidung nicht hinreichend deutlich hervorgeht, dass das ArbG diese auch auf eine weitere selbständig tragende rechtliche Erwägung gestützt hat, muss die Beschwerdebegründung diese nicht gesondert angreifen[2]. Im Zweifel sollte der Beschwerdeführer jede – im erstinstanzlichen Beschluss enthaltene – Erwägung, die als „selbständig tragende" Begründung in Betracht kommt, in der Beschwerdebegründung ordnungsgemäß angreifen.

bb) Die Angabe neuer Tatsachen

28 Die Beschwerde kann grdsl. auf **neues tatsächliches Vorbringen** und damit auch auf **neue Beweismittel** gestützt werden. Soll die Beschwerde auf neue[3] Tatsachen gestützt werden, sind diese **in der Begründungsschrift** bzw. spätestens bis zum Ablauf der Beschwerdebegründungsfrist (schriftlich) anzugeben (§ 87 Abs. 3 Satz 3).

29 Abgesehen von der sich bei verspätetem Vorbringen gem. § 87 Abs. 3 ergebenden Möglichkeit der Präklusion bzw. Zurückweisung verspäteten Vorbringens ist in diesem Zusammenhang Folgendes zu beachten: Die Angabe neuer Tatsachen reicht dann uU nicht für eine ordnungsgemäße Beschwerdebegründung aus, wenn dies im Zusammenhang mit der Auswechslung des Verfahrensgegenstandes/Streitgegenstandes geschieht. Zwar kann auch in einem Beschlussverfahren – und hier selbst noch im Beschwerdeverfahren (dagegen idR nicht mehr im Rechtsbeschwerdeverfahren) – eine **Antragsänderung** zulässig sein (s. dazu § 87 Rz. 62 ff. sowie § 92 Rz. 34, Rz. 35). Bei Rechtsmittelverfahren ist jedoch generell zu beachten, dass der Rechtsmittelangriff auf die – vollständige oder teilweise – **Beseitigung** der durch die Entscheidung der Vorinstanz geschaffenen **Beschwer** abzielen muss[4]. Daher ist ein Rechtsmittel unzulässig, wenn der Rechtsmittelführer das in 1. Instanz erhobene Antragsbegehren nicht wenigstens teilweise weiterverfolgt, also die Richtigkeit der erstinstanzlichen Zurückweisung seines Begehrens gar nicht in Frage stellt, sondern lediglich im Wege der Antrags- bzw. Klageänderung einen neuen, bislang nicht geltend gemachten Anspruch zur gerichtlichen Entscheidung stellt[5]. Die Antragsänderung selbst – auch wenn sie in zulässiger Weise auf neue Tatsachen gestützt wird – stellt demgem. noch keine ordnungsgemäße Beschwerdebegründung dar. Der BGH hat entschieden[6], dass die Zulässigkeit einer – in einer Berufungsbegründung enthaltenen – Klageänderung einen ordnungsgem. begründeten Angriff gegen das erstinstanzliche Urteil voraussetzt. Der Kläger kann das erstinstanzliche Urteil nicht erfolgreich mit der Berufung in der Weise anfechten, dass er den weiterverfolgten Klageanspruch in erster Linie auf einen neuen Lebenssachverhalt und nur hilfsweise auf den erstinstanzlichen Klagegrund stützt[7]. Die Grundgedanken dieser Rspr. sind auch auf die Beschwerdebegründung gem. § 89 Abs. 2 Satz 2 zu übertragen[8].

b) Der Beschwerdeantrag

30 § 89 Abs. 2 Satz 2 verlangt nicht ausdrücklich, dass in der Beschwerdebegründung angeben werden muss, in welchem Umfang die erstinstanzliche Entscheidung angefochten wird und abgeändert werden soll. Allerdings ist über § 87 Abs. 2 die Bestimmung des § 520 Abs. 3 Satz 2 Nr. 1 ZPO entsprechend anwendbar. Aus diesem Grunde muss – spätestens – mit der Beschwerdebegründung der **Beschwerdeantrag** gestellt werden[9]. Sein Fehlen ist jedoch dann unschädlich, wenn im Einzelfall klar ersichtlich ist, ob nach dem Begehren des Rechtsmittelführers der gesamte vorinstanzliche Beschluss oder nur Teile davon aufgehoben bzw. abgeändert werden sollen[10].

---

1 Vgl. BAG v. 2.12.1999 – 8 AZR 796/98, NZA 2000, 369; BGH v. 22.9.2009 – Xa ZR 77/08; BGH v. 26.5.1994 – III ZB 17/94, NJW 1994, 2098; BVerwG v. 12.7.2000 – 7 C 3/00, NVwZ 2000, 1411; BVerwG v. 2.11.2011 – 3 B 54/11, NVwZ-RR 2012, 86.
2 BGH v. 30.1.2013 – III ZB 49/12, NJW-RR 2013, 509; BGH v. 18.12.2003 – I ZR 195/01, NJW-RR 2004, 1002 zu der Formulierung „Darauf hingewiesen sei im übrigen ...".
3 S. zum Begriff „neu" die Erl. zu § 87 Rz. 70.
4 BAG v. 29.1.1992 – 7 ABR 29/91, NZA 1993, 379.
5 Vgl. BAG v. 18.8.2009 – 1 ABR 45/08; BAG v. 10.2.2005 – 6 AZR 183/04, NZA 2005, 597; Zöller/Heßler, Vor § 511 ZPO Rz. 10 ff. und § 520 ZPO Rz. 30.
6 BGH v. 17.9.1992 – IX ZB 45/92, NJW 1992, 3243.
7 BGH v. 6.5.1999 – IX ZR 250/98, NJW-RR 1996, 765; anders in den Fällen des § 264 ZPO, vgl. OLG München v. 22.12.2005 – 6 U 4351/02, GRUR-RR 2006, 385.
8 LAG Nds. v. 12.6.2012 – 5 TaBV 27/12.
9 LAG München v. 4.7.2008 – 10 TaBV 118/07; LAG Schl.-Holst. v. 8.7.2010 – 1 TaBV 40 a/09. So bereits zu § 519 Abs. 3 Nr. 1 ZPO aF: BAG v. 3.12.1985 – 4 ABR 60/85, NZA 1986, 337.
10 Vgl. BAG v. 21.7.2005 – 6 AZR 592/04, NZA 2006, 162.

Der Beschwerdeantrag muss also nicht unbedingt ausdrücklich als solcher oder gar optisch hervorgehoben in der Beschwerdebegründung formuliert sein. Erforderlich ist jedoch, dass aus der Beschwerdebegründung – uU iVm. der Beschwerdeschrift – **Umfang** und **Ziel** der Beschwerde genügend bestimmt zu entnehmen sind. Zumindest im Wege der **Auslegung** muss sich das Beschwerdebegehren (inwieweit wird der Beschluss angefochten, welche sachlichen oder sonstigen Abänderungen begehrt der Beschwerdeführer?) ermitteln lassen[1]. Dies gilt insbesondere für den Fall, dass die erstinstanzliche Entscheidung nur teilweise abgeändert werden soll (Teilanfechtung). Durch den Beschwerdeantrag gibt der Beschwerdeführer zugleich zu erkennen, in welchem Umfang er den erstinstanzlichen Sachantrag weiter verfolgt bzw. inwieweit ggfls. eine Antragsänderung nach Maßgabe des § 87 Abs. 2 Satz 3, Halbs. 2 vorgenommen werden soll (s. dazu § 87 Rz. 62 ff.). Der Beschwerdeantrag muss zudem hinreichend bestimmt sein (§ 253 Abs. 2 Nr. 2 ZPO)[2]. 31

Da das Rechtsmittel der Beschwerde voraussetzt, dass der Rechtsmittelführer die **Beseitigung** einer in der angefochtenen Entscheidung liegenden **Beschwer** erstrebt, kann ein lediglich im Wege der Klageänderung neuer, bisher nicht gestellter Anspruch nicht das alleinige Ziel eines Rechtsmittels und damit des Beschwerdeantrages sein. Ein Anspruch kann auch nicht mit der Begründung in das Beschwerdeverfahren eingeführt werden, aufgrund eines in erster Instanz geltend gemachten, nunmehr hilfsweise weiterverfolgten Anspruchs entstehe eine nachträgliche objektive Antragshäufung. Die Zulässigkeit eines **Hauptantrags** folgt nicht aus der eines **Hilfsantrags**, der nur für den Fall gestellt wird, dass der Hauptantrag ohne Erfolg ist. In der Folge ist eine Beschwerde nur insoweit zulässig, als der ursprüngliche Antrag unbedingt weiterverfolgt wird (s. auch Rz. 29)[3]. 32

V. Der Sonderfall: die Anschlussbeschwerde

1. Statthaftigkeit und Zulässigkeit

Werden durch einen das Verfahren beendenden Beschluss des ArbG iSd. §§ 84 und 87 Abs. 1 mehrere Beteiligte beschwert, so können die beschwerten Beteiligten jeweils unabhängig voneinander die Beschwerde gem. § 87 Abs. 1 einlegen. Von diesem Fall mehrerer **selbständig eingelegter** Beschwerden ist der Fall zu **unterscheiden**, in dem sich ein Beteiligter oder mehrere Beteiligte der bereits eingelegten Beschwerde eines anderen Beteiligten „anschließen" wollen. Im zivilprozessualen Berufungsrecht ist der letztgenannte Fall in § 524 ZPO geregelt (s. § 64 Rz. 187 ff.). Im Beschwerdeverfahren findet gem. § 87 Abs. 2 Satz 1, § 64 Abs. 6 Satz 1 die Regelung des § 524 ZPO entsprechende Anwendung, auch wenn auf § 524 ZPO nicht ausdrücklich verwiesen wird, so dass eine **Anschlussbeschwerde** für einen beschwerdebefugten Beteiligten auch im arbeitsgerichtlichen Beschlussverfahren statthaft ist[4]. Sich in diesem Sinne der Beschwerde eines anderen „anzuschließen" bedeutet keineswegs, das Beschwerdebegehren des anderen Beteiligten zu unterstützen. **Ziel einer Anschlussbeschwerde ist es vielmehr, selbst eine Abänderung des erstinstanzlichen Beschlusses zu erreichen.** Für einen **erstinstanzlich voll obsiegenden Antragsteller** – und damit den „Rechtsmittelgegner" – ist die Anschlussbeschwerde sogar die einzige Möglichkeit, zweitinstanzlich eine Antragsänderung oder -erweiterung zu erreichen[5]. 33

Ein Anschlussrechtsmittel **muss** eingelegt werden, wenn der Rechtsmittelgegner ohne eigenes selbständiges Rechtsmittel in der Rechtsmittelinstanz mehr erreichen will als nur die Verwerfung oder Zurückweisung des gegnerischen Rechtsmittels. Im Einzelfall kann fraglich sein, wann ein derartiges **Mehr** anzunehmen ist. Die Anschlussbeschwerde ist entbehrlich, wenn das entsprechende Begehren keinen anderen Gegenstand hat als das mit dem bisherigen Antrag verfolgte Begehren, sondern als weniger weitgehend in diesem enthalten ist. Dies kann die analog § 264 ZPO zu behandelnden Fälle, insbesondere den der Antragsbeschränkung iSv. § 264 Nr. 2 ZPO, betreffen[6]. Passt etwa der im ersten Rechtszug erfolgreiche Antragsteller in der zweiten Instanz seinen Antrag dahin an, dass er statt des ursprünglich geforderten Kostenvorschusses nunmehr Kostenerstattung geltend macht, ist dies jedenfalls dann ohne Anschlussrechtsmittel zulässig, wenn der geltend gemachte Anspruch auf Kostenerstattung den in der angefochtenen Entschei- 34

---

1 LAG Hessen v. 17.2.2011 – 5 TaBV 110/10.
2 Vgl. BAG v. 9.12.2008 – 1 ABR 75/07, NZA 2009, 254.
3 BAG v. 23.2.2016 – 1 ABR 5/14, NZA 2016, 972 (973 f.).
4 BAG v. 17.2.2015 – 1 ABR 45/13, BAGE 151, 27 ff. = NZA 2015, 762 ff.; BAG v. 14.9.2010 – 1 ABR 26/09; BAG v. 2.4.1987 – 6 ABR 29/85, NZA 1988, 217; BAG v. 12.1.1988 – 1 ABR 54/86, NZA 1988, 517; siehe auch zum personalvertretungsrechtlichen Verfahren: BVerwG v. 30.8.1985 – 6 P 20/83, BVerwGE 72, 94; GK-ArbGG/*Ahrendt*, § 89 Rz. 38.
5 BAG v. 17.2.2015 – 1 ABR 45/13, BAGE 151, 27 ff.= NZA 2015, 762 ff.; BAG v. 14.5.2013 – 1 ABR 10/12, ZTR 2013, 698 ff.
6 Vgl. BAG v. 9.12.2008 – 1 ABR 74/07, NZA-RR 2009, 260.

dung zuerkannten Betrag nicht übersteigt (vgl. § 264 Nr. 3 ZPO)[1]. Das BAG nimmt an, dass auch in den Fällen des § 264 Nr. 2 ZPO ein „Mehr" nicht verlangt werde. Eines Anschlussrechtsmittels bedürfe es in diesen Fällen nicht[2]. In der Erweiterung des (zunächst nur in Bezug auf die Einstellung gestellten) Feststellungsantrags auf die Eingruppierung liegt freilich kein Fall des § 264 Nr. 2 ZPO, bei dem es der Einlegung eines Anschlussrechtsmittels ebenfalls nicht bedürfte[3].

35 Für die Zulässigkeit einer Anschlussbeschwerde ist erforderlich, dass der Anschlussbeschwerdeführer hinsichtlich des verfahrensbeendenden Beschlusses des ArbG **beschwerdebefugt** ist und sich seine Anschlussbeschwerde als Ausübung gerade dieser Beschwerdebefugnis darstellt. Anschlussbeschwerdebefugt ist nicht jeder Dritte[4]. (Auch) muss sich das Anschlussrechtsmittel gegen den Rechtsmittelführer richten, nicht gegen Dritte. Eine Anschlussbeschwerde ist unzulässig, wenn ein Beteiligter den in erster Instanz erfolgreichen Antrag erweiternd auf einen am Verfahren bisher nicht beteiligten Dritten erstreckt[5]. Orientiert man sich an der durch § 524 ZPO vorgegebenen Systematik des Anschlussrechtsmittels, dann spricht einiges dafür, dass sich der Beschwerde im Beschlussverfahren nur der Beschwerdegegner iSd. § 87 Abs. 3 Satz 3[6] durch eine Anschlussbeschwerde anschließen kann[7].

36 Nach hM ist in den Tatsacheninstanzen für ein Anschlussrechtsmittel **keine Beschwer** zu verlangen[8]. Die Anschließung ist auch dann zulässig, wenn eine Beschwer nicht vorliegt[9]. Für das Beschwerdeverfahren gem. den §§ 87 ff. bedeutet dies, dass ein Beteiligter, der erstinstanzlich voll obsiegt hat, in der Beschwerdeinstanz mit der Anschlussbeschwerde im Wege der Antragsänderung bzw. -erweiterung andere bzw. weitere materiell-rechtliche Ansprüche rechtshängig machen kann. Ob dies im Übrigen prozessual zulässig ist, bestimmt sich nach den Regeln, die für die Antragsänderung gelten (s. dazu § 87 Abs. 2 Satz 3, Halbs. 2).

37 Die Anschließung ist auch statthaft, wenn der Beschwerdegegner auf die Beschwerde verzichtet hat oder die Beschwerdefrist verstrichen ist. Sie ist entsprechend § 524 Abs. 2 Satz 2 ZPO (= Einlegungsfrist) zulässig bis zum Ablauf der dem Beschwerdegegner richterlich gem. § 83 Abs. 1a[10] iVm. § 90 Abs. 1 Satz 1 und § 90 Abs. 2[11] gesetzten Frist zur Äußerung (= Beschwerdebeantwortung/Beschwerdeerwiderung)[12].

2. Einlegung und Begründung der Anschlussbeschwerde

a) Einlegung der Anschlussbeschwerde

38 In formeller Hinsicht gilt – gem. § 87 Abs. 2 Satz 1, § 64 Abs. 6 Satz 1 – § 524 Abs. 1 ZPO entsprechend[13]. Die Anschließung erfolgt zwingend durch Einreichung **der Beschwerdeanschlussschrift** bei dem LAG[14]. Eine mündliche Erklärung zu Protokoll genügt nicht. Eine Beschwerde, die **zeitlich nach** der Beschwerde eines anderen Beteiligten eingelegt wird, ist nicht allein schon wegen der zeitlichen Reihenfolge eine Anschlussbeschwerde. Bisweilen ist unklar, ob es sich bei einem innerhalb der Beschwerdefrist eingereichten Schriftsatz um eine eigen- bzw. selbständige Beschwerde oder lediglich um eine Anschlussbeschwerde han-

---

1 BGH v. 12.1.2006 – VII ZR 73/04, MDR 2006, 586; beachte aber auch – zu § 264 Nr. 2 ZPO – OLG Düsseldorf v. 25.8.2005 – 2 U 52/04, NZA-RR 2006, 205.
2 BAG v. 21.2.2006 – 3 AZR 77/05; s. dazu auch bei § 94 Rz. 13 ff.
3 BAG v. 10.3.2009 – 1 ABR 93/07, NZA 2009, 622: Der Antrag festzustellen, dass die Zustimmung zu einer Einstellung als erteilt gilt, hat einen anderen Gegenstand als derjenige festzustellen, dass dies hinsichtlich der vorgesehenen Eingruppierung gilt.
4 GMP/*Matthes*/*Schlewing*, § 89 Rz. 35 und 43. Insoweit ist aber darauf hinzuweisen, dass Personen oder Stellen, die entgegen § 83 Abs. 3 im erstinstanzlichen Verfahren rechtsfehlerhaft nicht beteiligt wurden, keine „Dritte" in diesem Sinne sind; derartige erstinstanzlich nicht angehörte Beteiligte sind beschwerdebefugt; vgl. BAG v. 2.4.1987 – 6 ABR 29/85, NZA 1988, 217.
5 LAG Düsseldorf v. 20.12.2010 – 14 TaBV 24/10 – unter Bezugnahme auf BGH v. 4.4.2000 – VI ZR 264/99, NJW-RR 2000, 1114; vgl. auch Zöller/*Heßler*, § 524 ZPO Rz. 18.
6 S. zu diesem Begriff bei § 87 Rz. 76.
7 Vgl. LAG Hessen v. 6.5.1997 – 9 TaBV 187/96; BVerwG v. 8.7.2008 – 6 P 14/07, NZA-RR 2009, 52.
8 Vgl. BAG v. 10.2.2009 – 3 AZR 728/07; BAG v. 29.9.1993 – 4 AZR 693/92, NZA 1994, 761; GK-ArbGG/*Ahrendt*, § 89 Rz. 41; GMP/*Matthes*/*Schlewing*, § 89 Rz. 43. Kritisch insoweit Zöller/*Heßler*, § 524 ZPO Rz. 31.
9 Vgl. BAG v. 8.9.1998 – 3 AZR 368/98, NZA 1999, 611; etwas anderes gilt aber für die Anschlussrevision und für die Anschlussrechtsbeschwerde, vgl. dazu BAG v. 23.2.2010 – 2 AZR 554/08, NZA 2010, 1123; BGH v. 21.6.2001 – IX ZR 73/00; BGH v. 31.5.1995 – VIII ZR 267/94, NJW 1995, 2563.
10 GMP/*Matthes*/*Schlewing*, § 90 Rz. 5.
11 Vgl. BeckOKArbR/*Roloff*, § 90 ArbGG vor Rz. 1 und Rz. 1.
12 BAG v. 10.3.2009 – 1 ABR 93/07, NZA 2009, 622. S. dazu näher bei Rz. 41.
13 Vgl. zur Anwendbarkeit des § 524 ZPO auf die Anschlussbeschwerde im Beschlussverfahren BAG v. 14.9.2010 – 1 ABR 26/09.
14 BAG v. 10.3.2009 – 1 ABR 93/07, NZA 2009, 622.

delt. Ein Anschlussrechtsmittel liegt – allgemeinen Grundsätzen entsprechend – nur dann vor, wenn der (Anschluss-)Rechtsmittelführer ausdrücklich oder konkludent – jedenfalls genügend deutlich – zum Ausdruck bringt, dass er sich einem **fremden Rechtsmittel** anschließen will. Der Anschließende muss erkennen lassen, dass er den Weg der Anschlussbeschwerde – und nicht denjenigen der selbständigen eigenen Beschwerde – wählt. Insoweit genügt jede Erklärung, die ihrem Sinn nach eine dem Erklärenden vorteilhafte, über die Abwehr der – von einem anderen Beteiligten bereits eingelegten – Beschwerde hinausgehende Entscheidung des Beschwerdegerichts erstrebt und die nicht als selbständige Beschwerde gekennzeichnet ist[1]. Das Beschwerdegericht hat dann im Wege der Auslegung zu ermitteln, welche der Möglichkeiten der jeweilige Beteiligte gewählt hat[2].

Für das Beschlussbeschwerdeverfahren ist besonders zu beachten, dass daran häufig **mehrere** Personen oder Stellen („Beteiligte") beteiligt sind. Einige dieser Beteiligten verfolgen bisweilen dasselbe Beschwerdeziel wie der (Haupt-)Beschwerdeführer. Vor diesem Hintergrund **empfiehlt** sich für den Beteiligten, der – noch vor oder nach dem Ablauf der Beschwerdefrist für den Hauptbeschwerdeführer – Anschlussbeschwerde einlegen will, die ausdrückliche Erklärung, dass „hiermit Anschlussbeschwerde eingelegt wird", wobei die **ausdrückliche Bezeichnung als Anschlussbeschwerde** nicht erforderlich ist[3]. Im Zweifelsfalle ist durch Auslegung zu ermitteln, ob eine eigenständige Beschwerde oder eine (unselbständige) Anschlussbeschwerde gewollt ist, was vor allem zu beachten ist, wenn die Beschwerdefrist noch nicht abgelaufen ist. Ferner ist zu beachten, dass nicht jede bloß unterstützende Äußerung eines Beteiligten oder die Stellung des gleichen Sachantrages, der mit der (Haupt-)Beschwerde verfolgt wird, schon eine Anschlussbeschwerde darstellt. Falls bereits mehrere Beschwerden anhängig sind, ist anzugeben, welcher Beschwerde welches Beteiligten sich der Anschlussbeschwerdeführer anschließt[4]. 39

b) Form der Anschlussbeschwerde

Soweit es an besonderen Vorschriften fehlt, gelten für die Beschwerdeanschlussschrift die gleichen formellen Anforderungen wie für die Beschwerdeschrift selbst. Die **Form der Anschlussbeschwerde** bestimmt sich sowohl nach **§ 89 Abs. 1 und Abs. 2 Satz 1** sowie nach § 519 Abs. 2 und 4, § 520 Abs. 3, § 524 Abs. 3 Satz 2 ZPO). Vorliegend ist insbesondere ist § 89 Abs. 1 iVm. § 11 Abs. 2 Satz 2 Nr. 4 und 5, Abs. 4 und 5 anzuwenden[5], dh. sie ist von einem **postulationsfähigen Rechtsanwalt oder Verbandsvertreter** einzulegen. Wird die Anschlussbeschwerde nicht in der gesetzlichen Form oder Frist eingelegt, so verwirft sie die Beschwerdekammer als unzulässig (§ 89 Abs. 3 Satz 1). Wegen der Abhängigkeit der Anschlussbeschwerde von der (Haupt-)Beschwerde kommt insoweit eine Vorabverwerfung aber nicht in Betracht. Da bereits eine Hauptbeschwerdeschrift und möglicherweise auch schon die erstinstanzliche Verfahrensakte (vgl. § 541 ZPO) dem Beschwerdegericht vorliegen, lassen sich etwaige Mängel der Anschlussbeschwerdeschrift eher beheben als sonst. 40

c) Frist

Die formgerechte Einlegung der Anschlussbeschwerde muss gem. § 524 Abs. 2 Satz 2 ZPO iVm. § 87 Abs. 2 Satz 1, § 64 Abs. 6 Satz 1 ArbGG bis zum Ablauf der dem Beschwerdegegner (gem. § 90 Abs. 1 Satz 1) gesetzten Frist zur Beschwerdebeantwortung/Beschwerdeerwiderung erfolgen[6], es sei denn, es fehlt an einer richterlichen Fristsetzung oder die Anschließung hat künftig fällig werdenden wiederkehrenden Leistungen zum Gegenstand. Eine **richterliche Fristsetzung** (zur Rechtsmittelerwiderung), wie sie in § 521 Abs. 2 Satz 1 ZPO geregelt ist, kennt zwar das arbeitsgerichtliche Urteilsverfahren nicht, weil hier die Berufung kraft Gesetzes nach § 66 Abs. 1 Satz 3 binnen Monatsfrist nach Zustellung der Berufungsbegründung beantwortet werden muss. Das (Beschwerde-)Beschlussverfahren[7] sieht jedoch in § 90 Abs. 1 Satz 1 iVm. § 90 Abs. 2 und § 83 Abs. 1a Satz 1 eine derartige Fristsetzung ausdrücklich vor, so dass hier § 524 Abs. 2 Satz 2 ZPO ohne Weiteres „passt", wenn der Kammervorsitzende eine Frist setzt. Dies bedeutet, dass die Begründung der Anschlussbeschwerde innerhalb der richterlich ordnungsgemäß gesetzten Äußerungsfrist 41

---

1 Vgl. BGH v. 26.10.1990 – V ZR 122/89, NJW-RR 1991, 510.
2 S. dazu auch unten bei Rz. 34 ff.; beachte zur Abgrenzung: BGH v. 30.4.2003 – V ZB 71/02, NJW 2003, 2388.
3 BAG v. 17.2.2015 – 1 ABR 45/13, BAGE 151, 27 ff. = NZA 2015, 762 ff.; BAG v. 30.5.2006 – 1 AZR 111/05, Rz. 42 mwN, BAGE 118, 211 ff.
4 GMP/*Matthes*/*Schlewing*, § 89 Rz. 36.
5 OVG NRW v. 4.11.2005 – 1 A 4935/04. PVB – zum Erfordernis der Unterzeichnung durch eine postulationsfähige Person.
6 BAG v. 17.2.2015 – 1 ABR 45/13, BAGE 151, 27 ff. = NZA 2015, 762 ff.
7 Für das in § 87 Abs. 2 Satz 1 gerade nicht auf § 66 Abs. 1 Satz 3 verwiesen wird.

des § 90 Abs. 1 Satz 1 zu erfolgen hat[1]. Unterbleibt eine derartige richterliche Fristsetzung – oder erfolgt sie nicht rechtswirksam[2] –, kann die Anschlussbeschwerde grds. zeitlich unbefristet bis zum Schluss der mündlichen Anhörung vor der Kammer eingelegt werden[3]. Der Vorsitzende der Beschwerdekammer hat darauf zu achten, dass die Frist zur Beschwerdeerwiderung (= Beschwerdebeantwortung iSd. § 87 Abs. 3 Satz 3) ordnungsgemäß in Lauf gesetzt wird. Wurde die Frist zur Beschwerdeerwiderung iSv. § 521 Abs. 2 Satz 1 ZPO nicht wirksam gesetzt, ist eine Anschließung bis zum Schluss des Termins zur Anhörung beim LAG möglich[4], bspw. wenn einem Betriebsrat „Gelegenheit gegeben wird, binnen eines Monats schriftsätzlich" zur Beschwerdebegründung der ArbGeb „Stellung zu nehmen". Eine so bestimmte Frist ist hinsichtlich ihres Beginns - und damit zwangsläufig ihres Endes - unklar. Auch liegt in der „Gelegenheit zur Stellungnahme" kein „Setzen" einer Erwiderungsfrist, sondern die Zustellung der Beschwerdeschrift und Beschwerdebegründung zur Äußerung iSv. § 90 Abs. 1 Satz 1.

42 Eine (eigenständige) **Verlängerung** der Frist für die Einlegung (und Begründung) der Anschlussbeschwerde sieht das Gesetz an sich nicht vor[5]. Verlängert werden kann – nach näherer Maßgabe des § 224 Abs. 2 ZPO und des § 66 Abs. 1 Satz 5 analog – aber die gem. § 83 Abs. 1a und § 90 Abs. 1 Satz 1 gesetzte Frist zur Äußerung (= Beschwerdeerwiderung/Beschwerdebeantwortung)[6]. Wird die (gesetzte) Beschwerdeerwiderungsfrist verlängert, verlängert sich automatisch die Einlegungsfrist für die Anschlussbeschwerde[7].

d) Begründung der Anschlussbeschwerde

43 Bzgl. des **Begründungserfordernisses** gilt § 524 Abs. 1, 2 und 3 ZPO entsprechend. Eine zulässige Anschlussbeschwerde muss nach § 524 Abs. 1 Satz 2, Abs. 3 Satz 1 ZPO sogleich hinreichend begründet werden[8], dh. sie muss entweder bereits in der rechtzeitig eingereichten Anschlussschrift[9] oder – wenn die Anschlussbeschwerde zuvor ohne Begründung eingelegt wurde – doch zumindest innerhalb der Frist des § 524 Abs. 2 Satz 2 ZPO begründet werden (Ausnahme: § 524 Abs. 2 Satz 3 ZPO). Dabei ist die in § 524 Abs. 2 Satz 2 ZPO enthaltene Regelung „bis zum Ablauf der dem Berufungsbeklagten gesetzten Frist zur Berufungserwiderung" im zweitinstanzlichen Beschlussverfahren mit der Maßgabe entsprechend anzuwenden, dass Einlegung und Begründung der Anschlussbeschwerde „bis zum Ablauf der gem. § 90 Abs. 1 Satz 1 gesetzten Äußerungsfrist" erfolgen müssen. Enthält eine Anschlussschrift keine (ordnungsgemäße) Begründung und nimmt man an, dass die Begründung zwingend **in der Anschlussschrift** selbst erfolgen muss[10], dürfte eine form- und fristgerecht nachgereichte Begründung jedenfalls als wiederholte Anschließung anzusehen sein[11]. Die Anschlussbegründung muss auch einen **Beschwerdeantrag** enthalten. Die Erläuterungen zu § 64 Rz. 193 ff. gelten im Übrigen entsprechend.

44 Die (Anschluss-)Beschwerdebegründung muss den sich aus § 89 Abs. 1, Abs. 2 Satz 2 ergebenden Anforderungen genügen. Insbesondere bedarf auch sie zu ihrer Zulässigkeit einer auf den konkreten Fall bezogenen, ins Einzelne gehenden Begründung[12]. Ansonsten ist die Anschlussbeschwerde als unzulässig zu verwerfen (§ 89 Abs. 3 Satz 1). Hinsichtlich der Frage, inwieweit hinsichtlich der sich aus § 524 Abs. 2 Satz 2

---

1 BAG v. 10.3.2009 – 1 ABR 93/07, NZA 2009, 622; Bram, FA 2005, 227; s. dazu, dass es sich bei der in § 90 Abs. 1 Satz 1 geregelten Äußerungsfrist der Sache nach um eine **Erwiderungsfrist** der in § 524 Abs. 2 Satz 2 ZPO iVm. § 521 Abs. 2 Satz 1 ZPO genannten Art handelt, bei § 90 Rz. 5.
2 Vgl. dazu – für das Berufungsverfahren – BAG v. 16.5.2013 – 6 AZR 556/11, NZA 2013, 1079; BAG v. 24.5.2012 – 2 AZR 124/11, NZA 2012, 1223; BGH v. 23.9.2008 – VIII ZR 85/08, NJW 2009, 515. Eine wirksame Fristsetzung erfordert, dass den Beteiligten nach § 329 Abs. 2 Satz 2 ZPO eine beglaubigte Abschrift der richterlichen Verfügung über die Fristsetzung zugestellt wurde und der Beteiligte nach § 66 Abs. 1 Satz 4 auf die Frist hingewiesen wurde.
3 BAG v. 23.8.2016 – 1 ABR 22/14, NZA 2017, 194 (199); BAG v. 17.2.2015 – 1 ABR 45/13; vgl. HWK/Bepler/Treber, § 89 ArbGG Rz. 8; GMP/Matthes/Schlewing, § 89 Rz. 37; GK-ArbGG/Ahrendt, § 89 Rz. 43; Durch bloßen mündlichen Antrag im Verhandlungs- bzw. Anhörungstermin – zu Protokoll – kann eine Anschlussbeschwerde aber nicht wirksam erhoben werden; BAG v. 10.3.2009 – 1 ABR 93/07, NZA 2009, 622; Zöller/Heßler, § 524 ZPO Rz. 8.
4 BAG v. 23.8.2016 – 1 ABR 22/14, Rz. 54, NZA 2017, 194 (199).
5 Vgl. BGH v. 6.7.2005 – XII ZR 293/02, NJW 2005, 3067: auch eine Wiedereinsetzung kommt nicht in Betracht (str.); zur Anschlussberufung: ErfK/Koch, § 64 ArbGG Rz. 15; zur Anschlussrevision: GMP/Müller-Glöge, § 74 Rz. 73. Demgegenüber kann nach OLG Düsseldorf v. 3.8.2005 – II-4 UF 47/05, 4 UF 47/05, FamRZ 2006, 215 bei schuldloser Versäumung der Frist des § 524 Abs. 2 ZPO Wiedereinsetzung gewährt werden; ebenso MünchKomm/ZPO/Gehrlein, § 233 Rz. 14.
6 Vgl. Musielak/Voit/Ball, § 524 ZPO Rz. 23.
7 BAG v. 17.2.2015 – 1 ABR 45/13, BAGE 151, 27 ff. = NZA 2015, 762 ff.; Zöller/Heßler, § 524 ZPO Rz. 10 mwN.
8 BAG v. 14.9.2010 – 1 ABR 26/09, AP Nr. 2 zu § 524 ZPO (Ls.).
9 GK-ArbGG/Ahrendt, § 89 Rz. 45.
10 So der Wortlaut des § 524 Abs. 3 Satz 1 ZPO; BGH v. 30.4.2003 – V ZB 71/02, NJW 2003, 2388.
11 Musielak/Voit/Ball, § 524 ZPO Rz. 21.
12 LAG Hessen v. 6.5.1997 – 9 TaBV 187/96.

und Abs. 3 Satz 1 ZPO ergebenden Einlegungs- und Begründungsfrist eine Verlängerung in Betracht kommt, gelten die Ausführungen zu Rz. 41 aE entsprechend. Wegen der Frage der Wiedereinsetzung in den vorigen Stand[1], wird auf die §§ 224 und 233 ZPO sowie auf die Erl. zu § 64 Rz. 192 f. verwiesen.

e) Weiteres Vorgehen und Wirkungen der Anschlussbeschwerde

Die Anschlussbeschwerde und deren Begründung ist den übrigen Beteiligten zuzustellen (§§ 524, 521 ZPO). 45

Nach derzeit geltendem Recht spielt die frühere Unterscheidung zwischen unselbständiger und selbständiger Anschlussbeschwerde keine Rolle mehr. Die Anschlussbeschwerde **wirkt** vielmehr wegen § 524 Abs. 4 ZPO und § 87 Abs. 2 Satz 1 immer „**unselbständig**", dh., dass sie mit der wirksamer Rücknahme oder der Verwerfung der (Haupt-)Beschwerde als unzulässig auch dann ihre Wirkung verliert, wenn sie innerhalb der Beschwerdefrist eingelegt worden ist[2]. Dasselbe erfolgt, wenn das Verfahren durch übereinstimmende Erledigungserledigung oder durch Vergleich beendet wird[3]. Der Tenor des Einstellungsbeschluss des LAG gem. § 89 Abs. 4 (analog) lautet wie folgt: „Das Verfahren [Az.] wird eingestellt. Die Anschlussbeschwerde des Beteiligten zu [x] vom [Datum] hat ihre Wirkung verloren"[4]. 46

VI. Die unzulässige Beschwerde (Abs. 3)

Es gibt nach § 89 Abs. 3 Satz 1 bei abstrakter Betrachtung verschiedene Gründe und Umstände, die zur Unzulässigkeit einer eingelegten Beschwerde führen können. 47

1. Die Nichtbeachtung der gesetzlichen Form

Werden **Beschwerde** und/oder **Beschwerdebegründung** nicht in der **gesetzlichen Form** des § 89 Abs. 1 bzw. **Abs. 2** eingelegt bzw. eingereicht, so ist die Beschwerde unzulässig, wenn dieser Formmangel nicht jeweils rechtzeitig innerhalb der jeweiligen Fristen des § 66 Abs. 1 iVm. § 87 Abs. 2 Satz 1 behoben wird. Insbesondere ist eine **Beschwerde** auch dann **unzulässig**, wenn sie **nicht ordnungsgemäß** iSd. § 89 Abs. 2 Satz 2 **begründet** wurde, bspw. wenn sich die Beschwerdebegründung nur unzureichend mit der erstinstanzlichen Entscheidung auseinandersetzt.[5] 48

2. Die Nichtbeachtung der gesetzlichen Fristen

Werden die **einen** Monat – für die Einlegung der Beschwerde – bzw. **zwei** Monate – für die Begründung der Beschwerde – betragenden Fristen des § 66 Abs. 1 Satz 1 nicht eingehalten, so führt dies zur Unzulässigkeit der Beschwerde, wenn kein zulässiger und begründeter Wiedereinsetzungsantrag iSv. §§ 233 ff. ZPO gestellt wurde. Entsprechendes gilt, wenn die (zulässigerweise) richterlich verlängerte Beschwerdebegründungsfrist nicht eingehalten wurde. Wegen der Fristberechnung wird auf die Ausführungen zu § 66 Rz. 4 ff. und zu § 89 Rz. 9 ff. und Rz. 15 f. verwiesen. 49

3. Sonstige Fälle der Unzulässigkeit

Eine Beschwerde kann sich auch aus anderen formalen Gründen als unzulässig erweisen, ohne dass es hierfür auf eine materiell-rechtliche Würdigung ankommt, bspw. wenn der Beschwerdeführer durch den von ihm angefochtenen erstinstanzlichen Beschluss **nicht beschwert** ist oder wenn ihm die **Beschwerdebefugnis** fehlt. Entsprechendes gilt beim **Fehlen** einer (allgemeinen) **Prozesshandlungsvoraussetzung**. So sind zB die Prozessfähigkeit und die Postulationsfähigkeit[6] Prozesshandlungsvoraussetzungen; ihr Fehlen hat zur Folge, dass eine von einer nicht prozess- oder postulationsfähigen Person vorgenommene Prozesshandlung unwirksam ist. 50

Unzulässig ist eine nach § 87 Abs. 1 erhobene Beschwerde aber auch dann, wenn sie sich **nicht** gegen einen der dort bezeichneten Beschlüsse gem. § 84 richtet, wenn sie also nicht **statthaft** ist. 51

---

1 Vgl. dazu BGH v. 6.7.2005 – XII ZR 293/02, NJW 2005, 3067; *Liesching*, NJW 2003, 1224; ErfK/*Koch*, § 64 ArbGG Rz. 15; GMP/*Matthes/Schlewing*, § 94 Rz. 25; Zöller/*Heßler*, § 524 ZPO Rz. 10; Zöller/*Greger*, § 233 ZPO Rz. 6.
2 GK-ArbGG/*Ahrendt*, § 89 Rz. 48; vgl. *Heiderhoff*, NJW 2002, 1402.
3 HWK/*Bepler/Treber*, § 89 ArbGG Rz. 8; ErfK/*Koch*, § 89 ArbGG Rz. 5; GK-ArbGG/*Ahrendt*, § 89 Rz. 48; vgl. zur Anschlussberufung: BAG v. 24.4.2014 – 8 AZR 429/12, NZA 2015, 185.
4 BAG v. 15.4.2014 – 1 ABR 80/12, NZA 2015, 62; GK-ArbGG/*Ahrendt*, § 89 Rz. 49.
5 BAG v. 8.9.2010 – 7 ABR 73/09, NZA 2011, 934.
6 Vgl. BAG v. 29.1.1992 – 7 ABR 29/91, NZA 1993, 379.

52 Schließlich kann der Beschwerdeführer wirksam auf sein Recht zur Einlegung der Beschwerde **verzichtet**[1] haben. Auf eine wegen eines wirksamen Rechtsmittelverzichts unzulässige Beschwerde findet § 89 Abs. 3 Satz 2 Halbs. 2 jedenfalls dann keine Anwendung, wenn der Rechtsmittelverzicht nicht im Wege einer Prozesserklärung gegenüber dem Prozessgericht, sondern in einer außergerichtlichen, vorprozessualen Abrede vereinbart worden ist. In einem solchen Fall ist die Auslegung und Beurteilung einer außerprozessualen materiell-rechtlichen Vereinbarung notwendig[2].

4. Die Verwerfung der Beschwerde als unzulässig

53 Eine unzulässige Beschwerde darf nicht verworfen werden, solange es noch möglich ist, sie als Anschlussbeschwerde (analog § 524 ZPO, s. Rz. 40 ff.) zu behandeln. Wenn die Unzulässigkeit der Beschwerde endgültig feststeht, kann die **Verwerfungsentscheidung** nach näherer Maßgabe der Erläuterungen zu den Rz. 26 ff. entweder in der Form des § 91 Abs. 1 Satz 1 oder in der des § 89 Abs. 3 Satz 2 ergehen. Dagegen kommt ein Zurückweisungsbeschluss gem. § 522 Abs. 2 ZPO nicht in Betracht (vgl. § 89 Abs. 3 Satz 4).

a) Der Beschluss gem. § 91 Abs. 1 Satz 1

54 Grundsätzlich stellt die das Beschwerdeverfahren **beendende Entscheidung** der **Beschluss** des LAG gem. § 91 Abs. 1 Satz 1 dar[3]. Eine derartige Entscheidung, die die vorherige mündliche Anhörung vor der Kammer voraussetzt – sofern nicht zulässigerweise im schriftlichen Verfahren gem. § 128 Abs. 2 ZPO, § 83 Abs. 4 Satz 3 entschieden wird –, kommt auch in den Fällen in Betracht, in denen eine Beschwerde als unzulässig verworfen wird. Den Beschluss erlässt die zuständige **vollbesetzte Kammer des LAG** nach mündlicher Anhörung der Beteiligten[4]. Auf die Erläuterungen zu § 91 Abs. 1 Satz 1 wird verwiesen. Da nach § 89 Abs. 3 Satz 4 die restriktiven Regelungen des Berufungsrechts (§ 522 Abs. 2 und Abs. 3 ZPO) kraft gesetzlicher Anordnung keine Anwendung finden, kann eine in der Sache aussichtslose Beschwerde nur nach Anhörung der Beteiligten gem. § 91 Abs. 1 Satz 1 als unbegründet zurückgewiesen werden.

b) Der Beschluss gem. § 89 Abs. 3 Satz 2

55 In den – unmittelbaren – Fällen des § 89 Abs. 3 Satz 1 kann (nicht: muss)[5] der Verwerfungs-Beschluss ohne vorherige mündliche Verhandlung mit den Beteiligten durch den **Vorsitzenden alleine** gem. § 89 Abs. 3 Satz 2 ergehen. Die Durchführung eines Anhörungstermins steht im pflichtgemäßen Ermessen des Vorsitzenden, allerdings wird eine Verwerfung nach § 89 Abs. 3 regelmäßig ohne mündliche Anhörung erfolgen. Die Regelung des § 89 Abs. 3 stellt also die **Ausnahme** zu § 91 Abs. 1 Satz 1 dar. Gleichwohl hat bei § 89 Abs. 3 auch eine „Anhörung" in dem Sinne stattzufinden, dass – allgemeinen Rechtsgrundsätzen entsprechend – jedenfalls dem Beschwerdeführer vorheriges rechtliches Gehör dergestalt zu gewähren ist, dass ihn das Gericht rechtzeitig schriftlich auf die Verwerfungsabsicht **hinweist**[6]. Die **Alleinentscheidungsbefugnis des Vorsitzenden** zur Verwerfung der Beschwerde gem. § 89 Abs. 3 Satz 2 umfasst auch die Versagung der **Wiedereinsetzung in den vorigen Stand** gegen die Versäumung der Fristen zur Einlegung und Begründung der Beschwerde[7].

56 Umstritten ist, ob nach § 89 Abs. 3 Satz 2 auch verfahren werden kann, wenn sich die Unzulässigkeit der Beschwerde aus **anderen** als den in § 89 Abs. 3 Satz 1 genannten **Gründen** ergibt. Die Frage ist deswegen von praktischer Bedeutung, weil in derartigen Fällen der analogen Anwendung des § 89 Abs. 3 Satz 1 der – die Beschwerde als unzulässig verwerfende – Beschluss „ohne mündliche Verhandlung durch den Vorsitzenden" (also ohne Anhörungstermin) ergehen kann und dann *unanfechtbar* ist (§ 89 Abs. 3 Satz 2). Hält man dagegen § 89 Abs. 3 in sonstigen Fällen der Unzulässigkeit der Beschwerde für unanwendbar, dann

---

1 S. dazu, wann ein Rechtsmittelverzicht anzunehmen ist, bei Rz. 57.
2 BAG v. 8.9.2010 – 7 ABR 73/09, NZA 2011, 934.
3 Nach § 91 Abs. 1 Satz 1 wird auch entschieden, wenn das LAG die Zulässigkeit der Beschwerde bejaht. Dann erfolgt die entsprechende Feststellung in den Gründen des instanzabschließenden Beschlusses. Zulässig ist aber auch ein Zwischenbeschluss für die Zulässigkeit der Beschwerde, vgl. GK-ArbGG/*Ahrendt*, § 89 Rz. 60,.
4 Siehe bspw. LAG Hessen v. 23.2.1988 – 5 TaBV 18/87, NZA 1988, 706 (nachgehend BAG v. 25.7.1989 – 1 ABR 48/88, NZA 1990, 73).
5 Das Ermessen des Vorsitzenden erstreckt sich nur darauf, ob eine mündliche Anhörung stattfindet.
6 GK-ArbGG/*Ahrendt*, § 89 Rz. 56; vgl. BGH v. 24.2.2010 – XII ZB 168/08, MDR 2010, 710; BAG v. 15.8.1989 – 8 AZR 557/88, NZA 1990, 537; Zöller/*Heßler*, § 522 ZPO Rz. 6 und 13; s. dazu auch bei § 66 Rz. 87.
7 Vgl. – zum Berufungsverfahren – BAG v. 5.10.2010 – 5 AZB 10/10, NZA 2010, 1442; krit. GMP/*Germelmann*, § 66 Rz. 44a.

muss vor der Verwerfungsentscheidung eine mündliche Anhörung vor der Kammer stattfinden, es sei denn, es wird gem. § 90 Abs. 2 iVm. § 83 Abs. 4 in zulässiger Weise im schriftlichen Verfahren entschieden (Entscheidung mit den ehrenamtlichen Richtern durch die Beschwerdekammer[1]; vgl. zum schriftlichen Verfahren § 83 Abs. 4 Satz 3 sowie die Erl. in § 83 Rz. 115 ff.).

Die gem. § 89 Abs. 3 Satz 2, Halbs. 2 angeordnete Unanfechtbarkeit des Beschlusses nach § 89 Abs. 3 Satz 2, Halbs. 1 spricht dafür, die Voraussetzungen für den Erlass eines derartigen Beschlusses („nicht in der gesetzlichen Form oder Frist eingelegt oder begründet") eng auszulegen. Vereinzelt[2] wird es vom Sinn und Zweck der Vorschrift für gerechtfertigt gehalten, das vereinfachte Verfahren nach § 89 Abs. 3 Satz 2 auch dann anzuwenden, wenn sich die Unzulässigkeit der Beschwerde aus sonstigen Gründen ergibt. Dieser Auffassung wird man – angesichts des Gesetzeswortlautes – allenfalls für die Fälle zustimmen können, in denen der jeweilige Unzulässigkeitsgrund mit den gesetzlich normierten Gründen („Form oder Frist", vgl. § 89 Abs. 3 Satz 1) **vergleichbar** ist. Es muss sich dabei um Gründe handeln, die äußerlicher bzw. formeller Art sind und prozessual ähnlich leicht feststellbar sind wie eben die Nichteinhaltung der „gesetzlichen Form oder Frist". Beispielhaft werden insoweit genannt: der Verzicht auf die Beschwerde im Wege einer Prozesserklärung gegenüber dem Prozessgericht und die mangelnde Beschwerdefähigkeit der angefochtenen Entscheidung[3]. 57

Im Bereich des Berufungsverfahrens ist es anerkannt, dass ohne mündliche Verhandlung nur dann entschieden werden sollte, wenn die **Unzulässigkeit** des Rechtsmittels **klar** auf der Hand liegt (bspw. bei rein formalen Gründen[4]) und eine Aussprache mit den Parteien überflüssig erscheint[5]. Dieser Gedanke ist auf die Problematik des § 89 Abs. 3 Satz 1 und 2 übertragbar. Von der Möglichkeit, **ohne mündliche** Anhörung der Beteiligten zu entscheiden (rechtliches Gehör überhaupt ist allemal zu gewähren[6]), ist jedenfalls dann nicht Gebrauch zu machen, wenn der in Betracht kommende Unzulässigkeitsgrund Fragen betrifft, die unmittelbar oder mittelbar den Verfahrensgegenstand betreffen oder materiell-rechtliche Wertungen tangieren[7]. Ein derartiges Betroffensein des Verfahrensgegenstandes kann etwa in Fällen zu bejahen sein, in denen die Unzulässigkeit der Beschwerde damit begründet wird, dass dem Beschwerdeführer die **Beschwer** oder die **Beschwerdebefugnis** fehle[8]. In diesen Fällen hat die Verwerfung der Beschwerde als unzulässig stets nach mündlicher Anhörung der Beteiligten durch Beschluss der Kammer nach § 91 Abs. 1 Satz 1 zu erfolgen[9]. 58

c) Die Zustellung des Verwerfungsbeschlusses

Der nach mündlicher Anhörung bzw. Verhandlung erlassene Beschluss ist **allen Beteiligten förmlich zuzustellen** (§ 50 Abs. 1, § 80 Abs. 2, § 87 Abs. 2 Satz 1 und § 91 Abs. 2 Satz 1). 59

Für den **ohne vorherige mündliche Verhandlung** ergangenen Beschluss ordnet § 89 Abs. 3 Satz 3 an, dass er (lediglich) dem bzw. den **Beschwerdeführer(n)** förmlich zuzustellen ist. Hinsichtlich der übrigen Beteiligten genügt – sofern sie durch den Verwerfungsbeschluss nicht ihrerseits beschwert sind – die formlose Mitteilung gem. § 329 Abs. 2 ZPO. 60

d) Anfechtbarkeit oder Endgültigkeit der Verwerfungsentscheidung

Gegen einen nach mündlicher Verhandlung erlassenen Beschluss gem. § 91 Abs. 1 Satz 1, mit dem die Beschwerde als unzulässig verworfen wird, kommen an sich – je nach Lage des Falles – als Rechtsmittel die **Rechtsbeschwerde** nach § 92 Abs. 1 Satz 1, wenn das LAG sie zugelassen hat, oder als Rechtsbehelf die **Nichtzulassungsbeschwerde** nach § 92a in Betracht[10]. 61

---

1 Düwell/Lipke/*Oesterle*, § 90 Rz. 11 iVm. § 91 Rz. 2.
2 GK-ArbGG/*Ahrendt*, § 89 Rz. 55; BeckOKArbR/*Roloff*, § 89 ArbGG Rz. 13; *Grunsky*, 7. Aufl., § 89 Rz. 8 und 9; anders GWBG/*Greiner*, § 89 Rz. 8 und 9; vgl. zum Problem auch BAG v. 8.9.2010 – 7 ABR 73/09, NZA 2011, 93; BAG v. 25.7.1989 – 1 ABR 48/88, NZA 1990, 73.
3 S. GMP/*Matthes/Schlewing*, § 89 Rz. 48.
4 GWBG/*Greiner*, § 89 Rz. 14.
5 Musielak/Voit/*Ball*, § 522 ZPO Rz. 4.
6 Vgl. Zöller/*Heßler*, § 522 ZPO Rz. 6 und 13.
7 HWK/*Bepler/Treber*, § 89 ArbGG Rz. 10.
8 GMP/*Matthes/Schlewing*, § 89 Rz. 48; HWK/*Bepler/Treber*, § 89 ArbGG Rz. 12; aA BeckOKArbR/*Roloff*, § 89 ArbGG Rz. 13.
9 ErfK/*Koch*, § 89 ArbGG Rz. 6.
10 Vgl. BAG v. 8.9.2010 – 7 ABR 73/09, NZA 2011, 934; GMP/*Matthes/Schlewing*, § 89 Rz. 52.

62 Für den nach § 89 Abs. 3 **ohne mündliche Verhandlung** erlassenen **Verwerfungsbeschluss** ordnet § 89 Abs. 3 Satz 2, Halbs. 2 demgegenüber unmissverständlich die **Unanfechtbarkeit** (bis zum 1.4.2008: die „Endgültigkeit") der Verwerfungsentscheidung an. Gegen einen derartigen Beschluss darf das Beschwerdegericht die Rechtsbeschwerde nicht zulassen. Gegen die Nichtzulassung der Rechtsbeschwerde in einem derartigen Fall findet auch keine Nichtzulassungsbeschwerde zum BAG statt[1]. Auch das LAG selbst darf seine Entscheidung **nicht** nachträglich **abändern** (§ 318 ZPO). Das Prozessrecht erlaubt grds. keine Selbstkorrektur fehlerhafter Verwerfungsbeschlüsse[2]. Der Beschwerdeführer ist vor fehlerhaften Verwerfungsbeschlüssen durch die ihm zustehende Möglichkeit, ggf. gem. den §§ 233 ff. ZPO die Wiedereinsetzung in den vorigen Stand beantragen[3] – notfalls Verfassungsbeschwerde einlegen[4] – zu können, hinreichend geschützt[5]. Möglicherweise kommt auch die befristete **Anhörungsrüge** gem. § 78a in Betracht (Abhilfe bei Verletzung des Anspruchs auf rechtliches Gehör). Die Anhörungsrüge eröffnet die Möglichkeit richterlicher Selbstkorrektur unanfechtbarer instanzbeendender Entscheidungen in bestimmten Fällen[6]. Auf das Beschlussverfahren finden die Vorschriften über die Gehörsrüge entsprechende Anwendung (§ 78a Abs. 8).

63 Lässt das LAG gleichwohl bei einem Beschluss nach § 89 Abs. 3 Satz 2 die Rechtsbeschwerde gleichwohl zu, so führt dies nicht zu deren Statthaftigkeit. Die in einem derartigen Fall gegen die Verwerfungsentscheidung eingelegte Rechtsbeschwerde ist vom BAG zu verwerfen. An eine solche gesetzwidrige Zulassung ist das BAG nicht gebunden[7]. Das LAG kann einer Partei durch die Zulassungsentscheidung nicht ein Rechtsmittel zusprechen, das nach der gesetzlichen Regelung nicht gegeben ist. Insoweit besteht Übereinstimmung in Lit. und Rspr.

64 Fraglich ist jedoch, ob die Unanfechtbarkeit des Verwerfungsbeschluss iS des § 89 Abs. 3 Satz 2, Halbs. 2 auch gegeben ist, wenn das LAG ihn **nach mündlicher Verhandlung** erlassen hat. Orientiert man sich insoweit – im Hinblick auf die in § 87 Abs. 2 Satz 1 enthaltenen Verweisung – zunächst am Berufungsrecht, so ergibt sich, dass gegen ein – die Berufung als unzulässig verwerfendes – Urteil des LAG der 3. Rechtszug zum BAG durchaus gem. § 77 eröffnet sein kann. Allerdings vertritt das BAG für den Anwendungsbereich des § 89 Abs. 3 Satz 2, Halbs. 2 die Ansicht, dass der dort angeordnete Ausschluss der Rechtsbeschwerde nicht nur für den Beschluss gilt, der ohne vorherige mündliche Verhandlung ergeht, sondern **für jeden Verwerfungsbeschluss**[8]. Dies folge ua. aus dem Wortlaut der Vorschrift. Bereits für § 89 ArbGG aF hatte der 1. Senat[9] ausgesprochen, dass nach dieser Vorschrift die Rechtsbeschwerdeinstanz mit Sachen, in denen das Beschwerdegericht die Beschwerde „aus formellen Gründen" bzw. „wegen eines Formmangels" als unzulässig angesehen und deshalb verworfen hat, in keinem Fall befasst werden solle. Davon für die unveränderte Fassung des § 89 Abs. 3 ArbGG 1979 abzuweichen besteht nach dem Beschluss des BAG vom 25.7.1989[10] kein Anlass. Jedenfalls ist für die Fälle, in denen sich die Unzulässigkeit der Beschwerde bereits aus der Nicht-Einhaltung der formalen Bestimmungen über Frist und Form des Rechtsmittels und seiner Begründung ergibt (§ 89 Abs. 3 Satz 1), daran festzuhalten, dass auch gegen die nach mündlicher Verhandlung erlassene Verwerfungsentscheidung grds. kein Rechtsmittel oder Rechtsbehelf statthaft ist oder vom LAG oder BAG zugelassen werden kann[11].

---

1 S. BT-Drs. 18/8487, S. 61.
2 Vgl. Erl. zu § 77 Rz. 22; BGH v. 18.1.1995 – IV ZB 22/94, NJW-RR 1995, 765; beachte zur Abgrenzung: BAG v. 22.10.1999 – 5 AZB 21/99, NZA 2000, 503; BVerfG v. 30.4.2003 – 1 PBvU 1/02, NJW 2003, 1924.
3 Vgl. BAG v. 15.8.1989 – 8 AZR 557/88, NZA 1990, 537; bei Gewährung der Wiedereinsetzung ist dem Verwerfungsbeschluss die Grundlage entzogen; BGH v. 15.8.2007 – XII ZB 101/07, MDR 2008, 39.
4 Der subsidiären Funktion der Verfassungsbeschwerde läuft es allerdings zuwider, sie anstelle oder gleichsam wahlweise neben einer fachgerichtlichen Anhörungsrüge zuzulassen, BVerfG v. 27.6. 2007 – 1 BvR 1470/07, NJW 2007, 3054.
5 BAG v. 29.3.1971 – 4 AZB 34/70, NJW 1971, 1823; BAG v. 24.11.1970 – 1 AZR 271/70, AP Nr. 13 zu § 77 ArbGG 1953.
6 S. dazu die Erl.zu § 78a Rz. 5 ff. – sowie BAG v. 7.2.2012 – 8 AZA 53/11 (F), NZA 2012, 524; *Treber*, NJW 2005, 97 und *Bepler*, RdA 2005, 65. Vgl. auch *Schneider*, MDR 2006, 969.
7 BAG v. 23.6.1954 – 1 ABR 15/54, AP Nr. 5 zu § 92 ArbGG 1953; BAG v. 14.10.1982 – 2 AZR 570/80, AP Nr. 2 zu § 72 ArbGG 1979.
8 GMP/*Matthes/Schlewing*, § 89 Rz. 51.
9 BAG v. 28.8.1969 – 1 ABR 12/69, AP Nr. 11 zu § 92 ArbGG 1953.
10 BAG v. 25.7.1989 – 1 ABR 48/88, NZA 1990, 73; aA LAG Hessen v. 23.2.1988 – 5 TaBV 18/87, NZA 1988, 706.
11 ErfK/*Koch*, § 89 ArbGG Rz. 6. Dies dürfte nach dem Gesetzeszweck auch auf den Fall eines wirksamen Rechtsmittelverzichts gem. § 515 ZPO zutreffen, der im Wege einer Prozesserklärung gegenüber dem Prozessgericht erklärt worden ist; vgl. GMP/*Matthes/Schlewing*, § 89 Rz. 48.

VII. Die Rücknahme der Beschwerde (Abs. 4)

1. Die Erklärung der Rücknahme

Die Beschwerde kann gem. § 89 Abs. 4 Satz 1 jederzeit in der für ihre Einlegung **vorgeschriebenen Form** (vgl. dazu § 89 Abs. 1 und die Erläuterungen in § 89 Rz. 1 ff.) **zurückgenommen** werden[1]. Die gesetzlich vorgeschriebene Form ist auch dann noch gewahrt, wenn die Beschwerde im Termin zur mündlichen Anhörung im Übrigen formgerecht unter entsprechender Protokollierung gem. § 160 Abs. 3 Nr. 8 ZPO zurückgenommen wird (vgl. § 516 Abs. 2 Satz 2 ZPO). Die Formvorschrift des § 89 Abs. 4 Satz 1 soll vor Übereilung schützen. „**Jederzeit**" bedeutet „jederzeit im Beschwerdeverfahren", dh. ab Einlegung der Beschwerde bis zur rechtskräftigen Beendigung des Beschwerdeverfahrens (Verkündung der Entscheidung nach § 91 Abs. 1 Satz 1/Hinausgabe des Beschlusses nach § 89 Abs. 3)[2] bzw. solange die Rechtsbeschwerde nicht eingelegt ist[3]. Jedenfalls nach rechtskräftiger Beendigung des Verfahrens kommt eine Beschwerderücknahme nicht mehr in Betracht. Unmittelbar rechtskräftig beendet werden kann ein Beschwerdeverfahren nur durch einen ordnungsgemäß ergangenen Verwerfungsbeschluss gem. § 89 Abs. 3 Satz 2[4]. Im Berufungsverfahren findet § 516 Abs. 1 ZPO über § 64 Abs. 6 entsprechende Anwendung (s. § 64 Rz. 204). Im (Beschluss-)Beschwerdeverfahren ist die Rücknahme der Beschwerde zwar eigenständig geregelt. Gleichwohl ist es angezeigt, im Rahmen des § 89 Abs. 4 Satz 1 die Vorschrift des § 516 Abs. 1 ZPO zur notwendigen Konkretisierung des Begriffs „jederzeit" heranzuziehen (str.). Demgemäß scheidet eine Rücknahme nach Beendigung des Beschwerdeverfahrens aus[5]. Der Zeitpunkt, bis zu dem die Beschwerde einseitig zurückgenommen werden kann, ist vor allem im Hinblick auf § 524 Abs. 4 ZPO bedeutsam: der Beschwerdeführer hat es danach in der Hand, durch Beschwerderücknahme eine **Anschlussbeschwerde** zu Fall zu bringen. Im Anwendungsbereich des § 516 Abs. 1 ZPO kann der Rechtsmittelführer sein Rechtsmittel nur bis zur Verkündung der instanzbeendenden Entscheidung des Rechtsmittelgerichts zurücknehmen. (Nur) mit Einwilligung des Gegners ist die Rücknahme auch noch nach Verkündung bis zum Eintritt der Rechtskraft zulässig[6]. 65

Bei mehreren und/oder teilbaren Verfahrensgegenständen/Streitgegenständen ist auch eine **teilweise Rücknahme** der Beschwerde zulässig. 66

Die Rücknahme der Beschwerde durch den Beschwerdeführer ist – anders als die Antragsrücknahme gem. § 87 Abs. 2 Satz 3 Halbs. 1 – **einseitig** möglich. Sie bedarf auch dann **nicht der Zustimmung der anderen Beteiligten**, wenn bereits eine (streitige) mündliche Anhörung stattgefunden hat. 67

Die Beschwerderücknahme stellt eine Prozesshandlung dar. Sie ist als solche **bedingungsfeindlich** und **unwiderruflich**. Wegen der Frage der (förmlichen) Zustellung des Rücknahmeschriftsatzes wird auf § 270 ZPO verwiesen. 68

2. Die Folgen der Beschwerderücknahme

a) Der Einstellungsbeschluss

Im Falle erfolgter Beschwerderücknahme stellt der Vorsitzende allein – also nicht die vollbesetzte Beschwerdekammer – gem. § 89 Abs. 4 Satz 1 das Verfahren – ggfls. teilweise – ein. Erst dieser Einstellungs- 69

---

[1] Wurde die Beschwerde von einer Person oder Stelle selbst (also nicht durch einen postulationsfähigen Vertreter iSd. § 89 Abs. 1 iVm. § 11 Abs. 2 Satz 2 Nr. 4 und 5, Abs. 4 Satz 2) eingelegt, soll die Beschwerde auch vom Beschwerdeführer selbst zurückgenommen werden können; so Düwell/Lipke/*Oesterle*, § 87 Rz. 28; vgl. zu einer ähnlichen Problematik auch Zöller/*Vollkommer*, § 78 ZPO Rz. 19; BVerwG v. 27.10.2008 – 3 B 101/08, NVwZ 2009, 192; BAG v. 17.11.2004 – 9 AZN 789/04 (A); BGH v. 22.3.1994 – XI ZB 3/94, NJW-RR 1994, 759.
[2] GK-ArbGG/*Ahrendt*, § 89 Rz. 65; vgl. zu § 516 Abs. 1 ZPO: OLG Celle v. 14.4.2004 – 4 U 50/04; Wieczorek/Schütze/*Gerken*, § 516 ZPO Rz. 3 unter Bezugnahme auf RAG v. 17.6.1931 – 619/30, BAGE 8, 333.
[3] Vgl. LAG Nürnberg v. 20.8.2014 – 2 TaBV 5/14.
[4] GMP/*Matthes/Schlewing*, § 89 Rz. 55.
[5] Nach BAG v. 16.3.1965 – 1 ABR 15/64 – ist die Rücknahme der Beschwerde möglich **in** der Schlussverhandlung zweiter Instanz bzw. **bis zur Beendigung** der zweiten Instanz. Dersch/Volkmar/*Müller*, § 89 Rz. 6, begrenzen die Rücknahmemöglichkeit „bis zur Verkündung des Beschwerdebeschlusses". Ähnlich heißt es bei GMP/*Matthes/Schlewing*, § 89 Rz. 44, dass die Beschwerde „bis zum Schluss der mündlichen Anhörung" zurückgenommen werden kann; anders dagegen GMP/*Matthes/Schlewing*, § 89 Rz. 55, wonach die Rücknahme auch noch nach einer Entscheidung des Gerichts über die Beschwerde zulässig sein soll, solange die Entscheidung nicht rechtskräftig geworden oder gegen sie Rechtsbeschwerde eingelegt worden ist.
[6] BAG v. 20.12.2007 – 9 AZR 1040/06, NZA 2008, 902; vgl. auch BAG v. 3.4.2008 – 2 AZR 720/06, NZA 2008, 1258; BGH v. 30.3.2006 – III ZB 123/05, NJW 2006, 2124.

beschluss beendet das zweitinstanzliche Beschlussverfahren. Gegen den Beschluss kann – nur unter den in § 92 Abs. 1 genannten Voraussetzungen – die **Rechtsbeschwerde** an das BAG stattfinden[1].

70 Über **Kosten** ist im Einstellungsbeschluss **nicht** zu entscheiden (auch nicht analog § 516 Abs. 3 Satz 2 ZPO), da im Beschlussverfahren keine Kostengrundentscheidung zu treffen ist. Abweichend von § 516 Abs. 3 Satz 1 2. Teil ZPO sind kostenmäßige Folgen mit der Beschwerderücknahme nicht verbunden.

71 Der Einstellungsbeschluss ist dem Beschwerdeführer vom Vorsitzenden gem. § 89 Abs. 4 Satz 3 **förmlich zuzustellen**, soweit die Einlegung der Rechtsbeschwerde oder der Nichtzulassungsbeschwerde in Betracht kommt (§ 50 Abs. 1 Satz 1 und § 87 Abs. 2 Satz 1 entsprechend). Bei den übrigen Beteiligten dürfte es idR genügen, dass ihnen der Beschluss gem. § 89 Abs. 4 Satz 3 formlos mitgeteilt bzw. bekannt gegeben wird.

b) Die Folgen der Beschwerderücknahme

72 Die Rücknahme hat den **Verlust der eingelegten Beschwerde** zur Folge (vgl. § 516 Abs. 3 Satz 1 1. Teil ZPO). Ist die Beschwerdefrist noch nicht abgelaufen oder ist bei versäumter Beschwerdefrist Wiedereinsetzung zu gewähren, kann uU **erneut** Beschwerde eingelegt werden, sofern die Beschwerdefrist noch nicht abgelaufen ist. Hält man es für zulässig, dass die Beschwerderücknahme auch noch nach Erlass eines (noch nicht rechtskräftigen) die 2. Instanz beendenden Beschlusses erfolgt, kann – auf Antrag – die **Wirkungslosigkeit** des Beschlusses ausgesprochen werden (§ 269 Abs. 3 Satz 1 und 4 ZPO analog)[2].

73 Die Rücknahme der Beschwerde eines Beteiligten lässt die selbständig eingelegte Beschwerde eines anderen Beteiligten unberührt. Dies gilt nicht, wenn es sich bei der Beschwerde des anderen Beteiligten nur um eine Anschlussbeschwerde handelt. Demgegenüber verliert im Falle der Rücknahme der (Haupt-)Beschwerde jede Anschlussbeschwerde ihre Wirkung (§ 524 Abs. 4 ZPO; s. Rz. 65). Es empfiehlt sich, diese Wirkungslosigkeit der Anschlussbeschwerde im Einstellungsbeschluss von Amts wegen auszusprechen[3].

VIII. Der Verzicht auf die Beschwerde

74 Allgemeinen Grundsätzen entsprechend (vgl. § 515 ZPO) **kann – nach Verkündung der angefochtenen Entscheidung – auf ein Rechtsmittel verzichtet** werden. Für das Beschwerdeverfahren fehlt – sieht man von dem Fall der Sprungrechtsbeschwerde (§ 76 Abs. 5, § 96a Abs. 2) ab – eine ausdrückliche Regelung des Beschwerdeverzichts. Mit der hM[4] ist aber auch für das Verfahren gem. den §§ 87 ff. davon auszugehen, dass **jeder Beteiligte** jedenfalls **nach** Erlass eines anfechtbaren Beschlusses ausdrücklich oder konkludent darauf verzichten kann, Beschwerde gegen einen das erstinstanzliche Verfahren beendenden Beschluss des ArbG einzulegen[5]. Der Verzicht kann entweder gegenüber dem LAG in der Form des § 89 Abs. 1 oder gegenüber dem/den anderen Beteiligten erklärt werden. Ein Vertretungszwang besteht nicht. Die Wirksamkeit des Rechtsmittelverzichts ist nicht davon abhängig, dass der andere Beteiligte oder die anderen Beteiligten die Verzichtsleistung angenommen hat oder haben. Auch hängt sie nicht davon ab, ob der Verzichtende über den materiell-rechtlichen Verfahrensgegenstand disponieren kann, da er über seine prozessuale Befugnis disponiert. Der Verzicht führt zum endgültigen Verlust des Rechtsmittels.

75 Fraglich ist, ob die Beteiligten auch befugt sind, in einem Beschlussverfahren **vor Verkündung der erstinstanzlichen Entscheidung** eine, einen Rechtsmittelverzicht vorsehende Unterwerfungsvereinbarung zu treffen (etwa mit dem Inhalt: „... Beide Seiten unterwerfen sich dem Ergebnis der arbeitsgerichtlichen Entscheidung ...")[6]. Während in Berufungsverfahren (Urteilsverfahren) der Verzicht auch schon vor Erlass der erstinstanzlichen Entscheidung erklärt werden kann[7] (s. § 64 Rz. 217), dürfte es in Beschlussverfahren darauf ankommen, ob die Beteiligten über den Verfahrensgegenstand verfügen können[8].

---

1 HWK/*Bepler*/*Treber*, § 89 ArbGG Rz. 12; LAG Rh.-Pf. v. 25.6.1982 – 6 TaBV 10/82, EzA Nr. 1 zu § 92 ArbGG 1979; s. dazu auch bei § 87 Rz. 4 und § 92 Rz. 3.
2 Dies gilt nicht für Verwerfungsbeschlüsse iSd. § 89 Abs. 3 Satz 2; vgl. GMP/*Matthes*/*Schlewing*, § 89 Rz. 60.
3 GMP/*Matthes*/*Schlewing*, § 89 Rz. 42.
4 GMP/*Matthes*/*Schlewing*, § 89 Rz. 62.
5 Ein Rechtsmittelverzicht ist nur anzunehmen, wenn in der Erklärung klar und eindeutig der Wille zum Ausdruck gebracht wird, die Entscheidung der Vorinstanz endgültig hinzunehmen und nicht anfechten zu wollen; BAG v. 16.3.2004 – 9 AZR 323/03, NZA 2004, 1047.
6 Vgl. dazu bejahend: LAG Hessen v. 18.11.2008 – 4 TaBV 298/07. Bedenken äußert hingegen GMP/*Matthes*/*Schlewing*, § 89 Rz. 64.
7 Zöller/*Heßler*, § 515 ZPO Rz. 1.
8 GMP/*Matthes*/*Schlewing*, § 89 Rz. 64; vgl. zur Verfügungsmacht der Beteiligten den Rechtsgedanken des § 83a Abs. 1. S. dazu bei § 83a Rz. 7 und 8; GMP/*Matthes*, § 83a Rz. 7 f.; HWK/*Bepler*/*Treber*, § 83a ArbGG Rz. 4.

Weitergehend nimmt das BAG an, dass – wie sich aus § 313a Abs. 3 ZPO ergibt – ein Rechtsmittelverzicht **bereits vor Rechtshängigkeit** des Beschlussverfahrens – außergerichtlich – vereinbart werden kann[1]. Danach können sich die künftigen Beteiligten eines noch nicht anhängigen arbeitsgerichtlichen Beschlussverfahrens wie die künftigen Parteien eines noch nicht anhängigen Urteilsverfahrens zu jedem prozessualen Verhalten verpflichten, das in der Prozessordnung vorgesehen ist und weder einem gesetzlichen Verbot zuwiderläuft noch in die Rechte Dritter eingreift oder gegen die guten Sitten verstößt[2]. 76

Der dem Beschwerdegericht gegenüber erklärte **Verzicht** macht eine gleichwohl **eingelegte Beschwerde unzulässig**, so dass sie **von Amts wegen** zu verwerfen ist. Der einem Beteiligten gegenüber erklärte Verzicht führt ohne weiteres noch nicht dazu, dass die Beschwerde von Amts wegen als unzulässig verworfen wird. Vielmehr verhält es sich in einem derartigen Fall so, dass der andere Beteiligte gegenüber dem Beschwerdegericht ausdrücklich die **Einrede des Verzichts** erheben muss. Erst dann kann die Beschwerde unzulässig werden und durch Beschluss zu verwerfen sein. 77

§ 89 Abs. 3 Satz 2 ‚Halbs. 2 findet auf eine wegen eines wirksamen Rechtsmittelverzichts unzulässige Beschwerde (jedenfalls) dann keine Anwendung, wenn der Rechtsmittelverzicht nicht im Wege einer Prozesserklärung gegenüber dem Prozessgericht abgegeben wurde, sondern in einer außergerichtlichen, vorprozessualen Abrede vereinbart worden ist[3]. Mit Zustimmung der betroffenen Beteiligten kann der – außergerichtliche – Verzicht widerrufen werden. Der gegenüber dem Gericht erklärte Verzicht ist hingegen unwiderruflich. 78

§ 90 Verfahren

(1) Die Beschwerdeschrift und die Beschwerdebegründung werden den Beteiligten zur Äußerung zugestellt. Die Äußerung erfolgt durch Einreichung eines Schriftsatzes beim Beschwerdegericht oder durch Erklärung zu Protokoll *[bis zum 31.12.2017: zur Niederschrift]* der Geschäftsstelle des Arbeitsgerichts, das den angefochtenen Beschluss erlassen hat.
(2) Für das Verfahren sind die §§ 83 und 83a entsprechend anzuwenden.
(3) Gegen Beschlüsse und Verfügungen des Landesarbeitsgerichts oder seines Vorsitzenden findet kein Rechtsmittel statt.

I. Die Zustellung von Beschwerdeschrift und Beschwerdebegründungsschrift (Abs. 1 Satz 1)	2. Die Verfahrensbeendigung ohne mündlichen Anhörungstermin 17
1. Die Beschwerdeschrift; Prüfung der Beteiligung 1	a) Die Verwerfung der Beschwerde als unzulässig 17
2. Die Beschwerdebegründungsschrift; Aufforderung zur Äußerung 7	b) Die Antragsrücknahme 18
II. Die Äußerung der übrigen Beteiligten (Abs. 1 Satz 2) 9	c) Die Beschwerderücknahme 19
1. Die frist- und formgerechte Äußerung 10	d) Die übereinstimmende Erledigungserklärung 20
2. Die verspätete Äußerung 13	e) Der Vergleich 22
3. Die unterbliebene Äußerung 15	f) Das schriftliche Verfahren 23
III. Das Verfahren vor dem LAG (Abs. 2)	3. Das Verfahren mit Anhörungstermin 24
1. Die entsprechende Anwendung der § 83 und § 83a 16	a) Terminsbestimmung und Ladungen 25
	b) Die Anhörung der Beteiligten 27
	IV. Anfechtbarkeit sonstiger Beschlüsse und Verfügungen (Abs. 3) 31

---

[1] BAG v. 8.9.2010 – 7 ABR 73/09, NZA 2011, 934 unter Bezugnahme auf BGH v. 10.7.1985 – VIII ZR 285/84, NJW 1986, 198; s. auch ErfK/*Koch*, § 89 ArbGG Rz. 7; HWK/*Bepler/Treber*, § 89 ArbGG Rz. 13.
[2] Jedenfalls solange sie sich nicht pauschal der Rechtsmittel für alle möglichen künftigen Prozesse begeben oder eine vorgegebene gesetzliche Konzeption grundlegend abändern; BAG v. 8.9.2010 – 7 ABR 73/09, NZA 2011, 934.
[3] BAG v. 8.9.2010 – 7 ABR 73/09, NZA 2011, 934.

I. Die Zustellung von Beschwerdeschrift und Beschwerdebegründungsschrift (Abs. 1 Satz 1)

1. Die Beschwerdeschrift; Prüfung der Beteiligung

1 § 90 Abs. 1 Satz 1 sieht vor, dass bereits die Beschwerdeschrift den übrigen (materiell) Beteiligten zur Äußerung (s. hierzu Rz. 3 ff.) **von Amts wegen** zuzustellen ist. Die Zustellung hat – ähnlich wie die der Berufungsschrift (vgl. § 521 ZPO) – **förmlich**, also mit Zustellungsurkunde oder gegen Empfangsbekenntnis, zu erfolgen. Die **Zustellung** muss unmittelbar nach Eingang zu erfolgen, die Beschwerdebegründung ist nicht abzuwarten, denn die übrigen Beteiligten sollen schnellstmöglich erfahren, ob gegen die erstinstanzliche Entscheidung Rechtsmittel eingelegt wurde und diese damit nichtrechtskräftig geworden ist[1].

2 Bei der Zustellung der Beschwerdeschrift ist die Geschäftsstelle des LAG[2] zunächst auf die in der Beschwerdeschrift enthaltenen Angaben zu den weiteren/übrigen Beteiligten angewiesen, da die Gerichtsakte zunächst noch bei dem erstinstanzlichen Gericht (= ArbG[3]) geführt wird. Die Gerichtsakte ist unmittelbar nach Einlegung der Beschwerde von der Geschäftsstelle der zuständigen Beschwerdekammer des LAG bei der 1. Instanz anzufordern (§ 541 Abs. 1 ZPO).

3 Sobald die Gerichtsakte dann später dem Beschwerdegericht vorliegt, haben jedenfalls der Vorsitzende der Beschwerdekammer (und ggf. auch die Geschäftsstelle) zu **prüfen**, ob bislang alle Stellen und Personen, die zu beteiligen waren, auch tatsächlich als **Beteiligte** behandelt worden sind. Je nach Ausgang dieser Prüfung kann die Zustellung der Beschwerdeschrift an weitere Beteiligte als in der Beschwerdeschrift angegeben veranlasst sein. Die Angaben in der Beschwerdeschrift stellen ebenso wie die in der Antragsschrift nur Anregungen an das Gericht dar, die dort aufgeführten Personen und Stellen in das Verfahren einzubeziehen[4]. Das Beschwerdegericht hat gem. § 83 Abs. 1 und 3 iVm. § 90 Abs. 2 von Amts wegen zu prüfen und selbständig darüber zu befinden, ob diese überhaupt und alleine oder ob noch weitere Personen oder Stellen in ihrer Rechtsstellung unmittelbar betroffen und deswegen im Verfahren anzuhören sind[5], dh. deren Beteiligung ist nachzuholen. Auch hat das LAG zu prüfen, ob ggfls. Stellen und Personen verfahrensfehlerhaft in 1. Instanz beteiligt wurden, die gar nicht zu beteiligen sind. Dann ist die Beteiligung in 2. Instanz nach vorheriger Gewährung rechtlichen Gehörs bzgl. der Frage ihrer Beteiligung aufzuheben und die Zustellung der Beschwerde zu unterlassen. Sollte es sich ergeben, dass der Rechtsmittelführer (= Beschwerdeführer) selbst **zu Unrecht Beteiligter ist**, kann seine Beteiligung nicht aufgehoben werden. Auch über die Beschwerde einer Person oder Stelle, die nicht den Beteiligtenbegriff des Gesetzes bzw. der Rspr. erfüllt, ist förmlich zu verhandeln und zu entscheiden. Eine solche Beschwerde ist wegen fehlender Beteiligtenfähigkeit (und damit fehlender Beschwerdebefugnis) als unzulässig zu verwerfen. Eine Besonderheit kann dann gegeben sein, wenn im Verfahren unmittelbar über die Beteiligtenfähigkeit dieser Person oder Stelle gestritten wird. In einem solchen Verfahren ist die Person oder Stelle als beteiligtenfähig zu behandeln und damit beschwerdebefugt. Im Fall der **Doppelrelevanz** rechtlich bedeutsamer Umstände sowohl für die Zulässigkeit als auch für die Begründetheit eines Antrags (oder Rechtsmittels) wird das Vorliegen der Verfahrensvoraussetzungen angenommen, um eine der Rechtskraft fähige Sachentscheidung zu ermöglichen[6].

4 Hatte ein Beteiligter schon **erstinstanzlich** einen **Verfahrensbevollmächtigten** (zB Gewerkschafts- bzw. Verbandsvertreter oder Rechtsanwalt, vgl. § 11 Abs. 2), so **muss an diesen zugestellt** werden (§ 172 ZPO iVm. § 87 Abs. 2 Satz 1, § 64 Abs. 7 und § 50 Abs. 2), es sei denn, es wurde ein neuer Verfahrensbevollmächtigter bestellt (§ 172 Abs. 2 Satz 2 ZPO).

5 Von der **Zustellung** der Beschwerdeschrift kann **im Einzelfall ausnahmsweise abgesehen** werden, wenn schon nach Eingang der Beschwerdeschrift feststeht, dass sie gem. § 89 Abs. 3 als unzulässig zu verwerfen ist[7]. In diesem Fall ist der Verwerfungsbeschluss den übrigen Beteiligten gem. § 329 Abs. 2 ZPO formlos mitzuteilen.

---

1 GK-ArbGG/*Ahrendt*, § 90 ArbGG Rz. 5.
2 Bzw. – in personalvertretungsrechtlichen Beschlussverfahren – des Landesverwaltungs- oder Oberverwaltungsgerichts/VGH oder OVG; vgl. *Schaub*, ZTR 2001, 97 (101).
3 Bzw. Verwaltungsgericht.
4 Auch die Angaben im Rubrum des Beschlusses nach § 84 legen den Kreis der zu beteiligenden Personen und Stellen nicht abschließend fest.
5 Vgl. BAG v. 11.6.2013 – 1 ABR 32/12, NZA 2013, 1363.
6 Vgl. BAG v. 12.1.2000 – 7 ABR 61/98, NZA 2000, 669; BAG v. 17.4.2012 – 1 ABR 84/10, NZA 2013, 230; BAG v. 19.9.2006 – 1 ABR 53/05, NZA 2007, 518; OVG Saarland v. 25.4.2013 – 4 A 234/12.
7 GK-ArbGG/*Ahrendt*, § 90 ArbGG Rz. 4; Düwell/Lipke/*Oesterle*, § 90 Rz. 3; ErfK/*Koch*, § 90 ArbGG Rz. 1; GWBG/*Greiner*, § 90 Rz. 1.

Der **Wortlaut** des Gesetzes sieht an sich vor, dass schon mit der Zustellung der Beschwerdeschrift die anderen Beteiligten zur Äußerung aufzufordern sind. Die Äußerung der anderen Beteiligten bereits in diesem frühen Verfahrensstadium – also noch vor Eingang der Beschwerdebegründung – ist nur ausnahmsweise veranlasst[1]. In der Regel dürfte es ausreichend sein, dass die Aufforderung zur Äußerung erst erfolgt, wenn die Beschwerdebegründung, die allerdings schon in der Beschwerdeschrift enthalten sein kann, vorliegt. 6

2. Die Beschwerdebegründungsschrift; Aufforderung zur Äußerung

Spätestens bei Eingang der Beschwerdebegründungsschrift sollte beim LAG Klarheit über den **Kreis der Beteiligten** bestehen. Allen Beteiligten bzw. ihren erst- und/oder zweitinstanzlichen Verfahrensbevollmächtigten (vgl. § 172 ZPO) ist sodann die Beschwerdebegründung von Amts wegen **förmlich zuzustellen**. Bzgl. der Zustellung wird auf die Erläuterungen bei Rz. 2 verwiesen. Von der Zustellung der Beschwerdebegründung kann im Einzelfall ausnahmsweise abgesehen werden, wenn schon nach deren Eingang feststeht, dass die Beschwerde gem. § 89 Abs. 3 als unzulässig zu verwerfen ist[2]. In diesem Fall ist der Verwerfungsbeschluss den übrigen Beteiligten gem. § 329 Abs. 2 ZPO formlos mitzuteilen. 7

In der Regel erfolgt erst mit der Zustellung der Beschwerdebegründung auch die **Aufforderung** an die übrigen Beteiligten, sich zur Beschwerde und zur Beschwerdebegründung **zu äußern**, damit der Anhörungstermin vorbereitet werden kann. Die Festlegung der dabei zu bestimmenden Äußerungsfrist darf der Vorsitzende der Beschwerdekammer nicht seiner Geschäftsstelle überlassen. Der Gesetzgeber hat davon abgesehen, eine gesetzliche Äußerungsfrist – etwa ähnlich der Berufungsbeantwortungsfrist (§ 66 Abs. 1 Satz 3) – zu normieren[3]. Die Dauer der **Äußerungsfrist** ist deswegen gem. § 90 Abs. 1 Satz 1 iVm. § 90 Abs. 2 **richterlich** entsprechend § 83 Abs. 1a (und insoweit vergleichbar mit § 521 Abs. 2 Satz 1 ZPO) zu bestimmen; sie muss **angemessen** lang sein, wobei – wegen der **Einlassungsfrist** (§ 274 Abs. 3 ZPO) – ohnehin eine Mindestfrist von zwei Wochen gilt. In den meisten Fällen wird in der Praxis eine Frist bestimmt, die der der Berufungsbeantwortungsfrist von **einem Monat** entspricht (vgl. § 66 Abs. 1 Satz 3)[4]. Verfügt der Kammervorsitzende rechtswirksam eine derartige Frist zur Äußerung auf die Beschwerdebegründung, so wird dem Beschwerdegegner[5] damit kraft Gesetzes zugleich die Frist zur Einlegung der Anschlussbeschwerde gesetzt (§ 524 Abs. 2 Satz 2 ZPO iVm. § 87 Abs. 2 Satz 1, § 64 Abs. 6 Satz 1)[6]. Der Sache nach handelt es sich also bei der Äußerungsfrist des § 90 Abs. 1 Satz 1 um die vom Vorsitzende zu bestimmende Frist für die Rechtsmittelerwiderung (= **Beschwerdebeantwortung**[7]). Soweit angenommen wird, die Äußerung nach § 90 Abs. 1 Satz 1 sei von der Beschwerdeerwiderung zu unterscheiden, wirkt diese Unterscheidung gekünstelt. § 90 Abs. 1 Satz 1 betrifft gerade die Beschwerdebeantwortung. Die in § 87 Abs. 3 Sätze 3 und 4 enthaltenen gesetzlichen Regelungen setzen als selbstverständlich voraus, dass im zweitinstanzlichen Beschlussverfahren für den oder die Beschwerdegegner eine Pflicht zur Beschwerdebeantwortung besteht, womit erkennbar § 90 Abs. 1 Satz 1 gemeint ist. 8

II. Die Äußerung der übrigen Beteiligten (Abs. 1 Satz 2)

Die Äußerung der übrigen Beteiligten zur Beschwerdeschrift und zur Beschwerdebegründung muss **form- und fristgerecht** erfolgen. Die Beteiligten sind im zweitinstanzlichen Beschlussverfahren nach ordnungsgemäß erfolgter Zustellung dieser beiden Schriftsätze des Beschwerdeführers gem. § 90 Abs. 1 Satz **1 zur schriftlichen Äußerung verpflichtet**[8]. Insofern wird von der erstinstanzlichen Regelung in § 83 Abs. 4 Satz 1 abgewichen, denn erstinstanzlich können sich die Beteiligten äußern, müssen es aber nicht. Sofern sich die Beteiligten äußern und **neue Tatsachen** vorbringen, muss dieser Tatsachenvortrag rechtzeitig iSv. § 87 Abs. 3 erfolgen. 9

---

1 Dies kann etwa dann der Fall sein, wenn es darum geht, ob weitere Personen oder Stellen am Verfahren zu beteiligen sind.
2 GK-ArbGG/*Ahrendt*, § 90 ArbGG Rz. 4; Düwell/Lipke/*Oesterle*, § 90 Rz. 3; ErfK/*Koch*, § 90 ArbGG Rz. 1; GWBG/ *Greiner*, § 90 Rz. 1.
3 Auf § 66 Abs. 1 Satz 3 wird in § 87 Abs. 2 Satz 1 nicht verwiesen. Die Rechtslage ähnelt hier vielmehr derjenigen gem. § 521 Abs. 2 Satz 1 ZPO.
4 GWBG/*Greiner*, § 90 Rz. 3.
5 S. zu diesem Begriff § 87 Abs. 3 Satz 3 und bei § 87 Rz. 76.
6 BAG v. 10.3.2009 – 1 ABR 93/07, NZA 2009, 622.
7 ISd. § 87 Abs. 3 Satz 3; s. auch § 521 Abs. 2 Satz 1 ZPO.
8 GMP/*Matthes/Schlewing*, § 90 Rz. 4.

1. Die frist- und formgerechte Äußerung

10 Die Äußerung der anderen Beteiligten kann grds. zeitlich unbefristet bis zum Schluss der mündlichen Anhörung vor der Beschwerdekammer geschehen. Spätestens bis dahin muss aber die Äußerung erfolgt sein[1]. Ist dagegen im Rahmen des § 90 Abs. 1 Satz 1 und Abs. 2 ordnungsgemäß eine richterliche Fristsetzung nach § 87 Abs. 3 iVm. § 83 Abs. 1a Satz 1 erfolgt, ist die Äußerung nur dann fristgerecht, wenn sie **bis zum Ablauf der** richterlich festgelegten **Frist** erfolgt.

11 Die Äußerung der anderen Beteiligten erfolgt gem. § 90 Abs. 1 Satz 2 entweder durch **Einreichung eines Schriftsatzes** beim Beschwerdegericht oder durch **Erklärung zu Protokoll** [bis zum 31.12.2017: zur Niederschrift][2] der Geschäftsstelle des ArbG, das den angefochtenen Beschluss erlassen hat. Hingegen ist eine Äußerung zu Protokoll der Geschäftsstelle des LAG oder zum (Sitzungs-)Protokoll im Rahmen der Anhörung der Beteiligten beim LAG nicht möglich. Anders als Beschwerde- und Beschwerdebegründungsschrift muss die Erwiderung nicht von einem der in § 11 Abs. 2 Satz 2 Nr. 4 und 5, Abs. 4 Satz 2 iVm. § 89 Abs. 1 genannten Verfahrensbevollmächtigten unterzeichnet sein, dh. es besteht **kein Vertretungszwang**[3]. Insoweit genügt also die Unterschrift des sich äußernden Beteiligten oder eines – für diesen – vertretungsbefugten Dritten (§ 87 Abs. 2 Satz 2 iVm. § 11 Abs. 1–3 und 5).

12 Die eingehenden Äußerungen sind jeweils den übrigen Beteiligten (einschl. des Beschwerdeführers) **zur Kenntnisnahme formlos** zuzuleiten (§ 270 Satz 1 ZPO). Eine förmliche Zustellung ist nicht erforderlich, es sei denn in der Erwiderungsschrift werden Sachanträge gestellt bzw. angekündigt.

2. Die verspätete Äußerung

13 Wurde die richterlich gesetzte **Frist zur Äußerung** von Beteiligten **versäumt**, besteht auch im Beschlussverfahren – kraft Gesetzes – die Möglichkeit, diesen Sachvortrag als verspätet zurückzuweisen, allerdings nur nach näherer Maßgabe der §§ 83 Abs. 1a und 87 Abs. 3; s. dazu die Erl. bei § 87 Rz. 73 ff.).

14 Verbindet also der Vorsitzende die **Aufforderung** zur Äußerung nach § 90 Abs. 1 Satz 1 **mit einer fristgebundenen Auflage** iSd. § 83 Abs. 1a, die inhaltlich den von der Rspr.[4] zu § 56 Abs. 1 Satz 2 Nr. 1 entwickelten Grundsätzen entspricht (s. dazu § 56 Rz. 20 ff.), dann kann bei Beachtung der sonstigen Voraussetzungen und Förmlichkeiten[5] (wie zB der Pflicht zur Belehrung über die Folgen verspäteten Sachvortrages) verspätetes Vorbringen auch des bzw. der Beschwerdegegner zurückgewiesen werden, soweit dieses Vorbringen nicht ohnehin bereits gem. § 87 Abs. 3 Satz 1 und 2 ausgeschlossen ist oder der Zurückweisung unterliegen kann (s. dazu § 87 Rz. 73 ff.). Auch für das Beschwerdeverfahren gilt, dass zur Mitwirkungspflicht der Beteiligten eben nicht nur die Pflicht zum Sachvortrag an sich gehört, sondern gerade auch die Pflicht zum Sachvortrag zur rechten Zeit[6].

3. Die unterbliebene Äußerung

15 **Äußert sich ein Beteiligter** im Beschwerdeverfahren trotz – gem. § 90 Abs. 1 Satz 1 erfolgter – Aufforderung und unter Verletzung seiner Mitwirkungspflicht nach § 83 Abs. 1 Satz 2 überhaupt **nicht**, so verliert er weder seine Beteiligtenstellung noch wird er sonstwie vom Verfahren ausgeschlossen. Ferner führt die Verletzung der Äußerungspflicht – von Ausnahmen abgesehen – idR dazu, dass das Vorbringen des Beschwerdeführers in dem Sinne „unstreitig" wird, dass es einer Beweisaufnahme nicht bedarf. Entsprechendes kann gelten, wenn sich ein Beteiligter nur zu einem bestimmten Vorgang oder Lebenssachverhalt nicht äußert. Zwar sollen im Beschlussverfahren die § 138 und § 288 ZPO deswegen unanwendbar sein[7] (s. § 83 Rz. 8), weil (auch) dem Beschwerdegericht die Verpflichtung obliegt, „den Sachverhalt von Amts wegen" zu erforschen. Diesem „Erforschungs"-Auftrag sind jedoch tatsächliche Grenzen gesetzt. Das Gericht kann nicht selbst – etwa wie Staatsanwaltschaft und Polizei – „vor Ort" ermitteln. Dem Untersuchungsgrundsatz

---

1 §§ 90 Abs. 2 und 83 Abs. 1 Satz 2 iVm. dem allgemeinen Rechtsgedanken, der sich aus § 296a Satz 1 ZPO ergibt.
2 Mit dieser Wortlautänderung zum 1.1.2018 durch Art. 16 Nr. 5 und Art. 33 Abs. 1 des „Gesetzes zur Einführung der elektronischen Akte in der Justiz und zur weiteren Förderung des elektronischen Rechtsverkehrs" v. 5.5.2017 (BGBl. I S. 2208) bezweckt der Gesetzgeber eine sprachliche Vereinheitlichung, da der Begriff der Niederschrift sprachlich eng mit der Papierform verbunden ist. Durch seine Ersetzung soll verdeutlicht werden, dass „Niederschriften" bei zukünftiger elektronischer Aktenführung auch in elektronischer Form erstellt werden können. Hinzu kommt, dass beide Begriffe ohnehin synonym verwandt wurden, so dass nunmehr die medienneutrale Formulierung benutzt werden soll (BT-Drs. 18/9416, S. 59 und BT-Drs. 18/12203, S. 84).
3 Vgl. BAG v. 20.3.1990 – 1 ABR 20/89, DB 1990, 1671 = NZA 1990, 699.
4 BAG v. 11.3.1998 – 7 ABR 59/96, NZA 1998, 953; vgl. auch § 56 Rz. 5.
5 BAG v. 12.5.1999 – 7 ABR 36/97, NZA 1999, 1290.
6 *Weth*, Beschlussverfahren S. 306 aE.
7 GMP/*Matthes/Spinner*, § 83 Rz. 92.

ist deswegen Genüge getan, wenn das Beschwerdegericht die Beteiligten qualifiziert im Sinne der Rspr. des BAG[1] zur Äußerung bzw. zur ergänzenden Äußerung auffordert und daraufhin das genügend detaillierte Vorbringen des einen Beteiligten von den anderen Beteiligten nicht bestritten wird und sich auch sonst keine Zweifel an der Richtigkeit des Vorbringens des detailliert vortragenden Beteiligten aufdrängen[2]. Dies gilt jedenfalls in all den Fällen, in denen das Gericht – wie in den meisten Beschlussverfahren – für die Feststellung der entscheidungserheblichen Tatsachen auf die Mitwirkung der Beteiligten angewiesen ist[3]. Zu einer derartigen Mitwirkung an der Aufklärung des Sachverhalts sind die Beteiligten auch im Beschwerdeverfahren verpflichtet (§ 83 Abs. 1 Satz 2 iVm. § 90 Abs. 2). Hat zB der BR zu einer bestimmten Frage ausreichend vorgetragen, kann der ArbGeb im Hinblick auf das konkrete Vorbringen des BR gehalten sein, sein bisheriges Bestreiten dadurch näher zu konkretisieren, dass er aufzeigt, in welchen einzelnen Punkten und weshalb die Behauptungen des BR nicht als wahr zu erachten seien. Unterlässt der ArbGeb diesen Vortrag, kann sein Bestreiten unerheblich werden[4].

III. Das Verfahren vor dem LAG (Abs. 2)

1. Die entsprechende Anwendung der § 83 und § 83a

Sieht man einmal von den **Besonderheiten der §§ 87–90 Abs. 1** und des **§ 91** ab, so bestimmt sich das Beschwerdeverfahren weitgehend nach den Regelungen, die für das erstinstanzliche Beschlussverfahren entsprechend anzuwenden sind (§ 90 Abs. 2 iVm. den § 80 und § 83a). Das LAG hat als weitere Tatsacheninstanz das Verfahren in tatsächlicher und rechtlicher Hinsicht im Rahmen des (eingeschränkten) Untersuchungsgrundsatzes vollumfänglich zu überprüfen. Auf die Erläuterungen zu den § 83 und § 83a wird verwiesen. Das weitere Vorgehen richtet sich entscheidend danach, ob das Verfahren ausnahmsweise **ohne mündlichen Anhörungstermin** beendet werden soll bzw. zu beenden ist (s. dazu Rz. 17 ff.). In allen anderen Fällen ist im Beschwerdeverfahren ein **Anhörungstermin** anzuberaumen (s. dazu Rz. 24 ff.).

2. Die Verfahrensbeendigung ohne mündlichen Anhörungstermin

a) Die Verwerfung der Beschwerde als unzulässig

In den Fällen des § 89 Abs. 3, wenn also die Beschwerde unzulässig ist, kann der **Verwerfungsbeschluss** durch den Kammervorsitzenden ohne vorherige mündliche Verhandlung (Anhörung) ergehen (s. dazu auch § 89 Rz. 47 ff.).

b) Die Antragsrücknahme

Einer mündlichen Verhandlung bedarf es auch dann nicht, wenn der **Antrag gem. § 81** mit Zustimmung der anderen Beteiligten noch vor dem Anhörungstermin **zurückgenommen** wird (§ 81 Abs. 2 Satz 1 iVm. § 87 Abs. 2 Satz 3). Im Falle der Antragsrücknahme ist – wie in den Erläuterungen zu § 87 Abs. 2 (s. § 87 Rz. 54 ff.) dargestellt – zu verfahren.

c) Die Beschwerderücknahme

Einer mündlichen Verhandlung bedarf es weiter dann nicht, wenn die **Beschwerde** zuvor gem. **§ 89 Abs. 4 zurückgenommen** wird. Im Falle der Beschwerderücknahme ist – wie in den Erläuterungen zu § 89 Abs. 4 dargestellt (s. § 89 Rz. 65 ff.) – zu verfahren.

d) Die übereinstimmende Erledigungserklärung

Schließlich bedarf es keiner mündlichen Anhörung, wenn die Beteiligten das Verfahren entweder ausdrücklich **übereinstimmend für erledigt**[5] erklärt haben oder wenn – unter Beachtung des § 83a Abs. 3 – von einer fingierten Zustimmung der anderen Beteiligten zu einer Erledigungserklärung **des Antragstellers**[6] auszugehen ist (§ 90 Abs. 2 iVm. § 83a Abs. 2 und 3). In der Rechtsmittelinstanz setzt freilich eine

---

[1] BAG v. 11.3.1998 – 7 ABR 59/96, NZA 1998, 953.
[2] BAG v. 10.12.1992 – 2 ABR 32/92, NZA 1993, 501.
[3] BAG v. 12.5.1999 – 7 ABR 36/97, NZA 1999, 1290.
[4] BAG v. 30.9.2008 – 1 ABR 54/07, NZA 2009, 502.
[5] S. dazu bei § 83a Rz. 14 ff.; vgl. auch LAG Berlin v. 13.7.2004 – 16 TaBV 2358/03; wegen der einseitigen Erledigungserklärung wird auf § 83a Rz. 20 ff. und auf § 90 Rz. 26 verwiesen.
[6] Auf die Erledigungserklärung der (übrigen) am Verfahren Beteiligten findet § 83a ArbGG nach BAG v. 21.6.2006 – 7 ABR 45/05, keine Anwendung.

wirksame übereinstimmende Erledigungserklärung voraus, dass das **eingelegte Rechtsmittel zulässig** war (s. § 95 Rz. 9–10)[1]. Mangelt es hieran, ist die Beschwerde als unzulässig zu verwerfen. Eine Kostenentscheidung (wie in § 91a Abs. 1 ZPO) ist in den Einstellungsbeschluss gem. § 83a Abs. 2 nicht aufzunehmen. Der Beschluss des ArbG ist entsprechend § 269 Abs. 3 Satz 1 ZPO unwirksam geworden, was auf Antrag ebenfalls festzustellen ist. Zur **einseitig** gebliebenen Erledigungserklärung s. unten bei Rz. 30.

21 Gegenstand einer Erledigungserklärung kann an sich – nach hM – grds. nicht nur die Hauptsache, sondern auch ein Rechtsbehelf[2] oder ein Rechtsmittel sein[3]. In Beschlussverfahren dürften allerdings Fallkonstellationen, in denen ein besonderes Bedürfnis besteht, die Erledigungserklärung des Rechtsbehelfs oder Rechtsmittels anzuerkennen, eher selten sein. Anerkannt werden kann ein derartiges Bedürfnis allerdings bei einer auf ein Nichtzulassungsbeschwerdeverfahren bezogenen Erledigungserklärung des Beschwerdeführers, wenn die mit der anzufechtenden Entscheidung verbundene Beschwer während des Nichtzulassungsbeschwerdeverfahrens entfällt[4].

e) Der Vergleich

22 Nach § 83a Abs. 1 iVm. § 90 Abs. 2 kann das Beschwerdeverfahren auch durch einen **Vergleich** der Beteiligten beendet werden, wobei das LAG gem. § 87 Abs. 2 Satz 1, § 64 Abs. 7, § 57 Abs. 2 jederzeit auf eine gütliche Einigung der Beteiligten hinzuwirken hat.

f) Das schriftliche Verfahren

23 Gemäß § 83 Abs. 4 Satz 3 kann das Gericht mit Einverständnis aller Beteiligten auch **ohne mündliche Verhandlung** entscheiden. Diese Bestimmung gilt gem. § 90 Abs. 2 auch für das Beschwerdeverfahren. Entsprechend § 128 Abs. 2 ZPO ist alsbald der Termin zur Verkündung der Entscheidung gem. § 91 Abs. 1 Satz 1 sowie der Zeitpunkt zu bestimmen, bis zu dem Schriftsätze eingereicht werden können. Auch in diesem Fall entscheidet über die Beschwerde die vollbesetzte Kammer des LAG, also der Vorsitzende mit den ehrenamtlichen Richtern[5].

3. Das Verfahren mit Anhörungstermin

24 In allen anderen – als in den in Rz. 17–23 genannten – (Ausnahme-)Fällen setzt der ordnungsgemäße Abschluss des Beschwerdeverfahrens regelmäßig die **Durchführung eines mündlichen Verhandlungstermins** (= Anhörungstermin) vor der Kammer des LAG voraus.

a) Terminsbestimmung und Ladungen

25 Der **Termin zur Anhörung der Beteiligten** ist nicht nur „alsbald", sondern „**unverzüglich**" zu bestimmen (vgl. § 66 Abs. 2 Satz 1 für das Berufungsverfahren; § 87 Abs. 2 Satz 1; § 523 Abs. 1 Satz 2 ZPO)[6]. Unverzüglich erfolgt die Terminsbestimmung dann, wenn sie nach Eingang der Beschwerdebegründung ohne schuldhaftes Zögern erfolgt. Erforderliche Ladungen hat die Geschäftsstelle zu bewirken. Diese hat nach den Vorgaben des Vorsitzenden der Beschwerdekammer darauf zu achten, dass auch tatsächlich alle **zu beteiligenden Personen und Stellen** geladen werden (s. Rz. 3 ff.).

26 Sofern das LAG nicht beabsichtigt, die Beschwerde als unzulässig gem. § 89 Abs. 3 zu verwerfen oder ausnahmsweise im schriftlichen Verfahren zu entscheiden, ist unverzüglich Termin zur Anhörung der Beteiligten zu bestimmen (§ 66 Abs. 2 Satz 1). Hierzu ist allen Beteiligten – ebenfalls förmlich – die Ladung zum Termin der mündlichen Anhörung zuzustellen. Die **Einlassungsfrist beträgt** nach § 523 Abs. 2 iVm. § 274 Abs. 3 ZPO mindestens zwei Wochen. Zu dem Anhörungstermin sind alle ordnungsgemäß Beteiligten förmlich zu laden. Da der Anhörungstermin so gelegt werden muss, dass er mit den Äußerungsfristen korreliert, wird der Vorsitzende der Beschwerdekammer – regelmäßig – bei Eingang der Beschwerdebegründung, aber auch früher, den **Anhörungstermin** bestimmen. Dann kann die Geschäftsstelle die Zustellung der Terminsladung zusammen mit der Zustellung der Beschwerdebegründung bewirken.

---

1 BAG v. 27.8.1996 – 3 ABR 21/95, NZA 1997, 623; BAG v. 17.8.1961 – 5 AZR 311/60, DB 1961, 1428.
2 BAG v. 15.2.2012 – 7 ABN 74/11, DB 2012, 812.
3 BAG v. 20.12.2007 – 9 AZR 1040/06, NZA 2008, 902.
4 BAG v. 15.2.2012 – 7 ABN 74/11, DB 2012, 812.
5 Düwell/Lipke/*Oesterle*, § 90 Rz. 11 iVm. § 91 Rz. 2. Der gegenteiligen Auffassung des OVG Greifswald v. 12.12.2008 – 8 L 129/07 [Alleinentscheidung des Vorsitzenden] ist nicht zu folgen.
6 GMP/*Matthes/Schlewing*, § 87 Rz. 13; GK-ArbGG/*Ahrendt*, § 90 ArbGG Rz. 12.

b) Die Anhörung der Beteiligten

Auch im Beschwerdeverfahren erfolgt die Anhörung vor der Kammer, hier vor der Beschwerdekammer, selbst wenn sich die Beteiligten bereits schriftsätzlich geäußert haben. Bleibt ein Beteiligter **unentschuldigt dem Anhörungstermin** trotz ordnungsgemäßer Ladung fern sind das Gebot rechtlichen Gehörs und die Verpflichtung zur Anhörung gewahrt, wenn dem Beteiligten durch die Ladung die Möglichkeit gegeben wurde, am Anhörungstermin teilzunehmen, wenn in der Terminsladung auf die Rechtsfolgen unentschuldigten Fehlens hingewiesen wurde (§ 90 Abs. 2 iVm. § 83 Abs. 4 Satz 2). Ein Verstoß hiergegen stellt einen Verfahrensfehler dar.

Im Anhörungstermin kann es noch zur **Antragsrücknahme** und **Beschwerderücknahme** sowie zu einer übereinstimmenden Erledigungserklärung kommen. Das Verfahren ist dann vom Vorsitzenden durch Beschluss förmlich einzustellen.

Eine streitige Entscheidung gem. § 91 Abs. 1 Satz 1 entfällt, wenn die Beteiligten im Anhörungstermin einen das Verfahren beendenden gerichtlichen **Vergleich** schließen (§ 83a Abs. 1 und § 90 Abs. 2). § 83a Abs. 1 setzt voraus, dass der Vergleich „zur Niederschrift des Gerichts oder des Vorsitzenden oder des Güterichters" geschlossen wird. Der Gesetzeswortlaut schließt es wohl aus, dass ein Vergleich im (Beschluss-)Beschwerdeverfahren gem. § 278 Abs. 6 ZPO zustande kommen kann[1] (str.: s. Erl. zu § 83a Rz. 2). § 83a Abs. 1 geht als speziellere Vorschrift der allgemeinen Verweisungsnorm des § 80 Abs. 2 Satz 1 vor (s. dort aE: „soweit sich aus den § 81 bis § 84 nichts anderes ergibt"). Mit der *Niederschrift* meint das Gesetz (§ 83a Abs. 1) erkennbar das gem. § 159 Abs. 1 Satz 1 ZPO über die Verhandlung/mündliche Anhörung aufzunehmende Protokoll. Sollte der Gesetzgeber eine Anpassung der Vorschrift (§ 83a Abs. 1) „versäumt" (oder vergessen) haben, ändert dies an der objektiv bestehenden Rechtslage nichts[2].

Über eine **Erledigungserklärung**, die wegen Widerspruch der übrigen Beteiligten **einseitig** geblieben ist, ist streitig zu verhandeln und zu entscheiden[3]. Insoweit hat das Beschwerdegericht aber nur noch zu prüfen, ob tatsächlich ein **erledigendes Ereignis** eingetreten ist (oder nicht): Darauf, ob der Antrag ursprünglich zulässig und begründet war, kommt es nach derzeitiger Rspr.[4] nicht an. Entscheidend ist, ob nach Rechtshängigkeit des Antrags Umstände eingetreten sind, die – ohne Erledigungserklärung – die Zurückweisung des Antrages als unzulässig oder unbegründet bedingen würden[5]. Die Beschwerde kann auch noch nach Eintritt des erledigenden Ereignisses eingelegt werden[6]. Das BAG lehnt es ab, eine Entscheidung über die **frühere Zulässigkeit und Begründetheit** eines Antrags im Beschlussverfahren zu treffen, da hier das Kosteninteresse eines Beteiligten – anders als im Urteilsverfahren – nicht gegeben ist[7]. Durch einen Betriebsübergang und den damit verbundenen ArbGeb-Wechsel (§ 613a Abs. 1 BGB) wird ein Beschlussverfahren nicht erledigt[8]. Ist ein erledigendes Ereignis eingetreten, ist das Verfahren vom Vorsitzenden durch Beschluss förmlich einzustellen. Ist kein erledigendes Ereignis eingetreten, liegt in der einseitigen Erledigungserklärung **mangels Zustimmung der übrigen Beteiligten** entweder eine in der Beschwerdeinstanz unzulässige Antragsänderung oder Antragsrücknahme (§ 87 Abs. 2 Satz 3), so dass über den ursprünglichen Sachantrag zu entscheiden ist[9].

---

1 Str.; vgl. GMP/*Matthes/Spinner*, § 83a Rz. 2. HWK/*Bepler/Treber*, § 80 ArbGG Rz. 9 und § 83a ArbGG Rz. 3, hält im erstinstanzlichen Verfahren die Vorschrift des § 278 Abs. 6 ZPO für wohl unanwendbar bzw. die Anwendung des § 278 Abs. 6 ZPO für nicht unbedenklich.
2 Es verhält sich hier ähnlich wie bei § 90 Abs. 3; s. dazu bei § 90 Rz. 31.
3 § 83a Abs. 2 (Einstellungsbeschluss durch den Vorsitzenden) gilt nur für den Fall übereinstimmender Erledigungserklärungen. Da das Verfahren bei einseitig bleibender Erledigungserklärung durch den Antragsteller gesetzlich nicht ausdrücklich geregelt ist, gelten die allgemeinen Bestimmungen. Über die einseitige Erledigungserklärung ist deswegen durch Beschluss im regulären Erkenntnisverfahren zu entscheiden. Im Beschwerdeverfahren hat die Entscheidung die vollbesetzte Beschwerdekammer unter Beteiligung der ehrenamtlichen Richter zu erlassen; vgl. BAG v. 23.1.2008 – 1 ABR 64/06, NZA 2008, 841.
4 BAG v. 19.2.2008 – 1 ABR 65/05, NZA-RR 2008, 490; BAG v. 26.4.1990 – 1 ABR 79/89, NZA 1990, 822; BAG v. 27.8.1996 – 3 ABR 21/95, NZA 1997, 623; siehe für das personalvertretungsrechtliche Verfahren: Sächs. LAG v. 15.12.2014 – PL 9 A 743/12, PersV 2015, 150 ff. mwN.
5 Bspw. die Rücknahme eines Zustimmungsersetzungsantrags nach § 99 BetrVG: LAG Köln v. 11.3.2010 – 7 TaBV 46/08.
6 BAG v. 10.2.1999 – 10 ABR 49/98, NZA 1999, 1226 und BAG v. 10.2.1999 – 10 ABR 42/98, NZA 1999, 1225.
7 BAG v. 19.2.2008 – 1 ABR 65/05, NZA-RR 2008, 490; BAG v. 6.6.2007 – 4 AZR 411/06, NZA 2008, 1086; BAG v. 26.4.1990 – 1 ABR 79/89, NZA 1990, 822.
8 BAG v. 9.12.2008 – 1 ABR 75/07, NZA 2009, 254.
9 BAG v. 27.8.1996 – 3 ABR 21/95, NZA 1997, 623.

IV. Anfechtbarkeit sonstiger Beschlüsse und Verfügungen (Abs. 3)

31 § 90 Abs. 3 ordnet dem Wortlaut nach – ebenso wie früher § 70 aF für das Berufungsverfahren – an, dass im arbeitsgerichtlichen Beschlussverfahren gegen **Beschlüsse und Verfügungen** des LAG oder seines Vorsitzenden **kein Rechtsmittel** stattfindet. Mit „Beschlüssen" im Sinne dieser Vorschrift sind nicht die Beschlüsse gemeint, die als verfahrensbeendende Beschlüsse gem. § 89 Abs. 3 Satz 1[1] und § 91 Abs. 1 Satz 1 oder im Rahmen des § 17a GVG iVm. § 48 Abs. 1 ergehen. § 90 Abs. 3 regelt nicht die Fälle, in denen das LAG als **Ausgangsgericht** (vgl. § 8 Abs. 1) im Rahmen des Beschwerdeverfahrens nach §§ 87 ff. **verfahrensbegleitend** tätig wird, nicht jedoch die Fälle, in denen es als Rechtsmittelgericht über eine sofortige Beschwerde nach § 78 iVm. § 83 Abs. 5 gegen Maßnahmen des ArbG entscheidet[2]. Allerdings handelt es sich bei diesem systemwidrigen Ausschluss der Anfechtbarkeit nach hM um ein **Redaktionsversehen** im Zuge des ZPO-RG v. 27.7.2001[3], da der Gesetzgeber auch im Beschlussverfahren aufgrund der Verweisungsnorm des § 78 Satz 1 iVm. § 83 Abs. 5 die entsprechende Anwendbarkeit der Vorschriften der ZPO zur sofortigen Beschwerde und damit derjenigen Regelungen zur **Rechtsbeschwerde (§ 574 ZPO)** angeordnet hat. Somit ist entgegen § 90 Abs. 3 die Rechtsbeschwerde zum BAG statthaft. Sie bedarf jedoch der **Zulassung durch das LAG** (§ 574 Abs. 1 Satz 1 Nr. 2 ZPO iVm. § 78 Satz 3), dh. es müssen die Zulassungsgründe des § 574 Abs. 2 ZPO vorliegen (§ 574 Abs. 3 Satz 1 ZPO). Die Rechtsbeschwerde nach § 574 ZPO ist nicht mit der Rechtsbeschwerde nach § 92 zu verwechseln, die sich auf instanzbeendende Entscheidungen des LAG bezieht.

§ 91 Entscheidung

(1) Über die Beschwerde entscheidet das Landesarbeitsgericht durch Beschluss. Eine Zurückverweisung ist nicht zulässig. § 84 Satz 2 gilt entsprechend.

(2) Der Beschluss nebst Gründen ist von den Mitgliedern der Kammer zu unterschreiben und den Beteiligten zuzustellen. § 69 Abs. 1 Satz 2 gilt entsprechend.

I. Allgemeines	1
II. Die Entscheidung über die Beschwerde	
1. Der Gegenstand der Beschwerdeentscheidung	2
2. Die Formalien der Beschwerdeentscheidung	4
a) Schriftform des Beschlusses und Verkündung der Beschlussformel	5
b) Tenor	10
c) Keine Zurückverweisung an das Arbeitsgericht	11
d) Gründe	12
e) Zulassung der Rechtsbeschwerde	16
aa) Die Fälle, in denen keine Zulassungsentscheidung in Betracht kommt	17
bb) Die Zulassungsgründe	20
cc) Die positive oder negative Zulassungsentscheidung im Entscheidungstenor	22
f) Rechtsbehelfs- und Rechtsmittelbelehrung	25
g) Zustellung	29
h) Kosten	30
i) Streitwert und Gegenstandswert	31
III. Die Rechtskraft des Beschlusses	32

Schrifttum: *Busemann*, Das Bundesarbeitsgericht zum Globalantrag sowie zur Rechtskraft und Bindungswirkung des einstweiligen Rechtsschutzes, ZTR 2014, 447; *Dütz*, Arbeitsgerichtliches Beschlussverfahren und Individualprozess, FS Gnade, 1992, S. 487; *Germelmann*, Neue prozessuale Probleme durch das Gesetz zur Beschleunigung des arbeitsgerichtlichen Verfahrens, NZA 2000, 1017; *Nottebom*, Parteiübergreifende Wirkungen von Entscheidungen im Beschlussverfahren, RdA 2002, 292; *Schwab*, Anm. zu LAG Schleswig-Holstein, Urt. v. 1.11.2001 – 1 Sa 342c/01, LAGR 2002, 57.

---

1 Ordnungsgemäß nach § 89 Abs. 3 Satz 1 erlassene Beschlüsse sind bereits nach § 89 Abs. 3 Satz 2 Halbs. 2 unanfechtbar.
2 BAG v. 28.2.2003 – 1 AZB 53/02, NZA 2003, 516.
3 BAG v. 22.3.2017 – 1 AZB 55/16; GK-ArbGG/*Ahrendt*, § 90 ArbGG Rz. 21; ErfK/*Koch*, § 90 ArbGG Rz. 1; GWBG/*Greiner*, § 90 Rz. 10; BeckOKArbR/*Roloff*, § 90 ArbGG Rz. 5; aA Hauck/Helml/Biebl/*Hauck*, § 90 Rz. 3; Düwell/Lipke/*Oesterle*, § 90 Rz. 17; GMP/*Matthes/Schlewing*, § 90 Rz. 13; HWK/*Bepler/Treber*, § 90 ArbGG Rz. 4; wohl auch BayVGH v. 12.4.2006 – 18 P 05.2101; unklar NK-GA/*Breinlinger*, § 90 ArbGG Rz. 7; noch offen gelassen: BAG v. 28.2.2003 – 1 AZB 53/02, NZA 2003, 516; BVerwG v. 8.3.2010 – 6 PB 47/09, PersV 2010, 355 = NZA-RR 2010, 323.

I. Allgemeines

§ 91 regelt – vergleichbar mit § 84 für das ArbG – Form, Inhalt, Verkündung und Zustellung der Entscheidung des LAG über die Beschwerde, womit die **ganz oder teilweise abschließende Sachentscheidung für das zweitinstanzliche Verfahren** gemeint ist. Ausgenommen von dieser Regelung sind der Beschlüsse des LAG über die Verwerfung der Beschwerde als unzulässig gem. § 89 Abs. 3 sowie die Einstellungsbeschlüsse nach Rücknahme des Antrages (§ 81 Abs. 2), übereinstimmender Erledigungserklärung (§ 83a Abs. 2) oder bei einem Vergleich, die der Vorsitzende alleine trifft.

1

II. Die Entscheidung über die Beschwerde

1. Der Gegenstand der Beschwerdeentscheidung

Den **Verfahrensgegenstand** bestimmt der Antragsteller mit seinem Antrag bzw. der Beschwerdeführer mit seinem **Beschwerdeantrag** (§ 87 Abs. 2 Satz 1, § 64 Abs. 6 iVm. § 528 Satz 1 ZPO). Hinzu kommt der vom LAG festgestellte Sachverhalt, der auf dem Sachvortrag des Beschwerdeführers und der übrigen Beteiligten sowie auf den eigenen Feststellungen des LAG beruht. Gegenstand der Entscheidung des Beschwerdegerichts können auch die zulässigen (neuen) Ansprüche 2. Instanz sein. Diese neuen Ansprüche können mittels Antragsänderung (s. § 87 Rz. 52 ff.) und/oder Anschlussbeschwerde (s. § 89 Rz. 40 ff.) in das Beschwerdeverfahren eingeführt worden sein.

2

Der angefochtene **Beschluss** des ArbG darf vom LAG überhaupt **nur insoweit abgeändert** werden, als vom Beschwerdeführer eine Abänderung **beantragt ist** (§ 87 Abs. 2 Satz 1, § 64 Abs. 6 iVm. § 528 Satz 2 ZPO). Wie im Urteilsverfahren darf auch im Beschlussverfahren eine Abänderung zu Lasten des Beschwerdeführers nicht erfolgen (sog. Verbot der reformatio in peius), selbst wenn der Beschluss des ArbG in anderen, nicht angegriffenen Punkten rechtsfehlerhaft ist.

3

2. Die Formalien der Beschwerdeentscheidung

Auch die das zweitinstanzliche Verfahren **beendende Entscheidung** ergeht durch **Beschluss** (§ 91 Abs. 1 Satz 1). Den Beschluss erlässt die **Kammer des LAG in voller Besetzung**. Die **ehrenamtlichen Richter** entscheiden – abgesehen von dem Fall des § 89 Abs. 3 Satz 2 (Verwerfung unzulässiger Beschwerden) – auch dann zusammen mit dem Vorsitzenden, wenn die Entscheidung nicht aufgrund mündlicher Verhandlung, sondern gem. § 83 Abs. 4 Satz 3 iVm. § 90 Abs. 2 **ohne mündliche Anhörungstermin** schriftlich bzw. im schriftlichen Verfahren ergeht[1]. Die **ehrenamtlichen Richter** haben auch an der Entscheidung darüber mitzuwirken, ob die mündliche Verhandlung oder Anhörung wieder zu eröffnen ist (§ 156 ZPO). Nimmt allein der Berufsrichter von einem **nachgereichten Schriftsatz** Kenntnis, wird demjenigen, der diesen Schriftsatz verfasst hat, der gesetzliche Richter entzogen[2]. Für die Verkündung gilt § 60 iVm. den § 84 Satz 2 und § 91 Abs. 1 Satz 3.

4

a) Schriftform des Beschlusses und Verkündung der Beschlussformel

§ 91 Abs. 1 Satz 3 verweist auf § 84 Abs. 2, so dass der Beschluss **schriftlich** abzufassen ist. Er ergeht „Im Namen des Volkes". Mit dem „Beschluss nebst Gründen" iSv. § 91 Abs. 2 Satz 1 ist der **vollständig abgefasste** Beschluss gemeint, der sich gem. § 313 ZPO iVm. § 84 Satz 2, § 91 Abs. 1 Satz 3 aus dem **Rubrum**[3], dem **Tenor/der Beschlussformel** und den **Gründen** (bestehend aus dem tatbestandlichen Teil [I.] und dem entscheidungsbegründenden rechtlichen Teil [II.]) sowie der **Rechtsmittel- bzw. Rechtsbehelfsbelehrung** zusammensetzt[4]. § 91 Abs. 2 Satz 1 verlangt schließlich, dass der Beschluss nebst Gründen von den – an der Entscheidung mitwirkenden – **Mitgliedern der Kammer zu unterschreiben** ist (vgl. § 309 ZPO iVm. § 35 Abs. 2), so dass abweichend von der Regelung beim ArbG auch die ehrenamtlichen Richter unterschreiben müssen. Eine nach dieser Vorschrift erforderliche Unterschrift kann – wenn ein **Richter tat-**

5

---

1 GMP/*Matthes*/*Schlewing*, § 91 Rz. 1. Abzulehnen ist deswegen OVG Greifswald v. 12.12.2008 – 8 L 129/07.
2 Vgl. BAG v. 14.12.2010 – 6 AZN 986/10, NZA 2011, 229; BAG v. 18.1.2012 – 7 ABR 72/10, NZA-RR 2013, 133.
3 Bezeichnung der Beteiligten, ihrer gesetzlichen Vertreter und der Verfahrensbevollmächtigten.
4 Vgl. im Einzelnen zu den an eine vollständig abgefasste Entscheidung zu stellenden Anforderungen BAG v. 20.12.2006 – 5 AZB 35/06, NZA 2007, 226; BVerwG v. 9.7.2008 – 6 PB 17/08, NZA-RR 2008, 542. Die Bezeichnung des erkennenden Gerichts gehört ebenso dazu wie die Angabe der Namen der Richter, die bei der Entscheidung mitgewirkt haben; anzugeben ist weiter der Tag, an dem die mündliche Verhandlung/Anhörung geschlossen worden ist, oder bei einer schriftlichen Entscheidung nach § 90 Abs. 2 iVm. § 83 Abs. 4 Satz 3 das entsprechende Datum gem. § 128 Abs. 2 Satz 2 ZPO; ggf. ist der Tag des Termins der Beratung anzugeben.

sächlich an der Unterschriftsleistung verhindert ist[1] – dadurch ersetzt werden, dass der Vorsitzende unter Angabe des Verhinderungsgrundes vermerkt, dass der betreffende Richter verhindert ist, seine Unterschrift beizufügen (= Verhinderungsvermerk). Die gem. § 315 Abs. 1 Satz 2 und § 525 ZPO iVm. § 87 Abs. 2, § 64 Abs. 6 Satz 1 wirksam ersetzte Unterschrift eines oder mehrerer Richter erfüllt das gesetzliche Unterschriftserfordernis des § 91 Abs. 2 Satz 1. Eine nur kurzfristige Ortsabwesenheit reicht aber für die Annahme eines Verhinderungsfalles nicht aus, selbst wenn das Abwarten auf die Beendigung der Ortsabwesenheit dazu führt, dass die Fünf-Monats-Frist des § 92b Satz 1 nicht eingehalten werden kann[2].

6 Von dem „Beschluss nebst Gründen" iSd. § 91 Abs. 2 Satz 1 ist die **Beschlussformel** zu unterscheiden, die entweder im Anschluss an den Anhörungstermin oder in einem besonderen Verkündungstermin **verkündet** wird[3], wobei die Verkündung in öffentlicher Sitzung als wesentliche Förmlichkeit in das Sitzungsprotokoll aufzunehmen ist. Diese **Beschlussformel**, die den Tenor der Entscheidung enthält (vgl. § 313 Abs. 1 Nr. 4 ZPO; zum genauen Inhalt s. Rz. 10–11), ist von dem Vorsitzenden zu unterschreiben. Die Wirksamkeit der Verkündung ist von der Anwesenheit der ehrenamtlichen Richter nicht abhängig. Sind die beiden ehrenamtlichen Richter, die an der Entscheidung mitgewirkt haben, bei der Verkündung anwesend, ist es gesetzlich nicht zwingend geboten – in der Gerichtspraxis gleichwohl üblich –, dass sie zuvor die Beschlussformel unterschrieben haben (vgl. § 60 Abs. 3 Satz 2, § 91 Abs. 2, § 69 Abs. 1 Satz 2). Sind die beiden ehrenamtlichen Richter bei der Verkündung nicht anwesend, müssen sie beide vorher – wie der Vorsitzende – die Beschlussformel unterschrieben haben[4]. Der **vollständig abgefasste Beschluss** ist sodann **binnen von vier Wochen nach der Verkündung** der Geschäftsstelle zu übergeben (§ 69 Abs. 1 Satz 2, § 60 Abs. 4 Satz 3).

7 Wird die Entscheidung in einem besonderen **Verkündungstermin** (§ 60 Abs. 1 Satz 2) verkündet – also nicht in dem Termin, in dem die mündliche Anhörung geschlossen wurde –, dann „muss" sie bei der Verkündung in **vollständiger Form abgefasst** sein. Wird gleichwohl die – ordnungsgem. unterschriebene – Beschlussformel einer noch nicht vollständig abgefassten Entscheidung verkündet, so steht dies der Wirksamkeit der Verkündung nicht entgegen. Die Schriftform („… ist zu unterschreiben …") ist nur dann gewahrt, wenn die drei erkennenden Richter ihre eigenhändige Unterschrift unter die Entscheidung gesetzt haben. Zu unterschreiben haben den Beschluss die Richter, die an der mündlichen Anhörung/Verhandlung und Beratung teilgenommen haben, aufgrund derer der Beschluss erlassen wurde, nicht etwa die Richter, die im Verkündungstermin anwesend sind.

8 Weder die **Nichteinhaltung der Verkündungsfrist** – § 60 Abs. 1 und § 69 Abs. 1 Satz 2 – noch der Umstand, dass der Beschluss bei der Verkündung nicht in vollständiger Form abgefasst ist – § 60 Abs. 4 Satz 2, § 69 Abs. 1 Satz 2 –, stehen der Wirksamkeit der Verkündung der unterschriebenen Beschlussformel entgegen. § 60 Abs. 1 Satz 2 und § 60 Abs. 4 Satz 2 stellen lediglich Ordnungsvorschriften dar, deren Verletzung weder zur Unwirksamkeit der Verkündung führt, noch die Wirksamkeit der gerichtlichen Entscheidung berührt. Im Fall ihrer Verletzung kann kein Rechtsmittel auf sie gestützt werden[5]. Letzteres gilt auch – soweit nur die Fünf-Monats-Frist des § 92b Satz 1 gewahrt bleibt – auch für das Überschreiten der Vier-Wochen-Frist des § 69 Abs. 1 Satz 2 iVm. § 91 Abs. 2 Satz 2 und § 60 Abs. 4 Satz 3 (Abfassung der Entscheidung in vollständiger Form; Übergabe der unterschriebenen Entscheidung an die Geschäftsstelle)[6].

9 Ist allerdings der vollständig abgefasste Beschluss nicht von denjenigen Mitgliedern der Beschwerdekammer, die an der Entscheidung mitgewirkt haben, sondern ganz oder teilweise von anderen Mitgliedern der Kammer unterschrieben, ohne dass ein Verhinderungsgrund vorgelegen hätte, ist er nicht iSv. § 92b Abs. 1 Satz 1 mit den Unterschriften sämtlicher Mitglieder der Kammer versehen. **Fehlende richterliche Unterschriften** können zwar mit Wirkung für die Zukunft nachgeholt werden. Dies gilt aber dann nicht, wenn die für die Übergabe des von allen beteiligten Richtern unterschriebenen Beschlusses an die Geschäftsstelle bestehende Frist von höchstens fünf Monaten nach der Verkündung der Entscheidung abgelaufen ist[7].

---

1 S. zu möglichen Verhinderungsgründen BAG v. 3.3.2010 – 4 AZB 23/09, NZA 2010, 910; Zöller/*Vollkommer*, § 315 ZPO Rz. 1.
2 BAG v. 3.3.2010 – 4 AZB 23/09, NZA 2010, 910; BAG v. 24.6.2009 – 7 ABN 12/09, NZA-RR 2009, 553; BVerwG v. 9.7.2008 – 6 PB 17/08, NZA-RR 2008, 542.
3 Der Verkündung bedarf es insbesondere auch dann, wenn im schriftlichen Verfahren entschieden wird (§ 90 Abs. 2 und § 91 Abs. 2 Satz 2 iVm. § 60 Abs. 1 Satz 3, § 69 Abs. 1 Satz 2 und § 83 Abs. 4 Satz 3); Düwell/Lipke/*Oesterle*, § 91 Rz. 11.
4 S. näher zur Notwendigkeit und zur Form der Entscheidungsverkündung bei § 60 Rz. 1 ff. und 10 ff.
5 BAG v. 22.1.2002 – 3 ABR 28/01, DB 2002, 1839; BAG v. 25.9.2003 – 8 AZR 472/02, NZA 2004, 1183.
6 HWK/*Bepler/Treber*, § 91 ArbGG Rz. 4.
7 Vgl. BAG v. 19.12.2012 – 2 AZB 45/12, NZA 2013, 1375.

b) Tenor

Nach der auch im arbeitsgerichtlichen Beschlussverfahren anwendbaren Bestimmung des § 313 Abs. 1 Nr. 4 ZPO enthält ein verfahrensbeendender Beschluss eine **Beschlussformel**, dh. den Tenor der Entscheidung. Im Tenor ist das Rechtsschutzgesuch der Beschwerde, dh. die Hauptsache, vollständig (soweit es sich nicht um eine Teil-Entscheidung handelt) und genau, aber möglichst knapp zu bescheiden. In Betracht kommen verwerfende, abändernde und zurückweisende Tenorierungen, die bei mehreren oder entsprechend teilbaren Verfahrensgegenständen auch in Mischformen auftreten können. In Frage kommen auch Vorlageentscheidungen iVm. einer Aussetzung des Verfahrens gem. § 148 ZPO[1]. Im Übrigen **verwirft** der Beschluss die Beschwerde entweder als unzulässig oder **weist** sie – im Falle ihrer Unbegründetheit – **zurück**. Erweist sich die Beschwerde dagegen als begründet, wird der erstinstanzliche Beschluss entsprechend **abgeändert**. Bei mehreren selbständigen Verfahrensgegenständen kann sich eine Beschwerde **teilweise** als unzulässig bzw. zulässig, teilweise als begründet bzw. unbegründet erweisen; dementsprechend kommt auch eine nur teilweise Abänderung des angefochtenen Beschlusses in Betracht. Eine **Kostenentscheidung**[2] enthält der Beschlusstenor nicht. Erforderlichenfalls[3], dh. bei vermögensrechtlichen Streitigkeiten, ist im **Tenor** die **vorläufige Vollstreckbarkeit** klarzustellen (§ 85 Abs. 1 Satz 2 Halbs. 1). Schließlich können ggfls. Klarstellungen oder „berichtigende Maßgaben" im Tenor angezeigt sein (vgl. § 96 Rz. 16).

10

c) Keine Zurückverweisung an das Arbeitsgericht

Das Gesetz sieht eine Aufhebung des erstinstanzlichen Beschlusses unter gleichzeitiger Zurückverweisung des Verfahrens an das ArbG nicht vor. Vielmehr ist gem. § 91 Abs. 1 Satz 2 eine Zurückverweisung nicht zulässig, dh. dass das LAG zwingend in der Sache selbst entscheiden muss. Dieses **Zurückverweisungsverbot** greift nicht nur – wie im Berufungsverfahren (vgl. § 68) – bei **Verfahrensmängeln**, sondern auch in den – soweit im Beschlussverfahren überhaupt in Betracht kommenden – Fällen des § 538 Abs. 2 Nr. 2–7 ZPO[4]. Zu den Verfahrensmängeln, die eine Zurückverweisung nicht zulassen, zählt auch der Fall einer nicht mit der Unterschrift des Kammervorsitzenden versehenen arbeitsgerichtlichen Entscheidung[5]. Ebenso kann nicht zurückverwiesen werden, wenn das ArbG eine gem. § 83 Abs. 3 gebotene Beteiligung einer Person oder Stelle unterlassen hat[6]. Insgesamt werden keine Ausnahmen von dem Zurückverweisungsverbot im Beschlussverfahren anerkannt, das über Zurückverweisungsverbot für das Urteilverfahren nach § 68 ArbGG hinausgeht[7]. Aber auch dort gilt, dass selbst bei schwerwiegenden Verfahrensfehlern eine Zurückverweisung an das Arbeitsgericht nicht stattfindet. Wird allerdings eine gleichwohl angeordnete Zurückverweisungsentscheidung des LAG rechtskräftig, auch wenn sie fehlerhaft ist, dann ist das ArbG daran gebunden[8]. Das Verfahren ist dann wieder beim ArbG anhängig, das unter Beachtung der Rechtsauffassung des LAG zu entscheiden hat[9].

11

d) Gründe

Neben dem Tenor und der Rechtsmittel- bzw. Rechtsbehelfsbelehrung enthält der vollständig abgefasste Beschluss des LAG die „**Gründe**", denn der gerichtlichen Entscheidung muss sich grds. auch ohne Kenntnis der Akten und in Verfahren gewechselten Schriftsätze entnehmen lassen, worüber das Gericht entschieden hat. Die „Gründe" wiederum gliedern sich in einen tatbestandlichen (den Sachverhalt darstellenden) Teil und in einen entscheidungsbegründenden Teil (vergleichbar dem „Tatbestand" und den „Entscheidungsgründen" in einem Berufungsurteil). Bei dem Beschluss, der einem Antrag stattgibt, ist der In-

12

---

[1] Geht es um entscheidungserhebliche Normen des **Unionsrechts**, kann das LAG diese Frage dem EuGH zur Entscheidung vorlegen (Vorabentscheidungs-Ersuchen nach Art. 267 AEUV). Hält das LAG ein Gesetz, auf dessen Gültigkeit es bei der Entscheidung ankommt, für **verfassungswidrig**, so ist (ebenfalls) das Verfahren auszusetzen und nach näherer Maßgabe des Art. 100 Abs. 1 Satz 1 GG die Entscheidung des BVerfG oder des für Verfassungsstreitigkeiten zuständigen Gerichtes eines Bundeslandes einzuholen. Hängt die Entscheidung des Beschlussverfahrens von der Beantwortung derselben Frage ab, die bereits in einem anderen Rechtsstreit dem EuGH oder dem BVerfG (bzw. einem Landesverfassungsgericht) nach Art. 267 AEUV oder Art. 100 GG vorgelegt wurde, kommt analog § 148 ZPO auch ohne gleichzeitige Vorlageentscheidung in Frage.
[2] S. dazu und zur Streitwert-/Gegenstandswertfestsetzung unten bei Rz. 31; vgl. im Übrigen zum Beschluss-Inhalt bei § 61 Rz. 64 f.
[3] S. dazu § 85 Rz. 9; GMP/*Matthes/Schlewing*, § 91 Rz. 7; ErfK/*Koch*, § 91 Rz. 1; HWK/*Bepler/Treber*, § 91 ArbGG Rz. 5; aA LAG Berlin-Brandenburg v. 17.7.2012 – 10 Ta 1367/12 m. Anm. *Ulrici*, jurisPR-ArbR 35/2012, Anm. 6.
[4] GMP/*Matthes/Schlewing*, § 91 Rz. 3; HWK/*Bepler/Treber*, § 91 ArbGG Rz. 2; GK-ArbGG/*Ahrendt*, § 91 Rz. 6.
[5] BAG v. 13.3.2013 – 7 AZR 334/11, NZA 2013, 804.
[6] BAG v. 13.7.1977 – 1 ABR 19/75, DB 1978, 168; s. dazu bereits BAG v. 1.8.1958 – 1 ABR 6/58, SAE 1959, 18.
[7] Sächs. LAG v. 5.5.2015 – 2 TaBV 26/14.
[8] Ablehnend BeckOKArbR/*Roloff*, § 91 Rz. 3 und GWBG/*Greiner*, § 91 Rz. 5.
[9] ErfK/*Koch*, § 91 Rz. 1; GK-ArbGG/*Ahrendt*, § 91 Rz. 6; Düwell/Lipke/*Oesterle*, § 91 Rz. 4.

halt des Ausspruchs regelmäßig in der Beschlussformel wiederzugeben. Wird ein Antrag abgewiesen, muss er nach der im Beschlussverfahren anwendbaren Bestimmung des § 313 Abs. 2 Satz 1 ZPO im tatbestandlichen Teil des Beschlusses wiedergegeben sein[1].

13 Bei der Absetzung des vollständigen Beschlusses ist darauf Bedacht zu nehmen, dass Tatbestand und Entscheidungsgründe den Zweck haben, dem Rechtsmittelgericht und den Beteiligten die Nachprüfung der Entscheidung der Vorinstanz auf der Grundlage des festgestellten Sach- und Streitstandes zu ermöglichen. Ein **Verzicht auf die Gründe** (Tatbestand und Entscheidungsgründe) gem. § 313a ZPO (analog) scheidet aus[2], da diese Regelung nur für erstinstanzliche Entscheidungen gilt[3].

14 Das LAG ist verfahrensrechtlich regelmäßig zur Darstellung des **Sachverhalts** in der Beschwerdeentscheidung und seiner Entscheidungserwägungen, auch wenn es der Entscheidung des ArbG folgt, verpflichtet. Die schriftlichen **Entscheidungsgründe** (§ 91 Abs. 2 Satz 2, § 69 Abs. 1 Satz 2) müssen erkennen lassen, dass das LAG das Vorbringen der Beteiligten zur Kenntnis genommen und bei der Entscheidung erwogen hat. Die wesentlichen – der Rechtsverfolgung und Rechtsverteidigung dienenden – Tatsachen müssen verarbeitet werden[4]. Es genügt insoweit idR, dass die erhobenen Ansprüche und die dazu vorgebrachten Angriffs- und Verteidigungsmittel unter Hervorhebung der gestellten Anträge ihrem wesentlichen Inhalt nach dargestellt werden (vgl. § 313 Abs. 1 Satz 1 ZPO; gem. § 69 Abs. 4 Satz 1 ist § 540 Abs. 1 ZPO unanwendbar[5]). Der Umfang, in dem die Entscheidung in Rechtskraft erwachsen kann, muss deutlich werden. Nach näherer Maßgabe der höchstrichterlichen Rspr. sind die Gerichte nicht verpflichtet, sich in den Entscheidungsgründen mit jeder Einzelheit des Beteiligtenvorbringens ausdrücklich zu befassen[6]. Allerdings sollte die Darstellung von Tatbestand und Entscheidungsgründen derart umfangreich sein, dass der zweitinstanzliche Beschluss eine Befriedigungswirkung erzielen kann. Im arbeitsgerichtlichen Beschlussverfahren findet § 69 Abs. 2, wonach im Berufungsurteil von der Darstellung des Tatbestandes abgesehen werden kann, aufgrund der eingeschränkten Bezugnahme in § 91 Abs. 2 Satz 2 keine Anwendung. Ebensowenig findet § 69 Abs. 3 Satz 2 ArbGG, wonach bei einem Urteil, gegen das die Revision statthaft ist, nach näherer Maßgabe die Bezugnahme auf das mit der Berufung angefochtene Urteil zulässig ist, gem. § 91 Abs. 2 Satz 2 im Beschlussverfahren entsprechende Anwendung[7].

15 Enthält ein Beschwerdebeschluss somit **keinen festgestellten Sachverhalt**, kann ihm idR nicht entnommen werden, welchen Streitstoff das Beschwerdegericht seiner Entscheidung zugrunde gelegt hat, was im Rahmen des Rechtsbeschwerdeverfahrens ohne Feststellung eines Rechtsfehlers des LAG und ohne entsprechende Rüge des Rechtsbeschwerdeführers grds. zur Aufhebung der angefochtenen Entscheidung und zur Zurückverweisung der Sache an das LAG führt[8]. Eine Ausnahme besteht dann, wenn für das BAG der Streitstoff, über den das LAG entschieden hat, zuverlässig feststellbar ist[9]. Sofern es zu Mängeln in der Darstellung des Tatbestandes im Rahmen der Beschlussgründe gekommen ist, kommt ein **Tatbestandsberichtigungsantrag** nach § 320 ZPO in Betracht.

e) Zulassung der Rechtsbeschwerde

16 Die **Kammer des LAG** muss bei Beachtung des § 92 Abs. 1 Satz 2, § 64 Abs. 3a und § 72 Abs. 1 Satz 2 und Abs. 2 Nr. 1–3 im Tenor[10] des Beschlusses nach § 91 Abs. 1 Satz 1 grds. auch **von Amts wegen** eine Entscheidung darüber treffen, ob sie die **Rechtsbeschwerde** gegen ihren Beschluss zulässt oder nicht, denn die Rechtsbeschwerde nach §§ 92 ff. ist nur statthaft, wenn sie vom LAG zugelassen oder vom BAG aufgrund einer Nichtzulassungsbeschwerde zugelassen wurde. Seine Entscheidung über die Zulassung oder Nichtzulassung der Rechtsbeschwerde hat das LAG in den Entscheidungsgründen des Beschlusses (jedenfalls) nicht im Einzelnen zu begründen[11]. Im Zusammenhang mit der Frage der Zulassung der Rechtsbeschwerde ist im Einzelfall auch zu bedenken, ob nur ein Vorlagerecht oder gar eine Vorlagepflicht iSd. Art. 267

---

1 Der Entscheidungsinhalt ist grds. in einer einheitlichen Urkunde festzulegen; nur in besonders gelagerten Fällen kann ausnahmsweise etwas anderes gelten; vgl. BAG v. 12.1.2011 – 7 ABR 25/09, NZA 2011, 1304.
2 GK-ArbGG/*Ahrendt*, § 91 Rz. 4; HWK/*Bepler/Treber*, § 91 ArbGG Rz. 4.
3 GWBG/*Greiner*, § 91 Rz. 3.
4 Vgl. BAG v. 31.1.1985 – 6 ABR 25/82, AP Nr. 2 zu § 92 ArbGG 1979; BAG v. 20.1.2000 – 2 ABR 30/99, NZA 2001, 170 (172).
5 GK-ArbGG/*Ahrendt*, § 91 Rz. 4.
6 Vgl. BVerfG v. 17.12.1998 – 2 BvR 1556/98, NJW 1999, 1387; Zöller/*Vollkommer*, § 313 ZPO Rz. 19.
7 BAG v. 13.5.2014 – 1 ABR 51/11, NZA 2014, 991 ff.
8 BAG v. 13.5.2014 – 1 ABR 51/11, NZA 2014, 991 ff.
9 BAG v. 26.4.2005 – 1 ABR 1/04, BAGE 114, 272 ff. = NZA 2005, 884 ff.
10 S. dazu unten Rz. 15 f. sowie bei § 64 Rz. 42 ff.
11 BAG v. 11.10.2010 – 9 AZN 418/10, NZA 2011, 117.

AEUV (ex-Art. 234 EGV) besteht[1]. Wegen der Möglichkeit, die Nichtzulassung der Revisionsbeschwerde auf die grundsätzliche Bedeutung einer Frage des Unionsrechts zu stützen, zählen LAG nach hM allerdings nicht mehr zum Kreis der vorlagepflichtigen Gerichte iSv. Art. 267 Abs. 3 AEUV (ex-Art. 234 EGV)[2].

aa) Die Fälle, in denen keine Zulassungsentscheidung in Betracht kommt

Ausnahmsweise ist die **Prüfung**, ob die Rechtsbeschwerde zuzulassen ist, **entbehrlich**. So findet in den Fällen des § 89 Abs. 3 Satz 2 Halbs. 2 kraft Gesetzes keine Rechtsbeschwerde statt, dh., dass sie in diesen Fällen auch dann nicht mit bindender Wirkung für das BAG von dem LAG zugelassen werden kann, wenn die Beschwerde nach mündlicher Anhörung/Verhandlung als unzulässig verworfen wird[3]. 17

Ob dies in allen Fällen der Verwerfung als unzulässig gilt, ist fraglich. Die Zulassung der Rechtsbeschwerde wird in diesen Fällen hauptsächlich nur dann ausgeschlossen sein, wenn die Verwerfung als unzulässig auf formelle Gründe bzw. leicht feststellbare Zulässigkeitsmängel[4] gestützt wird, insbesondere darauf, dass die Beschwerde nicht in der gesetzlichen Form und Frist eingelegt oder begründet wurde. Wird ein Rechtsmittelverzicht nicht im Wege einer Prozesserklärung gegenüber dem Prozessgericht abgegeben, sondern in einer außergerichtlichen, vorprozessualen Abrede vereinbart, findet § 89 Abs. 3 Satz 2, Halbs. 2 weder unmittelbar noch entsprechend Anwendung. Insoweit kann bei Vorliegen eines Zulassungsgrundes vom LAG die Rechtsbeschwerde zugelassen werden[5]. 18

Weiter kommt eine **Zulassungsentscheidung nicht** in Betracht, soweit das Beschwerdegericht in einem Verfahren des einstweiligen Rechtsschutzes entschieden hat; dies ergibt sich aus § 92 Abs. 1 Satz 3. Schließlich scheidet eine Zulassungsentscheidung in den Fällen des § 100 Abs. 2 Satz 4 aus (= Bestellung eines Vorsitzenden der Einigungsstelle/Bestimmung der Zahl der Beisitzer). 19

bb) Die Zulassungsgründe

Sofern die Zulassung der Rechtsbeschwerde nicht kraft Gesetzes ausgeschlossen ist, hat das Beschwerdegericht das **Vorliegen von Zulassungsgründen** zu **prüfen**. Ein möglicher Zulassungsgrund ist darin zu erblicken, dass die entscheidungserhebliche Rechtsfrage grundsätzliche Bedeutung hat (vgl. § 92 Abs. 1 Satz 2, § 72 Abs. 2 Nr. 1 und die dortigen Erläuterungen; § 72 Rz. 24 ff. sowie § 92 Rz. 17). Weiter ist die Rechtsbeschwerde zuzulassen, wenn der Beschluss von einer Entscheidung der in § 72 Abs. 2 Nr. 2 genannten Gerichte abweicht und der Beschluss auf dieser Abweichung beruht. Weitere Zulassungsgründe sind in § 72 Abs. 2 Nr. 3 geregelt, wobei diese Gründe (absolute Revisionsgründe gem. § 547 Nr. 1–5 ZPO und entscheidungserhebliche Verletzung des Anspruchs auf rechtliches Gehör) eher im Rahmen der nachträglichen Zulassung der Rechtsbeschwerde gem. § 92a iVm. § 72 von Bedeutung sind[6]. 20

Unter Umständen kommt auch eine **Beschränkung der Zulassung** der **Rechtsbeschwerde** in Betracht. Freilich kann die Zulassung nicht auf einen einzelnen rechtlichen Gesichtspunkt beschränkt werden. Eine Rechtsmittelbeschränkung, die das Rechtsmittelgericht zur Entscheidung über einzelne Entscheidungselemente nötigen würde, die nicht Gegenstand eines abtrennbaren Verfahrens oder einer selbständigen Entscheidung sein können, ist unbeachtlich. Zulässig ist – ähnlich wie bei der Zulassung der Revision – die Beschränkung auf einen Teil des Streitstoffes, über den auch durch Teil- oder Zwischenbeschluss entschieden werden könnte. Allerdings deutet das BAG mitunter die fehlerhafte Beschränkung der Zulassung auf eine Rechtsfrage in eine Beschränkung auf den mit der Rechtsfrage verbundenen rechtlich selbständigen und abtrennbaren Teil des Rechtsstreites um[7]. 21

cc) Die positive oder negative Zulassungsentscheidung im Entscheidungstenor

Wegen § 92 Abs. 1 Satz 2, § 72 Abs. 1 Satz 2 iVm. § 64 Abs. ist die Entscheidung darüber, ob die Rechtsbeschwerde als statthaftes Rechtsmittel zugelassen wird oder nicht zugelassen wird, ausdrücklich von Amts wegen in den Beschlusstenor aufzunehmen. Ein etwaiger Zulassungsantrag der Beteiligten ist vom LAG lediglich als Anregung zu verstehen, macht aber die Prüfung der Zulassungsvoraussetzungen nicht entbehrlich. In einer falschen oder fehlerhaften Rechtsmittelbelehrung alleine liegt noch keine Zulassung der 22

---

1 Vorabentscheidungsersuchen zum EuGH. S. dazu Schwab/Weth/*Kerwer*, ArbV Rz. 116 ff. (120/125); ErfK/*Wißmann*, Art. 267 AEUV Rz. 28 f.; BAG v. 8.12.2011 – 6 AZN 1371/11, NZA 2012, 286.
2 BAG v. 8.12.2011 – 6 AZN 1371/11, NZA 2012, 286.
3 BAG v. 25.7.1989 – 1 ABR 48/88, NZA 1990, 73.
4 Vgl. GMP/*Matthes/Schlewing*, § 89 Rz. 48 und § 92 Rz. 6.
5 BAG v. 8.9.2010 – 7 ABR 73/09, NZA 2011, 934 zu LAG Hessen v. 18.11.2008 – 4 TaBV 298/07.
6 Vgl. GMP/*Müller-Glöge*, § 72 Rz. 11.
7 Vgl. – für die Zulassung der Revision – BAG v. 28.8.2001 – 9 AZR 611/99, NZA 2002, 323.

Rechtsbeschwerde[1]. Vielmehr ist im Beschlusstenor auszusprechen, ob die Rechtsbeschwerde zugelassen wird oder nicht (s. zu einer erst „nachträglich" in der Rechtsmittelbelehrung vorgenommenen Beschränkung" der Rechtsmittelzulassung bei Rz. 17).

23 Ist der ausdrückliche Ausspruch über die (Nicht-)Zulassung der Rechtsbeschwerde **unterblieben**, kann binnen **zwei Wochen nach Verkündung** des Beschlusses eine diesbezügliche **Ergänzung** beantragt werden. Da die Beteiligten regelmäßig bei der Verkündung beim LAG nicht anwesend sind, müssen sie sich selbst um eine zeitnahe Übersendung des Terminsprotokoll kümmern, um die Frist für den Ergänzungsantrag nicht zu versäumen. Über den Ergänzungsantrag müssen die **gleichen ehrenamtlichen Richter** entscheiden, die über die Beschwerde entschieden.

24 Wird das Beratungsergebnis der Beschwerdekammer im Beschluss unrichtig wiedergeben (– so dass es dort aufgrund eines Schreib- bzw. Flüchtigkeitsfehlers bspw. statt „Die Rechtsbeschwerde wird zugelassen" heißt „Die Rechtsbeschwerde wird nicht zugelassen" –) und stellt sich dies als „offenbare Unrichtigkeit" iSd. § 319 Abs. 1 ZPO dar, kann nach dieser Vorschrift der Beschluss-Tenor dahin gehend berichtigt werden, dass dort das wahre Beratungsergebnis zum Ausdruck gebracht wird. Allerdings werden Bedenken gegen die Anwendbarkeit des § 319 ZPO mit dem Argument geltend gemacht, ein gerichtsintern gebliebener Vorgang könne nicht als „offenbare Unrichtigkeit" iSd. Gesetzes bezeichnet werden, weil er für Außenstehende nicht erkennbar sei; § 319 ZPO sei (auch) deshalb unanwendbar, weil ansonsten durch einen bloßen Berichtigungsbeschluss zeitlich unbegrenzt die Rechtsmittelfähigkeit einer Entscheidung nachgeholt werden könnte[2].

f) Rechtsbehelfs- und Rechtsmittelbelehrung

25 Der Beschluss des LAG muss auch eine **Aussage** darüber enthalten, **ob** gegen ihn ein **Rechtsmittel gegeben ist oder nicht**. Dabei ist zu beachten, dass eine im Tenor ausgesprochene uneingeschränkte Zulassung der Rechtsbeschwerde in der Rechtsmittelbelehrung nicht mehr wirksam beschränkt werden kann. Soll die **Rechtsbeschwerde nur für einen Beteiligten zugelassen** werden, ist dies bereits im zu verkündenden Tenor auszusprechen (und nicht erst in der Rechtsmittelbelehrung)[3]. Soweit der Beschluss kraft Gesetzes unanfechtbar ist (s. dazu die bei Rz. 10–12 genannten Fälle), ist die Belehrung mit dem Inhalt zu erteilen, dass ein Rechtsmittel nicht gegeben ist (§ 9 Abs. 5 Satz 2). Soweit die Rechtsbeschwerde zugelassen wurde, muss der Beschluss eine entsprechende hinreichend eindeutige Belehrung über dieses Rechtsmittel enthalten (§ 9 Abs. 5 Satz 1). Die Rechtsmittelbelehrung muss sich nur auf die Einlegung, nicht auch auf die Begründung des Rechtsmittels erstrecken. Die Rechtsmittelbelehrung soll den rechtsunkundigen Beteiligten in die Lage versetzen, die gebotenen Schritte zu ergreifen und insbesondere einen Prozessbevollmächtigten nach § 11 Abs. 2 und 4 hinzuzuziehen. Frist und Form der Begründung müssen dann von diesem beachtet werden[4].

26 **Inhaltlich** erfordert eine ordnungsgemäße Rechtsmittelbelehrung iSv. § 9 Abs. 5 Satz 3 (zwar) mehr als eine abstrakte Belehrung über die in Arbeitsrechtsstreitigkeiten gegebenen Rechtsmittel, macht es den Gerichten aber nicht zur Aufgabe, den Parteien bzw. Beteiligten individuell abgestimmte Belehrungen über ihre Möglichkeiten zu erteilen. Ausreichend ist es vielmehr, dass in der Belehrung das oder die konkret in der jeweiligen prozessualen Situation in Betracht kommenden Rechtsmittel bezeichnet werden. Dabei entspricht es allgemeiner Ansicht, dass über die Möglichkeit eines Anschlussrechtsmittels nicht belehrt zu werden braucht. Bei Zulassung der Rechtsbeschwerde muss es die Rechtsmittelbelehrung den Beteiligten ermöglichen, sich allein aus der Belehrung über das für sie gegebene Rechtsmittel und die bei der Einlegung gem. den §§ 74, 92 und 94 zu beachtenden Formalien zu informieren[5]. Hingegen wäre es unzureichend, wenn ohne Bezug zu der konkreten prozessualen Situation allgemein über die Rechtsmittelmöglichkeiten nach dem ArbGG belehrt würde[6].

---

1 Vgl. dazu BAG v. 10.12.1986 – 4 AZR 384/86, NZA 1987, 358; s. freilich auch BAG v. 21.8.1990 – 3 AZR 429/89, NZA 1991, 311; BAG v. 11.12.1998 – 6 AZB 48/97, NZA 1999, 333.
2 LAG Schl.-Holst. v. 1.11.2001 – 1 Sa 342c/01, LAGR 2002, 57 mit krit. Anm. *Schwab*. Diesen Bedenken – vgl. dazu auch *Germelmann*, NZA 2000, 1017 (1023) – musste das BAG v. 10.5.2005 – 9 AZR 251/04, NZA 2006, 439 aufgrund der Besonderheiten des von ihm entschiedenen Falles nicht nachgehen. S. dazu auch bei § 64 Rz. 54 sowie Zöller/*Vollkommer*, § 319 ZPO Rz. 16.
3 Vgl. BAG v. 14.2.2007 – 7 ABR 26/06, NZA 2007, 999; BAG v. 21.11.1996 – 2 AZR 357/95, NZA 1997, 487.
4 BVerwG v. 17.4.2013 – 6 P 9/12, NZA-RR 2013, 381; HWK/*Kalb*, § 9 ArbGG Rz. 19.
5 Zu belehren ist also insbesondere über die genaue postalische Anschrift des Rechtsbeschwerdegerichts sowie über die einzuhaltende Form und Frist der Einlegung der Rechtsbeschwerde einschließlich des qualifizierten Unterschriftserfordernisses; vgl. dazu im Übrigen bei § 9 Rz. 19 ff.
6 So BAG v. 20.2.1997 – 8 AZR 15/96, NZA 1997, 901.

§ 9 Abs. 5 verpflichtet jedenfalls **nicht** dazu, über die die Beschwerdefrist des § 72b Abs. 2 Satz 1 iVm. 27
§ 92b Satz 2 (Sofortige Beschwerde wegen verspäteter Absetzung der Beschwerdeentscheidung)[1] oder über
die Voraussetzungen einer Rüge der Verletzung des Anspruchs auf rechtliches Gehör (§ 78a) zu belehren[2],
wenn die Rechtsbeschwerde nicht zugelassen wird. Die Anhörungsrüge stellt einen Rechtsbehelf und kein
Rechtsmittel dar[3]. Zweifelhaft ist, ob und wie ggf. über den Rechtsbehelf der **Nichtzulassungsbeschwerde**
(§ 92a) belehrt werden muss. Lässt das Beschwerdegericht die Rechtsbeschwerde nicht zu, dann kann zwar
die Nichtzulassung selbständig durch Beschwerde angefochten werden. Diese Nichtzulassungsbeschwerde
stellt jedoch noch kein Rechtsmittel iSd. § 9 Abs. 5 Satz 1, sondern lediglich einen Rechtsbehelf dar (siehe
§ 92a Rz. 2)[4]. Aus diesem Grunde hält es die Rspr. für ausreichend, dass am Ende des Beschlusses nur ein
knapp gehaltener allgemeiner Hinweis auf die Möglichkeit der Nichtzulassungsbeschwerde aufgenommen wird[5]. Von einem Teil der Lit. wird dagegen eine (ausführlichere) Belehrung über die Nichtzulassungsbeschwerde für geboten erachtet. Der Ansicht der Rspr. ist mit der Maßgabe zu folgen, dass ein Hinweis auf die Möglichkeit einer Nichtzulassungsbeschwerde ausreicht[6]. Soweit der Gesetzgeber in Verfahren
vor den Gerichten für Arbeitssachen eine über den Hinweis hinausgehende Rechtsbehelfsbelehrung für erforderlich gehalten hat, hat er dies bei dem einzelnen Rechtsbehelf ausdrücklich geregelt, zB bei Einsprüchen gegen ein Versäumnisurteil (§ 59 Satz 3). Für die Nichtzulassungsbeschwerde hat er eine solche Regelung nicht getroffen. Hätte der Gesetzgeber eine generelle Rechtsbehelfsbelehrung gewollt, hätte er eine
den Vorschriften § 66 SGG und § 58 VwGO entsprechende Regelung getroffen (so zutreffend BAG[7]).
Vertretbar erschiene es jedoch, eine Unterscheidung zwischen rechtskundig iSv. § 89 Abs. 1 iVm. § 11
Abs. 4 vertretenen Beteiligten und anderen Beteiligten, bei denen eine Vermutung gegen ein Verschulden
besteht, vorzunehmen (vgl. § 233 Satz 2, § 232 ZPO). Die Formerfordernisse der Nichtzulassungsbeschwerde (§ 92a iVm. § 72a Abs. 2–7 sind nicht so kompliziert und schwer zu erfassen, dass nicht erwartet werden
könnte, der rechtskundig – insbesondere anwaltlich – vertretene Beteiligte werde sich in zumutbarer Weise
darüber rechtzeitig Aufklärung verschaffen[8]. Ebenso, wie einem Rechtsanwalt, der die Vertretung eines
ArbN in einem Arbeitsgerichtsprozess übernimmt, abverlangt wird, die veröffentlichte höchstrichterliche
Rspr. zu berücksichtigen[9], kann erwartet werden, dass jedenfalls die in § 11 Abs. 4 iVm. § 11 Abs. 2 Satz 2
Nr. 4 und 5 genannten Verfahrensbevollmächtigten eines (Beschluss-)Beschwerdeverfahrens, die sich aus
dem Gesetz ergebenden Formerfordernisse der Nichtzulassungsbeschwerde kennen. Bei Beteiligten, die
sich nicht qualifiziert in diesem Sinne vertreten lassen, mag es geboten sein, eine über den Hinweis hinausgehende Rechtsbehelfsbelehrung entsprechend den bei § 91 Rz. 18 dargestellten Grundsätzen zu erteilen.

Soweit hiernach eine **Belehrung** zu erteilen ist, ist diese **Bestandteil** der gerichtlichen Entscheidung und 28
muss deswegen von den erkennenden Richtern unterschrieben sein. Enthält ein Beschluss vor der Unterschrift der erkennenden Richter lediglich einen Hinweis auf die auf der Rückseite stehende Rechtsmittelbelehrung und die Erklärung, dass die Rechtsmittelbelehrung Bestandteil des Urteils ist, liegt darin keine
ordnungsgemäße Rechtsmittelbelehrung iSd. § 9 Abs. 5. In einem solchen Fall wird die Frist für das Rechtsmittel durch die Zustellung des Beschlusses nicht in Lauf gesetzt (§ 9 Abs. 5 Satz 3), so dass die Rechtsbeschwerdeeinlegungs- und die Rechtsbeschwerdebegründungsfrist spätestens mit Ablauf von fünf Monaten nach Verkündung des Beschlusses beginnen, soweit darin die Rechtsbeschwerde zugelassen wurde.

g) Zustellung

Die **Geschäftsstelle** hat die förmliche **Zustellung** des vollständig abgefassten Beschlusses an alle materiell 29
Beteiligten bzw. an deren Verfahrensbevollmächtigte zu **bewirken** (§ 91 Abs. 2 Satz 1; s. dazu bei § 50),
unabhängig davon, ob sie in dem Anhörungstermin anwesend waren oder sich im Verfahren geäußert haben. Sie hat – zusammen mit dem Vorsitzenden der Beschwerdekammer – unbedingt darauf zu achten,

---

1 S. dazu § 92b iVm. § 72b Abs. 2 Satz 3. Bei der sofortigen Beschwerde nach § 92b iVm. § 72b handelt es sich um
  ein Rechtsmittel, siehe § 92b Rz. 5 mwN.
2 HWK/*Kalb*, § 78a ArbGG Rz. 1.
3 BAG v. 22.7.2008 – 3 AZN 584/08 (F), NZA 2009, 1054; ebenso HWK/*Kalb*, § 78a ArbGG Rz. 1.
4 Vgl. HWK/*Kalb*, § 9 ArbGG Rz. 15; ähnlich Zöller/*Heßler*, § 544 ZPO Rz. 5: kein Rechtsmittel im engeren Sinn.
5 BAG v. 8.7.2008 – 3 AZB 31/08, NZA-RR 2008, 540; BAG v. 9.7.2003 – 5 AZN 316/03, NZA-RR 2004, 42 [nach
  dieser Entscheidung bedarf es auch keines Hinweises auf die Möglichkeit einer Nichtzulassungsbeschwerde]; BAG
  v. 1.4.1980 – 4 AZN 77/80, NJW 1980, 2599; vgl. auch BAG v. 28.2.2008 – 3 AZB 56/07, NZA 2008, 660.
6 Ebenso Düwell/Lipke/*Oesterle*, § 91 Rz. 8; ErfK/*Koch*, § 91 Rz. 1; BeckOKArbR/*Roloff*, § 91 Rz. 1; HWK/*Bepler*/
  Treber, § 91 ArbGG Rz. 6; GK-ArbGG/*Ahrendt*, § 91 Rz. 4; aA GMP/*Matthes*/*Schlewing*, § 91 Rz. 11; GWBG/*Greiner*, § 91 Rz. 8.
7 BAG v. 9.7.2003 – 5 AZN 316/03, NZA-RR 2004, 42; BAG v. 1.4.1980 – 4 AZN 77/80, NJW 1980, 2599; vgl. jedoch
  auch bei § 9 Rz. 16.
8 Vgl. BVerfG v. 20.6.1995 – 1 BvR 166/93, NJW 1995, 3173.
9 BGH v. 29.3.1983 – VI ZR 172/81, NJW 1983, 1665.

dass der vollständig abgefasste – mit **Gründen** und mit den **Unterschriften** aller Richter versehene – Beschluss gem. § 91 Abs. 2 Satz 1 binnen **fünf Monaten nach der Verkündung** der Geschäftsstelle übergeben wird. Wird diese Frist nicht gewahrt, kann der Beteiligte, der dadurch beschwert ist, nach näherer Maßgabe des § 92b sofortige Beschwerde einlegen. Die Zustellung selbst hat gem. § 91 Abs. 2 Satz 1, § 87 Abs. 2, § 50 Abs. 1 Satz 1 **innerhalb von drei Wochen** nach Übermittlung an die Geschäftsstelle zu erfolgen.

h) Kosten

30 Eine **Kostenentscheidung** enthält der Beschluss **nicht**. Auch insoweit gilt die in § 2 Abs. 2 GKG angeordnete Gerichtskostenfreiheit. Die §§ 91 ff. ZPO sind unanwendbar. Der Grundsatz, dass im Beschlussverfahren kein Raum für eine Entscheidung über die Pflicht eines Beteiligten ist, anderen Beteiligten die außergerichtlichen Verfahrenskosten zu erstatten, gilt auch für das Rechtsmittelverfahren und hier bspw. auch im Falle der Verfahrensbeteiligung einer Gewerkschaft. Die vielfältigen Gestaltungsformen, die bei einem Beschlussverfahren hinsichtlich der Beteiligung von betriebsverfassungsrechtlichen und anderen Rechtsträgern in Betracht kommen, lassen es nicht zu, je nach den Umständen des Einzelfalles und hinsichtlich bestimmter Beteiligter bei der Frage der Erstattungsfähigkeit der Kosten zu differenzieren. Abgesehen von der Sonderregelung für das Rechtsbeschwerdeverfahren in dem besonderen Beschlussverfahren der Insolvenz (§ 126 Abs. 3 InsO) bietet das Gesetz keinen Anhaltspunkt dafür, die Rechtsstellung der Beteiligten eines Beschlussverfahrens derart unterschiedlich zu bewerten. Insoweit ist vielmehr von typisierenden Wertungen auszugehen, die nur einheitlich für alle Fälle des Beschlussverfahrens getroffen werden können[1]. Wurde im Beschluss gleichwohl über die Kosten entschieden, so führt dies nicht zum Erfolg einer deswegen auf Divergenz gestützten Nichtzulassungsbeschwerde[2].

i) Streitwert und Gegenstandswert

31 Auch das zweitinstanzliche Beschlussverfahren ist gerichtsgebührenfrei, so dass eine Streitwertfestsetzung für die Gerichtsgebühren gem. § 63 GKG nicht erfolgt. Ist allerdings ein Rechtsanwalt als Verfahrensbevollmächtigter im Beschwerdeverfahren aufgetreten, so kommt nach näherer Maßgabe des § 33 RVG eine Festsetzung des Gegenstandswertes der **anwaltlichen Tätigkeit** in Betracht. Diese Wertfestsetzung erfolgt aber nicht in dem verfahrensbeendenden Beschluss gem. § 91 Abs. 1 Satz 1, sondern in einem davon getrennten Festsetzungsbeschluss, dessen Erlass gem. § 33 RVG beantragt werden kann. Gegen die erstmalige Wertfestsetzung durch das LAG findet eine (Rechts-)Beschwerde an das BAG nicht statt (§ 33 Abs. 4 Satz 3 RVG; s. § 12 Rz. 140)[3].

III. Die Rechtskraft des Beschlusses

32 Häufig hängen **materiell-rechtliche Wirkungen** von der formellen Rechtskraft der Entscheidung des LAG ab (vgl. etwa § 23 Abs. 3 Satz 2 BetrVG; § 24 Nr. 5 und 6 BetrVG; § 99 Abs. 4 BetrVG; § 100 Abs. 3 Satz 1 BetrVG; § 101 Abs. 2 Satz 1 BetrVG; § 103 Abs. 2 Satz 1 BetrVG[4]). In derartigen Fällen oder wenn es darum geht, wann im Fall des § 85 Abs. 1 Satz 1 Alt. 1 mit der Zwangsvollstreckung begonnen werden darf, ist es fraglich, wann insbesondere ein Beschluss des LAG, in dem die **Rechtsbeschwerde nicht zugelassen** wurde, formell rechtskräftig iSd. § 705 ZPO wird bzw. ist. Diese Frage stellt sich im Hinblick auf § 72a Abs. 5 Satz 6 deswegen, weil Beschlüsse des LAG nach § 91 bei Nichtzulassung der Rechtsbeschwerde gem. § 92a mit der Nichtzulassungsbeschwerde, die aufschiebende Wirkung hat (§ 72a Abs. 4 Satz 1 iVm. § 92a Satz 2), angreifbar sind.

33 Sofort mit der Verkündung werden nur solche Beschlüsse des LAG rechtskräftig, die in Beschlussverfahren ergehen, in denen kraft Gesetz kein Rechtsbeschwerdeverfahren stattfindet, bspw. bei einstweiligen Ver-

---

1 BAG v. 20.4.1999 – 1 ABR 13/98, NZA 1999, 1235; in Betracht kommen freilich **materiell-rechtliche Kostenerstattungsansprüche**, bspw. gem. § 40 BetrVG oder auf anderer Grundlage; vgl. BAG v. 2.10.2007 – 1 ABR 59/06, NZA 2008, 372; BAG v. 31.1.1990 – 7 ABR 39/89, NZA 1991, 152: das Benachteiligungsverbot des § 78 Satz 2 BetrVG gebietet es, dass der ArbGeb die dem BR-Mitglied im Beschwerdeverfahren nach § 103 Abs. 2 BetrVG entstandenen Rechtsanwaltskosten in gleicher Weise erstattet, wie wenn das BR-Mitglied in einem entsprechenden Kündigungsschutzprozess obsiegt hätte; BVerwG v. 12.11.2012 – 6 P 1/12, NZA-RR 2013, 277; s. dazu auch bei § 96 Rz. 16 ff.
2 BAG v. 23.7.1996 – 1 ABN 49/95, NZA 1996, 1231.
3 So für das LAG als Berufungsinstanz auch HWK/*Kalb*, § 12 ArbGG Rz. 32; aA HWK/*Bepler/Treber*, § 91 ArbGG Rz. 6.
4 Anders dagegen im Fall des § 15 Abs. 3 KSchG; der besondere Kündigungsschutz beginnt für gerichtlich bestellte Mitglieder des Wahlvorstands mit der Verkündung und nicht erst mit der formellen Rechtskraft des Einsetzungsbeschlusses: BAG v. 26.11.2009 – 2 AZR 185/08, NZA 2010, 443.

fügungen (§ 92 Abs. 1 Satz 3). In den übrigen Fällen tritt bei Nichtzulassung der Rechtsbeschwerde durch das LAG die Rechtskraft erst mit Ablauf der Frist für die Einlegung der Nichtzulassungsbeschwerde ein, soweit nicht innerhalb der einmonatigen Frist des § 72a Abs. 2 Satz 1 iVm. § 92a Nichtzulassungsbeschwerde eingelegt wird[1]. Wird Nichtzulassungsbeschwerde eingelegt, wird der Beschluss des LAG erst mit „Ablehnung der Beschwerde" (Verwerfung oder Zurückweisung) durch das BAG rechtskräftig (§ 72a Abs. 5 Satz 6 iVm. § 92a Satz 2). Rechtskraft tritt erst mit der Entscheidung über die Nichtzulassungsbeschwerde ein, unabhängig davon, ob diese unzulässig oder unbegründet ist[2].

Bzgl. der Wirkungen der formellen Rechtskraft von Beschlüssen im arbeitsgerichtlichen Beschlussverfahren wird auf die Ausführungen verwiesen bei § 84 Rz. 15 ff. 34

Dritter Unterabschnitt. Dritter Rechtszug

§ 92 Rechtsbeschwerdeverfahren, Grundsatz

(1) Gegen den das Verfahren beendenden Beschluss eines Landesarbeitsgerichts findet die Rechtsbeschwerde an das Bundesarbeitsgericht statt, wenn sie in dem Beschluss des Landesarbeitsgerichts oder in dem Beschluss des Bundesarbeitsgerichts nach § 92a Satz 2 zugelassen wird. § 72 Abs. 1 Satz 2, Abs. 2 und 3 ist entsprechend anzuwenden. In den Fällen des § 85 Abs. 2 findet die Rechtsbeschwerde nicht statt.

(2) Für das Rechtsbeschwerdeverfahren gelten die für das Revisionsverfahren maßgebenden Vorschriften über Einlegung der Revision und ihre Begründung, Prozessfähigkeit, Ladung, Termine und Fristen, Ablehnung und Ausschließung von Gerichtspersonen, Zustellungen, persönliches Erscheinen der Parteien, Öffentlichkeit, Befugnisse des Vorsitzenden und der Beisitzer, gütliche Erledigung des Rechtsstreits, Wiedereinsetzung in den vorigen Stand und Wiederaufnahme des Verfahrens sowie die Vorschriften des § 85 über die Zwangsvollstreckung entsprechend, soweit sich aus den §§ 93 bis 96 nichts anderes ergibt. Für die Vertretung der Beteiligten gilt § 11 Abs. 1 bis 3 und 5 entsprechend. Der Antrag kann jederzeit mit Zustimmung der anderen Beteiligten zurückgenommen werden; § 81 Abs. 2 Satz 2 und 3 ist entsprechend anzuwenden.

(3) Die Einlegung der Rechtsbeschwerde hat aufschiebende Wirkung. § 85 Abs. 1 Satz 2 bleibt unberührt.

I. Überblick 1	3. Die Zulassung der Rechtsbeschwerde 16
II. Die Rechtsbeschwerde	a) Die Zulassungsgründe 16
1. Statthaftigkeit/zulässiger Rechtsbeschwerdegegenstand 3	b) Form und Inhalt der Zulassungsentscheidung 25
a) Die das Verfahren beendenden Beschlüsse des LAG (Regelfall) 3	c) Die Bindungswirkung 26
b) Das Verfahren beendende Beschlüsse des ArbG (Ausnahme) 7	III. Die für das Rechtsbeschwerdeverfahren geltenden Vorschriften
aa) Die Sprungrechtsbeschwerde (§ 96a) .. 7	1. Die entsprechende Geltung der für das Revisionsverfahren geltenden Vorschriften (§ 92 Abs. 2 Satz 1, 1. Teil) 27
bb) Die Rechtsbeschwerde gegen Beschlüsse des Arbeitsgerichts in den besonderen Beschlussverfahren der §§ 122 und 126 InsO 8	a) Allgemeines 27
	b) Einzelheiten 28
2. Zulässigkeit der Rechtsbeschwerde; Beschwer und Beschwerdebefugnis 11	c) Die Rechtsbeschwerde(einlegungs)frist ... 30
a) Rechtsbeschwerdebefugnis 12	d) Die Frist zur Begründung der Rechtsbeschwerde 33
b) Beschwer 15	2. Die entsprechende Geltung der Vorschriften über die Zwangsvollstreckung (§ 92 Abs. 2 Satz 1, 2. Teil) 36

---

1 Vgl. für das Urteilsverfahren BAG v. 28.2.2008 – 3 AZB 56/07, NZA 2008, 660.
2 GmS-OGB v. 24.10.1983 – 1/83, NJW 1984, 1027; genauer BAG v. 29.9.2011 – 2 AZR 674/10: Rechtskraft **erst mit der Zustellung** des Zurückweisungsbeschlusses; ebenso BGH v. 19.10.2005 – VIII ZR 217/04, NJW 2005, 3724 zu § 544 Abs. 5 Satz 3 ZPO.

3. Die Vertretung der Beteiligten (§ 92 Abs. 2 Satz 2) 38
4. Die Antragsrücknahme (§ 92 Abs. 2 Satz 3) .. 39
5. Die aufschiebende Wirkung (§ 92 Abs. 3) ... 40

Schrifttum: *Lakies,* Das Beschlussverfahren zum Kündigungsschutz nach § 126 InsO, NZI 2000, 345; *Rieble,* Das insolvenzarbeitsrechtliche Beschlussverfahren des § 126 InsO, NZA 2007, 1393; *Rummel,* Der Interessenausgleich im Konkurs, DB 1997, 774; *Schaub,* Das personalvertretungsrechtliche Beschlussverfahren, ZTR 2001, 97; *Schmädicke/ Fackler,* Die gerichtliche Zustimmung zur Durchführung einer Betriebsänderung gem. § 122 InsO, NZA 2012, 1199; *Wisskirchen/Bissels,* „Kontrollierte Insolvenz": Arbeitsrechtliche Gestaltungsmöglichkeiten des Insolvenzverwalters, BB 2009, 2142.

I. Überblick

1 Das **Rechtsbeschwerdeverfahren** in Beschlussverfahren (§§ 92-96a) ist **ähnlich** ausgestaltet wie das **Revisionsverfahren** in Urteilsverfahren (§§ 72 ff.). Es dient der Einheitlichkeit der Rspr. und der Rechtsfortbildung. Leider hat der Gesetzgeber den Begriff der Rechtsbeschwerde mehrfach besetzt. Die hier darzustellende Rechtsbeschwerde des ArbGG ist nicht mit der Rechtsbeschwerde des § 77 („Revisionsbeschwerde") und auch nicht mit der Rechtsbeschwerde gem. den §§ 574 ff. ZPO iVm. § 78 Satz 2 zu verwechseln (s. dazu jeweils die Erl. zu § 77 und § 78). Die ArbGG-Rechtsbeschwerde richtet sich gegen den das Verfahren beendenden Beschluss des LAG, ausnahmsweise (in den Fällen der Sprungrechtsbeschwerde – § 96a – und der besonderen Beschlussverfahren der §§ 122 und 126 InsO) auch gegen den Beschluss des ArbG. Ihre Statthaftigkeit setzt eine die 3. Instanz eröffnende Zulassungsentscheidung voraus, die entweder das LAG in seinem anzufechtenden Beschluss oder das BAG im Rahmen einer erfolgreichen Nichtzulassungsbeschwerde nach § 92a vorgenommen hat.

2 Dies gilt in ähnlicher Weise auch für das **personalvertretungsrechtliche Beschlussverfahren** gem. den §§ 83, 84 BPersVG und entsprechenden Vorschriften der Länder[1]. Insoweit entscheiden die Gerichte der Verwaltungsgerichtsbarkeit in entsprechender Anwendung der Vorschriften des ArbGG (§ 83 Abs. 2 und § 106 BPersVG). An die Stelle von ArbG, LAG (Beschwerdegericht) und BAG (Rechtsbeschwerdegericht) treten hier VG, VGH bzw. OVG und BVerwG. Allerdings haben die Länder in den einzelnen Landespersonalvertretungsgesetzen unterschiedliche Regelungen darüber getroffen, ob der Instanzenzug in derartigen Beschlussverfahren dreistufig oder nur zweistufig ausgestaltet ist[2]. Die folgenden Erläuterungen gelten für das Rechtsbeschwerdeverfahren in Personalvertretungssachen entsprechend.

II. Die Rechtsbeschwerde

1. Statthaftigkeit/zulässiger Rechtsbeschwerdegegenstand

a) Die das Verfahren beendenden Beschlüsse des LAG (Regelfall)

3 Soweit sie zugelassen wurde, sind **Gegenstand der Rechtsbeschwerde** die das zweitinstanzliche Verfahren beendenden Beschlüsse des LAG. Beschwerdefähige Beschlüsse sind dabei alle **Entscheidungen gem. § 91**, also auch sog. Teilbeschlüsse (§ 301 ZPO). Entsprechendes gilt – im Falle ihrer selbständigen Anfechtbarkeit – auch für Zwischenbeschlüsse (§ 303 ZPO). Die (LAG-)Beschlüsse müssen jeweils (Instanz-)beendende Wirkung haben. Diese Wirkung wird verschiedentlich verneint[3] bei dem Einstellungsbeschluss des Vorsitzenden (nach Rücknahme des Antrages, nach Beschwerderücknahme oder übereinstimmender Erledigungserklärung; vgl. dazu die § 81 Abs. 2, § 83a Abs. 2, § 87 Abs. 2 und § 89 Abs. 4). Dieser Ansicht ist zu widersprechen, da der Einstellungsbeschluss nicht lediglich deklaratorische oder verfahrensleitende, sondern instanzbeendende Bedeutung hat (s. § 87 Rz. 4)[4].

4 Anders verhält es sich bei sonstigen – im Laufe des Verfahrens ergehenden („verfahrensbegleitenden") – Beschlüssen des LAG oder seines Vorsitzenden. Insoweit ordnet § 90 Abs. 3 ausdrücklich an, dass kein

---

[1] S. dazu § 80 Rz. 15 und Rz. 17 f.; *Schaub,* ZTR 2001, 97 (100 ff.); GMP/*Matthes/Spinner,* § 80 Rz. 7 ff.
[2] GMP/*Matthes/Schlewing,* § 92 Rz. 7; s. etwa zur Rechtslage in Bayern: Art. 81 Abs. 2 S. 2 BayPVG („Die Entscheidung des Verwaltungsgerichtshofs ist endgültig").
[3] LAG Hamburg v. 27.8.1990 – 5 TaBV 3/90; LAG Hessen v. 24.1.1984 – 4 TaBV 82/83, NZA 1984, 269; BVerwG v. 8.3.2010 – 6 PB 47/09, NZA-RR 2010, 323: eine Verfahrenseinstellung nach übereinstimmenden Erledigungserklärungen aller Beteiligten sei kein verfahrensbeendender Beschluss. Vgl. auch noch BayVGH v. 12.4.2006 – 18 P 05.2101: der Einstellungsbeschluss sei gem. § 90 Abs. 3 unanfechtbar („endgültig").
[4] Wie hier ErfK/*Koch,* § 92 ArbGG Rz. 1; GMP/*Matthes/Schlewing,* § 92 Rz. 4; LAG Rh.-Pf. v. 25.6.1982 – 6 TaBV 10/82, BB 1982, 1859.

Rechtsmittel stattfindet (s. dazu § 90 Rz. 27 f.). Spezialgesetzlich ausgeschlossen ist der Weg in die dritte Instanz bei Gegenstandswertfestsetzungsbeschlüssen (vgl. § 33 Abs. 4 Satz 3 RVG; s. § 12 Rz. 140[1]).

Um **keinen** das Verfahren beendenden Beschluss handelt es sich weiter bei Entscheidungen, die das LAG hinsichtlich der **Zulässigkeit des Rechtsweges** und der **Verfahrensart** trifft (vgl. §§ 48 und 80 Abs. 3 ArbGG sowie § 17a GVG). Hinsichtlich derartiger Beschlüsse kommt – wenn sie denn darin zugelassen wurde – nur die ZPO-Rechtsbeschwerde an das BAG in Betracht (§ 17a Abs. 4 Satz 3 GVG; § 574 Abs. 1 ZPO). 5

Obgleich verfahrensbeendend unterliegen Beschlüsse des LAG mit den folgenden Verfahrensgegenständen nicht der Rechtsbeschwerde: 6
- Erlass einer **einstweiligen Verfügung oder eines Arrestes**; Zurückweisung eines entsprechenden Antrages im Verfahren des einstweiligen Rechtsschutzes (§ 85 Abs. 2, § 92 Abs. 1 Satz 3).
- **Verwerfung einer unzulässigen Beschwerde** wegen Nicht-Einhaltung weitgehend formaler Bestimmungen über Frist und Form der Einlegung und der Begründung des Rechtsmittels (§ 89 Abs. 3 Satz 2 Halbs. 2); selbst dann, wenn der Verwerfungsbeschluss aufgrund mündlicher Verhandlung/Anhörung erging[2], aber nach richtiger Ansicht **nur** dann, wenn die Verwerfung darauf gestützt wird, dass bei Einlegung oder Begründung der Beschwerde die gesetzliche Form oder Frist nicht gewahrt wurde bzw. wenn die Verwerfung ohne Beurteilung der materiellen Rechtslage erfolgt[3].
- Bescheidung von Anträgen über die Einsetzung und Besetzung einer **Einigungsstelle** (§ 100 Abs. 2 Satz 4).

b) Das Verfahren beendende Beschlüsse des ArbG (Ausnahme)

aa) Die Sprungrechtsbeschwerde (§ 96a)

Gegen einen das erstinstanzliche Verfahren beendenden Beschluss eines ArbG kann – unter Übergehung der Beschwerdeinstanz (LAG) – unmittelbar **(Sprung-)Rechtsbeschwerde** eingelegt werden, wenn die übrigen Beteiligten schriftlich zustimmen und wenn sie vom ArbG wegen grundsätzlicher Bedeutung der Rechtssache zugelassen worden ist. 7

bb) Die Rechtsbeschwerde gegen Beschlüsse des Arbeitsgerichts in den besonderen Beschlussverfahren der §§ 122 und 126 InsO

In ähnlicher Weise kann das ArbG in den besonderen **Beschlussverfahren der Insolvenzordnung** die Rechtsbeschwerde zum BAG (nicht dagegen die Beschwerde zum LAG) zulassen (§ 122 Abs. 3 Satz 2, § 126 Abs. 2 Satz 2 InsO: gerichtliche Zustimmung zur Durchführung einer Betriebsänderung; Beschlussverfahren zum Kündigungsschutz[4]). Es gelten die Zulassungsgründe des § 72 Abs. 2 (grundsätzliche Bedeutung, Divergenz und absoluter Revisionsgrund gem. § 547 Nr. 1–5 ZPO oder eine entscheidungserhebliche Verletzung des Anspruchs auf rechtliches Gehör) **entsprechend**. Im Zusammenhang mit dem Zulassungsgrund der Divergenz ist umstritten, ob das ArbG die Rechtsbeschwerde auch dann zulassen kann bzw. zuzulassen hat, wenn sein Beschluss zwar nicht von einer Entscheidung der in § 72 Abs. 2 Nr. 2 genannten Gerichte, wohl aber von einer Entscheidung einer anderen Kammer desselben ArbG oder eines anderen ArbG abweicht[5]. Die praktische Bedeutung des Meinungsstreites relativiert sich, wenn man bedenkt, dass das ArbG einen derartigen Fall (ggf. auch) zum Anlass nehmen könnte, die Rechtsbeschwerde wegen gegebener grundsätzlicher Bedeutung zuzulassen. Im Übrigen dürfte der Meinungsstreit unter Berücksichtigung des Gesetzeszweckes (Wahrung der Einheitlichkeit der Rspr.) zu entscheiden sein. Der analogen Anwendung des § 72 Abs. 2 Nr. 2 auch auf (andere) arbeitsgerichtliche Entscheidungen – es geht um die sinngemäße Anwendung des § 72 Abs. 2 auf die insolvenzrechtlichen Beschlussverfahren – der eindeutige Wortlaut dieser Vorschrift nicht unbedingt entgegen. Im Rahmen der personalvertretungsrechtlichen Beschlussverfahren legt (auch) das BVerwG den § 72 Abs. 2 nicht wörtlich, sondern zutreffend 8

---

1 BAG v. 17.3.2003 – 2 AZB 21/02, NZA 2003, 682; vgl. HWK/*Kalb*, § 12 ArbGG Rz. 32.
2 Str.; vgl. BAG v. 25.7.1989 – 1 ABR 48/88, NZA 1990, 73; aA LAG Hessen v. 23.2.1988 – 5 TaBV 18/87, NZA 1988, 706.
3 Vgl. – jeweils differenzierend – BAG v. 8.9.2010 – 7 ABR 73/09, NZA 2011, 934; GMP/*Matthes/Schlewing*, § 92 Rz. 6; ErfK/*Koch*, § 92 ArbGG Rz. 1. Zur „gesetzlichen Form" der Beschwerde iSd. § 89 Abs. 3 Satz 1 gehört auch die Begründung der Beschwerde.
4 BAG v. 20.1.2000 – 2 ABR 30/99, NZA 2001, 170; BAG v. 29.6.2000 – 8 ABR 44/99, NZA 2000, 1180; *Rieble*, NZA 2007, 1393; *Wisskirchen/Bissels*, BB 2009, 2142.
5 Bejahend: BeckOK/*Plössner*, § 122 InsO Rz. 27; *Lakies*, NZI 2000, 345 (349); *Moll* in Kübler/Prütting, § 122 InsO Rz. 40; letztlich – wenn auch zweifelnd – verneinend: *Rummel*, DB 1997, 774 (775).

sinngemäß aus[1]. Über den Wortlaut des § 72 Abs. 2 Nr. 2 hinaus hat das ArbG also die Rechtsbeschwerde auch dann zuzulassen, wenn es von der Entscheidung einer anderen Kammer desselben ArbG oder eines anderen ArbG abweicht[2].

9 Gibt das ArbG einem Antrag des Insolvenzverwalters gem. § 126 Abs. 1 Satz 1 InsO statt und lässt es die Rechtsbeschwerde zu, dann kann **jeder der beteiligten ArbN** selbständig **Rechtsbeschwerde** einlegen. Tut er das nicht, so erlangt der Beschluss des ArbG allgemeinen Grundsätzen entsprechend insoweit Rechtskraft (arg § 85 Abs. 1 Satz 1)[3].

10 Soweit es um die an einem derartigen Beschluss- und Rechtsbeschwerdeverfahren **zu beteiligenden** Personen und Stellen geht wird auf die § 122 Abs. 2 Satz 2 Halbs. 2, § 126 Abs. 2 Satz 1 Halbs. 2 und § 128 Abs. 1 Satz 2 InsO sowie auf die Beschlüsse des BAG vom 20.1.2000[4] und vom 29.6.2000[5] verwiesen.

2. Zulässigkeit der Rechtsbeschwerde; Beschwer und Beschwerdebefugnis

11 „**Findet statt**" iSd. § 92 Abs. 1 Satz 1 besagt, dass die Rechtsbeschwerde nur gegen die dort genannten Beschlüsse statthaft ist. Über diese „Statthaftigkeit" der Rechtsbeschwerde an das BAG hinaus setzt die Zulässigkeit der Rechtsbeschwerde im Übrigen voraus, dass sie gerichtlich zugelassen wurde. Liegt eine derartige Zulassungsentscheidung vor, ist im jeweiligen Einzelfall zu prüfen, auf welchen Verfahrensgegenstand und auf welche(n) Beteiligten sich diese Zulassung erstreckt. Insoweit gelten ähnliche Grundsätze wie im Revisionsrecht (s. dazu die Erl. zu § 72). Des Weiteren setzt die Zulässigkeit der Rechtsbeschwerde voraus, dass die allgemeinen und besonderen Zulässigkeitsvoraussetzungen der Rechtsbeschwerde erfüllt sind (s. dazu auch die Erl. zu § 94). Zu diesen Voraussetzungen gehören auch die Beschwer und die Rechtsbeschwerdebefugnis (= Rechtsmittelbefugnis; vgl. dazu jeweils auch die Ausführungen bei § 87 Rz. 10 ff.).

a) Rechtsbeschwerdebefugnis

12 Die **Rechtbeschwerdebefugnis** folgt aus der **Beteiligungsbefugnis**[6]. Diese kommt zunächst neben anderen Personen grds. denjenigen zu, die in der Vorinstanz Beteiligte waren[7]. Maßgebend dafür ist die anzufechtende Entscheidung. In dem Rechtsbeschwerdeverfahren – 1 ABR 49/82 – hat das BAG entschieden, dass der dortige Rechtsbeschwerdeführer, ein GBR, nicht Beteiligter des Beschlussverfahrens war und daher gegen die Entscheidung des LAG auch kein Rechtsmittel einlegen konnte. Der Umstand allein, dass das LAG den GBR im Beschwerdeverfahren beteiligt hatte, machte ihn noch nicht zum Beteiligten iSv. § 83 Abs. 3[8]. Eine **fehlerhafte Beteiligung** kann eine Rechtsbeschwerdebefugnis nicht begründen[9]. Davon ist die **unterlassene Beteiligung** zu unterscheiden. Eine zugelassene Rechtsbeschwerde kann auch von einer Person oder Stelle einlegt werden, die nach § 83 Abs. 3 von Amts wegen zu beteiligen war, jedoch zu Unrecht nicht am Verfahren der Vorinstanz beteiligt worden ist[10]. Die Beteiligungsbefugnis liegt vor, denn der betroffene Beteiligte durch die Entscheidung in seiner betriebsverfassungsrechtlichen Stellung unmittelbar betroffen ist. Der Umstand, dass eine Person oder Stelle verfahrensfehlerhaft in der Vorinstanz nicht beteiligt wurde, kann zwar ihre Rechtsbeschwerdebefugnis begründen; dies beinhaltet jedoch nicht zugleich auch die weitere Voraussetzung des Vorliegens einer **Beschwer** (s. Rz. 15)[11].

13 Werden in einem Beschlussverfahren **mehrere** selbständige Anträge zur Entscheidung gestellt, so ist hinsichtlich eines jeden Antrages gesondert zu prüfen, welche Personen und Stellen als Beteiligte am Verfahren über diesen Antrag rechtsbeschwerdebefugt sind. Es gilt insoweit nichts anderes, als wenn mehrere

---

1 BVerwG v. 28.11.2012 – 6 PB 15/12; BVerwG v. 13.1.1999 – 6 PB 16/98.
2 Ebenso *Schmädicke/Fackler*, NZA 2012, 1199.
3 BAG v. 29.6.2000 – 8 ABR 44/99, NZA 2000, 1180.
4 BAG v. 20.1.2000 – 2 ABR 30/99, NZA 2001, 170.
5 BAG v. 29.6.2000 – 8 ABR 44/99, NZA 2000, 1180.
6 BAG v. 8.11.2011 – 1 ABR 42/10, DB 2012, 1213; BAG v. 4.12.1986 – 6 ABR 48/85, NZA 1987, 166; vgl. auch BAG v. 14.2.1984 – 1 ABR 3/82, DB 1984, 1531.
7 BAG v. 25.8.1981 – 1 ABR 61/79, DB 1982, 546.
8 BAG v. 13.3.1984 – 1 ABR 49/82, NZA 1984, 172. In derartigen Fällen kann je nach Fallgestaltung der prozessuale Grundsatz zu beachten sein, dass ein Beteiligter, dessen Verfahrensbeteiligung streitig ist, im Verfahren hierüber, nämlich soweit das Verfahren diese Streitfrage betrifft, als Beteiligter gelten muss; BAG v. 29.1.1992 – 7 ABR 29/91, NZA 1993, 379; s. dazu auch § 92 Rz 15.
9 BAG v. 8.11.2011 – 1 ABR 42/10, DB 2012, 1213; BAG v. 22.5.2012 – 1 ABR 7/11, NZA-RR 2013, 78.
10 BAG v. 10.9.1985 – 1 ABR 15/83; vgl. für das personalvertretungsrechtliche Beschlussverfahren BVerwG v. 6.4.2011 – 6 PB 20/10, NZA-RR 2011, 447: eine Jugendvertretung, die im Verfahren wegen Weiterbeschäftigung eines ihrer Mitglieder entgegen § 9 Abs. 4 Satz 2 BPersVG in der Vorinstanz nicht beteiligt worden sei, könne Nichtzulassungsbeschwerde einlegen und dabei den Gehörsverstoß rügen, der in ihrer Nichtbeteiligung vor dem OVG liege.
11 BAG v. 29.1.1992 – 7 ABR 29/91, NZA 1993, 379.

selbständige Anträge von verschiedenen Beteiligten in getrennten Verfahren anhängig gemacht worden wären. Die Rechtsbeschwerde eines nicht rechtsbeschwerdebefugten Beteiligten ist als unzulässig zu verwerfen.

Eine einmal entstandene Rechtsbeschwerdebefugnis eines Beteiligten kann nicht ohne Weiteres mit der Begründung verneint werden, der Beteiligte sei rechtlich **nicht** (mehr) **existent**. Allerdings führt ein unstreitiger Verlust der Beteiligtenfähigkeit zur Unzulässigkeit eines Rechtsmittels[1]. Ist jedoch die Beteiligtenfähigkeit gerade streitig, so wird sie hinsichtlich der Zulässigkeit des Rechtsmittels unterstellt. Es entspricht einem allgemeinen prozessualen Grundsatz, dass eine Partei, deren Parteifähigkeit oder gar rechtliche Existenz überhaupt im Streit steht, wirksam ein Rechtsmittel mit dem Ziel einlegen kann, eine Sachentscheidung zu erlangen[2]. In einer anderen Entscheidung[3] hat das BAG die Rechtsbeschwerde als unzulässig verworfen, „weil zum Zeitpunkt ihrer Einlegung der Rechtsmittelführer nicht mehr existierte und damit auch nicht mehr parteifähig …, im Beschlussverfahren also nicht mehr beteiligtenfähig war. Er war damit auch nicht mehr in der Lage, ein Rechtsmittel einzulegen". 14

b) Beschwer

Mit der Rechtsbeschwerde muss – soll diese zulässig sein – die **Beseitigung einer Beschwer** begehrt werden. Für den Rechtsbeschwerdeführer genügt eine **formelle** Beschwer. Sie ist zu bejahen, wenn die angefochtene Entscheidung von dem gestellten Sachantrag nachteilig abweicht[4]. Ausreichend ist bereits die (teilweise) Zurückweisung des Antrags. Die Beschwer eines **anderen** Beteiligten besteht, wenn er durch die angegriffene Entscheidung nach ihrem materiellen Inhalt in seiner Rechtsstellung, die seine Beteiligungsbefugnis begründet, unmittelbar betroffen[5] wird (= **materielle** Beschwer[6]). Der GBR wird bspw. durch die Entscheidung des LAG, die das Mitbestimmungsrecht des örtlichen BR verneint hat, nicht ohne Weiteres beschwert[7]. Eine Rechtsbeschwerde ist auch dann zulässig, wenn in den Gründen der Entscheidung des Beschwerdegerichts dem Begehren des Rechtsbeschwerdeführers zwar entsprochen, im Tenor hingegen ihm nicht stattgegeben worden ist[8]. 15

3. Die Zulassung der Rechtsbeschwerde

a) Die Zulassungsgründe

Liegen **die folgenden Zulassungsgründe** vor, muss die **Rechtsbeschwerde** entweder vom LAG oder vom BAG aufgrund einer Nichtzulassungsbeschwerde (zwingend) zugelassen werden. Die Rechtsbeschwerde ist gem. § 72 Abs. 2 Nr. 1–3 (iVm. § 92 Abs. 1 Satz 2) zuzulassen, wenn 16

- die entscheidungserhebliche Rechtsfrage grundsätzliche Bedeutung hat oder
- der Beschluss von einer Entscheidung des BVerfG, von einer Entscheidung des Gemeinsamen Senats der obersten Gerichtshöfe des Bundes, von einer Entscheidung des BAG oder, solange eine Entscheidung des BAG in der Rechtsfrage nicht ergangen ist, von einer Entscheidung einer anderen Kammer desselben LAG oder eines anderen LAG abweicht und die Entscheidung auf dieser Abweichung beruht oder
- ein absoluter Revisionsgrund gem. § 547 Nr. 1–5 ZPO oder eine entscheidungserhebliche Verletzung des Anspruchs auf rechtliches Gehör geltend gemacht wird und vorliegt.

---

1 BAG v. 27.8.1996 – 3 ABR 21/95, NZA 1997, 623; BAG v. 25.9.1996 – 1 ABR 25/96, NZA 1997, 668. Entsprechendes gilt, wenn das Fehlen der Beteiligtenfähigkeit aufgrund eines früheren Beschlussverfahrens bereits rechtskräftig feststeht.
2 BAG v. 12.1.2000 – 7 ABR 61/98, NZA 2000, 669.
3 BAG v. 27.8.1996 – 3 ABR 21/95, NZA 1997, 623; beachte dazu aber auch die §§ 21a und 21b BetrVG: Übergangs- und Restmandat des Betriebsrates.
4 BAG v. 15.8.2012 – 7 ABR 6/11, NZA-RR 2013, 161; vgl. BAG v. 13.12.2012 – 6 AZR 348/11, NZA 2013, 669.
5 BAG v. 8.12.2009 – 1 ABR 66/08, NZA 2010, 404; BAG v. 17.4.2012 – 1 ABR 5/11, NZA 2012, 1104. Statt **"unmittelbar betroffen"** heißt es mitunter auch: „**in irgendeiner Weise beeinträchtigt**" wird; vgl. BAG v. 29.1.1992 – 7 ABR 29/91, NZA 1993, 379; BAG v. 22.4.1997 – 1 ABR 74/96, NZA 1997, 1297.
6 BAG v. 8.12.2009 – 1 ABR 66/08, NZA 2010, 404; BAG v. 10.2.2009 – 1 ABR 36/08, NZA 2009, 908. Demgegenüber ließ es BAG v. 19.11.1974 – 1 ABR 50/73, NJW 1975, 1244, in nicht unbedenklicher Weise für die Beschwer eines anderen Beteiligten ausreichen, dass von diesem bei zusprechender Entscheidung ein Abweisungsantrag gestellt worden war; vgl. dazu Düwell/Lipke/*Oesterle*, § 89 Rz. 5; GMP/*Matthes/Prütting*, § 89 Rz. 8; offen gelassen in BAG v. 22.4.1997 – 1 ABR 74/96, NZA 1997, 1297.
7 BAG v. 13.3.1984 – 1 ABR 49/82, NZA 1984, 172.
8 BVerwG v. 13.8.1992 – 6 P 20/91, NVwZ-RR 1993, 368.

17 Soweit es um den Zulassungsgrund der **grundsätzlichen Bedeutung der entscheidungserheblichen Rechtsfrage** geht (§ 72 Abs. 2 **Nr. 1**), ist damit das Interesse der Allgemeinheit an der Entscheidung dieser Rechtsfrage gemeint. Eine grundsätzliche Bedeutung ist nur dann zu bejahen, wenn die Entscheidung des Rechtsstreits von einer klärungsfähigen und klärungsbedürftigen Rechtsfrage abhängt und diese Klärung entweder von allgemeiner Bedeutung für die Rechtsordnung ist oder wegen ihrer tatsächlichen (zB wirtschaftlichen) Auswirkungen die Interessen der Allgemeinheit oder eines größeren Teils der Allgemeinheit eng berührt[1]. Die zuletzt genannte Voraussetzung ist im personalvertretungsrechtlichen Beschlussverfahren nicht gegeben, wenn die zu klärende Rechtsfrage nur eine geringe Anzahl von Dienststellen vorübergehend betrifft[2]. Die grundsätzliche Bedeutung einer Rechtsfrage folgt nicht allein daraus, dass von ihr mehr als 20 Arbeitsverhältnisse bei dem ArbGeb betroffen sein können[3]. Klärungsfähig ist eine Rechtsfrage, wenn sie in der Rechtsbeschwerdeinstanz beantwortet werden kann. Klärungsbedürftig ist sie, wenn sie höchstrichterlich noch nicht entschieden und ihre Beantwortung nicht offenkundig ist[4]. Entscheidungserheblich ist sie, wenn die Entscheidung des LAG von ihr abhing[5].

18 Die Frage, **ob** eine Norm **verfassungskonform** ist, kann eine entscheidungserhebliche Rechtsfrage grundsätzlicher Bedeutung gem. § 72 Abs. 2 Nr. 1 sein[6]. Die Nichtzulassungsbeschwerde kann seit dem 1.1.2005 auch auf die grundsätzliche Bedeutung einer **Frage des Unionsrechts** gestützt werden. Sie soll – obgleich an sich nur Rechtsbehelf – den Zwecken des Art. 267 Abs. 3 AEUV (ex-Art. 234 EGV) genügen[7], auch wenn auch der EuGH weiterhin nicht zu den divergenzfähigen Gerichten iSv. § 72 Abs. 2 Nr. 2 gehört[8].

19 Zur erforderlichen Darlegung einer **Divergenz** iSd. **Nr. 2** des § 72 Abs. 2 gehört, dass aus der Entscheidung des anzufechtenden Beschlusses ein abstrakter, die Entscheidung tragender Rechtssatz angeführt wird, der von einem ebenfalls angeführten abstrakten Rechtssatz der angezogenen Entscheidung abweicht. Ferner ist darzulegen, dass jedenfalls der anzufechtende Beschluss auf dem abweichenden Rechtssatz beruht[9]. Das Gesetz verlangt freilich nicht, dass die Entscheidung, von der die anzufechtende Entscheidung iSd. Nr. 2 (= Divergenz) abweicht, in einem Beschlussverfahren ergangen ist[10]. Kein Fall der Divergenz ist gegeben, wenn die Entscheidung, die angefochten werden soll, von der Entscheidung eines in der Nr. 2 nicht genannten Gerichtes abweicht. Wird von einer anderen gerichtlichen Entscheidung abgewichen, so genügt dies für die Bejahung einer rechtserheblichen Divergenz nicht[11]. Die Abweichung von der Entscheidung eines anderen Gerichtes – insbesondere von einer Entscheidung des EuGH (vgl. Rz. 18), BGH, BVerwG, BSG oder des BFH – kann jedoch Grund sein, die (Grundsatz-)Rechtsbeschwerde nach Nr. 1 zuzulassen[12].

20 Im Rahmen des **personalvertretungsrechtlichen** Rechtszuges der **Verwaltungsgerichtsbarkeit** wird eine Abweichung von einer Entscheidung eines LAG oder von einer solchen des BAG nicht als eine rechtserhebliche – die Rechtsbeschwerde eröffnende – Divergenz gewertet[13]. Will das BVerwG allerdings von der Rspr. des BAG abweichen, muss es – wie im umgekehrten Fall das BAG – gem. § 2 Abs. 1 RsprEinhG den Gemeinsame Senat der Obersten Gerichtshöfe des Bundes anrufen. Dabei ist freilich zu beachten, dass ein in unterschiedlichen Gesetzen enthaltener Rechtsbegriff trotz des sog. Grundsatzes der Einheit der Rechtsordnung (auch) durchaus verschiedene Regelungsinhalte haben und folglich von BAG und BVerwG divergierend ausgelegt werden kann[14].

---

1 BAG v. 22.3.2005 – 1 ABN 1/05, NZA 2005, 652; BAG v. 22.5.2012 – 1 ABN 27/12; vgl. auch BVerfG v. 8.12.2010 – 1 BvR 381/10 – zur „grundsätzlichen Bedeutung" iSd. § 574 Abs. 2 Nr. 1 ZPO.
2 BVerwG v. 22.8.2005 – 6 PB 5/05, NVwZ-RR 2006, 133; vgl. auch BVerwG v. 15.5.2008 – 6 PB 20/07, ZTR 2008, 517; BVerwG v. 28.8.2008 – 6 PB 19/08, NVwZ-RR 2009, 38.
3 BAG v. 28.6.2011 – 3 AZN 146/11, NZA 2011, 939.
4 Vgl. BVerwG v. 8.7.2013 – 6 PB 11/13; dort wird die grundsätzliche Bedeutung der aufgeworfenen Rechtsfrage wie folgt verneint: die Frage sei **mit** der Vorinstanz (OVG) **eindeutig** zu bejahen, so dass es ihrer Klärung im Rechtsbeschwerdeverfahren nicht bedürfe. Klärungsbedarf besteht aber bei entgegengesetzter Beantwortung der Rechtsfrage durch die Vorinstanz; HWK/*Bepler*/*Treber*, § 72 ArbGG Rz. 12.
5 BAG v. 22.3.2005 – 1 ABN 1/05, NZA 2005, 652.
6 BAG v. 25.7.2006 – 3 AZN 108/06, NZA 2007, 407; vgl. BVerfG v. 27.2.2005 – 1 BvR 3505/08, NZA 2009, 509.
7 Und insoweit „Rechtsmittel" sein.
8 BAG v. 8.12.2011 – 6 AZN 1371/11, NZA 2012, 286; ErfK/*Wißmann*, Art. 267 AEUV (ex-Art. 234 EGV) Rz. 28 f.
9 BAG v. 22.5.2012 – 1 ABN 27/12; beachte auch BVerfG v. 23.8.1995 – 1 BvR 568/93, NZA-RR 1996, 26.
10 HWK/*Bepler*/*Treber*, § 92 ArbGG Rz. 7.
11 BAG v. 26.6.2001 – 9 AZN 132/01, NZA 2001, 1036.
12 Vgl. GMP/*Matthes*/*Schlewing*, § 92 Rz. 13 aE.
13 BVerwG v. 13.1.1999 – 6 PB 16/98 und BVerwG v. 28.11.2012 – 6 PB 15/12; *Schaub*, ZTR 2001, 102; GMP/*Matthes*/*Schlewing*, § 92 Rz. 13.
14 Vgl. GmS-OGB v. 12.3.1987 – GmS-OGB 6/86, NZA 1987, 663 ergangen auf BAG v. 12.6.1986 – 6 ABR 8/83, BAGE 52, 182.

Die Frage, ob zur **Darlegung einer Divergenz Rechtssätze aus Entscheidungen** herangezogen werden 21
können, die in Anwendung **einer anderen Rechtsnorm** ergangen sind, beantwortet sich nach den bei § 72
Rz. 40 dargestellten Grundsätzen. Der Gemeinsame Senat der Obersten Gerichtshöfe des Bundes lässt zum
Zwecke der Rechtsvereinheitlichung eine Vorlage zu, wenn sich die vorgelegte Rechtsfrage auf der Grundlage von Vorschriften stellt, die zwar in verschiedenen Gesetzen stehen, in ihrem Wortlaut aber im Wesentlichen und in ihrem Regelungsgehalt gänzlich übereinstimmen und deswegen nach denselben Prinzipien auszulegen sind[1]. Mittlerweile hat das BVerwG klargestellt, dass es nicht ausschlaggebend darauf
ankomme, ob die jeweils zur Anwendung gelangten Rechtsnormen wörtlich übereinstimmten. Eine Divergenz könnte auch dann anzunehmen sein, wenn beide Entscheidungen auf der Grundlage von verschiedenen, aber **inhaltsgleichen** Rechtsnormen ergangen seien[2]. Die bloße Vergleichbarkeit der Regelungsinhalte
unterschiedlicher Normen reicht für die Annahme einer rechtserheblichen Divergenz aber nicht aus[3].

Hiernach kann eine Abweichung in derselben Rechtsfrage auch dann vorliegen, wenn unterschiedliche 22
Rechtsnormen angewandt werden. Ungeklärt ist jedoch, welches Maß an Übereinstimmung für die Annahme einer identischen Rechtsfrage erforderlich ist. Zur Begründung einer rechtserheblichen Divergenz ist
jedenfalls darzulegen, dass die unterschiedlichen Rechtsnormen einen identischen Regelungsgegenstand
betreffen. Ansonsten kann nicht davon ausgegangen werden, dass die sich widersprechenden Rechtssätze
zu derselben Rechtsfrage aufgestellt sind[4].

Schließlich ist die Rechtsbeschwerde nach § 72 Abs. 2 **Nr. 3** zuzulassen, wenn ein absoluter Revisionsgrund 23
gem. § 547 Nr. 1–5 ZPO oder eine entscheidungserhebliche Verletzung des Anspruchs auf rechtliches Gehör geltend gemacht wird und vorliegt (s. dazu § 72 Rz. 43 ff.).

Die **Zulassung der Rechtsbeschwerde** kann sowohl unbeschränkt als auch auf einzelne Aspekte **be-** 24
schränkt sein[5]. Diese Beschränkung muss sich zum einen aus Gründen der Rechtsmittelklarheit eindeutig
aus der angefochtenen Entscheidung ergeben. Sie setzt zum anderen voraus, dass die Beschränkung sich
auf einen tatsächlich und rechtlich selbstständigen und abtrennbaren Teil des Gesamtstreitstoffes bezieht[6].
So hat das BAG die Beschränkung der Revisionszulassung auf einen von mehreren Streitgegenständen
oder einen von mehreren Streitgenossen für zulässig gehalten[7]. Eine Beschränkung auf einzelne Anspruchsgrundlagen oder Rechtsfragen ist dagegen nicht möglich. Sie ist rechtsfehlerhaft und ohne rechtliche Bedeutung. Sie führt zur unbeschränkten Statthaftigkeit der Rechtsbeschwerde[8], denn fehlt es an einer
wirksamen Beschränkung der Zulassung, so ist allein die Beschränkung, nicht aber die Zulassung unwirksam[9].

b) Form und Inhalt der Zulassungsentscheidung

Die **Entscheidung des LAG** – in den Fällen der §§ 122, 126 InsO und des § 96a die des ArbG –, ob die 25
Rechtsbeschwerde zugelassen oder nicht zugelassen wird, ist nach näherer Maßgabe der § 64 Abs. 3a, § 72
Abs. 1 Satz 2 und § 92 Abs. 1 Satz 2 **in den Beschlusstenor aufzunehmen**. Dies gilt auch für den Umfang
der Rechtsmittelzulassung. Eine im Tenor ausgesprochene Rechtsmittelzulassung kann in den Entscheidungsgründen nicht mehr wirksam (weiter) eingeschränkt werden[10]. Eine Zulassung in den Gründen ist
nicht ausreichend. Die Zulassung der Rechtsbeschwerde ist – anders als die Nichtzulassungs-Entscheidung
(vgl. § 92a) – nicht (isoliert) anfechtbar.

c) Die Bindungswirkung

Aus dem in § 92 Abs. 1 Satz 2 in Bezug genommenen § 72 Abs. 3 ergibt sich, dass das BAG **an die Zulas-** 26
sung der Rechtsbeschwerde durch das LAG oder – soweit überhaupt gem. den §§ 122 und 126 InsO und
gem. § 96a in Betracht kommen – durch das ArbG **gebunden** ist. Die vorinstanzliche Entscheidung, die

---

1 Beschl. des Gemeinsamen Senats v. 6.2.1973 – GmS-OGB 1/72, NJW 1973, 1273; 12.3.1987 – GmS-OGB 6/86, NZA 1987, 663; s. dazu BVerwG v. 14.9.2006 – 9 B 2/06, NVwZ 2006, 1404, zum Unterschied von Außendivergenzen und Binnendivergenzen.
2 BVerwG v. 28.10.2004 – 6 PB 10/03, PersR 2004, 179.
3 BVerwG v. 28.10.2004 – 6 PB 15/03, PersR 2004, 180.
4 BAG v. 20.8.2002 – 9 AZN 130/02, BAGE 102, 205; BAG v. 8.12.1994 – 9 AZN 849/94, NZA 1995, 447.
5 Vgl. BAG v. 5.3.2013 – 1 ABR 75/11, DB 2013, 1423; Zöller/*Heßler*, § 543 ZPO Rz. 19 ff.
6 BAG v. 24.9.2008 – 6 AZR 76/07, NZA 2009, 154; BVerwG v. 5.7.2011 – 5 B 35.11.
7 Vgl. die Nachweise in BAG v. 18.2.1986 – 1 ABR 27/84, NZA 1986, 616.
8 BAG v. 26.1.2016 – 1 ABR 13/14, Rz. 17, NZA 2016, 842 (844); BAG v. 12.11.2014 – 7 ABR 86/12, Rz. 10, 13 (hier war die Rechtsbeschwerde ausdrücklich nur bzgl. der Verpflichtung zur Zinszahlung zugelassen).
9 Vgl. BAG v. 2.4.1996 – 1 ABR 47/9, NZA 1996, 998; BGH v. 21.9.2006 – I ZR 2/04, NJW-RR 2007, 182.
10 BAG v. 19.3.2003 – 5 AZN 751/02, NZA 2003, 575; BAG v. 5.11.2003 – 4 AZR 643/02, NZA 2004, 447.

Rechtsbeschwerde zuzulassen, kann also vom BAG grds. nicht auf ihre sachliche Rechtfertigung hin überprüft werden. Etwas anderes gilt nur in den oben genannten Fällen (Rz. 4 ff.), in denen kraft Gesetzes das Rechtsmittel der Rechtsbeschwerde nicht gegeben ist. Hat zB das LAG im arbeitsgerichtlichen Beschlussverfahren die Beschwerde wegen eines Formmangels als unzulässig verworfen und weiter einen vom Beschwerdeführer gestellten Wiedereinsetzungsantrag zurückgewiesen, so ist auch die Entscheidung über den Wiedereinsetzungsantrag endgültig und unanfechtbar; eine hinsichtlich dieses Beschlusses vom LAG ausgesprochene Zulassung der Rechtsbeschwerde ist unbeachtlich[1]. Unklar ist, ob das BAG gem. § 552a ZPO die Rechtsbeschwerde durch einstimmigen Beschluss verwerfen kann, wenn es davon überzeugt ist, dass die Voraussetzungen für die Zulassung nicht vorgelegen haben und die Rechtsbeschwerde keine Aussicht auf Erfolg hat[2].

III. Die für das Rechtsbeschwerdeverfahren geltenden Vorschriften

1. Die entsprechende Geltung der für das Revisionsverfahren geltenden Vorschriften (§ 92 Abs. 2 Satz 1, 1. Teil)

a) Allgemeines

27 Das ArbGG enthält in den §§ 92–96a nur wenige Bestimmungen, die sich unmittelbar mit der **Regelung des Rechtsbeschwerdeverfahrens** befassen. Der Gesetzgeber bedient sich auch hier – ähnlich wie schon im Rahmen des § 87 Abs. 2 für das Beschwerdeverfahren – einer unübersichtlichen und komplizierten Verweisungstechnik. Soweit sich aus den §§ 93–96 nichts anderes ergibt, finden nach näherer Maßgabe des § 92 Abs. 2 Satz 1 die für das Revisionsverfahren geltenden Vorschriften der §§ 72 ff. Anwendung. Anwendbar sind weiter die in § 96 Abs. 1 Satz 2 ausdrücklich genannten §§ 562 und 563 ZPO sowie die in der Rspr. zusätzlich entsprechend angewandten §§ 559, 561 und 564 ZPO[3].

b) Einzelheiten

28 Die **Regelungsgegenstände**, auf die sich die Verweisung erstreckt, entsprechen weitgehend denen, die in § 87 Abs. 2 Satz 1 genannt werden, so dass an dieser Stelle auf die Erläuterungen zu § 87 Bezug genommen werden kann (dort Rz. 28 ff.). Allerdings kennt das Rechtsbeschwerdeverfahren keine Güteverhandlung, keinen Güterichter und keine Mediation[4].

29 Ergänzend ist auf die Verweisungsnormen des § 72 Abs. 5 und 6 hinzuweisen. Aus dem hiernach auch in Bezug genommenen § 53 Abs. 1 lässt sich keinesfalls schließen, dass die **ehrenamtlichen Richter** – soweit die Entscheidung über die Rechtsbeschwerde **ohne mündliche Verhandlung** (dh. ohne Anhörungstermin) erlassen wird – hieran nicht mitzuwirken hätten. Insoweit ist die Verweisung auf § 53 einschränkend auszulegen. Sie bezieht sich nicht auf den gem. § 96 Abs. 1 Satz 1 und Abs. 2 iVm. § 41 Abs. 2 von „sämtlichen" Mitgliedern des (zuständigen) Senats zu erlassenden Beschluss über die Rechtsbeschwerde. Soweit sich aus dem Gesetz nicht ausdrücklich etwas anderes ergibt – wie etwa im Falle der Verwerfung der Rechtsbeschwerde oder der Nichtzulassungsbeschwerde als unzulässig (§ 72a Abs. 5 Satz 3, § 74 Abs. 2 Satz 3, § 92a Satz 2 und § 94 Abs. 2 Satz 3) –, wirken die ehrenamtlichen Richter an solchen Entscheidungen mit, die bei mündlicher Anhörung der Beteiligten ihre Mitwirkung voraussetzen würden[5]. Wegen der Befugnisse des Senatsvorsitzenden im Verhältnis zu den übrigen **berufsrichterlichen** Mitgliedern des Senats wird auf § 72 Rz. 65 verwiesen[6].

c) Die Rechtsbeschwerde(einlegungs)frist

30 Die in § 94 insoweit enthaltene Regelung wird – ähnlich wie hinsichtlich der Begründungserfordernisse – **ergänzt** durch die entsprechenden **Vorschriften des Revisionsrechts**. Die **Frist zur Einlegung der Rechtsbeschwerde** – eine **Notfrist** (vgl. § 548 ZPO) – beträgt **einen Monat** (§ 74 Abs. 1 Satz 1 iVm. § 92 Abs. 2

---

1 BAG v. 28.8.1969 – 1 ABR 12/69, AP Nr. 11 zu § 92 ArbGG 1953.
2 S. hierzu BeckOK/*Roloff*, § 92 ArbGG Rz. 4 und § 94 ArbGG Rz. 12.
3 Bzw. früher die entsprechenden Vorgänger-Vorschriften der ZPO aF = §§ 561, 563 und 565a; vgl. auch GMP/*Matthes/Schlewing*, § 96 Rz. 1; ErfK/*Koch*, § 96 Rz. 1.
4 Derartiges ist auch dem Revisionsverfahren fremd; vgl. GMP/*Müller-Glöge*, § 72 Rz. 54 und 58. Auf die diesbezüglichen Regelungen der §§ 54 und 54a wird weder in § 72 Abs. 5 und 6 noch in § 92 Abs. 2 Satz 1 verwiesen. Freilich ist nach § 72 Abs. 6, § 92 Abs. 2 Satz 1 iVm. § 57 Abs. 2 auch im Rechtsbeschwerdeverfahren – wie im Revisionsverfahren – eine gütliche Erledigung jederzeit anzustreben.
5 HWK/*Bepler/Treber*, § 92 ArbGG Rz. 11; GMP/*Matthes/Schlewing*, § 92 Rz. 20.
6 S. dazu auch HWK/*Bepler/Treber*, § 72 ArbGG Rz. 37 und § 92 ArbGG Rz. 11.

Satz 1). Sie beginnt bei Zulassung der Rechtsbeschwerde durch das LAG mit der Zustellung des – anzufechtenden – vollständig abgesetzten Beschlusses des LAG bzw. mit der Zustellung des (LAG-)Ergänzungsbeschlusses gem. den § 64 Abs. 3a, § 72 Abs. 1 Satz 2 und § 92 Abs. 1 Satz 2 (vgl. § 74 Rz. 24), – spätestens aber – unabhängig von der Wirksamkeit der Rechtsmittelbelehrung – mit Ablauf von fünf Monaten nach der Verkündung und endet sechs Monate nach der Verkündung.[1]. Eine Verlängerung der Rechtsbeschwerdeeinlegungsfrist ist nicht möglich (§ 224 Abs. 2 ZPO). Bei mangelnder fristgerechter Zustellung des Beschlusses des LAG kann sofortige Beschwerde innerhalb eines Monats nach Ablauf der Fünf-Monats-Frist[2] erhoben werden (§ 92b).

Wenn die Rechtsbeschwerde erst aufgrund eines Verfahrens gem. § 92a zugelassen wurde, gilt die form- und fristgerechte Einlegung der Nichtzulassungsbeschwerde als Einlegung der Rechtsbeschwerde (§ 72a Abs. 6 Satz 2 iVm. § 92a Satz 2). Es ist zulässig, die Rechtsbeschwerde schon vor der Zustellung des anzufechtenden LAG-Beschlusses einzulegen[3]. Die Einlegungsfrist ist zwar nur dann gewahrt, wenn die Rechtsbeschwerde innerhalb eines Monats bei dem Rechtsbeschwerdegericht eingeht. Die Vorschrift des § 74 Abs. 1 Satz 1 und 2 verlangt aber nicht die Zustellung der anzufechtenden Entscheidung (§ 91) als Voraussetzung für die Einlegung des Rechtsmittels[4]. Soweit es im Einzelnen um Probleme des Fristbeginns und der Fristwahrung sowie – bei Fristversäumung – der uU in Betracht kommenden Wiedereinsetzung in den vorigen Stand geht, wird auf die Erläuterungen zu § 74 verwiesen. Richtet sich die Rechtsbeschwerde (ausnahmsweise) gegen einen Beschluss des **ArbG** (s. dazu bei § 92 Rz. 6 ff.), kommt es auf die Zustellung bzw. Verkündung des entsprechenden Beschlusses des ArbG an (vgl. insoweit bei § 87 Rz. 27 und § 76 Rz. 36 f.). Abweichendes kann gelten, wenn das ArbG einen Antrag auf Zulassung der Sprungrechtsbeschwerde zurückweist (§ 76 Abs. 3 Satz 1 und § 96a Abs. 2; s. dazu bei § 96a Rz. 8).

In den Fällen der erfolgreichen Nichtzulassungsbeschwerde gem. § 92a gilt die form- und fristgerechte Einlegung der Nichtzulassungsbeschwerde als Einlegung der Rechtsbeschwerde (vgl. § 72a Abs. 6 Satz 1 und 2), so dass dann „nur" noch eine Rechtsbeschwerdebegründung fristgerecht einreichen muss. Bei Versäumung der Rechtsbeschwerdefrist ist im Falle der schuldlosen Versäumung eines **Wiedereinsetzung in den vorherigen Stand** möglich (§§ 233 ff. ZPO), wobei allerdings das Verschulden des Verfahrensbevollmächtigten nach § 85 Abs. 1 ZPO zugerechnet wird.

d) Die Frist zur Begründung der Rechtsbeschwerde

Die Frist für die Begründung der Rechtsbeschwerde beträgt **zwei Monate**. Sie beginnt mit der Zustellung des – die Zulassung der Rechtsbeschwerde aussprechenden – in vollständiger Form abgefassten Beschlusses des LAG, spätestens aber mit Ablauf von fünf Monaten ab dessen Verkündung (§ 74 Abs. 1 Satz 2, § 92 Abs. 2 Satz 1). Auf die entsprechenden Erläuterungen zum Revisionsrecht wird ebenso verwiesen wie auf die Darstellung zu § 94 Rz. 5 ff. (s. speziell zum Fristbeginn auch schon bei § 92 Rz. 30). In den Fällen, in denen das Nichtzulassungs-Beschwerdeverfahren als Rechtsbeschwerdeverfahren fortgesetzt wird, beginnt mit der Zustellung der Entscheidung (über die Zulassung der Rechtsbeschwerde) die Rechtsbeschwerdebegründungsfrist (§ 72a Abs. 6 Satz 3 iVm. § 92a Satz 2). (Auch) bei erfolgreicher Nichtzulassungsbeschwerde bedarf es einer ordnungsgemäßen Rechtsbeschwerdebegründung innerhalb der zweimonatigen Begründungsfrist[5]. Dies gilt auch dann, wenn schon die Begründung der Nichtzulassungsbeschwerde den Anforderungen des § 72 Abs. 5 ArbGG iVm. § 551 Abs. 3 Satz 1 ZPO bzw. des § 94 Abs. 2 ArbGG entspricht. Hierfür kann gem. § 551 Abs. 3 Satz 2 ZPO eine ausdrückliche Bezugnahme auf die Begründung der Nichtzulassungsbeschwerde genügen[6].

Die Rechtsbeschwerdebegründungsfrist kann nach hM ebenso wie die Revisionsbegründungsfrist **einmal bis zu einem „weiteren" Monat** gem. § 74 Abs. 1 Satz 3 iVm. § 92 Abs. 2 Satz 1 **verlängert** werden[7]. Dem steht nicht entgegen, dass in § 94 Abs. 2 Satz 3 zwar auf § 74 Abs. 2, nicht aber auf § 74 Abs. 1 Satz 3 Bezug genommen wird. Bereits in der allgemeinen Verweisungsnorm des § 92 Abs. 2 Satz 1 wird die entspre-

---

1 Und zwar auch bei unterbliebener oder unrichtiger Rechtsmittelbelehrung, vgl. BAG v. 1.10.2003 – 1 ABN 62/01, NZA 2003, 1356.
2 Zur Berechnung der Fünf-Monats-Frist und wegen der Frage, ob bei der Berechnung der Fünf-Monats-Frist § 222 Abs. 2 ZPO gilt: BSG v. 17.2.2009 – B 2 U 189/08 B; s. dazu auch bei § 87 Rz. 27.
3 BAG v. 26.4.1963 – 1 ABR 10/62, AP Nr. 3 zu § 94 ArbGG 1953; vgl. BAG v. 23.2.2010 – 2 AZR 659/08, NZA 2011, 411.
4 BAG v. 8.6.2010 – 6 AZN 163/10, NZA 2010, 909.
5 BAG v. 8.5.2008 – 1 ABR 56/06, NZA 2008, 726.
6 S. dazu BAG v. 8.5.2008 – 1 ABR 56/06, NZA 2008, 726; BAG v. 15.2.2012 – 7 AZR 774/10, NZA 2012, 1112.
7 BAG v. 16.7.2008 – 7 ABR 13/07, NZA 2009, 202; ErfK/*Koch*, § 94 ArbGG Rz. 2; nunmehr auch GMP/*Matthes/Schlewing*, § 94 Rz. 15; aA Hauck/Helml/Biebl/*Hauck*, § 94 Rz. 4 sowie zum früheren Recht: BAG v. 6.1.1975 – 2 ABR 134/74, NJW 1975, 551; BVerwG v. 18.12.1979 – 6 P 26/79.

de Geltung der für das Revisionsverfahren maßgebenden Vorschriften über die Einlegung der Revision und ihre Begründung sowie über Fristen angeordnet. Eine ausdrückliche Aussage, die Rechtsbeschwerdebegründungsfrist sei nicht verlängerbar, enthält das Gesetz in den §§ 93–96 nicht. Bei Versäumung der Rechtsbeschwerdebegründungsfrist ist im Falle der schuldlosen Versäumung eines Wiedereinsetzung in den vorherigen Stand möglich (§§ 233 ff. ZPO), wobei allerdings das Verschulden des Verfahrensbevollmächtigten nach § 85 Abs. 1 ZPO zugerechnet wird.

35 In den besonderen Beschlussverfahren der §§ 122 und 126 InsO ist die Rechtsbeschwerde innerhalb eines Monats (einzulegen **und**) zu begründen (§ 122 Abs. 3 Satz 3 InsO).

2. Die entsprechende Geltung der Vorschriften über die Zwangsvollstreckung (§ 92 Abs. 2 Satz 1, 2. Teil)

36 Hat das LAG einen Anspruch in einer **vermögensrechtlichen** Angelegenheit tituliert, so bleibt sein Beschluss **vorläufig vollstreckbar**. Die in § 92 Abs. 3 erwähnte aufschiebende Wirkung der Rechtsbeschwerde lässt § 85 Abs. 1 Satz 2 unberührt[1]. Allerdings kann das BAG nach näherer Maßgabe des § 719 Abs. 2 ZPO und des § 85 Abs. 1 Satz 3 die Zwangsvollstreckung **einstellen**. Eine Einstellung ist freilich ausgeschlossen, wenn die eingelegte Rechtsbeschwerde keine Erfolgsaussicht hat[2].

37 Bedeutung hat die aufschiebende Wirkung für den Bereich der **nicht-vermögensrechtlichen** Streitigkeiten. Neben dem Devolutiveffekt – das Beschlussverfahren gelangt durch die Rechtsbeschwerde in die 3. Instanz[3] – entfaltet die Rechtsbeschwerde den Suspensiveffekt, dh. der Eintritt der formellen Rechtskraft des Beschlusses des LAG wird gehindert (Hemmungswirkung). Für den Bereich der nicht-vermögensrechtlichen Streitigkeiten findet eine Zwangsvollstreckung erst aus rechtskräftigen Beschlüssen statt (§ 85 Abs. 1 Satz 1).

3. Die Vertretung der Beteiligten (§ 92 Abs. 2 Satz 2)

38 Nach näherer Maßgabe der folgenden Ausführungen können sich die Beteiligten im Rechtsbeschwerdeverfahren **selbst** vertreten oder (auch) vertreten lassen. Die Vertretungsverbote des § 11 Abs. 5 sind zu beachten (§ 92 Abs. 2 Satz 2)[4]. Aus der Vorschrift des § 94 Abs. 1, wonach gem. § 11 Abs. 4 Satz 2 und 3 iVm. § 11 Abs. 2 Satz 2 Nr. 4–5 Rechtsbeschwerdeschrift und -begründung von einem Rechtsanwalt oder einem Verbandsvertreter mit Befähigung zum Richteramt unterzeichnet sein müssen[5], kann nicht weiter gehend gefolgert werden, dass der Rechtsbeschwerdeführer im gesamten Rechtsbeschwerdeverfahren qualifiziert in dieser Weise vertreten sein muss. Gemäß § 92 Abs. 2 Satz 2 gilt für die Vertretung der Beteiligten § 11 Abs. 1–3 und § 5 entsprechend. Nach § 11 Abs. 1 Satz 1 können die Parteien sich vor dem ArbG selbst vertreten. Die Vertretung durch Rechtanwälte als Prozessbevollmächtigte ist in § 11 Abs. 1 Satz 1 nicht geregelt (sondern nur in dem Ausnahmefall des § 11 Abs. 1 Satz 2). Folglich hat die Verweisung in § 92 Abs. 2 Satz 2 auf § 11 Abs. 1 nur einen Sinn, wenn davon ausgegangen wird, dass die Beteiligten sich im Rechtsbeschwerdeverfahren selbst vertreten oder auch durch postulationsfähige Vertreter nach § 11 Abs. 2 Satz 2 Nr. 1–3 vertreten lassen können[6], soweit nur unter Beachtung des § 94 Abs. 1 Rechtsbeschwerdeschrift und -begründung von einem nach § 11 Abs. 4 Satz 2 und 3 postulationsfähigen Vertreter unterzeichnet

---

1 HWK/*Bepler*/*Treber*, § 92 ArbGG Rz. 13.
2 Vgl. BAG v. 6.1.1971 – 3 AZR 384/70, NJW 1971, 910; BAG v. 27.6.2000 – 9 AZN 525/00, NZA 2000, 1072 (zu einem Einstellungsantrag gem. § 72a Abs. 4 Satz 2).
3 Der Beurteilung durch das Rechtsbeschwerdegericht unterliegt das Rechtsschutzbegehren des Beschlussverfahrens insoweit, als darüber hin entschieden wurde und die Entscheidung der Vorinstanz mit der Rechtsbeschwerde angegriffen wird; nur in diesem Umfang kommt der Rechtsbeschwerde Devolutiveffekt zu (Anfallwirkung). Vgl. zur weiter gehenden Hemmungswirkung BGH v. 12.5.1992 – VI ZR 118/91, NJW 1992, 2296 und Zöller/*Heßler*, § 511 ZPO Vor Rz. 4.
4 Vgl. Düwell/Lipke/*Düwell*, § 92 Rz. 15.
5 Als Bevollmächtigte sind insoweit gem. § 11 Abs. 4 Satz 2 außer Rechtsanwälten nur die in § 11 Abs. 2 Satz 2 Nr. 4 und 5 bezeichneten Organisationen (wie ArbGeb-Verbände, Gewerkschaften, deren juristische Personen/Rechtsschutzgesellschaften; verbandsabhängige Vertretungsorganisationen) zugelassen. Diese müssen gem. § 11 Abs. 4 Satz 3 in Verfahren vor dem BAG durch Personen mit Befähigung zum Richteramt handeln.
6 HWK/*Bepler*/*Treber*, § 92 ArbGG Rz. 11 und § 94 ArbGG Rz. 3; zum früheren Recht: BAG v. 20.3.1990 – 1 ABR 20/89, NZA 1990, 699.

sind[1]. Die Vertretung muss von einem wirksamen Beschluss des BR getragen sein, soweit ein BR an dem Rechtsbeschwerdeverfahren beteiligt ist[2].

4. Die Antragsrücknahme (§ 92 Abs. 2 Satz 3)

Eine Antragsrücknahme im arbeitsgerichtlichen Beschlussverfahren wird nach Abschluss des Verfahrens 1. Instanz nur wirksam und beendet das Verfahrensrechtsverhältnis, wenn alle übrigen Beteiligten ihr **zustimmen** (§ 87 Abs. 2 Satz 3, § 92 Abs. 2 Satz 3). Dies gilt auch für das Rechtsbeschwerdeverfahren. Wird die Zustimmung nicht erteilt, bleibt der Antrag rechtshängig und ist vom BAG zu bescheiden. Wird die Zustimmung erteilt, hat der Vorsitzende das Verfahren einzustellen (durch Beschluss entsprechend § 81 Abs. 2 Satz 2 und 3)[3]. Die Vorschriften über die Antragsrücknahme im Beschlussverfahren machen deutlich, dass der Antragsteller sich in den Rechtsmittelinstanzen nicht einseitig einer Entscheidung über seinen Sachantrag soll entziehen dürfen. Die Antragsrücknahme ist von der gem. § 94 Abs. 3 Satz 1 zustimmungsfrei möglichen Rücknahme der Rechtsbeschwerde zu unterscheiden (s. dazu bei § 94 Rz. 49 ff.).

39

5. Die aufschiebende Wirkung (§ 92 Abs. 3)

Die Einlegung der Rechtsbeschwerde hat aufschiebende Wirkung (§ 92 Abs. 3). Sie hindert also den Eintritt der Rechtskraft des Beschlusses des Beschwerdegerichts nach § 91 Abs. 1 Satz 1[4]. Auch wenn ein Rechtsmittel (oder Rechtsbehelf) unzulässig ist, sagt dies nichts über die formelle Rechtskraft einer Entscheidung aus, solange es (oder er) nur an sich gegeben, also statthaft ist[5]. Wird die Rechtsbeschwerde zurückgewiesen, dann endet die aufschiebende Wirkung mit der Verkündung der Entscheidung des Rechtsbeschwerdegerichts. Entscheidungen des Rechtsbeschwerdegerichts nach § 96 Abs. 1 Satz 1 werden mit Verkündung rechtskräftig[6]. Wird die Rechtsbeschwerde ohne mündliche Verhandlung durch Beschluss nach § 74 Abs. 2 Satz 3 iVm. § 94 Abs. 2 Satz 3 als unzulässig verworfen, tritt an die Stelle der Verkündung die Zustellung des Verwerfungsbeschlusses[7]. Wegen der **vollstreckungsrechtlichen** Folgen der aufschiebenden Wirkung s. Rz. 36–37.

40

§ 92a Nichtzulassungsbeschwerde

Die Nichtzulassung der Rechtsbeschwerde durch das Landesarbeitsgericht kann selbständig durch Beschwerde angefochten werden. § 72a Abs. 2 bis 7 ist entsprechend anzuwenden.

Schrifttum: *Bepler*, Änderungen im arbeitsgerichtlichen Verfahren durch das Anhörungsrügengesetz, RdA 2005, 65; *Bepler*, Revisionszugang und rechtliches Gehör, JbArbR 43 (2006), 45; *Etzel*, Die Nichtzulassungsbeschwerde wegen grundsätzlicher Bedeutung der Rechtssache, ZTR 1997, 248; *von Hoyningen-Huene/Linck*, Neuregelungen des Kündigungsschutzes und befristeter Arbeitsverhältnisse, DB 1997, 41; *Lakies*, Zu den seit 1.10.1996 geltenden arbeitsrechtlichen Vorschriften der Insolvenzordnung, RdA 1997, 145; *Schrader*, Übergangsregelungen zum Konkursrecht, NZA 1997, 73; *Zuck*, Nichtzulassungsbeschwerde und rechtliches Gehör, NJW 2008, 2078; *Zwanziger*, Nichtzulassungsbeschwerde und Gehörsrüge in der Arbeitsgerichtsbarkeit, NJW 2008, 3388.

---

1 Düwell/*Lipke/Düwell*, § 92 Rz. 15: kein genereller Vertretungszwang; vgl. auch GMP/*Matthes/Schlewing*, § 92 Rz. 22; ErfK/*Koch*, § 11 Rz. 10 und § 92 ArbGG Rz. 1.
2 Vgl. BAG v. 6.11.2013 – 7 ABR 84/11, NZA-RR 2014, 196; BAG v. 30.9.2008 – 1 ABR 54/07, NZA 2009, 502; BAG v. 23.8.2006 – 7 ABR 51/05, SAE 2008, 168; s. dazu auch LAG Hessen v. 1.9.2011 – 5 TaBV 44/11 – zur möglichen Heilung eines fehlerhaften BR-Beschlusses.
3 HWK/*Bepler/Treber*, § 92 ArbGG Rz. 12; demgegenüber spricht sich HWK/*Bepler/Treber*, § 95 ArbGG Rz. 3 bei einer Einstellung nach Vergleich oder übereinstimmender Erledigungserklärung für einen Beschluss der berufsrichterlichen Mitglieder des Senats aus.
4 HWK/*Bepler/Treber*, § 92 ArbGG Rz. 13; GMP/*Matthes/Schlewing*, § 92 Rz. 3.
5 S. näher dazu BAG v. 28.2.2008 – 3 AZB 56/07, NZA 2008, 660.
6 Vgl. für Revisionsurteile BAG v. 14.3.2012 – 7 AZR 480/08; BAG v. 23.6.2010 – 7 AZR 1021/08, NZA 2010, 1248; Zöller/*Stöber*, § 705 ZPO Rz. 8.
7 Vgl. für die Nichtzulassungsbeschwerde: BAG v. 29.9.2011 – 2 AZR 674/10; BGH v. 19.10.2005 – VIII ZR 217/04, NJW 2005, 3724.

I. Allgemeines 1	d) Verletzung des Anspruchs auf rechtliches Gehör 25
II. Rechtsnatur der Nichtzulassungsbeschwerde 2	4. Beantwortung 26
III. Statthaftigkeit der Nichtzulassungsbeschwerde 4	V. Die Entscheidung über die Nichtzulassungsbeschwerde 27
IV. Das Verfahren der Nichtzulassungsbeschwerde	1. Spruchkörper 28
1. Beschwerdebefugnis und Beschwer 7	2. Begründung 31
2. Form und Frist der Nichtzulassungsbeschwerde 8	3. Fortgang bei begründeter Nichtzulassungsbeschwerde 32
3. Die Zulassungsgründe 13	4. Fortgang bei unzulässiger bzw. unbegründeter Nichtzulassungsbeschwerde 34
a) Grundsätzliche Bedeutung 15	
b) Divergenz 19	
c) Absoluter Rechtsbeschwerdegrund nach § 547 ZPO 24	

I. Allgemeines

1 Die **Nichtzulassung der Rechtsbeschwerde** gegen die verfahrensbeendende Beschwerdeentscheidung durch das LAG[1] kann in dem Verfahren gem. § 92a von den Beteiligten mit vier möglichen Beschwerdegründen **selbständig angefochten** werden (§ 92a Satz 1). Ziel einer derartigen Nichtzulassungsbeschwerde ist es, nachträglich die Zulassung der Rechtsbeschwerde zu erreichen, die bei Vorliegen der Voraussetzungen der § 72 Abs. 2 Nr. 1, 2 und 3, § 92 Abs. 1 Satz 2 an sich schon das LAG in dem instanzbeendenden Beschluss gem. § 91 Abs. 1 Satz 1 hätte aussprechen müssen[2]. Damit soll die fehlerhafte Nichtzulassung durch das LAG korrigiert werden. Die Rechtsbeschwerde ist aus den Gründen zuzulassen, die bereits nach § 92 Abs. 2, § 72 Abs. 2 das LAG zu einer Zulassung verpflichten. Die (insbesondere) auf den Beschwerdegrund der Divergenz gestützte Nichtzulassungsbeschwerde und eine ihm entsprechende Zulassung der Rechtsbeschwerde durch das BAG beruhen darauf, die Rechtseinheit im Beschlussverfahren nicht durch divergierende obergerichtliche Entscheidungen zu gefährden[3]. Die Regelung in § 92a entspricht im Wesentlichen derjenigen zum Revisionsverfahren in § 72a, was die Verweisung auf § 72a Abs. 2 bis 7 verdeutlicht (§ 92a Satz 2). Insofern kann ergänzend auf die Kommentierung zu § 72a verwiesen werden.

II. Rechtsnatur der Nichtzulassungsbeschwerde

2 Die Nichtzulassungsbeschwerde nach § 72a – und damit auch diejenige nach § 92a – ist nach der Rspr. des BAG[4] und der hM kein Rechtsmittel, sondern ein **Rechtsbehelf** (s. auch § 72a Rz. 10–12)[5]. Bei der Nichtzulassungsbeschwerde geht es nicht um eine Überprüfung der Sachentscheidung des LAG, sondern allein um die Klärung der Frage, ob das Rechtsmittel gegen die Sachentscheidung überhaupt erst zuzulassen ist[6]. Zwar kommt der Nichtzulassungsbeschwerde Suspensiveffekt zu (§ 72a Abs. 4), da sie **aufschiebende Wirkung** hat. Allerdings kommt es zu keinem Devolutiveffekt, denn die Nichtzulassungsbeschwerde führt nicht zu einer (vollständigen) Überprüfung der Beschwerdeentscheidung durch das BAG. Es ergeht in der Sache selbst keine Entscheidung. Hieran hat sich auch durch die Neufassung des § 72a Abs. 6 durch das Anhörungsrügengesetz zum 1.1.2005 nichts geändert: Zwar wird ein erfolgreiches Nichtzulassungsbeschwerde unmittelbar als Rechtsbeschwerdeverfahren weitergeführt, aber es verbleibt weiterhin bei der isolierten Vorprüfung der Zulassungsgründe. Daher bedarf es in der Beschwerdeentscheidung des LAG auch keiner Rechtsmittelbelehrung nach § 9 Abs. 5 Satz 3. Vielmehr genügt ein Hinweis auf die Möglichkeit der Nichtzulassungsbeschwerde gem. § 92a.

3 Die Nichtzulassungsbeschwerde gehört allerdings zum Rechtsweg. Nach dem Grundsatz der **Subsidiarität der Verfassungsbeschwerde**[7] bzw. dem Zulässigkeitserfordernis der **Erschöpfung des Rechtswegs** (§ 90

---

[1] Vgl. bspw. BAG v. 23.1.2008 – 1 ABR 64/06, NZA 2008, 841 ff.
[2] Bzw. das zweitinstanzliche Gericht der Verwaltungsgerichtsbarkeit in den personalvertretungsrechtlichen Beschlussverfahren. Der dort nach **übereinstimmenden Erledigungserklärungen** ergangene Einstellungsbeschluss des OVG kann nach BVerwG v. 8.3.2010 – 6 PB 47/09, NZA-RR 2010, 323 nicht mit der Nichtzulassungsbeschwerde angefochten werden.
[3] Vgl. BAG v. 20.8.1986 – 8 AZN 244/86, BAGE 52, 39.
[4] BAG v. 12.9.2012 – 5 AZN 1743/12 (F), NZA 2012, 1319; BAG v. 1.4.1980 – 4 AZN 77/80, NJW 1980, 2599; BAG v. 8.7.2008 – 3 AZB 31/08, NZA-RR 2008, 540; BAG v. 22.7.2008 – 3 AZN 584/08 (F), NZA 2009, 1054; BAG v. 9.7.2003 – 5 AZN 316/03, NZA-RR 2004, 42.
[5] Vgl. BAG v. 8.6.2010 – 6 AZN 163/10, NZA 2010, 909 f.; BAG v. 9.7.2003 – 5 AZN 316/03, NZA-RR 2004, 42.
[6] GK-ArbGG/*Mikosch*, § 92a Rz. 1; BeckOKArbR/*Roloff*, § 92a Rz. 1; GWBG/*Greiner*, § 92a Rz. 1.
[7] BVerfG, Kammerbeschl. v. 10.3.2017 – 1 BvR 201/14, NZA 2017, 790.

Abs. 2 Satz 1 BVerfGG) muss eine Prozesspartei alle prozessualen Möglichkeiten ausschöpfen, um die geltend gemachte Grundrechtsverletzung in dem unmittelbar mit ihr zusammenhängenden sachnächsten Verfahren zu verhindern oder zu beseitigen, bevor eine Verfassungsbeschwerde eingelegt wird. Dazu gehört es auch, eine Nichtzulassungsbeschwerde in der Fachgerichtsbarkeit zu erheben und diese auch ausreichend zu begründen, auch im Hinblick auf die gerügte Grundrechtsverletzung. Insofern ist mit dem BVerfG in der Regel davon auszugehen, dass der Rechtsweg nicht erschöpft wurde, wenn die Nichtzulassungsbeschwerde vom BAG als unzulässig verworfen wurde[1]. Die Nichtzulassungsbeschwerde gehört ebenfalls zu den „Rechtsmitteln des innerstaatlichen Rechts" iSv. Art. 267 Abs. 3 AEUV[2], dh. solange noch die Möglichkeit der Nichtzulassungsbeschwerde besteht, sind die LAG im Beschlussverfahren nur vorlageberechtigte, nicht aber vorlageverpflichtete Gerichte.

III. Statthaftigkeit der Nichtzulassungsbeschwerde

Es unterliegen grds. alle Beschwerdeentscheidungen des LAG im Beschlussverfahren nach § 91, in denen die Rechtsbeschwerde zum BAG nicht zugelassen wurde, der Nichtzulassungsbeschwerde nach § 92a. Hat allerdings das LAG – versehentlich – nicht über die Zulassung der Rechtsbeschwerde entschieden, ist zunächst beim LAG die entsprechende Ergänzung des Beschlusses des LAG zu beantragen (§ 92 Abs. 1 Satz 2, § 72 Abs. 1 Satz 2, § 64 Abs. 3a). Die Entscheidung über die Zulassung bzw. Nichtzulassung der Rechtsbeschwerde hat im Tenor des Beschlusses des LAG zu erfolgen. Eine Entscheidung in den Beschlussgründen ist nicht ausreichend. 4

Im Einzelfall kann fraglich sein, ob § 92a iVm. § 72a Abs. 2–7 zur Anwendung kommt oder **§ 92b Satz 1** und 2 iVm. § 72b Abs. 2–5[3]. Ist in einem iSv. § 92b Satz 1 verspätet abgesetzten Beschluss des LAG die Rechtsbeschwerde nicht zugelassen worden, ist eine Beschwerde gegen die Nichtzulassung der Rechtsbeschwerde (§ 92a) nicht statthaft (§ 92b Satz 3)[4]. Dann verbleibt nur die Möglichkeit der sofortigen Beschwerde nach § 92b (s. auch § 92b Rz. 2 ff.). 5

In den besonderen **Beschlussverfahren der InsO** (dort § 122 Abs. 2 und § 126 Abs. 2 InsO) ist der Instanzenzug in noch verfassungskonformer Weise[5] abgekürzt. Gegen den Beschluss des ArbG findet keine Beschwerde gem. § 87 Abs. 1 an das LAG statt. Statthaft ist allein die Rechtsbeschwerde zum BAG, sofern sie in dem Beschluss des ArbG zugelassen wurde. Es ist nach der gesetzlichen Regelung jedoch nicht möglich, die Nichtzulassung der Rechtsbeschwerde durch das ArbG mit der Nichtzulassungsbeschwerde anzugreifen. Sie ist dann unstatthaft, denn § 92a ist eine **abschließende Regelung**. Angesichts der Tragweite, die der Entscheidung des ArbG zukommt, wird dies vereinzelt[6] für rechtspolitisch verfehlt gehalten. Dem ist entgegenzuhalten, dass die Abkürzung des Instanzenzuges der vom Gesetzgeber in diesen Verfahren angestrebten Verfahrensbeschleunigung dient. Eine entsprechende Anwendung der Regelungen über die Nichtzulassungsbeschwerde (vgl. §§ 72a, 92a) würde dem auf Beschleunigung abzielenden eigenständigen Rechtsmittelkonzept der § 122 Abs. 3, § 126 Abs. 2 widersprechen[7]. Da im Verfahren des **einstweiligen Rechtsschutzes** eine Rechtsbeschwerde an das BAG unstatthaft ist, scheidet auch eine Nichtzulassungsbeschwerde in diesem Fall aus. 6

IV. Das Verfahren der Nichtzulassungsbeschwerde

1. Beschwerdebefugnis und Beschwer

Eingelegt werden kann die Nichtzulassungsbeschwerde **von jedem Beteiligten**, der im Falle der Zulassung der Rechtsbeschwerde **rechtsbeschwerdebefugt** wäre[8] (s. zur Rechtsbeschwerdebefugnis bei § 92 Rz. 10 ff.). Die Nichtzulassungsbeschwerde zielt auf die spätere Durchführung des Rechtsbeschwerdeverfahrens ab, so dass der Beschwerdeführer durch die Entscheidung, gegen die er die Zulassung der Rechtsbeschwerde ge- 7

---

1 BVerfG, Kammerbeschl. v. 28.9.2015 – 1 BvR 2656/14, NZA 2016, 253 (254).
2 BAG v. 8.12.2011 – 6 AZN 1371/11, NZA 2012, 286; s. hierzu vertiefend im Kommentar unter „Arbeitsrechtliche Verfahren vor dem BVerfG und dem EuGH", Rz. 29 ff.
3 S. dazu BAG v. 20.12.2006 – 5 AZB 35/06, NZA 2007, 226; BAG v. 24.6.2009 – 7 ABN 12/09, NZA-RR 2009, 553; BVerwG v. 2.12.2009 – 6 PB 33/09, NVwZ 2010, 136.
4 BAG v. 24.6.2009 – 7 ABN 12/09, NZA-RR 2009, 553; s.a. BAG v. 2.11.2006 – 4 AZN 716/06, NZA 2007, 111.
5 Vgl. *Lakies*, RdA 1997, 145 (154).
6 *von Hoyningen-Huene/Linck*, DB 1997, 41 (46).
7 Vgl. BAG v. 14.8.2001 – 2 ABN 20/01, BB 2001, 2535; *Schrader*, NZA 1997, 73.
8 GMP/*Matthes/Schlewing*, § 92a Rz. 9; ErfK/*Koch*, § 92a Rz. 1; HWK/*Bepler/Treber*, § 92a Rz. 6; Düwell/Lipke/*Düwell*, § 92a Rz. 3.

richtlich durchsetzen möchte, auch beschwert sein muss. Beschwerdebefugt ist der derjenige, der von Amts wegen am Verfahren zu beteiligen wäre, jedoch im Beschwerdeverfahren zu Unrecht nicht beteiligt wurde[1]. Jeder Rechtsbehelf setzt insofern ein **Rechtsschutzbedürfnis** voraus. Entfällt die mit der anzufechtenden Entscheidung verbundene Beschwer während des Nichtzulassungsbeschwerdeverfahrens, entfällt auch das Rechtsschutzbedürfnis für die weitere Durchführung der Nichtzulassungsbeschwerde[2]. Dem Wegfall des Rechtsschutzbedürfnisses kann durch eine (übereinstimmende) Erledigungsklärung gem. § 83a Rechnung getragen werden[3]. Das BAG bzw. BVerwG[4] stellt dann, selbst wenn nur eine einseitige Erledigungserklärung vorliegen sollte, das Verfahren gem. § 83a Abs. 2 ein, sofern ein erledigendes Ereignis eingetreten ist. Erklären die Beteiligten während eines Verfahrens der Nichtzulassungsbeschwerde das Verfahren nur wegen des bisher allein beschiedenen Hauptantrags übereinstimmend für erledigt, ist nur das Nichtzulassungsbeschwerdeverfahren einzustellen und das Beschlussverfahren wegen des bisher nicht beschiedenen Hilfsantrags in der Vorinstanz fortzusetzen[5].

2. Form und Frist der Nichtzulassungsbeschwerde

8   Soweit es um die Form der **Einlegung** und der **Begründung** der Nichtzulassungsbeschwerde geht, wendet die hM die Vorschrift des § 94 Abs. 1 analog an („... gilt § 11 Abs. 4 und 5 entsprechend")[6]. Demgemäß müssen die Beschwerdeschrift und die Begründung der Nichtzulassungsbeschwerde von einem Rechtsanwalt oder einem anderen der in § 11 Abs. 4 Satz 2 und 3 iVm. § 11 Abs. 2 Satz 2 Nr. 4 und 5 bezeichneten Prozessbevollmächtigten mit Befähigung zum Richteramt **unterzeichnet** sein[7], wobei § 11 Abs. 5 zu beachten ist. Soweit sich die Beteiligten von einem Verfahrensbevollmächtigten vertreten lassen, ist auf dessen ordnungsgemäße Beauftragung und Bevollmächtigung zu achten. Dies gilt vor allem für den BR[8]. Davon abgesehen besteht aber im Verfahren über die Nichtzulassungsbeschwerde kein Vertretungszwang. Wegen der elektronischen Einreichung von Schriftsätzen wird auf § 46c verwiesen.

9   Das Verfahren der Nichtzulassungsbeschwerde entspricht weitgehend dem des § 72a (vgl. dazu die Verweisungsnorm des § 92a Satz 2), so dass auf die dortigen Erläuterungen zu § 72a Abs. 2 bis 7 verwiesen wird. Die Nichtzulassungsbeschwerde ist beim BAG innerhalb einer **Notfrist von einem Monat** nach Zustellung des in vollständiger Form abgesetzten Beschlusses des LAG schriftlich **einzulegen**[9]. Eine Einlegung beim LAG wahrt die Beschwerdefrist nicht. Der Beschwerdeschrift ist eine Ausfertigung oder beglaubige Abschrift des angefochtenen Beschlusses beizufügen (§ 72a Abs. 2 iVm. § 92a Satz 2). Die Nichtzulassungsbeschwerde ist innerhalb einer **Notfrist von zwei Monaten** nach Zustellung des in vollständiger Form abgesetzten Beschlusses des LAG zu **begründen** (§ 72a Abs. 3 Satz 1 iVm. § 92a Satz 2). Sowohl die Einlegungs- als auch die Begründungsfrist sind nicht verlängerbar. Insbesondere die Frist für die Begründung einer Nichtzulassungsbeschwerde ist **keine Routinefrist**. Ihre Überprüfung darf daher in der Rechtsanwaltskanzlei nicht dem Büropersonal überlassen werden. Der sachbearbeitende Anwalt muss diese Frist selbst berechnen und vermerken[10].

10 Der **Antrag** des Nichtzulassungsbeschwerdeführers ist auf die Zulassung der Rechtsbeschwerde gegen den Beschluss des LAG [x] vom [x] zum Aktenzeichen [x] zu richten. Ein Antrag auf Aufhebung der Nichtzulassungsentscheidung des LAG ist unzulässig (s. auch § 72a Rz. 42).

11 Nach § 72a Abs. 4 Satz 2 und § 92a Satz 2 kann mit der Einlegung der Nichtzulassungsbeschwerde die Einstellung der **Zwangsvollstreckung** beantragt werden (§ 719 Abs. 2 und 3 ZPO). Dies ist von Bedeutung bei Leistungstiteln, die in vermögensrechtlichen Angelegenheiten erlassen worden sind (vgl. § 85 Abs. 1 Satz 2 Halbs. 1). Eine Einstellung ist aber ausgeschlossen, wenn die eingelegte Nichtzulassungsbeschwerde keine Erfolgsaussicht hat[11].

12 Die Einlegung der Nichtzulassungsbeschwerde bewirkt aufgrund ihrer **aufschiebenden Wirkung** (§ 72a Abs. 4 Satz 1), dass – im entsprechenden Umfang (s. dazu näher bei § 72a Rz. 66) – der Eintritt der **formel-**

---

1 BVerwG v. 6.4.2011 – 6 PB 20/10, NZA-RR 2011, 447.
2 BAG v. 15.2.2012 – 7 ABN 59/11, NZA-RR 2012, 602 zur Neuwahl eines BR nach zuvor erfolgter Wahlanfechtung.
3 Vgl. BAG v. 15.2.2012 – 7 ABN 74/11, DB 2012, 812.
4 BVerwG v. 8.7.2015 – 5 PB 19/14, PersV 2015, 472 f.
5 BVerwG v. 12.7.2013 – 6 PB 9/13N, NVwZ 2013, 1427.
6 GMP/*Matthes/Schlewing*, § 92a Rz. 10; GWBG/*Greiner*, § 92a Rz. 4.
7 Düwell/Lipke/*Düwell*, § 92a Rz. 2 iVm. § 92 Rz. 15.
8 S. dazu näher BAG v. 6.11.2013 – 7 ABR 84/11.
9 Ob die Einlegung bereits **vor Zustellung** der anzufechtenden Entscheidung erfolgen kann, ist **zweifelhaft**; vgl. BAG v. 8.6.2010 – 6 AZN 163/10, NZA 2010, 909.
10 Vgl. BAG v. 20.6.1995 – 3 AZN 261/95, NZA 1995, 1119 f.; BAG v. 27.9.1995 – 4 AZN 473/95, NZA 1996, 555 ff.
11 BAG v. 27.6.2000 – 9 AZN 525/00, NZA 2000, 1072.

len Rechtskraft gehemmt wird. Der Ausgestaltung des arbeitsgerichtlichen Beschlussverfahrens entspricht es, dass grds. in Betriebsverfassungssachen dauernde Auswirkungen erst an formell rechtskräftige Beschlüsse geknüpft werden (vgl. § 85 Abs. 1 Satz 1; in nicht-vermögensrechtlichen Streitigkeiten findet die Zwangsvollstreckung erst aus rechtskräftigen Beschlüssen oder Vergleichen statt).

3. Die Zulassungsgründe

Bezogen auf die Zulassungsgründe des § 72a Abs. 3 Satz 1 iVm. § 92a Satz 2 (s. dazu bei § 92 Rz. 16 ff.). unterscheidet man die **Grundsatzbeschwerde** (Nr. 1; Rz. 10 ff.), die **Divergenzbeschwerde** (Nr. 2; Rz. 13 ff.) und die **Verfahrensbeschwerde** (Nr. 3; Rz. 19–19b). Seit dem 1.1.2005 ist die Rechtsbeschwerde auch zuzulassen, wenn ein absoluter Revisionsgrund gem. § 547 Nr. 1–5 ZPO[1] oder eine entscheidungserhebliche Verletzung des Anspruchs auf rechtliches Gehör geltend gemacht wird und vorliegt (vgl. § 72 Abs. 2 Nr. 3 iVm. § 72a Abs. 3 Satz 2 Nr. 3). Welche Angaben eine formgerechte Begründung der Nichtzulassungsbeschwerde enthalten muss, ergibt sich für die drei Arten der Nichtzulassungsbeschwerde aus § 72a Abs. 3 Satz 2. Die ordnungsgemäße Begründung gehört zu der einzuhaltenden Form iSd. § 72a Abs. 5 Satz 3.

13

Nach § 72a Abs. 3 Satz 2 iVm. § 92a Satz 2 muss die Begründung der Nichtzulassungsbeschwerde zwingend alternativ oder kumulativ enthalten:

14

- die Darlegung der grundsätzlichen Bedeutung einer Rechtsfrage und deren Entscheidungserheblichkeit (= *Grundsatzbeschwerde*);
- Bezeichnung der Entscheidung, von der das Urteil des LAG abweicht (= *Divergenzbeschwerde*), oder
- die Darlegung eines absoluten Revisionsgrundes nach § 547 Nr. 1–5 ZPO oder der Verletzung des Anspruchs auf rechtliches Gehör und der Entscheidungserheblichkeit der Verletzung (*Verfahrensbeschwerde*).

Andere Zulassungsgründe (*zB Fortbildung des Rechts oder die Erforderlichkeit einer Entscheidung durch das Revisionsgericht zur Sicherung einer einheitlichen Rechtsprechung, siehe § 544 Abs. 2, § 543 Abs. 2 ZPO*) sind im arbeitsgerichtlichen Beschlussverfahren nicht möglich. Ebenfalls nicht Gegenstand eines Nichtzulassungsbeschwerdeverfahrens ist die zutreffende Rechtsanwendung durch das LAG[2].

a) Grundsätzliche Bedeutung

Anders als früher kommt es im Rahmen der § 72a Abs. 3 **Nr. 1** iVm. § 92a Satz 2 nunmehr nach dem Gesetzeswortlaut darauf an (vgl. § 72 Abs. 2 Nr. 1), ob die „entscheidungserhebliche Rechtsfrage" (nicht dagegen die „Rechtssache") **grundsätzliche Bedeutung** hat. Eine sachliche Änderung ist damit aber nicht verbunden. Es kann auf die Begrifflichkeit zurückgegriffen werden, die das BAG in seiner bisherigen Rspr. entwickelt hat[3].

15

Die ordnungsgemäße Darlegung der grundsätzlichen Bedeutung einer Rechtsfrage und ihrer Entscheidungserheblichkeit gem. § 92a, § 72a Abs. 3 Satz 2 Nr. 1 in der Beschwerdebegründung erfordert (s. auch § 72a Rz. 13 ff., 55 ff.), dass der Beschwerdeführer die durch die anzufechtende Entscheidung aufgeworfene Rechtsfrage konkret benennt und ihre Klärungsfähigkeit, Klärungsbedürftigkeit, Entscheidungserheblichkeit und die allgemeine Bedeutung für die Rechtsordnung oder ihre Auswirkung auf die Interessen jedenfalls eines größeren Teils der Allgemeinheit aufzeigt[4].

16

Eine Rechtsfrage ist eine Frage, welche die Wirksamkeit, den Geltungsbereich, die Anwendbarkeit oder den Inhalt einer Norm zum Gegenstand hat. **Entscheidungserheblich** ist eine Rechtsfrage, wenn sich das LAG im anzufechtenden Beschluss mit ihr beschäftigt und sie beantwortet hat und bei einer anderen Beantwortung möglicherweise eine für den Beschwerdeführer günstigere Entscheidung getroffen hätte[5]. Hierbei ist die Rechtsfrage von grundsätzlicher Bedeutung regelmäßig derart konkret zu formulieren, dass sie nur mit „Ja" oder „Nein" zu beantworten ist, wobei eine im Einzelfall differenzierte Beantwortung durchaus zulässig ist. Falls die Rechtsfrage aufgrund der Einzelfallumstände jedoch mit „Kann sein" zu beantworten ist, ist sie nicht ordnungsgemäß dargelegt.

17

Die **Klärungsbedürftigkeit** fehlt, wenn die Rechtsfrage höchstrichterlich entschieden ist und dagegen keine neuen beachtlichen Gesichtspunkte vorgebracht werden oder wenn eine eindeutige Rechtslage vorliegt

18

---

1 § 547 Nr. 6 ZPO ist ausgenommen; s. insoweit § 92b.
2 BAG v. 22.3.2005 – 1 ABN 1/05, NZA 2005, 652 f.
3 Zutreffend *Bepler*, RdA 2005, 65 (70).
4 BAG v. 17.11.2015 – 1 ABN 39/15, Rz. 3.
5 BAG v. 22.5.2012 – 1 ABN 27/12; BAG v. 15.10.2012 – 5 AZN 1958/12, NZA 2012, 1388.

und deshalb divergierende Entscheidungen der LAG nicht zu erwarten sind[1]. **Klärungsfähig** ist eine Rechtsfrage, wenn sie in der Rechtsbeschwerdeinstanz nach Maßgabe des Prozessrechts beantwortet werden kann[2]. Wegen – mit Rücksicht auf § 559 ZPO – fehlender Klärungsfähigkeit liegt eine grundsätzliche Bedeutung der Rechtssache (auch) dann nicht vor, wenn die dafür erforderlichen Tatsachen erst in der Rechtsbeschwerdeinstanz in das Verfahren eingeführt werden könnten[3].

b) Divergenz

19 Nach § 72a Abs. 3 Satz 2 **Nr. 2** iVm. § 92a Satz 2 kann die Nichtzulassung der Rechtsbeschwerde durch Beschwerde auch dann angefochten werden, wenn der anzufechtende Beschluss des LAG **von einer Entscheidung** der dort genannten Gerichte, insbesondere des BAG oder, solange eine solche Entscheidung in der Rechtsfrage nicht ergangen ist, von einer Entscheidung eines anderen LAG **abweicht** und auf dieser Abweichung beruht (s. auch § 72a Rz. 34 ff., Rz. 58a ff.). Entscheidungen derselben Kammer des LAG, dessen Entscheidung mit der Nichtzulassungsbeschwerde angefochten wird, sind nach § 72 Abs. 2 Nr. 2 nicht divergenzfähig. Ein Meinungswandel innerhalb desselben Spruchkörpers gefährdet die Rechtseinheit nicht in gleicher Weise wie eine Divergenz zwischen verschiedenen Spruchkörpern[4]. Nicht divergenzfähig sind weiter gerichtliche Entscheidungen, die dem anzufechtenden Beschluss zeitlich nachfolgen. Abweichen iSv. § 72 Abs. 2 Nr. 2 kann nur eine spätere Entscheidung von einer früheren Entscheidung[5].

20 In der Begründung einer solchen – auf **Divergenz** gestützten – Nichtzulassungsbeschwerde muss entsprechend den Anforderungen der Rspr.[6] der nach Ansicht des Beschwerdeführers im anzufechtenden Beschluss aufgestellte fallübergreifende (abstrakte) und von einer divergenzfähigen Entscheidung **abweichende Rechtssatz**[7] aufgezeigt sowie dargelegt werden, dass die Abweichung für den anzufechtenden Beschluss **tragend** sein soll, oder anders ausgedrückt: „Die formgerechte Begründung einer Nichtzulassungsbeschwerde, die auf eine Divergenz iSv. § 72 Abs. 2 Nr. 2 gestützt wird, muss mindestens dreierlei enthalten:
– die Formulierung eines abstrakten Rechtssatzes, der in der herangezogenen Entscheidung enthalten sein soll,
– die Formulierung eines abstrakten Rechtssatzes, der sich aus der angegriffenen Entscheidung ergeben und abweichen soll,
– sowie die Behauptung, dass die angegriffene Entscheidung auf dieser Abweichung beruht"[8].

Ein abstrakter Rechtssatz liegt nur vor, wenn durch fallübergreifende Ausführungen ein Grundsatz aufgestellt wird, der für eine Vielzahl von gleich gelagerten Fällen Geltung beansprucht. Er kann auch in scheinbar einzelfallbezogenen Ausführungen enthalten sein. Jedoch müssen sich die voneinander abweichenden abstrakten Rechtssätze aus der anzufechtenden und den angezogenen Entscheidungen unmittelbar ergeben und so deutlich ablesbar sein, dass nicht zweifelhaft bleibt, welche abstrakten Rechtssätze die Entscheidungen jeweils aufgestellt haben. Die anzufechtende Entscheidung beruht auf dem abstrakten Rechtssatz, wenn das Beschwerdegericht auf der Grundlage des in der angezogenen Entscheidung enthaltenen Rechtssatzes möglicherweise eine andere, für den Nichtzulassungsbeschwerdeführer günstigere Entscheidung getroffen hätte[9].

21 Eine Nichtzulassungsbeschwerde wegen Divergenz ist auch dann begründet, wenn die anzufechtende Entscheidung von einer Entscheidung des BAG abweicht, – in der Begründung jedoch nicht diese Entscheidung des BAG, sondern eine damit übereinstimmende Entscheidung eines anderen LAG angezogen wird[10].

22 Nach näherer Maßgabe der höchstrichterlichen Rspr. kann im Verfahren der Nichtzulassungsbeschwerde wegen behaupteter Divergenz eine **lediglich unrichtige Rechtsanwendung nicht** mit Erfolg gerügt wer-

---

1 BAG v. 28.7.2009 – 3 AZN 224/09, NZA 2009, 859.
2 BAG v. 27.3.2012 – 3 AZN 1389/11, NZA 2012, 756.
3 *Etzel*, ZTR 1997, 248 (256); BAG v. 20.10.1982 – 4 AZN 406/82, DB1983, 240; vgl. BSG v. 18.1.2001 – B 11 AL 181/00.
4 BAG v. 21.2.2002 – 2 AZN 909/01, NZA 2002, 758.
5 BAG v. 10.2.1981 – 1 ABN 19/80; BAG v. 17.1.2012 – 5 AZN 1358/11, NZA 2012, 411.
6 Vgl. BAG v. 22.5.2012 – 1 ABN 27/12; BAG v. 14.2.2001 – 9 AZN 878/00, NZA 2001, 520.
7 Vgl. zur Frage, wann in einer LAG-Entscheidung ein abstrakter abweichender Rechtssatz aufgestellt wird: BAG v. 16.1.1990 – 1 ABN 55/89; in der fehlerhaften oder unterlassenen Anwendung höchstrichterlicher Rspr. alleine liegt noch kein Aufstellen eines abstrakten Rechtssatzes.
8 Zitat aus BVerfG v. 23.8.1995 – 1 BvR 568/93, NZA 1996, 616 [Stellungnahme des damaligen BAG-Präsidenten zu einer Verfassungsbeschwerde]. Ähnlich BAG v. 17.1.2012 – 5 AZN 1358/11, NZA 2012, 411.
9 BAG v. 22.3.2005 – 1 ABN 1/05, NZA 2005, 652 f.; BAG v. 26.7.1994 – 1 AZN 324/94, NZA 1995, 807.
10 BAG v. 21.12.1982 – 1 ABN 30/82, BAGE 41, 193.

den¹. Enthält der Beschluss des Beschwerdegerichts allerdings Entscheidungsgründe, die Mängel aufweisen, so kann dies im Rahmen der Nichtzulassungsbeschwerde der Gehörsrüge nach § 72 Abs. 2 Nr. 3, 2. Alt. zugänglich sein².

Enthält der anzufechtende Beschluss des LAG eine **doppelte Begründung** (dh. eine Haupt- und eine Hilfsbegründung; auch Mehrfach- oder Alternativbegründung genannt) und weicht nur eine seiner Begründungen von einer divergenzfähigen Entscheidung ab, so kann es an einer entscheidungserheblichen Divergenz iSv. § 72 Abs. 2 Nr. 2 fehlen, nämlich bspw. dann, wenn das LAG nur in der Hilfsbegründung einen divergierenden Rechtssatz aufgestellt hat³. Eine Nichtzulassungsbeschwerde kann in einem solchen Fall nur dann Erfolg haben, wenn der Beschwerdeführer darlegt, dass sowohl die Haupt- als auch die Hilfsbegründung des anzufechtenden Beschlusses eine Divergenz enthalten⁴. 23

c) Absoluter Rechtsbeschwerdegrund nach § 547 ZPO

Soweit es um den Zulassungsgrund nach § 72a Abs. 3 Satz 2 **Nr. 3, 1. Alt.** und § 92a Satz 2 geht (vgl. 72 Abs. 2 Nr. 3, 1. Alt.), kommen die nicht ordnungsgemäße Besetzung des Gerichts (§ 547 Nr. 1–3 ZPO), die fehlerhafte Vertretung (§ 547 Nr. 4 ZPO) und die Verletzung der Vorschriften über die Öffentlichkeit (§ 547 Nr. 5 ZPO) in Betracht (s. auch § 72a Rz. 38a ff., Rz. 65a). Auf einen Verfahrensmangel iSd. § 547 Nr. 4 ZPO kann sich im Beschlussverfahren nur derjenige Beteiligte berufen, dessen ordnungsgemäße **Vertretung** im Prozess unterblieben ist⁵. 24

d) Verletzung des Anspruchs auf rechtliches Gehör

Wird mit einer Nichtzulassungsbeschwerde gem. § 72 Abs. 2 **Nr. 3 Alt. 2** eine Verletzung des Anspruchs auf rechtliches Gehör (Art. 103 Abs. 1 GG) geltend gemacht, muss nach § 72a Abs. 3 Satz 2 Nr. 3 die Beschwerdebegründung die Darlegung der Verletzung dieses Anspruchs und deren Entscheidungserheblichkeit enthalten (s. auch § 72a Rz. 38d ff., Rz. 65b ff.). Liegt – im Rahmen einer Verfahrensrüge nach § 72 Abs. 2 Nr. 3 Alt. 2 – die behauptete **Gehörsverletzung** iSd. Art. 103 Abs. 1 GG in einer in den Vorinstanzen unterbliebenen Beteiligung, kann ein Verstoß gegen dieses prozessuale Grundrecht nur von demjenigen geltend gemacht werden, bei dem die Gehörsverletzung nach seiner Rechtsbehauptung eingetreten ist. Der Beschwerdeführer kann daher nur geltend machen, dass sein eigener Anspruch auf rechtliches Gehör in der Vorinstanz verletzt worden sei⁶. Macht der Beschwerdeführer geltend, die Vorinstanz habe seinen Anspruch auf rechtliches Gehör dadurch verletzt, dass sie seinen **Vortrag nicht zur Kenntnis oder nicht in Erwägung gezogen** habe, muss er konkret dartun, welches wesentliche Vorbringen das Gericht bei seiner Entscheidung übergangen haben soll. Grundsätzlich ist davon auszugehen, dass ein Gericht das Vorbringen der Beteiligten zur Kenntnis genommen und in Erwägung gezogen hat. Im Hinblick auf § 313 Abs. 3 ZPO („kurze Zusammenfassung" der Erwägungen) rechtfertigt allein der Umstand, dass sich die Gründe einer Entscheidung mit einem bestimmten Gesichtspunkt nicht ausdrücklich auseinander setzen, nicht die Annahme, das Gericht habe diesen Gesichtspunkt bei seiner Entscheidung nicht erwogen. Vielmehr bedarf es hierzu besonderer Umstände⁷. Wird in einem Beschlussverfahren der Sachverhalt vom Beschwerdegericht allerdings nur unzureichend aufgeklärt, kann ein damit verbundener einzelfallbezogener Verstoß gegen den Untersuchungsgrundsatz (§ 83 Abs. 1 Satz 1 ArbGG) mit einer auf § 72 Abs. 2 Nr. 3, 2. Alt. iVm. § 92a Satz 2 ArbGG gestützten Nichtzulassungsbeschwerde gerügt werden, wenn das LAG zugleich in entscheidungserheblicher Weise gegen den Grundsatz des rechtlichen Gehörs verstößt. Ein Verstoß gegen das einfach-rechtliche Gebot der ausreichenden Sachverhaltsaufklärung wird nicht von § 72 Abs. 2 Nr. 3, 2. Alt. erfasst. Art. 103 Abs. 1 GG schützt auch nicht davor, dass das Gericht dem Vortrag einer Partei nicht die aus deren Sicht richtige Bedeutung beimisst⁸. Zur Entscheidungserheblichkeit der Gehörsverletzung ist nachvollziehbar darzulegen, dass die Vorinstanz unter Berücksichtigung des entsprechenden Gesichtspunkts möglicherweise anders entschieden hätte⁹. Hat das Beschwerdegericht einen Anspruch rechtsirrtümlich nicht beschieden, kann ein dahingehender Verfahrensfehler der Gehörsrüge im 25

---

1 BAG v. 22.3.2005 – 1 ABN 1/05, NZA 2005, 652.
2 BVerwG v. 2.12.2009 – 6 PB 33/09, NVwZ 2010, 136.
3 S. auch BAG v. 23.1.1996 – 1 ABN 18/96, NZA 1997, 281 f.
4 BAG v. 27.10.1998 – 9 AZN 575/98, NZA 1999, 222.
5 BAG v. 22.5.2012 – 1 ABN 27/12; vgl. BAG v. 9.9.2012 – 4 AZN 354/10, NZA 2010, 1309.
6 BVerwG v. 6.4.2011 – 6 PB 20/10, NZA-RR 2011, 447.
7 Vgl. dazu BAG v. 17.3.2010 – 5 AZN 1042/09, NZA 2010, 59 unter Bezugnahme auf BVerfG v. 8.10.2003 – 2 BvR 949/02: Die Gerichte brauchen nicht jedes Vorbringen der Parteien in den Gründen der Entscheidung ausdrücklich zu behandeln; siehe auch BVerwG v. 10.5.2017 – 5 PB 5/16.
8 BAG v. 17.11.2015 – 1 ABN 39/15, Rz. 14.
9 BAG v. 22.3.2005 – 1 ABN 1/05, NZA 2005, 652.

Rahmen der Nichtzulassungsbeschwerde zugänglich sein[1]. Die Gehörsrüge kommt auch in Betracht, wenn das Beschwerdegericht ohne vorherigen Hinweis auf einen rechtlichen Gesichtspunkt abstellt, mit dem auch ein gewissenhafter und kundiger Prozessbeteiligter selbst unter Berücksichtigung der Vielfalt vertretbarer Rechtsauffassungen nicht zu rechnen braucht („**Überraschungsentscheidung**"[2])[3].

4. Beantwortung

26 Das ArbGG enthält für die Beantwortung der Nichtzulassungsbeschwerde der übrigen Beteiligten keine Vorschrift, also auch keine Frist. Eine Auseinandersetzung der übrigen Beteiligten mit den Gründen der Nichtzulassungsbeschwerde sollte gleichwohl, insbesondere zeitnah erfolgen. Derartige Stellungnahmen können auch ohne einen Rechtsanwalt eingereicht werden[4].

V. Die Entscheidung über die Nichtzulassungsbeschwerde

27 Das zweitinstanzliche Beschwerdegericht ist im Rahmen des Nichtzulassungsbeschwerdeverfahrens nicht befugt, seine Nichtzulassungsentscheidung abzuändern (§ 72a Abs. 5 Satz 1 iVm. § 92a Satz 2). Das BAG entscheidet über die Nichtzulassungsbeschwerde durch (unanfechtbaren) Beschluss, der **ohne mündliche Verhandlung/Anhörung** ergehen kann (§ 72a Abs. 5 Satz 2 ArbGG iVm. § 92a Satz 2). In der Praxis findet im Nichtzulassungsbeschwerdeverfahren eine mündliche Verhandlung vor dem BAG idR nicht statt.

1. Spruchkörper

28 Wird die **Nichtzulassungsbeschwerde** als **unzulässig** verworfen, weil sie nicht statthaft ist oder nicht form- und fristgerecht eingelegt und/oder begründet wurde (was ausweislich der Jahresberichte des BAG in rund 90% aller Nichtzulassungsbeschwerden der Fall ist), so entscheidet das BAG **ohne die ehrenamtlichen Richter** (§ 72a Abs. 5 Satz 3 ArbGG iVm. § 92a Satz 2). Ansonsten entscheidet das BAG – dh. im Falle der **Zurückweisung als unbegründet** oder im Falle der Stattgabe, dh. bei **Zulassung der Rechtsbeschwerde** – in **voller Senatsbesetzung** mit den ehrenamtlichen Richtern. Keine Frage der gesetzlichen Form der Nichtzulassungsbeschwerde ist es bspw. bei einer Divergenzbeschwerde, soweit die Existenz der behaupteten Rechtssätze, deren Divergenz sowie die Frage des Beruhens rechtlich gewürdigt werden. Ob sich also der angegriffenen und der angezogenen Entscheidung tatsächlich die behaupteten Rechtssätze entnehmen lassen, ob diese Rechtssätze voneinander abweichen und ob die angegriffene Entscheidung auf dieser Abweichung beruht, ist vielmehr einer Frage der Begründetheit und muss der Senat in voller Besetzung beurteilen[5].

29 Soweit das **BVerwG** mit Nichtzulassungsbeschwerden nach § 92a befasst sein kann, wirken an den Entscheidungen ehrenamtliche Richter nicht mit[6]. Dem für Sachen aus dem Gebiet des Personalvertretungsrechts derzeit zuständigen fünften (Revisions-)Senat sind ohnehin keine ehrenamtlichen Richter zugewiesen[7]. Die Vorschrift des § 72a Abs. 5 Satz 2 läuft damit ungeachtet des § 83 Abs. 2 BPersVG in Personalvertretungssachen faktisch ins Leere. Ergeht die Entscheidung des BVerwG über die Nichtzulassungsbeschwerde ohne mündliche Verhandlung entscheiden nach § 10 Abs. 2 VwGO drei Berufsrichter, ansonsten fünf Berufsrichter.

30 Das ArbGG sieht keine Frist vor, binnen derer das BAG über die Verwerfung/Zurückweisung der Beschwerde bzw. über die Zulassung der Rechtsbeschwerde entscheiden müsste. Generell strebt das BAG in der Praxis an, dass eine **Entscheidung binnen von drei Monaten** ab Eingang der Nichtzulassungsbeschwerde ergeht. Sofern die Entscheidung allerdings durch den kompletten Senat und nicht nur die Berufsrichter ergehen muss, kann wegen der weitreichenden Terminierung die og. interne Frist im Einzelfall nicht immer eingehalten werden.

---

1 BVerwG v. 1.7.2010 – 6 PB 7/10, NVwZ-RR 2010, 816. Anders verhält es sich, wenn der Antrag versehentlich nicht beschieden wurde; dann kommt das vereinfachte Verfahren der Beschlussergänzung nach § 321 ZPO in Betracht.
2 BVerwG v. 10.7.2008 – 6 PB 10/08, NZA-RR 2008, 659.
3 BVerwG v. 24.7.2008 – 6 PB 18/08, NZA-RR 2009, 37; allerdings gebietet es der Anspruch auf rechtliches Gehör nicht, dass das Rechtsmittelgericht auf seine vom erstinstanzlichen Gericht abweichende Auffassung hinweist, wenn die angefochtene Entscheidung in diesem Punkt vom Rechtsmittelführer mit vertretbaren Ausführungen angegriffen wird.
4 GMP/*Matthes/Schlewing*, § 92a Rz. 10; HWK/*Bepler/Treber*, § 92a Rz. 6.
5 Stellungnahme des damaligen BAG-Präsidenten, zitiert nach BVerfG v. 23.8.1995 – 1 BvR 568/93, NZA 1996, 616.
6 Nach der dort geübten und wohl auf § 10 Abs. 3 VwGO gestützten Praxis; vgl. GMP/*Matthes/Spinner*, § 80 Rz. 12; GMP/*Matthes/Schlewing*, § 92a Rz. 12.
7 Vgl. dazu etwa den Geschäftsverteilungsplan des BVerwG für das Geschäftsjahr 2017, dort A. I. a) - 5. R-Senat.

2. Begründung

Der – verwerfende, zurückweisende oder stattgebende – Beschluss soll eine kurze Begründung enthalten (§ 72a Abs. 5 Satz 4 iVm. § 92a Satz 2). Von einer Begründung des Beschlusses kann abgesehen werden (§ 72a Abs. 5 Satz 5), wenn sie nicht geeignet wäre, zur Klärung der Voraussetzungen beizutragen, unter denen eine Revision zuzulassen ist (1. Alt.), oder wenn der Beschwerde stattgegeben wird (2. Alt.). Praxishinweis: Von dieser gesetzlichen zugelassenen Möglichkeit machen einige Senate des BAG mittlerweile Gebrauch, so dass der Nichtzulassungsbeschwerdeführer bspw. nur den Verwerfungsbeschluss ohne nähere Angaben, warum die Nichtzulassungsbeschwerde unzulässig ist, oder nur den Zulassungsbeschluss ohne nähere Angabe, wegen welcher entscheidungserheblichen Rechtsfrage von grundsätzlicher Bedeutung der Senat die Rechtsbeschwerde zulässt, erhält.

31

3. Fortgang bei begründeter Nichtzulassungsbeschwerde

Ist die Nichtzulassungsbeschwerde erfolgreich und führt zur Zulassung der Rechtsbeschwerde, dann wird das Beschwerdeverfahren **als Rechtsbeschwerdeverfahren fortgesetzt**. In diesem Fall gilt die form- und fristgerechte Einlegung der Nichtzulassungsbeschwerde als Einlegung der Rechtsbeschwerde (§ 72a Abs. 6 Satz 1 und 2 iVm. § 92a Satz 2). Mit der Zustellung der stattgebenden BAG-Entscheidung beginnt die Rechtsbeschwerdebegründungsfrist (§ 72a Abs. 6 Satz 3 iVm. § 92a Satz 2). Im Schriftsatz zur Rechtsbeschwerdebegründung kann auf die Begründung der Nichtzulassungsbeschwerde Bezug genommen werden (vgl. § 72 Abs. 5, § 92 Abs. 2 iVm. § 551 Abs. 3 Satz 2 ZPO)[1]. Soll eine solche Bezugnahme zur Zulässigkeit der Rechtsbeschwerde führen, muss zum einen die Begründung der Nichtzulassungsbeschwerde den inhaltlichen Anforderungen an eine Rechtsbeschwerdebegründung entsprechen (§ 94 Abs. 2), zum anderen muss diese Bezugnahme innerhalb der Zweimonatsfrist des § 72a Abs. 6 Satz 3 iVm. § 74 Abs. 1 Satz 1, § 92 Abs. 2 beim BAG eingehen.

32

Daraus ergibt sich, dass die Nichtzulassungsbeschwerde als Rechtsbehelf nicht zur Aufhebung der Entscheidung der Vorinstanz führt. Aus dem Erfolg der Nichtzulassungsbeschwerde darf nicht auf den Erfolg im Rechtsbeschwerdeverfahren geschlossen werden. Anders verhält es sich, wenn das Beschwerdegericht (LAG oder OVG/VGH) den Anspruch des Beschwerdeführers auf rechtliches Gehör (Art. 103 Abs. 1 GG) in entscheidungserheblicher Weise verletzt hat (§ 72a Abs. 5 Nr. 3, 2. Alt. iVm. § 92a Satz 2 bzw. § 72 Abs. 2 Nr. 3, 2. Alt.). In diesem Fall kann das BAG bzw. das BVerwG abweichend von § 72a Abs. 6 in der Nichtzulassungsbeschwerde stattgebenden Beschluss die angefochtene **Entscheidung der Vorinstanz aufheben** und den Rechtsstreit/das Beschlussverfahren zur neuen Verhandlung/Anhörung und Entscheidung an das LAG oder OVG/VGH **zurückverweisen** (§ 72a Abs. 7), auch an eine andere Kammer des LAG (vgl. § 563 Abs. 1 Satz 2 ZPO)[2]. Eine solche Zurückverweisung erfolgt regelmäßig, da die Gehörsverletzung beim BAG als Rechtsbeschwerdegericht nicht mehr geheilt werden kann, hierzu bedarf es einer Tatsacheninstanz. Die Regelung des § 72a Abs. 7 ArbGG ist beim Vorliegen eines absoluten Revisionsgrundes iSv. § 72 Abs. 2 Nr. 3, 1. Alt. ArbGG iVm. § 547 Nr. 1 bis 5 ZPO analog anzuwenden[3].

33

4. Fortgang bei unzulässiger bzw. unbegründeter Nichtzulassungsbeschwerde

Im Falle der Ablehnung der Nichtzulassungsbeschwerde (= Verwerfung oder Zurückweisung) durch das BAG wird der **Beschluss des Beschwerdegerichts rechtskräftig** (§ 72a Abs. 5 Satz 6 iVm. § 92a Satz 2)[4].

34

Gegen eine Entscheidung des BAG, die eine Nichtzulassungsbeschwerde als unzulässig verwirft oder als unbegründet zurückweist, ist kein Rechtsmittel gegeben. Auch eine **Gegenvorstellung** ist nicht statthaft[5], denn dies liefe darauf hinaus, die Rechtskraft der anzufechtenden Beschwerdeentscheidung rückwirkend zu beseitigen, was nicht zulässig ist (s. Erl. zu § 78 Rz. 110). Nur bei Vorliegen der Voraussetzungen des § 78a kommt uU eine Fortführung des Nichtzulassungsbeschwerdeverfahrens in Betracht. Bei der **Anhörungsrüge** handelt es sich allerdings um kein Rechtsmittel, sondern um einen Rechtsbehelf eigener Art (s. Erl. zu § 78a Rz. 3 f.).

35

---

1 BAG v. 8.5.2008 – 1 ABR 56/06, NZA 2008, 726 ff.
2 Vgl. dazu BAG v. 28.5.2009 – 6 AZN 17/09, NZA 2009, 1109.
3 BAG v. 5.6.2014 – 6 AZN 267/14, Rz. 35 ff., NZA 2014, 799 ff.
4 Wie im Rahmen des § 544 Abs. 5 Satz 3 ZPO tritt die Rechtskraft nicht bereits mit dem Erlass, sondern erst mit der Zustellung des Verwerfungs- oder Zurückweisungsbeschlusses ein; vgl. BAG v. 29.9.2011 – 2 AZR 674/10, AP Nr. 16 zu § 580 ZPO; BGH v. 19.10.2005 – VIII ZR 217/04, NJW 2005, 3724.
5 BAG v. 10.10.2012 – 5 AZN 991/12 (A), NZA 2013, 167.

§ 92b Sofortige Beschwerde wegen verspäteter Absetzung der Beschwerdeentscheidung

Der Beschluss eines Landesarbeitsgerichts nach § 91 kann durch sofortige Beschwerde angefochten werden, wenn er nicht binnen fünf Monaten nach der Verkündung vollständig abgefasst und mit den Unterschriften sämtlicher Mitglieder der Kammer versehen der Geschäftsstelle übergeben worden ist. § 72b Abs. 2 bis 5 gilt entsprechend. § 92a findet keine Anwendung.

I. Normzweck und Abgrenzung zur Rechtsbeschwerde und Nichtzulassungsbeschwerde ... 1	3. Beschwerdeberechtigung ... 10
II. Zulässigkeit der sofortigen Beschwerde	4. Einlegung und Begründung der sofortigen Beschwerde ... 11
1. Statthaftigkeit und Beschluss des LAG ... 6	III. Entscheidung über die sofortige Beschwerde ... 12
2. Fehlende Absetzung binnen fünf Monaten nach der Verkündung ... 8	

Schrifttum: *Bepler*, Änderungen im arbeitsgerichtlichen Verfahren durch das Anhörungsrügengesetz, RdA 2005, 65.

I. Normzweck und Abgrenzung zur Rechtsbeschwerde und Nichtzulassungsbeschwerde

1 Der – durch das sog. Anhörungsrügengesetz vom 9.12.2004 (BGBl. I S. 3220) mit Wirkung vom 1.1.2005 eingefügte – § 92b trägt durch die hierin geregelte (besondere) sofortige Beschwerde dem Anliegen des BVerfG[1] hinsichtlich der **fachgerichtlichen Selbstkorrektur** bei Verstößen eines Richters gegen das grundrechtsgleiche Recht auf rechtliches Gehör (Art. 103 Abs. 1 GG) Rechnung, wenn **mangels zeitnaher Ausfertigung** die Rechtsverteidigung gegen **nachteilige Beschwerdebeschlüsse des LAG** unmöglich gemacht wird[2]. Mittels § 92b können verspätet abgesetzte zweitinstanzliche Entscheidungen der Gerichte für Arbeitssachen im Instanzenzug fachgerichtlich korrigiert werden, vor allem wenn im Tenor der Beschwerdeentscheidung des LAG die Rechtsbeschwerde zum BAG nicht zugelassen wurde. Der die Beschwerdeinstanz beim LAG beendende Beschluss ist an sich gem. § 91 Abs. 2 Satz 1 vollständig schriftlich abzufassen[3], vom Kammervorsitzenden und von den beiden an der Entscheidung ebenfalls mitwirkenden ehrenamtlichen Richtern zu unterschreiben und dann **spätestens fünf Monate nach der Verkündung der Entscheidung der Geschäftsstelle** zu übergeben. Unterbleibt dies oder geschieht dies nicht rechtzeitig, dann stellt dies einen **gravierenden Verfahrensmangel** zu Lasten der Beteiligten dar[4], so dass die Entscheidung wegen unterbliebener oder verspäteter Abfassung (Absetzung) als „nicht mit Gründen versehen" zu betrachten ist (vgl. § 547 Nr. 6 ZPO)[5]. Dieser erhebliche Verfahrensmangel rechtfertigt die Statthaftigkeit der sofortigen Beschwerde gem. § 92b. Die Vorschrift ist dem – für das arbeitsgerichtliche Urteilsverfahren (Revisionsverfahren) geltenden – § 72b nahezu wortgleich nachgebildet, so dass gem. § 92b Satz 2 die entsprechende Anwendung von § 72b Abs. 2-5 angeordnet wird. Daher kann ergänzend auf die dortige Kommentierung verwiesen werden.

2 Mit § 92b wird auch das Verhältnis der verschiedenen Rechtsmittel bzw. Rechtsbehelfe, die den Zugang zum BAG ermöglichen, zueinander geklärt. Ist in einem iSv. § 92b Satz 1 verspätet abgesetzten Beschluss des LAG die **Rechtsbeschwerde nicht zugelassen** worden, ist eine Beschwerde gegen die Nichtzulassung der Rechtsbeschwerde (§ 92a ArbGG) kraft gesetzlicher Anordnung nicht statthaft (§ 92b Satz 3)[6]. Hier setzt § 92b an, indem er über die besondere sofortige Beschwerde, die auch **Kassationsbeschwerde**[7] oder

---

1 Die Gesetzesbegründung BT-Drs. 15/3706, S. 21 ff. (vgl. auch BR-Drs. 663/04, S. 49) bezieht sich auf BVerfG v. 26.3.2001 – 1 BvR 383/00, NJW 2001, 2161; s. auch BVerfG v. 7.10.2003 – 1 BvR 10/99, NJW 2003, 3687; BVerfG v. 30.4.2003 – 1 PBvU 1/02, NJW 2003, 1924.
2 GWBG/*Greiner*, § 92b Rz. 1.
3 Zu den Anforderungen an eine **vollständig** abgefasste Entscheidung s. bei § 91 Rz. 4.
4 BAG v. 2.11.2006 – 4 AZN 716/06, NZA 2007, 111, spricht von „rechtsstaatswidrig zustande gekommenen Entscheidungen".
5 BAG v. 4.8.1993 – 4 AZR 501/92, NZA 1993, 1150, zu § 551 Nr. 7 ZPO aF = § 547 Nr. 6 ZPO.
6 BAG v. 24.6.2009 – 7 ABN 12/09, NZA-RR 2009, 553.
7 BCF/*Friedrich*, § 92b Rz. 1, 10.

Untätigkeitsbeschwerde[1] genannt wird, die Aufhebung der verspätet abgesetzten Beschwerdeentscheidung des LAG allein wegen des Fristablaufs ermöglicht. Andere Rechtsschutzmöglichkeiten bestehen in diesem Fall nicht[2]. Eine **Umdeutung** einer unzulässigen bzw. unstatthaften **Nichtzulassungsbeschwerde** nach § 92a in eine sofortige Beschwerde nach § 92b scheidet idR aus; sie kommt allerdings wenn in Betracht, wenn die unzulässige Nichtzulassungsbeschwerdeschrift zugleich die Anforderungen von § 92b erfüllt, dh. es muss in ihr die verspätete Absetzung der anzufechtenden Beschwerdeentscheidung des LAG gerügt werden.

Die Notwendigkeit für die sofortige Beschwerde nach § 92b ergibt sich auch daraus, dass der damit abgedeckte Verfahrensmangel weder die **Zulassung der Rechtsbeschwerde** durch das LAG zum BAG rechtfertigt, noch kann er im Rahmen **einer zugelassenen Rechtsbeschwerde** gerügt werden (s. dazu § 72 Abs. 2 Nr. 3, § 92b Satz 3 und § 93 Abs. 1 Satz 2; vgl. auch § 547 Nr. 6 ZPO, der in den § 72 Abs. 2 Nr. 3, § 72a Abs. 3 Satz 2 Nr. 3 iVm. § 92 Abs. 1 Satz 2, § 92a nicht in Bezug genommen wird[3]). 3

Bei **zugelassener Rechtsbeschwerde** im Tenor der Beschwerdeeinreichung haben die Beteiligten grdsl. ein **Wahlrecht**, ob sie die sofortige Beschwerde nach § 92b oder die Rechtsbeschwerde nach § 92 Abs. 1 einlegen[4] (s. zu dieser Frage § 72b Rz. 8). Voraussetzung ist allerdings, dass die **einmonatige Einlegungsfrist für die Rechtsbeschwerde**, nach Ablauf von fünf seit Verkündung der Beschwerdeentscheidung des LAG, noch nicht verstrichen ist. Allerdings ist die zugelassene Rechtsbeschwerde, wenn das LAG die Beschwerdeentscheidung schlicht nicht absetzt und es damit beim „Beschluss ohne Gründe" verbleibt, als Rechtsmittel ungeeignet, da es keine begründete Sachentscheidung des LAG gibt, mit der sich das BAG inhaltlich auseinander setzen könnte[5]. Im Rahmen einer etwaigen Rechtsbeschwerde ist es wenig erfolgreich, sich mit mündlich geäußerten oder vermuteten Beschlussgründen des LAG auseinanderzusetzen. Im Ergebnis zeigt sich, dass es für die sofortige Beschwerde unerheblich ist, ob das LAG im verkündeten Beschlusstenor die Rechtsbeschwerde zugelassen hat. 4

Es handelt sich bei § 92b – ebenso wie bei § 72b – nach hM um ein **Rechtsmittel**, und nicht nur um einen **Rechtsbehelf** (s. dazu Erl. zu § 72b Rz. 6)[6]. Ein Rechtsmittel zeichnet sich durch Suspensiv- und Devolutiveffekt aus. Beides ist der Fall, denn das BAG entscheidet zwar nicht in der Sache, aber über den Bestand der (verkündeten) Beschwerdeentscheidung des LAG. Die sofortige Beschwerde verhindert den Eintritt der formellen Rechtskraft der Beschwerdeentscheidung des LAG. Obwohl es sich um ein Rechtsmittel handelt, muss das LAG hierüber gem. § 9 Abs. 5 **nicht belehren** (§ 92b Satz 2, § 72b Abs. 2 Satz 3), zumal Anknüpfungspunkt für die sofortige Beschwerde gerade die Untätigkeit des LAG ist. 5

II. Zulässigkeit der sofortigen Beschwerde

1. Statthaftigkeit und Beschluss des LAG

Die Beschwerde kommt nach dem Wortlaut des § 92b nur gegen den „Beschluss eines LAG nach § 91" in Betracht[7]. Damit ist der von der Beschwerdekammer des LAG (bzw. des entsprechenden Spruchkörpers eines OVG/VGH) erlassene – vollständig oder teilweise – instanzbeendende und – an sich – **rechtsbeschwerdefähige Beschluss** iSd. § 91 Abs. 2 Satz 1 (s. § 91 Rz. 3 ff.) gemeint[8], unabhängig davon, ob darin 6

---

1 GMP/*Müller-Glöge*, § 72b Rz. 5; GWBG/*Greiner*, § 92b Rz. 1.
2 BAG v. 24.2.2015 – 5 AZN 1007/14, NZA 2015, 511.
3 Eine bei Verkündung nicht vollständig abgefasste Entscheidung gilt nach GmS-OGB v. 27.4.1993 – 1/92, NJW 1993, 2603 als „nicht mit Gründen versehen", wenn der notwendige Inhalt nicht binnen fünf Monaten nach Verkündung schriftlich niedergelegt, von den Richtern besonders unterschrieben und der Geschäftsstelle übergeben worden ist; BGH v. 19.5.2004 – XII ZR 270/02, NJW-RR 2004, 1439.
4 BT-Drs. 15/3706, S. 21; BR-Drs. 663/04, S. 50; GMP/*Müller-Glöge*, § 72b Rz. 9: befristete Wahlmöglichkeit, die mit Ablauf des sechsten auf die Verkündung folgenden Monats endet; *Bepler*, RdA 2005, 65 (77).
5 Vgl. BeckOKArbR/*Roloff*, § 92b ArbGG Rz. 1.
6 Die Einordnung als Rechtsbehelf oder Rechtsmittel ist umstritten; BAG v. 2.11.2006 – 4 AZN 716/06, NZA 2007, 111, bezeichnet die sofortige Beschwerde überwiegend als „Rechtsbehelf" (nur an einer Stelle auch als „Rechtsmittel"). Ebenso wird sie in BAG v. 24.2.2015 – 5 AZN 1007/14, NZA 2015, 511 als „Rechtsbehelf" bezeichnet. Für Rechtsmittel: BeckOKArbR/*Roloff*, § 92b ArbGG Vor Rz. 1; GK-ArbGG/*Mikosch*, § 92b Rz. 5; GWBG/*Greiner*, § 92b Rz. 1; Düwell/Lipke/*Düwell*, § 92b Rz. 1; Für Rechtsbehelf vgl. zu § 72b GMP/*Müller-Glöge*, § 72b Rz. 5 („eigenständig geregelte Untätigkeitsbeschwerde").
7 In den personalvertretungsrechtlichen Beschlussverfahren: der Beschluss eines OVG oder VGH (beachte aber § 187 Abs. 2 VwGO; Art. 81 Abs. 2 PersVG Bayern [(BayPVG)]).
8 Gesetzentwurf vom 21.9.2004, BT-Drs. 15/3706, S. 22 zu Nr. 10.

im Einzelfall die Rechtsbeschwerde zum BAG zugelassen wurde oder nicht[1]. Erfasst werden also alle Entscheidungen, mit denen die Kammer des LAG die Beschwerde gegen einen Beschluss des ArbG ganz oder teilweise iSv. § 301 ZPO bescheidet. Gemeint sind damit **Sachentscheidungen**. Bei Beschlüssen nach § 97 ist ebenfalls die sofortige Beschwerde nach § 92b statthaft (§ 97 Abs. 2). § 92b ist jedoch unanwendbar auf (idR unanfechtbare) Entscheidungen, die der Vorsitzende der Beschwerdekammer des LAG alleine erlässt (**Verwerfungsbeschlüsse** nach § 89 Abs. 3 Satz 2; Beschwerdeentscheidungen **im Einigungsstelleneinsetzungsverfahren** nach § 100 Abs. 2 Satz 3 und 4 sowie **verfahrensbeendende Einstellungsbeschlüsse** wegen Antrags- oder Beschwerderückname, Vergleich oder übereinstimmender Erledigungserklärung nach den §§ 90 Abs. 2, § 92 Abs. 2 Satz 3 iVm. § 81 Abs. 2 Satz 2 und § 83a Abs. 2)[2]. Hintergrund hierfür ist, dass diese Beschlüsse idR keiner Begründung bedürfen, deren Fehlen auch nicht die sofortige Beschwerde begründen kann. Entscheidungen, die von der Beschwerdekammer des LAG in den Fällen des § 85 Abs. 2 (einstweiliger Rechtsschutz) erlassen werden, sind nach § 92 Abs. 1 Satz 3 ohnehin nicht rechtsbeschwerdefähig; derartige Entscheidungen werden zwar vom Gesetzeswortlaut, nicht aber vom Gesetzeszweck des § 92b erfasst[3] (s. dazu Erl. zu § 72b Rz. 10).

7 § 92b findet analoge Anwendung in den Fällen der besonderen **insolvenzrechtlichen Beschlussverfahren** der § 122 Abs. 3 und § 126 Abs. 2 InsO, falls das ArbG die Rechtsbeschwerde zum BAG zugelassen hat. Hat das ArbG die Rechtsbeschwerde nicht zugelassen, scheidet auch eine analoge Anwendung von § 92b aus. Die Entscheidung des ArbG ist dann schlicht unanfechtbar[4]. Eine analoge Anwendung von § 92b scheidet hingegen aus bei Beschlüssen, in denen das ArbG die **Sprungrechtsbeschwerde** zugelassen hat (§§ 84 und 96a)[5], denn dort steht den Beteiligten ohne weiteres die Beschwerde zum LAG offen. Im Übrigen wird auf die vergleichbare Problematik im Rahmen des § 72b verwiesen[6].

2. Fehlende Absetzung binnen fünf Monaten nach der Verkündung

8 Von § 92b wird nicht nur der Fall erfasst, dass das LAG keine oder nur völlig inhaltslose schriftliche Beschlussgründe binnen der äußerst möglichen Frist von fünf Monaten seit Verkündung absetzt. Wird der Geschäftsstelle des LAG am letzten Tag der Fünf-Monats-Frist ein vollständig abgefasster Beschluss übergeben, der zwar an sich den formalen Anforderungen nach § 313 ZPO iVm. § 84 Satz 2 und § 91 Abs. 1 Satz 3 entspricht, bei dem aber eine der nach § 91 Abs. 2 Satz 1 erforderlichen Unterschriften der ehrenamtlichen Richter nicht wirksam durch einen **Verhinderungsvermerk** gem. § 315 Abs. 1 Satz 2 ZPO ersetzt worden war, ist nicht § 92a iVm. § 72a Abs. 2–7 anwendbar, sondern ebenfalls § 92b Satz 1 und 2 iVm. § 72b Abs. 2–5[7]. Es fehlt dann an einer Sachentscheidung des Beschwerdegerichts, die Gegenstand einer Nichtzulassungsbeschwerde nach § 92a iVm. § 72a Abs. 1 sein könnte[8].

9 Diskutiert wird, ob der Zweck des § 92b eine Erstreckung dieser Vorschrift auf weitere Fälle des § 547 Nr. 6 ZPO gebietet, etwa auf den Fall, dass zwar Entscheidungsgründe vorhanden sind, diese aber inhaltlichen Mindestanforderungen nicht genügen[9]. Dies ist zu verneinen. Insoweit ist zu bedenken, dass die ZPO-Bestimmung (§ 547 Nr. 6 ZPO) auf den Inhalt der Entscheidung bezogen ist, während die ArbGG-Regelungen (§ 72b und § 92b) nur auf die äußere Form der gerichtlichen Entscheidung abstellen. Die Vorschrift des § 92b erfordert lediglich eine formal vollständig abgefasste Entscheidung, also eine Entscheidung, die den äußeren Anforderungen nach § 84 Satz 2, § 91 Abs. 1 Satz 3 und Abs. 2 Satz 1 ArbGG iVm. § 313 ZPO genügt. Eine formal vollständig abgefasste Entscheidung liegt aber auch dann vor, wenn die Entscheidungsgründe Lücken aufweisen. Insofern sind **inhaltliche Mängel** bei zugelassener Rechtsbeschwerde mit der Rechtsbeschwerdebegründung und bei fehlender Zulassung der Rechtsbeschwerde mit der Nichtzulassungsbeschwerde gestützt auf § 92a iVm. § 72a Abs. 3 Satz 2 Nr. 3, § 72 Abs. 2 Nr. 3 Alt. 2 (Verletzung des Anspruchs auf rechtliches Gehör) geltend zu machen[10].

---

1 Das sind auch Beschlüsse iSd. § 97 Abs. 1 und 2.
2 Str.; vgl. ErfK/*Koch*, § 92b ArbGG Rz. 1.
3 Vgl. ErfK/*Koch*, § 92b ArbGG Rz. 1; GMP/*Müller-Glöge*, § 72b Rz. 6; BeckOKArbR/*Roloff*, § 92b ArbGG Rz. 3.
4 GK-ArbGG/*Mikosch*, § 92b Rz. 4.
5 Vgl. für die Sprungrevision die Erl. zu § 72b Rz. 11; GMP/*Müller-Glöge*, § 72b Rz. 7.
6 S. dazu ErfK/*Koch* § 72b ArbGG Rz. 2: „Redaktionsversehen"; *Bepler*, RdA 2005, 65 (76); BeckOKArbR/*Roloff*, § 92b ArbGG Rz. 3.
7 BAG v. 24.6.2009 – 7 ABN 12/09, NZA-RR 2009, 553; GK-ArbGG/*Mikosch*, § 92b Rz. 5.
8 BAG v. 24.6.2009 – 7 ABN 12/09, NZA-RR 2009, 553.
9 S. zu Fallgestaltungen, die im Rahmen des § 547 Nr. 6 ZPO dem Fehlen von Entscheidungsgründen gleichgestellt werden, Zöller/*Heßler*, § 547 ZPO Rz. 7.
10 Vgl. BVerwG v. 2.12.2009 – 6 PB 33/09, NVwZ 2010, 136; BAG v. 20.12.2006 – 5 AZB 35/06, NZA 2007, 226; GMP/*Matthes/Schlewing*, § 92b Rz. 3; Düwell/Lipke/*Düwell*, § 92b Rz. 6.

3. Beschwerdeberechtigung

Beschwerdeberechtigt ist **jeder am Verfahren Beteiligte**, der durch die verkündete Entscheidung beschwert ist, und zwar unabhängig davon, ob er beim Anhörungstermin beim LAG Sachanträge gestellt, lediglich anwesend war oder dem Anhörungstermin ferngeblieben ist. Da die sofortige Beschwerde nach § 92b aber der Ersatz für die Rechtsbeschwerde nach § 92 Abs. 1 ist, muss der Beschwerdeführer entsprechend beschwert sein. Die **Beschwer** folgt beim **Rechtsmittelführer** aus der Abweichung bei den Sachanträgen (formelle Beschwer), während es bei den übrigen Beteiligten um die materielle Beschwer geht. Die Beschwer folgt nicht allein aus der fehlenden oder verspäteten Absetzung[1]. Die Beschwer folgt aus der materiellen Beteiligtenstellung, dh. beschwerdebefugt ist jeder Beteiligte, der gegen die verkündete Entscheidung des LAG auch Rechtsbeschwerde bzw. Nichtzulassungsbeschwerde einlegen dürfte[2].

4. Einlegung und Begründung der sofortigen Beschwerde

Insoweit gelten die Erläuterungen zu § 72b Abs. 2–3 entsprechend (§ 92b Satz 2). Für die Einlegung und Begründung[3] der sofortigen Beschwerde gelten die formalen Anforderungen des § 94 Abs. 1 entsprechend (Unterzeichnung durch Rechtsanwalt oder Verbandsvertreter mit Befähigung zum Richteramt[4]). Die Vertretungsverbote des § 11 Abs. 5 sind zu beachten. Die sofortige Beschwerde ist binnen einer **Notfrist von einem Monat** nach Ablauf von fünf Monaten seit Verkündung des Beschlusses des LAG einzureichen (§ 92b Satz 2, § 72b Abs. 3 Satz 1). In der **Beschwerdeschrift** als **bestimmender Schriftsatz** ist anzugeben, dass gegen den Beschluss des LAG sofortige Beschwerde eingelegt wird. Der angefochtene Beschluss ist nach Gericht, Datum und Aktenzeichen anzugeben und die Beteiligten sind genau zu bezeichnen. Im Falle der schuldlosen Fristversäumnis kommt eine Wiedereinsetzung in den vorherigen Stand gem. §§ 233 ff. ZPO in Betracht. Schließlich ist die sofortige Beschwerde innerhalb der Einlegungsfrist auch zu begründen (§ 92b Satz 2, § 72b Abs. 2 Satz 1). Die Anforderungen an die Begründung entsprechen § 72b Abs. 3 Satz 3. Ein konkreter Antrag ist nicht erforderlich, aber hilfreich. Die sofortige Beschwerde kann schließlich vom Beschwerdeführer auch in der für ihre Einlegung vorgeschriebenen Form **zurückgenommen** werden (vgl. § 94 Abs. 3), wobei das Verfahren anschließend vom Senatsvorsitzenden einzustellen ist.

III. Entscheidung über die sofortige Beschwerde

Über die sofortige Beschwerde entscheidet das BAG in entsprechender Anwendung der § 72b Abs. 3–5[5]. Das BAG fordert zunächst die Verfahrensakten vom LAG von Amts wegen an und wird ggfls. eine dienstliche Erklärung des Urkundsbeamten der Geschäftsstelle einholen, um die Einhaltung der 5-Monats-Frist überprüfen zu können. Beim BAG entscheidet der Senat **ohne Hinzuziehung der ehrenamtlichen Richter**. Der Beschluss kann ohne mündliche Verhandlung ergehen. Ob die übrigen Beteiligten des Verfahrens entsprechend § 95 anzuhören sind, ist umstritten[6]. Da es allerdings inhaltlich ausschließlich um die Frage geht, ob die Fünf-Monats-Frist gewahrt ist, erscheint eine derartige Anhörung wenig sinnvoll. Begründet ist die sofortige Beschwerde nach § 92b, wenn der Beschluss des LAG nicht binnen fünf Monaten nach der Verkündung vollständig abgefasst und mit den erforderlichen Unterschriften versehen der Geschäftsstelle übergeben worden ist. Die Fünf-Monats-Frist endet auch an einem Sonnabend, Sonntag oder Feiertag und nicht erst am darauffolgenden Werktag[7]. Besteht ein **non-liquet**, ob die Entscheidung des LAG fristgemäß binnen der 5-Monats-Frist vorlag, geht dieses zu Lasten des Beschwerdeführers[8].

Das BAG trifft im Rahmen von § 92b kein Sachentscheidung, da die sofortige Beschwerde gegen den Beschluss des LAG als solches gerichtet ist. Die Entscheidung des BAG soll kurz begründet werden. Die

---

1 BeckOKArbR/*Roloff*, § 92b ArbGG Rz. 5; GK-ArbGG/*Mikosch*, § 92b Rz. 6; aA GWBG/*Greiner*, § 92b Rz. 4; GMP/*Matthes/Schlewing*, § 92b Rz. 5.
2 GMP/*Matthes/Schlewing*, § 92b Rz. 5.
3 S. dazu § 72b Abs. 3 Satz 3.
4 § 11 Abs. 4 Satz 2 und 3 iVm. § 11 Abs. 2 Satz 2 Nr. 4 und 5; GMP/*Matthes/Schlewing*, § 92b Rz. 8.
5 Beispiel einer begründeten Beschwerde gem. § 92b in BVerwG v. 9.7.2008 – 6 PB 17/08, NZA-RR 2008, 542.
6 GWBG/*Greiner*, § 92b Rz. 6; GMP/*Matthes/Schlewing*, § 92b Rz. 9; Düwell/Lipke/*Düwell*, § 92b Rz. 18.
7 Auf diese Frist ist § 222 Abs. 2 ZPO unanwendbar; vgl. Zöller/*Heßler*, § 517 ZPO Rz. 18; BAG v. 3.3.2010 – 4 AZB 23/09, NZA 2010, 910; LAG Nürnberg v. 29.5.2013 – 7 Sa 326/12; BSG v. 17.2.2009 – B 2 U 189/08 B, unter Bezugnahme auf BAG v. 17.2.2000 – 2 AZR 350/99, NZA 2000, 611.
8 BeckOKArbR/*Roloff*, § 92b ArbGG Rz. 7; aA ErfK/*Koch*, § 72b Rz. 6.

Rechtsfolgen einer zulässigen und begründeten sofortigen Beschwerde ergeben sich aus § 72b Abs. 5 und § 92b Satz 2. Das BAG hebt die Beschwerdeentscheidung des LAG auf und verweist die Sache zur neuen Verhandlung und Entscheidung an das LAG zurück (Tenor: „Auf die sofortige Beschwerde der Beteiligten zu [x] wird der Beschluss des LAG [x] vom [x] aufgehoben. Die Sache wird zur neuen Anhörung und Entscheidung an das LAG zurückverwiesen."), wobei auch eine Verweisung an eine andere Kammer des LAG erfolgen kann. Letzteres erscheint regelmäßig sinnvoll[1], da nicht zu erwarten ist, dass die Kammer des LAG in der „nächsten Runde" schneller vorgeht. Sofern die sofortige Beschwerde unzulässig ist, wird sie verworfen. Ist die sofortige Beschwerde unbegründet, wird sie zurückgewiesen. Eine Kosten(grund)entscheidung unterbleibt (§ 2 Abs. 2 GKG).

§ 93 Rechtsbeschwerdegründe

(1) Die Rechtsbeschwerde kann nur darauf gestützt werden, dass der Beschluss des Landesarbeitsgerichts auf der Nichtanwendung oder der unrichtigen Anwendung einer Rechtsnorm beruht. Sie kann nicht auf die Gründe des § 92b gestützt werden.
(2) § 65 findet entsprechende Anwendung.

I. Allgemeines 1	3. Das Kausalitätserfordernis (= Beruhen auf dem Fehler) 26
II. Statthafte Rechtsbeschwerdegründe (Abs. 1 Satz 1)	III. Unstatthafte Rechtsbeschwerdegründe
1. Begriff der Rechtsnorm 2	1. Tatsächliche Feststellungen 33
2. Die Nichtanwendung oder die unrichtige Anwendung einer Rechtsnorm 3	2. Gemäß § 65 ausgeschlossene Gründe (Abs. 2) 37
a) Sachrüge 4	3. Gemäß § 93 Abs. 1 Satz 2 ausgeschlossener Grund 40
b) Verfahrensrüge 8	

Schrifttum: *Bepler*, Änderungen im arbeitsgerichtlichen Verfahren durch das Anhörungsrügengesetz, RdA 2005, 65.

I. Allgemeines

1 Die Rechtsbeschwerde darf nach § 93 Abs. 1 Satz 1 nur darauf gestützt werden, dass der angefochtene Beschluss des LAG – im Rahmen der gestellten Rechtsbeschwerdeanträge und der von den Beteiligten gestellten Sachanträge – auf der **Nichtanwendung** oder **unrichtigen Anwendung einer Rechtsnorm** beruht. Damit wird der **Prüfungsumfang** des BAG – und des BVerwG im personalvertretungsrechtlichen Beschlussverfahren – entsprechend der Funktion (= Rechtskontrolle) eingeschränkt, so dass nur bestimmte Rechtsbeschwerdegründe zulässig sind, während andere damit zugleich unzulässig sind. Insofern wird damit auch die Rügekompetenz des Rechtsbeschwerdeführers eingeschränkt. Trotz der Wortlautabweichung zu § 73 Abs.1 Satz 1 („..., dass das Urteil des LAG auf der Verletzung einer Rechtsnorm beruht") entspricht § 93 Abs. 1 Satz 1 dieser Regelung zum Revisionsverfahren, so dass auf die dortige Kommentierung verwiesen werden kann (s. dazu bei § 73 Rz. 1 ff.[2]). Dasselbe gilt für § 93 Abs. 1 Satz 2, der im Wesentlichen § 73 Abs. 1 Satz 2 entspricht, wonach die Rechtsbeschwerde nicht auf die Gründe gestützt werden kann, die Gegenstand der besonderen sofortigen Beschwerde nach § 92b sind. § 93 Abs. 2 wiederholt die Regelung in §§ 73 und 88 und gewährleistet gem. § 65, dass im Rechtsbeschwerdeverfahren über die Eröffnung des Rechtswegs zu den Gerichten für Arbeitssachen, die Statthaftigkeit der Verfahrensart und die Zuständigkeit gem. §§ 17–17b GVG vorab zu entscheiden ist, dh. dass entsprechende Verfahrensmängel im Rechtsbeschwerdeverfahren nicht gerügt werden dürfen. Insofern kann auf die Kommentierungen zu §§ 73 und 88 verwiesen werden (s. auch §§ 546, 559 ZPO).

---

1 AA BAG v. 24.6.2009 – 7 ABN 12/09, NZA-RR 2009, 553 ff., wonach regelmäßig die Verweisung an die bisherige Kammer des LAG erfolgen soll.
2 Sowie bei Zöller/*Heßler*, § 546 ZPO Rz. 2 ff.

II. Statthafte Rechtsbeschwerdegründe (Abs. 1 Satz 1)

1. Begriff der Rechtsnorm

Der Begriff der Rechtsnorm iSv. § 93 Abs. 1 erfasst jede Norm. Er **beschränkt sich nicht auf Gesetze**, Rechtsverordnungen, öffentlich-rechtliche Satzungen und Gewohnheitsrecht, sondern erfasst auch Vorschriften, die wie Rechtsvorschriften Wirkungen äußern und Anspruch auf Befolgung erheben, insbesondere wenn sie Befugnisse und Rechte abgrenzen und Pflichten einzelner Personen begründen. So kann etwa der Geschäftsordnung eines Personalrates zwar keine Außenwirkung zukommen, ihr Anwendungsbereich beschränkt sich auf das Innenverhältnis der Mitglieder des Personalrates, insbesondere auf die Abgrenzung der Tätigkeit des Vorstandes zu derjenigen des gesamten Personalrates. Gleichwohl hat sie, soweit sie in dem nach dem jeweiligen PersVG zulässigen Rahmen die Befugnisse einzelner Mitglieder, insbesondere der Vorstandsmitglieder festlegt, für die Mitglieder des Personalrates verbindliche Kraft; sie dürfen von ihr nicht abweichen. Insoweit enthält sie „statutarisches Recht" und ist damit der Nachprüfung durch das Rechtsbeschwerdegericht unterworfen[1]. Auch **Betriebsvereinbarungen**[2] – und damit auch Dienstvereinbarungen – sowie **Tarifverträge**[3] sind Rechtsnormen iSv. § 93 Abs. 1. Abweichend zu § 137 Abs. 1 VwGO sind im personalvertretungsrechtlichen Beschlussverfahren alle Rechtsnormen des Bundes und der Länder revisibel, auch Landespersonalvertretungsgesetze, soweit allerdings hiernach die Rechtsbeschwerde überhaupt zulässig ist (vgl. § 81 Abs. 2 Satz 1 BayPersVG)[4].

2. Die Nichtanwendung oder die unrichtige Anwendung einer Rechtsnorm

Das Rechtsbeschwerdegericht muss von Amts wegen – trotz Untersuchungsgrundsatzes – nur nachprüfen, ob der angefochtene Beschluss des LAG auf einer Nichtanwendung oder einer unrichtigen Anwendung einer Rechtsnorm beruht. **Rechtsbeschwerdegründe** können nach § 93 Abs. 1 Satz 1 iVm. § 551 Abs. 3 Satz 1 Nr. 2 Buchst. a. ZPO **Verletzungen materiellen Rechts** (= Sachrüge) oder nach § 93 Abs. 1 Satz 1 iVm. § 551 Abs. 3 Satz 1 Nr. 2 Buchst. b. ZPO der Verstoß gegen **Verfahrensvorschriften** (= Verfahrensrüge) sein. Soweit Verfahrensmängel nicht von Amts wegen zu berücksichtigen sind, führen nicht gerügte Verfahrensmängel der Tatsacheninstanzen allerdings nicht zur Aufhebung des Beschlusses des LAG (§ 557 Abs. 3 Satz 2 und § 559 Abs. 2 ZPO). Die unrichtige Anwendung einer Rechtsnorm wird dann nicht geltend gemacht, wenn der Beschwerdeführer lediglich seine **Würdigung des Sachverhalts** derjenigen des LAG entgegenstellt. Mit einer derartigen Argumentation kann er im Rechtsbeschwerdeverfahren nicht durchdringen[5].

a) Sachrüge

Das Rechtsbeschwerdegericht ist **bei materiell-rechtlichen Mängeln** im Beschlusses des LAG an die Prüfung eines – etwa allein – geltend gemachten Rechtsbeschwerdegrundes **nicht gebunden** (§ 557 Abs. 3 Satz 1 ZPO). Es darf insoweit die angefochtene Entscheidung auch hinsichtlich nicht gerügter Rechtsfehler überprüfen[6]. Soweit diese Überprüfung dazu führt, dass die Entscheidung in der Sache auf rechtliche Gesichtspunkte zu stützen ist, zu denen die Beteiligten Stellung zu nehmen bislang keine Gelegenheit oder keinen Anlass hatten, ist nach § 139 Abs. 2 ZPO zu verfahren[7].

Soweit es um die unrichtige Rechtsanwendung geht, wird ein **unbestimmter Rechtsbegriff** oder eine **Generalklausel** dann unrichtig angewandt, wenn der unbestimmte Rechtsbegriff grds. verkannt wird oder wenn seine Auslegung gegen Denkgesetze, anerkannte Auslegungs- oder Erfahrungssätze verstößt, wenn wesentliche Umstände nicht berücksichtigt sind oder wenn das gefundene Ergebnis sonst in sich unrichtig ist[8].

Darüber hinaus steht dem Tatsachengericht bei der Gesamtbewertung der Tatsachen, ob die Voraussetzungen des Rechtsbegriffs (zB „**räumlich weit** vom Hauptbetrieb entfernt" iSd. § 4 Abs. 1 Nr. 1 BetrVG) im gegebenen Fall vorliegen, ein gewisser Beurteilungsspielraum zu, wobei das BAG diese tatrichterlichen

---

1 So die Formulierung in BVerwG v. 7.11.1969 – VII P 3/69, PersV 1971, 15.
2 BAG v. 15.5.2007 – 1 ABR 32/06, NZA 2007, 1240.
3 GK-ArbGG/*Dörner*, § 93 Rz. 3.
4 GMP/*Matthes*/*Schlewing*, § 93 Rz. 2; Düwell/Lipke/*Düwell*, § 92 Rz. 17 mwN.
5 BVerwG v. 29.1.1996 – 6 P 38/93, NZA-RR 1996, 398.
6 BAG v. 12.1.2011 – 7 ABR 25/09, NZA 2011, 1304: bei einer zulässigen Rechtsbeschwerde ist der angefochtene Beschluss in vollem Umfang auf seine materiell-rechtliche Richtigkeit zu überprüfen; ähnlich BAG v. 5.5.2010 – 7 ABR 70/08.
7 BAG v. 13.10.1987 – 1 ABR 53/86, AP Nr. 7 zu § 81 ArbGG 1979.
8 BAG v. 19.5.2010 – 4 AZR 912/08, ZTR 2010, 577; BAG v. 12.3.2008 – 10 AZR 148/07, NZA 2008, 779.

Würdigungen zu respektieren hat. Ein **Beurteilungsspielraum** ist, wie die unbestimmten Rechtsbegriffe, in gleicher Weise nur beschränkt vom Rechtsbeschwerdegericht nachprüfbar[1]. Dies gilt etwa für den Rechtsbegriff der „**Versetzung**" iSv. § 95 Abs. 3 BetrVG[2]. Auch bei der Beurteilung der Frage, ob bspw. die Entsendung eines BR-Mitglieds aufgrund eines BR-Beschlusses zu einer Veranstaltung erforderlich ist, weil für die BR-Arbeit **erforderliche Kenntnisse** iSd. § 37 Abs. 6 BetrVG vermittelt werden, handelt es sich ebenfalls um die Anwendung eines unbestimmten, einen gewissen Beurteilungsspielraum lassenden Rechtsbegriffs. Das gilt nicht nur für den BR selbst. Auch dem LAG steht ein derartiger Beurteilungsspielraum zu. Hier darf das Rechtsbeschwerdegericht in materiell-rechtlicher Hinsicht nur prüfen, ob das Tatsachengericht den Rechtsbegriff der Erforderlichkeit selbst verkannt oder bei der Unterordnung des Sachverhalts unter die Rechtsnorm Denkgesetze oder allgemeine Erfahrungssätze verletzt oder wesentliche Umstände außer Acht gelassen hat[3]. Eine darüber hinausgehende Nachprüfung der angefochtenen Entscheidung wäre eine unzulässige Beschränkung des Beurteilungsspielraums der Tatsacheninstanz[4]. Hält sich die Entscheidung oder Abwägung des BR im Rahmen seines Beurteilungsspielraums, kann das Gericht die Entscheidung des BR nicht durch seine eigene ersetzen[5].

7 Hat ein Beteiligter die Frist des § 76 Abs. 5 Satz 4 BetrVG für die Anfechtung des **Spruches der Einigungsstelle** gewahrt, kann von den Gerichten für Arbeitssachen überprüft werden, ob dieser die Grenzen des **Ermessens** (Ermessensnichtgebrauch, Ermessensfehlgebrauch oder Ermessensüberschreitung) der Einigungsstelle überschreitet. Diese Frage ist eine Rechtsfrage, die als solche auch der **uneingeschränkten Überprüfung** durch das Rechtsbeschwerdegericht unterliegt[6]. Es geht um die Wirksamkeit einer kollektiven Regelung, die von der Wahrung des der Einigungsstelle eingeräumten Gestaltungsrahmens abhängig ist. Damit entspricht diese gerichtliche Kontrolle ihrem Wesen nach der gerichtlichen **Billigkeitskontrolle einer Betriebsvereinbarung**. Auch diese hat die Überprüfung der Frage zum Inhalt, ob von den Betriebspartnern getroffene Regelung die ihrer Regelungsmacht durch allgemeine Grundsätze und Zielvorstellungen des BetrVG gesetzten Grenzen beachtet. Für diese Billigkeitskontrolle von Betriebsvereinbarungen ist allgemein anerkannt, dass diese in vollem Umfange auch dem Rechtsbeschwerde- oder Revisionsgericht obliegt. Dann ist es auch gerechtfertigt, die Überprüfung der Frage, ob der Spruch der Einigungsstelle sich innerhalb der Grenzen des § 76 Abs. 5 Satz 3 BetrVG bewegt, in gleicher Weise dem Rechtsbeschwerdegericht zuzuweisen[7]. An seiner Erwägung in der Entscheidung vom 28.7.1981[8], dass insoweit den Tatsachengerichten ein Beurteilungsspielraum zustehen könnte, dessen Einhaltung nur einer beschränkten Überprüfung durch das BAG unterliegen würde, hat das BAG später nicht festgehalten[9].

b) Verfahrensrüge

8 Rechtsnormen iSd. § 93 Abs. 1 sind auch **Verfahrensvorschriften**, dh. Vorschriften über das von den Tatsachengerichten einzuhaltende Verfahren und über die zu beachtende Verfahrensweise, insbesondere aus dem ArbGG, dem GVG und der ZPO. Dazu gehören bspw. die §§ 138, 139 und 286 ZPO, aber auch § 83 Abs. 1 Satz 1 ArbGG. Derartige Verfahrensfehler **müssen** – soweit sie nicht ausnahmsweise vom BAG von Amts wegen zu berücksichtigen sind – in der Begründung der Rechtsbeschwerde qualifiziert **gerügt** werden, dh. es müssen die entscheidungserheblichen Tatsachen, die den Mangel begründen – und dessen Entscheidungserheblichkeit ergeben – sollen, vom Beschwerdeführer ausdrücklich bezeichnet werden (§ 557 Abs. 3 Satz 2 Nr. 2 Buchst. b ZPO; s. zu Verfahrensrügen auch bei § 94 Rz. 9 ff.). Dies gilt auch für das Vorliegen sog. absoluter Revisionsgründe iSv. § 547 ZPO. Der Rechtsbeschwerdeführer muss darlegen, dass der gerügte absolute Revisionsgrund tatsächlich vorliegt. Handelt es sich dabei um gerichtsinterne Vorgänge, muss der Revisionsführer zumindest aufzeigen, dass er eine zweckentsprechende Aufklärung versucht hat[10].

---

1 BVerwG v. 22.9.2009 – 6 PB 26/09, NZA-RR 2010, 222; BAG v. 21.7.2004 – 7 ABR 57/03; BAG v. 14.1.2004 – 7 ABR 26/03; BAG v. 10.2.1999 – 2 ABR 31/98, NZA 1999, 708.
2 BAG v. 11.9.2001 – 1 ABR 2/01, EzA § 95 BetrVG 1972 Nr. 34.
3 BAG v. 17.11.2010 – 7 ABR 113/09, NZA 2011, 816; vgl. zur ähnlichen Problematik bei der inhaltlichen Gestaltung einer Regelung: BAG v. 13.3.2013 – 7 ABR 70/11, NZA 2013, 738; BAG v. 24.4.2013 – 7 ABR 71/11, DB 2013, 1913.
4 Ähnlich BAG v. 21.6.2006 – 7 AZR 418/05 und BAG v. 25.5.2005 – 7 ABR 45/04, NZA 2005, 1002.
5 BAG v. 17.2.2010 – 7 ABR 81/09, NZA-RR 2010, 413, zu § 40 Abs. 2 BetrVG (Internetzugang).
6 BAG v. 22.1.2013 – 1 ABR 85/11, NZA-RR 2013, 409; BAG v. 24.8.2004 – 1 ABR 23/03, NZA 2005, 302.
7 Vgl. BAG v. 15.3.2011 – 1 ABR 97/09, NZA 2011, 1112.
8 BAG v. 28.7.1981 – 1 ABR 79/79, AP Nr. 2 zu § 87 BetrVG 1972 – Urlaub.
9 BAG v. 31.8.1982 – 1 ABR 27/80, AP Nr. 8 zu § 87 BetrVG 1972 – Arbeitszeit.
10 BAG v. 14.4.2015 – 1 AZR 223/14, Rz. 23, NZA 2015, 1212 ff.

aa) Ordnungsgemäße Beteiligung

Die **ordnungsgemäße Beteiligung** aller materiell Beteiligten ist **von Amts wegen** zu prüfen. Bisweilen unterlaufen dem ArbG und/oder LAG in Bezug auf § 83 Abs. 3 deswegen Verfahrensfehler, weil die in der jeweiligen Antragsschrift enthaltenen Angaben zu den Beteiligten des Verfahrens ungeprüft übernommen werden. Derartige Angaben stellen aber nur Anregungen an das Gericht dar, die dort aufgeführten Personen und Stellen in das Verfahren einzubeziehen. Das Gericht hat selbständig darüber zu befinden, ob diese überhaupt und allein oder ob noch weitere Personen oder Stellen in ihrer Rechtsstellung unmittelbar betroffen und deswegen im Verfahren anzuhören sind[1]. Geschieht dies nicht oder nicht zutreffend, kann es dazu kommen, dass verfahrensfehlerhaft die Anhörung/Beteiligung einer zu beteiligenden Person oder Stelle unterbleibt[2]. Ein anderer Verfahrensfehler kann darin bestehen, dass eine Person oder Stelle zu Unrecht beteiligt bzw. angehört wird[3].

Wird in der Rechtsbeschwerdeinstanz festgestellt, dass in den Vorinstanzen jemand als Beteiligter beteiligt wurde, **dem die Beteiligungsbefugnis fehlt**, so braucht das Rechtsbeschwerdegericht diesen Mangel **für die Vergangenheit** nur auf eine entsprechende Verfahrensrüge hin zu berücksichtigen. Die – vom LAG vorgenommene – Beteiligung einer Person oder Stelle am Beschlussverfahren wird vom BAG nur auf förmliche Rüge (eines anderen Beteiligten) auf diesen Verfahrensfehler hin geprüft[4]. Liegt eine derartige Verfahrensrüge vor, so ist fraglich, ob die angefochtene Entscheidung mitsamt dem bisherigen Verfahren aufzuheben und die Sache an die Vorinstanz zurückzuverweisen ist. Dafür könnte sprechen, dass die Mitwirkung von Personen oder Stellen, die in Wirklichkeit nicht beteiligungsbefugt sind, die Aufklärung und Feststellung des Sachverhalts beeinflussen kann[5]. Wird die notwendige förmliche Rüge nicht erhoben, stellt sich die Frage, ob dann auch für das Rechtsbeschwerdeverfahren davon auszugehen ist, dass die betreffende Person oder Stelle als Beteiligte hinzuzuziehen ist[6]. In derartigen Fällen muss vom Rechtsbeschwerdegericht die Beteiligungsbefugnis der betreffenden Person oder Stelle für die **Gegenwart** (und Zukunft) geprüft werden. Dies ergibt sich aus § 83 Abs. 3. Nach dieser Vorschrift haben in einem Beschlussverfahren neben dem Antragsteller (nur) diejenigen Personen und Stellen ein Recht auf Anhörung, die nach den dort genannten Gesetzen im einzelnen Fall beteiligt sind. Dies ist von Amts wegen auch noch in der Rechtsbeschwerdeinstanz zu beachten[7]. Eine von den Vorinstanzen tatsächlich, aber **verfahrensfehlerhaft vorgenommene Beteiligung** einer rechtlich gem. § 83 Abs. 3 nicht zu beteiligenden Person oder Stelle darf deswegen im Rechtsbeschwerdeverfahren nicht einfach fortgesetzt werden[8].

Wird dagegen in der Rechtsbeschwerdeinstanz festgestellt, was von Amts wegen zu prüfen ist, dass die Vorinstanzen verfahrensfehlerhaft die **Beteiligung** einer rechtlich gem. § 83 Abs. 3 zu beteiligenden Person oder Stelle **unterlassen** haben, dann ist zu bedenken, dass dieser Person oder Stelle die Möglichkeit genommen wurde, in zwei Tatsacheninstanzen Sachvortrag zu halten. Nach *Dütz* hat das Rechtsbeschwerdegericht wegen des Fehlens eines notwendig Beteiligten die Aufhebung der Entscheidung der Vorinstanz auszusprechen und die Sache zurückzuverweisen. Eine Zuziehung nur noch für die Rechtsbeschwerdeinstanz scheidet nach dieser Meinung aus, da die beteiligende Person oder Stelle hier ihre Interessen jedenfalls in tatsächlicher Hinsicht nicht mehr so zur Geltung zu bringen vermag wie in den Tatsacheninstanzen; denn tatsächliche Grundlage des Rechtsbeschwerdeverfahrens ist grds. der vom LAG festgestellte Sachverhalt[9]. Ist die Anhörung eines Beteiligten in den Tatsacheninstanzen unterblieben, stellt dies nach der Rspr. des BAG einen Verfahrensfehler dar, der zur Zurückverweisung des Verfahrens an das Beschwerdegericht

---

1 BAG v. 11.6.2013 – 1 ABR 32/12, NZA 2013, 1363.
2 Vgl. Düwell/Lipke/*Düwell*, § 92 Rz. 9; HWK/*Bepler/Treber*, § 96 ArbGG Rz. 5.
3 Vgl. Düwell/Lipke/*Düwell*, § 92 Rz. 9; HWK/*Bepler/Treber*, § 96 ArbGG Rz. 5.
4 BAG v. 28.3.2006 – 1 ABR 58/04, NZA 2006, 1112.
5 Vgl. *Dütz*, Anm. zu BAG v. 13.3.1973 – 1 ABR 15/72, AP Nr. 1 zu § 20 BetrVG 1972.
6 Vgl. BAG v. 5.5.1992 – 1 ABR 1/92, NZA 1992, 1089.
7 So schon BAG v. 15.8.1978 – 6 ABR 56/77, DB 1978, 2224. Die Anwendbarkeit des § 83 Abs. 3 auch im Rechtsbeschwerdeverfahren wird vorausgesetzt in § 95 Satz 1, wonach Rechtsbeschwerdeschrift und Rechtsbeschwerdebegründung „den Beteiligten" zur Äußerung zuzustellen sind; vgl. BAG v. 20.7.1982 – 1 ABR 19/81, DB 1982, 2087.
8 Zutreffend BAG v. 14.2.2007 – 7 ABR 26/06, NZA 2007, 999, für den Fall einer nicht zu beteiligenden Gewerkschaft. Ebenso BAG v. 19.3.2008 – 7 ABR 7/07; dort war die von den Vorinstanzen erfolgte Beteiligung einer Konzernauszubildendenvertretung verfahrensfehlerhaft. Dies hat der 7. Senat in der Rechtsbeschwerdeinstanz dadurch korrigiert, dass die Konzernauszubildendenvertretung nicht länger am Verfahren beteiligt wurde. Außerdem wurde im Tenor der Rechtsbeschwerde-Entscheidung klargestellt, dass die Konzernauszubildendenvertretung „nicht als Beteiligte iSd. § 83 Abs. 3 ArbGG am Verfahren beteiligt war". Ähnlich die Tenorierung in BAG v. 14.2.2007 – 7 ABR 26/06, NZA 2007, 999.
9 Vgl. dazu jeweils *Dütz* in der Anm. zu BAG v. 13.3.1973 – 1 ABR 15/72, AP Nr. 1 zu § 20 BetrVG 1972.

führen kann[1], es sei denn, dem Rechtsbeschwerdegericht ist gem. § 563 Abs. 3 ZPO eine eigene Sachentscheidung möglich[2]. Jedenfalls dann, wenn das Rechtsbeschwerdegericht den Kreis der anzuhörenden Personen oder Stellen auf der Grundlage der vom Beschwerdegericht getroffenen Feststellungen nicht bestimmen kann, hat es dessen Entscheidung aufzuheben und das Verfahren zur Nachholung einer möglichen Anhörung zurückzuverweisen[3]. Von einer Zurückverweisung des Verfahrens an das Beschwerdegericht kann dann abgesehen werden, wenn der Antrag des Antragsstellers derart unzulässig ist, dass er deswegen ohnehin nicht auf die betriebsverfassungsrechtliche Stellung des Beteiligten einwirken kann, dessen Beteiligung/Anhörung in den Tatsacheninstanzen rechtsfehlerhaft unterblieben ist[4]. Das BAG sieht allerdings auch in anderen Fällen, in denen es im Rechtsbeschwerdeverfahren die unterbliebene Beteiligung „nachholt" und der entsprechende Beteiligte Gelegenheit erhält, sich in tatsächlicher und rechtlicher Hinsicht zu äußern, von einer Zurückverweisung ab[5]. Die unterbliebene Anhörung eines Verfahrensbeteiligten durch die Vorinstanz führt hiernach in der Praxis dann nicht zur Zurückverweisung der Sache, wenn die Anhörung in der Rechtsbeschwerdeinstanz ergibt, dass die nachzuholende Anhörung des bisher nicht gehörten Beteiligten durch die Tatsacheninstanz zur weiteren Sachaufklärung nichts beitragen kann[6]. Die nachträgliche bzw. erstmalige Beteiligung in der Rechtsbeschwerdeinstanz sei möglich[7]. Dabei wird darauf abgestellt, dass – wenn eine unterbliebene Beteiligung nicht gerügt wurde – der Verfahrensfehler für die sachliche Überprüfung des angefochtenen Beschlusses der Vorinstanz ohne Bedeutung ist[8].

bb) Weitere von Amts wegen zu berücksichtigende Mängel

12 **Von Amts wegen** – dh. ohne (ordnungsgemäße) Verfahrensrüge – hat das BAG (jedenfalls) auch folgende Mängel berücksichtigt:
– Der angefochtene Beschluss des LAG enthält in seinen Gründen **keine tatbestandlichen Feststellungen**. Ein solcher von Amts wegen zu berücksichtigender Mangel (keine hinreichenden Sachverhaltsfeststellungen) führt im Urteilsverfahren grds. zur Aufhebung des angefochtenen Urteils und zur Zurückverweisung des Rechtsstreits an das LAG. Obwohl § 96 für das Beschlussverfahren nur auf die entsprechende Anwendung der §§ 562 und 563 ZPO, nicht jedoch auf § 543 ZPO verweist, wurde in der früheren Rspr. des BAG auch im Beschlussverfahren § 543 ZPO („Inhalt des Berufungsurteils") entsprechend angewandt (das BAG zitierte insoweit „§ 91 Abs. 2 ArbGG iVm. § 543 ZPO"; gemeint ist in diesem Zusammenhang § 543 ZPO aF = § 540 ZPO). Denn der Zweck dieser Vorschrift, eine Nachprüfung der Entscheidung der Vorinstanz auf der Grundlage des festgestellten Sach- und Streitstandes zu ermöglichen, gilt im Beschlussverfahren wie im Urteilsverfahren gleichermaßen[9]. Dies – und nicht unbedingt eine Rechtsverletzung iSv. § 93 Abs. 1 Satz 1 – ist der entscheidende Grund für das grundsätzliche Erfordernis der Aufhebung und Zurückverweisung beim Fehlen eines – vom LAG festzustellenden – Sachverhalts. Dem Beschluss eines LAG ohne einen festgestellten Sachverhalt kann idR nicht entnommen werden, welchen Streitstoff das Beschwerdegericht seiner Entscheidung zugrunde gelegt hat. Damit ist dem Rechtsbeschwerdegericht eine rechtsbeschwerderechtliche Prüfung regelmäßig verwehrt[10].

13 – Trifft das LAG in entscheidungserheblichen Fragen **tatsächliche Feststellungen**, die in sich **widerspruchsvoll** sind, so kann es damit dem Rechtsbeschwerdegericht die zuverlässige Nachprüfung der Entscheidung unmöglich machen. In solchen Fällen muss die landesarbeitsgerichtliche Entscheidung

---

1 BAG v. 14.9.1988 – 7 ABR 79/87.
2 BAG v. 9.7.2013 – 1 ABR 17/12, NZA 2013, 1166.
3 BAG v. 17.4.2012 – 1 ABR 84/10, NZA 2013, 230.
4 BAG v. 9.7.2013 – 1 ABR 17/12, NZA 2013, 1166: die Einbeziehung bislang übergangener BR in das Rechtsbeschwerdeverfahren könne unterbleiben, wenn der Antrag des GBR aufgrund fehlender Bestimmtheit als unzulässig abzuweisen sei.
5 BAG v. 15.10.2014 – 7 ABR 71/12, NZA 2015, 176; BAG v. 25.9.2012 – 1 ABR 45/11, NZA 2013, 275; BAG v. 19.6.2012 – 1 ABR 19/11, NZA 2012, 1237; BAG v. 10.12.2001 – 1 ABR 27/01.
6 BAG v. 15.1.1992 – 7 ABR 24/91, NZA 1992, 1091.
7 BAG v. 15.8.1978 – 6 ABR 56/77, DB 1978, 2224 (seitdem st. Rspr.; vgl. BAG v. 13.12.2005 – 1 ABR 31/03).
8 BAG v. 16.5.2007 – 2 ABR 63/06; vgl. auch GMP/*Matthes*/*Schlewing*, § 96 Rz. 15.
9 BAG v. 31.1.1985 – 6 ABR 25/82, NZA 1985, 636; BAG v. 26.7.1989 – 7 ABR 84/88; vgl. auch BAG v. 12.6.1996 – 4 ABR 1/95, NZA 1997, 565 für den Fall nicht stimmiger bzw. lückenhafter Feststellungen der Vorinstanz.
10 So BAG v. 26.4.2005 – 1 ABR 1/04, NZA 2005, 884. Freilich kann sich der Sach- und Streitstand aus den Entscheidungsgründen des angefochtenen Beschlusses in einem für die Beurteilung der aufgeworfenen Rechtsfragen ausreichenden Umfang ergeben; dann kann – so BAG v. 26.4.2005 – 1 ABR 1/04, NZA 2005, 884 – von einer Auf-

aufgehoben und die Sache an die Vorinstanz zur anderweiten Verhandlung und Entscheidung zurückverwiesen werden[1].

- Auch die Beachtung von **§ 308 Abs. 1 ZPO** („ne ultra petita") und damit die Bindung an die Beteiligtenanträge durch die Instanzgerichte ist vom Rechtsbeschwerdegericht von Amts wegen zu prüfen. Im arbeitsgerichtlichen Verfahren ist den Verfahrensbeteiligten eine vergleichbare Dispositionsbefugnis durch § 81, § 83 Abs. 1 Satz 1 und § 83a eingeräumt worden[2]. 14

- Keiner Verfahrensrüge bedarf es bei fehlerhafter **Antragsauslegung**[3], bspw. bei Aufspaltung eines einheitlichen Antrages in zwei prozessuale Ansprüche[4]. 15

- Das Bestehen eines aktuellen **Rechtsschutzinteresses** (§ 256 Abs. 1 ZPO: Feststellungsinteresse) ist Zulässigkeitsvoraussetzung für eine Sachentscheidung des Gerichts und deshalb in jeder Lage des Verfahrens, auch noch in der Rechtsbeschwerdeinstanz, von Amts wegen zu prüfen[5]. Dabei muss das Rechtsbeschwerdegericht auch solche Umstände berücksichtigen, die erst während des Rechtsbeschwerdeverfahrens eingetreten sind, wenn sich aus ihnen ergibt, dass die begehrte gerichtliche Entscheidung für die Beteiligten keine rechtliche Wirkung mehr entfalten kann[6]. 16

- **Mängel der Beschwerdeschrift** oder der **Beschwerdebegründung**, die (bereits in der Beschwerdeinstanz) zur Unzulässigkeit der Beschwerde beim LAG führen und dort bis zum Ablauf der Beschwerdefrist bzw. der Beschwerdebegründungsfrist nicht behoben wurden, sind auch noch vom Rechtsbeschwerdegericht von Amts wegen zu prüfen und zu berücksichtigen, selbst wenn das LAG insofern von der Zulässigkeit der Beschwerde ausgegangen ist. Das Vorliegen der sog. **Verfahrensfortsetzungsvoraussetzungen** wird vom BAG überprüft.[7] 17

- Das BAG hat auch von Amts wegen zu prüfen, ob anstelle der Arbeitsgerichte die nach dem BetrVG errichteten Stellen für eine **innerbetriebliche Streitschlichtung** zuständig sind. Ein Antrag im Beschlussverfahren zur Klärung einer betriebsverfassungsrechtlichen Meinungsverschiedenheit ist dann unzulässig, wenn sich die Betriebsparteien verpflichtet haben, in einem solchen Konfliktfall zunächst eine innerbetriebliche Einigung in einem von ihnen vereinbarten Verfahren zu versuchen. Solange das vereinbarte Schlichtungsverfahren nicht durchgeführt wurde, ist ein arbeitsgerichtliches Beschlussverfahren unzulässig[8]. 18

cc) Auf konkrete Rüge zu berücksichtigende Mängel

Der Einwand, das Beschwerdegericht habe den Anspruch auf **rechtliches Gehör** verletzt, muss in Form einer zulässigen Verfahrensrüge vorgebracht werden (§ 551 Abs. 3 Satz 1 Nr. 2 Buchst. b ZPO). Das Gebot des rechtlichen Gehörs soll als Prozessgrundrecht sicherstellen, dass die vom Fachgericht zu treffende Entscheidung frei von Verfahrensfehlern ergeht, die ihren Grund in unterlassener Kenntnisnahme und Nichtberücksichtigung des Sachvortrags der Parteien haben. Das LAG muss sich mit den Ausführungen der Beteiligten auseinandersetzen. Daher ist eine erhebliche Verletzung des rechtlichen Gehörs nur „auf dem Weg" zum Beschluss, nicht durch die Entscheidungsgründe des Beschlusses selbst denkbar. Ein Verstoß gegen den Grundsatz des rechtlichen Gehörs muss ebenso wie seine Entscheidungserheblichkeit derart substantiiert dargestellt werden, dass das BAG in der Lage ist, allein anhand der Lektüre der Beschwerdebegründung und des Berufungsurteils das Vorliegen des Zulassungsgrundes für die beantragte Zulassung der Revision zu prüfen. Im Wesentlichen gibt es hier die folgenden Fallgruppen zu beachten: 19

- Nichtberücksichtigung von entscheidungserheblichem Vortrag;
- Übergehen von entscheidungserheblichen Beweismitteln;
- Unterlassen eines gerichtlichen Hinweises.

---

1 Vgl. BAG v. 23.8.2006 – 4 AZR 410/05, ZTR 2006, 37.
2 Vgl. BAG v. 9.12.2008 – 7 ABR 46/08, NZA 2010, 662; BAG v. 13.6.1989 – 1 ABR 4/88, NZA 1989, 934; BAG v. 28.2.2006 – 1 AZR 460/04, NZA 2006, 798; dort auch zur Frage der Heilung eines Verstoßes gegen § 308 Abs. 1 ZPO.
3 BAG v. 9.10.1970 – 1 ABR 18/69, AP Nr. 4 zu § 63 BetrVG.
4 BAG v. 18.2.2003 – 9 AZR 164/02, NZA 2003, 1392.
5 BAG v. 1.7.2009 – 4 ABR 8/08.
6 BAG v. 21.6.2006 – 7 ABR 45/05; BAG v. 13.3.1991 – 7 ABR 5/90, NZA 1991, 946.
7 BAG v. 30.10.2012 – 1 ABR 64/11, NZA 2013, 287; vgl. BAG v. 27.7.2010 – 1 AZR 186/09, NZA 2010, 1446.
8 BAG v. 11.2.2014 – 1 ABR 76/12, NZA-RR 2015, 26 ff.

20 Wird bspw. einer solchen Verfahrensrüge gerügt, dass das LAG bestimmten Partei- bzw. Beteiligtenvortrag bei der Tatsachenfeststellung übersehen bzw. nicht berücksichtigt habe, muss genau angegeben werden, aufgrund welchen Vortrags das LAG zu welcher Tatsachenfeststellung hätte gelangen müssen (Welche weiteren Tatsachen hätten in den Vorinstanzen ermittelt und welche Beweismittel hätten herangezogen werden können bzw. inwieweit hätte sich dem Beschwerdegericht eine weitere Aufklärung des Sachverhalts aufdrängen müssen?)[1].

21 Mit dieser Maßgabe kann mit der Rechtsbeschwerde unter Umständen auch eine Verletzung der **richterlichen Aufklärungs- bzw. Hinweispflicht** gem. § 139 ZPO im Beschlussverfahren gerügt werden[2]. Hat etwa der BR zur Erforderlichkeit der von ihm verlangten technischen Ausstattung eines PC nebst Zubehör und Programmen vorgetragen und seine Ausführungen im Beschwerdeverfahren ergänzt, dann kann das LAG nicht ohne Weiteres bzw. ohne rechtlichen Hinweis das darauf gerichtete Vorbringen als unschlüssig zurückweisen. Die gerichtliche Bewertung eines Vorbringens im Beschlussverfahren als unzureichend ist nach der Rspr. des Siebten Senats des BAG nur statthaft, wenn das Gericht auf diese Einschätzung hingewiesen und zur Ergänzung des Vorbringens anhand konkreter richterlicher Fragestellungen aufgefordert hat[3].

22 Da auch im Beschlussverfahren nach § 80 Abs. 2 iVm. § 46 Abs. 2 der **Grundsatz der freien Beweiswürdigung** (§ 286 Abs. 1 ZPO) gilt, kann auch grds. die fehlerhafte Auswahl und Würdigung der Beweismittel gerügt werden. Allerdings kann die Anwendung des § 286 Abs. 1 ZPO durch die Tatsachengerichte vom Rechtsbeschwerdegericht nur darauf überprüft werden kann, ob die Voraussetzungen und Grenzen des § 286 Abs. 1 ZPO beachtet sind, insbesondere ob der gesamte Inhalt der Verhandlung berücksichtigt worden ist, ob alle erhobenen Beweise gewürdigt worden sind und ob die Beweiswürdigung in sich widerspruchsfrei und frei von Verstößen gegen die Denkgesetze und allgemeine Erfahrungssätze ist[4]. Diese Grundsätze gelten insbesondere auch dann, wenn gerügt wird, die Feststellungen des LAG seien mit einem Sachverständigengutachten nicht vereinbar[5].

23 Bei der Feststellung der zur **Erledigung von BR-Aufgaben** erforderlichen **Zeitdauer** dürfen die Tatsachengerichte in analoger Anwendung des § 287 ZPO eine **Schätzung** vornehmen. Sie müssen jedoch die Beteiligten anhalten, all das darzulegen, was für das Ergebnis dieser Schätzung von Bedeutung sein kann, und sie müssen bei der Schätzung das gesamte hierfür wesentliche Vorbringen der Beteiligten würdigen. Die Nichtbeachtung dieser Grundsätze gibt den Beteiligten die Möglichkeit, – unter Beachtung des § 551 Abs. 3 Satz 1 Nr. 2 Buchst. b ZPO – im Rechtsbeschwerdeverfahren begründete Prozessrügen vorzubringen. Fehlt es an einer entsprechenden ausdrücklichen Verfahrensrüge, so besteht für das Rechtsbeschwerdegericht keine Möglichkeit, das Ergebnis der vom Tatsachengericht vorgenommenen Schätzung zu beanstanden[6].

24 Um einen unbestimmten Rechtsbegriff (hier: des Verfahrensrechts) handelt es sich auch bei dem der **Sachdienlichkeit** iSd. § 263 ZPO (Zulässigkeit einer Antragsänderung in der Vorinstanz iSd. § 81 Abs. 3 Satz 1). Hat bspw. das LAG einen erstmals in der Beschwerdeinstanz gestellten Antrag – nach fehlender Zustimmung des oder der anderen Beteiligten – **nicht** als sachdienlich **zugelassen**, dann kann diese Entscheidung vom Rechtsbeschwerdegericht nur darauf hin überprüft werden, ob die Vorinstanz den Begriff der Sachdienlichkeit verkannt und damit die Grenzen ihres Ermessens überschritten hat[7]. (Ohnehin) bindend für das Rechtsbeschwerdegericht ist die Entscheidung der Vorinstanz, eine Antragsänderung liege (überhaupt) nicht vor oder eine solche sei als sachdienlich zuzulassen (§ 81 Abs. 3 Satz 3)[8]. Die Frage der Antragsbefugnis und die Begründetheit des mit der Antragserweiterung angebrachten Begehrens sind für die Frage der Sachdienlichkeit nicht maßgeblich[9].

25 Auch die Geltendmachung eines unbedingten **(absoluten) Revisionsgrundes** (zB der des § 547 Nr. 1 oder Nr. 6 ZPO) setzt regelmäßig eine zulässige Verfahrensrüge nach § 551 Abs. 3 Satz 1 Nr. 2 ZPO voraus[10]. In

---

1 Vgl. BAG v. 17.3.2005 – 8 ABR 8/04; BAG v. 29.1.1992 – 7 ABR 27/91, NZA 1992, 894; BAG v. 22.10.2003 – 7 ABR 18/03; BAG v. 12.7.2007 – 2 AZR 666/05, NJW 2008, 540.
2 Vgl. dazu, wann ein Bestreiten eines Beteiligten genügender Anlass sein kann, die gerichtliche Aufklärungspflicht auszulösen: BAG v. 19.1.2005 – 7 ABR 24/04.
3 BAG v. 11.3.1998 – 7 ABR 59/96, NZA 1998, 953; BAG v. 12.5.1999 – 7 ABR 36/97, NZA 1999, 1290.
4 BAG v. 25.3.1992 – 7 ABR 65/90, AP Nr. 4 zu § 2 BetrVG 1972; Beispiel einer erfolglosen Rüge der unrichtigen Beweiswürdigung in BAG v. 27.11.2002 – 7 ABR 36/01, NZA 2003, 803.
5 BAG v. 28.10.1986 – 1 ABR 16/85, AP Nr. 32 zu § 118 BetrVG 1972; vgl. auch BGH v. 11.8.2009 – VI ZR 215/08.
6 BAG v. 1.3.1963 – 1 ABR 3/62, BAGE 14, 118 (122); s. dazu auch BAG v. 8.1.1980 – 6 ABR 15/78.
7 BAG v. 5.5.1992 – 1 ABR 1/92, NZA 1992, 1089.
8 BAG v. 26.7.2005 – 1 ABR 16/04.
9 BAG v. 4.12.2013 – 7 ABR 7/12.
10 BAG v. 25.9.2003 – 8 AZR 472/02; BAG v. 12.1.1994 – 4 AZR 133/93, NZA 1995, 36.

diesem Zusammenhang kann es allerdings ggf. genügen, dass die Richtung des Rechtsbeschwerdeangriffs erkennbar gewesen ist. Wenn bspw. gerügt wird, die Vorinstanz habe sich nicht ansatzweise mit der Rechtslage und der Argumentation der Beteiligten auseinander gesetzt, so kann dies unter Umständen schon die Rüge enthalten, der angefochtene Beschluss sei nicht mit Gründen iSd. § 547 Nr. 6 ZPO (= § 551 Nr. 7 ZPO aF) versehen[1]. Wird die nicht vorschriftsmäßige Besetzung des erkennenden Gerichts iSv. § 547 Nr. 1 ZPO gerügt, dann wird zwar – wenn dieser Verfahrensmangel besteht – unwiderleglich vermutet, dass dieser entscheidungserheblich ist. Das entbindet den Rechtsbeschwerdeführer jedoch nicht von der Pflicht darzulegen, dass der gerügte absolute Revisions- bzw. Rechtsbeschwerdegrund tatsächlich vorliegt[2].

3. Das Kausalitätserfordernis (= Beruhen auf dem Fehler)

Eine dem LAG hiernach unterlaufene Gesetzesverletzung – eine Rechtsnorm wurde nicht oder unrichtig angewandt – führt nur dann zum Erfolg der Rechtsbeschwerde beim BAG, wenn die Entscheidung des LAG **auf dieser Gesetzesverletzung beruht** (vgl. § 545 Abs. 1 ZPO). Das Kausalitätserfordernis ist allerdings nicht erfüllt, wenn die Gesetzesverletzung nicht zu den tragenden Begründungselementen der Beschwerdeentscheidung des LAG gehört. Unbeachtlich ist eine entsprechende Gesetzesverletzung allerdings, wenn sich die Entscheidung des LAG aus anderen Gründen als richtig darstellt (§ 561 ZPO). 26

Sieht man einmal von den absoluten Revisionsgründen des § 547 Nr. 1–6 ZPO ab, bei denen das Gesetz die Kausalität unwiderruflich kraft Gesetzes vermutet wird, muss das Kausalitätserfordernis konkret geprüft werden. Dies bedeutet, dass der Beschluss des LAG auch dann aufzuheben ist, wenn er tatsächlich nicht auf dem absoluten Rechtsbeschwerdegrunde beruht, weil die Entscheidung nicht anders ausgefallen wäre. 27

Für **Verfahrensfehler** erfährt dieser Grundsatz insofern eine Einschränkung, als es für sie auch genügt, dass die Entscheidung auf dem Verfahrensfehler beruhen **kann**[3]. Bei Verfahrensverletzungen des LAG kann also die Möglichkeit einer anderen Entscheidung für die Annahme genügen, dass die angefochtene Entscheidung ohne den Fehler anders ausgefallen wäre[4]. Hat es das LAG bspw. unterlassen, eine an sich an einem Beschlussverfahren zu beteiligende Person oder Stelle als Beteiligten zum Verfahren hinzuzuziehen (vgl. § 83 Abs. 3 Satz 1), dann kann dieser dem LAG unterlaufene Verfahrensfehler nur dann mit Erfolg gerügt werden, wenn der angefochtene Beschluss auf ihm beruht. Der angefochtene Beschluss beruht dann nicht auf diesem Verfahrensfehler, wenn nach den Erklärungen des Beteiligten im Verfahren feststeht, dass durch seine Anhörung eine weitere Sachaufklärung, die möglicherweise zu einer anderen Entscheidung des LAG hätte führen können, nicht zu erwarten ist[5]. 28

Anders verhält es sich, wenn nicht auszuschließen ist, dass eine – vom Rechtsbeschwerdegericht für notwendig erachtete und vom LAG durchzuführende – **Aufklärung** von Vorgängen zu einem für den Rechtsbeschwerdeführer **günstigen Ergebnis**, also zu einer abweichenden Entscheidung des LAG führt. In einem derartigen Fall muss der angefochtene Beschluss vom BAG aufgehoben und der Rechtsstreit an das Beschwerdegericht zurückverwiesen werden, um diesem Gelegenheit zu geben, die gebotene Sachaufklärung nachzuholen[6]. 29

Die Entscheidung kann – abgesehen von absoluten Revisions- bzw. Rechtsbeschwerdegründen iSv. § 547 ZPO – nur dann auf einem Verfahrensfehler beruhen, wenn es zudem um für das Verfahren **entscheidungserhebliche Tatsachen** geht. Wird die Entscheidung im Ergebnis auch durch die verfahrensfehlerfrei getroffenen Tatsachenfeststellungen getragen, bleibt ein möglicher Verfahrensfehler rechtsbeschwerderechtlich unberücksichtigt[7]. 30

Liegen die **absoluten Revisionsgründe** des § 547 ZPO vor, ist die Entscheidung des LAG stets als auf einer Verletzung des Gesetzes beruhend anzusehen. § 547 ZPO ist im Rechtsbeschwerdeverfahren entsprechend anzuwenden. So findet insbesondere auch § 547 Nr. 1 ZPO im Beschlussverfahren Anwendung. Wirken an einer Entscheidung eines LAG ehrenamtliche Richter mit, die nach der Geschäftsverteilung für diese Sitzung nicht hätten herangezogen werden dürfen, ist auf die Rüge eines Verfahrensbeteiligten diese Entscheidung auch dann aufzuheben, wenn beide Parteien bzw. die Beteiligten sich zuvor mit der Mitwirkung 31

---

1 In dem Fall BAG v. 20.1.2000 – 2 ABR 30/99, NZA 2001, 170 war diese Verfahrensrüge auch begründet.
2 BAG v. 18.1.2012 – 7 ABR 72/10, NZA-RR 2013, 133.
3 BAG v. 18.1.2012 – 7 ABR 72/10, NZA-RR 2013, 133.
4 Vgl. BAG v. 26.3.2015 – 2 AZR 417/14, Rz. 23, NZA 2015, 1083 ff.
5 BAG v. 19.3.1974 – 1 ABR 44/73, AP Nr. 1 zu § 26 BetrVG 1972.
6 BAG v. 10.12.1992 – 2 ABR 32/92, NZA 1993, 501.
7 BAG v. 18.1.2012 – 7 ABR 72/10, NZA-RR 2013, 133; BAG 21.9.2011 – 4 AZR 802/09; s. zum „Beruhen auf" auch Zöller/Heßler, § 546 ZPO Rz. 6 ff. und § 561 ZPO Rz. 1.

dieser ehrenamtlichen Richter an der Verhandlung und Entscheidung des Gerichts einverstanden erklärt haben[1].

32 Bei **materiell-rechtlichen Fehlern** beruht der Beschluss des LAG dann auf diesem Fehler, wenn bei fehlerfreier Anwendung der Norm (Auslegung und Subsumption) das LAG zu einem anderen Ergebnis gekommen wäre.

III. Unstatthafte Rechtsbeschwerdegründe

1. Tatsächliche Feststellungen

33 Das BAG ist trotz des im Beschlussverfahren geltenden Untersuchungsgrundsatzes an den vom LAG (verfahrensfehlerfrei) **festgestellten Sachverhalt** bzw. die tatsächlichen Feststellungen gebunden (§ 559 ZPO). Im Rechtsbeschwerdeverfahren unterliegt seiner Beurteilung nur der vom Beschwerdegericht festgestellte Sachverhalt sowie grds. nur das aus der Beschwerdeentscheidung oder dem Sitzungsprotokoll ersichtliche Vorbringen der Beteiligten[2]. Das BAG darf keine neuen tatsächlichen Feststellungen treffen, es sei denn es handelt sich um unstreitige, offenkundige oder zugestandene Tatsachen. Deswegen ist es nicht statthaft, (bloße) Tatfragen zum Gegenstand der Rechtsbeschwerde zu machen. Die **Abgrenzung von Tat- und Rechtsfrage**[3] richtet sich dabei nach denselben Prinzipien wie gem. den §§ 545 f. ZPO[4].

34 Bei der Ermittlung des Inhalts von Vereinbarungen hängen Tatfragen und Rechtsfragen eng zusammen[5]. An sich wäre die **Auslegung von Willenserklärungen** gem. den §§ 133, 157, 242 BGB als Ermittlung der rechtlichen Bedeutung von Äußerungen eine Rechtsfrage und nur die Feststellung der Erklärung sowie der Vorstellung ihres Urhebers und des Verstehens vonseiten des Empfängers eine Tatfrage. Die Rspr. rechnet die Deutung individueller Willenserklärungen gleichwohl seit jeher zu den **tatsächlichen** Feststellungen. Danach kann die Auslegung von „nichttypischen" (atypischen) Willenserklärungen durch den Tatsachenrichter nicht auf ihre sachliche Richtigkeit überprüft werden, sondern nur darauf, ob die Interpretation gegen Denkgesetze und Erfahrungssätze verstößt, den gesetzlichen Auslegungsregeln nicht widerspricht und alle wesentlichen Begleitumstände berücksichtigt[6] (Beispiel: atypische, schuldrechtliche Regelungsabreden von Betriebsparteien wie ein vorprozessualer Rechtsmittelverzicht[7]; Anhörungs- oder Einleitungsschreiben gem. den §§ 102 und 103 BetrVG[8]). Anders verhält es sich bei der Auslegung von „typischen" Erklärungen, die der unbeschränkten Überprüfung durch das Rechtsbeschwerdegericht unterliegen[9] (Beispiel: Formulararbeitsverträge, die für eine Vielzahl von Fällen verwandt werden; diese sind wie Rechtsnomen zu behandeln[10]. Auf den Unterschied („typische" oder „nichttypische" Erklärung) kommt es dann nicht an, wenn das LAG eine gebotene Auslegung unterlassen hat, die das BAG ohne Erschließung weiteren Tatsachenmaterials selbst vornehmen kann[11]. Einer entsprechenden Verfahrensrüge gem. § 551 Abs. 3 Satz 1 Nr. 2 Buchst. b ZPO bedarf es, wenn die tatrichterliche Feststellung der für die Auslegung erheblichen Tatsachen beanstandet wird[12].

35 Werden in dem Beschluss vom LAG **zusammenfassende Feststellungen** getroffen – etwa durch die Verwendung von Rechtsbegriffen oder Wertungen –, ohne dass ersichtlich ist, auf welchen konkreten Tatsachenbehauptungen die Feststellung (oder Wertung) beruht, dann erzeugen diese dann keine Bindungswirkung nach § 559 Abs. 2 ZPO, wenn es sich dabei nur um die Zusammenfassung des nicht ausdrücklich gewürdigten Tatsachenvorbringens unter einen einheitlichen Begriff handelt[13].

---

1 BAG v. 25.8.1983 – 6 ABR 31/92, AP Nr. 11 zu § 551 ZPO.
2 BAG v. 14.8.2013 – 7 ABR 46/11, Rz. 29.
3 Dazu näher Zöller/*Heßler*, § 546 ZPO Rz. 1.
4 *Dütz*, Anm. zu BAG, AP Nr. 3 zu § 76 BetrVG 1972.
5 S. näher zum Ineinandergreifen von Tat- und Rechtsfragen in diesem Bereich BGH v. 14.7.2004 – VIII ZR 164/03, NJW 2004, 2751.
6 *Dütz*, Anm. zu BAG, AP Nr. 3 zu § 76 BetrVG 1972; BAG v. 22.5.2012 – 9 AZR 453/10; BAG v. 12.1.2000 – 7 AZR 48/99, NZA 2000, 718.
7 BAG v. 8.9.2010 – 7 ABR 73/09, NZA 2011, 934.
8 BAG v. 23.4.2008 – 2 ABR 71/07, NZA 2008, 1081.
9 BAG v. 28.3.2001 – 7 ABR 21/00, NZA 2002, 1294.
10 Hier besteht ein Bedürfnis nach einheitlicher Auslegung; BVerwG v. 19.1.2009 – 6 P 1/08, NZA-RR 2009, 228.
11 Vgl. BAG v. 22.10.1998 – 8 AZR 457/97, NZA 1999, 417.
12 Zöller/*Heßler*, § 546 ZPO Rz. 10.
13 BAG v. 29.9.2004 – 1 ABR 39/03, NZA 2005, 420 bezüglich des Vorliegens eines „gemeinsamen Betriebs"; ähnlich BAG v. 15.5.2007 – 1 ABR 32/06, NZA 2007, 1240.

Eine Bindungswirkung an die tatsächlichen Feststellungen des LAG wird auch verneint, wenn es um die 36
Feststellung von Umständen geht, die vom Rechtsbeschwerdegericht von **Amts wegen** – bspw.
bei den Sachurteilsvoraussetzungen – zu berücksichtigen sind[1].

2. Gemäß § 65 ausgeschlossene Gründe (Abs. 2)

Aufgrund der in § 93 Abs. 2 enthaltenen Verweisung (s. auch § 73 Abs. 2) auf § 65 prüft das BAG ins- 37
besondere nicht,
- ob der **Rechtsweg zu den Gerichten für Arbeitssachen**[2] und die **Verfahrensart**[3] zulässig sind[4] und
- ob bei der **Berufung der ehrenamtlichen Richter**[5] Verfahrensmängel unterlaufen sind oder
- die **örtliche Zuständigkeit** des ArbG zu Unrecht angenommen wurde.

Eine Rechtsbeschwerde, die allein auf die in § 65 genannten Gründe gestützt wird, bleibt erfolglos und ist als unzulässig zu verwerfen[6].

Ausnahmsweise ist die Zulässigkeit des Rechtsweges und der Verfahrensart auch noch vom Rechtsmittel- 38
gericht der Hauptsache zu prüfen, nämlich dann, wenn wegen einer entsprechenden Rüge eine Vorabentscheidung in der Vorinstanz gem. § 17a Abs. 3 Satz 2 GVG geboten war, diese aber nicht, sondern nur inzident im Rahmen der Hauptsacheentscheidung getroffen wurde. In derartigen Fällen greift die Prüfsperre des § 65 nicht (s. dazu auch bei § 88 Rz. 12–20)[7]. Soweit im Rahmen der Anwendung des § 17a GVG iVm. den §§ 65, 88 und 93 Abs. 2 die Rede davon ist, der Beteiligte, dessen Rüge in den Vorinstanzen verfahrensfehlerhaft übergangen worden ist, könne nach dem **Meistbegünstigungsgrundsatz** verschiedene Rechtsmittel einlegen (im hier interessierenden Zusammenhang demnach **wahlweise** die Rechtsbeschwerde nach § 17a Abs. 4 Satz 4 GVG iVm. den §§ 574 ff. ZPO und/oder die Rechtsbeschwerde nach § 92 Abs. 1 Satz 1)[8], begegnet dies Bedenken. In den Fällen der gem. § 17a Abs. 2 Satz 2 GVG gebotenen, aber **fehlenden Vorab-Entscheidung** liegt eine Zulassungs-Entscheidung gem. § 17a Abs. 4 Satz 4 GVG gerade nicht vor. Vielmehr hat das Beschwerdegericht verfahrensfehlerhaft (ohne Vorabentscheidung) den Beschluss nach § 91 Abs. 1 Satz 1 als eine die Instanz abschließende Sachentscheidung erlassen. Je nachdem, ob darin die Rechtsbeschwerde nach § 92 Abs. 1 Satz 1 zugelassen wurde oder nicht, ist gegen diese Sachentscheidung die (ArbGG-)Rechtsbeschwerde nach § 92 Abs. 1 Satz 1 oder die Nichtzulassungsbeschwerde nach § 92a Satz 1 statthaft. Gegen die Statthaftigkeit auch der (ZPO/GVG-)Rechtsbeschwerde spricht § 17a Abs. 4 Satz 4 GVG. Die Statthaftigkeit der Rechtsbeschwerde nach § 17a Abs. 4 Satz 4 GVG iVm. den §§ 574 ff. ZPO lässt sich in einem solchen Fall nicht mit dem Argument des prozessualen Schutzes des Betroffenen im Wege der Meistbegünstigung begründen[9]. Soweit das Rechtsbeschwerdegericht hiernach noch die Zulässigkeit des Rechtswegs und der Verfahrensart zu prüfen hat, hat es darüber **vorab** durch Beschluss zu entscheiden[10]. Dasselbe gilt für den Fall, dass ein materiell Beteiligter, dessen Beteiligung bislang unterblieben und vom BAG nachgeholt wurde, entsprechende formelle Rügen erhebt.

Das BAG wird durch § 93 Abs. 2 iVm. § 65 ArbGG allerdings nicht daran gehindert zu prüfen, ob anstelle 39
der Arbeitsgerichte die nach dem BetrVG errichteten Stellen für eine **innerbetriebliche Streitschlichtung** zuständig sind[11] (s. Rz. 18).

---

1 Zöller/*Heßler*, § 559 ZPO Rz. 11.
2 S. dazu BAG v. 17.6.1997 – 9 AZR 753/95, NZA 1998, 446; BAG v. 21.8.1996 – 5 AZR 1011/94, NZA 1996, 1342.
3 BAG v. 19.3.2003 – 4 AZR 271/02, NZA 2003, 1221; BAG v. 5.12.2007 – 7 ABR 65/06.
4 Etwas **anderes gilt** nur, wenn die Vorinstanz das in § 17a Abs. 3 Satz 2 GVG geregelte Verfahren nicht eingehalten hat (s. Rz. 37).
5 Von der Berufung ist die Heranziehung der ehrenamtlichen Richter zu unterscheiden; die Heranziehung betrifft die Frage der ordnungsgemäßen Besetzung des Gerichts; vgl. § 547 Nr. 1 ZPO.
6 Düwell/Lipke/*Düwell*, § 92 Rz. 4; BeckOKArbR/*Roloff*, § 93 Rz. 5; aA GMP/*Matthes/Schlewing*, § 93 Rz. 7; ErfK/*Koch*, § 93 Rz. 1.
7 BAG 20.4.1999 – 1 ABR 72/98, NZA 1999, 887; BAG, 22.5.2012– 1 ABR 11/11, NZA 2012, 1179; BAG v. 19.3.2003 – 4 AZR 271/02, NZA 2003, 1221; BAG v. 16.12.2009 – 5 AZR 125/09, NZA 2010, 472; BVerwG v. 30.1.2013 – 6 P 5/12, NZA-RR 2013, 446; aA insoweit BAG v. 28.4.1992 – 1 ABR 68/91, NZA 1993, 31.
8 BVerwG v. 30.1.2013 – 6 P 5/12, NZA-RR 2013, 446 unter Bezugnahme auf BAG v. 15.4.1993 – 2 AZB 32/92, NZA 1993, 789.
9 Vgl. BGH v. 19.11.1992 – V ZB 37/92, NJW 1993, 332; OLG Frankfurt v. 3.9.2008 – 19 W 60/08, NZA-RR 2009, 104; Zöller/*Lückemann*, § 17a GVG Rz. 17; s.a. bei § 65 Rz. 22 aE.
10 Str.; vgl. GMP/*Müller-Glöge*, § 73 Rz. 33; anders BVerwG v. 30.1.2013 – 6 P 5/12, NZA-RR 2013, 446, das die Frage der Verfahrensart **inzident** im Rahmen seines verfahrensbeendenden Beschlusses nach § 96 Abs. 1 Satz 1 ArbGG entschieden hat. S. dazu auch HWK/*Bepler/Treber*, § 88 ArbGG Rz. 5.
11 BAG v. 11.2.2014 – 1 ABR 76/12, NZA-RR 2015, 26 ff.

3. Gemäß § 93 Abs. 1 Satz 2 ausgeschlossener Grund

40 Der instanzbeendende Beschluss eines LAG nach § 91 kann gem. § 92b durch sofortige Beschwerde angefochten werden, wenn er nicht **binnen fünf Monaten** nach der Verkündung vollständig abgefasst und mit den Unterschriften sämtlicher Mitglieder der Kammer versehen der Geschäftsstelle übergeben worden ist[1]. Auf diesen – hiernach allein durch sofortige Beschwerde geltend zu machenden – Grund lässt sich deswegen die Rechtsbeschwerde nicht stützen. In einem derartigen Fall ist (auch) eine Beschwerde gegen die Nichtzulassung der Rechtsbeschwerde (§ 92a) nicht statthaft (§ 92b Satz 3). Einzig möglicher Rechtsbehelf ist hier die gegen den verfahrensbeendenden Beschluss des LAG selbst gerichtete sofortige Beschwerde nach § 92b[2]. Hat die Beschwerdeentscheidung des LAG jedoch Gründe, obgleich diese bspw. ungenügend, unklar oder in sich widersprüchlich sind, muss die Rechtsbeschwerde auf Basis von § 547 Nr. 6 ZPO eingelegt und begründet werden.

§ 94 Einlegung

(1) Für die Einlegung und Begründung der Rechtsbeschwerde gilt § 11 Abs. 4 und 5 entsprechend.

(2) Die Rechtsbeschwerdeschrift muss den Beschluss bezeichnen, gegen den die Rechtsbeschwerde gerichtet ist, und die Erklärung enthalten, dass gegen diesen Beschluss die Rechtsbeschwerde eingelegt werde. Die Rechtsbeschwerdebegründung muss angeben, inwieweit die Abänderung des angefochtenen Beschlusses beantragt wird, welche Bestimmungen verletzt sein sollen und worin die Verletzung bestehen soll. § 74 Abs. 2 ist entsprechend anzuwenden.

(3) Die Rechtsbeschwerde kann jederzeit in der für ihre Einlegung vorgeschriebenen Form zurückgenommen werden. Im Falle der Zurücknahme stellt der Vorsitzende das Verfahren ein. Er gibt hiervon den Beteiligten Kenntnis, soweit ihnen die Rechtsbeschwerde zugestellt worden ist.

I. Allgemeines 1	4. Der Inhalt der Beschwerdebegründung 19
II. Die Einlegung der Rechtsbeschwerde (Abs. 1)	a) Allgemeines 19
1. Beim BAG bzw. BVerwG 2	b) Sachrügen 21
2. Qualifiziertes Unterschriftserfordernis, Vertretung und sonstige Formerfordernisse 3	c) Verfahrensrügen 25
3. Die Rechtsbeschwerde(einlegungs)frist 9	V. Die Anschlussrechtsbeschwerde
III. Der Inhalt der Beschwerdeschrift (Abs. 2 Satz 1) 10	1. Zulässigkeit 28
IV. Die Begründung der Rechtsbeschwerde (Abs. 2 Satz 2)	2. Beschwer und Anschlussberechtigung 31
1. Die Frist für die Rechtsbeschwerdebegründung 11	3. Die Einlegung und Begründung 33
2. Die Form der Rechtsbeschwerdebegründung . 12	4. Wirkung der Anschlussrechtsbeschwerde ... 36
3. Der Rechtsbeschwerdeantrag und die (Un-)Zulässigkeit von Antragsänderungen 13	VI. Die entsprechende Anwendung des § 74 Abs. 2 (Abs. 2 Satz 3)
	1. Die Terminsbestimmung 37
	2. Die Prüfung von Statthaftigkeit und Zulässigkeit der Rechtsbeschwerde 42
	3. Die Verwerfung der Rechtsbeschwerde 46
	VII. Die Rücknahme der Rechtsbeschwerde (Abs. 3) und Verzicht 49

Schrifttum: *Düwell*, Elektronisches Postfach für das Bundesarbeitsgericht, FA 2006, 172; *Salamon*, Schriftlichkeit bestimmender Schriftsätze – die Entwicklung der Rechtsprechung zur Haftungsfalle, NZA 2009, 1249; *Treber*, Virtuelle Justizkommunikation ante portas, NZA 2014, 450.

---

[1] Vgl. zur Fristberechnung und zum Unterschriftserfordernis bei „Verhinderung" eines ehrenamtlichen Richters BAG v. 24.6.2009 – 7 ABN 12/09, NZA-RR 2009, 553; BAG v. 22.8.2007 – 4 AZN 1225/06, NZA-RR 2007, 672; BVerwG v. 9.7.2008 – 6 PB 17/08, NZA-RR 2008, 542.
[2] Vgl. BAG v. 2.11.2006 – 4 AZN 716/06, NJW 2007, 174; BAG v. 24.6.2009 – 7 ABN 12/09, NZA-RR 2009, 553. Beachte zum Verhältnis des § 92b zur Nichtzulassungsbeschwerde und zur Rechtsbeschwerde auch die Erl. zu § 92b Rz. 2–5.

I. Allgemeines

§ 94 regelt – im Rahmen der Zulässigkeitsvoraussetzungen und überwiegend identisch mit §§ 89, 74 Abs. 1 – **Form** und **Inhalt** der **Rechtsbeschwerde** und ihrer **Begründung**. Die Regelung wird über § 92 Abs. 2 Satz 1 ergänzt durch die entsprechenden Regelungen im Revisionsverfahren in § 74 Abs. 1, § 72 Abs. 5 iVm. §§ 549–554 ZPO. Über § 94 Abs. 2 Satz 3 findet auch die Regelung des § 74 Abs. 2 entsprechende Anwendung, wonach der Anhörungstermin unverzüglich zu bestimmen ist. Ferner wird die Behandlung einer unzulässigen Rechtsbeschwerde durch das BAG geregelt. In § 94 Abs. 3 erfährt die **Rücknahme der Rechtsbeschwerde** eine eigenständige Regelung. Die Rechtsbeschwerde muss für ihre Zulässigkeit ferner statthaft sein (s. dazu § 92 Rz. 3 ff.). Darüber hinaus müssen die allgemeinen Voraussetzungen für die Rechtsbeschwerde als Rechtsmittel vorliegen, dh. der Rechtsbeschwerdeführer muss beschwert (s. dazu § 92 Rz. 15 ff.) und beschwerdebefugt (s. dazu § 92 Rz. 12 ff.) sein.

II. Die Einlegung der Rechtsbeschwerde (Abs. 1)

1. Beim BAG bzw. BVerwG

Die Einlegung der Rechtsbeschwerde erfolgt dadurch, dass bei **dem zuständigen Rechtsbeschwerdegericht**, dh. **beim BAG** in Erfurt, schriftlich eine **Rechtsbeschwerdeschrift** eingereicht wird (§ 74 Abs. 1 Satz 1, § 92 Abs. 2 Satz 1 iVm. § 549 ZPO). Sofern es sich um ein personalvertretungsrechtliches Beschlussverfahren handelt, ist idR – vorbehaltlich ländergesetzlicher Sonderregelungen – das BVerwG das zuständige Rechtsbeschwerdegericht. Die Einlegung kann auch mittels Telekopie oder Telefax bewirkt werden (vgl. § 130 Nr. 6 ZPO). Wird die Rechtsbeschwerde hingegen beim LAG (oder in personalvertretungsrechtlichen Verfahren beim OVG/VGH) eingelegt, ist das zweitinstanzliche Gericht im ordentlichen Geschäftsgang verpflichtet, die Beschwerde an das BAG/BVerwG weiterzuleiten. Die Rechtsbeschwerdefrist wird jedoch nur gewahrt, wenn die Rechtsbeschwerde fristgerecht beim BAG/BVerwG eingeht.

2. Qualifiziertes Unterschriftserfordernis, Vertretung und sonstige Formerfordernisse

Im Rechtsbeschwerdeverfahren müssen – allgemeinen Grundsätzen folgend (§ 549 Abs. 2 ZPO; § 92 Abs. 2 Satz 1) – Rechtsbeschwerde- und Rechtsbeschwerdebegründungsschrift als **bestimmender Schriftsatz** (§ 130 Nr. 6 ZPO) von einem bei einem deutschen Gericht zugelassenen **Rechtsanwalt** – oder einem anderen Prozessbevollmächtigten iSd. § 11 Abs. 4 Satz 2 und 3 iVm. § 94 Abs. 1 – **handschriftlich und eigenhändig** unterzeichnet sein[1]. Eine Unterschrift muss die Identität des Unterschreibenden erkennen lassen, individuelle und entsprechend charakteristische Merkmale aufweisen, die Nachahmung erschweren, sich als Wiedergabe eines Namens darstellen und die Absicht einer vollen Unterschriftsleistung erkennen lassen[2]. Ein Unterschrift-**Faksimilestempel** ist keine eigenhändige Unterschrift der Person, die den Schriftsatz iSd. § 130 Nr. 6 ZPO verantwortet. Ein Anlass, dies aufgrund der fortgeschrittenen technischen Entwicklung und der dieser geschuldeten zahlreichen Ausnahmen vom eigenhändigen Unterschriftserfordernis anders zu sehen, besteht nach der Rspr. derzeit nicht[3]. Mit der Unterschrift ist zum Ausdruck zu bringen, dass eine entsprechende Verantwortung für den bestimmenden Schriftsatz übernommen wird (s. § 89 Rz. 1). Bei einem Rechtsanwalt versteht sich dies im Zweifel grdsl. von selbst, es sei denn, er erklärt durch Zusätze oder Vorbehalte Gegenteiliges[4]. Die in § 11 Abs. 2 Satz 2 Nr. 4 und 5 bezeichneten Organisationen (wie Arbeitgeber-Verbände, Gewerkschaften, deren juristische Personen/Rechtsschutzgesellschaften)[5] müssen in Verfahren vor dem BAG durch Personen mit Befähigung zum Richteramt handeln. Die ordnungsgemäße Unterschrift ist vAw zu prüfen. Wegen § 295 Abs. 2 ZPO kann der Mangel der ordnungsgemäßen Unterschrift als zwingendes Formerfordernis nicht durch rügelose Einlassung geheilt werden (§ 295 Abs. 1 ZPO).

---

[1] GMP/*Matthes/Schlewing*, § 94 Rz. 12; Düwell/Lipke/*Düwell*, § 92 Rz. 15 und § 94 Rz. 2. Vgl. für die Berufungsschrift BAG v. 13.2.2013 – 7 AZR 284/11, NZA 2013, 1271; BAG v. 17.9.2013 – 9 AZR 75/12, NJW 2014, 247.
[2] BGH v. 16.7.2013 – VIII ZB 62/12, NJW-RR 2013, 1395.
[3] BAG v. 5.8.2009 – 10 AZR 692/08, NZA 2009, 1165 mit Anm. *Salamon*, NZA 2009, 1249.
[4] Str.; vgl. BAG v. 20.9.2011 – 9 AZN 582/11, NZA 2012, 175; BAG v. 26.7.1967 – 4 AZR 172/66, DB 1967, 1904; BGH v. 26.7.2012 – III ZB 70/11, NJW-RR 2012, 1142 für die Zusätze „nach Diktat außer Haus" und „i.A."; BGH v. 25.9.2012 – VIII ZB 22/12, NJW 2013, 237; LAG Berlin-Brandenburg v. 29.11.2012 – 25 Sa 1145/12; LAG BW v. 21.10.2011 – 12 Ta 17/11; LAG Nds. v. 17.11.1998 – 12 Sa 1959/98, DB 1999, 644, nachfolgend BAG v. 25.1.1999 – 2 AZB 40/98; dazu LAG Nürnberg v. 8.6.2000 – 2 Ta 65/00, NZA-RR 2000, 547.
[5] S. näher zu diesen Organisationen bei § 11 Rz. 17 ff.

4 Es gelten im Übrigen die allgemeinen Zulässigkeitsvoraussetzungen, so dass insbesondere auch auf eine rechtswirksame Beauftragung und **Bevollmächtigung** des auftretenden Verfahrensbevollmächtigten (Rechtsanwalt oder sonstiger Bevollmächtigter nach § 11 Abs. 2 Satz 2 Nr. 4 und 5 iVm. § 11 Abs. 4 Satz 2 und 3) zu achten ist[1]. § 94 Abs. 1 ist bzgl. der Einlegung und der Begründung der Rechtsbeschwerde als Ausnahmeregelung zu verstehen, denn nach § 92 Abs. 2 Satz 2 gilt für die Vertretung der Beteiligten vor dem BAG § 11 Abs. 1 bis 3 und Abs. 5 ArbGG entsprechend. Danach können sich die Beteiligten auch vor dem BAG im Übrigen selbst vertreten[2], dh. sie sind ansonsten selbst durchweg postulationsfähig sind. Aus § 94 Abs. 1 kann nicht weitergehend gefolgert werden, dass der Rechtsbeschwerdeführer im gesamten Rechtsbeschwerdeverfahren anwaltlich oder durch einen Verbandsvertreter vertreten sein muss.

5 Bei Einreichung von Schriftsätzen per **Telefax** oder Telebrief muss der Rechtsmittelführer das tun, was technisch möglich ist, um die Anforderungen der eigenhändigen Unterschrift zu erfüllen. Der als Vorlage für die Telekopie bzw. das Telefax-Schreiben dienende Schriftsatz muss die eigenhändige Unterschrift des postulationsfähigen Prozessbevollmächtigten tragen. Diese muss auf der bei Gericht eingehenden Kopie wiedergegeben sein (§ 130 Nr. 6 ZPO[3]). In Prozessen mit Vertretungszwang können bestimmende Schriftsätze formwirksam durch elektronische Übermittlung einer Textdatei mit eingescannter Unterschrift des Prozessbevollmächtigten (Computer-Fax) eingereicht werden. Es ist unschädlich, wenn die Rechtsbeschwerdeschrift neben der Unterschrift eines bei einem deutschen Gericht zugelassenen Rechtsanwalts auch die Unterschrift des Beschwerdeführers selbst trägt[4].

6 Mit der Verordnung über den **elektronischen Rechtsverkehr** vom 9.3.2006 (ERVVOBAG[5]), zuletzt geändert durch die Verordnung vom 14.12.2015[6], hat die Bundesregierung aufgrund von § 46c Abs. 2 Satz 1 (s. dazu die dortigen Erläuterungen) das „elektronische Postfach" (= elektronisches Gerichts- und Verwaltungspostfach/EGVP) für das BAG eingeführt. Seit dem 1.4.2006 können beim BAG elektronische Dokumente eingereicht werden[7]. Nach näherer Maßgabe der ERVVOBAG können dem BAG jetzt auch Rechtsmittel- und Rechtsmittelbegründungsschriften sowie sonstige Schriftsätze im Rechtsbeschwerdeverfahren übersandt werden.

7 Wird eine Prozesshandlung – wie die Einlegung einer Rechtsbeschwerde – nicht ordnungsgemäß oder von einer postulationsunfähigen Person vorgenommen, so führt dies zur Unzulässigkeit der Prozesshandlung. Der Mangel der nichtordnungsgemäßen Unterschrift kann innerhalb der einmonatigen Rechtsbeschwerdefrist geheilt werden. Geschieht dies nicht, ist die Rechtsbeschwerde als unzulässig zu verwerfen.

8 Nach § 549 Abs. 2 iVm. § 133 Abs. 1 Satz 1 ZPO soll der Rechtsbeschwerdeschrift – ggfls. nach weiterer Aufforderung durch das BAG – die erforderliche **Anzahl von Abschriften** für die übrigen Beteiligten zum Zwecke der Zustellung beigefügt sein.

3. Die Rechtsbeschwerde(einlegungs)frist

9 Die Frist für die Einlegung der Rechtsbeschwerde beträgt – ebenso wie die Frist zur Einlegung der Revision – als **Notfrist einen Monat** (§ 92 Abs. 2 Satz 1 iVm. § 74 Abs. 1 Satz 1 iVm. § 548 ZPO). Im Übrigen wird auf die Kommentierung bei § 92 Rz. 30–32 verwiesen.

III. Der Inhalt der Beschwerdeschrift (Abs. 2 Satz 1)

10 Die Rechtsbeschwerdeschrift muss gem. § 94 Abs. 2 Satz 1 den **Beschluss bezeichnen**, gegen den die Rechtsbeschwerde gerichtet ist, und die **(unbedingte)**[8] **Erklärung enthalten**, dass gegen diesen Beschluss die **Rechtsbeschwerde** eingelegt werde (vgl. § 549 Abs. 1 ZPO)[9]. Die vollständige Bezeichnung des Be-

---

1 BAG v. 6.11.2013 – 7 ABR 84/11, NZA-RR 2014, 196. S. zum vergleichbaren Fall der Einlegung und Begründung einer Beschwerde: BAG v. 19.1.2000 – 7 ABR 69/98, NZA 2001, 984.
2 BAG v. 18.3.2015 – 7 ABR 6/13, Rz. 13; HWK/*Bepler*/*Treber*, § 94 ArbGG Rz. 3.
3 S. zum per Telefax übersandten Schriftsatz BAG v. 13.12.2012 – 6 AZR 303/12, NZA 2013, 636; BAG v. 20.1.2010 – 7 ABR 39/08, NZA 2010, 1435 [Textdatei mit eingescannter Unterschrift]. Beachte auch die Erläuterungen zu § 46c und zu § 74 Rz. 8 ff. sowie Zöller/*Heßler*, § 519 Rz. 18.
4 BAG v. 8.3.1957 – 1 ABR 5/55, AP Nr. 1 zu § 19 BetrVG.
5 BGBl. 2006 I S. 519.
6 BGBl. I 2015, S. 2338; siehe hierzu http://www.bundesarbeitsgericht.de/erv/rgrundlagen.html.
7 S. dazu *Düwell*, FA 2006, 172. Hingewiesen wird auf das Gesetz zur Förderung des elektronischen Rechtsverkehrs mit den Gerichten v. 10.10.2013, BGBl. I, 3786; darüber berichtet *Treber*, NZA 2014, 450.
8 BAG v. 8.12.1970 – 1 ABR 23/70, AP § 76 BetrVG Nr. 21.
9 S. dazu im Einzelnen bei § 89 Rz. 4–5 (dort auch zur Frage, ob die **ladungsfähigen Anschriften** der Beteiligten oder die Anschriften ihrer Verfahrensbevollmächtigten angegeben werden müssen).

schlusses erfordert die Angabe der Beteiligten, des **Gerichts**, das die angefochtene Entscheidung erlassen hat, des **Verkündungsdatums** und des **Aktenzeichens** der Vorinstanz. Freilich führt nicht jede Ungenauigkeit oder Falschangabe, die eine Rechtsbeschwerdeschrift bei einzelnen Angaben enthält, bereits zur Unzulässigkeit des Rechtsmittels. Fehlerhafte oder unvollständige Angaben schaden nicht, wenn aufgrund der sonstigen erkennbaren Umstände für Gericht und Prozessgegner bis zum Ablauf der Rechtsbeschwerdefrist nicht zweifelhaft bleibt, welche Entscheidung inwieweit angefochten wird[1]. Zum notwendigen Inhalt der Rechtsmittelschrift gehört dabei – ebenso wie bei der Revision, der Beschwerde oder der Berufung – die eindeutige **Bezeichnung des Rechtsmittelführers**[2] und wohl auch die des Rechtsmittelgegners[3]. Die entsprechende Bezeichnung muss allerdings nicht unbedingt – auch wenn sich dies in der Praxis empfiehlt – ausdrücklich erfolgen. Auch insoweit genügt es, wenn sie sich innerhalb der Rechtsmittelfrist aus anderen dem Rechtsmittelgericht vorliegenden Unterlagen zweifelsfrei entnehmen lässt[4]. Bisweilen kann die Gesamtbetrachtung von zwei – durch Telefax übermittelten – Rechtsmittelschriften, die von der Geschäftsstelle innerhalb der Frist zur Einlegung der Rechtsbeschwerde auch zusammengeführt worden sind, ergeben, dass die Einlegung des Rechtsmittels den gesetzlichen Anforderungen genügt[5]. Es empfiehlt sich, beim Rechtsbeschwerdegericht zusammen mit der Rechtsbeschwerdeschrift eine Ausfertigung oder beglaubigte Abschrift der angefochtenen Entscheidung einzureichen (vgl. § 519 Abs. 3, § 544 Abs. 1 Satz 3 und § 550 Abs. 1 ZPO), allerdings besteht hierzu keine Verpflichtung. Wird die Entscheidung der Vorinstanz vorgelegt, können auch fehlende Angaben in der Rechtsbeschwerdeschrift als unschädlich erweisen. Die Vorlage stellt ein geeignetes Mittel dar, um Zweifelsfälle zu vermeiden[6]. Da die in § 94 Abs. 2 Satz 1 normierten Anforderungen denen entsprechen, die für die Beschwerdeschrift und für die Revisionsschrift gelten, wird im Übrigen auf die diesbezüglichen Erläuterungen zu den §§ 74 (§ 74 Rz. 13–18) und 89 (§ 89 Rz. 10 ff.) verwiesen.

IV. Die Begründung der Rechtsbeschwerde (Abs. 2 Satz 2)

1. Die Frist für die Rechtsbeschwerdebegründung

Die Frist für die Begründung der Rechtsbeschwerde beträgt **zwei Monate**. Im Übrigen wird auf die Kommentierung bei § 92 Rz. 33–35 verwiesen. 11

2. Die Form der Rechtsbeschwerdebegründung

Die Beschwerdebegründung ist bei dem BAG (bzw. – in personalvertretungsrechtlichen Beschlussverfahren – beim BVerwG) einzureichen oder per Telekopie/Telefax an das Rechtsbeschwerdegericht zu übermitteln (s. dazu Rz. 2 und die dortigen Nachweise). Das qualifizierte Unterschriftserfordernis (s. Rz. 3 ff.: gem. § 94 Abs. 1 iVm. § 11 Abs. 4 Satz 1 und 2 Unterschrift von einem Rechtsanwalt oder einem Verbandsvertreter der in § 11 Abs. 4, Abs. 2 Satz 2 Nr. 4 oder 5 genannten Art) erstreckt sich auch auf die Beschwerdebegründung; dies gilt auch im personalvertretungsrechtlichen Beschlussverfahren. 12

3. Der Rechtsbeschwerdeantrag und die (Un-)Zulässigkeit von Antragsänderungen

Die Begründung der Rechtsbeschwerde muss ua. angeben, inwieweit die **Abänderung des angefochtenen Beschlusses des LAG** beantragt wird[7]. Insofern ist ein konkreter Antrag zu stellen. Diese – gem. § 94 Abs. 2 Satz 2 notwendige – Angabe kann ausdrücklich oder konkludent erfolgen. Sie kann ggf. auch der Rechtsbeschwerdebegründung entnommen werden. Ist dem gesamten Vorbringen des Rechtsbeschwerdeführers 13

---

[1] Vgl. zur Revisionsschrift BAG v. 16.11.2011 – 4 AZR 834/09. Unschädlich kann die falsche Bezeichnung der Vorinstanz (zB „Nürnberg" statt „München") dann sein, wenn sich das richtige LAG aus dem beigefügten Beschluss der Vorinstanz ergibt; vgl. BAG v. 6.3.2003 – 2 AZN 446/02, ArbRB 2004, 272.
[2] BAG v. 23.8.2001 – 7 ABR 15/01, NZA 2001, 1214.
[3] Vgl. BAG v. 17.4.2003 – 8 ABR 16/02: *aus einer Rechtsmittelschrift muss sich ergeben, gegen wen das Rechtsmittel eingelegt wird;* s. zur Bezeichnung des Rechtsmittelgegners in der Revisionsschrift bei § 74 Rz. 13; GMP/*Müller-Glöge*, § 74 Rz. 18. Da bereits das Beschwerdeverfahren den *Beschwerdegegner* kennt (§ 87 Abs. 3 Satz 3), ist auch für das Rechtsbeschwerdeverfahren von der Existenz eines Rechtsmittelgegners auszugehen.
[4] BAG v. 23.8.2001 – 7 ABR 15/01, NZA 2001, 1214; BAG v. 14.6.1989 – 2 AZB 5/89. Unter Umständen kann es ausreichen, wenn sich die Angaben elektronisch gespeicherter Daten, die bei Gericht in vergleichbarer Weise wie sonstige Unterlagen verfügbar sind, entnehmen lassen [elektronisches Geschäftsstellenprogramm]; BAG v. 18.5.2010 – 3 AZR 373/08, NZA 2010, 935.
[5] BAG v. 3.5.2006 – 4 ABR 8/05, ZTR 2007, 55.
[6] Vgl. BGH v. 12.1.2010 – VIII ZB 64/09.
[7] BAG v. 16.5.2007 – 7 ABR 45/06, NZA 2007, 1117.

eindeutig zu entnehmen, dass er seinen Sachantrag aus der Vorinstanz weiterverfolgt[1], dann muss er in der Rechtsbeschwerdebegründung seinen Sachantrag nicht (auch) noch unbedingt ausdrücklich oder optisch hervorgehoben wiederholen. In einem derartigen Fall kann es unter Umständen ausreichend sein, dass er lediglich die Aufhebung der Entscheidung des LAG und die Zurückverweisung des Rechtsstreits beantragt. Dies gilt jedenfalls dann, wenn das BAG über den Antrag in der Sache selbst ohnehin nicht entscheiden kann[2]. Aus dem Rechtsbeschwerdeantrag ergibt sich dann im Umkehrschluss, in welchem Umfang die Beschwerdeentscheidung des LAG dann ggf. rechtskräftig geworden ist.

14 Im Rahmen der Beschwerdebegründung sind **Antragserweiterungen, -änderungen oder -modifizierungen grds.** gem. § 559 Abs. 1 ZPO **nicht zulässig.** Auf die Vorschrift des § 81 Abs. 3 wird in § 92 Abs. 2 nicht verwiesen. Insofern ist das bisweilen zu beobachtende Vorgehen von Beteiligten, die in der Rechtsbeschwerdeinstanz mit Rücksicht auf eine eingetretene Änderung der tatsächlichen Verhältnisse oder aus sonstigen Gründen andere Anträge als noch in den Tatsacheninstanzen (ArbG/LAG), grdsl. prozessual unzulässig. Eine **Ausnahme** hat das BAG aber aus **prozessökonomischen Gründen** in den des § 264 Nr. 2 ZPO zugelassen, wenn es sich lediglich um eine Beschränkung oder Modifizierung des bisherigen Sachantrages handelt und wenn sich der geänderte Sachantrag auf einen in der Beschwerdeinstanz festgestellten oder von den Beteiligten übereinstimmend vorgetragenen Sachverhalt stützen kann, sich das rechtliche Prüfprogramm nicht wesentlich ändert und die Verfahrensrechte der anderen Beteiligten durch eine Sachentscheidung nicht verkürzt werden[3]. Die mit dem Übergang von einem Leistungs- zu einem Feststellungsantrag verbundene Antragsbeschränkung kann auch in der Rechtsbeschwerdeinstanz noch zulässig sein (§ 264 Nr. 2 ZPO)[4]. Entsprechendes gilt für zeitliche Antragsbeschränkungen (etwa in Form eines Hilfsantrages, der die Ungewissheit beseitigt, ob ggf. über den Hauptantrag, nach Zeitabschnitten getrennt, uneinheitlich entschieden werden kann[5].

15 Eine Ausnahme von dem og. Grundsatz ist insbesondere dann gerechtfertigt, wenn die anderen Verfahrensbeteiligten gegen die Antragsänderung oder -erweiterung keine Einwendungen erheben, ihre Verfahrensrechte – darunter vor allem dasjenige auf rechtliches Gehör nach Art. 103 Abs. 1 GG – nicht verkürzt werden und die Antragsänderung darauf beruht, dass die Vorinstanzen einen nach § 139 Abs. 1 ZPO gebotenen Hinweis unterlassen haben. Jedenfalls in einem solchen Fall ist es aus prozessökonomischen Gründen angezeigt, den Beteiligten eine andernfalls erforderliche Zurückverweisung an das LAG oder gar eine erneute erstinstanzliche Anrufung der Gerichte für Arbeitssachen zu ersparen[6]. Auch mit der **Änderung der Rechtslage** kann eine Antragsänderung im Rechtsbeschwerdeverfahren verbunden sein, – und zwar selbst dann, wenn sich weder der Antragswortlaut noch der ihm zugrunde liegende tatsächliche Lebenssachverhalt geändert haben. So können nicht unwesentliche Gesetzesänderungen die entscheidungserheblichen rechtlichen Verhältnisse verändern und damit zu einer Änderung des Verfahrens- bzw. Streitgegenstandes und zugleich zu einer Antragsänderung führen[7]. Wenn und soweit darin eine Änderung des Verfahrens- bzw. Streitgegenstandes und damit eine Antragsänderung liegt, ist diese in der Rechtsbeschwerdeinstanz zulässig, wenn der festgestellte Sachverhalt die rechtliche Beurteilung nach der neuen Rechtslage ermöglicht, der Streitstoff nicht erweitert wird und die Rechte der Beteiligten nicht verkürzt werden[8].

16 Eine ausnahmsweise zulässige Antragsänderung bzw. -erweiterung liegt vor, wenn in der Rechtsbeschwerdeinstanz Hilfsanträge gestellt werden, die eine **Einschränkung des Hauptantrags** darstellen[9]. Dasselbe gilt, wenn dem Rechtsbeschwerdegericht Hilfsanträge anfallen, die das Beschwerdegericht nicht beschieden hat. Wurde in der Vorinstanz schon dem Hauptantrag des Antragstellers stattgegeben, gelangt mit der Rechtsbeschwerde eines Beteiligten auch ein Hilfsantrag des Antragstellers in die Rechtsmittelinstanz (auch ohne Anschlussrechtsmittel). Insoweit kann sich im Rechtsbeschwerdeverfahren ergeben, dass ein erst in der Anhörung vor dem Beschwerdegericht erhobener Hilfsantrag eine (unzulässige) Antragsänderung darstellt. Über die Sachdienlichkeit einer Antragsänderung kann das Rechtsbeschwerdegericht selbst befinden, wenn das Beschwerdegericht nach dem von ihm gewählten Lösungsweg über den geänderten Antrag nicht entscheiden musste.

---

1 Vgl. zu einem derartigen Fall: BAG v. 5.5.1992 – 1 ABR 1/92, NZA 1992, 1089; s.a. BAG v. 21.7.2005 – 6 AZR 592/04, NZA 2006, 162.
2 BAG v. 22.10.1985 – 1 ABR 81/83, AP Nr. 24 zu § 99 BetrVG 1972.
3 BAG v. 29.4.2015 – 7 ABR 102/12, NZA 2015, 1397 (1402).
4 BAG v. 30.9.2008 – 1 ABR 54/07, NZA 2009, 502.
5 BAG v. 21.1.2003 – 1 ABR 9/02, NZA 2003, 1097.
6 BAG v. 26.10.2004 – 1 ABR 37/03, BAGE 112, 238 ff. = NZA 2005, 367 ff.
7 Nicht abschließend beurteilt in BAG v. 25.1.2005 – 1 ABR 61/03, NZA 2005, 1199.
8 BAG v. 10.7.2013 – 7 ABR 91/11, NZA 2013, 1296.
9 BAG v. 23.2.2016 – 1 ABR 5/14, Rz. 9, NZA 2016, 972 (973).

Unschädlich ist es außerdem, wenn eine Änderung des Lebenssachverhalts allein in einer für Inhalt und Umfang des Streitstoffs folgenlosen Rechts- oder Funktionsnachfolge besteht[1]. 17

Eine solche, ausnahmsweise zulässige Antragserweiterung ist jedoch kein selbständiges Rechtsmittel, sondern kann **nur im Rahmen einer zulässigen Rechtsbeschwerde** vorgenommen werden. Die Zulässigkeit einer geänderten Antragstellung setzt daher voraus, dass der Rechtsbeschwerdeführer – oder der Anschlussrechtsbeschwerdeführer – mit seinem Rechtsmittel in die Rechtsbeschwerdeinstanz gelangt ist. Hieran fehlt es, wenn sein Rechtsmittel unzulässig ist. Sein Begehren kann dann nicht um einen weiteren Streitgegenstand erweitert werden. Überdies kann das Rechtsbeschwerdegericht bei einem mangels Begründung unzulässigen Rechtsmittel nicht darüber befinden, ob die für die Zulässigkeit der Antragserweiterung geltenden Voraussetzungen erfüllt sind und der geänderte Antrag begründet ist[2]. 18

4. Der Inhalt der Beschwerdebegründung

a) Allgemeines

An die Rechtsbeschwerdebegründung im arbeitsgerichtlichen Beschlussverfahren sind **inhaltlich** mindestens so **strenge Anforderungen** zu stellen wie an die Revisionsbegründung[3]. Nach § 94 Abs. 2 Satz 2 muss die Rechtsbeschwerdebegründung angeben, welche rechtliche Bestimmung durch den angefochtenen Beschluss verletzt sein soll und worin diese Verletzung besteht. Die Rechtsbeschwerde kann nur darauf gestützt werden, dass der Beschwerdebeschluss des LAG auf der Nichtanwendung oder der unrichtigen Anwendung einer Rechtsnorm beruht (§ 93 Abs. 1 Satz 1). Dazu hat sie den Rechtsfehler des LAG so aufzuzeigen, dass **Gegenstand und Richtung** ihres Angriffs erkennbar sind[4]. Dies erfordert eine **Auseinandersetzung** mit den **tragenden Gründen des angefochtenen Beschlusses**. Der Rechtsbeschwerdeführer muss darlegen, warum er die Begründung des Beschwerdegerichts für unrichtig hält[5]. 19

Der Rechtsbeschwerdeführer muss sich also in seiner Begründung **argumentativ** mit den Gründen der angefochtenen Entscheidung **auseinandersetzen**. Er darf sich nicht darauf beschränken, seine Rechtsausführungen aus den Vorinstanzen in vollem Wortlaut zu wiederholen[6]. Vielmehr sind **zulässige Verfahrensrügen und/oder ordnungsgemäße Sachrügen** zu erheben[7]. Die Bezeichnung der verletzten Rechtsnorm mit der Bemerkung, das LAG habe einen darin enthaltenen Rechtsbegriff verkannt, genügt nicht den Erfordernissen einer ordnungsgemäßen Rechtsbeschwerdebegründung. In der Rechtsbeschwerdebegründung gem. § 94 Abs. 2 Satz 2 muss vielmehr dargelegt werden, wie die angeblich verletzte Rechtsnorm richtig auszulegen ist und inwieweit sich das auf die Entscheidung auswirken muss[8]. Ist eine Rechtsbeschwerde nur für einen Verfahrensgegenstand zugelassen worden und wird diese Rechtsbeschwerde dann begründet mit Erwägungen, die sich auf den anderen Verfahrensgegenstand beziehen, bei dem die Rechtsbeschwerde nicht zugelassen wurde, ist die Rechtsbeschwerde mangels einer ordnungsgemäßen Begründung unzulässig[9]. 20

b) Sachrügen

Bei einer **Sachrüge** ist gem. § 551 Abs. 3 Satz 1 Nr. 2 Buchst. a ZPO die Bezeichnung der verletzten Rechtsnorm nicht mehr vorgeschrieben. Ungeachtet dessen verlangt die speziellere Norm des § 94 Abs. 2 Satz 2 ausdrücklich die Angabe der rechtlichen Bestimmung, die durch den angefochtenen Beschluss verletzt sein soll. Daher hat die Rechtsbeschwerdebegründung den Rechtsfehler des LAG so aufzuzeigen, dass Gegenstand und Richtung des rechtsbeschwerderechtlichen Angriffs auch bzgl. der verletzten Norm erkennbar sind[10]. An die Begründung materiell-rechtlicher Fehler werden somit höhere Anforderungen gestellt als im Revisionsverfahren[11]. 21

---

1 BAG v. 4.11.2015 – 7 ABR 61/13, Rz. 20, NZA-RR 2016, 256 (259).
2 BAG v. 15.4.2014 – 1 ABR 80/12, Rz. 19, NZA 2015, 62 (64).
3 BAG v. 26.4.1963 – 1 ABR 10/62, AP Nr. 3 zu § 94 ArbGG 1953.
4 BAG v. 23.2.2016 – 1 ABR 82/13, NZA 2016, 654 ff.
5 BAG v. 15.4.2014 – 1 ABR 80/12, Rz. 11, NZA 2015, 62; BAG v. 14.5.2013 – 1 ABR 4/12, NZA 2013, 1223; BAG v. 17.9.2013 – 1 ABR 37/12; BAG v. 18.3.2008 – 1 ABR 81/06, NZA 2008, 832; BAG v. 28.6.2005 – 1 ABR 26/04, NZA 2006, 113.
6 BAG v. 27.10.1987 – 1 ABR 9/86, NZA 1988, 203; BAG v. 28.1.2009 – 4 AZR 912/07, ArbRB 2009, 141.
7 BAG v. 15.4.2014 – 1 ABR 80/12, Rz. 11, NZA 2015, 62 ff.; vgl. BAG v. 14.2.2007 – 7 ABR 26/06, NZA 2007, 999.
8 BAG v. 10.4.1984 – 1 ABR 62/82, NZA 1984, 268.
9 BAG v. 23.2.2016 – 1 ABR 82/13, NZA 2016, 654 ff.
10 BAG v. 15.11.2006 – 7 ABR 6/06.
11 BeckOKArbR/*Roloff*, § 94 Rz. 4.

22 Hat das LAG über **mehrere** Verfahrensgegenstände bzw. Anträge entschieden, so muss in der Rechtsbeschwerdeinstanz – abgesehen von den Fällen der Vorgreiflichkeit – für jeden Anspruch, der weiter verfolgt oder bekämpft wird, eine ausreichende Rechtsbeschwerdebegründung gegeben werden, wenn die LAG-Entscheidung insgesamt ordnungsgemäß angegriffen werden soll. Wird zu einem Anspruch bzw. Verfahrensgegenstand nichts vorgetragen, so ist die Rechtsbeschwerde insoweit unzulässig[1]. Diese Anforderungen können allerdings dann nicht gestellt werden, wenn die Begründetheit des einen Anspruchs von der Begründetheit eines anderen Anspruchs praktisch unmittelbar abhängt. In einem derartigen Fall kann es genügen, dass sich die Rechtsbeschwerdebegründung allein mit den Ausführungen des LAG zu dem vorgreiflichen Anspruch befasst[2].

23 Bei einem **einheitlichen** Verfahrensgegenstand muss der Rechtsbeschwerdeführer nicht (unbedingt) zu allen für ihn nachteilig beurteilten Streitpunkten in der Rechtsmittelbegründung im Einzelnen Stellung nehmen. Es kann vielmehr ein einziger (erfolgreicher) Angriff gegen die angefochtene Entscheidung geeignet sein, dieser insgesamt ihre Tragfähigkeit zu nehmen (etwa bei der Überprüfung eines Spruchs der Einigungsstelle wegen § 139 BGB[3]). § 94 Abs. 2 verlangt dem Beschwerdeführer nicht unbedingt zwingend ab, jeder einzelnen Auslegungserwägung im angefochtenen Beschlusses argumentativ entgegenzutreten[4]. Stützt das LAG allerdings die angefochtene Entscheidung auf zwei voneinander unabhängige, selbständig tragende Erwägungen („**Alternativbegründung**"; vgl. § 89 Rz. 18), so muss die Rechtsbeschwerdebegründung beide Erwägungen angreifen. Setzt sich die Begründung nur mit einer der beiden Erwägungen des LAG auseinander, ist die Rechtsbeschwerde nach näherer Maßgabe der Rspr. unzulässig. Denn die Rechtsmittelbegründung muss – im Falle ihrer Berechtigung – geeignet sein, die gesamte Entscheidung in Frage zu stellen[5].

24 Geringere Anforderungen an die Beschwerdebegründung sind unter Umständen dann zu stellen, wenn der Rechtsbeschwerdeführer in der Rechtsbeschwerdeinstanz sein Sachbegehren, über das die Vorinstanz entschieden hat, nicht mehr weiterverfolgt und lediglich geltend machen will, die Hauptsache sei wegen eines zwischenzeitlich eingetretenen Ereignisses erledigt[6].

c) Verfahrensrügen

25 Trotz des im arbeitsgerichtlichen Beschlussverfahren herrschenden Amtsbetriebes findet die Vorschrift des § 551 Abs. 3 Satz 1 Nr. 2 Buchst. b ZPO Anwendung. Nach dieser Vorschrift sind bei einer **Verfahrensrüge die Tatsachen zu bezeichnen**, die den Mangel ergeben, auf den sich die Rechtsbeschwerde stützen will. Maßgebend ist hierfür die Erwägung, dass das Revisions- bzw. das Rechtsbeschwerdegericht der angefochtenen Entscheidung allein nicht entnehmen kann, ob Verfahrensverstöße vorliegen und ob diese für die Entscheidungsfindung kausal sein können. Der Rechtsbeschwerdeführer muss also Ausführungen darüber machen, inwiefern das Beschwerdegericht einen Fehler gemacht haben soll und wie dieser sich auf die Entscheidung ausgewirkt hat[7]. Darzulegen ist, dass der im Beschwerdeverfahren ergangene Beschluss auf dem Verfahrensmangel beruht, also bei richtigem Verhalten das LAG zu einer anderen Entscheidung gekommen wäre[8]. Prozessuale Verstöße des Beschwerdegerichts sind danach nur dann beachtlich, wenn sie rechtzeitig und förmlich gerügt werden[9].

26 In dieser Strenge gelten die og. Grundsätze jedoch nicht, wenn – im Übrigen ordnungsgemä – gerügt wird, das LAG habe zu Unrecht eine – zu beteiligende – Person oder Stelle als Beteiligten nicht zum Verfahren

---

1 BAG v. 23.2.2016 – 1 ABR 82/13, Rz. 19 mwN, NZA 2016, 654 ff.; BAG v. 10.12.1986 – 4 ABR 20/86, AP Nr. 11 zu § 1 TVG – Tarifverträge: Druckindustrie.
2 Vgl. BAG v. 2.4.1987 – 2 AZR 418/86, NZA 1987, 808; ähnlich BAG v. 16.3.2004 – 9 AZR 323/03, NZA 2004, 1047.
3 BAG v. 22.7.2003 – 1 ABR 28/02, NZA 2004, 507.
4 Vgl. BVerwG v. 19.3.2012 – 6 P 6/11, NVwZ-RR 2012, 441.
5 BAG v. 17.9.2013 – 1 ABR 37/12; BAG v. 15.11.2006 – 7 ABR 6/06; BAG v. 27.7.2010 – 1 AZR 186/09, NZA 2010, 1446. Mitunter „gelten" zwar bestimmte Ausführungen der Vorinstanz im dritten Rechtszug „als nicht geschrieben", weil auf Hilfserwägungen zur Begründetheit nicht eingegangen werden könne: BAG v. 2.12.1999 – 8 AZR 796/98, NZA 2000, 369; BGH v. 19.4.2012 – I ZR 86/10, NJW-RR 2012, 1506; vgl. Zöller/*Heßler*, § 563 ZPO Rz. 11; gleichwohl ist es im Rahmen der Rechtsbeschwerdebegründung geboten, auch derartige Hilfserwägungen der Vorinstanz ordnungsgemäß anzugreifen.
6 Vgl. BAG v. 26.9.1990 – 7 ABR 70/87; BGH v. 13.7.2005 – XII ZB 80/05, NJW-RR 2006, 142.
7 BAG v. 22.11.1988 – 1 ABR 6/87, NZA 1989, 561; unter welchen Voraussetzungen eine Verfahrensrüge zulässig erhoben ist, ergibt sich aus BAG v. 14.2.2007 – 7 ABR 26/06, NZA 2007, 999.
8 Vgl. BAG v. 28.1.2009 – 4 AZR 912/07, NZA 2009, 1111: Kausalitätserfordernis.
9 Grundlegend: BAG v. 24.5.1957 – 1 ABR 8/56, AP Nr. 7 zu § 92 ArbGG 1953.

hinzugezogen¹. Hätte das LAG die zu beteiligende Person oder Stelle beteiligt, so hätte von dieser der Sachverhalt möglicherweise von vornherein so aufgeklärt werden können, dass das LAG eine andere Entscheidung gefällt hätte. Allein eine solche Möglichkeit reicht nach Ansicht des BAG aus, das Verfahren des Beschwerdegerichts als fehlerhaft und deshalb zu einem verfehlten Ergebnis führend erscheinen zu lassen, was dazu zwinge, nicht nur die angefochtene Entscheidung, sondern auch das ihr zugrunde liegende Verfahren aufzuheben und die Sache zur Nachholung der Anhörung an das LAG zurückzuverweisen (s. dazu aber auch bei § 93 Rz. 11 und Rz. 24)².

Im Übrigen stellt das BAG jedoch **strenge Anforderungen** an eine ordnungsgemäße Verfahrensrüge. Bezüglich der bisweilen gerügten Verletzung des Untersuchungsgrundsatzes gem. § 83 Abs. 1 fehlt es mitunter an der Angabe, zu welchen tatsächlichen Feststellungen eine weitere Amtsermittlung geführt hätte. Die bloße Behauptung etwa, dass nach Durchführung der Amtsermittlung die Beschwerde des ArbGeb zurückzuweisen gewesen wäre, ist zu pauschal und daher unbeachtlich³. Wird die Verletzung der **Amtsaufklärungspflicht** durch das Beschwerdegericht gerügt, so muss in der Rechtsbeschwerdebegründung dargelegt werden, welche weiteren Tatsachen in den Vorinstanzen hätten ermittelt und welche weiteren Beweismittel hätten herangezogen werden können und inwiefern sich dem Beschwerdegericht eine weitere Aufklärung des Sachverhalts hätte aufdrängen müssen⁴. Die Rüge der Verletzung von **§ 139 ZPO** genügt in der Praxis ebenfalls nicht immer den gesetzlichen Anforderungen. Es fehlt oft an einer Darstellung, welchen Hinweis das LAG hätte geben sollen und inwieweit der zweitinstanzliche Beschluss darauf beruhen soll, dass das LAG nicht auf die Notwendigkeit weiterer Darlegungen hingewiesen hat. Die Ausführungen in einer Rechtsbeschwerdebegründung, es „hätte ggf. ergänzend vorgetragen werden können", sind jedenfalls zu unbestimmt⁵. Ist nicht ohne Weiteres einsichtig, dass die Tatsacheninstanz unter Verstoß gegen § 286 ZPO einen Sachverhalt als erwiesen angesehen hat, dann muss die Rechtsbeschwerdebegründung im Einzelnen darlegen, worin der Verfahrensverstoß des LAG zu sehen ist und dass der betreffende Verfahrensverstoß für die Entscheidung des LAG tragend ist. Wird gem. § 286 ZPO gerügt, das LAG habe einen bestimmten Sachvortrag übersehen, ist anzugeben, aufgrund welchen Vortrags das LAG zu welcher Tatsachenfeststellung hätte gelangen müssen. Fehlt es an einer solchen Darlegung, ist die Rüge unvollständig und unbeachtlich⁶.

V. Die Anschlussrechtsbeschwerde

1. Zulässigkeit

Die Anschlussrechtsbeschwerde wird in den §§ 92 ff. nicht ausdrücklich geregelt; die Anschlussrevision in den §§ 72 ff. ebenfalls nicht. Allerdings gilt über § 92 Abs. 2 Satz 1, § 72 Abs. 5 die Regelung des § 554 ZPO. § 549 Abs. 1 Satz 2 und Abs. 2 und die §§ 550 und 551 Abs. 3 ZPO gelten daher ebenfalls entsprechend (§ 554 Abs. 3 Satz 2 ZPO). Die generelle Zulässigkeit einer Anschlussrechtsbeschwerde im Beschlussverfahren ist daher in der Rspr. des BAG⁷ anerkannt. Im Beschlussverfahren ist auch eine Anschluss**sprung**rechtsbeschwerden zulässig⁸. Mit dieser Maßgabe ist die Anschließung des Rechtsbeschwerdegegners in der Form der (**unselbständigen**) **Anschlussrechtsbeschwerde auch** dann statthaft, **wenn** er auf die Rechtsbeschwerde verzichtet hat, für ihn die Rechtsbeschwerdefrist verstrichen oder für ihn die Rechtsbeschwerde **nicht zugelassen** worden ist (vgl. § 554 Abs. 2 Satz 1 ZPO⁹).

---

1 Erfolgreich war eine entspr. Rüge in der Entscheidung des BAG v. 20.2.1986 – 6 ABR 25/85, AP Nr. 1 zu § 63 BetrVG 1972; vgl. aber auch BAG v. 5.5.1992 – 1 ABR 1/92, NZA 1992, 1089 zur Notwendigkeit einer entspr. Rüge bei Beteiligung eines „Nicht-Beteiligten".
2 So jedenfalls noch BAG v. 13.7.1977 – 1 ABR 19/75, AP Nr. 8 zu § 83 ArbGG 1953; das BAG führt dort aus: „Gerade angesichts der Begründung der vom ASt. erhobenen Verfahrensrüge, die mit einer Aufklärungsrüge nach § 139 ZPO gekoppelt ist, kann man ... nicht ohne Weiteres davon ausgehen, dass durch die nachzuholende Anhörung des BR eine weitere Sachaufklärung, die möglicherweise zu einer anderen Entscheidung des LAG hätte führen können, nicht zu erwarten ist". Beachte zur Abgrenzung BAG v. 19.3.1974 – 1 ABR 44/73, DB 1974, 1629.
3 BAG v. 26.7.1989 – 7 ABR 64/88, NZA 1990, 621.
4 BAG v. 18.1.1989 – 7 ABR 21/88, NZA 1989, 724.
5 BAG v. 26.7.1989 – 7 ABR 64/88, NZA 1990, 621; vgl. weiter zur Rüge eines Verstoßes gegen die richterliche Hinweispflicht: BAG v. 11.6.2013 – 9 AZR 786/11, NZA 2013, 1074.
6 Vgl. – zum Revisionsrecht – BAG v. 9.3.1972 – 1 AZR 261/71, AP Nr. 2 zu § 561 ZPO.
7 BAG v. 20.12.1988 – 1 ABR 63/87, NZA 1989, 393; vgl. auch BAG v. 12.6.1996 – 4 ABR 1/95, NZA 1997, 565.
8 BAG v. 12.6.1996 – 4 ABR 1/95, NZA 1997, 565.
9 BAG v. 3.12.2003 – 10 AZR 124/03; BGH v. 23.2.2005 – II ZR 147/03, MDR 2005, 823; HWK/*Bepler/Treber*, § 94 ArbGG Rz. 12.

29 Es gibt Fälle, in denen das Rechtsbeschwerdegericht nicht gehindert ist, in seiner Entscheidung über die Rechtsbeschwerde, insbesondere in einem Zurückweisungsbeschluss, auch **ohne** Anschlussrechtsbeschwerde des Rechtsbeschwerdegegners **Klarstellungen** in Bezug auf den Tenor der Entscheidung des Beschwerdegerichts vorzunehmen. So kann es etwa – bei entsprechend verdeutlichtem Antrag des ArbGeb in der Rechtsbeschwerdeinstanz – bspw. in Form einer Feststellung klarstellen, dass es einer – vom ArbGeb in erster Linie beantragten – Ersetzung der Zustimmung des BR zu einer beabsichtigten außerordentlichen Kündigung nicht bedarf[1].

30 Werden in einem Beschlussverfahren vom Antragsteller ein Haupt- und ein Hilfsantrag gestellt und obsiegt er mit dem Hauptantrag, so **fällt** der **Hilfsantrag** auch **ohne** Anschlussrechtsmittel in der Rechtsmittelinstanz **an**, und über ihn ist zu befinden, wenn das Rechtsmittel des Gegners hinsichtlich des Hauptantrages Erfolg hat. Das gilt jedenfalls dann, wenn zwischen Haupt- und Hilfsantrag ein enger sachlicher und rechtlicher Zusammenhang besteht[2].

2. Beschwer und Anschlussberechtigung

31 Die Anschlussrechtsbeschwerde setzt – abweichend von der Anschlussbeschwerde beim LAG (s. § 89 Rz. 36) – voraus, dass sich für den Anschlussrechtsbeschwerdeführer aus dem Beschluss der Vorinstanz eine **Beschwer** ergibt[3]. Jedenfalls können durch ein Anschlussrechtsmittel keine neuen, von der Vorinstanz nicht beurteilten Streitgegenstände in die Rechtsbeschwerdeinstanz gelangen[4]. Wegen der Beschränkung der Revision bzw. Rechtsbeschwerde auf Rechtsfragen ist eine Anschlussrechtsbeschwerde unzulässig, die einen anderen Lebenssachverhalt betrifft als denjenigen der (Haupt-)Rechtsbeschwerde und die mit dem von dieser erfassten Verfahrensgegenstand auch nicht in einem unmittelbaren rechtlichen oder wirtschaftlichen Zusammenhang steht[5]. Weitergehend wird verlangt, dass der Anschlussrechtsbeschwerdeführer ein dem Rechtsbeschwerdeführer entgegengesetztes Ziel verfolgen muss. Nur derjenige könne sich der Rechtsbeschwerde anschließen, gegen den sich die Rechtsbeschwerde richte. Die Anschließung eines Beteiligten mit demselben Antrag wie demjenigen des Rechtsbeschwerdeführers sei unzulässig[6].

32 Der **Rechtsbeschwerdegegner** bzw. ein sonstiger übriger Beteiligter kann – soweit (auch) er durch den mit der Rechtsbeschwerde angefochtenen Beschluss beschwert ist und die Rechtsbeschwerde auch in Bezug auf sein prozessuales Begehren an sich statthaft und zulässig ist – **selbständig Rechtsbeschwerde** gegen den Beschluss des LAG einlegen. Er kann sich aber auch der bereits eingelegten Rechtsbeschwerde des Gegners anschließen.

3. Die Einlegung und Begründung

33 Die Anschließung bis zum Ablauf eines Monats nach der Zustellung der Rechtsbeschwerdebegründung zu erklären ist (§ 554 Abs. 2 Satz 2 ZPO)[7]. Dies geschieht durch Einreichung einer Anschlussschrift beim BAG. Dabei muss die Anschlussrevision **in der Anschlussschrift begründet** werden (§ 554 Abs. 3 Satz 1 ZPO). Im Übrigen gilt § 94 Abs. 1. Wegen der Frage, ob die Frist für die Einlegung und Begründung verlängert werden – und bei Fristversäumung die Wiedereinsetzung in den vorigen Stand gewährt werden – kann, wird auf die §§ 224, 233 ZPO ff. verwiesen[8].

34 Fraglich ist, wonach sich der Beginn und die Dauer der Frist für die Einlegung der Anschlussrechtsbeschwerde (**Anschließungsfrist**) bestimmt. Für die Anschlussbeschwerde ist entsprechend § 524 Abs. 2

---

1 BAG v. 18.9.1997 – 2 ABR 15/97, NZA 1998, 189.
2 Vgl. dazu – für das Revisionsverfahren – BAG,16.3.2010 – 3 AZR 594/09, NZA-RR 2011, 146; BAG v. 20.8.1997 – 2 AZR 620/96, NZA 1997, 1340.
3 Vgl. BAG v. 23.2.2010 – 2 AZR 554/08, NZA 2010, 1123; BGH v. 17.8.2011 – I ZR 108/09, MDR 2011, 1311.
4 BAG v. 17.1.2012 – 3 AZR 10/10, NZA-RR 2013, 86; vgl. BAG v. 5.6.2003 – 6 AZR 277/02, BAGReport 2003, 348.
5 Str.; vgl. HWK/*Bepler/Treber*, § 74 ArbGG Rz. 40; BGH, 22.11.2007– I ZR 74/05, NJW 2008, 920; Zöller/*Heßler*, § 554 ZPO Rz. 7a; s. demgegenüber GMP/*Müller-Glöge*, § 74 Rz. 74.
6 LAG Hessen v. 6.5.1997 – 9 TaBV 187/96; BVerwG v. 8.7.2008 – 6 P 14/07, NZA-RR 2009, 52, unter Bezugnahme auf BAG v. 12.6.1996 – 4 ABR 1/95, NZA 1997, 565: eine Anschlussrechtsbeschwerde des im Verfahren nach § 9 Abs. 4 BPersVG beteiligten Personalrats, mit welcher dieser die Rechtsbeschwerde des Jugendvertreters unterstütze, sei unzulässig.
7 S. zur Anschließungsfrist näher bei § 94 Rz. 26.
8 S. dazu bei § 74 Rz. 92; vgl. auch Musielak/*Ball*, § 554 ZPO Rz. 7: keine Verlängerung der Anschließungs- bzw Einlegungsfrist (ähnlich HWK/*Bepler/Treber*, § 94 ArbGG Rz. 12; Zöller/*Heßler*, § 554 ZPO Rz. 6: keine Verlängerung der Anschließungs- und Begründungsfrist); bei unverschuldeter Versäumung der Anschließungsfrist soll Wiedereinsetzung in den vorigen Stand möglich sein, – so: Zöller/*Heßler*, § 554 ZPO Rz. 5; str.; aA GMP/*Müller-Glöge*, § 74 Rz. 72. Wird die Frist für die Begründung des Anschlussrechtsmittels unverschuldet versäumt, kann keine Wiedereinsetzung gewährt werden, so: GMP/*Müller-Glöge*, § 74 Rz. 73.

Satz 2 ZPO auf die richterlich gem. § 90 Abs. 1 Satz 1 gesetzte Frist zur Beschwerdeerwiderung abzustellen[1]. Für die Anschlussrevision bestimmt § 554 Abs. 2 Satz 2 ZPO, dass die Anschließung bis zum Ablauf eines Monats nach der Zustellung der Revisionsbegründung zu erklären ist. Analog dazu wäre dann im Rechtsbeschwerdeverfahren von einer **einmonatigen** Anschließungsfrist auszugehen, die mit der Zustellung der Rechtsbeschwerdebegründung beginnt. Für die Anschlussrechtsbeschwerde gilt nach hM, dass eine Verlängerung der Frist für die Anschließung und ihre Begründung ausgeschlossen und eine Wiedereinsetzung nicht möglich sei[2]. Demgegenüber könnte eine Entscheidung des BAG darauf hindeuten, dass im Rechtsbeschwerdeverfahren (ähnlich wie im Beschwerdeverfahren) die Anschließung bis zum Ablauf der richterlich gesetzten Äußerungsfrist (Äußerung zur Rechtsbeschwerdebegründung) zu erklären ist[3]. Somit würde die Anschließungsfrist für die Anschlussrechtsbeschwerde der Äußerungsfrist (Rechtsbeschwerdebeantwortungsfrist) des § 95 Satz 1 entsprechen[4].

Wurde die Anschlussrechtsbeschwerde entgegen § 554 Abs. 3 Satz 1 ZPO nicht in der Anschlussschrift begründet, führt dies nicht notwendigerweise zur Unzulässigkeit der Anschlussrechtsbeschwerde. Entscheidend ist, ob das Anschlussrechtsmittel innerhalb der Anschließungsfrist überhaupt ordnungsgemäß begründet wurde. Geschieht dies, dann kann die rechtzeitige Begründung des Anschlussrechtsmittels als erneute Einlegung der Anschlussrechtsbeschwerde zu werten sein[5]. An die **Begründung** einer Anschlussrechtsbeschwerde sind keine geringeren Anforderungen als an die Begründung einer Rechtsbeschwerde zu stellen (§ 94 Abs. 2 Satz 2; s. Rz. 19 ff.)[6]. 35

4. Wirkung der Anschlussrechtsbeschwerde

Wegen § 554 Abs. 4 ZPO **verliert** eine Anschluss(sprung)rechtsbeschwerde ihre Wirkung, wenn die (Haupt-)Rechtsbeschwerde zurückgenommen oder als unzulässig verworfen wird (vgl. dazu auch oben bei § 89 Rz. 48 ff.). 36

VI. Die entsprechende Anwendung des § 74 Abs. 2 (Abs. 2 Satz 3)

1. Die Terminsbestimmung

Aus Art. 103 Abs. 1 GG folgt nicht unmittelbar ein Anspruch auf Durchführung einer mündlichen (Anhörung oder) Verhandlung. Es ist vielmehr Sache des Gesetzgebers, zu entscheiden, in welcher Weise das rechtliche Gehör gewährt werden soll[7]. Für das Rechtsbeschwerdeverfahren hat der Gesetzgeber diese Entscheidung in § 94 Abs. 2 Satz 3 getroffen (str.). Diese Bestimmung schreibt vor, dass § 74 Abs. 2 entsprechend anzuwenden ist. § 74 Abs. 2 Satz 1 wiederum ordnet an, dass die Bestimmung des Termins zur mündlichen Verhandlung **unverzüglich** erfolgen **muss**. Die Beteiligten sind von Amts wegen zu laden. Die Ladungsfrist beträgt nach § 92 Abs. 2 Satz 1, § 72 Abs. 5 iVm. §§ 553, 274 Abs. 3 ZPO mindestens zwei Wochen. 37

Diesen gesetzlichen Vorschriften entnimmt die **hM** nicht, dass im Rechtsbeschwerdeverfahren zwingend ein Termin zur mündlichen Anhörung der Beteiligten anberaumt werden muss. Bei dem Rechtsbeschwerdeverfahren handelt es sich nach dieser Auffassung grds. um ein schriftliches Verfahren[8]. Die Bestimmung des Termins zur Beratung oder zur mündlichen Anhörung der Beteiligten sei eine Maßnahme der Prozessleitung, die dem Vorsitzenden obliege. Es stehe – so heißt es – im pflichtgemäßen Ermessen des jeweiligen Senatsvorsitzenden bzw. des Rechtsbeschwerdegerichts[9], ob ein Beratungstermin im schriftlichen Verfah- 38

---

1 S. bei § 89 Rz. 41; BAG v. 14.9.2010 – 1 ABR 29/09, NZA 2011, 225.
2 ErfK/*Koch*, § 94 ArbGG Rz. 3; GMP/*Matthes/Schlewing*, § 94 Rz. 25.
3 Vgl. BAG v. 13.3.2013 – 7 ABR 70/11, NZA 2013, 738; dort, NZA 2013, 740, zitiert das BAG in Bezug auf die Anschlussrechtsbeschwerde, die es für zulässig hält, nicht § 554 Abs. 2 Satz 2 ZPO, sondern § 95 Satz 1–3 ArbGG.
4 Str.; demgegenüber wenden Düwell/Lipke/*Düwell*, § 94 Rz. 5, die Vorschrift des § 554 Abs. 2 Satz 2 ZPO an: die Anschließung sei innerhalb eines Monats nach Zustellung der Rechtsbeschwerdebegründung an die Beteiligten zulässig. Ebenso HWK/*Bepler/Treber*, § 94 ArbGG Rz. 12; GMP/*Matthes/Schlewing*, § 94 Rz. 25 und ErfK/*Koch*, § 94 ArbGG Rz. 3. Dieser Auffassung ist der Vorzug zu geben. In Übereinstimmung damit zitiert im Zusammenhang mit der Frage der Fristwahrung auch das BVerwG v. 8.7.2008 – 6 P 14/07, NZA-RR 2009, 52, die Vorschrift des § 554 Abs. 2 Satz 2 [und Abs. 3 Satz 1] ZPO.
5 Vgl. BAG v. 8.12.2011 – 6 AZR 452/10, NZA-RR 2012, 273.
6 Es gilt entsprechendes wie bei der Anschlussrevision; vgl. insoweit BAG v. 23.8.2011 – 3 AZR 575/09, NZA 2012, 211; BAG v. 8.12.2011 – 6 AZR 452/10, NZA-RR 2012, 273.
7 BVerfG v. 5.4.2012 – 2 BvR 2126/11, NJW 2012, 2262.
8 GMP/*Matthes/Schlewing*, § 95 Rz. 5; ErfK/*Koch*, § 95 ArbGG Rz. 1; HWK/*Bepler/Treber*, § 95 ArbGG Rz. 2.
9 GMP/*Matthes/Schlewing*, § 95 Rz. 5 und 8; Düwell/Lipke/*Düwell*, § 95 Rz. 3.

ren oder ein Termin zur mündlichen Anhörung anberaumt werde[1]; das Einverständnis der Beteiligten (vgl. § 83 Abs. 4 Satz 3) wird für die Durchführung eines schriftlichen Rechtsbeschwerdeverfahrens nicht für notwendig erachtet. Dem ist nur mit der Maßgabe zuzustimmen, dass es eines Anhörungstermins in den Fällen nicht bedarf, in denen eine Rechtsbeschwerde (wie eine unzulässige Revision) „ohne mündliche Verhandlung" als unzulässig verworfen wird (vgl. § 74 Abs. 2 Satz 2 und 3 iVm. § 94 Abs. 2 Satz 3). Auch in den Fällen, in denen in zulässiger Weise – also mit Zustimmung der Beteiligten – gem. § 128 Abs. 2 ZPO iVm. § 92 Abs. 2 Satz 1, § 72 Abs. 5 das schriftliche Verfahren angeordnet wurde, hat ein Anhörungstermin zu unterbleiben[2].

39 Dass aber im Übrigen, – dh. ohne dass ein Fall iSd. § 552 Abs. 1 Satz 2 ZPO (iVm. den § 72 Abs. 5, § 74 Abs. 2 Satz 2 und 3, § 94 Abs. 2 Satz 3) oder des § 128 Abs. 2 ZPO gegeben ist – die Entscheidung **ohne mündliche Anhörung** der Beteiligten „der gesetzliche Regelfall" sein soll und es dazu weder eines besonderen Beschlusses des Senats noch eines Einverständnisses der Beteiligten bedarf[3], begegnet im Hinblick auf den Gesetzeswortlaut der § 94 Abs. 2 Satz 3 und § 74 Abs. 2 Satz 1 Bedenken[4]. Zwar ordnet § 95 nicht an, dass über die Rechtsbeschwerde nach mündlicher Verhandlung/Anhörung der Beteiligten zu entscheiden ist. Daraus lässt sich jedoch nicht auf die generelle Entbehrlichkeit einer mündlichen Verhandlung schließen. Denn die Vorschrift des § 95 enthält keine abschließende Regelung des Rechtsbeschwerdeverfahrens. Neben der Verweisung in § 94 Abs. 2 Satz 3 enthält bereits § 92 Abs. 2 Satz 1 die Verweisung auf die für das Revisionsverfahren maßgebenden Vorschriften, ua. auch die über „Ladung, Termine, ..., persönliches Erscheinen der Parteien, Öffentlichkeit". Über Revisionen wird aber grds. – von hier nicht interessierenden Ausnahmefällen abgesehen – aufgrund mündlicher Verhandlung entschieden. Dass dies im Rechtsbeschwerdeverfahren anders sein soll, ergibt sich mit der notwendigen Eindeutigkeit weder aus den §§ 93–96 nicht, auch nicht aus § 95. Aus der Verweisung auf § 74 Abs. 2 Satz 3 (ausnahmsweise Entscheidung durch Beschluss **ohne** mündliche Verhandlung; § 94 Abs. 2 Satz 3) ergibt sich gerade, dass auch im Rechtsbeschwerdeverfahren (wie im Revisionsverfahren) die Entscheidung auf Grund mündlicher Verhandlung der Regelfall und nicht die Ausnahme sein soll[5]. Die Auffassung der hM widerspricht auch der vom BAG in anderem Zusammenhang betonten Übereinstimmung von Rechtsbeschwerdeverfahren und Revisionsverfahren: Beide Rechtsmittel (Rechtsbeschwerde und Revision) stimmen in ihrer funktionellen und in ihrer systematischen Stellung im jeweiligen Rechtsmittelzug und damit in ihrem Wesen überein[6]. Das Rechtsbeschwerdeverfahren ist dem Revisionsverfahren gleichwertig. Keineswegs ist es ein im Vergleich zum Revisionsverfahren minderwichtiges Verfahren[7]. Dieser zutreffende Ausgangspunkt rechtfertigt es, sogar solche Bestimmungen des Revisionsrechts im Bereich des Rechtsbeschwerderechts entsprechend anzuwenden, die an sich von den – von § 92 Abs. 2 Satz 1 und § 96 Abs. 1 Satz 2 ausgehenden – gesetzlichen Verweisungsketten nicht ausdrücklich erfasst sind (wie zB die des § 563 ZPO aF = § 561 ZPO nF[8])[9]. Dann muss aber erst recht eine solche Norm des Revisionsrechts angewendet werden, auf die das Gesetz (§ 94 Abs. 2 Satz 3) ausdrücklich verweist, – also die (mit § 553 Abs. 1 ZPO vergleichbare) Vorschrift des § 74 Abs. 2 Satz 1 (unverzügliche Terminsbestimmung). Zum anderen wird betont, dass der Grundsatz der Mündlichkeit, von den im Gesetz vorgesehenen Ausnahmen abgesehen, das gesamte Prozessrecht beherrsche, auch den Prozessbetrieb des Beschlussverfahrens, soweit nicht auch hier Ausnahmen **ausdrücklich** zugelassen seien[10]. Ausdrücklich lassen die §§ 92–96a ein besonderes schriftliches Verfahren außerhalb des Anwendungsbereichs der § 128 Abs. 2 und 552 Abs. 1 Satz 2 ZPO, § 74 Abs. 2 Satz 3 ArbGG aber nicht zu.

---

1 BAG v. 22.10.1985 – 1 ABR 42/84, NZA 1986, 366; BAG v. 7.7.1954 – 1 ABR 3/54, BAGE 1, 29; BAG v. 24.8.1976 – 1 ABR 109/74, NJW 1977, 408.
2 Im Revisionsverfahren findet § 128 Abs. 2 ZPO Anwendung; BGH v. 10.10.2006 – X ZR 42/06, NJW-RR 2007, 123; vgl. Gift/Baur/*Gift*, Teil I Rz. 256; Musielak/*Stadler*, ZPO § 128 Rz. 10. Entsprechendes hat wegen § 92 Abs. 2 Satz 1 auch für das Rechtsbeschwerdeverfahren zu gelten.
3 So BAG v. 22.10.1985 – 1 ABR 42/84, AP Nr. 23 zu § 99 BetrVG 1972.
4 Vgl. Natter/*Gross*, § 94 Rz. 10.
5 AA ErfK/*Koch*, § 95 ArbGG Rz. 1; HWK/*Bepler*/*Treber*, § 95 ArbGG Rz. 2.
6 BAG v. 28.10.1968 – 1 ABR 16/68, AP Nr. 12 zu § 92 ArbGG 1953.
7 Im arbeitsgerichtlichen Verfahren stehen mit dem Urteilsverfahren und dem Beschlussverfahren zwei gleichwertige Verfahrensarten zur Verfügung. In beiden Fällen (Revision; Rechtsbeschwerde) wird über das Rechtsschutzgesuch des Rechtsmittelführers verfahrensbeendend entschieden; vgl. grds. zur Gleichwertigkeit von Urteilsverfahren und Beschlussverfahren: *Weth*, Das arbeitsgerichtliche Beschlussverfahren, S. 1; *Weth*, NZA 1998, 680 (681).
8 Vgl. BAG v. 29.2.2000 – 1 ABR 4/99, NZA 2000, 1066; *Otto*, Anm. zu BAG, AP Nr. 28 zu § 99 BetrVG 1972; ähnlich früher zur entsprechenden Anwendung des § 551 ZPO aF = § 547 ZPO nF: BAG v. 24.1.1996 – 1 ABR 35/95.
9 Vgl. GMP/*Matthes*/*Schlewing*, § 96 Rz. 1.
10 BAG v. 29.3.1974 – 1 ABR 124/73, AP Nr. 5 zu § 83 ArbGG 1953.

In einem Beschlussverfahren – und damit auch im Rechtsbeschwerdeverfahren – kann es zu der Beteiligung einer Vielzahl von Personen und Stellen kommen. Im Hinblick darauf und aus Kostengründen mag man zwar die gesetzliche Bezugnahme in § 94 Abs. 2 Satz 3 auf § 74 Abs. 2 Satz 1 für verfehlt halten[1]. Diese Wertung alleine rechtfertigt es jedoch nicht, die Bestimmung des § 74 Abs. 2 Satz 1 im Regelfall nicht anzuwenden. Von einem Redaktionsversehen oder von einer offenen oder verdeckten Norm- oder Regelungslücke kann jedenfalls nicht ausgegangen werden. Das Gesetz – hier: die gesetzliche Verweisungskette – ist vollständig und eindeutig. Hiernach sprechen de lege lata die besseren Gründe dafür, die Anordnung und Durchführung eines schriftlichen Verfahrens von den in § 128 Abs. 2 und 3 ZPO normierten Voraussetzungen oder von dem in § 83 Abs. 4 Satz 3 erwähnten Einverständnis abhängig zu machen. 40

Aber selbst wenn der hM und der Rspr. des BAG gefolgt wird und im Rechtsbeschwerdeverfahren im Regelfall eine mündliche Anhörung unterbleibt, bedarf es der Terminsbestimmung, womit in diesem Fall der sog. **Beratungstermin** gemeint ist, an dem das Rechtsbeschwerdegericht über die Rechtsbeschwerde entscheidet. Dieser Termin ist den Beteiligten mitzuteilen, damit diese – auch im Hinblick auf die Heranziehung der ehrenamtlichen Richter – die Einhaltung des Gebots des gesetzlichen Richters prüfen können[2]. 41

2. Die Prüfung von Statthaftigkeit und Zulässigkeit der Rechtsbeschwerde

In entsprechender Anwendung des § 552 Abs. 1 ZPO (iVm. den § 92 Abs. 2 Satz 1 und § 72 Abs. 5 bzw. § 94 Abs. 2 Satz 3, § 74 Abs. 2 Satz 2) hat das Rechtsbeschwerdegericht von Amts wegen zu prüfen, ob die Rechtsbeschwerde an sich statthaft (s. dazu § 92 Rz. 3 ff.) und ob sie in der gesetzlichen **Form** und **Frist eingelegt und begründet** worden ist. Mangelt es an einem der oben genannten Erfordernisse (Statthaftigkeit; Form und Frist der Einlegung und Begründung) oder an einem **sonstigen Zulässigkeitserfordernis** (wie etwa Beschwer oder Rechtsbeschwerdebefugnis), dann ist die Rechtsbeschwerde durch Endentscheidung als unzulässig zu verwerfen (§ 74 Abs. 2 Satz 2 und 3). 42

Der Große Senat des BAG hat allerdings die Frage verneint, ob im Falle eines auf Divergenz gestützten Rechtsmittels die Statthaftigkeit des Rechtsmittels vorab ohne mündliche Verhandlung durch Beschluss festgestellt werden kann[3]. 43

Wenn ein Zwischenstreit darüber, ob eine Rechtsbeschwerde fristgerecht eingelegt worden ist, zur Entscheidung reif ist, soll dagegen auch im Beschlussverfahren durch eine **Zwischenentscheidung** (dh. durch einen Zwischenbeschluss gem. § 303 ZPO) über die Zulässigkeit der Rechtsbeschwerde entschieden, dh. deren Zulässigkeit festgestellt werden können. So hat bspw. der Zweite Senat des BAG im Wege des Zwischenbeschlusses „festgestellt, dass die Rechtsbeschwerde fristgerecht eingelegt und daher zulässig ist"[4]. 44

Bei der Zulässigkeitsprüfung ist die Frage der Zulässigkeit der Rechtsbeschwerde von der Zulässigkeit der (zweitinstanzlichen) Beschwerde und von der Zulässigkeit des eigentlichen Antragsbegehrens bzw. Sachantrages zu trennen. So führt – bspw. – eine im Rechtsbeschwerdeverfahren grds. **unzulässige Antragsänderung** lediglich zur Unzulässigkeit des Sachantrages, nicht aber bereits zur Unzulässigkeit einer an sich statthaften Rechtsbeschwerde, die form- und fristgerecht eingelegt und begründet worden ist. Etwas anderes gilt dann, wenn die Antragsänderung es mit sich bringt, dass es bereits an der notwendigen ordnungsgemäßen Rechtsbeschwerdebegründung fehlt[5]. 45

3. Die Verwerfung der Rechtsbeschwerde

Vor der Verwerfung als unzulässig ist idR ein richterlicher **Hinweis** durch den Senat auf die Verwerfungsabsicht angezeigt. Die Verwerfungsentscheidung kann wie im Rahmen des § 552 ZPO **ohne mündliche Verhandlung/Anhörung** ergehen[6]. Für diesen Fall bestimmen die § 74 Abs. 2 Satz 3 und § 94 Abs. 2 Satz 3 ausdrücklich, dass der Verwerfungsbeschluss **ohne die ehrenamtlichen Richter** und somit nur durch die drei berufsrichterlichen Senatsmitglieder ergeht. Wird dagegen die Rechtsbeschwerde nach mündlicher 46

---

1 So noch GMP/*Matthes*, 7. Aufl., § 94 Rz. 33.
2 GMP/*Matthes/Schlewing*, § 96 Rz. 34.
3 BAG GS v. 18.4.1958 – GS 2/57 (zu 1 AZR 468/56), BAGE 6, 65.
4 BAG v. 30.5.1974 – 2 ABR 17/74, AP Nr. 14 zu § 92 ArbGG 1953; vgl. zur Revision auch BAG v. 15.5.1984 – 1 AZR 532/80, NZA 1984, 98.
5 Vgl. zum Problem GMP/*Matthes/Schlewing*, § 94 Rz. 19 aE; BAG v. 14.2.2007 – 7 ABR 26/06, NZA 2007, 999; BAG v. 17.2.1970 – 1 ABR 15/69, DB 1970, 1494; Zöller/*Heßler*, § 533 ZPO Rz. 7: Verneinung der Sachdienlichkeit macht das Rechtsmittel selbst nicht unzulässig.
6 Vgl. BVerwG v. 17.4.2013 – 6 P 9/12, NZA-RR 2013, 381; BAG v. 14.1.1986 – 1 ABR 86/83, DB 1986, 1184 zu § 554a Abs. 2 ZPO aF.

Anhörung als unzulässig verworfen, wirken daran die ehrenamtlichen Richter mit[1]. Ohne mündliche Verhandlung kann in allen Fällen der Unzulässigkeit einer Rechtsbeschwerde entschieden werden; also nicht nur dann, wenn sie nicht in der gesetzlichen Form oder Frist eingelegt oder begründet wurde. Insoweit unterscheidet sich § 74 Abs. 2 Satz 3 von der im Übrigen ähnlichen Bestimmung des § 89 Abs. 3[2]. Die in § 74 Abs. 2 Satz 2 erwähnte Vorschrift des § 552 Abs. 1 Satz 2 ZPO gilt für alle Fälle der Unzulässigkeit einer Revision, nicht nur bei mangelnder Statthaftigkeit sowie Form- und Fristfehlern[3]. Aufgrund der Verweisung in § 94 Abs. 2 Satz 3 trifft dies auch für die unzulässige Rechtsbeschwerde zu. Gleichwohl kann es Fallgestaltungen geben, in denen es angezeigt ist, über die Frage der Verwerfung erst aufgrund mündlicher Verhandlung zu entscheiden, etwa dann, wenn eine Verwerfung wegen eines außergerichtlichen Rechtsmittelverzichts oder wegen fehlender Beschwer oder Beschwerdebefugnis in Betracht kommt[4].

47 Wird in einem Rechtsbeschwerdeverfahren terminiert, so präjudiziert dies die Frage der Zulässigkeit oder Unzulässigkeit der Rechtsbeschwerde nicht[5].

48 Der Verwerfungsbeschluss ist, wenn keine mündliche Anhörung stattgefunden hat, sowohl dem Rechtsbeschwerdeführer als auch den übrigen Beteiligten formlos mitzuteilen (§ 329 Abs. 2 ZPO). Nach einer mündlichen Anhörung ist er von Amts wegen zuzustellen. Der Verwerfungsbeschluss ist unanfechtbar. Es besteht allerdings die Möglichkeit zur Anhörungsrüge (§ 78a).

VII. Die Rücknahme der Rechtsbeschwerde (Abs. 3) und Verzicht

49 Die Rechtsbeschwerde kann jederzeit[6] in der – gem. § 94 Abs. 1 – für ihre Einlegung vorgeschriebenen Form zurückgenommen werden (§ 94 Abs. 3 Satz 1)[7]. Dies führt dazu, dass das Verfahren einzustellen ist. Die Rücknahme der Rechtsbeschwerde ist von der Antragsrücknahme (Zustimmungserfordernis gem. § 92 Abs. 2 Satz 3 Halbs. 1) zu unterscheiden.

50 Haben **mehrere Beteiligte** Rechtsbeschwerde eingelegt, so ist allerdings das Verfahren nach § 94 Abs. 3 Satz 2 nur hinsichtlich der zurückgenommenen Rechtsbeschwerde einzustellen. Der Rechtsbeschwerdeführer, der seine Rechtsbeschwerde zurückgenommen hat, bleibt Beteiligter des Verfahrens hinsichtlich der anhängig gebliebenen Rechtsbeschwerden, sofern er durch die daraufhin ergehende Entscheidung in seiner betriebsverfassungs- oder personalvertretungsrechtlichen Rechtsstellung betroffen werden kann[8].

51 Das Gesetz sieht für den **Einstellungsbeschluss** eine **Mitwirkung der Beisitzer** (Berufsrichter und ehrenamtliche Richter) nicht vor. Den Einstellungsbeschluss erlässt deswegen der Senatsvorsitzende allein (§ 94 Abs. 3 Satz 2)[9]. Soweit den (anderen) Beteiligten die Rechtsbeschwerde zugestellt worden ist, gibt er ihnen von der Einstellung formlos Kenntnis.

52 Neben der Rücknahme der Rechtsbeschwerde kann jeder Rechtsbeschwerdebefugte ohne Zustimmung der übrigen Beteiligten auf die Rechtsbeschwerde verzichten (§ 92 Abs. 2 Satz 1, § 72 Abs. 5 iVm. §§ 565, 515 ZPO). Ein wirksamer **Verzicht** führt zum endgültigen Verlust des Rechtsmittels. Eine eingelegte Rechtsbeschwerde ist dann als unzulässig zu verwerfen.

---

1 Vgl. für die Revision GMP/*Müller-Glöge*, § 74 Rz. 123.
2 GMP/*Matthes/Schlewing*, § 94 Rz. 27: „jede unzulässige Rechtsbeschwerde" kann entsprechend § 74 Abs. 2 S. 2 und 3 verworfen werden; ebenso BeckOKArbR/*Roloff*, § 94 ArbGG Rz. 9. Zurückhaltender Düwell/Lipke/*Düwell*, § 94 Rz. 7.
3 GMP/*Müller-Glöge*, § 74 Rz. 84; GWBG/*Benecke*, § 74 Rz. 29.
4 Vgl. BAG v. 8.9.2010 – 7 ABR 73/09, NZA 2011, 934 zur ähnlichen Problematik im Rahmen des § 89 Abs. 3.
5 Vgl. für die Revision GMP/*Müller-Glöge*, § 74 Rz. 123; HWK/*Bepler/Treber*, § 74 ArbGG Rz. 32.
6 Orientiert man sich zur Konkretisierung dieses Begriffs („jederzeit") am Revisionsrecht (§ 565 iVm. § 516 ZPO), ist die einseitige Rücknahme der Rechtsbeschwerde – sofern diese nicht bereits zuvor als unzulässig verworfen wurde (§ 552 Abs. 2 ZPO; § 74 Abs. 2 Satz 3 und § 94 Abs. 2 Satz 3 ArbGG) – nur bis zur Verkündung der Entscheidung über die Rechtsbeschwerde (gem. § 96) zulässig; vgl. zur Revisionsrücknahme: BAG v. 12.12.2012 – 4 AZR 171/11, ZTR 2013, 487; HWK/*Bepler/Treber*, § 74 ArbGG Rz. 34 und 41; GMP/*Müller-Glöge*, § 74 Rz. 21; BGH v. 30.3.2006 – III ZB 123/05, NJW 2006, 2124.
7 Für den Fall, dass die Rechtsbeschwerde formunwirksam von einer Person oder Stelle selbst (also nicht durch einen postulationsfähigen Vertreter) eingelegt wurde, kann erwogen werden, ob die Rechtsbeschwerde auch vom Beschwerdeführer selbst zurückgenommen werden kann; str.; vgl. für die Nichtzulassungsbeschwerde BAG v. 17.11.2004 – 9 AZN 789/04 (A); BVerwG v. 27.10.2008 – 3 B 101/08, NVwZ 2009, 192; für die Beschwerde Düwell/Lipke/*Oesterle*, § 87 Rz. 28; vgl. auch Zöller/*Vollkommer*, § 78 ZPO Rz. 19.
8 BAG v. 23.6.1993 – 2 ABR 58/92, NZA 1993, 1052.
9 HWK/*Bepler/Treber*, § 94 ArbGG Rz. 14; anders HWK/*Bepler/Treber*, § 95 ArbGG Rz. 3 für den Beschluss nach § 83a Abs. 2 Satz 1: Einstellung durch die berufsrichterlichen Mitglieder des Senats.

§ 95 Verfahren

Die Rechtsbeschwerdeschrift und die Rechtsbeschwerdebegründung werden den Beteiligten zur Äußerung zugestellt. Die Äußerung erfolgt durch Einreichung eines Schriftsatzes beim Bundesarbeitsgericht oder durch Erklärung zu Protokoll *[bis zum 31.12.2017: zur Niederschrift]* der Geschäftsstelle des Landesarbeitsgerichts, das den angefochtenen Beschluss erlassen hat. Geht von einem Beteiligten die Äußerung nicht rechtzeitig ein, so steht dies dem Fortgang des Verfahrens nicht entgegen. § 83a ist entsprechend anzuwenden.

I. Allgemeines	1	III. Die Äußerung der übrigen Beteiligten (Sätze 2-3)	
II. Zustellung zur Anhörung der Beteiligten (Satz 1)		1. Die schriftliche Äußerung (Regelfall)	8
1. Zustellung	2	2. Die mündliche Anhörung (Ausnahme)	10
2. Übrige Beteiligte	3	IV. Vergleich und Erledigung der Hauptsache (Satz 4)	
3. Aufforderung zur Äußerung und Fristsetzung	6	1. Der Vergleich	12
		2. Die Erledigung der Hauptsache	13

I. Allgemeines

§ 95 regelt das Nähere zum Verfahren im Falle einer zulässigen Rechtsbeschwerde. Ergänzt wird die Regelung durch § 92 Abs. 2 und die dort in Bezug genommenen Vorschriften zum Revisionsverfahren. Abweichend von § 92 Abs. 2 ordnet § 95 Satz 4 lediglich die entsprechende Anwendung von § 83a, nicht aber von § 83 an.

II. Zustellung zur Anhörung der Beteiligten (Satz 1)

1. Zustellung

§ 95 Satz 1 ordnet an, dass den (materiell) Beteiligten, also den im Einzelfall gem. § 83 Abs. 3 zu beteiligenden Personen und Stellen, sowohl die Rechtsbeschwerdeschrift als auch die Rechtsbeschwerdebegründung **zur Äußerung zuzustellen** sind. Die Zustellung erfolgt unabhängig davon, ob über die Rechtsbeschwerde im schriftlichen Verfahren oder nach mündlicher Anhörung entschieden werden soll. Die Zustellung der genannten Schriftsätze des Rechtsbeschwerdeführers kann unterbleiben, wenn die Rechtsbeschwerde vom Senat mangels ordnungsgemäßer Rechtsbeschwerdeschrift und/oder Rechtsbeschwerdebegründung – offensichtlich – als unzulässig zu verwerfen ist[1]. Im Falle einer Wiedereinsetzung in den vorherigen Stand gem. §§ 233 ff. ZPO ist die bislang unterbliebene Zustellung nachzuholen. Die Zustellung beider bestimmender Schriftsätze erfolgt von Amts wegen (§§ 166–190 ZPO) unmittelbar nach Eingang des entsprechenden Schriftsatzes beim BAG.

2. Übrige Beteiligte

Damit die Zustellung vom BAG ordnungsgemäß durchgeführt werden kann, müssen die übrigen (materiell) Beteiligten bestimmt werden. Diese sind in jeder Lage des Beschlussverfahrens – auch noch im Rechtsbeschwerdeverfahren – von Amts wegen zu ermitteln. Personen und Stellen, die bis dahin zu Unrecht nicht gehört wurden, sind von Amts wegen, also auch ohne Rüge, zum Verfahren hinzuzuziehen. Diese Prüfung kann das BAG idR erst nach Eingang der Verfahrensakten des Beschwerdegerichts unter Analyse der Rechtsbeschwerdebegründung vornehmen, so dass dann ggfls. unterbliebene Zustellungen nach § 95 Satz 1 nachzuholen sind. Dagegen ist im Rechtsbeschwerdeverfahren grds. nicht von Amts wegen zu prüfen, ob sämtliche in den Vorinstanzen tatsächlich beteiligten Personen, Vereinigungen und Stellen zu Recht angehört wurden[2].

Ergibt sich im Rechtsbeschwerdeverfahren, dass die Vorinstanzen eine Person, Stelle oder Vereinigung verfahrensfehlerhaft am Beschlussverfahren beteiligt haben, scheidet sie – nach vorheriger schriftlicher Anhö-

---

[1] GMP/*Matthes/Schlewing*, § 95 Rz. 2; HWK/*Bepler/Treber*, § 95 ArbGG Rz. 1; GK-ArbGG/*Ahrendt*, § 95 Rz. 3. In diesem Fall ist den übrigen Beteiligten aber der Verwerfungsbeschluss mitzuteilen.
[2] BAG v. 14.12.2010 – 1 ABR 19/10, NZA 2011, 289; BAG v. 10.2.2009 – 1 ABR 36/08, NZA 2009, 908; BAG v. 28.3.2006 – 1 ABR 58/04, NZA 2006, 1112; vgl. auch BAG v. 26.10.2004 – 1 ABR 31/03 (A), NZA 2005, 538.

rung[1] – aus dem Rechtsbeschwerdeverfahren aus. Das Rechtsbeschwerdegericht kann die fehlende Beteiligtenstellung zur Klarstellung im Tenor der gem. § 96 Abs. 1 Satz 1 zu treffenden Entscheidung aussprechen[2]. Ist die fragliche Person oder Stelle, der die Beteiligtenstellung fehlt, die Rechtsbeschwerdeführerin, scheidet sie nicht schlicht aus dem Verfahren aus. Vielmehr ist ihre Rechtsbeschwerde wegen fehlender Beschwerdebefugnis als unzulässig zu verwerfen[3].

5   Ist im Laufe des Beschlussverfahrens an die Stelle des (ursprünglichen) Beteiligten eine andere Person (oder Stelle) getreten, so ist ein derartiger Wechsel auch noch in der Rechtsbeschwerdeinstanz zu beachten. Dies gilt nicht nur für den Wechsel der betriebsverfassungsrechtlichen Zuständigkeit auf Seiten der weiteren Beteiligten iSd. § 83 Abs. 3, sondern auch für den entsprechenden Wechsel auf der Seite des Antragstellers[4]. Zu einem derartigen Wechsel kann es auch ohne entsprechende Prozesserklärungen der Verfahrensbeteiligten zB nach einer Betriebsratswahl[5] oder nach einem Betriebsinhaberwechsel/Betriebsübergang[6] kommen. Soweit ArbG und/oder LAG es unterlassen haben, eine – an sich – als Beteiligten hinzuzuziehende Person oder Stelle zu beteiligen, steht dieser Umstand ihrer Beteiligung im Rechtsbeschwerdeverfahren nicht entgegen. Jedem Beteiligten ist nach § 95 Abs. 1 Satz 1 in der Rechtsbeschwerdeinstanz die Rechtsbeschwerdeschrift und die Rechtsbeschwerdebegründung zur Äußerung zuzustellen, unabhängig davon, ob er in einem früheren Stadium des Verfahrens beteiligt worden ist oder nicht[7].

3. Aufforderung zur Äußerung und Fristsetzung

6   Spätestens mit der Zustellung der Rechtsbeschwerdebegründung sind die übrigen Beteiligten zur Äußerung aufzufordern. Der Gesetzgeber geht zwar in § 95 Satz 3 („rechtzeitig") iVm. § 95 Satz 1 („zur Äußerung") von einer Äußerungsfrist bzw. davon aus, dass die Äußerung rechtzeitig zu erfolgen hat. Er hat jedoch davon abgesehen, eine gesetzliche **Äußerungsfrist** zu normieren. Aus diesem Grunde setzt zweckmäßigerweise der jeweilige Senatsvorsitzende des Rechtsbeschwerdegerichts den Beteiligten per Verfügung eine – nicht zu kurz bemessene – Äußerungsfrist. Eine solche ist auch dann als zweckmäßig anzusehen, wenn über die Rechtsbeschwerde nach mündlicher Anhörung entschieden werden soll. Je nach den Umständen des Einzelfalles dürfte es ausreichend sein, die Frist auf **mindestens einen Monat** festzulegen[8]. Bei der Festlegung der Frist kann darauf zu achten sein, dass der Rechtsbeschwerdeführer die Möglichkeit haben sollte, noch rechtzeitig vor dem Beratungs- bzw. Anhörungstermin des Senats zu der Äußerung des bzw. der anderen Beteiligten Stellung zu nehmen. Bei der Aufforderung zur fristgebundenen Äußerung ist analog § 83 Abs. 1a Satz 3 bzw. wegen Art. 103 Abs. 1 GG darauf hinzuweisen, dass es dem Fortgang des Rechtsbeschwerdeverfahrens nicht entgegensteht, wenn die Äußerung eines Beteiligten nicht rechtzeitig bei dem BAG eingeht (vgl. § 95 Satz 3)[9] oder eine solche gar ganz ausbleibt. Soweit ein Anhörungstermin anberaumt wird, ist entsprechend § 83 Abs. 4 der Pflicht zur Anhörung genügt, wenn ein Beteiligter trotz Ladung unentschuldigt ausbleibt und in der Ladung darauf hingewiesen wurde.

7   Allgemeinen Verfahrensgrundsätzen entsprechend ist in Ausnahmefällen – bei Vorliegen erheblicher Gründe (vgl. § 224 Abs. 2 ZPO iVm. § 72 Abs. 5, § 92 Abs. 2 Satz 1) – eine angemessene **Verlängerung** der Äußerungsfrist möglich[10]. Dabei sollten sich die Beteiligten aber darauf einstellen, dass bisweilen strenge Anforderungen an das Vorliegen von Verlängerungsgründen gestellt werden. Es wird verlangt, dass Gründe vorgetragen werden, aus denen sich ergibt, dass die rechtzeitige Äußerung bzw. die Einhaltung der

---

1 Der Person oder Stelle ist Gelegenheit zu geben, sich zur Frage ihrer Beteiligtenstellung zu äußern.
2 Vgl. BAG v. 14.2.2007 – 7 ABR 26/06, NZA 2007, 999 für den Fall einer Gewerkschaft; ähnlich BAG v. 19.3.2008 – 7 ABR 7/07 – für den Fall einer Konzernauszubildendenvertretung.
3 BAG v. 8.11.2011 – 1 ABR 42/10, NZA 2012, 1063. Etwas anderes kann entsprechend den Erläuterungen zu § 90 Rz. 24 ausnahmsweise dann gelten, wenn im Beschlussverfahren gerade darüber gestritten wird, ob die Beteiligtenfähigkeit besteht; in einem derartigen Fall ist die betreffende Person oder Stelle als beteiligtenfähig zu behandeln; insoweit kann sie dann auch Rechtsmittel einlegen und rechtsbeschwerdebefugt sein; vgl. LAG Hessen v. 23.10.2008 – 9 TaBV 155/08.
4 Vgl. BAG v. 28.9.1988 – 1 ABR 37/87, NZA 1989, 188; BAG v. 5.2.1991 – 1 ABR 32/90, NZA 1991, 639 (speziell zur Rechtskraftwirkung gegenüber dem Betriebserwerber); BAG v. 12.6.2003 – 8 ABR 14/02; BAG v. 21.1.2003 – 1 ABR 9/02, NZA 2003, 1097.
5 Vgl. BAG v. 13.2.2013 – 7 ABR 36/11, NZA-RR 2013, 521: neu gewählter BR als „Funktionsnachfolger" oder „neuer Rechtsinhaber"; s.a. BAG v. 24.8.2011 – 7 ABR 8/10, NZA 2012, 223.
6 Vgl. BAG v. 12.6.2003 – 8 ABR 14/02.
7 BAG v. 20.7.1982 – 1 ABR 19/81, AP Nr. 26 zu § 76 BetrVG.
8 GK-ArbGG/*Ahrendt*, § 95 Rz. 5.
9 BAG v. 20.8.2014 – 7 ABR 60/12, NZA 2015, 1530 ff.; vgl. HWK/*Bepler/Treber*, § 95 ArbGG Rz. 1; GWBG/*Greiner*, § 95 Rz. 4; GK-ArbGG/*Ahrendt*, § 95 Rz. 4; aA BeckOKArbR/*Roloff*, § 95 ArbGG Rz. 1.
10 GK-ArbGG/*Ahrendt*, § 95 Rz. 5.

Äußerungsfrist **unmöglich** ist[1]. Eine Verzögerung des Rechtsstreits sollte vermieden werden. Anderenfalls scheidet eine Fristverlängerung aus.

III. Die Äußerung der übrigen Beteiligten (Sätze 2-3)

1. Die schriftliche Äußerung (Regelfall)

Die Äußerung erfolgt gem. § 95 Satz 2 durch **Einreichung eines Schriftsatzes beim BAG** oder – in der Praxis höchst selten – durch Erklärung **zu Protokoll** [bis zum 31.12.2017: zur Niederschrift][2] **der Geschäftsstelle des LAG**, das den angefochtenen Beschluss erlassen hat. Die Beteiligten können sich selbst schriftlich äußern. Es besteht **kein Vertretungszwang**. Anders als die Rechtsbeschwerde und die Rechtsbeschwerdebegründungsschrift sind die schriftlichen Äußerungen der anderen Beteiligten nicht förmlich zuzustellen, sondern formlos zu übermitteln bzw. zuzuleiten (§ 270 Satz 1 ZPO). Dies gilt selbst dann, wenn der entsprechende Schriftsatz einen Antrag auf Zurückweisung der Rechtsbeschwerde enthält, da es dabei um keinen Sachantrag handelt[3]. Verspätet abgegebene Äußerungen sind vom Rechtsbeschwerdegericht noch zu berücksichtigen, wenn sie ihm im Beratungs- oder Anhörungstermin vorliegen. Dies gilt jedenfalls für Rechtsausführungen. Für tatsächliches Vorbringen/Gegenrügen kann etwas anderes gelten, wenn ordnungsgemäß eine Äußerungsfrist nach § 95 Satz 1 iVm. § 83 Abs. 1a iVm. § 95 Satz 4 gesetzt und dabei auf die Folgen einer verspäteten oder unterbliebenen Äußerung (§ 95 Satz 3) hingewiesen wurde[4]. Das BAG[5] geht ungeachtet der § 74 Abs. 2 Satz 1 und § 94 Abs. 2 Satz 3 mit der hM in der Literatur[6] davon aus, dass das **Rechtsbeschwerdeverfahren** grds. – und unabhängig von den in § 128 Abs. 2 ZPO und in § 83 Abs. 4 Satz 3 normierten Voraussetzungen – **ein schriftliches Verfahren** ist und eine mündliche Anhörung der Beteiligten grds. nicht geboten ist (s. dazu § 94 Rz. 12 ff.). Das BAG bestimmt dann einen **Beratungstermin** zusammen mit den ehrenamtlichen Richtern an und gibt den Beteiligten hiervon Kenntnis, um dem Gebot des gesetzlichen Richters zu genügen[7]. Für diesen Beratungstermin muss die Einlassungsfrist von zwei Wochen des § 274 Abs. 3 ZPO gewahrt werden.

In ihrer Äußerung gem. § 95 Satz 1 und 2 können die übrigen Beteiligten insbesondere auch sog. **Gegenrügen** vorbringen. Diese sind unter Beachtung der § 551 Abs. 3 Satz 1 Nr. 2 Buchst. b und § 559 ZPO dann angebracht, wenn der Beschluss der Vorinstanz/des Beschwerdegerichts gem. § 91 ungünstige tatsächliche Feststellungen enthält, die sich wegen der rechtlichen Beurteilung des Beschwerdegerichts aber (zunächst) nicht nachteilig ausgewirkt haben, die sich aber bei einem anderen rechtlichen Ansatz des Rechtsbeschwerdegerichts negativ auswirken könnten[8].

2. Die mündliche Anhörung (Ausnahme)

§ 95 schließt es – angesichts von § 92 Abs. 2 Satz 1 und der dortigen Bezugnahme auf die Vorschriften über die Öffentlichkeit und das persönliche Erscheinen der Beteiligten – nicht aus, dass es auch zu einer **mündlichen Anhörung** der Beteiligten kommt[9]. Einer solchen bedarf es im Rechtsbeschwerdeverfahren jedenfalls dann, wenn vom Rechtsbeschwerdegericht selbst zur Feststellung von Verfahrensvoraussetzungen oder Verfahrensfortsetzungsbedingungen eine Beweisaufnahme durchgeführt werden soll[10] oder inso-

---

1 GMP/*Matthes*/*Schlewing*, § 95 Rz. 4. Geringere Anforderungen stellt im Rahmen von § 224 Abs. 2 ZPO BVerfG v. 26.7.2007 – 1 BvR 602/07, NJW 2007, 3342 (zum anwaltlich vorgebrachten Verlängerungsgrund „arbeitsbedingt überlastet").
2 Mit dieser Wortlautänderung zum 1.1.2018 durch Art. 16 Nr. 5 und Art. 33 Abs. 1 des „Gesetzes zur Einführung der elektronischen Akte in der Justiz und zur weiteren Förderung des elektronischen Rechtsverkehrs" v. 5.7.2017 (BGBl. I S. 2208) bezweckt der Gesetzgeber eine sprachliche Vereinheitlichung, da der Begriff der Niederschrift sprachlich eng mit der Papierform verbunden ist. Durch seine Ersetzung soll verdeutlicht werden, dass „Niederschriften" bei zukünftiger elektronischer Aktenführung auch in elektronischer Form erstellt werden können. Hinzu kommt, dass beide Begriffe ohnehin synonym verwandt wurden, so dass nunmehr die medienneutrale Formulierung benutzt werden soll (BT-Drs. 18/9416, S. 59 und BT-Drs. 18/12203, S. 84).
3 GK-ArbGG/*Ahrendt*, § 95 Rz. 10 aE.
4 Vgl. HWK/*Bepler*/*Treber*, § 95 ArbGG Rz. 1 und GWBG/*Greiner*, § 95 Rz. 3 f., wo allerdings jeweils anklingt, dass eine verspätete Äußerung unter den dort genannten Voraussetzungen überhaupt nicht mehr berücksichtigt werden muss.
5 BAG v. 22.10.1985 – 1 ABR 42/84, AP Nr. 23 zu § 99 BetrVG 1972.
6 GMP/*Matthes*/*Schlewing*, § 95 Rz. 5 und 8; ErfK/*Koch*, § 95 ArbGG Rz. 1; GK-ArbGG/*Ahrendt*, § 95 Rz. 7.
7 BeckOKArbR/*Roloff*, § 95 ArbGG Rz. 2.
8 Vgl. Zöller/*Heßler*, § 557 ZPO Rz. 12; BAG v. 24.3.2009 – 9 AZR 983/07, NZA 2009, 538.
9 ErfK/*Koch*, § 95 ArbGG Rz. 1; GK-ArbGG/*Ahrendt*, § 95 Rz. 11.
10 Vgl. dazu GMP/*Matthes*/*Schlewing*, § 92 Rz. 21.

weit sonst noch tatsächliche Feststellungen getroffen werden sollen. Im Übrigen liegt die Entscheidung über die Anhörungsform – schriftlich oder mündlich – im **pflichtgemäßen Ermessen** des Rechtsbeschwerdegerichts bzw. des zuständigen Senatsvorsitzenden (s. zur Kritik an dieser Verfahrensweise die Erläuterungen in § 94 Rz. 13 f.). Dieser wird sich ggf. von Kriterien wie der Möglichkeit einer gütlichen Einigung, weiterem Aufklärungsbedarf und Bedeutung bzw. Schwierigkeit des Beschlussverfahrens leiten lassen. Allerdings können Beteiligte, die von einer schriftlichen Äußerung Abstand genommen haben, nicht darauf vertrauen, dass es bei dem anberaumten Anhörungstermin verbleibt, da dieser jederzeit aufgehoben werden kann und das Verfahren schriftlich fortgeführt werden kann[1].

11 Kommt es hiernach zu einem Termin zur mündlichen Anhörung, zu dem die Beteiligten von Amts wegen zu laden sind (§ 214 ZPO), können die Beteiligten diesen selbst wahrnehmen, sie können sich aber auch vertreten lassen. Ein **Vertretungszwang** besteht insoweit aber **nicht**. Gemäß § 92 Abs. 2 Satz 2 gilt für die Vertretung der Beteiligten § 11 Abs. 1–3 und 5 entsprechend. Nach § 11 Abs. 1 Satz 1 können die Parteien/Beteiligten sich vor dem ArbG selbst vertreten und sich nach näherer Maßgabe des § 11 Abs. 2 und 5 vertreten lassen. Folglich hat die Verweisung in § 92 Abs. 2 Satz 2 auf § 11 Abs. 1 nur einen Sinn, wenn davon ausgegangen wird, dass die Beteiligten sich im Rechtsbeschwerdeverfahren selbst vertreten oder durch postulationsfähige Vertreter vertreten lassen können, soweit nur unter Beachtung des § 94 Abs. 1 Rechtsbeschwerdeschrift und Rechtsbeschwerdebegründung von einem Rechtsanwalt oder von einem sonstigen postulationsfähigen Verfahrensbevollmächtigten mit Befähigung zum Richteramt (§ 11 Abs. 2 Satz 2 Nr. 4 und 5, Abs. 4 Satz 2 und 3) unterzeichnet sind und die Vertretungsverbote des § 11 Abs. 5 beachtet werden[2].

IV. Vergleich und Erledigung der Hauptsache (Satz 4)

1. Der Vergleich

12 Ein **Vergleich** ist auch noch **im Rechtsbeschwerdeverfahren möglich** (§ 95 Satz 4; § 83a). Nach § 83a Abs. 1. 1. Alt. können die Beteiligten im Beschlussverfahren, um das Verfahren ganz oder zum Teil zu erledigen, zur Niederschrift des Gerichts oder des Vorsitzenden einen Vergleich schließen, soweit sie über den Gegenstand des Vergleichs verfügen können (s. dazu § 83a Rz. 2 ff. und § 90 Rz. 22). Der Vergleich kann im Rahmen der mündlichen Anhörung oder nach § 278 Abs. 6 ZPO geschlossen werden. Der gerichtlich protokollierte Vergleich ist Vollstreckungstitel nach § 85 Abs. 1 Satz 1. Bei Vorliegen eines Prozessvergleichs als einem zur Zwangsvollstreckung geeigneten Titel fehlt das Bedürfnis für eine weitere auf den Vergleich gestützte Leistungsklage bzw. für einen Leistungsantrag, wenn der Vergleich unmittelbar zu der geforderten Leistung verpflichtet[3].

2. Die Erledigung der Hauptsache

13 § 95 Satz 4 ordnet für den Fall der **übereinstimmenden Erledigungserklärung** die entsprechende Anwendung des § 83a an (s. dazu § 83a Rz. 14 ff. und bei § 90 Rz. 19; Einstellungsbeschluss des Vorsitzenden). Die Zustimmungsfiktion des § 83a Abs. 3 Satz 2 greift nach entsprechendem Hinweis auch im Rechtsbeschwerdeverfahren ein. Bei der Entscheidung im Falle einer übereinstimmenden Erledigungserklärung treten insoweit an die Stelle des in § 83a Abs. 2 Satz 1 genannten Vorsitzenden die **berufsrichterlichen Mitgliedern des Senats**[4]. Erklärt dagegen der **Antragsteller** eines Beschlussverfahrens das **Verfahren für erledigt** und **widersprechen Beteiligte** der Erledigungserklärung fristgemäß, so hat das Gericht – für diesen Fall der **einseitigen** Erledigungserklärung – (lediglich) zu prüfen, ob ein erledigendes Ereignis eingetreten ist. Ein erledigendes Ereignis liegt vor, wenn vor[5] oder nach Rechtshängigkeit des Antrags tatsächliche Umstände eingetreten sind, aufgrund derer der Antrag jedenfalls jetzt als unzulässig oder unbegründet abgewiesen werden müsste. Darauf, ob der Antrag ursprünglich zulässig und begründet war, kommt es – anders als im Urteilsverfahren – im Beschlussverfahren nicht an[6]. Ist ein erledigendes Ereignis eingetreten,

---

1 Vgl. GK-ArbGG/*Ahrendt*, § 95 Rz. 11.
2 BAG v. 20.3.1990 – 1 ABR 20/89, AP Nr. 79 zu § 99 BetrVG 1972, zum damaligen Recht.
3 BAG v. 23.6.1992 – 1 ABR 53/91, NZA 1992, 1098.
4 So: HWK/*Bepler/Treber*, § 95 ArbGG Rz. 3; vgl. BAG v. 21.7.1988 – 4 ABR 49/88; für das Revisionsverfahren: BAG 23.8.1999 – 4 AZR 686/98, NZA 2000, 279. Demgegenüber erlässt im Fall des § 94 Abs. 3 Satz 2 den Einstellungsbeschluss der Senatsvorsitzende alleine.
5 BAG v. 23.1.2008 – 1 ABR 64/06, NZA 2008, 841.
6 BAG v. 28.2.2006 – 1 ABR 1/05, NZA 2006, 1178.

so ist das Verfahren nach § 83a einzustellen[1]. § 83a Abs. 2 (Einstellungsbeschluss durch den Vorsitzenden bzw. die berufsrichterlichen Mitglieder des Senats[2]) gilt nur für den Fall übereinstimmender Erledigungserklärungen. Da das Verfahren bei einseitig bleibender Erledigungserklärung durch den Antragsteller gesetzlich nicht ausdrücklich geregelt ist, gelten die allgemeinen Bestimmungen. Über die einseitige Erledigungserklärung ist deswegen durch Beschluss im regulären Erkenntnisverfahren zu entscheiden. Im Rechtsbeschwerdeverfahren hat die Entscheidung der vollbesetzte Senat unter Beteiligung der ehrenamtlichen Richter zu erlassen[3].

Das Verfahren ist dann nicht erledigt, wenn die nach § 83a Abs. 2 und 3 erforderliche Erledigungserklärung des Antragstellers nicht vorliegt. Auf die (einseitige) Erledigungserklärung der **übrigen** am Verfahren Beteiligten (§ 83 Abs. 1 Satz 2) findet § 83a keine Anwendung[4].

Diese Grundsätze gelten auch für das Rechtsbeschwerdeverfahren[5]. Voraussetzung für eine Einstellung ist insoweit eine wirksame (übereinstimmende) Erledigungserklärung in der Rechtsmittelinstanz. Sie setzt voraus, dass das eingelegte **Rechtsmittel** an sich **statthaft** und im Zeitpunkt der Erledigungserklärung noch **zulässig** war[6]. Ist dies nicht der Fall, ist die Rechtsbeschwerde gem. § 94 Abs. 2 Satz 3, § 74 Abs. 2 iVm. § 552 ZPO als unzulässig zu verwerfen (vgl. § 75 Rz. 47)[7].

Grundsätzlich muss die Rechtsbeschwerde also – soll das Beschlussverfahren wirksam für erledigt erklärt werden können – form- und fristgerecht eingelegt und begründet worden sein[8]. Teilweise werden in einem derartigen Fall allerdings relativ geringe Anforderungen an das Vorliegen einer **ordnungsgemäßen Begründung** der Rechtsbeschwerde gestellt[9]. Ausreichend im Hinblick auf § 94 Abs. 2 Satz 2 ist es insofern, wenn der Rechtsbeschwerdeführer in der Rechtsbeschwerdeinstanz sein Sachbegehren, über das die Vorinstanz entschieden hat, nicht mehr weiterverfolgt und lediglich geltend machen möchte, die Hauptsache sei wegen eines zwischenzeitlich eingetretenen Ereignisses erledigt[10]. Bei **einseitig** gebliebener **Erledigungserklärung** des Antragstellers ist vom BAG zwar nicht zu prüfen, ob der Sachantrag ursprünglich zulässig und begründet war. Zu prüfen bleibt jedoch, ob ein erledigendes Ereignis eingetreten ist. Ist das der Fall, so ist das Verfahren ebenso einzustellen, wie wenn die Beteiligten es übereinstimmend für erledigt erklärt hätten[11]. Wird dagegen eine tatsächliche Erledigung nicht festgestellt, ist an sich über den (ursprünglichen) Antrag zu entscheiden[12]. Eine derartige Entscheidung des Rechtsmittelgerichts setzt aber voraus, dass sich der Rechtsmittelführer ausreichend mit dem Beschluss der Vorinstanz auseinandergesetzt hat. Alleine die einseitig gebliebene Behauptung, die Hauptsache sei erledigt, kann die gem. § 94 Abs. 2 Satz 2 gebotene Auseinandersetzung nicht ohne Weiteres ersetzen.

§ 96 Entscheidung

(1) Über die Rechtsbeschwerde entscheidet das Bundesarbeitsgericht durch Beschluss. Die §§ 562, 563 der Zivilprozessordnung gelten entsprechend.

---

1 Je nach Fallgestaltung kommt auch eine nur teilweise Einstellung in Betracht; vgl. BAG v. 13.3.2013 – 7 ABR 39/11.
2 HWK/*Bepler/Treber*, § 95 ArbGG Rz. 3.
3 Vgl. BAG v. 23.1.2008 – 1 ABR 64/06, NZA 2008, 841.
4 BAG v. 21.6.2006 – 7 ABR 45/05.
5 BAG v. 26.4.1990 – 1 ABR 79/89, NZA 1990, 822.
6 BAG v. 23.9.2015 – 5 AZR 290/15 (F), NZA 2016, 64 (hier allerdings zum Urteilsverfahren).
7 OLG Düsseldorf v. 13.7.2010 – I-20 U 206/09, NJW-RR 2011, 495; HWK/*Bepler/Treber*, § 75 ArbGG Rz. 26; Zöller/*Vollkommer*, § 91a ZPO Rz. 20.
8 Vgl. BFH v. 8.9.1999 – VII B 84/99; LAG München v. 21.7.1993 – 9 Sa 185/93, MDR 1994, 305; BGH, 13.7. 2005 – XII ZB 80/05, NJW-RR 2006, 142.
9 BAG v. 26.9.1990 – 7 ABR 70/87. Sogar gänzlich auf das Erfordernis einer Rechtsmittelbegründung bei Hauptsacheerledigung innerhalb der Rechtsmittelbegründungsfrist verzichtet in dem von ihm entschiedenen Fall: KG Berlin v. 27.6.2002 – 8 U 25/02.
10 In BAG v. 26.9.1990 – 7 ABR 70/87 – wird insofern wörtlich ausgeführt: „In einem solchen Fall muss es genügen, wenn der Rechtsbeschwerdeführer innerhalb der Rechtsbeschwerdebegründungsfrist darlegt, aus welchen Gründen nach seiner Meinung eine Erledigung der Hauptsache eingetreten ist. Dazu bedarf es keiner Auseinandersetzung mit dem angefochtenen Beschluss; denn die Feststellung der Erledigung der Sache auf Grund einseitiger Erledigungserklärung des Antragstellers setzt im arbeitsgerichtlichen Beschlussverfahren nicht voraus, dass der ursprüngliche Sachantrag des Antragstellers zulässig und begründet war".
11 BAG v. 8.12.2010 – 7 ABR 99/09, NZA-RR 2011, 315.
12 BAG v. 27.8.1996 – 3 ABR 21/95, NZA 1997, 623.

(2) Der Beschluss nebst Gründen ist von sämtlichen Mitgliedern des Senats zu unterschreiben und den Beteiligten zuzustellen.

I. Allgemeines	1	1. Der Zeitpunkt	18
II. Die Entscheidungsgrundlagen für die Rechtsbeschwerde		2. Die Form und mitwirkende Richter	20
		3. Der Inhalt der Entscheidung	23
1. Die Bindung an die Anträge der Beteiligten	2	a) Allgemeines und Nebenentscheidungen	23
2. Die tatsächlichen Entscheidungsgrundlagen	4	b) Die Zurückweisung der Rechtsbeschwerde	30
3. Die rechtlichen Entscheidungsgrundlagen	13	c) Die Aufhebung und Zurückverweisung an das LAG	33
a) Absolute Rechtsbeschwerdegründe (§ 547 ZPO)	15	d) Die eigene abschließende Entscheidung des BAG	42
b) Sonstige Rechtsbeschwerdegründe	16		
III. Zeitpunkt, Form und Inhalt der Entscheidung		IV. Formalien der Entscheidung	45

Schrifttum: *Busemann*, Aktuelle Rechtsprechung zum Verfahrensrecht des ArbGG-Beschlussverfahrens – Antrag, Rechtsmittel und Rechtskraftfragen, NZA-RR 2014, 513; *Gravenhorst*, „Bestimmtheit" des Antrags gemäß § 253 Abs. 2 Nr. 2 ZPO, FA 2013, 361; *Misera*, Zu Problemen der Zurückverweisung wegen eines Verfahrensfehlers, SAE 1978, 227; *Pohle*, Verfahrensfehler durch Nichthinzuziehen der Beteiligten, Anm. zu BAG AP Nr. 1 zu § 83 ArbGG; *Weth*, Besonderheiten der Arbeitsgerichtsbarkeit, NZA 1998, 680; *Zwanziger*, Das Arbeitsrecht der Insolvenzordnung, 4. Aufl. 2010.

I. Allgemeines

1 § 96 regelt Einzelheiten der **abschließenden Sachentscheidung** des Rechtsbeschwerdegerichts über eine – teilweise oder vollständig – zulässige Rechtsbeschwerde, dh. wenn diese (un-)begründet ist. Ist die Rechtsbeschwerde hingegen bereits als unzulässig zu verwerfen, so gelangen § 94 Abs. 2 Satz 3, § 74 Abs. 2 iVm. § 552 ZPO zur Anwendung. Nach § 96 Abs. 1 Satz 2 finden die §§ 562, 563 ZPO entsprechende Anwendung. Da das Rechtsbeschwerdeverfahren dem Revisionsverfahren angeglichen ist, finden allerdings – auch ohne ausdrückliche Verweisungsnorm – nach allg. Ansicht die weiteren Regelungen der ZPO zum Revisionsverfahren entsprechende Anwendung, dh. die §§ 557 bis 559, 561 und 564 ZPO[1].

II. Die Entscheidungsgrundlagen für die Rechtsbeschwerde

1. Die Bindung an die Anträge der Beteiligten

2 Der **Prüfung** des Rechtsbeschwerdegerichts unterliegen nur die vom Rechtsbeschwerdeführer **gestellten (Sach-)Anträge**. Aufgrund dieser – sich gem. den § 72 Abs. 5 und § 92 Abs. 2 Satz 1 aus einer entsprechenden Anwendung des § 557 Abs. 1 ZPO ergebenden – Bindung an die gestellten Anträge darf das Rechtsbeschwerdegericht in seiner Entscheidung gem. § 96 Abs. 1 Satz 1 nur in dem Umfang über einen Antrag befinden, in dem er von der Vorinstanz beschieden wurde[2]. Eine Bindung an die vorinstanzliche Antragsauslegung besteht auch dann, wenn das LAG die Anträge enger ausgelegt hat, als sie gemeint waren. Wie im Revisionsverfahren ist die Einführung (völlig) neuer Verfahrensgegenstände („Anträge") in die Rechtsbeschwerdeinstanz im Wege der Antragsänderung, der Antragserweiterung oder des Gegenantrages („Widerklage") unzulässig (vgl. dazu bei § 74 Rz. 44 f. und § 92 Rz. 34). Das Rechtsbeschwerdegericht kann nicht erstmals ein bisher nicht beschiedenes Begehren beurteilen, welches die Feststellung neuer Tatsachen erfordert[3]. Der Schluss der mündlichen Anhörung in zweiter Instanz bildet nicht nur bezüglich des tatsächlichen Vorbringens, sondern auch bezüglich der Anträge der Beteiligten die Entscheidungsgrundlage für das Rechtsbeschwerdegericht[4]. Zu entscheiden hat das Rechtsbeschwerdegericht über alle in der Rechtsbeschwerdeinstanz gestellten Anträge (auch über die unzulässigen). Das BAG darf aber wegen § 308

---

1 GMP/*Matthes/Schlewing*, § 96 Rz. 1; ErfK/*Koch*, § 96 ArbGG, Rz. 1; HWK/*Bepler/Treber*, § 96 ArbGG Rz. 1; GK-ArbGG/*Ahrendt*, § 96 Rz. 2.
2 BAG v. 14.1.1986 – 1 ABR 82/83, NZA 1986, 531; GMP/*Matthes/Schlewing*, § 96 Rz. 2 f.; vgl. zum Umfang dieser Bindung im Einzelnen: BAG v. 26.6.1973 – 1 ABR 24/72, AP Nr. 2 zu § 2 BetrVG 1972.
3 Vgl. BAG v. 12.7.2006 – 5 AZR 646/05, NZA 2006, 1294; anders kann es sich ausnahmsweise dann verhalten, wenn einer der Fälle des § 264 ZPO vorliegt oder wenn sich der neue Sachantrag auf den in der Beschwerdeinstanz festgestellten Sachverhalt und auf den unstreitigen Beteiligtenvortrag stützt; vgl. BAG v. 8.12.2010 – 7 ABR 69/09, NZA 2011, 362; BAG v. 6.7.2011 – 4 AZR 424/09, NZA 2012, 281; BAG v. 17.11.2011 – 5 AZR 681/09.
4 BAG v. 28.6.2005 – 1 ABR 25/04, NZA 2006, 48.

Abs. 1 Satz 1 ZPO („ne ultra petita") die Beschwerdeentscheidung des LAG nur soweit aufheben, wie dies vom Rechtsbeschwerdeführer beantragt ist. Soweit es beim Prüfungsumfang des Rechtsbeschwerdegerichts auf die Anfallwirkung (Devolutiveffekt) ankommt, ist zu beachten, dass diese idR durch die Entscheidung des Beschwerdegerichts begrenzt ist[1].

Legt allerdings die unterlegene Partei bzw. der unterlegene Beteiligte bei einer Verurteilung nach dem Hauptantrag Rechtsbeschwerde ein, so ist ohne Weiteres auch der auf einem einheitlichen Sachverhalt beruhende **Hilfsantrag** Gegenstand des Rechtsbeschwerdeverfahrens. Eines Anschlussrechtsmittels bedarf es nicht. Insoweit gilt für das Rechtsbeschwerdeverfahren nichts anderes als für das Revisionsverfahren[2]. Im Übrigen ist eine Antrags**beschränkung** (§ 264 Nr. 2 ZPO) auch in der Rechtsbeschwerdeinstanz noch zulässig, eine Antrags**erweiterung** kann dagegen nur ausnahmsweise zulässig sein[3]. 3

2. Die tatsächlichen Entscheidungsgrundlagen

Der Beurteilung des Rechtsbeschwerdegerichts unterliegt grds. nur dasjenige **Vorbringen** der Beteiligten, das aus dem **tatbestandlichen Teil des Beschlusses des LAG** oder dem **Sitzungsprotokoll** ersichtlich ist. Des Weiteren sind die zur Begründung von Verfahrensrügen gem. § 93 vorgebrachten Tatsachen zu beachten, auch die, die der Begründung von Gegenrügen dienen (vgl. § 551 Abs. 3 Nr. 2, § 559 ZPO)[4]. Der Schluss der mündlichen Anhörung/Verhandlung in zweiter Instanz bildet bezüglich des tatsächlichen Vorbringens die Entscheidungsgrundlage für das Rechtsbeschwerdegericht. Neues Vorbringen in tatsächlicher Hinsicht darf grds. nicht mehr berücksichtigt werden. Allerdings sind **neue unstreitige, offenkundige oder zugestandene Tatsachen** zu berücksichtigen, wenn keine Zweifel an ihrer Richtigkeit bestehen[5]. Auch aus prozessökonomischen Gründen lässt die Rspr. unter bestimmten Voraussetzungen Ausnahmen von dem Grundsatz des § 559 ZPO zu, wenn und sofern schützenswerte Belange von Beteiligten dem nicht entgegenstehen[6]. 4

Auch tatsächliche Feststellungen, die nicht im tatbestandlichen Teil der Entscheidung der Vorinstanz, sondern in den Entscheidungsgründen enthalten sind, zählen zu den das Rechtsbeschwerdegericht nach § 559 Abs. 2 ZPO bindenden Tatsachenfeststellungen. Nicht bindend sind aber widersprüchliche Tatsachenfeststellungen des LAG[7]. Fasst die Vorinstanz/das Beschwerdegericht nicht ausdrücklich festgestellte Tatsachen unter einem einheitlichen Begriff zusammen, kann fraglich sein, ob eine derartige Zusammenfassung für das Rechtsbeschwerdegericht eine Bindungswirkung nach § 559 Abs. 2 ZPO erzeugt[8]. Eine Bindungswirkung kann uU ohne Verfahrensrüge entfallen, wenn die getroffenen Feststellungen Widersprüche, Lücken oder Unklarheiten aufweisen[9]. 5

Beteiligtenvorbringen, mit dem sich das LAG auseinander gesetzt hat – obwohl wegen § 87 Abs. 3 an sich eine Zurückweisung „als verspätet" durchaus in Betracht gekommen wäre –, darf vom BAG nicht erstmals wegen „Verspätung" unberücksichtigt gelassen werden. Die entsprechende Ermessensentscheidung und die dafür erforderlichen tatsächlichen Feststellungen können vom BAG nicht nachgeholt werden[10]. Die fehlerhafte Berücksichtigung neuen Tatsachenvortrags durch das Beschwerdegericht kann mit der Rechtsbeschwerde nicht geltend gemacht werden kann[11]. 6

Hat das **LAG** festgestellt, dass eine tatsächliche **Behauptung wahr oder nicht wahr ist**, so ist diese Feststellung für das BAG bindend, es sei denn, dass diesbezüglich ein zulässiger und begründeter Rechts- 7

---

1 Zöller/Heßler, § 557 ZPO Rz. 5.
2 Zöller/Heßler, § 557 ZPO Rz. 5; BAG v. 22.11.2005 – 1 ABR 49/04, NZA 2006, 389; BAG v. 9.2.1993 – 1 ABR 51/92, NZA 1993, 664; BAG v. 22.3.2001 – 8 AZR 565/00, NZA 2002, 1349: „Dies gilt zumindest dann, wenn zwischen dem Hauptantrag und dem Hilfsantrag ein enger sachlicher und rechtlicher Zusammenhang besteht".
3 Vgl. BAG v. 28.6.2005 – 1 ABR 25/04, NZA 2006, 48.
4 Zöller/Heßler, § 559 ZPO Rz. 3.
5 BAG v. 4.6.1977 – 5 AZR 663/75, NJW 1978, 182: „Offenkundige keines Beweises bedürftige neue Tatsachen können dem Revisionsurteil zugrunde gelegt werden"; GMP/Matthes/Schlewing, § 96 Rz. 11.
6 BAG v. 8.12.2010 – 7 ABR 69/09, NZA 2011, 362; vgl. zum Revisionsverfahren BAG v. 26.6.2013 – 5 AZR 428/12, NZA 2013, 1262, und zur Berücksichtigung neuer Tatsachen, die erst nach Schluss der mündlichen Anhörung/Verhandlung in zweiter Instanz eingetreten sind oder zu Fragen, die von Amts wegen zu prüfen sind: BAG v. 14.12.2004 – 1 ABR 51/03, NZA 2005, 697; Zöller/Heßler, § 559 ZPO Rz. 5 ff.
7 S. zur Behandlung der Nichtübereinstimmung von Tatbestand und Entscheidungsgründen hinsichtlich eines bestimmten Umstandes: BAG v. 23.8.2006 – 4 AZR 410/05, ZTR 2007, 37.
8 S. dazu BAG v. 15.5.2007 – 1 ABR 32/06, NZA 2007, 1240, zu den Begriffen „Gesamtbetrieb" und „gemeinsamer Betrieb".
9 Vgl. BAG v. 1.7.2009 – 4 ABR 17/08, unter Bezugnahme auf BGH v. 9.12.1987 – IV a ZR 155/86.
10 BAG v. 9.11.1999 – 3 AZR 432/98, NZA 2001, 221; BAG v. 20.2.2001 – 9 AZR 46/00, NZA 2002, 567.
11 BAG v. 18.2.2003 – 1 ABR 17/02, NZA 2004, 336.

beschwerdeangriff erhoben ist (vgl. § 559 Abs. 2 ZPO). Die Feststellung neuer Tatsachen ist dem BAG an sich verwehrt[1].

8 Hat das LAG tatsächliche Feststellungen getroffen, die für den in 2. Instanz obsiegenden späteren Rechtsbeschwerdegegner ungünstig sind, die sich aber in 2. Instanz für ihn nicht ungünstig ausgewirkt haben, weil das LAG aus anderen rechtlichen Erwägungen nach seinem Antrag erkannt hat, so kann das BAG diese tatsächlichen Feststellungen seiner Entscheidung nicht in jedem Fall zugrunde legen. Vielmehr kann der Rechtsbeschwerdegegner gegen diese tatsächlichen Feststellungen noch bis zum Ablauf der gem. § 95 Satz 1 gesetzten Äußerungsfrist bzw.[2] bis zum Schluss der Rechtsbeschwerdeinstanz Rügen erheben. Mit derartigen **Gegenrügen** kann der Rechtsbeschwerdegegner vermeiden, dass ihm Feststellungen des Beschwerdegerichts schaden, wenn das Rechtsbeschwerdegericht der Auffassung des Rechtsbeschwerdeführers zustimmt.

9 So kann der – vor dem LAG erfolgreiche – (spätere) Rechtsbeschwerdegegner vor dem BAG im Rahmen einer sog. Gegenrüge geltend machen, das LAG habe das Gesetz in Bezug auf das Verfahren verletzt. In diesem Fall muss das **BAG**, falls es auf jene Feststellungen entscheidend ankommt, die Sache an die Beschwerdeinstanz **zurückverweisen**. Unterlässt der Rechtsbeschwerdegegner es jedoch, in 3. Instanz solche Rügen zu erheben, so sind jene tatsächlichen Feststellungen der Rechtsfindung in 3. Instanz zugrunde zu legen[3]. Auch (Verfahrens-)Gegenrügen müssen ordnungsgemäß iSv. § 551 Abs. 3 Satz 1 Nr. 2 Buchst. b ZPO begründet werden[4].

10 Das Rechtsbeschwerdegericht ist allerdings nicht gezwungen, sehenden Auges einen rechtskräftigen Beschluss zu erlassen, der alsbald durch ein Wiederaufnahmeverfahren wieder beseitigt würde. Deswegen kann – ähnlich wie im Revisionsverfahren[5] – auch im Rechtsbeschwerdeverfahren tatsächliches **Vorbringen zu** den in § 580 Nr. 1–7 ZPO angeführten **Restitutionsgründen** zu beachten sein. Darüber hinaus können **ausnahmsweise** unter Umständen aber auch noch sonstige neue Tatsachen zu berücksichtigen sein. Dies kann insbesondere betreffen[6]:
– bestimmte Verfahrensvoraussetzungen,
– bestimmte Verfahrensfortsetzungshindernisse,
– die Zulässigkeit der Rechtsbeschwerde.

11 So ist in jeder Lage des Verfahrens und damit auch noch in der Rechtsbeschwerdeinstanz **von Amts wegen** zu prüfen, ob für eine im Beschlussverfahren begehrte Entscheidung das **Rechtsschutzbedürfnis** fortbesteht, denn dieses ist prozessuale Voraussetzung für eine Sachentscheidung. Dabei muss das Rechtsbeschwerdegericht neu eingetretene Tatsachen berücksichtigen, wenn und insoweit sie das Rechtsschutzinteresse berühren[7]. Dabei sind auch solche Umstände zu berücksichtigen, die erst während des Rechtsbeschwerdeverfahrens eingetreten sind, wenn sich aus ihnen ergibt, dass die begehrte gerichtliche Entscheidung für die Beteiligten keine Wirkung mehr entfalten kann[8]. Dasselbe gilt auch für die Frage, ob eine (übereinstimmende) Erledigungserklärung vorliegt.

12 Ergibt die rechtliche Prüfung des Rechtsbeschwerdegerichts, dass das LAG nicht alle entscheidungserheblichen Tatsachen ermittelt bzw. aufgeklärt hat und der Rechtsstreit damit noch nicht entscheidungsreif ist, ist der Rechtsstreit an das LAG zurückzuverweisen (s. auch Rz. 35).

3. Die rechtlichen Entscheidungsgrundlagen

13 Das Rechtsbeschwerdegericht hat die Entscheidung des LAG grdsl. in jeder rechtlicher Hinsicht vollumfänglich zu überprüfen. Nach § 92 Abs. 2 Satz 2, § 72 Abs. 5 iVm. § 557 Abs. 3 Satz 1 ZPO ist das BAG **nicht an die geltend gemachten Rechtsbeschwerdegründe** gebunden. Es darf – vorbehaltlich etwaig erforderlicher Rügen – die angefochtene Entscheidung in allen Bereichen, auch denjenigen, die nicht von den Beteiligten gerügt werden, überprüfen. Hiervon ausgenommen sind die von Amts wegen zu prüfenden rechtlichen Gesichtspunkte. Insofern können die Beteiligten die Überprüfung nicht auf bestimmte Rechts-

---

1 BAG v. 9.9.1975 – 1 ABR 20/74, NJW 1976, 261.
2 Dh., wenn es an einer ordnungsgemäßen Fristsetzung fehlt.
3 S. zur insoweit vergleichbaren Rechtslage nach Revisionsrecht: BAG v. 20.5.2008 – 9 AZR 219/07, NZA 2008, 1237; BAG v. 18.2.2003 – 9 AZR 356/02, NZA 2003, 911.
4 BAG v. 24.3.2009 – 9 AZR 983/07, NZA 2009, 538.
5 Vgl. BAG v. 23.5.2013 – 2 AZR 991/11, NZA 2013, 1373; BAG v. 16.5.2002 – 2 AZR 730/00, NZA 2003, 217.
6 Vgl. dazu – für das Revisionsverfahren – Gift/Baur/*Gift*, Teil I Rz. 138; Zöller/*Heßler*, § 559 ZPO Rz. 4 ff.; BAG v. 3.5.2006 – 4 AZR 795/05, NZA 2006, 1125.
7 BAG v. 23.1.1986 – 6 ABR 47/82, BAGE 51, 29; BAG v. 13.3.1991 – 7 ABR 5/90, NZA 1991, 946.
8 BAG v. 21.6.2006 – 7 ABR 45/05.

fragen beschränken[1]. Der Antragsteller eines Beschlussverfahrens kann allerdings den Gegenstand des von ihm eingeleiteten Verfahrens zu bestimmen. Der Verfahrensgegenstand wird auf der Grundlage eines bestimmten Lebenssachverhalts und der bestehenden Rechtslage durch den Inhalt des vom Antragsteller reklamierten Rechts oder Anspruchs konstituiert. Der Verfahrensgegenstand bestimmt sich nicht durch die jeweils konkrete Rechtsnorm, die als Grundlage für das betreffende Begehren in Frage kommt[2].

Ob und inwieweit der Rechtsfehler vom Rechtsbeschwerdeführer – einschließlich der Entscheidungserheblichkeit für die Entscheidung des LAG – iSv. § 93 gerügt werden muss, hängt davon ab, mit welchen **Rechtsbeschwerdegründen** der Rechtsbeschwerdeführer die Entscheidung der Vorinstanz bekämpft. Man unterscheidet insoweit die **absoluten Rechtsbeschwerdegründe** des § 547 ZPO von den relativen Rechtsbeschwerdegründen. Innerhalb der **relativen Rechtsbeschwerdegründe** differenziert man noch nach Verfahrensrügen, materiell-rechtlichen Rügen (Sachrügen) und entsprechenden Mischtatbeständen[3]. Die absoluten Rechtsbeschwerdegründe sind wiederum von den **absoluten Verfahrensmängeln** zu unterscheiden. Absolute Verfahrensmängel sind solche, auf die das Rechtsbeschwerdegericht **von Amts wegen** die Beschwerdeentscheidung der Vorinstanz (nach § 91 Abs. 1 Satz 1) in den Grenzen der Rechtsbeschwerdeanträge (s. Rz. 2) und der Anfallwirkung (s. § 92 Rz. 31) zu überprüfen hat (s. dazu näher und mit Beispielen bei § 73 Rz. 30 f., § 74 Rz. 53)[4]. So gehört etwa die **Zulässigkeit der Beschwerde** nach den § 87 Abs. 1 und § 89 Abs. 3 Satz 1[5] zu den in der Rechtsbeschwerdeinstanz von Amts wegen zu prüfenden **Verfahrensfortsetzungsvoraussetzungen**[6]. 14

a) Absolute Rechtsbeschwerdegründe (§ 547 ZPO)

Die Vorschrift des § 547 ZPO ist auch im Rechtsbeschwerdeverfahren anwendbar[7]. Für die dort aufgeführten Revisions- und Rechtsbeschwerdegründe sieht das Gesetz von dem Erfordernis der Entscheidungskausalität ab[8]. Die unwiderlegbare[9] Vermutung des § 547 ZPO betrifft nicht die Zulässigkeit der Rechtsbeschwerde, sondern deren Begründetheit. Die dort genannten Gründe (s. dazu bei § 73 Rz. 35 ff.) führen also nur dann zum Erfolg der Rechtsbeschwerde, wenn diese an sich statthaft ist und wenn die entsprechenden Mängel der LAG-Entscheidung – soweit nicht von Amts wegen zu prüfen – ordnungsgemäß und rechtzeitig gerügt wurden (§ 551 Abs. 3 Satz 1 Nr. 2 Buchst. b ZPO[10]). Soweit eine nach § 39 möglicherweise unvorschriftsmäßige Besetzung des Beschwerdegerichts iSv. § 547 Nr. 1 ZPO in Frage kommt, verlangt das BAG wegen § 557 Abs. 3 Satz 2, § 551, § 554 Abs. 3 ZPO iVm. § 93 Abs. 1 Satz 1, § 94 Abs. 2 Satz 2, dass ein solcher Mangel gerügt und der darin liegende absolute Rechtsbeschwerdegrund geltend gemacht wird[11]. Die ordnungsgemäße Besetzung des Beschwerdegerichts ist keine in der Rechtsbeschwerdeinstanz von Amts wegen zu prüfende Voraussetzung für die Fortsetzung des Prozesses. Erhebt der Rechtsbeschwerdeführer die entsprechende Verfahrensrüge (Besetzungsfehler) nicht, kommt es auf einen Verstoß gegen § 547 Nr. 1 ZPO nicht an[12]. 15

b) Sonstige Rechtsbeschwerdegründe

Hinsichtlich der **Geltendmachung und Form von Verfahrensrügen** wird auf § 557 Abs. 3 Satz 2 ZPO und auf die Erl. zu § 93 Rz. 9 ff. verwiesen. Auf Verfahrensmängel, soweit sie nicht von Amts wegen zu berücksichtigen sind (s. dazu Rz. 14), darf das BAG den Beschluss des LAG nur überprüfen, wenn diese ord- 16

---

1 HWK/*Bepler/Treber*, § 96 ArbGG Rz. 2; GK-ArbGG/*Ahrendt*, § 96 Rz. 4.
2 BAG v. 15.4.2008 – 1 ABR 44/07, NZA-RR 2009, 98.
3 Unterscheidung im Anschluss an Gift/Baur/*Gift*, Teil I Rz. 158–207.
4 Zöller/*Heßler*, § 557 ZPO Rz. 8 f.
5 S. bspw. BAG v. 14.4.2015 – 1 ABR 65/13; BAG v. 17.2.2010 – 7 ABR 58/08; BAG v. 16.7.2008 – 7 ABR 13/07, NZA 2009, 202.
6 Dazu gehören bspw. auch die **Antragsbefugnis** (vgl. BAG v. 16.3.2005 – 7 ABR 37/04, NZA 2005, 1069), das (Fort-)Bestehen eines **Feststellungsinteresses** gem. § 256 Abs. 1 ZPO (BAG v. 1.7.2009 – 4 ABR 8/08; BAG v. 15.4.2008 – 1 ABR 44/07, NZA 2009, 98; BAG v. 13.9.1989 – 7 ABR 5/88) bzw. eines **Rechtsschutzbedürfnisses** (BAG v. 18.3.2015 – 7 ABR 6/13) oder die Prüfung, dass kein **Verstoß gegen § 308 Abs. 1 ZPO** vorliegt (BAG v. 26.1.2016 – 1 ABR 13/14, Rz. 28, NZA 2016, 842). Siehe auch HWK/*Bepler/Treber*, § 96 ArbGG Rz. 3.
7 Vgl. BAG v. 24.1.1996 – 1 ABR 35/95 – zur Vorgängervorschrift des § 551 ZPO aF.
8 Vgl. BAG v. 18.1.2012 – 7 ABR 72/10, NZA-RR 2013, 133; Zöller/*Heßler*, § 547 ZPO Rz. 1.
9 BAG v. 25.1.2012 – 4 AZR 185/10, NZA-RR 2013, 41.
10 S. dazu bei § 93 Rz. 22; Gift/Baur/*Gift*, Teil I Rz. 143.
11 BAG v. 15.4.2008 – 1 ABR 44/07, NZA-RR 2009, 98; BAG v. 25.1.2012 – 4 AZR 185/10, NZA-RR 2013, 41.
12 Das soll nach BAG, 9. 6.2011 – 2 AZR 284/10, NZA-RR 2012, 12, im Revisionsverfahren sogar dann gelten, wenn gerade diese Rüge der Beschwerde, die gegen die Nichtzulassung der Revision geführt wurde, nach § 72 Abs. 2 Nr. 3, § 72a Abs. 3 Satz 2 Nr. 3 zum Erfolg verholfen hat.

nungsgemäß und rechtzeitig gerügt worden sind[1]. Eine Rechtsbeschwerderüge ist nur begründet, wenn eine Rechtsnorm nicht oder nicht richtig angewendet worden ist (§ 546 ZPO iVm. § 92 Abs. 2 Satz 1, § 73 Abs. 1 Satz 1) und die Entscheidung auf dieser Rechtsverletzung beruht (§ 545 Abs. 1 ZPO). Für Verfahrensfehler erfährt dieser Grundsatz insofern eine Einschränkung, als es für sie auch genügt, dass die Entscheidung auf dem Verfahrensfehler beruhen kann. Die Entscheidung kann – abgesehen von den absoluten Rechtsbeschwerdegründen iSv. § 547 ZPO (s. Rz. 15) – nur dann auf dem Verfahrensfehler beruhen, wenn es um für das Verfahren entscheidende Tatsachen geht[2].

17   Hinsichtlich der Geltendmachung und Form von **Sach- bzw. materiell-rechtlichen Rügen** wird auf die Erl. zu § 93 Rz. 3 ff. verwiesen. Anders als bei der Verfahrensrüge ist das Rechtsbeschwerdegericht bei Sachrügen berechtigt, den vom LAG festgestellten Tatbestand in materiell-rechtlicher Hinsicht unabhängig von der vom Rechtsbeschwerdeführer konkret erhobenen Sachrüge zu prüfen (§ 557 Abs. 3 Satz 1 ZPO)[3].

III. Zeitpunkt, Form und Inhalt der Entscheidung

1. Der Zeitpunkt

18   Die **Entscheidung** des Rechtsbeschwerdegerichts über die Rechtsbeschwerde ergeht entweder – soweit ein Anhörungstermin anberaumt wurde – im **Anschluss an die mündliche Anhörung** der Beteiligten. Soll dagegen **im schriftlichen Verfahren** entschieden – und dabei nicht lediglich eine Verwerfungsentscheidung entsprechend § 552 Abs. 2 ZPO, § 94 Abs. 2 Satz 3, § 74 Abs. 2 Satz 3 erlassen – werden, so ist an sich bei Beachtung des § 128 Abs. 2 ZPO nicht nur ein Beratungstermin und der Termin zur Verkündung einer Entscheidung, sondern auch der Zeitpunkt zu bestimmen, bis zu dem Schriftsätze eingereicht werden können. Soweit das BAG das Rechtsbeschwerdeverfahren unabhängig vom Vorliegen der Voraussetzungen des § 128 Abs. 2 ZPO aufgrund des von ihm für zulässig erachteten (besonderen) schriftlichen Verfahrens ohne mündliche Anhörung/Verhandlung durchführt, entscheidet es „aufgrund der Beratung"[4]. Dabei wird der Beratungstermin unter Beachtung der gem. § 95 Satz 1 festzulegenden Äußerungsfrist und einer etwaigen Einlassungsfrist (= Frist für die Stellungnahme des Rechtsbeschwerdeführers zu der Äußerung des oder der anderen Beteiligten; vgl. § 95 Satz 2) anberaumt[5].

19   Wenn das Rechtsbeschwerdegericht einen **Verwerfungs-Beschluss** entsprechend § 552 Abs. 2 ZPO, § 94 Abs. 2 Satz 3, § 74 Abs. 2 Satz 3 erlässt, hat es vor einer derartigen Entscheidung (jedenfalls) dem Rechtsbeschwerdeführer (und wohl auch dem Rechtsbeschwerdegegner bzw. den übrigen Beteiligten) rechtliches Gehör zu gewähren. Es ist in geeigneter Weise, regelmäßig durch förmlich zuzustellenden Hinweis und unter Einräumung einer angemessenen Äußerungsfrist auf die Verwerfungsabsicht des Gerichts aufmerksam zu machen[6]. Nach Fristablauf kann dann im nächsten turnusmäßigen Beratungstermin die Verwerfungsentscheidung beschlossen werden.

2. Die Form und mitwirkende Richter

20   § 96 Abs. 1 Satz 1 beschränkt sich insoweit zunächst auf die Aussage, dass das Rechtsbeschwerdegericht (immer) in Beschlussform entscheidet. Dies gilt unabhängig davon, ob nach oder ohne mündliche Anhörung entschieden wird und ob die Rechtsbeschwerde sachlich beschieden wird oder ob sie als unzulässig verworfen wird. Soweit es um die einzuhaltende Form geht, gelten die allgemeinen Bestimmungen der ZPO über gerichtliche Entscheidungen[7], dh. insbesondere §§ 329, 313 ZPO.

21   Der Beschluss ist **schriftlich** niederzulegen, zu **begründen** und von den – nach § 309 ZPO, § 41 Abs. 2 an der Entscheidung mitwirkenden – Richtern, also von den drei Berufsrichtern und den beiden ehrenamtli-

---

1 Prüfung nach § 559 Abs. 1 ZPO unter Beschränkung auf die in der Rechtsbeschwerdebegründung vorgetragenen Tatsachen; vgl. Zöller/*Heßler*, § 557 ZPO Rz. 10; GMP/*Matthes/Schlewing*, § 96 Rz. 6.
2 BAG v. 18.1.2012 – 7 ABR 72/10, NZA-RR 2013, 133.
3 Zöller/*Heßler*, § 557 ZPO Rz. 15. Vgl. BAG, 15.4. 2008 – 9 AZR 159/07, NZA-RR 2008, 586; HWK/*Bepler/Treber*, § 96 ArbGG Rz. 2.
4 Vgl. BAG v. 17.9.2013 – 1 ABR 37/12: aufgrund der Beratung vom 17.9.2013 am 17.9.2013 verkündeter Beschluss. S. dazu bei § 94 Rz. 13 f. sowie BAG v. 22.10.1985 – 1 ABR 42/84, AP Nr. 23 zu § 99 BetrVG 1972; BAG v. 24.8.1976 – 1 ABR 109/74, AP Nr. 2 zu § 95 ArbGG 1953.
5 Vgl. GK-ArbGG/*Dörner*, § 95 Rz. 4, § 94 Rz. 30 und § 96 Rz. 10; zum Entscheidungszeitpunkt auch GMP/*Matthes/Schlewing*, § 96 Rz. 21.
6 Art. 103 Abs. 1 GG; vgl. BGH v. 4.12.2012 – VIII ZB 25/12-VIII ZB 26/12, NJW-RR 2013, 255; BGH v. 29.6.1993 – X ZB 21/92, NJW 1994, 392; Zöller/*Heßler*, § 552 ZPO Rz. 1 iVm. § 522 ZPO Rz. 6 und 13; Gift/Baur/*Gift*, Teil I Rz. 255, vgl. auch Teil G Rz. 458.
7 Düwell/Lipke/*Düwell*, § 96 Rz. 4.

chen Richtern, zu **unterschreiben** (nicht von „sämtlichen" Mitgliedern des Senats; so aber der Wortlaut des § 96 Abs. 2). Im Übrigen wirken die ehrenamtlichen Richter an der Entscheidung über die Rechtsbeschwerde nach § 96 Abs. 1 Satz 1 unabhängig davon mit, ob der Beschluss ohne oder aufgrund mündliche(r) Verhandlung/Anhörung ergeht. Sie wirken also – auch wenn das BAG schriftlich (nur aufgrund Beratung) entscheidet – immer dann mit, wenn die Entscheidung, wäre sie nach mündlicher Verhandlung ergangen, nur unter ihrer Mitwirkung statthaft gewesen wäre[1].

Soweit allerdings die Rechtsbeschwerde als unzulässig verworfen wird (vgl. § 552 Abs. 2 ZPO, § 94 Abs. 2 Satz 3, § 74 Abs. 2 Satz 3) ergeht der Beschluss ohne mündliche Verhandlung/Anhörung. An diesem Beschluss wirken die **ehrenamtlichen Richter** nicht mit. In einem derartigen Fall (vgl. § 74 Abs. 2 Satz 2) ist der Verwerfungsbeschluss also – entgegen dem Wortlaut des § 96 Abs. 2 – erst recht nicht „von sämtlichen Mitgliedern des Senats", sondern nur von den an der Entscheidung mitwirkenden Berufsrichtern zu unterschreiben[2].   22

3. Der Inhalt der Entscheidung

a) Allgemeines und Nebenentscheidungen

In entsprechender Anwendung des § 313 Abs. 1 ZPO enthält der Beschluss die dort geforderten Angaben. Er setzt sich also insbesondere aus der Beschlussformel („Tenor") und den „Gründen" zusammen, wobei die Letzteren sich aus einem tatbestandlichen („A.") und einem entscheidungsbegründenden Teil (B.") zusammensetzen (entsprechend dem „Tatbestand" und den „Entscheidungsgründen" eines Urteils). Im Tenor ist das Rechtsschutzgesuch der Rechtsbeschwerde **vollständig** (soweit es sich nicht um eine Teil-Entscheidung handelt) und **genau**, aber möglichst knapp zu bescheiden[3]. In Betracht kommen verwerfende, aufhebende, zurückverweisende, abändernde und zurückweisende Tenorierungen, die bei mehreren oder entsprechend teilbaren Verfahrensgegenständen auch in Mischformen auftreten können. **Klarstellungen** in der Beschlussformel sind bisweilen angebracht, zB hinsichtlich der fehlenden Beteiligtenstellung einer bestimmten Person oder Stelle[4] oder sonstige „berichtigende Maßgaben" entsprechend § 319 Abs. 1 ZPO[5].   23

In Frage kommt auch eine Vorlageentscheidung iVm. einer Aussetzung[6] des Verfahrens entsprechend § 148 ZPO. Geht es um entscheidungserhebliche Normen des **Unionsrechts**, kann das BAG diese Frage dem EuGH zur Entscheidung vorlegen (Vorabentscheidungs-Ersuchen; Vorlagerecht gem. Art. 267 Abs. 2 AEUV). Bei Vorliegen der in Art. 267 Abs. 3 AEUV genannten Voraussetzungen trifft das BAG als letztinstanzliches Gericht insoweit eine Vorlagepflicht[7]. Hält das BAG ein Gesetz, auf dessen Gültigkeit es bei der Entscheidung ankommt, für **verfassungswidrig**, so ist (ebenfalls) das Verfahren auszusetzen und, wenn es sich um die Verletzung des Grundgesetzes handelt, die Entscheidung des BVerfG gem. Art. 100 GG einzuholen[8].   24

Anders als der Tenor eines Urteils enthält der Beschluss grds. **keine Kostenentscheidung**. Dies ergibt sich zum einen aus § 2 Abs. 2 GKG, der bestimmt, dass in arbeitsgerichtlichen Beschlussverfahren keine Kosten (Gerichtsgebühren und Auslagen) erhoben werden; zum anderen kennt das arbeitsgerichtliche Beschlussverfahren grds. keine prozessuale Kostentragungspflicht. Die §§ 91 ff. ZPO sind im ArbGG für das Beschlussverfahren weder in Bezug genommen noch entsprechend anzuwenden[9]. Sieht man von der sogleich zu behandelnden Ausnahme und von materiell-rechtlichen Erstattungsansprüchen ab[10], findet eine Erstattung außergerichtlicher Kosten nicht statt.   25

---

1 HWK/*Bepler/Treber*, § 92 ArbGG Rz. 11; ErfK/*Koch*, § 92 ArbGG Rz. 1 aE.
2 Vgl. GMP/*Matthes/Schlewing*, § 94 Rz. 29.
3 Vgl. Zöller/*Vollkommer*, § 313 ZPO Rz. 8 zur Urteilsformel.
4 S. dazu BAG v. 14.2.2007 – 7 ABR 26/06, NZA 2007, 999 für den Fall einer Gewerkschaft.
5 BAG v. 10.12.2002 – 1 ABR 7/02, NZA 2004, 223; HWK/*Bepler/Treber*, § 92 ArbGG Rz. 6.
6 Die Aussetzung des Verfahrens ist analog § 148 ZPO auch ohne gleichzeitiges Vorabentscheidungsersuchen an den EuGH grds. zulässig, wenn die Entscheidung des Rechtsstreits von der Beantwortung derselben Frage abhängt, die bereits in einem anderen Rechtsstreit dem EuGH zur Vorabentscheidung nach Art. 267 AEUV vorgelegt wurde; BAG v. 20.5.2010 – 6 AZR 481/09 (A), NZA 2011, 710.
7 Vgl. BVerfG v. 29.5.2012 – 1 BvR 3201/11, NZA 2013, 164; BAG v. 8.12.2011 – 6 AZN 1371/11, NZA 2012, 286; s. dazu näher bei: Verf. BVerfG/EuGH Rz. 97 ff.
8 Eine Vorlage nach Art. 100 Abs. 1 Satz 1 GG kommt aber erst dann in Betracht, wenn eine verfassungskonforme Auslegung nach keiner Auslegungsmethode gelungen ist; BAG v. 21.9.2011 – 7 AZR 375/10, NZA 2012, 255; s. dazu näher bei: Verf. BVerfG/EuGH Rz. 66 ff.
9 S. näher dazu BAG v. 2.10.2007 – 1 ABR 59/06, NZA 2008, 372; s.a. bei § 84 Rz. 8 ff. und § 91 Rz. 22 ff.
10 Hinsichtlich der Kosten, die in einem Beschlussverfahren durch die Heranziehung eines Rechtsanwaltes entstanden sind, kommen insbesondere personalvertretungsrechtliche oder betriebsverfassungsrechtliche Erstattungsansprüche in Betracht, wie etwa solche gem. den § 20 Abs. 3 und § 40 Abs. 1 BetrVG oder entsprechend § 78 Satz 2

26 Anders verhält es sich bei dem **besonderen Beschlussverfahren des § 126 InsO**. Insoweit gelten im Rechtsbeschwerdeverfahren vor dem BAG die Vorschriften der ZPO über die Erstattung der Kosten des Rechtsstreites (§§ 91 ff. ZPO) entsprechend (§ 126 Abs. 3 Satz 2; Kostenerstattungsanspruch für das Rechtsbeschwerdeverfahren[1]). Insoweit bedarf es also – soweit das BAG eine derartige Rechtsbeschwerde endgültig bescheidet (also nicht lediglich aufhebt und zurückverweist) – **ausnahmsweise** einer Kostenentscheidung im Beschluss über die Rechtsbeschwerde[2]. Hebt das BAG dagegen den Beschluss des ArbG auf und verweist das Beschlussverfahren an die 1. Instanz zurück, hat es die Kostenentscheidung dem ArbG hinsichtlich der Kosten des Rechtsbeschwerdeverfahrens zu überlassen[3]. Im Rahmen des Rechtsbeschwerdeverfahrens trifft den ArbN gem. § 126 Abs. 3 Satz 2 InsO ein nicht unerhebliches Kostenrisiko, dem freilich die Chance gegenübersteht, im Falle des Obsiegens die Kosten seines Prozessbevollmächtigten erstattet zu bekommen. Diesem Kostenrisiko kann er – als am Rechtsbeschwerdeverfahren notwendig zu Beteiligender – nur entgehen, wenn er sich mit der Beendigung des Arbeitsverhältnisses oder mit den geänderten Arbeitsbedingungen in einer Art und Weise einverstanden erklärt, dass er dadurch seine Stellung als Beteiligter verliert (vgl. § 126 Abs. 2 Satz 1 Halbs. 2). Insoweit ist streitig, welche Anforderungen insoweit an das „Einverständnis" des ArbN mit der Kündigung zu stellen sind[4].

27 Darüber hinausgehend hält das LAG Hessen[5] auch in einem Verfahren gem. den § 2a Abs. 1 Nr. 4, § 97 – wegen der außergerichtlichen Kosten – den Erlass einer Kostenentscheidung für geboten. Das LAG begründet seine Entscheidung mit der vom normalen Beschlussverfahren abweichenden Interessenlage der an dem Verfahren nach § 97 beteiligten Verbände, die quasi als Wettbewerber auftreten. Die Rechtsbeschwerde hat das LAG Hessen seinerzeit nicht zugelassen.

28 Ähnlich wie das LAG Hessen hat das LAG Berlin[6] entschieden. Es hat einer Industriegewerkschaft, der „Beteiligten zu 1", die außergerichtlichen Kosten des Beschwerdeverfahrens mit der Begründung auferlegt, die Vorschriften der §§ 91 ff. ZPO seien dann entsprechend anwendbar, wenn in einem Beschlussverfahren nicht ArbGeb und BR, sondern ArbGeb und Gewerkschaft beteiligt seien. Dann stünden sich ArbGeb und Gewerkschaft, anders als sonst die Betriebsparteien in einem Beschlussverfahren, wie Parteien in einem Urteilsverfahren gegenüber. Auf die – vom LAG Berlin zugelassene – Rechtsbeschwerde der Gewerkschaft hat das BAG[7] den im Beschluss des LAG enthaltenen Ausspruch über die Verpflichtung, die außergerichtlichen Kosten des Verfahrens zu tragen, ersatzlos aufgehoben.

29 Wegen des Privilegs der Gerichtskostenfreiheit bedarf es **in keinem Falle** einer **Streitwertfestsetzung** für die Gerichtsgebühren gem. § 63 Abs. 2 GKG. In Betracht kommt allerdings – wegen der Anwaltsgebühren – die auf Antrag – in einem gesonderten Beschluss gem. § 33 RVG vorzunehmende – **Festsetzung des Wertes der anwaltlichen Tätigkeit** im Rechtsbeschwerdeverfahren. Insoweit ist auf die allgemeinen Grundsätze zu verweisen[8].

b) Die Zurückweisung der Rechtsbeschwerde

30 Ergeben die Entscheidungsgründe unter Berücksichtigung der Rechtsbeschwerdebegründung, dass der Beschluss der Vorinstanz weder auf der Nichtanwendung einer Rechtsnorm noch auf der unrichtigen Anwendung einer Rechtsnorm iSd. § 93 Abs. 1 beruht, dh. dass der Beschluss des LAG „richtig" ist, dann ist **die Rechtsbeschwerde** – als **unbegründet** – zurückzuweisen. Eine solche Zurückweisung hat auch dann zu

---

BetrVG; vgl. BAG v. 7.7.1999 – 7 ABR 4/98, NZA 1999, 1232; BAG v. 29.7.2009 – 7 ABR 95/07, NZA 2009, 1223; BVerwG v. 12.11.2012 – 6 P 1/12, NZA-RR 2013, 277. Derartige materiell-rechtliche Ansprüche sind als Hauptsache bzw. mit einem Sachantrag, nicht aber im Rahmen einer prozessualen Kostenerstattung geltend zu machen (kein prozessualer Kostenerstattungsanspruch im Beschlussverfahren).

1 *Fitting*, §§ 112, 112a BetrVG Rz. 93; HWK/*Bepler/Treber*, § 96 ArbGG Rz. 7.
2 S. näher zur Kostenentscheidung: *Zwanziger*, Das Arbeitsrecht der Insolvenzordnung, S. 306; vgl. auch BAG v. 14.8.2001 – 2 ABN 20/01, AP Nr. 44 zu § 72a ArbGG 1979 – Divergenz: Kostenentscheidung auch bei Verwerfung einer nicht statthaften Nichtzulassungsbeschwerde im Fall des § 126 InsO.
3 *Zöller/Herget*, § 97 ZPO Rz. 7; BAG v. 20.1.2000 – 2 ABR 30/99, NZA 2001, 170.
4 S. dazu die Darstellung des Streitstandes in BAG v. 20.1.2000 – 2 ABR 30/99, NZA 2001, 170.
5 LAG Hessen v. 24.8.1995 – 12 TaBV 102/94. Die Kostenentscheidung des LAG Hessen, das dem Antragsteller, einem ArbGeb-Verband, die außergerichtlichen Kosten des Beschwerdeverfahrens auferlegt hat, wurde rechtskräftig. Die Nichtzulassungsbeschwerde des Antragstellers war erfolglos; s. dazu die ua. auf § 99 Abs. 1 ZPO abstellende Entscheidung des BAG v. 23.7.1996 – 1 ABN 49/95, NZA 1996, 1231: eine Divergenz bei der Kostenentscheidung reicht nicht aus, um eine Nichtzulassungsbeschwerde zu rechtfertigen.
6 LAG Berlin v. 5.2.1998 – 7 TaBV 6/97.
7 BAG v. 20.4.1999 – 1 ABR 13/98, NZA 1999, 1235.
8 S. dazu § 12 Rz. 220 ff. und § 91 Rz. 25 sowie LAG Hamburg v. 24.7.2003 – 4 TaBV 1/02, MDR 2004, 338 zum einen und BAG v. 20.7.2005 – 1 ABR 23/03 (A), DB 2005, 2086 zum anderen.

erfolgen, wenn der Vorinstanz zwar ein entsprechender Rechtsfehler (= Nichtanwendung bzw. unrichtige Anwendung einer Rechtsnorm) unterlaufen ist, sich ihre Entscheidung selbst aber **aus anderen Gründen als richtig** darstellt (§ 561 ZPO). Dies kann bspw. dann der Fall sein, wenn die im angefochtenen Beschluss enthaltenen Feststellungen vom LAG teilweise fehlerhaft und teilweise fehlerfrei getroffen worden sind und bereits die fehlerfrei getroffenen Feststellungen allein das Ergebnis des Beschlusses tragen[1]. Wird die Entscheidung im Ergebnis auch durch die verfahrensfehlerfrei getroffenen Tatsachenfeststellungen getragen, bleibt ein möglicher Verfahrensfehler rechtsbeschwerderechtlich unberücksichtigt[2]. Dass die Rechtsbeschwerde in derartigen Fällen zurückzuweisen ist, ergibt sich – wenn es auch für das Rechtsbeschwerdeverfahren an einer diesbezüglichen ausdrücklichen Verweisungsnorm fehlt – aus der hier gebotenen entsprechenden Anwendung des § 561 ZPO. Auch bei unzureichender Tatsachenfeststellung der Vorinstanz muss bei einer Rechtsbeschwerde nicht zurückverwiesen werden, wenn die Entscheidung mit einer anderen Begründung aufrechterhalten werden kann. § 96 Abs. 1 Satz 2 verweist zwar nur auf die §§ 562, 563 ZPO. Jedoch muss auch § 561 ZPO – ebenso wie im Urteilsverfahren aufgrund der allgemeinen Verweisung in § 72 Abs. 5 – entsprechend gelten[3].

Der Beschluss, mit dem das LAG die Beschwerde gegen die erstinstanzliche Entscheidung als **unbegründet** 31 zurückgewiesen hat, ist (ebenfalls) nach § 561 ZPO auch dann nicht aufzuheben, wenn die Beschwerde wegen verspäteter Begründung an sich als **unzulässig** zu verwerfen gewesen wäre. Zwar darf das LAG in einem derartigen Fall die Beschwerde nicht als unbegründet zurückweisen; sie muss vielmehr als unzulässig verworfen werden. Da aber in beiden Fällen der erstinstanzliche Beschluss des ArbG in Rechtskraft erwächst, – sich also durch die abweichende Tenorierung keine Unterschiede für die Entscheidung über den Sachantrag ergeben, führt der Fehler des LAG insoweit nicht zur Aufhebung seines Beschlusses[4]. Davon zu unterscheiden sind die Fälle, in denen das Beschwerdegericht rechtsfehlerhaft einen Antrag als unzulässig zurückgewiesen bzw. verworfen hat. Das Rechtsbeschwerdegericht kann einen vom Beschwerdegericht als unzulässig zurückgewiesenen Antrag nur dann im Rahmen einer eigenen Sachentscheidung als unbegründet zurückweisen, wenn das Antragsbegehren nach jeder Richtung unschlüssig und die Möglichkeit auszuschließen ist, dass der Antragssteller sein Begehren durch Einführung neuen Prozessstoffs noch schlüssig macht[5]. Das soll auch dann gelten, wenn die Vorinstanz hilfsweise zusätzlich Ausführungen zur Unbegründetheit des Antrages gemacht hatte. Das Rechtsbeschwerde- bzw. Revisionsgericht soll auf Hilfserwägungen zur Begründetheit nicht eingehen dürfen[6].

Erachtet das Rechtsbeschwerdegericht Verfahrensmängel nicht für einschlägig, bedarf es hierfür gem. 32 § 564 Satz 1 ZPO keiner Begründung. Etwas anderes gilt nach § 564 Satz 2 ZPO bei absoluten Rechtsbeschwerdegründen iSv. § 547 ZPO. In der Praxis macht das BAG aber von der Möglichkeit des § 564 Satz 1 ZPO kaum Gebrauch und bescheidet auch die nicht erfolgreichen Verfahrensrügen[7].

c) Die Aufhebung und Zurückverweisung an das LAG

Beruht nach dem Ergebnis des Rechtsbeschwerdeverfahrens der Beschluss der Vorinstanz auf der Nicht- 33 anwendung oder der unrichtigen Anwendung einer Rechtsnorm und stellt sich der Beschluss auch nicht aus anderen Gründen als richtig dar, ist aber das Verfahren zugleich **noch nicht zur Endentscheidung reif** (vgl. § 300 Abs. 1 ZPO), ist die **Rechtsbeschwerde** also **begründet**. Der angefochtene Beschluss des LAG ist wegen dieses Rechtsfehlers (insoweit) gem. § 562 Abs. 1 ZPO iVm. § 96 Abs. 1 Satz 2 aufzuheben[8]. Das BAG kann aber nicht in der Sache selbst entscheiden.

---

1 ErfK/*Koch*, § 96 ArbGG Rz. 1 und 2; vgl. BAG v. 29.2.2000 – 1 ABR 4/99, NZA 2000, 1066.
2 BAG v. 18.1.2012 – 7 ABR 72/10, NZA-RR 2013, 133.
3 GK-ArbGG/*Ahrendt*, § 96 Rz. 2; GMP/*Matthes/Schlewing*, § 96 Rz. 1; Anm. *Otto* zu BAG v. 3.12.1985 – 1 ABR 29/84, AP Nr. 28 zu § 99 BetrVG 1972 (zu § 563 ZPO aF.).
4 BAG v. 6.12.1994 – 1 ABR 34/94, AP Nr. 7 zu § 66 ArbGG 1979; in diesem Fall empfiehlt es sich die Zurückweisung der Rechtsbeschwerde mit der Maßgabe zu tenorieren, dass die Beschwerde als unzulässig verworfen wird; vgl. für die Revision bei bereits unzulässiger Berufung: BAG v. 19.2.2013 – 9 AZR 543/11, NZA 2013, 928; vgl. aber auch BAG v. 4.6.2003 – 10 AZR 586/02, NZA 2003, 1088.
5 Vgl. – für das Revisionsverfahren – BAG v. 26.7.2001 – 8 AZR 759/00, AP Nr. 63 zu § 256 ZPO 1977.
6 Derartige Hilfserwägungen gelten bei der Bestimmung des maßgeblichen Urteilsinhalts mitunter als „nicht geschrieben". Vgl. BAG v. 2.12.1999 – 8 AZR 796/98, NZA 2000, 369; BGH v. 22.9.2009 – Xa ZR 77/08; BVerwG v. 12.7.2000 – 7 C 3.00, NVwZ 2000, 1411; Zöller/*Heßler*, § 563 ZPO Rz. 11; beachte aber auch BVerwG v. 2.11.2011 – 3 B 54/11, NVwZ-RR 2012, 86.
7 GK-ArbGG/*Ahrendt*, § 96 Rz. 7.
8 So führte bspw. die Rechtsbeschwerde, über die in BAG v. 6.12.2006 – 7 ABR 62/05 – entschieden wurde, wegen mehrerer Rechtsfehler des LAG zur Aufhebung des angefochtenen Beschlusses und zur Zurückverweisung des Verfahrens zur neuen Anhörung und Entscheidung an das Beschwerdegericht.

34 Ein erfolgreich geltend gemachter **absoluter Rechtsbeschwerdegrund** iSd. § 547 ZPO führt zwingend zur Aufhebung **und** Zurückverweisung und schließt grds. eine eigene Sachentscheidung des Rechtsbeschwerdegerichts nach § 561 ZPO oder § 563 Abs. 3 ZPO aus[1]. § 561 ZPO bezieht sich nicht auf die Fälle des § 547 ZPO[2]. Die Anwendung des § 561 ZPO ist deswegen ausgeschlossen, weil hier der ursächliche Zusammenhang zwischen der Rechtsverletzung und der Entscheidung unwiderlegbar vermutet wird.

35 Entsprechend § 562 Abs. 2 ZPO ist im Falle der Aufhebung des vorinstanzlichen Beschlusses wegen eines **Mangels des Verfahrens** zugleich das Verfahren insoweit aufzuheben als es durch den Mangel betroffen wird. Dies kann uU dazu führen, dass das Verfahren in seiner Gesamtheit der Aufhebung unterliegt, etwa dann, wenn bspw. aufgrund der fehlerhaften Annahme, dass ein schriftliches Verfahren genüge, das Beschlussverfahren in vollem Umfang von dem Mangel einer mündlichen Anhörung der Beteiligten betroffen wird[3]. Auch wenn der angefochtene Beschluss **keinen Tatbestand bzw. keine tatsächlichen Feststellungen** enthält, nötigt ein solcher von Amts wegen zu berücksichtigender Mangel grds. zur Aufhebung des angefochtenen Beschlusses und zur Zurückverweisung des Verfahrens an das LAG[4]. Hiervon kann nur ausnahmsweise abgesehen werden, wenn das tatsächliche Vorbringen der Beteiligten und deren im Beschwerdeverfahren gestellte Anträge auf andere Weise als durch eine (gesonderte) Sachverhaltsdarstellung in der angefochtenen Entscheidung zuverlässig feststellbar sind[5].

36 Ein solcher Verfahrensmangel kann – muss aber nicht – gegeben sein, wenn sich im Rechtsbeschwerdeverfahren herausstellt, dass in der Vorinstanz **nicht alle** zu beteiligenden Personen oder Stellen als **Beteiligte** zum Verfahren **hinzugezogen** wurden (s. näher dazu bei § 93 Rz. 11). Hätten die Vorinstanzen alle zu beteiligenden Personen und Stellen als Beteiligte am Verfahren beteiligt, so hätten diese möglicherweise zur Aufklärung des Sachverhalts in einer Weise beitragen können, die zu einer anderen Entscheidung in den Vorinstanzen geführt hätte. Grundsätzlich soll allein eine solche Möglichkeit ausreichen, Entscheidung und Verfahren der 2. Instanz aufzuheben und das Beschlussverfahren an das LAG zurückzuverweisen[6]. Jedenfalls dann, wenn der Kreis der anzuhörenden Personen oder Stellen auf der Grundlage der vom Beschwerdegericht getroffenen Feststellungen nicht bestimmt werden kann, hat das Rechtsbeschwerdegericht die Entscheidung der Vorinstanz aufzuheben und das Verfahren zur Nachholung einer möglichen Anhörung zurückzuverweisen[7].

37 Etwas anderes gilt nach Ansicht des **BAG** dann, wenn das mit dem Antrag verfolgte Begehren auch bei Zuziehung dieser (übergangenen) Beteiligten schon in den Vorinstanzen aus keinem denkbaren rechtlichen Gesichtspunkt hätte Erfolg haben können[8] und das Rechtsbeschwerdegericht eine eigene Sachentscheidung treffen kann (§ 563 Abs. 3 ZPO; s. auch Rz. 40 f.). Sind die Anträge eines Antragstellers (zB eines GBR) nicht hinreichend bestimmt iSd. § 253 Abs. 2 Nr. 2 ZPO und daher unzulässig, dann kann es an einer Einwirkung auf die betriebsverfassungsrechtliche Stellung von Personen und Stellen (zB von EinzelBR) fehlen. Deren verfahrensfehlerhaft unterbliebene Beteiligung in den Vorinstanzen und im Rechtsbeschwerdeverfahren muss dann einer Sachentscheidung des Beschwerdegerichts (= Abweisung der Anträge als unzulässig) nicht entgegenstehen[9]. In einem Fall, in dem (ebenfalls) ein GBR Antragsteller und die Beteiligung von EinzelBR in den Vorinstanzen verfahrensfehlerhaft unterblieben war, hat das BAG im Rechtsbeschwerdeverfahren die bei der ArbGebin bestehenden (Einzel-)BR beteiligt. Von einer Zurückver-

---

1 BAG v. 9.6.2011 – 2 ABR 35/10, NZA 2011, 1446, zu § 547 Nr. 1 ZPO (nicht vorschriftsmäßige Besetzung des Gerichts/willkürliche Anwendung eines Geschäftsverteilungsplans). S. zur vergleichbaren Rechtslage bei der Revision: BAG v. 22.3.2001 – 8 AZR 565/00, NZA 2002, 1349.
2 BAG v. 18.1.2012 – 7 ABR 72/10, NZA-RR 2013, 133; Zöller/*Heßler*, § 561 ZPO Rz. 1.
3 BAG v. 2.3.1955 – 1 ABR 9/54, AP Nr. 2 zu § 96 ArbGG 1953.
4 BAG v. 24.3.2011 – 2 AZR 170/10, NZA 2011, 992; BAG v. 31.1.1985 – 6 ABR 25/82, NZA 1985, 636; HWK/*Bepler/Treber*, § 96 ArbGG Rz. 4; GK-ArbGG/*Ahrendt*, § 96 Rz. 12.
5 BAG v. 13.5.2014 – 1 ABR 51/11, NZA 2014, 991; GK-ArbGG/*Ahrendt*, § 96 Rz. 8.
6 Str.; vgl. HWK/*Bepler/Treber*, § 96 ArbGG Rz. 5; BAG v. 29.7.1982 – 6 ABR 51/79, DB 1983, 666; BAG v. 13.7.1977 – 1 ABR 19/75, AP Nr. 8 zu § 83 ArbGG 1953; BAG v. 1.8.1958 – 1 ABR 6/58, AP Nr. 1 zu § 83 ArbGG 1953 m. Anm. *Pohle; Misera*, SAE 1978, 227. In BAG v. 6.4.1973 – 1 ABR 13/72, DB 1973, 1456, wurde das Beschlussverfahren sogar an das ArbG zurückverwiesen, was nach derzeitiger Rechtslage allerdings nur bei einer Sprungrechtsbeschwerde (s. unten bei Rz. 25) und im Rahmen der §§ 122 und 126 InsO möglich bzw. geboten ist; vgl. GMP/*Matthes/Schlewing*, § 96 Rz. 17.
7 BAG v. 17.4.2012 – 1 ABR 84/10, NZA 2013, 230.
8 BAG v. 10.5.1974 – 1 ABR 47/73, AP Nr. 2 zu § 65 BetrVG 1972.
9 BAG v. 9.7.2013 – 1 ABR 17/12, NZA 2013, 1166. In diesem Fall hatte die Vorinstanz den Anträgen eines GBR entsprochen, ohne dass das Beschwerdegericht alle am Verfahren beteiligten Stellen als Verfahrensbeteiligte angehört hatte. Die Beteiligung von EinzelBR war unterblieben. Auf die Rechtsbeschwerde des ArbGeb hob das BAG die Entscheidungen der Vorinstanzen auf und wies die Anträge insgesamt ab.

weisung des Beschlussverfahrens an das LAG sah das BAG[1] mit folgender Begründung ab: die im Rechtsbeschwerdeverfahren beteiligten BR hätten dort Stellung genommen und sich dem Sachbegehren des GBR angeschlossen, ohne neuen Tatsachenvortrag anzukündigen oder eine zur Zurückverweisung führende Verfahrensrüge zu erheben. Ähnlich im Rechtsbeschwerdeverfahren „nachgeholt" (iS einer erstmaligen Beteiligung am Beschlussverfahren) wurde die Beteiligung in einem weiteren Fall. Es war über die Rechtsbeschwerden von zwei BR unterschiedlicher Unternehmen/ArbGeb zu befinden, wobei von den Vorinstanzen (und zunächst auch vom BAG) nur einer der beiden ArbGeb gem. § 83 Abs. 3 beteiligt worden war[2]. Bisweilen wird von einer Aufhebung und Zurückverweisung an das LAG auch mit dem Argument abgesehen, durch die Anhörung des bisher nicht berücksichtigten Beteiligten sei eine weitere Sachaufklärung, die zu einer anderen Entscheidung würde führen können, nicht zu erwarten[3].

Im Falle einer **Aufhebung und Zurückverweisung** kann das BAG diese gem. § 563 Abs. 1 Satz 2 ZPO iVm. § 96 Abs. 1 Satz 2 mit der Maßgabe aussprechen, dass an eine „**andere**" (als die zunächst mit der Sache befasste) **Kammer** entweder des LAG oder – ausnahmsweise – des ArbG (s. Rz. 25 bzw. Rz. 26; je nachdem, an welche Instanz die Zurückverweisung zu erfolgen hat) zurückverwiesen wird. Eine derartige Art der Zurückverweisung soll ein sachgerechtes Mittel sein, die Rechtsauffassung des Obergerichts durchzusetzen[4]. Im Einzelfall ist die „andere" Kammer – das BAG hat die Zurückverweisung ohne konkrete numerische Bezeichnung dieser Kammer vorzunehmen[5] – anhand des Geschäftsverteilungsplanes der Vorinstanz zu ermitteln, der insoweit eine Regelung enthalten muss[6]. 38

Im Falle der **Zurückverweisung** hat die Vorinstanz die rechtliche **Beurteilung des BAG**, die der Aufhebung zugrunde gelegt ist, seiner (erneuten) Entscheidung **zugrunde zu legen** (§ 563 Abs. 2 ZPO)[7]. Bisweilen enthalten zurückverweisende Beschlüsse des BAG richtlinienartige Hinweise für die neue Vorgehensweise und Entscheidung der Vorinstanz. Auf derartigen Hinweisen beruht die aufhebende Entscheidung nicht ohne Weiteres. Dieser Umstand ist bei der Ermittlung des Umfangs der Bindungswirkung gem. § 563 Abs. 2 ZPO zu berücksichtigen. Zweckmäßigerweise sollte das Rechtsbeschwerdegericht die Entscheidungskausalität seiner eigenen Ausführungen in den eigenen Entscheidungsgründen deutlich herausstellen[8]. Gelangt das Beschlussverfahren erneut in die Rechtsbeschwerdeinstanz, wirkt die Bindung gem. § 563 Abs. 2 ZPO auch gegenüber dem Rechtsbeschwerdegericht. Dies gilt nicht, wenn es seine der Zurückverweisung zugrunde liegende Rechtsauffassung inzwischen geändert hat[9]. 39

Im Falle einer **Sprungrechtsbeschwerde** ist das BAG bei einer Aufhebung des arbeitsgerichtlichen Beschlusses und der Zurückverweisung der Sache zur anderweiten Anhörung und Entscheidung berechtigt, an das ArbG **oder** an das LAG, das für die Beschwerde iSv. §§ 87 ff. zuständig gewesen wäre, zurückzuverweisen (§ 76 Abs. 6, § 96a Abs. 2; vgl. demgegenüber § 566 Abs. 8 Satz 2 ZPO)[10]. 40

In den besonderen Beschlussverfahren der §§ 122 und 126 **InsO** ist eine Zurückverweisung an das LAG allerdings ausgeschlossen, weil es in derartigen Verfahren überhaupt keine Beschwerdeinstanz gibt. Zurückzuverweisen ist hier an das ArbG. In derartigen Fällen scheitert die Aufhebung und Zurückverweisung wegen eines Verfahrensmangels nicht – wie allerdings bei der Sprungrechtsbeschwerde – an den § 76 Abs. 4, § 96a Abs. 2[11]. Im Übrigen ist eine Zurückverweisung an das ArbG ausgeschlossen, auch in den Fällen des § 538 Abs. 2 ZPO, da es bereits dem Beschwerdegericht untersagt ist, an das ArbG zurückzuverweisen (§ 91 Abs. 1 Satz 2). 41

---

1 BAG v. 11.11.1998 – 4 ABR 40/97, NZA 1999, 1056.
2 Das BAG v. 26.10.2004 – 1 ABR 31/03 (A), NZA 2005, 538, entschied zunächst durch Teilbeschluss über die Rechtsbeschwerde des BR, „dessen" ArbGeb zuvor ordnungsgemäß beteiligt worden war. Nachdem dann im Rechtsbeschwerdeverfahren auch die Beteiligung des zweiten ArbGeb erfolgt war, wurde mit weiterem Beschluss über die Rechtsbeschwerde des zweiten BR entschieden: BAG v. 13.12.2005 – 1 ABR 31/03.
3 BAG v. 28.1.1975 – 1 ABR 92/73, DB 1975, 1084; ähnlich BAG v. 19.3.1974 – 1 ABR 44/73, DB 1974, 1629, unter Bezugnahme auf den Beschleunigungsgrundsatz des § 9 Abs. 1.
4 BVerfG v. 25.10.1966 – 2 BvR 291, 656/64, BVerfGE 20, 336 (345); vgl. auch BSG v. 3.2.1999 – B 9 VJ 1/98 R, MDR 1999, 955.
5 Vgl. dazu ErfK/*Koch*, § 96 ArbGG Rz. 2: „Das BAG kann sich ... nicht die Kammer aussuchen".
6 HWK/*Bepler/Treber*, § 75 ArbGG Rz. 13.
7 Vgl. dazu bei § 75 Rz. 14 ff.
8 Zöller/*Heßler*, § 563 ZPO Rz. 3a.
9 GmS v. 6.2.1973 – GmS-OGB 1/72, NJW 1973, 1273; HWK/*Bepler/Treber*, § 75 ArbGG Rz. 16.
10 BAG v. 12.6.1996 – 4 ABR 1/95, NZA 1997, 565; in diesem Fall erfolgte die Zurückverweisung an das LAG; HWK/*Bepler/Treber*, § 96a ArbGG Rz. 19.
11 BAG v. 20.1.2000 – 2 ABR 30/99, NZA 2001, 170.

d) Die eigene abschließende Entscheidung des BAG

42 Liegt zwar eine **Verletzung des materiellen Rechts vor**, ohne dass das Rechtsbeschwerdegericht nach dem oben Ausgeführten (s. Rz. 22–28) zur Aufhebung der Entscheidung des LAG und zur Zurückverweisung verpflichtet ist[1], ist die Rechtsbeschwerde begründet. Das BAG hat nach § 563 Abs. 3 iVm. § 96 Abs. 1 Satz 2 eine **eigene Endentscheidung** zu treffen, dh. in der Sache selbst zu entscheiden, wenn die Aufhebung des Beschlusses des LAG nur wegen Rechtsverletzung bei Anwendung des Gesetzes auf das festgestellte Sachverhältnis erfolgt und nach letzterem die Sache zur Endentscheidung reif ist. Dies ist idR dann der Fall, wenn der zu beurteilende Sachverhalt als von der Vorinstanz rechtsfehlerfrei festgestellt anzusehen ist und neuer Tatsachenvortrag nicht mehr zu erwarten ist (vgl. § 75 Rz. 9 ff.)[2]. In einem Beschlussverfahren gem. § 103 Abs. 2 BetrVG ist dem BAG eine eigene Sachentscheidung bspw. dann möglich, wenn der der auszusprechenden Kündigung zugrunde liegende Sachverhalt durch das LAG festgestellt ist, „im Wesentlichen darüber hinaus unstreitig und eine weitere Sachaufklärung nach einer Zurückverweisung nicht mehr zu erwarten" ist[3].

43 In den Fällen der **eigenen (aufhebenden) Sachentscheidung** hat das BAG – neben der Aufhebung des Beschlusses des LAG (§ 562 Abs. 1 ZPO) und/oder der Abänderung der Entscheidung des ArbG – gleichzeitig selbst über das verfahrensgegenständliche Antragsbegehren zu befinden, etwa dergestalt, dass es die erstinstanzliche Entscheidung des ArbG durch Verwerfung oder Zurückweisung der Beschwerde wiederherstellt oder auch die erstinstanzliche Entscheidung abändert und – zurückweisend oder stattgebend – über das Antragsbegehren entscheidet. Haben die Vorinstanzen einem Antragsbegehren stattgegeben, weil sie es für zulässig und begründet – insbesondere auch für genügend bestimmt iSd. **§ 253 Abs. 2 Nr. 2 ZPO** – erachtet haben, dann ist es zweifelhaft, ob das Rechtsbeschwerdegericht den Antrag, wenn es diesen anders als die Vorinstanzen für nicht hinreichend bestimmt hält, ohne Weiteres als unzulässig abweisen darf[4]. Steht dem Antragsteller an sich ein seinem Antragsbegehren entsprechender materiell-rechtlicher Anspruch zu, dann ist ihm im Rahmen der materiellen Prozessleitung (§ 139 ZPO) zuvor Gelegenheit zu geben, sein Begehren in einen Antrag zu fassen, der dem Bestimmtheitsgebot entspricht[5].

44 Ist hiernach der Hauptantrag abzuweisen, muss der Senat – auch ohne Anschlussrechtsmittel – über bislang **nicht beschiedene Hilfsanträge** entscheiden, die ihm nunmehr zur Entscheidung anfallen[6].

IV. Formalien der Entscheidung

45 Die Entscheidung über die (Un-)Begründetheit der Rechtsbeschwerde iSv. § 96 Abs. 1 trifft der **Senat** des Rechtsbeschwerdegerichts **in voller Besetzung**, unabhängig ob mit oder ohne mündliche Anhörung entschieden wird. Alle (materiell) Beteiligten müssten bis dahin Zeit gehabt haben, sich rechtlich äußern zu können, so dass frühestens nach Ablauf der Möglichkeit zur Anschlussrechtsbeschwerde zu entscheiden ist. Die **Entscheidungsform** ist der **Beschluss**. Der Beschluss ist schriftlich niederzulegen und nach § 96 Abs. 2 von sämtlichen Mitgliedern des Senats – einschließlich der ehrenamtlichen Richter – zu unterschreiben.

46 Ist der **Beschluss aufgrund mündlicher Anhörung** ergangen, dann ist er – wie ein Revisionsurteil[7] – vor der Zustellung zu **verkünden** (§ 310 Abs. 1 ZPO)[8]. Insofern findet die Regelung des § 60 entsprechende Anwendung[9].

47 Aber auch wenn der **Beschluss** im Rahmen eines gem. § 128 Abs. 2 ZPO beschlossenen **schriftlichen Verfahrens** ergangen ist, ist er vor der Zustellung zu verkünden (§ 310 Abs. 1 ZPO). Die Verlautbarungsform

---

1 Etwa um den Beteiligten Gelegenheit zu geben, ihren Sachvortrag unter dem zutreffenden rechtlichen Gesichtspunkt zu ergänzen; vgl. BAG v. 9.12.1975 – 1 ABR 37/74, AP Nr. 7 zu § 118 BetrVG 1972; BAG v. 26.7.2007 – 8 AZR 796/06, NZA 2007, 1419.
2 S. dazu auch Zöller/*Heßler*, § 563 ZPO Rz. 11.
3 BAG v. 10.2.1999 – 2 ABR 31/98, NZA 1999, 708.
4 Vgl. dazu die Anm. von *Gravenhorst*, FA 2013, 361 zu BAG, 9.7. 2013 – 1 ABR 17/12, NZA 2013, 1166.
5 Vgl. BGH v. 16.11.2006 – I ZR 191/03, DB 2007, 1190; BGH v. 20.6.2013 – I ZR 55/12, NJW 2014, 775.
6 BAG v. 22.11.2005 – 1 ABR 49/04, BAGE 116, 223 ff. = NZA 2005, 389 (392).
7 Vgl. zur Verkündung von Revisionsurteilen des BAG: bei § 75 Rz. 21 ff. und Gift/Baur/*Gift*, Teil I Rz. 304 f. S. speziell zum Verkündungserfordernis auch für verfahrensbeendende Entscheidungen, die im schriftlichen Verfahren erlassen wurden: § 128 Abs. 2 Satz 2 ZPO; GMP/*Germelmann*, § 60 Rz. 5; Zöller/*Vollkommer*, § 128 ZPO Rz. 12.
8 AA BVerwG v. 16.9.1977 – VII P 10.75, das übersieht, dass die Rechtsbeschwerdeentscheidung gem. § 96 dem Revisionsurteil gem. § 75 gleichwertig ist.
9 GMP/*Matthes/Schlewing*, § 96 Rz. 22.

der „Zustellung an Verkündungs statt" ist nur in den gesetzlich ausdrücklich geregelten Ausnahmefällen zulässig (vgl. § 310 Abs. 3 ZPO)[1]. Ein derartiger Ausnahmefall ist dann gegeben, wenn eine Rechtsbeschwerde ohne mündliche Anhörung/Verhandlung als unzulässig verworfen wird. Aus dem Gesetz ergibt sich, dass derartige Beschlüsse nicht zu verkünden sind (§ 74 Abs. 2 Satz 2, § 94 Abs. 2 Satz 3 iVm. §§ 329 und 552 Abs. 2 ZPO). Dementsprechend ist die herrschende Ansicht[2], wonach die verfahrensbeendenden Beschlüsse iSv. § 96 Abs. 1, die das BAG aufgrund des von ihm für zulässig erachteten (besonderen) schriftlichen Verfahrens erlässt[3], nicht der Verkündung bedürfen, abzulehnen. Sie entspricht wohl auch nicht der tatsächlichen Verkündungspraxis des BAG[4], allerdings wohl derjenigen des BVerwG[5]. Die Bedenken gegen die hM ergeben sich aus der Überlegung, dass das Rechtsbeschwerdeverfahren keineswegs ein im Vergleich zum Revisionsverfahren minderwichtiges Verfahren ist. Die Rechtsbeschwerdeentscheidung gem. § 96 ist dem Revisionsurteil gem. § 75 gleichwertig[6]. Diese Gleichwertigkeit wird übersehen, wenn man den verfahrensbeendenden Beschluss nach § 96 den sonstigen, lediglich verfahrensleitenden oder in Nebenverfahren ergangenen Beschlüssen gleichstellt, die nach § 329 Abs. 2 ZPO nicht zu verkünden sind. Das Gesetz bezeichnet die verfahrensbeendenden Entscheidungen in Beschlussverfahren (§ 84 Satz 1-3, 91 Abs. 1 Satz 1 und § 96 Abs. 1 Satz 1) nur zur besseren Unterscheidung der beiden Verfahrensarten (Urteilsverfahren nach § 2 zum einen und Beschlussverfahren nach § 2a zum anderen) als „Beschluss". Inhaltlich und ihrer Funktion nach stehen diese verfahrensbeendenden Beschlüsse den in Urteilsverfahren ergehenden Urteilen gleich[7]. Dies trifft auch für die Rechtsbeschwerdeentscheidung nach § 96 Abs. 1 Satz 1 zu. Deswegen gilt auch für diese das Verkündungserfordernis. Wenn schon bei Aktenlageentscheidungen gem. § 251a ZPO und bei schriftlichen Verfahren gem. § 128 Abs. 2 Satz 2 ZPO verkündet werden muss, bedarf es erst recht dann der Verlautbarungsform der Verkündung, wenn unabhängig von den in den § 128 Abs. 2 und § 251a ZPO normierten Voraussetzungen schriftlich verfahren und entschieden wird[8]. Schließlich ist auf die Bedenken zu verweisen, die grds. gegen eine Verfahrensweise bestehen, in Rechtsbeschwerdeverfahren anders als in Revisionsverfahren idR – also auch außerhalb der § 74 Abs. 2 Satz 2, § 94 Abs. 2 Satz 3 iVm. § 128 Abs. 2, § 552 Abs. 2 ZPO – ohne mündliche Verhandlung/Anhörung über die Rechtsbeschwerde zu entscheiden (s. dazu die Erl. zu § 94 Rz. 12 ff.).

Abschließend ist der vollständig abgesetzte Beschluss den Beteiligten bzw. ihren Verfahrensbevollmächtigten von Amts wegen **zuzustellen** (§ 96 Abs. 2). 48

§ 96a Sprungrechtsbeschwerde

(1) Gegen den das Verfahren beendenden Beschluss eines Arbeitsgerichts kann unter Übergehung der Beschwerdeinstanz unmittelbar Rechtsbeschwerde eingelegt werden (Sprungrechtsbeschwerde), wenn die übrigen Beteiligten schriftlich zustimmen und wenn sie vom Arbeitsgericht wegen grund-

---

1 Zöller/*Vollkommer*, § 310 ZPO Rz. 1 und 6.
2 HWK/*Bepler*/*Treber*, § 96 ArbGG Rz. 8; ErfK/*Koch*, § 96 ArbGG Rz. 2; GMP/*Matthes*/*Schlewing*, § 96 Rz. 22; GK-ArbGG/*Ahrendt*, § 96 Rz. 10.
3 Also eines schriftlichen Verfahrens, das nicht gem. § 128 Abs. 2 ZPO angeordnet wurde; vgl. BAG v. 22.10.1985 – 1 ABR 42/84, AP Nr. 23 zu § 99 BetrVG 1972.
4 Soweit ersichtlich tragen alle gem. § 96 von einem vollbesetzten Senat erlassenen Rechtsbeschwerde-Entscheidungen des BAG auf der ersten Seite einen Verkündungsvermerk – und zwar unabhängig davon, ob aufgrund mündlicher Anhörung (und Beratung) oder nur aufgrund Beratung entschieden wurde. So heißt es im Verkündungsvermerk auf der ersten Seite des Beschlusses des Vierten Senats, dass im Rechtsbeschwerdeverfahren – 4 ABR 4/00 – aufgrund der Beratung vom 24.1.2001 erlassen wurde, dass der Beschluss am 24.1.2001 verkündet worden sei; dem entspricht die derzeitige Verkündungspraxis, – vgl. bspw. BAG v. 17.9.2013 – 1 ABR 37/12; BAG v. 22.5.2012 – 1 ABR 7/11; BAG v. 17.4.2012 – 1 ABR 84/10; BAG v. 15.12.2011 – 7 ABR 36/10; BAG v. 24.5.2006 – 7 ABR 40/05; BAG v. 28.3.2006 – 1 ABR 5/05. Weitere Beispiele lassen sich anführen.
5 *Busemann*, NZA-RR 2014, 513 (518) zeigt auf, dass bspw. im Jahre 2013 alle zehn Entscheidungen zum Personalvertretungsrecht des damals zuständigen 6. Senats des BVerwG im schriftlichen Verfahren ergingen und nicht verkündet wurden.
6 In beiden Fällen (Revision; Rechtsbeschwerde) wird über das Rechtsschutzgesuch des Rechtsmittelführers verfahrensbeendend entschieden; vgl. grds. zur Gleichwertigkeit von Urteilsverfahren und Beschlussverfahren: *Weth*, Das arbeitsgerichtliche Beschlussverfahren. S. 1; *Weth*, NZA 1998, 680 (681).
7 So zutreffend GMP/*Matthes*/*Spinner*, § 84 Rz. 1, für den Beschluss nach § 84. Für die entsprechende Anwendung der §§ 300 ff. ZPO auf den Beschluss nach § 84 auch HWK/*Bepler*/*Treber*, § 84 ArbGG Rz. 2.
8 Auch im Rahmen eines gem. § 83 Abs. 4 Satz 3 durchgeführten schriftlichen Verfahrens bedarf es der Verkündung; s. bei § 83 Rz. 118; GMP/*Matthes*/*Spinner*, § 83 Rz. 116; ErfK/*Koch*, § 83 ArbGG Rz. 10; HWK/*Bepler*/*Treber*, § 83 ArbGG Rz. 39.

sätzlicher Bedeutung der Rechtssache auf Antrag in dem verfahrensbeendenden Beschluss oder nachträglich durch gesonderten Beschluss zugelassen wird. Der Antrag ist innerhalb einer Notfrist von einem Monat nach Zustellung des in vollständiger Form abgefassten Beschlusses schriftlich zu stellen. Die Zustimmung der übrigen Beteiligten ist, wenn die Sprungrechtsbeschwerde in dem verfahrensbeendenden Beschluss zugelassen ist, der Rechtsbeschwerdeschrift, andernfalls dem Antrag beizufügen.

(2) § 76 Abs. 2 Satz 2, 3, Abs. 3 bis 6 ist entsprechend anzuwenden.

I. Allgemeines 1	4. Die Zulassungsentscheidung 9
II. Die Zulassung der Sprungrechtsbeschwerde	III. Formelle Erfordernisse der Sprungrechtsbeschwerdeschrift 14
1. Der Zulassungsantrag und dessen Zeitpunkt . 3	
2. Der Zulassungsgrund 5	IV. Das weitere Verfahren 18
3. Die Zustimmung der übrigen Beteiligten 6	

Schrifttum: *Schreiber,* Anm. zu BAG AP Nr. 2 zu § 96a ArbGG 1979.

I. Allgemeines

1 Die Vorschrift des § 96a, die durch das Gesetz zur Beschleunigung und Bereinigung des arbeitsgerichtlichen Verfahrens vom 21.5.1979 (BGBl. I S. 545) eingefügt worden ist, soll das Beschlussverfahren unter Übergehung der Beschwerdeinstanz **beschleunigen**[1], indem in Verfahren, in denen der Sachverhalt bereits in erster Instanz zuverlässig abschließend geklärt ist und bei denen zu erwarten ist, dass das BAG ohnehin mit der Angelegenheit befasst werden soll, das Rechtsbeschwerdegericht unmittelbar angerufen werden kann. Die Sprungrechtsbeschwerde soll auf Verfahren beschränkt bleiben, die zur Klärung grundsätzlicher Fragen und zur Herstellung der Rechtseinheit beitragen[2]. Demgemäß war die Sprungrechtsbeschwerde von vornherein für alle Fälle mit grundsätzlicher Bedeutung vorgesehen. Das Vorliegen einer privilegierten Streitigkeit, wie sie für die Zulassung der Sprungrevision im arbeitsgerichtlichen Urteilsverfahren nach § 76 Abs. 2 erforderlich ist, wurde von Anfang an jedoch nicht für zusätzlich notwendig erachtet[3] (also die Beschränkung auf Streitigkeiten besonderer Art[4], denn auf § 76 Abs. 2 Satz 1 wird in § 96a Abs. 2 gerade nicht verwiesen), dh. die Sprungrechtsbeschwerde kommt in allen Rechtsstreitigkeiten in Betracht, die im **Beschlussverfahren nach § 2a Abs. 1 Nr. 1-3 und Nr. 6, Abs. 2** zu entscheiden sind[5]. Ausgenommen hiervon sind die Das Rechtsmittel der Sprungrechtsbeschwerde soll den Beteiligten – unter Verzicht auf die zweite Tatsacheninstanz – zu einer schnellen (rechtskräftigen) Entscheidung des BAG verhelfen und damit zugleich Kosten ersparen. Außerdem trägt sie dazu bei, dass sich bei neu auftretenden Rechtsfragen im Beschlussverfahren beschleunigt eine einheitliche Rspr. der Instanzgerichte entwickelt[6], indem nach dem Beschluss eines ArbG unmittelbar eine Leitentscheidung des BAG herbeigeführt wird. Gleichwohl wird von der Möglichkeit einer Sprungrechtsbeschwerde in der Praxis kaum Gebrauch gemacht. Einer der Gründe wird sicherlich sein, dass es erstinstanzlich nur schwer abschätzbar ist, ob der aus Sicht des BAG notwendige Sachverhalt unter Beachtung des § 83 Abs. 1 Satz 1 tatsächlich keiner weiteren Aufklärung mehr bedarf[7].

2 § 96a gilt in den **personalvertretungsrechtlichen Beschlussverfahren** bei den Verwaltungsgerichten entsprechend[8]. Keine Fälle der Sprungrechtsbeschwerde sind die **besonderen Rechtsbeschwerdeverfahren** der § 122 Abs. 3 und § 126 Abs. 2 Satz 2 InsO, wobei es freilich auch dort zur „Übergehung" der Beschwerdeinstanz kommt, denn hier ist – ebenfalls im Sinne einer besonderen Beschleunigung – ausschließlich die Rechtsbeschwerde das statthafte Rechtsmittel. Im **Einigungsstelleneinsetzungsverfahren** nach § 100 ist die Sprungrechtsbeschwerde kraft Gesetzes ausgeschlossen (§ 100 Abs. 2 Satz 4). In den Fällen des **einst-**

---

1 Begründung zum Gesetzentwurf der Bundesregierung, BT-Drs. 8/1567, S. 39. Es bestehen weitgehend Parallelen zur Sprungrevision (§ 76).
2 Begründung zum Gesetzentwurf der Bundesregierung, BT-Drs. 8/1567, S. 18, 20.
3 BAG v. 12.6.1996 – 4 ABR 1/95, NZA 1997, 565 sowie dazu die Anm. *Schreiber,* Anm. zu BAG AP Nr. 2 zu § 96a ArbGG 1979.
4 BAG v. 24.1.2006 – 1 ABR 6/05, NZA 2006, 862.
5 GK-ArbGG/*Mikosch*, § 96a Rz. 2; HWK/*Bepler*/*Treber*, § 96a ArbGG Rz. 10. Die Verfahren nach § 2a Abs. 1 Nr. 4-5, dh. die Verfahren nach § 97 und § 98, sind hiervon ausgenommen, da dort das LAG die Eingangsinstanz ist.
6 Vgl. GmS-OGB v. 16.3.1976 – OGB 1/75, AP Nr. 1 zu § 96a ArbGG 1979.
7 S. dazu, wann dies der Fall ist BAG v. 16.5.2007 – 7 ABR 63/06, NZA 2008, 320.
8 Siehe bspw. BVerwG v. 24.9.2013 – 6 P 4/13, BVerwGE 148, 36 ff. = NZA-RR 2013, 668.

weiligen Rechtsschutzes (§ 85 Abs. 2) findet die Sprungrechtsbeschwerde ebenfalls nicht statt (vgl. § 92 Abs. 1 Satz 3)[1], da auch die Rechtsbeschwerde gegen den Beschluss des LAG im Beschwerdeverfahren unstatthaft ist.

II. Die Zulassung der Sprungrechtsbeschwerde

1. Der Zulassungsantrag und dessen Zeitpunkt

Das ArbG darf von Amts wegen die Zulassung der Sprungrechtsbeschwerde gegen einen das Verfahren teilweise oder vollständig beendenden Beschluss iSv. § 84 nicht aussprechen, dh. verfahrensleitende Beschlüsse und Verfügungen des Vorsitzenden werden nicht erfasst. Die Zulassung der Sprungrechtsbeschwerde setzt einen entsprechenden – ausschließlich an das ArbG zu richtenden – **Antrag** eines Beteiligten voraus. Dieser Antrag kann entweder **während des erstinstanzlichen Verfahrens** – schriftlich, zur Niederschrift der Geschäftsstelle oder zu Protokoll des ArbG – oder **nachträglich**, dh. nach Verkündung des die Instanz abschließenden Beschlusses iSv. § 84, gestellt werden[2]. Der erforderliche Antrag auf Zulassung der Sprungrechtsbeschwerde kann uU auch darin zu sehen sein, dass die Beteiligten im Anhörungstermin „anregen", die Sprungrechtsbeschwerde zuzulassen[3]. Wird der Antrag **nachträglich** gestellt, hat dies schriftlich innerhalb einer **Notfrist von einem Monat** nach Zustellung des in vollständiger Form abgefassten Beschlusses des ArbG zu geschehen (§ 96a Abs. 1 Satz 2), dh. er muss während des Laufes der Einlegungsfrist der Beschwerde nach §§ 87 ff. gestellt, denn anderenfalls tritt die formelle Rechtskraft des Beschlusses des ArbG ein, die durch einen nachträglich Zulassungsantrag auch nicht mehr beseitigt werden kann[4]. Im Falle einer nicht schuldhaften Fristversäumung kann nach näherer Maßgabe der §§ 233 ff. ZPO Wiedereinsetzung in den vorigen Stand gewährt werden[5]. Der Zulassungsantrag bedarf keiner Begründung, gleichwohl wird eine solche hilfreich sein, um das ArbG auf angenommene grundsätzliche Bedeutung hinzuweisen. Es besteht für den Antrag, auch wenn er nachträglich gestellt wird, kein Vertretungszwang gem. § 11 Abs. 4[6]. Der Zulassungsantrag muss nicht begründet werden, allerdings ist eine solche Begründung hilfreich, insbesondere damit das ArbG die aus Sicht des Beteiligten entscheidungserhebliche Rechtsfrage von grundsätzlicher Bedeutung nicht übersieht[7].

Die Zulässigkeit des Antrages setzt die **Antragsbefugnis** des Antragstellers voraus, die in § 96a nicht besonders geregelt ist und nach allg. Auffassung ihrerseits an die Beteiligungsbefugnis bzw. an die Rechtsmittelbefugnis gekoppelt ist. Antragsbefugt sind alle materiell Beteiligten des Verfahrens, unabhängig davon, ob sie durch den Beschluss des ArbG beschwert sind oder, falls er noch nicht verkündet ist, möglicherweise beschwert sein könnten. Der Zulassungsantrag kann deswegen – zum einen – (auch) von solchen Stellen oder Personen iSd. § 83 Abs. 3 gestellt werden, die das ArbG verfahrensfehlerhaft nicht als Beteiligte zum Beschlussverfahren hinzugezogen hat, allerdings werden diese üblicherweise keine Kenntnis von dem anhängigen Verfahren haben. Zum anderen fehlt solchen Personen oder Stellen, die **nicht (materiell) Beteiligte** im Rechtssinne sind, die entsprechende Antragsbefugnis, und zwar auch dann, wenn sie vom ArbG verfahrensfehlerhaft am Beschlussverfahren beteiligt wurden[8]. Deren Zulassungsantrag ist unzulässig[9].

2. Der Zulassungsgrund

Der Antrag auf Zulassung der Sprungrechtsbeschwerde kann nicht auf Divergenz, sondern nur darauf gestützt werden, dass die Rechtssache **grundsätzliche Bedeutung** hat (§ 96a Abs. 1 Satz 1), dh. wenn insbesondere geeignete Rechtsfragen aus dem BetrVG oder dem Personalvertretungsrecht zur Entscheidung anstehen. Dieser unbestimmte Rechtsbegriff hat den Inhalt des Begriffes, den der Gesetzgeber auch in den § 72 Abs. 1 Nr. 1, § 76 und 92 verwendet bzw. voraussetzt. Auf die dortige Kommentierung wird deswegen verwiesen (s. insoweit insbesondere bei § 72 Rz. 24 ff. und bei § 92 Rz. 17). Die grundsätzliche Bedeutung

---

[1] S. zur vergleichbaren Rechtslage bei der Sprungrevision bei § 76 Rz. 21; GMP/*Müller-Glöge*, § 76 Rz. 3; HWK/*Bepler/Treber*, § 76 ArbGG Rz. 3.
[2] Wenn der Zulassungsantrag noch **vor** der Verkündung des verfahrensbeendenden Beschlusses des ArbG (§ 84) gestellt wird, ist die Zustimmungserklärung des oder der übrigen Beteiligten nicht Zulassungsvoraussetzung.
[3] BAG v. 12.6.1996 – 4 ABR 1/95, NZA 1997, 565.
[4] Düwell/Lipke/*Düwell*, § 96a Rz. 11; GK-ArbGG/*Mikosch*, § 96a Rz. 9.
[5] GK-ArbGG/*Mikosch*, § 96a Rz. 10; GMP/*Matthes/Schlewing*, § 96 Rz. 6.
[6] Düwell/Lipke/*Düwell*, § 96a Rz. 8; HWK/*Bepler/Treber*, § 96a ArbGG Rz. 5 und 7; GMP/*Matthes/Schlewing*, § 96 Rz. 5 f., 9; BVerwG v. 27.3.1990 – 6 P 34/87, AP Nr. 3 zu § 77 BPersVG; BAG v. 14.2.1995 – 1 ABR 41/94, NZA 1995, 795.
[7] Düwell/Lipke/*Düwell*, § 96a Rz. 14.
[8] GMP/*Matthes/Schlewing*, § 96a Rz. 4.
[9] Düwell/Lipke/*Düwell*, § 96a Rz. 10.

ist gegeben, wenn die Entscheidung des Rechtsstreits von einer **klärungsfähigen und klärungsbedürftigen Rechtsfrage** abhängt und diese Klärung entweder von **allgemeiner Bedeutung für die Rechtsordnung** ist oder wegen ihrer **tatsächlichen Auswirkungen** (zB wirtschaftlichen Auswirkungen) die **Interessen der Allgemeinheit** oder eines größeren Teils der Allgemeinheit berühren[1]. Eine Divergenz zu anderen Gerichtsentscheidungen (§ 92 Abs. 1, § 92a), was als solches keinen Zulassungsgrund darstellt, kann im Einzelfall die grundsätzliche Bedeutung ergeben.

3. Die Zustimmung der übrigen Beteiligten

6 Die Sprungrechtsbeschwerde kann grdsl. nur mit Zustimmung der übrigen materiell Beteiligten zugelassen bzw. eingelegt werden. Die – schriftliche, telegrafische, per Telefax, Computerfax oder elektronisch oder zu Protokoll erklärte[2] – Zustimmungserklärung zur Einlegung der Sprungrechtsbeschwerde des oder der übrigen Beteiligten ist – wenn der Zulassungsantrag noch vor der Verkündung des verfahrensbeendenden Beschlusses des ArbG gestellt wird – nicht Zulassungsvoraussetzung, denn grds. bedarf nicht die Zulassung der Sprungrechtsbeschwerde, sondern nur deren Einlegung der Zustimmung[3]. Insoweit verlangt das Gesetz, dass die „Zustimmung der übrigen Beteiligten" (erst) der Rechtsbeschwerdeschrift beizufügen ist (§ 96a Abs. 1 Satz 3, 1. Alt.). Soll dagegen die Rechtsbeschwerde erst nachträglich durch gesonderten Beschluss zugelassen werden, muss die Zustimmung der übrigen Beteiligten bereits dem Zulassungsantrag beigefügt werden (§ 96a Abs. 1 Satz 3, 2. Alt.). Der Zustimmung eines Beteiligten steht es regelmäßig gleich, wenn dieser selbst die Zulassung der Spruchrechtsbeschwerde beantragt[4]. Das Zustimmungserfordernis dient dazu, den Rechtsmittelgegner davor zu schützen, ohne sein ausdrückliches Einverständnis die an sich vorgesehene zweite Tatsacheninstanz zu verlieren. Ein Beteiligter wird daher – wie sonst eine Partei der Sprungrevision – regelmäßig der Einlegung der Sprungrechtsbeschwerde erst zustimmen, wenn er Tatbestand und Entscheidungsgründe des anzufechtenden Beschlusses prüfen konnte[5].

7 Die Zustimmung zur Einlegung der Sprungrechtsbeschwerde durch die übrigen Beteiligten unterliegt – anders als die Unterzeichnung von Rechtsbeschwerdeschrift und Rechtsbeschwerdebegründung – nicht dem Vertretungszwang gem. § 94 Abs. 1 iVm. § 11 Abs. 2 Satz 2 Nr. 4 und 5, Abs. 4 Satz 2 und 3; insbesondere besteht insoweit kein Anwaltszwang[6].

8 In der Rspr. außerhalb der Arbeitsgerichtsbarkeit ist die Beschränkung des Zustimmungs-Erfordernisses auf den gegnerischen Hauptbeteiligten anerkannt. Diese Beschränkung rechtfertigt sich dort aus Gründen der Rechtsmittelklarheit und der Praktikabilität[7]. Diese Rspr. lässt sich auf die Sprungrechtsbeschwerde des ArbGG nicht übertragen. Hier verlangt § 96a Abs. 1 Satz 3 „die Zustimmung der übrigen Beteiligten" und in § 96a Abs. 1 Satz 1, dass „die übrigen Beteiligten schriftlich zustimmen". Wegen dieses eindeutigen Gesetzeswortlauts bedarf die Sprungrechtsbeschwerde der Zustimmung auch solcher materiell Beteiligter, die vor dem ArbG keinen Antrag gestellt haben und bei denen durch eine stattgebende oder zurückweisende Entscheidung hinsichtlich des verfahrensgegenständlichen Sachantrages keine Beschwer entstanden ist oder entstehen kann[8]. Erforderlich ist somit die **Zustimmung aller (materiell) Beteiligter und Stellen**, die vom ArbG gem. § 83 Abs. 3 am Verfahren beteiligt wurden[9], unabhängig davon, ob sie sich im Verfahren geäußert oder im Anhörungstermin erschienen und einen Sachantrag gestellt haben. Es müssen somit auch diejenigen Beteiligten zustimmen, die zu Unrecht am Verfahren beteiligt wurden. Auf die Zustimmung von materiell Beteiligten, die das ArbG jedoch zu Unrecht am Verfahren nicht beteiligt hat, kommt es nicht an, zumal das ArbG nach dem erstinstanzlichen Verlauf des Verfahrens auch praktisch keine Veranlassung hat, diese um Zustimmung zu bitten, denn anderenfalls hätte diese bereits zuvor ordnungsgemäß beteiligt. Es ist aus Gründen des Vertrauensschutzes nicht Teil der **Risikosphäre des Antragstellers**, erkennen zu müssen, ob das ArbG die Beteiligung aller materiell zu beteiligten Stellen zutreffend oder fehlerhaft rechtlich gewürdigt hat[10]. Diese Einschränkung des Kreises der zustimmungspflichtigen Beteilig-

---

1 BAG v. 15.2.2005 – 9 AZN 982/04, BAGE 113, 321 ff. = NZA 2005, 542 ff.
2 S. zur einzuhaltenden Schriftform auch bei § 76 Rz. 13 f. sowie BGH v. 19.10.2011 – I ZR 69/11.
3 GMP/*Matthes*/*Schlewing*, § 96a Rz. 7.
4 GMP/*Matthes*/*Schlewing*, § 96a Rz. 7.
5 BAG v. 16.6.1998 – 5 AZR 67/97, NZA 1998, 1288.
6 HWK/*Bepler*/*Treber*, § 96a ArbGG Rz. 5 und 7; GMP/*Matthes*/*Schlewing*, § 96 Rz. 5 f., 9; BVerwG v. 27.3.1990 – 6 P 34/87, AP Nr. 3 zu § 77 BPersVG; BAG v. 14.2.1995 – 1 ABR 41/94, NZA 1995, 795.
7 GmSOGB v. 16.3.1976 – OGB 1/75, AP Nr. 1 zu § 96a ArbGG 1979; BVerwG v. 27.3.1990 – 6 P 34/87, AP Nr. 3 zu § 77 BPersVG.
8 Vgl. GMP/*Matthes*/*Schlewing*, § 96a Rz. 8.
9 BAG v. 16.5.2007 – 7 ABR 63/06, NZA 2008, 320; ErfK/*Koch*, § 96a ArbGG Rz. 1; Düwell/Lipke/*Düwell*, § 96a Rz. 17.
10 GK-ArbGG/*Mikosch*, § 96a Rz. 13.

ten ist auch vom BAG zu beachten, so dass es die Zulässigkeit der Sprungrechtsbeschwerde nicht mit der Begründung verneinen kann, es hätten nicht alle materiell Beteiligten zugestimmt[1].

4. Die Zulassungsentscheidung

§ 96a sieht zwei Wege vor, auf denen es zur Zulassung der Sprungrechtsbeschwerde kommen kann. Liegt ein formell ordnungsgemäßer Antrag auf Zulassung der Sprungrechtsbeschwerde vor, der **während des erstinstanzlichen Verfahrens**, dh. vor **Verkündung des instanzabschließenden Beschlusses** (§ 64 Abs. 3a entsprechend[2]) gestellt wurde, und ist die grundsätzliche Bedeutung zu bejahen, muss das ArbG bzw. VG – insofern besteht **kein Ermessensspielraum** – die Sprungrechtsbeschwerde zulassen[3]. Die Zulassungsentscheidung ist förmlich in den **Tenor** des **verfahrensbeendenden Beschlusses** aufzunehmen. Eine Zulassung in den Beschlussgründen reicht nicht[4]. Über die Zulassung entscheidet der Vorsitzende zusammen mit den beiden ehrenamtlichen Richtern. Hat das ArbG die Entscheidung über den Zulassungsantrag versehentlich überlassen, kommt ein nachträglicher Antrag in Betracht. Einer Beschlussergänzung in entsprechender Anwendung von § 64 Abs. 3a bedarf es nicht[5].

Wird hingegen ein zulässiger Antrag auf Zulassung der Sprungrechtsbeschwerde später – aber noch rechtzeitig iSd. § 96a Abs. 1 Satz 2 – gestellt, ist die Sprungrechtsbeschwerde vom ArbG **nachträglich** durch **gesonderten Beschluss** zuzulassen. Die Entscheidung über den nachträglichen Zulassungsantrag setzt insoweit weder gem. § 128 Abs. 1 ZPO, noch gem. § 96a eine mündliche (Verhandlung bzw.) Anhörung voraus, so dass hier der Vorsitzende allein ohne mündliche Verhandlung entscheiden kann (§ 53 Abs. 1[6]).

Wird in dem verfahrensbeendenden Beschluss des ArbG über mehrere Verfahrensgegenstände entschieden, so kann die Zulassung der Sprungrechtsbeschwerde auf **einzelne selbständige Streitgegenstände beschränkt** werden, denn erfahrungsgemäß wird nicht bei allen der Zulassungsgrund der grundsätzlichen Bedeutung gegeben sein. Eine Beschränkung der Zulassung auf einzelne Beteiligte ist unzulässig[7]. Die Zulassungsentscheidung des ArbG bedarf ebenso wie die sonstige Zulassung von Rechtsmitteln grdsl. keiner Begründung[8], gleichwohl ist eine begründete Entscheidung im Regelfall für das BAG hilfreich. Wird jedoch die Sprungrechtsbeschwerde nur beschränkt oder har nicht zugelassen, ist diese Entscheidung zu begründen[9].

Wird die **Sprungrechtsbeschwerde zugelassen**, ist die Rechtsmittelbelehrung des verfahrensbeendenden Beschlusses des ArbG bzw. in dem nachträglichen (gesonderten) Beschluss (jeweils) entsprechend zu gestalten (§ 9 Abs. 5; **doppelte Rechtsmittelbelehrung**, die berücksichtigt, dass der beschwerte Beteiligte ein **Wahlrecht** hat, ob er die **Beschwerde zum LAG** gem. § 87 Abs. 1 oder die **Sprungrechtsbeschwerde zum BAG** nach den § 92 Abs. 1 und § 96a Satz 1 einlegt)[10]. Die Fristen für die Einlegung und die Begründung der Sprungrechtsbeschwerde beginnen mit der Zustellung des in vollständiger Form abgefassten Beschlusses gem. § 84, wenn das ArbG die Sprungrechtsbeschwerde in diesem verfahrensbeendenden Beschluss zugelassen hat (spätestens mit Ablauf von fünf Monaten nach der Verkündung). Ist die Zulassung erst nachträglich durch gesonderten Beschluss erfolgt, muss das ArbG in der Rechtsmittelbelehrung nur über das Rechtsmittel der Rechtsbeschwerde belehren, denn in dem verfahrensbeendenden Beschluss muss es bereits über das Rechtsmittel der Beschwerde zum LAG belehrt haben. Die Frist zur Einlegung und Begründung der Rechtsbeschwerde beginnen bei ordnungsgemäßer Rechtsmittelbelehrung mit der Zustellung des nachträglichen Zulassungsbeschlusses (§ 76 Abs. 3 Satz 2 iVm. § 96a Abs. 2; s. Erl. zu § 76 Rz. 36 f.). Die Entscheidung des ArbG selbst, Sprungrechtsbeschwerde zuzulassen, ist nicht anfechtbar[11].

---

1 GK-ArbGG/*Mikosch*, § 96a Rz. 13, 15; GMP/*Matthes/Schlewing*, § 96a Rz. 8; BAG v. 16.5.2007 – 7 ABR 63/06, NZA 2008, 320; ErfK/*Koch*, § 96a ArbGG Rz. 1.
2 GMP/*Matthes/Schlewing*, § 96a Rz.10; aA GK-ArbGG/*Mikosch*, § 96a Rz. 22.
3 GMP/*Matthes/Schlewing*, § 96a Rz.11; HWK/*Bepler/Treber*, § 96a ArbGG Rz. 10; GK-ArbGG/*Mikosch*, § 96a Rz. 20.
4 HWK/*Bepler/Treber*, § 96a ArbGG Rz. 11; GMP/*Matthes/Schlewing*, § 96a Rz.10; Düwell/Lipke/*Düwell*, § 96a Rz. 6, 19; aA GK-ArbGG/*Mikosch*, § 96a Rz. 22.
5 GK-ArbGG/*Mikosch*, § 96a Rz. 24.
6 BVerwG v. 27.3.1990 – 6 P 34/87, AP Nr. 3 zu § 77 BPersVG; HWK/*Bepler/Treber*, § 96a ArbGG Rz. 12; s. zur insoweit vergleichbaren Rechtslage bei der nachträglichen Zulassung der Sprungrevision: BAG v. 9.6.1982 – 4 AZR 247/80, AP Nr. 8 zu §§ 22, 23 BAT – Lehrer; s. bei § 76 Rz. 27.
7 GK-ArbGG/*Mikosch*, § 96a Rz. 23; GMP/*Matthes/Schlewing*, § 96a Rz.12; HWK/*Bepler/Treber*, § 96a ArbGG Rz. 13.
8 GMP/*Matthes/Schlewing*, § 96a Rz.12; aA BeckOKArbR/*Roloff*, § 96a ArbGG Rz. 4.
9 GK-ArbGG/*Mikosch*, § 96a Rz. 24; GWBG/*Greiner*, § 96a Rz. 3; Düwell/Lipke/*Düwell*, § 96a Rz. 20.
10 HWK/*Bepler/Treber*, § 96a ArbGG Rz. 14. Vgl. dazu BAG v. 16.4.2003 – 7 ABR 27/02, NZA 2003, 1106.
11 BeckOKArbR/*Roloff*, § 96a ArbGG Rz. 5.

13 Wird die Zulassung der Sprungrechtsbeschwerde vom ArbG mangels Vorliegend er Voraussetzungen des § 96a „abgelehnt", dh. diese nicht zugelassen, so findet dagegen kein Rechtsmittel statt (§ 76 Abs. 2 Satz 3, § 96a Abs. 2). Es gibt keine Nichtzulassungsbeschwerde. Die Nichtzulassung ist im Tenor des Beschlusses aufzunehmen. Einzig die verfahrensbeendende Entscheidung des ArbG ist mit der Beschwerde nach §§ 87 ff. anfechtbar. Erfolgt die Ablehnung der Zulassung der Sprungrechtsbeschwerde in dem gesonderten Beschluss gem. § 96a Abs. 1 Satz 1, 2. Alt., dann beginnt mit der Zustellung dieser Entscheidung der **Lauf der einmonatigen Beschwerdefrist** (für die Beschwerde zum LAG gem. den §§ 87 ff.) von neuem, selbst wenn sie bereits zwischenzeitlich verstrichen sein sollte, sofern der Zulassungsantrag in der gesetzlichen Form und Frist des § 96a Abs. 1 Satz 2 gestellt und die Zustimmungserklärungen der übrigen Beteiligten beigefügt waren (§ 76 Abs. 3, § 96a Abs. 2).

III. Formelle Erfordernisse der Sprungrechtsbeschwerdeschrift

14 Für die **wirksame Einlegung** und Begründung der vom ArbG **zugelassenen Sprungrechtsbeschwerde** gilt nach näherer Maßgabe der §§ 92 ff., 96a Abs. 2 im Übrigen das Gleiche gilt wie für die Rechtsbeschwerdeschrift. Die Frist zur Einlegung der Rechtsbeschwerde beträgt gem. § 92 Abs. 2 Satz 1 iVm. § 74 Abs. 1 Satz 1 als Notfrist einen Monat und beginnt mit der Zustellung des in vollständiger Form abgefassten und die Zulassungsentscheidung enthaltenden Beschlusses des ArbG. Im Falle der nachträglichen Zulassung mit der Zustellung des Zulassungsbeschlusses[1].

15 Ergänzend muss der **Sprungrechtsbeschwerdeschrift** die handschriftliche unterzeichnete **Zustimmung der übrigen Beteiligten zur Einlegung** der Sprungrechtsbeschwerde beigefügt werden, wenn diese in dem verfahrensbeendenden Beschluss des ArbG zugelassen worden ist (§ 96a Abs. 1 Satz 3 Alt. 1). Es genügt, wenn die Zustimmungserklärung vom Rechtsmittelführer oder von den übrigen Beteiligten bis zum Ablauf der Rechtsmittelfrist nachgereicht wird[2]. Ein Vertretungszwang iSv. § 11 Abs. 4 besteht nicht. Die Vorlage einer unbeglaubigten Kopie der Zustimmungserklärung genügt nicht[3]. Ebenso wenig reicht eine vom Prozessbevollmächtigten des Beschwerdeführers selbst beglaubige Kopie aus[4]. Die Zustimmung des Rechtsmittelgegners zur Einlegung des Sprungrechtsmittels wird nicht ordnungsgemäß nachgewiesen, wenn der Rechtsmittelführer innerhalb der Rechtsmittelfrist lediglich eine Ablichtung der ihm per Telefax übermittelten Zustimmungserklärung vorlegt[5]. Das Schriftstück, in dem der Rechtsmittelgegner die Zustimmung zur Einlegung des Sprungrechtsmittels – dem Rechtsbeschwerdeführer gegenüber – erteilt, kann ebenso wie die Rechtsbeschwerdeschrift selbst vom Rechtsbeschwerdeführer per Telefax an das BAG übermittelt werden[6]. Mangelt es an der formgerechten Beifügung der Zustimmungserklärungen ist die eingelegte (Sprung-)Rechtsbeschwerde unzulässig, so dass im Falle der nicht schuldhaften Fristversäumung Wiedereinsetzung in den vorherigen Stand gewährt werden kann.

16 Der Vorlage der Zustimmung der übrigen Beteiligten zur Einlegung der Sprungrechtsbeschwerdeschrift innerhalb der Rechtsbeschwerdefrist bedarf es dann nicht, wenn die Zulassung der Sprungrechtsbeschwerdeschrift vom ArbG auf Antrag erst nachträglich – nach Erlass des anzufechtenden Beschlusses gem. § 84 – erfolgte und diesem Antrag die notwendigen Zustimmungserklärungen der übrigen Beteiligten beigegeben worden war (§ 96a Abs. 1 Satz 3 Alt. 2)[7].

17 Erfolgte die Zulassung der Sprungrechtsbeschwerde **bereits** in dem **anzufechtenden Beschluss** des ArbG, ist zu beachten, dass der übereinstimmend gestellte Antrag, das Sprungrechtsmittel zuzulassen, und die Zustimmung zu einem solchen Antrag die vom Gesetz verlangte Zustimmung zur Einlegung des Rechtsmittels nicht zu ersetzen vermag[8]. Zwar kann die erforderliche schriftliche Zustimmung auch zur Niederschrift des Gerichts erklärt werden. Sie kann auch schon vor Erlass der anzugreifenden gerichtlichen Entscheidung erteilt werden. Allerdings muss die Erklärung, gerade wenn sie vor Erlass der Entscheidung

---

1 BAG v. 16.1.2008 – 7 ABR 66/06, NZA-RR 2008, 634 ff.
2 Vgl. BAG v. 16.4.2003 – 7 ABR 27/02, NZA 2003, 1106; BAG v. 16.6.1998 – 5 AZR 67/97, NZA 1998, 1288; BAG v. 28.10.1986 – 3 AZR 218/86, AP Nr. 7 zu § 76 ArbGG 1979; HWK/*Bepler/Treber*, § 96a ArbGG Rz. 9.
3 BSG v. 9.10.2009 – B 4 AS 40/09 R und BSG v. 11.6.1992 – 4 RA 3/92, jeweils zur Sprungrevision in § 161 Abs. 1 Satz 3 SGG; vgl. dazu auch BVerfG v. 15.2.1993 – 1 BvR 1045/92, AP Nr. 8 zu § 76 ArbGG 1979; BAG v. 30.5.2001 – 4 AZR 269/00, NZA-RR 2002, 664; BAG v. 14.3.2001 – 4 AZR 367/00; BSG v. 9.10.2009 – B 4 AS 40/09 R.
4 Vgl. BAG v. 14.3.2001 – 4 AZR 367/00.
5 BVerwG v. 25.8.2005 – 6 C 20/04, NJW 2005, 3367.
6 Vgl. BAG v. 27.5. 2004 – 6 AZR 6/03, NZA-RR 2005, 387; HWK/*Bepler/Treber*, § 96a ArbGG Rz. 7; vgl. auch BVerwG v. 7.6.2001 – 4 C 1/01, NVwZ 2002, 90: rechtzeitig übermittelte Gerichtsakte enthält die protokollierte Zustimmungserklärung.
7 Vgl. BAG v. 25.9.1996 – 4 AZR 200/95, AP Nr. 218 zu §§ 22, 23 BAT 1975.
8 GK-ArbGG/*Mikosch*, § 96a Rz. 11; BAG v. 16.4.2003 – 7 ABR 27/02, BAGE 106, 57 ff. = NZA 2003, 1105 ff.

erteilt wurde, zweifelsfrei ergeben, dass nicht nur die Zulassung des Sprungrechtsmittels beantragt, sondern auch bereits deren Einlegung durch die Gegenseite zugestimmt wird[1], denn sie steht im Ergebnis einer Prozesshandlung gleich[2]. Das Zustimmungserfordernis dient dazu, den Rechtsmittelgegner davor zu schützen, ohne sein ausdrückliches Einverständnis die an sich vorgesehene zweite Tatsacheninstanz zu verlieren[3]. Diese von der Rspr. zur Sprungrevision entwickelten Grundsätze sind auf das Recht der Sprungrechtsbeschwerde entsprechend anwendbar.

IV. Das weitere Verfahren

Das BAG ist als Rechtsbeschwerdegericht **an die Zulassung** der Rechtsbeschwerde, dh. an die Zulassungsentscheidung als solche, **gebunden**. Ob die Rechtssache grundsätzliche Bedeutung hat, muss das BAG selbst dann noch dahinstehen lassen, wenn das ArbG dies noch so lapidar und ohne weitere Begründung ausgeführt hat (§ 96a Abs. 2 iVm. § 76 Abs. 2 Satz 2). Es darf also nicht überprüft werden, ob die grundsätzliche Bedeutung vom ArbG zu Recht bejaht worden ist[4]. Es ist allerdings befugt und verpflichtet zu prüfen, ob die gem. § 96a Abs. 1 Satz 1 notwendige schriftliche Zustimmungserklärung der übrigen Beteiligten vorliegt. Insoweit kann sich der Fall ergeben, dass das ArbG, das die Sprungrechtsbeschwerde in dem verfahrensbeendenden Beschluss nach § 84 zugelassen hat, nicht alle – materiell – zu beteiligenden Stellen und Personen als Beteiligte zum Beschlussverfahren hinzugezogen hatte. Stellt nunmehr das BAG fest, dass weitere Personen oder Stellen als Beteiligte hinzuzuziehen sind, darf es jedoch die Zulässigkeit der Sprungrechtsbeschwerde nicht mit der Begründung verneinen, es fehle an der nötigen Zustimmung aller materiell Beteiligten[5]. 18

Eine gem. § 83 Abs. 3 gebotene, vom ArbG aber verfahrensfehlerhaft unterlassene Beteiligung von Personen und Stellen muss vom BAG von Amts wegen nachgeholt werden. Wenn diese Personen und Stellen ihre erstinstanzlich unterbliebene Beteiligung rügen, kann dieser Verfahrensfehler des ArbG zur Aufhebung des angefochtenen Beschlusses und zur Zurückverweisung des Verfahrens an das ArbG führen[6]. Wird dagegen in der Rechtsbeschwerdeinstanz die unterbliebene Beteiligung nicht gerügt, selbst wenn sie vom BAG nachgeholt wird, ist der Verfahrensfehler des ArbG für die Überprüfung des angefochtenen Beschlusses ohne Bedeutung[7]. 19

Im Übrigen gelten für das weitere Verfahren die allgemeinen Bestimmungen für das Rechtsbeschwerdeverfahren. Die in § 96a Abs. 2 angeordnete entsprechende Anwendung des § 76 Abs. 2 Satz 2, 3 Abs. 3–6 ist zu beachten. 20

Mit **Mängeln des Verfahrens** darf die Sprungrechtsbeschwerde nicht begründet werden; allerdings kann eine in der 1. Instanz unterbliebene Hinzuziehung von Beteiligten gerügt werden (s. Rz. 8, 19). Das Verbot des § 76 Abs. 4, wonach das Sprungrechtsmittel nicht auf **Mängel des Verfahrens** gestützt werden kann, bezieht sich nicht auf von Amts wegen zu beachtende Verfahrensfehler, sondern nur auf solche, für die in der Revisions- bzw. Rechtsbeschwerdeinstanz eine Rügepflicht besteht[8]. Dieses Verbot bezieht sich auf nur auf den Sprungrechtsbeschwerdeführer und die übrigen Beteiligten, die der Sprungrechtsbeschwerde zugestimmt. Weitere Beteiligte, die erst vom BAG beteiligt wurden, können jedoch Verfahrensmängel rügen und insbesondere kann die mangelnde Beteiligung in erster Instanz zur Aufhebung des Beschlusses des ArbG führen[9]. 21

Die Geschäftsstelle des BAG hat der Geschäftsstelle des ArbG unverzüglich Nachricht von der Einlegung der Sprungrechtsbeschwerde zu geben (§ 76 Abs. 6 Satz 4 iVm. § 96a Abs. 2), um die Erteilung unrichtiger Rechtskraftzeugnisses zu verhindern. Zugleich werden die Verfahrensakten angefordert. 22

---

1 BAG v. 4.12.2002 – 10 AZR 83/02, NZA 2002, 344; BAG v. 16.11.1981 – 6 AZR 621/80, BAGE 36, 325 (326); BAG v. 28.10.1986 – 3 AZR 218/86, AP Nr. 7 zu § 76 ArbGG 1979; aA GMP/*Matthes/Schlewing*, § 96a Rz. 7.
2 GK-ArbGG/*Mikosch*, § 96a Rz. 17.
3 In dem von BAG v. 16.6.1998 – 5 AZR 67/97, NZA 1998, 1288 entschiedenen Fall fehlte es an der erforderlichen Klarheit einer entsprechenden Protokollerklärung. Vgl. auch HWK/*Bepler/Treber*, § 76 ArbGG Rz. 6.
4 BAG v. 12.6.1996 – 4 ABR 1/95, NZA 1997, 565; BAG v. 16.11.1982 – 3 AZR 177/82, BAGE 40, 355.
5 BAG v. 16.5.2007 – 7 ABR 63/06, NZA 2008, 320; GMP/*Matthes/Schlewing*, § 96a Rz. 8; GK-ArbGG/*Mikosch*, § 96a Rz. 13, 15.
6 Vgl. BAG v. 9.7.2013 – 1 ABR 17/12, NZA 2013, 1166.
7 BAG v. 16.5.2007 – 7 ABR 63/06, NZA 2008, 320.
8 Vgl. BSG v. 29.9.2009 – B 8 SO 19/08 R; BAG, 28.5. 1998 – 6 AZR 349/96, NZA 1998, 1015; HWK/*Bepler/Treber*, § 76 ArbGG Rz. 21.
9 Vgl. BAG v. 9.7.2103 – 1 ABR 17/12, NZA 2013, 1166; GK-ArbGG/*Mikosch*, § 96a Rz. 30.

23 Die Einlegung einer **Anschlusssprungrechtsbeschwerde** durch andere Beteiligten ist mit der Zulassung der Sprungrechtsbeschwerde möglich, wobei es nach Ansicht des BAG[1] nicht der Zustimmung des Sprungrechtsbeschwerdeführers hierfür bedarf. Die Anschlusssprungrechtsbeschwerde kann sich bei beschränkter Zulassung auch auf andere Verfahrensgegenstände beziehen als diejenigen, die Gegenstand der Sprungrechtsbeschwerde sind. Sie verliert gem. § 554 Abs. 4 ZPO ihre Wirkung, wenn die Sprungrechtsbeschwerde zurückgenommen oder als unzulässig verworfen wird.

24 Die Einlegung der – zugelassenen – Sprungrechtsbeschwerde und die Zustimmung (dazu) gelten kraft Gesetzes als **Verzicht** auf das Rechtsmittel der Beschwerde (§ 76 Abs. 5 iVm. § 96a Abs. 2). Diese gesetzliche Regelung ist notwendig, um das sich hinsichtlich der beiden in Betracht kommenden Rechtsmittel ergebende Konkurrenzproblem zu lösen. Dieses Problem ergibt sich daraus, dass der beschwerte Beteiligte, für den die Sprungrechtsbeschwerde zugelassen wurde, an sich ein **Wahlrecht** hat, ob er die Beschwerde gem. § 87 Abs. 1 oder die Sprungrechtsbeschwerde gem. § 96a Abs. 1 Satz 1 einlegt (näheres dazu bei § 76 Rz. 43 ff.)[2]. Die Verzichtswirkung der Zustimmung tritt erst dann ein, wenn der Gegner die Sprungrechtsbeschwerde tatsächlich einlegt[3]. Daraus folgert das BVerwG[4], dass die Zustimmung – ähnlich wie eine einseitige Erledigungserklärung – bis zur abschließenden Gestaltung der Prozessrechtslage durch Einlegung des Sprungrechtsmittels noch widerrufen bzw. zurückgenommen werden könne. Im Rahmen des § 76 (Sprungrevision) geht die hM davon aus, dass die **Zustimmungserklärung** als **Prozesshandlung** nicht mehr widerrufen werden kann, nachdem sie beim ArbG oder BAG eingegangen ist (vgl. bei § 76 Rz. 16)[5].

25 Ist die Sprungrechtsbeschwerde erfolgreich ist im Falle der Aufhebung des arbeitsgerichtlichen Beschlusses (mangels hinreichender Feststellungen des ArbG) und der **Zurückverweisung** der Sache zur anderweitigen Anhörung und Entscheidung in der Tatsacheninstanz das BAG nach seinem Ermessen berechtigt, das Verfahren entweder an das **ArbG oder** an das **LAG** (das für die Beschwerde zuständig gewesen wäre) zurückzuverweisen (vgl. § 76 Abs. 6 Satz 2; ähnlich früher § 566a Abs. 5 Satz 1 ZPO aF, anders jetzt § 566 Abs. 8 Satz 2 ZPO)[6]. Insoweit gilt das Zurückverweisungsverbot des § 91 Abs. 1 Satz 1 für das Rechtsbeschwerdegericht nicht[7]. Das ArbG oder LAG haben die rechtlichen Gründe, die zur Aufhebung der angefochtenen Entscheidung geführt haben, bei seiner erneuten Entscheidung zugrunde zu legen (§ 76 Abs. 6 Satz 3 iVm. § 96a Abs. 2). Bedenken im Hinblick auf das Gebot des gesetzlichen Richters (Art. 101 Abs. 1 Satz 2 GG) bestehen nach hM nicht[8]. Zur Beschleunigung des Verfahrens dürfte regelmäßig eine Verweisung an das zuständige LAG angezeigt sein[9].

Vierter Unterabschnitt. Beschlussverfahren in besonderen Fällen

§ 97 Entscheidung über die Tariffähigkeit oder Tarifzuständigkeit einer Vereinigung

(1) In den Fällen des § 2a Abs. 1 Nr. 4 wird das Verfahren auf Antrag einer räumlich und sachlich zuständigen Vereinigung von Arbeitnehmern oder von Arbeitgebern oder der obersten Arbeitsbehörde des Bundes oder der obersten Arbeitsbehörde eines Landes, auf dessen Gebiet sich die Tätigkeit der Vereinigung erstreckt, eingeleitet.

(2) Für Verfahren nach § 2a Abs. 1 Nr. 4 ist das Landesarbeitsgericht zuständig, in dessen Bezirk die Vereinigung, über deren Tariffähigkeit oder Tarifzuständigkeit zu entscheiden ist, ihren Sitz hat.

---

1 BAG v. 12.6.1996 – 4 ABR 1/95, AP Nr. 2 zu § 96a ArbGG 1979.
2 Beachte auch BGH v. 24.4.1997 – III ZB 8/97, MDR 1997, 776 (Wann tritt die Verzichtswirkung ein?); BSG v. 6.7.1964 – 5 RKn 25/63, MDR 1964, 961 (Verzicht auch bei unzulässiger Sprungrevision?).
3 HWK/*Bepler/Treber*, § 76 ArbGG Rz. 18; GMP/*Müller-Glöge*, § 76 Rz. 25; GK-ArbGG/*Mikosch*, § 96a Rz. 28.
4 BVerwG v. 27.3.2006 – 6 C 27/05, NVwZ 2006, 834.
5 GMP/*Müller-Glöge*, § 76 Rz. 15. Nach ErfK/*Koch*, § 76 Rz. 3 kann die Zustimmung nicht (mehr) widerrufen werden, nachdem sie beim BAG eingegangen ist.
6 BAG v. 12.6.1996 – 4 ABR 1/95, AP Nr. 2 zu § 96a ArbGG 1979 (dort hat der Senat – der Anregung der Beteiligten folgend – die Sache an das LAG Hessen zurückverwiesen).
7 GMP/*Matthes/Schlewing*, § 96a Rz. 16; ErfK/*Koch*, § 96a ArbGG Rz. 2.
8 HWK/*Bepler/Treber*, § 96a ArbGG Rz. 19; GK-ArbGG/*Mikosch*, § 96a Rz. 22.
9 GK-ArbGG/*Mikosch*, § 96a Rz. 31.

(2a) Für das Verfahren sind § 80 Abs. 1, 2 Satz 1 und Abs. 3, §§ 81, 83 Abs. 1 und 2 bis 4, §§ 83a, 84 Satz 1 und 2, § 90 Abs. 3, § 91 Abs. 2 und §§ 92 bis 96 entsprechend anzuwenden. Für die Vertretung der Beteiligten gilt § 11 Abs. 4 und 5 entsprechend.
(3) Der rechtskräftige Beschluss über die Tariffähigkeit oder Tarifzuständigkeit einer Vereinigung wirkt für und gegen jedermann. Die Vorschrift des § 63 über die Übersendung von Urteilen gilt entsprechend für die rechtskräftigen Beschlüsse von Gerichten für Arbeitssachen im Verfahren nach § 2a Abs. 1 Nr. 4.
(4) In den Fällen des § 2a Abs. 1 Nr. 4 findet eine Wiederaufnahme des Verfahrens auch dann statt, wenn die Entscheidung über die Tariffähigkeit oder Tarifzuständigkeit darauf beruht, dass ein Beteiligter absichtlich unrichtige Angaben oder Aussagen gemacht hat. § 581 der Zivilprozessordnung findet keine Anwendung.
(5) Hängt die Entscheidung eines Rechtsstreits davon ab, ob eine Vereinigung tariffähig oder ob die Tarifzuständigkeit der Vereinigung gegeben ist, so hat das Gericht das Verfahren bis zur Erledigung des Beschlussverfahrens nach § 2a Abs. 1 Nr. 4 auszusetzen. Im Falle des Satzes 1 sind die Parteien des Rechtsstreits auch im Beschlussverfahren nach § 2a Abs. 1 Nr. 4 antragsberechtigt.

I. Bedeutung und Zweck der Norm 1	c) Die Rechtsstellung der Beteiligten 22
II. Gegenstand des Verfahrens	IV. Sonstige Zulässigkeitsvoraussetzungen
1. Tariffähigkeit und Tarifzuständigkeit einer Vereinigung 4	1. Antrag 23
2. Weitere Streitgegenstände 5	2. Beteiligtenfähigkeit bei Streit um die Tarifzuständigkeit 24
III. Beteiligte des Verfahrens 6	3. Örtliche und sachliche Zuständigkeit 25
1. Antragsberechtigte 7	4. Feststellungsinteresse/Rechtsschutzinteresse 26
a) Vereinigung von Arbeitnehmern oder Arbeitgebern (Abs. 1) 7	V. Verfahren: Entsprechende Anwendung der §§ 80 ff. (Abs. 2a) 29
aa) Vereinigung iSv. Abs. 1 8	VI. Entscheidung
bb) Räumliche und sachliche Zuständigkeit 9	1. Beschluss der Kammer 31
b) Oberste Arbeitsbehörden (Abs. 1) 11	2. Rechtsmittel 32
aa) Des Bundes 11a	3. Rechtskraft (erga-omnes-Wirkung, Abs. 3) . 34
bb) Eines Landes 12	4. Keine Zwangsvollstreckung 36
c) Weitere Antragsberechtigte (Abs. 2a iVm. § 81) 13	5. Übersendung von Entscheidungen (Abs. 3) . 37
aa) Einzelne Arbeitgeber 14	VII. Erleichterte Wiederaufnahme des Verfahrens (Abs. 4) 38
bb) Betroffene Vereinigung 15	
cc) Nicht: Betriebsrat 16a	VIII. Aussetzung eines anderen Verfahrens (Abs. 5) 41
2. Sonstige Beteiligte (Abs. 2a iVm. § 83) 17	1. Voraussetzungen der Aussetzungspflicht .. 42
a) Der Kreis der Beteiligten 17	a) Tariffähigkeit oder Tarifzuständigkeit als Vorfrage im auszusetzenden Verfahren . 42
aa) Oberste Arbeitsbehörden und Spitzenverbände 18	b) Zweifel an der Tariffähigkeit oder Tarifzuständigkeit 44
bb) Betroffene Vereinigungen und Arbeitgeber 19	c) Art des auszusetzenden Verfahrens 45
cc) Betriebsverfassungsrechtliche Stellen und Beteiligte eines ausgesetzten Verfahrens 20	d) Ausnahmen von der Aussetzungspflicht . 46
b) Feststellung der Beteiligung von Amts wegen 21	2. Aussetzungsentscheidung 47
	3. Antragsberechtigung nach Abs. 5 Satz 2 für das Verfahren nach Abs. 1 51

Schrifttum: *Apelt/Hartmannshenn*, Streitgegenstand und materielle Rückwirkung der aktuellen CGZP-Rechtsprechung des BAG, RdA 2013, 268; *Brors*, Die tariflichen Konsequenzen des CGZP-Beschlusses, AuR 2011, 138; *Dütz*, Kollektivrechtliche Fragestellungen im Arbeitsgerichtsverfahren, ArbRdG 20 (1983), 33; *Dütz*, Rechtskraftgrenzen im arbeitsgerichtlichen Beschlussverfahren, FS Kehrmann, 1997, S. 349; *Heinze*, Tarifzuständigkeit von Gewerkschaften und Arbeitgebern/Arbeitgeberverbänden, DB 1997, 2122; *Konzen*, Die Tarifzuständigkeit im Tarif- und Arbeitskampfrecht, FS Kraft, 1998, 291; *Lembke*, Der CGZP-Beschluss des BAG vom 14.12.2010 und seine Folgen, NZA-Beil. 2012, 66; *Lembke*, CGZP-Sachverhalte vor dem 14.12.2010: Aussetzen oder Durchentscheiden?, NZA 2011, 1062; *Löwisch*, Die Tariffähigkeit von Spitzenorganisationen und ihre Feststellung, SAE 2011, 61; *Ricken*, Autonomie und tarifliche Rechtsetzung, 2006; *Rieble*, Die Tarifzuständigkeit von Spitzenverbänden, DB 2001, 2194; *Schüren*, Anmerkungen zur CGZP-Entscheidung des BAG vom 14.12.2010 und ihrer Bindungswirkung, RdA 2011, 368; *Schüren*, Die Tariffähigkeit der Tarifgemeinschaft Christlicher Gewerkschaften für Zeitarbeit und PSA vor den deutschen Arbeitsgerichten, NZA 2007, 1213; *van Venrooy*, Auf der Suche nach der Tarifzuständigkeit, ZfA 1983, 49.

I. Bedeutung und Zweck der Norm

1 Für die Entscheidung über die Tariffähigkeit und (gemeint ist: oder[1]) die Tarifzuständigkeit einer Vereinigung ist gem. § 2a Abs. 1 Nr. 4, Abs. 2 die ausschließliche Zuständigkeit der Gerichte für Arbeitssachen im Beschlussverfahren gegeben. § 97 regelt (ergänzt durch § 10; dazu § 10 Rz. 31) einige dabei zu beachtende **verfahrensrechtliche Besonderheiten**, ohne freilich ein besonderes Beschlussverfahren zu schaffen. Die allgemeinen Vorschriften über das Beschlussverfahren werden vielmehr ausdrücklich in Bezug genommen (dazu Rz. 29). § 97 hat durch den Beschluss des BAG zur Tarifunfähigkeit der Tarifgemeinschaft Christlicher Gewerkschaften für Zeitarbeit und Personalserviceagenturen (CGZP)[2] eine besondere Aufmerksamkeit erlangt.

2 § 97 **dient** der Sicherung der Tarifautonomie[3]. Das Verfahren nach § 97 soll klären, ob eine Vereinigung, die am Tarifgeschehen teilnimmt, die gesetzlich nicht geregelten Voraussetzungen für die Fähigkeit zum Abschluss von Tarifverträgen, die für die Tarifgebundenen wie Rechtsnormen unmittelbar und zwingend gelten (§ 4 Abs. 1, 3 TVG), erfüllt. Die in § 97 normierten Abweichungen vom allgemeinen Beschlussverfahren erklären sich vornehmlich aus dem **Zweck**, der mit der Zuweisung der Entscheidung über die Tariffähigkeit und Tarifzuständigkeit einer Vereinigung in das Beschlussverfahren verfolgt wird[4]. Die Entscheidungen über die Tariffähigkeit und die Tarifzuständigkeit sind über den Kreis der unmittelbaren Verfahrensbeteiligten hinaus, insbesondere für die Mitglieder der betroffenen Vereinigungen, von weitreichender Bedeutung[5]. Sie bestimmen die Reichweite der tarifvertraglichen Rechtssetzungsmacht[6]. Man kann das Verfahren als eine Art Statusverfahren begreifen[7]. Die Entscheidungen müssen daher eine **besondere Richtigkeitsgewähr** bieten. Deshalb hat der Gesetzgeber sie in das Beschlussverfahren mit dem dort herrschenden Untersuchungsgrundsatz verwiesen[8]. Die Richtigkeitsgewähr soll durch die in § 97 geregelten Besonderheiten (etwa die erleichterte Wiederaufnahmemöglichkeit nach Abs. 4) noch erhöht werden.

3 Das angerufene ArbG hat von Amts wegen darauf zu achten, dass eine Entscheidung über die Tariffähigkeit oder die Tarifzuständigkeit nur im Beschlussverfahren und dort unter Berücksichtigung der Besonderheiten nach § 97 getroffen werden kann[9]. Eine Klage im **Urteilsverfahren** auf Feststellung der Tariffähigkeit oder Tarifzuständigkeit ist **unzulässig**[10]. Wurde die Sache gleichwohl im Urteilsverfahren anhängig gemacht, so hat sie das Gericht gem. § 17a Abs. 2 Satz 1 GVG iVm. § 97 Abs. 2a, § 80 Abs. 3, § 48 Abs. 1 nach Anhörung der Parteien von Amts wegen durch Beschluss in das Beschlussverfahren abzugeben[11]. Das gilt auch, wenn sich die Beteiligten auf ein anderes Verfahren geeinigt haben; § 97 ist zwingend[12].

II. Gegenstand des Verfahrens

1. Tariffähigkeit und Tarifzuständigkeit einer Vereinigung

4 Die Besonderheiten des § 97 gelten nur in den Fällen des **§ 2a Abs. 1 Nr. 4**. Danach sind die Gerichte für Arbeitssachen im Beschlussverfahren ausschließlich zuständig für die Entscheidung über die Tariffähigkeit und die Tarifzuständigkeit einer Vereinigung.

4a Unter **Tariffähigkeit** versteht man die Fähigkeit eines Verbandes, Tarifverträge iSd. Tarifvertragsgesetzes abschließen zu können (§ 2 Abs. 1 TVG; dazu § 2a Rz. 111). Die Voraussetzungen dafür sind gesetzlich nicht geregelt. Zur Tariffähigkeit einer ArbN-Vereinigung gehört nach st. Rspr., dass sie sich satzungsmäßig als Aufgabe die Wahrnehmung der Interessen ihrer Mitglieder in deren Eigenschaft als ArbN gesetzt hat, tarifwillig, frei gebildet, gegnerfrei, unabhängig und überbetrieblich organisiert ist, dass sie das gelten-

---

[1] Eine klarstellende Änderung ist geplant, BR-Drs. 147/14, S. 48.
[2] BAG v. 14.12.2010 – 1 ABR 19/10, NZA 2011, 289. S. ferner BAG v. 5.10.2010 – 1 ABR 88/09, NZA 2011, 300 zur Tariffähigkeit der Gewerkschaft für Kunststoffgewerbe und Holzverarbeitung (GKH).
[3] BAG v. 11.6.2013 – 1 ABR 32/12, NZA 2013, 1363 (1365, Rz. 19); BAG v. 14.12.2010 – 1 ABR 19/10, NZA 2011, 289 (293, Rz. 47); BAG v. 28.1.2008 – 3 AZB 30/07, NZA 2008, 489 (490 f.).
[4] GWBG/*Greiner*, § 97 Rz. 1.
[5] Vgl. BAG v. 22.12.1960 – 2 AZR 140/58, AP Nr. 25 zu § 11 ArbGG 1953, Bl. 4.
[6] *Kempen/Zachert*, § 2 TVG Rz. 136.
[7] *Dietz/Nikisch*, § 97 ArbGG Rz. 1.
[8] BAG v. 23.10.1996 – 4 AZR 409/95 (A), NZA 1997, 383 (384).
[9] GK-ArbGG/*Ahrendt*, § 97 Rz. 5; GWBG/*Greiner*, § 97 Rz. 8.
[10] GK-ArbGG/*Ahrendt*, § 97 Rz. 5; im Ergebnis ebenso (allerdings mit zweifelhafter Begründung) BAG v. 10.5.1989 – 4 AZR 80/89, NZA 1989, 687 m. krit. Anm. *Otto* in EzA § 256 ZPO Nr. 32.
[11] GWBG/*Greiner*, § 97 Rz. 8 iVm. § 81 Rz. 1; aM (auf Antrag des Klägers) GK-ArbGG/*Ahrendt*, § 97 Rz. 5.
[12] BAG v. 23.10.1996 – 4 AZR 409/95 (A), NZA 1997, 383 (384).

de Tarifrecht als verbindlich anerkennt sowie die notwendige Durchsetzungskraft gegenüber dem sozialen Gegenspieler und eine dafür erforderliche leistungsfähige Organisation hat[1]. Ein Streit um die „relative" Tariffähigkeit für bestimmte Tarifverträge (zB Firmentarifvertrag) reicht aus[2].

Bei der **Tarifzuständigkeit**[3] geht es um die Frage, ob ein tariffähiger Verband Tarifverträge mit einem bestimmten räumlichen, betrieblichen oder persönlichen Geltungsbereich abschließen kann[4] (dazu § 2a Rz. 113). Das richtet sich nach dem in der Satzung autonom festgelegten Organisationsbereich der Vereinigung[5]. Die Satzung muss ggf. ausgelegt werden und zwar nach den Grundsätzen der Gesetzesauslegung. 4b

Zu den Angelegenheiten des § 2a Abs. 1 Nr. 4 werden über den Gesetzeswortlaut hinaus auch Streitigkeiten um die **Gewerkschaftseigenschaft** einer ArbN-Vereinigung gezählt (dazu § 2a Rz. 115). Dagegen kann die Feststellung der (Un-)Wirksamkeit eines Tarifvertrages nicht Gegenstand eines Verfahrens nach § 97 sein[6]. 4c

2. Weitere Streitgegenstände

Werden im Zusammenhang mit einem Verfahren nach § 2a Abs. 1 Nr. 4 weitere Streitgegenstände eingeführt, für die die ArbG gem. § 2 im **Urteilsverfahren** zuständig sind, sind diese abzutrennen und im Urteilsverfahren zu entscheiden. 5

Ist über den weiteren Streitgegenstand ebenfalls im **Beschlussverfahren** zu entscheiden, wird zT die Ansicht vertreten, dass das Gericht trotzdem die Verfahren trennen muss[7]. Die Notwendigkeit einer Trennung ist jedoch zweifelhaft[8]. Denn auch das Verfahren über die Tariffähigkeit und die Tarifzuständigkeit einer Vereinigung ist ein normales Beschlussverfahren, für das eine besondere Zuständigkeit nicht mehr besteht (dazu Rz. 31) und in dem auch die Rechtsbeschwerde nicht mehr unbeschränkt zulässig ist (dazu Rz. 32). Deshalb ist es grds. möglich, über den weiteren, ebenfalls in das Beschlussverfahren gehörenden Gegenstand in dem Verfahren nach § 97 mit zu entscheiden. Ob eine Abtrennung sinnvoll ist, entscheidet das Gericht gem. § 145 ZPO nach pflichtgemäßem Ermessen. Nur dann, wenn die Entscheidung über den weiteren Streitgegenstand von derjenigen über die Tariffähigkeit oder Tarifzuständigkeit der Vereinigung abhängt, muss der Streit insoweit abgetrennt und gem. § 97 Abs. 5 Satz 1 (dazu Rz. 41 ff.) ausgesetzt werden[9].

III. Beteiligte des Verfahrens

Hinsichtlich der Beteiligung am Verfahren ist zwischen Antragsberechtigten und sonstigen Beteiligten zu unterscheiden. 6

1. Antragsberechtigte

a) Vereinigung von Arbeitnehmern oder Arbeitgebern (Abs. 1)

Eine Entscheidung über die Tariffähigkeit und die Tarifzuständigkeit einer Vereinigung kann nach § 97 Abs. 1 zunächst von einer räumlich und sachlich zuständigen Vereinigung von ArbN oder ArbGeb beantragt werden. 7

aa) Vereinigung iSv. Abs. 1

Damit sind solche Vereinigungen gemeint, deren Tarifzuständigkeit sich mit der des umstrittenen Verbandes berührt. Antragsberechtigt nach § 97 Abs. 1 kann eine rivalisierende Vereinigung sein. Der Antragstel- 8

---

1 Zusammenfassend etwa BAG v. 14.12.2010 – 1 ABR 19/10, NZA 2011, 289 (295, Rz. 67); BAG v. 5.10.2010 – 1 ABR 88/09, NZA 2011, 300 (302, Rz. 30).
2 BAG v. 25.9.1996 – 1 ABR 25/96, NZA 1997, 668 (670).
3 Die Erstreckung des Verfahrens nach § 2a Abs. 1 Nr. 4 auf die Feststellung auch der Tarifzuständigkeit wurde erst durch die Arbeitsgerichtsnovelle vom 21.5.1979 (BGBl. I S. 545) klargestellt. S. dazu § 2a Rz. 9.
4 S. nur die Beschlüsse BAG v. 17.4.2012 – 1 ABR 5/11, NZA 2012, 1104 und BAG v. 11.6.2013 – 1 ABR 32/12, NZA 2013, 1363 (Tarifzuständigkeit der DHV – Die Berufsgewerkschaft e.V.); BAG v. 14.12.1999 – 1 ABR 74/98, NZA 2000, 949 (951); BAG v. 25.9.1996 – 1 ABR 4/96, NZA 1997, 613 unter B III 1.
5 BAG v. 11.6.2013 – 1 ABR 32/12, NZA 2013, 1363 (1366, Rz. 29); BAG v. 17.4.2012 – 1 ABR 5/11, NZA 2012, 1104 (1108, Rz. 53).
6 BAG v. 17.4.2012 – 1 ABR 5/11, NZA 2012, 1104 (1107, Rz. 42).
7 GWBG/*Greiner*, § 97 Rz. 5.
8 So jetzt auch MünchArbR/*Jacobs*, § 345 Rz. 50.
9 Nach GMP/*Schlewing*, § 97 Rz. 10 empfiehlt sich eine Trennung.

ler kann aber auch der sozialen Gegenseite angehören[1]. Die Vereinigung muss, um nach § 97 Abs. 1 antragsberechtigt zu sein, selbst **tariffähig** iSv. § 2 TVG sein, da andernfalls das Erfordernis räumlicher und sachlicher Zuständigkeit keinen Sinn machen würde[2]. Die Vereinigung, deren Tariffähigkeit oder -zuständigkeit festgestellt werden soll, ist nach umstrittener Ansicht nicht nach § 97 Abs. 1, wohl aber nach § 97 Abs. 2a iVm. § 81 (Rz. 15 f.) antragsberechtigt[3]. Einen Antrag nach § 97 Abs. 1 können damit namentlich Gewerkschaften, ArbGeb-Verbände sowie Zusammenschlüsse von Gewerkschaften oder ArbGeb-Verbänden (sog. Spitzenorganisationen, § 2 Abs. 2 TVG) stellen. Letztere müssen entweder von ihren Mitgliedern zum Abschluss von Tarifverträgen bevollmächtigt sein (§ 2 Abs. 2 TVG) oder dies zu ihren satzungsmäßigen Aufgaben erhoben haben (§ 2 Abs. 3 TVG)[4].

Zu den Vereinigungen von ArbGeb gehören auch die als Körperschaften des öffentlichen Rechts verfassten **Innungen** sowie die rechtsfähigen privatrechtlichen Landes- und Bundes**innungsverbände**, die nach § 54 Abs. 3 Nr. 1, § 82 Satz 2 Nr. 3, § 85 Abs. 2 HwO tariffähig sind. Dagegen sind die Kreishandwerkerschaften nicht antragsberechtigt, da ihnen der Abschluss von Tarifverträgen nicht obliegt (arg. e § 87 HwO).

bb) Räumliche und sachliche Zuständigkeit

9 Die antragstellende Vereinigung muss **räumlich und sachlich zuständig** sein. Das ist der Fall, wenn ihr örtliches Tätigkeitsgebiet und ihr fachlicher Aufgabenbereich denjenigen des in seiner Tariffähigkeit oder Tarifzuständigkeit umstrittenen Verbandes zumindest teilweise entsprechen[5]. Da die Verbände ihre Zuständigkeit in der Satzung festlegen können, ist für die Bestimmung sowohl des räumlichen Tätigkeitsgebietes als auch des sachlichen Aufgabenbereiches die Satzung der Vereinigung maßgeblich[6]. Nimmt ein Verband allerdings im konkreten Fall die Interessen eines Mitgliedes wahr, kommt es nach verbreiteter Auffassung nicht darauf an, ob das Mitglied nach der Satzung aufgenommen werden durfte[7].

10 **Abweichend** von der hier vertretenen Ansicht wird die sachliche Zuständigkeit teilweise als rechtliches Interesse an der Feststellung der Tariffähigkeit oder Tarifzuständigkeit der Vereinigung definiert[8]. Dabei handelt es sich jedoch um eine von der Antragsbefugnis zu trennende Frage des Feststellungsinteresses[9]. Diese Ansicht beruht wohl auf der hier abgelehnten (s. Rz. 8) Annahme, die Vereinigung, die ihre eigene Tariffähigkeit oder Tarifzuständigkeit festzustellen begehrt, sei nach § 97 Abs. 1 antragsbefugt[10]. Deren erst vom Gericht zu prüfende sachliche Zuständigkeit kann in der Tat nicht gleichzeitig Voraussetzung der Antragsbefugnis sein. Nach hier vertretener Ansicht ergibt sich die Antragsberechtigung der umstrittenen Vereinigung aber gerade nicht aus § 97 Abs. 1, sondern aus § 97 Abs. 2a iVm. § 81 (dazu Rz. 15). Danach ist die sachliche Zuständigkeit des antragstellenden Verbandes nicht erforderlich. Für die nach § 97 Abs. 1 antragsbefugten Verbände bleibt es dagegen dabei, dass die sachliche Zuständigkeit Voraussetzung ihrer Antragsbefugnis ist.

---

1 GMP/*Schlewing*, § 97 Rz. 18.
2 BAG v. 28.3.2006 – 1 ABR 58/04, NZA 2006, 1112 (1114); GK-ArbGG/*Ahrendt*, § 97 Rz. 29 ff.; GMP/*Schlewing*, § 97 Rz. 19; Kempen/Zachert, § 2 TVG Rz. 140; Natter/Gross/*Zimmermann*, § 97 Rz. 6; aM GWBG/*Greiner*, § 97 Rz. 9, der einerseits die Tariffähigkeit der antragstellenden Vereinigung verlangt, andererseits aber auch die Vereinigung, um deren Tariffähigkeit es geht, zu den Antragsberechtigten nach Abs. 1 zählt.
3 BAG v. 25.11.1986 – 1 ABR 22/85, BAGE 53, 347; aM BAG v. 29.6.2004 – 1 ABR 14/03, NZA 2004, 1236 (1237).
4 BAG v. 15.11.1963 – 1 ABR 5/63, DB 1964, 590; GK-ArbGG/*Ahrendt*, § 97 Rz. 32.
5 BAG v. 11.6.2013 – 1 ABR 33/12, NZA-RR 2013, 641 (642, Rz. 10); BAG v. 14.12.2010 – 1 ABR 19/10, NZA 2011, 289 (293, Rz. 42); BAG v. 5.10.2010 – 1 ABR 88/09, NZA 2011, 300 (302, Rz. 23); BAG v. 28.3.2006 – 1 ABR 58/04, NZA 2006, 1112 (1114); BAG v. 10.9.1985 – 1 ABR 32/83, NZA 1986, 332 (333); ArbG Berlin v. 1.4.2009 – 35 BV 17008/08, NZA 2009, 741 (744); *Dietz/Nikisch*, § 97 ArbGG Rz. 10 f.; GMP/*Schlewing*, § 97 Rz. 18; GK-ArbGG/*Ahrendt*, § 97 Rz. 27 f.; Hauck/Helml/Biebl/*Hauck*, § 97 Rz. 4.
6 BAG v. 19.1.1962 – 1 ABR 14/60, BAGE 12, 184 (186 f.) (für Tariffähigkeit); BAG v. 17.2.1970 – 1 ABR 14/69, BAGE 22, 289 (291) und 1 ABR 15/69, DB 1970, 1494 (für Tarifzuständigkeit); GK-ArbGG/*Ahrendt*, § 97 Rz. 28; GWBG/*Greiner*, § 97 Rz. 6.
7 BAG v. 17.2.1970 – 1 ABR 14/69, BAGE 22, 289; GMP/*Schlewing*, § 97 Rz. 19; GWBG/*Greiner*, § 97 Rz. 6; kritisch *Richardi*, Anm. zu BAG v. 17.2.1970 – 1 ABR 14/69, AP Nr. 2, 3 zu § 2 TVG – Tarifzuständigkeit.
8 So GWBG/*Greiner*, § 97 Rz. 9 im Anschluss an *Dietz/Nikisch*, § 97 ArbGG Rz. 12; *Richardi*, Anm. zu BAG v. 17.2.1970 – 1 ABR 14, 15/69, AP Nr. 2, 3 zu § 2 TVG – Tarifzuständigkeit.
9 So auch GWBG/*Greiner*, § 97 Rz. 9.
10 BAG v. 29.6.2004 – 1 ABR 14/03, NZA 2004, 1236 (1237); GK-ArbGG/*Ahrendt*, § 97 Rz. 31; GWBG/*Greiner*, § 97 Rz. 9; Kempen/Zachert, § 2 TVG Rz. 138; *Richardi*, Anm. zu BAG v. 17.2.1970 – 1 ABR 14, 15/69, AP Nr. 2, 3 zu § 2 TVG – Tarifzuständigkeit.

b) Oberste Arbeitsbehörden (Abs. 1)

Ohne Rücksicht auf eine potentielle Betroffenheit sind antragsberechtigt nach § 97 Abs. 1 die oberste Arbeitsbehörde des Bundes und die oberste Arbeitsbehörde eines Landes, auf dessen Gebiet sich die Tätigkeit der Vereinigung erstreckt.

aa) Des Bundes

Die oberste Arbeitsbehörde des Bundes ist der **BMAS**. Für dessen Antragsberechtigung ist nicht erforderlich, dass sich die Tätigkeit der Vereinigung auf das gesamte Bundesgebiet erstreckt[1]. Die Tätigkeit der Vereinigung muss auch nicht über das Gebiet eines Landes hinausreichen. Dem Gesetzeswortlaut ist eine derartige Einschränkung nicht zu entnehmen. Der Bundesminister ist daher immer antragsbefugt[2].

bb) Eines Landes

Die oberste Arbeitsbehörde des Landes ist der **Landesarbeitsminister bzw. der entsprechende Senator**. Reicht die Tätigkeit einer Vereinigung über die Grenzen eines Landes hinaus, ist die oberste Arbeitsbehörde eines jeden betroffenen Landes je für sich antragsberechtigt[3]. Das Gesetz geht davon aus, dass die Interessen dieser obersten Landesarbeitsbehörden immer betroffen sind, wenn Vereinigungen in dem räumlichen Gebiet des jeweiligen Bundeslandes für ihre Mitglieder Regelungen mit normativer Wirkung beanspruchen[4].

c) Weitere Antragsberechtigte (Abs. 2a iVm. § 81)

Neben den konkurrierenden Vereinigungen, denjenigen der sozialen Gegenseite und den obersten Arbeitsbehörden kommen als Antragsberechtigte nach § 97 Abs. 2a noch der einzelne ArbGeb und die Vereinigung in Betracht, deren Tariffähigkeit oder Tarifzuständigkeit umstritten ist. Eine besondere Antragsberechtigung ergibt sich aus § 97 Abs. 5 Satz 2 für die Parteien eines gem. § 97 Abs. 5 Satz 1 ausgesetzten Rechtsstreits (dazu Rz. 51).

aa) Einzelne Arbeitgeber

Zwar ist der einzelne ArbGeb, obwohl er nach § 2 Abs. 1 TVG tariffähig ist, in § 97 Abs. 1 nicht als Antragsberechtigter genannt. Trotzdem wird seine Antragsberechtigung allgemein bejaht, wenn über die Tarifzuständigkeit einer Gewerkschaft zum Abschluss von Tarifverträgen mit diesem ArbGeb gestritten wird[5]. Das wird zT, insbes. von der jüngeren Rspr., mit einer Analogie zu Abs. 1 begründet[6]. Dafür fehlt es jedoch an der erforderlichen Regelungslücke[7]. Die Antragsberechtigung ergibt sich vielmehr schon aus § **81**, der gem. § 97 **Abs. 2a** entsprechend anwendbar ist[8]. Nach den zu dieser Vorschrift entwickelten Grundsätzen ist antragsbefugt jeder, der durch die beantragte Entscheidung, hier also durch die Feststellung der Tariffähigkeit oder der Tarifzuständigkeit der Vereinigung, in seiner rechtlichen Stellung betroffen sein kann[9]. Das ist bei einem einzelnen ArbGeb insbesondere dann der Fall, wenn eine ArbN-Vereinigung ihm gegenüber als Tarifpartner auftritt und er ihre Tariffähigkeit oder Tarifzuständigkeit bezweifelt. Dagegen fehlt es an der rechtlichen Betroffenheit, wenn der einzelne ArbGeb nur die Tarifzuständigkeit der Gewerkschaft im Verhältnis zu seinem ArbGebVerband geklärt wissen möchte[10].

---

1 GK-ArbGG/*Ahrendt*, § 97 Rz. 35; GMP/*Schlewing*, § 97 Rz. 21.
2 Ebenso BAG v. 14.12.2010 – 1 ABR 19/10, NZA 2011, 289 (293, Rz. 48).
3 BAG v. 14.12.2010 – 1 ABR 19/10, NZA 2011, 289 (293 f., Rz. 49); LAG Berlin-Brandenburg v. 7.12.2009 – 23 TaBV 1016/09, DB 2010, 1020 (Ls.); ArbG Berlin v. 1.4.2009 – 35 BV 17008/08, NZA 2009, 741 (743); GMP/*Schlewing*, § 97 Rz. 21; GK-ArbGG/*Ahrendt*, § 97 Rz. 36; GWBG/*Greiner*, § 97 Rz. 11.
4 BAG v. 14.12.2010 – 1 ABR 19/10, NZA 2011, 289 (293 f., Rz. 48).
5 BAG v. 13.3.2007 – 1 ABR 24/06, NZA 2007, 1069 (1071); BAG v. 27.9.2005 – 1 ABR 41/04, NZA 2006, 273 (276 f.); BAG v. 29.6.2004 – 1 ABR 14/03, NZA 2004, 1236 (1237).
6 BAG v. 13.3.2007 – 1 ABR 24/06, NZA 2007, 1069 (1071); GK-ArbGG/*Ahrendt*, § 97 Rz. 33; GWBG/*Greiner*, § 97 Rz. 10; vgl. auch die genannte BAG-Rspr.
7 Wie hier *Kerwer*, RdA 2008, 242 (244); aA *Richardi*, Anm. zu BAG v. 17.2.1970 – 1 ABR 14, 15/69, AP Nr. 2, 3 zu § 2 TVG – Tarifzuständigkeit.
8 AA BAG v. 13.3.2007 – 1 ABR 24/06, NZA 2007, 1069 (1070), der die entsprechende Anwendung der §§ 80 ff. nur auf das Verfahren, nicht auf die Antragsbefugnis bezieht. Kritisch dazu *Kerwer*, RdA 2008, 242 (243 f.).
9 BAG v. 25.11.1986 – 1 ABR 22/85, BAGE 53, 347 (351).
10 IE ebenso BAG v. 17.2.1970 – 1 ABR 14/69, BAGE 22, 289; GK-ArbGG/*Ahrendt*, § 97 Rz. 33; *Richardi*, Anm. zu BAG v. 17.2.1970 – 1 ABR 14, 15/69, AP Nr. 2, 3 zu § 2 TVG – Tarifzuständigkeit.

bb) Betroffene Vereinigung

15 § 97 Abs. 1 ist mit seinem Erfordernis der räumlichen und sachlichen Zuständigkeit erkennbar nicht auf die Vereinigung zugeschnitten, **die ihre eigene Tariffähigkeit oder Tarifzuständigkeit feststellen lassen will**[1] (s. schon Rz. 10). Die Antragsberechtigung der betroffenen Verbände lässt sich aber aus § 97 Abs. 2a, § 81 (nach BAG[2] wohl aus § 97 Abs. 1 analog) herleiten[3]; denn die Vereinigung ist von der Entscheidung über ihre Tariffähigkeit oder Tarifzuständigkeit unmittelbar betroffen. Wenn es um die Tariffähigkeit eines Unterverbandes geht, ist neben diesem auch der Landesverband antragsberechtigt[4].

16 Die Antragsberechtigung der betroffenen Vereinigung nach § 97 Abs. 2a, § 81 setzt schon nach dem Gesetzeswortlaut **nicht** deren **Tariffähigkeit oder Tarifzuständigkeit** voraus. Diese Frage soll ja im Verfahren erst geklärt werden und gehört insofern zur Begründetheit des Antrages. Davon geht zwar auch diejenige Ansicht aus, die die Antragsberechtigung der betroffenen Vereinigungen nicht aus § 97 Abs. 2a, sondern aus Abs. 1 herleitet[5]. Sie muss sich dafür aber jedenfalls hinsichtlich der Zuständigkeit über den Wortlaut des § 97 Abs. 1 hinwegsetzen. Im Ergebnis wirkt sich die Frage, ob die Antragsberechtigung der betroffenen Vereinigung unmittelbar aus § 97 Abs. 1 oder aus § 97 Abs. 2a iVm. § 81 hergeleitet wird, nicht aus.

cc) Nicht: Betriebsrat

16a Dagegen besitzt der BR grds. keine Antragsbefugnis gem. § 97 Abs. 1 zur Einleitung eines Verfahrens nach § 2a Abs. 1 Nr. 4[6]. Sie lässt sich weder aus § 97 Abs. 1, 5 herleiten noch aus § 97 Abs. 2a, § 81, falls man den Abs. 2a entgegen der Ansicht des BAG auch auf die Antragsbefugnis bezieht (dazu Rz. 14). Denn der BR wird in aller Regel nicht unmittelbar in seiner Rechtsstellung betroffen sein[7].

2. Sonstige Beteiligte (Abs. 2a iVm. § 83)

a) Der Kreis der Beteiligten

17 § 97 trifft keine besondere Anordnung darüber, wer neben dem Antragsteller am Verfahren zur Feststellung der Tariffähigkeit oder Tarifzuständigkeit einer Vereinigung beteiligt ist. Es gelten daher gem. § 97 Abs. 2a iVm. § 83 die **allgemeinen Grundsätze** des Beschlussverfahrens[8]. Folglich ist jede Person, Stelle oder Vereinigung zu beteiligen und damit anzuhören, die durch die Feststellung der Tariffähigkeit oder Tarifzuständigkeit der Vereinigung unmittelbar **in ihrer eigenen Rechtsstellung** betroffen sein kann[9].

aa) Oberste Arbeitsbehörden und Spitzenverbände

18 Aus dem Erfordernis der eigenen Betroffenheit folgt, dass ein Antragsberechtigter, der keinen Antrag stellt, nicht automatisch Beteiligter ist. Insbesondere sind die **obersten Arbeitsbehörden** mangels Rechtsbetroffenheit nur bei entsprechender Antragstellung beteiligt[10]. Die jeweiligen **Spitzenorganisationen** sind in Verfahren, in denen es um die **Tariffähigkeit** geht, nach Ansicht des BAG unabhängig von einer eigenen

---

1 So aber GK-ArbGG/*Ahrendt*, § 97 Rz. 31; GWBG/*Greiner*, § 97 Rz. 9; vgl. auch noch BAG v. 15.3.1977 – 1 ABR 16/75, BAGE 29, 72 (77 f.).
2 BAG v. 14.12.2010 – 1 ABR 19/10, NZA 2011, 289 (294, Rz. 53); BAG v. 13.3.2007 – 1 ABR 24/06, NZA 2007, 1069 (1070).
3 BAG v. 25.11.1986 – 1 ABR 22/85, BAGE 53, 347; im Ergebnis ebenso GMP/*Schlewing*, § 97 Rz. 19; *Wieser*, Arbeitsgerichtsverfahren, Rz. 570.
4 *Dietz/Nikisch*, § 97 ArbGG Rz. 6.
5 BAG v. 29.6.2004 – 1 ABR 14/03, NZA 2004, 1236 (1237); GK-ArbGG/*Ahrendt*, § 97 Rz. 31; GWBG/*Greiner*, § 97 Rz. 9.
6 BAG v. 17.4.2012 – 1 ABR 5/11, NZA 2012, 1104 (1106, Rz. 26 ff.); BAG v. 13.3.2007 – 1 ABR 24/06, NZA 2007, 1069 (1070).
7 *Kerwer*, RdA 2008, 242 (244).
8 BAG v. 25.11.1986 – 1 ABR 22/85, BAGE 53, 347.
9 BAG v. 11.6.2013 – 1 ABR 32/12, NZA 2013, 1363 (1365, Rz. 25); BAG v. 11.6.2013 – 1 ABR 33/12, NZA-RR 2013, 641 (642, Rz. 13); BAG v. 14.12.1999 – 1 ABR 74/98, NZA 2000, 949 (951); BAG v. 13.3.2007 – 1 ABR 24/06, NZA 2007, 1069 (1070); *Dietz/Nikisch*, § 97 ArbGG Rz. 20; GMP/*Schlewing*, § 97 Rz. 25; GWBG/*Greiner*, § 97 Rz. 12; Natter/Gross/*Zimmermann*, § 97 Rz. 12.
10 *Dietz/Nikisch*, § 97 ArbGG Rz. 20; *Dütz*, Anm. zu BAG v. 15.3.1977 – 1 ABR 16/75, EzA § 2 TVG Nr. 12; GK-ArbGG/*Ahrendt*, § 97 Rz. 61; GMP/*Schlewing*, § 97 Rz. 27; GWBG/*Greiner*, § 97 Rz. 13; Hauck/Helml/Biebl/*Hauck*, § 97 Rz. 5; Natter/Gross/*Zimmermann*, § 97 Rz. 15; aM BAG v. 28.3.2006 – 1 ABR 58/04, NZA 2006, 1112 (1113), wonach eine Beteiligung nur voraussetzt, dass die Zuständigkeit der Vereinigung, deren Tariffähigkeit umstritten ist, sich auf mehrere Bundesländer erstreckt; BAG v. 15.3.1977 – 1 ABR 16/75, BAGE 29, 72 (77); BAG v. 25.11.1986 – 1 ABR 22/85, BAGE 53, 347.

rechtlichen Betroffenheit allein wegen ihrer Eigenschaft als Repräsentant der ArbN- oder ArbGeb-Seite in dem von einem Einzelverband eingeleiteten Verfahren beteiligt[1]. Dieses Ergebnis wird mit dem (rechtlich eher zweifelhaften) Praktikabilitätsargument begründet, dass andernfalls uU eine Vielzahl von einzelnen Vereinigungen zu beteiligen wären. Um das zu vermeiden, lässt das BAG es ausreichen, dass die Mitgliedsverbände im Verfahren durch ihre Spitzenorganisationen (DGB und BDA[2] bzw. durch den zuständigen Bundesinnungsverband[3]) repräsentiert werden[4]. Auch auf Grundlage dieser Ansicht können aber die örtlich und sachlich zuständigen, durch die Spitzenorganisationen repräsentierten Mitgliedsverbände nicht vom Verfahren ausgeschlossen werden. Sie können ihre eigene Beteiligung neben den Spitzenorganisationen jedenfalls dadurch erreichen, dass sie einen eigenen Sachantrag stellen[5]. Damit wird freilich eine dem Beschlussverfahren sonst fremde Unterscheidung zwischen notwendiger und sonstiger Beteiligung eingeführt[6]. Von einer Feststellung der **Tarifzuständigkeit** einer Vereinigung werden die Spitzenverbände in ihrer Rechtsstellung nicht unmittelbar betroffen; sie brauchen deshalb ebenso wie die obersten Arbeitsbehörden nicht in das Verfahren einbezogen zu werden[7].

bb) Betroffene Vereinigungen und Arbeitgeber

Aufgrund eigener Rechtsbetroffenheit ist in erster Linie diejenige **Vereinigung** zu beteiligen, **deren Tariffähigkeit oder Tarifzuständigkeit festgestellt werden soll**[8]. Ferner sind diejenigen **ArbN- und ArbGeb-Vereinigungen** zu beteiligen, die iSv. Abs. 1 räumlich und sachlich zuständig sind, dh. deren örtliche und fachliche Zuständigkeit sich mit der des umstrittenen Verbandes berührt. Dafür spielt es keine Rolle, ob sie derselben oder der sozialen Gegenseite angehören[9]. So sind bspw. an einem Verfahren über die Tariffähigkeit einer ArbN-Vereinigung sowohl die konkurrierenden Gewerkschaften als auch die korrespondierende ArbGebVerband als sozialer Gegenspieler zu beteiligen, sofern sie nicht durch ihre jeweilige Spitzenorganisation im Verfahren repräsentiert werden (dazu schon Rz. 18). Ein einzelner **ArbGeb** ist ebenfalls nach Maßgabe seiner Antragsberechtigung, dh. dann zu hören, wenn sich die umstrittene ArbN-Vereinigung ihm gegenüber im Hinblick auf einen geforderten Firmentarifvertrag der Tariffähigkeit und Tarifzuständigkeit berühmt[10]. Die dem ArbGebVerband angehörigen ArbGeb sind aber nicht schon dann beteiligt, wenn ihr Verband von der beantragten Entscheidung betroffen ist. Sofern einzelne ArbGeb bereits einen Tarifvertrag mit der ArbN-Vereinigung, um deren Tariffähigkeit es geht, geschlossen haben, sind sie nach Ansicht des BAG nicht im Verfahren nach § 97 anzuhören[11]. Ihre Interessen seien durch die Beteiligung der Spitzenverbände hinreichend gewahrt. Die betroffene Tarifvertragspartei könnten sie in einem Feststellungsverfahren nach § 9 TVG betreiben, das ggf. nach § 97 Abs. 5 bis zu einer rechtskräftigen Entscheidung in dem Beschlussverfahren nach §§ 97, 2a Abs. 1 Nr. 4 auszusetzen sei, in das der ArbGeb als Antragsteller oder Beteiligter einbezogen werde (§ 97 Abs. 5 Satz 2). Eine gegen diesen BAG-Beschluss eingelegte und mit der Verletzung des Anspruchs auf rechtliches Gehör (Art. 103 Abs. 1 GG) begründete Verfassungsbeschwerde wurde gar nicht erst zur Entscheidung angenommen[12].

cc) Betriebsverfassungsrechtliche Stellen und Beteiligte eines ausgesetzten Verfahrens

Wenn die Tariffähigkeit im Rahmen einer betriebsverfassungsrechtlichen Streitigkeit Vorfrage zur Klärung der Gewerkschaftseigenschaft ist (dazu § 2a Rz. 115), sind im Verfahren nach § 97 auch die **betriebsverfassungsrechtlichen Stellen** beteiligt und daher anzuhören (§ 97 Abs. 2a, § 83 Abs. 3)[13]. Schließlich sind alle

---

1 BAG v. 25.11.1986 – 1 ABR 22/85, BAGE 53, 347; s.a. BAG v. 14.12.2010 – 1 ABR 19/10, NZA 2011, 289 (294, Rz. 58); einschränkend GK-ArbGG/*Ahrendt*, § 97 Rz. 48.
2 BAG v. 25.11.1986 – 1 ABR 22/85, BAGE 53, 347.
3 BAG v. 1.2.1983 – 1 ABR 33/78, BAGE 41, 316 (321 ff.).
4 BAG v. 28.3.2006 – 1 ABR 58/04, NZA 2006, 1112 (1113); dem BAG zustimmend GMP/*Schlewing*, § 97 Rz. 26; GWBG/*Greiner*, § 97 Rz. 12; Hauck/Helml/Biebl/*Hauck*, § 97 Rz. 5.
5 BAG v. 25.11.1986 – 1 ABR 22/85, BAGE 53, 347.
6 *Schulin*, Anm. zu BAG v. 25.11.1986 – 1 ABR 22/85, EzA § 2 TVG Nr. 17.
7 BAG v. 11.6.2013 – 1 ABR 32/12, NZA 2013, 1363 (1366, Rz. 27).
8 BAG v. 17.4.2012 – 1 ABR 5/11, NZA 2012, 1104 (1105, Rz. 20); BAG v. 14.12.2010 – 1 ABR 19/10, NZA 2011, 289 (294, Rz. 58); BAG v. 11.6.2013 – 1 ABR 33/12, NZA-RR 2013, 641 (642, Rz. 14); BAG v. 10.9.1985 – 1 ABR 32/83, NZA 1986, 332.
9 GMP/*Schlewing*, § 97 Rz. 26; GWBG/*Greiner*, § 97 Rz. 12; MünchArbR/*Jacobs*, § 345 Rz. 52.
10 GMP/*Schlewing*, § 97 Rz. 26; GWBG/*Greiner*, § 97 Rz. 12.
11 BAG v. 11.6.2013 – 1 ABR 33/12, NZA-RR 2013, 641 (643, Rz. 14); BAG v. 14.12.2010 – 1 ABR 19/10, NZA 2011, 289 (294, Rz. 59).
12 BVerfG v. 10.3.2014 – 1 BvR 1104/11, NZA 2014, 496.
13 GWBG/*Greiner*, § 97 Rz. 12.

Parteien und Beteiligte eines nach § 97 Abs. 5 ausgesetzten Verfahrens (dazu Rz. 51) beteiligt, sofern sie nicht schon selbst als Antragsteller auftreten[1].

b) Feststellung der Beteiligung von Amts wegen

21 Das Gericht hat wegen des nach § 97 Abs. 2a, § 83 Abs. 1 geltenden Untersuchungsgrundsatzes von Amts wegen festzustellen, wer Beteiligter des Verfahrens ist[2]. Das gilt auch für die Beschwerde- und die Rechtsbeschwerdeinstanz. Werden materiell Beteiligte nicht angehört, liegt darin ein Verfahrensfehler[3]. Ist die Hinzuziehung eines Beteiligten beim ArbG unterblieben, kann sie im Beschwerdeverfahren beim LAG nachgeholt werden. Eine Zurückverweisung an das ArbG ist nicht zulässig (§ 91 Abs. 1 Satz 2). Wird der Verfahrensfehler dagegen erst im Rechtsbeschwerdeverfahren aufgedeckt, muss die Entscheidung aufgehoben und das Verfahren an das LAG zurückverwiesen werden, falls die Entscheidung auf der fehlerhaft unterbliebenen Beteiligung beruht (§ 96 Abs. 1 Satz 2 iVm. §§ 562, 563 ZPO). Das ist nur bei einem neuen Sachvortrag des bisher nicht Beteiligten der Fall[4].

c) Die Rechtsstellung der Beteiligten

22 Auch hinsichtlich der Rechtsstellung derer, die am Verfahren zur Feststellung der Tariffähigkeit und Tarifzuständigkeit einer Vereinigung zu beteiligen sind, ordnet § 97 keine Besonderheiten an. Es gelten daher die **allgemeinen Grundsätze** des Beschlussverfahrens (Einzelheiten dazu § 83 Rz. 2 ff., Rz. 108 ff.). Die Beteiligten sind insbesondere in allen Instanzen anzuhören (§ 83 Abs. 3, 4). Für ihre Mitwirkung an einer Verfahrensbeendigung[5] durch Erledigungserklärung gilt § 83a. Außerdem können sie (falls sie beschwert sind) Rechtsmittel (§§ 87, 92) und Nichtzulassungsbeschwerde (§ 92a) einlegen (Rz. 32).

IV. Sonstige Zulässigkeitsvoraussetzungen

1. Antrag

23 Der Antrag zur Einleitung des Verfahrens nach § 2a Abs. 1 Nr. 4 kann sowohl **positiv als auch negativ** formuliert werden. Im ersten Fall wird die Feststellung begehrt, dass die Vereinigung tariffähig bzw. tarifzuständig ist, im zweiten Fall, dass sie es nicht ist. Der Antrag unterliegt nach allgemeinen Grundsätzen der Auslegung. Er muss sich nicht ausdrücklich auf die § 2a Abs. 1 Nr. 4 und § 97 beziehen. Der Antrag bezieht sich grds. auf die Feststellung der in § 2a Abs. 1 Nr. 4 genannten Eigenschaften ab dem Zeitpunkt der Zustellung der Antragsschrift bis zu der letzten Anhörung im gerichtlichen Verfahren. Er kann aber vom Antragsteller auch zeitlich beschränkt oder auf eine ausschließlich vergangenheitsbezogene Feststellung gerichtet werden[6].

2. Beteiligtenfähigkeit bei Streit um die Tarifzuständigkeit

24 Bei einem Streit um die Tarifzuständigkeit muss neben dem Antragsteller auch die Vereinigung, deren Tarifzuständigkeit festgestellt werden soll, grds. beteiligtenfähig (§ 10) sein. Diese Voraussetzung können zwar auch Untergliederungen von Gewerkschaften erfüllen. Das setzt allerdings eine körperschaftliche Organisation der Untergliederung und ihre weitgehende Selbstständigkeit gegenüber der Gesamtorganisation voraus[7]. Fehlt es daran, ist ein gegen sie gerichteter Antrag nach § 97 auf Feststellung der Tarifunzuständigkeit unzulässig[8].

---

1 GMP/*Schlewing*, § 97 Rz. 28.
2 BAG v. 11.6.2013 – 1 ABR 32/12, NZA 2013, 1363 (1365, Rz. 26); BAG v. 14.12.2010 – 1 ABR 19/10, NZA 2011, 289 (294, Rz. 56); GK-ArbGG/*Ahrendt*, § 97 Rz. 63; Hauck/Helml/Biebl/*Hauck*, § 97 Rz. 5; unrichtig daher BAG v. 10.9.1985 – 1 ABR 32/83, BAGE 49, 322 (328 f.), das eine Rüge der Beteiligung für erforderlich hält.
3 BAG v. 20.2.1986 – 6 ABR 25/85, AP § 63 BetrVG 1972 Nr. 1.
4 Dazu BAG v. 28.1.1975 – 1 ABR 92/73, AP § 37 BetrVG 1972 Nr. 20; BAG v. 13.7.1977 – 1 ABR 19/75, DB 1978, 168; BAG v. 29.7.1982 – 6 ABR 51/79, BAGE 39, 259.
5 Eine Verfahrensbeendigung durch Vergleich gem. § 83a Abs. 1 kommt in Verfahren nach § 97 nicht in Betracht (s. Rz. 30).
6 BAG v. 11.6.2013 – 1 ABR 32/12, NZA 2013, 1363 (1365, Rz. 19 und 1368, Rz. 54); BAG v. 11.6.2013 – 1 ABR 33/12, NZA-RR 2013, 641 (643, Rz. 17).
7 BAG v. 19.11.1985 – 1 ABR 37/83, NZA 1986, 480 unter B III 3a; 12.12.1996 – 1 ABR 33/96, NZA 1997, 609 unter B; ausführlich zur Tariffähigkeit von Untergliederungen *Oetker*, AuR 2001, 82.
8 BAG v. 14.12.1999 – 1 ABR 74/98, NZA 2000, 949 (950); ebenso als Vorinstanz LAG Hamm v. 29.7.1998 – 3 TaBV 9/98, NZA-RR 1999, 196 (19), welches allerdings das Feststellungsinteresse für den Antrag verneint hat.

3. Örtliche und sachliche Zuständigkeit

§ 97 Abs. 2 wurde durch das Tarifautonomiestärkungsgesetz[1] neu gefasst. Er regelt jetzt die sachliche und örtliche Zuständigkeit für Verfahren nach § 2a Abs. 1 Nr. 4. Die **örtliche Zuständigkeit** richtet sich nach dem Bezirk, in dem die Vereinigung, über deren Tariffähigkeit oder Tarifzuständigkeit zu entscheiden ist, ihren Sitz hat. Das gilt unabhängig davon, ob diese Vereinigung Antragstellerin oder sonstige Beteiligte ist[2]. Mit dieser Neufassung des § 97 Abs. 2 ist keine Änderung gegenüber der bisherigen Rechtslage verbunden. 25

Neu ist dagegen die Regelung, wonach für die **sachliche Zuständigkeit** abweichend von § 8 Abs. 1 das **LAG als erste Instanz** vorgesehen ist. Damit wird eine Verfahrensbeschleunigung und eine schnelle Schaffung von Rechtssicherheit bezweckt[3]. Für solche Verfahren, die bei Inkrafttreten der Änderung des § 97 Abs. 2 bereits bei einem ArbG anhängig sind, bleibt dessen sachliche Zuständigkeit nach der Übergangsregelung des § 112 erhalten. 25a

4. Feststellungsinteresse/Rechtsschutzinteresse

Nach zT vertretener Ansicht ist wie für jedes Feststellungsbegehren auch hier ein Feststellungsinteresse erforderlich (§ 256 ZPO iVm. § 97 Abs. 2a, § 80 Abs. 2, § 46 Abs. 2 Satz 1)[4]. Nach aA findet § 256 ZPO keine Anwendung, da es nicht um die Feststellung eines Rechtsverhältnisses gehe, sondern um das Vorliegen einer Eigenschaft; deshalb sei nur das allgemeine Rechtsschutzinteresse zu prüfen[5]. Das berechtigte Interesse lässt sich **nicht mit der Begründung** bejahen, die Entscheidung im Verfahren nach § 2a Abs. 1 Nr. 4 entfalte **Rechtskraft gegenüber jedermann**[6] (Rz. 34). Denn der subjektive Umfang der Rechtskraft sagt nichts über das Rechtsschutzinteresse/Feststellungsinteresse aus. Es ist nicht einzusehen, warum etwa eine ArbN-Vereinigung, deren Gewerkschaftseigenschaft von niemandem bestritten wird, darüber ein Rechtsgutachten der ArbG soll einholen dürfen. 26

Das berechtigte Interesse ist für das Verfahren nach § 2a Abs. 1 Nr. 4 vielmehr dann gegeben, wenn die Frage der **Tariffähigkeit oder Tarifzuständigkeit der Vereinigung zwischen den Parteien des Tarifgeschehens zweifelhaft** ist[7]. Unter dieser Voraussetzung kann die Zulässigkeit eines Antrages der (kraft Gesetzes antragsbefugten) **obersten Arbeitsbehörde** nicht mit der Begründung verneint werden, ihr fehle ein eigenes rechtliches Interesse an der begehrten Feststellung[8]. Bei einem Streit über die Tariffähigkeit oder Tarifzuständigkeit einer Vereinigung hat eine **antragsberechtigte Vereinigung** grds. auch ein eigenes Feststellungsinteresse; denn schon ihre Antragsbefugnis setzt voraus, dass sich ihr sachlicher Aufgabenbereich und ihr räumliches Tätigkeitsgebiet mit denen der umstrittenen Vereinigung berühren (dazu Rz. 9). Ein **einzelner ArbGeb** hat ein Feststellungsinteresse, wenn eine ArbN-Vereinigung ihre Tarifzuständigkeit geltend macht, mit dem ArbGeb einen Haustarifvertrag zu verhandeln und abzuschließen, insbesondere dann, wenn sie dazu Arbeitskampfmaßnahmen ankündigt[9]. Die **Parteien eines nach Abs. 5 ausgesetzten Rechtsstreites** haben alleine aufgrund der Aussetzung (mag diese auch zu Unrecht erfolgt sein) ein Feststellungsinteresse. 27

DGB-Gewerkschaften müssen einen Streit über die **Tarifzuständigkeit** verbandsintern im **Schiedsverfahren** nach §§ 15 f. der DGB-Satzung austragen, da der Schiedsspruch die für die Tarifzuständigkeit maßgebliche Satzung authentisch interpretiert und ergänzt[10]. Die unterlegene Gewerkschaft ist aufgrund ihrer 28

---

1 BGBl. I S. 1348. Materialien: Regierungsentwurf vom 11.4.2014: BR-Drs. 147/14; BT-Drs. 18/1558; Beschlussempfehlung und Bericht des Ausschusses für Arbeit und Soziales v. 2.7.2014: BT-Drs. 18/2010; Bericht des Haushaltsausschusses v. 2.7.2014: BT-Drs. 18/2011; Beschluss des Bundestages v. 4.7.2014, BR-Drs. 288/14; Zustimmung des Bundesrates vom 11.7.2014: BR-Drs. 288/14 (Beschluss).
2 GMP/*Matthes*, § 82 Rz. 20; GWBG/*Greiner*, § 82 Rz. 11; *Weth*, Beschlussverfahren, S. 242 f.
3 BR-Drs. 147/14, S. 48.
4 BAG v. 13.3.2007 – 1 ABR 24/06, NZA 2007, 1069 (1071); LAG Berlin-Brandenburg v. 9.1.2012 – 24 TaBV 1285/11, Rz. 127 ff.; LAG Hamm v. 29.7.1998 – 3 TaBV 9/98, NZA-RR 1999, 196 (197); GWBG/*Greiner*, § 97 Rz. 18; MünchArbR/*Jacobs*, § 345 Rz. 51.
5 BAG v. 11.6.2013 – 1 ABR 32/12, NZA 2013, 1363 (1365, Rz. 22); BAG v. 11.6.2013 – 1 ABR 33/12, NZA-RR 2013, 641 (642, Rz. 11).
6 *Dütz*, Anm. zu BAG v. 15.3.1977 – 1 ABR 16/75, EzA § 2 TVG Nr. 12.
7 LAG Berlin-Brandenburg v. 7.12.2009 – 23 TaBV 1016/09, DB 2010, 1020 (Ls.); GK-ArbGG/*Ahrendt*, § 97 Rz. 65 f.; GWBG/*Greiner*, § 97 Rz. 18.
8 Ebenso ArbG Berlin v. 1.4.2009 – 35 BV 17008/08, NZA 2009, 741 (743).
9 BAG v. 13.3.2007 – 1 ABR 24/06, NZA 2007, 1069 (1071); BAG v. 14.12.1999 – 1 ABR 74/98, NZA 2000, 949 (951).
10 BAG v. 14.12.1999 – 1 ABR 74/98, NZA 2000, 949 (952); BAG v. 25.9.1996 – 1 ABR 4/96, NZA 1997, 613 unter B III 3a; 10; LAG Hamm v. 29.7.1998 – 3 TaBV 9/98, NZA-RR 1999, 196 (197).

Treuepflicht gegenüber dem DGB an den Schiedsspruch gebunden[1]. Für einen Antrag nach § 2a Abs. 1 Nr. 4 fehlt es den DGB-Gewerkschaften wegen dieses einfacheren Weges am Feststellungsinteresse[2]. Wegen der Autonomie der Gewerkschaften zur Bestimmung der Tarifzuständigkeit wird durch den Schiedsspruch nach Auffassung des BAG die Frage der Tarifzuständigkeit auch im Verhältnis zum sozialen Gegenspieler geklärt[3]. Damit fehlt auch diesem das Feststellungsinteresse. Einer Einigung der beteiligten Gewerkschaften in dem Verfahren nach § 16 der DGB-Satzung kommt die gleiche Bindungswirkung zu wie einem Schiedsspruch[4]. Solange allerdings ein DGB-internes Schiedsverfahren nicht stattfindet, hat der ArbGeb(Verband), mit dem zwei konkurrierende Gewerkschaften verhandeln wollen, das erforderliche Feststellungsinteresse für ein Verfahren nach § 97[5].

V. Verfahren: Entsprechende Anwendung der §§ 80 ff. (Abs. 2a)

29 § 97 Abs. 2a wurde im Jahr 2014 durch das Tarifautonomiestärkungsgesetz eingefügt[6]. Die für das Verfahren anwendbaren Vorschriften sind anders als in dem früheren § 97 Abs. 2 nunmehr getrennt von der neuen Zuständigkeitsregelung in § 97 Abs. 2a geregelt. Da es sich bei dem Verfahren zur Feststellung der Tariffähigkeit und Tarifzuständigkeit einer Vereinigung, abgesehen von den in § 97 geregelten Besonderheiten, um ein normales Beschlussverfahren handelt, verweist Abs. 2a für das Verfahren auf die meisten Vorschriften der §§ 80 ff. Es gelten daher die **allgemeinen Grundsätze**, vor allem der Amtsermittlungsgrundsatz. Die Ausnahmen (nicht anwendbare Vorschriften der §§ 80 ff.) tragen der Eigenart des Streitgegenstands bzw. den Charakteristika des Verfahrens vor dem LAG Rechnung[7]. Nicht anwendbar ist insbesondere § 85 Abs. 1, der die Zwangsvollstreckung aus Entscheidungen im Beschlussverfahren regelt (dazu Rz. 36). Ferner ist der Erlass einer einstweiligen Verfügung (§ 85 Abs. 2) ausgeschlossen. Das ist schon deshalb konsequent, weil es im Verfahren nach § 2a Abs. 1 Nr. 4 um die Feststellung der Tariffähigkeit bzw. Tarifzuständigkeit einer Vereinigung geht und der Erlass einer einstweiligen Verfügung feststellenden Inhalts nicht möglich ist (s. § 85 Rz. 53 und § 62 Rz. 107 mwN)[8]. Die Parteien müssen sich im Beschlussverfahren nach § 97 sowohl vor dem LAG, das im ersten Rechtszug zuständig ist (Rz. 25a), als auch vor dem BAG durch Prozessbevollmächtigte vertreten lassen. Der Grund dafür liegt darin, dass Beschlüsse im Verfahren nach § 2a Abs. 1 Nr. 4 für und gegen jedermann wirken[9].

30 Zwar nimmt § 97 Abs. 2a auch § 83a Abs. 1 in Bezug. Der **Abschluss eines Vergleiches** zwischen den Beteiligten kommt im Verfahren nach § 97 regelmäßig aber nicht in Betracht, da die Tariffähigkeit und Tarifzuständigkeit einer Vereinigung nicht ihrer Disposition unterliegen[10].

VI. Entscheidung

1. Beschluss der Kammer

31 Die Entscheidung über die Tariffähigkeit oder Tarifzuständigkeit ergeht durch Beschluss der Kammer **in der üblichen Besetzung** (§ 16 Abs. 2, § 35 Abs. 2). Die früheren § 16 Abs. 2 Satz 2 und § 35 Abs. 2 Satz 2, wonach in den genannten Fällen die „große Kammer" (ein Vorsitzender und je zwei ehrenamtliche Richter aus Kreisen der ArbN und der ArbGeb) zu entscheiden hatte, wurden durch die Arbeitsgerichtsnovelle vom 21.5.1979[11] aufgehoben.

2. Rechtsmittel

32 Die Entscheidung des erstinstanzlich zuständigen LAG kann mit der **Rechtsbeschwerde** angefochten werden (§ 97 Abs. 2a, §§ 87, 92). Sie muss nach allgemeinen Grundsätzen entweder vom LAG zugelassen sein oder vom BAG auf eine Nichtzulassungsbeschwerde nach § 97 Abs. 2a, § 92a zugelassen werden. Ange-

---

1 BAG v. 17.2.1970 – 1 ABR 15/69, DB 1970, 1494; BAG v. 22.11.1988 – 1 ABR 6/87, NZA 1989, 561.
2 GK-ArbGG/*Ahrendt*, § 97 Rz. 68; Hauck/Helml/Biebl/*Hauck*, § 97 Rz. 3.
3 BAG v. 17.2.1970 – 1 ABR 15/69, DB 1970, 1494; BAG v. 22.11.1988 – 1 ABR 6/87, NZA 1989, 561; BAG v. 25.9.1996 – 1 ABR 4/96, NZA 1997, 613 unter B III 3a; BAG v. 14.12.1999 – 1 ABR 74/98, NZA 2000, 949 (952).
4 BAG v. 14.12.1999 – 1 ABR 74/98, NZA 2000, 949.
5 BAG v. 22.11.1988 – 1 ABR 6/87, NZA 1989, 561.
6 BGBl. I S. 1348. Zur Gesetzesbegründung s. den Entwurf der Bundesregierung, BR-Drs. 147/14; BT-Drs. 18/1558.
7 BR-Drs. 147/14, S. 49.
8 Dazu allgemein *Brox/Walker*, Zwangsvollstreckungsrecht, Rz. 1595 mwN.
9 Beschlussempfehlung und Bericht des Ausschusses für Arbeit und Soziales, BT-Drs. 18/2010, S. 27.
10 GMP/*Schlewing*, § 97 Rz. 30.
11 BGBl. I S. 545.

sichts der weitreichenden Folgen der Entscheidung nach § 2a Abs. 1 Nr. 4 (dazu Rz. 34) wird die grundsätzliche Bedeutung der Sache iSd. § 72 Abs. 2 Nr. 1 regelmäßig zu bejahen sein[1].

Die für die Zulässigkeit der Rechtsbeschwerde erforderliche **Beschwer** ist für den **Antragsteller formell** zu bestimmen. Sie ist gegeben, wenn der Entscheidungsinhalt hinter seinem Antrag zurückbleibt. Im Verfahren nach § 2a Abs. 1 Nr. 4 können unstreitig auch die **sonstigen Beteiligten** ein Rechtsmittel einlegen, wenn sie beschwert sind[2]. Ihre Beschwer ist **materiell** danach zu bestimmen, ob ihre Rechtsstellung durch den angefochtenen Beschluss nachteilig berührt wird[3]. So ist bspw. ein beteiligter ArbGeb-Verband durch eine Entscheidung über die Tariffähigkeit einer ArbN-Vereinigung unabhängig von ihrem Inhalt stets beschwert. Wird die Tariffähigkeit festgestellt, kann sich der ArbGeb in späteren Tarifverhandlungen wegen der Rechtskraft (dazu Rz. 34) nicht mehr auf die fehlende Tariffähigkeit berufen. Wird die Tariffähigkeit verneint, entfällt für ihn die Möglichkeit, in Tarifverhandlungen verschiedene Gewerkschaften gegeneinander auszuspielen. Die Beschwer eines Beteiligten kann sich auch daraus ergeben, dass er die Abweisung des Antrages als unbegründet begehrt, das Gericht aber einen Prozessbeschluss erlässt[4]. Hat ein Beteiligter, der selbst keinen Antrag gestellt hat, sich im Verfahren iSd. nunmehr angefochtenen Beschlusses geäußert, wird es ihm regelmäßig an der Beschwer fehlen. Er hat erreicht, was er erreichen wollte. 33

3. Rechtskraft (erga-omnes-Wirkung, Abs. 3)

Der Beschluss über die Tariffähigkeit oder Tarifzuständigkeit einer Vereinigung erwächst in formelle und auch in materielle Rechtskraft[5]. Das folgt schon aus der Geltung des Wiederaufnahmerechts (§ 97 Abs. 4; dazu Rz. 38 ff.). In **subjektiver Hinsicht** beschränkt sich die Rechtskraft nicht auf die Verfahrensbeteiligten[6], sondern sie erstreckt sich auf **jedermann (erga-omnes-Wirkung, Abs. 3 Satz 1)**[7]. Der sachliche Grund für diese Rechtskrafterstreckung liegt in der weitreichenden Bedeutung der Feststellung der Tariffähigkeit und der Tarifzuständigkeit einer Vereinigung über die unmittelbar Verfahrensbeteiligten hinaus. Deshalb besteht ein gesteigertes Interesse an Rechtsklarheit und Rechtssicherheit. Dem würde es widersprechen, wenn zur Frage der Tariffähigkeit oder Tarifzuständigkeit divergierende Entscheidungen ergehen könnten. Aus dieser subjektiv erweiterten Bindungswirkung erklären sich dann auch die Pflicht zur Aussetzung nach § 97 Abs. 5 (dazu Rz. 41 ff.) und die Pflicht zur Übersendung rechtskräftiger Entscheidungen nach § 97 Abs. 3 Satz 2, § 63 (dazu Rz. 37). 34

Hinsichtlich der **zeitlichen Grenzen** der Rechtskraft gelten die allgemeinen Grundsätze. Sie hängen davon ab, auf welchen Zeitraum sich der Antrag bezogen hat (Rz. 23). Die Rechtskraft steht einer neuen Entscheidung dann nicht entgegen, wenn neue Tatsachen geltend gemacht werden, die den jetzt zu entscheidenden Streit als einen anderen Streit der Beteiligten erscheinen lassen[8]. Der Sachverhalt muss sich in diesem Sinne wesentlich verändert haben[9]. Maßgeblicher Zeitpunkt für die Feststellung der zeitlichen Grenzen der Rechtskraft ist der Schluss der letzten mündlichen Verhandlung[10] bzw. – bei Entscheidung ohne mündliche Verhandlung nach § 97 Abs. 2a, § 83 Abs. 4 Satz 3 – der letzten schriftlichen Anhörung in der letzten Tatsacheninstanz[11]. Die Rechtskraft einer Entscheidung nach § 97 erstreckt sich aber auch auf die Folgezeit bis zu einer wesentlichen Änderung der entscheidungserheblichen tatsächlichen oder rechtlichen Verhält- 35

---

1 GWBG/*Greiner*, § 97 Rz. 15; *Kempen/Zachert*, § 2 TVG Rz. 142.
2 Vgl. nur GWBG/*Greiner*, § 97 Rz. 21 iVm. § 87 Rz. 7.
3 GK-ArbGG/*Ahrendt*, § 97 Rz. 78; GWBG/*Greiner*, § 87 Rz. 7.
4 Vgl. BAG v. 19.11.1986 – 1 ABR 37/83, NZA 1985, 480 (481).
5 BAG v. 1.2.1983 – 1 ABR 33/78, BAGE 41, 316 (323) (für Tariffähigkeit); 19.11.1985 – 1 ABR 37/83, NZA 1986, 480 (für Tarifzuständigkeit). Allgemein zur Rechtskraft von arbeitsgerichtlichen Beschlüssen BAG v. 6.6.2000 – 1 ABR 21/99, NZA 2001, 156 (157 f.) mwN.
6 So auch GK-ArbGG/*Ahrendt*, § 97 Rz. 73.
7 Abs. 3 Satz 1 eingefügt durch das Tarifautonomiestärkungsgesetz v. 11.8.2014, BGBl. I S. 1348. Schon vor Einfügung des Abs. 3 Satz 1 ganz hM: BAG v. 15.3.1977 – 1 ABR 16/75, BAGE 29, 72 (78); BAG v. 28.3.2006 – 1 ABR 58/04, NZA 2006, 1112 (1114); *Dütz*, ArbRdG 20 (1983), 33 (42 f.); GMP/*Schlewing*, § 97 Rz. 32; GWBG/*Greiner*, § 97 Rz. 24; *Kempen/Zachert*, § 2 TVG Rz. 143; *Natter/Gross/Zimmermann*, § 97 Rz. 25; *Prütting*, RdA 1991, 257 (266).
8 *Dütz*, ArbRdG 20 (1983), 33 (44).
9 BAG v. 6.6.2000 – 1 ABR 21/99, NZA 2001, 156 (158 f.) (zur Beendigung der Rechtskraft einer Entscheidung über die Gewerkschaftseigenschaft einer ArbNvereinigung durch den Staatsvertrag zwischen der Bundesrepublik Deutschland und der damaligen DDR vom 18.5.1990; BAG v. 1.2.1983 – 1 ABR 33/78, BAGE 41, 316; GK-ArbGG/*Ahrendt*, § 97 Rz. 73.
10 BAG v. 19.2.1985 – 1 ABR 37/83, NJW 1987, 514.
11 Stein/Jonas/*Leipold*, § 322 ZPO Rz. 233 und § 128 ZPO Rz. 90, 121.

nisse, wenn die Beurteilung der in § 2a Abs. 1 Nr. 4 genannten Eigenschaften auch für die Zeiträume nur einheitlich erfolgen kann[1] (dazu auch Rz. 44a f.).

4. Keine Zwangsvollstreckung

36 Von der Verweisung des § 97 Abs. 2a auf die allgemeinen Vorschriften über das Beschlussverfahren ist neben § 85 Abs. 2 (dazu Rz. 29) auch die Bestimmung über die Zwangsvollstreckung (§ 85 Abs. 1) ausgenommen. Das ist konsequent. Der in diesem Verfahren ergehende Feststellungsbeschluss hat nämlich **keinen vollstreckungsfähigen Inhalt**, da auch eine Kostenentscheidung nicht getroffen wird (dazu § 84 Rz. 8 ff.).

5. Übersendung von Entscheidungen (Abs. 3)

37 Gemäß dem nach § 97 Abs. 3 entsprechend anwendbaren § **63** sind rechtskräftige Beschlüsse über die Tariffähigkeit oder Tarifzuständigkeit einer Vereinigung alsbald der obersten Arbeitsbehörde eines betroffenen Landes und dem Bundesarbeitsminister unabhängig von deren Beteiligung in vollständiger Abschrift zu übersenden. Der Sinn dieser Übersendung besteht darin, die Beachtung der über die Verfahrensbeteiligten hinausreichenden Beschlusswirkungen (zum Umfang der Rechtskraft s. Rz. 34) sicherzustellen.

VII. Erleichterte Wiederaufnahme des Verfahrens (Abs. 4)

38 Ein rechtskräftig abgeschlossenes Verfahren zur Feststellung der Tariffähigkeit oder Tarifzuständigkeit einer Vereinigung ist nach Maßgabe der § 97 Abs. 2a, § 80 Abs. 2, § 79 ArbGG iVm. §§ 578 ff. ZPO der Wiederaufnahme zugänglich. Gegenüber diesen allgemeinen Vorschriften ordnet § 97 Abs. 4 **Erleichterungen in zweierlei Hinsicht** an.

39 Während nach § 580 Nr. 1 ZPO die Restitutionsklage nur bei vorsätzlicher oder fahrlässiger Verletzung der Eidespflicht, also einem Meineid (§ 154 StGB) oder einem fahrlässigen Falscheid (§ 161 StGB) des Gegners stattfindet, genügt es nach § 97 Abs. 4 Satz 1, wenn die Entscheidung über die Tariffähigkeit oder Tarifzuständigkeit darauf beruht, dass ein Beteiligter (dazu Rz. 6 ff.) **absichtlich unrichtige Angaben oder Aussagen** gemacht hat. Eine **Beeidigung muss nicht erfolgt sein**. Eine absichtlich unrichtige Angabe setzt ein Handeln wider besseres Wissen voraus[2]. Dafür ist es ausreichend, wenn ein Beteiligter etwas bewusst wahrheitswidrig als ihm bekannt behauptet[3]. Bei nur fahrlässig unrichtiger Angabe bleibt es beim Erfordernis eines Eides (§ 580 Nr. 1 ZPO). Die Wiederaufnahme wegen eines falschen Zeugnisses oder Sachverständigengutachtens findet nur bei einer strafbaren Verletzung der Wahrheitspflicht durch den Zeugen oder Sachverständigen statt (§ 580 Nr. 3 ZPO).

40 Nach § 97 Abs. 4 Satz 2 findet **§ 581 ZPO keine Anwendung**. Daher braucht in den Fällen, in denen die Wiederaufnahme wegen eines strafbaren Verhaltens in Betracht kommt (§ 580 Nrn. 1–4 ZPO), weder eine rechtskräftige Verurteilung wegen der Straftat ergangen zu sein, noch muss die Einleitung und Durchführung des Strafverfahrens aus anderen Gründen als wegen Mangels an Beweis unterblieben sein. Vielmehr genügt die bloße Behauptung einer strafbaren Handlung, um das Wiederaufnahmeverfahren zu betreiben[4]. Ob wirklich eine Straftat vorliegt, ist dann in dem arbeitsgerichtlichen Wiederaufnahmeverfahren zu prüfen. Diese Regelung dient in erster Linie der Verfahrensbeschleunigung. Folglich ist eine **Aussetzung des Wiederaufnahmeverfahrens** bis zum Abschluss eines eingeleiteten Strafverfahrens nicht zulässig[5]. Selbst wenn ein rechtskräftiges **strafgerichtliches Urteil** vorliegt, ist der Arbeitsrichter weder an eine Verurteilung[6] noch an einen Freispruch gebunden[7] (vgl. den seit 2000 gegenstandslos gewordenen § 14 Abs. 2 Nr. 1 EGZPO). Wenn es nämlich abweichend von § 581 ZPO nicht auf eine rechtskräftige Verurteilung wegen einer Straftat ankommt, kann auch ein rechtskräftiger Freispruch eine Wiederaufnahme nicht von vornherein ausschließen. Allerdings dürfte eine abweichende Beurteilung durch das ArbG ein seltener Ausnahmefall sein.

---

1 BAG v. 23.5.2012 – 1 AZB 58/11, NZA 2012, 623 (624, Rz. 8 ff.).
2 GMP/*Schlewing*, § 97 Rz. 34.
3 *Dietz/Nikisch*, § 97 ArbGG Rz. 24.
4 *Dietz/Nikisch*, § 97 ArbGG Rz. 25.
5 GMP/*Schlewing*, § 97 Rz. 35; GK-ArbGG/*Ahrendt*, § 97 Rz. 83; GWBG/*Greiner*, § 97 Rz. 23.
6 Vgl. BGH v. 22.9.1982 – IVb ZR 576/80, NJW 1983, 230 (selbst bei Anwendung des § 581 keine Bindung).
7 Vgl. MünchKommZPO/*Gruber*, § 14 EGZPO Rz. 4; aA GK-ArbGG/*Ahrendt*, § 97 Rz. 83.

VIII. Aussetzung eines anderen Verfahrens (Abs. 5)

Über die Frage der Tariffähigkeit und Tarifzuständigkeit einer Vereinigung soll ausschließlich im arbeitsgerichtlichen Beschlussverfahren nach § 2a Abs. 1 Nr. 4 mit den sich aus § 97 Abs. 1–4 ergebenden Besonderheiten mit bindender Wirkung (dazu Rz. 34) entschieden werden. Hängt die Entscheidung eines anderen Rechtsstreites von dieser Vorfrage ab[1], ist er nach § 97 Abs. 5 bis zur Erledigung des Verfahrens nach § 2a Abs. 1 Nr. 4 auszusetzen. Durch die notwendige Aussetzung soll unabhängig von den zufälligen Gegebenheiten des jeweiligen Ausgangsverfahrens in einem objektivierten Verfahren, in dem die jeweils beteiligten Personen und Stellen anzuhören sind, ein Höchstmaß an Klarheit über die Befugnis zur Normsetzung gesichert werden[2]. Daher ist für die Aussetzung auch **nicht erforderlich, dass bereits ein Beschlussverfahren nach § 2a Abs. 1 Nr. 4 anhängig ist**[3]. 41

1. Voraussetzungen der Aussetzungspflicht

a) Tariffähigkeit oder Tarifzuständigkeit als Vorfrage im auszusetzenden Verfahren

In dem auszusetzenden Verfahren muss es als Vorfrage um die **Tariffähigkeit oder Tarifzuständigkeit** einer Vereinigung gehen (dazu Rz. 4 iVm. § 2a Rz. 111 ff.). Dabei macht es keinen Unterschied, ob die Tariffähigkeit einer Vereinigung schlechthin im Streit ist oder ob lediglich die „relative" Tariffähigkeit für den Abschluss von Firmentarifverträgen bestritten wird[4]. Wenn man mit der hM auch den Streit um die **Gewerkschaftseigenschaft** einer ArbN-Vereinigung zu den Angelegenheiten des § 2a Abs. 1 Nr. 4 zählt (dazu § 2a Rz. 115), müssen konsequenterweise auch Streitigkeiten mit dieser Vorfrage ausgesetzt werden[5]. 42

Die Tariffähigkeit oder Tarifzuständigkeit muss **vorgreiflich** sein, dh. die Entscheidung des Rechtsstreits muss in dem Sinne davon abhängen, dass sie bei Bejahung der Tariffähigkeit bzw. Tarifzuständigkeit anders ausfällt als bei ihrer Verneinung. An der Vorgreiflichkeit fehlt es, wenn die Frage der Tariffähigkeit oder Tarifzuständigkeit offen bleiben kann[6]. Darüber hat das Gericht des Ausgangsverfahrens selbstständig durch eine Schlüssigkeits- und Erheblichkeitsprüfung ggf. mit Beweisaufnahme zu befinden[7]. Vorgreiflichkeit kann etwa dann gegeben sein, wenn Rechte aus einem Tarifvertrag geltend gemacht werden, den die Vereinigung, um deren Tariffähigkeit oder -zuständigkeit es geht, abgeschlossen hat. Notwendig ist das freilich nicht[8]. Eine Aussetzung nach § 97 Abs. 5 hat ferner dann zu erfolgen, wenn der Anspruch gegen den ArbGeb auf einen Verbandstarifvertrag gestützt wird und der ArbGeb seine Tarifbindung unter Berufung auf eine bloße OT-Mitgliedschaft im Verband bestreitet; dann geht es nämlich als Vorfrage um die Tarifzuständigkeit des Verbandes für seine OT-Mitglieder[9]. Schließlich ist ein Urteilsverfahren auf Schadensersatz wegen eines rechtswidrigen Streiks auszusetzen, wenn die Rechtswidrigkeit mit der fehlenden Tarifzuständigkeit der streikenden Gewerkschaft begründet wird[10]. 43

b) Zweifel an der Tariffähigkeit oder Tarifzuständigkeit

Die Aussetzung ist nur dann geboten, wenn die Frage der Tariffähigkeit oder Tarifzuständigkeit **zweifelhaft** ist[11]. Das ist in erster Linie dann der Fall, wenn die Beteiligten darüber streiten. Das Gericht muss das 44

---

1 BAG v. 28.1.2008 – 3 AZB 30/07, NZA 2008, 489 (490), wo im konkreten Fall (Christliche Gewerkschaft für Zeitarbeit und Personalserviceagenturen – CGZP) die Entscheidungserheblichkeit verneint wurde.
2 BAG v. 22.3.2017 – 1 AZB 55/16, NZA 2017, 805 Rz. 16; BAG v. 19.12.2012 – 1 AZB 72/12, BeckRS 2014, 73573; BAG v. 24.7.2012 – 1 AZB 47/11, NZA 2012, 1061 (Rz. 4); BAG v. 25.9.1996 – 1 ABR 25/96, NZA 1997, 668 (670).
3 BAG v. 25.9.1996 – 1 ABR 25/96, NZA 1997, 668 (670) m. zust. Anm. *Oetker* in AP Nr. 4 zu § 97 ArbGG (1979); BAG v. 14.2.1957 – VII ZR 287/56, BAGE 23, 320.
4 BAG v. 25.9.1996 – 1 ABR 25/96, NZA 1997, 668 (670).
5 So BAG v. 23.4.1971 – 1 ABR 26/70, BAGE 23, 320; GMP/*Schlewing*, § 97 Rz. 9; Natter/Gross/*Zimmermann*, § 97 Rz. 32; ebenso BVerwG v. 25.7.2006 – 6 P 17/05, NZA 2006, 1371 (1372), das allerdings im konkreten Fall Vorgreiflichkeit verneint hat; aM BAG v. 22.12.1960 – 2 AZR 140/58, AP § 11 ArbGG 1953 Nr. 25 Bl. 3 (wenn die Gewerkschaftseigenschaft nur Vorfrage für die Parteifähigkeit ist) m. krit. Anm. *Nikisch*; GK-ArbGG/*Ahrendt*, § 97 Rz. 88; MünchArbR/*Jacobs*, § 345 Rz. 54.
6 BAG v. 22.3.2017 – 1 AZB 55/16, NZA 2017, 805 Rz. 21; BAG v. 19.12.2012 – 1 AZB 72/12, BeckRS 2014, 73573; BAG v. 28.1.2008 – 3 AZB 30/07, NZA 2008, 489 (490).
7 BAG v. 19.12.2012 – 1 AZB 72/12, BeckRS 2014, 73573; BAG v. 24.7.2012 – 1 AZB 47/11, NZA 2012, 1061 (Rz. 5).
8 *Otto*, Anm. zu BAG v. 10.5.1989 – 4 AZR 168/88, EzA § 256 ZPO Nr. 32.
9 BAG v. 23.10.1996 – 4 AZR 409/95 (A), NZA 1997, 383 (384 f.).
10 BAG v. 19.11.1985 – 1 ABR 37/83, NZA 1986, 480 (481).
11 BAG v. 22.3.2017 – 1 AZB 55/16, NZA 2017, 805 Rz. 16, 19; BAG v. 19.12.2012 – 1 AZB 72/12, DB 2013, 21; eingehend BAG v. 24.7.2012 – 1 AZB 47/11, NZA 2012, 1061 (1062, Rz. 7 ff.); BAG v. 28.1.2008 – 3 AZB 30/07, NZA 2008, 489 (490); BAG 22.9.1993 – 10 AZR 535/91, NZA 1994, 562; BAG v. 23.10.1996 – 4 AZR 409/95, SAE 1997, 169 (171).

Verfahren aber auch dann aussetzen, wenn es im Gegensatz zu den Beteiligten selbst Bedenken gegen die Tariffähigkeit oder Tarifzuständigkeit hat. Nur wenn weder das eine noch das andere der Fall ist, weil eben keine vernünftigen Zweifel bestehen[1], kann das Gericht auch dann, wenn eine Partei die Tariffähigkeit oder -zuständigkeit in Frage stellt, selbst entscheiden[2].

44a Eine **Aussetzung** nach § 97 Abs. 5 kommt trotz bestehender Zweifel **nicht** in Betracht, wenn über die Frage der Tariffähigkeit bzw. Tarifzuständigkeit bereits **rechtskräftig entschieden** und dieser Beschluss noch immer bindend ist[3] (dazu Rz. 35). Bei einer anhängigen Verfassungsbeschwerde gegen eine solche rechtskräftige Entscheidung kommt allenfalls eine im Ermessen des Gerichts stehende Aussetzung nach § 148 ZPO in Betracht[4]. Falls in einem rechtskräftigen Beschluss nach § 97 die Tarifunfähigkeit oder -unzuständigkeit einer Vereinigung **wegen fehlender sozialer Mächtigkeit** nur gegenwartsbezogen festgestellt wurde und es in einem späteren Rechtsstreit auf die Tariffähigkeit oder -zuständigkeit in einem früheren Zeitpunkt ankommt, ist dieser Rechtsstreit grds. bis zur Erledigung eines neuen Beschlussverfahrens nach § 2a Abs. 1 Nr. 4, § 97 auszusetzen[5]. Falls es dagegen in dem Rechtsstreit auf die soziale Mächtigkeit zu einem dem Beschluss nach § 97 nachfolgenden Zeitpunkt ankommt, steht die Rechtskraft dieses Beschlusses einer erneuten Aussetzung so lange entgegen, bis sich die entscheidungserheblichen tatsächlichen Verhältnisse wesentlich geändert haben[6].

44b Wenn die gegenwartsbezogene Feststellung der Tarifunfähigkeit in dem Beschluss nach § 97 mit einem **Satzungsmangel** begründet wurde, kann die Beurteilung der in § 2a Abs. 1 Nr. 4 genannten Eigenschaften für die Geltungsdauer der Satzung nur einheitlich erfolgen; dann scheidet in Rechtsstreitigkeiten, in denen es um die Tariffähigkeit in diesem Zeitraum geht, eine Aussetzung aus[7]. Die Rechtskraft der Entscheidung nach § 97 erstreckt sich in solchen Fällen auf den gesamten Geltungszeitraum der Satzung. Um einen solchen Fall ging es im Zusammenhang mit der Tariffähigkeit der CGZP. Nachdem das LAG Berlin-Brandenburg[8] rechtskräftig festgestellt hatte, dass die CGZP aufgrund ihrer Gründungssatzung vom 11.12.2002 und der Satzungsänderung vom 5.12.2005 weder Gewerkschaft iSv. § 2 Abs. 1 TVG noch tariffähige Spitzenorganisation iSv. § 2 Abs. 2 oder 3 TVG war, stand damit rechtskräftig fest, dass die CGZP von Anfang an bis zum Zeitpunkt der nächsten Satzungsänderung am 8.10.2009 nicht tariffähig war[9]. Soweit für Klagen auf Nachzahlung von Lohn aus dieser Zeit die Tarifunfähigkeit von Bedeutung war, lagen die Voraussetzungen für eine Aussetzung nach § 97 Abs. 5 nicht vor. Für die Zeit ab der Satzungsänderung am 8.10.2009 galt Entsprechendes seit dem Beschluss des BAG[10], mit dem es auf Grundlage dieser Satzung die Tarifunfähigkeit der CGZP rechtskräftig festgestellt hat[11].

c) Art des auszusetzenden Verfahrens

45 Die Aussetzung ist unter den genannten Voraussetzungen in **jedem Gerichtsverfahren** gleich welcher Gerichtsbarkeit und ohne Rücksicht auf Verfahrensart und Gegenstand geboten[12]. Bei dem anderen Rechtsstreit kann es sich daher sowohl um ein arbeitsgerichtliches Urteilsverfahren oder ein arbeitsgerichtliches Beschlussverfahren mit einem anderen Gegenstand als auch um ein Verfahren in einem anderen Rechtsweg (zB ein verwaltungsgerichtliches Beschlussverfahren in einer Personalvertretungssache) handeln. Auch ein besonderes Beschlussverfahren nach § 98 ist auszusetzen, wenn es dort für die Wirksamkeit einer AVE entscheidungserheblich auf die Tariffähigkeit oder Tarifzuständigkeit der Parteien des für allgemeinverbindlich erklärten Tarifvertrags ankommt und vernünftige Zweifel an der Tariffähigkeit oder -zustän-

---

1 BAG v. 24.7.2012 – 1 AZB 47/11, NZA 2012, 1061 (1062, Rz. 9).
2 Vgl. BAG v. 28.1.2008 – 3 AZB 30/07, NZA 2008, 489 (490); BAG v. 22.9.1993 – 10 AZR 535/91, NZA 1994, 562; GMP/*Schlewing*, § 97 Rz. 11; GK-ArbGG/*Ahrendt*, § 97 Rz. 89; GWBG/*Greiner*, § 97 Rz. 27 f.; Hauck/Helml/Biebl/*Hauck*, § 97 Rz. 8; *Oetker*, Anm. zu BAG v. 25.9.1996 – 1 ABR 25/96, AP Nr. 4 zu § 97 ArbGG 1979.
3 BAG v. 24.7.2012 – 1 AZB 47/11, NZA 2012, 1061 (1062, Rz. 12); BAG v. 1.2.1983 – 1 ABR 33/78, BAGE 41, 316.
4 LAG Düsseldorf v. 22.3.2017 – 4 TaBV 102/16, Rz. 27 ff., BeckRS 2017, 110954.
5 LAG Rh.-Pf. v. 16.1.2012 – 11 Ta 274/11, DB 2012, 356 (Ls.); ArbG Freiburg v. 13.4.2011 – 3 Ca 497/10, DB 2011, 1001 f.; *Lembke*, NZA 2011, 1062 ff.; *Lembke*, NZA-Beil. 2012, 66 (68) mwN.
6 BAG v. 23.5.2012 – 1 AZB 58/11, NZA 2012, 623 (625, Rz. 10).
7 BAG v. 23.5.2012 – 1 AZB 58/11, NZA 2012, 623 (624, Rz. 10), fehlende Tariffähigkeit der CGZP von Anfang an.
8 LAG Berlin-Brandenburg v. 9.1.2012 – 24 TaBV 1285/11.
9 BAG v. 23.5.2012 – 1 AZB 58/11, NZA 2012, 623.
10 BAG v. 14.12.2010 – 1 ABR 19/10, NZA 2011, 289.
11 BAG v. 23.5.2012 – 1 AZB 67/11, NZA 2012, 625.
12 BAG v. 25.9.1996 – 1 ABR 25/96, NZA 1997, 668; BVerwG v. 25.7.2006 – 6 P 17/05, NZA 2006, 1371 (1372); GMP/*Schlewing*, § 97 Rz. 11; GK-ArbGG/*Ahrendt*, § 97 Rz. 86 f.; MünchArbR/*Jacobs*, § 345 Rz. 54; Natter/Gross/Zimmermann, § 97 Rz. 30; aA *Dietz/Nikisch*, § 97 ArbGG Rz. 28.

digkeit bestehen¹. Unerheblich ist, in welcher **Instanz** das auszusetzende Verfahren anhängig ist². Nach Beendigung des Verfahrens zur Feststellung der Tariffähigkeit oder Tarifzuständigkeit wird das ausgesetzte Verfahren in der Instanz fortgesetzt, in der die Aussetzungsentscheidung erging³.

d) Ausnahmen von der Aussetzungspflicht

Von dieser Aussetzungspflicht gibt es lediglich **zwei Ausnahmen**: Ein Beschlussverfahren nach § 97 zwecks Feststellung der Tariffähigkeit einer Spitzenorganisation muss entgegen der Ansicht des BAG⁴ nicht ausgesetzt werden, wenn es in diesem Verfahren als Vorfrage auf die Tariffähigkeit eines Mitgliedsverbandes in der Spitzenorganisation ankommt; denn den Besonderheiten des § 97 kann in dem die Spitzenorganisation betreffenden Verfahren auch im Hinblick auf die Vorfrage über die Tariffähigkeit oder Tarifzuständigkeit des Mitgliedsverbandes ohne weiteres Rechnung getragen werden. Nicht auszusetzen ist ferner ein **Verfahren im einstweiligen Rechtsschutz**⁵. Eine Aussetzung würde sich nämlich nicht mit dessen Eilbedürftigkeit vertragen.

46

2. Aussetzungsentscheidung

Liegen die Voraussetzungen des Abs. 5 vor, hat das Gericht den Rechtsstreit **von Amts wegen** auszusetzen. Eines Antrages der Parteien bedarf es insoweit nicht⁶. Auch eine Aussetzung durch das BAG setzt nicht voraus, dass die vom LAG unterlassene Aussetzung von einer Partei gerügt wurde⁷. In dem Aussetzungsbeschluss ist die Vorgreiflichkeit der in § 2a Abs. 1 Nr. 4 genannten Eigenschaften zu begründen; der Zeitpunkt, zu dem die in § 2a Abs. 1 Nr. 4 genannten Eigenschaften vorliegen müssen, ist in dem Beschluss anzugeben⁸.

47

Die **Anfechtbarkeit** der Aussetzungsentscheidung richtet sich nach den jeweiligen Verfahrensvorschriften. Im Zivilprozess ist die sofortige Beschwerde nach §§ 567 ff. ZPO gegeben. Im arbeitsgerichtlichen Verfahren gilt das gem. § 78 Satz 1 nur für Aussetzungsentscheidungen des ArbG. Gegen die Entscheidung des LAG ist die Rechtsbeschwerde nur zulässig, wenn sie vom LAG zugelassen worden ist (§ 78 Satz 2 iVm. § 72 Abs. 2). § 90 Abs. 3, wonach gegen Beschlüsse des LAG kein Rechtsmittel stattfindet, steht der Stathaftigkeit der zugelassenen Rechtsbeschwerde gegen Beschwerdeentscheidungen des LAG iSv. § 78 S. 1 nicht entgegen; denn diese Anordnung beruht auf einem Redaktionsversehen⁹. Im Beschwerdeverfahren ist die Ansicht des aussetzenden Gerichts über die Entscheidungserheblichkeit der Tariffähigkeit nur begrenzt nachprüfbar. Sie ist solange anzunehmen, wie der Mangel der Entscheidungserheblichkeit nicht offensichtlich ist¹⁰.

48

Das Gericht, das zur Entscheidung über die Tariffähigkeit oder Tarifzuständigkeit angerufen wurde, hat die **Richtigkeit der Aussetzungsentscheidung nicht nachzuprüfen**. Es prüft nur die Zulässigkeit und Begründetheit des Antrages nach § 2a Abs. 1 Nr. 4¹¹. Hält es die Vorfrage für rechtskräftig entschieden, ist es an den Inhalt dieser Entscheidung bei seiner eigenen Sachentscheidung gebunden. Es darf den Antrag dagegen mangels Kompetenz zur Überprüfung der Aussetzungsentscheidung nicht als unzulässig abweisen¹².

49

Die Verletzung der Aussetzungspflicht durch das Gericht stellt einen **Verfahrensfehler** dar. Er ist nach Maßgabe der jeweiligen Verfahrensvorschriften zu berücksichtigen. Im Urteilsverfahren ist er in der Berufungs- und Revisionsinstanz auf Verfahrensrüge hin zu beachten¹³.

50

---

1 BAG v. 21.9.2016 – 10 ABR 33/15, NZA-Beilage 1/2017, 12 Rz. 121 f.
2 BAG v. 23.4.1971 – 1 ABR 26/70, BAGE 23, 320; BAG v. 23.10.1996 – 4 AZR 409/95, NZA 1997, 383: Aussetzung durch das BAG; BAG v. 23.2.2005 – 4 AZR 186/04, NZA 2005, 1320 (Os.); BVerwG v. 25.7.2006 – 6 P 17/05, NZA 2006, 1371 (1372).
3 GWBG/*Greiner*, § 97 Rz. 31.
4 Beschl. v. 2.11.1960 – 1 ABR 18/59, BAGE 23, 320 (325) m. zust. Anm. *Bötticher* in AP Nr. 1 zu § 97 ArbGG 1953.
5 LAG Hamm v. 12.6.1975 – 8 TaBV 37/75, EzA § 46 BetrVG 1972 Nr. 1, S. 2 f.; GMP/*Schlewing*, § 97 Rz. 11; GWBG/*Greiner*, § 97 Rz. 27; Hauck/Helml/Biebl/*Hauck*, § 97 Rz. 8; *Konzen*, FS Kraft, S. 291 (305); *Walker*, Der einstweilige Rechtsschutz, Rz. 355, 358.
6 BAG v. 23.10.1996 – 4 AZR 409/95 (A), NZA 1997, 383; GMP/*Schlewing*, § 97 Rz. 14; *Oetker*, Anm. zu BAG v. 25.9.1996 – 1 ABR 25/96, AP § 97 ArbGG 1979 Nr. 4.
7 So aber BAG v. 22.12.1960 – 2 AZR 140/58, AP Nr. 25 zu § 11 ArbGG 1953, Bl. 3 R für das Urteilsverfahren.
8 BAG v. 19.12.2012 – 1 AZB 72/12, DB 2013, 21; BAG v. 24.7.2012 – 1 AZB 47/11, NZA 2012, 1061 (Rz. 5).
9 BAG v. 22.3.2017 – 1 AZB 55/16, NZA 2017, 805 Rz. 7, 10 ff.
10 BAG v. 28.1.2008 – 3 AZB 30/07, NZA 2008, 489 (5. Os.); BAG v. 26.10.2009 – 3 AZB 24/09, NZA 2009, 1436 (1437).
11 Vgl. *Rüthers/Roth*, Anm. zu BAG v. 16.11.1982 – 1 ABR 22/78, AP Nr. 32 zu § 2 TVG.
12 GMP/*Schlewing*, § 97 Rz. 15.
13 Vgl. BAG v. 22.12.1960 – 2 AZR 140/58, AP Nr. 25 zu § 11 ArbGG 1953 (zur Revisionsinstanz).

3. Antragsberechtigung nach Abs. 5 Satz 2 für das Verfahren nach Abs. 1

51 Die Aussetzung allein führt noch nicht zur Einleitung eines Verfahrens zur Feststellung der Tariffähigkeit oder Tarifzuständigkeit. Dazu bedarf es vielmehr eines Antrages[1]. Da die nach § 97 Abs. 1 Antragsberechtigten nicht zur Einleitung des Verfahrens verpflichtet sind, räumt § 97 Abs. 5 Satz 2 konsequent auch den **Parteien des unter Abs. 5 Satz 1 fallenden Rechtsstreits** eine Antragsberechtigung für die Einleitung des Verfahrens nach § 2a Abs. 1 Nr. 4 ein. Die Zulässigkeit ihres Antrages darf nicht mit der Begründung verneint werden, sie seien nicht beteiligungsfähig, wenn sie im ausgesetzten Verfahren partei- bzw. beteiligtenfähig sind[2] oder zumindest so angesehen wurden. Die Antragsberechtigung nach § 97 Abs. 5 Satz 2 beschränkt sich auf die Vorfrage, wegen derer das Gericht sein Verfahren ausgesetzt hat[3]. Welche Vorfrage das aussetzende Gericht für entscheidungserheblich hält, ist ggf. durch Auslegung des Aussetzungsbeschlusses zu ermitteln. Es kommt nicht darauf an, ob diese Vorfrage wirklich vorgreiflich ist[4].

52 Fraglich ist, ob die besondere Antragsberechtigung nach § 97 Abs. 5 Satz 2 die **Aussetzung des Verfahrens nach Satz 1**[5] oder jedenfalls die Rechtshängigkeit dieses Verfahrens **voraussetzt** oder ob sie schon bei einer zwar entstandenen, aber noch nicht anhängigen Streitigkeit besteht. Die besseren Gründe sprechen für die erste Ansicht. § 97 Abs. 5 Satz 2 geht in seiner systematischen Stellung zu Abs. 1 und Abs. 5 Satz 1 davon aus, dass das fragliche Verfahren bereits ausgesetzt ist. Vor allem steht aufgrund einer anderweitigen noch nicht rechtshängigen Streitigkeit noch nicht fest, ob es darüber zu einem Rechtsstreit kommt, und selbst aus der Rechtshängigkeit dieser Streitigkeit kann noch nicht darauf geschlossen werden, dass die Tariffähigkeit- oder Tarifzuständigkeit zweifelhaft und entscheidungserheblich ist.

§ 98 Entscheidung über die Wirksamkeit einer Allgemeinverbindlicherklärung oder einer Rechtsverordnung

(1) In den Fällen des § 2a Abs. 1 Nr. 5 wird das Verfahren eingeleitet auf Antrag
1. jeder natürlichen oder juristischen Person oder
2. einer Gewerkschaft oder einer Vereinigung von Arbeitgebern,

die nach Bekanntmachung der Allgemeinverbindlicherklärung oder der Rechtsverordnung geltend macht, durch die Allgemeinverbindlicherklärung oder die Rechtsverordnung oder deren Anwendung in ihren Rechten verletzt zu sein oder in absehbarer Zeit verletzt zu werden.

(2) Für Verfahren nach § 2a Abs. 1 Nr. 5 ist das Landesarbeitsgericht zuständig, in dessen Bezirk die Behörde ihren Sitz hat, die den Tarifvertrag für allgemeinverbindlich erklärt hat oder die Rechtsverordnung erlassen hat.

(3) Für das Verfahren sind § 80 Abs. 1, 2 Satz 1 und Abs. 3, §§ 81, 83 Abs. 1 und 2 bis 4, §§ 83a, 84 Satz 1 und 2, § 90 Abs. 3, § 91 Abs. 2 und §§ 92 bis 96 entsprechend anzuwenden. Für die Vertretung der Beteiligten gilt § 11 Abs. 4 und 5 entsprechend. In dem Verfahren ist die Behörde, die den Tarifvertrag für allgemeinverbindlich erklärt hat oder die Rechtsverordnung erlassen hat, Beteiligte.

(4) Der rechtskräftige Beschluss über die Wirksamkeit einer Allgemeinverbindlicherklärung oder einer Rechtsverordnung wirkt für und gegen jedermann. Rechtskräftige Beschlüsse von Gerichten für Arbeitssachen im Verfahren nach § 2a Abs. 1 Nr. 5 sind alsbald der obersten Arbeitsbehörde des Bundes in vollständiger Form abschriftlich zu übersenden oder elektronisch zu übermitteln. Soweit eine Allgemeinverbindlicherklärung oder eine Rechtsverordnung rechtskräftig als wirksam oder unwirksam festgestellt wird, ist die Entscheidungsformel durch die oberste Arbeitsbehörde des Bundes im Bundesanzeiger bekannt zu machen.

(5) In den Fällen des § 2a Abs. 1 Nr. 5 findet eine Wiederaufnahme des Verfahrens auch dann statt, wenn die Entscheidung über die Wirksamkeit einer Allgemeinverbindlicherklärung oder einer

---

1 GMP/*Schlewing*, § 97 Rz. 17; GK-ArbGG/*Ahrendt*, § 97 Rz. 53; GWBG/*Greiner*, § 97 Rz. 92. Unklar *Kempen/Zachert*, § 2 TVG Rz. 141.
2 GMP/*Schlewing*, § 97 Rz. 23.
3 BAG v. 18.7.2006 – 1 ABR 36/05, NZA 2006, 1225 (Nr. 18 f.); BAG v. 29.6.2004 – 1 ABR 14/03, NZA 2004, 1236 (1237).
4 BAG v. 29.6.2004 – 1 ABR 14/03, NZA 2004, 1236 (1237).
5 So *Dietz/Nikisch*, § 97 ArbGG Rz. 16; GMP/*Schlewing*, § 97 Rz. 23.

Rechtsverordnung darauf beruht, dass ein Beteiligter absichtlich unrichtige Angaben oder Aussagen gemacht hat. § 581 der Zivilprozessordnung findet keine Anwendung.

(6) Hängt die Entscheidung eines Rechtsstreits davon ab, ob eine Allgemeinverbindlicherklärung oder eine Rechtsverordnung wirksam ist und hat das Gericht ernsthafte Zweifel nichtverfassungsrechtlicher Art an der Wirksamkeit der Allgemeinverbindlicherklärung oder der Rechtsverordnung, so hat das Gericht das Verfahren bis zur Erledigung des Beschlussverfahrens nach § 2a Absatz 1 Nummer 5 auszusetzen. Setzt ein Gericht für Arbeitssachen nach Satz 1 einen Rechtsstreit über den Leistungsanspruch einer gemeinsamen Einrichtung aus, hat das Gericht auf deren Antrag den Beklagten zur vorläufigen Leistung zu verpflichten. Die Anordnung unterbleibt, wenn das Gericht die Allgemeinverbindlicherklärung oder die Rechtsverordnung nach dem bisherigen Sach- und Streitstand für offensichtlich unwirksam hält oder der Beklagte glaubhaft macht, dass die vorläufige Leistungspflicht ihm einen nicht zu ersetzenden Nachteil bringen würde. Auf die Entscheidung über die vorläufige Leistungspflicht finden die Vorschriften über die Aussetzung entsprechend Anwendung; die Entscheidung ist ein Vollstreckungstitel gemäß § 794 Absatz 1 Nummer 3 der Zivilprozessordnung. Auch außerhalb eines Beschwerdeverfahrens können die Parteien die Änderung oder Aufhebung der Entscheidung über die vorläufige Leistungspflicht wegen veränderter oder im ursprünglichen Verfahren ohne Verschulden nicht geltend gemachter Umstände beantragen. Ergeht nach Aufnahme des Verfahrens eine Entscheidung, gilt § 717 der Zivilprozessordnung entsprechend. Im Falle des Satzes 1 sind die Parteien des Rechtsstreits auch im Beschlussverfahren nach § 2a Absatz 1 Nummer 5 antragsberechtigt.

I. Gesetzgebungsgeschichte und Überblick über den Inhalt des § 98 1	3. Erga-omnes-Wirkung rechtskräftiger Beschlüsse (Abs. 4) 24
II. Funktion des § 98 3	XI. Erleichterte Wiederaufnahme des Verfahrens (Abs. 5) 26
III. Gegenstand des Verfahrens 4	XII. Aussetzung eines anderen Verfahrens (Abs. 6) 29
IV. Einleitung des Verfahrens durch Antrag . . 6	
1. Antragsbefugnis 7	1. Auszusetzende Rechtsstreitigkeiten 30
a) Antragsbefugnis nach Abs. 1 8	2. Voraussetzungen der Aussetzung 31
b) Antragsbefugnis nach Abs. 6 Satz 7 10	a) Entscheidungserheblichkeit der Wirksamkeit einer AVE oder RechtsVO 31
2. Inhalt eines statthaften Antrags 12	b) Ernsthafte Wirksamkeitszweifel 32
V. Unzulässigkeit des Antrags bei anderweitiger Rechtshängigkeit oder entgegenstehender Rechtskraft 13	c) Wirksamkeitszweifel nicht verfassungsrechtlicher Art 33
VI. Sachliche und örtliche Zuständigkeit (Abs. 2) 14	3. Aussetzungsbeschluss 34
1. Sachliche Zuständigkeit 15	4. Effektiver Rechtsschutz für den Kläger im ausgesetzten Verfahren 35
2. Örtliche Zuständigkeit 16	a) Einstweiliger Rechtsschutz im ausgesetzten Verfahren? 36
VII. Rechtsschutzinteresse 17	
VIII. Beteiligte 18	b) Strenge Anforderungen an die „ernsthaften Wirksamkeitszweifel" 37
IX. Verfahrensregelungen (Abs. 3)	
1. Grundsatz: Anwendbarkeit der meisten Vorschriften über das Beschlussverfahren 19	5. Anordnung vorläufiger Leistungspflicht (Abs. 6 Satz 2 bis 6) 38
2. Ausnahme: Keine Anwendbarkeit nicht passender Vorschriften 20	a) Sinn: Stärkung der Sozialkassen durch Anordnung vorläufiger Leistungspflicht . . . 39
X. Prüfung und Entscheidung	b) Voraussetzungen und Hindernisse für die Anordnung vorläufiger Leistungspflicht . 40
1. Prüfung und Beschluss der Kammer 22	
2. Rechtsmittel 23	c) Rechtsbehelfe, Schadensersatzpflicht . . . 41

Schrifttum: *Bader*, § 98 ArbGG nF und die Frage der Aussetzung, NZA 2015, 644; *Maul-Sartori*, Der neue § 98 ArbGG, NZA 2014, 1305; *Walker*, Das Verfahren nach § 98 ArbGG zur Feststellung der Wirksamkeit einer Allgemeinverbindlicherklärung oder Rechtsverordnung, Jahrbuch des Arbeitsrechts 52 (2015), 95.

I. Gesetzgebungsgeschichte und Überblick über den Inhalt des § 98

1 § 98 wurde neu eingefügt durch das Tarifautonomiestärkungsgesetz[1]. Der bis dahin geltende § 98 über das Beschlussverfahren zur Entscheidung über die Besetzung der Einigungsstelle ist damals zu § 99 (vorher unbesetzt) aufgerückt und wurde durch das Tarifeinheitsgesetz vom 3.7.2015 mit Wirkung zum 10.7.2015 aufgrund der Einfügung des heutigen § 99 zur Entscheidung über den bei einer Tarifkollision im Betrieb anwendbaren Tarifvertrag zu § 100. Abs. 6 ist aufgrund des Gesetzes zur Sicherung der tarifvertraglichen Sozialkassenverfahren und zur Änderung des Arbeitsgerichtsgesetzes vom 1.9.2017[2] ergänzt worden (dazu Rz. 32 f., Rz. 38 ff.).

2 Die Norm regelt in Anlehnung an § 97 verfahrensrechtliche Besonderheiten eines speziellen Beschlussverfahrens. Es geht um das Verfahren nach dem gleichzeitig neu eingefügten § 2a Abs. 1 Nr. 5 (s. § 2a Rz. 116a), wenn über die Wirksamkeit einer Allgemeinverbindlicherklärung (AVE) nach dem TVG oder einer RechtsVO nach dem AEntG oder dem AÜG entschieden wird. Bei § 98 handelt es sich um ein abstraktes Normenkontrollverfahren[3]. Abs. 1 regelt die Antragsbefugnis. Für die sachliche und örtliche Zuständigkeit enthält Abs. 2 eine Sonderregelung. Abs. 3 bestimmt, welche allgemeinen Vorschriften des Beschlussverfahrens anwendbar sind. In Abs. 4 ist die erga-omnes-Wirkung des rechtskräftigen Beschlusses angeordnet. Abs. 5 regelt Erleichterungen für die Wiederaufnahme des Verfahrens. In Abs. 6 ist bestimmt, dass ein anderer Rechtsstreit, dessen Ausgang von der Entscheidung in dem Verfahren nach § 2a Abs. 1 Nr. 5 abhängt, bis zur Erledigung dieses Verfahrens auszusetzen ist.

II. Funktion des § 98

3 Die Funktion des neuen § 98[4] ähnelt derjenigen des § 97 für Verfahren über die Tariffähigkeit oder Tarifzuständigkeit einer Vereinigung. Bis zur Einfügung der § 2a Abs. 1 Nr. 5, § 98 konnten mit der Entscheidung über die Wirksamkeit einer AVE oder einer tariferstreckenden RechtsVO VerwGe[5], ArbGe[6] und SozGe[7] befasst werden. Alle Entscheidungen in den verschiedenen Rechtswegen wirkten nur inter partes und konnten sich widersprechen. Durch die Einführung dieses besonderen Beschlussverfahrens mit ausschließlicher Zuständigkeit der ArbGe wollte der Gesetzgeber sicherstellen, dass nur noch die insoweit als besonders sachkundig angesehenen Gerichte für Arbeitssachen über die Wirksamkeit einer AVE und einer der genannten RechtsVOen entscheiden[8]. Durch ihre Entscheidungen soll die Wirksamkeit der Tarifnormerstreckung mit Wirkung gegenüber jedermann und mit Bindungswirkung für die Vielzahl der davon abhängigen Einzelrechtsstreitigkeiten in allen Rechtswegen und Instanzen geklärt werden.

III. Gegenstand des Verfahrens

4 Das Verfahren nach § 98 findet nur in den Fällen statt, die in § 2a Abs. 1 Nr. 5 genannt sind. Erfasst werden also Streitigkeiten um die Wirksamkeit bestimmter Rechtsakte zur Tarifnormerstreckung. Dazu gehört die **AVE eines Tarifvertrages nach § 5 TVG**. Ferner werden Streitigkeiten über die Wirksamkeit von **RechtsVOen nach § 7 oder § 7a AEntG** erfasst sowie solche, in denen über die Wirksamkeit einer **RechtsVO nach § 3a AÜG** gestritten wird. Die § 2a Abs. 1 Nr. 5, § 98 gelten auch für Streitigkeiten über die Wirksamkeit solcher AVEen oder RechtsVOen, die bereits wieder **außer Kraft getreten** sind[9]; denn die gerichtlichen Entscheidungen nach § 98 wirken ex tunc und können daher trotz bereits abgelaufener Geltungsdauer noch Folgen haben. Ob solche Folgen für den konkreten Antragsteller möglich sind, ist für

---

1 Zur Gesetzesgeschichte und -begründung s. Regierungsentwurf vom 11.4.2014: BR-Drs. 147/14; BT-Drs. 18/1558; Beschlussempfehlung und Bericht des Ausschusses für Arbeit und Soziales vom 2.7.2014: BT-Drs. 18/2010; Bericht des Haushaltsausschusses vom 2.7.2014: BT-Drs. 18/2011; Beschluss des Bundestages vom 3.7.2014: BR-Drs. 288/14; Zustimmung des Bundesrates vom 11.7.2014: BR-Drs. 288/14 (Beschluss).
2 BGBl. I S. 3356 (3365). Zur Begründung siehe BT-Drs. 18/12510, S. 876 f.
3 BAG v. 21.9.2016 – 10 ABR 33/15, NZA-Beil. 1/2017, 12 Rz. 42; *Walker*, JbArbR 52 (2015), 95 (97).
4 Dazu ausführlicher *Bader*, NZA 2015, 644; *Maul-Sartori*, NZA 2014, 1305 ff.; *Walker*, JbArbR 52 (2015), 95 (96 f.).
5 BVerwG v. 28.1.2010 – 8 C 19/09, NZA 2010, 718; 20.1.2010 – 8 C 38/09, NZA 2010, 1137.
6 Zu arbeitsgerichtlichen Inzidentprüfungen etwa BAG v. 18.4.2012 – 5 AZR 630/10, NZA 2012, 978 Rz. 22; v. 26.10.2009 – 3 AZB 24/09, NZA 2009, 1437 Rz. 17; v. 22.9.1993 – 10 AZR 371/92, NZA 1994, 323.
7 Zu einem solchen Fall BSG v. 14.7.2004 – B 12 KR 7/04 R, NZA 2004, 1378 (Kurzwiedergabe).
8 BR-Drs. 147/14, S. 30, 48, auch zur folgenden Begründung. Diese und alle folgenden Belegstellen aus BR-Drs. 147/14 finden sich auch in BT-Drs. 18/1558.
9 BAG v. 21.9.2016 – 10 ABR 33/15, NZA-Beil. 1/2017, 12 Rz. 36 ff., 49; BVerwG, v. 14.7.1978 – 7 N 1/78, NJW 1978, 2522; ErfK/*Koch*, § 98 ArbGG Rz. 3; GK-ArbGG/*Ahrendt*, § 98 Rz. 7; *Walker*, JbArbR 52 (2015), 95 (111).

dessen Antragsbefugnis oder Rechtsschutzinteresse (dazu Rz. 17) von Bedeutung[1]. Das Verfahren nach § 98 kann nach dem Gesetzeswortlaut nur gegen eine **im Bundesanzeiger bekanntgemachte AVE oder RechtsVO** eingeleitet werden. Ein bloßer Entwurf kann jedenfalls noch nicht Gegenstand des Verfahrens sein[2]. Dagegen sollte der Antrag nach § 98 Abs. 1 als zulässig angesehen werden, wenn das BMAS lediglich die von ihm zu veranlassende Bekanntmachung (Abs. 4 Satz 3; dazu Rz. 22) versäumt hat und der entstandene Anschein einer wirksamen Erstreckung aus der Welt geschaffen werden soll[3].

Die Aufzählung des § 2a Abs. 1 Nr. 5, auf den § 98 Abs. 1 verweist, ist abschließend[4]– § 98 ist insoweit **nicht analogiefähig**[5]. Deshalb erfassen die § 2a Abs. 1 Nr. 5, § 98 **nicht** Streitigkeiten über die Wirksamkeit von RechtsVOen nach § 11 AEntG und solche nach § 11 MiLoG, mit der die Bundesregierung die von der Mindestlohnkommission (§§ 4 ff. MiLoG) vorgeschlagene Anpassung des Mindestlohns für alle ArbGeb und ArbN verbindlich machen kann. Die Wirksamkeit dieser nicht erfassten RechtsVOen kann in anderen gerichtlichen Verfahren, in denen es darauf ankommt, inzident geprüft werden. Damit ist zwar das Risiko divergierender Entscheidungen verbunden. Dieses Risiko hat der Gesetzgeber bewusst in Kauf genommen. Das Verfahren nach § 98 ist ferner nicht die richtige Verfahrensart, wenn ein Antrag einer Tarifvertragspartei auf AVE abgelehnt und die AVE durchgesetzt werden soll[6]. Insoweit bleibt es bei der Zuständigkeit der Verwaltungsgerichte. Auch die Wirksamkeit einer von der AVE erfassten Tarifnorm selbst kann nicht im Verfahren nach § 98 ArbGG geprüft werden. Dazu gibt es das Verbandsklageverfahren nach § 9 TVG. Die in diesem Verfahren ergehenden Entscheidungen sind auch für Rechtsstreitigkeiten zwischen den tarifgebundenen Parteien oder zwischen diesen und Dritten für die Gerichte bindend (§ 9 TVG).

IV. Einleitung des Verfahrens durch Antrag

Das Verfahren nach § 98 wird wie alle Beschlussverfahren nur auf Antrag eingeleitet (§ 98 Abs. 1, 3 iVm. § 81 Abs. 1).

1. Antragsbefugnis

§ 98 Abs. 1 und Abs. 6 regeln die Antragsbefugnis. Diese muss bis zum Zeitpunkt der letzten mündlichen Verhandlung vorliegen[7].

a) Antragsbefugnis nach Abs. 1

Nach **Abs. 1** sind zunächst natürliche und juristische Personen sowie Gewerkschaften (auch wenn sie nicht als rechtsfähige Vereine organisiert sind) und Arbeitgebervereinigungen antragsbefugt, die nach Bekanntmachung der AVE oder RechtsVO geltend machen, durch die AVE oder RechtsVO oder ihrer Anwendung im Einzelfall in eigenen Rechten verletzt zu sein oder in absehbarer Zeit verletzt zu werden. Aus einer bloßen Behauptung einer Rechtsverletzung lässt sich die Antragsbefugnis noch nicht ableiten; vielmehr muss der Antragsteller konkrete Tatsachen vortragen, aus denen sich die Möglichkeit einer Rechtsverletzung durch die angegriffene AVE oder RechtsVO ergibt. Das Merkmal „in absehbarer Zeit" ist dem § 47 VwGO entlehnt[8]. Dort wird es bejaht, wenn die Rechtsverletzung so hinreichend wahrscheinlich ist, dass sich ein vorsichtig und vernünftig handelnder Betroffener zu dem betreffenden Zeitpunkt zur Antragstellung entschließen würde[9]. Das kann zB bei einer schon bekannt gemachten, aber noch nicht in Kraft getretenen AVE oder RechtsVO der Fall sein. Dagegen reicht es nicht aus, wenn die Rechtsverletzung nur als mehr oder weniger entfernte Möglichkeit erscheint oder noch völlig offen ist.

Für die **Geltendmachung der Verletzung eigener Rechte** muss der Antragsteller substantiiert Tatsachen vortragen, aus denen sich zumindest die Möglichkeit der Rechtsverletzung ableiten lässt[10]. In eigenen Rechten verletzt sein können insbesondere **konkurrierende Verbände**, die sich durch die AVE oder die verdrängende Wirkung einer RechtsVO (§ 8 Abs. 2 AEntG, § 3a AÜG: „verbindlich festzusetzen") in ihrem

---
1 GK-ArbGG/*Ahrendt*, § 98 Rz. 7, 41.
2 GK-ArbGG/*Ahrendt*, § 98 Rz. 8.
3 *Forst*, RdA 2015, 25 (34).
4 GK-ArbGG/*Ahrendt*, § 98 Rz. 5.
5 BeckOK ArbGG/*Poeche*, § 98 Rz. 1; ErfK/*Koch*, § 98 ArbGG Rz. 2.
6 *Maul-Sartori*, NZA 2014, 1305 (1310).
7 BAG v. 21.9.2016 – 10 ABR 33/15, NZA-Beil. 1/2017, 12 Rz. 44.
8 BR-Drs. 147/14, S. 49.
9 *Sodan/Ziekow*, VwGO, 4. Aufl. 2014, § 47 Rz. 180 mit Nachw. aus der verwaltungsgerichtlichen Rechtsprechung.
10 BAG v. 21.9.2016 – 10 ABR 33/15, NZA-Beil. 1/2017, 12 Rz 45; ErfK/*Koch*, § 98 ArbGG Rz. 3; GK-ArbGG/*Ahrendt*, § 98 Rz. 21.

Recht, Tarifverträge zu verhandeln, und damit in ihrer Koalitionsbetätigungsfreiheit verletzt fühlen[1]. Bei denjenigen Gewerkschaften und Arbeitgeberverbänden, welche die von der AVE oder RechtsVO erfassten Tarifverträge vereinbart haben[2], wird es dagegen an der Möglichkeit einer Rechtsverletzung regelmäßig fehlen[3]. Sie waren nämlich notwendigerweise als Antragsteller (vgl. § 5 TVG, §§ 7, 7a AEntG) oder Vorschlagende (vgl. § 3a Abs. 1 AÜG) selbst an der Erstreckung der Normen ihres Tarifvertrags beteiligt. Es ist nicht ersichtlich, in welchen Rechten sie durch die Umsetzung ihres eigenen Antrags verletzt sein sollten. **Einzelne ArbN und ArbGeb**, die wegen der AVE oder RechtsVO Rechte aus dem erstreckten Tarifvertrag geltend machen bzw. sich gegen die Inanspruchnahme aus dem erstreckten Tarifvertrag wehren, können ebenfalls in ihren Rechten verletzt sein. Auch ihre Antragsbefugnis ergibt sich schon aus § 98 Abs. 1 Nr. 1[4]. Andernfalls wäre unklar, wer die dort genannten natürlichen und juristischen Personen sonst sein sollten. Die in Abs. 6 Satz 2 ausdrücklich geregelte Antragsbefugnis der Parteien des ausgesetzten Rechtsstreits schließt eine Antragsbefugnis der von einer Tarifnormerstreckung betroffenen ArbN und ArbGeb nach Abs. 1 Nr. 1 nicht aus (vgl. Rz. 10 ff.). Selbst wenn man aber eine Antragsbefugnis des einzelnen ArbGeb grds. nicht nach Abs. 1, sondern nur nach Abs. 6 Satz 2 bejaht, wird man von dem Erfordernis einer Verfahrensaussetzung eine Ausnahme machen müssen, wenn der einzelne ArbGeb gar nicht in einem auszusetzenden Verfahren mit seinen ArbN über die Umsetzung des erstreckten Tarifvertrags streitet, ihm aber wegen fehlender Umsetzung ein Bußgeld droht (§ 23 Abs. 1 Nr. 1 AEntG, § 16 Abs. 1 Nr. 7a, 7b AÜG). Dieser ArbGeb sollte sich nicht erst auf ein Abs. 6 Satz 2 auszusetzendes Bußgeldverfahren einlassen müssen, sondern schon vorher nach Abs. 1 einen Antrag stellen können[5]. Das ist schon daraus zu ersehen, dass Abs. 1 auch die „in absehbarer Zeit" zu erwartende Rechtsverletzung erfasst. Zu der entsprechenden Regelung in § 47 Abs. 2 VwGO hat das Bundesverwaltungsgericht bei drohendem Bußgeld ebenfalls bereits eine Antragsbefugnis des betroffenen ArbGeb bejaht[6].

b) Antragsbefugnis nach Abs. 6 Satz 7

10 Wenn die Entscheidung in einem anderen Rechtsstreit von der Wirksamkeit einer AVE oder RechtsVO abhängt und dieser Rechtsstreit deshalb gem. § 98 Abs. 6 Satz 1 ausgesetzt wird, sind die Parteien des ausgesetzten Rechtsstreits im Verfahren nach § 2a Abs. 1 Nr. 5 kraft Gesetzes antragsberechtigt. Zur Antragsbefugnis braucht deshalb nichts weiter vorgetragen zu werden. Sie bezieht sich je nach Parteirolle im ausgesetzten Verfahren auf einen negativen oder positiven Feststellungsantrag[7]. Ob die Aussetzung des Rechtsstreits zu Recht erfolgt ist, spielt ebenso wie im Verfahren nach § 97 keine Rolle[8]. Die Antragsbefugnis nach Abs. 6 bezieht sich sowohl auf die Einleitung eines Verfahrens nach § 98 als auch auf Anträge im Rahmen einer Beteiligung an einem bereits laufenden Verfahren.

11 Soweit es um die Verfahrenseinleitung geht, stellt sich die Frage nach dem **Verhältnis zwischen Abs. 1 und Abs. 6**. Denn nach Abs. 1 kommt es auf die Beteiligung an einem ausgesetzten Verfahren nicht an. Wenn etwa ein ArbGeb, der von seinen ArbN aufgrund eines erstreckten Tarifvertrags in Anspruch genommen wird, die erstreckende AVE oder RechtsVO für unwirksam hält, kann er aufgrund von § 98 Abs. 1 Nr. 1 einen Antrag stellen. Er braucht sich nicht erst von seinen ArbN verklagen zu lassen und eine Aussetzung dieser Rechtsstreitigkeiten nach Abs. 6 Satz 1 abzuwarten, um dann von seiner Antragsbefugnis nach Abs. 6 Satz 7 Gebrauch machen zu können[9]. Allerdings muss nach Abs. 1 die aktuelle oder in absehbarer Zeit bevorstehende Möglichkeit der Verletzung eigener Rechte substantiiert vorgetragen und vom Gericht geprüft werden. Abs. 6 stellt dagegen klar, dass die Antragsberechtigung der Parteien des ausgesetzten Rechtsstreits immer gegeben ist. Die Möglichkeit einer Rechtsverletzung folgt eben unwiderlegbar aus der Beteiligung am ausgesetzten Rechtsstreit und braucht weder vorgetragen noch geprüft zu werden.

---

1 BeckOK ArbGG/*Poeche*, § 98 Rz. 3; ErfK/*Koch*, § 98 ArbGG Rz. 5; GK-ArbGG/*Ahrendt*, § 98 Rz. 28; *Maul-Sartori*, NZA 2014, 1305 (1310).
2 Für deren Antragsbefugnis *Treber*, FS Bepler, 2012, S. 557 (566) bei seinem Vorschlag, ein Normenkontrollverfahren zur Prüfung der Wirksamkeit einer AVE oder tarifnormerstreckenden RechtsVO einzuführen.
3 Gegen eine Antragsbefugnis auch GK-ArbGG/*Ahrendt*, § 98 Rz. 32; *Maul-Sartori*, NZA 2014, 1305 (1310).
4 Ebenso *Forst*, RdA 2015, 25 (35); GK-ArbGG/*Ahrendt*, § 98 Rz 22.
5 *Maul-Sartori*, NZA 2014, 1305 (1310).
6 BVerwG v. 28.1.2010 – 8 C 19/09, NZA 2010, 718 (721 f.).
7 BAG v. 21.9.2016 – 10 ABR 33/15, NZA-Beil. 1/2017, 12 Rz. 52.
8 So schon zu § 97 ArbGG BAG v. 29.6.2004 – 1 ABR 14/03, NZA 2004, 1236 (1237); *Maul-Sartori*, NZA 2014, 1305 (1309); Schwab/Weth/*Walker*, § 97 Rz. 51.
9 BAG v. 21.9.2016 – 10 ABR 33/15, NZA-Beil. 1/2017, 12 Rz. 55; *Walker*, JbArbR 52 (2015), 95 (101 f.).

2. Inhalt eines statthaften Antrags

Der Antrag im Verfahren nach § 98 kann grds. darauf gerichtet sein, die Unwirksamkeit oder die Wirksamkeit der (genau zu bezeichnenden) AVE oder RechtsVO festzustellen[1]. Die Feststellung der Unwirksamkeit wird der konkurrierende Verband begehren. Dagegen wird der ArbN, der in dem nach Abs. 6 Satz 1 ausgesetzten Rechtsstreit ein Recht aufgrund der Erstreckung der Normen eines Tarifvertrags geltend macht, die Feststellung der Wirksamkeit der AVE oder RechtsVO beantragen.

V. Unzulässigkeit des Antrags bei anderweitiger Rechtshängigkeit oder entgegenstehender Rechtskraft

Der Feststellungsantrag nach § 98 ist unzulässig, wenn bei Antragstellung bereits ein solches Verfahren rechtshängig ist (§ 261 Abs. 3 Nr. 1 ZPO). Das gilt auch für den Antrag der Parteien eines nach § 98 Abs. 6 Satz 1 ausgesetzten Rechtsstreits (zur Aussetzung Rz. 29 ff.). Diese Parteien sind dann an dem bereits rechtshängigen Beschlussverfahren zu beteiligen (zu den Beteiligten Rz. 18)[2], und sie sind als Beteiligte dieses Verfahrens nach Abs. 6 Satz 7 antragsbefugt. Ebenfalls unzulässig ist ein verfahrenseinleitender Antrag, wenn über die Wirksamkeit der maßgeblichen AVE oder RechtsVO bereits rechtskräftig entschieden wurde. Das gilt auch, wenn ein anderes Verfahren nach Abs. 6 Satz 1 ausgesetzt wurde. Die Aussetzung ist dann unzulässig, weil das Gericht im Ausgangsverfahren gem. § 98 Abs. 4 Satz 1 (dazu Rz. 24) an die rechtskräftige Entscheidung gebunden ist. Der ausgesetzte Rechtsstreit ist unter Berücksichtigung dieser rechtskräftigen Entscheidung fortzusetzen.

VI. Sachliche und örtliche Zuständigkeit (Abs. 2)

§ 98 Abs. 2 regelt die sachliche und die örtliche Zuständigkeit für das Verfahren nach § 2a Abs. 1 Nr. 5 abweichend von den allgemeinen Zuständigkeitsregeln.

1. Sachliche Zuständigkeit

Die sachliche Zuständigkeit spielte im Arbeitsgerichtsprozess – obwohl in § 48 Abs. 1 ausdrücklich genannt – bis zum Inkrafttreten des Tarifautonomiestärkungsgesetzes vom 11.8.2014[3] praktisch keine Rolle; denn – anders als im Zivilprozess – war gem. § 8 Abs. 1 in erster Instanz bis auf eher zu vernachlässigende Ausnahmefälle[4] immer das ArbG zuständig. Durch das Tarifautonomiestärkungsgesetz wurde für die besonderen Beschlussverfahren nach § 97 und § 98 die sachliche Zuständigkeit des LAG eingeführt, und gleichzeitig wurde § 8 Abs. 1 um den Zusatz „soweit durch Gesetz nichts anderes bestimmt ist" ergänzt. Der Gesetzgeber verspricht sich von der sachlichen Zuständigkeit der LAGe eine Verfahrensbeschleunigung und die schnellere Herstellung von Rechtssicherheit[5]. Im Übrigen trägt die sachliche Zuständigkeit der LAGe auch der Breitenwirkung der Entscheidung über den Einzelfall hinaus Rechnung[6].

2. Örtliche Zuständigkeit

Die örtliche Zuständigkeit richtet sich gem. Abs. 2 nach dem Sitz der Behörde, die den Tarifvertrag für allgemeinverbindlich erklärt oder die RechtsVO nach AEntG oder AÜG erlassen hat. Das entspricht dem Rechtsgedanken in § 17 Abs. 2 ZPO (Gerichtsstand bei Klage gegen eine Behörde) und des § 52 Nr. 2 VwGO (örtliche Zuständigkeit für Anfechtungs- und Verpflichtungsklagen im Bereich der Bundesverwaltung), auf welche die Gesetzesbegründung zu § 98 ausdrücklich Bezug nimmt[7]. Die AVE und der Erlass der in § 98 genannten RechtsVOen erfolgen auf Grundlage der § 5 TVG, §§ 7, 7a AEntG und § 3a AÜG durch das BMAS. Da dieses seinen Sitz in Berlin hat, liegt die örtliche Zuständigkeit beim LAG Berlin-Brandenburg[8]. Wenn das BMAS nach § 5 Abs. 6 TVG im Einzelfall die AVE der obersten Arbeitsbehörde des Landes übertragen hat, richtet sich die örtliche Zuständigkeit nach dem Sitz dieser Landesbehörde[9].

---

1 BeckOK ArbGG/*Poeche*, § 98 Rz. 8; *Maul-Sartori*, NZA 2014, 1305 (1309).
2 ErfK/*Koch*, § 98 ArbGG Rz. 5.
3 BGBl. I, S. 1348.
4 Schwab/Weth/*Zimmerling*, § 8 Rz. 2; Schwab/Weth/*Walker*, § 48 Rz. 12.
5 BR-Drs. 147/14, S. 50.
6 *Maul-Sartori*, NZA 2014, 1305 (1307).
7 BR-Drs. 147/14, S. 50.
8 BAG v. 21.9.2016 – 10 ABR 33/15, NZA-Beil. 1/2017, 12 Rz. 39; *Maul-Sartori*, NZA 2014, 1305 (1307).
9 *Maul-Sartori*, NZA 2014, 1305 (1308).

VII. Rechtsschutzinteresse

17 Das grds. erforderliche Rechtsschutzinteresse hat für einen Antrag nach § 98 neben der Antragsbefugnis keine eigenständige Bedeutung[1]. Es fehlt nämlich, wenn sich aus der AVE oder RechtsVO keinerlei Rechtsfolgen für den Antragsteller ergeben können[2], so dass es für diesen nur um die Klärung einer abstrakten Rechtsfrage geht. Bei Anträgen nach § 98 ist die substantiierte Darlegung der Verletzung eigener Rechte aber bei einem Antrag nach Abs. 1 schon für die Antragsbefugnis erforderlich (dazu Rz. 8), und bei dem Antrag nach Abs. 6 Satz 7 folgt die Möglichkeit einer Rechtsverletzung des Antragstellers unwiderlegbar aus dessen Beteiligung am ausgesetzten Verfahren (dazu Rz. 10). Selbst wenn die Unwirksamkeit einer bereits außer Kraft getretenen AVE oder RechtsVO geltend gemacht wird oder wenn diese Tarifnormerstreckung während eines laufenden Beschlussverfahrens nach § 98 außer Kraft tritt, fehlt es schon an der Antragsbefugnis, wenn wegen des Außerkrafttretens der Tarifnormerstreckung eine Rechtsverletzung des Antragstellers ausgeschlossen ist. Der Antrag ist dann mangels Antragsbefugnis unzulässig, so dass eine gesonderte Prüfung des Rechtsschutzinteresses nicht erforderlich ist[3].

VIII. Beteiligte

18 Die Beteiligten bestimmen sich daher nach der unmittelbaren Betroffenheit in eigenen Rechten (Abs. 3 iVm. § 83 Abs. 3). Das sind jedenfalls der oder die Antragsteller, ferner die Tarifparteien, die den für allgemeinverbindlich erklärten oder durch RechtsVO erstreckten TV abgeschlossen haben und deshalb von der Unwirksamkeitserklärung betroffen sein können. Satz 2 stellt klar[4], dass auch die Behörde, die den Tarifvertrag für allgemeinverbindlich erklärt oder die RechtsVO erlassen hat (BMAS, Bundesregierung oder im Einzelfall ermächtigtes Landesarbeitsministerium), Beteiligte im Verfahren nach dem neuen § 2a Abs. 1 Nr. 5 ist. Dagegen sind die ArbGeb und ArbN, die von der AVE oder RechtsVO erfasst werden, aber keinen eigenen Antrag gestellt haben, nur mittelbar betroffen und daher nicht von Amts wegen zu beteiligen. Gleiches gilt nach der Rspr. des BAG für konkurrierende Tarifvertragsparteien und für die Parteien des nach Abs.6 ausgesetzten Verfahrens, sofern sie keinen eigenen Antrag gestellt haben[5]. Nach der Gegenansicht folgt deren Beteiligung aus ihrer Antragsbefugnis[6]. Die Beteiligten müssen sich im Beschlussverfahren nach § 98 ebenso wie in demjenigen nach § 97 sowohl vor dem LAG, das gem. Abs. 2 im ersten Rechtszug zuständig ist, als auch vor dem BAG durch Prozessbevollmächtigte vertreten lassen[7].

IX. Verfahrensregelungen (Abs. 3)

1. Grundsatz: Anwendbarkeit der meisten Vorschriften über das Beschlussverfahren

19 Die Ausgestaltung des Verfahrens ist eng an dasjenige nach § 97 angelehnt[8]. § 98 Abs. 3 verweist in Satz 1 für das Verfahren auf die anzuwendenden allgemeinen Vorschriften des Beschlussverfahrens. Im Verfahren gilt der Amtsermittlungsgrundsatz (§ 98 Abs. 3 Satz 1 iVm. § 83 Abs. 1, 2–4). Der Grund dafür liegt auch hier darin, dass Beschlüsse im Verfahren nach § 2a Abs. 1 Nr. 5 gem. Abs. 4 für und gegen jedermann wirken[9].

2. Ausnahme: Keine Anwendbarkeit nicht passender Vorschriften

20 Soweit einzelne allgemeine Vorschriften über das Beschlussverfahren nach § 98 Abs. 3 **nicht anwendbar** sind, soll dadurch der Eigenart des Streitgegenstandes bzw. den Charakteristika des Verfahrens vor dem

---

1 So kann man auch die Entscheidung des BVerwG v. 14.7.1978 – 7 N 1/78, NJW 1978, 2522 zu § 47 VwGO verstehen, in der zwar vom Rechtsschutzinteresse, aber auch von der in § 47 Abs. 1 Satz 1 VwGO geforderten Beschwer (entspricht der Regelung in § 98 Abs. 1 zur Antragsbefugnis) die Rede ist. ErfK/*Koch*, § 98 ArbGG, erörtert die Rechtsverletzung durch eine außer Kraft getretene AVE oder RechtsVO sowohl bei der Antragsbefugnis (Rz. 3) als auch beim Rechtsschutzinteresse (Rz. 6).
2 So allgemein zum Rechtsschutzinteresse etwa BAG v. 20.4.1999 – 1 ABR 13/98, NZA 1999, 1235 (1236).
3 AM etwa GK-ArbGG/*Ahrendt*, § 98 Rz. 41 unter Hinweis auf BVerwG v. 14.7.1978 – 1 N 1/78, NJW 1978, 2522 zu § 47 VwGO.
4 BT-Drs. 147/14, S. 50.
5 BAG v. 21.9.2016 – 10 ABR 33/15, NZA-Beil. 1/2017, 12 Rz. 82 f.
6 BeckOK ArbGG/*Poeche*, § 98 Rz. 3; *Maul-Sartori*, NZA 2014, 1305 (1309); *Walker*, JbArbR 52 (2015), 95 (107).
7 Zur Begründung des Ausschusses für Arbeit und Soziales BT-Drs. 18/2010, S. 25.
8 Zur Begründung des Regierungsentwurfs s. BR-Drs. 147/14, S. 49 ff.
9 BR-Drs. 147/14, S. 49.

LAG Rechnung getragen werden[1]. Insoweit gilt das Gleiche wie für den eingeschränkten Verweis in § 97 Abs. 2a auf die meisten Vorschriften der §§ 80 ff.

§ 80 Abs. 2 Satz 2 über das fakultative Güteverfahren findet keine Anwendung. Der Gegenstand und die Breitenwirkung der Entscheidung nach § 98 schließen eine gütliche Einigung aus. § 82 über die örtliche Zuständigkeit wird durch die speziellere Regelung in § 98 Abs. 2 verdrängt. Die Präklusion verspäteten Vorbringens nach § 83 Abs. 1a wäre mit dem Bedürfnis nach erhöhter Richtigkeitsgewähr nicht vereinbar. Die Anberaumung eines eigenen Verkündungstermins nach § 84 Satz 3, § 60 scheidet wegen der beabsichtigten Schnelligkeit des Verfahrens aus. § 85 über die Zwangsvollstreckung und den einstweiligen Rechtsschutz ist nicht für anwendbar erklärt. Die Unanwendbarkeit von § 85 Abs. 1 beruht darauf, dass die Feststellung der Wirksamkeit oder Unwirksamkeit einer AVE oder RechtsVO wie jede Feststellungsentscheidung nicht vollstreckbar ist. § 85 Abs. 2 passt schon deshalb nicht, weil es nach umstrittener, aber doch herrschender und richtiger Ansicht eine lediglich feststellende einstweilige Verfügung grds. nicht gibt[2]. Davon abgesehen würde eine in ihrem Bestand unsichere Feststellungsverfügung ohne die erga-omnes-Wirkung einer rechtskräftigen Entscheidung nichts zu der bezweckten Rechtssicherheit für jedermann beitragen. Die §§ 87–90 Abs. 2 sind auf das Beschwerdeverfahren vor dem LAG zugeschnitten und passen nicht auf das erstinstanzliche Verfahren vor dem LAG. Wegen der erstinstanzlichen Zuständigkeit ist auch § 91 Abs. 1 über die Beschwerdeentscheidung des LAG nicht anwendbar. Eine Sprungrechtsbeschwerde unter Umgehung der Beschwerdeinstanz (§ 96a) gibt es nicht, weil ohnehin nur in zwei Instanzen (LAG und BAG) entschieden werden kann. Zwar verweist § 98 Abs. 3 auch auf § 83a ArbGG über Vergleich und Erledigung des Verfahrens. Aber ein Vergleich wird im Beschlussverfahren nach § 98 ebenso wie im Verfahren nach § 97[3] nicht in Betracht kommen; denn die Wirksamkeit einer AVE oder tarifnormerstreckenden RechtsVO unterliegt nicht der Disposition der Parteien[4].

X. Prüfung und Entscheidung

1. Prüfung und Beschluss der Kammer

Das Verfahren endet mit einem Beschluss. Er ergeht – wie im Verfahren nach § 97 (dazu § 97 Rz. 31) – durch die Kammer in der üblichen Besetzung. In ihm wird die Unwirksamkeit oder Wirksamkeit der AVE oder RechtsVO festgestellt. Der Erfolg des Antrags hängt davon ab, ob die jeweiligen Erstreckungsvoraussetzungen vorlagen und ob bei der AVE oder dem Erlass der RechtsVO ggf. wesentliche[5] Verfahrensfehler unterlaufen sind[6]. Das ist vom LAG als der einzigen Tatsacheninstanz unter Beachtung des Untersuchungsgrundsatzes unter allen formellen und materiellen rechtlichen Gesichtspunkten zu überprüfen; das LAG ist nicht an die Begründung des antragstellenden Beteiligten gebunden[7]. Das bedeutet zwar nicht, dass das LAG uferlos „ins Blaue hinein" ermitteln muss, zumal aus der Beteiligung des BMAS oder der obersten Arbeitsbehörden der Länder bei Erlass der AVE oder RechtsVO der Anschein der Rechtmäßigkeit der Tariferstreckung abgeleitet wird[8]. Aber das LAG hat sich mit den von den Beteiligten vorgetragenen Bedenken gegen die Wirksamkeit einer AVE oder RechtsVO zu befassen, anderen Anhaltspunkten für die Unwirksamkeit nachzugehen und sich eine eigene Überzeugung zu bilden[9]. Im Tenor wird entweder die Unwirksamkeit oder die Wirksamkeit der genau zu bezeichnenden AVE oder RechtsVO festgestellt. Auch erfolglose Anträge sind nicht bloß abzuweisen, sondern es ist das Gegenteil des Antrags festzustellen. Das ist eine notwendige Folge der erga-omnes-Wirkung. Andernfalls könnte nämlich der Inhalt der im Bundesanzeiger bekanntzumachenden Entscheidungsformel nicht erkannt werden[10]. Der Beschluss ist wegen seines feststellenden Inhalts nicht vollstreckbar. Er enthält keine Kostenentscheidung; denn Gerichtsgebühren werden

---

1 BR-Drs. 147/14, S. 50.
2 Dazu im Zusammenhang mit der Feststellungsentscheidung nach § 97 ErfK/*Koch*, § 97 ArbGG Rz. 3; GK-ArbGG/*Ahrendt*, § 97 Rz. 71; GMP/*Schlewing*, § 97 Rz. 2, 30; Schwab/Weth/*Walker*, § 97 Rz. 29.
3 Dazu GMP/*Schlewing*, § 97 Rz. 30; Schwab/Weth/*Walker*, § 97 Rz. 30.
4 Ebenso zu § 98 GK-ArbGG/*Ahrendt*, § 98 Rz. 43.
5 Dazu, dass nicht alle, sondern nur wesentliche Verfahrensfehler zur Unwirksamkeit einer RechtsVO führen, BVerfG v. 11.10.1994 – 1 BvR 337/92, NJW 1995, 1537.
6 ErfK/*Koch*, § 98 ArbGG Rz. 6. Zu den möglichen Gründen für die Unwirksamkeit einer AVE ausführlich BAG v. 21.9.2016 – 10 AZB 33/15, NZA-Beil. 1/2017, 12 Rz. 123 ff.
7 BAG v. 21.9.2016 – 10 ABR 33/15, NZA-Beil. 1/2017, 12 Rz. 87; *Walker*, JbArbR 52 (2015), 95 (107).
8 BAG v. 21.9.2016 – 10 ABR 33/15, NZA-Beil. 1/2017, 12 Rz. 89; BAG v. 10.9.2014 – 10 AZR 959/13, BAGE 149, 84; BVerfG v. 15.7.1980 – 1 BvR 24/74, 1 BvR 439/79, BVerfGE 55, 7.
9 BAG v. 21.9.2016 – 10 ABR 33/15, NZA-Beil. 1/2017, 12 Rz. 90.
10 GK-ArbGG/*Ahrendt*, § 98 Rz. 48.

2. Rechtsmittel

23 Gegen den erstinstanzlichen Beschluss des LAG ist die Rechtsbeschwerde zum BAG gegeben (§ 98 Abs. 3 Satz 1, § 92). Sie ist nur zulässig, wenn sie entweder im Beschluss des LAG oder in einem Beschluss des BAG über eine Nichtzulassungsbeschwerde zugelassen wurde (§ 92 Abs. 1, § 92a). Die Beschränkung des Verfahrens auf zwei Instanzen entspricht gerade der vom Gesetzgeber beabsichtigten Verfahrensbeschleunigung[2]. Die Rechtsbeschwerde muss hinreichend begründet werden. Nach § 94 Abs. 2 Satz 2 muss die Begründung angeben, inwieweit die Änderung des angefochtenen Beschlusses beantragt wird, welche Bestimmungen verletzt sein sollen und worin die Verletzung bestehen soll. Fehlt es daran, ist die Rechtsbeschwerde unzulässig und gem. § 98 Abs. 3 Satz 1, § 92 Abs. 2, § 72 Abs. 5 iVm. § 552 Abs. 1 Satz 2 ZPO zu verwerfen[3].

3. Erga-omnes-Wirkung rechtskräftiger Beschlüsse (Abs. 4)

24 § 98 Abs. 4 erweitert wie der neue § 97 Abs. 3 Satz 1 (dazu § 97 Rz. 34) die subjektiven Grenzen der Rechtskraft von Beschlüssen nach § 98. Diese wirken entgegen § 325 Abs. 1 ZPO nicht nur inter partes, sondern gem. Abs. 4 Satz 1 für und gegen jedermann (sog. erga-omnes-Wirkung)[4]. Abs. 4 Satz 1 ist ein Kernelement des ganzen § 98 ArbGG. Der materielle Grund für die Rechtskrafterstreckung liegt darin, dass von der Wirksamkeit einer AVE oder RechtsVO nach dem AEntG oder dem AÜG über den Kreis der unmittelbar Verfahrensbeteiligten hinaus weitere Kreise betroffen sind, die alle ein gesteigertes Interesse an Rechtssicherheit und Rechtsklarheit haben[5]. Dieses Ziel lässt sich nur erreichen, wenn divergierende Entscheidungen über die Tarifnormerstreckung vermieden werden und diese Frage vielmehr durch eine – dann aber für alle verbindliche – Entscheidung geklärt wird.

25 Wegen dieser Wirkung sieht Abs. 4 Satz 2 in Anlehnung an § 63 die **elektronische Übermittlung** der rechtskräftigen Beschlüsse an die oberste Arbeitsbehörde des Bundes vor. Um eine erhöhte Rechtssicherheit für die Betroffenen zu erreichen, wurde darüber hinaus eine Pflicht zur **Bekanntmachung im Bundesanzeiger** normiert (Abs. 4 Satz 3). Diese Pflicht besteht kraft Gesetzes, kann aber deklaratorisch auch in den Entscheidungsgründen ausgesprochen werden[6]: An der Kenntnis von der Feststellung der Wirksamkeit oder Unwirksamkeit der AVE oder der RechtsVO haben die beteiligten Kreise insbesondere im Hinblick auf die Aussetzung nach Abs. 6 ein Interesse. Das ausgesetzte Verfahren kann nämlich nach rechtskräftiger Entscheidung nach § 98 fortgesetzt werden[7].

XI. Erleichterte Wiederaufnahme des Verfahrens (Abs. 5)

26 § 98 Abs. 5 sieht nach dem Vorbild des § 97 Abs. 4 (dazu § 97 Rz. 38 ff.) die Möglichkeit der Wiederaufnahme des Verfahrens (§ 98 Abs. 3, § 80 Abs. 2, § 79 iVm. §§ 578 ff. ZPO) unter **zwei Erleichterungen** vor.

27 Erstens werden die **Restitutionsgründe nach § 580 ZPO erweitert**. Nach Abs. 5 findet eine Wiederaufnahme auch dann statt, wenn die Entscheidung nach § 98 auf bewusst unrichtigen Angaben oder Aussagen eines Beteiligten beruht. Eine Vereidigung braucht anders als nach § 580 Nr. 1 ZPO, wonach ein Meineid gem. § 154 StGB oder ein fahrlässiger Falscheid gem. § 161 StGB begangen worden sein muss, nicht vorzuliegen. Die erleichterte Wiederaufnahmemöglichkeit bei einer sachlichen Unrichtigkeit der Entscheidung ist eine Konsequenz des erhöhten Bedürfnisses nach Richtigkeitsgewähr, das aus der erga-omnes-Wirkung nach Abs. 4 Satz 1 abzuleiten ist.

28 Zweitens findet zum Zwecke der Verfahrensbeschleunigung **§ 581 ZPO gem. Abs. 5 Satz 2 keine Anwendung**. Deshalb setzt eine Wiederaufnahme weder eine rechtskräftige Verurteilung wegen einer der in § 580 Nr. 1 ZPO genannten Straftaten voraus, noch muss ein Fall vorliegen, in dem ein Strafverfahren wegen anderer Gründe als aus Mangel an Beweisen (zB wegen Verjährung oder Tod des Täters) nicht durch-

---

1 Schwab/Weth, § 84 Rz. 8 ff.
2 Dazu BR-Drs. 147/14, S. 50.
3 BAG v. 21.9.2016 – 10 ABR 33/15, NZA-Beil. 1/2017, 12 Rz. 29 f.
4 BR-Drs. 147/14, S. 50.
5 Schwab/Weth/Walker, § 97 Rz. 34.
6 ZB in BAG v. 21.9.2016 – 10 ABR 33/15, NZA-Beil. 1/2017, 12 Rz. 225.
7 BR-Drs. 147/14, S. 50.

geführt werden kann. Das Vorliegen einer Straftat ist dann inzident im Wiederaufnahmeverfahren zu prüfen. Dabei ist der Arbeitsrichter an ein vorliegendes Urteil im Strafverfahren, selbst wenn es rechtskräftig ist, nicht gebunden (dazu § 97 Rz. 40). Aus diesem Grund kommt auch eine Aussetzung des Wiederaufnahmeverfahrens bis zum Abschluss des Strafprozesses ebenso wie bei der Wiederaufnahme nach § 97 Abs. 4 (dazu § 97 Rz. 40) nicht in Betracht.

XII. Aussetzung eines anderen Verfahrens (Abs. 6)

Wenn die Entscheidung eines anderen Rechtsstreits, gleich welchen Rechtswegs, von der Wirksamkeit einer AVE oder RechtsVO abhängt, hat das Gericht nach § 98 Abs. 6 Satz 1 das Verfahren bis zur rechtskräftigen Erledigung des Verfahrens nach § 2a Abs. 1 Nr. 5 von Amts wegen auszusetzen. Diese Aussetzungspflicht gehört zusammen mit der erga-omnes-Wirkung zu den Kernelementen des § 98. In allen Gerichtsbezirken sollen nur noch Entscheidungen ergehen, die mit einem rechtskräftigen Beschluss nach § 2a Abs. 1 Nr. 5 in Einklang stehen.   29

1. Auszusetzende Rechtsstreitigkeiten

Die Aussetzungspflicht gilt für Rechtsstreitigkeiten in allen Rechtswegen und ohne Rücksicht auf Verfahrensart und Gegenstand[1]. Ferner spielt es für die Aussetzungspflicht keine Rolle, in welcher Instanz das auszusetzende Verfahren anhängig ist[2]. Von der Aussetzungspflicht wurden auch Alt-Verfahren erfasst, die bei Inkrafttreten des § 98 am 16.8.2014 schon anhängig waren[3]. Nicht auszusetzen sind allerdings wie bei § 97 Abs. 5 (dazu § 97 Rz. 46) Verfahren des einstweiligen Rechtsschutzes. Eine Aussetzung wäre mit der Eilbedürftigkeit des Verfahrens nicht vereinbar[4]. Außerdem wird dort keine endgültige Entscheidung getroffen.   30

2. Voraussetzungen der Aussetzung

a) Entscheidungserheblichkeit der Wirksamkeit einer AVE oder RechtsVO

Zunächst muss die Entscheidung des Rechtsstreits ausschließlich von der Wirksamkeit einer AVE oder RechtsVO nach dem AEntG oder dem AÜG abhängig sein[5]. Wenn diese Frage offenbleiben und der Ausgangsrechtsstreit aus anderen Gründen entschieden werden kann, scheidet eine Aussetzung aus. Daraus folgt, dass das Gericht im Ausgangsverfahren vor einer Aussetzung eine vollständige Schlüssigkeits- und Erheblichkeitsprüfung und ggf. eine Beweisaufnahme durchführen muss[6]. Mangels Entscheidungserheblichkeit kommt eine Aussetzung im Verfahren über eine Nichtzulassungsbeschwerde nach § 72a nicht in Betracht; denn die Entscheidung in diesem Verfahren hängt nur davon ab, ob ein Zulassungsgrund nach § 72a Abs. 3 Satz 2 vorliegt[7].   31

b) Ernsthafte Wirksamkeitszweifel

Ferner setzt eine Aussetzung voraus, dass das Gericht im Ausgangsverfahren ernsthafte (= erhebliche) Zweifel an der Wirksamkeit der entscheidungserheblichen AVE oder RechtsVO hat[8]. Das wurde durch das Gesetz zur Sicherung der tarifvertraglichen Sozialkassenverfahren und zur Änderung des Arbeitsgerichtsgesetzes vom 1.9.2017[9] in Abs. 6 Satz 1 ausdrücklich klargestellt. Wenn es selbst von deren Wirksamkeit ausgeht, braucht es nicht auszusetzen, sondern kann seiner Entscheidung inzident die Wirksamkeit der AVE oder RechtsVO zugrunde legen[10]. Lediglich vernünftige Zweifel, wie sie für eine Aussetzung nach   32

---

1 BR-Drs. 147/14, S. 51; zur Aussetzung nach § 97 Abs. 5 Schwab/Weth/*Walker*, § 97 Rz. 45.
2 BAG v. 7.1.2015 – 10 AZB 109/14, NZA 2015, 237 Rz. 9; BAG v. 10.9.2014 – 10 AZR 959/13, NZA 2014, 1282 Rz. 19.
3 BR-Drs. 147/14, S. 51.
4 *Walker*, Der einstweilige Rechtsschutz im Zivilprozess und im arbeitsgerichtlichen Verfahren, 1993, Rz. 355, 358.
5 BAG v. 7.1.2015 – 10 AZB 109/14, NZA 2015, 237 = 759 Rz. 23; 10.9.2014 – 10 AZR 959/13, NZA 2014, 1282 Rz. 22.
6 BAG v. 10.9.2014 – 10 AZR 959/14, NZA 2014, 1282 Rz. 22; LAG Hessen v. 1.10.2014 – 10 Sa 505/13, Rz. 31; *Maul-Sartori*, NZA 2014, 1305 (1311).
7 BAG v. 20.8.2014 – 10 AZN 573/14, Rz. 4, inhaltlich wiedergegeben bei *Haußmann/Sturm*, ArbRAktuell 2014, 550.
8 BAG v. 7.1.2015 – 10 AZB 109/14, NZA 2015, 237 Rz. 17 ff.
9 BGBl. I S. 3356 (3365).
10 BAG v. 10.9.2014 – 10 AZR 959/13, NZA 2014, 1282.

§ 97 Abs. 5 ausreichen (dazu § 97 Rz. 44), genügen für eine solche nach § 98 Abs. 6 nicht[1]; denn aus der Beteiligung der Verbände im Erstreckungsverfahren folgt eine erhöhte Wirksamkeitswahrscheinlichkeit[2]. Ernsthafte Zweifel braucht das Gericht im Ausgangsverfahren nicht von sich aus zu suchen[3]. Vielmehr lässt sich aus der Zuständigkeit des BMAS und ggf. der obersten Arbeitsbehörden der Länder und aus der Beteiligung der betroffenen Kreise am Tarifnormerstreckungsverfahren ein erster Anschein dafür ableiten, dass die AVE oder RechtsVO unter Beachtung der jeweils erforderlichen Voraussetzungen erlassen wurde[4]. Am ehesten wird ein Streit der Parteien des Ausgangsverfahrens mit substantiiertem Parteivortrag geeignet sein, ernste Zweifel an der Wirksamkeit der AVE oder RechtsVO zu begründen[5]. Dafür reicht aber weder die abstrakte und pauschale Äußerung von Wirksamkeitsbedenken aus, noch allein die Einleitung eines Verfahrens nach § 98[6]. Wenn das Gericht des Ausgangsrechtsstreits diesen aussetzt, obwohl die Voraussetzungen dafür nicht vorliegen, kann der Kläger des Ausgangsverfahrens dagegen mit dem jeweils statthaften Rechtsmittel vorgehen[7].

c) Wirksamkeitszweifel nicht verfassungsrechtlicher Art

33 Die ernsthaften Wirksamkeitszweifel müssen nicht verfassungsrechtlicher Art sein (so ausdrücklich die Neufassung des Abs. 6 Satz 1). Kommt es für die Entscheidung im Ausgangsverfahren auf die Wirksamkeit der einschlägigen gesetzlichen Ermächtigungsgrundlage an, kann deren Verfassungsmäßigkeit durch das Gericht nur durch eine Vorlage nach Art. 100 Abs. 1 GG einer Klärung zugeführt werden[8].

3. Aussetzungsbeschluss

34 Der Aussetzungsbeschluss muss erkennen lassen, warum die Entscheidung im ausgesetzten Rechtsstreit ausschließlich von der Wirksamkeit einer AVE oder RechtsVO abhängig ist und warum das Gericht ernsthafte Zweifel an deren Wirksamkeit hat[9]. Erfüllt er diese Voraussetzungen nicht, ist er vom Rechtsmittelgericht aufzuheben, und der Rechtsstreit ist ggf. zur erneuten Entscheidung über die Aussetzung zurückzuverweisen[10]. Wenn der Aussetzungsbeschluss nicht mit einem Rechtsmittel angegriffen wurde, hat das LAG, das zur Entscheidung nach § 98 ArbGG angerufen wurde, die Richtigkeit der Aussetzungsentscheidung allerdings nicht nachzuprüfen[11]. Zur vergleichbaren Problematik bei § 97 siehe dort § 97 Rz. 49.

4. Effektiver Rechtsschutz für den Kläger im ausgesetzten Verfahren

35 Die Aussetzung führt zwar gem. Abs. 6 Satz 7 dazu, dass der Kläger im ausgesetzten Rechtsstreit antragsbefugt ist, das Beschlussverfahren nach § 98 Abs. 1 einzuleiten (dazu schon Rz. 10 f.). Aber bis zum rechtskräftigen Abschluss des Verfahrens nach § 98 bekommt er keine Entscheidung über seine Klage im ausgesetzten Verfahren. Ohne Titel kann er seinen eingeklagten Anspruch nicht durchsetzen[12]. Es gibt keine gesetzliche Regelung, wonach die AVE oder RechtsVO bis zur rechtskräftigen oder jedenfalls erstinstanzlichen Feststellung der Unwirksamkeit weiter anzuwenden wäre[13]. Davon ist das Grundrecht des Klägers des ausgesetzten Verfahrens auf effektiven Rechtsschutz betroffen[14].

---

1 AM (vernünftige Zweifel reichen aus) LAG Hessen v. 1.10.2014 – 10 Sa 505/13, Rz. 32; ErfK/*Koch*, § 98 ArbGG Rz. 6 (der aber die Wichtigkeit der Zweifel im Hinblick auf den effektiven Rechtsschutz für den Kläger im ausgesetzten Rechtsstreit betont); GK-ArbGG/*Ahrendt*, § 98 Rz. 55; *Maul-Sartori*, NZA 2014, 1305 (1311 f.).
2 BAG v. 7.1.2015 – 10 AZB 109/14, NZA 2015, 237 Rz. 20.
3 BAG v. 7.1.2015 – 10 AZB 109/14, NZA 2015, 237 Rz. 19.
4 BAG v. 7.1.2015 – 10 AZB 109/14, NZA 2015, 237 Rz. 19; BAG v. 10.9.2014 – 10 AZR 959/13, NZA 2014, 1282 Rz. 21; krit. *Bader*, NZA 2015, 644 (646).
5 BAG v. 7.1.2015 – 10 AZB 109/14, NZA 2015, 237 Rz. 19.
6 BAG v. 7.1.2015 – 10 AZB 109/14, NZA 2015, 237 Rz. 21; ErfK/*Koch*, § 98 ArbGG Rz. 7; GK-ArbGG/*Ahrendt*, § 98 Rz. 56.
7 Zu einem solchen Fall BAG v. 7.1.2015 – AZB 109/14, NZA 2015, 237; *Bader*, NZA 2015, 644.
8 BT-Drs. 18/12510, S. 876.
9 BAG v. 7.1.2015 – 10 AZB 109/14, NZA 2015, 237 Rz. 15 ff., 25; zum Aussetzungsbeschluss nach § 97 Abs. 5 vorher schon BAG v. 28.1.2008 – 3 AZB 30/07, NZA 2008, 489 Rz. 17; krit. *Bader*, NZA 2015, 644 (645).
10 So im Fall BAG v. 7.1.2015 – 10 AZB 109/14, NZA 2015, 237, Rz. 27.
11 So zu § 97 ArbGG ErfK/*Koch*, § 97 ArbGG Rz. 6; Schwab/Weth/*Walker*, § 97 Rz. 49.
12 Deshalb kritisch zu § 98 Abs. 6 ErfK/*Koch*, § 98 ArbGG Rz. 7: wenig durchdacht und misslungen.
13 Für eine solche Regelung plädiert *Bader*, NZA 2015, 644 (646).
14 GK-ArbGG/*Ahrendt*, § 98 Rz. 55.

a) Einstweiliger Rechtsschutz im ausgesetzten Verfahren?

Deshalb stellt sich die Frage nach einstweiligem Rechtsschutz. Allerdings könnte dieser nur durch eine Leistungs- oder Befriedigungsverfügung ergehen, die nur unter strengen Voraussetzungen in Betracht kommt. Erstens muss die Befriedigungsverfügung für einen effektiven Rechtsschutz des Antragstellers notwendig sein, und zweitens muss eine Interessenabwägung vorgenommen werden, die zugunsten des Antragstellers ausgehen muss[1]. Im Rahmen der Interessenabwägung kommt es in erster Linie auf die Eindeutigkeit der Rechtslage, also auf den voraussichtlichen Ausgang des Hauptsacheverfahrens an. An dieser Stelle wird ein einstweiliger Rechtsschutz im Zweifel scheitern. Wenn nämlich die Aussetzung wegen „ernsthafter Zweifel" (Rz. 32) an der Wirksamkeit der AVE oder der tarifnormerstreckenden RechtsVO erfolgt, spricht viel dafür, dass der Verfügungskläger im Hauptsacheverfahren keinen Erfolg haben wird.

b) Strenge Anforderungen an die „ernsthaften Wirksamkeitszweifel"

Dem Interesse des Klägers im ausgesetzten Verfahren an effektivem Rechtsschutz kann deshalb nur dadurch Rechnung getragen werden, dass die Aussetzungsvoraussetzung „ernsthafte Zweifel an der Wirksamkeit der AVE oder RechtsVO" eng ausgelegt wird. Die Rspr. des 10. Senats des BAG, wonach „vernünftige Zweifel" nicht ausreichen[2], wird unter diesem Gesichtspunkt noch einmal bestätigt. Je ernsthafter die Zweifel sind, umso geringer sind die Chancen des Klägers, in dem ausgesetzten Hauptsacheverfahren Rechtsschutz zu bekommen. Ohne Anspruch auf Rechtsschutz steht ihm aber auch kein Anspruch auf vorläufigen Rechtsschutz zu.

5. Anordnung vorläufiger Leistungspflicht (Abs. 6 Satz 2 bis 6)

Die durch Gesetz vom 1.9.2017[3] eingefügte Ergänzung des Abs. 6 betrifft den Sonderfall, dass es im Ausgangsrechtsstreit um einen Leistungsanspruch einer gemeinsamen Einrichtung der Tarifvertragsparteien iSv. § 4 Abs. 2 TVG (Sozialkasse) auf Beitragszahlung gegen die von der AVE oder RechtsVO erfassten ArbGeb geht.

a) Sinn: Stärkung der Sozialkassen durch Anordnung vorläufiger Leistungspflicht

Nach dem neuen **Abs. 6 Satz 2** hat das Gericht die Aussetzungsentscheidung auf Antrag der gemeinsamen Einrichtung mit der Anordnung der vorläufigen Leistungspflicht der Beklagten zu verbinden. Dadurch soll das tarifvertraglich begründete Recht der Sozialkassen auf Beitragszahlung bis zur endgültigen Klärung der Rechtslage gestärkt werden. Ohne Anordnung einer vorläufigen Leistungspflicht können die Sozialkassen noch ausstehende Beiträge der nicht tarifgebundenen ArbGeb bis zur Klärung der Wirksamkeit der AVE oder RechtsVO nicht einziehen und müssen damit rechnen, auf Rückzahlung bereits geleisteter Zahlungen in Anspruch genommen zu werden. Das würde die Wahrnehmung der im öffentlichen Interesse liegenden Aufgaben durch die Sozialkassen, die nicht auf eigene Gewinnerzielung ausgerichtet sind, gefährden[4].

b) Voraussetzungen und Hindernisse für die Anordnung vorläufiger Leistungspflicht

Voraussetzung für die Anordnung der vorläufigen Leistungspflicht ist, dass aus Sicht des Gerichts bis auf die klärungsbedürftige Wirksamkeit der AVE oder RechtsVO alle tarifvertraglichen Voraussetzungen für die Leistungspflicht vorliegen. Die Anordnung einer vorläufigen Leistungspflicht **scheidet aus**, wenn das Gericht zur Zeit der Aussetzungsentscheidung die AVE oder RechtsVO offensichtlich für unwirksam hält **(Abs. 6 Satz 3)**; dann sind die Sozialkassen nicht schutzwürdig. Ferner **hat die Anordnung zu unterbleiben**, wenn der Beklagte darlegt, dass ihm aus der Vollstreckung der Anordnung ein nicht zu ersetzender Nachteil droht. Darin liegt eine Anlehnung an die Regelung zur vorläufigen Vollstreckbarkeit in § 62 Abs. 1 Satz 2 (s. § 62 Rz. 12 ff.). Die Durchsetzung des Beitragsanspruchs aufgrund der gerichtlichen Anordnung nach Abs. 6 Satz 2 (= Vollstreckungstitel nach § 794 Abs. 1 Nr. 3 ZPO) soll nicht weitergehen als die Zwangsvollstreckung aufgrund eines vorläufig vollstreckbaren Urteils[5].

---

1 *Brox/Walker*, Zwangsvollstreckungsrecht, 10. Aufl. 2014, Rz. 1611.
2 BAG v. 7.1.2015 – 10 AZB 109/14, NZA 2015, 237 Rz. 20.
3 BGBl. I S. 3356 (3365).
4 BT-Drs. 18/12510, S. 876.
5 BT-Drs. 18/12510, S. 877.

c) Rechtsbehelfe, Schadensersatzpflicht

41 Die Anordnung der vorläufigen Leistungspflicht ist gem. **Abs. 6 Satz 4** iVm. § 252 ZPO und § 78 mit der sofortigen Beschwerde und ggf. mit der Rechtsbeschwerde anfechtbar. **Abs. 6 Satz 5** ermöglicht eine nachträgliche Anpassung der Entscheidung über die vorläufige Leistungspflicht an geänderte oder im ursprünglichen Verfahren ohne Verschulden nicht geltend gemachte Umstände. Gem. **Abs. 6 Satz 6** iVm. § 717 ZPO tritt die Verpflichtung zur vorläufigen Leistung mit Verkündung der klageabweisenden Entscheidung im zunächst ausgesetzten Rechtsstreit außer Kraft. Die Sozialkasse muss dann dem Schuldner schon erbrachte Beitragszahlungen erstatten und ihm einen ggf. entstandenen Schaden verschuldensunabhängig ersetzen. Dafür sollen die Sozialkassen entsprechende Rückstellungen bilden[1].

§ 99 Entscheidung über den nach § 4a Abs. 2 Satz 2 des Tarifvertragsgesetzes im Betrieb anwendbaren Tarifvertrag

(1) In den Fällen des § 2a Abs. 1 Nr. 6 wird das Verfahren auf Antrag einer Tarifvertragspartei eines kollidierenden Tarifvertrags eingeleitet.

(2) Für das Verfahren sind die §§ 80 bis 82 Abs. 1 Satz 1, die §§ 83 bis 84 und 87 bis 96a entsprechend anzuwenden.

(3) Der rechtskräftige Beschluss über den nach § 4a Abs. 2 Satz 2 des Tarifvertragsgesetzes im Betrieb anwendbaren Tarifvertrag wirkt für und gegen jedermann.

(4) In den Fällen des § 2a Abs. 1 Nr. 6 findet eine Wiederaufnahme des Verfahrens auch dann statt, wenn die Entscheidung über den nach § 4a Abs. 2 Satz 2 des Tarifvertragsgesetzes im Betrieb anwendbaren Tarifvertrag darauf beruht, dass ein Beteiligter absichtlich unrichtige Angaben oder Aussagen gemacht hat. § 581 der Zivilprozessordnung findet keine Anwendung.

I. Gesetzgebungsgeschichte und Überblick über den Inhalt des § 99 1	VI. Zuständigkeit und Ablauf des Verfahrens (Abs. 2) 10
II. Gegenstand des Verfahrens 3	VII. Entscheidung
III. Einleitung des Verfahrens durch Antrag .. 4	1. Form und Inhalt 15
1. Antragsbefugnis (Abs. 1) 5	2. Erga-omnes-Wirkung (Abs. 3) 16
2. Inhalt eines statthaften Antrags 6	3. Rechtsmittel 17
IV. Rechtsschutzinteresse 8	VIII. Erleichterte Wiederaufnahme des Verfahrens (Abs. 4) 18
V. Beteiligte 9	

Schrifttum: *Hofer*, Tarifeinheitsgesetz - Beweisführung durch notarielle Erklärung, ZTR 2015, 185; *Löwisch*, Tarifeinheit als Vorfrage, NZA 2016, 997; *Löwisch*, Tarifeinheit nur auf Antrag, NZA 2015, 1369; *Löwisch/Rieble*, Tarifvertragsgesetz, 4. Aufl. 2017, § 4a Rz. 246 ff.; *Ubber*, Tarifeinheitsgesetz – Folgen für den Arbeitskampf und das Verfahrensrecht, RdA 2016, 361; *Ulrici*, Das Beschlussverfahren zur Verwirklichung der Tarifeinheit (§ 99 ArbGG nF), DB 2015, 2511.

I. Gesetzgebungsgeschichte und Überblick über den Inhalt des § 99

1 § 99 in der heutigen Fassung wurde durch das Tarifeinheitsgesetz vom 3.7.2015[2] mit Wirkung zum 10.7.2015 eingefügt. Er ist an die Stelle des bis dahin geltenden § 99 zur Entscheidung über die Besetzung der Einigungsstelle getreten, der gleichzeitig zu dem heutigen § 100 wurde. Gegen das Tarifeinheitsgesetz wurde von Berufsgruppengewerkschaften, Branchengewerkschaften, einem Spitzenverband und einem Gewerkschaftsmitglied wegen Verletzung der Koalitionsfreiheit (Art. 9 Abs. 3 GG) Verfassungsbeschwerde eingelegt. Das BVerfG hat durch Urteil v. 11.7.2017[3] entschieden, dass das Tarifeinheitsgesetz weitgehend mit dem Grundgesetz vereinbar ist. Es hat dem Gesetzgeber lediglich aufgegeben, den § 4a Abs. 2 TVG bis zum 31.12.2018 so anzupassen, dass auch die Interessen von Arbeitnehmern, die in kleinen Gewerkschaf-

---
1 BT-Drs. 18/12510, S. 877.
2 BGBl. I S. 1130.
3 BVerfG v. 11.7.2017 – 1 BvR 1571/15, 1 BvR 1477/16, 1 BvR 1043/16, 1 BvR 2883/15, 1 BvR 1588/15, NZA 2017, 915.

ten organisiert sind, im Fall einer Verdrängung ihres Tarifvertrags berücksichtig werden. „Bis zu einer Neuregelung gilt § 4a Absatz 2 Satz 2 TVG mit der Maßgabe fort, dass ein Tarifvertrag von einem kollidierenden Tarifvertrag nur verdrängt werden kann, wenn plausibel dargelegt ist, dass die Mehrheitsgewerkschaft die Interessen der Berufsgruppen, deren Tarifvertrag verdrängt wird, ernsthaft und wirksam in ihrem Tarifvertrag berücksichtigt sind."[1]

§ 99 regelt in Anlehnung an die §§ 97 und 98 verfahrensrechtliche Besonderheiten eines speziellen Beschlussverfahrens. Es geht um das Verfahren nach § 2a Abs. 1 Nr. 6, wenn darüber entschieden wird, welcher von mehreren kollidierenden Tarifverträgen nach § 4a Abs. 2 Satz 2 TVG in einem Betrieb gilt. Dabei muss es sich um den unmittelbaren Verfahrensgegenstand handeln. Es reicht nicht aus, wenn die Geltung eines Tarifvertrages nur Vorfrage zB für eine Lohnzahlungsklage ist. Weil diese Entscheidung über den Kreis der unmittelbar Verfahrensbeteiligten hinaus von Bedeutung ist, passt der für das Beschlussverfahren geltende Untersuchungsgrundsatz besser als der im Urteilsverfahren maßgebliche Beibringungsgrundsatz. Abs. 1 regelt die Antragsbefugnis. Abs. 2 bestimmt, welche allgemeinen Vorschriften des Beschlussverfahrens anwendbar sind. In Abs. 3 ist die erga-omnes-Wirkung des rechtskräftigen Beschlusses angeordnet. Abs. 4 regelt Erleichterungen für die Wiederaufnahme des Verfahrens.

II. Gegenstand des Verfahrens

Gegenstand des Verfahrens kann nur die Klärung einer Tarifkollision nach § 4a Abs. 2 Satz 2 TVG sein. Da diese Vorschrift erst seit dem 10.7.2015 gilt, muss der Zeitpunkt der Tarifkollision nach diesem Datum liegen. Für die Klärung einer zeitlich früher liegenden Tarifkollision steht das Verfahren nach § 99 nicht zur Verfügung[2]. Ein entsprechender Antrag wäre unstatthaft und damit unzulässig.

III. Einleitung des Verfahrens durch Antrag

Das Verfahren nach § 99 wird wie alle Beschlussverfahren nur auf Antrag eingeleitet (§ 99 Abs. 2, § 81 Abs. 1). Macht keine der Parteien der im Betrieb kollidierenden Tarifverträge von ihrem Antragsrecht Gebrauch, kommt es auch nicht zu einer gerichtlichen Entscheidung nach § 99. Für den Antrag gibt es keine Frist. Die Voraussetzungen für eine Verwirkung des Antragsrechts (Zeitmoment, Umstandsmoment) dürften selten vorliegen.

1. Antragsbefugnis (Abs. 1)

Abs. 1 regelt die Antragsbefugnis. Sie steht nur den Parteien eines nach § 4a Abs. 2 Satz 2 TVG kollidierenden Tarifvertrags zu. Das können Gewerkschaften, Arbeitgeberverbände oder (beim Firmentarifvertrag) ein einzelner ArbGeb sein. Ein Spitzenverband ist nur dann antragsbefugt, wenn er einen der kollidierenden Tarifverträge im eigenen Namen geschlossen hat. Die Antragsbefugnis steht einer Gewerkschaft als Partei eines kollidierenden Tarifvertrags nur dann zu, wenn sie eine Verletzung eigener Rechte (Koalitionsbetätigungsfreiheit nach Art. 9 Abs. 3 GG) geltend machen können. Daran fehlt es, wenn der ArbGeb den von dieser Gewerkschaft abgeschlossenen Tarifvertrag tatsächlich auf alle daran gebundenen ArbN im Betrieb anwendet[3]. Nicht antragsbefugt sind die einzelnen ArbN und ArbGeb, die an einer der kollidierenden Tarifverträge gebunden sind[4]. Die Parteien eines anderen Rechtsstreits, dessen Ausgang von der Anwendbarkeit eines bestimmten Tarifvertrags abhängt, sind nicht antragsberechtigt. In § 99 ist nämlich eine Pflicht zur Aussetzung des anderen Rechtsstreits verbunden mit der Antragsbefugnis eines daran Beteiligten im Gegensatz zu den § 97 Abs. 5 und § 98 Abs. 6 nicht vorgesehen. Dabei handelt es sich um eine bewusste gesetzgeberische Entscheidung[5]. Deshalb scheidet eine analoge Anwendung der § 97 Abs. 5, § 98 Abs. 6 aus[6].

2. Inhalt eines statthaften Antrags

Der Antrag muss auf die Auflösung einer Tarifkollision nach § 4a Abs. 2 Satz 2 TVG gerichtet sein, also auf die **positive Entscheidung**, welcher von den kollidierenden Tarifverträgen gilt. Dabei muss der Tarif-

---

1 So der Tenor zu 3. des Urteils des BVerfG v. 11.7.2017 – 1 BvR 1571/15 u.a., BGBl. I S. 2663.
2 *Löwisch/Rieble*, TVG, § 4a Rz. 247.
3 ErfK/*Koch* § 99 ArbGG, Rz. 3; GK-ArbGG/*Ahrendt*, § 99 Rz. 13.
4 GK-ArbGG/*Ahrendt*, § 99 Rz. 8.
5 BT-Drs. 18/4062, S. 16.
6 *Löwisch*, NZA 2016, 997.

vertrag, den der antragstellende Beteiligte aufgrund des Mehrheitsprinzips für anwendbar hält, im Antrag genannt sein. Andernfalls fehlt es an der hinreichenden Bestimmtheit des Antrags[1]. **Unstatthaft** ist ein Antrag, der auf die **negative Feststellung** gerichtet ist[2], dass ein bestimmter Tarifvertrag im Betrieb nicht gilt oder darauf, dass keine Tarifkollision vorliegt[3] oder darauf, dass eine Tarifkollision vor dem Inkrafttreten des § 4a TVG am 10.7.2015 vorgelegen hat (Rz. 3).

7　Umstritten ist, ob der Antrag auf **Feststellung oder auf Gestaltung** der Rechtslage gerichtet ist. Zum Teil[4] wird vertreten, bei § 99 gehe es um ein Gestaltungsantragsrecht. Durch die gerichtliche Entscheidung solle die Verdrängungswirkung des Mehrheitstarifvertrags gegenüber den anderen, bisher ebenfalls geltenden Tarifverträgen erst herbeigeführt werden. Ohne Antrag gebe es keine Tarifeinheit. Bis zu der (rechtskräftigen) Gestaltung sei der ArbGeb an alle kollidierenden Tarifverträge gebunden. Nach der Gegenansicht[5] handele es sich um einen Feststellungsantrag. Er sei auf die **positive Feststellung** zu richten, welcher Tarifvertrag mit welchen Normen auf alle ArbN oder bestimmte Arbeitnehmergruppen im Betrieb anzuwenden sei. Konsequenz ist, dass ohne einen Antrag nach § 99 und eine darauf ergehende gerichtliche Entscheidung in einem Individualrechtsstreit, für den § 99 keine Aussetzungspflicht vorsieht, die Voraussetzungen des § 4a Abs. 2 Satz 2 TVG inzident zu prüfen sind[6]. Für die letztgenannte Ansicht sprechen der Wortlaut und der Sinn des § 4a Abs. 2 Satz 2 TVG. Die Tarifeinheit gilt unter den dort genannten Voraussetzungen; sie soll nicht erst durch eine gerichtliche Entscheidung herbeigeführt werden. Nur die Feststellung des anwendbaren Tarifvertrags mit Wirkung gegenüber jedermann setzt einen Antrag und eine darüber ergehende Entscheidung nach § 99 voraus.

IV. Rechtsschutzinteresse

8　Das Rechtsschutzinteresse für einen Antrag nach § 99 setzt grds. voraus, dass aktuell eine Tarifkollision zwischen zwei derzeit geltenden Tarifverträgen vorliegt. Für die Klärung einer früheren Tarifkollision mit einem bereits außer Kraft getretenen Tarifvertrag besteht nur dann ein schützenswertes Interesse, wenn sich aus der Anwendung dieses Tarifvertrags noch Rechtsfolgen für die Tarifvertragsparteien oder ihre Mitglieder ergeben können[7].

V. Beteiligte

9　Wer neben der antragstellenden Partei eines im Betrieb kollidierenden Tarifvertrags Beteiligter am Verfahren ist, richtet sich nach den allgemeinen Regeln für das Beschlussverfahren. Danach ist jede Person, Vereinigung oder Stelle beteiligt, die durch die Entscheidung in dem Beschlussverfahren nach § 2a Abs. 1 Nr. 6 unmittelbar in eigenen Rechten betroffen sein kann. Eine unmittelbare Betroffenheit ist bei allen übrigen Parteien der kollidierenden Tarifverträge gegeben. Der ArbGeb gehört nur dann dazu, wenn er selbst Partei eines Formentarifvertrags ist. Die tarifgebundenen ArbGeb und ArbN sind dagegen nur mittelbar betroffen und daher nicht Beteiligte[8]. Das Gericht könnte auch gar nicht von Amts wegen ermitteln, welche ArbN gewerkschaftlich organisiert sind (arg e § 58 Abs. 3, dazu Rz. 12)[9].

VI. Zuständigkeit und Ablauf des Verfahrens (Abs. 2)

10　Abs. 2 verweist für das Verfahren auf die entsprechend anzuwendenden allgemeinen Vorschriften des Beschlussverfahrens. **Sachlich zuständig** in erster Instanz ist nach den allgemeinen Regeln des Beschlussverfahrens anders als nach § 97 Abs. 2, § 98 Abs. 2 nicht das LAG, sondern das ArbG. Für die **örtliche Zuständigkeit** gilt § 82 Abs. 1 Satz 1.

11　Das Verfahren wird geprägt vom **Untersuchungsgrundsatz**. Dazu gehört auch § 83 Abs. 3 über die im Verfahren anzuhörenden Personen. Durch die Anwendung dieser Norm wird sichergestellt, dass alle Per-

---

1　GK-ArbGG/*Ahrendt*, § 99 Rz. 7; *Löwisch/Rieble*, TVG, § 4a Rz. 276.
2　Ebenso GK-ArbGG/*Ahrendt*, § 99 Rz. 5.
3　*Ulrici*, DB 2015, 2511 (2512).
4　*Löwisch*, NZA 2016, 997 (999); *Löwisch/Rieble*, TVG, § 4a Rz. 253 ff.
5　ErfK/*Koch*, § 99 ArbGG Rz. 2; GK-ArbGG/*Ahrendt*, § 99 Rz. 5.
6　ErfK/*Koch*, § 99 ArbGG Rz. 5; GK-ArbGG/*Ahrendt*, § 99 Rz. 37.
7　GK-ArbGG/*Ahrendt*, § 99 Rz. 17.
8　GK-ArbGG/*Ahrendt*, § 99 Rz. 19; *Löwisch/Rieble*, TVG, § 4a Rz. 280; *Ulrici*, DB 2015, 2511 (2513).
9　Zur Unzulässigkeit der Frage nach der Gewerkschaftszugehörigkeit während laufender Tarifverhandlungen BAG v. 18.11.2014 – 1 AZR 257/13, Rz. 28 ff.

sonen, Vereinigungen und Stellen angehört werden, die in ihrer Rechtsstellung von der Entscheidung über den anwendbaren Tarifvertrag betroffen sein können[1]. Das kann zB auch der nicht am Verfahren beteiligte Betriebsinhaber sein.

Das ArbG muss prüfen, ob im Betrieb eine Kollision zwischen wirksamen Tarifverträgen vorliegt und welcher der kollidierenden Tarifverträge nach dem in § 4a Abs. 2 Satz 2 TVG geregelten Mehrheitsprinzip gilt. Eine **Tarifkollision** setzt voraus, dass kollidierende Tarifverträge bereits angeschlossen wurden; eine lediglich bevorstehende Kollision reicht nicht aus[2]. Die Prüfung der Wirksamkeit eines Tarifvertrages kann insbesondere bei einem solchen nach § 3 Abs. 1 Nr. 1–3 BetrVG geboten sein; denn danach gelten für die Möglichkeit, durch Tarifvertrag vom Gesetz abweichende Arbeitnehmervertretungsstrukturen zu bestimmen, besondere Wirksamkeitsvoraussetzungen[3], **Maßgeblicher Zeitpunkt** für die **gewerkschaftlichen Mehrheitsverhältnisse im Betrieb** ist grds. der Zeitpunkt, an dem der spätere zur Tarifkollision führende Tarifvertrag geschlossen wurde (§ 4a Abs. 2 Satz 2 TVG). Falls die Tarifkollision im Betrieb erst zu einem späteren Zeitpunkt eintritt, ist dieser für die Mehrheitsfeststellung maßgeblich § 4a Abs. 2 Satz 3 TVG. Das kann nach den Vorstellungen des Gesetzgebers etwa bei einem späteren Inkrafttreten eines abgeschlossenen Tarifvertrags, einem späteren Verbandsbeitritt des Arbeitgebers oder einer späteren Betriebsgründung der Fall sein[4]. Für die Klärung, welche der an den kollidierenden Tarifverträgen beteiligte Gewerkschaft die meisten Mitglieder im Betrieb hat, brauchen die konkurrierenden Gewerkschaften die Namen der bei ihnen organisierten ArbN des Betriebs nicht zu nennen. Nach **§ 58 Abs. 3** kann dieser **Beweis** vielmehr **durch Vorlage einer öffentlichen Urkunde** angetreten werden. Der Notar hat über die Identität der ihm offenbarten Gewerkschaftsmitglieder aufgrund seiner Verschwiegenheitspflicht nach § 18 BNotO Stillschweigen zu wahren. Zur Beweisführung kann also eine notarielle Urkunde im Wege des Urkundenbeweises verwertet werden[5]. Diese Art der Beweisführung mittels einer Notarbescheinigung stößt verbreitet zu Recht auf Vorbehalte[6]. Gegen dieses „notarielle Geheimverfahren" spricht ua., dass der Notar mit seinen Beweiserhebungsmitteln die gewerkschaftlichen Mehrheitsverhältnisse im Betrieb kaum feststellen kann. Selbst wenn eine Gewerkschaft ihm eine Mitgliederliste vorlegt, kann der Notar nicht einmal deren inhaltliche Richtigkeit sicher klären und damit auch nicht bescheinigen, erst recht nicht, dass die in der Liste genannten ArbN (noch) im Betrieb beschäftigt sind. Manipulationen sind leicht vorstellbar. Auch die gerichtliche Würdigung widersprüchlicher Bescheinigungen durch verschiedene Notare dürfte auf Schwierigkeiten stoßen.

Abs. 2 verweist auch auf § 80 Abs. 2 Satz 2 und § 83a über das fakultative **Güteverfahren** und die mögliche Erledigung durch **Vergleich**. Trotzdem dürften ein Vergleich und eine gütliche Erledigung kaum in Betracht kommen, weil die Beteiligten nicht beliebig über den Streitgegenstand disponieren können[7]. Ein beschränktes Dispositionsrecht besteht zwar insofern, als keine Partei eines kollidierenden Tarifvertrags gezwungen ist, einen Antrag nach § 99 zu stellen[8]. Aber selbst wenn eine Partei einen solchen Antrag richtet sich die Frage, welcher von mehreren kollidierenden Tarifverträgen anwendbar ist, nach § 4a Abs. 2 Satz 2 TVG; dessen Voraussetzungen sind in einem Individualrechtsstreit inzident vom Gericht zu prüfen (Rz. 7).

§ 85 über die Zwangsvollstreckung und den einstweiligen Rechtsschutz ist in Abs. 2 nicht für entsprechend anwendbar erklärt. Bei dem feststellenden Beschluss gibt es auch nichts zu vollstrecken, und die Wirkung der Entscheidung gegenüber jedermann (Abs. 3) ist einer vorläufigen Verdrängung der Minderheitentarifverträge nicht zugänglich.

VII. Entscheidung

1. Form und Inhalt

Die Entscheidung ergeht durch Beschluss der Kammer. Darin wird der Antrag entweder als unzulässig verworfen oder als unbegründet abgewiesen, oder es wird festgestellt, welcher Tarifvertrag im Betrieb gilt. Unzulässig kann der Antrag etwa deshalb sein, weil er nicht statthaft ist (Rz. 6). Unbegründet ist der Antrag, wenn der in ihm genannte Tarifvertrag nach dem Mehrheitsprinzip nicht gilt; das Gericht ist nämlich nach

---

1 BT-Drs. 18/4062, S. 16.
2 GK-ArbGG/*Ahrendt*, § 99 Rz. 12.
3 BAG v. 13.03.2013 – 7 ABR 70/11, NZA 2013, 738 Rz. 32 ff.
4 BT-Drs. 18/4062, 13.
5 BT-Drs. 18/4062, S. 16.
6 Vgl. GK-ArbGG/*Ahrendt*, § 99 Rz. 23; *Hofer*, ZTR 2015, 185; *Löwisch/Rieble*, TVG, § 4a Rz. 289 ff. („beweisrechtlich abwegig"); *Ubber*, RdA 2016, 361 (367 f.); *Ulrici*, DB 2015, 2511 (2514).
7 GK-ArbGG/*Ahrendt*, § 99 Rz. 22; ErfK/*Koch*, ArbGG § 99 Rz. 4.
8 Darauf abstellend *Löwisch/Rieble*, TVG § 4a Rz. 298.

§ 308 ZPO an den Antrag gebunden[1] und kann nicht etwa einen anderen Tarifvertrag für anwendbar erklären[2]. Ebenfalls unbegründet ist ein Antrag, der zu einer Verdrängung eines Tarifvertrags führen würde, der bei Inkrafttreten des § 4a TVG und des § 99 schon galt. Denn solche Tarifverträge genießen Verdrängungsschutz; auf sie ist § 4a TVG gem. § 13 Abs. 3 TVG nicht anwendbar. Eine negative Feststellung, welcher Tarifvertrag nicht gilt, kann nicht Inhalt der Entscheidung sein. Der Beschluss enthält keine Kostenentscheidung; das Verfahren ist gerichtsgebührenfrei (§ 2 Abs. 2 GKG), und es gibt keine Erstattung der außergerichtlichen Kosten.

2. Erga-omnes-Wirkung (Abs. 3)

16 Abs. 3 regelt wie § 97 Abs. 3 Satz 1 und § 98 Abs. 4 die erga-omnes-Wirkung der Beschlüsse über den nach § 4a Abs. 2 Satz 2 TVG jeweils im Betrieb anwendbaren Tarifvertrag. Beschlüsse im Verfahren nach § 2a Abs. 1 Nr. 6 wirken nicht nur zwischen den Verfahrensbeteiligten (inter partes), sondern gegenüber jedermann. Der sachliche Grund dafür liegt darin, dass die Bedeutung der Entscheidung weit über die Verfahrensbeteiligten hinausreicht und im Interesse der Rechtssicherheit divergierende Entscheidungen in verschiedenen Verfahren vermieden werden sollen. Diese Wirkung tritt allerdings erst mit formeller Rechtskraft der Entscheidung ein. Wegen der Breitenwirkung der Entscheidung verpflichtet § 8 TVG den ArbGeb, rechtskräftige Beschlüsse nach § 99 im Betrieb bekanntzumachen.

3. Rechtsmittel

17 Gegen den erstinstanzlichen Beschluss des ArbG ist gem. Abs. 2 iVm. § 87 die Beschwerde zum LAG und gegen dessen Entscheidung unter den Voraussetzungen von Abs. 2 iVm. § 92 die Rechtsbeschwerde zum BAG gegeben. Anders als in den Verfahren nach §§ 97 und 98 stehen hier also drei Instanzen zu Verfügung.

VIII. Erleichterte Wiederaufnahme des Verfahrens (Abs. 4)

18 Nach rechtskräftigem Abschluss des Beschlussverfahrens nach § 99 kommt noch eine Wiederaufnahme des Verfahrens in Betracht. Das ergibt sich aus dem Verweis in Abs. 2 auf die §§ 80 Abs. 2, § 79 iVm. § 578 ZPO. Abs. 4 regelt ebenso wie § 97 Abs. 4 und § 98 Abs. 5 zwei Erleichterungen gegenüber den allgemeinen Wiederaufnahmevorschriften. Erstens genügt es für eine Restitutionsklage, wenn ein Beteiligter absichtlich unrichtige Angaben oder Aussagen gemacht hat und darauf die Entscheidung beruht, welcher von mehreren kollidierenden Tarifverträgen nach § 4a Abs. 2 Satz 2 TVG im Betrieb anwendbar ist. Nach allgemeinen Regeln würde das nicht ausreichen, weil § 580 Nr. 1 ZPO einen Meineid (§ 154 StGB) oder einen fahrlässigen Falscheid (§ 161 StGB) voraussetzt. Zweitens findet § 581 ZPO mit seinen besonderen Voraussetzungen der Restitutionsklage keine Anwendung. Deshalb ist in den Fällen, in denen eine Wiederaufnahme wegen eines strafbaren Verhaltens in Betracht kommt (§ 580 Nr. 1–4 ZPO), weder eine rechtskräftige Verurteilung erforderlich, noch muss die Einleitung und Durchführung eines Strafverfahrens aus anderen Gründen als Mangels an Beweisen unterblieben sein. Vielmehr reicht die bloße Behauptung einer einschlägigen Straftat aus. Ob eine solche wirklich vorliegt, ist dann innerhalb des Wiederaufnahmeverfahrens zu prüfen. Dabei ist der Arbeitsrichter an ein vorliegendes Urteil im Strafverfahren, selbst wenn es rechtskräftig ist, nicht gebunden (dazu § 97 Rz. 40). Die Nichtanwendbarkeit des § 581 ZPO soll in erster Linie zur Verfahrensbeschleunigung beitragen[3].

§ 100 Entscheidung über die Besetzung der Einigungsstelle

(1) In den Fällen des § 76 Abs. 2 Satz 2 und 3 des Betriebsverfassungsgesetzes entscheidet der Vorsitzende allein. Wegen fehlender Zuständigkeit der Einigungsstelle können die Anträge nur zurückgewiesen werden, wenn die Einigungsstelle offensichtlich unzuständig ist. Für das Verfahren gelten die §§ 80 bis 84 entsprechend. Die Einlassungs- und Ladungsfristen betragen 48 Stunden. Ein Richter darf nur dann zum Vorsitzenden der Einigungsstelle bestellt werden, wenn auf Grund der Geschäftsverteilung ausgeschlossen ist, dass er mit der Überprüfung, der Auslegung oder der Anwen-

---

1 Allgemein zur Anwendbarkeit des § 308 ZPO im arbeitsgerichtlichen Beschlussverfahren BAG v. 9.9.2015 – 7 ABR 69/13, NZA 2016, 57 Rz. 27.
2 *Löwisch/Rieble*, TVG, § 4a Rz. 297; aA *Ulrici*, DB 2015, 2511 (2512).
3 BT-Drs. 18/4062, S. 17.

dung des Spruchs der Einigungsstelle befasst wird. Der Beschluss des Vorsitzenden soll den Beteiligten innerhalb von zwei Wochen nach Eingang des Antrags zugestellt werden; er ist den Beteiligten spätestens innerhalb von vier Wochen nach diesem Zeitpunkt zuzustellen.

(2) Gegen die Entscheidungen des Vorsitzenden findet die Beschwerde an das Landesarbeitsgericht statt. Die Beschwerde ist innerhalb einer Frist von zwei Wochen einzulegen und zu begründen. Für das Verfahren gelten § 87 Abs. 2 und 3 und die §§ 88 bis 90 Abs. 1 und 2 sowie § 91 Abs. 1 und 2 entsprechend mit der Maßgabe, dass an die Stelle der Kammer des Landesarbeitsgerichts der Vorsitzende tritt. Gegen dessen Entscheidungen findet kein Rechtsmittel statt.

I. Gesetzgebungsgeschichte	1
II. Zweck der Norm	1a
III. Anwendungsbereich	
1. Einigungsstelle nach dem BetrVG	3
2. Sonstige Einigungsstellen	4
a) Tarifliche Schlichtungsstellen	4
b) Einigungsstelle nach den Personalvertretungsgesetzen	5
c) Einigungsstellen bei den Stationierungsstreitkräften	6
3. Ablehnung des Einigungsstellenvorsitzenden wegen Befangenheit	7
IV. Zulässigkeit	
1. Antrag	8
a) Inhalt	9
b) Form	10
c) Frist	11
d) Begründung	12
2. Antragsberechtigung	15
3. Örtliche Zuständigkeit	18
4. Rechtsschutzinteresse	19
V. Verfahren	
1. Entsprechende Anwendung der §§ 80 ff. (Abs. 1 Satz 2)	23
a) Amtsermittlungsgrundsatz	24
b) Mündlichkeitsgrundsatz	25
c) Verfahrensbeendigung durch die Beteiligten	26
d) Keine Zwangsvollstreckung, keine einstweilige Verfügung	27
2. Beteiligte	29
3. Einlassungs- und Ladungsfristen (Abs. 1 Satz 4)	31
VI. Entscheidung	
1. Alleinentscheidungskompetenz des Vorsitzenden (Abs. 1 Satz 1)	33
2. Entscheidung durch Beschluss	34
3. Zurückweisung des Antrages wegen offensichtlicher Unzuständigkeit der Einigungsstelle (Abs. 1 Satz 2)	35
a) Erzwingbares Einigungsstellenverfahren nach § 76 Abs. 5 BetrVG	35
aa) Offensichtliche Unzuständigkeit	36
bb) Mehrere streitige Regelungskomplexe	41
b) Freiwilliges Einigungsstellenverfahren nach § 76 Abs. 6 BetrVG	42
c) Erstreckung des Maßstabes der Offensichtlichkeit auf Vorfragen	43
d) Vorabentscheidungsverfahren	44
4. Bestellung des Vorsitzenden	46
a) Persönliche Voraussetzungen	46
b) Bestellung eines Richters (Abs. 1 Satz 5)	49
c) Keine Bindung an einen Vorschlag der Beteiligten	51
d) Tenorierung	52
e) Annahme durch den Bestellten	53
5. Bestimmung der Zahl der Beisitzer	55
6. Entscheidung und Zustellung binnen zweier Wochen (Abs. 1 Satz 6)	58
7. Wirkung der Entscheidung	59
a) Eingeschränkte Bindung hinsichtlich der Person des Vorsitzenden und der Zahl der Beisitzer	59
b) Keine Bindung hinsichtlich der Zuständigkeit	60
VII. Beschwerde	62
1. Zulässigkeit	63
a) Beschwerdebefugnis und Beschwer	63
b) Fristen (Abs. 2 Satz 2)	65
2. Verfahren und Entscheidung (Abs. 2 Satz 3)	66
3. Ausschluss der Rechtsbeschwerde (Abs. 2 Satz 4)	68
VIII. Gegenstandswert	69

Schrifttum: *Bauer*, Schnellere Einigungsstelle – Gesetzesreform nötig!, ZIP 1996, 117; *Bauer*, Einigungsstellen – Ein ständiges Ärgernis!, NZA 1992, 433; *Behrens*, Konkretisierung des Gegenstandes der Einigungsstelle, NZA 1991, Beil. 2, 23; *Bengelsdorf*, Rechtliche Möglichkeiten zur Beschleunigung des erzwingbaren Einigungsstellenverfahrens, BB 1991, 613; *Deeg*, Die Besorgnis der Befangenheit des Einigungsstellenvorsitzenden: Bestellungsverfahren, Einigungsstelle und gerichtliche Kontrolle, RdA 2011, 221; *Dütz*, Effektiver Rechtsschutz des Betriebsrats beim Interessenausgleich, AuR 1998, 181; *Düwell*, Gesetz zur Änderung des Bürgerlichen Gesetzbuches und der Arbeitsgerichtsgesetzes, FA 1998, 242; *Ebert*, Einrichtung einer Einigungsstelle nach § 76 BetrVG, FA 1998, 373; *Feudner*, Die betriebliche Einigungsstelle – ein unkalkulierbares Risiko, DB 1997, 826; *Francken*, Weitere Optimierung des arbeitsgerichtlichen Verfahrens, NJW 2007, 1792; *Francken*, Streitiger Einigungsstellenvorsitz als richterliche Dienstaufgabe, NZA 2008, 750; *Gaul*, Einigungsstelle: Aussetzung des Bestellungsverfahrens, DB 1980, 1894; *Gaul*, Die Entscheidung über die Besetzung der Einigungsstelle, ZfA 1979, 97; *Goergens*, Änderung des Verfahrens vor den Arbeitsgerichten zur Einrichtung und Besetzung einer Einigungsstelle, AiB 1998, 481; *Heilmann*, Streit(igkeiten) um Vorsitzende einer Einigungsstelle, AiB 1989, 68; *Heinze*, Verfahren und Entscheidung der Einigungsstelle, RdA 1990, 262; *Henssler*, Die

Entscheidungskompetenz der betriebsverfassungsrechtlichen Einigungsstelle in Rechtsfragen, RdA 1991, 268; *Hümmerich*, Gesetzesnovelle zu § 98 ArbGG – ein Schildbürgerstreich?, DB 1998, 1133; *Hunold*, Zur Fragwürdigkeit des Einigungsstellenverfahrens über eine Mitarbeiterbeschwerde gem. § 85 Abs. 2 BetrVG, DB 1993, 2282; *Kempter/Merkel*, Grundzüge und Fallstricke im Einigungsstellenverfahren, DB 2014, 1807; *Leinemann*, Entwurf eines Gesetzes zur Änderung des BGB und des ArbGG, FA 1997, 42; *Leinemann*, Schlichten oder Richten – kann ein Vorsitzender der betriebsverfassungsrechtlichen Einigungsstelle wegen der Besorgnis Befangenheit abgelehnt werden?, FA 2001, 365; *Lerch/Weinbrenner*, Einigungsstelleneinsetzungsverfahren bei Betriebsänderungen, NZA 2015, 1228; *Sasse*, Die gerichtliche Einsetzung einer Einigungsstelle, DB 2015, 2817; *Schönfeld*, Die Person des Einigungsstellenvorsitzenden, DB 1988, 1996; *Schönfeld*, Das Verfahren vor der Einigungsstelle, 1988; *Treber*, Arbeitsrechtliche Neuerungen durch das „Gesetz zur Änderung des Bürgerlichen Gesetzbuches und des Arbeitsgerichtsgesetzes", NZA 1998, 856; *Tschöpe*, Die Bestellung der Einigungsstelle – Rechtliche und taktische Fragen, NZA 2004, 945; *Wenning-Morgenthaler*, Die Einigungsstelle, 6. Aufl. 2012; *Worzalla*, Neues zu Gebühren und Streitwert im Arbeitsrecht, JurBüro 1999, 286; *Worzalla*, Beschleunigung des Einigungsstellenverfahrens, FA 2001, 365.

I. Gesetzgebungsgeschichte

1 Der Inhalt des heutigen § 100 war bis zum 9.7.2015 in § 99 geregelt. Durch das Tarifeinheitsgesetz vom 3.7.2015 wurde der heutige § 99 zu den Entscheidungen über den nach § 4a Abs. 2 Satz 2 TVG bei einer Tarifkonkurrenz im Betrieb anwendbaren Tarifvertrag neu eingefügt. Redaktionelle Folgeänderung war, dass der bis dahin geltende § 99 mit Wirkung zum 10.7.2015 zu § 100 wurde[1].

II. Zweck der Norm

1a Nach § 76 Abs. 1 BetrVG ist für die Beilegung von Meinungsverschiedenheiten zwischen ArbGeb und BR, GBR oder KBR in Regelungsangelegenheiten bei Bedarf eine Einigungsstelle zu bilden. Sie besteht aus der gleichen Anzahl von Beisitzern jeder Seite und einem unparteiischen Vorsitzenden. Kommt zwischen ArbGeb und BR eine Einigung über die Person des Vorsitzenden der Einigungsstelle oder die Zahl seiner Beisitzer nicht zustande, entscheidet darüber gem. § 76 Abs. 2 Satz 2 und 3 BetrVG das ArbG. Es handelt sich dabei um eine Angelegenheit aus dem BetrVG[2], so dass das ArbG nach § 2a Abs. 1 Nr. 1, Abs. 2 im Beschlussverfahren zuständig ist. Es bestellt den Vorsitzenden oder legt die Anzahl der Beisitzer fest. Beides kann auch zusammen in einem Verfahren erfolgen. Damit **sichert das Bestellungsverfahren letztlich das Recht, die Einigungsstelle anzurufen.**

2 § 100 regelt die im gerichtlichen Verfahren zu beachtenden Besonderheiten. Sie sollen vor allem eine **beschleunigte Bildung der Einigungsstelle ermöglichen**[3]. Daher ergeht die Entscheidung nicht durch die Kammer, sondern durch den Vorsitzenden allein. Ein Antrag nach § 100 darf wegen fehlender Zuständigkeit der Einigungsstelle nur zurückgewiesen werden, wenn die Einigungsstelle offensichtlich unzuständig ist (§ 100 Abs. 1 Satz 2, dazu Rz. 36 ff.). Das Gericht soll nicht in eine umfassende und zeitraubende Zuständigkeitsprüfung verstrickt werden. Die Einlassungs- und Ladungsfristen sind auf 48 Stunden verkürzt (§ 100 Abs. 1 Satz 4, dazu Rz. 31). Der Beschluss des Gerichts soll binnen zwei Wochen und muss binnen vier Wochen ergehen und zugestellt werden (§ 100 Abs. 1 Satz 6, dazu Rz. 58). Die Beschwerde muss innerhalb von zwei Wochen eingelegt und begründet werden (§ 100 Abs. 2 Satz 2, dazu Rz. 65). Über die Beschwerde entscheidet der Vorsitzende allein (§ 100 Abs. 2 Satz 3, dazu Rz. 66). Schließlich ist die Rechtsbeschwerde ausgeschlossen (§ 100 Abs. 2 Satz 4, dazu Rz. 68). Das derart beschleunigte Bestellungsverfahren[4] nach § 100 weist eine unübersehbare Ähnlichkeit zum einstweiligen Verfügungsverfahren auf[5].

2a Selbst dieses beschleunigte Verfahren kann von den Beteiligten in zwei Instanzen für Taktiereien und Verzögerungsstrategien ausgenutzt werden. Deshalb gibt es Vorschläge, das Einigungsstellenbesetzungsverfahren durch eine Änderung des § 76 Abs. 2 BetrVG und des § 100 weiter zu beschleunigen: Statt einer gerichtlichen Bestellung des Einigungsstellenvorsitzenden soll dessen Tätigkeit als richterliche Dienstaufgabe geregelt und seine Person nach dem Geschäftsverteilungsplan des ArbG bestimmt werden, in dessen Bezirk der Betrieb liegt[6].

---

1 BGBl. I S. 1130 (1131).
2 LAG Berlin v. 18.2.1980 – 9 TaBV 5/79, AP § 98 ArbGG 1979 Nr. 1.
3 BAG v. 24.11.1981 – 1 ABR 42/79, DB 1982, 1413; LAG Hamburg v. 2.11.1988 – 4 TaBV 6/88, LAGE § 98 ArbGG 1979 Nr. 16, S. 4 ff.; *Walker*, Der einstweilige Rechtsschutz, Rz. 778.
4 LAG Hamm v. 7.7.2003 – 10 TaBV 85/03, NZA-RR 2003, 637 (638).
5 LAG Hamburg v. 7.3.1985 – 1 TaBV 1/84, LAGE § 98 ArbGG 1979 Nr. 6; LAG Köln v. 5.12.2001 – 7 TaBV 71/01, NZA-RR 2002, 586 (587); ArbG Siegburg v. 15.11.2001 – 5 BVGa 6/01, DB 2002, 278; *Walker*, Der einstweilige Rechtsschutz, Rz. 778.
6 *Francken*, NJW 2007, 1792 (1795 f.); *Francken*, NZA 2008, 750.

III. Anwendungsbereich

1. Einigungsstelle nach dem BetrVG

§ 100 gilt immer dann, wenn es gem. § 76 Abs. 2 Satz 2 und 3 BetrVG um die **Bildung einer Einigungsstelle nach § 76 Abs. 1 BetrVG** geht. Es ist daher unerheblich, ob die Einigungsstelle **im Rahmen der Zwangsschlichtung** (§ 76 Abs. 5 BetrVG) **oder des freiwilligen Einigungsstellenverfahrens** (§ 76 Abs. 6 BetrVG) angerufen wird[1]. Etwas anderes ergibt sich auch nicht aus der im letztgenannten Fall gegebenen Unverbindlichkeit des Einigungsstellenspruchs. Wer das Recht hat, die Einigungsstelle anzurufen, der muss auch die Möglichkeit haben, ein gerichtliches Bestellungsverfahren einzuleiten. Daher ist § 100 insbesondere auch dann anwendbar, wenn es um die Errichtung einer Einigungsstelle nach § 112 Abs. 2 Satz 2 BetrVG geht[2].

2. Sonstige Einigungsstellen

a) Tarifliche Schlichtungsstellen

§ 100 bezieht sich **ausschließlich auf das Verfahren nach § 76 Abs. 2 Satz 2 und 3 BetrVG** zur Bildung einer Einigungsstelle nach § 76 Abs. 1 BetrVG. Die Vorschrift gilt daher nicht für eine tarifliche Schlichtungsstelle nach § 76 Abs. 8 BetrVG[3]. Hier haben vielmehr die Tarifvertragsparteien zu bestimmen, wie solche Meinungsverschiedenheiten beizulegen sind. Es soll ihnen dabei zwar nach verbreiteter Ansicht frei stehen, die Entscheidung über die Person des Vorsitzenden und die Anzahl der Beisitzer der Schlichtungsstelle dem ArbG zu übertragen, wobei dann § 100 entsprechend gelten soll[4]. Es ist allerdings zweifelhaft, ob die Tarifvertragsparteien den arbeitsgerichtlichen Zuständigkeitskatalog auf diese Weise erweitern können. Fehlt es an einer entsprechenden Regelung im Tarifvertrag und kann daher eine tarifliche Schlichtungsstelle nicht gebildet werden, bleibt nur die Bildung einer Einigungsstelle nach § 76 Abs. 1 BetrVG[5].

b) Einigungsstelle nach den Personalvertretungsgesetzen

Aus dem gleichen Grunde gilt § 100 auch nicht für die Bildung von Einigungsstellen nach den Personalvertretungsgesetzen[6]. Diese sehen für Streitigkeiten über die Person des Vorsitzenden auch anderweitige Zuständigkeiten vor. So bestellt etwa nach § 71 Abs. 1 Satz 4 BPersVG der Präsident des BVerwG den Vorsitzenden der Einigungsstelle, wenn sich beide Seiten nicht einigen können[7].

c) Einigungsstellen bei den Stationierungsstreitkräften

Ebenfalls unanwendbar ist § 100 für Einigungsstellen nach dem Betriebsvertretungsrecht bei den Stationierungsstreitkräften. Hier wird der Vorsitzende der Einigungsstelle nach Abs. 6c des Unterzeichnungsprotokolls zu Art. 56 Abs. 9 des Zusatzabkommens zum NATO-Truppenstatut idF des Änderungsabkommens vom 21.10.1971[8] vom Generalsekretär der Nordatlantikvertrags-Organisation bestellt.

3. Ablehnung des Einigungsstellenvorsitzenden wegen Befangenheit

Die heute hM bejaht die Möglichkeit, den Einigungsstellenvorsitzenden analog §§ 42 ff., 1036 ZPO, § 49 wegen Befangenheit abzulehnen[9]. Folgt man dem, dann ist das Ablehnungsgesuch – wenn die ohne den Vorsitzenden entscheidende Einigungsstelle[10] zu keiner stattgebenden Entscheidung gelangt – im arbeitsgerichtlichen Beschlussverfahren zu verfolgen (§ 2a Abs. 1 Nr. 1). Eine ausdrückliche Regelung für das ge-

---

1 LAG Bremen v. 8.9.1983 – 2 TaBV 100/83, AuR 1984, 90 (Ls.); *Fitting*, § 76 BetrVG Rz. 25, 181 ff.; GMP/*Schlewing*, § 98 Rz. 5; GK-BetrVG/*Kreutz/Jacobs*, § 76 Rz. 34; *Richardi*, § 76 BetrVG Rz. 55.
2 AM noch LAG Berlin v. 4.10.1982 – 9 TaBV 4/82, DB 1983, 888 mwN.
3 *Dietz/Nikisch*, § 98 ArbGG Rz. 7; GMP/*Schlewing*, § 98 Rz. 2; Hauck/Helml/Biebl/*Hauck*, § 98 Rz. 1; *Richardi*, § 76 BetrVG Rz. 149.
4 *Dietz/Nikisch*, § 98 ArbGG Rz. 7; *Fitting*, § 76 BetrVG Rz. 176; GMP/*Schlewing*, § 98 Rz. 2; GK-ArbGG/*Dörner*, § 98 Rz. 3; GK-BetrVG/*Kreutz/Jacobs*, § 76 Rz. 185; vgl. auch LAG Düsseldorf v. 26.10.1976 – 5 TaBV 46/76, EzA § 76 BetrVG 1972 Nr. 14.
5 *Dietz/Nikisch*, § 98 ArbGG Rz. 7.
6 GMP/*Schlewing*, § 98 Rz. 35; GK-ArbGG/*Dörner*, § 98 Rz. 4; Hauck/Helml/Biebl/*Hauck*, § 98 Rz. 1.
7 Wegen der Zuständigkeiten nach den Landespersonalvertretungsgesetzen s. dort.
8 BGBl. II 1973 S. 1021 (1026).
9 Vgl. nur BAG v. 17.11.2010 – 7 ABR 100/09, NZA 2011, 940 (941, Rz. 16 ff.); BAG v. 9.5.1995 – 1 ABR 56/94, NZA 1996, 156; LAG Köln v. 11.7.2001 – 8 TaBV 4/01, NZA-RR 2002, 270 (271); *Bauer/Diller*, DB 1996, 137; GK-BetrVG/*Kreutz/Jacobs*, § 76 Rz. 53 jeweils mwN auch zur Gegenposition.
10 *Bauer/Diller*, DB 1996, 137 (140 f.).

richtliche Ablehnungsverfahren fehlt. ZT wird vertreten, auf dieses Verfahren sei § 100 Abs. 1 (wegen § 49 Abs. 3 aber nicht § 100 Abs. 2[1]) **analog** anzuwenden[2]. Auch hier bestehe ein Bedürfnis nach rascher Entscheidung; eine nachträgliche Geltendmachung der Befangenheit im Anfechtungsverfahren sei unter dem Gesichtspunkt des effektiven Rechtsschutzes kein angemessener Ersatz[3]. Dafür eigne sich das beschleunigte Verfahren nach § 100 Abs. 1. Außerdem biete es sich aus Sicht der Betriebspartner ohnehin an, das Ablehnungsverfahren mit einem neuen Bestellungsverfahren zu verbinden[4]. Das **BAG** geht jedoch einen anderen Weg. Es wendet für das gerichtliche Ablehnungsverfahren nicht § 100 analog an, sondern vertritt die **analoge Anwendung der §§ 1036 Abs. 2, § 1037 Abs. 3 Satz 1, § 1062 Abs. 1 Nr. 1, § 1065 Abs. 1 Satz 2 ZPO**[5]. Das wird mit der Vermeidung von systematischen Unstimmigkeiten und dem Beschleunigungsgrundsatz begründet. Die entsprechende Anwendung der ZPO-Regelungen über die Ablehnung von Schiedsrichtern hat wichtige **Folgen:**

7a **Zuständig** ist das **ArbG**. Zwar entscheidet gem. § 1062 Abs. 1 ZPO über die Ablehnung eines Schiedsrichters das OLG. Aber in seiner Funktion entspricht das ArbG sowohl bei seiner Entscheidung über die Anfechtung des Einigungsstellenspruchs als auch bei der Entscheidung über die Befangenheit des Einigungsstellenvorsitzenden dem in einem schiedsrichterlichen Verfahren tätigen OLG (vgl. §§ 1037, 1059, 1062 Abs. 1 Nr. 1, 4 ZPO). Deshalb erachtet das BAG das ArbG nicht nur für die Anfechtung des Einigungsstellenspruchs, sondern auch für die Ablehnung des Einigungsstellenvorsitzenden als zuständig[6].

7b Das ArbG entscheidet anders als im Verfahren nach § 100 nicht durch den Vorsitzenden, sondern in voller **Kammerbesetzung**. Denn aus der entsprechenden Anwendung der § 1037 Abs. 3 Satz 1, § 1062 Abs. 1 Nr. 1 ZPO folgt, dass für die Zusammensetzung des Spruchkörpers bei der Ablehnung des Einigungsstellenvorsitzenden dasselbe gilt wie bei der Anfechtung des Einigungsstellenspruchs[7]. Darüber entscheidet ebenfalls die gesamte Kammer.

7c Die Entscheidung des ArbG über das Ablehnungsgesuch ist im Gegensatz zu Entscheidungen nach § 100 **unanfechtbar**[8]. Das folgt aus der analogen Anwendung des § 1065 Abs. 1 Satz 1, 2 ZPO. Die Unanfechtbarkeit trägt dem Beschleunigungsgrundsatz Rechnung.

IV. Zulässigkeit

1. Antrag

8 Das Verfahren nach § 100 wird nur auf Antrag eingeleitet (§ 100 Abs. 1 Satz 3 iVm. § 81 Abs. 1 Halbs. 1).

a) Inhalt

9 Der Antrag muss auf die Bestellung eines Vorsitzenden der Einigungsstelle bzw. die Festlegung der Zahl seiner Beisitzer gerichtet sein. Es ist nicht erforderlich, eine bestimmte Person als Vorsitzenden oder eine bestimmte Anzahl von Beisitzern anzugeben[9].

b) Form

10 Der Antrag bedarf keiner besonderen Form. Er kann schriftlich beim ArbG eingereicht oder mündlich zur Niederschrift bei seiner Geschäftsstelle eingebracht werden (§ 100 Abs. 1 Satz 3 iVm. § 81 Abs. 1 Halbs. 2). Falls der Antrag vom BR gestellt wird (zu dessen Antragsberechtigung sogleich Rz. 15), wird dieser bei der Antragstellung durch seinen Vorsitzenden vertreten (§ 26 Abs. 2 Satz 1 BetrVG). Die Wirksamkeit des Antrags setzt voraus, dass ihm ein wirksamer BR-Beschluss zugrunde liegt (vgl. § 26 Abs. 2 Satz 1, § 33 BetrVG)[10].

---

1 *Bauer/Diller*, DB 1996, 137 (141).
2 *Bauer/Diller*, DB 1996, 137 (141); *Heinze*, RdA 1990, 262 (273); Voraufl.; vgl. auch BAG v. 9.5.1995 – 1 ABR 56/94, NZA 1996, 156. AM *Schönfeld*, DB 1988, 1996 (2001).
3 LAG Köln v. 11.7.2001 – 8 TaBV 4/01, NZA-RR 2002, 270 (271).
4 Vgl. GK-BetrVG/*Kreutz/Jacobs*, § 76 Rz. 56.
5 BAG v. 17.11.2010 – 7 ABR 100/09, NZA 2011, 940 (942, Rz. 19 ff.). Ebenso *Fitting*, § 76 BetrVG Rz. 44. Krit. dazu *Deeg*, RdA 2011, 221.
6 BAG v. 17.11.2010 – 7 ABR 100/09, NZA 2011, 940 (942, Rz. 22).
7 BAG v. 17.11.2010 – 7 ABR 100/09, NZA 2011, 940 (942, Rz. 23).
8 BAG v. 17.11.2010 – 7 ABR 100/09, NZA 2011, 940 (942, Rz. 24).
9 GMP/*Schlewing*, § 98 Rz. 14.
10 Vgl. LAG Nürnberg v. 16.10.2012 – 7 TaBV 28/12, NZA-RR 2013, 23.

c) Frist

Die Einleitung des Verfahrens nach § 100 ist grds. nicht an eine Frist gebunden. Etwas anderes gilt dann, wenn der ArbGeb die Einigungsstelle gem. § 38 Abs. 2 Satz 4 BetrVG anruft, weil er die Auswahl der freizustellenden Mitglieder für sachlich nicht vertretbar hält[1]. Danach gilt nämlich für die Anrufung der Einigungsstelle eine Zwei-Wochen-Frist. Diese ist auch bei der Einleitung des gerichtlichen Verfahrens zur Bestimmung des Einigungsstellenvorsitzenden oder zur Festlegung der Zahl seiner Beisitzer zu beachten.

d) Begründung

Der Antrag ist gem. § 253 Abs. 2 Nr. 2, § 495 ZPO iVm. § 46 Abs. 2, § 80 Abs. 2, § 100 Abs. 1 Satz 3 zu begründen. Zu dieser Begründung gehört auch der Vortrag des konkreten Sachverhaltes, aus dem die durch die Einigungsstelle beizulegende betriebsverfassungsrechtliche Meinungsverschiedenheit erwächst[2]. Nur dann kann das ArbG nämlich gem. § 100 Abs. 1 Satz 1 prüfen, ob die Einigungsstelle offensichtlich unzuständig ist (dazu Rz. 36 ff.).

Kommen **verschiedene Mitbestimmungsrechte** des BR in Betracht, ist daher die Angabe erforderlich, worüber die Einigungsstelle entscheiden soll[3]. Damit wird dem Gericht gleichzeitig die Prüfung der Antragsbefugnis (Rz. 15 ff.) ermöglicht.

Ferner muss dem Antrag zu entnehmen sein, dass die Betriebspartner die Meinungsverschiedenheit bezüglich der Regelungsfrage trotz Verhandlung nicht beilegen konnten[4] und dass hinsichtlich der Person des Vorsitzenden bzw. der Zahl der Beisitzer eine Einigung zwischen den Betriebspartnern nicht zustande gekommen ist[5]. Diese Angaben sollen dem Gericht die Prüfung des Rechtsschutzinteresses (dazu Rz. 19 ff.) ermöglichen.

2. Antragsberechtigung

§ 100 soll die Bildung einer Einigungsstelle gewährleisten. Damit sichert er letztlich das Recht, die Einigungsstelle anzurufen (dazu Rz. 1a). Folglich ist im Verfahren nach § 100 **jeder** antragsbefugt, **der im konkreten Fall auch die Einigungsstelle anrufen kann**[6]. Das ist in den Angelegenheiten der § 37 Abs. 6, § 38 Abs. 2 und § 95 Abs. 1 BetrVG der ArbGeb, in denen des § 85 Abs. 2 BetrVG der BR oder der GBR[7]. Nicht antragsberechtigt sind dagegen die Beisitzer der Einigungsstelle, selbst wenn es um die Abberufung des Vorsitzenden wegen Befangenheit geht[8]. Nur in den Fällen gleichberechtigter Mitbestimmung wie nach § 87 BetrVG ist jeder der beiden Betriebspartner antragsbefugt[9]. Voraussetzung für die Antragsbefugnis des BR ist aber, dass er wirklich ein Mitbestimmungsrecht hat; daran fehlt es etwa, wenn nach einem Betriebsübergang der BR beim Erwerber einen Sozialplan beim Veräußerer erzwingen will[10]. Diese Überlegungen gelten jedenfalls für das **erzwingbare Einigungsstellenverfahren** nach § 76 Abs. 5 BetrVG.

Für das **freiwillige Einigungsverfahren** nach § 76 Abs. 6 BetrVG ist umstritten, auf wessen Antrag hin das ArbG über die Anzahl der Beisitzer oder die Bestellung des Vorsitzenden entscheiden kann. Teilweise wird angenommen, das ArbG müsse von beiden Betriebspartnern zusammen angerufen werden, da die Bildung der Einigungsstelle in diesen Fällen nicht gegen den Willen der anderen Seite erzwungen werden könne[11]. Die Gegenposition[12] hält das für eine Verwechslung von prozessualer und materiell-rechtlicher Antragsbefugnis; jeder Betriebspartner sei allein antragsbefugt, sofern nur Einverständnis über die Bildung der Einigungsstelle bestehe. Fehle das beiderseitige Einverständnis, sei der Antrag wegen offensichtlicher Unzuständigkeit unbegründet.

---

1 *Fitting*, § 76 BetrVG Rz. 38; *Richardi*, § 76 BetrVG Rz. 59.
2 LAG Düsseldorf v. 21.8.1987 – 9 TaBV 132/86, NZA 1988, 211; LAG Hamm v. 16.8.1977 – 3 TaBV 40/77, EzA § 76 BetrVG 1972 Nr. 15; GMP/*Schlewing*, § 98 Rz. 15; GK-ArbGG/*Dörner*, § 98 Rz. 21; GK-BetrVG/*Kreutz/Jacobs*, § 76 Rz. 59.
3 GMP/*Schlewing*, § 98 Rz. 15; GK-BetrVG/*Kreutz/Jacobs*, § 76 Rz. 69.
4 LAG BW v. 4.10.1984 – 11 TaBV 4/84, NZA 1985, 163 (164); GMP/*Schlewing*, § 98 Rz. 15; *Richardi*, § 76 BetrVG Rz. 60.
5 GMP/*Schlewing*, § 98 Rz. 15; GK-ArbGG/*Dörner*, § 98 Rz. 10, 21; GK-BetrVG/*Kreutz/Jacobs*, § 76 Rz. 59.
6 *Richardi*, § 76 BetrVG Rz. 56; *Sasse*, DB 2015, 2817.
7 LAG Köln v. 11.7.2001 – 8 TaBV 4/01, NZA-RR 2002, 270 (272).
8 LAG Köln v. 11.7.2001 – 8 TaBV 4/01, NZA-RR 2002, 270 (271).
9 GMP/*Schlewing*, § 98 Rz. 13; Hauck/Helml/*Hauck*, § 98 Rz. 2; *Richardi*, § 76 BetrVG Rz. 55.
10 LAG Rh.-Pf. v. 18.4.2005 – 2 TaBV 15/05, NZA-RR 2005, 529.
11 GK-BetrVG/*Kreutz/Jacobs*, § 76 Rz. 34; HWGNRH/*Worzalla*, § 76 BetrVG Rz. 15; *Richardi*, § 76 BetrVG Rz. 55.
12 *Fitting*, § 76 BetrVG Rz. 106; GMP/*Schlewing*, § 98 Rz. 13; GK-ArbGG/*Dörner*, § 98 Rz. 7.

17 Nach hier vertretener Ansicht ist wie folgt zu differenzieren: **Grundsätzlich** kann die Einigungsstelle beim freiwilligen Einigungsstellenverfahren nur im beiderseitigen Einverständnis angerufen werden. Daher können auch **nur beide Betriebspartner zusammen** eine gerichtliche Entscheidung nach § 100 beantragen. Auf diese Weise ist sichergestellt, dass das jederzeit widerrufliche[1] Einverständnis mit der Anrufung der Einigungsstelle tatsächlich gegeben ist. Damit entfällt auch die Notwendigkeit, das fehlende Einverständnis mit dem Tätigwerden der Einigungsstelle im freiwilligen Einigungsverfahren als Fall des Abs. 1 Satz 2 anzusehen (dazu Rz. 42). Kann dagegen materiellrechtlich **ein Betriebspartner** im Falle des § 76 Abs. 6 BetrVG **allein** die Einigungsstelle anrufen, dann kann er auch allein das gerichtliche Bestellungsverfahren nach § 100 einleiten. Das gilt namentlich dann, wenn nach § 112 Abs. 2 Satz 2 BetrVG die Einigungsstelle angerufen wird, weil ein Interessenausgleich über die geplante Betriebsänderung nicht zustande kommt[2]. Gleiches wird man annehmen müssen, wenn das für das freiwillige Einigungsverfahren erforderliche Einverständnis durch Betriebsvereinbarung erteilt ist[3]. Dann ist es nämlich nicht widerruflich, so dass dem anderen Betriebspartner ein Recht auf alleinige Anrufung der Einigungsstelle erwächst.

3. Örtliche Zuständigkeit

18 Die örtliche Zuständigkeit ergibt sich aus § **100 Abs. 1 Satz 2 iVm. § 82**. Zuständig ist daher grds. das ArbG, in dessen Bezirk der Betrieb liegt, in dem die Einigungsstelle gebildet werden soll (§ 82 Abs. 1 Satz 1). Bei einer Auseinandersetzung mit dem GBR kommt es auf den Sitz des Unternehmens an (§ 82 Abs. 1 Satz 2).

4. Rechtsschutzinteresse

19 Auch das Verfahren nach § 100 ist nur bei entsprechendem Rechtsschutzinteresse zulässig. Dieses ist gegeben, wenn ein regelungsbedürftiges Sachproblem vorliegt und die Beteiligten sich erstens nicht über dieses der Einigungsstelle angetragene Sachproblem[4] und zweitens auch nicht über die Besetzung der Einigungsstelle geeinigt haben.

20 Ein **regelungsbedürftiges Sachproblem ist nicht (mehr) vorhanden**, wenn die zu regelnde Angelegenheit sich erledigt hat. Beispiele: Die Betriebsänderung ist abgeschlossen, und ein Sozialplan kann nach § 112a BetrVG nicht erzwungen werden[5]. Für ein Abberufungsverfahren wegen Befangenheit des Vorsitzenden besteht nach dem Spruch der Einigungsstelle kein Rechtsschutzbedürfnis mehr; die Befangenheit kann dann nur noch im Anfechtungsverfahren geltend gemacht werden[6].

21 Ein **Mangel der Einigung in der Sache** ist nicht erst dann gegeben, wenn die Betriebspartner vergeblich um eine Lösung des Sachproblems gerungen haben (§ 74 Abs. 1 Satz 2 BetrVG)[7]. Es genügt vielmehr, wenn der Antragsteller sich vergeblich um Verhandlungen bemüht hat, der andere Betriebspartner dazu aber nicht bereit ist[8] oder auf das Verhandlungsangebot gar nicht reagiert[9]. Andernfalls könnte der verhandlungsunwillige Teil das Einigungsstellenverfahren blockieren. Damit würde das Initiativrecht des anderen Teils konterkariert, das § 100 gerade sichern will (dazu Rz. 1a). Gleiches gilt, wenn Anlass zu der Annahme besteht, dass die Verhandlungen nicht, jedenfalls nicht in absehbarer Zeit, zum Erfolg führen, etwa weil der Betriebspartner weitere Verhandlungen (ausdrücklich oder durch sein Verhalten) jedenfalls

---

1 GK-BetrVG/*Kreutz/Jacobs*, § 76 Rz. 34; *Richardi*, § 76 BetrVG Rz. 39.
2 GK-BetrVG/*Kreutz/Jacobs*, § 76 Rz. 34.
3 HWGNRH/*Worzalla*, § 76 BetrVG Rz. 15; wohl auch GK-BetrVG/*Kreutz/Jacobs*, § 76 Rz. 34.
4 LAG Düsseldorf v. 25.8.2014 – 9 TaBV 39/14, NZA-RR 2014, 647 Rz. 25.
5 LAG Nürnberg v. 21.8.2001 – 6 TaBV 24/01, NZA-RR 2002, 138.
6 LAG Köln v. 11.7.2001 – 8 TaBV 4/01, NZA-RR 2002, 270 (271).
7 So aber LAG BW v. 4.10.1984 – 11 TaBV 4/84, NZA 1985, 163; LAG Düsseldorf v. 22.2.1985 – 2 TaBV 1/85, DB 1985, 764; LAG Schl.-Holst. v. 17.11.1988 – 6 TaBV 30/88, LAGE § 98 ArbGG 1979 Nr. 13; Hauck/Helml/Biebl/*Hauck*, § 98 Rz. 2.
8 BAG v. 18.3.2015 – 7 ABR 4/13, NZA 2015, 954 Rz. 17 (Verhandlungen ausdrücklich oder konkludent verweigert); LAG BW v. 16.10.1991 – 12 TaBV 10/91, BB 1991, 2451; 16.10.1991 – 12 TaBV 10/91, NZA 1992, 186; LAG Düsseldorf v. 10.12.1997 – 12 TaBV 61/97, NZA-RR 1998, 319 (320); LAG Hessen v. 22.11.1994 – 4 TaBV 112/94, LAGE § 76 BetrVG 1972 Nr. 43; ArbG Cottbus v. 26.11.2001 – 4 BV 27/01, NZA-RR 2002, 643 (644); GK-BetrVG/*Kreutz/Jacobs*, § 76 Rz. 66; vgl. auch LAG Nds. v. 7.12.1998 – 1 TaBV 74/98, LAGE § 98 ArbGG 1979 Nr. 35.
9 LAG Nds. v. 5.5.2009 – 1 TaBV 28/09, NZA-RR 2009, 531.

zum gegenwärtigen Zeitpunkt[1] ablehnt[2]. Dagegen fehlt das Rechtsschutzinteresse, wenn (noch) kein Bedarf für die Bildung einer Einigungsstelle besteht, so dass die Einleitung des Verfahrens nach § 100 rechtsmissbräuchlich ist[3]. Das gilt etwa bei einer Antragstellung durch den BR, wenn dieser den ArbGeb nicht einmal zu Verhandlungen aufgefordert hat[4]. Fehlt es an solchen Anhaltspunkten für einen Rechtsmissbrauch, ist das ArbG im Verfahren nach § 100 allerdings nicht befugt, anhand objektiver Kriterien bis ins letzte Detail aufzuklären, ob noch ein betrieblicher Verhandlungsspielraum besteht, bevor eine Einigungsstelle eingerichtet wird[5]. Dieser begrenzte Prüfungsumfang ergibt sich schon daraus, dass in solchen mitbestimmungspflichtigen Angelegenheiten, in denen der Spruch der Einigungsstelle die Einigung zwischen ArbGeb und Betriebsrat ersetzt, der Antrag nur einer Seite genügt (§ 76 Abs. 5 Satz 1 BetrVG). Ein Rechtsschutzinteresse fehlt schließlich, solange ein zwischen den Betriebsparteien vereinbartes obligatorisches innerbetriebliches Schlichtungsverfahren noch nicht durchgeführt wurde[6].

Entsprechendes gilt für die **Einigung über die Besetzung** der **Einigungsstelle**. Hier genügt es sogar, wenn zwischen den Betriebspartnern streitig ist, ob eine Einigung über die Person des Vorsitzenden oder die Zahl seiner Beisitzer bereits erzielt wurde. Es würde zu einer unakzeptablen Verzögerung der Einigungsstellenbildung führen, wollte man zunächst in einem Beschlussverfahren diese Rechtsfrage nach dem Ob einer bereits erfolgten Einigung klären. 22

V. Verfahren

1. Entsprechende Anwendung der §§ 80 ff. (Abs. 1 Satz 2)

Das Gericht trifft seine Entscheidung über die Person des Einigungsstellenvorsitzenden bzw. die Zahl seiner Beisitzer im normalen Beschlussverfahren (§ 2a Abs. 1 Nr. 1, Abs. 2), wenn auch unter Beachtung der Besonderheiten des § 100. Das ergibt sich aus § 100 Abs. 1 Satz 3, der die §§ 80–84 für entsprechend anwendbar erklärt. 23

a) Amtsermittlungsgrundsatz

Es gilt daher namentlich der Amtsermittlungsgrundsatz (§ 83 Abs. 1 Satz 1). Dieser **kann zu einer Beweisaufnahme zwingen**, wenn die Beteiligten über Tatsachen streiten, die für die Prüfung der offensichtlichen Unzuständigkeit der Einigungsstelle (§ 100 Abs. 1 Satz 2, dazu Rz. 35 ff.) erheblich sind[7]. Die Entbehrlichkeit einer Beweisaufnahme kann in solchen Fällen insbesondere nicht mit Beschleunigungserwägungen begründet werden. Offenbar ging auch der Gesetzgeber davon aus, dass eine Beweisaufnahme zulässig ist. Er hat nämlich insbesondere § 83 Abs. 2 nicht von der Verweisung in Abs. 1 Satz 3 ausgenommen. Zu beachten ist freilich, dass das Gericht nicht die Zuständigkeit der Einigungsstelle zu prüfen hat, sondern den Antrag nur bei offensichtlicher Unzuständigkeit zurückweisen kann (dazu Rz. 35). Eine Beweisaufnahme ist daher nur erforderlich, soweit in einer möglichen, aber zweifelhaften Sachverhaltskonstellation von offensichtlicher Unzuständigkeit auszugehen wäre. Dagegen ist das Gericht nicht gezwungen, in eine detaillierte Sachprüfung hinsichtlich des geltend gemachten Mitbestimmungsrechts einzutreten[8]. 24

---

1 LAG München v. 4.4.2007 – 8 TaBV 13/07, NZA-RR 2008, 71 f.
2 LAG Düsseldorf v. 10.12.1997 – 12 TaBV 61/97, NZA-RR 1998, 319 (320); LAG Hessen v. 12.11.1991 – 4 TaBV 148/91, NZA 1992, 853; LAG Hessen v. 22.11.1994 – 4 TaBV 112/94, LAGE § 76 BetrVG 1972 Nr. 43; GK-BetrVG/ *Kreutz/Jacobs*, § 76 Rz. 66; vgl. auch *Sasse*, DB 2015, 2817 (2819).
3 LAG München v. 4.4.2007 – 8 TaBV 13/07, NZA-RR 2008, 71 f.
4 ArbG Cottbus v. 26.11.2001 – 4 BV 27/01, NZA-RR 2002, 643 (644).
5 LAG Hamm v. 14.5.2014 – 7 TaBV 21/14, BeckRS 2014, 70497.
6 So LAG Köln v. 11.5.2017 – 8 TaBV 32/17, Rz. 17 f., BeckRS 2017, 112320, das die Unzulässigkeit des Antrags nach § 100 allerdings nicht beim Rechtsschutzbedürfnis verortet.
7 LAG Düsseldorf v. 10.12.1997 – 12 TaBV 61/97, NZA-RR 1998, 319 (321); LAG Düsseldorf v. 21.8.1997 – 9 TaBV 132/86, NZA 1988, 211 (213); LAG München v. 14.3.1989 – 2 TaBV 53/88, LAGE § 98 ArbGG 1979 Nr. 18; LAG München v. 31.1.1985 – 9 TaBV 27/84, LAGE § 98 ArbGG 1979 Nr. 5; GMP/*Schlewing*, § 98 Rz. 19; GK-BetrVG/ *Kreutz/Jacobs*, § 76 Rz. 69; aM LAG Berlin v. 5.12.2001 – 7 TaBV 71/01, NZA-RR 2002, 586 (587); LAG Berlin v. 27.1.1993 – 1 TaBV 5/92, AiB 1993, 733; ArbG Hamburg v. 18.9.1985 – 21 BV 12/85, AuR 1986, 248.
8 LAG Hessen v. 15.6.1984 – 14/5 TaBV 8/84, NZA 1985, 33; LAG Hessen v. 9.10.1984 – 5 TaBV 27/84, NZA 1985, 34.

b) Mündlichkeitsgrundsatz

25 Das Verfahren ist ferner grds. mündlich zu führen, dh. die Beteiligten sind mündlich zu hören[1]. Nur mit Einverständnis aller Beteiligten kann das Gericht ohne mündliche Verhandlung entscheiden[2]. Das ergibt sich aus § 83 Abs. 1, auf den § 100 Abs. 1 Satz 3 ausdrücklich verweist.

c) Verfahrensbeendigung durch die Beteiligten

26 Die Beteiligten können sich jederzeit in der Regelungsfrage oder auf die Person des unparteiischen Vorsitzenden bzw. die Zahl der Beisitzer der Einigungsstelle verständigen und das Verfahren durch Vergleich (§ 83a Abs. 1) oder Erledigungserklärung (§ 83a Abs. 2 und 3) beenden. Das Verfahren kann auch durch Rücknahme des Antrags beendet werden (§ 81 Abs. 2).

d) Keine Zwangsvollstreckung, keine einstweilige Verfügung

27 Von der Verweisung in § 100 Abs. 1 Satz 3 auf die allgemeinen **Vorschriften des Beschlussverfahrens** gibt es zwei **Ausnahmen:** Unanwendbar ist zunächst § 85 Abs. 1, der sich mit der Zwangsvollstreckung aus Beschlüssen der ArbG befasst. Das ist konsequent, denn die Entscheidung nach § 100 hat keinen vollziehbaren Leistungsinhalt[3]. Das Gericht entscheidet nicht in einer Rechts-, sondern in einer Regelungsstreitigkeit. Auch eine Kostenentscheidung wird nicht getroffen.

28 Da das Gericht in einer Regelungsstreitigkeit entscheidet, verweist § 100 Abs. 1 Satz 3 auch nicht auf § 85 Abs. 2, der eine einstweilige Verfügung im Beschlussverfahren für statthaft erklärt. Daher kann die Einigungsstelle nur in dem speziellen (ohnehin beschleunigten) Verfahren nach § 100, nicht aber im Wege der einstweiligen Verfügung besetzt werden[4].

2. Beteiligte

29 Neben dem **Antragsteller** ist allein dessen **betrieblicher Gegenspieler** (ArbGeb oder BR) beteiligt. Nur sie werden durch die erbetene Entscheidung in ihrer Rechtsstellung unmittelbar betroffen. Nur sie sind daher nach § 100 Abs. 1 Satz 3 iVm. § 83 Abs. 3 zu hören. Eine Beteiligung anderer betriebsverfassungsrechtlicher Gremien wie etwa des KBR oder des GBR, die möglicherweise für die Mitbestimmungsangelegenheit zuständig sein könnten und insoweit betroffen sind, kommt dagegen grds. nicht in Betracht. Dies ergibt sich bereits aus dem eingeschränkten Prüfungsumfang des § 98, wonach das ArbG die Bestellung nur bei offensichtlicher Unzuständigkeit der Einigungsstelle ablehnen darf (Rz. 35 f.)[5]. Nur wenn im Laufe des Beschlussverfahrens die Zuständigkeit für die Wahrnehmung des Mitbestimmungsrechts auf ein anderes betriebsverfassungsrechtliches Organ (zB den GBR) übergeht oder ein Betriebsinhaberwechsel stattfindet, wird dieses Organ bzw. der neue Betriebsinhaber nach allgemeinen Regeln Beteiligter des anhängigen Verfahrens.

30 **Nicht beteiligt** ist dagegen der designierte Einigungsstellenvorsitzende[6]. Seine betriebsverfassungsrechtliche Rechtsstellung beginnt erst mit der Annahme des Amtes. Im Falle des § 47 Abs. 6 BetrVG sind ebenfalls nur der ArbGeb und der GBR, nicht jedoch die Einzel-BR und die Mitglieder des GBR beteiligt[7]. Ihre Rechtsstellung wird jedenfalls durch die gerichtliche Entscheidung nach § 100 noch nicht betroffen.

---

1 AM (fakultativ) LAG Hamm v. 1.3.1972 – 8 BV Ta 1/72, AP § 112 BetrVG 1972 Nr. 1 unter I. 3.
2 LAG Hessen v. 6.10.1977 – 5 TaBV 1/77, AuR 1978, 216 (nur mündlich); LAG München v. 31.1.1989 – 3 TaBV 62/88, NZA 1989, 525; GMP/*Schlewing*, § 98 Rz. 19; GK-ArbGG/*Dörner*, § 98 Rz. 17; GWBG/*Greiner*, § 98 Rz. 3; *Richardi*, § 76 BetrVG Rz. 63.
3 *Walker*, Der einstweilige Rechtsschutz, Rz. 778.
4 S. dazu § 85 Rz. 59 mwN und ferner ArbG Siegburg v. 15.11.2001 – 5 BVGa 6/01, DB 2002, 278; GMP/*Schlewing*, § 98 Rz. 20; GK-ArbGG/*Dörner*, § 98 Rz. 13; GK-BetrVG/*Kreutz/Jacobs*, § 76 Rz. 64; GWBG/*Greiner*, § 98 Rz. 2; aM LAG Düsseldorf v. 8.2.1991 – 15 TaBV 11/91, LAGE § 98 ArbGG 1979 Nr. 19; *Bauer*, NZA 1992, 433 (436); *Bertelsmann*, AR-Blattei Arbeitsgerichtsbarkeit XII A 3d.
5 LAG Düsseldorf v. 4.2.2013 – 9 TaBV 129/12, BeckRS 2013, 67335.
6 LAG Berlin v. 22.6.1998 – 9 TaBV 3/98, NZA-RR 1999, 34; LAG Berlin v. 18.2.1980 – 9 TaBV 5/79, AP § 98 ArbGG 1979 Nr. 1; LAG Düsseldorf v. 25.8.2014 – 9 TaBV 39/14, NZA-RR 2014, 647 Rz. 22; LAG Düsseldorf v. 4.2.2013 - 9 TaBV 129/12, BeckRS 2013, 67335; GMP/*Schlewing*, § 98 Rz. 17; GK-ArbGG/*Dörner*, § 98 Rz. 14; Hauck/Helml/Biebl/*Hauck*, § 98 Rz. 2; *Lepke*, BB 1977, 49 (57).
7 GMP/*Schlewing*, § 98 Rz. 16; GK-ArbGG/*Dörner*, § 98 Rz. 15.

3. Einlassungs- und Ladungsfristen (Abs. 1 Satz 4)

Im Zivilprozess vor den AG und LG beträgt die **Einlassungsfrist** mindestens zwei Wochen (§ 274 Abs. 3 ZPO). Im arbeitsgerichtlichen Urteilsverfahren ist diese Frist auf eine Woche verkürzt (§ 47 Abs. 1). Das gilt auch für das Beschlussverfahren (§ 80 Abs. 2). Für die **Ladungsfrist** besteht im ArbG-Prozess keine Besonderheit mehr. Insoweit gilt für beide Verfahrensarten die allgemeine Frist von mindestens drei Tagen (§ 217 ZPO iVm. § 46 Abs. 2 Satz 1, § 80 Abs. 2).

Im Bestellungsverfahren nach § 100 beträgt sowohl die Einlassungs- als auch die Ladungsfrist gem. § 100 Abs. 1 Satz **48 Stunden**. Diese verkürzte Frist ist seit der Änderung des heutigen § 100 (damals § 98) durch das Job-AQTIV-Gesetz vom 10.12.2001[1] zwingend. Durch sie wird der Vorsitzende veranlasst, schnell zu terminieren und damit eine beschleunigte Bildung der Einigungsstelle zu ermöglichen. Der Grundsatz des rechtlichen Gehörs wird dadurch nicht beeinträchtigt, zumal sich die Beteiligten des Besetzungsverfahrens aufgrund der gesetzlichen Regelung auf die kurzen Fristen einstellen können[2]. Für die Berechnung der Frist gelten die allgemeinen Vorschriften der §§ 187 ff. BGB (§ 46 Abs. 2 Satz 1, § 80 Abs. 2 iVm. § 222 ZPO).

VI. Entscheidung

1. Alleinentscheidungskompetenz des Vorsitzenden (Abs. 1 Satz 1)

Seit der Neufassung des § 98 aF (jetzt § 100) durch das Job-AQTIV-Gesetz vom 10.12.2001[3] entscheidet über den Antrag auf Bestellung des Einigungsstellenvorsitzenden bzw. die Zahl der Beisitzer wieder der Vorsitzende allein. Durch den Verzicht auf die Beteiligung der ehrenamtlichen Richter soll eine schnellere Entscheidung und damit auch ein schnelleres Tätigwerden der Einigungsstelle zur Lösung betrieblicher Streitfälle ermöglicht werden[4].

2. Entscheidung durch Beschluss

Die Entscheidung ergeht durch Beschluss nach § 84 (§ 100 Abs. 1 Satz 3). Er ist schriftlich abzufassen (§ 84 Satz 2). Für seine Verkündung gilt § 60 entsprechend (§ 84 Satz 3).

3. Zurückweisung des Antrages wegen offensichtlicher Unzuständigkeit der Einigungsstelle (Abs. 1 Satz 2)

a) Erzwingbares Einigungsstellenverfahren nach § 76 Abs. 5 BetrVG

Das Gericht hat im Verfahren nach § 100 nicht zu prüfen, ob die Einigungsstelle zur Beilegung der streitigen Angelegenheit zuständig ist[5]. Das verträge sich auch nicht mit der angestrebten Beschleunigung des Bestellungsverfahrens (dazu Rz. 2). Die Einigungsstelle hat ihre Zuständigkeit selbst zu prüfen[6]. Der Antrag auf Bestellung des Vorsitzenden bzw. Festlegung der Zahl der Beisitzer der Einigungsstelle kann nach § 100 Abs. 1 Satz 2 vielmehr nur dann zurückgewiesen werden, wenn die Unzuständigkeit der Einigungsstelle offensichtlich ist. Mit dieser Vorschrift hat der Gesetzgeber die früher bestehende Unsicherheit über den Umfang der Prüfungskompetenz beseitigt[7].

aa) Offensichtliche Unzuständigkeit

Offensichtliche Unzuständigkeit der Einigungsstelle iSd. § 100 Abs. 1 Satz 2 ist im Rahmen des erzwingbaren Einigungsverfahrens nur dann gegeben, **wenn bei fachkundiger Beurteilung durch das Gericht unter keinem denkbaren rechtlichen Gesichtspunkt die Zuständigkeit der Einigungsstelle als möglich erscheint**, weil sich die beizulegende Streitigkeit erkennbar nicht unter einen Mitbestimmungstatbestand

---
1 BGBl. I S. 3443.
2 BT-Drs. 14/7347, S. 76.
3 BGBl. I S. 3443.
4 BT-Drs. 14/7347, S. 76.
5 LAG Düsseldorf v. 21.12.1981 – 20 TaBV 92/81, EzA § 98 ArbGG 1979 Nr. 4; LAG Hamburg v. 9.7.1985 – 8 TaBV 11/85, LAGE § 98 ArbGG 1979 Nr. 7; LAG München v. 13.3.1986 – 7 TaBV 5/86, EzA § 98 ArbGG 1979 Nr. 10; *Sasse*, DB 2015, 2817 (2818); aM noch LAG Hamm v. 4.10.1972 – 8 BVTa 12/72, DB 1972, 2260.
6 BAG v. 24.11.1981 – 1 ABR 42/79, AP § 76 BetrVG 1972 Nr. 11; LAG München, 17.10.2007 – 1 TaBV 73/07, LAGE ArbGG 1979 § 98 Nr. 50, S. 3.
7 Vgl. LAG Berlin v. 18.2.1980 – 9 TaBV 5/79, EzA § 98 ArbGG 1979 Nr. 1; LAG Hamburg v. 7.3.1985 – 1 TaBV 1/84, LAGE § 98 ArbGG 1979 Nr. 6.

fassen lässt[1]. Es genügt nicht, dass das Mitbestimmungsrecht nach Einschätzung der Kammer nicht besteht; erforderlich ist, dass es nicht bestehen kann. Gleichgültig ist, ob dies aus tatsächlichen oder rechtlichen Gründen der Fall ist[2]. Maßgeblich ist die Bewertung durch den fachkundigen Richter[3]. Nicht erforderlich ist, dass der Richter die offensichtliche Unzuständigkeit aufgrund präsenten Wissens feststellen kann[4]. Entscheidend ist, ob nach einer – auch literaturgestützten – Prüfung die Zuständigkeit unter keinem Aspekt denkbar ist. Besteht dagegen die tatsächliche und rechtliche Möglichkeit eines Mitbestimmungsrechts, kommt eine Zurückweisung nach § 100 Abs. 1 Satz 1 nicht in Betracht[5]. Als möglicher Fall der offensichtlichen Unzuständigkeit wird es angesehen, wenn das beanspruchte Mitbestimmungsrecht nicht dem BR, sondern allenfalls dem GBR oder dem KBR zustehen kann[6]. Das ist aber nicht schon dann anzunehmen, wenn auf ArbGeb-Seite der Wunsch besteht, aus Zweckmäßigkeitsgesichtspunkten eine unternehmens- oder konzerneinheitliche Regelung zu treffen[7].

37 **(1) Beispiele für offensichtliche Unzuständigkeit:** Zwischen den Betriebspartnern ist das Nichtbestehen des Mitbestimmungsrechts rechtskräftig entschieden[8]. Die Einigungsstelle wird zur Klärung einer Rechtsfrage angerufen (dazu § 2a Rz. 67). Es besteht noch eine ungekündigte Betriebsvereinbarung[9] oder eine abschließende tarifliche Regelung (§ 87 Abs. 1 BetrVG)[10]. Offensichtliche Unzuständigkeit kann ferner anzunehmen sein, wenn das BAG (in einem Verfahren zwischen anderen Beteiligten) das fragliche Mitbestimmungsrecht bereits verneint hat[11], jedenfalls wenn das seiner st. Rspr. entspricht[12]. Etwas anderes gilt freilich dann, wenn diese Rspr. ernsthaft umstritten oder zweifelhaft (geworden) ist[13] und daher ihre Änderung nicht ausgeschlossen werden kann. Ist die Zuständigkeitsfrage bislang nicht geklärt, kommt es

---

1 LAG Berlin-Brandenburg v. 9.4.2014 – 4 TaBV 638/14, BeckRS 2014, 71378 Rz. 15; LAG Berlin-Brandenburg v. 22.1.2015 – 10 TaBV 1812/14, BeckRS 2015, 68190; LAG BW v. 16.10.1991 – 12 TaBV 10/91, LAGE § 98 ArbGG 1979 Nr. 21; 2.11.1984 – 13 TaBV 309/84, NZA 1985, 163; LAG Berlin v. 23.1.2003 – 18 TaBV 2141/02, NZA-RR 2003, 477; LAG Berlin v. 18.2.1980 – 9 TaBV 5/79, EzA § 98 ArbGG 1979 Nr. 1; LAG Berlin v. 13.7.1988 – 1 TaBV 3/88, NZA 1989, 193; LAG Düsseldorf v. 28.11.1980 – 16 TaBV 13/80, DB 1981, 379 (380); LAG Düsseldorf v. 21.12.1981 – 20 TaBV 92/81, EzA § 98 ArbGG 1979 Nr. 4; LAG Düsseldorf v. 4.11.1988 – 17 (6) TaBV 114/88, NZA 1989, 146; LAG Hamburg v. 26.3.2014 – 5 TaBV 3/14, Rz. 41; LAG Hamm v. 31.3.2015 – 7 TaBV 15/15, BeckRS 2015, 68402; LAG Hamm v. 18.2.2014 – 7 TaBV 1/14, BeckRS 2014, 67457; LAG Hamburg v. 7.3.1985 – 1 TaBV 1/84, LAGE § 98 ArbGG 1979 Nr. 6; LAG Hamburg v. 9.7.1985 – 8 TaBV 11/85, LAGE § 98 ArbGG 1979 Nr. 7; LAG Hamm v. 18.12.2009 – 13 TaBV 52/09, Rz. 20; LAG Hamm v. 7.7.2003 – 10 TaBV 85/03, NZA-RR 2003, 637; LAG Hamm v. 8.11.2002 – 10 (13) TaBV 59/02, NZA-RR 2003, 543 (544); LAG Hamm v. 20.9.2002 – 10 TaBV 95/02, NZA-RR 2003, 422; LAG Hamm v. 16.4.1986 – 12 TaBV 170/85, BB 1986, 1359; LAG Hessen v. 3.11.2009 – 4 TaBV 185/09, NZA-RR 2010, 359; LAG Köln v. 11.5.2017 – 8 TaBV 32/17, Rz. 20, BeckRS 2017, 112320; LAG Köln v. 14.1.2004 – 8 TaBV 72/03, NZA-RR 2005, 32 (33); LAG Köln v. 13.1.1998 – 13 TaBV 60/97, NZA 1998, 1018 (1019); LAG Köln v. 24.10.1996 – 6 TaBV 59/96, § 98 ArbGG 1979 Nr. 7; LAG Köln v. 19.8.1998 – 7 TaBV 32/98, AP § 98 ArbGG 1979 Nr. 10; LAG München v. 14.3.1989 – 2 TaBV 53/88, LAGE § 98 ArbGG 1979 Nr. 18; LAG München v. 31.1.1985 – 9 TaBV 27/84, LAGE § 98 ArbGG 1979 Nr. 5; LAG Nds. v. 3.11.2009 – 1 TaBV 63/09, NZA-RR 2010, 142 (143); LAG Nds. v. 30.9.1988 – 3 TaBV 75/88, NZA 1989, 149; LAG Nds. v. 5.5.2009 – 1 TaBV 28/09, NZA-RR 2009, 531; LAG Rh.-Pf. v. 12.11.1988 – 7 TaBV 43/88, NZA 1989, 943; LAG Saarland v. 14.5.2003 – 2 TaBV 7/03, AuR 2005, 33; LAG Schl.-Holst. v. 28.1.1993 – 4 TaBV 38/92, LAGE § 98 ArbGG 1979 Nr. 24; LAG Schl.-Holst. v. 17.11.1988 – 6 TaBV 30/88, LAGE § 98 ArbGG 1979 Nr. 13; *Fitting*, § 76 BetrVG Rz. 31; GK-ArbGG/*Dörner*, § 98 Rz. 23; Hauck/Helml/Biebl/*Hauck*, § 98 Rz. 4; *Lerch/Weinbrenner*, NZA 2015, 1228.
2 LAG München v. 14.3.1989 – 2 TaBV 53/88, LAGE § 98 ArbGG 1979 Nr. 18.
3 LAG Hamm v. 7.7.2003 – 10 TaBV 85/03, NZA-RR 2003, 637; LAG Hamm v. 8.11.2002 – 10 (13) TaBV 59/02, NZA-RR 2003, 543 (544); LAG Köln v. 14.1.2004 – 8 TaBV 72/03, NZA-RR 2005, 32 (33); GK-BetrVG/*Kreutz/Jacobs*, § 76 Rz. 68.
4 LAG Berlin v. 22.6.1998 – 9 TaBV 3/98, LAGE § 98 ArbGG Nr. 32, S. 2; LAG München v. 14.3.1989 – 2 TaBV 53/88, LAGE § 98 ArbGG 1979 Nr. 18.
5 LAG Düsseldorf v. 21.12.1981 – 20 TaBV 92/81, EzA § 98 ArbGG 1979 Nr. 4.
6 So LAG Hamburg v. 9.7.1985 – 8 TaBV 11/85, LAGE § 98 ArbGG 1979 Nr. 7; LAG Hamm v. 18.12.2009 – 13 TaBV 52/09, Rz. 24 ff.; LAG Hessen v. 15.6.1984 – 14 TaBV 8/84, NZA 1985, 33.
7 LAG Hamm v. 18.12.2009 – 13 TaBV 52/09, Rz. 24 ff.
8 LAG BW v. 4.10.1984 – 11 TaBV 4/84, NZA 1985, 163; LAG Hamburg v. 26.3.2014 – 5 TaBV 3/14 (auch wenn im Eilverfahren entschieden wurde); GK-ArbGG/*Dörner*, § 98 Rz. 26; GK-BetrVG/*Kreutz/Jacobs*, § 76 Rz. 71.
9 GK-ArbGG/*Dörner*, § 98 Rz. 26; Hauck/Helml/Biebl/*Hauck*, § 98 Rz. 4.
10 LAG Köln v. 17.8.2000 – 6 TaBV 46/00, BB 2001, 831.
11 LAG München v. 13.3.1986 – 7 TaBV 5/86, LAGE § 98 ArbGG 1979 Nr. 10; GK-ArbGG/*Dörner*, § 98 Rz. 24.
12 LAG Köln v. 19.8.1998 – 7 TaBV 32/98, AP § 98 ArbGG 1979 Nr. 10.
13 LAG BW v. 16.10.1991 – 12 TaBV 10/91, LAGE § 98 ArbGG 1979 Nr. 21; LAG Köln v. 19.8.1998 – 7 TaBV 32/98, AP Nr. 10 zu § 98 ArbGG 1979; LAG München v. 14.3.1989 – 2 TaBV 53/88, LAGE § 98 ArbGG 1979 Nr. 18; LAG Saarland v. 14.5.2003 – 2 TaBV 7/03, AuR 2005, 33; GK-BetrVG/*Kreutz/Jacobs*, § 76 Rz. 68.

auf das Meinungsbild der Instanzgerichte und im Schrifttum an. Ist die Frage hier ernsthaft streitig, liegt keine offensichtliche Unzuständigkeit vor[1].

Aus der **Rspr.** seien folgende **weitere Einzelfälle** genannt. Für **offensichtlich unzuständig** wurde die Einigungsstelle angesehen zur Erstellung eines Sozialplanes in einem Betrieb mit weniger als 20 ArbN (zu § 111 BetrVG aF)[2], zur Herbeiführung eines Interessenausgleichs über eine (noch) nicht „geplante" Betriebsänderung[3] oder eine vom Gericht bereits verneinte Betriebsänderung[4] oder eine schon aufgrund einer Betriebsvereinbarung unzulässigen Betriebsänderung[5], zur Entscheidung über die Vergütung von Wegezeiten als Arbeitszeit[6], über die Verpflichtung des ArbGeb, eine Zuwendung auch an Streikteilnehmer zu zahlen[7], über die Einführung von Kurzarbeit auf Initiative des BR[8], über die dauerhafte Freistellung von der Arbeit durch den Insolvenzverwalter[9], über das Ob einer betrieblichen Bildungsmaßnahme[10], über die Reaktion auf „Mobbing"[11], über die Anschaffung einer neuen Maschine, die nicht mit einem Qualifikationsverlust der ArbN verbunden war (zu § 97 Abs. 2 BetrVG)[12]. Offensichtliche Unzuständigkeit wurde ferner angenommen bei einem Streit um die Berechtigung einer Abmahnung[13], den Abbau von Überstunden auf Dauer[14], über die dauerhafte Freistellung von der Arbeit durch den Insolvenzverwalter[15], um die Regelung eines Rauchverbotes[16], von Arbeitsbedingungen von Teilzeitkräften[17], von sog. Krankengesprächen zwischen den Arbeitsvertragsparteien[18], Offensichtliche Unzuständigkeit kann sich aus dem Tarifvorbehalt des § 77 Abs. 3 BetrVG ergeben[19]. 38

(2) Beispiel für Verneinung der offensichtlichen Unzuständigkeit: Wenn fraglich ist, ob dem BR überhaupt ein Initiativrecht zusteht, fehlt es schon an der Antragsbefugnis (dazu Rz. 15)[20]. Offensichtliche Unzuständigkeit ist ferner nicht bereits deshalb gegeben, weil zwischen den Betriebspartnern noch nicht verhandelt wurde[21]. Hier kann es vielmehr am Rechtsschutzinteresse fehlen (dazu Rz. 19). Gleiches gilt, wenn die Betriebspartner dem Verfahren vor der Einigungsstelle ein ein- oder mehrstufiges Instanzensystem vorgeschaltet haben, das noch nicht durchlaufen wurde[22]. 39

Weitere Beispiele aus der Rspr.: Dagegen haben verschiedene Gerichte eine **offensichtliche Unzuständigkeit** der Einigungsstelle **verneint**, wenn es um die Besetzung einer Beschwerdestelle iSv. § 13 AGG und um die Regelung des Beschwerdeverfahrens geht; es sei nicht ausgeschlossen, dass Fragen der Ordnung des 39a

---

1 Vgl. LAG Hamm v. 25.2.1987 – 12 TaBV 79/86, LAGE § 76 BetrVG 1972 Nr. 27; LAG Hessen v. 3.11.2009 – 4 TaBV 185/09, NZA-RR 2010, 359 (360); LAG Köln v. 19.8.1998 – 7 TaBV 32/98, AP Nr. 10 zu § 98 ArbGG 1979; LAG Nds. v. 3.11.2009 – 1 TaBV 63/09, NZA-RR 2010, 142 (143); LAG Schl.-Holst. v. 28.1.1993 – 4 TaBV 38/92, LAGE § 98 ArbGG 1979 Nr. 24; GK-BetrVG/*Kreutz/Jacobs*, § 76 Rz. 68; weitergehend wohl LAG Köln v. 14.9.1995 – 10 TaBV 57/95, AuR 1996, 116, wonach eine nicht mit wenigen Worten widerlegbare Literaturmeinung genügen soll.
2 LAG BW v. 16.4.1982 – 9 TaBV 1/82, DB 1982, 1628; LAG Hamm v. 10.10.1984 – 3 TaBV 70/84, NZA 1985, 129; anders (wegen Art. 3 GG) LAG Hessen v. 21.4.1998 – 4 TaBV 12/98, LAGE § 98 ArbGG 1979 Nr. 34, wenn die Zahl im Unternehmen erreicht wird (so seit 2001 die gesetzliche Regelung). Keine offensichtliche Unzuständigkeit bei einem gemeinsamen Betrieb mehrerer kleiner Unternehmen mit insgesamt mehr als 20 wahlberechtigten ArbN: LAG Berlin v. 23.1.2003 – 18 TaBV 2141/02, NZA-RR 2003, 477 (478).
3 LAG BW v. 27.9.2004 – 4 TaBV 3/04, NZA-RR 2005, 195; LAG München v. 17.10.2007 – 11 TaBV 73/07, LAGE ArbGG 1979, § 98 Nr. 50.
4 LAG Hamburg v. 26.3.2014 – 5 TaBV 3/14.
5 LAG Köln v. 11.5.2017 – 8 TaBV 32/17, Rz. 21, BeckRS 2017, 112320.
6 LAG Berlin v. 18.2.1980 – 9 TaBV 5/79, EzA § 98 ArbGG 1979 Nr. 1.
7 LAG Nds. v. 17.9.1985 – 6 TaBV 5/85, LAGE § 98 ArbGG 1979 Nr. 8.
8 ArbG Braunschweig v. 16.3.1983 – 2 BV 59/82, DB 1984, 672; aM LAG Hessen v. 8.11.1983 – 5 TaBV 74/83, DB 1984, 672.
9 LAG Hamm v. 20.9.2002 – 10 TaBV 95/02, NZA-RR 2003, 422 f.
10 LAG Rh.-Pf. v. 12.12.1988 – 7 TaBV 43/88, NZA 1989, 943.
11 LAG Hamburg v. 15.7.1998 – 5 TaBV 4/98, NZA 1998, 1295.
12 LAG Hamm v. 12.12.2002 – 5 Sa 688/02, NZA-RR 2003, 543 (544 f.).
13 Nachweise bei LAG Hessen v. 3.11.2009 – 4 TaBV 185/09, NZA-RR 2010, 359 (360).
14 LAG Hamm v. 4.12.1985 – 3 TaBV 101/85, DB 1986, 547.
15 LAG Hamm v. 20.9.2002 – 10 TaBV 95/02, NZA-RR 2003, 422 f.
16 LAG München v. 30.10.1985 – 8 TaBV 15/85, NZA 1986, 577.
17 LAG Schl.-Holst. v. 25.1.1990 – 4 TaBV 40/89, BB 1990, 922.
18 LAG Hessen v. 5.3.1991 – 14 TaBV 15/90, NZA 1992, 184; LAG Hessen v. 24.3.1992 – 4 TaBV 137/91, NZA 1993, 237; LAG Hamm v. 16.4.1986 – 12 TaBV 170/85, BB 1986, 1359 (1360).
19 Vgl. LAG Schl.-Holst. v. 28.1.1993 – 4 TaBV 38/92, LAGE § 98 ArbGG 1979 Nr. 24.
20 Anders wohl LAG Schl.-Holst. v. 28.1.1993 – 4 TaBV 38/92, LAGE § 98 ArbGG Nr. 24.
21 So aber LAG Schl.-Holst. v. 17.11.1988 – 6 TaBV 30/88, LAGE § 98 ArbGG 1979 Nr. 13; LAG Köln v. 24.10.1996 – 6 TaBV 59/96, AP § 98 ArbGG 1979 Nr. 7.
22 AM (offensichtliche Unzuständigkeit) LAG Düsseldorf v. 22.2.1985 – 2 TaBV 1/85, NZA 1985, 468.

Betriebes und des Verhaltens der ArbN im Betrieb (§ 87 Abs. 1 Nr. 1 BetrVG) betroffen seien[1]. Wenn eine Einigungsstelle zu „Betriebliches Eingliederungsmanagement" eingerichtet werden soll, bei der es um einen „bunten Strauß" möglicher Regelungen und Maßnahmen geht, deren Mitbestimmungspflichtigkeit umstritten ist, liegt kein Fall offensichtlicher Unzuständigkeit vor[2]. Eine Einigungsstelle zum Regelungsgegenstand „Ausgleich von Belastungen für stehende Tätigkeit" ist nicht offensichtlich unzuständig; es kann das Mitbestimmungsrecht des BR nach § 87 Abs. 1 Nr. 7 BetrVG betroffen sein[3].

40 **(3) Sonderfall:** Besondere Schwierigkeiten stellen sich bei der Frage der offensichtlichen Unzuständigkeit einer Einigungsstelle in einer Angelegenheit nach §§ 84, 85 Abs. 2 BetrVG[4]. Die dort vorgesehene Möglichkeit des BR zur Anrufung der Einigungsstelle bei **Meinungsverschiedenheiten über die Berechtigung der Beschwerde eines ArbN** setzt voraus, dass dieser eine ihn selbst treffende Beeinträchtigung vorträgt. Dagegen ist die Einigungsstelle bei einer sog. Popularbeschwerde, die sich nur allgemein auf betriebliche Streitpunkte bezieht, offensichtlich unzuständig[5]. Für die Beschwerde eines ArbN über seine Arbeitsbelastung[6] wird die Einigungsstelle nicht als offensichtlich unzuständig angesehen, und zwar auch dann nicht, wenn ein Abteilungsleiter die Arbeitsüberlastung mit der personellen Unterbesetzung der Abteilung begründet[7]. Offensichtliche Unzuständigkeit liegt vor, solange über die Berechtigung einer ArbN-Beschwerde ArbGeb und BR noch gar nicht verhandelt haben und der ArbGeb auch nicht von vornherein jede Verhandlung verweigert hat[8].

bb) Mehrere streitige Regelungskomplexe

41 Wird die Errichtung der Einigungsstelle hinsichtlich mehrerer, zwischen den Betriebspartnern streitiger Regelungskomplexe beantragt, ist umstritten, ob es für die Zulässigkeit des gesamten Verfahrens genügt, wenn die Einigungsstelle hinsichtlich einer dieser Regelungsstreitigkeiten nicht offensichtlich unzuständig ist[9], oder ob dies **für jede selbständige Angelegenheit eigens zu prüfen** ist[10]. Der letztgenannten Ansicht ist der Vorzug zu geben. Es ist kein Grund ersichtlich, weshalb die Einigungsstelle auch für solche Streitigkeiten eingerichtet werden soll, für die sie offensichtlich nicht zuständig ist.

b) Freiwilliges Einigungsstellenverfahren nach § 76 Abs. 6 BetrVG

42 Im Rahmen des freiwilligen Einigungsstellenverfahrens kann von offensichtlicher Unzuständigkeit nur dann die Rede sein, wenn die der Einigungsstelle unterbreitete Streitfrage **außerhalb der Regelungskompetenz der Betriebspartner** liegt. Abs. 1 Satz 2 soll nach verbreiteter Auffassung aber auch anzuwenden sein, wenn beim freiwilligen Einigungsverfahren das am Einverständnis eines der Betriebspartner mit dem Tätigwerden der Einigungsstelle (offensichtlich) fehlt[11]. Diese Anwendung des § 100 Abs. 1 Satz 2 ist entbehrlich, wenn man mit der hier vertretenen Ansicht in den Fällen des freiwilligen Einigungsstellenverfahrens grds. nur beide Betriebspartner gemeinsam für antragsbefugt hält, weil dann der von einer Seite allein gestellte Antrag schon unzulässig ist (dazu Rz. 17).

c) Erstreckung des Maßstabes der Offensichtlichkeit auf Vorfragen

43 Der Prüfungsmaßstab der Offensichtlichkeit, wie ihn das Gesetz in § 100 Abs. 1 Satz 2 für die Zuständigkeit der Einigungsstelle aufstellt, gilt auch für solche Fragen, die sich **im weitesten Sinne als Vorfragen der Zuständigkeit** der Einigungsstelle erweisen[12]. Andernfalls gelangte man zu dem zweifelhaften Ergebnis, dass eine Vorfrage intensiver zu prüfen ist als die eigentliche Rechtsfrage. Relevant wird das etwa, wenn in dem Betrieb, in dem die Einigungsstelle angerufen wurde, gar kein BR (mehr) existiert, etwa weil die BR-Wahl (zB wegen § 118 Abs. 2 BetrVG) unwirksam ist. In einem betriebsratslosen Betrieb kann von vornherein keine Einigungsstelle gebildet werden. In diesem Sinne fehlt ihr die Zuständigkeit. Gleichwohl

---

1 LAG Hamburg v. 17.4.2007 – 3 TaBV 6/07, NZA-RR 2007, 413; ArbG Frankfurt v. 23.10.2006 – 21 BV 690/06.
2 LAG Hamm v. 18.12.2009 – 13 TaBV 52/09, Rz. 23.
3 LAG Nds. v. 21.1.2011 – 1 TaBV 68/10, NZA-RR 2011, 247.
4 S. dazu GK-BetrVG/*Kreutz/Jacobs*, § 76 Rz. 71.
5 LAG Schl.-Holst. v. 21.12.1989 – 4 TaBV 42/89, NZA 1990, 703.
6 LAG Düsseldorf v. 21.12.1993 – 8 (5) TaBV 42/89, NZA 1994, 767.
7 LAG Hamm v. 21.8.2001 – 13 TaBV 78/01, NZA-RR 2002, 139.
8 LAG Berlin-Brandenburg v. 9.4.2014 – 4 TaBV 638/14, BeckRS 2014, 71378 Rz. 23 f.
9 So BAG v. 6.12.1983 – 1 ABR 43/81, AP Nr. 7 zu § 87 BetrVG 1972 – Überwachung; *Olderog*, NZA 1985, 756.
10 So GMP/*Schlewing*, § 98 Rz. 22; Hauck/Helml/Biebl/*Hauck*, § 98 Rz. 4.
11 GMP/*Schlewing*, § 98 Rz. 10; GK-ArbGG/*Dörner*, § 98 Rz. 22; Hauck/Helml/Biebl/*Hauck*, § 98 Rz. 4.
12 GK-BetrVG/*Kreutz/Jacobs*, § 76 Rz. 71 f.; sehr weit gehend (alle Rechtsfragen) LAG Hamburg v. 2.11.1988 – 4 TaBV 6/88, LAGE § 98 ArbGG 1979 Nr. 16; LAG Köln v. 24.10.1996 – 6 TaBV 59/96, AP Nr. 7 zu § 98 ArbGG 1979; DKK/*Berg*, § 76 BetrVG Rz. 52.

ist der Antrag aber nicht wegen offensichtlicher Unzuständigkeit, sondern mangels Beteiligtenfähigkeit des (unwirksam gewählten) BR zurückzuweisen. Bislang sind griffige Kriterien für die Abgrenzung von Vorfragen der Zuständigkeit und sonstigen Rechtsfragen noch nicht entwickelt worden.

d) Vorabentscheidungsverfahren

Die Zuständigkeit der angerufenen Einigungsstelle, dh. das Bestehen des Mitbestimmungsrechtes, kann in einem besonderen Beschlussverfahren auf Feststellung der Wirksamkeit der Anrufung der Einigungsstelle geklärt werden[1]. Die dort getroffene rechtskräftige Entscheidung ist **für das Verfahren nach § 100 ebenso bindend**[2] **wie für die Einigungsstelle selbst**[3]. 44

Die Durchführung dieses Vorabentscheidungsverfahrens ist unabhängig von demjenigen nach § 100. Es kann vor oder nach demselben durchgeführt werden[4]. Wegen des mit § 100 verfolgten Zieles einer möglichst zügigen Einigungsstellenbildung ohne aufwendige Zuständigkeitsprüfung (vgl. § 100 Abs. 1 Satz 2) ist **eine Verbindung beider Verfahren oder eine Aussetzung des Verfahrens nach § 100** bis zum rechtskräftigen Abschluss des Vorabentscheidungsverfahrens **nicht zulässig**[5]. Die Gegenposition[6] ist auch deswegen zweifelhaft, weil die Zuständigkeit der Einigungsstelle als Voraussetzung ihrer wirksamen Anrufung gerade nicht vorgreiflich iSd. § 148 ZPO für das Verfahren nach § 100 ist. Hier darf der Antrag nämlich nur wegen offensichtlicher Unzuständigkeit zurückgewiesen werden (dazu soeben Rz. 36 ff.)[7]. 45

4. Bestellung des Vorsitzenden

a) Persönliche Voraussetzungen

Das Gericht hat in seiner Entscheidung auf Antrag eine bestimmte Person als Vorsitzenden der Einigungsstelle zu bestellen. Diese Person muss lediglich zwei Voraussetzungen erfüllen. Sie muss erstens eine natürliche Person sein und zweitens neutral iSv. unparteiisch sein. 46

Neutralität setzt Unvoreingenommenheit gegenüber den Betriebspartnern voraus[8]. Beide Betriebspartner müssen dem Vorgeschlagenen Vertrauen entgegenbringen. Wenn eine Seite nachvollziehbare, stichhaltige Gründe für das Fehlen eines solchen Vertrauens vorträgt, darf der von der anderen Seite vorgeschlagene Kandidat vom Gericht nicht bestellt werden[9]. Daher ist ein Repräsentant einer der beiden Seiten ebenso ungeeignet wie ein solcher der Gewerkschaft oder eines ArbGeb-Verbandes[10]. Auch darf der designierte Vorsitzende kein eigenes Interesse am Ausgang des Einigungsstellenverfahrens haben[11]. Zweifel an der Neutralität insbesondere eines Hochschullehrers können sich ergeben, wenn er in der umstrittenen Sache für eine Partei gutachterlich tätig war[12]. Irgendeine andere gutachterliche Tätigkeit in der Vergangenheit für eine der Betriebsparteien ist dagegen idR unschädlich. Ein partei- oder gesellschaftspolitisches Engage- 47

---

1 BAG v. 22.10.1981 – 6 ABR 69/79, EzA § 76 BetrVG 1972 Nr. 32.
2 LAG Rh.-Pf. v. 9.7.1985 – 4 Ta 153/85, LAGE § 98 ArbGG 1979 Nr. 9; GK-BetrVG/*Kreutz/Jacobs*, § 76 Rz. 73; Hauck/Helml/Biebl/*Hauck*, § 98 Rz. 5.
3 Ebenso *Sasse*, DB 2015, 2817 (2818).
4 BAG v. 6.12.1983 – 1 ABR 43/81, AP Nr. 7 zu § 87 BetrVG 1972 – Überwachung, Bl. 4 mwN; BAG v. 24.11.1981 – 1 ABR 42/79, AP Nr. 11 zu § 76 BetrVG 1972.
5 BAG v. 24.11.1981 – 1 ABR 42/79, AP Nr. 11 zu § 76 BetrVG 1972; BAG v. 22.10.1972 – 6 ABR 69/79, EzA § 76 BetrVG Nr. 32, AP Nr. 2 zu § 87 BetrVG 1972 – Vorschlagswesen; BAG v. 24.11.1981 – 1 AZR 42/79, EzA § 98 ArbGG 1978 Nr. 5; LAG BW v. 25.3.1980 – 7 TaBV 2/79, DB 1980, 1076; LAG Düsseldorf v. 21.12.1981 – 20 TaBV 92/81, EzA ArbGG 1979 Nr. 4; LAG Düsseldorf v. 16.6.1977 – 14 TaBV 41/77, DB 1977, 1755; LAG Düsseldorf v. 5.6.1981 – 16 TaBV 13/81, DB 1981, 1783; LAG Hamm v. 2.10.1978 – 3 TaBV 67/78, EzA § 148 ZPO Nr. 5; GMP/*Schlewing*, § 98 Rz. 11; GK-ArbGG/*Dörner*, § 98 Rz. 48 f.; GK-BetrVG/*Kreutz/Jacobs*, § 76 Rz. 73; GWBG/*Greiner*, § 98 Rz. 10; Hauck/Helml/Biebl/*Hauck*, § 98 Rz. 5; *Richardi*, § 76 BetrVG Rz. 71.
6 LAG Düsseldorf v. 5.5.1980 – 23 TaBV 13/80, EzA § 76 BetrVG 1972 Nr. 28; 28.1.1977 – 17 TaBV 99/76, DB 1977, 1707; LAG Rh.-Pf. v. 29.7.1985 – 4 Ta 153/85, LAGE § 98 ArbGG 1979 Nr. 9; *Dütz*, AuR 1973, 368; *Gaul*, ZfA 1979, 97 (121).
7 LAG Hamm v. 2.10.1978 – 3 TaBV 67/78, EzA § 148 ZPO Nr. 5.
8 GK-ArbGG/*Dörner*, § 98 Rz. 30.
9 LAG Nürnberg v. 2.7.2004 – 7 TaBV 19/04, NZA-RR 2005, 100 (101); großzügiger LAG Düsseldorf v. 25.8.2014 – 9 TaBV 39/14, NZA-RR 2014, 647 Rz. 40 (auch ein schlichtes „Nein" der Gegenseite kann zur Nichteinsetzung des Vorgeschlagenen führen).
10 *Fitting*, § 76 BetrVG Rz. 47; GK-ArbGG/*Dörner*, § 98 Rz. 34; GK-BetrVG/*Kreutz/Jacobs*, § 76 Rz. 59; HWGNRH/*Worzalla*, § 76 BetrVG Rz. 54; *Richardi*, § 76 BetrVG Rz. 52.
11 GK-ArbGG/*Dörner*, § 98 Rz. 34.
12 GK-ArbGG/*Dörner*, § 98 Rz. 35.

ment allein rechtfertigt Bedenken gegen die Neutralität des in Aussicht genommenen Vorsitzenden ebenfalls nicht[1].

48 **Nicht zwingend, aber erstrebenswert** ist eine **gewisse Sach- und Rechtskunde** des Vorsitzenden. Auch darauf hat das Gericht bei seiner Bestellungsentscheidung zu achten[2]. In der Praxis werden aus den vorgenannten Gründen insbesondere Richter der Arbeitsgerichtsbarkeit[3], seltener auch Hochschullehrer zu Vorsitzenden der Einigungsstelle bestellt.

b) Bestellung eines Richters (Abs. 1 Satz 5)

49 Die gerichtliche Bestellung eines Richters ist **durch § 100 Abs. 1 Satz 5 eingeschränkt** worden. Sie ist danach nur dann zulässig, wenn aufgrund der Geschäftsverteilung ausgeschlossen ist, dass er mit der Überprüfung, Auslegung oder Anwendung des Spruchs der Einigungsstelle befasst wird. Da das auch im Rahmen von individualrechtlichen Streitigkeiten möglich ist, wird die gerichtliche Bestellung eines Richters der örtlichen Arbeitsgerichtsbarkeit (auch der 2. und 3. Instanz) meistens nicht mehr in Betracht kommen. Die Möglichkeit, dass sich die Betriebspartner auf eine solche Richterperson einigen, wird wegen des zwingenden Charakters der Norm inzwischen allgemein verneint[4]. § 100 Abs. 1 Satz 5 ist schon dann Genüge getan, wenn die Geschäftsverteilung einen Verhinderungsfall annimmt, wenn der Richter in der Sache als Einigungsstellenvorsitzender tätig war[5].

50 Ein **Verstoß gegen § 100 Abs. 1 Satz 5** soll die Unwirksamkeit des Spruches der Einigungsstelle zur Folge haben können[6]. Das ist zweifelhaft. Schließlich liegt der Tätigkeit der Einigungsstelle eine rechtskräftige gerichtliche Entscheidung zugrunde.

c) Keine Bindung an einen Vorschlag der Beteiligten

51 An einen konkreten Vorschlag eines Beteiligten ist das Gericht nicht gebunden[7]. Schließlich kann die Entscheidung – bei beiderseitiger Antragsberechtigung – nicht davon abhängen, welcher Betriebspartner zuerst einen Antrag beim ArbG nach § 100 stellt. Das gilt jedenfalls, soweit vom Antragsteller die Person vorgeschlagen wird, auf die sich die Beteiligten gerade nicht einigen konnten. Das Gericht sollte aber bei der Auswahl die Wünsche und Vorstellungen der Beteiligten berücksichtigen[8]. Will das Gericht eine von den Beteiligten nicht in Betracht gezogene Person bestellen, wird es die Beteiligten wegen des Grundsatzes des rechtlichen Gehörs zuvor hören müssen[9]. Äußert ein Beteiligter mit Tatsachen begründete[10] und nachvollziehbare Vorbehalte gegen die Person des in Aussicht genommenen oder vorgeschlagenen Vorsitzenden, sollte er nicht bestellt werden, auch wenn die Bedenken letztlich unbegründet sind[11]. Die Frage, ob auch ein von einer Seite abgelehnter Einigungsstellenvorsitzender bestellt werden kann, sofern die gegen seine Person vorgebrachten Vorbehalte schon im Ansatz nicht nachvollziehbar sind, wird von den LAGen verschieden beantwortet[12]. Gute Gründe sprechen dagegen. Der Vorsitzende sollte das Vertrauen der Be-

---

1 ArbG Wiesbaden v. 12.2.1974 – 5 BV 1/74, AuR 1974, 249; *Sasse*, DB 2015, 2817 (2820).
2 LAG Hamm v. 16.8.1976 – 3 TaBV 43/76, DB 1976, 2069 (2070); GK-BetrVG/*Kreutz/Jacobs*, § 76 Rz. 60; *Richardi*, § 76 BetrVG Rz. 54; GK-ArbGG/*Dörner*, § 98 Rz. 31.
3 *Francken*, NJW 2007, 1792 (1795): über 90 %.
4 ErfK/*Koch*, § 100 ArbGG Rz. 5; GK-ArbGG/*Dörner*, § 98 Rz. 39; GMP/*Schlewing*, § 98 Rz. 25; anders noch hier 2. Aufl.
5 LAG Schl.-Holst. v. 22.6.1989 – 6 TaBV 23/89, LAGE § 98 ArbGG 1979 Nr. 17.
6 GMP/*Schlewing*, § 98 Rz. 27.
7 LAG BW v. 26.6.2002 – 9 TaBV 3/02, NZA-RR 2002, 523; LAG Berlin v. 18.2.1980 – 9 TaBV 5/79, AP § 98 ArbGG 1979 Nr. 1; LAG Düsseldorf v. 25.8.2014 – 9 TaBV 39/14, NZA-RR 2014, 647 Rz. 35; LAG Hamm v. 6.12.1976 – 3 TaBV 65/76, EzA § 76 BetrVG 1972 Nr. 13; LAG Hamm v. 16.8.1976 – 3 TaBV 43/76, EzA § 76 BetrVG 1972 Nr. 7; LAG Hamm v. 4.12.1985 – 3 TaBV 101/85, BB 1986, 258; *Fitting*, § 76 BetrVG Rz. 38; *Francken*, NJW 2007, 1792 (1795); GMP/*Schlewing*, § 98 Rz. 23; GK-BetrVG/*Kreutz/Jacobs*, § 76 Rz. 60; Hauck/Helml/*Biebl/Hauck*, § 98 Rz. 6; GK-ArbGG/*Dörner*, § 98 Rz. 32.
8 LAG Hessen v. 28.6.1985 – 14 TaBV 61/85, BB 1986, 600.
9 LAG München v. 31.1.1989 – 3 TaBV 62/88, LAGE ArbGG 1979 Nr. 14; GMP/*Schlewing*, § 98 Rz. 23; GK-BetrVG/*Kreutz/Jacobs*, § 76 Rz. 60; Hauck/Helml/*Biebl/Hauck*, § 98 Rz. 6.
10 LAG Schl.-Holst. v. 22.6.1989 – 6 TaBV 23/89, LAGE § 98 ArbGG 1979 Nr. 17; GK-BetrVG/*Kreutz/Jacobs*, § 76 Rz. 60.
11 LAG Berlin v. 12.9.2001 – 4 TaBV 1436/01, NZA-RR 2002, 25; LAG Hessen v. 28.6.1985 – 14 TaBV 61/85, BB 1986, 600; LAG Hessen v. 23.6.1988 – 12 TaBV 66/88, BB 1988, 2173; LAG Schl.-Holst. v. 28.1.1993 – 4 TaBV 38/92, LAGE § 98 ArbGG 1979 Nr. 24; GMP/*Schlewing*, § 98 Rz. 23; GK-BetrVG/*Kreutz/Jacobs*, § 76 Rz. 60; Hauck/Helml/*Biebl/Hauck*, § 98 Rz. 6; aM LAG Bremen v. 1.7.1988 – 4 TaBV 15/88, AiB 1988, 315.
12 Für diese Möglichkeit etwa LAG BW v. 30.9.2010 – 15 TaBV 4/10, DB 2011, 479 (Ls.). Dagegen zB LAG Berlin-Brandenburg v. 4.6.2010 – 6 TaBV 901/10.

triebspartner genießen. Diesen ist nicht mit einem Vorsitzenden gedient, gegen dessen Unvoreingenommenheit eine Seite – warum auch immer – Bedenken hat.

d) Tenorierung

Im Tenor der Entscheidung ist neben der **Person des Vorsitzenden** anzugeben, zur **Regelung welcher Streitigkeit** die Einigungsstelle tätig werden soll[1]. Soweit die angerufene Einigungsstelle offensichtlich unzuständig ist, ist der Antrag zurückzuweisen[2]. Hinsichtlich einer vorgeschlagenen, aber nicht bestellten Person bedarf es dagegen keiner Abweisung; denn es handelt sich nicht um einen Antrag, sondern nur um einen unverbindlichen Vorschlag (dazu soeben Rz. 51).

e) Annahme durch den Bestellten

Die gerichtliche Bestellung allein macht den Bestimmten ebenso wenig zum Vorsitzenden der Einigungsstelle wie eine Einigung der Betriebspartner. Erforderlich ist stets die **Annahme des Amtes durch den Betroffenen**. Hierzu ist er nicht verpflichtet[3]. Er kann das Amt ohne Begründung **ablehnen**[4]. Daher empfiehlt es sich, vor Anrufung des ArbG das Einverständnis des Vorgeschlagenen einzuholen. Die Annahmeerklärung bedarf keiner Form. Sie kann sowohl gegenüber dem ArbGeb als auch gegenüber dem BR abgegeben werden[5]. Ein Richter bedarf der Genehmigung nach § 40 DRiG, deren Erteilung zweifelhaft ist, wenn die Möglichkeit besteht, dass er in einem anderen Verfahren mit der Überprüfung, Auslegung oder Anwendung des Einigungsstellenspruches befasst wird (vgl. § 100 Abs. 1 Satz 5)[6].

Streitig sind die **Folgen einer Ablehnung durch den Bestellten**. Zum Teil wird vertreten, das gerichtliche Bestellungsverfahren sei fortzusetzen, und das Gericht habe eine andere Person zu bestellen[7]. Nach anderer Ansicht bedarf es der Einleitung eines neuen Bestellungsverfahrens[8]. Der letztgenannten Ansicht ist zu folgen. **Das gerichtliche Verfahren ist mit der Bestellung beendet.** Dadurch wird lediglich die fehlende Einigung zwischen ArbGeb und BR ersetzt. Der weitere Fortgang entspricht dem bei Einigung der Betriebspartner.

5. Bestimmung der Zahl der Beisitzer

Das ArbG hat ferner die Zahl der Beisitzer zu bestimmen, wenn es beantragt wird. Eine bestimmte Zahl ist gesetzlich nicht vorgeschrieben. Auch Vorschläge der Beteiligten binden das Gericht ebenso wenig wie hinsichtlich der Person des Einigungsstellenvorsitzenden[9].

Die **angemessene Anzahl** der Beisitzer hängt von den betrieblichen Verhältnissen ebenso ab wie von der streitigen Sache selbst (Komplexität, Anzahl der Betroffenen, Zumutbarkeit der Kostenlast)[10]. Über einen Richtwert wird nach wie vor gestritten[11]. Für die Angemessenheit von je **zwei Beisitzern im Regelfall**[12]

---

1 GMP/*Schlewing*, § 98 Rz. 27; GK-BetrVG/*Kreutz/Jacobs*, § 76 Rz. 59.
2 GMP/*Schlewing*, § 98 Rz. 27.
3 LAG Berlin v. 22.6.1998 – 9 TaBV 3/98, NZA-RR 1999, 34; *Sasse*, DB 2015, 2817 (2820).
4 GMP/*Schlewing*, § 98 Rz. 31; GK-ArbGG/*Dörner*, § 98 Rz. 36.
5 GK-ArbGG/*Dörner*, § 98 Rz. 36; aM GK-BetrVG/*Kreutz/Jacobs*, § 76 Rz. 86.
6 Nach GK-ArbGG/*Dörner*, § 98 Rz. 39 darf die Nebentätigkeitsgenehmigung in diesem Fall nicht erteilt werden.
7 *Fitting*, § 76 BetrVG Rz. 39; GK-BetrVG/*Kreutz/Jacobs*, § 76 Rz. 76; *Richardi*, § 76 BetrVG Rz. 70.
8 GMP/*Schlewing*, § 98 Rz. 31; GK-ArbGG/*Dörner*, § 98 Rz. 37; Hauck/Helml/Biebl/*Hauck*, § 98 Rz. 7.
9 LAG BW v. 26.6.2002 – 9 TaBV 3/02, NZA-RR 2002, 523 (524); LAG Hamm v. 6.12.1976 – 3 TaBV 65/76, EzA § 76 BetrVG 1972 Nr. 13; GMP/*Schlewing*, § 98 Rz. 28; Hauck/Helml/Biebl/*Hauck*, § 98 Rz. 6; aM (nicht mehr als beantragt) LAG München v. 31.1.1989 – 3 TaBV 62/88, LAGE § 98 ArbGG 1979 Nr. 14; GK-ArbGG/*Dörner*, § 98 Rz. 43.
10 LAG Nds. v. 13.12.2005 – NZA-RR 2006, 306 (307); *Fitting*, § 76 BetrVG Rz. 13; GMP/*Schlewing*, § 98 Rz. 29; GK-ArbGG/*Dörner*, § 98 Rz. 42 f.; HWGNRH/*Worzalla*, § 76 BetrVG Rz. 45.
11 Je ein Beisitzer: LAG Schl.-Holst. v. 28.9.1983 – 5 TaBV 30/83, DB 1984, 1530; LAG Schl.-Holst. v. 13.9.1990 – 4 TaBV 19/90, DB 1991, 287; LAG Schl.-Holst. v. 28.1.1993 – 4 TaBV 38/92, BB 1993, 1591; MünchArbR/*Joost*, § 232 Rz. 12. Je zwei Beisitzer: LAG Berlin v. 12.9.2001 – 4 TaBV 1436/01, NZA-RR 2002, 25; LAG Bremen v. 2.7.1982 – 1 TaBV 7/82, AuR 1983, 28; LAG Düsseldorf v. 28.11.1980 – 16 TaBV 13/80, DB 1981, 379; LAG Hamm v. 20.6.1975 – 8 TaBV 38/75, DB 1975, 2452; LAG Hessen v. 29.9.1992 – 4 TaBV 114/92, NZA 1993, 1008; LAG Hessen v. 22.11.1994 – 4 TaBV 112/94, LAGE § 76 BetrVG 1972 Nr. 43; LAG München v. 15.7.1991 – 4 TaBV 27/91, NZA 1992, 185 (Ls.); LAG München v. 15.7.1975 – 5 TaBV 27/75, DB 1975, 2452; regelmäßig zwei Beisitzer: LAG Schl.-Holst. v. 4.2.1997 – 1 TaBV 3/97, LAGE § 76 BetrVG 1972 Nr. 4; *Fitting*, § 76 BetrVG Rz. 20; GMP/*Schlewing*, § 98 Rz. 29; GK-ArbGG/*Dörner*, § 98 Rz. 43; GK-BetrVG/*Kreutz/Jacobs*, § 76 Rz. 39; HWGNRH/*Worzalla*, § 76 BetrVG Rz. 45. Je drei Beisitzer: LAG Bremen v. 20.9.1983 – 4 TaBV 104/83, AuR 1984, 91.
12 So auch LAG Hessen v. 3.11.2009 – 4 TaBV 185/09, NZA-RR 2010, 359 (360).

spricht, dass dann jede Seite Gelegenheit hat, einen externen Beisitzer und einen solchen aus den Reihen der Betriebsangehörigen zu bestimmen, um betriebsfremde und interne Kenntnisse in die Einigungsstelle einzubringen. Mehr als je vier Beisitzer sollten es schon aus Kostengründen nur unter ganz besonderen Umständen (komplizierte Regelungsstreitigkeit, hohe Anzahl von betroffenen Mitarbeitern etc.) sein[1]. Selbst dann ist zu bedenken, dass die Arbeitsfähigkeit des Gremiums mit steigender Anzahl der Beisitzer sinken wird.

57 Hinsichtlich der **Personen der Beisitzer** kommt dem Gericht keine Entscheidungsbefugnis zu. Darüber entscheidet der jeweilige Betriebspartner. Er ist in dieser Entscheidung grds. frei[2].

6. Entscheidung und Zustellung binnen zweier Wochen (Abs. 1 Satz 6)

58 Der Beschluss soll nach § 100 Abs. 1 Satz 5 **innerhalb von zwei Wochen** nach Eingang des Antrages **zugestellt** werden. Durch diese Vorschrift wird das Bestreben des Gesetzgebers erkennbar, ein beschleunigtes Verfahren zur Bildung einer Einigungsstelle zur Verfügung zu stellen (dazu Rz. 2). Die Vorschrift stellt eine bloße Sollvorschrift dar. Der Gesetzgeber geht davon aus, dass ein verständiger Arbeitsrichter insbesondere bei Eilbedürftigkeit schon für eine Zustellung innerhalb von zwei Wochen Sorge tragen wird[3]. Um sicherzustellen, dass in allen Besetzungsstreitigkeiten die Einigungsstellen zeitnah ihre Tätigkeit aufnehmen kann, hat er durch das Job-AQTIV-Gesetz vom 10.12.2001[4] ergänzend geregelt, dass der Beschluss **spätestens innerhalb von vier Wochen** zugestellt werden muss. Die Einhaltung dieser Frist müsse unabhängig von der jeweiligen Gerichtsorganisation, zB auch bei ArbG mit dezentral organisierten Schreibdiensten, möglich sein[5].

7. Wirkung der Entscheidung

a) Eingeschränkte Bindung hinsichtlich der Person des Vorsitzenden und der Zahl der Beisitzer

59 Die rechtskräftige **Entscheidung des Gerichts** im Verfahren nach § 100 **ersetzt nur die Einigung der Beteiligten** über die Person des Einigungsstellenvorsitzenden bzw. die Zahl seiner Beisitzer, aber nicht mehr[6]. ArbGeb und BR können weder den gerichtlich bestellten Einigungsstellenvorsitzenden ablehnen noch das Tätigwerden der Einigungsstelle mit der Begründung verhindern, es fehle an einer entsprechenden Einigung[7]. Sie haben es allerdings nach wie vor in der Hand, eine abweichende Vereinbarung hinsichtlich beider Punkte zu treffen. Kommt eine Einigung über einen anderen Vorsitzenden zustande, endet das Amt des bisherigen, ohne dass es einer gerichtlichen Abberufung bedarf[8]. Solange sich die Betriebspartner aber nicht auf einen anderen Einigungsstellenvorsitzenden verständigt haben, bleibt der gerichtlich bestellte im Amt[9].

b) Keine Bindung hinsichtlich der Zuständigkeit

60 Dagegen **bindet** die Entscheidung nach § 100 die **Betriebspartner nicht hinsichtlich der Zuständigkeit** der Einigungsstelle. Das gilt selbst dann, wenn das ArbG den Antrag auf Bestellung des Vorsitzenden oder auf Festlegung der Zahl der Beisitzer der Einigungsstelle wegen deren offensichtlicher Unzuständigkeit ablehnt. Auch dann ist eine Feststellung des geltend gemachten Mitbestimmungsrechtes im Vorabentscheidungsverfahren zulässig[10]. Die Zuständigkeit der Einigungsstelle ist gerade nicht Streitgegenstand des Verfahrens nach § 100. Deshalb wird in ihm auch nicht abschließend und für die Betriebspartner verbindlich über das Bestehen des Mitbestimmungsrechtes entschieden. Ist in dem anderen Verfahren das Mitbestimmungsrecht des BR rechtskräftig bejaht worden, kann trotz Rechtskraft des Abweisungsbeschlusses nach

---

1 Gleiche Einschätzung bei *Lerch/Weinbrenner*, NZA 2015, 1228 (1233); *Sasse*, DB 2015, 2817 (2820). Enger (mehr als drei idR unvertretbar) LAG München v. 31.1.1989 – 3 TaBV 62/88, LAGE § 98 ArbGG 1979 Nr. 14 (Ls.).
2 S. nur GK-BetrVG/*Kreutz/Jacobs*, § 76 Rz. 47 mwN.; *Sasse*, DB 2015, 2817 (2820).
3 BT-Drs. 14/7347, S. 85.
4 BGBl. I S. 3443.
5 BT-Drs. 14/3747, S. 85.
6 Zum Erfordernis der Annahme des Antrages durch den Bestellten s. Rz. 53.
7 GMP/*Schlewing*, § 98 Rz. 32.
8 *Fitting*, § 76 BetrVG Rz. 40; GK-BetrVG/*Kreutz/Jacobs*, § 76 Rz. 75; *Richardi*, § 76 BetrVG Rz. 70.
9 GMP/*Schlewing*, § 98 Rz. 33; GK-ArbGG/*Dörner*, § 98 Rz. 40.
10 BAG v. 25.4.1989 – 1 ABR 91/87, AP Nr. 3 zu § 98 ArbGG 1979; BAG v. 9.5.1995 – 1 ABR 51/94, AP Nr. 33 zu § 111 BetrVG 1972, Bl. 2; LAG Düsseldorf v. 17.6.1973 – 8 TaBV 11/73, EzA § 87 BetrVG 1972 – Initiativrecht Nr. 1; GMP/*Schlewing*, § 98 Rz. 12; GK-BetrVG/*Kreutz/Jacobs*, § 76 Rz. 70; GWBG/*Greiner*, § 98 Rz. 1; Hauck/Helml/Biebl/*Hauck*, § 98 Rz. 5; *Richardi*, § 76 BetrVG Rz. 72.

§ 100 ein neues Bestellungsverfahren eingeleitet werden[1]. War die das Mitbestimmungsrecht bejahende Entscheidung bereits vor Ablehnung des Antrages nach § 100 ergangen, bleibt nur der Weg über einen Restitutionsantrag nach § 580 Nr. 7a ZPO iVm. § 100 Abs. 1 Satz 2, § 80 Abs. 2, 79.

Da die Zuständigkeit der Einigungsstelle nicht Streitgegenstand des Verfahrens nach § 100 ist, ist die **Einigungsstelle trotz gerichtlicher Bestellung nicht gehindert, ihre Zuständigkeit zu verneinen**[2]. Hat dagegen das Gericht im Bestellungsverfahren den Antrag hinsichtlich eines streitigen Regelungskomplexes wegen offensichtlicher Unzuständigkeit abgewiesen, ist die Einigungsstelle nicht für die Entscheidung dieses Punktes errichtet worden. Darüber kann sie nur dann befinden, wenn sich die Betriebspartner darauf im Sinne eines „freiwilligen Einigungsstellenverfahrens" verständigen[3]. 61

VII. Beschwerde

Gegen die Entscheidung des ArbG im Bestellungsverfahren findet die Beschwerde an das LAG statt (Abs. 2 Satz 1). 62

1. Zulässigkeit

a) Beschwerdebefugnis und Beschwer

Beschwerdebefugt ist nach allgemeinen Grundsätzen jedenfalls, wer einen Antrag gestellt hat bzw. gegen wen ein Antrag gestellt wurde, nach herrschender Auffassung darüber hinaus jeder, der durch die Entscheidung in seiner betriebsverfassungsrechtlichen Rechtsstellung unmittelbar betroffen ist. Das trifft im Verfahren nach § 100 nur auf die **beteiligten Betriebspartner** zu. Die betriebsverfassungsrechtliche Rechtsstellung des zum Einigungsstellenvorsitzenden Bestellten beginnt erst mit seiner Annahme des Amtes. Daher ist er nicht beschwerdebefugt. 63

Da eine Benennung des Einigungsstellenvorsitzenden und auch die konkrete Angabe der Zahl seiner Beisitzer im Antrag nach § 100 nicht erforderlich ist, **genügt** sowohl für den Antragsgegner als auch für den Antragsteller eine materielle Beschwer in dem Sinne, **dass er mit der bestellten Person oder der festgelegten Zahl an Beisitzern nicht einverstanden ist**[4]. 64

b) Fristen (Abs. 2 Satz 2)

Die Fristen für die Einlegung und für die Begründung der Beschwerde betragen normalerweise je einen Monat (§ 87 Abs. 2 iVm. § 66 Abs. 1). Wegen des mit § 100 verfolgten Beschleunigungseffektes ist die Beschwerde hier gem. § 100 Abs. 2 Satz 2 **innerhalb einer Frist von zwei Wochen einzulegen und auch zu begründen**. Es stehen also insgesamt nur zwei Wochen zur Verfügung. Allerdings können die Einlegung der Beschwerde und ihre Begründung in verschiedenen Schriftsätzen erfolgen. Nach Maßgabe der §§ 233 ff., 525 ZPO iVm. § 64 Abs. 6, § 87 Abs. 2, § 100 Abs. 2 Satz 3 ist eine Wiedereinsetzung in den vorigen Stand möglich, auch wenn das Gesetz nicht ausdrücklich anordnet, dass es sich bei der Beschwerde- und der Beschwerdebegründungsfrist um Notfristen handelt[5]. 65

2. Verfahren und Entscheidung (Abs. 2 Satz 3)

Für das Verfahren der Beschwerde verweist § 100 Abs. 2 Satz 3 auf die **allgemeinen Vorschriften der § 87 Abs. 2 und 3 sowie der §§ 88 ff.** Nicht anwendbar ist im Hinblick auf § 100 Abs. 2 Satz 4 (dazu Rz. 68) lediglich § 90 Abs. 3. Seit der Neufassung des heutigen § 100 (damals § 98) durch das Job-AQTIV-Gesetz vom 10.12.2001[6] ist auch im Beschwerdeverfahren wieder der Vorsitzende allein zuständig. 66

Das LAG hat die Entscheidung des ArbG über die offensichtliche Unzuständigkeit der Einigungsstelle in vollem Umfang zu überprüfen. Streitig ist, ob das LAG eine eigene Ermessensentscheidung hinsichtlich 67

---

1 BAG v. 25.4.1989 – 1 ABR 91/87, AP Nr. 3 zu § 98 ArbGG 1979; GK-BetrVG/*Kreutz/Jacobs*, § 76 Rz. 70; GWBG/ *Greiner*, § 98 Rz. 6; *Richardi*, § 76 BetrVG Rz. 72.
2 GMP/*Schlewing*, § 98 Rz. 35.
3 LAG Hessen v. 13.11.1984 – 4 TaBV 39/84, DB 1985, 1535; DKK/*Berg*, § 76 BetrVG Rz. 70; vgl. auch *Fitting*, § 76 BetrVG Rz. 88.
4 GMP/*Schlewing*, § 98 Rz. 36.
5 GMP/*Schlewing*, § 98 Rz. 38 für die Beschwerdefrist.
6 BGBl. I S. 3443.

der Person des Einigungsstellenvorsitzenden und der Zahl seiner Beisitzer zu treffen hat[1] oder ob es auf eine Überprüfung der Ermessensentscheidung des ArbG verwiesen ist[2]. Die **Beschwerde dient lediglich der Überprüfung der erstinstanzlichen Entscheidung**, nicht deren Ersetzung. Daher ist der letztgenannten Ansicht der Vorzug zu geben. Sollte allerdings die Entscheidung des ArbG an einem Ermessensfehler leiden, kann nach entsprechender Anhörung der Beteiligten eine eigene Ermessensentscheidung über die Person des Einigungsstellenvorsitzenden bzw. die Zahl seiner Beisitzer getroffen werden[3].

3. Ausschluss der Rechtsbeschwerde (Abs. 2 Satz 4)

68 Gegen die Entscheidung des LAG findet ein Rechtsmittel nicht statt (§ 100 Abs. 2 Satz 4). Damit ist im Bestellungsverfahren die Rechtsbeschwerde zwingend ausgeschlossen, auch wenn das LAG sie zu Unrecht zugelassen hat[4]. Auch das dient dem beschleunigten Abschluss des Verfahrens.

VIII. Gegenstandswert

69 Das Bestellungsverfahren ist als **Beschlussverfahren gerichtsgebührenfrei** (§ 2 Abs. 2 GKG). Es handelt sich um eine nicht vermögensrechtliche Angelegenheit. Daher bestimmt sich der Gegenstandswert für die **Vergütung des Rechtsanwalts** nach § 23 Abs. 3 RVG (früher § 8 Abs. 2 Satz 2 Halbs. 2 BRAGO[5]). Eine von den LAG-Präsidenten/innen im Jahr 2012 eingerichtete Streitwertkommission hat einen Streitwertkatalog erarbeitet, der zwar nicht bindend ist, aber doch Grundlage für eine möglichst einheitliche Handhabung in der Arbeitsgerichtsbarkeit sein soll. Danach ist bei offensichtlicher Unzuständigkeit der Einigungsstelle der Hilfswert nach § 23 Abs. 3 Satz 2 RVG iHv. derzeit 5 000 Euro vorgesehen sowie für die Bestellung des Vorsitzenden und die Bestimmung der Anzahl der Beisitzer jeweils 1/4 dieses Werts[6]. Das ist in der Arbeitsgerichtsbarkeit bereits auf Zustimmung gestoßen[7]. An dem gerichtlichen Feststellungsverfahren nach § 33 RVG (früher § 10 BRAGO) ist der ArbGeb auch dann zu beteiligen, wenn es vom Anwalt des BR gegen diesen betrieben wird[8].

---

1 So LAG Hessen v. 6.4.1976 – 5 TaBV 13/76, AuR 1977, 62; GMP/*Schlewing*, § 98 Rz. 40; GWBG/*Greiner*, § 98 Rz. 15.
2 So LAG Düsseldorf v. 25.8.2014 – 9 TaBV 39/14, NZA-RR 2014, 647 Rz. 32; Hauck/Helml/Biebl/*Hauck*, § 98 Rz. 8; ausdrücklich offen gelassen von LAG Nürnberg v. 2.7.2004 – 7 TaBV 19/04, NZA-RR 2005, 100 (101).
3 *van Gelder*, Anm. zu LAG Hessen v. 6.4.1976 – 5 TaBV 13/76, AuR 1977, 64.
4 LAG Hamm v. 4.10.1972 – 8 BVTa 12/72, DB 1972, 2260; GMP/*Schlewing*, § 98 Rz. 41; GK-BetrVG/*Kreutz/Jacobs*, § 76 Rz. 77; GWBG/*Greiner*, § 98 Rz. 16.
5 LAG München v. 12.11.1982 – 6 Ta 165/82, DB 1983, 2044; LAG Schl.-Holst. v. 14.10.1993 – 4 TaBV 8/93, DB 1993, 2392; LAG Schl.-Holst. v. 9.3.1993 – 4 TaBV 13/93, LAGE § 8 BRAGO Nr. 19; *Steffen*, AR-Blattei, SD 160.13.1 Rz. 195.
6 *Bader/Jörchel*, NZA 2013, 809 (811).
7 LAG Hamm v. 18.3.2014 – 7 Ta 73/14 (unter Abänderung seiner früheren Rspr.).
8 LAG München v. 12.11.1982 – 6 Ta 165/82, DB 1983, 2044.

Vierter Teil. Schiedsvertrag in Arbeitsstreitigkeiten

§ 101 Grundsatz

(1) Für bürgerliche Rechtsstreitigkeiten zwischen Tarifvertragsparteien aus Tarifverträgen oder über das Bestehen oder Nichtbestehen von Tarifverträgen können die Parteien des Tarifvertrags die Arbeitsgerichtsbarkeit allgemein oder für den Einzelfall durch die ausdrückliche Vereinbarung ausschließen, dass die Entscheidung durch ein Schiedsgericht erfolgen soll.

(2) Für bürgerliche Rechtsstreitigkeiten aus einem Arbeitsverhältnis, das sich nach einem Tarifvertrag bestimmt, können die Parteien des Tarifvertrags die Arbeitsgerichtsbarkeit im Tarifvertrag durch die ausdrückliche Vereinbarung ausschließen, dass die Entscheidung durch ein Schiedsgericht erfolgen soll, wenn der persönliche Geltungsbereich des Tarifvertrags überwiegend Bühnenkünstler, Filmschaffende oder Artisten umfasst. Die Vereinbarung gilt nur für tarifgebundene Personen. Sie erstreckt sich auf Parteien, deren Verhältnisse sich aus anderen Gründen nach dem Tarifvertrag regeln, wenn die Parteien dies ausdrücklich und schriftlich vereinbart haben; der Mangel der Form wird durch Einlassung auf die schiedsgerichtliche Verhandlung zur Hauptsache geheilt.

(3) Die Vorschriften der Zivilprozessordnung über das schiedsrichterliche Verfahren finden in Arbeitssachen keine Anwendung.

I. Allgemeines
1. Die verfassungsrechtlichen Vorgaben der Schiedsgerichtsbarkeit 1
2. Die Stellung der Schiedsgerichte 6
3. Abgrenzung der Schiedsgerichte 11
4. Die Rechtsnatur der Schiedsvereinbarung ... 13
5. Die Abdingbarkeit der Schiedsvereinbarung .. 15
6. Die Anwendung des materiellen Rechts 18
7. Kosten des Schiedsgerichtsverfahrens 20

II. Die Gesamtschiedsvereinbarung (§ 101 Abs. 1)
1. Geltungsbereich 22
2. Vereinbarung 25
3. Prozessuale Probleme 26

III. Die Einzelschiedsvereinbarung (§ 101 Abs. 2)
1. Rechtsstreitigkeiten aus einem Arbeitsverhältnis 28
2. Problem der Aufrechnung 33
3. Ausschluss der Arbeitsgerichtsbarkeit durch Tarifvertrag 36
4. Der persönliche Geltungsbereich 41

5. Die tarifgebundenen Personen 46
  a) Gemäß Tarifvertrag 46
  b) Gemäß Allgemeinverbindlichkeitserklärung .. 47
  c) Aufgrund der Nachwirkung eines Tarifvertrags 50
  d) Im Falle des Betriebsübergangs 52
6. Die vertragliche Vereinbarung der Zuständigkeit des Schiedsgerichtes (§ 101 Abs. 2 Satz 3) .. 54

IV. Die Anwendbarkeit von ZPO-Bestimmungen und rechtsstaatliches Verfahren (§ 101 Abs. 3)
1. Anwendbarkeit von ZPO-Bestimmungen ... 57
  a) Anwendbare Verfahrensregelungen 58
  b) Nicht-anwendbare Verfahrensregelungen . 59
2. Verfassungsrechtlich gebotene und systemimmanente Ausnahmen 61
  a) Anspruch auf rechtliches Gehör (§ 278 Abs. 3 ZPO aF) 61
  b) Anspruch auf Prozesskostenhilfe (§§ 114 ff. ZPO) 62
3. Anwendbarkeit der Regelungen über den Rechtsschutz bei überlangen Verfahren 64

Schrifttum: *Battis*, BBG, 4. Aufl. 2009; *Baur*, Der schiedsrichterliche Vergleich, 1971; *Becker*, Die Rechtsnatur der Einstufungskommission des § 7 ERA-Tarifvertrag Baden-Württemberg – Eine „unentscheidbare Aussage"?, Festschrift für *Löwisch*, 2007, S. 17; *Birk*, Internationale private Schiedsgerichtsbarkeit in Arbeitssachen, Erlanger FS für Karl Heinz Schwab, 1990, S. 305; *Bosch*, Rechtskraft und Rechtshängigkeit im Schiedsverfahren 1991; *Depenheuer*, Betriebsübergänge in öffentlichen Theaterbetrieben, ZTR 1997, 492; *Dütz*, Die Beilegung von Arbeitsstreitigkeiten in der Bundesrepublik Deutschland, RdA 1978, 291; *Dütz*, Rechtsstaatlicher Rechtsschutz im Privatrecht, 1970, S. 246; *Dütz*, Vertragliche Spruchstellen für Arbeitsrechtsstreitigkeiten, in: Arbeitsleben und Rechtspflege, Festschrift für G. Müller, 1981, S. 129; *Feudner*, Zur Schiedsgerichtsbarkeit des DGB, DB 2006, 1954; *Francken*, Das Arbeitsgericht als Multi-Dorr Courthouse, NJW 2006, 1103; *Francken*, Erweiterte richterliche Dienstaufgaben im arbeitsgerichtlichen Multi-Door Courthouse, Festschrift für Löwisch, 2007, S. 123; *Franzen*, „Parteischiedsrichter" ein vermeidbarer Mangel der Praxis, NJW 1986, 299; *Geißler*, Die Vollstreckungsklage im Rechtsbehelfssystem der Zwangsvollstreckung, NJW 1985, 1865; *Germelmann*, Bühnenschiedsgerichte und Arbeitsgerichtsbarkeit, NZA 1994, 12; *Germelmann*, Die Zulässigkeit außergerichtlicher Schiedsvereinbarungen in arbeitsgerichtlichen Verfahren, Festschrift für Adomeit, 2008, S. 202; *Gramm*, Gerichte für Arbeitssachen und Schiedsgerichte, RdA 1967, 41; *Gruber*, Die Schiedsgerichtsbarkeit in Arbeitsstreitigkeiten in den USA und in Deutschland, 1998; *Junker*, Verjährungsunterbrechung beim Übergang von Zivilprozess zum Schiedsverfahren, KTS 1987, 37; *Kempkens*, Probleme der Bühnenschiedsgerichtsbarkeit, Diss. Jur., 1965; *Kirchner*, Vereinbarte Schlichtung und vereinbarte Schiedsgerichtsbarkeit – Abgrenzungsprobleme, RdA 1966, 1; *Kluth*, Die „Sic-non" Rechtsprechung des BAG – der Anfang vom Ende der Beweiserheblichkeitstheorie, NJW 1999, 342; *Kurz*, Theaterrecht, 1999; *Labes/Lörscher*, Das neue deutsche Recht der Schiedsgerichtsbarkeit, MDR 1997, 420; *Lachmann*, Handbuch für die Schiedsgerichtspraxis, 3. Aufl. 2008; *Langer*, Schiedsgerichte in Arbeitssachen, in: Die Arbeitsgerichtsbarkeit – FS zum 100-jährigen Bestehen des Deutschen Arbeitsgerichtsverbands, 1994, S. 465; *Löwisch*, Fragen des schiedsrichterlichen Verfahrens zwischen Tarifvertragsparteien nach § 101 Abs. 1 ArbGG, ZZP 103 (1990), 22; *Macke*, Aktuelles Forum „Obligatorische Streitschlichtung im Zivilprozess", NJW, Beilage zu Heft 23/1998, S. 28; *v. Mangoldt/Klein/Stark*, Grundgesetz, Band 3, 6. Aufl. 2010; *Opolony*, Seitenwege-Umwege-Abwege-Arbeitsrechtliche Streitigkeiten außerhalb der Arbeitsgerichte, Festschrift für Leinemann, 2006, S. 607; *Ramm*, Schiedsgerichtsbarkeit, Schlichtung und Rechtsprechungslehre, ZRP 1989, 136; *Reupke*, Bühnenschiedsgericht in der Bewährung, 1997; *Röckrath*, Zur Zuständigkeit für die Sachentscheidung nach Aufhebung eines Schiedsspruchs, NZA 1994, 678; *Rüssel*, Das Gesetz zur Förderung der außergerichtlichen Streitbeilegung – der Weg zu einer neuen Streitkultur?, NJW 2000, 2800; *Säcker/Oetker*, Grundlagen und Grenzen der Tarifautonomie, 1992; *Schiefer*, Rechtsfolgen des Betriebsübergangs nach § 613a BGB, NJW 1998, 1817; *Schleusener*, Der Begriff der betrieblichen Norm im Lichte der negativen Koalitionsfreiheit (Art. 9 Abs. 3 GG) und des Demokratieprinzips (Art. 20 GG), ZTR 1998, 100; *Schliemann*, Arbeitsgerichtliche Kontrolle von Tarifverträgen, ZTR 2000, 198; *Schmid/Schäfer*, Bühnenrechtliche Konfliktlösung, ZTR 2003, 608; *Schreiber*, Der Schiedsvertrag in Arbeitsstreitigkeiten, ZfA 1983, 31; *Schüren*, Tarifgeltung für Außenseiter? – „No-Taxation without Representation", RdA 1988, 139; *Schütze*, Schiedsgericht und Schiedsgerichtsverfahren, 5. Aufl. 2012; *Schütze/Tschernig/Wais*, Handbuch des Schiedsverfahrens, 1990; *Schultz*, Bühnenschiedsgerichtsbarkeit und befristeter Bühnenanstellungsvertrag, 1998; *Schwab*, Betriebliches Vorschlagswesen – Voraussetzungen und Umfang gerichtlicher Nachprüfung paritätischer Kommissionen, AiB 2004, 562; *Tschischgale/Satzky*, Das Kostenrecht in Arbeitssachen, 3. Aufl. 1982; *Vogel*, Die Bühnenschiedsgerichtsbarkeit – ein Modell für Tarifvertragsgerichte zur arbeitsrechtlichen Streitbeilegung, NZA 1999, 26; *Voit*, Privatisierung der Gerichtsbarkeit, JZ 1997, 120; *Walker*, in Schlachter/Ascheid/Friedrich, Tarifautonomie für ein neue Jahrhundert – Festschrift für Günther Schaub zum 65. Geburtstag, 1998, S. 743; *Wolff*, Die institutionelle Handelsschiedsgerichtsbarkeit, 1992; *Zimmerling/Jung*, Die Verzinsung öffentlich-rechtlicher Geldforderungen, DÖV 1987, 94.

I. Allgemeines

1. Die verfassungsrechtlichen Vorgaben der Schiedsgerichtsbarkeit

1   Die **privaten Schiedsgerichte** sind nicht durch Art. 92 ff. GG geschützt. Die Art. 92 ff. GG beziehen sich nur auf die **staatliche Gerichtsbarkeit**. Von den Art. 92 ff. GG wird die (private) Schiedsgerichtsbarkeit weder erlaubt noch verboten[1]. Keine Schiedsgerichte sind die Kirchengerichte und die von den Kirchen errichteten Schlichtungsstellen[2]. Die private Gerichtsbarkeit wird seit langer Zeit unter anderem durch Schiedsgerichte (s. auch §§ 1025 ff. ZPO) ausgeübt. In der Lit. wird darauf hingewiesen, es gebe keinerlei Anhaltspunkte dafür, dass der Verfassungsgeber diese schon vorkonstitutionell existente private Gerichtsbarkeit[3] mit der Zuweisung rechtsprechender Gewalt an besondere staatliche Organe (Art. 20 Abs. 2 Satz 2, Art. 92 GG) abschaffen wollte[4]. Hiernach soll dieser Zugang zu Schiedsgerichten zwar nicht verstellt werden, die Schiedsgerichtsbarkeit sollte aber auch nicht zu einer „Ausfüllung der staatlichen Gerichtsbarkeit führen"[5]. Dem idR schwächeren ArbN soll die Arbeitsgerichtsbarkeit nicht entzogen werden[6]. Die (privatrechtlichen) **Schiedsgerichte** sind nicht durch Art. 92 GG geschützt. Art. 92 GG bezieht sich nur auf die staatliche Gerichtsbarkeit. Einigkeit besteht auch darüber, dass es sich bei den Schiedsgerichten nicht um Ausnahmegerichte iSd. des Art. 101 GG handelt[7].

2   Die in §§ 101 ff. geregelte Schiedsgerichtsbarkeit lässt sich auch nicht aus Art. 9 Abs. 3 GG begründen[8]. Das **Recht der Koalitionsfreiheit** gem. Art. 9 Abs. 3 GG bezieht sich auf die „Wahrung und Förderung der Arbeits- und Wirtschaftsbedingungen". Arbeitsbedingungen betreffen das Arbeitsverhältnis selbst, zB Lohn, Arbeitszeit, Urlaub, Arbeitsschutz. Wirtschaftsbedingungen erfassen darüber hinaus reichende Fra-

---

1 Einhellige Auffassung, s. zB Maunz/Dürig/*Hillgruber*, GG, Stand: Dezember 2007, Art. 92 Rz. 87; *Schmidt-Bleibtreu/Hofmann/Hopfauf*, GG, Vorb. v. Art. 92 Rz. 45; Jarass/Pieroth, GG, Art. 92 Rz. 6; *von Münch/Kunig/Meyer*, GG, Art. 92 Rz. 11; Sachs/*Detterbeck*, GG, Art. 92 GG Rz. 29 (sehr kritisch zur „Privatisierung der Rechtsprechung" am Beispiel der Neuregelung der §§ 1025 ff. ZPO).
2 GMP/*Germelmann*, § 101 Rz. 6; Düwell/Lipke/*Voßkühler*, § 101 Rz. 13.
3 Bühnenschiedsgerichte gab es bereits im 19. Jahrhundert, s. hierzu *Opolony*, FS Leinenmann, 2006, S. 607, 609.
4 Maunz/Dürig/*Hillgruber*, GG, Stand: Dezember 2007, Art. 92 Rz. 87.
5 Maunz/Dürig/*Hillgruber*, GG, Stand: Dezember 2007, Art. 92 Rz. 88.
6 GK-ArbGG/*Mikosch*, § 101 Rz. 2.
7 BAG v. 23.8.1963 – 1 AZR 489/62, NJW 1964, 268 sowie BAG v. 28.1.2009 – 4 AZR 987/07, NZA-RR 2009, 465; GMP/*Germelmann*, § 101 Rz. 3.
8 So aber *Germelmann*, NZA 1994, 12 (14) sowie *Schmid/Schäfer*, ZTR 2003, 608 ff., 610.

gen wirtschafts- und sozialpolitischen Charakters (zB Bekämpfung der Arbeitslosigkeit, Einführung neuer Techniken, Vermögensbildung)[1]. Weder zu den Arbeits- noch zu den Wirtschaftsbedingungen gehört die Gerichtsorganisation. Demzufolge richtet sich die Stellung der Schiedsgerichte in der Arbeitsgerichtsbarkeit ausschließlich nach der gesetzlichen Regelung der §§ 4, 101 ff.

Die bestehenden **rechtsstaatlichen Defizite** im Schiedsgerichtsverfahren werden von Rspr. und Lit. idR für unbeachtlich gehalten. In der Erstauflage[2] wurden zahlreiche verfassungsrechtliche Bedenken gegen das schiedsgerichtliche Verfahren in Arbeitssachen geltend gemacht. Diese verfassungsrechtlichen Bedenken ergeben sich aus dem Grundsatz der staatlichen Justizgewährleistung, aus dem Fehlen der Gewährleistung des effektiven Rechtsschutzes, aus der fehlenden prozessualen Waffengleichheit wegen Fehlens der Prozesskostenhilfe, aus der fehlenden vorläufigen Vollstreckbarkeit der Entscheidungen der Schiedsgerichte[3] und aus den Auswirkungen von Art. 6 Abs. 1 EMRK. Der von Verfassungs wegen geforderte Mindeststandard wird für das schiedsgerichtliche Verfahren in Arbeitssachen nicht erfüllt.

Verfassungsrechtliche Bedenken bestehen insbesondere bei einer „**aufgedrängten**" **Schiedsgerichtsbarkeit**[4]. Das BAG hat entschieden, dass die Schiedsabrede für den nicht tarifgebundenen ArbN wirksam ist, wenn diese zwischen den Parteien ausdrücklich und schriftlich vereinbart worden ist[5]. Gleiches ist indes auch für den tarifgebundenen ArbN zu fordern, da aus einem Beitritt zu einer Gewerkschaft sich nicht zwingend die notwendige Anrufung eines Schiedsgerichtes im Streitfalle ergibt[6]. Hiermit im Einklang steht die Forderung der Lit. wonach die freiwillige Unterwerfung des Betroffenen unter die private Gerichtsbarkeit erforderlich ist[7]. Die Zulassung der Schiedsgerichtsbarkeit in arbeitsrechtlichen Streitigkeiten wird vielfach mit der Erwägung gerechtfertigt, dass als Schiedsrichter Personen mit Spezialkenntnissen und besonderen Erfahrungen eingesetzt werden können[8]. Sofern sowohl tarifgebundene als auch nicht-tarifgebundene ArbN im Individualarbeitsvertrag ausdrücklich eine Schiedsabrede treffen, können diese ArbN abwägen zwischen den rechtsstaatlichen Defiziten im schiedsgerichtlichen Verfahren einerseits und den Vorteilen aufgrund Entscheidung durch Schiedsrichter mit Spezialkenntnissen und besonderen Erfahrungen andererseits. Dies ist verfassungsrechtlich nicht zu beanstanden.

Eine **Verfassungsbeschwerde** gegen eine Entscheidung des Schiedsgerichtes (zB wegen Verletzung des Art. 103 Abs. 1 GG) ist nicht statthaft, da Schiedsgerichte keine öffentliche Gewalt ausüben[9]; in Betracht kommt allenfalls eine Verfassungsbeschwerde gegen die Entscheidung des staatlichen Gerichtes, wenn dieses trotz der Verletzung des Anspruches auf rechtliches Gehör durch das Schiedsgericht die Aufhebung des Schiedsspruchs verweigert[10]; erforderlich ist die Ausschöpfung aller satzungsmäßigen Rechtsmittel und im Übrigen die Anrufung der staatlichen Gerichte[11]. Ebenso wenig besteht eine Vorlagebefugnis des Schiedsgerichtes zum BVerfG[12] oder zum EuGH[13].

---

1 Ausführlich *Säcker/Oetker*, Grundlagen und Grenzen der Tarifautonomie, 1992, S. 30 ff.; Sachs/*Höfling*, GG, Art. 9 Rz. 54.
2 S. Erstauflage § 101 Rz. 75 ff. sowie § 110 Rz. 38 ff.
3 *Opolony*, FS Leinemann, 2006, S. 607 (623) bezeichnet deshalb die Schiedsgerichtsbarkeit als „Umweg", der die Vertragsparteien erheblich belastet.
4 Bedenklich BAG v. 23.8.1963 – 1 AZR 469/62, NJW 1964, 268.
5 BAG v. 28.1.2009 – AZR 987/07, NZA-RR 2009, 465 sowie BAG v. 25.2.2009 – 7 AZR 942/07, AP Nr. 60 zu § 611 BGB Bühnenengagementvertrag; BCF/*Friedrich*, §§ 101–103 Rz. 2.
6 So zutreffend *Langer*, S. 465 (466).
7 *Classen* in: v. Mangoldt/Klein/Stark, GG, Art. 92 Rz. 41; Maunz/Dürig/*Hillgruber*, GG, Stand: Dezember 2007, Art. 92 Rz. 88.
8 So zB *Germelmann*, FS Adomeit, 2008, S. 201 ff. (203) sowie Opolony, FS Leinemann, 2006, S. 607 (616, 619). Gemäß § 1031 Abs. 5 ZPO muss eine Schiedsvereinbarung, an der ein Verbraucher beteiligt ist, in einer von den Parteien eigenhändigen unterzeichneten Urkunde enthalten sein, s. hierzu OLG Oldenburg v. 23.5.2001 – 1 U 9/01, NZG 2002, 931.
9 BVerfG v. 11.5.1994 – 1 BvR 744/94, NVwZ-RR 1995, 232 betreffend den Schiedsspruch des Oberschiedsgerichtes der Versorgungsanstalt des Bundes und der Länder; Zöller/*Geimer*, § 1042 ZPO Rz. 18; Musielak/*Voit*, § 1042 ZPO Rz. 6. Nach Auffassung des OLG Köln v. 19.12.1990 – 24 U 51/90, NVwZ 1991, 1116 ist ein Parteigericht kein Schiedsgericht iSd. §§ 1025 ff., 1048 ZPO. S. zum Begriff der „öffentlichen Gewalt" iSd. Art. 93 Abs. 1 Nr. 4a GG von Münch/Kunig/*Meyer*, GG, Art. 93 Rz. 54.
10 Zöller/*Geimer*, § 1042 ZPO Rz. 18; Musielak/*Voit*, § 1042 ZPO Rz. 6.
11 BVerfG v. 27.7.2006 – 2 BvR 1416/06, NVwZ 2007, 326.
12 Maunz/Dürig, Art. 101 GG Rz. 28.
13 Zöller/*Geimer*, § 1051 ZPO Rz. 18 unter Bezugnahme auf EuGH v. 23.3.1982 – Rs. 102/81, NJW 1982, 1207; EuGH v. 1.6.1999 – C-126/97, EuZW 1999, 565 sowie EuGH v. 27.1.2005 – C 125/04, DBVl 2005, 435.

5a Das BAG hat mehrfach betont, dass der Verweis in einem Tarifvertrag auf §§ 101 ff. (bzw. auf § 76 Abs. 5 BetrVG) zum Ausdruck bringt, dass sowohl die innerbetriebliche Entscheidung als auch die der tariflichen Einigungsstelle nur einer eingeschränkten Überprüfung unterliegen soll[1].

2. Die Stellung der Schiedsgerichte

6 Nach herrschender Auffassung folgt aus § 4 iVm. § 101 Abs. 1, 2, dass ein **Schiedsvertrag** in arbeitsrechtlichen Streitigkeiten grds. **unzulässig** und damit unwirksam ist; nur ausnahmsweise habe der Gesetzgeber die Schiedsgerichtsbarkeit in Arbeitssachen für zulässig erachtet[2]. So hat das BAG auch betont, dass mit der in einem Arbeitsvertrag mit einem kirchlichen ArbGeb vereinbarten Verpflichtung, bei Meinungsverschiedenheiten aus dem Vertrag zunächst eine kirchliche Schlichtungsstelle anzurufen, keine prozessual beachtliche Einwendung begründet wird, mit der die staatliche Gerichtsbarkeit ausgeschlossen wird[3]. Etwas anderes gilt allerdings für die **internationale private Schiedsgerichtsbarkeit in Arbeitssachen**. Diese kann bei einem Sachverhalt mit Auslandsbezug zulasten der staatlichen Gerichtsbarkeit vereinbart werden[4]. Soweit eine Schiedsklausel zulässig ist, bindet sie auch die Rechtsnachfolger der Parteien sowie die Parteien kraft Amtes[5].

7 Das schiedsgerichtliche Verfahren ist **kein Teil des ArbG-Prozesses**[6]. Dies folgt aus den gesetzlichen Bestimmungen, wonach das Bestehen eines Schiedsvertrages im arbeitsgerichtlichen Verfahren eine prozesshindernde Einrede gem. § 102 Abs. 1 begründet und aus Schiedssprüchen nicht unmittelbar die Zwangsvollstreckung betrieben werden kann, diese vielmehr erst von dem ArbG gem. § 109 Abs. 1 für vollstreckbar erklärt werden müssen[7].

8 Das Schiedsgericht ist eine gemeinsame Einrichtung der Tarifvertragsparteien iSd. § 4 Abs. 2 TVG[8]. Es ist **kein gleichwertiges Gericht**, wie die Regelung des § 9 TVG zeigt. Nach § 9 TVG binden rechtskräftige Entscheidungen der ArbG über das Bestehen oder Nichtbestehen und damit auch über die Auslegung eines Tarifvertrags Gerichte und Schiedsgerichte in Rechtsstreitigkeiten zwischen tarifgebundenen Parteien und zwischen diesen und Dritten. Es fehlt die entsprechende Normierung für die rechtskräftigen Entscheidungen der Schiedsgerichte[9]. Hiermit im Einklang steht die Regelung in § 63, wonach eine Übersendung von Urteilen in Tarifvertragssachen an die Aufsichtsbehörden nur für das staatliche ArbG-Verfahren vorgesehen ist[10]. Auch ist die Anwendbarkeit des § 48 im Verhältnis zwischen ArbG und Schiedsgericht ausgeschlossen[11]. S. hierzu auch § 48 Rz. 16.

9 Soweit es allerdings um die Bindungswirkung rechtskräftiger Entscheidungen der **Schiedsgerichte für tarifgebundene Dritte** – somit nicht für die ArbG – geht, ist eine analoge Anwendung des § 9 TVG geboten[12]. Dass den Entscheidungen der Tarifschiedsgerichte keine weitergehende Bedeutung zukommen kann,

---

1 BAG v. 22.1.1997 – 10 AZR 480/96, NZA 1997, 837 sowie BAG v. 18.5.2016 – 10 AZR 183/15, NZA 2016, 1089.
2 S. zB BAG v. 27.10.1987 – 1 AZR 80/96, NZA 988, 207; BAG v. 15.1.1989 – 5 AZR 590/88, NZA 1990, 392; BAG v. 20.11.1990 – 1 ABR 45/89, NZA 1991, 473; BAG v. 10.4.1996 – 10 AZR 722/95, NZA 1996, 942; BAG v. 6.8.1997 – 7 AZR 156/96, NZA 1998, 220; *Dietz/Nikisch*, § 4 ArbGG Rz. 1 ff.; GMP/*Germelmann*, § 4 Rz. 1; GWBG/*Waas*, § 4 Rz. 2; Hauck/Helml/Biebl/*Helml*, § 4 Rz. 1; BCF/*Friedrich*, § 4 Rz. 1; Natter/Gross/Jörg, § 4 Rz. 1; *Kirchner*, RdA 1966, 1; *Gramm*, RdA 1967, 41; *Dütz*, RdA 1978, 291 (294); *Dütz*, FS G. Müller, 1981, S. 129; *Schreiber*, ZfA 1983, 31; *Ramm*, ZRP 1989, 136 (139).
3 BAG v. 26.5.1993 – 4 AZR 130/93, AP Nr. 3 zu § 12 Diakonisches Werk; BAG v. 7.2.1996 – 10 AZR 225/95, ZTR 1996, 319; BAG v. 18.5.1999 – 9 AZR 682/98, NZA 1999, 1350; GK-ArbGG/*Mikosch*, § 101 Rz. 2.
4 Vgl. BAG v. 5.12.1966 – 3 AZR 207/66, BAGE 19, 164 (170); BAG v. 29.6.1978 – 2 AZR 973/77, NJW 1979, 1119; BAG v. 27.1.1983 – 2 AZR 188/81, NJW 1984, 1320; BAG v. 20.7.1990 – 3 AZR 417/89, NJW 1990, 2180; GMP/*Germelmann*, § 4 Rz. 6 sowie § 101 Rz. 4; *Birk*, Erlanger FS Karl-Heinz Schwab, 1990, S. 305.
5 GWBG/*Greiner*, § 101 Rz. 3; Stein/Jonas/*Schlosser*, § 1029 ZPO Rz. 69; *Gramm*, RdA 1967, 41 (42).
6 Ebenso GK-ArbGG/*Mikosch*, § 101 Rz. 4; GMP/*Germelmann*, § 101 Rz. 2.
7 GMP/*Germelmann*, § 101 Rz. 2; GK-ArbGG/*Mikosch*, § 101 Rz. 4; Hauck/Helml/Biebl/*Hauck/Biebl*, § 101 Rz. 3; *Germelmann*, NZA 1994, 12 (14).
8 GWBG/*Greiner*, § 101 Rz. 3.
9 Die zur früheren Rechtslage ergangene Entscheidung des BAG v. 20.5.1960 – 1 AZR 268/57, AP Nr. 8 zu § 101 ArbGG 1953 ist überholt; s. zur Relevanz des § 9 TVG auch *Schreiber*, ZfA 1983, 31 (34).
10 Im Ergebnis ebenso *Löwisch*, ZZP 103 (1990), 22 (28); Löwisch/Rieble, 3. Aufl. 2012, § 9 TVG Rz. 86 ff.; *Wiedemann*, 7. Aufl. 2007, § 9 TVG Rz. 5.
11 GMP/*Germelmann*, § 48 Rz. 10; *Germelmann*, NZA 1994, 12 (14).
12 *Wiedemann*, TVG, § 9 Rz. 46; *Däubler*, TVG, 4. Aufl. 2016, § 9 Rz. 39; im Ergebnis ebenso GMP/*Germelmann*, § 108 Rz. 30; GWBG/*Greiner*, § 108 Rz. 19; GK-ArbGG/*Mikosch*, § 108 Rz. 18; Schwab/Walter, Kap. 39 Rz. 14, s. im Übrigen *Schreiber*, ZfA 1983, 31 (43 ff.).

ergibt sich zwingend aus der Aufhebungskompetenz der ArbG gem. § 110¹. Ist indes im Aufhebungsverfahren nach § 110 die Auslegung unbestimmter tariflicher Rechtsbegriffe, die künstlerische Belange berühren, durch das Bühnenschiedsgericht zu überprüfen, so ist nicht nur durch den revisionsähnlichen Charakter des Aufhebungsverfahrens, sondern auch und insbesondere durch den Bezug zur Kunstfreiheit des Art. 5 Abs. 3 GG die Einräumung eines weiten Beurteilungsspielraums für die Bühnenschiedsgerichtsbarkeit geboten².

Gemäß § 101 Abs. 2 Satz 1 konnten bis zum 31.7.2013 Schiedsgerichte durch Tarifvertrag vereinbart werden für Bühnenkünstler, Filmschaffende, Artisten oder Kapitäne und Besatzungsmitglieder iSd. § 2 und 3 des SeemG. Schiedsgerichte für die **Seeschiffahrt** gibt es seit Anfang der 70er Jahre nicht mehr³. Konsequenterweise hat der Gesetzgeber durch Art. 3 des Gesetzes zur Umsetzung des Seearbeitsübereinkommens 2006 der internationalen Arbeitsorganisation⁴ die Zulässigkeit von Schiedsgerichten für Kapitäne und Besatzungsmitglieder mit Wirkung vom 1.8.2013 aufgehoben⁵. 10

Derzeit gibt es eine **Bühnenschiedsgerichtsbarkeit** aufgrund des zwischen dem Deutschen Bühnenverein (DBV) und der Genossenschaft Deutscher Bühnenangehöriger (GDBA) geschlossenen Tarifvertrages über die Bühnenschiedsgerichtsbarkeit⁶. Die Bühnenschiedsgerichtsbarkeit ist zweistufig aufgebaut. Im ersten Rechtszug entscheiden die Bezirksbühnenschiedsgerichte und im zweiten Rechtszug das Bühnenoberschiedsgericht. Eine vergleichbare Schiedsgerichtsbarkeit wurde durch den Tarifvertrag vom 30.3.1977 über die Bühnenschiedsgerichtsbarkeit für Opernchöre idF des Tarifvertrages vom 1.2.2009 geschaffen⁷. Nach einer von *Reupke* ausgewerteten Statistik dürften die Bühnenschiedsgerichte jährlich ca. 100 Entscheidungen fällen⁸. In der Lit. wird die Frage diskutiert, inwieweit die Bühnenschiedsgerichtsbarkeit ein Modell für tarifliche Schiedsgerichte zur arbeitsrechtlichen Streitbeilegung sind⁹. 10a

3. Abgrenzung der Schiedsgerichte

Keine Schiedsgerichte iSd. §§ 101 ff.¹⁰ sind die Einigungsstellen gem. § 76 BetrVG¹¹, die Schlichtungsstellen, die im tariflichen Bereich bzw. Arbeitskampf die Schlichtung von Meinungsverschiedenheiten bewirken sollen¹², die Paritätischen Kommissionen für Verbesserungsvorschläge in den Betrieben¹³, die Ausschüsse gem. § 111 Abs. 2¹⁴, die Schlichtungsstellen im Bereich der Kirchen¹⁵ und des Sportes¹⁶. Gleiches gilt für die Kirchengerichte. Diese wenden von den Kirchen autonom gesetztes Kirchenrecht an und sind 11

---

1 Dass die Gerichte für Arbeitssachen in den Verfahren gem. § 110 Abs. 1 Nr. 2 nicht an die Auslegung, die das Schiedsgericht der Tarifnorm gegeben hat, gebunden sind, hat das BAG bereits frühzeitig entschieden, vgl. Urt. v. 12.4.1957 – 1 AZR 559/55, AP Nr. 3 zu § 9 TVG.
2 BAG v. 16.12.2010 – 6 AZR 487/09, NZA 2011, 1441.
3 Das Tarifschiedsgericht für die deutsche Seeschifffahrt mit Wirkung vom 31.12.1970 und das Tarifschiedsgericht für die deutsche Hochseefischerei wurden mit Wirkung vom 31.12.1976 aufgelöst, s. hierzu KR/*Weigand*, 6. Aufl. 2002, Seearbeitsrecht, Rz. 178, 181 ff.; *Reupke*, S. 35 ff. Bei dem ArbG Hamburg und Bremerhaven sind Fachkammern für seearbeitsrechtliche Streitigkeiten eingerichtet.
4 Vom 20.4.2013, BGBl. I S. 868.
5 S. hierzu GMP/*Germelmann*, § 101 Rz. 20; GK-ArbGG/*Mikosch*, § 101 Rz. 18; KR/*Weigand*, SeemG Rz. 17 ff.
6 Tarifvertrag vom 1.10.1948 idF des Tarifvertrages vom 1.1.2009; ausführlich hierzu GMP/*Germelmannn*, Anhang III.
7 GMP/*Germelmann*, Anhang III, § 1 Rz. 2.
8 *Reupke*, S. 34 ff.; s. zur Organisation der Bühnenschiedsgerichtsbarkeit *Kurz*, TheaterR 12/13. Nach *Germelmann*, NZA 1994, 12 kommt der Schiedsgerichtsbarkeit anlässlich des Umstrukturierungsprozesses im deutschen Studienbereich eine steigende Bedeutung zu. Zur Effizienz der Bühnenschiedsgerichte s.a. *Obolony*, FS Leinemann, 2006, S. 607 ff., 619 ff. sowie *Schmid/Schäfer*, ZTR 2003, 608 (610).
9 Hierzu *Vogel*, NZA 1999, 26.
10 S. hierzu *Germelmann*, FS Adomeit 2008, S. 201 ff. (202).
11 GMP/*Germelmann*, § 101 Rz. 6; *Schwab/Walter*, Kap. 36 Rz. 1a; GWBG/*Greiner*, § 101 Rz. 5; zur Rechtsnatur der Einigungsstelle s. LAG Hamburg v. 18.7.2012 – 5 TaBV 2/12.
12 BAG v. 14.1.2004 – 4 AZR 581/02, NZA-RR 2004, 590; LAG Hamm v. 7.12.2007 – 7 Sa 1354/07; LAG Hamm v. 8.2.2008 – 10 Sa 1356/07 sowie 10 Sa 1355/07; LAG BW v. 2.2.2009 – 4 Ca BV 1/09; s. hierzu *Becker*, FS Löbisch, 2007, S. 27 ff.
13 BAG v. 20.1.2004 – 9 AZR 393/03, NZA 2004, 994; hierzu *Matthes*, Juris-PR-ArbR 19/2004 Anm. 1 sowie *Schwab*, AiB 2005, 562.
14 Hierzu *Rolfs* in Tschöpe, Arbeitsrecht, 7. Aufl. 2015, Teil 5 C Rz. 64 ff.
15 S. zB Schlichtungsstelle der Evangelischen Landeskirche und Diakonien Württemberg Stuttgart v. 22.10.2007 – VR 38/2006 D, ZMV 2008, 36 m. Anm. *Fey*; Kirchliche Schlichtungsstelle der Evangelischen Landeskirche in Baden v. 14.6.2010 – 1 Sch 35/2009.
16 GK-ArbGG/*Mikosch*, § 101 Rz. 2; *Feudner*, DB 2006, 1954, 1957; *Klose*, JurisPR-ArbR 50/2008 Anm. 4.

insbesondere für das Gebiet des kirchlichen Mitarbeitervertretungsrechtes zuständig[1]. Die Schiedsgerichte iSd. §§ 101 ff. haben nichts mit der „obligatorischen Streitschlichtung im Zivilprozess"[2] und erst recht nichts mit einer Mediation zu tun[3].

12 Die Rspr. hat sich mit der Auslegung einer **Beschwerderegelung** in § 3 Abs. 5 des Tarifvertrags über die Auswahl bei Förderungen und Rückgruppierungen des Bordpersonals der HAPAG-Lloyd Fluggesellschaft mbH (TV-AFR BPers) bzw. des Tarifvertrags über die Förderungen und Rückgruppierungen des Kabinenpersonals (TV FR KPers) beschäftigen müssen. Hiernach werden Auswahllisten vom ArbGeb erstellt und fortgeführt, wobei die Personalvertretung Einspruch einlegen kann und ein Betroffener seine Bedenken ausschließlich gegenüber der Personalvertretung geltend machen kann. Die Rspr. hat eine derartige Klausel nicht als Schiedsgerichtsabrede iSd. § 101 aufgefasst und im Übrigen dem Betroffenen eine Klagebefugnis abgesprochen[4].

4. Die Rechtsnatur der Schiedsvereinbarung

13 Die **Rechtsnatur** der Schiedsvereinbarung in zivilprozessualen Verfahren ist **umstritten**. Zum Teil wird die Schiedsvereinbarung nicht als materiell-rechtlicher Vertrag, sondern als Prozessvertrag[5], zum Teil wird die Schiedsvereinbarung aber auch als materiell-rechtlicher Vertrag über prozessuale Beziehungen[6] angesehen. Eine Schiedsvereinbarung bindet auch die Rechtsnachfolger der Tarifparteien sowie Parteien Kraft Amtes[7].

14 In arbeitsrechtlichen Streitigkeiten kann die Schiedsvereinbarung nach § 101 **nur zwischen Tarifvertragsparteien** abgeschlossen werden. Das gilt sowohl für die Gesamtschiedsvereinbarung nach § 101 Abs. 1 als auch für die Einzelschiedsvereinbarung nach § 101 Abs. 2. Nach allgemeiner Auffassung können die Parteien eines Arbeitsvertrages allein einen Schiedsvertrag nicht wirksam abschließen. Die hM sieht deshalb die Schiedsvereinbarung nach §§ 101 ff. als kollektiv-rechtliche Vereinbarung über prozessuale Beziehungen an[8]. Für das Zustandekommen und die Wirksamkeit der Schiedsvereinbarung gelten hiernach die gleichen Grundsätze, wie sie auch für das Zustandekommen und die Wirksamkeit von Tarifverträgen Gültigkeit haben.

5. Die Abdingbarkeit der Schiedsvereinbarung

15 Nach allgemeiner Auffassung ist die Frage, ob die Schiedsgerichtsbarkeit einzelvertraglich ausgeschlossen werden kann, zu verneinen[9]. Begründet wird diese Auffassung mit dem Grundsatz der zwingenden Wirkung eines Tarifvertrages (§ 4 Abs. 1 TVG). Weiterhin wird darauf hingewiesen, dass ein Misstrauen des Gesetzgebers gegenüber der Schiedsgerichtsbarkeit für die in § 101 Abs. 2 genannten Gruppen nicht erkennbar sei, vielmehr der Zugang zu den Schiedsgerichten auf Grund deren Sachkunde geradezu erwünscht sei[10]. Nach der Rspr. des BAG ist die Einrede des Schiedsvertrages eine verzichtbare prozesshindernde Einrede[11], auf die sich der Beklagte in jeder Instanz berufen muss. Von Amts wegen ist die etwaige Zuständigkeit eines Schiedsgerichtes (zB Bühnenschiedsgericht) nicht zu berücksichtigen[12].

16 Weiter ist nach der Rspr. des BAG die **Klagefrist** des § 4 KSchG gewahrt, wenn der gekündigte ArbN rechtzeitig Kündigungsschutzklage zum ArbG erhoben hat, diese Klage aber aufgrund der **Einrede des Schiedsvertrages** zurücknimmt und danach innerhalb eines angemessenen Zeitraumes, wenn auch erst nach Ablauf der Klagefrist, Schiedsklage erhebt[13]. Der ArbGeb ist aber nicht verpflichtet, sich auf die Einrede des Schiedsvertrages zu berufen. Bei unklarer Rechtslage (zB bei Unklarheiten über das Zustandekom-

---

1 Düwell/Lipke/*Voßkühler*, § 101 Rz. 13.
2 Hierzu *Macke*, NJW, Beilage zu Heft 23/1998, S. 28 sowie *Rüssel*, NJW 2000, 2800.
3 *Francken*, NJW 2006, 1103 (1006), *Francken*, FS Löwisch, 2007, S. 123 (133).
4 BAG v. 14.1.2004 – 4 AZR 581/02, NZA-RR 2004.
5 Zöller/*Geimer*, § 1029 ZPO Rz. 15 ff.; Stein/Jonas/*Schlosser*, § 1029 ZPO Rz. 1; *Schwab/Walter*, Kap. 7 Rz. 37; *Wolff*, Die institutionelle Handelsschiedsgerichtsbarkeit, 1992, S. 73.
6 BGH v. 30.1.1957 – V ZR 80/55, BGHZ 23, 98 (200); BGH v. 28.11.1963 – VII ZR 112/62, BGHZ 40, 320 (322); ebenso *Schütze*, Rz. 180 ff.; Wieczorek/*Schütze*, § 1029 ZPO Rz. 4 ff.
7 Düwell/Lipke/*Voßkühler*, § 101 Rz. 40; GWBG/*Greiner*, § 101 Rz. 3.
8 GMP/*Germelmann*, § 101 Rz. 5; GK-ArbGG/*Mikosch*, § 101 Rz. 4; Hauck/Helml/Biebl/*Hauck/Biebl*, § 101 Rz. 2.
9 GK-ArbGG/*Mikosch*, § 101 Rz. 6, 23; GMP/*Germelmann*, § 101 Rz. 25; Düwell/Lipke/*Voßkühler*, § 101 Rz. 46; GWBG/*Greiner*, § 101 Rz. 17; ErfK/*Koch*, § 110 Rz. 3.
10 S. zu den verfassungsrechtlichen Bedenken Schwab/Weth/*Zimmerling*, ArbGG, 1. Aufl. 2004, § 101 Rz. 73 ff.
11 GK-ArbGG/*Mikosch*, § 101 Rz. 6; ErfK/*Koch*, § 110 ArbGG Rz. 4.
12 BAG v. 30.9.1987 – 4 AZR 233/87, DB 1988, 134; *Schmid/Schäfer*, ZTR 2003, 608 (612); aM *Gramm*, RdA 1967, 41 (43).
13 BAG v. 24.9.1970 – 5 AZR 54/70, NJW 1971, 213.

men der Schiedsvereinbarung) kann es einem ArbGeb durchaus opportun erscheinen, den Rechtsstreit gleich beim staatlichen Gericht auszutragen[1]. Von daher erfordert es die Rechtssicherheit[2] geradezu, dass die Parteien befugt sind, die Schiedsgerichtsbarkeit auszuschließen, wenn zB offensichtlich ist, dass erhebliche Bedenken gegen die Zuständigkeit des Schiedsgerichtes bestehen[3].

Selbst wenn man der hL von der Nicht-Abdingbarkeit der Schiedsvereinbarung folgt, hat dies lediglich zur Folge, dass die **Arbeitsvertragsparteien nicht befugt** sind, im Arbeitsvertrag – entgegen der Regelung des Tarifvertrags – die **Zuständigkeit des ArbG zu vereinbaren**. Hingegen ist es zulässig, nach Entstehen der Rechtsstreitigkeit eine Vereinbarung dahin gehend zu treffen, dass der Rechtsstreit vor dem örtlich zuständigen ArbG ausgetragen wird. Im Ergebnis ist dies nichts anderes, als wenn der Beklagte – sei es auf Grund eines alleinigen Entschlusses oder aufgrund einer Absprache mit dem Kläger – im arbeitsgerichtlichen Verfahren auf die Einrede des Schiedsvertrages verzichtet. Insoweit muss man § 102 Abs. 1 als lex specialis gegenüber § 4 Abs. 1 TVG ansehen.

6. Die Anwendung des materiellen Rechts

Gemäß § 1051 Abs. 3 Satz 1 ZPO kann das Schiedsgericht ausdrücklich ermächtigt werden, **nach Billigkeit zu entscheiden**[4]. Für das arbeitsrechtliche Schiedsverfahren wird die Auffassung vertreten, dass eine Entscheidung nach billigem Ermessen dann möglich sei, wenn nach materiellem Recht diese Befugnis einem Dritten übertragen werden kann und ihm im Schiedsvertrag übertragen ist (vgl. §§ 317 ff. BGB)[5]. Aus § 110 Abs. 1 Nr. 2 folgt, dass das Schiedsgericht zur **Anwendung des materiellen Rechts** gezwungen ist. Bei Verletzung der Normen des materiellen privaten oder öffentlichen Rechts verfällt der Schiedsspruch der Aufhebung. Eine abweichende Vereinbarung ist nicht möglich[6]. Werden mehrere Ansprüche nebeneinander geltend gemacht, ist die Zuständigkeit des Schiedsgerichtes stets nur für diejenigen gegeben, die § 101 Abs. 1 unterfallen[7].

Da das Schiedsgericht im Fall einer zulässigen Klageerhebung an die Stelle der staatlichen Gerichtsbarkeit tritt, ist es folgerichtig, dass durch die Anrufung des Schiedsgerichtes die Verjährung des Anspruches gem. § 204 BGB gehemmt wird[8]. Ein durch Schiedsspruch festgestellter Anspruch verjährt erst in 30 Jahren (§ 197 Abs. 1 Nr. 3 BGB)[9]. Weiterhin gelten auch die Bestimmungen des § 288 BGB (**Verzugszinsen**) und des § 291 BGB (**Prozesszinsen**). Soweit es um Verzugszinsen geht, hat das BAG keine Bedenken, diese dem Kläger zuzusprechen[10]. Prozesszinsen können nach Auffassung des BAG jedoch erst ab Erhebung der Aufhebungsklage gem. § 110 zugesprochen werden[11]. Das BAG begründet seine Auffassung damit, dass die Klage vor einem Schiedsgericht keine Rechtshängigkeit iSd. Prozessrechtes und des materiell-bürgerlichen Rechtes begründe[12]. Die Lit. verweist zurecht darauf, dass zwar keine prozessrechtlichen Wirkungen

---

1 Mit der Frage, ob das Schiedsgericht zuständig ist und wie die Einrede der Schiedsgerichtsbarkeit zu behandeln ist, beschäftigt sich zB BAG v. 5.5.1988 – 6 AZR 69/86.
2 Im Interesse der Rechtssicherheit kann es sogar geboten sein, verfassungswidrige Normen ausnahmsweise für eine Übergangszeit anzuwenden, vgl. BVerfG v. 11.1.1995 – 1 BvR 892/88, NZA 1995, 752; BayVerfGH v. 20.11.2003 – Vf.2-VII-02, BayVBl. 2004, 237; s. im Übrigen zur Bedeutung der Rechtssicherheit im arbeitsgerichtlichen Verfahren LAG Hamm v. 23.11.1995 – 17 Sa 44/95, ZTR 1996, 192; LAG Rh.-Pf. v. 5.12.1995 – 8 Sa 902/95; LAG Schl.-Holst. v. 28.6.1996 – 6 Ta 62/96 sowie Urt. v. 16.2.1999 – 3 Sa (1) 549c/96, LAGE § 125 BGB Nr. 9.
3 Im Ergebnis ebenso *Dietz/Nikisch*, § 102 ArbGG Rz. 2, die betonen, dass die Parteien in beiderseitigem Einverständnis eine Rechtssache durch das ArbG entscheiden lassen können, obwohl im Fall des § 101 Abs. 2 eine dahin gehende Vereinbarung im Voraus nicht wirksam abgeschlossen werden könnte.
4 OLG München v. 22.6.2005 – 34 Sch 010/05, 34 Sch 10/05; Zöller/*Geimer*, § 1051 ZPO Rz. 6 ff.
5 GK-ArbGG/*Mikosch*, § 110 Rz. 11 u. Rz. 15.
6 *Schwab/Walter*, Kap. 40 Rz. 20.
7 GMP/*Germelmann*, § 101 Rz. 12; GWBG/*Greiner*, § 101 Rz. 9.
8 Zöller/*Geimer*, § 1044 ZPO Rz. 4; GK-ArbGG/*Mikosch*, § 101 Rz. 30; *Ascheid*, Urteils- und Beschlussverfahren im Arbeitsrecht, 1995, Rz. 2003; Düwell/Lipke/*Voßkühler*, § 104 Rz. 2; *Lachmann*, Rz. 764 ff. S. zur unmittelbaren oder entsprechenden Anwendung des § 220 BGB aF auch BGH v. 8.12.1992 – X ZR 123/90, NJW-RR 1993, 1059.
9 *Dersch/Volkmar*, § 101 ArbGG Rz. 8a; Palandt/*Ellenberger*, BGB, § 197 Rz. 8.
10 BAG v. 11.5.1983 – 4 AZR 545/80, AP Nr. 21 zu § 611 BGB – Bühnenengagementsvertrag.
11 BAG v. 12.5.1982 – 4 AZR 510/81, AP Nr. 20 zu § 611 BGB – Bühnenengagementsvertrag; BAG v. 11.5.1983 – 4 AZR 545/80, AP Nr. 21 zu § 611 BGB – Bühnenengagementsvertrag; BAG v. 21.3.1984 – 4 AZR 375/83, AP Nr. 22 zu § 611 BGB – Bühnenengagementsvertrag; GK-ArbGG/*Mikosch*, § 101 Rz. 30; ErfK/*Koch*, § 110 ArbGG Rz. 8.
12 Unter Bezugnahme auf BGH v. 11.4.1958 – VII ZR 190/57, NJW 1958, 950 sowie BLAH, 39. Aufl., § 261 ZPO Anm. 2b; s.a. MünchKommZPO/*Becker-Eberhardt*, § 261 Rz. 15; Düwell/Lipke/*Voßkühler*, § 104 Rz. 3.

7. Kosten des Schiedsgerichtsverfahrens

20 Im Schiedsgerichtsverfahren kommt regelmäßig die Erhebung von **Kosten** und damit die Notwendigkeit der kostenrechtlichen **Wertfestsetzung** in Betracht. Zu den Kosten des arbeitsgerichtlichen Schiedsgerichtsverfahrens gehören insbesondere die Kosten der Schiedsrichter, der Parteien, sowie deren Vertreter, einer eventuellen Beweisaufnahme und einer Rechtshilfe durch das ArbG oder AG, ggf. auch solche einer Zwangsvollstreckung aus dem Schiedsurteil bzw. Schiedsvergleich[3].

21 Die **Wertfestsetzung zu Kostenzwecken** erfolgt entsprechend den für das Verfahren vor dem ArbG bestehenden **Ermessensvorschriften** (insbesondere § 3 ZPO) durch das Schiedsgericht. Insbesondere kann das Schiedsgericht gem. § 3 ZPO frei schätzen, wenn über die Zulässigkeit des Schiedsverfahrens überhaupt gestritten wird[4]. Für gerichtliche Maßnahmen, die der Vorbereitung des Schiedsgerichtsverfahrens dienen (zB Ernennung des Obmanns, Ablehnung von Schiedsrichtern) ist ebenfalls der Wert gem. § 3 ZPO zu schätzen, wobei nur das Interesse der Parteien an der Austragung ihres Streites auf diesem Wege maßgeblich ist[5].

II. Die Gesamtschiedsvereinbarung (§ 101 Abs. 1)

1. Geltungsbereich

22 Nach § 101 Abs. 1 ist eine Schiedsgerichtsvereinbarung zulässig für bürgerliche Rechtsstreitigkeiten zwischen Tarifvertragsparteien aus Tarifvertrag oder über das Bestehen oder Nichtbestehen von Tarifverträgen. Die Zuständigkeit der Arbeitsgerichtsbarkeit wird begründet durch § 2 Abs. 1 Nr. 1. Ausgenommen sind jedoch Streitigkeiten zwischen Tarifvertragsparteien und Dritten[6]. Der Schiedsvertrag kann sich auf **alle** zwischen denselben Parteien **anfallenden Streitigkeiten** erstrecken oder nur den **Einzelfall** erfassen. § 101 Abs. 1 erfasst auch Streitigkeiten über den persönlichen Anwendungsbereich von Tarifverträgen[7]. Der Schiedsvertrag kann sich nur auf Rechtsstreitigkeiten beziehen, aber auch auf Streitigkeiten über die Auslegung einer einzelnen Tarifnorm[8]. § 101 Abs. 1 erfasst keine Regelungsstreitigkeiten[9]. Das Schiedsgericht kann auch entscheiden über das Bestehen oder Nichtbestehen des Tarifvertrags im Ganzen[10]. Ausgeschlossen wird durch die Fassung des § 101 Abs. 1 ein schiedsrichterliches Verfahren bei Rechtsstreitigkeiten, bei denen auf der einen Seite eine Spitzenorganisation steht, die nicht nach § 2 Abs. 3 TVG selbst Tarifvertragspartei ist, weil es an der satzungsmäßigen Aufgabe des Abschlusses von Tarifverträgen fehlt, sondern die nur nach § 2 Abs. 2 TVG aufgrund entsprechender Vollmacht im Namen der ihr angeschlossenen Verbände Tarifverträge abschließt[11].

23 Wird ein Schiedsgericht für **Streitigkeiten aus einem bestimmten Tarifvertrag** („aus diesem Tarifvertrag") vereinbart, besitzt das Schiedsgericht für sonstige Tarifverträge keine Spruchkompetenz. Das BAG spricht insoweit von der „Nichtigkeit und rechtlichen Bedeutungslosigkeit des Schiedsspruchs"[12]. Die Regelung des § 101 Abs. 1 bezieht sich nicht auf Rechtsstreitigkeiten aus unerlaubten Handlungen. Nichts-

---

1 BLAH, § 1044 ZPO Rz. 3; *Junker*, KTS 1987, 37.
2 So auch das BVerwG für den Verwaltungsprozess, vgl. BVerwG v. 7.6.1958 – V C 272/57, NJW 1958, 1744 sowie BVerwG v. 21.3.1986 – 7 C 70/83, NVwZ 1986, 554; ausführlich hierzu *Zimmerling/Jung*, DÖV 1987, 94 (95).
3 *Tschischgale/Satzky*, Das Kostenrecht in Arbeitssachen, 3. Aufl. 1982, S. 69; die im schiedsgerichtlichen Verfahren entstehenden Kosten sind beträchtlich höher als die Kosten beim staatlichen Arbeitsgericht, s. hierzu *Reupke*, S. 163 ff.
4 *Schneider/Herget*, Streitwertkommentar für den Zivilprozess, Rz. 4905 ff.
5 *Schneider/Herget*, Streitwertkommentar für den Zivilprozess, Rz. 4905 ff. unter Bezugnahme auf OLG Frankfurt v. 4.9.1968 – 6 W 180/68, JurBüro 1968, 915; OLG Düsseldorf v. 24.3.1954 – 12 W 6/54, NJW 1954, 1492 sowie OLG Hamburg v. 9.11.1962 – 3 W 233/62, NJW 1963, 660.
6 GMP/*Germelmann*, § 101 Rz. 8; GK-ArbGG/*Mikosch*, § 101 Rz. 8; GWBG/*Greiner*, § 101 Rz. 13 ff.; Hauck/Helml/Biebl/*Hauck/Biebl*, § 101 Rz. 6; *Löwisch*, ZZP, 103 (1990), 23; *Langer*, S. 465 ff.(469).
7 LAG BW v. 23.11.2009 – 15 Sa 71/09.
8 GMP/*Germelmann*, § 101 Rz. 8; GK-ArbGG/*Mikosch*, § 101 Rz. 8 ff.; GWBG/*Greiner*, § 101 Rz. 8; Hauck/Helml/Biebl/*Hauck/Biebl*, § 101 Rz. 6; *Schwab/Walter*, Kap. 36 Rz. 4; *Dietz/Nikisch*, § 101 ArbGG Anm. III 1.
9 GK-ArbGG/*Mikosch*, § 101 Rz. 9.
10 *Schwab/Walter*, Kap. 36 Rz. 4.
11 *Löwisch*, ZZP 103 (1990), 22 (23) unter Bezugnahme auf *Dietz/Nikisch*, § 101 ArbGG Rz. 14.
12 BAG v. 28.9.1988 – 4 AZR 265/88, AP Nr. 3 zu § 101 ArbGG; ebenso GK-ArbGG/*Mikosch*, § 101 Rz. 8; Hauck/Helml/Biebl/*Hauck/Biebl*, § 101 Rz. 6.

destotrotz vertritt die Lit. überwiegend die Auffassung, dass das Schiedsgericht infolge Sachzusammenhanges auch zuständig sei, wenn ein Anspruch zugleich auf unerlaubte Handlung und auf Vertragsverletzung gestützt werde[1]. Diese Auffassung vermag nicht zu überzeugen, wie *Löwisch*[2] dargelegt hat. Der Wortlaut des § 101 Abs. 1 ist eindeutig. Der Fall liegt nicht anders als etwa bei dem Gerichtsstand des § 32 ZPO, der nur für den Klagegrund der unerlaubten Handlung gegeben ist. Andere Klagegründe können in einem an diesem Gerichtsstand geführten Prozess nicht geltend gemacht werden[3].

Bürgerliche Streitigkeiten aus Tarifverträgen sind insbesondere diejenigen, die sich **aus dem obligatorischen Teil des Tarifvertrags** ergeben. § 101 Abs. 1 erfasst auch Streitigkeiten über den persönlichen Anwendungsbereich von Tarifverträgen[4]. Es sind idR Erfüllungsansprüche auf Durchführung des Tarifvertrags durch den jeweils anderen Vertragspartner, wozu auch die Erfüllung der Einwirkungspflicht auf die Verbandsmitglieder gehört[5]. Erfüllungsansprüche sind ua. der Anspruch auf Einhaltung der Friedenspflicht, auf Unterlassung von Arbeitskampfmaßnahmen, die gegen die Friedenspflicht verstoßen[6]. Für Ansprüche, die sich nicht unmittelbar aus § 101 Abs. 1 herleiten lassen, kann die Schiedsvereinbarung nicht wirksam vereinbart werden. Hierzu gehören außervertragliche Ansprüche, wie zB aus Geschäftsführung ohne Auftrag[7]. Den Betriebsparteien stehen in betrieblichen Angelegenheiten die Möglichkeiten des BetrVG offen[8]. 24

2. Vereinbarung

Eine Form für die von den Tarifvertragsparteien zu treffende Schiedsvereinbarung ist im Gesetz nicht vorgesehen. Die Schiedsabrede kann in Form eines Tarifvertrags nach § 1 Abs. 2 TVG **schriftlich vereinbart** werden **oder auch formlos** für den konkreten Einzelfall. Der Bezeichnung „Schiedsvertrag" oder „Schiedsabrede" bedarf es nicht[9]. Notwendig ist aber eine **ausdrückliche Vereinbarung**[10]. Ausgeschlossen ist somit eine betriebliche Übung[11]. Über den Zeitpunkt und den Zeitraum der Vereinbarung enthält das Gesetz ebenfalls keine Vorschriften. Eine Schiedsvereinbarung, die keine zeitliche Begrenzung enthält, gilt für alle in Zukunft auftretenden Fälle[12]. Die Schiedsvereinbarung kann durch Zeitablauf, Erledigung des Zwecks, einvernehmliche Aufhebung, Anfechtung oder ordentliche bzw. außerordentliche Kündigung beendet werden[13]. Die Vereinbarung kann allgemein für künftige Streitigkeiten erfolgen oder aber auch nur für den Einzelfall. Sie kann demnach auch für bereits bestehende Streitigkeiten getroffen werden[14]. Aus der Schiedsvereinbarung erfolgt unmittelbar die Verpflichtung der Tarifvertragsparteien, das Schiedsgericht zu errichten. Insbesondere müssen der Vorsitzende gemeinsam und Beisitzer von jeder Seite benannt werden, entstehende Kosten sind von den Tarifvertragsparteien zu übernehmen[15]. Solange das Schiedsgericht nicht wirksam gebildet ist, kommt insoweit nur eine Klage vor dem staatlichen ArbG in Betracht (wie sich auch aus § 102 Abs. 2 Nr. 1 ergibt). 25

---

1 GMP/*Germelmann*, § 101 Rz. 12; GWBG/*Greiner*, § 101 Rz. 16; *Schwab/Walter*, Kap. 36 Rz. 4; *Langer*, S. 465 ff., 469.
2 *Löwisch*, ZZP 103 (1990), 22 (24).
3 BGH v. 6.11.1973 – VI ZR 199/71, NJW 1974, 410 (411); s. zu dieser Fallkonstellation auch *Kluth*, NJW 1999, 342. Auch soweit es um die Abgrenzung der Zuständigkeit zwischen ordentlicher Gerichtsbarkeit und Verwaltungsgerichtsbarkeit geht, steht außer Frage, dass ein Beamter, der wegen rechtswidrig unterbliebener Beförderung klagt, entweder wegen Verletzung der Fürsorgepflicht beim Verwaltungsgericht oder wegen Amtspflichtverletzung beim Zivilgericht klagen kann. Eine Kombination beider Ansprüche bei einem Gericht ist ausgeschlossen, vgl. hierzu *Battis*, 5. Aufl. 2017, § 75 BBG Rz. 17 ff.; GK-ArbGG/*Mikosch*, § 101 Rz. 10.
4 LAG BW v. 23.11.2009 – 15 Sa 71/09.
5 S. hierzu *Walker* in Schlachter/Ascheid/Friedrich, Tarifautonomie für ein neues Jahrhundert – FS für Günter Schaub zum 65. Geburtstag, 1998, S. 743.
6 GMP/*Germelmann*, § 101 Rz. 9; Hauck/Helml/Biebl/*Hauck/Biebl*, § 101 Rz. 6; *Schwab/Walter*, Kap. 36 Rz. 4.
7 GMP/*Germelmann*, § 101 Rz. 12; GK-ArbGG/*Mikosch*, § 101 Rz. 10.
8 GK-ArbGG/*Mikosch*, § 102 Rz. 9.
9 GK-ArbGG/*Mikosch*, § 101 Rz. 11; Düwell/Lipke/*Voßkühler*, § 101 Rz. 17.
10 GMP/*Germelmann*, § 101 Rz. 13; GK-ArbGG/*Mikosch*, § 101 Rz. 11; GWBG/*Greiner*, § 101 Rz. 20; *Schwab/Walter*, Kap. 36 Rz. 6 ff.
11 GK-ArbGG/*Mikosch*, § 101 Rz. 11.
12 GMP/*Germelmann*, § 101 Rz. 14 und 16; GK-ArbGG/*Mikosch*, § 101 Rz. 13.
13 GMP/*Germelmann*, § 101 Rz. 17; GK-ArbGG/*Mikosch*, § 101 Rz. 13; Hauck/Helml/Biebl/*Hauck/Biebl*, § 101 Rz. 6. Der ohne eigene Kündigungsregel auf unbestimmte Dauer geschlossene Tarifvertrag kann mit einer Frist von drei Monaten gekündigt werden, vgl. *Däubler/Deinert*, TVG, § 4 Rz. 109.
14 GMP/*Germelmann*, § 101 Rz. 14; *Schwab/Walter*, Kap. 36 Rz. 8.
15 GMP/*Germelmann*, § 101 Rz. 15, Hauck/Helml/Biebl/*Hauck/Biebl*, § 101 Rz. 6.

3. Prozessuale Probleme

26 Die meisten Gerichtsentscheidungen sind bislang zu den bürgerlichen Rechtsstreitigkeiten aus einem Arbeitsverhältnis gem. § 101 Abs. 2 ergangen. Das BAG hat es ausdrücklich offen gelassen, ob für Rechtsstreitigkeiten gem. § 101 Abs. 1 die gleichen prozessualen Grundsätze gelten wie bei Rechtsstreitigkeiten gem. § 101 Abs. 2[1]. Da es sich bei Rechtsstreitigkeiten zwischen den Tarifvertragsparteien über schuldrechtliche Regeln des Tarifvertrags lediglich um eine Auseinandersetzung zwischen diesen handelt, müssen **die allgemeinen prozessualen Zulässigkeitsvoraussetzungen** erfüllt sein. Handelt es sich um eine Feststellungsklage, ist daher erforderlich, dass der Streit für eine gegenwärtige rechtliche Beziehung, also ein „Rechtsverhältnis" von Bedeutung ist. Das BAG vertritt die Auffassung, dass ein rechtliches Interesse an der alsbaldigen Feststellung der aus einem Tarifvertrag folgenden Friedenspflicht solange nicht besteht, wie nicht „Fragen der Friedenspflicht konkret im Hinblick auf die Führung oder das unmittelbare Bevorstehen eines Arbeitskampfes zum Tragen kommen" können. Von daher handele es sich nur um die unzulässige „Beantwortung einer dem Gericht unterbreiteten hypothetischen Frage"[2]. Hingegen wurde die Zulässigkeit einer Feststellungsklage bei Einwirkungspflichten einer Tarifvertragspartei bejaht, weil die Gegenpartei keine bestimmten verwaltungsrechtlichen Maßnahmen der Einwirkung vorschreiben und damit keine Leistungsklage erheben kann. Indes müsse die Einwirkungsklage im Einzelnen darlegen, auf welche Weise die Einhaltung des Tarifvertrags erreicht werden kann[3].

27 Streitigkeiten aus Tarifverträgen auf Feststellung des Bestehens oder der Auslegung einer einzelnen Norm des Tarifvertrags können die Tarifvertragsparteien nur im **Feststellungsverfahren** führen. Das BAG sieht das Feststellungsinteresse darin, dass die Tarifvertragsparteien nicht eine vollstreckungsfähige Leistung erstreben, sondern über die Auslegung einer Tarifnorm streiten, wofür praktisch nur eine Feststellungsklage in Betracht kommt. Selbstverständlich stehen der Zulässigkeit einer derartigen Verbandsklage gem. § 9 TVG weder anhängige Individualprozesse noch die Möglichkeit der Führung von Musterprozessen entgegen[4].

27a Nach Auffassung des LAG München haben die Feststellungen eines Schiedsspruchs eines Tarifschiedsgerichtes iSd. § 1 Abs. 1 die gleiche Wirkung wie ein arbeitsgerichtliches Urteil, nämlich die der materiellen Rechtskraft. War der ArbN im Zeitpunkt des Schiedsspruchs Mitglied der Gewerkschaft und damit tarifgebunden, ist er auch an diesen Schiedsspruch gebunden. Die Tatsache, dass der ArbGeb nicht Vertragspartei war und ist, hindert diese Bindungswirkung nicht[5].

III. Die Einzelschiedsvereinbarung (§ 101 Abs. 2)

1. Rechtsstreitigkeiten aus einem Arbeitsverhältnis

28 In den Fällen des **§ 2 Abs. 1 und 2** kann die Arbeitsgerichtsbarkeit gem. § 4 nach Maßgabe der §§ 101–110 ausgeschlossen werden. Ausgeschlossen ist die Arbeitsgerichtsbarkeit nur im Urteilsverfahren in den eng begrenzten Fällen des § 101 durch Vereinbarung von Tarifvertragsparteien[6]. Gemäß § 2 Abs. 1 Nr. 3 sind die Gerichte für Arbeitssachen **ausschließlich zuständig** für bürgerliche Rechtsstreitigkeiten zwischen ArbN und ArbGeb

a) aus dem Arbeitsverhältnis;

b) über das Bestehen oder Nichtbestehen eines Arbeitsverhältnisses;

c) aus Verhandlungen über die Eingehung eines Arbeitsverhältnisses und aus dessen Nachwirkungen;

d) aus unerlaubten Handlungen, soweit diese mit diesem Arbeitsverhältnis im Zusammenhang stehen;

e) über Arbeitspapiere.

29 Die Kommentar-Lit. ist sich darüber einig, dass der Begriff „aus einem Arbeitsverhältnis" in § 2 Abs. 1 Nr. 3 Buchst. a nicht die Rechtsstreitigkeiten über die Begründung und Beendigung des Arbeitsverhältnisses erfasst; insoweit ergebe sich die Zuständigkeit der Arbeitsgerichtsbarkeit aus § 2 Abs. 1 Nr. 3 Buchst. b[7] (s. § 2 Rz. 115 ff.). Hieraus kann man folgern, dass der Begriff „aus einem Arbeitsverhältnis" in § 101 Abs. 2

---

1 BAG v. 16.8.1962 – 5 AZR 366/61, AP Nr. 1 zu Saarland ArbeitsrechtseinführungsG.
2 BAG v. 8.2.1963 – 1 AZR 511/61, DB 1963, 664; ebenso *Löwisch*, ZZP 103 (1990), 22 (29); *Langer*, S. 465 (469).
3 BAG v. 9.6.1982 – 4 AZR 274/81, AP Nr. 1 zu § 1 TVG – Durchführungspflicht.
4 BAG v. 30.5.1984 – 4 AZR 512/81, AP Nr. 3 zu § 9 TVG 1969; *Langer*, S. 465 (469).
5 LAG München v. 25.9.2013 – 11 Sa 328/13; s. hierzu auch die Revisionsentscheidung BAG v. 6.7.2016 – 4 AZR 166/13; LAG München v. 18.12.2013 – 11 Sa 331/13, im Ergebnis bestätigt durch BAG v. 28.9.2016 – 5 AZR 34/14.
6 *Germelmann*, FS Adomeit, 2008, S. 202.
7 GMP/*Germelmann*, § 2 Rz. 66; GK-ArbGG/*Schütz*, § 2 Rz. 128 ff.; BCF/*Friedrich*, § 2 Rz. 9.

Satz 1 ebenso auszulegen ist wie der Begriff „aus einem Arbeitsverhältnis" in § 2 Abs. 1 Nr. 3 Buchst. a[1] sowie der Begriff „aus einem Arbeitsverhältnis" in § 48 Abs. 2 Satz 1 Nr. 1[2].

Das BAG hat das sprachliche Dilemma, dass von der Formulierung her § 101 Abs. 2 Satz 1 ausschließlich Bezug nimmt auf § 2 Abs. 1 Nr. 3 Buchst. a dahin gehend gelöst, dass der wirksame Ausschluss der Arbeitsgerichtsbarkeit voraussetzt „ein Arbeitsverhältnis von Bühnenkünstlern (oder anderen in § 101 Abs. 2 Satz 1 genannten Personengruppen), das sich nach einem Tarifvertrag bestimmt". Im Ergebnis wird somit allein darauf abgestellt, dass sich das **Arbeitsverhältnis nach einem Tarifvertrag** richtet[3]. Demzufolge hatte das BAG in der Vergangenheit auch nie Zweifel daran gehabt, dass das angerufene Schiedsgericht zuständig war bei Streitigkeiten über die Wirksamkeit einer ausgesprochenen Kündigung[4] und auch bei der Frage der (zulässigen) Befristung eines Bühnenengagementsvertrages[5]. Vom BAG wird somit § 101 Abs. 2 Satz 1 in gleicher Weise ausgelegt wie § 111 Abs. 2 Satz 1. Auch insoweit spricht der Wortlaut gegen die Einbeziehung von Streitigkeiten über die Beendigung des Ausbildungsverhältnisses. Indes hat das BAG in st. Rspr. die Zuständigkeit des Schlichtungsausschusses für Streitigkeiten über die Beendigung des Ausbildungsverhältnisses bejaht[6]. Bei Rechtsstreitigkeiten über die Beendigung eines Arbeitsverhältnisses hatte das Bühnenoberschiedsgericht in der Vergangenheit keine Zweifel an seiner Zuständigkeit gehabt[7]. 30

Streitigkeiten aus unerlaubter Handlung sind nicht Gegenstand eines schiedsrichterlichen Verfahrens in Arbeitssachen, zumindest nicht, soweit der Anspruch nicht gleichzeitig auf einer Vertragsverletzung beruht[8]. Auch **Streitigkeiten zwischen ArbN** (vgl. § 2 Abs. 1 Nr. 9) sind nicht Streitigkeiten aus einem Arbeitsverhältnis und können somit vor einem Schiedsgericht nicht ausgetragen werden[9]. Dass die gesetzgeberische Schranke des § 101 Abs. 2 Satz 1 („für bürgerliche Rechtsstreitigkeiten aus einem Arbeitsverhältnis") nicht übergangen werden kann, indem eine Schiedsgerichtsordnung generell auf die Zuständigkeit des § 2 Bezug nimmt, dürfte offensichtlich sein[10]. 31

Weiterhin stellt sich die Frage, ob bei der Zuständigkeit des Schiedsgerichtes dieses nur über **Ansprüche** zu entscheiden hat, **die auf den Tarifvertrag gründen** oder auch über **alle gesetzlichen Ansprüche**[11]. Diese Frage ist vom Schiedsvertrag bzw. von der Schiedsordnung zu entscheiden. Sofern der Schiedsvertrag oder die Schiedsordnung keine einschlägige Regelung enthalten, ist davon auszugehen, dass das Schiedsgericht auch über alle gesetzlichen Ansprüche zu entscheiden hat[12]. Anderenfalls hätte der Gesetzgeber die Einschränkung auf lediglich tarifliche Ansprüche in § 101 Abs. 2 Satz 1 deutlich zum Ausdruck bringen müssen. Nach GK-ArbGG/*Mikosch* genügt „nach Wortlaut und Zweck der Vorschrift ... eine mittelbare Herleitung aus Tarifvertrag". 32

2. Problem der Aufrechnung

Bei einer Streitigkeit „aus einem Arbeitsverhältnis" stellt sich das Problem, ob der Beklagte **mit einer Forderung aufrechnen** kann, die der Zuständigkeit eines anderen Gerichtes unterliegt (zB mit einer unabhängig vom Arbeitsverhältnis bestehenden Schadensersatzforderung). (Hierzu ausführlich § 2 Rz. 26 ff.). Insoweit ist in Rspr. und Lit. höchst streitig, ob aufgrund der Neufassung des § 17 Abs. 2 Satz 1 GVG auch die Aufrechnung mit einer rechtswegfremden Forderung möglich ist[13] (vgl. auch § 2 Rz. 30 sowie § 2a Rz. 19. 33

---

1 So zB GWBG/*Greiner*, § 101 Rz. 16.
2 Die Lit. vertritt insoweit überwiegend die Auffassung, dass § 48 Abs. 2 die Zuständigkeitsregelung des § 2 Abs. 1 Nr. 3 nur teilweise in Bezug nimmt, s. zB GMP/*Germelmann*, § 48 Rz. 136; GK-ArbGG/*Bader*, § 48 Rz. 95; Hauck/Helml/Biebl/*Helml*, § 48 Rz. 33.
3 BAG v. 19.12.1968 – 5 AZR 253/68, DB 1969, 844; ebenso GMP/*Germelmann*, § 101 Rz. 21.
4 BAG v. 24.9.1970 – 5 AZR 54/70, NJW 1971, 213; BAG v. 20.11.1997 – 2 AZR 53/97; LAG Köln v. 19.12.1996 – 10 Sa 448/96.
5 So zB BAG v. 21.5.1981 – 2 AZR 1170/78, DB 1981, 2080; BAG v. 23.10.1991 – 7 AZR 56/91, NZA 1992, 925; BAG v. 6.8.1997 – 7 AZR 156/96, NZA 1998, 220.
6 BAG v. 18.9.1975 – 1 AZR 602/94, AP Nr. 2 zu § 111 ArbGG; BAG v. 13.4.1989 – 2 AZR 411/88, NZA 1990, 395; BAG v. 21.5.1997 – 5 AZB 30/96, NJW 1998, 402.
7 BOSchG v. 13.6.1994 – 36/93; 3.11.1994 – BOSchG, 26/94. S. hierzu Düwell/Lipke/*Voßkühler*, § 101 Rz. 31.
8 Ebenso *Schwab/Walter*, Kap. 36 Rz. 11; *Gramm*, RdA 1967, 42; aA GWBG/*Greiner*, § 101 Rz. 8.
9 *Schwab/Walter*, Kap. 36 Rz. 11.
10 AA *Germelmann*, NZA 1994, 12 (13).
11 S. hierzu BAG v. 10.10.1996 – 2 AZR 621/95, AfP 1998, 99; ebenso bereits *Dietz/Nikisch*, § 101 ArbGG Rz. 10.
12 AA GMP/*Germelmann*, § 101 Rz. 12.
13 In diese Richtung tendierend BFH v. 25.11.1997 – VII B 146/97, NVwZ-RR 1998, 790; offen gelassen von BVerwG v. 31.3.1993 – VII B 5/93, NJW 1993, 2255 sowie BVerwG v. 19.5.1994 – 5 C 33/91, NJW 1994, 2968 (2969); verneinend BAG v. 23.8.2001 – 5 AZB 3/01, NZA 2001, 1158. In der Lit. verneinend Zöller/*Gummer*, § 17 GVG Rz. 10; Thomas/Putzo/*Hüßtege*, § 17 GVG Rz. 9; *Rupp*, NJW 1992, 3274; bejahend Kissel/*Mayer*, GVG, § 17 Rz. 58; *Schenke/Ruthig*, NJW 1992, 2505 (2510 ff.); *Schenke/Ruthig*, NJW 1993, 1374.

§ 17 GVG regelt jedoch ausschließlich die Zulässigkeit des Rechtsweges innerhalb der staatlichen Gerichtsbarkeit. Aus der Neuregelung des § 17 Abs. 2 Satz 1 GVG ergibt sich somit nicht die Zulässigkeit der Aufrechnung in einem schiedsgerichtlichen Verfahren mit einer Forderung, die in die Zuständigkeit der staatlichen Gerichte gehört.

34 Zum Teil wird die Zulässigkeit der Aufrechnung mit der Erwägung bejaht, dass derjenige, der dem Schiedsgericht die Entscheidung über einen Anspruch überträgt, ihm notwendigerweise auch die Entscheidung über die erhobenen Einwendungen überlässt[1]. Überwiegend wird jedoch die Auffassung vertreten, dass ebenso wenig wie vor staatlichen Gerichten mit einer Gegenforderung aufgerechnet werden dürfe, die mit einer Schiedsabrede versehen ist[2], auch im Schiedsgerichtsverfahren ein prozessuales **Verbot** besteht, mit einer Forderung **aufzurechnen**, die ausschließlich vor einem staatlichen Gericht geltend zu machen ist[3].

35 Dem Beklagten verbleibt jedoch die Möglichkeit einer **Vollstreckungsgegenklage** gegen die Vollstreckbarkeitserklärung des Schiedsspruches gem. § 109. Gemäß § 767 Abs. 2 ZPO kann eine Klage nach § 767 ZPO nur auf Tatsachen gestützt werden, die im Erkenntnisverfahren nicht vorgebracht werden konnten[4]. Da die Aufrechnung im schiedsgerichtlichen Verfahren gem. §§ 101 ff. nicht möglich ist, kann diese Einwendung im Erkenntnisverfahren nicht vorgebracht werden, mit der Folge, dass die Möglichkeit der Vollstreckungsgegenklage trotz der Regelung des § 767 Abs. 2 ZPO besteht[5].

3. Ausschluss der Arbeitsgerichtsbarkeit durch Tarifvertrag

36 Erforderlich ist eine bürgerliche Rechtsstreitigkeit aus einem **Arbeitsverhältnis**, „das sich **nach einem Tarifvertrag bestimmt**". Das BAG vertritt insoweit die Auffassung, dass sich ein Arbeitsverhältnis „nach einem Tarifvertrag bestimmt", wenn auf den Einzelarbeitsvertrag Tarifnormen auf Grund der Organisationszugehörigkeit des ArbN oder aufgrund einer Einzelvereinbarung Anwendung finden. Erforderlich ist eine beiderseitige Tarifbindung[6]. Ohne Bedeutung ist hierbei, ob das Arbeitsverhältnis im Übrigen von einem Tarifvertrag beherrscht wird[7]. Hiernach genügt es auch, wenn allein die Schiedsgerichtsvereinbarung kraft Tarifbindung auf das Arbeitsverhältnis Anwendung findet, ohne dass darüber hinaus weitere Tarifbestimmungen dieses beeinflussen[8].

37 Fraglich ist, ob sich in einem derartigen Fall tatsächlich das Arbeitsverhältnis nach einem Tarifvertrag „bestimmt". Die Rspr. versteht üblicherweise unter dem Begriff „bestimmen" das „Wesentliche beeinflussen"[9]. Hingegen soll es hier ausreichend sein, dass sich das Arbeitsverhältnis auch nur zum geringen Teil nach einem Tarifvertrag richtet.

38 Die Arbeitsgerichtsbarkeit kann im Tarifvertrag durch **ausdrückliche Vereinbarung** ausgeschlossen werden. Allerdings begründet eine entsprechende Klausel im Tarifvertrag allein nicht die Einrede des Schiedsvertrages. Erforderlich ist vielmehr auch eine Schiedsgerichtsordnung als vereinbarte Institution der Tarifvertragsparteien. Die Vereinbarung im Tarifvertrag hat keine eigenständige Bedeutung, sondern entfaltet nur zusammen mit der jeweils gültigen Schiedsgerichtsordnung Wirkung[10].

39 Der Tarifvertrag, der die Einrichtung einer Schiedsgerichtsbarkeit für bestimmte Rechtsstreitigkeiten vorsieht, begründet zunächst einmal **schuldrechtliche Verpflichtungen** für die Tarifvertragsparteien, diese

---

1 So zB RG v. 2.6.1931 – VII 529/30, RGZ 133, 19; MünchKommZPO/*Münch*, § 1046 Rz. 36.
2 BGH v. 20.12.1972 – VIII ZR 186/70, BGHZ 60, 85 (89); OLG Hamm, RIW 1983, 698; s.a. zur Unzulässigkeit der Prozessaufrechnung mit streitigen und inkonnexen Gegenforderungen im Bereich des EuGVÜ BGH v. 12.5.1993 – VIII ZR 110/92 NJW 1993, 2753. S. hierzu auch Zöller/*Geimer*, § 1029 ZPO Rz. 74.
3 Zöller/*Geimer*, § 1029 ZPO Rz. 73; Stein/Jonas/*Schlosser*, § 1029 ZPO Rz. 60; Musielak/*Voit*, § 1029 ZPO Rz. 24 ff; *Lachmann*, Rz. 497 ff.
4 BGH v. 12.7.1990 – III ZR 174/89, MDR 1991, 132; BGH v. 8.11.2007 – III ZB 95/06, MDR 2008, 156; Musielak/*Voit*, § 1029 ZPO Rz. 25; Zöller/*Herget*, § 767 ZPO Rz. 14 ff.; *Geißler*, NJW 1985, 1868.
5 S. zB GMP/*Germelmann*, § 102 Rz. 5.
6 Düwell/Lipke/*Voßkühler*, § 101 Rz. 46.
7 BAG v. 31.10.1963 – 5 AZR 283/62, NJW 1964, 270.
8 BAG v. 31.10.1963 – 5 AZR 28/62, NJW 1964, 270; BAG v. 19.12.1968 – 5 AZR 253/68, DB 1969, 844; ebenso GMP/*Germelmann*, § 101 Rz. 22; GK-ArbGG/*Mikosch*, § 101 Rz. 20; *Schwab/Walter*, Kap. 36, Rz. 13.
9 So zB BAG v. 17.10.1995 – 3 AZR 882/94, NZA 1996, 656; s. zum Begriff des „bestimmenden Einflusses" im Personalvertretungsrecht OVG Münster v. 23.9.1993 – CL 61/90, ZTR 1994, 172 sowie LAG Köln v. 11.8.1995 – 13 Sa 97/95, NZA-RR 1996, 280.
10 BAG v. 3.9.1986 – 5 AZR 319/85, AP Nr. 12 zu 4 TVG – Nachwirkung sowie BAG v. 5.5.1988 – 6 AZR 69/86; ebenso GMP/*Germelmann*, § 101 Rz. 22.

Gerichtsbarkeit einzurichten, dh. die Mitglieder der Schiedsgerichte zu bestimmen[1] und die sachliche und finanzielle Ausstattung der Schiedsgerichte zu Gewähr leisten. Mit der **Kündigung des Tarifvertrags** über die Einrichtung von Schiedsgerichten enden diese Verpflichtungen[2]. Insoweit können die Tarifvertragsparteien die Nachwirkung eines Tarifvertrags ausschließen. Der Ausschluss einer Nachwirkung ist jedenfalls dann anzunehmen, wenn die kündigende Tarifvertragpartei ausdrücklich erklärt, dass sie an der Aufrechterhaltung einer Schiedsgerichtsbarkeit für die Zukunft kein Interesse mehr hat und tatsächlich keine Schiedsrichter mehr bestellt und keine Beiträge zur Unterhaltung des Schiedsgerichtes mehr zahlt[3].

In der **Lit.** wird **kontrovers** die Frage behandelt, ob nach einer etwaigen Aufhebung des Schiedsspruches die Befugnis zur Sachentscheidung allein den Gerichten für Arbeitssachen zusteht[4] oder ob die Schiedsgerichte erneut zur Entscheidung berufen sind[5]. Das **BAG** bejaht die Zuständigkeit der Arbeitsgerichtsbarkeit, wenn alle feststellungsbedürftigen Tatsachen im Schiedsgerichtsverfahren bereits festgestellt worden sind[6]. Das BAG stellt insoweit auf den Beschleunigungsgrundsatz ab, der das arbeitsgerichtliche Verfahren prägt[7] (s. § 9 Rz. 2). Dies gilt insbesondere auch deshalb, weil die Entscheidungen der Schiedsgerichte gem. § 109 nicht vorläufig vollstreckbar sind[8]. Wenn ein Rechtsstreit entscheidungsreif ist, macht es keinen Sinn, dass sich das ArbG auf die Aufhebung des Schiedsspruches beschränkt und die Verkündung der bereits jetzt feststehenden Gerichtsentscheidung dem Schiedsgericht überlässt. Abgesehen davon kommt in einigen Fällen nach Aufhebung des Schiedsspruches eine erneute Entscheidung durch das Schiedsgericht ohnedies nicht in Betracht. Dies gilt insbesondere in den Fällen, in denen das schiedsgerichtliche Verfahren unzulässig war, weil es bspw. an einem wirksamen Schiedsvertrag mangelt. In diesem Fall gibt es kein zuständiges Schiedsgericht, so dass dem angerufenen staatlichen Gericht nichts anderes übrig bleibt, als den Rechtsstreit abschließend zu entscheiden.

4. Der persönliche Geltungsbereich

Die **Entscheidung kann** durch ein Schiedsgericht **erfolgen, wenn** der **persönliche** Geltungsbereich des Tarifvertrags überwiegend **Bühnenkünstler**[9], Filmschaffende oder Artisten umfasst. Voraussetzung ist, dass der **persönliche Geltungsbereich**[10] bzw. der **personelle Anwendungsbereich**[11] rein zahlenmäßig überwiegend Bühnenkünstler etc. umfasst (vgl. § 1 Abs. 2 und 3 NV Bühne). *Germelmann*[12] vertritt die Auffassung, dass zu dem erfassten Personenkreis auch diejenigen gehören, die unter dem Geltungsbereich von § 1 Abs. 2 Buchst. n TVöD fallen, sofern sie künstlerische Tätigkeiten ausüben[13], wofür die Verwendung des Begriffs „überwiegend" in § 101 Abs. 2 Satz 1 spricht[14]. Im Geltungsbereich des TVöD wird man die Auffassung vertreten müssen, dass die Tarifvertragsparteien den in § 1 Abs. 2 Buchst. n TVöD genannten Personenkreis in eine Schiedsvereinbarung gem. § 101 Abs. 2 einbeziehen können. Im Übrigen kommt es darauf an, ob gem. Arbeitsvertrag der ArbN überwiegend künstlerisch tätig sein soll, da dadurch der Inhalt des Arbeitsvertrages bestimmt wird und der ArbN eine entsprechende Beschäftigung verlangen kann[15].

---

1 Die Benennung der Schiedsrichter hat in einem fairen Verfahren zu erfolgen, s. OLG Düsseldorf v. 1.6.1995 – 4 U 217/94, NJW 1996, 400.
2 BAG v. 10.4.1996 – 10 AZR 722/95, NZA 1996, 942.
3 BAG v. 3.9.1986 – 5 AZR 319/85, NZA 1987, 178 sowie BAG v. 10.4.1996 – 10 AZR 722/95, NZA 1996, 942.
4 GK-ArbGG/*Mikosch*, § 110 Rz. 29; GWBG/*Greiner*, § 110 Rz. 17; BCF/*Friedrich*, §§ 104–110 Rz. 6.
5 So GMP/*Germelmann*, § 110 Rz. 26 ff.; *Dietz/Nikisch*, § 110 ArbGG Rz. 13; *Röckrath*, NZA 1994, 678.
6 So BAG v. 18.6.1962 – 5 AZR 366/61, AP Nr. 1 zu Saarland – ArbeitsrechtseinführungsG; BAG v. 23.8.1963 – 1 AZR 469/62, AP Nr. 14 zu § 101 ArbGG 1953; BAG v. 12.11.1985 – 3 AZR 576/83, AP Nr. 23 zu § 611 BGB – Bühnenengagementsvertrag; BAG v. 27.1.1993 – 7 AZR 124/92, AP Nr. 3 zu § 110 ArbGG 1979; BAG v. 7.11.1995 – 3 AZR 955/94, AP Nr. 48 zu § 611 BGB – Bühnenengagementsvertrag.
7 GMP/*Germelmann*, § 57 Rz. 9 ff.
8 S. zu dieser – rechtsstaatlich bedenklichen – Problematik auch Erstauflage, § 101 Rz. 93 ff. sowie *Opolony*, FS Leinemann, 2006, S. 607 (621 ff.).
9 Ausführlich zum Begriff des Bühnenkünstlers GK-ArbGG/*Mikosch*, § 101 Rz. 16; *Düwell/Lipke/Voßkühler*, § 101 Rz. 36 ff.; GWBG/*Greiner*, § 101 Rz. 15; *Reupke*, S. 59 ff.
10 So BAG v. 25.2.2009 – 7 AZR 942/07, AP Nr. 60 zu § 611 BGB Bühnenengagementsvertrag.
11 So BAG v. 28.1.2009 – 4 AZR 987/07, NZA-RR 2009, 465.
12 GMP/*Germelmann*, § 101 Rz. 18.
13 Im TV-L gibt es eine vergleichbare Bestimmung nicht.
14 Verneinend BAG v. 6.8.1997 – 7 AZR 156/96, NZA 1998, 220; ArbG Dresden v. 9.2.2000 – 13 Ca 6249/99; GMP/*Germelmann*, § 101 Rz. 21; Hauck/Helml/Biebl/*Hauck/Biebl*, § 101 Rz. 7; *Reupke*, S. 58 ff. Bejahend LAG Berlin-Brandenburg v. 27.9.2007 – 14 Sa 943/07 sowie LAG Sachsen v. 30.1.2009 – 2 Sa 225/08, ZTR 2009, 373. S. hierzu auch BCF/*Friedrich*, §§ 101–103 Rz. 3 m. Fn. 2; bejahend LAG Sachsen v. 30.1.2009 – 2 Sa 225/08, ZTR 2009, 373 sowie GPM/*Germelmann*, § 101 Rz. 21; GK-ArbGG/*Mikosch*, § 101 Rz. 19.
15 So GMP/*Germelmann*, § 101 Rz. 18 unter Bezugnahme auf BAG v. 28.1.2009 – 4 AZR 987/07, NZA-RR 2009, 465.

42 Zu den **Bühnenkünstlern** gehören Schauspieler[1], Opernsänger[2], Chorsänger[3], Opernchorsänger[4], Schauspielmusiker[5], Kapellmeister[6], Choreograf[7], Dramaturg[8], Regisseur[9], technisches Bühnenpersonal, soweit es künstlerische Aufgaben erfüllt[10], (Chef-)Maskenbildner[11], Oberbeleuchter und Tänzer[12], Theaterplastiker mit überwiegend künstlerischer Tätigkeit[13], Tondesigner/-Techniker mit überwiegend künstlerischer Tätigkeit[14], Leiterin der Kostümabteilung[15]. Die Rspr. hat hierbei betont, dass die einzelvertragliche Bezugnahme auf einen Tarifvertrag, der überwiegend Bühnenkünstler umfasst, ausreichend ist für die Zulässigkeit einer arbeitsvertraglichen Schiedsgerichtsvereinbarung[16]. Ausreichend ist aber auch die Vereinbarung im Arbeitsvertrag, dass der ArbN überwiegend künstlerisch tätig ist[17]. Kein Zweifel kann es an der Zuständigkeit des Schiedsgerichtes geben, wenn zum einen der ArbN nach dem Tarifvertrag zur Berufsgruppe eines Bühnenkünstlers gehört und im Übrigen eine überwiegende künstlerische Tätigkeit vereinbart ist; völlig unerheblich ist, ob dieser ArbN tatsächlich eine künstlerische Tätigkeit ausübt[18]. Nach der Rspr. des BAG enthält § 53 NV Bühne eine dem Anforderungen des § 101 Abs. 2 Satz 2 genügende Schiedsvereinbarung[19].

43 Über den Begriff „**Personen in ähnlicher Stellung**" iSd. § 1 Abs. 2 NV Solo bzw. NV Bühne wird vielfach gestritten. Bejaht wurde die Zuständigkeit des Schiedsgerichtes für einen Theaterdirektor[20], verneint für den Ersten Konzertstimmer[21] sowie für die Pressereferentin[22]. Die tarifvertragliche Schiedsklausel gilt nicht für Tontechniker, die überwiegend keine künstlerische Tätigkeit ausüben[23]; sie gilt ebenfalls nicht für rein kaufmännisches und technisches Personal wie Schreibkräfte, Bühnenarbeiter, Beleuchter[24], Souffleure, Platzanweiser oder Kassierer[25]; die tarifvertragliche Schiedsklausel gilt schließlich nicht für Intendanten, sofern sie keine ArbN sind[26], und auch nicht für die (nicht künstlerisch tätigen) Mitarbeiter des Generalintendanten[27]. Für die Bestimmung des Begriffs „Personen in ähnlicher Stellung" wird man im Bereich des TVöD heute auf die tarifvertragliche Bestimmung des § 1 Abs. 2 Buchst. n TVöD zurückgreifen müssen.

44 Zu den von § 101 Abs. 2 betroffenen Berufsgruppen gehören weiterhin die **Filmschaffenden** und **Artisten**. Die hM geht davon aus, dass nur solche Filmschaffenden und Artisten gemeint sind, bei denen die künst-

---

1 BAG v. 21.5.1981 – 2 AZR 1217/78, DB 1981, 2080.
2 BAG v. 12.5.1982 – 4 AZR 510/81, BAGE 38, 383; BAG v. 11.5.1983 – 4 AZR 545/80, BAGE 42, 349.
3 BAG v. 28.5.1986 – 4 AZR 594/84, NZA 1986, 819; BAG v. 17.9.1987 – 6 AZR 760/84, AP Nr. 32 zu § 611 BGB – Bühnenengagementsvertrag; ebenso BAG v. 30.9.1987 – 4 AZR 233/87, DB 1988, 134; BAG v. 30.6.1990 – 6 AZR 589/89, nv.
4 BAG v. 26.5.1999 – 5 AZR 506/98, NZA 1999, 1118.
5 BAG v. 26.8.1998 – 7 AZR 263/99, NZA 1999, 442.
6 BAG v. 21.5.1981 – 2 AZR 1217/78, DB 1981, 2080.
7 BAG v. 21.5.1981 – 2 AZR 1217/78, DB 1981, 2080.
8 BAG v. 21.5.1981 – 2 AZR 1217/78, DB 1981, 2080.
9 Bühnenoberschiedsgericht, Schiedsspruch vom 15.9.1980 – OSch 5/80, AP Nr. 17 zu § 611 BGB – Bühnenengagementsvertrag.
10 BAG v. 11.3.1982 – 2 AZR 233/81, DB 1983, 892.
11 BAG v. 24.9.1986 – 7 AZR 663/84, AP Nr. 28 zu § 611 BGB – Bühnenengagementsvertrag sowie BAG v. 10.12.1992 – 2 AZR 340/92; v. 28.1.2009 – 4 AZR 987/07, NZA-RR 2009, 465.
12 BAG v. 14.4.1986 – 7 AZR 114/85, AP Nr. 27 zu § 611 BGB – Bühnenengagementsvertrag.
13 BAG v. 25.2.2009 – 8 AZR 942/07, AP Nr. 60 zu § 611 Bühnenengagementsvertrag, vorgehend LAG Berin-Brandenburg v. 27.9.2007 – 14 Sa 943/07.
14 LAG Köln v. 24.5.2007 – 10 Sa 593/06 sowie LAG Köln v. 29.5.2008 – 10 Sa 593/06 (dazwischen lag eine Zurückverweisung durch das BAG v. 10.1.2008 – 7 AZN 893/07).
15 LAG Sachsen v. 31.1.2009 – 2 Sa 225/08, ZTR 2009, 373.
16 LAG Berlin-Brandenburg v. 27.9.2007 – 14 Sa 943/07; LAG Köln v. 29.5.2008 – 10 Sa 593/06.
17 BAG v. 28.1.2009 – 4 AZR 987/07, NZA-RR 2009, 465; BAG v. 25.2.2009 – 7 AZR 942/07, AP Nr. 60 zu § 611 BGB Bühnenengagementsvertrag.
18 LAG Düsseldorf v. 30.10.2007 – 3 Sa 1388/07.
19 BAG v. 28.1.2009 – 4 AZR 987/07, NZA-RR 2009, 465; BAG v. 25.2.2009 – 7 AZR 942/07, AP Nr. 60 zu § 611 BGB Bühnenengagementsvertrag.
20 BAG v. 13.4.2000 – 2 AZR 259/99, NZA 2001, 277.
21 BAG v. 16.11.1995 – 6 AZR 229/95, NZA 1996, 720.
22 ArbG Frankfurt v. 17.10.2002 – 19 Ca 1042/02.
23 BAG v. 6.8.1997 – 7 AZR 156/96, NZA 1998, 220; s. zum Bühnentechnikertarifvertrag *Reupke*, S. 79 ff.
24 GK-ArbGG/*Mikosch*, § 101 Rz. 16.
25 *Schultz*, S. 37 ff.
26 *Kurz*, TheaterR 12/2; Düwell/Lipke/*Voßkühler*, § 101 Rz. 44 unter Bezugnahme auf BAG v. 17.12.1968 – 5 AZR 86/68, nv. sowie LAG MV v. 16.12.1997 – 5 Ba 59/97, nv. Die Theaterträger vereinbaren mit den Intendanten regelmäßig Schiedsgerichte gem. § 1025 ff. ZPO, so Düwell/Lipke/*Voßkühler*, § 101 Rz. 44.
27 *Kurz*, TheaterR 12/5.

lerische Gestaltung im Vordergrund steht, auch wenn es sich nicht wie bei Art. 5 Abs. 3 GG um „große Kunst" handeln muss, so etwa bei einer Schönheitstänzerin[1].

In der Lit. wird neuerdings die Frage diskutiert, ob eine analoge Anwendung des § 101 Abs. 2 Satz 1 ArbGG durch eine tarifvertragliche Schiedsklausel für den **Sport** möglich ist[2]. Indes setzt eine Analogie eine Regelungslücke voraus. Eine Regelungslücke kann bei den engen Voraussetzungen der Zulässigkeit eines Schiedsgerichtes gem. §§ 101 ff. nicht angenommen werden.

5. Die tarifgebundenen Personen

a) Gemäß Tarifvertrag

Gemäß § 101 Abs. 2 Satz 2 gilt der **Ausschluss der staatlichen Gerichtsbarkeit** gem. § 101 Abs. 2 Satz 1 **nur für beiderseits tarifgebundene Personen**. Die Parteien müssen Mitglieder der entsprechenden Koalition sein (§ 4 Abs. 1 TVG)[3]. Hierbei ist es ausreichend, dass die Schiedsgerichtsvereinbarung kraft Tarifbindung auf das Arbeitsverhältnis Anwendung findet[4]. Die Vereinbarung der Einzelschiedsabrede erfolgt im Tarifvertrag und bedarf daher der Form des § 1 Abs. 2 TVG; es handelt sich um Normen über den Inhalt des Arbeitsverhältnisses (§ 4 Abs. 1 TVG)[5]. Für ein bereits laufendes Verfahren beim ArbG kann eine Einzelschiedsklausel nicht mehr vereinbart werden, da § 101 Abs. 2 im Gegensatz zu § 101 Abs. 1 eine solche Möglichkeit nicht vorsieht[6]. Nicht erforderlich ist, dass der Tarifvertrag neben der Vereinbarung der Schiedsgerichtsbarkeit sonstige Arbeitsbedingungen enthält[7]. Nach Auffassung des BAG kann die Geltung einer zwischen zwei Tarifvertragsparteien vereinbarten Schiedsordnung auch für Mitglieder anderer Gewerkschaften einzelvertraglich vereinbart werden, wenn für diese eine Schiedsgerichtsordnung nicht besteht, sei es, dass diese nicht vereinbart worden ist, sei es, dass sie unter Ausschluss der Nachwirkung gekündigt wurde[8]. Dieser Auffassung des BAG kann nicht gefolgt werden, da kein Rechtssatz ersichtlich ist, aus dem sich ergibt, dass die Zugehörigkeit zu einer Gewerkschaft ausreichend ist, damit irgendeine andere Gewerkschaft zulasten des ArbN eine Schiedsvereinbarung treffen kann[9].

b) Gemäß Allgemeinverbindlichkeitserklärung

Sehr **umstritten** ist die Frage, ob eine Tarifbindung nach § 101 Abs. 2 Satz 2 auch vorliegt aufgrund einer **Allgemeinverbindlichkeitserklärung** eines Tarifvertrags[10]. Die arbeitsrechtliche Kommentar-Lit. vertritt überwiegend die Auffassung, es wäre nicht einsichtig, dass durch Allgemeinverbindlichkeitserklärung die materiell-rechtliche Stellung der Beteiligten geregelt werden könnte, nicht jedoch die Frage, wie die Streitigkeiten aus dem so vorgegebenen materiellen Recht verfahrensrechtlich abgewickelt werden sollen[11]. Auch die tarifvertragliche Kommentar-Lit. ist sich uneinig. Nach Auffassung von *Löwisch/Rieble*[12] können prozessuale Normen über ein Schiedsgericht nicht für allgemein-verbindlich erklärt werden. Die gegenteilige Auffassung wird vertreten von *Wiedemann/Stumpf*[13].

---

1 GK-ArbGG/*Mikosch*, § 101 Rz. 17; Düwell/Lipke/*Voßkühler*, § 101 Rz. 36.
2 Vgl. *Bepler*, in Klose/Zimmermann, Sportler, Arbeit und Statuten, 2000, S. 137, 166; *Klose*, jurisPR-ArbR 50/2008 Anm. 4.
3 GK-ArbGG/*Mikosch*, § 101 Rz. 20; BCF/*Friedrich*, §§ 101 bis 103 Rz. 3.
4 BAG v. 31.10.1963 – 5 AZR 283/62, BAGE 15, 87.
5 GMP/*Germelmann*, § 101 Rz. 25; GK-ArbGG/*Mikosch*, § 101 Rz. 22; Hauck/Helml/Biebl/*Hauck/Biebl*, § 101 Rz. 7.
6 *Schwab/Walter*, Kap. 36 Rz. 13.
7 BAG v. 31.10.1963 – 5 AZR 283/62, AP Nr. 11 zu § 101 ArbGG; *Schwab/Walter*, Kap. 36 Rz. 13.
8 BAG v. 10.4.1996 – 10 AZR 722/95, NZA 1996, 942 (944); BAG v. 31.5.2000 – 7 AZR 909/98; s. hierzu GMP/*Germelmann*, § 101 Rz. 28 sowie *Reupke*, S. 91 ff.
9 *Reupke*, S. 91 ff.; GMP/*Germelmann*, § 101 Rz. 28 verweist insoweit auf die – nach diesseitiger Auffassung unzureichende – Überprüfungsmöglichkeit im Rahmen der §§ 305 ff. BGB.
10 Nach dem Willen des Gesetzgebers ist die Allgemeinverbindlichkeitserklärung ein Fall des § 101 Abs. 2 Satz 3; in diesem Fall können die Streitparteien die Zuständigkeit des Schiedsgerichtes vereinbaren können, vgl. BT-Drs. I S. 3516; ebenso *Butz*, DB Beilage Nr. 4/54; zweifelnd *Dersch/Volkmar*, § 101 ArbGG Rz. 4c.
11 GMP/*Germelmann*, § 101 Rz. 24; GK-ArbGG/*Mikosch*, § 101 Rz. 21; einschränkend GWBG/*Greiner*, § 101 Rz. 14; *Kempkens*, S. 45 ff. sowie *Reupke*, S. 56 ff.; *Dütz*, Rechtsstaatlicher Rechtsschutz im Privatrecht, 1970, S. 246 ff. Offen gelassen von *Schultz*, S. 33 ff. mit dem Hinweis, dass weder die Bühnenschiedsgerichtsordnungen noch die sonstigen Bühnentarifverträge gem. § 5 TVG für allgemeinverbindlich erklärt worden sind. Nach Auffassung von *Schreiber*, ZfA 1983, 31 (37) ermöglicht die Allgemeinverbindlichkeitserklärung, dass die Parteien gem. § 101 Abs. 2 Satz 3 die Zuständigkeit des Schiedsgerichtes vereinbaren können.
12 *Löwisch/Rieble*, 3. Aufl. 2012, § 5 TVG Rz. 77 ff.
13 *Wiedemann*, § 5 TVG Rz. 155.

48 Die **Allgemeinverbindlichkeitserklärung scheitert** bereits an Art. 101 Abs. 1 Satz 2, Art. 20 Abs. 2, 92 GG. Die Rspr. als Ausübung von Staatsgewalt ist den staatlichen Gerichten vorbehalten. Die Parteien können – freiwillig – die Zuständigkeit eines Schiedsgerichts vereinbaren. Gegen den Willen von Parteien kann ihnen jedoch nicht die Zuständigkeit eines Schiedsgerichts, auf dessen Zusammensetzung sie überhaupt keinen Einfluss haben, aufgedrängt werden[1]. Die Gewerkschaften können sich insoweit nicht auf die Koalitionsfreiheit gem. § 9 Abs. 3 GG berufen, da die Frage der gerichtlichen Organisation bzw. des gerichtlichen Verfahrens nicht zu den Arbeits- und Wirtschaftsbedingungen iSd. Art. 9 Abs. 3 GG gehört[2]. Durch die Allgemeinverbindlichkeitserklärung als staatlicher Normsetzungsakt können nicht Nichtorganisierte (in der Gewerkschaft oder im ArbGebVerband) einer privaten Rechtsprechungsgewalt ausgeliefert werden[3]. Darüber hinaus ist die negative Koalitionsfreiheit gem. Art. 9 Abs. 3 GG der ArbN zu beachten[4]. Die negative Koalitionsfreiheit kann sich nicht darin erschöpfen, formell nicht Mitglied eines Verbandes zu werden, um keinen Beitrag an diesen Verband zahlen zu müssen[5]. Ein wesentliches Element der negativen Koalitionsfreiheit liegt darin, nicht vom Tarifvertrag erfasst zu werden, sich also der Machtsphäre der Verbände fern halten zu dürfen und außerhalb deren Rechtsetzungsbereich zu verbleiben[6]. So ist es denkbar, dass ein ArbN gerade deshalb nicht der Gewerkschaft beitritt, um zu verhindern, dass er anschließend etwaige Rechtsstreitigkeiten beim Schiedsgericht austragen muss. Demzufolge würde dieser ArbN in seiner negativen Koalitionsfreiheit durch die Allgemeinverbindlichkeitserklärung verletzt werden[7].

49 Darüber hinaus kommt eine Allgemeinverbindlichkeitserklärung gem. § 5 Abs. 1 Nr. 2 TVG nur dann in Betracht, wenn die **Allgemeinverbindlichkeitserklärung im öffentlichen Interesse geboten** ist. Dies ist vielfach zur Sicherstellung von materiellen Arbeitsbedingungen (Arbeitszeit, Tariflohn, Urlaub etc.) der Fall. Jedoch lässt sich nicht die Auffassung vertreten, dass der Ausschluss der staatlichen Arbeitsgerichtsbarkeit „im öffentlichen Interesse geboten erscheint"[8]. Von daher ist es konsequent, dass das BMAS die jeweiligen prozessualen Normen der Schiedsgerichte aus der allgemeinen Verbindlichkeitserklärung ausnimmt[9]. Wenn man darüber hinaus bedenkt, dass gem. § 4 nach allgemeiner Auffassung nur ausnahmsweise die staatliche Arbeitsgerichtsbarkeit durch ein Schiedsgericht ersetzt werden kann, ist ohnedies eine einschränkende Anwendung des § 101 Abs. 2 Satz 1 und 2 angebracht[10]. Verfehlt erscheint – bei verfahrensrechtlichen Normen – der Hinweis auf das Günstigkeitsprinzip gem. § 4 Abs. 3 TVG[11].

c) Aufgrund der Nachwirkung eines Tarifvertrags

50 Die **Einzelschiedsklausel** gem. § 101 Abs. 2 **gilt** nach Beendigung des Tarifvertrags im Wege der Nachwirkung nach § 4 Abs. 5 TVG **weiter**, bis sie durch eine andere Abmachung ersetzt worden ist, falls die Tarifvertragsparteien die Nachwirkung nicht ausgeschlossen haben. Der Ausschluss der Nachwirkung kann ausdrücklich oder durch schlüssiges Verhalten der Tarifvertragsparteien geschehen. Die Nachwirkung ist ausgeschlossen, wenn die Tarifvertragsparteien die gemeinsame Einrichtung des Schiedsgerichtes nicht mehr unterhalten[12].

51 Das BAG hat weiterhin die **Nachwirkung** eines Tarifvertrags **ausgeschlossen**, wenn der gekündigte Tarifvertrag ausschließlich die Errichtung und Erhaltung einer Schiedsgerichtsbarkeit (hier: Bühnenschiedsgerichtsbarkeit für Opernchöre) betraf. Bei der Kündigung eines solchen Tarifvertrags gehe der Wille der

---

1 Zöller/*Geimer*, Vor § 1025 ZPO Rz. 4 betonen, dass die Zulassung einer privaten Gerichtsbarkeit anstelle der staatlichen verfassungsrechtlich nur dann akzeptabel ist, wenn die Schiedsvereinbarung freiwillig unterzeichnet wurde; Schiedsverträge zu Lasten Dritter sind nicht möglich.
2 S. hierzu Sachs/*Höfling*, Art. 9 GG Rz. 54; *Säcker/Oetker*, Grundlagen und Grenzen der Tarifautonomie, 1992, S. 30 ff.; *Schleusener*, ZTR 1998, 545.
3 ErfK/*Franzen*, § 5 TVG Rz. 18.
4 S. zur negativen Koalitionsfreiheit *Schleusener*, ZTR 1998, 100 ff.
5 So zu Recht *Zöller*, RdA 1962, 458; *Zöller*, Die Rechtsnatur von Tarifnormen, S. 22 ff.
6 *Zöller*, RdA 1962, 458; *Schüren*, RdA 1988, 139; *Schleusener*, ZTR 1998, 100 (101).
7 Kritisch zu Recht ErfK/*Franzen*, § 5 TVG Rz. 18.
8 ErfK/*Franzen*, § 5 TVG Rz. 18. Kritisch zur „Privatisierung der Rechtsprechung" durch das schiedsrichterliche Verfahren gem. § 1025 ff. ZPO Sachs/*Detterbeck*, Art. 92 GG Rz. 29.
9 ErfK/*Franzen*, § 5 TVG, Rz. 18 unter Bezugnahme auf Däubler/*Lakies*, § 5 TVG Rz. 67.
10 Dass die Koalitionsfreiheit des Art. 9 Abs. 3 GG die Einschränkung des Grundrechts auf Gewährleistung effektiven Rechtsschutzes erfordert, ist nicht ersichtlich. S. zur Reichweite des Art. 9 Abs. 3 GG *Schliemann*, ZTR 2000, 198.
11 Nach einer in der Lit. vertretenen Auffassung ist die Vereinbarung der Schiedsgerichtsbarkeit günstig für die ArbN, so zB GMP/*Germelmann*, § 101 Rz. 25; GK-ArbGG/*Mikosch*, § 101 Rz. 6 sowie *Dietz/Nikisch*, § 101 ArbGG Rz. 24.
12 BAG v. 3.9.1986 – 5 AZR 319/85, NZA 1987, 178; GMP/*Germelmann*, § 101 Rz. 26; GK-ArbGG/*Mikosch*, § 101 Rz. 24; Hauck/Helml/Biebl/*Hauck/Biebl*, § 101 Rz. 7; *Schmid/Schäfer*, ZTR 2003, 608, 611.

Parteien regelmäßig dahin, die gemeinsamen Einrichtungen der Schiedsgerichte nach dem Zeitpunkt wegfallen zu lassen, zu dem der Tarifvertrag gekündigt worden ist[1].

d) Im Falle des Betriebsübergangs

Eine Schiedsvereinbarung kann sich ferner kraft **Rechtsnachfolge auf Dritte** erstrecken. Dies gilt sowohl im Falle einer Gesamtrechtsnachfolge (zB bei Verschmelzung nach den Vorschriften des UmwG oder durch Erbschaft) als auch im Falle einer Einzelrechtsnachfolge (zB bei einer Abtretung eines Rechtes, mit dem eine Schiedsklausel verbunden ist). Die sich aus der Schiedsklausel ergebenden Rechte und Pflichten gehen auf den Rechtsnachfolger über[2]. Die hierzu ergangene Rspr.[3] hat für die Abtretung von Geschäftsanteilen besondere Bedeutung. Werden zB Anteile an einer Gesellschaft mit beschränkter Haftung[4] oder einer KG[5] abgetreten, sind die Erwerber an etwaige gesellschaftsvertragliche Schiedsabreden ohne Weiteres gebunden[6]. 52

Damit stellt sich die Frage, inwieweit eine **Schiedsklausel** bei einem Betriebsübergang[7] im Fall des § 101 Abs. 2 **fortbesteht** und Bindungswirkung für den Nachfolger entfaltet. Unproblematisch ist dies für den Fall, dass die Zuständigkeit des Schiedsgerichtes in einem Individualarbeitsvertrag gem. § 101 Abs. 2 Satz 3 vereinbart worden ist. Da der neue Inhaber nach § 613a Abs. 1 Satz 1 BGB in die Rechte und Pflichten aus dem bestehenden Arbeitsverhältnis eintritt, gilt die Schiedsklausel unverändert weiter[8]. Im Falle der Zuständigkeit des Schiedsgerichtes gem. § 101 Abs. 2 Satz 1, 2 tritt bei einem Betriebsübergang gem. § 613a BGB der Erwerber nicht in den Tarifvertrag des Veräußerers ein. Aus der Regelung des § 613a Abs. 1 Satz 3 BGB ergibt sich, dass dem ArbN der Schutz kollektiver Normen erhalten bleiben soll[9]. Sofern beim Erwerber ein anderer Tarifvertrag gilt, haben die beim Erwerber geltenden kollektivrechtlichen Normen den Vorrang. 53

6. Die vertragliche Vereinbarung der Zuständigkeit des Schiedsgerichtes (§ 101 Abs. 2 Satz 3)

Diese Vorschrift ist insoweit bemerkenswert, als sie der einzige Fall im ArbGG ist, wonach die Zuständigkeit eines Schiedsgerichtes durch die **Vereinbarung zwischen den Parteien** des Rechtsstreites begründet werden kann[10]. Voraussetzung ist, dass sich das Arbeitsverhältnis aus anderen Gründen als denen der Tarifbindung nach dem Tarifvertrag regeln muss[11]. Es ist hierbei ausreichend, dass ausschließlich ein isolierter Tarifvertrag über die Schiedsgerichtsbarkeit einzelvertraglich in Bezug genommen wird, während die Geltung sonstiger tarifvertraglicher Bestimmungen nicht vereinbart wird[12]. Die Vereinbarung muss sich auf den Tarifvertrag insgesamt beziehen. Unzulässig ist das Herausgreifen nur einzelner Regelungen aus einem Gesamttarifvertrag. In diesem Fall richtet sich das Arbeitsverhältnis nicht nach dem Tarifvertrag iSd. § 102 Abs. 2 Satz 3, sondern lediglich nach einzelnen Bestimmungen desselben[13]. Wenn aufgrund der Mitgliedschaft beider Parteien bei den jeweiligen Tarifpartnern sowie die TV NV Solo bzw. Bühnentechnikertarifvertrag als auch BAT (bzw. BAT-O) Anwendung finden, stellt sich die Frage, ob der Kläger zu denen in § 1 Abs. 2 TV MV Solo genannten Personengruppen gehört. Wenn dies nicht der Fall ist, gilt ausschließlich der BAT bzw. BAT-O[14]. 54

---

1 BAG v. 5.6.1988 – 6 AZR 69/86; aA *Lund*, Anm. zu Urt. v. 3.9.1986 – 5 AZR 319/85, AP Nr. 12 zu § 4 TVG – Nachwirkung.
2 Ausführlich hierzu *Lachmann*, Rz. 513 ff.
3 ZB BGH v. 5.5.1977 – III ZR 177/84, BGHZ 68, 356 (359); BGH v. 5.7.1985 – III ZR 33/84, NJW 1986, 2765; BGH v. 12.11.1990 – II ZR 249/89, MDR 1991, 737.
4 Hierzu BGH v. 28.5.1979 – III ZR 18/77, NJW 1979, 2567.
5 Hierzu BGH v. 2.10.1997 – III ZR 2/96, ZIP 1997, 2082.
6 *Lachmann*, Rz. 522.
7 S. zu Betriebsübergängen in öffentlichen Theaterbetrieben *Depenheuer*, ZTR 1997, 492 (497) sowie *Schmid/Schäfer*, ZTR 2003, 608 (611).
8 *Gruber*, S. 205.
9 Ausführlich hierzu *Schiefer*, NJW 1998, 1817 (1821).
10 S. zu einer derartigen Vereinbarung BAG v. 10.4.1996 – 10 AZR 722/95, NZA 1996, 942, v. 6.8.1997 – 7 AZR 156/96, NZA 1998, 220 sowie BAG v. 31.5.2000 – 7 AZR 909/98; vgl. im Übrigen *Schwab/Walter*, Kap. 36 Rz. 14.
11 Im Anschluss an die Gesetzgebungsmaterialien ist dies der Fall, wenn ein Tarifvertrag über die Schiedsgerichtsbarkeit für allgemein verbindlich erklärt wurde, vgl. BT-Drs. I/3515, S. 324.
12 LAG Nürnberg v. 24.10.2012 – 2 Sa 131/12, ZTR 2013, 100; GMP/*Germelmann*, § 101 Rz. 27.
13 GMP/*Germelmann*, § 101 Rz. 28; GK-ArbGG/*Mikosch*, § 101 Rz. 26; GWBG/*Greiner*, § 101 Rz. 18.
14 ArbG Dresden v. 9.2.2000 – 13 Ca 6249/99.

55 Die Vereinbarung der Schiedsklausel muss **ausdrücklich und schriftlich** erfolgen. Hinsichtlich des Erfordernisses der Schriftform findet § 126 BGB Anwendung[1]. Anders als nach § 1027 Abs. 1 Satz 1 ZPO aF kann die Urkunde auch andere Vereinbarungen als die Schiedsklausel enthalten[2]. Ist die vorgeschriebene Form nicht eingehalten worden, so ermöglicht § 101 Abs. 2 Satz 3 die Heilung des Formmangels. Für die Heilung genügt die Einlassung auf eine schiedsgerichtliche **Verhandlung zur Hauptsache** (in der mündlichen Verhandlung gem. § 105 Abs. 2). Eine Einlassung liegt nicht bereits vor, wenn die Partei eine schriftliche Stellungnahme in einem vorbereitenden Schriftsatz eingereicht hat[3]. Fraglich ist, ob das Schiedsgericht in der Sache entscheiden kann, wenn trotz ordnungsgemäßer Ladung die Partei nicht zur mündlichen Verhandlung erscheint und ob der Formmangel von Amts wegen zu prüfen ist[4].

56 Erforderlich ist allerdings, dass überhaupt ein **Schiedsvertrag geschlossen** wurde. Ist der ArbN kein Mitglied einer am Schiedsgericht beteiligten Gewerkschaft, wird man ihm das Recht zuerkennen müssen, zu wählen, vor welches der Schiedsgerichte er den Rechtsstreit bringen will[5]. Eine derartige Vereinbarung über die Zuständigkeit der Schiedsgerichtsbarkeit setzt jedoch voraus, dass der ArbN zu einer von § 101 Abs. 2 Satz 1 erfassten Berufsgruppen gehört. § 101 Abs. 2 Satz 3 ermöglicht nur, die fehlende Tarifbindung durch einzelvertragliche Bezugnahme zu ersetzen. Für Mitglieder anderer Berufsgruppen ist die einzelvertragliche Vereinbarung nicht möglich; insoweit gilt zwingend das Recht über den staatlichen Rechtsschutz nach dem ArbGG[6]. Das BAG vertritt weiterhin die Auffassung, der Umstand, dass die Gewerkschaft (der der ArbN angehört) die Schiedsgerichtsbarkeitsvereinbarung **gekündigt** und zum Ausdruck gebracht hat, an einer **Schiedsgerichtsbarkeit nicht mehr interessiert** zu sein, hindere den ArbN nicht, einzelvertraglich die Schiedsgerichtsbarkeit (hier: Bühnenschiedsgerichtsbarkeit) zu vereinbaren[7]. Dieser Auffassung ist zuzustimmen, wenn die Vertragsparteien in Kenntnis der Kündigung der Schiedsgerichtsvereinbarung durch die Gewerkschaft eine entsprechende einzelvertragliche Regelung getroffen haben.

IV. Die Anwendbarkeit von ZPO-Bestimmungen und rechtsstaatliches Verfahren (§ 101 Abs. 3)

1. Anwendbarkeit von ZPO-Bestimmungen

57 Gemäß § 101 Abs. 3 finden die Vorschriften der **ZPO** über das schiedsrichterliche Verfahren **keine Anwendung in Arbeitssachen**[8]. Hat hiernach das ArbG entschieden, dass der Rechtsweg zu den Gerichten für Arbeitssachen eröffnet ist, greift § 1032 ZPO nicht mehr. Die Einrede der Schiedsvereinbarung richtet sich dann nach den Bestimmungen des ArbGG[9]. Dies hat weiter zur Folge, dass die Tarifvertragsparteien bei Abschluss des Schiedsvertrages oder bei Erstellung einer Schiedsordnung die Bestimmungen der §§ 1025 ff. ZPO nicht zu beachten haben[10], auch eine analoge Anwendung kommt nicht in Betracht[11]. Dies wird insbesondere deutlich durch die Regelung in § 104, wonach das Verfahren vor dem Schiedsgericht sich nach den §§ 105–110 und dem Schiedsvertrag regelt, „im Übrigen nach dem freien Ermessen des Schiedsgerichts"[12]. Aus dem ausdrücklichen Ausschluss der Anwendbarkeit der §§ 1025 ff. ZPO folgt jedoch nicht, dass die übrigen Bestimmungen der ZPO ohne Weiteres anwendbar sind. In Rspr. und Lit. wird die Auffassung vertreten, dass, soweit die §§ 101 ff. keine abweichende Regelung enthalten, allgemeine Regeln über den Schiedsvertrag auch in den schiedsgerichtlichen Verfahren in Arbeitssachen berück-

---

1 GMP/*Germelmann*, § 101 Rz. 30; GK-ArbGG/*Mikosch*, § 101 Rz. 28.
2 GWBG/*Greiner*, § 101 Rz. 120; Stein/Jonas/*Schlosser*, § 1027 ZPO Rz. 23.
3 GMP/*Germelmann*, § 101 Rz. 31; GK-ArbGG/*Mikosch*, § 101 Rz. 29.
4 Bejahend GMP/*Germelmann*, § 101 Rz. 31. Verneinend und zutreffend Düwell/Lipke/*Voßkühler*, § 101 Rz. 55.
5 So ausdrücklich *Kurz*, TheaterR 12/2.
6 BAG v. 6.8.1997 – 7 AZR 156/96, NZA 1998, 220; BAG v. 31.5.2000 – 7 AZR 909/98.
7 BAG v. 10.4.1996 – 10 AZR 722/95, NZA 1996, 942; BAG v. 28.1.2009 – AZR 987/07, NZA-RR 2009, 465 sowie BAG v. 25.2.2009 – 7 AZR 942/07, AP Nr. 60 zu § 611 BGB Bühnenengagementvertrag.
8 Hieran hat sich ja auch nichts durch die Neuregelung des Schiedsgerichtsverfahrens in der ZPO gem. dem Schiedsverfahrens-Neuregelungsgesetz vom 22.12.1997, BGBl. I S. 324, geändert; s. hierzu GMP/*Germelmann*, § 101 Rz. 34; *Voit*, JZ 1997, 120; *Labes/Lörscher*, MDR 1997, 420.
9 LAG Düsseldorf v. 29.10.2012 – 9 Sa 1168/12.
10 In der Lit. wird die Auffassung vertreten, dass die §§ 1025 ff. ZPO „zur Auslegung herangezogen werden (können). Allerdings triften beide Regelungen nach der Novellierung des Schiedsverfahrensrechtes jedenfalls terminologisch auseinander"; vgl. *Schütze*, Rz. 274.
11 Düwell/Lipke/*Voßkühler*, § 101 Rz. 10; GWBG/*Greiner*, § 101 Rz. 2.
12 BAG v. 12.5.1982 – 4 AZR 510/81, BAGE 38, 383; BAG v. 11.5.1983 – 4 AZR 545/80, BAGE 42, 349.

sichtigt werden können. Weiterhin sei man nicht gehindert, das allgemeine Prozessrecht ebenfalls zur Geltung zu bringen[1]. Ohne erkennbare Systematik wird hierzu in Rspr. und Lit. Folgendes vertreten[2]:

a) Anwendbare Verfahrensregelungen

- die Prüfung der Parteifähigkeit von Amts wegen, wobei die §§ 50–53 ZPO entsprechend anzuwenden sind[3], 58
- die subjektive und objektive Klagehäufung[4],
- die Streitverkündung gem. § 72 ZPO, wobei eine Bindung an das schiedsrichterliche Verfahren im Rahmen von § 101 eintrete[5],
- die Grundsätze über das Bestimmtheitserfordernis der Klage[6], da wegen § 109 der Schiedsspruch einen vollstreckbaren Inhalt haben muss[7],
- die Erforderlichkeit des Rechtsschutzinteresses gem. § 256 ZPO[8],
- Unterbrechung bzw. Hemmung der Verjährung durch Anrufung des Tarifschiedsgerichtes[9],
- die Gewährung rechtlichen Gehörs (Art. 103 Abs. 1 GG, § 278 Abs. 3 ZPO)[10],
- die Schätzung des Schadens (§ 287 Abs. 1 ZPO)[11],
- die Bestimmungen über die Kostentragung in §§ 91 ff. ZPO[12],
- die Regelung über die materielle Rechtskraft iSd. § 322 ZPO[13],
- die Wahrheitspflicht gem. § 138 Abs. 1 ZPO[14].

b) Nicht-anwendbare Verfahrensregelungen

- die Vorschriften über die Prozesskostenhilfe gem. §§ 114 ff. ZPO[15], 59
- die Vorschriften über den einstweiligen Rechtsschutz (Arrest und einstweiliges Verfügungsverfahren) gem. §§ 916 ff. ZPO[16],

---

1 GMP/*Germelmann*, § 101 Rz. 7; ErfK/*Koch*, § 110 ArbGG, Rz. 7; *Schreiber*, ZfA 1983, 31 (37).
2 S. zur Geltung allgemeiner prozessrechtlicher Grundsätze im zivilprozessualen schiedsgerichtlichen Verfahren *Rosenberg/Schwab/Gottwald*, Zivilprozessrecht, § 179 Rz. 24 ff. sowie Zöller/*Geimer*, § 1042 ZPO Rz. 1 ff. S. weiterhin zum Inhalt der Bühnenschiedsgerichtsordnung *Schmid/Schäfer*, ZTR 2003, 608 (611 ff.).
3 GK-ArbGG/*Mikosch*, § 104 Rz. 7; Hauck/Helml/Biebl/*Hauck/Biebl*, § 104 Rz. 2.
4 GMP/*Germelmann*, § 104 Rz. 9; GK-ArbGG/*Mikosch*, § 104 Rz. 8; Hauck/Helml/Biebl/*Hauck/Biebl*, § 104 Rz. 2; Zöller/*Geimer*, § 1042 ZPO Rz. 37 betonen allerdings, dass alle beteiligten Personen sich der Schiedsklausel unterworfen haben müssen, vorliegend somit tarifgebunden sind.
5 GMP/*Germelmann*, § 104 Rz. 9; GK-ArbGG/*Mikosch*, § 104 Rz. 10; auch das BAG hält eine Streitverkündung für denkbar, vgl. BAG v. 11.5.1983 – 4 AZR 545/80, AP Nr. 21 zu § 611 BGB – Bühnenengagementsvertrag mit insoweit zustimmender Anmerkung von *Fessmann*.
6 BAG v. 16.8.1962 – 5 AZR 366/61, AP Nr. 1 zu Saarland ArbeitsrechtseinführungsG; GK-ArbGG/*Mikosch*, § 104 Rz. 9; Hauck/Helml/Biebl/*Hauck/Biebl*, § 104 Rz. 2; Düwell/Lipke/*Voßkühler*, § 104 Rz. 4.
7 GMP/*Germelmann*, § 104 Rz. 12.
8 GMP/*Germelmann*, § 104 Rz. 13; GK-ArbGG/*Mikosch*, § 104 Rz. 9; Hauck/Helml/Biebl/*Hauck/Biebl*, § 104 Rz. 2.
9 GK-ArbGG/*Mikosch* § 101 Rz. 30.
10 BAG v. 11.5.1983 – 4 AZR 545/80, BAGE 42, 349.
11 BAG v. 12.11.1985 – 3 AZR 576/83, AP Nr. 23 zu § 611 BGB – Bühnenengagementsvertrag; LAG Köln v. 17.10.1997 – 11 Sa 222/97, NZA-RR 1998, 466. So zB Bühnenoberschiedsgericht Frankfurt/Main, Schiedsspruch v. 9.12.1965 – O. Sch. 1/64, AP Nr. 9 zu § 611 BGB – Bühnenengagementsvertrag; BAG v. 12.11.1985 – 3 AZR 576/83, AP Nr. 23 zu § 611 BGB – Bühnenengagementsvertrag; LAG Köln v. 17.10.1997 – 11 Sa 222/97, NZA-RR 1998, 466.
12 *Germelmann*, NZA 1994, 12 (16 ff.).
13 BAG v. 20.5.1960 – 1 AZR 268/58, DB 1960, 1252.
14 BLAH, § 1042 ZPO Rz. 16; Zöller/*Greger*, § 138 ZPO Rz. 1; Musielak/*Stadler*, § 138 ZPO Rz. 1.
15 LAG Düsseldorf v. 23.4.1987 – 142 Ta 333/86, KTS 1987, 692; GMP/*Germelmann*, § 104 Rz. 15; GK-ArbGG/*Mikosch*, § 104 Rz. 11; Hauck/Helml/Biebl/*Hauck/Biebl*, § 104 Rz. 2; *Gramm*, RdA 1967, 41 (44) vertritt unter Bezugnahme auf BVerfG v. 22.1.1959 – 1 BvR 154/55, BVerfGE 9, 124 die Auffassung, dass bei Erforderlichkeit der Gewährung von Armenrecht (heute Prozesskostenhilfe) § 102 Abs. 2 Nr. 4 anwendbar sei und das Tarifschiedsgericht den Parteien des streitigen Rechtsverhältnisses mitteilen müsse, dass die Abgabe eines Schiedsspruches unmöglich sei, so dass das Arbeitsgericht angerufen werden könne. S. weiterhin *Opolony*, FS Leinemann, 2006, S. 607, 622 ff.
16 GK-ArbGG/*Mikosch*, § 102 Rz. 4 sowie § 104 Rz. 13; Hauck/Helml/Biebl/*Hauck/Biebl*, § 104 Rz. 2; *Germelmann*, NZA 1994, 12 (16); nach GMP/*Germelmann*, § 104 Rz. 16 kann allerdings in einer Schiedsabrede festgelegt wer-

- die Vorschriften über das Säumnisverfahren gem. §§ 330 ff. ZPO[1],
- die Bestimmung über die Öffentlichkeit des Verfahrens gem. § 52 ZPO[2].

60 Dieser Rspr. und Lit. ist zu **widersprechen**. Der Wortlaut des § 101 Abs. 3 ZPO ist eindeutig. Dies hat zwingend zur Folge, dass eine Bindung an die Verfahrensvorschriften der ZPO grds. nicht besteht[3]. Eine Ausnahme hat nur dann zu gelten, wenn aus rechtsstaatlichen Grundsätzen die analoge Anwendung zivilprozessualer Vorschriften geboten ist.

2. Verfassungsrechtlich gebotene und systemimmanente Ausnahmen

a) Anspruch auf rechtliches Gehör (§ 278 Abs. 3 ZPO aF)

61 Das BAG macht eine **Ausnahme** von der fehlenden Bindung der ZPO hinsichtlich des durch § 278 Abs. 3 ZPO konkretisierten Anspruchs auf rechtliches Gehör iSd. Art. 103 Abs. 1 GG[4]. Dies ist zutreffend, da auch in einem Schiedsgerichtsverfahren ein rechtsstaatliches Verfahren gewährleistet sein muss. Die verfassungsrechtlichen Prozessgrundsätze sind zu beachten (Anspruch auf ein faires Verfahren, Grundsatz der Waffengleichheit, Effektivität des Rechtsschutzes, Grundsatz der Verhältnismäßigkeit)[5]. Hierzu gehört auch das Recht auf rechtliches Gehör[6]. Dies ändert allerdings nichts daran, dass das Zivilprozessrecht als öffentliches Recht[7] in einem privaten schiedsgerichtlichen Verfahren grds. keine Anwendung finden kann.

b) Anspruch auf Prozesskostenhilfe (§§ 114 ff. ZPO)

62 Der Grundsatz der **Effektivität des Rechtsschutzes** iVm. dem **Sozialstaatsprinzip** sowie **Art. 3 Abs. 1 GG** erfordert ggf. die Gewährung von Prozesskostenhilfe. Ein Verfahrensrecht ohne Prozesskostenhilfe ist mit den grundgesetzlichen Bestimmungen nicht in Einklang zu bringen[8]. Rspr. und Lit. stellen zum Teil insoweit auch auf das Prinzip grundsätzlicher Waffengleichheit ab[9]. Im Übrigen hat das BVerfG ausdrücklich betont, dass der Ausschluss der Beratungshilfe in arbeitsrechtlichen Streitigkeiten unzulässig ist[10]. Wenn es unzulässig ist, in arbeitsrechtlichen Streitigkeiten die Beratungshilfe auszuschließen, muss dies ebenso für die Prozesskostenhilfe gelten.

63 Entgegen der hA[11] hat auch im schiedsgerichtlichen Verfahren die arme Partei einen **Anspruch auf Prozesskostenhilfe**. Kann Prozesskostenhilfe mangels vorhandener Mittel beim Schiedsgericht nicht gewährt werden, ist § 102 Abs. 2 Nr. 4 anzuwenden und das Schiedsgericht hat den Parteien anzuzeigen, dass die Abgabe eines Schiedsspruches unmöglich ist[12].

---

den, dass besonders beschleunigte Verfahren durchgeführt werden können; allerdings seien die in § 1041 ZPO nF geregelten Möglichkeiten nicht gegeben.

1 GK-ArbGG/*Mikosch*, § 104 Rz. 12 sowie § 105 Rz. 12; Hauck/Helml/Biebl/*Hauck/Biebl*, § 104 Rz. 2. Ausführlich hierzu *Lachmann*, Rz. 1646 ff.
2 GK-ArbGG/*Mikosch*, § 104 Rz. 14; Hauck/Helml/Biebl/*Hauck/Biebl*, § 104 Rz. 2.
3 So auch ausdrücklich BAG v. 11.5.1983 – 4 AZR 545/80, AP Nr. 21 zu § 611 BGB – Bühnenengagementsvertrag, sowie BAG v. 27.1.1993 – 7 AZR 124/92, NZA 1993, 1102.
4 BAG v. 11.5.1983 – 4 AZR 545/80, AP Nr. 21 zu § 611 BGB – Bühnenengagementsvertrages; sowie BAG v. 27.1.1993 – 7 AZR 124/92, NZA 1993, 1102; aA BLAH, § 1042 ZPO Rz. 5, wonach die §§ 139, 278 Abs. 3 ZPO nur aufgrund ausdrücklicher Vereinbarung anwendbar sind; ausführlich hierzu *Lachmann*, Rz. 1295 ff.
5 Hierzu ausführlich MünchKommZPO/*Rauscher*, Einl. Rz. 235 ff., 238 ff.
6 Nach Auffassung des BVerfG ist der Anspruch auf rechtliches Gehör das „prozessuale Urrecht des Menschen", vgl. BVerfG v. 9.7.1980 – 2 BvR 701/80, NJW 1980, 2698; s.a. Zöller/*Geimer*, § 1042 ZPO Rz. 3 sowie vor § 128 Rz. 3 ff.
7 Hierzu MünchKommZPO/*Rauscher*, Einl. Rz. 240.
8 BVerfG v. 12.1.1960 – 1 BvL 17/59, BVerfGE 10, 264 = NJW 1960, 331; s. zur Prozesskostenhilfe im arbeitsgerichtlichen Verfahren *Leser*, in: AR-Blattei SD 1290.
9 BVerfG v. 6.6.1967 – 1 BvR 282/65, BVerfGE 22, 83 (86); BVerfG v. 13.6.1979 – 1 BvL 97/78, BVerfGE 51, 295; BVerfG v. 28.1.1981 – 1 BvR 650/80, BVerfGE 56, 139; BVerfG v. 12.2.1992 – 1 BvL 1/89, BVerfGE 85, 337; Jarass/Pieroth, GG, Art. 3 Rz. 70; *Kunig* in v. Münch/Kunig, Art. 103 GG Rz. 15.
10 BVerfG v. 2.12.1992 – 1 BvR 296/88, NZA 1993, 427.
11 S. hierzu für den Zivilprozess Zöller/*Geimer*, § 1042 ZPO Rz. 39; BLAH, § 1042 ZPO Rz. 13; Stein/Jonas/*Schlosser*, § 1042 ZPO Rz. 21; Musielak/*Voit*, § 1042 ZPO Rz. 12, nach dessen Auffassung jedoch die Mittellosigkeit zur Kündigung der Schiedsabrede berechtigt.
12 Ebenso *Gramm*, RdA 1967, 41 (44) unter Bezugnahme auf BVerfG, 22.1.19959 – 1 BvR 154/55, BVerfG 9, 124; *Opolony*, FS Leinemann, 2006, S. 607, 623.

3. Anwendbarkeit der Regelungen über den Rechtsschutz bei überlangen Verfahren

Durch Art. 6 ÜVerfBesG[1] wurde § 9 Abs. 2 ArbGG ergänzt. Bereits der Wortlaut des § 9 Abs. 2 Satz 2 zeigt, dass das ÜVerFBesG in den Verfahren gem. § 101 ff. keine Anwendung finden kann. *Germelmann*[2] weist zutreffend darauf hin, dass es sich bei den nach § 101 gebildeten Schiedsgerichten nicht um Gerichte iSd. Art. 6 EMRK handelt. Diese erfassen nur solche Gerichte, die aufgrund gesetzlicher Kompetenzzuweisung verbindliche Entscheidungen treffen können. Die Bildung von Schiedsgerichten beruht hingegen auf einer Übereinkunft privatrechtlich organisierter Vereinigungen. Unklar wäre auch, wer entschädigungspflichtig ist. § 200 GVG ist nicht einschlägig.

64

§ 102 Prozesshindernde Einrede

(1) Wird das Arbeitsgericht wegen einer Rechtsstreitigkeit angerufen, für die die Parteien des Tarifvertrages einen Schiedsvertrag geschlossen haben, so hat das Gericht die Klage als unzulässig abzuweisen, wenn sich der Beklagte auf den Schiedsvertrag beruft.

(2) Der Beklagte kann sich nicht auf den Schiedsvertrag berufen,

1. wenn in einem Falle, in dem die Streitparteien selbst die Mitglieder des Schiedsgerichts zu ernennen haben, der Kläger dieser Pflicht nachgekommen ist, der Beklagte die Ernennung aber nicht binnen einer Woche nach der Aufforderung des Klägers vorgenommen hat;
2. wenn in einem Falle, in dem nicht die Streitparteien, sondern die Parteien des Schiedsvertrages die Mitglieder des Schiedsgerichts zu ernennen haben, das Schiedsgericht nicht gebildet ist und die den Parteien des Schiedsvertrages von dem Vorsitzenden des Arbeitsgerichts gesetzte Frist zur Bildung des Schiedsgerichts fruchtlos verstrichen ist;
3. wenn das nach dem Schiedsvertrag gebildete Schiedsgericht die Durchführung des Verfahrens verzögert und die ihm von dem Vorsitzenden des Arbeitsgerichts gesetzte Frist zur Durchführung des Verfahrens fruchtlos verstrichen ist;
4. wenn das Schiedsgericht den Parteien des streitigen Rechtsverhältnisses anzeigt, dass die Abgabe eines Schiedsspruchs unmöglich ist.

(3) In den Fällen des Absatzes 2 Nummern 2 und 3 erfolgt die Bestimmung der Frist auf Antrag des Klägers durch den Vorsitzenden des Arbeitsgericht, das für die Geltendmachung des Anspruchs zuständig wäre.

(4) Kann sich der Beklagte nach Absatz 2 nicht auf den Schiedsvertrag berufen, so ist eine schiedsrichterliche Entscheidung des Rechtsstreits auf Grund des Schiedsvertrages ausgeschlossen.

I. Prozesshindernde Einrede (§ 102 Abs. 1)	3. Verzögerung des Verfahrens durch das Schiedsgericht (§ 102 Abs. 2 Nr. 3) 22
1. Anwendungsbereich 1	4. Anzeige der Unmöglichkeit des Schiedsspruchs 26
2. Prozessuale Wirkung der Einrede 10	5. Sonstige Fälle 31
II. Wegfall der Einrede (§ 102 Abs. 2) 12a	III. Die Fristsetzung durch den Vorsitzenden des Arbeitsgerichts (§ 102 Abs. 3) 32
1. Nichternennung eines Schiedsrichters durch die beklagte Partei (Abs. 2 Nr. 1) 13	IV. Prozessuale Wirkung des Wegfalls der Einrede (§ 102 Abs. 4) 34
2. Nichternennung von Schiedsrichtern durch die Parteien des Schiedsvertrages (Abs. 2 Nr. 2) . . 19	

I. Prozesshindernde Einrede (§ 102 Abs. 1)

1. Anwendungsbereich

Gemäß § 102 Abs. 1 begründet das **Bestehen eines Schiedsvertrages** im arbeitsgerichtlichen Verfahren eine **prozesshindernde Einrede**. § 102 Abs. 1 hat somit im arbeitsgerichtlichen Verfahren die gleiche

1

---

[1] Gesetz über den Rechtsschutz bei überlangen Gerichtsverfahren und strafrechtlichen Ermittlungsverfahren vom 24.11.2011, BGBl. I S. 2302.
[2] GMP/*Germelmann*, § 101 Rz. 7a.

Funktion wie § 1032 ZPO nF in zivilprozessualen Verfahren[1]. Wird die Einrede erhoben, fehlt es an einer **Prozessvoraussetzung**. Das Gericht kann das Bestehen eines Schiedsvertrages nicht von Amts wegen berücksichtigen[2]. Die Klage vor dem Schiedsgericht führt nach hM nicht zu einer Klageerhebung iSd. ZPO (und des ArbGG); die analoge Anwendung des § 261 Abs. 3 Nr. 1 ZPO bei (zeitlich vorrangigen) Schiedsklagen wird verneint[3]. Sofern das ArbG der Einrede des Schiedsvertrages nicht folgt, ist diese Einrede in jedem höheren Rechtszug zu wiederholen. Anderenfalls wird die Einrede nicht mehr aufrechterhalten mit der Folge, dass sich LAG bzw. BAG mit der Frage der Zuständigkeit des Schiedsgerichtes nicht mehr auseinander zu setzen brauchen[4].

2 Die **Einrede** kann **schriftlich oder mündlich** erfolgen. Auf die Einrede kann verzichtet werden. Die Einrede ist gem. § 46 Abs. 2 Satz 1 ArbGG iVm. § 282 Abs. 3, § 296 Abs. 3 ZPO vor der Verhandlung zur Hauptsache, also spätestens bei Beginn der streitigen Verhandlung, zu erheben. Dies bedeutet, dass der Beklagte abwarten kann, ob in der Güteverhandlung die Angelegenheit vergleichsweise erledigt wird[5], ehe er zu Beginn der Hauptverhandlung die Einrede der Schiedsvereinbarung erhebt. Die fehlende Erhebung der Schiedseinrede im Gütetermin führt nicht zum Einredeverlust[6].

3 Erhebt der Beklagte erst bei Beginn der Kammerverhandlung die Einrede des Schiedsvertrages, so sollte der Kläger vernünftigerweise die **Aussetzung des Verfahrens** gem. § 148 ZPO beantragen[7]. Sofern sich im ArbG-Verfahren der Beklagte gem. § 102 Abs. 2[8] nicht auf die Einrede des Schiedsvertrages berufen kann, kann der ArbG-Rechtsstreit ohne weitere Klageerhebung und Güteverhandlung (somit mit einem erheblichen zeitlichen Gewinn) fortgesetzt werden. Wird die Einrede erst in der Berufungsinstanz erhoben, so ist § 532 ZPO zu beachten. Verzichtbare Rügen sind hiernach nur zuzulassen, wenn die Partei die Verspätung genügend entschuldigt. § 67 findet keine Anwendung, weil es sich bei der Einrede nicht um ein Angriffs- oder Verteidigungsmittel im Sinne dieser Vorschrift handelt; es ist keine Behauptung tatsächlicher Art[9].

3a Hat ein ArbG eine Klage rechtskräftig mit der Begründung als unzulässig abgewiesen, es bestehe eine Schiedsabrede, ist das Schiedsgericht an diese Entscheidung gebunden. Ebenso ist das ArbG gebunden, wenn ein Schiedsgericht seine Unzuständigkeit iSv. § 108 Abs. 4 ausgesprochen hat[10]. Bei einer zweistufigen Ausschlussfrist stellt sich die Frage, ob die Erhebung der Klage vor einem staatlichen Gericht zur Fristwahrung genügt, wenn die Einrede des § 102 Abs. 1 begründet erhoben wird. Zu prüfen ist stets, ob sich die Ausschlussklausel dahin gehend auslegen lässt, dass auch eine Klageerhebung vor dem ArbG ausreicht, auch wenn die Einrede des § 102 Abs. 1 erhoben wird. Dieses Ergebnis ist zwangsläufig, da der Beklagte nicht verpflichtet ist, sich auf den Schiedsvertrag zu berufen[11].

4 Das **ArbG** kann über die Einrede **abgesondert verhandeln und entscheiden**[12]. Das Gericht wird im Falle der Erhebung einer Einrede zunächst einmal prüfen, ob der Kläger zu dem in § 101 Abs. 2 genannten Personenkreis gehört[13]. Die Bestimmung des § 280 Abs. 1 ZPO ist auch im arbeitsgerichtlichen Verfahren

---

1 GMP/*Germelmann*, § 102 Rz. 1. § 53 NV-Bühne enthält eine den Anforderungen des § 101 Abs. 2 Satz 1 genügende Schiedsvereinbarung, die die Arbeitsgerichtsbarkeit ausschließt, s. BAG v. 28.1.2009 – 4 AZR 987/07, ZTR 2009, 418.421 sowie BAG v. 25.2.2009 – 7 AZR 942/07, juris.
2 BAG v. 30.9.1987 – 4 AZR 233/87, DB 1988, 134; BAG v. 25.2.2009 – 7 AZR 942/07, juris; LAG Düsseldorf v. 30.10.2007 – 3 Sa 1388/07, ZTR 2008, 213; LAG Sachsen v. 31.1.2009 – 2 Sa 225/08, juris; GMP/*Germelmann*, § 102 Rz. 2; GK-ArbGG/*Mikosch*, § 102 Rz. 1; GWBG/*Greiner*, § 102 Rz. 1; Hauck/Helml/Biebl/*Hauck/Biebl*, § 102 Rz. 1; ebenso für die Schiedsvereinbarung im Verwaltungsprozess BVerwG v. 20.2.1992 – 5 C 22/88, NVwZ 1993, 584 sowie OVG Koblenz v. 12.2.2014 – 8 A 1121/13, NVwZ-RR 2014, 613.
3 BGH v. 11.4.1958 – VIII ZR 190/57, NJW 1958, 950; BGH v. 30.1.1964 – VII ZR 5/63, BGHZ 41, 104; *Habscheid*, KTS 1958, 177 (178); *Bosch*, Rechtskraft und Rechtshängigkeit im Schiedsverfahren, 1991, S. 180 ff.
4 GMP/*Germelmann*, § 102 Rz. 2; Düwell/Lipke/*Voßkühler*, § 102 Rz. 3.
5 GMP/*Germelmann*, § 102 Rz. 6; GK-ArbGG/*Mikosch*, § 102 Rz. 5; GWBG/*Greiner*, § 102 Rz. 1; Düwell/Lipke/*Voßkühler*, § 102 Rz. 5; Hauck/Helml/Biebl/*Hauck/Biebl*, § 102 Rz. 3; aA Dietz/Nikisch, § 102 ArbGG Rz. 3 sowie *Schwab/Walter*, Kap. 37, Rz. 2.
6 Düwell/Lipke/*Voßkühler*, § 102 Rz. 5.
7 Bei einer Anordnung des Ruhens in der Güteverhandlung hat der Kläger die Rechtsfolge des § 54 Abs. 5 Satz 4 zu beachten.
8 Die Alternativen des § 102 Abs. 2 sind Regelbeispiele und können erweitert werden um sonstige gleichgewichtige Verfahrenshindernisse, so GMP/*Germelmann*, § 102 Rz. 26; GK-ArbGG/*Mikosch*, § 102 Rz. 27; *Reupke*, S. 105.
9 GMP/*Germelmann*, § 102 Rz. 6; GK-ArbGG/*Mikosch*, § 102 Rz. 7; Düwell/Lipke/*Voßkühler*, § 102 Rz. 5; Hauck/Helml/Biebl/*Hauck/Biebl*, § 102 Rz. 3.
10 GK-ArbGG/*Mikosch*, § 102 Rz. 8; GWBG/*Greiner*, § 102 Rz. 6; Hauck/Helml/Biebl/*Hauck/Biebl*, § 102 Rz. 4.
11 GK-ArbGG/*Mikosch*, § 102 Rz. 9; Düwell/Lipke/*Voßkühler*, § 102 Rz. 3.
12 GMP/*Germelmann*, § 102 Rz. 7; GK-ArbGG/*Mikosch*, § 102 Rz. 6; GWBG/*Greiner*, § 102 Rz. 1; Hauck/Helml/Biebl/*Hauck/Biebl*, § 102 Rz. 4.
13 S. zB LAG Sachsen v. 21.5.1996 – 8 Sa 721/95, ZTR 1997, 42; ArbG Frankfurt v. 17.10.2002 – 19 Ca 1042/02, juris.

anwendbar¹. Erachtet das ArbG durch Zwischenurteil die Einrede als unbegründet, kann dieses Urteil selbständig angefochten werden. Ist die Einrede begründet, ist die Klage als unzulässig abzuweisen. Eine Verweisung des Rechtsstreites an das Schiedsgericht ist nicht möglich².

Es wird allgemein die Auffassung vertreten, dass die **Vollstreckungsabwehrklage** gem. § 767 ZPO und die **Drittwiderspruchsklage** gem. § 771 ZPO nur vor einem ArbG erhoben werden können³. Begründet wird diese Auffassung damit, dass durch das Schiedsgericht als eine privatrechtliche Einrichtung nicht der Bereich der öffentlich-rechtlichen Zwangsvollstreckung geregelt werden könne. Vollstreckungsabwehrklage und Drittwiderspruchsklage richten sich nicht primär gegen den ergangenen Schiedsspruch oder den Schiedsvergleich, sondern gegen die Vollstreckbarkeitserklärung durch das ArbG. Ohne Vollstreckbarkeitserklärung durch das ArbG ist die unterlegene Partei nämlich nicht materiell belastet⁴. 5

In Rspr. und Lit. ist streitig, ob auch der **vorläufige Rechtsschutz** (Anträge auf Erlass von Arrest und einstweiligen Verfügungen) der Schiedsgerichtsbarkeit unterfällt. Zum Teil wird dies unter Hinweis auf die zusätzlich erforderliche Vollstreckbarkeitserklärung gem. § 109 generell abgelehnt. Hierbei wird vor allem auch darauf hingewiesen, dass der Ausschluss vorläufigen Rechtsschutzes nicht im Einklang stehe mit den verfassungsrechtlichen Rechtsweg- und Rechtsschutzgarantien aus Art. 19 Abs. 4 GG und Art. 103 Abs. 3 GG⁵. In der zivilprozessualen Lit. wird zu der früheren Fassung der §§ 1025 ff. ZPO betont, dass selbst bei Möglichkeit eines schiedsgerichtlichen einstweiligen Rechtsschutzes daneben die staatlichen Gerichte konkurrierend zuständig sind, da zusätzlich eine Vollstreckbarkeitserklärung gem. § 109 erforderlich ist⁶. Ordnet das ArbG im Verfahren des Arrestes und der einstweiligen Verfügung die Erhebung der Klage in der Hauptsache nach § 926 Abs. 1 ZPO an, ist diese bei Bestehen einer wirksamen Schiedsabrede vor dem Schiedsgericht zu erheben⁷. 6

Dass die Einrede des Schiedsvertrages eine den Erfordernissen des § 101 entsprechende **Schiedsabrede** voraussetzt, steht außer Frage⁸. Die prozesshindernde Einrede des Schiedsvertrages nach § 102 Abs. 1 führt auch dann zur Unzulässigkeit der Klage, wenn zwar der Tarifvertrag auf Grund beiderseitiger Tarifbindung gilt, die entsprechende Schiedsgerichtsordnung jedoch nur kraft Bezugnahme im Arbeitsvertrag und nicht aufgrund beiderseitiger Tarifbindung. Dies gilt selbst dann, wenn die Gewerkschaft, welcher der Kläger angehört, bewusst davon abgesehen hat, eine Schiedsgerichtsordnung zu vereinbaren⁹. Nach Auffassung des BAG kann die Einrede der Schiedsgerichtsbarkeit auch auf einen rückwirkend in Kraft gesetzten Tarifvertrag gestützt werden. Allerdings muss im Interesse der Rechtssicherheit und Rechtsklarheit in diesem Tarifvertrag deutlich zum Ausdruck gebracht werden, dass die Tarifvertragsparteien ihm rückwirkende Wirkung verliehen haben. Anderenfalls kann man nicht von einem Willen der Tarifvertragsparteien ausgehen, auch bereits anhängige oder schon rechtshängige Verfahren den staatlichen Gerichten zu entziehen und der Schiedsgerichtsbarkeit zu unterwerfen¹⁰. 7

Einstweilen frei 8

Ein **gekündigter Schiedsvertrag** (über die gemeinsame Einrichtung eines Schiedsgerichtes) wirkt entgegen § 4 Abs. 5 TVG nicht nach, wenn die **Tarifvertragsparteien** die **Nachwirkung ausschließen**. Dies kann ausdrücklich oder durch schlüssiges Verhalten in der Art geschehen, dass die Tarifvertragsparteien das Schiedsgericht nicht mehr unterhalten und auch keine Geldmittel zur Verfügung stellen¹¹. Über den Wortlaut des § 102 Abs. 2 hinaus entfällt die Berufung auf den Schiedsvertrag in allen Fällen, in denen die Durchführung des Schiedsvertrages unmöglich geworden ist¹². 9

---

1 BAG v. 2.11.1983 – GS 1/82, MDR 1984, 522; BLAH, § 280 ZPO Rz. 3; *Lorenz*, BB 1977, 1002.
2 GMP/*Germelmann*, § 102 Rz. 7; GK-ArbGG/*Mikosch*, § 102 Rz. 6; Düwell/Lipke/*Voßkühler*, § 102 Rz. 8; GWBG/*Greiner*, § 102 Rz. 4.
3 GMP/*Germelmann*, § 102 Rz. 5; GK-ArbGG/*Mikosch*, § 102 Rz. 4; Düwell/Lipke/*Voßkühler*, § 102 Rz. 23.
4 S. zu den Besonderheiten vollstreckungsrechtlicher Streitigkeiten nach der Neufassung der §§ 1025 ff. ZPO Musielak/*Voit*, § 1030 ZPO Rz. 7.
5 LAG Köln v. 7.9.1982 – 1 Sa 601/82, nv.; LAG Sachsen v. 2.9.1998 – 2 Sa 906/98, MDR 1999, 812; GMP/*Germelmann*, § 102 Rz. 4; GK-ArbGG/*Mikosch*, § 102 Rz. 4; Düwell/Lipke/*Voßkühler*, § 102 Rz. 22; GWBG/*Greiner*, § 102 Rz. 2; *Germelmann*, NZA 1994, 12 (15).
6 BGH v. 28.10.1993 – III ZR 172/92, NJW 1994, 136; LG Frankfurt v. 26.7.1982 – 2/8 O 180/92, NJW 1983, 761; GMP/*Germelmann*, § 102 Rz. 4; GK-ArbGG/*Mikosch*, § 102 Rz. 4; *Vollkommer*, NJW 1983, 726 (727);
7 GMP/*Germelmann*, § 102 Rz. 4; GK-ArbGG/*Mikosch*, § 102 Rz. 4; Hauck/Helml/Biebl/*Hauck/Biebl*, § 102 Rz. 2; Stein/Jonas/*Schlosser*, 21. Aufl., § 1027a ZPO Rz. 6.
8 GMP/*Germelmann*, § 102 Rz. 3; GK-ArbGG/*Mikosch*, § 102 Rz. 3; Hauck/Helml/Biebl/*Hauck/Biebl*, § 102 Rz. 1.
9 BAG v. 31.5.2000 – 7 AZR 909/98; LAG Thür. v. 21.5.1996 – 8 Sa 721/95, ZTR 1997, 42.
10 BAG v. 3.9.1986 – 5 AZR 319/85, NZA 1987, 187 sowie BAG v. 5.5.1988 – 6 AZR 69/86.
11 BAG v. 3.9.1986 – 5 AZR 319/85, NZA 1987, 187.
12 GMP/*Germelmann*, § 102 Rz. 26; Hauck/Helml/Biebl/*Hauck/Biebl*, § 102 Rz. 10.

2. Prozessuale Wirkung der Einrede

10   Ist die **Einrede begründet**, so ist die **Klage** als **unzulässig** abzuweisen. Der Kläger wird allerdings vernünftigerweise nach Erhebung einer (begründeten) Einrede die Klage zurücknehmen. Hierdurch verliert er keine Rechte. Selbst wenn zwischenzeitlich die Dreiwochenfrist für die Erhebung einer Kündigungsschutzklage gem. § 4 KSchG abgelaufen ist, kann der Kläger eine Kündigungsschutzklage beim Schiedsgericht erheben. Erforderlich ist lediglich, dass diese Kündigungsschutzklage binnen eines angemessenen Zeitraumes nach Rücknahme der Klage (bzw. Abweisung der Klage als unzulässig) beim Schiedsgericht eingeht[1]. Entsprechendes hat zu gelten, wenn aufgrund einer tariflichen Ausschlussklausel innerhalb einer bestimmten Frist der streitige Anspruch gerichtlich geltend gemacht werden muss[2].

11   Ist ein Rechtsstreit sowohl bei dem ArbG als auch bei einem Schiedsgericht anhängig gemacht worden, so steht dem arbeitsgerichtlichen Verfahren nicht die **Einrede der Rechtshängigkeit** entgegen, da die Rechtshängigkeit nach § 261 Abs. 3 Nr. 1 ZPO nur im Verhältnis zwischen staatlichen Gerichten von Bedeutung ist, nicht jedoch im Verhältnis zu einem Schiedsgericht. Das ArbG kann im Rahmen seines Ermessens jedoch sein Verfahren gem. § 148 ZPO aussetzen, bis das Schiedsgericht seine Entscheidung getroffen hat[3].

12   Entscheidungen des Schiedsgerichtes bzw. des ArbG haben im Hinblick auf die Zuständigkeit **folgende Rechtskraftwirkung:** Hat das ArbG wegen des Bestehens einer Schiedsabrede die Klage rechtskräftig als unzulässig abgewiesen, so steht damit auch fest, dass ein wirksamer Schiedsvertrag besteht, der für den anhängigen Rechtsstreit gilt und dass das Schiedsgericht zu entscheiden hat (was allerdings nicht ausschließt, dass das Schiedsgericht gem. § 102 Abs. 2 Nr. 4 anzeigt, dass eine Abgabe eines Schiedsspruches unmöglich ist). Im Verfahren über die Vollstreckbarkeitserklärung nach § 109 bzw. der Anfechtungsklage nach § 110 ist die Frage der Zuständigkeit des Schiedsgerichtes nicht mehr zu prüfen[4]. Hat das ArbG in einem Zwischenurteil gem. § 280 ZPO rechtskräftig seine Zuständigkeit angenommen[5], so hat dies ebenfalls Rechtskraftwirkung. In der höheren Instanz kann nicht mehr die Einrede der Schiedsgerichtsbarkeit erhoben werden. Erklärt sich hingegen das Schiedsgericht mit der Rechtskraftwirkung des § 108 Abs. 4 für zuständig, so ist die Anrufung des ArbG ausgeschlossen[6].

II. Wegfall der Einrede (§ 102 Abs. 2)

12a   § 102 Abs. 2 regelt den Einredeverlust wegen Verletzung der Pflichten der Prozessparteien, der Tarifvertragsparteien oder des Schiedsgerichtes, die sich auf die Billigung und die Arbeit des Schiedsgerichtes beziehen. Zu Recht wird in der Lit. die Auffassung vertreten, dass sich diese Regelung sowohl auf den Zeitraum vor als auch nach Rechtshängigkeit der arbeitsgerichtlichen Klage bezieht[7]. § 102 Abs. 2 findet auch Anwendung, wenn einer der Tatbestände des § 102 Abs. 2 erst im zweitinstanzlichen Verfahren (beim Oberschiedsgericht) eintritt[8].

1. Nichternennung eines Schiedsrichters durch die beklagte Partei (Abs. 2 Nr. 1)

13   § 102 Abs. 2 Nr. 1 findet Anwendung, wenn die Streitparteien selbst die **Mitglieder** des Schiedsgerichtes **zu ernennen** haben. Dies ist üblicherweise der Fall bei dem Schiedsgerichtsverfahren gem. § 101 Abs. 1. Denkbar ist allerdings auch, dass im Falle des § 101 Abs. 2 die Tarifvertragsparteien die Zusammensetzung des Schiedsgerichtes den Streitparteien überlassen haben. Jeder Schiedsvertrag hat eine Angabe zu erhalten,

---

1 BAG v. 24.9.1970 – 5 AZR 54/70, AP Nr. 37 zu § 3 KSchG; ähnlich auch BAG v. 10.12.1970 – 2 AZR 82/70, DB 1971, 1363; Düwell/Lipke/*Voßkühler*, § 102 Rz. 4; KR/*Friedrich*, 11. Aufl. 2016, § 4 KSchG Rz. 242 ff.; von Hoyningen-Huene/Linck, 15. Aufl. 2013, § 4 KSchG Rz. 99.
2 Ebenso Düwell/Lipke/*Voßkühler*, § 102 Rz. 4.
3 GMP/*Germelmann*, § 102 Rz. 8; GK-ArbGG/*Mikosch*, § 102 Rz. 8; *Schwab/Walter*, Kap. 37 Rz. 5.
4 GMP/*Germelmann*, § 102 Rz. 9; GK-ArbGG/*Mikosch*, § 102 Rz. 9; GWBG/*Greiner*, § 102 Rz. 6; Hauck/Helml/Biebl/*Hauck/Biebl*, § 102 Rz. 4.
5 Die Rechtskraft dieses Urteils steht aber einer neuen Klage vor dem Arbeitsgericht nicht entgegen, wenn inzwischen die Zuständigkeit des Schiedsgerichtes und damit die Einrede des Schiedsvertrages weggefallen ist, so *Dietz/Nikisch*, § 102 ArbGG Rz. 7 unter Bezugnahme auf RAG 67/32, E 12, 116 = RAG 16, 510; s.a. Düwell/Lipke/*Voßkühler*, § 102 Rz. 8.
6 GMP/*Germelmann*, § 102 Rz. 10.
7 GK/ArbGG/*Mikosch*, § 102 Rz. 10; Düwell/Lipke/*Voßkühler*, § 102 Rz. 9.
8 Düwell/Lipke/*Voßkühler*, § 102 Rz. 11.

aus wie vielen Mitgliedern das Schiedsgericht gebildet werden soll. Fehlt eine solche Angabe, ist davon auszugehen, dass im Falle des § 101 Abs. 1 die Parteien des Schiedsvertrages berechtigt sind, je einen Schiedsrichter zu benennen. Für den Fall des § 101 Abs. 2 ist von der Unwirksamkeit des Schiedsvertrages auszugehen[1].

Voraussetzung ist, dass die **Partei**, die das Schiedsverfahren eingeleitet hat, die von ihr zu stellenden **Schiedsrichter benannt** und die gegnerische Partei aufgefordert hat, ebenfalls Schiedsrichter zu benennen[2]. Die Aufforderung kann formfrei erfolgen. Im Hinblick auf die sich aus § 102 Abs. 2 Nr. 1 ergebende Wochenfrist, auf die im **Aufforderungsschreiben** nicht hingewiesen werden muss[3], empfiehlt es sich jedoch, die Schriftform zu wahren und ggf. das Aufforderungsschreiben als Einschreiben mit Rückschein zu versenden[4]. Die Wochenfrist berechnet sich nach § 222 ZPO. Bei Versäumung der Frist kommt eine Wiedereinsetzung in den vorherigen Stand nicht in Betracht, da die §§ 233 ff. ZPO keine entsprechende Anwendung finden[5]. Es ist ohne Bedeutung, warum der Beklagte seiner Ernennungspflicht nicht nachkommt. Verschulden ist nicht erforderlich[6].

14

Schwab/Walter beklagen zu Recht, dass die **Fassung des § 102 Abs. 2 Nr. 1 wenig glücklich** ist. Diese Bestimmung stellt nämlich darauf ab, dass die Ernennung binnen Wochenfrist geschieht. Die Ernennung ist jedoch ein innerer Vorgang, der sich der Kenntnis der Gegenpartei entzieht. Demzufolge ist § 102 Abs. 2 Nr. 1 dahin gehend auszulegen, dass die beklagte Partei binnen Wochenfrist den oder die Schiedsrichter ernannt und der Gegenseite Mitteilung von der Ernennung gemacht haben muss. Hierzu gehört auch die Mitteilung, dass der betreffende Schiedsrichter das Amt annimmt[7]. Allgemein wird die Auffassung vertreten, dass die Ernennung von Schiedsrichtern nur wirksam ist, wenn die benannten Personen zur Übernahme des Amtes fähig sind[8].

15

Hat die beklagte Partei die **Wochenfrist versäumt**, kann sie die Einrede nicht mehr erheben. Kommt die beklagte Partei ihrer Ernennungspflicht später nach, hindert dies allerdings die klagende Partei nicht, sich auf das schiedsgerichtliche Verfahren einzulassen[9]. Auch können die Parteien die Wochenfrist einvernehmlich verlängern. Es macht keinen Sinn, die Parteien an einem staatlichen Gerichtsverfahren festzuhalten, an dem diese nicht (mehr) interessiert sind[10]. Darüber hinaus besteht im Fall des Schiedsgerichtsverfahrens gem. § 101 Abs. 1 die Möglichkeit zur Kündigung des Schiedsvertrages aus wichtigem Grund[11].

16

Ernennt die klagende **Partei keinen Schiedsrichter**, kann kein Schiedsspruch ergehen. § 102 Abs. 2 Nr. 1 ist nicht entsprechend anzuwenden[12]. Die beklagte Partei hat allerdings die Möglichkeit, ggf. eine negative Feststellungsklage zu erheben und auf diese Weise die klagende Partei gem. § 102 Abs. 2 Nr. 1 zu zwingen, Schiedsrichter zu benennen. Sofern dies nicht geschieht, wird auf diese Art und Weise der Schiedsvertrag gem. § 102 Abs. 4 unwirksam, so dass die beklagte Partei alsdann Klage beim ArbG erheben kann[13].

17

Ist die **Wirksamkeit der Ernennung zweifelhaft**, so gibt das ArbGG nicht die Möglichkeit (wie § 1063 ZPO iVm. § 1062 Abs. 1 Nr. 1 ZPO), darüber im Beschlussverfahren das ArbG befinden zu lassen. Das Schiedsverfahren muss auf die Gefahr der Aufhebung des Schiedsspruches aus § 110 Abs. 1 Nr. 1 durchgeführt oder das ArbG auf die Gefahr der Abweisung auf Grund der Einrede angerufen werden[14].

18

---

1 GK-ArbGG/*Mikosch*, § 102 Rz. 12.
2 Eine Aufforderung an die beklagte Partei zur Ernennung der Schiedsrichter vor der eigenen Ernennung ist wirkungslos, vgl. *Dersch/Volkmer*, § 102 ArbGG Rz. 5b.
3 Hauck/Helml/Biebl/*Hauck/Biebl*, § 102 Rz. 6.
4 GMP/*Germelmann*, § 102 Rz. 13; GK-ArbGG/*Mikosch*, § 102 Rz. 14; GWBG/*Greiner*, § 102 Rz. 11; *Dietz/Nikisch*, § 102 ArbGG Rz. 10; *Schwab/Walter*, Kap. 37 Rz. 10.
5 GMP/*Germelmann*, § 102 Rz. 14; GK-ArbGG/*Mikosch*, § 102 Rz. 14; GWBG/*Greiner*, § 102 Rz. 10; Hauck/Helml/Biebl/*Hauck/Biebl*, § 102 Rz. 6.
6 GK-ArbGG/*Mikosch*, § 102 Rz. 14; GWBG/*Greiner*, § 102 Rz. 10; Hauck/Helml/Biebl/*Hauck/Biebl*, § 102 Rz. 7.
7 *Schwab/Walter*, Kap. 37 Rz. 9.
8 GWBG/*Greiner*, § 102 Rz. 8; *Dietz/Nikisch*, § 102 ArbGG Rz. 10.
9 GMP/*Germelmann*, § 102 Rz. 15; GK-ArbGG/*Mikosch*, § 102 Rz. 14.
10 GK-ArbGG/*Mikosch*, § 102 Rz. 14.
11 *Löwisch*, ZZP 103 (1990), 22 (25).
12 GMP/*Germelmann*, § 102 Rz. 16; GK-ArbGG/*Mikosch*, § 102 Rz. 15; GWBG/*Greiner*, § 102 Rz. 12.
13 GMP/*Germelmann*, § 102 Rz. 16; GWBG/*Greiner*, § 102 Rz. 12.
14 *Schwab/Walter*, Kap. 37 Rz. 10.

2. Nichternennung von Schiedsrichtern durch die Parteien des Schiedsvertrages (Abs. 2 Nr. 2)

19 Bei einer Streitigkeit gem. § 101 Abs. 1 sind die **Streitparteien** und die **Parteien des Schiedsvertrages identisch**. Die Regelung in § 102 Abs. 2 Nr. 2 ist demzufolge nur im Falle des § 101 Abs. 2 anwendbar[1]. § 102 Abs. 2 Nr. 2 regelt die Fälle,
- dass die Parteien des Schiedsvertrages ihrer Pflicht nicht nachgekommen sind, die Mitglieder des Schiedsgerichtes zu ernennen, oder
- dass sie das Schiedsgericht nicht gebildet haben, oder
- dass die von dem Vorsitzenden des ArbG gesetzte Frist zur Bestellung des Schiedsgerichts fruchtlos verstrichen ist.

20 Die Ernennung hat gegenüber den Parteien, nicht gegenüber dem Gericht zu erfolgen[2]. Sobald eine Partei den oder die Schiedsrichter ernannt hat und dies der Gegenpartei angezeigt hat, ist sie an die erfolgte Ernennung gebunden[3]. Zweck dieser Vorschrift ist, Vorkehrungen für den Fall zu treffen, dass die Streitparteien auf die Ernennung keinen Einfluss haben, die Ernennung aber nicht vorgenommen oder verzögert wird. Dann schreitet das ArbG ein, wenn „das Schiedsgericht nicht gebildet ist"[4].

21 Ist das **Schiedsgericht nicht innerhalb der Frist gebildet**, dh. sind nicht sämtliche Schiedsrichter von den Tarifvertragsparteien bestellt worden, so kann die klagende Partei nunmehr Klage vor dem ArbG in der Hauptsache erheben, die Einrede des Bestehens einer Schiedsvereinbarung kann von der beklagten Partei nicht mehr erhoben werden[5]. § 102 Abs. 2 Satz 2 ist entsprechend anwendbar, wenn ein ernannter Schiedsrichter später ausfällt und ein Ersatzschiedsrichter nicht benannt ist[6]. § 102 Abs. 2 Nr. 2 ist weiterhin entsprechend anzuwenden auf den Fall der Ernennung des Schiedsrichters durch einen Dritten (zB die Ernennung des unparteiischen Schiedsrichters, § 103 Abs. 1 Satz 1 Halbs. 2)[7].

3. Verzögerung des Verfahrens durch das Schiedsgericht (§ 102 Abs. 2 Nr. 3)

22 Nach § 102 Abs. 2 Nr. 3 entfällt die Einrede des Schiedsvertrages, wenn das **Schiedsgericht die Durchführung** des Verfahrens **verzögert**. Erforderlich ist weiterhin, dass die vom Vorsitzenden des ArbG gesetzte **Frist** zur Durchführung des Verfahrens **fruchtlos verstrichen** ist.

23 Jede **Verzögerung des Rechtsstreits** fällt unter die Bestimmung des § 102 Abs. 2 Nr. 3. Dies soll auch für kleine Verzögerungen, auch wenn ein zu kleinlicher Maßstab vermieden werden sollte, gelten[8]. Die Lit. stellt weiterhin darauf ab, dass den Parteien ein weiteres Zuwarten – auf eine Tätigkeit des Schiedsgerichtes oder einzelner Schiedsrichter – nicht zugemutet werden könne. Verschulden sei nicht erforderlich[9]. Die Verzögerung kann in der Person eines Schiedsrichters liegen (Krankheit, Trägheit usw.) oder in der sachlichen Behandlung (ungeschickte Prozessleitung)[10]. Richtigerweise ist darauf abzustellen, dass der Wegfall des Schiedsvertrages sachgerecht ist, wenn das ArbG das Verfahren voraussichtlich in (erheblich) kürzerer Dauer als das Schiedsgericht durchführen werden[11], wobei – naturgemäß – die Besonderheiten des Schiedsverfahrens zu berücksichtigen sind[12]. Eine Verzögerung durch die streitenden Parteien – zB durch Stellung zahlreicher Zeugen und Sachverständigen – erfüllt hingegen nicht die Voraussetzungen der Einrede[13].

24 Einstweilen frei

---

1 GMP/*Germelmann*, § 102 Rz. 17; GK-ArbGG/*Mikosch*, § 102 Rz. 16; Düwell/Lipke/*Voßkühler*, § 102 Rz. 16; GWBG/*Greiner*, § 102 Rz. 13; *Dietz/Nikisch*, § 102 ArbGG Rz. 11; *Schwab/Walter*, Kap. 37 Rz. 11.
2 GK-ArbGG/*Mikosch*, § 102 Rz. 18; Stein/Jonas/*Schlosser*, § 1035 ZPO Rz. 21 ff.
3 GK-ArbGG/*Mikosch*, § 102 Rz. 18; Stein/Jonas/*Schlosser*, § 1035 ZPO Rz. 23.
4 Sind mehrere ArbG örtlich zuständig, ist nach § 35 ZPO zu verfahren, vgl. GK-ArbGG/*Mikosch*, § 102 Rz. 20; GWBG/*Greiner*, § 102 Rz. 14.
5 GMP/*Germelmann*, § 102 Rz. 19; GK-ArbGG/*Mikosch*, § 102 Rz. 21; *Dietz/Nikisch*, § 102 ArbGG Rz. 11.
6 Hauck/Helml/Biebl/*Hauck/Biebl*, § 102 Rz. 7; *Dietz/Nikisch*, § 102 ArbGG Rz. 12.
7 GK-ArbGG/*Mikosch*, § 102 Rz. 22; GWBG/*Greiner*, § 102 Rz. 16; Hauck/Helml/Biebl/*Hauck/Biebl*, § 102 Rz. 7; *Dersch/Volkmer*, § 102 ArbGG Rz. 6a; *Schwab/Walter*, Kap. 37 Rz. 11.
8 GMP/*Germelmann*, § 102 Rz. 20; Düwell/Lipke/*Voßkühler*, § 102 Rz. 19 ff.; *Schwab/Walter*, Kap. 37, Rz. 13: der Maßstab sei erkennbar der gleiche wie in der ZPO.
9 GMP/*Germelmann*, § 102 Rz. 21; GWBG/*Greiner*, § 102 Rz. 17; *Schwab/Walter*, Kap. 37 Rz. 13; Düwell/Lipke/*Voßkühler*, § 102 Rz. 19 ff..
10 *Schwab/Walter*, Kap. 37 Rz. 14.
11 GWBG/*Greiner*, § 103 Rz. 11; Hauck/Helml/Biebl/*Hauck/Biebl*, § 102 Rz. 8.
12 GK-ArbGG/*Mikosch*, § 102 Rz. 24; Düwell/Lipke/*Voßkühler*, § 102 Rz. 20.
13 GMP/*Germelmann*, § 102 Rz. 21; Düwell/Lipke/*Voßkühler*, § 102 Rz. 23.

Liegt eine Verzögerung der Durchführung des schiedsgerichtlichen Verfahrens vor, so hat der Vorsitzende 25
des ArbG dem Schiedsgericht eine **Frist zur Durchführung** des Verfahrens zu **setzen**. Die Frist ist dem
Schiedsgericht durch Mitteilung des Beschlusses an dessen Mitglieder oder an den Vorsitzenden zu setzen[1].
Hierbei obliegt dem ArbG in gewissem Umfang eine sachliche Nachprüfung, ob das Schiedsverfahren verzögert durchgeführt wird. Der Prüfungsmaßstab ergibt sich aus § 110 Abs. 1 Nr. 2[2]. Für die Entscheidung
ist das ArbG zuständig, das für die Geltendmachung des Anspruchs zuständig gewesen wäre. Nach fruchtlosem Ablauf der vom Gericht gesetzten Frist wird nicht die Schiedsvereinbarung unwirksam, vielmehr
entfällt lediglich die Einrede des Bestehens der Schiedsabrede, so dass die klagende Partei nunmehr vor
dem ArbG Klage erheben kann[3].

4. Anzeige der Unmöglichkeit des Schiedsspruchs

Nach § 102 Abs. 2 Nr. 4 ist die **Einrede des Schiedsvertrages ausgeschlossen**, wenn das Schiedsgericht[4] 26
den Parteien des Rechtsstreits mitgeteilt hat, dass die Abgabe eines Schiedsspruchs unmöglich ist. Es ist
unerheblich, auf welchem Grund die Unmöglichkeit der Abgabe des Schiedsspruchs beruht[5]. Es kommt
nur auf die Anzeige an und nicht darauf, ob die Abgabe eines Schiedsspruch tatsächlich unmöglich ist. Die
Motive einer Anzeige (wie zB fehlende Bereitschaft des Schiedsgerichtes zum Tätigwerden) sind ohne Bedeutung[6]. Die Unmöglichkeit kann jedoch entgegen einer in der Lit. vertretenen Auffassung[7] nicht darauf
beruhen, dass unter den Schiedsrichtern Stimmengleichheit herrscht. Bei Stimmengleichheit ist ein Antrag
abgelehnt[8]. Sofern lediglich über die Tenorierung gestritten wird (bspw., ob eine Schadensersatzklage wegen Mitverschuldens des Klägers lediglich zu 50 %, 60 %, 70 %, 80 % etc. Erfolg hat), sind die Schiedsrichter verpflichtet, entsprechend § 196 GVG zu verfahren. Sinn und Zweck eines schiedsgerichtlichen Verfahrens ist es, den Streitparteien eine Entscheidung durch ein möglichst kompetentes Gericht zukommen zu
lassen. Dann ist dieses Gericht verpflichtet, sich nach Kräften darum zu bemühen, eine Entscheidung herbeizuführen. Auch die Schiedsgerichte unterliegen dem Entscheidungszwang des Rechtsverweigerungsverbots[9]. Demzufolge muss ggf. in entsprechender Anwendung des § 196 GVG verfahren werden. Kommt –
bspw. bei einem paritätisch besetzten Schiedsgericht – für einen Schiedsspruch keine Stimmenmehrheit
zustande und erhält deshalb die Erklärung, so kann dieses „Schiedsergebnis" nicht mit einer Aufhebungsklage gem. § 110 angefochten werden[10].

Ein Fall des § 102 Abs. 2 Nr. 4 ist ferner gegeben, wenn ein **Schiedsrichter ausfällt** (wegen Krankheit oder 27
Todes) und wenn nach dem Schiedsvertrag eine **Ersatzbenennung ausgeschlossen** ist[11]. Ein Fall des § 102
Abs. 2 Nr. 4 liegt weiterhin vor, wenn absehbar ist, dass – aus welchen Gründen auch immer – in absehbarer Zeit eine Entscheidung des Schiedsgerichtes nicht ergehen kann[12] und wenn mit Sicherheit das
ArbG schneller ist. Die Lit. vertritt weiter die Auffassung, dass für den Fall, dass sich ein Schiedsrichter
weigert, den Schiedsspruch zu unterzeichnen, das Schiedsgericht den Parteien gem. § 102 Abs. 2 Nr. 4 mitzuteilen habe, dass das Schiedsgericht nicht in der Lage sei, einen Schiedsspruch zu fällen[13]. Dieser Auffassung ist nicht zu folgen. Auch hier ist zu betonen, dass nach Sinn und Zweck eines schiedsgerichtlichen
Verfahrens das Schiedsgericht eine Entscheidung zu treffen hat. Demzufolge ist in einem derartigen Fall
gem. § 1039 ZPO zu verfahren (Einzelheiten bei § 108 Rz. 4).

Ein Fall des § 102 Abs. 2 Nr. 4 ist weiter anzunehmen, wenn eine der Streitparteien auf die Bewilligung 28
von **Prozesskostenhilfe** angewiesen ist und dem Schiedsgericht insoweit keine Geldmittel zur Verfügung
stehen[14]. Ein rechtsstaatliches Verfahren ist geprägt vom Grundsatz der Waffengleichheit. Zum Grundsatz

---

1 *Dietz/Nikisch*, § 102 ArbGG Rz. 13.
2 *Schwab/Walter*, Kap. 37 Rz. 14.
3 GMP/*Germelmann*, § 102 Rz. 22 Düwell/Lipke/*Voßkühler*, § 102 Rz. 23.
4 Nach Auffassung von Düwell/Lipke/*Voßkühler*, § 102 Rz. 26 kommt es entscheidend auf den Vorsitzenden des
  Schiedsgerichtes an.
5 Hauck/Helml/Biebl/*Hauck/Biebl*, § 102 Rz. 9.
6 Düwell/Lipke/*Voßkühler*, § 102 Rz. 25.
7 GK-ArbGG/*Mikosch*, § 102 Rz. 28; GWBG/*Greiner*, § 102 Rz. 21.
8 S. hierzu BVerfG v. 24.4.2013 – 1 BvR 1215/07, NJW 2013, 1499.
9 Kissel/Mayer, Einl. GVG Rz. 213. AA Düwell/Lipke/*Voßkühler*, § 102 Rz. 25.
10 GMP/*Germelmann*, § 102 Rz. 25; GWBG/*Greiner*, § 102 Rz. 23.
11 GMP/*Germelmann*, § 102 Rz. 23; GK-ArbGG/*Mikosch*, § 102 Rz. 28; GWBG/*Greiner*, § 102 Rz. 12; *Schwab/Walter*, Kap. 37 Rz. 15.
12 ZB weilt ein wichtiger Zeuge auf nicht absehbare Zeit im Ausland und kann demzufolge vom Schiedsgericht nicht
   geladen werden.
13 GMP/*Germelmann*, § 108 Rz. 8; GK-ArbGG/*Mikosch*, § 108 Rz. 5; Hauck/Helml/Biebl/*Hauck/Biebl*, § 108 Rz. 3.
14 S. hierzu Erstauflage, § 101 Rz. 86; zustimmend *Obolony*, FS Leinemann, 2006, S. 607 ff., 623. S. weiterhin Düwell/
   Lipke/*Voßkühler*, § 102 Rz. 27.

der Waffengleichheit und dem Anspruch auf rechtliches Gehör gehört, dass sich eine Streitpartei durch einen Rechtsanwalt vertreten lassen kann, zumindest dann, wenn der Gegner ebenfalls anwaltlich vertreten ist. Dies wird gewährleistet durch die Verfahrensvorschriften über die Bewilligung der Prozesskostenhilfe[1]. Wenn diese – in Ermangelung der analogen Anwendung der §§ 114 ff. ZPO – nicht gewährt werden kann, darf ein schiedsgerichtliches Verfahren nicht durchgeführt werden.

29 Sofern **nicht mehr alle Schiedsrichter zur Verfügung** stehen, ist es ausreichend, dass die Anzeige gem. § 102 Abs. 2 Nr. 4 durch den Vorsitzenden erfolgt[2]. Die Mitteilung kann formlos erfolgen, allerdings auch in einem Schiedsspruch[3].

30 Ist die **Einrede infolge der Anzeige entfallen**, kann das ArbG eine alsdann erhobene Klage nicht mehr mit der Begründung abweisen, das Schiedsgericht sei doch zuständig gewesen[4]. Sofern ein früher eingeleiteter Rechtsstreit beim ArbG lediglich gem. § 148 ZPO ausgesetzt war, kann dieser Rechtsstreit nunmehr ohne Weiteres fortgeführt werden. Auch wenn das Schiedsgericht verpflichtet ist, nach Möglichkeit eine Entscheidung herbeizuführen, und der Entscheidungszwang auch für Schiedsgerichte gilt, ist für das ArbG ausschließlich die Anzeige des Schiedsgerichtes, dass die Abgabe eines Schiedsspruchs unmöglich ist, maßgeblich. Das ArbG prüft – anders als nach § 1032 Abs. 1 ZPO das Zivilgericht – nur, ob die Anzeige tatsächlich erfolgt ist. Dies dient der beschleunigten Klärung der Zuständigkeit[5].

5. Sonstige Fälle

31 Die Regelung in **§ 102 Abs. 2 ist nicht abschließend**[6]. Die Einrede entfällt auch in den Fällen, in denen die Durchführung des Schiedsverfahrens objektiv nicht möglich ist. Dies ist beispielsweise dann der Fall, wenn das Schiedsgericht (alle Schiedsrichter) seine Tätigkeit beendet hat (durch Tod, andauernde Krankheit, erfolgreiche Ablehnung, Weigerung, das Amt weiter auszuüben). Ebenso entfällt die Einrede, wenn die Tarifvertragsparteien die Einrichtung des Schiedsgerichtes ersatzlos aufgehoben haben[7].

III. Die Fristsetzung durch den Vorsitzenden des Arbeitsgerichts (§ 102 Abs. 3)

32 **Berechtigt zur Antragstellung** in den Fällen des § 102 Abs. 2 Nr. 2 und 3 ist nur die **Klagepartei** selbst, nie ein Dritter, zB ein Tarifverband[8]. Die Fristsetzung muss durch das für die Geltendmachung des Anspruches zuständige ArbG erfolgen. Die Entscheidung trifft der Vorsitzende des ArbG ohne Mitwirkung der ehrenamtlichen Richter. Eine mündliche Verhandlung ist nicht erforderlich, ihre Anberaumung steht jedoch im Belieben des Vorsitzenden. Der Vorsitzende kann die Frist nach freiem Ermessen bestimmen. Die Berechnung erfolgt nach § 222 ZPO. Eine Wiedereinsetzung in den vorherigen Stand wegen der Versäumung der Frist ist nicht möglich, da es sich um eine Notfrist handelt[9]. Da es sich bei der vom Vorsitzenden des ArbG nach pflichtgemäßem Ermessen gesetzten Frist um keine gesetzliche, sondern um eine richterliche Frist handelt, ist eine Verlängerung möglich[10]. Gegen die Zurückweisung ist Beschwerde nach § 567 ZPO, § 78 ArbGG gegeben[11]; gegen die Anordnung gibt es keinen Rechtsbehelf[12].

33 Die Regelung in § 102 Abs. 3 erscheint verfassungswidrig. Es ist nicht einzusehen, weshalb in den Fällen des § 102 Abs. 2 Nr. 2 und 3 **ausschließlich der Kläger** das ArbG **anrufen kann**. Nach der Rspr. des BVerfG gebietet es der Gleichheitssatz des Art. 3 Abs. 1 GG, dass beim Zugang zu den Gerichten für jedermann die „gleiche Anrufungschance bestehen" muss[13]. Es ist nicht nachvollziehbar, weshalb der Beklagte die Verzögerung des Rechtsstreites dulden muss, weil der Kläger nicht den ihm möglichen Antrag gem. § 102 Abs. 2 Nr. 2 und 3 an das ArbG stellt. Im Gegensatz zur Regelung in § 102 Abs. 2 Nr. 1 hat der

---

1 BVerfG v. 26.4.1988 – 1 BvL 84/86, NJW 1988, 2231; BVerfG v. 4.8.2016 – 1 BvR 380/16; *von Münch/Kunig*, DD, Art. 103 Rz. 15; *Keil* in Die Arbeitsgerichtsbarkeit: FS zum 100-jährigen Bestehen des deutschen Arbeitsgerichtsverbandes, 1994, S. 484 (486 ff.).
2 GMP/*Germelmann*, § 102 Rz. 25; GK-ArbGG/*Mikosch*, § 102 Rz. 28; GWBG/*Greiner*, § 102 Rz. 23.
3 GWBG/*Greiner*, § 102 Rz. 23.
4 GK-ArbGG/*Mikosch*, § 102 Rz. 31; GWBG/*Greiner*, § 102 Rz. 22.
5 GMP/*Germelmann*, § 102 Rz. 23; GK-ArbGG/*Mikosch*, § 102 Rz. 27.
6 GMP/*Germelmann*, § 102 Rz. 26; GK-ArbGG/*Mikosch*, § 102 Rz. 30; GWBG/*Greiner*, § 102 Rz. 8.
7 GMP/*Germelmann*, § 102 Rz. 27; GK-ArbGG/*Mikosch*, § 102 Rz. 30.
8 GWBG/*Greiner*, § 102 Rz. 14, *Schwab/Walter*, Kap. 37 Rz. 16.
9 GMP/*Germelmann*, § 102 Rz. 18; GK-ArbGG/*Mikosch*, § 102 Rz. 20; GWBG/*Greiner*, § 102 Rz. 157; *Dietz/Nikisch*, § 102 ArbGG Rz. 11.
10 *Dersch/Volkmer*, § 102 ArbGG Rz. 6b.
11 GWBG/*Greiner*, § 102 Rz. 7; *Dersch/Volkmer*, § 102 ArbGG Rz. 9; *Schwab/Walter*, Kap. 37 Rz. 16.
12 *Schwab/Walter*, Kap. 37 Rz. 16.
13 BVerfG v. 25.7.1979 – 2 BvR 878/74, NJW 1979, 1925; s. hierzu auch GMP/*Germelmann*, § 111 Rz. 71.

Beklagte auch nicht die Möglichkeit der Erhebung einer negativen Feststellungsklage. Auch der Beklagte kann ein legitimes Interesse daran haben, dass ein Schiedsgerichtsverfahren alsbald zu einem Abschluss kommt. Dies gilt beispielsweise bei der Erhebung einer Kündigungsschutzklage[1]. Demzufolge ist § 102 Abs. 3 **verfassungskonform**[2] dahin gehend **auszulegen**, dass der entsprechende Antrag von einer der Streitparteien zu erfolgen hat[3]. Dass allerdings im Falle einer Fristsetzung aufgrund eines Antrages des Beklagten und der Nichtbefolgung der Frist durch das Schiedsgericht dies keine weiteren Konsequenzen hat, zeigt die Unvollkommenheit der gesetzlichen Regelung in § 102.

IV. Prozessuale Wirkung des Wegfalls der Einrede (§ 102 Abs. 4)

Nach § 102 Abs. 4 ist bei Vorliegen der Voraussetzungen des § 102 Abs. 2 eine **schiedsgerichtliche Entscheidung** des Rechtsstreites **ausgeschlossen**. Dies bedeutet, dass in diesem Fall das Schiedsgericht unzuständig geworden ist. Im Ergebnis hat dies ein Außer-Kraft-Treten des Schiedsvertrages zur Folge; jede prozessuale Wirkung des Schiedsvertrages wird beseitigt[4]. Auch kann nach Ablauf einer nach § 102 Abs. 2 Nr. 2 und 3 durch den Vorsitzenden des ArbG gesetzten Frist nicht erneut das schiedsgerichtliche Verfahren betrieben werden. Das Schiedsgericht wäre unzuständig und müsste die entsprechende Klage als unzulässig abweisen. Erlässt das Schiedsgericht dennoch einen Schiedsspruch, so ist dieser nach § 110 Abs. 1 Nr. 1 aufzuheben, sofern sich ihm die Streitparteien nicht unterwerfen[5]. Bei Streitigkeiten gem. § 101 Abs. 1 kann allerdings ein neuer Schiedsvertrag von den Schiedsvertragsparteien auch für den Einzelfall abgeschlossen werden[6].

34

§ 103 Zusammensetzung des Schiedsgerichts

(1) Das Schiedsgericht muss aus einer gleichen Zahl von Arbeitnehmern und von Arbeitgebern bestehen; außerdem können ihm Unparteiische angehören. Personen, die infolge Richterspruchs die Fähigkeit zur Bekleidung öffentlicher Ämter nicht besitzen, dürfen ihm nicht angehören.
(2) Mitglieder des Schiedsgerichts können unter denselben Voraussetzungen abgelehnt werden, die zur Ablehnung eines Richters berechtigen.
(3) Über die Ablehnung beschließt die Kammer des Arbeitsgerichts, das für die Geltendmachung des Anspruchs zuständig wäre. Vor dem Beschluss sind die Streitparteien und das abgelehnte Mitglied des Schiedsgerichts zu hören. Der Vorsitzende des Arbeitsgerichts entscheidet, ob sie mündlich oder schriftlich zu hören sind. Die mündliche Anhörung erfolgt vor der Kammer. Gegen den Beschluss findet kein Rechtsmittel statt.

I. Zusammensetzung eines Schiedsgerichts (§ 103 Abs. 1)	
1. Vertragsfreiheit der Parteien 1	
2. Zwingende Vorschriften für die Besetzung des Schiedsgerichts 2	
3. „Unparteiische" 6	
4. Ausgeschlossene Personen 10	
5. Bestellung der Mitglieder des Schiedsgerichts und ihre Rechtsstellung 13	a) Bestellung 13
	b) Der Schiedsrichtervertrag 16
	c) Vergütung 19
	II. Ablehnung eines Schiedsrichters (§ 103 Abs. 2) 23
	III. Das Ablehnungsverfahren 24
	IV. Wirkung der arbeitsgerichtlichen Entscheidung 27

---

1 Nach der Rspr. des BAG hat der ArbGEb so gut wie keine Möglichkeiten, das Verzugslohnrisiko gem. § 615 BGB zu minimieren, vgl. hierzu *Opolony*, DB 1998, 1714. Je länger ein Kündigungsschutzprozess dauert, umso höher wird das Prozessrisiko für den ArbGeb aufgrund eines etwaigen Annahmeverzuges.
2 Nach der Rspr. des BVerfG hat ein Gericht stets vor der Verwerfung einer Norm als verfassungswidrig zu prüfen, ob nicht eine verfassungskonforme Auslegung möglich ist, s. zB BVerfG v. 12.5.1992 – 1 BvL 10/98, FamRZ 1992, 1036 sowie BVerfG v. 8.10.1996 – 1 BvL 3/95, MDR 1997, 77.
3 Im Ergebnis ebenso GK-ArbGG/*Mikosch*, § 102 Rz. 19. AA GWBG/*Greiner*, § 102 Rz. 14 sowie Düwell/Lipke/*Voßkühler*, § 102 Rz. 29.
4 *Dersch/Volkmer*, § 102 ArbGG Rz. 10a.
5 GMP/*Germelmann*, § 102 Rz. 29; GK-ArbGG/*Mikosch*, § 102 Rz. 32, Düwell/Lipke/*Voßkühler*, § 102 Rz. 33.
6 GMP/*Germelmann*, § 102 Rz. 29, Düwell/Lipke/*Voßkühler*, § 102 Rz. 34.

I. Zusammensetzung eines Schiedsgerichts (§ 103 Abs. 1)

1. Vertragsfreiheit der Parteien

1 Die **Parteien** des Schiedsvertrages können **bestimmen**, wie das **Schiedsgericht** besetzt werden soll. § 103 Abs. 1 regelt lediglich die Mindestanforderungen[1]. Die §§ 1034 ff. ZPO über die Zusammensetzung und Bildung des Schiedsgerichtes finden keine Anwendung[2]. Diese den Schiedsvertragsparteien zustehende Vertragsfreiheit bezieht sich auf die **Zahl der Schiedsrichter**, auf zu fordernde **Qualifikationen** und auf die **Art und Weise der Ernennung** der Schiedsrichter. Die Schiedsvertragsparteien können weiterhin regeln, ob ein ständiges Schiedsgericht eingerichtet oder ob es jeweils für den Einzelfall errichtet werden soll[3]. Bei einem nicht-ständigen Schiedsgericht kann die Bestimmung der Schiedsrichter auch den Prozessparteien übertragen werden[4].

2. Zwingende Vorschriften für die Besetzung des Schiedsgerichts

2 Die Parteien des Schiedsvertrages sind an den **Grundsatz der paritätischen Besetzung** zwingend gebunden. Wird dieser Grundsatz nicht beachtet, ist das Schiedsgericht nicht richtig besetzt, das Schiedsverfahren ist unzulässig. Gegen einen etwa ergangenen Schiedsspruch kann Aufhebungsklage nach § 110 Abs. 2 Nr. 1 erhoben werden[5]. Solange allerdings die Aufhebungsklage nicht erhoben ist, ist der Schiedsspruch nach § 109 für vollstreckbar zu erklären[6].

3 Der Grundsatz der paritätischen Besetzung des Schiedsgerichtes besagt, dass **ArbN und ArbGeb gleichmäßig zu berücksichtigen** sind. Der Begriff des ArbN bzw. des ArbGeb ist der gleiche wie in den §§ 22 und 23[7]. Außerdem können dem Schiedsgericht **auch Unparteiische** angehören. Dies bedeutet, dass ein Schiedsgericht, das ausschließlich aus einem oder mehreren Unparteiischen besteht, unzulässig ist[8]. Der weiterhin in der Lit. vertretenen Auffassung, es sei belanglos, wie viele ArbGeb und ArbN mitwirken, wenn nur ihre Zahl gleich ist[9], ist zu widersprechen. Aus der Verwendung des Begriffes „außerdem" in § 103 Abs. 1 Satz 1 folgt, dass die Anzahl von ArbN und ArbGeb größer sein muss als die Anzahl der Unparteiischen.

4 **ArbN im Sinne der Vorschrift** sind Arbeiter und Angestellte sowie die Heimarbeiter und wegen ihrer wirtschaftlichen Unselbstständigkeit arbeitnehmerähnliche Personen (§ 5 Abs. 1 Satz 2)[10]. Der Begriff des ArbN ist somit weit zu fassen. Hierzu gehören Rot-Kreuz-Schwestern, die zumindest als arbeitnehmerähnliche Personen anzusehen sind[11] sowie Arbeitsuchende[12]. Hingegen sind Vertretungsberechtigte einer juristischen Person oder Gesellschaft keine ArbN (§ 5 Abs. 1 Satz 3)[13]. Als ArbGeb können alle Personen auftreten, die ArbN beschäftigen und damit den allgemeinen ArbGeb-Begriff erfüllen.

5 Die **paritätische Besetzung** des Schiedsgerichtes muss **in jeder Sitzung** gewahrt sein. Ist ein Mitglied von einer Seite verhindert, so muss die Sache vertagt werden. Ggf. ist die Erklärung abzugeben, dass die Abgabe eines Schiedsspruches unmöglich ist (§ 102 Abs. 2 Nr. 4)[14]. Schiedsgerichte, die nur aus Unparteiischen bestehen, sind unzulässig, ebenso solche, die nur aus einem einzelnen Schiedsrichter bestehen[15]. Ein Schiedsspruch kann jedoch ergehen, wenn bei Verhinderung eines Mitglieds des Schiedsgerichtes (zB der

---

1 Die Bühnenschiedsgerichtsordnung konkretisiert die Vorgaben des § 103 Abs. 1 Satz 1, vgl. *Schmid/Schäfer*, ZTR 2003, 608 (611 ff.).
2 GK-ArbGG/*Mikosch*, § 103 Rz. 1.
3 GK-ArbGG/*Mikosch*, § 103 Rz. 1; GWBG/*Greiner*, § 103 Rz. 1; Hauck/Helml/Biebl/*Hauck/Biebl*, § 103 Rz. 1; *Schwab/Walter*, Kap. 38 Rz. 1.
4 GWBG/*Greiner*, § 103 Rz. 7. S. zum Problem des „Parteischiedsrichters" *Franzen*, NJW 1986, 299.
5 BGH v. 5.5.1986 – III ZR 235/84, NJW 1986, 3079; GMP/*Germelmann*, § 103 Rz. 2; GK-ArbGG/*Mikosch*, § 103 Rz. 3; Hauck/Helml/Biebl/*Hauck/Biebl*, § 103 Rz. 2; *Düwell/Lipke/Voßkühler*, § 103 Rz. 5; *Schwab/Walter*, Kap. 38 Rz. 5.
6 GMP/*Germelmann*, § 103 Rz. 2; GK-ArbGG/*Mikosch*, § 103 Rz. 3.
7 GMP/*Germelmann*, § 103 Rz. 3; GMP/*Germelmann*, § 103 Rz. 2; GK-ArbGG/*Mikosch*, § 103 Rz. 2; GWBG/*Greiner*, § 103 Rz. 7; *Schwab/Walter*, Kap. 38 Rz. 5; *Löwisch*, ZZP 103 (1990), 25 (26).
8 GMP/*Germelmann*, § 103 Rz. 4; GK-ArbGG/*Mikosch*, § 103 Rz. 2; GWBG/*Greiner*, § 103 Rz. 4; Hauck/Helml/Biebl/*Hauck/Biebl*, § 103 Rz. 3; BCF/*Friedrich*, §§ 101–103 Rz. 5.
9 So *Schwab/Walter*, Kap. 38 Rz. 5.
10 *Löwisch*, ZZP 103 (1990), 22 (25).
11 LAG Schl.-Holst. v. 5.4.1993 – 1 Ca 38/93, LAGE § 5 ArbGG 1979 Nr. 2.
12 *Löwisch*, ZZP 103 (1990), 22 (25).
13 *Löwisch*, ZZP 103 (1990), 22 (25).
14 GMP/*Germelmann*, § 103 Rz. 2; GK-ArbGG/*Mikosch*, § 103 Rz. 4; Hauck/Helml/Biebl/*Hauck/Biebl*, § 103 Rz. 2.
15 GWBG/*Greiner*, § 103 Rz. 4.

ArbN-Seite) ein weiteres Mitglied des Schiedsgerichtes (und zwar der ArbGeb-Seite) auf seine Teilnahme verzichtet, so dass der zwingende Grundsatz der Parität gewahrt ist und wenn zugleich beide Streitparteien erklären, dass sie darauf verzichten, diese unrichtige Besetzung des Schiedsgerichtes gem. § 110 Abs. 1 Nr. 1 mit der Aufhebungsklage zu rügen. Erforderlich ist allerdings, dass auf jeder Seite noch mindestens ein Vertreter vorhanden ist[1].

3. „Unparteiische"

§ 103 Abs. 1 lässt die Hinzuziehung von „Unparteiischen" zu. Dieser „denkbar ungeschickt gewählte Ausdruck"[2] beinhaltet, dass **die Unparteiischen nicht ArbGeb oder ArbN** sein dürfen[3]. Streitig ist, ob das Gesetz die Teilnahme beliebig vieler „Unparteiischer" zulässt. Dies ist zu verneinen, da gem. § 103 Abs. 1 Satz 1 dem Schiedsgericht Unparteiische – man muss sagen „auch" – angehören können. Verfehlt ist die Auffassung, dass es insoweit ausschließlich auf die Parität ankommt und somit die Anzahl der Unparteiischen die Anzahl der ArbN und ArbGeb zusammen übertreffen können[4]. Eine unbeschränkte Anzahl von Unparteiischen ist mit dem Wortlaut des § 103 Abs. 1 Satz 1 nicht zu vereinbaren, wonach dem Schiedsgericht „außerdem" Unparteiische angehören können[5]. Es wird zutreffend die Auffassung vertreten, dass Sinn und Zweck der Verwendung des Begriffes „unparteiisch" nicht sein könne, dass praktisch nur Richter, Beamte, Selbständige sowie Ruheständler als potentielle Unparteiische in Betracht kommen. Insoweit wird betont, es sei unerheblich, ob die Richter, Beamten oder Ruheständler eine Haushaltsgehilfin beschäftigen[6] oder der selbständige Rechtsanwalt Kanzleiangestellte. Demzufolge kann auch ein Angestellter eines unabhängigen Forschungsinstituts oder eines Ministeriums zum Schiedsrichter bestellt werden[7]. Wenn man den Kreis der möglichen „Unparteiischen" zu eng sieht, ist dies im Hinblick auf die geforderte oder erwartete Sachkunde geradezu kontraproduktiv[8]. Eine Behörde kann nicht als „Unparteiischer" bestellt werden[9]. Soll ein Richter als Unparteiischer bestellt werden, ist § 40 DRiG zu beachten. Hiernach darf einem Richter die Übernahme eines Schiedsrichteramtes nur genehmigt werden, wenn die Parteien des Schiedsverfahrens ihn gemeinsam beauftragen oder wenn er von einer unbeteiligten Stelle benannt ist[10]. 6

Einstweilen frei 7–8

Unerheblich ist, in welcher Funktion der „Unparteiische" – ob als Vorsitzender oder als Beisitzer – mitsitzt. Es ist somit nicht zwingend, dass der Unparteiische den Vorsitz des Schiedsgerichtes führt[11]. Ebenso ist es allein Sache der Schiedsvertragsparteien, ob sie weitere Anforderungen hinsichtlich der Person des Unparteiischen aufstellen[12]. 9

4. Ausgeschlossene Personen

Personen, die infolge Richterspruchs **die Fähigkeit zur Bekleidung öffentlicher Ämter nicht besitzen**, dürfen dem Schiedsgericht gem. § 103 Abs. 1 Satz 2 nicht angehören. Diese Vorschrift stellt die gleichen Erfordernisse auf, die auch ein ehrenamtlicher Richter gem. § 21 Abs. 2 Nr. 1 erfüllen muss[13] (ausführlich hierzu § 21 Rz. 15 ff.). Ist das Schiedsgericht mit einer nach § 103 Abs. 1 Satz 2 ausgeschlossenen Person besetzt, ist es nicht ordnungsgem. besetzt. 10

Es wird die Auffassung vertreten, dass der Schiedsvertrag nichtig sei, sofern der Schiedsvertrag konkrete **Schiedsrichter** vorsieht, **die** gem. § 103 Abs. 1 Satz 2 dem Schiedsgericht **nicht angehören dürfen**[14]. Der Verlust der Fähigkeit zur Bekleidung öffentlicher Ämter nach Richterspruch ergibt sich aus § 45 StGB. Es stellt sich allerdings die Frage, inwieweit die Parteien des Schiedsvertrages oder gar die Streitparteien feststellen können, ob bei einem der Schiedsrichter die Voraussetzungen des § 45 StGB erfüllt sind. Man kann 11

---

1 GMP/*Germelmann*, § 103 Rz. 5; GK-ArbGG/*Mikosch*, § 103 Rz. 5.
2 *Schwab/Walter*, Kap. 38 Rz. 6.
3 *Schwab/Walter*, Kap. 38 Rz. 6; GMP/*Germelmann*, § 103 Rz. 5; GK-ArbGG/*Mikosch*, § 103 Rz. 5; GWBG/*Greiner*, § 103 Rz. 7; Hauck/Helml/Biebl/*Hauck/Biebl*, § 103 Rz. 3.
4 So aber GWBG/*Greiner*, § 103 Rz. 8.
5 Düwell/Lipke/*Voßkühler*, § 103 Rz. 7.
6 So zB *Dersch/Volkmer*, § 103 Rz. 6b.
7 Ebenso GK-ArbGG/*Mikosch*, § 103 Rz. 2.
8 S. zB *Germelmann*, FS Adomeit, 2008, S. 201.
9 *Schwab/Walter*, Kap. 38 Rz. 7.
10 GK-ArbGG/*Mikosch*, § 103 Rz. 5.
11 GMP/*Germelmann*, § 103 Rz. 5; Düwell/Lipke/*Voßkühler*, § 103 Rz. 7.
12 Düwell/Lipke/*Voßkühler*, § 103 Rz. 7.
13 GK-ArbGG/*Mikosch*, § 103 Rz. 7; GWBG/*Greiner*, § 103 Rz. 9.
14 GWBG/*Greiner*, § 103 Rz. 6 und 9; *Schwab/Walter*, Kap. 38 Rz. 10.

schlechterdings von den Schiedsrichtern nicht verlangen, dass sie vor ihrer Bestellung[1] und vor jeder Sitzung unaufgefordert ein aktuelles polizeiliches Führungszeugnis vorlegen. Von daher ist die Bestimmung des § 103 Abs. 1 Satz 2 nicht praktikabel.

12 Ohne dass § 103 dies ausdrücklich regelt, gilt weiterhin der Grundsatz, dass **niemand in eigener Sache tätig** sein kann, auch für das Schiedsgericht. Als Schiedsrichter ist demnach ausgeschlossen, wer gleichzeitig selbst Partei oder gesetzlicher Vertreter einer Partei ist[2]. Ein weiterer ungeschriebener Ausschließungsgrund ergibt sich schließlich bei **Geschäftsunfähigkeit des Schiedsrichters**[3].

5. Bestellung der Mitglieder des Schiedsgerichts und ihre Rechtsstellung

a) Bestellung

13 Aus § 103 Abs. 1 ergibt sich im Einzelnen nicht, wer die Schiedsrichter zu bestellen hat und wie ihre Rechtsstellung ist. Schiedsrichter können **von den Tarifvertragsparteien**, die die Schiedsvereinbarung treffen, bestellt werden. Dies kann in dem Schiedsvertrag oder auch später erfolgen. Aus der Regelung des § 102 Abs. 2 Nr. 2 ergibt sich weiterhin, dass die Schiedsrichter auch **von den Streitparteien** bestellt werden können[4]. Gemäß § 103 Abs. 2 können Schiedsrichter unter den selben Voraussetzungen wie ein Richter abgelehnt werden[5].

14 Die Bestellung der Schiedsrichter kann auf verschiedene Weise geregelt werden. Aufgrund der den Schiedsvertragsparteien zustehenden Vertragsfreiheit kann bestimmt werden, dass **jede Seite seine Schiedsrichter** benennt. Es ist aber auch denkbar, dass sich **beide Parteien auf alle Schiedsrichter einigen** müssen. Fraglich ist, ob man die Bestimmung der Schiedsrichter einer Behörde oder Einrichtung übertragen kann. Derartiges war gem. § 93 Abs. 2 ArbGG 1926 möglich. Eine entsprechende Vorschrift enthält § 103 ArbGG 1953 nicht. Dementsprechend ist eine Vereinbarung, dass die Schiedsrichter durch eine Behörde oder Einrichtung bestimmt werden, unwirksam[6].

15 Die **Schiedsrichter** sind **unabhängig** und **nicht an Weisungen** von irgendeiner Seite **gebunden**. Die Schiedsrichter sind zur Neutralität, Verschwiegenheit und Mitwirkung nach besten Kräften verpflichtet[7]. Insoweit stellt sich die Frage, ob als Schiedsrichter eine betriebsangehörige Person – wie zB der Betriebsleiter, Personalleiter oder ähnliches – bestellt werden kann. Es wäre insoweit weltfremd, von einer faktischen Weisungsfreiheit und Neutralität auszugehen. Vielmehr ist zu fordern, dass ein Schiedsrichter in ähnlicher Weise wie ein Richter unabhängig sein muss[8].

b) Der Schiedsrichtervertrag

16 Müssen die Schiedsrichter erst für ihre Tätigkeit gewonnen werden, was vor allem für die unparteiischen Mitglieder zutrifft, so werden sie aufgrund eines **Schiedsrichtervertrages** tätig, den die Parteien des Schiedsvertrages oder die Streitparteien mit den Schiedsrichtern schließen. Der Schiedsrichtervertrag kommt **formlos** zustande, auch durch schlüssiges Verhalten[9]. Der **Schiedsrichtervertrag endet** regelmäßig durch Beendigung des Schiedsverfahrens, somit mit Abschluss des Vergleiches gem. § 107 oder Zustellung des Schiedsspruches gem. § 108, weiter durch Klagerücknahme oder durch Erledigung der Hauptsache. Es erlischt ferner mit dem Tod (§ 673 BGB) und mit Eintritt der Geschäftsunfähigkeit oder anderweitiger Unfähigkeit des Schiedsrichters, sein Amt auszuüben. Wird der Schiedsrichter als befangen

---

[1] Eine weitgehende Offenbarungspflicht bejaht *Lachmann*, Rz. 221.
[2] BGH v. 5.5.1986 – III ZR 235/84, NJW 1986, 3079; GMP/*Germelmann*, § 103 Rz. 10; GK-ArbGG/*Mikosch*, § 103 Rz. 7; *Dersch/Volkmar*, § 103 ArbGG Rz. 7; *Schwab/Walter*, Kap. 38 Rz. 9.
[3] GMP/*Germelmann*, § 103 Rz. 10; Stein/Jonas/*Schlosser*, § 1031 ZPO Rz. 6; *Schwab/Walter*, Kap. 38 Rz. 9; der Schiedsrichter ist nicht verpflichtet, sich psychiatrisch untersuchen zu lassen, vgl. Zöller/*Geimer*, § 1035 ZPO Rz. 6 unter Bezugnahme auf BGH EWiR 86, 1047.
[4] GMP/*Germelmann*, § 103 Rz. 11; GK-ArbGG/*Mikosch*, § 103 Rz. 8.
[5] GWBG/*Greiner*, § 103 Rz. 10.
[6] AA GMP/*Germelmann*, § 103 Rz. 6; GK-ArbGG/*Mikosch*, § 103 Rz. 9; *Dietz/Nikisch*, § 103 ArbGG Rz. 9.
[7] GK-ArbGG/*Mikosch*, § 103 Rz. 10.
[8] ZB GMP/*Germelmann*, § 103 Rz. 13; *Lachmann*, Rz. 881. Nach Rosenberg/Schwab/Gottwald, § 178 Rz. 24 ff., folgt die Beachtung des Gebotes überparteilicher Rechtspflege im schiedsgerichtlichen Verfahren aus Art. 97 GG. Auch der BGH sieht in der Möglichkeit, die Schiedsrichter selbst auszuwählen, eine „ruhende Gefahr" für die Unparteilichkeit des Schiedsgerichtes, vgl. BGH v. 5.11.1970 – VII ZR 31/98, BGHZ 54, 392 (396); BGH v. 3.7.1995 – III ZR 78/73, BGHZ 65, 59 (64).
[9] *Dietz/Nikisch*, § 103 ArbGG Rz. 2; MünchKommZPO/*Münch*, Vor § 1034 Rz. 13 mwN in Fn. 31.

abgelehnt, so erlischt das Schiedsrichteramt mit der Rechtskraft des gerichtlichen Beschlusses, durch den das staatliche Gericht die Ablehnung für begründet erklärt hat[1].

Der Schiedsrichter muss nach besten Kräften mitwirken und den **Streitfall** in einem rechtsstaatlichen Verfahren einer alsbaldigen **Erledigung zuführen**. Er ist zu strikter Neutralität und Unparteilichkeit verpflichtet. Die Schiedsrichter haften für ihre richterliche Tätigkeit nur in den Grenzen des § 839 Abs. 2 BGB[2]. Die Schiedsrichter sind zur Wahrung des Beratungsgeheimnisses verpflichtet, haben aber auch ein Recht auf dessen Wahrung[3]. 17

Soweit die **Mitglieder eines ständigen Schiedsgerichts** von den Tarifvertragsparteien bestellt werden, richtet sich deren Rechtsverhältnis nach der Vereinbarung zwischen ihnen und der sie entsendenden Tarifvertragsparteien. Da ein derartiger Schiedsrichter regelmäßig nicht auf Lebenszeit bestellt wird, ist er in gewisser Weise von der ihn entsendenden Tarifvertragspartei abhängig. Dies hat zumindest faktische Auswirkungen auf seine Unabhängigkeit und Objektivität. Dies ist selbstverständlich in Kauf zu nehmen, wenn sich zwei gleichberechtigte Streitparteien auf einen Schiedsvertrag und auf die Schiedsrichter einigen. Dies ist jedoch bedenklich, wenn den Streitparteien gegen ihren Willen ein Schiedsgericht aufgedrängt wird, auf dessen Zusammensetzung sie überhaupt keinen Einfluss haben. 18

c) Vergütung

Sofern der Schiedsrichter betriebsfremd ist und der Schiedsvertrag keine Regelung über seine Vergütung enthält, richtet sich die **Vergütung nach § 612 BGB**[4]. Überwiegend wird hierzu die Auffassung vertreten, dass eine Berechnung der Vergütung nach den Bestimmungen des Rechtsanwaltsvergütungsgesetzes[5] nicht in Betracht komme, da diese Gebührenordnung berücksichtige, dass der Rechtsanwalt[5] erhebliche feste laufende Kosten habe und diese Kosten beim Schiedsrichter nicht anfallen[6]. Es wird weiterhin die Auffassung vertreten, dass auch die Regelungen, die nach § 76a BetrVG für die Einigungsstelle gelten, nicht herangezogen werden können, weil die Tätigkeit von Schiedsgericht und Einigungsstelle grundlegend verschieden sei[7]. Demzufolge sei die Höhe der Vergütung nach billigem Ermessen gem. § 315 BGB zu bestimmen[8]; der Vorsitzende kann in der Regel, insbesondere auch bei entsprechender Anwendung des § 612 Abs. 2 BGB, eine höhere Vergütung als die Beisitzer verlangen[9]. Orientieren kann man sich an der vom Deutschen Anwaltsverein im Einvernehmen mit dem Deutschen Richterbund ausgearbeiteten „Vereinbarung über die Gebühren der Schiedsrichter"[10]. 19

Dies gilt auch dann, wenn der als Schiedsrichter bestellte Gewerkschaftsvertreter das insoweit verdiente Honorar nicht selbst behalten kann, sondern es an die Gewerkschaft oder gewerkschaftseigene Einrichtungen abgeben muss[11]. Die Schiedsrichter haben kraft Gewohnheitsrechts Anspruch auf Vorschuss und, sofern nicht ausweislich des Schiedsvertrages oder Schiedsordnung die Tarifvertragsparteien für die Vergütung der Schiedsrichter aufzukommen haben, haften die Streitparteien gesamtschuldnerisch (§ 421 BGB)[12]. Wird der Vorschuss nicht gezahlt, so kann das Schiedsgericht seine Tätigkeit bis zur Vorschuss- 20

---

1 MünchKommZPO/*Münch*, § 1037 Rz. 29.
2 Zöller/*Geimer*, § 1035 ZPO Rz. 30; Musielak/*Voit*, § 1035 ZPO Rz. 25; *Schwab/Walter*, Kap. 12 Rz. 9.
3 Zöller/*Geimer*, § 1035 ZPO Rz. 31; ausführlich zu den Pflichten des Schiedsrichters *Lachmann*, Rz. 861 ff.
4 GMP/*Germelmann*, § 103 Rz. 15; GK-ArbGG/*Mikosch*, § 103 Rz. 11; Hauck/Helml/Biebl/*Hauck/Biebl*, § 103 Rz. 4; ErfK/*Koch*, § 110 Rz. 1; Stein/Jonas/*Schlosser*, vor § 1025 ZPO Rz. 13; MünchKommZPO/*Münch*, vor § 1034 Rz. 31 ff.; Zöller/*Geimer*, § 1035 ZPO Rz. 24.
5 In § 1 Abs. 2 RVG ist ausdrücklich bestimmt, dass das RVG nicht gilt, wenn der Rechtsanwalt als Schiedsrichter tätig ist; s. zur Vergütung des Rechtsanwalts für eine Tätigkeit im schiedsgerichtlichen Verfahren OLG Dresden v. 20.03.2007 – 11 Sch 3/07 sowie *Enders*, JurBüro 1998, 169.
6 GMP/*Germelmann*, § 103 Rz. 15; GK-ArbGG/*Mikosch*, § 103 Rz. 11; GWBG/*Greiner*, § 103 Rz. 3; aA OLG Stuttgart v. 1.10.1987 – 11 U 36/86, ZIP 1988, 664.
7 GMP/*Germelmann*, § 103 Rz. 15; s. zu den Kosten der Einigungsstelle *Friedemann*, Rz. 625 ff.; nach LAG Köln v. 23.1.1997 – 6 Ca BV 48/96, AP Nr. 6 zu § 76 BetrVG 1972, kann jedoch der Vorsitzender einer Einigungsstelle gem. § 76 BetrVG in entsprechender Anwendung der Befangenheitsregelung in § 103 Abs. 2 ArbGG abgelehnt werden.
8 BGH v. 25.11.1976 – III ZR 112/74, WM 1977, 319; OLG Stuttgart v. 1.10.1987 – 11 U 36/86, ZIP 1988, 664; GMP/*Germelmann*, § 103 Rz. 15.
9 GWBG/*Greiner*, § 103 Rz. 3.
10 Hierzu MünchKommZPO/*Münch*, Vor § 1034 Rz. 44 ff.
11 So BAG v. 14.12.1988 – 7 ABR 73/87, DB 1989, 983 für das Mitglied einer Einigungsstelle.
12 Nach ErfK/*Koch*, § 110 ArbGG Rz. 6 sowie GK-ArbGG/*Mikosch*, § 103 Rz. 11 haften die Tarifvertragsparteien als Gesamtschuldner.

zahlung einstellen[1]. Zustehende Vergütungsansprüche haben die Schiedsrichter vor den staatlichen Gerichten zu verfolgen[2]. Das Schiedsgericht kann eine Vergütung nicht über den Umweg erzwingen, dass es wegen verweigerter Zahlung eines Gebührenvorschusses eine an sich gebotene Beweisaufnahme unterlässt[3].

21 Einstweilen frei

22 Die **Fälligkeit der Vergütung** richtet sich nach den zwischen den Parteien des Schiedsvertrages getroffenen Vereinbarungen. Soweit diese fehlten, findet die Regelung des § 614 BGB entsprechende Anwendung, dh. die Vergütung wird nach der Tätigkeit des Schiedsgerichtes fällig[4]. Neben der Vergütung hat ein Schiedsrichter Anspruch auf Erstattung seiner Auslagen (wie zB Reisekosten). Hingegen kann der Schiedsrichter nicht Ersetzung des Verdienstausfalles verlangen[5], da er für seine Tätigkeit als Schiedsrichter eine angemessene Vergütung erhält und Bemessungskriterium für die Vergütung auch der Verdienstausfall ist[6].

II. Ablehnung eines Schiedsrichters (§ 103 Abs. 2)

23 Gemäß § 103 Abs. 2 können die **Schiedsrichter** unter denselben Voraussetzungen wie die Richter bei den Gerichten für Arbeitssachen **abgelehnt** werden[7]; insoweit gelten § 49 ArbGG iVm. §§ 42 ff. ZPO. Die Ablehnung kann auch auf einen Grund gestützt werden, der einen Richter von der Ausübung des Richteramtes ausschließt (§ 41 ZPO), da ein derartiger Ausschließungsgrund dem schiedsrichterlichen Verfahren fremd ist. Demzufolge können die entsprechenden Tatbestände nur im Wege der Ablehnung geltend gemacht werden. Auch kann ein Schiedsrichter sich selbst ablehnen; hier gelten die gleichen Grundsätze wie bei § 49[8].

III. Das Ablehnungsverfahren

24 Nach § 103 Abs. 3 Satz 1 entscheidet über die **Ablehnung** die **Kammer des ArbG**, das für die Geltendmachung des Anspruchs zuständig wäre. Bei dieser ist das Gesuch um Entscheidung über die Ablehnung schriftlich oder zu Protokoll der Geschäftsstelle anzubringen[9]. Zwischen dem Gesuch um Entscheidung über die Ablehnung und der Ablehnungserklärung ist zu unterscheiden. Das Gesuch um Entscheidung über die Ablehnung geht immer an das ArbG, die Erklärung der Ablehnung kann und sollte auch gegenüber dem Schiedsgericht erfolgen. Alsdann hat nämlich der abgelehnte Schiedsrichter die Möglichkeit, sein Amt freiwillig niederzulegen[10]. Warum dies unzulässig sein soll, wenn auch die Erklärung der Ablehnung unmittelbar gegenüber dem ArbG erfolgt[11], ist nicht nachvollziehbar. Wird das Gesuch um Entscheidung über die Ablehnung beim Schiedsgericht angebracht und von ihm an das ArbG weitergeleitet, so geschieht das im Auftrag des Ablehnenden[12].

25 Das **ArbG** entscheidet **in voller Besetzung**, dh. unter Beteiligung der ehrenamtlichen Richter. Die Durchführung einer mündlichen Verhandlung ist nicht erforderlich. Ob eine mündliche Verhandlung durch-

---

1 BGH v. 7.3.1985 – III ZR 169/83, NJW 1985, 1903; MünchKommZPO/*Münch*, Vor § 1034 Rz. 44; *Lachmann*, Rz. 345 ff. sowie GK-ArbGG/*Mikosch*, § 103 Rz. 11; GWBG/*Greiner*, § 103 Rz. 3.
2 MünchKomm/ZPO/*Münch*, Vor § 1034 Rz. 44.
3 BGH v. 7.3.1985 – III ZR 169/83, NJW 1985, 1903; GK-ArbGG/*Mikosch*, § 103 Rz. 11.
4 GMP/*Germelmann*, § 103 Rz. 17.
5 So aber GMP/*Germelmann*, § 103 Rz. 18.
6 *Fitting*, BetrVG, § 76a Rz. 22; *Friedemann*, Rz. 674.
7 Nach Auffassung des LAG Köln v. 23.1.1997 – 6 TaBV 48/96, LAGE § 76 BetrVG 1972 Nr. 45, kann der Einigungsstellenvorsitzende in entsprechender Anwendung der § 103 Abs. 2 ArbGG, § 1032 Abs. 1 ZPO aF wegen Besorgnis der Befangenheit abgelehnt werden, wenn sich im Laufe des Einigungsstellenverfahrens Anhaltspunkte für seine Parteilichkeit ergeben; s. zum Problem der Befangenheit auch *Reupke*, S. 194 ff., der darauf hinweist, dass nach den veröffentlichen Gerichtsentscheidungen bislang kein Schiedsrichter des Bühnenschiedsgerichts als befangen abgelehnt worden ist.
8 GMP/*Germelmann*, § 103 Rz. 19; Hauck/Helml/Biebl/*Hauck/Biebl*, § 103 Rz. 5 ff.; ausführlich zur Ablehnung eines Schiedsrichter *Lachmann*, Rz. 307 ff. sowie *Schütze*, Rz. 87 ff.
9 GWBG/*Greiner*, § 103 Rz. 10. Nach Auffassung von GMP/*Germelmann*, § 103 Rz. 20 sowie GK-ArbGG/*Mikosch*, § 103 Rz. 13 kann das Ablehnungsgesuch bei dem Schiedsgericht selbst oder bei dem zuständigen ArbG angebracht werden.
10 *Schwab/Walter*, Kap. 38 Rz. 12.
11 *Schwab/Walter*, Kap. 38 Rz. 12.
12 *Schwab/Walter*, Kap. 38 Rz. 12.

geführt wird, entscheidet der Vorsitzende allein[1]. Beide Parteien sind schriftlich oder mündlich anzuhören. Es ist allerdings bedenklich, wenn die eine Partei schriftlich und die andere Partei mündlich angehört wird. Weiterhin anzuhören ist das abgelehnte Mitglied des Schiedsgerichtes[2]. Die Entscheidung des ArbG hat eine Begründung zu enthalten[3].

Das **Schiedsgericht** selbst kann **nicht** über die Ablehnung befinden[4]. Gegen die Entscheidung des ArbG ist ein **Rechtsmittel nicht** gegeben (§ 103 Abs. 3 Satz 5). Etwas anderes muss allerdings gelten bei der Verletzung des rechtlichen Gehörs. In diesem Fall kann der Betroffene formlos Gegenvorstellungen erheben[5]. Dieser Rechtsbehelf zielt auf eine Überprüfung der ergangenen Entscheidung durch dieselbe Instanz, die sie erlassen hat. Das Verfahren vor dem ArbG ist gem. § 2 Abs. 2 GKG kostenfrei.

IV. Wirkung der arbeitsgerichtlichen Entscheidung

Wenn eine Partei ein **Ablehnungsgesuch** stellt, wird das schiedsrichterliche **Verfahren unterbrochen**, bis das ArbG über das Ablehnungsgesuch entschieden hat. Wird das Ablehnungsgesuch zurückgewiesen, wird das schiedsrichterliche Verfahren fortgesetzt. Der erfolglos abgelehnte Schiedsrichter wirkt weiter mit. Hat das Ablehnungsgesuch Erfolg, so tritt an die Stelle des abgelehnten Schiedsrichters ein **Ersatzmitglied**. Ist ein solches nicht bestellt, kann es nachbenannt werden. Sofern dies nicht in angemessener Zeit geschieht, hat der Vorsitzende den Streitparteien mitzuteilen, dass die Abgabe eines Schiedsspruches unmöglich sei (§ 102 Abs. 2 Nr. 4). Das Schiedsgericht ist an die Entscheidung des ArbG gebunden[6]. Wirkt der abgelehnte Schiedsrichter bei einer Entscheidung des Schiedsgerichtes mit, führt dies zur Aufhebung des Schiedsspruchs gem. § 110 Abs. 1 Nr. 1[7].

§ 104 Verfahren vor dem Schiedsgericht

Das Verfahren vor dem Schiedsgericht regelt sich nach den §§ 105 bis 110 und dem Schiedsvertrag, im Übrigen nach dem freien Ermessen des Schiedsgerichts.

I. Allgemeines	1	III. Das „freie Ermessen" des Schiedsgerichts	5
II. Grundsätze des Schiedsgerichts	3	IV. Rechtsmittel	10

I. Allgemeines

Die Vorschrift tritt an die Stelle des § 1042 Abs. 4 ZPO nF. Hiernach sind die **Regelungen in §§ 105–110 zwingend**. Die Regelungen der ZPO über Ladungen, Zustellungen, Termine, Fristen, Präklusion, Wiedereinsetzung in den vorherigen Stand, Protokoll, Rücknahme der Schiedsklage, Kosten, Wiederaufnahme des Verfahrens sind „nicht ohne weiteres" anwendbar[8]. Zu ergänzen sind die rudimentären gesetzlichen Regelungen in §§ 105–110 durch den **Schiedsvertrag**[9]. Die gesetzlichen Bestimmungen sowie die Bestimmungen des Schiedsvertrages sind einzuhalten, da anderenfalls Aufhebungsklage gem. § 110 Abs. 1 Nr. 1 erhoben werden kann. Ist das Schiedsverfahren von den Tarifvertragsparteien mit bindender Wirkung für die Streitparteien vereinbart, dann können die Streitparteien andere Verfahrensvorschriften, als die von

---

1 GMP/*Germelmann*, § 103 Rz. 21; Düwell/Lipke/*Voßkühler*, § 103 Rz 14; *Schwab/Walter*, Kap. 38, Rz. 13.
2 GMP/*Germelmann*, § 103 Rz. 21; GK-ArbGG/*Mikosch*, § 103 Rz. 13 ff.; *Schwab/Walter*, Kap. 38 Rz. 14.
3 GK-ArbGG/*Mikosch*, § 103 Rz. 14.
4 GK-ArbGG/*Mikosch*, § 103 Rz. 13 ff.; GWBG/*Greiner*, § 103 Rz. 8; offen bleibt, was geschieht, wenn das Ablehnungsgesuch in Verschleppungsabsicht missbräuchlich gestellt wird; für den Fall einer Einigungsstelle hat insoweit das LAG Köln v. 23.1.1997 – 6 TaBV 48/96, LAGE § 76 BetrVG 1992 Nr. 45 entschieden, dass die Einigungsstelle in entsprechender Anwendung des § 1037 ZPO aF mit der Stimme des Vorsitzenden die Fortführung des Verfahrens beschließen kann.
5 S. hierzu BVerfG v. 25.11.2008 – 1 BvR 848/07, NJW 2009, 829.
6 GMP/*Germelmann*, § 103 Rz. 25; GK-ArbGG/*Mikosch*, § 103 Rz. 15 ff.; Hauck/Helml/Biebl/*Hauck/Biebl*, § 103 Rz. 6.
7 Düwell/Lipke/*Voßkühler*, § 103 Rz. 15.
8 So GK-ArbGG/*Mikosch*, § 104 Rz. 11.
9 So wird zB in §§ 15 ff. der Bühnenschiedsgerichtsordnung (BSchGO) vom 1.10.1948 idF v. 1.1.2009 das Verfahren vor den Bezirksschiedsgerichten ausführlich geregelt. S. hierzu auch *Schmid/Schäfer*, ZTR 2003, 608 (612) sowie GMP/*Germelmann*, Anlage III Kommentierung der §§ 15 ff.

den Tarifvertragsparteien vereinbaren, nicht verabreden[1]. Es wird behauptet, dass dem Wesen des schiedsgerichtlichen Verfahrens die freie Gestaltung durch das Schiedsgericht entspreche. Gerade der Verzicht auf Förmlichkeiten und die größere Elastizität gehören zu den Gründen, die oft zum Abschluss eines Schiedsvertrages führen[2]. Diese grds. richtige Auffassung wird allerdings fragwürdig, wenn die Streitparteien durch eine Vereinbarung der Tarifvertragsparteien zum Führen eines schiedsgerichtlichen Verfahrens verpflichtet werden. An diesen verfassungsrechtlichen Bedenken ändert sich auch nichts durch die Tatsache, dass die Bühnenschiedsgerichtsbarkeit durchaus rechtsstaatlich ausgeprägt ist.

2 Die Schiedsklage wahrt gesetzliche und tarifvertragliche Klagefristen, insbesondere die Klagefrist gem. § 4 KSchG, aber auch tarifliche Ausschlussfristen[3]. Fraglich ist, ob das Schiedsgericht eine **verspätete Kündigungsschutzklage** (nach Ablauf der in § 4 Satz 1 KSchG normierten Dreiwochenfrist) gem. § 5 KSchG zulassen kann[4]. Hiergegen spricht, dass im Zulassungsverfahren vor dem Schiedsgericht eine Glaubhaftmachung (gem. § 5 Abs. 2 Satz 2 KSchG) nicht möglich ist, weil das Schiedsgericht eidesstattliche Versicherungen nicht entgegennehmen kann (vgl. § 106 Abs. 1 Satz 2)[5]. Auch wenn der Schiedsvertrag eine entsprechende Regelung enthalten sollte, stellt sich die Frage, ob nicht aus rechtsstaatlichen Gründen eine Regelung des Gesetzgebers erforderlich ist. Die Möglichkeit der Wiedereinsetzung beruht auf einer Abwägung des Erfordernisses der Rechtssicherheit einerseits und der materiellen Gerechtigkeit andererseits. Zu beachten ist die Garantie des wirksamen Rechtsschutzes, die Verwirklichung der Einzelfallgerechtigkeit und die Gewährleistung des rechtlichen Gehörs[6]. In Abwägung der unterschiedlichen Rechtsgüter vertritt das BVerfG die Auffassung, dass die Anforderung zur Erlangung der Wiedereinsetzung nicht überspannt werden dürfe[7]. Dies setzt zwangsläufig voraus, dass trotz Versäumung der Klagefrist die Erlangung gerichtlichen Rechtsschutzes möglich ist. Ggf. ist von einem Fall des § 102 Abs. 2 Nr. 4 auszugehen und somit von der Zuständigkeit der Gerichte für Arbeitssachen[8]. Es wird allerdings die Auffassung vertreten, dass das Schiedsgericht in Ausübung seines „freien Ermessens" die verspätet eingereichte Kündigungsschutzklage zulassen kann[9]. Da die Erhebung der Schiedsklage keine Rechtshängigkeit im eigentlichen Sinne begründet, können auch keine Prozesszinsen nach § 291 BGB gefordert werden. Dies ist nach der Rspr. erst ab Rechtshängigkeit der Aufhebungsklage möglich[10].

II. Grundsätze des Schiedsgerichts

3 Das **Schiedsgericht prüft von Amts wegen**, ob ein gültiger Schiedsvertrag vorliegt, ob die Streitigkeit von tarifgebundenen Parteien geführt wird und ob die Schiedsrichter im Einklang mit den Bestimmungen des Schiedsvertrages berufen worden sind. Weiter prüft das Schiedsgericht, ob die Streitparteien parteifähig und prozessfähig sind[11]. Das Schiedsgerichtsverfahren kann nur in den Fällen stattfinden, in denen ohne Schiedsvertrag das ArbG-Verfahren Platz greifen würde[12]. In jedem Fall muss das Schiedsgericht von Amts wegen die sachliche und örtliche Zuständigkeit prüfen[13].

4 Das Schiedsgericht hat weiterhin zu **prüfen**, ob das **Verfahren statthaft** ist. Überwiegend wird in der arbeitsgerichtlichen Lit. die Auffassung vertreten, Schiedsgerichte könnten keinen einstweiligen Rechtsschutz gewähren[14]. Dies wird ua. mit § 1042 ZPO aF/ § 109 ArbGG begründet, wonach der Schiedsspruch von

---

1 So *Dietz/Nikisch*, § 104 ArbGG Anm. I 4; *Dersch/Volkmar*, § 104 ArbGG Anm. 2b; *Schwab/Walter*, Kap. 39 Rz. 2.
2 *Dietz/Nikisch*, § 104 ArbGG Rz. 1; *Vogel*, NZA 1999, 26 (28 ff.).
3 *Düwell/Lipke/Voßkühler*, § 104 Rz. 15.
4 So *Düwell/Lipke/Voßkühler*, § 104 Rz. 7 sowie GWBG/*Greiner*, § 105 Rz. 17.
5 AA *Düwell/Lipke/Voßkühler*, § 104 Rz. 8 und 17 mit dem Hinweis, dass das Schiedsgericht freiwillig abgegebene eidesstattliche Versicherungen frei würdigen kann.
6 *Zöller/Greger*, § 233 ZPO Rz. 1; *Musielak/Grandel*, § 233 ZPO Rz. 1.
7 S. zB BVerfG v. 30.5.1997 – 1 BvR 296/97, NJW 1997, 2941; BVerfG v. 23.8.1999 – 1 BvR 1138/97, NJW 1999, 3701.
8 AA *Düwell/Lipke/Voßkühler*, § 104 Rz. 6.
9 So Natter/Gross/*Jörg*, § 104 Rz. 2 sowie GWBG/*Greiner*, § 104 Rz. 17.
10 BAG v. 12.5.1982 – 4 AZR 510/81, AP Nr 20 zu § 611 BGB Bühnenengagementsvertrag; GWBG/*Greiner*, § 104 Rz. 15.
11 GMP/*Germelmann*, § 104 Rz. 7; GK-ArbGG/*Mikosch*, § 104 Rz. 7; GWBG/*Greiner*, § 104 Rz. 4; *Schwab/Walter*, Kap. 39 Rz. 3.
12 *Dietz/Nikisch*, § 104 ArbGG Rz. 6; *Dersch/Volkmar*, § 104 ArbGG Rz. 5a ff.
13 GMP/*Germelmann*, § 104 Rz. 5; GK-ArbGG/*Mikosch*, § 104 Rz. 5; GWBG/*Greiner*, § 104 Rz. 2.
14 GK-ArbGG/*Mikosch*, § 104 Rz. 13; *Düwell/Lipke/Voßkühler*, § 104 Rz. 14; GWBG/*Greiner*, § 104 Rz. 11.

einem staatlichen Gericht für vollstreckbar erklärt werden muss[1]. In der zivilprozessualen Lit. wird hingegen vielfach die Auffassung vertreten, dass die Schiedsgerichte sehr wohl einstweiligen Rechtsschutz gewähren können, dass aber daneben die ordentlichen Gerichte konkurrierend zuständig bleiben[2]. Der Gesetzgeber hat sich ausweislich § 1041 ZPO nF dahin gehend entschieden, dass das Schiedsgericht auf Antrag einer Partei vorläufige oder sichernde Maßnahmen anordnen kann, die es in Bezug auf den Streitgegenstand für erforderlich hält.

Nach allgemeiner Auffassung sind weiterhin anzuwenden auf das schiedsgerichtliche Verfahren die Grundsätze über eine subjektive und objektive Klagehäufung, die Grundsätze für eine Klageänderung gem. § 263, § 264 und § 270 ZPO, für die Bestimmtheit der Anträge gem. § 253 ZPO[3], das Erfordernis eines Feststellungsinteresses bei einer Feststellungsklage gem. § 256 ZPO, für die Streitverkündung gem. § 72 ZPO und schließlich für die Haupt- und Nebenintervention gem. § 68 ZPO[4]. Nicht anzuwenden sind die Vorschriften über die Öffentlichkeit des Verfahrens, jedoch können die Streitparteien vor dem Schiedsgericht ihr Einverständnis mit der Anwesenheit Dritter erklären[5]. Ein Versäumnisverfahren beim Schiedsgericht gibt es nicht; die Folgen des Ausbleibens einer Partei ergeben sich aus § 105[6]. Da das Schiedsgericht kein Gericht iSv. Art. 100 GG ist[7], kommt eine Vorlage an das BVerfG nicht in Betracht. Das Schiedsgericht hat die fragliche Vorschrift anzuwenden und die Normenkontrolle den staatlichen Gerichten im Aufhebungsverfahren zu überlassen[8]. 4a

III. Das „freie Ermessen" des Schiedsgerichts

Soweit das Schiedsgericht nach freiem Ermessen das Verfahren gestalten kann, kommt ein Verstoß gegen Verfahrensfehler kaum in Betracht[9]. Demzufolge stellt sich die Frage nach den **Grenzen des „freien Ermessens"**. Insoweit vertritt die arbeitsrechtliche Kommentar-Lit. die Auffassung, dass eine Einschränkung des freien Ermessens sich lediglich aus den §§ 105–110 ergebe, die zwingend zu beachten seien[10]. Hiergegen ist einzuwenden, dass selbstverständlich auch das schiedsgerichtliche Verfahren ein rechtsstaatliches Verfahren zu sein hat und dass demzufolge alle aus dem Grundgesetz sich ergebenden Rechte der Parteien (wie zB Gleichbehandlung, rechtliches Gehör) vom Schiedsgericht zu beachten sind[11]. Das BAG hat zu Recht darauf hingewiesen, dass auf Grund des freien Ermessens des Schiedsgerichtes nur Verstöße gegen die im ArbGG geregelten Verfahrensvorschriften – also zB, eine Verletzung des Grundsatzes der vorherigen Anhörung der Parteien nach § 105 Abs. 1 – einen Aufhebungsgrund abgeben können[12]. 5

Der Gesetzgeber verwendet den Begriff des „freien Ermessens" zB in § 938 Abs. 1 ZPO. Hiernach bestimmt das Gericht nach freiem Ermessen, welche Anordnungen zur Erreichung des Zweckes einer einstweiligen Verfügung erforderlich sind. Es besteht jedoch Einigkeit darüber, dass **„freies Ermessen" keine Ermessensentscheidung im verwaltungsrechtlichen Sinne bedeutet**; der eröffnete Entscheidungsspielraum soll dem Gericht vielmehr im Rahmen der gestellten Anträge die fallbezogene Konkretisierung des „zur Erreichung des Sicherungszwecks Erforderlichen" ermöglichen[13]. In der Lit. wird hierzu die Auffassung vertreten, dass das schiedsrichterliche Ermessen durch Parteivereinbarung begrenzt werden könne; so könnten 6

---

1 Im Ergebnis ebenso GMP/*Germelmann*, § 104 Rz. 16; GK-ArbGG/*Mikosch*, § 104 Rz. 13.Umfangreiche Nachweise bei *Schuschke/Walker*, Vollstreckungen und vorläufiger Rechtsschutz, 6. Aufl. 2016, vor § 916 ZPO Rz. 36 mwN in Fn. 95.
2 Nachweise bei *Schuschke/Walker*, Vollstreckungen und vorläufiger Rechtsschutz, 6. Aufl. 2016, vor § 916 ZPO Rz. 36 mit Fn. 95 ff.
3 GMP/*Germelmann*, § 104 Rz. 12; Düwell/Lipke/*Voßkühler*, § 104 Rz. 12; GWBG/*Greiner*, § 104 Rz. 7; BCF/*Friedrich*, §§ 104 bis 110 Rz. 1.
4 GMP/*Germelmann*, § 104 Rz. 9 ff.; GK-ArbGG/*Mikosch*, § 104 Rz. 8 ff.; GWBG/*Greiner*, § 104 Rz. 5.
5 GMP/*Germelmann*,§ 204 Rz. 17; GK-ArbGG/*Mikosch*, § 104 Rz. 14.
6 GK-ArbGG/*Mikosch*, § 104 Rz. 12.
7 Münch/Kunig/*Meyer*, GG, Art. 100 Rz. 11.
8 GK-ArbGG/*Mikosch*, § 104 Rz. 14; Düwell/Lipke/*Voßkühler*, § 104 Rz. 14.
9 Vgl. BAG v. 12.5.1982 – 4 AZR 510/81, AP Nr. 20 zu § 611 BGB – Bühnenengagementsvertrag; KG Berlin v. 15.6.2006 – 20 Sch 2/06; Düwell/Lipke/*Voßkühler*, § 104 Rz. 17.
10 GMP/*Germelmann*, § 104 Rz. 20; GK-ArbGG/*Mikosch*, § 104 Rz. 2; GWBG/*Greiner*, § 104 Rz. 1 ff.; Hauck/Helml/Biebl/*Hauck/Biebl*, § 104 Rz. 1.
11 Hierzu *Lachmann*, Rz. 85.
12 BAG v. 15.2.2012 – 7 AZR 626/10, NZA-RR 2013, 154-158 unter Bezugnahme auf BAG v. 12.5.1982 – 4 AZR 510/81, AP Nr 20 zu § 611 BGB Bühnenengagementsvertrag.
13 S. zB OLG Celle v. 12.6.1986 – 2 W 34/86, NJW-RR 1987, 447; Zöller/*Vollkommer*, § 938 ZPO Rz. 1 ff.

die Parteien regeln, wer als Bevollmächtigter ihr Interesse wahrnehmen darf[1]. Darüber hinaus kann das Schiedsgericht sein Ermessen durch von ihm selbst gesetzte Regelungen, etwa auch ständig praktizierte Verfahrensweisen, einschränken[2]. Bedauerlich ist es allerdings, dass der das ArbG-Verfahren beherrschende Beschleunigungsgrundsatz[3] nicht zwingend anzuwenden ist.

7 Ein „**freies Ermessen**" wird dem Gericht idR im Zusammenhang mit der Streitwertfestsetzung gem. § 3 Abs. 1 ZPO zugebilligt[4]. Weiterhin hat die Rspr. judiziert, dass die grds. im freien Ermessen des Gerichts stehende Aussetzung des Verfahrens nach § 149 ZPO im arbeitsgerichtlichen Verfahren gewissen Einschränkungen unterliege[5]. Auch wird dem Gericht bei der Terminierung ein freies Ermessen eingeräumt, das allenfalls unter dem Gesichtspunkt der Rechtsverweigerung nachprüfbar ist[6]. Das BAG hat entschieden, dass ein ArbGeb eine Leistungszulage selbst dann nicht nach freiem Ermessen widerrufen kann, wenn er sich dies ausdrücklich vorbehalten hat. Der Widerruf von Vergütungsbestandteilen sei nur in den Grenzen billigen Ermessens zulässig[7].

8 Es hat sicherlich einen Grund, dass der Gesetzgeber in dem neu geschaffenen § **495a ZPO** nur von einem „**billigen Ermessen**" spricht. Im Rahmen der Behandlung von Bagatellsachen kann das Gericht gem. § 495a ZPO sein Verfahren nach „billigem Ermessen" bestimmen, wenn der Streitwert 600 Euro nicht übersteigt. Bei der Verfahrensgestaltung sind dem Gericht erhebliche Grenzen gezogen; der Amtsrichter hat selbstverständlich die Anforderungen eines rechtsstaatlichen Verfahrens einzuhalten. Dies gilt insbesondere für den Anspruch auf rechtliches Gehör[8].

9 Allerdings hat das **BAG** in der Vergangenheit keine Bedenken gegen das dem Schiedsgericht eingeräumte freie Ermessen gehabt. Das BAG hat betont, dass die §§ 102 ff. keinerlei Bestimmungen über die Einzelheiten des schiedsgerichtlichen Verfahrens enthalten und dass demzufolge das Schiedsgericht ein Verfahren nach freiem Ermessen, also ohne Bindung auch an die Bestimmungen der ZPO, wählen kann[9], insbesondere sei das Schiedsgericht nicht an die §§ 139, 273 und 283 ZPO gebunden[10]. Die **Lit.** wirft dem BAG vor, dass das Schiedsgericht nicht nur die §§ 105 ff., sondern auch den Schiedsvertrag und im Übrigen die Bestimmungen der ZPO zu beachten habe[11]. Im Ergebnis ist der Entscheidung des **BAG** allerdings **zuzustimmen**, ohne dass es eines Rückgriffs auf das „freie Ermessen" bedarf. Ob nämlich bei einem im Schiedsgerichtsverfahren vorgesehenen Instanzenzug die Berufung wirksam eingelegt worden ist oder nicht, hat ausschließlich das zweitinstanzliche Gericht (zB: Bühnenoberschiedsgericht) zu prüfen[12]. Wenn im schiedsgerichtlichen Berufungsverfahren das Bühnenoberschiedsgericht die stark verkürzte Unterschrift unter dem Berufungsschriftsatz für ausreichend erachtet, kann es nicht Aufgabe der staatlichen Gerichtsbarkeit sein, diese autonome Entscheidung des Schiedsgerichtes zu korrigieren[13].

IV. Rechtsmittel

10 Das Gesetz sieht ein schiedsgerichtliches **Rechtsmittelverfahren** nicht vor. Die Schiedsvertragsparteien können ein mehrstufiges schiedsgerichtliches Verfahren schaffen[14]. Da jedoch niemand einen Anspruch

---

1 Stein/Jonas/*Schlosser*, § 1042 ZPO Rz. 28. In § 14 BSchGO ist die Prozessvertretung abschließend geregelt; die Streitparteien haben insoweit keinen Einfluss. Gemäß § 1042 ZPO Abs. 2 ZPO nF dürfen Rechtsanwälte als Bevollmächtigte nicht ausgeschlossen werden.
2 GK-ArbGG/*Mikosch*, § 104 Rz. 2.
3 GMP/*Prütting*, § 9 Rz. 2 f.; GK-ArbGG/*Bader*, § 9 Rz. 3 ff. *Grunsky*, RdA 1974, 201 (203) bezeichnet § 9 Abs. 1 als die „Mutternorm" für das Beschleunigungsgebot.
4 LAG Rh.-Pf. v. 27.1.1982 – 1 Ta 236/81, DB 1982, 654; LAG Köln v. 26.6.1984 – 1 Sa 336/84, LAGE § 64 ArbGG 1979 Nr. 8; LAG BW v. 16.5.1990 – 8 Ta 50/90, JurBüro 1990, 1271.
5 LAG Rh.-Pf. v. 6.6.1980 – 1 Ta 73/80, nv.; aM LAG Berlin v. 1.4.1980 – 3 Ta 3/80, nv.
6 LAG München v. 1.4.1980 – 7 Ta 23/80, ARST 1981, 4.
7 BAG v. 13.5.1987 – 5 AZR 125/86, NZA 1988, 95.
8 *Kunze*, NJW 1995, 2750 (2751); *Städing*, NJW 1996, 691 (693).
9 BAG v. 12.5.1982 – 4 AZR 510/81, AP Nr. 20 zu § 611 BGB – Bühnenengagementsvertrag; BAG v. 15.2.2012 – 7 AZR 626/10, NZA-RR 2013, 154.
10 BAG v. 27.1.1993 – 7 AZR 124/92, NZA 1993, 1102.
11 So *Feßmann*, Anm. zu BAG v. 12.5.1982 – 4 A AZR 510/81, AP Nr. 20 zu § 611 BGB – Bühnenengagementsvertrag.
12 S. hierzu *Kunze*, NJW 1995, 2750 (2751); *Städing*, NJW 1996, 691 (693).
13 S. zum Problem der ordnungsgemäßen Unterzeichnung eines bestimmten Schriftsatzes BAG v. 27.6.1996 – 5 AZR 576/94, NZA 1996, 1115; BAG v. 10.10.1996 – 2 AZR 621/95, AfP 1998, 99; BAG v. 25.2.2015 – 5 AZR 849/13, NJW 2015, 3533.
14 So in der Bühnenschiedsgerichtsbarkeit, vgl. § 2 Abs. 2 sowie §§ 30 ff. BSchGO DBV/GDBA idF v. 1.1.2009. S. hierzu GMP/*Germelmann*, § 104 Rz. 18 sowie Anhang III § 2 Rz. 3; *Schmid/Schäfer*, ZTR 2003, 608 (613).

auf einen mehrstufigen Instanzenzug hat[1], besteht auch keine Verpflichtung zur Schaffung eines mehrstufigen schiedsgerichtlichen Instanzenzuges. Die Möglichkeit der Aufhebungsklage nach § 110 schafft kein Instanzverhältnis zwischen Schiedsgericht und staatlichem Gericht[2]. Eine Zurückverweisung des Rechtsstreites an das Schiedsgericht durch das ArbG kommt nach der Rspr. des BAG nicht in Betracht[3].

§ 105 Anhörung der Parteien

(1) Vor der Fällung des Schiedsspruchs sind die Streitparteien zu hören.
(2) Die Anhörung erfolgt mündlich. Die Parteien haben persönlich zu erscheinen oder sich durch einen mit schriftlicher Vollmacht versehenen Bevollmächtigten vertreten zu lassen. Die Beglaubigung der Vollmachtsurkunde kann nicht verlangt werden. Die Vorschrift des § 11 Abs. 1 bis 3 gilt entsprechend, soweit der Schiedsvertrag nicht anderes bestimmt.
(3) Bleibt eine Partei in der Verhandlung unentschuldigt aus oder äußert sie sich trotz Aufforderung nicht, so ist der Pflicht zur Anhörung genügt.

I. Grundsatz des rechtlichen Gehörs (§ 105 Abs. 1) 1	1. Das Prinzip der Mündlichkeit 5
	2. Die Vertretung der Parteien 12
II. Die Form der Anhörung (§ 105 Abs. 2)	III. Das Säumnisverfahren (§ 105 Abs. 3) 15

I. Grundsatz des rechtlichen Gehörs (§ 105 Abs. 1)

Gemäß **Art. 103 Abs. 1 GG** hat jedermann vor Gericht Anspruch auf **rechtliches Gehör**. Der BGH hat wiederholt dargelegt, dieser Anspruch stelle einen Grundpfeiler des heutigen Schiedsgerichtsverfahrens dar; Art. 103 Abs. 1 GG leiste Gewähr, dass das Schiedsgericht den Vortrag der Parteien zur Kenntnis nehme und in Erwägung ziehe. Die Schiedsgerichte haben rechtliches Gehör in wesentlich gleichem Umfang wie staatliche Gerichte zu gewähren[4]. In der Lit. wird indes teilweise die Auffassung vertreten, dass Art. 103 Abs. 1 GG für die private Gerichtsbarkeit (Schiedsgerichte, Vereinsgerichte) nicht gelte[5]. Da gem. § 101 Abs. 2 die Begründung der Zuständigkeit der Schiedsgerichtsbarkeit idR unabhängig vom Parteiwillen ist, kann es beim Schiedsgerichtsverfahren gem. §§ 101 ff. keinen Zweifel daran geben, dass Art. 103 Abs. 1 GG Anwendung zu finden hat und rechtliches Gehör in gleichem Umfang wie bei einem staatlichen Gericht zu gewähren ist. Allerdings ist eine Verfassungsbeschwerde gegen einen Schiedsspruch wegen Verletzung von Art. 103 GG nicht statthaft, da Schiedsgerichte keine staatliche Gewalt ausüben[6]. Hingegen kann die Verletzung des Art. 103 Abs. 1 GG durch den Beschluss eines OLG im Verfahren gem. § 1032 ZPO gerügt werden[7].

Einstweilen frei 2

Unklar ist die **Rechtsfolge der Versagung** des rechtlichen Gehörs. Zum Teil wird die Auffassung vertreten, 3
dass bei einer Verletzung des Anspruchs auf rechtliches Gehör der Aufhebungsgrund gem. § 110 Abs. 1 Nr. 2 gegeben sei[8]. Wohl überwiegend wird jedoch verlangt, dass bei der Verletzung oder Versagung des rechtlichen Gehörs im Schiedsverfahren der Schiedsspruch auf der Versagung dieses rechtlichen Gehörs

---

1 BVerfG v. 22.6.1960 – 2 BvR 37/60, BVerfGE 11, 232; BVerfG v. 11.6.1980 – 1 PBvU 1/79, BVerfGE 54, 277; BVerfG v. 12.7.1983 – 1 BvR 1470/82, BVerfGE 65, 76 (90); BVerfG v. 7.7.1992 – 2 BvR 1631, 1728/90, BVerfGE 87, 48; Hauck/Helml/Biebl/*Hauck/Biebl*, § 104 Rz. 3.
2 GMP/*Germelmann*, § 104 Rz. 10; GK-ArbGG/*Mikosch*, § 104 Rz. 15; GWBG/*Greiner*, § 104 Rz. 14.
3 BAG v. 27.1.1993 – 7 AZR 124/92, NZA 1993, 1102 unter Aufhebung der gegenteiligen Entscheidung des LAG Köln, 24.2.1992 – 14 (7) Sa 254/91, LAGE § 101 ArbGG 1979 Nr 1.
4 BGH v. 11.11.1982 – III ZR 77/81, NJW 1983, 367; BGH v. 26.9.1985 – III ZR 16/84, NJW 1986, 1436; BGH v. 14.5.1992 – III ZR 169/80, NJW 1992, 2299; hierzu Zöller/*Geimer*, § 1042 ZPO Rz. 6 ff. sowie Musielak/*Voit*, § 1042 ZPO Rz. 1; BAG v. 11.5.1983 – 4 AZR 545/80, AP BAG § 611 Bühnenengagement Vertrag Nr. 21; GMP/*Germelmann*, § 105 Rz. 1; GK-ArbGG/*Mikosch*, § 105 Rz. 1; GWBG/*Greiner*, § 105 Rz. 1.
5 Gleichwohl sei der Anspruch auf rechtliches Gehör gegeben, wobei er seine Grundlagen in § 242 BGB findet, so zB von Münch/*Kunig*, GG, Art. 103 Rz. 4.
6 Zöller/*Geimer*, § 1042 ZPO Rz. 18; GK-ArbGG/*Mikosch*, § 105 Rz. 1.
7 BVerfG v. 4.9.2008 – 2 BvR 2062/07, NVwZ-RR 2008, 657.
8 GK-ArbGG/*Mikosch*, § 105 Rz. 1; Hauck/Helml/Biebl/*Hauck/Biebl*, § 105 Rz. 2; GWBG/*Greiner*, § 105 Rz. 8.

beruhen können muss[1]. Richtigerweise ist insoweit auf die Rspr. des BVerfG abzustellen: Hiernach führt die Verletzung rechtlichen Gehörs zur Aufhebung der Gerichtsentscheidung aufgrund der erhobenen Verfassungsbeschwerde, wenn die Gerichtsentscheidung auf diesem Mangel beruht; dies ist dann der Fall, wenn nicht ausgeschlossen werden kann, dass die Gewährung des rechtlichen Gehörs zu einer anderen Entscheidung geführt hätte[2]; potentielle Kausalität reicht also aus[3].

4 In der Lit. wird die Auffassung vertreten, dass die Pflicht zur Anhörung der Parteien im schiedsgerichtlichen Instanzenzug nachgeholt werden kann[4]. Dies setzt natürlich voraus, dass die Berufung überhaupt zulässig ist[5].

II. Die Form der Anhörung (§ 105 Abs. 2)

1. Das Prinzip der Mündlichkeit

5 Nach § 105 Abs. 2 Satz 1 hat die **Anhörung mündlich** zu erfolgen. Es wird überwiegend die Auffassung vertreten, dass das Schiedsgericht den Streitparteien zur Vorbereitung der mündlichen Verhandlung **Auflagen** machen und im Interesse der Beschleunigung des schiedsgerichtlichen Verfahrens zur Erfüllung dieser Auflagen **Fristen** setzen kann, bei deren Nichteinhaltung uU das Vorbringen als verspätet zurückgewiesen werden kann[6]. Dem Gesetz lässt sich diese Befugnis des Schiedsgerichts jedoch nicht entnehmen (anders hingegen § 1046 Abs. 2 ZPO)[7]. Unproblematisch ist es, wenn in dem Schiedsvertrag oder in der Schiedsordnung dem Schiedsgericht eine entsprechende Befugnis eingeräumt wird. Sofern dies allerdings nicht geschehen ist, bestehen verfassungsrechtliche Bedenken, ob in Ausübung des dem Schiedsgericht gem. § 104 zugebilligten „freien Ermessens" das Vorbringen einer Partei als verspätet zurückgewiesen werden kann, falls die Verspätung nicht genügend entschuldigt ist. Voraussetzung für die Zurückweisung ist nach rechtsstaatlichen Grundsätzen eine anderenfalls eintretende Verzögerung der Erledigung des Rechtsstreites[8].

6 Das Prinzip der Mündlichkeit ist zwar gem. § 105 Abs. 2 Satz 1 zwingend vorgeschrieben[9]. Der Grundsatz der Mündlichkeit der Verhandlung bedeutet, dass ohne mündliche Verhandlung das Gericht keine Entscheidung erlassen werden und Entscheidungsgrundlage nur der Prozessstoff sein darf, der Gegenstand der mündlichen Verhandlung war[10]. Der Grundsatz der Mündlichkeit gem. § 105 Abs. 2 Satz 1 ist aber nicht identisch mit dem Mündlichkeitsprinzip des § 128 Abs. 1 ZPO[11]. Der Grundsatz der Mündlichkeit gem. § 128 ZPO steht in engem Zusammenhang mit der Garantie der öffentlichen Verhandlung (§ 169 GVG, Art. 6 Abs. 1 EMRK)[12]. Die Garantie der öffentlichen Verhandlung ist dem Schiedsgerichtsverfahren fremd. Ein Schiedsgerichtsverfahren (zumindest nach dem 10. Abschnitt der ZPO) wird häufig deshalb vereinbart, um die Angelegenheit ohne Öffentlichkeit einer gerichtlichen Entscheidung zuführen zu können[13]. In der Bühnenschiedsgerichtsbarkeit ist hingegen die Verhandlung vor dem Bezirksschiedsgericht einschließlich der Beweisaufnahme und der Verkündung der Entscheidung öffentlich[14].

7 Einstweilen frei

8 Da eine Anhörung nicht das einseitige Gespräch zwischen Schiedsgericht und Partei ist, sondern vielmehr auch die Verhandlung der Parteien untereinander vor dem Schiedsgericht beinhaltet, kann eine **getrennte**

---

1 *Henckel*, ZZP 77 (1964), 321; *Habscheid* ZZP 79 (1966), 452 (453); kritisch hierzu *Waldner*, Der Anspruch auf rechtliches Gehör, Rz. 469.
2 BVerfG v. 24.7.1957 – 1 BvR 535/53, BVerfGE 7, 95 (99); BVerfG v. 20.4.1982 – 1 BvR 1242/81, BVerfGE 60, 249; BVerfG v. 14.12.1982 – 2 BvR 434/82, BVerfGE 62, 392; BVerfG v. 19.5.1992 – 1 BvR 986/91, BVerfGE 86, 133; BVerfG v. 8.2.1994 – 1 BvR 765, 766/89, BVerfGE 89, 381.
3 Vgl. Maunz/Dürig/*Remmert*, Stand: 2016, GG, Art. 103 Rz. 115; Sachs/*Degenhart*, GG, Art. 103 Rz. 41; von Münch/Kunig, GG, Art. 103 Rz. 14.
4 GMP/*Germelmann*, § 105 Rz. 2b sowie GK-ArbGG/*Mikosch*, § 105 Rz. 1.
5 S. hierzu § 30 BSchGO.
6 So zB GMP/*Germelmann*, § 105 Rz. 2; GK-ArbGG/*Mikosch*, § 105 Rz. 4; Hauck/Helml/Biebl/*Hauck/Biebl*, § 105 Rz. 2.
7 S. zur Präklusion von Angriffs- und Verteidigungsmitteln im schiedsgerichtlichen Verfahren gem. §§ 1025 ff. ZPO; Zöller/*Geimer*, § 1046 ZPO Rz. 3; Musielak/*Voit*, § 1046 ZPO Rz. 9 ff.
8 GK-ArbGG/*Mikosch*, § 104 Rz. 4.
9 GMP/*Germelmann*, § 105 Rz. 4; *Schwab/Walter*, Kap. 39 Rz. 7.
10 BAG v. 23.1.1996 – 9 AZR 600/93, NZA 1996, 838.
11 Vgl. *Schwab/Walter*, Kap. 39 Rz. 7.
12 S. hierzu Zöller/*Greger*, § 128 ZPO Rz. 1.
13 Hierzu MünchKommZPO/*Münch*, Vor § 1025 Rz. 71 ff.
14 Vgl. § 19 BSchGO idF v. 1.1.2009.

Anhörung der Parteien nicht die Pflicht zur Anhörung erfüllen. Die Parteien sollen nicht nur ihre Auffassung dem Gericht unterbreiten können; es muss vielmehr die Möglichkeit bestehen, in eine **Erörterung** einzutreten, in der die gegenseitigen Standpunkte zur Sach- und Rechtslage ausgetauscht werden[1].

Eine Anhörung hat **vor dem gesamten Schiedsgericht** zu erfolgen. Es ist nicht zulässig, dass ein Mitglied des Schiedsgerichtes mit der Durchführung der Anhörung beauftragt wird[2]. Tritt ein Wechsel bei den Schiedsrichtern ein, muss die mündliche Anhörung erneut durchgeführt werden. Es können nur diejenigen Schiedsrichter eine Entscheidung treffen, die an der mündlichen Anhörung mitgewirkt haben[3]. Die Oberbühnenschiedsgerichte vertreten indes die Auffassung, dass aufgrund der Einheitlichkeit des Schiedsverfahrens, also der Zusammengehörigkeit beider Instanzen, die Anhörung in 1. Instanz ausreichend ist; demzufolge kann mit Zustimmung der Parteien in 2. Instanz im schriftlichen Verfahren entschieden werden[4]. 9

Die Parteien können selbstverständlich den Anhörungstermin von sich aus schriftsätzlich vorbereiten, müssen dies jedoch nicht tun. Das schriftliche Vorbringen muss vom Schiedsgericht bei der Anhörung in Bezug genommen und berücksichtigt werden[5]. Streitig ist, ob § 105 Abs. 2 Satz 1 eine Vereinbarung über das schriftliche Verfahren ausschließt[6]. Warum allerdings die Schiedsgerichtsparteien zu einer formalen Anhörung trotz schriftsätzlicher Vorbereitung gezwungen werden sollen, um sich lediglich auf ihren schriftsätzlichen Sachvortrag berufen, ist nicht nachvollziehbar. § 105 Abs. 3 steht einer Entscheidung des Schiedsgerichtes ohne mündliche Verhandlung nicht entgegen. 10

Dies gilt insbesondere dann, wenn der Sitz des Schiedsgerichtes und der Sitz der Parteien erheblich divergieren[7]. Von daher bestehen keine Bedenken, ein **schriftliches Verfahren** in der Schiedsgerichtsordnung im Einverständnis aller, Schiedsgericht und Streitparteien, zuzulassen. In diesem Fall ist eine **schriftliche Anhörung ausreichend**[8]. 11

2. Die Vertretung der Parteien

Gemäß § 105 Abs. 2 Satz 2 haben **die Parteien** vor dem Schiedsgericht **persönlich** zu erscheinen oder sich durch einen mit schriftlicher Vollmacht versehenen **Bevollmächtigten** vertreten zu lassen. Durch die Ergänzung des § 105 Abs. 2 Satz 4 mit Wirkung ab 1.7.2008 (nunmehr Verweisung auf § 11 Abs. 1–3) wurde der Kreis der möglichen Bevollmächtigten erheblich erweitert. Diese Vorschrift ist in mehrfacher Hinsicht missglückt: Einigkeit besteht darüber, dass diese Bestimmung das Anhörungsrecht gem. § 105 Abs. 1 konkretisiert. Insoweit besteht allerdings nur das Recht zur Anhörung. Keine Partei ist verpflichtet, persönlich vor dem Schiedsgericht zu erscheinen[9]. Ebenso wenig sind die Streitparteien verpflichtet, sich durch einen mit schriftlicher Vollmacht versehenen Bevollmächtigten vertreten zu lassen. Das Schiedsgericht hat nicht das Recht, durch die Androhung oder Verhängung von Zwangsmitteln die Vertretung einer Partei zu erzwingen. Das Schiedsgericht darf aus dem Ausbleiben der persönlich geladenen Partei trotz Anordnung des persönlichen Erscheinens – mit der gebotenen Vorsicht – Schlussfolgerungen ziehen, insbesondere wenn eine angekündigte Sachaufklärung vereitelt wird. Die Möglichkeit zur Festsetzung von Ordnungsgeld gem. § 141 Abs. 3 ZPO besteht indes nicht[10]. 12

Darüber hinaus hat eine Partei nach dem Wortlaut des § 105 Abs. 2 Satz 2 nur die Möglichkeit, sich in der mündlichen Verhandlung durch einen **mit schriftlicher Vollmacht** vertretenen Bevollmächtigten vertreten zu lassen. Richtigerweise kann sich jedoch eine Partei im gesamten Schiedsgerichtsverfahren durch einen Bevollmächtigten vertreten lassen[11]. Hinsichtlich der Person des Bevollmächtigten gilt grds. § 11 Abs. 2 13

---

1 GMP/*Germelmann*, § 105 Rz. 3; GK-ArbGG/*Mikosch*, § 105 Rz. 5; GWBG/*Greiner*, § 105 Rz. 3; Düwell/Lipke/*Voßkühler*, § 105 Rz. 3.
2 GMP/*Germelmann*, § 105 Rz. 5; GK-ArbGG/*Mikosch*, § 105 Rz. 7; GWBG/*Greiner*, § 105 Rz. 3; Hauck/Helml/Biebl/*Hauck/Biebl*, § 105 Rz. 2.
3 GMP/*Germelmann*, § 105 Rz. 5; Düwell/Lipke/*Voßkühler*, § 105 Rz. 4.
4 *Kurz*, TheaterR 12/22 mwN.
5 GK-ArbGG/*Mikosch*, § 105 Rz. 3.
6 So GMP/*Germelmann*, § 105 Rz. 4; Hauck/Helml/Biebl/*Hauck/Biebl*, § 105 Rz. 2; Düwell/Lipke/*Voßkühler*, § 105 Rz. 2 ff.; GWBG/*Greiner*, § 105 Rz. 3; aA GK-ArbGG/*Mikosch*, § 105 Rz. 6; Schwab/Walter, Kap. 39 Rz. 7; Löwisch, ZZP 103 (1990), 22 (39).
7 S. zum Sitz der Bezirksschiedsgerichte in der Bühnengerichtsbarkeit § 3 BSchGO.
8 So zu Recht GK-ArbGG/*Mikosch*, § 105 Rz. 6 sowie GWBG/*Greiner*, § 105 Rz. 3.
9 GMP/*Germelmann*, § 105 Rz. 6; GK-ArbGG/*Mikosch*, § 105 Rz. 8.
10 GK-ArbGG/*Mikosch*, § 105 Rz. 8.
11 GK-ArbGG/*Mikosch*, § 105 Rz. 8; GWBG/*Greiner*, § 105 Rz. 11.

14 Bei der in § 105 Abs. 2 Satz 3 erwähnten Vollmacht muss es sich nicht unbedingt um eine Prozessvollmacht handeln, da das schiedsgerichtliche Verfahren insoweit kein Prozessverfahren ist. Es genügt **jede Art der Vollmacht**, die ergibt, dass die Vertretungsmacht für das schiedsgerichtliche Verfahren besteht[2]. Fehlt die Vollmacht, kann das Schiedsgericht den Vertreter zurückweisen. Die Partei gilt dann als nicht erschienen[3]. Soweit ein Rechtsanwalt als Vertreter erscheint, wird man die Auffassung vertreten müssen, dass im Hinblick auf die sonstigen verfahrensrechtlichen Bestimmungen (§ 88 Abs. 2 ZPO) das Schiedsgericht den Rechtsanwalt nur dann zurückweisen kann, wenn konkrete Bedenken gegen seine Bevollmächtigung bestehen; nur in diesem Fall kann die Vorlage einer schriftlichen Vollmacht vom Rechtsanwalt verlangt werden[4]. Darüber hinaus stellt § 105 Abs. 2 Satz 3 klar, dass eine Beglaubigung der Vollmachtsurkunde nicht verlangt werden kann. Schließlich gilt die Vorschrift des § 11 Abs. 1–3[5] gem. § 105 Abs. 2 Satz 4 entsprechend, soweit der Schiedsvertrag nichts anderes bestimmt. Wird ein Vertreter zu Unrecht nicht zugelassen, so ist die Aufhebungsklage gem. § 110 Abs. 1 Nr. 1 begründet[6].

III. Das Säumnisverfahren (§ 105 Abs. 3)

15 Der Pflicht zur Anhörung nach § 105 Abs. 1 ist Genüge getan, wenn – ähnlich wie im arbeitsgerichtlichen Beschlussverfahren (§ 83 Abs. 4 Satz 2) – der Partei **Gelegenheit zur mündlichen Anhörung** gegeben worden ist. Nimmt die Partei diese Möglichkeit nicht wahr, so kann ein Schiedsspruch ergehen. Unklar ist die Rechtslage, wenn beide Parteien unentschuldigt nicht erscheinen. Zum Teil wird die Auffassung vertreten, dass alsdann eine Entscheidung in der Sache nicht erfolgen kann, es könne nur das Ruhen des Verfahrens angeordnet werden[7]. Überwiegend wird jedoch die Auffassung vertreten, dass die Gelegenheit der Äußerungen in einem Anhörungstermin ausreicht und demzufolge eine Entscheidung des Schiedsgerichtes auch dann ergehen könne, wenn beide Parteien unentschuldigt fehlen[8]. Da § 105 keine förmliche Antragstellung in der mündlichen Verhandlung vorsieht, kann bei Entscheidungsreife der Schiedsspruch ergehen. Aufgrund der zwingenden Vorschrift des § 105 Abs. 3 kann bei Fehlen einer Partei kein echtes Versäumnisurteil ergehen[9]. Das Schiedsgericht hat aufgrund der Aktenlage zu entscheiden, auch wenn keiner der Parteien erscheint[10].

16 Erscheint eine Partei zum Anhörungstermin nicht, so ist zu prüfen, ob das **Ausbleiben entschuldigt** ist oder nicht. Bei hinreichender Entschuldigung (die auch nach Schluss der Verhandlung nachgereicht werden kann, nicht mehr dagegen nach Erlass des Schiedsspruches)[11], ist die Verhandlung neu zu terminieren. Das Schiedsgericht muss prüfen, ob die Abwesenheit der Partei auf unentschuldigtem Fernbleiben beruht. Die Entschuldigungsgründe sind von der säumigen Partei im Einzelnen vorzutragen[12]. Wird eine ausreichende Entschuldigung nicht berücksichtigt, so stellt dies eine Verletzung des rechtlichen Gehörs dar und rechtfertigt deshalb eine Aufhebung des Schiedsspruchs nach § 110 Abs. 1 Nr. 1[13].

17 Am Ende der mündlichen Verhandlung wird das Schiedsgericht häufig nicht feststellen können, ob das Ausbleiben einer Partei entschuldigt ist oder nicht. Nach herrschender Auffassung ist das Schiedsgericht

---

1 Düwell/Lipke/*Voßkühler*, § 105 Rz. 9.
2 GMP/*Germelmann*, § 105 Rz. 7; von Amts wegen ist die Frage der Vollmacht nur zu prüfen, wenn kein Rechtsanwalt als Bevollmächtigter auftritt, so zu Recht, Düwell/Lipke/*Voßkühler*, § 105 Rz. 10 ff.
3 GK-ArbGG/*Mikosch*, § 105 Rz. 10; GWBG/*Greiner*, § 105 Rz. 9; vgl. aber § 1042 Abs. 2 ZPO, wonach Rechtsanwälte als Bevollmächtigte nicht ausgeschlossen werden dürfen.
4 Nach Auffassung von *Dietz/Nikisch*, § 105 ArbGG Rz. 5 können Rechtsanwälte durch den Schiedsvertrag von der Vertretung generell ausgeschlossen werden. Diese Auffassung lässt sich mit § 11 Abs. 3 schlechterdings nicht vereinbaren.
5 In der ab 1.7.2008 gültigen Fassung.
6 GWBG/*Greiner*, § 105 Rz. 8.
7 So GMP/*Germelmann*, § 105 Rz. 9.
8 GK-ArbGG/*Mikosch*, § 105 Rz. 17; Düwell/Lipke/*Voßkühler*, § 105 Rz. 7. GWBG/*Greiner*, § 105 Rz. 7.
9 *Schwab/Walter*, Kap 39 Rz. 6; *Schütze*, Rz. 631.
10 Ebenso GK-ArbGG/*Mikosch*, § 105 Rz. 17 ff. AA Düwell/Lipke/*Voßkühler*, § 105 Rz. 7.
11 GMP/*Germelmann*, § 105 Rz. 12; GWBG/*Greiner*, § 105 Rz. 6.
12 Nach GMP/*Germelmann*, § 105 Rz. 12 kann das Schiedsgericht die Glaubhaftmachung der Gründe verlangen, wobei allerdings gem. § 106 Abs. 1 das Schiedsgericht eine eidesstattliche Versicherung nicht verlangen oder entgegennehmen kann. S. zur Entscheidung des Schiedsgerichtes auch Düwell/Lipke/*Voßkühler*, § 105 Rz. 7 sowie GK-ArbGG/*Mikosch*, § 105 Rz. 12.
13 GMP/*Germelmann*, § 105 Rz. 12; GK-ArbGG/*Mikosch*, § 105 Rz. 15; GWBG/*Greiner*, § 105 Rz. 8; Hauck/Helml/Biebl/*Hauck/Biebl*, § 105 Rz. 4; Düwell/Lipke/*Voßkühler*, § 105 Rz. 6.

jedoch nicht berechtigt, einen aufschiebend bedingten **Schiedsspruch zuungunsten der säumigen Partei** zu erlassen mit der Maßgabe, dass dieser erst wirksam werden soll, wenn die säumige Partei nicht binnen einer im Schiedsspruch gesetzten Frist Einwendungen erhebt[1]. Die Vertreter dieser Auffassung verweisen darauf, dass ein bedingter Schiedsspruch auch nicht notwendig sei, da das Schiedsgericht gem. § 105 Abs. 3 eine Entscheidung nach Lage der Akten (§ 251a ZPO) treffen könne[2].

Gemäß § 105 Abs. 2 Satz 1 hat die Anhörung mündlich zu erfolgen, auf den Akteninhalt kommt es nur sekundär an. Deshalb wird das Gericht zumindest in den Fällen, in denen es mit dem nachträglichen Eingang einer Entschuldigung rechnet, den **Rechtsstreit zu vertagen** haben[3]. Das Schiedsgericht kann jedoch pragmatischerweise auch Termin zur Verkündung einer Entscheidung bestimmen. Wenn bis zu diesem Termin eine hinreichende Entschuldigung der säumigen Partei eingegangen ist, ist die mündliche **Verhandlung wieder zu eröffnen**. Sofern dies nicht der Fall ist, kann das Gericht eine Sachentscheidung treffen. 18

Eine Vertagung erfolgt trotz Säumigkeit einer oder beider Parteien, wenn das Schiedsgericht aufgrund der Aktenlage eine weitere Sachaufklärung (zB eine Beweisaufnahme) für erforderlich hält[4]. 19

§ 106 Beweisaufnahme

(1) Das Schiedsgericht kann Beweise erheben, soweit die Beweismittel ihm zur Verfügung gestellt werden. Zeugen und Sachverständige kann das Schiedsgericht nicht beeidigen, eidesstattliche Versicherungen nicht verlangen oder entgegennehmen.

(2) Hält das Schiedsgericht eine Beweiserhebung für erforderlich, die es nicht vornehmen kann, so ersucht es um die Vornahme den Vorsitzenden desjenigen Arbeitsgerichts oder, falls dies aus Gründen der örtlichen Lage zweckmäßiger ist, dasjenige Amtsgericht, in dessen Bezirk die Beweisaufnahme erfolgen soll. Entsprechend ist zu verfahren, wenn das Schiedsgericht die Beeidigung eines Zeugen oder Sachverständigen gemäß § 58 Abs. 2 Satz 1 für notwendig oder eine eidliche Parteivernehmung für sachdienlich erachtet. Die durch die Rechtshilfe entstehenden baren Auslagen sind dem Gericht zu ersetzen; die § 22 Abs. 1 und § 29 des Gerichtskostengesetzes finden entsprechende Anwendung.

I. Beweisaufnahme durch das Schiedsgericht (§ 106 Abs. 1)	II. Beweiserhebung vor dem staatlichen Gericht (§ 106 Abs. 2) 13
1. Regelungsgehalt 1	III. Das selbständige Beweisverfahren 24
2. Verfahren der Beweisaufnahme 6	

I. Beweisaufnahme durch das Schiedsgericht (§ 106 Abs. 1)

1. Regelungsgehalt

§ 106 regelt nicht, ob überhaupt eine Beweisaufnahme erforderlich ist. Die Frage der Beweiserheblichkeit richtet sich vielmehr nach materiellem Recht[5]. Soweit das materielle Recht nicht ausdrücklich gesetzliche Beweislastregeln enthält (wie zB § 179 Abs. 1, § 282, § 358, § 636 Abs. 2, § 2336 Abs. 3 BGB)[6], gilt für die **Beweislast** grundsätzlich, dass sie das eine Partei treffende **Risiko des Prozessverlustes** wegen Nichterweislichkeit der ihren Sachantrag tragenden Tatsachenbehauptungen ist. Hierbei handelt es sich um ei- 1

---

1 GMP/*Germelmann*, § 105 Rz. 11; GK-ArbGG/*Mikosch*, § 105 Rz. 15; Hauck/Helml/Biebl/*Hauck/Biebl*, § 105 Rz. 4; aM *Dersch/Volkmar*, § 105 ArbGG Rz. 6.
2 So zB GMP/*Germelmann*, § 105 Rz. 11; *Schwab/Walter*, Kap. 39 Rz. 8; aM *Dersch/Volkmar*, § 105 ArbGG Rz. 6 sowie GWBG/*Greiner*, § 105 Rz. 7. Nach Düwell/Lipke/*Voßkühler*, § 105 Rz. 6 scheidet im Falle beidseitiger Säumnis ein Verfahren nach § 251a ZPO aus.
3 So zB *Schwab/Walter*, Kap. 39 Rz. 8.
4 Düwell/Lipke/*Voßkühler*, § 105 Rz. 6.
5 GMP/*Germelmann*, § 106 Rz. 1; GK-ArbGG/*Mikosch*, § 106 Rz. 2; GWBG/*Greiner*, § 106 Rz. 2; Hauck/Helml/ Biebl/*Hauck/Biebl*, § 106 Rz. 1.
6 Eine Aufzählung ausdrücklicher Beweislastnormen findet sich bei *Prütting*, Gegenwartsprobleme der Beweislast, 1983, S. 292 ff.

nen allgemeinen Rechtsgrundsatz[1]. Die Beweiswürdigung kann – aufgrund Fehlens entsprechender (gegenteiliger) Vorschriften – in entsprechender Anwendung des § 58 vorgenommen werden[2].

2 Im Schiedsgerichtsverfahren gilt nicht der Grundsatz der Verhandlungsmaxime, sondern ein **beschränkter Untersuchungsgrundsatz** (gemäßigtes Amtsermittlungsprinzip)[3]. Das Schiedsgericht kann daher auch von Amts wegen Beweis erheben, wenn ihm die Beweismittel zur Verfügung stehen[4]; zumindest ist erforderlich, dass das Schiedsgericht in entsprechender Anwendung des § 139 ZPO die Parteien auf die Notwendigkeit von Beweisanträgen hinweist[5]. Weiter wird die Auffassung vertreten, dass ein in jeder Hinsicht schlüssiger, insbesondere auch substantiierter Sachvortrag nicht erforderlich ist[6]. Das Schiedsgericht kann privates Wissen, soweit es dies in das Verfahren einbringt und den Parteien Gelegenheit zur Stellungnahme gibt, verwerten[7]. Unproblematisch ist es, wenn das Schiedsgericht die (allgemeinen) Fachkenntnisse seiner Mitglieder verwertet[8]. Im Hinblick auf die besondere Sachkunde der Schiedsrichter ist im Schiedsgerichtsverfahren weitaus seltener als im Zivil- oder Arbeitsgerichtsprozess die Einholung eines Sachverständigengutachtens erforderlich[9]. Legt eine Partei ein „Geständnis" ab, ist das Schiedsgericht jedenfalls nicht gehalten, insoweit weitere Ermittlungen anzustellen[10].

3 Streitig ist, ob das Schiedsgericht befugt ist, ein **schriftliches Sachverständigengutachten** einzuholen oder ob es nicht auch in diesem Fall darauf angewiesen ist, dass ihm eine der Parteien das Gutachten zur Verfügung stellt[11]. Zumindest dann, wenn die Parteien einvernehmlich die Einholung eines Sachverständigengutachtens wünschen, kann das Schiedsgericht den Sachverständigen im Auftrag und in Vollmacht der Parteien mit der schriftlichen Erstellung des Gutachtens beauftragen[12]. Gleiches gilt für die mündliche Erstellung bzw. Erläuterung eines Gutachtens in der mündlichen Verhandlung. Soweit im arbeitsgerichtlichen Verfahren ein Beweisverwertungsverbot besteht[13], gilt dies auch im schiedsgerichtlichen Verfahren[14]. Zu prüfen ist stets, ob der Schutzzweck der verletzten Norm eine solche prozessuale Sanktion gebietet[15].

4 Auch wenn in § 106 die **Parteivernehmung** nicht ausdrücklich erwähnt ist, ist das Schiedsgericht befugt, **entsprechend §§ 445 ff. ZPO** eine (uneidliche) Parteivernehmung durchzuführen. Dies ergibt sich bereits daraus, dass die Verhandlungsmaxime im Schiedsgerichtsverfahren nicht gilt[16].

5 In der Kommentarliteratur wird die Auffassung vertreten, dass der Wortlaut des § 106 Abs. 2 offensichtlich zu **eng** gefasst sei. Während § 1050 ZPO von der Unterstützung bei der Beweisaufnahme oder der Vornahme sonstiger **richterlichen Handlungen** spricht (die die Schiedsrichter für erforderlich halten und zu denen sie nicht befugt sind), beschränkt sich § 106 auf **Beweiserhebungen**. Wollte man das dem Wortlaut nach gelten lassen, so würde dies zu unhaltbaren Ergebnissen führen, zB eine öffentliche Zustellung un-

---

1 BAG v. 7.12.1983 – 4 AZN 503/83; GMP/*Germelmann*, § 58 Rz. 76 ff.; Zöller/*Greger*, vor § 284 ZPO Rz. 17 ff.
2 GMP/*Germelmann*, § 106 Rz. 1; GK-ArbGG/*Mikosch*, § 106 Rz. 2 und 20; GWBG/*Greiner*, § 106 Rz. 18; Hauck/Helml/Biebl/*Hauck/Biebl*, § 106 Rz. 1.
3 S. hierzu *Lachmann*, Rz. 350 mwN.
4 GK-ArbGG/*Mikosch*, § 106 Rz. 5; GWBG/*Greiner*, § 106 Rz. 5; Hauck/Helml/Biebl/*Hauck/Biebl*, § 106 Rz. 1; Natter/Gross/*Görk*, § 106 Rz. 2; aA GMP/*Germelmann*, § 106 Rz. 3.
5 GMP/*Germelmann*, § 106 Rz. 3.
6 GK-ArbGG/*Mikosch*, § 106 Rz. 5.
7 GK-ArbGG/*Mikosch*, § 106 Rz. 5; GWBG/*Greiner*, § 106 Rz. 2; Hauck/Helml/Biebl/*Hauck/Biebl*, § 106 Rz. 1; *Reupke*, S. 202.
8 Insoweit ist zu verweisen auf die parallel gelagerte Problematik in § 114 GVG, wonach über Gegenstände, zu deren Beurteilung eine kaufmännische Begutachtung genügt, sowie über das Bestehen von Handelsbräuchen die Kammer für Handelssachen aufgrund eigener Sachkunde und Wissenschaft entscheiden kann. S. hierzu zB OLG Nürnberg v. 30.1.2013 – 12 U 726/11.
9 Zöller/*Greger*, § 402 ZPO Rz. 6b; s. hierzu für den Verwaltungsprozess – ebenfalls mit Amtsermittlungsmaxime – BVerwG v. 9.3.1984 – 8 C 97/83, NJW 1984, 2645; BVerwG v. 24.2.1993 – 6 C 38/92, NVwZ 1993, 686; BVerwG v. 18.6.2012 – 5 B 5/12.
10 GK-ArbGG/*Mikosch*, § 106 Rz. 5; GWBG/*Greiner*, § 106 Rz. 2; Hauck/Helml/Biebl/*Hauck/Biebl*, § 106 Rz. 1.
11 So GMP/*Germelmann*, § 106 Rz. 2. Hierzu Düwell/Lipke/*Voßkühler*, 106 Rz. 5, wonach die Vorlage eines Parteigutachtens keine Beweiserhebung ist.
12 BGH v. 19.11.1964 – VII ZR 8/63, NJW 1965, 298; GMP/*Germelmann*, § 106 Rz. 2.
13 S. hierzu BAG v. 2.6.1982 – 2 AZR 1237/79, MDR 1983, 787; GMP/*Germelmann*, § 58 Rz. 36.
14 GWBG/*Greiner*, § 106 Rz. 3.
15 GMP/*Germelmann*, § 58 Rz. 36.
16 Im Ergebnis ebenso GK-ArbGG/*Mikosch*, § 106 Rz. 11; Düwell/Lipke/*Voßkühler*, § 106 Rz. 10.

möglich machen. Demzufolge ist § 106 Abs. 2 ArbGG wie § 1050 ZPO auszulegen und auf **richterliche Handlungen** abzustellen[1].

2. Verfahren der Beweisaufnahme

Wie das Beweismittel dem Schiedsgericht zur Verfügung gestellt wird, ist unerheblich. Es ist die Pflicht der Parteien, die geeigneten **Beweismittel herbeizuschaffen**, die ihren Sachvortrag stützen. Das Schiedsgericht hat keinerlei Zwangsgewalt. Es kann weder die Vorlage von Beweismitteln, wie beispielsweise von Urkunden etc. erzwingen[2], noch kann es Zeugen und Sachverständige, die nicht freiwillig erscheinen, mit Zwangsmitteln zum Erscheinen anhalten. Das Schiedsgericht ist berechtigt, Zeugen und Sachverständige aufzufordern, vor dem Schiedsgericht zu erscheinen[3]. Soweit **Zeugen- und Sachverständige freiwillig** erscheinen oder von den Parteien in der mündlichen Verhandlung gestellt werden, sind diese Zeugen und Sachverständige in Anwesenheit beider Parteien zu vernehmen[4]. Wenn bei streitigem Sachvortrag eine Partei die erforderlichen Beweismittel beibringt und das Gericht die angetretenen Beweise nicht erhebt, verletzt das Schiedsgericht den Grundsatz des rechtlichen Gehörs und das materielle Recht. Das Wort „kann" in § 106 Abs. 1 Satz 1 betrifft iVm. dem Wort „soweit" allein die eingeschränkte Befugnis zur eigenen Beweiserhebung[5]. Allgemein wird die Auffassung vertreten, es sei ausreichend, wenn die **Zeugenaussagen schriftlich** erfolgen und die Parteien Gelegenheit zur Kenntnis- und Stellungnahme erhalten (entsprechend § 377 Abs. 3 ZPO)[6]. Das Gericht kann auch einen Augenschein (§§ 144, 371 ff. ZPO) einnehmen[7].

Ein Gericht kann die Durchführung einer an sich erforderlichen Beweisaufnahme nicht davon abhängig machen, dass ein angeforderter **Vergütungsvorschuss** eingezahlt wird und ohne Einzahlung des eingeforderten Vergütungsausschusses ohne Verwertung des Beweismittels entscheiden[8]. Ggf. muss das ArbG zur die Beweisaufnahme angerufen werden; eine Entscheidung ohne erforderliche Beweisaufnahme ist unzulässig[9].

Zeugen und Sachverständige können ihr Erscheinen davon abhängig machen, dass die Parteien ihnen die **Auslagen erstatten**[10]. Eine Erstattung von Gebühren bzw. Unkosten an die Zeugen bzw. Sachverständigen kann durch das Schiedsgericht nicht erfolgen, so dass die Parteien die Beweismittel kostenfrei zur Verfügung zu stellen haben. Dies führt zwangsläufig zu einer Verzögerung des Rechtsstreites. Wenn alsdann das ArbG oder das AG auf Ersuchen des Schiedsgerichtes die erforderliche Beweisaufnahme durchführt, bei der Zeugen und Sachverständige einen Kostenerstattungsanspruch haben, ist es nicht nachvollziehbar, dass diese formale Kompetenz nicht von vornherein dem Schiedsgericht eingeräumt wird. Sinnvollerweise ist dies in der Schiedsordnung entsprechend zu regeln. Es erscheint auch psychologisch ungeschickt, dass der Zeuge oder Sachverständige seine Kosten unmittelbar von der Partei, die ihn benannt hat, erhält. Dieser Zeuge oder Sachverständige könnte meinen, er sei „Partei-Zeuge" oder „Partei-Gutachter" und könnte somit einseitig aussagen[11].

Im Falle des Obsiegens besteht ein **Kostenerstattungsanspruch** gegenüber dem Prozessgegner[12]. Die Sonderregelung des § 106 Abs. 2 Satz 3 ArbGG iVm. § 22 Abs. 1 und § 29 GKG greift nicht ein, da diese ausschließlich den Kostenerstattungsanspruch des staatlichen Gerichtes regelt. Offen ist allerdings, bei welchem Gericht (Schiedsgericht oder ArbG) der Anspruch auf Kostenerstattung anhängig zu machen ist[13].

Das Schiedsgericht kann Zeugen und Sachverständige **weder vereidigen noch** kann es **eidesstattliche Versicherungen** verlangen (§ 106 Abs. 1 Satz 2). Wird eine eidesstattliche Versicherung vorgelegt, kommt ihr der gleiche Beweiswert wie der einer schriftlichen Erklärung zu. Aus der gerichtlichen Entscheidung muss

---
1 *Schwab/Walter*, Kap. 39 Rz. 10; aM GMP/*Germelmann*, § 106 Rz. 12; GK-ArbGG/*Mikosch*, § 106 Rz. 15; Hauck/Helml/Biebl/*Hauck/Biebl*, § 106 Rz. 4.
2 Die Nichtbefolgung der Anordnung zur Vorlegung von Urkunden kann das Gericht gem. § 427 ZPO frei würdigen, GK-ArbGG/*Mikosch*, § 106 Rz. 11, Düwell/Lipke/*Voßkühler*, § 106 Rz. 4.
3 GMP/*Germelmann*, § 106 Rz. 2 ff.; GK-ArbGG/*Mikosch*, § 106 Rz. 6; GWBG/*Greiner*, § 106 Rz. 5; Hauck/Helml/Biebl/*Hauck/Biebl*, § 106 Rz. 2; *Schwab/Walter*, Kap. 39 Rz. 9.
4 GMP/*Germelmann*, § 106 Rz. 4; GK-ArbGG/*Mikosch*, § 106 Rz. 7; Hauck/Helml/Biebl/*Hauck/Biebl*, § 106 Rz. 2.
5 GK-ArbGG/*Mikosch*, § 106 Rz. 4; GWBG/*Greiner*, § 106 Rz. 5.
6 GMP/*Germelmann*, § 106 Rz. 4; GK-ArbGG/*Mikosch*, § 106 Rz. 7; Hauck/Helml/Biebl/*Hauck/Biebl*, § 106 Rz. 2.
7 GK-ArbGG/*Mikosch*, § 106 Rz. 11.
8 BGH v. 7.3.1985 – III ZR 169/83, NJW 1985, 1903.
9 GWBG/*Greiner*, § 106 Rz. 9.
10 So GMP/*Germelmann*, § 106 Rz. 5; GK-ArbGG/*Mikosch*, § 106 Rz. 8; GWBG/*Greiner*, § 106 Rz. 7.
11 Im Ergebnis ebenso *Dietz/Nikisch*, § 106 ArbGG Rz. 10.
12 GMP/*Germelmann*, § 106 Rz. 5.
13 Zum Rechtsweg für die Klage eines Rechtsanwalts auf Erstattung seines im arbeitsgerichtlichen Verfahrens entstandenen Honorars s. BAG v. 28.10.1997 – 9 AZB 35/97, NZA 1998, 219.

sich eindeutig ergeben, dass das Schiedsgericht sich erkennbar von der eidesstattlichen Versicherung nicht hat leiten lassen, sondern dieser eidesstattlichen Versicherung lediglich den Beweiswert einer schriftlichen Erklärung beigemessen hat[1]. Bei Aussagen vor dem Schiedsgericht findet § 153 StGB keine Anwendung. Zeugen oder Sachverständige, die lügen, können sich jedoch eines Betruges schuldig machen[2].

11 Hält das Schiedsgericht die **Beeidigung** eines Zeugen oder Sachverständigen nach § 58 Abs. 2 Satz 1 für notwendig[3], so kann es das staatliche Gericht um **Rechtshilfe** bitten (§ 106 Abs. 2 Satz 2)[4]. Führt das Schiedsgericht entgegen § 106 Abs. 1 Satz 2 eine Beeidigung durch, kommt eine Aufhebungsklage gem. § 110 Abs. 1 Nr. 1 in Betracht[5]. Etwas anderes gilt dann, wenn sich aus der Begründung des Schiedsspruchs ergibt, dass das Schiedsgericht die Aussage entweder nicht berücksichtigt oder nur den Wert zuerkannt hat, der auch bei einer uneidlichen Aussage gegeben wäre[6].

12 Stellt eine Partei nicht die erforderlichen Beweismittel zur Verfügung, kann das Schiedsgericht einen sog. **Beweislast-Schiedsspruch** fällen. Dies gilt nur dann, wenn die Partei keinen Beweis angetreten hat. Erscheint der benannte Zeuge oder Sachverständige trotz ordnungsgemäßer Ladung nicht oder weigert er sich gar zu erscheinen, muss das Schiedsgericht von der Möglichkeit der Rechtshilfe durch das staatliche Gericht gem. § 106 Abs. 2 Gebrauch machen[7]. Das Ersuchen an das staatliche Gericht auf Durchführung der Beweisaufnahme kann somit nur dann gestellt werden, wenn das Schiedsgericht selbst die Beweisaufnahme nicht durchführen kann[8].

II. Beweiserhebung vor dem staatlichen Gericht (§ 106 Abs. 2)

13 In der Kommentar-Lit. besteht Uneinigkeit über die zutreffende **Terminologie für die Inanspruchnahme der staatlichen Gerichtsbarkeit**. Überwiegend wird die Auffassung vertreten, dass der Staat seine Gerichtsbarkeit dem Schiedsgericht zur „Aushilfe" zur Verfügung stellt. Diese Aushilfe werde den Parteien (auf deren Antrag) geschuldet, nicht aber dem Schiedsgericht. Deshalb sei es besser, von „Aushilfe" als von „Rechtshilfe" zu sprechen[9]. Der Gesetzgeber spricht allerdings in § 106 Abs. 2 Satz 3 selbst von „Rechtshilfe"[10].

14 Der Streit um die richtige Terminologie ist nur vordergründig. Entscheidend geht es um die Frage, ob das angerufene staatliche **Gericht** irgendeine **Prüfungskompetenz** hinsichtlich der durchzuführenden Beweisaufnahme hat. Insoweit besteht Einigkeit darüber, dass das ersuchte Gericht von Amts wegen zu prüfen hat, ob die allgemeinen Voraussetzungen für die Durchführung eines Schiedsverfahrens gegeben sind, ob der Schiedsvertrag wirksam ist, ob der Antrag hinreichend präzise formuliert ist und ob die Voraussetzungen des § 106 Abs. 2 für das Hilfeersuchen gegeben sind. **Nicht überprüfen** darf allerdings das ersuchte Gericht, ob die Beweisaufnahme tatsächlich notwendig ist oder ob der zugrunde liegende Sachvortrag unschlüssig oder aber nicht bestritten ist[11].

15 Das staatliche Gericht kann das **Ersuchen zurückweisen**, wenn erkennbar ein Ausforschungsbeweis betrieben werden soll oder wenn der Durchführung der Beweisaufnahme formelle Hindernisse entgegenstehen. Aus dem Ersuchen des Schiedsgerichtes muss sich auf jeden Fall – ebenso wie bei einem Rechtshilfeersuchen eines staatlichen Gerichtes – das Beweisthema ergeben; die Formulierung eines förmlichen Beweisbeschlusses ist nicht erforderlich[12]. Das Ersuchen des Schiedsgerichts ist rechtsmissbräuchlich, wenn offen zutage liegt, dass die Schiedsrichter auch selbst tätig werden können, etwa wenn Zeugen einvernommen

---

1 GMP/*Germelmann*, § 106 Rz. 10; GK-ArbGG/*Mikosch*, § 106 Rz. 9; GWBG/*Greiner*, § 106 Rz. 11; *Schwab/Walter*, Kap. 39 Rz. 9.
2 GMP/*Germelmann*, § 106 Rz. 6; GK-ArbGG/*Mikosch*, § 106 Rz. 10; Hauck/Helml/Biebl/*Hauck/Biebl*, § 106 Rz. 3; Düwell/Lipke/*Voßkühler*, § 106 Rz. 10; Zöller/*Geimer*, § 1042 ZPO Rz. 35.
3 *Schwab/Walter*, Kap. 39 Rz. 9 verweisen allerdings zu Recht darauf, dass auch im arbeitsgerichtlichen Verfahren nur selten eine Beeidigung von Zeugen oder Sachverständigen erfolgt. *Vogel*, NZA 1999, 26.
4 GMP/*Germelmann*, § 106 Rz. 8 ff.; GK-ArbGG/*Mikosch*, § 106 Rz. 10 ff.; GWBG/*Greiner*, § 106 Rz. 6; Hauck/Helml/Biebl/*Hauck/Biebl*, § 106 Rz. 3.
5 GMP/*Germelmann*, § 106 Rz. 10; Düwell/Lipke/*Voßkühler*, § 106 Rz. 10.
6 GMP/*Germelmann*, § 106 Rz. 10; GWBG/*Greiner*, § 106 Rz. 6.
7 GK-ArbGG/*Mikosch*, § 106 Rz. 13; GWBG/*Greiner*, § 106 Rz. 5.
8 GMP/*Germelmann*, § 106 Rz. 14.
9 So Zöller/*Geimer*, § 1050 ZPO Rz. 1; *Schwab/Walter*, Kap. 39 Rz. 11; GMP/*Germelmann*, § 106 Rz. 9 und 11; BLAH, § 1050 ZPO Rz. 1 sprechen von „Unterstützungsantrag".
10 Für den Begriff „Rechtshilfe" Hauck/Helml/Biebl/*Hauck/Biebl*, § 106 Rz. 4.
11 GMP/*Germelmann*, § 106 Rz. 17; GK-ArbGG/*Mikosch*, § 106 Rz. 18; Düwell/Lipke/*Voßkühler*, § 106 Rz. 22 ff.
12 Düwell/Lipke/*Voßkühler*, § 106 Rz. 23; Zöller/*Gummer*, § 158 GVG Rz. 1.

werden sollen, die freiwillig vor dem Schiedsgericht erscheinen würden und deren Beeidigung nicht ansteht. Aussichtsloses braucht das Schiedsgericht aber gar nicht erst versucht zu haben[1].

Das staatliche Gericht wird somit tätig auf **Ersuchen des Schiedsgerichtes zur Durchführung einer Beweisaufnahme**[2]. Das Schiedsgericht ersucht in diesem Fall dasjenige ArbG oder, falls dies aus Gründen der örtlichen Lage zweckmäßiger ist, dasjenige AG, in dessen Bezirk die Beweisaufnahme erfolgen soll, um die Durchführung der Beweiserhebung. Das Aushilfeersuchen erledigt der Vorsitzende des ArbG ohne Hinzuziehung der ehrenamtlichen Richter (§ 53 Abs. 1 Satz 2). Das ersuchte staatliche Gericht hat nicht zu prüfen, ob das Schiedsgericht insoweit von seinem Ermessen fehlerhaften Gebrauch gemacht und das „falsche Gericht" angerufen hat. Das Schiedsgericht entscheidet (abschließend), bei welchem Gericht zweckmäßigerweise die Beweisaufnahme durchzuführen ist. Es soll verhindert werden, dass durch lange Anreisewege unnütze Verzögerungen bzw. Kosten verursacht werden[3]. 16

Weiterhin zuständig ist das staatliche Gericht zur **Beeidigung eines Zeugen oder Sachverständigen** gem. § 106 Abs. 2 Satz 2. Sofern das Schiedsgericht bereits den Zeugen oder Sachverständigen vernommen hat, hat das staatliche Gericht lediglich die Beeidigung vorzunehmen. Sofern auch noch die Einvernahme durch das Gericht zu erfolgen hat, kann das Schiedsgericht in dem Ersuchen bereits angeben, ob eine Beeidigung durchzuführen ist oder nicht[4]. Das staatliche Gericht hat nicht zu prüfen, ob die Beeidigung wirklich nötig ist[5]. 17

Die **Verhandlungen** vor den Schiedsgerichten sind **nicht öffentlich**. Allerdings kann die Schiedsordnung oder der Schiedsvertrag etwas anderes vorsehen[6]. Die Verhandlung vor einem staatlichen Gericht ist hingegen grds. öffentlich; etwas anderes gilt für die Beweisaufnahme durch den ersuchten Richter (§ 362 ZPO). Insoweit ist eine öffentliche Verhandlung nicht erforderlich (§ 169 GVG, wohl aber Parteiöffentlichkeit gem. § 357 ZPO). Dies hat zur Folge, dass bei der Beweisaufnahme im Wege der „Rechtshilfe" durch das ArbG oder AG der Grundsatz der Öffentlichkeit nicht zu beachten ist. Den Parteien ist allerdings die Anwesenheit zu gestatten. 18

In der zivilprozessualen Judikatur ist anerkannt, dass, soweit das **Berufungsgericht** in der Glaubwürdigkeitsbeurteilung von derjenigen der 1. Instanz abweichen will, es die **Beweisaufnahmen wiederholen muss**, um sich selbst den zur Würdigung nötigen persönlichen Eindruck zu verschaffen[7]. Das BAG hat in gleicher Weise judiziert[8]. Diese Rspr. beruht auf dem Gedanken, dass die Grundsätze der freien Beweiswürdigung und der Unmittelbarkeit der Beweisaufnahme es gebieten, dass das Gericht bei seiner Entscheidung nur das berücksichtigen darf, was auf der **Wahrnehmung aller** an der Entscheidung **beteiligten Richter** beruht oder aktenkundig ist und wozu die Parteien sich zu erklären Gelegenheit hatten. Sofern man jedoch auf diese Grundsätze abstellt, ist es zwingend geboten, dass sämtliche Schiedsrichter vom ArbG von dem Beweisaufnahmetermin benachrichtigt werden, so dass sie an der Beweisaufnahme teilnehmen können, um sich ein eigenes Urteil von der Glaubwürdigkeit des Zeugen oder Sachverständigen zu machen. Fraglich ist, ob es ausreichend ist, dass lediglich ein beauftragter Richter (vgl. § 361 ZPO) an der Beweisaufnahme beim ArbG teilnimmt. Hiergegen spricht, dass die §§ 101 ff. keine dem § 361 ZPO vergleichbare Bestimmung enthalten. Sofern somit nicht sämtliche Schiedsrichter beim Beweisaufnahmetermin beim ArbG anwesend sind, lässt sich die Regelung des § 106 Abs. 2 kaum in Einklang bringen mit dem allgemein anerkannten prozessualen Grundsatz der Unmittelbarkeit der Beweisaufnahme[9]. 19

Einstweilen frei 20

Gemäß § 106 Abs. 2 Satz 3 sind dem staatlichen **Gericht** die durch die „Rechtshilfe" entstandenen baren **Auslagen zu ersetzen**, die § 22 Abs. 1, § 29 GKG finden entsprechende Anwendung; eine Gebühr für die 21

---

1 Stein/Jonas/*Schlosser*, § 1050 ZPO Rz. 11; Musielak/*Voit*, § 1050 Rz. 4.
2 Hier liegt ein Unterschied zum Schiedsverfahren nach der ZPO vor, in welchem der Antrag auf Vornahme einer richterlichen Handlung im Rahmen der Beweisaufnahme auch von einer Partei im Einvernehmen mit dem Schiedsgericht gestellt werden kann (§ 1050 ZPO).
3 GMP/*Germelmann*, § 106 Rz. 15.
4 GMP/*Germelmann*, § 106 Rz. 9; GWBG/*Greiner*, § 106 Rz. 10; Stein/Jonas/*Schlosser*, § 1050 ZPO Rz. 6; Musielak/*Voit*, § 1050 Rz. 2.
5 Schwab/*Walter*, Kap. 39 Rz. 11.
6 So zB in der Bühnenschiedsgerichtsbarkeit gem. § 19 BSchGO idF v. 1.1.2009, hierzu GMP/*Germelmann*, Anhang III § 19 BSchGO.
7 BGH v. 30.1.1990 – XI ZR 162/89, NJW 1991, 1302; Zöller/*Gummer*, § 529 ZPO Rz. 8; Musielak/*Ball*, § 529 ZPO Rz. 11 ff.; Schneider, NJW 1974, 841 mwN.
8 BAG v. 26.9.1989 – 3 AZR 375/89, NZA 1990, 74.
9 S. zum prozessualen Grundsatz der Unmittelbarkeit der Beweisaufnahme auch BGH v. 10.3.1998 – VI ZR 30/97, NJW 1998, 222; BGH v. 16.7.1998 – I ZR 32/96, NJW 1999, 363.

Beweisaufnahme vor dem ArbG oder AG wird dagegen nicht erhoben. Zu erstatten sind die Auslagen für Zeugen- und Sachverständigengebühren; das Schiedsgericht ist nach allgemeiner Auffassung nicht kostentragungspflichtig[1]. **Kostenschuldner** ist vielmehr gem. § 22 Abs. 1 GKG die Partei, die das Verfahren betreibt[2]. Dies ist in höchstem Maße unbillig. Nach allgemeiner Auffassung gibt es im schiedsgerichtlichen Verfahren keine Prozesskostenhilfe. Dies bedeutet, dass auch die arme Partei stets vorleistungspflichtig ist. Demzufolge hat die beklagte Partei die Möglichkeit, durch Benennung zahlreicher Zeugen sowie ggf. auch durch die Beantragung der Einholung von Sachverständigengutachten die Prozesskosten enorm in die Höhe zu treiben. Kostenschuldner ist zunächst einmal die (arme) Partei, die möglicherweise gar nicht in der Lage ist, die entsprechenden Kostenvorschüsse zu leisten.

22 Auf diese Art und Weise kann die beklagte Partei die Herbeiführung eines Schiedsspruches erheblich verzögern, wenn nicht gar unmöglich machen. Soweit der **Kläger nicht in der Lage** ist, die erforderlichen **Gerichtskosten** gem. § 22 Abs. 1 GKG **aufzubringen**, hat das Gericht entsprechend der hier vertretenen Rechtsauffassung gem. § 102 Abs. 2 Nr. 4 zu erklären, dass die Abgabe eines Schiedsspruchs nicht möglich ist[3]. Weiterhin ist zu berücksichtigen, dass im Falle eines klageabweisenden Urteils durch das Schiedsgericht und einer erfolgreichen Aufhebungsklage gem. § 110 mangels gesetzlicher Grundlage das ArbG nicht befugt ist, die im schiedsgerichtlichen Verfahren entstandenen Kosten der beklagten Partei aufzuerlegen[4]. Dies bedeutet im Ergebnis, dass jeder Kläger ein erhebliches finanzielles Prozessrisiko eingeht und dem Beklagten hinsichtlich der Höhe der anfallenden Gerichtskosten praktisch ausgeliefert ist. Dies ist mit dem Recht auf prozessuale Waffengleichheit[5] nicht zu vereinbaren.

23 Einstweilen frei

III. Das selbständige Beweisverfahren

24 Gemäß § 485 ZPO kann während oder außerhalb eines Streitverfahrens auf Antrag einer Partei die **Einnahme des Augenscheins**, die **Vernehmung von Zeugen** oder die **Begutachtung durch einen Sachverständigen** angeordnet werden, wenn der Gegner zustimmt oder zu besorgen ist, dass das Beweismittel verloren geht oder seine Benutzung erschwert wird. Ein derartiges **selbständiges Beweisverfahren** kann auch durchgeführt werden, wenn die Parteien eine Schiedsgerichtsvereinbarung getroffen haben[6]. Auch im ArbG-Verfahren gibt es das selbständige Beweisverfahren[7].

25 Demzufolge kann trotz Vorliegens einer Schiedsgerichtsvereinbarung gem. § 101 Abs. 2 ein selbständiges Beweisverfahren beim ArbG durchgeführt werden, wenn die **Voraussetzungen des § 486 ZPO** erfüllt sind. Auch insoweit ergibt sich aus § 102 Abs. 1, dass der Einwand der Rechtshängigkeit nur bei einer „Klage" erhoben werden kann. Ein Antrag im selbständigen Beweisverfahren gem. §§ 485 ff. ZPO stellt jedoch keine „Klage" dar. Darüber hinaus gebietet es die Gewährleistung des effektiven Rechtsschutzes gem. Art. 19 Abs. 4 GG, dass die Parteien von der Möglichkeit eines selbständigen Beweisverfahrens gem. §§ 485 ff. ZPO Gebrauch machen können, wenn anderenfalls zu befürchten ist, dass ihnen ein (wichtiges) Beweismittel verloren geht. Da das Schiedsgericht gem. § 106 die Einvernahme von Zeugen oder die Einholung eines Sachverständigengutachtens nicht erzwingen kann, vielmehr das ArbG oder AG in Anspruch genommen werden müsste, ist es zwangsläufig, dass ein selbständiges Beweisverfahren gem. §§ 485 ff. ZPO neben der Beweisaufnahme gem. § 106 Abs. 2 möglich ist.

---

1 GMP/*Germelmann*, § 106 Rz. 17; GK-ArbGG/*Mikosch*, § 106 Rz. 23; Hauck/Helml/Biebl/*Hauck/Biebl*, § 106 Rz. 4; Düwell/Lipke/*Voßkühler*, § 106 Rz. 25.
2 GK-ArbGG/*Mikosch*, § 106 Rz. 22; Hauck/Helml/Biebl/*Hauck/Biebl*, § 106 Rz. 4; *Schwab/Walter*, Kap. 39 Rz. 13. Nach Auffassung von Düwell/Lipke/*Voßkühler*, § 106 Rz. 14 ist Kostenschuldner der Beweisführer. Diese Auffassung ist zwar vernünftig, lässt sich jedoch mit dem eindeutigen Wortlaut des § 22 Abs. 1 GKG nicht vereinbaren.
3 Vgl. die Kommentierung zu § 102 Rz. 28. Eine Beweislastentscheidung zu Lasten der armen Partei wäre verfassungsrechtlich unhaltbar.
4 Nach § 13 Abs. 5 BSchGO idF v. 1.1.2009 kann aber der Anspruch auf Erstattung der außergerichtlichen Kosten aufgrund eines rechtskräftigen Schiedsspruchs oder Urteils im Aufhebungsklageverfahren geltend gemacht werden.
5 S. hierzu BVerfG v. 25.7.1979 – 2 BvR 878/74, BVerfGE 52, 131 (144, 156 ff.); BVerfG v. 19.12.1988 – 1 BvR 1492/88; BVerfG v. 19.12.1989 – 1 BvR 1336/89; Sachs/*Degenhart*, Art. 103 GG Rz. 24; *Tettinger*, Fairness und Waffengleichheit, 1984; s.a. EGMR v. 27.10.1993 – 37/192/382/460, NJW 1995, 1413, wonach sich aus Art. 6 Abs. 1 EMRK auch das Prinzip der Waffengleichheit im Zivilprozess ergibt.
6 OLG Frankfurt v. 5.5.1993 – 19 W 8/93, BauR 1993, 504 sowie Zöller/*Herget*, § 486 ZPO Rz. 3. S. weiterhin GK-ArbGG/*Mikosch*, § 106 Rz. 1.
7 Ausführlich hierzu *Zwanziger*, ZZP 109 (1996), 79.

§ 107 Vergleich

Ein vor dem Schiedsgericht geschlossener Vergleich ist unter Angabe des Tages seines Zustandekommens von den Streitparteien und den Mitgliedern des Schiedsgerichts zu unterschreiben.

I. Zustandekommen des Schiedsvergleiches	1	IV. Wirkungen des Vergleiches	11
II. Zulässiger Inhalt des Schiedsvergleiches	5	V. Der Vergleich als Vollstreckungstitel	13
III. Der unwirksame Schiedsvergleich	7	VI. Kostenfolge des Vergleiches	15

I. Zustandekommen des Schiedsvergleiches

Der Abschluss eines Schiedsvergleiches setzt ein **zulässiges Schiedsverfahren** voraus. Ist das Schiedsgericht nicht ordnungsgem. besetzt oder ist das Schiedsverfahren aus anderen Gründen unzulässig, kann kein wirksamer Schiedsvergleich geschlossen werden[1]. Die Parteien können jedoch auch vor einem örtlich unzuständigen Schiedsgericht einen Vergleich schließen, da sie auf die Rüge der örtlichen Unzuständigkeit verzichten können[2]. 1

Der **Schiedsvergleich** ist von den Streitparteien und allen Mitgliedern des Schiedsgerichts zu **unterschreiben**. Die Unterschriftleistung hat auf einer einzigen Urkunde zu erfolgen. Sofern die Unterschriften nicht gleichzeitig oder am selben Tag geleistet werden, wird der Vergleich **mit der letzten Unterschrift wirksam**[3]. Die Parteien können allerdings auch in dem Anhörungstermin vor dem Schiedsgericht den Vergleich protokollieren lassen. Auch in diesem Fall ist eine Unterzeichnung durch alle Beteiligten notwendig[4]. Weiterhin ist die Unterschrift sämtlicher Mitglieder des Schiedsgerichts erforderlich; nicht ausreichend ist allein die Unterschrift des Vorsitzenden[5]. Ist der Vergleich wirksam geschlossen, sind die Mitglieder des Schiedsgerichtes zur Unterschriftsleistung verpflichtet[6]. 2

Früher wurde die Auffassung vertreten, dass die Unterzeichnung durch die Parteien selbst erfolgen müsse[7]. Heute ist allgemein anerkannt, dass sich die Parteien bei der Unterzeichnung des Vergleiches **durch ihre Bevollmächtigten** vertreten lassen können[8]. 3

Trotz des Gesetzeswortlautes, wonach der Vergleich „unter Angabe des Tages seines Zustandekommens" zu unterschreiben ist, führt das **Fehlen der Datumsangabe nicht zur Unwirksamkeit** des Vergleiches[9]. Die Datumsangabe kann regelmäßig durch den Vorsitzenden des Schiedsgerichtes (Verhandlungsleiter) nachgeholt werden[10]. Notwendig ist die Datumsangabe nicht[11], sie erleichtert jedoch die Vollstreckbarkeitserklärung gem. § 109. Wird ein Schiedsvergleich geschlossen, ist damit dem Schriftformerfordernis nach §§ 126, 127 BGB Genüge getan. Der Schiedsvergleich ersetzt allerdings nicht die notarielle Beurkundung, wozu bei einem arbeitsrechtlichen Schiedsvergleich auch keine Notwendigkeit besteht[12]. § 278 Abs. 6 ZPO ist nicht anwendbar[13]. 4

---

1 GMP/*Germelmann*, § 107 Rz. 4; GK-ArbGG/*Mikosch*, § 107 Rz. 6; Hauck/Helml/Biebl/*Hauck/Biebl*, § 107 Rz. 2; *Schwab/Walter*, Kap. 39 Rz. 23 vergleichen den Schiedsvergleich mit dem Anwaltsvergleich gem. § 796a ZPO.
2 GK-ArbGG/*Mikosch*, § 107 Rz. 6; Düwell/Lipke/*Voßkühler*, § 107 Rz. 3; GWBG/*Greiner*, § 107 Rz. 6.
3 GK-ArbGG/*Mikosch*, § 107 Rz. 5; GWBG/*Greiner*, § 107 Rz. 5.
4 GMP/*Germelmann*, § 107 Rz. 7; GWBG/*Greiner*, § 107 Rz. 5.
5 GMP/*Germelmann*, § 107 Rz. 3; GK-ArbGG/*Mikosch*, § 107 Rz. 5; GWBG/*Greiner*, § 107 Rz. 5; Hauck/Helml/Biebl/*Hauck/Biebl*, § 107 Rz. 2; *Schwab/Walter*, Kap. 39 Rz. 23.
6 GK-ArbGG/*Mikosch*, § 107 Rz. 5.
7 Dietz/Nikisch, § 107 ArbGG Rz. 2; Dersch/Volkmar, § 107 ArbGG Rz. 2c, wonach es aber genüge, „wenn der bevollmächtigte Vertreter mit dem Namen des Vertretenen unterschreibt".
8 GMP/*Germelmann*, § 107 Rz. 5; GK-ArbGG/*Mikosch*, § 107 Rz. 7; Hauck/Helml/Biebl/*Hauck/Biebl*, § 107 Rz. 2; *Schwab/Walter*, Kap. 39 Rz. 23.
9 *Schwab/Walter*, 1052, Kap. 39, Rz. 23; GWBG/*Greiner*, § 107 Rz. 5 für die unrichtige Datumsangabe.
10 GK-ArbGG/*Mikosch*, § 107 Rz. 5; Düwell/Lipke/*Voßkühler*, § 107 Rz. 7.
11 Ebenso beim Fehlen der Datumsangabe der Entscheidung in einem zugestellten Urteil BVerwG v. 7.1.1974 – II B 58/73, Buchholz 310 § 117 VwGO Nr. 5.
12 GMP/*Germelmann*, § 107 Rz. 2; GK-ArbGG/*Mikosch*, § 107 Rz. 4.
13 GMP/*Germelmann*, § 107 Rz. 3; GK-ArbGG/*Mikosch*, § 107 Rz. 3; Düwell/Lipke/*Voßkühler*, § 107 Rz. 8.

II. Zulässiger Inhalt des Schiedsvergleiches

5   Auch wenn gem. § 101 Abs. 3 die Vorschriften der ZPO über das schiedsrichterliche Verfahren in Arbeitssachen keine Anwendung finden, ist ohne Weiteres die Regelung des **§ 1053 Abs. 1 ZPO entsprechend** anwendbar. Hiernach hält das Gericht auf Antrag der Parteien den Vergleich in der Form eines Schiedsspruchs mit vereinbartem Wortlaut fest, sofern der Inhalt des Vergleiches nicht gegen die öffentliche Ordnung (ordre public) verstößt[1].

6   Weiterhin wird in der Lit. die Auffassung vertreten, dass Gegenstand des Schiedsvergleiches auch Ansprüche sein können, die in die Zuständigkeit der ordentlichen Gerichte fallen[2]. Nach der Rspr. des BAG besitzt ein Schiedsgericht, das für Streitigkeiten aus einem bestimmten Tarifvertrag vereinbart wurde, keine Spruchkompetenz für sonstige Tarifverträge[3]. Hiernach ist ein **Schiedsgericht** erst recht **nicht** dafür **zuständig**, über Ansprüche zu entscheiden, die in die alleinige Zuständigkeit der ordentlichen Gerichte fallen. Gleiches gilt bei der Protokollierung eines Vergleiches.

III. Der unwirksame Schiedsvergleich

7   Der **Vergleich ist** materiell-rechtlich ein **Vertrag**, durch den der Streit oder die Ungewissheit der Parteien über einen Rechtsverhältnis im Wege gegenseitigen Nachgebens beseitigt wird (§ 779 BGB). § 107 regelt nur das Verfahren des Vergleichsabschlusses, im Übrigen gilt § 779 BGB[4].

8   Werden **zwingende Formvorschriften** des § 107 nicht eingehalten, kann kein wirksamer Schiedsvergleich zustande kommen, sondern lediglich ein privatrechtlicher Vergleich[5]. Voraussetzung ist, dass sich beide Parteien über den Inhalt des Vergleiches einig waren und lediglich die zwingenden Formvorschriften des § 107 nicht eingehalten wurden. Aus einem derartigen Vergleich können Ansprüche geltend gemacht werden. Fraglich ist allerdings, ob für dieses Klagebegehren das Schiedsgericht oder nicht vielmehr das ArbG zuständig ist[6].

9   In der Lit. wird die Auffassung vertreten, dass ein nach § 107 abgeschlossener **Schiedsvergleich** das **Schiedsverfahren beendet**. Es wird nicht danach differenziert, ob der Schiedsvergleich wirksam ist oder nicht und ob der Schiedsvergleich für vollstreckbar erklärt werden kann oder nicht[7]. Einer schiedsgerichtlichen Feststellung der Beendigung des schiedsrichterlichen Verfahrens wie nach § 1056 Abs. 2 Nr. 2 ZPO bedarf es nicht; sie ist aber auch nicht ausgeschlossen[8].

10 Richtigerweise beendet lediglich ein **ordnungsgemäß abgeschlossener** und **nicht widerrufener Vergleich** das Schiedsverfahren. Demzufolge muss der geschlossene Vergleich ebenso wie der Spruch des Schiedsgerichts gem. § 109 für vollstreckbar erklärt werden können. Solange dies nicht der Fall ist und solange beim Schiedsgericht ein ordnungsgemäßer Vergleich abgeschlossen werden kann, ist das Schiedsgerichtsverfahren fortzusetzen[9], ggf. mit dem Abschluss eines neuen Vergleiches. Kann das Schiedsgerichtsverfahren nicht mehr fortgesetzt werden, so hat gem. § 102 Abs. 2 Nr. 4 das Schiedsgericht den Parteien anzeigen, dass die Abgabe eines Schiedsspruches unmöglich ist. Alsdann ist der Weg zu den ArbG eröffnet.

IV. Wirkungen des Vergleiches

11 Der ordnungsgemäß abgeschlossene **Vergleich beendet das Schiedsverfahren**. Eine prozesshindernde Einrede besteht nicht mehr[10]. Wird der Vergleich unter dem **Vorbehalt des Widerrufes** geschlossen und wird der Vergleich rechtzeitig widerrufen, verliert er seine Wirkung. Gleiches gilt bei erfolgreicher Anfechtung

---

1 Nach Auffassung von GK-ArbGG/*Mikosch*, § 107 Rz. 1 ist ein Vergleich in der Form eines Schiedsspruchs mit vereinbartem Wortlaut ausgeschlossen.
2 So GWBG/*Greiner*, § 107 Rz. 2 unter Bezugnahme auf *Baur*, Der schiedsrichterliche Vergleich, 1971, Rz. 41.
3 BAG v. 28.9.1988 – 4 AZR 265/88, DB 1989, 1296.
4 GMP/*Germelmann*, § 107 Rz. 1; GK-ArbGG/*Mikosch*, § 107 Rz. 1; Hauck/Helml/Biebl/*Hauck/Biebl*, § 107 Rz. 1.
5 GMP/*Germelmann*, § 107 Rz. 4; GK-ArbGG/*Mikosch*, § 107 Rz. 8; Hauck/Helml/Biebl/*Hauck/Biebl*, § 107 Rz. 2; s. a. BAG v. 22.4.1960 – 5 AZR 494/59, NJW 1960, 1364.
6 S. hierzu GMP/*Germelmann*, § 107 Rz. 7, wonach sich die Zuständigkeit des Gerichtes „nach dem Inhalt der konkreten Schiedsvereinbarung" ergibt.
7 S. zB GMP/*Germelmann*, § 107 Rz. 8.
8 GK-ArbGG/*Mikosch*, § 107 Rz. 9.
9 Ebenso für den Zivilprozess BGH v. 4.5.1983 – VIII ZR 94/82, NJW 1983, 2034.
10 GMP/*Germelmann*, § 107 Rz. 8; GK-ArbGG/*Mikosch*, § 107 Rz. 9; Natter/Gross/*Jörg*, § 107 Rz. 3.

des Vergleiches wegen Irrtums oder arglistiger Täuschung[1]. In diesem Fall muss das Schiedsgericht durch Schiedsspruch feststellen, ob das Verfahren durch den Vergleich wirksam beendet worden ist oder nicht[2].

Das Gesetz sieht nicht vor, dass der Vergleich beim ArbG niederzulegen ist. Da gem. § 109 das ArbG den Vergleich für vollstreckbar erklären muss, empfiehlt es sich schon aus Beweisgründen, die Akte oder Teile davon, die den geschlossenen **Vergleich** beinhalten, gem. § 108 Abs. 2 Satz 2 beim ArbG zu **hinterlegen**[3].

V. Der Vergleich als Vollstreckungstitel

Ein Vergleich in arbeitsgerichtlichen Verfahren stellt einen Vollstreckungstitel nach § 794 Abs. 1 Nr. 1 ZPO dar. Ein **Vergleich** im schiedsgerichtlichen Verfahren steht einem solchen gerichtlichen Vergleich nicht gleich, da aus ihm **nicht ohne Weiteres vollstreckt** werden kann (so nunmehr auch § 1053 nF ZPO im Gegensatz zu § 1044a aF ZPO[4]). Soll die Zwangsvollstreckung aus einem schiedsgerichtlichen Vergleich erfolgen, ist dieser zunächst nach § 109 vom ArbG für vollstreckbar zu erklären. Die Parteien können sich nicht von sich aus der sofortigen Zwangsvollstreckung unterwerfen[5].

Diese **Rechtsauffassung** ist aufgrund der durch das Schiedsverfahren-Neuregelungsgesetz neu eingefügten §§ 796a–§ 796c ZPO **fragwürdig** geworden. Nunmehr wird überwiegend die Auffassung vertreten, dass es auch in Arbeitssachen einen vollstreckbaren Anwaltsvergleich gibt[6]. Hiernach könnten zumindest anwaltlich vertretene Parteien die Vollstreckbarkeit eines Schiedsvergleiches durch den Abschluss eines zusätzlichen Anwaltsvergleiches herstellen[7], so dass sich die Frage stellt, ob entgegen § 109 die Vollstreckbarkeitserklärung durch das ArbG zwingend notwendig ist.

VI. Kostenfolge des Vergleiches

Sinnvollerweise ist die **Kostentragung** im Schiedsvertrag oder in einer Schiedsordnung zu regeln[8]. Sofern eine Regelung nicht vorhanden ist, ist im Zweifel anzunehmen, dass die Kostenfolge des § 98 ZPO gewollt ist[9].

§ 108 Schiedsspruch

(1) Der Schiedsspruch ergeht mit einfacher Mehrheit der Stimmen der Mitglieder des Schiedsgerichts, falls der Schiedsvertrag nichts anderes bestimmt.
(2) Der Schiedsspruch ist unter Angabe des Tages seiner Fällung von den Mitgliedern des Schiedsgerichts zu unterschreiben und muss schriftlich begründet werden, soweit die Parteien nicht auf schriftliche Begründung ausdrücklich verzichten. Eine vom Verhandlungsleiter unterschriebene Ausfertigung des Schiedsspruches ist jeder Streitpartei zuzustellen. Die Zustellung kann durch eingeschriebenen Brief gegen Rückschein erfolgen.
(3) Eine vom Verhandlungsleiter unterschriebene Ausfertigung des Schiedsspruchs soll bei dem Arbeitsgericht, das für die Geltendmachung des Anspruchs zuständig wäre, niedergelegt werden. Die Akten des Schiedsgerichts oder Teile der Akten können ebenfalls dort niedergelegt werden.
(4) Der Schiedsspruch hat unter den Parteien dieselben Wirkungen wie ein rechtskräftiges Urteil des Arbeitsgerichts.

---

1 GMP/*Germelmann*, § 107 Rz. 10.
2 GK-ArbGG/*Mikosch*, § 107 Rz. 10; Düwell/Lipke/*Voßkühler*, § 107 Rz. 11.
3 GMP/*Germelmann*, § 107 Rz. 11; GK-ArbGG/*Mikosch*, § 107 Rz. 11; Hauck/Helml/Biebl/*Hauck/Biebl*, § 107 Rz. 3; *Schwab/Walter*, Kap. 39 Rz. 24.
4 Zöller/*Geimer*, § 1053 ZPO Rz. 1.
5 GMP/*Germelmann*, § 107 Rz. 2; GK-ArbGG/*Mikosch*, § 107 Rz. 2 ff.
6 Düwell/Lipke/*Voßkühler*, § 107 Rz. 5; GK-ArbGG/*Mikosch*, § 107 Rz. 3; Zöller/*Geimer*, ZPO, § 796a ZPO Rz. 12; Musielak/*Voit*, § 796a ZPO Rz. 2; *Lindemann*, AnwBl 1992, 457 (458); *Schwab/Walter*, Kap. 39 Rz. 23; *Voit/Gedeke*, NZA 1998, 400.
7 GMP/*Germelmann*, § 107 Rz. 2.
8 GK-ArbGG/*Mikosch*, § 107 Rz. 12.
9 Ebenso Düwell/Lipke/*Voßkühler*, § 107 Rz. 4.

I. Abstimmungsverfahren (§ 108 Abs. 1)	1	6. Zustellung des Schiedspruches	15
II. Inhalt des Schiedspruches (§ 108 Abs. 2)		7. Änderbarkeit des Schiedspruches	18
1. Angabe des Tages	5	III. Niederlegung des Schiedspruches	
2. Unterschrift der Schiedsrichter	6	(§ 108 Abs. 3)	20
3. Begründung des Schiedspruches	11	IV. Rechtswirkungen des Schiedspruches	
4. Kostenentscheidung	13	(§ 108 Abs. 4)	23
5. Rechtsmittelbelehrung	14a		

I. Abstimmungsverfahren (§ 108 Abs. 1)

1 Der Schiedsspruch ergeht mit einfacher **Mehrheit der Stimmen** der (gleichberechtigten) Mitglieder des Schiedsgerichtes, falls der Schiedsvertrag nichts anderes bestimmt. Demzufolge kann der Schiedsvertrag eine qualifizierte Mehrheit oder Einstimmigkeit vorschreiben. Das Schiedsgericht selbst hat sich an die gesetzlichen oder an die Vorgaben des Schiedsvertrages zu halten. Es kann von sich aus keine andere Mehrheit festlegen[1].

2 Da die einfache Mehrheit genügt, ist es zulässig, dass sich ein **Schiedsrichter der Stimme enthält**[2], sofern damit nicht die Abgabe eines Schiedsspruches unmöglich wird[3]. Das Gesetz schreibt nicht vor, in welcher Reihenfolge und ob schriftlich oder mündlich abgestimmt wird. Sofern der Schiedsvertrag oder die Schiedsordnung keine entsprechende Regelung enthält, kann das Schiedsgericht selbst bestimmen, wie verfahren werden soll[4]. In der Lit. wird vielfach behauptet, dass die Schiedsrichter berechtigt seien, sich vor der Stimmabgabe durch sachkundige Dritte beraten zu lassen[5]. Dies ist jedoch mit dem Grundsatz der Geheimhaltungspflicht, der auch für die Schiedsrichter gilt (vgl. § 43 DRiG)[6], nicht zu vereinbaren[7]. Es ist geradezu merkwürdig, dass die Zulässigkeit des Schiedsgerichtsverfahrens mit der besonderen Sachkunde der Schiedsrichter begründet wird, dass alsdann diese besonders sachkundigen Schiedsrichter sich noch durch Dritte beraten lassen können (was bei einem staatlichen Gericht unzulässig wäre)[8]. Entscheidungsgrundlage sind das Ergebnis der mündlichen Anhörung einschließlich einer Beweisaufnahme, der gesamte Akteninhalt und ggf. auch die sonstigen Kenntnisse des Schiedsgerichtes, soweit rechtliches Gehör gewährt wurde[9].

3 Das Schiedsgericht kann zu dem Ergebnis kommen, dass die **Schiedsgerichtsklage unzulässig** ist (weil zB ein unwirksamer Schiedsvertrag vorliegt)[10] oder dass – bei Zulässigkeit der Klage – diese **ganz oder teilweise begründet** ist. Das Schiedsgericht kann einen oder auch mehrere Teilschiedssprüche erlassen[11]. Wird jedoch für keine der möglichen Alternativen die notwendige Mehrheit erreicht, so muss das Schiedsgericht nach allgemeiner Auffassung nach § 102 Abs. 2 Nr. 4 den Streitparteien mitteilen, dass die Fällung eines Schiedsspruches nicht möglich ist. In diesem Fall entfällt die prozesshindernde Einrede der Schiedsgerichtsbarkeit[12].

---

1 GMP/*Germelmann*, § 108 Rz. 2; GK-ArbGG/*Mikosch*, § 108 Rz. 2; GWBG/*Greiner*, § 108 Rz. 6; Hauck/Helml/Biebl/*Hauck/Biebl*, § 108 Rz. 2; *Schwab/Walter*, Kap. 39 Rz. 15; *Dersch/Volkmar*, § 108 ArbGG Rz. 3; *Dietz/Nikisch*, § 108 ArbGG Rz. 3; *Löwisch*, ZZP 103 (1990), 22 (31).
2 GK-ArbGG/*Mikosch*, § 108 Rz. 2; GMP/*Germelmann*, § 108 Rz. 2; Natter/Gross/*Jörg*, § 108 Rz. 2.
3 GWBG/*Greiner*, § 108 Rz. 6; Hauck/Helml/Biebl/*Hauck/Biebl*, § 108 Rz. 2. Im Zivilprozess führt eine Abstimmungsverweigerung zur Amtspflichtverletzung und zur Verhinderung des verweigernden Richters, wenn dieser auf ihr beharrt, vgl. Zöller/*Lückemann*, § 195 GVG Rz. 1.
4 GMP/*Germelmann*, § 108 Rz. 4; GK-ArbGG/*Mikosch*, § 108 Rz. 2; GWBG/*Greiner*, § 108 Rz. 6; Hauck/Helml/Biebl/*Hauck/Biebl*, § 108 Rz. 2.
5 GWBG/*Greiner*, § 108 Rz. 7; *Dietz/Nikisch*, § 108 ArbGG Rz. 3.
6 Düwell/Lipke/*Voßkühler*, § 108 Rz. 12.
7 *Schütze*, Rz. 218 hält die Einholung eines Rechtsrates für zulässig, „solange der Schiedsrichter seine Verschwiegenheitspflicht nicht verletzt".
8 Für die Zulässigkeit des Schiedsgerichtsverfahrens gem. §§ 1025 ff. ZPO spielt die „besondere Sachkunde der Schiedsrichter" keine Rolle; dies ist nämlich nur ein Argument für die Zweckmäßigkeit einer Schiedsvereinbarung, vgl. *Schütze*, Rz. 411 ff.
9 GK-ArbGG/*Mikosch*, § 108 Rz. 3.
10 Insoweit kommt auch eine Anzeige gem. § 102 Abs. 2 Nr. 4, nicht jedoch eine Verweisung an die staatliche Arbeitsgerichtsbarkeit in Betracht; s. hierzu Düwell/Lipke/*Voßkühler*, § 108 Rz. 3.
11 GWBG/*Greiner*, § 108 Rz. 2; *Dersch/Volkmar*, § 108 Rz. 2.
12 GMP/*Germelmann*, § 108 Rz. 5; GK-ArbGG/*Mikosch*, § 108 Rz. 6; Hauck/Helml/Biebl/*Hauck/Biebl*, § 108 Rz. 4; Musielak/*Voit*, § 1052 ZPO Rz. 9.

Dieses Ergebnis ist unbefriedigend: So ist es ohne Weiteres denkbar, dass Streitgegenstand eines Schieds- 4
gerichtsverfahrens die Schadensersatzklage eines ArbN gegenüber dem ArbGeb ist. Im Schiedsgericht besteht Einigkeit darüber, dass dem Grunde nach die ArbGeb haftet. Auch über die Höhe der Schadensfor-
derung besteht kein Streit. Das Schiedsgericht ist sich lediglich uneinig über die Frage der Höhe des
Mitverschuldens des ArbN am Zustandekommen des Schadens. Die Folge ist, dass für keine der denkbaren
Varianten (Mitverschulden zB 50 %, 60 %, 70 % etc.) sich eine einfache Mehrheit finden lässt. In diesem
Fall ist es sachnäher, gem. § 196 Abs. 2 GVG zu verfahren[1]. Sinn und Zweck eines Schiedsgerichtsverfahrens ist, dass eine Entscheidung des mit besonders sachkundigen Schiedsrichtern besetzten Schiedsgerichtes zustande kommt. Da die Schiedsrichter das Beratungsgeheimnis zu wahren haben (§ 43 DRiG), kommt
die Vernehmung der Schiedsrichter als Zeugen zur Auslegung ihres Schiedsspruches nicht in Betracht[2].

II. Inhalt des Schiedsspruches (§ 108 Abs. 2)

1. Angabe des Tages

Der Schiedsspruch muss den **Tag angeben**, an dem er gefällt worden ist. Maßgeblich ist der Tag, an dem 5
die abschließende Beratung und Abstimmung stattgefunden hat[3]. Die Angabe eines anderen (falschen) Datums führt aber nicht zur Unwirksamkeit des Schiedsspruchs, solange die Identität einwandfrei feststeht.
Ist der Spruch ordnungsgem. unterschrieben, so schadet auch die gänzliche Versäumung dieser Angabe
nicht[4]. Bei schriftlicher Abstimmung kommt es auf den Tag an, an dem die letzte schriftliche Meinungsäußerung eines Schiedsrichters bei dem Schiedsgericht eingegangen ist[5].

2. Unterschrift der Schiedsrichter

Der Schiedsspruch ist **von sämtlichen Mitgliedern** des Schiedsgerichtes zu **unterschreiben**. Auch wer 6
überstimmt worden ist, hat seine Unterschrift zu leisten, ohne dass er berechtigt wäre, auf seine abweichende Meinung hinzuweisen. Die Unterzeichnung des Schiedsspruches gehört zu den Amtspflichten der
Schiedsrichter[6]. Überwiegend wird die Auffassung vertreten, dass für den Fall, dass sich ein Schiedsrichter
weigert, den Schiedsspruch zu unterzeichnen, das Schiedsgericht den Parteien nach § 102 Abs. 2 Nr. 4 mitzuteilen hat, dass das Schiedsgericht nicht in der Lage sei, einen Schiedsspruch zu fällen[7]. Richtigerweise
wird man jedoch einen Schiedsrichter, der sich weigert, den Schiedsspruch zu unterzeichnen, ebenso behandeln müssen wie einen abwesenden Schiedsrichter[8].

Eine **Klage** gegen den Schiedsrichter **auf Leistung der Unterschrift** ist zwar denkbar[9], in aller Regel jedoch 7
unpraktikabel. Da somit ein überstimmtes Mitglied es in der Hand hätte, den Schiedsspruch zu torpedie-
ren, wird in der Lit. auch die Auffassung vertreten, dass in einem derartigen Fall gem. § 1039 Abs. 1 Satz 2
ZPO aF bzw. § 315 Abs. 1 Satz 2 ZPO zu verfahren sei, dh. der Vorsitzende habe zu vermerken, dass die
Unterschrift nicht zu erlangen war; in diesem Fall reiche die Unterschrift der übrigen Schiedsrichter
aus[10]. Dieses Ergebnis ist zumindest sinnvoll. Da ein Schiedsrichter nach allgemeiner Auffassung sich an
der Abstimmung nicht zu beteiligen braucht (siehe insoweit auch die ausdrückliche Regelung in § 1052
Abs. 2 ZPO)[11] und sich der Stimme enthalten kann, macht es keinen Sinn, einen Schiedsrichter zu zwin-

---

1 So auch ausdrücklich § 25 Abs. 5 BSchGO idF v. 1.1.2009, ebenso MünchKommZPO/*Münch*, § 1052 Rz. 8. So nunmehr auch GK-ArbGG/*Mikosch*, § 108 Rz. 2.
2 So zu Recht Düwell/Lipke/*Voßkühler*, § 108 Rz. 12.
3 GMP/*Germelmann*, § 108 Rz. 7; GK-ArbGG/*Mikosch*, § 108 Rz. 4; GWBG/*Greiner*, § 108 Rz. 10; Hauck/Helml/Biebl/*Hauck/Biebl*, § 108 Rz. 3.
4 GMP/*Germelmann*, § 108 Rz. 7; GK-ArbGG/*Mikosch*, § 108 Rz. 4; GWBG/*Greiner*, § 108 Rz. 10; Schwab/*Walter*, Kap. 39, Rz. 18; ebenso für den Verwaltungsprozess BVerwG v. 7.1.1974 – II B 58/73, Buchholz 310 § 117 VwGO Nr. 5; aM Dietz/Nikisch, § 108 ArbGG Rz. 5 für den undatierten Schiedsspruch, differenzierend bei Angabe eines falschen Datums.
5 GMP/*Germelmann*, § 108 Rz. 7; Dersch/*Volkmar*, § 108 ArbGG Rz. 4a.
6 GMP/*Germelmann*, § 108 Rz. 8; GK-ArbGG/*Mikosch*, § 108 Rz. 5; Hauck/Helml/Biebl/*Hauck/Biebl*, § 108 Rz. 3; Düwell/Lipke/*Voßkühler*, § 108 Rz. 15; s. im Übrigen Zöller/*Gummer*, § 195 GVG Rz. 1.
7 GMP/*Germelmann*, § 108 Rz. 8; GK-ArbGG/*Mikosch*, § 108 Rz. 5; Düwell/Lipke/*Voßkühler*, § 108 Rz. 15; Hauck/Helml/Biebl/*Hauck/Biebl*, § 108 Rz. 3.
8 Ebenso GWBG/*Greiner*, § 108 Rz. 11.
9 S. hierzu RG v. 29.11.1904 – VII 192/04, RGZ 59, 247; RG v. 1.3.1921 – VII 349/20, RGZ 101, 392; RG v. 20.12.1929 – 235/29, RGZ 126, 379.
10 GWBG/*Greiner*, § 108 Rz. 10; Düwell/Lipke/*Voßkühler*, § 108 Rz. 15.
11 In der Lit. wird allerdings auch die Auffassung vertreten, dass eine Stimmenthaltung mit dem Amt als Schiedsrichter unvereinbar sein, so zB MünchKommZPO/*Münch*, § 1052 Rz. 8; Musielak/*Voit*, § 1052 ZPO Rz. 6.

gen, einen Schiedsspruch zu unterzeichnen, der letztendlich ohne seine Stimme zustande gekommen ist[1]. Zwar steht außer Frage, dass eine Klage gegen den Schiedsrichter auf Leistung der Unterschrift erfolgreich wäre. Hierdurch würde lediglich der Abschluss des schiedsgerichtlichen Verfahrens erheblich verzögert werden.

8 Darüber hinaus besteht weitgehend Einigkeit darüber, dass in den Fällen, in denen der Schiedsrichter an der Fällung des Schiedsspruches mitgewirkt hat und er durch Krankheit oder Urlaub an der Leistung der Unterschrift verhindert ist, es zulässig sei, dass ein anderer Schiedsrichter die **Verhinderung** im Schiedsspruch durch seine Unterschrift vermerkt. Der Schiedsspruch kommt dadurch korrekt zustande[2]. Vergleicht man den Wortlaut von § 1039 Abs. 1 ZPO aF mit demjenigen des § 108 Abs. 2, so fällt auf, dass zwar im zivilprozessualen Schiedsverfahren die Ersetzung der Unterschrift eines Schiedsrichters möglich ist, während dies in § 108 Abs. 2 nicht geregelt ist. Sowohl im zivilprozessualen Verfahren als auch im arbeitsgerichtlichen Verfahren ist es jedoch generell möglich, die Unterschrift eines Richters durch Vermerk des Hinderungsgrundes und Unterschriftsleistung durch den Vorsitzenden zu ersetzen.

9 Die hier vertretene Rechtsauffassung gilt erst recht, wenn die Entscheidung des Schiedsgerichtes verkündet worden ist. In der zivilprozessualen Lit. wird bei **Wegfall** des Einzelrichters oder Amtsrichters **nach Urteilsverkündung** durch Tod vor Unterschriftsleistung die Auffassung vertreten, dass das Urteil durch seine Verkündung zwar rechtsmittelfähig existent geworden ist, jedoch auf Rechtsmittel zwingend aufzuheben ist, da auch das derart fehlerhafte Urteil die Instanz beende[3].

10 Im Falle einer etwaigen **Aufhebungsklage** gem. § 110 Abs. 1 sollte diejenige Partei, die im Schiedsgerichtsverfahren obsiegt hat, wobei die schiedsgerichtliche Entscheidung wegen Fehlens der Unterschrift des Schiedsrichters angegriffen wird, demjenigen Schiedsrichter, der die Unterschrift verweigert hat, den Streit verkünden (im Hinblick auf einen etwaigen Schadensersatzanspruch)[4].

3. Begründung des Schiedsspruches

11 Nach § 108 Abs. 2 Satz 1 ist der Schiedsspruch **schriftlich zu begründen**; eine mündliche Begründung ist nicht ausreichend. Das Fehlen einer schriftlichen Begründung kann nachgeholt werden, allerdings nur innerhalb einer aus rechtsstaatlichen Gründen gebotenen Fünf-Monats-Frist[5]. Der Schiedsspruch braucht allerdings nicht aufgebaut zu werden wie ein gerichtliches Urteil (§ 313 ZPO). Aus dem Schiedsspruch muss aber ersichtlich sein, von welchem Sachverhalt das Schiedsgericht ausgegangen ist und aus welchen rechtlichen Erwägungen es seine Entscheidung getroffen hat[6]. Soweit eine Beweiserhebung entscheidungserheblich gewesen ist, hat der Schiedsspruch eine Beweiswürdigung zu enthalten[7]. Die Parteien können allerdings auf eine schriftliche Begründung verzichten (§ 108 Abs. 2 Satz 1). Aus der Formulierung „soweit" ergibt sich, dass die Parteien auch nur teilweise auf eine schriftliche Begründung verzichten können. Der Verzicht muss von den Streitparteien, nicht von den Parteien des Schiedsvertrages erklärt werden[8].

12 Auch die schriftliche Begründung ist **von den Schiedsrichtern zu unterzeichnen**. Es genügt nicht, dass lediglich der Tenor des Schiedsspruches von ihnen unterschrieben wird. Schiedsspruch und Begründung stellen eine Einheit dar. Wie bei einem Urteil können zur Auslegung des Tenors die Gründe mitherangezogen werden[9]. Ergänzungen und Berichtigungen des Schiedsspruches sind unter sinngemäßer Anwendung der §§ 319, 321 ZPO möglich[10], und zwar auch noch nach Zustellung und Hinterlegung des Schiedsspru-

---

1 Der EuGH v. 21.6.1990 – C-31/89, EuGHE 1990, T II-265-II-267, judiziert, dass das Gutachten des Ärzteausschusses (gem. EWG/EAG BeamStat Art. 73) nicht formfehlerhaft ist, wenn eines der Ausschussmitglieder die Unterschrift verweigert hat, wenn erwiesen ist, dass das betreffende Mitglied Gelegenheit hatte, den beiden anderen Mitgliedern seine Auffassung darzulegen.
2 GMP/*Germelmann*, § 108 Rz. 9; GK-ArbGG/*Mikosch*, § 108 Rz. 5; Hauck/Helml/Biebl/*Hauck/Biebl*, § 108 Rz. 3.
3 Zöller/*Vollkommer*, § 315 ZPO Rz. 4; *Fischer*, DRiZ 1999, 96.
4 Die Privilegierung des § 839 Abs. 2 BGB kann insoweit nicht greifen, vgl. hierzu Musielak/*Voit*, § 1035 ZPO Rz. 25 sowie jurisPK-BGB/*Zimmerling*, 8. Aufl. 2016, § 839 Rz. 207. Gleiches gilt bei einer Verletzung der allgemeinen Beschleunigungspflicht gem. § 9; s. hierzu GWBG/*Waas*, § 9 Rz. 2 ff.
5 GK-ArbGG/*Mikosch*, § 108 Rz. 11 unter Bezugnahme auf GemSOGB v. 27.4.1993 – GmS-OGB 1/92, NJW 1993, 2603. Nunmehr auch GMP/*Germelmann*, § 108 Rz. 12.
6 Zur Form der Begründung eines Schiedsspruches s. *Schütze*, Rz. 432.
7 GMP/*Germelmann*, § 108 Rz. 12; GK-ArbGG/*Mikosch*, § 108 Rz. 9; Hauck/Helml/Biebl/*Hauck/Biebl*, § 108 Rz. 3.
8 GMP/*Germelmann*, § 108 Rz. 16; GK-ArbGG/*Mikosch*, § 108 Rz. 12; GWBG/*Greiner*, § 108 Rz. 12; Natter/Gross/Görk, § 108 Rz. 3; Dersch/Volkmar, § 108 ArbGG Rz. 4c; Düwell/Lipke/*Voßkühler*, § 108 Rz. 16; Schwab/Walter, Kap. 39 Rz. 19.
9 BAG v. 20.5.1960 – 1 AZR 268/57, AP Nr. 8 zu § 101 ArbGG; GK-ArbGG/*Mikosch*, § 108 Rz. 10.
10 GMP/*Germelmann*, § 108 Rz. 14.

ches[1]. Fehlt es an einer ausreichenden Begründung, so kann nach § 110 Abs. 1 Nr. 1 auf Aufhebung des Schiedsspruches geklagt werden[2].

4. Kostenentscheidung

Obwohl dies im Gesetz nicht ausdrücklich geregelt ist, muss der Schiedsspruch eine **Kostenentscheidung** erhalten[3]. Allgemein wird die Auffassung vertreten, dass die Kostenentscheidung gem. **§§ 91 ff. ZPO** zu erfolgen hat[4]. Da gem. § 101 Abs. 2 das Schiedsgerichtsverfahren an Stelle des arbeitsgerichtlichen Verfahrens tritt, wird man die Regelung des § 12a für entsprechend anwendbar erklären müssen (s. aber § 12a Rz. 49 ff.)[5]. Sofern der Schiedsspruch keine Kostenentscheidung enthält, kann ein Ergänzungsschiedsspruch in entsprechender Anwendung des § 321 ZPO ergehen, da das Streitverfahren noch nicht vollständig erledigt ist[6]. Die Kostenentscheidung kann nach der Vollstreckbarkeitserklärung gem. § 109 Grundlage für die Zwangsvollstreckung sein[7]. Ist nach Erledigung der Hauptsache (§ 91a ZPO) nur noch über die Kosten zu entscheiden, bedarf es im Hinblick auf die Vollstreckung insoweit eines Schiedsspruchs[8].

13

In dem Schiedsvertrag bzw. in der Schiedsordnung kann ferner geregelt werden, ob der Schiedsspruch eine **Streitwertfestsetzung** erhalten soll. Für die Streitwertfestsetzung finden alsdann die §§ 3 ff. ZPO entsprechende Anwendung[9]. Der festgesetzte Streitwert ist Berechnungsgrundlage für die Gebühren der beteiligten Rechtsanwälte, die die Parteien des Schiedsverfahrens vertreten haben sowie ggf. des Schiedsgerichtes, wenn in der Schiedsvereinbarung eine Berechnung der Gebühren des Schiedsgerichtes nach einem Streitwert festgelegt worden ist[10]. Für die Rechtsanwaltsgebühren gilt § 36 RVG[11]. Im Schiedsvertrag kann weiter geregelt werden, dass die Kostenfestsetzung durch Beschluss des Obmannes erfolgt[12].

14

5. Rechtsmittelbelehrung

Von Gesetzes wegen ist eine Rechtsmittelbelehrung nicht vorgeschrieben[13]. Die Schiedsverträge können aber – wie im Bühnenbereich – den Schiedsgerichten eine Rechtsmittelbelehrung vorschreiben. Bei einem mehrstufigen Aufbau der Schiedsgerichtsbarkeit findet insoweit § 9 Abs. 5 Satz 3 Anwendung. Ein Hinweis der letzten Schiedsinstanz auf die Notfrist des § 110 Abs. 3 Satz 1 ist hingegen nicht geboten, aber auch nicht fehlerhaft[14].

14a

6. Zustellung des Schiedsspruches

Die **Ausfertigung des Schiedsspruches** ist von dem Verhandlungsleiter zu **unterschreiben**. Diese vom Verhandlungsleiter unterschriebene Ausfertigung benötigt der Obsiegende für die Zwangsvollstreckung. Insoweit reichen eine beglaubigte Abschrift[15] oder einer Fotokopie[16] nicht aus. Unschädlich ist, wenn außer dem Verhandlungsleiter auch die übrigen Schiedsrichter die Ausfertigung unterschrieben haben. Durch die Unterschrift bescheinigt der Verhandlungsleiter (oder auch alle Schiedsrichter), dass es sich bei der Ausfertigung um eine wortgetreue Wiedergabe des Schiedsspruches handelt[17].

15

Verhandlungsleiter ist idR **der unparteiische Vorsitzende** des Schiedsgerichtes. Ist das Schiedsgericht paritätisch besetzt oder gibt es keinen unparteiischen Vorsitzenden des Schiedsgerichtes, soll Verhandlungs-

16

---

1 *Dersch/Volkmar*, § 108 ArbGG Rz. 4.
2 GMP/*Germelmann*, § 108 Rz. 15; GK-ArbGG/*Mikosch*, § 108 Rz. 7; GWBG/*Greiner*, § 108 Rz. 12; Hauck/Helml/Biebl/*Hauck/Biebl*, § 108 Rz. 3; *Schwab/Walter*, Kap. 39 Rz. 19.
3 GMP/*Germelmann*, § 108 Rz. 10; GK-ArbGG/*Mikosch*, § 108 Rz. 7; GWBG/*Greiner*, § 108 Rz. 3; Hauck/Helml/Biebl/*Hauck/Biebl*, § 108 Rz. 4; Düwell/Lipke/*Voßkühler*, § 108 Rz. 5 ff.
4 GK-ArbGG/*Mikosch*, § 108 Rz. 7; GWBG/*Greiner*, § 108 Rz. 3; Hauck/Helml/Biebl/*Hauck/Biebl*, § 108 Rz. 4.
5 Die Bühnenschiedsgerichtsordnungen ordnen hingegen an, dass die unterliegende Partei die Gerichtskosten und die außergerichtlichen Kosten zu tragen hat, wobei in dem Schiedsspruch „in besonderen Fällen" über die Tragung der Kosten etwas anderes bestimmt werden kann, s. hierzu auch *Germelmann*, NZA 1994, 12 (17).
6 GMP/*Germelmann*, § 108 Rz. 10.
7 GMP/*Germelmann*, § 108 Rz. 10; Düwell/Lipke/*Voßkühler*, § 108 Rz. 5.
8 Düwell/Lipke/*Voßkühler*, § 108 Rz. 6.
9 GMP/*Germelmann*, § 108 Rz. 11; GK-ArbGG/*Mikosch*, § 108 Rz. 8; Hauck/Helml/Biebl/*Hauck/Biebl*, § 108 Rz. 4.
10 GMP/*Germelmann*, § 108 Rz. 11.
11 S. hierzu *Gerold/Schmidt*, RVG, § 36 Rz. 3 ff.
12 Düwell/Lipke/*Voßkühler*, § 108 Rz. 8.
13 GK-ArbGG/*Mikosch*, § 108 Rz. 12; Düwell/Lipke/*Voßkühler*, § 108 Rz. 18; Natter/Gross/*Görk*, § 108 Rz. 3.
14 Düwell/Lipke/*Voßkühler*, § 108 Rz. 18.
15 *Dersch/Volkmar*, § 108 ArbGG Rz. 5.
16 GMP/*Germelmann*, § 108 Rz. 18; *Dietz/Nikisch*, § 108 ArbGG Rz. 4.
17 GMP/*Germelmann*, § 108 Rz. 18.

leiter derjenige Schiedsrichter sein, der tatsächlich bei der mündlichen Anhörung die Verhandlung geführt hat[1]. Diese Auffassung ist zweifelhaft. Verhandlungsleiter ist nicht unbedingt derjenige, der am meisten redet. Auch im Zivilprozess ist es ohne Weiteres möglich, dass bei einer Kammer- oder Senatssitzung der Vorsitzende die Verhandlungsführung dem Berichterstatter überlässt, ohne dass dieser damit zum Verhandlungsleiter wird. Richtigerweise ist als Verhandlungsleiter derjenige anzusehen, der sich um die Organisation des Schiedsverfahrens gekümmert (Bestimmung des Verhandlungstermins, Ladung der Zeugen etc.) und der auch die Verhandlung eröffnet hat. Unzulässig ist es, nachträglich einen Schiedsrichter zum Verhandlungsleiter zu bestimmen[2].

17 Für die hier vertretene Auffassung spricht, dass der **Verhandlungsleiter** alsdann die **Zustellung zu veranlassen** hat[3], indem er entweder einen Gerichtsvollzieher mit ihr beauftragt (gem. §§ 966 ff. ZPO) oder die Ausfertigung den Parteien durch eingeschriebenen Brief gegen Rückschein übersendet (§ 108 Abs. 2 Satz 3)[4]. Eine Zustellung gem. §§ 166 ff. ZPO von Amts wegen kommt hingegen nicht in Betracht[5]. Demzufolge zeichnet sich der Verhandlungsleiter dadurch aus, dass er prozessleitend tätig wird. Mit der Zustellung der vom Verhandlungsleiter unterschriebenen Ausfertigung des Schiedsspruches an jede Streitpartei wird der Schiedsspruch wirksam[6].

17a Einigkeit besteht darüber, dass die Zustellung auch an die Bevollmächtigten der Parteien erfolgen kann[7]. Hierbei wird betont, dass eine Zustellung an den Prozessbevollmächtigten nicht zwingend erfolgen müsse, da § 172 ZPO in Ermangelung einer Vorschrift im Schiedsvertrag nicht anwendbar sei[8]. Diese Argumentation ist formal gesehen zutreffend, jedoch entspricht es dem Grundsatz eines fairen Verfahrens, dass der Schiedsspruch den Prozessbevollmächtigten (auch) zugestellt wird. Immerhin muss eine Aufhebungsklage gem. § 110 Abs. 3 Satz 1 binnen einer Notfrist von zwei Wochen erhoben werden. Wenn ein Prozessbevollmächtigter darauf angewiesen ist, dass er die Entscheidung des Schiedsgerichtes erst von der Partei erhält, kann dadurch wertvolle Zeit verloren gehen. Zumindest sollte man dem Prozessbevollmächtigten eine Abschrift der Gerichtsentscheidung formlos übersenden[9].

7. Änderbarkeit des Schiedsspruches

18 Spätestens **mit Zustellung** kann das Schiedsgericht seine Entscheidung **nicht mehr abändern**[10]. In der Lit. wird teilweise die Auffassung vertreten, dass nach Unterschriftsleistung der Schiedsrichter das Schiedsgericht den Schiedsspruch abändern könne, solange die Zustellung noch nicht erfolgt ist und sofern das Schiedsgericht den Schiedsspruch zuvor nicht mündlich verkündet hat[11]. Diese Auffassung wird damit begründet, dass erst durch die Zustellung „der Schiedsspruch aus einer inneren, der freien Abänderung durch das Schiedsgericht unterliegenden Entscheidung zu einer endgültigen wird"[12]. Diese Auffassung setzt voraus, dass sämtliche Schiedsrichter sich darin einig sind, die ursprüngliche Entscheidung abändern zu wollen[13]. Wenn indes einer oder mehrere Schiedsrichter die Auffassung vertreten, mit ihrer Unterschriftsleistung sei ihre Tätigkeit als Schiedsrichter beendet und sie seien nicht mehr Willens, an einer neuen

---

1 GMP/*Germelmann*, § 108 Rz. 19.
2 Ebenso GMP/*Germelmann*, § 108 Rz. 20. Bei bestehenden Zweifeln können alle Schiedsrichter den Schiedsspruch unterschreiben, ebenso GK-ArbGG/*Mikosch*, § 108 Rz. 14.
3 *Dietz/Nikisch*, § 108 ArbGG Rz. 8; *Dersch/Volkmar*, § 108 ArbGG Rz. 6.
4 Durch die Möglichkeit der Zustellung durch Einschreiben gegen Rückschein wird der Tatsache Rechnung getragen, dass es sich bei dem Schiedsgericht nicht um ein staatliches Gericht handelt, so dass eine möglichst einfache Form der Zustellung zur Verfügung gestellt werden sollte, so GMP/*Germelmann*, § 108 Rz. 22. Problematisch ist allerdings, ob auch die Zustellung durch ein sog. Einwurf-Einschreiben möglich ist, s. hierzu *Ettwig*, FA 1998, 368; *Bauer/Diller*, NJW 1998, 2795.
5 AA GK-ArbGG/*Mikosch*, § 108 Rz. 15.
6 BAG v. 20.5.1960 – 1 AZR 268/57, DB 1960, 1252.
7 GMP/*Germelmann*, § 108 Rz. 21; GK-ArbGG/*Mikosch*, § 108 Rz. 15; Düwell/Lipke/*Voßkühler*, § 108 Rz. 25; GWBG/*Greiner*, § 108 Rz. 16; *Dietz/Nikisch*, § 108 ArbGG Rz. 8; *Dersch/Volkmar*, § 108 ArbGG Rz. 6.
8 GK-ArbGG/*Mikosch*, § 108 Rz. 15.
9 S. zum Problem der fairen Verfahrensführung BVerfG v. 14.4.1987 – 1 BvR 162/84, NJW 1987, 2003 sowie BVerfG v. 8.3.2012 – 2 BvR 2535/11, NJW 2012, 2500; *Vollkommer*, Der Anspruch der Parteien auf ein faires Verfahren im Zivilprozess, Gedächtnisschrift für Bruns, 1980, S. 195.
10 GMP/*Germelmann*, § 108 Rz. 23; GK-ArbGG/*Mikosch*, § 108 Rz. 13; Hauck/Helml/Biebl/*Hauck/Biebl*, § 108 Rz. 5; Düwell/Lipke/*Voßkühler*, § 108 Rz. 26; *Schwab/Walter*, Kap. 39 Rz. 20.
11 GMP/*Germelmann*, § 108 Rz. 23; GWBG/*Greiner*, § 108 Rz. 13 ff.; *Dietz/Nikisch*, § 108 ArbGG Rz. 9; Zöller/*Geimer*, § 1054 ZPO Rz. 7.
12 So *Schwab/Walter*, Kap. 39 Rz. 20.
13 Ebenso Stein/Jonas/*Schlosser*, § 1054 ZPO Rz. 7; *Schwab/Walter*, Kap. 20 Rz. 3; Musielak/*Voit*, § 1054 ZPO Rz. 10.

Entscheidung mitzuwirken, so kommt eine Abänderung der von allen Schiedsrichtern unterschriebenen Entscheidung nicht in Betracht.

Nach Zustellung des Schiedsspruch können offenbare Unrichtigkeiten auf Antrag der Parteien oder von Amts wegen durch das Schiedsgericht korrigiert werden (entsprechend § 309 ZPO)[1]. 19

III. Niederlegung des Schiedsspruches (§ 108 Abs. 3)

Eine vom Verhandlungsleiter unterschriebene Ausfertigung des Schiedsspruches soll gem. § 108 Abs. 3 bei dem zuständigen **ArbG niedergelegt** werden. Hierbei handelt es sich nur um eine **Ordnungsvorschrift**, die Verletzung der Niederlegungspflicht hat keine Auswirkung auf die Wirksamkeit des Schiedsspruches[2]. Die Niederlegung des Schiedspruches soll erfolgen, damit durch die Sammlung von Schiedssprüchen auch Dritten jederzeit an einer zentralen Stelle eine Informationsmöglichkeit gegeben wird[3]. 20

Neben dem Schiedsspruch können auch die **Akten** des Schiedsgerichtes oder **Teile der Akten** bei dem ArbG niedergelegt werden. Damit wird bei nichtständigen Schiedsgerichten die jederzeitige Zugriffsmöglichkeit eröffnet. Soweit ein Schiedsgericht auf Dauer bestellt ist und eine gewisse organisatorische Basis hat, wird man davon ausgehen müssen, dass die Akten bei dem Schiedsgericht selbst aufbewahrt werden[4]. 21

In der Lit. wird weiterhin die Auffassung vertreten, dass das für die Niederlegung zuständige ArbG bei der Niederlegung „nur" zu prüfen habe, ob es sich um die Ausfertigung eines wirksamen Schiedsspruches handele, ob die sonstigen Formalien eingehalten worden sind und ob seine Zuständigkeit bestehe[5]. Diese Auffassung ist unrichtig. Das **ArbG** kann nur seine **Zuständigkeit prüfen**. Im Übrigen hat es die Niederlegung des Schiedsspruches entgegenzunehmen. Gemäß § 2 Abs. 2 GKG werden für die Niederlegung keine Kosten erhoben[6]. 22

IV. Rechtswirkungen des Schiedsspruches (§ 108 Abs. 4)

Nach § 108 Abs. 4 hat der Schiedsspruch unter den Parteien dieselben **Wirkungen wie ein rechtskräftiges arbeitsgerichtliches Urteil** (auch wenn gem. § 110 eine Aufhebungsklage möglich ist). Die Norm entspricht dem § 1055 ZPO. Der Schiedsspruch entfaltet für die einzelnen tarifgebundenen ArbN und ArbGeb materielle Rechtskraft[7]. Die Rechtskraft tritt ein mit dem Zustandekommen des Schiedsspruches, sofern nach dem Schiedsvertrag gegen den Schiedsspruch kein Rechtsmittel gegeben ist (die Bühnenschiedsgerichtsbarkeit ist zB mehrstufig ausgebildet)[8]. Die Rechtskraft erfasst nur die unmittelbar Beteiligten des Schiedsverfahrens, nicht jedoch Dritte. Eine Erstreckung auf andere Personen gem. § 325 Abs. 1 ZPO kommt nur in Betracht, wenn diese an den Schiedsvertrag gebunden sind[9]. Führen die Tarifvertragsparteien vor dem Schiedsgericht einen Rechtsstreit, gilt allerdings auch hier § 9 TVG[10]. Aufgrund der Rechtskraftwirkung des § 9 TVG muss das Schiedsgericht nach § 63 den Schiedsspruch an die oberste Arbeitsbehörde des Landes und an den Bundesminister für Arbeit übersenden[11]. Die Bindungswirkung tritt für einen späteren Tarifvertrag nicht ein, selbst wenn die frühere Bestimmung wörtlich mit der neuen Bestimmung übereinstimmen sollte, der Gesamtzusammenhang aber insgesamt verändert wurde[12]. 23

---

1 GMP/*Germelmann*, § 108 Rz. 14; Düwell/Lipke/*Voßkühler*, § 108 Rz. 34.
2 GMP/*Germelmann*, § 108 Rz. 25; GK-ArbGG/*Mikosch*, § 108 Rz. 16; Hauck/Helml/Biebl/*Hauck/Biebl*, § 108 Rz. 3; *Dietz/Nikisch*, § 108 ArbGG Rz. 11; *Dersch/Volkmar*, § 108 ArbGG Rz. 7; *Schwab/Walter*, Kap. 39 Rz. 21; GWBG/*Greiner*, § 108 Rz. 13.
3 So GMP/*Germelmann*, § 108 Rz. 24. Sinnvollerweise sollten jedoch die Schiedssprüche zentral bei einem einzigen ArbG gesammelt werden, was auch den EDV-mäßigen Zugriff erleichtern würde. Für den Bühnenbereich sehen die Schiedsverträge als einheitliche Niederlegungsstelle das ArbG Köln vor, s. Natter/Gross/*Jörg*, § 108 Rz. 5.
4 *Dersch/Volkmar*, § 108 ArbGG Rz. 8.
5 GMP/*Germelmann*, § 108 Rz. 28; Düwell/Lipke/*Voßkühler*, § 108 Rz. 35 ff.
6 Natter/Gross/*Jörg*, § 108 Rz. 5.
7 BAG v. 20.5.1960 – 1 AZR 268/57, DB 1960, 1252.
8 GMP/*Germelmann*, § 108 Rz. 29; GK-ArbGG/*Mikosch*, § 108 Rz. 17; *Dietz/Nikisch*, § 108 ArbGG Rz. 14; *Dersch/Volkmar*, § 108 ArbGG Rz. 9a.
9 GMP/*Germelmann*, § 108 Rz. 30; GK-ArbGG/*Mikosch*, § 108 Rz. 18.
10 BAG v. 20.5.1960 – 1 AZR 268/57, DB 1960, 1252; GMP/*Germelmann*, § 108 Rz. 31; GK-ArbGG/*Mikosch*, § 108 Rz. 17; GWBG/*Greiner*, § 108 Rz. 20; Hauck/Helml/Biebl/*Hauck/Biebl*, § 108 Rz. 5.
11 GWBG/*Greiner*, § 108 Rz. 20; *Gramm*, DB 1962, 1698.
12 BAG v. 9.9.1981 – 4 AZR 48/79, AP Nr. 34 zu § 1 TVG – Tarifverträge: Bau; GMP/*Germelmann*, § 108 Rz. 31.

24 Wird **bei gleichem Streitgegenstand** eine **neue Klage** vor dem Schiedsgericht erhoben, ist diese **unzulässig**[1]. Der Schiedsspruch ist bei präjudizieller Abhängigkeit eines neuen Streitgegenstandes in einem neuen Rechtsstreit von dem Schiedsspruch unabhängig davon zugrunde zu legen, ob das neue Verfahren wieder vor einem Schiedsgericht oder vor einem ArbG stattfindet[2]. Wird vor einem staatlichen Gericht der gleiche Rechtsstreit, der einem Schiedsspruch zugrunde liegt, erneut geführt, so ist nach herrschender Auffassung die materielle Rechtskraft nur auf entsprechende Einrede hin zu beachten, sofern der Schiedsspruch nicht rechtskräftig für vollstreckbar erklärt worden ist. Dies wird mit dem fehlenden öffentlichen Interesse begründet[3].

25 Diese Rechtsauffassung hat zur Folge, dass bei einem klageabweisenden Urteil des Schiedsgerichtes, da dieses – abgesehen von der Kostenentscheidung – nicht für vollstreckbar erklärt werden kann, der Beklagte stets die **Einrede der Rechtskraft** erheben muss, damit die Klage als unzulässig abgewiesen wird. Trotz rechtskräftig abgeschlossenen Schiedsverfahrens zugunsten des Beklagten könnte in einem gleich gelagerten Rechtsstreit beim ArbG gegen den Beklagten ein Versäumnisurteil ergehen. Dies gilt selbst dann, wenn der Schiedsspruch bei den betreffenden ArbG niedergelegt ist und das ArbG somit von der Rechtskraft des Schiedsspruches weiß. Auch diese Fallkonstellation belegt, dass das Schiedsgerichtsverfahren gem. §§ 101 ff. überprüfungsbedürftig ist. Erhebt jedoch der obsiegende Kläger des Schiedsverfahrens vor dem ArbG eine Klage aus dem gleichen materiellen Rechtsverhältnis und beruft sich zur Begründung auf die Rechtskraft des Schiedsspruches, fehlt einer solchen Klage das Rechtsschutzinteresse, denn die Vollstreckbarkeitserklärung nach § 109 ist das einfachere Verfahren[4].

§ 109 Zwangsvollstreckung

(1) Die Zwangsvollstreckung findet aus dem Schiedsspruch oder aus einem vor dem Schiedsgericht geschlossenen Vergleich nur statt, wenn der Schiedsspruch oder der Vergleich von dem Vorsitzenden des Arbeitsgerichts, das für die Geltendmachung des Anspruchs zuständig wäre, für vollstreckbar erklärt worden ist. Der Vorsitzende hat vor der Erklärung den Gegner zu hören. Wird nachgewiesen, dass auf Aufhebung des Schiedsspruchs geklagt ist, so ist die Entscheidung bis zur Erledigung dieses Rechtsstreits auszusetzen.
(2) Die Entscheidung des Vorsitzenden ist endgültig. Sie ist den Parteien zuzustellen.

I. Das Vollstreckbarkeitsverfahren (§ 109 Abs. 1)	a) Anhörung der Partei 8
1. Die Zuständigkeit des Arbeitsgerichts 1	b) Aussetzung des Verfahrens 9
2. Prüfungskompetenz des Arbeitsgerichtes 4	II. Entscheidung des Arbeitsgerichts
3. Das Verfahren der Vollstreckbarkeitserklärung 8	(§ 109 Abs. 2) 13

I. Das Vollstreckbarkeitsverfahren (§ 109 Abs. 1)

1. Die Zuständigkeit des Arbeitsgerichts

1 § 109 hat die etwas irreführende Überschrift „Zwangsvollstreckung"[5]. Tatsächlich regelt diese Bestimmung nicht die Zwangsvollstreckung, sondern die **Vollstreckbarkeitserklärung**, dh. die Schaffung des zur Zwangsvollstreckung geeigneten Titels. Sieht der Schiedsvertrag einen Instanzenzug vor, ist eine Vollstreckbarkeitserklärung erst nach rechtskräftigem Abschluss des Rechtsstreites möglich[6]. Da die Vollstreckbarkeitserklärung des ArbG endgültig ist (§ 109 Abs. 2 Satz 1), ist sie **sofort rechtskräftig**. Die Vollstreckbarkeitserklärung verhilft dem Schiedsspruch oder dem Schiedsvergleich zu einer Vollstreckbarkeit, die bei jedem arbeitsgerichtlichen Urteil gem. § 62 Abs. 1 Satz 1 selbstverständlich ist. Die Regelung des § 109 ist abschließend; einer Klage auf Schaffung eines Vollstreckungstitels fehlt das Rechtsschutzbedürfnis[7]. Die

---

1 GK-ArbGG/*Mikosch*, § 108 Rz. 19; GWBG/*Greiner*, § 108 Rz. 18; Natter/Gross/*Jörg*, § 108 Rz. 8.
2 GWBG/*Greiner*, § 108 Rz. 20; GK-ArbGG/*Mikosch*, § 108 Rz. 17; Düwell/Lipke/*Voßkühler*, § 108 Rz. 29.
3 MünchKommZPO/*Münch*, § 1055 Rz. 8.
4 GK-ArbGG/*Mikosch*, § 108 Rz. 21.
5 Die Zwangsvollstreckung aus den schiedsgerichtlichen Titeln folgt – nach deren Vollstreckbarkeitserklärung – dem Achten Buch der ZPO unter Beachtung von § 795 ZPO, s. hierzu Düwell/Lipke/*Voßkühler*, § 109 Rz. 27.
6 Düwell/Lipke/*Voßkühler*, § 109 Rz. 4.
7 GK-ArbGG/*Mikosch*, § 109 Rz. 1 unter Bezugnahme MünchKommZPO/*Münch*, § 1160 Rz. 34, 41 ff.

Vollstreckungsklausel wird von der Geschäftsstelle erteilt[1]. Die Entscheidung ergeht durch Beschluss, entweder auf Versagung oder auf Vollstreckbarkeitserklärung[2]. Erforderlich ist ein Antrag, der schriftlich oder zu Protokoll der Geschäftsstelle zu stellen ist. Antragsberechtigt ist jede Partei, der etwas zugesprochen ist[3]. Der Antrag auf Vollstreckbarkeitserklärung ist an keine Frist gebunden[4]. Eine Vollstreckbarkeitserklärung eines Schiedsvergleichs durch einen Notar gem. § 1053 Abs. 4 ZPO ist nicht möglich[5].

Aus der Regelung in § 109 wird gefolgert, dass Schiedsabreden einstweiligen Verfügungen, die bei staatlichen Gerichten beantragt werden, nicht entgegenstehen. Aufgrund der Notwendigkeit einer richterlichen Erklärung der Vollstreckbarkeit aus einem Schiedsspruch ergebe sich, dass aus einem Schiedsspruch kurzfristig effektiver einstweiliger Rechtsschutz nicht zu erlangen sei. Die gegenteilige Auffassung wäre nicht mit den verfassungsrechtlichen Rechtswege- und Rechtsschutzgarantien aus Art. 19 Abs. 4 GG sowie Art. 103 Abs. 1 GG zu vereinbaren[6].

Das ArbG prüft seine sachliche und örtliche Zuständigkeit. Die Zuständigkeit des LAG für die Vollstreckbarkeitserklärung eines Schiedsspruches ist unter keinem rechtlichen Gesichtspunkt denkbar[7]. Fehlt es an der örtlichen Zuständigkeit des angerufenen ArbG, so kann das ArbG auf entsprechenden Antrag des Antragstellers das Verfahren hinsichtlich der Vollstreckbarkeitserklärung an das zuständige ArbG verweisen[8]. Insoweit finden die Regelungen des § 48 entsprechende Anwendung. Die Entscheidung trifft allein der Vorsitzende der nach der Geschäftsverteilung zuständigen Kammer des ArbG[9]. Eine mündliche Verhandlung ist freigestellt[10]. In der Lit. wird weiterhin die Auffassung vertreten, dass bei fehlender sachlicher Zuständigkeit das Verfahren hinsichtlich der Vollstreckbarkeitserklärung in entsprechender Anwendung von § 48 ArbGG, §§ 17 ff. GVG an das zuständige Gericht zu verweisen ist[11]. Dieser Auffassung ist zu widersprechen. Das Schiedsgerichtsverfahren gem. §§ 101 ff. tritt ausschließlich an die Stelle gemäß einem ansonsten beim zuständigen ArbG zu führenden Rechtsstreit. Dies ergibt sich ua. zwingend auch aus der Regelung in § 102 Abs. 1. Auch wenn andere Verfahrensordnungen ein Schiedsgerichtsverfahren ermöglichen (wie zB § 1025 ZPO oder § 173 Satz 2 VwGO), kommt insoweit eine Verweisung nicht in Betracht, da die Prüfung der §§ 101 ff. nicht den Gerichten anderer Gerichtszweige obliegt. Sind indes mehrere ArbG örtlich zuständig, so kann sich der Antragsteller das zuständige Gericht auswählen. Er muss den Antrag nicht bei dem Gericht stellen, bei dem der Schiedsspruch niedergelegt ist[12].

2. Prüfungskompetenz des Arbeitsgerichtes

Dass das **ArbG** die Frage seiner **Zuständigkeit zu prüfen** hat, steht außer Frage. Weiterhin ist zu prüfen, ob der Schiedsspruch oder der Schiedsvergleich einen vollstreckungsfähigen Inhalt hat[13]. Das ArbG hat auch zu prüfen, ob das Schiedsgerichtsverfahren abgeschlossen ist. Dies ist nicht der Fall, wenn bei einem zweistufigen Schiedsverfahren gegen einen Schiedsspruch der 1. Instanz noch ein Rechtsmittel eingelegt werden kann oder bereits eingelegt worden ist. Eine vorläufige Vollstreckbarkeitserklärung des Schiedsspruches ist im Gesetz nicht vorgesehen[14]. Erforderlich ist ein Rechtsschutzinteresse für die Vollstreckbarkeitserklärung, soweit ein Schiedsspruch lediglich feststellende Entscheidungen trifft. Fehlt es – ohne Kostenentscheidung – an einem vollstreckungsfähigen Inhalt, so besteht ein Rechtsschutzinteresse für eine Vollstreckbarkeitserklärung nicht[15].

Darüber hinaus wird vielfach die Auffassung vertreten, dass das ArbG feststellen müsse, ob ein **wirksamer Schiedsspruch** iSd. § 108 vorliege[16]. Soweit damit die Formalien gemeint sind, wie ua. Zustellung des Schiedsspruches, kann dieser Auffassung ohne Weiteres zugestimmt werden. Es kann aber nicht Aufgabe

---

1 *Schwab/Walter*, Kap. 40 Rz. 2.
2 *Musielak/Voit*, § 1056 Rz. 2; *Schwab/Walter*, Kap. 40 Rz. 10.
3 *Schwab/Walter*, Kap. 40 Rz. 4; GMP/*Germelmann*, § 109 Rz. 6.
4 *Düwell/Lipke/Voßkühler*, § 109 Rz. 5; GK-ArbGG/*Mikosch*, § 109 Rz. 5.
5 GMP/*Germelmann*, § 109 Rz. 4.
6 So zutreffend LAG Sachse v. 2.9.1998 – 2 Sa 906/98, MDR 1999, 812.
7 S. LAG Bremen v. 18.7.2003 – AR 4/03, LAGE § 109 ArbGG 1979 Nr. 1.
8 GMP/*Germelmann*, § 109 Rz. 5; GK-ArbGG/*Mikosch*, § 109 Rz. 4; GWBG/*Greiner*, § 109 Rz. 4.
9 GMP/*Germelmann*, § 109 Rz. 5; GK-ArbGG/*Mikosch*, § 109 Rz. 3; *Düwell/Lipke/Voßkühler*, § 109 Rz. 8.
10 *Düwell/Lipke/Voßkühler*, § 109 Rz. 10.
11 GMP/*Germelmann*, § 109 Rz. 5; GK-ArbGG/*Mikosch*, § 109 Rz. 4; GWBG/*Greiner*, § 109 Rz. 3.
12 GK-ArbGG/*Mikosch*, § 109 Rz. 2; GWBG/*Greiner*, § 109 Rz. 1.
13 *Düwell/Lipke/Voßkühler*, § 109 Rz. 4; *Schmid/Schäfer*, ZTR 2003, 608 (613).
14 GMP/*Germelmann*, § 109 Rz. 2.
15 GMP/*Germelmann*, § 109 Rz. 8; *Schwab/Walter*, Kap. 40 Rz. 9; GK-ArbGG/*Mikosch*, § 109 Rz. 12.
16 So zB GMP/*Germelmann*, § 109 Rz. 7; GWBG/*Greiner*, § 109 Rz. 6; *Düwell/Lipke/Voßkühler*, § 109 Rz. 11 ff.

des ArbG sein zu prüfen, ob überhaupt ein wirksamer Schiedsvertrag vorgelegen hat[1] oder ob die Verfahrensbeteiligten partei- und prozessfähig waren[2]. Demzufolge beschränkt sich die Prüfungskompetenz des ArbG darauf, ob ein formell gültiger Schiedsspruch vorliegt[3], ggf. prüft das ArbG auch die Voraussetzung der Rechtsnachfolge, sofern die Vollstreckbarkeitserklärung für oder gegen einen Rechtsnachfolger erfolgen soll[4].

6 Dem ArbG obliegt nicht die Prüfung im Verfahren gem. § 109, ob **Verfahrensfehler** (wie zB Verletzung des rechtlichen Gehörs) oder **materiell-rechtliche Fehler** dem Schiedsgericht vorzuwerfen sind. Mit der materiellen Richtigkeit der Schiedsgerichtsentscheidung hat sich das ArbG ebenfalls nicht im Verfahren gem. § 109 zu beschäftigen. Eine Ausnahme gilt allerdings nach allgemeiner Auffassung dann, wenn in dem Schiedsspruch oder im Schiedsvergleich die Verurteilung zu einer **verbotenen Handlung** enthalten ist[5]. Ansonsten muss die unterlegene Partei ggf. die Aufhebung des Schiedsspruches gem. § 110 begehren[6]. Soweit die materiell-rechtlichen Einwände erst nach Wirksamkeit des Schiedsspruchs entstanden sind, kann Vollstreckungsabwehrklage gem. § 767 ZPO erhoben werden[7].

7 Bei einem **Vergleich** müssen die Voraussetzungen gem. § 107 erfüllt sein. Dem Vorsitzenden obliegt insoweit die Prüfung, ob der Schiedsvergleich materiell-rechtlich und formell-rechtlich wirksam ist. Bei einem Vergleich ist die Prüfung somit weitergehend als bei Schiedssprüchen, da bei einem Vergleich eine Aufhebungsklage nicht möglich ist. Darüber hinaus braucht der Schuldner sich bei einem Vergleich nicht zur sofortigen Zwangsvollstreckung zu unterwerfen. Weiterhin muss der Vorsitzende zwangsläufig prüfen, ob eine vereinbarte Widerrufsfrist abgelaufen ist[8].

3. Das Verfahren der Vollstreckbarkeitserklärung

a) Anhörung der Partei

8 Der Vorsitzende hat **vor der Vollstreckbarkeitserklärung** zunächst den **Gegner zu hören** (§ 109 Abs. 1 Satz 2). Es liegt in seinem Ermessen, ob dies schriftlich oder in Form einer mündlichen Verhandlung geschieht[9]. Erhebt der Antragsgegner Bedenken, hat der Vorsitzende vor einer Entscheidung dem Antragsteller zu ermöglichen, sich hierzu zu äußern. Von dieser Anhörung kann der Vorsitzende nur dann absehen, wenn das Vorbringen des Antragsgegners unerheblich ist oder unberücksichtigt bleibt[10]. Eine Vollstreckbarkeitserklärung erfolgt nicht, wenn eine Aufhebungsklage bereits nach § 110 rechtskräftig Erfolg hatte. Der Nachweis hierfür obliegt dem Antragsgegner[11]. In diesem Fall ist das Verfahren gem. § 109 abgeschlossen.

b) Aussetzung des Verfahrens

9 Gemäß § 109 Abs. 1 Satz 3 ist die **Entscheidung** bis zur Erledigung des Rechtsstreites gem. § 110 **auszusetzen**, sofern nachgewiesen wird, dass **auf Aufhebung des Schiedsspruches geklagt** wird. Darlegungs- und beweispflichtig ist insoweit der Antragsgegner, gegen den die Zwangsvollstreckung stattfindet. Die Klage muss bereits tatsächlich erhoben sein. Der Vorsitzende darf nicht schon aussetzen, wenn der Antragsgegner die Erhebung der Aufhebungsklage lediglich ankündigt[12]. Die Pflicht zur Aussetzung ist zwingend und dauert bis zum rechtskräftigen Abschluss des Aufhebungsverfahrens („Erledigung des Rechtsstreits"). Damit soll verhindert werden, dass eine Vollstreckung aus einem Schiedsspruch erfolgt, obwohl noch nicht feststeht, ob er auch bestandskräftig ist[13].

---

1 S. hierzu *Dersch/Volkmar*, § 109 ArbGG Rz. 3b; *Schmid/Schäfer*, ZTR 2003, 608 (613).
2 So *Düwell/Lipke/Voßkühler*, § 109 Rz. 11; *Schwab/Walter*, Kap. 40 Rz. 8.
3 GK-ArbGG/*Mikosch*, § 109 Rz. 9 ff.; *Dietz/Nikisch*, § 109 ArbGG Rz. 2; *Schwab/Walter*, Kap. 40 Rz. 8.
4 *Düwell/Lipke/Voßkühler*, § 109 Rz. 18.
5 GMP/*Germelmann*, § 109 Rz. 9; GK-ArbGG/*Mikosch*, § 109 Rz. 15; *Düwell/Lipke/Voßkühler*, § 109 Rz. 17; GWBG/*Greiner*, § 109 Rz. 6; *Dietz/Nikisch*, § 109 ArbGG Rz. 3; *Schwab/Walter*, Kap. 40 Rz. 8 mit dem Hinweis, dass es sich hierbei um einen ungeschriebenen Ordre-public-Vorbehalt handele; ebenso *Gruber*, S. 218.
6 *Schwab/Walter*, Kap. 40 Rz. 8.
7 GMP/*Germelmann*, § 109 Rz. 12; GK-ArbGG/*Mikosch*, § 109 Rz. 8.
8 GK-ArbGG/*Mikosch*, § 109 Rz. 11.
9 GMP/*Germelmann*, § 109 Rz. 11; GK-ArbGG/*Mikosch*, § 109 Rz. 7; GWBG/*Greiner*, § 109 Rz. 5.
10 GMP/*Germelmann*, § 109 Rz. 11; GK-ArbGG/*Mikosch*, § 109 Rz. 7.
11 GMP/*Germelmann*, § 109 Rz. 10; GK-ArbGG/*Mikosch*, § 109 Rz. 16.
12 GMP/*Germelmann*, § 109 Rz. 10; GK-ArbGG/*Mikosch*, § 109 Rz. 19; *Düwell/Lipke/Voßkühler*, § 109 Rz. 23; Hauck/Helml/Biebl/*Hauck/Biebl*, § 109 Rz. 3.
13 GMP/*Germelmann*, § 109 Rz. 10; GK-ArbGG/*Mikosch*, § 109 Rz. 19; GWBG/*Greiner*, § 109 Rz. 8; *Schwab/Walter*, Kap. 40 Rz. 9.

Es wurde in der Lit. auch die Auffassung vertreten, dass die Aussetzung bis zur „Erledigung des Rechts- 10
streites" keine rechtskräftige Erledigung verlange, sondern lediglich ein vorläufig vollstreckbares Urteil, zB
auch ein Versäumnisurteil[1]. Diese Auffassung lässt sich jedoch kaum mit der Formulierung „Erledigung
des Rechtsstreites"[2] in Einklang bringen (worunter stets der rechtskräftige Abschluss des Rechtsstreites verstanden wird). Darüber hinaus wird übersehen, dass ein klageabweisendes Urteil des ArbG im Rahmen des
§ 110 – abgesehen von der Kostenentscheidung – keinen vollstreckungsfähigen Inhalt hat.

In der Lit. wird darüber hinaus die Auffassung vertreten, dass der Vorsitzende über den Antrag auf Voll- 11
streckbarkeitserklärung bereits entscheiden könne, auch wenn die **Klagefrist** des § 110 Abs. 3 Satz 1 noch
nicht abgelaufen sei[3]. Diese Rechtsauffassung ist aus rechtlichen und tatsächlichen Gründen abzulehnen.
Vor der Vollstreckbarkeitserklärung hat der Vorsitzende gem. § 109 Abs. 2 Satz 1 den Antragsgegner zu
hören. Diesem ist eine angemessene Frist zur Stellungnahme zu setzen. Das Recht auf rechtliches Gehör
gem. Art. 103 Abs. 1 GG ist im Zusammenhang zu sehen mit dem Anspruch auf ein faires Verfahren, das
sich aus dem Rechtsstaatsprinzip sowie grundrechtlich aus Art. 2 Abs. 1 GG herzuleiten ist (Gewährleistung eines wirkungsvollen Rechtsschutzes)[4]. Hierbei ist grds. zu beachten, dass die Fristen, die vom Gericht
den Parteien gesetzt werden, nicht so kurz bemessen sein dürfen, dass auch bei zügiger Abwicklung nicht
mit einer Stellungnahme der Partei gerechnet werden kann[5]. Vorliegend ist keine besondere Dringlichkeit
geboten (wie beispielsweise im einstweiligen Verfügungsverfahren), so dass nicht ersichtlich ist, mit welcher Berechtigung eine Äußerungsfrist dem Antragsgegner von weniger als zehn Tagen gesetzt werden
kann[6]. Nur bei äußerst kurzer Fristsetzung wäre es möglich, dass das ArbG entscheidet, bevor innerhalb
der Notfrist des § 110 Abs. 3 Satz 1 Aufhebungsklage erhoben werden kann. Weiter ist zu bedenken, dass
ein für vollstreckbar erklärter Schiedsspruch erst mit dem der Klage stattgebenden Urteil gem. § 110 Abs. 4
aufgehoben ist. Wenn der Schiedsspruch für vollstreckbar erklärt wird, ohne dass notwendigerweise bereits
Aufhebungsklage gem. § 110 Abs. 3 Satz 1 erhoben werden musste, kann alsdann die Zwangsvollstreckung
ohne Weiteres betrieben werden.

Empfehlenswert ist es für den beim Schiedsgericht unterlegenen Beklagten, unverzüglich nach Zustellung 12
des Schiedsspruches **Aufhebungsklage** beim ArbG zu erheben. Nicht erforderlich ist, dass diese Klage zulässig (somit einen bestimmten Klageantrag enthält) oder gar schlüssig ist. Nach der Rspr. muss lediglich
die Aufhebungsklage nach § 110 bis zum Ablauf der zweiwöchigen Notfrist die Voraussetzung einer zulässigen Klage nach § 253 ZPO erfüllen[7]. Demzufolge kann die unverzüglich erhobene Klage bis zum Ablauf
der zweiwöchigen Notfrist nachgebessert werden, um sie zulässig zu machen. Schlüssig muss die Klage erst
sein zum Zeitpunkt der Hauptverhandlung. Gemäß § 109 Abs. 1 Satz 3 ist nur der Nachweis erforderlich,
dass „auf Aufhebung des Schiedsspruchs geklagt wird". Im Übrigen wird in der Lit. vielfach die Auffassung
vertreten, dass die Aufhebungsklage bereits vor Fristbeginn erhoben werden könne[8].

II. Entscheidung des Arbeitsgerichts (§ 109 Abs. 2)

Der Vorsitzende entscheidet in jedem Fall **durch Beschluss**, und zwar unabhängig davon, ob eine münd- 13
liche Verhandlung stattgefunden hat oder ob der Antragsgegner nur schriftlich angehört worden ist[9]. Der
Beschluss lautet entweder auf Zurückweisung des Antrages oder Vollstreckbarkeitserklärung. Eine Auf-
hebung des Schiedsspruches kommt im Vollstreckbarkeitserklärungsverfahren nicht in Betracht. Gibt der
Vorsitzende dem Antrag statt, kann aus dem Schiedsspruch oder Vergleich vollstreckt werden (§ 62 Abs. 2
ArbGG iVm. § 794 Abs. 1 Nr. 4a ZPO)[10]. Weist der Vorsitzende des ArbG den Antrag auf Vollstreckbar-

---

1 *Dietz/Nikisch*, § 109 Rz. 6 sowie *Dersch/Volkmar*, § 109 Rz. 9.
2 Der Erledigungsbegriff entspricht demjenigen in § 91a ZPO: Erledigung ist das Ereignis, das den Kläger daran
 hindert, den Streitgegenstand weiter geltend zu machen, so zB GMP/*Germelmann*, § 109 Rz. 10; GWBG/*Greiner*,
 § 109 Rz. 8.
3 GWBG/*Greiner*, § 109 Rz. 9; Hauck/Helml/Biebl/*Hauck/Biebl*, § 109 Rz. 3.
4 So ausdrücklich BVerfG v. 27.4.1988 – 1 BvR 549/87, NJW 1988, 3141; hierzu *Waldner*, Der Anspruch auf rechtliches Gehör, 1989, S. 31 ff.
5 *Schwab/Walter*, Kap. 40 Rz. 7 spricht von einer „angemessenen Frist".
6 Anderenfalls verstößt die gesetzte Frist gegen das Übermaßverbot, s. hierzu *Weth*, Die Zurückweisung verspäteten
 Vorbringens im Zivilprozess, S. 59.
7 BAG v. 26.2.1980 – 6 AZR 970/77, RdA 1980, 184; nach Auffassung von Düwell/Lipke/*Voßkühler*, § 109 Rz. 23
 müssen die „Minimalvoraussetzungen einer Klage erfüllt" sein.
8 GMP/*Germelmann*, § 110 Rz. 22; GWBG/*Greiner*, § 110 Rz. 4 ff.; *Schwab/Walter*, Kap. 40 Rz. 23. AA GK-ArbGG/
 Mikosch, § 110 Rz. 2.
9 GMP/*Germelmann*, § 109 Rz. 13; GK-ArbGG/*Mikosch*, § 109 Rz. 20; GWBG/*Greiner*, § 109 Rz. 9; Hauck/Helml/
 Biebl/*Hauck/Biebl*, § 109 Rz. 3; Düwell/Lipke/*Voßkühler*, § 109 Rz. 21.
10 GMP/*Germelmann*, § 109 Rz. 13; GK-ArbGG/*Mikosch*, § 109 Rz. 22; *Schwab/Walter*, Kap. 40 Rz. 10.

keitserklärung mit der Begründung fehlender Voraussetzungen der Vollstreckbarkeitserklärung zurück, so kann die Partei einen neuen Antrag stellen mit der Begründung, nunmehr seien die Vollstreckbarkeitsvoraussetzungen erfüllt[1]. Obwohl gem. der ausdrücklichen Bestimmung des § 109 Abs. 1 Satz 1 der Vorsitzende allein zu entscheiden hat, wird in der Lit. die Auffassung vertreten, dass eine Mitwirkung der ehrenamtlichen Richter unschädlich sei[2]. Dieser Auffassung kann nicht gefolgt werden, da das Gebot des gesetzlichen Richters nach Art. 101 Abs. 1 Satz 2 GG auch für ehrenamtliche Richter gilt[3]. Die Zuziehung von ehrenamtlichen Richtern steht im Ermessen des Gesetzgebers. An die gesetzgeberische Entscheidung ist jedoch das Gericht gebunden[4].

14 Die **Entscheidung ist** gem. § 109 Abs. 2 Satz 2 **den Parteien zuzustellen**. Die Anfechtung ist gem. § 109 Abs. 2 Satz 1 ausgeschlossen. Der Beschluss muss eine entsprechende Rechtsmittelbelehrung enthalten (§ 9 Abs. 5 Satz 2)[5]. Wird der Schiedsspruch später nach § 110 aufgehoben, besteht keine Schadensersatzpflicht gem. § 717 Abs. 2 ZPO. Schadensersatz kann nur verlangt werden, wenn die Voraussetzungen nach § 823 oder § 826 BGB erfüllt sind[6]. Auch dies ist ein Argument dafür, dass die Vollstreckbarkeitserklärung des Gerichtes erst nach Ablauf der Zweiwochenfrist des § 110 Abs. 3 Satz 1 ergehen darf.

15 Das **Verfahren nach § 109** ist gem. § 2 Abs. 2 GKG **gebühren- und auslagenfrei**. Der Beschluss der Vollstreckbarkeitserklärung enthält keine Kostenentscheidung[7]. Die Kosten etwa erforderlicher Beweisaufnahmen (zB über die Identität des Schiedsspruches) trägt demnach die Staatskasse. Die Frage der Anwendbarkeit des § 12a stellt sich vorliegend nicht, da das Verfahren der Vollstreckbarkeitserklärung keine Kostenentscheidung enthält[8]. Zumindest müsste man den Rechtsgedanken des § 12a Abs. 1 entsprechend anwenden. Der Streitwert im Verfahren zur Vollstreckbarkeitserklärung eines Schiedsspruchs (als Berechnungsgrundlage für die Rechtsanwaltsgebühren) ist regelmäßig mit dem Wert des zuerkannten Teils des Schiedsspruchs identisch (ohne Zinsen und Kosten). Der Rechtsanwalt kann aus eigenem Recht gem. § 32 Abs. 2 RVG die Festsetzung beantragen[9].

§ 110 Aufhebungsklage

(1) Auf Aufhebung des Schiedsspruchs kann geklagt werden,
1. **wenn das schiedsgerichtliche Verfahren unzulässig war;**
2. **wenn der Schiedsspruch auf der Verletzung einer Rechtsnorm beruht;**
3. **wenn die Voraussetzungen vorliegen, unter denen gegen ein gerichtliches Urteil nach § 580 Nr. 1 bis 6 der Zivilprozessordnung die Restitutionsklage zulässig wäre.**

(2) Für die Klage ist das Arbeitsgericht zuständig, das für die Geltendmachung des Anspruchs zuständig wäre.

(3) Die Klage ist binnen einer Notfrist von zwei Wochen zu erheben. Die Frist beginnt in den Fällen des Absatzes 1 Nr. 1 und 2 mit der Zustellung des Schiedsspruchs. Im Falle des Absatzes 1 Nr. 3 beginnt sie mit der Rechtskraft des Urteils, das die Verurteilung wegen der Straftat ausspricht, oder mit dem Tage, an dem der Partei bekannt geworden ist, dass die Einleitung oder die Durchführung des Verfahrens nicht erfolgen kann; nach Ablauf von zehn Jahren, von der Zustellung des Schiedsspruchs an gerechnet, ist die Klage unstatthaft.

---

1 GK-ArbGG/*Mikosch*, § 109 Rz. 23.
2 Ähnlich GK-ArbGG/*Mikosch*, § 109 Rz. 21; in diese Richtung tendierend GMP/*Germelmann*, § 109 Rz. 5.
3 BVerfG v. 14.6.1994 – 1 BvR 1028/88, NJW 1994, 2817 sowie BVerfG v. 6.2.1998 – 1 BvR 1788/97, NZA 1998, 445; s.a. SächsVerfGH v. 25.6.1998 – Vf. 7-IV-97, NZA-RR 1998, 461.
4 Eine Verfassungsbeschwerde wegen Verstoßes gegen das Recht auf den gesetzlichen Richter hat jedoch nicht zwangsläufig Erfolg, da nicht jeder formelle Fehler im Verwaltungs- oder Gerichtsverfahren zu einem Verfassungsverstoß führt, vgl. zB BVerfG v. 30.11.1988 – 1 BvR 900/88. Dies gilt insbesondere, wenn eine Vollstreckbarkeitserklärung durch das ArbG unzweifelhaft zu erfolgen hat.
5 GMP/*Germelmann*, § 109 Rz. 14; Düwell/Lipke/*Voßkühler*, § 109 Rz. 22.
6 GK-ArbGG/*Mikosch*, § 109 Rz. 25; GWBG/*Greiner*, § 109 Rz. 9.
7 GMP/*Germelmann*, § 109 Rz. 14; GK-ArbGG/*Mikosch*, § 109 Rz. 26; GWBG/*Greiner*, § 109 Rz. 10; Hauck/Helml/Biebl/*Hauck/Biebl*, § 109 Rz. 4.
8 GK-ArbGG/*Mikosch*, § 109 Rz. 26; aA Düwell/Lipke/*Voßkühler*, § 109 Rz. 21.
9 OLG Hamburg v. 28.3.1958 – 5 W 20/58, NJW 1958, 1046; OLG Frankfurt v. 1.12.1960 – 6 W 539/60, NJW 1961, 735; OLG Düsseldorf v. 19.2.1975 – 5 W 7/75, Rpfleger 1975, 257; GK-ArbGG/*Mikosch*, § 109 Rz. 26; Düwell/Lipke/*Voßkühler*, § 109 Rz. 21.

(4) Ist der Schiedsspruch für vollstreckbar erklärt, so ist in dem der Klage stattgegebenen Urteil auch die Aufhebung der Vollstreckbarkeitserklärung auszusprechen.

I. Allgemeines	
1. Aufhebungsklage als Gestaltungsklage 1	3. Restitutionsgründe (§ 110 Abs. 1 Nr. 3) 22
2. Nichtige Schiedssprüche 5	III. Zuständigkeit (§ 110 Abs. 2) 23
3. Charakter des Aufhebungsverfahrens 9	IV. Klagefrist (§ 110 Abs. 3) und Klageschrift .. 26
II. Aufhebungsgründe (§ 110 Abs. 1)	V. Aufhebung der Vollstreckbarkeitserklärung (§ 110 Abs. 4) 32
1. Unzulässigkeit des schiedsgerichtlichen Verfahrens (§ 110 Abs. 1 Nr. 1) 13	VI. Abschließende Zuständigkeit des Arbeitsgerichtes 33
2. Verletzung einer Rechtsnorm (§ 110 Abs. 1 Nr. 2) 20	

I. Allgemeines

1. Aufhebungsklage als Gestaltungsklage

Die **Aufhebungsklage**[1] ist eine **Gestaltungsklage**. Die Klage kann nur gerichtet werden auf Aufhebung oder Teilaufhebung des Schiedsspruches, nicht aber auf seine Abänderung[2]. Die Aufhebungsklage ändert die Rechtslage rückwirkend[3]. Gegenstand des Aufhebungsverfahrens ist das Sachbegehren, das der Kläger vor dem Schiedsgericht anhängig gemacht hat. Daher ist im Aufhebungsverfahren der ursprüngliche Sachantrag zu stellen[4]. Insoweit ist es ausreichend, dass der Kläger die Aufhebung des Schiedsspruchs des Schiedsgerichtes beantragt[5]. 1

Gemäß § 109 Abs. 1 Satz 3 ist bei einer Klage auf Aufhebung des Schiedsspruches die Zwangsvollstreckung bis zur „Erledigung des Rechtsstreites" auszusetzen und zwar entsprechend § 790 Abs. 2 ZPO ohne Sicherheitsleistung[6]. Demzufolge muss das Verfahren der Aufhebungsklage rechtskräftig abgeschlossen sein. Die Regelung über die **vorläufige Vollstreckbarkeit** von arbeitsgerichtlichen Urteilen gem. § 62 gilt **nicht für die Aufhebungsklage** gem. § 110[7]. Gegen das arbeitsgerichtliche Urteil sind die üblichen Rechtsmittel zulässig, ggf. auch die Sprungrevision[8]. Sofern ein Schiedsspruch formell nicht wirksam ist, kann nach einer in der Lit. vertretenen Auffassung eine Aufhebungsklage nicht erhoben werden. In diesem Fall kann Klage auf Feststellung der Unwirksamkeit des Schiedsspruchs erhoben werden. Für den Kläger hat dies den Vorteil, dass die Vorschrift des § 110 keine Anwendung findet. Das nach § 256 ZPO erforderliche Feststellungsinteresse ergibt sich aus der formalen Existenz des Schiedsspruchs und dem damit verbundenen „Rechtsschein"[9]. 2

Die Möglichkeit der Aufhebungsklage besteht **nur bei Schiedssprüchen**. Voraussetzung ist ein formell wirksamer Schiedsspruch. Die Aufhebungsklage setzt voraus, dass der Schiedsspruch **bestandskräftig** iSv. § 108 Abs. 4 ist. Sieht der Schiedsvertrag ein Rechtsmittelverfahren vor, ist dieses zunächst durchzuführen[10]. Die Aufhebungsklage ist in jedem Fall zulässig, wenn das ArbG den Schiedsspruch für vollstreckbar erklärt hat. Damit steht die formelle Wirksamkeit des Schiedsspruches fest; sie ist nicht mehr zu prüfen[11]. Die Möglichkeit der Aufhebungsklage besteht nicht bei einem **Schiedsvergleich**. Ein Schiedsvergleich ist 3

---

1 Gemäß § 38 BSchGO idF v. 1.1.2009 ist für die Aufhebungsklage ausschließlich zuständig das ArbG Köln.
2 GK-ArbGG/*Mikosch*, § 110 Rz. 1; Düwell/Lipke/*Voßkühler*, § 110 Rz. 15; Musielak/*Voit*, § 1059 Rz. 32; Zöller/*Geimer*, § 1059 ZPO Rz. 6.
3 GK-ArbGG/*Mikosch*, § 110 Rz. 1; Stein/Jonas/*Schlosser*, § 1059 ZPO Rz. 3.
4 BAG v. 27.1.1993 – 7 AZR 142/92, AP § 110 Nr. 3 ArbGG 1979; BAG v. 7.11.1995 – 3 AZR 955/94, AP § 611 BGB Bühnenengagementsvertrag Nr. 48; BAG v. 12.1.2000 – 7 AZR 925/98, AP Nr. 30 zu § 611 BGB Musiker; LAG Köln v. 29.5.2008 – 10 Sa 593/06.
5 LAG Köln v. 14.7.2011 – 13 Sa 356/11, insoweit bestätigt durch BAG v. 15.5.2013 – 7 AZR 665/11, BAGE 145, 142-162.
6 GK-ArbGG/*Mikosch*, § 110 Rz. 4.
7 Für den Fall einer der Klage stattgebenden Gerichtsentscheidung kann man insoweit auf die Parallele zur VwGO verweisen. Gemäß § 167 Abs. 2 VwGO können Urteile auf Anfechtungs- und Verpflichtungsklagen, die auf Aufhebung eines Verwaltungsaktes gerichtet sind, nur wegen der Kosten für vorläufig vollstreckbar erklärt werden, s. hierzu *Gärditz*, VwGO, § 167 Rz. 12.
8 S. hierzu BAG v. 28.5.1998 – 6 AZR 149/96, NZA 1998, 1015.
9 GMP/*Germelmann*, § 110 Rz. 4; GK-ArbGG/*Mikosch*, § 110 Rz. 3.
10 GMP/*Germelmann*, § 110 Rz. 3; GK-ArbGG/*Mikosch*, § 110 Rz. 2.
11 GMP/*Germelmann*, § 110 Rz. 3; GK-ArbGG/*Mikosch*, § 110 Rz. 2; Dietz/Nikisch, § 110 Rz. 2; Schwab/Walter, Kap. 40 Rz. 17.

entweder von vornherein nichtig oder wird es (zB) aufgrund der Anfechtung wegen Willensmangels. In solchen Fällen muss eine Klage auf Feststellung der Unwirksamkeit des Schiedsvergleiches erhoben werden[1]. Ist der Vergleich unwirksam, so ist das Schiedsverfahren nicht abgeschlossen und fortzusetzen[2]. Ist bei einem Schiedsspruch der Antrag auf Vollstreckbarkeitserklärung nach § 109 zurückgewiesen worden, so kann daraus nicht gefolgert werden, dass ein wirksamer Schiedsspruch nicht vorliegt. Vielmehr können die Mängel, die zu der arbeitsgerichtlichen Entscheidung geführt haben, zwischenzeitlich beseitigt sein[3].

4 Da im Zweifel von der Wirksamkeit des Schiedsspruches auszugehen ist, wird die Auffassung vertreten, dass eine **Klage auf Feststellung der Wirksamkeit des Schiedsspruches ausscheide**[4]. Für die Richtigkeit dieser Auffassung spricht der Wortlaut des § 9 TVG, wonach rechtskräftige Entscheidungen der Schiedsgerichte in Rechtsstreitigkeiten zwischen tarifgebundenen Parteien sowie zwischen diesen und Dritten bindend sind. Es wird hierbei ausschließlich auf die Rechtskraft der schiedsgerichtlichen Entscheidung abgestellt. Allerdings kommt unter engen Voraussetzungen eine Durchbrechung der Rechtskraft des Schiedsspruches bei einer Klage gem. § 826 BGB in Betracht[5]. Bei Androhung einer derartigen Klage muss der im Schiedsgerichtsverfahren Obsiegende die Möglichkeit haben, beim ArbG Klage auf Feststellung der Wirksamkeit des Schiedsspruches zu erheben.

4a Es ist in der Lit. streitig, ob die Aufhebungsklage bereits vor Zustellung des Schiedsspruches erhoben werden kann[6]. Auf jeden Fall ist erforderlich, dass der Schiedsspruch verkündet wurde, wobei ggf. das Feststellungsinteresse besonders begründet werden muss[7].

2. Nichtige Schiedssprüche

5 Bei besonders **gravierenden Mängeln** kann ein **Schiedsspruch nichtig** sein. Insoweit bedarf es dann keines Verfahrens gem. § 110. Trotz Unwirksamkeit kann aber auch in diesen Fällen auf Aufhebung oder entsprechende Feststellung geklagt werden. Ein Rechtsschutzinteresse nach § 256 ZPO ist zu bejahen, denn es existiert jedenfalls ein Spruch einer angeblichen Schiedsstelle, dem der Schein der Rechtserheblichkeit zukommt[8].

6 Das **BAG** hat einen **Schiedsspruch** als **unwirksam** angesehen, weil ein in einem Manteltarifvertrag vorgesehenes Schiedsgericht seine Zuständigkeit „unter krassem Verstoß gegen eindeutige und unmissverständliche tarifliche Bestimmungen" auch die Auslegung anderer von den Tarifvertragsparteien geschlossenen Tarifverträge vorgenommen hat, obwohl nach dem eindeutigen Wortlaut des Manteltarifvertrags das Schiedsgericht hierfür überhaupt nicht zuständig war[9]. Das BAG hat weiterhin die Nichtigkeit eines „Schiedsspruchs" einer Einigungsstelle angenommen, der unter Verstoß gegen § 101 die Funktion eines Schiedsgerichtes für Meinungsverschiedenheiten zwischen ArbGeb und ArbN über die Anwendung eines Sozialplanes übertragen war[10].

7 In der **Lit.** wird darüber hinaus die Auffassung vertreten, dass der Schiedsvertrag nichtig ist, sofern der Schiedsvertrag bestimmte Schiedsrichter vorsieht, die gem. § 103 Abs. 1 Satz 2 dem Schiedsgericht nicht angehören dürfen[11]. Die Nichtigkeit des Schiedsvertrages hat die Nichtigkeit des Schiedsspruches zur Folge[12].

8 Mit dieser Rspr. soll verhindert werden, dass die gesetzlichen **Beschränkungen der Zulässigkeit** von Schiedsverfahren in Arbeitssachen durch Verzicht beider Parteien auf eine Aufhebungsklage **umgangen**

---

1 GMP/*Germelmann*, § 110 Rz. 2; Hauck/Helml/Biebl/*Hauck/Biebl*, § 110 Rz. 1; *Schwab/Walter*, Kap. 40 Rz. 18.
2 *Schwab/Walter*, Kap. 40 Rz. 17.
3 GMP/*Germelmann*, § 110 Rz. 3; *Schwab/Walter*, Kap. 40 Rz. 17.
4 GK-ArbGG/*Mikosch*, § 110 Rz. 1; Zöller/*Geimer*, § 1059 ZPO Rz. 24.
5 BGH v. 1.12.2011 – IX ZR 56/11, NJW-RR 2012, 304; OLG Köln v. 2.12.2014 – 19 U 123/14; *Prütting/Weth*, Rechtskraftdurchbrechung bei unrichtigen Titeln, 2. Aufl. 1994, Rz. 150 ff.
6 GMP/*Germelmann*, § 110 Rz. 20; GWBG/*Greiner*, § 110 Rz. 16; *Schwab/Walter*, Kap. 40 Rz. 23; einschränkend GK-ArbGG/*Mikosch*, § 110 Rz. 3.
7 GK-ArbGG/*Mikosch*, § 110 Rz. 3.
8 GMP/*Germelmann*, § 110 Rz. 4; GK-ArbGG/*Mikosch*, § 110 Rz. 3; GWBG/*Greiner*, § 110 Rz. 4; *Schwab/Walter*, Kap. 40 Rz. 17 unter Bezugnahme auf RAG 12, 247 = JW 1933, 1356 m. Anm. *Kisch*.
9 BAG v. 28.9.1988 – 4 AZR 265/88, DB 1989, 1296.
10 BAG v. 27.10.1987 – 1 AZR 80/86, NZA 1988, 207.
11 GWBG/*Greiner*, § 103 Rz. 6; *Schwab/Walter*, Kap. 38 Rz. 10.
12 Gemäß § 1032 Abs. 2 ZPO kann im Falle einer möglichen Unwirksamkeit der Schiedsvereinbarung beim staatlichen Gericht bis zur Bildung des Schiedsgerichtes Antrag auf Feststellung der Zulässigkeit oder Unzulässigkeit eines schiedsrichterlichen Verfahrens gestellt werden; ausführlich hierzu *Lachmann*, Rz. 227 sowie *Schütze*, Rz. 606.

werden können¹. Wenn allerdings beide Parteien auf eine Aufhebungsklage verzichten, können sie auch auf die Feststellungsklage, dass der Schiedsspruch nichtig ist, verzichten. Es gibt insoweit nur einen einzigen Unterschied: Bei der Feststellungsklage auf Nichtigkeit des Schiedsspruches gibt es keine Notfrist von zwei Wochen (wie bei der Aufhebungsklage gem. § 110 Abs. 3 Satz 1), die Klage auf Nichtigkeit kann zeitlich unbeschränkt erhoben werden².

3. Charakter des Aufhebungsverfahrens

Rspr. und Lit. stimmen darin überein, dass das **Aufhebungsverfahren in allen Instanzen revisionsähnlich** ausgestaltet ist³, indem der Spruch des Schiedsgerichtes nur auf Rechtsfehler überprüft werden kann und ein neuer Sachvortrag grds. nicht zulässig ist⁴, etwas anderes gilt nur bei unstreitigem Parteivortrag⁵. Dies rechtfertigt jedoch keine uneingeschränkte Anwendung des Revisionsrechtes, sondern nur die **entsprechende Anwendung** einzelner **revisionsrechtlicher Vorschriften**, soweit dies mit der selbständigen Ausgestaltung des Schiedsgerichtsverfahrens einerseits und des arbeitsgerichtlichen Aufhebungsverfahrens andererseits vereinbar und durch die Beschränkung des § 110 Abs. 1 Nr. 2 auf die Überprüfung von Rechtsfehlern geboten ist⁶. Die Rspr. der ArbG ist allerdings ziemlich weitgehend, indem rigoros auch die revisionsrechtlichen Bestimmungen – wie zB § 551 Abs. 3 Nr. 2 Buchst. b ZPO – angewendet werden⁷. Hiernach gelten auch für Verfahrensrügen die revisionsrechtlichen Bestimmungen⁸. Richtigerweise wird man darauf abgestellen müssen, ob die revisionsrechtlichen Vorschriften des ArbGG bzw. der ZPO insoweit einer analogen Anwendung fähig sind. Grundsätzlich ist zu bedenken, dass die Klage gem. § 110 Abs. 3 Satz 1 binnen einer Notfrist von zwei Wochen zu erheben ist. Im revisionsgerichtlichen Verfahren beträgt die Frist zur Begründung der Revision – zumindest – zwei Monate, die verlängert werden kann, was bei der Notfrist gem. § 110 Abs. 3 Satz 1 nicht möglich ist. Wenn somit das ArbG über den Antrag auf Vollstreckbarkeitserklärung gem. § 109 kurzfristig entscheidet und alsdann binnen der Notfrist von zwei Wochen Aufhebungsklage erhoben werden muss, kann möglicherweise die Überprüfung der Beweiswürdigung durch das Bühnen(Ober)schiedsgericht nicht in der gebotenen Weise erfolgen⁹. Im Ergebnis ist somit zu beklagen, dass die Begründungsfrist für den im schiedsgerichtlichen Verfahren Unterlegenen in unzumutbarer Weise – und im Gegensatz zu den revisionsgerichtlichen Bestimmungen erheblich – verkürzt wird. Dies ist rechtsstaatlich bedenklich.

Anwendbar ist die Regelung des § 559 ZPO¹⁰; hinsichtlich des Umfangs der Überprüfung ergibt sich hieraus, dass das ArbG festzustellen hat, ob der Schiedsspruch auf einer Verletzung des Gesetzes beruht¹¹. Die angegriffene Entscheidung „beruht" nur dann auf der Verletzung einer Rechtsnorm, wenn diese für sie ursächlich war; daran fehlt es, wenn sich die angegriffene Entscheidung aus anderen Gründen als richtig erweist (§ 561 ZPO)¹². Verfahrensrügen, die erst nach Abschluss der 1. Instanz des Aufhebungsverfahrens erhoben werden, sind in jedem Fall nicht mehr rechtzeitig und können nicht berücksichtigt werden¹³. Das ArbG ist auf die Prüfung der rechtzeitig gerügten Verfahrensmängel beschränkt. Es kann nicht von Amts

---

1 *Schwab/Walter*, Kap. 40 Rz. 15; *Löwisch*, ZZP 103 (1990), 22 (33 ff.).
2 BFH v. 16.7.1986 – V R 96/85, NJW 1997, 920 für das finanzgerichtliche Verfahren; *Posser/Wolff/Brink*, VwGO, § 74 Rz. 5 für das verwaltungsgerichtliche Verfahren; im Sozialgerichtsverfahren ist dies im § 89 SGG ausdrücklich geregelt.
3 BAG v. 31.10.1963 – 5 AZR 283/62, DB 1964, 520; BAG v. 18.4.1986 – 7 AZR 114/85, ZTR 1987, 215; BAG v. 26.4.1990 – 6 AZR 462/88, NZA 1990, 979; BAG v. 6.11.1997 – 2 AZR 253/97, NZA 1998, 833; BAG v. 12.1.2000 – 7 AZR 925/98, AP Nr. 30 zu § 611 BGB Musiker; BAG v. 2.7.2003 – 7 AZR 613/02, AP Nr. 39 zu § 611 BGB Musiker; BAG v. 16.12.2010 – 6 AZR 487/09, NZA 2011, 1441; ErfK/*Koch*, § 110 ArbGG, Nr. 8; GMP/*Germelmann*, § 110 Rz. 5; GK-ArbGG/*Mikosch*, § 110 Rz. 5; GWBG/*Greiner*, § 110 Rz. 5; Hauck/Helml/Biebl/*Hauck/Biebl*, § 110 Rz. 3; Düwell/Lipke/*Voßkühler*, § 110 Rz. 3; *Schwab/Walter*, Kap. 40 Rz. 19; *Germelmann*, NZA 1994, 12 (17).
4 BAG v. 16.12.2010 – 6 AZR 487/09, ZTR 2011, 307; LAG Köln v. 5.3.2008 – 8 Sa 723/07; ErfK/*Koch*, § 110 ArbGG, Rz. 8.
5 BAG v. 15.5.2013 – 7 AZR 665/11, BAGE 145, 142-162.
6 BAG v. 27.1.1993 – 7 AZR 124/92, NZA 1993, 1102; hierzu *Röckrath*, NZA 1994, 678.
7 LAG Köln v. 5.3.2008 – 8 Sa 723/07 sowie LAG Köln v. 18.9.2009 – 4 Sa 1301/08.
8 So ausdrücklich LAG Köln v. 21.1.2008 – 2 Sa 1046/07, LAGE § 14 TzBfG Nr. 42; LAG Köln v. 5.3.2008 – 8 Sa 723/07 sowie LAG Köln v. 18.9.2009 – 4 Sa 1301/08.
9 S. zu diesem Problem LAG Köln v. 24.5.2007 – 10 Sa 593/06.
10 GK-ArbGG/*Mikosch*, § 110 Rz. 6.
11 BAG v. 27.5.1970 – 5 AZR 425/69, AP Nr. 1 zu § 110 ArbGG m. Anm. *Baumgärtel*; BAG v. 12.5.1982 – 4 AZR 510/81, BAGE 38, 383; BAG v. 11.5.1983 – 4 AZR 545/80, BAGE 42, 349; BAG v. 18.4.1986 – 7 AZR 114/85, NZA 1984, 94.
12 LAG Köln v. 17.10.1997 – 11 Sa 222/97, NZA-RR 1998, 466.
13 BAG v. 12.1.2000 – 7 AZR 925/98, AP Nr. 30 zu § 611 BGB Musiker.

wegen weitere Verfahrensmängel in seine Prüfung einbeziehen[1]. Hingegen sind materielle Rechtsfehler von Amts wegen zu beachten (vgl. § 557 ZPO)[2]. Auch Tarifmerkmale werden letztendlich durch die staatlichen ArbG ausgelegt[3].

10 Die **Gerichte** für Arbeitssachen sind in entsprechender Anwendung des § 561 Abs. 2 ZPO an die **Feststellung der Tatsachen** durch das Schiedsgericht **gebunden**; neue Tatsachen- und Beweismittel können nicht vorgebracht werden[4]. Die Beweiswürdigung des Bühnen(ober)schiedsgerichts kann im revisionsähnlich ausgestalteten Aufhebungsverfahren des § 110 nur dahin überprüft werden, ob sie rechtlich möglich ist und ob die Grenzen und Voraussetzungen der richterlichen Überzeugung gewahrt sind. Erneut bedarf es einer formellen Verfahrensrüge unter genauer Darlegung, aufgrund welcher Tatsachen sich ergeben soll, dass dem Bühnen(ober)schiedsgericht bei der Beweiswürdigung ein Rechtsfehler unterlaufen sein soll[5]. Diese Beschränkung gilt allerdings nicht für die Fortsetzung des Rechtsstreit nach einer erfolgreichen Aufhebungsklage. Alsdann kann zu einer weiteren Sachaufklärung auch eine ergänzende Beweisaufnahme durchgeführt werden[6]. Soweit allerdings das Schiedsgericht das Vorbringen eines Beteiligten als unsubstantiiert wertet, beruht dies auf einer Wertung des Prozessstoffes; diese Wertung ist keine das ArbG bindende Tatsachenfeststellung iSv. § 561 Abs. 2 ZPO[7].

11 Erscheint der Beklagte im Termin nicht, kann idR ein **Versäumnisurteil nicht** ergehen, weil eine reine Rechtsprüfung stattfindet. War die Aufhebungsklage jedoch darauf gestützt worden, das Schiedsgericht habe Tatsachen zu Unrecht nicht berücksichtigt, so können diese Tatsachen nunmehr als zugestanden behandelt werden. Die **Aufhebungsklage ist kein Rechtsmittel**, da der Devolutiveffekt nicht eintreten kann. Es wird nicht die Zuständigkeit einer höheren Instanz in einem Rechtszug begründet, vielmehr die erstinstanzliche Zuständigkeit des ArbG[8]. Eine entsprechende Anwendung des § 565 Abs. 1 ZPO und damit die Möglichkeit der **Zurückverweisung** des Rechtsstreites vom ArbG oder Schiedsgericht kommen **nicht in Betracht**[9].

12 Die **Aufhebungsklage** kann aufgrund ihres revisionsähnlichen Charakters **keinen effektiven Rechtsschutz** bieten. Verglichen mit der staatlichen (Arbeits-)Gerichtsbarkeit werden dem Bürger zwei Tatsacheninstanzen genommen. Darüber hinaus beschränken die revisionsgerichtlichen Bestimmungen der ZPO die umfassende Überprüfung des Sachverhaltes durch die Arbeitsgerichtsbarkeit[10]. Die Regelung des § 533 Nr. 1 ZPO zeigt, dass die Erhebung der Widerklage oder die Aufrechnung im Berufungsverfahren nur dann möglich ist, wenn entweder der Prozessgegner einwilligt oder das Gericht dies im anhängigen Verfahren für sachdienlich hält. Nach Möglichkeit sollen nämlich jeder Partei zwei Tatsacheninstanzen verbleiben; etwas anderes gilt nur dann, wenn die Widerklage oder Aufrechnung ohne Weiteres als durchgreifend oder als unbegründet erscheint, weil dann auch ein weiterer Streitpunkt zwischen den Parteien ohne neuen Prozess bereinigt werden kann[11]. Bereits von daher ist es nicht vertretbar, dass vorliegend den Streitparteien, die zur Durchführung eines Schiedsgerichtsverfahrens gezwungen wurden, nur noch ArbG haben, die als Revisionsgerichte agieren. Dies wird umso gravierender, als nach Auffassung des BAG das Schiedsgericht sein Verfahren nach (völlig) freiem Ermessen, dh. auch ohne Bindung an die Verfahrensvorschriften der ZPO und des ArbGG bestimmen kann[12].

---

1 BAG v. 24.9.1970 – 5 AZR 54/70, MDR 1971, 248; BAG v. 6.11.1997 – 2 AZR 253/97, NZA 1998, 833; BAG v. 6.11.1997 – 2 AZR 253/97, NZA 1998, 833; GMP/*Germelmann*, § 110 Rz. 6; GK-ArbGG/*Mikosch*, § 110 Rz. 8.
2 BAG v. 18.4.1986 – 7 AZR 114/85, NZA 1987, 94; LAG Köln v. 21.1.2008 – 2 Sa 1046/07, LAGE § 14 TzBfG Nr. 42; GK-ArbGG/*Mikosch*, § 110 Rz. 8, GWBG/*Greiner*, § 110 Rz. 5; Hauck/Helml/Biebl/*Hauck/Biebl*, § 110 Rz. 3.
3 So zB für das Tarifmerkmal „aus Anlass des Intendantenwechsels" iSd. § 2 VII Unterabs. 1 Satz 1 TVM BAG, 28.5.1998 – 6 AZR 349/96, NZA 1998, 1015 sowie zur Auslegung des § 15 NV Solo BAG v. 6.11.1997 – 2 AZR 253/97, NZA 1998, 833.
4 BAG v. 24.9.1970 – 5 AZR 54/70, MDR 1971, 248, 152; BAG v. 2.7.2003 – 7 AZR 613/02, AP Nr. 39 zu § 611 BGB Musiker; GMP/*Germelmann*, § 110 Rz. 6; GK-ArbGG/*Mikosch*, § 110 Rz. 8; Hauck/Helml/Biebl/*Hauck/Biebl*, § 110 Rz. 3.
5 LAG Köln v. 24.5.2007 – 10 Sa 593/06 unter Bezugnahme auf BAG v. 18.4.1986 – 7 AZR 114/85, AP Nr. 27 zu § 611 BGB Bühnenengagementsvertrag.
6 LAG Köln v. 12.11.1998 – 6 Sa 1225/97.
7 BAG v. 6.11.1997 – 2 AZR 253/97, NZA 1998, 833.
8 GMP/*Germelmann*, § 110 Rz. 5; *Germelmann*, NZA 1994, 12 (17).
9 BAG v. 27.1.1993 – 7 AZR 124/92, NZA 1993, 1102; Düwell/Lipke/*Voßkühler*, § 110 Rz. 9.
10 S. beispielhaft LAG Köln v. 5.3.2008 – 8 Sa 723/07.
11 Zöller/*Heßler*, § 533 ZPO Rz. 1, 16.
12 So ausdrücklich BAG v. 12.5.1982 – 4 AZR 510/81, AP Nr. 20 zu § 611 BGB – Bühnenengagementsvertrag sowie BAG v. 27.1.1993 – 7 AZR 124/92, NZA 1991, 1102.

II. Aufhebungsgründe (§ 110 Abs. 1)

1. Unzulässigkeit des schiedsgerichtlichen Verfahrens (§ 110 Abs. 1 Nr. 1)

Nach § 110 Abs. 1 Nr. 1 kann die Aufhebungsklage darauf gestützt werden, dass das **Verfahren** des Schiedsgerichtes insgesamt oder in einzelnen Verfahrenshandlungen **fehlerhaft** war. Dies ist insbesondere der Fall

- wenn ein Schiedsvertrag überhaupt nicht bestand,
- wenn das Schiedsgericht trotz fehlender sachlicher und/oder örtlicher Zuständigkeit entschieden hat,
- wenn das Schiedsgericht nicht ordnungsgemäß besetzt war,
- wenn eine Partei nicht den Gesetzen gemäß vertreten war,
- wenn kein rechtliches Gehör gewährt worden ist[1],
- wenn der Schiedsspruch nicht mit Gründen versehen ist, sofern es nicht entbehrlich war (§ 108 Abs. 2)[2].

Das staatliche Gericht hat die **Gültigkeit** des Schiedsvertrages zu **prüfen**, ohne an die Auffassung des Schiedsgerichtes gebunden zu sein. Dem Schiedsgericht fehlt die sog. Kompetenz-Kompetenz[3].

Allgemein wird gefordert, dass der **Verfahrensmangel** für den Inhalt des Schiedsspruches **kausal** sein muss[4]. Nicht erörtert wird die Frage, ob ausreichend ist, dass nicht ausgeschlossen werden kann, ob sich der Verfahrensmangel auf den Inhalt des Schiedsspruches ausgewirkt hat oder ob zu fordern ist, dass der Verfahrensmangel den Inhalt des Schiedsspruches tatsächlich beeinflusst hat[5]. Die Antwort erschließt sich aus einem Vergleich mit den Bestimmungen in § 1041 Abs. 1 Nr. 1 ZPO aF sowie § 1059 Abs. 2 Nr. 1d ZPO nF. In § 1041 Abs. 1 Nr. 1 ZPO aF war normiert, dass die Aufhebung des Schiedsspruches beantragt werden kann, wenn der Schiedsspruch auf einem unzulässigen Verfahren „beruht". Dies ist nur dann der Fall, wenn die Verletzung einer Rechtsnorm für die Entscheidung ursächlich war; daran fehlt es, wenn sich die angegriffene Entscheidung aus anderen Gründen als richtig erweist (§ 563 ZPO)[6]. Gemäß § 1059 Abs. 2 Nr. 1d ZPO nF muss „anzunehmen" sein, dass sich der Verfahrensmangel auf den Schiedsspruch ausgewirkt hat.

Hingegen wird in § 110 Abs. 1 Nr. 1 ausschließlich darauf abgestellt, dass das schiedsgerichtliche Verfahren „unzulässig" war. Hiernach reicht **jeder Verfahrensmangel** aus, sofern nicht ausgeschlossen werden kann, dass dieser das schiedsgerichtliche Verfahren nicht beeinträchtigt hat. Dies gilt allerdings nicht für die Verletzung tarifvertraglicher Vorschriften über das schiedsgerichtliche Verfahren (hier: Tarifvertrag über die Bühnenschiedsgerichtsbarkeit)[7].

Bei einer **Rüge der Verletzung des rechtlichen Gehörs** ist von der klagenden Partei ein Vortrag dahingehend zu verlangen, was sie bei ordnungsgemäßem Verlauf des Schiedsgerichtsverfahrens vorgetragen hätte und dass dies zu einer anderen Entscheidung des Schiedsgerichtes hätte führen können. Es gelten insoweit die gleichen Grundsätze wie im Verfassungsbeschwerdeverfahren[8].

Da das Schiedsgericht gem. § 104 das Verfahren nach freiem Ermessen gestalten kann, soweit keine gesetzlichen oder tariflichen Regelungen bestehen[9], wird hierdurch die **Rüge der Unzulässigkeit** des schiedsgerichtlichen Verfahrens **eingeschränkt**. Für den Bereich der Bühnenschiedsgerichtsbarkeit ordnet jedoch

---

1 Düwell/Lipke/*Voßkühler*, § 110 Rz. 23.
2 GMP/*Germelmann*, § 110 Rz. 8; GK-ArbGG/*Mikosch*, § 110 Rz. 12; GWBG/*Greiner*, § 110 Rz. 8; Hauck/Helml/Biebl/*Hauck/Biebl*, § 110 Rz. 9; *Schwab/Walter*, Kap. 40 Rz. 19; *Germelmann*, NZA 1994, 12 (17).
3 BGH v. 5.5.1977 – III ZR 177/74, NJW 1977, 1397; GK-ArbGG/*Mikosch*, § 110 Rz. 13; Musielak/*Voit*, § 1029 ZPO Rz. 14 sowie § 1040 ZPO Rz. 2.
4 GK-ArbGG/*Mikosch*, § 110 Rz. 10; GWBG/*Greiner*, § 110 Rz. 7; *Schwab/Walter*, Kap. 40 Rz. 19.
5 S. hierzu für das Verwaltungsverfahren § 46 VwVfG; s. weiterhin für formale Fehler im Prüfungsverfahren *Zimmerling/Brehm*, Der Prüfungsprozess, 2004, Rz. 232 ff.
6 LAG Köln v. 17.10.1977 – 11 Sa 222/97, NZA-RR 1098, 466.
7 BAG v. 15.2.2012 – 7 AZR 626/10, ZTR 2012, 578.
8 BVerfG v. 24.7.1957 – 1 BvR 535/53, NJW 1957, 1395; BVerfG v. 20.4.1982 – 1 BvR 1242/81, BVerfGE 60, 247 (249); BVerfG v. 14.12.1982 – 2 BvR 434/82, BVerfGE 62, 392; BVerfG v. 8.2.1994 – 1 BvR 765/89, BVerfGE 89, 381; s. weiterhin Sachs/*Degenhart*, Art. 103 GG Rz. 43.
9 BAG v. 11.5.1983 – 4 AZR 545/80, BAGE 42, 349; BAG v. 12.5.1982 – 4 AZR 510/81, BAGE 38, 383.

18 Hat das Schiedsgericht ohne Ermächtigung durch die Parteien **nach Billigkeit** – anstatt der gebotenen Rechtsentscheidung – getroffen, ist der Schiedsspruch wegen Überschreitung der Ermächtigungsgrundlage im Schiedsvertrag aufhebbar. Im umgekehrten Fall gilt das idR nicht, denn eine auf der Grundlage des Gesetzes beruhende Entscheidung wird nicht unbillig sein[3].

19 Der **Verfahrensmangel** muss in entsprechender Anwendung des § 551 Abs. 3 Nr. 2 Buchst. b ZPO durch Angabe der verletzten Norm und Bezeichnung der Tatsachen, aus denen sich der Mangel ergibt, **gerügt** werden. Eine Berücksichtigung eines Verfahrensmangels **von Amts wegen** ist idR ausgeschlossen[4]. Es wird die Auffassung vertreten, dass die Rüge gem. § 551 Abs. 3 Nr. 2 Buchst. b ZPO trotz der kurzen Frist bereits in der Klageschrift erfolgen müsste[5]. Diese Auffassung ist ersichtlich unrichtig. So kann ein Kläger im Hinblick auf die Regelung des § 109 Abs. 1 Satz 3 gehalten sein[6], unverzüglich eine unschlüssige und ergänzungsbedürftige Klage zu erheben. Gemäß § 109 Abs. 1 Satz 3 braucht nur die **Klageerhebung nachgewiesen** zu sein, **nicht aber die Schlüssigkeit** und Vollständigkeit der Klage. Für diesen Fall muss der Kläger die Möglichkeit haben, innerhalb der Zweiwochenfrist des § 110 Abs. 3 Satz 1 seine **Klageschrift zu vervollständigen**. *Schwab/Walter* vertreten die Auffassung, dass der Verfahrensfehler „jedenfalls unverzüglich nach Erhebung der Aufhebungsklage, hilfsweise mindestens innerhalb der Revisionsfrist von einem Monat gem. § 74 ArbGG gerügt werden" muss[7]. Das BAG hat diese Frage offen gelassen[8]. Das BAG hat judiziert, dass eine Verfahrensrüge, die länger als zwei Monate nach der Zustellung des Schiedsgerichtsspruches erhoben ist, jedenfalls nicht rechtzeitig geltend gemacht worden sei[9]; verspätet ist auf jeden Fall die Erhebung der Verfahrensrüge erst im zweitinstanzlichen Verfahren[10]. Das LAG Köln hat judiziert, dass Rügen gegen die Beweiswürdigung des Bühnenoberschiedsgerichts im Rahmen der Aufhebungsklage nach § 110 Abs. 1 bis zum Abschluss des arbeitsgerichtlichen Verfahrens in der I. Instanz geltend gemacht werden müssen[11]. Das LAG Köln hat weiterhin judiziert, allein der Umstand, dass ein im Wege der Aufhebungsklage nach § 110 angegriffener Spruch eines Bühnenoberschiedsgerichtes nicht binnen 5 Monate vollständig abgesetzt an die Geschäftsstelle übermittelt wurde, nicht die Aufhebung rechtfertige. Mit der Entscheidung des Bühnenoberschiedsgerichtes sei das Bühnenschiedsgerichtsverfahren verbraucht[12]; die in § 66 Abs. 1 Satz 2 und § 74 Abs. 1 Satz 2 geregelte sogenannte Fünf-Monats-Frist findet bei der Aufhebungsklage im Rahmen des § 110 Abs. 3 keine Anwendung[13].

2. Verletzung einer Rechtsnorm (§ 110 Abs. 1 Nr. 2)

20 Durch § 110 Abs. 1 Nr. 2 werden alle **Verstöße gegen das materielle Recht** erfasst. Zu dem vom Schiedsgericht zu beachtenden materiellen Recht gehört Bundesrecht, Landesrecht, Tarifnormen und normative Regelungen in Betriebsvereinbarungen[14]. Einer besonderen Rüge bedarf es in diesem Zusammenhang nicht; wie im Revisionsverfahren sind auch hier die materiellen Rechtsfehler **von Amts wegen** zu berück-

---

1 Tarifvertrag vom 1.10.1948 idF v. 5.9.1994, geschlossen zwischen dem Deutschen Bühnenverein und der Genossenschaft Deutscher Bühnenangehörigen (DBV/GDB).
2 *Germelmann*, NZA 1994, 12 (17).
3 GK-ArbGG/*Mikosch*, § 110 Rz. 11.
4 BAG v. 27.5.1970 – 5 AZR 425/69, AP Nr. 1 zu § 110 ArbGG 1953; BAG v. 18.4.1986 – 7 AZR 114/85, ZTR 1987, 215; BAG v. 15.2.2012 – 7 AZR 626/10, ZTR 2012, 578; LAG Köln v. 17.8.2010 – 12 Sa 164/10 unter Bezugnahme auf BAG v. 28.1.2009 – 4 AZR 912/07; GMP/*Germelmann*, § 110 Rz. 9; GK-ArbGG/*Mikosch*, § 110 Rz. 14; GWBG/*Greiner*, § 110 Rz. 5; Hauck/Helml/*Biebl/Hauck/Biebl*, § 110 Rz. 9; *Schwab/Walter*, Kap. 40 Rz. 19; *Germelmann*, NZA 1994, 12 (17).
5 Hauck/Helml/*Biebl/Hauck/Biebl*, § 110 Rz. 9; *Germelmann*, NZA 1994, 12 (17).
6 Zumindest dann, wenn man mit einer in der Lit. vertretenen Auffassung davon ausgeht, dass das ArbG gemäß § 109 bereits vor Ablauf der Zwei-Wochen-Frist des § 110 Abs. 3 Satz 1 über den Antrag auf Vollstreckbarkeitserklärung entscheiden kann, so zB GWBG/*Greiner*, § 109 Rz. 7; Hauck/Helml/*Biebl/Hauck/Biebl*, § 109 Rz. 3.
7 *Schwab/Walter*, Kap. 40 Rz. 19; ebenso nunmehr auch Natter/Gross/*Görk*, § 110 Rz. 5.
8 Entgegen der Annahme von *Schwab/Walter*, Kap. 40 Rz. 19.
9 BAG v. 26.4.1990 – 6 AZR 462/88, NZA 1990, 979.
10 BAG v. 12.1.2000 – 7 AZR 925/98, AP Nr. 30 zu § 611 BGB Musiker.
11 LAG Köln v. 17.8.2010 – 12 Sa 164/10 unter Bezugnahme auf BAG v. 12.1.2000 – 7 AZR 925/98.
12 LAG Köln v. 28.1.2014 – 12 Sa 693/13.
13 LAG Köln v. 13.2.2014 – 7 Sa 641/13; LAG Köln v. 3.6.2014 – 12 Sa 911/13, LAGE § 110 ArbGG 1979 Nr 1.
14 GK-ArbGG/*Mikosch*, § 110 Rz. 16.

sichtigen. Die Bestimmung des § 557 ZPO ist entsprechend anwendbar[1]. Das ArbG überprüft die schiedsgerichtliche Entscheidung gemäß dem formellen und materiellen Recht **zum Zeitpunkt der Fällung des Schiedsspruchs**. Nachträgliche Änderung von Gesetzen oder Tarifnormen sind im Aufhebungsverfahren nicht zu berücksichtigen[2]. Soweit es um das Verfahren beim Schiedsgericht geht, kann dieses autonom durch eine Verfahrensordnung geregelt werden, die nicht mit den Bestimmungen der ZPO übereinstimmen muss. So ist es ohne Weiteres zulässig, dass die Berufungsbegründungsfrist beim Bühnenoberschiedsgericht zweimal verlängert wird[3].

In der Lit. wird darüber gestritten, ob die **Feststellung des Tatbestandes** in der Entscheidung des Schiedsgerichtes der Überprüfung durch das ArbG unterliegt[4]. Die Diskussion ist erstaunlich, da es keine gesetzliche Vorschrift gibt, wonach die Entscheidung des Schiedsgerichts einen Tatbestand enthalten muss. Zwar muss das Schiedsgericht deutlich machen, von welchem Sachverhalt es ausgegangen ist. Soweit der Kläger substantiiert rügt, dass das Schiedsgericht von einem falschen Sachverhalt ausgegangen ist, ist dies vom ArbG zu überprüfen (gem. § 110 Abs. 1 Nr. 1)[5]. Zu den materiellen Rechtsnormen iSd. § 110 Abs. 1 Nr. 2 gehören auch die Beweislastgrundsätze. Auf eine Verkennung der Beweislastgrundsätze kann eine Klage gestützt werden[6]. Die Beweiswürdigung des Schiedsgerichtes kann nur darauf hin überprüft werden, ob sie rechtlich möglich ist und ob Voraussetzungen und Grenzen der schiedsrichterlichen Überzeugung gewahrt sind[7]. Stützt der Kläger die Aufhebungsklage auf eine Rechtsverletzung auf Grund der Beweiswürdigung des Schiedsgerichtes, bedarf es einer formellen Verfahrensrüge unter genauer Darlegung, auf Grund welcher Tatsachen sich ergeben soll, dass das Schiedsgericht gegen § 256 ZPO verstoßen habe oder ihm bei der Beweiswürdigung ein sonstiger Rechtsfehler unterlaufen sei[8]. Bei **unbestimmten Rechtsbegriffen** (zB „wichtiger Grund" gem. § 626 Abs. 1 BGB), aber auch branchentypischen Begriffen im Bühnenbereich, kommt dem Schiedsgericht ein Beurteilungsspielraum zu, den das ArbG nach revisionsrechtlichen Grundsätzen zu beachten haben[9]. Dem ArbG unterliegt weiterhin die Überprüfung der Auslegungsregeln nach §§ 133, 157 BGB sowie allgemeiner Erfahrungssätze und Denkgesetze durch das Schiedsgericht[10]. § 110 Abs. 1 Nr. 2 zeigt, dass die arbeitsrechtlichen Schiedsgerichte an das anzuwendende materielle Recht gebunden sind. Der Schiedsvertrag kann allerdings die Bestimmung enthalten, dass die Streitparteien das Schiedsgericht bei dispositivem Recht von der Beachtung materieller Rechtsnormen freistellen und dem Schiedsgericht auch eine Entscheidung nach billigem Ermessen ermöglichen können[11].

3. Restitutionsgründe (§ 110 Abs. 1 Nr. 3)

Nach § 110 Abs. 1 Nr. 3 kann die **Aufhebungsklage** auf die gleichen **Gründe** gestützt werden, auf die die Restitutionsklage gegen ein arbeitsgerichtliches Urteil gestützt werden könnte (§ 580 Nr. 1–6 ZPO). Die Nichtigkeitsklage nach § 579 ZPO wird von § 110 Abs. 1 Nr. 3 nicht erfasst; soweit deren Voraussetzungen gegeben sind, kann die Aufhebungsklage idR auf § 110 Abs. 1 Nr. 1 gestützt werden[12].

III. Zuständigkeit (§ 110 Abs. 2)

Für das Verfahren gelten die **Vorschriften** des arbeitsgerichtlichen Verfahrens **gem. §§ 46 ff.**[13]. Nach § 110 Abs. 2 ist für die Aufhebungsklage das ArbG ausschließlich zuständig, das für die Geltendmachung

---

1 BAG v. 18.4.1986 – 7 AZR 114/85, BAGE 51, 375; BAG v. 12.2.1982 – 4 AZR 510/81, BAGE 38, 383; BAG v. 11.5.1983 – 4 AZR 545/80, BAGE 42, 349; GMP/*Germelmann*, § 110 Rz. 10; GK-ArbGG/*Mikosch*, § 110 Rz. 17; Hauck/Helml/*Hauck/Biebl*, § 110 Rz. 10; *Germelmann*, NZA 1994, 12 (18).
2 GMP/*Germelmann*, § 110 Rz. 12; GK-ArbGG/*Mikosch*, § 110 Rz. 17; Natter/Gross/*Görk*, § 110 Rz. 6; GWBG/*Greiner*, § 110 Rz. 7; Hauck/Helml/Biebl/*Hauck/Biebl*, § 110 Rz. 10; *Germelmann*, NZA 1994, 12 (18).
3 LAG Köln v. 29.9.2010 – 3 Sa 625/10.
4 Hierzu *Schwab/Walter*, Kap. 40 Rz. 20, mit Nachweisen für die jeweilige Meinung.
5 So zutreffend GWBG/*Greiner*, § 110 Rz. 9.
6 GMP/*Germelmann*, § 110 Rz. 11; GK-ArbGG/*Mikosch*, § 110 Rz. 16; GWBG/*Greiner*, § 110 Rz. 9.
7 BAG v. 18.4.1996 – 7 AZR 114/85, AP Nr. 27 zu § 611 BGB Bühnenengagementvertrag; GK-ArbGG/*Mikosch*, § 110 Rz. 16; Düwell/Lipke/*Voßkühler*, § 110 Rz. 28.
8 BAG v. 18.4.1986 – 7 AZR 114/85, ZTR 1987, 215; LAG Köln v. 29.5.2008 – 10 Sa 593/06.
9 BAG v. 16.12.2010 – 6 AZR 487/09, ZTR 2011, 307 unter Bezugnahme auf Art. 5 Abs. 3 GG.
10 BAG v. 12.4.1957 – 1 AZR 559/55, DB 1958, 685; BAG, AP Nr. 115 zu § 1 TVG – Auslegung; GMP/*Germelmann*, § 110 Rz. 11; GWBG/*Greiner*, § 110 Rz. 9; Hauck/Helml/Biebl/*Hauck/Biebl*, § 110 Rz. 10; *Schwab/Walter*, Kap. 40 Rz. 20 mwN in Fn. 32.
11 GK-ArbGG/*Mikosch*, § 110 Rz. 11; GWBG/*Greiner*, § 110 Rz. 10.
12 GMP/*Germelmann*, § 110 Rz. 15; GK-ArbGG/*Mikosch*, § 110 Rz. 19, GWBG/*Greiner*, § 110 Rz. 11; Hauck/Helml/Biebl/*Hauck/Biebl*, § 110 Rz. 11; *Germelmann*, NZA 1994, 12 (18).
13 GK-ArbGG/*Mikosch*, § 110 Rz. 20; GWBG/*Greiner*, § 110 Rz. 13; Hauck/Helml/Biebl/*Hauck/Biebl*, § 110 Rz. 4.

des Anspruchs zuständig wäre[1]. Sind mehrere ArbG örtlich zuständig, kann der Kläger wählen, wo er die Aufhebungsklage erhebt[2]. Die Tarifvertragsparteien können allerdings auch die ausschließliche Zuständigkeit eines ArbG gem. § 48 Abs. 2 vereinbaren[3]. Die Beteiligung Dritter richtet sich nach den Vorschriften des ArbGG bzw. der ZPO. Die Streitverkündung und der Beitritt eines Streithelfers sind zulässig[4].

24–25 Einstweilen frei

IV. Klagefrist (§ 110 Abs. 3) und Klageschrift

26 Nach § 110 Abs. 3 Satz 1 ist die Klage binnen einer **Notfrist von zwei Wochen** zu erheben. Die Fristberechnung erfolgt nach § 222 ZPO. Eine Abkürzung oder Verlängerung der Frist ist nicht möglich. Bei Fristversäumnis kann Wiedereinsetzung in den vorigen Stand beantragt werden[5]. Allgemein wird die Auffassung vertreten, dass die Aufhebungsklage bereits vor Beginn des Laufs der Notfrist des § 110 Abs. 3 Nr. 1 erhoben werden kann; es muss nicht erst die Zustellung des Schiedsspruches abgewartet werden[6].

27 In den Fällen des **§ 110 Abs. 1 Nr. 1 und 2** beginnt die **Notfrist mit der Zustellung** des Schiedsspruches. Im Falle des **§ 110 Abs. 1 Nr. 3** beginnt sie mit der **Rechtskraft** des Urteils, das die Verurteilung wegen der Straftat ausspricht. Auf die Kenntnis der Partei von dieser Verurteilung kommt es nach dem Wortlaut des § 110 Abs. 3 Satz 3 nicht an. Insoweit kommt aber bei einer verspäteten Klageerhebung Wiedereinsetzung in den vorherigen Stand in Betracht[7]. Nach Ablauf von zehn Jahren, von der Zustellung des Schiedsspruchs an gerechnet, ist die Klage unstatthaft.

28 Streitig ist, wann die **14-Tages-Frist zu laufen** beginnt, ob dies mit dem Zeitpunkt der Zustellung des Schiedsspruches bei der Partei der Fall ist[8] oder ob dies erst dann der Fall ist, wenn die Zustellung des Schiedsspruches an die letzte Partei erfolgt ist[9]. Sofern man die zuletzt genannte Auffassung vertritt, ist es zwangsläufig, dass eine Aufhebungsklage bereits vor Beginn des Laufes der Notfrist für zulässig erachtet wird; der Kläger der Aufhebungsklage weiß nämlich häufig nicht, wann die Zustellung des Schiedsspruches an alle Beteiligten des Schiedsgerichtsverfahrens erfolgt ist. Dies gilt insbesondere dann, wenn einer der in dem Schiedsgerichtsverfahren Obsiegenden zwischenzeitlich seinen Wohnsitz verlegt hat und die Entscheidung des Schiedsgerichts derzeit nicht zugestellt werden kann. Der Lauf einer Notfrist setzt voraus, dass der Streitbeteiligte zumindest wissen kann, dass die Notfrist zu laufen begonnen hat. Anderenfalls ist der Wiedereinsetzungsantrag vorprogrammiert.

29 Gemäß **§ 110 Abs. 3 Satz 2** beginnt die Zwei-Wochen-Frist „mit der Zustellung des Schiedsspruches"; es heißt nicht „mit der Zustellung des Schiedsspruches an alle Schiedsparteien". Dies ist ohne Weiteres zu vergleichen mit der Regelung in § 517 ZPO, wonach die Berufungsfrist beginnt mit der „Zustellung des... Urteils". Bei der Berufungseinlegung durch Streitgenossen ist somit maßgeblich die jeweilige **Zustellung an den betreffenden Streitgenossen**[10]. Entsprechendes gilt auch im Verfahren gem. § 110; entscheidend ist somit die Zustellung des Schiedsspruches an die (klagende) Partei[11]. Für dieses Ergebnis sprechen auch praktische Erwägungen, da der unterlegene Kläger nicht weiß, wann dem beim Schiedsgericht obsiegenden Beklagten der Schiedsspruch zugestellt wurde. Die gegenteilige Rechtsauffassung[12] führt dazu, dass der Kläger bei der Fristberechnung stets von der Zustellung des Schiedsspruches an ihn ausgehen muss. In der

---

[1] GK-ArbGG/*Mikosch*, § 110 Rz. 20; GWBG/*Greiner*, § 110 Rz. 13; Hauck/Helml/Biebl/*Hauck/Biebl*, § 110 Rz. 4.
[2] GMP/*Germelmann*, § 110 Rz. 16; GWBG/*Greiner*, § 110 Rz. 12 iVm. § 109 Rz. 1; *Schwab/Walter*, Kap. 40 Rz. 22.
[3] *Germelmann*, NZA 1994, 12 (17).
[4] BAG v. 11.5.1983 – 4 AZR 545/80, BAGE 42, 349; GMP/*Germelmann*, § 110 Rz. 23; GK-ArbGG/*Mikosch*, § 110 Rz. 26; Düwell/Lipke/*Voßkühler*, § 110 Rz. 10; Hauck/Helml/Biebl/*Hauck/Biebl*, § 110 Rz. 4; *Wieser*, Rz. 451.
[5] GK-ArbGG/*Mikosch*, § 110 Rz. 24; Düwell/Lipke/*Voßkühler*, § 110 Rz. 16.
[6] LAG Köln v. 3.6.2014 – 12 Sa 911/13, LAGE § 110 ArbGG 1979 Nr 1 unter Bezugnahme auf BAG v. 26.07.2012 – 6 AZR 52/11, NZA-RR 2013, 217; GMP/*Germelmann*, § 110 Rz. 19; GWBG/*Greiner*, § 110 Rz. 16; *Dersch/Volkmar*, § 110 ArbGG Rz. 7; *Schwab/Walter*, Kap. 40 Rz. 23.
[7] GMP/*Germelmann*, § 110 Rz. 18; GK-ArbGG/*Mikosch*, § 110 Rz. 21 f.; GWBG/*Greiner*, § 110 Rz. 16; Hauck/Helml/Biebl/*Hauck/Biebl*, § 110 Rz. 5; *Dietz/Nikisch*, § 110 ArbGG Rz. 9; *Schwab/Walter*, Kap. 40 Rz. 23.
[8] So LAG Köln v. 12.6.1997 – 10 Sa 948/96, NZA-RR 1998, 255; GMP/*Germelmann*, § 110 Rz. 18; Düwell/Lipke/*Voßkühler*, § 110 Rz. 18. So nunmehr auch GWBG/*Greiner*, § 110 Rz. 15; anders noch die Vorauflage § 110 Rz. 13.
[9] So GK-ArbGG/*Mikosch*, § 110 Rz. 21; Hauck/Helml/Biebl/*Hauck/Biebl*, § 110 Rz. 5.
[10] BGH v. 25.6.1980 – VIII ZB 9/80, VersR 1980, 928 sowie Zöller/*Gummer*, § 517 ZPO Rz. 11.
[11] GMP/*Germelmann*, § 110 Rz. 18.
[12] GK-ArbGG/*Mikosch*, § 110 Rz. 21; Hauck/Helml/Biebl/*Hauck/Biebl*, § 110 Rz. 5.

Praxis kommen somit beide Rechtsauffassungen zum gleichen Ergebnis. Demzufolge ist der Auffassung zu folgen, dass es ausschließlich auf die Zustellung des Schiedsspruches an die (klagende) Partei ankommt[1].

Im Vergleich mit § 1059 Abs. 3 Satz 1 ZPO, wonach der Aufhebungsantrag innerhalb einer Frist von drei Monaten beim Gericht eingereicht werden muss, ist die **Klagefrist** des § 110 Abs. 3 Satz 1 (Notfrist von zwei Wochen) reichlich **kurz**. Verfassungsrechtliche Bedenken lassen sich jedoch insoweit nicht erheben. Der Gesetzgeber ist nämlich aus sachlichen Gründen berechtigt, relativ kurze Klagefristen zu normieren[2]. Das BVerfG hatte in der Vergangenheit keine verfassungsrechtlichen Bedenken gegen die zweiwöchige Rechtsmittelfrist in § 78 Abs. 4 AsylVfG sowie in § 146 Abs. 5 aF iVm. § 124 Abs. 2 VwGO[3]. 30

§ 110 Abs. 1 Nr. 3 verweist generell auf die Bestimmung des § 580 Nr. 1-6 ZPO. **§ 110 Abs. 3 Satz 3** stellt ab auf die Rechtskraft der strafrechtlichen Verurteilung. Eine strafrechtliche Verurteilung ist jedoch nur in den Fällen des § 580 Nr. 1-5 ZPO möglich. Man wird aber die Bestimmung des § 110 Abs. 3 Satz 3 analog anwenden müssen auf den Fall des § 580 Abs. 1 Nr. 6 ZPO, da eine Privilegierung der Restitutionsklage gem. § 580 Nr. 6 ZPO durch nichts gerechtfertigt ist[4]. Im Übrigen kann eine unschlüssige Klage „nachgebessert" werden[5]. 31

Richtiger Beklagter ist derjenige, der Rechte aus dem Schiedsspruch herleitet[6]. Die **Darlegungs- und Beweislast** trägt derjenige, der den Aufhebungsgrund geltend macht, im Aufhebungsprozess also der Kläger[7]. Die **Klageschrift** muss den Anforderungen des § 253 ZPO genügen. **Die formellen Voraussetzungen** nach § 253 Abs. 2 ZPO müssen innerhalb der zweiwöchigen Notfrist des § 110 Abs. 3 Satz 1 erfüllt sein[8]. Ebenfalls innerhalb der zweiwöchigen Notfrist muss der **Klageantrag begründet** werden. In der Begründung der Aufhebungsklage muss dargestellt werden, was an dem angefochtenen Schiedsspruch beanstandet wird; eine Auseinandersetzung mit der Begründung des Schiedsspruches hat in ähnlicher Weise zu erfolgen wie bei der Begründung eines Rechtsmittels. Die bloße Bezugnahme auf das Vorbringen in dem Schiedsgerichtsverfahren ist nicht ausreichend[9]. 31a

Über die Aufhebungsklage entscheidet die **zuständige Kammer des ArbG** unter Hinzuziehung der ehrenamtlichen Richter durch **Urteil**. Ist der Antrag begründet, wird der Schiedsspruch aufgehoben; eine Abänderung des Schiedsspruches kommt nicht in Betracht. Wird der Schiedsspruch aufgehoben, hat das ArbG in der Sache zu entscheiden[10]. Das Urteil enthält eine **Kostenentscheidung** und eine **Streitwertfestsetzung**. Es ist mit den arbeitsgerichtlichen Rechtsmitteln anfechtbar[11]. Wird der Schiedsspruch aufgehoben und sind Leistungen bereits erbracht worden, erfolgt die Rückforderung idR gem. § 812 BGB. UU kommt auch eine Schadensersatzpflicht aus § 823 BGB in Betracht. § 717 Abs. 2 ZPO findet keine entsprechende Anwendung[12]. 31b

V. Aufhebung der Vollstreckbarkeitserklärung (§ 110 Abs. 4)

War der Schiedsspruch gem. § 109 für vollstreckbar erklärt worden, so ist die **Vollstreckbarkeitserklärung** in dem der Klage stattgebenden Urteil **aufzuheben**. Hierzu bedarf es keines besonderen Antrages. Vor Rechtskraft des Aufhebungsurteils kann die Einstellung der Zwangsvollstreckung gem. §§ 775, 776 ZPO erfolgen[13]. Die Aufhebung der Vollstreckbarkeitserklärung wirkt sich nicht streitwerterhöhend aus[14]. Die 32

---

1 GMP/*Germelmann*, § 110 Rz. 18; aM GK-ArbGG/*Mikosch*, § 110 Rz. 21.
2 AsylVfG idF v. 27.7.1993, BGBl. I S. 1126.
3 BVerfG v. 22.10.1997 – 1 BvR 1815/97, nv.; BVerfG v. 7.11.1994 – 2 BvR 279/93, DVBl. 1995, 35. Verfassungsrechtliche Bedenken gegen eine Zwei-Wochen-Frist hingegen bei *Bader*, VBlBW 1997, 451 sowie *Mampel*, NVwZ 1998, 262.
4 Ausführlich hierzu 2. Aufl. Rz. 31.
5 GK-ArbGG/*Mikosch*, § 110 Rz. 25.
6 GK-ArbGG/*Mikosch*, § 110 Rz. 20; Zöller/*Geimer*, § 1059 ZPO Rz. 5; Stein/Jonas/*Schlosser*, § 1059 ZPO Rz. 9 ff.
7 GK-ArbGG/*Mikosch*, § 110 Rz. 20; Zöller/*Geimer*, § 1059 ZPO Rz. 83.
8 BAG v. 26.2.1980 – 6 AZR 970/77, RdA 1980, 184.
9 BAG v. 26.2.1980 – 6 AZR 970/77, AP Nr. 3 zu § 110 ArbGG 1953; GMP/*Germelmann*, § 110 Rz. 22.
10 GMP/*Germelmann*, § 110 Rz. 24 ff.; GK-ArbGG/*Mikosch*, § 110 Rz. 27 ff.; GWBG/*Greiner*, § 110 Rz. 17; Hauck/Helml/*Hauck/Biebl*, § 110 Rz. 7.
11 GMP/*Germelmann*, § 110 Rz. 29; GK-ArbGG/*Mikosch*, § 110 Rz. 31; GWBG/*Greiner*, § 110 Rz. 19; Hauck/Helml/Biebl/*Hauck/Biebl*, § 110 Rz. 7.
12 GMP/*Germelmann*, § 110 Rz. 24; GK-ArbGG/*Mikosch*, § 110 Rz. 28 ff.; GWBG/*Greiner*, § 110 Rz. 17.
13 GMP/*Germelmann*, § 110 Rz. 29; GK-ArbGG/*Mikosch*, § 110 Rz. 32; GWBG/*Greiner*, § 110 Rz. 15; Dietz/Nikisch, § 110 ArbGG Rz. 11.
14 GMP/*Germelmann*, § 110 Rz. 29; GK-ArbGG/*Mikosch*, § 110 Rz. 32.

VI. Abschließende Zuständigkeit des Arbeitsgerichtes

33 Gemäß § 1059 Abs. 5 ZPO hat die **Aufhebung des Schiedsspruches** im Zweifel zur Folge, dass wegen des Streitgegenstandes die **Schiedsvereinbarung** wieder auflebt[2]. Hingegen entspricht es einer gefestigten Rspr. des BAG, dass nach einer Aufhebung des Schiedsspruches im Verfahren gem. § 110 die Zuständigkeit des Schiedsgerichtes nicht mehr gegeben ist. Mit der einmaligen Anrufung des Schiedsgerichtes sei die Schiedsvereinbarung verbraucht und daher der Weg frei für eine Sachentscheidung durch die staatliche Gerichtsbarkeit[3]. Dies hat weiter zur Folge, dass nunmehr für die Sachentscheidung des ArbG auch neuer Vortrag unbeschränkt zu berücksichtigen ist[4]. In der Lit. wird hingegen überwiegend die Auffassung vertreten, dass im Falle der Errichtung des Schiedsgerichtes als Dauereinrichtung kein Verbrauch der Schiedsabrede eingetreten sei; auch nach Aufhebung eines Schiedsspruches blieben die Schiedsgerichte deshalb für die Sachentscheidung zuständig, da nur ein wirksamer Schiedsspruch die Schiedsabrede zu erfüllen vermöge. Zum Teil wird in der Lit. auch die Auffassung vertreten, dass die Frage, ob der Schiedsvertrag durch den Schiedsspruch „verbraucht" sei, von der Auslegung des Schiedsvertrages abhängig sei[5].

34 Trotz der Literaturkritik hält das **BAG** an seiner Rspr. fest, wonach mit der Entscheidung des Schiedsgerichtes die **Schiedsvereinbarung verbraucht** sei; nach Aufhebung des Schiedsspruches stehe die Kompetenz zur Sachentscheidung allein den Gerichten für Arbeitssachen zu. Dies gelte auch für den Fall, dass nicht alle feststellungsbedürftigen Tatsachen bereits festgestellt sind, weil eine wiederholte Einschaltung der Schiedsgerichtsbarkeit insbesondere angesichts des dreistufigen Instanzenzuges der Arbeitsgerichtsbarkeit zu einer im Hinblick auf den Beschleunigungsgrundsatz (§ 9 Abs. 1) nicht mehr hinnehmbaren Verfahrensverzögerung führen könne. Dies gilt erst recht bei einer entsprechenden Anwendung des für einen einheitlichen Instanzenzug konzipierten § 563 Abs. 1 ZPO auf das Verhältnis zwischen Schiedsgerichtsbarkeit und mehrstufiger Arbeitsgerichtsbarkeit; in zahlreichen Fällen komme es zu einer mehrfachen Zurückverweisung und könne dazu führen, dass ein Rechtsstreit überhaupt nicht mehr zeitnah und gem. dem Gebot effektiver Rechtsschutzgewährung entschieden werden könne[6].

35 Der Rspr. des **BAG** ist im Ergebnis **zu folgen**[7]. Für den Beklagten im Schiedsgerichtsverfahren und Kläger in der Aufhebungsklage wäre es in der Tat unzumutbar, wenn er nach Aufhebung des Schiedsspruches darauf warten müsste, ob und wann der Kläger des Schiedsgerichtsverfahrens und Beklagter in der Aufhebungsklage erneut Klage beim Schiedsgericht erhebt. Derartiges wäre nur dann vertretbar, wenn der Gesetzgeber insoweit dem Kläger des Schiedsgerichtsverfahrens eine kurze Frist zur Klageerhebung gesetzt hätte. Dies ist nicht der Fall, so dass der Hinweis des BAG auf den Beschleunigungsgrundsatz und die nicht mehr hinnehmbare Verfahrensverzögerung zutreffend ist.

36 Insoweit ist auch auf die **Zwei-Wochen-Frist iSd. § 110 Abs. 3 Satz 1** zu verweisen, und zwar gerade im Vergleich zu der in § 1059 Abs. 3 Satz 1 ZPO normierten Dreimonatsfrist. Hieraus erschließt sich zwingend der Wille des Gesetzgebers, dass das Schiedsgerichtsverfahren einschließlich Aufhebungsklage alsbald zu einem Abschluss gebracht wird. Schließlich kommt eine weitere Indizwirkung dem Umstand zu, dass der Gesetzgeber in § 1059 Abs. 5 ZPO ausdrücklich angeordnet hat, die Aufhebung des Schiedsspruches

---

1 Hierzu *Schneider/Herget*, Streitwert-Kommentar für den Zivilprozess, Rz. 4919.
2 S. hierzu Musielak/*Voit*, § 1059 ZPO Rz. 1 ff.
3 BAG v. 16.2.1962 – 5 AZR 366/61, AP Nr. 1 zu Saarland Arbeitsrechtseinführungsgesetz; BAG v. 22.8.1963 – 2 AZR 132/63, NJW 1964, 220; BAG v. 27.1.1993 – 7 AZR 142/92, NZA 1993, 1102; ebenso GK-ArbGG/Mikosch, § 110 Rz. 30; GWBG/*Greiner*, § 110 Rz. 17 sowie Düwell/Lipke/*Voßkühler*, § 110 Rz. 2.
4 GK-ArbGG/*Mikosch*, § 110 Rz. 30.
5 GMP/*Germelmann*, § 110 Rz. 26; Stein/Jonas/*Schlosser*, § 1059 ZPO Rz. 58 ff; *Schwab/Walter*, Kap. 40 Rz. 24 mit Fn. 36; *Germelmann*, NZA 1994, 12 (18); *Röckrath*, NZA 1994, 678 (679) mwN in Fn. 9; *Vogel*, NZA 1999, 26 (28); ebenso LAG Köln v. 24.2.1992 – 14 (7) Sa 254/91, MDR 1992, 975 (aufgehoben durch BAG v. 27.1.1993 – 7 AZR 124/92, NZA 1993, 1102).
6 BAG v. 16.8.1962 – 5 AZR 366/61, AP Nr. 1 zu Saarland Arbeitsrechtseinführungsgesetz; BAG v. 23.8.1963 – 1 AZR 469/62, AP Nr. 14 zu § 101 ArbGG 1953; BAG v. 27.1.1993 – 10 AZR 124/92, NZA 1993, 1102. Ebenso LAG Köln v. 29.5.2008 – 10 Sa 593/06; GK-ArbGG/*Mikosch*, § 110 Rz. 29.
7 Ebenso *Reupke*, S. 137 ff.; *Ruzicka*, S. 599 ff., 602 ff. Problematisch wird es allerdings, wenn das falsche Schiedsgericht gesprochen hat, somit ein Schiedsspruch des zur Entscheidung berufenen Schiedsgerichtes noch gar nicht vorliegt. In diesem Fall ist es zweifelhaft, ob man dahin gehend argumentieren kann, dass die Schiedsabrede verbraucht ist, s. hierzu Dersch/*Volkmar*, § 110 Rz. 11.

habe im Zweifel zur Folge, dass wegen des Streitgegenstandes die Schiedsvereinbarung wieder auflebt. § 110 enthält eine vergleichbare Bestimmung nicht[1].

Soweit ausschließlich Rechtsfragen zu entscheiden sind (wie zB bei einer auf § 110 Abs. 1 Nr. 2 gestützten Aufhebungsklage), macht es ohnedies keinen Sinn, die Entscheidung (vorerst) dem Schiedsgericht zu überlassen. **Offene Rechtsfragen** können in diesem Fall wesentlich schneller durch das angerufene ArbG entschieden werden[2]. Hiernach kann es erforderlich sein, dass der Kläger neben dem Antrag auf Aufhebung des Schiedsspruches auch einen Sachantrag im Bezug auf seine ursprünglich beim Schiedsgericht anhängige Klage stellt. Der im Schiedsgerichtsverfahren nur teilweise erfolgreiche Kläger kann im Verfahren gem. § 110 Widerklage erheben, um mit seinem ursprünglichen Klageantrag vollständig zu obsiegen; der im Schiedsgerichtsverfahren verurteilte Beklagte und Kläger im Verfahren gem. § 110 kann den Aufhebungsantrag mit einem etwaigen Antrag auf Rückzahlung bereits geleisteter Zahlungen verbinden[3]. Das Gericht hat ggf. gem. § 139 ZPO die Parteien zu veranlassen, sachdienliche Anträge zu stellen[4]. Nach allgemeiner Auffassung kann über die gestellte Sachanträge zusammen mit dem Antrag in der Aufhebungsklage entschieden werden[5].

---

1 Hierbei ist zu beachten, dass bereits das Reichsgericht (RGZ 41, 398 sowie RGZ 108, 379) angenommen hat, dass der Schiedsspruch, auch wenn er unwirksam ist, das schiedsgerichtliche Verfahren endgültig abschließt. Der Gesetzgeber hatte somit – auch im Rahmen der diversen Arbeitsgerichtsnovellen – ausreichend Zeit, eine dem § 1059 Abs. 5 ZPO vergleichbare Bestimmung zu schaffen.
2 Ebenso auch *Langer*, S. 465 ff., 481.
3 Dabei findet allerdings § 717 Abs. 2 ZPO keine Anwendung, vielmehr muss auf das materielle Recht zurückgegriffen werden, in erster Linie auf § 812 BGB, s. hierzu Düwell/Lipke/*Voßkühler*, § 110 Rz. 42.
4 Hierzu *Gramm*, RdA 1967, 41 (44 ff.); *Wieser*, Rz. 451; *Ruzicka*, S. 599 ff., 605.
5 GK-ArbGG/*Mikosch*, § 110 Rz. 30; Düwell/Lipke/*Voßkühler*, § 110 Rz. 2; Hauck/Helml/Biebl/*Hauck/Biebl*, § 110 Rz. 7.

Fünfter Teil. Übergangs- und Schlussvorschriften

§ 111 Änderung von Vorschriften

(1) Soweit nach anderen Rechtsvorschriften andere Gerichte, Behörden oder Stellen zur Entscheidung oder Beilegung von Arbeitssachen zuständig sind, treten an ihre Stelle die Arbeitsgerichte. Dies gilt nicht für Seemannsämter, soweit sie zur vorläufigen Entscheidung von Arbeitssachen zuständig sind.
(2) Zur Beilegung von Streitigkeiten zwischen Ausbildenden und Auszubildenden aus einem bestehenden Berufsausbildungsverhältnis können im Bereich des Handwerks die Handwerksinnungen, im Übrigen die zuständigen Stellen im Sinne des Berufsbildungsgesetzes Ausschüsse bilden, denen Arbeitgeber und Arbeitnehmer in gleicher Zahl angehören müssen. Der Ausschuss hat die Parteien mündlich zu hören. Wird der von ihm gefällte Spruch nicht innerhalb einer Woche von beiden Parteien anerkannt, so kann binnen zwei Wochen nach ergangenem Spruch Klage beim zuständigen Arbeitsgericht erhoben werden. § 9 Abs. 5 gilt entsprechend. Der Klage muss in allen Fällen die Verhandlung vor dem Ausschuss vorangegangen sein. Aus Vergleichen, die vor dem Ausschuss geschlossen sind, und aus Sprüchen des Ausschusses, die von beiden Seiten anerkannt sind, findet die Zwangsvollstreckung statt. Die §§ 107 und 109 geltend entsprechend.

I. Zuständigkeit der Arbeitsgerichte und Seemannsämter gemäß § 111 Abs. 1 1	6. Rechtsmittelbelehrung 22
II. Streitigkeiten aus dem Berufsausbildungsverhältnis	7. Wirkungen des Spruches 23
	8. Vollstreckung 25
1. Der Charakter als Vorschaltverfahren 4	9. Kosten 26
2. Das bestehende Ausbildungsverhältnis 7	10. Klage beim Arbeitsgericht 28
3. Errichtung und Besetzung der Schlichtungsausschüsse 9	III. Verfassungsmäßigkeit des Schlichtungsverfahrens
4. Anrufungsfrist 13	1. Gesetzlicher Richter 31
5. Verfahren vor dem Ausschuss und Entscheidung 17	2. Gleicher Zugang zu Gericht 33
	3. Ausschluss der Prozesskostenhilfe 37

Schrifttum: *Barwasser*, Die Kündigung des Ausbildungsverhältnisses, DB 1976, 434; *Braun/Mühlhausen/Munk/Stück*, BBiG, 2004; *Fuhlrott/Gömöry*, Kündigung von Berufsausbildungsverhältnissen, FA 2012, 133; *Gärditz*, VwGO, 2013; *Hergenröder*, Anwaltskosten im Verfahren vor dem Schlichtungsausschuss bei Berufsausbildungsstreitigkeiten, AGS 2007, 161; *Hurlebaus*, Schlichtungsverfahren, Kündigungsschutzgesetz und Reform des Berufsbildungsgesetzes, BB 1975, 1533; *Knigge*, AR-Blattei SD Berufsausbildung II Arbeitsrechtliche Vorschriften F II; *Kluth*, Die „Sic-non" Rechtsprechung des BAG – der Anfang vom Ende der Beweiserheblichkeitstheorie, NJW 1999, 342; *Natzel*, Verfahren bei Streitigkeiten auf Grund des Berufsbildungsgesetzes, DB 1971, 1665; *Opolony*, Seitenwege-Umwege-Abwege-Arbeitsrechtliche Streitigkeiten außerhalb der Arbeitsgerichte, Festschrift für Wolfgang Leinemann, 2006; *Opolony*, Das Schlichtungsverfahren im Ausbildungsverhältnis, FA 2003, 133; *Preibisch*, Außergerichtliches Vorverfahren in den Streitigkeiten der Zivilgerichtsbarkeit, 1982; *Prütting*, Schlichten statt Richten?, JZ 1985, 261; *Ramrath*, Spruch des Schlichtungsausschusses und Klage vor dem Arbeitsgericht, FA 2000, 45; *Wollenschläger*, Zur Zusammensetzung der Schlichtungsausschüsse nach § 111 Abs. 2 ArbGG, GewArch 1978, 183.

I. Zuständigkeit der Arbeitsgerichte und Seemannsämter gemäß § 111 Abs. 1

Gemäß § 111 Abs. 1 Satz 1 sind die **Gerichte für Arbeitssachen** in arbeitsgerichtlichen Streitigkeiten **ausschließlich zuständig**. Diese Vorschrift ist nur verständlich als Überleitungsvorschrift zur Einführung des ArbGG. Soweit nach anderen Rechtsvorschriften andere Gerichte, Behörden oder Stellen zur Entscheidung oder Beilegung von Arbeitssachen zuständig waren, sind es jetzt die Gerichte für Arbeitssachen[1]. Dies gilt gemäß § 111 Abs. 1 Satz 2 **nicht für Seemannsämter**, soweit sie zur **vorläufigen** Entscheidung von Ar-

---

1 Insbesondere ist die frühere Zuständigkeit der Versicherungs- und Oberversicherungsämter zur Entscheidung über Beschwerden von Dienstordnungsangestellten entfallen, s. hierzu BSG v. 28.11.1955 – 3 RK 8/55; BAG v. 29.9.1958 – 3 AZR 33/56, AP Nr. 6 zu § 611 BGB – Dienstordnungs-Angestellte.

beitssachen zuständig sind. Die Zuständigkeit von Seemannsämter ergab sich aus dem Seemannsgesetz[1]. Das Seemansgesetz wurde mit Wirkung ab 1.8.2013 durch das Seearbeitsgesetz ersetzt[2]. § 111 Abs. 1 gilt unverändert weiter. Seemannsämter waren nach § 9 SeemG zum einen im Geltungsbereich des Grundgesetzes die von der Landesregierung als Seemannsämter eingerichteten Verwaltungsbehörden sowie zum anderen außerhalb des Geltungsbereichs des Grundgesetzes die vom Bundesminister des Auswärtigen Amtes bestimmten diplomatischen und konsularischen Vertretungen der Bundesrepublik Deutschland. § 111 Abs. 1 Satz 2 gilt nicht für die Binnenschifffahrt[3].

2 Streitig ist die Frage, welches staatliche Gericht bei Anfechtung einer Entscheidung der Seemannsämter zuständig ist. Die Lit. geht teilweise von der Zuständigkeit der Verwaltungsgerichte aus[4], zum Teil aber auch von der Zuständigkeit der ArbG[5].

3 **Sachnäher und schneller ist das ArbG**[6]. Nach Sinn und Zweck des § 111 Abs. 1 Satz 2 wird man davon ausgehen müssen, dass der Gesetzgeber lediglich die Zuständigkeit der Seemannsämter unangetastet ließ, ohne insoweit einen anderen Rechtszug zu eröffnen. Da nach Auffassung des BAG (bei der arbeitsrechtlichen Konkurrentenklage) eine Klage auf Neubescheidung zulässig ist[7] und im Übrigen § 110 eine Aufhebungsklage ausdrücklich vorsieht, ist kein Grund ersichtlich, bei einem Verfahren gegen ein Seemannsamt eine Aufhebungsklage nicht für zulässig zu erachten. In der Lit. wurde im Übrigen zutreffend darauf hingewiesen, dass für eine Anfechtung derartiger vorläufiger Entscheidungen des Seemannsamtes im verwaltungsgerichtlichen Verfahren das Rechtsschutzinteresse fehlen dürfte, da jede privatrechtliche Bindungswirkung der Entscheidung des Seemannsamtes fehlt[8].

3a Beim ArbG Hamburg ist eine Fachkammer für seearbeitsrechtliche Streitigkeiten eingerichtet. Vergleichbar mit den Fachkammern für den öffentlichen Dienst (mit Beisitzern aus dem öffentlichen Dienst) kommen bei den Fachkammern für seearbeitsrechtliche Streitigkeiten die Beisetzer aus dem Kreis der Reeder bzw. Seeleute (Verbände), um einen notwendigen Praxisbezug des Spruchkörpers zu gewährleisten[9].

II. Streitigkeiten aus dem Berufsausbildungsverhältnis

1. Der Charakter als Vorschaltverfahren

4 § 111 Abs. 2 enthält eine **Sonderregelung für Streitigkeiten aus einem Berufsausbildungsverhältnis** nach den §§ 3 ff. BBiG[10]. Nach § 111 Abs. 2 Satz 1 können[11] zur Beilegung von Streitigkeiten zwischen Ausbildenden und Auszubildenden aus einem bestehenden Berufsausbildungsverhältnis im Bereich des Handwerks die Handwerksinnungen, im Übrigen die zuständigen Stellen im Sinne des BBiG Ausschüsse bilden, denen ArbGeb und ArbN in gleicher Zahl angehören müssen. Hierzu zählen nicht Streitigkeiten im Rahmen der Berufsausbildungsvorbereitung, der beruflichen Umschulung und Fortbildung sowie aus einem Volontär- oder Praktikantenverhältnis[12]. Die Gerichte für Arbeitssachen sind auch zuständig für Streitigkeiten zwischen Auszubildenden bzw. Umschülern und sonstigen Bildungseinrichtungen iSv. § 1

---

1 Gesetz vom 26.7.1957, BGBl. I S. 713, zuletzt geändert durch Art. 109 Nr. 3a ee aa des Gesetzes v. 8.12.2010 – BGBl. I S. 1864 (Gesetz über die weitere Bereinigung von Bundesrecht). Das Verfahren des Seemannsamtes ist in § 14–§ 19 der VO über das Verfahren vor den Seemannsämtern, das Seefahrtbuch, die Musterrolle und die Musterung – Seemannsamtverordnung vom 21.10.1981, BGBl. I S. 1146, nunmehr in der Fassung vom 7.10.2006, BGBl. I S. 2403 geregelt. S. hierzu KR/*Weigand*, SeemG Rz. 18.
2 Seearbeitsgesetz (SeeArbG) vom 20.4.2013, BGBl. I S. 868, geändert durch Art. 3 des Gesetzes vom 26.6.2013, BGBl. II S. 763.
3 KR/*Weigand*, SeemG Rz 21; GK-ArbGG/*Mikosch*, § 111 Rz. 2; Düwell/Lipke/*Voßkühler*, § 111 Rz. 5.
4 S. zB GMP/*Prütting*, § 111 Rz. 5 sowie GK-ArbGG/*Mikosch*, § 111 Rz. 2 (zuständig hiernach gem. § 52 Nr. 2 Satz 4 VwGO das VG Berlin); Düwell/Lipke/*Voßkühler*, § 111 Rz. 4; GWBG/*Greiner*, § 111 Rz. 3; Natter/Gross/*Zimmermann*, ArbGG, § 111 Rz. 3.
5 So zB Hauck/Helml/Biebl/*Hauck*, § 111 Rz. 2; BCF/*Friedrich*, § 111 Rz. 1.
6 Ebenso GWBG/*Greiner*, § 111 Rz. 3.
7 BAG v. 2.12.1997 – 9 AZR 445/96, NZA 1998, 883 (885).
8 KR/*Weigand*, SeemG Rz. 180.
9 KR/*Weigand*, SeemG Rz. 182.
10 Vom 14.8.1969, BGBl. I S. 1112, idF vom 23.3.2005, BGBl. I S. 931. Zur Funktion des Schlichtungsausschusses s. *Wollenschläger*, GewArch 1978, 183 (185). Zu den prozessualen Problemen des Schlichtungsverfahrens s. *Ramrath*, FA 2000, 45 sowie *Obolony*, FS Leinemann, 2006, S. 607 ff., 614 ff. S. zu den „Fallstricken" bei der Kündigung von Ausbildungsverhältnissen *Hülsemann*, ArbR 2016, 107.
11 *Natzel*, DB 1971, 1665 betont, dass es einen Zwang zur Bildung derartiger Ausschüsse nicht gibt. Nach GMP/*Prütting*, § 111 Rz. 12 steht die Errichtung der Schlichtungsausschüsse „im Ermessen" der zuständigen Stellen.
12 GK-ArbGG/*Mikosch*, § 111 Rz. 3 unter Bezugnahme auf LAG Berlin v. 12.10.1998 – 9 Sa 73/98. RzK IV 3a Nr. 35. S. zum Volontär- und Praktikumsverhältnis *Lakies*, AR-Blattei SD Volontär und Praktikant Rz. 150.

Abs. 5 BBiG, wenn das Arbeitsverhältnis auf einem privatrechtlichen Vertrag beruht[1]. Bei der Regelung des § 111 Abs. 2 ist vieles umstritten; sie führt auch zu keiner messbaren Entlastung der ArbG. Die Ausschüsse ersetzen nicht die ArbG; sie verbürgen nur die Durchführung eines Vorschaltverfahrens und sind deshalb verfassungsrechtlich unbedenklich. In der Kommentar-Lit. wird de lege ferenda die Aufhebung dieser Bestimmung gefordert[2].

Soweit gemäß § 111 Abs. 2 ein Schlichtungsausschuss gebildet ist, ist die **Anrufung des Schlichtungsausschusses** nach allgemeiner Auffassung zwingende **Prozessvoraussetzung** für die Klage[3]. Eine nichtsdestotrotz beim ArbG erhobene Klage ist unzulässig[4]; die Anrufung des Schlichtungsausschusses ist als Prozessvoraussetzung der Klage vom ArbG von Amts wegen zu prüfen[5]. Hierbei vertritt die Rspr. die Auffassung, dass Voraussetzung für die Erforderlichkeit der Anrufung des Schlichtungsausschusses nach § 111 Abs. 2 Satz 1 ein bestehendes Berufsausbildungsverhältnis ist, so dass der Ausschuss nicht zuständig ist, wenn das Berufsausbildungsverhältnis bereits beendet ist[6]. In der Vergangenheit war streitig, ob die Anrufung des Schlichtungsausschusses zur Disposition der Parteien steht. Das BAG hat dies für den Fall bejaht, dass beide Parteien in beiden Vorinstanzen rügelos zur Hauptsache verhandelt haben[7]. Der Mangel der Nichtanrufung des Schlichtungsausschusses kann auch noch nach Klageerhebung geheilt werden, wenn das Verfahren aus § 111 Abs. 2 zwar nach Klageerhebung, jedoch noch vor der streitigen Verhandlung, stattfindet[8]. Es ist davon auszugehen, dass durch die Anrufung des Schlichtungsausschusses gesetzliche und tarifliche Fristen gewahrt werden. Da dies jedoch höchstrichterlich noch nicht geklärt ist, empfiehlt es sich, insoweit vorsorglich fristwahrend eine arbeitsgerichtliche Klage zu erheben[9]. 5

Da **Entscheidungen des Schlichtungsausschusses nicht** (vorläufig) **vollstreckbar** sind, kann der Erlass einer einstweiligen Verfügung (zB auf Weiterbeschäftigung) unabhängig vom Bestehen des Schlichtungsausschusses jederzeit **beim ArbG beantragt** werden[10]. Die Lit. vertritt weiterhin die Auffassung, dass durch die Anrufung des Schlichtungsausschusses die Verjährung unterbrochen wird[11]. Da es insoweit keine höchstrichterliche Entscheidung gibt, ist rein vorsorglich die Klageerhebung beim ArbG zu empfehlen[12]. Weitere materiell-rechtliche Wirkungen (zB das Entstehen von Prozesszinsen gemäß § 291 BGB) können 6

---

1 BAG v. 21.5.1997 – 5 AZB 30/96, NJW 1998, 402; ebenso LAG Köln v. 8.9.1997 – 13 Ta 233/97, NZA-RR 1998, 135.
2 So zB GMP/*Prütting*, § 111 Rz. 11; GK-ArbGG/*Mikosch*, § 111 Rz. 4; *Ramrath*, FA 2000, 45 (47 ff.) fordert eine Novellierung des § 111 Abs. 2 zwecks Beseitigung der vielen Unstimmigkeiten. S. weiterhin *Fuhlrott/Gömöry*, FA 2012, 133 (136) mit dem Hinweis, dass Reformbemühungen „derzeit jedoch nicht ersichtlich" sind.
3 BAG v. 23.7.2015 – 6 AZR 490/14, NZA-RR 2015, 628; LAG Bremen v. 19.8.2014 – 2 Ta 33/14; LAG Köln v. 21.5.2014 – 5 Sa 76/14; Natter/Gross/*Zimmermann*, § 111 Rz. 5 ff.; *Wagner*, FA 2015, 367; GWBG/*Greiner*, § 111 Rz. 8.
4 BAG v. 23.7.2015 – 6 AZR 490/14, NZA-RR 2015,628; LAG Schl.-Holst. v. 20.1.2009 – 1 Ta 206/08, juris; LAG Nürnberg v. 2.9.2009 – 4 Ta 85/09, juris; LAG Köln v. 8.1.2015 – 11 Ta 169/14, juris.
5 BAG v. 9.10.1979 – 6 AZR 776/77, NJW 1980, 2095; BAG v. 13.4.1989 – 2 AZR 441/88, NZA 1990, 395; BAG v. 13.4.1989 – 2 AZR 609/88, RzK IV 3a 15; BAG v. 13.3.2007 – 9 AZR 494/06, ZTR 2007, 579. LAG Rh.-Pf. v. 23.5.2007 – 6 Ta 133/07, EzB ArbGG, § 111 Nr. 40; GMP/*Prütting*, § 111 Rz. 19 ff.; KR/*Weigand*, §§ 21–23, BBiG Rz. 110 ff.
6 LAG Köln v. 20.11.2013 – 11 Sa 161/12, juris unter Bezugnahme auf BAG v. 13.3.2007 – 9 AZR 494/06, ZTR 2007, 579.
7 BAG v. 17.9.1987 – 2 AZR 654/86, NZA 1988, 735; BAG v. 12.4.1989 – 2 AZR 441/88, NZA 1990, 395; ebenso LAG Düsseldorf v. 3.5.1988 – 3 Sa 1824/87, LAGE § 111 ArbGG 1979 Nr. 1 sowie GK-ArbGG/*Mikosch*, § 111 Rz. 12 und GWBG/*Greiner*, § 111 Rz. 6.
8 BAG v. 24.2.1976 – 2 AZR 751/75, EzA § 15 BBiG Nr. 3; BAG v. 13.3.2007 – 9 AZR 494/06, ZTR 2007, 579 ebenso KR/*Weigand*, §§ 21–23 BBiG Rz. 112 und 121. Nach LAG Nürnberg v. 25.11.1975 – 1 Sa 271/76, BB 1976, 1076, kann der Mangel bis zum Schluss der letzten mündlichen Verhandlung in der Berufungsinstanz geheilt werden, s. hierzu auch LAG Berlin v. 12.10.1998 – 9 Sa 73/98, ZTR 1999, 182.
9 GMP/*Prütting*, § 111 Rz. 28; Düwell/Lipke/*Voßkühler*, § 111 Rz. 21.
10 LAG Bremen v. 26.10.1982 – 4 Sa 185/82, DB 1983, 345; LAG Rh.-Pf. v. 23.5.2007 – 6 Ta 133/07; GMP/*Prütting*, § 111 Rz. 63; GK-ArbGG/*Mikosch*, § 111 Rz. 13; GWBG/*Greiner*, § 111 Rz. 9; Düwell/Lipke/*Voßkühler*, § 111 Rz. 17.
11 So GMP/*Prütting*, § 111 Rz. 26; GK-ArbGG/*Mikosch*, § 111 Rz. 14.
12 GMP/*Prütting*, § 111 Rz. 27; GK-ArbGG/*Mikosch*, § 111 Rz. 14. Nach der Rspr. des BGH wird die Verjährung des Amtshaftungsanspruches durch Widerspruch und Anfechtungsklage gegen den rechtspflichtig erlassenen Verwaltungsakt, der den Schaden verursacht hat, unterbrochen, so zB BGH v. 11.7.1985 – III ZR 62/84, BGHZ 95, 238 sowie BGH v. 6.2.1986 – III ZR 109/84, BGHZ 97, 97. Nach OVG Münster v. 23.4.1996 – 10 A 620/91, NWVBl. 1996, 441 wird die Verjährung eines Entschädigungsanspruches gem. § 39 UBG NW durch Widerspruch unterbrochen. Entsprechendes hat somit auch für die Anrufung des Schlichtungsausschusses gem. § 111 Abs. 2 zu gelten.

nach hA mangels gesetzlicher Grundlage nicht eintreten[1]. Wem es auf die **Prozesszinsen** ankommt, muss somit eine unzulässige Klage beim ArbG erheben, dort das Verfahren aussetzen lassen und alsdann das Verfahren gemäß § 111 betreiben (ein absurdes Ergebnis).

2. Das bestehende Ausbildungsverhältnis

7   Die Anrufungspflicht setzt voraus, dass ein **Berufsausbildungsverhältnis** besteht[2]. Ist das Berufsausbildungsverhältnis bereits beendet, bevor die Klage eingereicht ist, ist der Schlichtungsausschuss nicht mehr zuständig[3]. Streitig war lange Zeit die Frage, ob die Zuständigkeit des Schlichtungsausschusses auch dann gegeben ist, wenn gerade darüber gestritten wird, ob das Ausbildungsverhältnis durch (außerordentliche) Kündigung wirksam beendet ist. Das BAG hat diese Frage bereits frühzeitig bejaht[4]. Diese Auffassung wird vor allem mit der Entstehungsgeschichte des § 111 begründet. Zum einen sei keine Änderung gegenüber der früheren Rechtslage (vor Inkrafttreten des ArbGG 1953) beabsichtigt gewesen und zum anderen wollte der Gesetzgeber vermeiden, dass sich Auszubildender und Ausbilder als Prozessparteien vor dem ArbG gegenüberstehen. Dieser Sinn und Zweck des § 111 Abs. 2 könnte nur höchst unvollständig erreicht werden, wenn mit der Kündigung der Schlichtungsausschuss unzuständig wäre. Für die gegenteilige Auffassung spricht der Wortlaut[5] sowie der Umstand, dass bei der Parallelvorschrift in § 48 Abs. 2 Nr. 1 (Festlegung der Zuständigkeit eines an sich örtlich unzuständigen ArbG durch die Tarifvertragsparteien) überwiegend vertreten wird, dass mit Verwendung der Formulierung „aus einem Arbeitsverhältnis" den Tarifvertragsparteien nur die Kompetenz eingeräumt wurde, bei Streitigkeiten gemäß § 2 Abs. 1 Nr. 3 Buchst. a und – teilweise – § 2 Abs. 1 Nr. 3 Buchst. c die örtliche Zuständigkeit anders zu bestimmen[6]. Rechtsstreitigkeiten über das Bestehen eines Arbeitsverhältnisses gemäß § 2 Abs. 1 Nr. 3 Buchst. b unterfallen nicht der Regelungskompetenz der Tarifvertragsparteien gemäß § 48 Abs. 2[7].

8   Es ist der **hM zu folgen**, da Sinn und Zweck des § 111 Abs. 2 die Vermeidung einer weiteren Konfrontation zwischen Ausbilder und Auszubildendem ist und – wie früher § 111 Abs. 2 Satz 8 aF zeigte – das Schlichtungsverfahren das Güteverfahren vor dem ArbG ersetzte. Sinn und Zweck des Güteverfahrens ist gemäß § 54 die gütliche Einigung, die im Falle einer außerordentlichen Kündigung entweder nur als Zahlung einer Abfindung oder Fortsetzung des Arbeitsverhältnisses denkbar ist. Sofern der Schlichtungsausschuss nicht für den praktisch wichtigsten Fall in einem Arbeitsverhältnis (nämlich Kündigung des Arbeitsverhältnisses) zuständig ist, ist die gesamte Regelung des § 111 Abs. 2 überflüssig. Letztendlich erscheint die neuere Rspr. des BAG zum Sic-non-Fall anwendbar; hiernach braucht der Antragsteller lediglich zu behaupten, in einem Berufsausbildungsverhältnis zu stehen[8]. Auf jeden Fall sollte der Auszubildende wegen bestehender rechtlicher Unsicherheiten fristwahrend vor dem ArbG klagen[9], ggf. mit dem Antrag auf Ruhen des Verfahrens[10].

---

1 GMP/*Prütting*, § 111 Rz. 28; Düwell/Lipke/*Voßkühler*, § 111 Rz. 21.
2 S. zur Verlängerung des Berufsausbildungsverhältnisses bei Nichtbestehen der Prüfung bzw. Wiederholungsprüfung BAG v. 15.3.2000 – 5 AZR 622/98, AP Nr. 10 zu § 14 BBiG.
3 Unstreitig, s. zB BAG v. 18.10.1961 – 1 AZR 437/60, MDR 1962, 165; BAG v. 13.3.2007 – 9 AZR 494/06, ZTR 2007, 579; BAG v. 19.2.2008 – 9 AZR 1091/06, ZTR 2008, 451; LAG Schl.-Holst. v. 20.1.2009 – 1 Ta 2006/08; LAG Rh.-Pf. v. 23.5.2007 – 6 Ta 133/07, EzB ArbGG § 111 Nr. 40; GMP/*Prütting*, § 111 Rz. 16; GK-ArbGG/*Mikosch*, § 111 Rz. 8; GWBG/*Greiner*, § 111 Rz. 8; Natter/Gross/*Zimmermann*, § 111 Rz. 19.
4 BAG v. 18.10.1961 – 1 AZR 437/60, MDR 1962, 165; BAG v. 18.9.1975 – 2 AZR 602/74, MDR 1976, 523; ebenso LAG Hamburg v. 5.3.1975 – 5 Sa 144/74, EzB ArbGG § 111 Nr. 6 sowie LAG Schl.-Holst. v. 20.1.2009 – 1 Ta 206/08; GMP/*Prütting*, § 111 Rz. 17; GK-ArbGG/*Mikosch*, § 111 Rz. 8; GWBG/*Greiner*, § 111 Rz. 8; Düwell/Lipke/*Voßkühler*, § 111 Rz. 10; Dersch/*Volkmar*, § 111 ArbGG Rz. 9; KR/*Weigand*, §§ 21–23 BBiG Rz. 111; *Barwasser*, DB 1976, 434.
5 LAG Berlin v. 15.10.1974 – 8 Sa 61/74, BB 1975, 884; KR/*Weigand*, §§ 21-23 BBiG Rz. 111; *Natzel*, Anm. BAG, AP Nr. 2 zu § 111 ArbGG 1953.
6 GK-ArbGG/*Bader*, § 48 Rz. 95.
7 Hauptanwendungsfall des § 2 Abs. 1 Nr. 3b ist der Kündigungsschutzprozess, s. hierzu § 2 Rz. 119 sowie GK-ArbGG/*Schütz*, § 2 Rz. 129.
8 BAG v. 24.4.1996 – 5 AZB 25/95, MDR 1996, 1042; BAG v. 10.12.1996 – 5 AZB 20/96, MDR 1997, 579; hierzu § 2 Rz. 235 ff.; GK-ArbGG/*Schütz*, § 2 Rz. 279 ff. sowie *Kluth*, NJW 1999, 342.
9 Düwell/Lipke/*Voßkühler*, § 111 Rz. 15; *Ramrath*, FA 2000, 45.
10 S. hierzu Natter/Gross/*Zimmermann*, § 111 Rz. 6. Findet eine Güteverhandlung statt, ist die Frist des § 54 Abs. 5 Satz 2 ArbGG zu beachten.

3. Errichtung und Besetzung der Schlichtungsausschüsse

Die **Errichtung der Schlichtungsausschüsse** steht **im Ermessen** der zuständigen Stelle; eine Verpflichtung zur Errichtung von Schlichtungsausschüssen besteht nicht[1]. Für Teilbereiche der Berufsausbildung sind keine Schlichtungsausschüsse eingerichtet worden (so zB bei verschiedenen Rechtsanwaltskammern). Zuständig sind im Bereich des Handwerks die Handwerksinnungen (nicht die Handwerkskammern), im Übrigen die zuständigen Stellen iSd. §§ 75 ff. BBiG. Gemäß § 75 BBiG ist in Gewerbebetrieben, die nicht Handwerksbetriebe oder handwerksähnliche Betriebe sind, die Industrie- und Handelskammer die zuständige Stelle. Für den Bereich der Landwirtschaft ist dies gemäß § 79 BBiG die Landwirtschaftskammer, für den Bereich der Rechtsanwalts-, Patentanwalts- und Notargehilfen ist dies gemäß § 87 BBiG die jeweilige Rechtsanwalts-, Patentanwalts- und Notarkammer, für den Bereich der Gehilfen in wirtschafts- und steuerberatenden Berufen ist dies gemäß § 89 BBiG die jeweilige Berufskammer für Steuerberater und Steuerbevollmächtigte und für den Bereich der Arzt-, Zahnarzt- und Apothekenhelfer sind dies gemäß § 91 Abs. 1 BBiG die Ärzte-, Zahnärzte- und Apothekenkammern. Sonderregelungen gibt es gemäß § 84 BBiG für den öffentlichen Dienst sowie gemäß § 84a BBiG für Kirchen und Kirchengemeinschaften[2]. 9

Die Schlichtungsausschüsse müssen gemäß § 111 Abs. 2 Satz 1 **paritätisch besetzt** sein. Es müssen somit ArbGeb und ArbN in gleicher Zahl angehören. Die §§ 22, 23 gelten für die Frage, wer berufen werden darf, entsprechend[3]. Wie bei den Schiedsgerichten (§ 103 Abs. 1 Satz 2) dürfen Personen, die infolge Richterspruchs die Fähigkeit zur Bekleidung öffentlicher Ämter nicht besitzen, dem Ausschuss nicht angehören[4]. Die Zahl der Mitglieder bestimmen allein die zuständigen Stellen. Diese sind auch befugt, in den Ausschuss unparteiische Dritte zu berufen, die weder ArbGeb noch ArbN sind[5]. Als ArbN gelten auch Gewerkschaftssekretäre[6]. Die Bestimmungen über die Besetzung der Schlichtungsausschüsse müssen strengen rechtsstaatlichen Grundsätzen entsprechen. Es muss gewährleistet sein, dass insbesondere der ArbN-Beisitzer von der ArbN-Seite gewählt oder delegiert werden kann, ohne dass die zuständige Stelle (zB IHK) Einfluss auf die Auswahl dieser Beisitzer nimmt[7]. 10

Sofern ein Ausschuss paritätisch mit ArbN- und ArbGeb-Vertretern besetzt ist, ohne dass ein neutraler Dritter zusätzlich bestellt ist, kann dies zur Folge haben, dass **Pattsituationen** entstehen. Der Ausschuss muss in einer solchen Situation erklären, dass wegen Stimmgleichheit ein Spruch nicht ergehen kann; diese Erklärung wird einem Spruch gleich geachtet[8]. Die Lit. zieht insoweit (teilweise) eine Parallele zu § 102 Abs. 2 Nr. 4[9]. Gegen diese Argumentation spricht allerdings die Regelung in § 111 Abs. 2 Satz 7, wonach – lediglich – die § 107 und § 109 für entsprechend anwendbar erklärt werden. 11

Die Lit. vertritt weitgehend die Auffassung, dass die **falsche Besetzung** des Schlichtungsausschusses den Spruch nicht unwirksam macht[10]. Dieses Ergebnis wird damit begründet, dass § 111 Abs. 2 Satz 7 ausschließlich auf § 107 und § 109 verweist, so dass die richtige Besetzung des Schlichtungsausschusses nicht vom Vorsitzenden des ArbG geprüft wird[11]. Zuständig ist der Ausschuss der Stelle, bei welcher der Berufsausbildungsvertrag im Verzeichnis der Berufsausbildungsverhältnisse eingetragen ist[12]. Ist eine Eintragung noch nicht erfolgt, ist maßgebend die zuständige Stelle, bei der die Eintragung vorzunehmen ist[13]. 12

4. Anrufungsfrist

Von § 111 Abs. 2 wird **nicht geregelt** die Frage, innerhalb welcher **Frist** der Ausschuss gemäß § 111 Abs. 2 angerufen werden muss. Grundsätzlich ist davon auszugehen, dass Streitverfahren im Bereich des Arbeits- 13

---

1 GMP/*Germelmann*, § 111 Rz. 12; GK-ArbGG/*Mikosch*, § 111 Rz. 7. Nach Auffassung von Düwell/Lipke/*Voßkühler*, § 111 Rz. 8 liegt es „im Belieben der zuständigen Stellen", mit wievielen Mitgliedern die Schlichtungsausschüsse besetzt werden sollen.
2 S.a. Düwell/Lipke/*Voßkühler*, § 111 Rz. 6.
3 GMP/*Prütting*, § 111 Rz. 14; GWBG/*Greiner*, § 111 Rz. 12; GK-ArbGG/*Mikosch*, § 111 Rz. 16.
4 GK-ArbGG/*Mikosch*, § 111 Rz. 16.
5 GMP/*Prütting*, § 111 Rz. 14; GK-ArbGG/*Mikosch*, § 111 Rz. 17; GWBG/*Greiner*, § 111 Rz. 12; Düwell/Lipke/*Voßkühler*, § 111 Rz. 8; *Opolony*, FA 2003, 134 (135).
6 VG Ansbach v. 24.11.1977 – AN 8347 – IV 76, GewArch 1978, 201; hierzu *Wollenschläger*, GewArch 1978, 183.
7 BAG v. 18.10.1961 – 1 AZR 437/60, MDR 1962, 165; GMP/*Prütting*, § 111 Rz. 14.
8 GMP/*Prütting*, § 111 Rz. 14.
9 GK-ArbGG/*Mikosch*, § 111 Rz. 18.
10 GMP/*Prütting*, § 111 Rz. 15; GK-ArbGG/*Mikosch*, § 111 Rz. 19; Hauck/Helml/Biebl/*Hauck*, § 111 Rz. 4; Düwell/Lipke/*Voßkühler*, § 111 Rz. 8; Natter/Gross/*Zimmermann*, § 111 Rz. 15; aM Dersch/*Volkmar*, § 111 ArbGG Rz. 4 u. 17.
11 GMP/*Prütting*, § 111 Rz. 15.
12 GMP/*Prütting*, § 111 Rz. 18; *Hurlebaus*, BB 1975, 1534.
13 GMP/*Prütting*, § 111 Rz. 18.

rechts im Interesse beider Parteien möglichst schnell beizulegen sind. Dieser Grundsatz hat für das ArbG-Verfahren in der Beschleunigungsmaxime des § 9 Abs. 1, in der Verkürzung von Fristen wie in § 47 Abs. 1, § 59 Satz 1, § 60 Abs. 1 und 4 sowie in § 55 Abs. 1 und § 56 seinen Niederschlag gefunden. Unverständlich ist von daher, weshalb der Gesetzgeber in § 111 Abs. 2 keine Frist für die Anrufung des Schlichtungsausschusses normiert hat. Die **Rechtsfolgen** sind in Rspr. und Lit. äußerst **streitig**[1].

14 Dies gilt insbesondere im Falle des **Ausspruches einer ordentlichen oder außerordentlichen Kündigung**. Gemäß § 4 KSchG muss in jedem Fall binnen einer Frist von drei Wochen das ArbG angerufen werden ohne Rücksicht darauf, ob das KSchG eingreift oder nicht[2]. Unerheblich ist insoweit die Größe des Betriebes und die Dauer des Beschäftigungsverhältnisses. Aufgrund der Neuregelung des § 4 KSchG mit Wirkung ab 1.1.2004 stellt sich die Frage, ob eine analoge Anwendung der insoweit normierten Drei-Wochen-Frist auf die Anrufung des Ausschusses gemäß § 111 Abs. 2 in Betracht kommt. Die wohl überwiegende Auffassung bejaht diese Frage[3]. Die Rspr. vertritt die Auffassung, dass die Vorschriften des KSchG über die fristgebundene Klageerhebung auf außerordentliche Kündigungen von Berufsausbildungsverhältnissen nicht anzuwenden sind, wenn gemäß § 111 Abs. 2 Satz 5 eine Verhandlung vor einem zur Beilegung von Streitigkeiten aus einem Berufsausbildungsverhältnis gebildeten Ausschuss (wie zB Güteausschuss bei der Zahnärztekammer) stattfinden muss[4]. Die Rspr. vertritt weiter die Auffassung, dass es sich bei § 111 Abs. 2 Satz 3 um eine eigenständige Klagefrist nach der Entscheidung des Schlichtungsausschusses handelt; eine vorsorglich erhobene Klage beim ArbG ist insoweit unzulässig[5]. Für die Richtigkeit dieser Rspr. spricht, dass der Gesetzgeber die Neufassung des § 4 KSchG ab 1.1.2004 nicht zum Anlass genommen hat, § 111 Abs. 2 zu ergänzen oder zu modifizieren[6]. Weiter ist darauf hinzuweisen, dass der Gesetzgeber bei einer Anfechtung befristeter Verträge die 3wöchige Klagefrist ausdrücklich in § 1 Abs. 5 BeschFG sowie in § 17 Satz 1 TzBfG normiert hat[7], vorliegend indes von einer Modifizierung abgesehen hat[8].

15 Unbefriedigend ist weiterhin, dass das Risiko der Ermittlung, ob ein Schlichtungsausschuss eingerichtet worden ist, der Auszubildende trägt[9]. Zwar kann man der in der Rspr. und Lit. vertretenen Auffassung durchaus zustimmen, dass grundsätzlich die Einhaltung einer **Drei-Wochen-Frist** für die Anrufung des Schlichtungsausschusses zumutbar sei[10], jedoch ist dies kein ausreichender Grund, die nicht vorhandene notwendige Normierung zu ersetzen. Von daher bleibt nichts anderes übrigen, als trotz des im ArbGG verankerten Beschleunigungsgebots vorliegend die Drei-Wochen-Frist der § 4 Satz 1, § 13 Abs. 1 Satz 2 KSchG für unanwendbar zu erklären. „Notbremse" ist dann nur noch die Prozessverwirkung[11]. Dem Auszubildenden ist das Verschulden seines Prozessbevollmächtigten zuzurechnen, wenn dieser die dreiwöchige Frist zur Anfechtung einer außerordentlichen Kündigung verstreichen lässt, nachdem er sich an die zunächst nicht reagierende Innung gewendet hat, bei der jedoch kein Ausschuss zur Beilegung von Ausbildungsstreitigkeiten besteht[12].

16 Einstweilen frei

5. Verfahren vor dem Ausschuss und Entscheidung

17 § 111 Abs. 2 Satz 2 bestimmt, dass die Parteien **mündlich** zu hören sind. Den Parteien muss insoweit die Möglichkeit eingeräumt werden, sich mündlich vor dem Ausschuss zu äußern; allein die Gelegenheit zur

---

1 KR/*Weigand*, §§ 21, 22 BBiG Rz. 114 ff.; ErfK/*Schlachter*, Nr. 150, § 22 BBiG Rz. 9; GWBG/*Greiner*, § 111 Rz. 10.
2 S. zB ErfK/*Kiel*, § 4 KSchG Rz 1.
3 GMP/*Prütting*, § 111 Rz. 22 ff.; GK-ArbGG/*Mikosch*, § 111 Rz. 31; ErfK/*Kiel*, § 13 KSchG Rz. 3; KR/*Weigand*, § 21–23 BBiG Rz 114 ff.
4 LAG Köln v. 21.5.2014 – 5 Sa 76/14, ArbR 2014, 494; teilweise aufgehoben durch BAG v. 23.7.2015 – 6 AZR 490/14, NZA-RR 2015, 628. S. weiterhin *Stahlhacke/Preis/Vossen*, Kündigung und Kündigungsschutz im Arbeitsverhältnis, 11. Aufl. 2015, Rz. 1128 ff.
5 LAG Schl.-Holst. v. 9.7.2008 – 1 Ta 102/08, EzB ArbGG § 111 Nr. 44.
6 GK-ArbGG/*Mikosch*, § 111 Rz. 30; Natter/Gross/*Zimmermann*, § 111 Rz. 19.
7 S. zur Entstehungsgeschichte KR/*Bader*, 8. Aufl. 2007, § 17 TzBfG Rz 1 ff.
8 S. zur Entstehungsgeschichte KR/*Bader*, 11. Auf. 2015, § 17 TzBfG Rz. 1 ff.
9 *Opolony*, FS Leinemann, 2006, S. 607 ff., 615; s. zur Risikominimierung aus anwaltlicher Sicht *Braun/Mühlhausen/Munk/Stück*, BBiG, § 15 Rz. 194 sowie *Opolony*, FA 2003, 133 ff. (134).
10 So zB KR/*Weigand*, §§ 21–23 BBiG Rz. 114 ff.
11 BAG v. 20.5.1988 – 2 AZR 711/87, NZA 1989, 16; BAG v. 28.2.1990 – 10 AZR 143/89, NZA 1990, 746 sowie LAG MV v. 30.8.2011 – 5 Sa 3/11; BAG v. 23.7.2015 – 6 AZR 490/14, NZA-RR 2015, 628. Eine Verwirkung des Anrufungsrechtes kann bei Wahrung einer Frist von etwas mehr als einem Monat nicht angenommen werden, vgl. BAG v. 8.3.1977 – 4 AZR 700/75, EzB § 15 Abs. 1 Nr. 5 BBiG.
12 LAG Berlin v. 30.6.2003 – 6 Ta 1276/03, MDR 2004, 160; im Ergebnis ebenso LAG Köln v. 10.3.2006 – 3 Ta 47/06, NZA-RR 2006, 319.

schriftlichen Stellungnahme ist nicht ausreichend[1]. Eine Vertretung in der mündlichen Verhandlung ist möglich[2]. Es besteht aber keine Pflicht, vor dem Ausschuss zu erscheinen und sich mündlich zu äußern. Streitig ist, ob bei Ausbleiben einer Partei eine Säumnisentscheidung ergehen kann[3]. Aus rechtsstaatlichen Gründen ist zu fordern, dass eine Verfahrensordnung eine Säumnisentscheidung vorsieht[4]. Anderenfalls wird man – im Hinblick auf den Beschleunigungsgrundsatz des § 9 – die Auffassung vertreten müssen, dass eine Sachentscheidung – ggf. nach Akteneinlage – ergehen kann[5].

Das Schlichtungsverfahren muss strengen **rechtsstaatlichen Grundsätzen entsprechen**[6]. Der Ausschuss 18 kann sich eine Verfahrensordnung geben. Streitig ist, inwieweit in der Verfahrensordnung angeordnet werden kann, dass der Ausschuss von Amts wegen den Sachverhalt zu ermitteln hat[7]. Fraglich ist weiter, ob der Ausschuss auch ohne Ermächtigung in einer Verfahrensordnung von Amts wegen Sachverhaltsvermittlung betreiben darf[8]. Diese Auffassungen sind fragwürdig, da das Schlichtungsverfahren letztendlich die gleiche Funktion hat wie das Güteverfahren beim ArbG (s. § 111 Abs. 2 Satz 8 aF). Durch das Schlichtungsverfahren soll lediglich vermieden werden, dass sich Auszubildender und Ausbilder als Prozessgegner vor Gericht gegenüberstehen, weil alsdann das Vertrauensverhältnis endgültig zerstört ist. Hiernach kann der Schlichtungsausschuss keine Kompetenz haben, die dem ArbG im Güteverfahren nicht zusteht.

Der Ausschuss kann **Zeugen und Sachverständige** zum Erscheinen und zur Aussage **nicht zwingen**; dazu fehlt die gesetzliche Grundlage. Der Ausschuss kann den Parteien nur nahe legen, in der mündlichen Verhandlung Zeugen und Sachverständige zu stellen. Der Ausschuss darf die Zeugen nicht beeiden; er kann keine eidesstattliche Versicherung verlangen[9].

§ 111 Abs. 2 enthält **keine Regelung** der Frage, ob der Spruch des Schlichtungsausschusses **verkündet** werden muss oder ob die **Zustellung**[10] der schriftlich begründeten Entscheidung ausreicht[11]; ebenso wenig regelt § 111 Abs. 2, ab wann im Falle einer zunächst verkündeten und alsdann zugestellten Entscheidung die Zwei-Wochen-Frist für die Erhebung der Klage zu berechnen ist. Maßgeblich sind hierbei folgende Erwägungen: Die unterlegene Partei hat einen Anspruch auf Begründung des Schiedsspruchs (Art. 103 Abs. 1 GG)[12]. Der Schiedsspruch muss ohnedies schriftlich abgefasst und – versehen mit einer Rechtsmittelbelehrung – von allen Mitgliedern des Schlichtungsausschusses unterschrieben und schließlich zugestellt werden[13]. Die Zwei-Wochen-Frist läuft stets ab Zustellung des mit einer Rechtsmittelbelehrung versehenen Spruchs zu berechnen[14]. Diese Zwei-Wochen-Frist läuft parallel zu der Ein-Wochen-Frist für die ausdrückliche Anerkennung des vom Schlichtungsausschusses gefällten Spruches.

Überwiegend wird die Auffassung vertreten, dass die **Anerkennung ausdrücklich, bedingungsfrei und** 20 **unwiderruflich erfolgen** muss, so dass eine Anerkennung durch konkludentes Handeln nicht möglich

---

1 GMP/*Prütting*, § 111 Rz. 29; GK-ArbGG/*Mikosch*, § 111 Rz. 20; GWBG/*Greiner*, § 111 Rz. 13; Hauck/Helml/Biebl/*Hauck*, § 111 Rz. 7; Düwell/Lipke/*Voßkühler*, § 111 Rz. 22.
2 GMP/*Prütting*, § 111 Rz. 35; GK-ArbGG/*Mikosch*, § 111 Rz. 20; Hauck/Helml/Biebl/*Hauck*, § 111 Rz. 7; Natter/Gross/*Zimmermann*, § 111 Rz. 23.
3 Verneinend GK-ArbGG/*Mikosch*, § 111 Rz. 21; bejahend GMP/*Pütting*, § 111 Rz. 31.
4 Natter/Gross/*Zimmerman*, § 111 Rz. 29.
5 So auch Düwell/Lipke/*Voßkühler*, § 111 Rz. 23; wohl aA GMP/*Prütting*, § 111 Rz. 31.
6 BAG v. 18.10.1961 – 1 AZR 437/60, AP Nr. 1 zu § 111 ArbGG 1963; GMP/*Prütting*, § 111 Rz. 30; Hauck/Helml/Biebl/*Hauck*, § 111 Rz. 7. Hingegen vertreten GWBG/*Greiner*, § 111 Rz. 13 sowie GK-ArbGG/*Mikosch*, § 111 Rz. 22 die Auffassung, dass der Ausschuss das Verfahren nach freiem Ermessen bestimmt.
7 S. hierzu GMP/*Prütting*, § 111 Rz. 33; *Preibisch*, Außergerichtliches Vorverfahren in den Streitigkeiten der Zivilgerichtsbarkeit, 1982, S. 122.
8 So GMP/*Prütting*, § 111 Rz. 33.
9 GMP/*Prütting*, § 111 Rz. 34; GK-ArbGG/*Mikosch*, § 111 Rz. 22; Hauck/Helml/Biebl/*Hauck*, § 111 Rz. 7; Dersch/*Volkmar*, § 111 ArbGG Rz. 11.
10 Die Kündigung eines Berufsausbildungsverhältnisses gegen einen Minderjährigen muss dem gesetzlichen Vertreter zugehen. § 113 BGB gilt für das Berufsausbildungsverhältnis nicht, vgl. LAG Schl.-Holst. v. 22.12.1982 – 2 Sa 270/82, EzB § 113 BGB Nr. 2. Dementsprechend muss auch der Spruch des Schlichtungsausschusses dem gesetzlichen Vertreter zugehen.
11 Nach Auffassung von MünchArbR/*Natzel*, § 324 Rz. 13 muss der Spruch verkündet werden, wenn die Parteien anwesend sind; nur im Übrigen ist er ihnen zuzustellen; aA GWBG/*Greiner*, § 111 Rz. 17. GK-ArbGG/*Mikosch*, § 111 Rz. 23; Düwell/Lipke/*Voßkühler*, § 111 Rz. 34; Hauck/Helml/Biebl/*Hauck*, § 111 Rz. 8; BCF/*Friedrich*, § 111 Rz. 4.
12 GMP/*Prütting*, § 111 Rz. 36; die gegenteilige Auffassung, so zB Dersch/*Volkmar*, § 111 ArbGG Rz. 12, dürfte aufgrund der verfassungsrechtlichen Vorgaben überholt sein.
13 GMP/*Prütting*, § 111 Rz. 36; GK-ArbGG/*Mikosch*, § 111 Rz. 23; Hauck/Helml/Biebl/*Hauck*, § 111 Rz. 8; Dersch/*Volkmar*, § 111 ArbGG Rz. 12.
14 GMP/*Prütting*, § 111 Rz. 44; GK-ArbGG/*Mikosch*, § 111 Rz. 23; Natter/Gross/*Zimmermann*, § 111 Rz. 31.

sei[1]. Nach allgemeiner Auffassung ist die Erklärung ausreichend, sich dem Spruch zu beugen; es wird nicht verlangt, dass die Parteien den Spruch ausdrücklich als richtig anerkennen[2]. Streitig ist, ob die Anerkennungserklärung nach §§ 119, 123 BGB angefochten werden kann[3]. Die Anerkennung ist eine Prozesshandlung; Prozesshandlungen können nach allgemeiner Auffassung weder widerrufen noch zurückgenommen werden[4].

21 Einstweilen frei

6. Rechtsmittelbelehrung

22 Die Parteien sind **über die zweiwöchige Klagefrist zu belehren** (§ 111 Abs. 2 Satz 4 unter Bezugnahme auf § 9 Abs. 5)[5]. Inkonsequenterweise ist es nicht erforderlich, dass die Parteien über die Frist zur Anerkennung belehrt werden. Die Belehrung muss **schriftlich** im Spruch erfolgen. Sie muss neben der Frist auch über die **Form** der weiteren Rechtswahrung aufklären[6]. Die Rechtsmittelbelehrung ist **vom Ausschuss zu unterschreiben**. Eine nicht unterschriebene Rechtsmittelbelehrung ist nicht ordnungsgemäß iSv. § 111 Abs. 2 Satz 4, § 9 Abs. 5[7]. Für eine nach Fristablauf des § 111 Abs. 2 Satz 3 ArbGG erhobene Klage gilt § 9 Abs. 5 Satz 4 entsprechend, wenn die Rechtsmittelbelehrung im Spruch des Schlichtungsausschusses nicht unterschrieben worden ist[8]. Bei Versäumung der Zwei-Wochen-Frist ist eine Wiedereinsetzung in den vorherigen Stand in entsprechender Anwendung des § 233 ZPO möglich (somit nicht nachträgliche Zulassung der Klage nach § 5 KSchG)[9].

7. Wirkungen des Spruches

23 Dem Spruch des Schlichtungsausschusses kann im Rahmen des § 111 Abs. 2 Satz 6 **materielle Rechtskraft** zukommen. Sie setzt allerdings voraus, dass der Spruch einen **von beiden Parteien anerkannten Inhalt** hat[10]. Ist dies nicht der Fall, erwächst die Entscheidung nicht in materielle Rechtskraft, selbst dann nicht, wenn sie nicht innerhalb der Zwei-Wochen-Frist des § 111 Abs. 2 Satz 3 angefochten wird. Wird die Zwei-Wochen-Frist versäumt, hat dies nur die prozessuale Folge, dass der von dem Ausschuss verhandelte Streitgegenstand von keiner Partei mehr vor das ArbG gebracht werden kann. Wohl aber kann das ArbG die vom Ausschuss entschiedene Frage als Vorfrage in einem Folgeprozess selbständig würdigen[11]. Dies führt zu merkwürdigen Ergebnissen: Es ist denkbar, dass wegen Versäumung der Klagefrist zwar die Unwirksamkeit der Kündigung nicht mehr zum Streitgegenstand gemacht werden kann, wohl aber mit Erfolg auf Zahlung der Ausbildungsvergütung (für die Zeit nach der Kündigung) oder auf weitere Ausbildung geklagt werden kann (sofern man nicht mit dem Rechtsgedanken der Verwirkung arbeitet)[12].

24 Der Antragsgegner hat nur dann ein **Rechtsschutzbedürfnis für eine Feststellungsklage** auf Unwirksamkeit des Spruches, wenn er den Spruch nicht anerkannt hat und der Antragsteller sich irgendwelcher Rechte aus dem Spruch berühmt. Im Übrigen besteht, da der nicht anerkannte Spruch für den Antragsgegner

---

1 So GMP/*Prütting*, § 111 Rz. 45; GK-ArbGG/*Mikosch*, § 111 Rz. 25; GWBG/*Greiner*, § 111 Rz. 23; Hauck/Helml/Biebl/*Hauck*, § 111 Rz. 9. Nach *Dersch/Volkmar*, § 111 ArbGG Rz. 3 ist eine Anerkennung durch konkludentes Handeln – so zB durch Erfüllung – ebenfalls möglich. Der zuletzt genannten Auffassung ist zuzustimmen.
2 GMP/*Prütting*, § 111 Rz. 48; GWBG/*Greiner*, § 111 Rz. 23.
3 GK-ArbGG/*Mikosch*, § 111 Rz. 25; Hauck/Helml/Biebl/*Hauck*, § 111 Rz. 9; Natter/Gross/*Zimmermann*, § 111 Rz. 33; GWBG/*Greiner*, § 111 Rz. 23. Nach der Rspr. des BGH kann ein prozessuales Anerkenntnis nicht wegen Irrtums angefochten oder widerrufen werden, vgl. BGH v. 27.5.1981 – IVb ZR 589/80, BGHZ 80, 389. Nach der Rspr. des BVerwG unterliegt die Erledigungserklärung ebenso wie die Klage und die Rechtsmittelrücknahme nicht der Anfechtung nach den §§ 119 ff. BGB, vgl. BVerwG v. 7.8.1999 – 4 B 75/98, NVwZ 1999, 407.
4 S. für das Zivilprozess, BGH v. 27.5.1981 – IV b ZR 589/80, AP Nr. 2 zu § 3097 ZPO; für den Verwaltungsprozess BVerwG v. 7.8.1999 – 4 b 75/98, NVwZ 1999, 407. Zutreffend deshalb GMP/*Prütting*, § 111 Rz. 47; Düwell/Lipke/*Voßkühler*, § 111 Rz. 43; GWBG/*Greiner*, § 111 Rz. 23.
5 GK-ArbGG/*Mikosch*, § 111 Rz. 23. Nach Auffassung von GMP/*Prütting*, § 111 Rz. 44 muss nur der Antragsteller belehrt werden.
6 GMP/*Prütting*, § 111 Rz. 44; LAG Hessen v. 14.6.1989 – 10 Sa 1678/88, NZA 1990, 328.
7 BAG v. 30.9.1998 – 5 AZR 690/97, NZA 1999, 265.
8 LAG Düsseldorf v. 15.8.1997 – 9 Sa 532/97, LAGE § 111 ArbGG 1979 Nr. 3.
9 LAG Hamm v. 3.3.1983 – 8 (1) Ta 318/82, DB 1984, 464; GMP/*Prütting*, § 111 Rz. 53; GWBG/*Greiner*, § 111 Rz. 19; GK-ArbGG/*Mikosch*, § 111 Rz. 30; KR/*Friedrich*, § 13 KSchG Rz. 53.
10 GMP/*Prütting*, § 111 Rz. 39 ff.; GWBG/*Greiner*, § 111 Rz. 17.Die Anerkennung ist eine einseitige Willenserklärung, die ein Jugendlicher ohne seinen gesetzlichen Vertreter nicht abgeben kann. AA Natter/Gross/*Zimmermann*, § 111 Rz. 34.
11 BAG v. 9.10.1979 – 6 AZR 776/77, DB 1980, 838; LAG Düsseldorf v. 3.5.1988 – 3 Sa 1824/87, LAGE § 111 ArbGG 1979 Nr. 1.
12 GMP/*Prütting*, § 111 Rz. 42; Hauck/Helml/Biebl/*Hauck*, § 111 Rz. 12.

keinerlei negative Wirkungen hat, kein Rechtsschutzbedürfnis für ein klageweises Vorgehen gegen den Spruch[1]. Ist eine Anerkennung erfolgt, so ist die Klage unzulässig[2], es sei denn, dass der Kläger sich auf die Unwirksamkeit der Anerkennung beruft.

8. Vollstreckung

Aus Vergleichen, die vor dem Ausschuss geschlossen sind sowie aus Sprüchen des Ausschusses, die von beiden Seiten anerkannt sind, findet die **Zwangsvollstreckung** statt (§ 111 Abs. 2 Satz 6). Die § 107 und § 109 gelten entsprechend (§ 111 Abs. 2 Satz 7). Demzufolge ist Voraussetzung, dass der Vergleich oder der Spruch vom Vorsitzenden des ArbG, das für die Geltendmachung des Anspruchs zuständig wäre, für vollstreckbar erklärt worden ist[3]. Ist ein Spruch nicht anerkannt worden, findet selbst dann die Zwangsvollstreckung nicht statt, wenn die Klagefrist abgelaufen ist[4]. Mit einer Aufhebungsklage kann der Schlichtungsspruch nicht angegriffen werden[5]. § 111 Abs. 2 verweist nämlich nur auf § 107 und § 109, nicht auf § 110. Die Aufhebungsklage ist auch nicht erforderlich, da die Parteien den Spruch nicht anzuerkennen brauchen.

25

9. Kosten

Eine eindeutige Regelung befand sich hinsichtlich der **Rechtsanwaltskosten** in § 65 Abs. 1 Nr. 2 BRAGO. In § 36 RVG wird das Verfahren gemäß § 111 nicht erwähnt. Die Vergütung bestimmt sich gemäß § 2 Abs. 2 Satz 1 RVG nach dem Vergütungsverzeichnis der Anlage 1 (VV)[6]. Der Rechtsanwalt erhält für das Verfahren vor dem Ausschuss nach § 111 Abs. 2 eine volle Gebühr (Nr. 2403 des RVG-Vergütungsverzeichnisses)[7]. Die von einem Rechtsanwalt erdiente Gebühr kann in einem späteren arbeitsgerichtlichen Verfahren gemäß § 11 RVG festgesetzt werden[8]. Die **Beiordnung eines Rechtsanwaltes** ist mangels Anwendbarkeit des § 11a **nicht möglich**; demzufolge haben die Parteien auch keinen Anspruch auf Prozesskostenhilfe[9]. Die Rspr. vertritt neuerdings aber die Auffassung, dass für die Vertretung eines Auszubildenden im Schlichtungsverfahren gemäß § 111 Abs. 2 die Beratungs- und Vertretungshilfe zur Verfügung steht[10]. Materielle Erstattungsansprüche sind hinsichtlich der Anrufung des Ausschusses nicht durch § 12a ausgeschlossen (s.a. § 12a Rz. 49 ff.). Da ein prozessualer Erstattungsanspruch nicht normiert ist, können auch entstandene Auslagen nur nach materiellem Recht geltend gemacht werden[11].

26

Für die Inanspruchnahme des Schlichtungsausschusses können **Gebühren und Auslagen** erhoben werden, soweit dies die Verfahrensordnung vorsieht[12]. Der Ausschuss kann sein Tätigwerden, soweit es Auslagen verursacht, von der Zahlung eines Vorschusses abhängig machen (zB bei Zustellung, Ladung von Sachverständigen und Zeugen). Die Parteien sind nur dann verpflichtet, die insoweit entstehenden Auslagen zu tragen, wenn sie sich hierzu ausdrücklich verpflichtet haben[13].

27

10. Klage beim Arbeitsgericht

Wird der vom Schlichtungsausschuss gefällte **Spruch nicht** innerhalb einer Woche von beiden Parteien **anerkannt**, so kann gemäß § 111 Abs. 2 Satz 3 binnen zwei Wochen nach ergangenem Spruch **Klage beim**

28

---

1 GMP/*Prütting*, § 111 Rz. 54.
2 GWBG/*Greiner*, § 111 Rz. 21.
3 GMP/*Prütting*, § 111 Rz. 56; GK-ArbGG/*Mikosch*, § 111 Rz. 33; Natter/Gross/*Zimmermann*, § 111 Rz. 34; GWBG/*Greiner*, § 111 Rz. 27; Hauck/Helml/Biebl/*Hauck*, § 111 Rz. 11. Die Entscheidung des Vorsitzenden des Arbeitsgerichtes ist rechtskräftig, sie bedarf keiner Begründung; vgl. MünchArbR/*Natzel*, § 324 Rz. 14.
4 GK-ArbGG/*Mikosch*, § 111 Rz. 34; Hauck/Helml/Biebl/*Hauck*, § 111 Rz. 11.
5 GMP/*Prütting*, § 111 Rz. 61; aA Dersch/*Volkmar*, § 111 ArbGG Rz. 17.
6 Einzelheiten hierzu bei Natter/Gross/*Zimmermann*, § 111 Rz. 44; *Hergenröder*, AGF 2007, 161.
7 GWBG/*Greiner*, § 111 Rz. 28.
8 LAG Hamm v. 3.11.1988 – 8 Ta 542/87, MDR 1989, 186 zu § 19 BRAGO.
9 So zB LAG Hessen v. 23.12.1985 – 6 Ta 385/85; LAG Düsseldorf v. 1.3.1990 – 14 Ta 371/89, JurBüro 1990, 748; LAG Nürnberg v. 30.4.1997 – 4 Ta 52/97, JurBüro 1998, 34; LAG Bremen v. 19.8.2014 – 2 Ta 33/14; GMP/*Prütting*, § 111 Rz. 69; GK-ArbGG/*Bader*, § 11a Rz. 27; GK-ArbGG/*Mikosch*, § 111 Rz. 38; GWBG/*Greiner*, § 111 Rz. 31.
10 Vgl. LAG Nürnberg v. 30.4.1997 – 4 Ta 52/97, JurBüro 1998, 93 sowie LAG Schl.-Holst. v. 20.1.2009 – 1 Ta 206/08; GWBG/*Greiner*, § 111 Rz. 31.
11 GMP/*Prütting*, § 111 Rz. 65; Hauck/Helml/Biebl/*Hauck*, § 111 Rz. 13; GK-ArbGG/*Mikosch*, § 111 Rz. 37. Natter/Gross/*Zimmermann*, § 111 Rz. 45.
12 GMP/*Prütting*, § 111 Rz. 66 mwN.
13 GMP/*Prütting*, § 111 Rz. 67.

zuständigen **ArbG** erhoben werden. Das Problem der richtigen Klageart wurde bislang vom BAG offen gelassen[1]. Die entsprechende Anwendung des § 110 wird verneint[2]. Fraglich ist, welcher Klageantrag gestellt werden kann[3]. Richterweise wird man insoweit – völlig unabhängig vom Ausgang des Schlichtungsverfahrens – die „normalen" Anträge stellen (müssen)[4]. In der Lit. wird die Auffassung vertreten, dass der Antragsgegner/Beklagte sogar auf Feststellung der Unwirksamkeit des Spruches klagen kann, wenn er den Spruch nicht anerkennt und der Antragsteller sich irgendwelcher Rechte aus dem Spruch berühmt[5].

29 Ist der **Antragsteller** beim Schlichtungsausschuss **unterlegen**, dh. sein Petitum wurde vom Ausschuss zurückgewiesen, so kann der „übliche" Klageantrag bei Gericht gestellt werden. Eine förmliche Aufhebung der Entscheidung des Schlichtungsausschusses bedarf es nicht. Gleiches geschieht, wenn der Antragsteller beim Schlichtungsausschuss erfolgreich war, der Antragsgegner jedoch die erforderliche Anerkennung nicht abgegeben hat. Um Rechtskraftwirkung und Vollstreckbarkeit zu erzielen, ist eine „normale" Klage beim ArbG erforderlich[6]. Will hingegen der unterlegene Antragsgegner gegen die Entscheidung des Schlichtungsausschusses vorgehen, so sollte er ein rein vorsorglich auch die Aufhebung der Entscheidung des Schlichtungsausschusses beantragen und sei es auch nur deshalb, weil er diese Entscheidung des Schlichtungsausschusses nicht akzeptiert hat und nunmehr hiergegen Klage erhebt.

30 Die **Klage ist fristgebunden.** Sie ist binnen **zwei Wochen** nach Zugang des mit Begründung versehenen Beschlusses des Schlichtungsausschusses zu erheben. Die Klagefrist beträgt auch dann zwei Wochen, wenn es sich um eine Kündigungsschutzklage handelt. Diese Klagefrist wird nicht durch die dreiwöchige Frist des § 4 KSchG substituiert[7].

III. Verfassungsmäßigkeit des Schlichtungsverfahrens

1. Gesetzlicher Richter

31 Nach der Rspr. des BAG ist **§ 111 Abs. 2 mit Art. 101 GG vereinbar**[8]. Dies wird mit der Erwägung begründet, dass § 111 Abs. 2 den Parteien nicht auf Dauer die Anrufung des Gerichtes verwehre; vielmehr sei das Schlichtungsverfahren ein vorgeschaltetes Verfahren, das die Anrufung des ArbG nicht ausschließe. Die Lit. stimmt dieser Auffassung zu[9]. Die Rspr. betont weiterhin, dass aufgrund der größeren Sachnähe und Sachkunde der Ausschuss eine Vermittlungsfunktion habe, die nicht ausgeschaltet werden soll[10].

32 Vorliegend kann ohne Weiteres eine Parallele gezogen werden zu §§ 68 ff. VwGO. Sinn und Zweck des Vorverfahrens gemäß §§ 68 ff. VwGO ist zum einen eine Selbstkontrolle der Verwaltung, weiterhin wird der **Rechtsschutz des Bürgers** gestärkt, und schließlich werden die **Gerichte entlastet** („Filterwirkung")[11]. Die Entscheidung im Verfahren gemäß § 111 Abs. 2 sowie im Verfahren gemäß §§ 68 ff. VwGO ist jeweils mit einer Rechtsmittelbelehrung zu versehen (vgl. § 111 Abs. 2 Satz 3 iVm. § 9 Abs. 5 ArbGG sowie § 70 Abs. 2 iVm. §§ 58 und 60 Abs. 1 bis 4 VwGO). Das durch nichts eingeschränkte Letztentscheidungsrecht der zuständigen Gerichte wird durch das Schlichtungsverfahren bzw. Vorverfahren nicht berührt.

32a Bis zum 30.4.2002 hat das Schlichtungsverfahren vor dem Ausschuss das arbeitsgerichtliche Güteverfahren ersetzt. Nachdem der Gesetzgeber den damaligen § 111 Abs. 2 Satz 8 gestrichen hat, besteht nunmehr Einigkeit darüber, dass das ArbG einen Gütetermin durchzuführen hat. Ob dies zu einer Beschleunigung des Verfahrens beiträgt, ist freilich fraglich[12].

---

1 BAG v. 9.10.1979 – 6 AZR 776/77, NJW 1980, 2095.
2 Düwell/Lipke/*Voßkühler*, § 111 Rz. 48.
3 S. hierzu Natter/Gross/*Zimmermann*, § 111 Rz. 41.
4 Düwell/Lipke/*Voßkühler*, § 111 Rz. 48 ff.; GK-ArbGG/*Mikosch*, § 111 Rz. 32.
5 GMP/*Prütting*, § 111 Rz. 54; s. weiterhin *Ramrath*, FA 2000, 45 (46).
6 Düwell/Lipke/*Voßkühler*, § 111 Rz. 50.
7 GK-ArbGG/*Mikosch*, § 111 Rz. 29; Düwell/Lipke/*Voßkühler*, § 111 Rz. 51 ff.; *Opolony*, FA 2003, 134 (135 f.).
8 BAG v. 18.10.1961 – 1 AZR 437/60, MDR 1962, 165.
9 GMP/*Prütting*, § 111 Rz. 70; nach GK-ArbGG/*Mikosch*, § 111 Rz. 4 kann das Schlichtungsverfahren „noch als verfassungsgemäß angesehen werden".
10 BAG v. 13.4.1989 – 2 AZR 411/88, NZA 1990, 395; BAG v. 27.6.1998 – 2 AZR 741/97, RzK IV 3a Nr. 30.
11 S. zB BVerwG v. 16.1.1986 – 5 C 36/84, NVwZ 1987, 412; Gärditz/*Glaser*, VwGO, § 68 Rz. 8.
12 S. hierzu auch GMP/*Prütting*, § 111 Rz. 43.

2. Gleicher Zugang zu Gericht

Prütting[1] vertritt die Auffassung, aus dem Rechtsstaatsgebot folge, dass „der Zugang zu den Gerichten allen Bürgern auf möglichst gleichmäßiger Weise eröffnet wird"[2]. Hiernach müsse für jedermann die **gleiche Anrufungschance** des Gerichtes bestehen; dies ergebe sich aus Art. 3 Abs. 1 GG[3]. Mit diesem Grundsatz des gleichmäßigen Zugangs zum Gericht sei es nur schwer zu vereinbaren, dass die Errichtung der Schlichtungsausschüsse nicht obligatorisch sei. Ein Teil der Auszubildenden habe direkten Zugang zum ArbG, während ein anderer Teil erst ein Vorverfahren durchlaufen müsse. Dies sei verfassungswidrig[4].   33

Dieser Auffassung kann nicht gefolgt werden. Aus dem **Rechtsstaatsgebot** ergibt sich sicherlich, dass der Zugang zu den Gerichten allen Bürgern auf möglichst gleichmäßige Weise eröffnet wird. Dies kann sich jedoch nur konkret auf die Streitparteien beziehen. Vorliegend steht außer Frage, dass der Auszubildende sowie der Ausbilder den gleichen Zugang zum ArbG haben. Ob im Bereich anderer Handwerksinnungen oder im Bereich anderer Bundesländer der Zugang zum ArbG anders geregelt ist, ist völlig unerheblich. Der Bundesgesetzgeber hat durch das 6. VwGOÄndG[5] § 68 Abs. 1 Satz 2 VwGO dahin gehend geändert, dass die Landesgesetzgeber nunmehr bestimmen können, ob ein Widerspruchsverfahren durchgeführt wird oder nicht. Verfassungsrechtlich ist dies unbedenklich[6].   34

Einstweilen frei   35–36

3. Ausschluss der Prozesskostenhilfe

Verfassungsrechtlich **bedenklich** ist hingegen, dass nach allgemeiner Auffassung im Verfahren gemäß § 111 Abs. 2 **keine Prozesskostenhilfe** gewährt werden kann[7]. Im Allgemeinen wird die Auffassung vertreten, dass ein Verfahrensrecht ohne Prozesskostenhilfe mit den grundgesetzlichen Bestimmungen nicht in Einklang zu bringen ist[8], da die Gewährung von Prozesskostenhilfe zum Prinzip grundsätzlicher Waffengleichheit gehört[9]. Mit diesem verfassungsrechtlichen Argument beschäftigen sich Rspr. und Lit. überhaupt nicht[10]. Die Nichtgewährung von Prozesskostenhilfe ist dennoch – gerade noch – hinnehmbar[11]. Der Schlichtungsausschuss gemäß § 111 Abs. 2 trifft nämlich keine abschließende Entscheidung. Sein Spruch muss vielmehr von beiden Beteiligten ausdrücklich angenommen werden. Sofern dies nicht geschieht, entscheidet das ArbG – ohne jegliche Einschränkung – unabhängig von der Entscheidung des Schlichtungsausschusses[12].   37

Hinzu kommt folgende Erwägung: Nach der neueren Rspr. steht für die Vertretung außerhalb eines gerichtlichen Verfahrens – bei Vorliegen der Voraussetzung der § 1, § 2 BerHG – die **Beratungs- und Vertretungshilfe** zur Verfügung[13]. In dem Schlichtungsverfahren gemäß § 111 Abs. 2 wird vielfach über die Wirksamkeit einer außerordentlichen Kündigung gestritten[14]. Bei Kündigungsschutzprozessen beläuft sich der Streitwert – je nach der Länge des Ausbildungsverhältnisses – auf maximal das für die Dauer eines   38

---

1 GMP/*Prütting*, § 111 Rz. 71.
2 Unter Bezugnahme auf BVerfG v. 25.7.1979 – 2 BvR 878/74, NVwZ 1979, 1925; BVerfG v. 11.2.1987 – 1 BvR 475/85, NJW 1987, 2067.
3 Unter Berufung auf BVerfG v. 14.5.1985 – 1 BvL 6/82, BVerfGE 69, 373 (381); s. zum Anspruch auf Rechtsschutzgleichheit Sachs/*Osterloh*, Art. 3 GG Rz. 204 mwN in Fn. 449.
4 Ähnlich die Kritik bei ErfK/*Schlachter*, Nr. 150, § 22 BBiG Rz. 9.
5 Vom 1.11.1996, BGBl. I S. 1626.
6 BVerfG v. 11.10.1966 – 2 BvL 15/64, MDR 1967, 191 sowie BVerfG v. 17.1.19967 – 2 BvL 24/63, BVerfGE 21, 106; zur „Vielfalt statt Einheitlichkeit im Landesrecht" s. Gärditz/*Glaser*, VwGO, § 68 Rz. 23 ff.
7 So zB LAG Hessen v. 23.12.1985 – 6 Ta 385/85; LAG Düsseldorf v. 1.3.1990 – 14 Ta 371/89, JurBüro 1990, 748; LAG Nürnberg v. 30.4.1997 – 4 Ta 52/97, JurBüro 1998, 34; LAG Schl.-Holst. v. 20.1.2009 – 1 Ta 206/08; GMP/*Prütting*, § 111 Rz. 69; GK-ArbGG/*Bader*, § 11a Rz. 27; LAG Bremen v. 19.8.2014 – 2 Ta 33/14; GK-ArbGG/*Mikosch*.§ 111 Rz. 38; GWBG/*Greiner*, § 111 Rz. 31, Düwell/Lipke/*Voßkühler*, § 111 Rz. 26.
8 BVerfG v. 12.1.1960 – 1 BvL 17/59, NJW 1960, 311; MünchKommZPO/*Rauscher*, Einl. Rz. 240.
9 BVerfG v. 6.7.1967 – 1 BvR 282/65, BVerfGE 22, 83 (86); BVerfG v. 12.2.1992 – 1 BvL 1/89, BVerfGE 85, 327 (347). Offen bleibt, ob ein Anspruch auf Prozesskostenhilfe auch für die außerordentliche Rechtsstreitigkeit besteht, s. hierzu BVerfG v. 2.12.1992 – BvR 296/88, MDR 1993, 477 sowie Sachs/*Osterloh*,GG, Art. 3 Rz. 205 ff.
10 Angesprochen wird die verfassungsrechtliche Problematik von LAG Schl.-Holst. v. 20.1.2009 – 1 Ta 206/08, EzB ArbGG § 111 Nr. 45.
11 S.a. zu dem aus dem Gleichheitssatz folgenden Gebot der Angleichung der Situation von Bemittelten und Unbemittelten bei der Verwirklichung des Rechtsschutzes, somit zur Frage der Beiordnung eines Anwaltes und der Gewährung von Prozesskostenhilfe, Sachs/*Osterloh*,GG, Art. 3 Rz. 204 und 205 mwN in Fn. 453.
12 Insoweit besteht ein erheblicher Unterschied zum schiedsgerichtlichen Verfahren gem. §§ 101 ff.
13 LAG Nürnberg v. 30.4.1997 – 4 Ta 52/97, LAGE § 114 ZPO Nr. 29 für das Verfahren gem. § 111 Abs. 2.
14 Nach GMP/*Prütting*, § 111 Rz. 17 sind 60 % der anhängigen Verfahren bei der IHK Köln Streitigkeiten über die Wirksamkeit der Kündigung.

Vierteljahres zu leistende Arbeitsentgelt (§ 12 Abs. 7 Satz 1 aF). Da die Vergütung der Auszubildenden in aller Regel relativ niedrig ist, ist der Unterschied zwischen der Vergütung im Wege der Prozesskostenhilfe (vgl. § 49 RVG) und der Vergütung im Wege der Beratungshilfe (VV Nr. 2502 der Anlage 1 zu § 2 Abs. 2 RVG) häufig minimal.

§ 112 Übergangsregelungen

(1) Für Beschlussverfahren nach § 2a Abs. 1 Nr. 4, die bis zum Ablauf des 15. August 2014 anhängig gemacht worden sind, gilt § 97 in der an diesem Tag geltenden Fassung bis zum Abschluss des Verfahrens durch einen rechtskräftigen Beschluss fort.

(2) § 43 des Einführungsgesetzes zum Gerichtsverfassungsgesetz gilt entsprechend.

1 Die Gerichte für Arbeitssachen entscheiden gem. § 2a Abs. 1 Nr. 4 über die Tariffähigkeit oder die Tarifzuständigkeit einer Vereinigung. Zuständig ist in erster Instanz das LAG – entsprechend dem Rechtsgedanken des § 17 Abs. 1 ZPO –, in dessen Bezirk die Vereinigung, über deren Tariffähigkeit oder Tarifzuständigkeit zu entscheiden ist, ihren Sitz hat. Mit der Begründung der Eingangszuständigkeit des LAG wird die bisher feste Grundregel von § 8 Abs. 1 durchbrochen, wonach im ersten Rechtszug (nahezu) immer das ArbG zuständig ist. Die neue Zuständigkeit des LAG in erster Instanz bezweckt eine Verfahrensbeschleunigung und die Herstellung einer schnelleren Rechtssicherheit, zumal gerade Verfahren nach § 2a Abs. 1 Nr. 4 meist komplex und zeitaufwändig sind.

2 Ist ein Verfahren nach § 2a Abs. 1 Nr. 4 bei Inkrafttreten des Gesetzes zur Stärkung der Tarifautonomie am 16.8.2014 bereits bei einem ArbG anhängig, so führt die Neuregelung nicht zu dessen Unzuständigkeit. Die dort im Zeitpunkt der Antragseinreichung einmal zu Recht begründete Zuständigkeit dauert gem. § 261 Abs. 3 Nr. 2 ZPO nach dem Grundsatz der „perpetuatio fori"[1] fort. Ein solches Verfahren ist nach den bisher geltenden Verfahrensvorschriften dreistufig durchzuführen und bis zu einem rechtskräftigen Beschluss zu Ende zu führen[2]. Die Neuregelung des § 97 Abs. 2a findet auf diese „Altverfahren" keine Anwendung. Befindet sich ein am Stichtag anhängiges Verfahren bereits in zweiter Instanz bei einem LAG, bleibt dieses als Beschwerdegericht sachlich und örtlich zuständig. Das bisherige Recht ist auch anzuwenden für eine bestehende Anhängigkeit beim BAG. Die Neuregelung mit dem umfassenden Vertretungszwang in Beschlussverfahren vor dem LAG und dem BAG (§ 97 Abs. 2a Satz 2 iVm. § 11 Abs. 4) erfasst die Altfälle nicht. Für sie besteht Vertretungszwang nur für die „Einlegung" und „Begründung" des Rechtsmittels iSv. § 87 Abs. 2 Satz 1 bzw. § 94 Abs. 1.

3 Für die ab dem 16.8.2014 anhängig zu machenden Verfahren aus § 2a Abs. 1 Nr. 4 nF gelten die neuen Vorschriften. Solche Verfahren sind beim zuständigen LAG, das als alleinige Tatsacheninstanz entscheidet, einzureichen. Es besteht ein umfassender Vertretungszwang nach Maßgabe von § 11 Abs. 4. Wird die Rechtsbeschwerde zum BAG gem. § 92 Abs. 1 Satz 1 nicht zugelassen, entscheidet nur ein Instanzgericht. Der Justizgewährungsanspruch erfordert keine Bereitstellung eines vollen Instanzenzuges[3].

4 Wird ab dem 16.8.2014 ein Verfahren aus § 2a Abs. 1 Nr. 4 fehlerhaft bei einem ArbG eingereicht, hat es dieses in einem ordnungsgemäßen Geschäftsgang an das zuständige LAG weiterzuleiten. Eines förmlichen Verfahrens der Bestimmung des zuständigen Gerichts nach § 48 Abs. 1 iVm. §§ 17–17b GVG bedarf es nicht, weil das angegangene ArbG nie zuständig sein kann. Eine Bindungswirkung tritt in diesem Fall für das angegangene LAG nicht ein. Besteht Streit zwischen zwei LAG über die örtliche Zuständigkeit des angerufenen LAG, ist er nach den vorgenannten Bestimmungen, ggf. iVm. § 36 Abs. 1 Nr. 6 ZPO durch Anrufung des BAG zu lösen.

5 Das Gesetz über die Erweiterung der **Medienöffentlichkeit** in Gerichtsverfahren und zur Verbesserung der Kommunikationshilfe für Menschen mit Sprach- und Hörbehinderungen (EMöGG) vom 8.10.2017[4] sieht zur Stärkung des Informationsbedürfnisses der Medienlandschaft eine begrenzte **Lockerung** des früheren strikten **Übertragungsverbots** aus **Gerichtsverfahren** vor. Zudem verbessert es den barrierefreien Zugang zu Gerichtsverfahren für Menschen mit Sprach- oder Hörbehinderungen durch Ausweitung des Rechts auf Übersetzungshilfe oder Dolmetscher auf das gesamte Verfahren.

---

1 Vgl. BGH v. 11.12.2001 – KZB 12/01; BGH v. 1.2.1978 – IV ZR 142/77.
2 Düwell/Lipke/*Lipke*, § 112 Rz. 2.
3 BVerfG v. 11.6.1980 – 1 PBvU 1/79; BVerfG v. 30.4.2003 – 1 PBvU 1/ 02, NJW 2003, 1924.
4 S. BGBl. I S. 3546 (3547).

Nach § 43 EGGVG finden die Neuregelungen von § **169 Abs. 2 GVG** keine Anwendung auf Verfahren, die am Tag des Inkrafttretens des Änderungsgesetzes bereits **anhängig** sind. Für solche Altverfahren verbleibt es bezüglich des Regelungsumfangs von Abs. 2 bei der bisherigen Rechtslage. Diese **Übergangsvorschrift** gilt gem. § 112 Abs. 2 auch im arbeitsgerichtlichen Verfahren. § 43 EGGVG erfasst ausdrücklich nur die Neuregelungen von § 169 Abs. 2 GVG und nicht die sonstigen Neuerungen. Deren Inkrafttreten bestimmt Art. 6 des EMöGG. Sie gelten teilweise ab Inkrafttreten des Gesetzes und teilweise 6 Monate später.

§ 113 Berichterstattung

Die Bundesregierung berichtet dem Deutschen Bundestag bis zum 8. September 2020 über die Auswirkungen der vorläufigen Leistungspflicht nach § 98 Absatz 6 Satz 2 und gibt eine Einschätzung dazu ab, ob die Regelung fortbestehen soll.

I. Entstehungsgeschichte des § 113

§ 113 ist aufgrund des Gesetzes zur Sicherung der tarifvertraglichen Sozialkassenverfahren und zur Änderung des Arbeitsgerichtsgesetzes vom 1.9.2017[1] eingefügt worden. Die Vorschrift hängt mit der gleichzeitigen Einfügung von § 98 Abs. 6 Satz 2 zusammen. Der neue § 113 geht auf eine Empfehlung des Ausschusses für Arbeit und Soziales zurück.[2]

II. Umfang und Sinn der Berichtspflicht

Mit den „Auswirkungen", über welche die Bundesregierung berichten soll, ist ausweislich der Gesetzesmaterialien[3] zunächst der Umfang gemeint, in dem das Instrument der vorläufigen Leistungspflicht nach § 98 Abs. 6 Satz 2 genutzt wurde. Dafür werden entsprechende Erhebungen erforderlich sein. Ferner soll die Bundesregierung im Rahmen ihres Berichts untersuchen, inwieweit die Regelung in § 98 Abs. 6 Satz 2 dazu beigetragen hat, den Beitragseinzug durch die Sozialkassen zu stabilisieren und damit zugleich eine kontinuierliche Leistungsgewährung sicherzustellen. Zudem soll die Bundesregierung evaluieren, inwieweit die Regelung dazu beigetragen hat, einem Anstieg von Beitragsklagen vorzubeugen und die Sozialkassen in die Lage zu versetzen, ohne Inanspruchnahme gerichtlichen Rechtsschutzes ihre Beitragsansprüche zu verwirklichen. Aufgrund des Berichts soll dann geprüft werden, ob die Regelung über die vorläufige Leistungspflicht fortbestehen und ggf. auf alle Aussetzungen nach § 98 Abs. 6 Satz 1 erweitert werden soll. Dazu hat die Bundesregierung in ihrem Bericht eine Einschätzung abzugeben.

§§ 114–116 (weggefallen)

§ 117 Verfahren bei Meinungsverschiedenheiten der beteiligten Verwaltungen

Soweit in Fällen der § 40 und § 41 das Einvernehmen nicht erzielt wird, entscheidet die Bundesregierung.

Schrifttum: *Wolff/Bachof/Stober*, Verwaltungsrecht I, 10. Aufl. 1994.

§ 117a verlangte bis zum 30.4.2000 bei wesentlichen Organisationsentscheidungen das Einvernehmen der Obersten Arbeitsbehörde der Justizverwaltung. Aufgrund der Neufassung des § 117 durch das Arbeits-

---

[1] BGBl. I S. 3356 (3365).
[2] BT-Drs. 18/12827.
[3] BT-Drs. 18/12827, S. 11.

gerichtsbeschleunigungsgesetz vom 30.3.2000[1] wurde das **Erfordernis des Einvernehmens** gestrichen. Die wesentlichen Organisationsentscheidungen können nunmehr im Benehmen oder Einvernehmen zweier Ministerien getroffen werden. Lediglich hinsichtlich des BAG verblieb es beim früheren Rechtszustand[2].

2 **Einvernehmen bedeutet Zustimmung**[3]. Kommt ein Einvernehmen zwischen dem BMAS und dem BMJ nicht zustande, so entscheidet die Bundesregierung. Auf der Ebene der Länder werden die wesentlichen Organisationsentscheidungen mit Wirkungen ab 1.5.2000 von den zuständigen obersten Landesbehörden allein getroffen (zB § 14 Abs. 4, § 15 Abs. 1, § 17 Abs. 1).

3 Wichtige Organisationsentscheidungen sind die Führung und Verwaltung der Dienstaufsicht sowie die Bestimmung der Zahl der Senate beim BAG[4].

§§ 118–122 (weggefallen)

---

1 BGBl. I S. 333.
2 GMP/*Prütting*, § 117 Rz. 1; Düwell/Lipke/*Lipke*, § 117 Rz. 1.
3 GMP/*Prütting*, § 117 Rz.2; GK-ArbGG/*Mikosch*, § 177 Rz. 3; GWBG/*Greiner*, § 117 Rz. 1; Hauck/Helml/Biebl/*Hauck*, § 117 Rz. 2; Düwell/Lipke/*Lipke*, § 117 Rz. 2; *Dietz/Nikisch*, vor § 14 ArbGG Rz. 5. S. im Übrigen BVerwG v. 29.4.1993 – 7 A 2/92, BVerwGE 92, 258; *Wolff/Bachof/Stober*, Verwaltungsrecht I, 10. Aufl. 1994, § 45 Rz. 66 ff.
4 Düwell/Lipke/*Lipke*, § 117 Rz. 4.

Arbeitsrechtliche Verfahren vor dem BVerfG und dem EuGH

- A. Einleitung 1
  - I. Die Bedeutung des Verfassungsrechts im arbeitsgerichtlichen Verfahren 2
  - II. Die Bedeutung des Unionsrechts im arbeitsgerichtlichen Verfahren 3
  - III. Gegenstand der Darstellung 4
- B. Verfassungsbeschwerde
  - I. Allgemeines 5
  - II. Zulässigkeit der Verfassungsbeschwerde .. 8
    1. Beschwerdefähigkeit 8
    2. Verfahrensfähigkeit 13
    3. Beschwerdegegenstand 14
    4. Beschwerdebefugnis 17
       - a) Betroffenheit 18
       - b) Möglichkeit einer Grundrechtsverletzung .. 23
         - aa) Grundrechtsrüge 23
         - bb) Möglichkeit der Verletzung 27
    5. Rechtswegerschöpfung und Subsidiarität ... 29
       - a) Allgemeines 29
       - b) Rechtswegerschöpfung 30
       - c) Subsidiarität 33
       - d) Ausnahmen 37
       - e) Praktische Probleme 39
    6. Form und Inhalt 41
       - a) Schriftlicher Antrag 41
       - b) Begründung 45
       - c) Vertretung 48
    7. Frist 49
       - a) Monats- und Jahresfrist 49
       - b) Fristbeginn und Fristberechnung ... 50
       - c) Wiedereinsetzung in den vorigen Stand .. 52
    8. Allgemeines Rechtsschutzbedürfnis 53
  - III. Annahme zur Entscheidung 54
    1. Verfahren 54
    2. Annahmevoraussetzungen 55
  - IV. Entscheidung des BVerfG 59
    1. Tenor der Entscheidung 59
    2. Wirkung der Entscheidung 60
  - V. Kosten und Gebühren 61
    1. Gerichtskosten 61
    2. Anwaltsgebühren 62
    3. Auslagenerstattung 63
    4. Prozesskostenhilfe 64
- C. Konkrete Normenkontrolle
  - I. Allgemeines 65
  - II. Vorlagerecht und Vorlagepflicht 66
  - III. Vorlagegegenstand 69
  - IV. Überzeugung von der Verfassungswidrigkeit 73
  - V. Entscheidungserheblichkeit 76
  - VI. Vorlageentscheidung 79
    1. Zuständigkeit 79
    2. Aussetzung und Vorlage 83
    3. Begründung 86
    4. Anfechtung und Aufhebung 87
  - VII. Beitritt und Äußerungsberechtigung 89
  - VIII. Entscheidung des BVerfG 93
- D. Vorabentscheidungsverfahren
  - I. Allgemeines 97
    1. Rechtsgrundlage 97
    2. Funktion und Wesen 98
    3. Bedeutung im Arbeitsrecht 100
  - II. Vorlagegegenstand 102
    1. Primärrecht 102
    2. Sekundärrecht 104
    3. Unzulässige Gegenstände 108
  - III. Erforderlichkeit der Vorlage 110
    1. Entscheidungserheblichkeit 110
    2. Zuständigkeit zur Beurteilung 111
  - IV. Vorlageberechtigte Stellen 113
    1. Gericht 113
    2. Verfahrensart 115
  - V. Vorlagerecht und Vorlagepflicht 116
    1. Vorlagerecht 116
    2. Vorlagepflicht 118
       - a) Vorlagepflichtige Gerichte 118
       - b) Grenzen der Vorlagepflicht 123
    3. Einfluss der Parteien 126
       - a) Verhinderung einer Vorlage 127
       - b) Erwirkung einer Vorlage 129
  - VI. Vorlageentscheidung 134
    1. Aussetzung und Vorlage 134
    2. Formulierung der Vorlagefrage 136
    3. Begründung der Vorlage 137
    4. Übermittlung der Vorlage 138
    5. Rücknahme der Vorlage 139
  - VII. Verfahren vor dem EuGH 140
    1. Schriftliches Verfahren 140
    2. Mündliche Verhandlung 143
    3. Vertretung der Verfahrensbeteiligten .. 147
    4. Sprachenregelung 148
  - VIII. Entscheidung des EuGH 149
    1. Form der Entscheidung 149
    2. Inhalt der Entscheidung 150
    3. Wirkung der Entscheidung 151
       - a) Innerhalb des Ausgangsverfahrens ... 151
       - b) Außerhalb des Ausgangsverfahrens ... 153
       - c) Zeitliche Wirkung 156
  - IX. Kosten und Gebühren 157
  - X. Verhältnis zur konkreten Normenkontrolle nach Art. 100 Abs. 1 GG 161

A. Einleitung

1 Das Arbeitsrecht wird heute in vielfältiger Weise durch das Grundgesetz und das Recht der Europäischen Union beeinflusst. Die verfassungs- bzw. unionsrechtlichen Vorschriften dienen nicht nur als Prüfungsmaßstab für die Rechtmäßigkeit arbeitsrechtlicher Normen, sondern wirken auch auf deren Auslegung ein und entfalten unter bestimmten Voraussetzungen unmittelbare Wirkung. Die Ermittlung der daraus resultierenden Vorgaben obliegt primär den Gerichten für Arbeitssachen als den zuständigen Fachgerichten. Soweit allerdings das Grundgesetz oder der Vertrag über die Arbeitsweise der Europäischen Union (AEUV) die Zuständigkeit des **BVerfG** oder des **EuGH** vorsehen, können bzw. müssen diese Gerichte eingeschaltet werden. Dies kann, wie bei der Verfassungsbeschwerde, durch eine direkte Anrufung (des BVerfG) geschehen, aber auch, wie bei der konkreten Normenkontrolle gem. Art. 100 Abs. 1 GG und beim Vorabentscheidungsverfahren nach Art. 267 AEUV, durch eine Vorlage des mit der Sache befassten Fachgerichts. Im Einzelnen ist zwischen dem Verfassungsrecht und dem EU-Recht zu unterscheiden:

I. Die Bedeutung des Verfassungsrechts im arbeitsgerichtlichen Verfahren

2 Das **Verfassungsrecht** wirkt vor allem in Gestalt der **Grundrechte** auf das Arbeitsrecht ein. Besondere Bedeutung kommt den Gewährleistungen aus Art. 1 Abs. 1 GG (Schutz der Menschenwürde), Art. 2 Abs. 1 iVm. Art. 1 Abs. 1 GG (allgemeines Persönlichkeitsrecht), Art. 3 Abs. 1 GG (allgemeiner Gleichheitssatz), Art. 3 Abs. 2 GG (Gleichberechtigung von Mann und Frau), Art. 3 Abs. 3 GG (Diskriminierungsverbote), Art. 4 Abs. 1 GG (Glaubens-, Gewissens- und Religionsfreiheit), Art. 5 Abs. 1 Satz 1 GG (Meinungsfreiheit), Art. 6 Abs. 1 GG (Schutz von Ehe und Familie), Art. 9 Abs. 3 GG (Koalitionsfreiheit) sowie aus Art. 12 Abs. 1 Satz 1 GG (Berufsfreiheit) zu. Abgesehen von Art. 9 Abs. 3 GG entfalten die Grundrechte keine unmittelbare Drittwirkung im Privatrechtsverkehr[1]. Sie begründen jedoch Schutzpflichten des Staates und bilden eine objektive Wertordnung, die als verfassungsrechtliche Grundentscheidung für alle Bereiche der Rechtsordnung gilt[2]. Aus diesem Grund sind sie bei der Auslegung und Anwendung von Generalklauseln (zB §§ 138, 242, 275 Abs. 3, § 315 BGB, § 106 GewO) und unbestimmten Rechtsbegriffen (zB „wichtiger Grund" in § 626 BGB) zu berücksichtigen und fließen auf diese Weise mittelbar in die Rechtsbeziehungen zwischen ArbGeb und ArbN ein[3]. Die Gerichte sind von Verfassungs wegen verpflichtet zu prüfen, ob die von ihnen anzuwendenden Vorschriften grundrechtlich beeinflusst sind. Verkennen sie das und entscheiden sie deshalb zum Nachteil einer Prozesspartei, so verletzen sie diese in ihren Grundrechten[4]. Die unterlegene Prozesspartei kann in diesem Fall das BVerfG im Wege der **Verfassungsbeschwerde** anrufen. Die Grundrechte sind im Arbeitsrecht natürlich auch insofern von Bedeutung, als sie die Gesetzgebung beim Erlass arbeitsrechtlicher Normen binden (Art. 1 Abs. 3 GG)[5]. Gelangt das Fachgericht in einem arbeitsrechtlichen Rechtsstreit zu der Überzeugung, dass eine entscheidungserhebliche Vorschrift verfassungswidrig ist und auch nicht verfassungskonform ausgelegt werden kann, so muss es nach Art. 100 Abs. 1 GG das Verfahren aussetzen und eine Entscheidung des BVerfG im Verfahren der **konkreten Normenkontrolle** einholen.

---

1 Vgl. nur BVerfG v. 15.1.1958 – 1 BvR 400/51, NJW 1958, 257; BAG v. 27.2.1985 – GS 1/84, NJW 1985, 2968; BAG v. 19.9.2006 – 1 ABR 2/06, BB 2007, 163 (164); anders die ältere Rspr. des BAG; vgl. nur BAG v. 3.12.1954 – 1 AZR 150/54, NJW 1955, 606.
2 BVerfG v. 15.1.1958 – 1 BvR 400/51, NJW 1958, 257; BVerfG v. 8.10.1996 – 1 BvR 1183/90, NJW 1997, 386; BAG v. 27.2.1985 – GS 1/84, NJW 1985, 2968; BAG v. 27.6.2006 – 3 AZR 352/05 (A), NZA 2006, 1276 (1280); BAG v. 15.11.2012 – 6 AZR 339/11, NZA 2013, 429 Rz. 15.
3 *Brox/Rüthers/Henssler*, Arbeitsrecht, 19. Aufl. 2016, Rz. 8; *Preis*, Individualarbeitsrecht, 5. Aufl. 2017, Rz. 540 ff.
4 BVerfG v. 15.1.1958 – 1 BvR 400/51, NJW 1958, 257; BVerfG v. 19.10.1993 – 1 BvR 567/89 ua., NJW 1994, 36.
5 Vgl. dazu etwa *Jarass/Pieroth*, Art. 1 GG Rz. 32, 52; *Löwisch/Caspers/Klumpp*, 11. Aufl. 2017, Arbeitsrecht, Rz. 140. Inwieweit die unmittelbare Bindung an die Grundrechte auch für den Abschluss von Tarifverträgen und Betriebsvereinbarungen gilt, ist str.; zum Meinungsstand vgl. ErfK/*Schmidt*, Einl. GG Rz. 20 f., 24; *Preis*, Individualarbeitsrecht, 5. Aufl. 2017, Rz. 553 ff.

II. Die Bedeutung des Unionsrechts im arbeitsgerichtlichen Verfahren

Das **Recht der Europäischen Union** übt seinen Einfluss auf das Arbeitsrecht sowohl durch primärrechtliche als auch durch sekundärrechtliche Bestimmungen aus. Aus dem **Primärrecht** sind für das Arbeitsrecht insbesondere Art. 45 AEUV (Freizügigkeit der Arbeitnehmer) und Art. 157 AEUV (Gleichbehandlung von Mann und Frau beim Arbeitsentgelt) von Bedeutung. Darüber hinaus hat der EuGH ein primärrechtliches Verbot der Altersdiskriminierung als allgemeinen Grundsatz des Unionsrechts entwickelt, der mittlerweile auch explizit in Art. 21 der EU-Grundrechtecharta verankert ist[1]. Diese primärrechtlichen Gewährleistungen entfalten nach Ansicht des EuGH unmittelbare Wirkung unter Privaten[2] und wirken demnach direkt auf die Beziehung zwischen ArbGeb und ArbN ein. Dasselbe gilt im Sekundärrecht für die **Verordnungen**. Sie gelten nach Art. 288 Abs. 2 AEUV unmittelbar in jedem Mitgliedstaat und können daher Rechte und Pflichten für die einzelnen Bürger begründen. Wegen der begrenzten Kompetenzen der EU gibt es arbeitsrechtliche Verordnungen bisher allerdings fast ausschließlich im Zusammenhang mit der Arbeitnehmerfreizügigkeit[3]. Zahlreich sind dagegen die arbeitsrechtlichen **Richtlinien** der EU. Sie regeln etwa die Gebiete Geschlechtergleichbehandlung, Nachweis von Arbeitsbedingungen, befristete Arbeitsverträge, Teilzeitarbeit, Leiharbeit, Arbeitszeit, Diskriminierungsschutz, Mutterschutz, Jugendarbeitsschutz, Elternurlaub, Betriebsübergang, Massenentlassung, Insolvenz des ArbGeb, Arbeitsschutz, ArbN-Entsendung, Information und Konsultation der ArbN sowie Europäischer Betriebsrat. Richtlinien gewähren den Bürgern idR keine unmittelbaren Rechtspositionen, sondern erlangen erst durch einen Umsetzungsakt des Gesetzgebers innerstaatliche Wirkung. Von den nationalen Gerichten sind sie nur dann unmittelbar anzuwenden, wenn der Gesetzgeber seine Umsetzungspflicht nicht oder nur unvollständig erfüllt hat und wenn die betreffende Norm inhaltlich unbedingt und hinreichend genau ist, um im Einzelfall angewendet zu werden[4]. Da der Gerichtshof die **unmittelbare Wirkung** von Richtlinien zudem auf Fälle beschränkt, in denen sie sich zugunsten des Bürgers und zu Lasten des Staates auswirkt[5], kann sie im Arbeitsrecht nur gegenüber einem öffentlichen ArbGeb, nicht aber gegenüber einem ArbN oder einem privaten ArbGeb in Anspruch genommen werden. Ungleich größere Bedeutung erlangen Richtlinien vor den Gerichten für Arbeitssachen durch das **Gebot richtlinienkonformer Auslegung**. Es besagt, dass die innerstaatlichen Gerichte die Interpretation nationalen Rechts soweit wie möglich am Wortlaut und Zweck der Richtlinie ausrichten müssen, um das mit der Richtlinie verfolgte Ziel zu erreichen[6]. Auf diese Weise wirken auch die nicht unmittelbar anwendbaren Richtliniennormen auf die Rechtsbeziehungen zwischen ArbGeb und ArbN ein. Unabhängig davon, ob ein Gericht Unionsrecht unmittelbar oder lediglich als Auslegungsmaßstab anzuwenden hat, hat es in jedem Fall die Möglichkeit – und unter bestimmten Voraussetzungen die Pflicht –, den EuGH im Wege des **Vorabentscheidungsverfahrens** nach Art. 267 AEUV anzurufen und um eine Auslegung der einschlägigen unionsrechtlichen Bestimmungen zu ersuchen.

---

1 EuGH v. 22.11.2005 – C-144/04, NZA 2005, 1345 (1348) – Mangold; EuGH v. 19.1.2010 – C-555/07, NZA 2010, 85 (86, 88) – Kücükdeveci; EuGH v. 19.4.2016 – C-441/14, NZA 2016, 537 Rz. 22 – Dansk Industri.
2 Für Art. 45 AEUV vgl. nur EuGH v. 15.12.1995 – C-415/93, NJW 1996, 505 (509) – Bosman; EuGH v. 6.6.2000 – C-281/98, NZA-RR 2001, 20 – Angonese; Für Art. 157 AEUV vgl. EuGH v. 8.4.1976 – 43/75, NJW 1976, 2068 (2069) – Defrenne II. Für das primärrechtliche Verbot der Altersdiskriminierung vgl. EuGH v. 19.1.2010 – C-555/07, NZA 2010, 85 (88) – Kücükdeveci; EuGH v. 19.4.2016 – C-441/14, NZA 2016, 537 Rz. 27, 36 – Dansk Industri.
3 S. etwa die Verordnung 492/2011 über die Freizügigkeit der ArbN innerhalb der Union.
4 Vgl. nur EuGH v. 19.1.1982 – 8/81, NJW 1982, 499 (500) – Becker; EuGH v. 19.11.1991 – C-6/90, NJW 1992, 165 – Francovich und Bonifaci; EuGH v. 4.12.1997 – C-253/96, NZA 1998, 137 (138) – Kampelmann; EuGH v. 24.1.2012 – C-282/10, NZA 2012, 139 (141) – Dominguez; EuGH v. 12.12.2013 – C-425/12, EuZW 2014, 189 – Portgás; EuGH v. 7.7.2016 – C-46/15 Rz. 16 – Ambisig; EuGH v. 15.2.2017 – C-592/15, HFR 2017, 366 Rz. 13 – British Film Institute; st. Rspr. des EuGH. Das BVerfG hat diese Judikatur mit Beschl. v. 8.4.1987 – 2 BvR 687/85, NJW 1988, 1459 gebilligt.
5 EuGH v. 14.7.1994 – C-91/92, NJW 1994, 2473 (2474) – Faccini Dori; EuGH v. 19.1.2010 – C-555/07, NZA 2010, 85 (88) – Kücükdeveci; EuGH v. 24.1.2012 – C-282/10, NZA 2012, 139 (142) – Dominguez; EuGH v. 12.12.2013 – C-425/12, EuZW 2014, 189 (190) – Portgás; EuGH v. 15.1.2015 – C-30/14, NJW 2015, 1231 Rz. 30 – Ryanair; EuGH v. 19.4.2016 – C-441/14, NZA 2016, 537 Rz. 30 – Dansk Industri; EuGH v. 7.7.2016 – C-46/15 Rz. 21 – Ambisig.
6 Vgl. nur EuGH v. 10.4.1984 – 14/83, NJW 1984, 2021 (2022) – von Colson und Kamann; EuGH v. 5.10.2004 – C-397/01 ua., NJW 2004, 3547 (3549) – Pfeiffer; EuGH v. 19.1.2010 – C-555/07, NZA 2010, 85 (88) – Kücükdeveci; EuGH v. 24.1.2012 – C-282/10, NZA 2012, 139 (141) – Dominguez; EuGH v. 28.1.2016 – C-64/15, ZfZ 2016, 66 Rz. 41 – BP Europa; EuGH v. 17.3.2016 – C-40/15, VersR 2016, 815 Rz. 18 – Aspiro; EuGH v. 19.4.2016 – C-441/14, NZA 2016, 537 Rz. 30 f. – Dansk Industri; EuGH v. 7.7.2016 – C-46/15 Rz. 24 – Ambisig.

III. Gegenstand der Darstellung

4   Die Wirkungen, die von der Verfassung und vom Unionsrecht ausgehen, führen demnach nicht nur zu einer Durchdringung des materiellen Arbeitsrechts; sie haben auch zur Folge, dass arbeitsrechtliche Streitigkeiten vor das BVerfG oder den EuGH gebracht werden können. Für den Arbeitsrechtler genügt es daher nicht, sich mit den inhaltlichen Vorgaben des Grundgesetzes und des Unionsrechts vertraut zu machen. Vielmehr muss er sich auch mit dem dazugehörigen Prozessrecht befassen. Aus diesem Grund soll im Folgenden aus arbeitsrechtlicher Perspektive ein Überblick über das Recht der **Verfassungsbeschwerde** (B.), der **konkreten Normenkontrolle** (C.) und des **Vorabentscheidungsverfahrens** (D.) gegeben werden.

B. Verfassungsbeschwerde

Schrifttum: *Aust/Meinel*, Entscheidungsmöglichkeiten des BVerfG, JuS 2014, 25 und 113; *Baumgarten*, Verfassungsbeschwerden gegen Entscheidungen der Gerichte für Arbeitssachen, ZTR 1990, 368; *Benda/Klein*, Verfassungsprozessrecht, 3. Aufl. 2011; *Bogs* (Hrsg.), Urteilsverfassungsbeschwerde zum BVerfG, 1999; *Burkiczak/Dollinger/Schorkopf* (Hrsg.), Bundesverfassungsgerichtsgesetz, 2015; *Dörr*, Die Verfassungsbeschwerde in der Prozesspraxis, 2. Aufl. 1997; *Düwel*, Kontrollbefugnisse des BVerfG bei Verfassungsbeschwerden gegen gerichtliche Entscheidungen, 2000; *Erichsen*, Die Verfassungsbeschwerde, Jura 1991, 585, 638, Jura 1992, 142; *Fleury*, Verfassungsprozessrecht, 10. Aufl. 2015; *Geiger*, BVerfGG, 1952; *Gusy*, Die Verfassungsbeschwerde, 1988; *Gusy*, Die Verfassungsbeschwerde, FS 50 Jahre BVerfG, 2001, Band I, S. 641; *Häberle*, Die Verfassungsbeschwerde im System der bundesdeutschen Verfassungsgerichtsbarkeit, JöR nF 45 (1997), 89; *Hillgruber/Goos*, Verfassungsprozessrecht, 4. Aufl. 2015; *Hövel*, Zulässigkeits- und Zulassungsprobleme der Verfassungsbeschwerde gegen Gesetze, 1990; *Hövel*, Die Urteils-Verfassungsbeschwerde als einzig erforderliche Verfassungsbeschwerde in der Rechtspraxis?, NVwZ 1993, 549; *Kenntner*, Vom Hüter der Verfassung zum Pannenhelfer der Nation?, DÖV 2005, 269; *Kenntner*, Das BVerfG als subsidiärer Superrevisor?, NJW 2005, 785; *E. Klein*, Verfassungsprozessrecht – Versuch einer Systematik anhand der Rechtsprechung des BVerfG, AöR 108 (1983), 410, 563; *H. Klein*, Funktionell- und verfahrensrechtliche Probleme der Rechtssatzverfassungsbeschwerde, FS Zeidler, 1987, Band 2, S. 1325; *O. Klein/Sennekamp*, Aktuelle Zulässigkeitsprobleme der Verfassungsbeschwerde, NJW 2007, 945; *Kleine-Cosack*, Verfassungsbeschwerden und Menschenrechtsbeschwerden, 3. Aufl. 2014; *Kloepfer*, Ist die Verfassungsbeschwerde unentbehrlich?, DVBl. 2004, 676; *Krauß*, Der Umfang der Prüfung von Zivilurteilen durch das BVerfG, 1987; *Kreuder*, Praxisfragen zur Zulässigkeit der Verfassungsbeschwerde, NJW 2001, 1243; *Lechner/Zuck*, BVerfGG, 7. Aufl. 2015; *Leibholz/Rupprecht*, BVerfGG, 1968, Nachtrag 1971; *Lenz/Hansel*, BVerfGG, 2. Aufl. 2015; *Limbach*, Aufgabe und Bedeutung der Verfassungsbeschwerde, 1997; *Löwer*, Zuständigkeiten und Verfahren des BVerfG, in: Isensee/Kirchhof (Hrsg.), Handbuch des Staatsrechts der Bundesrepublik Deutschland, Band III, 3. Aufl. 2005, § 70; *Lübbe-Wolf*, Substantiierung und Subsidiarität der Verfassungsbeschwerde, EuGRZ 2004, 669; *Lübbe-Wolf*, Die erfolgreiche Verfassungsbeschwerde, AnwBl. 2005, 509; *Maunz/Schmidt-Bleibtreu/Klein/Bethge*, BVerfGG, Loseblatt; *Ott*, Die Verfassungsbeschwerde zum BVerfG, 1978; *Otto*, Zur Interaktion zwischen BVerfG und Arbeitsgerichtsbarkeit – Erfahrungen und Erwartungen, FS Zöllner, 1998, S. 879; *Pestalozza*, Verfassungsprozessrecht, 3. Aufl. 1991; *Peters/Markus*, Die Subsidiarität der Verfassungsbeschwerde, JuS 2013, 887; *Rennert*, Die Verfassungswidrigkeit „falscher" Gerichtsentscheidungen, NJW 1991, 12; *Robbers*, Verfassungsprozessuale Probleme in der öffentlich-rechtlichen Arbeit, 2. Aufl. 2005; *Roellecke*, Aufgaben und Stellung des BVerfG im Verfassungsgefüge/Aufgabe und Stellung des BVerfG in der Gerichtsbarkeit, in: Isensee/Kirchhof (Hrsg.), Handbuch des Staatsrechts der Bundesrepublik Deutschland, Band III, 3. Aufl. 2005, § 67, § 68; *Sachs*, Verfassungsprozessrecht, 4. Aufl. 2016; *Sachs*, Verfassungsprozessrecht: Zulässigkeit der Verfassungsbeschwerde, JuS 2010, 277; *Sauer*, Europas Richter Hand in Hand?, EuZW 2011, 94; *Schenke*, Verfassungsgerichtsbarkeit und Fachgerichtsbarkeit, 1987; *Scherzberg/Mayer*, Die Zulässigkeit der Verfassungsbeschwerde, Jura 2004, 373, 513; *Schlaich*, Die Verfassungsgerichtsbarkeit im Gefüge der Staatsfunktionen, VVDStRL 39 (1981), 99; *Schlaich/Korioth*, Das Bundesverfassungsgericht – Stellung, Verfahren, Entscheidungen, 10. Aufl. 2015; *Schlink*, Zugangshürden im Verfassungsbeschwerdeverfahren, NJW 1984, 89; *Schumann*, Verfassungs- und Menschenrechtsbeschwerde gegen richterliche Entscheidungen, 1963; *Seegmüller*, Praktische Probleme des Verfassungsbeschwerdeverfahrens, DVBl. 1999, 738; *Simon*, Verfassungsgerichtsbarkeit, in Benda/Maihofer/Vogel (Hrsg.), Handbuch des Verfassungsrechts, 2. Aufl. 1994, § 34; *Spranger*, Die Verfassungsbeschwerde im Korsett des Prozessrechts, AöR 127 (2002), 27; *Söllner*, Die Verfassungsbeschwerde gegen arbeitsgerichtliche Urteile, in: Brennpunkte des Arbeitsrechts 1996, S. 15; *Stackelberg/Stackelberg*, Die Verfahren der deutschen Verfassungsbeschwerde und der europäischen Menschenrechtsbeschwerde, 1988; *Starck*, Verfassungsgerichtsbarkeit und Fachgerichtsbarkeit, JZ 1996, 1033; *Stern*, Das Staatsrecht der Bundesrepublik Deutschland, Band II, 1980, Band III/1, 1988; *Terhechte*, Der Grundsatz der Subsidiarität der Verfassungsbeschwerde auf dem Prüfstand des Unionsrechts, EuR 2008, 568; *Waldner*, Kognitionsgrenzen des BVerfG bei der Verfassungsbeschwerde gegen Zivilurteile, ZZP 98 (1985), 200; *Weber*, Die Zulässigkeit der Verfassungsbeschwerde in der öffentlich-rechtlichen Arbeit, JuS 1992, 122; *Weyreuther*, BVerfG und Verfassungsbeschwerde; Kompetenz und Kompetenzüberschreitung, DVBl. 1997, 925; *Zuck*, Die Zulässigkeitsvoraussetzungen der Verfassungsbeschwerde nach § 90 BVerfGG, JuS 1988, 370; *Zuck*, Fallstricke für Verfassungsbeschwerdeführer, NJW 1993, 1310; *Zuck*, Zulässigkeits- und Annahmevoraussetzung der Verfassungsbeschwerde, ZAP 1995, Fach 1, S. 305; *Zuck*, Die erfolgreiche Verfassungsbeschwerde – aus Anwaltssicht, AnwBl. 2006, 95; *Zuck*, Bundesverfassungsgericht und Fachgerichtsbarkeit, JZ 2007, 1036; *Zuck*, Der Rechtsanwalt im Verfassungsbeschwerdeverfahren, NJW 2013, 2248; *Zuck*, Das Recht der Verfassungsbeschwerde, 4. Aufl. 2013.

Rechtsvorschriften:

Art. 93 GG

(1) Das Bundesverfassungsgericht entscheidet:
...
4a. über Verfassungsbeschwerden, die von jedermann mit der Behauptung erhoben werden können, durch die öffentliche Gewalt in einem seiner Grundrechte oder in einem seiner in Artikel 20 Abs. 4, 33, 38, 101, 103 und 104 enthaltenen Rechte verletzt zu sein;
...

Art. 94 GG

...
(2) Ein Bundesgesetz regelt seine Verfassung und das Verfahren und bestimmt, in welchen Fällen seine Entscheidungen Gesetzeskraft haben. Es kann für Verfassungsbeschwerden die vorherige Erschöpfung des Rechtsweges zur Voraussetzung machen und ein besonderes Annahmeverfahren vorsehen.

§ 90 BVerfGG

(1) Jedermann kann mit der Behauptung, durch die öffentliche Gewalt in einem seiner Grundrechte oder in einem seiner in Artikel 20 Abs. 4, Artikel 33, 38, 101, 103 und 104 des Grundgesetzes enthaltenen Rechte verletzt zu sein, die Verfassungsbeschwerde zum Bundesverfassungsgericht erheben.
(2) Ist gegen die Verletzung der Rechtsweg zulässig, so kann die Verfassungsbeschwerde erst nach Erschöpfung des Rechtswegs erhoben werden. Das Bundesverfassungsgericht kann jedoch über eine vor Erschöpfung des Rechtswegs eingelegte Verfassungsbeschwerde sofort entscheiden, wenn sie von allgemeiner Bedeutung ist oder wenn dem Beschwerdeführer ein schwerer und unabwendbarer Nachteil entstünde, falls er zunächst auf den Rechtsweg verwiesen würde.
(3) Das Recht, eine Verfassungsbeschwerde an das Landesverfassungsgericht nach dem Recht der Landesverfassung zu erheben, bleibt unberührt.

§ 92 BVerfGG

In der Begründung der Beschwerde sind das Recht, das verletzt sein soll, und die Handlung oder Unterlassung des Organs oder der Behörde, durch die der Beschwerdeführer sich verletzt fühlt, zu bezeichnen.

§ 93 BVerfGG

(1) Die Verfassungsbeschwerde ist binnen eines Monats zu erheben und zu begründen. Die Frist beginnt mit der Zustellung oder formlosen Mitteilung der in vollständiger Form abgefassten Entscheidung, wenn diese nach den maßgebenden verfahrensrechtlichen Vorschriften von Amts wegen vorzunehmen ist. In anderen Fällen beginnt die Frist mit der Verkündung der Entscheidung oder, wenn diese nicht zu verkünden ist, mit ihrer sonstigen Bekanntgabe an den Beschwerdeführer; wird dabei dem Beschwerdeführer eine Abschrift der Entscheidung in vollständiger Form nicht erteilt, so wird die Frist des Satzes 1 dadurch unterbrochen, dass der Beschwerdeführer schriftlich oder zu Protokoll der Geschäftsstelle die Erteilung einer in vollständiger Form abgefassten Entscheidung beantragt. Die Unterbrechung dauert fort, bis die Entscheidung in vollständiger Form dem Beschwerdeführer von dem Gericht erteilt oder von Amts wegen oder von einem an dem Verfahren Beteiligten zugestellt wird.
(2) War ein Beschwerdeführer ohne Verschulden verhindert, diese Frist einzuhalten, ist ihm auf Antrag Wiedereinsetzung in den vorigen Stand zu gewähren. Der Antrag ist binnen zwei Wochen nach Wegfall des Hindernisses zu stellen. Die Tatsachen zur Begründung des Antrags sind bei der Antragstellung oder im Verfahren über den Antrag glaubhaft zu machen. Innerhalb der Antragsfrist ist die versäumte Rechtshandlung nachzuholen; ist dies geschehen, kann die Wiedereinsetzung auch ohne Antrag gewährt werden. Nach einem Jahr seit dem Ende der versäumten Frist ist der Antrag unzulässig. Das Verschulden des Bevollmächtigten steht dem Verschulden eines Beschwerdeführers gleich.
(3) Richtet sich die Verfassungsbeschwerde gegen ein Gesetz oder gegen einen sonstigen Hoheitsakt, gegen den ein Rechtsweg nicht offen steht, so kann die Verfassungsbeschwerde nur binnen eines Jahres seit dem Inkrafttreten des Gesetzes oder dem Erlass des Hoheitsaktes erhoben werden.
(4) Ist ein Gesetz vor dem 1. April 1951 in Kraft getreten, so kann die Verfassungsbeschwerde bis zum 1. April 1952 erhoben werden.

§ 93a BVerfGG

(1) Die Verfassungsbeschwerde bedarf der Annahme zur Entscheidung.
(2) Sie ist zur Entscheidung anzunehmen,
a) soweit ihr grundsätzliche verfassungsrechtliche Bedeutung zukommt,

b) wenn es zur Durchsetzung der in § 90 Abs. 1 genannten Rechte angezeigt ist; dies kann auch der Fall sein, wenn dem Beschwerdeführer durch die Versagung der Entscheidung zur Sache ein besonders schwerer Nachteil entsteht.

§ 93b BVerfGG

Die Kammer kann die Annahme der Verfassungsbeschwerde ablehnen oder die Verfassungsbeschwerde im Falle des § 93c zur Entscheidung annehmen. Im Übrigen entscheidet der Senat über die Annahme.

§ 93c BVerfGG

(1) Liegen die Voraussetzungen des § 93a Abs. 2 Buchstabe b vor und ist die für die Beurteilung der Verfassungsbeschwerde maßgebliche verfassungsrechtliche Frage durch das Bundesverfassungsgericht bereits entschieden, kann die Kammer der Verfassungsbeschwerde stattgeben, wenn sie offensichtlich begründet ist. Der Beschluss steht einer Entscheidung des Senats gleich. Eine Entscheidung, die mit der Wirkung des § 31 Abs. 2 ausspricht, dass ein Gesetz mit dem Grundgesetz oder sonstigem Bundesrecht unvereinbar oder nichtig ist, bleibt dem Senat vorbehalten.
(2) Auf das Verfahren finden § 94 Abs. 2 und 3 und § 95 Abs. 1 und 2 Anwendung.

§ 93d BVerfGG

(1) Die Entscheidung nach § 93b und § 93c ergeht ohne mündliche Verhandlung. Sie ist unanfechtbar. Die Ablehnung der Annahme der Verfassungsbeschwerde bedarf keiner Begründung.
(2) Solange und soweit der Senat nicht über die Annahme der Verfassungsbeschwerde entschieden hat, kann die Kammer alle das Verfassungsbeschwerdeverfahren betreffenden Entscheidungen erlassen. Eine einstweilige Anordnung, mit der die Anwendung eines Gesetzes ganz oder teilweise ausgesetzt wird, kann nur der Senat treffen; § 32 Abs. 7 bleibt unberührt. Der Senat entscheidet auch in den Fällen des § 32 Abs. 3.
(3) Die Entscheidungen der Kammer ergehen durch einstimmigen Beschluss. Die Annahme durch den Senat ist beschlossen, wenn mindestens drei Richter ihr zustimmen.

§ 94 BVerfGG

(1) Das Bundesverfassungsgericht gibt dem Verfassungsorgan des Bundes oder des Landes, dessen Handlung oder Unterlassung in der Verfassungsbeschwerde beanstandet wird, Gelegenheit, sich binnen einer zu bestimmenden Frist zu äußern.
(2) Ging die Handlung oder Unterlassung von einem Minister oder einer Behörde des Bundes oder des Landes aus, so ist dem zuständigen Minister Gelegenheit zur Äußerung zu geben.
(3) Richtet sich die Verfassungsbeschwerde gegen eine gerichtliche Entscheidung, so gibt das Bundesverfassungsgericht auch dem durch die Entscheidung Begünstigten Gelegenheit zur Äußerung.
(4) Richtet sich die Verfassungsbeschwerde unmittelbar oder mittelbar gegen ein Gesetz, so ist § 77 entsprechend anzuwenden.
(5) Die in den Absätzen 1, 2 und 4 genannten Verfassungsorgane können dem Verfahren beitreten. Das Bundesverfassungsgericht kann von mündlicher Verhandlung absehen, wenn von ihr keine weitere Förderung des Verfahrens zu erwarten ist und die zur Äußerung berechtigten Verfassungsorgane, die dem Verfahren beigetreten sind, auf mündliche Verhandlung verzichten.

§ 95 BVerfGG

(1) Wird der Verfassungsbeschwerde stattgegeben, so ist in der Entscheidung festzustellen, welche Vorschrift des Grundgesetzes und durch welche Handlung oder Unterlassung sie verletzt wurde. Das Bundesverfassungsgericht kann zugleich aussprechen, dass auch jede Wiederholung der beanstandeten Maßnahme das Grundgesetz verletzt.
(2) Wird der Verfassungsbeschwerde gegen eine Entscheidung stattgegeben, so hebt das Bundesverfassungsgericht die Entscheidung auf, in den Fällen des § 90 Abs. 2 Satz 1 verweist es die Sache an ein zuständiges Gericht zurück.
(3) Wird der Verfassungsbeschwerde gegen ein Gesetz stattgegeben, so ist das Gesetz für nichtig zu erklären. Das Gleiche gilt, wenn der Verfassungsbeschwerde gemäß Absatz 2 stattgegeben wird, weil die aufgehobene Entscheidung auf einem verfassungswidrigen Gesetz beruht. Die Vorschrift des § 79 gilt entsprechend.

I. Allgemeines

5   Die Verfassungsbeschwerde ist grundgesetzlich in **Art. 93 Abs. 1 Nr. 4a GG** verankert. Danach kann eine Verfassungsbeschwerde von jedermann mit der Behauptung erhoben werden, durch die öffentliche Gewalt in einem seiner Grundrechte oder in einem seiner in Art. 20 Abs. 4, 33, 38, 101, 103 und 104 GG enthaltenen Rechte verletzt zu sein. Einfachgesetzlich wird die Verfassungsbeschwerde im Zuständigkeitskatalog des § 13 BVerfGG genannt und in **§§ 90 ff. BVerfGG** näher ausgestaltet.

Die Verfassungsbeschwerde ist ein dem Staatsbürger eingeräumter **außerordentlicher Rechtsbehelf**, mit 6
dem er Eingriffe der öffentlichen Gewalt in seine Grundrechte abwehren kann[1]. Sie ist kein zusätzlicher
Rechtsbehelf für das fachgerichtliche Verfahren[2] und gehört nicht zum Rechtsweg gem. Art. 19 Abs. 4
GG[3]. Sie verdrängt nicht den grundrechtlichen Rechtsschutz durch die ArbG, sondern ist diesem gegenüber subsidiär[4]. Richtet sich die Verfassungsbeschwerde gegen eine (arbeits-)gerichtliche Entscheidung, so
entfaltet sie keinen Suspensiveffekt, dh. sie hemmt den Eintritt der formellen Rechtskraft nicht[5].

Die Verfassungsbeschwerde hat eine **doppelte Funktion**. Sie dient in erster Linie dem individuellen 7
Grundrechtsschutz des einzelnen Bürgers. Daneben hat sie aber auch die Aufgabe, das objektive Verfassungsrecht zu wahren sowie seiner Auslegung und Fortbildung zu dienen[6]. Diese objektive Funktion der
Verfassungsbeschwerde, die das BVerfG erst seit 1972 betont, ist im Laufe der Zeit immer mehr in den
Vordergrund getreten[7]. Sie soll es unter bestimmten Voraussetzungen sogar rechtfertigen, eine Rücknahme
der Verfassungsbeschwerde nach mündlicher Verhandlung als unwirksam zu behandeln[8].

II. Zulässigkeit der Verfassungsbeschwerde

1. Beschwerdefähigkeit

Beschwerdefähigkeit ist die Fähigkeit, Verfassungsbeschwerde zu erheben. Gemäß Art. 93 Abs. 1 Nr. 4a 8
GG, § 90 Abs. 1 BVerfGG steht sie „**jedermann**" zu, wenn er behaupten kann, in seinen Grundrechten
oder grundrechtsgleichen Rechten verletzt zu sein. Beschwerdefähig ist folglich, wer Träger des angeblich
verletzten Grundrechts oder grundrechtsgleichen Rechts ist[9]. Das Verfahrensrecht folgt der Grundrechtsberechtigung[10].

Grundrechtsfähig und damit beschwerdefähig sind in erster Linie **natürliche Personen**. Die Verfassungs- 9
beschwerde kann daher grds. von jedem **ArbN** und jeder natürlichen Person als **ArbGeb** erhoben werden[11]. Einschränkungen gelten allerdings für **ausländische ArbN und ArbGeb**. Sie können sich bei wortlautgetreuer Anwendung des Grundgesetzes nicht auf solche Grundrechte berufen, die Deutschen iSd.
Art. 116 GG vorbehalten sind. Dies trifft bei den im Arbeitsrecht bedeutsamen Grundrechten vor allem für
Art. 12 Abs. 1 GG zu. Das heißt aber nicht, dass Ausländer in diesem Bereich schutzlos gestellt wären;
denn ihre berufliche Betätigung wird im deutschen Verfassungsrecht zumindest durch Art. 2 Abs. 1 GG
geschützt[12]. Soweit ein Ausländer die Verletzung dieses Auffanggrundrechts rügt, ist er für eine Verfassungsbeschwerde auch beschwerdefähig. Für **EU-Ausländer** wird der dadurch vermittelte Schutz allerdings
nicht für ausreichend gehalten; denn die Heranziehung von Art. 2 Abs. 1 GG führt nicht zu einer vollständigen Gleichstellung mit deutschen Staatsangehörigen, da die Grundrechtspositionen aus Art. 2 Abs. 1 GG
idR stärker einschränkbar sind[13]. Im Hinblick auf das allgemeine Diskriminierungsverbot des Art. 18
AEUV und die besonderen Diskriminierungsverbote der EU-Grundfreiheiten ist heute aber zu fordern,
dass Unionsbürger vom berufsgrundrechtlichen Schutzniveau her nicht schlechter gestellt werden als

---

1 BVerfG v. 30.4.2003 – 1 PBvU 1/02, NJW 2003 1924 (1927); BVerfG v. 17.1.2006 – 1 BvR 541/02 ua., NVwZ 2006, 922.
2 BVerfG v. 27.9.1951 – 1 BvR 61/51, NJW 1952, 20.
3 BVerfG v. 28.2.1989 – 1 BvR 1291/85, NJW 1989, 2047.
4 Sachs/*Detterbeck*, Art. 93 GG Rz. 78.
5 BVerfG v. 18.1.1996 – 1 BvR 2116/94, NJW 1996, 1736; BVerfG v. 30.4.2003 – 1 PBvU 1/02, NJW 2003 1924 (1927); BAG v. 16.4.2014 – 10 AZB 6/14, NJW 2014, 1903 Rz.7; *Jarass/Pieroth*, Art. 93 GG Rz. 75; *Dörr*, Verfassungsbeschwerde, Rz. 372; *Fleury*, Verfassungsprozessrecht, Rz. 247.
6 Grundlegend BVerfG v. 28.6.1972 – 1 BvR 105/63 ua., NJW 1972, 1747 (1748); ebenso *Schlaich/Korioth*, BVerfG, Rz. 205; *Lenz/Hansel*, § 90 BVerfGG Rz. 7; *Dörr*, Verfassungsbeschwerde, Rz. 4; Sachs/*Detterbeck*, Art. 93 GG Rz. 77; *Jarass/Pieroth*, Art. 93 GG Rz. 76; kritisch *Schlink*, NJW 1984, 89 (92 f.).
7 *Pestalozza*, Verfassungsprozessrecht, § 12 Rz. 55.
8 So BVerfG v. 14.7.1998 – 1 BvR 1640/97, NJW 1998, 2515 (2518) (zur Rechtschreibreform); ebenso *Pestalozza*, Verfassungsprozessrecht, § 12 Rz. 55; *Kleine-Cosack*, Verfassungsbeschwerden, Rz. 1184; differenzierend *Benda/Klein*, Verfassungsprozessrecht, Rz. 503 f.
9 BVerfG v. 2.5.1967 – 1 BvR 578/63, NJW 1967, 1411; BVerfG v. 14.3.2006 – 1 BvR 2087/03 ua., NVwZ 2006, 1041 (1041); BVerfG v. 16.12.2014 – 1 BvR 2142/11, NVwZ 2015, 510 Rz. 53; BVerfG v. 6.9.2016 – 1 BvR 1305/13, NVwZ 2017, 53 Rz. 19; *Jarass/Pieroth*, Art. 93 GG Rz. 80; Sachs/*Detterbeck*, Art. 93 GG Rz. 82; *Dörr*, Verfassungsbeschwerde, Rz. 20.
10 Sachs/*Detterbeck*, Art. 93 GG Rz. 82; *Klein/Sennekamp*, NJW 2007, 945 (948).
11 Vgl. auch *Baumgarten*, ZTR 1990, 368 (370).
12 BVerfG v. 10.5.1988 – 1 BvR 482/84 ua., NJW 1988, 2290.
13 BVerfG v. 10.5.1988 – 1 BvR 482/84, NJW 1988, 2290; *Tonikidis*, JA 2013, 38 (41).

Deutsche iSd. Art. 116 GG[1]. Umstritten ist indessen, wie dies methodisch erreicht werden kann. In der Vergangenheit versuchte man eine Gleichstellung dadurch herzustellen, dass man auch EU-Ausländern lediglich die Berufung auf Art. 2 Abs. 1 GG gestattete, dessen Schutzniveau aber gleichzeitig auf das Deutschengrundrecht anhob[2]. In neuerer Zeit mehren sich jedoch die Stimmen, die auch dies nicht für ausreichend halten und für eine entsprechende Anwendung der Deutschengrundrechte auf EU-Ausländer plädieren[3]. Danach wäre etwa die Formulierung „alle Deutschen" in Art. 12 Abs. 1 GG künftig als „alle Deutschen und alle Unionsbürger" zu lesen[4]. Auf dieser Linie liegt auch eine Entscheidung des BVerfG aus dem Jahr 2011[5], in der das Gericht die Grundrechtsberechtigung juristischer Personen mit Sitz in der EU unter Hinweis auf den Anwendungsvorrang der Grundfreiheiten und des allgemeinen Diskriminierungsverbots trotz des insoweit eindeutigen Wortlauts des Art. 19 Abs. 3 GG („inländische juristische Personen") bejaht hat (vgl. dazu Rz. 12). Vor diesem Hintergrund erscheint es konsequent, die Deutschengrundrechte künftig auch auf natürliche Personen aus den anderen Mitgliedstaaten der EU anzuwenden.

10 Gemäß Art. 19 Abs. 3 GG gelten die Grundrechte auch für **inländische juristische Personen des Privatrechts**, soweit sie ihrem Wesen nach auf diese anwendbar sind. Unter derselben Voraussetzung können sich **Personenvereinigungen** wie die OHG, die KG, der nicht eingetragene Verein oder die Gesellschaft bürgerlichen Rechts auf die Grundrechte berufen[6]. Das BVerfG hat die Grundrechtsgeltung und damit auch die Beschwerdefähigkeit von Vereinigungen bisher zB bejaht für Art. 2 Abs. 1, 3 Abs. 1, 5 Abs. 1, 12 Abs. 1 und 14 Abs. 1 GG[7]. Aus arbeitsrechtlicher Sicht ist von besonderem Interesse, dass das Grundrecht der Koalitionsfreiheit gem. Art. 9 Abs. 3 GG nach der Rspr. des BVerfG nicht nur den einzelnen Mitgliedern der Vereinigung, sondern auch der Koalition als solcher zusteht und diese in ihrem Bestand, ihrer organisatorischen Ausgestaltung und ihrer koalitionsspezifischen Betätigung schützt[8]. **Koalitionen** iSd. Art. 9 Abs. 3 GG sind daher beschwerdefähig, wenn sie bei der Wahrung und Förderung der Arbeits- und Wirtschaftsbedingungen durch einen hoheitlichen Akt in diesem ihnen verfassungsgemäß zustehenden Recht verletzt werden[9].

11 **Juristische Personen des öffentlichen Rechts** können sich grds. nicht auf die Grundrechte berufen. Das gilt jedenfalls, soweit sie öffentliche Aufgaben und Befugnisse wahrnehmen; denn der Staat kann nicht gleichzeitig Träger und Adressat von Grundrechten sein[10]. Ausnahmen lässt das BVerfG lediglich insoweit zu, als die betreffende juristische Person des öffentlichen Rechts unmittelbar einem durch die Grundrechte geschützten Lebensbereich zuzuordnen ist[11]. Dies ist für öffentlich-rechtliche Rundfunkanstalten (Art. 5 Abs. 1 Satz 2 GG)[12], für Universitäten und Fakultäten (Art. 5 Abs. 3 GG)[13] sowie für Kirchen[14] bejaht worden. Abgesehen von den Kirchen, die insoweit eine Sonderstellung einnehmen, sind diese Einrichtungen aber auf die Geltendmachung des sie betreffenden Grundrechts beschränkt. Rundfunkanstalten kön-

---

1 BeckOK GG/*Ruffert*, Art. 12 GG Rz. 35 ff.; *Mann/Worthmann*, JuS 2013, 385 (386).
2 Vgl. dazu etwa *Hain*, DVBl. 2002, 148 (156); *Ipsen*, Staatsrecht II, Rz. 633. Vgl. auch BVerfG v. 19.12.2007 – 1 BvR 2157/07, NJW 2008, 1369 (1369); in dieser Entscheidung wendete das BVerfG den Verhältnismäßigkeitsmaßstab der Art. 12 Abs. 1 GG im Rahmen des Art. 2 Abs. 1 GG an.
3 *Jarass/Pieroth*, Art. 12 GG Rz. 12; *Sachs*, JuS 2012, 379 (381); *Tonikidis*, Jura 2012, 517 (520); so auch schon *Wernsmann*, Jura 2000, 657 (662).
4 *Mann/Worthmann*, JuS 2013, 385 (386).
5 BVerfG v. 19.7.2011 – 1 BvR 1916/09, NJW 2011, 3428 (3430 f.).
6 Für OHG und KG vgl. nur BVerfG v. 20.7.1954 – 1 BvR 459/52 ua., BVerfGE 4, 7 (12); für den nicht eingetragenen Verein vgl. BVerfG v. 21.2.1957 – 1 BvR 241/56, BVerfGE 6, 273 (277); BVerfG v. 16.10.1968 – 1 BvR 241/66, NJW 1969, 31; für die Gesellschaft bürgerlichen Rechts BVerfG v. 2.9.2002 – 1 BvR 1103/02, NJW 2002, 3533.
7 Nachw. bei *Zuck*, Verfassungsbeschwerde, Rz. 634, 645.
8 BVerfG v. 14.11.1995 – 1 BvR 601/92, NJW 1996, 1201; BVerfG v. 27.4.1999 – 1 BvR 2203/93 ua., NJW 1999, 3033 (3034); BVerfG v. 3.4.2001 – 1 BvL 32/97, AP Nr. 2 zu § 10 BUrlG Kur. Ein Teil der Lit. meint demgegenüber, die kollektive Koalitionsfreiheit ergebe sich erst aus der Verbindung des Art. 9 Abs. 3 GG mit der Rechtsstellungsgarantie des Art. 19 Abs. 3 GG; so etwa Sachs/*Höfling*, Art. 9 GG Rz. 70; Maunz/Dürig/*Scholz*, Art. 9 GG Rz. 170.
9 Vgl. auch *Baumgarten*, ZTR 1990, 368 (370).
10 Dasselbe gilt für juristische Personen des Privatrechts, die im Alleineigentum der öffentlichen Hand stehen oder von dieser beherrscht werden; vgl. BVerfG v. 22.2.2011 – 1 BvR 699/06, NJW 2011, 1201 Rz. 45 ff; vgl. auch BVerfG v. 3.11.2015 – 1 BvR 1766/15 ua., NVwZ-RR 2016, 242 Rz. 6; BVerfG v. 6.9.2016 – 1 BvR 1305/13, NVwZ 2017, 53 Rz. 19.
11 BVerfG v. 27.6.1971 – 2 BvF 1/68 ua., NJW 1971, 1739; BVerfG v. 31.10.1984 – 1 BvR 35/82 ua., NJW 1985, 1385.
12 St. Rspr.; vgl. nur BVerfG v. 11.9.2007 – 1 BvR 2270/05 ua., NVwZ 2007, 1287 mwN; BVerfG v. 11.12.2008 – 1 BvR 1665/08, NVwZ-RR 2009, 361.
13 BVerfG v. 16.1.1963 – 1 BvR 316/60, NJW 1963, 899.
14 BVerfG v. 28.4.1965 – 1 BvR 346/61, NJW 1965, 1427; BVerfG v. 25.3.1980 – 2 BvR 208/76, NJW 1980, 1895; BVerfG v. 1.12.2009 – 1 BvR 2857/07 ua., JZ 2010, 137.

nen sich daher auch dann nicht auf Art. 9 Abs. 3 GG berufen, wenn sie zum Abschluss von Tarifverträgen berechtigt sind[1]. Juristische Personen des öffentlichen Rechts sind im Übrigen auch dann nicht grundrechtsfähig, wenn sie **als ArbGeb** handeln[2]; denn auch in diesem Fall befinden sie sich nicht in einer „grundrechtstypischen Gefährdungslage"[3]. Das BVerfG hat zu Recht darauf hingewiesen, dass juristische Personen des öffentlichen Rechts, auch wenn sie sich außerhalb der Wahrnehmung öffentlicher Aufgaben betätigen, hoheitlichen Eingriffen nicht in gleicher Weise unterworfen sind wie private Personen. Sie genießen verschiedene „Vorrechte" (etwa gegenüber der Geltendmachung und Durchsetzung von Ansprüchen), die ihre Stellung von der Privater abheben[4]. Eine Ausdehnung der Grundrechtsfähigkeit auf sie „könnte dazu führen, dass die Grundrechte in ihr Gegenteil verkehrt würden, und zwar dann, wenn Grundrechtsschutz zugunsten der öffentlichen Hand zu einem Schutz gegen den Bürger zu werden droht…, auch wenn die Verfassungsbeschwerden sich ihrer Form nach unmittelbar gegen gerichtliche Entscheidungen richten"[5]. ArbGeb des öffentlichen Dienstes haben daher grds. nicht die Möglichkeit, gegen Entscheidungen der Arbeitsgerichtsbarkeit Verfassungsbeschwerde zu erheben. Allerdings können sich auch juristische Personen des öffentlichen Rechts auf die Justizgrundrechte der Art. 101 Abs. 1, 103 GG berufen und diese mit der Verfassungsbeschwerde geltend machen[6]. Dagegen steht die Rechtsweggarantie des Art. 19 Abs. 4 GG juristischen Personen des öffentlichen Rechts nicht allgemein zu[7], sondern nur soweit diese sich auf materielle Grundrechte berufen können, wie dies bei Universitäten, Rundfunkanstalten und Kirchen der Fall ist[8].

Ausländischen juristischen Personen stehen die Grundrechte nach dem Wortlaut des Art. 19 Abs. 3 GG grds. nicht zu[9]. Das BVerfG hat jedoch entschieden, dass sich auch **juristische Personen mit Sitz im EU-Ausland** auf die Grundrechte des Grundgesetzes berufen können, sofern die weiteren Voraussetzungen von Art. 19 Abs. 3 GG erfüllt sind. Die Erstreckung der Grundrechtsberechtigung stelle eine Anwendungserweiterung des deutschen Grundrechtsschutzes dar, die wegen des Anwendungsvorrangs der Grundfreiheiten und des allgemeinen Diskriminierungsverbots nach Art. 18 AEUV vertraglich veranlasst sei[10]. Eine Berufung auf die Grundrechte setzt danach allerdings einen hinreichenden Inlandsbezug der ausländischen juristischen Person voraus. Dieser ist nach Ansicht des BVerfG dann gegeben, wenn die ausländische juristische Person in Deutschland tätig wird und vor den deutschen Fachgerichten klagen und verklagt werden kann[11]. **Juristische Personen mit Sitz außerhalb der EU** können diese Erweiterung nicht für sich in Anspruch nehmen. Auch sie können sich allerdings auf die justiziellen Grundrechte der Art. 101 Abs. 1 und 103 Abs. 1 GG berufen[12]. 12

2. Verfahrensfähigkeit

Verfahrensfähigkeit ist die Fähigkeit, Verfahrenshandlungen wirksam vorzunehmen oder durch einen selbst bestellten Vertreter vornehmen zu lassen[13]. Die Verfahrensfähigkeit ist im BVerfGG **nicht geregelt**. Wegen der Besonderheiten des Verfassungsbeschwerdeverfahrens können die Bestimmungen anderer Verfahrensordnungen, die bezüglich der Prozessfähigkeit an die Geschäftsfähigkeit anknüpfen, nur insoweit analog angewandt werden, als der Verfassungsprozess nichts Abweichendes verlangt[14]. Im Rahmen der 13

---

1 BVerfG v. 13.1.1982 – 1 BvR 848/77 ua., NJW 1982, 1447; anders noch für kommunale Eigenbetriebe BVerfG v. 24.5.1967 – 1 BvL 18/65, NJW 1967, 1603; dazu *Starck*, JuS 1977, 732 (736); *Bethge*, AöR 104 (1979), 265 (272 Fn. 341).
2 Str.; aM *Schaub*, Arbeitsgerichtsverfahren, 7. Aufl. 2001, § 104 Rz. 21; *Baumgarten*, ZTR 1990, 368 (370).
3 Vgl. BVerfG v. 7.6.1977 – 1 BvR 108/73 ua., NJW 1977, 1960.
4 BVerfG v. 8.7.1982 – 2 BvR 1187/80, NJW 1982, 2173.
5 BVerfG v. 13.1.1982 – 1 BvR 848/77 ua., NJW 1982, 1447.
6 BVerfG v. 3.10.1961 – 2 BvR 4/60, JZ 1962, 182; BVerfG v. 8.7.1982 – 2 BvR 1187/80, NJW 1982, 2173; BVerfG v. 26.2.2008 – 1 BvR 2327/07, NJW 2008, 2167. Entsprechendes gilt auch für Behörden, soweit diese nach dem einschlägigen Verfahrensrecht an Stelle ihres Rechtsträgers im fachgerichtlichen Verfahren beteiligt sind; vgl. BVerfG v. 16.12.2014 – 1 BvR 2142/11, NVwZ 2015, 510 Rz. 51 ff.
7 BVerfG v. 6.9.2016 – 1 BvR 1305/13, NVwZ 2017, 53 Rz. 19 f.
8 BVerfG v. 12.3.2003 – 1 BvR 330/96, NJW 2003, 1787; BVerfG v. 26.2.2008 – 1 BvR 2327/07, NJW 2008, 2167.
9 BVerfG v. 1.3.1967 – 1 BvR 46/66, MDR 1967, 560; BVerfG v. 19.3.1968 – 1 BvR 554/65, BVerfGE 23, 229 (236); BVerfG v. 27.12.2007 – 1 BvR 853/06, NVwZ 2008, 670.
10 BVerfG v. 19.7.2011 – 1 BvR 1916/09, NJW 2011, 3428 (3430 f.).
11 BVerfG v. 19.7.2011 – 1 BvR 1916/09, NJW 2011, 3428 (3431); kritisch hierzu *Sachs*, JuS 2012, 379 (380).
12 Vgl. nur BVerfG v. 8.11.1960 – 2 BvR 177/60, MDR 1961, 26; BVerfG v. 7.4.1965 – 2 BvR 227/64, AP Nr. 2 zu Art. 25 GG. – Art. 19 Abs. 4 GG findet dagegen keine Anwendung; str.; wie hier von Münch/Kunig/*Krebs*, Art. 19 GG Rz. 51 mwN.
13 Vgl. BVerfG v. 28.11.1951 – 1 BvR 166/51 ua., BVerfGE 1, 87 (88); *Pestalozza*, Verfassungsprozessrecht, § 12 Rz. 21; *Weber*, JuS 1992, 122 (123).
14 Vgl. BVerfG v. 18.6.1986 – 1 BvR 857/85, NJW 1986, 3129.

Verfassungsbeschwerde richtet sich die Verfahrensfähigkeit nach der Ausgestaltung der in Anspruch genommenen Grundrechte und deren Beziehung auf das im Ausgangsverfahren streitige Rechtsverhältnis[1]. Das heißt: Verfahrensfähig ist ohne Weiteres, wer nach bürgerlichem Recht voll geschäftsfähig ist. Steht das geltend gemachte Grundrecht auch Geschäftsunfähigen oder beschränkt Geschäftsfähigen zu (sog. **Grundrechtsmündigkeit**), so sind insoweit auch diese verfahrensfähig[2]. Gleiches gilt, wenn die Betroffenen im vorangegangenen Rechtsstreit vor einem Fachgericht nach der dort geltenden Verfahrensordnung befugt waren, ihre Rechte selbständig auszuüben. Soweit ein **minderjähriger ArbN bzw. ArbGeb** nach §§ 112, 113 BGB partiell geschäftsfähig und im arbeitsgerichtlichen Verfahren daher partiell prozessfähig ist[3], wird man ihn daher auch für die Verfassungsbeschwerde als verfahrensfähig ansehen müssen. Im Übrigen werden Geschäftsunfähige und beschränkt Geschäftsfähige im Verfassungsbeschwerdeverfahren durch ihre gesetzlichen Vertreter und juristische Personen durch ihre Organe vertreten[4].

3. Beschwerdegegenstand

14 Die Zulässigkeit der Verfassungsbeschwerde erfordert, dass der Beschwerdeführer behauptet, durch die **öffentliche Gewalt** in einem seiner Grundrechte oder grundrechtsgleichen Rechte verletzt zu sein. Als Gegenstand der Verfassungsbeschwerde kommen alle rechtlich relevanten Akte der staatlichen, deutschen, an das GG gebundenen öffentlichen Gewalt in Betracht[5]. Der Begriff der „öffentlichen Gewalt" ist dabei umfassend zu verstehen. Abweichend von der gleich lautenden Formulierung in Art. 19 Abs. 4 GG meint er nicht nur Akte der Exekutive, sondern wie Art. 1 Abs. 3 GG auch Akte der Legislative und Judikative[6]. Daher können insbesondere auch die **Urteile und Beschlüsse der Gerichte für Arbeitssachen** mit der Verfassungsbeschwerde angegriffen werden[7]. Dagegen sind tarifvertragliche Regelungen keine Akte öffentlicher Gewalt, sondern Ausdruck kollektiver Privatautonomie und können daher nicht Gegenstand einer Verfassungsbeschwerde sein[8]. Ist ein Tarifvertrag allerdings für allgemeinverbindlich erklärt worden, so bildet der hoheitliche Akt der Allgemeinverbindlicherklärung (§ 5 TVG) eine staatliche, der Exekutive zuzuordnende Maßnahme, die der Verfassungsbeschwerde unterliegt[9].

15 Gegenstand einer Verfassungsbeschwerde können grds. nur Akte der **deutschen** öffentlichen Gewalt sein[10]. Bedeutung hat dies insbesondere im Zusammenhang mit dem **Recht der Europäischen Union**. Insoweit gilt: Die **Zustimmungsgesetze** zum primären Unionsrecht, die nach Art. 23 Abs. 1 Satz 2 GG zur Übertragung von Hoheitsrechten erforderlich sind, sind Akte der deutschen Gewalt und können als solche mit der Verfassungsbeschwerde angegriffen werden[11]. Mit ihr kann geklärt werden, ob der Bund und die Länder die verfassungsrechtlichen Grenzen, die sie bei der Übertragung von Hoheitsrechten beachten müssen, eingehalten haben[12].

15a Dagegen können **Rechtsakte der Europäischen Union**, obwohl sie in Deutschland Geltung beanspruchen, prinzipiell nicht mit der Verfassungsbeschwerde angegriffen werden, da sie keine Akte der deutschen Gewalt darstellen[13]. Gewisse Einschränkungen dieses Grundsatzes gelten indessen seit dem **Maastricht-Urteil**

---

1 BVerfG v. 26.5.1970 – 1 BvR 83/69 ua., NJW 1960, 1729; BVerfG v. 18.7.1979 – 1 BvR 655/79, NJW 1979, 2510; Sachs/*Detterbeck*, Art. 93 GG Rz. 84; *Dörr*, Verfassungsbeschwerde, Rz. 46.
2 *Pestalozza*, Verfassungsprozessrecht, § 12 Rz. 21; *Weber*, JuS 1992, 122 (123); *Fleury*, Verfassungsprozessrecht, Rz. 266.
3 S. dazu *Kerwer*, JuS 1999, 250 (253); vgl. auch § 10 Rz. 35.
4 *Pestalozza*, Verfassungsprozessrecht, § 12 Rz. 21; *Weber*, JuS 1992, 122 (123); *Fleury*, Verfassungsprozessrecht, Rz. 267.
5 St. Rspr.; vgl. nur BVerfG v. 18.10.1967 – 1 BvR 248/63 ua., NJW 1968, 348; Sachs/*Detterbeck*, Art. 93 GG Rz. 85.
6 BVerfG v. 9.12.2008 – 2 BvR 717/08, NJW 2009, 1195; *Dörr*, Verfassungsbeschwerde, Rz. 55; *Lenz/Hansel*, § 90 BVerfGG Rz. 155; *Fleury*, Verfassungsprozessrecht, Rz. 278 f.
7 GK-ArbGG/*Ahrendt*, § 1 Rz. 29; Hauck/Helml/Biebl/*Hauck*, § 1 Rz. 17; *Baumgarten*, ZTR 1990, 368.
8 BVerfG v. 28.4.2011 – 1 BvR 1409/10, NZA 2011, 857 Rz. 49; *Löwisch/Rieble*, § 9 TVG Rz. 154 f.; Maunz/Schmidt-Bleibtreu/Klein/Bethge/*Bethge*, § 90 BVerfGG Rz. 217; *Fleury*, Verfassungsprozessrecht, Rz. 285.
9 Maunz/Schmidt-Bleibtreu/Klein/Bethge/*Hömig*, § 93 BVerfGG Rz. 72; *Fleury*, Verfassungsprozessrecht, Rz. 285.
10 So bereits BVerfG v. 11.10.1951 – 1 BvR 95/51, BVerfGE 1, 10 (11).
11 BVerfG v. 12.10.1993 – 2 BvR 2134/92 ua., NJW 1993, 3047; BVerfG v. 28.4.2005 – 2 BvE 1/05 ua., NJW 2005, 2059; BVerfG v. 30.6.2009 – 2 BvE 2/08 ua., NJW 2009, 2267.
12 Diese Grenzen hat das BVerfG zuletzt im Urteil zum Vertrag von Lissabon näher konkretisiert; BVerfG v. 30.6.2009 – 2 BvE 2/08 ua., NJW 2009, 2267; kritisch dazu *Pache*, EuGRZ 2009, 285 ff.
13 Solche Maßnahmen können allerdings – als Vorfrage – Gegenstand einer Prüfung durch das BVerfG sein, soweit sie Grundlage von Handlungen deutscher Staatsorgane sind oder aus der Integrationsverantwortung folgende Reaktionspflichten deutscher Verfassungsorgane auslösen. Insofern prüft das BVerfG mittelbar auch Maßnahmen der EU; vgl. etwa BVerfG v. 21.6.2016 – 2 BvR 2728/13 ua., NJW 2016, 2473 Rz. 97 ff.; BVerfG v. 19.7.2016 – 2 BvR 2752/11, NJW 2017, 149 Rz. 16 f.

des BVerfG. In dieser Entscheidung hat das BVerfG ausgesprochen, dass es den Wesensgehalt der Grundrechte auch gegenüber der Hoheitsgewalt der Union sichere und zudem prüfe, ob Rechtsakte der EU sich in den Grenzen der ihnen eingeräumten Hoheitsrechte halten oder aus ihnen ausbrechen[1]. Im **Urteil zum Vertrag von Lissabon**[2] hat es diesen Prüfungsanspruch erneut bekräftigt und die Grundrechts- und Kompetenzkontrolle um eine Identitätskontrolle am Maßstab von Art. 79 Abs. 3 GG ergänzt[3]. Allerdings stellt das BVerfG seine Kontrollansprüche in beiden Entscheidungen als Notfallvorbehalte dar: So spricht es im Lissabon-Urteil davon, dass seine ultra-vires- und Identitätskontrolle nur dann eingreifen soll, „wenn Rechtsschutz auf Unionsebene nicht zu erlangen ist"[4], und in Bezug auf die Grundrechtskontrolle hat es im Maastricht-Urteil betont, dass es seine Gerichtsbarkeit über die Anwendbarkeit von abgeleitetem Unionsrecht in Deutschland in einem „Kooperationsverhältnis" zum Europäischen Gerichtshof ausübe, in dem der EuGH den Grundrechtsschutz in jedem Einzelfall für das gesamte Gebiet der Europäischen Union garantiere, während das BVerfG sich auf eine generelle Gewährleistung der unabdingbaren Grundrechtsstandards beschränken könne[5]. Im Hinblick auf die **Grundrechtskontrolle** ist eine Verfassungsbeschwerde gegen Akte der Unionsgewalt daher nur zulässig, wenn der Beschwerdeführer hinreichend substantiiert darlegen kann, dass das europäische Recht den als unabdingbar anzusehenden Grundrechtsschutz in bestimmter Hinsicht generell verfehlt; nicht ausreichend ist dagegen die Behauptung, dass eine europarechtlich geregelte Maßnahme nur in einem konkreten Einzelfall grundrechtswidrig ist[6]. Auch in Bezug auf die **Identitäts- und** die **ultra-vires-Kontrolle** hat das BVerfG strenge Voraussetzungen für eine verfassungsgerichtliche Überprüfung aufgestellt[7]. So betont das BVerfG, dass diese Kontrollinstrumente europarechtsfreundlich ausgeübt werden müssen, damit der Anwendungsvorrang des Unionsrechts und somit die Funktionsfähigkeit der EU nicht in Frage gestellt wird[8]. Daraus leitet das BVerfG insbesondere die Pflicht ab, vor der Annahme eines ausbrechenden Rechtsaktes dem EuGH im Rahmen eines Vorabentscheidungsverfahrens nach Art. 267 AEUV Gelegenheit zur Auslegung sowie zur Entscheidung über die Wirksamkeit des angegriffenen Rechtsaktes zu geben[9]. Inhaltlich begrenzt das BVerfG seine Prüfungskompetenz auf eine Evidenzkontrolle, die nur dann in Betracht kommt, wenn der Kompetenzverstoß der Unionsorgane hinreichend qualifiziert ist. Das setzt voraus, dass das kompetenzwidrige Handeln der Unionsgewalt offensichtlich ist und der angegriffene Akt im Kompetenzgefüge zu einer strukturell bedeutsamen Verschiebung zu Lasten der Mitgliedstaaten führt[10]. Nur wenn der Beschwerdeführer diese Voraussetzungen darlegen kann, hat eine Verfassungsbeschwerde gegen einen angeblich ausbrechenden Rechtsakt Aussicht auf Erfolg[11]. Macht der Beschwerdeführer einen Verstoß gegen die Gewährleistung der Menschenwürde und damit gegen die durch Art. 79 Abs. 3 iVm. Art. 1 und 20 GG geschützte Verfassungsidentität geltend, so

---

1 BVerfG v. 12.10.1993 – 2 BvR 2134/92 ua., NJW 1993, 3047.
2 BVerfG v. 30.6.2009 – 2 BvE 2/08 ua., NJW 2009, 2267.
3 Dazu etwa *Sauer*, ZRP 2009, 195 ff; *Pache*, EuGRZ 2009, 285 (296 ff.); *Schorkopf*, EuZW 2009, 718 (721 f.); *Everling*, EuR 2010, 91 (100 ff.).
4 BVerfG v. 30.6.2009 – 2 BvE 2/08 ua., NJW 2009, 2267.
5 BVerfG v. 12.10.1993 – 2 BvR 2134/92 ua., NJW 1993, 3047; vgl. auch – allerdings zur konkreten Normenkontrolle nach Art. 100 Abs. 1 GG – BVerfG v. 7.6.2000 – 2 BvL 1/97, NJW 2000, 3124. Im Rahmen der Identitätskontrolle gewährleistet das BVerfG den gem. Art. 23 Abs. 1 Satz 3 iVm. Art. 79 Abs. 3 und Art. 1 Abs. 1 GG gebotenen Grundrechtsschutz dagegen uneingeschränkt und im Einzelfall; vgl. BVerfG v. 15.12.2015 – 2 BvR 2735/14, NJW 2016, 1149 Rz. 49.
6 BVerfG v. 7.6.2000 – 2 BvL 1/97, NJW 2000, 3124; vgl. auch BVerfG v. 30.6.2009 – 2 BvE 2/08 ua., NJW 2009, 2267.
7 BVerfG v. 6.7.2010 – 2 BvR 2661/06, EuZW 2010, 828 ff.; BVerfG v. 21.6.2016 – 2 BvR 2728/13, NJW 2016, 2473 Rz. 154 ff.
8 BVerfG v. 6.7.2010 – 2 BvR 2661/06, EuZW 2010, 828 (830); BVerfG v. 14.1.2014 – 2 BvR 2728/13 ua., NJW 2014, 907 Rz. 24; BVerfG v. 15.12.2015 – 2 BvR 2735/14, NJW 2016, 1149 Rz. 46; BVerfG v. 21.6.2016 – 2 BvR 2728/13, NJW 2016, 2473 Rz. 154 ff.
9 BVerfG v. 6.7.2010 – 2 BvR 2661/06, EuZW 2010, 828 (831); BVerfG v. 14.1.2014 – 2 BvR 2728/13 ua., NJW 2014, 907 Rz. 24; vgl. auch BVerfG v. 21.6.2016 - 2 BvR 2728/13, NJW 2016, 2473 Rz. 156.
10 BVerfG v. 6.7.2010 – 2 BvR 2661/06, EuZW 2010, 828 (831); BVerfG v. 14.1.2014 – 2 BvR 2728/13 ua., NJW 2014, 907 Rz. 24; BVerfG v. 21.6.2016 – 2 BvR 2728/13, NJW 2016, 2473 Rz. 147 ff.; zustimmend etwa *Classen*, JZ 2010, 1186; *Sauer*, EuZW 2011, 94 (95); *Terhechte*, EuZW 2011, 81; kritisch etwa *Gehlhaar*, NZA 2010, 1053 mit Fn.6; *Folz*, EuZA 2011, 308 (317 f.), der insbesondere das Kriterium der Offensichtlichkeit für zu unbestimmt hält; im Ergebnis ebenso die abweichende Meinung des Richters *Landau*, EuZW 2010, 828 (835 f.); vgl. dazu auch *Fuchs*, ZESAR 2011, 3.
11 Die Voraussetzungen für die Identitäts- und die ultra-vires-Kontrolle werden vom BVerfG noch einmal ausführlich in seiner Entscheidung zum OMT-Programm der EZB dargelegt; vgl. BVerfG v. 21.6.2016 – 2 BvR 2728/13, NJW 2016, 2473.

muss er im Einzelnen substantiiert darlegen, inwieweit im konkreten Fall die Würde des Menschen tatsächlich beeinträchtigt wird[1].

15b Auch **deutsche Vollzugsakte**, die Unionsrecht ausführen bzw. eine EU-Richtlinie umsetzen, können nicht mit der Verfassungsbeschwerde angegriffen werden, soweit ein Grundrechtsverstoß allein darin liegen kann, dass die vollzogene bzw. umgesetzte unionsrechtliche Bestimmung den deutschen Grundrechten widerspricht. Liegt dagegen in dem deutschen Vollzugsakt ein selbständiger Grundrechtsverstoß, weil das Unionsrecht den nationalen Stellen einen Spielraum bei der Ausführung lässt, kann dies mit der Verfassungsbeschwerde gerügt werden; denn ein solcher Spielraum muss in einer den Grundrechten entsprechenden Weise ausgefüllt werden[2]. Ausnahmsweise lässt das BVerfG eine Verfassungsbeschwerde gegen einen Umsetzungsakt auch bei fehlendem Spielraum zu, wenn der Beschwerdeführer die Unwirksamkeit der zugrunde liegenden unionsrechtlichen Norm geltend macht und diese über eine Vorlage durch das BVerfG an den EuGH geklärt werden soll[3].

16 Keine Akte der „öffentlichen Gewalt" sind nach der Judikatur des BVerfG **rein innerkirchliche Maßnahmen**[4]. Mit der Verfassungsbeschwerde können daher nicht angegriffen werden: die Entfernung eines Pfarrers aus dem Dienst im Wege des Amtszuchtverfahrens[5], Entscheidungen im kirchlichen Lehrbeanstandungsverfahren[6], die Durchführung des Versetzungsverfahrens anstelle eines Lehrbeanstandungsverfahrens[7], Maßnahmen des Versorgungsrechts der Geistlichen[8], die Versetzung eines Pfarrers in den Warte-[9] bzw. Ruhestand und die Festsetzung seines Ruhegehalts[10] sowie Entscheidungen eines Diözesan-Disziplinargerichts, soweit dieses ein Dienstvergehen eines Kirchenbeamten feststellt und ahndet[11]. Allerdings nimmt das BVerwG in seiner neueren Rspr. an, dass Geistliche und Kirchenbeamte im Hinblick auf den Justizgewährungsanspruch das Recht haben müssen, nach Ausschöpfung des innerkirchlichen Rechtswegs die staatlichen Gerichte anzurufen, um dienstrechtliche Maßnahmen auf ihre Vereinbarkeit mit staatlichem Recht hin überprüfen zu lassen[12]. Nach Auffassung des BVerwG schließt das in Art. 140 GG iVm. Art. 137 WRV geschützte Selbstbestimmungsrecht der Kirchen nicht den Zugang zu den staatlichen Gerichten aus, sondern es bestimmt nur den Umfang und die Intensität der gerichtlichen Nachprüfung. Der Maßstab der inhaltlichen Überprüfung ergebe sich dabei aus einer Abwägung der betroffenen Rechtsgüter im Einzelfall, wobei dem Selbstverständnis der Religionsgesellschaften ein besonderes Gewicht beizumessen sei. Insoweit stellt das BVerwG klar, dass das Dienstrecht der Geistlichen und Beamten zum Kernbereich des kirchlichen Selbstbestimmungsrechts gehöre und die gerichtliche Kontrolle deshalb auf die Prüfung beschränkt sei, ob die angegriffene Maßnahme gegen die in Art. 79 Abs. 3 GG umschriebenen fundamentalen Verfassungsprinzipien verstößt[13].

16a Geht es nicht um Geistliche, Ordensangehörige oder Kirchenbeamte, sondern um **kirchliche ArbN**, die auf der Grundlage eines privatrechtlichen Vertrages tätig werden, handelt es sich ohnehin nicht um rein innerkirchliche Maßnahmen, so dass staatlicher Rechtsschutz in Anspruch genommen werden kann. Jedoch steht den Kirchen aufgrund ihres Selbstbestimmungsrechts auch bei der Gestaltung ihrer Arbeitsver-

---

1 BVerfG v. 15.12.2015 – 2 BvR 2735/14, NJW 2016, 1149 Rz. 50.
2 BVerfG v. 13.3.2007 – 1 BvF 1/05, NVwZ 2007, 937; BVerfG v. 11.3.2008 – 1 BvR 256/08, NVwZ 2008, 543; BVerfG v. 2.3.2010 – 1 BvR 256/08 ua., NJW 2010, 833 (835); BVerfG v. 19.7.2011 – 1 BvR 1916/09, NJW 2011, 3428 (3429); BVerfG v. 15.12.2015 – 2 BvR 2735/14, NJW 2016, 1149 Rz. 39; BVerfG v. 18.5.2016 – 1 BvR 895/16, NVwZ 2016, 1171 Rz. 30; *Schlaich/Korioth*, BVerfG, Rz. 214; *Dörr*, Verfassungsbeschwerde, Rz. 71; *Fleury*, Verfassungsprozessrecht, Rz. 272-277.
3 BVerfG v. 2.3.2010 – 1 BvR 256/08 ua., NJW 2010, 833 (835).
4 BVerfG v. 17.2.1965 – 1 BvR 732/64, NJW 1965, 961; BVerfG v. 9.12.2008 – 2 BvR 717/08, NJW 2009, 1195 m. krit. Anm. *Weber*, NJW 2009, 1179 ff.; *Lenz/Hansel*, § 90 BVerfGG Rz. 209. Der EGMR hat Menschenrechtsbeschwerden gegen den fehlenden Gerichtszugang bei solchen Maßnahmen für unzulässig gehalten, indem er die Anwendbarkeit des Art. 6 Abs. 1 EMRK verneint hat; vgl. EGMR v. 6.12.2011 – 38254/04; EGMR v. 6.12.2011 – 39775/04; EGMR v. 6.12.2011 – 12986/04.
5 BVerfG v. 28.11.1978 – 2 BvR 316/78, NJW 1980, 1041 m. Anm. *Weber*.
6 BVerfG v. 6.4.1979 – 2 BvR 356/79, NJW 1980, 1041 m. Anm. *Weber*.
7 BVerfG v. 1.6.1983 – 2 BvR 453/83, NJW 1983, 2569.
8 BVerfG v. 5.7.1983 – 2 BvR 514/83, NJW 1983, 2569.
9 BVerfG v. 12.2.1981 – 1 BvR 567/77, NJW 1983, 2570; vgl. auch BVerfG v. 27.1.2004 – 2 BvR 496/01, NJW 2004, 3099.
10 BVerfG v. 9.12.2008 – 2 BvR 717/08, NJW 2009, 1195 (1196) m. krit. Anm. *Weber*, NJW 2009, 1179 ff.
11 BVerfG v. 30.3.1984 – 2 BvR 1994/83, NVwZ 1985, 105.
12 BVerwG v. 27.2.2014 – 2 C 19/12, NVwZ 2014, 1101. Das BVerwG hat mit diesem Urteil seine früher abweichende Judikatur (vgl. insbesondere BVerwG v. 30.10.2002 – 2 C 23/01, NJW 2003, 2112 mwN) ausdrücklich aufgegeben.
13 Zum Verhältnis der kircheneigenen Gerichtsbarkeit zum staatlichen Rechtsschutz vgl. auch den Abschnitt „Das Verfahren vor den kirchlichen Arbeitsgerichten" Rz. 1.

hältnisse eine große Freiheit zu¹. Daher sind der staatlichen Kontrolle kirchlicher Akte enge Grenzen gesetzt, mit der Folge, dass auch eine zulässige Verfassungsbeschwerde in der Sache meist nur wenig Aussicht auf Erfolg hat². So hat das BVerfG kürzlich in einem Beschluss, in dem es um die Kündigung eines Chefarztes in einem katholischen Krankenhaus wegen erneuter Heirat ging, den Prüfungsmaßstab der staatlichen Gerichte näher konkretisiert und dabei seine kirchenfreundliche Rspr. bestätigt. Danach haben die staatlichen Gerichte zunächst im Rahmen einer Plausibilitätskontrolle auf der Grundlage des glaubensdefinierten Selbstverständnisses der verfassten Kirche zu überprüfen, ob eine bestimmte Loyalitätsobliegenheit Ausdruck eines kirchlichen Glaubenssatzes ist und welches Gewicht dieser Obliegenheit und einem Verstoß hiergegen nach dem kirchlichen Selbstverständnis zukommt. In einem zweiten Schritt haben sie dann unter dem Gesichtspunkt der Schranken des „für alle geltenden Gesetzes" eine Gesamtabwägung vorzunehmen, in der die kirchlichen Belange und die korporative Religionsfreiheit mit den Grundrechten der betroffenen ArbN und deren in den allgemeinen arbeitsrechtlichen Schutzbestimmungen enthaltenen Interessen auszugleichen sind³.

Unproblematisch kann Verfassungsbeschwerde gegen **kirchliche Steuerbescheide** erhoben werden; denn diese gründen sich auf das den Kirchen vom Staat verliehene Besteuerungsrecht und sind daher keine innerkirchlichen Maßnahmen⁴. 16b

4. Beschwerdebefugnis

Gemäß Art. 93 Abs. 1 Nr. 4a GG, § 90 Abs. 1 BVerfGG muss der Beschwerdeführer behaupten, durch die öffentliche Gewalt in einem der dort aufgezählten Rechte verletzt zu sein. Man spricht insoweit von der Beschwerdebefugnis. Damit sie vorliegt, müssen zwei Voraussetzungen erfüllt sein: Zum einen muss der angegriffene Akt öffentlicher Gewalt geeignet sein, den Beschwerdeführer selbst, unmittelbar und gegenwärtig in seinen Rechten zu beeinträchtigen (**Betroffenheit**). Zum anderen muss eine Verletzung eines Grundrechts bzw. grundrechtsgleichen Rechts nach dem Vortrag des Beschwerdeführers möglich erscheinen (**Möglichkeit einer Grundrechtsverletzung**). 17

a) Betroffenheit

Der Beschwerdeführer muss durch die angegriffene Maßnahme **selbst, gegenwärtig und unmittelbar** in seinen Grundrechten oder grundrechtsgleichen Rechten betroffen sein⁵. Dieses Erfordernis dient dem Ausschluss von Popularklagen⁶. Es gilt nicht nur bei Verfassungsbeschwerden gegen Gesetze, sondern auch bei Verfassungsbeschwerden gegen Gerichtsentscheidungen; insoweit bedarf es jedoch regelmäßig keiner näheren Prüfung (s. Rz. 22 f.)⁷. 18

Der Beschwerdeführer muss **selbst**, dh. in eigenen Grundrechten, betroffen sein. Selbstbetroffenheit liegt stets dann vor, wenn der Beschwerdeführer Adressat des Aktes öffentlicher Gewalt ist. In anderen Fällen ist erforderlich, dass er rechtlich und nicht nur mittelbar faktisch betroffen ist; bloße Reflexwirkungen reichen nicht aus⁸. Aus dem Erfordernis der Selbstbetroffenheit folgt weiterhin, dass regelmäßig nur der Rechtsinhaber selbst Verfassungsbeschwerde erheben kann; eine Prozessstandschaft ist grds. unzulässig⁹. Ausnahmen gelten nur für die Parteien kraft Amtes, wie etwa den Insolvenzverwalter, den Nachlassverwalter oder den Testamentsvollstrecker¹⁰. Dagegen ist es nicht zulässig, wenn ein Verband bzw. Verein im 19

---

1 BVerfG v. 4.6.1985 – 2 BvR 1703/83 ua., NJW 1986, 367; BVerfG v. 22.10.2014 – 2 BvR 661/12, NZA 2014, 1387.
2 *Dörr*, Verfassungsbeschwerde, Rz. 79.
3 BVerfG v. 22.10.2014 – 2 BvR 661/12, NZA 2014, 1387 Rz. 81.
4 BVerfG v. 14.12.1965 – 1 BvR 329/63, AP Nr. 12 zu Art. 2 GG.
5 BVerfG v. 19.12.1951 – 1 BvR 220/51, BVerfGE 1, 97 (101); seither st. Rspr.; vgl. nur BVerfG v. 3.3.2004 – 1 BvR 2378/98 ua., NJW 2004, 999; BVerfG v. 20.1.2010 – 1 BvR 2062/09, NJW 2010, 1347; BVerfG v. 24.4.2013 – 1 BvR 1215/07, NJW 2013, 1499 (1500).
6 BVerfG v. 8.2.1977 – 1 BvF 1/76 ua., NJW 1977, 569; BVerfG v. 11.10.1988 – 1 BvR 777/85 ua., NJW 1992, 1303.
7 BVerfG v. 20.12.1979 – 1 BvR 385/77, NJW 1980, 759; BVerfG v. 15.7.2015 – 2 BvR 2292/13, NJW 2016, 229 Rz. 55 f.
8 BVerfG v. 10.6.2009 – 1 BvR 706/08 ua., NJW 2009, 2033; BVerfG v. 30.10.2010 – 1 BvR 3196/09 ua., NJW 2011, 366; BVerfG v. 31.5.2016 – 1 BvR 1585/13, NJW 2016, 2247 Rz. 63.
9 BVerfG v. 4.11.1980 – 1 BvR 92/71, NJW 1981, 1360; BVerfG v. 22.3.2013 – 1 BvR 791/12.
10 BVerfG v. 8.2.1967 – 2 BvR 235/64, NJW 1967, 1123; BVerfG v. 19.10.1983 – 2 BvR 485/80 ua., NJW 1984, 475; BVerfG v. 22.3.2013 – 1 BvR 791/12; *Fleury*, Verfassungsprozessrecht, Rz. 312.

Wege gewillkürter Prozessstandschaft die Rechte seiner Mitglieder geltend macht[1]. Dasselbe gilt für Gesellschaften, die die Rechte ihrer Gesellschafter, Organe oder Angestellten geltend machen wollen[2].

20 Die Beschwerdebefugnis setzt eine **gegenwärtige** Betroffenheit des Beschwerdeführers voraus. Die behauptete Grundrechtsverletzung muss im Zeitpunkt der Einlegung der Verfassungsbeschwerde („aktuell"), nicht irgendwann einmal in der Zukunft („virtuell") vorliegen[3]. In besonders gelagerten Fällen lässt das BVerfG die Verfassungsbeschwerde jedoch ausnahmsweise auch ohne aktuelle rechtliche Betroffenheit zu, wenn ein Gesetz die Normadressaten bereits gegenwärtig zu später nicht mehr korrigierbaren Entscheidungen zwingt oder schon jetzt zu Dispositionen veranlasst, die sie nach dem späteren Gesetzesvollzug nicht mehr nachholen können[4]. So hat es etwa eine Verfassungsbeschwerde, mit der sich Angehörige der gesetzlichen Rentenversicherung gegen eine Verschärfung der Anspruchsvoraussetzungen für Berufs- und Erwerbsunfähigkeitsrenten wandten, als zulässig behandelt, obwohl der Versicherungsfall noch nicht eingetreten war; denn die Beschwerdeführer waren aufgrund des Gesetzes gezwungen, monatliche Mindestbeiträge zu entrichten, um ihre bisher erlangte Rechtsposition aufrechtzuerhalten[5]. Von einem verkündeten, aber noch nicht in Kraft getretenen Gesetz kann dann eine gegenwärtige Betroffenheit ausgehen, wenn bereits aktuell klar abzusehen ist, dass und auf welche Weise die Beschwerdeführer von der angegriffenen Vorschrift betroffen sein werden[6]. Im Übrigen kann auch eine ernsthaft zu besorgende **Grundrechtsgefährdung** bereits genügen, um die gegenwärtige Betroffenheit zu bejahen[7]. Demgegenüber reicht allein die vage Aussicht, irgendwann einmal in Zukunft von einer gesetzlichen Regelung betroffen zu sein, nicht aus, um die gegenwärtige Betroffenheit anzunehmen[8]. Beachtenswert sind in diesem Zusammenhang die Nichtannahmebeschlüsse des BVerfG zu zwei Verfassungsbeschwerden gegen das Tarifeinheitsgesetz, in welchen es die gegenwärtige Betroffenheit der beschwerdeführenden Koalitionen verneint hat[9]. Da die Beschwerdeführer ihre Tariffähigkeit nicht substantiiert darlegen konnten, war nicht ersichtlich, dass sie derzeit oder in naher Zukunft von der Kollsionsregel des § 4a Abs. 2 Satz 2 TVG erfasst werden, weil von ihr wirksam abgeschlossene Tarifverträge verdrängt werden könnten.

21 Der Beschwerdeführer muss **unmittelbar** in seinen Grundrechten betroffen sein. An dieser Voraussetzung, die regelmäßig nur bei der Verfassungsbeschwerde gegen Gesetze und sonstige Rechtsnormen von Bedeutung ist, fehlt es, wenn die Durchführung der angegriffenen Vorschriften rechtsnotwendig oder auch nur nach der tatsächlichen Verwaltungspraxis einen besonderen Vollzugsakt voraussetzt; in diesem Fall muss sich der Beschwerdeführer grds. zunächst gegen den Vollzug als den unmittelbaren Eingriff zur Wehr setzen und damit mittelbar auch die Prüfung der Norm ermöglichen[10]. Dementsprechend betrifft die bloße Möglichkeit der Allgemeinverbindlicherklärung eines Tarifvertrages aufgrund § 7 AEntG 2009 einen Arb-Geb-Verband noch nicht unmittelbar, da es insoweit noch der Umsetzung durch Erlass einer Rechtsverordnung bedarf[11]. Das Erfordernis der Unmittelbarkeit dient auch dazu, dem BVerfG die Fallanschauung der Fachgerichte zu vermitteln. Es ist damit auch eine Frage der Zumutbarkeit der vorherigen Durchführung eines fachgerichtlichen Verfahrens, innerhalb dessen die Verfassungsmäßigkeit einer Norm inzident geprüft werden kann[12]. Trotz der Notwendigkeit des Vollzugs kann eine Rechtssatzverfassungsbeschwerde dann erhoben werden, wenn der Beschwerdeführer gegen einen denkbaren Vollzugsakt nicht oder nicht in zumutbarer Weise vorgehen kann, etwa weil er nicht mit hinreichender Sicherheit von ihm Kenntnis er-

---

1 Vgl. nur BVerfG v. 11.6.1961 – 2 BvG 2/58 ua., NJW 1961, 1453; BVerfG v. 8.7.1971 – 1 BvR 766/66, NJW 1972, 145.
2 BVerfG v. 5.8.1966 – 1 BvR 586/62 ua., NJW 1966, 1603 (1604); BVerfG v. 5.6.2013 – 2 BvR 2677/11, HFR 2013, 842.
3 BVerfG v. 19.12.1951 – 1 BvR 220/51, BVerfGE 1, 97 (101); BVerfG v. 18.5.1982 – 1 BvR 602/78, NJW 1982, 2551; BVerfG v. 15.7.2015 – 2 BvR 2292/13, NJW 2016, 229 Rz. 58 f.
4 Vgl. BVerfG v. 15.12.1983 – 1 BvR 209/63 ua., NJW 1984, 419; BVerfG v. 5.5.1987 – 1 BvR 724/81 ua., NJW 1988, 545; *Fleury*, Verfassungsprozessrecht, Rz. 315.
5 BVerfG v. 8.4.1987 – 1 BvR 564/84, NZA 1988, 139.
6 BVerfG v. 16.3.2004 – 1 BvR 1778/01, NVwZ 2004, 597; BVerfG v. 30.6.2009 – 2 BvE 2/08 ua., NJW 2009, 2267.
7 BVerfG v. 8.8.1978 – 2 BvL 8/77, NJW 1979, 359; BVerfG v. 19.6.1979 – 2 BvR 1060/78, NJW 1979, 2349.
8 BVerfG v. 15.7.2015 – 2 BvR 2292/13, NJW 2016, 229 Rz. 59; BVerfG v. 16.6.2016 – 1 BvR 2257/15, NZA 2016, 893 Rz. 8; BVerfG v. 16.6.2016 – 1 BvR 1707/15, Rz. 7.
9 BVerfG v. 16.6.2016 – 1 BvR 2257/15, NZA 2016, 893; BVerfG v. 16.6.2016 – 1 BvR 1707/15.
10 Vgl. nur BVerfG v. 3.3.2004 – 1 BvR 2378/98 ua., NJW 2004, 999; BVerfG v. 17.2.2009 – 1 BvR 2492/08, NJW 2009, 1481; *Fleury*, Verfassungsprozessrecht, Rz. 317.
11 BVerfG v. 10.6.2009 – 1 BvR 1196/09; vgl. dazu auch *Boemke*, jurisPR-ArbR 37/2009 Anm. 5.
12 BVerfG v. 15.7.2015 – 2 BvR 2292/13, NJW 2016, 229 Rz. 62.

langt[1]. Erlegt eine Norm dem Bürger ein Ge- oder Verbot auf, so können die Sanktionen, die an einen Verstoß geknüpft sind, nicht zu den Vollzugsakten gezählt werden[2].

Bei der Verfassungsbeschwerde gegen **gerichtliche Entscheidungen** spielen die Kriterien der eigenen, gegenwärtigen und unmittelbaren Betroffenheit kaum eine Rolle, da sie in aller Regel vorliegen werden[3]. An der gegenwärtigen und unmittelbaren Betroffenheit fehlt es jedoch, wenn eine **Entscheidung des Großen Senats des BAG** mit der Verfassungsbeschwerde angefochten wird; denn diese bindet zwar den erkennenden Senat, sie befindet aber nicht über das Klagebegehren und hat auch im Übrigen gegenüber den Prozessparteien keine unmittelbaren Auswirkungen[4]. Eine Verfassungsbeschwerde ist allein gegen die Endentscheidung über den konkreten Rechtsstreit zulässig; dabei können dann auch solche Grundrechtsverletzungen gerügt werden, die auf der durch den Großen Senat bindend festgestellten Auslegung beruhen. Eine gegenwärtige und unmittelbare Betroffenheit des Beschwerdeführers liegt ebenfalls nicht vor, wenn das BAG einen Rechtsstreit zur erneuten Verhandlung und Entscheidung **an das LAG zurückverweist**; auch dabei wird vom Revisionsgericht nicht endgültig über das Klagebegehren entschieden. Zwar ist das LAG an den vom BAG gefundenen oder ausgelegten Rechtssatz gebunden. Eine unmittelbare rechtliche Beschwer ist jedoch erst durch eine spätere, dem Beschwerdeführer nachteilige rechtskräftige Entscheidung gegeben[5]. 22

Bei der Urteilsverfassungsbeschwerde ist allerdings die Besonderheit zu beachten, dass sich die erforderliche **Beschwer grds. nur aus dem Tenor** der Entscheidung ergeben kann; er allein bestimmt verbindlich, welche Rechtsfolgen aufgrund des festgestellten Sachverhalts eintreten. Rechtsausführungen und nachteilige oder als nachteilig empfundene Ausführungen in den Gründen einer Entscheidung allein können grds. keine Beschwer begründen[6]. Nach der Rspr. des BVerfG gilt dies aber nicht ausnahmslos. So sind die **Entscheidungsgründe** dann maßgeblich, wenn sie den Beschwerdeführer für sich genommen so belasten, dass er erheblich und in nicht zumutbarer Weise in seinen grundrechtlich geschützten Interessen beeinträchtigt ist[7]. Für solche Fälle, in denen sich die Beschwer aus anderen Umständen als dem für den Beschwerdeführer eigentlich günstigen Tenor ergibt, betont das BVerfG allerdings, dass auch bei Verfassungsbeschwerden gegen Gerichtsentscheidungen ausnahmsweise geprüft werden muss, ob der Beschwerdeführer selbst, gegenwärtig und unmittelbar in seinen Grundrechten oder grundrechtsgleichen Rechten betroffen ist[8]. Dies hat das BVerfG in seiner Entscheidung zum Ausschluss des Streikrechts im kirchlichen Arbeitsrecht für die beschwerdeführende Gewerkschaft verneint[9]. Diese hatte vor dem BAG zwar im Ergebnis obsiegt, sah sich durch die Urteilsgründe aber beschwert, da das BAG die Haltung der Kirchen inhaltlich weitgehend bestätigt hatte[10]. Das BVerfG lehnte die Beschwerdebefugnis der Gewerkschaft mangels gegenwärtiger und unmittelbarer Betroffenheit ab und verwies diese auf den fachgerichtlichen Rechtsschutz gegen eine möglicherweise unzureichende Umsetzung des BAG-Urteils durch die Kirchen. Dabei stellte das BVerfG klar, dass sich eine gegenwärtige Betroffenheit nicht bereits daraus ergibt, dass das BAG das Arbeitskampfrecht mit seinem Urteil richterrechtlich weiterentwickelt hat[11]. Bei den vom BAG entwickelten Grundsätzen handele es sich nämlich nicht um Rechtssätze, die für die Fachgerichte zukünftig verbindlich wären[12]. Auch werde die Gewerkschaft durch das Urteil nicht zu irreversiblen Dispositionen genötigt (s. Rz. 20). Die Tatsache, dass ein Gesetz oder ein Urteil mit Ungewissheiten für den Beschwerdeführer verbunden sei, berechtige nicht dazu, dieses zum Gegenstand einer Verfassungsbeschwerde zu machen, bevor eine fachgerichtliche Klärung stattgefunden habe[13]. 22a

---

1 BVerfG v. 11.3.2008 – 1 BvR 2074/05 ua., NJW 2008, 1505; BVerfG v. 15.10.2008 – 2 BvR 236/08 ua., NVwZ 2009, 103; BVerfG v. 17.2.2009 – 1 BvR 2492/08, NJW 2009, 1481.
2 BVerfG v. 17.2.2009 – 1 BvR 2492/08, NJW 2009, 1481; BVerfG v. 2.3.2010 – 1 BvR 256/08 ua., NJW 2010, 833 (834 f.).
3 *Schlaich/Korioth*, BVerfG, Rz. 231; *Dörr*, Verfassungsbeschwerde, Rz. 133, 140, 149; *Lenz/Hansel*, § 90 BVerfGG Rz. 292 f.
4 BVerfG v. 4.5.1971 – 1 BvR 761/67, NJW 1971, 1212; vgl. auch BVerfG v. 19.10.1983 – 2 BvR 485/80 ua., NJW 1984, 475.
5 BVerfG v. 19.2.1975 – 1 BvR 418/71, NJW 1975, 968.
6 BVerfG v. 23.10.1958 – 1 BvR 458/58, NJW 1959, 29 (30); BVerfG v. 30.5.2012 – 2 BvR 800/12 ua.; BVerfG v. 15.7.2015 – 2 BvR 2292/13, NJW 2016, 229 Rz. 48; BVerfG v. 31.5.2016 – 1 BvR 1585/13, NJW 2016, 2247 Rz. 63.
7 Vgl. nur BVerfG v. 30.5.2012 – 2 BvR 800/12 ua. mwN.
8 BVerfG v. 15.7.2015 – 2 BvR 2292/13, NJW 2016, 229 Rz. 56; *Lenz/Hansel*, § 90 BVerfGG Rz. 250.
9 BVerfG v. 15.7.2015 – 2 BvR 2292/13, NJW 2016, 229 Rz. 65 ff.
10 BAG v. 20.11.2012 – 1 AZR 179/11, NZA 2013, 448.
11 So aber etwa *Schubert/Wolter*, AuR 2013, 285 (289).
12 BVerfG v. 15.7.2015 – 2 BvR 2292/13, NJW 2016, 229 Rz. 70 ff.
13 BVerfG v. 15.7.2015 – 2 BvR 2292/13, NJW 2016, 229 Rz. 75.

b) Möglichkeit einer Grundrechtsverletzung

aa) Grundrechtsrüge

23 Nach Art. 93 Abs. 1 Nr. 4a GG, § 90 Abs. 1 BVerfGG ist die Verfassungsbeschwerde nur zulässig, wenn der Beschwerdeführer behauptet, in einem seiner **Grundrechte** oder in einem der **grundrechtsgleichen Rechte** aus Art. 20 Abs. 4, Art. 33, 38, 101, 103 und 104 GG verletzt zu sein. Im **Arbeitsrecht** sind vor allem die Grundrechte aus Art. 1 Abs. 1 GG (Schutz der Menschenwürde), Art. 2 Abs. 1 iVm. Art. 1 Abs. 1 GG (allgemeines Persönlichkeitsrecht), Art. 3 Abs. 1 GG (allgemeiner Gleichheitssatz), Art. 3 Abs. 2 GG (Gleichberechtigung von Mann und Frau), Art. 3 Abs. 3 GG (Diskriminierungsverbote), Art. 4 Abs. 1 GG (Glaubens-, Gewissens- und Religionsfreiheit), Art. 5 Abs. 1 Satz 1 GG (Meinungsfreiheit), Art. 6 Abs. 1 GG (Schutz von Ehe und Familie), Art. 9 Abs. 3 GG (Koalitionsfreiheit) sowie aus Art. 12 Abs. 1 Satz 1 GG (Berufsfreiheit) von Bedeutung. Darüber hinaus spielen im arbeitsgerichtlichen Verfahren – ebenso wie in allen anderen Gerichtszweigen – die Justizgrundrechte der Art. 101 Abs. 1 Satz 2 GG (gesetzlicher Richter) und Art. 103 Abs. 1 GG (rechtliches Gehör) eine große Rolle. **Nicht** mit der Verfassungsbeschwerde gerügt werden können Verstöße gegen die **EU-Grundrechtecharta**, da aus der Charta keine Rechte folgen, die nach Art. 93 Abs. 1 Nr. 4a GG, § 90 BVerfGG vor dem BVerfG geltend gemacht werden können[1].

24 Die Aufzählung in Art. 93 Abs. 1 Nr. 4a GG, § 90 Abs. 1 BVerfGG ist **grds. abschließend**[2]. Relativiert wird dies jedoch dadurch, dass Eingriffe in Grundrechte nach der Judikatur des BVerfG nur dann hingenommen werden müssen, wenn sie formell und materiell mit dem Grundgesetz vereinbar sind und deshalb zur verfassungsmäßigen Ordnung zählen[3]. Ein Gesetz, das in den Schutzbereich eines Grundrechts eingreift, verletzt dieses Grundrecht daher auch dann, wenn es gegen Verfassungsbestimmungen außerhalb des Grundrechtskatalogs oder allgemeine Verfassungsgrundsätze verstößt. Über die Brücke der jeweils betroffenen Grundrechtsgewährleistung werden dadurch auch **Verstöße gegen das sonstige Verfassungsrecht** verfassungsbeschwerdefähig[4]. Besondere Bedeutung hat das für Art. 2 Abs. 1 GG, anhand dessen das BVerfG diese Rspr. im Elfes-Urteil[5] begründet hat. Das BVerfG entnimmt dieser Verfassungsbestimmung eine umfassende Gewährleistung der allgemeinen Handlungsfreiheit. Daraus folgt prinzipiell, dass jede Belastung des Bürgers durch eine staatliche Maßnahme einen Grundrechtseingriff darstellt und ihre Verfassungsmäßigkeit im Verfassungsbeschwerdeverfahren uneingeschränkt zur Prüfung gestellt werden kann[6]. Das BVerfG hat das im Elfes-Urteil selbst so ausgedrückt: „Jedermann kann im Wege der Verfassungsbeschwerde geltend machen, ein seine Handlungsfreiheit beschränkendes Gesetz gehöre nicht zur verfassungsmäßigen Ordnung, weil es (formell oder inhaltlich) gegen einzelne Verfassungsbestimmungen oder allgemeine Verfassungsgrundsätze verstoße; deshalb werde sein Grundrecht aus Art. 2 Abs. 1 GG verletzt."[7] Was hier zunächst für Art. 2 Abs. 1 GG ausgesprochen worden ist, gilt heute für jedes Grundrecht[8].

25 Eingeschränkt wird diese Rspr. jedoch für die **Verfassungsbeschwerde gegen Gerichtsentscheidungen**. Hier kann sich der Beschwerdeführer gegenüber einer angeblich fehlerhaften Gesetzesauslegung bzw. -anwendung nicht auf einen Verstoß gegen das allgemeine Gesetzmäßigkeitsprinzip berufen. Zwar verletzt auch eine einfachgesetzlich falsche Entscheidung das im Rechtsstaatsprinzip enthaltene Gebot der Gesetzesbindung. Der Beschwerdeführer müsste daher nach den Grundsätzen des Elfes-Urteils rügen können, dass seine allgemeine Handlungsfreiheit verletzt sei, weil die angegriffene Entscheidung nicht zur verfassungsmäßigen Ordnung gehöre. Die Prüfung, ob das einfache Recht richtig ausgelegt und angewandt wurde, ist nach der Kompetenzverteilung des Grundgesetzes aber eine Aufgabe der Fachgerichte und nicht des BVerfG[9]. Das BVerfG ist ein außerhalb des Rechtsmittelzuges stehendes Gericht, das spezifisch und ausschließlich für Verfassungsrechtsfragen zuständig ist[10]. Es ist dagegen nicht berufen, als Revisions- oder Superrevisionsinstanz gegenüber den Fachgerichten tätig zu werden[11]. Dementsprechend ist auch die Ver-

---

1 BVerfG v. 15.10.2015 – 1 BvR 2329/15, NJW 2016, 1010 Rz. 12.
2 *Dörr*, Verfassungsbeschwerde, Rz. 165; *Weber*, JuS 1992, 122 (124).
3 Vgl. nur BVerfG v. 15.12.1970 – 1 BvR 559/70 ua., NJW 1971, 319; BVerfG v. 10.3.1976 – 1 BvR 355/67, JuS 1977, 336.
4 Vgl. dazu auch *Pestalozza*, Verfassungsprozessrecht, § 12 Rz. 29 ff.; *Schlaich/Korioth*, BVerfG, Rz. 15, 219 ff.; *Zuck*, JuS 1988, 370 (371 f.); *Weber*, JuS 1992, 122 (124); *Dörr*, Verfassungsbeschwerde, Rz. 168, 176 ff.
5 BVerfG v. 16.1.1957 – 1 BvR 253/56, BVerfGE 6, 32 ff.
6 *Schlaich/Korioth*, BVerfG, Rz. 15; *Weber*, JuS 1992, 122 (124 f.).
7 BVerfG v. 16.1.1957 – 1 BvR 253/56, BVerfGE 6, 32 (41).
8 *Schlaich/Korioth*, BVerfG, Rz. 221; *Dörr*, Verfassungsbeschwerde, Rz. 168.
9 *Dörr*, Verfassungsbeschwerde, Rz. 299 f.; *Fleury*, Verfassungsprozessrecht, Rz. 307; BVerfG v. 24.5.2005 – 1 BvR 906/04, NJW 2005, 2383 (2384); BVerfG v. 6.2.2007 – 1 BvR 978/05, NZA 2007, 394 (395).
10 *Stern*, Staatsrecht, Bd. II, § 44 I 1a; vgl. auch *Robbers*, NJW 1998, 935 (938).
11 Vgl. nur BVerfG v. 15.1.1958 – 1 BvR 400/51, NJW 1958, 257; BVerfG v. 24.5.2005 – 1 BvR 906/04, NJW 2005, 2383 (2384); BVerfG v. 6.2.2007 – 1 BvR 978/05, NZA 2007, 394 (395).

fassungsbeschwerde kein zusätzlicher Rechtsbehelf für das fachgerichtliche Verfahren, sondern lediglich ein außerordentlicher Rechtsbehelf, mit dem Eingriffe in die Grundrechte abgewehrt werden können[1] (s. Rz. 6). Eine unbeschränkte rechtliche Nachprüfung von fachgerichtlichen Entscheidungen würde folglich dem Sinn der Verfassungsbeschwerde und der besonderen Aufgabe des BVerfG nicht gerecht werden[2]. Die Urteilsverfassungsbeschwerde kann daher nicht auf die Verletzung von Art. 2 Abs. 1 GG durch eine unzutreffende Anwendung des einfachen Rechts gestützt werden.

Zur Beschreibung der **Kontrolldichte** gegenüber fachgerichtlichen Entscheidungen verwendet das BVerfG die sog. Heck'sche Formel: Danach sind die Gestaltung des Verfahrens, die Feststellung und Würdigung des Tatbestandes, die Auslegung der Gesetze und ihre Anwendung auf den einzelnen Fall grds. allein Sache der Fachgerichte und der Nachprüfung durch das BVerfG entzogen, es sei denn, es ist spezifisches Verfassungsrecht verletzt[3]. Eine Verletzung von spezifischem Verfassungsrecht wird angenommen, wenn die fachgerichtliche Entscheidung auf einer grds. unrichtigen Auffassung von der Reichweite und Wirkkraft der Grundrechte beruht, wenn die Entscheidung grob und offensichtlich willkürlich ist oder wenn die Grenzen richterlicher Rechtsfortbildung überschritten worden sind[4]. Dabei setzt das BVerfG die Dichte der verfassungsgerichtlichen Kontrolle in Relation zur Eingriffsintensität der fachgerichtlichen Entscheidung: Je nachhaltiger die Belastung ist, desto eingehender erfolgt die Kontrolle durch das BVerfG[5]. In Normalfällen begnügt sich das Gericht damit festzustellen, ob die angegriffene Entscheidung Auslegungsfehler erkennen lässt, die auf einer grds. unrichtigen Auffassung von der Bedeutung eines Grundrechts beruhen und auch in ihrer materiellen Bedeutung für den konkreten Rechtsfall von einigem Gewicht sind. Bei stärkerer Eingriffsintensität werden die fachgerichtlichen Entscheidungen auch auf „einzelne Auslegungsfehler" geprüft; und in Fällen stärkster Eingriffsintensität hält sich das BVerfG für befugt, die vom Fachgericht vorgenommene Wertung durch eine eigene zu ersetzen[6]. 26

bb) Möglichkeit der Verletzung

Entgegen dem Wortlaut des Art. 93 Abs. 1 Nr. 4a GG, § 90 Abs. 1 BVerfGG reicht die bloße Behauptung einer Rechtsverletzung für die Beschwerdebefugnis nicht aus. Der Beschwerdeführer muss diese vielmehr hinreichend substantiiert darlegen. Dabei muss die Grundrechtsverletzung nach seinem Tatsachenvortrag **zumindest möglich** erscheinen; die Verletzung darf also nicht von vornherein ausgeschlossen sein[7]. 27

Die Möglichkeit der Verletzung besteht nur dann, wenn die angegriffene Maßnahme der öffentlichen Gewalt **Rechtswirkungen** äußert und geeignet ist, Rechtspositionen des Beschwerdeführers zu seinem Nachteil zu verändern[8]. Das ist zB nicht der Fall bei der Lesung und Beschlussfassung über einen Gesetzentwurf im Bundestag[9], bei einem Beschluss der Kultusministerkonferenz[10], ebenso nicht bei einem Entscheidungsentwurf und einer noch nicht von allen Richtern unterzeichneten Entscheidung[11], bei der Begründung einer Entscheidung als solcher (vgl. aber Rz. 22)[12] sowie bei einer formlosen Mitteilung über die Rechtslage[13] oder den Stand des Verfahrens[14]. Auch Entscheidungen im Instanzenzug, die der Endentscheidung vorausgehen, wie zB Terminsbestimmungen, Eröffnungsbeschlüsse, Vorladungen (**unselbständige Zwischenentscheidungen**), sind idR nicht selbständig mit der Verfassungsbeschwerde anfechtbar; bei ihnen können Verfassungsverstöße nur im Rahmen einer Anfechtung der Endentscheidung gerügt werden[15]. Etwas ande- 28

---

1 BVerfG v. 30.4.2003 – 1 PBvU 1/02, NJW 2003, 1924.
2 BVerfG v. 10.6.1964 – 1 BvR 37/63, NJW 1964, 1715.
3 BVerfG v. 18.9.1952 – 1 BvR 612/52, BVerfGE 1, 418 (420); BVerfG v. 10.6.1964 – 1 BvR 37/63, NJW 1964, 1715.
4 *Jarass/Pieroth*, Art. 93 GG Rz. 130; *Zuck*, JuS 1988, 370 (372).
5 BVerfG v. 11.5.1976 – 1 BvR 671/70, NJW 1976, 1677; BVerfG v. 3.6.1980 – 1 BvR 797/78, NJW 1980, 2072; vgl. dazu auch Sachs/*Detterbeck*, Art. 93 GG Rz. 90; *Jarass/Pieroth*, Art. 93 GG Rz. 130; *Zuck*, JuS 1988, 370 (372); GMP/*Prütting*, Einl. Rz. 76.
6 Vgl. dazu insbesondere *Weber*, JuS 1985, 408 mwN.
7 BVerfG v. 15.6.1988 – 1 BvR 1301/86, NJW 1988, 2289; BVerfG v. 12.10.1993 – 2 BvR 2134/92 ua., NJW 1993, 3047; BVerfG v. 8.2.2006 – 1 BvR 187/06; *Fleury*, Verfassungsprozessrecht, Rz. 302.
8 *Schlaich/Korioth*, BVerfG, Rz. 227.
9 BVerfG v. 28.4.2005 – 2 BvE 1/05 ua., NJW 2005, 2059; BVerfG v. 22.9.2009 – 2 BvR 2136/09, NJW 2009, 3778 (3779); dazu *Sachs*, JuS 2010, 277 ff.
10 BVerfG v. 2.5.2006 – 1 BvR 698/06, NVwZ 2006, 924 (925).
11 BVerfG v. 17.1.1985 – 2 BvR 498/84, NJW 1985, 788.
12 BVerfG v. 23.10.1958 – 1 BvR 458/58, NJW 1959, 29.
13 BVerfG v. 17.12.1953 – 1 BvR 323/51 ua., BVerfGE 3, 162 (172); BVerfG v. 27.10.1970 – 1 BvR 180/68, DB 1971, 147.
14 BVerfG v. 14.3.1972 – 2 BvR 60/71, DÖV 1972, 570.
15 Vgl. nur BVerfG v. 8.10.2003 – 2 BvR 1309/03, NJW 2004, 501; BVerfG v. 23.10.2007 – 1 BvR 782/07, NZA 2008, 1201.

res gilt allerdings für Entscheidungen in selbständigen Zwischenverfahren, die über eine für das weitere Verfahren wesentliche Rechtsfrage befinden und in höheren Instanzen nicht mehr nachgeprüft und korrigiert werden (**selbständige Zwischenentscheidungen**)[1]. Sie können grds. mit der Verfassungsbeschwerde angegriffen werden[2]. Zu den selbständigen Zwischenentscheidungen gehören insbesondere auch Entscheidungen im Verfahren des einstweiligen Rechtsschutzes. Für diese stellt sich allerdings die weitere Frage, ob vor Einlegung der Verfassungsbeschwerde das Hauptsacheverfahren durchgeführt werden muss. Dies ist aber kein Problem der Beschwerdebefugnis, sondern der Subsidiarität der Verfassungsbeschwerde[3].

5. Rechtswegerschöpfung und Subsidiarität

a) Allgemeines

29 Ist gegen die geltend gemachte Grundrechtsverletzung der Rechtsweg zulässig, so kann die Verfassungsbeschwerde erst nach **Erschöpfung des Rechtswegs** erhoben werden (§ 90 Abs. 2 Satz 1 BVerfGG). Diese Regelung, die verfassungsrechtlich durch Art. 94 Abs. 2 Satz 2 GG gedeckt ist, hat das BVerfG zum **Grundsatz der Subsidiarität** ausgedehnt. Er gebietet, dass der Beschwerdeführer im Ausgangsverfahren alle prozessualen Möglichkeiten ausschöpft, um es gar nicht erst zu dem Verfassungsverstoß kommen zu lassen oder eine bereits eingetretene Grundrechtsverletzung zu beseitigen[4]. Rechtswegerschöpfung und Subsidiarität stellen zwei verschiedene Zulässigkeitsvoraussetzungen dar, die jedoch eng miteinander verbunden sind. Gemeinsam haben sie zum Ziel, den Instanzgerichten die Selbstkorrektur eines Grundrechtsverstoßes an Stelle des „Umwegs" über das BVerfG zu ermöglichen[5]. Außerdem sollen sie Gewähr leisten, dass das BVerfG auf einen in tatsächlicher und rechtlicher Hinsicht aufbereiteten Sachverhalt trifft und die obersten Gerichtshöfe des Bundes Gelegenheit zur Stellungnahme haben[6]. Nicht zuletzt sollen sie zu einer Entlastung des BVerfG beitragen und auf diese Weise die Funktionsfähigkeit der Verfassungsgerichtsbarkeit sichern[7].

b) Rechtswegerschöpfung

30 **Rechtsweg** iSd. § 90 BVerfGG ist jede gesetzlich normierte Möglichkeit der Anrufung eines Gerichts[8]. Dazu gehört nicht nur der nach der jeweiligen Prozessordnung eröffnete Instanzenzug, sondern auch jeder andere im Gesetz vorgesehene Rechtsbehelf, wie etwa der Einspruch gegen ein Versäumnisurteil[9], der Antrag auf Wiedereinsetzung in den vorigen Stand[10], die Nichtzulassungsbeschwerde (s. Rz. 32), die Anhörungsrüge[11] oder die Inanspruchnahme einstweiligen Rechtsschutzes[12]. Vor einer Verfassungsbeschwerde wegen überlanger Verfahrensdauer muss seit dem 3.12.2011 auch die Verzögerungsrüge nach § 198 Abs. 3 Satz 1 GVG geltend gemacht[13] und eine Klage auf angemessene Entschädigung nach § 198 Abs. 1 GVG[14] erhoben werden. Auch ein Antrag auf Wiederaufnahme des Verfahrens kann vor Erhebung der Verfas-

---

1 BVerfG v. 27.10.1999 – 1 BvR 385/90, NJW 2000, 1175; BVerfG v. 23.10.2007 – 1 BvR 782/07, NZA 2008, 1201; BVerfG v. 12.1.2009 – 1 BvR 3113/08, NJW 2009, 833 (834).
2 *Baumgarten*, ZTR 1990, 368 (369 f.); *Dörr*, Verfassungsbeschwerde, Rz. 107 ff.
3 *Dörr*, Verfassungsbeschwerde, Rz. 108 f.; *Zuck*, Verfassungsbeschwerde, Rz. 556.
4 BVerfG v. 5.11.1991 – 1 BvR 1256/89, NJW 1992, 1747; BVerfG v. 30.4.2003 – 1 PBvU 1/02, NJW 2003, 1924; BVerfG v. 20.9.2007 – 2 BvR 855/06, NJW 2008, 209.
5 BVerfG v. 8.7.1986 – 2 BvR 152/83, NJW 1987, 1319.
6 BVerfG v. 24.6.1992 – 1 BvR 1028/91, NJW 1992, 2749; BVerfG v. 14.3.2007 – 1 BvR 2748/06, NJW 2007, 2241 (2242).
7 BVerfG v. 7.7.1955 – 1 BvR 108/52, NJW 1955, 1270; BVerfG v. 27.6.2007 – 1 BvR 1470/07, NJW 2007, 3054; kritisch dazu *Spranger*, AöR 127 (2002), 27, 58 ff; *Fleury*, Verfassungsprozessrecht, Rz. 321.
8 BVerfG v. 20.6.1984 – 1 BvR 1494/78, NJW 1985, 121; BVerfG v. 25.11.2008 – 1 BvR 848/07, NJW 2009, 829.
9 *Jarass/Pieroth*, Art. 93 GG Rz. 104; *Klein/Sennekamp*, NJW 2007, 945 (950).
10 BVerfG v. 2.12.1987 – 1 BvR 1291/85, BVerfGE 77, 275 (282 f.); BVerfG v. 20.6.1995 – 1 BvR 166/93, NJW 1995, 3173; BVerfG 10.10.2012 – 2 BvR 1095/12, NJW 2013, 446 f.; s.a. BVerfG 18.10.2012 – 2 BvR 2776/10, NJW 2013, 592 f.
11 BVerfG v. 25.11.2008 – 1 BvR 848/07, NJW 2009, 829; BVerfG v. 2.3.2011 – 2 BvR 43/10 ua.; BVerfG v. 10.10.2012 – 2 BvR 1218/10; BVerfG v. 16.7.2013 – 1 BvR 3057/11, NJW 2013, 3506 (3507); BVerfG v. 25.1.2014 – 1 BvR 1126/11, NJW 2014, 991 (992); BVerfG v. 16.6.2014 – 1 BvR 1443/12, NJW 2014, 2635 Rz. 9; BVerfG v. 13.10.2015 – 2 BvR 2436/14, NJW 2016, 861 Rz. 15; vgl. dazu ausführlich *Zuck*, Verfassungsbeschwerde, Rz. 753 ff.; *Lenz/Hansel*, § 90 BVerfGG Rz. 367 ff.
12 BVerfG v. 24.6.1992 – 1 BvR 1028/91, NJW 1992, 2749.
13 BVerfG v. 21.12.2011 – 1 BvQ 44/11; BVerfG v. 6.6.2013 – 2 BvQ 26/13.
14 BVerfG v. 30.5.2012 – 1 BvR 2292/11, BVerfGK 19, 424; BVerfG v. 20.6.2012 – 2 BvR 1565/11; BVerfG v. 28.1.2013 – 2 BvR 1912/12, NVwZ 2013, 788 (789); BVerfG v. 5.9.2013 – 1 BvR 2447/11, NVwZ 2014, 62 (63); *Lenz/Hansel*, § 90 BVerfGG Rz. 357; aM Burkiczak/Dollinger/Schorkopf/*Henke*, § 90 BVerfGG Rz. 158, 228.

sungsbeschwerde geboten sein[1]. **Nicht** zum Rechtsweg gehört dagegen die Geltendmachung von Amtshaftungsansprüchen[2], die Einlegung einer Dienstaufsichtsbeschwerde[3], die Erhebung einer Beschwerde zum EGMR und die Inanspruchnahme von Rechtsschutz im Rahmen der EU oder anderer internationaler Organisationen[4].

Erschöpft ist der Rechtsweg, wenn der Beschwerdeführer alle prozessualen Möglichkeiten zur Beseitigung der behaupteten Grundrechtsverletzung in Anspruch genommen, dh. alle nicht offensichtlich unzulässigen Rechtsbehelfe form- und fristgemäß eingelegt hat[5]. Hat er einen statthaften Rechtsbehelf versäumt oder wieder zurückgenommen, so ist der Rechtsweg nicht erschöpft[6]. Dasselbe gilt, wenn er eine zulässige Rüge nicht erhoben[7] oder einen Antrag zu unklar formuliert hat[8] oder wenn das eingelegte Rechtsmittel aus prozessualen Gründen (zB wegen unzureichender Begründung) erfolglos bleibt[9]. Die Rügen des Beschwerdeführers müssen den Fachgerichten die Möglichkeit zur Beseitigung des Grundrechtsverstoßes gegeben haben[10]. Ist der Rechtsweg vor Erhebung der Verfassungsbeschwerde nicht erschöpft worden, so ist die Verfassungsbeschwerde unzulässig. Eine Aussetzung des Verfassungsbeschwerdeverfahrens mit dem Ziel, den fachgerichtlichen Rechtsweg nachträglich auszuschöpfen, ist nicht statthaft[11]. Ob der Rechtsweg ordnungsgemäß erschöpft ist, prüft das BVerfG in eigener Zuständigkeit. Aus der fachgerichtlichen Verwerfung eines Rechtsbehelfs als unzulässig kann daher nicht automatisch geschlossen werden, der Rechtsweg sei nicht ordnungsgemäß erschöpft[12]. Aus diesem Grund nimmt das BVerfG für sich in Anspruch, falsch bezeichnete fachgerichtliche Rechtsbehelfe wohlwollend nach ihrem Rechtsschutzziel auszulegen (etwa eine „Gegenvorstellung" als Anhörungsrüge) und daher von einer ordnungsgemäßen Rechtswegerschöpfung auszugehen[13]. Sofern ein Fachgericht trotz Unzulässigkeit eines Rechtsbehelfs in der Sache entschieden hat, kann dem Beschwerdeführer die Unzulässigkeit im Verfassungsbeschwerdeverfahren nicht entgegengehalten werden, da tatsächlich eine fachgerichtliche Prüfung durchgeführt wurde[14]. 31

Für das **ArbG-Verfahren** folgt aus dem Gebot der Rechtswegerschöpfung, dass nur solche Entscheidungen mit der Verfassungsbeschwerde angegriffen werden können, gegen die weder Berufung bzw. Revision (Urteilsverfahren) noch Beschwerde. Rechtsbeschwerde (Beschlussverfahren) statthaft ist. Dies ist unproblematisch für Urteile und Beschlüsse des **BAG**, da sie nicht mit Rechtsmitteln anfechtbar sind. Sofern in ihnen keine Zurückverweisung ausgesprochen wird, stellen sie abschließende Entscheidungen der Fachgerichtsbarkeit dar und können mit der Verfassungsbeschwerde angegriffen werden. Verweist das BAG die Sache dagegen im Revisions- bzw. Rechtsbeschwerdeverfahren an die Vorinstanz zurück, ist der Rechtsweg vor den Fachgerichten noch nicht erschöpft[15]. Hier ist vielmehr eine erneute Beschreitung des Rechtswegs gegen die abschließende Entscheidung erforderlich. Gegen erstinstanzliche Urteile der **ArbG** muss dagegen zunächst Berufung eingelegt werden, sofern diese nicht ausnahmsweise nach § 64 ArbGG unstatthaft ist; instanzbeendende Entscheidungen der ArbG im Beschlussverfahren müssen stets mit der Beschwerde gem. § 87 ArbGG angefochten werden. Für Verfassungsbeschwerden gegen Entscheidungen der **LAG** ist zu differenzieren. Hat das LAG die Revision bzw. Rechtsbeschwerde zugelassen (§ 72 Abs. 1, § 92 Abs. 1 ArbGG), dann muss das zugelassene Rechtsmittel ausgeschöpft werden. Hat das LAG die Zulassung dagegen verweigert, so verlangt das BVerfG grundsätzlich, dass der Beschwerdeführer vor Erhebung der Verfassungsbeschwerde **Nichtzulassungsbeschwerde** (§§ 72a, 92a ArbGG) zum BAG einlegt, da auch die 32

---

1 Vgl. einerseits BVerfG v. 17.1.1973 – 2 BvR 335/72, BVerfGE 34, 204; BVerfG v. 13.9.1991 – 2 BvR 355/91, NJW 1992, 496; BVerfG v. 22.1.1992 – 2 BvR 40/92, NJW 1992, 1030; andererseits BVerfG v. 30.5.1967 – 2 BvR 380/65, DB 1967, 1807; BVerfG v. 4.8.1992 – 2 BvR 1129/92, NJW 1993, 51.
2 BVerfG v. 5.8.1966 – 1 BvR 586/62 ua., NJW 1966, 1603.
3 *Zuck*, Verfassungsbeschwerde, Rz. 750; *Dörr*, Verfassungsbeschwerde, Rz. 189.
4 *Dörr*, Verfassungsbeschwerde, Rz. 190; *Weber*, JuS 1992, 122 (126).
5 BVerfG v. 17.4.2015 – 1 BvR 3276/08, NJW 2015, 2175 Rz. 9; Sachs/*Detterbeck*, Art. 94 GG Rz. 18.
6 Vgl. BVerfG v. 12.10.1951 – 1 BvR 41/51, BVerfGE 1, 12 (13).
7 BVerfG v. 11.6.1991 – 1 BvR 772/90, NJW 1991, 2694; BVerfG v. 27.6.2007 – 1 BvR 1470/07, NJW 2007, 3054; BVerfG v. 9.7.2007 – 1 BvR 646/06, NJW 2007, 3418 (3419).
8 BVerfG v. 7.7.1992 – 1 BvL 51/86 ua., NJW 1992, 2213.
9 BVerfG v. 5.7.2016 – 1 BvR 979/12, Rz. 21. Das BVerfG stellt dabei klar, dass es verfassungsrechtlich unbedenklich ist, die Beschreitung des Rechtsweges von der Erfüllung bestimmter formaler Voraussetzungen abhängig zu machen.
10 BVerfG v. 15.5.1963 – 2 BvR 106/63, NJW 1963, 1491; BVerfG v. 13.1.1987 – 2 BvR 209/84, NJW 1987, 2399.
11 Vgl. – zur Landesverfassungsbeschwerde – BbgVerfG v. 21.1.2010 – VfgBbg 49/09, NJW 2010, 1947 f.
12 Zur Möglichkeit der Revisionsgerichte, Verfassungsbeschwerden durch Verwerfung der Nichtzulassungsbeschwerde zu vereiteln vgl. *Dommermuth-Alhäuser*, NJW 2014, 2843 ff.
13 So etwa BVerfG v. 25.1.2014 – 1 BvR 1126/11, NJW 2014, 991 (992).
14 BVerfG v. 28.11.2013 – 2 BvR 2784/12.
15 BVerfG v. 14.9.2009 – 1 BvR 1993/09, NZS 2010, 322 Rz. 2; BVerfG v. 16.11.2009 – 1 BvR 2545/09.

Nichtzulassungsbeschwerde zum Rechtsweg iSd. § 90 Abs. 2 Satz 1 BVerfGG gehört[1]. Etwas anderes gilt nur dann, wenn die Nichtzulassungsbeschwerde offensichtlich aussichtslos erscheint; denn die Einlegung völlig aussichtsloser Rechtsbehelfe ist dem Beschwerdeführer nach Ansicht des BVerfG nicht zumutbar[2]. In diesem Fall kann unmittelbar gegen die Entscheidung des LAG Verfassungsbeschwerde erhoben werden. Zu den Risiken, die sich für den Beschwerdeführer aus einer falschen Einschätzung der „offensichtlichen Aussichtslosigkeit" ergeben, und den Abhilfemöglichkeiten s. Rz. 39 f.

c) Subsidiarität

33 Der Grundsatz der Subsidiarität besagt, dass die Verfassungsbeschwerde notwendig sein muss, um eine Grundrechtsverletzung auszuräumen; dies ist nicht der Fall, wenn eine anderweitige Möglichkeit besteht, die Grundrechtsverletzung zu beseitigen oder ohne Inanspruchnahme des BVerfG im praktischen Ergebnis dasselbe zu erreichen[3]. Subsidiarität meint also nicht nur die Erschöpfung des Rechtswegs im engeren Sinne. Der Beschwerdeführer muss nach der Rspr. des BVerfG vielmehr **alle** nach Lage der Dinge zur Verfügung stehenden **prozessualen Möglichkeiten** ergreifen, um eine Korrektur der geltend gemachten Verfassungsverletzung zu erwirken oder eine Grundrechtsverletzung zu verhindern[4]. Dazu gehört, dass sich der Beschwerdeführer auf Ausnahmeregelungen beruft, Billigkeitsmaßnahmen beantragt[5] und formlose Rechtsbehelfe ergreift[6]. Auch die Tatsache, dass die Zulässigkeit eines Rechtsbehelfs in der fachgerichtlichen Rspr. noch nicht eindeutig geklärt ist, befreit den Beschwerdeführer nicht von der Pflicht, den Rechtsbehelf einzulegen. Nur wenn der Rechtsbehelf dem Gebot der Rechtsmittelklarheit nicht entspricht[7] oder wenn er als offensichtlich aussichtslos anzusehen ist, wird seine Einlegung ihm nicht zugemutet[8]; bei der Beurteilung der offensichtlichen Aussichtslosigkeit ist das BVerfG nicht an die Entscheidung des Fachgerichts gebunden[9]. Bei der Rechtssatzverfassungsbeschwerde ist der Subsidiaritätgrundsatz zur Wahrung des Vorrangs der sachnäheren Fachgerichtsbarkeit in besonderer Weise zu beachten, weil das Gebot der Rechtswegerschöpfung gem. § 90 Abs. 2 Satz 1 BVerfGG dort nicht gilt[10]. Im Hinblick auf das MiLoG hat das BVerfG entschieden, dass es dem Beschwerdeführer zwar unzumutbar sei, zur Eröffnung des fachgerichtlichen Rechtswegs gegen die bußgeldbewehrten Pflichten des Gesetzes zu verstoßen, um so eine Prüfung der angegriffenen Normen in einem Ordnungswidrigkeitenverfahren zu ermöglichen. Jedoch bestehe für ihn die zumutbare Möglichkeit, vor den Fachgerichten auf Feststellung zu klagen, nicht zu den nach dem MiLoG vorgeschriebenen Handlungen verpflichtet zu sein. Eine Verfassungsbeschwerde unmittelbar gegen das MiLoG sei daher wegen Verstoßes gegen den Grundsatz der Subsidiarität unzulässig[11].

34 Insbesondere bei der **Verletzung von Verfahrensgrundrechten** (Art. 101 Abs. 1 Satz 2 GG, Art. 103 Abs. 1 GG) hat das BVerfG lange Zeit gefordert, dass der Beschwerdeführer auch gegenüber unanfechtbaren Entscheidungen außerordentliche Rechtsbehelfe, insbesondere eine Gegenvorstellung, geltend macht, sofern diese nicht von vornherein aussichtslos erscheinen. Zugleich hat es die Fachgerichte aufgefordert, solche au-

---

1 BVerfG v. 20.3.2001 – 1 BvR 491/96, NJW 2001, 1779; BVerfG v. 24.4.2004 – 1 BvR 138/04, NJW 2004, 3029 (3030); vgl. auch BVerfG v. 27.2.2009 – 1 BvR 3505/08, NZA 2009, 509 (510); BVerfG v. 25.6.2015 – 1 BvR 439/14, Rz. 6; BVerfG v. 28.9.2015 – 1 BvR 2656/14, NZA 2016, 253 Rz. 4.
2 BVerfG v. 2.1.1995 – 1 BvR 320/94, NJW 1996, 45; BVerfG v. 19.7.2000 – 1 BvR 539/96, NVwZ 2001, 790; vgl. auch *Fleury*, Verfassungsprozessrecht, Rz. 324; *Zuck*, Verfassungsbeschwerde, Rz. 766; *Zuck*, NJW 2008, 2078. – Den Fall offensichtlicher Aussichtslosigkeit der Nichtzulassungsbeschwerde kann es nach Auffassung von *Zwanziger*, NJW 2008, 3388 (3389), im arbeitsgerichtlichen Verfahren allerdings nicht geben.
3 BVerfG v. 3.4.1979 – 1 BvR 1460/78 ua., NJW 1979, 1541; BVerfG v. 20.9.2007 – 2 BvR 855/06, NJW 2008, 209; BVerfG v. 20.6.2012 – 2 BvR 1565/11.
4 S. nur BVerfG v. 9.7.2007 – 1 BvR 646/06, NJW 2007, 3418 (3419); BVerfG v. 2.9.2009 – 2 BvR 448/09, NJW 2010, 669; BVerfG v. 24.2.2011 – 2 BvR 45/11; BVerfG v. 4.5.2015 – 2 BvR 2169/13 ua., Rz. 2; BVerfG v. 25.6.2015 – 1 BvR 555/15; NZA 2015, 864 Rz. 8; BVerfG v. 25.8.2015 – 1 BvR 1528/14, NZA 2016, 122 Rz. 6; BVerfG v. 10.3.2017 – 1 BvR 201/14, NZA 2017, 790 Rz. 8.
5 BVerfG v. 22.6.1995 – 2 BvR 552/91, NJW 1995, 2624.
6 Sachs/*Detterbeck*, Art. 94 GG Rz. 20; einschränkend für die von der Judikatur entwickelten außerordentlichen Rechtsbehelfe wegen Verletzung des rechtlichen Gehörs aber BVerfG v. 30.4.2003 – 1 PBvU 1/02, NJW 2003, 1924 (1928) (s. dazu Rz. 34).
7 BVerfG v. 20.9.2007 – 1 BvR 775/05, NJW 2008, 503. Näher dazu Rz. 34.
8 BVerfG v. 8.1.1985 – 1 BvR 700/83 ua., NJW 1985, 2249; BVerfG v. 15.3.2006 – 2 BvR 917/05 ua., EuGRZ 2006, 294; BVerfG v. 12.5.2009 – 2 BvR 890/06, NVwZ 2009, 1217; BVerfG v. 23.3.2012 – 1 BvR 3032/11, NJW 2012, 2021.
9 BVerfG v. 14.5.2007 – 1 BvR 730/07, NJW-RR 2008, 75; BVerfG v. 25.1.2014 – 1 BvR 1126/11, NJW 2014, 991 (992).
10 BVerfG v. 24.6.2015 – 1 BvR 1360/15, NJW 2015, 3024 Rz. 10.
11 BVerfG v. 25.6.2015 – 1 BvR 555/15; NZA 2015, 864 Rz. 9 ff.; vgl. auch BVerfG v. 25.6.2015 – 1 BvR 37/15, NZA 2015, 866 Rz. 4.

ßerordentlichen Rechtsbehelfe großzügig zuzulassen, damit Grundrechtsverstöße innerhalb der Fachgerichtsbarkeit beseitigt werden können[1]. Ergebnis dieser Entwicklung war eine gefährliche Rechtsunsicherheit für den Beschwerdeführer, die in Rspr. und Lit. zunehmend als problematisch empfunden wurde. In einem **Plenarbeschluss vom 30.4.2003** trug das **BVerfG** den Bedenken Rechnung und entschied, dass die von den Fachgerichten zur Rüge eines Verstoßes gegen Art. 103 Abs. 1 GG entwickelten außerordentlichen Rechtsbehelfe den rechtsstaatlichen Anforderungen an die Rechtsmittelklarheit nicht genügten. Es zog daraus den Schluss, dass die Zulässigkeit der Verfassungsbeschwerde wegen **Verletzung des rechtlichen Gehörs** nicht von der vorherigen erfolglosen Einlegung derartiger außerordentlicher Rechtsbehelfe abhängig gemacht werden dürfe, und gab dem Gesetzgeber auf, eine verfassungskonforme Lösung zu finden, die sowohl der Subsidiarität der verfassungsgerichtlichen Rechtsschutzes als auch den Erfordernissen der Rechtsmittelklarheit genüge[2]. Dem ist der Gesetzgeber für den Fall des Art. 103 Abs. 1 GG mit dem Anhörungsrügengesetz vom 9.12.2004 nachgekommen[3]. Dieses sieht – weitgehend parallel in den Prozessordnungen der verschiedenen Gerichtszweige (für die Arbeitsgerichtsbarkeit vgl. § 78a ArbGG) – mit der **Anhörungsrüge** eine Möglichkeit vor, durch die der Grundrechtsverstoß innerhalb der Fachgerichtsbarkeit behoben werden kann[4]. Damit hat zumindest der in der Praxis wichtigste Fall eine ausdrückliche gesetzliche Regelung gefunden, die den Rückgriff auf die Gegenvorstellung überflüssig und unzulässig[5] macht[6]. Nicht vollständig geklärt ist hingegen, was für **Verstöße gegen andere Verfahrensgrundrechte** gilt (zB gegen die Garantie des gesetzlichen Richters nach Art. 101 Abs. 1 Satz 2 GG oder gegen das in Art. 3 Abs. 1 GG geregelte Willkürverbot). Diese werden nach dem eindeutigen Wortlaut der gesetzlichen Regelungen nicht von der Anhörungsrüge erfasst und können auch nicht im Wege der Analogie in ihren Anwendungsbereich einbezogen werden[7], da die Beschränkung auf Gehörsverletzungen auf einer bewussten und ausdrücklich begründeten Entscheidung des Gesetzgebers beruht[8]. Ob bei solchen Verstößen weiterhin auf die Gegenvorstellung zurückgegriffen werden kann[9] oder ob nach Erschöpfung des Rechtswegs nur die Verfassungsbeschwerde gegeben ist (näher dazu § 78a Rz. 40 ff.)[10], wird nicht einheitlich beantwortet. Klar ist jedoch seit dem Plenarbeschluss vom 30.4.2003, dass die Einlegung einer Gegenvorstellung nicht mehr zur Voraussetzung für die Zulässigkeit der Verfassungsbeschwerde gemacht werden darf[11].

---

1 Vgl. dazu im Einzelnen die 3. Auflage.
2 BVerfG v. 30.4.2003 – 1 PBvU 1/02, NJW 2003, 1924 (1928); vgl. auch die Anschlussentscheidung des 1. Senats: BVerfG v. 7.10.2003 – 1 BvR 10/99, NJW 2003, 3687.
3 BGBl. I S. 3220. Vgl. dazu *Treber*, NJW 2005, 97; *Gravenhorst*, NZA 2005, 24; *Rensen*, MDR 2005, 181.
4 Erstmals hatte die Anhörungsrüge allerdings bereits vor dem Urteil des BVerfG Eingang ins Gesetz gefunden. Im Zuge der ZPO-Reform 2002 war sie – mit einem zunächst recht engen Anwendungsbereich – allein in § 321a ZPO normiert worden. Im Anschluss daran hatte der BGH die früher anerkannte „außerordentliche Beschwerde" wegen „greifbarer Gesetzwidrigkeit" aufgegeben; vgl. BGH v. 7.3.2002 – IX ZB 11/02, BGHZ 150, 133 = NJW 2002, 1577. Eine entsprechende Entscheidung hat für das Arbeitsgerichtsverfahren nach Einführung des § 78a ArbGG das BAG getroffen; vgl. BAG v. 8.8.2005 – 5 AZB 31/05, NJW 2005, 3231; BAG v. 3.2.2009 – 3 AZB 101/08, NZA 2009, 396; vgl. auch in den anderen Gerichtsbarkeiten BVerwG v. 16.5.2002 – 6 B 28/02 ua., NJW 2002, 2657; BFH v. 5.12.2002 – IV B 190/02, NJW 2003, 919 (920).
5 Dies dürfte heute wohl unstreitig sein; vgl. nur *Zuck*, Verfassungsbeschwerde, Rz. 757; *Zuck*, NVwZ 2005, 739 (740); idS jetzt auch BVerfG v. 8.2.2006 – 2 BvR 575/05, NJW 2006, 2907; BGH 25.4.2007 – AnwZ (B) 102/05, NJW 2007, 3786 f. m. Anm. *Fölsch*; OVG Weimar v. 11.10.2007 – 4 VO 249/05, NJW 2008, 1609.
6 Durch die Einlegung einer Gegenvorstellung und die darauf ergehende gerichtliche Entscheidung wird die Frist zur Einlegung der Verfassungsbeschwerde daher heute auch nicht mehr erneut in Lauf gesetzt; BVerfG v. 25.11.2008 – 1 BvR 848/07, NJW 2009, 829; vgl. dazu auch Rz. 51.
7 Ebenso BFH v. 11.5.2007 – V S 6/07, NJW 2007, 2576; BGH v. 13.12.2007 – I ZR 47/06, NJW 2008, 2126 (2127); BGH v. 17.7.2008 – V ZR 149/07, NJW-RR 2009, 144; *Rensen*, MDR 2005, 181; *Zuck*, NVwZ 2005, 739 (740); Musielak/Voit/*Musielak*, § 321a ZPO Rz. 6; *Desens*, NJW 2006, 1243 (1244); *Voßkuhle*, NJW 2003, 2193 (2199); vgl. auch § 78a Rz. 40; aM OVG Lüneburg v. 8.2.2006 – 11 LA 82/06, NJW 2006, 2506; *Gravenhorst*, NZA 2005, 24 (27); *Poelzig*, ZZP 121 (2008), 233 (237 ff.); offengelassen von BVerfG v. 14.5.2007 – 1 BvR 730/07, NJW-RR 2008, 75; BGH v. 19.1.2006 – I ZR 151/02, NJW 2006, 1978 f.
8 BT-Drs. 15/3706, S. 14. Die Zurückhaltung des Gesetzgebers ist offenbar dadurch motiviert, dass der Auftrag des BVerfG sich – entsprechend dem Verfahrensgegenstand des Plenarbeschlusses – nur auf Gehörsverletzungen bezog. Rechtspolitisch ist diese Zurückhaltung allerdings zweifelhaft; vgl. auch *Rüsken*, NJW 2008, 481 (483).
9 Dafür offenbar BGH v. 15.2.2006 – IV ZB 57/04, FamRZ 2006, 695 (697); BGH v. 4.7.2007 – VII ZB 28/07, NJW-RR 2007, 1654; BSG v. 28.7.2005 – B 13 RJ 178/05 B, NJW 2006, 860; BFH v. 13.10.2005 – IV S 10/05, NJW 2006, 861; OVG Weimar v. 11.10.2007 – 4 VO 249/05, NJW 2008, 1609; vgl. auch *Rüsken*, NJW 2008, 481 (483 f.); *Zuck*, Verfassungsbeschwerde, Rz. 757; *Zuck*, NVwZ 2005, 739 (740); *Lübbe-Wolf*, AnwBl 2005, 509 (513).
10 So etwa *Desens*, NJW 2006, 1243 (1244); *Rensen*, MDR 2005, 181 (182 f.).
11 Aus dem Plenarbeschluss vom 30.4.2003 kann dagegen nicht abgeleitet werden, dass die Gegenvorstellung aus verfassungsrechtlichen Gründen generell unzulässig ist; vgl. BVerfG v. 25.11.2008 – 1 BvR 848/07, NJW 2009, 829.

34a Die vom BVerfG selbst initiierte **Anhörungsrüge** (§ 78a ArbGG) hat für die Zulässigkeit der Verfassungsbeschwerde erhebliche Bedeutung erlangt. Sie ist sowohl bei der Erschöpfung des Rechtswegs als auch bei der Subsidiarität zu beachten: Wird mit der Verfassungsbeschwerde (zumindest auch) eine Verletzung des rechtlichen Gehörs geltend gemacht, dann gehört die Anhörungsrüge bereits zum **Rechtsweg**, von dessen Erschöpfung die Verfassungsbeschwerde abhängig ist. Ihre Einlegung kann daher nur unterbleiben, wenn sie offensichtlich aussichtslos ist[1]. Ist das nicht der Fall, dann führt die Nichterhebung der Anhörungsrüge dazu, dass die Verfassungsbeschwerde unzulässig ist. In Fällen, in denen neben dem Verstoß gegen Art. 103 Abs. 1 GG eine Verletzung weiterer Grundrechte gerügt wird, bezieht sich die Unzulässigkeit nicht allein auf die Gehörsrüge, sondern auch auf die Rüge der anderen Grundrechte, sofern diese denselben Streitgegenstand betreffen; denn bei einer erfolgreichen Anhörungsrüge wäre das fachgerichtliche Verfahren wieder in vollem Umfang eröffnet gewesen, so dass auch andere Grundrechtsverletzungen vor dem Fachgericht hätten gerügt werden können (vgl. dazu auch § 78a Rz. 44)[2]. Dieser Gesichtspunkt ist auch der Grund dafür, dass die Erhebung einer Anhörungsrüge selbst dann notwendig sein kann, wenn der Beschwerdeführer mit der Verfassungsbeschwerde gar keinen Verstoß gegen Art. 103 Abs. 1 GG rügen will[3]. In diesem Fall gehört die Anhörungsrüge zwar nicht zum Rechtsweg, sie kann jedoch durch den **Grundsatz der Subsidiarität** geboten sein, weil sie gleichsam als „Türöffner" dienen kann, um die Grundrechtsverletzungen, die der Beschwerdeführer vor dem BVerfG rügen will, durch das Fachgericht beseitigen zu lassen[4]. Allerdings wird dem Beschwerdeführer die Durchführung des Anhörungsrügeverfahrens aus Subsidiaritätsgründen nur dann zugemutet, wenn ein Gehörsverstoß durch die Fachgerichte naheliegt und zu erwarten ist, dass ein vernünftiger Beschwerdeführer wegen der geltend gemachten Beschwer im fachgerichtlichen Verfahren einen entsprechenden Rechtsbehelf ergreifen würde[5]. Dieser Maßstab ist weniger streng als die Prüfung der offensichtlichen Aussichtslosigkeit. Der Beschwerdeführer kann im Ergebnis also Einfluss darauf nehmen, welcher Maßstab Anwendung findet, indem er seine Verfassungsbeschwerde von vornherein auf die anderen Grundrechtsverletzungen beschränkt bzw. die zunächst erhobene Rüge einer Gehörsverletzung wieder zurücknimmt[6]. Macht er der Sache nach eine Gehörsverletzung geltend[7], so kann er von der Erhebung der Anhörungsrüge nur absehen, wenn diese offensichtlich aussichtslos ist. Erhebt er hingegen keine Gehörsrüge, dann muss er die Anhörungsrüge nur durchführen, wenn ein entsprechender fachgerichtlicher Gehörsverstoß naheliegt und ein verständiger Beschwerdeführer einen entsprechenden Rechtsbehelf ergreifen würde[8].

35 Der Grundsatz der Subsidiarität ist auch bei der Verfassungsbeschwerde gegen Entscheidungen im **einstweiligen Rechtsschutz** von Bedeutung. Insoweit gilt heute, dass vor Erhebung einer Verfassungsbeschwerde regelmäßig auch das Hauptsacheverfahren durchzuführen ist[9]; das ist jedenfalls dann anzunehmen, wenn sich dort nach der Art des gerügten Grundrechtsverstoßes die Chance bietet, der verfassungsrechtlichen Beschwer abzuhelfen[10]. Etwas anderes gilt aber, wenn eine Grundrechtsverletzung gerade durch das

---

1 BVerfG v. 18.6.2007 – 2 BvR 2395/06; BVerfG v. 12.3.2008 – 2 BvR 2042/05; vgl. auch BVerfG v. 13.4.2010 – 1 BvR 216/07; kritisch *Heinrichsmeier*, NVwZ 2010, 228 (230).
2 BVerfG v. 25.4.2005 – 1 BvR 644/05, NJW 2005, 3059; BVerfG v. 30.5.2008 – 1 BvR 27/08, EzTöD 710 § 33 ATV Nr 3 Rz. 13; BVerfG v. 24.2.2011 – 2 BvR 45/11; BVerfG v. 20.11.2012 – 1 BvR 1526/12, NZS 2013, 257 (258); BVerfG v. 16.7.2013 – 1 BvR 3057/11, NJW 2013, 3506 (3507); zustimmend *Desens*, NJW 2006, 1243 (1245); ablehnend *Zuck*, NVwZ 2005, 739 (741 f.).– Entsprechendes gilt auch beim Unterlassen anderer Rechtsbehelfe, die bei erfolgreicher Nutzung zu einer Korrektur der Grundrechtsverletzungen hätten führen können; vgl. BVerfG v. 2.9.2009 – 2 BvR 448/09, NJW 2010, 669 f.
3 BVerfG v. 4.5.2015 – 2 BvR 2169/13 ua., Rz. 2; BVerfG v. 25.8.2015 – 1 BvR 1528/14, NZA 2016, 122 Rz. 6.
4 BVerfG v. 16.7.2013 – 1 BvR 3057/11, NJW 2013, 3506 (3507); dazu *Allgayer*, NJW 2013, 3484 (3485 f.).
5 BVerfG v. 16.7.2013 – 1 BvR 3057/11, NJW 2013, 3506 (3508); BVerfG v. 4.5.2015 – 2 BvR 2169/13 ua., Rz. 2; BVerfG v. 25.8.2015 – 1 BvR 1528/14, NZA 2016, 122 Rz. 6.
6 Dazu, dass eine solche Rücknahme überhaupt möglich ist, vgl. BVerfG v. 13.12.2007 – 1 BvR 2532/07; BVerfG v. 13.4.2010 – 1 BvR 216/07, JZ 2010, 948; BVerfG v. 16.7.2013 – 1 BvR 3057/11, NJW 2013, 3506 (3507); kritisch *Heinrichsmeier*, NVwZ 2010, 228 (230 f.); *Lechner/Zuck*, § 90 BVerfGG Rz. 147g.
7 Dabei kann dem Vorbringen des Beschwerdeführers auch dann die Rüge einer Gehörsverletzung zu entnehmen sein, wenn er ausdrücklich (nur) andere Grundrechte konkret benennt; BVerfG v. 6.10.2014 – 2 BvR 1569/12 Rz. 9; BVerfG v. 7.10.2016 – 2 BvR 1313/16 Rz. 3 f.; vgl. auch BVerfG v. 30.5.2008 – 1 BvR 27/08, EzTöD 710 § 33 ATV Nr 3 Rz. 12.
8 *Allgayer*, NJW 2013, 348 (3486).
9 BVerfG v. 25.3.1992 – 1 BvR 1859/91, NJW 1992, 1676; BVerfG v. 10.3.2008 – 1 BvR 2925/07, PflR 2008, 347; BVerfG v. 12.9.2011 – 2 BvR 1206/11, NJW 2011, 3706 (3707); Sachs/*Detterbeck*, Art. 94 GG Rz. 20; *Zuck*, Verfassungsbeschwerde, Rz. 47.
10 BVerfG v. 9.10.2001 – 1 BvR 622/01, NJW 2002, 741; BVerfG v. 13.6.2006 – 2 BvR 2622/05; BVerfG v. 3.1.2007 – 1 BvR 1936/05, NJW-RR 2007, 1684; BVerfG v. 26.1.2007 – 2 BvR 2408/06; BVerfG v. 12.3.2012 – 2 BvR 2606/11 ua.; BVerfG v. 10.3.2008 – 1 BvR 2925/07, PflR 2008, 347.

Eilverfahren selbst geltend gemacht wird[1] bzw. wenn die Entscheidung des BVerfG von keiner weiteren tatsächlichen oder einfachrechtlichen Aufklärung abhängt und die Voraussetzungen gegeben sind, unter denen gem. § 90 Abs. 2 Satz 2 BVerfGG vom Erfordernis der Rechtswegerschöpfung abgesehen werden kann[2].

Aus dem Subsidiaritätsgrundsatz leitet das BVerfG auch gewisse **inhaltliche Anforderungen an den Vortrag im fachgerichtlichen Rechtszug** (sog. materielle Subsidiarität) ab[3]. Zwar ist der Beschwerdeführer nach Auffassung des BVerfG grds. nicht gehalten, bereits das fachgerichtliche Verfahren als „Verfassungsprozess" zu führen und dementsprechend verfassungsrechtliche Erwägungen und Bedenken vorzutragen[4]. Etwas anderes soll jedoch dann gelten, wenn der Ausgang des fachgerichtlichen Verfahrens von der Verfassungswidrigkeit einer Vorschrift abhängt, wenn eine bestimmte Normauslegung angestrebt wird, die ohne verfassungsrechtliche Erwägungen nicht begründbar ist oder wenn nach dem fachgerichtlichen Verfahrensrecht der Antrag auf Zulassung eines Rechtsmittels oder das Rechtsmittel selbst auf die Verletzung von Verfassungsrecht gestützt werden soll (vgl. etwa § 72 Abs. 2 Nr. 3 ArbGG)[5]. Diese Ausnahmen sind so weit formuliert, dass in verfassungsbeschwerderelevanten Verfahren vor den Instanzgerichten in den meisten Fällen auf Grundrechtsverstöße einzugehen sein wird[6]. Mit Rücksicht auf dieses inhaltliche Erfordernis der Subsidiarität kann es sinnvoll sein, eine im fachgerichtlichen Verfahren erhobene Grundrechtsrüge protokollieren zu lassen. Ferner kann kann es dem Beschwerdeführer in bestimmten Verfahrenskonstellationen obliegen, die Einleitung eines Vorabentscheidungsverfahrens zum EuGH nach Art. 267 AEUV anzuregen. So muss er in der Begründung einer Nichtzulassungsbeschwerde darauf hinweisen, dass sich aus seiner Sicht die Notwendigkeit einer Rechtsmittelzulassung aus der Vorlagepflicht des letztinstanzlichen Gerichts ergibt; denn eine Rechtssache hat immer dann grundsätzliche Bedeutung, wenn die Notwendigkeit einer Vorlage an den EuGH in Rede steht (vgl. dazu auch Rz. 120)[7]. Etwas anderes gilt aber im Revisionsverfahren selbst. Hier bedarf es eines solchen Hinweises nicht, weil das Revisionsgericht als letztinstanzliches nationales Gericht unter den Voraussetzungen des Art. 267 Abs. 3 AEUV von Amts wegen zur Vorlage verpflichtet ist[8].

d) Ausnahmen

Eine Ausnahme von den Zulässigkeitsvoraussetzungen der Rechtswegerschöpfung und der Subsidiarität enthält § 90 Abs. 2 Satz 2 BVerfGG. Danach kann das BVerfG über eine vor Erschöpfung des Rechtswegs eingelegte Verfassungsbeschwerde sofort entscheiden, wenn sie von allgemeiner Bedeutung ist oder wenn dem Beschwerdeführer ein schwerer und unabwendbarer Nachteil entstünde, wenn er zunächst auf den Rechtsweg verwiesen würde (sog. **Vorabentscheidung**). Die Voraussetzungen dieser Norm, die das BVerfG explizit auf das Subsidiaritätserfordernis erstreckt[9], werden nicht streng gehandhabt. **Von allgemeiner Bedeutung** ist eine Verfassungsbeschwerde, wenn sie grundsätzliche verfassungsrechtliche Fragen aufwirft und die zu erwartende Entscheidung über den Einzelfall hinaus Klarheit über die Rechtslage in einer Vielzahl gleich gelagerter Fälle schaffen kann[10]. Dies wird bei einer Rechtssatzverfassungsbeschwerde eher anzunehmen sein als bei einer Verfassungsbeschwerde gegen Gerichtsentscheidungen[11]. Die Annahme eines **schweren und unabwendbaren Nachteils** für den Beschwerdeführer setzt einen intensiven Grundrechtseingriff voraus, der auch bei späterem Erfolg auf dem Rechtsweg nicht mehr besei-

---

1 BVerfG v. 14.3.1989 – 1 BvR 1308/82, NVwZ 1989, 854; BVerfG v. 16.5.1995 – 1 BvR 1087/91, NJW 1995, 2477; BVerfG v. 15.3.2006 – 2 BvR 917/05 ua., EuGRZ 2006, 294; Sachs/*Detterbeck*, Art. 94 GG Rz. 20.
2 BVerfG v. 16.5.1995 – 1 BvR 1087/91, NJW 1995, 2477; BVerfG v. 9.10.2001 – 1 BvR 622/01, NJW 2002, 741; BVerfG v. 3.1.2007 – 1 BvR 1936/05, NJW-RR 2007, 1684.
3 *Seegmüller*, DVBl. 1999, 738 (745); *Kleine-Cosack*, Verfassungsbeschwerden, Rz. 519 ff.
4 BVerfG v. 9.11.2004 – 1 BvR 684/98, NJW 2005, 1413; BVerfG v. 10.3.2017 – 1 BvR 201/14, NZA 2017, 790 Rz. 8; kritisch zu diesem Grundsatz *Lechner/Zuck*, § 90 BVerfGG Rz. 162 ff.; *Zuck*, Verfassungsbeschwerde, Rz. 42 ff.
5 BVerfG v. 9.11.2004 – 1 BvR 684/98, NJW 2005, 1413; BVerfG v. 19.7.2011 – 1 BvR 1916/09, NJW 2011, 3428 Rz. 61 f.; BVerfG v. 10.3.2017 – 1 BvR 201/14, NZA 2017, 790 Rz. 8; kritisch zu diesen Ausnahmen *Linke*, NJW 2005, 2190 ff.; vgl. auch *O'Sullivan*, DVBl. 2005, 880 (886).
6 Vgl. auch *Lechner/Zuck*, § 90 BVerfGG Rz. 162 ff.; *Zuck*, Verfassungsbeschwerde, Rz. 44; allgemein dazu *Lübbe-Wolf*, AnwBl 2005, 509 (514 f.).
7 BVerfG v. 21.11.2011 – 2 BvR 516/09, NJW 2012, 598 Rz. 21; aA *Terhechte*, EuR 2008, 567 ff.
8 BVerfG v. 21.11.2011 – 2 BvR 516/09, NJW 2012, 598 Rz. 21; vgl. dazu auch Burkiczak/Dollinger/Schorkopf/*Henke*, § 90 BVerfGG Rz. 178.
9 Vgl. nur BVerfG v. 19.5.1992 – 1 BvR 986/91, DVBl. 1992, 1215; BVerfG v. 20.2.1998 – 1 BvR 661/94, NJW 1998, 2659.
10 BVerfG v. 14.7.1999 – 1 BvR 995/95 ua., NJW 2000, 1471; BVerfG v. 7.10.2003 – 1 BvR 1712/01, NVwZ 2004, 329.
11 *Dörr*, Verfassungsbeschwerde, Rz. 235.

tigt werden könnte[1]. Dieser Nachteil muss gerade aus der Verweisung auf den Rechtsweg (etwa aus dem damit zwangsläufig verbundenen Zeitverlust) resultieren.[2] Liegt einer der Fälle des § 90 Abs. 2 Satz 2 BVerfGG vor, so hat das BVerfG die für oder gegen eine vorzeitige Entscheidung sprechenden Umstände pflichtgemäß gegeneinander abzuwägen; eine Pflicht zur Vorabentscheidung besteht nicht[3].

38 Über die Fälle des § 90 Abs. 2 Satz 2 BVerfGG hinaus lässt das BVerfG eine Verfassungsbeschwerde zu, wenn die Erschöpfung des Rechtswegs bzw. die Inanspruchnahme anderweitigen Rechtsschutzes für den Beschwerdeführer **unzumutbar** ist. Das ist insbesondere anzunehmen, wenn dem Begehren des Beschwerdeführers eine gefestigte jüngere und einheitliche höchstrichterliche Rspr. entgegensteht[4], wenn wegen der Eindeutigkeit der angegriffenen gesetzlichen Regelung keine dem Begehren des Beschwerdeführers entsprechende Entscheidung zu erwarten ist[5], wenn der Beschwerdeführer durch die angegriffene Entscheidung zu nicht mehr korrigierbaren Dispositionen gezwungen wird[6], wenn das Gericht den Beschwerdeführer falsch belehrt hat, dass kein Rechtsmittel gegeben sei[7], oder wenn ein Rechtsbehelf nur vereinzelt als zulässig angesehen wird[8]. Zumutbar ist dagegen nach der Judikatur des BVerfG der Gebrauch eines Rechtsmittels, dessen Zulässigkeit in der bisherigen fachgerichtlichen Rspr. nicht eindeutig geklärt ist[9]. Allein die Tatsache, dass Rspr. zugunsten der Zulässigkeit eines Rechtsbehelfs für die betreffende Fallgestaltung noch nicht vorliegt, genügt regelmäßig nicht, um die Anrufung der Fachgerichte als von vornherein aussichtslos anzusehen; unzumutbar ist die Einlegung eines Rechtsmittels erst dann, wenn dessen Zulässigkeit „höchst zweifelhaft" erscheint[10]. Zu den sich daraus ergebenden misslichen Konsequenzen für den Betroffenen s. Rz. 39 f. Insgesamt stellt das BVerfG an die Unzumutbarkeit hohe Anforderungen[11].

e) Praktische Probleme

39 Der strenge Maßstab, den das BVerfG an die Erschöpfung des Rechtswegs und die Wahrung der Subsidiarität anlegt, stellt den Beschwerdeführer mitunter vor erhebliche Probleme. Da die Verfassungsbeschwerde erst zulässig ist, wenn er jede nicht offensichtlich aussichtslose Verfahrensmöglichkeit ausgeschöpft hat, muss er genau prüfen, ob ein Rechtsbehelf Aussicht auf Erfolg hat und, wenn dies nicht der Fall ist, ob die Aussichtslosigkeit „offensichtlich" ist. Dies kann insbesondere bei der Nichtzulassungsbeschwerde und der Anhörungsrüge schwer zu beurteilen sein. Hier sieht sich der Beschwerdeführer mit dem Fehlen klarer Abgrenzungskriterien und einer teilweise uneinheitlichen Kammerrechtsprechung konfrontiert[12]. Daraus kann sich für den Betroffenen eine gefährliche **Ungewissheit über das gebotene Vorgehen** ergeben. Sieht er nämlich von der Einlegung der Nichtzulassungsbeschwerde oder der Anhörungsrüge ab, weil er sie für offensichtlich aussichtslos hält, so läuft er Gefahr, dass das BVerfG seine Einschätzung nicht teilt und die Verfassungsbeschwerde mangels Rechtswegerschöpfung oder wegen Verletzung der Subsidiarität als unzulässig verwirft. Legt er dagegen den betreffenden Rechtsbehelf ein, so riskiert er, dass der gewählte Rechtsbehelf als offensichtlich unzulässig angesehen wird. In diesem Fall wird die Verfassungsbeschwerde regelmäßig verfristet sein; denn nach st. Rspr. des BVerfG setzt die Entscheidung über ein offensichtlich unzulässiges Rechtsmittel die Frist des § 93 BVerfGG nicht erneut in Lauf (s. Rz. 51).

40 Aus diesem Dilemma kann der Betroffene sich nur dadurch befreien, dass er **alle in Frage kommenden Rechtsschutzmöglichkeiten kumulativ** wahrnimmt, also den unsicheren Rechtsbehelf (Nichtzulassungsbeschwerde, Anhörungsrüge, usw.) im arbeitsgerichtlichen Verfahren einlegt und zugleich vorsorglich Verfassungsbeschwerde erhebt[13]. Die Verfassungsbeschwerde sollte dabei mit der Bitte an das BVerfG ver-

---

1 *Lenz/Hansel*, § 90 BVerfGG Rz. 528; Sachs/*Detterbeck*, Art. 94 GG Rz. 19 mwN.
2 *Fleury*, Verfassungsprozessrecht, Rz. 338.
3 BVerfG v. 23.7.1987 – 1 BvR 825/87, NJW 1987, 2288; BVerfG v. 25.3.1992 – 1 BvR 1859/91, NJW 1992, 1676.
4 BVerfG v. 3.12.1958 – 1 BvR 488/57, NJW 1959, 91; seither st. Rspr.
5 BVerfG v. 2.11.1994 – 2 BvR 268/92, NJW 1995, 1080.
6 BVerfG v. 12.12.2012 – 1 BvR 2550/12, NVwZ 2013, 423; BVerfG v. 25.6.2015 – 1 BvR 555/15; NZA 2015, 864 Rz. 8.
7 BVerfG v. 14.12.1965 – 1 BvR 571/60, NJW 1966, 150.
8 Vgl. BVerfG v. 8.7.1986 – 2 BvR 152/83, NJW 1987, 1319; BVerfG v. 5.11.1991 – 1 BvR 1256/89, NJW 1992, 1747.
9 Vgl. BVerfG v. 18.6.1985 – 2 BvR 414/84, NJW 1986, 371; BVerfG v. 25.4.2005 – 1 BvR 644/05, NJW 2005, 3059; BVerfG v. 16.6.2014 – 1 BvR 1443/12, NJW 2014, 2635 Rz. 11; BVerfG v. 17.4.2015 – 1 BvR 3276/08, NJW 2015, 2175 Rz. 10; BVerfG v. 13.10.2015 – 2 BvR 2436/14, NJW 2016, 861 Rz. 17; BVerfG v. 25.2.2016 – 1 BvR 1042/15, NJW 2016, 2099 Rz. 15.
10 BVerfG v. 16.6.2014 – 1 BvR 1443/12, NJW 2014, 2635 Rz. 12.
11 *Jarass/Pieroth*, Art. 93 GG Rz. 110.
12 Instruktiv dazu *Lenz/Hansel*, § 90 BVerfGG Rz. 393 ff.
13 So auch *Zuck*, Verfassungsbeschwerde, Rz. 763, 766 mit Fn. 68, 839; *Lechner/Zuck*, § 90 BVerfGG Rz. 147c, § 93 BVerfGG Rz. 25; *Benda/Klein*, Verfassungsprozessrecht, Rz. 580, 606 f.; *Lenz/Hansel*, § 90 BVerfGG Rz. 405 f.; Burkiczak/Dollinger/Schorkopf/*Henke*, § 90 BVerfGG Rz. 201; *Klein/Sennekamp*, NJW 2007, 945 (955).

bunden werden, sie bis zur Entscheidung über den fachgerichtlichen Rechtsbehelf im Allgemeinen Register (AR) einzutragen und vorerst nicht zu bearbeiten (sog. „Parken" im AR). Ist der Rechtsbehelf vor den ArbG erfolgreich, so kann die Verfassungsbeschwerde zurückgenommen werden; bleibt er ohne Erfolg, dann wird die Verfassungsbeschwerde vom BVerfG weiterbehandelt. Nur durch ein solches Vorgehen kann der Betroffene das Risiko einer Fehlvorstellung über die Erfolgsaussichten eines Rechtsbehelfs minimieren. Das „Parken" einer Verfassungsbeschwerde im Allgemeinen Register wird auch vom BVerfG gebilligt und praktiziert. Zwar hat das BVerfG die kumulative Einlegung von Rechtsschutzmöglichkeiten als „unnötige Belastung der Bürger und der Gerichte" kritisiert und sie (zu Recht) als Zeichen für rechtsstaatliche Defizite angesehen[1]. Das Gericht erkennt jedoch an, dass dem Betroffenen eine Möglichkeit an die Hand gegeben werden muss, sich gegen die nach wie vor bestehende Rechtsunsicherheit abzusichern, und rät auch selbst dazu, „zumindest vorsorglich" Verfassungsbeschwerde einzulegen[2].

6. Form und Inhalt

a) Schriftlicher Antrag

Die Verfassungsbeschwerde ist **schriftlich** beim BVerfG, Schlossbezirk 3, 76131 Karlsruhe bzw. Postfach 1771, 76006 Karlsruhe (Telefon: 07 21/91 01-0) einzureichen (§ 23 BVerfGG). Der Schriftform ist auch bei Einreichung durch Telefax (Fax-Nr.: 07 21/91 01-3 82) Genüge getan[3]; ausgeschlossen ist hingegen eine Antragstellung per E-Mail, da es an einer dem § 130a ZPO entsprechenden Vorschrift fehlt[4]. Handschriftliche Unterzeichnung ist nicht erforderlich; es reicht, wenn der Urheber auf andere Weise hinreichend deutlich angegeben wird[5]. Zur Wahrung der Schriftform genügt es, wenn die Verfassungsbeschwerde in einer Ausfertigung beim BVerfG eingeht. Allerdings kann der Vorsitzende dem Beschwerdeführer nach § 23 Abs. 3 BVerfGG aufgeben, binnen einer bestimmten Frist die erforderliche Zahl von Abschriften einzureichen. Kommt der Beschwerdeführer einer solchen Aufforderung nicht fristgerecht nach, so wird die Verfassungsbeschwerde wegen Formwidrigkeit als unzulässig verworfen[6]. 41

Nicht erforderlich ist ein ausdrücklich formulierter **Antrag**. Es genügt vielmehr für die Zulässigkeit der Verfassungsbeschwerde, wenn sich das Ziel des Beschwerdeführers aus dem Gesamtzusammenhang des Vorbringens klar ergibt[7]. Dennoch empfiehlt sich ein eindeutiger Antrag zur Verdeutlichung des Begehrens. Der Antrag sollte so formuliert werden, wie die Entscheidungsformel des BVerfG nach § 95 BVerfGG aussehen würde. 42

Der Antrag könnte bei einer **Verfassungsbeschwerde gegen ein Urteil** lauten[8]: 43

Es wird beantragt, das BVerfG möge entscheiden:

1. Das Urteil des Landesarbeitsgerichts Köln vom 23. Januar 2007 – 13 Sa 954/06 – verletzt den Beschwerdeführer in seinem Grundrecht aus Artikel 2 Absatz 1 in Verbindung mit Artikel 20 Absatz 3 des Grundgesetzes. Es wird aufgehoben. Die Sache wird an das Landesarbeitsgerichts Köln zurückverwiesen.

2. Das Land Nordrhein-Westfalen hat dem Beschwerdeführer die notwendigen Auslagen zu erstatten.

Bei einer **Verfassungsbeschwerde gegen ein Gesetz** könnte der Antrag lauten[9]: 44

Es wird beantragt, das BVerfG möge entscheiden:

1. § 14 Absatz 5 des Hessischen Gesetzes über die öffentliche Sicherheit und Ordnung (HSOG) in der Fassung der Bekanntmachung vom 14. Januar 2005 (Gesetz- und Verordnungsblatt für das Land Hessen, Teil I, Seite 14) ist mit Artikel 2 Absatz 1 in Verbindung mit Artikel 1 Absatz 1 des Grundgesetzes unvereinbar und nichtig.

2. Das Land Hessen hat den Beschwerdeführern deren notwendige Auslagen zu erstatten.

---

1 BVerfG v. 30.4.2003 – 1 PBvU 1/02, NJW 2003, 1924 (1928).
2 BVerfG v. 14.5.2007 – 1 BvR 730/07, NJW-RR 2008, 75 (76).
3 Vgl. etwa BVerfG v. 19.11.1999 – 2 BvR 565/98, NJW 2000, 574, BVerfG v. 16.4.2007 – 2 BvR 359/07, NJW 2007, 2838; näher dazu *Lechner/Zuck*, § 92 BVerfGG Rz. 5 ff., § 23 Rz. 3; *Lenz/Hansel*, § 23 BVerfGG Rz. 8.
4 *Lenz/Hansel*, § 23 BVerfGG Rz. 10; Burkiczak/Dollinger/Schorkopf/*Puttler*, § 23 BVerfGG Rz. 9; aM *Hartmann*, NJW 2006, 1390 ff.
5 BVerfG v. 19.2.1963 – 1 BvR 610/62, NJW 1963, 755.
6 *Dörr*, Verfassungsbeschwerde, Rz. 246; *Lechner/Zuck*, § 23 BVerfGG Rz. 17.
7 BVerfG v. 3.10.1957 – 1 BvR 194/52, BVerfGE 7, 111 (114 f.).
8 Vgl. BVerfG v. 1.12.2010 – 1 BvR 1682/07, NZA 2011, 354.
9 Vgl. BVerfG v. 11.3.2008 – 1 BvR 2074/05 ua., NJW 2008, 1505.

b) Begründung

45 Der Antrag ist – innerhalb der Beschwerdefrist (s. Rz. 49 ff.) – zu begründen; die erforderlichen Beweismittel sind anzugeben (§ 23 Abs. 1 Satz 2 BVerfGG). In der Begründung sind nach § 92 BVerfGG das Recht, das verletzt sein soll, und die Handlung oder Unterlassung des Organs oder der Behörde, durch die der Beschwerdeführer sich verletzt fühlt, zu bezeichnen. Diese im Gesetz zum Ausdruck gekommenen Anforderungen an die Begründung sind vom BVerfG allerdings in der Praxis deutlich erhöht worden[1]. Nach dem vom BVerfG herausgegebenen **Merkblatt** zur Verfassungsbeschwerde muss die Begründung mindestens folgende Angaben enthalten[2]:

1. Der Hoheitsakt (gerichtliche Entscheidung, Verwaltungsakt, Gesetz), gegen den sich die Verfassungsbeschwerde richtet, muss genau bezeichnet werden (bei gerichtlichen Entscheidungen und Verwaltungsakten sollen Datum, Aktenzeichen und Tag der Verkündung bzw. des Zugangs angegeben werden).

2. Das Grundrecht oder grundrechtsgleiche Recht, das durch den angegriffenen Hoheitsakt verletzt sein soll, muss benannt oder jedenfalls seinem Rechtsinhalt nach bezeichnet werden.

3. Es ist darzulegen, worin im Einzelnen die Grundrechtsverletzung erblickt wird. Hierzu sind auch die mit der Verfassungsbeschwerde angegriffenen Gerichtsentscheidungen (einschließlich in Bezug genommener Schreiben), Bescheide usw. in Ausfertigung, Abschrift oder Fotokopie vorzulegen. Zumindest muss ihr Inhalt einschließlich der Begründung aus der Beschwerdeschrift ersichtlich sein.

4. Neben den angegriffenen Entscheidungen müssen auch sonstige Unterlagen aus dem Ausgangsverfahren (zB einschlägige Schriftsätze, Anhörungsprotokolle, Gutachten) vorgelegt (wie unter 3.) oder inhaltlich wiedergegeben werden, ohne deren Kenntnis nicht beurteilt werden kann, ob die in der Verfassungsbeschwerde erhobenen Rügen berechtigt sind.

5. Richtet sich die Verfassungsbeschwerde gegen behördliche und/oder gerichtliche Entscheidungen, so muss aus der Begründung auch ersichtlich sein, mit welchen Rechtsbehelfen, Anträgen und Rügen der Beschwerdeführer sich im Verfahren vor den Fachgerichten um die Abwehr des behaupteten Grundrechtsverstoßes bemüht hat. Dazu müssen die im fachgerichtlichen Verfahren gestellten Anträge und sonstigen Schriftsätze beigefügt (wie unter 3.) oder inhaltlich wiedergegeben werden.

46 Die Forderung nach einer **Benennung des angeblich verletzten Rechts** bedeutet nicht, dass der jeweilige Grundgesetzartikel ausdrücklich genannt werden müsste. Vielmehr genügt es, wenn das angeblich verletzte Recht aus der Beschwerdeschrift hinreichend deutlich wird[3], wenn also etwa mit Worten die Verletzung des allgemeinen Gleichheitssatzes oder der Koalitionsfreiheit gerügt wird[4]. Bezüglich der **Bezeichnung des angegriffenen Hoheitsaktes** reicht es nicht aus, wenn der Beschwerdeführer die beanstandete Gerichtsentscheidung durch die Angabe von Datum, Aktenzeichen etc. individualisiert. Auch wenn diese Angaben es dem BVerfG erlauben würden, die Gerichtsakten beizuziehen, hat der Beschwerdeführer die Entscheidung grds. in Ausfertigung, beglaubigter Abschrift oder Fotokopie vorzulegen. Tut er dies nicht, so muss er ihren wesentlichen Inhalt jedenfalls so schildern, dass sich ein Rückgriff auf die Akten erübrigt. Darüber hinaus muss der Beschwerdeführer in der Begründung dartun, dass die mit der Verfassungsbeschwerde angegriffene Maßnahme das angeführte Grundrecht beeinträchtigen kann. An die Substantiierungspflicht stellt das BVerfG zunehmend höhere Anforderungen[5].

47 Neben diesen zwingenden Erfordernissen sollte die Begründung ferner das Vorliegen der **Annahmevoraussetzungen** nach § 93a Abs. 2 BVerfGG darlegen (s. Rz. 55 ff.). Zwar ist eine Verfassungsbeschwerde ohne derartige Ausführungen nicht unzulässig; sie läuft jedoch Gefahr, trotz guter Erfolgsaussichten nicht zur Entscheidung angenommen zu werden[6]. Bei der Verfassungsbeschwerde gegen Gerichtsentscheidungen, die auf eine verfassungswidrige Auslegung eines an sich unbedenklichen Gesetzes gestützt wird, sollte der Beschwerdeführer zudem sorgfältig darlegen, warum die fehlerhafte Auslegung des einfachen Rechts auf einer **grundsätzlichen Verkennung der Grundrechte** beruht. Andernfalls riskiert er, dass die Verfassungsbeschwerde mangels Erfolgsaussicht im Annahmeverfahren scheitert[7].

---

[1] Vgl. dazu *Seegmüller*, DVBl. 1999, 738 (741 f.); *Kreuder*, NJW 2001, 1243 (1246).
[2] Das Merkblatt findet sich im vollen Wortlaut auf der Internetseite des BVerfG (www.bundesverfassungsgericht.de).
[3] St. Rspr.; vgl. nur BVerfG v. 11.10.1994 – 1 BvR 1398/93, NJW 1995, 40; BVerfG v. 18.3.2015 – 2 BvR 1111/13, NJW 2015, 2100 Rz. 20.
[4] Vgl. dazu auch *Söllner*, in Brennpunkte des Arbeitsrechts 1996, S. 15 (24).
[5] *Dörr*, Verfassungsbeschwerde, Rz. 259 mwN.
[6] Näher dazu *Söllner*, in: Brennpunkte des Arbeitsrechts 1996, S. 15 (27 f.); *Seegmüller*, DVBl. 1999, 738 (739, 741); *Kleine-Cosack*, Verfassungsbeschwerden, Rz. 225 f.
[7] Vgl. dazu *Dörr*, Verfassungsbeschwerde, Rz. 263 ff.

c) Vertretung

Für die Einlegung der Verfassungsbeschwerde besteht **kein Anwaltszwang**[1]. Dasselbe gilt grds. auch für das weitere Verfahren. Eine Ausnahme macht nur die (seltene) mündliche Verhandlung (§ 22 Abs. 1 Satz 1 Halbs. 2 BVerfGG). Im Übrigen kann sich der Beschwerdeführer in jeder Lage des Verfahrens durch einen Rechtsanwalt oder einen Hochschullehrer vertreten lassen (§ 22 Abs. 1 Satz 1 Halbs. 1 BVerfGG). Andere Personen (wie etwa ein Verbandsvertreter) können vom BVerfG als Beistand zugelassen werden (§ 22 Abs. 1 Satz 4 BVerfGG). Davon macht das Gericht allerdings nur dann Gebrauch, wenn es dies ausnahmsweise für sachdienlich hält[2]. Will sich der Beschwerdeführer vertreten lassen, so muss er eine schriftliche Vollmacht erteilen, die sich ausdrücklich auf das Verfahren vor dem BVerfG bezieht (§ 22 Abs. 2 BVerfGG). Die für das Ausgangsverfahren vor den Arbeitsgerichten erteilte Vollmacht genügt also nicht[3].

48

7. Frist

a) Monats- und Jahresfrist

Im Hinblick auf die Frist zur Einlegung der Verfassungsbeschwerde ist zu unterscheiden: Richtet sich die Verfassungsbeschwerde gegen ein Gesetz oder einen sonstigen Hoheitsakt, gegen den ein Rechtsweg nicht offen steht, so kann die Verfassungsbeschwerde nur **binnen eines Jahres** erhoben werden (§ 93 Abs. 3 BVerfGG). Richtet sie sich gegen eine behördliche oder gerichtliche Entscheidung, so ist sie **binnen eines Monats** zu erheben und zu begründen (§ 93 Abs. 1 Satz 1 BVerfGG). Nach Ablauf dieser Frist können die Rechtsausführungen allenfalls ergänzt und vertieft werden; neuer Sachvortrag und neue verfassungsrechtliche Rügen sind hingegen unzulässig[4].

49

b) Fristbeginn und Fristberechnung

Auch für den **Fristbeginn** muss differenziert werden: Die **Jahresfrist** gem. § 93 Abs. 3 BVerfGG beginnt mit Inkrafttreten des Gesetzes bzw. mit Erlass des Hoheitsakts. Für die **Monatsfrist** gilt § 93 Abs. 1 Satz 2 und 3 BVerfGG: Danach beginnt die Frist mit der Zustellung oder formlosen Mitteilung[5] der in vollständiger Form abgefassten Entscheidung, wenn diese nach den maßgebenden verfahrensrechtlichen Vorschriften von Amts wegen vorzunehmen ist. In anderen Fällen beginnt sie mit der Verkündung der Entscheidung oder, wenn diese nicht zu verkünden ist, mit ihrer sonstigen Bekanntgabe an den Beschwerdeführer. War ein von einer gerichtlichen Entscheidung rechtlich Betroffener nicht förmlich an dem Verfahren beteiligt, beginnt die Frist zu laufen, sobald dieser von der mit vollständigen Entscheidungsgründen abgefassten Entscheidung (zB durch Akteneinsicht) in zuverlässiger Weise Kenntnis nehmen konnte[6]. Für die Verfassungsbeschwerde gegen **Entscheidungen der Gerichte für Arbeitssachen** folgt aus § 93 Abs. 1 Satz 2 und 3 BVerfGG: Da Urteile im arbeitsgerichtlichen Verfahren von Amts wegen zugestellt werden (vgl. § 50 Abs. 1, § 64 Abs. 7, § 72 Abs. 6 ArbGG), beginnt die Monatsfrist mit der Zustellung der in vollständiger Form abgefassten Entscheidung[7]. Dasselbe gilt für die instanzbeendenden Beschlüsse im arbeitsgerichtlichen Beschlussverfahren; auch bei ihnen ist die Zustellung entscheidend (vgl. § 80 Abs. 2, § 91 Abs. 2, § 96 Abs. 2 ArbGG)[8]. Für Beschlüsse, die im Urteilsverfahren ergehen, gilt § 329 ZPO. Insoweit kommt es darauf an, ob der jeweilige Beschluss aufgrund mündlicher Verhandlung ergeht (dann ist grds. die Verkündung maßgebend) oder im schriftlichen Verfahren (dann ist die Zustellung bzw. formlose Mitteilung entscheidend)[9]. Die **Fristberechnung** richtet sich nach den allgemeinen Regeln. Es gelten daher entsprechend § 222 ZPO die Vorschriften der §§ 187 ff. BGB.

50

---

1 Sachs/*Detterbeck*, Art. 93 GG Rz. 97.
2 BVerfG v. 8.1.1985 – 1 BvR 233/81 ua., BVerfGE 68, 360 (361).
3 *Söllner*, in Brennpunkte des Arbeitsrechts 1996, S. 15 (22).
4 *Söllner*, in Brennpunkte des Arbeitsrechts 1996, S. 15 (23); Burkiczak/Dollinger/Schorkopf/*Hammer*, § 93 BVerfGG Rz. 6 f.
5 Zum Fristbeginn bei der formlosen Mitteilung an einen Rechtsanwalt vgl. BVerfG v. 13.7.2016 – 2 BvR 1304/14, NJW 2016, 3230 Rz. 4.
6 BVerfG v. 16.6.2014 – 1 BvR 1443/12, NJW 2014, 2635 Rz. 17.
7 *Baumgarten*, ZTR 1990, 368 (369); *Dörr*, Verfassungsbeschwerde, Rz. 272; *Zuck*, Verfassungsbeschwerde, Rz. 854; *Kleine-Cosack*, Verfassungsbeschwerden, Rz. 596, 605.
8 *Dörr*, Verfassungsbeschwerde, Rz. 272; *Zuck*, Verfassungsbeschwerde, Rz. 855; anders für die 1. Instanz offenbar *Baumgarten*, ZTR 1990, 368 (369).
9 Vgl. auch *Dörr*, Verfassungsbeschwerde, Rz. 272; *Zuck*, Verfassungsbeschwerde, Rz. 855; *Kleine-Cosack*, Verfassungsbeschwerden, Rz. 596, 598.

51 Bei Verfassungsbeschwerden gegen gerichtliche Entscheidungen ist für den Fristbeginn regelmäßig die **letztinstanzliche Gerichtsentscheidung** maßgeblich[1]. Allerdings eröffnet die Einlegung eines offensichtlich unzulässigen Rechtsmittels bzw. Rechtsbehelfs die Frist nicht von neuem; in diesen Fällen beginnt die Frist vielmehr bereits bei der Entscheidung über das zuletzt zulässige Rechtsmittel zu laufen[2]. Auch durch die Einlegung einer Gegenvorstellung und die darauf ergehende gerichtliche Entscheidung wird die Frist nicht erneut in Lauf gesetzt. Zwar betrachtet das BVerfG die Gegenvorstellung nicht als offensichtlich unzulässig; sie gehört aber weder zum Rechtsweg, noch ist ihre Einlegung aus Gründen der Subsidiarität erforderlich (vgl. Rz. 34)[3]. Richtet sich die Verfassungsbeschwerde gegen ein Urteil und **mittelbar gegen ein Gesetz**, so macht der Ablauf der Jahresfrist des § 93 Abs. 3 BVerfGG die Urteilsverfassungsbeschwerde nicht unzulässig[4].

c) Wiedereinsetzung in den vorigen Stand

52 Für den Fall **unverschuldeter Fristversäumnis** eröffnet § 93 Abs. 2 BVerfGG die Möglichkeit einer Wiedereinsetzung in den vorigen Stand. Wie sich aus der Stellung der Vorschrift ergibt, gilt dies aber nur für Verfassungsbeschwerden gegen **gerichtliche und behördliche Entscheidungen** (§ 93 Abs. 1 BVerfGG), nicht für Verfassungsbeschwerden gegen Gesetze (§ 93 Abs. 3 BVerfGG)[5]. Die Wiedereinsetzung muss binnen zwei Wochen nach Wegfall des Hindernisses, spätestens ein Jahr nach Ende der versäumten Frist, beantragt werden. Das Verschulden des Verfahrensbevollmächtigten bei der Fristversäumung steht dem Verschulden des Beschwerdeführers gleich (§ 93 Abs. 2 Satz 6 BVerfGG)[6].

8. Allgemeines Rechtsschutzbedürfnis

53 Die Verfassungsbeschwerde setzt wie jedes andere gerichtliche Verfahren das Vorliegen eines Rechtsschutzbedürfnisses voraus[7]. Es liegt vor, wenn die Verfassungsbeschwerde geeignetes, erforderliches und zumutbares verfassungsprozessuales Rechtsschutzmittel für das Rechtsschutzbegehren des Beschwerdeführers ist[8]. Dies wirft regelmäßig keine Probleme auf, wenn die Beschwerdebefugnis vorliegt und dem Grundsatz der Subsidiarität der Verfassungsbeschwerde Rechnung getragen ist. Das Rechtsschutzbedürfnis kann jedoch fehlen, wenn sich die angegriffene Maßnahme zum Zeitpunkt der Entscheidung (zB durch Aufhebung, prozessuale Überholung[9] oder Rechtsänderung[10]) erledigt hat und die Beschwer daher entfallen ist[11]. Ähnlich wie bei der Fortsetzungsfeststellungsklage im Verwaltungsprozess besteht das Rechtsschutzbedürfnis allerdings trotz Erledigung des beanstandeten Aktes fort, wenn die beeinträchtigenden Wirkungen noch andauern[12], wenn eine Wiederholung der angegriffenen Maßnahme zu besorgen ist[13], wenn verfassungsgerichtlicher Rechtsschutz auf andere Weise nicht erreichbar ist[14] und wenn eine grds. bedeutsame Frage anhand des Falles geklärt werden kann und der gerügte Grundrechtseingriff besonders

---

1 *Lenz/Hansel*, § 93 BVerfGG R. 18; differenzierend *Stelkens*, DVBl. 2004, 403 ff.
2 Vgl. BVerfG v. 9.7.2007 – 1 BvR 646/06, NJW 2007, 3418 (3419); BVerfG v. 5.5.2008 – 1 BvR 562/08, NJW 2008, 2635; BVerfG v. 25.11.2008 – 1 BvR 848/07, NJW 2009, 829; BVerfG v. 9.8.2010 – 2 BvR 619/10; BVerfG v. 5.11.2013 – 2 BvR 2132/12.
3 BVerfG v. 25.11.2008 – 1 BvR 848/07, NJW 2009, 829 (830).
4 *Zuck*, JuS 1988, 370 (375).
5 *Klein*, NJW 1993, 2073 (2076); *Jarass/Pieroth*, Art. 93 GG Rz. 125; Burkiczak/Dollinger/Schorkopf/*Hammer*, § 93 BVerfGG Rz. 3.
6 Zum Verschuldensmaßstab bei der Einlegung der Verfassungsbeschwerde durch Telefax vgl. BVerfG v. 16.4.2007 – 2 BvR 359/07, NJW 2007, 2838; BVerfG v. 30.5.2007 –1 BvR 756/07, NJW 2007, 2839.
7 Vgl. nur *Schlaich/Korioth*, BVerfG, Rz. 256; *Lenz/Hansel*, § 90 BVerfGG Rz. 323; kritisch dagegen *Spranger*, AöR 127 (2002), 27 (63 f.).
8 *Weber*, JuS 1992, 122 (126); *Zuck*, Verfassungsbeschwerde, Rz. 713.
9 Vgl. dazu etwa BVerfG v. 27.6.2014 – 2 BvR 429/12, NJW 2014, 2777 Rz. 14.
10 Vgl. BVerfG v. 19.7.2016 – 1 BvR 2584/14, NZA 2016, 1069 Rz. 9.
11 *Schlaich/Korioth*, BVerfG, Rz. 256; *Lenz/Hansel*, § 90 BVerfGG Rz. 331; *Zuck*, JuS 1988, 370 (373); ausführlich *Fröhlinger*, Die Erledigung der Verfassungsbeschwerde, 1983. Teilweise wird in diesen Fällen schon die (gegenwärtige) Betroffenheit verneint; vgl. etwa *Pestalozza*, Verfassungsprozessrecht, § 12 Rz. 45; *Weber*, JuS 1992, 122 (125).
12 BVerfG v. 26.6.1991 – 1 BvR 779/85, NJW 1991, 2549; BVerfG v. 31.5.2006 – 2 BvR 1673/04 ua., NJW 2006, 2093; BVerfG v. 5.8.2010 – 2 BvR 729/08, NJW 11.6.2012 – 2 BvR 2739/10.
13 BVerfG v. 19.12.2007 – 1 BvR 620/07, NJW 2008, 977; BVerfG v. 25.10.2011 – 2 BvR 979/10, NStZ-RR 2012, 60 f. Zur (fehlenden) Wiederholungsgefahr bei Verfassungsbeschwerden wegen überlanger Dauer eines fachgerichtlichen Verfahrens seit Einfügung der §§ 198 ff. GVG im Jahr 2011 vgl. BVerfG v. 13.8.2012 – 1 BvR 1098/11, NZS 2013, 21 Rz. 20.
14 BVerfG v. 3.6.1992 – 2 BvR 1041/88 ua., NJW 1992, 2947; BVerfG v. 28.9.1999 – 2 BvR 1897/95 ua., NJW 2000, 273.

schwer wiegt[1]. Dagegen ist eine fortdauernde Beschwer regelmäßig zu verneinen, wenn eine mit der Verfassungsbeschwerde mittelbar angegriffene Rechtsnorm gegenstandslos geworden oder ein für verfassungswidrig gehaltenes Gesetz aufgehoben worden ist. Dies gilt insbesondere dann, wenn der Beschwerdeführer auch im Falle einer erfolgreichen Verfassungsbeschwerde aufgrund des nun geltenden Gesetzesrechts keinen Erfolg haben kann[2].

III. Annahme zur Entscheidung

1. Verfahren

Die Verfassungsbeschwerde bedarf der Annahme zur Entscheidung (§ 93a BVerfGG). Das Erfordernis der Annahme ist mit dem GG vereinbar[3] und seit 1969 in Art. 94 Abs. 2 Satz 2 ausdrücklich verankert. Die Entscheidung über die Annahme der Verfassungsbeschwerde obliegt im Vorprüfungsverfahren der **Kammer** (§ 93b Satz 1 BVerfGG). Diese kann die Annahme zur Entscheidung ablehnen, wenn es an den Annahmevoraussetzungen des § 93a Abs. 2 BVerfGG fehlt. Eine Begründung ist nicht erforderlich (§ 93d Abs. 1 Satz 3 BVerfGG). Ist die Kammer der Meinung, dass die Voraussetzungen des § 93a Abs. 2 Buchst. b BVerfGG vorliegen, die für die Beurteilung der Verfassungsbeschwerde maßgeblichen verfassungsrechtlichen Fragen durch das BVerfG bereits entschieden sind und die Verfassungsbeschwerde offensichtlich begründet ist, so kann sie ihr stattgeben (§ 93c Abs. 1 Satz 1 BVerfGG). Die Entscheidungen der Kammer (Ablehnung der Annahme bzw. Stattgabe) ergehen ohne mündliche Verhandlung (§ 93d Abs. 1 Satz 1 BVerfGG) durch einstimmigen Beschluss (§ 93d Abs. 3 Satz 1 BVerfGG) und sind unanfechtbar (§ 93d Abs. 1 Satz 2 BVerfGG)[4]. Hat die Kammer weder die Annahme abgelehnt noch der Verfassungsbeschwerde stattgegeben, so entscheidet der **Senat** über die Annahme (§ 93b Satz 2 BVerfGG). Maßgeblich sind die Voraussetzungen des § 93a Abs. 2 BVerfGG. Die Annahme durch den Senat ist beschlossen, wenn mindestens drei Richter ihr zustimmen (§ 93d Abs. 3 Satz 2 BVerfGG). Eine Ablehnung der Annahme muss der Senat – ebenso wie die Kammer – nicht begründen (§ 93d Abs. 1 Satz 3 BVerfGG).

2. Annahmevoraussetzungen

Die Verfassungsbeschwerde ist nach § 93a Abs. 2 BVerfGG zur Entscheidung anzunehmen, soweit ihr grundsätzliche verfassungsrechtliche Bedeutung zukommt oder wenn es zur Durchsetzung der in § 90 Abs. 1 BVerfGG genannten Rechte angezeigt ist; dies kann auch der Fall sein, wenn dem Beschwerdeführer durch die Versagung der Entscheidung zur Sache ein besonders schwerer Nachteil entsteht. Das BVerfG hat die beiden Voraussetzungen in einer **Entscheidung vom 8.2.1994** näher erläutert[5]:

Grundsätzliche verfassungsrechtliche Bedeutung ist danach gegeben, „wenn die Verfassungsbeschwerde eine verfassungsrechtliche Frage aufwirft, die sich nicht ohne Weiteres aus dem Grundgesetz beantworten lässt und noch nicht durch die verfassungsgerichtliche Rspr. geklärt oder die durch veränderte Verhältnisse erneut klärungsbedürftig geworden ist. Über die Beantwortung der verfassungsrechtlichen Frage müssen also ernsthafte Zweifel bestehen. Anhaltspunkt für eine grundsätzliche Bedeutung in diesem Sinne kann sein, dass die Frage in der Fachliteratur kontrovers diskutiert oder in der Rspr. der Fachgerichte unterschiedlich beantwortet wird. An ihrer Klärung muss zudem ein über den Einzelfall hinausgehendes Interesse bestehen. Das kann etwa dann der Fall sein, wenn sie für eine nicht unerhebliche Anzahl von Streitigkeiten bedeutsam ist oder ein Problem von einigem Gewicht betrifft, das in künftigen Fällen erneut Bedeutung erlangen kann."

Zur Durchsetzung der in § 90 Abs. 1 BVerfGG genannten Rechte angezeigt ist eine Verfassungsbeschwerde, „wenn die geltend gemachte Verletzung von Grundrechten oder grundrechtsgleichen Rechten besonderes Gewicht hat oder den Beschwerdeführer in existentieller Weise betrifft. Besonders gewichtig ist eine Grundrechtsverletzung, die auf eine generelle Vernachlässigung von Grundrechten hindeutet oder wegen ihrer Wirkung geeignet ist, von der Ausübung von Grundrechten abzuhalten. Eine geltend gemachte Verletzung hat ferner dann besonderes Gewicht, wenn sie auf einer groben Verkennung des durch ein

---

1 BVerfG v. 14.7.1994 – 1 BvR 1595/92 ua., NJW 1995, 184; vgl. auch BVerfG v. 3.8.2011 – 2 BvR 1739/10; BVerfG v. 16.4.2012 – 2 BvR 1940/10; BVerfG v. 22.3.2013 – 1 BvR 791/12, NJW-RR 2013, 1141 (1142); BVerfG v. 18.3.2015 – 2 BvR 1111/13, NJW 2015, 2100 Rz. 19.
2 BVerfG v. 19.7.2016 – 1 BvR 2584/14, NZA 2016, 1069 Rz. 10 mwN.
3 BVerfG v. 23.1.1958 – 1 BvR 30/58, BVerfGE 7, 241 (242 f.) (zu § 91a BVerfGG aF); BVerfG v. 6.4.1965 – 2 BvR 141/65, NJW 1965, 1014; BVerfG v. 16.6.1965 – 1 BvR 124/65, NJW 1965, 1707 (zu § 93a BVerfGG aF).
4 Sie können regelmäßig auch nicht auf Gegenvorstellung durch die Kammer selbst abgeändert werden; vgl. BVerfG v. 13.2.2008 – 2 BvR 256/08, NJW 2008, 1582; BVerfG v. 13.7.2016 – 2 BvR 1304/14, NJW 2016, 3230 Rz. 2.
5 BVerfG v. 8.2.1994 – 1 BvR 1693/92, NJW 1994, 993.

Grundrecht gewährten Schutzes oder einem geradezu leichtfertigen Umgang mit grundrechtlich geschützten Positionen beruht oder rechtsstaatliche Grundsätze krass verletzt. Eine existenzielle Betroffenheit des Beschwerdeführers kann sich vor allem aus dem Gegenstand der angegriffenen Entscheidung[1] oder seiner aus ihr folgenden Belastung ergeben. Ein besonders schwerer Nachteil ist jedoch dann nicht anzunehmen, wenn die Verfassungsbeschwerde keine hinreichende Aussicht auf Erfolg hat oder wenn deutlich abzusehen ist, dass der Beschwerdeführer auch im Falle einer Zurückverweisung an das Ausgangsgericht im Ergebnis keinen Erfolg haben würde[2]." Das Abstellen auf die **Erfolgsaussichten im fachgerichtlichen Verfahren** hat zur Folge, dass Verstöße gegen den Grundsatz des rechtlichen Gehörs, die häufig bloße „Pannen" sind[3], nicht zwangsläufig zur Aufhebung der angegriffenen Entscheidung führen. Für die Begründung der Verfassungsbeschwerde bedeutet dies zugleich, dass der Beschwerdeführer nicht nur darlegen muss, was er bei Gewährung des rechtlichen Gehörs vorgetragen hätte und was das Ergebnis der unterbliebenen Beweisaufnahme gewesen wäre; er muss zudem wahrscheinlich machen, dass ihm dies auch einfachrechtlich zum Erfolg verhelfen würde[4]. Die Problematik hat seit Einführung der Anhörungsrüge in § 78a ArbGG (und entsprechenden Vorschriften in anderen Prozessordnungen) jedoch an Bedeutung verloren, da derartige „Pannen" seither einfacher und umfassender als früher im fachgerichtlichen Verfahren selbst behoben werden können.

58 Liegt einer der Annahmegründe des § 93a Abs. 2 BVerfGG vor, so hat der Beschwerdeführer einen Anspruch auf Annahme seiner Verfassungsbeschwerde[5]. Dem Gericht steht insoweit **kein Ermessen** zu; der Gesetzgeber hat sich damit gegen ein freies Annahmeverfahren entschieden, wie es der Supreme Court in den USA praktiziert[6]. Allerdings eröffnet die Vorschrift durch die weite Formulierung der Annahmevoraussetzungen einen erheblichen Beurteilungsspielraum[7]. In der Zusammenschau mit der Begründungsfreiheit für Nichtannahmebeschlüsse ist dies nicht frei von rechtsstaatlichen Bedenken[8].

IV. Entscheidung des BVerfG

1. Tenor der Entscheidung

59 Ist die **Verfassungsbeschwerde zulässig und begründet**, so wird in der stattgebenden Entscheidung die Verfassungswidrigkeit der angegriffenen Maßnahme festgestellt (§ 95 Abs. 1 BVerfGG). Bei einer erfolgreichen Verfassungsbeschwerde gegen eine gerichtliche oder behördliche Entscheidung hebt das BVerfG die Entscheidung (einschließlich bestätigender Rechtsmittelentscheidungen[9]) auf und verweist die Sache an die zuständige Instanz zurück (§ 95 Abs. 2 BVerfGG). Eine erfolgreiche Verfassungsbeschwerde gegen eine Norm führt im (gesetzlichen) Regelfall zur Nichtigerklärung, ebenso wenn eine angefochtene Entscheidung auf einer verfassungswidrigen Norm beruht (§ 95 Abs. 3 BVerfGG). Allerdings kann das BVerfG von der Nichtigerklärung absehen und es lediglich bei der Feststellung der Verfassungswidrigkeit belassen (sog. Unvereinbarerklärung), wenn die Folgenabwägung ergibt, dass die sofortige Nichtigerklärung für die verfassungsmäßige Ordnung das größere Übel darstellt[10]. Eine **unzulässige Verfassungsbeschwerde** wird verworfen; eine zulässige, aber **unbegründete Verfassungsbeschwerde** wird zurückgewiesen.

2. Wirkung der Entscheidung

60 Entscheidungen des BVerfG erwachsen wie die Entscheidungen anderer Gerichte in **materielle Rechtskraft**[11]. Das bedeutet insbesondere, dass über dasselbe Begehren nicht erneut entschieden werden darf[12]. Dem BVerfG ist es hingegen nicht verwehrt, in einem anderen Verfahren eine neue (auch abweichende) Entscheidung über dieselbe Rechtsfrage zu treffen[13]. Von der materiellen Rechtskraft zu unterscheiden ist die **Bindungswirkung** nach § 31 Abs. 1 BVerfGG. Nach dieser Vorschrift binden die Entscheidungen des

---

1 Vgl. *Seegmüller*, DVBl. 1999, 738 (740) mwN.
2 *Fleury*, Verfassungsprozessrecht, Rz. 360.
3 Vgl. dazu *Kerwer*, JuS 1997, 592 (593) mwN.
4 *Söllner*, in Brennpunkte des Arbeitsrechts 1996, S. 15 (29).
5 *Seegmüller*, DVBl. 1999, 738 (739).
6 *Schlaich/Korioth*, BVerfG, Rz. 262.
7 *Jarass/Pieroth*, Art. 93 GG Rz. 77; *Schlaich/Korioth*, BVerfG, Rz. 262.
8 Vgl. dazu nur *Zuck*, NJW 1993, 2641; *Lechner/Zuck*, vor §§ 93a ff. BVerfGG Rz. 44 ff.
9 Vgl. etwa BVerfG v. 25.1.2011 – 1 BvR 1741/09, NZA 2011, 400.
10 Vgl. nur beispielhaft aus der neueren Rspr. BVerfG v. 6.12.2016 – 1 BvR 2821/11 ua., NJW 2017, 217 Rz. 400 ff.; *Burkiczak/Dollinger/Schorkopf/Stark*, § 95 BVerfGG Rz. 40, 127 ff.
11 Vgl. dazu BVerfG v. 14.6.2006 – 2 BvR 537/05, NJW 2006, 3199.
12 Vgl. etwa *Jarass/Pieroth*, Art. 93 GG Rz. 112.
13 *Dörr*, Verfassungsbeschwerde, Rz. 103.

BVerfG die Verfassungsorgane des Bundes und der Länder sowie alle Gerichte und Behörden. Erklärt das BVerfG ein Gesetz als mit dem GG vereinbar oder unvereinbar oder für nichtig, so hat seine Entscheidung **Gesetzeskraft** (§ 31 Abs. 2 BVerfGG). Im Gegensatz zur materiellen Rechtskraft, die nur zwischen den Verfahrensbeteiligten (inter partes) wirkt, und zur Bindungswirkung nach § 31 Abs. 1 BVerfGG, die die dort genannten Adressaten ergreift, bedeutet Gesetzeskraft, dass die Entscheidung für und gegen jedermann (inter omnes) Wirkung entfaltet[1]. In sachlicher Hinsicht beschränken sich materielle Rechtskraft und Gesetzeskraft auf den Tenor der Entscheidung[2]. Die Bindungswirkung nach § 31 Abs. 1 BVerfGG erfasst dagegen auch die tragenden Gründe[3].

V. Kosten und Gebühren

1. Gerichtskosten

Das Verfahren der Verfassungsbeschwerde ist **kostenfrei** (§ 34 Abs. 1 BVerfGG). Das BVerfG kann jedoch eine Gebühr von bis zu 2 600 Euro auferlegen, wenn die Einlegung der Verfassungsbeschwerde einen **Missbrauch** darstellt (§ 34 Abs. 2 BVerfGG). Dies ist der Fall, wenn die Verfassungsbeschwerde offensichtlich unzulässig oder unbegründet ist und wenn ihre Einlegung von jedem Einsichtigen als völlig aussichtslos angesehen werden muss[4]. Ebenso liegt ein Missbrauch vor, wenn gegenüber dem BVerfG falsche Angaben über entscheidungserhebliche Umstände gemacht werden[5]. Dabei genügt es, wenn die Falschangabe unter grobem Verstoß gegen die Sorgfaltspflicht erfolgt; ein vorsätzliches Verhalten oder gar eine absichtliche Täuschung ist nicht erforderlich[6]. Der Auferlegung einer Missbrauchsgebühr steht es nicht entgegen, dass die Verfassungsbeschwerde in der Hauptsache für erledigt erklärt wurde[7].

2. Anwaltsgebühren

Die Gebühren für die Inanspruchnahme eines Anwalts (oder Hochschullehrers[8]) richten sich nach dem **RVG**. In Ermangelung einer (zulässigen) Gebührenvereinbarung ist für die Höhe der Gebühren der Gegenstandswert maßgeblich. Dieser ist gem. § 37 Abs. 2 Satz 2 iVm. § 14 Abs. 1 RVG unter Berücksichtigung aller Umstände, vor allem des Umfangs und der Schwierigkeit der anwaltlichen Tätigkeit, der Bedeutung der Angelegenheit sowie der Einkommens- und Vermögensverhältnisse des Auftraggebers, nach billigem Ermessen zu bestimmen; er beträgt mindestens 5 000 Euro. Fehlen weitere Anhaltspunkte, so beträgt der Gegenstandswert bei Nichtannahmeentscheidungen idR 5 000 Euro, und bei stattgebenden Kammerentscheidungen ist der Mindeststreitwert angemessen zu erhöhen[9]. Im Übrigen richtet sich der Gegenstandswert vorrangig nach dem subjektiven Wert, den die Angelegenheit für den Beschwerdeführer hat; dieser kann sich allerdings durch die objektive Bedeutung der Sache erhöhen oder reduzieren[10]. Im Verfassungsbeschwerdeverfahren fällt regelmäßig nur eine Verfahrensgebühr an. Da § 37 Abs. 2 Satz 1 RVG auf die Vorschriften über die Revision in bürgerlichen Rechtsstreitigkeiten verweist, ist nach Nr. 3206 VV ein Gebührensatz von 1,6 anzuwenden[11]. Eine Terminsgebühr wird idR nicht fällig, weil eine mündliche Verhandlung nur sehr selten stattfindet. Entscheidet das BVerfG ausnahmsweise doch aufgrund einer mündlichen Verhandlung, so fällt nach Nr. 3210 VV eine Terminsgebühr von 1,5 an. Neben den Gebühren können insbesondere eine Dokumentenpauschale (Nr. 7000 VV) sowie die üblichen Entgelte für Post- und Telekommunikationsdienstleistungen verlangt werden. Die Dokumentenpauschale kann wegen des häufig großen Umfangs einer Verfassungsbeschwerde und der mitunter hohen Zahl der angeforderten Abschriften erheblich sein.

---

1 Sachs/*Detterbeck*, Art. 94 GG Rz. 10; zur Frage, ob die Gesetzeskraft auch den Gesetzgeber selbst erfasst, vgl. *Aust/Meinel*, JuS 2014, 25 (26 f.).
2 BVerfG v. 30.5.1972 – 1 BvL 21/69 ua., NJW 1972, 1701; *Lenz/Hansel*, § 31 BVerfGG Rz. 12, 42; Sachs/*Detterbeck*, Art. 94 GG Rz. 12.
3 BVerfG v. 23.10.1951 – 2 BvG 1/51, BVerfGE 1, 14 (37); BVerfG v. 10.5.1975 – 2 BvR 1018/74, NJW 1975, 1355; hierzu *Aust/Meinel*, JuS 2014, 25 (27).
4 BVerfG v. 6.11.1995 – 2 BvR 1806/95, NJW 1996, 1273 (1274); BVerfG v. 30.11.2007 – 2 BvR 308/06, NJW 2008, 838; BVerfG v. 11.8.2010 – 2 BvR 1354/10, NJW 2010, 3150.
5 BVerfG v. 30.11.2007 – 2 BvR 308/06, NJW 2008, 838; BVerfG v. 25.5.2010 – 1 BvR 1602/08, NJW 2010, 3151.
6 BVerfG v. 25.5.2010 – 1 BvR 1602/08, NJW 2010, 3151.
7 BVerfG v. 25.5.2010 – 1 BvR 1602/08, NJW 2010, 3151.
8 *Dörr*, Verfassungsbeschwerde, Rz. 405 mwN.
9 BVerfG v. 28.2.1989 – 1 BvR 1291/85, NJW 1989, 2047; vgl. auch BVerfG v. 25.5.1999 – 2 BvR 1790/94, NJW 2000, 1399.
10 Vgl. dazu etwa BVerfG v. 13.6.2013 – 1 BvR 1952/08, NJW 2013, 2738 f. Näher *Lechner/Zuck*, § 34a BVerfGG Rz. 49 ff.; *Dörr*, Verfassungsbeschwerde, Rz. 407 ff.; *Kleine-Cosack*, Verfassungsbeschwerden, Rz. 1313 ff.
11 Näher dazu *Mayer/Kroiß*, RVG, 6. Aufl. 2013, § 37 Rz. 15.

3. Auslagenerstattung

63 Gemäß § 34a Abs. 2 BVerfGG sind dem Beschwerdeführer die notwendigen Auslagen ganz oder teilweise zu erstatten, soweit sich eine Verfassungsbeschwerde als begründet erweist (**obligatorische Auslagenerstattung**). In den übrigen Fällen kann das BVerfG nach § 34a Abs. 3 BVerfGG volle oder teilweise Erstattung der Auslagen anordnen (**fakultative Auslagenerstattung**). Dies kommt aus Billigkeitsgründen etwa bei einer Erledigung der Verfassungsbeschwerde in Betracht[1], aber ggf. auch bei einer erfolglosen Verfassungsbeschwerde, wenn diese zur Klärung einer verfassungsrechtlichen Frage von grundsätzlicher Bedeutung beigetragen hat[2]. Es empfiehlt sich daher, bei Einlegung der Verfassungsbeschwerde oder später im Laufe des Verfahrens einen Antrag auf Auslagenerstattung zu stellen. Wird dieser Antrag gleich mit einem bezifferten Antrag auf Festsetzung des Gegenstandswertes verbunden, kann das spätere Eingaben und deren Zustellung ersparen[3]. Erstattungspflichtig ist unter den Voraussetzungen des § 34a Abs. 2 bzw. 3 BVerfGG der Träger öffentlicher Gewalt, dem die gerügte Grundrechtsverletzung zuzurechnen ist.

4. Prozesskostenhilfe

64 Für das Verfassungsbeschwerdeverfahren kann Prozesskostenhilfe unter Beiordnung eines Rechtsanwalts gewährt werden, und zwar nicht nur für die dem Anwaltszwang unterliegende mündliche Verhandlung, sondern auch für das schriftliche Verfahren[4]. Mangels besonderer Vorschriften im BVerfGG sind für ihre Bewilligung die **§§ 114 ff. ZPO entsprechend anzuwenden**[5]. In Fällen, in denen sich die Verfassungsbeschwerde gegen eine gerichtliche Entscheidung richtet und das BVerfG dem durch die Entscheidung Begünstigten Gelegenheit zur Äußerung gibt (§ 94 Abs. 3 BVerfGG), kann auch diesem Äußerungsberechtigten Prozesskostenhilfe gewährt werden[6]. Die Gebühren für den beigeordneten Anwalt bestimmen sich nach §§ 45 ff. RVG.

C. Konkrete Normenkontrolle

Schrifttum: *Aretz*, Neues zur Richtervorlage nach Art. 100 Abs. 1 GG, JZ 1984, 918; *Aust/Meinel*, Entscheidungsmöglichkeiten des BVerfG, JuS 2014, 25 und 113; *Baumgarten*, Anforderungen an die Begründung von Richtervorlagen, 1996; *Benda/Klein*, Verfassungsprozessrecht, 3. Aufl. 2011; *Berkemann*, Zur Auslegung des einfachen Gesetzes im Verfahren der konkreten Normenkontrolle (Art. 100 Abs. 1 Satz 1 GG), AöR 99 (1974), 54; *Berkemann*, Machtspiele zwischen Bundesverfassungsgericht und Bundesgerichtshof: Eine neue Variante, DÖV 2015, 393; *Bettermann*, Die konkrete Normenkontrolle und sonstige Gerichtsvorlagen, FS 25 Jahre BVerfG, 1976, Band 1, S. 323; *Bettermann*, Richterliche Normenkontrolle als negative Gesetzgebung, DVBl. 1982, 91; *Burkiczak/Dollinger/Schorkopf* (Hrsg.), Bundesverfassungsgerichtsgesetz, 2015; *Eisele/Hyckel*, Die Entscheidungserheblichkeit als Kriterium der konkreten Normenkontrolle nach Art. 100 I GG, NVwZ 2016, 1298; *Erichsen*, Die konkrete Normenkontrolle – Art. 100 Abs. 1 GG, Jura 1982, 88; *Fleury*, Verfassungsprozessrecht, 10. Aufl. 2015; *Froese/Kempny/Schiffbauer*, Verfassungsgerichtliches Verwerfungsmonopol und effektiver Rechtsschutz, DÖV 2017, 261; *Geiger*, BVerfGG, 1952; *Geiger*, Das Verhältnis von BVerfG und vorlegendem Gericht im Falle der konkreten Normenkontrolle, EuGRZ 1984, 409; *Gerontas*, Das konkrete Normenkontrollverfahren unter Berücksichtigung der Rechtsprechung des BVerfG, DVBl. 1981, 1089; *Hein*, Die Unvereinbarerklärung verfassungswidriger Gesetze durch das BVerfG, 1988; *Heun*, Richtervorlagen in der Rechtsprechung des BVerfG, AöR 122 (1997), 610; *Heun*, Normenkontrolle, FS 50 Jahre BVerfG, 2001, Band I, S. 615; *E. Klein*, Verfassungsprozessrecht – Versuch einer Systematik an Hand der Rechtsprechung des BVerfG, AöR 108 (1983), 410, 563; *Lechner/Zuck*, BVerfGG, 7. Aufl. 2015; *Leibholz/Rupprecht*, BVerfGG, 1968, Nachtrag 1971; *Lenz/Hansel*, BVerfGG, 2. Aufl. 2015; *Löwer*, Zuständigkeiten und Verfahren des BVerfG, in Isensee/Kirchhof (Hrsg.), Handbuch des Staatsrechts der Bundesrepublik Deutschland, Band III, 3. Aufl. 2005, § 70; *Maunz/Schmidt-Bleibtreu/Klein/Bethge*, Loseblatt; *Mönch*, Verfassungswidriges Gesetz und Normenkontrolle, 1977; *Mücke*, Das Normenkontrollverfahren, BWNotZ 1997, 36; *Otto*, Zur Interaktion zwischen BVerfG und Arbeitsgerichtsbarkeit – Erfahrungen und Erwartungen, FS Zöllner, 1998, S. 879; *Pestalozza*, Verfassungsprozessrecht, 3. Aufl. 1991; *Robbers*, Verfassungsprozessuale Probleme in der öffentlich-rechtlichen Arbeit, 2. Aufl. 2005; *Roellecke*, Aufgaben und Stellung des BVerfG im Verfassungsgefüge/Aufgabe und Stellung des BVerfG in der Gerichtsbarkeit, in: Isensee/Kirchhof (Hrsg.), Handbuch des Staatsrechts der Bundesrepublik Deutschland, Band III, 3. Aufl. 2005, § 67, § 68; *Sachs*, Die konkrete Normenkontrolle – nur ein Instrument zum Schutze subjektiver Rechte der Beteiligten?, DVBl. 1985, 1106; *Sachs*, Verfassungsprozessrecht, 4. Aufl. 2016; *Schlaich*, Die Verfassungsgerichtsbarkeit im Gefüge der Staatsfunktionen, VVDStRL 39 (1981), 99; *Schlaich/Korioth*, Das Bundesverfassungsgericht – Stellung, Verfahren, Entscheidungen, 10. Aufl. 2015; *Simon*, Verfassungsgerichtsbarkeit, in Benda/Maihofer/Vogel (Hrsg.), Handbuch des Verfassungsrechts, 2. Aufl. 1994, § 34; *Sommer*, Bundesverwaltungsgericht und Bundesverfassungsgericht: Richtervorlagen und

---

1 Vgl. dazu näher BVerfG v. 13.4.2011 – 1 BvR 689/11, NJW 2011, 3081 (3082).
2 Vgl. etwa *Lechner/Zuck*, § 34a BVerfGG Rz. 79.
3 *Söllner*, in Brennpunkte des Arbeitsrechts 1996, S. 15 (19).
4 *Lechner/Zuck*, § 34a BVerfGG Rz. 3 ff.; *Dörr*, Verfassungsbeschwerde, Rz. 416 ff.
5 Vgl. BVerfG v. 31.1.1952 – 1 BvR 68/51, BVerfGE 1, 109 (112).
6 BVerfG v. 24.1.1995 – 1 BvR 1229/94, NJW 1995, 1415.

Verfassungsbeschwerden (1953 bis 2000), FS 50 Jahre BVerwG, 2003, S. 19; *Stern*, Das Staatsrecht der Bundesrepublik Deutschland, Band II, 1980, Band III/1, 1988; *Ulsamer*, Zulässigkeitsvoraussetzungen des konkreten Normenkontrollverfahrens in der Rechtsprechung des BVerfG, BayVBl. 1980, 519; *Wernsmann*, Konkrete Normenkontrolle (Art. 100 Abs. 1 GG), Jura 2005, 328; *Wollweber*, Aktuelle Aspekte der konkreten Normenkontrolle durch das BVerfG, DÖV 1999, 413.

Rechtsvorschriften:

Art. 100 GG

(1) Hält ein Gericht ein Gesetz, auf dessen Gültigkeit es bei der Entscheidung ankommt, für verfassungswidrig, so ist das Verfahren auszusetzen und, wenn es sich um die Verletzung der Verfassung eines Landes handelt, die Entscheidung des für Verfassungsstreitigkeiten zuständigen Gerichtes des Landes, wenn es sich um die Verletzung dieses Grundgesetzes handelt, die Entscheidung des Bundesverfassungsgerichtes einzuholen. Dies gilt auch, wenn es sich um die Verletzung dieses Grundgesetzes durch Landesrecht oder um die Unvereinbarkeit eines Landesgesetzes mit einem Bundesgesetze handelt.
...

§ 80 BVerfGG

(1) Sind die Voraussetzungen des Artikels 100 Abs. 1 des Grundgesetzes gegeben, so holen die Gerichte unmittelbar die Entscheidung des Bundesverfassungsgerichts ein.
(2) Die Begründung muss angeben, inwiefern von der Gültigkeit der Rechtsvorschrift die Entscheidung des Gerichts abhängig ist und mit welcher übergeordneten Rechtsnorm sie unvereinbar ist. Die Akten sind beizufügen.
(3) Der Antrag des Gerichts ist unabhängig von der Rüge der Nichtigkeit der Rechtsvorschrift durch einen Prozessbeteiligten.

§ 81 BVerfGG

Das Bundesverfassungsgericht entscheidet nur über die Rechtsfrage.

§ 81a BVerfGG

Die Kammer kann durch einstimmigen Beschluss die Unzulässigkeit eines Antrages nach § 80 feststellen. Die Entscheidung bleibt dem Senat vorbehalten, wenn der Antrag von einem Landesverfassungsgericht oder von einem obersten Gerichtshof des Bundes gestellt wird.

§ 82 BVerfGG

(1) Die Vorschriften der §§ 77 bis 79 gelten entsprechend.
(2) Die in § 77 genannten Verfassungsorgane können in jeder Lage des Verfahrens beitreten.
(3) Das Bundesverfassungsgericht gibt auch den Beteiligten des Verfahrens vor dem Gericht, das den Antrag gestellt hat, Gelegenheit zur Äußerung; es lädt sie zur mündlichen Verhandlung und erteilt den anwesenden Prozessbevollmächtigten das Wort.
(4) Das Bundesverfassungsgericht kann oberste Gerichtshöfe des Bundes oder oberste Landesgerichte um die Mitteilung ersuchen, wie und auf Grund welcher Erwägungen sie das Grundgesetz in der streitigen Frage bisher ausgelegt haben, ob und wie sie die in ihrer Gültigkeit streitige Rechtsvorschrift in ihrer Rechtsprechung angewandt haben und welche damit zusammenhängenden Rechtsfragen zur Entscheidung anstehen. Es kann sie ferner ersuchen, ihre Erwägungen zu einer für die Entscheidung erheblichen Rechtsfrage darzulegen. Das Bundesverfassungsgericht gibt den Äußerungsberechtigten Kenntnis von der Stellungnahme.

I. Allgemeines

Hält ein Gericht ein Gesetz, auf dessen Gültigkeit es bei der Entscheidung ankommt, für grundgesetzwidrig, so hat es das Verfahren gem. **Art. 100 Abs. 1 Satz 1 GG** auszusetzen und eine Entscheidung des BVerfG einzuholen[1]. Die Vorschrift regelt die konkrete Normenkontrolle, die einfachgesetzlich in § 13 Nr. 11 BVerfGG genannt und in §§ **80–82 BVerfGG** näher ausgestaltet ist. Sie behält dem BVerfG die Entscheidung über die Verfassungswidrigkeit von Gesetzen vor und räumt ihm demnach ein **Verwerfungsmonopol** ein. Art. 100 Abs. 1 GG durchbricht damit den Grundsatz, dass die Gerichte rechtliche Vorfragen aus anderen Rechtsgebieten inzident in eigener richterlicher Zuständigkeit und Verantwortung zu beurteilen haben[2]. Der **Zweck** der Bestimmung besteht darin, die Autorität des unter der Herrschaft des

65

---

1 Für den Fall der Verletzung einer Landesverfassung enthält Art. 100 Abs. 1 Satz 1 GG eine entsprechende Vorlagepflicht zum jeweiligen LVerfG. Zur Verletzung des GG durch Landesrecht und zur Unvereinbarkeit eines Landesgesetzes mit einem Bundesgesetz s. Art. 100 Abs. 1 Satz 2 GG.
2 Vgl. dazu etwa GMP/*Schlewing*, § 2 Rz. 141 f.

GG tätig gewordenen Gesetzgebers zu wahren und zu verhüten, dass sich jedes einzelne Gericht über den Willen des Gesetzgebers hinwegsetzt, indem es die von ihm erlassenen Gesetze nicht anwendet[1]. Zudem sollen durch allgemeinverbindliche Klärung verfassungsrechtlicher Fragen divergierende Entscheidungen der Gerichte, Rechtsunsicherheit und Rechtszersplitterung vermieden werden[2].

II. Vorlagerecht und Vorlagepflicht

66 Vorlageberechtigt sind nach Art. 100 Abs. 1 GG nur **Gerichte**. Unter einem Gericht im Sinne dieser Regelung versteht das BVerfG alle Spruchstellen, die sachlich unabhängig, in einem formell gültigen Gesetz mit den Aufgaben eines Gerichts betraut und als Gerichte bezeichnet sind[3]. Dies gilt für jeden Gerichtszweig und für alle Instanzen[4]. Zur Vorlage an das BVerfG sind demnach auch die **Gerichte für Arbeitssachen** in allen Instanzen befugt.[5] Berufs- und Ehrengerichte sind dann als Gerichte iSd. Art. 100 Abs. 1 GG anzusehen, wenn sie von Körperschaften des öffentlichen Rechts getragen sind und ihre Bindung an den Staat auch in personeller Hinsicht ausreichend gewährleistet ist[6]. **Nicht** vorlageberechtigt sind dagegen **kirchliche Gerichte** und private **Schiedsgerichte** gem. §§ 1025 ff. ZPO und §§ 101 ff. ArbGG, da sie nicht auf staatlichem Gesetz beruhen und nicht in die staatliche Organisation eingegliedert sind[7]. Verwaltungsbehörden sind keine Gerichte und können dem BVerfG daher nicht vorlegen[8].

67 Das Gericht ist unter den Voraussetzungen des Art. 100 Abs. 1 GG **zur Vorlage verpflichtet**; ein Ermessen besteht nicht[9]. Die Vorlagepflicht trifft das Gericht unabhängig davon, ob seine Entscheidung noch mit Rechtsmitteln angefochten werden kann. Insoweit unterscheidet sich die konkrete Normenkontrolle vom Vorabentscheidungsverfahren gem. Art. 267 AEUV. Dort sind nur die letztinstanzlich entscheidenden Gerichte zur Vorlage (an den EuGH) verpflichtet, während die Instanzgerichte zwar vorlegen können, aber nicht müssen (vgl. Rz. 97). Die Vorlagepflicht hängt auch nicht davon ab, dass einer der Prozessbeteiligten die Verfassungswidrigkeit gerügt hat; das Gericht hat dem BVerfG von Amts wegen vorzulegen (§ 80 Abs. 3 BVerfGG). Daher ist auch ein förmlicher Antrag eines Prozessbeteiligten auf Vorlage nur als Anregung zu werten und muss nicht förmlich beschieden werden[10]. Aus der Sicht der Prozessparteien und ihrer Vertreter kann sich eine solche Anregung dennoch empfehlen, da vor allem die unterinstanzlichen Gerichte mit Verfassungsprozessrecht nur selten befasst sind und sich daher mit Vorlagebeschlüssen mitunter schwer tun.

68 Legt ein Gericht entgegen Art. 100 Abs. 1 GG nicht vor, so kann es dadurch den Anspruch der Parteien auf den **gesetzlichen Richter** (Art. 101 Abs. 1 Satz 2 GG) verletzen. Dabei genügt zwar nicht schon jede irrtümliche Überschreitung der den Fachgerichten gezogenen Grenzen[11]. Angesichts des verfassungsrechtlichen Ranges des Art. 100 Abs. 1 GG betont das BVerfG jedoch in seiner neueren Rechtsprechung, dass eine Verletzung der Garantie des gesetzlichen Richters – anders als bei einfachgesetzlich normierten Vorlagepflichten – nicht erst dann vorliegt, wenn die Vorlage objektiv willkürlich unterbleibt[12]. Vielmehr ver-

---

1 Vgl. nur BVerfG v. 3.3.2004 – 1 BvL 13/00, NJW-RR 2004, 1154; BVerfG v. 14.2.2005 – 2 BvL 1/05, NVwZ 2005, 568; BVerfG v. 15.4.2005 – 1 BvL 6/03 ua., NVwZ 2005, 801; BVerfG v. 7.11.2005 – 1 BvR 1178/05, NJW 2006, 1339; BVerfG v. 16.12.2014 – 1 BvR 2142/11, NVwZ 2015, 510 Rz. 78.
2 Vgl. nur BVerfG v. 24.3.1976 – 1 BvL 7/74, NJW 1976, 1446; BVerfG v. 8.2.1983 – 1 BvL 20/81, NJW 1983, 1179; BVerfG v. 16.12.2014 – 1 BvR 2142/11, NVwZ 2015, 510 Rz. 78.
3 BVerfG v. 17.1.1957 – 1 BvL 4/54, NJW 1957, 417; BVerfG v. 9.2.1971 – 1 BvL 27/70, NJW 1971, 605.
4 Sachs/*Detterbeck*, Art. 100 GG Rz. 4; GMP/*Prütting*, Einl. Rz. 78.
5 So ist gegenwärtig beim BVerfG unter dem Az.: 1 BvL 7/14 eine Vorlage des ArbG Braunschweig v. 3.4.2014 – 5 Ca 463/13 anhängig, die die Frage der Vereinbarkeit des Vorbeschäftigungsverbots gem. § 14 Abs. 2 Satz 2 TzBfG mit Art. 12 Abs. 1, Art. 2 Abs 1 und Art. 3 Abs. 1 GG zum Gegenstand hat.
6 BVerfG v. 24.11.1964 – 2 BvL 19/63, NJW 1965, 343; BVerfG v. 30.5.1978 – 2 BvR 685/77, NJW 1978, 1795.
7 von Münch/Kunig/*Meyer*, Art. 100 GG Rz. 11; Sachs/*Detterbeck*, Art. 100 GG Rz. 4; *Lechner/Zuck*, § 80 BVerfGG Rz. 5; *Lenz/Hansel*, § 80 BVerfGG Rz. 39; *Benda/Klein*, Verfassungsprozessrecht, Rz.767; Burkiczak/Dollinger/Schorkopf/*Dollinger*, § 80 BVerfGG Rz. 36; aM für kirchliche Gerichte *Bettermann*, FS 25 Jahre BVerfG, 1976, S. 323 (354).
8 *Erichsen*, Jura 1982, 88 (90). Zur Frage, ob sie Gesetze (vorläufig) unangewendet lassen dürfen, vgl. *Maurer*, Allgemeines Verwaltungsrecht, 18. Aufl. 2011, § 4 Rz. 79.
9 *Benda/Klein*, Verfassungsprozessrecht, Rz. 770; *Lenz/Hansel*, § 80 BVerfGG Rz. 26.
10 *Lechner/Zuck*, § 80 BVerfGG Rz. 48 Fn. 199; Burkiczak/Dollinger/Schorkopf/*Dollinger*, § 80 BVerfGG Rz. 91.
11 BVerfG v. 3.11.1992 – 1 BvR 137/92, NJW 1993, 381; BVerfG v. 16.12.2014 – 1 BvR 2142/11, NVwZ 2015, 510 Rz. 71.
12 Vgl. zu diesem Kontrollmaßstab *Schlaich/Korioth*, BVerfG, Rz. 145; *Jarass/Pieroth*, Art. 100 GG Rz. 3; *Benda/Klein*, Verfassungsprozessrecht, Rz. 770; *Lenz/Hansel*, § 80 BVerfGG Rz. 27 f.; *Pestalozza*, Verfassungsprozessrecht, § 13 Rz. 7; *Wollweber*, DÖV 1999, 413 (415).

letze ein Fachgericht die Garantie des gesetzlichen Richters schon dann, wenn es die Vorlage einer Norm unterlässt, weil es in nicht vertretbarer Weise die Möglichkeit einer verfassungskonformen Auslegung des betreffenden Gesetzes annimmt.[1] Gegen eine Verletzung des Art. 101 Abs. 1 Satz 2 GG kann sich der Betroffene – nach Erschöpfung des Rechtswegs – mit der **Verfassungsbeschwerde** zur Wehr setzen[2]. Im Übrigen ist die Ablehnung einer Richtervorlage an das BVerfG nicht anfechtbar; auch die mit ihr verbundene Ablehnung der Aussetzung des Verfahrens kann nicht mit der (sofortigen) Beschwerde angegriffen werden[3].

III. Vorlagegegenstand

Gegenstand einer Vorlage nach Art. 100 Abs. 1 Satz 1 GG können nur **Gesetze im formellen Sinn** sein; nach Ansicht des BVerfG dient das Verwerfungsmonopol ausschließlich dem Schutz des **Gesetzgebers** und nicht allgemein des **Normgebers**[4]. Ausnahmen macht das BVerfG wegen Funktionsgleichheit bei sog. gesetzesvertretenden Rechtsverordnungen[5], zu denen etwa die 1994 außer Kraft getretene Arbeitszeitordnung gehörte[6], sowie bei Parlamentsbeschlüssen, die – ohne als formelles Gesetz zu ergehen – einem Staatsvertrag zustimmen[7]. Umgekehrt werden sog. satzungsvertretende Gesetze aus dem Anwendungsbereich des Art. 100 Abs. 1 GG herausgenommen[8]; sie haben im Arbeitsrecht aber ohnehin keine Bedeutung. **Nicht** vorlagefähig sind **allgemeinverbindliche Tarifverträge**[9], ebenso nicht **Akte der Rspr.**; das gilt selbst dann, wenn der Inhalt eines Gesetzes durch die st. Rspr. eines obersten Gerichtshofs „verändert" wird[10]. Auch die bloße Neubekanntmachung eines Gesetzes durch die Exekutive kann nicht zum Gegenstand eines Normenkontrollverfahrens gemacht werden[11]. Ebenso ist das schlichte gesetzgeberische Unterlassen nicht vorlagefähig[12]. Dagegen ist eine Vorlage zulässig, wenn der Gesetzgeber auf einem Rechtsgebiet bereits tätig geworden ist und ein Gericht die geschaffenen Vorschriften angesichts einer grundrechtlichen Schutzpflicht für unzureichend hält[13]; dasselbe gilt, wenn das vorlegende Gericht die unterlassene Einbeziehung weiterer Tatbestände in eine begünstigende Regelung als Verletzung staatlicher Schutzpflichten betrachtet[14].

Vorlagefähig sind nur **deutsche** Gesetze. Dazu gehören auch die Zustimmungsgesetze zu völkerrechtlichen Verträgen[15], nicht jedoch die völkerrechtlichen Verträge selbst[16]. Auch im Hinblick auf die **Europäische Union** gilt, dass die Zustimmungsgesetze zu den Gründungsverträgen und ihren späteren Änderungen dem BVerfG zur Überprüfung vorgelegt werden können[17]. Dagegen können Normen des primären und sekundären Unionsrechts grds. nicht Gegenstand einer Normenkontrolle sein; entsprechende Vorlagen

---

1 BVerfG v. 16.12.2014 – 1 BvR 2142/11, NVwZ 2015, 510 Rz. 71. Eine „Kehrtwende" in der Rspr. des BVerfG konstatiert insoweit *Berkemann*, DÖV 2015, 393; ähnlich *Muckel*, JA 2015, 634; *Sachs*, JuS 2015, 472.
2 BVerfG v. 16.12.2014 – 1 BvR 2142/11, NVwZ 2015, 510 Rz. 69; *Benda/Klein*, Verfassungsprozessrecht, Rz. 770.
3 OLG Bremen v. 18.11.1955 – 1 W 338/55, NJW 1956, 387; OLG Karlsruhe v. 13.6.1979 – 5 WF 60/79, FamRZ 1979, 845 (846); OLG Düsseldorf v. 3.7.1992 – 1 Ws 552/92, NJW 1993, 411.
4 St. Rspr. seit BVerfG v. 20.3.1952 – 1 BvL 12/51 ua., BVerfGE 1, 184 (189 ff.).
5 BVerfG v. 12.6.1979 – 1 BvL 19/76, NJW 1980, 985; kritisch *Wollweber*, DÖV 1999, 413 (415).
6 Vgl. BVerfG v. 3.5.1967 – 2 BvR 134/63, NJW 1967, 1555.
7 BVerfG v. 7.5.1974 – 2 BvL 17/73, BayVBl. 1974, 495.
8 BVerfG v. 14.5.1985 – 2 BvR 397/82 ua., NJW 1985, 2315; aM *Benda/Klein*, Verfassungsprozessrecht, Rz. 779; *Pestalozza*, Verfassungsprozessrecht, § 13 Rz. 9 Fn. 24.
9 Vgl. BVerfG v. 15.7.1980 – 1 BvR 24/74 ua., NJW 1981, 215; vgl. auch BVerfG v. 24.5.1977 – 2 BvL 11/74, NJW 1977, 2255; *Jarass/Pieroth*, Art. 100 GG Rz. 10.
10 BVerfG v. 1.10.1968 – 2 BvL 8/68, BVerfGE 24, 170 (173 f.).
11 BVerfG v. 23.2.1965 – 2 BvL 19/62, BayVBl. 1965, 161.
12 BVerfG v. 16.1.2013 – 1 BvR 2004/10, NJW 2013, 1148 (1149); BVerfG v. 26.7.2016 – 1 BvL 8/15, NJW 2017, 53 Rz. 54; *Benda/Klein*, Verfassungsprozessrecht, Rz. 790.
13 BVerfG v. 16.1.2013 – 1 BvR 2004/10, NJW 2013, 1148 (1149); BVerfG v. 26.7.2016 – 1 BvL 8/15, NJW 2017, 53 Rz. 55; Burkiczak/Dollinger/Schorkopf/*Dollinger*, § 80 BVerfGG Rz. 50.
14 BVerfG v. 16.1.2013 – 1 BvR 2004/10, NJW 2013, 1148 (1149); BVerfG v. 26.7.2016 – 1 BvL 8/15, NJW 2017, 53 Rz. 55.
15 Vgl. etwa BVerfG v. 8.2.1983 – 1 BvL 20/81, NJW 1983, 1179; BVerfG v. 8.10.1996 – 1 BvL 15/91, NJW 1997, 1359.
16 Vgl. zB BVerfG v. 9.12.1970 – 1 BvL 7/66, BVerfGE 29, 348 (358).
17 BVerfG v. 25.7.1979 – 2 BvL 6/77, NJW 1980, 519; vgl. auch BVerfG v. 12.10.1993 – 2 BvR 2134/92 ua., NJW 1993, 3047.

nach Art. 100 Abs. 1 GG sind regelmäßig unzulässig[1]. Allerdings hat sich das BVerfG in der Maastricht-Entscheidung eine Reservezuständigkeit zur Kontrolle von Rechtsakten der Europäischen Union vorbehalten[2] und diese im Urteil zum Vertrag von Lissabon[3] sowie im Honeywell-Beschluss[4] bestätigt und näher ausgestaltet. Soweit diese reicht, ist auch eine konkrete Normenkontrolle statthaft. Im Übrigen können die Fachgerichte, sofern sie nicht nach Art. 267 AEUV zur Vorlage an den EuGH verpflichtet sind (s. Rz. 118 ff.), selbst über die Auslegung und Anwendung des Unionsrechts entscheiden[5]. Auch deutsche Gesetze, die zur Durchführung unionsrechtlicher Vorgaben, insbesondere zur Umsetzung von EU-Richtlinien, ergangen sind, bilden nur insoweit einen tauglichen Vorlagegegenstand, als dem deutschen Gesetzgeber bei der Umsetzung ein Spielraum eingeräumt ist[6]. Kann der behauptete Verfassungsverstoß dagegen nur in der Grundgesetzwidrigkeit der europarechtlichen Vorgaben begründet sein, scheidet eine Vorlage an das BVerfG grds. aus[7]. Das BVerfG hält das betreffende Gesetz in derartigen Fällen allerdings nicht bereits für einen unzulässigen Vorlagegegenstand; vielmehr fehlt es am Kriterium der Entscheidungserheblichkeit, da das Gericht insoweit seine Prüfungskompetenz zurückgenommen hat und eine Vorlage an das BVerfG demnach nichts zur Lösung des Ausgangsfalles beitragen kann[8]. Ob das vom Gericht als verfassungswidrig beurteilte Gesetz in Umsetzung eines dem Gesetzgeber eingeräumten Gestaltungsspielraums ergangen ist, muss das Gericht ggf. zuvor durch ein Vorabentscheidungsverfahren beim EuGH klären, und zwar unabhängig davon, ob es ein letztinstanzliches Gericht nach Art. 267 Abs. 3 AEUV ist[9]. Zur Prüfungskompetenz des BVerfG im Zusammenhang mit dem Recht der Europäischen Union vgl. auch Rz. 15 ff.. Zur Konkurrenz von konkreter Normenkontrolle nach Art. 100 Abs. 1 GG und Vorabentscheidungsverfahren nach Art. 267 AEUV s. Rz. 161 ff.

71 Vorgelegt werden können nur **existente**, dh. ausgefertigte und verkündete **Gesetze**. Erst mit der Verkündung erlangen sie die Qualität formeller Gesetze; außerdem können sie vor diesem Zeitpunkt nicht entscheidungserheblich sein[10]. Gesetze, die außer Kraft getreten sind, sind nur dann ein zulässiger Vorlagegegenstand, wenn sie dadurch nicht ihre Entscheidungserheblichkeit im Ausgangsverfahren eingebüßt haben[11]. Vorzulegen ist jeweils die **einzelne Rechtsnorm**; anders als zB in Art. 84 Abs. 1 GG ist mit dem Begriff „Gesetz" nicht etwa die gesamte gesetzgebungstechnische Einheit gemeint[12]. Bei untrennbarem Sachzusammenhang kann jedoch ausnahmsweise auch der gesamte für verfassungswidrig gehaltene Normenkomplex vorgelegt werden[13].

72 Gegenstand einer konkreten Normenkontrolle können nur **nachkonstitutionelle**, also nach Inkrafttreten des GG verkündete Gesetze sein, da Art. 100 Abs. 1 GG nur die Autorität des unter der Herrschaft des Grundgesetzes tätig gewordenen Gesetzgebers schützen will. Gesetze, die vor Inkrafttreten des GG verkündet worden sind, unterliegen nicht dem Verwerfungsmonopol des BVerfG[14]. Etwas anderes gilt für diejenigen vorkonstitutionellen Normen, die der Gesetzgeber nach Inkrafttreten des GG in seinen Willen aufgenommen hat. Dies setzt voraus, dass der nachkonstitutionelle Gesetzgeber seinen konkreten Bestätigungswillen im Gesetz selbst zu erkennen gegeben hat oder dass sich ein solcher Wille aus dem engen sachlichen Zusammenhang zwischen unveränderten und geänderten Normen objektiv erschließen lässt. Dies ist zB der Fall, wenn die alte Norm als Gesetz neu verkündet worden ist, wenn eine neue (nachkonstitutionelle) Norm auf die alte Norm verweist oder wenn ein begrenztes und überschaubares Rechtsgebiet vom nachkonstitutionellen Gesetzgeber durchgreifend geändert worden ist und ein enger sachlicher Zu-

---

1 BVerfG v. 25.7.1979 – 2 BvL 6/77, NJW 1980, 519; BVerfG v. 7.6.2000 – 2 BvL 1/97, NJW 2000, 3124; *Benda/Klein*, Verfassungsprozessrecht, Rz. 795 ff.; *Schlaich/Korioth*, BVerfG, Rz. 142; von Münch/Kunig/*Meyer*, Art. 100 GG Rz. 20; Sachs/*Detterbeck*, Art. 100 GG Rz. 11.
2 BVerfG v. 12.10.1993 – 2 BvR 2134/92 ua., NJW 1993, 3047; vgl. auch BVerfG v. 7.6.2000 – 2 BvL 1/97, NJW 2000, 3124.
3 BVerfG v. 30.6.2009 – 2 BvE 2/08 ua., NJW 2009, 2267.
4 BVerfG v. 6.7.2010 – 2 BvR 2661/06, EuZW 2010, 828 ff.
5 Vgl. dazu auch *Lechner/Zuck*, § 80 BVerfGG Rz. 13 ff.
6 BVerfG v. 21.9.2016 – 2 BvL 1/15, NJW 2016, 3648 Rz. 32.
7 BVerfG v. 4.10.2011 – 1 BvL 3/08, NJW 2012, 45; *Benda/Klein*, Verfassungsprozessrecht, Rz. 802.
8 BVerfG v. 4.10.2011 – 1 BvL 3/08, NJW 2012, 45 (46); *Lenz/Hansel*, § 80 BVerfGG Rz. 60; vgl. dazu auch *Wendel*, EuZW 2012, 213 (214).
9 BVerfG v. 4.10.2011 – 1 BvL 3/08, NJW 2012, 45 (46); vgl. dazu auch Rz. 78, 164.
10 *Benda/Klein*, Verfassungsprozessrecht, Rz. 775; vgl. BVerfG v. 8.7.1976 – 1 BvL 19/75 ua., JZ 1977, 78.
11 Vgl. BVerfG v. 17.7.2003 – 2 BvL 1/99, NVwZ 2003, 1241; BVerfG v. 4.2.2009 – 1 BvL 8/05, NVwZ 2009, 968; BVerfG v. 17.2.2016 – 1 BvL 8/10, BVerfGE 141, 143 Rz. 43.
12 Vgl. BVerfG v. 10.12.1980 – 2 BvF 3/77, NJW 1981, 329.
13 Vgl. nur BVerfG v. 17.11.1992 – 1 BvL 8/87, NJW 1993, 643; BVerfG v. 5.12.2002 – 2 BvL 5/98 ua., NVwZ 2003, 974.
14 St. Rspr.; grundlegend BVerfG v. 24.2.1953 – 1 BvL 21/51, BVerfGE 2, 124 (128).

sammenhang zwischen veränderten und unveränderten Normen besteht. Eine Bestätigung kann dagegen nicht angenommen werden, wenn der an das GG gebundene Gesetzgeber eine vorkonstitutionelle Norm nur als solche hinnimmt und ihre Aufhebung oder sachliche Änderung vorerst unterlässt, ohne sie in ihrer Geltung bestätigen zu wollen[1]. Das Gleiche gilt bei einer bloßen Neubekanntmachung der Norm durch die Exekutive[2] sowie bei einer Änderung nur einzelner Vorschriften des vorkonstitutionellen Gesetzes[3]. Je länger aber der Gesetzgeber die Regelung in Geltung lässt, desto geringer werden die Voraussetzungen für die Annahme, er habe sie in seinen Willen aufgenommen[4]. Nach diesen Grundsätzen hat das BVerfG im Arbeitsrecht zB § 5 TVG (Allgemeinverbindlicherklärung von Tarifverträgen) für nachkonstitutionell gehalten, obwohl diese Vorschrift vor Inkrafttreten des GG verkündet worden ist[5].

IV. Überzeugung von der Verfassungswidrigkeit

Das vorlegende Gericht muss das betreffende Gesetz **für verfassungswidrig halten** (vgl. Art. 100 Abs. 1 Satz 1 GG), dh. es muss von der Verfassungswidrigkeit der vorgelegten Norm überzeugt sein; bloße Zweifel an der Verfassungsmäßigkeit des Gesetzes reichen nicht aus (zur abweichenden Rechtslage bei der Vorlage an den EuGH s. Rz. 111)[6]. Lässt das Gesetz mehrere Auslegungen zu und steht jedenfalls eine mit der Verfassung im Einklang, so ist eine konkrete Normenkontrolle unzulässig; in diesem Fall ist das Gericht verpflichtet, seiner Entscheidung die verfassungskonforme Auslegung zugrunde zu legen[7]. Bei der Beantwortung der Frage, ob das Gesetz verfassungswidrig ist oder ob es verfassungskonform ausgelegt werden kann, muss sich das Gericht eine **eigene Überzeugung** bilden[8]. Der Verweis auf eine „hM" zur Auslegung der Gesetzesbestimmung reicht nicht aus[9]. Ebenso kann das vorlegende Gericht nicht einfach auf die von einem übergeordneten Gericht vertretene Auslegung verweisen. Da es an die obergerichtliche Rspr. regelmäßig nicht gebunden ist, kann und muss es eine eigenständige Prüfung und Auslegung der Norm vornehmen. Sofern es dabei zum Ergebnis gelangt, dass eine verfassungskonforme Auslegung möglich ist, muss es diese zugrunde legen und dabei das Risiko der Aufhebung durch die höhere Instanz in Kauf nehmen[10]. Es darf dagegen keine verfassungsgerichtliche Überprüfung der obergerichtlichen Judikatur veranlassen, auch wenn es diese für verfassungswidrig hält[11]. Denn das Vorlageverfahren gem. Art. 100 Abs. 1 GG dient der Normenkontrolle und nicht der Kontrolle anderer Gerichte; es kann daher nicht in Anspruch genommen werden, um eine Meinungsverschiedenheit zwischen Gerichten desselben Rechtszuges über die verfassungsmäßige Auslegung einer Norm zu erreichen[12]. Die etwaige verfassungsgerichtliche Überprüfung von Entscheidungen der im Instanzenzug übergeordneten Gerichte muss vielmehr dem dafür vorgesehenen Verfahren der Verfassungsbeschwerde vorbehalten bleiben[13].

Trotz eigener Überzeugung von der Verfassungswidrigkeit eines Gesetzes ist das Gericht zur Vorlage an das BVerfG nicht befugt, wenn es **an die** entgegengesetzte **Auffassung eines anderen Gerichts** gebunden ist. Dies ist insbesondere dann der Fall, wenn das Gericht nach einer zurückverweisenden Rechtsmittelentscheidung die rechtliche Beurteilung des übergeordneten Gerichts zugrunde zu legen hat (Bsp.: § 72 Abs. 5

---

1 BVerfG v. 17.5.1960 – 2 BvL 11/59 ua., NJW 1960, 1563 (1564); BVerfG v. 20.3.1984 – 1 BvL 28/82, NJW 1984, 1872; BVerfG v. 4.6.1985 – 1 BvL 14/84, NJW 1986, 915; BVerfG v. 13.8.1998 – 1 BvL 25/96, NJW 1998, 3557.
2 BVerfG v. 14.6.1983 – 2 BvL 11/82, AP Nr. 3 zu § 124 GewO.
3 BVerfG v. 17.5.1960 – 2 BvL 11/59 ua., NJW 1960, 1563 (1564); BVerfG v. 20.3.1984 – 1 BvL 28/82, NJW 1984, 1872; BVerfG v. 4.6.1985 – 1 BvL 14/84, NJW 1986, 915.
4 BVerfG v. 20.3.1984 – 1 BvL 28/82, NJW 1984, 1872; BVerfG v. 13.8.1998 – 1 BvL 25/96, NJW 1998, 3557.
5 BVerfG v. 24.5.1977 – 2 BvL 11/74, NJW 1977, 2255.
6 Vgl. etwa BVerfG v. 5.4.1989 – 2 BvL 1/88 ua., BVerfGE 80, 54 (59); BVerfG v. 9.7.2003 – 2 BvL 2/03 ua., NJW 2003, 3264; BVerfG v. 9.12.2008 – 2 BvL 7/04 ua.; BVerfG v. 16.12.2014 – 1 BvR 2142/11, NVwZ 2015, 510 Rz. 82. Hinsichtlich der Überzeugung von der Verfassungswidrigkeit kommt es grds. auf die Rechtsansicht des vorlegenden Gerichts an; ob diese zutrifft oder nicht, entscheidet das BVerfG in der Sachprüfung oder, bei offensichtlich unzutreffender Rechtsauffassung, im vereinfachten Verfahren nach § 24 BVerfGG; vgl. BVerfG v. 15.12.2015 – 2 BvL 1/12, DStR 2016, 359 Rz. 29.
7 BVerfG v. 23.6.1987 – 2 BvL 5/83, NJW 1988, 405; BVerfG v. 7.4.1997 – 1 BvL 11/96, NJW 1997, 2230; BVerfG v. 12.3.2004 – 1 BvL 7/03, NVwZ 2004, 974.
8 BVerfG v. 18.12.1984 – 2 BvL 22/82, EuGRZ 1985, 358; BVerfG v. 15.4.2005 – 1 BvL 6/03 ua., NVwZ 2005, 801; BVerfG v. 16.12.2014 – 1 BvR 2142/11, NVwZ 2015, 510 Rz. 84.
9 BVerfG v. 27.1.1988 – 1 BvL 2/86, MDR 1988, 553.
10 *Pestalozza*, Verfassungsprozessrecht, § 13 Rz. 8 Fn. 23.
11 BVerfG v. 31.5.1983 – 1 BvL 11/80, NJW 1983, 2491; BVerfG v. 9.2.1988 – 1 BvL 23/86, NJW 1988, 1902.
12 BVerfG v. 29.11.1967 – 1 BvL 16/63, NJW 1968, 99; BVerfG v. 9.2.1988 – 1 BvL 23/86, NJW 1988, 1902; BVerfG v. 12.1.2006 – 1 BvL 12/05, NJ 2006, 170.
13 BVerfG v. 29.11.1967 – 1 BvL 16/63, NJW 1968, 99; BVerfG v. 4.6.1985 – 1 BvL 7/85, NJW 1987, 179; BVerfG v. 12.1.2006 – 1 BvL 12/05, NJ 2006, 170.

ArbGG iVm. § 563 Abs. 2 ZPO). Ist das übergeordnete Gericht in der Rechtsmittelentscheidung von der Verfassungsmäßigkeit des Gesetzes ausgegangen, darf sich das Untergericht mit dieser Frage nicht mehr auseinandersetzen. Seine eigene Überzeugung ist dann nicht mehr entscheidend. Eine Vorlage nach Art. 100 Abs. 1 GG wäre daher unzulässig (zur entsprechenden Frage beim Vorabentscheidungsverfahren nach Art. 267 AEUV s. Rz. 116)[1].

75 Auf die eigene Überzeugung des vorlegenden Gerichts kommt es auch dann nicht an, wenn das Gericht gem. § 31 Abs. 1 BVerfGG **an eine Entscheidung des BVerfG gebunden** ist. Dies ist dann anzunehmen, wenn das BVerfG die betreffende Norm bereits in einem anderen Verfahren als verfassungsmäßig bestätigt hat[2]. In diesem Fall steht die Bindungswirkung der verfassungsgerichtlichen Entscheidung einer erneuten Vorlage regelmäßig entgegen. Etwas anderes gilt nur, wenn das BVerfG nicht in der Sache entschieden hatte[3] oder tatsächliche oder rechtliche Veränderungen eingetreten sind, die die Grundlagen der früheren Entscheidung berühren und deren Überprüfung nahe legen. Solche besonderen Umstände müssen vom vorlegenden Gericht aufgezeigt werden[4].

V. Entscheidungserheblichkeit

76 Die vom vorlegenden Gericht für verfassungswidrig erachtete Vorschrift muss im Ausgangsverfahren entscheidungserheblich sein. Davon ist grds. nur dann auszugehen, wenn die **Endentscheidung** des Gerichts von der Gültigkeit der Norm abhängt[5]. Zwischenentscheidungen, wie Beweisbeschlüsse[6] und prozessleitende Verfügungen[7], lösen die Vorlagepflicht dagegen regelmäßig nicht aus; bei ihnen ist die Verfassungsmäßigkeit der betreffenden Norm einstweilen zu unterstellen. Etwas anderes gilt nur dann, wenn sich eine Vorlage von der gegebenen Verfahrenslage her auch schon für eine Zwischenentscheidung als unerlässlich erweist. Das kann etwa der Fall sein, wenn der Zwischenentscheidung für den weiteren Ablauf und die weitere Gestaltung des Verfahrens wesentliche Bedeutung zukommt und eine Klärung der Verfassungsmäßigkeit der Norm deshalb dringend geboten erscheint[8]. Im Verfahren des vorläufigen Rechtsschutzes ist eine Vorlage an das BVerfG dann möglich, wenn die beantragte Regelung die endgültige Entscheidung weitgehend vorwegnehmen und damit etwas gewähren würde, auf das ein im Hauptsacheverfahren durchsetzbarer Anspruch wegen Verfassungswidrigkeit der zugrunde zu legenden Norm nicht besteht[9]. Sie wird aber regelmäßig aus praktischen Gesichtspunkten nicht in Betracht kommen, da eine Aussetzung des Eilverfahrens mit dem Gebot effektiven Rechtsschutzes grds. unvereinbar ist[10].

77 Die **Anforderungen** an die Entscheidungserheblichkeit und ihre Darlegung im Vorlagebeschluss werden vom BVerfG sehr hoch angesetzt[11]. Entscheidungserheblich ist die Norm nur dann, wenn das vorlegende Gericht bei Gültigkeit der beanstandeten Regelung zu einer anderen Entscheidung käme als im Fall ihrer Ungültigkeit[12]. Andere Entscheidungen in diesem Sinn sind zB: Abweisung statt Klagestattgabe, Abweisung der Klage als unzulässig statt Abweisung als unbegründet, Verwerfung des Rechtsmittels als unzulässig statt Zurückweisung als unbegründet, teilweiser statt vollständiger Klageerfolg[13]. Es muss jede Möglich-

---

1 BVerfG v. 17.1.1961 – 2 BvL 25/60, NJW 1961, 655; BVerfG v. 6.4.1976 – 2 BvL 12/75, BVerfGE 42, 92 (94 f.); BVerfG v. 4.10.1983 – 2 BvL 8/83, DVBl. 1983, 1239; BVerfG v. 19.12.1984 – 2 BvL 20/84 ua., EuGRZ 1985, 360.
2 *Kopp/Schenke*, § 94 VwGO Rz. 17; *Jarass/Pieroth*, Art. 100 GG Rz. 30; vgl. auch BVerfG v. 30.5.1972 – 1 BvL 21/69 ua., NJW 1972, 1701.
3 BVerfG v. 14.2.2005 – 2 BvL 1/05, NVwZ 2005, 568.
4 BVerfG v. 8.10.1991 – 1 BvL 50/86, NJW 1992, 423; BVerfG v. 13.5.1996 – 2 BvL 33/93, NJW 1996, 2717; BVerfG v. 17.11.1998 – 1 BvL 10/98, NJW 1999, 2581.
5 BVerfG v. 23.6.1987 – 2 BvL 5/83, NJW 1988, 405; BVerfG v. 7.12.1988 – 1 BvL 27/88, NJW 1989, 893; BVerfG v. 9.7.2003 – 2 BvL 2/03 ua., NJW 2003, 3264; BVerfG v. 17.12.2014 – 1 BvL 21/12, DStR 2015, 31 Rz. 92.
6 BVerfG v. 25.10.1960 – 1 BvL 8/56, NJW 1961, 115; BVerfG v. 19.12.1978 – 1 BvL 3/78, NJW 1979, 757.
7 BVerfG v. 8.2.1967 – 2 BvL 1/67, BVerfGE 21, 148 (149).
8 BVerfG v. 12.1.1983 – 2 BvL 23/81, NVwZ 1983, 537; vgl. dazu auch *Benda/Klein*, Verfassungsprozessrecht, Rz. 817 ff.; *Lenz/Hansel*, § 80 BVerfGG Rz. 76.
9 BVerfG v. 5.10.1977 – 2 BvL 10/75, NJW 1978, 37; BVerfG v. 8.2.1983 – 1 BvL 20/81, NJW 1983, 1179; im Einzelnen umstritten; vgl. zum uneinheitlichen Meinungsbild in der Lit. *Froese/Kempny/Schiffbauer*, DÖV 2017, 261 (267 ff.).
10 *Lenz/Hansel*, § 80 BVerfGG Rz. 43; vgl. auch BVerfG v. 19.7.1996 – 1 BvL 39/95.
11 *Lenz/Hansel*, § 80 BVerfGG Rz. 105 ff.; *Sachs/Detterbeck*, Art. 100 GG Rz. 19, m. Nachw. für Kritik an dieser Rspr.; für eine Absenkung der Anforderungen etwa *Eisele/Hyckel*, NVwZ 2016, 1298 (1300 f.).
12 Vgl. nur BVerfG v. 28.4.2003 – 1 BvL 3/01, BVerfGK 1, 124; BVerfG v. 9.5.2006 – 2 BvL 1/02, FamRZ 2006, 927; BVerfG v. 4.6.2012 – 2 BvL 9/08 ua., BVerfGE 131, 88 (117); BVerfG v. 29.12.2015 – 1 BvL 4/11, NZS 2016, 263 Rz. 13.
13 Vgl. die Nachw. bei *Jarass/Pieroth*, Art. 100 GG Rz. 21.

keit ausgeschlossen sein, dass das Gericht schon aus anderen Gründen in einem bestimmten Sinn entscheiden muss[1]. Daher fehlt es zB an der Entscheidungserheblichkeit, wenn die Unanwendbarkeit des Gesetzes bereits aufgrund entgegenstehenden Unionsrechts feststeht[2]. So hat das BVerfG zB eine Vorlage zum früheren Nachtarbeitsverbot für Arbeiterinnen (§ 19 AZO) für unzulässig erklärt, nachdem der EuGH ein halbes Jahr zuvor das parallel gelagerte französische Nachtarbeitsverbot für europarechtswidrig erklärt hatte[3]. Zur Frage, ob ein Gericht, das eine Norm sowohl für verfassungswidrig als auch für europarechtswidrig hält, zuerst den EuGH oder das BVerfG anrufen muss, s. Rz. 161 ff. Zur Entscheidungserheblichkeit im Zusammenhang mit einem das Unionsrecht umsetzenden innerstaatlichen Gesetz s. Rz. 164. Besonderheiten gelten für die Entscheidungserheblichkeit, wenn das vorlegende Gericht die vorgelegte Norm wegen eines Gleichheitsverstoßes für verfassungswidrig hält. Dabei hängt der Ausgang des Verfahrens nämlich auch davon ab, welche Konsequenzen das BVerfG aus dem konkreten Gleichheitsverstoß zieht (Nichtigkeit, bloße Unvereinbarkeit, Weiteranwendung) und wie der Gesetzgeber auf die Entscheidung reagiert. Da dies vom vorlegenden Gericht nur sehr schwer zu prognostizieren ist, lässt das BVerfG es genügen, dass die Verfassungswidrigerklärung der Norm dem Kläger des Ausgangsverfahrens die Chance offen hält, eine für ihn günstige Regelung zu erreichen. Die fragliche Norm ist daher schon dann entscheidungserheblich, wenn der Gesetzgeber nicht aus Rechtsgründen oder aus offenkundigen tatsächlichen Gründen gehindert ist, eine für den Kläger günstige Regelung zu schaffen[4]. Um zu gewährleisten, dass die betreffende Person von der Neuregelung im Ausgangsverfahren auch tatsächlich profitieren kann, muss dieses aber grds. bis zur Neuregelung ausgesetzt bleiben[5]. Anders beurteilt das BVerfG allerdings der Rechtslage, wenn der Kläger des Ausgangsverfahrens durch das betreffende Gesetz begünstigt wird, das Fachgericht dieses jedoch wegen eines Verstoßes gegen einen Gleichheitssatz nach Art. 3 GG für verfassungswidrig hält. In diesem Fall lehnt das BVerfG die Entscheidungserheblichkeit der Norm ab, so dass die Fachgerichte das von ihnen für gleichheitswidrig gehaltene Gesetz zugunsten des Klägers weiterhin anzuwenden haben[6]. Dies erscheint nicht unbedenklich, weil es dem jeweiligen Gericht zugemutet wird, eine seiner Ansicht nach verfassungswidrige Norm weiterhin anzuwenden[7].

Die strengen Anforderungen an die Entscheidungserheblichkeit haben Auswirkungen auf die Frage, **in welchem Verfahrensstadium** vorgelegt werden kann. Eine Vorlage setzt danach grds. voraus, dass das Gericht sein Verfahren schon so weit vorangetrieben hat, dass es für die Entscheidung ausschließlich auf die Gültigkeit der jeweiligen Norm ankommt. In aller Regel erfordert dies, dass die mündliche Verhandlung bereits stattgefunden hat[8]. Grundsätzlich müssen auch schon alle nötigen Beweiserhebungen vorgenommen worden sein, selbst wenn sie umfangreich und aufwendig sind[9]. In einem Kündigungsschutzprozess, in dem die ausgesprochene Kündigung sowohl an der fehlenden sozialen Rechtfertigung als auch an § 9 Abs. 1 MuSchG scheitern kann, muss ein Gericht, das die (von der Klägerin versäumte) zweiwöchige Anzeigefrist in § 9 Abs. 1 MuSchG für verfassungswidrig hält, sich zunächst über die soziale Rechtfertigung der Kündigung klar werden, bevor es das BVerfG anrufen kann; denn wenn die Kündigung bereits sozialwidrig ist, kommt es auf das Eingreifen des § 9 Abs. 1 MuSchG regelmäßig nicht mehr an[10]. Von dem Grundsatz, dass das Gericht sein Verfahren so weit vorantreiben muss, bis die Entscheidungserheblichkeit feststeht, lässt das BVerfG in entsprechender Anwendung von § 90 Abs. 2 Satz 2 BVerfGG eine Ausnahme zu, wenn die Vorlagefrage von allgemeiner und grundsätzlicher Bedeutung für das Gemeinwohl und deshalb ihre Entscheidung dringlich ist[11].

77a

---

1 BVerfG v. 25.10.1960 – 1 BvL 8/56, NJW 1961, 115.
2 BVerfG v. 11.7.2006 – 1 BvL 4/00, NJW 2007, 51; BVerfG v. 18.11.2008 – 1 BvL 4/08, EzA § 622 BGB 2002 Nr. 6; BVerfG v. 9.9.2014 – 1 BvL 2/14, NVwZ-RR 2015, 1 Rz. 12.
3 BVerfG v. 28.1.1992 – 1 BvR 1025/82 ua., NJW 1992, 964; vgl. auch EuGH v. 25.7.1991 – C-345/89, DB 1991, 2194.
4 BVerfG v. 17.4.2008 – 2 BvL 4/05, NVwZ 2008, 998; BVerfG v. 24.1.2012 – 1 BvL 21/11, NVwZ-RR 2012, 257; *Benda/Klein*, Verfassungsprozessrecht, Rz. 844; *Sachs*, JuS 2008, 1017 ff.
5 BVerfG v. 17.4.2008 – 2 BvL 4/05, NVwZ 2008, 998 (1003); BVerfG v. 14.4.2010 – 1 BvL 8/08, EuGRZ 2010, 336; *Lenz/Hansel*, § 80 BVerfGG Rz. 82.
6 BVerfG v. 18.7.1984 – 1 BvL 3/81, NVwZ 1985, 48; BVerfG v. 9.2.2010 – 1 BvL 1/09, NJW 2010, 505 (507); *Lenz/Hansel*, § 80 BVerfGG Rz. 83.
7 *Benda/Klein*, Verfassungsprozessrecht, Rz. 848.
8 BVerfG v. 31.1.1989 – 1 BvL 17/87, NJW 1989, 891; BVerfG v. 29.12.2015 – 1 BvL 4/11, NZS 2016, 263 Rz. 13.
9 BVerfG v. 31.1.1978 – 2 BvL 8/77, NJW 1978, 1151; BVerfG v. 12.1.1983 – 2 BvL 23/81, NVwZ 1983, 537.
10 BVerfG v. 14.7.1981 – 1 BvL 28/80, DB 1981, 1939.
11 BVerfG v. 31.1.1978 – 2 BvL 8/77, NJW 1978, 1151.

78 Bezüglich der Entscheidungserheblichkeit der Vorlagefrage ist das BVerfG grds. an die **Auffassung des vorlegenden Gerichts** gebunden[1]. Etwas anderes gilt aber, wenn dessen rechtliche oder tatsächliche Würdigung offensichtlich unhaltbar ist[2] oder wenn die Entscheidungserheblichkeit von verfassungsrechtlichen Vorfragen abhängt[3]. Außerdem hält sich das BVerfG dann nicht für gebunden, wenn sich die Vorlage auf ein Gesetz bezieht, das Unionsrecht umsetzt. In diesem Fall hängt die Entscheidungserheblichkeit davon ab, ob das Unionsrecht dem nationalen Gesetzgeber einen Umsetzungsspielraum eingeräumt hat (s. Rz. 70, Rz. 164). Ob ein solcher Spielraum besteht, prüft das BVerfG selbst, da es andernfalls durch die Richtervorlage zu Kontrollaufgaben veranlasst werden könnte, auf die es grds. verzichtet hat[4]. Für den Fall, dass die Frage nach dem Umsetzungsspielraum noch ungeklärt ist, vgl. auch Rz. 164.

VI. Vorlageentscheidung

1. Zuständigkeit

79 Die Vorlage ist vom Gericht in derselben **Besetzung** zu beschließen, in der die Sachentscheidung zu treffen ist. Bei Kollegialgerichten müssen daher grds. sämtliche Richter des Spruchkörpers mitwirken[5]; etwas anderes gilt nur, wenn nach der jeweiligen Prozessordnung ein einzelner Richter zur Entscheidung berufen ist[6]. Für das arbeitsgerichtliche Verfahren heißt das, dass idR die vollbesetzte Kammer des ArbG/des LAG bzw. der vollbesetzte Senat des BAG **einschließlich der ehrenamtlichen Richter** den Vorlagebeschluss zu fassen hat. Nur wenn die Vorlagefrage für eine Entscheidung erheblich ist, die vom Vorsitzenden der Kammer bzw. von den Berufsrichtern des Senats allein zu treffen ist (vgl. §§ 53, 55 ArbGG, ggf. iVm. § 64 Abs. 7, § 72 Abs. 6 ArbGG), kann auch der Vorlagebeschluss ohne Beteiligung der ehrenamtlichen Richter ergehen.

80 Eine andere Frage ist, von wem der Vorlagebeschluss **zu unterzeichnen** ist. Auch insoweit ist die Prozessordnung des Ausgangsverfahrens maßgeblich. Soweit diese für Urteile auf die Unterzeichnung durch die ehrenamtlichen Richter verzichtet, kann auch der Vorlagebeschluss allein durch den bzw. die Berufsrichter unterschrieben werden[7]. Daraus ergibt sich, dass Vorlagebeschlüsse der ArbG zwar grds. von der gesamten Kammer zu beschließen, aber nur **vom Vorsitzenden** zu unterzeichnen sind (s. § 60 Abs. 4 Satz 1 ArbGG)[8]. Vorlagebeschlüsse des LAG und des BAG dagegen sind – wegen ihrer Bedeutung und ihres engen Zusammenhangs mit dem Urteil – ebenso wie die Urteile selbst **von sämtlichen Mitgliedern der Kammer bzw. des erkennenden Senats** zu unterzeichnen (vgl. § 69 Abs. 1 Satz 1, § 75 Abs. 2 ArbGG)[9].

81 Der Vorlagebeschluss wird **vom Vorsitzenden** des Spruchkörpers, der den Beschluss erlassen hat, an das BVerfG **vorgelegt**[10]; nach § 80 Abs. 2 Satz 2 BVerfGG sind der Vorlage die Akten beizufügen. Nicht ordnungsgemäß ist es, wenn der Präsident des Gerichts, der an dem Beschluss nicht als Richter beteiligt war, die Akten an das BVerfG weiterleitet; solange er jedoch keinen sachlichen Einfluss auf die Vorlageentscheidung ausübt, wird die Vorlage dadurch nicht unzulässig[11].

---

1 Vgl. nur BVerfG v. 17.7.2003 – 2 BvL 1/99, NVwZ 2003, 1241; BVerfG v. 28.5.2008 – 2 BvL 8/08, DRiZ 2008, 321; BVerfG v. 2.5.2012 – 1 BvL 20/09, NJW 2012, 2176; BVerfG v. 3.5.2012 – 2 BvL 17/08; BVerfG v. 29.12.2015 – 1 BvL 4/11, NZS 2016, 263 Rz. 14; BVerfG v. 6.5.2016 – 1 BvL 7/15, NVwZ 2016, 1318 Rz. 15; BVerfG v. 17.1.2017 – 2 BvL 1/10, NVwZ 2017, 392 Rz. 12.
2 St. Rspr.; vgl. nur BVerfG v. 28.5.2008 – 2 BvL 8/08, DRiZ 2008, 321; BVerfG v. 4.10. 2011 – 1 BvL 3/08, NJW 2012, 45 (46 f.); BVerfG v. 2.5.2012 – 1 BvL 20/09, NJW 2012, 2176; BVerfG v. 3.5.2012 – 2 BvL 17/08; BVerfG v. 15.12.2015 – 2 BvL 1/12, DStR 2016, 359 Rz. 22; BVerfG v. 17.1.2017 – 2 BvL 1/10, NVwZ 2017, 392 Rz. 12.
3 BVerfG v. 10.5.1988 – 1 BvL 8/82 ua., NJW 1988, 2293; BVerfG v. 28.5.2008 – 2 BvL 8/08, DRiZ 2008, 321; BVerfG v. 2.5.2012 – 1 BvL 20/09, NJW 2012, 2176; kritisch dazu Benda/Klein, Verfassungsprozessrecht, Rz. 836 ff.
4 BVerfG v. 4.10. 2011 – 1 BvL 3/08, NJW 2012, 45 (47); Lenz/Hansel, § 80 BVerfGG Rz. 99.
5 BVerfG v. 10.10.1972 – 2 BvL 51/69, NJW 1973, 451; BVerfG v. 7.6.2000 – 1 BvL 1/97, NJW 2000, 3124; BVerfG v. 15.4.2005 – 1 BvL 6/03 ua., NVwZ 2005, 801.
6 BVerfG v. 3.6.1980 – 1 BvL 114/78, NJW 1981, 912; BVerfG v. 5.6.1998 – 2 BvL 2/97, NJW 1999, 1095; anders allerdings für den „konsentierten Einzelrichter" nach § 79a Abs. 3, 4 FGO BVerfG v. 5.5.1998 – 1 BvL 23/97, BB 1998, 1292; Sachs/Detterbeck, Art. 100 GG Rz. 4; Pahlke, DB 1997, 2454 (2456).
7 BVerfG v. 7.5.1953 – 1 BvL 104/52, BVerfGE 2, 266 (270).
8 BVerfG v. 24.5.1977 – 2 BvL 11/74, NJW 1977, 2255.
9 BVerfG v. 13.2.1973 – 1 BvL 21/71, NJW 1973, 843.
10 Lechner/Zuck, § 80 BVerfGG Rz. 48; vgl. auch BVerfG v. 24.7.1962 – 2 BvL 15/61 ua., NJW 1962, 2003.
11 BVerfG v. 11.11.1953 – 1 BvL 67/52, BVerfGE 3, 45 (47 f.).

Das vorlegende Gericht holt **unmittelbar** die Entscheidung des BVerfG ein (§ 80 Abs. 1 BVerfGG); die 82
Vorlage erfolgt nicht über den Dienstweg der Gerichtsverwaltung oder über die obersten Bundesgerichte[1].
Auch das ArbG als erstinstanzliches Gericht hat sich demnach direkt an das BVerfG zu wenden, ohne die
ihm übergeordneten Gerichte einzuschalten. Das BVerfG kann allerdings, sofern es dies für angebracht
hält, die LAG oder das BAG (ebenso wie andere oberste Gerichtshöfe des Bundes und oberste Landesgerichte) nach § 82 Abs. 4 BVerfGG um die Mitteilung ersuchen, wie und aufgrund welcher Erwägungen
sie das GG in der streitigen Frage bisher ausgelegt haben, ob und wie sie die in ihrer Gültigkeit streitige
Rechtsvorschrift in ihrer Rspr. angewandt haben und welche damit zusammenhängenden Rechtsfragen zur
Entscheidung anstehen. Es kann sie ferner ersuchen, ihre Erwägungen zu einer für die Entscheidung erheblichen Rechtsfrage darzulegen. Das BVerfG gibt den Äußerungsberechtigten, zu denen nach § 82 Abs. 3
BVerfGG auch die Beteiligten des Ausgangsverfahrens gehören, Kenntnis von den eingeholten Stellungnahmen.

2. Aussetzung und Vorlage

Für die Dauer des Verfahrens vor dem BVerfG muss das vorlegende Gericht sein Verfahren aussetzen. Die 83
von ihm zu treffende Entscheidung enthält nach der eindeutigen Anordnung des Art. 100 Abs. 1 GG **zwei
Teile**: die Aussetzung des Verfahrens und die Vorlage an das BVerfG[2]. Beide sind nach zutreffender Auffassung notwendig miteinander verbunden. Daraus folgt:

Liegen die Voraussetzungen des Art. 100 Abs. 1 GG vor, so gibt es grds. **keine Aussetzung ohne gleich-** 84
zeitige Vorlage an das BVerfG (sog. „schlichte" Aussetzung). Ein Gericht, das eine entscheidungserhebliche Norm für verfassungswidrig hält, muss also selbst dann vorlegen, wenn die Norm bereits von einem
anderen Gericht vorgelegt worden ist und das BVerfG daher bereits mit ihr befasst ist (**Mehrfachvorlagen**). Von diesem Grundsatz ist in der Vergangenheit unter anderem das BAG abgewichen. Es hat das
anhängige Verfahren entsprechend § 148 ZPO ausgesetzt, ohne einen Vorlagebeschluss nach Art. 100
Abs. 1 GG zu erlassen, und sich zur Begründung auf den Gedanken der Prozessökonomie gestützt[3]. Das
BVerfG hat diese Vorgehensweise in einer Kammerentscheidung gebilligt[4]. In der Lit. ist ihr jedoch zu
Recht widersprochen worden[5]. Der Vorgehensweise des BAG steht nicht nur der klare Wortlaut des
Art. 100 Abs. 1 GG entgegen; auch die prozessökonomischen Erwägungen des BAG sind nicht zwingend.
So kann eine Mehrfachvorlage dem BVerfG insbesondere die Gründe verdeutlichen, die gegen die Gültigkeit des Gesetzes sprechen. Außerdem muss das Gericht damit rechnen, dass die andere Vorlage als unzulässig verworfen oder zurückgenommen wird, weil sich das jeweilige Ausgangsverfahren erledigt hat[6].
Schließlich verschafft nur eine eigene Vorlage des Gerichts den Parteien des Verfahrens ein Äußerungsrecht vor dem BVerfG nach § 82 Abs. 3 BVerfGG (s. Rz. 90)[7]. Einer eigenen Vorlage kann das Gericht
auch nicht dadurch ausweichen, dass es sich zur Frage der Verfassungswidrigkeit des Gesetzes keine eigene

---

1 *Pestalozza*, Verfassungsprozessrecht, § 13 Rz. 6; *Benda/Klein*, Verfassungsprozessrecht, Rz. 768; *Lenz/Hansel*, § 80 BVerfGG Rz. 9.
2 Zur Frage, ob es sich prozessrechtsdogmatisch tatsächlich um eine echte Aussetzung handelt oder ob sich Aussetzung und Vorlage nicht vielmehr gegenseitig ausschließen, vgl. *K. Schmidt*, FS Lüke, 1997, S. 721 (724 ff.). Unabhängig von der Beantwortung dieser Frage sollte sich der Tenor des Beschlusses jedoch an Art. 100 Abs. 1 GG orientieren.
3 BAG v. 28.1.1988 – 2 AZR 296/87, NJW 1988, 2558; vgl. auch BAG v. 20.5.2010 – 6 AZR 481/09 (A), NZA 2011, 710; ebenso aus der Arbeitsgerichtsbarkeit ArbG Berlin v. 22.1.1979 – 31 BV 2/78, NJW 1979, 1678; LAG Berlin v. 8.5.1979 – 3 Ta 3/79, JZ 1981, 32; vgl. ferner OLG Oldenburg v. 24.7.1978 – 5 UF 2/78, NJW 1978, 2160; OLG Düsseldorf v. 2.12.1992 – 18 W 58/92, NJW 1993, 1661; OLG Hamburg v. 16.4.1993 – 12 WF 20/93, NJW 1994, 1482; OLG Stuttgart v. 5.8.2002 – 17 WF 75/02, FamRZ 2003, 538 f. (mit Einschränkungen); anders dagegen LAG Hamm v. 7.4.1983 – 8 Ta 343/82, EzA § 148 ZPO Nr. 12; OLG Celle v. 14.6.1978 – 17 UF 99/78, NJW 1978, 1983 (1984); OLG Frankfurt v. 18.1.1979 – 20 W 323/78, NJW 1979, 767; LG München v. 12.12.1995 – 13 T 22516/95, FamRZ 1996, 968.
4 BVerfG v. 8.10.2003 – 2 BvR 1309/03, NJW 2004, 501 (502); ähnlich früher bereits BVerfG v. 17.12.1953 – 1 BvR 147/52, NJW 1954, 21; vgl. auch BVerfG v. 11.1.2000 – 1 BvR 1392/99, NJW 2000, 1484 (1485).
5 *Schlaich/Korioth*, BVerfG, Rz. 159; *Lenz/Hansel*, § 80 BVerfGG Rz. 26; *Pestalozza*, Verfassungsprozessrecht, § 13 Rz. 7; *Pestalozza*, JuS 1981, 649 (652); *Millgramm*, Jura 1983, 354 (359); *Zöller/Greger*, § 148 ZPO Rz. 3a; MünchKommZPO/*Fritsche*, § 148 Rz. 22 Fn. 80; *Heun*, AöR 122 (1997), 610 (623 f.); *Sachs*, Verfassungsprozessrecht, Rz. 245; Burkiczak/Dollinger/Schorkopf/*Dollinger*, § 80 BVerfGG Rz. 97; aM Musielak/Voit/*Stadler*, § 148 ZPO Rz. 16.
6 So auch *Benda/Klein*, Verfassungsprozessrecht, Rz. 771; *Pestalozza*, JuS 1981, 649 (651 f.).
7 Darauf soll nach Auffassung des BVerfG allerdings kein Anspruch bestehen; vgl. BVerfG v. 8.10.2003 – 2 BvR 1309/03, NJW 2004, 501 (502).

Meinung bildet[1]. Denn eine solche Meinungslosigkeit des Richters darf es nach geltendem Verfahrensrecht nicht geben[2]; sie widerspräche dem Justizgewährungsanspruch der Parteien, dem Grundsatz des Amtsbetriebs und nicht zuletzt dem Beschleunigungsgrundsatz, der im arbeitsgerichtlichen Verfahren besonders betont wird (vgl. § 9 Abs. 1 ArbGG). Dagegen wird man es für zulässig halten müssen, dass das Gericht das Verfahren mit Zustimmung der Parteien zum Ruhen bringt (§ 251 ZPO)[3].

85 Aus Art. 100 Abs. 1 GG folgt auch, dass es **keine Aussetzung und Vorlage mit vorauseilender Sachentscheidung** geben darf. In einem Urteil zum Heimarbeitsgesetz aus dem Jahr 1972 hatte das BAG den bei ihm anhängigen Rechtsstreit ausgesetzt und die Sache an das BVerfG vorgelegt, zugleich jedoch ein Vorbehaltsurteil für den Fall erlassen, dass das BVerfG das Gesetz zwar für verfassungswidrig, nicht aber für nichtig erklären sollte[4]. Das BVerfG hat diese Vorgehensweise nicht gebilligt und ausgesprochen, dass ein Gericht, das eine für sein Verfahren erhebliche nachkonstitutionelle Norm mit dem GG für unvereinbar hält, sein Verfahren nur noch in einer Weise fördern kann, nämlich durch Aussetzung und Vorlage an das BVerfG; jede andere, das Verfahren weiterführende Entscheidung wird von Art. 100 GG untersagt[5].

3. Begründung

86 Die Vorlageentscheidung ist **zu begründen**. Die Begründung muss angeben, inwiefern die Entscheidung des Gerichts von der Gültigkeit der zur Prüfung gestellten Rechtsvorschrift abhängt und mit welcher übergeordneten Rechtsnorm die Vorschrift unvereinbar ist (§ 80 Abs. 2 Satz 1 BVerfGG)[6]. In neuerer Zeit hat das BVerfG die Anforderungen an die Begründung – nicht zuletzt zu seiner eigenen Entlastung[7] – deutlich gesteigert[8]. Dadurch hat es sich in weitem Maße die Möglichkeit geschaffen, unter den Vorlagen auswählen zu können[9]. Zugleich ist die Handhabung der konkreten Normenkontrolle für den Richter der Fachgerichtsbarkeit äußerst kompliziert geworden[10]. Im Einzelnen verlangt das BVerfG, dass der Vorlagebeschluss aus sich heraus ohne Beiziehung der Akten verständlich ist und den Sachverhalt und die rechtlichen Erwägungen erschöpfend darlegt[11]. Die Ausführungen müssen mit hinreichender Deutlichkeit erkennen lassen, dass das vorlegende Gericht bei Gültigkeit der Vorschrift zu einem anderen Ergebnis kommen würde als im Fall der Ungültigkeit und wie es dieses Ergebnis begründen würde[12]. Das Gericht muss die für seine Überzeugung von der Verfassungswidrigkeit der Norm maßgeblichen Erwägungen nachvollziehbar und umfassend erläutern, sich dabei eingehend mit der Rechtslage auseinandersetzen und die Erwägungen des Gesetzgebers sowie die in Lit. und Rspr. entwickelten Rechtsauffassungen berücksich-

---

1 So aber BGH v. 25.3.1998 – VIII ZR 337/97, NJW 1998, 1957 f.; BGH v. 18.7.2000 – VIII ZR 323/99; BGH v. 30.3.2005 – X ZB 26/04, NJW 2005, 1947; *Sachs*, Verfassungsprozessrecht, Rz. 245; Stein/Jonas/*Roth*, § 148 ZPO Rz. 5, 15.
2 *Greger*, EWiR 1998, 671; Zöller/*Greger*, § 148 ZPO Rz. 3a; *Pestalozza*, JuS 1981, 649 (652).
3 Zöller/*Greger*, § 148 ZPO Rz. 3a; MünchKommZPO/*Fritsche*, § 148 Rz. 22; *Benda/Klein*, Verfassungsprozessrecht, Rz. 773; *Lenz/Hansel*, § 80 BVerfGG Rz. 26; Burkiczak/Dollinger/Schorkopf/*Dollinger*, § 80 BVerfGG Rz. 98; aM *Pestalozza*, JuS 1981, 649 (652); vgl. dazu auch von Münch/Kunig/*Meyer*, Art. 100 GG Rz. 26; Stein/Jonas/*Roth*, § 148 ZPO Rz. 15.
4 BAG v. 10.3.1972 – 3 AZR 169/71, NJW 1972, 1439; krit. dazu *Jülicher*, ZZP 86 (1973), 197; *Bettermann*, FS 25 Jahre BVerfG, 1976, S. 323 (367 f.).
5 BVerfG v. 27.2.1973 – 2 BvL 8/72 ua., NJW 1973, 1319; BVerfG v. 28.5.2008 – 2 BvL 8/08, DRiZ 2008, 321; kritisch zur Begründung *Pestalozza*, Verfassungsprozessrecht, § 13 Rz. 7 Fn. 21; vgl. dazu auch *Benda/Klein*, Verfassungsprozessrecht, Rz. 859.
6 Vgl. dazu BVerfG v. 25.6.1974 – 1 BvL 13/69 ua., BVerfGE 37, 328 (333); BVerfG v. 3.2.2003 – 1 BvL 11/02 ua., NVwZ 2003, 466 (467); BVerfG v. 17.7.2003 – 2 BvL 15/02, NZM 2003, 896; BVerfG v. 14.1.2004 – 1 BvL 8/03, NJW 2004, 1233; BVerfG v. 10.6.2005 – 1 BvL 7/04, BVerfGK 5, 309; BVerfG v. 11.3.2015 – 1 BvL 8/14, Rz. 17; BVerfG v. 15.2.2016 – 1 BvL 8/12, NVwZ-RR 2016, 841 Rz. 16.
7 BVerfG v. 11.12.1984 – 1 BvL 12/78, NJW 1985, 1691; BVerfG v. 14.11.1990 – 1 BvL 10/89, NJW 1991, 1877; BVerfG v. 3.2.2003 – 1 BvL 11/02 ua., NVwZ 2003, 466 (467); BVerfG v. 15.12.2015 – 2 BvL 1/12, DStR 2016, 359 Rz. 22.
8 *Schlaich/Korioth*, BVerfG, Rz. 146; GMP/*Prütting*, Einl. Rz. 78; *Lenz/Hansel*, § 80 BVerfGG Rz. 105 ff.
9 *Schlaich/Korioth*, BVerfG, Rz. 146.
10 Sachs/*Detterbeck*, Art. 100 GG Rz. 19 f.
11 Vgl. nur BVerfG v. 3.11.1987 – 1 BvL 28/87, BVerfGE 77, 259 (261); BVerfG v. 3.2.2003 – 1 BvL 11/02 ua., NVwZ 2003, 466 (467); BVerfG v. 17.7.2003 – 2 BvL 15/02, NZM 2003, 896; BVerfG v. 29.6.2004 – 1 BvL 8/02, NJW 2004, 3620 (3621); BVerfG v. 15.2.2016 – 1 BvL 8/12, NVwZ-RR 2016, 841 Rz. 18; BVerfG v. 16.6.2016 – 1 BvL 9/14, Rz. 15.
12 BVerfG v. 17.4.2008 – 2 BvL 4/05, NVwZ 2008, 998; BVerfG v. 18.11.2008 – 1 BvL 4/08, EzA § 622 BGB 2002 Nr. 6; BVerfG v. 2.5.2012 – 1 BvL 20/09, NJW 2012, 2176; BVerfG v. 15.12.2015 – 2 BvL 1/12, DStR 2016, 359 Rz. 22; BVerfG v. 29.12.2015 – 1 BvL 4/11, NZS 2016, 263 Rz. 13; BVerfG v. 15.2.2016 – 1 BvL 8/12, NVwZ-RR 2016, 841 Rz. 18; BVerfG v. 6.5.2016 – 1 BvL 7/15, NVwZ 2016, 1318 Rz. 15.

tigen, die für die Auslegung der zur Prüfung vorgelegten Norm von Bedeutung sind[1]. Dazu gehört auch die Erörterung einer verfassungskonformen Auslegung, soweit diese nahe liegt[2]. Das Fachgericht muss dabei vertretbar begründen, warum die entscheidungserhebliche Norm aus seiner Sicht nicht verfassungskonform ausgelegt werden kann[3]. Das bedeutet allerdings nicht, dass das Gericht gehalten wäre, die Möglichkeiten einer verfassungskonformen Auslegung zu überspannen, um auf diese Weise eine Vorlage zu vermeiden[4]. Soweit sich die Bedenken des vorlegenden Gerichts gegen eine Vorschrift richten, von deren Anwendung die im Ausgangsverfahren zu treffende Entscheidung nicht allein abhängt, müssen die weiteren, mit ihr in Zusammenhang stehenden Vorschriften jedenfalls dann in die rechtlichen Erwägungen einbezogen werden, wenn sie zu jener Norm in einem ergänzenden Verhältnis stehen, so dass sie nur zusammen die entscheidungserhebliche Regelung bilden[5]. Bei der Annahme eines Gleichheitsverstoßes gehört zur erschöpfenden Begründung durch das vorlegende Gericht auch die eindeutige Bezeichnung der Sachverhalte oder Personengruppen, die aus Sicht des Gerichts miteinander verglichen werden können und zu Unrecht ungleich behandelt werden[6]. Besondere Begründungsanforderungen gelten für eine erneute Richtervorlage, denn hier muss das vorlegende Gericht im Einzelnen die Gründe dafür darlegen, dass die Rechtskraft der früheren Entscheidung eine erneute Sachprüfung nicht hindert[7]. Auch im unionsrechtlich determinierten Bereich ist der Begründungsaufwand des vorlegenden Gerichts erhöht, da dieses darlegen muss, ob und inwieweit das Unionsrecht dem nationalen Gesetzgeber einen Umsetzungsspielraum einräumt und die Vorlage daher entscheidungserheblich ist (vgl. Rz. 70)[8]. Erscheint neben der Verletzung verfassungsrechtlicher Vorschriften auch ein Verstoß gegen Unionsrecht denkbar, dann muss das Fachgericht im Hinblick auf das Kriterium der Entscheidungserheblichkeit darlegen, weshalb aus seiner Sicht nicht von der unionsrechtlich gebotenen Unanwendbarkeit der nationalen Vorschrift auszugehen ist (vgl. Rz. 77)[9].

4. Anfechtung und Aufhebung

Der Vorlagebeschluss ist **nicht anfechtbar**[10]. Mit dem Prüfungsrecht und der Prüfungsverantwortung des vorlegenden Gerichts wäre es nicht zu vereinbaren, wenn das Ergebnis seiner verfassungsrechtlichen Untersuchung von einem übergeordneten Fachgericht auf dem Rechtsmittelweg kontrolliert werden könnte. Dies würde nämlich bedeuten, dass das übergeordnete Gericht seine eigene Überzeugung zu den Vorlagevoraussetzungen an die Stelle der Überzeugung des Gerichts setzt, das die Sachentscheidung zu treffen hat. Art. 100 Abs. 1 GG, § 80 BVerfGG legen es aber allein in die Hand des BVerfG, die Zulässigkeit der Vorlage zu beurteilen[11]. Die Unanfechtbarkeit erstreckt sich auch auf den zugleich mit der Vorlage ergehenden

---

1 St. Rspr.; vgl. nur BVerfG v. 12.10.2010 – 2 BvL 59/06, DStR 2010, 2290; BVerfG v. 28.4.2011 – 1 BvL 1/10, NJOZ 2011, 1210 (1211); BVerfG v. 18.8.2010 – 1 BvL 10/11, FamRZ 2011, 1642 (1643); BVerfG v. 2.5.2012 – 1 BvL 20/09, NJW 2012, 2176; BVerfG v. 4.6.2012 – 2 BvL 9/08 ua., BVerfGE 131, 88 (117 f.); BVerfG v. 23.1.2014 – 1 BvL 2/13 ua., FamRZ 2014, 537; BVerfG v. 11.12.2014 – 1 BvL 16/12, Rz. 11; BVerfG v. 29.12.2015 – 1 BvL 4/11, NZS 2016, 263 Rz. 14; BVerfG v. 15.2.2016 – 1 BvL 8/12, NVwZ-RR 2016, 841 Rz. 17; BVerfG v. 21.12.2016 – 1 BvL 10/14, NVwZ 2017, 399 Rz. 17. Das Gericht ist allerdings nicht verpflichtet, auf jede denkbare Rechtsauffaung eingehen und sämtliche Kammerentscheidungen des BVerfG auszuwerten, BVerfG v. 15.12.2015 – 2 BvL 1/12, DStR 2016, 359 Rz. 22, 30.
2 BVerfG v. 17.4.2008 – 2 BvL 4/05, NVwZ 2008, 998; BVerfG v. 28.4.2011 – 1 BvL 1/10, NJOZ 2011, 1210 (1211); BVerfG v. 11.3.2015 – 1 BvL 8/14, Rz. 17.
3 BVerfG v. 28.4.2011 – 1 BvL 1/10, NJOZ 2011, 1210 (1211); BVerfG v. 4.6.2012 – 2 BvL 9/08 ua., BVerfGE 131, 88 (118); BVerfG v. 11.3.2015 – 1 BvL 8/14, Rz. 17; BVerfG v. 21.12.2016 – 1 BvL 10/14, NVwZ 2017, 399 Rz. 17; *Lenz/Hansel*, § 80 BVerfGG Rz. 109.
4 So ausdrücklich BVerfG v. 16.12.2014 – 1 BvR 2142/11, NVwZ 2015, 510 Rz. 71; vgl. dazu *Sachs*, JuS 2015, 472; *Wendt*, jurisPR-UmwR 4/2015 Anm. 2.
5 BVerfG v. 20.4.1989 – 1 BvL 7/88, NZA 1989, 864; BVerfG v. 10.6.2005 – 1 BvL 7/04, BVerfGK 5, 309; BVerfG v. 22.9.2009 – 2 BvL 3/02, DStR 2009, 1292; BVerfG v. 2.5.2012 – 1 BvL 20/09, NJW 2012, 2176; BVerfG v. 3.5.2012 – 2 BvL 17/08.
6 BVerfG v. 15.2.2016 – 1 BvL 8/12, NVwZ-RR 2016, 841 Rz. 18; BVerfG v. 16.6.2016 – 1 BvL 9/14, Rz. 15.
7 BVerfG v. 29.6.2004 – 2 BvL 8/02, NJW 2004, 3620 (3621).
8 BverfG v. 4.10.2011 – 1 BvL 3/08, NJW 2012, 45 (47); *Lenz/Hansel*, § 80 BVerfGG Rz. 121.
9 BVerfG v. 18.11.2008 – 1 BvL 4/08; *Lenz/Hansel*, § 80 BVerfGG Rz. 122.
10 BFH v. 27.1.1981 – VII B 56/80, BStBl. II 1981 S. 324; VGH Mannheim v. 17.4.1986 – 11 S 216/86, DÖV 1986, 707 (708); OLG Bremen v. 18.11.1955 – 1 W 338/55, NJW 1956, 387; OLG Köln v. 1.4.1970 – 2 W 39/70, MDR 1970, 852; OLG Düsseldorf v. 3.7.1992 – 1 Ws 552/92, NJW 1993, 411; *Lechner/Zuck*, § 80 BVerfGG Rz. 49; *Benda/Klein*, Verfassungsprozessrecht, Rz. 861; *Jarass/Pieroth*, Art. 100 GG Rz. 6; *Zöller/Greger*, § 252 ZPO Rz. 1b; Stein/Jonas/*Roth*, § 148 ZPO Rz. 15, § 252 ZPO Rz. 2; MünchKommZPO/*Stackmann*, § 252 Rz. 17; Musielak/Voit/*Stadler*, § 252 ZPO Rz. 1; Thomas/Putzo/*Hüßtege*, Vorbem. zu § 239 ZPO Rz. 10, § 252 ZPO Rz. 1.
11 Vgl. etwa OLG Düsseldorf v. 3.7.1992 – 1 Ws 552/92, NJW 1993, 411; *Benda/Klein*, Verfassungsprozessrecht, Rz. 861.

Aussetzungsbeschluss[1]; denn die Aussetzung ist lediglich eine unselbständige Folge der Anrufung des BVerfG[2]. Der Aussetzungsbeschluss kann als unselbständige Zwischenentscheidung (s. Rz. 28) grds. auch nicht mit der Verfassungsbeschwerde angegriffen werden[3]. Zum parallelen Problem bei der Vorlage an den EuGH s. Rz. 128.

88 Erledigt sich der Ausgangsrechtsstreit während des Vorlageverfahrens (zB durch Klagerücknahme, durch Prozessvergleich, durch den Tod eines Beteiligten etc.) oder ändert sich die Rechtslage dergestalt, dass die vorgelegte Frage nicht mehr entscheidungserheblich ist, so wird die Vorlage an das BVerfG gegenstandslos[4]. Dem Zwischenverfahren ist in diesem Fall die Grundlage entzogen, und das BVerfG kann über die ihm zur Prüfung vorgelegte Frage regelmäßig nicht mehr entscheiden[5]. Das vorlegende Gericht muss daher den Vorlagebeschluss **aufheben**[6], wodurch sich auch das Verfahren vor dem BVerfG erledigt. Unterbleibt die Aufhebung, dann muss das BVerfG idR die Unzulässigkeit der Vorlage feststellen[7]. Ausnahmsweise hält sich das BVerfG allerdings für befugt, trotz einer Erledigung des Ausgangsverfahrens über die Vorlage zu entscheiden, wenn ein gewichtiges objektives Bedürfnis an der Klärung einer durch die Vorlage aufgeworfenen Verfassungsrechtsfrage besteht[8].

VII. Beitritt und Äußerungsberechtigung

89 Das Verfahren der konkreten Normenkontrolle hat von Natur aus keine Verfahrensbeteiligten[9]. Insbesondere ist das **vorlegende Gericht** nicht als „Antragsteller" anzusehen. Dem BVerfG ist es daher nicht möglich, das vorlegende Gericht als Beteiligten anzuhören oder einem seiner Mitglieder in der mündlichen Verhandlung das Wort zu erteilen[10]. Die Stellung eines Verfahrensbeteiligten kann nur durch **Beitritt** erworben werden. Zum Beitritt berechtigt sind aber ausschließlich die in § 77 BVerfGG genannten Verfassungsorgane (s. § 82 Abs. 2 BVerfGG). Die **Parteien des Ausgangsverfahrens** sind dagegen nicht Verfahrensbeteiligte vor dem BVerfG und können es auch nicht werden; ein Beitritt ist für sie im Gesetz nicht vorgesehen[11]. Dies ist eine Folge aus dem Charakter der konkreten Normenkontrolle als einem rein objektiven Normprüfungsverfahren, das anders als das Ausgangsverfahren nicht kontradiktorisch ausgestaltet ist[12].

90 Von der Beteiligtenstellung zu unterscheiden ist die **Äußerungsberechtigung**. Sie steht neben den in § 77 BVerfGG aufgezählten Verfassungsorganen (§ 82 Abs. 1 BVerfGG) auch den **Parteien des Ausgangsverfahrens** zu (§ 82 Abs. 3 BVerfGG). Diese sind zur mündlichen Verhandlung zu laden; eine Pflicht zum Erscheinen besteht jedoch nicht. In der Verhandlung ist nicht den Parteien selbst, sondern ihren Prozessbevollmächtigten das Wort zu erteilen. **Prozessbevollmächtigter** kann gem. § 22 Abs. 1 Satz 1 BVerfGG nur ein Rechtsanwalt oder ein Hochschullehrer sein. Soweit die Parteien im Ausgangsverfahren vor dem ArbG oder dem LAG von einem Verbandsvertreter vertreten werden, müssen sie folglich einen eigenen Prozessbevollmächtigten bestellen, wenn sie von ihrer Äußerungsberechtigung Gebrauch machen wollen (zur abweichenden Lage beim Vorabentscheidungsverfahren vor dem EuGH s. Rz. 147). Erforderlich ist eine schriftliche Vollmacht, die sich ausdrücklich auf das Verfahren vor dem BVerfG bezieht (vgl. § 22 Abs. 2 BVerfGG). Auch eine Partei, die bereits vor den ArbG anwaltlich vertreten war, kann sich daher zur Erteilung einer neuen Vollmacht gezwungen sehen.

---

1 Insoweit anders (und gegen die hM) *Bettermann*, FS 25 Jahre BVerfG, 1976, S. 323 (370 ff.).
2 OLG Köln v. 1.4.1970 – 2 W 39/70, MDR 1970, 852; vgl. dazu auch *K. Schmidt*, FS Lüke, 1997, S. 721 (724 ff.).
3 BVerfG v. 8.10.2003 – 2 BvR 1309/03, NJW 2004, 501.
4 BVerfG v. 19.6.1962 – 1 BvL 10/57, BVerfGE 14, 140 (142); BVerfG v. 27.9.1978 – 1 BvL 21/78, NJW 1979, 209; BVerfG v. 26.7.2016 – 1 BvL 8/15, NJW 2017, 53 Rz. 61; BVerfG v. 21.9.2016 – 1 BvL 6/12, Rz. 3; *Lechner/Zuck*, § 80 BVerfGG Rz. 51; Burkiczak/Dollinger/Schorkopf/*Dollinger*, § 80 BVerfGG Rz. 92, 94 ff.
5 BVerfG v. 19.6.1962 – 1 BvL 10/57, BVerfGE 14, 140 (142).
6 BVerfG v. 8.12.1970 – 1 BvL 9/60, BayVBl. 1971, 262; BVerwG v. 2.9.1987 – 1 WB 121/83, NJW 1988, 1927; *Benda/Klein*, Verfassungsprozessrecht, Rz. 868; Burkiczak/Dollinger/Schorkopf/*Dollinger*, § 80 BVerfGG Rz. 92, 96; *Kopp/Schenke*, § 94 VwGO Rz. 18a.
7 BVerfG v. 8.12.2010 – 1 BvL 7/10; BVerfG v. 21.9.2016 – 1 BvL 6/12, Rz. 7; *Benda/Klein*, Verfassungsprozessrecht, Rz. 868; Burkiczak/Dollinger/Schorkopf/*Dollinger*, § 80 BVerfGG Rz. 92, 96.
8 BVerfG v. 26.7.2016 – 1 BvL 8/15, NJW 2017, 53 Rz. 63.
9 BVerfG v. 25.1.2000 – 1 BvL 30/97, NJW 2000, 1554; *Benda/Klein*, Verfassungsprozessrecht, Rz. 862.
10 BVerfG v. 18.12.1953 – 1 BvL 106/53, NJW 1954, 65; ebenso *Schäfer*, NJW 1954, 409 (412); aM *Greiff*, DRiZ 1954, 138.
11 Vgl. dazu BVerfG v. 22.4.1953 – 1 BvL 18/52, BVerfGE 2, 213 (217); BVerfG v. 26.10.1966 – 1 BvL 2/60, DÖV 1967, 57; BVerfG v. 17.10.1973 – 1 BvL 25/61, BVerfGE 36, 101; BVerfG v. 4.3.2014 – 2 BvL 2/13, NVwZ-RR 2014, 369. Kritisch de lege ferenda *Benda/Klein*, Verfassungsprozessrecht, Rz. 865.
12 *Lenz/Hansel*, BVerfGG § 80 Rz. 2 f.

Bedienen sich die Parteien des Ausgangsverfahrens bei der Abgabe einer Stellungnahme eines Rechtsanwalts, so stehen diesem nach § 37 Abs. 2 RVG **Gebühren** zu. Ihre Höhe richtet sich nach dem Gegenstandswert, der vom BVerfG festzusetzen ist[1]. Der Gegenstandswert ist gem. § 37 Abs. 2 Satz 2 iVm. § 14 Abs. 1 RVG unter Berücksichtigung aller Umstände, vor allem des Umfangs und der Schwierigkeit der anwaltlichen Tätigkeit, der Bedeutung der Angelegenheit sowie der Einkommens- und Vermögensverhältnisse des Auftraggebers, nach billigem Ermessen zu bestimmen, er beträgt mindestens 5 000 Euro. Die Parteien des Ausgangsverfahrens haben keinen Anspruch auf Auslagenerstattung gem. § 34a BVerfGG; denn diese Vorschrift betrifft nur die Erstattung der Auslagen, die einem Verfahrensbeteiligten erwachsen sind. Dies trifft auf die nur äußerungsberechtigten Parteien des Ausgangsverfahrens nicht zu[2]. 91

Den Parteien des Ausgangsverfahrens kann für die Teilnahme an der mündlichen Verhandlung, in der sie sich durch einen Prozessbevollmächtigten vertreten lassen müssen, **Prozesskostenhilfe** gewährt werden. Dies setzt allerdings voraus, dass besondere Gründe eine Vertretung geboten erscheinen lassen oder zumindest von ihrer Anhörung in der mündlichen Verhandlung eine Förderung der Sachentscheidung zu erwarten ist[3]. 92

VIII. Entscheidung des BVerfG

Ähnlich wie bei der Verfassungsbeschwerde (s. Rz. 54 ff.) ist seit 1993 auch im Verfahren der konkreten Normenkontrolle ein **Kammerverfahren** vorgeschaltet, das der Entlastung des BVerfG dient[4]. Nach § 81a BVerfGG kann die Kammer durch einstimmigen Beschluss die Unzulässigkeit einer Vorlage feststellen; dies gilt allerdings nicht, wenn die Vorlage von einem LVerfG oder von einem obersten Gerichtshof des Bundes kommt. Das Kammerverfahren findet mithin bei Vorlagen der ArbG und der LAG, nicht dagegen bei Vorlagen des BAG statt. 93

Kommt es nicht zu einem einstimmigen Beschluss durch die Kammer, so entscheidet der **Senat** über die Vereinbarkeit der vorgelegten Norm mit dem Grundgesetz. Dabei beansprucht das BVerfG das Recht, die Vorlagefrage zu „präzisieren"; es schränkt sie ein[5] oder weitet sie aus[6] und deutet sie gelegentlich auch um[7]. Zudem beschränkt es sich nicht darauf, die Verfassungsmäßigkeit in Bezug auf die Bedenken des vorlegenden Gerichts zu erörtern; vielmehr prüft es die Norm unter allen denkbaren verfassungsrechtlichen Gesichtspunkten[8]. Nach § 82 Abs.1 iVm. § 78 Satz 2 BVerfGG erklärt es darüber hinaus weitere Bestimmungen des gleichen Gesetzes für nichtig oder verfassungswidrig, wenn diese aus denselben Gründen mit dem Grundgesetz unvereinbar sind wie die vorgelegte Norm[9]. Das BVerfG entscheidet jedoch nur über die Rechtsfrage (§ 81 BVerfGG), dh. nur über die Vereinbarkeit der vorgelegten Norm(en) mit dem GG, nicht über den Ausgangsfall selbst[10]. 94

Ist die **Vorlage begründet**, erklärt das BVerfG die Norm für nichtig (§ 82 Abs. 1 iVm. § 78 Satz 1 BVerfGG) oder lediglich für mit dem GG unvereinbar[11]. Im zweiten Fall muss das Gericht, das die Sache vorgelegt hatte, das Verfahren (weiterhin) aussetzen, bis der Gesetzgeber eine verfassungskonforme Regelung getroffen hat[12]. Kommt der Gesetzgeber seiner Pflicht, eine neue Regelung zu erlassen, nicht in an- 95

---

1 BVerfG v. 12.3.1980 – 1 BvL 9/72, NJW 1980, 1566.
2 BVerfG v. 26.10.1966 – 1 BvL 2/60, DÖV 1967, 57; BVerfG v. 17.10.1973 – 1 BvL 25/61, BVerfGE 36, 101 (jeweils noch zum früheren § 34 BVerfGG).
3 BVerfG v. 10.1.1989 – 1 BvL 17/87, NJW 1989, 1723; zustimmend *Lechner/Zuck*, § 80 BVerfGG Rz. 50; vgl. auch Burkiczak/Dollinger/Schorkopf/*Dollinger*, § 82 BVerfGG Rz. 13.
4 *Lechner/Zuck*, § 81a BVerfGG Rz. 2; *Schlaich/Korioth*, BVerfG, Rz. 164.
5 Vgl. BVerfG v. 8.1.1992 – 2 BvL 9/88, NJW 1992, 1091; BVerfG v. 9.2.2010 – 1 BvL 1/09, NZS 2010, 270 (273); BVerfG v. 23.6.2015 – 1 BvL 13/11 ua., DStR 2015, 1678 Rz. 38; BVerfG v. 12.1.2016 – 1 BvL 6/13, NJW 2016, 700 Rz. 39 f.; BVerfG v. 29.3.2017 – 2 BvL 6/11, DStR 2017, 1094 Rz. 95.
6 Vgl. zB BVerfG 18.6.2008 – 2 BvL 6/07, NVwZ 2008, 987; BVerfG v. 9.12.2008 – 2 BvL 1/07 ua., NJW 2009, 48; BVerfG v. 23.6.2015 – 1 BvL 13/11 ua., DStR 2015, 1678 Rz. 38; BVerfG v. 17.1.2017 – 2 BvL 1/10, NVwZ 2017, 392 Rz. 21.
7 Vgl. BVerfG v. 15.7.1981 – 1 BvL 77/78, NJW 1982, 745.
8 BVerfG v. 9.3.1994 – 2 BvL 43/92 ua., NJW 1994, 1577; BVerfG v. 23.5.1994 – 1 BvL 8/85, NZS 1994, 417; BVerfG v. 22.6.1995 – 2 BvL 37/91, NJW 1995, 2615; kritisch dazu Lenz/Hansel, § 80 BVerfGG Rz. 23.
9 Vgl. BVerfG v. 18.7.2012 – 1 BvL 16/11, NVwZ 2012, 1310 (1312); *Lenz/Hansel*, § 78 BVerfGG Rz. 20 ff.; § 82 BVerfGG Rz. 8.
10 *Schlaich/Korioth*, BVerfG, Rz. 164; Sachs/*Detterbeck*, Art. 100 GG Rz. 22.
11 Vgl. im Einzelnen zu den Entscheidungsmöglichkeiten des BVerfG im Verfahren der konkreten Normenkontrolle *Aust/Meinel*, JuS 2014, 113 ff.
12 BVerfG v. 21.5.1974 – 1 BvL 22/71 ua., NJW 1974, 1609; BVerfG v. 30.5.1990 – 1 BvL 2/83 ua., NJW 1990, 2246; BAG v. 26.1.1982 – 3 AZR 42/81, NJW 1982, 2573.

gemessener Frist nach, so müssen die Gerichte im Wege richterlicher Lückenfüllung eine Lösung finden, die den verfassungsrechtlichen Anforderungen entspricht[1]. Ist die **Vorlage unbegründet**, stellt das BVerfG die Vereinbarkeit der überprüften Norm mit dem GG ausdrücklich fest[2]. Eine **unzulässige Vorlage** wird mit dem Tenor: „Die Vorlage ist unzulässig" verworfen[3].

96 Nach der Entscheidung des BVerfG greift das vorlegende Gericht sein Verfahren wieder auf und entscheidet im Ausgangsfall. Dabei ist es an die Entscheidung des BVerfG über die Vereinbarkeit oder Unvereinbarkeit der vorgelegten Norm gebunden. Diese entfaltet **Bindungswirkung** gem. § 31 Abs. 1 BVerfGG und hat darüber hinaus nach § 31 Abs. 2 BVerfGG **Gesetzeskraft**. Näher zu diesen Wirkungen s. Rz. 60.

D. Vorabentscheidungsverfahren

Schrifttum: *Bauer/Diller*, Recht und Taktik des arbeitsrechtlichen EuGH-Vorabentscheidungsverfahrens, NZA 1996, 169; *Beckmann*, Probleme des Vorabentscheidungsverfahrens nach Art. 177 EWGV, 1988; *Bertelsmann*, Vorabentscheidungsverfahren der Arbeitsgerichtsbarkeit zum Europäischen Gerichtshof, NZA 1993, 775; *Blomeyer*, Europäischer Gerichtshof und deutsche Arbeitsgerichtsbarkeit im judiziellen Dialog, in: Blomeyer/Schachtschneider (Hrsg.), Die Europäische Union als Rechtsgemeinschaft, 1995, S. 37; *Bobke-v. Camen/Veit*, Arbeitssachen vor dem Europäischen Gerichtshof – Im Zweifel für den sozial Schwächeren, FS 100 Jahre DArbGV, 1994, S. 431; *Broberg/Fenger*, Das Vorabentscheidungsverfahren vor dem Gerichtshof der Europäischen Union, 2014; *Brück*, Das Vorabentscheidungsverfahren vor dem EuGH als Bestandteil des deutschen Zivilprozesses, 2001; *Calliess/Ruffert*, EUV/AEUV, 5. Aufl. 2016; *Cremer*, Vorabentscheidungsverfahren gem. Art. 177 EGV und mitgliedstaatliche Verfassungsgerichtsbarkeit – Zum Verhältnis von gemeinschaftsrechtlicher Vorlagepflicht und abstrakter Normenkontrolle, BayVBl. 1999, 266; *Daig*, Auslegung und Anwendung von Art. 177 EWG-Vertrag durch den Gerichtshof der Europäischen Gemeinschaften, FS Kutscher, 1981, S. 79; *Dauses*, Das Vorabentscheidungsverfahren nach Art. 177 EG-Vertrag, 2. Aufl. 1995; *Dauses*, Aufgabenteilung und judizieller Dialog zwischen den einzelstaatlichen Gerichten und dem EuGH als Funktionselemente des Vorabentscheidungsverfahrens, FS Everling, 1995, Band I, S. 223; *Dauses*, Vorabentscheidungsverfahren, in Dauses (Hrsg.), Handbuch des EU-Wirtschaftsrechts, Loseblatt, Kap. P.II.; *Dieterich*, Die Arbeitsgerichte zwischen Bundesverfassungsgericht und Europäischem Gerichtshof, NZA 1996, 673; *EuGH*, Praktische Anweisungen für die Parteien in den Rechtssachen vor dem Gerichtshof, veröffentlicht auf der Homepage des Gerichtshofes (www.curia.europa.eu); *EuGH*, Empfehlungen an die nationalen Gerichte bezüglich der Vorlage von Vorabentscheidungsersuchen, veröffentlicht auf der Homepage des Gerichtshofes (www.curia.europa.eu); *Dittert*, Die neue Verfahrensordnung des EuGH, EuZW 2013, 726; *Everling*, Das Vorabentscheidungsverfahren vor dem Gerichtshof der Europäischen Gemeinschaften, 1986; *Franzen/Gallner/Oetker*, Kommentar zum europäischen Arbeitsrecht, 2016; *Geiger/Khan/Kotzur*, EUV/AEUV, 6. Aufl. 2017; *Grimm*, Europäischer Gerichtshof und nationale Arbeitsgerichte aus verfassungsrechtlicher Sicht, RdA 1996, 66; *von der Groeben/Schwarze/Hatje* (Hrsg.), Europäisches Unionsrecht, Band 4, 7. Aufl. 2015; *Gündisch/Wienhues*, Rechtsschutz in der Europäischen Union, 2. Aufl. 2003; *Haedrich*, Rechtsschutz in der Europäischen Gemeinschaft, in Oetker/Preis (Hrsg.), Europäisches Arbeits- und Sozialrecht (EAS), B 1300; *Hailbronner/Klein/Magiera/Müller-Graff*, Handkommentar zum Vertrag über die Europäische Union, Loseblatt; *Hakenberg*, Das Vorabentscheidungsverfahren vor dem Europäischen Gerichtshof, ZIP 1995, 1865; *Hakenberg*, Der Dialog zwischen nationalen und europäischen Richtern: Das Vorabentscheidungsverfahren zum EuGH, DRiZ 2000, 345; *Hakenberg*, Vorabentscheidungsverfahren und europäisches Privatrecht, RabelsZ 2002, 367; *Hakenberg/Stix-Hackl*, Handbuch zum Verfahren vor dem Europäischen Gerichtshof, 3. Aufl. 2005; *Haller*, Der „Rechtsweg" zum EuGH, JuS 1996, 209; *Herrmann*, Die Reichweite der gemeinschaftsrechtlichen Vorlagepflicht in der neueren Rspr. des EuGH, EuZW 2006, 231; *Heß*, Die Einwirkungen des Vorabentscheidungsverfahrens nach Art. 177 EGV auf das deutsche Zivilprozeßrecht, ZZP 108 (1995), 59; *Heß*, Rechtsfragen des Vorabentscheidungsverfahrens, RabelsZ 66 (2002), 470; *Heuermann*, Die Vorabentscheidung nach Art. 177 EGV und das Verhältnis von europäischem und nationalem Recht, ThürVBl. 1998, 1; *Hirsch*, Die deutsche Arbeitsgerichtsbarkeit und der Europäische Gerichtshof – eine wechselvolle Beziehung, RdA 1999, 48; *Hirsch*, Das Vorabentscheidungsverfahren: Mehr Freiraum und mehr Verantwortung für die nationalen Gerichte, FS Rodríguez Iglesias, 2003, S. 601; *Hoffmann/Schulz*, Auf dem Weg zu einer europäischen Arbeits- und Sozialgerichtsbarkeit?, ZfSH/SGB 1992, 561; *Hommelhoff*, Die Rolle der nationalen Gerichte bei der Europäisierung des Privatrechts, FS 50 Jahre BGH, 2000, S. 889; *Huff*, Das Vorlageverfahren zum Europäischen Gerichtshof – wichtig auch für Rechtsanwälte, BRAK-Mitt. 1998, 11; *Jann*, Rechtsfolgen von Normenkontrollen, EuGRZ 2006, 523; *Kerwer*, Das europäische Gemeinschaftsrecht und die Rechtsprechung der deutschen Arbeitsgerichte, 2003; *Knauff*, Auslegung oder Anwendung des Europarechts – Bemerkungen zur Vorlagepflicht an den EuGH, DÖV 2013, 375; *Kohlegger*, Aktuelle Entwicklungen im Vorabentscheidungsverfahren, ZfRV 1998, 89; *Kokott*, Die Pflicht zur Vorlage an den Europäischen Gerichtshof und die Folgen ihrer Verletzung, JZ 2006, 633; *Latzel/Streinz*, Das richtige Vorabentscheidungsersuchen, NJOZ 2013, 97; *Kropholler/von Hein*, Eine Auslegungskompetenz des Europäischen Gerichtshofs jenseits des Europäischen Gerichtsstands- und Vollstreckungsübereinkommens, FS Großfeld, 1999, S. 615; *Lenz*, Zum Vorlageverfahren beim Europäischen Gerichtshof, AnwBl. 1993, 477; *Lenz*, Rechtsschutz im Binnenmarkt, EuZW 1993, 10; *Lenz*, Rechtsschutz im Binnenmarkt, NJW 1994, 2063; *Lenz*, Die Rolle und der Wirkungsmechanismus des Vorabentscheidungsverfahrens, DRiZ

---

1 BVerfG v. 14.3.1989 – 1 BvR 1033/82, NVwZ 1989, 857.
2 Vgl. zB BVerfG v. 27.1.1998 – 1 BvL 22/93, NJW 1998, 1478.
3 *Pestalozza*, Verfassungsprozessrecht, § 13 Rz. 26.

1995, 213, AnwBl. 1995, 50; *Lenz/Borchardt*, EU-Verträge Kommentar, 6. Aufl. 2012; *Lenz/Mölls*, Arbeitsrecht vor dem Gerichtshof der Europäischen Gemeinschaften, DB 1990, Beilage Nr. 15, 1; *Lieber*, Über die Vorlagepflicht des Artikel 177 EWG-Vertrag und deren Missachtung, 1986; *Lipp*, Entwicklung und Zukunft der europäischen Gerichtsbarkeit, JZ 1997, 326; *Lutter*, Europäische Gerichtsbarkeit und nationale Gerichtsbarkeit, ZZP 86 (1973), 107; *Mächtle*, Die Gerichtsbarkeit in der Europäischen Union, JuS 2014, 508; *Mächtle*, Das Vorabentscheidungsverfahren, JuS 2015, 314; *Malferrari*, Zurückweisung von Vorabentscheidungsersuchen durch den EuGH, 2003; *Maschmann*, Vorabentscheidungsersuchen deutscher Arbeitsgerichte zum Europäischen Gerichtshof und Rechte der Parteien, NZA 1995, 920; *Müller-Eiselt*, Trendwende beim Vorabentscheidungsverfahren (Art. 177 EGV)?, ZfZ 1997, 414; *Niedermühlbichler*, Verfahren vor dem EuG und EuGH, 1998; *Notthoff*, Das gem. Vorabentscheidungsverfahren gem. Art. 177 EG-Vertrag und dessen Durchsetzung nach Maßgabe des nationalen Rechts, WiB 1995, 746; *Pache/Knauff*, Wider die Beschränkung der Vorlagebefugnis unterinstanzlicher Gerichte im Vorabentscheidungsverfahren, NVwZ 2004, 16; *Pechstein*, EU-Prozessrecht, 4. Aufl. 2011; *Pescatore*, Das Vorabentscheidungsverfahren nach Art. 177 EWG-Vertrag und die Zusammenarbeit zwischen dem Gerichtshof und den nationalen Gerichten, BayVBl. 1987, 33, 68; *Preis/Sagan* (Hrsg.), Europäisches Arbeitsrecht, 2015; *Prütting*, Das Vorabentscheidungsverfahren des EuGH, GS Arens, 1993, S. 339; *Rabe*, Vorlagepflicht und gesetzlicher Richter, in FS Redeker, 1993, S. 201; *Rengeling/Middeke/Gellermann*, Handbuch des Rechtsschutzes in der Europäischen Union, 3. Aufl.2014; *Ress*, Die Entscheidungserheblichkeit im Vorlageverfahren nach Art. 177 EWG-Vertrag im Vergleich zu Vorlageverfahren nach Art. 100 Abs. 1 GG, FS Jahr, 1993, S. 339; *Rodríguez Iglesias*, Der EuGH und die Gerichte der Mitgliedstaaten – Komponenten der richterlichen Gewalt in der Europäischen Union, NJW 2000, 1889; *Schaub*, Der Rechtsschutz im Arbeitsrecht vor dem Gerichtshof der Europäischen Gemeinschaften, NJW 1994, 81; *Schwarze*, EU-Kommentar, 3. Aufl. 2012; *Schima*, Das Vorabentscheidungsverfahren vor dem EuGH, 3. Aufl. 2015; *Schlachter*, Der Europäische Gerichtshof und die Arbeitsgerichtsbarkeit: Schwierigkeiten bei der Begründung eines Kooperationsverhältnisses, 1995; *Schröder*, Die Vorlagepflicht zum EuGH aus europarechtlicher und nationaler Perspektive, EuR 2011, 808; *Sellmann/Augsberg*, Entwicklungstendenzen des Vorabentscheidungsverfahrens, DÖV 2006, 533; *Seyr*, Der verfahrensrechtliche Ablauf vor dem EuGH am Beispiel der Rechtssache „Prosciutto di Parma", JuS 2005, 315; *Solar*, Vorlagepflichtverletzung mitgliedstaatlicher Gerichte und ihre Sanierung, 2004; *Streil*, Das Vorabentscheidungsverfahren als Bindeglied zwischen europäischer und nationaler Rechtsprechung, in Schwarze (Hrsg.), Der Europäische Gerichtshof als Verfassungsgericht und Rechtsschutzinstanz, 1983, S. 69; *Streinz*, EUV/AEUV, 2. Aufl. 2012; *Thomy*, Individualrechtsschutz durch das Vorabentscheidungsverfahren, 2009; *Tomuschat*, Die gerichtliche Vorabentscheidung nach den Verträgen über die europäischen Gemeinschaften, 1964; *Trautwein*, Das Vorabentscheidungsverfahren gem. Art. 177 EGV, JA 1997, 561; *Voß*, Erfahrungen und Probleme bei der Anwendung des Vorabentscheidungsverfahrens nach Art. 177 EWG-Vertrag, EuR 1986, 95; *Voß*, Trendwende beim Vorabentscheidungsverfahren (Art. 177 EGV)?, ZfZ 1998, 116; *Wägenbaur*, Stolpersteine des Vorabentscheidungsverfahrens, EuZW 2000, 37; *Wägenbaur*, Die Entwicklung des europäischen Prozess- und Verfahrensrechts in den Jahren 2012/2013, EuZW 2013, 930; *Wägenbaur*, EuGH VerfO – Satzung und Verfahrensordnungen EuGH/EuG, 2. Aufl. 2017; *Wagner*, Funktion und praktische Auswirkungen der richterlichen Vorlagen an den Gerichtshof der Europäischen Gemeinschaften, 2001; *Wendenburg*, Das Vorabentscheidungsverfahren: Dialog mit dem EuGH, DRiZ 2013, 404; *Wernsmann/Behrmann*, Das Vorabentscheidungsverfahren nach Art. 234 EG, Jura 2006, 181; *Wienhues/Horváth*, Änderungen im Verfahrensrecht der Gerichte der Europäischen Union, EWS 2006, 385; *Wißmann*, Europäischer Gerichtshof und Arbeitsgerichtsbarkeit – Kooperation mit Schwierigkeiten, RdA 1995, 193; *Wißmann*, Neues aus Karlsruhe zur Vorlagepflicht nach Art. 267 Abs. 3 AEUV, FS Kohte, 2016, S. 993; *Zuleeg*, Europäischer Gerichtshof und nationale Arbeitsgerichte aus europarechtlicher Sicht, RdA 1996, 71.

Rechtsvorschriften:

Art. 267 AEUV

Der Gerichtshof der Europäischen Union entscheidet im Wege der Vorabentscheidung

a) über die Auslegung der Verträge,

b) über die Gültigkeit und die Auslegung der Handlungen der Organe, Einrichtungen oder sonstigen Stellen der Union.

Wird eine derartige Frage einem Gericht eines Mitgliedstaats gestellt und hält dieses Gericht eine Entscheidung darüber zum Erlass seines Urteils für erforderlich, so kann es diese Frage dem Gerichtshof zur Entscheidung vorlegen.

Wird eine derartige Frage in einem schwebenden Verfahren bei einem einzelstaatlichen Gericht gestellt, dessen Entscheidungen selbst nicht mehr mit Rechtsmitteln des innerstaatlichen Rechts angefochten werden können, so ist dieses Gericht zur Anrufung des Gerichtshofs verpflichtet.

...

I. Allgemeines

1. Rechtsgrundlage

Nach **Art. 267 des Vertrags über die Arbeitsweise der Europäischen Union (AEUV)** entscheidet der EuGH im Wege der Vorabentscheidung über die Gültigkeit und Auslegung von Unionsrecht. Jedes mitgliedstaatliche Gericht ist berechtigt, den EuGH anzurufen und um eine Vorabentscheidung zu ersuchen, wenn eine unionsrechtliche Frage in dem bei ihm anhängigen Verfahren entscheidungserheblich wird. Letztinstanzliche Gerichte sind zu einer Vorlage verpflichtet.

2. Funktion und Wesen

98 Zweck des Vorabentscheidungsverfahrens ist primär die **Wahrung der Rechtseinheit**. Die Notwendigkeit eines solchen Verfahrens ergibt sich daraus, dass das Recht der EU von den nationalen Gerichten angewandt und zu diesem Zweck ausgelegt werden muss. Insoweit besteht die Gefahr, dass die Gerichte das Unionsrecht im Lichte ihrer jeweiligen Rechtstradition und unter Zuhilfenahme ihrer eigenen Rechtsmethodik unterschiedlich interpretieren. Das Vorabentscheidungsverfahren nach Art. 267 AEUV soll einer dadurch drohenden Rechtszersplitterung entgegenwirken und eine einheitliche Auslegung und Anwendung des Unionsrechts sicherstellen[1]. Daneben dient das Vorabentscheidungsverfahren dem **Rechtsschutz des Einzelnen**, der sich vor den nationalen Gerichten auf die ihm durch die Unionsrechtsordnung verliehenen Rechte berufen kann[2]. Indem Art. 267 AEUV die Möglichkeit und ggf. auch die Pflicht vorsieht, den Inhalt dieser Rechte durch den EuGH klären zu lassen, sorgt er dafür, dass sich in den Mitgliedstaaten keine Rspr. herausbildet, die den Normen des Unionsrechts widerspricht und die daraus erwachsenen Rechte des Bürgers verkürzt. Dies ist umso bedeutsamer, als der Einzelne den EuGH regelmäßig nicht direkt anrufen kann (s. Rz. 100).

99 Das Vorabentscheidungsverfahren ist kein kontradiktorisches Verfahren, sondern ein **Zwischenverfahren**, das nur einen Ausschnitt aus dem Prozess vor dem nationalen Gericht bildet[3]. Der Rechtsstreit der Parteien beginnt und endet vor dem nationalen Gericht, nachdem er lediglich in einer Zwischenstation vor den EuGH gelangt ist. Der EuGH arbeitet dabei in der Weise mit den nationalen Gerichten zusammen, dass er allein die vorgelegte unionsrechtliche Frage beantwortet und nicht etwa den beim vorlegenden Gericht anhängigen Rechtsstreit entscheidet. Sobald der EuGH daher sein Urteil gefällt hat, muss der nationale Richter seinen Prozess wieder aufnehmen und diesen entscheiden, wobei er hinsichtlich der unionsrechtlichen Frage an die Antwort des EuGH gebunden ist. Zwischen dem vorlegenden Gericht und dem EuGH besteht damit eine klare Aufgabenverteilung, die auf Zusammenarbeit angelegt ist[4]. Eine hierarchische Über-/Unterordnung ist nicht vorgesehen. Das Vorabentscheidungsverfahren gem. Art. 267 AEUV weist insoweit gewisse Parallelen zur Richtervorlage nach Art. 100 Abs. 1 GG auf.

3. Bedeutung im Arbeitsrecht

100 Im Rahmen des Rechtsschutzsystems der EU ist das Vorabentscheidungsverfahren von überragender Bedeutung. Insbesondere mit arbeitsrechtlichen Fragen ist der EuGH fast ausschließlich in dieser Verfahrensart befasst. Dies liegt darin begründet, dass eine Direktklage zum EuGH auf dem Gebiet des Arbeitsrechts nur selten in Betracht kommt. Einen „Rechtsweg", mit dem ein ArbN oder ArbGeb seinen Arbeitsrechtsfall vor den EuGH bringen könnte, gibt es nicht. Insbesondere kann gegen die Entscheidungen deutscher Gerichte **kein Rechtsmittel zum EuGH** eingelegt werden. Auch eine „Verfassungsbeschwerde", mit der die Verletzung von Unionsrecht gerügt werden könnte, ist de lege lata nicht vorgesehen. Die einzige Möglichkeit, im Wege einer Direktklage zum EuGH zu gelangen, bieten für den Einzelnen die Nichtigkeits- und die Untätigkeitsklage. Die **Nichtigkeitsklage**, die auf die Überprüfung der Rechtmäßigkeit eines Rechtsakts der EU abzielt, kann durch eine natürliche oder juristische Person aber nur unter den strengen Voraussetzungen des Art. 263 Abs. 4 AEUV erhoben werden, die bei den für das Arbeitsrecht relevanten Verordnungen und Richtlinien idR nicht vorliegen[5]. Auch die **Untätigkeitsklage** nach Art. 265 AEUV, die sich gegen das Unterlassen eines Rechtsaktes wendet, kann dem Einzelnen nur in den wenigsten Fällen Rechtsschutz gewähren; denn sie steht einer natürlichen oder juristischen Person nur offen, wenn der unterlassene Rechtsakt an sie zu richten gewesen wäre. An dieser Voraussetzung wird es im Arbeitsrecht regelmäßig

---

1 S. nur EuGH v. 24.5.1977 – 107/76, NJW 1977, 1585 – Hoffmann-La Roche; *Dauses*, Vorabentscheidungsverfahren, S. 43 ff.; Rengeling/Middeke/Gellermann/*Middeke*, Rechtsschutz, § 10 Rz. 6.
2 ErfK/*Wißmann*, Art. 267 AEUV Rz. 1; EUArbR/*Höpfner*, Art. 267 AEUV Rz. 5; Preis/Sagan/*Roloff*, § 13 Rz. 7; vgl. auch *Skouris*, EuZW 2015, 241.
3 EuGH v. 1.3.1973 – 62/72, BayVBl. 1973, 276 – Bollmann; Dauses/*Dauses*, Handbuch, P.II. Rz. 25; Rengeling/Middeke/Gellermann/*Middeke*, Rechtsschutz, § 10 Rz. 11; *Hakenberg*, DRiZ 2000, 345.
4 EuGH v. 16.12.1981 – 244/80, RIW 1982, 426 (427) – Foglia II; EuGH v. 19.2.2002 – C-35/99, NJW 2002, 882 – Arduino; EuGH v. 16.6.2015 – C-62/14, NJW 2015, 2013 Rz. 15 – Gauweiler; EuGH v. 2.3.2017 – C-97/16, NZA 2017, 407 Rz. 20 – Pérez Retamero; BVerfG v. 8.4.1987 – 2 BvR 687/85, BB 1987, 2111.
5 Der Vertrag von Lissabon hat insoweit zwar zu einer gewissen Lockerung der Voraussetzungen geführt (vgl. dazu etwa *Thomy*, Individualrechtsschutz, S. 239 ff.; *Everling*, EuZW 2010, 572 ff.); diese betrifft aber regelmäßig nicht die im Arbeitsrecht bedeutsamen Richtlinien und Verordnungen. Zur restriktiven Auslegung des Art. 263 Abs. 4 AEUV durch den EuGH vgl. insbesondere EuGH v. 3.10.2013 – C-583/11 P, EuZW 2014, 22 – Inuit.

fehlen. Unionsrechtlicher Rechtsschutz ist im Arbeitsrecht daher praktisch nur über das Vorabentscheidungsverfahren zu erlangen.

Neben dem Vorabentscheidungsverfahren ist auf dem Gebiet des Arbeitsrechts noch das **Vertragsverletzungsverfahren** nach Art. 258 AEUV von Bedeutung. Bei diesem Verfahren begehrt die Kommission die Feststellung, dass ein Mitgliedstaat gegen seine Pflichten aus dem AEUV verstoßen hat; in den meisten Fällen handelt es sich um die nicht rechtzeitige oder nicht ordnungsgemäße Umsetzung von Richtlinien[1]. Die Einleitung eines solchen Verfahrens kann vom einzelnen Bürger bei der Kommission zwar angeregt, nicht aber durchgesetzt werden[2]. Das Vertragsverletzungsverfahren ist daher nicht geeignet, individuellen Rechtsschutz zu gewähren. Nationale Richter und Rechtsanwälte kommen mit dieser Verfahrensart regelmäßig nicht in Kontakt. Dasselbe gilt für die **Nichtigkeitsklage** nach Art. 263 AEUV, wenn sie von einem Mitgliedstaat oder einer Institution der EU erhoben wird. Bei diesen Klägern bedarf es – anders als bei natürlichen oder juristischen Personen (vgl. Rz. 100) – keiner besonderen Klagebefugnis[3]; sie können daher auch Verordnungen und Richtlinien überprüfen lassen[4].

II. Vorlagegegenstand

1. Primärrecht

Gemäß Art. 267 Abs. 1 Buchst. a AEUV entscheidet der Gerichtshof über die Auslegung „der Verträge". Gemeint sind damit nicht nur der EUV und der AEUV, sondern erfasst ist das gesamte Primärrecht[5]. Dazu gehören insbesondere die den Verträgen beigefügten Anhänge und Protokolle sowie die Verträge zu ihrer Änderung und Ergänzung[6]. Auch die Charta der Grundrechte der EU (vgl. Art. 6 Abs. 1 EUV) und die ungeschriebenen allgemeinen Rechtsgrundsätze sind Primärrecht[7]. Für das Arbeitsrecht ist in erster Linie der **AEUV** von Bedeutung. Als Gegenstand arbeitsrechtlicher Vorabentscheidungsersuchen haben bisher insbesondere die Vorschriften über die **Arbeitnehmerfreizügigkeit** (Art. 45 AEUV) und über die **Gleichbehandlung von Mann und Frau beim Arbeitsentgelt** (Art. 157 AEUV) eine Rolle gespielt. Hinzugetreten ist in den letzten Jahren das **Verbot der Altersdiskriminierung**, das der EuGH als allgemeinen Grundsatz des Unionsrechts entwickelt hat und das mittlerweile auch explizit in Art. 21 der EU-Grundrechtecharta verankert ist[8]. Künftig könnte auch die Auslegung der Grundrechtecharta verstärkt zum Thema arbeitsrechtlicher Vorlagen werden.

Im Hinblick auf das Primärrecht obliegt dem EuGH lediglich die **Auslegung**. Die Gültigkeit primärrechtlicher Normen kann dagegen nicht zum Gegenstand eines Vorabentscheidungsersuchens gemacht werden[9]. Der Begriff der „Auslegung" wird in Art. 267 Abs. 1 AEUV nicht erläutert; er ist selbst der Auslegung fähig und bedürftig[10]. Nach allgemeinem Verständnis geht es bei der Auslegung um die Ermittlung des Inhalts und der Tragweite einer bestimmten Rechtsnorm[11]. Der Begriff der Auslegung umfasst auch die Schließung von Lücken im Unionsrecht und die Beantwortung von Fragen nach dem Bestehen oder dem Inhalt der allgemeinen Rechtsgrundsätze[12].

---

1 Die Bundesrepublik Deutschland ist auf arbeitsrechtlichem Gebiet schon mehrfach wegen einer Vertragsverletzung verurteilt worden; vgl. nur beispielhaft EuGH v. 21.5.1985 – 248/83, NJW 1985, 2076 ff. (unzureichende Umsetzung der Gleichbehandlungsrichtlinie 76/207/EWG); EuGH v. 7.2.2002 – C-5/00, NZA 2002, 321 (Verstoß von § 6 Abs. 1 ArbSchG gegen die Richtlinie 89/391/EWG); EuGH v. 23.2.2006 – C-43/05, AP Nr. 2 zu Richtlinie 2000/78/EG (unzureichende Umsetzung der Antidiskriminierungsrichtlinie 2000/78/EG); EuGH v. 18.7.2007 – C-490/04, NZA 2007, 917 ff. (Verstoß von § 3 Abs. 3 AEntG gegen die Dienstleistungsfreiheit gem. Art. 49 EGV [heute: Art. 56 AEUV]).
2 *Lenz/Borchardt*, Art. 258 AEUV Rz. 13 mwN.
3 Vgl. nur Calliess/Ruffert/*Cremer*, Art. 263 AEUV Rz. 21.
4 Im Arbeitsrecht ist in dieser Verfahrensart insbesondere die Arbeitszeitrichtlinie 93/104/EG auf den Prüfstand gestellt worden; vgl. EuGH v. 12.11.1996 – C-84/94, NZA 1997, 23 – Vereinigtes Königreich/Rat.
5 von der Groeben/Schwarze/Hatje/*Gaitanides*, Art. 267 AEUV Rz. 17.
6 *Dauses*, Vorabentscheidungsverfahren, S. 53 f.
7 Calliess/Ruffert/*Wegener*, Art. 267 AEUV Rz. 9; EUArbR/*Höpfner*, Art. 267 AEUV Rz. 8.
8 EuGH v. 22.11.2005 – C-144/04, NZA 2005, 1345 (1348) – Mangold; EuGH v. 19.1.2010 – C-555/07, NZA 2010, 85 (86, 88) – Kücükdeveci; EuGH v. 19.4.2016 – C-441/14, NZA 2016, 537 Rz. 22 – Dansk Industri; str.
9 *Dauses*, Vorabentscheidungsverfahren, S. 73; *Broberg/Fenger*, Vorabentscheidungsverfahren, S. 107.
10 *Lieber*, Vorlagepflicht, S. 33 f.; *Daig*, FS Kutscher, 1981, S. 79 (85).
11 Dauses/*Dauses*, Handbuch, P.II. Rz. 89.
12 von der Groeben/Schwarze/Hatje/*Gaitanides*, Art. 267 AEUV Rz. 29.

2. Sekundärrecht

104 Gegenstand eines Vorabentscheidungsverfahrens können nach Art. 267 Abs. 1 Buchst. b AEUV auch die Gültigkeit und die Auslegung der Handlungen der Organe, Einrichtungen oder sonstigen Stellen der Union sein. Davon erfasst ist das gesamte Sekundärrecht, insbesondere die in Art. 288 AEUV genannten Akte, also Verordnungen, Richtlinien, Entscheidungen, Empfehlungen und Stellungnahmen, sowie die von der EU abgeschlossenen völkerrechtlichen Verträge[1]. Für das Arbeitsrecht sind **Verordnungen** und vor allem **Richtlinien** von Bedeutung. Dass Richtlinien regelmäßig nicht unmittelbar anwendbar sind, ändert an ihrer Vorlagefähigkeit nichts; denn sie sind jedenfalls als Maßstab für die Auslegung des innerstaatlichen Rechts heranzuziehen[2]. Aus demselben Grund können auch unverbindliche Rechtsakte wie Empfehlungen Gegenstand eines Vorabentscheidungsersuchens sein, da auch sie bei der Auslegung verbindlicher Vorschriften zu berücksichtigen sind[3]. Selbstverständlich umfasst die Zuständigkeit des EuGH auch die Auslegung von Rahmenvereinbarungen der Sozialpartner, die im Verfahren des Sozialen Dialogs nach Art. 154 f. AEUV zustande gekommen sind und deren Umsetzung den Mitgliedstaaten durch Richtlinie aufgegeben wird[4].

105 In Bezug auf das Sekundärrecht kann der EuGH – anders als beim Primärrecht – sowohl über die **Gültigkeit** als auch über die **Auslegung** befragt werden. Der Begriff der Gültigkeit entspricht dem der Rechtmäßigkeit[5]. Maßstab der Gültigkeitsprüfung ist ausschließlich das höherrangige Unionsrecht einschließlich der allgemeinen Grundsätze des Unionsrechts[6], nicht dagegen das nationale Recht[7]. Als Ungültigkeitsgründe kommen alle Mängel in Betracht, auf die eine Nichtigkeitsklage nach Art. 263 AEUV gestützt werden könnte[8]. Das sind: Unzuständigkeit, Verletzung wesentlicher Formvorschriften, Verletzung des AEUV oder einer bei seiner Durchführung anzuwendenden Rechtsnorm sowie Ermessensmissbrauch. Zum Begriff der Auslegung vgl. Rz. 103.

106 Fraglich ist, ob auch **Urteile des EuGH** selbst Gegenstand eines Vorabentscheidungsersuchens sein können. Insoweit muss unterschieden werden: Die **Gültigkeit** eines Urteils des EuGH kann nicht im Wege des Vorabentscheidungsverfahrens in Frage gestellt werden[9]; sonst hätten es die vorlegenden Gerichte in der Hand, ihre Bindung an das vom EuGH erlassene Urteil in Frage zu stellen, so dass ein Zustand der Rechtssicherheit nicht eintreten würde. Für die Frage nach der **Auslegung** einer EuGH-Entscheidung gilt: Hat ein Urteil keine völlige Klarheit gebracht, so ist es dem nationalen Gericht – auch im selben Verfahren (s. Rz. 152) – erlaubt, die Sache erneut vorzulegen[10]. Ob es bei dieser erneuten Vorlage um eine Auslegung des EuGH-Urteils[11] oder aber um eine Auslegung der zugrunde liegenden Rechtsnorm in der durch das Urteil gegebenen Interpretation geht, ist eine reine Formulierungsfrage und im Ergebnis nicht von Bedeutung[12].

107 Einstweilen frei

3. Unzulässige Gegenstände

108 In allen Fällen des Art. 267 Abs. 1 AEUV muss sich das Vorabentscheidungsersuchen auf Normen des Unionsrechts beziehen. Der EuGH ist hingegen nicht zur **Auslegung und Anwendung des nationalen Rechts** befugt[13]. Das gilt auch dann, wenn das vorlegende Gericht eine innerstaatliche Vorschrift im Ein-

---

1 ErfK/*Wißmann*, Art. 267 AEUV Rz. 10 f.
2 Vgl. nur EuGH v. 5.10.2004 – C-397/01 ua., NJW 2004, 3547 (3549) – Pfeiffer; EuGH v. 25.10.2005 – C-350/03, NJW 2005, 3551 (3553) – Schulte; EuGH v. 19.1.2010 – C-555/07, NZA 2010, 85 (88) – Kücükdeveci; EuGH v. 24.1.2012 – C-282/10, NZA 2012, 139 (141) – Dominguez; EuGH v. 28.1.2016 – C-64/15, ZfZ 2016, 66 Rz. 41 – BP Europa; EuGH v. 17.3.2016 – C-40/15, VersR 2016, 815 Rz. 18 – Aspiro; EuGH v. 19.4.2016 – C-441/14, NZA 2016, 537 Rz. 30 f. – Dansk Industri; EuGH v. 7.7.2016 – C-46/15 Rz. 24 – Ambisig.
3 EuGH v. 13.12.1989 – C-322/88, NZA 1991, 283 (284 f.) – Grimaldi.
4 Vgl. insbesondere die Rahmenvereinbarungen über Teilzeitarbeit (RL 97/81/EG), über befristete Arbeitsverträge (RL 1999/70/EG) und über den Elternurlaub (RL 2010/18/EU).
5 von der Groeben/Schwarze/Hatje/*Gaitanides*, Art. 267 AEUV Rz. 34.
6 EuGH v. 9.9.2003 – C-25/02, NZA 2003, 1137 (1138) – Rinke.
7 Vgl. EuGH v. 13.12.1979 – 44/79, NJW 1980, 505 (506) – Hauer.
8 EuGH v. 12.12.1972 – 21/72, DÖV 1973, 411 – International Fruit Company.
9 EuGH v. 5.3.1986 – 69/85 – Wünsche.
10 Diese Möglichkeit ist nunmehr in Art. 104 Abs. 2 VerfO EuGH ausdrücklich vorgesehen.
11 So BAG v. 21.5.1992 – 2 AZR 449/91, AP Nr. 96 zu § 613a BGB; BAG v. 27.4.1994 – 5 AZR 747/93, AP Nr. 100 zu § 1 LohnFG.
12 Vgl. dazu auch *Dauses*, Vorabentscheidungsverfahren, S. 62; Dauses/*Dauses*, Handbuch, P.II. Rz. 63, 87.
13 S. nur EuGH v. 23.4.2009 – C-378/07, EAS Teil C RL 1999/70/EG § 5 Nr. 4 Rz. 48 – Angelidaki; EuGH v. 29.10.2009 – C-63/08, EuZW 2010, 190 (194) – Pontin; EuGH v. 6.3.2014 – C-458/12, NZA 2014, 423 Rz. 25 – Amatori; EuGH v. 7.7.2016 – C-567/14, EuZW 2016, 743 Rz. 22 – Genentech.

klang mit der zugrunde liegenden Richtlinienbestimmung auslegen will. Auch hier kann nicht die nationale Vorschrift selbst, sondern nur die für ihre Auslegung maßgebliche unionsrechtliche Norm zum Gegenstand der Vorlage gemacht werden. Nachdem der EuGH das Unionsrecht ausgelegt hat, muss das nationale Gericht daher selbst darüber entscheiden, welche Folgerungen für die Interpretation der innerstaatlichen Vorschrift zu ziehen sind. Zu den vom EuGH nicht überprüfbaren Bestimmungen des innerstaatlichen Rechts gehören auch solche des Gerichtsorganisations- und Prozessrechts. Daher kann der EuGH weder die Zulässigkeit der Klage im Ausgangsverfahren noch die Zuständigkeit oder die korrekte Besetzung des vorlegenden Gerichts überprüfen[1].

In Bezug auf das Unionsrecht ist die Zuständigkeit des EuGH im Vorabentscheidungsverfahren auf die Auslegung und die Gültigkeitsprüfung beschränkt. Die **Anwendung des Unionsrechts auf den konkreten Fall** obliegt dagegen – ebenso wie die Entscheidung über den Ausgangsrechtsstreit (s. Rz. 99) – allein dem nationalen Gericht[2]. Dieses hat den festgestellten Sachverhalt selbständig unter das vom EuGH ausgelegte Unionsrecht zu subsumieren. Auch über die **Vereinbarkeit des nationalen Rechts mit dem Unionsrecht** kann der EuGH nicht befinden[3]. Hat ein innerstaatliches Gericht Zweifel, ob eine nationale Vorschrift mit dem vorrangigen Unionsrecht vereinbar ist oder ob sie wegen Unionsrechtswidrigkeit unangewendet bleiben muss, hat es den EuGH (unter Schilderung des tatsächlichen und rechtlichen Rahmens, vgl. Rz. 137) abstrakt um die Auslegung des Unionsrechts zu ersuchen. Nach Erhalt der Antwort muss es dann ggf. das innerstaatliche Recht selbst für unanwendbar erklären und im konkreten Fall außer Acht lassen. Zur Umformulierung unrichtig gestellter Fragen s. Rz. 136.

109

III. Erforderlichkeit der Vorlage

1. Entscheidungserheblichkeit

Ein Vorabentscheidungsersuchen zum EuGH ist nur dann zulässig, wenn das Gericht die Entscheidung über die Vorlagefrage zum Erlass seines Urteils für **erforderlich** hält. Voraussetzung einer Vorlage ist also die Entscheidungserheblichkeit der unionsrechtlichen Norm, um deren Auslegung oder Gültigkeitsprüfung der EuGH ersucht wird. Diese kann sich vor allem daraus ergeben, dass die betreffende unionsrechtliche Vorschrift **unmittelbare Wirkung** entfaltet oder als **Auslegungsmaßstab** für das nationale Recht zu berücksichtigen ist. Problematisch ist die Entscheidungserheblichkeit dann, wenn mit der Vorlage die Richtlinienwidrigkeit einer innerstaatlichen Vorschrift geklärt werden soll, das vorlegende Gericht aber davon überzeugt ist, dass sich das nationale Recht ohnehin nicht richtlinienkonform auslegen lässt; denn wenn die Richtlinie keine unmittelbare Wirkung entfaltet – wie insbesondere zwischen Privaten – und eine richtlinienkonforme Auslegung ausscheidet, muss das Gericht den Rechtsstreit selbst dann nach der innerstaatlichen Vorschrift entscheiden, wenn der EuGH deren Richtlinienwidrigkeit festgestellt hat. Vor diesem Hintergrund hängt der Ausgang des Prozesses gar nicht von der Entscheidung des EuGH ab[4]. Soweit ersichtlich, hat der Gerichtshof aus diesem Grund allerdings noch keine Vorlage als unzulässig behandelt, sondern stets auf die Zuständigkeit des vorlegenden Gerichts (vgl. Rz. 111 f.) verwiesen. Darüber hinaus darf ein Gericht nach der Rspr. des EuGH auch dann vorlegen, wenn es im Ausgangsverfahren rein nationales Recht anzuwenden hat, das **autonom auf Unionsrecht verweist bzw. inhaltlich mit einer unionsrechtlichen Bestimmung identisch ist** (zB bei einer „überschießenden Richtlinienumsetzung"); denn nach Ansicht des EuGH besteht ein klares Interesse der EU daran, dass auch die aus dem Unionsrecht ins nationale Recht übernommenen Bestimmungen und Begriffe einheitlich ausgelegt werden[5]. Diese weite Aus-

110

---

1 EuGH v. 11.4.2000 – C-51/96, NJW 2000, 2011 (2012) – Deliège; EuGH v. 7.12.2000 – C-79/99, NJW 2001, 1045 (1046) – Schnorbus; EuGH v. 23.11.2006 – C-238/05, EuZW 2006, 753 (754) – Asnef-Equifax; EuGH v. 16.6.2015 – C-62/14, NJW 2015, 2013 Rz. 26 – Gauweiler; EuGH v. 22.6.2016 – C-255/15, NJW 2016, 2635 Rz. 15 – Mennens; EuGH v. 7.7.2016 – C-567/14, EuZW 2016, 743 Rz. 22 – Genentech.
2 Vgl. etwa EuGH v. 8.11.1990 – C-231/89, JZ 1991, 891 (892) – Gmurzynska-Bscher; EuGH v. 5.3.2009 – C-350/07, NJW 2009, 1325 (1326) – Kattner. Vgl. im Einzelnen dazu sowie zur Problematik der Trennung von Auslegung und Anwendung *Kerwer*, EuGH und deutsche Arbeitsgerichte, S. 753 ff.; *Knauff*, DÖV 2013, 375 ff; EUArbR/*Höpfner*, Art. 267 AEUV Rz. 10 ff.
3 St. Rspr.; vgl. nur EuGH v. 15.1.1998 – C-15/96, NZA 1998, 205 (206) – Schöning-Kougebetopoulou; EuGH v. 28.3.2000 – C-158/97, NJW 2000, 1549 (1551) – Badeck; EuGH v. 23.4.2009 – C-378/07, EAS Teil C RL 1999/70/EG § 5 Nr. 4 Rz. 66 – Angelidaki; EuGH v. 3.7.2014 – C-19/10, NZS 2014, 619 Rz. 16 – Talasca; EuGH v. 28.1.2015 – C-688/13, NZA 2015, 287 Rz. 31 – Gimnasio Deportivo San Andrés; EuGH v. 6.10.2015 – C-203/14, EuZW 2015, 908 Rz. 43 – Consorci Sanitari del Maresme; EuGH v. 7.7.2016 – C-567/14, EuZW 2016, 743 Rz. 22 – Genentech.
4 In diesem Sinne BAG v. 17.11.2009 – 9 AZR 844/08, NZA 2010, 1020 (1021 f.); EUArbR/*Höpfner*, Art. 267 AEUV Rz. 22; ErfK/*Wißmann*, Art. 267 AEUV Rz. 19, 21; aM Preis/Sagan/*Roloff*, § 13 Rz. 33.
5 EuGH v. 17.7.1997 – C-28/95, DB 1997, 1851 (1853 f.) – Leur-Bloem; EuGH v. 17.7.1997 – C-130/95, EuZW 1997, 726 (727 f.) – Giloy; EuGH v. 7.7.2011 – C-310/10 – Agafitei u.a.; EuGH v. 21.12.2011 – C-482/10 – Cicala; EuGH

legung des Art. 267 AEUV birgt die Gefahr einer nicht überschaubaren Zahl an Vorlagen und ist auch sonst nicht frei von Bedenken[1]. Angesichts der zunehmend zu beobachtenden Tendenz zu einer strengeren Handhabung der Zulässigkeitsvoraussetzungen bleibt abzuwarten, ob der Gerichtshof seine großzügige Rspr. in dieser Frage beibehalten wird. Immerhin hat er seine Zuständigkeit für den Fall verneint, dass der Unionsrechtsakt ausdrücklich eine Ausnahme von seinem Geltungsbereich vorsieht und der rein innerstaatliche Sachverhalt von dieser Bereichsausnahme erfasst wird. In diesem Fall bestehe kein Interesse der Union an einer einheitlichen Auslegung, da der Unionsgesetzgeber in diesem Bereich auf eine einheitliche Auslegung des Unionsrechts verzichtet habe[2]. Das überzeugt, wirft aber zugleich die Frage auf, ob dasselbe nicht auch in solchen Fällen gelten muss, in denen der Anwendungsbereich des Unionsrechtsakts von vornherein auf einen bestimmten Bereich begrenzt ist und der Sachverhalt außerhalb dieses Anwendungsbereichs liegt[3]. In derartigen Fällen mag ein Interesse der Mitgliedstaaten bestehen, Fälle innerhalb und außerhalb des unionsrechtlich determinierten Bereichs einheitlich zu handhaben; ein eigenes Interesse der Union an einer einheitlichen Interpretation ist außerhalb des Anwendungsbereichs des Unionsrechts aber nicht anzuerkennen[4].

2. Zuständigkeit zur Beurteilung

111 Bei der Beurteilung der Entscheidungserheblichkeit kommt es grds. auf die **Meinung des vorlegenden Gerichts** an[5]. Das Gericht muss sich insoweit eine eigene Überzeugung bilden; entsprechender Parteivortrag genügt nicht[6]. Allerdings reicht es für die Annahme der Entscheidungserheblichkeit aus, wenn eine bestimmte Auslegung sich im nationalen Verfahren auswirken würde, das Gericht aber selbst nicht davon überzeugt ist, dass diese Auslegung auch die richtige ist. Eine Vorlage an den EuGH setzt insoweit lediglich Zweifel über die zutreffende Beantwortung der Frage voraus. Anders als bei der konkreten Normenkontrolle nach Art. 100 Abs. 1 GG (s. Rz. 73) bedarf es keiner abschließenden Meinungsbildung durch das Gericht[7].

112 Die Beurteilung der Entscheidungserheblichkeit durch das vorlegende Gericht wird **vom EuGH grds. nicht nachgeprüft**[8]. Der Gerichtshof spricht von einer Vermutung für die Entscheidungserheblichkeit der Vorlagefragen und geht daher regelmäßig davon aus, dass das Gericht einen hinreichenden Anlass zur Vorlage hat[9]. Dies hat seinen Grund darin, dass die Entscheidungserheblichkeit vom innerstaatlichen Recht abhängt, für dessen Auslegung dem EuGH Zuständigkeit und Sachkunde fehlen[10]. Nur **ausnahmsweise** prüft der EuGH die Entscheidungserheblichkeit selbst und hält das Vorabentscheidungsersuchen für

---

v. 18.10.2012 – C-583/10, ZESAR 2013, 235 Rz 45 f. – Nolan; EuGH v. 7.11.2013 – C-522/12, NZA 2013, 1359 Rz. 28 ff. – Isbir; EuGH v. 4.12.2014 – C-413/13, NZA 2015, 55 Rz. 18 – FNV Kunsten; EuGH v. 12.5.2016 – C-281/15, NZFam 2016, 789 Rz. 25 ff. – Sahyouni; EuGH v. 16.6.2016 – C-351/14, NZA 2016, 935 Rz. 60 ff. – Rodríguez Sánchez; vgl. auch BAG v. 18.4.2012 – 4 AZR 168/10 (A), NZA 2013, 386 Rz. 14 ff.

1 Der EuGH ist insoweit mehrfach von den Schlussanträgen seiner Generalanwälte abgewichen; zu den Argumenten gegen die Zulässigkeit einer Vorlage s. insbesondere die sehr instruktiven Ausführungen von Generalanwalt *Jacobs* in den Fällen *Leur-Bloem* und *Giloy*, Slg. 1997, I-4161 Rz. 47 ff. Kritisch zur Praxis des EuGH etwa auch *Habersack/Mayer*, JZ 1999, 913 (919 f.); *Hommelhoff*, FS 50 Jahre BGH, S. 889 (916 ff.). Zustimmung dagegen *Heß*, RabelsZ 66 (2002), 470 (484 ff.); *Kropholler/v. Hein*, FS Großfeld, 1999, S. 615 (627 ff.); im Ergebnis auch EUArbR/*Höpfner*, Art. 267 AEUV Rz. 23.
2 EuGH v. 18.10.2012 – C-583/10, ZESAR 2013, 235 Rz. 53 ff. – Nolan.
3 Diese Inkonsequenz konstatiert auch *Hagemeister*, EuZA 2013, 340 (347 f.).
4 Insoweit zustimmend EUArbR/*Höpfner*, Art. 267 AEUV Rz. 23; näher *Kerwer*, EuGH und deutsche Arbeitsgerichte, S. 467 ff; vgl. auch *Mittwoch*, JuS 2017, 296 ff.
5 Vgl. nur EuGH v. 16.6.2015 – C-62/14, NJW 2015, 2013 Rz. 24 – Gauweiler; EuGH v. 28.7.2016 – C-379/15, NuR 2016, 625 Rz. 4 – Association France Nature Environnement; EuGH v. 15.3.2017 – C-3/16 Rz. 43 – Aquino; Calliess/Ruffert/*Wegener*, Art. 267 AEUV Rz. 22; EUArbR/*Höpfner*, Art. 267 AEUV Rz. 24.
6 EuGH v. 10.1.2006 – C-344/04, NJW 2006, 351 (353) – IATA; EuGH v. 18.7.2013 – C-136/12, EuZW 2013, 782 Rz. 21 ff. – Consiglio nazionale dei geologi.
7 Vgl. *Ress*, FS Jahr, S. 339 (364 f.); *Cremer*, BayVBl. 1999, 266 (267); Preis/Sagan/*Roloff*, § 13 Rz. 33.
8 Vgl. dazu nur aus neuerer Zeit EuGH v. 18.12.2007 – C-341/05, NZA 2008, 159 (161) – Laval; EuGH v. 16.7.2009 – C-12/08, EzA Richtlinie 98/59 EG-Vertrag 1999 Nr 2 – Mono Car Styling; EuGH v. 10.9.2009 – C-44/08, NZA 2009, 1083 (1084) – Keskusliito; EuGH v. 22.10.2009 – C-116/08, NZA 2010, 29 (30) – Meerts; EuGH v. 27.3.2014 – C-565/12, NJW 2014, 1941 Rz. 37 – Le Crédit Lyonnais; EuGH v. 26.11.2014 – C-22/13, NZA 2015, 153 Rz. 47 – Mascolo; EuGH v. 17.3.2016 – C-40/15, VersR 2016, 815 Rz. 17 – Aspiro; EuGH v. 7.7.2016 – C-567/14, EuZW 2016, 743 Rz. 26 – Genentech.
9 EuGH. 12.2.2009 – C-466/07, NZA 2009, 251 (252) – Klarenberg; EuGH v. 13.3.2014 – C-190/13, NZA 2014, 475 Rz. 35 – Samohano; EuGH v. 27.3.2014 – C-565/12, NJW 2014, 1941 Rz. 37 – Le Crédit Lyonnais; EuGH v. 16.6.2015 – C-62/14, NJW 2015, 2013 Rz. 25 – Gauweiler; EuGH v. 26.5.2016 – C-48/15, EuZW 2016, 552 Rz. 21 – NN (L).
10 ErfK/*Wißmann*, Art. 267 AEUV Rz. 20; EUArbR/*Höpfner*, Art. 267 AEUV Rz. 24.

unzulässig, wenn die erbetene Auslegung des Gemeinschaftsrechts offensichtlich in keinem Zusammenhang mit der Realität oder dem Gegenstand des Ausgangsrechtsstreits steht, insbesondere wenn ein Rechtsstreit gar nicht mehr anhängig ist[1], wenn das Problem hypothetischer Natur ist oder wenn der EuGH nicht über die tatsächlichen und rechtlichen Angaben verfügt, die für eine zweckdienliche Beantwortung der ihm vorgelegten Fragen erforderlich sind[2]. So ist nach ständiger Rspr. des EuGH die Zurückweisung eines von einem nationalen Gericht gestellten Vorabentscheidungsersuchens insbesondere dann gerechtfertigt, wenn es auf der Hand liegt, dass das Unionsrecht auf den konkreten Sachverhalt weder unmittelbar noch mittelbar angewendet werden kann[3]. In jüngerer Zeit mehren sich die Anzeichen, dass der EuGH die Anforderungen an die Zulässigkeit einer Vorlage verschärfen will und er eher geneigt ist, sie mangels Entscheidungserheblichkeit zurückzuweisen[4]. Bei Vorlagen ist deshalb künftig verstärkt auf dieses Erfordernis zu achten und die Entscheidungserheblichkeit der Vorlagefrage in der Formulierung des Vorabentscheidungsersuchens deutlich zu machen.

IV. Vorlageberechtigte Stellen

1. Gericht

Nach Art. 267 AEUV sind alle mitgliedstaatlichen Gerichte vorlageberechtigt. Was unter einem **Gericht** zu verstehen ist, richtet sich nicht nach dem nationalen Verständnis oder nach der jeweiligen Bezeichnung des Spruchkörpers; vielmehr handelt es sich um einen unionsrechtlichen Begriff, der vom EuGH einheitlich ausgelegt und an der Funktion und Stellung im jeweiligen Rechtsschutzsystem ausgerichtet wird[5]. Der Gerichtshof hat dabei eine Reihe von Kriterien entwickelt, die für den Gerichtsbegriff kennzeichnend sind. Als Begriffsmerkmale nennt er: gesetzliche Grundlage, ständiger Charakter, obligatorische Gerichtsbarkeit, streitiges Verfahren, Anwendung von Rechtsnormen und Unabhängigkeit[6]. Bei der Anwendung dieser Kriterien im Einzelfall ist der EuGH aber durchaus bereit, auf eines der Merkmale zu verzichten, wenn die anderen Voraussetzungen erfüllt sind[7]. Die Vorlageberechtigung der deutschen **Gerichte für Arbeitssachen** ist unproblematisch.

113

Nicht zur Vorlage berechtigt sind private **Schiedsgerichte**[8], da deren Zuständigkeit auf einer privatrechtlichen Vereinbarung und nicht auf einer gesetzlichen Grundlage beruht und die öffentliche Gewalt weder an der Rechtswegentscheidung noch am Verfahrensablauf selbst beteiligt ist. Soweit Schiedsgerichte überhaupt zur Entscheidung arbeitsrechtlicher Streitigkeiten berufen sind, können sie dem EuGH keine Fragen vorlegen[9]. Auch **Einigungsstellen** (§ 76 Abs. 1 BetrVG) und **tarifliche Schlichtungsstellen** (§ 76 Abs. 8

114

---

1 EuGH v. 13.4.2000 – C-176/96, NZA 2000, 645 (646) – Lehtonen.
2 Vgl. nur EuGH v. 15.12.1995 – C-415/93, NJW 1996, 505 (508) – Bosman; EuGH v. 12.2.2009 – C-466/07, NZA 2009, 251 (252) – Klarenberg; EuGH v. 19.7.2012 – C-470/11, NVwZ 2012, 1162 (1163) – Garkalns; EuGH v. 13.3.2014 – C-190/13, NZA 2014, 475 Rz. 35, 62 f. – Samohano; 26.11.2014 – C-22/13, NZA 2015, 153 Rz. 50 – Mascolo; EuGH v. 16.6.2015 – C-62/14, NJW 2015, 2013 Rz. 25 – Gauweiler; EuGH v. 17.3.2016 – C-40/15, VersR 2016, 815 Rz. 17 – Aspiro; EuGH v. 16.6.2016 – C-351/14, NZA 2016, 935 Rz. 57 – Rodríguez Sánchez; EuGH v. 7.7.2016 – C-567/14, EuZW 2016, 743 Rz. 26 – Genentech; EuGH v. 2.3.2017 – C-97/16, NZA 2017, 407 Rz. 22 – Pérez Retamero.
3 Vgl. nur EuGH v. 2.3.2017 – C-97/16, NZA 2017, 407 Rz. 23 – Pérez Retamero.
4 Ausführlich *Ress*, FS Jahr, S. 339; vgl. auch GMP/*Prütting*, Einl. Rz. 88; *Prütting*, GS Arens, 1993, S. 339 (348 ff.); Calliess/Ruffert/*Wegener*, Art. 267 AEUV Rz. 24.
5 Rengeling/Middeke/Gellermann/*Middeke*, Rechtsschutz, § 10 Rz. 21 ff.; ErfK/*Wißmann*, Art. 267 AEUV Rz. 15; *Leopold/Reiche*, EuZW 2005, 143; Sellmann/Augsberg, DÖV 2006, 533; *Broberg/Fenger*, Vorabentscheidungsverfahren, S. 68.
6 EuGH v. 16.12.2008 – C-210/06, NZG 2009, 61 (64) – Cartesio; EuGH 14.6.2011 – C-196/09, EuZW 2011, 670 (671) – Miles; EuGH v. 13.2.2014 – C-555/13, EuZW 2014, 301 – Merck Canada; EuGH v. 9.10.2014 – C-222/13, EuZW 2014, 919 Rz. 27 – TDC; EuGH v. 11.3.2015 – C-464/13, NZA 2015, 567 Rz. 72 – Oberto und O'Leary; EuGH v. 6.10.2015 – C-203/14, EuZW 2015, 908 Rz. 17 – Consorci Sanitari del Maresme; EuGH v. 24.5.2016 – C-396/14, EuZW 2016, 509 Rz. 23 – MT Højgaard und Züblin; EuGH v. 16.2.2017 – C-503/15, Rz. 27 – Margarit Panicello.
7 EuGH v. 17.9.1997 – C-54/96, NJW 1997, 3365 – Dorsch Consult; vgl. dazu eingehend *Kohlegger*, ZfRV 1998, 89 (94); *Kerwer*, EuGH und deutsche Arbeitsgerichte, S. 458 ff.
8 EuGH v. 23.3.1982 – 102/81, NJW 1982, 1207 (1208) – Nordsee; EuGH v. 1.6.1999 – C-126/97, EuZW 1999, 565 (567) – Eco Swiss; EuGH v. 27.1.2005 – C-125/04, EuZW 2005, 319 – Denuit; EuGH v. 13.2.2014 – C-555/13, EuZW 2014, 301 – Merck Canada; EuGH v. 12.6.2014 – C-377/13 Rz. 27 – Ascendi; kritisch dazu *Schäfer*, BB 2014, 723.
9 Etwas anderes gilt für Schiedsgerichte mit gesetzlicher Grundlage, deren Entscheidungen für die Parteien verbindlich sind und deren Zuständigkeit nicht vom Einvernehmen der Parteien abhängt; vgl. EuGH v. 13.2.2014 – C-555/13, EuZW 2014, 301 – Merck Canada; EuGH v. 12.6.2014 – C-377/13 Rz. 28 – Ascendi. Dies hat der EuGH im

BetrVG) sind nicht vorlageberechtigt; denn sie werden regelmäßig in Regelungsstreitigkeiten tätig und haben nicht nach Rechtsnormen über einen Rechtsstreit zu entscheiden. Außerdem sind sie idR keine ständigen Einrichtungen (s. § 76 Abs. 1 BetrVG). Im Übrigen hat der Staat diesen Stellen nicht die Aufgabe übertragen, für die Beachtung seiner unionsrechtlichen Verpflichtungen zu sorgen[1]. Keine Gerichte sind auch die **Schlichtungsausschüsse für Ausbildungsstreitigkeiten** nach § 111 Abs. 2 ArbGG; das vor ihnen durchzuführende Schlichtungsverfahren ist nur ein außergerichtliches Vorverfahren[2]. Schließlich erfüllen auch **Registergerichte** den gemeinschaftsrechtlichen Gerichtsbegriff nicht, da sie lediglich Verwaltungstätigkeit ausüben[3]. Vorlageberechtigt sind dagegen die staatlichen Gerichte, die Entscheidungen eines Schiedsgerichts, einer Einigungsstelle oder eines Registergerichts zu überprüfen haben[4]. Ob die für Berufssportler zuständigen **Verbandsgerichte**, wie etwa die mit Doping- und Transferfragen befassten Sportgerichte des Deutschen Leichtathletikverbandes oder des Deutschen Fußballbundes, als Gerichte iSd. Art. 267 AEUV anzusehen sind, ist bisher noch ungeklärt, wird aber zunehmend bejaht[5]. Im Hinblick auf die Rspr. des EuGH zur Gerichtsqualität berufsständischer Streitschlichtungsorgane[6] wird insoweit darauf abzustellen sein, ob das Ausgangsverfahren auf eine Entscheidung mit Rechtsprechungscharakter oder eine bloß beratende Stellungnahme abzielt[7]. Eine bloß beratende Stellungnahme in diesem Sinne ist anzunehmen, wenn den Parteien nach Einschaltung der Verbandsgerichte rechtlich und faktisch der Weg zu den staatlichen Gerichten offen bleibt. In diesem Fall ist das Verfahren vor dem Verbandsgericht als außergerichtliches Vorverfahren anzusehen mit der Folge, dass ein Vorabentscheidungsersuchen durch das Verbandsgericht ausscheidet. Ist die Entscheidung des Verbandsgerichts dagegen rechtlich oder faktisch endgültig, so besitzt sie echten Rechtsprechungscharakter, und das Verbandsgericht ist nach Art. 267 AEUV vorlageberechtigt[8].

2. Verfahrensart

115 **Unerheblich** ist, in welcher Verfahrensart das Gericht mit der unionsrechtlichen Frage befasst wird[9]. Daher spielt es in der Arbeitsgerichtsbarkeit keine Rolle, ob das anhängige Verfahren ein Urteils- oder ein Beschlussverfahren ist. Auch kommt eine Vorlage nicht nur in streitigen Verfahren, sondern auch in Verfahren der freiwilligen Gerichtsbarkeit in Betracht[10]; diese gibt es im Arbeitsrecht zB bei der Ermittlung des Mitbestimmungsstatuts eines Unternehmens (§§ 98 f. AktG). Auch im Eilverfahren kann ein Vorabentscheidungsersuchen an den EuGH gerichtet werden[11]; Voraussetzung ist allerdings, dass das Gericht die Vorabentscheidung für das bei ihm selbst anhängige Verfahren benötigt. Vorlagefragen, die nur zu dem Zweck gestellt werden, dem Richter in der Hauptsache die Entscheidung zu ermöglichen, sind unzulässig[12].

Arbeitsrecht angenommen für ein Schiedsgericht zur Auslegung von Tarifverträgen, dessen Zuständigkeit und Zusammensetzung unabhängig vom Parteiwillen gesetzlich vorgegeben und damit dem Mitgliedstaat zuzurechnen war; vgl. EuGH v. 17.10.1989 – 109/88, NZA 1990, 772 (773) – Danfoss. Ein solches Schiedsgericht sieht das deutsche Recht aber nicht vor.

1 ErfK/*Wißmann*, Art. 267 AEUV Rz. 17; EUArbR/*Höpfner*, Art. 267 AEUV Rz. 19; im Ergebnis auch HWK/*Tillmanns*, Art. 267 AEUV Rz. 7; aM für Einigungsstellen nach § 76 Abs. 1 BetrVG aber Preis/Sagan/*Roloff*, § 13 Rz. 28.
2 ErfK/*Wißmann*, Art. 267 AEUV Rz. 17; *Kerwer*, EuGH und deutsche Arbeitsgerichte, S. 463 f.; EUArbR/*Höpfner*, Art. 267 AEUV Rz. 19.
3 EuGH v. 16.12.2008 – C-210/06, NZG 2009, 61 (64) – Cartesio.
4 EuGH v. 23.3.1982 – 102/81, NJW 1982, 1207 (1208) – Nordsee, EuGH v. 1.6.1999 – C-126/97, EuZW 1999, 565 (567) – Eco Swiss; EuGH v. 16.12.2008 – C-210/06, NZG 2009, 61 (64) – Cartesio.
5 So etwa BLAH, Anh. § 1 GVG Rz. 2; vgl. dazu auch ErfK/*Wißmann*, Art. 267 AEUV Rz. 17; *Pechstein*, EU-Prozessrecht, Rz. 814.
6 EuGH v. 18.6.1980 – 138/80 – Borker; EuGH v. 6.10.1981 – C-246/80 – Broekmeulen.
7 *Dauses*, Vorabentscheidungsverfahren, S. 89 f.
8 *Kerwer*, EuGH und deutsche Arbeitsgerichte, S. 464.
9 von der Groeben/Schwarze/Hatje/*Gaitanides*, Art. 267 AEUV Rz. 54; ErfK/*Wißmann*, Art. 267 AEUV Rz. 18.
10 Vgl. EuGH v. 12.11.1974 – 32/74 – Haaga; EuGH v. 16.12.2008 – C-210/06, NZG 2009, 61 (64) – Cartesio; BayObLG v. 7.5.1992 – 3Z BR 14/92, JZ 1993, 372 (373).
11 EuGH v. 27.10.1982 – 35/82 ua., NJW 1983, 2751 – Morson und Jhanjan; vgl. auch EuGH v. 13.4.2000 – C-176/96, NZA 2000, 645 (646) – Lehtonen.
12 Dauses/*Dauses*, Handbuch, P.II. Rz. 136; vgl. EuGH v. 21.4.1988 – 338/85, DVBl. 1989, 608 – Pardini.

V. Vorlagerecht und Vorlagepflicht

1. Vorlagerecht

Nach Art. 267 Abs. 2 AEUV **kann** das nationale Gericht ein Vorabentscheidungsersuchen an den EuGH richten. Dieses Vorlagerecht besteht unabhängig von der Stellung des Gerichts im Instanzgefüge[1]. Weder das innerstaatliche Prozessrecht noch das übergeordnete Gericht haben die Möglichkeit, die Vorlagebefugnis auszuschließen oder einzuschränken[2]. Aus diesem Grund können Vorschriften des nationalen Rechts, die zur Sicherung einer einheitlichen Rspr. die Pflicht zur Anrufung eines übergeordneten Spruchkörpers (zB des Großen Senats des BAG, § 45 ArbGG) vorsehen, eine vorherige Vorlage an den EuGH nicht verhindern[3]. Auch eine innerstaatliche Rechtsnorm, die ein im Instanzenzug untergeordnetes Gericht an die rechtliche Beurteilung eines höheren Gerichts bindet, kann dem unterinstanzlichen Gericht nicht die Befugnis zur Vorlage nehmen[4]. Im **arbeitsgerichtlichen Verfahren** hat dies insbesondere Bedeutung für die Anwendung des § 563 Abs. 2 ZPO, wonach ein Berufungsgericht, an das der Rechtsstreit zurückverwiesen wird, seiner Entscheidung die rechtliche Beurteilung des Revisionsgerichts zugrunde zu legen hat. Da sich die rechtliche Beurteilung des BAG auch auf unionsrechtliche Aspekte beziehen kann, würde aus der **Bindungswirkung** des § 563 Abs. 2 ZPO folgen, dass dem LAG eine Vorlage an den EuGH im Anschluss an eine Zurückverweisung selbst dann verwehrt wäre, wenn es die unionsrechtliche Auffassung des BAG nicht teilt[5]. Dies würde der in Art. 267 Abs. 2 AEUV gewährleisteten Vorlagebefugnis nicht gerecht. Das unterinstanzliche Gericht muss auch nach einer Zurückverweisung frei entscheiden können, ob es eine Vorabentscheidung des EuGH für erforderlich hält. Insofern steht die innerstaatliche Prozessordnung unter dem Einfluss des EU-Rechts. § 563 Abs. 2 ZPO muss daher – da eine unionsrechtskonforme Auslegung der Vorschrift nicht möglich ist[6] – in Bezug auf die unionsrechtliche Beurteilung des Revisionsgerichts unangewendet bleiben[7].

116

Ob das Gericht von seinem Vorlagerecht Gebrauch macht, steht grds. in seinem **pflichtgemäßen Ermessen**[8]. Entsprechendes gilt für die Frage, in welchem Verfahrensstadium es vorlegen will[9]; allerdings sollte eine Frage erst vorgelegt werden, nachdem der Sachverhalt und die innerstaatliche Rechtslage geklärt sind[10]. Darüber hinaus kann es im Interesse einer geordneten Rechtspflege liegen, dass die Vorlage erst nach streitiger Verhandlung erfolgt[11]. Ausnahmsweise kann es die Prozessökonomie gebieten, vorläufig von einer aufwendigen Sachaufklärung (zB der Feststellung der für eine mittelbare Diskriminierung maßgeblichen Zahlenverhältnisse) abzusehen, wenn deren Erforderlichkeit von der Antwort des EuGH abhängt[12]. Zur entsprechenden Frage bei der konkreten Normenkontrolle s. Rz. 77a. Zur Frage, ob bei einer

117

---

1 De lege ferenda wird vorgeschlagen, das Vorlagerecht auf letztinstanzliche Gerichte zu begrenzen; s. etwa *Blomeyer*, NZA 1994, 633 (639); *Lipp*, JZ 1997, 326 (331); *Müller-Eiselt*, ZfZ 1997, 414 (418); *Langenbrinck*, DB 1998, 1081 (1083). Dem ist nicht zu folgen; vgl. *Kerwer*, EuGH und deutsche Arbeitsgerichte, S. 508 ff.; *Baumeister*, EuR 2005, 1 (24 f.); *Heß*, RabelsZ 2002, 470 (489 f.); *Pache/Knauff*, NVwZ 2004, 16 ff.; *Broberg/Fenger*, Vorabentscheidungsverfahren, S. 42 f.
2 EuGH v. 14.12.1995 – C-312/93, DVBl. 1996, 249 (250) – Peterbroeck; EuGH v. 15.1.2013 – C-416/10, NVwZ 2013, 347 (350) – Križan; EuGH v. 18.7.2013 – C-136/12, EuZW 2013, 782 Rz. 32 – Consiglio nazionale dei geologi; EuGH v. 11.9.2014 – C-112/13, EuZW 2014, 950 Rz. 35 – A/B ua.; EuGH v. 4.6.2015 – C-5/14, NVwZ 2015, 1122 Rz. 31 – KLE; EuGH v. 5.4.2016 – C-689/13, EuZW 2016, 431 Rz. 32 – PFE; EuGH v. 5.7.2016 – C-614/14 – Ognyanov.
3 EuGH v. 5.4.2016 – C-689/13, EuZW 2016, 431 Rz. 31 ff. – PFE.
4 EuGH v. 12.2.1974 – 146/73, und v. 16.1.1974 – 166/73 – Rheinmühlen I und II; EuGH v. 16.12.2008 – C-210/06, NZG 2009, 61 (66) – Cartesio; EuGH v. 15.1.2013 – C-416/10, NVwZ 2013, 347 (350) – Križan; vgl. auch EuGH v. 15.10.2015 – C-581/14, EuGRZ 2015, 660 Rz. 34 ff. – Naderhirn.
5 So FG Rh.-Pf. v. 7.11.1994 – 5 K 2813/93, zur entsprechenden Vorschrift des § 126 Abs. 5 FGO; offengelassen von BFH v. 2.4.1996 – VII R 119/94, BB 1996, 1974.
6 Vgl. dazu *Kerwer*, EuGH und deutsche Arbeitsgerichte, S. 482 f.
7 BLAH, Anh. § 1 GVG Rz. 5; *Heß*, ZZP 108 (1995), 59, 100; vgl. dazu auch *Broberg/Fenger*, Vorabentscheidungsverfahren, S. 105 f.
8 Vgl. zu Für und Wider eines instanzgerichtlichen Vorabentscheidungsersuchens *Latzel/Streinz*, NJOZ 2013, 97 (98 f.).
9 EuGH v. 17.4.2007 – C-470/03, EuZW 2007, 480 (482) – Lehtinen; EuGH v. 5.7.2016 – C-614/14 Rz. 17 – Ognyanov.
10 EuGH v. 19.11.1998 – C-66/96, NZA 1999, 757 (760) – Pedersen; EuGH v. 30.3.2000 – C-236/98, AP Nr. 15 zu EWG-Richtlinie 75/117 – Jämställdhetsombudsmannen; EuGH v. 11.9.2014 – C-112/13, EuZW 2014, 950 Rz. 35 – A/B ua.; EuGH v. 4.6.2015 – C-5/14, NVwZ 2015, 1122 Rz. 31 – KLE.
11 EuGH v. 28.6.1978 – 70/77, RIW 1978, 610 (611) – Simmenthal; EuGH v. 1.2.2017 – C-430/15, NZA 2017, 299 Rz. 30 – Tolley.
12 So zu Recht ErfK/*Wißmann*, Art. 267 AEUV Rz. 22; ein Beispiel für eine Vorlage vor Klärung der innerstaatlichen Rechtslage bietet der Vorlagebeschluss des BAG in der Rechtssache Kühne & Nagel (Auskunftsanspruch zur Bil-

Norm erst die Unionsrechtskonformität (durch Vorlage an den EuGH) oder die Verfassungsmäßigkeit (durch Vorlage an das BVerfG) geklärt werden soll, s. Rz. 161 ff.

2. Vorlagepflicht

a) Vorlagepflichtige Gerichte

118 Im Gegensatz zum Vorlagerecht, das sämtlichen mitgliedstaatlichen Gerichten zukommt, besteht eine Vorlagepflicht regelmäßig nur für solche **Gerichte, deren Entscheidungen selbst nicht mehr mit Rechtsmitteln des innerstaatlichen Rechts angefochten werden können**. Anders als die unteren Instanzen dürfen sie unionsrechtliche Vorschriften grds. nicht selbst auslegen, sondern müssen den EuGH anrufen. Letztinstanzliche Gerichte in diesem Sinn sind nach heute hM nicht nur die obersten Gerichtshöfe, deren Entscheidungen generell nicht mehr mit Rechtsmitteln angegriffen werden können[1], sondern vielmehr alle Gerichte, die im Einzelfall zur letztinstanzlichen Entscheidung berufen sind[2]. Für diese konkrete Betrachtungsweise spricht namentlich der Rechtsschutzzweck des Vorabentscheidungsverfahrens (s. Rz. 98); denn nur sie gewährleistet, dass es in jedem Verfahren ein vorlagepflichtiges Gericht gibt und der Inhalt der durch die Unionsrechtsordnung gewährten Rechte durch den EuGH geklärt werden muss. Der Gerichtshof selbst hat bisher nicht ausdrücklich Stellung bezogen, geht aber offenbar von der konkreten Betrachtungsweise aus, wenn er davon spricht, dass „die obersten Gerichte *und* alle Gerichte, deren Entscheidungen nicht mehr mit Rechtsmitteln angegriffen werden können", der Vorlagepflicht unterliegen[3].

119 Bei der Frage, ob gegen die Entscheidung eines Gerichts ein **Rechtsmittel** statthaft ist oder ob das Gericht letztinstanzlich entscheidet, müssen außerordentliche Rechtsbehelfe wie die Verfassungsbeschwerde oder der Antrag auf Wiederaufnahme des Verfahrens außer Betracht bleiben[4]. Da solche Rechtsbehelfe auch gegen die Urteile der obersten Gerichtshöfe offen stehen, würde ihre Einbeziehung dazu führen, dass Art. 267 Abs. 3 AEUV seinen Sinn verlöre[5]. Entsprechendes gilt für die Anhörungsrüge nach § 78a ArbGG[6]. Zu den Rechtsmitteln iSd. Art. 267 AEUV zählen in erster Linie die ordentlichen Rechtsbehelfe, mit denen die Überprüfung einer Entscheidung durch ein höheres Gericht erreicht werden kann. Unschädlich ist dabei, wenn ein Rechtsmittel der Zulassung durch das Rechtsmittelgericht bedarf, sofern letzteres vor der Entscheidung über die Zulassung eine umfassende Prüfung der unionsrechtlich relevanten Aspekte vornehmen kann[7]. Ebenso steht es der Einordnung als Rechtsmittel nicht entgegen, dass der jeweilige Rechtsbehelf keine aufschiebende Wirkung hat und die zulässigen Rechtsmittelgründe beschränkt sind[8].

120 Im arbeitsgerichtlichen **Urteilsverfahren** sind Rechtsmittel danach die Berufung (§ 64 ArbGG), die Revision (§ 72 ArbGG) und die Revisionsbeschwerde (§ 77 ArbGG), im arbeitsgerichtlichen **Beschlussverfahren** die Beschwerde (§ 87 ArbGG) und die Rechtsbeschwerde (§ 92 ArbGG). Auch die **Nichtzulassungsbeschwerde** nach §§ 72a, 92a ArbGG ist in ihrer heutigen Fassung[9] als Rechtsmittel iSd. Art. 267 AEUV anzusehen[10]. Eine Vorlagepflicht des LAG entfällt daher auch dann, wenn das LAG die Revision bzw.

---

dung eines europäischen Betriebsrats); BAG v. 27.6.2000 – 1 ABR 32/99 (A), NZA 2000, 1330, und dazu EuGH v. 13.1.2004 – C-440/00, NZA 2004, 160 – Kühne & Nagel.

1 So aber die abstrakte (oder institutionelle) Theorie vgl. zB *Bleckmann*, Europarecht, 6. Aufl. 1997, Rz. 921; *Dauses*, Vorabentscheidungsverfahren, S. 111; *Pescatore*, BayVBl. 1987, 33 (38).

2 Konkrete (oder funktionelle) Theorie; vgl. auch BVerfG v. 13.6.1997 – 1 BvR 2102/95, NJW 1997, 2512; BayVerfGH v. 8.2.1985 – Vf. 57-VI-84, NJW 1985, 2894 (2895); *Heß*, ZZP 108 (1995), 59 (78 f.); *Pechstein*, EU-Prozessrecht, Rz. 827; *Lenz/Borchardt*, Art. 267 AEUV Rz. 40; Rengeling/Middeke/Gellermann/*Middeke*, Rechtsschutz, § 10 Rz. 61; ErfK/*Wißmann*, Art. 267 AEUV Rz. 25 f.; *Gündisch/Wienhues*, Rechtsschutz, S. 133; Zöller/ *Greger*, § 148 ZPO Rz. 3b; *Broberg/Fenger*, Vorabentscheidungsverfahren, S. 202; EUArbR/*Höpfner*, Art. 267 AEUV Rz. 36; Preis/Sagan/*Roloff*, § 13 Rz. 40.

3 EuGH v. 4.6.2002 – C-99/00, EuZW 2002, 476 (477) – Lyckeskog; EuGH v. 15.9.2005 – C-495/03, ZfZ 2006, 15 – Intermodal Transports.

4 EuGH v. 15.1.2013 – C-416/10, NVwZ 2013, 347 (351) – Križan; ErfK/*Wißmann*, Art. 267 AEUV Rz. 30; BLAH, Anh. § 1 GVG Rz. 7; EUArbR/*Höpfner*, Art. 267 AEUV Rz. 38.

5 Vgl. nur *Dauses*, Vorabentscheidungsverfahren, S. 111 f.

6 ErfK/*Wißmann*, Art. 267 AEUV Rz. 30.

7 EuGH v. 4.6.2002 – C-99/00, EuZW 2002, 476 (477) – Lyckeskog; vgl. auch EuGH v. 16.12.2008 – C-210/06, NZG 2009, 61 (65) – Cartesio; ErfK/*Wißmann*, Art. 267 AEUV Rz. 27; vgl. auch *Broberg/Fenger*, Vorabentscheidungsverfahren, S. 206.

8 EuGH v. 16.12.2008 – C-210/06, NZG 2009, 61 (65) – Cartesio.

9 Etwas anderes galt für die bis zum 31.12.2004 geltende Fassung des ArbGG; vgl. dazu im Einzelnen die 2. Aufl. mit weiteren Nachweisen, auch für die Gegenmeinung.

10 BAG v. 8.12.2011 – 6 AZN 1371/11, NZA 2012, 286 (287 f.); ErfK/*Wißmann*, Art. 267 AEUV Rz. 28 f.; HWK/ *Tillmanns*, Art. 267 AEUV Rz. 12; EUArbR/*Höpfner*, Art. 267 AEUV Rz. 37.

Rechtsbeschwerde nicht zulässt. Zugleich bildet aber die unterbliebene Vorlage an den EuGH einen Grund für die Zulassung der Revision; denn der Umstand, dass im künftigen Revisionsverfahren eine Vorabentscheidung einzuholen ist, begründet die grundsätzliche Bedeutung des Rechtsstreits[1]. Dadurch ist dem Normzweck des Art. 267 Abs. 3 AEUV Genüge getan.

Für die **Arbeitsgerichtsbarkeit** bedeutet das: Das **BAG** entscheidet stets letztinstanzlich und ist daher ein vorlagepflichtiges Gericht. Dies gilt auch dann, wenn es mit seiner Entscheidung den Rechtsstreit noch nicht beendet, sondern die Sache nach § 563 Abs. 1 Satz 1 ZPO an das LAG zurückverweist; denn in diesem Fall ist das LAG – vorbehaltlich einer eigenen Vorlage an den EuGH (s. Rz. 116) – nach § 563 Abs. 2 ZPO an die rechtliche Beurteilung des BAG gebunden, so dass der Zweck des Art. 267 Abs. 3 AEUV in gleicher Weise erfüllt ist wie bei einer das Verfahren abschließenden Entscheidung[2]. Ist über eine Nichtzulassungsbeschwerde zu entscheiden, so kann das BAG im Fall einer Stattgabe vorläufig von einer Vorlage an den EuGH absehen, weil die unionsrechtliche Frage dann noch im Rahmen der zugelassenen Revision geklärt werden kann[3]. Will es die Nichtzulassungsbeschwerde dagegen zurückweisen, muss es sich schon zu diesem Zeitpunkt über eine Vorlage an den EuGH klar werden, da dann eine weitere Befassung des BAG in der Sache unterbleibt[4]. **LAG** sind heute generell nicht mehr als vorlagepflichtige Gerichte iSv. Art. 267 Abs. 3 AEUV anzusehen, da gegen ihre Entscheidungen zumindest die Nichtzulassungsbeschwerde gem. §§ 72a, 92a ArbGG gegeben ist, die als Rechtsmittel anzusehen ist (vgl. Rz. 120)[5]. **ArbG** wiederum sind nach Art. 267 Abs. 3 AEUV vorlagepflichtig, wenn sie im Urteilsverfahren entscheiden und die Berufung nach § 64 ArbGG nicht statthaft ist. 121

Im Gegensatz zu letztinstanzlichen Gerichten sind die **Instanzgerichte** regelmäßig nicht zur Vorlage verpflichtet[6]. Ob sie den EuGH anrufen wollen, steht grds. in ihrem pflichtgemäßen Ermessen (s. Rz. 117). Eine Ausnahme gilt allerdings für den Fall, dass ein unterinstanzliches Gericht die Gültigkeit eines Rechtsaktes der EU verneinen will[7]. Für das EU-Recht beansprucht der EuGH ein **Verwerfungsmonopol**; es beruht in erster Linie auf dem Erfordernis der Einheitlichkeit des Unionsrechts, das besonders schwer wiegt, wenn die Gültigkeit einer Unionshandlung in Frage steht[8]. Insofern liegt eine Parallele zur konkreten Normenkontrolle gem. Art. 100 Abs. 1 GG vor. Will das unterinstanzliche Gericht die im Verfahren angezweifelte Gültigkeit einer Norm allerdings bejahen, so ist es nicht zur Vorlage an den EuGH verpflichtet[9]. Ob die Instanzgerichte auch bei **Auslegungsfragen** ausnahmsweise zur Vorlage verpflichtet sein können, ist bislang noch ungeklärt. Die Loyalitätspflicht aus Art. 4 Abs. 3 EUV, die die nationalen Gerichte zur Kooperation mit dem EuGH sowie zur Wahrung der Einheit und Wirksamkeit des Unionsrechts verpflichtet, spricht dafür, zumindest beim Abweichen von einer gesicherten Rspr. des EuGH von einer Ermessensreduzierung auszugehen und eine Vorlage zu fordern[10]. Dies entspräche auch der Prozessökonomie; denn die mit der abweichenden Entscheidung nicht einverstandene Partei würde sonst geradezu genötigt, den Prozess bis in die letzte, vorlagepflichtige Instanz hochzutreiben[11]. Eine **Vorlagepflicht** unterinstanzlicher Gerichte kann sich ausnahmsweise auch **aus dem deutschen Recht** ergeben. Dies ist nach der Judikatur des BVerfG dann der Fall, wenn das Fachgericht eine Rechtsnorm, die Unionsrecht umsetzt, für verfassungswidrig hält und daher das BVerfG im Verfahren nach Art. 100 Abs. 1 GG anrufen will. Eine solche Vorlage an das BVerfG ist nur zulässig, soweit das betreffende Gesetz in Umsetzung eines dem deutschen Gesetzgeber eingeräumten Gestaltungsspielraums ergangen ist (vgl. dazu Rz. 70). Ob dies der Fall ist, muss 122

---

1 Vgl. für die Zivilgerichtsbarkeit BVerfG v. 3.3.2014 – 1 BvR 2534/10, NJW 2014, 1796 (1797); BVerfG v. 17.9.2014 – 2 BvR 64/12, WM 2015, 119 Rz. 28; BVerfG v. 8.10.2015 – 1 BvR 137/13, NVwZ 2016, 378 Rz. 13; zur entsprechenden Lösung in der Verwaltungsgerichtsbarkeit BVerwG v. 20.3.1986 – 3 B 3/86, NJW 1987, 601; BVerwG v. 14.12.1992 – 5 B 72/92, NVwZ 1993, 770; vgl. auch BVerfG v. 31.5.1990 – 2 BvL 12/88 ua., NVwZ 1991, 53; BVerfG v. 22.12.1992 – 2 BvR 557/88, NVwZ 1993, 883; vgl. auch zur Finanzgerichtsbarkeit BFH v. 3.2.1987 – VII B 129/86, NJW 1987, 3096.
2 So zu Recht ErfK/*Wißmann*, Art. 267 AEUV Rz. 31.
3 ErfK/*Wißmann*, Art. 267 AEUV Rz. 31.
4 Vgl. BVerfG v. 15.5.2014 – 1 BvR 2681/11, NZA 2014, 734 Rz. 11.
5 BVerfG v. 25.6.2015 – 1 BvR 439/14, Rz. 6.
6 Vgl. BVerwG v. 2.10.1985 – 3 B 12/84, AP Nr. 15 zu Art. 177 EWG-Vertrag.
7 Grundlegend EuGH v. 22.10.1987 – 314/85, NJW 1988, 1451 – Foto-Frost; in jüngerer Zeit EuGH v. 10.1.2006 – C-344/04, NJW 2006, 351 (353) – IATA; EuGH v. 18.7.2007 – C-119/05, EuZW 2007, 511 (513) – Lucchini; EuGH v. 21.12.2011 – C-366/10, NVwZ 2012, 226 Rz. 47 f. – ATAA; EuGH v. 6.10.2015 – C-362/14, EuZW 2015, 881 Rz. 62 – Schrems; vgl. auch BVerfG v. 31.5.1990 – 2 BvL 12/88 ua., NVwZ 1991, 53.
8 Vgl. dazu *Dauses*, Vorabentscheidungsverfahren, S. 117 ff.
9 EuGH v. 10.1.2006 – C-344/04, NJW 2006, 351 (354) – IATA.
10 Vgl. dazu im Einzelnen *Kerwer*, EuGH und nationale Arbeitsgerichte, S. 505 ff. mwN; *Weth/Kerwer*, FS 50 Jahre BAG, S. 1383 (1390 ff.); aM ErfK/*Wißmann*, Art. 267 AEUV Rz. 22; HWK/*Tillmanns*, Art. 267 AEUV Rz. 11; EUArbR/*Höpfner*, Art. 267 AEUV Rz. 29; nicht eindeutig Preis/Sagan/*Roloff*, § 13 Rz. 46.
11 Vgl. etwa auch *Schlachter*, EuGH und Arbeitsgerichtsbarkeit, S. 55.

das Fachgericht vorab klären, da es für die Normenkontrolle sonst an der Entscheidungserheblichkeit fehlt. Zu diesem Zweck hat es ggf. ein Vorabentscheidungsverfahren zum EuGH einzuleiten, unabhängig davon, ob es ein letztinstanzliches Gericht ist[1]. In diesem Fall wurzelt die Vorlagepflicht im Vorbehalt der Entscheidungserheblichkeit nach Art. 100 Abs. 1 GG und damit letztlich im nationalen Verfassungsprozessrecht[2].

b) Grenzen der Vorlagepflicht

123 Die Pflicht der letztinstanzlichen Gerichte zur Vorlage an den EuGH besteht nicht uneingeschränkt. **Ausnahmen** kommen aber nur unter engen Voraussetzungen in Betracht[3]. Nach der Rspr. des EuGH kann ein letztinstanzliches Gericht von einer Vorlage absehen, wenn die gestellte Frage tatsächlich bereits in einem gleich gelagerten Fall Gegenstand einer Vorabentscheidung gewesen ist oder wenn eine gesicherte Rspr. des EuGH vorliegt, durch die die betreffende Rechtsfrage gelöst ist[4]. Das gilt bei Auslegungsfragen unabhängig davon, in welcher Verfahrensart sich diese Rspr. gebildet hat und ob die strittigen Fragen vollkommen identisch sind. Fragen nach der Gültigkeit von Bestimmungen eines Rechtsaktes müssen hingegen auch dann vorgelegt werden, wenn der EuGH entsprechende Bestimmungen eines anderen, vergleichbaren Rechtsaktes bereits für ungültig erklärt hat[5]. Entbehrlich ist eine Vorlage auch dann, wenn der EuGH die entscheidungserhebliche Rechtsfrage zwar noch nicht entschieden hat, er dem nationalen Gericht aber ausdrücklich die Subsumtion unter die maßgebliche unionsrechtliche Bestimmung überlassen hat[6]; in diesem Fall handelt es sich allerdings gar nicht um eine Auslegung, sondern um eine Anwendung des Unionsrechts (vgl. Rz. 109). Darüber hinaus kann bei Auslegungsfragen eine Vorlage dann unterbleiben, wenn die richtige Anwendung des Unionsrechts derart offenkundig ist, dass keinerlei Raum für einen vernünftigen Zweifel an der Entscheidung der gestellten Frage bleibt. Nach den Vorgaben der *CILFIT*-Entscheidung[7] darf das nationale Gericht davon jedoch nur ausgehen, wenn es überzeugt ist, dass auch für die Gerichte der übrigen Mitgliedstaaten und den Gerichtshof die gleiche Gewissheit bestünde[8]. Ob diese Voraussetzung erfüllt ist, ist unter Berücksichtigung der Eigenheiten des Unionsrechts und der besonderen Schwierigkeiten seiner Auslegung zu beurteilen. Der EuGH weist insoweit darauf hin, dass die Vorschriften des EU-Rechts in mehreren Sprachen abgefasst und die verschiedenen sprachlichen Fassungen gleichermaßen verbindlich sind, und fordert aus diesem Grund einen Vergleich der sprachlichen Fassungen bei der Auslegung. Auch bei genauer Übereinstimmung der sprachlichen Fassungen sei zu beachten, dass das Unionsrecht eine eigene, besondere Terminologie verwende und Rechtsbegriffe im Unionsrecht nicht notwendig den gleichen Gehalt wie gleich lautende Begriffe im nationalen Recht haben müssten. Schließlich sei jede Vorschrift des Unionsrechts in ihrem Zusammenhang zu sehen und im Lichte des gesamten Unionsrechts, seiner Ziele und seines Entwicklungsstandes zur Zeit der Anwendung der betreffenden Vorschrift auszulegen.

124 Nimmt man diese Kriterien ernst, so wird eine Vorlage außer beim Vorliegen einer gesicherten Rspr. nur in den wenigsten Fällen entbehrlich sein; denn Gewissheit über die Auffassung der Gerichte anderer Mitgliedstaaten ist beim gegenwärtigen Stand des Informationsaustauschs zwischen den Gerichten kaum zu erlangen[9]. Auch die Forderung nach einem Vergleich aller Sprachfassungen der auszulegenden Norm erscheint heute angesichts von 24 Amtssprachen der EU nicht mehr erfüllbar[10]. Für vernünftige Zweifel ist

---

1 BVerfG v. 4.10.2011 – 1 BvL 3/08, NJW 2012, 45; vgl. auch BVerfG v. 9.9.2014 – 1 BvL 2/14, NVwZ-RR 2015, 1 Rz. 13. Von dieser Linie ist das BVerfG auch nicht in seiner Entscheidung zum MiLoG vom 25.6.2015 – 1 BvR 555/15, NZA 2015, 864 Rz. 15, abgerückt; so aber *Foerster*, EuR 2015, 601 (606 f.).
2 BVerfG v. 4.10.2011 – 1 BvL 3/08, NJW 2012, 45 (46); *Wendel*, EuZW 2012, 213; kritisch *Foerster*, JZ 2012, 515 (517).
3 Grundlegend dazu EuGH v. 6.10.1982 – 283/81, NJW 1983, 1257 – CILFIT.
4 Allein die Tatsache, dass die EU-Kommission auf die Einleitung eines Vertragsverletzungsverfahrens wegen einer Vorschrift verzichtet hat, berührt die Vorlagepflicht dagegen nicht, wenn die Unionsrechtskonformität dieser Regelung bei einem letztinstanzlichen Gericht entscheidungserheblich wird; vgl. EuGH v. 22.2.2001 – C-393/98, RIW 2001, 550 – Gomes Valente.
5 EuGH v. 6.12.2005 – C-461/03, EWS 2006, 238 – Schul.
6 BAG v. 28.6.2012 – 6 AZR 682/10, NZA 2012, 1090 Rz. 38.
7 EuGH v. 6.10.1982 – 283/81, NJW 1983, 1257 (1258) – CILFIT; vgl. auch EuGH v. 15.9.2005 – C-495/03, ZfZ 2006, 15 – Intermodal Transports; EuGH v. 6.12.2005 – C-461/03, EWS 2006, 238 – Schul; EuGH v. 28.7.2016 – C-379/15 Rz. 48 ff. – Association France Nature Environment.
8 Das Gericht muss sich hingegen nicht davon überzeugen, dass auch für nicht gerichtliche Organe wie Verwaltungsbehörden eine solche Gewissheit besteht; EuGH v. 15.9.2005 – C-495/03, ZfZ 2006, 15 – Intermodal Transports.
9 Vgl. dazu ausführlich *Broberg/Fenger*, Vorabentscheidungsverfahren, S. 212 ff.
10 So auch Schlussanträge des Generalanwalts *Wahl* in der Rechtssache X und van Dijk, BeckRS 2015, 80687 Rz. 62; vgl. ferner *Wendenburg*, EuZW 2016, 115 (116).

damit fast immer Raum. Der EuGH hat für ein Absehen von der Vorlagepflicht demnach **sehr hohe Hürden** aufgerichtet. Die Folge davon ist, dass seine Anforderungen in der Praxis nicht eingehalten werden. Hier drängt sich die Frage auf, ob es nicht sinnvoll wäre, die Kriterien jedenfalls so weit zu lockern, dass sie realistischerweise erfüllt werden können[1]. Auf diese Weise könnte das Auseinanderklaffen zwischen Anspruch und Wirklichkeit verringert werden. Einzelne neuere Entscheidungen deuten darauf hin, dass der Gerichtshof sich diesem Anliegen nicht mehr völlig verschließt und zu **gewissen Lockerungen** der Anforderungen an einen „acte clair" bereit ist. So erkennt er neuerdings an, dass das bloße Vorliegen sich widersprechender Entscheidungen anderer nationaler Gerichte kein ausschlaggebendes Kriterium für das Bestehen der Vorlagepflicht darstelle. Das letztinstanzliche Gericht könne nämlich in Bezug auf eine unionsrechtliche Bestimmung der Auffassung sein, dass ungeachtet einer bestimmten Auslegung, zu der Instanzgerichte gelangt sind, die davon verschiedene Auslegung, die es vorzunehmen beabsichtigt, ohne jeden vernünftigen Zweifel geboten sei[2]. Im Einklang damit hat er ausgesprochen, dass ein letztinstanzliches Gericht nicht schon deshalb zur Vorlage verpflichtet sei, weil ein niedrigeres einzelstaatliches Gericht in einer ähnlichen Rechtssache, die dieselbe Problematik betrifft, den EuGH angerufen habe. Das letztinstanzliche Gericht sei in diesem Fall auch nicht verpflichtet, die Antwort auf diese Frage abzuwarten[3]. Dadurch wird die Formulierung, dass ein Gericht nur dann von einer offenkundigen Rechtslage ausgehen könne, wenn es überzeugt ist, dass auch für die Gerichte der übrigen Mitgliedstaaten und den EuGH die gleiche Gewissheit bestünde, zumindest relativiert. Diese Lockerung der *CILFIT*-Kriterien ist zu begrüßen. Sie ändert nichts an der zu Recht erhobenen Forderung nach einer Vorlage, wenn angesichts von Auslegungsschwierigkeiten die Gefahr besteht, dass sich eine mit dem Unionsrecht unvereinbare Rspr. herausbildet[4].

In **Verfahren des einstweiligen Rechtsschutzes** können vorlagepflichtige Gerichte auf eine Vorlage verzichten, wenn in einem ordentlichen Hauptsacheverfahren eine erneute Prüfung möglich ist[5]; hier ist dem Interesse an einer einheitlichen Auslegung des Unionsrechts genügt, wenn im Hauptsacheverfahren vorgelegt wird. Besonderheiten gelten, wenn das Gericht im Eilverfahren die Vollziehung eines auf einer EU-Verordnung beruhenden Verwaltungsaktes aussetzen will, weil es die zugrunde liegende Verordnung für ungültig hält[6]. Im Arbeitsrecht ist diese Konstellation jedoch nicht von Bedeutung.

3. Einfluss der Parteien

Über die Vorlage an den EuGH entscheiden die Gerichte **von Amts wegen**[7]. „Anträge" der Parteien oder ihrer Vertreter sind lediglich unverbindliche Anregungen[8], die nicht förmlich beschieden werden müssen[9]. Die prozessuale Stellung der Parteien ist daher nur schwach ausgestaltet. Im Einzelnen gilt Folgendes:

a) Verhinderung einer Vorlage

Da das Gericht ein Vorabentscheidungsersuchen von Amts wegen an den EuGH richten kann und es insoweit keiner Mitwirkung der Parteien bedarf, haben diese keine Möglichkeit, einen Vorlagebeschluss des

---

1 Auch aus den Reihen des Gerichtshofs selbst gab es in der Vergangenheit verschiedentlich Anstöße, den nationalen Gerichten eine größere Eigenverantwortung zu übertragen; vgl. in diesem Sinne etwa die Schlussanträge des Generalanwalts *Jacobs* in der Rechtssache Wiener, Slg. 1997, I-6495 ff., des Generalanwalts *Colomer* in der Rechtssache Schul; Slg. 2005, I-10513 ff., oder des Generalanwalts *Wahl* in der Rechtssache X und van Dijk, BeckRS 2015, 80687 Rz. 47 ff.; vgl. ferner die Vorschläge des früheren deutschen Richters am EuGH *Hirsch*, FS Rodríguez Iglesias, 2003, S. 601 ff.
2 EuGH v. 9.9.2015 – C-160/14, EuZW 2016, 111 Rz. 41 f. – Ferreira da Silva e Brito.
3 EuGH v. 9.9.2015 – verb. C-72/14 und C-197/14, ZESAR 2016, 333 Rz. 54 – X und van Dijk.
4 Vgl. auch *Wendenburg*, EuZW 2016, 115 (116); *Streinz*, JuS 2016,472 (473).
5 EuGH v. 24.5.1977 – 107/76, NJW 1977, 1585 (1586) – Hoffmann-La Roche; EuGH v. 27.10.1982 – 35/82 ua., NJW 1983, 2751 – Morson und Jhanjan; vgl. dazu auch BVerfG v. 19.10.2006 – 2 BvR 2023/06, WM 2006, 2326; BVerfG v. 7.12.2006 – 2 BvR 2428/06, NJW 2007, 1521 (1522); BVerfG v. 17.1.2017 – 2 BvR 2013/16, NVwZ 2017, 470 Rz. 15; OLG Frankfurt v. 28.3.1985 – 6 U 34/85, NJW 1985, 2901 (2902 f.); KG v. 10.1.1994 – 25 U 5355/93, EuZW 1994, 541 (544).
6 EuGH v. 21.2.1991 – C-143/88 ua., BB 1991, 1035 (1036) – Zuckerfabrik Süderdithmarschen; EuGH v. 9.11.1995 – C-465/93, NJW 1996, 1333 (1334 f.) – Atlanta; EuGH v. 17.7.1997 – C-334/95, EuZW 1997, 629 (632) – Krüger; EuGH v. 8.2.2000 – C-17/98, EWS 2000, 263 – Emesa Sugar; vgl. auch BVerfG v. 12.7.2006 – 2428/06, NJW 6/2007, VIII; BVerfG v. 7.12.2006 – 2 BvR 2428/06, NJW 2007, 1521 (1522); BVerfG v. 18.5.2016 – 1 BvR 895/16, NVwZ 2016, 1171 Rz. 37.
7 EuGH v. 6.10.1982 – 283/81, NJW 1983, 1257 (1258) – CILFIT; EuGH v. 14.12.2000 – C-446/98, DVBl. 2001, 445 – Fazenda Pública; EuGH v. 3.7.2014 – C-19/14, NZS 2014, 619 Rz. 22 – Talasca; EuGH v. 1.2.2017 – C-430/15, NZA 2017, 299 Rz. 30 – Tolley; ErfK/*Wißmann*, Art. 267 AEUV Rz. 23; *Bauer/Diller*, NZA 1996, 169 (170).
8 *Bauer/Diller*, NZA 1996, 169 (170); *Poelzig*, ZZP 121 (2008), 233 (234).
9 BAG v. 20.11.2001 – 1 AZR 97/01, NZA 2002, 992 (995); ErfK/*Wißmann*, Art. 267 AEUV Rz. 23.

Gerichts zu verhindern[1]. Selbst wenn sich beide Parteien verständigen, kann die Vorlagebefugnis des Gerichts **nicht durch Parteidisposition eingeschränkt** werden[2]. Unberührt bleibt selbstverständlich die Möglichkeit der Parteien, den Prozess zu beenden und der Vorlage auf diese Weise die Grundlage zu entziehen.

128 Eine andere Frage ist, ob der vom Gericht erlassene Vorlagebeschluss mit **Rechtsmitteln** angreifbar ist und die Voraussetzungen einer Vorlage, insbesondere die Entscheidungserheblichkeit der Vorlagefrage, zumindest im Rechtsmittelzug überprüft werden können. Wie der EuGH ausdrücklich ausgesprochen hat, stehen der Zulassung von Rechtsmitteln gegen Vorlageentscheidungen aus unionsrechtlicher Sicht keine durchgreifenden Bedenken entgegen[3], obwohl das Vorlagerecht unterinstanzlicher Gerichte grds. nicht durch innerstaatliche Maßnahmen eingeschränkt werden darf (s. Rz. 116). Allerdings darf ein solches Rechtsmittel nicht lediglich auf die Beseitigung der Vorlage und Fortsetzung des Verfahrens vor dem vorlegenden Gericht zielen, sondern muss das Verfahren insgesamt vor das Rechtsmittelgericht bringen[4]. Von der Möglichkeit, Rechtsmittel gegen Vorlageentscheidungen vorzusehen, haben mehrere europäische Rechtsordnungen Gebrauch gemacht[5]. Für das deutsche Recht wird allerdings überwiegend angenommen, dass der Vorlagebeschluss **nicht anfechtbar** ist[6]. Entscheidend ist dabei die Überlegung, dass bei einer Zulassung der Beschwerde die Prüfung der Entscheidungserheblichkeit ins Rechtsmittelverfahren verlagert würde, obwohl sie Teil der Hauptsacheentscheidung ist. Das Rechtsmittelgericht müsste vorab in den Rechtsfindungsprozess des Untergerichts eingreifen, was dem Grundsatz der Selbständigkeit der Instanzen widerspräche. Diese Bedenken entfallen nur dann, wenn mit dem Rechtsmittel ausschließlich **Verfahrensfehler** (zB fehlerhafte Besetzung des Gerichts, Versagung des rechtlichen Gehörs etc.) gerügt werden sollen. Insoweit kommt eine **Beschwerde** gegen den Vorlagebeschluss **analog § 252 ZPO** in Betracht[7]. Dagegen scheidet eine inhaltliche Überprüfung des Vorlagebeschlusses durch das Beschwerdegericht aus. Die grundsätzliche Unanfechtbarkeit erstreckt sich auch auf den (nach hM) in der Vorlageentscheidung enthaltenen Aussetzungsbeschluss (s. Rz. 135); denn die Aussetzung ist lediglich eine unselbständige Folge der Anrufung des EuGH[8]. Zum parallelen Problem bei der Vorlage an das BVerfG nach Art. 100 Abs. 1 GG s. Rz. 87. Entgegen missverständlichen Äußerungen des BVerfG verletzt ein Vorabentscheidungsersuchen selbst dann, wenn eine Zuständigkeit des EuGH nicht gegeben ist, nicht das Recht auf den gesetzlichen Richter[9] und kann insoweit auch **nicht auf eine Verfassungsbeschwerde hin aufgehoben** werden[10].

---

1 Ein Interesse an der Verhinderung der Vorlage kann sich für die Parteien insbesondere aus der drohenden Verfahrensverzögerung ergeben. Im Jahr 2016 betrug die Verfahrensdauer vor dem EuGH bei Vorabentscheidungen durchschnittlich 14,7 Monate (vgl. die Rspr.-Statistik zur Tätigkeit des Gerichtshofs im Jahr 2016, abrufbar auf der Internetseite des EuGH unter der Adresse www.curia.europa.eu).
2 Vgl. EuGH v. 12.2.2008 – C-2/06, JZ 2008, 464 (465) – Kempter m. Anm. *Ludwigs*; EuGH v. 16.12.2008 – C-210/06, NZG 2009, 61 (66) – Cartesio; Rengeling/Middeke/Gellermann/*Middeke*, Rechtsschutz, § 10 Rz. 57.
3 EuGH v. 12.2.1974 – 146/73 – Rheinmühlen I; EuGH v. 16.12.2008 – C-210/06, NZG 2009, 61 (66) – Cartesio.
4 EuGH v. 16.12.2008 – C-210/06, NZG 2009, 61 (64) – Cartesio; ErfK/*Wißmann*, Art. 267 AEUV Rz. 23; vgl. dazu auch *Broberg/Fenger*, Vorabentscheidungsverfahren, S. 287 ff.
5 Für Belgien vgl. EuGH v. 15.12.1995 – C-415/93, NJW 1996, 505 (507) – Bosman; für die Niederlande und Frankreich vgl. *Maschmann*, NZA 1995, 920 (924) mwN; zur Rechtslage in Österreich vgl. *Kohlegger*, ZfRV 1998, 89 (101 f.).
6 BFH v. 27.1.1981 – VII B 56/80, BStBl. II 1981, 324; BFH v. 2.4.1996 – VII R 119/94, BB 1996, 1974; VGH Mannheim v. 17.4.1986 – 11 S 216/86, DÖV 1986, 707 (708); OLG Köln v. 13.5.1977 – 6 W 80/76, WRP 1977, 734; OLG Celle v. 10.10.2008 – 9 W 78/08, NJW-RR 2009, 857; OLG München v. 18.10.2012 – Verg 13/12, NZBau 2013, 189 (190); OLG Brandenburg v. 6.10.2014 – 4 W 33/14 Rz. 12 ff.; ErfK/*Wißmann*, Art. 267 AEUV Rz. 23; *Bauer/Diller*, NZA 1996, 169 (170); *Dauses*, Vorabentscheidungsverfahren, S. 95 f.; *Everling*, DRiZ 1993, 5 (12); *Ress*, Die Verwaltung 1987, 177 (194); *Sellmann/Augsberg*, DÖV 2006, 533 (538 f.); *Wendenburg*, DRiZ 2013, 404 (407); EUArbR/*Höpfner*, Art. 267 AEUV Rz. 27; aM OLG Rostock v. 12.11.2012 – I Ws 321/12; *Maschmann*, NZA 1995, 920 (923 ff.); *Pfeiffer*, NJW 1994, 1996 ff.; BLAH, Anh. § 1 GVG Rz. 13.
7 *Heß*, ZZP 108 (1995), 59 (98 f.); *Kerwer*, EuGH und deutsche Arbeitsgerichte, S. 485 ff.
8 *Schaub*, Arbeitsgerichtsverfahren, 7. Aufl. 2001, § 107 Rz. 34. – Für eine Anfechtbarkeit des Aussetzungsbeschlusses aber Rengeling/Middeke/Gellermann/*Middeke*, Rechtsschutz, § 10 Rz. 90; i.E. ebenso OLG Rostock v. 12.11.2012 – I Ws 321/12, das auch den Vorlagebeschluss als solchen für anfechtbar hält und insoweit mit einem Erst-Recht-Schluss argumentiert; dagegen *Wendenburg*, DRiZ 2013, 404 (407).
9 So aber offenbar BVerfG v. 28.1.2014 – 2 BvR 1561/12 ua., NVwZ 2014, 646 Rz. 117; BVerfG v. 29.4.2014 – 2 BvR 1572/10, NJW 2014, 2489 Rz. 15; BVerfG v. 28.8.2014 – 2 BvR 2639/09, NVwZ 2015, 52 Rz. 28; BVerfG v. 4.11.2014 – 2 BvR 723/12 ua., WM 2015, 123 Rz. 27; BVerfG v. 7.10.2015 – 2 BvR 413/15, NVwZ 2016, 56 Rz. 33; in diese Richtung auch schon BVerfG v. 24.4.2013 – 1 BvR 1215/07, NJW 2013, 1499 Rz. 91.
10 Ausführlich dazu *Latzel*, JZ 2014, 392 ff.; vgl. auch *Latzel*, ZESAR 2016, 458 (459 f.).

b) Erwirkung einer Vorlage

Für die Frage, ob die Parteien die Vorlage an den EuGH erzwingen können, muss danach unterschieden werden, ob es sich um ein vorlagepflichtiges Gericht handelt oder nicht. Ein Gericht, das **zur Vorlage** an den EuGH zwar **berechtigt, aber nicht verpflichtet** ist, hat es allein in der Hand, sich gegen eine Vorlage zu entscheiden. An Anträge der Parteien oder an deren Rechtsauffassungen ist es nicht gebunden. Die Parteien haben auch gemeinsam (zB durch Vereinbarung der Zuständigkeit des EuGH) keine Möglichkeit, eine Vorlage zu erzwingen[1]. Ebenso wenig können sie sich selbst an den EuGH wenden[2].

Nicht wesentlich stärker ist die Stellung der Parteien, wenn der Prozess bei einem **vorlagepflichtigen Gericht** anhängig ist, das seiner Vorlagepflicht nicht nachkommen will. Zwar verhält sich das Gericht in diesem Fall unionsrechtswidrig; die Möglichkeiten der Partei, dies zu rügen, sind jedoch begrenzt. Die Verletzung der Vorlagepflicht erlaubt zunächst die Einleitung eines **Vertragsverletzungsverfahrens** nach Art. 258, 259 AEUV gegen den jeweiligen Mitgliedstaat; nach Ansicht des EuGH kann eine Vertragsverletzung nämlich unabhängig davon festgestellt werden, welches Staatsorgan den Verstoß verursacht hat, selbst wenn es sich um ein verfassungsmäßig unabhängiges Organ handelt[3]. Der Partei hilft dies allerdings nur wenig; denn sie kann zwar eine Klageerhebung bei der Kommission anregen, sie hat jedoch keinen durchsetzbaren Anspruch auf die Einleitung des Verfahrens[4] (vgl. auch Rz. 101). Im Übrigen besteht wegen der innerstaatlichen Gewaltenteilung und der Unabhängigkeit der Gerichte selbst bei einer Verurteilung des deutschen Staates kaum Aussicht auf Durchsetzung der Entscheidung gegen das Gericht[5]. Schließlich ist auch zu beachten, dass die Kommission bislang aus Opportunitätsgründen von einer Klageerhebung wegen unterlassener Vorlage abgesehen hat[6]. De lege ferenda wird erwogen, den Parteien bei einer pflichtwidrigen Nichtvorlage durch das Gericht ein Rechtsmittel zum EuGH einzuräumen. Entsprechende Pläne für eine **Nichtvorlagebeschwerde**[7] haben sich bisher allerdings nicht durchsetzen können. Gegen ihre Einführung werden vornehmlich Bedenken aus dem Gesichtspunkt der Kompetenzverteilung zwischen dem EuGH und der nationalen Gerichtsbarkeit vorgebracht[8]. Nach geltendem Recht kann die Partei eine unterlassene Vorlage jedenfalls nicht beim EuGH rügen.

Auch auf innerstaatlicher Ebene sind die Möglichkeiten, gegen eine Verletzung der Vorlagepflicht vorzugehen, eher bescheiden. Insbesondere kennt das deutsche Prozessrecht **keinen ordentlichen Rechtsbehelf** gegen die pflichtwidrige Nichtvorlage[9]. Allerdings hat das BVerfG den EuGH ausdrücklich als gesetzlichen Richter iSd. Art. 101 Abs. 1 Satz 2 GG anerkannt[10]. Unterlässt daher ein vorlagepflichtiges deutsches Gericht die gebotene Anrufung des EuGH, so kann darin zugleich ein Verstoß gegen die Verfassung liegen.

---

1 Vgl. EuGH v. 22.11.1978 – 93/78, RIW 1979, 47 (48) – Mattheus.
2 EuGH v. 17.9.1998 – C-412/96 – Liikenne; *Wägenbaur*, EuZW 2000, 37 (38).
3 EuGH v. 9.12.2003 – C-129/00, EuZW 2004, 151 (153) – Kommission/Italien. In diesem Urteil hat der EuGH allerdings keine Verurteilung wegen eines Verstoßes der Judikative ausgesprochen. Vielmehr sah der EuGH die Vertragsverletzung darin, dass der nationale Gesetzgeber das Gesetz nicht geändert hatte, obwohl es in der Auslegung durch die Rspr. einen unionsrechtswidrigen Inhalt hatte; vgl. *Breuer*, EuZW 2004, 199 (200); *Sellmann/Augsberg*, DÖV 2006, 533 (540); vgl. dazu auch *Kenntner*, EuZW 2005, 235 (237).
4 Vgl. nur *Dauses*, Vorabentscheidungsverfahren, S. 119 f.; *Paefgen*, JZ 2007, 88 (91); *Kokott/Henze/Sobotta*, JZ 2006, 633 (640 f.); *Sellmann/Augsberg*, DÖV 2006, 533 (539); *Schröder*, EuR 2011, 808 (811); *Höpfner*, EuZA 2011, 97 (100); EUArbR/*Höpfner*, Art. 267 AEUV Rz. 53.
5 *Kenntner*, EuZW 2005, 235 (236); *Wißmann*, FS Kohte, 2016, S. 993 (995); ausführlich *Lenz/Borchardt*, Art. 267 AEUV Rz. 48.
6 Vgl. Calliess/Ruffert/*Wegener*, Art. 267 AEUV Rz. 35; *Breuer*, EuZW 2004, 199 (200); *Kokott/Henze/Sobotta*, JZ 2006, 633 (640 f.); *Sellmann/Augsberg*, DÖV 2006, 533 (539 f.); *Kenntner*, EuZW 2005, 235 (236); *Schröder*, EuR 2011, 808 (811); *Latzel/Streinz*, NJOZ 2013, 97 (99); Preis/Sagan/*Roloff*, § 13 Rz. 60.
7 Dafür etwa *Beckmann*, Vorabentscheidungsverfahren, S. 119; *Meilicke*, BB 2000, 17 (20 ff.); *Meilicke/Ahouzaridi*, KFR 2001, 271 (272); *Wißmann*, RdA 1995, 193 (202, 203); *Kerwer*, EuGH und deutsche Arbeitsgerichte, S. 586 ff.; ebenso der Beschluss des 60. Deutschen Juristentags in Münster 1994, N 59 f. (164, 169); tendenziell auch *Rabe*, FS Redeker, 1993, S. 201 (206); *Streinz/Leible*, EWS 2001, 1 (11).
8 Vgl. *Dauses*, Vorabentscheidungsverfahren, S. 122 f.; *Dauses*, FS Everling, 1995, S. 223 (234 ff.); *Everling*, DRiZ 1993, 5 (12); kritisch auch *Lieber*, Vorlagepflicht, S. 209 f.; *Rösler*, ZRP 2000, 52 (56).
9 Kasseler Handbuch/*Heinze*, Kap. 12 Rz. 248; ErfK/*Wißmann*, Art. 267 AEUV Rz. 36. Für eine „Vorlagerüge" analog § 321a ZPO (bzw. § 78a ArbGG) aber *Poelzig*, ZZP 121 (2008), 233 ff.; ablehnend BFH v. 11.5.2007 – V S 6/07, NJW 2007, 2576; *Schröder*, EuR 2011, 808 (812 f.); offen gelassen von BGH v. 19.1.2006 – I ZR 151/02, NJW 2006, 1978 f.
10 BVerfG v. 22.10.1986 – 2 BvR 197/83, NJW 1987, 577; BVerfG v. 8.4.1987 – 2 BvR 687/85, NJW 1988, 1459; BVerfG v. 31.5.1990 – 2 BvL 12/88 ua., NVwZ 1991, 53; seither st. Rspr., vgl. nur BVerfG v. 7.10.2015 – 2 BvR 413/15, NVwZ 2016, 56 Rz. 33; BVerfG v. 31.3.2016 – 2 BvR 929/14, NJW 2016, 2401 Rz. 26; BVerfG v. 19.7.2016 – 2 BvR 470/08, NJW 2016, 3153 Rz. 52; BVerfG v. 6.9.2016 – 1 BvR 1305/13, NVwZ 2017, 53 Rz. 6; BVerfG v. 15.12.2016 – 2 BvR 222/11 Rz. 25.

In diesem Fall kann die Partei die Nichtvorlage mit der **Verfassungsbeschwerde** rügen. Die Effizienz dieser Möglichkeit wird allerdings dadurch geschwächt, dass das BVerfG eine Verletzung des Art. 101 Abs. 1 Satz 2 GG nicht bereits bei einer Verkennung, sondern **erst bei einer willkürlichen Missachtung der Vorlagepflicht** annimmt. Davon geht es nur dann aus, wenn die Erwägungen des Gerichts nicht mehr verständlich erscheinen und offensichtlich unhaltbar sind[1]. Insoweit nennt das BVerfG verschiedene Fallgruppen: Offensichtlich unhaltbar wird die Vorlagepflicht dann gehandhabt, wenn ein letztinstanzliches Gericht eine Vorlage trotz der – seiner Auffassung nach bestehenden – Entscheidungserheblichkeit der unionsrechtlichen Frage überhaupt nicht in Erwägung zieht, obwohl es selbst Zweifel hinsichtlich der richtigen Beantwortung der Frage hegt (grundsätzliche Verkennung der Vorlagepflicht). Gleiches gilt, wenn das Gericht bewusst von der Rspr. des EuGH abweicht und gleichwohl nicht erneut vorlegt (bewusstes Abweichen ohne Vorlagebereitschaft). Liegt zu einer entscheidungserheblichen Frage des Unionsrechts einschlägige Rspr. des EuGH hingegen noch nicht vor oder hat eine vorliegende Rspr. die entscheidungserhebliche Frage noch nicht erschöpfend beantwortet oder erscheint eine Fortentwicklung der Rspr. des Gerichtshofs nicht nur als entfernte Möglichkeit (Unvollständigkeit der Rechtsprechung), dann wird Art. 101 Abs. 1 Satz 2 GG verletzt, wenn das Gericht den ihm in solchen Fällen notwendig zukommenden Beurteilungsrahmen in unvertretbarer Weise überschreitet. Das kann insbesondere dann der Fall sein, wenn mögliche Gegenauffassungen zu der unionsrechtlichen Frage gegenüber der vom Gericht vertretenen Meinung eindeutig vorzuziehen sind[2]. Neuerdings nimmt das BVerfG einen Verstoß gegen Art. 101 Abs. 1 Satz 2 GG auch dann an, wenn das letztinstanzliche Gericht trotz offenkundiger Anhaltspunkte nicht erkennt, dass eine unionsrechtliche Frage entscheidungserheblich ist, und die Entscheidung daher allein an nationalen Maßstäben orientiert trifft[3]. Liegt nach Maßgabe dieser Kriterien ein Verfassungsverstoß vor, kann dieser nach Auffassung des BVerfG nachträglich wieder entfallen, wenn der EuGH die Rechtsfrage später im Sinne der Entscheidung des nationalen Gerichts beantwortet[4].

131a Seit einigen Jahren deutet sich beim BVerfG allerdings die **Tendenz zu einer größeren Prüfungsdichte** an. So hat das BVerfG deutlich gemacht, dass es vom Fachgericht eine überzeugende inhaltliche Auseinandersetzung mit der Vorlagepflicht erwartet, bei der das Gericht sich der unionsrechtlichen Auslegungsmethoden bedient und sich mit der Judikatur des EuGH auseinandersetzt; die Begründung der Entscheidung muss die Feststellung möglich machen, ob die Zuständigkeitsregel des Art. 267 AEUV in unhaltbarer Weise gehandhabt worden ist[5]. In einer jüngeren Entscheidung zum Recht der Massenentlassung hat die 3. Kammer des Ersten Senats zudem klargestellt, dass das Fachgericht den ihm eingeräumten Beurteilungsrahmen dann überschreitet, wenn es eine eigene Lösung entwickelt, die nicht auf die bestehende Rspr. des EuGH zurückgeführt werden kann und auch nicht einer eindeutigen Rechtslage entspricht[6]. Diese Entscheidung modifiziert den Bezugspunkt der Willkürkontrolle insoweit, als sie nicht mehr darauf abstellt, ob das *materielle Unionsrecht* vertretbar ausgelegt worden ist[7], sondern ob das Fachgericht die *Vorlagepflicht als solche* vertretbar gehandhabt hat[8]. Diese Änderung des Bezugspunkts führt zu einer Verschär-

---

1 Vgl. BVerfG v. 6.5.2008 – 2 BvR 2419/06, NVwZ-RR 2008, 658 (659); BVerfG v. 29.4.2014 – 2 BvR 1572/10, NJW 2014, 2489 Rz. 18; BVerfG v. 15.5.2014 – 2 BvR 324/14, NZA 2014, 838 Rz. 8; BVerfG v. 2.12.2014 – 2 BvR 655/14, WM 2015, 122 Rz. 15; BVerfG v. 10.12.2014 – 2 BvR 1549/07, NZA 2015, 375 Rz. 17; BVerfG v. 15.1.2015 – 1 BvR 499/12, ZIP 2015, 542 Rz. 7 f.; BVerfG v. 2.2.2015 – 2 BvR 2437/14, VersR 2015, 693 Rz. 25; BVerfG v. 15.10.2015 – 1 BvR 2329/15, NJW 2016, 1010 Rz.11; BVerfG v. 6.9.2016 – 1 BvR 1305/13, NVwZ 2017, 53 Rz. 8. – Kritisch zur Zurückhaltung des BVerfG etwa *Fastenrath*, NJW 2009, 272 ff.; *Thüsing/Pötters/Traut*, NZA 2010, 930 (932); *Calliess*, NJW 2013, 1905 (1907); *Temming*, ZESAR 2015, 298 (300 f.); *Latzel*, ZESAR 2016, 458 (460); ausführlich zur Prüfungsdichte des BVerfG *Wolff*, AöR 141 (2016), 40 ff.
2 Vgl. nur BVerfG v. 7.12.2006 – 2 BvR 2428/06, NJW 2007, 1521; BVerfG v. 20.9.2007 – 2 BvR 855/06, NJW 2008, 209 (211 f.); BVerfG v. 30.1.2008 – 1 BvR 943/07, NVwZ 2008, 550 (551); BVerfG v. 6.5.2008 – 2 BvR 2419/06, NVwZ-RR 2008, 658 (659); BVerfG v. 21.5.2008 – 2 BvR 893/08, EuZW 2008, 679; BVerfG v. 25.2.2010 – 1 BvR 230/09, NZA 2010, 439 (440); BVerfG v. 28.1.2014 – 2 BvR 1561/12 ua., NVwZ 2014, 646 (657); BVerfG v. 29.4.2014 – 2 BvR 1572/10, NJW 2014, 2489 Rz. 19 ff.; BVerfG v. 15.5.2014 – 2 BvR 324/14, NZA 2014, 838 Rz. 8 ff.; BVerfG v. 2.2.2015 – 2 BvR 2437/14, VersR 2015, 693 Rz. 26 ff.
3 BVerfG v. 10.12.2014 – 2 BvR 1549/07, NZA 2015, 375 Rz. 43; kritisch hierzu *Wißmann*, FS Kohte, 2016, S. 993 ff.
4 BVerfG v. 13.6.1997 – 1 BvR 2102/95, NJW 1997, 2512; kritisch ErfK/*Wißmann*, Art. 267 AEUV Rz. 36.
5 So schon BVerfG v. 9.1.2001 – 1 BvR 1036/99, NJW 2001, 1267; dazu *Kube*, JuS 2001, 858 (861). Die Entwicklung wird bestätigt durch BVerfG v. 14.7.2006 – 2 BvR 264/06, JZ 2007, 87 f.; dazu *Paefgen*, JZ 2007, 88 (91); ebenso jetzt BVerfG v. 25.2.2010 – 1 BvR 230/09, NZA 2010, 439 (440); dazu *Reinhard*, NJW 2010, 1271 f.; ferner BVerfG v. 2.12.2014 – 2 BvR 655/14, WM 2015, 122 Rz. 16.
6 BVerfG v. 25.2.2010 – 1 BvR 230/09, NZA 2010, 439 (440); vgl. auch BVerfG v. 3.3.2014 – 1 BvR 2534/10, NJW 2014, 1796 (1797 f.); BVerfG v. 2.12.2014 – 2 BvR 655/14, WM 2015, 122 Rz. 16.
7 So noch BVerfG v. 6.5.2008 – 2 BvR 2419/06, NVwZ-RR 2008, 658 (659).
8 BVerfG v. 25.2.2010 – 1 BvR 230/09, NZA 2010, 439 (440); BVerfG v. 28.1.2014 – 2 BvR 1561/12 ua., NVwZ 2014, 646 Rz. 180 f.; BVerfG v. 19.7.2016 – 2 BvR 470/08, NJW 2016, 3153 Rz. 54; vgl. dazu auch *Schröder*, EuR 2011, 808

fung der verfassungsgerichtlichen Kontrolle; denn die entscheidungserhebliche materiell-rechtliche Frage kann mehrere vertretbare Antworten zulassen, während ein letztinstanzliches Gericht nur in sehr engen Grenzen befugt ist, eine unionsrechtliche Frage nicht vorzulegen (s. Rz. 123)[1]. Diesem strengeren Prüfungsmaßstab haben sich in der Folgezeit die anderen Kammern des Ersten Senats[2] sowie der Erste Senat selbst angeschlossen[3]. Nachdem der Zweite Senat zunächst deutlich gemacht hatte, an der bisherigen großzügigen Prüfungspraxis festhalten zu wollen[4] und daher zumindest vorübergehend divergierende Kontrollmaßstäbe beim BVerfG angewandt wurden, haben sich diese Unterschiede im Folgenden weitgehend aufgelöst[5]. Insbesondere hat auch der Zweite Senat den Bezugspunkt der Prüfung vom materiellen Unionsrecht hin zur Handhabung des Art. 267 Abs. 3 AEUV verschoben und stellt ebenso wie der Erste Senat auf die Frage ab, ob das Fachgericht vertretbar vom Eingreifen einer in der Rspr. des EuGH entwickelten Ausnahme von der Vorlagepflicht ausgegangen ist[6].

Lange wurde im Schrifttum über die Frage diskutiert, ob ein Verstoß gegen die Vorlagepflicht eine Haftung des Mitgliedstaates wegen Verletzung des Unionsrechts nach sich ziehen kann[7]. Insoweit hat der EuGH im Urteil *Köbler* vom 30.9.2003[8] klargestellt, dass ein unionsrechtlicher **Staatshaftungsanspruch** grds. auch **für judikatives Unrecht** in Betracht kommt. Allerdings betrachtet der Gerichtshof die Verletzung der Vorlagepflicht für sich allein genommen noch nicht als haftungsbegründenden Tatbestand. Vielmehr stellt er insoweit auf die fehlerhafte Anwendung des materiellen Unionsrechts ab und berücksichtigt die Verletzung der Vorlagepflicht nur als *einen* Gesichtspunkt bei der Frage, ob das nationale Gericht „offenkundig" gegen das Unionsrecht verstoßen hat und daher eine „hinreichend qualifizierte" Verletzung vorliegt, die eine Haftung auslösen kann[9]. Zur Begründung für diesen Haftungsmaßstab verweist er auf „die Besonderheiten der richterlichen Funktion sowie die berechtigten Belange der Rechtssicherheit". Im praktischen Ergebnis schafft der EuGH damit eine nicht unerhebliche Einschränkung, die dazu führen wird, dass die Staatshaftung wegen judikativen Unrechts ein Ausnahmefall bleibt[10]. Da sich zudem auch ein Schaden nur schwer belegen lässt, weil hierzu auf den hypothetischen Prozessverlauf zurückgegriffen werden muss, ist gegenüber der teilweise geäußerten Erwartung, aus dem Staatshaftungsanspruch werde sich eine effektive Sanktion für die Verletzung der Vorlagepflicht entwickeln, nach wie vor Skepsis angebracht[11]. Immerhin hat der Gerichtshof zwischenzeitlich in einer weiteren wichtigen Entscheidung klargestellt, dass es den Mitgliedstaaten verwehrt ist, über die „Offenkundigkeit" des Verstoßes hinaus strengere Anforderungen aufzustellen, die eine Haftung wegen judikativen Unrechts begrenzen. So ist es insbesondere nicht zulässig, dass das nationale Recht einen Haftungsausschluss für die Auslegung von Rechtsvorschriften oder die Sachverhalts- und Beweiswürdigung vorsieht; ebenso wenig darf die Haftung auf Fälle von Vorsatz oder grob fehlerhaf-

---

(815 f.); *Bäcker*, NJW 2011, 270 (271); *Höpfner*, EuZA 2011, 97 (105 f.); *Michael*, JZ 2012, 870 (872); *Calliess*, NJW 2013, 1905 (1908); *Wolff*, AöR 141 (2016), 40 (48 f.).
1 *Bäcker*, NJW 2011, 270 (271 f.); *Schröder*, EuR 2011, 808 (818).
2 BVerfG v. 30.8.2010 – 1 BvR 1631/08, NJW 2011, 288 f.; BVerfG v. 10.11.2010 – 1 BvR 2065/10, ZUM 2011, 236 (238); BVerfG v. 29.5.2012 – 1 BvR 640/11, NVwZ 2012, 1033 (1034); BVerfG v. 6.9.2016 – 1 BvR 1305/13, NVwZ 2017, 53 Rz. 8.
3 BVerfG v. 25.1.2011 – 1 BvR 1741/09, NJW 2011, 1427 (1431); BVerfG v. 19.7.2011 – 1 BvR 1916/09, NJW 2011, 3428 (3434).
4 BVerfG v. 6.7.2010 – 2 BvR 2661/06, EuZW 2010, 828 (834); ebenso BVerfG v. 21.11.2011 – 2 BvR 516/09, NJW 2012, 598 (599) (2. Kammer des Zweiten Senats).
5 Vgl. dazu insbesondere *Wolff*, AöR 141 (2016), 40 (50 f.). Das BVerfG hat ohnehin die Auffassung vertreten, dass trotz abweichender Formulierungen der beiden Senate Unterschiede in der praktischen Anwendung der Prüfungsmaßstäbe nicht bestanden hätten; vgl. BVerfG v. 29.4.2014 – 2 BvR 1572/10, NJW 2014, 2489 Rz. 24.
6 Vgl. etwa BVerfG v. 28.1.2014 – 2 BvR 1561/12, NVwZ 2014, 646 Rz. 184.; BVerfG v. 15.5.2014 – 2 BvR 324/14, NZA 2014, 838 Rz. 8, 10; BVerfG v. 28.8.2014 – 2 BvR 2639/09, NVwZ 2015, 52 Rz. 31, 35; BVerfG v. 7.10.2015 – 2 BvR 413/15, NVwZ 2016, 56 Rz. 36; BVerfG v. 15.12.2016 – 2 BvR 222/11 Rz. 33; vgl. dazu eingehend *Wolff*, AöR 141 (2016), 40 (50 f.).
7 Vgl. dazu Calliess/Ruffert/*Wegener*, Art. 267 AEUV Rz. 40; *Lenz/Borchardt*, Art. 267 AEUV Rz. 49; *Stahlberg*, EuroAS 1997, 144 (151 f.); *Hakenberg*, DRiZ 2000, 345 (347); BLAH, Anh. § 1 GVG Rz. 10 mwN.
8 EuGH v. 30.9.2003 – C-224/01, NJW 2003, 3539 – Köbler; bestätigt durch EuGH v. 13.6.2006 – C-173/03, NJW 2006, 3337 – Traghetti del Mediterraneo; EuGH v. 9.9.2015 – C-160/14, EuZW 2016, 111 Rz. 47 – Ferreira da Silva e Brito; vgl. dazu auch BVerfG v. 6.5.2008 – 2 BvR 2419/06, NVwZ-RR 2008, 658 (660).
9 Zur bislang noch offenen Frage, ob eine Verletzung der Vorlagepflicht allein ausreichen kann, um einen Primärrechtsverstoß in haftungsbegründender Weise zu qualifizieren, und ob die Verletzung ggf. wiegen muss, vgl. *Kokott/Henze/Sobotta*, JZ 2006, 633 (638 f.); *Sellmann/Augsberg*, DÖV 2006, 533 (541).
10 So etwa auch *Sellmann/Augsberg*, DÖV 2006, 533 (541); EUArbR/*Höpfner*, Art. 267 AEUV Rz. 54; Preis/Sagan/*Roloff*, § 13 Rz. 62; *Wißmann*, FS Kohte, 2016, S. 993 (995).
11 Vgl. zum Urteil *Köbler* auch *Kremer*, NJW 2004, 480; *Sensburg*, NVwZ 2004, 179; *Obwexer*, EuZW 2003, 726; *Frenz*, DVBl. 2003, 1522; *Kluth*, DVBl. 2004, 393; *v. Danwitz*, JZ 2004, 301; *Hakenberg*, DRiZ 2004, 113; *Wegener*, EuR 2004, 84; *Gundel*, EWS 2004, 8.

tem Verhalten des Richters beschränkt werden[1]. Zudem darf das nationale Recht die Geltendmachung eines Schadensersatzanspruchs nicht an die vorherige Aufhebung des schädigenden Urteils knüpfen, obwohl eine solche Aufhebung in der Praxis ausgeschlossen ist[2].

132a Als weiteres Korrektiv für Entscheidungen, die unter Verletzung der Vorlagepflicht nach Art. 267 Abs. 3 AEUV gefällt worden sind, wird die **Durchbrechung der Bestandskraft von nationalen Entscheidungen** diskutiert[3]. Insoweit hat der Gerichtshof im Urteil *Kühne & Heitz*[4] entschieden, dass ein Anspruch auf Rücknahme eines durch letztinstanzliches Urteil bestätigten, **unionsrechtswidrigen Verwaltungsakts** bestehen kann, wenn das letztinstanzliche Gericht seiner Vorlagepflicht nicht nachgekommen ist und seine Auslegung in Widerspruch zur einschlägigen Judikatur des Gerichtshofes steht. Eine Übertragung dieser Rspr. auf zivilrechtliche Verfahren zwischen Privaten ist allerdings nur schwer vorstellbar, da durch die Rücknahme Belange Dritter nicht verletzt werden dürfen[5]. Für das arbeitsgerichtliche Verfahren wird diese Möglichkeit daher kaum Bedeutung entfalten. Was die **Rechtskraft gerichtlicher Entscheidungen** angeht, hat der EuGH im Urteil *Kapferer* in begrüßenswerter Klarheit festgestellt, dass das Unionsrecht die nationalen Gerichte nicht dazu verpflichtet, eine in Rechtskraft erwachsene Entscheidung zu überprüfen und bei einem Verstoß gegen Unionsrecht aufzuheben[6].

132b Das Unterlassen der Vorlage durch ein letztinstanzlich entscheidendes Gericht kann schließlich eine **Verletzung des Anspruchs** der unterlegenen Partei **auf ein faires Verfahren nach Art. 6 Abs. 1 EMRK** darstellen[7]. Der EGMR hat insoweit klargestellt, dass Art. 6 Abs. 1 EMRK Gerichte dazu verpflichtet, jede Entscheidung, mit der sie eine Vorlage an den EuGH ablehnen, im Hinblick auf das anwendbare Recht angemessen zu begründen[8]. Ein letztinstanzliches Gericht muss seine Begründung dabei an den vom EuGH zugelassenen Ausnahmen von der Vorlagepflicht orientieren, d.h. es muss angeben, warum es die Frage für irrelevant hält, dass die Vorschrift des Unionsrechts bereits vom EuGH ausgelegt worden ist oder dass die richtige Anwendung des EU-Rechts so offenkundig ist, dass keinerlei Raum mehr für einen vernünftigen Zweifel bleibt[9]. Verstößt ein Gericht dagegen, so kann der EGMR der unterlegenen Partei nach Art. 41 EMRK eine **Entschädigung** zusprechen[10].

133 Auch wenn die Möglichkeiten der Parteien, eine Vorlage an den EuGH zu erzwingen, regelmäßig nur gering sind, kann es aus ihrer Perspektive doch sinnvoll sein, ein Vorabentscheidungsersuchen **anzuregen**[11]. In diesem Fall empfiehlt sich, dass der Prozessvertreter einen förmlichen und begründeten Antrag zur Vorlage an den EuGH stellt. Darin sollte er ausführlich darlegen, dass und welche unionsrechtlichen Bestimmungen für den anhängigen Prozess erheblich sind und wo das unionsrechtliche Auslegungsproblem liegt. Da manche Gerichte nur wenig Erfahrung im Umgang mit dem Unionsrecht im Allgemeinen und dem Vorabentscheidungsverfahren im Besonderen haben, sollte der Parteivertreter dem Gericht die Vorlage, die er erreichen will, so einfach wie möglich machen. Aus diesem Grund sollte er einen **konkreten Formulierungsvorschlag** für die Vorlage unterbreiten. Dieser kann dem Gericht die Arbeit erleichtern und eine

---

1 EuGH v. 13.6.2006 – C-173/03, NJW 2006, 3337 – Traghetti del Mediterraneo.
2 EuGH v. 9.9.2015 – C-160/14, EuZW 2016, 111 Rz. 46 ff. – Ferreira da Silva e Brito.
3 Vgl. nur *Kokott/Henze/Sobotta*, JZ 2006, 633 (639); *Sellmann/Augsberg*, DÖV 2006, 533 (541).
4 EuGH v. 13.1.2004 – C-453/00, EuZW 2004, 215 (216) – Kühne & Heitz; vgl. auch EuGH v. 19.9.2006 – C-392/04, JZ 2007, 404 – i-21 Germany; EuGH v. 12.2.2008 – C-2/06, JZ 2008, 464 – Kempter m. Anm. *Ludwigs*; vgl. dazu *Ruffert*, JZ 2004, 620; *Kenntner*, EuZW 2005, 235 (237 f.); *Meilicke*, BB 2004, 1087; *Kokott/Henze/Sobotta*, JZ 2006, 633 (639 f.); *Sellmann/Augsberg*, DÖV 2006, 533 (541); *Kanitz/Wendel*, EuZW 2008, 231 ff.
5 *Kokott/Henze/Sobotta*, JZ 2006, 633 (639); anders *Poelzig*, JZ 2007, 858 (865).
6 EuGH v. 16.3.2006 – C-234/04, NJW 2006, 1577 f. – Kapferer; ebenso EuGH v. 3.9.2009 – C-2/08, EuZW 2009, 739 (740 f.) – Fallimento m. Anm. *Poelzig*; EuGH v. 6.10.2009 – C-40/08, EuZW 2009, 852 (854) – Asturcom; EuGH v. 10.7.2014 – C-213/13, EuZW 2014, 790 Rz. 59 – Impresa Pizzarotti; EuGH v. 6.10.2015 – C-69/14, EuZW 2015, 917 Rz. 29 – Târșia; EuGH v. 11.11.2015 – C-505/14, EuZW 2016, 57 Rz. 39 – Klausner Holz Niedersachsen; zustimmend *Ruffert*, JZ 2006, 905 f.; *Schmidt-Westphal/Sander*, EuZW 2006, 242 ff.; vgl. allerdings auch EuGH v. 18.7.2007 – C-119/05, EuZW 2007, 511 – Lucchini m. Anm. *Haratsch/Hendel*, JZ 2008, 144; zum gesamten Problemkreis *Poelzig*, JZ 2007, 858; *Schmahl/Köber*, EuZW 2010, 927.
7 ErfK/*Wißmann*, Art. 267 AEUV Rz. 38a; Preis/Sagan/*Roloff*, § 13 Rz. 67; EUArbR/*Höpfner*, Art. 267 AEUV Rz. 55; vgl. hierzu auch *Wolff*, AöR 141 (2016), 40 (72 ff.).
8 EGMR v. 8.4.2014 – 17120/09, NVwZ-RR 2015, 546 Rz. 31 – Dhahbi; EGMR v. 21.7.2015 – 38369/09, Rz. 69 – Schipani.
9 EGMR v. 8.4.2014 – 17120/09, NVwZ-RR 2015, 546 Rz. 31 – Dhahbi.
10 So etwa in EGMR v. 21.7.2015 – 38369/09, Rz. 82 ff. – Schipani.
11 Zu prozesstaktischen Überlegungen vgl. ausführlich *Bauer/Diller*, NZA 1996, 169 (171).

positive Entscheidung über die Vorlage deshalb fördern, auch wenn die endgültige Formulierung der Vorlagefrage ausschließlich dem vorlegenden Gericht obliegt[1].

VI. Vorlageentscheidung

1. Aussetzung und Vorlage

Die Form des Vorabentscheidungsersuchens[2] bestimmt sich mangels unionsrechtlicher Bestimmungen nach dem innerstaatlichen Verfahrensrecht[3]. Vorlageentscheidungen deutscher Gerichte ergehen durch **Beschluss**. Sie sind – ebenso wie bei einer Vorlage an das BVerfG (s. Rz. 79) – in derselben Besetzung zu erlassen, in der die Sachentscheidung zu treffen ist. In der Arbeitsgerichtsbarkeit hat deshalb idR die vollbesetzte Kammer des ArbG/des LAG bzw. der vollbesetzte Senat des BAG **einschließlich der ehrenamtlichen Richter** die Vorlage zu beschließen. Auch für die Frage, wer den Beschluss zu unterzeichnen hat, ist die Prozessordnung des Ausgangsverfahrens maßgeblich. Bei Vorlagen der ArbG reicht daher die Unterschrift des Vorsitzenden (s. § 60 Abs. 4 Satz 1 ArbGG), während Vorlagebeschlüsse der LAG und des BAG von sämtlichen Mitgliedern der Kammer bzw. des erkennenden Senats zu unterzeichnen sind (vgl. § 69 Abs. 1 Satz 1, § 75 Abs. 2 ArbGG). Vgl. auch Rz. 80.

134

Der vom Gericht zu erlassende Beschluss enthält nach hM **zwei Teile**: die **Aussetzung** des Verfahrens (analog § 148 ZPO[4]) und die **Vorlage** der unionsrechtlichen Frage an den EuGH[5]. Streitig ist, ob das Gericht im Hinblick auf ein bereits anhängiges Vorabentscheidungsersuchen zur selben Rechtsfrage sein Verfahren ohne Vorlage aussetzen und die Entscheidung des EuGH abwarten darf. Für Gerichte, die vorlageberechtigt, aber nicht vorlageverpflichtet sind, wird man die Frage bejahen können[6]. Für vorlagepflichtige Gerichte ist sie – ebenso wie bei der konkreten Normenkontrolle zum BVerfG (s. Rz. 84) – entgegen der hM[7] zu verneinen[8]. Einer solch schlichten Aussetzung steht der klare Wortlaut des Art. 267 Abs. 3 AEUV entgegen; dieser wird auch nicht durch prozessökonomische Erwägungen verdrängt. Zum einen liefert eine Mehrfachvorlage dem EuGH zusätzliches Anschauungsmaterial, das es ihm erlaubt, die Auswirkungen der unionsrechtlichen Norm, über deren Gültigkeit oder Auslegung er zu entscheiden hat, besser abzuschätzen. Zum anderen ermöglicht sie ein „Rechtsgespräch" auf breiterer Basis, weil jedes vorlegende Gericht seine Überzeugung von der Gültigkeit oder Auslegung der unionsrechtlichen Norm einbringen kann. Außerdem sind die Parteien des Ausgangsverfahrens nur dann Beteiligte des Vorabentscheidungsverfahrens und können sich als solche im Verfahren äußern, wenn die Vorlage gerade (auch) in ihrem Prozess erfolgt ist[9]. Und schließlich lässt sich nicht vorhersehen, ob das andere Ausgangsverfahren sich nicht erledigt und die Vorlage aus diesem Grund zurückgenommen wird. Auch dann, wenn das bereits anhängige Vorabentscheidungsverfahren vom selben Gericht eingeleitet worden ist, gilt entgegen der Auffassung des BAG[10] nichts anderes. In diesem Fall konnte zwar das Gericht seine Argumente und Erwägun-

135

---

1 Vgl. dazu etwa EuGH v. 18.7.2013 – C-136/12, EuZW 2013, 782 Rz. 30 – Consiglio nazionale dei geologi; EuGH v. 19.1.2017 – C-344/15, MwStR 2017, 158 Rz. 32 – National Roads Authority.
2 Vgl. dazu die „Empfehlungen an die nationalen Gerichte bezüglich der Vorlage von Vorabentscheidungsersuchen", die der EuGH herausgegeben hat. Die Empfehlungen sind veröffentlicht in ABl. EU Nr. C 439 v. 25.11.2016, S. 1 ff., und finden sich außerdem auf der Homepage des Gerichtshofs (www.curia.europa.eu). Die Empfehlungen sind zwar nicht verbindlich. Ihre Beachtung kann das Verfahren vor dem EuGH aber erheblich vereinfachen.
3 Vgl. EuGH, Empfehlungen, Nr. 14.
4 ErfK/*Wißmann*, Art. 267 AEUV Rz. 39; BLAH, Anh. § 1 GVG Rz. 12; *Heß*, ZZP 108 (1995), 59 (88); *Hakenberg*, DRiZ 2000, 345 (346).
5 *Dauses*, Vorabentscheidungsverfahren, S. 123 f. – Gegen die Notwendigkeit einer Aussetzung mit beachtlichen Argumenten *K. Schmidt*, FS Lüke, 1997, S. 721 (724). Die Praxis hat sich dem allerdings bisher nicht angeschlossen.
6 *K. Schmidt*, FS Lüke, 1997, S. 721 (732); aM *Foerster*, EuZW 2011, 901 (906); *Latzel/Streinz*, NJOZ 2013, 97 (98).
7 Für die Zulässigkeit einer schlichten Aussetzung BAG v. 24.9.1996 – 3 AZR 698/95; BAG v. 6.11.2002 – 5 AZR 279/01 (A); BAG v. 20.5.2010 – 6 AZR 481/09 (A), NZA 2011, 710; BGH v. 24.01.2012 – VIII ZR 236/10, RIW 2012, 405; BGH v. 31.5.2012 – I ZR 28/10; BGH v. 28.9.2016 – KZR 67/15, Rz. 8 f.; BGH v. 24.1.2017 – KZR 60/16, Rz. 7 f.; BFH v. 14.10.1998 – VII R 56/97; OLG Düsseldorf v. 2.12.1992 – 18 W 58/92, NJW 1993, 1661; OLG Saarbrücken v. 23.5.2001 – 7 U 918/00, OLGR 2001, 408; OLG Celle v. 10.10.2008 – 9 W 78/08, NJW-RR 2009, 857; LG Bonn v. 31.10.1994 – 1 O 265/94, EuZW 1996, 159; BLAH, Anh. § 1 GVG Rz. 12; *Sellmann/Augsberg*, DÖV 2006, 533 (536); *Broberg/Fenger*, Vorabentscheidungsverfahren, S. 252 ff.
8 Ebenso *Heß*, ZZP 108 (1995), 59 (95); *Foerster*, EuZW 2011, 901 (904 f.); *Latzel/Streinz*, NJOZ 2013, 97 (98); *Latzel*, ZESAR 2016, 458 (460 f.).
9 *Foerster*, EuZW 2011, 901 (904 f.); zur Beteiligung am Vorabentscheidungsverfahren vgl. Art. 23 EuGH-Satzung, Art. 96 VerfO EuGH.
10 BAG v. 20.5.2010 – 6 AZR 481/09 (A), NZA 2011, 710.

gen bereits vorbringen. Den Parteien bliebe ohne eine erneute Vorlage aber die Äußerungsberechtigung vor dem EuGH verwehrt[1].

2. Formulierung der Vorlagefrage

136 Bei der Formulierung der Vorlagefrage ist auf die Grenzen der **Zuständigkeit** des EuGH Rücksicht zu nehmen (s. Rz. 108 f.). Die Frage muss auf die Auslegung oder Gültigkeitsprüfung einer unionsrechtlichen Norm abzielen. Nicht vorlagefähig sind dagegen Fragen nach der Auslegung oder Gültigkeit nationalen Rechts. Ebenso kann nicht (direkt) nach der Vereinbarkeit nationalen Rechts mit dem Unionsrecht gefragt werden. Auch die Anwendung des Unionsrechts auf den konkreten Fall ist kein zulässiger Gegenstand eines Vorabentscheidungsersuchens. Die Vorlagefrage sollte daher so formuliert werden, dass sie die **abstrakte** Auslegung des Unionsrechts als solche zum Gegenstand hat[2]. Auslegungsfragen beginnen üblicherweise mit der Formulierung „Ist Art. ... des AEUV (der Richtlinie ...) dahin auszulegen, dass ...?". Dies gilt auch für Fragen, mit denen das nationale Gericht Aufschluss über die Vereinbarkeit einer innerstaatlichen Vorschrift mit dem Unionsrecht erlangen will. Hier ist ebenfalls nach der Auslegung der betreffenden unionsrechtlichen Bestimmung zu fragen, wobei der Inhalt der nationalen Regelung in der Vorlagefrage abstrakt umschrieben werden muss[3]. **Fehlerhaft formulierte Fragen** führen allerdings regelmäßig nicht zur Unzulässigkeit der Vorlage. Im Interesse der Rechtseinheit schält der EuGH aus ihnen den zulässigen Gehalt heraus und formuliert sie entsprechend um[4]. Es liegt aber nicht in der Kompetenz des Gerichtshofs, die vom vorlegenden Gericht gestellten Fragen inhaltlich zu verändern[5].

3. Begründung der Vorlage

137 Nach Art. 94 VerfO EuGH muss das Vorabentscheidungsersuchen außer den Vorlagefragen folgende Elemente enthalten: zunächst eine kurze Darstellung des Streitgegenstandes und des maßgeblichen Sachverhalts, wie er vom vorlegenden Gericht festgestellt worden ist, oder zumindest eine Darstellung der tatsächlichen Umstände, auf denen die Fragen beruhen; sodann den Wortlaut der auf den Fall anwendbaren nationalen Vorschriften sowie ggf. die einschlägige nationale Rspr.; schließlich eine Darlegung der Gründe, aus denen das vorlegende Gericht Zweifel bezüglich der Auslegung oder der Gültigkeit bestimmter Vorschriften des Unionsrechts hat, und den Zusammenhang, den es zwischen diesen Vorschriften und dem auf den Ausgangsrechtsstreit anwendbaren nationalen Recht herstellt[6]. Darüber hinaus sind die einschlägigen Vorschriften des Unionsrechts so genau wie möglich anzugeben. Ggf. sollte die Vorlage auch eine kurze Zusammenfassung des wesentlichen Vorbringens der Parteien des Ausgangsrechtsstreits enthalten[7]. Nicht zwingend notwendig, aber doch empfehlenswert ist, dass das vorlegende Gericht in der Begründung erkennen lässt, welche Antwort es selbst für zutreffend hält[8]; in diesem Fall ist der EuGH gehalten, sich mit der geäußerten Meinung konkreter und intensiver auseinander zu setzen.

4. Übermittlung der Vorlage

138 Der Vorlagebeschluss wird mit den Akten des Ausgangsverfahrens per Einschreiben an den EuGH übermittelt. Die Übermittlung erfolgt nicht über die Justizverwaltungen oder über diplomatische Instanzen, sondern unmittelbar von der Geschäftsstelle des vorlegenden Gerichts an die Kanzlei des EuGH[9]. Die **Adresse** lautet: Kanzlei des Gerichtshofs der Europäischen Union, Rue du Fort Niedergrünewald, 2925 Luxemburg, LUXEMBURG (Telefon-Nr.: +3 52-43 03-1). Die dem vorlegenden Gericht im Instanzenzug übergeordneten Gerichte werden bei der Vorlage nicht beteiligt. Sie sind auch nicht in das weitere Verfahren vor dem EuGH einbezogen. Eine Anhörung der letztinstanzlichen Gerichte, wie sie für die konkrete Normenkontrolle vor dem BVerfG in § 82 Abs. 4 BVerfGG vorgesehen ist (s. Rz. 82), findet nicht statt. Rechtspolitische Überlegungen, das BAG bei Vorlagen von Untergerichten zu beteiligen, werden seit län-

---

1 Vgl. auch *Foerster*, EuZW 2011, 901 (904).
2 EuGH v. 15.7.1964 – 6/64, NJW 1964, 2371 – Costa.
3 Näher dazu *Wägenbaur*, EuZW 2000, 37 (38).
4 Vgl. nur beispielhaft EuGH v. 12.10.1978 – 13/78, NJW 1979, 483 – Eggers; EuGH v. 29.11.1978 – 83/78, NJW 1979, 1093 – Pigs Marketing Board.
5 EuGH v. 16.7.1998 – C-235/95, NZA 1998, 1047 (1048) – Dumon.
6 Zum Fehlen dieser Anforderungen vgl. etwa EuGH v. 3.7.2014 – C-19/14, NZS 2014, 619 – Talasca.
7 EuGH, Empfehlungen, Nr. 16; vgl. dazu *Latzel/Streinz*, NJOZ 2013, 97 (100 f.); ausführlich *Broberg/Fenger*, Vorabentscheidungsverfahren, S. 264 ff.
8 EuGH, Empfehlungen, Nr. 17; *Gündisch/Wienhues*, Rechtsschutz, S. 137; *B. Heß*, ZZP 108 (1995), 59 (90); *Stotz*, EuZW 1997, 129; *Latzel/Streinz*, NJOZ 2013, 97 (105).
9 EuGH, Empfehlungen, Nr. 20; *Dauses*, Vorabentscheidungsverfahren, S. 129.

gerem angestellt; sie werfen jedoch mehr Probleme auf, als sie lösen, und sind daher mit Skepsis zu betrachten[1].

5. Rücknahme der Vorlage

Da das vorlegende Gericht Herr des Ausgangsverfahrens bleibt, kann es die **Vorlage** wieder **zurücknehmen** mit der Folge, dass sich das Verfahren vor dem EuGH erledigt[2]. Die Rücknahme ist jedoch nur bis zur Bekanntgabe des Termins der Urteilsverkündung möglich (vgl. Art. 100 Abs. 1 Satz 2 VerfO EuGH)[3]. Danach braucht der EuGH die Rücknahme nicht mehr zu berücksichtigen, sondern kann eine zuvor bereits gefällte Entscheidung auch noch verkünden. Die Vorlage ist zurückzunehmen, wenn die Vorlagefrage ihre Erheblichkeit für das Ausgangsverfahren verliert, zB wegen einer Änderung des nationalen Rechts oder wegen eines Vergleichs, eines Anerkenntnisses oder einer Klagerücknahme[4]. Darüber hinaus kann eine Rücknahme des Vorabentscheidungsersuchens geboten sein, wenn der EuGH die Vorlagefrage in einem ähnlich gelagerten Verfahren bereits beantwortet hat und das vorlegende Gericht die dort gegebene Antwort ohne größere Probleme auf das bei ihm anhängige Verfahren übertragen kann[5]. Weiteren Einfluss auf das Verfahren vor dem EuGH hat das vorlegende Gericht nicht. Es ist insbesondere nicht Verfahrensbeteiligter und hat daher auch kein Recht zur Stellungnahme im schriftlichen oder mündlichen Verfahren vor dem EuGH[6] (zur entsprechenden Frage bei der konkreten Normenkontrolle s. Rz. 89). Die Kanzlei des EuGH übermittelt ihm jedoch während des Verfahrens Kopien der anfallenden Schriftstücke[7]. Falls Rückfragen des EuGH beim vorlegenden Gericht notwendig sind, kann auf Art. 101 Abs. 1 VerfO EuGH zurückgegriffen werden, wonach der Gerichtshof das nationale Gericht (nach Anhörung des Generalanwalts) um Klarstellungen ersuchen kann[8]. Damit ist die Möglichkeit eines „Dialogs" der Gerichte institutionell abgesichert worden. Zu Recht macht der EuGH davon zunehmend Gebrauch, so etwa in Fällen, in denen einschlägige Judikatur bereits existiert und der Gerichtshof deshalb einen Beschluss nach Art. 99 VerfO EuGH ins Auge fasst; hier fragt der Gerichtshof nicht selten beim vorlegenden Gericht an, ob es sein Vorabentscheidungsersuchen angesichts der vorhandenen Rspr. aufrechterhalten will[9].

VII. Verfahren vor dem EuGH

1. Schriftliches Verfahren

Das Verfahren vor dem EuGH gliedert sich in einen schriftlichen und einen mündlichen Teil (Art. 20 Abs. 1 EuGH-Satzung). Das schriftliche Verfahren beginnt damit, dass die eingegangene Vorlageentscheidung in eine Liste der anhängigen Verfahren eingetragen und mit einem Aktenzeichen versehen wird. Anschließend wird sie in alle Amtssprachen übersetzt[10] und den Parteien des Ausgangsverfahrens, den Mitgliedstaaten, der Kommission sowie unter bestimmten Voraussetzungen weiteren Organen oder Einrichtungen der Union zugestellt (Art. 23 Abs. 1 Satz 2 EuGH-Satzung). Sodann haben alle Beteiligten Gelegenheit, **schriftliche Erklärungen** einzureichen. Die Frist zur Einreichung der schriftlichen Erklärung beträgt zwei Monate (zzgl. einer pauschalen „Entfernungsfrist" von zehn Tagen, s. Art. 51 VerfO EuGH) und beginnt mit der Zustellung des Vorabentscheidungsersuchens durch den EuGH (Art. 23 Abs. 2 EuGH-Satzung). Die Frist ist zwingend und kann vom EuGH nicht verlängert werden. Eine Wiedereinsetzung in den

---

1 Vgl. dazu *Wißmann*, RdA 1995, 193 (199 und 203); ausführlich *Kerwer*, EuGH und deutsche Arbeitsgerichte, S. 611 ff.
2 *Lenz/Borchardt*, Art. 267 AEUV Rz. 38; *Dauses*, Vorabentscheidungsverfahren, S. 129.
3 Diese zeitliche Grenze ist mit Wirkung zum 1.11.2012 durch die neue Verfahrensordnung des Gerichtshofs eingeführt worden. Sie zeigt, dass die Bedeutung des Vorabentscheidungsverfahrens für die Fortentwicklung des Unionsrechts neuerdings stärker in den Vordergrund tritt; vgl. dazu *Dittert*, EuZW 2013, 726 (728 f.).
4 ErfK/*Wißmann*, Art. 267 AEUV Rz. 40; BLAH, Anh. § 1 GVG Rz. 12; vgl. EuGH v. 15.6.1995 – C-422/93 ua., NJW 1996, 447 (448) – Zabala Erasun.
5 Vgl. als positives Beispiel etwa BAG v. 17.7.1997 – 8 AZR 156/95 (B), NZA 1997, 1050.
6 EuGH v. 13.5.2015 – C-392/13, NZA 2015, 669 Rz. 32 – Rabal Cañas; EuGH v. 16.6.2016 – C-351/14, NZA 2016, 935 Rz. 50 – Rodríguez Sánchez; ErfK/*Wißmann*, Art. 267 AEUV Rz. 40.
7 Vgl. EuGH, Empfehlungen, Nr. 28.
8 Die Initiative dazu muss jedoch vom EuGH ausgehen. Das vorlegende Gericht kann nicht von sich aus tätig werden und beispielsweise zu den Schlussanträgen des Generalanwalts Stellung nehmen; vgl. EuGH v. 13.5.2015 – C-392/13, NZA 2015, 669 Rz. 32 – Rabal Cañas; EuGH v. 16.6.2016 – C-351/14, NZA 2016, 935 Rz. 50 – Rodríguez Sánchez.
9 Vgl. nur als Beispiele EuGH v. 3.7.2001 – C-241/99 – CIG; EuGH v. 13.6.2006 – C-173/03, NJW 2006, 3337 (3338) – Traghetti del Mediterraneo.
10 Sofern dies aufgrund der Länge der Vorlageentscheidung angebracht ist, wird nicht die gesamte Entscheidung übersetzt, sondern lediglich eine Zusammenfassung der Entscheidung; vgl. Art. 98 Abs. 1 S. 2 VerfO EuGH.

vorigen Stand ist nicht vorgesehen. Lediglich unter ganz außergewöhnlichen Umständen hat der EuGH verspätete Schriftsätze in der Vergangenheit nachträglich zugelassen[1].

141 Den Parteien des Ausgangsverfahrens wird dringend empfohlen, schriftliche Erklärungen einzureichen[2]. Bei der **Gestaltung des Schriftsatzes** sind die „Praktischen Anweisungen für die Parteien in den Rechtssachen vor dem Gerichtshof" zu beachten, die der EuGH herausgegeben hat[3]. Danach soll die Stellungnahme zwar vollständig sein und vor allem die Argumentation enthalten, die die Antwort des EuGH auf die Vorlagefragen stützen kann; sie soll jedoch nicht den in der Vorlageentscheidung dargelegten rechtlichen oder tatsächlichen Rahmen des Rechtsstreits noch einmal aufgreifen, es sei denn, er gibt Anlass zu ergänzenden Bemerkungen. In ihrem Aufbau sollte der Schriftsatz mit einer kurzen Darstellung der vom Verfasser gewählten Gliederung oder mit einem Inhaltsverzeichnis beginnen; enden sollte er in Vorabentscheidungsverfahren mit den Antworten, die er auf die vom vorlegenden Gericht gestellten Fragen zu geben vorschlägt[4]. Grundsätzlich sollten die schriftlichen Erklärungen 20 Seiten nicht überschreiten[5]. Auch in formaler Hinsicht (Schriftart/-grad, Zeilenabstand, Rand, etc.) enthalten die „Praktischen Anweisungen" konkrete Vorgaben. Da die schriftlichen Erklärungen von allen Verfahrensbeteiligten gleichzeitig eingeholt werden, gibt es keine Möglichkeit, auf die Stellungnahmen der anderen Beteiligten zu erwidern. Aus diesem Grund muss sogleich die gesamte Argumentation dargelegt werden[6].

142 Ist die Frist für die Einreichung der schriftlichen Erklärungen verstrichen, so werden die eingereichten Stellungnahmen übersetzt und den Verfahrensbeteiligten übersandt. Damit ist das schriftliche Verfahren beendet. Im Anschluss daran erstellt der Berichterstatter einen sog. **Vorbericht**, der den Beteiligten nicht zugänglich ist. Darin schlägt er unter anderem vor, ob besondere prozessleitende Maßnahmen getroffen werden müssen, und äußert sich dazu, ob von einer mündlichen Verhandlung oder von Schlussanträgen des Generalanwalts abgesehen werden kann (Art. 59 VerfO EuGH). Der Gerichtshof kann auf eine mündliche Verhandlung verzichten, wenn er sich durch die im schriftlichen Verfahren eingereichten Schriftsätze für ausreichend unterrichtet hält, um eine Entscheidung zu erlassen (Art. 76 Abs. 2 VerfO EuGH). Dies gilt allerdings nicht, wenn ein Beteiligter, der nicht am schriftlichen Verfahren teilgenommen hat, eine mündliche Verhandlung beantragt und dies substantiiert begründet (Art. 76 Abs. 3 iVm. Art. 96 Abs. 2 VerfO EuGH)[7]. Auf Antrag des vorlegenden Gerichts oder ausnahmsweise von Amts wegen kann der Präsident des Gerichtshofes nach Art. 105 VerfO EuGH ein **beschleunigtes Verfahren** mit erheblich verkürzten Fristen anordnen, wenn die Art der Rechtssache ihre rasche Erledigung fordert[8]. Darüber hinaus stellen Art. 107 ff. VerfO EuGH ein spezielles **Eilvorlageverfahren** zur Verfügung, das aber nur für bestimmte Materien (bzgl. des Raums der Freiheit, der Sicherheit und des Rechts) vorgesehen und daher für das Arbeitsrecht weniger von Interesse ist[9].

2. Mündliche Verhandlung

143 Nach der früheren Verfahrensordnung des EuGH wurde den Beteiligten etwa drei Wochen vor der mündlichen Verhandlung der sog. Sitzungsbericht zugesandt. Er wurde durch den Berichterstatter erstellt und enthielt in gedrängter Form den Sach- und Streitstand. Dieser **Sitzungsbericht** ist in der seit dem 1.11.2012 geltenden Verfahrensordnung nicht mehr vorgesehen, weil er nach Einschätzung des EuGH Kosten und Verzögerungen bei der Bearbeitung der Rechtssachen verursacht hat[10].

144 Die mündliche Verhandlung ist öffentlich (Art. 31 EuGH-Satzung). Die Parteien können an ihr teilnehmen, müssen es jedoch nicht[11]. Die mündliche Verhandlung beginnt grds. mit der **Anhörung der Betei-**

---

1 Zum Ganzen vgl. *Bauer/Diller*, NZA 1996, 169 (173).
2 Zu verfahrenstaktischen Überlegungen ausführlich *Bauer/Diller*, NZA 1996, 169 (173).
3 Die Anweisungen sind veröffentlicht in ABl. EU Nr. L 31 v. 31.1.2014, S. 1 ff., und finden sich außerdem auf der Homepage des Gerichtshofs (www.curia.europa.eu). Zu Abfassung und Aufbau der Schriftsätze vgl. Nr. 10 f. und Nr. 34 ff.
4 EuGH, Praktische Anweisungen, Nr. 36.
5 EuGH, Praktische Anweisungen, Nr. 11. Nach Art. 58 VerfO EuGH hat der Gerichtshof die Möglichkeit erhalten, durch Beschluss die maximale Länge der bei ihm eingereichten Schriftsätze oder Erklärungen verbindlich festzulegen. Die bisherigen Vorgaben in den „Praktischen Anweisungen" sind jedoch nur als Empfehlungen formuliert.
6 Zu den verschiedenen Arten der Einreichung und Übermittlung von Schriftsätzen, auch auf elektronischem Weg („e-Curia"), vgl. EuGH, Praktische Anweisungen, Nr. 40 ff.
7 Vgl. dazu *Dittert*, EuZW 2013, 726 (727); *Mächtle*, JuS 2014, 508 (510).
8 Insoweit hat die neue Verfahrensordnung des EuGH die Anforderungen gelockert.
9 Vgl. dazu den Überblick bei *Kühn*, EuZW 2008, 263 ff.
10 Vgl. EuGH, Pressemitteilung Nr. 122/12 v. 3.10.2012 (www.curia.europa.eu); kritisch zur Abschaffung des Sitzungsberichts *Berrisch*, EuZW 2012, 881 (882).
11 *Bauer/Diller*, NZA 1996, 169 (175).

ligten. Alle Verfahrensbeteiligten, auch die Parteien des Ausgangsverfahrens, haben Gelegenheit zu mündlichen Ausführungen. Die Redezeit beträgt idR 15 Minuten. Eine Verlängerung ist nur mit besonderer Begründung und auf vorherige schriftliche Anfrage möglich[1]. Die Reihenfolge der Plädoyers wird vom EuGH festgelegt. Normalerweise werden zuerst die Parteien des Ausgangsverfahrens gehört, dann die Regierungen der Mitgliedstaaten und letztlich die Kommission. Die Richter des EuGH und der Generalanwalt haben sodann die Möglichkeit, Fragen an die Verfahrensbeteiligten und an ihre Prozessvertreter zu richten. Im Anschluss an die Plädoyers der anderen Beteiligten wird noch einmal kurz Gelegenheit gegeben, auf deren Vorbringen einzugehen, insbesondere die gegebenen Sachverhaltsdarstellungen richtig zu stellen oder auf ein neu vorgebrachtes Argument zu erwidern. Die Zeit für die Erwiderungen ist auf fünf Minuten begrenzt[2].

Will die Partei von der Möglichkeit mündlicher Ausführungen Gebrauch machen, so sind bei der **Gestaltung des Plädoyers** die „Praktischen Anweisungen" des EuGH zu beachten. Hat der Gerichtshof die Beteiligten vorab aufgefordert, ihre mündlichen Ausführungen auf bestimmte Punkte zu konzentrieren oder hat er ihnen Fragen zur Beantwortung in der mündlichen Verhandlung übermittelt (Art. 61 f. VerfO EuGH), so sind die Ausführungen konsequent darauf auszurichten. Im Übrigen sind die Gesichtspunkte hervorzuheben, die nach Meinung des Vortragenden für die Entscheidung des Gerichtshofs von besonderer Bedeutung sind[3]. Auch bietet die mündliche Verhandlung Gelegenheit, kurz auf die schriftlichen Erklärungen der anderen Verfahrensbeteiligten zu erwidern. Dagegen ist eine Wiederholung der eigenen schriftlichen Ausführungen tunlichst zu vermeiden[4].

145

Am Ende der mündlichen Verhandlung kündigt der Generalanwalt seine **Schlussanträge** an. Diese sind Bestandteil der mündlichen Verhandlung (Art. 20 Abs. 4 EuGH-Satzung), sie werden idR jedoch erst zu einem späteren Zeitpunkt vorgetragen. Zu diesem Termin brauchen die Parteien nicht zu kommen, da auf die Schlussanträge ohnehin nicht mehr reagiert werden kann. Die Schlussanträge sind ausführlich begründete Gutachten, die in einem konkreten Entscheidungsvorschlag des Generalanwalts enden. Sie sollen den Richtern die Entscheidungsfindung erleichtern, wobei der Spruchkörper jedoch nicht an den Vorschlag des Generalanwalts gebunden ist[5]. Für den nationalen Rechtsanwender sind die Schlussanträge vor allem deshalb interessant, weil sie die jeweilige Problematik wesentlich umfassender behandeln als das spätere Urteil und daher für dessen Auslegung von nicht zu unterschätzender Bedeutung sind. Nach Art. 20 Abs. 5 der EuGH-Satzung kann der Gerichtshof allerdings beschließen, **ohne Schlussanträge** zu entscheiden, wenn er der Ansicht ist, dass eine Rechtssache keine neue Rechtsfrage aufwirft.

146

3. Vertretung der Verfahrensbeteiligten

Für die Prozessvertretung gelten im Vorabentscheidungsverfahren vor dem EuGH **dieselben Regeln wie beim vorlegenden Gericht** (Art. 97 Abs. 3 VerfO EuGH). Wer im Ausgangsverfahren befugt ist, einen Verfahrensbeteiligten zu vertreten, kann dies auch vor dem EuGH tun[6]. Das bedeutet für Vorlagen aus der deutschen **Arbeitsgerichtsbarkeit**: Legt ein ArbG vor, so kann die Partei vor dem EuGH selbst auftreten oder sich durch eine nach § 11 Abs. 2 ArbGG postulationsfähige Person vertreten lassen. Legt dagegen ein LAG oder das BAG vor, so ist eine Vertretung durch Anwälte oder Verbandsvertreter erforderlich. Eine besondere anwaltliche Zulassung beim EuGH gibt es nicht; vielmehr kann jeder in der EU zugelassene Anwalt vor dem EuGH auftreten[7].

147

4. Sprachenregelung

Verfahrenssprache ist in Vorabentscheidungsverfahren immer die Sprache des nationalen Gerichts, das den Gerichtshof angerufen hat (Art. 37 Abs. 3 Satz 1 VerfO EuGH). Stammt das Vorabentscheidungsersuchen also von einem deutschen Gericht, dann ist die Verfahrenssprache Deutsch. Das bedeutet: Sämtliche Schreiben des EuGH an die Parteien sind in Deutsch abgefasst; die Parteien können auf Deutsch an den Gerichtshof schreiben und in der mündlichen Verhandlung auf Deutsch plädieren. Die Korrespondenz mit ausländischen Instanzen im Verfahren, etwa den Regierungen der anderen Mitgliedstaaten, wird vom EuGH in deren Heimatsprache geführt. Die Stellungnahmen der fremden Regierungen werden für die Parteien des deutschen Ausgangsverfahrens auf Deutsch übersetzt und ihnen zugesandt. Auch in der mündli-

148

---

1 Vgl. EuGH, Praktische Anweisungen, Nr. 52.
2 Vgl. EuGH, Praktische Anweisungen, Nr. 55.
3 EuGH, Praktische Anweisungen, Nr. 50 f.
4 *Bauer/Diller*, NZA 1996, 169 (175).
5 Vgl. nur Rengeling/Middeke/Gellermann/*Tichadou*, Rechtsschutz, § 25 Rz. 15.
6 Vgl. EuGH, Praktische Anweisungen, Nr. 3.
7 *Hakenberg*, DRiZ 2000, 345 (348).

chen Verhandlung dürfen die Mitgliedstaaten in ihrer eigenen Amtssprache plädieren (Art. 38 Abs. 4 VerfO EuGH). Interne **Arbeitssprache** des EuGH ist in allen Verfahren Französisch[1].

VIII. Entscheidung des EuGH

1. Form der Entscheidung

149 Die Entscheidung des EuGH über die vorgelegte Frage ergeht regelmäßig in Form eines **Urteils**. Es wird in öffentlicher Sitzung verkündet und sowohl den Verfahrensbeteiligten als auch dem vorlegenden Gericht übersandt (vgl. Art. 88 VerfO EuGH). Da keine Rechtsmittel gegeben sind, wird es mit dem Tag der Verkündung rechtskräftig (Art. 91 Abs. 1 VerfO EuGH). Sein Tenor erscheint im Amtsblatt der EU; das gesamte Urteil wird gemeinsam mit den Schlussanträgen in der amtlichen Sammlung des EuGH veröffentlicht. Ausnahmsweise kann der Gerichtshof durch **Beschluss** entscheiden, wenn die vorgelegte Frage mit einer bereits entschiedenen übereinstimmt oder anhand der bisherigen Rspr. klar beantwortet werden kann, oder wenn die Beantwortung der vorgelegten Frage keinen Raum für vernünftige Zweifel lässt (Art. 99 VerfO EuGH)[2]. Anders als nach der früheren Verfahrensordnung braucht der EuGH auch in der zuletzt genannten Konstellation zuvor nicht mehr das vorlegende Gericht zu unterrichten oder die Parteien des Ausgangsrechtsstreits zu konsultieren[3]. Ferner kann der Gerichtshof nach Art. 53 Abs. 2 VerfO EuGH durch Beschluss entscheiden, wenn er für die Entscheidung über eine Rechtssache offensichtlich unzuständig oder ein Ersuchen offensichtlich unzulässig ist[4].

2. Inhalt der Entscheidung

150 Der Inhalt der Vorabentscheidung richtet sich nach den Kompetenzen des EuGH (s. Rz. 108 f.). Dementsprechend entscheidet der EuGH nur über die **Gültigkeit bzw. Auslegung des Unionsrechts**. Dagegen geht es nicht um die Gültigkeit, Auslegung und Anwendung des nationalen Rechts. Es wird auch nicht unmittelbar über die Vereinbarkeit des nationalen Rechts mit dem Unionsrecht entschieden, auch wenn die Entscheidungen des EuGH im Ergebnis nicht selten auf die Feststellung der Unionsrechtswidrigkeit bzw. Unionsrechtskonformität innerstaatlichen Rechts hinauslaufen. Dies abschließend zu beurteilen, ist jedoch Sache des vorlegenden Gerichts. Der EuGH gibt lediglich die Auslegung des Unionsrechts, die es erlaubt, über die Vereinbarkeit zu entscheiden. Dabei gibt er mitunter auch Auslegungshinweise zu Vorschriften, nach denen das vorlegende Gericht gar nicht gefragt hat, wenn er der Auffassung ist, dass diese Hinweise dem Gericht bei der Entscheidung des zugrunde liegenden Verfahrens von Nutzen sein könnten[5]. Zu beachten ist ferner, dass der EuGH das Unionsrecht lediglich auszulegen und nicht auf den konkreten Fall anzuwenden hat. Das bedeutet, dass er grds. nur abstrakte Auslegungskriterien zu liefern hat. Bleibt die Antwort allerdings zu abstrakt, dann hilft sie dem vorlegenden Gericht nicht bei der Entscheidung des Ausgangsrechtsstreits. Aus diesem Grund bemüht sich der EuGH, fallorientiert vorzugehen und seine Antwort auf die Gegebenheiten des konkreten Verfahrens zuzuschneiden. Dies zeigt sich deutlich in Formulierungen wie „ein Fall wie der im Vorlagebeschluss beschriebene", „Bestimmungen wie die im Ausgangsverfahren streitigen", „unter Umständen wie denen des Ausgangsverfahrens", die sich in zahlreichen Urteilen des EuGH finden. Faktisch nimmt der Gerichtshof dem nationalen Gericht auf diese Weise die Subsumtion ab[6] und stößt dadurch an die Grenzen seiner Zuständigkeit[7]. Nach der in Art. 267 AEUV angelegten Aufgabenverteilung ist es Sache des vorlegenden Gerichts, die vom EuGH gegebene Auslegung im konkreten Rechtsstreit zur Geltung zu bringen. Dabei hat es das Recht und die Pflicht, die unionsrechtlichen Vorgaben auch gegenüber geschriebenem nationalen Recht oder einer st. Rspr. höherer Gerichte anzuwenden und durchzusetzen. Im Falle einer Kollision mit unmittelbar geltendem Unionsrecht muss es

---

1 *Dauses*, Vorabentscheidungsverfahren, S. 164; *Latzel/Streinz*, NJOZ 2013, 97 (101); *Mächtle*, JuS 2014, 508 (509).
2 Vgl. etwa EuGH v. 28.1.2015 – C-688/13, NZA 2015, 287 Rz. 27 – Gimnasio Deportivo San Andrés.
3 *Dittert*, EuZW 2013, 726 (728); EUArbR/*Höpfner*, Art. 267 AEUV Rz. 92; kritisch *Berrisch*, EuZW 2012, 881 (882); vgl. auch *Mächtle*, JuS 2015, 314 (317).
4 Vgl. etwa EuGH v. 3.7.2014 – C-19/14, NZS 2014, 619 – Talasca; EuGH v. 21.10.2014 – C-665/13 – Sindicato Nacional dos Profissionais de Seguros e Afins; EuGH v. 12.5.2016 – C-281/15, NZFam 2016, 789 – Sahyouni.
5 Vgl. nur EuGH v. 12.10.2004 – C-60/03, NZA 2004, 1211 (1212) – Wolff & Müller; EuGH v. 15.9.2005 – C-258/04, EuZW 2005, 663 – Ioannidis; EuGH v. 26.2.2008 – C-506/06, NZA 2008, 345 (347) – Mayr; EuGH v. 1.10.2015 – C-452/14, PharmaR 2015, 589, Rz. 34 – Doc Generici; EuGH v. 29.10.2015 – C-583/14, Rz. 20 – Nagy; EuGH v. 17.12.2015 – C-330/14, Rz. 31 – Szemerey; EuGH v. 16.6.2016 – C-159/15, NZA 2016, 879 Rz. 22 – Lesar; EuGH v. 21.6.2016 – C-15/15, EuZW 2016, 717 Rz. 29 – New Valmar; EuGH v. 18.1.2017 – C-365/15, ZfZ 2017, 42 Rz. 33 – Wortmann.
6 ErfK/*Wißmann*, Art. 267 AEUV Rz. 6.
7 Zu Recht kritisch Kasseler Handbuch/*Heinze*, Kap. 12 Rz. 247.

entgegenstehende deutsche Bestimmungen unangewendet lassen[1], ohne zuvor das BVerfG anrufen zu müssen; ein Verwerfungsmonopol für nachkonstitutionelle Gesetze kommt dem BVerfG nur im Hinblick auf deren Verfassungswidrigkeit zu[2]. Ist im Wege der Vorabentscheidung eine unionsrechtswidrige Diskriminierung festgestellt worden, so ist das innerstaatliche Gericht gehalten, die diskriminierende nationale Bestimmung außer Anwendung zu lassen, ohne dass es ihre vorherige Aufhebung durch den Gesetzgeber beantragen oder abwarten müsste, und auf die Mitglieder der benachteiligten Gruppe die Regelung anzuwenden, die für die Mitglieder der anderen Gruppe gilt[3]. Davon abgesehen sind allerdings alle innerstaatlichen Stellen verpflichtet, die Unionsrechtswidrigkeit nationaler Bestimmungen, die sich aus einer Vorabentscheidung des EuGH ergibt, so schnell wie möglich zu beseitigen und den Rechten, die den Bürgern aus dem Unionsrecht erwachsen, die volle Wirksamkeit zu verschaffen[4].

3. Wirkung der Entscheidung

a) Innerhalb des Ausgangsverfahrens

Das Urteil des EuGH bindet sowohl das vorlegende Gericht als auch alle anderen Gerichte, die im Ausgangsverfahren mit der Sache befasst werden; nur so kann das vom Vorabentscheidungsverfahren verfolgte Ziel einer einheitlichen Rechtsanwendung in den Mitgliedstaaten erreicht werden[5]. Die **Bindung** erstreckt sich nur auf den Urteilstenor; die Entscheidungsgründe sind jedoch zu dessen Auslegung heranzuziehen[6]. Zur Auslegung der Entscheidung sind die mit dem Ausgangsverfahren befassten Gerichte selbst befugt. Soweit sich aus der relativ abstrakten Formulierung des Urteils Zweifel über die richtige Anwendung auf den konkreten Fall ergeben, müssen sie den EuGH daher nicht um eine weitere Präzisierung ersuchen; denn die Subsumtion des Sachverhalts unter die vom Gerichtshof herausgearbeiteten Rechtssätze ist Aufgabe der nationalen Gerichte. Die gegenteilige Ansicht liefe darauf hinaus, dem EuGH die Entscheidung des Einzelfalls zu übertragen; das ist von Art. 267 AEUV gerade nicht gewollt[7]. Art. 43 der EuGH-Satzung steht diesem Verständnis nicht entgegen; das dort vorgesehene Verfahren zur Urteilsauslegung in Zweifelsfällen kann von innerstaatlichen Gerichten nicht beantragt werden[8].

151

Den mit dem Ausgangsverfahren befassten Gerichten bleibt es jedoch unbenommen, dem EuGH dieselbe Sache erneut vorzulegen und die Vorlagefrage dabei zu präzisieren oder zu ergänzen. Eine solche **erneute Vorlage** kommt insbesondere dann in Betracht, wenn die Entscheidung des EuGH nicht alle Unklarheiten beseitigt hat, wenn sich neue Rechtsfragen stellen oder wenn das Gericht dem EuGH neue Gesichtspunkte unterbreiten will, die diesen veranlassen könnten, eine bereits gestellte Frage nunmehr anders zu beantworten[9]. Von dieser Möglichkeit hat das BAG im Fall *Paletta* (zum Beweiswert ausländischer Arbeitsunfähigkeitsbescheinigungen) Gebrauch gemacht; nach der ersten Entscheidung des EuGH[10] hat es ein erneutes Vorabentscheidungsersuchen an diesen gerichtet[11] und so eine Klarstellung des ersten Urteils erreicht[12].

152

---

1 EuGH v. 19.1.2010 – C-555/07, NZA 2010, 85 (88) – Kücükdeveci; EuGH v. 11.9.2014 – C-112/13, EuZW 2014, 950 Rz. 36 – A/B ua.; EuGH v. 4.6.2015 – C-5/14, NVwZ 2015, 1122 Rz. 32 – KLE; EuGH v. 15.10.2015 – C-581/14, EuGRZ 2015, 660 Rz. 34 ff. – Naderhirn; EuGH v. 5.4.2016 – C-689/13, EuZW 2016, 431 Rz. 38, 40 – PFE; EuGH v. 5.7.2016 – C-614/14, Rz. 34 – Ognyanov.
2 BVerfG v. 9.6.1971 – 2 BvR 225/69, NJW 1971, 2122; BVerfG v. 31.5.1990 – 2 BvL 12/88 ua., NVwZ 1991, 53; *Wißmann*, RdA 1995, 193 (194); *Giegerich*, JuS 1997, 39 (41); aM *Bauer/Krieger*, NZA 2007, 674 (675); *Tavakoli/Westhauser*, DB 2008, 702 (704); *Wackerbarth/Kreße*, EuZW 2010, 252 ff.
3 Vgl. nur EuGH v. 21.6.2007 – C-231/06 ua., NJW 2007, 3625 (3628) – Jonkman.
4 EuGH v. 21.6.2007 – C-231/06 ua., NJW 2007, 3625 (3627 f.) – Jonkman.
5 EuGH v. 3.2.1977 – 52/76 – Benedetti; EuGH v. 5.3.1986 – 69/85 – Wünsche; EuGH v. 16.6.2015 – C-62/14, NJW 2015, 2013 Rz. 16 – Gauweiler; EuGH v. 5.7.2016 – C-614/14, Rz. 33 – Ognyanov; BVerfG v. 8.4.1987 – 2 BvR 687/85, BB 1987, 2111; BFH v. 8.11.1977 – VII R 41/75, RIW 1978, 328; BFH v. 28.5.2013 – XI R 11/09, RIW 2013, 648 Rz. 66; BAG v. 2.12.1992 – 4 AZR 152/92, NZA 1993, 367 (368); vgl. auch BAG v. 8.8.1996 – 6 AZR 771/93, NJW 1997, 2195; ErfK/*Wißmann*, Art. 267 AEUV Rz. 43; *Heß*, ZZP 108 (1995), 59 (69).
6 BAG v. 2.12.1992 – 4 AZR 152/92, NZA 1993, 367 (368); *Heß*, ZZP 108 (1995), 59 (67); EUArbR/*Höpfner*, Art. 267 AEUV Rz. 9; aM *Beckmann*, Vorabentscheidungsverfahren, S. 111 (Bindung auch an die tragenden Gründe); *Broberg/Fenger*, Vorabentscheidungsverfahren, S. 383.
7 Vgl. dazu BAG v. 5.3.1996 – 1 AZR 590/92, NJW 1996, 2529 (2532); BAG v. 18.2.2003 – 1 ABR 2/02, NZA 2003, 742 (747); ErfK/*Wißmann*, Art. 267 AEUV Rz. 32.
8 BAG v. 18.2.2003 – 1 ABR 2/02, NZA 2003, 742 (747); ErfK/*Wißmann*, Art. 267 AEUV Rz. 32.
9 Vgl. EuGH v. 13.5.1981 – 66/80, NJW 1982, 1205 (1206) – International Chemical; EuGH v. 11.6.1987 – 14/86, RIW 1988, 657 (658) – Pretore di Saló; *Heß*, ZZP 108 (1995), 59 (69); Rengeling/Middeke/Gellermann/*Middeke*, Rechtsschutz, § 10 Rz. 102; EUArbR/*Höpfner*, Art. 267 AEUV Rz. 93.
10 EuGH v. 3.6.1992 – C-45/90, NJW 1992, 2687 – Paletta I.
11 BAG v. 27.4.1994 – 5 AZR 747/93, NZA 1994, 683.
12 EuGH v. 2.5.1996 – C-206/94, NJW 1996, 1881 – Paletta II.

b) Außerhalb des Ausgangsverfahrens

153 Inwieweit eine Vorabentscheidung des EuGH Bindungswirkung auch außerhalb des Ausgangsverfahrens entfaltet, ist bisher **nicht abschließend geklärt**. Im Grundsatz gilt, dass Vorabentscheidungen nur „inter partes" ergehen. Das bedeutet allerdings nicht, dass Gerichte in anderen Verfahren die Entscheidung einfach ignorieren könnten. Es ist zu differenzieren zwischen Gültigkeits- und Auslegungsurteilen:

154 Hat der Gerichtshof eine unionsrechtliche Regelung für **ungültig** erklärt, so ist jedes Gericht aus Gründen der Rechtssicherheit und der einheitlichen Anwendung des Unionsrechts berechtigt und verpflichtet, die beanstandete Regelung als ungültig anzusehen; auch erneute Vorlagen sollen nur erfolgen, wenn Unklarheiten über die Gründe, über den Umfang oder über die Folgen der zuvor festgestellten Ungültigkeit bestehen[1]. Hat der EuGH umgekehrt eine Unionsregelung für **gültig** befunden, dann dürfen nationale Gerichte diese Regelung nicht als ungültig betrachten. Sofern ein Gericht allerdings weitere Zweifel an der Gültigkeit der unionsrechtlichen Bestimmung hat, so kann es im Hinblick darauf ein erneutes Vorabentscheidungsersuchen an den EuGH richten[2].

155 Urteile des EuGH zur **Auslegung** des Unionsrechts berechtigen jedenfalls die nationalen Gerichte dazu, die vom EuGH gegebene Interpretation zu übernehmen[3]. Letztinstanzlich entscheidende Gerichte müssen dies tun oder aber – bei Zweifeln an der Richtigkeit der Interpretation – erneut vorlegen (Art. 267 Abs. 3 AEUV). Insofern lässt sich jedenfalls bei letztinstanzlich entscheidenden Gerichten von einer mittelbaren Bindung an frühere EuGH-Entscheidungen sprechen[4]. Ob eine solche mittelbare Bindung auch bei unterinstanzlichen Gerichten anzunehmen ist, hat der EuGH bislang noch nicht entschieden. Richtigerweise wird man annehmen müssen, dass sich ihr Vorlageermessen zumindest dann zu einer Vorlagepflicht reduziert, wenn sie von einer gesicherten Judikatur des EuGH abweichen wollen[5]. Im Übrigen kommt auch den Auslegungsurteilen eine Präjudizwirkung zu, die derjenigen von höchstrichterlichen Urteilen im nationalen Recht ähnelt; Auslegungsurteile entfalten damit eine tatsächliche rechtsbildende Kraft, die über den jeweiligen Einzelfall hinausreicht[6].

c) Zeitliche Wirkung

156 In zeitlicher Hinsicht entfalten die Urteile des EuGH grds. **Rückwirkung**[7]. Sie sind daher von den nationalen Gerichten auch auf Sachverhalte anzuwenden, die vor dem Erlass der Vorabentscheidung liegen[8]. Der EuGH hält sich jedoch für befugt, die zeitliche Wirkung seiner Urteile aus Gründen der Rechtssicherheit zu beschränken. Dies tut er insbesondere, wenn ein rückwirkendes Urteil unerwartete und erhebliche finanzielle Folgen nach sich ziehen würde. Auf arbeitsrechtlichem Gebiet hat der EuGH davon zB im sog. *Barber*-Urteil Gebrauch gemacht, aus dem sich ergab, dass Rentnern unter Verstoß gegen Art. 119 EWGV (heute: Art. 157 AEUV) jahrelang Betriebsrenten vorenthalten worden waren[9]; hier hätte eine Rückwirkung des EuGH-Urteils ein System der sozialen Sicherung komplett zum Einsturz bringen können. Hingegen rechtfertigen die finanziellen Konsequenzen, die sich aus einer Vorabentscheidung für einen Mitgliedstaat ergeben können, für sich allein nicht die zeitliche Begrenzung der Wirkung des betreffenden Urteils[10]. Die Tatsache, dass die betreffende Rechtsfrage im nationalen Recht bzw. von der nationalen Rspr.

---

1 EuGH v. 13.5.1981 – 66/80, NJW 1982, 1205 (1206) – International Chemical.
2 *Dauses*, Vorabentscheidungsverfahren, S. 156 f.; ErfK/*Wißmann*, Art. 267 AEUV Rz. 44; EUArbR/*Höpfner*, Art. 267 AEUV Rz. 95.
3 Rengeling/Middeke/Gellermann/*Middeke*, Rechtsschutz, § 10 Rz. 104.
4 *Dauses*, Vorabentscheidungsverfahren, S. 154; ErfK/*Wißmann*, Art. 267 AEUV Rz. 44; EUArbR/*Höpfner*, Art. 267 AEUV Rz. 94; vgl. auch BVerfG v. 4.11.1987 – 2 BvR 876/85, NJW 1988, 2173; BGH v. 21.4.1994 – I ZR 31/92, NJW 1994, 2607 (2608).
5 Str.; vgl. *Kerwer*, EuGH und nationale Arbeitsgerichte, S. 505 ff. mwN. S. dazu auch schon oben Rz. 122.
6 von der Groeben/Schwarze/Hatje/*Gaitanides*, Art. 267 AEUV Rz. 93; Lenz/Borchardt, Art. 267 AEUV Rz. 60; Broberg/Fenger, Vorabentscheidungsverfahren, S. 390.
7 Vgl. nur EuGH v. 2.2.1988 – 24/86, NJW 1989, 3088 (3089 f.) – Blaizot; EuGH v. 4.5.1999 – C-262/96, AuR 2000, 110 (111) – Sürül; EuGH v. 15.3.2005 – C-209/03, NJW 2005, 2055 (2058) – Bidar; EuGH v. 14.4.2015 – C-76/14, IStR 2015, 559 Rz. 53 – Manea; EuGH v. 9.6.2016 – C-586/14, Rz. 45 – Budisan.
8 EuGH v. 17.2.2005 – C-453/02, EuZW 2005, 210 (212) – Linneweber; EuGH v. 15.3.2005 – C-209/03, NJW 2005, 2055 (2058) – Bidar; EuGH v. 12.2.2008 – C-2/06, JZ 2008, 464 (465) – Kempter; EuGH v. 22.1.2015 – C-401/13, EAS Teil C VO (EWG) 1408/71 Art. 7 Nr. 3 Rz. 49 – Balasz; EuGH v. 14.4.2015 – C-76/14, IStR 2015, 559 Rz. 53 – Manea; EuGH v. 9.6.2016 – C-586/14, Rz. 45 – Budisan.
9 EuGH v. 17.5.1990 – 262/88, NJW 1991, 2204 (2206 f.) – Barber; vgl. auch EuGH v. 8.4.1976 – 43/75, NJW 1976, 2068 (2070) – Defrenne II; EuGH v. 15.12.1995 – C-415/93, NJW 1996, 505 (512) – Bosman; EuGH v. 1.4.2008 – C-267/06, NZA 2008, 459 (463) – Maruko; EuGH v. 17.12.2015 – C-25/14, NZA 2016, 113 Rz. 50 ff – UNIS.
10 EuGH v. 17.2.2005 – C-453/02, EuZW 2005, 210 (212) – Linneweber; EuGH v. 15.3.2005 – C-209/03, NJW 2005, 2055 (2058) – Bidar; EuGH v. 18.10.2012 – C-525/11, UR 2013, 119 Rz. 44 – Mednis; EuGH v. 27.2.2014 – C-82/

bisher abweichend beurteilt wurde, begründet ebenfalls kein schutzwürdiges Vertrauen, das eine Begrenzung der Rückwirkung rechtfertigen könnte[1]. Nach Auffassung des BVerfG kann sie auch nicht dazu führen, dass deutsche Gerichte auf der Basis des innerstaatlichen Rechts (Art. 20 Abs. 3 GG) Vertrauensschutz gewähren, ohne sich zuvor an den EuGH zu wenden und die Frage klären zu lassen, ob die Gewährung von Vertrauensschutz mit der Pflicht zur richtlinienkonformen Auslegung nationalen Rechts vereinbar ist[2]. Auch bei Entscheidungen, die die Ungültigkeit eines Rechtsaktes feststellen, nimmt der EuGH analog Art. 264 Abs. 2 AEUV eine Befugnis zur Beschränkung der zeitlichen Wirkungen in Anspruch[3].

IX. Kosten und Gebühren

Das Verfahren vor dem EuGH ist **gerichtskostenfrei**. 157

Die Höhe der **Anwaltsgebühren** für das Vorabentscheidungsverfahren vor dem EuGH regelt § 38 RVG. 158
Danach gelten die für Revisionsverfahren anzuwendenden Vorschriften entsprechend. Heranzuziehen sind daher die Gebührentatbestände der Nr. 3206–3213 VV[4]. Der Rechtsanwalt kann eine Verfahrensgebühr und eine Terminsgebühr verlangen. Da sich die Parteien nicht nur durch einen beim BGH zugelassenen Rechtsanwalt vertreten lassen können, beträgt die Verfahrensgebühr nicht 2,3 (Nr. 3208 VV), sondern nur 1,6 (Nr. 3206 VV)[5]. Die Terminsgebühr fällt mit einem Gebührensatz von 1,5 an (Nr. 3210 VV), und zwar auch dann, wenn der EuGH im konkreten Fall ohne mündliche Verhandlung entscheidet[6]. Nach § 38 Abs. 3 RVG wird die Verfahrensgebühr des Ausgangsrechtsstreits auf die Verfahrensgebühr des Verfahrens vor dem EuGH angerechnet, wenn der Anwalt keine schriftliche Stellungnahme gegenüber dem EuGH abgibt.

Über die **Erstattung der außergerichtlichen Kosten**, insbesondere der Anwaltsgebühren, ergeht im Vor- 159
abentscheidungsverfahren keine gesonderte Entscheidung. Da dieses Verfahren nur einen Zwischenstreit in dem vor dem nationalen Gericht anhängigen Rechtsstreit darstellt, ist die Entscheidung über die Kosten des Vorabentscheidungsverfahrens Sache des nationalen Gerichts (Art. 102 VerfO EuGH)[7]. Die zusätzlich entstehenden Gebühren teilen das Schicksal der sonstigen Kosten des Rechtsstreits. In der Arbeitsgerichtsbarkeit bedeutet dies, dass eine Kostenerstattung ausscheidet, wenn bereits in der ersten Instanz vorgelegt wird (vgl. § 12a Abs. 1 Satz 1 ArbGG). Da die Mitwirkung der Mitgliedstaaten und der EU-Organe am Verfahren ausschließlich im öffentlichen Interesse liegt, sind deren Auslagen nicht erstattungsfähig[8].

Gemäß Art. 115 ff. VerfO EuGH kann der Gerichtshof **Prozesskostenhilfe** bewilligen, wenn eine Partei 160
des Ausgangsrechtsstreits außerstande ist, die Kosten des Verfahrens ganz oder teilweise zu bestreiten. Die vom EuGH gewährte Prozesskostenhilfe ist aber gegenüber der auf nationaler Ebene gewährten Hilfe nachrangig; daher hat der Antragsteller anzugeben, ob er bereits vor dem vorlegenden Gericht Prozesskostenhilfe bezogen hat und was von den bereits bewilligten Beträgen gedeckt ist (Art. 115 Abs. 3 VerfO EuGH)[9]. Nach der Rspr. des BGH umfasst die Bewilligung von Prozesskostenhilfe für das Revisionsverfahren unter Beiordnung eines Rechtsanwalts auch die Vertretung in einem zwischengeschalteten Vorabentscheidungsverfahren vor dem EuGH. Die Beiordnung eines anderen Rechtsanwalts für das Vorabentscheidungsverfahren kommt daher nicht in Betracht, wenn keine Zweifel an der ordnungsgemäßen Vertretung durch den beigeordneten Rechtsanwalt bestehen und die Partei diesem weiterhin vertraut[10].

12, ZfZ 2014, 332 Rz. 48 – Transportes Jordi Besora; EuGH v. 14.4.2015 – C-76/14, IStR 2015, 559 Rz. 55 – Manea. Allgemein zur Problematik *Wiedmann*, EuZW 2007, 692 ff.
1 ErfK/*Wißmann*, Art. 267 AEUV Rz. 45 f.
2 BVerfG v. 10.12.2014 – 2 BvR 1549/07, NZA 2015, 375. Durch die Entscheidung hat das BVerfG die Praxis des BAG beanstandet, mit der dieses die Wirkung des *Junk*-Urteils des EuGH zur Massenentlassung (EuGH v. 27.1.2005 – C-188/03, NJW 2005, 1099 – Junk) beschränkt hatte, indem es für „Altfälle" nationalen Vertrauensschutz gewährt hatte (BAG v. 23.3.2006 – 2 AZR 343/05, NZA 2006, 971; BAG v. 13.7.2006 – 6 AZR 198/06, NZA 2007, 25; BAG v. 20.9.2006 – 6 AZR 219/06, AP Nr. 24 zu § 17 KSchG 1969); vgl. ausführlich dazu *Sagan*, NZA 2015, 341 ff.; *Latzel*, EuR 2015, 415 ff.
3 Vgl. nur EuGH v. 15.1.1986 – 41/84 – Pinna.
4 Vgl. dazu auch *Mayer/Kroiß*, 6. Aufl. 2013, § 38 RVG Rz. 11.
5 BGH v. 8.5.2012 – VIII ZB 3/11, NJW 2012, 2118 (2119 f.); *Mayer/Kroiß*, 6. Aufl. 2013, § 38 RVG Rz. 13.
6 BGH v. 8.5.2012 – VIII ZB 3/11, NJW 2012, 2118 (2120 f.).
7 *Dauses*, Vorabentscheidungsverfahren, S. 143; *Hakenberg*, DRiZ 2000, 345 (349); *Broberg/Fenger*, Vorabentscheidungsverfahren, S. 406 f.; *Wägenbaur*, Art. 102 VerfO-EuGH, Rz. 1.
8 Vgl. Rengeling/Middeke/Gellermann/*Geppert*, Rechtsschutz, § 29 Rz. 19; *Hakenberg/Stix-Hackl*, Handbuch, Teil 1, S. 222; *Hakenberg*, DRiZ 2000, 345 (349).
9 Vgl. dazu auch EuGH, Praktische Anweisungen, Nr. 6.
10 BGH v. 16.1.2014 – IX ZR 265/12, NJW 2014, 1539.

X. Verhältnis zur konkreten Normenkontrolle nach Art. 100 Abs. 1 GG

161 Ein von einem deutschen Gericht zu beurteilender Sachverhalt kann zugleich Unionsrecht und deutsches Verfassungsrecht berühren und damit zugleich den Rechtsschutz durch den EuGH und das BVerfG betreffen. Ein solcher Fall liegt etwa vor, wenn das Gericht annimmt, eine gesetzliche Bestimmung enthalte eine Diskriminierung wegen der Staatsangehörigkeit oder wegen des Geschlechts und verstoße daher sowohl gegen Art. 45 AEUV bzw. Art. 157 AEUV als auch gegen Art. 3 GG. In solchen Fällen obliegt die Auslegung des Unionsrechts, die dem nationalen Gericht die Beurteilung der Unionsrechtskonformität des deutschen Gesetzes ermöglicht, dem EuGH im Vorabentscheidungsverfahren. Die Prüfung der Verfassungsmäßigkeit des deutschen Gesetzes obliegt dagegen dem BVerfG im Verfahren der konkreten Normenkontrolle gem. Art. 100 Abs. 1 GG. Beide Verfahren treten zueinander in **Konkurrenz**. Für diese Situation gibt es keine ausdrückliche Regelung. Das Problem besteht darin, dass beide Verfahren die Entscheidungserheblichkeit der am höherrangigen Recht zu messenden gesetzlichen Vorschrift verlangen und dass deren Anwendbarkeit als Folge des jeweils anderen Vorlageverfahrens entfallen kann[1]. Bei der Frage, was das Gericht in einer solchen Situation zu tun hat, ist zu unterscheiden:

162 **Steht** im Hinblick auf eine frühere Entscheidung des EuGH **fest, dass das Gesetz gegen Unionsrecht verstößt**, so hat das Gericht es bereits aus diesem Grund unangewendet zu lassen. Eine Vorlage an das BVerfG nach Art. 100 GG wäre unzulässig, weil die fragliche Gesetzesbestimmung insoweit nicht entscheidungserheblich ist[2]. Dementsprechend hat das BVerfG eine Vorlage zum früheren Nachtarbeitsverbot für Arbeiterinnen (§ 19 AZO) für unzulässig gehalten[3], nachdem der EuGH ein halbes Jahr zuvor das parallel gelagerte französische Nachtarbeitsverbot für europarechtswidrig erklärt hatte (s. auch Rz. 77)[4]. Aus demselben Grund hat das BAG im Fall des Ausschlusses geringfügig Beschäftigter von der Lohnfortzahlung nach dem früheren § 1 Abs. 3 Nr. 2 LFZG auf eine Vorlage an das BVerfG verzichtet[5], da sich aus dem EuGH-Urteil im Fall *Rinner-Kühn*[6] die Europarechtswidrigkeit der Bestimmung ergab. Entsprechendes muss gelten, wenn das nationale Gericht auch ohne einschlägige Entscheidung des EuGH **von der Unionsrechtswidrigkeit** des Gesetzes **überzeugt** ist und es sich um ein **nicht vorlagepflichtiges Gericht** iSd. Art. 267 AEUV handelt. In diesem Fall darf es zwar den EuGH anrufen, es kann aber auch das nationale Gesetz einfach unangewendet lassen[7]. Auch hier fehlt die Entscheidungserheblichkeit für eine Vorlage nach Art. 100 GG. Eine konkrete Normenkontrolle kommt daher nicht in Betracht[8].

163 Eine echte Konkurrenz der Vorlageverfahren besteht nur dann, wenn es sich um ein **vorlagepflichtiges Gericht** iSd. Art. 267 Abs. 3 AEUV handelt, das an der Unionsrechtskonformität des Gesetzes zumindest zweifelt und zugleich von dessen Verfassungswidrigkeit überzeugt ist[9]. In diesem Fall ist es sowohl nach Art. 267 Abs. 3 AEUV als auch nach Art. 100 GG zur Vorlage verpflichtet. Hier stellt sich erst aufgrund einer Entscheidung des EuGH bzw. des BVerfG heraus, ob das Gesetz wegen Unionsrechtswidrigkeit nicht entscheidungserheblich iSd. Art. 100 GG oder wegen Verfassungswidrigkeit nicht entscheidungserheblich iSd. Art. 267 AEUV ist[10]. Da keine festen Regeln für den Vorrang eines der beiden Verfahren existieren, hat das nationale Gericht grds. ein **Wahlrecht**, welches Vorlageverfahren es zuerst einleiten will[11]. Insoweit darf es einen zwingenden Vorrang des innerstaatlichen Normenkontrollverfahrens schon aus unionsrechtlichen Gründen nicht geben; das Gericht muss jederzeit – auch während der Anhängigkeit eines Normenkontrollverfahrens nach Art. 100 GG – berechtigt sein, sich wegen der Unionsrechtskonformität an den EuGH zu wenden, sofern es diesen Zeitpunkt für geeignet hält[12]. Für der Ausübung des Wahlrechts sollten prozessökonomische Überlegungen maßgeblich sein. Diese sprechen für eine Vorlage an das BVerfG, wenn das Gericht von der Verfassungswidrigkeit überzeugt ist, während die Unionsrechtswidrigkeit ungewiss erscheint. Hingegen liegt eine Vorlage an den EuGH näher, wenn das Gericht sowohl von der Unions-

---

1 ErfK/*Wißmann*, Art. 267 AEUV Rz. 46.
2 ErfK/*Wißmann*, Art. 267 AEUV Rz. 47; BVerfG v. 17.12.2002 – 1 BvL 28/95 ua., NJW 2003, 1232; BVerfG v. 11.7.2006 – 1 BvL 4/00, NJW 2007, 51; BVerfG v. 9.9.2014 – 1 BvL 2/14, NVwZ-RR 2015, 1 Rz. 12.
3 BVerfG v. 28.1.1992 – 1 BvR 1025/82 ua., NJW 1992, 964.
4 EuGH v. 25.7.1991 – C-345/89, DB 1991, 2194 – Stoeckel.
5 Vgl. BAG v. 9.10.1991 – 5 AZR 598/90, AP Nr. 95 zu § 1 LohnFG.
6 EuGH v. 13.7.1989 – 171/88, NJW 1989, 3087 – Rinner-Kühn.
7 EuGH v. 19.1.2010 – C-555/07, NZA 2010, 85 (88 f.) – Kücükdeveci; EuGH v. 11.9.2014 – C-112/13, EuZW 2014, 950 – A/B ua.
8 ErfK/*Wißmann*, Art. 267 AEUV Rz. 47.
9 Zu den unterschiedlichen Anforderungen an den Grad der Überzeugung bei Art. 267 AEUV und Art. 100 GG s. oben Rz. 111 sowie Rz. 73.
10 ErfK/*Wißmann*, Art. 267 AEUV Rz. 48.
11 BVerfG v. 11.7.2006 – 1 BvL 4/00, NJW 2007, 51; BVerfG v. 4.10.2011 – 1 BvL 3/08, NJW 2012, 45 Rz. 55 f.
12 EuGH v. 4.6.2015 – C-5/14, NVwZ 2015, 1122 Rz. 35 ff. – KLE.

rechtswidrigkeit als auch von der Verfassungswidrigkeit des Gesetzes überzeugt ist[1]; denn die Verfahrensdauer beim BVerfG ist regelmäßig länger als beim EuGH. Hat der EuGH die Unionsrechtswidrigkeit bzw. das BVerfG die Verfassungswidrigkeit des Gesetzes festgestellt, dann hat sich die jeweils zweite Vorlage erledigt, da es insoweit an der Entscheidungserheblichkeit fehlt. In diesem Fall kann das Gesetz nämlich ohnehin nicht angewandt werden. Ergibt sich nach der ersten Vorlage dagegen, dass das Gesetz nicht verfassungswidrig bzw. nicht unionsrechtswidrig ist, so muss ggf. noch ein zweites Vorlageverfahren durchgeführt werden. Grundsätzlich garantiert weder die Feststellung, dass das Gesetz verfassungsmäßig ist, die Unionsrechtskonformität, noch folgt aus der Vereinbarkeit mit dem Unionsrecht die Verfassungsmäßigkeit. Es bleibt also jeweils noch Prüfungsspielraum für die zweite Vorlage.

Ein **besonderer Fall** des Zusammentreffens von Vorabentscheidungsverfahren und konkreter Normenkontrolle liegt dann vor, **wenn das Gericht ein Gesetz, das Unionsrecht umsetzt, für verfassungswidrig hält**. In diesem Fall ist eine Vorlage an das BVerfG gem. Art. 100 Abs. 1 GG nur zulässig, soweit das betreffende Gesetz in Umsetzung eines dem deutschen Gesetzgeber eingeräumten Gestaltungsspielraums ergangen ist (vgl. Rz. 70, 122). Kann der behauptete Verfassungsverstoß dagegen nur in den unionsrechtlichen Vorgaben begründet liegen, scheidet eine konkrete Normenkontrolle regelmäßig aus, da es nach Auffassung des BVerfG dann an der Entscheidungserheblichkeit fehlt[2]. Das Gericht muss daher zunächst klären, ob und inwieweit das Unionsrecht den Mitgliedstaaten einen Umsetzungsspielraum belässt. Dazu muss es ggf. ein Vorabentscheidungsverfahren nach Art. 267 AEUV einleiten, unabhängig davon, ob es ein letztinstanzliches Gericht ist oder nicht[3]. Verneint der EuGH das Vorliegen eines Gestaltungsspielraums, so kommt eine anschließende Vorlage an das BVerfG regelmäßig nicht mehr in Betracht. Bejaht es ihn dagegen, so kann und muss das Gericht sich anschließend an das BVerfG wenden, um überprüfen zu lassen, ob der deutsche Gesetzgeber den Spielraum in einer dem Grundgesetz entsprechenden Weise ausgefüllt hat.

164

---

[1] So auch ErfK/*Wißmann*, Art. 267 AEUV Rz. 49.
[2] BVerfG v. 4.10.2011 – 1 BvL 3/08, NJW 2012, 45 (46); *Wendel*, EuZW 2012, 213 (214).
[3] BVerfG v. 4.10.2011 – 1 BvL 3/08, NJW 2012, 45; vgl. auch BVerfG v. 9.9.2014 – 1 BvL 2/14, NVwZ-RR 2015, 1 Rz. 13; kritisch *Foerster*, JZ 2012, 515 (517). Daran hat auch die Entscheidung des BVerfG zum MiLoG vom 25.6.2015 – 1 BvR 555/15, NZA 2015, 864 Rz. 15, nichts geändert; aM *Foerster*, EuR 2015, 601 (606 f.).

Das Einigungsstellenverfahren

I. Sinn und Zweck des Einigungsstellenverfahrens
 1. Historische Entwicklung der Einigungsstelle .. 1
 2. Funktion und Rechtsnatur der Einigungsstelle 6
II. Arten der Einigungsstelle
 1. Dauernde Einigungsstelle oder Einigungsstelle für den Einzelfall 13
 2. Erzwingbare oder freiwillige Einigungsstelle .. 17
  a) Erzwingbare Einigungsstelle 17
  b) Freiwillige Einigungsstelle 22
 3. Tarifliche Schlichtungsstelle 28
 4. Einigungsstelle auf Unternehmens- und Konzernebene 38
 5. Anwendbarkeit der §§ 76 f. BetrVG im Übrigen 40
III. Einleitung des Einigungsstellenverfahrens
 1. Bildung 43
 2. Annahme/Ablehnung/Niederlegung des Amtes 49
 3. Antragstellung vor der Einigungsstelle 50
 4. Antragsrücknahme 53
 5. Amtszeit 54
IV. Zusammensetzung der Einigungsstelle 57
 1. Vorsitzender 58
  a) Qualifikation 58
  b) Bestellung 64
  c) Rechtsstellung 74
 2. Beisitzer 79
  a) Anzahl 79
  b) Qualifikation 83
  c) Bestellung/Abberufung 88
  d) Rechtsstellung 91
 3. Ersatzmitglieder 96
 4. Mitglied des Vorstandes der Bundesagentur für Arbeit als Berater 99
V. Allgemeine Verfahrensgrundsätze
 1. Allgemeines; Schaffung einer besonderen Verfahrensordnung 105
 2. Nichtöffentlichkeit 111
 3. Grundsatz des rechtlichen Gehörs 118
 4. Rechtzeitige und ordnungsgemäße Unterrichtung 124
 5. Grundsatz der Mündlichkeit 125
  a) Mündliche Verhandlung vor der Einigungsstelle 126
  b) Mündliche Beratung in der Einigungsstelle. 128
 6. Beschleunigungsgrundsatz 130
 7. Dispositionsmaxime 135
 8. Offizialmaxime/Amtsermittlungsprinzip 140
VI. Konstituierung der Einigungsstelle 144
 1. Allgemeines 145
 2. Vorbereitung und Leitung der Verhandlung durch den Vorsitzenden 150
 3. Ordnungsgemäße Ladung und Unterrichtung der Beisitzer 155
  a) Verantwortlichkeit des Vorsitzenden 155
  b) Rechtzeitigkeit und Vollständigkeit der Unterrichtung 157
  c) Ladungsbevollmächtigung 161
  d) Rechtsfolgen fehlerhafter Einladung; Heilung 163
 4. Protokollführung 165
 5. Vertretung von Parteien durch Verfahrensbevollmächtigte 169
 6. Prüfung der eigenen Zuständigkeit 176
 7. Besorgnis der Befangenheit von Einigungsstellenmitgliedern 183
  a) Vorsitzender 183
   aa) Übersicht über den Meinungsstand .. 184
   bb) Ausnahme: Einigungsstelle über Interessenausgleich 189
   cc) Verfahren; Entscheidung über Befangenheit 191
   dd) Interimslösung bei Eilbedürftigkeit .. 201
  b) Beisitzer 202
   aa) Grundsatz 202
   bb) Entscheidung in eigener Sache 204
   cc) Grobe Pflichtverletzungen des Beisitzers 207
   dd) Verbale Entgleisungen 209
 8. Auswechselung von Einigungsstellenmitgliedern 210
  a) Vorsitzender 210
  b) Beisitzer 215
 9. Erörterung des Sach- und Streitstandes sowie Bemühen um gütliche Einigung 219
 10. Beweismittel und -aufnahme 224
  a) Allgemeines 224
  b) Zeugenvernehmung 228
  c) Sachverständige 230
  d) Vernehmung der Parteien 233
  e) Inaugenscheinnahme/Ortsbesichtigung .. 235
  f) Urkunden 237
VII. Abschluss des Einigungsstellenverfahrens
 1. Beratung und Beschlussfassung 240
  a) Beratung 240
  b) Beschlussfähigkeit 243
  c) Beschlussverfahren; Zweistufige Abstimmung 246
  d) Einstufiges Verfahren bei Kollegialentscheidung über Verfahrensfragen 251
  e) Stimmenmehrheit und -enthaltung; konkludentes Verhalten 252
 2. Beendigung des Verfahrens ohne „Spruch" . 258
  a) Antragsrücknahme 258
  b) Einigung 266
 3. Entscheidung der Einigungsstelle 270
  a) Vertagung 270
  b) Aussetzung 272
  c) Einstellung 274

d) Sachentscheidung („Spruch") 277
   aa) Keine Bindung der Einigungsstelle an die Anträge 277
   bb) Antragsänderung 280
   cc) Grenzen der Entscheidung 283
   dd) Äußere Form des Spruchs, Begründung und Zustellung 287
   ee) Rechtswirkungen des Spruchs 290
e) Säumnisentscheidung 296
f) Entscheidung in Eilfällen 302

VIII. **Gerichtliche Überprüfung des Spruchs der Einigungsstelle**
1. Zuständigkeit der Gerichte für Arbeitssachen 304
2. Antragsinhalt; Antragsberechtigung; Beteiligtenfähigkeit 306
3. Überprüfungsfrist 312
4. Umfang der gerichtlichen Prüfung 317
5. Rechtsfolgen bei Unwirksamkeit 321
6. Gegenstandswert 324a

IX. **Haftung der Einigungsstellenmitglieder** .. 325
1. Haftung des Vorsitzenden 326
2. Haftung der Beisitzer 332

X. **Kosten des Verfahrens der Einigungsstelle**
1. Vorbemerkung 333
2. Honorar und sonstige Kosten des Vorsitzenden 338
   a) Allgemeines 338
   b) Vereinbarung oder einseitige Bestimmung 340
   c) Kriterien der Vergütungsbemessung 344

   aa) Erforderlicher Zeitaufwand 345
   bb) Schwierigkeit der Streitigkeit 348
   cc) Verdienstausfall 351
   dd) Berechtigte Interessen des Einigungsstellenmitgliedes sowie des Arbeitgebers 358
   d) Art der Berechnung 359
   aa) Einmaliges Pauschalhonorar 359
   bb) Tages- oder Stundensatz; Deckelung 362
   e) Fälligkeit der Vergütung 370
   f) Auslagenersatz 372
   g) Verdienstausfall 374
   h) Mehrwertsteuer 375
3. Honorar und sonstige Kosten der Beisitzer . 377
   a) Betriebsangehörige Beisitzer 377
   b) Betriebsfremde Beisitzer 383
   aa) Gesetzlicher Anspruch 383
   bb) Voraussetzung: wirksamer Betriebsratsbeschluss 384
   cc) Höhe der Vergütung 389
   dd) Gewerkschaftssekretäre und Rechtsanwälte als Beisitzer 396
4. Abweichende Regelungen durch Tarifvertrag und Betriebsvereinbarung, § 76a Abs. 5 BetrVG 398
5. Kosten der Vertretung des Betriebsrats vor der Einigungsstelle 401
6. Kosten durch die Sitzung 406
7. Gerichtliche Geltendmachung 410

Schrifttum: *Bauer/Diller*, Der Befangenheitsantrag gegen den Einigungsstellenvorsitzenden, – Eine ungenutzte taktische Waffe? DB 1996, 137; *Bauer/Röder*, Problemlose Einigungsstellenkosten? – Gedanken zum neuen § 76a BetrVG – DB 1989, 224; *Bengelsdorf*, Die Vergütung der Einigungsstellenmitglieder – Missglückte Rechtsfortbildung und Gesetzliche Neuregelung in § 76a BetrVG, NZA-Beilage 4/1989; *Bengelsdorf*, Die Vergütung der Einigungsstellenmitglieder, NZA 1989, 489; *Bengelsdorf*, Rechtliche Möglichkeiten zur Beschleunigung des erzwingbaren Einigungsstellenverfahrens, BB 1991, 613; *Bertelsmann*, Geltendmachung der Besorgnis der Befangenheit bei Einigungsstellenvorsitzenden, NZA 1996, 234; *Bertelsmann*, Einstweilige Verfügung bei fehlerhaftem Einigungsstellenbeschluss, AiB 2001, 51; *Bertelsmann*, Befangenheit von Einigungsstellenvorsitzenden, FS H. Wißmann, 2005, S. 230; *Bischoff*, Die Einigungsstelle im Betriebsverfassungsrecht, Berlin 1975; *Bösche*, Kein Rechtsschutzinteresse gegen Betriebsvereinbarungsentwurf, ArbuR 2002, 152; *Blomeyer*, Der Interessenkonflikt zwischen Arbeitnehmer und Betriebsrat bei Individualmaßnahmen, Gedächtnisschrift Dietz, 1973, S. 147; *Brehm/Hezel*, Anfechtung eines Einigungsstellenspruchs – Ablehnung des Vorsitzenden wegen Befangenheit, EzA § 76 BetrVG 1972 Nr. 68; *Brill*, Die Einigungsstelle nach dem Betriebsverfassungsgesetz, BB 1964, 1343; *Brill*, Die Einigungsstelle nach dem neuen Betriebsverfassungsgesetz, BB 1972, 178; *Brill*, Die Vergütung der Mitglieder der betrieblichen Einigungsstelle, BB 1980, 1277; *Caspers*, Ablehnung eines Einigungsstellenvorsitzenden wegen Befangenheit, BB 2002, 578; *Clemenz*, Errichtung der Einigungsstelle, in FS 25 Jahre Arbeitsgemeinschaft Arbeitsrecht im DAV, S. 815; *Däubler*, Die Kosten des Verfahrens vor der Einigungsstelle, DB 1973, 233; *Dütz*, Zwangsschlichtung im Betrieb, Kompetenz und Funktion der Einigungsstelle nach dem Betriebsverfassungsgesetz 1972, DB 1972, 383; *Dütz*, Verfahrensrecht der Betriebsverfassung, AuR 1973, 353; *Düwell*, Änderungen im Arbeitsrecht durch das Job-AQTIV-Gesetz, BB 2002, 98; *Ebert*, Errichtung einer Einigungsstelle nach § 76 BetrVG, FA 1998, 373; *Eckert*, Überprüfung eines Spruchs der Einigungsstelle, DStR 2001, 1812; *Edenfeld*, Feststellungsinteresse – Mitbestimmung bei Regelungen zum Gesundheitsschutz – Bestimmtheitsgebot, AP Nr. 70 zu § 256 ZPO 1977; *Ehler*, Verhandlungen und Entscheidungen der Einigungsstelle optimieren, DB 2010, 702; *Eisemann*, Das Verfahren vor der Einigungsstelle, in: FS 25 Jahre Arbeitsgemeinschaft Arbeitsrecht im DAV, S. 837; *Emmert*, Bildung der Einigungsstelle, FA 2006, 226; *Färber/Theilenberg*, Personaldatenverarbeitung im Einigungsstellenverfahren, 1986; *Faulenbach*, Ausgewählte Fragen des Einigungsstellenverfahrens, NZA 2012, 953; *Feudner*, Die betriebliche Einigungsstelle – ein unkalkulierbares Risiko, DB 1997, 826; *Fiebig*, Ermessensspielraum der Einigungsstelle; *Fiebig*, Grundprobleme der Arbeit betrieblicher Einigungsstellen, DB 1995, 1278; *Fischer*, Die Beisitzer der Einigungsstelle – Schiedsrichter, Schlichter, Parteivertreter oder Wesen der vierten Art?, ArbuR 2005, 391; *Fischer*, Einigungsstellenvorsitz – Quasi richterliche oder Mediationstätigkeit sui generis?, DB 2000, 217; *Francken*, Streitiger Einigungsstellenvorsitz als richterliche Dienstaufgabe, NZA 2008, 750; *Friedemann*, Das Verfahren der Einigungsstelle für Interessenausgleich und Sozialplan, Köln 1997; *Gaul, Dieter*, Zur Aussetzung des Verfahrens über Bestellung des Einigungsstellenvorsitzenden, BB 1978, 106; *Gaul, Dieter*, Die Entscheidung über die Besetzung der Einigungsstelle, ZfA 1979, 97; *Gaul, Dieter*, Einigungsstelle, Aussetzung des Bestellungsverfahrens, DB 1980, 1894; *Gaul, Dieter*,

Theorie und Praxis der Einigungsstelle, Köln 1967; *Gaul, Dieter,* Die betriebliche Einigungsstelle, 2. Aufl. Freiburg 1980; *Gaul, Dieter,* Zur Gebührenberechnung bei Einigungsstellenverfahren, DB 1983, 1148; *Gaul/Bartenbach,* Die Beanstandung der Ermessensüberschreitung durch die betriebliche Einigungsstelle, NZA 1985, 341; *Gaul/Gajewski,* Betriebsänderung, 1993; *Gentz,* Schutz gegen den Missbrauch (?) von Mitbestimmungsrechten, NZA 2004, 1011; *Geray/Reusch,* Einmischung durch Betriebsräte unverzichtbar, AiB 2006, 544; *Gillen/Hörle,* Betriebsänderungen in Tendenzbetrieben, NZA 2003, 1225; *Glaubitz,* Die Kosten des Einigungsstellenverfahrens nach § 76 BetrVG, DB 1983, 555; *Gnade,* Die Einigungsstelle nach dem neuen Betriebsverfassungsgesetz, AuR 1973, 43; *Göpfert/Krieger,* Wann ist die Anrufung der Einigungsstelle bei Interessenausgleichs- und Sozialplanverhandlungen zulässig?, NZA 2005, 254; *Grimm,* Zur gerichtlichen Überprüfbarkeit des Einigungsstellenspruchs nach BetrVG § 109, EWiR 2001, 561; *Hanau,* Probleme der Mitbestimmung des Betriebsrats über den Sozialplan, ZfA 1974, 89; *Hanau/Reitze,* Die Wirksamkeit von Sprüchen der Einigungsstelle, in: Festschrift für Kraft, 1998, S. 167; *Heckelmann,* Zur Auslegung des § 98 Abs. 1 S. 1 ArbGG, EWiR 2002, 933; *Heilmann,* Einigungsstelle – Streit(igkeiten) um Vorsitzende einer Einigungsstelle, AiB 1989, 68; *Heinze,* Verfahren und Entscheidung der Einigungsstelle, RdA 1990, 262; *Hellkamp,* Arbeitsgericht und Einigungsstelle – Zuständigkeitsprüfung und Befangenheitsproblematik, Göttingen, 2007; *Hennige,* Das Verfahrensrecht der Einigungsstelle, Köln, 1996; *Hergenröder,* Die Einigungsstelle, AR-Blattei SD 630.1; *Hergenröder,* Die Kosten der Einigungsstelle, AR-Blattei SD 630.2; *Herschel,* Bemerkungen zum Recht der Einigungsstelle, AuR 1974, 257; *Hess,* Gerichtliche Zustimmung zur Durchführung einer Betriebsänderung (§§ 121, 122 InsO), AR-Blattei SD 915.5; *Hesse,* Das Scheitern des Interessenausgleichs in der Einigungsstelle, in FS 25 Jahre Arbeitsgemeinschaft Arbeitsrecht im DAV, S. 879; *Hinrichs/Boltze,* Verhinderung der Beisitzers in der Einigungsstelle wegen Teilnahme an Arbeitskampfmaßnahmen, DB 2013, 814; *Hohenstatt/Stamer,* Die Dotierung von Sozialplänen: „Alle Macht den Einigungsstellen"?, DB 2005, 2410; *Hülsmeier,* Reformen sind in Kraft, SozSich 2002, 18; AiB 2002, 69; *Hunold,* Die Rechtsprechung zu Interessenausgleich, Nachteilsausgleich und Sozialplan, §§ 112–113 BetrVG – Teil 1, NZA-RR 2004, 561; *Hunold,* Bildung und Kosten der Einigungsstelle nach dem BetrVG, DB 1978, 2362; *Hunold,* Die Sorgfaltspflichten des Einigungsstellenvorsitzenden, insbesondere im Verfahren über einen Sozialplan, NZA 1999, 785; *IG-Metall/Janzen,* Die Praxis der Einigungsstelle nach dem BetrVG 1972, Frankfurt 1973; *Ilbertz,* Befangenheitsantrag gegen den Vorsitzenden der Einigungsstelle/Anfechtung einer Entscheidung der Einigungsstelle, ZBVR 2002, 198; *Ilbertz,* Anfechtung eines Einigungsstellenspruchs – Erledigung der Hauptsache, ZBVR 2002, 147; *Ilbertz,* Mitbestimmung bei Prämienlohn, ZBVR 2001, 272; *Jäcker,* Die Einigungsstelle nach dem Betriebsverfassungsgesetz 1972, 1974; *Kamphausen,* Pauschalierung oder Stundensatz-Vergütung für außerbetriebliche Beisitzer in Einigungsstellen, NZA 1992, 55; *Kamphausen,* Rechtsanwälte „vor" oder „in" der Einigungsstelle – auch eine Frage der Meistbegünstigung von Anwälten? NZA 1994, 49; *Kania/Joppich,* Der Interessenausgleichsversuch und sein Scheitern, NZA 2005, 749; *Kaven,* Das Recht des Sozialplans, 1977; *Kempter/Merkel,* Grundzüge und Fallstricke im Einigungsstellenverfahren, DB 2014, 1807; *Klein,* Betriebsrat und Arbeitsgericht, ZBVR 2003, 110; *Kleinebrink,* Die Vergütung der Beisitzer der Einigungsstelle, ArbRB 2017, 29; *Kleinebrink,* Vermeidung oder Verringerung von finanziellen Belastungen auf Grund eines Nachteilsausgleichs bei Betriebsänderung, NZA-RR 2005, 281; *Kliemt,* Die Einigungsstelle aus Sicht des Arbeitgebers, in: Lukas/Dahl, Konfliktlösung im Arbeitsleben, 2013, S. 194 ff.; *Kowalsky,* Zulässigkeit von vorläufigen Maßnahmen – Regelungsermächtigung der Einigungsstelle, ZBVR 2001, 135; *Kramer,* Mediation als Alternative zur Einigungsstelle im Arbeitsrecht?, NZA 2005, 135; *Krasshöfer/Kuron/Möhle,* Wirtschaftsmediation als Beitrag zur konstruktiven Konfliktlösung, PersF 2001, Heft 1, 62; *Kreßel,* Umfang der Auskunftspflicht des Arbeitgebers gegenüber dem Wirtschaftsausschuss - Einigungsstellenspruch, SAE 2002, 181; *Kühn,* Die Einrichtung ständiger Einigungsstellen durch Einigungsstellenentscheidung, BB 2009, 2651; *Lenz,* Mitbestimmung bei Bildungsurlaub – Zuständigkeit und Durchsetzbarkeit, AiB 2003, 492; *Leinemann,* Die Bestellung des Vorsitzenden und die Bestimmung der Anzahl der Beisitzer einer betrieblichen Einigungsstelle, AuR 1975, 22; *Leipold,* Die Einigungsstelle nach dem neuen BetrVG, in Festschrift Schnorr von Carolsfeld, 1972, 273; *Lerch/Weinbrenner,* Einigungsstellenverfahren bei Betriebsänderungen, NZA 2015, 1228; *Leser,* Arbeitsrecht und Einigungsstelle, AuR 1955, 19; *Link/Grienberger-Zingerle,* Reformvorschläge unter der Lupe, AuA 2003, Nr. 7, 22; *Lipke,* Zur Rechtsstellung der betrieblichen Einigungsstelle, insbesondere im arbeitsgerichtlichen Beschlussverfahren, DB 1977, 49; *Löwisch,* Die gesetzliche Regelung der Einigungsstellenkosten (§ 76a BetrVG nF), DB 1989, 223; *Lunck/Nebendahl,* Die Vergütung der außerbetrieblichen Einigungsstellenbeisitzer, NZA 1990, 921; *Mues,* Neue Geschwindigkeit für die Einigungsstelle – die Unverzüglichkeit des Tätigwerdens, ArbRB 2002, 371; *Matthes,* Betriebsvereinbarungen über Kündigungen durch den Arbeitgeber, FA 2004, 354; *Nipperdey, Peter,* Gesetzliche Regelung der Einigungsstellenkosten – kein Bedürfnis?, DB 1982, 1321; *Oechsler/Schönfeld,* Die Einigungsstelle als Konfliktlösungsmechanismus – Eine Analyse der Wirkungsweise und Funktionsfähigkeit, 1989; *Pünnel,* Das Verfahren vor den Einigungs- und Vermittlungsstellen nach dem BetrVG, AuR 1966, 69; *Pünnel,* Praktische Probleme des Einigungsstellenverfahrens nach dem BetrVG 1972, AuR 1973, 257; *Pünnel/Wenning-Morgenthaler,* Die Einigungsstelle – Leitfaden für die Praxis, 5. Aufl. 2009; *Redmann,* Mediation – Erfolgreiche Alternative zur Einigungsstelle?, FA 2000, S. 76; *Reichold,* Betriebsübergang – Ablösung einer Betriebsvereinbarung – Kürzung einer Jahressonderzahlung, SAE 2002, 268; *Reichold,* Mitbestimmung bei Prämienlohn – Grenzen der mitbestimmungsrechtlichen „Umdeutung" durch die Einigungsstelle, RdA 2002, 242; *Rieble,* Die tarifliche Schlichtungsstelle nach § 76 Abs. 8 BetrVG, RdA 1993, 145; *Rupp,* Arbeitsgericht und Einigungsstelle, AiB 2006, 310; *Rupp,* Ablauf eines Einigungsstellenverfahrens, AiB 2002, 335; *Rupp,* Die Einigungsstelle, AiB 2002, 247; *Sasse,* Die gerichtliche Einsetzung einer Einigungsstelle, DB 2015, 2817; *Sbresny/Uebach,* Die Einigungsstelle, AR-Blattei (D) Einigungsstelle I Übersicht; *Schack,* Die zivilrechtliche Stellung des Einigungsstellenvorsitzenden und die Problematik seiner Unparteilichkeit im Sinne des § 76 Abs. 2 S. 1 BetrVG, 2001; *Schäfer,* Zur Vergütung der außerbetrieblichen Mitglieder der Einigungsstelle nach § 76a BetrVG, NZA 1991, 836; *Schaub,* Die Bestellung und Abberufung der Vorsitzenden von Einigungsstellen, NZA 2000, 1087; *Schaub,* Zum Verfahren bei Ablehnung des Vorsitzenden der Einigungsstelle wegen Befangenheit, EWiR 2002, 695; *Schaub/Schindele,* Kurzarbeit, Massenentlassung, Sozialplan, 1993; *Schell,* Vorfragenkompetenz der Einigungsstelle und Funktion des Vorsitzenden des Arbeitsgerichts bei der Bestellung des Vorsitzenden einer Einigungsstelle nach § 76 Abs. 2 BetrVG, BB 1976, 1517; *Schipp*, Die Haftung der Einigungsstelle aus fehlerhaften Einigungsstellensprüchen, NZA 2011, 271; *Schmitt*, Befangenheitsprobleme im Betriebsverfassungsgesetz, NZA 1987, 78; *Scholz*, Dotierung eines Sozialplans durch die Einigungsstelle, BB 2006, 1498; *Schönfeld*, Das Verfahren vor der Einigungsstelle – Eine Analyse der Verfahrenshandhabung aus juristischer Sicht, 1988; *Schönfeld*, Die Person des Einigungsstellenvorsitzenden, DB 1988, 1996; *Schönfeld*, Grundsätze der Verfahrenshandhabung der Einigungsstelle, NZA 1988, Beilage 4, 3; *Schroeder/Printzen*, Zur Erforderlichkeit der schriftlichen Begründung des Spruchs der Einigungsstelle, ZIP 1983, 264; *Schumann*, Die Kosten der Einigungsstelle – kein unlösbares Problem, DB 1983, 1094; *Schwarze*, Anfechtung eines Einigungsstellenspruchs – Ablehnung des Vorsitzenden einer Einigungsstelle wegen Befangenheit, AP Nr. 15 zu § 76 BetrVG 1972 Einigungsstelle; *Seebacher*, Der Sozialtarifvertrag, AiB 2006, 70; *Sieg*, Interne Schlichtung zur Vermeidung von Arbeitsgericht und Einigungsstelle, FS 50 Jahre BAG, 2004, S. 1329; *Söllner*, Zur Beteiligung des Betriebsrats und zur Zuständigkeit der Einigungsstelle bei Einführung und Anwendung von Personalinformationssystemen, DB 1984, 1243; *Sprenger*, Wofür haftet der Einigungsstellenvorsitzende?, BB 2010, 2110; *Thiel*, Einigungsstelle – Entlohnungsgrundsätze – Verfahrensfehler, EzA § 76 BetrVG 1972 Nr. 70; *Thiele*, Die Einigungsstelle, BlStSozArbR 1973, 33; *Tschöpe*, Die Bestellung der Einigungsstelle – Rechtliche und taktische Fragen, NZA 2004, 945; *Tschöpe/Geißler*, Formerfodernisse des Einigungsstellenspruchs, NZA 2011, 545; *Weber/Burmester*, Die Ermessensentscheidung der Einigungsstelle bei Sozialplänen und ihre arbeitsgerichtliche Überprüfung, BB 1995, 2268; *Weber/Ehrich*, Einigungsstelle, 1999; *Wiesemann*, Die Einigungsstelle als Einrichtung zur Beilegung von Rechtsstreitigkeiten im Betriebsverfassungsrecht, 2003; *Willemsen/Steineke*, Zur Erweiterung gesetzlicher Mitbestimmungsrechte des Betriebsrats durch die Einigungsstelle, EWiR 2002, 3; *Wissmann*, Leitlinien aktueller Rechtsprechung zur Betriebsverfassung, NZA 2003, 1; *Worzalla*, Für die Zulässigkeit der einstweiligen Regelungsverfügung im Beschlussverfahren bei mitbestimmungspflichtigen Angelegenheiten, BB 2005, 1737; *Worzalla*, Beschleunigung des Einigungsstellenverfahrens – Tätigwerden der Einigungsstelle/Entscheidung über Besetzung der Einigungsstelle, FA 2001, 365; *Wüst*, Personaleinschränkungen, Betriebsänderung und die Zuständigkeit der Einigungsstelle, Diss. 1980; *Zeppenfeld/Fries*, In dubio pro Einigungsstellenspruch? – Praktische Auswirkungen des Verfahrens nach § 76 V 4 BetrVG am Beispiel des Sozialplans, NZA 2015, 647; *Ziege*, Der Rechtsanwalt im Einigungsstellenverfahren gem. § 76 BetrVG, NZA 1990, 926.

Rechtsvorschriften:

§ 76 BetrVG Einigungsstelle

(1) Zur Beilegung von Meinungsverschiedenheiten zwischen Arbeitgeber und Betriebsrat, Gesamtbetriebsrat oder Konzernbetriebsrat ist bei Bedarf eine Einigungsstelle zu bilden. Durch Betriebsvereinbarung kann eine ständige Einigungsstelle errichtet werden.

(2) Die Einigungsstelle besteht aus einer gleichen Anzahl von Beisitzern, die vom Arbeitgeber und Betriebsrat bestellt werden, und einem unparteiischen Vorsitzenden, auf dessen Person sich beide Seiten einigen müssen. Kommt eine Einigung über die Person des Vorsitzenden nicht zustande, so bestellt ihn das Arbeitsgericht. Dieses entscheidet auch, wenn kein Einverständnis über die Zahl der Beisitzer erzielt wird.

(3) Die Einigungsstelle hat unverzüglich tätig zu werden. Sie fasst ihre Beschlüsse nach mündlicher Beratung mit Stimmenmehrheit. Bei der Beschlussfassung hat sich der Vorsitzende zunächst der Stimme zu enthalten; kommt eine Stimmenmehrheit nicht zustande, so nimmt der Vorsitzende nach weiterer Beratung an der erneuten Beschlussfassung teil. Die Beschlüsse der Einigungsstelle sind schriftlich niederzulegen, vom Vorsitzenden zu unterschreiben und Arbeitgeber und Betriebsrat zuzuleiten.

(4) Durch Betriebsvereinbarung können weitere Einzelheiten des Verfahrens vor der Einigungsstelle geregelt werden.

(5) In den Fällen, in denen der Spruch der Einigungsstelle die Einigung zwischen Arbeitgeber und Betriebsrat ersetzt, wird die Einigungsstelle auf Antrag einer Seite tätig. Benennt eine Seite keine Mitglieder oder bleiben die von einer Seite genannten Mitglieder trotz rechtzeitiger Einladung der Sitzung fern, so entscheiden der Vorsitzende und die erschienenen Mitglieder nach Maßgabe des Absatzes 3 allein. Die Einigungsstelle fasst ihre Beschlüsse unter angemessener Berücksichtigung der Belange des Betriebs und der betroffenen Arbeitnehmer nach billigem Ermessen. Die Überschreitung der Grenzen des Ermessens kann durch den Arbeitgeber oder den Betriebsrat nur binnen einer Frist von zwei Wochen, vom Tage der Zuleitung des Beschlusses an gerechnet, beim Arbeitsgericht geltend gemacht werden.

(6) Im Übrigen wird die Einigungsstelle nur tätig, wenn beide Seiten es beantragen oder mit ihrem Tätigwerden einverstanden sind. In diesen Fällen ersetzt ihr Spruch die Einigung zwischen Arbeitgeber und Betriebsrat nur, wenn beide Seiten sich dem Spruch im Voraus unterworfen oder ihn nachträglich angenommen haben.

(7) Soweit nach anderen Vorschriften der Rechtsweg gegeben ist, wird er durch den Spruch der Einigungsstelle nicht ausgeschlossen.

(8) Durch Tarifvertrag kann bestimmt werden, dass an die Stelle der in Absatz 1 bezeichneten Einigungsstelle eine tarifliche Schlichtungsstelle tritt.

§ 76a BetrVG Kosten der Einigungsstelle

(1) Die Kosten der Einigungsstelle trägt der Arbeitgeber.

(2) Die Beisitzer der Einigungsstelle, die dem Betrieb angehören, erhalten für ihre Tätigkeit keine Vergütung; § 37 Abs. 2 und 3 gilt entsprechend. Ist die Einigungsstelle zur Beilegung von Meinungsverschiedenheiten zwischen Arbeitgeber und Gesamtbetriebsrat oder Konzernbetriebsrat zu bilden, so gilt Satz 1 für die einem Betrieb des Unternehmens oder eines Konzernunternehmens angehörenden Beisitzer entsprechend.

(3) Der Vorsitzende und die Beisitzer der Einigungsstelle, die nicht zu den in Absatz 2 genannten Personen zählen, haben gegenüber dem Arbeitgeber Anspruch auf Vergütung ihrer Tätigkeit. Die Höhe der Vergütung richtet sich nach den Grundsätzen des Absatzes 4 Satz 3 bis 5.

(4) Das Bundesministerium für Arbeit und Soziales kann durch Rechtsverordnung die Vergütung nach Absatz 3 regeln. In der Vergütungsordnung sind Höchstsätze festzusetzen. Dabei sind insbesondere der erforderliche Zeitaufwand, die Schwierigkeit der Streitigkeit sowie ein Verdienstausfall zu berücksichtigen. Die Vergütung der Beisitzer ist niedriger zu bemessen als die des Vorsitzenden. Bei der Festsetzung der Höchstsätze ist den berechtigten Interessen der Mitglieder der Einigungsstelle und des Arbeitgebers Rechnung zu tragen.

(5) Von Absatz 3 und einer Vergütungsordnung nach Absatz 4 kann durch Tarifvertrag oder in einer Betriebsvereinbarung, wenn ein Tarifvertrag dies zulässt oder eine tarifliche Regelung nicht besteht, abgewichen werden.

I. Sinn und Zweck des Einigungsstellenverfahrens

1. Historische Entwicklung der Einigungsstelle

Die erste gesetzliche Erwähnung einer Art Einigungsstelle findet sich in der Novelle zur Gewerbeordnung vom 1.6.1891. Danach wurde es in das Ermessen des Unternehmers gestellt, einen **Arbeiterausschuss** einzuführen. Zwingend vorgeschrieben wurde ein Arbeiterausschuss erstmals im Preußischen Allgemeinen Berggesetz von 1905 und im Bayerischen Berggesetz von 1910.

Art. 165 der **Weimarer Reichsverfassung** regelte sodann erstmals die Mitspracherechte der ArbN auf allen wirtschaftlichen Ebenen. Dies wurde 1920 durch das Betriebsrätegesetz in geltendes Recht umgesetzt[1]. Das Betriebsrätegesetz wiederum wurde 1923 durch eine Verordnung über das Schlichtungswesen ergänzt[2]. Danach wurden paritätisch besetzte ständige Schlichtungsausschüsse von der obersten Landesbehörde im Einvernehmen mit dem Reichsarbeitsminister für einzelne Bezirke bestellt. Beim Schlichtungsausschuss handelte es sich um eine Verwaltungsbehörde des jeweiligen Landes; der Vorsitzende nahm ein öffentliches Amt wahr[3]. Diese Ausschüsse sollten den Betriebspartnern bei der Regelung betrieblicher, aber auch tariflicher Fragen helfen. Sie konnten von Amts wegen tätig werden. Der Spruch des Schlichtungsausschusses konnte auf Antrag einer Partei für verbindlich erklärt werden, sofern eine Unterwerfung nicht bereits im Vorhinein stattgefunden hatte. Eine gerichtliche Überprüfung des Spruchs war nur in Ausnahmefällen möglich[4].

Die Regelungen des Betriebsrätegesetzes wurden im **Nationalsozialismus** abgeschafft und durch das Führerprinzip ersetzt[5]. Nach dem Ende des zweiten Weltkrieges wurde der Rechtszustand der Weimarer Zeit wiederhergestellt[6]. Das Kontrollratsgesetz Nr. 35 der **alliierten Militärregierung** traf detailliertere Regelungen für die Einrichtung von Schiedsausschüssen durch die Landesbehörden[7]. Auf der Basis dieser Gesetze erließen einzelne Länder Betriebsrätegesetze[8].

Den Begriff der Einigungsstelle erwähnt erstmals das **BetrVG 1952**. Neu war, dass es sich dabei nicht mehr um eine staatliche, sondern um eine betriebliche Institution zur Schlichtung von Meinungsverschiedenhei-

---

1 Betriebsrätegesetz v. 4.2.1920, RGBl. I S. 147.
2 Verordnung über das Schlichtungswesen vom 30.10.1923, RGBl. I S. 1043, ergänzt durch die zweite Verordnung zur Ausführung der Verordnung über das Schlichtungswesen vom 29.12.1923, RGBl. I 1924 S. 9.
3 *Heinze*, RdA 1990, 262 (263).
4 Vgl. im Einzelnen *Hennige*, Verfahrensrecht der Einigungsstelle, S. 7 ff.
5 Gesetz zur Ordnung der nationalen Arbeit vom 20.1.1934, RGBl. I S. 45 ff.
6 Kontrollratsgesetz Nr. 22 vom 10.4.1946, Amtsblatt der Militärregierung Deutschland, Britisches Kontrollgebiet, Nr. 9, 197 ff., zitiert nach *Hennige*, S. 15. Durch das Kontrollratsgesetz Nr. 21 vom 30.3.1946, Amtsblatt der Militärregierung Deutschland, Britisches Kontrollgebiet, Nr. 9, 195, ordneten die Alliierten die Errichtung einer deutschen Arbeitsgerichtsbarkeit an.
7 Kontrollratsgesetz Nr. 35 vom 20.8.1946, Amtsblatt der Militärregierung Deutschland, Britisches Kontrollgebiet, Nr. 13, 296 ff. zitiert nach *Hennige*, S. 15 f., die das Schlichtungswesen im Einzelnen beschreibt; ebenso zitiert bei *Heinze*, RdA 1990, 262 (263).
8 Vgl. *Hennige*, S. 17 und Fn. 34.

ten zwischen ArbGeb und BR handelte. Jene Regelung, die in vielem der heutigen gleicht, unterschied bereits zwischen erzwingbarer und freiwilliger Einigungsstelle[1].

5 Das **BetrVG 1972** führte zu einer erheblichen Erweiterung der Entscheidungsbefugnisse der Einigungsstelle. Dies ist das Ergebnis heftiger Kontroversen. Die Verfassungsmäßigkeit des als „Zwangsschlichtung" bezeichneten Verfahrens wurde angezweifelt. Umstritten waren vor allem die Ausdehnung der Fälle einer erzwingbaren Einigungsstelle sowie die mangelnde gerichtliche Überprüfbarkeit ihrer Entscheidungen. Wenig umstritten war hingegen das nach wie vor nur skizzenhaft geregelte Verfahren vor der Einigungsstelle[2].

2. Funktion und Rechtsnatur der Einigungsstelle

6 Die Einigungsstelle ist **kein Gericht**. Sie übt keine richterliche Tätigkeit aus[3]. Sie ist ein von ArbGeb und BR gebildetes betriebsverfassungsrechtliches Hilfsorgan eigener Art, dem kraft Gesetzes bestimmte Befugnisse zu dem Zweck übertragen sind, die Mitbestimmung der ArbN bei der Gestaltung der betrieblichen Ordnung zu gewährleisten[4]. Die Einigungsstelle ist dazu bestimmt, durch Zwangsschlichtung Pattsituationen im Bereich der paritätischen Mitbestimmung aufzulösen. Gegen den innerbetrieblichen Charakter der Einigungsstelle spricht nicht, dass der Vorsitzende ggf. durch das ArbG bestimmt wird und ihre Mitglieder nicht Angehörige des Betriebes zu sein brauchen (vgl. hierzu noch Rz. 79 ff.). Das Gesetz behandelt die Einigungsstelle als betriebliche Institution. Dies kommt auch in ihrer Einschaltung in den vertraulichen Angelegenheiten des § 109 BetrVG zum Ausdruck[5].

7 Die Einigungsstelle ist auch **keine Behörde**[6]. Sie ist keine Amtsinstitution, die mit Wirkung nach außen Verwaltungstätigkeit ausübt. Sie ist **kein Schiedsgericht** iSv. §§ 1025 ff. ZPO[7]. Anders als das Schiedsgericht bedarf sie keines Schiedsvertrages iSv. § 1029 ZPO; sie ist vielmehr durch das Gesetz vorgegeben.

8 Der Spruch der Einigungsstelle ersetzt die Einigung zwischen ArbGeb und BR. Er hat daher keinen anderen Rechtscharakter als eine entsprechende **Vereinbarung** der Betriebspartner[8]. Die Tätigkeit der Einigungsstelle ist in erster Linie auf **Kompromisse** angelegt[9]. Dies zeigt § 76 Abs. 3 Satz 3 BetrVG, nach dem zunächst immer eine Beschlussfassung ohne Beteiligung des Vorsitzenden zu versuchen ist und sein Stichentscheid erst nach erneuter Beratung in Anspruch genommen wird[10].

9 Gegen die Institution der Einigungsstelle bestehen **keine verfassungsrechtlichen Bedenken**. Sie ist keine mit Art. 9 Abs. 3 GG unvereinbare Einrichtung der Zwangsschlichtung zwischen den Tarifvertragsparteien, da sie nur Streitigkeiten zwischen den Betriebspartnern schlichtet[11]. Vorbehalt und Vorrang des Tarifvertrags sind im Übrigen in § 77 Abs. 3, § 87 Abs. 1 Einleitungssatz BetrVG ausdrücklich abgesichert.

10 Das Einigungsstellenverfahren greift auch nicht in unzulässiger Weise in die Grundrechte des ArbGeb aus Art. 2, 12 oder 14 GG ein. Die Entscheidungskompetenz der Einigungsstelle ist vielmehr eine durch das Sozialstaatsprinzip des Art. 20 I GG und die Sozialbindung gerechtfertigte Einschränkung dieser Grundrechte des ArbGeb[12]. Verstöße gegen den Verhältnismäßigkeitsgrundsatz oder das Rechtsstaatsprinzip sind gleichfalls nicht zu befürchten, da die Einigungsstelle ihre Entscheidungen stets unter angemessener

---

1 § 50 BetrVG 1952 vom 11.10.1952, BGBl. I S. 681 ff.; ausführlich zur Entstehungsgeschichte *Hennige*, S. 18 ff.; vgl. zum BetrVG 1952 auch Richardi/*Richardi/Maschmann*, § 76 BetrVG Rz. 2 f.
2 BetrVG 1972 vom 15.1.1972, BGBl. I S. 13 ff.; zum Gesetzgebungsverfahren des BetrVG 1972 im Einzelnen vgl. *Hennige*, S. 27 ff.
3 BVerfG v. 18.10.1986 – 1 BvR 1426/83, NJW 1988, 1135; BAG v. 18.1.1994 – 1 ABR 43/93, DB 1994, 838, B.II.2.a.; *Friedemann*, Rz. 77; *Wenning-Morgenthaler*, Rz. 14; Richardi/*Richardi/Maschmann*, § 76 BetrVG Rz. 7; *Ehrich/Fröhlich*, Teil A, Rz. 3.
4 BVerfG v. 18.10.1986 – 1 BvR 1426/83, NJW 1988, 1135; BAG v. 18.1.1994 – 1 ABR 43/93, DB 1994, 838; *Friedemann*, Rz. 80; ähnlich *Wenning-Morgenthaler*, Rz. 14. Vgl. auch *Leipold*, FS Schnorr von Carolsfeld, S. 276; *Schmitt-Rolfes*, Jahrbuch des Arbeitsrechts, Bd. 19, S. 69 ff.
5 Ebenso: *Fitting*, § 76 BetrVG Rz. 5.
6 *Friedemann*, Rz. 76; *Wenning-Morgenthaler*, Rz. 14; Richardi/*Richardi/Maschmann*, § 76 BetrVG Rz. 7.
7 *Friedemann*, Rz. 79; *Wenning-Morgenthaler*, Rz. 14.
8 BVerfG v. 18.10.1986 – 1 BvR 1426/83, NJW 1988, 1135; Richardi/*Richardi/Maschmann*, § 76 BetrVG Rz. 7 mwN.
9 Zu den Vorzügen der Einigungsstelle: *Kliemt*, Die Einigungsstelle aus Sicht des Arbeitgebers, in *Lukas/Dahl*, Konfliktlösung im Arbeitsleben, 2013, S. 194 ff.
10 BAG v. 27.6.1995 – 1 ABR 3/95, DB 1995, 2219, B.II.1.a.
11 BVerfG v. 18.10.1986 – 1 BvR 1426/83, NJW 1988, 1135, II.4.
12 BVerfG v. 18.10.1987 – BvR 1426/83, NJW 1988, 1135; BAG v. 31.8.1982 – 1 ABR 27/80, AP Nr. 8 zu § 87 BetrVG 1972 – Arbeitszeit; BAG v. 16.12.1986 – 1 ABR 26/85, AP Nr. 8 zu § 87 BetrVG 1972 – Prämie.

Berücksichtigung der beiderseitigen Belange zu treffen hat. Im Übrigen unterliegt die Entscheidung der Einigungsstelle insoweit der gerichtlichen Kontrolle.[1]

Dennoch wird an der Institution der Einigungsstelle immer wieder **Kritik** geübt[2]. Anknüpfungspunkt hierfür sind die oft hohen, vom ArbGeb zu tragenden Kosten, die mit einer Einigungsstelle verbunden sind[3]. Weiter wird kritisiert, die Einigungsstelle könne den Streit häufig nicht endgültig beenden; ihr Spruch sei nicht vollstreckbar. Hierdurch werde die Durchsetzung der mitbestimmten Regelung erheblich verzögert. Das Einigungsstellenverfahren sei stets nur ein Vorverfahren, an welches sich ein gerichtliches Verfahren anschließe, wenn auch nur eine Partei dies wünsche[4]. Dagegen argumentiert *Friedemann*, die Einigungsstelle spare Kosten, wenn sie bewirkt, dass stattdessen keine Individualklagen der ArbN erhoben werden[5]. Ein sorgfältig gestalteter Sozialplan erspare dem Gericht (und dem ArbGeb) eine Vielzahl von Kündigungsschutzprozessen. 11

Letztlich lassen sich Argumente für und gegen die Einigungsstelle finden. Sie ist in einigen Fällen nützlich, in anderen eher hinderlich. Da sie jedoch ein fester Bestandteil des geltenden Betriebsverfassungsrechtes ist, ist es müßig, sie grds. in Frage zu stellen. Das Einigungsstellenverfahren ist in der Praxis von erheblicher Bedeutung und kann bei erfolgreicher Durchführung Streitigkeiten schlichten und die Betriebsparteien befrieden. Das Einigungsstellenverfahren eröffnet den Betriebsparteien die Möglichkeit, in einem zügigen Verfahren eine sachnahe Lösung für den Konflikt zu finden. Es trägt somit zur Entlastung der Gerichte bei[6]. Wiewohl dem Einigungsstellenverfahren mediative Elemente innewohnen, handelt es sich letztlich nicht um ein Mediationsverfahren. Im Unterschied zur Einigungsstelle besitzt der das Mediationsverfahren leitende Mediator gerade keine Entscheidungskompetenz; seine Aufgabe besteht allein darin, die Beteiligten unabhängig von bestehenden Rechtspositionen zu einer eigenen Lösung ihres Problems zu führen. Gelingt dies nicht, ist das Mediationsverfahren gescheitert, ohne dass ein „Spruch" möglich wäre[7]. 12

II. Arten der Einigungsstelle

1. Dauernde Einigungsstelle oder Einigungsstelle für den Einzelfall

Nach § 76 Abs. 1 Satz 1 BetrVG ist eine Einigungsstelle bei Bedarf zu bilden. Nach Satz 2 dieser Norm kann durch Betriebsvereinbarung auch eine ständige Einigungsstelle errichtet werden. Der **Regelfall** ist die **nur bei Bedarf** gebildete Einigungsstelle. Nur in wenigen Betrieben existieren ständige Einigungsstellen. 13

Die Bildung einer **ständigen** Einigungsstelle geschieht **durch Betriebsvereinbarung**. Darin kann bspw. die Zuständigkeit dieser Einigungsstelle auf bestimmte Fragen, zu denen häufig Streitfälle auftreten, beschränkt werden. Es kann auch die Besetzung der Einigungsstelle geregelt werden. Die Betriebspartner können sich jedoch vorbehalten, über die Besetzung jeweils im Einzelfall zu entscheiden oder die Beisitzer der ständigen Einigungsstelle je nach Regelungsmaterie auszutauschen. 14

Die **Bildung** einer ständigen Einigungsstelle ist **nicht erzwingbar**. Sie darf daher nicht durch Spruch einer Einigungsstelle gegen den Willen einer Betriebspartei eingesetzt werden[8] (vgl. aber Rz. 285a). Ihr Vorteil liegt darin, dass im Streitfall uU eine schnelle Entscheidung erreicht werden kann. Ein Nachteil besteht in der Gefahr, dass die Betriebspartner verfrüht die Einigungsstelle anrufen, ohne vorher alle Möglichkeiten der Verhandlung selbst ausgeschöpft zu haben[9]. 15

In der Praxis ist die Einrichtung einer dauernden Einigungsstelle **selten**. Sie findet sich bisweilen in der Großindustrie mit einer beschränkten Zuständigkeit, etwa im Rahmen einer Betriebsbußenregelung[10], im Zusammenhang mit der Gestaltung/Änderung von Dienstplänen oder der Einführung und Anwendung 16

---

1 GMP/*Künzl*, Anh. I. Rz. 12 f. mwN.
2 MünchArbR/*Joost*, § 232 Rz. 6 f.; abwägend *Wenning-Morgenthaler*, Rz. 16 ff. mwN. Anders hingegen *Friedemann*, Rz. 85 ff.; *Hennige*, S. 1 ff.; *Ehrich/Fröhlich*, Teil A, Rz. 6, die vor allem den positiven Einfluss eines gut gewählten außerbetrieblichen Vorsitzenden betonen.
3 Ausführlich und mit zahlreichen weiteren Nachweisen: *Wenning-Morgenthaler*, Rz. 17 ff.
4 MünchArbR/*Joost*, § 232 Rz. 6.
5 *Friedemann*, Rz. 86 f.
6 Die große praktische Bedeutung der Einigungsstelle betonen auch: *Ebert*, FA 1998, 373, und *Heinze*, RdA 1990, 262.
7 Vgl. hierzu *Redmann*, FA 2000, 76.
8 BAG v. 26.8.2008 – 1 ABR 16/07, NZA 2008, 1187 unter Aufhebung von LAG Schl.-Holst. v. 14.12.2006 – 4 TaBV 21/06, juris, Rz. 89; LAG Berlin-Brandenburg v. 23.6.2008 – 10 TaBV 303/08, ZTR 2008, 639 Ls.
9 *Fitting*, § 76 BetrVG Rz.11; *Friedemann*, Rz. 57; *Ehrich/Fröhlich*, Teil D, Rz. 56.
10 *Friedemann*, Rz. 52–57.

komplexerer EDV-Systeme. Von der ständigen Einigungsstelle abzugrenzen ist die durch Betriebsvereinbarung errichtete **betriebliche Schiedsstelle**[1].

2. Erzwingbare oder freiwillige Einigungsstelle

a) Erzwingbare Einigungsstelle

17 In folgenden, im BetrVG **abschließend geregelten Fällen** ist eine Einigungsstelle erzwingbar:
- § 37 Abs. 6, 7 BetrVG: Schulung von BR-Mitgliedern;
- § 38 Abs. 2 BetrVG: Freistellung von BR-Mitgliedern;
- § 39 Abs. 1 BetrVG: Sprechstunden des BR;
- § 47 Abs. 6 und Abs. 5 BetrVG: Herabsetzung der Mitgliederzahl des GBR;
- § 55 Abs. 4 iVm. § 47 Abs. 6 BetrVG: Herabsetzung der Mitgliederzahl des KBR;
- § 65 Abs. 1 iVm. § 37 Abs. 6, 7 BetrVG: Schulung von Mitgliedern der Jugend- und Auszubildendenvertretung;
- § 69 iVm. § 39 Abs.1 Sätze 2 und 3 BetrVG: Zeit und Ort der JAV-Sprechstunde;
- § 72 Abs. 6 iVm. § 47 Abs. 6 BetrVG: Herabsetzung der Mitgliederzahl der Gesamt-Jugend-Auszubildendenvertretung;
- § 73a Abs. 4 iVm. § 72 BetrVG: Herabsetzung der Mitgliederanzahl der Konzern-Jugend- und Auszubildendenvertretung;
- § 85 Abs. 2 BetrVG: Entscheidung über Beschwerden von ArbN, die der BR für berechtigt hält;
- § 87 Abs. 2 BetrVG: Mitbestimmung in sozialen Angelegenheiten nach § 87 Abs. 1 BetrVG;
- § 91 Satz 2 BetrVG: Ausgleichsmaßnahmen bei Änderungen von Arbeitsplatz, Arbeitsablauf oder Arbeitsumgebung;
- § 94 Abs. 1 und 2 BetrVG: Mitbestimmung über Personalfragebögen, persönliche Angaben in Formulararbeitsverträgen und bei Beurteilungsgrundsätzen;
- § 95 Abs. 1 und 2 BetrVG: Mitbestimmung über den Inhalt von Auswahlrichtlinien für Einstellungen, Versetzungen, Umgruppierungen und Kündigungen;
- § 97 Abs. 2 BetrVG: Mitbestimmung bei der Einführung betrieblicher Berufsbildungsmaßnahmen;
- § 98 Abs. 3 und 4 BetrVG: Mitbestimmung bei der Durchführung betrieblicher Bildungsmaßnahmen und hinsichtlich der Auswahl der Teilnehmer;
- § 109 BetrVG: Meinungsverschiedenheiten über die Rechtzeitigkeit oder den Umfang einer Auskunft an den Wirtschaftsausschuss;
- § 112 Abs. 4 BetrVG: Aufstellung eines Sozialplanes bei Betriebsänderungen;
- § 115 Abs. 7 Nr. 2 BetrVG: Meinungsverschiedenheiten zwischen Kapitän und Bordvertretung;
- § 116 Abs. 3 Nrn. 2, 4, 8 BetrVG: Arbeitsplatz und Unterkunft für Mitglieder des SeeBR; Sprechstunden und Bordversammlungen in Liegehäfen außerhalb Europas;
- § 9 Abs. 3 ASiG: Bestellung und Abberufung der Betriebsärzte und Fachkräfte für Arbeitssicherheit sowie Erweiterung und Beschränkung ihrer Aufgaben.

18 Das Gesetz ordnet in diesen Fällen ausdrücklich an, dass die Einigungsstelle entscheidet, sofern eine Einigung der Betriebsparteien nicht zustande kommt, und dass deren Spruch die Einigung zwischen BR und ArbGeb ersetzt[2].

19 Daneben ist nach der Rspr. des BAG und der herrschenden Auffassung in der Lit. eine **Erweiterung** der erzwingbaren **Mitbestimmungsrechte** des BR **durch Tarifvertrag** möglich. Danach können Fragen, für die der BR kein sich aus dem Gesetz ergebendes Mitbestimmungsrecht hat, die jedoch üblicherweise durch Tarifvertrag geregelt werden, zu Gegenständen der erzwingbaren Mitbestimmung werden. Dies geschieht, indem der Tarifvertrag vorsieht, über eine bestimmte, an sich nicht mitbestimmungsbedürftige Frage – wie etwa die Dauer der wöchentlichen Arbeitszeit – könne eine Betriebsvereinbarung geschlossen werden (sog.

---

1 *Fitting*, § 76 BetrVG Rz. 11; *Richardi/Richardi/Maschmann*, § 76 BetrVG Rz. 75; *Ehrich/Fröhlich*, Teil D, Rz. 57.
2 Vgl. *Fitting*, § 76 BetrVG Rz. 133 f.; *Friedemann*, Rz. 58; ausführlicher und thematisch geordneter Überblick über die Fälle der erzwingbaren Einigungsstelle bei *Richardi/Richardi/Maschmann*, § 76 BetrVG Rz. 8 ff.; *Ehrich/Fröhlich*, Teil C, Rz. 8.

Öffnungsklausel). Komme keine Einigung hierüber zustande, so entscheide die Einigungsstelle. Deren Spruch ersetze die fehlende Einigung zwischen ArbGeb und BR[1].

Eine derartige Erweiterung der Mitbestimmungsrechte ist zulässig. Das Verhältnis zwischen ArbGeb und BR kann in tarifgebundenen Betrieben durch Tarifvertrag geregelt werden, § 1 Abs. 1 TVG. Durch einen Spruch der Einigungsstelle bei fehlender Einigung wird der ArbGeb nicht mehr gebunden als bei der Bestimmung des Tarifinhaltes durch die Tarifparteien. Eine derartige Tarifbestimmung hat zur Folge, dass bei Uneinigkeit – ebenso wie in den gesetzlichen Fällen der erzwingbaren Mitbestimmung – die Einigungsstelle entscheidet und dass diese auch auf Antrag nur einer Seite tätig wird. 20

Für die Errichtung und den Beginn der Tätigkeit der erzwingbaren Einigungsstelle genügt der **Antrag nur einer Seite**, § 76 Abs. 5 Satz 1 BetrVG. Bleibt die andere Seite untätig, benennt sie bspw. keine Mitglieder oder bleiben die von ihr benannten Mitglieder trotz rechtzeitiger Einladung der Sitzung fern, entscheidet der Vorsitzende mit den Beisitzern der einen Seite allein, § 76 Abs. 5 Satz 2 BetrVG (ausführlich zur Säumnisentscheidung: Rz. 296 ff.). In der Praxis wird die andere Seite häufig nicht untätig bleiben, sondern die Zuständigkeit der Einigungsstelle generell in Abrede stellen und das ArbG zur Entscheidung über die Zuständigkeit der Einigungsstelle anrufen, uU sogar im Wege des einstweiligen Rechtsschutzes. 21

b) Freiwillige Einigungsstelle

Ist gesetzlich für eine bestimmte Angelegenheit im Streitfall keine verbindliche Entscheidung der Einigungsstelle vorgesehen, wird die Einigungsstelle nach § 76 Abs. 6 BetrVG tätig, wenn **beide Seiten** dies beantragen oder mit ihrem Tätigwerden einverstanden sind (sog. freiwilliges Einigungsstellenverfahren). Der Spruch der Einigungsstelle ist in diesen Fällen nur verbindlich, wenn beide Seiten sich ihm im Voraus unterworfen oder ihn nachträglich angenommen haben. 22

Voraussetzung eines freiwilligen Einigungsstellenverfahrens ist also das **Einverständnis** beider Betriebsparteien. Dieses kann von vornherein oder auch nachträglich erklärt werden. Eine nachträgliche Einverständniserklärung liegt bspw. in der Einlassung beider Seiten auf die Verhandlungen vor der Einigungsstelle[2]. Das Einverständnis kann grds. jederzeit **widerrufen** werden, etwa durch Zurückziehen der benannten Beisitzer. Hierdurch wird ein bereits eingeleitetes Verfahren gegenstandslos; die Ämter des Vorsitzenden und der Beisitzer erlöschen[3]. Ist allerdings in einer freiwilligen Betriebsvereinbarung für eine nicht mitbestimmungspflichtige Angelegenheit ein Einigungsstellenverfahren verbindlich vereinbart, ist ein einseitiger Widerruf des Einverständnisses für die Geltungsdauer der Betriebsvereinbarung nicht möglich[4]. 23

Die freiwillige Einigungsstelle kann in allen, in die **Zuständigkeit** des BR fallenden Angelegenheiten tätig werden. Bspw. kann ein freiwilliges Einigungsstellenverfahren zur Beilegung von Meinungsverschiedenheiten in folgenden Bereichen durchgeführt bzw. vorgesehen werden: 24

- allgemeine Aufgaben des BR (§ 80 BetrVG);
- Beschwerdeverfahren nach § 86 BetrVG;
- die Einführung einer Personalplanung (§ 92 Abs. 2 BetrVG);
- die Gestaltung der Berufsausbildung (§ 96 BetrVG);
- eine menschengerechte Arbeitsgestaltung (§ 90 BetrVG);
- Fragen der Beschäftigungssicherung (§ 92a BetrVG);
- Maßnahmen zur Verhütung von Arbeitsunfällen bzw. Gesundheitsschädigungen;
- Maßnahmen des betrieblichen Umweltschutzes;
- die Errichtung von auf den Betrieb, das Unternehmen oder den Konzern beschränkten Sozialeinrichtungen;
- Maßnahmen zur Förderung der Vermögensbildung;

---

1 So geschehen bspw. im Fall von BAG v. 18.8.1987 – 1 ABR 30/86, DB 1987, 2257. Dort wurde die Dauer der individuellen regelmäßigen wöchentlichen Arbeitszeit im MTV der niedersächsischen Metallindustrie vom 18.7.1984 der Regelung durch Betriebsvereinbarung überlassen. Diese Entscheidung bestätigend etwa BAG v. 9.5.1995 – 1 ABR 56/94, DB 1995, 2610, B.II.2d), zur Erweiterung der Mitbestimmungsrechte auf Erschwerniszulagen. Ebenso *Fitting*, § 76 BetrVG Rz. 99, § 87 BetrVG Rz. 55; DKKW/*Berg*, § 76 BetrVG Rz. 8; GK-BetrVG/*Kreutz/Jacobs*, § 76 Rz. 17; GK-BetrVG/*Wiese*, § 87 Rz. 283. Kritisch zur Erweiterbarkeit im Tarifvertrag: MünchArbR/*Joost*, § 232 Rz. 27.
2 DKKW/*Berg*, § 76 BetrVG Rz. 10; *Fitting*, § 76 BetrVG Rz. 107; HWGNRH/*Worzalla*, § 76 BetrVG Rz. 15.
3 *Fitting*, § 76 BetrVG Rz. 107; *Friedemann*, Rz. 64; differenzierter: *Hennige*, S. 68 ff., die erörtert, inwieweit das Einverständnis nach allgemeinen bürgerlich-rechtlichen Vorschriften angefochten oder gekündigt werden kann.
4 *Fitting*, § 76 BetrVG Rz. 107; GK-BetrVG/*Kreutz/Jacobs*, § 76 Rz. 34.

- Maßnahmen zur Integration ausländischer ArbN sowie zur Bekämpfung von Rassismus und Fremdenfeindlichkeit im Betrieb;
- Mobbing (vgl. § 88 BetrVG).

25 Auch Meinungsverschiedenheiten bezüglich **rechtlicher Fragen**, wie etwa die Auslegung einer Betriebsvereinbarung, können durch ein freiwilliges Einigungsstellenverfahren geregelt werden[1]. In diesem Fall bleibt allerdings die Möglichkeit der Überprüfung des Einigungsstellenspruchs durch das ArbG in vollem Umfang bestehen. Anderenfalls käme die Errichtung der freiwilligen Einigungsstelle letztlich der unzulässigen Vereinbarung eines Schiedsgerichtes gleich, vgl. §§ 4, 101 ff.[2]. Durch die Entscheidung der Einigungsstelle bleiben auch die Rechtspositionen Dritter, nicht am Einigungsstellenverfahren Beteiligter unbeeinträchtigt. So schließt ein freiwilliges Einigungsstellenverfahren nach § 85 Abs. 2 Satz 2 BetrVG über eine ArbN-Beschwerde, die (auch) Rechtsansprüche zum Gegenstand hat, eine spätere gerichtliche Geltendmachung des Anspruchs durch den ArbN nicht aus[3].

26 Ein gesetzlich genannter Fall der freiwilligen Einigungsstelle ist die Regelung über das Erfordernis der **Zustimmung des BR bei Kündigungen**, § 102 Abs. 6 BetrVG. Danach kann die Wirksamkeit von Kündigungen durch (freiwillige) Betriebsvereinbarung von der Zustimmung, nicht nur der ordnungsgemäßen Anhörung des BR abhängig gemacht werden und bestimmt werden, dass bei Meinungsverschiedenheiten eine (insoweit dann erzwingbare) Einigungsstelle entscheidet. Als Argument für eine derartige Erweiterung der Rechte des BR wird genannt, dass hierdurch die Notwendigkeit eines Widerspruches des BR und damit die Weiterbeschäftigungspflicht nach § 102 Abs. 5 BetrVG entfällt[4].

27 In der **Praxis** ist die freiwillige Einigungsstelle eher die **Ausnahme**[5]. Denkbar ist sie vor allem durch die nachträgliche Annahme des zunächst unverbindlichen Verhandlungsergebnisses, welches zunächst nur den Charakter eines Einigungsvorschlages hat. Demgegenüber sieht *Friedemann*[6] eine erhebliche praktische Bedeutung der freiwilligen Einigungsstelle, erwähnt dabei jedoch vor allem den Fall, dass nicht mitbestimmungspflichtige Gegenstände am Rande eines erzwingbaren Verfahrens mitgeregelt werden. Indes dürfte die Mitregelung eines nicht mitbestimmungspflichtigen Gegenstandes in einem obligatorischen Verfahren für die Charakterisierung des Verfahrens nicht maßgeblich sein. Nur wenn ausschließlich nicht mitbestimmungspflichtige Fragen entschieden werden, handelt es sich um ein freiwilliges Einigungsstellenverfahren im klassischen Sinne. Dies bestätigt letztlich auch *Friedemann*, wenn er feststellt, dass im Regelfall erst eine nachträgliche Annahme des Verhandlungsergebnisses erfolge.

3. Tarifliche Schlichtungsstelle

28 Nach § 76 Abs. 8 BetrVG kann durch Tarifvertrag bestimmt werden, dass an die Stelle der Einigungsstelle eine tarifliche Schlichtungsstelle tritt[7]. Die Schlichtungsstelle kann sowohl betrieblich als auch überbetrieblich gebildet werden.

29 Mit dem Inkrafttreten eines entsprechenden Tarifvertrags entfällt die Zuständigkeit der betrieblichen Einigungsstelle. Ausreichend ist, dass der **ArbGeb tarifgebunden** ist und der Betrieb unter den Geltungsbereich des Tarifvertrags fällt; auf die Tarifbindung der ArbN kommt es nicht an[8]. *Rieble*[9] hält zusätzlich für die Tarifgebundenheit des Betriebes die Mitgliedschaft wenigstens eines ArbN in der tarifschließenden Gewerkschaft für erforderlich. Dem ist entgegen zu halten, dass sich die Regelungskompetenz der Tarifvertragsparteien insoweit nicht aus dem TVG, sondern aus § 76 Abs. 8 BetrVG ergibt[10]. Soweit es sich um eine die Einigungsstelle ersetzende tarifliche Schlichtungsstelle auf Unternehmensebene handelt, ist erfor-

---

[1] Vgl. BAG 11.2.2014 – 1 ABR 76/12, juris, Rz. 14; BAG v. 20.11.1990 – 1 ABR 45/89, NZA 1991, 473 zur Auslegung einer Betriebsvereinbarung; LAG Köln v. 22.4.1994 – 13 TaBV 8/94, NZA 1995, 445; ErfK/*Kania*, § 76 BetrVG Rz. 23; Richardi/*Richardi/Maschmann*, § 76 BetrVG Rz. 37.
[2] BAG v. 20.11.1990 – 1 ABR 45/89, NZA 1991, 473.
[3] Zutreffend: *Fitting*, § 76 BetrVG Rz. 110.
[4] *Fitting*, § 102 BetrVG Rz. 130, die jedoch zu Recht auch auf das hiermit verbundene hohe Maß an Mitverantwortung des Betriebsrates bei Kündigungen hinweisen.
[5] Ebenso: *Wenning-Morgenthaler*, Rz. 38.
[6] *Friedemann*, Rz. 62, 67.
[7] Eingehend zur tariflichen Schlichtungsstelle und zu deren Legitimation aus dem Tarifvertragsrecht bzw. aus dem Betriebsverfassungsrecht *Rieble*, RdA 1993, 140; Richardi/*Richardi/Maschmann*, § 76 BetrVG Rz. 146 ff.
[8] Ganz herrschende Auffassung, vgl. nur ErfK/*Kania*, § 76 BetrVG Rz. 33; DKKW/*Berg*, § 76 BetrVG Rz. 159; *Fitting*, § 76 BetrVG Rz. 170; *Friedemann*, Rz. 70; *Wenning-Morgenthaler*, Rz. 475; *Richardi*, § 76 BetrVG Rz. 148; Ehrich/Fröhlich, Teil D, Rz. 58.
[9] *Rieble*, RdA 1993, 140 (145).
[10] Ebenso: *Friedemann*, Rz. 70.

derlich, dass alle Betriebe des Unternehmens vom Geltungsbereich des Tarifvertrages erfasst sind. Eine tarifliche Schlichtungsstelle auf Konzernebene erfordert die Tarifbindung aller Konzernunternehmen[1].

Die **Besetzung** der tariflichen Schlichtungsstelle ist idR im Tarifvertrag ebenso wie ihre Einsetzung genauer ausgestaltet[2]. Davon unabhängig muss auch die Schlichtungsstelle paritätisch mit Beisitzern besetzt sein und einen unparteiischen Vorsitzenden haben. Die Beisitzer werden von den Tarifvertragsparteien benannt. Kommt es über die Person des Vorsitzenden zu keiner Einigung, greift der im Tarifvertrag vorgesehene Konfliktlösungsmechanismus. Der Tarifvertrag kann hierbei durchaus für den Nichteinigungsfall eine Entscheidung des ArbG vorsehen. Ist dies nicht der Fall, wird man idR davon ausgehen dürfen, dass die Bestimmung nach § 100 ArbGG durch das ArbG erfolgt[3]. 30

Der Tarifvertrag muss durch entsprechende **Verfahrensvorschriften** sicherstellen, dass die Schlichtungsstelle mit der erforderlichen Anzahl an Beisitzern besetzt ist. Die Nichtbenennung der Beisitzer durch die eine oder andere Seite oder deren Nichterscheinen kann den Betriebspartnern nicht ohne Weiteres zugerechnet werden. § 76 Abs. 5 Satz 2 BetrVG findet insoweit keine entsprechende Anwendung. Enthält der Tarifvertrag keine Regelung und fehlt es an der ordnungsgemäßen Besetzung der Schlichtungsstelle, lebt die Zuständigkeit der betrieblichen Einigungsstelle wieder auf[4]. 31

Die **Einsetzung** einer tariflichen Schlichtungsstelle muss im Tarifvertrag eindeutig geregelt sein. Die Formulierung, die Tarifvertragsparteien seien „zwecks Klärung und Schlichtung einzuschalten, wenn die Verhandlungen zwischen Betriebsleitung und BR zu keinem Ergebnis führen", genügt bspw. nicht. Hierin ist nur die Verpflichtung der Betriebsparteien zu sehen, zunächst eine tarifliche Schlichtung zu versuchen, nicht hingegen die Einrichtung einer tariflichen Schlichtungsstelle[5]. 32

Die **Zuständigkeit** der tariflichen Schlichtungsstelle erstreckt sich auf alle Fragen, für die auch die betriebliche Einigungsstelle zuständig wäre. Dies folgt daraus, dass sie an deren Stelle tritt. Soweit der Tarifvertrag die Zuständigkeit der tariflichen Schlichtungsstelle etwa in betrieblicher oder fachlicher Hinsicht beschränkt, bleibt im Übrigen die betriebliche Einigungsstelle zuständig[6]. Das hieraus resultierende Nebeneinander von Einigungsstelle und tariflicher Schlichtungsstelle kann zu Abgrenzungsschwierigkeiten führen[7]. Ist die Abgrenzung unklar und liegt ein Mischtatbestand vor, bei dem teils die Schlichtungsstelle, teils die Einigungsstelle zuständig zu sein scheint, entscheidet für die Zuständigkeit der Schwerpunkt des Streites zumindest dann, wenn wegen des engen Sachzusammenhangs nur einheitlich entschieden werden kann[8]. § 76 Abs. 8 BetrVG eröffnet den Tarifvertragsparteien nur die Möglichkeit, die Zuständigkeit einer anderen Schlichtungsinstanz zu schaffen, nicht hingegen, den Zuständigkeitsbereich der Einigungsstelle ersatzlos einzuschränken. Die tarifliche Schlichtungsstelle ist auch dann zuständig, wenn die Beteiligungsrechte des BR durch Betriebsvereinbarung oder Tarifvertrag wirksam erweitert worden sind[9]. 33

Der Spruch der Schlichtungsstelle muss ebenfalls unter Einhaltung der wesentlichen **Vorschriften über das Verfahren** vor der Einigungsstelle (hierzu nachfolgend Rz. 105 ff.) gefasst werden[10]. Dies ergibt sich daraus, dass die Schlichtungsstelle an die Stelle der betrieblichen Einigungsstelle tritt. Die Schlichtungsstelle wird gleichfalls nur auf Antrag, nicht etwa von Amts wegen tätig. Es hat eine mündliche Verhandlung stattzufinden, da die Betriebspartner nicht durch eigene Beisitzer vertreten sind. Der Schlichtungsstellenspruch muss den gesetzlichen und tarifvertraglichen Bestimmungen genügen. Er darf nicht die Grenzen des Ermessens überschreiten, welches der Einigungsstelle oder der tariflichen Schlichtungsstelle zusteht. Er 34

---

1 Vgl. *Fitting*, § 76 BetrVG Rz. 171; *Rieble*, RdA 1993, 140 (145).
2 Beispiel für die Besetzung der tariflichen Schlichtungsstelle: „je zwei von den Tarifvertragsparteien zu benennende Beisitzer und ein unparteiischer Vorsitzender", BAG v. 18.8.1987 – 1 ABR 30/86, DB 1987, 2257.
3 LAG Düsseldorf v. 26.10.1976 – 5 TaBV 46/76, EzA § 76 BetrVG 1972 Nr. 14; *Fitting*, § 76 BetrVG Rz. 176; HWGNRH/*Worzalla*, § 76 BetrVG Rz. 38. Richardi/*Richardi/Maschmann*, § 76 BetrVG Rz. 149 hingegen hält die Besetzung durch das Arbeitsgericht nur für zulässig, wenn dies im Tarifvertrag so vorgesehen ist; so wohl auch GMP/*Schlewing*, § 98 Rz. 2.
4 Ebenso: *Fitting*, § 76 BetrVG Rz. 177; Richardi/*Richardi/Maschmann*, § 76 BetrVG Rz. 151; HWGNRH/*Worzalla*, § 76 BetrVG Rz. 38. *Rieble*, RdA 1993, 140 (149) fordert eine vorherige Fristsetzung durch das Arbeitsgericht entsprechend § 102 Abs. 2 Nr. 2 ArbGG.
5 BAG v. 9.5.1995 – 1 ABR 56/94, DB 1995, 2610 ff., zu § 4 des Lohn- und Gehaltstarifvertrages der Sägeindustrie in Baden-Württemberg vom 3.6.1992.
6 Zur Möglichkeit der Beschränkung: BAG v. 18.8.1987 – 1 ABR 30/86, NZA 1987, 779.
7 Vgl. *Rieble*, RdA 1993, 140 (148).
8 *Fitting*, § 76 BetrVG Rz. 175.
9 Ebenso *Rieble*, RdA 1993, 140 (148); ausführlich hierzu *Hennige*, S. 59 ff., die nach sozialen, personellen und wirtschaftlichen Angelegenheiten unterscheidet.
10 AA: DKKW/*Berg*, § 76 BetrVG Rz. 156 für Verfahrensfragen. Wie hier bspw. ErfK/*Kania*, § 76 BetrVG Rz. 33; *Fitting*, § 76 BetrVG Rz. 176; Richardi/*Richardi/Maschmann*, § 76 BetrVG Rz. 150.

ist mangels Beteiligung der Betriebspartner am Verfahren zwingend zu begründen, vom Vorsitzenden zu unterzeichnen und den Betriebspartnern zuzustellen. Abweichend von der gesetzlichen Regelung für die Einigungsstelle kann der Tarifvertrag für die Schlichtungsstelle eine **2. Instanz**[1], die zwingende Durchführung einer **Güteverhandlung** und eine Regelung der Kostentragung (zB durch die Tarifvertragsparteien) vorsehen.

35 Der Spruch der Schlichtungsstelle unterliegt ebenso wie der Spruch der Einigungsstelle der **gerichtlichen Nachprüfung**[2]. Ist die tarifliche Schlichtungsstelle nicht ausschließlich für betriebsverfassungsrechtliche Streitigkeiten errichtet und nimmt sie auch andere Aufgaben wahr, haben ihre Entscheidungen insoweit die Vermutung der Richtigkeit für sich. Diesbezüglich kommt nur eine Nachprüfung auf offensichtliche Unbilligkeit oder sonstige Rechtswidrigkeit in Betracht[3].

36 Von der Möglichkeit zur Errichtung einer tariflichen Schlichtungsstelle haben Tarifvertragsparteien in der **Praxis** mehrfach Gebrauch gemacht. So finden sich Tarifverträge zur Errichtung von Schlichtungsstellen etwa in der Metallindustrie und im Steinkohlebergbau[4].

37 Die **Mitglieder** der tariflichen Schlichtungsstelle sind idR Angehörige der Tarifvertragsparteien, nicht die Betriebspartner. Die Tarifvertragsparteien sind auch dazu berufen, den Vorsitzenden zu bestimmen. Kommt es zu keiner Einigung auf einen Vorsitzenden, so wird dieser gem. den anwendbaren Regelungen über das Einigungsstellenverfahren nach § 76 Abs. 2 Satz 2 BetrVG, § 100 ArbGG durch das ArbG bestellt[5].

4. Einigungsstelle auf Unternehmens- und Konzernebene

38 Für die Bildung von Einigungsstellen auf Unternehmensebene gelten die Vorschriften der §§ 76 ff. BetrVG entsprechend, sofern ein **GBR** existiert und dieser für die jeweilige Materie zuständig ist, §§ 50, 51 Abs. 6 BetrVG. Entsprechendes gilt für Einigungsstellen auf **Konzernebene**, §§ 58, 59 Abs. 1, § 51 Abs. 5 BetrVG. Gleiches gilt für ArbN-Vertretungen nach § 3 Abs. 1 Nr. 2, 3 BetrVG, etwa **SpartenBR**, da diese an die Stelle der BR treten[6].

39 Für unternehmenseinheitliche **BR** oder für mehrere zusammengefasste **Betriebe** zuständige BR iSd. § 3 Abs. 1 Nr. 1 BetrVG gelten die §§ 76 f. BetrVG unmittelbar. Es handelt sich um „normale" BR.

5. Anwendbarkeit der §§ 76 f. BetrVG im Übrigen

40 § 76 BetrVG gilt nicht für die **Jugend- und Auszubildendenvertretung**, die Gesamt- und die Konzern-Jugend- und Auszubildendenvertretung. Diese sind nicht Träger von Beteiligungsrechten.

41 Bei fehlender Einigung zwischen ArbGeb und einer **ArbN-Gruppe**, der nach § 28a BetrVG die Wahrnehmung betriebsverfassungsrechtlicher Aufgaben übertragen worden ist, kommt § 76 BetrVG gleichfalls nicht zur Anwendung. In diesem Fall fällt die Regelung der umstrittenen konkreten Angelegenheit an den BR zurück. Dies ergibt sich aus § 28a Abs. 2 Satz 3 BetrVG.

42 Eine § 76 BetrVG entsprechende Vorschrift findet sich im **Personalvertretungsrecht** in § 71 BPersVG. Das **SprAuG** und das **EBRG** hingegen kennen keine der Einigungsstelle vergleichbare Einrichtung.

III. Einleitung des Einigungsstellenverfahrens

1. Bildung

43 Die Einigungsstelle ist – mit Ausnahme der sog. ständigen Einigungsstelle (hierzu Rz. 14 ff.) – keine zwingend vorgeschriebene, stets bestehende Institution. Sie wird zur Beilegung von Meinungsverschiedenheiten zwischen ArbGeb und BR **bei Bedarf** gebildet, § 76 Abs. 1 BetrVG. Zur gerichtlichen Bestellung vgl. § 100 ArbGG.

---

1 AA: *Müller*, FS Barz, S. 499.
2 BAG v. 22.10.1981 – 6 ABR 69/79, AP Nr. 10 zu § 76 BetrVG 1972, II.1; BAG v. 18.8.1987 – 1 ABR 30/86, AP Nr. 23 zu § 77 BetrVG 1972, IV.; Richardi/*Richardi/Maschmann*, § 76 BetrVG Rz. 152; *Fitting*, § 76 BetrVG Rz. 180; *Ehrich/Fröhlich*, Teil D, Rz. 60.
3 DKKW/*Berg*, § 76 BetrVG Rz. 158; *Fitting*, § 76 BetrVG Rz. 180.
4 *Fitting*, 19. Aufl., § 76 BetrVG Rz. 91 mit Fundstellen zu verschiedenen Tarifverträgen; *Friedemann*, Rz. 71, der den Tarifvertrag der niedersächsischen Metallindustrie vom 17.10.1994 auszugsweise wiedergibt.
5 *Rieble*, RdA 1993, 140 (149).
6 *Fitting*, § 76 BetrVG Rz. 6.

Neben dem Begriff der „**Bildung**" der Einigungsstelle verwendet das Gesetz in mehreren Normen den Begriff der „**Anrufung**"[1]. Ferner heißt es in § 76 Abs. 5 Satz 1 BetrVG, die erzwingbare Einigungsstelle werde auf „**Antrag**" einer Seite tätig. In der Lit. wird daher erörtert, inwieweit ein Antrag an eine noch nicht gebildete Einigungsstelle gerichtet werden kann[2]. 44

Einigkeit besteht insoweit, dass die Einigungsstelle **nicht von Amts wegen** tätig wird. **Antragsberechtigt** sind nur die Betriebspartner. Die Einigungsstelle kann nicht von einzelnen **ArbN** angerufen werden, selbst dann nicht, wenn sie von der Entscheidung unmittelbar betroffen werden[3]. Beides ergibt sich aus dem eindeutigen Gesetzeswortlaut, wonach die Einigungsstelle auf Antrag einer bzw. beider Seiten tätig wird. Der einzelne ArbN hat auch keinen klagbaren Anspruch auf Einberufung der Einigungsstelle gegen den BR, etwa im Falle des § 85 Abs. 2 BetrVG[4]. Hat der BR einem seiner Ausschüsse Angelegenheiten zur selbständigen Entscheidung übertragen und hat die zu treffende Regelung nicht die Wirkung einer Betriebsvereinbarung, kann der BR auf diesen Ausschuss auch das Recht zur Anrufung der Einigungsstelle übertragen. Hingegen ist eine Arbeitsgruppe nach § 28a Abs. 2 Satz 3 BetrVG nicht antragsberechtigt. 45

Materielle Voraussetzung für die Anrufung der Einigungsstelle ist, dass die **Verhandlungen** zwischen den Betriebspartnern **gescheitert** sind. Vor Anrufung der Einigungsstelle muss der Versuch einer **gütlichen Einigung** der Betriebspartner **erfolglos** geblieben sein. Dies ergibt sich aus § 74 Abs. 1 Satz 2 BetrVG, wonach sie über strittige Fragen mit dem ernsten Willen zur Einigung zu verhandeln und Vorschläge für die Beilegung von Meinungsverschiedenheiten zu machen haben. Erst wenn diese Verhandlungen scheitern, kommt die Anrufung der Einigungsstelle in Betracht[5]. Ein Bedarf an der Bildung einer Einigungsstelle und damit ein Rechtsschutzinteresse an der Einleitung des Verfahrens nach § 100 ArbGG besteht nur dann, wenn die Selbsthilfekräfte der Betriebspartner eine Lösung der anstehenden konkreten Probleme nicht erwarten lassen[6]. Haben ernsthafte Verhandlungen stattgefunden und war der Einigungsversuch nicht erfolgreich, steht es jeder Seite frei, das Scheitern der Verhandlungen festzustellen[7]. Gleiches gilt, wenn einer der Betriebspartner trotz Aufforderung jede Verhandlung über den Streitgegenstand ablehnt[8], Streit über die Zuständigkeit der Einigungsstelle besteht[9] oder die Aufnahme förmlicher Verhandlungen aufgrund des bisherigen Verhaltens der Gegenseite aussichtslos erscheint[10]. In diesem Fall bedarf es vorgerichtlich keiner Verhandlungen über die Person des Vorsitzenden und die Zahl der Beisitzer, die eine bloße Förmelei wären[11]. Hat der BR, nachdem Verhandlungen stattgefunden haben, weitere Verhandlungs- oder Informationswünsche, steht dies der Bildung einer Einigungsstelle nicht entgegen[12]. Ausreichend für die Errichtung einer Einigungsstelle ist, wenn der ArbGeb den Entwurf einer Betriebsvereinbarung vorgelegt hat, der BR hierzu Stellung genommen hat und der BR die Einladung zu einem Gespräch nicht wahrgenommen hat[13]. 46

Haben die Betriebspartner nicht einmal Verhandlungen aufgenommen, kann es für das Bestellungsverfahren nach § 100 ArbGG am **Rechtsschutzinteresse** fehlen[14]. Eine Mindermeinung nimmt an, dass die Erfüllung der betriebsverfassungsrechtlichen Verhandlungspflichten vor Einleitung eines Einigungsstellenverfahrens keine Frage des Rechtsschutzinteresses und damit der Zulässigkeit, sondern ggf. der Begründet- 46a

---

1 § 37 Abs. 6 und § 38 Abs. 2 BetrVG (Anrufung durch den ArbGeb), § 85 Abs. 2 Satz 1 BetrVG (Anrufung durch den BR), § 112 Abs. 2 Satz 2 BetrVG (Anrufung durch Unternehmer oder BR).
2 GK-BetrVG/*Kreutz/Jacobs*, § 76 Rz. 96; Richardi/*Richardi/Maschmann*, § 76 BetrVG Rz. 81 f.; *Friedemann*, Rz. 89; *Hennige*, S. 64.
3 *Fitting*, § 76 BetrVG Rz. 59; *Friedemann*, Rz. 90; *Hennige*, S. 134; *Wenning-Morgenthaler*, Rz. 37; *Ehrich/Fröhlich*, Teil E, Rz. 4; DKKW/*Berg*, § 76 BetrVG Rz. 47.
4 AA *Blomeyer* in GS Dietz, S. 173.
5 LAG Schl.-Holst. v. 2.8.2016 – 1 TaBV 17/16; LAG Hessen v. 30.9.2014 – 4 TaBV 157/14.
6 Vgl. LAG BW v. 4.10.1984 – 11 TaBV 4/84, NZA 1985, 163; LAG Düsseldorf v. 22.2.1985 – 2 TaBV 1/85, DB 1985, 764; LAG Nürnberg v. 5.4.2005 – 7 TaBV 7/05, LAGE § 98 ArbGG 1979 Nr. 44. Großzügiger: LAG Hamm v. 26.7.2004 – 10 TaBV 64/04, AuA 2005, 312.
7 LAG Hamm v. 9.2.2009 – 10 TaBV 191/08, ArbuR 2009, 322, Rz. 58; LAG Hessen v. 14.2.2006 – 4 TaBV 1/06, ArbuR 2006, 413; LAG Hessen v. 12.11.1991 – 4 TaBV 148/91, NZA 1992, 853; LAG Hessen v. 22.11.1994 – 4 TaBV 112/94, NZA 1995, 1118.
8 BAG v. 23.9.1997 – 3 ABR 85/96, NZA 1998, 719; ArbG Hamburg v. 3.5.2005 – 26 BV 1/05, AE 2006, 52.
9 LAG Hamm v. 9.2.2009 – 10 TaBV 191/08, ArbuR 2009, 322, Rz. 58.
10 LAG Hamm v. 26.7.2004 – 10 TaBV 64/04, AuA 2005, 312.
11 LAG Hessen v. 14.2.2006 – 4 TaBV 1/06, ArbuR 2006, 413.
12 LAG Hessen v. 17.4.2007 – 4 TaBV 59/07, AuA 2007, 757.
13 LAG Hamm v. 10.5.2010 – 10 TaBV 23/10, juris, Rz. 44.
14 LAG BW v. 4.10.1984 – 11 TaBV 4/84, NZA 1985, 163; LAG BW v. 16.10.1991 – 12 TaBV 10/91, NZA 1992, 186. Zum Fehlen des Rechtsschutzinteresses auch: LAG Hamburg v. 27.10.1997 – 4 TaBV 6/97, LAGE § 98 ArbGG 1979 Nr. 30; LAG Hamm v. 9.8.2004 – 10 TaBV 81/04, LAGE § 98 ArbGG 1979 Nr. 43; *Wenning-Morgenthaler*, Rz. 71; ErfK/*Koch*, § 100 ArbGG Rz. 2; Hauck/Helml/Biebl/*Hauck*, § 98 ArbGG Rz. 2.

heit eines Antrags nach § 76 Abs. 2 Satz 2, 3 BetrVG, § 100 ArbGG sei. Dies hätte insbesondere zur Folge, dass die Beschränkung auf die Offensichtlichkeitsprüfung nach § 100 Abs. 1 Satz 2 ArbGG auch für die Erfüllung der Verhandlungspflicht gelten würde[1].

Allerdings würde der § 100 ArbGG zugrunde liegende Beschleunigungszweck konterkariert, wenn an das Kriterium, vorab verhandelt zu haben, zu hohe Anforderungen gestellt werden. So bleibt es jedem Betriebspartner überlassen, im konkreten Einzelfall die Kommunikation abzubrechen und auf die Bildung einer Einigungsstelle hinzuwirken, wenn nach seiner nicht offensichtlich unbegründeten subjektiven Einschätzung die Meinungsverschiedenheit nicht ohne Hilfe einer Einigungsstelle einer Lösung zugeführt werden kann[2]. Ansonsten hätte es die verhandlungsunwillige Seite in der Hand, durch geschicktes Taktieren die Einsetzung einer Einigungsstelle längere Zeit zu blockieren.

46b Eine andere Frage ist, ob zum Zeitpunkt der Einleitung des Bestellungsverfahrens bereits Uneinigkeit über die Person des Vorsitzenden und/oder die Zahl der Beisitzer bestehen muss. Entscheidender Zeitpunkt ist insoweit die Antragstellung: **Spätestens im Anhörungstermin** vor dem ArbG muss Uneinigkeit über die Besetzung der Einigungsstelle bestehen. Die Einleitung des Bestellungsverfahrens ist daher nicht deshalb unzulässig, sofern und solange sich die Gegenseite zum Vorschlag der antragstellenden Seite zur Besetzung der Einigungsstelle noch nicht geäußert hat, sofern im Anhörungstermin Uneinigkeit besteht[3].

46c Der Antrag auf Einsetzung einer Einigungsstelle kann vom ArbG nach § 100 Abs. 1 Satz 2 ArbGG zurückgewiesen werden, wenn die Einigungsstelle **offensichtlich unzuständig** ist, vgl. zum anzulegenden strengen Maßstab und zu Einzelfällen § 100 Rz. 36 ff. Die Einigungsstelle ist offensichtlich unzuständig, wenn bereits eine oder mehrere ungekündigte Regelungsabreden oder Betriebsvereinbarungen bestehen, die den mitbestimmungspflichtigen Gegenstand abschließend regeln, zu dem die Einsetzung einer Einigungsstelle beantragt ist. In diesem Fall ist das Mitbestimmungsrecht der Arbeitnehmervertretung verbraucht[4]. Die gegenteilige Auffassung der 4. Kammer des LAG Köln widerspricht der ganz herrschenden Meinung und ist nicht überzeugend begründet[5]. Die 4. Kammer des LAG Köln weist darauf hin, dass eine Betriebsvereinbarung eine Norm sei und für Normen der Grundsatz gelte, dass die jüngere Norm die ältere ablöse. Dieser Hinweis überzeugt nicht. Zwar löst eine spätere die frühere Norm ab. Damit ist jedoch nicht die Frage beantwortet, ob der BR den Abschluss einer späteren Norm – ggf. unter Missachtung existierender Kündigungsfristen bereits existierender Betriebsvereinbarungen – erzwingen kann. Die Auffassung der 4. Kammer des LAG Köln führte dazu, dass der BR dann, wenn in einer Einigungsstelle eine ihm nicht genehme Betriebsvereinbarung zustande gekommen sein sollte, den ArbGeb sofort wieder an den Verhandlungstisch zwingen könnte, obgleich eine möglicherweise noch über einen längeren Zeitraum unkündbare Regelung bestünde. Dies hätte letztlich zur Folge, dass der BR – trotz Bestehens einer ungekündigten Regelung – Dauerverhandlungen erzwingen könnte, ohne dass zumindest für die Laufzeit einer Betriebsvereinbarung Rechtsfrieden einträte.

47 In formaler Hinsicht enthält das Gesetz keine Regelung, wie die Einigungsstelle **anzurufen** ist. Zunächst ist der jeweils andere Betriebspartner zur Errichtung einer Einigungsstelle aufzufordern. Zugleich sollte (mindestens) ein **Vorschlag für die Person des Vorsitzenden** unterbreitet und die **gewünschte Zahl der Beisitzer** genannt werden[6]. Diese Aufforderung kann je nach Situation mündlich geschehen; zur Beweissicherung ist jedoch die Schriftform sowie ein etwaiger Zugangsnachweis[7] empfehlenswert. Akzeptiert der andere Betriebspartner die vorgeschlagene Anzahl der Beisitzer und einen der vorgeschlagenen Vorsitzen-

---

1 LAG Hessen v. 13.9.2005 – 4 TaBV 86/05, ArbuR 2006, 172. So im Ergebnis auch LAG Nds. v. 7.12.1998 – 1 TaBV 74/98, LAGE 1979 § 98 Nr. 35, zu II 1c; LAG Hessen, 13.6.2003, LAGE § 98 ArbGG 1979 Nr. 41, zu II 1a. In diese Richtung auch LAG Nürnberg v. 5.4.2005 – 7 TaBV 7/05, LAGE § 98 ArbGG 1979 Nr. 44 mwN.
2 LAG Rh.-Pf. v. 2.11.2012 – 9 TaBV 34/12, LAGE § 98 ArbGG 1979 Nr. 64; LAG Rh.-Pf. v. 8.3.2012 – 11 TaBV 12/12, juris, Rz. 44; LAG Berlin-Brandenburg v. 28.7.2011 – 26 TaBV 1298/11, NZA-RR 2012, 38; LAG Hamm v. 20.6.2011 – 10 TaBV 39/11, juris, Rz. 47; LAG Hamm v. 4.10.2010 – 13 TaBV 74/10, juris, Rz. 42; LAG Nds. v. 25.10.2005 – 1 TaBV 48/05, LAGE § 98 ArbGG 1979 Nr. 45. AA noch LAG Schl.-Holst. v. 17.11.1988 – 6 TaBV 30/88, LAGE § 98 ArbGG 1979 Nr. 13.
3 LAG Hessen v. 13.6.2003 – 4 TaBV 67/03, LAGE § 98 ArbGG 1979 Nr. 41.
4 LAG Köln v. 3.12.2014 – 11 TaBV 64/14; LAG Köln v. 5.3.2009 – 13 TaBV 97/08, ArbuR 2009, 370 (Ls.); LAG BW v. 18.11.2008 – 9 TaBV 6/08, juris, Rz. 46, 53 und 55; LAG Hamm v. 21.12.2005 – 10 TaBV 173/05, juris, Rz. 52; LAG München v. 1.7.2004 – 3 TaBV 53/03, juris, Rz. 36 ff.; LAG Köln v. 1.9.1994 – 5 TaBV 41/94; LAG Düsseldorf v. 9.9.1977 – 8 TaBV 27/77, DB 1977, 1954; Schwab/Weth/*Walker*, ArbGG, § 98 Rz. 37; GK-ArbGG/*Schleusener*, § 100 Rz. 26; ErfK/*Koch*, § 100 ArbGG Rz. 3; GMP/*Schlewing*, § 98 Rz. 9; *Stege/Weinspach/Schiefer*, § 76 Rz. 5c.
5 LAG Köln v. 6.9.2005 – 4 TaBV 41/05, LAGE § 98 ArbGG 1979 Nr. 44a.
6 VGH Kassel v. 28.3.1984 – HPV TL 33/82, ZBR 1984, 284: Zustellung „an den Kontrahenten", für das Einigungsstellenverfahren mit dem Personalrat; DKKW/*Berg*, § 76 BetrVG Rz. 51 ff.; *Hennige*, S. 65; *Heinze*, RdA 1990, 262 (268).
7 So auch *Ebert*, FA 1998, 373 (374).

den, brauchen beide Seiten nur noch ihre Beisitzer zu benennen. Wird über die Zahl der Beisitzer und/ oder die Person des Vorsitzenden keine Einigkeit erzielt, erfolgt auf Antrag eine Festsetzung durch das ArbGeb (vgl. § 100 ArbGG).

Der **Streitgegenstand** des Einigungsstellenverfahrens wird der jeweils anderen Seite in aller Regel aufgrund der zuvor gescheiterten Verhandlungen bekannt sein, sollte jedoch der Ordnung halber nochmals klar umrissen werden. Dementsprechend muss der Antragsteller im gerichtlichen Bestellungsverfahren zwar nicht den Inhalt der von ihm angestrebten Regelung darlegen, wohl aber hinreichend konkret angeben, über welchen Gegenstand in der Einigungsstelle verhandelt werden soll[1]. Die Prüfung der Voraussetzungen des § 253 Abs. 2 Nr. 2 ZPO ist nicht auf den Offensichtlichkeitsmaßstab nach § 100 Abs. 1 Satz 2 ArbGG beschränkt. Die Parteien sind verpflichtet, sich auf die Person eines Vorsitzenden zu einigen[2]. Eine **Frist** ist – abgesehen von der zweiwöchigen Frist in § 38 Abs. 2 Satz 4 BetrVG beim fehlenden Einverständnis des ArbGeb mit der Zahl der freigestellten BR-Mitglieder – **nicht** zu beachten. 48

2. Annahme/Ablehnung/Niederlegung des Amtes

Voraussetzung für die erfolgreiche Bildung der Einigungsstelle ist die **Annahme des Amtes** durch ihre Mitglieder[3]. Hierzu besteht keine Rechtspflicht. Sinnvollerweise sollte daher der gewünschte Vorsitzende zunächst um sein Einverständnis mit der Benennung gebeten werden, bevor er für die Einigungsstelle vorgeschlagen wird[4]. Eine Rechtspflicht zur Übernahme des Amtes besteht auch dann nicht, wenn der Vorsitzende vom ArbG festgesetzt wird[5]. Die Mitglieder der Einigungsstelle können ihr Amt – vorbehaltlich etwaiger Schadensersatzansprüche – jederzeit niederlegen[6]. 49

3. Antragstellung vor der Einigungsstelle

Ist die Einigungsstelle konstituiert, kann ein **Antrag** an den Vorsitzenden gerichtet werden. Auch für diesen Antrag existieren keine Formvorschriften. Er sollte sinnvoller Weise unter möglichst konkreter Bezeichnung der streitgegenständlichen Meinungsverschiedenheit schriftlich gestellt werden. Zweckmäßigerweise sollten die zur Streitentscheidung notwendigen Unterlagen beigefügt werden[7]. Der BR kann vom ArbGeb ggf. nach § 80 Abs. 2 BetrVG die erforderlichen Auskünfte und Unterlagen verlangen und der Einigungsstelle übermitteln. Auch die Nennung etwaiger Beweismittel ist sinnvoll. Durch den Antrag wird die andere Seite verpflichtet, ebenfalls Beisitzer zu benennen[8]. Tut sie dies nicht oder erscheint sie nicht, treten die Säumnisfolgen aus § 76 Abs. 5 Satz 2 BetrVG ein. Danach entscheiden in diesen Fällen der Vorsitzende und die erschienenen Mitglieder allein (ausführlich Rz. 296 ff.). 50

Bereits in diesem Verfahrensstadium kann das **ArbG** von der anderen Seite zur Klärung der Frage angerufen werden, ob überhaupt eine **Zuständigkeit** der Einigungsstelle besteht (vgl. hierzu Rz. 181)[9]. 51

Im Falle einer **freiwilligen** Einigungsstelle ist zu beachten, dass sich die **Anträge beider Seiten** entsprechen müssen. Bei nicht deckungsgleichen Anträgen ist die Bildung einer Einigungsstelle nach § 76 Abs. 6 BetrVG nicht möglich, da die Anträge ausdrückliche Voraussetzung für ihr Tätigwerden sind[10]. Die Bildung der Einigungsstelle ist **abgeschlossen**, wenn eine den Anforderungen des § 76 Abs. 2 Satz 1 BetrVG entsprechende Einigungsstelle konstituiert ist. Nach dieser Norm setzt sich die Einigungsstelle aus einer 52

---

1 LAG Hessen v. 31.1.2006 – 4 TaBV 208/05, ArbuR 2006, 214; LAG Köln v. 18.2.1998 – 7 TaBV 66/97, ArbuR 1998/378 L; LAG Nds. v. 7.12.1998 – 1 TaBV 74/98, LAGE ArbGG 1979 § 98 Nr. 35, zu II 1c aa; Schwab/Weth/ *Walker*, § 98 Rz. 13; GK-ArbGG/*Schleusener*, § 100 ArbGG Rz. 21; GMP/*Schlewing*, § 98 Rz. 15; ErfK/*Koch*, § 100 ArbGG Rz. 2.
2 So die nunmehr ganz herrschende Auffassung in der Literatur, vgl. *Fitting*, § 76 BetrVG Rz. 23, 25; GK-BetrVG/ *Kreutz/Jacobs*, § 76 Rz. 51; Richardi/*Richardi/Maschmann*, § 76 BetrVG Rz. 50 f.; *Hennige*, S. 66.
3 *Fitting*, § 76 BetrVG Rz. 39.
4 *Friedemann*, Rz. 120.
5 *Friedemann*, Rz. 118; *Wenning-Morgenthaler*, Rz. 144; *Ehrich/Fröhlich*, Teil D, Rz. 27.
6 *Fitting*, § 76 BetrVG Rz. 47. Die möglichen Schadensersatzansprüche betreffen den Vorsitzenden (s. hierzu unten Rz. 325 ff.).
7 *Fitting*, § 76 BetrVG Rz. 62; *Hennige*, S. 134 f., die auch diskutiert, inwieweit bereits konkrete Lösungsvorschläge unterbreitet werden sollten; *Ehrich/Fröhlich*, Teil E, Rz. 6.
8 BAG v. 22.10.1981 – 6 ABR 69/79, DB 1982, 811, II.2.
9 BAG v. 15.10.1979 – 1 ABR 49/77, AP Nr. 5 zu § 111 BetrVG 1972; BAG v. 22.10.1981 – 6 ABR 69/79, DB 1982, 811, II.2; *Fitting*, § 76 BetrVG Rz. 114, 183; *Friedemann*, Rz. 96.
10 So auch *Hennige*, S. 67; *Ehrich/Fröhlich*, Teil E, Rz. 5.

gleichen Anzahl von beiden Seiten benannter Beisitzer sowie einem unparteiischen Vorsitzenden zusammen, auf dessen Person sich die beiden Betriebspartner einigen müssen[1].

4. Antragsrücknahme

53 Der Antrag auf Anrufung der Einigungsstelle und der vor der Einigungsstelle gestellte Antrag können jederzeit zurückgenommen werden. Allerdings bedarf die Rücknahme in den Fällen der erzwingbaren Mitbestimmung der Zustimmung des anderen Betriebspartners; ansonsten wäre dieser ggf. gezwungen, sofort seinerseits einen neuen Antrag zu stellen. Dies führte zu einer Zeitverzögerung und wäre nicht verfahrensökonomisch[2]. Gleiches gilt bei Streitigkeiten im Bereich der freiwilligen Mitbestimmung, wenn sich die Betriebspartner für den Fall der Nichteinigung verbindlich zur Anrufung der Einigungsstelle verpflichtet und sich deren Spruch im Voraus unterworfen haben[3].

5. Amtszeit

54 Im Regelfall der **erzwingbaren Einigungsstelle** endet deren Amtszeit mit dem Erreichen ihres Zwecks. Dies ist spätestens die Schlussabstimmung über den Streitgegenstand[4]. Solange der Zweck nicht erreicht ist, kann der Vorsitzende jederzeit einen neuen Termin zur Fortsetzung der Verhandlung bestimmen[5]. Da die Betriebspartner die von ihnen berufenen Beisitzer jederzeit abberufen können, wenn sie ihr Vertrauen nicht mehr genießen, kann deren Amtszeit eventuell auch schon vor dem Ende der Einigungsstelle enden[6]. Dasselbe gilt, wenn der Vorsitzende entweder einvernehmlich durch beide Parteien oder aufgrund der umstrittenen einseitigen Ablehnung durch das ArbG abberufen wird[7] (vgl. Rz. 199).

55 Bei der **dauernden Einigungsstelle** ergibt sich deren Amtszeit aus der dazu abgeschlossenen Betriebsvereinbarung sowie einem etwaigen Bestellungsbeschluss.

56 Im **Insolvenzfall** bleibt die Einigungsstelle unabhängig vom Fortbestand der Arbeitsverhältnisse betriebsangehöriger Beisitzer bestehen[8].

IV. Zusammensetzung der Einigungsstelle

57 § 76 Abs. 2 Satz 1 BetrVG schreibt vor, dass die Einigungsstelle aus einer gleichen Zahl von **Beisitzern**, die vom ArbGeb und dem BR bestellt werden, und einem unparteiischen **Vorsitzenden** besteht. Ihre Mitgliederzahl ist daher stets ungerade.

1. Vorsitzender

a) Qualifikation

58 Die Einigungsstelle besteht neben den Beisitzern gem. § 76 Abs. 2 Satz 1 BetrVG aus einem unparteiischen Vorsitzenden. Auf dessen Person müssen sich beide Seiten einigen. Die **Unparteilichkeit** ist die einzige gesetzlich genannte und wichtigste Qualifikation des Vorsitzenden[9]. Sofern sich die Parteien auf einen Vorsitzenden verständigen, werden sie bereits im eigenen Interesse nur mit einem solchen Vorsitzenden einverstanden sein, den sie für unparteiisch halten. Die Parteien könnten sogar einen Betriebsangehörigen einvernehmlich zum Vorsitzenden berufen[10]. Hiervon ist jedoch abzuraten. Ein Außenstehender wird meist geeigneter und unbefangener sein[11]. Darüber hinaus könnte ein vermeintlich enttäuschter Betriebspartner im Nachhinein die Unparteilichkeit des Vorsitzenden anzweifeln – mit nachteiligen Folgen für die Akzeptanz der Entscheidung und das Betriebsklima.

---

1 *Friedemann*, Rz. 97. Konsequenz dieser Besetzungsregel ist, dass die Einigungsstelle immer eine ungerade Zahl von Mitgliedern hat, wie *Ebert*, FA 1998, 373 (374) zu Recht feststellt.
2 Ebenso: *Fitting*, § 76 BetrVG Rz. 60; Richardi/*Richardi*/*Maschmann*, § 76 BetrVG Rz. 95; *Hennige*, S. 144 ff., *Friedemann*, Rz. 309.
3 *Hennige*, S. 144.
4 *Friedemann*, Rz. 99.
5 BAG v. 30.1.1990 – 1 ABR 2/89, DB 1990, 1090.
6 *Fitting*, § 76 BetrVG Rz. 17; GK-BetrVG/*Kreutz*/*Jacobs*, § 76 Rz. 93; *Wenning-Morgenthaler*, Rz. 130. Die Rechtsstellung der Beisitzer wird in Rz. 91 ff. noch ausführlich beschrieben.
7 *Schaub*, NZA 2000, 1087.
8 BAG v. 27.3.1979 – 6 ABR 39/76, DB 1979, 1562.
9 LAG Düsseldorf v. 25.8.2014 – 9 TaBV 39/14, NZA-RR 2014, 647.
10 Hierauf weist zu Recht *Ebert*, FA 1998, 373 (375) hin. Ebenso Richardi/*Richardi*/*Maschmann*, § 76 BetrVG Rz. 52.
11 DKKW/*Berg*, § 76 BetrVG Rz. 19; HWGNRH/*Worzalla*, § 76 BetrVG Rz. 54; *Fitting*, § 76 BetrVG Rz. 23.

Die Bestellung muss nicht persönlich durch ArbGeb bzw. BR vorgenommen werden; sie kann auch auf die jeweils benannten Beisitzer der Einigungsstelle delegiert werden[1].

Bei der **Bestellung** des Vorsitzenden **durch das ArbG** wird die Neutralität idR dadurch gewährleistet, dass streng darauf geachtet wird, dass der Vorsitzende außerhalb des Betriebes steht und keinerlei persönliches Interesse am Ausgang des Einigungsstellenverfahrens hat. Mitglieder des BR, Verbandsvertreter oder Verwandte des ArbGeb scheiden daher aus, damit der Anschein einer etwaigen Parteilichkeit vermieden wird[2].

Neben der Neutralität sollte der Vorsitzende über ein hohes Maß an **Fachkunde** verfügen. Nützlich und wünschenswert sind juristische Kenntnisse im Arbeitsrecht, insbesondere im Betriebsverfassungs- und im Verfahrensrecht der Einigungsstelle[3]. Nützlich sind ferner für den jeweiligen Streitgegenstand einschlägige betriebliche, technische oder sonstige Kenntnisse. Sofern der Vorsitzende über keine Spezialkenntnisse verfügt, besteht die Möglichkeit, einen Sachverständigen zu Rate zu ziehen. Die Befähigung zum Richteramt ist keine Voraussetzung für die Berufung zum Vorsitzenden. Häufig werden jedoch Berufsrichter vor allem der Arbeitsgerichtsbarkeit benannt[4]. Je nach Streitgegenstand können Richter anderer Gerichtsbarkeiten genauso geeignet sein, so etwa ein (Konkurs- bzw.) Insolvenzrichter für die Aufstellung eines Sozialplans in einem in der Insolvenz befindlichen Unternehmens[5]. **Berufsrichter** bedürfen nach § 40 Abs. 2 DRiG zur Übernahme des Einigungsstellenvorsitzes ebenso wie Beamte einer Nebentätigkeitsgenehmigung. Auch **Rechtsanwälte**, vor allem **Fachanwälte für Arbeitsrecht** mit Einigungsstellenerfahrung, und **Hochschullehrer** kommen als Vorsitzende in Betracht.

Aufgrund der Schlüsselposition, die dem Vorsitzenden im Einigungsstellenverfahren zukommt, ist dessen **Persönlichkeit** von herausragender Bedeutung. Auch wenn in der Lit. zu Recht darauf hingewiesen wird, dass Kriterien wie Einfühlungs- und Kommunikationsvermögen, Autorität, Verhandlungsgeschick und Kenntnisreichtum letztlich nicht objektiv nachprüfbar sind[6], so sind diese für den erfolgreichen Verlauf und die Akzeptanz des Einigungsstellenverfahrens von großer Wichtigkeit[7]. In der Lit. wird in der jüngsten Zeit häufig der Begriff der Mediation im Zusammenhang mit der Tätigkeit des Einigungsstellenvorsitzenden aufgebracht. Damit wird umschrieben, dass er in der Lage sein muss, beiden Seiten die gebotene sachorientierte Verständigung zu ermöglichen[8].

Häufig verfügen Einigungsstellenvorsitzende über **langjährige Erfahrung**, da sie immer wieder als Vorsitzende tätig werden. Sie verfügen daher nicht nur über Verhandlungserfahrung, sondern auch über einen „Ruf". Anders als im Personalvertretungsrecht existieren keine offiziellen Listen für geeignete Einigungsstellenvorsitzende. Allerdings können ArbGebVerbände, Gewerkschaften, Industrie- und Handelskammern und häufig mit Einigungsstellenverfahren betraute Rechtsanwälte zumeist geeignete Personen benennen[9].

b) Bestellung

§ 76 Abs. 2 Satz 1 BetrVG sieht vor, dass sich die **Parteien** auf die Person eines Vorsitzenden **einigen**. Dies geschieht, wenn die andere Betriebspartei den Vorschlag der Seite annimmt, die die Einigungsstelle anrufen möchte, oder wenn beide Seiten sich auf eine andere Person einigen. Sofern der Vorsitzende einvernehmlich berufen wird und dieser den Vorschlag angenommen hat, sind die Parteien an ihre Wahl gebun-

---

1 *Fitting*, § 76 BetrVG Rz. 23; Richardi/Richardi/Maschmann, § 76 BetrVG Rz. 50; GK-BetrVG/Kreutz/Jacobs, § 76 Rz. 51.
2 *Fitting*, § 76 BetrVG Rz. 37; *Wenning-Morgenthaler*, Rz. 93; Richardi/Richardi/Maschmann, § 76 BetrVG Rz. 52; Ehrich/Fröhlich, Teil D, Rz. 4.
3 *Ebert*, FA 1998, 373 (375); *Friedemann*, Rz. 14; *Wenning-Morgenthaler*, Rz. 98; Ehrich/Fröhlich, Teil D, Rz. 7.
4 Nach den Ausführungen von *Brill*, BB 1980, 1277 sind bis zu 75 % der Einigungsstellenvorsitzenden Berufsrichter oder Gerichtspräsidenten. *Ebert*, FA 1998, 373 (375) berichtet, dass nach den schwankenden Angaben im Schrifttum zwischen 75 und 96 % der Vorsitzenden Berufsrichter der Arbeitsgerichtsbarkeit sind.
5 Zutreffend: *Ebert*, FA 1998, 373 (375).
6 *Hennige*, S. 109.
7 Vgl. auch *Friedemann*, Rz. 114, der neben einer raschen Auffassungsgabe auch Integrationskraft und Phantasie für erforderlich hält.
8 *Ebert*, FA 1998, 373 (375). Ebenso *Fischer*, DB 2000, 217, der sich eingehend mit den erforderlichen außerjuristischen Fähigkeiten des Einigungsstellenvorsitzenden befasst. *Krasshöfer/Kuron/Möhle*, PersF 2001, Heft 1, 62 zu den Vorteilen des Mediationsverfahrens gegenüber der konstruktiven Konfliktlösung im Einigungsstellenverfahren.
9 So auch *Ebert*, FA 1998, 373 (375).

den[1]. Umstritten ist, ob auch ein Vorsitzender, der von den Parteien einvernehmlich berufen wurde, später wegen Befangenheit abgelehnt werden kann[2] (vgl. Rz. 183 ff.).

65 Kommt eine Einigung auf einen Vorsitzenden nicht zustande, wird er auf Antrag vom **ArbG** nach § 76 Abs. 2 Satz 2 BetrVG, § 100 ArbGG bestellt. Die Entscheidung erfolgt nach § 100 Abs. 1 Satz 1 ArbGG durch den Vorsitzenden der nach dem Geschäftsverteilungsplan zuständigen Kammer allein, nicht mehr durch die Kammer in voller Besetzung[3]. Dies gilt auch dann, wenn ArbGeb und BR darüber streiten, ob sie bereits eine beide Parteien bindende Regelung vereinbart haben[4]. **Örtlich zuständig** ist das ArbG, in dessen Bezirk der Betrieb seinen Sitz hat. Bei der Zuständigkeit des GBR ist das ArbG am Sitz des Unternehmens zuständig, § 82 Satz 1 ArbGG. Für das Verfahren gelten die §§ 80–84 ArbGG entsprechend. Die Einlassungs- und Ladungsfristen sind nach § 100 Abs. 1 Satz 4 ArbGG auf 48 Stunden verkürzt. Den beteiligten Betriebsparteien ist rechtliches Gehör zu den in Aussicht genommenen Personen zu gewähren. Mit Einverständnis der Parteien kann eine Entscheidung auch ohne mündliche Verhandlung ergehen. Der vorgeschlagene bzw. in Aussicht genommene Vorsitzende der Einigungsstelle ist nicht zu beteiligen[5]. Allerdings ist es für den entscheidenden Richter zweckmäßig, den zur Einsetzung beabsichtigten Vorsitzenden zuvor zu kontaktieren, um dessen zeitliche Verfügbarkeit und dessen Bereitschaft zur Übernahme des Vorsitzes der Einigungsstelle sicherzustellen. Die Entscheidung ist den Beteiligten möglichst **innerhalb von zwei Wochen**, spätestens innerhalb von vier Wochen nach Eingang des Antrags zuzustellen, § 100 Abs. 1 Satz 6 ArbGG.

66 Der Antrag zur Herbeiführung der Entscheidung sollte zum Ziel haben, eine im Antrag namentlich genannte Person zum Vorsitzenden zu bestellen und – sofern dies ebenfalls streitig ist – die Zahl der Beisitzer auf eine bestimmte Anzahl festzusetzen. Das ArbG kann (nicht: muss[6]) sodann den Vorgeschlagenen zum Vorsitzenden der Einigungsstelle ernennen. Das „Müller-Prinzip" (Wer zuerst kommt, mahlt zuerst – wer zuerst die Einsetzung der Einigungsstelle beantragt, dessen vorgeschlagener Vorsitzender muss bestimmt werden) ist kein taugliches Auswahlkriterium. Als rein formales Argument erleichtert es dem Gericht zwar die Auswahlentscheidung; eine entsprechende Praxis birgt aber die auf der Hand liegende Gefahr, dass die Betriebsparteien aus steter Sorge, beim Bestellungsverfahren nur „zweiter Sieger" zu werden, die Verhandlungen im Vorfeld einer Einigungsstelle nicht mit der notwendigen Unbefangenheit und Intensität durchführen und versuchen, als erste den Antrag beim ArbG zu stellen[7]. Die gerichtliche Praxis geht daher zu Recht dahin, einen von keiner Seite vorgeschlagenen Dritten zum Vorsitzenden zu ernennen[8]. Jedoch kann eine Person auch gegen den Widerspruch einer Partei bestellt werden[9]. Umgekehrt ist das ArbG bei der Bestimmung des Vorsitzenden der Einigungsstelle an die Vorschläge der Beteiligten nicht gebunden[10]. Ein Richter darf nach § 100 Abs. 1 Satz 5 ArbGG nur dann zum Vorsitzenden der Einigungsstelle bestellt werden, wenn aufgrund des Geschäftsverteilungsplanes ausgeschlossen ist, dass er mit der Überprüfung,

---

1 Ehrich/Fröhlich, Teil D, Rz. 12.
2 Für die Zulässigkeit einer späteren Ablehnung wegen Befangenheit: BAG v. 9.5.1995 – 1 ABR 56/94, AP Nr. 2 zu § 76 BetrVG 1972 Einigungsstelle; Zulässigkeit jedenfalls dann, wenn die Verhandlungsführung oder später bekannt gewordene Umstände dies rechtfertigen: Fitting, § 76 BetrVG Rz. 43. Gegen die Zulässigkeit: LAG Hamm v. 2.6.1992 – 13 TaBV 70/92, DB 1992, 1929.
3 So nunmehr § 98 Abs. 1 Satz 1 ArbGG aF (jetzt § 100) idF des Job-AQTIV-Gesetzes vom 10.12.2001 – BGBl. I S. 3443. Hiermit ist die Regelung durch das Gesetz vom 29.6.1998 (BGBl. I S. 1694), die eine Entscheidung durch die vollständige Kammer vorsah, wieder rückgängig gemacht worden. Zum neuen Bestellungsverfahren nach § 100 ArbGG: Düwell, BB 2002, 98 (100); Hülsmeier, SozSich 2002, 18; Kossens, AuA 2002, 16 (19); Moderegger, ArbRB 2002, 22 (24); Mues, ArbRB 2002, 371; Worzalla, FA 2001, 365 sowie die Kommentierung zu § 100 ArbGG.
4 LAG Schl.-Holst. v. 4.9.2002 – 4 TaBV 8/02, LAGE § 98 ArbGG 1979 Nr. 39.
5 LAG Berlin v. 22.6.1998 – 9 TaBV 3/98, NZA-RR 1999, 34; Fitting, § 76 BetrVG Rz. 26.
6 AA LAG Bremen v. 1.7.1988 – 4 TaBV 15/88, AiB 1988, 315, wonach das Gericht von einem gestellten Antrag nur abweichen darf, wenn erhebliche Gründe (zB Befangenheit) vorliegen, die dafür sprechen, dass der vorgeschlagene Einigungsstellenvorsitzende sein Amt nicht sachgerecht ausüben kann.
7 Zutreffend: LAG Düsseldorf v. 25.8.2014 – 9 TaBV 39/14, NZA-RR 2014, 647; LAG Berlin v. 24.1.2006 – 16 TaBV 2393/05, EzA-SD Nr. 5, 12.
8 Vgl. zB: LAG Schl.-Holst. v. 4.9.2002 – 4 TaBV 8/02, LAGE § 98 ArbGG 1979 Nr. 39; LAG BW v. 26.6.2002 – 9 TaBV 3/02, NZA-RR 2002, 523. Ebert, FA 1998, 373 (376) leitet hieraus den Rat ab, evtl. aus taktischen Gründen gerade nicht den gewünschten Vorsitzenden vorzuschlagen, sofern mit einer gerichtlichen Bestellung zu rechnen ist.
9 Unzutr. daher LAG Berlin v. 12.9.2001 – 4 TaBV 1436/01, NZA-RR 2002, 25. Wie hier die ganz hM, zB LAG Hamm v. 24.9.2007 – 10 TaBV 83/07, mwN.
10 LAG Hamm v. 10.8.2015 – 7 TaBV 43/15; LAG Düsseldorf v. 25.8.2014 – 9 TaBV 39/14, NZA-RR 2014, 647; LAG Rh.-Pf. v. 15.5.2009 – 9 TaBV 10/09, juris, Rz. 19; LAG BW v. 26.6.2002 – 9 TaBV 3/02, NZA-RR 2002, 523; LAG Hamm v. 26.7.2004 – 10 TaBV 64/04, AuA 2005, 312; abwägend LAG Berlin-Brandenburg v. 18.6.2015 – 21 TaBV 745/15, juris mwN: Das Auswahlermessen des Gerichts sei durch die Vorschläge der Betriebsparteien beschränkt.

der Auslegung oder der Anwendung des Einigungsstellenspruchs befasst wird[1]. Damit wird zumeist ein Arbeitsrichter des ArbG und des LAG, das für den durch das Einigungsstellenverfahren betroffenen Betrieb örtlich zuständig ist, ausscheiden, es sei denn, im Geschäftsverteilungsplan ist entsprechend Vorsorge getroffen. Gleiches gilt für Arbeitsrichter, deren Berufung an das möglicherweise mit der Überprüfung des Spruchs befasste Gericht bereits absehbar ist.

Das ArbG hat grds. nicht die Vorfrage zu prüfen, ob eine **Zuständigkeit der Einigungsstelle** für die jeweilige Angelegenheit gegeben ist. Diese Vorfrage ist häufig schwierig zu beantworten. Dies wäre schwerlich mit dem Zweck des Bestellungsverfahrens vereinbar, eine rasche Bildung der Einigungsstelle zu ermöglichen[2]. Das ArbG darf den Antrag auf Bestellung daher gem. § 100 Abs. 1 Satz 2 ArbGG nur bei **offensichtlicher Unzuständigkeit** der Einigungsstelle zurückweisen. Eine solche ist nur gegeben, wenn unter keinem denkbaren rechtlichen Gesichtspunkt die Zuständigkeit der Einigungsstelle möglich erscheint, weil die beizulegende Streitigkeit erkennbar unter keinen Mitbestimmungstatbestand fällt[3]. Vgl. hierzu die Kommentierung zu § 100 Rz. 35 ff.   67

Für die Entscheidung des ArbG muss ein **Rechtsschutzinteresse** gegeben sein. Dieses fehlt, wenn bei dem jeweiligen Streitfall nicht einmal der Versuch einer gütlichen Einigung unternommen worden ist[4]. Ausführlich zur Verhandlungspflicht und zum notwendigen Rechtsschutzinteresse: Rz. 46 ff. sowie § 100 Rz. 19 ff.   68

Das ArbG hat im Bestellungsverfahren ein weites Ermessen. Eine Person kann auch gegen den Widerspruch einer Partei bestellt werden[5]. Umgekehrt ist das ArbG nicht an einen Vorschlag eines der Beteiligten gebunden[6]. Selbst ein schlichtes „nein" der Gegenseite ohne Nennung sachlicher, ernsthafter oder begründeter Zweifel gegen den Kandidaten kann dazu führen, dass das ArbG einen Dritten als Vorsitzenden einsetzt[7]. Zu den persönlichen Voraussetzungen des Vorsitzenden und der zutreffenden Ermessensentscheidung des ArbG eingehend § 100 Rz. 46 ff.   69

Erst bei **Annahme des Amtes** durch den vorgesehenen Einigungsstellenvorsitzenden ist das Bestellungsverfahren abgeschlossen. Lehnt er die Amtsübernahme ab, ist das ArbG verpflichtet, einen anderen Vorsitzenden zu bestimmen. Aus verfahrensökonomischen Gründen wird daher der zur Entscheidung berufene Arbeitsrichter den in Aussicht genommenen Vorsitzenden vor der Bestellung fragen, ob er ggf. zur Annahme des Amtes bereit wäre. Zulässig ist aber auch die vorsorgliche Bestellung eines oder mehrerer Vorsitzender, die im Falle der Verhinderung oder der Amtsniederlegung des primär Vorgesehenen dessen Position übernehmen.   70

Gegen den Beschluss des ArbG ist die **Beschwerde** zum LAG gegeben, § 100 Abs. 2 ArbGG. Die Beschwerde ist innerhalb einer Frist von zwei Wochen einzulegen und zu begründen. Die Entscheidung über die Beschwerde wird gleichfalls vom Vorsitzenden allein getroffen und nicht mehr von der Kammer in voller Besetzung. Er entscheidet unter Berücksichtigung neu vorgebrachter Tatsachen nach eigenem Ermessen. Er ist nicht darauf beschränkt, den angefochtenen Beschluss nur auf Ermessensfehler hin zu überprüfen[8]. Gegen den Beschluss des LAG findet nach § 100 Abs. 2 Satz 4 ArbGG kein Rechtsmittel statt.   71

---

1 Dies ist mit Gesetz vom 29.6.1998, BGBl. I S. 1694 f. nunmehr ausdrücklich geregelt. Über den Gesetzeswortlaut hinaus befürwortet *Schönfeld*, BB 1988, 1996 den Ausschluss aller Richter des Gerichts, in dessen Bezirk der Betrieb seinen Sitz hat. Diese Auffassung dürfte durch den in § 99 Abs. 1 Satz 5 ArbGG zum Ausdruck kommenden Willen des Gesetzgebers überholt sein.
2 BAG v. 24.11.1981 – 1 ABR 42/79, AP § 76 BetrVG 1972 Nr. 11.
3 Vgl. zur offensichtlichen Unzuständigkeit: LAG Hessen v. 18.10.2005 – 4 TaBV 134/05, ArbuR 2006, 174; LAG Saarland v. 14.5.2003 – 2 TaBV 7/03, NZA-RR 2003, 639; LAG Köln v. 5.12.2001 – 7 TaBV 71/01, LAGE § 98 ArbGG 1979 Nr. 38 mit Anm. *Heckelmann*, EWiR 2002, 933; LAG Köln v. 15.3.2002 – 11 TaBV 75/01, ZTR 2002, 606.
4 LAG Hessen v. 12.11.1991 – 4 TaBV 148/91, NZA 1992, 853; LAG Hessen v. 22.11.1994 – 4 TaBV 112/94, NZA 1995, 1118.
5 Unzutr. daher LAG Berlin v. 12.9.2001 – 4 TaBV 1436/01, NZA-RR 2002, 25. Wie hier die ganz hM, zB LAG Hamm v. 24.9.2007 – 10 TaBV 83/07, mwN.
6 LAG Rh.-Pf. v. 15.5.2009 – 9 TaBV 10/09, nv.; LAG BW v. 26.6.2002 – 9 TaBV 3/02, NZA-RR 2002, 523.
7 Str., LAG Düsseldorf v. 25.8.2014 – 9 TaBV 39/14, NZA-RR 2014, 647; LAG Hamm v. 10.8.2015 – 7 TaBV 43/15. AA (nachvollziehbare, auf Tatsachen beruhende Einwände erforderlich): LAG Berlind-Brandenburg v. 18.6.2015 – 21 TaBV 745/15; LAG Berlin.-Brandenburg v. 10.9.2014 – 15 TaBV 1308/14; LAG Nds. v. 22.10.2013 – 1 TaV 53/13; LAG BW v. 30.9.2010 – 15 TaBV 4/10.
8 LAG Bremen v. 1.7.1988 – 4 TaBV 15/88, AiB 1988, 315; LAG Hessen v. 6.4.1976 – 5 TaBV 13/76, AuR 1977, 62. AA *Hennige*, S. 116.

72 Die **Betriebspartner** können sich während und sogar noch nach Abschluss des gerichtlichen Bestellungsverfahrens **auf einen anderen Vorsitzenden einigen**. Ersterenfalls endet das Bestellungsverfahren; letzterenfalls endet ohne förmliche Abberufung das Amt des gerichtlich bestellten Vorsitzenden[1].

73 Eine Besonderheit besteht in Betrieben der **privatisierten Postunternehmen**. Kommt hier bei der Bildung der Einigungsstelle zur Beilegung von Meinungsverschiedenheiten in bestimmten Personalangelegenheiten der Beamten keine Einigung über die Person des Vorsitzenden zustande, wird dieser nach Maßgabe des § 30 Satz 2 PostPersRG in Anlehnung an § 71 Abs. 1 Satz 4 BPersVG vom Präsidenten des zuständigen Verwaltungsgerichtes bestellt.

c) Rechtsstellung

74 Eine Pflicht zur Übernahme des Amtes des Vorsitzenden besteht nicht. Er kann sein Amt jederzeit niederlegen[2]. Das Amt ist ein **höchstpersönliches**. Eine gewillkürte Stellvertretung durch andere Personen ist daher nicht möglich[3].

75 Wenn der Vorsitzende die ihm angetragene Stellung annimmt, kommt hierdurch ein besonderes **betriebsverfassungsrechtliches Schuldverhältnis** mit dem ArbGeb zustande[4]. Die Rspr. wendet auf dieses Rechtsverhältnis die Regelungen über den Dienstvertrag (§§ 611 ff. BGB) und über den Geschäftsbesorgungsvertrag (§§ 675 ff. BGB) entsprechend an[5]. Inhalt dieses Schuldverhältnisses ist die Pflicht des Vorsitzenden, die Einigungsstelle zu leiten und eine Entscheidung herbeizuführen. Nach *Hunold* besteht die Leistungspflicht des Vorsitzenden darüber hinaus darin, unter Einsatz seiner Qualifikation eine ordnungsgemäße Durchführung und einen erfolgreichen Abschluss des Einigungsstellenverfahrens durch seine Anwesenheit und ggf. auch in der Abstimmung zu ermöglichen[6]. An Weisungen ist der Vorsitzende nicht gebunden[7].

76 Der Vorsitzende ist gem. § 79 Abs. 2, Abs. 1 BetrVG zur **Geheimhaltung** aller Betriebs- oder Geschäftsgeheimnisse verpflichtet, die ihm aufgrund seiner Zugehörigkeit zur Einigungsstelle bekannt werden und die der ArbGeb ausdrücklich als geheimhaltungsbedürftig bezeichnet hat. Die Verletzung dieser Pflicht ist in § 120 Abs. 1 Nr. 1, Abs. 2 und 3 BetrVG ausdrücklich unter Strafe gestellt. Die Geheimhaltungspflicht umfasst neben Betriebs- und Geschäftsgeheimnissen auch private Verhältnisse und Daten von betroffenen ArbN, die den Mitgliedern im Rahmen der Einigungsstelle zur Kenntnis gelangt sind[8] (vgl. zur Haftung der Mitglieder der Einigungsstelle wegen Verstößen gegen diese Verpflichtung Rz. 325 ff.).

77 Der Vorsitzende hat einen Anspruch auf **Vergütung** seiner Tätigkeit. Dies ergibt sich bereits aus den allgemeinen zivilrechtlichen Bestimmungen, die auf das besondere betriebsverfassungsrechtliche Verhältnis Anwendung finden. Der Vergütungsanspruch des Vorsitzenden ergibt sich überdies aus der Spezialregelung des § 76a Abs. 3 BetrVG (vgl. Rz. 338 ff.).

78 Die Mitglieder der Einigungsstelle dürfen in der Ausübung ihrer Tätigkeit **nicht behindert** werden. Dies ergibt sich aus § 78 BetrVG. Auch eine Benachteiligung oder Begünstigung der Mitglieder wegen ihrer Tätigkeit ist untersagt. Dies gilt auch für ihre berufliche Entwicklung. Verstöße gegen diese Norm sind durch § 119 Abs. 1 Nr. 2 und 3 BetrVG strafbewehrt. Der besondere Kündigungsschutz nach § 15 KSchG, § 103 BetrVG findet keine direkte Anwendung. Dennoch ist eine Kündigung betriebsangehöriger Mitglieder wegen ihrer Tätigkeit in der Einigungsstelle wegen Gesetzesverstoßes nichtig, § 134 BGB[9].

---

1 Vgl. § 29 BGB, § 85 Abs. 2, § 104 Abs. 5 AktG. Ebenso: *Fitting*, § 76 BetrVG Rz. 40; DKKW/*Berg*, § 76 BetrVG Rz. 83; *Richardi/Richardi/Maschmann*, § 76 BetrVG Rz. 69; *Lepke*, BB 1977, 51; *Schönfeld*, DB 1988, 1996. AA *Weiss/Weyand*, § 76 BetrVG Rz. 12.
2 ErfK/*Kania*, § 76 BetrVG Rz. 11; *Fitting*, § 76 BetrVG Rz. 47; GK-BetrVG/*Kreutz/Jacobs*, § 76 Rz. 93.
3 *Friedemann*, Rz. 146.
4 BAG v. 15.12.1978 – 6 ABR 64/77, DB 1979, 1467; BAG v. 20.2.1991 – 7 ABR 6/90, DB 1991, 1939; BAG v. 12.2.1992 – 7 ABR 20/91, DB 1993, 743; *Fitting*, § 76 BetrVG Rz. 48; *Friedemann*, Rz. 118; *Wenning-Morgenthaler*, Rz. 145; *Schaub*, NZA 1999, 785 (786); *Ehrich/Fröhlich*, Teil D, Rz. 27.
5 BAG v. 15.12.1978 – 6 ABR 64/77, DB 1979, 1467.
6 *Hunold*, NZA 1999, 785 (786), der anhand eines authentischen Falles die Sorgfaltspflichten des Einigungsstellenvorsitzenden und deren häufige Verletzung schildert.
7 BAG v. 18.1.1994 – 1 ABR 43/93, AP Nr. 51 zu § 76 BetrVG 1972; BAG v. 27.6.1995 – 1 ABR 3/95, AP Nr. 1 zu § 76 BetrVG 1972 – Einigungsstelle; *Fitting*, § 76 BetrVG Rz. 51; *Friedemann*, Rz. 122.
8 *Wenning-Morgenthaler*, Rz. 142; *Ehrich/Fröhlich*, Teil D, Rz. 28.
9 ErfK/*Kania*, § 76 BetrVG Rz. 13; *Fitting*, § 76 BetrVG Rz. 54.

2. Beisitzer
a) Anzahl

Die Einigungsstelle muss nach § 76 Abs. 2 Satz 1 BetrVG aus einer gleichen Anzahl von Beisitzern bestehen, die vom ArbGeb und vom BR bestellt werden (**Paritätsgrundsatz**). Unzulässig ist daher eine Vereinbarung der Betriebsparteien, wonach die Einigungsstelle auf ArbGeb- und BR-Seite mit einer unterschiedlichen Anzahl von Beisitzern besetzt wird, auch wenn für den Abstimmungsfall eine gleiche Anzahl der Stimmen beider Seiten vereinbart ist[1]. Über die **Anzahl** der Beisitzer ist nichts gesagt. Sie ist abhängig vom Streitgegenstand des Einzelfalles. Bei schwierigen oder komplexen Streitfällen, die besondere Fachkenntnisse erfordern, kann eine höhere Anzahl von Beisitzern sinnvoll sein. Gleiches gilt bei Streitfällen mit weitreichenden Auswirkungen. Auch die Größe des Betriebes spielt eine Rolle.

79

Über die Anzahl der Beisitzer ergeben sich häufig **Streitigkeiten**. In der Regel fordert der BR eine höhere Anzahl von Beisitzern, als der ArbGeb, der die Kosten der Einigungsstelle zu tragen hat, zuzugestehen bereit ist. Gegen eine höhere Zahl von Beisitzern spricht neben den Kosten, dass hierdurch die Diskussion und Meinungsbildung erschwert wird. Für eine höhere Zahl von Mitgliedern wird meist ins Feld geführt, jeder weitere Beisitzer bringe neues Fachwissen und eigene Erfahrungen ein. Nach zutreffender Auffassung sind **im Regelfall zwei Beisitzer** pro Seite erforderlich, aber auch ausreichend[2].

80

Können sich die Parteien nicht auf die Anzahl der Beisitzer einigen, entscheidet das **ArbG**, § 76 Abs. 2 Satz 3 BetrVG. In der Antragsschrift können die Beisitzer bereits namentlich genannt werden; es genügt jedoch der Antrag auf Festsetzung einer bestimmten Zahl von Beisitzern. Das ArbG wird bei seiner Entscheidung die Auswirkungen des Streitfalles, die erforderlichen Spezialkenntnisse, die Größe des Betriebes, die Komplexität des zu regelnden Sachverhaltes, die Schwierigkeit der mit dem Regelungsgegenstand verbundenen Rechtsfragen, die Anzahl der betroffenen ArbN oder ArbN-Gruppen und die Zumutbarkeit der Einigungsstellenkosten berücksichtigen. Der Betriebspartner, der für ein Abweichen von der Regelbesetzung eintritt, hat hierfür „nachprüfbare" Tatsachen anzuführen[3].

81

Trotz der Festlegung durch das ArbG bleibt es den Betriebsparteien unbenommen, sich **im Nachhinein** auf eine andere Zahl von Beisitzern zu einigen[4]. Hierfür spricht neben Sinn und Zweck des Einigungsstellenverfahrens schon der Wortlaut von § 76 Abs. 2 Satz 3 BetrVG, wonach das ArbG (nur) entscheidet, wenn kein Einverständnis über die Zahl der Beisitzer erzielt wird. Dasselbe gilt, wenn sich im Laufe des Verfahrens herausstellt, dass die Anzahl der Beisitzer zu gering bemessen ist, sofern die Parteien dies einvernehmlich entscheiden[5].

82

b) Qualifikation

Die Parteien des Einigungsstellenverfahrens können ihre jeweiligen Beisitzer grds. **frei wählen**. Sie können – müssen aber nicht – Angehörige des Betriebes sein. Betriebsangehörige Beisitzer haben idR den Vorteil der größeren Sachkenntnis und Betriebsnähe, betriebsfremde Beisitzer hingegen tragen oft zu einer Objektivierung des Verfahrens bei[6]. Häufig werden auch Vertreter einer Gewerkschaft oder eines ArbGeb-Verbandes benannt. Auch **Rechtsanwälte** können nicht nur als Verfahrensbevollmächtigte, sondern auch als

83

---

1 LAG Berlin-Brandenburg v. 18.3.2009 – 5 TaBV 2416/08, juris, Rz. 39.
2 So auch LAG München v. 15.7.1975 – 5 TaBV 27/75, DB 1975, 2452; LAG Bremen v. 2.7.1982 – 1 TaBV 7/82, AuR 1983, 28; LAG Düsseldorf v. 28.11.1980 – 16 TaBV 13/80, DB 1981, 379; LAG Bremen v. 2.7.1982 – 1 TaBV 7/82, ArbuR 1983, 28; LAG Schl.-Holst. v. 4.2.1997 – 1 TaBV 3/97, LAGE § 76 BetrVG 1972 Nr. 44; LAG Hamm v. 9.2.2009 – 10 TaBV 191/08, ArbuR 2009, 322, Rz. 66; LAG Hamm v. 8.4.1987 – 12 TaBV 17/87, DB 1987, 1441; LAG München v. 15.7.1991 – 4 TaBV 27/91, NZA 1992, 185; LAG Nds. v. 7.8.2007 – 1 TaBV 63/07, LAGE § 98 ArbGG 1979 Nr. 49a; LAG Nds. v. 15.8.2006 – 1 TaBV 43/06, NZA-RR 2006, 644; LAG Nds. v. 13.12.2005 – 1 TaBV 77/05, NZA-RR 2006, 306; LAG Rh.-Pf. v. 7.1.2010 – 11 TaBV 45/09; LAG Bn.-Bdb. v. 23.7.2015 – 26 TaBV 857/15; *Fitting*, § 76 BetrVG Rz. 20; *Ebert*, FA 1998, 373 (376). Differenzierend *Heinze*, RdA 1990, 262 (269), der mit Hinweis auf die Entstehungsgeschichte der Einigungsstelle im BetrVG 1952 zwei und in einfachen Fällen nur einen Beisitzer je Seite für ausreichend hält. AA (nur **ein Beisitzer**): LAG Schl.-Holst. v. 28.9.1983 – 5 TaBV 30/83, DB 1984, 1530; LAG Schl.-Holst. v. 15.11.1990 – 4 TaBV 35/90, DB 1991, 287; MünchArbR/*Joost*, § 232 Rz. 12. In der Regel **drei Beisitzer**: DKKW/*Berg*, § 76 BetrVG Rz. 26; *Ehrich/Fröhlich*, Teil D, Rz. 34. **Vier Beisitzer** bei komplexem Sachverhalt: LAG Hamburg v. 13.1.1999 – 4 TaBV 9/98, AiB 1999, 221.
3 LAG Nds. v. 15.8.2006 – 1 TaBV 43/06, NZA-RR 2006, 644; LAG Nds. v. 13.12.2005 – 1 TaBV 77/05, NZA-RR 2006, 306; LAG Rh.-Pf. v. 23.6.1983 – 4 TaBV 12/93, DB 1984, 56.
4 So auch DKKW/*Berg*, § 76 BetrVG Rz. 86; *Fitting*, § 76 BetrVG Rz. 21; GK-BetrVG/*Kreutz/Jacobs*, § 76 Rz. 45; *Ehrich/Fröhlich*, Teil D, Rz. 36.
5 *Friedemann*, Rz. 127; *Ehrich/Fröhlich*, Teil D, Rz. 35.
6 So auch *Ebert*, FA 1998, 373 (377). *Friedemann*, Rz. 129 rät, den betriebsfremden Beisitzern zahlenmäßig kein Übergewicht zu geben, da diesen die gebotene Sachnähe fehlt.

Beisitzer einer Partei am Verfahren teilnehmen[1]. Es können sogar ausschließlich **betriebsfremde** Beisitzer bestimmt werden[2].

84 Die Beisitzer sollten über ein möglichst hohes Maß an **Fachkunde** in arbeits- und betriebsverfassungsrechtlicher Hinsicht verfügen; ferner sollten sie nach Möglichkeit für den Inhalt des Einigungsstellenverfahrens erforderliche Spezialkenntnisse besitzen[3]. Die Schulung eines BR-Mitglieds nach § 37 Abs. 6 BetrVG ist nicht allein deshalb erforderlich, weil dieses BR-Mitglied in die Einigungsstelle entsandt worden ist, denn die Tätigkeit als Beisitzer in der Einigungsstelle gehört nicht zu den Aufgaben des BR und seiner Mitglieder. Um aber die Aufgabe des BR erfüllen zu können, die Verhandlungen in der Einigungsstelle zu begleiten und sich mit Vorschlägen der Einigungsstelle auseinandersetzen zu können, kann die Schulung eines (in die Einigungsstelle entsandten) BR-Mitglieds erforderlich sein[4].

85 Überdies sollten die Beisitzer von ihrer **Persönlichkeit** her für ihr Amt geeignet sein. Aus dem Ziel der Einigungsstelle, eine Einigung herbeizuführen, folgt, dass auch die Beisitzer ein hohes Maß an Beweglichkeit besitzen sollten. Nur so sind sie in der Lage, im Rahmen der Verhandlungsziele der von ihnen vertretenen Partei vertretbare Lösungen zu finden, und sich flexibel auf neue Verhandlungssituationen und neue Lösungsvorschläge einzustellen[5]. Auch müssen sie in der Lage sein, den Druck der Verhandlungen zu ertragen. Dieser Druck wird erzeugt durch die Erwartungshaltung der von ihnen vertretenen Partei, die eigene Position möglichst vollständig durchzusetzen, und der Position der anderen Partei, die ihre Interessen ebenfalls in den Verhandlungen durchsetzen möchte[6].

86 **Unparteilichkeit** ist von den Beisitzern – anders als vom Vorsitzenden – **nicht** zu verlangen. Da sie jeweils vom ArbGeb bzw. dem BR benannt werden, sollen sie sogar deren jeweilige Interessen vertreten. Daher können auch Mitglieder des BR oder der ArbGeb selbst Beisitzer in der Einigungsstelle sein[7] (vgl. Rz. 202 ff.).

87 Bei Betrieben der **privatisierten Postunternehmen** besteht folgende Besonderheit: Soweit eine Einigungsstelle bei Meinungsverschiedenheiten über bestimmte Personalangelegenheiten der Beamten zu bilden ist, werden ihre vom BR zu benennenden Mitglieder nur von den Beamtenvertretern im BR ernannt, sofern diese durch eine eigene Gruppe vertreten sind. Ist dies nicht der Fall, muss sich unter den vom BR zu bestellenden Mitgliedern nach § 30 S. 3 PostPersRG mindestens ein Beamter befinden.

c) Bestellung/Abberufung

88 Die Beisitzer werden je zur Hälfte von den Betriebspartnern benannt. Streit über die **Person** der Beisitzer kann es nicht geben, da jede Seite ihre eigenen Beisitzer benennt. Die jeweils andere Seite kann die von einer Seite bestellten Beisitzer nicht ablehnen[8]. Es verstößt aber gegen den Grundsatz der vertrauensvollen Zusammenarbeit, wenn die Betriebsparteien Beisitzer benennen, die offensichtlich nicht geeignet sind[9]. Aufgrund ihrer Stellung als Beisitzer der Einigungsstelle einerseits und Vertreter ihrer Partei andererseits ist insbesondere eine Ablehnung wegen Befangenheit nicht möglich[10]. Nur wenn zu erwarten ist, dass der benannte Beisitzer wichtige Interessen der anderen Seite verletzen wird, kann eine Ablehnung – nach freilich umstrittener Ansicht – überhaupt in Betracht kommen[11] (vgl. Rz. 202 ff.).

89 Da die Parteien in der Benennung ihrer Beisitzer frei sind, müssen sie ihre Beisitzer erst mit der Eröffnung der mündlichen Verhandlung **bekannt geben**[12]. Freilich besteht dann die Gefahr einer nicht ordnungsgemäßen Ladung der Beisitzer und damit der fehlenden Beschlussfähigkeit der Einigungsstelle in der kon-

---

1 *Ebert*, FA 1998, 373 (377); *Friedemann*, Rz. 129; *Wenning-Morgenthaler*, Rz. 117.
2 Vgl. BAG v. 28.5.2014 – 7 ABR 36/12, NZA 2014, 681; BAG v. 24.4.1996 – 7 ABR 40/95, AP Nr. 5 zu § 76 BetrVG 1972 – Einigungsstelle.
3 *Friedemann*, Rz. 130; *Wenning-Morgenthaler*, Rz. 119.
4 BAG v. 20.8.2014 – 7 ABR 64/12, NZA 2014, 1349.
5 *Friedemann*, Rz. 132.
6 *Friedemann*, Rz. 133 f. unter Hinweis auf den Inhalt praktischer Ratgeber für Betriebsräte.
7 HM, vgl. etwa BAG v. 6.5.1986 – 1 AZR 553/84, AP Nr. 8 zu § 128 HGB; *Friedemann*, Rz. 135 f.; *Fitting*, § 76 BetrVG Rz. 14.
8 BAG v. 14.12.1988 – 7 ABR 73/87, BB 1989, 983; LAG Düsseldorf v. 3.4.1981 – 8 TaBV 11/81, BB 1981, 733; *Fitting*, § 76 BetrVG Rz. 16; Richardi/*Richardi*/*Maschmann*, § 76 BetrVG Rz. 49; *Wenning-Morgenthaler*, Rz. 120; *Ehrich*/*Fröhlich*, Teil D, Rz. 37.
9 BAG v. 28.5.2014 – 7 ABR 36/12, NZA 2014, 1213.
10 BAG v. 6.4.1973 – 1 ABR 20/72, DB 1973, 2197; *Fitting*, § 76 BetrVG Rz. 16; GK-BetrVG/*Kreutz*/*Jacobs*, § 76 Rz. 49.
11 *Löwisch*/*Kaiser*, § 76 BetrVG Rz. 6; MünchArbR/*Joost*, § 232 Rz. 15 (bei Unzumutbarkeit); *Heinze*, RdA 1990, 262 (268); HWGNRH/*Worzalla*, § 76 BetrVG Rz. 50. Offen lassend: *Fitting*, § 76 BetrVG Rz. 16.
12 *Ehrich*/*Fröhlich*, Teil D, Rz. 40.

stituierenden Sitzung[1]. Der **BR** muss für die Bestellung der Beisitzer einen **Beschluss** iSv. § 33 BetrVG fassen, der den allgemeinen Wirksamkeitsvoraussetzungen entsprechen muss[2]. Der BR kann allerdings durch eine nachträgliche Beschlussfassung eine von dem BR-Vorsitzenden zuvor ohne Rechtsgrundlage im Namen des BR getroffene Vereinbarung genehmigen[3]. Die Beschlussfassung des BR über die Bestellung eines Einigungsstellenbeisitzers ist nicht fristgebunden. Wird die Einigungsstelle im Verlaufe eines **Insolvenzverfahrens** gebildet, besteht keine Verpflichtung, Vertreter der Gläubiger zu Mitgliedern zu bestellen[4].

Jede Seite kann die von ihr benannten Beisitzer jederzeit **abberufen** und durch andere ersetzen, wenn sie nicht mehr ihr Vertrauen genießen[5].

d) Rechtsstellung

Auch für die Beisitzer entsteht mit der Annahme des Amtes ein **besonderes betriebsverfassungsrechtliches Schuldverhältnis** mit dem ArbGeb[6]. Bei den betriebsangehörigen Einigungsstellenmitgliedern, die keinen Vergütungsanspruch haben, hat das Schuldverhältnis den Rechtscharakter eines Auftragsverhältnisses (§ 662 BGB). Kein Vertragsverhältnis besteht hingegen zwischen dem BR und den von ihm bestimmten Mitgliedern der Einigungsstelle[7].

Die Beisitzer haben keine Rechtspflicht, das ihnen angetragene Amt zu übernehmen, und können es jederzeit niederlegen. Eine Pflicht zur Übernahme des Amtes folgt insbesondere nicht aus der Stellung als Mitglied des BR[8]. Sofern sie das Amt übernehmen, sind sie ebenso wie der Vorsitzende verpflichtet, an den Sitzungen der Einigungsstelle teilzunehmen und an einer Entscheidung mitzuwirken.

Die Beisitzer sind – trotz ihrer Bestellung durch eine Partei des Verfahrens – **nicht an Weisungen** oder **Aufträge gebunden**. Sie sind nicht verlängerter Arm der jeweiligen Betriebspartei, sondern frei in ihrer Entscheidung. Sie sollen mit einer gewissen **inneren Unabhängigkeit** bei der Schlichtung des Regelungsstreits mitwirken[9]. Zwar ist die Nähe der Beisitzer zu derjenigen Betriebspartei, die sie jeweils bestellt hat, nicht zu verkennen und vom Gesetz gewollt. Dennoch können Beisitzer nicht mit Vertretern, etwa Verfahrensbevollmächtigten, einer Betriebspartei gleichgesetzt werden. Verfahrensbevollmächtigte können nur im Rahmen ihrer Vertretungsmacht handeln und sind an Weisungen gebunden, die ihnen möglicherweise erteilt worden sind. Beisitzer indes sind von solchen Weisungen frei. Dies ergibt sich aus der Funktion der Einigungsstelle, Meinungsverschiedenheiten zwischen den Betriebsparteien zu schlichten. Voraussetzung für eine solche schlichtende Tätigkeit ist, dass die Mitglieder der Einigungsstelle die Streitfrage unabhängig von den Festlegungen der Betriebsparteien und mit einer gewissen Distanz zu deren Positionen behandeln und entscheiden können. Andererseits sind die Beisitzer im Rahmen der von ihnen zu berücksichtigenden Abwägungsgesichtspunkte – betriebliche Belange und betroffene ArbN – nicht gehindert, bei ihrer Stellungnahme die Interessen zur Geltung zu bringen, denen sie sich verbunden fühlen[10].

Ebenso wie der Vorsitzende sind die Beisitzer gem. §§ 78, 119 Abs. 1 Nr. 2, 3 BetrVG in der Ausübung ihres Amtes vor Behinderungen **geschützt**[11]. Die Tätigkeit eines Arbeitnehmers als Beisitzer der Eini-

---

1 Wenning-Morgenthaler, Rz. 127.
2 Vgl. BAG v. 19.8.1992 – 7 ABR 58/91, NZA 1993, 710; Friedemann, Rz. 141; Ehrich/Fröhlich, Teil D, Rz. 40.
3 BAG v. 10.10.2007 – 7 ABR 51/06, NZA 2008, 369.
4 BAG v. 6.5.1986 – 1 AZR 553/84, AP Nr. 8 zu § 128 HGB.
5 Fitting, § 76 BetrVG Rz. 17; GK-BetrVG/Kreutz/Jacobs, § 76 Rz. 50; Wenning-Morgenthaler, Rz. 130; Hennige, S. 238; ErfK/Kania, § 76 BetrVG Rz. 10.
6 BAG v. 27.7.1994 – 7 ABR 10/93, DB 1995, 499; Fitting, § 76 BetrVG Rz. 48; Friedemann, Rz. 142; Ehrich/Fröhlich, Teil D, Rz. 42.
7 BAG v. 15.12.1978 – 6 ABR 93/77, AP Nr. 6 zu § 76 BetrVG 1972.
8 BAG v. 20.8.2014 – 7 ABR 64/12, NZA 2014, 1349.
9 So BAG v. 29.1.2002 – 1 ABR 18/01, AP Nr. 19 zu § 76 BetrVG 1972 – Einigungsstelle, B.I.2.c)bb); BAG v. 27.6.1995 – 1 ABR 3/95, AP Nr. 1 zu § 76 BetrVG 1972 – Einigungsstelle = EzA § 76 BetrVG 1972 Nr. 65 unter ausdrücklicher Aufgabe von BAG v. 11.2.1992 – 1 ABR 51/91, EzA § 76 BetrVG 1972 Nr. 60, in welchem das BAG noch angenommen hatte, die Beisitzer seien Vertreter der jeweiligen Betriebspartei.
10 LAG Düsseldorf v. 3.4.1981 – 8 TaBV 11/81, BB 1981, 733; DKKW/Berg, § 76 BetrVG Rz. 33; Fitting, § 76 BetrVG Rz. 51; Wenning-Morgenthaler, Rz. 148.
11 Aus dem in § 78 BetrVG enthaltenen Benachteiligungsverbot für Mitglieder der Einigungsstelle iVm. § 134 BGB leiten ErfK/Kania, § 76 BetrVG Rz. 13; Fitting, § 76 BetrVG Rz. 54 und MünchArbR/Joost, § 232 Rz. 97 ein relatives Kündigungsverbot ab. Danach sind Kündigungen unwirksam, die mit der Tätigkeit in der Einigungsstelle begründet werden. Diese rechtliche Argumentation wird in der Praxis deshalb selten zum Zuge kommen, weil der ArbGeb eine etwaige Kündigung meist mit anderen Aspekten begründen wird.

gungsstelle anderer Betriebe des Arbeitgebers rechtfertigt nicht die Kündigung des Arbeitsverhältnisses[1]. Beisitzer sind ebenfalls nach § 79 BetrVG zur **Verschwiegenheit** verpflichtet (vgl. Rz. 76).

95 Die **Vergütung** der betriebsfremden Beisitzer bestimmt sich ebenso wie beim Vorsitzenden nach § 76a Abs. 3 BetrVG, die der betriebsangehörigen Beisitzer nach § 76a Abs. 2 BetrVG (vgl. Rz. 377 ff.).

3. Ersatzmitglieder

96 Die Betriebsparteien, aber auch das ArbG können für den Vorsitzenden einen oder mehrere **Ersatzvorsitzende** bestellen, die bei Wegfall des Vorsitzenden den Vorsitz übernehmen. Dies kann vor allem bei umfänglichen bzw. langwierigen Einigungsstellenverfahren tunlich sein.

97 Möglich ist auch die Bestellung von **Ersatzbeisitzern** (sog. stellvertretende Beisitzer). Jede Partei kann als Ersatz für ausfallende Beisitzer Neubestellungen vornehmen oder durch Benennung von Stellvertretern hierfür Vorsorge treffen. In diesem Fall sollte festgelegt werden, in welcher Reihenfolge die Funktion eines Beisitzers übernehmen. Unzulässig dürfte es allerdings sein, dass nur für jeweils eine Sitzung und jeweils erst vor deren Beginn bestimmt wird, wer Beisitzer ist. Eine ordnungsgemäße Durchführung des Einigungsstellenverfahrens wäre dann aufgrund der fehlenden Besetzungskontinuität nicht mehr gewährleistet[2].

98 Ob die Ersatzbeisitzer in der Einigungsstelle **anwesend** sein dürfen, wird in der Lit. uneinheitlich beantwortet[3]. Für die Anwesenheit von Ersatzbeisitzern spricht, dass die Parteien ihre Beisitzer jederzeit austauschen können, wenn sie das erforderliche Vertrauen nicht mehr besitzen. So kann ein Wechsel vor allem bei längeren Verfahren ohne umständliche Einarbeitung und damit ohne eine Verzögerung stattfinden. Gegen die Anwesenheit von Ersatzbeisitzern wird argumentiert, die Verhandlung der Einigungsstelle sei nicht öffentlich[4]. Dieses formale Argument überzeugt. Die Anwesenheit weiterer Zuhörer, die zu diesem Zeitpunkt nicht Mitglied der Einigungsstelle sind, kann ein Ungleichgewicht zur Folge haben. Auch wenn die Ersatzmitglieder kein Mitspracherecht haben und erst recht kein Stimmrecht haben, so sind sie doch in der Lage, eigene Beobachtungen zu machen und ihre Gedanken bei anschließenden internen Beratungen weiterzugeben. Ersatzbeisitzer und Ersatzvorsitzende dürfen daher in der Einigungsstelle nicht anwesend sein, sofern zwischen den Parteien keine abweichende Regelung getroffen ist[5] oder sie der jeweiligen Betriebspartei angehören[6]. Sofern eine Einigung nicht gelingt, sollte der Vorsitzende darauf dringen, den Ersatzmitgliedern den Zutritt zu verwehren.

4. Mitglied des Vorstandes der Bundesagentur für Arbeit als Berater

99 Die mögliche Anwesenheit eines Mitgliedes des Vorstandes der Bundesagentur für Arbeit in der Einigungsstelle ist eine **Besonderheit des** Einigungsstellenverfahrens über einen **Interessenausgleich und einen Sozialplan**. Nach § 112 Abs. 2 Satz 1 BetrVG können Unternehmer oder BR den Vorstand der Bundesagentur für Arbeit um Vermittlung ersuchen, wenn ein Interessenausgleich über eine geplante Betriebsänderung oder eine Einigung über den Sozialplan nicht zustande kommt. Die Einschaltung des Vorstandes der Bundesagentur für Arbeit ist **freiwillig**. Sie ist keine Voraussetzung für die Anrufung der Einigungsstelle. Die Betriebspartner können auch eine andere Stelle oder jede andere Person um Vermittlung ersuchen[7].

99a Der **begonnene Vermittlungsversuch** hat **keine Sperrwirkung**. Die Anrufung der Einigungsstelle durch einen der Beteiligten ist auch möglich, wenn der andere Beteiligte den Vorstand der Bundesagentur für Arbeit nach § 112 Abs. 2 BetrVG um Vermittlung ersucht hat[8]. Durch die durch § 112 Abs. 2 Satz 1 BetrVG eröffnete Möglichkeit, den Vorstand der Bundesagentur für Arbeit um eine Vermittlung zu er-

---

1 BAG v. 13.5.2015 – 2 ABR 38/14, NZA 2016, 116; aA die Vorinstanz LAG Rh.-Pf. v. 20.3.2014 – 2 TaBV 18/13; *Kleinebrink*, ArbRB 2017, 29, der vor den Risiken des „Geschäftsmodells außerbetrieblicher Beisitzer" warnt.
2 So auch Richardi/*Richardi*/*Maschmann*, § 76 BetrVG Rz. 80.
3 **Bejahend:** *Ehrich*/*Fröhlich*, Teil D, Rz. 35; **verneinend:** *Friedemann*, Rz. 128; nunmehr ausdrücklich auch *Fitting*, § 76 BetrVG Rz. 22; GK-BetrVG/*Kreutz*/*Jacobs*, § 76 Rz. 50; *Wenning-Morgenthaler*, Rz. 130 (bei Zugehörigkeit zur Betriebspartei hingegen doch).
4 *Friedemann*, Rz. 128.
5 *Friedemann*, Rz. 128; *Fitting*, § 76 BetrVG Rz. 22; GK-BetrVG/*Kreutz*/*Jacobs*, § 76 BetrVG Rz. 50.
6 *Wenning-Morgenthaler*, Rz. 130.
7 *Fitting*, §§ 112, 112a BetrVG Rz. 29; DKKW/*Däubler*, §§ 112, 112a BetrVG Rz. 5, 66; HWGNRH/*Hess*, § 112 BetrVG Rz. 214; Richardi/*Annuß*, § 112 BetrVG Rz. 212 f., 219.
8 LAG Hamm v. 15.12.2003 – 10 TaBV 164/03, FA 2004, 121; LAG Bremen v. 20.9.1983 – 4 TaBV 104/83; Richardi/*Annuß*, § 112 BetrVG Rz. 225; GK-BetrVG/*Oetker*, §§ 112, 112a BetrVG Rz. 283, 292; HWGNRH/*Hess*, § 112 BetrVG Rz. 221; *Friedemann*, Das Verfahren der Einigungsstelle, 1997, Rz. 36; so jetzt auch *Fitting*, § 112, 112a BetrVG Rz. 31 (anders noch in der 23. Aufl. 2006).

suchen, wird keine Verpflichtung begründet. Die Antragstellung nach § 112 Abs. 2 BetrVG steht im bloßen Ermessen der Beteiligten. Aus § 112 Abs. 2 Satz 2 BetrVG folgt, dass die vorherige Anrufung des Vorstandes der Bundesagentur für Arbeit keine förmliche Voraussetzung für die Anrufung der Einigungsstelle ist. Das Verfahren nach § 112 Abs. 2 BetrVG ist fakultativ, sein Ergebnis braucht nicht abgewartet zu werden, bevor nach § 100 ArbGG vom Gericht ein Einigungsstellenvorsitzender bestellt werden kann. Lediglich die Anrufung der Einigungsstelle, nicht ein Ersuchen nach § 112 Abs. 2 BetrVG ist für den ArbGeb erforderlich, um Nachteilsausgleichsansprüche nach § 113 Abs. 3 BetrVG zu vermeiden. Auch die in § 112 Abs. 2 Satz 3 BetrVG enthaltene Regelung spricht gegen eine Sperrwirkung des bereits begonnenen Vermittlungsversuchs. Auf Ersuchen des Vorsitzenden der Einigungsstelle nimmt nämlich ein Mitglied des Vorstandes der Bundesagentur für Arbeit auch an den Verhandlungen der Einigungsstelle teil. Damit kann dessen Sachkompetenz auch in das Einigungsstellenverfahren eingebracht werden. Schließlich folgt auch aus dem durch § 100 ArbGG zum Ausdruck gekommenen Beschleunigungsgrundsatz (hierzu Rz. 130 ff.), dass die Einigungsstelle nicht durch die Einschaltung des Vorstandes der Bundesagentur für Arbeit nach § 112 Abs. 2 BetrVG ausgeschlossen ist. Das Verfahren ist darauf angelegt, den Betriebspartnern im Bedarfsfalle beim Auftreten von Meinungsverschiedenheiten möglichst rasch eine formal funktionsfähige Einigungsstelle zur Verfügung zu stellen. Dieses Ziel könnte nicht erreicht werden, wenn die Anrufung der Einigungsstelle ausgeschlossen wäre, solange ein Vermittlungsversuch des Vorstandes der Bundesagentur für Arbeit dauert.

Wird der Vorstand der Bundesagentur für Arbeit nicht um Vermittlung ersucht oder bleibt der Vermittlungsversuch ergebnislos, können beide Seiten die Einigungsstelle anrufen, § 112 Abs. 2 Satz 2 BetrVG. Auf Ersuchen des Vorsitzenden der Einigungsstelle nimmt ein Mitglied des Vorstandes der Bundesagentur für Arbeit oder ein von ihm benannter Bediensteter der Bundesagentur für Arbeit gem. § 112 Abs. 2 Satz 3 BetrVG an der Verhandlung teil. 100

Vereinzelt wird in der Lit. vertreten, es sei ein **Mehrheitsbeschluss** der Einigungsstelle erforderlich, bevor der Einigungsstellenvorsitzende den Vorstand der Bundesagentur für Arbeit als Berater hinzuziehen dürfe[1]. Es handele sich hierbei um eine weitreichende Entscheidung, die erhebliche Belange der Betriebspartner berühre. Schützenswert sei bspw. das Interesse einer oder beider Seiten, die Angelegenheit im kleinen Kreise zu erörtern. Dem ist nicht zuzustimmen. Das Gesetz gibt für diese Auffassung keinen Anhaltspunkt. Nach dem Wortlaut des § 112 Abs. 2 Satz 3 BetrVG kommt es ausschließlich auf das Ersuchen des Vorsitzenden an. Auch ein berechtigtes Interesse der Parteien, welches dem Sinn und Zweck des Einigungsstellenverfahrens entsprechen würde, ist nicht ersichtlich. Durch die bei einer Betriebsänderung häufig zu erstattende Massenentlassungsanzeige nach § 17 KSchG an das zuständige Arbeitsamt ist eine Geheimhaltung der geplanten Betriebsänderung ohnehin schwerlich möglich. Das Mitglied des Vorstandes der Bundesagentur für Arbeit kann – so auch die Intention des Gesetzgebers – Informationen zur Lage des Arbeitsmarktes und etwaige Vermittlungsmöglichkeiten beisteuern. 101

Nach herrschender Auffassung ist ein Mitglied des Vorstandes der Bundesagentur für Arbeit **verpflichtet**, der Aufforderung des Vorsitzenden **zur Teilnahme** an der Einigungsstelle Folge zu leisten. Dabei kann er sich jedoch durch einen Mitarbeiter seiner Behörde vertreten lassen, was sich nunmehr aus § 112 Abs. 2 Satz 3 BetrVG ergibt[2]. 102

Die Rolle des Mitgliedes des Vorstandes der Bundesagentur für Arbeit bzw. des Vertreters in der Einigungsstelle ist die eines **Beraters ohne Stimmrecht**[3]. Seine Aufgabe ist es, die Parteien im Hinblick auf die Aussichten der betroffenen ArbN am Arbeitsmarkt zu beraten. Diese Aussichten sind nach § 112 Abs. 5 Nr. 2 Satz 1 BetrVG von der Einigungsstelle bei ihrer Entscheidung über den Sozialplan zu berücksichtigen. Überdies kann er Umschulungs- und Fortbildungsmaßnahmen sowie Förderungsmöglichkeiten nach dem SGB III aufzeigen. 103

Bisweilen wird diskutiert, inwieweit sich die Parteien im Vorhinein einer Entscheidung des Mitgliedes des Vorstandes der Bundesagentur für Arbeit – ähnlich wie einem Schiedsspruch – unterwerfen können. Die Erteilung einer derartigen „**Blankovollmacht**" wird abgelehnt, da sie dem als Berater teilnehmenden Vorstandsmitglied zu weitgehende Kompetenzen einräumen würde und über eine Vermittlung weit hinausginge[4]. Für einen derartigen Weg spricht, dass die Parteien in einem derartigen Fall einvernehmlich zu einer sachgerechten Lösung gelangen können, was letztlich im Interesse aller Beteiligten, vor allem der ArbN, 104

---

1 So *Friedemann*, Rz. 150.
2 DKKW/*Däubler*, §§ 112, 112a BetrVG Rz. 5; *Fitting*, §§ 112, 112a BetrVG Rz. 30; *Friedemann*, Rz. 151.
3 *Friedemann*, Rz. 151.
4 Dagegen DKKW/*Däubler*, §§ 112, 112a BetrVG Rz. 5; GK-BetrVG/*Oetker*, §§ 112, 112a Rz. 286. AA: Richardi/*Annuß*, § 112 BetrVG Rz. 222.

liegt. Gegen die Möglichkeit der Erteilung einer Blankovollmacht durch beide Parteien spricht, dass dies dem in § 76 Abs. 3 BetrVG vorgegebenen Verfahren in der Einigungsstelle zuwiderläuft. Der Gesetzgeber hat eine Mehrheitsentscheidung im Anschluss an die Beratung aller Einigungsstellenmitglieder vorgesehen, nicht den Schiedsspruch eines Einzelnen. In der Praxis kann das Rechtsproblem dadurch vermieden werden, dass die Einigungsstelle den Vorschlag des Vorstandsmitgliedes der Bundesagentur für Arbeit annimmt. Auf diese Weise kann der vorhandene Einigungswillen der Parteien auf den Vorschlag des Vorstandsmitgliedes genutzt und zugleich Rechtsunsicherheit vermieden werden.

V. Allgemeine Verfahrensgrundsätze

1. Allgemeines; Schaffung einer besonderen Verfahrensordnung

105 Das Verfahren vor der Einigungsstelle ist gesetzlich weitgehend ungeregelt. Verfahrensordnungen, wie etwa die ZPO oder das ArbGG, finden auf das Einigungsstellenverfahren keine direkte Anwendung. Auch das BetrVG 1972 enthält keine umfassenden **Verfahrensvorschriften**. § 76 Abs. 3 BetrVG schreibt lediglich einige, allerdings zwingende Verfahrensregeln vor: die mündliche Beratung (hierzu Rz. 125 ff.), die Abstimmung durch den Spruchkörper, den Abstimmungsmodus (hierzu Rz. 240 ff.), die schriftliche Niederlegung (Rz. 287 ff.) sowie die Zuleitung der Beschlüsse der Einigungsstelle an ArbGeb und BR (Rz. 289).

106 Den Betriebsparteien ist durch § 76 Abs. 4 BetrVG die Möglichkeit eröffnet, weitere Einzelheiten des Verfahrens vor der Einigungsstelle durch eine – freiwillige – **Betriebsvereinbarung** zu regeln, wobei nicht von den gesetzlichen Vorschriften abgewichen werden darf[1]. Als Regelungsgegenstände kommen bspw. in Betracht: Protokollführung, Festsetzung der Zahl der Beisitzer, Schriftlichkeit von Anträgen, zwingende Mündlichkeit der Verhandlung, Ladungs- und Einlassungsfristen, nähere Regelungen über die Vernehmung von Zeugen oder Sachverständigen etc.[2]. Das durch § 76 Abs. 3 BetrVG vorgeschriebene Abstimmungsverfahren indes ist zwingend der Disposition der Betriebsparteien entzogen[3]. Dies folgt aus der Formulierung des § 76 Abs. 4 BetrVG („weitere Einzelheiten"). Die Schaffung einer besonderen Verfahrensordnung durch die Betriebsparteien in Form einer Betriebsvereinbarung kann insbesondere bei ständigen Einigungsstellen (hierzu Rz. 13 ff.) ratsam sein. In der Praxis allerdings sind bislang solche besonderen Verfahrensordnungen selten anzutreffen.

107 Auch durch **Tarifverträge** können weitere Einzelheiten des Einigungsstellenverfahrens geregelt werden[4]. Soweit und sofern dies der Fall ist, gehen die tariflichen Regelungen denen einer etwa bestehenden Betriebsvereinbarung vor.

108 Soweit keine derartigen Regelungen in Tarifverträgen oder Betriebsvereinbarungen bestehen oder diese Gestaltungsspielräume offen lassen, steht der Einigungsstelle im Interesse einer effektiven und zeitnahen Schlichtung ein **weiter Spielraum** zu, innerhalb dessen sie das Verfahren nach **pflichtgemäßem Ermessen selbst gestalten** kann[5].

109 Allerdings ist die Einigungsstelle hierbei an bestimmte, nachfolgend geschilderte, **allgemein anerkannte Verfahrensgrundsätze** gebunden. Diese Grundsätze folgen zum Teil aus dem Rechtsstaatsprinzip (Art. 20 Abs. 1 und 3, Art. 28 Abs. 1 GG), zum Teil aus der Funktion der Einigungsstelle als Organ, das normative Regelungen erzeugt[6].

110 Deren **Nichteinhaltung** macht den Spruch der Einigungsstelle **unwirksam** und kann zu einer späteren gerichtlichen Aufhebung des Spruchs führen (vgl. Rz. 304 ff., Rz. 321 ff.).

2. Nichtöffentlichkeit

111 Die Sitzungen der Einigungsstelle sind – im Gegensatz zu Gerichtsverfahren, vgl. § 169 GVG – **nicht öffentlich**[7]. An ihnen kann außer den Betriebsparteien nicht jeder beliebige Dritte teilnehmen. Keinen Zu-

---

[1] So etwa BAG v. 9.7.2013 – 1 ABR 19/12, NZA 2014, 99, das allerdings die Regelungsbefugnis der Einigungsstelle zu sehr einengt (hierzu Rz. 277a).
[2] Vgl. etwa Fitting, § 76 BetrVG Rz. 94.
[3] Wenning-Morgenthaler, Rz. 166; Fitting, § 76 BetrVG Rz. 56; Pünnel, AuR 1973, 257 (260).
[4] Fitting, § 76 BetrVG Rz. 94; GK-BetrVG/Kreutz/Jacobs, § 76 Rz. 121; HWGNRH/Worzalla, § 76 BetrVG Rz. 76.
[5] BAG v. 4.7.1989 – 1 ABR 40/88, DB 1990, 127; BAG v. 18.1.1994 – 1 ABR 43/93, DB 1994, 838; GK-BetrVG/Kreutz/Jacobs, § 76 Rz. 100; Friedemann, Rz. 195; Richardi/Richardi/Maschmann, § 76 BetrVG Rz. 84.
[6] BAG v. 18.1.1994 – 1 ABR 43/93, DB 1994, 838; Faulenbach, NZA 2012, 953; die Einschränkung des Verfahrens durch rechtsstaatliche Grundsätze kritisierend GK-BetrVG/Kreutz/Jacobs, § 76 Rz. 100.
[7] Friedemann, Rz. 204 ff.; Ehrich/Fröhlich, Teil E, Rz. 17; Hennige, S. 193; HWGNRH/Worzalla, § 76 BetrVG Rz. 65; Fitting, § 76 BetrVG Rz. 73; GK-BetrVG/Kreutz/Jacobs, § 76 Rz. 107; MünchArbR/Joost, § 232 Rz. 37; Heinze, RdA

tritt haben bspw. die Presse oder betroffene ArbN, soweit sie nicht Beisitzer oder Vertreter der Betriebsparteien sind. Die Nichtöffentlichkeit folgt aus der Notwendigkeit des Schutzes von Daten, der Persönlichkeitsrechte Betroffener und von Betriebs- bzw. Geschäftsgeheimnissen. Im Laufe des Einigungsstellenverfahrens könnten andernfalls Daten von ArbN, Betriebs- oder Geschäftsgeheimnisse Dritter bekannt werden, die keiner Geheimhaltungsverpflichtung unterliegen. Allerdings kann die Einigungsstelle selbst darüber beschließen, neben den Beisitzern, dem Vorsitzenden und den Verfahrensbevollmächtigten die Anwesenheit Dritter zuzulassen.

Zeugen und **Sachverständige** nehmen nur für den Zeitraum ihrer Vernehmung bzw. der Erstattung bzw. Erläuterung ihres Gutachtens an der Sitzung der Einigungsstelle teil[1]. Sie äußern sich nur zum Beweisthema und verlassen danach den Sitzungsraum. Gleiches gilt für sonstige Auskunftspersonen. Durch die Anwesenheit eines **Protokollführers** (vgl. hierzu noch Rz. 165 ff.) wird der Grundsatz der Nichtöffentlichkeit nicht verletzt[2]. 112

Das BAG[3] geht zutreffend davon aus, dass die mündliche Verhandlung vor der Einigungsstelle zwar nicht öffentlich, wohl aber **parteiöffentlich** ist. Die Betriebsparteien, also sowohl Angehörige des BR als auch Vertreter der ArbGebSeite, können daher an der Verhandlung auch teilnehmen, soweit sie nicht Beisitzer der Einigungsstelle sind. 113

Friedemann[4] kritisiert dies und meint, der Begriff der Parteiöffentlichkeit sei als „nutzlos und systemwidrig" zu streichen. Den Betriebspartnern sei lediglich rechtliches Gehör zu gewähren. Dies sei durch die Möglichkeit vorbereitender Schriftsätze, die von den Betriebsparteien selbst bestimmte Auswahl der Beisitzer und die Möglichkeit der Vernehmung als Partei im Rahmen einer Beweisaufnahme hinreichend gewährleistet. Ein Recht aller Beteiligten auf Teilnahme während der Verhandlungsphase bestehe nicht. Ließe man zu den Sitzungen der Einigungsstelle den gesamten BR und ggf. eine Mehrzahl von Geschäftsführern des Unternehmens zu, stünde eine „chaotische Verhandlung" zu erwarten. Außerdem bestehe die Einigungsstelle dann in Wahrheit nicht, wie vom Gesetz vorgesehen, aus den Beisitzern und dem Vorsitzenden, sondern aus einer zusätzlichen Anzahl von Personen. 114

Die Auffassung *Friedemanns* überzeugt nicht. Der Einigungsstellenspruch ersetzt eine entsprechende Vereinbarung zwischen den Betriebsparteien. Es ist daher nicht nur sinnvoll, sondern notwendig, dass die Betriebsparteien vor der Einigungsstelle zu Wort kommen und ihre unterschiedlichen Positionen zur Regelungsfrage sowie ihre Lösungsansätze zunächst selbst und ungefiltert darlegen können. Allein die Repräsentanz der Betriebsparteien durch ihre Beisitzer in der Einigungsstelle reicht hierfür zuweilen nicht aus. Die Beisitzer können im Einzelfall auch, wie etwa in dem der Entscheidung des BAG vom 18.1.1994 zugrunde liegenden Sachverhalt, betriebsfremd sein. Auch eine Ausweitung der Einigungsstellenbesetzung contra legem liegt nicht vor. 115

Soweit vereinzelt die Auffassung vertreten wird, neben den Betriebsparteien seien auch die **betroffenen ArbN** als Zuhörer der mündlichen Verhandlung zuzulassen[5], ist dem nicht zuzustimmen. Anderenfalls bestünde die Gefahr, dass die Beisitzer beeinflusst werden könnten und es in ihren Ausführungen an der für eine Konfliktlösung notwendigen Offenheit und Sachlichkeit fehlen ließen. 116

Von der parteiöffentlichen Phase der Verhandlung vor der Einigungsstelle ist die darauf folgende Phase der **Beratung** und **Beschlussfassung** der Einigungsstelle zu unterscheiden. Die abschließende mündliche Beratung und Beschlussfassung ist nach einhelliger Ansicht **weder öffentlich noch parteiöffentlich**. An ihr dürfen nur die Mitglieder der Einigungsstelle teilnehmen (vgl. Rz. 240 ff.). Dies folgt aus der Eigenständigkeit und der Schlichtungsfunktion der Einigungsstelle. Ein Verstoß gegen diesen elementaren Grundsatz des Einigungsstellenverfahrens führt zur Unwirksamkeit des Spruchs[6]. 117

1990, 262 (266 f.). AA DKKW/*Berg*, § 76 BetrVG Rz. 96, der annimmt, es dürften Ersatzbeisitzer, weitere Betriebsratsmitglieder und Betriebsparteien anwesend sein.
1 *Friedemann*, Rz. 205; *Ehrich/Fröhlich*, Teil E, Rz. 18; *Fitting*, § 76 BetrVG Rz. 73.
2 *Fitting*, § 76 BetrVG Rz. 74, 93; GK-BetrVG/*Kreutz/Jacobs*, § 76 Rz. 107; *Heinze*, RdA 1990, 273. AA *Friedemann*, Rz. 182, 255; MünchArbR/*Joost* § 232 Rz. 46.
3 BAG v. 18.1.1994 – 1 ABR 43/93, DB 1994, 838. In gleichem Sinne bereits die Vorinstanz: LAG Hamm v. 13.3.1993 – 13 TaBV 129/92, LAGE § 76 BetrVG 1972 Nr. 41. Ebenso ein Teil der Lit., vgl. etwa *Wenning-Morgenthaler*, Rz. 165 („betriebsparteiöffentlich"); *Heinze*, RdA 1990, 262 (266); *Fitting*, § 76 BetrVG Rz. 73; GK-BetrVG/*Kreutz/Jacobs*, § 76 Rz. 107; HWGNRH/*Worzalla*, § 76 BetrVG Rz. 65; Richardi/*Richardi/Maschmann*, § 76 BetrVG Rz. 88.
4 *Friedemann*, Rz. 208 ff.; ihm folgend *Ehrich/Fröhlich*, Teil E, Rz. 19.
5 So etwa DKKW/*Berg*, § 76 BetrVG Rz. 95; *Hennige*, S. 193.
6 BAG v. 18.1.1994 – 1 ABR 43/93, DB 1994, 838; *Fitting*, § 76 BetrVG Rz. 74; ErfK/*Kania*, § 76 BetrVG Rz. 18; *Heinze*, RdA 1990, 273.

3. Grundsatz des rechtlichen Gehörs

118 Die Einigungsstelle hat den Beteiligten rechtliches Gehör zu gewähren. Dieser sich für das gerichtliche Verfahren aus Art. 103 Abs. 1 GG ergebende **Grundsatz des rechtlichen Gehörs** gilt für das Einigungsstellenverfahren **analog**, wiewohl es sich nicht um ein „gerichtliches Verfahren" handelt[1]. Die verfassungsrechtlich abgesicherten Grundsätze rechtsstaatlichen Handelns müssen auch für das Einigungsstellenverfahren gelten. Die durch § 76 Abs. 5 Satz 3 BetrVG vorgeschriebene Berücksichtigung der Belange des Betriebs und der betroffenen ArbN ist nur möglich, wenn die Einigungsstelle die Stellungnahmen und Ansichten der streitenden Parteien kennt. Ein **Verstoß** gegen den Anspruch auf rechtliches Gehör führt zur **Unwirksamkeit** des Spruchs der Einigungsstelle[2].

119 **Ursprünglich** hatte der 1. Senat des **BAG**[3] in seiner heftig kritisierten Entscheidung vom 11.2.1992 das Gebot des rechtlichen Gehörs auf die Mitglieder der Einigungsstelle als notwendige Beteiligte beschränkt. Dies hatte er damit begründet, dass die vom ArbGeb und vom BR bestellten Beisitzer deren Vertreter seien. An diesem Verständnis der Beisitzerrolle indes hat der 1. Senat in seinen späteren Entscheidungen nicht festgehalten[4]. Die Beisitzer sind gerade nicht verlängerter Arm der Betriebsparteien, sondern sind frei von Weisungen, üben also kein „imperatives Mandat" aus, und sollen mit einer gewissen inneren Unabhängigkeit bei der Schlichtung des Regelungsstreites mitwirken.

120 Richtigerweise haben daher auch die **Betriebsparteien** ihrerseits gegen die Einigungsstelle einen Anspruch auf rechtliches Gehör[5]. Wie der 1. Senat des **BAG**[6] in einer späteren Entscheidung zutreffend ausführt, müssen „die Beteiligten", also ArbGeb und BR, „vor der Einigungsstelle selbst zu Wort kommen können (...) und Lösungsvorschläge (...) ungefiltert darstellen" können. Gerade aus der eingehenden Anhörung der Betriebsparteien, nicht nur der Beisitzer, ergibt sich häufig die Basis für eine gütliche Einigung, auf die der Vorsitzende, wie schon die Bezeichnung des Verfahrens („Einigungsstelle") zeigt, in jeder Lage des Verfahrens hinwirken soll.

121 Für **Interessenausgleich** und **Sozialplan** enthält § 112 Abs. 3 Satz 1 BetrVG eine Sonderregelung. Hiernach sollen Unternehmer und BR der Einigungsstelle Vorschläge zur Beilegung der Meinungsverschiedenheiten über den Interessenausgleich und den Sozialplan machen. Mit dieser Verpflichtung der Betriebsparteien, aktiv an der Gestaltung mitzuwirken, korrespondiert eine Verpflichtung der Einigungsstelle, diese Vorschläge bei ihren Beratungen zu berücksichtigen[7].

122 Der Grundsatz des rechtlichen Gehörs verpflichtet die Einigungsstelle, jeder der beteiligten Seiten Gelegenheit zu geben, zum Tatsächlichen vorzutragen, Beweismittel anzubieten[8], die eigene Rechtsauffassung darzustellen und einen eigenen Vorschlag zur Lösung des Konfliktes zu unterbreiten. Nach hier vertretener Ansicht (vgl. Rz. 126 f.) muss hierzu nicht nur schriftlich, sondern auch im Rahmen einer zwingenden **mündlichen Verhandlung** Gelegenheit bestehen.

123 Nicht erforderlich ist hingegen, den Betriebsparteien zu jedem **einzelnen Verfahrensschritt** rechtliches Gehör zu gewähren[9]. So braucht bspw. ein nach Erläuterung und Erörterung des Streitfalles vom Vorsitzenden der Einigungsstelle unterbreiteter Einigungsvorschlag nicht den Betriebsparteien zur erneuten Stellungnahme zugeleitet werden. Einem Antrag auf **Vertagung**, der damit begründet wird, dass die – alle dem GBR angehörenden – Beisitzer der ArbN-Seite erneut mit dem vollständigen GBR als Gremium Rücksprache halten wollen, um einen Vorschlag des Vorsitzenden zu erörtern, muss nicht entsprochen werden[10].

---

1 AA, vgl. nur: DKKW/*Berg*, § 76 BetrVG Rz. 92; *Fitting*, § 76 BetrVG Rz. 69; ErfK/*Kania*, § 76 BetrVG Rz. 18; GK-BetrVG/*Kreutz/Jacobs*, § 76 Rz. 101; MünchArbR/*Joost*, § 232 Rz. 35; Richardi/*Richardi/Maschmann*, § 76 BetrVG Rz. 86 f.; *Friedemann*, Rz. 219; *Hennige*, S. 188 mwN.
2 BAG v. 11.2.1992 – 1 ABR 51/91, DB 1992, 1730; BAG v. 4.7.1989 – 1 ABR 40/88, DB 1990, 127.
3 BAG v. 11.2.1992 – 1 ABR 51/91, DB 1992, 1730. Dem ohne Begründung folgend *Ehrich/Fröhlich*, Teil E, Rz. 31; ErfK/*Kania*, § 76 BetrVG Rz. 18.
4 So ausdrücklich BAG v. 27.6.1995 – 1 ABR 3/95, EzA § 76 BetrVG 1972 Nr. 65, B.II.1.a.
5 Nahezu einhellige Auffassung *Fitting*, § 76 BetrVG Rz. 69; Richardi/*Richardi/Maschmann*, § 76 BetrVG Rz. 87; *Wenning-Morgenthaler*, Rz. 169; *Ehrich/Fröhlich*, Rz. 31; MünchArbR/*Joost*, § 232 Rz. 35; *Friedemann*, Rz. 220; *Hennige*, S. 189. Hierzu auch tendierend BAG v. 27.6.1995 – 1 ABR 3/95, DB 1995, 2219, B.II.1.a. Statt vieler vgl. BAG v. 5.11.1981 – 6 ABR 24/78, DB 1982, 604, II.2. c.
6 BAG v. 18.1.1994 – 1 ABR 43/93, DB 1994, 838.
7 *Friedemann*, Rz. 219.
8 Vgl. BAG v. 11.2.1992 – 1 ABR 51/91, DB 1992, 1730.
9 *Fitting*, § 76 BetrVG Rz. 70; *Ehrich/Fröhlich*, Teil E, Rz. 33.
10 *Ehrich/Fröhlich*, Teil E, Rz. 33. Daher im Ergebnis, wenn auch nicht in der Begründung, letztlich zutreffend: BAG v. 11.2.1992 – 1 ABR 51/91, DB 1992, 1730.

123a Der Grundsatz des rechtlichen Gehörs schließt nicht aus, dass den Parteien ein **Rederecht** nur gewährt wird, wenn die Einigungsstelle dies beschließt[1]. Der Anspruch auf rechtliches Gehör beinhaltet nicht die Befugnis der einzelnen Partei, sich immer dann mitzuteilen, wenn es ihr beliebt. Ansonsten könnte die ordnungsgemäße Durchführung des Verfahrens vereitelt werden. Als zivilprozessuale Ausgestaltung dieser Ordnungsmöglichkeit wird in § 136 Abs. 2 ZPO dem Vorsitzenden die Befugnis eingeräumt, den Parteien das Wort zu erteilen oder zu entziehen. Eine solche Befugniserteilung existiert auch im Einigungsverfahren. Sie folgt aus der Stellung des Vorsitzenden (vgl. Rz. 154).

4. Rechtzeitige und ordnungsgemäße Unterrichtung

124 Zu den ungeschriebenen allgemeinen Verfahrensgrundsätzen, deren Nichteinhaltung zur Unwirksamkeit des Spruchs der Einigungsstelle führt, gehört, dass die Mitglieder der Einigungsstelle rechtzeitig und ordnungsgem. über Ort und Zeit der Sitzungen unterrichtet und mit den notwendigen Unterlagen versehen werden müssen[2]. Das BAG[3] sieht hierin einen selbständigen Verfahrensgrundsatz neben dem Anspruch auf rechtliches Gehör (vgl. zu den Einzelheiten Rz. 155 ff.).

5. Grundsatz der Mündlichkeit

125 Für die Frage der Mündlichkeit ist zu unterscheiden zwischen dem Verfahren **vor** der Einigungsstelle – mündliche Verhandlung – und dem Verfahren **in** der Einigungsstelle – Beratung und Beschlussfassung[4].

a) Mündliche Verhandlung vor der Einigungsstelle

126 Eine **mündliche Verhandlung der Betriebsparteien** vor der Einigungsstelle ist zweckmäßig und in der Praxis üblich. Sie eröffnet dem Vorsitzenden die Möglichkeit, die gegenläufigen Interessen herauszuarbeiten, einander anzunähern und eine gütliche Einigung anzubahnen. Überdies ermöglicht sie den Vertretern der Betriebsparteien, soweit sie nicht Beisitzer der Einigungsstelle sind, ihren Standpunkt ausführlich darzulegen und intensiver zu diskutieren, als dies im schriftlichen Verfahren möglich wäre.

127 Umstritten ist, ob eine mündliche Verhandlung **zwingend erforderlich**[5] oder auch ein schriftliches Verfahren ausreichend ist[6]. Die erste Auffassung ist vorzugswürdig. Zwar ist nach dem Wortlaut des § 76 Abs. 3 Satz 2 nur die „mündliche Beratung" zwingend vorgeschrieben; allerdings ist anzunehmen, dass der Gesetzgeber aufgrund des Zweckes der Einigungsstelle eine mündliche Verhandlung als selbstverständlich zugrunde gelegt hat, ohne dass er insoweit noch eine besondere Erwähnung für notwendig erachtet hätte. Ein schriftliches Verfahren, das im Übrigen im deutschen Rechtssystem die absolute Ausnahme bildet, würde dem Sinn des Einigungsstellenverfahrens nicht gerecht, nach gemeinsamer offener Aussprache der Beteiligten unter Leitung und Vermittlung des unparteiischen Vorsitzenden nach Möglichkeit eine der beiderseitigen Interessenlage Rechnung tragende, einvernehmliche Lösung zu vermitteln. Die Behauptung von Tatsachen und die Äußerung von Rechtsauffassungen mögen auch im schriftlichen Verfahren möglich sein; die eingehende Diskussion von Lösungsmöglichkeiten und die Annäherung der gegenläufigen Standpunkte indes erfordert zwingend eine mündliche Verhandlung.

b) Mündliche Beratung in der Einigungsstelle

128 Nach § 76 Abs. 3 Satz 2 BetrVG hat die Einigungsstelle ihre Beschlüsse „nach mündlicher Beratung" zu fassen. Alle Mitglieder der Einigungsstelle müssen demnach gleichzeitig zur Beratung und ggf. Beschlussfassung an einem Ort anwesend sein. Die **Mündlichkeit ist Wirksamkeitserfordernis**. Nicht zulässig wäre

---

1 ArbG Hamburg v. 30.3.2007 – 27 BV 8/07, juris, Rz. 26.
2 BAG v. 27.6.1995 – 1 ABR 3/95, EzA § 76 BetrVG 1972 Nr. 65, B.I.1.
3 BAG v. 27.6.1995 – 1 ABR 3/95, EzA § 76 BetrVG 1972 Nr. 65, B.I.1.a.
4 Diesen Unterschied betonend: *Hennige*, S. 189.
5 Dies annehmend *Pünnel*, AuR 1973, 257 (261); DKKW/*Berg*, § 76 BetrVG Rz. 92; *Schönfeld*, S. 9; *Schönfeld*, NZA 1988, Beilage 4, S. 9; MünchArbR/*Joost*, § 232 Rz. 36 (mindestens eine Sitzung erforderlich); *Wenning-Morgenthaler*, Rz. 177 (anders noch die 4. Aufl., dort Rz. 53).
6 So *Friedemann*, Rz. 215.; *Hennige*, S. 159 f.; *Gaul*, S. 251; *Heinze*, RdA 1990, 262 (267); HWGNRH/*Worzalla*, § 76 BetrVG Rz. 64; ErfK/*Kania*, § 76 BetrVG Rz. 18; *Bischoff*, S. 104; *Dütz*, AuR 1973, 353 (363). Ebenso: *Hanau/Reitze*, in: FS Kraft, S. 167 (176 f.); GK-BetrVG/*Kreutz/Jacobs*, § 76 Rz. 102; *Richardi/Richardi/Maschmann*, § 76 BetrVG Rz. 86; *Ehrich/Fröhlich*, Teil E, Rz. 21; *Fitting*, § 76 BetrVG Rz. 71, die jedoch einräumen, dass in aller Regel die mündliche Anhörung der Parteien „geboten" sei.

mithin eine Entscheidung im Umlaufverfahren[1], eine Alleinentscheidung durch den Vorsitzenden[2], eine Entscheidung durch schriftliches Votum sowie eine Beratung mittels einer Telefon- oder Videokonferenz.

129 Ob das Erfordernis der mündlichen Beratung einer **Entscheidung nach Lage der Akten** entgegensteht, wird uneinheitlich beantwortet[3]. Indes ist der Anknüpfungspunkt falsch gewählt. Angesprochen ist die Frage der Säumnis einer Betriebspartei (hierzu noch Rz. 296 ff.). Auch einer Entscheidung nach Lage der Akten muss stets eine mündliche Beratung der Einigungsstelle vorangehen.

6. Beschleunigungsgrundsatz

130 **Umstritten** war, ob auf das Einigungsstellenverfahren der **Beschleunigungsgrundsatz** Anwendung findet[4]. Eine gesetzliche Regelung fehlte hierzu bislang. § 9 Abs. 1 ArbGG trifft unmittelbar eine Regelung nur für das arbeitsgerichtliche Verfahren. Eine Verpflichtung zur beschleunigten Erledigung des Einigungsstellenverfahrens durch den Vorsitzenden und die Beisitzer kann dem nicht entnommen werden. Der Versuch *Heinzes*[5], den Beschleunigungsgrundsatz aus § 74 Abs. 1 Satz 2 BetrVG sowie aus einem Umkehrschluss aus dem Behinderungs- und Störungsverbot des § 119 Abs. 1 Nr. 2 BetrVG herzuleiten, überzeugte nicht. § 74 Abs. 1 Satz 2 BetrVG legt den Betriebspartnern lediglich die Pflicht auf, mit ernstem Willen zur Einigung, nicht aber beschleunigt zu verhandeln. Auch wird man nicht in jedem nicht beschleunigten, aber zeitlich „normalen" Vorgehen bereits eine Behinderung oder Störung sehen können.

131 Durch Art. 8 des sog. Job-AQTIV-Gesetzes vom 10.12.2001 (BGBl. I S. 3443) wurde in § 76 Abs. 3 BetrVG ein neuer Satz 1 aufgenommen. Hiernach „hat" die Einigungsstelle **unverzüglich**, also ohne schuldhaftes Zögern (§ 121 BGB), tätig zu werden. Dieser gesetzlichen Novellierung ist – im Gegensatz zum vorherigen Rechtszustand[6] – ein **allgemeiner Verfahrensgrundsatz** der Beschleunigung des Einigungsstellenverfahrens zu entnehmen. § 76 Abs. 3 Satz 1 BetrVG zielt nicht nur auf eine rasche Verfahrensaufnahme; er beinhaltet auch die Pflicht zum unverzüglichen Handeln sowie zur zügigen und konzentrierten Abwicklung des Einigungsstellenverfahrens, ggf. bis hin zum Spruch[7]. Eine andere Interpretation stünde im Gegensatz zum erklärten Willen des Gesetzgebers, das Verfahren insgesamt zu beschleunigen, der auch in § 100 ArbGG zutage tritt:

132 Durch Art. 9 des gleichen Gesetzes wurde § 98 ArbGG aF (jetzt § 100) geändert, um eine zügige Konstituierung der Einigungsstelle sicherzustellen. Nunmehr entscheidet der Vorsitzende bei Meinungsverschiedenheiten zwischen den Parteien über die Person des Einigungsstellenvorsitzenden und die Zahl der Beisitzer wieder[8] allein, nicht mehr die zuständige Kammer des ArbG in voller Besetzung. Darüber hinaus sind nach § 100 Abs. 1 Satz 4 ArbGG die **Einlassungs- und Ladungsfristen auf 48 Stunden abgekürzt.** Hierbei handelt es sich um eine **Muss-Vorschrift**. Schließlich soll der Beschluss des Gerichts innerhalb von zwei, er muss spätestens innerhalb von vier Wochen nach Eingang des Antrags den Beteiligten zugestellt werden[9].

133 Die nunmehr bestehende Pflicht zur Verfahrensbeschleunigung trifft sämtliche Mitglieder der Einigungsstelle, nicht nur deren Vorsitzenden. Sie müssen sich so schnell wie möglich mit den tatsächlichen und rechtlichen Fragen der Meinungsverschiedenheit vertraut machen. Der Vorsitzende hat auf eine möglichst baldige Sitzungsterminierung hinzuwirken[10]; er hat – soweit der Streitfall das absehbar erfordert – vorsorglich mehrere Termine vorzusehen. Er hat für eine hinreichende, die zügige Arbeit der Einigungsstelle ermöglichende Vorbereitung der Sitzung zu sorgen. Hierzu hat der Vorsitzende dafür zu sorgen, dass er und die Beisitzer rasch und so umfassend wie möglich über den Streitfall, seine Hintergründe, etwaige Komplikationen, bereits im Vorfeld verhandelte Vertragsentwürfe und die Haltung der Betriebsparteien

---

1 *Friedemann*, Rz. 257; *Wenning-Morgenthaler*, Rz. 177; GK-BetrVG/*Kreutz/Jacobs*, § 76 Rz. 102; *Fitting*, § 76 BetrVG Rz. 75; MünchArbR/*Joost*, § 232 Rz. 46; *Richardi/Richardi/Maschmann*, § 76 BetrVG Rz. 96.
2 *Friedemann*, Rz. 257; *Kaven*, S. 95; *Gaul*, S. 260.
3 Zulässigkeit bejahend *Friedemann*, Rz. 257. Zulässigkeit verneinend *Wenning-Morgenthaler*, Rz. 177; *Ehrich/Fröhlich*, Teil E, Rz. 22.
4 Beschleunigungsgrundsatz bejahend *Schönfeld*, NZW 1988, Beilage 4, S. 9; *Gaul*, S. 253; *Heinze*, RdA 1990, 262 (267). Ablehnend: *Friedemann*, Rz. 252; *Ehrich/Fröhlich*, Teil E, Rz. 47.
5 *Heinze*, RdA 1990, 262 (267).
6 Vgl. etwa *Friedemann*, Rz. 252.
7 In diesem Sinne wohl auch *Fitting*, § 76 BetrVG Rz. 63 f.; *Wenning-Morgenthaler*, Rz. 162.
8 Der vorherige Zustand war erst durch Art. 2 des Gesetzes vom 19.6.1998, BGBl. I S. 1694, eingeführt worden.
9 Vgl. zu den gesetzlichen Neuregelungen der § 76 Abs. 3 Satz 1 BetrVG, § 100 ArbGG: *Düwell*, BB 2002, 98 (100); *Hülsmeier*, SozSich 2002, 18; *Hummel*, AiB 2002, 69; *Kossens*, AuA 2002, 16 (19); *Moderegger*, ArbRB 2002, 22 (24); *Mues*, ArbRB 2002, 371; *Worzalla*, FA 2001, 365.
10 *Richardi/Richardi/Maschmann*, § 76 BetrVG Rz. 85 geht von einer Pflicht zur unverzüglichen Ladung der Mitglieder aus.

hierzu unterrichtet werden. Darüber hinaus hat er darauf hinzuwirken, dass ihm alle für die Entscheidung und deren Vorbereitung sachdienlichen Unterlagen überlassen werden[1].

Die zwischenzeitlich in § 113 Abs. 3 Satz 2 BetrVG aufgenommene Sondervorschrift, wonach für die Verhandlungen zum Abschluss eines Interessenausgleichs eine Zeitschranke von zwei Monaten galt[2], ist wieder gestrichen worden. 134

7. Dispositionsmaxime

Die Dispositionsmaxime ist ein wichtiges Prinzip des deutschen Zivil- und Arbeitsgerichtsprozesses. Sie besagt, dass die **Parteien über den Streitgegenstand bestimmen**. Nur das, was der Kläger mit seinem Antrag als Begehren formuliert, kann Inhalt des Urteils sein („ne ultra petitum"). Daraus folgt, dass der Kläger seinen Antrag jederzeit zurücknehmen kann, dass die Parteien einen Vergleich schließen und dass sie den Rechtsstreit in der Hauptsache für erledigt erklären können. Ausnahmen von diesem Grundsatz existieren in Familienrechtsstreitigkeiten und im Betreuungsverfahren. 135

Nach der Rspr. des BAG ist die Einigungsstelle **nicht an die Anträge gebunden**[3]. Sie kann den Antrag einer Seite zum Inhalt ihres Spruchs machen, jedoch auch eine von den Anträgen beider Seiten abweichende Lösung des Konflikts beschließen[4]. Nach der Auffassung des BAG ist die Einigungsstelle zu diesem Vorgehen sogar verpflichtet, um den Verfahrensgegenstand auszuschöpfen. Zwar entscheide die Einigungsstelle nicht von Amts wegen, sondern nur auf begründeten Antrag der Parteien hin. Auch dürfe sie die Angelegenheit nur insoweit regeln, als sie unter den Betriebspartnern streitig ist und die Regelungsstreitigkeit in den „Anträgen" Ausdruck findet. Der Antrag diene aber vor allem dazu, das Einigungsstellenverfahren einzuleiten sowie seinen Gegenstand zu bestimmen und zu umreißen. Zur Begründung führt das BAG aus, es handele sich bei der Einigungsstelle um eine **betriebliche Schlichtungs- und Entscheidungsstelle**, die lediglich eine nicht zustande gekommene Betriebsvereinbarung ersetzen solle. Aus diesem Grund könne das Verfahren freier gehandhabt werden als vor den Zivilgerichten. Soweit das Mitbestimmungsrecht reiche, habe die Einigungsstelle den Konflikt vollständig zu lösen. Dem ist die Lit. weitgehend gefolgt[5]. Einhellige Auffassung ist aber auch, dass die Einigungsstelle nicht über den ihr unterbreiteten Streitgegenstand hinausgehen darf und nicht andere Fragen in ihre Entscheidung mit einbeziehen darf[6]. 136

Nach der von *Heinze* vertretenen **Gegenmeinung** soll allein der Antrag den Verhandlungsgegenstand bestimmen; die Schiedsstelle sei an die Anträge gebunden. Er führt zur Begründung aus, der freiere Umgang mit dem Antragserfordernis in Lit. und Praxis übersehe die bloße Hilfsfunktion der Einigungsstelle, nur insoweit zu entscheiden, als die Parteien sich nicht einigen können[7]. 137

Die herrschende Auffassung ist vorzugswürdig. Anders als im Parteiprozess ist Gegenstand des Verfahrens häufig eine umfänglichere Regelung, bei der nur in Ausnahmefällen der Formulierungsvorschlag einer Seite ohne jegliche Änderungen übernommen werden kann. Dies gilt insbesondere, wenn die andere Seite keinen Gegenvorschlag zur Formulierung unterbreitet hat. Eine schlichte Zurückweisung des Antrags der einen Seite wäre hier nicht sachdienlich und würde nicht zu einer Schlichtung des Streits führen. Zu Recht wird auch darauf hingewiesen, dass eine Willkürentscheidung der Einigungsstelle trotz der fehlenden Bindung an die Fassung der Anträge nicht zu befürchten ist. Der Spruch der Einigungsstelle ist in jedem Fall eine Mehrheitsentscheidung der Beisitzer, ferner muss das der Einigungsstelle zustehende Ermessen sachgerecht ausgeübt werden. Im Übrigen kann die Einigungsstelle keine Angelegenheiten mitentscheiden, auf die sich der Antrag erkennbar nicht bezog. Sie ist nicht an die Anträge, wohl aber an den ihr unterbreiteten **Streitgegenstand** gebunden. Der Entscheidungsrahmen wird durch die Meinungsverschiedenheit be- 138

---

1 Ebenso: *Fitting*, § 76 BetrVG Rz. 63.
2 Gesetz vom 25.9.1996, BGBl. I S. 1276 ff.
3 So ausdrücklich BAG v. 30.1.1990 – 1 ABR 2/89, AP Nr. 41 zu § 87 BetrVG 1972 – Lohngestaltung; ebenso (keine Bindung an die Anträge) schon BAG v. 28.7.1981 – 1 ABR 79/79, BAGE 36, 14 (21), B.III.4.
4 BAG v. 17.9.2013 – 1 ABR 24/12, NZA 2014, 740; BAG v. 30.1.1990 – 1 ABR 2/89, AP Nr. 41 zu § 87 BetrVG 1972 – Lohngestaltung unter Hinweis auf *Jäcker*, Die Einigungsstelle nach dem BetrVG 1972, S. 129, mwN; *Löwisch/Kaiser*, § 76 BetrVG Rz. 40; *Richardi/Richardi/Maschmann*, § 76 BetrVG Rz. 104 mwN.
5 *Fitting*, § 76 BetrVG Rz. 88; GK-BetrVG/*Kreutz/Jacobs*, § 76 Rz. 115; *Friedemann*, Rz. 249; *Richardi/Richardi/Maschmann*, § 76 BetrVG Rz. 104; *Ehrich/Fröhlich*, Teil E, Rz. 7.
6 *Fitting*, § 76 BetrVG Rz. 88; GK-BetrVG/*Kreutz/Jacobs*, § 76 Rz. 115, 96; *Richardi/Richardi/Maschmann*, § 76 BetrVG Rz. 104; *Ehrich/Fröhlich*, Rz. 7.
7 *Heinze*, RdA 1990, 262 (264) ohne Erwähnung und wohl auch noch ohne Kenntnis der bereits zitierten Entscheidung des BAG v. 30.1.1990 – 1 ABR 2/89, AP Nr. 41 zu § 87 BetrVG 1972 – Lohngestaltung.

stimmt, zu deren Beilegung die Einigungsstelle angerufen wurde[1]. Eine weitere Schranke vor Willkürentscheidungen ergibt sich daraus, dass die Entscheidungen der Einigungsstelle der arbeitsgerichtlichen Kontrolle unterliegen[2].

139 Die fehlende Bindung der Einigungsstelle an die Anträge der Parteien hat Auswirkungen auf die **Anforderungen**, die an die Fassung der **Anträge** zu stellen sind, ebenso auf die Fragen, inwieweit eine Erweiterung oder eine Rücknahme des ursprünglich gestellten Antrags möglich ist. Beide Fragen sind im Zusammenhang mit den Einzelheiten des Verfahrens erörtert (vgl. Rz. 277 ff.).

8. Offizialmaxime/Amtsermittlungsprinzip

140 Im Zivilprozess gilt die Parteimaxime. Die Parteien selbst tragen den von ihnen für die Entscheidung als wesentlich erachteten Sachverhalt vor. Tatsachen, die nicht bestritten werden, gelten als zugestanden, vgl. § 138 Abs. 3 ZPO. Im Gegensatz hierzu steht die Offizialmaxime, das **Amtsermittlungsprinzip**. Dieses findet in arbeitsgerichtlichen Beschlussverfahren Anwendung. Nach § 83 ArbGG erforscht das Gericht den Sachverhalt im Rahmen der gestellten Anträge von Amts wegen (vgl. § 83 Rz. 2 ff.).

141 In der Lit. ist **streitig**, inwieweit die Einigungsstelle berechtigt sein soll, den ihr unterbreiteten Streitgegenstand von Amts wegen aufzuklären. Zu Recht wird überwiegend angenommen, dass die Einigungsstelle im Rahmen des ihr unterbreiteten Streitgegenstandes den für die Entscheidung erheblichen Sachverhalt **von Amts wegen aufzuklären hat**. Sie ist befugt, nach pflichtgemäßem Ermessen selbst Ermittlungen vorzunehmen. Sie hat das Recht zur Vornahme eigener Ermittlungen durch Vernehmung von Zeugen, Hinzuziehung von Sachverständigen oder Inaugenscheinnahme[3].

142 Letztlich folgt dies aus der Ähnlichkeit und Nähe des Einigungsstellenverfahrens zum arbeitsgerichtlichen Beschlussverfahren[4]. Gegen die Ermittlung von Amts wegen spricht zwar, dass der Einigungsstelle **keine Zwangsmittel** zur Verfügung stehen. Sie kann Zeugen, Parteien oder Sachverständige nur um eine Aussage ersuchen, jedoch nicht zwingen, wenn ihrer Bitte nicht entsprochen wird[5]. Ferner spricht gegen eine Anwendung der Offizialmaxime, dass die Einigungsstelle ein bloßes Vertragshilfeorgan ist, welches nur subsidiär die Aufgaben wahrnimmt, welche die Betriebspartner mangels Einigung nicht selbst lösen können[6]. Die Parteien sind selbst dafür verantwortlich, der Einigungsstelle durch Beibringung geeigneter Unterlagen einschließlich „sog. Beweismittel" eine Entscheidung zu ermöglichen. Darüber hinaus wird als formales Argument gegen die Anwendung der Offizialmaxime vorgebracht, der Untersuchungsgrundsatz sei in allen Verfahrensordnungen, in denen er Anwendung finde, **ausdrücklich normiert**[7]. Diese Argumentation allein ist jedoch nicht zwingend. Zum einen ist das Verfahren der Einigungsstelle in § 76 BetrVG nur äußerst skizzenhaft geregelt. Viele Details des Verfahrens ergeben sich aus allgemeinen rechtsstaatlichen Grundsätzen oder aus Zweckmäßigkeitserwägungen. Ziel dieser wenig detaillierten Regelung ist gerade die Eröffnung eines weiten Spielraumes zur Lösung des Konfliktes. Zum anderen ist die Nähe des Einigungsstellenverfahrens zum arbeitsgerichtlichen Beschlussverfahren entgegenzuhalten. Dort ist die Offizialmaxime ausdrücklich normiert.

143 Zu weitgehend ist die Auffassung *Heinzes*, **nicht bestrittene** oder zugestandene **Tatsachen** seien für die Einigungsstelle **bindend**. Es sei gesetzeswidrig, wenn der Einigungsstelle Rechte zustünden, die den Parteien selbst nicht zustünden[8]. Dem ist entgegenzuhalten, dass gerade die Parteien, von denen die Einigungsstelle ihre Rechte ableitet und deren Aufgaben sie vorübergehend wahrnimmt, berechtigt, wenn auch bisweilen nicht in der Lage sind, alle ihnen zur Verfügung stehenden Aspekte vorzutragen und Beweise anzubieten. Auch wäre es für das Einigungsstellenverfahren nicht förderlich, wenn den Mitgliedern der Einigungsstelle aufgrund Nichtbestreitens einer Seite die Hände gebunden wären, und sie Tatsachen als wahr ansehen müssten, an denen sie Zweifel haben. Anders als im Zivilprozess muss es hier im Interesse

---

1 Richardi/*Richardi/Maschmann*, § 76 BetrVG Rz. 104; *Fitting*, § 76 BetrVG Rz. 88; GK-BetrVG/*Kreutz/Jacobs*, § 76 Rz. 115; *Hennige*, S. 158 f., 170 f.
2 *Friedemann*, Rz. 250.
3 *Fitting*, § 76 BetrVG Rz. 65; *Löwisch/Kaiser*, § 76 BetrVG Rz. 29 ohne Begründung; *Friedemann*, Rz. 231; *Wenning-Morgenthaler*, Rz. 168; *Ehrich/Fröhlich*, Teil E, Rz. 3; ErfK/*Kania*, § 76 BetrVG Rz. 17. AA Richardi/*Richardi/Maschmann*, § 76 BetrVG Rz. 91; MünchArbR/*Joost*, § 232 Rz. 41; *Heinze*, RdA 1990, 262 (265); *Hennige*, S. 191.
4 *Wenning-Morgenthaler*, Rz. 167.
5 Richardi/*Richardi/Maschmann*, § 76 BetrVG Rz. 91; *Ehrich/Fröhlich*, Teil E, Rz. 6.
6 *Hennige*, S. 191 f.
7 *Hennige*, S. 192 f.; *Heinze*, RdA 1990, 262 (271).
8 *Heinze*, RdA 1990, 262 (265).

einer sachgerechten Lösung der Meinungsverschiedenheit möglich sein, der Wahrheit durch gezielte Befragung der Parteien möglichst nahe zu kommen[1].

VI. Konstituierung der Einigungsstelle

Die Einigungsstelle ist **gebildet**, wenn der Vorsitzende und die von den Parteien jeweils benannten Beisitzer ihr Amt angenommen haben. Nach einer ordnungsgemäßen Ladung, die in den Verantwortungsbereich des Vorsitzenden fällt (vgl. Rz. 150 ff., 155 ff.), konstituiert sich die Einigungsstelle, indem sie erstmals zusammentritt. 144

1. Allgemeines

Der Vorsitzende eröffnet die erste mündliche Verhandlung und stellt zunächst die **Anwesenden** fest[2]. Neben seiner eigenen Person sind dies vor allem die Beisitzer. Diese sollten mit Namen und Privat- oder Dienstanschrift im Protokoll vermerkt werden. 145

Daneben könnten weitere Personen anwesend sein, deren Personalien ebenfalls festgehalten werden sollten. **Anwesenheitsberechtigt** sind insbesondere die **Parteien** des Einigungsstellenverfahrens selbst, die Betriebspartner[3]. In der Regel dürften für die mündliche Verhandlung – nicht dagegen für die Beratung – keine Bedenken dagegen bestehen, dass jedenfalls der ArbGeb und der BR-Vorsitzende anwesend sind. Als ArbGeb tritt im Einzelbetrieb dessen Inhaber, bei juristischen Personen deren Geschäftsführungsorgane (Vorstandsmitglied, Geschäftsführer), in größeren Unternehmen auch der Leiter der Personal- oder Rechtsabteilung auf. Soweit die Parteien – nicht die Beisitzer – sich durch **Verfahrensbevollmächtigte** (vgl. Rz. 169 ff.) vertreten lassen, sind diese selbstverständlich zur Anwesenheit berechtigt[4]. 146

Weitere Personen sollten nur im allgemeinen Einverständnis an dem Verfahren vor der Einigungsstelle teilnehmen dürfen. Hier kommen bspw. weitere BR-Mitglieder, betroffene ArbN oder Gesellschafter des Unternehmens in Betracht. Regelmäßig sollte deren Anwesenheit unterbleiben. Dies gilt insbesondere, wenn unter den Parteien keine Einigkeit über die Anwesenheit erzielt werden kann[5]. 147

Sämtliche anwesenden Personen haben sich ruhig zu verhalten. Nur der Vorsitzende und die Beisitzer sind aktive Teilnehmer im Einigungsstellenverfahren. Die übrigen Anwesenden haben die Rolle von **Zuhörern** und sollten sich – ebenso wie im ordentlichen Gerichtsverfahren – nur auf Fragen des Vorsitzenden äußern. Insbesondere haben Zwiegespräche mit den Beisitzern während der Verhandlung zu unterbleiben. 148

Der Vorsitzende stellt neben der Anwesenheit die **Beschlussfähigkeit** der Einigungsstelle fest[6]. Zur Beschlussfähigkeit noch Rz. 243 ff. 149

2. Vorbereitung und Leitung der Verhandlung durch den Vorsitzenden

Die Vorbereitung und die Leitung der Verhandlung fällt ausschließlich in den Aufgabenbereich des Vorsitzenden[7]. Im Hinblick auf die Gestaltung des Einigungsstellenverfahrens lässt das Gesetz einen weiten **Freiraum**. Nur wenige Einzelheiten des Verfahrens sind in § 76 BetrVG geregelt. Diese Regelungen sind zwingend, wie sich aus dem Umkehrschluss zu § 76 Abs. 4 BetrVG ergibt. Nach dieser Norm können „weitere" Einzelheiten des Verfahrens durch Betriebsvereinbarung geregelt werden. Abgesehen von den wenigen gesetzlichen Festlegungen, die vor allem das Verfahren bei der Abstimmung betreffen, können die Parteien und in erster Linie der Vorsitzende das Verfahren frei gestalten[8]. 150

---

[1] So auch *Hunold*, NZA 1999, 785 (787).
[2] *Heinze*, RdA 1990, 262 (271).
[3] Vgl. zum damit angesprochenen Grundsatz der Parteiöffentlichkeit bereits Rz. 113. BAG v. 18.1.1994 – 1 ABR 43/93, DB 1994, 838. In gleichem Sinne bereits die Vorinstanz: LAG Hamm v. 13.3.1993 – 13 TaBV 129/92, LAGE § 76 BetrVG 1972 Nr. 41; *Wenning-Morgenthaler*, Rz. 184; *Heinze*, RdA 1990, 262 (266); *Fitting*, § 76 BetrVG Rz. 73; GK-BetrVG/*Kreutz/Jacobs*, § 76 Rz. 107; HWGNRH/*Worzalla*, § 76 BetrVG Rz. 66; Richardi/*Richardi/Maschmann*, § 76 BetrVG Rz. 88.
[4] *Heinze*, RdA 1990, 262 (271).
[5] Ebenso *Wenning-Morgenthaler*, Rz. 186 f.; aA *Heinze*, RdA 1990, 262 (271), der die Anwesenheit weiterer Personen wegen des Grundsatzes der Nichtöffentlichkeit für strikt unzulässig hält.
[6] *Pünnel*, AuR 1973, 257 (262).
[7] *Heinze*, RdA 1990, 262 (269); *Hennige*, S. 211; *Pünnel*, AuR 1973, 257 (261); *Wenning-Morgenthaler*, Rz. 194 ff.; *Ehrich/Fröhlich*, Teil E, Rz. 39 ff.
[8] Vgl. hierzu auch *Hennige*, S. 212 f.

151 Die Einigungsstelle kann sich eine **Verfahrensordnung** geben, sie muss es aber nicht. Darin können Verfahrensfragen im Vorhinein festgelegt werden. Dies kann sich insbesondere bei häufig zusammentretenden ständigen Einigungsstellen empfehlen. So kann bestimmt werden, ob die Verhandlung mündlich oder schriftlich erfolgen soll oder ob ein Protokollführer hinzugezogen wird. Die Einigungsstelle beschließt über die Annahme der Verfahrensordnung mit einfacher Mehrheit und in einfacher Abstimmung. Das in § 76 Abs. 3 BetrVG geregelte zweistufige Verfahren der Beschlussfassung greift nur für die abschließende Entscheidung der Einigungsstelle Platz. Für verfahrensleitende Beschlüsse ist es nicht anwendbar[1].

152 Dem Vorsitzenden obliegt es, die für das Verfahren erforderlichen **Vorbereitungen** zu treffen, also zB schriftliche Unterlagen anzufordern, Zeugen und ggf. Sachverständige zu laden etc.[2].

153 Der Vorsitzende bestimmt **Zeitpunkt** und **Ort** der Einigungsstellenverhandlung. Häufig wird die Verhandlung in einem geeigneten Raum im Betrieb stattfinden. Der Vorteil hiervon ist, dass notwendige Unterlagen wie zB Tarifverträge, Betriebsvereinbarungen uÄ schnell herbeigeschafft werden können. Auch eine Inaugenscheinnahme im Rahmen eines Ortstermins ist ohne weitere Vorbereitung möglich; Zeugen können schnell herbei gebeten werden. Daneben können die Telekommunikationsmittel des Betriebs genutzt werden[3].

154 Aufgabe des Vorsitzenden ist es, die **Verhandlung zu leiten** und praktische Fragen zu entscheiden[4]. Er eröffnet die Verhandlung, führt oder diktiert das Protokoll, erteilt und entzieht das Wort[5] und fasst Ergebnisse zusammen. Er unterbricht die Verhandlung, sofern ihm dies sinnvoll erscheint. Grundlegende Entscheidungen, die über die bloße Verhandlungsführung hinausgehen, entscheidet die Einigungsstelle als Kollegialorgan mit einfacher Mehrheit[6]. Hierzu gehört etwa die Frage, inwieweit den Parteien rechtliches Gehör gewährt wird[7]. Auch die Frage, ob eine mündliche Verhandlung stattfindet, oder in welchem Umfang eine Protokollierung der Verhandlung erfolgt, wird durch die Einigungsstelle als Kollegialorgan entschieden[8]. Verstöße gegen wesentliche Verfahrensvorschriften führen zur Unwirksamkeit des Spruchs (hierzu noch Rz. 317 ff., 321 ff.).

3. Ordnungsgemäße Ladung und Unterrichtung der Beisitzer

a) Verantwortlichkeit des Vorsitzenden

155 Es obliegt dem Vorsitzenden, für den korrekten Ablauf des Verfahrens zu sorgen. Er ist dafür verantwortlich, dass die **Beisitzer rechtzeitig** und in geeigneter Weise über die geplante Sitzung der Einigungsstelle **informiert** werden. Dies ergibt sich mittelbar aus § 76 Abs. 5 Satz 2 BetrVG. Nach dieser Norm entscheidet der Vorsitzende allein mit den erschienenen Mitgliedern, wenn die von der anderen Seite genannten Mitglieder der Sitzung „trotz rechtzeitiger Einladung" fernbleiben. Die Ladung der Einigungsstellenmitglieder hat unverzüglich, also ohne schuldhaftes Zögern (§ 121 BGB) zu erfolgen[9]. Zur Verfahrensbeschleunigung kann der Vorsitzende das Einigungsstellenverfahren durch sofortige Terminierung und Ladung der Parteien einleiten, auch wenn die Beschwerdefrist gegen den Bestellungsbeschluss des ArbG nach § 100 Abs. 2 Satz 2 ArbGG noch nicht abgelaufen ist[10].

156 Der Vorsitzende kann sich **zur Übermittlung der Einladung** freilich auch **anderer Personen**, zB einzelner Beisitzer, bedienen oder gar etwa bitten, auch die anderen Beisitzer zu informieren. Dies allerdings ändert nichts an der Verantwortlichkeit des Vorsitzenden. Erreicht die Einladung ihren bestimmungsgemäßen Adressaten nicht, so ist der betreffende Beisitzer nicht ordnungsgem. zur Sitzung eingeladen[11]. Der Vorsitzende sollte daher sichergehen und jeden Beisitzer persönlich informieren. Er sollte davon absehen, le-

---

1 DKKW/*Berg*, § 76 BetrVG Rz. 130; *Fitting*, § 76 BetrVG Rz. 87; *Hennige*, S. 212 f.
2 *Wenning-Morgenthaler*, Rz. 200, 203; *Pünnel*, AuR 1973, 257 (262); *Brill*, BB 1964, 1343 (1345).
3 So auch *Friedemann*, Rz. 168; *Pünnel*, AuR 1973, 257 (262).
4 Zu den verfahrensleitenden Pflichten des Einigungsstellenvorsitzenden: Hunold, NZA 1999, 785.
5 Anders ArbG Hamburg v. 30.3.2007 – 27 BV 8/07, juris, Rz. 26, das annimmt, dass die Gewährung des Rederechtes der Einigungsstelle zustehe.
6 So auch LAG Düsseldorf v. 23.10.1986 – 17 Ta BV 98/86, DB 1987, 1255 unter Hinweis darauf, dass den Parteien rechtliches Gehör zu gewähren ist; *Fitting*, § 76 BetrVG Rz. 58; *Ehrich/Fröhlich*, Teil E, Rz. 51.
7 Vgl. *Hennige*, S. 213 unter Hinweis auf BGH v. 8.10.1959 – VII ZR 87/58, BGHZ 43, 43 zum Schiedsgerichtsverfahren.
8 Sehr weit gehend *Ehrich/Fröhlich*, Teil E, Rz. 51, die auch Beschlüsse über eine Vertagung oder Aussetzung des Einigungsstellenverfahrens in der Zuständigkeit des Kollegialorgans sehen.
9 DKKW/*Berg*, § 76 BetrVG Rz. 98 unter Hinweis auf den mit Gesetz vom 10.12.2001 (BGBl. I S. 3443) eingefügten § 76 Abs. 3 Satz 1 BetrVG. Richardi/*Richardi/Maschmann*, § 76 BetrVG Rz. 85.
10 DKKW/*Berg*, § 76 BetrVG Rz. 99.
11 BAG v. 27.6.1995 – 1 ABR 3/95, EzA § 76 BetrVG 1972 Nr. 65, B.II.2.b. bb(1).

diglich den Beisitzer einer Seite zu informieren und darauf zu vertrauen, dass dieser die Einladung an die übrigen Beisitzer weiterleitet.

b) Rechtzeitigkeit und Vollständigkeit der Unterrichtung

Die Mitglieder der Einigungsstelle sind vom Vorsitzenden **rechtzeitig** und ordnungsgemäß über **Ort und Zeit der Sitzungen** zu unterrichten und mit den **notwendigen Unterlagen** zu versehen[1]. Hierbei versteht es sich von selbst, dass allen Beisitzern die gleichen Unterlagen zur Verfügung zu stellen sind. Ansonsten könnte die Meinungsbildung der Beisitzer, die alle gleichberechtigte Entscheidungsträger sind, manipuliert werden[2]. Die Nichteinhaltung dieses selbständigen Verfahrensgrundsatzes führt zur Unwirksamkeit des Spruchs der Einigungsstelle[3].

157

Rechtzeitigkeit im vorgenannten Sinne liegt vor, wenn die Beteiligten sich noch auf den Termin vorbereiten können. In einem Einigungsstellenverfahren, in welchem besondere Eile geboten ist, wird im Allgemeinen eine Frist von drei Tagen ausreichen. Normalerweise sollte eine Einladungsfrist von mindestens einer Woche gewahrt werden[4].

158

Ausreichend ist eine **mündliche, telefonische** oder **schriftliche** Unterrichtung aller Beisitzer über Ort und Zeit der Verhandlung. Ist ein nachfolgender Termin in der letzten Verhandlung zwischen allen Mitgliedern der Einigungsstelle abgesprochen worden, erübrigt sich eine (erneute) Unterrichtung[5].

159

Eine **förmliche Ladung** analog §§ 166 ff., 214 f., 497 ZPO ist hingegen **nicht erforderlich**. Es fehlt an den Voraussetzungen einer analogen Anwendung[6]. Eine Analogie setzte voraus, dass die zum Verfahren vor der Einigungsstelle ergangenen Bestimmungen unvollständig wären und Regelungen fehlten, deren Vorhandensein nach dem Grundgedanken und dem der gesetzlichen Regelung immanenten Telos erwartet werden könnte[7]. Dies ist hier nicht der Fall. Dies belegt § 76 Abs. 4 BetrVG, wonach weitere Einzelheiten des Verfahrens durch Betriebsvereinbarung geregelt werden können. Dies zeigt, dass der Gesetzgeber bewusst von der Regelung weiterer Einzelheiten abgesehen hat. Zudem spricht gegen eine analoge Anwendung der §§ 214 f. ZPO die Verwendung des Begriffs „Einladung" in § 76 Abs. 5 Satz 2 BetrVG, der gerade nicht an die prozessuale Terminologie der „Ladung" anknüpft.

160

c) Ladungsbevollmächtigung

Beisitzer können Dritten, etwa anderen Beisitzern oder der Schreibkraft im Büro des BR, **Ladungsvollmacht** erteilen[8]. Die Einladung gilt dann, auch wenn sie den Adressaten nicht persönlich erreicht, als bewirkt, § 164 Abs. 3 BGB analog. Das Risiko, dass der Bevollmächtigte die Einladung nicht, inhaltlich unkorrekt oder verspätet weiterreicht, liegt in diesem Fall beim Vollmachtgeber.

161

Wegen dieser weitreichenden Folgen sind an die Erteilung einer Ladungsvollmacht strenge Anforderungen zu stellen. Ist die Vollmacht nicht ausdrücklich – mündlich oder schriftlich – erteilt, muss aus den Absprachen zwischen den Beteiligten und möglicherweise aus weiteren Umständen deutlich hervorgehen, dass der bevollmächtigende Beisitzer das Risiko von Übermittlungsfehlern übernehmen wollte. Bleiben Zweifel, kann nicht von einer Bevollmächtigung ausgegangen werden[9].

162

d) Rechtsfolgen fehlerhafter Einladung; Heilung

Mängel der Einladung können dadurch **geheilt** werden, dass das betreffende Einigungsstellenmitglied rügelos an der Sitzung und Beschlussfassung teilnimmt. Erscheint ein Beisitzer hingegen nur kurz, um die Gründe seiner Abwesenheit (etwa die zu kurzfristige Kenntnis vom Termin und die daraus resultierende fehlende Vorbereitungszeit) zu erläutern, kann hierin noch keine Heilung gesehen werden[10].

163

---

1 BAG v. 27.6.1995 – 1 ABR 3/95, EzA § 76 BetrVG 1972 Nr. 65, B.I.1; *Heinze*, RdA 1990, 262 (269); *Pünnel*, AuR 1973, 257 (261).
2 So zu Recht *Friedemann*, Rz. 227.
3 BAG v. 27.6.1995 – 1 ABR 3/95, EzA § 76 BetrVG 1972 Nr. 65, B.II.1.a.
4 *Hennige*, S. 181; *Friedemann*, Rz. 226; *Ehrich/Fröhlich*, Teil E, Rz. 37.
5 BAG v. 27.6.1995 – 1 ABR 3/95, EzA § 76 BetrVG 1972 Nr. 65, B.I.2.b.bb(1).
6 Ebenso: *Heinze*, Anm. zu BAG v. 27.6.1995 – 1 ABR 3/95, EzA § 76 BetrVG 1972 Nr. 65.
7 Vgl. zu den Voraussetzungen des Analogieschlusses: *Larenz*, Methodenlehre, II. Kap. 5, 2a) S. 354 ff.
8 BAG v. 27.6.1995 – 1 ABR 3/95, EzA § 76 BetrVG 1972 Nr. 65, B.I.2.b.bb(2); *Wenning-Morgenthaler*, Rz. 206.
9 BAG v. 27.6.1995 – 1 ABR 3/95, EzA § 76 BetrVG 1972 Nr. 65, B.I.2.b.bb(2).
10 BAG v. 27.6.1995 – 1 ABR 3/95, EzA § 76 BetrVG 1972 Nr. 65, B.I.2.d.

164 Haben nicht alle Beisitzer an der Sitzung der Einigungsstelle teilgenommen, weil sie nicht ordnungsgem. geladen wurden, und ergeht dennoch ein Einigungsstellenspruch, so ist dieser unwirksam[1]. Dies gilt für die unterbliebene wie für die nicht rechtzeitige Einladung gleichermaßen.

4. Protokollführung

165 Das Gesetz enthält im Hinblick auf die Protokollführung **keine zwingende Regelung**. In § 76 Abs. 3 Satz 4 BetrVG heißt es lediglich, die Beschlüsse der Einigungsstelle seien schriftlich niederzulegen, vom Vorsitzenden zu unterschreiben und dem ArbGeb und BR zuzuleiten. Die detaillierten Regelungen der §§ 159 ff. ZPO, die die Protokollierung der mündlichen Verhandlung in der ordentlichen Gerichtsbarkeit und – über § 46 Abs. 2 ArbGG – auch im arbeitsgerichtlichen Verfahren regeln, finden im Einigungsstellenverfahren keine Anwendung.

166 Auch nach der Rspr. besteht keine Verpflichtung der Einigungsstelle zur Protokollierung der Verhandlung. Zweifelsohne ist eine Protokollierung jedoch **zweckmäßig** und empfehlenswert, um die Ordnungsgemäßheit des Verfahrens zu dokumentieren. Das BAG verweist in der Begründung seiner Entscheidungen zur Einigungsstelle häufig auf den Inhalt des Protokolls[2].

167 Das Protokoll kann entweder durch den Vorsitzenden selbst oder durch einen eigens ernannten **Protokollführer** geführt werden. Der Normalfall ist die Protokollführung durch den Vorsitzenden, der sich während der Verhandlung Notizen macht. Dies geschieht idR handschriftlich, kann jedoch auch mit Hilfe eines Diktiergerätes erfolgen. Möglich ist auch, einen der Beisitzer mit der Protokollführung zu betrauen. Da hier jedoch Zweifel an der ordnungsgemäßen und unparteiischen Erfüllung seiner Aufgabe aufkommen könnten, ist es vorzuziehen, eine neutrale und unabhängige Person mit der Protokollführung – eventuell nach dem Diktat des Vorsitzenden – zu beauftragen. Das Protokoll ist sodann vom Vorsitzenden zu **unterzeichnen**.

168 Als **Inhalt** des Protokolls sollen alle wesentlichen Punkte aufgenommen werden. Dies sind alle Fragen, die den Ablauf des Verfahrens und die Entscheidungsfindung betreffen. Wichtige mündliche Erklärungen der Parteien sollten ihrem wesentlichen Inhalt nach aufgenommen werden. Die Parteien haben jedoch keinen Anspruch darauf, mit Äußerungen, die nach Einschätzung des Vorsitzenden nicht wichtig sind, im Protokoll inhaltlich oder namentlich erwähnt zu werden[3]. Der Vorsitzende oder der Protokollführer sollte sich bei mündlichen Erklärungen die Richtigkeit der schriftlichen Niederlegung bestätigen lassen[4]. Auch die Aussagen von Zeugen oder Sachverständigen sollten ihrem wesentlichen Inhalt nach im Protokoll festgehalten werden[5]. Die Beisitzer können eine Abschrift des Protokolls beanspruchen.

5. Vertretung von Parteien durch Verfahrensbevollmächtigte

169 Die Parteien, also ArbGeb und BR, können sich im Verfahren vor der Einigungsstelle durch Verfahrensbevollmächtigte, etwa durch Rechtsanwälte oder Verbandsvertreter, **vertreten lassen**. Dies entspricht, obwohl das Gesetz hierzu keine Regelung enthält, ganz herrschender, von der st. Rspr. anerkannter Auffassung[6].

170 Eine Mindermeinung in der Lit. ist der Auffassung, die Vertretung der Parteien durch Verfahrensbevollmächtigte sei **unzulässig**. *Friedemann* führt zur Begründung dieser Auffassung aus, es sei gerade die Aufgabe der Beisitzer aufgrund ihrer Doppelfunktion als Schlichter und als Parteivertreter, die Interessen ihrer

---

1 BAG v. 27.6.1995 – 1 ABR 3/95, EzA § 76 BetrVG 1972 Nr. 65, B.I.2.b.bb(1); *Wenning-Morgenthaler*, Rz. 206.
2 So stützt sich das BAG im Beschl. v. 30.1.1990 – 1 ABR 2/89, DB 1990, 1090, B.2. b) aa) der Gründe bei der Bewertung der ordnungsgemäßen Beschlussfassung ausdrücklich auf das Einigungsstellenprotokoll: „Aus dem Protokoll ergibt sich, dass die Einigungsstelle diesen (Spruch) nach mündlicher Beratung mit Stimmenmehrheit gefasst hat." Vgl. auch BAG v. 6.11.1990 – 1 ABR 34/89, DB 1991, 758. Auch *Hunold*, NZA 1999, 785, der ein konkretes Einigungsstellenverfahren diskutiert, gibt das Protokoll dieses Verfahrens auszugsweise wieder und stützt sich in seiner Argumentation wesentlich auf den Inhalt des Protokolls (S. 790).
3 So auch *Friedemann*, Rz. 343 unter Hinweis auf die Begrenzung der Protokollierungsmöglichkeiten auch im Gerichtsverfahren durch § 160 Abs. 4 ZPO.
4 So auch *Wenning-Morgenthaler*, Rz. 251.
5 Zurückhaltender zum Inhalt des Protokolls noch *Pünnel*, AuR 1973, 257 (263), der allenfalls die Protokollierung von Zeugenaussagen für notwendig hält und im Übrigen handschriftliche Notizen des Vorsitzenden für ausreichend erachtet.
6 BAG v. 21.6.1989 – 7 ABR 78/87, DB 1989, 2436; BAG v. 14.2.1996 – 7 ABR 25/95, NZA 1996, 892; BAG v. 5.11.1981 – 6 ABR 24/78, AP Nr. 9 zu § 76 BetrVG 1972; DKKW/*Berg*, § 76 BetrVG Rz. 94; *Fitting*, § 76 BetrVG Rz. 72; GK-BetrVG/*Kreutz/Jacobs*, § 76 Rz. 103; *Jäcker*, S. 124; *Bauer/Röder*, DB 1989, 497; *Hennige*, S. 223; *Wenning-Morgenthaler*, Rz. 245 ff.; MünchArbR/*Joost*, § 232 Rz. 38.

Partei zu vertreten. Auch mangelnde Rechtskenntnis sei kein Argument, um sich durch einen Rechtsanwalt als Verfahrensbevollmächtigten vertreten zu lassen. Juristische Fachkunde sei gerade ein Teil der Fähigkeiten, die ein Beisitzer selbst mitbringen sollte. Die Beauftragung juristischer Berater zu Verfahrensbevollmächtigten in der Einigungsstelle sei daher überflüssig[1].

Dieser Standpunkt vermengt die Frage, ob überhaupt eine Vertretung durch Verfahrensbevollmächtigte zugelassen werden sollte, mit der Frage, inwieweit der ArbGeb die Kosten hierfür – insbesondere auf Seiten des BR – übernehmen muss. Es ist durchaus möglich, das Auftreten von Verfahrensbevollmächtigten generell zuzulassen, aber im konkreten Fall eine Kostenlast für den ArbGeb zu verneinen, etwa weil im BR der erforderliche Sachverstand vorhanden ist. Für die Zulassung von Verfahrensbevollmächtigten spricht neben dem Fehlen einer einschränkenden Regelung in § 76 BetrVG die Ökonomie des Verfahrens: Verfahrensbevollmächtigte werden häufig schon im Vorfeld die Interessenlage ihrer Partei analysieren und Durchsetzbares von unrealistischen Verhandlungszielen unterscheiden. Auch führt die Vertretung der Partei durch Verfahrensbevollmächtigte – insbesondere bei einer emotional angespannten Situation – meist zu einer Versachlichung der Verhandlung. 171

Der Einigungsstelle steht auch **nicht das Recht** zu, den **Bevollmächtigten zurückzuweisen**. Zwar kann die Einigungsstelle im Rahmen ihrer Zuständigkeit das von ihr einzuhaltende Verfahren weitgehend selbst bestimmen, soweit eine Betriebsvereinbarung nach § 76 Abs. 4 BetrVG nicht besteht; jedoch ist sie – abgesehen von der Auseinandersetzung, zu deren Entscheidung sie angerufen wird – nicht befugt, über die Art der Ausübung der Rechte der Beteiligten zu verfügen. 172

Die **Kosten**, die dem BR durch das Auftreten von Verfahrensbevollmächtigten entstehen, sind nach der Rspr. dann durch den ArbGeb zu ersetzen, wenn der Regelungsgegenstand der Einigungsstelle schwierige Rechtsfragen aufwirft, die zwischen den Betriebspartnern umstritten sind, und wenn kein Mitglied des BR über den zur sachgerechten Interessenwahrnehmung notwendigen juristischen Sachverstand verfügt[2] (zur Kostentragungspflicht des ArbGeb im Einzelnen noch Rz. 333 ff.). Als weiteres Argument für die Erstattungsfähigkeit der Kosten wird die **Waffengleichheit** für beide Betriebspartner genannt: Wenn auch der ArbGeb sich durch einen Rechtsanwalt als Bevollmächtigten in der Einigungsstelle vertreten lässt, spreche einiges dafür, auch die dem BR entstehenden Kosten der Vertretung für erstattungsfähig zu halten. In diesem Fall sei anzunehmen, dass auch der ArbGeb davon ausgehe, dass im vorliegenden Fall schwierige Fragen zur Entscheidung anstünden[3]. 173

Eine Kostenerstattungspflicht des ArbGeb kann jedoch nur bestehen, wenn die Hinzuziehung des Rechtsanwalts **erforderlich und verhältnismäßig** ist. Die routinemäßige Hinzuziehung eines Verfahrensbevollmächtigten zusätzlich zu zwei oder gar drei Beisitzern für jede Seite bläht die Einigungsstelle unnötig auf und verursacht immense Kosten. Daher muss der BR vor der Beauftragung eines gesonderten Verfahrensbevollmächtigten prüfen, ob die erforderliche Sachkunde nicht bereits durch die Berufung eines geeigneten Beisitzers seines Vertrauens sichergestellt werden kann[4]. Andernfalls besteht keine Kostentragungspflicht, da die Kosten nicht für die Durchführung der BR-Arbeit „erforderlich" sind. 174

Die **Aufgabe** der Verfahrensbevollmächtigten im Einigungsstellenverfahren besteht darin, die jeweilige Partei in der mündlichen Verhandlung zu vertreten. Häufig werden die Parteien vom Vorsitzenden aufgefordert, schriftliche Erklärungen abzugeben. Dies ist dann ebenfalls die Aufgabe der Verfahrensbevollmächtigten. Bei der **Beratung** und **Beschlussfassung** dürfen sie hingegen – ebenso wie die Parteien selbst – **nicht anwesend** sein. 175

6. Prüfung der eigenen Zuständigkeit

Die Einigungsstelle muss zunächst prüfen, ob sie zuständig ist. Diese sog. „**Vorfragenkompetenz**" ergibt sich nicht ausdrücklich aus dem Gesetz, entspricht jedoch der st. Rspr. des BAG[5]. Eine Einigungsstelle wird entweder nur im Einvernehmen beider Parteien oder in den gesetzlich geregelten Fällen der erzwing- 176

---

1 *Friedemann*, Rz. 154 ff.; *Bengelsdorf*, NZA 1989, 489 (497); *Sowka*, NZA 1990, 91.
2 BAG v. 21.6.1989 – 7 ABR 78/87, DB 1989, 2436.
3 *Fitting*, § 40 BetrVG Rz. 37, § 76a BetrVG Rz. 8; GK-BetrVG/*Kreutz/Jacobs* § 76a Rz. 18; ErfK/*Koch*, § 40 BetrVG Rz. 5; *Kamphausen*, NZA 1994, 52. Einschränkend BAG v. 14.2.1996 – 7 ABR 25/95, AP Nr. 5 zu § 76a BetrVG 1972, das in der anwaltlichen Vertretung des Arbeitgebers nur ein Indiz für die Schwierigkeit des Streitgegenstandes sieht.
4 So auch *Fitting*, § 40 Rz. 38; *Kamphausen*, NZA 1994, 50; aA *Sowka*, NZA 1990, 91; *Bengelsdorf*, NZA 1989, 489 (497), die eine Kostenerstattungspflicht des Arbeitgebers für Verfahrensbevollmächtigte generell verneinen.
5 Zuletzt BAG v. 28.5.2002 – 1 ABR 37/01, NZA 2003, 171. Zuvor bereits BAG v. 22.1.2002 – 3 ABR 28/01, DB 2002, 1839; BAG v. 3.4.1979 – 6 ABR 29/77, DB 1979, 2186; BAG v. 22.10.1981 – 6 ABR 69/79, DB 1982, 811; LAG Düsseldorf v. 25.8.2014 – 9 TaBV 39/14, NZA-RR 2014, 647; ebenso DKKW/*Berg*, § 76 BetrVG Rz. 112; ErfK/*Ka-*

baren Mitbestimmung tätig. Ihr Spruch ersetzt die Einigung der Betriebspartner. Zu dieser Gestaltung der betrieblichen Realität ist sie nur berechtigt, wenn ihre Zuständigkeit gegeben ist, was sie zunächst selbst zu prüfen hat.

177 Die Frage der Zuständigkeit gewinnt vor allem bei erzwingbaren Einigungsstellenverfahren an Bedeutung, da in diesen Fällen häufig die Zuständigkeit der Einigungsstelle von derjenigen Partei in Abrede gestellt wird, die das Verfahren nicht beantragt hat. Hier läuft die Entscheidung auf die Frage hinaus, ob hinsichtlich der zu entscheidenden Frage ein **Mitbestimmungsrecht** besteht und ob dieses durch den Abschluss einer ungekündigten Betriebsvereinbarung noch nicht verbraucht ist[1]. Grund hierfür ist, dass die Einigungsstelle ihre Zuständigkeit nur aus einem abgeleiteten Recht bezieht. Nur soweit ein Mitbestimmungsrecht besteht und dieses noch nicht ausgeübt ist, kann ihre Zuständigkeit gehen[2]. Die Zuständigkeit wird idR durch den ArbGeb bestritten, jedoch kommt es auch vor, dass der BR sich gegen eine ungewollte Erweiterung seiner Mitbestimmungsrechte (und eine ihm unliebsame Regelung des Streitgegenstandes durch die Einigungsstelle) wehrt[3]. Auch wenn die Einigungsstelle ihre Zuständigkeit bejaht, da sie ein Mitbestimmungsrecht für gegeben hält, sollte dieses Ergebnis mit einer kurzen Begründung im Protokoll vermerkt werden[4]. An der Zuständigkeit der Einigungsstelle fehlt es auch dann, wenn deren Gegenstand zwar einem Mitbestimmungsrecht unterliegt, dieses jedoch durch den Abschluss einer (ungekündigten) Betriebsvereinbarung bereits ausgeübt ist[5].

178 Von der Frage der Zuständigkeit ist die Frage, ob **Bedarf** für das Tätigwerden der Einigungsstelle besteht, zu unterscheiden. Nach § 76 Abs. 1 Satz 1 BetrVG ist die Einigungsstelle „bei Bedarf" zu bilden. Solcher Bedarf besteht, wenn die Betriebspartner zuvor ernsthaft, aber ohne Ergebnis verhandelt haben. Erst wenn die Verhandlungen nicht binnen angemessener Frist zu einem Ergebnis geführt haben, kann die Einigungsstelle angerufen werden[6]. Diese Frage wird naturgem. vor allem der Vorsitzende als Außenstehender aufwerfen, auch wenn die Sachentscheidung mit dem Ergebnis, dass kein Bedarf besteht, letztlich der Einigungsstelle als Gesamtheit vorbehalten bleibt[7].

179 Die Einigungsstelle hat auch dann über ihre Zuständigkeit selbst zu entscheiden, wenn sie gem. § 100 ArbGG durch das **ArbG bestellt** wurde[8]. Das ArbG setzt nach § 100 ArbGG eine Einigungsstelle ein, sofern diese nicht „offensichtlich unzuständig" ist. Dies beinhaltet keine abschließende Entscheidung über die Frage der Zuständigkeit. Dasselbe gilt hinsichtlich der Frage, ob im Zeitpunkt der Konstituierung „Bedarf" für das Tätigwerden der Einigungsstelle besteht[9]. Die von *Hennige*[10] vertretene Gegenauffassung, wonach mit Rechtskraft des Bestellungsbeschlusses feststeht, dass Bedarf für das Tätigwerden der Einigungsstelle besteht, überzeugt nicht. Nach § 100 Abs. 1 Satz 2 ArbGG kann der Antrag auf Einsetzung der Einigungsstelle wegen fehlender Zuständigkeit nur dann zurückgewiesen werden, wenn die Einigungsstelle **offensichtlich unzuständig** ist. Hier wird also ein anderer Maßstab angelegt als bei der Entscheidung der Einigungsstelle über ihre eigene Zuständigkeit und den Bedarf an ihrem Tätigwerden. Im Rahmen der gerichtlichen Überprüfung des Einigungsstellenspruchs prüft das ArbG die Zuständigkeit und den Bedarf nicht nur im Hinblick auf Offensichtlichkeit (vgl. Rz. 304 ff.), sondern auch dann, wenn die Einigungsstelle zuvor gerichtlich bestellt worden ist. Schließlich stellt sich auch der Verfahrensgegenstand häufig erst im Laufe des Einigungsstellenverfahrens mit letzter Klarheit heraus, so dass erst in diesem Zeitpunkt beurteilt werden kann, ob es sich um eine mitbestimmte Angelegenheit handelt.

---

nia, § 76 BetrVG Rz. 22, 35; *Fitting*, § 76 BetrVG Rz. 113; *Heinze*, RdA 1990, 262 (273); *Richardi/Richardi/Maschmann*, § 76 BetrVG Rz. 105.

1 Offensichtliche Unzuständigkeit bei Bestehen einer ungekündigten BV: LAG Hamm v. 10.9.2007 – 10 TaBV 85/07; LAG Hamm v. 21.12.2005 – 10 TaBV 173/05; LAG Hamm v. 17.10.2005 – 10 TaBV 143/05; LAG Hessen v. 14.6.2005 – 4 TaBV 54/05. AA LAG Köln v. 23.1.2007 – 9 TaBV 66/06; LAG Köln v. 6.9.2005 – 4 TaBV 41/05, LAGE § 98 ArbGG 1979 Nr. 44a.
2 *Hunold*, NZA 1999, 785 (789), der einen Fall schildert, in dem ein nicht sozialplanpflichtiger Personalabbau ohne genauere Prüfung der Zuständigkeit Gegenstand eines Einigungsstellenverfahrens wurde; *Wenning-Morgenthaler*, Rz. 260.
3 BAG v. 15.5.2001 – 1 ABR 39/00, NZA 2001, 1154. In jener Entscheidung setzte sich der Betriebsrat erfolgreich gegen die Erweiterung seiner Mitbestimmungsrechte nach § 87 Abs. 1 Nr. 10 und 11 BetrVG und gegen eine ihm unliebsame Mehrheitsentscheidung der Einigungsstelle zur Einführung eines Zeitlohnsystems zur Wehr.
4 *Wenning-Morgenthaler*, Rz. 264.
5 LAG München v. 1.7.2004 – 3 TaBV 53/03, juris, Rz. 36. Vgl. auch Rz. 46b.
6 *Hunold*, NZA 1999, 785 (788).
7 *Hunold*, NZA 1999, 785 (789).
8 So auch in BAG v. 15.5.2001 – 1 ABR 39/00, NZA 2001, 1154; ebenso *Hunold*, NZA 1999, 785 (789).
9 *Schönfeld*, S. 184 f.
10 *Hennige*, S. 219.

Gelangt die Einigungsstelle zu der Entscheidung, dass sie nicht zuständig ist, hat sie das Verfahren **einzustellen**[1] (vgl. Rz. 274 ff.). Der Antrag des Betriebspartners, der die Einigungsstelle angerufen hat, wird in diesem Fall zurückgewiesen. Der Vorsitzende, der eine derartige Entscheidung allein zu unterschreiben hat, sollte diese ausführlich begründen. Grund hierfür ist, dass der Einstellungsbeschluss in vollem Umfang der nicht fristgebundenen arbeitsgerichtlichen Rechtskontrolle unterliegt[2]. Kommt das ArbG zu dem Ergebnis, dass die Einigungsstelle entgegen ihrer eigenen Einschätzung zuständig ist, stellt es die Unwirksamkeit des Einigungsstellenspruches fest. Das Verfahren ist dann vor der Einigungsstelle fortzuführen, ohne dass es einer Neuerrichtung oder einer erneuten Anrufung bedarf[3]. 180

Bejaht die Einigungsstelle ihre Zuständigkeit und wird diese dennoch von einer Partei weiter bestritten, kann Letztere die Zuständigkeit in den nachfolgend beschriebenen Grenzen (Rz. 182, 304 ff.) im **arbeitsgerichtlichen Beschlussverfahren** überprüfen lassen. Ob die Einigungsstelle in diesem Fall das Einigungsstellenverfahren **aussetzen kann**, ist streitig. Nach zutreffender Auffassung darf die Einigungsstelle im Interesse einer effektiven Ausübung der Beteiligungsrechte des BR das weitere Verfahren **nicht aussetzen**, sondern hat zügig eine Sachregelung herbeizuführen[4]. Die Betriebspartei, die einen Spruch der Einigungsstelle nicht gelten lassen will, muss sich gegen diesen ohnehin gerichtlich zur Wehr setzen. Im Rahmen eines solchen Verfahrens ist auch über die Zuständigkeit der Einigungsstelle zu entscheiden. Nach anderer Auffassung besteht ein entsprechendes **Ermessen** der Einigungsstelle[5]. Zwar verzögere eine Vorabentscheidung des ArbG die effektive Ausübung der Beteiligungsrechte; die eintretende Verzögerung sei jedoch von der Einigungsstelle im Rahmen ihrer Ermessensentscheidung über die Aussetzung zu berücksichtigen (vgl. Rz. 272 f.). Wenn man entgegen der hier vertretenen Auffassung eine Aussetzung zuließe, entschiede hierüber die Einigungsstelle als Kollegialorgan[6]. 181

Die Einigungsstelle **kann** über ihre Zuständigkeit vorab durch **Zwischenbeschluss** entscheiden[7]. Es steht im Ermessen der Einigungsstelle, ob sie einen solchen Zwischenbeschluss, der für eine spätere gerichtliche Überprüfung (vgl. Rz. 304 ff.) keine präjudizielle Wirkung hat, für sinnvoll hält[8]. Selbst bei dem entsprechenden Antrag einer der Betriebsparteien ist die Einigungsstelle zu einem förmlichen Zwischenbeschluss nicht verpflichtet[9]. Umstritten war, ob ein die Zuständigkeit bejahender Zwischenbeschluss der Einigungsstelle gesondert in einem gerichtlichen Verfahren auf seine materielle Richtigkeit überprüft werden kann. Insoweit entspricht es mittlerweile herrschender Auffassung, dass ein solcher bejahender Zwischenbeschluss der Einigungsstelle nicht gesondert anfechtbar ist, da er keine die Einigung der Betriebsparteien ersetzende Regelung zum Gegenstand hat[10]. Demgegenüber hatte das **BAG** im Jahre 1989[11] die gerichtliche Anfechtung des die Zuständigkeit bejahenden Zwischenbeschlusses der Einigungsstelle als zulässig angesehen und hierzu ausgeführt, es sei sowohl § 76 Abs. 5 als auch § 76 Abs. 7 BetrVG zu entnehmen, dass grds. nur die Sprüche, nicht aber die Beschlüsse, über den Fortgang des Verfahrens selbstständig anfechtbar seien; eine Ausnahme gelte aber für Beschlüsse der Einigungsstelle über ihre Zuständigkeit. In diesem Zusammenhang wurden allerdings ausschließlich Entscheidungen des **BAG** zu Beschlüssen der Einigungsstelle 182

---

1 Herrschende Auffassung, DKKW/*Berg*, § 76 BetrVG Rz. 113; *Hennige*, S. 220; *Fitting*, § 76 BetrVG Rz.113; *Pünnel*, AuR 1973, 257 (262).
2 DKKW/*Berg*, § 76 BetrVG Rz. 113; *Fitting*, § 76 BetrVG Rz. 114.
3 BAG v. 30.1.1990 – 1 ABR 2/89, AP Nr. 41 zu § 87 BetrVG 1972 Lohngestaltung; LAG Düsseldorf v. 24.1.1978 – 8 TaBV 33/77, EzA § 87 BetrVG 1972 – Vorschlagswesen Nr. 1; *Fitting*, § 76 BetrVG Rz.114; GK-BetrVG/*Kreutz/Jacobs*, § 76 Rz. 175; ErfK/*Kania*, § 76 BetrVG Rz. 22; DKKW/*Berg*, § 76 BetrVG Rz. 113; AA (erneute Anrufung erforderlich): Schaub/*Koch*, § 232 Rz. 18.
4 BAG v. 28.5.2002 – 1 ABR 37/01, NZA 2003, 171; BAG v. 17.9.1991 – 1 ABR 74/90, DB 1992, 435; BAG v. 22.2.1983 – 1 ABR 27/81, AP § 23 BetrVG 1972 Nr. 2. Ebenso: ErfK/*Kania*, § 76 BetrVG Rz. 22; *Fitting*, § 76 BetrVG Rz. 115; DKKW/*Berg*, § 76 BetrVG Rz. 114; MünchArbR/*Joost*, § 232 Rz. 132; *Hennige*, S. 222; HWGNRH/*Worzalla*, § 76 BetrVG Rz. 26; *Rossmanith*, ArbuR 1982, 339; *Matthes*, DB 1984, 453.
5 BAG v. 3.4.1979 – 6 ABR 29/77, DB 1979, 2186; LAG Düsseldorf, 5.5.1980 v. 21.2.1979 – 23 TaBV 13/80, 17 TaBV 9/79, EzA § 76 BetrVG 1972 Nrn. 28, 29; *Löwisch/Kaiser*, § 76 BetrVG Rz. 24; GK-BetrVG/*Kreutz/Jacobs*, § 76 Rz. 126; *Friedemann*, Rz. 316; *Schmidt-Rolfes*, Jahrbuch des Arbeitsrechts, Bd. 19, S. 79 ff.; *Heinze*, RdA 1990, 273; *Ehrich/Fröhlich*, Teil E, Rz. 97; *Richardi/Richardi/Maschmann*, § 76 BetrVG Rz. 105. Weitergehend eine Pflicht zur Aussetzung annehmend *Dütz*, ArbuR 1973, 368.
6 *Heinze*, RdA 1990, 262 (273); *Wenning-Morgenthaler*, Rz. 265.
7 BAG v. 22.1.2002 – 3 ABR 28/01, DB 2002, 1839.
8 BAG v. 25.5.2002 – 1 ABR 37/01, NZA 2003, 171.
9 BAG v. 25.5.2002 – 1 ABR 37/01, NZA 2003, 171.
10 BAG v. 22.11.2005 – 1 ABR 50/04, NZA 2006, 803; ArbG Hamburg v. 30.3.2007 – 27 BV 8/07, juris, Rz. 17; GK-BetrVG/*Kreutz/Jacobs*, § 76 Rz. 125; *Fitting*, § 76 BetrVG Rz. 116; ErfK/*Kania*, § 76 BetrVG Rz. 125.
11 BAG v. 4.7.1989 – 1 ABR 40/88, AP Nr. 20 zu § 87 BetrVG 1972 – Tarifvorrang, zu B.I. und C.II.1 der Gründe mit Anm. *Dütz/Rotter*; ebenso LAG Nds. v. 20.3.2003 – 4 TaBV 108/00, LAGE § 5 ArbSchG Nr. 1; zweifelnd BAG v. 28.5.2002 – 1 ABR 37/01, NZA 2003, 171; offengelassen in BAG v. 22.1.2002 – 3 ABR 28/01, DB 2002, 1839.

genannt, in denen diese verfahrensabschließend die eigene Zuständigkeit verneint hatte[1], oder aber solche, in denen die Einigungsstelle zwar angerufen war, aber über ihre eigene Zuständigkeit nicht befunden hatte[2]. Ein ihre Zuständigkeit feststellender Zwischenbeschluss der Einigungsstelle ist mangels Rechtsschutzinteresses jedenfalls dann nicht mehr gesondert anfechtbar, wenn bereits vor der gerichtlichen Anhörung im Verfahren 1. Instanz der abschließend regelnde Spruch der Einigungsstelle vorliegt[3].

7. Besorgnis der Befangenheit von Einigungsstellenmitgliedern

a) Vorsitzender

183 Sofern die Parteien übereinstimmend zu der Einschätzung kommen, dass der Vorsitzende befangen ist, können sie ihn jederzeit **einvernehmlich** abberufen. Sie können sich einvernehmlich auf einen neuen Vorsitzenden einigen oder ihn durch das ArbG bestellen lassen[4]. Häufiger ist jedoch der Fall, dass **nur eine Seite** den Vorsitzenden für befangen hält. Ob und unter welchen Voraussetzungen der Vorsitzende der Einigungsstelle in diesem Fall wegen Befangenheit abgelehnt werden kann, ist umstritten. Eine gesetzliche Regelung hierzu fehlt.

aa) Übersicht über den Meinungsstand

184 Nach der Rspr. des BAG[5] und der überwiegenden Auffassung der Lit.[6] kann der Vorsitzende **wegen Besorgnis der Befangenheit abgelehnt** werden, wenn sich im laufenden Einigungsstellenverfahren Anhaltspunkte für seine Parteilichkeit ergeben. Allerdings verliere derjenige das Ablehnungsrecht, der sich auf die Verhandlung der Einigungsstelle trotz Kenntnis der Ablehnungsgründe rügelos einlasse[7]. Dies geschieht seit der Neuregelung des Schiedsverfahrensrechtes nicht mehr in entsprechender Anwendung der § 1032 Abs. 1 ZPO iVm. § 42 Abs. 1 ZPO, sondern analog §§ 1036 f. ZPO[8], soweit dem zwingende Grundsätze des Einigungsstellenverfahrens nach § 76 BetrVG nicht entgegenstehen[9].

185 Die **Gegenmeinung**[10] will eine Ablehnung des Vorsitzenden wegen Parteilichkeit wegen der ansonsten gegebenen Möglichkeit der „**Verfahrensverschleppung**" nicht zulassen. Möglich sei aber, später den Spruch der Einigungsstelle wegen eines schwerwiegenden Verfahrensmangels, der Befangenheit des Vorsitzenden, vor dem ArbG anzufechten. Hierbei wird die Frage, ob die Anfechtung innerhalb der Zwei-Wochen-Frist des § 76 Abs. 5 Satz 4 BetrVG erfolgen muss, uneinheitlich beantwortet[11].

186 Daneben werden **differenzierende Ansichten** vertreten. *Friedemann*[12] etwa will zwischen Befangenheitsgründen unterscheiden, die nach Beginn der Tätigkeit der Einigungsstelle entstehen und solchen, die in der Person des Vorsitzenden bereits im **Zeitpunkt** der Bestellung vorlagen, jedoch erst später bekannt werden. Im ersten Fall erfolge keine Unterbrechung des Einigungsstellenverfahrens; möglich sei eine spätere Anfechtung. Im zweiten Fall habe es von Anfang an einer gesetzlichen Voraussetzung für die Bestellung des Vorsitzenden, seiner Unparteilichkeit (§ 76 Abs. 2 Satz 1 BetrVG), gefehlt. Den Beteiligten sei dann

---

1 So etwa BAG v. 22.1.1980 – 1 ABR 28/78, BAGE 32, 339; BAG v. 22.1.1980 – 1 ABR 48/77, BAGE 32, 350.
2 BAG v. 8.3.1983 – 1 ABR 38/81, AP Nr. 14 zu § 87 BetrVG 1972 – Lohngestaltung.
3 BAG v. 22.1.2002 – 3 ABR 28/01, DB 2002, 1839.
4 *Fitting*, § 76 BetrVG Rz. 40; *Friedemann*, Rz. 104; *Schaub*, NZA 2000, 1087.
5 BAG v. 29.1.2002 – 1 ABR 18/01, AP Nr. 19 zu § 76 BetrVG 1972 – Einigungsstelle; BAG v. 11.9.2001 – 1 ABR 5/01, BB 2002, 576, B.I.3.; BAG v. 9.5.1995 – 1 ABR 56/94, DB 1995, 2610. Ebenso auch LAG Köln v. 23.1.1997 – 6 TaBV 48/96, AuR 1997, 374; LAG Düsseldorf v. 2.11.2000 – 13 TaBV 23/00, AuR 2001, 157.
6 DKKW/*Berg*, § 76 BetrVG Rz. 102; *Fitting*, § 76 BetrVG Rz. 43; GK-BetrVG/*Kreutz/Jacobs*, § 76 Rz. 53; HWGNRH/*Worzalla*, § 76 BetrVG Rz. 55; ErfK/*Kania*, § 76 BetrVG Rz. 16; Richardi/*Richardi/Maschmann*, § 76 BetrVG Rz. 53; Stege/Weinspach/*Schiefer*, § 76 BetrVG Rz. 15b; *Schaub/Koch*, § 232 Rz. 14a; *Dütz*, AuR 1973, 353 (359 f.); *Heinze*, RdA 1990, 262 (272); *Schönfeld*, S. 106 ff.; *Schönfeld*, DB 1988, 1996 (2000 f.); *Bauer/Diller*, DB 1996, 137 (139); MünchArbR/*Joost*, § 232 Rz. 43; *Ehrich/Fröhlich*, Teil E, Rz. 72. Ebenso nunmehr wohl *Wenning-Morgenthaler*, Rz. 312 ff. (anders noch die 4. Aufl., dort Rz. 101 ff.); GWBG/*Greiner*, § 98 Rz. 17; nunmehr auch GMP/*Schlewing*, § 98 Rz. 33.
7 BAG v. 9.5.1995 – 1 ABR 56/94, DB 1995, 2610; *Friedemann*, Rz. 187.
8 Neufassung des Schiedsverfahrens im Zehnten Buch der ZPO durch Schiedsverfahrensgesetz vom 22.12.1997 (BGBl. I S. 3224). Für die Anwendung des geänderten Schiedsverfahrensrechtes BAG v. 17.11.2010 – 7 ABR 100/09, NZA 2011, 940; BAG v. 11.9.2001 – 1 ABR 5/01, BB 2002, 576; *Schaub*, NZA 2000, 1087.
9 BAG v. 17.11.2010 – 7 ABR 100/09, NZA 2011, 940.
10 LAG Hamm v. 2.6.1992 – 13 TaBV 70/92, DB 1992, 1929; *Bertelsmann*, NZA 1996, 234 (238); *Lepke*, BB 1977, 49 (51).
11 Bejahend etwa *Friedemann*, Rz. 187; verneinend *Bertelsmann*, NZA 1996, 234 (238).
12 *Friedemann*, Rz. 186 ff. Ähnlich *Gaul/Gajewski*, Betriebsänderung, 1993, S. 124; Schaub/*Koch*, § 232 Rz. 14a.

eine Beendigung des Einigungsstellenverfahrens nicht zuzumuten. Ein Ablehnungsantrag sei daher sofort möglich.

Der herrschenden Auffassung gebührt der Vorzug. Ein Befangenheitsantrag gegen den Vorsitzenden kann – unabhängig vom Zeitpunkt der Entstehung der Befangenheitsgründe – **bereits während des laufenden Einigungsstellenverfahrens** gestellt werden. Zwar hat der Gesetzgeber im Interesse einer zügigen, den Konflikt möglichst abschließend befriedenden Regelung § 76 BetrVG absichtlich nur spärlich mit Verfahrensvorschriften ausgestattet. Gleichwohl besteht eine ausfüllungsbedürftige Regelungslücke[1]. Nach ausdrücklicher Maßgabe des § 76 Abs. 2 Satz 1 BetrVG hat der Vorsitzende unparteiisch zu sein. Eine Verfahrensregel für sich nachträglich ergebende Zweifel an der Unparteilichkeit fehlt jedoch. Diese Lücke ist im Einklang mit den rechtsstaatlichen Verfahrensgrundsätzen und unter Berücksichtigung der Funktion der Einigungsstelle als Organ, das normative Regelungen erzeugt, zu füllen. Insoweit liegt eine entsprechende Heranziehung der Normen nahe, die für das dem Einigungsstellenverfahren ähnliche Schiedsgerichtsverfahren gelten, §§ 1036 f. ZPO[2]. 187

Friedemann[3] hat auf die **Gefahr** hingewiesen, dass der Befangenheitsantrag gegen den Vorsitzenden der Einigungsstelle als „taktische Waffe" **missbraucht** und die Funktionsfähigkeit der Einigungsstelle durch wiederholte Befangenheitsanträge in Frage gestellt wird. Als „Preis für ein zügig durchgeführtes Verfahren" will er den Beteiligten selbst solche Äußerungen und Handlungen zumuten, die im gerichtlichen Verfahren zur Ablehnung des Vorsitzenden führen würden. Zwar ist nicht zu verkennen, dass Befangenheitsanträge zu Verzögerungen des Einigungsstellenverfahrens führen und missbräuchlich gestellt werden können. Diese Aspekte sind jedoch keine betriebsverfassungsrechtlichen Besonderheiten. Sie vermögen eine Sonderbehandlung der Ablehnung des Einigungsstellenvorsitzenden nicht zu rechtfertigen. Außerdem wäre im Sinne einer Beschleunigung wenig gewonnen, wenn die Beteiligten in Kenntnis der Parteilichkeit des Vorsitzenden zunächst den Abschluss des Einigungsstellenverfahrens abwarten müssten und erst dann der Spruch wegen eines Verfahrensverstoßes angegriffen werden könnte[4]. Dies wäre in doppelter Hinsicht misslich: Zum einen erschwerte das einmal entstandene Misstrauen in die Person des Vorsitzenden die Verhandlungen. Es ließe selbst dann nicht erwarten, dass der Spruch der Einigungsstelle als befriedende Lösung akzeptiert würde, wenn er der beiderseitigen Interessenlage angemessen Rechnung trüge. Zum anderen könnte eine spätere Anfechtung des Spruchs nur dann erfolgreich sein, wenn gerade die Befangenheit zu einer ermessenswidrigen Entscheidung der Einigungsstelle geführt hat. Dies wird sich – wie *Friedemann*[5] selbst konzediert – nur selten darlegen lassen, weil letztlich die Einigungsstelle als Kollegialorgan entscheidet. 188

bb) Ausnahme: Einigungsstelle über Interessenausgleich

Ein Ablehnungsrecht wegen Befangenheit des Einigungsstellenvorsitzenden nach den vorstehenden Grundsätzen besteht ausnahmsweise dann nicht, wenn er **nicht in der Funktion eines Richters** tätig wird. Dies ist dann der Fall, wenn die Einigungsstelle nicht über Spruchkompetenz verfügt und dem Vorsitzenden daher das Recht zur Letztentscheidung nach § 76 Abs. 3 Satz 3 Halbs. 2 BetrVG nicht zusteht[6]. Ein solcher Ausnahmefall liegt bei der Einigungsstelle über einen Interessenausgleich nach §§ 111, 112 Abs. 2 und 3 BetrVG vor. Die Einigungsstelle kann eine Vermittlung zwischen den Betriebsparteien über die Ausgestaltung der Betriebsänderung lediglich versuchen, jedoch keinen Spruch fällen, also nicht verbindlich entscheiden. Auch kann das Scheitern der Verhandlungen über einen Interessenausgleich nur von den Betriebsparteien, nicht von der Einigungsstelle festgestellt werden[7]. § 112 Abs. 3 BetrVG sieht eine Entscheidung der Einigungsstelle über das Scheitern der Interessenausgleichsverhandlungen nicht vor. Satz 3 regelt nur die Unterzeichnung eines in der Einigungsstelle vereinbarten Interessenausgleichs durch ihren Vorsitzenden und die am Einigungsstellenverfahren Beteiligten. Das Gesetz beschränkt in § 112 Abs. 4 Satz 1 BetrVG die Entscheidung der Einigungsstelle auf die Aufstellung eines Sozialplans. Die Einigungsstelle ist hinsichtlich des Interessenausgleichs auf eine moderierende Funktion zwischen den Betriebspartnern beschränkt. Eine 189

---

1 Unzutreffend insoweit *Bertelsmann*, NZA 1996, 234 (238).
2 So ausdrücklich auch das BAG v. 29.1.2002 – 1 ABR 18/01, AP Nr. 19 zu § 76 BetrVG 1972 – Einigungsstelle; BAG v. 11.9.2001 – 1 ABR 5/01, BB 2002, 576. Auch im Beschl. des BAG v. 9.5.1995 – 1 ABR 56/94, DB 1995, 2610 hat der erste Senat bereits § 1032 ZPO (aF) entsprechend angewendet.
3 *Friedemann*, Rz. 187. Gleichfalls eine Verzögerung fürchtend: *Heinze*, RdA 1990, 272 (273).
4 Hierauf zu Recht hinweisend *Schönfeld*, DB 1988, 1996 (2001). Im Anschluss daran BAG v. 9.5.1995 – 1 ABR 56/94, AP Nr. 2 zu § 76 BetrVG 1972 und LAG Köln v. 23.1.1997 – 6 TaBV 48/96, ArbuR 1997, 374.
5 *Friedemann*, Rz. 187.
6 So auch *Bauer/Diller*, DB 1996, 137 (139); *Ehrich/Fröhlich*, Teil E, Rz. 80; *Friedemann*, Rz. 186.
7 BAG v. 16.8.2011 – 1 AZR 44/10, AP Nr. 55 zu § 113 BetrVG 1972. AA vorgehend LAG Nürnberg v. 19.11.2009 – 7 Sa 186/09, juris, Rz. 43.

verfahrensbeendende Entscheidung des Einigungsstellenverfahrens nach § 112 Abs. 2 BetrVG ist weder durch den Normzweck des § 111 Satz 1 BetrVG, noch aus Gründen der Rechtssicherheit oder Rechtsklarheit geboten. Gegenstand eines solchen Einigungsstellenspruchs wäre eine Rechtsfrage, über die von der Einigungsstelle außer in den im Gesetz vorgesehen Fällen keine Entscheidung mit Bindungswirkung für die Betriebspartner getroffen werden könnte. Auch dann, wenn in der Einigungsstelle Verhandlungen über den Abschluss eines Interessenausgleichs stattgefunden haben, diese aber ergebnislos geblieben sind, kann der Verhandlungsanspruch des BR erfüllt und damit Nachteilsausgleichsansprüche nach § 113 BetrVG ausgeschlossen sein[1].

190 Verhandelt die Einigungsstelle gleichzeitig über **Interessenausgleich und Sozialplan**, ist eine Befangenheitsablehnung im Hinblick auf den Sozialplan möglich, da insoweit nach § 112 Abs. 4 BetrVG ein verbindlicher Spruch erfolgen kann. Der Ablehnungsantrag an das ArbG hat dann die Folge, dass das Einigungsstellenverfahren hinsichtlich des Sozialplans ausgesetzt wird, hinsichtlich des Interessenausgleichs hingegen seinen Fortgang nimmt[2].

cc) Verfahren; Entscheidung über Befangenheit

191 **Antragsberechtigt** für ein Befangenheitsgesuch gegen den Vorsitzenden ist **nur eine der beiden Betriebsparteien** selbst, nicht die zu ihrer Vertretung in die Einigungsstelle entsandten Beisitzer[3]. Nur die Rechtsstellung der Betriebsparteien wird von einem – möglicherweise verfahrensfehlerhaft ergangenen – Spruch der Einigungsstelle betroffen. In dieser Hinsicht kann nichts anderes gelten als für die Vorsitzenden mehrköpfiger Spruchkörper von staatlichen Gerichten oder Schiedsgerichten. Den übrigen Mitgliedern solcher Spruchkörper steht die Befugnis, die Ablehnung des Vorsitzenden wegen Befangenheit zu beantragen, nicht zu. Ein wirksames Befangenheitsgesuch kann nur von einer der Prozess- oder Verfahrensparteien selbst gestellt werden. Zwar ist die Einigungsstelle kein Gericht. Sie übt auch im verbindlichen Verfahren keine richterliche Tätigkeit aus[4]. Dies reicht aber für eine abweichende Beurteilung nicht aus. Die Einigungsstelle soll nach dem Gesetz unabhängig von den unmittelbar betroffenen beteiligten Betriebsparteien sein. Ihre Beisitzer sind nicht an Weisungen des ArbGeb oder des BR gebunden. Sie sind nicht verlängerter Arm der sie entsendenden Betriebspartei. Sie sollen vielmehr mit einer gewissen inneren Unabhängigkeit bei der Schlichtung des Regelungsstreits mitwirken, zu dessen Beilegung die Betriebsparteien selbst nicht in der Lage waren (ausführlich mwN Rz. 93 f.). Auch wenn die Nähe der Beisitzer zu der sie bestellenden Partei nicht zu verkennen und vom Gesetz gewollt ist, so können sie nicht mit Vertretern einer Betriebspartei, etwa mit Verfahrensbevollmächtigten, gleichgesetzt werden. Diese gebotene Distanz lässt es zwar zu, dass sie ein **schriftliches Befangenheitsgesuch** einer Betriebspartei **als Bote** überbringen[5]. Sie schließt es aus, dass sie im Zusammenhang mit Befangenheitsgesuchen eine einseitige Parteirolle annehmen und – sei es im eigenen Namen, sei es namens und in Vollmacht einer Betriebspartei – einen Antrag auf Ablehnung des Einigungsstellenvorsitzenden stellen, über den sie anschließend selbst zu entscheiden haben. Zu den Aufgaben der Beisitzer gehört es, auf Antrag einer der beiden Betriebsparteien darüber zu befinden, ob die Befangenheit des Einigungsstellenvorsitzenden zu besorgen ist, nicht aber, dieser Besorgnis selbst Ausdruck zu geben.

191a Derjenige, der einen Befangenheitsantrag gegen den Vorsitzenden erwägt, darf sich nicht auf die spätere Durchführung des gerichtlichen Anfechtungsverfahrens verlassen. Er darf sich nicht rügelos auf die Verhandlung einlassen und muss die **Befangenheitsgründe** unmittelbar nach deren Bekanntwerden gegenüber der Einigungsstelle schriftlich geltend machen. Anderenfalls läuft er Gefahr, des Ablehnungsrechtes verlustig zu gehen und mit seinen Einwendungen auch im späteren Anfechtungsverfahren nicht mehr gehört zu werden[6].

192 Nach der **Rspr.** des BAG sind die Befangenheitsgründe innerhalb von **zwei Wochen** nach Bekanntwerden **schriftlich** gegenüber der Einigungsstelle **darzulegen**[7]. Dem Nachschieben von Ablehnungsgründen sind damit zeitliche Grenzen gesetzt. Zur Begründung verweist das BAG auf den durch die Änderungen des Schiedsverfahrensrechtes[8] neu gefassten § 1037 Abs. 2 Satz 1 ZPO. Das BAG hatte bereits in seiner Entscheidung vom 9.5.1995 darauf verwiesen, dass § 1032 ZPO aF wegen der Ähnlichkeiten zwischen Eini-

---

1 BAG v. 16.8.2011 – 1 AZR 44/10, AP Nr. 55 zu § 113 BetrVG 1972.
2 Ebenso *Bauer/Diller*, DB 1996, 137 (139); *Ehrich/Fröhlich*, Teil E, Rz. 80.
3 BAG v. 29.1.2002 – 1 ABR 18/01, AP Nr. 19 zu § 76 BetrVG 1972 – Einigungsstelle, B.I.2.c)bb).
4 BAG v. 18.1.1994 – 1 ABR 43/93, NZA 1994, 571.
5 BAG v. 11.9.2001 – 1 ABR 5/01, EzA § 76 BetrVG 1972 Nr. 68.
6 Vgl. § 43 ZPO, der insoweit analog herangezogen wird. Vgl. hierzu BAG v. 9.5.1995 – 1 ABR 56/94, DB 1995, 2610.
7 BAG v. 11.9.2001 – 1 ABR 5/01, BB 2002, 576; ebenso schon *Schaub*, NZA 2000, 1087 (1088).
8 Gesetz zur Neuregelung des Schiedsverfahrensrechts vom 22.12.1997 (BGBl. I S. 3224).

gungsstelle und Schiedsverfahren analog anzuwenden ist[1]. Nach der Änderung des Schiedsverfahrensrechtes ist nunmehr auch die Neuregelung analog anzuwenden. Die relative Formfreiheit des Einigungsstellenverfahrens steht einer entsprechenden Anwendung des § 1037 Abs. 2 Satz 1 ZPO nicht entgegen. § 76 Abs. 3 Satz 4 BetrVG enthält aus Gründen der Rechtssicherheit das Gebot, die Beschlüsse der Einigungsstelle schriftlich niederzulegen und vom Vorsitzenden zu unterzeichnen. Eine darüber hinausgehende Verpflichtung, etwa den Verlauf der Einigungsstellensitzung zu protokollieren, enthält § 76 BetrVG nicht. Die bloße Erklärung der Ablehnung wird daher vom BAG für die wirksame Anbringung eines Ablehnungsgesuches nicht für ausreichend erachtet, da diese allenfalls – wenn überhaupt – erst in einer späteren ohnehin obligatorischen Sitzungsniederschrift dokumentiert würde.

Das LAG Düsseldorf als Vorinstanz hatte in seiner Entscheidung aus dem Jahr 2000 bei der Nichteinhaltung des Schriftformerfordernisses des § 1037 Abs. 2 Satz 1 ZPO keine **Präklusion** der Befangenheitsgründe angenommen[2]. Zur Begründung führte es aus, die Einhaltung der Schriftform wäre im Rahmen der Verhandlung der Einigungsstelle völlig unpraktikabel. Dem ist das BAG nicht gefolgt. Die Neuregelung ersetzt danach die früheren Regelungen zum Rügerecht und verhindert ein Nachschieben von Ablehnungsgründen im gerichtlichen Verfahren zur Klärung des Befangenheitsgesuches. 193

Die Besorgnis der **Befangenheit** ist in entsprechender Anwendung des § 1036 ZPO dann anzunehmen, wenn ein objektiver Grund besteht, der geeignet ist, aus Sicht der ablehnenden Partei an der Unvoreingenommenheit des Vorsitzenden zu zweifeln[3]. Nicht erforderlich ist das tatsächliche Bestehen der Befangenheit des Vorsitzenden. 194

Für die **Verfahrensweise** nach Stellung des Befangenheitsantrags sind folgende Fallkonstellationen zu unterscheiden: 195

Entscheidet die Einigungsstelle ohne Rücksicht auf einen erhobenen Befangenheitsantrag, ist der Spruch unwirksam. Nach einer zwischenzeitlich vom BAG bestätigten Entscheidung des LAG Köln[4] stellt bereits die Nichtbeachtung des Befangenheitsantrags als solche einen zur Unwirksamkeit führenden Verfahrensfehler dar. Ob die Befangenheitsrüge parteiobjektiv begründet war, ist hiernach unerheblich. 196

Legt der Vorsitzende sein **Amt freiwillig nieder**, weil er sich selbst für befangen erachtet oder zumindest das Bestehen der Besorgnis der Befangenheit als begründet ansieht, ist der Weg frei für eine einvernehmliche oder gerichtlich herbeizuführende Neubesetzung des Vorsitzes der Einigungsstelle[5]. 197

Hält der Vorsitzende den Befangenheitsantrag für unbegründet, stellt sich die Frage, **wer über** ein entsprechendes **Ablehnungsgesuch** einer Partei **entscheidet**. Im Gegensatz zum gerichtlichen Verfahren fehlt es an einer dort im Geschäftsverteilungsplan benannten, zur Entscheidung berufenen Person. 198

Nach zutreffender Auffassung[6] **entscheidet über das Ablehnungsgesuch** zunächst in entsprechender Anwendung des § 1037 Abs. 2 Satz 2 ZPO die **Einigungsstelle** selbst, allerdings nach § 76 Abs. 3 Satz 3 Halbs. 1 BetrVG ohne den abgelehnten Vorsitzenden. Eine zweite Abstimmung mit seiner Beteiligung nach § 76 Abs. 3 Satz 3 Halbs. 2 BetrVG erfolgt nicht[7]. Ansonsten müsste der Vorsitzende über das ihn 199

---

[1] BAG v. 9.5.1995 – 1 ABR 56/94, DB 1995, 2610 ff.
[2] LAG Düsseldorf v. 2.11.2000 – 13 TaBV 23/00, AuR 2001, 157.
[3] Wenning-Morgenthaler, Rz. 315; strenger Bauer/Diller, DB 1996, 137 (140), die fordern, dass aufgrund einer Mehrzahl von Umständen die massive Befürchtung besteht, der Vorsitzende werde auf Dauer sein Amt grob unsachlich ausüben.
[4] LAG Köln v. 23.1.1997 – 6 TaBV 48/96, ArbuR 1997, 374. Bestätigt durch: BAG v. 11.9.2001 – 1 ABR 5/01, BB 2002, 576, B.III.2. Ebenso nunmehr BAG v. 29.1.2002 – 1 ABR 18/01, AP Nr. 19 zu § 76 BetrVG 1972 – Einigungsstelle, B.I.2.b)bb). Dem folgend Richardi/Richardi/Maschmann, § 76 BetrVG Rz. 89.
[5] Stege/Weinspach/Schiefer, § 76 BetrVG Rz. 15b; Gaul, S. 284, Rz. 11; Heinze, RdA 1990, 262 (272).
[6] BAG v. 17.11.2010 – 7 ABR 100/09, AP Nr. 62 zu § 76 BetrVG 1972; BAG v. 29.1.2002 – 1 ABR 18/01, AP Nr. 19 zu § 76 BetrVG 1972 – Einigungsstelle; BAG v. 11.9.2001 – 1 ABR 5/01, BB 2002, 576; LAG Köln v. 23.1.1997 – 6 TaBV 48/96, AuR 1997, 374; GK-BetrVG/Kreutz/Jacobs, § 76 Rz. 55; DKKW/Berg, § 76 BetrVG Rz. 103; Stege/Weinspach/Schiefer, § 76 BetrVG Rz. 15b; Friedemann, Rz. 190; Bauer/Diller, DB 1996, 137 (140); HWGNRH/Worzalla, § 76 BetrVG Rz. 55; Richardi/Richardi/Maschmann, § 76 BetrVG Rz. 89; Ehrich/Fröhlich, Teil E, Rz. 75. AA (Entscheidung des Arbeitsgerichts): Hennige, S. 236, mit der Begründung, es fehle der Einigungsstelle an der Entscheidungskompetenz; Heinze, RdA 1990, 262 (272 f.), der für eine Entscheidung in Abwesenheit des Vorsitzenden plädiert.
[7] BAG v. 29.1.2002 – 1 ABR 18/01, AP Nr. 19 zu § 76 BetrVG 1972 – Einigungsstelle; LAG Düsseldorf v. 2.11.2000 – 13 TaBV 23/00, AuR 2001, 157, welches in der Mitwirkung des Vorsitzenden einen schweren Verfahrensfehler sieht, der per se zur Unwirksamkeit des Spruches führt. Das BAG v. 11.9.2001 – 1 ABR 5/01, BB 2002, 576 hingegen sieht in diesem Fall keinen wesentlichen, zur Unwirksamkeit des Einigungsstellenspruches führenden Verfahrensfehler. AA LAG Köln v. 23.1.1997 – 6 TaBV 48/96, ArbuR 1997, 374: „in entsprechender Anwendung des § 1037

selbst betreffende Ablehnungsgesuch entscheiden. Dies verstieße gegen den Rechtsgedanken des § 41 Nr. 1 ZPO, der hier – anders als bei den kraft Gesetzes „parteiischen" Beisitzern – Anwendung finden muss. Ergibt sich eine **Mehrheit zugunsten des Ablehnungsgesuchs**, ist der Vorsitzende wegen Besorgnis der Befangenheit von der weiteren Durchführung des Einigungsstellenverfahrens ausgeschlossen[1]. In diesem Fall besteht kein Bedürfnis, die abschließende Entscheidung wie in den Verfahren nach § 103 Abs. 2 und 3 ArbGG dem staatlichen Gericht vorzubehalten[2]. Wird das Ablehnungsgesuch **abgelehnt**, entscheidet die Einigungsstelle unter Beteiligung des für befangen gehaltenen Vorsitzenden darüber, ob sie das Verfahren fortsetzt oder ggf. bis zur gerichtlichen Entscheidung über die geltend gemachten Ablehnungsgründe aussetzt (§ 1037 Abs. 3 Satz 1, 2 ZPO analog)[3]. § 1037 Abs. 3 ZPO beruht auf dem rechtsstaatlichen Grundsatz der Verfahrensbeschleunigung. Zur Vermeidung unangemessener Verfahrensverzögerungen wird der Einigungsstelle ein Ermessen eröffnet, das Verfahren trotz eines angekündigten oder gestellten Antrags auf gerichtliche Klärung der Befangenheitsgründe fortzusetzen und durch Spruch abzuschließen[4]. In diesem Fall sind die gegenüber der Einigungsstelle erklärten Ablehnungsgründe ausnahmsweise in einem nachfolgenden Anfechtungsverfahren zu prüfen.

200 Entsprechend § 1037 Abs. 3 Satz 1 ZPO kann ein Beteiligter, dessen **Ablehnungsantrag** von der Einigungsstelle **zurückgewiesen** wird, innerhalb einer **Frist von einem Monat** die **Entscheidung des ArbG** über die Ablehnung beantragen[5]. Nach **Rspr. des BAG** entscheidet darüber nicht der Vorsitzende allein nach § 100 ArbGG[6], sondern das ArbG in erster und letzter Instanz in voller Kammerbesetzung, § 1037 Abs. 3 Satz 1, § 1062 Abs. 1 Nr. 1 Alt. 1, § 1065 Abs. 1 Satz 2 ZPO analog[7]. Die entsprechende Anwendung der §§ 1036 ff. ZPO führt dazu, dass das ArbG sowohl über die Anfechtung des Einigungsstellenspruchs als auch über die Ablehnung des Einigungsstellenvorsitzenden zu entscheiden hat[8]. Da die Entscheidung des ArbG über das Ablehnungsgesuch unanfechtbar ist, wird außerdem dem Beschleunigungsgrundsatz Rechnung getragen[9]. Zur Vermeidung unnötiger Verzögerungen sollte der Antrag auf Abberufung des Vorsitzenden an das ArbG zugleich mit dem Antrag auf Bestellung eines neuen Vorsitzenden verbunden werden[10].

200a Vorgaben zum **Streitwert** des Verfahrens auf Abberufung eines Einigungsstellenvorsitzenden wegen Befangenheit fehlen. Auch der (unverbindliche) Streitwertkatalog für die Arbeitsgerichtsbarkeit in der Fassung vom 5.4.2016[11] trifft dazu keine eindeutige Aussage. Streitigkeiten über Regelungsfragen sind demnach mit dem vollen Hilfswert nach § 23 Abs. 3 Satz 2 RVG (5 000 Euro) zu bewerten; Streitigkeiten über die Person des Vorsitzenden mit einem Viertel des Hilfswerts. Nach einer Entscheidung des LAG Düsseldorf v. 5.3.2001 soll unter Verweis auf den Hilfswert des § 8 Abs. 2 Satz 1 BRAGO aF (8 000 DM) der **Streitwert** eines Verfahrens auf Abberufung eines Einigungsstellenvorsitzenden wegen Befangenheit im Regelfall 4 000 Euro betragen. Wird zusätzlich die Bestellung eines neuen Einigungsstellenvorsitzenden begehrt, ist hierfür ein weiterer Betrag von 2 000 Euro festzusetzen[12].

dd) Interimslösung bei Eilbedürftigkeit

201 Bis zur Entscheidung durch das ArbG im Verfahren nach § 100 ArbGG können einige Wochen oder gar Monate vergehen. Währenddessen ist das Einigungsstellenverfahren ausgesetzt, die Einigungsstelle quasi

---

ZPO mit der Stimme des Vorsitzenden". *Schaub*, NZA 2000, 1087 (1088) geht unter Hinweis auf § 1037 Abs. 2 ZPO nF und dessen Gesetzesbegründung von einem Stimmrecht des Vorsitzenden aus.
1 *Heinze*, RdA 1990, 262 (273); *Ehrich/Fröhlich*, Teil E, Rz. 75.
2 So aber LAG Köln v. 23.1.1997 – 6 TaBV 48/96, AuR 1997, 374, das entsprechend § 148 ZPO eine Aussetzung des Verfahrens bis zur arbeitsgerichtlichen Entscheidung über den Absetzungsantrag im Verfahren nach § 100 ArbGG annimmt. Dies indes trüge weder den Besonderheiten des Einigungsstellenverfahrens noch dem Interesse an einer zeitnahen Verfahrensfortsetzung Rechnung.
3 BAG v. 17.11.2010 – 7 ABR 100/09, AP Nr. 62 zu § 76 BetrVG 1972; BAG v. 11.9.2001 – 1 ABR 5/01, BB 2002, 576; GK-BetrVG/*Kreutz/Jacobs*, § 76 Rz. 57; DKKW/*Berg*, § 76 Rz. 105; *Fitting*, § 76 BetrVG Rz. 44.
4 BAG v. 29.1.2002 – 1 ABR 18/01, AP Nr. 19 zu § 76 BetrVG 1972 – Einigungsstelle; GK-BetrVG/*Kreutz/Jacobs*, § 76 Rz. 57; DKKW/*Berg*, § 76 Rz. 105.
5 BAG v. 11.9.2001 – 1 ABR 5/01, BB 2002, 576.
6 So noch vertreten in der 3. Aufl.; *Heinze*, RdA 1990, 272 (273); *Bauer/Diller*, DB 1996, 137 (141); *Stege/Weinspach/Schiefer*, § 76 BetrVG Rz. 15b; *Hennige*, S. 236; MünchArbR/*Joost*, § 232 Rz. 43; *Friedemann*, Rz. 191.
7 BAG v. 17.11.2010 – 7 ABR 100/09, AP Nr. 62 zu § 76 BetrVG 1972; BAG v. 11.9.2001 – 1 ABR 5/01, BB 2002, 576; GK-BetrVG/*Kreutz/Jacobs*, § 76 Rz. 56; DKKW/*Berg*, § 76 BetrVG Rz. 104; HWGNRH/*Worzalla*, § 76 BetrVG Rz. 55; *Fitting*, § 76 BetrVG Rz. 44.
8 BAG v. 17.11.2010 – 7 ABR 100/09, AP Nr. 62 zu § 76 BetrVG 1972.
9 BAG v. 17.11.2010 – 7 ABR 100/09, AP Nr. 62 zu § 76 BetrVG 1972.
10 HWGNRH/*Worzalla*, § 76 BetrVG Rz. 55; aA *Schönfeld*, DB 1988, 1996 (2001).
11 Streitwertkommission, NZA 2016, 926.
12 LAG Düsseldorf v. 5.3.2001 – 7 Ta 61/01, juris, Rz. 3.

handlungsunfähig. Dies würde in Eilfällen, etwa bei notwendigen Überstundenregelungen, dazu führen, dass durch **Zeitablauf** vollendete Tatsachen geschaffen würden. Dem ist wie folgt Rechnung zu tragen: In extremen Ausnahmefällen kann die Einigungsstelle, wenn es einer kurzfristigen Sachentscheidung bedarf, in entsprechender Anwendung des § 1037 Abs. 3 Satz 2 ZPO mit der Stimme des Vorsitzenden die Fortführung des Verfahrens beschließen. Im Gegensatz zur starren Geltung der Wartepflicht nach § 47 ZPO schafft die Option des § 1037 Abs. 3 Satz 2 ZPO einen angemessenen Ausgleich zwischen den rechtsstaatlichen Verfahrensgarantien einerseits und den Interessen der Beteiligten an einer nötigenfalls schnellen (wenn auch vorläufigen) Sachentscheidung der Einigungsstelle andererseits. Der Spruch der Einigungsstelle ist in solchen Fällen **auflösend bedingt** im Hinblick auf eine Entscheidung des ArbG im Verfahren nach § 100 ArbGG, mit der die Ablehnung des Vorsitzenden wegen Befangenheit für begründet erklärt wird[1].

b) Beisitzer

aa) Grundsatz

Die **Ablehnung** eines Beisitzers wegen Besorgnis der Befangenheit ist **grds. ausgeschlossen**[2]. Ein Beteiligter kann daher vor der Beendigung des Einigungsstellenverfahrens grds. nicht im Wege einer einstweiligen Verfügung die Abberufung eines Beisitzers unter Hinweis darauf durchsetzen, es sei nicht zu erwarten, dass er die notwendige Interessenabwägung unter Beachtung der Maßstäbe des § 76 Abs. 5 BetrVG vollziehe. Die Beisitzer handeln im Rahmen ihrer Doppelfunktion (auch) als Interessenvertreter (vgl. Rz. 91 ff.). Sie sind – anders als der Vorsitzende – kraft Gesetzes nicht zur Unparteilichkeit verpflichtet. Ihre Befangenheit ist vom Gesetzgeber somit quasi „eingeplant"[3]. Dies entspricht der Rspr. des BVerwG zum Parallelproblem der möglichen Befangenheit von Personalratsmitgliedern: Auch eine erkennbare Befangenheit hindert nicht daran, ein Mitglied des Personalrats zum Mitglied einer Einigungsstelle zu bestellen; § 88 VwVfG ist unanwendbar[4]. 202

Umstritten ist, ob und ggf. in welchen Fällen von dem Grundsatz – keine Möglichkeit der Ablehnung von Beisitzern wegen Besorgnis der Befangenheit – **Ausnahmen** zu machen sind. Diskutiert werden insbesondere folgende **Fallgruppen:** 203

bb) Entscheidung in eigener Sache

Teilweise wird angenommen, ein BR-Mitglied dürfe als Beisitzer einer Einigungsstelle dann nicht tätig werden, wenn ihn die betreffende Entscheidung selbst in seinen **persönlichen Interessen berühre**[5]. Als Beispiele werden genannt: Entscheidungen der Einigungsstelle über die Freistellung dieses BR-Mitgliedes (§ 38 Abs. 2 Satz 4 BetrVG), über die Zuteilung einer Wohnung an dieses BR-Mitglied (§ 87 Abs. 1 Nr. 9 BetrVG), über die nach einer Betriebsvereinbarung etwa erforderliche Zustimmung des BR zur Kündigung dieses BR-Mitgliedes (§ 102 Abs. 6 BetrVG) oder über die Teilnahme des Beisitzers an einer betrieblichen Bildungsmaßnahme (§ 98 Abs. 4 Satz 1 BetrVG). 204

Die Ausübung des Beisitzeramtes verstoße, so wird argumentiert, in diesem Falle gegen den Rechtsgrundsatz, dass niemand Richter in eigener Sache sein dürfe, der unter anderem in § 41 Nr. 1 ZPO, § 155 Abs. 1 GVG seinen Niederschlag gefunden habe. *Weber/Ehrich* wollen aus diesem Grunde ausnahmsweise eine Ablehnung wegen Befangenheit zulassen[6]. *Pünnel/Isenhardt* meinen, der unparteiische Vorsitzende habe mit dem ganzen Gewicht seiner Persönlichkeit darauf hinzuwirken, dass der Beisitzer „ausgetauscht" werde. Werde diesem Verlangen nicht entsprochen, könne dies die Aufhebung des Spruchs der Einigungsstelle 205

---

1 So auch LAG Köln v. 23.1.1997 – 6 TaBV 48/96, AuR 1997, 374, das diese Möglichkeit weitergehend auch bei missbräuchlich in Verschleppungsabsicht gestellten Ablehnungsgesuchen eröffnen will; *Heinze*, RdA 1990, 262 (273).
2 BAG v. 6.4.1973 – 1 ABR 20/72, DB 1973, 2197; LAG Düsseldorf v. 3.4.1981 – 8 TaBV 11/81, BB 1981, 733; LAG BW v. 4.9.2001 – 8 TaBV 2/01, ArbuR 2002, 151; *Fitting*, § 76 BetrVG Rz. 46; *Friedemann*, Rz. 192; DKKW/*Berg*, § 76 BetrVG Rz. 33, 106; GK-BetrVG/*Kreutz/Jacobs*, § 76 Rz. 49; *Richardi/Richardi/Maschmann*, § 76 BetrVG Rz. 49; *Heinze*, RdA 1990, 262 (272); *Wenning-Morgenthaler*, Rz. 309; *Dütz*, AuR 1973, 353 (359). AA: *Galperin/Löwisch*, § 76 BetrVG Rz. 8a; HWGNRH/*Worzalla*, § 76 BetrVG Rz. 50; *Gaul*, S. 285, Rz. 18, die nur solche Beisitzer zulassen wollen, die nicht wichtige Interessen des anderen Betriebspartners verletzen oder bereits verletzt haben.
3 LAG Düsseldorf v. 3.4.1981 – 8 TaBV 11/81, BB 1981, 733; LAG BW v. 4.9.2001 – 8 TaBV 2/01, ArbuR 2002, 151.
4 BVerwG v. 21.6.1982 – 6 P 13/79, ZBR 1983, 161.
5 *Schmitt*, NZA 1987, 78 (82); *Ehrich/Fröhlich*, Teil E, Rz. 83; *Friedemann*, Rz. 193; unklar *Richardi/Richardi/Maschmann*, § 76 BetrVG Rz. 49, der vertritt, auch solche Beisitzer könnten benannt werden, die wegen persönlicher Betroffenheit vom Stimmrecht ausgeschlossen sind. Die Benennung eines Beisitzers ohne Stimmrecht erscheint wenig nachvollziehbar.
6 *Ehrich/Fröhlich*, Teil E, Rz. 83.

im Falle der Anfechtung nach sich ziehen[1]. *Friedemann* führt aus, der Gegenseite stehe zwar kein Recht zur Ablehnung wegen Befangenheit zu; der Beisitzer könne allerdings „sein Amt deshalb nicht ausüben"[2].

206 Schon die Vielfalt der vorgeschlagenen Rechtsfolgen der „Selbstbetroffenheit" zeigt: Diese Argumentation überzeugt nicht. Die Bestellung des selbst betroffenen ArbN zum Beisitzer mag zwar **unzweckmäßig** oder gar unschön sein; eine **zwingende Notwendigkeit**, ihn von vornherein auszuschließen, besteht jedoch **nicht**[3]. Gegenteiliges folgt weder aus dem Grundsatz, dass niemand Richter in eigener Sache sein darf, noch aus § 41 Nr. 1 ZPO oder aus § 155 GVG. Die Einigungsstelle ist – wie vom BAG[4] in st. Rspr. betont wird – kein „Gericht", die Beisitzer keine „Richter". Zwar ist ein BR-Mitglied von einer Abstimmung und der vorausgehenden Beratung im BR ausgeschlossen, wenn es in einer Angelegenheit persönlich betroffen ist[5]. § 76 BetrVG jedoch nimmt eine Parteilichkeit der Beisitzer und damit letztlich auch eine mehr oder minder große Eigenbetroffenheit ausdrücklich in Kauf. Anderenfalls könnte der ArbGeb als Beisitzer kaum je tätig werden, da seine wirtschaftlichen Interessen vom Einigungsstellenverfahren regelmäßig berührt sein dürften. Für die Beisitzer verbietet sich daher eine analoge Anwendung der Vorschriften zum schiedsgerichtlichen Verfahren (§§ 1032 ff. ZPO). Eine Ablehnung wegen Befangenheit oder eine spätere Anfechtung des Einigungsstellenspruchs scheidet daher aus.

cc) Grobe Pflichtverletzungen des Beisitzers

207 Vereinzelt wird eine Ablehnbarkeit eines Beisitzers wegen Befangenheit befürwortet, wenn dieser vor seiner Bestellung zum Beisitzer oder während des Einigungsstellenverfahrens **in grober Weise** gegen die ihm obliegenden **Pflichten verstößt** oder verstoßen hat[6]. Als Beispiel wird die Offenbarung von Betriebs- oder Geschäftsgeheimnissen oder von persönlichen Daten von ArbN genannt. Stelle sich ein solcher Sachverhalt heraus, sei es der anderen Seite unzumutbar, die Einigungsstelle fortzuführen. Die Gefahr eines weiteren Pflichtverstoßes rechtfertige die Ablehnung.

208 Durch die Anerkennung eines solchen exzeptionellen Befangenheitsgrundes würde **Manipulationen**, jedenfalls aber **taktischen Verzögerungen** des Einigungsstellenverfahrens unnötig Tür und Tor geöffnet. Im Regelfall dürfte das bestehende Instrumentarium ausreichen: Bei einer nachgewiesenen Verletzung der ihm obliegenden Verschwiegenheitspflicht drohen nach § 120 BetrVG empfindliche Strafen und ggf. arbeitsrechtliche Konsequenzen. Besteht lediglich ein entsprechender Verdacht, ist in Abhängigkeit von dessen Dringlichkeit und der Schwere des Verstoßes an eine Aussetzung des Einigungsstellenverfahrens zu denken, bis sich der Verdacht erhärtet oder auflöst. Schon dies wird im Regelfall dazu führen, dass die entsprechende Seite „ihren" Beisitzer austauscht, um dem Verfahren Fortgang zu geben und die Basis für eine vertrauensvolle Zusammenarbeit wieder herzustellen[7].

dd) Verbale Entgleisungen

209 Schließlich bilden auch **verbale Entgleisungen** von Beisitzern idR keinen Ablehnungsgrund wegen Befangenheit. Etwas anderes kann allenfalls dann gelten, wenn die Entgleisung so schwer wiegt, dass bei Mitwirkung des Beisitzers eine ordnungsgemäße Aufgabenerfüllung der Einigungsstelle nicht zu erwarten ist. Die Benennung des Beisitzers kann dann gegen den Grundsatz der vertrauensvollen Zusammenarbeit verstoßen. Dabei ist jedoch ein strenger Maßstab anzulegen[8]. Regelmäßig obliegt es in Fällen verbaler Entgleisungen dem Vorsitzenden, die Situation zu bereinigen und den Beisitzer zur Räson zu bringen[9]. Hierbei wird er sich je nach Interessenlage der verfahrensrechtlichen Instrumentarien (zB Vertagung, Aussetzung) bedienen. Ein Ablehnungsrecht besteht selbst dann nicht, wenn eine Disziplinierung nicht gelingt. Der Beisitzer läuft aber Gefahr, sich ggf. nach §§ 185 ff. StGB wegen Beleidigung etc. oder nach § 119 Abs. 1 Nr. 2 iVm. § 78 BetrVG wegen Behinderung der Einigungsstelle strafbar zu machen.

---

1 *Pünnel/Isenhardt*, 4. Aufl., Rz. 100. Anders nunmehr *Wenning-Morgenthaler*, 5. Aufl., Rz. 285 ff.
2 *Friedemann*, Rz. 193.
3 Ebenso LAG Düsseldorf v. 3.4.1981 – 8 TaBV 11/81, BB 1981, 733; DKKW/*Berg*, § 76 BetrVG Rz. 33; Richardi/*Richardi/Maschmann*, § 76 BetrVG Rz. 49, der jedoch das Stimmrecht verneint; *Fitting*, § 76 BetrVG Rz. 16; GK-BetrVG/*Kreutz/Jacobs*, § 76 Rz. 49.
4 Vgl. etwa BAG v. 30.1.1990 – 1 ABR 2/89, DB 1990, 1090.
5 BAG v. 3.8.1999 – 1 ABR 30/98, AP Nr. 7 zu § 25 BetrVG 1972; BAG v. 23.8.1984 – 2 AZR 391/83, DB 1985, 554; BAG v. 26.8.1981 – 7 AZR 530/79, AP Nr. 13 zu § 103 BetrVG 1972; ErfK/*Koch*, § 33 BetrVG Rz. 3; *Fitting*, § 33 BetrVG Rz. 37a mwN.
6 *Gaul*, S. 285, Rz. 18; *Hennige*, S. 234; *Ehrich/Fröhlich*, Teil E, Rz. 84.
7 In diesem Sinne auch *Friedemann*, Rz. 192 aE.
8 BAG v. 28.5.2014 – 7 ABR 36/12, NZA 2014, 1213.
9 Ebenso *Friedemann*, Rz. 192; *Ehrich/Fröhlich*, Teil E, Rz. 85.

8. Auswechselung von Einigungsstellenmitgliedern

a) Vorsitzender

Es ist selten, aber nicht ausgeschlossen, dass der Vorsitzende während des Einigungsstellenverfahrens ausgewechselt werden muss. Grund hierfür kann sein, dass dieser sein **Amt niederlegt**. Hierzu ist er jederzeit berechtigt; sein Honoraranspruch richtet sich in diesem Fall nach der zugrunde liegenden Vereinbarung mit dem ArbGeb. Eine Niederlegung des Amtes kommt etwa dann in Betracht, wenn der Vorsitzende sich nicht in der Lage sieht, die unüberbrückbaren Gegensätze zwischen den Parteien zu überwinden, oder wenn er auf eine außerordentlich unsachliche Verhandlungsatmosphäre stößt. 210

Denkbar ist auch, dass die Parteien den Vorsitzenden nicht oder nicht mehr akzeptieren und sich auf einen neuen Vorsitzenden einigen. Die **einvernehmliche Bestellung** eines neuen Vorsitzenden ist jederzeit möglich[1]. Nach § 76 Abs. 2 Satz 1 BetrVG besteht die Einigungsstelle neben den Beisitzern aus einem unparteiischen Vorsitzenden, auf dessen Person beide Seiten einigen müssen. Diese Regelung gilt nicht nur für den Beginn des Einigungsstellenverfahrens; die Einigung der Parteien auf einen neuen Vorsitzenden ist auch zu einem späteren Zeitpunkt noch möglich. 211

Nicht möglich hingegen ist es, dass **nur eine Seite** ohne einen sachlichen Grund den Vorsitzenden ablehnt und so das Einigungsstellenverfahren zum Erliegen bringt[2]. Sie riskiert eine Säumnisentscheidung (hierzu Rz. 296 ff.), wenn sie aus Protest fernbleibt. Dies ergibt sich aus § 76 Abs. 5 Satz 2 BetrVG, wonach im Falle des Nichterscheinens der von einer Seite benannten Beisitzer der Vorsitzende zusammen mit den Beisitzern der anderen Seite eine Entscheidung fällen kann. Dieser Spruch kann zwar von der unwilligen Seite angefochten werden; sie geht jedoch das Risiko ein, dass der Spruch vom ArbG als wirksam bestätigt wird. 212

Sofern die Parteien zwar **einvernehmlich den Vorsitzenden ablehnen**, sich jedoch nicht auf einen neuen Vorsitzenden einigen können, muss erneut eine Bestellung des Vorsitzenden durch das **ArbG** nach § 76 Abs. 2 Satz 2 BetrVG erfolgen. Auch diese Regelung gilt für jeden Stand des Einigungsstellenverfahrens. 213

Folge der Einsetzung eines neuen Vorsitzenden ist, dass das bisherige Verfahren **abzubrechen** ist, und die Verhandlungen **von neuem beginnen** müssen[3]. Der neue Vorsitzende muss sich zunächst in die Problematik einarbeiten und sich eigene Gedanken zu möglichen Lösungen machen. 214

b) Beisitzer

Ebenso wie der Vorsitzende können auch die Beisitzer ihr **Amt jederzeit niederlegen**[4]. Sie können – anders als der Vorsitzende – **abberufen** werden, ohne dass hierüber Einvernehmen mit der anderen Seite erzielt werden müsste[5]. Dies folgt aus ihrer Stellung als Parteivertreter. Die Abberufung eines Beisitzers bedarf keiner Begründung. Ebenso ist eine unvorhersehbare, kurzfristige Verhinderung eines Beisitzers denkbar. 215

Auf die **praktischen Konsequenzen** hieraus weist vor allem *Friedemann* hin[6]. So kann es bisweilen schwierig sein, einen Ersatzbeisitzer mit derselben Fachkunde zu finden. Auch eine Abberufung von Beisitzern mit dem taktischen Ziel, das Einigungsstellenverfahren insgesamt zu verzögern, kann vorkommen. Als praktische Lösung schlägt er eine so genannte „**Pairing-Abrede**" vor. Danach wird der fehlende Beisitzer nicht ersetzt; stattdessen stimmt ein Beisitzer der anderen Seite nicht mit bzw. enthält sich der Stimme. Dies hat für diejenige Seite, die ihren Beisitzer nicht abberufen hat, den Vorteil, dass ihr nicht mitstimmender Beisitzer dennoch der Verhandlung beiwohnen, an der Argumentation teilnehmen und so das Verhandlungsergebnis mit beeinflussen kann. 216

Eine derartige Vorgehensweise dient dem Ziel der Einigungsstelle, eine schnelle Einigung herbeizuführen. Hingegen stellen die Sanktionen des § 23 Abs. 1 BetrVG (Ausschluss eines BR-Mitgliedes wegen grober Pflichtverletzung) und des § 119 Abs. 1 Nr. 2 BetrVG (Straftat gegen Betriebsverfassungsorgane) keine anzuratende Handhabe gegen bewusste Verzögerungstaktiken dar; sie dürften das Verhandlungsklima noch 217

---

1 *Fitting*, § 76 BetrVG Rz. 39 f., der die Bestellung eines oder mehrerer Ersatzvorsitzender für den Fall vorschlägt, dass der Vorsitzende verhindert ist oder sein Amt niederlegt; *Friedemann*, Rz. 184; *Hennige*, S. 114; *Wenning-Morgenthaler*, Rz. 106; *Ehrich/Fröhlich*, Teil D, Rz. 20.
2 So auch *Friedemann*, Rz. 184.
3 *Friedemann*, Rz. 184.
4 DKKW/*Berg*, § 76 BetrVG Rz. 37; *Fitting*, § 76 BetrVG Rz. 47; GK-BetrVG/*Kreutz/Jacobs*, § 76 Rz. 93.
5 *Fitting*, § 76 BetrVG Rz. 17; *Friedemann*, Rz. 185; *Hennige*, S. 238; *Wenning-Morgenthaler*, Rz. 130; *Pünnel*, AuR 1973, 257 (260).
6 *Friedemann*, Rz. 185.

zusätzlich verschärfen[1]. Eine Pairing-Abrede stellt keine Verletzung des Paritätsgrundsatzes dar, da sie der Zustimmung aller Mitglieder der Einigungsstelle bedarf[2] und daher von den Beisitzern der Seite, der das verhinderte Mitglied zugehört, verhindert werden kann[3].

218 Bisweilen wird vorgeschlagen, derartigen Schwierigkeiten von vornherein durch die Ernennung von **Ersatzbeisitzern** (vgl. Rz. 96 ff.) zu begegnen[4]. Dies ist nach dem Gesetz grds. zulässig und führt im Ernstfall dazu, dass der ausscheidende Beisitzer ohne zeitliche Verzögerung ersetzt werden kann. Nach zutreffender Auffassung dürfen die Ersatzbeisitzer allerdings grds. nicht von vornherein an den Verhandlungen der Einigungsstelle teilnehmen (vgl. Rz. 98, Rz. 111 ff.), es sei denn, dies geschähe im allseitigen Einvernehmen.

9. Erörterung des Sach- und Streitstandes sowie Bemühen um gütliche Einigung

219 **Ziel** des Einigungsstellenverfahrens ist das Herbeiführen einer **gütlichen Einigung** zwischen den Betriebspartnern. Dies kommt nicht nur in Name und Konzeption der Einigungsstelle, sondern auch in der Abstimmungsregelung des § 76 Abs. 3 Satz 3 BetrVG zum Ausdruck. Danach hat sich der Vorsitzende bei der Beschlussfassung zunächst der Stimme zu enthalten. Erst wenn eine Stimmenmehrheit nicht zustande kommt, hat er nach erneuter Beratung bei der Beschlussfassung teilzunehmen (zur Beschlussfassung noch Rz. 246 ff.).

220 Es existieren keine festen Regeln dafür, wie der Vorsitzende sich um eine gütliche Einigung bemühen soll. Im Normalfall wird er zunächst den **Sachverhalt** zusammenfassen, so wie er sich aus den Anträgen und etwaigen ergänzenden schriftlichen Äußerungen der Parteien ergibt. In dieser Phase wird er den Verfahrensbeteiligten Gelegenheit geben, sich zum Sachverhalt zu äußern. Hierdurch erfährt er nicht nur zusätzliche Einzelheiten; auch emotionale Gesichtspunkte oder eingefahrene Denkweisen werden hierbei deutlich.

221 Es ist die Aufgabe des Vorsitzenden, mit viel Geschick herauszufinden, zu welchem Zeitpunkt er den Parteien sinnvoller Weise einen **Lösungsvorschlag** unterbreitet, selbst wenn dieser ihm vielleicht schon zu einem früheren Zeitpunkt des Verfahrens vorschwebt[5]. Die Parteien werden in aller Regel diesem Vorschlag nicht sofort zustimmen. Empfehlenswert ist es daher, die Verhandlung zu unterbrechen und den Parteien Gelegenheit zu getrennten Beratungen über den Vergleichsvorschlag zu geben.

222 Eventuell kann es auch sinnvoll sein, **zunächst** die streitigen Punkte des Sachverhalts im Rahmen einer **Beweisaufnahme** soweit wie möglich zu klären[6]. Die Erfahrung zeigt, dass die Parteien häufig im Anschluss an eine gemeinsame Beweisaufnahme eher zu einer Einigung bereit sind. Im Rahmen der Beweisaufnahme gelingt es oft, streitige Punkte auszuräumen. Auf dieser Basis können die Parteien ihre Erfolgsaussichten im Falle einer streitigen Entscheidung realistischer einschätzen und sind eher zu Zugeständnissen bereit.

223 Der Vorsitzende hat auch die Möglichkeit, mit den Parteien getrennt zu beraten. Solche **Einzelgespräche** sind in aller Regel nützlich. Die Parteien sind in Abwesenheit der jeweils anderen Seite eher geneigt, ihren Standpunkt offen darzulegen und zu erkennen zu geben, in welchen Punkten sie zu einem Nachgeben bereit wären. Hierdurch erhält der Vorsitzende einen besseren Einblick in die Motivationslage der Parteien und erfährt wesentliche Hintergründe für Standpunkte, die auf den ersten Blick unverständlich und unversöhnlich erscheinen mögen[7].

10. Beweismittel und -aufnahme

a) Allgemeines

224 Häufig sind **einzelne Punkte des Sachverhaltes** zwischen den Parteien **streitig**, nicht nur deren rechtliche Würdigung. Es trägt zu einer Befriedung der Situation bei, wenn diese Punkte – soweit möglich – aufgeklärt werden können. Selbst wenn hierdurch allein noch keine einvernehmliche Lösung für das Problem gefunden ist, stehen weniger Differenzen, Unklarheiten und Vorwürfe zwischen den Parteien.

---

1 Auf die betriebsverfassungsrechtlichen Sanktionen als mögliche Reaktion auf die Abberufung von Beisitzern zur Zeitverzögerung weist *Hennige*, S. 238 f. hin.
2 LAG Köln v. 26.7.2005 – 9 TaBV 5/05, NZA-RR 2006, 197.
3 Ebenso etwa: *Fitting*, § 76 BetrVG Rz. 78.
4 *Fitting*, § 76 BetrVG Rz. 22; *Wenning-Morgenthaler*, Rz. 130; *Ehrich/Fröhlich*, Teil D, Rz. 35.
5 DKKW/*Berg*, § 76 BetrVG Rz.115; hierzu auch *Wenning-Morgenthaler*, Rz. 277.
6 Anders *Wenning-Morgenthaler*, Rz. 294, der offenbar die Beweisaufnahme nur als Vorbereitung einer Entscheidung für den Fall ansieht, dass die Einigungsbemühungen des Vorsitzenden gescheitert sind.
7 Die Vorteile einer derartigen „Pendeldiplomatie" betonen auch *Ehrich/Fröhlich*, Teil E, Rz. 42; ebenso *Wenning-Morgenthaler*, Rz. 292 f.

Selbstverständlich sind bei der Beweisaufnahme durch die Einigungsstelle sowohl die **Kosten** als auch der Zeitfaktor zu beachten. Wird eine Beweisaufnahme anberaumt, muss der Vorsitzende den Streitgegenstand sowie die Größe und die Wirtschaftskraft des betroffenen Unternehmens im Auge behalten[1]. Unvertretbar hohe Kosten für den ArbGeb durch das Einigungsstellenverfahren führen zu einer erneuten Belastung des Betriebsklimas.

225

Der Einigungsstelle stehen – anders als dem Gericht – **keine Zwangsmittel** zur Verfügung. Zeugen und Sachverständige können nicht gezwungen werden, vor der Einigungsstelle zu erscheinen und auszusagen[2]. Die Betriebspartner sind jedoch verpflichtet, alles ihnen mögliche zur Sachaufklärung beizutragen. Sie müssen Unterlagen beibringen, Zeugen herbeiholen und von der Verpflichtung zur Arbeitsleistung freistellen oder mündliche Auskünfte erteilen[3]. Dies ergibt sich aus dem Gebot der vertrauensvollen Zusammenarbeit von ArbGeb und BR nach § 2 Abs. 1 BetrVG, aber auch aus deren eigener Interessenlage. Sofern die Betriebspartner nicht bereits selbst ein Interesse an der Sachaufklärung besitzen, werden sie jedenfalls verhindern wollen, dass im Weigerungsfall negative Schlüsse aus ihrem Verhalten gezogen werden.

226

Sofern die Einigungsstelle streitige Tatsachen für entscheidungserheblich erachtet und sich für eine Beweisaufnahme entscheidet, sollte ein formeller **Beweisbeschluss** gefasst werden und in das Protokoll aufgenommen werden. Darin sollten die streitigen Tatsachen sowie die Beweismittel festgehalten werden. Die Einigungsstelle entscheidet über den Beweisbeschluss mit einfacher Mehrheit[4]. Der Beweisbeschluss einer Einigungsstelle und damit auch einer tariflichen Schlichtungsstelle nach § 76 Abs. 8 BetrVG kann ebenso wenig wie der eines Gerichts selbständig angefochten werden[5].

227

b) Zeugenvernehmung

Für Zeugen besteht vor der Einigungsstelle kein Zwang, auszusagen. Erst recht können Zeugen nicht von der Einigungsstelle vereidigt werden. Auch kann die Einigungsstelle nicht die Zeugenvernehmung durch einen beauftragten oder ersuchten Richter nach § 375 ZPO veranlassen[6]. Diese Norm ist nur auf Gerichte iSv. § 1 GVG anwendbar. Dennoch ergibt sich für Zeugen idR eine Veranlassung auszusagen, da ihre Aussage für diejenige Partei, die sich auf ihr Zeugnis beruft, von Bedeutung ist.

228

Abgesehen davon kann der Spruch der Einigungsstelle ggf. beim ArbG angefochten werden. Im arbeitsgerichtlichen Verfahren wäre dann der Zeuge ohnehin nach § 83 Abs. 2 ArbGG verpflichtet, auszusagen. Die Folgen seines Ausbleibens bestimmen sich dann nach § 380 ZPO: Im Falle des Nichterscheinens drohen Ordnungsgeld oder Ordnungshaft. Bei wiederholtem Fernbleiben kann der Zeuge auch zwangsweise vorgeführt werden.

229

c) Sachverständige

Sachverständigengutachten sind kostspielig. Es können Monate vergehen, bis ein vielbeschäftigter Gutachter Zeit für einen Ortstermin oder gar die Erstellung eines schriftlichen Gutachtens findet. Sachverständige sollten daher **nur in Ausnahmefällen** gehört werden. Zunächst ist zu prüfen, ob die Einigungsstelle nicht aus eigenen Quellen über die nötige Fachkunde verfügt[7]. Aus diesem Grund sollten die Beisitzer unter anderem nach ihrer Fachkunde für das spezielle im Streit befindliche Problem ausgesucht werden. Auch betriebliche Informationsquellen müssen ausgeschöpft sein[8]. Diese Einschränkungen ergeben sich aus dem Grundsatz der Verhältnismäßigkeit und der Angemessenheit im Hinblick auf die durch die Einschaltung eines Sachverständigen entstehenden Kosten[9].

230

Uneinheitlich beantwortet wird die Frage, ob der **ArbGeb**, der nach § 76a BetrVG die Kosten der Einigungsstelle trägt, **mit der Hinzuziehung eines Sachverständigen einverstanden** sein muss. Praktisch rele-

231

---

1 *Wenning-Morgenthaler*, Rz. 295.
2 *Fitting*, § 76 BetrVG Rz. 67; *Friedemann*, Rz. 298; *Hennige*, S. 228; *Richardi/Richardi/Maschmann*, § 76 BetrVG Rz. 91.
3 *Richardi/Richardi/Maschmann*, § 76 BetrVG Rz. 90; *Fitting*, § 76 BetrVG Rz. 62 f.; DKKW/*Berg*, § 76 BetrVG Rz. 107.
4 *Friedemann*, Rz. 292; *Ehrich/Fröhlich*, Teil E, Rz. 57.
5 BAG v. 4.7.1989 – 1 ABR 40/88, AP Nr. 20 zu § 87 BetrVG 1972 – Tarifvorrang.
6 *Richardi/Richardi/Maschmann*, § 76 BetrVG Rz. 91.
7 BAG v. 13.11.1991 – 7 ABR 70/90, DB 1992, 789; ebenso *Friedemann*, Rz. 300; *Wenning-Morgenthaler*, Rz. 301; *Ehrich/Fröhlich*, Teil E, Rz. 63.
8 BAG v. 4.6.1987 – 6 ABR 63/85, NZA 1988, 50. Gegenstand des Einigungsstellenverfahrens war die Einführung eines EDV-Systems; der Betriebsrat wäre hier verpflichtet gewesen, zunächst genaue Recherchen im Betrieb anzustellen und ggf. beim ArbGeb oder internen Fachkräften nachzufragen; *Friedemann*, Rz. 300.
9 BAG v. 13.11.1991 – 7 ABR 70/90, DB 1992, 789; ebenso *Friedemann*, Rz. 300.

vant wird dies vor allem, wenn der BR sich zur Untermauerung einer streitigen Tatsache auf das Zeugnis eines Sachverständigen beruft, oder wenn die Einigungsstelle von sich aus die Einholung eines Sachverständigengutachtens für angebracht hält. Nach der Rspr. des BAG hat der ArbGeb die Kosten eines von der Einigungsstelle beauftragten Sachverständigen zu tragen, wenn die Hinzuziehung erforderlich ist und die damit verbundenen Kosten verhältnismäßig sind, ohne dass es einer vorherigen Vereinbarung mit dem ArbGeb nach § 80 Abs. 3 BetrVG bedürfte[1].

232 Die **Kostentragungslast** des ArbGeb ist in der Lit. **umstritten.** Nachvollziehbar und überzeugend argumentiert *Hennige*[2] mit dem Umkehrschluss aus § 109 Satz 3 BetrVG. Nach dieser Bestimmung kann die Einigungsstelle zur Beilegung von Meinungsverschiedenheiten in wirtschaftlichen Angelegenheiten Sachverständige anhören, sofern dies für ihre Entscheidung erforderlich ist. Im Umkehrschluss hieraus ergibt sich, dass die Einigungsstelle im Regelfall nicht ohne Weiteres Sachverständige anhören kann. Ansonsten hätte es des § 109 Satz 3 BetrVG nicht bedurft. Auch wenn viel für diese Argumentation spricht, wird sich die Praxis an der vorgenannten Rspr. des BAG zu orientieren haben.

d) Vernehmung der Parteien

233 Ebenso wie für Zeugen und Sachverständige besteht auch für die Parteien des Einigungsstellenverfahrens **keine Verpflichtung,** vor der Einigungsstelle zu erscheinen und auszusagen. Der Vorsitzende kann die Parteien nur bitten, eine Aussage zu machen, sofern er dies zur Aufklärung des Sachverhaltes für erforderlich hält[3]. Die Einigungsstelle ist auch nicht befugt, das persönliche Erscheinen der Parteien anzuordnen, so wie es dem ordentlichen Gericht nach § 141 ZPO unter Androhung von Zwangsmitteln möglich wäre.

234 Indes werden die Parteien in aller Regel **schon im eigenen Interesse bereit** sein, eine Aussage zum Streitgegenstand zu machen. Dies gibt ihnen Gelegenheit, ihre eigene Sicht der Dinge darzulegen; außerdem kann zu Recht vermutet werden, dass die Einigungsstelle aus dem Fernbleiben und der beharrlichen Verweigerung einer Aussage negative Schlüsse zöge.

e) Inaugenscheinnahme/Ortsbesichtigung

235 Inaugenscheinnahme bedeutet meist eine **Besichtigung des Betriebes** oder einzelner Teile hiervon, etwa der Produktionsstätten oder bestimmter Arbeitsplätze. Eine solche Besichtigung ist im Regelfall **begrüßenswert.** Sie verschafft den Mitgliedern der Einigungsstelle, insbesondere dem meist betriebsfremden Vorsitzenden, ein plastisches Bild von dem entscheidungsbedürftigen Sachverhalt.

236 **Problematisch** kann eine Inaugenscheinnahme nur werden, wenn der ArbGeb die Besichtigung nicht für erforderlich hält und sie als Beeinträchtigung seines Hausrechtes empfindet. Dies wird nur in Ausnahmefällen vorkommen. Ein anderes denkbares Problem kann darin liegen, dass die Inaugenscheinnahme zusätzlich Kosten verursacht, etwa weil eine weiter entfernte Produktionsstätte besichtigt werden soll. Ein derartiger Ortstermin ist nur dann zulässig, wenn er im Sinne einer fundierten Entscheidung erforderlich und angemessen ist[4].

f) Urkunden

237 Für die Vorlage von Urkunden ist **kein förmlicher Beweisbeschluss** erforderlich. Die Parteien fügen Unterlagen, die zur Information der Einigungsstelle erforderlich sind, meist bereits ihrer Antragsschrift oder ergänzenden Schriftsätzen bei. Davon ist jedenfalls dann auszugehen, wenn die Unterlagen den Standpunkt der jeweiligen Partei untermauern.

238 Sofern die Einigungsstelle weitere Unterlagen für erforderlich hält, kann sie die Parteien formlos **zu ihrer Herausgabe auffordern.** Zwangsmittel stehen ihr auch insoweit nicht zur Verfügung. Der Zwang zur Vorlage der Unterlagen ergibt sich jedoch aus der Interessenlage der Parteien. Sie müssen befürchten, dass die Einigungsstelle aus einer Weigerung negative Schlüsse zieht[5].

---

1 BAG v. 13.11.1991 – 7 ABR 70/90, DB 1992, 789. Vgl. auch BAG v. 4.7.1989 – 1 ABR 40/88, AP Nr. 20 zu § 87 BetrVG 1972 – Tarifvorrang. Ebenso: LAG Hamm v. 22.2.2008 – 10 TaBVGa 3/08, juris, Rz. 51; LAG Nds. v. 4.3.1988 – 15 TaBV 61/87, AiB 1988, 311; DKKW/*Berg*, § 76 BetrVG Rz. 109; *Friedemann*, Rz. 684; *Wenning-Morgenthaler*, Rz. 583; *Fitting*, § 76 BetrVG Rz. 66.
2 *Hennige*, S. 229. Ebenso schon *Heinze*, RdA 1990, 262 (270).
3 *Friedemann*, Rz. 301; *Hennige*, S. 230; unklar *Ehrich/Fröhlich*, Teil E, Rz. 66.
4 Anders *Hennige*, S. 230 f., die auch die Anberaumung eines kostenintensiven Ortstermins grds. im Ermessen der Einigungsstelle sieht. Sie weist aber zu Recht darauf hin, dass die Einigungsstellenmitglieder verpflichtet sind, keine unnötigen Kosten zu verursachen.
5 DKKW/*Berg*, § 76 BetrVG Rz. 108.

Bisweilen verlangt die Einigungsstelle **Einsicht in Jahresabschlüsse** (Bilanz, Gewinn- und Verlustrechnung) des Unternehmens. Auch hier besteht keine unmittelbare Verpflichtung des ArbGeb, diese vorzulegen. Nach § 80 Abs. 2 Satz 2 BetrVG besteht eine allgemeine Verpflichtung des ArbGeb, dem BR auf Verlangen jederzeit die zur Durchführung seiner Aufgaben erforderlichen Unterlagen zur Verfügung zu stellen. Hieraus leiten *Friedemann*[1] und diesem folgend auch *Ehrich/Fröhlich*[2] die Verpflichtung des ArbGeb ab, auch Jahresabschlüsse vorzulegen. Die Vorlagepflicht aus § 80 Abs. 2 Satz 2 BetrVG bezieht sich jedoch in aller Regel auf arbeitsschutzbezogene Unterlagen (Statistiken über Arbeitsunfälle, über Mehr- und Nachtarbeit, Listen über die Gewährung von Stillzeiten, Urlaubslisten)[3]. Eine generelle Verpflichtung des ArbGeb zur Vorlage der Jahresabschlüsse lässt sich hieraus nicht herleiten. Etwas anderes gilt, wenn sie zur Lösung des von der Einigungsstelle zu entscheidenden Problems erforderlich sind, so im Falle einer Betriebsänderung nach § 111 BetrVG.

239

VII. Abschluss des Einigungsstellenverfahrens

1. Beratung und Beschlussfassung

a) Beratung

Nachdem der Regelungsstreit und die möglichen Lösungsmöglichkeiten im Rahmen der mündlichen Verhandlung erschöpfend mit den Betriebsparteien erörtert worden sind und keine einvernehmliche Lösung gefunden werden konnte, hat sich der Vorsitzende mit den Beisitzern der Einigungsstelle zur Schlussberatung und Abstimmung zurückzuziehen[4]. Insoweit kann von einem Schließen der mündlichen Verhandlung gesprochen werden. Nach § 76 Abs. 3 Satz 2 BetrVG ist vor der Beschlussfassung eine **mündliche Beratung** zwingend erforderlich (zum Grundsatz der Mündlichkeit bereits Rz. 125 ff.).

240

Im Gegensatz zur parteiöffentlichen Phase der Verhandlung vor der Einigungsstelle ist die darauf folgende Phase der **Beratung** und **Beschlussfassung** der Einigungsstelle nach einhelliger Ansicht weder öffentlich noch parteiöffentlich (vgl. Rz. 111 ff.). Teilnehmen dürfen nur die Mitglieder der Einigungsstelle, nicht hingegen sonstige Vertreter der Betriebsparteien, deren Verfahrensbevollmächtigte, eine möglicherweise eingesetzte Protokollführerin[5] oder sonstige Dritte. Dies gehört zu den elementaren Grundsätzen des Einigungsstellenverfahrens[6]. Bereits der Gesetzeswortlaut („Sie [die Einigungsstelle] fasst ihre Beschlüsse nach mündlicher Beratung") legt dies nahe. Hiernach berät nur die Einigungsstelle, nicht (auch) ArbGeb und BR. Die Notwendigkeit der Nicht(partei)öffentlichkeit ergibt sich vor allem aus der Schlichtungsfunktion der Einigungsstelle. Auch wenn sie kein Gericht ist, so soll sie doch nach dem Gesetz unabhängig von den betroffenen Parteien sein. Dementsprechend sind die Beisitzer nach allgemeiner Meinung nicht an Weisungen von ArbGeb oder BR gebunden. Die Unparteilichkeit der Einigungsstelle unterstreicht § 76 Abs. 5 Satz 3 BetrVG, wonach die Einigungsstelle ihre Beschlüsse unter angemessener Berücksichtigung der Belange des Betriebes und der beteiligten ArbN nach billigem Ermessen fasst. Diese Unabhängigkeit kann nur bestehen, wenn die Einigungsstelle den Regelungsstreit in Abwesenheit der Betriebsparteien mündlich berät und in deren Abwesenheit ihre Beschlüsse fasst[7]. Ein Verstoß gegen diesen Verfahrensgrundsatz führt zur Unwirksamkeit des Einigungsstellenspruches[8].

241

Mangels gegenteiliger gesetzlicher Regelung ist die Beratung **nicht geheim**[9]. Eine Geheimhaltungspflicht ließe sich nicht mit der Doppelfunktion der Beisitzer (vgl. Rz. 86, 91 ff.) in Einklang bringen. Wiewohl kein generelles Beratungsgeheimnis besteht, kann sich unter den dort bezeichneten engen Voraussetzungen eine Verschwiegenheitspflicht aus § 79 BetrVG ergeben.

242

---

1 *Friedemann*, Rz. 295.
2 *Ehrich/Fröhlich*, Teil E, Rz. 58.
3 *Fitting*, § 80 BetrVG Rz. 63 f.
4 BAG v. 18.1.1994 – 1 ABR 43/93, DB 1994, 838, B.II.2.c.
5 Ebenso MünchArbR/*Joost*, § 232 Rz. 46. AA *Heinze*, RdA 1990, 262 (273); DKKW/*Berg*, § 76 BetrVG Rz. 97.
6 BAG v. 18.1.1994 – 1 ABR 43/93, DB 1994, 838; DKKW/*Berg*, § 76 BetrVG Rz. 97.
7 So überzeugend BAG v. 18.1.1994 – 1 ABR 43/93, DB 1994, 838, B.II.2.c.
8 BAG v. 18.1.1994 – 1 ABR 43/93, DB 1994, 838; ebenso bereits die Vorinstanz: LAG Hamm v. 23.3.1993 – 13 TaBV 129/92, LAGE § 76 BetrVG 1972 Nr. 41; *Fitting*, § 76 BetrVG Rz. 74; *Friedemann*, Rz. 256; *Hennige*, S. 194; *Heinze*, RdA 1990, 262 (266); *Wenning-Morgenthaler*, Rz. 316; Richardi/*Richardi/Maschmann*, § 76 BetrVG Rz. 97.
9 *Friedemann*, Rz. 257; *Kaven*, Das Recht des Sozialplans, 1977, S. 122. AA: MünchArbR/*Joost*, § 232 Rz. 46. Im Ergebnis sind beide Positionen näher, als es klingt. Beide Auffassungen lassen die Anwesenheit von Nichtmitgliedern bei der Beratung in der Einigungsstelle nicht zu, und beide erkennen die Verschwiegenheitspflicht aus § 79 BetrVG an.

b) Beschlussfähigkeit

243 Das Gesetz enthält keine Bestimmung darüber, wann die Einigungsstelle **beschlussfähig** ist. Während teilweise die Beschlussfähigkeit generell auch dann bejaht wird, wenn nicht alle Mitglieder anwesend sind[1], ist die Einigungsstelle nach herrschender Auffassung nur bei Anwesenheit aller Mitglieder beschlussfähig[2]. Dies folgt aus der Verpflichtung der paritätischen Besetzung und der Beschlussregelung des § 76 Abs. 3 Satz 2, 3 BetrVG.

244 Eine Ausnahme hiervon ist der Fall der **Säumnis** einer Seite (vgl. Rz. 296 ff.), in dem gerade nicht alle Mitglieder anwesend sind. Hier genügt die Mehrheit der anwesenden Mitglieder der Einigungsstelle[3].

245 Eine weitere Ausnahme von diesem Grundsatz gilt bei unvorhergesehener **kurzfristiger Verhinderung** eines Mitglieds der Einigungsstelle, wenn kurzfristig ein Ersatzmitglied nicht zur Verfügung steht. Vor allem bei bestehendem Eilbedürfnis muss es aber trotzdem möglich sein, zu einem Ergebnis zu gelangen. Hier kann die bereits erwähnte **Pairing-Abrede** nützlich sein (vgl. Rz. 216 ff.). Danach verzichtet im Fall der Verhinderung eines Mitgliedes ein Mitglied der anderen Seite auf sein Stimmrecht, darf jedoch an der Beratung teilnehmen[4]. Eine solche Pairing-Abrede bedarf jedoch der Zustimmung aller Mitglieder der Einigungsstelle[5].

c) Beschlussverfahren; Zweistufige Abstimmung

246 Die gesetzliche Regelung zum Beschlussverfahren beschränkt sich in § 76 Abs. 3 Sätze 2 und 3 BetrVG darauf, dass die Einigungsstelle ihre Beschlüsse mit Stimmenmehrheit fasst und dass sich der Vorsitzende bei der ersten Abstimmung der Stimme zu enthalten hat und erst nach erneuter Beratung an einer etwa erforderlichen zweiten Abstimmung teilnimmt.

247 Aus allgemeinen Grundsätzen ergibt sich: Die Stimmabgabe hat **persönlich** zu erfolgen. Sie kann nicht auf ein anderes Mitglied der Einigungsstelle oder auf Dritte delegiert werden. Jede Stimme, auch die des Vorsitzenden, hat das gleiche Gewicht. Obgleich die Abstimmung grds. **offen** erfolgt, können die Mitglieder der Einigungsstelle mit Stimmenmehrheit eine geheime Abstimmung beschließen. Bei diesem Beschluss ist der Vorsitzende stimmberechtigt.

248 Bei der **ersten Abstimmung** hat sich der Vorsitzende der **Stimme zu enthalten**, § 76 Abs. 3 Satz 3 BetrVG, sofern es sich nicht lediglich um Verfahrensfragen handelt (hierzu Rz. 105 ff.). Dies gilt auch dann, wenn nicht alle Mitglieder der Einigungsstelle bei der Beschlussfassung anwesend sind[6]. Grund für diese Regelung ist die Intention des Gesetzgebers, die Parteien durch ihre Interessenvertreter möglichst selbst eine Einigung finden zu lassen[7]. Im Rahmen der ersten Abstimmung gilt ein Vorschlag bereits dann als angenommen, wenn sich ein Beisitzer der einen Seite der Stimme enthält, und der oder die Beisitzer der anderen Seite für den Beschlussvorschlag stimmen (zur Stimmenthaltung noch Rz. 252 ff.)

249 Kommt bei der ersten Abstimmung **keine Mehrheit** zustande, so hat die Einigungsstelle **erneut zu beraten** („nach weiterer Beratung", § 76 Abs. 3 Satz 3 BetrVG). Eine erneute Sitzung ist nicht erforderlich[8]. Zweck dieser Regelung ist es, etwa durch einen neuen Vermittlungsvorschlag des Vorsitzenden doch noch eine einvernehmliche Lösung zu finden[9]. Das Unterlassen der erneuten Beratung führt als Verfahrensfehler zur Unwirksamkeit des Einigungsstellenspruchs[10]. Es handelt sich hierbei um eine grundlegende Verfahrensvorschrift, deren Verletzung geeignet ist, das Ergebnis der Abstimmung zu beeinflussen. Nach der Rspr. des BAG kann von der erneuten Beratung nur abgesehen werden, wenn sie von allen Mitgliedern der Einigungsstelle für nicht mehr erforderlich gehalten wird[11]. Die teilweise vertretene Gegenauffassung[12] ver-

---

1 *Friedemann*, Rz. 264; *Richardi/Richardi/Maschmann*, § 76 BetrVG Rz. 99.
2 *Fitting*, § 76 BetrVG Rz. 76; ErfK/*Kania*, § 76 BetrVG Rz. 19; GK-BetrVG/*Kreutz/Jacobs*, § 76 Rz. 110; HWGNRH/*Worzalla*, § 76 BetrVG Rz. 67; *Hennige*, S. 172. AA: *Fiebig*, DB 1995, 1278; *Friedemann*, Rz. 264.
3 *Fitting*, § 76 BetrVG Rz. 76.
4 ErfK/*Kania*, § 76 BetrVG Rz. 19; *Friedemann*, Rz. 185; *Fitting*, § 76 BetrVG Rz. 78.
5 LAG Köln v. 26.7.2005 – 9 TaBV 5/05, NZA-RR 2006, 197.
6 *Richardi/Richardi/Maschmann*, § 76 BetrVG Rz. 101; *Brill*, BB 1972, 178 (179).
7 *Fitting*, § 76 BetrVG Rz. 82; *Friedemann*, Rz. 260.
8 *Fitting*, § 76 BetrVG Rz. 83; *Richardi/Richardi/Maschmann*, § 76 BetrVG Rz. 102.
9 *Fitting*, § 76 BetrVG Rz. 83.
10 BAG v. 30.1.1990 – 1 ABR 2/89, AP Nr. 41 zu § 87 BetrVG 1972 – Lohngestaltung; LAG Hamburg v. 5.5.2000 – 3 TaBV 6/00, AiB 2001, 50.
11 BAG v. 30.1.1990 – 1 ABR 2/89, DB 1990, 1090. Ebenso LAG Hamburg v. 5.5.2000 – 3 TaBV 6/00, AiB 2001, 50; DKKW/*Berg*, § 76 BetrVG Rz. 125; *Fitting*, § 76 BetrVG Rz. 83; GK-BetrVG/*Kreutz/Jacobs*, § 76 Rz. 114; *Richardi/Richardi/Maschmann*, § 76 BetrVG Rz. 102.
12 *Friedemann*, Rz. 263; *Hennige*, S. 167; *Hunold*, NZA 1999, 785 (790).

kennt, dass der Zwang der Parteien zur erneuten Beratung entgegen deren erklärtem Willen reine Förmelei wäre.

Sodann erfolgt die **zweite Abstimmung**. Hieran nimmt auch der Vorsitzende teil. Über einen Vermittlungsvorschlag des Einigungsstellenvorsitzenden ist jedenfalls im Bereich der zwingenden Mitbestimmung auch dann unter dessen Mitwirkung abzustimmen, wenn dieser bei der ersten Abstimmung mit Mehrheit abgelehnt wurde[1]. Kommt es auch bei der zweiten Abstimmung zu einem Patt – etwa weil sich ein Beisitzer der Stimme enthalten hat, – gibt – anders als nach § 29 Abs. 2 MitbestG – die Stimme des Vorsitzenden nicht den Ausschlag[2]. Eine Entscheidung ist dann nicht zustande gekommen. Das Verfahren ist fortzusetzen. Der Vorsitzende hat ebenso wie die übrigen Mitglieder der Einigungsstelle nur ein einfaches Stimmrecht. 250

d) Einstufiges Verfahren bei Kollegialentscheidung über Verfahrensfragen

Das in § 76 Abs. 3 BetrVG geregelte zweistufige Verfahren der Beschlussfassung findet nur für die abschließende Sachentscheidung der Einigungsstelle, nicht für Entscheidungen über **Verfahrensfragen** Anwendung. In Verfahrensfragen findet bereits der erste Abstimmungsgang unter Beteiligung des Vorsitzenden statt[3]. 251

e) Stimmenmehrheit und -enthaltung; konkludentes Verhalten

Umstritten ist, inwieweit sich die Mitglieder der Einigungsstelle der Stimme enthalten dürfen. Nach ganz herrschender Auffassung ist eine **Stimmenthaltung des Vorsitzenden** bei der zweiten Abstimmung unzulässig. Seine Stimme soll gerade den Ausschlag geben, falls nicht schon im ersten Abstimmungsgang eine Mehrheit erzielt worden ist[4]. 252

Eine **Stimmenthaltung der Beisitzer** ist nach überwiegender Auffassung sowohl im ersten als auch im zweiten Wahlgang **zulässig**[5]. Dies folgt daraus, dass sich der gesetzlichen Regelung nichts Gegenteiliges entnehmen lässt. *Richardi* und *Maschmann*[6] stützen ihre Gegenauffassung darauf, dass anderenfalls der Gesetzeszweck vereitelt werde, der Stimme des Vorsitzenden den Ausschlag zu geben, wenn die von den Parteien benannten Beisitzer unter sich keine Einigung erzielen könnten. Dies indes ist nicht zwingend: Zum einen ist durchaus denkbar, dass sich Beisitzer beider Seiten der Stimme enthalten; zum anderen verfinge die Argumentation *Richardis* und *Maschmanns* erst für die zweite Abstimmung, während sie für die erste Abstimmung die Wahrscheinlichkeit von Pattsituationen und damit die Erforderlichkeit einer zweiten Abstimmung verringerte. 253

Von der Zulässigkeit der Stimmenthaltung zu unterscheiden ist die Frage, wie eine Stimmenthaltung zu werten ist. Nach zutreffender Auffassung ist die Stimmenthaltung nicht mit zu berücksichtigen; sie ist nicht als Ablehnung zu bewerten[7]. Für eine Beschlussfassung ist die **einfache Stimmenmehrheit**, also eine Mehrheit der abgegebenen Stimmen ausreichend. 254

Anders als in sonstigen Vorschriften des BetrVG stellt § 76 Abs. 3 BetrVG nicht auf die „Mehrheit der Stimmen der Mitglieder des Organs" (vgl. § 27 Abs. 2 BetrVG) oder auf die „Mehrheit der Stimmen der 255

---

1 LAG BW v. 8.10.1986 – 2 TaBV 3/86, NZA 1988, 214; DKKW/*Berg*, § 76 BetrVG Rz. 126; *Fitting*, § 76 BetrVG Rz. 84.
2 ErfK/*Kania*, § 76 BetrVG Rz. 20; *Fitting*, § 76 BetrVG Rz. 85; GK-BetrVG/*Kreutz/Jacobs*, § 76 Rz. 114. AA MünchArbR/*Joost*, § 232 Rz. 52, wonach in diesem Fall die Stimme des Vorsitzenden unberücksichtigt bleiben soll. Dies dürfte sich zumindest dann, wenn zuvor eine geheime Abstimmung vereinbart worden ist, nicht realisieren lassen.
3 DKKW/*Berg*, § 76 BetrVG Rz.130; *Fitting*, § 76 BetrVG Rz. 87; *Friedemann*, Rz. 259; *Hennige*, S. 212 f.; *Schönfeld*, NZA 1988, Beil. 4, 9; Richardi/*Richardi/Maschmann*, § 76 BetrVG Rz. 101.
4 DKKW/*Berg*, § 76 BetrVG Rz. 126; *Fitting*, § 76 BetrVG Rz. 86; *Friedemann*, Rz. 269; *Heinze*, RdA 1990, 275; *Bischof*, S. 91; ErfK/*Kania*, § 76 BetrVG Rz. 20; GK-BetrVG/*Kreutz/Jacobs*, § 76 Rz. 114; HWGNRH/*Worzalla*, § 76 BetrVG Rz. 71; *Hennige*, S. 178; *Friedemann*, Rz. 269.
5 BAG v. 17.9.1991 – 1 ABR 23/91, DB 1992, 229. Ebenso DKKW/*Berg*, § 76 BetrVG Rz. 128; *Fitting*, § 76 BetrVG Rz. 86; GK-BetrVG/*Kreutz/Jacobs*, § 76 Rz. 111; HWGNRH/*Worzalla*, § 76 BetrVG Rz. 67; ErfK/*Kania*, § 76 BetrVG Rz. 20; *Hennige*, S. 177.
6 Richardi/*Richardi/Maschmann*, § 76 BetrVG Rz. 103; *Wenning-Morgenthaler*, Rz. 346; *Dütz*, AuR 1973, 353 (364); *Gnade*, AuR 1973, 43 (44).
7 BAG v. 17.9.1991 – 1 ABR 23/91, DB 1992, 229; vorgehend LAG Hessen v. 25.9.1990 – 4 TaBV 107/1990, DB 1991, 1288; *Fitting*, § 76 BetrVG Rz. 86; DKKW/*Berg*, § 76 BetrVG Rz. 128; *Wenning-Morgenthaler*, Rz. 346; ErfK/*Kania*, § 76 BetrVG Rz. 20; HWGNRH/*Worzalla*, § 76 BetrVG Rz. 67; *Heinze*, RdA 1990, 275; *Hennige*, S. 178. AA zumeist ohne nähere Begründung Richardi/*Richardi/Maschmann*, § 76 BetrVG Rz. 103; GK-BetrVG/*Kreutz/Jacobs*, § 76 Rz. 112; *Fiebig*, DB 1995, 1277 (1278); *Friedemann*, Rz. 271, meint, ansonsten könne im Extremfall bei Enthaltung eine Ja-Stimme einen Sozialplan in Kraft setzen.

anwesenden Mitglieder" (vgl. § 33 Abs. 1 BetrVG) ab. Es genügt, dass sich die Mehrheit der Stimmen für den Beschluss ausgesprochen hat. „Stimmen" in einer Abstimmung sind aber nur solche Stimmen, die überhaupt an der Abstimmung teilnehmen und damit als Stimme für oder gegen den Abstimmungsgegenstand in Erscheinung treten. Ein Mitglied des Organs, das sich der Stimme enthält, gibt gerade keine Stimme ab. Daraus folgt, dass eine Stimmenthaltung nicht als Neinstimme zu werten ist. Dies findet seine Bestätigung jedenfalls für die Fälle, in denen der Spruch der Einigungsstelle die Einigung der Betriebspartner ersetzt, durch die Regelung in § 76 Abs. 5 Satz 2 BetrVG, wonach die erschienenen Mitglieder der Einigungsstelle allein entscheiden, wenn eine Seite keine Beisitzer benennt oder diese trotz rechtzeitiger Einladung der Sitzung fernbleiben. Ein Mitglied der Einigungsstelle, das zur Sitzung zwar erscheint, sich aber der Stimme enthält und damit nicht mitentscheidet, steht für die Entscheidung der Einigungsstelle einem nicht erschienenen Mitglied gleich.

256 Allerdings kann eine Stimmenthaltung wie eine Nein-Stimme wirken, nämlich dann, wenn infolge von Stimmenthaltungen und Nein-Stimmen die erforderliche Mehrheit – der anwesenden oder gesetzlichen Mitglieder des Organs – an Ja-Stimmen nicht erreicht wird. Genügt aber wie in § 76 Abs. 3 Satz 2 BetrVG nur eine Stimmenmehrheit für den Abstimmungsgegenstand, so kommt es allein darauf an, ob die Zahl der Ja-Stimmen größer ist als die der Nein-Stimmen, unabhängig davon, wie viele Mitglieder des Organs sich der Stimme enthalten haben.

257 Von der Stimmenthaltung abzugrenzen ist die – mögliche – **konkludente Ablehnung** des Vorschlags der Gegenseite. Eine solche konkludente Ablehnung nahm das BAG in einem Fall an, in dem der Vorsitzende der Einigungsstelle jeweils die Vorschläge beider Parteien zur Abstimmung stellte. Sowohl auf den zunächst zur Abstimmung gestellten Entwurf des GBR als auch auf den Entwurf der ArbGebSeite entfielen jeweils drei Ja-Stimmen der Beisitzer der jeweiligen Seite. Der Vorsitzende hatte nicht ausdrücklich nach Nein-Stimmen gefragt. Das BAG führte aus, dass zwar theoretisch eine Stimmenthaltung möglich gewesen wäre, hier jedoch die Beisitzer mit ihrer Stimmabgabe für ihren Entwurf konkludent den Vorschlag der Gegenseite abgelehnt hätten. Der Wille der Mitglieder der Einigungsstelle sei somit deutlich zum Ausdruck gekommen. Die Beisitzer jeder Seite hätten endgültig auf ihrem Standpunkt beharrt[1].

2. Beendigung des Verfahrens ohne „Spruch"

a) Antragsrücknahme

258 Im Einigungsstellenverfahren gilt grds. die **Dispositionsmaxime** (vgl. Rz. 135 ff.), allerdings mit der Besonderheit, dass die Einigungsstelle nicht an die Fassung der Anträge gebunden ist (vgl. Rz. 136 ff.).

259 Dieser als Parteiherrschaft bezeichnete Grundsatz ermöglicht es den Parteien insbesondere, ihren Antrag zurückzunehmen und so das Verfahren zu beenden. Dies ist **auch im Gerichtsprozess** ohne Einwilligung des Beklagten bis zum Beginn der mündlichen Verhandlung des Beklagten zur Hauptsache möglich, § 269 Abs. 1 ZPO, im arbeitsgerichtlichen Beschlussverfahren nach § 81 Abs. 2 Satz 1 ArbGG jederzeit[2]. Dasselbe gilt im Einigungsstellenverfahren, sofern die Einigungsstelle ihre Existenz im erzwingbaren Verfahren ausschließlich dem Antrag einer Seite oder – im freiwilligen Verfahren – dem Antrag beider Seiten verdankt:

260 Im Falle der **freiwilligen Einigungsstelle** genügt es daher, wenn eine der Parteien ihren Antrag zurücknimmt. Damit wird der Einigungsstelle ihre Existenzberechtigung entzogen; das Verfahren ist einzustellen[3]. Etwas anderes gilt nur in dem praktisch seltenen Fall, dass die Parteien sich dem Spruch der Einigungsstelle im Voraus unterworfen haben[4].

261 Dasselbe gilt im Bereich der **erzwingbaren** Einigungsstelle, sofern nur ein **einseitiges Antragsrecht** besteht. Auch hier kann die antragstellende Partei das Verfahren jederzeit und ohne Einwilligung der anderen Seite wieder beenden[5]. Es handelt sich um folgende Fälle:
– § 37 Abs. 6, 7 BetrVG: Antragsrecht des ArbGeb bei Schulung von BR-Mitgliedern;
– § 38 Abs. 2 BetrVG: Antragsrecht des ArbGeb bei Freistellung von BR-Mitgliedern;

---

1 BAG v. 11.11.1998 – 7 ABR 47/99, NZA 1999, 947.
2 Im Zivilprozess hat dies freilich zur Folge, dass der Kläger dem Beklagten die Kosten des Rechtsstreits erstatten muss, § 269 Abs. 3 Satz 2 ZPO.
3 Einhellige Auffassung, vgl. *Fitting*, § 76 BetrVG Rz. 107; *Friedemann*, Rz. 310; *Hennige*, S. 142 ff.; *Wenning-Morgenthaler*, Rz. 398; *Ehrich/Fröhlich*, Teil E, Rz. 9.
4 *Friedemann*, Rz. 311; *Hennige*, S. 144.
5 Ausführlich *Hennige*, S. 139 ff.; ebenso *Friedemann*, Rz. 308; im Ergebnis ebenso: *Wenning-Morgenthaler*, Rz. 398; *Ehrich/Fröhlich*, Teil E, Rz. 10. Nicht zwischen einseitigem und beiderseitigem Antragsrecht differenzierend und daher im Ergebnis anders: MünchArbR/*Joost*, § 232 Rz. 34.

- § 65 Abs. 1 iVm. § 37 Abs. 6, 7 BetrVG: Antragsrecht des ArbGeb bei Schulung von Mitgliedern der Jugend- und Auszubildendenvertretung;
- § 85 Abs. 2 BetrVG: Antragsrecht des BR bei der Behandlung von ArbN-Beschwerden;
- § 95 Abs. 1 BetrVG: Antragsrecht des ArbGeb wegen des Inhaltes von Auswahlrichtlinien.

Eine Besonderheit ergibt sich beim erzwingbaren Einigungsstellenverfahren, wenn ein **beiderseitiges Antragsrecht** besteht. Dies sind folgende Fälle: 262

- § 39 Abs. 1 BetrVG: beiderseitiges Antragsrecht wegen Zeit und Ort der Sprechstunden des BR;
- § 69 iVm. § 39 Abs. 1 Satz 3 und 4 und Abs. 3 BetrVG: beiderseitiges Antragsrecht wegen Zeit und Ort der Sprechstunden des JAV;
- § 47 Abs. 6 BetrVG: beiderseitiges Antragsrecht wegen der Mitgliederzahl des GBR;
- § 55 Abs. 4 BetrVG: beiderseitiges Antragsrecht wegen der Mitgliederzahl des KBR;
- § 72 Abs. 6 BetrVG: beiderseitiges Antragsrecht wegen der Mitgliederzahl der Gesamt-Jugend- und Auszubildendenvertretung;
- § 73a Abs. 4 BetrVG: beiderseitiges Antragsrecht wegen Mitgliederzahl der Konzern-Jugend- und Auszubildendenvertretung;
- § 87 Abs. 2 BetrVG: beiderseitiges Antragsrecht in allen Angelegenheiten der sozialen Mitbestimmung;
- § 91 Satz 2 BetrVG: beiderseitiges Antragsrecht bei der Gestaltung von Arbeitsplatz, Arbeitsablauf, Arbeitsumgebung;
- § 94 Abs. 1 und 2 BetrVG: beiderseitiges Antragsrecht bei Personalfragebögen, persönlichen Angaben in Formulararbeitsverträgen, Beurteilungsgrundsätzen;
- § 97 Abs. 2 BetrVG: beiderseitiges Antragsrecht bei der Einführung betrieblicher Berufsbildungsmaßnahmen;
- § 98 Abs. 1, 3 und 4 BetrVG: beiderseitiges Antragsrecht bei der Durchführung betrieblicher Bildungsmaßnahmen und hinsichtlich der Auswahl der Teilnehmer;
- § 109 BetrVG: beiderseitiges Antragsrecht hinsichtlich der Rechtzeitigkeit und des Umfangs einer Auskunft an den Wirtschaftsausschuss;
- § 112 Abs. 4 BetrVG: beiderseitiges Antragsrecht bei Aufstellung eines Sozialplans;
- § 116 Abs. 3 Nrn. 2, 4, 8 BetrVG: beiderseitiges Antragsrecht bzgl. Arbeitsplatz und Unterkunft für Mitglieder des SeeBR; Sprechstunden und Bordversammlungen in Liegehäfen außerhalb Europas;
- § 115 Abs. 7 Nr. 2 BetrVG: beiderseitiges Antragsrecht bei Meinungsverschiedenheiten zwischen Kapitän und Bordvertretung;
- § 9 Abs. 3 ASiG: beiderseitiges Antragsrecht bzgl. Bestellung und Abberufung der Betriebsärzte und Fachkräfte für Arbeitssicherheit sowie Erweiterung und Beschränkung ihrer Aufgaben.

Besteht solchermaßen ein beiderseitiges Antragsrecht, ist umstritten, ob das Verfahren durch einseitige Antragsrücknahme der antragstellenden Partei zu beenden ist. Nach wohl hM ist hier zur wirksamen Rücknahme des Antrages im einmal begonnen Verfahren die **Zustimmung der anderen Seite** erforderlich. Ansonsten könnte im Falle eines erzwingbaren Verfahrens mit beiderseitigem Antragsrecht genau in dem Zeitpunkt, in dem die eine Seite ihren Antrag zurücknähme, die andere Seite kraft ihres eigenen Antragsrechtes das Verfahren wieder aufleben lassen. Ggf. müsste dann das Verfahren von vorn beginnen[1]. 263

Pünnel/Isenhardt meinten in der 4. Auflage, dass auch hier eine Antragsrücknahme zur Beendigung des Verfahrens führe, es sei denn, die andere Seite habe von Anfang an zu erkennen gegeben, dass sie das Verfahren auch als eigenes betreiben wolle. Sofern dies nicht der Fall sei, beende die Antragsrücknahme das Verfahren, der früheren Antragsgegnerin sei es unbenommen, aufgrund ihres eigenen Antragsrechtes ein neues Einigungsstellenverfahren mit demselben Streitgegenstand in Gang zu setzen[2]. Eine vergleichbare Rechtslage existiere bei der Einlegung der Anschlussberufung nach § 524 Abs. 1 ZPO durch den Berufungsbeklagten. Auch diese werde gegenstandslos, wenn der Berufungskläger seine Berufung zurücknehme, § 524 Abs. 4 ZPO. 264

---

1 So *Hennige*, S. 144 ff.; *Friedemann*, Rz. 309; *Ehrich/Fröhlich*, Teil E, Rz. 10. Undifferenziert für alle Fälle der erzwingbaren Einigungsstelle: MünchArbR/*Joost*, § 232 Rz. 34. Vgl. auch LAG Frankfurt/M. v. 20.7.1993 – 5 TaBV 5/93, ArbuR 1994, 107: Danach bleibt der Antragsteller nicht „Herr des Verfahrens" mit der Folge, dass eine einseitige Antragsrücknahme nicht ohne Weiteres möglich ist.
2 *Pünnel/Isenhardt*, 4. Aufl., Rz. 121. Anders nun offenbar *Wenning-Morgenthaler*, 7. Aufl. Rz. 397 ff.

265 Dem ist mit *Hennige*[1] entgegenzuhalten, dass der Vergleich nicht zutrifft. Vorliegend besteht – anders als im Falle der Anschlussberufung – ein fristungebundenes beiderseitiges Antragsrecht. Darüber hinaus stehen die Folgen der Auffassung von *Pünnel/Isenhardt* im Widerspruch zu der **Funktion der Einigungsstelle**, die gerade auf eine zeitnahe Lösung eines innerbetrieblichen Konfliktes abzielt. Da das Antragsrecht auf Durchführung des Einigungsstellenverfahrens an keine Frist gebunden ist, kann der Antrag jederzeit gestellt werden, also auch im Zeitpunkt der Antragsrücknahme der Gegenseite. Diese führte nach *Pünnel/Isenhardt* dazu, dass die Einigungsstelle ihre Tätigkeit im Fall der Antragsrücknahme einstellte und dass die Bildung einer neuen Einigungsstelle zu beantragen wäre. Diese bei formaler Betrachtung zwar korrekte Vorgehensweise widerspräche dem Sinn und Zweck des Einigungsstellenverfahrens, eine möglichst schnelle Einigung herbeizuführen, und bildete eine unnötige Förmelei. Neben der eintretenden Verzögerung ergäben sich weitere, unnötige Kosten durch die Bildung der neuen Einigungsstelle.

b) Einigung

266 Das Einigungsstellenverfahren endet überdies, wenn die Parteien eine Einigung über den Streitgegenstand erzielen. Eine solche einvernehmliche Regelung ist **in jedem Stand des Verfahrens** möglich. Sie muss das erklärte Ziel des Vorsitzenden sein. Die Einigung kann sogar noch nach dem Spruch der Einigungsstelle erzielt werden. Der Spruch der Einigungsstelle wird durch die spätere Einigung gegenstandslos; seine Rechtsfolgen brauchen daher in der Einigung nicht einvernehmlich beseitigt zu werden[2], wiewohl dies aus Gründen der Rechtssicherheit ratsam ist.

267 Die **Einigung kommt zustande**, wenn die Parteien einen Vorschlag des Vorsitzenden zur gütlichen Beilegung der Streitigkeit annehmen oder sich auf eine andere Regelung verständigen. Für die Einigung ist in formaler Hinsicht auf Seiten des BR ein Beschluss iSv. § 33 BetrVG oder eine entsprechende Bevollmächtigung der entsandten Beisitzer erforderlich. Eine Betriebsvereinbarung muss ferner nach § 77 Abs. 2 Satz 1 BetrVG schriftlich abgeschlossen und von den Parteien unterzeichnet werden. Kommt eine Einigung über einen **Interessenausgleich**[3] oder einen Sozialplan zustande, ist sie schriftlich niederzulegen und von den Parteien und vom Vorsitzenden zu unterschreiben, § 112 Abs. 3 Satz 3 BetrVG.

268 Der Vorsitzende sollte in diesem Stadium der Verhandlungen dafür Sorge tragen, dass der **Wortlaut** der Einigung möglichst **eindeutig** ist, um künftigen Streitigkeiten über ihre Auslegung vorzubeugen. Er sollte ferner auf die Einhaltung der soeben erwähnten Formvorschriften achten.

269 Die Einigung der Parteien kann – anders als der Spruch der Einigungsstelle – **nicht beim ArbG angefochten** werden. Sie kann als Betriebsvereinbarung nur nach § 77 Abs. 5 BetrVG gekündigt werden.

3. Entscheidung der Einigungsstelle

a) Vertagung

270 Die Einigungsstelle kann durch **Mehrheitsbeschluss im einstufigen Verfahren**[4] beschließen, die Verhandlung zu einem späteren Zeitpunkt fortzusetzen. Im Beschluss sollten Zeit und Ort der nächsten mündlichen Verhandlung bereits genannt werden. Bei einem solchen Vertagungsbeschluss handelt es sich nicht um eine Entscheidung im Sinne einer endgültigen Beendigung des Einigungsstellenverfahrens. Daher ist ein solcher verfahrensbegleitender Zwischenbeschluss nicht gesondert gerichtlich anfechtbar[5].

270a Über die Vertagung hat die Einigungsstelle, nicht der Vorsitzende allein, zu entscheiden. Wird zu Beginn der Sitzung kein Zeitrahmen festgelegt, kann jederzeit eine Vertagung beantragt werden. Hierüber hat die Einigungsstelle mit Mehrheit abzustimmen[6]. Hingegen wird gegen elementare Verfahrensgrundsätze verstoßen, wenn der Vorsitzende über den Antrag auf Vertagung der Sitzung keinen Beschluss der Einigungsstelle herbeiführt, sondern selbst entscheidet. Dies kann zur Unwirksamkeit des Einigungsstellenspruches führen[7].

---

1 *Hennige*, S. 144 ff.
2 *Friedemann*, Rz. 317; *Heinze*, RdA 1990, 262 (272); *Hennige*, S. 239; *Wenning-Morgenthaler*, Rz. 328.
3 Förmliche Feststellung des Scheiterns der Verhandlungen keine Voraussetzung für Versuch eines Interessenausgleichs iSv. § 113 Abs. 3 iVm. Abs. 1 BetrVG: BAG v. 16.8.2011 – 1 AZR 44/10, EzA § 111 BetrVG 2001 Nr. 7.
4 LAG Köln v. 26.7.2005 – 9 TaBV 5/05, NZA-RR 2006, 197.
5 Vgl. BAG v. 22.1.2002 – 3 ABR 28/01, DB 2002, 1839; BAG v. 4.7.1989 – 1 ABR 40/88, AP Nr. 20 zu § 87 BetrVG 1972 – Tarifvorrang.
6 *Wenning-Morgenthaler*, Rz. 326; *Friedemann*, S. 247.
7 LAG Köln v. 26.7.2005 – 9 TaBV 5/05, NZA-RR 2006, 197; vgl. auch LAG Baden-Württemberg v. 9.11.2016 – 17 TaBV 4/16.

Eine Vertagung kommt vor allem in Betracht, wenn die Angelegenheit **noch nicht entscheidungsreif** ist. 271
Die Zeit bis zur Fortsetzung des Verfahrens sollte genutzt werden, um eine Entscheidungsreife herbeizuführen. Dies kann zB durch die Anordnung einer Beweisaufnahme geschehen, die der Vorbereitung bedarf (zB Ladung auswärtiger Zeugen, Beschaffung von Unterlagen etc.). Auch mag es sinnvoll sein, den Parteien aufzugeben, bis zum nächsten Termin zu einzelnen Punkten genauer als bisher vorzutragen oder Unterlagen vorzulegen[1]. Als Begründung für eine Vertagung können auch die persönlichen Bedürfnisse der Beisitzer oder die Grenzen der Belastbarkeit herangezogen werden[2].

b) Aussetzung

Die Aussetzung eines Gerichtsverfahrens erfolgt gem. § 148 ZPO wegen sog. **Vorgreiflichkeit**, wenn die 272
Entscheidung des Rechtsstreites ganz oder zum Teil von dem Bestehen oder Nichtbestehen eines Rechtsverhältnisses abhängt, das den Gegenstand eines anderen anhängigen Rechtsstreites bildet oder von einer Verwaltungsbehörde festzustellen ist. Analog hierzu kann auch das Einigungsstellenverfahren ausgesetzt werden. Dies kommt insbesondere in Betracht, wenn das ArbG im Fall eines erfolglosen Ablehnungsgesuchs gegen den Vorsitzenden nach Abstimmung durch die Einigungsstelle über den Befangenheitsantrag gegen den Vorsitzenden analog § 1037 Abs. 3 ZPO entscheiden soll (vgl. Rz. 199 f.). Hingegen ist nach der Rspr. des BAG eine Aussetzung zur Entscheidung der Vorfrage, ob die Einigungsstelle überhaupt zuständig ist, nicht zulässig (vgl. Rz. 181; zur Überprüfung dieser Entscheidung durch das ArbG vgl. Rz. 317 ff.).

Im Übrigen kann die Einigungsstelle das Verfahren aussetzen, wenn sie es für sinnvoll hält. Dieser verfah- 273
rensleitende **Beschluss** ergeht mit einfacher Mehrheit der Mitglieder im einstufigen Verfahren. Es hängt von den Umständen des Einzelfalles ab, ob es sinnvoller erscheint, zunächst die Entscheidung des ArbG abzuwarten oder fortzufahren. Kriterien bei dieser Entscheidung sind vor allem die Erfolgsaussichten des arbeitsgerichtlichen Beschlussverfahrens, aber auch die Eilbedürftigkeit der Angelegenheit[3].

c) Einstellung

Besteht nach übereinstimmender Auffassung der Betriebsparteien die **Meinungsverschiedenheit**, wegen 274
der sie die Einigungsstelle angerufen haben, **nicht mehr**, hat die Einigungsstelle das Verfahren einzustellen. So kann es bspw. liegen, wenn der ArbGeb beim Streit über den Inhalt von Interessenausgleich und Sozialplan von der beabsichtigten Betriebsänderung absieht. Die bloß einseitige Erklärung des ArbGeb allerdings reicht hierfür nicht aus, wenn sie von BR-Seite für unglaubwürdig erachtet wird[4].

Im Rahmen der sog. Vorfragenkompetenz entscheidet die Einigungsstelle zunächst über ihre eigene Zu- 275
ständigkeit, bevor sie eine Sachentscheidung fällt. Kommt sie zu dem Ergebnis, dass sie **nicht zuständig** ist, so hat sie nach herrschender Auffassung das Verfahren einzustellen (vgl. Rz. 180).

Diese Einstellungsentscheidung ergeht durch einfachen **Mehrheitsbeschluss** der Mitglieder der Einigungs- 276
stelle. Eine derartige Entscheidung sollte möglichst im Protokoll niedergelegt und begründet werden. Sofern die Entscheidung von einer der Parteien beim ArbG angefochten wird und dieses entscheidet, die Einigungsstelle sei doch zuständig, muss sie ihre Tätigkeit wieder aufnehmen, ohne dass es der Bildung einer neuen Einigungsstelle bedarf[5].

d) Sachentscheidung („Spruch")

aa) Keine Bindung der Einigungsstelle an die Anträge

Wie bereits zur **Dispositionsmaxime** (vgl. Rz. 135 ff.) ausführlich dargestellt, ist die Einigungsstelle nicht 277
an die Fassung der Anträge gebunden. Nach der Rspr. des BAG[6] ist die Einigungsstelle sogar verpflichtet, von den Anträgen der Parteien abzuweichen, wenn dies nötig ist, um im Rahmen einer sinnvollen Regelung den Verfahrensgegenstand auszuschöpfen. Die Einigungsstelle hat den ihr unterbreiteten **Konflikt**

---

1 *Friedemann*, Rz. 315; *Ehrich/Fröhlich*, Teil E, Rz. 95 f.
2 Vgl. *Görlitz/Hase* ua., Handbuch für die Einigungsstelle, 4. Aufl., S. 133 f.
3 So auch *Friedemann*, Rz. 316, der empfiehlt, Verhandlungen über einen Interessenausgleich und Sozialplan eher nicht auszusetzen, aber den rechtskräftigen Abschluss des arbeitsgerichtlichen Verfahrens zur aufschiebenden Bedingung (§ 158 Abs. 1 BGB) für Leistungen aus dem Sozialplan zu machen.
4 LAG Köln v. 23.8.2000 – 7 TaBV 35/00, NZA-RR 2001, 428.
5 *Ehrich/Fröhlich*, Teil E, Rz. 99 f.
6 Grundlegend BAG v. 30.1.1990 – 1 ABR 2/89, DB 1990, 1090.

vollständig und abschließend zu lösen; sie darf wesentliche Fragen nicht offen lassen[1], die der Einigungsstelle zustehende Regelungsbefugnis auf den ArbGeb übertragen[2] oder den Regelungsauftrag an die Betriebsparteien zurückgeben[3]. Aus diesem Grund wäre ein Spruch der Einigungsstelle unwirksam, der den Streitgegenstand nicht selbst regelt, sondern dem ArbGeb aufgibt, dem BR eine Betriebsvereinbarung vorzulegen, die bestimmte von der Mehrheit der Einigungsstelle für richtig gehaltene Grundsätze beachtet, und der bei Nichteinigung über diese Betriebsvereinbarung die Fortsetzung des Einigungsstellenverfahrens anordnet[4]. Dies käme einem „mitbestimmungsfreien Zustand" nahe[5]. Räumt hingegen der Beschluss der Einigungsstelle unter Ausschöpfung des Mitbestimmungsrechtes dem ArbG gewisse Entscheidungsspielräume ein (zB Aufstellung der Schichtpläne auf der Grundlage von der Einigungsstelle festgelegter Grundsätze), ist dies nicht ermessensfehlerhaft[6]. In solchen Fällen kann allerdings das Einigungsstellenverfahren im Einvernehmen mit allen Beteiligten unterbrochen werden, um den Betriebspartnern eine einvernehmliche Lösung zu ermöglichen. Auch sind Sprüche, die den Regelungsgegenstand zunächst nur abstrakt-generell regeln, Maßnahmen des ArbGeb im konkreten Einzelfall aber an eine weitere Zustimmung des BR knüpfen und für den Fall der Nichterteilung der Zustimmung ein erneutes Einigungsstellenverfahren vorsehen, nicht generell ausgeschlossen[7]. Enthält der Spruch über die Aufstellung und Änderung von Dienstplänen jedoch keine eigenen Grundsätze und Kriterien zur Verteilung der Dienste auf die ArbN, kann der ArbGeb nicht zur Aufstellung und vorläufigen Durchführung des Dienstplans bis zur etwaigen späteren Entscheidung der Einigungsstelle ermächtigt werden[8]. Daraus folgt allerdings umgekehrt, dass, wenn der Spruch Grundsätze aufstellt, die bei der Dienstplanaufstellung zu beachten sind, der ArbGeb (zB bei unplanbarer kurzfristiger Dispositionsnotwendigkeit) unter Beachtung dieser Grundsätze entsprechende Dienstpläne aufstellen und – ggf. vorübergehend – in Vollzug setzen kann.

277a Der Spruch muss eine Regelung beinhalten, die unter Berücksichtigung der Interessenlage des Unternehmens, der betroffenen ArbN und der Mitbestimmungsgremien sachgerechte Lösungen ermöglicht und eine faktische Blockade verhindert; ansonsten wäre er ermessensfehlerhaft. Dabei ist – vor allem bei Fragen der Arbeitszeitgestaltung – zu berücksichtigen, dass im betrieblichen Alltag häufig (zB aufgrund von Erkrankungen, nicht planbaren Wetterentwicklungen etc.) kurzfristige Umdispositionen (zB Dienstplanänderungen, Schichtwechsel etc.) erforderlich sind, andererseits die gerichtliche Einsetzung einer Einigungsstelle über zwei Instanzen uU zwei Monate in Anspruch nehmen kann. Daher können im Wege des Spruchs der Einigungsstelle durchaus Verfahrensmechanismen implementiert werden, die zB eine Fiktion der Zustimmung des BR bei nicht erfolgtem Widerspruch beinhalten[9], oder gar im Einzelfall einem (vermeintlich) „mitbestimmungsfreien Zustand" nahe kommt.

In einem solchen Fall liegt kein unzulässiger Verzicht des BR auf das Mitbestimmungsrecht des § 87 BetrVG vor, sondern die Ausgestaltung des Mitbestimmungsrechtes durch die Einigungsstelle. Denn der BR hat im Rahmen der in der Einigungsstelle verhandelten Betriebsvereinbarung die mitbestimmungspflichtige Angelegenheit durch die Verhandlung detaillierter Regelungsmechanismen wesentlich mitgestaltet. Erfolgt in diesen Fällen eine einseitige Anordnung der ansonsten mitbestimmungspflichtigen Maßnahmen, bedeutet dies nach st. Rspr. des BAG keinen unzulässigen Ausschluss des Mitbestimmungsrechts, sondern stellt eine wirksame Ausgestaltung der mitbestimmungspflichtigen Angelegenheit zwischen ArbGeb und BR dar.

---

1 Grundlegend BAG v. 30.1.1990 – 1 ABR 2/89, DB 1990, 1090; BAG v. 11.2.2014 – 1 ABR 72/12, NZA 2014. 989: BAG v. 11.1.2011 – 1 ABR 104/09, NZA 2011, 651; LAG Berlin-Brandenburg v. 7.7.2016 – 21 TaBV 195/16, NZA-RR 2016, 644.
2 BAG v. 17.1.2012 – 1 ABR 45/10, NZA 2012, 687 zur Bestimmung des persönlichen Geltungsbereichs bei Dienstkleidung; BAG v. 8.6.2004 – 1 ABR 4/03, NZA 2005, 227; LAG Niedersachsen v. 21.5.2015 – 5 TaBV 96/14.
3 LAG Hessen v. 8.4.2010 – 5 TaBV 123/09, AE 2010, 259.
4 BAG v. 8.6.2004 – 1 ABR 4/03, NZA 2005, 227; BAG v. 22.1.2002 – 3 ABR 28/01, EzA § 76 BetrVG 1972 Nr. 69; LAG Bremen v. 26.10.1998 – 4 TaBV 4/98, NZA-RR 1999, 86; ebenso LAG Hamburg v. 12.8.2002 – 7 TaBV 14/00, juris, Rz. 72; *Fitting*, § 76 BetrVG Rz. 118.
5 Vgl. BAG v. 17.1.2012 – 1 ABR 45/10, NZA 2012, 687; BAG v. 28.10.1986 – 1 ABR 11/85, AP Nr. 20 zu § 87 BetrVG 1972 – Arbeitszeit; BAG v. 17.10.1989 – 1 ABR 31/87, AP Nr. 39 zu § 76 BetrVG 1972 (zu Provisionssätzen).
6 BAG v. 28.10.1986 – 1 ABR 11/85, AP Nr. 20 zu § 87 BetrVG 1972 – Arbeitszeit.
7 BAG v. 26.8.2008 – 1 ABR 16/07, NZA 2008, 632.
8 BAG v. 9.7.2013 – 1 ABR 19/12, NZA 2014, 99 ff.; vgl. auch BAG v. 8.12.2015 – 1 ABR 2/14, AP Nr. 139 zu § 87 BetrVG 1972 Arbeitszeit.
9 So bspw.: Hessisches LAG v. 23.8.2007 – 5 TaBVGa 170/07, juris (LS); LAG Hamburg v. 18.11.2008 – H 2 TaBV 101/08.

Zu weitgehend ist die Entscheidung des BAG v. 9.7.2013[1], soweit dort unter Rz. 26 die Auffassung vertreten wird, eine an § 99 Abs. 2, Abs. 3 und Abs. 4, § 100 Abs. 1 und Abs. 2 BetrVG angelehnte Regelung in einem Spruch widerspreche dem in § 87 Abs. 2 BetrVG vorgesehenen Verfahren zur Auflösung von Konflikten der Betriebsparteien; die in § 87 BetrVG enthaltenen Vorgaben seien zwingend und daher bei einem Einigungsstellenspruch zu beachten. Dies verkennt, dass der Spruch der Einigungsstelle gerade die Umsetzung des in § 87 Abs. 2 BetrVG enthaltenen Verfahrens ist, dieser aber nicht notwendig eine mit § 87 Abs. 2 BetrVG identische Regelung beinhalten muss und nicht beinhalten kann. Dürfte der Spruch nur eine mit § 87 Abs. 2 BetrVG identische Regelung beinhalten, wäre der Spruch überflüssig und könnte keine sach- und interessengerechte Lösung von betriebsverfassungsrechtlichen Konflikten ermöglichen. Dem würden vor dem Hintergrund des Art. 14 GG auch verfassungsrechtliche Bedenken entgegenstehen. Denn Mitbestimmung des BR in einer bestimmten Angelegenheit bedeutet, dass eben diese Angelegenheit zwischen ArbGeb und BR zu regeln ist. Welchen Inhalt diese Regelung hat, bleibt der Vereinbarung der Betriebspartner und notfalls dem Spruch der Einigungsstelle überlassen. Eine solche Regelung oder ein solcher Spruch verstößt daher auch dann nicht gegen Mitbestimmungsrechte des BR, wenn dem ArbGeb – aus welchen Gründen auch immer – eine Freiheit eingeräumt wird, die einem mitbestimmungsfreien Zustand nahe kommt.[2]

Andererseits darf die Einigungsstelle nicht über den ihr unterbreiteten Streitgegenstand hinausgehen und andere Fragen in ihre Entscheidung einbeziehen[3]. Erkennt die Einigungsstelle, dass die Regelung der Mitbestimmungsmaterie nicht vollständig erfolgt ist und ist diese Unvollständigkeit offensichtlich, kann der Spruch in Anlehnung an §§ 319 ff. ZPO nachträglich ergänzt werden[4]. Nicht festgelegt werden kann in einem Spruch die Besetzung einer künftigen Einigungsstelle, die – zB bei Nichteinigung der Betriebsparteien über spätere Dienstpläne oder über deren Änderung – entscheiden soll[5]. Der Spruch muss hinreichend **bestimmt** sein[6].   278

Handelt es sich um einen komplexen Sachverhalt und werden Detailregelungen einer Gesamtregelung in **Einzelabstimmungen** mit unterschiedlichen Mehrheiten beschlossen, so ist in einer **Schlussabstimmung** nochmals über den gesamten Streitstoff zu entscheiden[7]. Die Summe der mehrheitlich angenommenen Detailregelungen stellt noch nicht notwendig eine Gesamtregelung der Angelegenheit dar, die so von der Mehrheit der Einigungsstelle gewollt wird. Es besteht vielmehr die Möglichkeit, dass die mit wechselnden Mehrheiten beschlossenen Einzelregelungen in ihrer Gesamtheit nicht die Zustimmung der Mehrheit der Einigungsstelle finden. Von der zufälligen oder gelenkten Aufteilung der einzelnen Beratungs- und Abstimmungsschritte nach Sätzen, Halbsätzen oder sogar nach einzelnen Worten wäre abhängig, welchen Inhalt die Summe der mit Mehrheit angenommenen Einzelregelungen hat, ohne dass diese in ihrer Gesamtheit von einer Mehrheit der Einigungsstelle gebilligt wird.   279

bb) Antragsänderung

Eine **Einschränkung** des Verfahrensgegenstandes ist einvernehmlich jederzeit möglich. Dadurch wird der Einigungsstelle insoweit die Entscheidungskompetenz entzogen, unabhängig davon, ob die Angelegenheit tatsächlich geregelt ist, oder ob die Parteien sich nur verständigt haben, sie zu diesem Zeitpunkt nicht weiter zu verhandeln. Zu Nachweiszwecken sollte die einvernehmliche Einschränkung des Verfahrensgegenstandes schriftlich festgehalten werden, entweder im Protokoll der Verhandlung oder in einer gesonderten Vereinbarung. Eine nachträgliche Einschränkung des Verfahrensgegenstandes durch die Antragstellerseite allein richtet sich nach denselben Grundsätzen wie die Rücknahme des Antrages insgesamt[8].   280

Auch die **Erweiterung** des Verfahrensgegenstandes können die Parteien **einvernehmlich** jederzeit vereinbaren. Voraussetzung hierfür ist allerdings, dass auch insoweit „Bedarf" an der Tätigkeit der Einigungsstelle besteht, dass es sich also um eine regelungsbedürftige Angelegenheit handelt, bei der eine Meinungsver-   281

---

1 BAG v. 9.7.2013 – 1 ABR 19/12, NZA 2014, 99 ff.; vgl. auch BAG v. 8.12.2015 – 1 ABR 2/14, AP Nr. 139 zu § 87 BetrVG 1972 Arbeitszeit.
2 BAG v. 26.7.1988 – 1 AZR 54/87, NZA 1989, 109 ff.; BAG v. 28.10.1986 – 1 ABR 11/85, NZA 1987, 248 ff.; BAG v. 17.10.1989 – 1 ABR 31/87, NZA 1990, 399 ff.
3 BAG v. 27.10.1992 – 1 ABR 4/92, AP Nr. 29 zu § 95 BetrVG 1972; LAG Schl.-Holst. v. 28.9.1983 – 5 TaBV 30/83, DB 1984, 1530; LAG Hessen v. 13.11.1984 – 4 TaBV 39/84, DB 1985, 1535.
4 LAG Hamburg v. 19.2.2013 – 2 TaBV 15/11, juris, Rz. 49; LAG Hamburg v. 15.1.2013 – 2 TaBV 13/11, juris, Rz. 56, jeweils für versehentlich fehlende Anlage.
5 BAG v. 9.7.2013 – 1 ABR 19/12, DB 2013, 2569.
6 BAG v. 22.11.2005 – 1 ABR 50/04, NZA 2006, 803, zu Arbeitnehmerbeschwerden; LAG Köln v. 5.10.2011 – 9 TaBV 94/10, juris, Rz. 25, zur Unterrichtung des Wirtschaftsausschusses.
7 BAG v. 18.4.1989 – 1 ABR 2/88, AP Nr. 34 zu § 87 BetrVG 1972 – Arbeitszeit.
8 Ebenso *Hennige*, S. 151 f.

schiedenheit zwischen ArbGeb und BR besteht. *Hennige* ist darin zuzustimmen, dass in der einvernehmlichen Bitte der Betriebspartner um Erweiterung des Verfahrensgegenstandes die Erklärung zu sehen ist, dass eine Beilegung der Streitigkeit ohne die Hilfe der Einigungsstelle nicht möglich ist[1]. Die Gegenauffassung, die auch hier ausdrücklich das vorausgegangene Scheitern der innerbetrieblichen Verhandlungen fordert[2], verkennt den Sinn und Zweck des Einigungsstellenverfahrens. Da dieser Weg nur einvernehmlich möglich ist, ist sichergestellt, dass die Interessen beider Parteien gewahrt sind.

282 Eine **einseitige Erweiterung** des Verfahrensgegenstandes ist nach der Rspr. des BAG im laufenden Verfahren grds. auch in Angelegenheiten der erzwingbaren Mitbestimmung nicht möglich[3]. Die Einigungsstelle ist an den Rahmen der Entscheidungskompetenz gebunden, die ihr bei ihrer Errichtung übertragen wurde. Selbst wenn die Parteien im Einigungsstellenverfahren über weitere Gegenstände diskutieren, liegt hierin noch keine Erweiterung des Streitgegenstandes. Bei einer einseitigen Erweiterung des Verfahrensgegenstandes würde das Bestellungsverfahren gem. § 100 ArbGG umgangen[4]. Demgegenüber wird in der Lit. zum Teil vertreten, eine Erweiterung im Laufe des Verfahrens sei bei Gegenständen der erzwingbaren Mitbestimmung jedenfalls dann möglich, wenn die Parteien zuvor auf der betrieblichen Ebene Verhandlungen geführt hätten[5]. Dieser Auffassung ist nicht zu folgen, da hierdurch die Entscheidungskompetenz der Einigungsstelle in unzulässiger Weise erweitert würde.

cc) Grenzen der Entscheidung

283 Inhalt des Spruchs der Einigungsstelle kann nur sein, was die Betriebspartner zulässiger Weise hätten regeln können. Die Einigungsstelle ist daher bei ihrer Entscheidung an **zwingendes vorrangiges Recht** gebunden. Sie hat bspw. die zwingenden Vorschriften des Arbeitszeitrechtes, des Bundesurlaubsgesetzes und des Kündigungsschutzgesetzes zu beachten. Begründungspflichten und Zustimmungsfiktionen entsprechend § 99 BetrVG können nach Ansicht des BAG bei sozialen Angelegenheiten mit § 87 BetrVG unvereinbar sein[6] (krit. hierzu Rz. 277a). Aufgrund von § 77 Abs. 3 BetrVG sind – soweit diese keine Öffnungsklauseln enthalten – auch die geltenden Tarifverträge zu beachten. Zur abschließenden **Entscheidung von Rechtsfragen** – etwa darüber, ob ein Wirtschaftsausschuss zu Recht gebildet worden ist – ist die Einigungsstelle nicht zuständig[7].

284 Soweit es im erzwingbaren Einigungsstellenverfahren um **Regelungsstreitigkeiten** geht, hat die Einigungsstelle nach § 76 Abs. 5 Satz 3 BetrVG ihre Entscheidung unter angemessener Berücksichtigung der Belange des Betriebes und des Unternehmens und der betroffenen ArbN nach **billigem Ermessen** zu treffen. Hierbei ist die Einigungsstelle u.a. an die Grundsätze des § 75 Abs. 1 BetrVG gebunden. Die Einigungsstelle muss stets eine Interessenabwägung vornehmen, wobei die hierbei zu berücksichtigenden Aspekte von unterschiedlichem Gewicht sein können[8]. Für die Aufstellung eines Sozialplans ergeben sich Ermessensrichtlinien aus § 112 Abs. 5 BetrVG. Es obliegt dem Ermessen der Einigungsstelle, die Verhandlungen über den Interessenausgleich und den Sozialplan miteinander zu verbinden oder auch nicht[9]. Die Einigungsstelle ist nicht befugt, im Rahmen eines streitigen Spruchs Mitbestimmungsrechte des BR zu erweitern[10].

285 Innerhalb des ihr zustehenden Ermessensspielraumes hat die Einigungsstelle nach einer Lösung zu suchen, auf die sich die Betriebsparteien vernünftigerweise auch freiwillig hätten einigen können. Die Einigungsstelle kann, soweit der Spruch von seinem Rechtscharakter her eine **Betriebsvereinbarung** ist, auch die

---

1 *Hennige*, S. 153.
2 LAG Schl.-Holst. v. 28.9.1983 – 5 TaBV 30/83, DB 1984, 1530; *Friedemann*, Rz. 314; *Ehrich/Fröhlich*, Teil E, Rz. 8. *Heinze*, RdA 1990, 262 (272), regt an, die Erweiterung des Antrages nicht pauschal abzulehnen, sondern das Verfahren auszusetzen, bis die innerbetrieblichen Verhandlungen stattgefunden haben.
3 BAG v. 27.10.1992 – 1 ABR 4/92, EzA § 95 BetrVG 1972 Nr. 26; ebenso zuvor schon LAG Hessen v. 13.11.1984 – 4 TaBV 39/84, DB 1985, 1535; anders noch BAG v. 28.7.1981 – 1 ABR 79/79, AP Nr. 2 zu § 87 BetrVG 1972 – Urlaub (Antragsänderung und Antragserweiterung im Verfahren möglich) und offen BAG v. 30.1.1990 – 1 ABR 2/89, DB 1990, 1090 (Einigungsstelle nicht an die Anträge gebunden). Ebenso *Friedemann*, Rz. 314; *Hennige*, S. 153 ff. (156).
4 *Friedemann*, Rz. 314.
5 *Heinze*, RdA 1990, 262 (272); *Ehrich/Fröhlich*, Teil E, Rz. 8.
6 BAG v. 8.12.2015 – 1 ABR 2/14, AP Nr. 139 zu § 87 BetrVG 1972 Arbeitszeit; BAG v. 9.7.2013 – 1 ABR 19/12, NZA 2014, 99; ErfK/*Kania*, § 76 BetrVG Rz. 25.
7 BAG v. 15.3.2006 – 7 ABR 24/05, NZA 2006, 1422.
8 Vgl. hierzu *Fiebig*, Ermessensspielraum der Einigungsstelle, S. 86 ff.
9 LAG Berlin v. 24.1.2006 – 16 TaBV 2393/05, EzA-SD 2006, Nr. 5, 12.
10 LAG Düsseldorf v. 23.5.2012 – 5 TaBV 2/12, LAGE § 76 BetrVG 2001 Nr. 5 zur Verpflichtung des ArbGeb, Stellenbeschreibungen anzufertigen.

Möglichkeit einer **Kündigung** vorsehen und die **Kündigungsfrist** festlegen[1]. Ebenso wie bei Betriebsvereinbarungen kann dem Spruch der Einigungsstelle auch im Falle der Belastung der ArbN **Rückwirkung** beigemessen werden, wenn diese mit einer rückwirkenden Regelung rechnen mussten und sich hierauf einstellen konnten[2].

Durch Spruch der Einigungsstelle darf gegen den Willen einer Betriebspartei **keine ständige Einigungsstelle** eingesetzt werden (vgl. Rz. 15). Allerdings kann es bei der Regelung eines mitbestimmungspflichtigen Tatbestandes in der Einigungsstelle das Bedürfnis geben, eine Regelung darüber zu treffen, wie weitere sich aus dem Regelungsgegenstand der Einigungsstelle ergebende Konflikte gelöst werden. Begründet die Betriebsvereinbarung oder der Spruch einer Einigungsstelle zu einem mitbestimmungspflichtigen Tatbestand die Notwendigkeit, zukünftig sich aus der Betriebsvereinbarung oder dem Spruch der Einigungsstelle ergebende Konflikte zu lösen, so gehört es auch zur Regelungskompetenz der Einigungsstelle, insoweit eine **Konfliktlösung** vorzusehen. Dies ist keine Umgehung des § 76 Abs. 2 Satz 1 BetrVG, sondern Gegenstand der Regelungskompetenz für den mitbestimmungspflichtigen Sachverhalt, für den die Einigungsstelle eingesetzt wurde. Es geht eben nicht um die Einsetzung einer ständigen Einigungsstelle zur Lösung möglicher, aber noch nicht bestimmter Konflikte, sondern um die Einigungsstelle, die jene Konflikte zu lösen hat, die bereits in der Betriebsvereinbarung oder im Spruch der Einigungsstelle angelegt wurden. Wäre dies ein Verstoß gegen § 76 Abs. 2 Satz 2 BetrVG, so wäre die Einigungsstelle im Übrigen gehindert, durch Spruch ein schnelles und praktikables Instrument zur Konfliktlösung einzurichten. Derjenige Betriebspartner, der im Spruch der Einigungsstelle unterlegen wäre, könnte dann den Spruch konterkarieren und versuchen, die Einsetzung der dann notwendigen weiteren Einigungsstelle zu verzögern[3].

285a

In **freiwilligen Einigungsstellenverfahren** sind über den Wortlaut des § 76 Abs. 5 BetrVG hinaus jedenfalls dann gleichfalls die Grundsätze billigen Ermessens zu beachten, wenn sich die Parteien im Voraus dem Spruch der Einigungsstelle unterworfen haben[4]. Die vorherige Unterwerfung steht in diesem Falle stets unter der – ggf. unausgesprochenen – Voraussetzung, dass die Einigungsstelle eine den beiderseitigen Interessen gerecht werdende Entscheidung trifft. Haben sich die Betriebspartner die Annahme der Entscheidung im freiwilligen Verfahren vorbehalten und nehmen sie den Spruch nachträglich an, ist es ihnen verwehrt, die Überschreitung der Grenzen „billigen Ermessens" geltend zu machen. Denn letztlich handelt es sich um eine freiwillige Vereinbarung, bei der sie diese Grenzen nicht einzuhalten brauchen[5].

286

dd) Äußere Form des Spruchs, Begründung und Zustellung

Nach § 76 Abs. 3 Satz 4 BetrVG sind die Beschlüsse der Einigungsstelle **schriftlich niederzulegen**, vom Vorsitzenden zu unterschreiben und ArbGeb und BR zuzuleiten[6]. Die **Unterzeichnung** durch alle Mitglieder der Einigungsstelle ist nicht erforderlich, aber möglich. Der Zeitpunkt der Zuleitung sollte schriftlich festgehalten werden, da binnen einer Frist von zwei Wochen, vom Tag der Zuleitung des Beschlusses an gerechnet (§ 76 Abs. 5 Satz 4 BetrVG), Klarheit darüber geschaffen werden soll, ob der Spruch wegen Ermessensüberschreitung gerichtlich angefochten wird oder nicht. Das **Schriftformerfordernis** betrifft nur den regelnden Teil des Spruches, den sog. Tenor. Dieser enthält die Entscheidung der Einigungsstelle zur Sache. Zur Kostenlast oder zum Streitwert werden keine Aussagen getroffen, ebenso wenig zur – nicht gegebenen – Vollstreckbarkeit. Auch eine **Rechtsmittelbelehrung**, die zB auf die Anfechtungsmöglichkeit des § 76 Abs. 5 Satz 4 BetrVG und die damit verbundene Frist hinweist, ist nicht erforderlich[7].

287

Ein vom Vorsitzenden der Einigungsstelle nicht unterzeichneter Spruch ist unwirksam. Das Schriftformerfordernis hat konstitutive Bedeutung iSd. § 125 BGB[8]. Die Schriftform kann nach dem Rechtsgedanken des § 126 Abs. 3 BGB nicht durch elektronische Form (§ 126a BGB) oder Textform (§ 126b BGB) ersetzt werden. Insbesondere wahrt die Zuleitung des (unterschriebenen) Spruchs als pdf-Datei mittels E-Mail nicht die Schriftform[9]. Eine nachträgliche, rückwirkende Heilung der Verletzung des Unterschriftserfordernisses ist nicht möglich; maßgeblich für die Beurteilung der Formwirksamkeit ist der Zeitpunkt, in dem

287a

---

1 BAG v. 8.3.1977 – 1 ABR 33/75, AP Nr. 1 zu § 87 BetrVG 1972 – Auszahlung; BAG v. 28.7.1981 – 1 ABR 79/79, AP Nr. 2 zu § 87 BetrVG 1972 – Urlaub; *Fitting*, § 76 BetrVG Rz. 125.
2 BAG v. 19.9.1995 – 1 AZR 208/95, AP Nr. 61 zu § 77 BetrVG 1972. Vgl. zur möglichen Rückwirkung bereits: BAG v. 8.3.1977 – 1 ABR 33/75, AP Nr. 1 zu § 87 BetrVG 1972 – Auszahlung.
3 Ebenso: LAG Schl.-Holst. v. 14.12.2006 – 4 TaBV 21/06, juris, Rz. 89.
4 ErfK/*Kania*, § 76 BetrVG Rz. 25; *Fitting*, § 76 BetrVG Rz. 126; GK-BetrVG/*Kreutz/Jacobs*, § 76 Rz. 130.
5 *Müller*, FS Barz, S. 497.
6 Üblich und zweckmäßig ist jedoch die Unterschrift aller Mitglieder der Einigungsstelle, vgl. *Pünnel*, ArbuR, 1973, 257 (264). Umfassend: *Tschöpe/Geißler*, NZA 2011, 545.
7 *Friedemann*, Rz. 332 ff.; MünchArbR/*Joost*, § 232 Rz. 62; *Ehrich/Fröhlich*, Teil E, Rz. 118.
8 LAG Hamburg v. 15.1.2013 – 2 TaBV 13/11, juris, Rz. 47.
9 BAG v. 10.12.2013 – 1 ABR 45/12, NZA 2014, 862; BAG v. 13.3.2012 – 1 ABR 78/10, NZA 2012, 2830.

der Vorsitzende den Betriebsparteien den Spruch mit der Absicht der Zuleitung iSd. § 76 Abs. 3 Satz 4 BetrVG übermittelt[1]. Trägt der den Beteiligten zugeleitete Spruch nicht schon am Ende des Regelungstextes, sondern erst **am Ende der Begründung die Unterschrift** des Einigungsstellenvorsitzenden, stellt dies keinen Verfahrensfehler dar, wenn es sich nach außen erkennbar um ein einheitliches Dokument handelt[2]. Es mag ungewöhnlich sein, den Spruch und seine Begründung in dieser Weise zu verknüpfen, statt sie zu trennen und je einzeln zu unterschreiben. Der Formvorschrift des § 76 Abs. 3 Satz 3 BetrVG ist gleichwohl genügt. Sie dient der Rechtssicherheit. Für die Betriebsparteien selbst und für die Beschäftigten muss zweifelsfrei feststehen, welchen Inhalt die durch die Einigungsstelle beschlossenen und nunmehr im Betrieb geltenden Regelungen haben. Die Unterschrift des Vorsitzenden beurkundet und dokumentiert dabei den Willen der Einigungsstellenmitglieder. Um dies zu gewährleisten, ist es nicht erforderlich, dass sich diese Unterschrift stets am Ende des Regelungstextes befindet. Sie erfüllt ihre Funktion auch dadurch, dass sie am Ende der dem Text mit durchlaufender Seitenzahl beigefügten Begründung angebracht ist. Sofern der Spruch auf Anlagen Bezug nimmt, genügt er nicht dem Schriftformerfordernis der § 126 BGB, § 77 Abs. 2 BetrVG, wenn die Anlagen mit dem Spruch weder körperlich verbunden noch ihrerseits unterzeichnet oder paraphiert sind und eine Rückbeziehung der Anlagen auf den Spruch nicht vorliegt[3].

288 Nach dem Gesetz ist eine schriftliche **Begründung** der Sachentscheidung **nicht zwingend erforderlich**. Eine Begründungspflicht ist auch nicht von Verfassungs wegen, zB wegen des Rechtsstaatsprinzips, geboten, da bei einer gerichtlichen Überprüfung ohnehin der gesamte Streitstoff vorgetragen und berücksichtigt werden muss[4]. Ungeachtet dieser Rechtslage ist eine Begründung zweckmäßig[5], vor allem, wenn mit einer gerichtlichen Anfechtung zu rechnen ist. Auch im Interesse einer höheren Akzeptanz, einer Nachvollziehbarkeit für die nicht in der Einigungsstelle zugegen Gewesenen und damit zur Förderung des betrieblichen Friedens sollte auf eine schriftliche Begründung nicht verzichtet werden. Im Übrigen vermag sie Entscheidungshilfen für etwaige spätere Streitigkeiten zwischen den Parteien zu vergleichbaren Sachverhalten zu geben.

289 Die Entscheidung ist den Parteien **zuzuleiten**. Dies sollte in nachweisbarer Form geschehen, insbesondere wenn zu erwarten ist, dass eine der Parteien den Spruch anfechten wird. Durch den Zugangsnachweis wird es dem Arbeitsgericht ermöglicht, die Einhaltung der Zwei-Wochen-Frist zu überprüfen, innerhalb derer Ermessensüberschreitungen gerügt werden müssen[6]. Die Zustellung kann bspw. durch einen Boten geschehen, der bei Gericht als Zeuge aussagen kann, dass er das Schriftstück persönlich an die empfangsberechtigte Person übergeben hat. Denkbar ist auch die Zustellung durch einen hiermit beauftragten Gerichtsvollzieher oder in einem Einschreiben mit Rückschein.

ee) Rechtswirkungen des Spruchs

290 Im **freiwilligen Verfahren** hat der Spruch der Einigungsstelle gem. § 76 Abs. 6 Satz 2 BetrVG nur dann verbindliche Wirkung, wenn sich die Betriebsparteien ihm im Vorhinein unterworfen haben oder ihn im Nachhinein annehmen[7]. Die Einigungsstelle kann auch eine Frist für die Annahme setzen. **Unterwerfung** bzw. **Annahme** können hierbei formfrei erfolgen; zu Beweiszwecken ist jedoch Schriftform anzuraten. Die Erklärung kann gegenüber der jeweils anderen Seite oder gegenüber der Einigungsstelle abgegeben werden. Ob die Unterwerfung durch Betriebsvereinbarung nur für bestimmte, eindeutig angegebene[8] oder generell

---

1 BAG v. 10.12.2013 – 1 ABR 45/12, NZA 2014, 862; BAG v. 5.10.2010 – 1 ABR 31/09, NZA 2011, 420; BAG v. 14.9.2010 – 1 ABR 30/09, EzA § 76 BetrVG 2011 Nr. 1.
2 BAG v. 29.1.2002 – 1 ABR 18/01, EzA § 76 BetrVG 1972 – Einigungsstelle Nr. 19, B.I.1., für einen Fall, in dem die Textseiten von Spruch und Begründung durchnummeriert waren.
3 LAG Nds. v. 1.8.2012 – 2 TaBV 52/11, NZA-RR 2013, 23.
4 So BVerfG v. 18.10.1986 – 1 BvR 1426/83, DB 1987, 2361.
5 So auch BAG v. 30.1.1990 – 1 ABR 2/89, DB 1990, 1090, B.II.2.b)cc) der Gründe: „dessen nicht notwendige, aber zweckmäßige Begründung"; ebenso bereits ausdrücklich BAG v. 31.8.1982 – 1 ABR 27/80, AP Nr. 8 zu § 87 BetrVG 1972 – Arbeitszeit; bestätigt durch BVerfG v. 18.10.1987 – 1 BVR 1426/83, DB 1987, 2361. In der Lit. ebenso: DKKW/*Berg*, § 76 BetrVG Rz. 133; *Fitting*, § 76 BetrVG Rz. 131; *Hennige*, S. 185 ff.; MünchArbR/*Joost*, § 232 Rz. 62; ErfK/*Kania*, § 76 BetrVG Rz. 21; HWGNRH/*Worzalla*, § 76 BetrVG Rz. 75; *Stege/Weinspach/Schiefer*, § 76 BetrVG Rz. 15; *Wenning-Morgenthaler*, Rz. 353; *Ehrich/Fröhlich*, Teil E, Rz. 118. AA *Heinze*, RdA 1990, 262 (275), der annimmt, eine Begründung sei aus rechtsstaatlichen Gründen zwingend geboten. Ebenso: ArbG Lörrach v. 9.8.1976 – 4 BV 5/76, DB 1977, 1371; LAG Hessen v. 2.9.1976 – 5 TaBV 19/75, BB 1977, 495.
6 DKKW/*Berg*, § 76 BetrVG Rz. 135; *Pünnel*, AuR 1973, 257 (264).
7 BAG v. 6.12.1988 – 1 ABR 47/87, NZA 1989, 399; MünchArbR/*Joost*, § 232 Rz. 64 ff.; *Ehrich/Fröhlich*, Teil F, Rz. 12.
8 So BAG v. 18.1.1994 – 1 ABR 44/93, juris, Rz. 62; *Hennige*, S. 240; GK-BetrVG/*Kreutz/Jacobs*, § 76 Rz. 80, 132; *Richardi/Richardi/Maschmann*, § 76 BetrVG Rz. 40.

für alle Fälle[1] im Voraus erfolgen kann, ist umstritten. Eine Generalunterwerfung für alle Meinungsverschiedenheiten dürfte mit dem Sinn des freiwilligen Einigungsstellenverfahrens schwerlich vereinbar sein.

Im **erzwingbaren Verfahren** ist der Spruch der Einigungsstelle für die Betriebspartner ohne Weiteres **verbindlich**. Der Spruch der Einigungsstelle ersetzt deren Einigung. Er bindet ebenso wie eine Einigung der Betriebspartner beide Teile. Nach § 77 Abs. 1 BetrVG ist es die Aufgabe des ArbGeb, Betriebsvereinbarungen durchzuführen. Insoweit stehen Einigungsstellensprüche Betriebsvereinbarungen gleich, wie sich aus der Systematik von § 77 Abs. 2 Satz 1 und Satz 2 ergibt. Ein Einigungsstellenspruch ist grds. auch während eines laufenden Anfechtungsverfahrens verbindlich und durchzuführen. Seine Umsetzung kann daher ggf. gerichtlich erzwungen werden. Eine Ausnahme gilt jedoch dann, wenn er krasse und offensichtliche Rechtsverstöße aufweist[2] oder die Umsetzung des Spruches zu irreversiblen oder sehr kostenträchtigen Folgen führen würde (zB bei Einführung eines neuen Vergütungssystems). 291

Eine Besonderheit gilt beim **Interessenausgleich** nach § 112 Abs. 3 BetrVG. Das Einigungsstellenverfahren kann zwar auch in diesem Fall gegen den Willen des jeweils anderen Betriebspartners durchgeführt werden, ist also erzwingbar; die Einigungsstelle kann aber nur einen Vorschlag unterbreiten, den die Betriebspartner nicht annehmen müssen. So setzt das Scheitern der Verhandlungen über einen Interessenausgleich nach neuerer Rspr. des BAG keinen Beschluss der Einigungsstelle oder des Vorsitzenden voraus[3]. Unzulässig wäre es, Regelungsinhalte des letztlich freiwilligen Interessenausgleichs (zB Kündigungsverbote) in den Spruch der Einigungsstelle über die Aufstellung des Sozialplans nach § 112 Abs. 4 BetrVG mit aufzunehmen. Wird dies missachtet, überschreitet die Einigungsstelle ihre Regelungskompetenz; ein entsprechender Spruch wäre unwirksam[4].

Der Spruch der Einigungsstelle ist **kein vollstreckbarer Titel**[5]. Sofern der ArbGeb sich weigert, den Spruch umzusetzen, muss der BR ihn gerichtlich durchsetzen. Gleiches gilt für den einzelnen ArbN, der etwa aus dem durch die Einigungsstelle festgesetzten Sozialplan Abfindungsansprüche einklagen müsste. Verstöße gegen die Pflicht zur Umsetzung von Betriebsvereinbarungen können ferner zu Sanktionen gem. § 23 BetrVG führen. Nach § 23 Abs. 3 BetrVG kann der BR bei groben Verstößen des ArbGeb gegen seine betriebsverfassungsrechtlichen Pflichten beim ArbG beantragen, ihm bestimmte Handlungen oder deren Unterlassung aufzugeben. Gegebenenfalls können auch Zwangsmittel festgesetzt werden. 292

Der Einigungsstellenspruch hat die gleiche **Rechtsnatur**, wie sie eine entsprechende freiwillige Vereinbarung der Betriebsparteien über den Regelungsgegenstand hätte. Er wird meist den Charakter einer **Betriebsvereinbarung** haben, kann aber im Einzelfall auch den Charakter einer Regelungsabrede oder einer Rechtsfeststellung haben. 293

Nur ein wirksamer, rechtmäßiger Spruch entfaltet **Bindungswirkung**. Die Unwirksamkeit des Spruchs kann jederzeit ohne Einhaltung einer Frist geltend gemacht werden. Das ArbG hat die Wirksamkeit des Spruches auch inzident zu prüfen, wenn Rechte durchgesetzt werden sollen, die sich aus dem Spruch der Einigungsstelle herleiten. Nur die Überschreitung der Ermessensgrenzen kann ausschließlich innerhalb der Zwei-Wochen-Frist des § 76 Abs. 5 Satz 4 BetrVG geltend gemacht werden. 294

Die **Bindungswirkung** des Spruchs der Einigungsstelle **endet**, wenn dieser aufgrund seines Charakters **als Betriebsvereinbarung** gekündigt wird. Betriebsvereinbarungen können nach § 77 Abs. 5 BetrVG unter Einhaltung einer Frist von drei Monaten gekündigt werden, sofern nichts anderes vereinbart ist. In Angelegenheiten der erzwingbaren Mitbestimmung gelten sie jedoch solange fort, bis sie durch eine andere Vereinbarung ersetzt werden, § 77 Abs. 6 BetrVG. Daher wirkt in diesen Fällen auch der Spruch im Falle der Kündigung gem. § 77 Abs. 6 BetrVG nach, bis er durch eine andere Abmachung ersetzt wird[6]. 295

e) Säumnisentscheidung

Nach § 76 Abs. 5 Satz 2 BetrVG entscheidet der Vorsitzende mit den erschienenen Mitgliedern allein, wenn in einem erzwingbaren Einigungsstellenverfahren die andere Seite keine Mitglieder benennt oder die Mitglieder trotz rechtzeitiger Einladung nicht erscheinen. Diese Entscheidung wird Säumnisentscheidung 296

---

[1] Fitting, § 76 BetrVG Rz. 132; ErfK/Kania, § 76 BetrVG Rz. 26; Weiss/Weyand, § 76 BetrVG Rz. 4.
[2] LAG Hessen v. 16.12.2004 – 5 TaBVGa 153/04, ArbRB 2005, 241.
[3] BAG v. 16.8.2011 – 1 AZR 44/10, AP Nr. 55 zu § 113 BetrVG 1972. AA vorgehend LAG Nürnberg v. 19.11.2009 – 7 Sa 186/09, juris, Rz. 4.
[4] Ebenso: Fitting, § 76 BetrVG Rz. 133.
[5] LAG Köln v. 20.4.1999 – 13 TaBV 243/98, NZA-RR 2000, 311; Fitting, § 76 BetrVG Rz. 137; Gaul/Bartenbach, NZA 1985, 341; Friedemann, Rz. 320; MünchArbR/Joost, § 232 Rz. 63.
[6] LAG Nds. v. 9.2.2009 – 8 TaBV 70/08, juris, Rz. 33. ff.

oder Säumnisspruch genannt[1]. Grund für diese Regelung ist, ebenso wie im gerichtlichen Säumnisverfahren nach §§ 330 ff. ZPO, zu verhindern, dass eine Seite **durch ihr bloßes Untätigbleiben** das Verfahren **blockieren** kann[2]. Hierdurch wird in Angelegenheiten der erzwingbaren Mitbestimmung die Funktionsfähigkeit der Einigungsstelle sichergestellt; auf die untätige Seite wird Zwang ausgeübt, sich dem Einigungsstellenverfahren zu stellen, wenn sie ihre Interessen wahren will.

297 Wie bereits dargestellt, darf die Einigungsstelle nur bei Bedarf tätig werden, also erst, **nachdem Einigungsbemühungen** der Parteien untereinander nach ernsthaftem Verhandeln **gescheitert** sind (vgl. Rz. 46 ff.). Erst nach Scheitern dieser Verhandlungen kann der Betriebspartner, der eine bestimmte Maßnahme durchsetzen will, die Einigungsstelle anrufen, und seine Interessen ggf. im Säumnisverfahren durchsetzen[3]. Sofern also die andere Seite bereits auf den Versuch von Verhandlungen in einer mitbestimmten Angelegenheit nicht reagiert, sollte wenigstens ein Einigungsversuch unternommen werden. Zweckmäßigerweise geschieht dies, indem der anderen Seite ein **schriftlicher Einigungsvorschlag** zu der fraglichen Angelegenheit nachweisbar zugeleitet wird. Mit diesem Vorschlag kann sogleich ein Vorschlag für die Person des Vorsitzenden einer möglichen Einigungsstelle und für die Zahl der Beisitzer verbunden werden.

298 Der **Vorsitzende**, der sodann im Fall der Untätigkeit oder der Ablehnung durch die andere Seite vom ArbG ernannt wird, muss erneut **beide Betriebspartner anschreiben**, um das Einigungsstellenverfahren einzuleiten und vorzubereiten[4]. Auch die Einladung zur mündlichen Verhandlung der Einigungsstelle muss er an beide Seiten zustellen. Dies hat ebenfalls in gerichtlich nachweisbarer Form zu geschehen[5]. Wenn der Zugang nicht nachgewiesen werden kann, ist der Spruch der Einigungsstelle unwirksam.

299 Die Entscheidung der Einigungsstelle wird auch bei Säumnis einer Partei **im zweistufigen Verfahren** des § 76 Abs. 3 Satz 3 BetrVG gefällt, da es sich um eine Sachentscheidung, nicht um eine bloße Verfahrensentscheidung handelt. Danach wird zunächst ohne den Vorsitzenden ein Beschluss gefasst. Nur wenn in diesem Verfahren keine Mehrheit erzielt wird, nimmt der Vorsitzende nach erneuter Beratung an der Abstimmung teil[6]. Die Beisitzer der Antragstellerseite werden jedoch nur in Ausnahmefällen nicht zu einem einheitlichen Ergebnis gelangen, etwa wenn ein außerbetrieblicher Beisitzer das Begehren der Antragstellerseite wider Erwarten ablehnt.

300 Eine Säumnisentscheidung kann nur im Fall der echten Säumnis, **nicht im Fall** der **persönlichen Verhinderung** gefällt werden. Wenn also Beisitzer einer Seite bspw. wegen Krankheit ausgefallen sind, ist es nicht möglich, ohne sie eine Entscheidung zu fällen[7]. In der Praxis ist jedoch meist klar zu erkennen, ob eine Seite sich generell ablehnend gegen das Einigungsstellenverfahren verhält, oder ob ein echter Fall der persönlichen Verhinderung vorliegt. Sofern eine solche Erkennbarkeit ausnahmsweise nicht gegeben sein sollte, zwingen die fehlende Einspruchsmöglichkeit sowie der Grundsatz der vertrauensvollen Zusammenarbeit die erschienene Seite dazu, zunächst genauere Nachforschungen anzustellen. Die Parität könnte allerdings durch Stimmverzicht der anderen Seite hergestellt werden. Eine solche sog. **Pairing-Abrede** bedarf jedoch der Zustimmung aller Mitglieder der Einigungsstelle[8].

301 Ein **Einspruch** gegen die Säumnisentscheidung analog § 338 ZPO ist im Einigungsstellenverfahren **nicht** gegeben. Die säumige Partei kann also nicht erreichen, dass das Verfahren vor der Einigungsstelle wieder aufgenommen wird. Die Säumnisentscheidung ist aber ebenso gerichtlich **anfechtbar wie eine reguläre Entscheidung** der Einigungsstelle, dh., bei Verfahrens- oder Rechtsmängeln wird sie durch das ArbG aufgehoben.

f) Entscheidung in Eilfällen

302 Ein Verfahren des einstweiligen Rechtsschutzes ist für die Einigungsstelle im Gesetz nicht vorgesehen. Dennoch hat es sich eingebürgert, dass die Einigungsstelle in eiligen Angelegenheiten eine **vorläufige Re-**

---

1 BAG v. 27.6.1995 – 1 ABR 3/95, BB 1995, 2581 (A der Gründe).
2 Fitting, § 76 BetrVG Rz. 102; Friedemann, Rz. 322; Wenning-Morgenthaler, Rz. 401; Ehrich/Fröhlich, Teil E, Rz. 123; Heinze, RdA 1990, 262 (271).
3 Ehrich/Fröhlich, Teil E, Rz. 124.
4 Hennige, S. 182 f., weist zu Recht darauf hin, dass ggf. der rechtskräftige Abschluss des arbeitsgerichtlichen Bestellungsverfahrens auch in der Beschwerdeinstanz abgewartet werden muss, bevor die Einigungsstelle zur konstituierenden Sitzung einlädt und einen Säumnisspruch fällt.
5 Wenning-Morgenthaler, Rz. 402; Ehrich/Fröhlich, Teil E, Rz. 126.
6 DKKW/Berg, § 76 BetrVG Rz. 9, 121; Fitting, § 76 BetrVG Rz. 102; Ehrich/Fröhlich, Teil E, Rz. 125.
7 So zu Recht auch Hennige, S. 181 f. gegen Galperin/Löwisch, § 76 BetrVG, Rz. 33, die im Interesse eines beschleunigten Einigungsstellenverfahrens auch hier einen Säumnisspruch zulassen wollen.
8 LAG Köln v. 26.7.2005 – 9 TaBV 5/05, NZA-RR 2006, 197.

gelung bis zu ihrem endgültigen Spruch treffen kann[1]. Auch in Eilfällen wird die Entscheidung durch die gesamte Einigungsstelle gefällt, nicht etwa durch den Vorsitzenden allein[2]. Grund hierfür ist, dass es sich um eine Entscheidung in der Sache, nicht um eine bloße Verfahrensregelung handelt.

Dies ist unproblematisch, wenn die Parteien sich übereinstimmend auf eine vorläufige Regelung einigen. Sofern dies nicht möglich ist, kann auch ein **vorläufiger Spruch** gefällt werden[3]. Dies ist bedenklich, wenn bei der Umsetzung dieser vorläufigen Regelung die Gefahr eines Rechtsverlustes durch die geschaffenen Fakten droht. Eine derartige Vorwegnahme der Hauptsache sollte jedenfalls vermieden werden. Wird dies nicht hinreichend berücksichtigt und ist der (vorläufige) Spruch durch den ArbGeb umzusetzen, hält dieser ihn jedoch für unwirksam, wird er schlicht untätig bleiben. Der BR hat in diesem Fall die Möglichkeit, im Wege des einstweiligen Rechtsschutzes die Durchsetzung des Spruches zu erreichen[4]. Die Einigungsstelle kann auf Antrag zur Gewährung vorläufigen materiellen Rechtsschutzes im Rahmen billigen Ermessens des § 76 Abs. 2 BetrVG verpflichtet sein, wenn unabweisbare Sicherungsbedürfnisse vorliegen[5]. 303

VIII. Gerichtliche Überprüfung des Spruchs der Einigungsstelle

1. Zuständigkeit der Gerichte für Arbeitssachen

Der Spruch der Einigungsstelle unterliegt der **rechtlichen Kontrolle** durch das **ArbG**. Die Möglichkeit der gerichtlichen Überprüfung kann durch die Parteien nicht im Voraus durch Vereinbarung ausgeschlossen werden. Dies ergibt sich aus dem Umkehrschluss zu § 4 ArbGG, wonach das arbeitsgerichtliche Verfahren nur in Streitigkeiten nach § 2 Abs. 1 und 2 ArbGG, also zwischen Tarifvertragsparteien, ausgeschlossen werden kann[6]. 304

Der Spruch der Einigungsstelle wird primär im arbeitsgerichtlichen **Beschlussverfahren** nach §§ 80, 2a Abs. 2 ArbGG überprüft. Soweit es um die Überprüfung der Einhaltung des Ermessens geht, ist dies die einzige Verfahrensart. Dies ergibt sich aus § 76 Abs. 5 Satz 4 BetrVG, wonach diese Rüge nur in einer bestimmten Form und Frist geltend gemacht werden kann (vgl. Rz. 306 ff., 312 ff.). Andere Rechtsverstöße können **auch inzident überprüft** werden, zB im Rahmen der Zahlungsklage eines ArbN auf Leistungen aus dem Spruch der Einigungsstelle. Hier entscheidet das ArbG im Urteilsverfahren auch über die Wirksamkeit des Einigungsstellenspruches als Vorfrage für den Zahlungsanspruch. Ein solches Urteilsverfahren, in dem die Rechtmäßigkeit des Spruchs der Einigungsstelle entscheidungserheblich ist, ist bis zum rechtskräftigen Abschluss eines anhängigen Beschlussverfahrens über die Rechtmäßigkeit des Einigungsstellenspruchs **auszusetzen**. Dies folgt daraus, dass die Frage der Wirksamkeit des Einigungsstellenspruchs nur im Beschlussverfahren rechtsverbindlich geklärt werden kann, während sie als Vorfrage im Urteilsverfahren nicht an der Rechtskraft teilnimmt[7]. 305

2. Antragsinhalt; Antragsberechtigung; Beteiligtenfähigkeit

Der **Antrag** lautet auf **Feststellung der Unwirksamkeit des Spruchs**, nicht auf seine Aufhebung[8]. Dies folgt daraus, dass die gerichtliche Entscheidung nur feststellende, keine rechtsgestaltende Wirkung hat. Die Einigungsstelle ist nämlich kein Gericht und auch keine den Gerichten vorgeschaltete Instanz, deren Entscheidungen aufhebbar wären. Hält der jeweilige Beteiligte nur einen Teil des Spruchs für unwirksam, 306

---

1 *Fitting*, § 76 BetrVG Rz. 90; MünchArbR/*Joost*, § 232 Rz. 71, 132; *Friedemann*, Rz. 324; *Ehrich/Fröhlich*, Teil E, Rz. 128; *Küttner/Schmidt*, DB 1988, 704 (706); *Bengelsdorf*, BB 1991, 618; *Heinze*, RdA 1990, 279; DKKW/*Berg*, § 76 BetrVG Rz. 118.
2 MünchArbR/*Joost*, § 232 Rz. 72. AA *Küttner/Schmidt*, DB 1988, 704 (706): Entscheidung durch Gremium oder Vorsitzenden möglich.
3 *Friedemann*, Rz. 324, der dies für den Fall eines Interessenausgleiches und für den Sozialplan jedoch ablehnt; *Ehrich/Fröhlich*, Teil E, Rz. 128.
4 MünchArbR/*Joost*, § 232 Rz. 133.
5 LAG Hessen v. 25.6.2009 – 5 TaBVGa 52/09, juris, Rz. 15.
6 MünchArbR/*Joost*, § 232 Rz. 74, der kritisiert, dass das Einigungsstellenverfahren wegen der Möglichkeit der gerichtlichen Überprüfung nur ein Vorverfahren ist. Eine endgültige Beilegung der Meinungsverschiedenheit sei daher durch den Spruch der Einigungsstelle noch nicht erreicht; hierdurch würde die Bedeutung des Einigungsstellenverfahrens für die betriebliche Praxis erheblich gemindert. Dem ist entgegenzuhalten, dass eine schnelle und endgültige Beilegung der Meinungsverschiedenheit nicht um den Preis der Rechtsweggarantie geschehen darf.
7 *Fitting*, § 76 BetrVG Rz. 140; GK-BetrVG/*Kreutz/Jacobs*, § 76 Rz. 145.
8 BAG v. 14.1.2014 – 1 ABR 49/12, NZA-RR 2014, 356; BAG v. 15.3.2006 – 7 ABR 24/05, NZA 2006, 1422; BAG v. 14.12.1993 – 1 ABR 31/93, AP Nr. 65 zu § 87 BetrVG 1972 – Lohngestaltung; BAG v. 27.10.1992 – 1 ABR 4/92, AP Nr. 29 zu § 95 BetrVG 1972; *Fitting*, § 76 BetrVG Rz. 143; *Stege/Weinspach/Schiefer*, § 76 BetrVG Rz. 27.

kann er die gerichtliche Überprüfung von vornherein hierauf beschränken[1], sofern die verbleibende Regelung mit dem unwirksamen Teil nicht in unlösbarem Zusammenhang steht.

307 **Antragsberechtigt** sind der ArbGeb und der BR, nicht hingegen einzelne ArbN oder die Einigungsstelle selbst[2]. Der Beschluss des BR zur Überprüfung des Spruchs kann nicht bereits im Vorfeld der Entscheidung der Einigungsstelle gefasst werden; eine Bestätigung bzw. Heilung des unwirksamen Beschlusses ist nur innerhalb der gesetzlich geregelten Ausschlussfrist von zwei Wochen möglich[3]. Die Tarifvertragsparteien sind dann antragsberechtigt, wenn die Wirksamkeit des Spruches im Verhältnis zum Tarifvertrag in Frage steht oder in sonstiger Weise in deren Rechte eingegriffen wird[4]. Die Delegation des BR auf den GBR zur Durchführung eines Einigungsstellenverfahrens umfasst nicht zwingend die Berechtigung, einen Spruch der Einigungsstelle gerichtlich anzufechten; maßgeblich ist der jeweilige Inhalt des Delegationsbeschlusses[5].

308 **Beteiligte** des Verfahrens können einzelne **ArbN** des Betriebes sein, wenn sie durch die gerichtliche Entscheidung über die Wirksamkeit des Spruchs unmittelbar betroffen werden[6]. Dies kann zB in den Fällen des § 37 Abs. 6 Satz 5, § 38 Abs. 2 Satz 5, § 87 Abs. 1 Nr. 5 oder 9 BetrVG der Fall sein. Die **Einigungsstelle** selbst kann nach der Rspr. des BAG nicht Beteiligte des Verfahrens sein. Sie ist nur Hilfsorgan der Betriebspartner und kann deshalb nicht in eigenen betriebsverfassungsrechtlichen Rechten verletzt sein[7].

309 **Unzulässig** ist es, die Unwirksamkeit eines Spruchs aus mehreren Gründen (zB wegen eines Ermessensfehlers und wegen fehlender Zuständigkeit der Einigungsstelle) in **unterschiedlichen Beschlussverfahren** geltend zu machen. Der Streitgegenstand beider Verfahren ist derselbe. Es stünde selbst dann der Einwand entgegenstehender Rechtshängigkeit entgegen, wenn die Verfahren gleichzeitig anhängig gemacht würden[8].

310 Am **Rechtsschutzinteresse** für die gerichtliche Überprüfung des Spruchs fehlt es dann, wenn er eine Regelungsstreitigkeit zum Inhalt hat, die sich lediglich auf einen einmaligen, in der Vergangenheit liegenden Vorfall bezieht, und keine Wiederholungsgefahr besteht[9]. Der **Zwischenbeschluss** einer Einigungsstelle, in dem diese ihre Zuständigkeit bejaht oder verneint, kann nicht mit einem Antrag zur gerichtlichen Entscheidung gestellt werden, der auf die Feststellung der Unwirksamkeit dieses Beschlusses gerichtet ist[10]. Als Entscheidung über eine Rechtsfrage stellt der Zwischenbeschluss über die Zuständigkeit keine die Einigung der Betriebsparteien ersetzende und diese bindende Regelung dar und kann deshalb nicht isoliert angefochten werden. Es fehlt daher an einem feststellungsfähigen Rechtsverhältnis und damit an den Voraussetzungen des § 256 Abs. 1 ZPO. Die Frage der Zuständigkeit der Einigungsstelle unterliegt damit auch nach einem diese bejahenden Zwischenbeschluss in vollem Umfang der späteren gerichtlichen Kontrolle im Rahmen der Überprüfung des abschließenden Beschlusses. Eingehend zur gerichtlichen Anfechtbarkeit von Zwischenbeschlüssen: Rz. 182.

311 Die Anrufung des ArbG im Beschlussverfahren hat idR **keine suspendierende Wirkung** für die Geltendmachung von Rechten aus dem Spruch der Einigungsstelle[11]. Der Spruch bleibt grds. auch während des

---

1 LAG Hamm v. 27.3.1985 – 12 TaBV 129/84, NZA 1985, 631; LAG Berlin v. 16.6.1986 – 9 TaBV 3/86, LAGE § 76 BetrVG Nr. 24; *Stege/Weinspach/Schiefer*, § 76 BetrVG Rz. 28. Zur Möglichkeit des gerichtlichen Ausspruchs einer Teilunwirksamkeit noch Rz. 322.
2 *Fitting*, § 76 BetrVG Rz. 141; MünchArbR/*Joost*, § 232 Rz. 78; ErfK/*Kania*, § 76 BetrVG Rz. 29, 36.
3 LAG Nürnberg v. 6.5.2015 – 4 TaBV 8/13; der nachfolgende Beschluss des BAG v. 25.4.2017 – 1 ABR 46/15 war zum Zeitpunkt des Redaktionsschlusses dieser Auflage noch nicht veröffentlicht.
4 *Fitting*, § 76 BetrVG Rz. 141.
5 LAG Hessen v. 31.5.2011 – 4 TaBV 153/10, juris, Rz. 57.
6 *Fitting*, § 76 BetrVG Rz. 145; GK-BetrVG/*Kreutz/Jacobs*, § 76 Rz. 150.
7 BAG v. 11.7.2000 – 1 ABR 43/99, AP Nr. 2 zu § 109 BetrVG 1972; BAG v. 28.4.1981 – 1 ABR 53/79, DB 1981, 1882; BAG v. 28.7.1981 – 1 ABR 65/79, DB 1982, 386; LAG Hamm v. 29.9.2006 – 10 TaBV 5/06, juris, Rz. 45; DKKW/*Berg*, § 76 BetrVG Rz. 161; *Fitting*, § 76 Rz. 144; GK-BetrVG/*Kreutz/Jacobs*, § 76 Rz. 149; MünchArbR/*Joost*, § 232 Rz. 78; *Wenning-Morgenthaler*, Rz. 385. AA BVerwG v. 13.2.1976 – VII P. 9/74, ZBR 1976, 351; LAG Düsseldorf v. 24.1.1978 – 8 TaBV 33/77, EzA § 87 BetrVG 1972 – Vorschlagswesen Nr. 1; LAG Hamm v. 21.10.1977 – 3 Ta BV 57/77, EzA § 76 BetrVG 1972 Nr. 19 mit Hinweis auf § 83 Abs. 3 ArbGG, wonach am Beschlussverfahren die Stellen zu beteiligen sind, die nach dem BetrVG im Einzelfall beteiligt sind; ebenso *Lepke*, BB 1977, 49 (56).
8 BAG v. 16.7.1996 – 3 ABR 13/95, AP Nr. 53 zu § 76 BetrVG 1972.
9 LAG Düsseldorf v. 23.9.1977 – 17 TaBV 76/77, ArbuR 1979, 27; *Wenning-Morgenthaler*, Rz. 417 mwN.
10 BAG v. 17.9.2013 – 1 ABR 21/12, BB 2013, 3069; BAG v. 22.11.2005 – 1 ABR 50/04, EzA § 85 BetrVG 2001 Nr. 1; LAG Hamburg v. 7.2.2012 – 4 TaBV 12/11, juris, Rz. 35. Vgl. auch BAG v. 22.1.2002 – 3 ABR 28/01, DB 2002, 1839; BAG v. 28.5.2002 – 1 ABR 37/01, NZA 2003, 171. AA: BAG v. 4.7.1989 – 1 ABR 40/88, NZA 1990, 29; LAG Nds. v. 20.3.2003 – 4 TaBV 108/00, LAGE § 5 ArbSchG Nr. 1.
11 LAG MV v. 3.2.2010 – 2 TaBV 15/09, juris, Rz. 20; LAG Hessen v. 16.12.2004 – 5 TaBVGa 153/04, ArbRB 2005, 241; LAG Köln v. 20.4.1999 – 13 Ta 243/98, NZA-RR 2000, 311; LAG Köln v. 30.7.1999 – 11 TaBV 35/99, BB

laufenden Anfechtungsverfahrens verbindlich und ist durchzuführen. Solange keine die Unwirksamkeit des Spruchs feststellende gerichtliche Entscheidung vorliegt, kommt daher auch ein Antrag einer Betriebspartei auf Erlass einer einstweiligen Verfügung in Betracht, mit der die Vollziehung des Spruchs durchgesetzt werden soll[1]. Allerdings kann seine Umsetzung trotz laufender Anfechtung im Wege einer einstweiligen Verfügung nur dann erzwungen werden[2], wenn der Spruch offensichtlich wirksam ist. Entsprechendes gilt umgekehrt für die Aussetzung der Vollziehung des Spruchs im Wege einer **einstweiligen Verfügung** im Falle der offensichtlichen Unwirksamkeit[3].

3. Überprüfungsfrist

Will eine der Parteien den Einigungsstellenspruch wegen **Überschreitung der Grenzen des Ermessens** gerichtlich angreifen, ist dies nach § 76 Abs. 5 Satz 4 BetrVG nur innerhalb von **zwei Wochen** ab Zustellung des Spruchs möglich. Die Geltendmachung anderer Mängel ist zeitlich unbefristet möglich, vgl. hierzu Rz. 316. Die Zwei-Wochen-Frist gilt **nicht** bei Entscheidungen im Rahmen der **freiwilligen Mitbestimmung**. Diesbezüglich fehlt es in § 76 Abs. 6 BetrVG an einer entsprechenden Regelung. 312

Hierbei handelt es sich um eine **materiell-rechtliche Ausschlussfrist**, nicht aber um eine prozessuale Frist für das Verfahren als solches[4]. Das heißt: Auch nach Überschreitung der Frist findet eine gerichtliche Überprüfung des Spruchs statt; die Frage, inwieweit die Grenzen des Ermessens überschritten sind, ist jedoch nicht mehr zu prüfen. Insoweit ist der Spruch der Einigungsstelle dann endgültig[5]. Eine Verlängerung der Frist oder eine Wiedereinsetzung in den vorigen Stand ist ausgeschlossen[6]. 313

Für die **Berechnung der Zwei-Wochen-Frist** ist derjenige Tag maßgeblich, an dem der Spruch der Einigungsstelle der antragstellenden Partei durch den Vorsitzenden zugeleitet wurde. Nach § 187 Abs. 1 BGB wird der Tag des Zugangs bei der Berechnung der Frist nicht mitgerechnet. Der Lauf der Frist beginnt also am auf die Zustellung folgenden Tag und endet zwei Wochen später mit dem Ablauf desjenigen Wochentages, der dem Tag der Zustellung entspricht, § 188 Abs. 2 BGB. Ist dies ein Samstag, Sonntag oder gesetzlicher Feiertag, so endet die Frist am darauffolgenden Werktag. Dies entspricht dem allgemeinen Grundsatz des § 193 BGB[7]. 314

Der Antragsteller muss **innerhalb der Frist die Gründe vortragen**, aus denen sich eine Überschreitung der Grenzen des Ermessens ergibt. Die bloße Stellung des Antrags auf Feststellung der Unwirksamkeit beim Gericht genügt nicht. Ein Nachschieben der Gründe heilt den Mangel nicht. Dies würde auf eine unzulässige Verlängerung der Ausschlussfrist hinauslaufen. Ebenso wenig ist eine Verlängerung der Vortragsfrist oder eine Wiedereinsetzung in den vorigen Stand möglich[8]. Allerdings ist es zulässig, innerhalb der Zwei-Wochen-Frist vorgetragene Gründe für die Ermessensüberschreitung später zu konkretisieren oder zu erweitern[9]. Ist ein Ermessensfehler innerhalb der Frist gerügt, hat das ArbG die Rechtswirksamkeit des Spruchs unter allen rechtlichen Gesichtspunkten zu überprüfen, auch darauf, ob die Einigungsstelle überhaupt zuständig war[10]. 315

2000, 987; LAG Berlin v. 6.12.1984 – 4 TaBV 2/84, BB 1985, 1199; DKKW/*Berg*, § 76 BetrVG Rz. 167; *Fitting*, § 76 BetrVG Rz. 164; *Wenning-Morgenthaler*, Rz. 413; HWGNRH/*Worzalla*, § 76 BetrVG Rz. 94.

1 LAG Köln v. 20.4.1999 – 13 Ta 243/98, NZA-RR 2000, 311. AA GK-BetrVG/*Kreutz/Jacobs*, § 76 Rz. 177 f., der trotz Verneinung einer suspensiven Wirkung eine verbindliche Verpflichtung zur Durchführung verneint. AA wohl auch BAG v. 22.1.2013 – 1 ABR 92/11, EzA § 85 ArbGG 1979 Nr. 6 zum Durchsetzungsanspruch des BR bzgl. Abfindungsberechnung nach Sozialplan, der auf angefochtenem Spruch beruht.
2 LAG Hessen v. 16.12.2004 – 5 TaBVGa 153/04, ArbRB 2005, 241. AA wohl BAG v. 22.1.2013 – 1 ABR 92/11, EzA § 85 ArbGG 1979 Nr. 6 zum Durchsetzungsanspruch des BR bzgl. Abfindungsberechnung nach Sozialplan, der auf angefochtenem Spruch beruht.
3 LAG Köln v. 30.7.1999 – 11 TaBV 35/99, BB 2000, 987; LAG Hessen v. 24.9.1987 – 12 TaBVGa 70/87, BB 1988, 347; LAG BW v. 7.11.1989 – 7 TaBV Ha 1/89, LAG BW v. 7.11.1989 – 8 TaBV Ha 1/89, NZA 1990, 286; LAG Berlin v. 8.11.1990 – 14 TaBV 5/90, BB 1991, 206.
4 BAG v. 27.6.1995 – 1 ABR 3/95, DB 1995, 2219; MünchArbR/*Joost*, § 232 Rz. 80.
5 BAG v. 26.5.1988 – 1 ABR 11/87, DB 1988, 2154; MünchArbR/*Joost*, § 232 Rz. 84.
6 BAG v. 26.5.1988 – 1 ABR 11/87, BB 1988, 2174.
7 MünchArbR/*Joost*, § 232 Rz. 85.
8 BAG v. 26.5.1988 – 1 ABR 11/87, DB 1988, 2154; BAG v. 14.5.1985 – 1 ABR 52/81, DB 1985, 215; BAG v. 25.7.1989 – 1 ABR 46/88, BB 1989, 2255; MünchArbR/*Joost*, § 232 Rz. 85; *Wenning-Morgenthaler*, Rz. 427.
9 *Fitting*, § 76 BetrVG Rz. 159; GK-BetrVG/*Kreutz/Jacobs*, § 76 Rz. 161, die dies aus dem Amtsermittlungsgrundsatz des Arbeitsgerichtes herleiten. Ebenso: *Stege/Weinspach/Schiefer*, § 76 BetrVG Rz. 27.
10 BAG v. 16.7.1996 – 3 ABR 13/95, DB 1996, 2448.

316 **Andere Rügen** als die Überschreitung der Grenzen des Ermessens (zB Verstöße gegen wesentliche Verfahrensvorschriften) sind zeitlich **unbefristet** möglich[1]. Dies gilt für Verfahrensfehler ebenso wie für die Auslegung unbestimmter Rechtsbegriffe, die in vollem Umfang der richterlichen Rechtskontrolle unterliegen[2]. Auch die Überprüfung von Regelungsfragen, die Zuständigkeit der Einigungsstelle oder ein Verstoß gegen höherrangiges Recht ist zeitlich nicht befristet[3]. Eine Ausnahme gilt nur dann, wenn die Verfahrensverstöße zwischenzeitlich geheilt oder die Geltendmachung verwirkt worden ist[4].

4. Umfang der gerichtlichen Prüfung

317 Die arbeitsgerichtliche Kontrolle des Spruchs der Einigungsstelle beschränkt sich nicht auf die **inhaltliche Rechtmäßigkeit** des Spruchs; sie erstreckt sich auch auf Verstöße gegen elementare **Verfahrensgrundsätze**, die bei Bildung, Verhandlung und Beschlussfassung der Einigungsstelle zu berücksichtigen sind. Beispiele hierfür sind die fehlende Zuständigkeit der Einigungsstelle[5], Grundrechtsverstöße[6] (zB Art. 2 Abs. 1, Art. 12, Art. 14 GG, Verhältnismäßigkeitsprinzip), Gesetzesverstöße (zB § 75 BetrVG), Verstöße gegen Tarifverträge oder Betriebsvereinbarungen, die Verletzung des Anspruchs auf rechtliches Gehör, die nicht ordnungsgemäße Ladung der Beisitzer, die Nichteinhaltung der Abstimmungsregelung des § 76 Abs. 3 Satz 3 BetrVG, die Verletzung sonstiger wesentlicher Verfahrensregeln (vgl. Rz. 105 ff.). Dies gilt selbst dann, wenn sie von keinem der Beteiligten gerügt worden sind[7].

318 Steht der Einigungsstelle bei der **Auslegung** eines **unbestimmten Rechtsbegriffes** ein Beurteilungsspielraum zu, beschränkt sich die gerichtliche Kontrolle auf die Prüfung, ob bei der Auslegung die Grenzen des Beurteilungsspielraums eingehalten wurden[8].

319 Der der Einigungsstelle bei Regelungsfragen zustehende **Ermessensspielraum** ist in zweierlei Hinsicht begrenzt: Zum einen können Ermessensfehler nur bei Einhaltung der **Zwei-Wochen-Frist** des § 76 Abs. 5 Satz 4 BetrVG überprüft werden (hierzu bereits Rz. 312 ff.); zum anderen ist lediglich die **Überschreitung der Grenzen des Ermessens** zu überprüfen[9]. Dabei darf die Einigungsstelle den ihr eingeräumten Ermessensspielraum ausschöpfen[10]. Nur eine Überschreitung führt zur Unwirksamkeit des Spruchs. Dem ArbG steht **keine Zweckmäßigkeitskontrolle** zu; es hat nicht das Recht, sein eigenes Ermessen an die Stelle des Ermessens der Einigungsstelle zu setzen[11]. Die Grenzen des Ermessens werden bestimmt durch die Interessen des ArbGeb einerseits und des BR andererseits. Beide müssen angemessen berücksichtigt werden. Der Zweck des jeweiligen Mitbestimmungsrechtes ist zu beachten[12]. Ausgehend von den festgestellten Belangen des Betriebes und der ArbN sowie deren Gewichtigkeit ist vom ArbG zu prüfen, ob die von der Einigungsstelle getroffene Regelung noch als **angemessener Ausgleich dieser Belange** gelten kann. Eine „grobe" Ermessensüberschreitung oder eine „offenbare Unbilligkeit" des Spruchs ist nicht erforderlich; umgekehrt reichen bloße Zweifel an der Einhaltung der Ermessensgrenzen nicht aus[13]. Erforderlich ist vielmehr die Überzeugung, dass die Grenzen überschritten sind. Ein Verstoß in diesem Sinne ist etwa

---

1 BAG v. 15.3.2006 – 7 ABR 24/05, NZA 2006, 1422; BAG v. 27.6.1995 – 1 ABR 3/95, DB 1995, 2219, B.I.
2 BAG v. 11.7.2000 – 1 ABR 43/99, AP Nr. 2 zu § 109 BetrVG 1972; ErfK/*Kania*, § 76 BetrVG Rz. 28; GK-BetrVG/*Kreutz/Jacobs*, § 76 Rz. 151, 153, 156; *Fitting*, § 76 BetrVG Rz. 151; Richardi/*Richardi/Maschmann*, § 76 BetrVG 128.
3 *Fitting*, § 76 BetrVG Rz. 146 f.
4 BAG v. 18.1.1994 – 1 ABR 43/93, DB 1994, 838; *Schönfeld*, NZA 1988, Beilage 4, S. 3 (5).
5 Die Zuständigkeit fehlt auch, wenn das Mitbestimmungsrecht durch eine bereits bestehende ungekündigte Betriebsvereinbarung verbraucht ist, vgl. LAG München v. 1.7.2004 – 3 TaBV 53/03, juris, Rz. 53, sowie oben Rz. 46b.
6 BAG v. 13.2.2007 – 1 ABR 18/06, NZA 2007, 640.
7 BAG v. 18.1.1994 – 1 ABR 43/93, DB 1994, 838, B.I.; BAG v. 18.4.1989 – 1 ABR 2/88, EzA § 76 BetrVG 1972 Nr. 48 mit Anm. *Rotter*; BAG v. 27.6.1995 – 1 ABR 3/95, DB 1995, 2219; Richardi/*Richardi/Maschmann*, § 76 BetrVG Rz. 114; *Galperin/Löwisch*, § 76 BetrVG Rz. 42; *Schönfeld*, NZA 1988, Beilage 4, S. 3 (4); MünchArbR/*Joost*, § 232 Rz. 82.
8 BAG v. 8.8.1989 – 1 ABR 61/88, AP Nr. 6 zu § 106 BetrVG 1972; *Fitting*, § 76 BetrVG Rz. 149; ErfK/*Kania*, § 76 BetrVG Rz. 30; *Henssler*, RdA 1991, 269; *Rieble*, BB 1991, 471. AA GK-BetrVG/*Kreutz/Jacobs*, § 76 Rz. 157.
9 Zu den Grenzen des Ermessens vgl.: LAG Hamburg v. 23.7.2004 – 6 TaBV 3/04, juris, Rz. 63; LAG Brandenburg v. 13.2.2003 – 3 TaBV 15/01, AP Nr. 37 zu § 87 BetrVG Überwachung; LAG MV v. 28.10.2002 – 2 TaBV 2/02, juris, Rz. 27. Zum Ermessensnichtgebrauch vgl.: LAG Hamburg v. 12.8.2002 – 7 TaBV 14/00, juris, Rz. 71 ff.
10 *Fitting*, § 76 BetrVG Rz. 153 f.; *Wenning-Morgenthaler*, Rz. 430.
11 BAG v. 22.7.2003 – 1 ABR 28/02, NZA 2004, 507; BAG v. 30.10.1979 – 1 ABR 112/77, AP Nr. 9 zu § 112 BetrVG 1972; BAG v. 22.1.1980 – 1 ABR 28/78, AP Nr. 7 zu § 111 BetrVG 1972; BAG v. 27.5.1986 – 1 ABR 48/84, AP Nr. 15 zu § 87 BetrVG 1972 – Überwachung; LAG Berlin v. 22.4.1980 – 3 TaBV 3/79, ARSt 1981, 15.
12 BAG v. 30.8.1995 – 1 ABR 4/95, DB 1996, 333; MünchArbR/*Joost*, § 232 Rz. 87.
13 LAG MV v. 25.2.2009 – 3 TaBV 7/08, juris, Rz. 46 f.

dann anzunehmen, wenn der Beschluss der Einigungsstelle deutlich erkennbar keinerlei sachgerechte Interessenabwägung mehr enthält, weil zB die Einigungsstelle die Interessen der einen oder der anderen Seite überhaupt nicht berücksichtigt hat oder weil die Regelung nicht nur unzweckmäßig, sondern **objektiv ungeeignet ist**[1].

Zu überprüfen ist nach der Rspr. und der wohl herrschenden Auffassung in der Lit. nur der **Spruch selbst**, nicht eine etwaige Fehlerhaftigkeit der Erwägungen der Einigungsstelle, die zu ihm geführt haben (sog. **Ermessensfehlgebrauch**)[2]. Es kommt nicht darauf an, durch welche Tatsachen und Annahmen die Einigungsstelle zu ihrem Spruch gekommen ist und ob die diesem Spruch zugrunde liegenden Erwägungen der Einigungsstelle – sofern sie überhaupt mitgeteilt worden sind – folgerichtig waren und eine erschöpfende Würdigung sämtlicher Umstände zum Inhalt haben. Allein das Ergebnis der Tätigkeit der Einigungsstelle ist auf seine Ermessensfehlerhaftigkeit zu überprüfen, nicht etwa die Überlegungen und Erwägungen der Einigungsstelle bei der Entscheidungsfindung, sofern diese überhaupt bekannt gegeben worden sind[3].

Ebenso wenig sind **verfahrensbegleitende Zwischenbeschlüsse** der Einigungsstelle (zB Ablehnung der Einstellung wegen Erledigung[4]) gesondert gerichtlich anfechtbar. Sie enthalten keine eigene Regelung des Verfahrensgegenstandes und haben keine unmittelbare und zwingende Wirkung. Der ArbGeb muss diese daher nicht ausführen und der BR kann mangels Rechtsgrundlage einen Zwischenbeschluss nicht gerichtlich durchsetzen[5]. Etwas anders gilt bei einem Beschluss der Einigungsstelle über ihre Zuständigkeit[6]. Vgl. hierzu bereits Rz. 182.

Auch die **Nichtbescheidung von Sachaufklärungsanträgen**, die zuvor eine Betriebspartei oder ein Beisitzer gestellt haben, ist kein erheblicher Verfahrensfehler[7]. Die Betriebsparteien selbst haben wie die Parteien im Zivilprozess keinen Anspruch auf förmliche Bescheidung entsprechender Verfahrensanträge. Die Mitglieder der Einigungsstelle haben zwar wie die Mitglieder eines gerichtlichen Kollegialorgans Anspruch auf die Diskussion eigener Anträge zur weiteren Behandlung des Streitstoffs und auf Meinungsbildung durch das Gremium; allerdings können weder die Nichtbescheidung noch die mangelnde Sachaufklärung als solche isoliert geltend gemacht werden. Gegenstand der gerichtlichen Überprüfung ist – von den erwähnten Ausnahmen abgesehen – nicht das Verfahren der Einigungsstelle als solches, sondern die von ihr beschlossene inhaltliche Regelung. Allein diese ist nach § 76 Abs. 5 BetrVG auf Rechts- und Ermessensfehler hin zu überprüfen[8]. Sollte sich dabei herausstellen, dass mangels hinreichender Sachaufklärung von der Einigungsstelle Rechtsfehler begangen oder die Belange des Betriebes oder der betroffenen ArbN nicht angemessen berücksichtigt wurden, so ist aus diesem Grund der Spruch der Einigungsstelle unwirksam, nicht aber wegen des zugrunde liegenden Verfahrensverstoßes. Sollte sich dagegen – ggf. nach weiterer Sachaufklärung durch das Gericht – herausstellen, dass die beschlossene Regelung inhaltlich nicht zu beanstanden ist, ist sie wirksam, auch wenn sie unter Übergehung eines Verfahrensantrags zustande gekommen ist. Andernfalls gälten für das Verfahren vor der Einigungsstelle noch strengere Maßstäbe als für Gerichtsverfahren. Bei einem gerichtlichen Spruchkörper stellen mögliche Fehler der gremieninternen Willensbildung keinen isolierten Grund für die Anfechtung der getroffenen Entscheidung dar; wegen des Beratungsgeheimnisses werden sie im Übrigen noch nicht einmal bekannt.

---

1 BAG v. 21.9.1993 – 1 ABR 16/93, AP Nr. 62 zu § 87 BetrVG 1972 Arbeitszeit; BAG v. 9.5.1995 – 1 ABR 56/94, AP Nr. 2 zu § 76 BetrVG 1972 Einigungsstelle; LAG Nds. v. 20.1.2005 – 7 TaBV 40/04, AiB 2005, 687.
2 BAG 14.1.2014 – 1 ABR 49/12, NZA-RR 2014, 356; BAG v. 24.8.2004 – 1 ABR 23/03, NZA 2005, 302; BAG v. 29.1.2002 – 1 ABR 18/01, EzA § 76 BetrVG 1972 Nr. 70; BAG v. 30.8.1995 – 1 ABR 4/95, DB 1996, 333; BAG v. 25.1.2000 – 1 ABR 1/99, DB 2000, 2329; BAG v. 14.9.1994 – 10 ABR 7/94, BAGE 78, 30; DKKW/*Berg*, § 76 BetrVG Rz. 144; *Fitting*, § 76 BetrVG Rz. 154; HWGNRH/*Worzalla*, § 76 BetrVG Rz. 87; GK-BetrVG/*Kreutz/Jacobs*, § 76 Rz. 164; MünchArbR/*Joost*, § 232 Rz. 88. AA (Überprüfung auch der Beweggründe): ErfK/*Kania*, § 76 BetrVG Rz. 31; *Rieble*, Die Kontrolle des Ermessens der Einigungsstelle, S. 23 ff.; *Fiebig*, DB 1995, 1278 (1280); *Heinze*, RdA 1990, 262 (272); *Richardi/Richardi/Maschmann*, § 76 BetrVG Rz. 137.
3 BAG v. 14.1.2014 – 1 ABR 49/12, NZA-RR 2014, 356; BAG v. 24.8.2004 – 1 ABR 23/03, NZA 2005, 302; BAG v. 6.5.2003 – 1 ABR 11/02, NZA 2004, 193; BAG v. 11.3.1986 – 1 ABR 12/84, NZA 1986, 526; BAG v. 21.9.1993 – 1 ABR 16/93, NZA 1994, 427; LAG Hamm v. 29.9.2006 – 10 TaBV 5/06, juris, Rz. 65; *Fitting*, § 76 BetrVG Rz. 154; DKKW/*Berg*, § 76 BetrVG Rz. 147 mwN.
4 LAG Berlin-Brandenburg v. 21.3.2012 – 20 TaBV 188/11, juris, Rz. 56.
5 LAG Berlin-Brandenburg v. 1.7.2011 – 8 TaBV 656/11, juris, Rz. 27.
6 BAG v. 22.1.2002 – 3 ABR 28/01, DB 2002, 1839; BAG v. 4.7.1989 – 1 ABR 40/88, AP Nr. 20 zu § 87 BetrVG 1972 – Tarifvorrang.
7 BAG v. 29.1.2002 – 1 ABR 18/01, EzA § 76 BetrVG 1972 – Einigungsstelle Nr. 19, B.I.2.c)bb).
8 BAG v. 31.8.1982 – 1 ABR 27/80, BAGE 40, 107 (122).

5. Rechtsfolgen bei Unwirksamkeit

321 Kommt das ArbG zu dem Ergebnis, dass die Ermessensgrenzen überschritten worden sind oder ein sonstiger zur Unwirksamkeit führender Rechtsverstoß vorliegt, hat es – entsprechend der Antragstellung – **die Unwirksamkeit des Spruchs festzustellen.** Das ArbG kann den Spruch **nicht aufheben** und durch eine **eigene Regelung** ersetzen. Es darf bei Regelungsstreitigkeiten nicht sein Ermessen an die Stelle des Ermessens der Einigungsstelle setzen[1]. Nur wenn die Einigungsstelle ausschließlich über eine Rechtsfrage entschieden hat, kann das ArbG diese sogleich selbst entscheiden. Dies ist bspw. der Fall, wenn Gegenstand des Einigungsstellenverfahrens die Frage war, ob der ArbGeb zu einer bestimmten Auskunft verpflichtet ist[2].

322 Sofern nur einzelne Bestimmungen des Spruchs unwirksam sind, kann das ArbG lediglich eine **Teilunwirksamkeit** aussprechen, wenn der verbleibende Teil des Spruchs eine sinnvolle und in sich geschlossene Regelung bildet und nicht in einem unlösbaren Zusammenhang mit dem unwirksamen Teil steht[3]. Wenn jedoch die wirksamen und die unwirksamen Teile der Regelung zwingend zusammengehören, hat das ArbG auszusprechen, dass der Spruch insgesamt unwirksam ist.

323 Hat das ArbG die Unwirksamkeit des Spruchs festgestellt, muss die **Einigungsstelle** das Verfahren wieder aufgreifen, **erneut zusammentreten und entscheiden.** Es bedarf weder einer Neuanrufung der Einigungsstelle durch die Beteiligten noch der Bildung einer neuen Einigungsstelle. Vielmehr tritt die Einigungsstelle in derselben Konstellation zusammen wie zuvor. Ihre Aufgabe war und ist die Beilegung der Meinungsverschiedenheit zwischen ArbGeb und BR. Diese Aufgabe ist durch den unwirksamen Spruch noch nicht erfüllt[4]. Bei der neuen Entscheidung hat die Einigungsstelle die Feststellungen des ArbG zu berücksichtigen.

324 Etwas anderes gilt nur, wenn die Unwirksamkeit des Spruchs darauf beruht, dass die Einigungsstelle insgesamt unzuständig war, also kein Mitbestimmungsrecht besteht. In diesem Fall ist das Einigungsstellenverfahren beendet; aus dem unwirksamen Spruch können keinerlei Rechte hergeleitet werden.

6. Gegenstandswert

324a Bei der Anfechtung von Einigungsstellenbeschlüssen kommt es entscheidend darauf an, das mit der Anfechtung verfolgte Interesse abzuschätzen. Für die Ausfüllung des bestehenden Ermessensrahmens sind (auch) die wirtschaftliche Bedeutung und die Mindestlaufzeit zu berücksichtigen[5]. Bei der Anfechtung eines Einigungsstellenspruchs über einen **Sozialplan** gem. Abs. 5 Satz 4 handelt es sich um eine nicht vermögensrechtliche Streitigkeit, so dass sich die Gegenstandswertfestsetzung nach § 23 Abs. 3 Satz 2 Halbs. 2 RVG richtet[6]. Für solche Gegenstände ist der Wert auf 5 000 Euro, nach Lage des Falles niedriger oder höher, jedoch nicht über 500 000 Euro festzusetzen[7]. Dabei werden beim Streit über die Wirksamkeit eines Einigungsstellenspruchs für die Bemessung des Gegenstandswerts häufig die Grundsätze über den Streit um das Bestehen eines Mitbestrechts herangezogen. Ausgangspunkt bildet die Anzahl der betroffenen ArbN, wobei eine Orientierung an der Staffel des § 9 BetrVG erfolgt. Für bis zu 20 ArbN ist der Auffangwert von 5 000 Euro in Ansatz zu bringen, für die weiteren in § 9 BetrVG vorgesehenen Staffel jeweils zusätzlich 5 000 Euro[8].

---

[1] *Herschel*, ArbuR 1974, 265; Richardi/*Richardi/Maschmann*, § 76 BetrVG Rz. 136; DKKW/*Berg*, § 76 BetrVG Rz. 147; *Fitting*, § 76 BetrVG Rz. 161.
[2] MünchArbR/*Joost*, § 232 Rz. 90 f..
[3] BAG v. 9.11.2010 – 1 ABR 75/09, NZA-RR 2011, 354; BAG v. 28.5.2002 – 1 ABR 37/01, NZA 2003, 171 (Orientierungssatz); BAG v. 30.8.1995 – 1 ABR 4/95, DB 1996, 333; BAG v. 20.7.1999 – 1 ABR 66/98, NZA 2000, 495; LAG Berlin v. 22.4.1980 – 3 TaBV 3/79, DB 1980, 2342; *Stege/Weinspach/Schiefer*, § 76 BetrVG Rz. 28; *Fitting*, § 76 BetrVG Rz. 160; MünchArbR/*Joost*, § 232 Rz. 91; *Wenning-Morgenthaler*, Rz. 448. AA *Fischer*, NZA 1997, 1019.
[4] BAG v. 30.1.1990 – 1 ABR 2/89, DB 1990, 1090; LAG Rh.-Pf. v. 12.4.2011 – 3 TaBV 6/11, juris, Rz. 31; LAG Düsseldorf v. 24.1.1978 – 8 TaBV 33/77, EzA § 87 BetrVG 1972 – Vorschlagswesen Nr. 1; *Fitting*, § 76 BetrVG Rz. 162; *Stege/Weinspach/Schiefer*, § 76 BetrVG Rz. 28; MünchArbR/*Joost*, § 232 Rz. 92; *Wenning-Morgenthaler*, Rz. 447 (anders noch in der 4. Aufl.). AA (Bildung einer neuen Einigungsstelle): ErfK/*Kania*, § 76 BetrVG Rz. 22.
[5] LAG Hamm v. 22.8.2005 – 10 TaBV 5/05, juris, Rz. 11, 14.
[6] Vgl. auch II. Nr. 5 des Streitwertkatalogs für die Arbeitsgerichtsbarkeit in der Fassung vom 5.4.2016, abgedruckt unter Streitwertkommission, NZA 2016, 926.
[7] LAG Hessen v. 11.2.2004 – 5 Ta 510/03, LAGE § 8 BRAGO Nr. 57.
[8] So etwa LAG Hamburg v. 19.5.2016 – 7 Ta 8/16, juris; LAG Hamburg v. 10.2.2012 – H 6 Ta 1/12, juris, Rz. 18; LAG Hamm v. 23.3.2009 – 10 Ta 83/09, LAGE Nr. 14 zu § 23 RVG.

IX. Haftung der Einigungsstellenmitglieder

Eine Haftung der Mitglieder der Einigungsstelle, etwa für eine Verletzung der Verschwiegenheitspflicht oder einen fehlerhaften Spruch, ist nicht grds. ausgeschlossen. 325

1. Haftung des Vorsitzenden

Zwischen dem Vorsitzenden und dem ArbGeb besteht ein besonderes betriebsverfassungsrechtliches Schuldverhältnis. Dieses Schuldverhältnis hat Elemente eines Dienstvertrages iSv. § 611 BGB und eines Geschäftsbesorgungsvertrages iSv. § 675 BGB (vgl. Rz. 75 ff.)[1]. Bei Verletzung der sich aus diesem Rechtsverhältnis ergebenden Pflichten können **Schadensersatzansprüche** entstehen. Als Anspruchsgrundlage kommt in erster Linie § 280 Abs. 1 BGB in Betracht. Nach dieser Norm kann der Gläubiger Ersatz des entstehenden Schadens verlangen, wenn der Schuldner eine Pflicht aus dem Schuldverhältnis verletzt. Für Schadensersatzansprüche Dritter, etwa des BR oder einzelner betroffener ArbN, ist idR schon keine Anspruchsgrundlage gegeben. Ein vertragliches Verhältnis der Mitglieder der Einigungsstelle mit Dritten besteht nicht; und für Ansprüche aus unerlaubter Handlung fehlt es an den nötigen Voraussetzungen. 326

Als **Pflichtverletzungen** des Vorsitzenden kommen nur Handlungen in Betracht, die ihm **selbst zurechenbar** sind. Beispiele hierfür sind die Verletzung der Verschwiegenheitspflicht nach § 79 BetrVG, eine unberechtigte Amtsniederlegung zur Unzeit oder die Verweigerung der Schlussabstimmung. 327

Handlungen des Kollegialorgans Einigungsstelle können dem Vorsitzenden nicht als **Pflichtverletzung** zugerechnet werden. Insbesondere kann ein fehlerhafter Spruch der Einigungsstelle dem Vorsitzenden nicht zugerechnet werden. Dies ergibt sich aus allgemeinen Grundsätzen zur Amtshaftung[2]. Danach liegt kein Verschulden vor, wenn das mehrheitlich gefundene Ergebnis nach sorgfältiger Prüfung aller Umstände zustande gekommen ist. 328

Voraussetzung eines Schadensersatzanspruches ist ein **Schaden**, der aufgrund der Pflichtverletzung entstanden ist. *Friedemann* nennt hier als Beispiel den Fall, dass der Vorsitzende sich bei der Schlussabstimmung über einen Interessenausgleich und Sozialplan der Stimme enthält und sein Amt niederlegt. In einem solchen Fall werden die Beisitzer wahrscheinlich nicht zu einer Mehrheitsentscheidung gelangen, so dass erneute Verhandlungen mit einem anderen Vorsitzenden begonnen werden müssen. Sofern dadurch die Kündigungsfristen erst später zu laufen beginnen, entsteht ein erheblicher Schaden, der durch das Verhalten des Vorsitzenden verursacht ist[3]. 329

Der **Verschuldensmaßstab**, der an das Verhalten des Vorsitzenden sowie der übrigen Einigungsstellenmitglieder anzulegen ist, ist in der Lit. streitig. Die wohl herrschende Auffassung verneint eine Haftung für leichte Fahrlässigkeit. Zur Begründung heißt es, die Einigungsstelle sei als betriebliches Schlichtungsorgan ausgestaltet und insofern einem Schiedsgericht vergleichbar. Dort gilt der Haftungsmaßstab des § 839 Abs. 2 BGB als stillschweigend vereinbart. Nach dieser Norm haftet ein Richter für Amtspflichtverletzungen nur, wenn die Pflichtverletzung in einer Straftat besteht (sog. Spruchrichterprivileg). Daher sei nicht der Verschuldensmaßstab des § 276 BGB anzulegen, sondern es bestehe nur eine Haftung für Vorsatz und grobe Fahrlässigkeit[4]. Demgegenüber vertritt *Friedemann*, eine solche Haftungsreduzierung möge wünschenswert erscheinen; sie sei jedoch im Gesetz durch nichts begründet[5]. Zutreffend ist, dass die knappen gesetzlichen Bestimmungen zur Einigungsstelle in § 76 BetrVG keine Regelung zum Haftungsmaßstab für ihre Mitglieder enthalten. Jedoch wendet die Rspr. auch in anderen Fragen die Bestimmungen für das Schiedsverfahren entsprechend auf die Einigungsstellenverfahren an. Ein Beispiel hierfür ist die Ablehnung des Vorsitzenden wegen der Besorgnis der Befangenheit (hierzu Rz. 183 ff.). Daher ist auch eine analoge Anwendung des reduzierten Haftungsmaßstabs zulässig. Für diese Haftungsreduzierung spricht überdies, dass der Vorsitzende ohnehin eine schwierige Aufgabe zu erfüllen hat. Hierbei soll er nicht zusätzlich durch die Sorge um erhebliche Haftungsrisiken beschränkt werden. 330

Sofern sich nach diesen Maßstäben eine Haftung ergibt, ist zunächst ein etwaiges **Mitverschulden** des ArbGeb zu prüfen. Dieser ist bspw. im Fall eines fehlerhaften Einigungsstellenspruches verpflichtet, diesen ge- 331

---

[1] Eingehend zu den sich hieraus ergebenden Sorgfaltspflichten für den Vorsitzenden *Hunold*, NZA 1999, 785 (786 ff.).
[2] Vgl. *Friedemann*, Rz. 356.
[3] *Friedemann*, Rz. 354.
[4] *Fitting*, § 76 BetrVG Rz. 52; *Wenning-Morgenthaler*, Rz. 157; *Ehrich/Fröhlich*, Teil D, Rz. 29; ErfK/*Kania*, § 76 BetrVG Rz. 12.
[5] *Friedemann*, Rz. 355; ebenso *Schipp*, NZA 2011, 271; *Sprenger*, BB 2010, 2110.

richtlich anzufechten, um drohenden Schaden abzuwenden[1]. In der **Praxis** sind Schadensersatzansprüche gegen Mitglieder der Einigungsstelle äußerst selten.

2. Haftung der Beisitzer

332 Für die Haftung der Beisitzer gilt grds. das für den Vorsitzenden Gesagte. Ein **Unterschied** ergibt sich **hinsichtlich ihrer Pflichten**. Anders als der Vorsitzende sind sie nicht verpflichtet, an der Schlussabstimmung teilzunehmen. Ihre Pflicht besteht nur darin, an den Sitzungen der Einigungsstelle teilzunehmen und ihre Doppelfunktion als Interessenvertreter und als Beisitzer auszuüben. Dementsprechend stellt eine Stimmenthaltung für den Beisitzer keine Pflichtverletzung dar[2]. In Betracht kommt dagegen auch bei ihnen ein Verstoß gegen die Verschwiegenheitsverpflichtung aus § 79 BetrVG.

X. Kosten des Verfahrens der Einigungsstelle

1. Vorbemerkung

333 Das **BetrVG** von 1972 enthielt bis 1989 keine Regelung über die Kosten der Einigungsstelle. Es galt der allgemeine Grundsatz des § 40 BetrVG, nach dem der ArbGeb die Kosten der Tätigkeit des BR zu tragen hat. Anspruchsgrundlage für die Vergütung des Vorsitzenden war in aller Regel eine ausdrückliche Vereinbarung mit dem ArbGeb[3]. Viele Einzelheiten der Kostentragungslast waren streitig. Umstritten war in der Lit. unter anderem der Berechnung der Beisitzerhonorare nach den Grundsätzen der Bundesrechtsanwaltsgebührenordnung (BRAGO)[4]. Dabei war die Bestimmung des Streitwertes häufig schwierig. Kritisiert wurde zum einen, dass die Einigungsstelle den Gegenstandswert selbst schätzen musste und damit die Höhe der eigenen Vergütung selbst bestimmte, zum anderen, dass insbesondere die zuweilen hohen Gegenstandswerte bei Sozialplanverhandlungen zu unangemessen hohen Honoraren führten. Die Gebührensätze der BRAGO deckten außerdem die Bürokosten des Rechtsanwalts mit ab, die bei Einigungsstellenmitgliedern in aller Regel nicht anfielen[5]. Auch die Entrichtung einer Vergütung an Verbandsvertreter, vor allem an Gewerkschaftssekretäre, wurde in der Lit. vielfach kritisiert[6].

334 Durch das **Änderungsgesetz zum BetrVG** vom 20.12.1988, in Kraft getreten zum 1.1.1989, erfuhr die Kostenfrage eine gesetzliche Regelung in **§ 76a BetrVG**[7]. Durch diese Norm wurde die Verpflichtung des ArbGeb, die Kosten der Einigungsstelle zu tragen, ausdrücklich gesetzlich festgeschrieben (Absatz 1). Die Absätze 2 und 3 regeln die Vergütung der Mitglieder der Einigungsstelle. Dabei wurde die gegen die frühere Rechtslage geäußerte Kritik aufgegriffen. Die gesetzliche Neuregelung knüpft hinsichtlich der Höhe der Vergütung nicht mehr an die BRAGO und damit auch nicht an das Rechtsanwaltsvergütungsgesetz (RVG) v. 5.5.2004[8] an, sondern enthält eigene Bemessungskriterien. Unterschieden wird zudem zwischen betriebsangehörigen und betriebsfremden Beisitzern; erstere haben keinen Anspruch auf eine gesonderte Vergütung.

335 § 76a Abs. 4 BetrVG enthält eine Ermächtigung des Bundesministers für Arbeit und Soziales, die Vergütung der Einigungsstellenmitglieder durch Rechtsverordnung näher zu regeln. Von dieser Ermächtigung ist bis heute kein Gebrauch gemacht worden[9]. § 76a Abs. 4 BetrVG enthält in den Sätzen 2 bis 5 jedoch Bemessungskriterien, die auch ohne Erlass der Rechtsverordnung bereits jetzt bei der Festlegung der Vergütung

---

1 *Fitting*, § 76 BetrVG Rz. 53; *Friedemann*, Rz. 357; *Wenning-Morgenthaler*, Rz. 160; *Ehrich/Fröhlich*, Teil D, Rz. 30.
2 So auch *Friedemann*, Rz. 358; weitergehend *Ehrich/Fröhlich*, Teil D, Rz. 30, die auch eine willkürliche Niederlegung des Amtes als Pflichtverletzung ansehen, die Schadensersatzansprüche auslösen kann.
3 Vergleiche BAG v. 31.7.1986 – 6 ABR 79/83, DB 1987, 441. Dementsprechend empfiehlt auch *Pünnel*, AuR 1973, 262 (265) den Beteiligten dringend den Abschluss einer klaren Vereinbarung über die Vergütung mit dem ArbGeb.
4 BAG v. 15.12.1978 – 6 ABR 64/77, AP Nr. 5 zu § 76 BetrVG 1972; *Richardi/Richardi/Maschmann*, § 76a BetrVG Rz. 1.
5 Vergleiche hierzu *Richardi/Richardi/Maschmann*, § 76a BetrVG Rz. 2, der die Zusammenfassung dieser Kritik im Bundestagsausschuss für Arbeit und Soziales (BT-Drs. 11/3618) wörtlich wiedergibt. Für den Vorsitzenden wurde häufig eine Vergütung iHv. zwei 13/10-Berufungsgebühren nach der BRAGO als angemessen erachtet. Das Honorar der außerbetrieblichen Beisitzer wurde in aller Regel mit 7/10 des Honorars des Vorsitzenden berechnet. Vergleiche zur Kritik im Einzelnen *Bengelsdorf*, NZA 1989, 489 (490); *Wlotzke*, DB 1989, 111 (117).
6 *Gaul*, DB 1983, 1148; *Glaubitz*, DB 1983, 555; *Herschel*, DB 1982, 1984 (1985); *Nipperdey*, DB 1982, 1321 (1323); *Schumann*, DB 1983, 1094; *Pünnel*, AuR 1973, 262 (266).
7 Gesetz zur Änderung des Betriebsverfassungsgesetzes, über Sprecherausschüsse der leitenden Angestellten und zur Sicherung der Montanmitbestimmung vom 20.12.1988, BGBl. I 1988 S. 2312 ff.
8 BGBl. I S. 788.
9 Es existiert ein Entwurf zu einer Vergütungsordnung vom 13.6.1990, auszugsweise zitiert bei *Friedemann*, Rz. 628 und bei MünchArbR/*Joost*, § 232 Rz. 111.

herangezogen werden. Absatz 5 erlaubt eine Abweichung von diesen Grundsätzen und der (bislang nicht) erlassenen Vergütungsordnung durch Tarifvertrag oder Betriebsvereinbarung (hierzu noch Rz. 398 ff.).

Die **Kostentragungspflicht des ArbGeb** umfasst **alle Kosten** der Einigungsstelle. Dies sind neben der Vergütung der Mitglieder auch deren Aufwendungen und Auslagen, aber auch die allgemeinen Kosten der Einigungsstelle. Hierzu zählen neben den Kosten für Räume, Schreibmaterial, Büropersonal, Telekommunikation usw. auch die Kosten eines Sachverständigen (vgl. Rz. 407 ff.). Es gilt allerdings der Grundsatz, dass all diese Kosten nur erstattet werden müssen, soweit sie **erforderlich und verhältnismäßig** sind[1]. 336

Weder das BPersVG noch das SprAuG oder das EBRG enthalten entsprechende Vorschriften. 337

2. Honorar und sonstige Kosten des Vorsitzenden

a) Allgemeines

Der Vorsitzende hat einen **gesetzlichen Anspruch** gegen den ArbGeb auf Zahlung einer Vergütung aus § 76a Abs. 3 und 4 BetrVG. Dies gilt auch, wenn er dem Betrieb angehört[2]. Solange der Bundesminister für Arbeit und Soziales von der in § 76a Abs. 4 Satz 1 BetrVG enthaltenen Ermächtigung, die Vergütung in einer Rechtsverordnung festzusetzen, keinen Gebrauch gemacht hat, ist die Vergütung im Einzelfall festzulegen. 338

Wird die Einigungsstelle nach erfolgreicher Anfechtung des Beschlusses mit neuem Vorsitzenden **fortgesetzt**, hat der neue Einigungsstellenvorsitzende einen eigenständigen Honoraranspruch nach § 76a Abs. 3 Satz 1 BetrVG, da er sich in den Sachverhalt, die Rechts- und Regelungsfragen einarbeiten muss[3]. 338a

Die früher übliche Bemessung des Honorars nach den Grundsätzen der **BRAGO (jetzt: RVG)** kommt seit Inkrafttreten des § 76a BetrVG **nicht mehr in Betracht**. Dabei ergaben sich vor allem bei der Ermittlung eines angemessenen Gegenstandswertes oft Schwierigkeiten. So führten etwa die hohen Streitwerte in Einigungsstellenverfahren um einen Sozialplan häufig zu unangemessen hohen Honoraransprüchen. Wenn *Friedemann* nach wie vor dazu ermutigt, das Honorar des Einigungsstellenvorsitzenden analog der BRAGO (jetzt: RVG) zu bemessen, stößt er daher auf eben jenes Problem, wie der Gegenstandswert angemessen festzulegen ist[4]. Nur folgerichtig ist es, wenn er bedauert, dass nach wie vor keine Rspr. des BAG zum Gegenstandswert der Einigungsstelle ergangen ist. Diese ist auch nicht mehr zu erwarten, hat doch der Gesetzgeber mit der Schaffung des § 76a BetrVG der Berechnung des Honorars auf BRAGO- bzw. RVG-Basis eine klare Absage erteilt. 339

b) Vereinbarung oder einseitige Bestimmung

Über die Höhe der Vergütung wird häufig bereits vor der Bestellung mit dem ArbGeb eine **Vereinbarung** abgeschlossen. Dies ist zulässig, zur Vermeidung späterer Streitigkeiten **empfehlenswert**, aber nicht zwingend[5]. So kann bspw. der maßgebende Stunden- oder Tagessatz (vgl. Rz. 362 ff.) bereits vor Beginn des Einigungsstellenverfahrens vereinbart werden. 340

Für eine solche Honorarvereinbarung gilt der Grundsatz der **Vertragsfreiheit:** Der ArbGeb kann dem Vorsitzenden eine höhere Vergütung zusagen, als sie sich nach den Grundsätzen des § 76a Abs. 3, 4 BetrVG ergeben würde; der Vorsitzende kann andererseits auch ganz oder teilweise auf sein Honorar verzichten. Der Honoraranspruch der Beisitzer wird durch einen solchen vollständigen oder teilweisen Verzicht des Vorsitzenden freilich nicht ausgeschlossen bzw. eingeschränkt[6]. 341

Kommt eine Vereinbarung zwischen dem Einigungsstellenvorsitzenden und dem ArbGeb über das Vorsitzendenhonorar bzw. die maßgebenden Aspekte seiner Berechnung nicht zustande, hat der Vorsitzende ein 342

---

1 BAG v. 13.11.1991 – 7 ABR 70/90, DB 1992, 789; LAG Hessen v. 1.3.2016 – 4 TaBV 258/15, NZA-RR 2016, 535; MünchArbR/*Joost*, § 232 Rz. 100; Richardi/*Richardi*/*Maschmann*, § 76a BetrVG Rz. 7; *Ehrich*/*Fröhlich*, Teil G, Rz. 3.
2 Ebenso: *Fitting*, § 76a BetrVG Rz. 14; GK-BetrVG/*Kreutz*/*Jacobs*, § 76a Rz. 27, 29 unter Hinweis darauf, dass § 76a Abs. 2 nur für Beisitzer gilt. Unzutreffend daher: *Ziege*, NZA 1990, 928.
3 LAG Nds. v. 25.1.2005 – 1 TaBV 65, 69/04, LAGE § 76a BetrVG 2001 Nr. 1. Für die betriebsfremden Beisitzer entsteht jedoch nur in Ausnahmefällen ein neuer Vergütungsanspruch, vgl. Rz. 391.
4 *Friedemann*, Rz. 633 ff., der dafür plädiert, dem Vorsitzenden ein Honorar in Höhe zweier 13/10-Gebühren zuzusprechen, solange dies nicht gegen die Grenzen des § 76a Abs. 4 Satz 3 BetrVG verstößt.
5 *Friedemann*, Rz. 630, der empfiehlt, erst nach Abschluss des Einigungsstellenverfahrens eine Vereinbarung über das Honorar zu schließen, da erst zu diesem Zeitpunkt der tatsächliche Arbeitsaufwand bekannt sei. *Wenning-Morgenthaler*, Rz. 509.
6 Hierzu noch Rz. 391. Zutreffend: *Friedemann*, Rz. 650; MünchArbR/*Joost*, § 232 Rz. 120.

einseitiges **Bestimmungsrecht** iSv. §§ 315, 316 BGB. Danach kann er die Vergütung unter Berücksichtigung der Kriterien des § 76a Abs. 4 Satz 3-5 BetrVG (hierzu Rz. 344 ff.) nach billigem Ermessen einseitig **selbst festsetzen**[1].

343 Erscheint dem ArbGeb das nach § 316 BGB einseitig festgesetzte Honorar zu hoch, kann er es **gerichtlich überprüfen** lassen. Dies geschieht im Beschlussverfahren vor dem ArbG[2]. Hat der Vorsitzende bei der einseitigen Bestimmung die Grenzen billigen Ermessens überschritten, setzt das ArbG die Höhe der zu zahlenden Vergütung fest, vgl. § 315 Abs. 3 Satz 2 BGB[3]. Das Gericht hat die Billigkeit der Vergütungsfestsetzung unter Berücksichtigung der Besonderheiten des jeweiligen Einzelfalles zu beurteilen. Der pauschale Vergleich mit der Vergütung in einem anderen Streitfall ist jedenfalls dann nicht zulässig, wenn in diesem die Vergütungshöhe zuvor vereinbart worden ist[4]. Hatten der ArbGeb und der Einigungsstellenvorsitzende eine Vergütungsvereinbarung getroffen oder hat der ArbGeb die vom Vorsitzenden der Einigungsstelle gem. § 316 Abs. 1 BGB bestimmte Vergütungshöhe nicht als unbillig beanstandet, entspricht diese in aller Regel billigem Ermessen[5].

c) Kriterien der Vergütungsbemessung

344 Für die Bemessung der Höhe der Vergütung sind die **Kriterien des § 76a Abs. 4 Satz 3-5 BetrVG** maßgeblich. Diese sind – wie sich aus der Verweisung des § 76a Abs. 3 Satz 2 BetrVG ergibt – bis zum Erlass einer Rechtsverordnung zur Vergütung der Einigungsstellenmitglieder auch unmittelbar bei der privatrechtlichen Festsetzung des Honorars zu berücksichtigen[6]. Nach § 76a Abs. 4 Satz 3 BetrVG ist bei der Bemessung der Vergütung insbesondere der erforderliche **Zeitaufwand**, die **Schwierigkeit** der Streitigkeit sowie ein **Verdienstausfall** zu berücksichtigen. Die Aufzählung ist nicht abschließend („insbesondere")[7]. Nach § 76a Abs. 4 Satz 5 BetrVG ist auch den berechtigten Interessen der Mitglieder der Einigungsstelle und des ArbGeb Rechnung zu tragen. Zu den Kriterien im Einzelnen:

aa) Erforderlicher Zeitaufwand

345 Das an erster Stelle genannte und wohl **wichtigste Kriterium** bei der Bemessung der Vergütung ist der „erforderliche Zeitaufwand" iSv. § 76a Abs. 4 Satz 3 BetrVG. Dieses Kriterium berücksichtigt nicht nur den subjektiven Aufwand der Einigungsstellenmitglieder in Form ihrer zeitlichen Belastung; im Zeitaufwand schlägt sich in aller Regel auch die Bedeutung und die Schwierigkeit des Verfahrensgegenstandes nieder. Der Zeitaufwand wird meistens, wenn auch nicht immer, mit dem zweiten Kriterium, der Schwierigkeit der Streitigkeit, korrelieren.

346 Zum erforderlichen Zeitaufwand zählt nicht nur die Zeit, die die Mitglieder unmittelbar in den Sitzungen der Einigungsstelle verbringen, sondern auch die **erforderliche Vor- und Nachbereitung**. Beispiele hierfür sind das Studium von Unterlagen sowie das Abfassen des Protokolls und einer etwaigen Begründung des Einigungsstellenspruches[8].

347 Zur Bemessung des Zeitaufwandes nach **Stunden-** oder **Tagessätzen** noch näher Rz. 362 ff.

---

1 BAG v. 12.2.1992 – 7 ABR 20/91, AP Nr. 2 zu § 76a BetrVG 1972; BAG v. 28.8.1996 – 7 ABR 42/95, AP Nr. 7 zu § 76a BetrVG 1972; LAG Hessen v. 26.9.1991 – 12 TaBV 73/91, NZA 1992, 469; DKKW/*Berg*, § 76a BetrVG Rz. 41; *Fitting*, § 76a BetrVG Rz. 28; ErfK/*Kania*, § 76a BetrVG Rz. 5; GK-BetrVG/*Kreutz/Jacobs*, § 76a Rz. 56; *Löwisch*, DB 1989, 224.
2 BAG v. 21.6.1989 – 7 ABR 78/87, DB 1989, 2436. Gegenstand jener Entscheidung war das Honorar eines Rechtsanwaltes, der als Verfahrensbevollmächtigter des Betriebsrates vor der Einigungsstelle aufgetreten war. Ihm war – ebenso wie den außerbetrieblichen Beisitzern – ein Honorar iHv. 7/10 des Vorsitzendenhonorars zugesagt worden. Inzident äußerte sich der 7. Senat ausführlich zur Bemessung des Vorsitzendenhonorars.
3 BAG v. 12.2.1992 – 7 ABR 20/91, DB 1993, 743; *Fitting*, § 76a BetrVG Rz. 28; *Friedemann*, Rz. 632; *Ehrich/Fröhlich*, Teil G, Rz. 15.
4 BAG v. 28.8.1996 – 7 ABR 42/95, AP Nr. 7 zu § 76a BetrVG 1972.
5 BAG v. 12.2.1992 – 7 ABR 20/91, AP Nr. 2 zu § 76a BetrVG 1972.
6 BAG v. 12.2.1992 – 7 ABR 20/91, DB 1993, 743; *Fitting*, § 76a BetrVG Rz. 19; MünchArbR/*Joost*, § 232 Rz. 112; *Wenning-Morgenthaler*, Rz. 509; Richardi/*Richardi/Maschmann*, § 76a BetrVG Rz. 20; *Ehrich/Fröhlich*, Teil G, Rz. 15.
7 *Bauer/Röder*, DB 1989, 223; *Fitting*, § 76a BetrVG Rz. 19. AA GK-BetrVG/*Kreutz/Jacobs*, § 76a Rz. 43.
8 *Fitting*, § 76a BetrVG Rz. 20; MünchArbR/*Joost*, § 232 Rz. 114; *Ehrich/Fröhlich*, Teil G, Rz. 17; *Löwisch*, DB 1989, 224; GK-BetrVG/*Kreutz/Jacobs*, § 76a Rz. 45.

bb) Schwierigkeit der Streitigkeit

Die Schwierigkeit der Streitigkeit kommt häufig bereits im erforderlichen Zeitaufwand zum Ausdruck[1]. Dennoch hat die Schwierigkeit der Streitigkeit **neben dem Zeitaufwand** als Kriterium **eine eigenständige Bedeutung**. Bspw. kann im Einzelfall eine besonders schwierige Streitigkeit aus bestimmten Gründen durchaus in kurzer Zeit abgeschlossen werden. In diesem Fall wäre es unangemessen, das gleiche Honorar zuzusprechen wie bei einer Streitigkeit, die ebenso schnell abgeschlossen werden konnte, aber bedeutend einfacher war[2]. Ein erhöhter Tages- oder Stundensatz lässt sich daher durch eine besondere Schwierigkeit des Streitgegenstandes rechtfertigen.

348

Die Schwierigkeit ist an **objektiven Maßstäben** zu messen, ohne dass es darauf ankäme, welche Schwierigkeit der Verhandlungsgegenstand dem einzelnen Einigungsstellenmitglied bereitet.

349

Die Schwierigkeit kann sich aus der **Materie** des Einigungsstellenverfahrens ergeben, bspw. bei schwierigen Fragen der betrieblichen Altersversorgung, komplexen Sachverhalten mit vielfältigen Auswirkungen oder Spezialfragen abseitiger Rechtsgebiete[3]. Darüber hinaus können auch **sonstige Umstände**, wie starker Zeit- oder ein hoher psychischer Druck für den Vorsitzenden die Tätigkeit erschweren[4], etwa bei einer besonders verfahrenen Verhandlungssituation zwischen den Beteiligten oder einer breiten, bei der Verhandlungsführung zu berücksichtigenden Öffentlichkeitswirkung.

350

cc) Verdienstausfall

Das dritte Kriterium des § 76a Abs. 4 Satz 3 BetrVG ist der „Verdienstausfall". Dieser ist ausdrücklich **bei der Honorarbemessung zu berücksichtigen**, also nicht gesondert geltend zu machen (vgl. Rz. 355, Rz. 374, Rz. 393).

351

Dieses stark individuell geprägte Kriterium kann bei ernsthafter Berücksichtigung zu erheblichen Schwierigkeiten führen. Zwischen den einzelnen Mitgliedern einer Einigungsstelle können **erhebliche Unterschiede** hinsichtlich des „Ob" und der Höhe des Verdienstausfalls bestehen. Ein Richter der Arbeitsgerichtsbarkeit, eventuell sogar bereits pensioniert, hat ebenso wenig einen Verdienstausfall wie Beisitzer, deren Arbeitsentgelt fortgezahlt wird. Bei Verbandsvertretern bspw. hängt es von den Einzelheiten ihres Anstellungsvertrages ab, inwieweit sie einen Verdienstausfall erleiden. Freiberufliche Rechtsanwälte werden in der Lit. teilweise als Beispiel für Beisitzer mit zum Teil erheblichem Verdienstausfall genannt.

352

Andererseits gilt jedoch der **Grundsatz der Parität und der Gleichbehandlung** aller Beisitzer. Die Berücksichtigung des Verdienstausfalles der Mitglieder der Einigungsstelle durch die Bildung eines Mittelwertes würde nicht nur erhebliche praktische Schwierigkeiten auslösen, sondern die einzelnen Mitglieder je nach Höhe ihres individuellen Verdienstausfalles auch unterschiedlich stark benachteiligen bzw. bevorzugen.

353

Dieses Dilemma ließe sich lösen, indem der Verdienstausfall als gesondert zu erstattender Auslagenersatz begriffen würde und bei der Bemessung des Einigungsstellenhonorars unberücksichtigt bliebe[5]. Es könnte dann ein gleich hoher Betrag - wenn auch unter Berücksichtigung des Abstandsgebotes - gezahlt werden (zum Abstandsgebot s. Rz. 389 ff.). Allerdings verstieße die gesonderte Erstattung des Verdienstausfalles gegen den insoweit eindeutigen Wortlaut des Gesetzes, wonach der Verdienstausfall bei der Bemessung der Vergütung zu berücksichtigen ist.

354

Letztlich ist - ausgehend von der 70%-Regel (vgl. Rz. 389 ff.) - hinsichtlich der Höhe des Honorars ausnahmsweise eine **Differenzierung** vorzunehmen, wenn bei den einzelnen Mitgliedern der Einigungsstelle ein unterschiedlich hoher Verdienstausfall vorliegt[6]. Nach der eindeutigen Formulierung des § 76a Abs. 4 Satz 3 BetrVG ist nur ein tatsächlich eingetretener Verdienstausfall zu berücksichtigen. Zu weit ginge es daher, auf der Grundlage spekulativer Annahmen über die (vermeintlich) verdienstunschädliche Tätigkeit während der Arbeitszeit eine Honorarkürzung für das ein oder andere Einigungsstellenmitglied vorzunehmen[7]. Wurde die Höhe des Vorsitzendenhonorars unter Berücksichtigung seines Verdienstausfalls ermit-

355

---

1 BAG v. 28.8.1996 – 7 ABR 42/95, AP Nr. 7 zu § 76a BetrVG 1972.
2 *Fitting*, § 76a BetrVG Rz. 21; *Ehrich/Fröhlich*, Teil G, Rz. 18.
3 *Fitting*, § 76a BetrVG Rz. 21; *Ehrich/Fröhlich*, Teil G, Rz. 19.
4 Vgl. hierzu *Kamphausen*, NZA 1992, 62.
5 Hierauf zu Recht hinweisend: *Fitting*, § 76a BetrVG Rz. 22. Ein „Spannungsverhältnis" beobachtet auch Richardi/Richardi/Maschmann, § 76a BetrVG Rz. 21.
6 BAG v. 14.2.1996 – 7 ABR 24/95, AP Nr. 6 zu § 76a BetrVG 1972; BAG v. 28.8.1996 – 7 ABR 42/95, AP Nr. 7 zu § 76a BetrVG 1972; LAG Hamm v. 15.1.1991 – 13 TaBV 112/90, AuR 1991, 220; DKKW/*Berg*, § 76a BetrVG Rz. 37; *Schäfer*, NZA 1991, 836 (839). Differenzierend *Kamphausen*, NZA 1992, 55 (62 f.).
7 So aber LAG Schl.-Holst. v. 11.5.1995 – 4 TaBV 9/94, DB 1995, 1282, aufgehoben durch: BAG v. 14.2.1996 – 7 ABR 24/95, AP Nr. 6 zu § 76a BetrVG 1972.

telt und ist bei keinem der Beisitzer ein Verdienstausfall eingetreten, rechtfertigt dies eine Verringerung ihres Honorars unter die üblichen 70 % des Vorsitzendenhonorars. Liegt hingegen bei keinem der Einigungsstellenmitglieder ein Verdienstausfall vor, kann dies kein Anlass sein, von der 70 %-Praxis abzuweichen[1]. Ggf. muss der ArbGeb in einem möglichen Rechtsstreit um die Vergütung vortragen und **beweisen**, bei welchen Beisitzern sich das Fehlen eines Verdienstausfalles vergütungsmindernd auswirkt[2].

356 Soweit ein **Rechtsanwalt** als Vorsitzender der Einigungsstelle tätig wird, wird er idR verpflichtet sein, seinen Verdienstausfall so konkret wie möglich zu belegen[3]. Das BAG hat hierzu ausgeführt, dass nicht davon ausgegangen werden könne, dass ein Rechtsanwalt wegen seiner Tätigkeit in der Einigungsstelle auch lukrative Mandate ausschlage[4]. Dem als Vorsitzenden beauftragten Rechtsanwalt ist daher zu empfehlen, den mit der Darlegung seines Verdienstausfalles unter Beachtung seiner anwaltlichen Schweigepflicht verbundenen Schwierigkeiten zu entgehen, indem er bereits im Vorfeld mit dem ArbGeb eine Vereinbarung über das Honorar trifft.

357 Das **Fehlen eines Vergütungsausfalles** führt nach der Rspr. des BAG nicht zu einer Verringerung der nach den übrigen Kriterien errechneten Vergütung[5]. Es erfolgt also keine ausdrückliche Minderung der errechneten Vergütung. Da jedoch ein Verdienstausfall nur bei denjenigen Einigungsstellenmitgliedern berücksichtigt werden kann, bei denen er vorliegt, erhalten die übrigen Einigungsstellenmitglieder faktisch eine geringere Vergütung[6].

dd) Berechtigte Interessen des Einigungsstellenmitgliedes sowie des Arbeitgebers

358 Nach § 76a Abs. 4 Satz 5 BetrVG sind bei der Festlegung der Vergütung die **berechtigten Interessen** der Mitglieder der Einigungsstelle sowie des ArbGeb zu berücksichtigen. Hiernach kann die Vergütung, die zunächst anhand der zuvor genannten Kriterien ermittelt wurde, nochmals unter **Abwägung aller Umstände** des Einzelfalles überprüft und ggf. angepasst werden. Im Rahmen der anzustellenden **Gesamtschau** sind zusätzlich zu den drei vorgenannten Kriterien ausdrücklich auch die Belange des ArbGeb zu berücksichtigen. So kann eine Modifizierung der Vergütungshöhe aufgrund der wirtschaftlichen Lage des ArbGeb, aber auch aufgrund der wirtschaftlichen Bedeutung des Einigungsstellenspruchs für ArbGeb und ArbN oder aufgrund der besonderen Fachkunde des Vorsitzenden oder der Beisitzer gerechtfertigt sein[7]. Befindet sich das Unternehmen in wirtschaftlich schwieriger Lage oder sogar im Insolvenzverfahren, sind daher Abschläge von der üblichen Vergütung vorzunehmen[8].

d) Art der Berechnung

aa) Einmaliges Pauschalhonorar

359 Zuweilen wird unabhängig vom tatsächlichen Zeitaufwand im Voraus oder im Nachhinein ein festes **Pauschalhonorar** mit dem ArbGeb vereinbart[9]. Dabei ist es zum Teil üblich, eine zusätzliche Auslagenpauschale (zB 5 %) zu vereinbaren. Für den Vorsitzenden der Einigungsstelle dürfte es in steuerlicher Hinsicht häufig günstiger sein, nur ein festes Pauschalhonorar zu vereinbaren, und die Nebenkosten (Reisekosten, Porto, Telefon etc.) von seiner Einkommensteuer abzusetzen.

---

1 BAG v. 14.2.1996 – 7 ABR 24/95, AP Nr. 6 zu § 76a BetrVG 1972; BAG v. 28.8.1996 – 7 ABR 42/95, AP Nr. 7 zu § 76a BetrVG 1972.
2 Vgl. BAG v. 14.2.1996 – 7 ABR 24/95, DB 1996, 2233. In jener Entscheidung wurde ausdrücklich erwähnt, dass weder der Vorsitzende noch der Beisitzer einen Verdienstausfall zu verzeichnen hatten, so dass eine Differenzierung nicht in Betracht kam. Ebenso *Friedemann*, Rz. 675.
3 BAG v. 20.2.1991 – 7 ABR 6/90, DB 1991, 1939 f.; *Fitting*, § 76a BetrVG Rz. 22; MünchArbR/*Joost*, § 232 Rz. 113; *Ehrich/Fröhlich*, Teil G, Rz. 20.
4 BAG v. 20.2.1991 – 7 ABR 6/90, DB 1991, 1939 (B.II.d) der Gründe) und parallel BAG v. 20.2.1991 – 7 ABR 78/89. Jene Entscheidungen betrafen jeweils Rechtsanwälte, die als Beisitzer mehr als 7/10 des Vorsitzendenhonorars unter Hinweis auf ihren Hauptberuf geltend machen wollten. Die darin zum Verdienstausfall niedergelegten Grundsätze lassen sich jedoch ohne Weiteres auf einen Rechtsanwalt als Vorsitzenden übertragen.
5 BAG v. 28.8.1996 – 7 ABR 42/95, DB 1997, 283 (B.II.a) der Gründe); *Fitting*, § 76a BetrVG Rz. 22; *Ehrich/Fröhlich*, Teil G, Rz. 20. Zweifelnd MünchArbR/*Joost*, § 232 Rz. 112.
6 So auch MünchArbR/*Joost*, § 232 Rz. 112.
7 *Fitting*, § 76a BetrVG Rz. 23; GK-BetrVG/*Kreutz/Jacobs*, § 76a Rz. 42; DKKW/*Berg*, § 76a BetrVG Rz. 33; *Stege-Weinspach/Schiefer*, § 76a BetrVG Rz. 29. Letztere sprechen indes der wirtschaftlichen Bedeutung des Verfahrens für die Vergütungsbemessung jegliche Bedeutung ab.
8 So auch *Löwisch*, DB 1989, 224; *Stege/Weinspach/Schiefer*, § 76a BetrVG Rz. 29.
9 *Friedemann*, Rz. 639 ff.; *Wenning-Morgenthaler*, Rz. 535.

Zur Vermeidung von Unklarheiten sollte im Vorhinein klar verabredet werden, welche Kosten mit der Pauschale abgegolten sind. Aktuelle statistische Erhebungen über die Höhe pauschaler Vorsitzendenhonorare existieren nicht[1]. Pauschalsätze von 3 000 Euro bei einfachen Streitigkeiten bis hin zu 50 000 Euro bei umfangreichen Verfahren oder mehr sind keine Seltenheit. 360

In der Lit. wird zum Teil kritisiert, ein Pauschalhonorar verstoße gegen die Kriterien des § 76a Abs. 4 BetrVG und sei daher **unzulässig**[2]. Zur Begründung wird ausgeführt, der erforderliche Zeitaufwand könne bei einem Pauschalhonorar nicht ausreichend berücksichtigt werden. Dem kann nicht gefolgt werden. Für einen erfahrenen Vorsitzenden zeichnet sich der erforderliche Zeitaufwand zumeist aufgrund des Streitgegenstandes und der Verhandlungssituation bereits im Vorhinein ab. Darüber hinaus ist es ebenso möglich, das Pauschalhonorar erst im Nachhinein mit dem ArbGeb zu vereinbaren[3]. Auch das BAG hatte in zahlreichen Entscheidungen über das Honorar von Einigungsstellenmitgliedern zu entscheiden. In keinem Fall wurde die Vereinbarung eines Pauschalhonorars für den Vorsitzenden bemängelt[4]. Im Gegenteil führte das BAG zutreffend aus, die Pauschalierung der Kosten der Einigungsstelle entspreche einem praktischen Bedürfnis und trage dazu bei, die Kosten der Einigungsstelle überschaubar zu halten[5]. 361

bb) Tages- oder Stundensatz; Deckelung

In der Praxis wird die Tätigkeit häufig auf der Grundlage eines festen **Tages- oder Stundensatzes** abgerechnet[6]. Der **Entwurf einer Verordnung** iSv. § 76a Abs. 4 Satz 1 BetrVG geht von einer Vergütung zum Stundensatz aus (vgl. zu diesem Entwurf Rz. 367). Dies hat insbesondere bei langwierigen Verfahren den Vorteil, dass der tatsächliche Zeitaufwand exakter berücksichtigt werden kann, als dies bei einem im Voraus festgelegten einmaligen Pauschalhonorar möglich wäre. 362

Auch **Kombinationen** sind denkbar. Bspw. können die eigentlichen Sitzungen auf der Basis eines Tageshonorars, die Zeiten der Vor- und Nacharbeit hingegen auf Stundenbasis vergütet werden. Ebenso kann die Höhe des Tages- oder Stundensatzes für Sitzungstage und andere Tage (zB Vor- und Nacharbeiten) unterschiedlich sein. Zuweilen kann die Vereinbarung eines Stunden- oder Tageshonorars dem Interesse der Betriebspartner, das Einigungsstellenverfahren zügig und kostengünstig zu beenden, zuwiderlaufen[7]. Diesem Nachteil des Stundenhonorars kann durch die (zu empfehlende) vorherige Vereinbarung eines **Höchsthonorares** (sog. **Deckelung**) Rechnung getragen werden. Letztlich handelt es sich dabei um eine Kombination aus Pauschal- und Zeithonorar. 363

Wegen des bislang unterbliebenen Erlasses einer Rechtsverordnung nach § 76a Abs. 4 Satz 1 BetrVG bereitet die Bestimmung der konkreten Tages- oder Stundensätze zuweilen Schwierigkeiten. 364

Eine Orientierung an den Stundensätzen für Sachverständige iSd. **Justizvergütungs- und Entschädigungsgesetzes (JVEG)**[8] (höchstens 95 Euro) scheidet aus[9]. Ebenso wenig ist der Honoraranspruch durch eine sich an § 13 JVEG orientierende Höchstgrenze beschränkt. § 76a BetrVG sieht eben keine Höchstgrenze vor; der Verordnungsgeber hat von seiner Ermächtigung in § 76a Abs. 4 BetrVG (noch) keinen Gebrauch 365

---

1 Zu den Honoraren 1983 vergleiche *Glaubitz*, DB 1983, 555.
2 MünchArbR/*Joost*, § 232 Rz. 114; GK-BetrVG/*Kreutz/Jacobs*, § 76a Rz. 45, vgl. aber auch Rz. 60 ff. Auch *Ehrich/ Fröhlich*, Teil G, Rz. 22 ff. erörtern ausschließlich die Vergütung auf Stundenbasis.
3 Die Vereinbarung im Nachhinein empfiehlt *Friedemann*, Rz. 631, deshalb, weil erst zu diesem Zeitpunkt der erforderliche Zeitaufwand und die tatsächliche Schwierigkeit der Streitigkeit feststehen.
4 Vergleiche nur BAG v. 21.6.1989 – 7 ABR 78/87, DB 1989, 2436 (Pauschalhonorar iHv. DM 5000 netto); BAG v. 13.11.1991 – 7 ABR 70/90, DB 1992, 789 (drei Tagessätze à DM 2000 ergaben DM 6000); BAG v. 14.2.1996 – 7 ABR 24/95, DB 1996, 2233 (Pauschalhonorar iHv. DM 19 000 netto zzgl. DM 2000 Spesenpauschale); LAG Hessen v. 11.6.2012 – 16 TaBV 203/11, juris, Rz. 26 (Pauschalhonorar 25 000 Euro bei 13 Stunden dauernder Einigungsstelle hoch, aber noch angemessen).
5 BAG v. 14.2.1996 – 7 ABR 24/95, DB 1996, 2233 (B.I.2b)cc) der Gründe).
6 DKKW/*Berg*, § 76a BetrVG Rz. 29; *Fitting*, § 76a BetrVG Rz. 24; GK-BetrVG/*Kreutz/Jacobs*, § 76a Rz. 45 ff.; *Löwisch*, DB 1989, 223 (224); *Bauer/Röder*, DB 1989, 224 (225); *Wenning-Morgenthaler*, Rz. 538, 542.
7 So auch *Friedemann*, Rz. 637, der Bedenken gegen die Vereinbarung eines Stundenhonorars äußert.
8 BGBl. I S. 776.
9 Zum Gesetz über die Entschädigung von Zeugen und Sachverständigen (ZSEG): BAG v. 28.8.1996 – 7 ABR 42/95, DB 1997, 283; LAG München v. 11.1.1991 – 2 TaBV 57/90, LAGE § 76a BetrVG Nr. 1; LAG Hessen v. 26.9.1991 – 12 TaBV 73/91, NZA 1992, 469; GK-BetrVG/*Kreutz/Jacobs*, § 76a Rz. 46; *Richardi/Richardi/Maschmann*, § 76a BetrVG Rz. 21; *Fitting*, § 76a BetrVG Rz. 24; ErfK/*Kania*, § 76a BetrVG Rz. 5; DKKW/*Berg*, § 76a BetrVG Rz. 32; *Kamphausen*, NZA 1992, 59; *Bauer/Röder*, DB 1989, 224 (225 f.); *Kraushaar*, AiB 1996, 282. AA: *Stege/Weinspach/ Schiefer*, § 76a BetrVG Rz. 28; *Lunk/Nebendahl*, NZA 1990, 921 (925); HWGNRH/*Worzalla*, § 76a BetrVG Rz. 33; *Löwisch*, DB 1989, 223 (224).

gemacht. Es fehlt daher an einer Gesetzeslücke, die im Wege der analogen Anwendung von § 13 JVEG zu schließen wäre[1]. Gleiches gilt für die Anwendung von Fallpauschalen entsprechend Anlage 2 zu § 10 JVEG. Die Tätigkeit der Einigungsstellenmitglieder ist nicht mit der eines Sachverständigen iSd. JVEG vergleichbar. Sie ist erheblich komplexer und umfassender. Im Einigungsstellenverfahren geht es nicht nur um die sachverständige Beantwortung bzw. Begutachtung einer konkreten Fragestellung; vielmehr geht es zusätzlich um die Schlichtung von Meinungsverschiedenheiten zwischen den Betriebsparteien, die Gestaltung innerbetrieblicher Beziehungen und in der überwiegenden Zahl der Fälle, in denen der Einigungsstellenspruch den Charakter einer Betriebsvereinbarung hat, um die Setzung betrieblichen Rechtes. Die Einigungsstelle hat hierbei sowohl die Belange des Betriebs als auch die seiner ArbN angemessen zu berücksichtigen; ihr Spruch hat sowohl eine soziale als auch eine unternehmerische Komponente[2]. Aus den gleichen Gründen ist eine Orientierung der Vergütung der Einigungsstellenmitglieder an der **Entschädigung ehrenamtlicher Richter** gem. §§ 15 ff. JVEG abzulehnen[3].

366 Richtigerweise bestimmt sich die **Höhe des Stundensatzes** nach den oben (vgl. Rz. 344 ff.) dargestellten Kriterien des § 76a Abs. 4 BetrVG. Der Zeitaufwand und der Schwierigkeitsgrad der Angelegenheit sind ebenso zu berücksichtigen, wie sonstige berechtigte Interessen, etwa die wirtschaftliche Situation des ArbGeb. Auch die besondere Fachkunde des Vorsitzenden und/oder seine jahrelange Erfahrung spielen eine Rolle.

367 Im (nicht in Kraft getretenen) Entwurf der Vergütungsverordnung vom 13.6.1990 waren Stundensätze von 100–200 DM, für Vor- und Nacharbeiten von 70–140 DM vorgesehen. Bei besonders schwierigen Streitigkeiten sollten die Sätze bis zu 5 % überschritten werden können, wobei ein tatsächlicher Verdienstausfall des Vorsitzenden seine Stundensätze um maximal 80 DM pro Stunde erhöhen sollte.

368 Je nach Schwierigkeit der Streitigkeit und der sonstigen Umstände des Einzelfalls sind Stundensätze von **100–300 Euro**, in besonderen Fällen auch darüber, durchaus sachgerecht[4]. Das BAG bspw. hat in einer Entscheidung aus dem Jahr 1996 einen Stundensatz von 300 DM (jetzt 153 Euro) bei einer Angelegenheit von mittlerer Schwierigkeit, der Aufstellung eines Sozialplanes anlässlich einer Betriebsstilllegung, für angemessen gehalten[5]. In der Praxis sind zuweilen sogar Stundensätze bis zu **500 Euro** anzutreffen, etwa bei begehrten, erfahrenen Einigungsstellenvorsitzenden, an deren Hinzuziehung beide Betriebsparteien interessiert sind.

369 Vorstehender Vergütungsrahmen gilt – vorbehaltlich einer abweichenden Vereinbarung – nicht nur für den Zeitaufwand der Sitzung der Einigungsstelle, sondern auch für die erforderliche Vor- und Nachbereitung der Sitzungen.

e) Fälligkeit der Vergütung

370 Der Vergütungsanspruch entsteht mit der Bestellung zum Vorsitzenden der Einigungsstelle[6]. Fällig wird er erst **nach Beendigung** des Einigungsstellenverfahrens, sofern nichts anderes vereinbart wurde[7]. Der Grund hierfür ist entgegen *Joost* nicht die Tatsache, dass erst dann der erforderliche Zeitaufwand feststeht[8]. Vielmehr findet hier der allgemeine Grundsatz des § 614 Satz 1 BGB Anwendung. Danach ist die Vergütung erst nach der Leistung der Dienste zu entrichten. Sofern die Vergütung nach Tages- oder Stundensätzen vereinbart ist, wäre diese nach § 614 Satz 2 BGB jeweils nach dem Ablauf der einzelnen Zeitabschnitte zu entrichten. Hier ist jedoch in aller Regel konkludent oder ausdrücklich vereinbart, dass die Vergütung erst bei Abschluss des Verfahrens fällig werden soll.

---

1 BAG v. 28.8.1996 – 7 ABR 42/95, DB 1997, 283, B.I.b) der Gründe.
2 So zu Recht DKKW/*Berg*, § 76a BetrVG Rz. 32; *Fitting*, § 76a BetrVG Rz. 24a; *Bauer/Röder*, DB 1989, 224 (225 f.).
3 Ebenso: LAG Hessen v. 26.9.1991 – 12 TaBV 73/91, NZA 1992, 469; DKKW/*Berg*, § 76a BetrVG Rz. 32; *Kamphausen*, NZA 1992, 55 (59); *Wenning-Morgenthaler*, Rz. 503. AA *Bengelsdorf*, NZA 1999, 489 (495); *Lunk/Nebendahl*, NZA 1990, 921 (925).
4 Vgl. etwa *Fitting*, § 76a BetrVG Rz. 24b; DKKW/*Berg*, § 76a BetrVG Rz. 31; *Wenning-Morgenthaler*, Rz. 507; *Ehrich/Fröhlich*, Teil G, Rz. 24.
5 BAG v. 28.8.1996 – 7 ABR 42/95, DB 1997, 283 (B.II. der Gründe).
6 MünchArbR/*Joost*, § 232 Rz. 107; *Richardi/Richardi/Maschmann*, § 76a BetrVG Rz. 18.
7 MünchArbR/*Joost*, § 232 Rz. 118; *Ehrich/Fröhlich*, Teil G, Rz. 28. Die Fälligkeit nach Beendigung des Einigungsstellenverfahrens und – denklogisch – nach Abrechnung durch das Einigungsstellenmitglied sieht auch der Entwurf einer Vergütungsvereinbarung vom 13.6.1990 vor.
8 MünchArbR/*Joost*, § 232 Rz. 118.

Bei langwierigen Einigungsstellenverfahren oder bei zu erwartenden hohen Auslagen (Reisekosten oÄ) haben die Einigungsstellenmitglieder Anspruch auf einen angemessenen **Vorschuss** oder auf Abschlagszahlungen[1].

371

f) Auslagenersatz

Neben dem Anspruch auf Zahlung einer Vergütung hat der Vorsitzende (ebenso wie die anderen Mitglieder der Einigungsstelle) Anspruch auf Ersatz aller ihm im Zusammenhang mit der Einigungsstelle entstehenden **Aufwendungen** und **Auslagen**. Hierzu zählen Fahrtkosten, Telefon- und Telefaxgebühren, Porto- und Fotokopierkosten sowie erforderliche Übernachtungs- und Verpflegungskosten[2]. Eine Pauschalierung dieser Aufwendungen (Spesen) oder die Vereinbarung einer **pauschalen** Abgeltung mit dem Honorar ist zulässig. Wird ein entsprechendes Pauschalhonorar mit dem Vorsitzenden vereinbart, ist dies auch für die betriebsfremden Beisitzer maßgeblich, denen dann 70 % dieses Pauschalhonorars zusteht, wobei die Auslagen damit bereits umfasst sind. Ansonsten würden die betriebsfremden Beisitzer gegenüber dem Vorsitzenden bevorteilt. In einer solchen Abrede liegt kein Vertrag zulasten Dritter. Sofern ein die Auslagen umfassendes Pauschalhonorar nicht vereinbart wird, müssen sie im Einzelnen belegt und abgerechnet werden[3].

372

Bei den Auslagen handelt es sich nicht um Honorar iSd. § 76a Abs. 3 und 4 BetrVG, sondern um sonstige Kosten der Einigungsstelle, die der ArbGeb nach § 76a Abs. 1 BetrVG zu tragen hat[4]. Das einzelne Einigungsstellenmitglied hat gegen den ArbGeb einen Anspruch auf Freistellung von den eingegangenen Verbindlichkeiten. Hat er die Verbindlichkeiten bereits erfüllt, steht ihm gegen den ArbGeb ein ggf. gerichtlich durchsetzbarer Zahlungsanspruch zu.

373

g) Verdienstausfall

Anders als nach der früheren Rspr. kann ein zusätzlicher **Verdienstausfall** nicht geltend gemacht werden. Der Verdienstausfall ist nach § 76a Abs. 4 Satz 3 BetrVG bereits bei der Bemessung der Vergütung zu berücksichtigen[5]. Dies dient dem Ausgleich von Nachteilen, die einem Mitglied der Einigungsstelle dadurch entstehen, dass es während seiner Teilnahme an der Einigungsstelle nicht in der Lage ist, sein sonst zu erwartendes Einkommen zu erzielen[6]. Die gesonderte Erstattung eines etwaigen Verdienstausfalls kommt daher nicht in Betracht[7].

374

h) Mehrwertsteuer

Sofern der Vorsitzende verpflichtet ist, Mehrwertsteuer für sein Honorar abzuführen, hat er gegen den ArbGeb einen Anspruch auf Erstattung dieser Mehrwertsteuer[8]. Seit Inkrafttreten des § 76a BetrVG ergibt sich dieser Anspruch unmittelbar aus dem Gesetz. Eine **gesonderte Vereinbarung** mit dem ArbGeb ist **nicht mehr erforderlich**[9]. Grund hierfür ist, dass die Mehrwertsteuer keine eigenständige Honorarforderung ist, sondern Teil des vereinbarten Honorars iSv. § 76a Abs. 3 und 4 BetrVG. Gemäß § 14 Abs. 1 UStG ist sie gesondert auszuweisen.

375

Joost vertritt insoweit missverständlich die Ansicht, die Mehrwertsteuer sei bei der Bemessung der Vergütung zu berücksichtigen[10]. Dies wird teilweise dahin verstanden, er sei der Ansicht, die Erstattung der

376

---

1 BAG v. 14.2.1996 – 7 ABR 24/95, AP Nr. 6 zu § 76a BetrVG 1972; ErfK/*Kania*, § 76a BetrVG Rz. 2; *Fitting*, § 76a BetrVG Rz. 18; MünchArbR/*Joost*, § 232 Rz. 118; *Ehrich/Fröhlich*, Teil G, Rz. 28. AA GK-BetrVG/*Kreutz/Jacobs*, § 76a Rz. 57.
2 *Fitting*, § 76a BetrVG Rz. 9. *Friedemann*, Rz. 686, meint, dass kein Rechtsanspruch auf Ersatz der Verpflegungskosten bestehe.
3 *Wenning-Morgenthaler*, Rz. 526.
4 BAG v. 14.2.1996 – 7 ABR 24/95, DB 1996, 2233, zu B. III. a) der Gründe; *Fitting*, § 76a BetrVG Rz. 9; MünchArbR/*Joost*, § 232 Rz. 101; *Richardi/Richardi/Maschmann*, § 76a BetrVG Rz. 7.
5 BAG v. 14.2.1996 – 7 ABR 24/95, DB 1996, 2233, zu B. I. b) cc) der Gründe. Hierzu bereits oben Rz. 351 ff.
6 So ausdrücklich BAG v. 14.2.1996 – 7 ABR 24/95, DB 1996, 2233, zu B. I. b) cc) der Gründe.
7 Ebenso MünchArbR/*Joost*, § 232 Rz. 101, 114; *Richardi/Richardi/Maschmann*, § 76a BetrVG Rz. 9; *Wenning-Morgenthaler*, Rz. 513, 529, 516 (anders noch in der 4. Aufl.).
8 BAG v. 14.2.1996 – 7 ABR 24/95, DB 1996, 2233; LAG Hamm v. 20.1.2006 – 10 TaBV 131/05, NZA-RR 2006, 323; *Fitting*, § 76a BetrVG Rz. 29; *Friedemann*, Rz. 651; *Ehrich/Fröhlich*, Teil G, Rz. 25. AA GK-BetrVG/*Kreutz/Jacobs*, § 76a Rz. 37.
9 BAG v. 14.2.1996 – 7 ABR 24/95, AP Nr. 6 zu § 76a BetrVG 1972; DKKW/*Berg*, § 76a BetrVG Rz. 44. Zur früheren Rechtslage vergleiche BAG v. 31.7.1986 – 6 ABR 79/83, DB 1987, 441.
10 MünchArbR/*Joost*, § 232 Rz. 115.

Mehrwertsteuer müsse ausdrücklich vereinbart werden[1]. Dem ist nicht zuzustimmen. Ungeachtet dessen ist es ratsam, im Voraus **Klarheit darüber zu schaffen**, welche der Einigungsstellenmitglieder mehrwertsteuerpflichtig sind, und ausdrücklich ein **Netto-Honorar zu vereinbaren**, zu welchem ggf. die Mehrwertsteuer zu addieren ist.

3. Honorar und sonstige Kosten der Beisitzer

a) Betriebsangehörige Beisitzer

377 Nach § 76a Abs. 2 Satz 1 Halbs. 1 BetrVG erhalten die Beisitzer der Einigungsstelle, die dem Betrieb angehören, für ihre Tätigkeit **keine gesonderte Vergütung**. Dies gilt unabhängig davon, ob sie vom ArbGeb oder vom BR bestellt worden sind. Unerheblich ist auch, ob sie dem BR angehören oder leitende Angestellte sind[2]. Ähnlich wie die BR-Mitglieder nach § 37 Abs. 1 BetrVG üben auch die betriebsangehörigen Beisitzer ein unentgeltliches Ehrenamt aus. Erhielten sie für die im Interesse des eigenen Betriebes liegende Tätigkeit in der Einigungsstelle eine Vergütung, wäre dies eine gegenüber den Mitgliedern des BR nicht zu rechtfertigende Besserstellung[3]. Scheidet ein Beisitzer während des Einigungsstellenverfahrens aus dem Betrieb aus, hat er für die danach erbrachte Tätigkeit in der Einigungsstelle Anspruch auf eine anteilige Vergütung[4].

378 Für die Zeit der Einigungsstelle sind die betriebsangehörigen Beisitzer ebenso wie BR-Mitglieder von ihrer Verpflichtung zur Arbeitsleistung **freizustellen**, § 76a Abs. 2 Satz 1 Halbs. 2 iVm. § 37 Abs. 2, 3 BetrVG. Das vertraglich vereinbarte Gehalt ist fortzuzahlen. Sofern die Einigungsstelle außerhalb der Arbeitszeit tagt, haben die betriebsangehörigen Beisitzer einen Anspruch auf Freizeitausgleich bzw. – wenn der Freizeitausgleich nicht rechtzeitig gewährt werden kann – auf Abgeltung. Mit dieser Regelung hat der Gesetzgeber die bereits vor Inkrafttreten des § 76a BetrVG bestehende Rechtslage beibehalten[5].

379 Die gesetzliche Regelung ist **zwingend**. Eine davon abweichende Vereinbarung ist nichtig. Dies gilt nicht nur dann, wenn sie in einer individuellen Honorarvereinbarung getroffen wurde, sondern auch, wenn sie Teil einer tarifvertraglichen Regelung iSv. § 76a Abs. 5 BetrVG oder einer Betriebsvereinbarung ist[6]. Soweit teilweise angenommen wird, es komme eine persönliche Haftung des BR in Betracht, wenn den Mitgliedern ein über § 76a BetrVG hinausgehendes Honorar versprochen werde[7], dürfte dies angesichts der Nichtigkeit der Honorarvereinbarung selten praktisch werden.

380 Wird die Einigungsstelle auf **Unternehmens- oder Konzernebene** zur Beilegung einer Meinungsverschiedenheit zwischen ArbGeb und Unternehmens- oder Konzern-BR gebildet, gelten die vorstehenden Ausführungen für Beisitzer, die einem Betrieb des Unternehmens bzw. eines Konzernunternehmens angehören (§ 76a Abs. 2 Satz 2 BetrVG). Auch mit ihnen kann eine Vergütung nicht vereinbart werden. Sie können gleichfalls bezahlte Freistellung, Freizeitausgleich und ggf. Abgeltung beanspruchen.

381 Etwas anderes gilt, sofern die Einigungsstelle nicht auf der Unternehmens- oder Konzernebene, sondern in einem Betrieb gebildet wird und die Beisitzer aus einem anderen, jedoch zu demselben Unternehmen oder Konzern gehörenden Betrieb kommen. Diese Beisitzer sind hinsichtlich ihrer Vergütung wie betriebsfremde Beisitzer zu behandeln[8]. Hierin liegt keine unzulässige Begünstigung, da die Mitglieder der Einigungs-

---

[1] So die Auslegung von *Ehrich/Fröhlich*, Teil G, Rz. 25 und Fn. 37.
[2] Vgl. *Löwisch*, DB 1989, 223.
[3] *Fitting*, § 76a BetrVG Rz. 11; GK-BetrVG/*Kreutz/Jacobs*, § 76a Rz. 63.
[4] ArbG Düsseldorf v. 24.6.1992 – 4 BV 90/92, EzA § 76a BetrVG Nr. 5; GK-BetrVG/*Kreutz/Jacobs*, § 76a Rz. 24; DKKW/*Berg*, § 76a BetrVG Rz. 20; *Fitting*, § 76a BetrVG Rz. 11. AA *Stege/Weinspach/Schiefer*, § 76a BetrVG Rz. 8.
[5] Vgl. zur früheren Rechtslage BAG v. 11.5.1976 – 1 ABR 15/75, NJW 1976, 2039.
[6] *Fitting*, § 76a BetrVG Rz. 11; DKKW/*Berg*, § 76a BetrVG Rz. 18; GK-BetrVG/*Kreutz/Jacobs*, § 76a Rz. 22, 23; *Friedemann*, Rz. 643; MünchArbR/*Joost*, § 232 Rz. 121; *Ehrich/Fröhlich*, Teil G, Rz. 43. AA *Wenning-Morgenthaler*, Rz. 563, die wegen des Fehlens einer Regelung in der Rechtsverordnung zu § 76a BetrVG die Auffassung vertreten, der ArbGeb könne mit den betriebsangehörigen Beisitzern eine anderslautende privatrechtliche Vereinbarung treffen.
[7] *Fitting*, § 76 BetrVG Rz. 48; GK-BetrVG/*Kreutz/Jacobs*, § 76 Rz. 88.
[8] LAG Hessen v. 11.12.2008 – 9 TaBV 196/08, juris, Rz. 22; LAG BW v. 30.12.1988 – 7 TaBV 9/88, DB 1989, 736; *Fitting*, § 76a BetrVG Rz. 13; ErfK/*Kania*, § 76a BetrVG Rz. 3; MünchArbR/*Joost*, § 232 Rz. 109; *Bauer/Röder*, DB 1989, 285; *Ehrich/Fröhlich*, Teil G, Rz. 33; GK-BetrVG/*Kreutz/Jacobs*, § 76a Rz. 26; Richardi/*Richardi/Maschmann*, § 76a BetrVG Rz. 14, der jedoch die Regelung für „nicht sinnvoll" hält, weil auch sonst wegen der Vertragsbindung zum selben ArbGeb die Betriebs- der Unternehmenszugehörigkeit gleichgestellt werde. AA HWGNRH/*Worzalla*, § 76a BetrVG Rz. 15. Kritisch: *Stege/Weinspach/Schiefer*, § 76a BetrVG Rz. 8, die darauf hinweisen, dass eine Verpflichtung des Arbeitgebers zur bezahlten Freistellung nicht bestehe. Vgl. auch BAG v. 21.6.1989 – 7 ABR 92/87, BB 1990, 1349 zur Zulässigkeit einer entsprechenden Honorarzusage vor Inkrafttreten des § 76a BetrVG.

stelle nicht dem streitbefangenen Betrieb angehören und durch den Regelungsstreit ihr Betrieb nicht unmittelbar betroffen ist. Es dürfte in diesem Fall jedoch unbedenklich sein, statt der üblichen Honorarregelung eine Freistellung und Freizeitausgleich nach § 76a Abs. 2 Satz 1 iVm. § 37 Abs. 2, 3 BetrVG zu vereinbaren[1].

Unabhängig von einem Anspruch auf Vergütung haben die betriebsangehörigen und die betriebsfremden Beisitzer ebenso wie der Vorsitzende einen Anspruch auf **Erstattung von Auslagen** (vgl. Rz. 372 f.). Dieser zählt wie bei den betriebsfremden Beisitzern nicht zur Vergütung, sondern zu den allgemeinen Kosten der Einigungsstelle iSv. § 76a Abs. 1 BetrVG[2].   382

b) Betriebsfremde Beisitzer

aa) Gesetzlicher Anspruch

Die betriebsfremden Beisitzer besitzen nach § 76a Abs. 3 BetrVG einen unmittelbaren **gesetzlichen Anspruch** gegen den ArbGeb auf Zahlung einer Vergütung für ihre Tätigkeit in der Einigungsstelle[3]. Damit ist die von der früheren Rspr. geforderte Honorarzusage des BR nicht mehr erforderlich. Ausreichend ist, dass sie Beisitzer der Einigungsstelle gewesen sind. Sofern keine besonderen Umstände vorliegen, sind alle betriebsfremden Beisitzer gleich zu vergüten[4]. Der Vergütungsanspruch besteht auch, wenn die betriebsfremden Beisitzer unternehmensangehörig sind[5].   383

bb) Voraussetzung: wirksamer Betriebsratsbeschluss

Bei den Beisitzern, die auf Seiten des BR tätig werden, ist die Fassung **eines wirksamen Beschlusses** durch den BR erforderlich[6]. Auf eine Mitteilung an den ArbGeb oder gar dessen Billigung kommt es nicht an[7].   384

Der ordnungsgemäße BR-Beschluss muss vor Aufnahme der Tätigkeit als Beisitzer gefasst worden sein. Die Rspr. verlangt eine rechtzeitige ordnungsgemäße Ladung aller BR-Mitglieder einschließlich etwaiger Ersatzmitglieder unter Mitteilung der Tagesordnung gem. § 29 Abs. 2 Satz 3 BetrVG. Erforderlich ist ferner eine ordnungsgemäße Beschlussfassung unter Beachtung der Bestimmungen über die Beschlussfähigkeit und der Stimmenmehrheit. Auch wenn seit Inkrafttreten des § 76a BetrVG eine Honorarzusage des BR nicht mehr Voraussetzung für einen Honoraranspruch ist, so ist doch erforderlich, dass dem Beisitzer die organschaftliche Stellung rechtswirksam übertragen wurde.   385

Fehlt es zunächst an einem wirksamen Beschluss, soll jedoch eine nachträgliche Genehmigung durch den BR möglich sein; die Beschlussfassung des BR über die Bestellung des Beisitzers sei nicht fristgebunden[8]. Eine allein vom BR-Vorsitzenden abgeschlossene Vereinbarung mit dem Beisitzer, die nicht auf einem zuvor wirksam gefassten BR-Beschluss beruht, ist schwebend unwirksam. Ihre Wirksamkeit hängt nach § 177 Abs. 1 BGB von der nachträglichen Zustimmung des BR ab. Die nachträgliche Zustimmung des BR kann auch noch nach dem Spruch der Einigungsstelle erfolgen[9].   385a

Ein Anspruch des unwirksam bestellten Beisitzers aus dem Gesichtspunkt des **Vertrauensschutzes** wird zu Recht im Hinblick darauf verneint, dass der ArbGeb, gegen den sich der etwaige Anspruch richtet, keinen Vertrauenstatbestand geschaffen hat[10]. Lässt jedoch der ArbGeb die Teilnahme eines BR-Beisitzers über einen langen Zeitraum und eine Vielzahl von Einigungsstellensitzungen hinweg unbeanstandet, kann – je   385b

---

1 *Fitting*, § 76a BetrVG Rz. 13.
2 MünchArbR/*Joost*, § 232 Rz. 122; Richardi/*Richardi/Maschmann*, § 76a BetrVG Rz. 7 f.
3 BAG v. 13.5.2015 – 2 ABR 38/14, NZA 2016, 116.
4 *Wenning-Morgenthaler*, Rz. 559 ff.
5 LAG Hamm v. 28.8.2003 – 9 TaBV 40/03, AR-Blattei ES 630 Nr. 76; vgl. auch BAG v. 13.5.2015 – 2 ABR 38/14, NZA 2016, 116.
6 BAG v. 19.8.1992 – 7 ABR 58/91, DB 1993, 1196; *Friedemann*, Rz. 657; Richardi/*Richardi/Maschmann*, § 76a BetrVG Rz. 18; *Ehrich/Fröhlich*, Teil G, Rz. 29. Vgl. hierzu auch *Hanau/Reitze*, FS Kraft, S. 168.
7 BAG v. 24.4.1996 – 7 ABR 40/95, AP Nr. 5 zu § 76 BetrVG 1972 – Einigungsstelle.
8 BAG v. 10.10.2007 – 7 ABR 51/06, NZA 2008, 369; LAG Hessen v. 4.9.2008 – 9 TaBV 71/08, juris, Rz. 11.
9 LAG Hessen v. 4.9.2008 – 9 TaBV 71/08, juris, Rz. 26 nach Zurückverweisung durch BAG v. 10.10.2007 – 7 ABR 51/06, NZA 2008, 369. Zur Heilung von Betriebsratsbeschlüssen bei fehlerhafter Tagesordnung: BAG v. 24.5.2006 – 7 AZR 201/05, NZA 2006, 1364 mwN.
10 BAG v. 19.8.1992 – 7 ABR 18/91, DB 1993, 1196, B.II.2.c) der Gründe; LAG Hamm v. 28.8.2003 – 9 TaBV 40/03, AR-Blattei ES 630 Nr. 76; *Friedemann*, Rz. 659; MünchArbR/*Joost*, § 232 Rz. 106. Zur Heilung fehlerhafter Betriebsratsbeschlüsse: BAG v. 24.5.2006 – 7 AZR 201/05, NZA 2006, 1364 mwN.

nach den Umständen des Einzelfalles – sein erstmaliges Bestreiten eines wirksamen Bestellungsbeschlusses des BR rechtsmissbräuchlich und damit unbeachtlich sein[1].

385c Auf das konkrete Bestreiten des ArbGeb hin hat der den Vergütungsanspruch geltend machende Beisitzer im Beschlussverfahren Einzelheiten zum ordnungsgemäßen Zustandekommen eines BR-Beschlusses über seine Bestellung vorzutragen. Ein bloßes Bestreiten mit Nichtwissen reicht jedoch nicht aus[2].

386 Der Vergütungsanspruch der betriebsfremden Beisitzer ist nicht davon abhängig, ob der BR im internen Verhältnis zum ArbGeb dazu verpflichtet gewesen wäre, von der Bestellung eines (kostenträchtigen) betriebsfremden Beisitzers abzusehen. Auf die Erforderlichkeit der Beauftragung eines betriebsfremden Beisitzers kommt es nicht (mehr) an[3]. Demgegenüber wird unter Berufung auf die vor Inkrafttreten des § 76a BetrVG ergangene Rspr. teilweise angenommen, den ArbGeb treffe dann keine Vergütungspflicht, wenn er dem BR mögliche betriebsangehörige (kostenlose) Beisitzer vorgeschlagen und der BR diesen Vorschlag ohne plausiblen Grund abgelehnt habe[4]. Letztere Auffassung lässt sich mit dem eindeutigen Wortlaut des § 76a Abs. 3 Satz 1 BetrVG nicht in Einklang bringen. Vor der Schaffung des § 76a BetrVG war der Vergütungsanspruch von einer Vereinbarung zwischen BR und ArbGeb abhängig. Zu deren Abschluss war der ArbGeb nur bei bestehender Erforderlichkeit verpflichtet. Nunmehr besteht ein unmittelbarer und vorbehaltloser Vergütungsanspruch des wirksam bestellten betriebsfremden Beisitzers. Außerdem ist zu bedenken, dass die Beisitzer das Vertrauen des BR genießen müssen. Dieses Vertrauen ist schwerlich mit objektiven Maßstäben zu messen. Der BR hat insoweit ein Auswahlermessen. In Betracht kommt sogar die Benennung ausschließlich betriebsfremder Beisitzer.

387 Belastet der BR den ArbGeb erkennbar und bewusst mit unnötigen Kosten, ist jedoch ggf. an einen **Regressanspruch** gegen die einzelnen Betriebsratsmitglieder zu denken[5].

388 Der ArbGeb kann den Einwand, die Hinzuziehung einer bestimmten Anzahl von Beisitzern sei **nicht erforderlich** gewesen, nach der rechtswirksamen Konstituierung der Einigungsstelle nicht mehr erheben. Dieser Einwand muss bereits im Bestellungsverfahren vorgebracht werden.

cc) Höhe der Vergütung

389 Für die **Höhe des Beisitzerhonorars** gilt das **Abstandsgebot** des § 76a Abs. 4 Satz 4 BetrVG. Danach ist die Vergütung der Beisitzer **niedriger** zu bemessen als das Honorar des Vorsitzenden (zur Vertragsfreiheit Rz. 391a). Grund für die geringere Vergütung der Beisitzer ist, dass im Allgemeinen den Vorsitzenden größere und zahlreichere Aufgaben treffen. Hierzu zählen die Vorbereitung der Einigungsstelle und die Abfassung des Einigungsstellenspruches, häufig mit einer schriftlichen Begründung.

390 Einen bestimmten Prozentsatz, um den das Beisitzerhonorar unter dem des Vorsitzenden liegen muss, sieht § 76a BetrVG nicht vor. In Übereinstimmung mit der ganz hM hält die Rspr. ebenso wie vor Inkrafttreten des § 76a BetrVG für die Beisitzer idR ein Honorar iHv. **70 %** des Vorsitzendenhonorars für angemessen und billigem Ermessen entsprechend[6]. Dabei ist der geringere Zeit- und Vorbereitungsaufwand

---

1 LAG Hessen v. 11.12.2008 – 9 TaBV 196/08, juris, Rz. 21 für erstmaliges Bestreiten einhalb Jahre nach Ende der Einigungsstelle, die neun Monate und elf Sitzungen währte.
2 LAG Hamm v. 28.8.2003 – 9 TaBV 40/03, AR-Blattei ES 630 Nr. 76.
3 BAG v. 10.10.2007 – 7 ABR 51/06, NZA 2008, 369 und nachgehend LAG Hessen v. 4.9.2008 – 9 TaBV 71/08, juris, Rz. 11; BAG v. 24.4.1996 – 7 ABR 40/95, AP Nr. 5 zu § 76 BetrVG 1972 – Einigungsstelle; DKKW/*Berg*, § 76a BetrVG Rz. 23; *Fitting*, § 76a BetrVG Rz. 15; ErfK/*Kania*, § 76a BetrVG Rz. 4; *Schäfer*, NZA 1991, 840; MünchArbR/*Joost*, § 232 Rz. 107.
4 *Stege/Weinspach/Schiefer*, § 76a BetrVG Rz. 9; *Bauer/Röder*, DB 1989, 225; *Bengelsdorf*, SAE 1995, 192; GK-BetrVG/*Kreutz/Jacobs*, § 76a Rz. 30 ff.
5 So auch *Fitting*, § 76a BetrVG Rz. 15.
6 BAG v. 12.2.1996 – 7 ABR 20/91, AP Nr. 2 zu § 76a BetrVG 1972; BAG v. 14.2.1996 – 7 ABR 24/95, DB 1996, 2233; BAG v. 27.7.1994 – 7 ABR 10/93, AP Nr. 4 zu § 76a BetrVG 1972; LAG Schl.-Holst. v. 14.1.2016 – 5 TaBV 45/15, n.rkr.; LAG Köln v. 29.10.2014 – 11 TaBV 30/14; LAG Hessen v. 26.9.1991 – 12 TaBV 73/91, NZA 1992, 469; LAG Rh.-Pf. v. 24.5.1991 – 6 TaBV 14/91, DB 1991, 1992; LAG München v. 11.1.1991 – 2 TaBV 57/90, BB 1991, 551; LAG München v. 26.11.1998 – 4 TaBV 30/97, AiB 1999, 359 m. Anm. *Manske* (400 DM Vorsitzendenhonorar bei überdurchschnittlicher Schwierigkeit angemessen); LAG Düsseldorf v. 15.3.1990 – 13 (5) TaBV 129/89, NZA 1990, 946; LAG Nds. v. 25.1.2005 – 1 TaBV 65, 69/04, LAGE § 76a BetrVG 2001 Nr. 1; *Fitting*, § 76a BetrVG Rz. 25a; *Friedemann*, Rz. 664; ErfK/*Kania*, § 76a BetrVG Rz. 6; *Richardi/Maschmann*, § 76a BetrVG Rz. 22; *Ehrich/Fröhlich*, Teil G, Rz. 34; *Schäfer*, NZA 1991, 839; *Kamphausen*, NZA 1992, 57. Kritisch zu einer schematischen Anwendung dieser Quote *Stege/Weinspach/Schiefer*, § 76a BetrVG Rz. 26 f. unter Hinweis auf die Absicht des Gesetzgebers, die Kosten von Einigungsstellenverfahren deutlich zu senken; *Wenning-Morgenthaler*, Rz. 514; LAG Schl.-Holst. v. 11.5.1995 – 4 TaBV 9/94, DB 1995, 1282: Mindestabstand zum Vorsitzendenhonorar 50 %, der sich bei Vorliegen besonderer Umstände sogar auf 66 % erhöhen könne. ArbG Regensburg v. 10.2.1997 – 5 BV 52/96

bereits berücksichtigt. Dies gilt auch dann, wenn zwischen Einigungsstellenvorsitzendem und ArbGeb ein Pauschalhonorar vereinbart ist[1]. Durch eine angemessene Vergütung der Beisitzer muss sichergestellt sein, dass sich in ausreichender Anzahl erfahrene und qualifizierte Betriebsexterne als Beisitzer zu Verfügung stellen. Darüber hinaus entspricht die prozentuale Abstufung des Honorars dem praktischen Bedürfnis nach einem möglichst eindeutigen finanziellen Rahmen[2].

Dennoch kann aufgrund **besonderer Umstände des Einzelfalles** ein anderer Prozentsatz geboten sein[3], etwa wenn es seinerseits unangemessen ist oder sich durch Besonderheiten erklärt, die in den Verhältnissen oder der Person des Beisitzers nicht erfüllt sind[4]. Wird bspw. ein Teil der an den Vorsitzenden entrichteten Vergütung als „pauschaler Auslagenersatz" deklariert, während die tatsächlich entstandenen Auslagen erheblich geringer sind, ist als Berechnungsgrundlage für die Beisitzervergütung die Gesamthonorierung des Vorsitzenden zugrunde zu legen[5]. Eine Pauschalierung iHv. 70 % der Vorsitzendenvergütung kann auch dann unbillig sein, wenn der Vorsitzende bei der Vergütungsbemessung keinen Verdienstausfall hat mit einfließen lassen, während einer oder mehrere Beisitzer einen erheblichen Verdienstausfall erlitten haben (vgl. Rz. 393). Gleiches gilt im Falle des **Verzichts** oder **Teilverzichts des Vorsitzenden** auf seine Vergütung. Die Vergütung des Beisitzers ist nicht akzessorisch; sie ist dann auf der Grundlage der fiktiv zu ermittelnden Vergütung des Vorsitzenden zu berechnen[6]. Findet nach erfolgreicher Anfechtung eines in der Einigungsstelle beschlossenen Sozialplans ein Wechsel des Vorsitzenden statt und hat die Einigungsstelle ihre Arbeit fortzusetzen, kann eine Erhöhung des bereits bezogenen 70 %-Honorars in Betracht kommen, wenn wegen des erheblichen weiteren Zeitaufwandes die Vergütung insgesamt unangemessen wäre[7].

391

§ 76a Abs. 4 Satz 4 BetrVG enthält aber **kein gesetzliches Verbot**, wonach die Zahlung eines höheren Honorars an einen außerbetrieblichen Beisitzer einer Einigungsstelle als an den Vorsitzenden aufgrund einer ausdrücklich getroffenen Vereinbarung unzulässig wäre. § 76a Abs. 4 Satz 3-5 BetrVG regelt nämlich nur Grundsätze, die bei einer Regelung der Vergütung nach Abs. 3 des § 76a BetrVG durch Rechtsverordnung durch das BMAS zu beachten sind. Die Vorschrift des § 76a Abs. 3 Satz 2 BetrVG bestimmt durch ihre Verweisung auf die in Abs. 4 Satz 3-5 derselben Vorschrift niedergelegten Grundsätze nicht anstelle einer privatautonomen Regelung die Höhe der Vergütung. Dies wollte der Gesetzgeber gerade einer Rechtsverordnung überlassen. Weiter entzieht das Gesetz die Vergütungsbemessung nicht privatautonomer Gestaltung[8]. Insoweit sind nach hM sowohl in der arbeitsgerichtlichen Rspr. wie auch in der arbeitsrechtlichen Lit. von § 76a Abs. 4 Satz 3-5 BetrVG abweichende Vereinbarungen zulässig. Die Vergütungsgrundsätze des § 76a Abs. 4 Satz 3-5 BetrVG beschränken die Vertragsfreiheit der Beteiligten nicht. Insoweit kann der ArbGeb mit den nach Abs. 3 Vergütungsberechtigten auch **höhere oder niedrigere Vergütungen** vereinbaren als diejenigen, die sich nach den Grundsätzen des Abs. 4 Satz 3-5 BetrVG ergeben[9]. Die gegenteilige Auffassung, wonach die Regelung in § 76a Abs. 4 BetrVG auch im öffentlichen Interesse erlassen worden sei, vermag nicht zu überzeugen. Eine derartige Beschränkung, die als Ausnahme vom Grundprinzip der Vertragsfreiheit deutlich im Gesetz hätte verankert werden müssen, ist weder dem Gesetz selbst noch den Gesetzesmaterialien zu entnehmen. Nach der Zielrichtung des Gesetzes ist eine Beschränkung der Privatautonomie des ArbGeb auch nicht erforderlich, da er es selbst in der Hand hat, nur solche vertraglichen Verpflichtungen einzugehen, die diesen Gesetzeszweck nicht gefährden.

391a

Wenn der ursprüngliche Vorsitzende ein **Pauschalhonorar** vereinbart hatte, nach erfolgreicher **Anfechtung des Einigungsstellenspruchs** der Vorsitzende wechselt und die Einigungsstelle sodann ihre Arbeit fortsetzt, kommt eine Erhöhung des auf der Basis der 70 %-Regel bereits bezogenen Pauschalhonorars nur

391b

N, NZA-RR 1997, 256: 50 % des Vorsitzendenhonorars (aufgehoben durch LAG München v. 26.11.1998 – 4 TaBV 30/97, AiB 1999, 359).
1 LAG Nds. v. 25.1.2005 – 1 TaBV 65, 69/04, LAGE § 76a BetrVG 2001 Nr. 1.
2 BAG v. 20.2.1991 – 7 ABR 6/90, DB 1991, 1939.
3 *Fitting*, § 76a BetrVG Rz. 25b; DKKW/*Berg*, § 76a BetrVG Rz. 34; ErfK/*Kania*, § 76a BetrVG Rz. 6; *Ehrich/Fröhlich*, Teil G, Rz. 37.
4 LAG Hamm v. 10.2.2012 – 10 TaBV 61/11, juris, Rz. 101; LAG Hessen v. 11.6.2012 – 16 TaBV 203/11, juris, Rz. 25.
5 ArbG Koblenz v. 5.5.1994 – 8 BV 18/93, nv.
6 *Schäfer*, NZA 1991, 836 (839).
7 LAG Nds. v. 25.1.2005 – 1 TaBV 65, 69/04, LAGE § 76a BetrVG 2001 Nr. 1.
8 BAG v. 12.2.1992 – 7 ABR 20/91, NZA 1993, 605, unter B.II.2.c) der Gründe; LAG Hamm v. 20.1.2006 – 10 TaBV 131/05, NZA-RR 2006, 323; *Fitting*, § 76a BetrVG Rz. 19; DKKW/*Berg*, § 76a BetrVG Rz. 49.
9 LAG Hamm v. 20.1.2006 – 10 TaBV 131/05, NZA-RR 2006, 323; LAG Rh.-Pf. v. 24.5.1991 – 6 TaBV 14/91, DB 1991, 1992; *Fitting*, § 76a BetrVG Rz. 32; DKKW/*Berg*, § 76a BetrVG Rz. 49; GK/*Kreutz*, § 76a BetrVG Rz. 60; ErfK/*Kania*, § 76a BetrVG Rz. 7; *Bauer/Röder*, DB 1989, 224, 226; *Neft/Ocker*, Einigungsstelle im Betriebsverfassungsrecht, 2. Aufl., Rz. 368. AA lediglich: *Stege/Weinspach/Schiefer*, § 76a BetrVG Anm. 34; *Engels/Natter*, BB 1989, Beil. 8 S. 1, 27.

392 Eine **unterschiedlich hohe Vergütung** der Beisitzer der **BR- und der ArbGeb-Seite** ist **unzulässig**. Demgegenüber halten *Richardi* und *Maschmann*[2] eine solche Differenzierung für wirksam. Der BR könne den von ihm ernannten Beisitzern kein Honorar in derselben Höhe versprechen, wie es die Beisitzer der ArbGeb-Seite erhalten. Der Grundsatz der Gleichbehandlung aller Beisitzer gelte nur, sofern keine Vergütungsabrede getroffen worden sei. Der Honorarvereinbarung mit einem Beisitzer könne für die Vergütung der Übrigen nur Indizfunktion zukommen. Dem ist nicht zuzustimmen. Der **Grundsatz der Parität** gebietet an die Vergütung der Beisitzer die gleichen Maßstäbe anzulegen. Sämtliche Beisitzer haben die gleiche Funktion, Verantwortung und Rechtsstellung. Die Vereinbarung höherer Vergütungen etwa mit den Beisitzern der ArbGeb-Seite widerspräche dem[3]. Darüber hinaus verstieße die Zusage einer unterschiedlich hohen Vergütung gegen das Benachteiligungsverbot für Einigungsstellenmitglieder aus § 78 Satz 2 BetrVG[4].

393 Dies ist allerdings nicht im Sinne eines Verbotes jeglicher Differenzierung zwischen den Beisitzern und jeglicher Abweichung vom 70 %-Grundsatz misszuverstehen. Zwischen der Honorarhöhe einzelner Beisitzer können sich durchaus Unterschiede ergeben. Differenzierungen sind indes nur zulässig, wenn sie sachlich gerechtfertigt sind. Beispiele hierfür sind ein unterschiedlich hoher Verdienstausfall (hierzu eingehend Rz. 355 f.) der einzelnen Beisitzer oder das Fehlen einzelner Beisitzer bei einigen Sitzungen der Einigungsstelle.

394 Will der einzelne Beisitzer eine höhere Vergütung als 70 % des Vorsitzendenhonorars beanspruchen, obliegt ihm die entsprechende **Darlegungs- und Beweislast**. Umgekehrt ist der ArbGeb, der eine Beisitzervergütung von 70 % für nicht mit den Grundsätzen des § 76a Abs. 4 Satz 3–5 BetrVG vereinbar hält, für die Gründe darlegungs- und beweisbelastet[5]. Beträgt die Vergütung des anwaltlichen Beisitzers einer Einigungsstelle weniger als 1/3 der dem Vorsitzenden gewährten Vergütung, so besteht eine Vermutung für einen Vorstoß gegen § 78 BetrVG[6].

395 Da die Gewährung unterschiedlich hoher Vergütungen und die Abweichung vom 70 %-Grundsatz nur bei Vorliegen sachlicher Gründe zulässige Ausnahmen darstellen, haben die Beisitzer gegen den ArbGeb einen **Auskunftsanspruch** auf Mitteilung der an die Beisitzer und den Vorsitzenden gewährten Vergütungen[7].

dd) Gewerkschaftssekretäre und Rechtsanwälte als Beisitzer

396 Auch Verbandsvertretern, wie zB **Gewerkschaftssekretären**, steht ein Honorar zu, wenn sie als Beisitzer in der Einigungsstelle tätig werden. Dies gilt unabhängig davon, ob sie verpflichtet sind, ihr Honorar teils oder in voller Höhe an die Gewerkschaft abzuführen. Dies entsprach bereits der Rspr. vor Schaffung des § 76a BetrVG[8], die sich jedoch heftiger Kritik ausgesetzt sah. Ähnlich wie bei der Vergütung von Aufsichtsratsmitgliedern der ArbN-Seite wurde moniert, dass es dem ArbGeb nicht zuzumuten sei, die gegnerische Koalition zu finanzieren. Unter dem Gesichtspunkt der Gegnerfinanzierung wurden auch verfassungsrechtliche Bedenken erhoben[9]. Der Gesetzgeber hat bei der Schaffung des § 76a BetrVG in Kenntnis dieses Streites und in Kenntnis der den Vergütungsanspruch von Gewerkschaftsfunktionären bejahenden Rspr. keine gesetzliche Korrektur vorgenommen. Man mag daher diesen Vergütungsanspruch kritisieren; er entspricht jedoch der st. Rspr. des BAG[10]. Kann allerdings nicht festgestellt werden, ob ein Gewerkschaftsver-

---

1 LAG Nds. v. 25.1.2005 – 1 TaBV 65,69/04, 1 TaBV 65/04, 1 TaBV 69/04, LAGE § 76a BetrVG 2001 Nr. 1.
2 Richardi/*Richardi*/*Maschmann*, § 76a BetrVG Rz. 23; ebenso *Bauer/Röder*, DB 1989, 224 (226); GK-BetrVG/*Kreutz/Jacobs*, § 76a Rz. 51, 61 f.; MünchArbR/*Joost*, § 232 Rz. 121.
3 BAG v. 20.2.1991 – 7 ABR 6/90, DB 1991, 1939; LAG BW v. 24.5.1991 – 6 TaBV 14/91, DB 1991, 1992; DKKW/*Berg*, § 76a BetrVG Rz. 49; *Fitting*, § 76a BetrVG Rz. 26; ErfK/*Kania*, § 76a BetrVG Rz. 6; *Löwisch*, DB 1989, 224; *Wlotzke*, § 76a ArbGG Anm. 4; *Friedemann*, Rz. 663; *Kamphausen*, NZA 1992, 59.
4 LAG München v. 11.1.1991 – 2 TaBV 57/90, BB 1991, 551; DKKW/*Berg*, § 76a BetrVG Rz. 35; *Friedemann*, Rz. 663.
5 Vgl. *Kamphausen*, NZA 1992, 63.
6 LAG München v. 11.1.1991 – 2 TaBV 57/90, LAGE § 76a BetrVG 1972 Nr. 1.
7 DKKW/*Berg*, § 76a BetrVG Rz. 40.
8 Vgl. zur alten Rechtslage etwa: BAG v. 11.5.1976 – 1 ABR 37/75, AP Nr. 3 zu § 76 BetrVG 1972; BAG v. 13.12.1988 – 7 ABR 73/87, DB 1990, 983.
9 Kritisch bspw.: *Bengelsdorf*, NZA 1989, 491; *Stege/Weinspach/Schiefer*, § 76a BetrVG Rz. 11 ff.; HWGNRH/*Worzalla*, § 76a BetrVG Rz. 2.
10 BAG v. 14.2.1996 – 7 ABR 24/95, DB 1996, 2233 (zum Vergütungsanspruch eines Gewerkschaftssekretärs als Beisitzer); BAG v. 24.4.1996 – 7 ABR 40/95, AP Nr. 5 zu § 76 BetrVG 1972 – Einigungsstelle. Zustimmend *Fitting*, § 76a Rz. 16; MünchArbR/*Joost*, § 232 Rz. 108; Richardi/*Richardi*/*Maschmann*, § 76a BetrVG Rz. 16, 21; ErfK/

treter als außerbetrieblicher Beisitzer oder Verfahrensbevollmächtigter des BR an der Einigungsstelle teilgenommen hat, kann er kein Honorar nach § 76a Abs. 3 BetrVG beanspruchen[1].

Wenn ein **Rechtsanwalt als Beisitzer** in der Einigungsstelle tätig wird, ergeben sich keine Besonderheiten. Das RVG findet für seine Tätigkeit in der Einigungsstelle keine Anwendung[2]. Eine Honorarvereinbarung eines Rechtsanwalts als außerbetrieblicher Beisitzer einer Einigungsstelle bedarf nicht nach § 4 Abs. 1 RVG der Schriftform; seine Vergütung richtet sich ausschließlich nach § 76a Abs. 3, 4 BetrVG[3]. In der Regel wird also der als Beisitzer tätige Rechtsanwalt ein Honorar iHv. 7/10 des Vorsitzendenhonorars beanspruchen können. Ein höherer Anspruch ergibt sich auch nicht daraus, dass der Rechtsanwalt – anders als die anderen Beisitzer – idR einen erheblichen laufenden Büroaufwand hat[4]. Auch bei faktischer Miterledigung eines anderweitig anhängigen Verfahrens entsteht durch den Abschluss einer BV in der Einigungsstelle für das anderweitige Verfahren keine Termins- oder Einigungsgebühr[5]. Das Gesetz sieht keine Berücksichtigung der Qualifikation, des beruflichen oder wissenschaftlichen Rufes oder des Kostenapparates der Einigungsstellenmitglieder vor. Zudem beruht die Beteiligung des Rechtsanwalts an der Einigungsstelle auf dessen freier Entscheidung. Aus diesem Grund kann ein etwaiger Verdienstausfall im Hauptberuf bei der Bemessung des Honorars nur dann berücksichtigt werden, wenn er konkret dargelegt wird. Der bloße Hinweis des Rechtsanwalts auf seinen durchschnittlichen Verdienst genügt nicht, da nicht davon auszugehen ist, dass der Anwalt wegen seiner Einigungsstellentätigkeit lukrative Mandate ausschlägt. Näher läge es, seine nebenberufliche Beisitzertätigkeit durch den Verzicht auf weniger ertragreiche Mandate oder durch zusätzlichen Arbeitsaufwand auszugleichen[6]. Die Vergütung nach § 76 Abs. 3 Satz 2 BetrVG erfasst jedoch nur die Tätigkeit in der Einigungsstelle, nicht hingegen die vorherige Beratung oder aber das spätere Mandat, die Unwirksamkeit des Einigungsstellenspruchs gerichtlich feststellen zu lassen. 397

4. Abweichende Regelungen durch Tarifvertrag und Betriebsvereinbarung, § 76a Abs. 5 BetrVG

Von der gesetzlichen Vergütungsregelung des § 76a Abs. 3, 4 BetrVG kann durch **Tarifvertrag** oder, wenn dieser eine entsprechende Öffnungsklausel enthält, durch (freiwillige, nicht erzwingbare) **Betriebsvereinbarung** abgewichen werden. Für die Geltung der abweichenden tariflichen Regelung reicht nach § 3 Abs. 2 TVG die Tarifbindung des ArbGeb aus, da es sich um eine betriebsverfassungsrechtliche Norm iSd. § 1 Abs. 1 TVG handelt. 398

Die Regelungen können sowohl zugunsten als auch zuungunsten der Einigungsstellenmitglieder von der gesetzlichen Grundkonzeption abweichen. Geändert werden kann die Vorsitzenden- oder auch die Beisitzervergütung. Denkbar ist auch die Aufstellung gänzlich von § 76a Abs. 4 Satz 3–5 BetrVG abweichender eigener Berechnungskriterien[7]. Nicht disponibel sind § 76a Abs. 1 und 2 BetrVG. Aus diesem Grund kann weder die Entgeltregelung der betriebsangehörigen Beisitzer noch der Grundsatz der Kostentragungspflicht des ArbGeb modifiziert werden[8]. 399

Obgleich in § 76a Abs. 5 BetrVG nicht ausdrücklich erwähnt, sind auch **individuelle Vereinbarungen** zwischen dem ArbGeb und den vergütungsberechtigten Einigungsstellenmitgliedern zulässig, soweit sie eine für die Einigungsstellenmitglieder günstigere Vergütungsregelung beinhalten[9] und die Gleichbehandlung 400

Kania, § 76a BetrVG Rz. 4; *Engels/Natter*, BB 1989, Beilage 8, 26; *Friedemann*, Rz. 660; *Ehrich/Fröhlich*, Teil G, Rz. 31. Anders, aber im Ergebnis gleich: *Wenning-Morgenthaler*, Rz. 556 f., der hauptamtlichen Verbandsvertretern zwar keinen Verdienstausfall zubilligen will, wohl aber eine Vergütung iSv. § 76a Abs. 3 BetrVG.
1 LAG Hessen v. 7.7.2005 – 9 TaBV 134/04.
2 LAG Hamm v. 20.1.2006 – 10 TaBV 131/05, NZA-RR 2006, 323. Zur BRAGO: *Fitting*, § 76a BetrVG Rz. 17; *Friedemann*, Rz. 677 ff.; MünchArbR/*Joost*, § 232 Rz. 113; Richardi/*Richardi/Maschmann*, § 76a BetrVG Rz. 17; *Ehrich/Fröhlich*, Teil G, Rz. 32; *Kamphausen*, NZA 1994, 50; *Stege/Weinspach/Schiefer*, § 76a BetrVG Rz. 15, 30.
3 LAG Hamm v. 20.1.2006 – 10 TaBV 131/05, NZA-RR 2006, 323.
4 BAG v. 20.2.1991 – 7 ABR 6/90, DB 1991, 1939, unter Hinweis auf die frühere Rspr. des Senats: BAG v. 15.8.1990 – 7 ABR 76/88. Anders *Bauer/Röder*, DB 1989, 225.
5 ArbG Weiden v. 20.3.2012 – 5 Bv 30/11, juris, Rz. 20, 27.
6 So ausdrücklich BAG v. 20.2.1991 – 7 ABR 6/90, DB 1991, 1939, II. 2. d) der Gründe.
7 ErfK/*Kania*, § 76a BetrVG Rz. 7; *Fitting*, § 76a BetrVG Rz. 31; DKKW/*Berg*, § 76a BetrVG Rz. 48. AA *Stege/Weinspach/Schiefer*, § 76a BetrVG Rz. 23.
8 Ebenso *Weiss/Weyand*, § 76a BetrVG Rz. 10; *Fitting*, § 76a BetrVG Rz. 30.
9 LAG Rh.-Pf. v. 24.5.1991 – 6 TaBV 14/91, DB 1991, 1992; DKKW/*Berg*, § 76a BetrVG Rz. 49; *Fitting*, § 76a BetrVG Rz. 32; GK-BetrVG/*Kreutz/Jacobs*, § 76a Rz. 60; ErfK/*Kania*, § 76a BetrVG Rz. 7 (günstigere oder ungünstigere Regelung zulässig); *Löwisch*, DB 1989, 223 (224); *Lunk/Nebendahl*, NZA 1990, 221 (225); *Bauer/Röder*, DB 1989, 225 (226); MünchArbR/*Joost*, § 232 Rz. 120.

aller Beisitzer gewährleistet bleibt (s. hierzu bereits Rz. 392)[1]. Dies gebietet der Grundsatz der **Parität** (vgl. hierzu Rz. 353, 392).

5. Kosten der Vertretung des Betriebsrats vor der Einigungsstelle

401 Zuweilen lassen sich die Parteien vor der Einigungsstelle durch **Rechtsanwälte als Verfahrensbevollmächtigte** vertreten. Dabei wird oft im Nachhinein über die Kosten des auf BR-Seite tätigen Rechtsanwaltes gestritten. Die Kosten der Vertreter des BR **vor** der Einigungsstelle sind **keine Kosten der Einigungsstelle** iSv. § 76a Abs. 1 BetrVG selbst, sondern Kosten des BR iSd. § 40 BetrVG[2].

402 Nach der Rspr. des BAG sind die durch die Beauftragung eines Rechtsanwaltes als Verfahrensbevollmächtigten entstehenden Kosten vom ArbGeb dann zu tragen, wenn der BR dessen Hinzuziehung bei pflichtgemäßer, verständiger Würdigung aller Umstände für erforderlich halten konnte. Dies soll jedenfalls dann zutreffen, wenn der Vorsitzende der Einigungsstelle die schriftliche Vorbereitung und die Darlegung der Standpunkte der Beteiligten vor der Einigungsstelle verlangt hat. Gleiches gilt, wenn der Streitgegenstand schwierige Rechtsfragen aufwirft, die zwischen den Betriebspartnern umstritten sind, und kein BR-Mitglied über den notwendigen juristischen Sachverstand verfügt[3]. Die anwaltliche Vertretung des ArbGeb vor der Einigungsstelle kann ein Indiz für die Schwierigkeit des Streitgegenstandes darstellen[4]. Bei der Abwägung der Erforderlichkeit hat der BR auch die Kostenlast für den ArbGeb zu berücksichtigen[5].

403 Die **Vergütung** des Rechtsanwaltes bemisst sich in diesem Fall nach Nr. 2303 Ziff. 4 des Vergütungsverzeichnisses zum RVG (VV zum RVG; Anlage 1 zu § 2 Abs. 2 RVG)[6]. Nach dieser Norm erhält der Rechtsanwalt die 1,5-fache Gebühr in Verfahren vor sonstigen gesetzlich eingerichteten Einigungsstellen. Als Gegenstandswert ist der Wert des Verfahrensgegenstandes anzusetzen, § 23 Abs. 3 RVG. Eine Begrenzung des so ermittelten Honorars nach § 76a Abs. 4 BetrVG findet nicht statt[7].

404 Ebenso wie bei den betriebsfremden Beisitzern ist auch hier Voraussetzung eines Honoraranspruchs, dass die Beauftragung durch den BR auf einem **ordnungsgemäßen BR-Beschluss** beruht (vgl. Rz. 384 ff.). Ein tatsächliches Tätigwerden des Rechtsanwalts genügt nicht[8].

405 Hat der den BR vor der Einigungsstelle vertretende Rechtsanwalt hierfür eine Vergütung nach Nr. 2403 Ziff. 4 des VV zum RVG erhalten, ist damit nicht gleichzeitig eine etwaige spätere Prozessführung abgegolten. Übernimmt der Rechtsanwalt im Auftrag des BR nachfolgend auch die gerichtliche Anfechtung des Einigungsstellenspruchs, handelt es sich hierbei um verschiedene Angelegenheiten, § 17 Nr. 7d RVG[9].

6. Kosten durch die Sitzung

406 Zu den Kosten der Einigungsstelle, die nach § 76a BetrVG der ArbGeb zu tragen hat, zählen auch die **allgemeinen Sachkosten** der Einigungsstelle (sog. **Geschäftsaufwand**). Darunter versteht man die Kosten für Räume, sofern die Einigungsstelle nicht im Betrieb tagt. Ferner zählen hierzu etwaige Kosten für Schreib-

---

1 AA: GK-BetrVG/*Kreutz/Jacobs*, § 76a Rz. 62, der eine höhere Vergütung der Beisitzer der Arbeitgeberseite für zulässig hält.
2 BAG v. 14.2.1996 – 7 ABR 25/95, DB 1996, 2187; BAG v. 5.11.1981 – 6 ABR 24/78, AP Nr. 9 zu § 76 BetrVG 1972; BAG v. 21.6.1989 – 7 ABR 78/87, DB 1989, 2436; *Fitting*, § 76a BetrVG Rz. 8; GK-BetrVG/*Kreutz/Jacobs*, § 76a Rz. 16; *Richardi/Richardi/Maschmann*, § 76a BetrVG Rz. 10; *Ziege*, NZA 1990, 929; MünchArbR/*Joost*, § 232 Rz. 103; *Ehrich/Fröhlich*, Teil G, Rz. 11.
3 BAG v. 14.2.1996 – 7 ABR 25/95, DB 1996, 2187; BAG v. 21.6.1989 – 7 ABR 78/87, DB 1989, 2436. Ebenso *Fitting*, § 40 Rz. 35 ff.; *Wenning-Morgenthaler*, Rz. 564 ff.; *Richardi/Richardi/Maschmann*, § 76a BetrVG Rz. 10. Ablehnend: *Bengelsdorf*, NZA 1989, 489 (497); *Friedemann*, Rz. 679 ff. noch in Unkenntnis der Entscheidung des BAG vom 14.2.1996. *Stege/Weinspach/Schiefer*, § 76a BetrVG Rz. 18 meinen, die Entscheidung des BAG v. 14.2.1996 widerspreche der Absicht des Gesetzgebers, die Kosten der Einigungsstelle einzudämmen. § 76a BetrVG sei als abschließende Regelung zu verstehen.
4 So auch BAG v. 14.2.1996 – 7 ABR 25/95, AP Nr. 5 zu § 76a BetrVG 1972. Weitergehend: DKKW/*Berg*, § 76a BetrVG Rz. 16; ErfK/*Koch*, § 40 BetrVG Rz. 5; *Kamphausen*, NZA 1994, 52, die in diesem Fall stets eine anwaltliche Vertretung des Betriebsrats für erforderlich halten.
5 BAG v. 14.2.1996 – 7 ABR 25/95, DB 1996, 2187; MünchArbR/*Joost*, § 232 Rz. 103.
6 Zu § 65 Abs. 1 Nr. 4 und Abs. 2 BRAGO: BAG v. 14.2.1996 – 7 ABR 25/95, AP Nr. 5 zu § 76a BetrVG 1972 = DB 1996, 2187; MünchArbR/*Joost*, § 232 Rz. 103; ebenso schon *Bauer/Röder*, DB 1989, 224 (226).
7 BAG v. 14.2.1996 – 7 ABR 25/95, DB 1996, 2187; *Ehrich/Fröhlich*, Teil G, Rz. 11.
8 So ausdrücklich BAG v. 14.2.1996 – 7 ABR 25/95, DB 1996, 2187.
9 LAG Rh.-Pf. v. 6.8.1992 – 9 Ta 163/92, NZA 1993, 93, noch zu § 13 Abs. 1 BRAGO.

material, Telefon, Porto und ähnliche Sachkosten sowie für Schreibpersonal, also bspw. eine Protokollführerin[1].

Für die Beauftragung eines **Sachverständigen** ist nach der Rspr. des BAG das vorherige Einverständnis des ArbGeb nach § 80 Abs. 3 BetrVG nicht erforderlich. Die Einigungsstelle darf auf Kosten des ArbGeb einen Sachverständigen beauftragen, wenn die Hinzuziehung **erforderlich** ist und die damit verbundenen Kosten **verhältnismäßig** sind. Die Erforderlichkeit ist zu bejahen, wenn die Einigungsstelle wie ein vernünftiger Dritter bei gewissenhafter Überlegung und verständiger und ruhiger Abwägung aller Umstände zur Zeit ihres Beschlusses zu dem Ergebnis gelangen durfte, der noch zu verursachende Kostenaufwand sei für ihre Tätigkeit erforderlich. Die Grenzen der Erforderlichkeit der Kosten durch Hinzuziehung eines Sachverständigen sind jedoch überschritten, wenn die Hinzuziehung ohne hinreichenden Anlass eingeleitet oder mutwillig durchgeführt wird oder der Grundsatz der Verhältnismäßigkeit missachtet wird. Insoweit steht der Einigungsstelle jedoch ein gewisser Beurteilungsspielraum zu. Sie muss dabei wie jeder andere, der auf Kosten eines Dritten handeln darf, die Maßstäbe einhalten, die sie auch einhalten würde, wenn sie als Gremium selbst oder wenn ihre Mitglieder die Kosten zu tragen hätten[2]. 407

Sofern ein Gutachten eingeholt wird, ohne dass diese Grundsätze beachtet werden, besteht kein Honoraranspruch des Sachverständigen gegen den ArbGeb. Er kann sich in diesem Fall nur an die handelnden Mitglieder der Einigungsstelle halten. Um diese unschöne Konsequenz zu vermeiden, ist dem Sachverständigen dringend zu empfehlen, sich beim ArbGeb **vor Aufnahme** seiner Tätigkeit zu **erkundigen**, ob die Kosten übernommen werden[3]. Sofern der ArbGeb die Übernahme der Kosten ablehnt, bleibt es dem Sachverständigen überlassen, den Auftrag abzulehnen oder darauf zu vertrauen, dass er in der Lage sein wird, seine Vergütung in einem anschließenden Beschlussverfahren gegen den ArbGeb durchzusetzen[4]. 408

Die Kosten eines **Sachverständigengutachtens** zählen zu den allgemeinen Kosten der Einigungsstelle iSv. § 76a Abs. 1 BetrVG[5]. Hinsichtlich der **Mehrwertsteuer** gilt das bereits zum Vorsitzenden Gesagte (vgl. Rz. 375 f.): Sofern die Leistungen des Sachverständigen mehrwertsteuerpflichtig sind, ist der ArbGeb auch ohne gesonderte Vereinbarung zur Erstattung verpflichtet[6]. Auch hinsichtlich seiner notwendigen **Auslagen** hat ein zu Recht beauftragter Sachverständiger einen Erstattungsanspruch gegen den ArbGeb. 409

7. Gerichtliche Geltendmachung

Sofern der ArbGeb nicht bereit ist, entstandene Kosten der Einigungsstelle zu tragen, müssen diese – soweit berechtigt – gerichtlich durchgesetzt werden. 410

Ansprüche der **betriebsangehörigen** Beisitzer auf Fortzahlung des Arbeitsentgelts, auf Freizeitausgleich oder auf Abgeltung sind nach § 2 Abs. 1 Nr. 3a, Abs. 5, §§ 46 ff. ArbGG im **Urteilsverfahren** durchzusetzen, da es sich hierbei um arbeitsvertraglich zugesagtes Gehalt handelt[7]. 411

Die **sonstigen Ansprüche** der Beisitzer und des Vorsitzenden sind im **Beschlussverfahren** geltend zu machen, § 2a Abs. 1 Nr. 1, §§ 80 ff. ArbGG[8]. Dies gilt für den Anspruch auf Vergütung im engeren Sinne, aber auch für Auslagen als sonstige Kosten der Einigungsstelle und für die Gebühren eines Rechtsanwalts, der als **Verfahrensbevollmächtigter** aufgetreten ist. Antragsberechtigt ist das einzelne Mitglied der Eini- 412

---

1 BAG v. 6.4.1973 – 1 ABR 20/72, AP Nr. 1 zu § 76 BetrVG 1972; BAG v. 11.5.1976 – 1 ABR 37/75, AP Nr. 3 zu § 76 BetrVG 1972; *Fitting*, § 76a BetrVG Rz. 6; *Friedemann*, Rz. 686; DKKW/*Berg*, § 76a BetrVG Rz. 10; MünchArbR/*Joost*, § 232 Rz. 101; Richardi/*Richardi*/*Maschmann*, § 76a BetrVG Rz. 6; *Wenning-Morgenthaler*, Rz. 581; *Ehrich*/*Fröhlich*, Teil G, Rz. 6.
2 BAG v. 13.11.1991 – 7 ABR 70/90, DB 1992, 789, B.II.2.c) der Gründe. Zustimmend *Fitting*, § 76a BetrVG Rz. 7; DKKW/*Berg*, § 76a BetrVG Rz. 12; GK-BetrVG/*Kreutz*/*Jacobs*, § 76a Rz. 14; ErfK/*Kania*, § 76a BetrVG Rz. 2; *Löwisch*, DB 1989, 223; *Ehrich*/*Fröhlich*, Teil G, Rz. 8. AA – eine vorherige Vereinbarung mit dem ArbGeb nach § 80 Abs. 3 BetrVG fordernd: *Stege*/*Weinspach*/*Schiefer*, § 76a BetrVG Rz. 3a; *Heinze*, RdA 1990, 270; MünchArbR/*Joost*, § 232 Rz. 102.
3 *Friedemann*, Rz. 684; *Ehrich*/*Fröhlich*, Teil G, Rz. 7.
4 Ebenso *Friedemann*, Rz. 684, der davon ausgeht, dass der Sachverständige in diesem Fall den Auftrag ablehnen dürfte.
5 *Wenning-Morgenthaler*, Rz. 582 ff.; *Ehrich*/*Fröhlich*, Teil G, Rz. 7.
6 *Friedemann*, Rz. 684.
7 *Fitting*, § 76a BetrVG Rz. 35; ErfK/*Kania*, § 76a BetrVG Rz. 8; GK-BetrVG/*Kreutz*/*Jacobs*, § 76a Rz. 66; MünchArbR/*Joost*, § 232 Rz. 131; *Wenning-Morgenthaler*, Rz. 592; *Ehrich*/*Fröhlich*, Teil G, Rz. 47; DKKW/*Berg*, § 76a BetrVG Rz. 52.
8 Vgl. hierzu die gesamte Rspr. zum Honorar der Einigungsstellenmitglieder. Ebenso *Fitting*, § 76a BetrVG Rz. 33; *Wenning-Morgenthaler*, Rz. 590; Richardi/*Richardi*/*Maschmann*, § 76a BetrVG Rz. 27 f.; *Ehrich*/*Fröhlich*, Teil G, Rz. 45.

gungsstelle¹ bzw. der Verfahrensbevollmächtigte. Auch für nach erfolgter Anfechtung gegebene Rückzahlungsansprüche des Insolvenzverwalters gegen ein Mitglied der Einigungsstelle ist das ArbG zuständig². Der BR ist nicht Beteiligter dieses Verfahrens, weil die Voraussetzungen des § 83 Abs. 3 ArbGG nicht vorliegen³. Im Gegensatz zur Rechtslage vor dem Inkrafttreten des § 76a BetrVG richtet sich nunmehr der gesetzliche Vergütungsanspruch des Einigungsstellenbeisitzers unmittelbar gegen den ArbGeb, ohne dass es einer Honorarzusage des BR bedürfte.

413 Der ArbGeb hat auch die sog. **Honorardurchsetzungskosten** zu tragen. Hierbei handelt es sich um die Kosten, die einem betriebsfremden Einigungsstellenmitglied bei der Durchsetzung seines berechtigten Honoraranspruchs entstehen. Dieser Anspruch zählt zwar nicht zu den Kosten der Einigungsstelle oder zu den Kosten der BR-Tätigkeit. Er ergibt sich aber mittelbar aus diesen unter dem Gesichtspunkt des Verzugsschadens iSv. § 280 Abs. 1 und 2, § 286 BGB⁴. Dies gilt auch für etwaige Anwaltskosten, da § 12a Abs. 1 Satz 1 ArbGG, wonach in der 1. Instanz keine Kostenerstattung erfolgt, nur im Urteilsverfahren gilt⁵. Die Honorardurchsetzungskosten sind selbst dann zu ersetzen, wenn der Antragsteller selbst Rechtsanwalt ist und seine eigene Vergütung gerichtlich durchsetzen muss⁶. Auch hier findet das Beschlussverfahren statt⁷. Bei einem teilweisen Unterliegen im Honorarprozess berechnen sich die erstattungsfähigen Honorardurchsetzungskosten nach der Höhe des zugesprochenen Beisitzerhonorars⁸.

414 Im Falle der **Insolvenz** sind Honoraransprüche der Einigungsstellenmitglieder nur einfache Insolvenzforderungen iSd. § 38 InsO, wenn das Einigungsstellenverfahren vor Insolvenzeröffnung bereits abgeschlossen war⁹. Ist das Einigungsstellenverfahren hingegen erst nach Insolvenzeröffnung eingeleitet worden oder zwar vorher begonnen, dann aber vom Insolvenzverwalter fortgeführt worden, sind die Honorar- und sonstigen Ansprüche Masseverbindlichkeiten iSd. § 55 Abs. 1 InsO¹⁰.

---

1 *Fitting*, § 76a BetrVG Rz. 33; *Wenning-Morgenthaler*, Rz. 551.
2 LAG Hessen v. 15.9.1992 – 4 TaBV 52/92, NZA 1994, 96.
3 BAG v. 12.2.1992 – 7 ABR 20/91, NZA 1993, 605.
4 LAG Hamm v. 10.2.2012 – 10 TaBV 67/11; LAG Bremen v. 5.2.1992 – 2 TaBV 27/91, AiB 1992, 647; *Fitting*, § 76a BetrVG Rz. 34; DKKW/*Berg*, § 76a BetrVG Rz. 45; GK-BetrVG/*Kreutz/Jacobs*, § 76a Rz. 67; *Richardi/Richardi/Maschmann*, § 76a BetrVG Rz. 24; *Stege/Weinspach/Schiefer*, § 76a BetrVG Rz. 36; *Ehrich/Fröhlich*, Teil G, Rz. 46.
5 BAG v. 27.7.1994 – 7 ABR 10/93, DB 1995, 835; *Ehrich/Fröhlich*, Teil G, Rz. 46.
6 BAG v. 27.7.1994 – 7 ABR 10/93, DB 1995, 835; *Fitting*, § 76a Rz. 34; *Ehrich/Fröhlich*, Teil G, Rz. 46.
7 *Richardi/Richardi/Maschmann*, § 76a BetrVG Rz. 28.
8 ArbG Regensburg v. 23.9.1999 – 5 BV 17/99 N, AiB 2000, 680.
9 So zur Rechtslage unter Geltung der Konkursordnung: BAG v. 25.8.1983 – 6 ABR 52/80, DB 1984, 303; LAG Nds. v. 21.10.1981 – 4 TaBV 5/81, ZIP 1982, 488.
10 BAG v. 27.3.1979 – 6 ABR 39/76, AP Nr. 7 zu § 76 BetrVG 1972 zum alten Konkursrecht.

Das Verfahren vor den kirchlichen Arbeitsgerichten

Einführung

Die Verfassung garantiert den Kirchen mit ihren karitativen und erzieherischen Einrichtungen gem. Art. 140 GG iVm. Art. 137 Abs. 2 WRV ein **Selbstbestimmungsrecht**. Danach können die Kirchen ihre Angelegenheiten innerhalb der Schranken der für alle geltenden Gesetze eigenständig regeln. Die Kompetenz zur Rechtssetzung in eigener Sache erfasst auch die Befugnis zur Kontrolle des selbst gesetzten Rechts[1]. Dies geschieht durch eine unabhängige und weisungsfreie eigene kirchliche Gerichtsbarkeit, die die beiden großen christlichen Konfessionen jeweils eigenständig geschaffen haben. Die Richter sind – wie vor dem staatlichen Gericht – unabhängig und nur an Gesetz und Recht gebunden. Die kircheneigene Gerichtsbarkeit schafft den **staatlichen Rechtsschutz** in ihren Bereichen nicht ab. Fragen des bürgerlichen Rechts unterliegen als Streitigkeiten über für alle geltenden Gesetze iSv. Art. 137 Abs. 3 WRV grds. der staatlichen Gerichtsbarkeit. Maßgeblich für die Abgrenzung ist der jeweilige Streitgegenstand[2]. Sind die staatlichen Gerichte zuständig, müssen sie neben den allgemeinen Gesetzen auch das kirchliche Recht anwenden[3], das idR mit den kirchlichen Mitarbeitern arbeitsvertraglich vereinbart ist. Dem staatlichen ArbG unterfallen daher die **individualrechtlichen** Streitigkeiten der kirchlichen Mitarbeiter mit ihrem vertraglichen Dienstgeber. Dagegen sind für Streitigkeiten, die sich zwischen kirchlichen Beteiligten insbesondere aus der Anwendung des **Mitarbeitervertretungsgesetzes** – § 60 MVG-EKD für die evangelische Kirche bzw. § 2 MAVO für die katholische Kirche – ergeben, die von den Kirchen gebildeten und betriebenen kirchlichen Arbeitsgerichte zuständig.

Teil I
Das Verfahren vor dem kirchlichen Arbeitsgericht der katholischen Kirche

I. Entwicklung 2	6. Kosten und Auslagen 24
II. Aufbau und Systematik 3	7. Sofortige Beschwerde 28
III. Besetzung der Richterbank 5	8. Vollstreckung 31
IV. Verfahren im ersten Rechtszug	**V. Verfahren im zweiten Rechtszug**
1. Zuständigkeit und Einigungsstelle 7	1. Grundsätze 34
2. Prozessvertretung 13	2. Nichtzulassungsbeschwerde 36
3. Verfahrensgrundsätze 15	3. Revision 38
4. Einstweiliger Rechtsschutz 19	**Anhang: Kirchliche Arbeitsgerichte**
5. Wiedereinsetzung 22	

I. Entwicklung

Nach Erlass der **Grundordnung** (GrO) im Jahre 1993 gab es Bestrebungen, eine eigene Verfahrensordnung zu installieren. Durch Einschaltung und Erteilung eines besonderen **apostolischen Mandats** iSd. c. 455 § 1 CIC durch den Heiligen Stuhl in Rom hat die Deutsche Bischofskonferenz am 21.9.2004 die kirchliche Arbeitsgerichtsordnung (**KAGO**) beschlossen. Hierzu hatte der Heilige Stuhl die „recognatio" zunächst „ad experimendum" auf 5 Jahre erteilt. Mit Wirkung zum 1.7.2005 wurde sodann die kirchliche Arbeitsgerichtsbarkeit installiert. Nach Ablauf dieser Erprobungszeit hat die Deutsche Bischofskonferenz am 25.2.2010 eine novellierte Fassung der KAGO beschlossen, die zum 1.7.2010 **auf Dauer** in allen deutschen Diözesen in Kraft gesetzt wurde[4]. Sie ist somit ein von allen deutschen Bischöfen gemeinsam gesetztes, unmittelbar geltendes Recht. Sie kann nicht etwa von einzelnen Diözesanbischöfen geändert werden und ist auch kein Mustergesetz, wie dies bspw bei der MAVO-Rahmenordnung der Fall ist. Die KAGO enthält für ihren Bereich eine abschließende Regelung der Gerichtsorganisation und des Verfahrensrechts. Der Codex

---

1 BAG v. 11.11.2008 – 1 AZR 646/07.
2 KAGH v. 25.4.2008 – M 02/08.
3 BVerfG v. 4.6.1985 – BVerfGE 70, 138(168).
4 Vgl. zum Gesetzgebungsverfahren: *Fischermeier*, RdA 2007, 193.

Iuris Canonici findet insoweit keine Anwendung[1]. Freilich sind allgemeingeltende verfassungsrechtliche Grundsätze höherrangig und können im Einzelfall auch einmal in das Prozessrecht bei seiner Auslegung hineinragen.

II. Aufbau und Systematik

3   Die KAGO ist Ausfluss der Vorgaben von Art. 10 Abs. 2 GrO. Sie gewährleistet einen wirksamen gerichtlichen Rechtsschutz auf Gebieten des kirchlichen **Kollektivarbeitsrechts** durch weisungsfreie unabhängige Gerichte. Die KAGO ist in Aufbau und Systematik dem staatlichen ArbGG in weiten Bereichen nachgebildet. Sie enthält als leges speciales eigenständige Verfahrensregelungen. Soweit solche fehlen, finden über § 27 KAGO für das erstinstanzliche Verfahren vor dem KAG die Bestimmungen des Urteilsverfahrens der §§ 46–60 ArbGG, also auch die Verweisungsnorm von § 46 Abs. 2 ArbGG auf die ZPO Anwendung. Diese **Verweisungskette** stellt sicher, dass prozessuale Fragen durch die KAGO selbst und hilfsweise durch das staatliche Verfahrensrecht geklärt werden können. Eines Rückgriffs auf kanonisches Prozessrecht bedarf es nicht[2]. Ein wesentlicher Unterschied zum ArbGG besteht darin, dass die kirchliche Arbeitsgerichtsbarkeit nur **zweistufig** ist, was in der Praxis zu einer deutlichen Verfahrensbeschleunigung führt. Es gibt nur eine Tatsacheninstanz, das Kirchliche Arbeitsgericht (**KAG**) und als Revisionsinstanz – die Revision ist wie zum BAG nur durch Zulassung statthaft, s. Rz. 35 – den Kirchlichen Arbeitsgerichtshof (**KAGH**). Da gem. § 7 Abs. 3 KAGO in der Sache der eingeschränkte **Untersuchungsgrundsatz** des arbeitsgerichtlichen Beschlussverfahrens von § 83 Abs. 1 ArbGG vor dem KAG anwendbar ist[3], besteht eine erweiterte Aufklärungspflicht des KAG, so dass auch bei nur einer Tatsacheninstanz ein rechtstaatlich faires Verfahren gewährleistet ist. Der allgemeine Justizgewährungsanspruch verlangt keine zweite Tatsacheninstanz[4].

4   **Jedes Bistum** bzw. Erzbistum sollte im Grundsatz gem. § 14 Abs. 1 KAGO ein **eigenes Gericht** der ersten Instanz bilden. Durch Vereinbarung der Diözesanbischöfe können jedoch mehrere Bistümer ein **gemeinsames** interdiözesanes **ArbG** schaffen (§ 14 Abs. 2 KAGO). Davon hat die Praxis Gebrauch gemacht. So entstanden bundesweit insgesamt 12 Arbeitsgerichte erster Instanz. S. zur jeweiligen örtlichen und sachlichen Zuständigkeit und den Gerichtsanschriften *Anlage* KAGO[5]. Ein weiterer wesentlicher Unterschied zu § 62 ArbGG normiert § 53 KAGO. Bewusst und gewollt gibt es im kirchlichen Bereich nicht die allgemeinen staatlichen Vollstreckungsmöglichkeiten bis hin zum Gewaltmonopol. § 53 KAGO beschreibt zur Vollstreckung einen völlig eigenständigen Weg (Rz. 31–33).

III. Besetzung der Richterbank

5   Die Zusammensetzung der Richterbank ist in beiden Instanzen dem ArbGG nachgebildet. Die Kammer des erstinstanzlichen **KAG** besteht aus dem Vorsitzenden und den beiden Beisitzern, je einer von Dienstgeber- und Dienstnehmerseite. Alle Richter werden für die Dauer von 5 Jahren vom Bischof ernannt, Wiederernennung ist zulässig. Die Kammer führt der Vorsitzende bzw. sein Stellvertreter. Beide müssen gem. § 18 KAGO u.a. katholisch sein und insbesondere die Befähigung zum Richteramt nach dem DRiG oder nach kanonischem Recht haben. Daneben gibt es jeweils 6 beisitzende Richter von der Dienstgeber- bzw. Dienstnehmerseite. Ihre Ernennungsvoraussetzungen ergeben sich aus § 20 Abs. 1. Die beisitzenden Richter werden in alphabetischer Reihenfolge (§ 20 Abs. 2) aus einer Liste zu den einzelnen Sitzungen herangezogen. Alle Richter unterliegen der Schweigepflicht, sind fachlich **weisungsunabhängig** und nur an Gesetz und Recht gebunden (§ 17 Abs. 1). Die bischöfliche Dienstaufsicht über die Richter bezieht sich – wie bei der staatlichen Gerichtsbarkeit – nur auf die äußere Erledigung der richterlichen Geschäfte und greift nicht in deren Unabhängigkeit ein. Zieht sich ein Verfahren über **mehrere Verhandlungstage** hin, findet grds kein Wechsel bei den beisitzenden Richtern statt (§ 20 Abs. 2 Satz 2 KAGO). Eine Ausnahme davon besteht nur bei einer Verhinderung dieses Richters im Fortsetzungstermin. Eine Missachtung dieser gesetzlichen Vorgabe generiert einen Verstoß gegen das Gebot des gesetzlichen Richters und ist gem. § 49 Abs. 2 Buchst. a KAGO auch im kirchlichen Verfahren ein absoluter Revisionsgrund bzw. ein Grund für eine erfolgreiche Nichtzulassungsbeschwerde iSv. § 48 KAGO[6].

---

1 Richardi, § 22 Rz. 9.
2 Frank in Freiburger Komm. zur MAVO, KAGO Rz. 8.
3 Vgl. hierzu Schwab, Juris, Die Monatszeitschrift 2016, 325.
4 Schwab, Die Berufung im arbeitsgerichtlichen Verfahren, S. 17, 18.
5 Eine Liste mit den Adressen der Kirchlichen Arbeitsgerichte ist am Ende dieses Teils nach Rz. 38 abgedruckt.
6 KAGH v. 17.7.2015 – M 12/14.

Der **KAGH** hat seinen Sitz bei der Geschäftsstelle der Deutschen Bischofskonferenz in **Bonn**. Die Senate 6
führen der Präsident und der Vizepräsident nach einem Geschäftsverteilungsplan. Es herrscht – wie beim
BAG – das **Senatsprinzip**, bestehend aus dem Vorsitzenden und zwei Richtern mit der Befähigung zum
staatlichen bzw. kanonischen Richteramt (vgl. § 22 Abs. 1 KAGO) sowie je einem Beisitzer von Dienstgeber- bzw. Dienstnehmerseite. Über Revisionen entscheidet grds. der komplette Senat. Manche Entscheidungen trifft der KAGH ohne Hinzuziehung der beisitzenden Richter. Das sind insbesondere Beschlüsse
über eine Nichtzulassungsbeschwerde (§ 48 Abs. 5 Satz 1 KAGO), über die Verwerfung einer unzulässigen
Revision (§ 51 Abs. 1 und Abs. 2 KAGO) oder über eine Ausschließung oder Ablehnung des Vorsitzenden
des erstinstanzlichen KAG (§ 35 Abs. 2 KAGO). Legt das KAG oder sein Vorsitzender nach einer (teilweisen) Nichtabhilfe eine sofortige (Verfahrens)-Beschwerde iSv. § 55 KAGO vor, dann entscheidet darüber
der Präsident des KAGH durch Alleinentscheidung, s. Rz. 29.

IV. Verfahren im ersten Rechtszug

1. Zuständigkeit und Einigungsstelle

Die Zuständigkeit des KAG – § 2 KAGO spricht von einer „sachlichen" Zuständigkeit – ergibt sich aus **§ 2** 7
KAGO. Danach ist das KAG zuständig für Rechtsstreitigkeiten
- aus der MAVO,
- aus dem Recht der nach Art. 7 GrO gebildeten Kommissionen zur Ordnung des Arbeitsvertragsrechts,
- aus dem Recht der Mitwirkung in Caritaswerkstätten für Menschen mit Behinderungen einschließlich des Wahlverfahrens und
- aus dem Verfahren der kircheneigenen Einigungsstellen (vgl. §§ 40 ff. MAVO, § 33 Abs. 4 MAVO).

In der Praxis dominieren vor dem KAG ganz überwiegend die **kollektivrechtlichen Streitigkeiten** zwischen Dienstgeber und MAV aus der MAVO. Sie ähneln im Verfahren weitestgehend den Beschlussverfahren der §§ 83 ff. ArbGG.

Der Katalog der Streitigkeiten aus der **MAVO** ist breit gefächert. Das sind insb. Verfahren nach § 34 8
MAVO (Ersetzung der versagten Zustimmung der MAV zur Einstellung und Anstellung), nach § 35
MAVO (Zustimmung bei sonstigen persönlichen Angelegenheiten, zB Eingruppierung, Versetzung) oder
nach § 18 Abs. 2 und 4 MAVO (zB Versetzung eines MAV-Mitgliedes). Das betrifft Maßnahmen, die der
Dienstgeber nur mit Zustimmung der MAV durchführen darf (§ 33 Abs. 1 MAVO). Bei Versagung der
Zustimmung muss der Dienstgeber die gerichtliche Ersetzung beantragen. Eine Besonderheit besteht nach
§ 33 Abs. 3 MAVO. Hat die MAV im Beteiligungsverfahren Einwendungen erhoben, dann hat der Dienstgeber **zuerst** – also vor Anrufung des KAG – ein **Einigungsgespräch** durchzuführen mit dem Ziel einer
Verständigung. Führt dieses Gespräch zu keinem Einvernehmen, dann muss die MAV innerhalb von 3 Tagen erklären, ob sie der beabsichtigten Maßnahme zustimmt oder weiterhin ihre Zustimmung verweigert.
Äußert sich die MAV nicht oder nicht fristgerecht, dann wird ihre Zustimmung fingiert. (S. auch die Zustimmungsfiktion von § 33 Abs. 2 Satz 2 MAVO, wenn zuvor die MAV im Rahmen der Anhörung nicht
fristgerecht oder zwar fristgerecht, aber nicht ordnungsgemäß iSv. § 34 Abs. 2 MAVO oder § 35 Abs. 2
MAVO Einwendungen erhoben hat).

Das KAG ist zuständig für Rechtsstreite aus dem Bereich der nach Art. 7 GrO gebildeten paritätisch besetz- 9
ten Kommissionen zur Ordnung des Arbeitsvertragsrechts (**KODA**). Sie erstellen das kirchliche Arbeitsvertragsrecht – es wird danach letztlich vom Diözesanbischof in Kraft gesetzt – im Rahmen des sog. **Dritten Weges** unter Zugrundelegung der jeweiligen KODA-Ordnungen. Diese gibt es für unterschiedliche
regionale Bereiche, insbesondere als Bistums-KODA oder Regional-KODA oder die am 18.11.2013 beschlossene Zentral-KODA-Ordnung[1]. Die jeweilige KODA-Ordnung beinhaltet Regelungen für Bildung,
Zusammensetzung, Wahl der Mitglieder oder zur Beschlussfassung des Gremiums. Eine Rahmen-KODA-
Ordnung enthält Empfehlungen des Verbandes der Diözesen Deutschlands. Eigene Regelungen gibt es für
solche Dienstgeber, die die Richtlinien für Arbeitsverträge in den Einrichtungen des Deutschen **Caritas**verbandes (AVR) anwenden. Für den Caritasbereich ist die Arbeitsrechtliche Kommission des Deutschen Caritasverbandes zuständig. Diese Kommission besteht aus einer Bundeskommission und sechs Regionalkommissionen[2].

Nicht zum KAG, sondern vor die kirchliche **Einigungsstelle** sind bei versagter Zustimmung der MAV die 10
Regelungsstreitigkeiten von §§ 36 und 37 MAVO zu bringen (§ 33 Abs. 4 MAVO). Die Einigungsstelle ist

---
1 S. dazu *Eder*, ZMV 2014, 29.
2 *Flick/Stodolka* in Düwell/Lipke, Anhang 3 Rz. 25; *Jüngst* in Thiel/Fuhrmann/Jüngst, § 38 MAVO Rz. 16 ff.

gem. § 40 Abs. 1 MAVO eine ständige Einrichtung auf diözesaner Ebene. Sie wird also nicht im Einzelfall im Bereich der einzelnen Dienststellen gebildet. In den Fällen von § 45 Abs. 1 und Abs. 2 MAVO kann nur der Dienstgeber die Einigungsstelle anrufen, in den Fällen von § 37 MAVO, in denen die MAV ein eigenes Antragsrecht hat und § 45 Abs. 3 MAVO auch die MAV. Das KAG überprüft gem. § 47 Abs. 4 Satz 1 MAVO den Spruch der Einigungsstelle bezüglich Zuständigkeit, Verfahren und Ermessensausübung. Für die Berufung auf Ermessensfehler besteht eine Klagefrist von zwei Wochen (§ 47 Abs. 2 Satz 2 MAVO), für sonstige Mängel von vier Wochen, jeweils gerechnet ab Zugang des Einigungsstellenspruchs. Bestreitet der Dienstgeber schon ein eigenes Antrags-/Mitbestimmungsrecht der MAV, dann liegt kein Streit über eine inhaltliche Regelung, sondern über eine Rechtsfrage vor, zu deren Klärung das KAG zuständig ist[1]. Zulässig sollte hier auch sein, dass die MAV die Einigungsstelle anruft und diese als Vorfrage ein Antrags- bzw. Mitbestimmungsrecht der MAV prüft. Ein dies klärender Einigungsstellenspruch ist dann allerdings vom KAG zu dieser Rechtsfrage überprüfbar.

11 Ausgeschlossen sind im kirchlichen Bereich gem. § 2 Abs. 4 KAGO **Normenkontrollverfahren**. Diese Regelung ist Ausfluss des Grundsatzes, dass die bischöfliche apostolische Autorität aufgrund der Gewalteneinheit beim Bischof nicht von den kirchlichen diözesanen Gerichten überprüft werden kann[2]. Das umfasst auch die Ordnung der Arbeitsrechtlichen Kommission des Deutschen Caritasverbandes. Es gibt in der katholischen Kirche keine Verfassungsgerichtsbarkeit vergleichbar mit dem BVerfG[3]. Das schließt freilich nicht aus, dass im Rahmen einer allgemeinen Auseinandersetzung vom KAG kirchliche Gesetze nicht überprüfbar wären, ob sie gegen höherrangiges Recht, insbesondere gegen die Grundordnung verstoßen[4]. Dessen ungeachtet kann jederzeit die Apostolische Signatur als ein Gericht des Apostolischen Stuhls in Rom angerufen werden, insbesondere wenn sich ein Beteiligter (Dienstgeber oder -nehmer) durch eine Kirchengerichtliche Entscheidung ungerecht behandelt fühlt.

12 Das KAG ist nach § 2 Abs. 3 KAGO – die Bestimmung entspricht Art. 10 Abs. 1 GrO – nicht zuständig für **individualrechtliche Streitigkeiten** zwischen Dienstgeber und kirchlichem ArbN. Für sie greift die staatliche Rechtsschutzgarantie und damit der Rechtsweg zum staatlichen ArbG. Hier ist das staatliche System durch c. 1290 CIC kanonisiert.

2. Prozessvertretung

13 Im Bereich der KAGO können die Beteiligten gem. § 11 sowohl vor dem erstinstanzlichen KAG als auch vor dem zweitinstanzlichen KAGH den Prozess selbst führen oder sich durch eine sach- und rechtskundige Person vertreten lassen. Es besteht auch vor dem KAGH **kein Anwaltszwang**. Die Auswahl ihrer Prozessvertretung entscheidet die jeweilige Prozesspartei für sich selbst. Die Gegenseite hat hierauf keinen Einfluss. Einer Zulassung durch das KAG bedarf es nicht (mehr). Die **Vertretungsperson** muss aber fachlich so **qualifiziert** sein, dass sie das Verfahren sachgemäß betreiben, das beiderseitige prozessuale Handeln überblicken und rahmenmäßig richtig einschätzen kann; anwaltlicher Sachverstand muss nicht erreicht werden. Treten in der Praxis Vertretungspersonen auf, dann sind es ganz überwiegend Rechtsanwälte, die als prozessbevollmächtigte Rechtsanwälte – auf der Basis der RVG – agieren. Die Prozessvertretung durch einen beisitzenden Richter des KAGH oder dem KAGH – nicht vor einem KAG – oder dem KAG bei seinem eigenen – nicht bei einem fremden – KAG ist im Hinblick auf § 11 Abs. 5 Satz 2 ArbGG rechtlich unzulässig[5]. Eine **konfessionelle Bindung** besteht vor dem KAH und KAGH – anders vor dem evangelischen kirchlichen ArbG – nicht. Insbesondere kann vor dem KAG und dem KAGH ein Rechtsanwalt, der etwa einer anderen Religionsgemeinschaft angehört, aus einer christlichen Kirche ausgetreten ist oder ihr nie angehört hat, trotzdem erst- und zweitinstanzlich auftreten.

14 Sonstige Personen können auch als **Beistand** iSv. § 90 ZPO von einer Partei hinzugezogen werden. Der Beistand ist eine Person, die der Prozesspartei im Termin meist als Wortführer Hilfe leistet. Der gerichtliche Schriftverkehr, incl. Ladungen und Zustellungen erfolgen an ihn als Terminshelfer aber nicht, sondern nur an die Partei. Sachvortrag des Beistandes gilt als Vortrag der Partei nach Maßgabe von § 90 Abs. 2 ZPO.

---

1 *Sroka*, Freiburger Komm. zur MAVO, § 37 Rz. 21.
2 *Eder*, in Eichstätter Komm. zur MAVO, § 2 KAGO Rz. 14.
3 Vgl. zum Verfassungsrecht der katholischen Kirche: *de Wall/Muckel*, Kirchenrecht, 3. Aufl., § 17 I.
4 Vgl. zB das Verfahren KAG Mainz M 37/14 Lb zur Zulässigkeit von sachgrundlosen Befristungen in kirchlichen Einrichtungen.
5 KAGH v. 10.2.2012 – K 10/11.

3. Verfahrensgrundsätze

Das Verfahren richtet sich nach den Prozessvorschriften der KAGO. Soweit dort keine Regelungen enthalten sind, finden über § 27 die Bestimmungen des ArbGG (§§ 46–61 ArbGG) zum Urteilsverfahren (nicht zum Beschlussverfahren) Anwendung. Zentrale Verfahrensregelungen enthält § 7 KAGO. Danach ergehen die Urteile grds aufgrund öffentlicher **mündlicher Verhandlung**, sofern die KAGO keine Ausnahme von dem Grundsatz der Mündlichkeit zulässt[1]. So entscheidet etwa der Vorsitzende allein außerhalb mündlicher Verhandlung in einem Eilverfahren iSv. § 52 KAGO. Die **Öffentlichkeit** kann nur aus einem der gewichtigen Gründe von § 7 Abs. 2 Satz 2 KAGO ausgeschlossen werden.

Der prägende Verfahrensgrundsatz des Beschlussverfahrens von § 83 Abs. 1 ArbGG, der **eingeschränkte Untersuchungsgrundsatz**[2], findet gem. § 7 Abs. 3 KAGO auch im kirchlichen arbeitsgerichtlichen Verfahren Anwendung. Danach erforscht das Gericht den Sachverhalt von Amts wegen, wobei die Parteien an der Aufklärung des Sachverhalts mitzuwirken haben. Trotz dieser Amtsermittlung ist es grds. Aufgabe der Parteien, dem KAG den Gegenstand und den Grund des erhobenen Anspruchs mitzuteilen. Den Streitgegenstand bestimmt der Kläger, dann muss er ihn auch möglichst identifizieren und zielmäßig nachvollziehbar präzisieren. Dabei muss der Kläger substantiiert angeben, auf Grund welcher Umstände und Tatsachen ihm ein bestimmter Anspruch oder ein bestimmtes Recht zustehen soll. Dies gehört zu einer ordnungsgemäßen Klageerhebung nach § 28 Satz 2 KAGO. Im Rahmen des erkennbaren Klagebegehrens und der gestellten Anträge erforscht dann das KAG den Sachverhalt von Amts wegen. Hierzu zählt etwa die Ermittlung von Tatsachen, die bisher von keinem Verfahrensbeteiligten vorgetragen wurden. Die Parteien trifft bei der Aufklärung des Sachverhalts eine Mitwirkungspflicht. Die Verantwortung für die Aufklärung ist zwischen Gericht und den Parteien geteilt. Das Gericht hat – unter Wahrung seiner Neutralität – in weiter Auslegung von § 139 ZPO (Aufklärungs- und Hinweispflicht) von Amts wegen mitzuteilen, ob und ggf. welche Informationen es noch benötigt, es ist „Herr der Sachverhaltsaufklärung". Das KAG kann auch solche Fakten näher aufklären, die von der Gegenseite nicht bestritten sind. Freilich wird es dazu nur Veranlassung haben, wenn sich ihm Zweifel an der Richtigkeit der Behauptungen aufdrängen[3]. Auf die Erfüllung dieser gebotenen gerichtlichen Hinweispflicht müssen sich die Parteien verlassen können. Es ist dann Aufgabe der Parteien, die fehlenden Fakten noch zu beschaffen und lückenhaften Sachvortrag zu ergänzen. Kommt die Partei, die im Verfahren die Behauptungslast trägt, dem – ggf. nach weiterem/ergänzendem gerichtlichen Hinweis – nicht oder nur oberflächlich nach, endet die Aufklärungspflicht des Gerichts. Das Gericht entscheidet dann nach dem ihm vorliegenden Sachstand.

In Konsequenz des Untersuchungsgrundsatzes sind nach § 8 KAGO weitere „**Beteiligte**" im Verfahren hinzuzuziehen, die vom KAG gem. § 9 KAGO auf Antrag oder von Amts wegen beizuladen sind. Die weiteren Verfahrensvorschriften der §§ 28 ff. KAGO orientieren sich – neben eigenständigen allgemeinen Regelungen – oftmals an den §§ 80 ff. ArbGG. Dies sind zB:

Bei **Klagerücknahme** hat der Vorsitzende das Verfahren einzustellen (§ 29 KAGO). Der Kläger kann die Klage nach § 29 Satz 1 KAGO jederzeit, also auch noch vor dem KAGH – auch ohne Zustimmung des Beklagten – zurücknehmen. Ein **Säumnisverfahren** findet gem. § 32 Satz 2 KAGO nicht statt. Auch kennt die KAGO keinen Gütetermin. Nach einer beidseitigen **Erledigungserklärung** hat der Vorsitzende nach vorheriger Anhörung der Beteiligten das Verfahren einzustellen (§ 41 Abs. 2 KAGO). Bei einseitiger Erledigungserklärung des Klägers hat § 41 Abs. 3 KAGO die Regelungen von § 83a Abs. 3 ArbGG übernommen.

Eine **Klageänderung** ist nach § 30 KAGO zulässig, wenn die übrigen Beteiligten zustimmen oder das KAG die Änderung für sachdienlich hält. Die Zustimmung der Beteiligten gilt – wie bei § 81 Abs. 3 ArbGG – kraft Fiktion nach § 30 Satz 2 KAGO als erteilt, wenn sich die übrigen Beteiligten ohne Widerspruch gegen die Klageänderung in einem Schriftsatz oder in der mündlichen Verhandlung hierzu eingelassen haben. Auch das KAG hat nach § 7 Abs. 5 KAGO auf eine **gütliche Beilegung** des Verfahrens hinzuwirken. Die KAGO übernimmt somit das Konsensprinzip von § 57 Abs. 2 ArbGG. Bei der Vernehmung von **Zeugen** bestehen Besonderheiten[4]. Alle Entscheidungen, gegen die ein befristetes Rechtsmittel statthaft ist, haben gem. § 7 Abs. 4 KAGO eine **Rechtsmittelbelehrung** zu enthalten. Eine Belehrung ist auch zu erteilen, wenn kein Rechtsmittel gegeben ist. Eine Belehrungspflicht über Rechtsbehelfe besteht nach dem Gesetzeswortlaut auch im Rahmen von § 7 Abs. 4 KAGO nicht. Da § 7 Abs. 4 KAGO wortgleich ist mit § 9 Abs. 5 Sätze 1–4, erster Teil ArbGG kann im Übrigen auf § 9 ArbGG Rz. 10–29 verwiesen werden.

---

1 Vgl. im Einzelnen *Gohm* in Eichstätter Komm., § 7 KAGO Rz. 4–8
2 Vgl. im Einzelnen hierzu § 83 ArbGG Rz. 2–17.
3 BAG v. 16.5.2007 – 7 ABR 63/06, NZA 2008, 320.
4 S. dazu *Schwab*, Juris, Die Monatszeitschrift, 2016, 325.

4. Einstweiliger Rechtsschutz

19 Zur Sicherung des vorläufigen Rechtsschutzes kann unter den Voraussetzungen von § 52 Abs. 1 KAGO eine einstweilige Verfügung ergehen. Danach bedarf es auch hier eines **Verfügungsanspruchs** und eines **Verfügungsgrundes**. Als Verfügungsanspruch kommen vornehmlich alle Ansprüche auf Herausgabe, Duldung, Leistung oder Unterlassung in Betracht, die auch Gegenstand eines Hauptsacheverfahrens sein können. Für **Feststellungsansprüche** fehlt idR ein Verfügungsgrund, da es bei reinen Feststellungen nur selten einer Eilentscheidung zur (vorläufigen) Sicherung eines Rechts bedarf; s. § 62 ArbGG Rz. 107. Die in § 52 Abs. 1 KAGO genannten beiden Verfügungsgründe sind den §§ 935, 940 ZPO nachgebildet. Möglich ist eine Sicherungsverfügung (§ 935 ZPO) und eine Regelungsverfügung (§ 940 ZPO). Nur ausnahmsweise besteht ein Verfügungsgrund, wenn im Eilverfahren schon der eigentliche Anspruch ganz oder teilweise endgültig geklärt werden soll, wenn also ein Hauptsacheverfahren überflüssig wird, weil schon im Eilverfahren vollendete Tatsachen geschaffen werden sollen (**Befriedigungsverfügung**). In einem solchen Fall sind an den Verfügungsgrund strenge Anforderungen zu stellen. Hier muss der Antragsteller darlegen und glaubhaft machen, dass er auf sofortige Erfüllung dringend angewiesen ist, insbesondere wenn die Gefahr eines endgültigen Rechtsverlustes droht. Zusätzlich muss hier immer eine Interessenabwägung vorgenommen werden. Es sind die Interessen des Antragstellers am Erlass einer Befriedigungsverfügung mit denjenigen des Antragsgegners an einer endgültigen Entscheidung im Wege einer Eilmaßnahme mit einem eingeschränkten Rechtsschutz gegeneinander abzuwägen; s. § 62 ArbGG Rz 112. Einem Verfügungsgrund kann der Einwand der sog. **Selbstwiderlegung** entgegenstehen, so dass die Dringlichkeit zu verneinen ist. Das ist der Fall, wenn der Antragsteller in Kenntnis der maßgeblichen Umstände untätig bleibt und den Antrag auf Erlass einer Eilmaßnahme erst nach längerer Zeit stellt[1]. Durch das längere Untätigbleiben wird die Eilbedürftigkeit herbeigeführt. Keine Selbstwiderlegung besteht, solange die Dienststellenpartner in zielgerichteten Verhandlungen in der Sache stehen. Dazu gehört auch die Zeit für das Finden einer einvernehmlichen Regelung für eine gütliche Beilegung des Streits[2].

20 Im Übrigen finden die §§ 935 bis 943 ZPO Anwendung allerdings mit folgenden **Besonderheiten**: Über den Antrag entscheidet stets der **Vorsitzende allein** ohne mündliche Verhandlung. Ausnahmen hiervon lässt der Gesetzeswortlaut nicht zu[3]. Die Zustellungen erfolgen von Amts wegen. Gegen den Beschluss des Vorsitzenden ist der Weg in die zweite Instanz nicht statthaft (§ 47 Abs. 4 KAGO). Bei Zurückweisung des Antrags findet dagegen die **sofortige Beschwerde** iSv. §§ 55, 27 KAGO iVm. § 78 ArbGG, § 567 Abs. 1 Nr. 2 ZPO statt; bei Stattgabe kann der Antragsgegner Widerspruch einlegen (§ 942 ZPO). Auch die Entscheidungen über diese beiden Rechtsbehelfe (vgl. § 78 ArbGG Rz. 2)[4] trifft nach dem Wortlaut von § 52 Abs. 2 KAGO stets der Vorsitzende allein außerhalb mündlicher Verhandlung. Erachtet er die Beschwerde für begründet, so hat er ihr gem. § 572 Abs. 1 Satz 1. Halbs. ZPO abzuhelfen. Da es aber keine zweite Tatsacheninstanz gibt, die als Beschwerdegericht in Betracht kommen könnte, ist § 572 Abs. 1 Satz 1 HS 2 ZPO unanwendbar, wonach bei Nichtabhilfe die Beschwerde unverzüglich dem „Beschwerdegericht" vorzulegen ist. Eine Vorlage zum KAGH scheidet wegen § 47 Abs. 4 KAGO aus. Somit ist eine sofortige Beschwerde zwar nicht ausgeschlossen, über sie entscheidet aber allein und im konkreten Verfahren endgültig und abschließend der Vorsitzende des KAG[5]. Hatte er eine Eilentscheidung erlassen und hält er den Widerspruch hiergegen für begründet, hebt er seine frühere Entscheidung auf. Das Verfahren ähnelt somit dem einer befristeten Gegenvorstellung[6]. Ein Rechtsmittel gegen den neuen Beschluss aufgrund des Widerspruchs gibt es nicht, weil kein Antrag „zurückgewiesen" wurde iSv. § 567 Abs. 1 Nr. 2 ZPO. Bei einer späteren Änderung der Sach- und Rechtslage ist ein neues Eilverfahren möglich. Soweit eine Entscheidung im einstweiligen Rechtsschutz Rechtskraft erlangt[7], stellt diese eine „Endentscheidung" iSv. § 78a Abs. 1 Satz 2 ArbGG dar (vgl. dazu § 78a ArbGG Rz. 5, Rz. 6). § 78a ArbGG findet nach seinem Abs. 8 entsprechende Anwendung.

21 Nach § 55 Abs. 2 KAGO iVm. §§ 926, 920 Abs. 2 ZPO sind die Tatsachen, die den der Verfügungsanspruch und den Verfügungsgrund bedingen, **glaubhaft** zu machen. Hierfür gilt § 294 ZPO. Danach sind Mittel der Glaubhaftmachung alle Beweismittel der ZPO; das sind vornehmlich Zeugen, Urkunden, Parteivernehmung aber auch eine eidesstattliche Versicherung. Bedeutsam ist, dass die antragstellende Partei

---

1 LAG Hamm v. 28.12.2016 – 6 SaGa 17/16, NZA-RR 2017, 176; KAG Mainz v. 7.7.2014 – M 22/14 Mz ewVg.
2 LAG Hamburg v. 23.8.2016 – 4 SaGa 1/16; LAG Berlin-Brandenbrug v. 25.7.2016 – 6 Ta 1089/16.
3 Ebenso *Stöcke-Muhlack* in Eichstätter Komm. zur MAVO, § 52 KAGO Rz. 1.
4 Diese sofortige Beschwerde ist hier wegen ihres fehlenden Devolutiveffektes kein Rechtsmittel.
5 *Jüngst* in Thiel/Fuhrmann/Jüngst, Komm. zur MAVO, 7. Aufl., § 47 Rz. 68; *Richardi*, Arbeitsrecht in der Kirche, 7. Aufl., § 22 Rz. 23; KAGH v. 4.4.2011 – K 4/11 und 6.4.2011 – M 04/11.
6 Vgl. hierzu § 78 ArbGG Rz. 104 ff.
7 *Zöller/Vollkommer*, vor § 916 Rz. 13; *Korinth*, Einstweiliger Rechtsschutz im Arbeitsgerichtsverfahren, 3. Aufl., A 25.

die/das Beweismittel bei einer Glaubhaftmachung dem Gericht im Entscheidungszeitpunkt von sich aus präsentieren muss. Da im Verfahren des einstweiligen Rechtsschutzes im Bereich der KAGO jedoch keine mündliche Verhandlung stattfindet, sondern der Vorsitzende stets ohne mündliche Verhandlung entscheiden muss, verbleiben hier als Mittel der Glaubhaftmachung praktisch nur die Vorlage von Urkunden und eine eidesstattliche Versicherung[1]. Da die Tatsachen nur glaubhaft zu machen sind, reicht für das Beweismaß, dass – im Gegensatz zum Vollbeweis – das Vorliegen der entscheidungserheblichen Tatsachen bloß wahrscheinlicher sein muss als dass sie nicht vorliegen[2]; in diesem Maße muss das Gericht überzeugt sein. S. zur Glaubhaftmachung auch § 58 ArbGG Rz. 21. Das erforderliche Überwiegen wird im Regelfall durch die eidesstattliche Versicherung oder die präsentierten Urkunden (zB Schriftverkehr) indiziert. Freilich kommt es – auch hier greift die zivilprozessuale Relationstheorie, s. § 58 ArbGG Rz. 26–28 – auf Beweisprobleme nur an, soweit streitige rechtserhebliche Tatsachen betroffen sind, was sich insbesondere aus einer (kurzfristig) eingeholten Stellungnahme des Antragsgegners zur Antragsschrift im Rahmen von § 138 ZPO ermitteln lässt.

5. Wiedereinsetzung

Nach § 37 Abs. 1 KAGO ist den Beteiligten bei fehlendem Verschulden an der Fristversäumung Wiedereinsetzung in eine versäumte „**Ausschlussfrist**" zu gewähren. Wiedereinsetzung gibt es daher nicht nur bei Versäumung einer Notfrist oder einer sonstigen der in § 233 Satz 1 ZPO genannten Fristen. Die schuldlose Versäumung jeder **prozessualen** Ausschlussfrist ist im Verfahren vor dem KAG und KAGH heilbar. Als Verfahrensvorschrift erfasst § 37 KAGO allerdings keine materielle Ausschlussfrist etwa aus dem Arbeitsvertrag, den die materiellen Arbeitsbedingungen regelnden Arbeitsvertragsrichtlinien (AVR). Materiellrechtliche Wirkung haben etwa die Zustimmungsfiktionen von § 29 Abs. 3 Satz 1, § 33 Abs. 2 Satz 2 und Abs. 3 Satz 4 MAVO. Prozessuale Bedeutung dürfte folgendem Beispielsfall zukommen: Die Anfechtung der Wahl einer MAV ist fristgebunden innerhalb der Ein- und der Zweiwochenfrist von § 12 Abs. 1 Satz 1 und Abs. 3 MAVO zu erklären. Beide Fristen sind Ausschlussfristen[3]. Hier ist in einem Wahlanfechtungsverfahren gem. § 37 Abs. 1 eine Wiedereinsetzung zu gewähren, wenn der Anfechtende ohne eigenes Verschulden an der Einhaltung einer oder beider Anfechtungsfristen gehindert war. Das Wahlanfechtungsverfahren wird im Falle der gewährten Wiedereinsetzung so betrieben als habe der Anfechtende die jeweilige Frist eingehalten.

Das **Verfahren** der Wiedereinsetzung ist den **§§ 233 ff. ZPO** nachgebildet[4]. Kein Wiedereinsetzungsgrund ist ein bloßer Rechtsirrtum einer Partei über die Rechtslage oder über das Vorhandensein einer Frist. Dagegen rechtfertigt die schuldlose Unkenntnis von Vorgängen, die die Frist in Lauf setzen, die Wiedereinsetzung. Im fristgerecht gestellten Antrag sind die (Entschuldigungs-) Gründe **glaubhaft zu machen** (s. Rz. 21). Das Verschulden des Prozessbevollmächtigten ist der Partei gem. § 27 KAGO iVm. § 46 Abs. 2 ArbGG, § 85 Abs. 2 ZPO zuzurechnen. Das gilt auch für den Prozessbevollmächtigten der kein Rechtsanwalt ist (s. Rz. 13).

6. Kosten und Auslagen

Im Verfahren finden die allgemeinen Grundsätze zum Gegenstandswert und das RVG Anwendung.

Die Entscheidungen des KAG und des KAGH sind nur beschränkt vollstreckungsfähig (s. Rz. 31–33). Dies kann auch Probleme insbesondere für die Durchsetzung der Honoraransprüche der beigezogenen Rechtsanwälte erzeugen[5].

Das kirchliche Verfahren ist gerichtsgebührenfrei (§ 12 Abs. 1 Satz 1 KAGO). Ein Verfahrensbeteiligter hat nur dann einen **Anspruch auf Erstattung** seiner im gerichtlichen Verfahren entstandenen Auslagen, wenn es hierfür eine materiell-rechtliche Anspruchsgrundlage gibt; § 12 KAGO ist keine Anspruchsgrundlage. Als solche kommt insbesondere § 17 Abs. 1 Satz 1 iVm. Satz 2, 4. Spiegelstrich MAVO in Betracht. Voraussetzung ist danach die „**Notwendigkeit**" einer Prozessvertretung durch einen Bevollmächtigten. Eine Notwendigkeit in diesem Sinne besteht, wenn eine vernünftige und kostenorientierte Partei sie als sachdienlich ansehen darf. Zu dieser Beurteilung ist auf die Umstände des Einzelfalls im konkreten Verfahren abzustellen. Insoweit steht der MAV ein eigener Beurteilungsspielraum zu, der vom Gericht nur auf Grenzüberschreitung zu überprüfen ist. Ein kleinlicher Maßstab ist hier nicht angebracht, allerdings muss es tatsäch-

---

1 Zur anwaltlichen Versicherung als Mittel der Glaubhaftmachung, vgl. BGH v. 12.11.2014 – XII ZB 289/14 und zu ihrer Würdigung BGH v. 27.9.2016 – XI ZB 12/14.
2 S. zB BGH v. 12.11.2014 – XII ZB 289/14, NJW 2015, 349 zur anwaltlichen Versicherung.
3 *Simon* in Freiburger Komm. zur MAVO, § 12 Rz. 19.
4 Vgl. zum kompletten Verfahren: Arbeitsrechtslexikon/*Schwab*: Wiedereinsetzung in den vorigen Stand.
5 Vgl. dazu *Hempel*, NZA 2014, 1003.

lich um echte Rechts- oder Tatsachenprobleme gehen, die einen anwaltlichen Beistand zumindest zweckmäßig erscheinen lassen. Hiervon ist in aller Regel auszugehen, wenn sich der Dienstgeber selbst von einem Rechtsanwalt vertreten lässt[1]. Zur Beurteilung der Notwendigkeit sind auch die vorhandenen Rechtskenntnisse des Antragstellers zu würdigen[2]. Schließlich muss für die beabsichtigte Rechtsverfolgung eine gewisse Erfolgsaussicht bestehen. Ohne nähere Prüfung recht schnell erkennbar unzulässiges oder unbegründetes Prozessieren ist nicht „notwendig". Oft wird zumindest eine Gebühr für ein erstes Beratungsgespräch durch einen Rechtsanwalt (§ 34 Abs. 1 RVO) notwendig sein. Grundsätzlich wird eine verständige und wirtschaftlich vernünftige Partei einen Rechtsanwalt in der Nähe ihres Wohn- oder Geschäftsorts oder am Gerichtsort selbst beauftragen. Das empfiehlt sich in aller Regel nicht nur wegen der geringeren **Reisekosten**, sondern auch im Hinblick auf die erleichterte persönliche Unterrichtung und Beratung. Aus „besonderen Gründen" kann auch ein entfernt wohnender Spezialist mit Erstattung seiner höheren Reisekosten beauftragt werden.

26 Die Auslagenentscheidung trifft das KAG grds. als Teil des Tenors in seinem Endurteil[3]. Ergänzend hierzu enthält § 12 Abs. 2 KAGO eine sinnvolle Besonderheit. Noch im laufenden Verfahren kann im Vorfeld oder ganz überwiegend schon mit Klageeinreichung bzw. -erwiderung jeder Verfahrensbeteiligte einen Antrag auf Vorabentscheidung an das KAG stellen, dass seine Auslagen – insbesondere durch die Beauftragung eines Rechtsanwalts – im vorliegenden Verfahren (vom Dienstgeber) zu erstatten sind. Durch diese gerichtliche **Vorabklärung** lässt sich ein späterer Streit der Beteiligten um eine Kostenerstattung vermeiden. Insbesondere die MAV erlangt so früh Gewissheit, ob sie für das Verfahren auf Kosten des Dienstgebers einen Rechtsanwalt beauftragen kann oder nicht[4]. Über den Vorabantrag entscheidet der Vorsitzende nach Anhörung der Gegenseite, insbesondere des zahlungspflichtigen Dienstgebers. Gegen seinen Beschluss findet – unabhängig ob er dem Antrag stattgegeben hat oder nicht – nach § 12 Abs. 2 KAGO die sofortige Beschwerde gem. §§ 55, 27 KAGO iVm. § 78 ArbGG, §§ 567 ff. ZPO statt.

27 Die Dienststellenpartner sind zur vertrauensvollen Zusammenarbeit verpflichtet (Präambel und § 26 Abs. 2 Satz 1 MAVO). Von daher ist es grds. außer in eiligen Fristsachen angezeigt, dass die MAV zunächst **beim Dienstgeber** einen **Antrag auf Auslagenerstattung** iSv. § 12 Abs. 2 KAGO stellt. Vielfach erkennt der Dienstgeber dies an. Weigert er sich hierzu oder beantwortet er die Anfrage nicht zeitnah, ist es jetzt angebracht, einen Antrag auf Vorabentscheidung iSv. § 12 Abs. 2 KAGO beim KAG zu stellen. In der Praxis beauftragt mitunter die MAV ohne Rücksprache mit dem Dienstgeber sofort einen Rechtsanwalt, der dann in der Klageschrift den Antrag nach § 12 Abs. 2 KAGO stellt oder überhaupt keinen entsprechenden Antrag stellt. Dieses Procedere ist zwar rechtlich zulässig, aber kostenmäßig bei objektiv fehlender Notwendigkeit nicht immer risikofrei. Erkennt der Dienstgeber sofort an mit dem Hinweis, es habe keine Notwendigkeit zur Klageerhebung bestanden, kann idR die Notwendigkeit fehlen (Rechtsgedanke aus § 93 ZPO).

7. Sofortige Beschwerde

28 Mit der sofortigen (Verfahrens-)Beschwerde (§ 55 KAGO iVm. § 78 ArbGG, §§ 567 ff. ZPO) können bestimmte Entscheidungen des KAG angefochten werden. Über die Statthaftigkeit und die näheren Modalitäten sind die Parteien gem. § 7 Abs. 4 zu belehren, weil der Angriff ein befristetes Rechtsmittel darstellt. Beschwerdefähig sind vornehmlich **Beschlüsse** und **Verfügungen**, die im Laufe des Verfahrens vom KAG in bestimmten prozessualen Situationen erlassen werden. Über die Beschwerde wird in einem einfach ausgestalteten Verfahren entschieden, in dem regelmäßig keine mündliche Verhandlung stattfindet. § 55 KAGO enthält eine komplizierte Verweisungsnorm, die wegen der Zweistufigkeit des Prozessverfahrens nur im Kontext mit § 78 ArbGG zu verstehen ist. Nach § 55 KAGO findet § 78 Satz 1 ArbGG Anwendung. Diese ArbGG-Norm verweist ihrerseits auf die §§ 567 ff. ZPO. Danach besteht bezüglich des Verfahrens vor dem KAG vom Wortlaut von § 55 her kein Unterschied zum erstinstanzlichen Beschwerdeverfahren vor dem staatlichen ArbG. Im arbeitsgerichtlichen Verfahren findet das eigentliche Beschwerdeverfahren erst in der 2. Instanz vor dem LAG statt (s. § 78 ArbGG Rz 54). Das ArbG prüft dort (eingeschränkt) nur, ob die Beschwerde in der Sache begründet ist und es ihr deshalb „abhilft" (s. hierzu im Einzelnen § 78 ArbGG Rz. 43, Rz. 44). Erst mit Vorlage zum LAG wird das Verfahren dort zum „Beschwerde"verfahren.

29 Im Verfahren der KAGO gibt es keine 2. Instanz. Von daher ordnet § 55 KAGO an, dass § 78 „Satz 1" ArbGG mit der Maßgabe Anwendung findet, dass über die „Beschwerde" der **Präsident** des **KAGH** entscheidet. Auf Satz 3 von § 78 ArbGG verweist § 55 KAGO nicht. Damit ist ausgeschlossen, dass der Prä-

---
1 KAGH v. 31.08.2012 – M 08/12.
2 KAG Rothenburg-Stuttgart v. 26.3.2010 – AS 02/10; zu Unrecht aA *Menges* in Eichstätter Komm., § 12 KAGO Rz. 14.
3 *Menges* in Eichstätter Komm., § 12 KAGO Rz. 14.
4 Vgl. KGH-EKD v. 26.2.2014 – II-0124/W6-14.

sident des KAGH nur bei zugelassener Rechtsbeschwerde iSv. § 78 Satz 3 ArbGG iVm. §§ 574 ff. ZPO entscheiden könnte. Nach dem Gesetzeswortlaut von § 55 KAGO entscheidet über die Beschwerde nicht der „KAGH" durch seinen Präsidenten, sondern der „Präsident" des KAGH. Vom Wortlaut von § 55 KAGO her dürfte Letzterer daher in der Sache die Stellung und Funktion des Vorsitzenden des (zweitinstanzlichen) LAG haben (s. hierzu § 78 ArbGG Rz. 54 ff.). Das bedeutet auch, dass die Verfahrensgrundsätze der Rechtsbeschwerde von § 577 ZPO unanwendbar sind. Der Präsident des KAGH nimmt daher nicht etwa wegen der Stellung des KAGH als Instanz der Rechtsprüfung (§ 47 Abs. 2, § 49 Abs. 1, 51 KAGO) nur eine Rechtsprüfung, sondern darüber hinausgehend – wie der Vorsitzende des LAG – eine **Rechts- und** auch eine **Tatsachenprüfung** vor; s.a. Rz. 35. Ob hiermit den idR minderwichtigen beschwerdefähigen Entscheidungen des KAG nicht zu viel an Behandlung im Verhältnis zu den Urteilen zuteil wird, die nur auf Zulassung in den eher engen Grenzen von § 47 Abs. 2 KAGO rechtsmittelfähig sind, ist die andere Frage. Die Einschaltung des Präsidenten des KAGH ist wegen des Fehlens einer zweiten Tatsacheninstanz geschuldet, ansonsten gäbe es im Verfahren der KAGO kein echtes Beschwerdeverfahren (s. zB als Konsequenz Rz. 20). Ein Rechtsbehelf ist gegen die Entscheidung des Präsidenten nicht statthaft.

Die sofortige (Verfahrens-)Beschwerde ist auch im **Verfahren** vor dem KAG gem. § 567 Abs. 1 ZPO nur 30 statthaft, wenn dies im Gesetz (KAGO, ArbGG oder ZPO) ausdrücklich bestimmt ist oder in Fällen, in denen das KAG ein das Verfahren betreffendes Gesuch „zurückgewiesen" hat, ohne dass für die Entscheidung eine mündliche Verhandlung hierüber vorgesehen ist (s. § 78 Rz. 8–20 ArbGG). Hat das KAG dem Gesuch stattgegeben, dann ist die Entscheidung nur anfechtbar, wenn dies im Gesetz vorgesehen ist[1]. Zur Form, Frist, Entscheidung durch den Vorsitzenden oder die Kammer, das Abhilfeverfahren und die Vorlage zum Präsidenten des KAGH und seine Entscheidung gelten die Grundsätze von § 78 ArbGG, so dass im Einzelnen auf die dortigen Kommentierungen verwiesen werden kann.

8. Vollstreckung

Die nur **eingeschränkte** Vollstreckung einer kirchengerichtlichen Entscheidung kann der Schwachpunkt 31 im Verfahren sein, wenngleich die Praxis zeigt, dass die Beteiligten den gerichtlichen Entscheidungen Folge leisten.

Die staatlichen Vollstreckungsmöglichkeiten bis hin zum Gewaltmonopol gibt es im kirchlichen Bereich nach christlichem Selbstverständnis bewusst nicht. Die kirchengerichtlichen Urteile sind **keine Vollstreckungstitel** iSv. §§ 704, 794 ZPO. Wer allerdings ein rechtskräftiges kirchengerichtliches Urteil missachtet, stellt sich außerhalb des Mitarbeitervertretungsrechts mit der dort normierten Bildung von MAVen mit den beiderseitigen Rechten und Pflichten. Er verstößt auch gegen Art. 8 GrO und Art. 10 GrO mit der Gewährung eines kircheneigenen Rechtsschutzes durch freie und unabhängige Gerichte. Die GrO ist letztlich Ausfluss des verfassungsrechtlich geschützten Selbstbestimmungsrechts der Kirchen (Art. 140 GG iVm. Art. 137 Abs. 3 WRV). Dagegen nachhaltig zu verstoßen, negiert System, Gesetz und kirchlichen Willen. Da sich der gesetzesuntreue Amtsträger außerhalb der Kirchengesetze stellt, kann er vom zuständigen kirchlichen Vorgesetzten iSv. § 53 Abs. 2 Satz 2 KAGO disziplinarisch belangt werden[2].

Die KAGO unterscheidet zwischen der Vollstreckung einer Leistung (§ 53 KAGO) und der Abgabe einer 32 Willenserklärung (§ 54 KAGO). § 54 KAGO ist inhaltlich § 894 Satz 1 ZPO nachgebildet. Mit Rechtskraft eines Urteils (s. dazu § 69 ArbGG Rz. 34) wird die **Abgabe** der **Willenserklärung** fingiert.

Dagegen bestehen offene Fragen bei der Vollstreckung einer **Leistung** nach § 53 KAGO. Wer durch kir- 33 chengerichtliches Urteil zu einem Tun, Dulden oder Unterlassen verurteilt worden ist, hat nach § 53 Abs. 1 KAGO dem in der Sache erkennenden Gericht (KAG bzw. KAGH, sofern der KAGH nicht eine Nichtzulassungsbeschwerde als unzulässig oder unbegründet zurückgewiesen oder eine Revision als unzulässig verworfen hat, weil er dann nicht „in der Sache" entschieden hat) innerhalb **eines Monats** nach Eintritt der Rechtskraft **von sich aus** zu **berichten**, dass er die auferlegte Verpflichtung erfüllt hat bzw. dass er die Unterlassung/Duldung einhält. Kommt der Verpflichtete seiner Berichtspflicht nicht fristgemäß nach, fordert ihn der Vorsitzende hierzu auf. Bleibt auch diese Aufforderung erfolglos, ersucht das Gericht den kirchlichen **Vorgesetzten** um **Vollstreckungshilfe**. Im Bereich der verfassten Kirche ist das der Generalvikar des Bistums. Bei einer GmbH/gGmbH sind das Kuratorium bzw. der Aufsichtsrat in die Vollstreckungsvollziehung einzubeziehen[3] oder etwa der Verband der Diözesen Deutschlands oder der Deutsche Caritasverband. Ist der Dienstgeber als e.V. organisiert, ergibt sich dessen Struktur und das Aufsichtsorgan idR aus dessen Satzung. Sodann berichtet der Vorgesetzte dem Gericht über die von ihm getroffenen Maß-

---

[1] Vgl, hierzu Arbeitsrechtslexikon/*Schwab*: Rechtsmittel IV. 1.
[2] Ebenso *Jüngst* in Thiel/Fuhrmann/Jüngst, Komm. zur MAVO, 7. Aufl., § 47 Rz. 84.
[3] *Jüngst* in Thiel/Fuhrmann/Jüngst, Komm. zur MAVO, 7. Aufl., § 47 Rz. 74, 78.

nahmen. Bleiben auch diese erfolglos, kann das Vollstreckungsgericht – nur auf Antrag des Antragstellers – gegen den Untätigen bzw. die Verpflichtung nicht ordnungsgemäß Erfüllenden gem. § 53 Abs. 3 KAGO eine **Geldbuße** bis zu 2.500 € verhängen und zusätzlich anordnen, dass die Entscheidung des Gerichts unter namentlicher Nennung der Beteiligten im **Amtsblatt** des zuständigen Bistums zu **veröffentlichen** ist. In § 53 Abs. 3 KAGO fehlen Vorgaben, wer die Geldbuße beitreiben und wem sie zufließen soll. Beides durchzuführen bzw. zu entscheiden liegt in den Händen des Gerichts als Vollstreckungsorgan. Es stellt sich die Frage, ob mit „Gericht" die Kammer oder der Vorsitzende gemeint ist. Da über § 27 KAGO die Bestimmungen des arbeitsgerichtlichen Urteilsverfahrens Anwendung finden, greift auch § 53 Abs. 1 ArbGG. Danach erlässt grds der **Vorsitzende allein** – und nicht die Kammer – Beschlüsse und Verfügungen des ArbG, die nicht auf Grund mündlicher Verhandlung ergehen. Eine solche schreibt § 53 KAGO nicht vor. Es ist auch sinnvoll, die komplette Vollstreckung dem Vorsitzenden zu übertragen, weil es hier in aller Regel um keine Rechtsfragen geht, für die der Sachverstand der Beisitzer erforderlich wäre. Auch würde sich dann die Frage stellen, welche Beisitzer heranzuziehen sind. § 20 Abs. 2 Satz 2 KAGO analog anzuwenden, wäre organisatorisch unverhältnismäßig.

Vollstreckbar sind nicht nur **Urteile**, sondern in gleicher Weise auch **Vergleiche** wegen ihrer urteilsersetzenden Wirkung.

V. Verfahren im zweiten Rechtszug

1. Grundsätze

34 Das Verfahren vor dem kirchlichen ArbG kennt nur eine Tatsachen- und eine Revisionsinstanz. Ziel der Revision ist zwar auch die Gewährleistung einer richtigen Entscheidung des Rechtsstreits. Insbesondere dient sie aber der Wahrung einer einheitlichen Rspr. sowie deren Fortentwicklung. Revisionsgericht ist der bei der Geschäftsstelle der Deutschen Bischofskonferenz angesiedelte Kirchliche Arbeitsgerichtshof (KAGH) in Bonn. Mit der Revision zum KAGH können – wie beim BAG im staatlichen Arbeitsgerichtsprozess – **keine neuen Tatsachen** vorgebracht werden, sondern das Urteil des KAG wird allein einer **Rechtsprüfung** unterzogen, ob das KAG das Recht richtig angewendet hat. Dabei legt der KAGH den Sachverhalt seiner Entscheidung zugrunde, den es dem Tatbestand aber auch den tatbestandlichen Feststellungen in den Entscheidungsgründen des KAG-Urteils entnimmt. Eine Bindungswirkung entfällt für das Revisionsgericht nur, wenn die vom KAG getroffenen Feststellungen unklar, lückenhaft oder widersprüchlich sind. Auf das Verfahren vor dem KAGH finden primär die leges speciales der §§ 47–51 KAGO Anwendung. Soweit dort eine eigene Regelung fehlt, greifen nach § 46 KAGO die Bestimmungen von §§ 27–43 KAGO über das Verfahren vor dem KAG. Durch die Einbeziehung der Verweisungsnorm von § 27 KAGO sind hilfsweise auch die Bestimmungen der ZPO, insbesondere der §§ 542 ff. ZPO anwendbar.

35 Die **Revision**sinstanz ist auch im Bereich der KAGO **nur** durch **Zulassung** des Rechtsmittels eröffnet; das KAG hat in seinem Urteil (§ 43 KAGO) die Revision unter den Voraussetzungen von § 47 Abs. 2 KAGO zuzulassen. Hat das KAG die Revision zugelassen, kann die durch das Urteil beschwerte Partei oder ein gem. § 9 KAGO notwendig beizuladender Dritter nach Maßgabe von § 50 KAGO das Rechtsmittel binnen Monatsfrist ab Urteilszustellung einlegen. Hat das KAG die Revision nicht zugelassen, dann besteht die Möglichkeit, die Zulassung durch Beschwerde nach § 48 KAGO zu erreichen. Gegen die Letzt-Entscheidungen des KAGH ist kein Rechtsmittel mehr gegeben. Unabhängig davon ist auch gegen Urteile des KAGH stets ein Appell an die Apostolische Signatur zulässig, da die kirchlichen Gerichte über bischöfliches Recht entscheiden, das auch in Einklang mit päpstlichem Recht stehen muss[1]. Ebenfalls nicht der Rechtsbeschwerde-/Revisionsinstanz ist die finale Entscheidung des Präsidenten des KAGH im Rahmen einer Verfahrensbeschwerde iSv. § 55 KAGO (s. Rz 29) zugewiesen. Außerhalb des üblichen festgefügten Rechtsmittelsystems urteilt in diesen Verfahren der Präsident – nicht der KAGH –- auch als Tatsacheninstanz.

2. Nichtzulassungsbeschwerde

36 Mit der Nichtzulassungsbeschwerde (§ 48 KAGO) wird isoliert nur der Teil des KAG-Urteils angefochten, der die Entscheidung über die Nichtzulassung geregelt, und zwar abgelehnt hat. Für diesen Rechtsbehelf, über den die Parteien im Rahmen von § 7 Abs. 4 KAGO nicht zu belehren sind[2], gelten eine einmonatige Einlegungs- und eine zweimonatige Begründungsfrist (S. § 48 Abs. 2 und Abs. 3 KAGO). Die Nichtzulas-

---

1 S. dazu Apostol. Signatur, 31.3.2010 – 42676/09, ZMV 2010, 145.
2 BAG v. 8.7.2008 – 3 AZB 31/08, NZA-RR 2008, 540.

sungsbeschwerde kann gem. § 48 Abs. 3 Satz 2 KAGO nur damit begründet werden, die Rechtssache habe grundsätzliche Bedeutung (s. dazu § 72a ArbGG Rz. 55–58), es liege eine Divergenz iSv. § 47 Abs. 2 Buchst. b (s. generell zur Darlegung einer Divergenz § 72a ArbGG Rz. 58a–65) oder ein entscheidungserheblicher Verfahrensmangel vor (S. dazu § 72a ArbGG Rz. 65a–65e). Ist die Nichtzulassungsbeschwerde statthaft, das Verfahren ordnungsgemäß eingehalten und begründet, dann ist sie in der Sache begründet, wenn das KAG verpflichtet gewesen wäre, die Revision gem. § 47 Abs. 2 KAGO zuzulassen. Insbesondere an den Darlegungsumfang und die Begründungspflicht sind hohe Anforderungen zu stellen[1].

Über die Nichtzulassungsbeschwerde entscheidet der KAGH idR ohne mündliche Verhandlung (§ 48 Abs. 5 Satz 1 KAGO) durch den Vorsitzenden und die beiden Richter mit der Befähigung zum Richteramt; s. Rz 6. Weist der KAGH den Rechtsbehelf zurück, wird mit Zustellung dieses Beschlusses an den Beschwerdeführer das Urteil des KAG rechtskräftig (§ 48 Abs. 5 Satz 3 KAGO). Wird die Revision vom KAGH zugelassen, dann ist sie binnen Monatsfrist nach Zustellung des vollständigen Beschlusses einzulegen (§ 50 Abs. 1 Satz 1 KAGO). Die Zustellung des Zulassungsbeschlusses wird im Verfahren vor dem KAGH fristenmäßig so behandelt, wie wenn an seinem Zustellungstag das Urteil des KAG zugestellt worden wäre mit Revisionszulassung. Die Verfahrensgestaltung von § 72a Abs. 6 Satz 2 ArbGG hat die KAGO nicht übernommen. Im Bereich der KAGO bedarf es somit noch einer gesonderten Einlegung der Revision binnen Monatsfrist nebst (späterer) Begründung. 37

3. Revision

Die Revision ist nach Maßgabe von § 50 KAGO binnen Monatsfrist einzulegen und binnen 2 Monaten ordnungsgemäß unter Auseinandersetzung mit den Gründen des Urteils des KAG zu begründen. Die Zweimonatsfrist ist einmal vom Präsidenten des KAGH verlängerbar. Weißt der Geschäftsverteilungsplan das Verfahren dem Senat des Vizepräsidenten zu, dann ist er in dieser Eigenschaft für die Verlängerung zuständig, weil andernfalls ein nicht zuständiger Richter in die Verfahrensgestaltung eines anderen Senats eingreifen würde. Zum Fristenlauf enthält § 50 KAGO nicht den Zusatz von § 74 Abs. 1 Satz 2 ArbGG, wonach beide Fristen „spätestens mit Ablauf von fünf Monaten nach der Verkündung" zu laufen beginnen. Trotzdem findet die Fünfmonatsfrist (s. dazu auch § 64 ArbGG Rz. 170–175; § 66 ArbGG Rz. 5 ArbGG)[2] auch im Verfahren vor der KAGO Anwendung, weil ein Urteil des KAG, das binnen 5 Monaten nicht von allen Richtern unterschrieben der Geschäftsstelle zum Zwecke der Zustellung übergeben worden ist, als ein Urteil ohne Entscheidungsgründe iSv. § 49 Abs. 2 Buchst. e gilt, da auch hier die menschliche Erinnerungsschwäche unterstellt werden muss[3]. 38

Wenngleich es gegen die Entscheidung des KAGH keine Verfassungsbeschwerde gibt (s. Rz. 11), dürfte § 78a ArbGG als ein in sich abgeschlossener eigenständiger Rechtsbehelf anwendbar sein. Welche Motive der Schaffung der **Anhörungsrüge** von § 78a ArbGG zugrundegelegen haben, sind in dem Gesetzestext dieser Norm nicht enthalten. Eine teleologische Reduktion der Norm ihrer Nichtanwendbarkeit scheidet aus.

Zur richterlichen Besetzung des KAGH s. Rz. 6.

Zum Verfahren der Revision kann im Übrigen auf die Kommentierung der §§ 72–75 ArbGG verwiesen werden, immer unter Beachtung der leges speciales der §§ 46–51 KAGO und des zweistufigen Rechtsmittelzugs im Verfahren der KAGO.

---

1 S. dazu Arbeitsrechtslexikon/*Schwab*: Rechtsmittel III.3; § 72b Rz. 51 ff.
2 S. dazu *Schwab*, Die Berufung im arbeitsgerichtlichen Verfahren, S. 175–189.
3 Vgl. BVerfG v. 27.4.2005 – 1 BvR 2674/04, NZA 2005, 782; BVerfG v. 15.9.2003 – 1 BvR 809/03.

Anhang
Kirchliche Arbeitsgerichte

Örtliche Zuständigkeit	Sachliche Zuständigkeit	Anschrift
Nordrhein-Westfalen: Aachen, Essen, Köln, Münster (nordrheinwestf. Teil) Paderborn	KODA (§ 2 I KAGO)	Interdiözesanes Arbeitsgericht für den KODA-Bereich NRW c/o Erzbischöfliches Offizialat Kardinal-Frings-Str. 12 50668 Köln
Bayern: Augsburg, Bamberg, Eichstätt, München und Freising, Passau, Regensburg, Würzburg	KODA (§ 2 I KAGO) MAVO (§ 2 II KAGO)	Gemeinschaftliches kirchliches Arbeitsgericht erster Instanz in Bayern c/o Bischöfliches Ordinariat Fronhof 4 86152 Augsburg
Mittelraum: Limburg, Mainz, Speyer, Trier	KODA (§ 2 I KAGO) MAVO (§ 2 II KAGO)	Kirchliches Arbeitsgericht für die Diözesen Limburg, Mainz, Speyer, Trier c/o Bischöfliches Generalvikariat Bischofsplatz 2 55116 Mainz
Nord-Ost: Berlin, Dresden-Meißen, Erfurt, Görlitz, Hamburg, Hildesheim, Magdeburg, Osnabrück, Münster (oldenburgischer Teil)	KODA (§ 2 I KAGO) MAVO (§ 2 II KAGO)	Gemeinsames kirchliches Arbeitsgericht in Hamburg c/o Bischöfliches Generalvikariat Danziger Str. 52a 20099 Hamburg
Aachen	MAVO (§ 2 I KAGO)	Kirchliches Arbeitsgericht c/o Bischöfliches Generalvikariat Klosterplatz 7 52062 Aachen
Essen	MAVO (§ 2 I KAGO)	Kirchliches Arbeitsgericht c/o Bischöfliches Generalvikariat Zwölfling 16 45127 Essen
Köln	MAVO (§ 2 I KAGO)	Diözesanes Arbeitsgericht für den MAVO-Bereich Köln c/o Erzbischöfliches Offizialat Kardinal-Frings-Str. 12 50668 Köln
Münster	MAVO (§ 2 I KAGO)	Kirchliches Arbeitsgericht c/o Bischöfliches Generalvikariat Horsteberg 11 48143 Münster
Paderborn	MAVO (§ 2 I KAGO)	Kirchliches Arbeitsgericht c/o Bischöfliches Generalvikariat Domplatz 3 33098 Paderborn
Fulda	KODA (§ 2 I KAGO) MAVO (§ 2 II KAGO)	Kirchliches Arbeitsgericht c/o Erzbischöfliches Ordinariat Paulusstr. 5 36037 Fulda
Freiburg	KODA (§ 2 I KAGO) MAVO (§ 2 II KAGO)	Kirchliches Arbeitsgericht c/o Erzbischöfliches Ordinariat Herrenstr. 35 79098 Freiburg i. Br.
Rottenburg-Stuttgart	KODA (§ 2 I KAGO) MAVO (§ 2 II KAGO)	Kirchliches Arbeitsgericht c/o Bischöfliches Ordinariat Marktplatz 11 72108 Rottenburg a. N.
Kirchlicher Arbeitsgerichtshof: Bistümer im Bereich der DBK (§ 21 KAGO)	KODA (§ 2 I KAGO) MAVO (§ 2 II KAGO)	Kirchlicher Arbeitsgerichtshof Geschäftsstelle Kaiserstr. 161 53113 Bonn

Teil II
Das Verfahren vor den Kirchengerichten für mitarbeitervertretungsrechtliche Streitigkeiten der evangelischen Kirche

Mit der Bezeichnung „Kirchengericht" sind nachfolgend auch die Schiedsstellen und Schlichtungsstellen der Landeskirchen gemeint.

I. Entwicklung	1
II. Aufbau und Systematik	2
III. Besetzung der Richterbank	3
IV. Verfahren im ersten Rechtszug	
1. Zuständigkeit	7
2. Parteien und Prozessvertretung	8
3. Verfahrensgrundsätze	10
4. Anrufungsfristen	11
5. Verfahrensablauf	12
6. Entscheidung	15
7. Gütliche Einigung und Rücknahme des Antrags	17
8. Rechtsmittel	18
9. Einstweiliger Rechtsschutz	20
10. Wiedereinsetzung und Wiederaufnahme des Verfahrens	21
11. Kosten und Auslagen	22
12. Vollstreckung	23
V. Verfahren im zweiten Rechtszug	
1. Grundsätze	24
2. Annahme der Beschwerde	26
3. Anschlussbeschwerde	32
4. Verfahren	33
5. Gehörsrüge	35
6. Einstweilige Verfügung	36
7. Letztentscheidungsrecht	37

I. Entwicklung

Das MVG-EKD ersetzte und vereinheitlichte seit dem 1.1.1992 die Vielfalt der Mitarbeitervertretungsordnungen bzw. Gesetze über Mitarbeitervertretungen der 20 Gliedkirchen der Evangelischen Kirche Deutschlands (EKD). Bis dahin waren durch landeskirchliche Regelungen für mitarbeitervertretungsrechtliche Streitigkeiten Schieds- oder Schlichtungsstellen eingerichtet; eine zweite Instanz war nicht vorgesehen. Nunmehr stellt § 56 MVG-EKD klar, dass der kirchengerichtliche Rechtsschutz in **zwei Instanzen** durch Kirchengerichte erster Instanz und den Kirchengerichtshof der Evangelischen Kirche Deutschlands (KGH) als zweite Instanz gewährt wird. Dabei bleibt es den Gliedkirchen unbenommen, die Kirchengerichte erster Instanz weiterhin als Schiedsstellen oder Schlichtungsstellen zu bezeichnen (§ 56 Satz 2 MVG-EKD). Beim MVG-EKD handelt es sich allerdings um ein Zustimmungsgesetz iSv. Art. 10a der Grundordnung der EKD. Nach dessen hier anzuwendenden Abs. 2 Buchst. b kann die EKD für bislang noch nicht einheitlich geregelte Sachverhalte Kirchengesetze mit Wirkung für mehrere Gliedkirchen erlassen, wenn diese ihre Zustimmung zu diesem Kirchengesetz erklären. Zahlreiche Landeskirchen haben das MVG-EKD für ihren Bereich übernommen; einige haben eigene Mitarbeitervertretungsgesetze erlassen.

II. Aufbau und Systematik

Derzeit gibt es **23 Kirchengerichte** erster Instanz; in etlichen Gliedkirchen sind eigene Schlichtungsstellen oder Schiedsstellen für den Bereich der Diakonie eingerichtet. Einige der EKD angeschlossene Gliedkirchen haben keine eigenen Kirchengerichte für mitarbeitervertretungsrechtliche Streitigkeiten eingerichtet, sondern insoweit die Zuständigkeit des **Kirchengerichts** der Evangelischen Kirche in Deutschland mit dem Sitz in **Hannover** beschlossen. Dies gilt für die Evangelische Landeskirche Anhalts, die Evangelische Kirche in Mitteldeutschland (jedoch nicht für den Bereich der Diakonie; dafür ist dort ein Kirchengericht eingerichtet), die Evangelisch-reformierte Kirche und die Union Evangelischer Kirchen. Beim Kirchengericht der EKD in Hannover sind zwei Kammern für mitarbeitervertretungsrechtliche Streitigkeiten eingerichtet. Daneben gibt es eine Disziplinar- und eine Verwaltungskammer mit der Zuständigkeit in erster Instanz für Disziplinarverfahren, Streitigkeiten nach dem Verwaltungsgerichtsgesetz der EKD, aus der Anwendung des Pfarrerratsgesetzes und den Arbeitsrechtsregelungen der EKD sowie über den kirchlichen Datenschutz. Auch der **Kirchengerichtshof** (früher: Verwaltungsgericht der EKD für mitarbeitervertretungsrechtliche Streitigkeiten) hat seinen Sitz in Hannover; neben zwei Disziplinarsenaten (dem lutherischen und dem Gemeinsamen Disziplinarsenat) und einem Verwaltungssenat gibt es dort **zwei Senate**, die die zweite Instanz in kirchlichen **kollektiven** Rechtsstreitigkeiten bilden.

III. Besetzung der Richterbank

3 Wie in der staatlichen Arbeitsgerichtsbarkeit sind die Kammern der Kirchengerichte mit einem vorsitzenden Mitglied sowie – mindestens – je einem Vertreter bzw. einer Vertreterin aus den Reihen der Dienstgeber und der Mitarbeitenden besetzt, § 58 Abs. 1, 4 MVG-EKD. Die bisher in der Nordkirche geltende abweichende Besetzung mit jeweils zwei beisitzenden Richterinnen bzw. Richtern (§ 58 Abs. 1 Satz 2 MVG-EKD) wurde zum 1.1.2017 der Regelung des § 58 Abs. 1 Satz 1 MVG-EKD angeglichen. Für jedes Mitglied der Kammer ist auch jeweils ein stellvertretendes Mitglied zu berufen (§ 58 Abs. 1 Satz 5 MVG-EKD). Richterinnen und Richter werden für eine Zeitspanne von sechs Jahren berufen und bleiben bis zu einer Neuberufung im Amt. Die erneute Berufung ist zulässig. Bei Beginn der Amtszeit darf jeweils das 66. Lebensjahr noch nicht vollendet sein (§ 9 KiGG-EKD).

4 Für die Berufung gibt es in den Landeskirchen sehr unterschiedliche Regelungen. Die **Besetzung** der Richterbank erfolgt teils durch die Landessynode, teils durch die Kirchenleitung (Landeskirchenrat, Kirchenausschuss), teils durch einen Richterwahlausschuss, einen Landesausschuss oder eine Arbeitsrechtliche Kommission. Soweit für die Diakonie besondere Kirchengerichte/Schieds- bzw. Schlichtungsstellen gebildet sind, erfolgt die Berufung durch den Hauptausschuss oder den Aufsichtsrat. Wenn (etwa bei der Nordkirche ab 1.1.2018) beim bisher nur für die verfasste Kirche zuständigen Kirchengericht weitere, besondere Kammern für die Verfahren aus der Diakonie eingerichtet sind bzw. werden, ist auch das Vorschlagsrecht für die Wahl der beisitzenden Richterinnen und Richter dieser Kammern auf die Diakonischen Werke und deren Gesamtausschüsse beschränkt (§ 3 des Kirchengesetzes über das Kirchengericht für mitarbeitervertretungsrechtliche Streitigkeiten, MAVKiGG, der Nordkirche).

5 Für die **Kammervorsitzenden** ebenso wie für deren Stellvertretende ist die Befähigung zum Richteramt zwingend vorgesehen (§ 58 Abs. 2 Satz 1 MVG-EKD); sie dürfen nicht in einem öffentlich-rechtlichen Dienst- oder einem privatrechtlichen Anstellungsverhältnis zu einer kirchlichen Körperschaft oder Einrichtung der Diakonie stehen. Damit wird die richterliche Unabhängigkeit und Neutralität der Vorsitzenden gesichert. Kirchliche Ehrenämter stehen der Berufung zu Vorsitzenden am Kirchengericht nicht entgegen, es sei denn, dass ein Ehrenamt in kirchlichen Verfassungsorganen ausgeübt wird. Denn auch in der Kirche muss der Grundsatz der Gewaltenteilung beachtet werden. Auch Mitglieder der kirchenleitenden Organe können nicht zu Kirchenrichterinnen und Kirchenrichtern berufen werden (§ 59 Abs. 2 MVG-EKD). Mit diesen Regelungen sollen Interessenkonflikte und Befangenheitssituationen ausgeschlossen werden. An Verfahren, die Dienststellen betreffen, in denen ein Mitglied des Kirchengerichts haupt- oder nebenberuflich, ehrenamtlich oder als Mitglied der MAV tätig ist, darf diese Kirchenrichterin oder dieser Kirchenrichter nicht mitwirken. Alle Mitglieder des Kirchengerichts müssen das passive Wahlrecht zu kirchlichen Ämtern in einer der Gliedkirchen besitzen (§ 58 Abs. 1 Satz 3 MVG-EKD). Wie staatliche Richterinnen und Richter sind Kirchenrichterinnen und Kirchenrichter **unabhängig** und nur an das Gesetz und ihr Gewissen gebunden (§ 59 Abs. 1 Satz 1 MVG-EKD) und haben die richterliche Schweigepflicht zu wahren (§ 59 Abs. 1 Satz 3 MVG-EKD). Für die Kammervorsitzenden und deren Stellvertretende soll ein einvernehmlicher Vorschlag von ArbGeb- und ArbNseite vorgelegt werden (§ 58 Abs. 3 MVG-EKD). Im Übrigen obliegt die Regelung der Kammerbesetzung den Landeskirchen (§ 58 Abs. 5 MVG-EKD). Die Tätigkeit als Kirchenrichterin oder Kirchenrichter ist ein **Ehrenamt** (§ 58 Abs. 3 MVG-EKD iVm. § 19 Abs. 1 MVG-EKD). Es werden Aufwandsentschädigungen sowie Reisekostenerstattung gewährt. Die **beisitzenden Mitglieder** des Kirchengerichts haben Anspruch auf Arbeitsfreistellung zur Wahrnehmung ihrer Aufgaben und dürfen in der Ausübung nicht behindert sowie wegen ihrer Tätigkeit weder begünstigt noch benachteiligt werden; auch genießen sie Kündigungsschutz (§ 58 Abs. 5 MVG-EKD iVm. §§ 19, 21 MVG-EKD). Alle Mitglieder des Kirchengerichts erklären vor Aufnahme ihrer richterlichen Tätigkeit durch Ablegen des Richtergelöbnisses ihre Bindung an die Heilige Schrift, das Bekenntnis der EKD und das geltende kirchliche Recht und damit die Annahme des Amtes (§ 10 KiGG-EKD).

6 Die **Besetzung** des KGH erfolgt durch den Rat der EKD; Regelungen zu Vorschlägen und Berufung trifft die Rechtsverordnung über die Berufung der Richterinnen und Richter des Kirchengerichts der EKD sowie des KGH (v. 6.11.2003, zuletzt geändert am 12.11.2013). Auch hier soll ein gemeinsamer Vorschlag hinsichtlich der Vorsitzenden vorgelegt werden, und auch hier werden zu beisitzenden Richterinnen und Richtern jeweils eine Vertreterin oder ein Vertreter der Mitarbeitenden wie der Dienstgeber berufen (§ 59a MVG-EKD). Vorschlagsberechtigt sind für die Senatsvorsitzenden das Kirchenamt sowie der Gesamtausschuss der EKD. Die beisitzenden Richterinnen und Richter werden vom Gesamtausschuss der EKD (Vertreterinnen und Vertreter der Mitarbeitenden) bzw. vom Kirchenamt der EKD, insoweit im Benehmen mit dem Evangelischen Werk für Diakonie und Entwicklung e.V. und den Gliedkirchen und Diakonischen Werken, für deren Bereich der KGH der EKD zuständig ist (Vertreterinnen und Vertreter der Dienstgeber), vorgeschlagen.

IV. Verfahren im ersten Rechtszug

1. Zuständigkeit

Die Kirchengerichte sind gem. § 60 Abs. 1 MVG-EKD zuständig für alle Rechtsstreitigkeiten über die Anwendung des MVG-EKD; ausgenommen sind die Rechte der einzelnen Mitarbeitenden. Denn für individualrechtliche Streitigkeiten ist der Rechtsweg zu den staatlichen Arbeitsgerichten gegeben. Diese Generalklausel stellt sicher, dass für sämtliche **kollektivrechtlichen** Auseinandersetzungen, die sich aus dem MVG-EKD ergeben, eine gerichtliche Entscheidung eingeholt werden kann. Ausdrücklich ausgenommen sind allerdings Personalmaßnahmen, die Dienststellenleitungen iSv. § 4 betreffen (§ 44 MVG-EKD), es sei denn, es handelt sich um von der MAV in Leitungsorgane entsandte Mitarbeitende. Den Gliedkirchen ist die Möglichkeit eingeräumt, hier ergänzende Regelungen zu treffen. Je nach landeskirchlicher Regelung (s. o. Rz. 6) besteht die sachliche Zuständigkeit der Kirchengerichte nur jeweils für die Dienststellen der verfassten Kirche, nur für Einrichtungen der Diakonie oder für beide Bereiche.

Das **Kirchengericht** der Evangelischen Kirche in **Hannover** ist originär zuständig für die Dienststellen der EKD selbst wie für die gesamtkirchlichen Einrichtungen auch der Diakonie der EKD (§ 57a MVG-EKD), außerdem für diejenigen Gliedkirchen, die keine eigenen Kirchengerichte unterhalten, sondern die Zuständigkeit des Kirchengerichts der EKD gem. § 57 Abs. 1 Satz 3 MVG-EKD begründet haben.

2. Parteien und Prozessvertretung

Das MVG-EKD kennt ausdrücklich neben dem Begriff der Antragstellerin oder des Antragstellers nur den Begriff der **Beteiligten**; da die Grundsätze des arbeitsgerichtlichen **Beschlussverfahrens** und nicht die des Urteilsverfahrens anzuwenden sind, gibt es bei evangelischen Kirchengerichten weder Kläger noch Beklagte. **Nicht** Beteiligter im Verfahren ist bei der Prüfung der Zulässigkeit personeller Einzelmaßnahmen der jeweils betroffene Arbeitnehmer[1], es sei denn, er oder sie wäre in ihrer oder seiner mitbestimmungsrechtlichen Stellung betroffen. Eine lediglich individualrechtliche Betroffenheit reicht nicht aus, denn der Ausgang des Kollektivrechtsstreits präjudiziert nicht etwa ein nachfolgendes Kündigungsschutzverfahren vor dem staatlichen ArbG.

Die Beteiligten können das Verfahren selbst betreiben oder als Beistand (§ 61 Abs. 4) jeweils eine Person hinzuziehen, die Mitglied der Arbeitsgemeinschaft christlicher Kirchen (AcK), aber nicht zwingend Rechtsanwältin oder Rechtsanwalt sein muss. Über die Beauftragung einer anwaltlichen Vertretung entscheidet die MAV; die dadurch verursachten Kosten hat die Dienststelle zu tragen, wenn die Hinzuziehung eines Anwalts erforderlich ist. Dieses Erfordernis wird immer dann anzunehmen sein, wenn Rechtsfragen im Streit stehen, deren Beantwortung der MAV nicht ohne Weiteres zugemutet werden kann[2]. Allerdings muss auch die MAV auf die Kosten achten und insoweit Rücksicht nehmen, ggf. bei einer Reihe gleich gelagerter Rechtsstreitigkeiten sich mit der Dienststelle auf ein oder zwei Musterverfahren einigen[3].

3. Verfahrensgrundsätze

Für das Verfahren vor den Kirchengerichten gelten zunächst die Regelungen des § 61 sowie – nach § 62 MVG-EKD – ergänzend die Vorschriften des **ArbGG** über das Beschlussverfahren, mit Ausnahme der Bestimmungen über Zwangsmaßnahmen, entsprechend. Der Verweis auf das Beschlussverfahren vor den staatlichen Arbeitsgerichten ist konsequent, da es sich auch hier um Rechtsstreitigkeiten im Kollektivarbeitsrecht handelt. § 80 ArbGG nimmt seinerseits Bezug auf die im arbeitsgerichtlichen Urteilsverfahren geltenden Regelungen und damit – über den Verweis in § 46 Abs. 2 ArbGG – auch auf die Vorschriften der ZPO. Darüber hinaus sind die Vorschriften der §§ 16 ff. des Kirchengerichtsgesetzes der Evangelischen Kirche in Deutschland (KiGG-EKD) zu beachten.

4. Anrufungsfristen

Für die Anrufung des Kirchengerichts gelten unterschiedliche Fristen, die sich nach dem jeweils streitbefangenen Mitbestimmungstatbestand richten.

Eine **Wahlanfechtung** muss innerhalb von zwei Wochen seit Bekanntgabe des Wahlergebnisses beim Kirchengericht eingereicht werden (§ 14 MVG-EKD). In Fällen der **Mitberatung** (§ 46 MVG-EKD) beträgt die Frist für die MAV zwei Wochen nach Kenntnis von der mangelnden Beteiligung, spätestens aber sechs Monate nach Durchführung der Maßnahme (§ 45 Abs. 2 MVG-EKD). Geht es um **uneingeschränkte**

---
1 KGH EKD v. 30.6.2003 – I-0124/M 21-06, ZMV 2006, 307.
2 KGH EKD v. 12.4.2010 – I-0124/R71-09, ZMV 2011, 40.
3 KGH EKD v. 4.6.2012 – II-0124/T4-11, KuR 2012, 272.

(§§ 38 40 MVG-EKD) oder **eingeschränkte Mitbestimmung** (§§ 41 43 MVG-EKD), dann hat die Dienststelle innerhalb von zwei Wochen nach Eingang der schriftlichen Weigerung der MAV das Kirchengericht anzurufen (§ 38 Abs. 4 MVG-EKD). Kommt es über einen **Initiativantrag** der MAV (§ 47 MVG-EKD) nicht zur Einigung, ist das Kirchengericht binnen zwei Wochen nach Ablehnung des Antrags oder nach Abschluss der Erörterung anzurufen. Hat die Arbeitgeberseite nicht innerhalb eines Monats auf den Antrag der MAV schriftlich reagiert, beträgt die Anrufungsfrist zwei Wochen nach Ablauf der Monatsfrist. Hat die oder der Vorsitzende des Kirchengerichts im schriftlichen Verfahren allein durch **Bescheid** entschieden (s.u. Rz. 15), muss ein Antrag auf mündliche Verhandlung vor der Kammer innerhalb von zwei Wochen seit Zustellung des Bescheids gestellt werden (§ 61 Abs. 8 MVG-EKD). In allen übrigen Fällen muss das Kirchengericht binnen zwei Monaten seit Kenntnis einer Maßnahme oder eines Rechtsverstoßes eingeschaltet werden (§ 61 Abs. 1 MVG-EKD). Diese Fristen sind als materiell-rechtliche **Ausschlussfristen** gestaltet und können durch Einigungsversuche gem. § 33 Abs. 3 MVG-EKD nicht verlängert werden[1].

5. Verfahrensablauf

12 Zunächst hat ein **Einigungsgespräch** mit der oder dem **Vorsitzenden** stattzufinden (§ 61 Abs. 2, 3 MVG-EKD), das unter Ausschluss der Öffentlichkeit geführt wird und nicht zwingend auf einen Termin beschränkt ist. Hier zeigt sich eine Abweichung zu den im Übrigen in Bezug genommenen Regelungen der §§ 80 ff. ArbGG zum Beschlussverfahren, denn beim staatlichen ArbG ist die Durchführung einer Güteverhandlung fakultativ (§ 80 Abs. 2 Satz 2 ArbGG), nicht wie hier verpflichtend. Bleiben Einigungsverhandlungen erfolglos, so ist idR die Kammer einzuberufen; jedoch kann im Einvernehmen der Beteiligten die oder der Vorsitzende allein entscheiden. Dies entspricht wiederum den Bestimmungen im staatlichen Arbeitsgerichtsverfahren (§ 80 Abs. 2 Satz 1 iVm. § 55 Abs. 3 ArbGG) und kommt wie dort nur in Betracht, soweit die zugrunde zu legenden Tatsachen unstreitig sind und lediglich um die rechtliche Bewertung gestritten wird.

13 Zur Vorbereitung der Kammerverhandlung kann den Beteiligten schriftliche Vorbereitung und Beweisantritt aufgegeben werden (§ 61 Abs. 5 Satz 1 MVG-EKD). Es gilt der **eingeschränkte Untersuchungsgrundsatz** (§ 62 MVG-EKD iVm. § 83 Abs. 1 ArbGG); danach erforscht das Gericht den Sachverhalt von Amts wegen im Rahmen der gestellten Anträge. Jedoch haben die Beteiligten an der Sachverhaltsaufklärung mitzuwirken. Ist mangels Mitwirkung von am Verfahren Beteiligten, etwa weil ein Mitarbeiter von seiner Schweigepflicht nicht entbunden wird, oder weil Beweismittel nicht erreichbar sind, der Sachverhalt nicht weiter aufklärbar, so entscheidet das Gericht anhand des „festgestellten Sachverhalts"[2].

14 Die **Kammerverhandlung**, bei der alle Richterinnen und Richter anwesend sein müssen, ist öffentlich; sie soll mit einer Schriftlesung beginnen (§ 16 Abs.1 KiGG EKD). Auch der Kammer obliegt es, wie zuvor im Güteversuch der oder dem Vorsitzenden, in jeder Lage des Verfahrens auf eine gütliche Einigung hinzuwirken (§ 61 Abs. 5 Satz 6 MVG-EKD). Eine Versäumnisentscheidung gibt es nicht; aus der Inbezugnahme der §§ 80 ff. ArbGG (über § 62 MVG-EKD) folgt vielmehr, dass bei unentschuldigtem Ausbleiben von Beteiligten der Pflicht zur Anhörung genügt ist. Damit kann auch dann, wenn nur ein Beteiligter zur Kammerverhandlung erscheint, eine Sachentscheidung ergehen. In der Ladung zum Kammertermin ist hierauf hinzuweisen (§ 62 MVG-EKD iVm. § 83 Abs. 4 Satz 2 ArbGG).

6. Entscheidung

15 Die Entscheidung ergeht durch mit Stimmenmehrheit gefassten Beschluss, der zu begründen und den Beteiligten zuzustellen ist; er wird mit Zustellung wirksam (§ 61 Abs. 6, 7 MVG-EKD). Bei der Abstimmung ist Stimmenthaltung nicht zulässig. Den Anträgen kann auch teilweise stattgegeben werden. Im Einvernehmen mit allen Beteiligten kann eine Kammerentscheidung auch im **schriftlichen Verfahren** ergehen (§ 61 Abs. 6 Satz 7 MVG-EKD); eine solche Entscheidung im „Umlaufverfahren" erscheint aber unter gerichtsverfassungsrechtlichem Aspekt nicht unproblematisch. Eine Sonderregelung trifft § 61 Abs. 8 MVG-EKD, der der oder dem Vorsitzenden das Recht einräumt, in bestimmten Fällen eine **Entscheidung ohne** jede **mündliche Verhandlung** zu treffen. Dies gilt bei unzulässigen Anträgen, also namentlich dann, wenn das Kirchengericht offensichtlich unzuständig ist oder die Antragsfrist versäumt wurde, aber auch bei zulässigen, jedoch offensichtlich unbegründeten Anträgen. Ein solcher Fall ist etwa anzunehmen, wenn der zu entscheidenden Rechtsfrage keine praktische Bedeutung (mehr) zukommt. Denn auch das Kirchengericht kann zur Erstattung von Rechtsgutachten nicht in Anspruch genommen werden. Die Entscheidung ergeht in solchen Fäl-

---

1 KGH EKD v. 7.4.2008 – I-0124/N75-07, ZMV 2008, 257.
2 KGH EKD v. 31.8.2015 – II-0124/6-2015, ZMV 2016, 94.

len durch **Bescheid**, der ebenfalls zu begründen und den Beteiligten zuzustellen ist. Diese können innerhalb von zwei Wochen nach Zustellung mündliche Entscheidung der Kammer beantragen.

Die Entscheidungskompetenz des Gerichts **differiert** je nach **Streitgegenstand** (§ 60 Abs. 2 bis 7 MVG-EKD): 16

Kann **Einvernehmen** darüber, ob ein Teil einer Dienststelle (Anstalt, Körperschaft, Werk, Stiftung oder einer Einrichtung der Diakonie) als **Dienststelle** einzustufen ist (§ 3 MVG-EKD), nicht erzielt werden, so kann das Kirchengericht das Einvernehmen **ersetzen** (§ 60 Abs. 2 MVG-EKD).

Streiten die Beteiligten über den **Abschluss** einer **Dienstvereinbarung** (§ 36 MVG-EKD), kann vom Kirchengericht lediglich ein Vermittlungsvorschlag unterbreitet werden (§ 60 Abs. 3 MVG-EKD), denn eine Verpflichtung zum Abschluss einer Dienstvereinbarung besteht nicht.

Rügt die Mitarbeitervertretung (MAV) die Verletzung ihres **Mitberatungsrechts** (§ 46 MVG-EKD), hat das Kirchengericht nur festzustellen, ob die Mitberatung erfolgt ist. Ist sie unterblieben, so ist die Maßnahme unwirksam (§ 60 Abs. 4 MVG-EKD). Die Kompetenz des Kirchengerichts ist hier auf die Frage der korrekten Durchführung der Beteiligung der MAV beschränkt.

Bei Maßnahmen, bei denen der MAV ein **eingeschränktes Mitbestimmungsrecht** zusteht (§§ 42, 43 MVG-EKD), entscheidet das Kirchengericht, ob ein Zustimmungsverweigerungsgrund (§ 41 MVG-EKD) vorlag. Diese Zustimmungsverweigerungsgründe sind denen des § 99 Abs. 2 Nr. 1, 3, 4 und 6 BetrVG nachgebildet. Gibt es einen solchen Grund nach Auffassung des Kirchengerichts nicht, gilt die fehlende Zustimmung der MAV als ersetzt (§ 60 Abs. 5 MVG-EKD). Zum Prüfungsumfang gehört die Frage, ob die MAV rechtzeitig und umfassend unterrichtet wurde; auch unbestimmte Rechtsbegriffe sind wie von staatlichen ArbG auszulegen. Gibt es für die Dienststelle einen Ermessensspielraum, überprüft das Kirchengericht, ob dieser Spielraum eingehalten oder überschritten wurde.

In Fällen der **uneingeschränkten Mitbestimmung** (§ 36 MVG-EKD) hat das Kirchengericht im Rahmen der von MAV und Dienststelle gestellten Anträge und im Rahmen der geltenden Rechtsvorschriften das Mitbestimmungsverfahren umfassend zu überprüfen (§ 60 Abs. 6 MVG-EKD). Ebenso wie bei einer Entscheidung nach § 60 Abs. 5 MVG-EKD schließt das Fragen der rechtzeitigen und umfassenden Unterrichtung der MAV ein. Im Unterschied zu § 60 Abs. 5 MVG-EKD stellt hier das Kirchengericht nicht lediglich fest, ob ein Grund für eine Zustimmungsverweigerung gegeben ist, sondern ersetzt ggf. in dem ihm gesteckten Rahmen die fehlende Zustimmung.

Hat die **MAV** von ihrem **Initiativrecht** (§ 47 MVG-EKD) Gebrauch gemacht und ist über die Initiative eine Einigung nicht erzielt worden, so ist vom Kirchengericht festzustellen, ob die Weigerung der Dienststelle, die von der MAV vorgeschlagene Maßnahme durchzuführen, rechtswidrig ist (§ 60 Abs. 7 MVG-EKD). Dies wäre zu bejahen, wenn die Weigerung gegen Rechtsvorschriften verstößt oder ein Ermessensfehlgebrauch vorliegt. Ergeht vom Kirchengericht ein entsprechender Feststellungsbeschluss, dann ist die Dienststelle zur erneuten Entscheidung über den Antrag der MAV unter Berücksichtigung der Rechtsauffassung des Kirchengerichts verpflichtet. Hier muss allerdings ein **Feststellungsinteresse** iSv. § 256 Abs. 1 ZPO gegeben sein, das etwa nicht mehr vorliegt, wenn der Antrag ausschließlich vergangenheitsbezogen ist, die Entscheidung somit eine befriedende Wirkung für die Zukunft nicht mehr entfalten kann. Es muss eine konkrete Wiederholungsgefahr bezogen auf die streitige Maßnahme bestehen, und aus der Rechtskraft der begehrten Feststellung muss für die Zukunft Bindungswirkung erwachsen.

In Fällen der **Wahlanfechtung** (§ 14 MVG-EKD) stellt das Kirchengericht bei Vorliegen wesentlicher Verstöße gegen die Bestimmungen über die Wahlberechtigung, die Wählbarkeit oder das Wahlverfahren fest, dass die Wahl ungültig ist, und ordnet die Wiederholung der Wahl an. Auch vom Kirchengericht kann entweder (ex tunc) bei besonders gravierenden Wahlmängeln die Nichtigkeit der Wahl festgestellt werden, mit der Folge, dass die so gewählte MAV rechtlich nie ins Amt gelangt ist, damit Schutzrechte gem. § 21 von ihren Mitgliedern nicht beansprucht werden können und Beschlüsse dieser MAV rückwirkend unwirksam werden, oder (ex nunc) bei weniger gravierenden, aber immer noch wesentlichen Beanstandungen die Neuwahl angeordnet werden. In diesem Fall bleiben die zwischenzeitlichen Handlungen der aufgrund wirksam angefochtener Wahl ins Amt gelangten MAV rechtswirksam.

7. Gütliche Einigung und Rücknahme des Antrags

Eine Einigung der Beteiligten kann als Vergleich protokolliert werden (§ 62 MVG-EKD iVm. § 83a Abs. 1 ArbGG). Haben die Beteiligten den Rechtsstreit übereinstimmend für erledigt erklärt oder wird der Antrag zurückgenommen, so ist das Verfahren von der oder dem Vorsitzenden einzustellen (§ 62 MVG-EKD iVm. § 83a Abs. 2, 3 ArbGG, § 81 Abs. 2 ArbGG). 17

8. Rechtsmittel

18 Gegen die verfahrensbeendenden Beschlüsse des Kirchengerichts ist die **Beschwerde** zum Kirchengerichtshof gegeben (§ 63 Abs. 1 MVG-EKD). Auch hier wird auf das Beschlussverfahren beim ArbG (§ 87 ArbGG) verwiesen. Über das Rechtsmittel, die einzuhaltenden Fristen und den beim Kirchengerichtshof herrschenden Anwaltszwang sowie das Erfordernis der Annahme der Beschwerde durch den KGH muss eine entsprechende Rechtsmittelbelehrung erteilt werden. Gegen die nicht verfahrensbeendenden Beschlüsse eröffnet § 63 Abs. 1 Satz 3 MVG-EKD über die Inbezugnahme von § 78 ArbGG und den dortigen Verweis auf die Vorschriften der ZPO betreffend das Verfahren vor den Amtsgerichten den Weg zur **sofortigen Beschwerde**, § 567 ZPO. Hierzu gehören auch etwa Beschwerden gegen eine Streitwertfestsetzung durch die oder den Kammervorsitzenden[1]. Im Übrigen folgt die Wertfestsetzung auch beim Kirchengericht den Regeln des RVG[2].

19 Auch die **Gehörsrüge** kann im kirchengerichtlichen Verfahren erhoben werden, § 62 MVG-EKD iVm. § 80 ArbGG, der wiederum auf § 46 ArbGG verweist. Aus dieser Vorschrift ergibt sich über § 495 ZPO die Anwendung von § 321a ZPO. Mit dieser Rüge muss nicht nur die angegriffene Entscheidung bezeichnet, sondern auch angegeben werden, welcher konkrete Mangel des rechtlichen Gehörs gerügt wird[3]; s. dazu § 78a ArbGG Rz. 32 ff.

9. Einstweiliger Rechtsschutz

20 Der Erlass einstweiliger Verfügungen ist auch durch das Kirchengericht möglich, § 61 Abs. 10, § 62 MVG-EKD iVm. § 85 ArbGG, §§ 935, 640 ZPO, um ggf. der Gefahr der Rechtsvereitelung zu begegnen. Wie im zivilgerichtlichen Verfahren bedarf es eines Verfügungsanspruchs und eines Verfügungsgrundes. Grundsätzlich darf auch hier die Eilentscheidung nicht die Entscheidung in der Hauptsache vorwegnehmen. Ein Eilfall wird gem. § 61 Abs. 10 MVG-EKD dann angenommen, wenn etwa wegen anstehendem Fristablauf Rechtsvereitelung droht oder ein Mitbestimmungsrecht nicht mehr ausgeübt werden könnte, weil durch eine streitbefangene Maßnahme vollendete Tatsachen geschaffen werden könnten und wenn die Kammer nicht rechtzeitig zusammentreten kann. Sind diese Voraussetzungen gegeben, dann entscheidet die oder der Vorsitzende allein. Es soll nicht zulasten der Antragstellenden gehen, dass das Kirchengericht ehrenamtlich besetzt ist und deshalb eine kurzfristige Kammerterminsanberaumung in aller Regel nicht möglich sein wird. Die begehrte Verfügung ist zu erlassen, wenn nach dem **glaubhaft** gemachten Vortrag der Antragstellenden der Verfügungsanspruch mit hoher Wahrscheinlichkeit besteht und eine vorläufige Regelung gerechtfertigt erscheint, um drohende Nachteile abzuwenden. Für die Glaubhaftmachung gilt auch hier § 294 ZPO; in aller Regel wird (wenigstens) eine eidesstattliche Erklärung vorgelegt werden (müssen).

Bei offensichtlich unbegründeten Eilanträgen kommt eine **Alleinentscheidung** der oder des Vorsitzenden gem. § 61 Abs. 8 MVG-EKD in Betracht (s.o. Rz. 15). Wird eine einstweilige Verfügung erlassen, so ist dagegen der Widerspruch möglich, § 62 MVG-EKD iVm. § 85 ArbGG iVm. §§ 936, 924 ZPO. Es findet dann eine Kammerverhandlung statt.

10. Wiedereinsetzung und Wiederaufnahme des Verfahrens

21 Über die Verweisungskette § 62 MVG-EKD, § 80 Abs. 2, § 46 Abs. 2 ArbGG gelten bei den Kirchengerichten die zivilprozessualen Vorschriften über Wiedereinsetzung in den vorigen Stand (§§ 233 ff. ZPO) oder über die Wiederaufnahme des Verfahrens (§§ 578 ff. ZPO).

11. Kosten und Auslagen

22 **Gerichtskosten** werden für das Verfahren nicht erhoben (§ 61 Abs. 9 MVG-EKD). Kosten für vom Gericht in Auftrag gegebene Sachverständigengutachten oder Fahrtkosten und Entschädigungen für Zeuginnen oder Zeugen trägt die Kirche. Soweit **außergerichtliche Kosten** zur sachgemäßen Rechtsverfolgung oder -verteidigung notwendig waren, trägt diese die jeweilige Dienststelle (§ 30 MVG-EKD). Die früher erforderliche vorherige Antragstellung auf Kostenübernahme durch die Dienststelle ist zwischenzeitlich gestrichen worden. Bei Auseinandersetzungen über Verfahrenskosten ist zu differenzieren: Gem. § 61 Abs. 4 Satz 3 MVG-EKD entscheidet im Streitfall innerhalb eines anhängigen Verfahrens die oder der Kammervorsitzende. Eine solche Entscheidung ist nicht rechtsmittelfähig[4]. Wird der Streit über die Vertretungskosten in einem **gesonderten Verfahren** ausgetragen, so ergeht hierüber ein – verfahrensbeendender – Kammer-

---

1 VerwG EKD v. 10.8.2000 – 0124/E6-00.
2 VerwG EKD v. 18.11.2003 – II-0124/H18-03, NZA-RR 2004, 213; VerwG EKD v. 1.12.2003 – II-0124/H1-03.
3 KGH EKD v. 19.7.2012 – II-0124/T14-11, ZMV 2013, 104.
4 VerwG EKD v. 23.6.2003 – II-0124/H10-03.

beschluss, der mit der Beschwerde gem. § 63 Abs.1 Satz 1 MVG-EKD iVm. § 87 ArbGG angefochten werden kann.

12. Vollstreckung

Auch wenn die Bezugnahme auf das Verfahren vor den staatlichen ArbG und damit auch die Bezugnahme auf Regelungen der ZPO im Übrigen recht umfassend ist, sind die Vorschriften über die Zwangsvollstreckung im kirchengerichtlichen Verfahren nicht anwendbar; § 62 Satz 2 MVG-EKD schließt dies ausdrücklich aus. Das Kirchengericht ist auch kein Schiedsgericht im Sinne der §§ 1025 ff. ZPO, so dass auch auf diesem Wege staatliche Zwangsmaßnahmen nicht erlangt werden können. Sollte eine Dienststelle gegen eine rechtskräftige Kirchengerichtsentscheidung verstoßen, so kann die MAV gem. § 48 MVG-EKD Beschwerde beim zuständigen Leitungs- oder Aufsichtsorgan erheben, das bei berechtigter Beschwerde Abhilfe zu schaffen oder auf diese hinzuwirken hat. § 60 Abs. 8 MVG-EKD schreibt die Verbindlichkeit des kirchengerichtlichen Beschlusses fest und eröffnet den Gliedkirchen die Möglichkeit zu bestimmen, dass bei Weigerung einer Dienststelle, den Kirchengerichtsbeschluss umzusetzen, ein Aufsichtsorgan diesen im Wege der **Ersatzvornahme** durchsetzen kann.

V. Verfahren im zweiten Rechtszug

1. Grundsätze

Aus der Bezugnahme in § 62 MVG-EKD auf die Verfahrensregelungen im arbeitsgerichtlichen Beschlussverfahren ergibt sich, dass auch das Verfahren vor dem Kirchengerichtshof (KGH) als Tatsacheninstanz ausgestaltet ist. Auch für diese zweite kirchengerichtliche Instanz verweist § 63 Abs. 1 Satz 2 MVG-EKD zunächst auf § 87 ArbGG und damit auf die staatlichen Regelungen der Beschwerde im Beschlussverfahren. Eine Bindung an die in der ersten Instanz festgestellten Tatsachen gibt es nicht. Der KGH ist somit nicht Revisions-, sondern (zweite) **Tatsacheninstanz**.

Wie im arbeitsgerichtlichen Verfahren auch, besteht in der zweiten kirchengerichtlichen Instanz **Anwaltszwang** (§ 63 Abs. 7 MVG-EKD iVm. § 89 Abs. 1 ArbGG); die AcK-Klausel (§ 61 Abs. 4 MVG-EKD) gilt auch hier.

2. Annahme der Beschwerde

Im Unterschied zum Beschlussverfahren genügt es nicht, dass die Beschwerde zulässig ist, also ein verfahrensbeendender Beschluss vorliegt, der für den Rechtsmittelführer eine Beschwer begründet und die Beschwerde überhaupt statthaft ist[1]. Vielmehr muss diese Beschwerde vom KGH auch angenommen werden. Die **Annahme hat** zu erfolgen
(§ 63 Abs. 2 MVG-EKD),
- wenn ernstliche Zweifel an der Richtigkeit des angegriffenen Beschlusses bestehen,
- wenn die Rechtsfrage grundsätzliche Bedeutung hat,
- wenn in der Entscheidung von einer Entscheidung des KGH, eines obersten Landesgerichts oder eines Bundesgerichts abgewichen wird und die Entscheidung auf der Abweichung beruht
- oder wenn der Beschluss auf einem Verfahrensmangel beruht.

Die Annahme **ernstlicher Zweifel** setzt voraus, dass die erstinstanzliche Entscheidung im Ergebnis mit überwiegender Wahrscheinlichkeit materiell-rechtlich sich als unrichtig erweist. Dafür müssen objektive Gesichtspunkte vorliegen; lediglich subjektive Einschätzungen reichen hier nicht aus. Denkbar sind Verfahrensmängel, unrichtige Rechtsanwendung oder mangelhafte Tatsachenfeststellung, aber auch ggf. eine geänderte Sach- und Rechtslage. Dies gilt allerdings dann nicht, wenn in der zweiten Instanz vom Beschwerdeführer ein anderer Sachantrag gestellt wird; in diesem Fall wäre die Beschwerde unzulässig[2]. Es genügt hier nicht die bloße Möglichkeit einer abweichenden Entscheidung, um ernstliche Zweifel anzunehmen. Vielmehr muss mit überwiegender Wahrscheinlichkeit eine entgegengesetzte Entscheidung zu treffen sein[3].

---
1 VerwG EKD v. 28.8.2006 – I-0124/M27-06, ZMV 2007, 35.
2 VerwG EKD v. 24.2.2003 – I-0124/G15-02, ZMV 2004, 238.
3 KGH EKD v. 4.6.2012 – II-0124/T14-11.

28 **Grundsätzliche Bedeutung** haben Rechtsfragen, die bislang noch nicht in letzter Instanz entschieden wurden und hinsichtlich derer über den Einzelfall hinaus Klärungsbedarf und Entscheidungserheblichkeit vorliegt. Maßstab ist die einheitliche Fortentwicklung der kirchlichen Rechtsprechung[1].

29 Auch der Annahmegrund der **Divergenz** soll eine einheitliche Rspr. fördern. Anzunehmen ist die Beschwerde, wenn die erstinstanzliche Entscheidung von einer Entscheidung des KGH EKD, eines Bundes- oder eines obersten Landesgerichts abweicht und auf dieser Abweichung beruht. Dabei kommt es darauf an, ob entweder dieselbe Rechtsnorm unterschiedlich ausgelegt wurde oder – wenn verschiedene Rechtsnormen zugrunde zu legen sind – diese wörtlich und auch im Regelungsgehalt mit derjenigen Norm übereinstimmen, hinsichtlich derer eine divergierende höchstrichterliche Entscheidung vorliegt[2].

30 **Verfahrensmängel** allein begründen eine Beschwerde noch nicht; vielmehr muss ein – konkret zu rügender – Verfahrensmangel auch das Ergebnis des angegriffenen Beschlusses beeinflusst haben können.

31 Der Beschwerdeführer ist gehalten, die Annahmegründe **konkret** vorzutragen und auch **glaubhaft** zu machen; genügt seine Begründung diesen Anforderungen nicht und bleibt unkonkret, dann ist die Beschwerde als unzulässig zu verwerfen[3].

3. Anschlussbeschwerde

32 Ist auch der Beschwerdegegner durch den angefochtenen Beschluss beschwert, so kann er Anschlussbeschwerde einlegen (§ 63 Abs. 7 MVG-EKD iVm. § 87 Ab. 2 ArbGG, § 524 ZPO). Sie kann noch nach Ablauf der **Frist** zur Einlegung der Beschwerde, längstens bis zum Ablauf der Beschwerdebegründungsfrist, eingelegt werden und bedarf ebenso wie die Beschwerde der **Annahme** durch den KGH. Da bei Rücknahme einer Beschwerde die Anschlussbeschwerde wegen § 524 Abs. 4 ZPO (§ 87 Abs. 2 Satz 1, § 66 Abs. 1, 64 ArbGG) ihre Wirkung verliert, muss – falls die als Anschlussbeschwerde bezeichnete Beschwerde vor Ablauf der Frist zur Einlegung der Beschwerde erhoben wurde – geprüft werden, ob hier nicht eine selbständige Beschwerde gewollt war[4]. Im Zweifel ist dasjenige Rechtsmittel anzunehmen, das sowohl vernünftig ist als auch den berechtigten Interessen des Beschwerdeführers entspricht.

4. Verfahren

33 Die Beschwerde ist innerhalb einer **Frist** von einem Monat nach Zustellung des beanstandeten Beschlusses einzulegen (§ 63 Abs. 1 MVG-EKD iVm. § 87 Abs. 2, § 66 ArbGG). Die Beschwerdebegründungsfrist beträgt zwei Monate seit Zustellung des Beschlusses; in gleicher Frist sind auch die von der Beschwerdeführerin oder dem Beschwerdeführer geltend gemachten Annahmegründe darzulegen. Diese Frist kann – wie im arbeitsgerichtlichen Beschlussverfahren – einmalig verlängert werden, § 63 Abs. 1 Satz 2, Abs. 2 Satz 3 MVG-EKD, § 87 Abs. 2, § 66 Abs. 1 ArbGG.

34 Über die **Annahme** entscheidet der KGH **ohne mündliche Verhandlung** (§ 63 Abs. 3 MVG-EKD); lehnt er die Annahme ab, muss er dies begründen. Die Entscheidung über die Annahme erfolgt nach summarischer Prüfung und ist noch keine abschließende Entscheidung über die Berechtigung der Beschwerde. Für die Annahme muss in jedem Fall ein Feststellungsinteresse des Beschwerdeführers vorliegen. Das setzt voraus, dass die Beschwerde noch zu einer (abweichenden) Sachentscheidung führen kann. Liegt bei Einreichung der Beschwerde bereits ein erledigendes Ereignis vor, dann wird die Beschwerde nicht angenommen werden[5]. Kommt es bis zum Abschluss des Beschwerdeverfahrens zu einer Erledigung, dann ist das Verfahren einzustellen. Ist im Zeitpunkt der letzten mündlichen Verhandlung aufgrund zwischenzeitlicher Entwicklungen ein Sachverhalt abgeschlossen, kann ein Feststellungsinteresse und damit ein Anspruch auf eine Sachentscheidung nur dann noch angenommen werden, wenn der Tenor der begehrten Entscheidung materiell-rechtliche Wirkung für die Zukunft haben kann[6]. Dies kann auch bei einer Umstellung eines Sachantrags auf einen Feststellungsantrag hinsichtlich einer abstrakten Rechtsfrage im Einzelfall gegeben sein, wenn sich diese Rechtsfrage mit einiger Wahrscheinlichkeit zukünftig wieder stellen wird und die erstrebte Klärung dann als Richtschnur dienen kann[7]. Bereits für die Entscheidung über die Frage, ob die Beschwerde angenommen wird, haben die Kirchengerichte dem KGH die vollständigen Verfahrensakten vorzulegen (§ 63 Abs. 4 MVG-EKD).

---

1 VerwG EKD v. 10.7.1997 – 0124/B3-97, ZMV 1997, 246.
2 KGH EKD v. 4.6.2012 – II-0124/T14-11, ZMV 2012, 333.
3 VerwG EKD v. 28.4.2003 – II-0124/H7-03, ZMV 2004, 136.
4 KGH EKD v. 20.10.2008 – I-0124/P35-08.
5 KGH EKD v. 12.4.2010 – I-0124/R78-09, ZMV 2010, 320.
6 VerwG EKD v. 7.3.2002 – I-0124/F33-01.
7 VerwG EKD v. 23.6.2003 – II-0124/H2-03, ZMV 2004, 34.

5. Gehörsrüge

Eine Gehörsrüge (§ 321a ZPO) ist auch in der **zweiten** kirchengerichtlichen Instanz möglich, wenn der KGH EKD in entscheidungserheblicher Weise den Anspruch des Beschwerdeführers auf rechtliches Gehör verletzt hat[1]. Hinreichend ist insoweit nicht der bloße Vortrag einer von der KGH-Entscheidung abweichenden Rechtsauffassung. Vielmehr müssen Umstände dargelegt werden, aufgrund derer der KGH die Beschwerde hätte annehmen **müssen**. Will der Beschwerdeführer etwa geltend machen, entgegen der Rechtsauffassung des KGH habe die zur Entscheidung anstehende Rechtsfrage grundsätzliche Bedeutung, dann hat er in der Beschwerdefrist alle maßgeblichen Umstände zu benennen, aus denen dies folgen soll.

6. Einstweilige Verfügung

Auch Vorsitzende Richterinnen und Richter des KGH können in dringenden Fällen allein einstweilige Verfügungen erlassen (§ 63 Abs. 5 MVG-EKD). Hier kann auf die Ausführungen zum erstinstanzlichen einstweiligen Rechtsschutz verwiesen werden (Rz. 20).

7. Letztentscheidungsrecht

Gegen die Sachentscheidungen des KGH ist kein weiteres Rechtsmittel gegeben, sie sind **endgültig** (§ 63 Abs. 6 MVG-EKD). Eine weitere Zuständigkeit beispielsweise des Verfassungsgerichtshofs der EKD ist nicht vorgesehen.

---

1 KGH EKD v. 19.7.2012 – II-0124/T14-11, ZMV 2013, 104.

Stichwortverzeichnis

Erstellt von Klaus Thölken

Die fetten Zahlen verweisen auf die Paragraphen, die mageren auf die Randziffern innerhalb der Paragraphen. Das Kürzel VESt verweist auf das Kapitel „Das Einigungsstellenverfahren", das Kürzel ArbV auf das Kapitel „Arbeitsrechtliche Verfahren vor dem BVerfG und dem EuGH, das Kürzel EK auf die evangelische Kirchenarbeitsgerichtsbarkeit und das Kürzel KK auf die katholische Kirchenarbeitsgerichtsbarkeit im ?Kapitel „Das Verfahren vor den kirchlichen Arbeitsgerichten".

Abfindung
- Berücksichtigung bei Beiordnung eines Rechtsanwalts **11a** 78
- Berücksichtigung bei Prozesskostenhilfe **11a** 53
- Streitwertberechnung **12** 199 ff.
- vorläufige Vollstreckbarkeit **62** 45

Abgekürztes Urteil 61 13 ff.
- Anerkenntnisurteil **61** 13, 15
- Ausland **61** 15, 22
- Gerichtsgebühren erster Instanz **12** 50 ff.
- Rechtsmittelverzicht **61** 18 ff.
- „unzweifelhaft" nicht statthaftes Rechtsmittel **61** 17
- Versäumnisurteil **61** 13 ff.
- Weglassen von Tatbestand und Entscheidungsgründen **61** 16

Ablehnung von Gerichtspersonen 49 1 ff.
- Ausschluss von der Ausübung des Richteramtes *siehe dort*
- Befangenheitsbesorgnis *siehe dort*
- Berufungsverfahren **64** 238
- Beschlussverfahren **80** 31
- Revisionsverfahren **72** 62
- sachlicher Anwendungsbereich **49** 5 ff.

Abmahnung
- Darlegungs- und Beweislast **58** 103
- Rechtswegzuständigkeit bei Betriebsratsmitglied **2a** 46
- Streitwertberechnung **12** 204 ff.
- Zwangsvollstreckung des Entfernungsanspruchs **62** 85

Abrechnung
- Streitwertberechnung **12** 207

Absetzung, verspätete
- *siehe* Sofortige Beschwerde wegen verspäteter Absetzung der Beschwerdeentscheidung; Sofortige Beschwerde wegen verspäteter Absetzung des Berufungsurteils

Abtretung
- Rechtsnachfolge **3** 16

AGB-Kontrolle
- Darlegungs- und Beweislast für Aushandeln von Vertragsklauseln **58** 106a
- Gerichtsstandsvereinbarung **2** 254
- Revision wegen Verletzung materiellen Rechts **73** 25

AGG
- *siehe* Benachteiligung, Klage

Aktenlageentscheidung 59 51 ff.
- Güteverhandlung **59** 52
- Verkündungstermin **59** 53 f.; **60** 20

Alleinentscheidung des Vorsitzenden 16 28 ff.; **53** 2 ff.; **55** 1 ff.
- Anerkenntnis **55** 20 ff.
- anstelle Kammer, fehlerhafte **16** 58 f., 62 ff.
- Antrag beider Parteien **55** 59 ff.
- ausdrückliche Regelungen des ArbGG **16** 29 ff.
- Aussetzung des Verfahrens **55** 32 ff.
- Befugnisse des Vorsitzenden/der ehrenamtlichen Richter **80** 36
- Berufungsverfahren **64** 240 ff.
- Beweisaufnahme **55** 64
- Beweisbeschluss vor streitiger Kammerverhandlung **55** 65 f.
- Einigungsstellenbesetzung **100** 33
- Einspruch gegen Versäumnisurteil **55** 26; **64** 244
- Einstellung der Zwangsvollstreckung **55** 28
- einstweilige Verfügung **62** 117
- einstweilige Verfügung im Beschlussverfahren **85** 68
- Endurteil **55** 62
- Klagerücknahme **55** 8 ff.
- Kostenentscheidung **55** 51
- Nichtabhilfe bei sofortiger Beschwerde **78** 45
- örtliche Zuständigkeit **48** 108; **55** 51
- Rechtsmittel **55** 66
- Revisionsverfahren **72** 65
- Ruhen des Verfahrens **55** 48
- Säumnis beider Parteien **55** 27
- Säumnis einer Partei **55** 24 ff.
- Säumnis im Berufungsverfahren **64** 244
- Sitzungspolizei **16** 39 ff.
- streitige Verhandlung **55** 7
- Tatbestandsberichtigung **55** 52 ff.
- Teilurteil **55** 62
- Verfahren vor dem LAG **16** 32
- Versäumnisurteil **16** 30
- Verzicht **55** 15 ff.
- Zurückweisung eines Prozessbevollmächtigten **55** 58
- Zuständigkeit **55** 3 f.

Allgemeinverbindlicherklärung
- anderweitige Rechtshängigkeit **98** 13
- Antragsbefugnis im Beschlussverfahren **98** 7 ff.
- Aussetzung des Verfahrens nach § 98 ArbGG *siehe dort*
- Beteiligte **98** 18
- Beteiligtenfähigkeit im Beschlussverfahren **10** 32a
- Einleitung des Verfahrens **98** 6 ff.
- Einzelschiedsvereinbarung **101** 47 ff.
- entgegenstehende Rechtskraft **98** 13
- Funktion des § 98 ArbGG **98** 3

- Gegenstand des Verfahrens **98** 4 f.
- Gesetzgebungsgeschichte **98** 1 f.
- Inhalt eines statthaften Antrags **98** 12
- Prüfung und Beschluss der Kammer **98** 22
- Rechtsmittel **98** 22
- Rechtsschutzinteresse **98** 17
- Übergangsregelung **112** 2 f.
- Verfahrensregelungen zum Beschlussverfahren **98** 19 ff.
- Wiederaufnahme des Verfahrens **98** 26
- Wirkung der Entscheidung gegenüber jedermann **98** 24 f.
- Zuständigkeit im Beschlussverfahren **2a** 116a
- Zuständigkeit, örtliche im Beschlussverfahren **98** 16
- Zuständigkeit, sachliche im Beschlussverfahren **98** 15

Altersteilzeitvereinbarung
- Streitwertberechnung **12** 217

Amtliche Auskünfte, Einholung 56 13

Amtsentbindungsverfahren 21 44 ff.
- Antrag **21** 48
- Beschluss **21** 51 ff.
- ehrenamtliche Richter des BAG **43** 27
- Elternzeit **21** 56
- Erreichen der Altersgrenze **21** 57 f.
- Gründe **21** 45 ff.
- Suspendierung **21** 50
- Verfahren **21** 48 ff.
- zeitweise Amtsentbindung **21** 56

Amtsenthebung der ehrenamtlichen Richter 6 70; **27** 1 ff.
- Amtspflichten **27** 5 ff.
- Anfechtung **27** 20
- Antrag **27** 15
- Ausnutzung des Amtsbonus' **27** 10
- Beschluss **27** 18
- grobe Verletzung der Amtspflichten **27** 12 ff.
- politische, gewerkschaftliche, religiöse Anschauungen **27** 8
- Verfahren **27** 15 ff.
- Verhalten außerhalb des Amtes **27** 7
- vorläufige Suspendierung **27** 17
- weitere Haftung **27** 25 ff.
- Ziel der Maßnahme **27** 2

Amtsermittlungsgrundsatz
- *siehe* Untersuchungsgrundsatz

Amtszustellung 50 5 ff.
- Beschlüsse im Beschlussverfahren **50** 6
- Urteile **50** 5

Änderungskündigung
- Änderungsschutzklage **46** 95
- Darlegungs- und Beweislast **58** 134
- Streitwertberechnung **12** 208 ff.
- vorläufige Weiterbeschäftigung zu bisherigen Bedingungen **62** 148

Anerkenntnis 54 29; **55** 20 ff.
- Gerichtsgebühren erster Instanz **12** 40 ff., 47 ff.

Anerkenntnisurteil
- abgekürztes Urteil **61** 13, 15
- Berufung **64** 22
- Beschwerdewert **64** 81
- Revision **75** 44a

Anfechtung
- als neues Angriffs- und Verteidigungsmittel **67** 13
- Streitwertberechnung bei ~ des Arbeitsvertrags **12** 219, 232
- Streitwertberechnung bei ~ des Prozessvergleichs **12** 221

Angestellter
- Telearbeiter **5** 222

Anhörungsrüge 49 154 ff.; **72** 11; **78a** 1 ff.
- Ablehnungszurückweisung unter Mitwirkung des abgelehnten Richters **49** 155
- Aktenzeichen **78a** 51
- Bekanntgabefiktion einer Entscheidung **78a** 21
- und Berufung **64** 9, 84
- Beschluss **78a** 49
- Beweisaufnahme, fehlerhafte **78a** 37
- Bundesverfassungsgericht **ArbV** 34 f.
- Darlegung des Verstoßes **78a** 28
- Darlegungsumfang **78a** 32
- ehrenamtliche Richter, Beteiligung **78a** 53 f.
- nur bei Endentscheidung **49** 154b
- Entscheidung **78a** 49 ff.
- Entscheidungen des ArbG **78a** 9
- Entscheidungen des BAG **78a** 15 f.
- Entscheidungen des LAG **78a** 13 f.
- Entscheidungserheblichkeit **78a** 33
- falsche Rechtsmittelbelehrung **78a** 12
- Form **78a** 22, 24
- Frist **78a** 16 ff.
- Gerichtsgebühr **12** 79; **78a** 56
- greifbare Gesetzeswidrigkeit **49** 154c
- Grundsatz des rechtlichen Gehörs **78a** 30 f.
- Hinweispflicht, Verstoß **78a** 34 ff.
- Inhalt der Rügeschrift **78a** 26 ff.
- Nachrangigkeit **78a** 7 f.
- Nichtzulassungsbeschwerde **72a** 38a, 38d f.
- Nichtzulassungsbeschwerde wegen Gehörsverstoß, Zurückweisung **78a** 15a
- Prozesskostenhilfe **78a** 5
- Prüfungsreihenfolge **78a** 46 ff.
- rechtliches Gehör der Gegenpartei **78a** 52
- Rechtsanwaltsgebühren **78a** 57
- Rügeberechtigung **78a** 25
- rügefähige Entscheidungen **78a** 5
- sekundäre ~ nach fortgesetztem Verfahren **78a** 50a
- Selbstkorrektur **78a** 2
- und sofortige Beschwerde wegen greifbarer Gesetzeswidrigkeit **49** 153b ff.
- unzuständiges Gericht **78a** 22
- Verfahrensfortführung **78a** 50
- andere Verfahrensgrundrechte **78a** 40 ff.
- Verfassungsbeschwerde **49** 156; **ArbV** 30, 34 f.
- Vertretungszwang **78a** 23
- Verwerfungsentscheidung bei Berufung **64** 178a
- Zulässigkeitsprüfung **78a** 47
- gegen Zurückweisung der Nichtzulassungsbeschwerde **72a** 84
- Zwangsvollstreckung der gerügten Entscheidung **78a** 55

Stichwortverzeichnis

- Zwischenentscheidungen **78a** 6
Annahmeverzug
- Darlegungs- und Beweislast **58** 108
Anordnung persönlichen Erscheinens
- *siehe* Persönliches Erscheinen
Anscheinsbeweis 58 22, **95** ff.
Anschlussberufung 64 187 ff.
- Beantwortungsfrist **66** 60
- Begründung **64** 193, 200
- durch beide Prozessparteien **64** 189
- Entscheidung **64** 203
- Erkennbarkeit **64** 190
- innerprozessuale Bedingung **64** 197
- Klageerweiterung **64** 196
- Kosten **64** 201 ff.
- Mittel der Prozesstaktik **64** 188
- kein Rechtsmittel **64** 191
- Verweisungsnorm **64** 194
- Wegfall der Hauptberufung **64** 195
- wiederkehrende Leistungen **64** 192a
- zeitliche Begrenzung **64** 192 f.
Anschlussbeschwerde im Beschlussverfahren 87 47; **89** 33 ff.
- Begründung **89** 43 f.
- keine Beschwer **89** 36
- Beschwerdebefugnis **89** 35
- Einlegung **89** 38 f.
- Form **89** 40
- Frist **89** 41 f.
- Fristverlängerung **89** 42
- mehrere Beteiligte **89** 39
- Unselbständigkeit **89** 46
Anschlussrechtsbeschwerde 78 77
- Anschließungsfrist **94** 34
- Anschlussberechtigung **94** 32
- Begründung **94** 35
- Beschwer **94** 31
- Einlegung **94** 33
- Wirkung **94** 36
- Zulässigkeit **94** 28 ff.
Anschlussrevision 72 54; **74** 89 ff.
- beschränkte Revisionszulassung **74** 93
- Einreichung der Revisionsanschlussschrift **74** 92
- Frist **74** 92
- Wirkungsverlust **74** 94
Anspruchshäufung
- Streitwertberechnung **12** 152 ff.
Antrag im Beschlussverfahren 81 2 ff.
- Änderung **81** 111 ff.
- Änderung bei Beschlussbeschwerde **87** 62 ff.
- Änderungen und Erweiterungen bei Rechtsbeschwerde **94** 14 ff.
- Antragsarten **81** 23 ff.
- Antragsbefugnis im Beschlussverfahren *siehe dort*
- Antragsgegner als formell Beteiligter **83** 41 ff.
- Antragsgegner als materiell Beteiligter **83** 55
- Antragshäufung **81** 32
- Antragsteller **81** 34
- Antragsteller als formell Beteiligter **83** 40
- Antragsteller als materiell Beteiligter **83** 52 ff.
- Antragstellung **81** 2
- Auslegung **81** 33
- Begründung **81** 9 f.
- Beschwerdeantrag **89** 30 ff.
- Bestimmtheit des Sachantrages **81** 4 ff.
- Bestimmung der Verfahrensart **81** 19 ff.
- Bestimmung des Streitgegenstandes **81** 18
- Beteiligtenfähigkeit **81** 40 ff.
- Bezeichnung der Beteiligten **81** 12 ff.
- Bezeichnung des Gerichts **81** 11
- Bindung des Rechtsbeschwerdegerichts **96** 2
- Einigungsstellenbildung **100** 8 ff.
- Einstellung des Verfahrens **81** 107 ff.
- Einstellungsbeschluss **81** 108
- Entscheidung über Antragsänderung **81** 119 f.
- Feststellungsanträge **81** 27 ff.
- Form der Rücknahme **81** 105
- Fristwahrung **81** 22
- Gestaltungsanträge **81** 26
- Globalantrag **81** 5 ff.
- Hilfsanträge **81** 30
- Inhalt **81** 3 ff.
- Leistungsanträge **81** 24 f.
- Mehrheit von Antragstellern **81** 97 f.
- Nachreichen der Begründung **81** 10
- Prozessfähigkeit **81** 46 ff.
- Prozessvoraussetzungen **81** 37 ff.
- Rechtsbeschwerdeantrag **94** 13 ff.
- Rechtshängigkeit **81** 22
- Rechtsschutzinteresse **81** 87 ff.
- Rechtsschutzinteresse bei Feststellungsanträgen **81** 94 ff.
- Rechtsschutzinteresse bei Gestaltungsanträgen **81** 92 f.
- Rechtsschutzinteresse bei Leistungsanträgen **81** 90 f.
- Rücknahme **81** 101 ff.
- Rücknahme bei Beschlussbeschwerde **87** 54 ff.
- Rücknahme bei mehreren Antragstellern **81** 104
- Rücknahme bei Rechtsbeschwerde **92** 39; **94** 49 ff.
- Rücknahme, Wirkungen **81** 106
- Sachdienlichkeit der Antragsänderung **81** 117
- Tariffähigkeit/Tarifzuständigkeit, Einleitung des Verfahrens **97** 23
- Tarifkollision **99** 4 ff.
- Unterschrift des Antragstellers **81** 17
- Wechsel der Person des Antragsteller oder Antragsgegners **81** 112
- Wideranträge **81** 31
- Zulässigkeit **81** 35 ff.
- Zulässigkeit der Antragsänderung **81** 113 ff.
- Zustellung **81** 99 f.
- Zustimmung zur Antragsänderung **81** 114
- Zustimmungsfiktion bei Antragsänderung **81** 115
Antragsbefugnis im Beschlussverfahren 81 49 ff.
- Allgemeinverbindlicherklärung, Wirksamkeit **98** 7 ff.
- Anfechtung einer Betriebsratswahl **81** 65
- Arbeitgeber **81** 72 f.
- Arbeitnehmer **81** 74 f.
- Beteiligtenfähigkeit, Abgrenzung **81** 45, 51
- Betriebsrat **81** 76 ff.

- Betriebsratsmitglied **81** 80 f.
- Einigungsstellenbildung, gerichtliche **100** 15 ff.
- Feststellungsanträge **81** 60 f.
- aufgrund Gesetzes **81** 63
- Gestaltungsanträge **81** 62
- Gewerkschaften **81** 82 ff.
- Leistungsanträge **81** 58 f.
- Personalrat **81** 76 ff.
- Popularklagen, Ausschluss **81** 50
- Prozessstandschaft **81** 59, 66 ff.
- Rechtsverordnung zu Rechtsnormen eines Tarifvertrags, Wirksamkeit **98** 7 ff.
- Sprungrechtsbeschwerde **96a** 4
- Tarifkollision **99** 5
- unmittelbare Betroffenheit **81** 55 ff.
- Voraussetzungen **81** 54 ff.
- Wegfall **81** 64 f.

Antragstellung
- vor der Einigungsstelle **VESt** 50 ff.
- mündliche Verhandlung **57** 3

Arbeitgeber 2 84 ff.
- Antragsbefugnis im Beschlussverfahren **81** 72 f.
- Beschäftigter als Prozessvertretung **11** 8
- materiell Beteiligter **83** 60 ff.
- Verfügungsanspruch auf Unterlassung Amtsausübung als Betriebsratsmitglied **85** 93
- Verfügungsanspruch bei Betriebsratswahl **85** 81, 84
- Verfügungsanspruch bei Betriebsversammlung **85** 87

Arbeitgeberbegriff 5 4
- Insolvenz **5** 4a

Arbeitgeberverbände/-vereinigungen
- materiell Beteiligte **83** 91 ff.
- Parteifähigkeit **10** 14
- Parteifähigkeit von Spitzenorganisationen **10** 15
- Prozessvertretung **11** 20 ff.
- Vorschlag ehrenamtlicher Richter **20** 4

Arbeitnehmer
- Antragsbefugnis im Beschlussverfahren **81** 74 f.
- materiell Beteiligter **83** 63 ff.
- Verfügungsanspruch bei Betriebsratswahl **85** 82, 84

Arbeitnehmerähnliche Personen 5 199 ff.
- Ärzte **5** 229
- Au-pair-Tätigkeit **5** 229a
- Behinderte in anerkannten Werkstätten **5** 229b
- Berater **5** 230
- Berufssänger mit Exklusivvertrag **5** 230b
- Beschäftigter einer DDR-Produktionsgenossenschaft **5** 234
- Dauer des Beschäftigungsverhältnisses **5** 205
- Dozenten/Lehrer **5** 231
- Ein-Euro-Jobber **5** 231a, **5** 240a
- Einzelfälle **5** 229 ff.
- Frachtführer **5** 233
- Franchisenehmer **5** 227
- freiberuflicher Interviewer **5** 237c
- GmbH-Geschäftsführer **5** 235a f.
- Golflehrer **5** 236a
- Handelsvertreter **5** 268
- Hausmeister-Nebentätigkeit **5** 237
- Immobilienmakler **5** 237b
- Kommissionär **5** 238
- Künstler **5** 239
- Lehrbeauftragter **5** 240
- Liquidator der Treuhandanstalt **5** 246
- nebenberufliche Tätigkeit eines Selbständigen **5** 244
- Rechtsanwalt **5** 241
- Repetitor **5** 242
- Rundfunkgebührenbeauftragter **5** 243
- soziale Schutzbedürftigkeit **5** 209 ff.
- Streitwertberechnung **12** 222
- Telefonmarketing **5** 244a
- Theaterintendant **5** 245
- weite Auslegung **5** 210
- wirtschaftliche Abhängigkeit **5** 203 ff., 209b
- Zeitungszusteller am Sonntag **5** 247

Arbeitnehmerbegriff 2 82 ff. **5** 1 ff., **5** ff.
- Arbeit zur Heilung, sittlichen Besserung oder Erziehung **5** 176 ff.
- Arbeiter und Angestellte **5** 22 f.
- arbeitnehmerähnliche Personen **5** 199 ff.
- Ärzte **5** 74
- Austausch von Lohn und Arbeit **5** 13a
- BAG **5** 13 ff.
- Beamte **2** 83b
- zu ihrer Berufsausbildung Beschäftigte **5** 146 ff.
- BGH **5** 15
- Darlegungslast **5** 26a
- DDR **5** 83
- Dozenten, Lehrer, Lehrbeauftragte **5** 65 ff.
- Ehegattenarbeitsverhältnisse **5** 86
- Eingliederungstheorie **5** 17
- Einzelfälle **5** 74 ff.
- Eltern-Kind-Verträge **5** 87
- EuGH **5** 21
- faktisches Arbeitsverhältnis **5** 38
- freie Mitarbeiter, Abgrenzung **5** 24 ff.
- funktionelle Betrachtungsweise **5** 7
- gemeinnütziges Arbeiten von Sozialhilfeempfängern **5** 181
- Gesamtbetrachtung **5** 29
- geschichtliche Entwicklung des § **5** 1 ff.
- gleichgestellte Personen **5** 188 ff.
- Hauptkriterien **5** 27 ff.
- Heimarbeiter und Gleichgestellte **5** 189 ff.
- karitative Motive **5** 168 ff.
- Kommissionär **5** 238
- Leistung von Arbeit **5** 31 ff.
- materiellrechtlicher ~ **5** 12 ff.
- Medienbereich **5** 54 ff.
- Minimaldefinition **5** 6
- Negativdefinition des § 84 Abs. 1 S. 2 HGB **5** 11
- Personalvertretungssachen **5** 186 f.
- persönliches Abhängigkeit **5** 39 ff.
- privatrechtlicher Vertrag **5** 34 ff.
- Rechtswegbestimmung **5** 315 ff.
- religiöse Motive **5** 168 ff.
- religiöser Orden **5** 171 ff.
- restriktive Auslegung **5** 9
- Rotes-Kreuz-Schwestern **5** 170, 173 ff.
- Schwerbehinderte in geschützten Werkstätten **5** 183

- soziale Schutzbedürftigkeit **5** 16
- Strafgefangene **5** 180
- Streitwert bei Statusklage **12** 294
- teleologische Ansätze **5** 18 ff.
- typologische Methode **5** 27a ff.
- Wank **5** 19 f.

Arbeitsbescheinigung
- Rechtswegzuständigkeit **2** 141 f.

Arbeitsentgelt
- *siehe auch* Zwangsvollstreckung wegen Geldforderungen
- Aussetzung Leistungsklage **55** 43
- Berücksichtigung bei Prozesskostenhilfe **11a** 48
- Berücksichtigung ungenutzten ~s bei Prozesskostenhilfe **11a** 52
- Darlegungs- und Beweislast bei verzögerter Zahlung – Kündigung **58** 109
- Darlegungs- und Beweislast hinsichtlich Überzahlung **58** 106
- Eingruppierungsklage *siehe dort*
- einstweiliges Verfügungsverfahren **62** 130 ff.
- Streitwertberechnung **12** 174 ff., 184 ff., 253 ff.
- Zahlungsklage **46** 57 ff.
- Zinsen bei Bruttogehaltsklage **46** 58
- Zwangsvollstreckung einer Abrechnung **62** 79
- Zwangsvollstreckung Bruttolohn **62** 46

Arbeitsgerichte
- Anhörung bei Errichtung und Organisation **14** 24 ff.
- Außenkammern **14** 11 f.
- Besetzung der Kammern – ArbG *siehe dort*
- Bildung von allgemeinen Kammern **17** 2 ff.
- Bildung von Fachkammern **17** 9 ff.
- Bildung von Kammern **17** 1 ff.
- der Bundesländer **14** 5 f.
- eingerichtete ~ **14** 6
- gemeinsame ~ mehrerer Bundesländer **14** 13 f.
- Gerichtstage **14** 15 ff.
- Ressortierung **15** 2 ff.
- Zusammensetzung **16** 1 ff.
- Zuständigkeit **8** 6, 10
- Zuweisung einzelner Sachgebiete **14** 9 f.

Arbeitsgerichtsbarkeit 1 1 ff.
- Aufbau **1** 33 ff.
- Ausschluss der ~ **4** 1 ff.
- Besetzung der Gerichte **6** 1 ff.
- Dienstaufsicht *siehe dort*
- Gerichtsverwaltung *siehe dort*
- Justizverwaltung *siehe dort*
- Ressortierung **15** 2 ff.
- Statistik **1** 47 ff.
- Zusammensetzung der Gerichte **1** 40 ff.

Arbeitskampf
- Berufungszulassung **64** 105
- Darlegungs- und Beweislast **58** 104
- einstweiliges Verfügungsverfahren **62** 167 ff.
- Sprungrevision **76** 21g
- Streitigkeiten aus unerlaubten Handlungen bei Arbeitskampf *siehe dort*
- Zuständigkeit für einstweiligen Rechtsschutz **62** 172 f.

Arbeitsleistung
- einstweiliges Verfügungsverfahren **62** 133
- Streitwertberechnung **12** 223
- Zwangsvollstreckung **62** 77

Arbeitslosengeld
- Forderungsübergang auf Arbeitsamt, Nachweis **58** 68

Arbeitspapiere
- Begriff **2** 133
- bürgerliche Streitigkeiten **2** 134 ff.
- einstweilige Verfügung auf Herausgabe **62** 163 ff.
- Herausgabeklage **46** 61
- Rechtswegzuständigkeit **2** 132 ff.
- Streitwertberechnung **12** 224
- Zwangsvollstreckung des Anspruchs auf Ausfüllung **62** 84

Arbeitsunfähigkeit
- Darlegungs- und Beweislast **58** 117

Arbeitsunfähigkeitsbescheinigung
- Beweiswert **58** 117

Arbeitsverhältnis
- Beendigung des ~es **2** 119
- Berufsausbildungsverhältnis **2** 94
- Darlegungs- und Beweislast hinsichtlich Begründung **58** 101 f.
- zwischen Familienangehörigen **2** 92
- Geschäftsführung ohne Auftrag **2** 93
- als Grundlage der Streitigkeit **2** 99 ff.
- Inhalt des ~es **2** 118
- Statusprozesse **2** 117
- Streitigkeiten aus dem ~ **2** 89 ff.
- Streitigkeiten aus Nachwirkungen **2** 125 f.
- Streitigkeiten aus Vertragsverhandlungen **2** 122 ff.
- Streitigkeiten über Bestehen oder Nichtbestehen eines ~ses **2** 115 ff.
- Streitigkeiten zwischen Arbeitnehmer und Arbeitgeber *siehe dort*
- Zustandekommen **2** 116
- Zwangsarbeiter **2** 98

Arbeitsvorgang
- Eingruppierungsklage **46** 118 ff.

Arrest 62 105 f.
- allgemeine Voraussetzungen **62** 109 ff.
- Amtsgericht, keine Zuständigkeit **62** 114
- arbeitsgerichtliche Besonderheiten **62** 113 ff.
- Arrestanspruch **62** 110
- Arrestgrund **62** 111
- Berufungsbeantwortungsfrist **66** 63
- Berufungsbegründungsfrist **66** 53b
- Besetzung der Kammern **16** 20
- Eilkompetenz des Vorsitzenden **62** 117
- Einrede des Schiedsvertrages **102** 6
- einstweilige Einstellung bei Einlegung von Rechtsbehelfen **62** 122
- Gerichtsgebühren **12** 83 ff.
- Gerichtskosten, Fälligkeit **12** 104
- Güteverhandlung **54** 3; **62** 116
- örtliche Zuständigkeit **48** 24 ff.
- Rechtswegzuständigkeit **2** 12 f.; **48** 24 ff.
- Revision **72** 20
- Schadensersatz bei Fehlentscheidung **62** 125

- Schutzschrift **62** 123 ff.
- Sicherheitsleistung **62** 118 ff.
- Streitwertberechnung **12** 225
- Tatbestand Berufungsurteil **69** 25
- Vollziehung **62** 121
- Vorsitzender **53** 6
- Zurückweisung verspäteten Vorbringens **56** 41

Ärzte
- arbeitnehmerähnliche Personen **5** 229
- Arbeitnehmerbegriff **5** 74

Assessor
- Arbeitnehmerbegriff **5** 75, 124

Aufhebungsklage Schiedsspruch 110 1 ff.
- Aussetzung des Verfahrens hinsichtlich Vollstreckbarkeitserklärung **109** 9 ff.
- Charakter des Verfahrens **110** 9 ff.
- Gründe **110** 13 ff.
- Klagefrist **110** 26 ff.
- nichtige Schiedssprüche **110** 5 ff.
- Restitutionsgründe **110** 22
- revisionsrechtliche Ausgestaltung **110** 9 ff.
- Rüge des Verfahrensmangels **110** 19
- Unzulässigkeit des schiedsgerichtlichen Verfahrens **110** 13 ff.
- „Verbrauch" der Schiedsvereinbarung **110** 33 ff.
- Verfahren **110** 23 ff.
- Verletzung einer Rechtsnorm **110** 20 f.
- Vollstreckbarkeitserklärung, Aufhebung **110** 32
- Zuständigkeit **110** 23

Aufklärungspflicht 56 5; **57** 5 ff.
- von Amts wegen im Beschlussverfahren **83** 5 ff.
- Aufklärungsrüge bei Revision **74** 57
- Ausschluss der Kostenerstattung **12a** 33 ff.
- Mitwirkungspflicht der Beteiligten **83** 10 ff.
- Rechtsbeschwerde im Beschlussverfahren wegen Verletzung **93** 21

Auflösungsantrag 46 106 ff.
- Beschwer **64** 18
- Rücknahme **46** 108
- Streitwertberechnung **12** 226 ff.
- Zeitpunkt **46** 108
- Zulassung neuer Angriffs- und Verteidigungsmittel **67** 14

Aufrechnung
- Beschwerdewert **64** 75 ff.
- Beschwerdewert bei Eventualaufrechnung **64** 76
- bürgerlich-rechtliche Forderungen **2** 29 ff.
- neues Verteidigungsmittel **67** 11
- öffentlich-rechtliche Forderungen **2** 34 ff.
- rechtswegfremde ~ bei Erfinderstreit **2** 194
- Rechtswegzuständigkeit im Beschlussverfahren **2a** 19
- Rechtswegzuständigkeit im Urteilsverfahren **2** 26 ff.
- schiedsgerichtliches Verfahren **101** 33 ff.
- Streitwertberechnung **12** 158
- Vorbehaltsurteil **2** 32

Augenscheinseinnahme 58 70 ff.
- Anordnung der ~ von Gegenständen **56** 11 f.
- Beweisantritt **58** 71
- Einigungsstellenverfahren **VESt** 235 f.
- Tonaufnahmen, Verwertung **58** 73 ff.
- Videoaufzeichnungen, Verwertung **58** 72 f.

Au-pair-Verhältnis
- arbeitnehmerähnliche Personen **5** 229a
- Arbeitnehmerbegriff **5** 76a

Ausforschungsbeweis 58 33

Auskunft
- Klage auf ~ und Antrag nach § 61 Abs. 1 ArbGG **61** 38
- Streitwertberechnung **12** 230; **61** 27

Auslagen
- begründete Verfassungsbeschwerde **ArbV** 63
- Einigungsstellenmitglieder **VESt** 372 f.
- Gerichtliche Auslagen *siehe dort*
- Zeugen und Sachverständige im schiedsgerichtlichen Verfahren **106** 8

Ausländer
- Parteifähigkeit **10** 8

Ausländisches Recht
- Beweisverfahren **58** 10
- Ermittlung **56** 17

Auslandszustellung 47 13

Ausschließung des Prozessbevollmächtigten 51 32 ff.
- Gütetermin **51** 34
- Hinweis über Ausbleibensfolgen **51** 35
- Versäumnisurteil **51** 38 ff.

Ausschluss der Arbeitsgerichtsbarkeit 4 1 ff.
- Tarifvertrag **101** 36 ff.

Ausschluss von der Ausübung des Richteramtes 6 34 ff.; **49** 14 ff.
- absolute Ausschlussgründe **49** 17
- absoluter Revisionsgrund bei Mitwirkung **73** 43
- Ausschlussgründe **6** 35; **49** 15 ff.
- Ehegatte, Verwandte und Verschwägerte **49** 25 f.
- Einigungsstelle, Vorbefassung **49** 50 f.
- Folgen **49** 157 f.
- Folgen unzulässiger Mitwirkung **49** 161 ff.
- kraft Gesetzes **49** 60 f.
- Lebenspartnerschaft **49** 27
- Mediation **49** 51d f.
- Prüfungspflicht von Amts wegen **6** 36
- sachlicher Anwendungsbereich **49** 5 ff.
- Selbstablehnung **6** 42; **49** 125 ff.
- Selbstbeteiligung **49** 19 ff.
- überlanges Gerichtsverfahren **49** 51c
- Verfahren **49** 52 ff.
- Vernehmung als Zeuge oder Sachverständiger **49** 40 ff.
- Vertretung für eine Partei **49** 33 ff.
- Verwandtschaft **49** 28 ff.
- Vorbefassung **49** 44 ff.
- Widerspruchsausschuss Integrationsamt, Vorbefassung **49** 51b
- Zweifel **49** 54

Ausschlussfrist, tarifliche
- Darlegungs- und Beweislast **58** 116
- Eingruppierungsklage **46** 126 f.
- und Mahnverfahren **46a** 40

Ausschuss der ehrenamtlichen Richter 29 1 ff.
- Ablauf der Amtszeit **29** 9
- Amtsperiode **29** 8

- Anhörungsrechte **29** 17 ff.
- Anrufungsrechte **29** 15 f.
- Aufgaben (LAG) **38** 7 ff.
- Befugnisse **29** 13 ff.
- Bundesarbeitsgericht **29** 2
- Durchführung der Wahl **29** 7
- Einberufung **29** 22
- Einleitung der Wahl **29** 6
- Entscheidungen **29** 24
- Errichtung **29** 3 ff.
- Ersatzmitglieder **29** 10 f.
- Landesarbeitsgerichte **38** 1 ff.
- Leitung **29** 23
- paritätische Besetzung **29** 4
- Rechte und Pflichten der Mitglieder **29** 27 ff.
- Verfahren (LAG) **38** 11 ff.
- Wahlverfahren **29** 5 ff.
- Zusammensetzung (LAG) **38** 3 ff.

Außenkammern 14 11 f.

Außergerichtliche Konfliktbeilegung
- Beschlussverfahren **80** 36a
- Prozesskostenhilfe **11a** 10
- zweitinstanzliches Beschlussverfahren **87** 40

Aussetzung des Verfahrens 55 32 ff.
- nach § 98 ArbGG *siehe* Aussetzung des Verfahrens nach § 98 ArbGG
- Alleinentscheidung des Vorsitzenden **55** 33
- anderer Rechtsstreit **55** 35
- Antrag auf ~ und Versäumnisurteil **59** 84
- Ausnahmen von Aussetzungspflicht des § 97 Abs. 5 ArbGG **97** 46
- Einigungsstellenverfahren **VESt** 272 f.
- Entscheidung nach § 97 Abs. 5 ArbGG **97** 47 ff.
- Ermessen **55** 36 f.
- Ermittlungs- oder Strafverfahren **55** 39 ff.
- Gerichtskosten, Fälligkeit **12** 107
- Gründe **55** 38 ff.
- wegen konkreter Normenkontrolle **ArbV** 83 ff.
- Kündigungszustimmung des Integrationsamtes **55** 42
- Leistungsklage Arbeitsentgelt **55** 43
- Nichtzulassungsbeschwerde und ~ wegen Beschlussverfahren zu Tariffähigkeit oder -zuständigkeit **72a** 87c
- Parallelverfahren **55** 45
- Ruhen des Verfahrens **55** 46 ff.
- Tariffähigkeit/Tarifzuständigkeit als Vorfrage **97** 41 ff.
- Verdacht einer Straftat **46** 25a ff.
- Verfahren **55** 33 ff.
- verfassungsgerichtliches Verfahren **55** 44
- wegen Vorabentscheidungsersuchens **ArbV** 134 f.
- Vorgreiflichkeit **46** 23 f.
- Vorgreiflichkeit von Tariffähigkeit/Tarifzuständigkeit **97** 43
- Zwangsvollstreckung Schiedsspruch **109** 9 ff.
- Zweifel an Tariffähigkeit/Tarifzuständigkeit **97** 44 ff.

Aussetzung des Verfahrens nach § 98 ArbGG 98 29 ff.
- Anordnung vorläufiger Leistungspflicht **98** 38 ff.
- Antragsbefugnis bei Beschlussverfahren nach § 98 Abs. 6 ArbGG **98** 10 f.
- Beschluss **98** 34
- einstweiliger Rechtsschutz **98** 36
- Entscheidungserheblichkeit der Wirksamkeit einer Allgemeinverbindlicherklärung **98** 31
- Entscheidungserheblichkeit der Wirksamkeit einer Rechtsverordnung **98** 31
- ernsthafte Wirksamkeitszweifel **98** 32 f.
- Gesetzgebungsgeschichte **98** 1 f.
- Rechtsbehelfe bei vorläufiger Leistungspflicht **98** 41
- Sozialkasse **98** 38 f.
- Voraussetzung bei vorläufiger Leistungspflicht **98** 40
- Voraussetzungen **98** 31 ff.

Aut-aut-Fälle 2 240 f.; **5** 317

Barrierefreiheit 46f 7

Beamte
- keine Arbeitnehmer **5** 307 ff.
- Rechtsstreitigkeiten **2** 83b, 97

Bedingung
- Streitwertberechnung bei auflösender ~ **12** 232

Beeidigung
- Sachverständiger **58** 55
- Zeuge **58** 45

Befangenheitsbesorgnis 6 37 ff.; **49** 62 ff.
- Ablehnung während der Verhandlung **49** 129b
- Ablehnung während der Verhandlung und Fortsetzung der mündlichen Verhandlung **49** 132 ff.
- Ablehnungsberechtigung **6** 40
- Ablehnungsgesuch durch Beteiligte **49** 109 ff.
- Ablehnungsverfahren **6** 39; **49** 108 ff.
- Anhörungsrüge **49** 153b ff.
- Art der Verfahrensführung **49** 76
- außerprozessuale Äußerungen **49** 86
- Äußerung als Seminarreferent **49** 86a
- Äußerung von Rechtsansichten **49** 79 ff.
- Beeinträchtigung des richterlichen Vertrauensverhältnisses **49** 77
- Befangenheit **6** 38; **49** 63
- Begründung der Entscheidung **49** 146
- Behinderung einer Partei **49** 75
- Besorgnis **49** 64
- dienstliche Äußerung **49** 142 f.
- Eigeninteresse am Prozessausgang **49** 99 ff.
- Einigungsstellenbeisitzer **VESt** 202 ff.
- Einigungsstellenvorsitzender **100** 7 ff.; **VESt** 183 ff.
- Einzelfälle **49** 69 ff.
- enge Gesetzesauslegung **49** 64a
- Entscheidung **6** 41; **49** 133 ff.
- Entscheidung des Arbeitsgerichts über Ablehnung des Einigungsstellenvorsitzenden **VESt** 200
- Entscheidung über Ablehnung des Vorsitzenden **VESt** 198 ff.
- Festhalten an Rechtsansicht **49** 88
- Folgen der Ablehnung **49** 159 ff.
- Folgen unzulässiger Mitwirkung **49** 161 ff.
- Form der Entscheidung **49** 144
- greifbare Gesetzeswidrigkeit **49** 151 ff.
- grobe Verfahrensverstöße **49** 76

- Hinweis auf Einreden und Gegenrechte **49** 82
- Hinweispflicht des Gerichts **49** 68a
- instanzübergreifende Richterehe **49** 72a
- Interessenwahrnehmung für eine Partei **49** 97 f.
- kammerübergreifende Meinungsbildung **49** 107b
- Kritik an Vorinstanz/nächsthöherer Instanz **49** 89
- Mitgliedschaft in Gewerkschaft, Arbeitgeberverband, Verein **49** 93 ff.
- Mitgliedschaft in politischer Partei **49** 90 ff.
- nahe persönliche Beziehungen zu einer Partei **49** 70 f.
- nahe persönliche Beziehungen zum Prozessvertreter einer Partei **49** 72
- Partei als ehrenamtlicher Richter **49** 71a f.
- personeller Anwendungsbereich **49** 9 ff.
- persönliche Angriffe der Partei **49** 107
- politische Betätigung **49** 90 ff.
- Publikationen **49** 86
- rechtliches Gehör **49** 145
- Rechtsmissbrauch **49** 122 ff.
- Rechtsmittelausschluss **49** 148 ff.
- revisionsgerichtliche Inzidentprüfung der LAG-Entscheidung **49** 156a
- Revisionsgrund Mitwirkung trotz Ablehnung **73** 44
- rügelose Einlassung **49** 116 ff.
- sachlicher Anwendungsbereich **49** 5 ff.
- Sachverständige **49** 156b
- Selbstablehnung **6** 42; **49** 125 ff.
- Seminar- oder Tagungsteilnahme **49** 86a
- Streitwertberechnung **12** 231; **49** 156c
- Tätigkeitsverbot **49** 129 ff.
- Tenorierung des Beschlusses **49** 147a
- unangemessenes Verhalten **49** 74
- unaufschiebbare Prozesshandlungen **49** 130 ff.
- Unsachlichkeit **49** 74
- Verdächtigung **49** 78
- Verfahren nach Ablehnungsgesuch **49** 129 ff.
- Verlust des Ablehnungsrechts **49** 115 ff.
- Verstoß gegen prozessuales Gleichbehandlungsgebot **49** 75
- Verstoß gegen Tätigkeitsverbot nach Ablehnungsantrag vor Befangenheitsentscheidung **49** 164 f.
- Verstöße gegen Neutralitätspflicht **49** 73
- Vorbefassung **49** 103 ff.
- Voreingenommenheit **49** 78
- Vorstellungen der ablehnenden Partei **49** 66
- Zugehörigkeit zu Geschlecht **49** 96
- Zugehörigkeit zu Religion **49** 96
- zuständiger Spruchkörper **49** 134 ff.
- Zweifel an rechtlicher Unvoreingenommenheit **49** 85

Befristeter Arbeitsvertrag
- Darlegungs- und Beweislast **58** 102
- Streitwertberechnung **12** 232

Behinderte Menschen
- arbeitnehmerähnlich in anerkannten Werkstätten **5** 229b
- Rechtswegzuständigkeit **2** 182 f.

Beibringungsgrundsatz
- *siehe* Parteimaxime

Beiordnung eines Rechtsanwalts 11a 5
- Antrag **11a** 21
- auswärtiger Rechtsanwalt **11a** 128
- Bewilligung **11a** 126
- Erforderlichkeit **11a** 100 ff.
- Nichtzulassungsbeschwerde – Notanwalt **72a** 93

Beistände
- Anwesenheit der Partei **11** 33
- Auftreten als Beistand **11** 32 ff.
- Prozessvertretung **11** 31 ff.
- Rechtsstellung **11** 36

Belehrungspflicht
- *siehe* Hinweispflicht

Benachteiligung, Klage
- Antrag auf Hinausschieben der mündlichen Verhandlung **61b** 40
- Antrag zur Begründung des ausschließlichen Gerichtsstandes **61b** 27 ff.
- Anwendungsbereich **61b** 6 f.
- Arglist des Arbeitgebers **61b** 20
- ausschließliche örtliche Zuständigkeit **61b** 33
- Darlegungs- und Beweislast **58** 113 ff.
- Entschädigungsansprüche **61b** 7
- Fristversäumung, Folgen **61b** 19 ff.
- Fristwahrung durch Klageerhebung **61b** 16 ff.
- Geltendmachungsfrist des § 15 Abs. 4 AGG **61b** 10 f.
- geschichtliche Entwicklung **61b** 2 ff.
- Hinausschieben der mündlichen Verhandlung **61b** 37 ff.
- Inhalt und Zweck der Norm **61b** 1 ff.
- Klagefrist **61b** 9 ff.
- Leistungsklage **61b** 8
- mehrere Klagen bei verschiedenen Gerichten **61b** 24 f.
- mehrere Klagen bei verschiedenen Kammern **61b** 26
- Norminhalt und -zweck **61b** 1
- sofortige Klageerhebung **61b** 15
- Terminierung und Hinausschieben der mündlichen Verhandlung **61b** 41
- Verbindung **61b** 35 f.
- Verweisung **61b** 34
- keine Wiedereinsetzung **61b** 21
- Zuständigkeitskonzentration **61b** 22 ff.

Berater
- arbeitnehmerähnliche Person **5** 230

Beratungshilfe 11a 151 ff.
- Antrag **11a** 155 ff.
- Anwendbarkeit **11a** 152
- Berechtigungsschein **11a** 157
- Gegenstand **11a** 153
- Rechtsfolgen **11a** 160
- Verfahren **11a** 155 ff.
- Voraussetzungen **11a** 154

Berufsakademiestudenten
- zu ihrer Berufsausbildung Beschäftigte **5** 160a

Berufsausbildung
- Arbeitnehmereigenschaft der zu ihrer ~ Beschäftigten **5** 146 ff.

- Begriff **5** 147 ff.
- Berufsakademiestudenten **5** 160a
- Berufsbildung, Abgrenzung **5** 150
- Beschäftigung **5** 151 ff.
- betriebliche Ausbildung **5** 153
- Bildungsgutschein **5** 160b
- Dienstverhältnis **5** 157
- Fliegerschule **5** 163
- Helfer im freiwilligen sozialen Jahr **5** 164
- Hospitationsvertrag **5** 163a
- Lehrwerkstätten und Ausbildungszentren **5** 156
- Praktikanten **5** 166
- sonstige Berufsbildungseinrichtungen **5** 156
- im Strafvollzug **5** 166b
- Teilnehmer an beruflicher Rehabilitation **5** 160
- Umschüler **5** 158a
- Volontäre **5** 166d

Berufsausbildungsverhältnis
- Arbeitsverhältnis **2** 94
- Schlichtungsausschuss *siehe dort*
- Streitigkeiten aus dem ~ **111** 4 ff.
- Streitwertberechnung **12** 233

Berufsbildung
- Berufsausbildung, Abgrenzung **5** 150

Berufsrichter 6 6 ff.
- *siehe auch* Vorsitzender
- Ablehnung wegen Befangenheit **6** 37 ff.
- Arbeitsablauf **18** 33
- Ausschluss **6** 34 ff.
- äußerliche Erscheinung **6** 25 f.
- Äußerungen **6** 21
- Befähigung zum Richteramt **6** 14
- Beförderungsstelle **18** 36
- Besoldung **18** 35
- Bundesarbeitsgericht **40** 4
- Bundesrichter *siehe dort*
- Dienstaufsicht **15** 27 ff.
- Ernennung **6** 6 ff.
- Mitgliedschaft in Vereinigungen **6** 23
- Nebentätigkeiten **18** 29
- Pensenschlüssel **18** 34
- persönliche Unabhängigkeit **6** 29 ff.
- politische Betätigung **6** 22, 24
- Prozessvertretung **11** 56
- Rechtsgutachten/-auskünfte **6** 27
- Rechtsstellung **6** 18 ff.
- Richter auf Lebenszeit **6** 15
- Richter auf Probe **6** 16
- Richter kraft Auftrags **6** 17
- richterliche Tätigkeit **15** 29
- Richtervertretungen **6** 43 ff.
- Richterwahlausschüsse **6** 7 f.
- Schiedsrichter/Schlichter **6** 28
- Selbstablehnung **6** 42
- Statusformen **6** 11 f.
- strafrechtliche Verantwortlichkeit **6** 32; **18** 30
- Tätigkeit im Bereich der Verwaltung **15** 31
- Übernahme höchstrichterlicher Rechtsprechung **6** 20
- Übertragung eines weiteren Richteramtes **18** 24 ff.
- Unabhängigkeit **15** 27 ff.; **18** 28
- Unabhängigkeit, sachliche **6** 19 ff.
- Verwaltungsaufgaben **18** 32
- keine volle Wahrnehmung der Richteraufgaben **16** 54 ff., 62 ff.
- Voraussetzungen der Ernennung **6** 10 ff.
- Weisungsfreiheit **6** 19
- zivilrechtliche Haftung **6** 33; **18** 31

Berufung 64 1 ff.
- Ablehnung von Richtern **64** 238
- Alleinentscheidung des Vorsitzenden **64** 240 ff.
- Anerkenntnisurteil **64** 22
- und Anhörungsrüge **64** 9, 84
- Anschlussberufung *siehe dort*
- Anträge **64** 145 ff.
- Ausnahme von der Prüfungssperre **65** 20 ff.
- Befugnisse des Vorsitzenden **64** 240 ff.
- Begründetheit **64** 225 ff.
- Begründung *siehe* Berufungsbegründung
- Berufungsbeantwortungsfrist *siehe dort*
- Berufungseinlegung *siehe dort*
- Beschleunigungspflicht von Bestandsstreitigkeiten **64** 245 f.
- Beschränkung **65** 1 ff.
- Beschwer **64** 13 ff.
- Beschwerdewert **64** 61 ff.
- Bestandsstreitigkeiten **64** 86 ff.
- Beweisaufnahme **64** 226 f.
- Devolutiveffekt **64** 8
- ehrenamtliche Richter, Mängel bei Heranziehung **65** 27 ff.
- Einlegung *siehe* Berufungseinlegung
- Entscheidung im schriftlichen Verfahren **64** 236
- Entscheidungen, dem Urteil vorausgegangene **64** 233
- fehlende Erfolgsaussicht **66** 88
- Flucht in die ~ **56** 51
- formelle Beschwer **64** 18
- formfehlerhafte Entscheidungen **64** 28 ff.
- Frist *siehe* Berufungsfrist
- Funktion der ~sinstanz **64** 10 f.
- Grundurteile **64** 24
- internationale Zuständigkeit **64** 234
- materielle Beschwer **64** 21
- materielle Entscheidung **64** 223 ff.
- Meistbegünstigungsgrundsatz **64** 28 ff.
- Mündlichkeitsgrundsatz **64** 235
- persönliches Erscheinen **64** 239
- Prozesskostenhilfe **66** 54 ff.
- Prüfungsumfang **64** 226 ff.
- Rechtsbeschwerde bei Verwerfung **66** 87
- Rechtsmittel **64** 6 ff.
- Rechtsschutzinteresse **64** 35a
- Rechtsverletzungen **64** 228
- Rechtsweg **64** 232
- Revisionsbeschwerde bei Verwerfung **64** 185
- Rücknahme *siehe* Berufungsrücknahme
- sofortige Beschwerde **64** 27
- Sonderregelungen **64** 231 ff.
- Sprungrevision, Nichtzulassung **76** 46a
- Statthaftigkeit **64** 23 ff.

Stichwortverzeichnis

- Streitwertberechnung bei wechselseitiger Einlegung **12** 162
- Suspensiveffekt **64** 8
- Tatsachenfeststellungen **64** 229 f.
- Terminsanberaumung **66** 89 ff.
- übereinstimmende Erledigungserklärung **64** 222
- unbezifferter Klageantrag **64** 19 f.
- Urteil *siehe* Berufungsurteil
- Verfahrensart **64** 232
- Verhältnis von Zulässigkeit und Begründetheit **64** 182
- Versäumnisurteil **64** 26, 244
- Verwerfungsentscheidung **64** 178a, 183 ff.; **66** 87
- Verzicht *siehe* Berufungsverzicht
- Vorabentscheidung **65** 1 ff.
- Vorschriften über das erstinstanzliche Verfahren **64** 237 ff.
- Wechsel in der Anspruchsbegründung **64** 16 f.
- Zeugenvernehmung **64** 226 f.
- ZPO, analoge Anwendung **64** 113 f.
- Zulässigkeit **64** 179 ff.
- Zulässigkeitsmangel **64** 178
- Zulässigkeitsprüfung, gerichtliche **64** 176 ff.
- Zulassung *siehe* Berufungszulassung
- Zulassung neuer Angriffs- und Verteidigungsmittel *siehe dort*
- zweites Versäumnisurteil **64** 93 f.
- Zwischenurteil **64** 25

Berufung der ehrenamtlichen Richter 6 54 ff.; **20** 1 ff.

- Anklage wegen Straftat **21** 23 ff.
- Ausschlusstatbestände **21** 14 ff.
- Auswahl **20** 3 ff., 14
- BAG *siehe* Berufung der ehrenamtlichen Richter des BAG
- Beamte und Angestellte eines Gerichts für Arbeitssachen **21** 30 ff.
- Beendigung der Amtszeit **21** 40 ff.
- Beendigung des Amtes **6** 89 ff.
- Berufstätigkeit **21** 10 f.
- Bindung an Vorschlagslisten **20** 13
- Dauer **20** 21 f.
- Ehrenamtliche Richter aus Kreisen der Arbeitgeber *siehe dort*
- Ehrenamtliche Richter aus Kreisen der Arbeitnehmer *siehe dort*
- Eintreten für freiheitliche demokratische Grundordnung **21** 12
- Fachkenntnisse **21** 9
- Fehlen der Fähigkeit zur Bekleidung öffentlicher Ämter **21** 15 ff.
- fehlendes Wahlrecht zum Bundestag **21** 26 ff.
- fehlerhafte und Beschwerdeverfahren **88** 4
- Interessenkollision aufgrund beruflicher Stellung **21** 29 ff.
- Mängel, keine Prüfung in Berufsinstanz **65** 27 ff.
- persönliche Voraussetzungen **21** 1 ff.
- Prozessvertreter **21** 33 f.
- Rechtsbehelf **20** 17 ff.
- Revisionsgrund, ausgeschlossener **73** 66
- Stasi-Tätigkeit **21** 13
- Tätigkeit im Bezirk des ArbG **21** 7 ff.
- Vereidigung **20** 23 ff.
- Verfahren **20** 15 ff.
- Vermögensverfall **21** 35 ff.
- Verstoß gegen Grundsätze der Menschlichkeit und Rechtsstaatlichkeit **21** 13
- Verurteilung zu Freiheitsstrafe von mehr als 6 Monaten **21** 19 ff.
- Vollendung des 25. Lebensjahres **21** 4 ff.
- vorschlagsberechtigte Organisationen **20** 4 ff.
- Vorschlagslisten **20** 3
- Zustellung des Berufungsschreibens **20** 20

Berufung der ehrenamtlichen Richter des BAG 43 1 ff.

- Amtsentbindungsverfahren **43** 27
- Auswahl **43** 17 ff.
- besondere Kenntnisse **43** 7 ff.
- Dauer **43** 22
- Diensteid **43** 26
- fünfjährige Tätigkeit **43** 10 f.
- kürzere Berufungszeit **43** 23
- Lebensalter **43** 5 f.
- Rechtsbehelf **43** 24
- Tätigkeit als Arbeitgeber oder Arbeitnehmer **43** 12 ff.
- Verfahren **43** 21 ff.
- Voraussetzungen **43** 4 ff.
- Vorschlagslisten **43** 17 ff.

Berufungsanträge 64 145 ff.

- Klageänderung **64** 147

Berufungsbeantwortungsfrist 66 58 ff.

- Anschlussberufung **66** 60
- Antrag auf Fristverlängerung **66** 68 ff.
- Beginn **66** 59
- Belehrung **66** 64
- Eilverfahren **66** 63
- Entscheidung über Fristverlängerung **66** 81 ff.
- Fristverlängerungen **66** 67 ff.
- Fristverlängerungsgründe **66** 72 ff.
- Versäumung **66** 65

Berufungsbegründung 64 143 ff.

- Anlagen **64** 164
- Anträge **64** 145 ff.
- argumentative Auseinandersetzung **64** 155
- Ausnahme von der Begründungspflicht **64** 162b
- formelhafte Wendungen **64** 155
- Frist *siehe* Berufungsbegründungsfrist
- Fünfmonatsfrist des § 66 Abs. 1 S. 2 ZPO **60** 46; **64** 170 ff.; **66** 5, 8
- Grundanspruch **64** 162
- Gründe **64** 148 ff.
- mehrere Ansprüche im Urteil **64** 162
- mehrere selbständig tragende Erwägungen im Urteil **64** 158 f.
- mehrere voneinander unabhängige Sachverhalte im Urteil **64** 160
- neue Angriffs- und Verteidigungsmittel **64** 153
- neue Tatsachen und Beweismittel **64** 167
- Rechtsansichten, pauschale Darstellung **64** 156
- Rechtsverletzung **64** 149 f.
- Schriftstücke, beigefügte **64** 165

Stichwortverzeichnis

- sich ändernder Vortrag **64** 155
- Tatsachenfeststellungen, angreifbare **64** 151 f.
- Umfang **64** 155 ff.
- vor Urteilszustellung **64** 169 ff.
- verschiedene Anspruchsgrundlagen im Urteil **64** 161
- Verstoß gegen Hinweispflicht **64** 162a
- Zweck der Formalien **64** 154

Berufungsbegründungsfrist 66 1 ff., 45 ff.
- Antrag auf Fristverlängerung **66** 68 ff.
- Beginn **66** 45 ff.
- Berechnung **66** 46
- Beschleunigungsmaxime **46** 24
- Eilverfahren **66** 53b
- Einlegung mehrerer Rechtsmittel **66** 52
- Entscheidung über Fristverlängerung **66** 81 ff.
- Fristverlängerungen **66** 67 ff.
- Fristverlängerungsgründe **66** 72 ff.
- Klageerweiterung **66** 53a
- Mediation **66** 51
- Versäumung **66** 55 ff.
- Wiedereinsetzung **66** 47 f., 56
- Zustellung des Urteil **66** 45 f.

Berufungseinlegung 64 115 ff.
- Auslegung **64** 115
- Berufungsbegründung *siehe dort*
- Berufungsfrist *siehe dort*
- Beteiligte und deren Stellung **64** 135 ff.
- Beweis der Rechtzeitigkeit **66** 36
- Computerfax **64** 131
- Eingang der Berufungsschrift **66** 32 ff.
- elektronische Signatur **64** 131
- E-Mail **64** 131
- Form **64** 116 ff.
- gemeinsame Posteinlaufstelle **66** 34
- Heilung von Fehlern **64** 139
- Identität des Urteils **64** 133 f.
- Inhalt der Berufungsschrift **64** 133 ff.
- ladungsfähige Anschrift **64** 138
- mehrere Rechtsmittelschriften **64** 140 f.
- moderne Kommunikationsmittel **64** 122 ff.
- Rechtsanwalt **64** 116
- Telefax **64** 126 f.
- Telegramm **64** 122 ff.
- Unterschrift **64** 116 ff.
- unzuständiges Gericht **66** 37
- Urteilskopie **64** 134
- vor Urteilsverkündung **66** 29
- vor Zustellung des Urteil **66** 30 f.
- Zwangsvollstreckung bei ~ **64** 12

Berufungsfrist 66 1 ff.
- Berechnung **66** 12 f.
- Berichtigungsbeschluss, erstinstanzlicher **66** 23 ff.
- Beweis der Rechtzeitigkeit **66** 36
- Eingang der Berufungsschrift **66** 32 ff.
- Einmonatsfrist **66** 4
- Feiertage **66** 13
- Fünfmonatsfrist des § 66 Abs. 1 S. 2 ZPO **60** 46; **64** 170 ff.; **66** 5, 8
- gemeinsame Posteinlaufstelle **66** 34

- Rechtsmittelbelehrung bei erstinstanzlichem Urteil **66** 21 f.
- Rubrumsberichtigung **66** 26 f.
- Unterschrift bei erstinstanzlichem Urteil **66** 19 f.
- Urteilsergänzung **66** 28
- Urteilszustellung **66** 14 ff., 30 f.
- Versäumung **66** 39 ff.
- Wiedereinsetzung **66** 40 ff.

Berufungsrücknahme 64 204 ff.
- außergerichtliche Vereinbarung **64** 208
- nach Berufungseinlegung **64** 205
- Berufungsverzicht, Abgrenzung **64** 204
- Erklärung **64** 209
- Gerichtsgebühren **12** 62
- Klagerücknahme, Abgrenzung **64** 204
- Kosten **64** 207 f.
- mehrfache Berufungseinlegung **64** 210
- Prozesshandlung **64** 212
- Rechtsmittelverlust **64** 207
- Zeitpunkt **64** 206

Berufungsurteil 69 1 ff.
- Bezugnahme auf erstinstanzliches Urteil **69** 29 ff.
- erstinstanzliche Vorschriften **69** 21
- Fehlen von Teilen **69** 18
- Inhalt **69** 16 ff.
- nachträgliche Fehlerbehebung **69** 18
- notwendige Begründung, fehlende als absoluter Revisionsgrund **73** 47 ff.
- Rechtskraft **69** 4
- revisionsfähiges Urteil **72** 12 ff.
- Sofortige Beschwerde wegen verspäteter Absetzung des Berufungsurteils *siehe dort*
- Umfang bei statthafter Revision **69** 26 ff.
- Umfang von Tatbestand und Entscheidungsgründen **69** 23 ff.
- unrevisible Urteile **69** 25, 32
- Unterschriften bei Berufungsurteil *siehe dort*
- Verkündung **69** 3 ff.
- Versäumnisurteil **69** 17
- Verzicht auf Revision **69** 33
- Zulassung der Revision **69** 22

Berufungsverfahren
- *siehe Berufung*

Berufungsverzicht 64 214 ff.
- Erklärung **64** 215
- gegenüber Prozessgegner **64** 221
- Prozesshandlung **64** 218
- übereinstimmende Erledigungserklärung **64** 222
- Vertretungszwang **64** 220
- Zahlung des streitigen Beitrags **64** 216
- Zeitpunkt **64** 217

Berufungszulassung 64 38 ff., 95 ff.
- abweichende Auslegung einer Rechtsvorschrift **64** 106 ff.
- Arbeitskampf **64** 105
- Beschwerdewert *siehe dort*
- Bestandsstreitigkeiten **64** 40, 49, 86 ff.
- Bindungswirkung **64** 110 ff.
- einheitlicher Anspruchsgrund **64** 47
- Entscheidung über die ~ **64** 42 ff.
- Entscheidung von Amts wegen **64** 41

- Entscheidung über Urteilsergänzung **64** 56 ff.
- Ergänzung des Tenors **64** 54
- Firmentarifvertrag, Auslegung **64** 100
- Gründe **64** 95 ff.
- grundsätzliche Bedeutung **64** 96 f.
- mehrere Ansprüche **64** 46
- mehrere Streitgegenstände **64** 39, 45
- Tarifvertrag, Auslegung **64** 99 ff.
- Tarifvertrag, Bestehen oder Nichtbestehen **64** 98
- Tenor **64** 43 ff., 50
- Umfang **64** 43 ff.
- zweites Versäumnisurteil **64** 40

Beschäftigungsanspruch
- Ausschluss der vorläufigen Vollstreckbarkeit **62** 19
- einstweiliges Verfügungsverfahren **62** 140 ff.
- Zwangsvollstreckung **62** 80 ff.

Beschäftigungsverbot während der Schwangerschaft
- Darlegungs- und Beweislast **58** 118

Beschleunigungsgrundsatz 9 2 ff.; **46** 23 ff.; **57** 8 ff.
- Aussetzung bei Verdacht einer Straftat **46** 25a ff.
- Bedeutung des § 9 **9** 4
- Berufungsbegründungsfrist **46** 24
- Beschlussbeschwerde **87** 73
- Einigungsstellenverfahren **VESt** 130 ff.
- Einzelbestimmungen **9** 3
- Erledigung im ersten Kammertermin **57** 9 f.
- Kündigungsschutzverfahren *siehe* Beschleunigungspflicht bei Bestandsstreitigkeiten
- Schriftsatznachlass **57** 10
- Verzögerungsrüge **46** 25

Beschleunigungspflicht bei Bestandsstreitigkeiten 61a 1 ff.
- alsbaldige Güteverhandlung **61a** 5
- Auflage an beklagte Partei **61a** 8 f.
- Auflage an die klagende Partei **61a** 10
- Berufungsverfahren **64** 245 f.
- besondere Beschleunigungspflicht **61a** 4
- Bestandsstreitigkeiten **61a** 2 f.
- Vorrangigkeit **61a** 4
- Zurückweisung verspäteten Vorbringens **61a** 11

Beschluss bei Beschlussbeschwerde 89 54; **91** 1 ff.
- Anfechtbarkeit oder Endgültigkeit der Verwerfungsentscheidung **89** 61 ff.
- Beschlussformel **91** 6
- Formalien **91** 4 ff.
- Gegenstand **91** 2 f.
- Gründe **91** 12 ff.
- Kostenentscheidung **91** 30
- Nichtzulassungsbeschwerde, Belehrung **91** 27
- Rechtskraft **91** 32 ff.
- Rechtsbehelfs- und Rechtsmittelbelehrung **91** 25 ff.
- Schriftform **91** 5
- sofortige Beschwerde wegen verspäteter Absetzung der Beschwerdeentscheidung **92b** 1 ff.
- Streitwert und Gegenstandswert **91** 31
- Tenor **91** 10
- Unterschrift **91** 5
- Verkündung **91** 7 ff.
- Verkündungstermin **91** 7
- Verwerfungsbeschluss **89** 55 ff.; **90** 17
- Zulassung der Rechtsbeschwerde **91** 16 ff.
- keine Zulassungsentscheidung über Rechtsbeschwerde **91** 17 ff.
- Zulassungsentscheidung für Rechtsbeschwerde **91** 22 ff.
- Zulassungsgründe für Rechtsbeschwerde **91** 20 f.
- keine Zurückverweisung **91** 11
- Zustellung **91** 29
- Zustellung des Verwerfungsbeschlusses **89** 59 f.

Beschluss im Beschlussverfahren 84 1 ff.
- Amtszustellung **50** 6
- Einigungsstellenbildung **100** 33 ff.
- Entscheidungsgrundlage **84** 2
- Formalien **84** 4 ff.
- formelle Rechtskraft **84** 16 ff.
- Grenzen der Rechtskraft **84** 29 ff.
- Grundlagen **84** 1 ff.
- Inhalt **84** 4
- Kostenentscheidung **84** 8 ff.
- materielle Rechtskraft **84** 22 ff.
- Rechtskraft **84** 15 ff.
- Streitwertfestsetzung **84** 6
- Tarifkollision **99** 15 f.
- Verfahren nach § 98 ArbGG **98** 22
- vorläufige Vollstreckbarkeit **84** 5
- Wirkungen **84** 11 ff.
- Zustellung **84** 7

Beschluss im Urteilsverfahren
- Inhalt **61** 64 f.

Beschluss über Rechtsbeschwerde im Beschlussverfahren 96 1 ff.
- absolute Rechtsbeschwerdegründe **96** 14 f.
- Antragsbindung **96** 2
- Aufhebung und Zurückverweisung **96** 33 ff.
- keine Aufhebung und Zurückverweisung bei Beschlussverfahren nach InsO **96** 41
- eigene Endentscheidung des BAG **96** 42 ff.
- Form **96** 20 ff.
- Hilfsantrag **96** 3
- Inhalt **96** 23 ff.
- Kostenentscheidung **96** 25 ff.
- mitwirkende Richter **96** 21 f.
- neue Tatsachen **96** 6 f.
- rechtliche Entscheidungsgrundlagen **96** 13 ff.
- sonstige Rechtsbeschwerdegründe **96** 14, 16 ff.
- tatsächliche Entscheidungsgrundlagen **96** 4 ff.
- Tenor und Gründe **96** 23
- Verkündung nach mündlicher Anhörung **96** 46
- Verkündung nach schriftlichem Verfahren **96** 47
- Verwerfungsbeschluss **96** 19
- volle Besetzung **96** 45
- Vorlageentscheidung **96** 24
- Zeitpunkt **96** 18 f.
- Zurückweisung als unbegründet **96** 30 ff.
- Zustellung an Verkündung statt **96** 47

Beschlussbeschwerde 87 1 ff.
- Anfechtbarkeit sonstiger Beschlüsse und Verfügungen **90** 31
- Anhörung der Beteiligten **90** 27 ff.
- Anschlussbeschwerde **87** 47
- Anschlussbeschwerde im Beschlussverfahren *siehe dort*

- Antragsänderung **87** 62 ff.
- Antragshäufung **87** 19
- Antragsrücknahme **87** 54 ff.; **90** 18
- aufschiebende Wirkung **87** 83 ff.
- Ausnahmen vom Prüfungsverbot **88** 12 ff.
- Äußerung der übrigen Beteiligten **90** 9 ff.
- Beendigung des Beschwerdeverfahrens *siehe* Beschluss bei Beschlussbeschwerde
- Bejahung des Beschlussverfahrens durch das ArbG zu Unrecht **88** 19 f.
- Beschleunigungsgrundsatz **87** 73
- Beschluss bei Beschlussbeschwerde *siehe dort*
- Beschränkung **88** 1 ff.
- Beschwer **87** 10 ff.
- Beschwerdebefugnis **87** 16 ff.
- Beschwerdebegründung im Beschlussverfahren *siehe dort*
- Beschwerderücknahme **90** 19
- Beschwerdeschrift im Beschlussverfahren *siehe dort*
- Beteiligte **90** 3
- Betriebsübergang **87** 17
- Devolutiveffekt **87** 80
- ehrenamtliche Richter, Fehler bei der Berufung **88** 4
- Einigungsstellenbesetzung **100** 62 ff.
- Einlegung **89** 1 ff.
- Einlegung beim LAG **89** 2
- einseitige Erledigungserklärung **90** 30
- gegen Einstellungsbeschlüsse **87** 4
- einstweiliger Rechtsschutz **87** 6
- Frist für Einlegung **89** 9
- Fristen zur Einlegung und Begründung **87** 29 ff.
- Funktionsnachfolge während des Verfahrens **87** 18
- Gegenstand **87** 3 ff.
- gütliche Einigung **87** 43
- Kosten **91** 30
- Ladungen **90** 26
- lückenhafte Entscheidung **87** 14
- Mediation, Güterichter usw. **87** 40
- Mindestzahl von Antragstellern **87** 20 ff.
- Nichtbeachtung der gesetzlichen Form **89** 48
- Nichtbeachtung der gesetzlichen Fristen **89** 49
- Nichtbescheidung der Rechtswegrüge durch ArbG **88** 18
- örtliche Zuständigkeit, Unanfechtbarkeit bei Bejahung **88** 11
- personalvertretungsrechtliches Beschlussverfahren **88** 9
- persönliches Erscheinen **87** 37
- Rechtsmittelbelehrung, fehlerhafte oder unterbliebene **87** 8
- Rechtsweg und Verfahrensart, Bejahung kein Beschwerdegrund **88** 5
- richterliche Hinweispflicht **87** 42
- Rücknahme **89** 65 ff.
- Rücknahmeerklärung **89** 65 ff.
- Rücknahmefolgen **89** 73 ff.
- schriftliches Verfahren **90** 23
- und sofortige Beschwerde **87** 5
- Streitwert und Gegenstandswert **91** 31
- Suspensiveffekt **87** 81 f.
- Terminsbestimmung **90** 25
- übereinstimmende Erledigungserklärung **90** 20 f.
- unterbliebene Äußerung von Beteiligten **90** 15
- Untersuchungsgrundsatz **87** 41
- unzulässige ~ **89** 47 ff.
- Verfahren **87** 24 ff.; **90** 1 ff.
- Verfahren mit Anhörungstermin **90** 24 ff.
- Verfahrensbeendigung ohne mündlichen Anhörungstermin **90** 17 ff.
- Verfahrensfehler in 1. Instanz **88** 2 f.
- Vergleich **90** 22, 29
- verspätete Äußerung von Beteiligten **90** 13 f.
- Verstoß gegen Prüfungsverbote **88** 21 ff.
- Vertretung der Beteiligten **87** 52 f.
- Verwerfung als unzulässig **89** 55 ff.
- Verzicht **89** 52, 74 ff.
- vorläufige Vollstreckbarkeit **87** 87 ff.
- wie erstinstanzliches Verfahren **90** 16
- Wirkungen **87** 80 ff.
- Zulässigkeit **87** 9 ff.
- Zurückweisung verspäteten Vorbringens **87** 74 ff.
- Zustimmung zur Antragsrücknahme **87** 54 ff.
- Zwangsvollstreckung **87** 48 ff.
- Zwischenbeschlüsse **87** 3

Beschlussverfahren 80 1 ff.
- Abgrenzung zum Urteilsverfahren **80** 9 ff.
- Anhörung der Beteiligten **83** 106 ff.
- Antrag *siehe* Antrag im Beschlussverfahren
- anwendbare Vorschriften **80** 27 ff.
- Aufklärung des Sachverhalts **83** 5 ff.
- Ausbleiben der Geladenen **83** 111 ff.
- Ausschließung/Ablehnung von Gerichtspersonen **80** 31
- außergerichtliche Konfliktbeilegung **80** 36a
- Befugnisse des Vorsitzenden/der ehrenamtlichen Richter **80** 36
- Beschwerde gegen nicht instanzbeendende Beschlüsse **83** 120 ff.
- Besonderheiten **80** 5 ff.
- Beteiligte **83** 37 ff.
- Beteiligtenfähigkeit **81** 40 ff.
- betriebsverfassungsrechtliche Angelegenheiten **80** 12
- Beweis **83** 22 ff.
- Beweis- und Behauptungslast, Verhältnis **83** 27 f.
- Beweisantritt **83** 31 f.
- Beweisaufnahme **80** 40; **83** 34 ff.
- Beweisführung **83** 33
- Beweislast **83** 23 ff.
- Beweismaß **83** 29
- Beweismittel **83** 30
- Beweisvorschriften **58** 4
- Darlegungs- und Beweislast **58** 123
- Einigungsstellenbildung, gerichtliche *siehe dort*
- Einleitung **81** 1 ff.
- Einstellung des Verfahrens **81** 107 ff.
- Einstellungsbeschluss **81** 108
- Entscheidung über Verfahrensart **48** 96 ff.
- fehlende Anhörung eines Beteiligten **83** 119
- fehlerhafte Beteiligung **83** 99 ff.
- formelle Rechtskraft **84** 16 ff.
- Gegenstand **80** 12 ff.

1901

Stichwortverzeichnis

- Gerichtskostenfreiheit **12** 118 ff.
- Geschichte **80** 1
- Güteverfahren **80** 44
- gütliche Erledigung **80** 41
- in der Insolvenzordnung **80** 19 ff.
- Kosten bei Einstellung **81** 109
- Kostenentscheidung **80** 8
- Kostentragungspflicht **12a** 47 f.
- Kündigungen während Insolvenz **80** 22 ff.
- materielle Rechtskraft **84** 22 ff.
- Mediation **80** 36a
- Nebenintervention **83** 94 ff.
- objektive Beweislast **83** 23 f.
- Örtliche Zuständigkeit im Beschlussverfahren *siehe dort*
- personalvertretungsrechtliche Streitigkeiten **80** 17 f.
- persönliches Erscheinen **80** 34
- Präjudizialität **84** 23 ff.
- Prozessfähigkeit **80** 28; **81** 46 ff.
- Prozessstandschaft **81** 66 ff.
- Prozessvertretung **80** 29
- Prüfung der zutreffenden Verfahrensart **48** 30 ff.
- rechtliches Gehör **80** 39
- Rechtshängigkeit **81** 100
- Rechtsnatur **80** 3 f.
- Rechtsschutzinteresse **81** 87 ff.
- schriftliches Verfahren **83** 114 ff.
- Streitwertberechnung **12** 234 ff.
- subjektive Beweislast **83** 25 f.
- Tariffähigkeit *siehe dort*
- Tarifzuständigkeit *siehe dort*
- Terminologie **80** 5
- Untersuchungsgrundsatz **80** 6; **83** 2 ff.
- Verhandlung vor der Kammer **80** 38 f.
- kein Versäumnisverfahren **80** 7
- verwaltungsgerichtliches ~ **81** 21
- Verweisung in richtige Verfahrensart **81** 20
- Wiederaufnahme des Verfahrens **80** 43
- Wiedereinsetzung **80** 42
- Zurückweisung verspäteten Vorbringens **83** 18 ff.
- Zuständigkeit im Beschlussverfahren *siehe dort*
- Zustellungen **80** 32 f.

Beschwerde 78 1 ff.
- im Beschlussverfahren *siehe* Beschlussbeschwerde
- Einigungsstelle, Besetzungsentscheidung **VESt** 71
- Gegenvorstellung *siehe dort*
- Gerichtsgebühren Beschwerdeverfahren *siehe dort*
- Greifbare Gesetzwidrigkeit *siehe dort*
- Rechtsbeschwerde *siehe dort*
- Rechtshilfe **13** 25 ff.
- Sofortige Beschwerde *siehe dort*
- Verzögerungsgebühr **12** 26

Beschwerde im Beschlussverfahren
- *siehe* Beschlussbeschwerde

Beschwerde gegen Streitwertfestsetzung 12 138 ff.
- entfallende Gerichtsgebühren **12** 145 f.
- Entscheidung **12** 141
- Gebührenfreiheit der ~ **12** 142
- Gegenstandswert der anwaltlichen Tätigkeit **12** 147 f.
- Prüfungsumfang **12** 140

Beschwerdebefugnis
- Anschlussbeschwerde im Beschlussverfahren **89** 35
- Beschlussbeschwerde **87** 16 ff.
- Einigungsstellenbildung, gerichtliche **100** 63
- Nichtzulassungsbeschwerde im Beschlussverfahren **92a** 7
- Rechtsbeschwerde im Beschlussverfahren **92** 12 ff.
- Verfassungsbeschwerde **ArbV** 17

Beschwerdebegründung im Beschlussverfahren 89 15 ff.
- Alternativbegründung des ArbG **89** 27
- Angabe neuer Tatsachen **89** 28 f.
- Antrag **89** 30 ff.
- Form **89** 23
- Frist **89** 15 ff.
- Fristverlängerung **89** 18 ff.
- Gründe der Beschwerde **89** 24 ff.
- Inhalt **89** 24 ff.
- mehrere eigenständige Ansprüche **89** 26
- Rechtsmittelbelehrung zur Begründungsfrist **89** 22
- Zustellung **90** 7 f.

Beschwerdegebühr
- *siehe* Gerichtsgebühren Beschwerdeverfahren

Beschwerdeschrift im Beschlussverfahren
- Bezeichnung des Beschlusses **89** 11
- Inhalt **89** 10 ff.
- moderne Kommunikationsmittel **89** 4
- Person des Beschwerdeführers **89** 12
- Person des Beschwerdegegners **89** 13
- Unterschrift **89** 3
- Zustellung **90** 1 ff.

Beschwerdewert 64 61 ff.
- Abrechnungsverhältnis **64** 77
- Anerkenntnisurteil **64** 81
- Aufrechnung **64** 75 ff.
- Auskunftserteilung **64** 78 f.
- Brutto- abzüglich Nettolohn **64** 72
- Erfüllung des klägerischen Anspruchs **64** 68
- Ermittlung **64** 63
- Eventualaufrechnung **64** 76
- Forderungsübergang **64** 73
- Glaubhaftmachung **64** 85
- Haupt- und Hilfsanträge **64** 74
- andere Kriterien als Streitwert **64** 65
- mehrere Ansprüche **64** 69
- offensichtlich fehlerhafte Streitwertfestsetzung **64** 64
- Rechnungslegung **64** 78 f.
- sofortige Beschwerde gegen Rechtswegbeschlüsse **48** 67
- spätere Veränderungen **64** 67
- Streitgenossen **64** 82
- Streitwert **64** 62
- Verfahrenstrennung **64** 70
- Vollstreckungsabwehrklage **64** 82a
- Widerklage **64** 80
- Zeitpunkt für Berechnung **64** 66
- Zug-um-Zug-Verurteilung **64** 83

Besetzung der Einigungsstelle
- *siehe* Einigungsstellenbesetzung

Besetzung der Gerichte für Arbeitssachen 6 1 ff.
- Berufsrichter *siehe dort*
- Ehrenamtliche Richter *siehe dort*

Besetzung der Kammern – ArbG 16 8 ff.
- Alleinentscheidung des Vorsitzenden *siehe dort*
- Beteiligung der ehrenamtlichen Richter an den Entscheidungen **16** 19 ff.
- einstweiliger Rechtsschutz **16** 20
- Entscheidung der Kammer anstelle des Vorsitzenden **16** 60 f.
- Entscheidung durch Vorsitzenden anstelle Kammer **16** 58 f., 62 ff.
- fehlerhafte ~ **16** 49 ff.
- Folgen bei fehlerhafter ~ **16** 62 ff.
- Gütetermin **16** 10 ff.
- Heranziehung der falschen Richter **16** 50 ff., 62 ff.
- streitige Verhandlung **16** 13 ff.
- keine volle Wahrnehmung der Richteraufgaben **16** 54 ff., 62 ff.

Besetzung der Kammern – LAG 35 5 ff.
- Disparität zwischen ehrenamtlichen Richtern **35** 11
- fehlerhafte ~ **35** 10 ff.
- Information der ehrenamtlichen Richter **35** 9
- normale ~ **35** 6 ff.
- prozessuale Besonderheiten **35** 8

Besetzung der Senate
- Berichterstatter **41** 13
- ohne ehrenamtliche Richter **41** 15 ff.
- normale ~ **41** 9 ff.
- Überbesetzung **41** 19 ff.

Besorgnis der Befangenheit
- *siehe* Befangenheitsbesorgnis

Bestandsstreitigkeit
- Berufungszulassung **64** 40, 49
- deutsche Gerichtsbarkeit bei hoheitlich für anderen Staat tätigen Arbeitnehmer **1** 18
- Streitwertberechnung **12** 171 ff.
- uneingeschränkte Berufungsfähigkeit **64** 86 ff.

Beteiligte 83 37 ff.
- Allgemeinverbindlicherklärung, Streitigkeiten **98** 18
- Antragsgegner als formell ~ **83** 41 ff.
- Antragsgegner als materiell ~ **83** 55
- Antragsteller als formell ~ **83** 40
- Antragsteller als materiell ~ **83** 52 ff.
- Arbeitgeber als materiell ~ **83** 60 ff.
- Arbeitgeberverbände als materiell ~ **83** 91 ff.
- Arbeitnehmer als materiell ~ **83** 63 ff.
- Beschlussbeschwerde **90** 3
- besondere Verhandlungsgremien als materiell ~ **83** 93a
- Beteiligung eines Nichtbeteiligten **83** 103 ff.
- Beteiligungsbefugnis eines sonstigen ~n **83** 56 ff.
- Betriebsrat als materiell ~r **83** 67 ff.
- Einigungsstelle als materiell ~ **83** 86
- Einigungsstellenbesetzung, Beschlussverfahren **100** 29 f.
- Einigungsstellenspruch, gerichtliche Überprüfung **VESt** 308
- einzelne Organmitglieder als materiell ~ **83** 81 ff.
- Fehlerhaftigkeit in der Vorinstanz bei Rechtsbeschwerde **93** 9 ff.
- formell ~ **83** 39 ff.
- Gesamtbetriebsrat als materiell ~r **83** 77 f.
- Gewerkschaften als materiell ~ **83** 90
- Jugend- und Auszubildendenvertretung als materiell ~ **83** 79 f.
- materiell ~ **83** 49 ff.
- Nebenintervention **83** 94 ff.
- Nichtbeteiligung **83** 99 ff.
- Nichtbeteiligung in Beschwerdeinstanz **83** 102
- Nichtbeteiligung in der Vorinstanz bei Sprungrechtsbeschwerde **96a** 19
- Personalrat als materiell ~r **83** 67 ff.
- Rechtsbeschwerde und übrige ~ **95** 3 ff.
- Rechtsverordnung zu Rechtsnormen eines Tarifvertrags, Streitigkeiten **98** 18
- Restmandat-Betriebsrat als materiell ~r **83** 75
- Schulungskosten eines Betriebsratsmitglieds **83** 68
- sonstige ~ **83** 47 f.
- Tarifkollision, Beschlussverfahren **99** 9
- Wahlvorstand als materiell ~r **83** 87 ff.
- Wirtschaftsausschuss als materiell ~r **83** 85

Beteiligtenbefugnis
- Beteiligtenfähigkeit, Abgrenzung **81** 45
- materiell Beteiligter **83** 49 ff.
- Rechtsbeschwerde im Beschlussverfahren **92** 12 ff.
- sonstiger Beteiligter **83** 56 ff.

Beteiligtenfähigkeit 10 16 ff.
- Allgemeinverbindlicherklärung, Streitigkeiten **10** 32a
- Antragsbefugnis, Abgrenzung **81** 45, 51
- Beschlussverfahren **81** 40 ff.
- Beteiligungsbefugnis, Abgrenzung **81** 45
- BetrVG, Streitigkeiten **10** 17 ff.
- EBR-Gesetz, Streitigkeiten **10** 29
- Ende **81** 42
- Funktionsnachfolge **81** 44
- gerichtliche Prüfung **10** 44 ff.
- Interessenvertretung außerbetrieblicher Bildungseinrichtungen, Streitigkeiten **10** 30
- Mitbestimmungsgesetze, Streitigkeiten **10** 27
- SprAuG, Streitigkeiten **10** 26
- Sprecher bei Bundesfreiwilligendienst **10** 30a
- Stellen bei Verschmelzung nach MgVG **10** 30d
- Stellen, beteiligtenfähige **10** 24
- Stellen nach dem SCE-Beteiligungsgesetz **10** 30c
- Stellen nach dem SE-Beteiligungsgesetz **10** 30b
- Stellen, nicht beteiligtenfähige **10** 25
- Tariffähigkeit, Streitigkeiten **10** 31 f.
- Tarifzuständigkeit, Streitigkeiten **10** 31 f.; **97** 24
- Wechsel in betriebsverfassungsrechtlicher Stelle **81** 43 f.
- Werkstattrat-Angelegenheiten, Streitigkeiten **10** 28

Betreuer
- Arbeitnehmerbegriff **5** 78

Betrieb
- Begriff **82** 7 f.
- Betriebsteile **82** 8
- örtliche Zuständigkeit im Beschlussverfahren **82** 6 ff.

- Streitwertberechnung bei Klärung des Begriffs **12** 237a

Betriebliche Altersversorgung
- Streitwertberechnung **12** 218

Betriebliche Übung
- Darlegungs- und Beweislast hinsichtlich Vergütung **58** 111
- Revision wegen Verletzung materiellen Rechts **73** 27b

Betriebsänderung
- Beschlussverfahren bei ~ während Insolvenz **80** 20
- Rechtsbeschwerde bei ~ während Insolvenz **92** 8 ff.
- Streitwertberechnung bei einstweiligem Verfügungsverfahren **12** 284

Betriebsbedingte Kündigung
- Beschlussverfahren bei Kündigung während Insolvenz **80** 22 ff.
- Darlegungs- und Beweislast **58** 134
- Rechtsbeschwerde bei Kündigung während Insolvenz **92** 8 ff.
- Unterlassung bis Abschluss Interessenausgleichsverhandlungen **85** 110 ff.

Betriebsrat
- Antragsbefugnis im Beschlussverfahren **81** 76 ff.
- Gläubiger bei Vollstreckung im Beschlussverfahren **85** 19 ff.
- materiell Beteiligter **83** 67 ff.
- materiell Beteiligter bei Restmandat **83** 75
- materielle Ausstattung, einstweilige Verfügung **85** 95 ff.
- Prozessfähigkeit **10** 40 ff.
- Schuldner bei Vollstreckung im Beschlussverfahren **85** 19, 25 ff.
- Streitwertberechnung – Auskunft **12** 238
- Streitwertberechnung – Beschlüsse **12** 239
- Streitwertberechnung – Büroausstattung **12** 240
- Streitwertberechnung – Wahl **12** 241 f.
- Streitwertberechnung – Zutrittsrecht **12** 243
- Zeitdauer für Erledigung von Aufgaben, Schätzung **93** 23
- Zustellung **50** 15

Betriebsratsmitglied
- Amtsausübung, einstweilige Verfügung **85** 92 ff.
- Antragsbefugnis im Beschlussverfahren **81** 80 f.
- Beisitzer einer Einigungsstelle in eigener Sache **VESt** 204 ff.
- Freistellung für Schulungsveranstaltung, einstweilige Verfügung **85** 98 ff.
- Rechtswegzuständigkeit bei Entfernung einer Abmahnung **2a** 46
- Rechtswegzuständigkeit Beschlussverfahren **2a** 41 ff.
- Rechtswegzuständigkeit Urteils- oder Beschlussverfahren **2** 109 ff.
- Rechtswegzuständigkeit Urteilsverfahren **2a** 44 ff.
- Streitwertberechnung – Ausschluss **12** 244
- Streitwertberechnung – Schulung **12** 245 f.
- Zwangsvollstreckung von Handlungen usw. im Beschlussverfahren **85** 32 ff.

Betriebsratswahlen
- Antragsbefugnis im Beschlussverfahren **81** 65

- Arbeitgeber, Verfügungsanspruch **85** 81, 84
- Arbeitnehmer, Verfügungsanspruch **85** 82, 84
- Berücksichtigung von Wahlvorschlägen, Verfügungsanspruch **85** 83
- einstweilige Verfügung im Beschlussverfahren **85** 80 ff.
- Gewerkschaft, Verfügungsanspruch **85** 81, 84
- Verfügungsansprüche **85** 81 ff.
- Verfügungsgrund **85** 85
- Wahlvorstand als materiell Beteiligter **83** 87 ff.

Betriebsübergang
- während eines Beschlussbeschwerde-Verfahrens **87** 17
- Darlegungs- und Beweislast **58** 139
- Einzelschiedsvereinbarung **101** 52 f.
- Rechtswegzuständigkeit **3** 22 f.
- Streitwertberechnung **12** 164, 247

Betriebsvereinbarung
- Billigkeitskontrolle **93** 7
- über Einigungsstellenverfahren **VESt** 106
- Revision wegen Verletzung materiellen Rechts **73** 15 f.
- Streitwertberechnung **12** 239
- Vergütungsregelung für Einigungsstellenmitglieder **VESt** 398 f.

Betriebsverfassungsrechtliche Streitigkeiten
- allgemeiner Unterlassungsanspruch des Betriebsrats **2a** 36
- außerhalb des BetrVG **2a** 60 ff.
- Befugnisse des Betriebsrats **2a** 37
- Behinderung der Betriebsratsarbeit **2a** 37a
- Beschlussverfahren **80** 12
- Betriebsratsmitglied **2a** 41 ff.
- Betriebsverfassungsorgane, Errichtung **2a** 30
- Betriebsverfassungsorgane, Größe und Zusammensetzung **2a** 31
- Einigungsstellenverfahren, Abgrenzung **2a** 67 ff.
- Fallgruppen **2a** 29 ff.
- aus Insolvenzordnung **2a** 62 ff.
- kirchliches Mitarbeitervertretungsrecht **2a** 27 f.
- Kosten der Hinzuziehung eines externen Beraters **2a** 39a
- Kosten des Organs **2a** 38 ff.
- leitender Angestellter **2a** 80
- Mitwirkungsrechte von Organen **2a** 34 ff.
- NATO-Bedienstete **2a** 26
- personalvertretungsrechtliche Angelegenheiten, Abgrenzung **2a** 25 f.
- Rechte von Arbeitnehmergruppen **2a** 55
- Rechte von Arbeitnehmern **2a** 50 ff.
- Rechte von Gewerkschaften **2a** 56 ff.
- Rechte von Organmitgliedern **2a** 41 ff.
- Rechtswegzuständigkeit **2a** 22 ff.
- kein Schadensersatz bei Eilverfahren im Beschlussverfahren **85** 78
- Schiedsverträge **4** 29 f.
- Streitigkeiten zwischen verschiedenen Organen **2a** 40
- tarifvertraglich gestaltete Betriebsverfassung **2a** 65 f.
- umfassende Zuständigkeit **2a** 23

- Unterlassungsanspruch, gewerkschaftlicher **2a** 58
- Unzumutbarkeit der Weiterbeschäftigung des Jugendvertreters **2a** 48 f.
- Wahlmängel **2a** 33
- Zustimmung von Behörden **2a** 59

Betriebsversammlung
- einstweilige Verfügung im Beschlussverfahren **85** 86 ff.

Betriebswirt
- Arbeitnehmerbegriff bei ~ in Rechtsanwaltskanzlei **5** 79

Beweisaufnahme 58 1 ff.
- Ablehnung **58** 15 ff.
- Alleinentscheidung des Vorsitzenden im Verfahren nach § 55 Abs. 3 ArbGG **55** 64
- anderer Ort als Sitzungssaal **52** 7
- Anhörungsrüge bei Fehler **78a** 37
- Anordnung **58** 30 f.
- Anscheinsbeweis **58** 22
- Art der Beweisführung **58** 22
- ausländisches Recht **58** 10
- des Berufungsgerichts **64** 226 f.
- Beschlussverfahren **80** 40; **83** 34 ff.
- Besetzung des ArbG **58** 6 ff.
- Beweisbeschluss **58** 31
- Beweismittel *siehe dort*
- Beweiswürdigung **58** 81 ff.
- Einigungsstellenverfahren **VESt** 222, 224 ff.
- Einleitung des Beweisverfahrens **58** 26 ff.
- Erfahrungssätze **58** 13
- nach EU-Verordnung **13a** 4
- Freibeweis **58** 23
- Gegenbeweis **58** 24
- Gegenstand des Beweises **58** 9 ff.
- gerichtliche Erörterungspflicht im Anschluss **58** 100
- gerichtsbekannte Tatsachen **58** 19a
- gesetzliche Vermutung **58** 24
- Gewohnheitsrecht **58** 11
- Glaubhaftmachung **58** 21
- Hauptbeweis **58** 24
- Negativbeweis **58** 24
- Öffentlichkeit **52** 7
- Rechtshilfegericht **58** 8
- Revision wegen unterlassener Beweiserhebung **74** 57
- für Schiedsgerichte durch staatliche Gerichte **106** 13 ff.
- schiedsgerichtliche *siehe* Beweisaufnahme, schiedsgerichtliche
- Statuarrecht **58** 12
- Strengbeweis **58** 23
- Tatsachen **58** 9
- tatsächliche Umstände **58** 14
- Unmittelbarkeit **46** 26
- Vollbeweis **58** 21
- Ziel des Beweises **58** 21
- ZPO-Vorschriften **58** 5

Beweisaufnahme, schiedsgerichtliche 106 1 ff.
- Auslagenerstattung für Zeugen und Sachverständige **106** 8

- beschränkter Untersuchungsgrundsatz **106** 2
- Beweislast-Schiedsspruch **106** 12
- Herbeischaffung der Beweismittel **106** 6
- Inanspruchnahme der staatlichen Gerichtsbarkeit **106** 13 ff.
- Kosten des staatlichen Gerichts für Beweisaufnahme **106** 21 f.
- Parteivernehmung **106** 4
- Sachverständigengutachten **106** 3
- selbständige Beweisverfahren **106** 24 f.
- Vereidigung von Zeugen und Sachverständigen **106** 10 f.
- Verfahren **106** 6 ff.
- Vergütungsvorschuss **106** 7

Beweisbeschluss 58 31
- Einigungsstellenverfahren **VESt** 227
- vor streitiger Kammerverhandlung **55** 65 f.

Beweislast
- *siehe* Darlegungs- und Beweislast

Beweismittel 58 32 ff.
- Augenscheinseinnahme **58** 70 ff.
- Auskünfte der Tarifvertragsparteien **46** 141
- Beschlussverfahren **83** 30
- Beweisantritt **58** 29
- eidesstattliche Versicherung **58** 32
- Kündigungsschutzklage **46** 138 ff.
- notarielle Beurkundung der gewerkschaftlichen Vertretungsverhältnisse **58** 69a f.; **99** 12
- Parteivernehmung **58** 76 ff.
- rechtswidrig erlangtes ~ **58** 74 f.
- Sachverständigenbeweis **58** 49 ff.
- strafgerichtliches Urteil, keine Bindung **58** 69
- Urkundsbeweis **58** 57 ff.
- „völlig ohne Wert" **58** 16
- Zeugenbeweis **58** 33 ff.

Beweisverfahren
- Anordnung der Beweisaufnahme **58** 30 f.
- Bestimmung der beweisbedürftigen Tatsachen **58** 26 ff.
- Beweisantritt **58** 29
- Beweisaufnahme *siehe dort*
- Beweisbeschluss **58** 31
- Einleitung **58** 26 ff.
- Relationstechnik **58** 28

Beweiswürdigung 58 81 ff.
- ausreichender Grad von Gewissheit **58** 81
- Begründungspflicht **58** 83
- Beweisregeln **58** 84
- Grenzen richterlicher Freiheit **58** 82
- Rechtsbeschwerde im Beschlussverfahren wegen Fehlerhaftigkeit **93** 22
- Schadensermittlung **58** 84a f.
- Verfahrensrüge **73** 34

Bewerbungsverfahren
- gerichtliche Überprüfungskompetenz **46** 166 f.

Bildungsurlaub
- einstweiliges Verfügungsverfahren **62** 136, 138

Bühnenschiedsgerichte 101 10 f., 41 ff.
- Bühnenkünstler **101** 42
- „Personen in ähnlicher Stellung" **101** 43

Bundesarbeitsgericht 40 1 ff.
- Alleinentscheidungsrecht **41** 10
- Anhörungsrüge **78a** 15 f.
- Berufsrichter **40** 4
- Besetzung der Senate *siehe dort*
- Bundesrichter *siehe dort*
- Dienstaufsicht **40** 15, 18 f.
- Dokumentation und Veröffentlichungen **40** 20 f.
- ehrenamtliche Richter **40** 5
- ehrenamtliche Richter, Ernennung **6** 53
- Eingangszahlen und Statistik **40** 11 ff.
- Einvernehmen **40** 15, 18 f.
- elektronisches Postfach **40** 8; **74** 9
- Geschäftsordnung **40** 19; **44** 14 ff.
- Geschäftsordnung, Wortlaut **44** 16
- Geschäftsstelle, Errichtung **7** 5
- Geschäftsverteilung **44** 2 ff.
- Großer Senat *siehe dort*
- Präsident **42** 20
- Präsidialrat **42** 21
- Rechtsfragen **40** 9 f.
- Revisionsgericht **72** 7 f.
- Richterrat **42** 21
- Senate des BAG *siehe dort*
- Übertragung der Verwaltung und Dienstaufsicht **40** 19
- Verwaltung **40** 15, 18 f.
- Vorsitzender Richter **42** 19
- wissenschaftliche Mitarbeiter **40** 6
- Zahl der Richter **41** 29, 31
- Zusammensetzung **41** 1 ff.
- Zuständigkeit **8** 9; **40** 9 ff.
- Zuteilung der Richter **44** 8 ff.

Bundesfreiwilligendienst
- Rechtswegzuständigkeit **2** 175a
- Sprecher, Beteiligtenfähigkeit **10** 30a
- Sprecher, Rechtswegzuständigkeit im Beschlussverfahren **2a** 11a, 105a

Bundesrichter 6 9; **42** 1 ff.
- Benehmen mit Bundesminister der Justiz **42** 12
- Berufung **42** 2 ff.
- Berufungsverfahren **42** 7 ff.
- besondere persönliche Voraussetzungen **42** 3 ff.
- Entscheidung des Bundesministers für Arbeit und Soziales **42** 11
- Ernennung **42** 13
- Präsidialrat, Beteiligung bei Berufung **42** 10
- Rechtsschutz **42** 14 f.
- Rechtsstellung **42** 16 ff.
- Richterwahlausschuss **42** 7 f.
- Vorschlag **42** 9
- Vorsitzender Richter **42** 19

Bürogehilfin
- Arbeitnehmerbegriff **5** 80

Chefarzt
- Arbeitnehmerbegriff **5** 74

Chorleiter
- Arbeitnehmerbegriff **5** 81

Co-Piloten
- Arbeitnehmerbegriff **5** 82

Darlegungs- und Beweislast
- abgestufte ~ **58** 89
- Abmahnung **58** 103
- Änderungskündigung **58** 134
- Anhörung des Betriebsrats bei Kündigung **58** 122
- Annahmeverzug **58** 108
- Anscheinsbeweis **58** 95 ff.
- Arbeitnehmereigenschaft **5** 26a
- Arbeitsentgelt aufgrund Verstoßes gegen betriebliche Übung **58** 111
- Arbeitskampf **58** 104
- Arbeitsunfähigkeit **58** 117
- Aushandeln von Vertragsklauseln **58** 106a
- Bedeutung der Beweislast **58** 85 f.
- befristeter Arbeitsvertrag **58** 102
- Begründung des Arbeitsverhältnisses **58** 101 f.
- Benachteiligung nach AGG **58** 113 ff.
- Beschäftigungsverbot während der Schwangerschaft **58** 118
- Beschlussverfahren **58** 123
- betriebsbedingte Kündigung **58** 134
- Betriebsübergang **58** 139
- Bewährungsaufstieg **46** 133
- Beweiserleichterung **58** 94
- Beweislast im Beschlussverfahren **83** 23 ff.
- Beweislastumkehr **58** 94
- Darlegungslast **58** 88 ff.
- Eingruppierungsklage **46** 130 ff.; **58** 107
- Entgeltfortzahlung **58** 117
- Equal-Pay von Leiharbeitnehmern **58** 112a
- kein erforderlicher Sachvortrag nach Hinweis **58** 88a
- Erleichterungen **58** 99
- Fälle ohne ~ **58** 90a
- gemeinsamer Betrieb mehrerer Unternehmen **58** 131
- gerichtliche Erörterungspflicht **58** 100
- geschlechtsbezogene Diskriminierung **58** 114
- gesetzliche Regelungen **58** 92 ff.
- gesetzliche Vermutung **58** 94
- Gleichbehandlungsgrundsatz, Verstoß **58** 112
- Grundregel **58** 98
- Interessenausgleich mit Namensliste in der Insolvenz **58** 25
- Klagefrist Kündigungsschutzklage **58** 128
- Kleinbetriebsklausel **58** 129
- korrigierende Rückgruppierung **46** 133
- krankheitsbedingte Kündigung **58** 136
- KSchG, Eingreifen **58** 129
- Kündigung **58** 126 ff.
- Kündigungsfristen **58** 132
- Mankohaftung **58** 120
- Mitbestimmung des Betriebsrats bei personellen Einzelmaßnahmen **58** 123
- Mobbing **58** 120a
- non liquet **58** 85
- objektive Beweislast **58** 86
- rechtmäßiges Alternativverhalten **58** 97a
- Schadensersatz nach § 628 Abs. 2 BGB **58** 140
- Schadensersatzanspruch gegen Arbeitgeber **58** 121

- Schadensersatzanspruch gegen Arbeitnehmer **58** 119
- schwerbehinderte Menschen, Diskriminierung **58** 115
- sekundäre Behauptungslast **58** 89a
- Sozialauswahl **58** 130, 137
- soziale Rechtfertigung einer Kündigung **58** 133
- subjektive Beweislast **58** 86
- Substantiierungslast **58** 88
- tarifliche Ausschlussfrist **58** 116
- Teilzeitbeschäftigte, Gleichbehandlung **58** 112b
- treuwidrige Kündigung **58** 130
- Überstundenvergütung **58** 110
- Überzahlung von Arbeitsentgelt **58** 106
- verhaltensbedingte Kündigung **58** 135
- Verhältnis zwischen ~ **58** 87 ff.
- verzögerte Arbeitsentgeltzahlung – Kündigung **58** 109
- Vollstreckungsabwehrklage **58** 142
- Weiterbeschäftigungsmöglichkeit **58** 134
- Zeugnis **58** 141
- Zielvereinbarung **58** 121a

Datenübermittlung nach EGGVG 13 37 ff.
- Rechtsschutz **13** 44
- Regelungsgehalt **13** 40 ff.

Detektivkosten 12a 23

Deutsche Gerichtsbarkeit 1 8 ff.
- befreite Personen **1** 10 ff.
- Befreiung, Auswirkungen und Umfang **1** 19 ff.
- Bestandsstreitigkeiten bei hoheitlich für anderen Staat tätigem Arbeitnehmer **1** 18

Dienstaufsicht 15 26 ff.
- Ermahnung **15** 32
- Mittel **15** 32
- Richter **15** 27 ff.
- Übertragung von Kompetenzen **15** 39 ff.
- Unabhängigkeit **15** 27 ff.
- Vorhalt **15** 32

Dienstwagen
- Streitwertberechnung **12** 249

Diplomatische Missionen
- deutsche Gerichtsbarkeit **1** 11 ff.

Direktionsrecht
- persönliches Abhängigkeit **5** 44 ff.
- Streitwertberechnung **12** 250

Diskriminierung
- *siehe* Benachteiligung, Klage

Dispositionsmaxime
- Einigungsstellenverfahren **VESt** 135 ff.

Divergenz
- abweichender Rechtssatz **72** 38 ff.; **72a** 60 ff.
- Darlegung bei ~beschwerde **72a** 58a f.
- Divergenzbeschwerde **72a** 34 ff.
- divergenzfähige Entscheidung **72** 36; **72a** 59
- Divergenzrevision **72** 33 ff.
- Entscheidung des ~gerichts **72** 35
- Entscheidungserheblichkeit **72** 41 f.; **72a** 65
- gleiche Rechtsnormen eines bestimmten gesetzlichen Regelungskomplexes **72** 40
- Nichtzulassungsbeschwerde im Beschlussverfahren **92a** 19 ff.
- Rechtsbeschwerde im Beschlussverfahren **92** 18 ff.
- relevante Abweichung **72** 37

Dolmetscher
- gerichtliche Auslagen **12** 97

Dozenten/Lehrer
- arbeitnehmerähnliche Person **5** 231
- Arbeitnehmerbegriff **5** 65 ff.
- individualisierende Betrachtungsweise **5** 70
- typisierende Betrachtungsweise **5** 69

Drittwiderspruchsklage 2 16; **62** 94
- Einrede des Schiedsvertrages **102** 5

Ehegattenarbeitsverhältnisse
- Arbeitnehmerbegriff **5** 86
- familiäre Mitarbeit, Abgrenzung **5** 86

Ehrenamtliche Richter 1 46; **6** 46 ff.; **16** 7
- 30. Lebensjahr – LAG **37** 2
- Ablehnung und Niederlegung des Amtes **24** 1 ff.
- Abstimmung **16** 24
- Akteneinsicht **6** 82
- allgemeine Voraussetzungen **6** 50
- Altersgrenze, Erreichen **21** 57 f.; **24** 5 f.
- Ämterhäufung **24** 9 ff.
- Amtsentbindungsverfahren *siehe dort*
- Amtsenthebung der ehrenamtlichen Richter *siehe dort*
- Anhörungsrüge, Beteiligung an der Entscheidung **78a** 53 f.
- Arbeitgeberseite **6** 51; **22** 1 ff.
- Arbeitnehmerseite **6** 52; **23** 1 ff.
- nicht ausreichende Unterrichtung über Prozessstoff **16** 56, 62 ff.
- Ausschuss der ehrenamtlichen Richter *siehe dort*
- Beendigung der Amtszeit **21** 40 ff.
- Beendigung des Amtes **6** 89 ff.
- Befugnisse **53** 10 ff.
- Befugnisse in der Verhandlung **16** 18
- Berufung der ehrenamtlichen Richter *siehe dort*
- Berufung der ehrenamtlichen Richter des BAG *siehe dort*
- Besetzung der Fachkammern **30** 3 ff.
- Besetzung ohne ~ (BAG) **41** 15 ff.
- Besetzungsfehler bei LAG-Verhandlung **35** 10 ff.
- Besorgnis der Befangenheit **49** 93 ff.
- Beteiligung an den Entscheidungen **16** 19 ff.
- Bundesarbeitsgericht **6** 53; **40** 5
- Ehrenamt **6** 67
- Einsatz bei Gericht **6** 65
- einstweiliger Rechtsschutz **16** 20
- Entschädigung **6** 75 ff.; **31** 37
- Entscheidung der Kammer anstelle des Vorsitzenden **16** 60 f.
- Entscheidung durch Vorsitzenden anstelle Kammer **16** 58 f., 62 ff.
- erweiterte Fachkammern **30** 11 f.
- Fachkammern **17** 22; **30** 1 ff.; **35** 23
- fahrlässige Pflichtentziehung **28** 5
- Fahrtkostenentschädigung **6** 84
- Folgen bei Ablehnung oder Niederlegung **24** 25 f.
- Fortbildung **6** 87 f.
- Fragerecht **31** 35

Stichwortverzeichnis

- Freistellung **6** 74; **31** 36
- Freistellung – LAG **39** 13
- Fürsorge für die eigene Familie **24** 16
- Geschäftsverteilung, Beteiligung (BAG) **44** 12
- Güteverhandlung **16** 12
- Haftung **27** 26 ff.
- Heranziehung der ehrenamtlichen Richter *siehe dort*
- Information vor Sitzung des LAG **35** 9
- Kammerverhandlung **16** 13 ff.
- Krankheit oder Gebrechen **24** 7 f.
- Landesarbeitsgerichte **6** 53; **35** 4; **37** 1 ff.
- Mitwirkung nach Ende der Amtszeit als absoluter Revisionsgrund **73** 39
- Ordnungsgeld **28** 1 ff.
- persönliche Rechtsstellung **6** 66
- persönliche Unabhängigkeit – BAG **43** 30
- persönliche Voraussetzungen *siehe unter* Berufung der ehrenamtlichen Richter
- Pflichten-Entziehung **28** 4
- Pflichtverletzung **31** 42
- pünktliche und gebührliche Sitzungsteilnahme **31** 39
- pünktliche und gebührliche Sitzungsteilnahme – LAG **39** 14
- Rechte **31** 33 ff.
- Rechte – LAG **39** 12
- Rechte und Pflichten **6** 62
- Rechtsstellung **6** 61 ff.
- Rechtsstellung – BAG **43** 28 ff.
- Schutz der ehrenamtlichen Richter *siehe dort*
- Stimmabgabe **31** 41
- straf- und zivilrechtliche Verantwortlichkeit **6** 68
- Tagegeld **6** 86
- Übernachtungsgeld **6** 86
- keine Überprüfung der Ernennung im Berufungsverfahren **65** 27 ff.
- Unfall in Ausübung des Amtes **6** 69
- Unparteilichkeit **6** 63; **31** 40
- Unzumutbarkeit **24** 15 ff.
- Urteilsverkündung **60** 27
- Verdienstausfall **6** 85
- Vereidigung **20** 23 ff.
- Verfahren bei Ablehnung oder Niederlegung **24** 19 ff.
- Verfahren bei Pflichtenentziehung **28** 6 ff.
- Verkündung des Revisionsurteils, Anwesenheit **75** 24
- keine volle Wahrnehmung der Richteraufgaben **16** 54 ff., 62 ff.
- vorangehendes Richteramt **24** 13 f.
- Voraussetzungen der Ernennung **6** 49 ff.
- Vorerfahrungen LAG **37** 3 ff.
- vorübergehende Beeinträchtigung der Aufmerksamkeit **16** 55, 62 ff.
- Wegfall der Gruppenzugehörigkeit **73** 40
- Zeitaufwand **6** 82
- Zuteilung zu den Senaten des BAG **41** 32

Ehrenamtliche Richter aus Kreisen der Arbeitgeber 6 51; **22** 1 ff.
- Angehörige von Arbeitgebervereinigungen **22** 19 ff.
- Arbeitgeber **22** 2
- Beamte und Angestellte im öffentlichen Dienst **22** 15 ff.
- Gleichstellung **22** 3 ff.
- leitende Angestellte **22** 10 ff.
- Vertreter juristischer Personen oder Personengesamtheiten **22** 8 f.
- vorübergehende Nichtausübung der Arbeitgebereigenschaft **22** 4 ff.
- Wegfall von Gleichstellungsvoraussetzungen **22** 22 f.

Ehrenamtliche Richter aus Kreisen der Arbeitnehmer 6 52; **23** 1 ff.
- Altersgrenze **23** 5
- Arbeitnehmer **23** 3
- Arbeitslosigkeit **23** 8 f.
- Berufs- oder Erwerbsunfähigkeit **23** 6
- Gewerkschaftsmitglieder **23** 10
- Gleichstellung **23** 7 ff.
- Rechtssekretäre **23** 11
- Übernahme von Arbeitgeberfunktionen **23** 12

Ehrenamtliche Tätigkeit
- Arbeitnehmerbegriff **5** 185a

Ehrverletzung
- Streitwertberechnung **12** 251

Eigenkündigung
- Streitwertberechnung **12** 232

Ein-Euro-Jobber
- keine arbeitnehmerähnliche Person **5** 231a, 240a
- öffentlich-rechtliches Beschäftigungsverhältnis **5** 240a

Einfirmenvertreter 5 264

Eingruppierung
- Begriff **12** 192

Eingruppierungsklage 46 117 ff.
- Arbeitsvorgang **46** 118 ff.
- Auskünfte der Tarifvertragsparteien **46** 141
- Ausschlussfrist **46** 126 f.
- Bewährungsaufstieg **46** 124 f.
- Bewährungsaufstieg, Darlegungs- und Beweislast **46** 133a
- Beweismittel **46** 138 ff.
- Darlegungs- und Beweislast **46** 130 ff.; **58** 107
- Feststellung einer Fallgruppe **46** 124
- korrigierende Rückgruppierung **46** 133
- öffentlicher Dienst **46** 121 f.
- privater Arbeitgeber **46** 122 f.
- Prozesszinsen **46** 142
- Rechtskraftprobleme **46** 134 ff.
- Rechtsschutzinteresse **46** 137
- Schlüssigkeit **46** 128 f.
- Streitgegenstand **46** 117 ff.
- Streitwertberechnung **12** 192 ff.; **46** 144
- Teilklage **46** 136
- Verzugszinsen **46** 143

Einigungsstelle
- Ablehnung des Vorsitzenden wegen Befangenheit **100** 7 ff.
- alle Zuständigkeiten des Betriebsrates **VESt** 24
- Amtszeit **VESt** 54 ff.
- Annahme des Amtes **VESt** 49

- Arten **100** 4 ff.; **VESt** 13 ff.
- Auswechslung des Vorsitzenden **VESt** 210 ff.
- Auswechslung eines Beisitzers **VESt** 215 ff.
- Beisitzer als persönlich betroffenes Betriebsratsmitglied **VESt** 204 ff.
- Beschlussverfahren zur Einigungsstellenbesetzung *siehe* Einigungsstellenbildung, gerichtliche
- Besorgnis der Befangenheit des Vorsitzenden **VESt** 183 ff.
- Besorgnis der Befangenheit eines Beisitzers **VESt** 202 ff.
- Bestimmung von Zeitpunkt und Ort der Verhandlungen **VESt** 153
- Bildung der ~ **VESt** 43 ff.
- Einverständnis beider Parteien **VESt** 22 f.
- Entscheidung über Ablehnung des Vorsitzenden **VESt** 198 ff.
- Ermessensüberschreitung **93** 7
- erweiterte Mitbestimmungsrechte **VESt** 19 f.
- erzwingbare ~ **VESt** 17 ff.
- fehlerhafte Ladung der Mitglieder **VESt** 163 f.
- Freistellung der Beisitzer **VESt** 378 f.
- freiwillige ~ **VESt** 22 ff.
- Funktion und Rechtsnatur **VESt** 6 ff.
- gerichtliches Verfahren zur Besetzung *siehe* Einigungsstellenbildung, gerichtliche
- grobe Pflichtverletzungen des Beisitzers **VESt** 207 f.
- Haftung der Beisitzer **VESt** 332
- Haftung der Mitglieder **VESt** 325 ff.
- Haftung des Vorsitzenden **VESt** 326 ff.
- historische Entwicklung **VESt** 1 ff.
- Honorar *siehe* Kosten des Einigungsstellenverfahrens
- kirchliche ~ **KK** 10
- Konstituierung **VESt** 144 ff.
- Ladungsbevollmächtigung **VESt** 161 f.
- materiell Beteiligte **83** 86
- offensichtliche Unzuständigkeit **100** 36 ff.; **VESt** 46c
- ordnungsgemäße Ladung und Unterrichtung der Beisitzer **VESt** 155 f.
- Protokollführung **VESt** 165 ff.
- rechtliche Meinungsverschiedenheiten **VESt** 25
- Rechtzeitigkeit und Vollständigkeit der Unterrichtung **VESt** 157 ff.
- Schadensersatzansprüche gegen Vorsitzenden **VESt** 326 ff.
- Spruch der Einigungsstelle *siehe dort*
- ständige ~ **VESt** 14 ff.
- Stationierungsstreitkräfte **100** 6
- Streitwert Abberufung Vorsitzender **VESt** 200a
- Streitwertberechnung – Besetzung **12** 252
- Tarifliche Schlichtungsstelle *siehe dort*
- Unternehmens- und Konzernebene **VESt** 38
- verbale Entgleisungen des Beisitzers **VESt** 209
- verfassungsrechtliche Bedenken **VESt** 9 f.
- Verschuldensmaßstab **VESt** 330
- Vorstandsmitglied der Bundesagentur für Arbeit als Berater **VESt** 99 ff.
- Zusammensetzung *siehe* Einigungsstellenbesetzung

Einigungsstellenbesetzung
- Anwesenheit von Ersatzbeisitzern **VESt** 98
- Beisitzer **VESt** 79 ff.
- Beisitzerzahl **VESt** 79 ff.
- beschleunigte Bildung der Einigungsstelle **VESt** 132
- Beschlussverfahren zur ~ *siehe* Einigungsstellenbildung, gerichtliche
- Bestellung der Beisitzer **VESt** 88 f.
- Bestellung des Vorsitzenden **VESt** 64 ff.
- betriebsverfassungsrechtliches Schuldverhältnis der Beisitzer **VESt** 91
- betriebsverfassungsrechtliches Schuldverhältnis des Vorsitzenden **VESt** 75
- Ersatzbeisitzer **VESt** 97
- Ersatzmitglieder **VESt** 96 ff.
- Ersatzvorsitzender **VESt** 96
- Fachkunde der Beisitzer **VESt** 84
- Fachkunde des Vorsitzenden **VESt** 61
- Geheimhaltungspflicht des Vorsitzenden **VESt** 76
- gerichtliches Verfahren zur ~ *siehe* Einigungsstellenbildung, gerichtliche
- Neutralität des Vorsitzenden **100** 47
- Persönlichkeit der Beisitzer **VESt** 85
- Persönlichkeit des Vorsitzenden **VESt** 62 f.
- privatisierte Postunternehmen **VESt** 87
- Qualifikation der Beisitzer **VESt** 83 ff.
- Qualifikation des Vorsitzenden **100** 46 ff.; **VESt** 58 ff.
- Rechtsstellung der Beisitzer **VESt** 91 ff.
- Rechtsstellung des Vorsitzenden **VESt** 74 ff.
- keine Unparteilichkeit der Beisitzer **VESt** 86
- Unparteilichkeit des Vorsitzenden **VESt** 58
- Vergütung des Vorsitzenden **VESt** 77
- Vorsitzender **VESt** 58 ff.
- Vorstandsmitglied der Bundesagentur für Arbeit als Berater **VESt** 99 ff.
- Weisungsfreiheit der Beisitzer **VESt** 93
- Zusammensetzung **VESt** 57 ff.

Einigungsstellenbildung, gerichtliche VESt 65 ff.
- Alleinentscheidung des Vorsitzenden **100** 33
- Amtsermittlungsgrundsatz **100** 24
- Annahme des Amtes des Einigungsstellenvorsitzenden **100** 53 f.; **VESt** 70
- Antrag **100** 8 ff.
- Antragsberechtigung **100** 15 ff.
- Anwendungsbereich **100** 3 ff.
- Begründung des Antrags **100** 12 ff.
- Beisitzerzahl **100** 55 f.
- Beschluss **100** 34
- Beschwer **100** 64
- Beschwerde **100** 62 ff.; **VESt** 71
- Beschwerdebefugnis **100** 63
- Besonderheiten **100** 2
- Bestellung des Vorsitzenden **100** 46 ff.
- Beteiligte **100** 29 f.
- keine Bindung an Vorschläge hinsichtlich Einigungsstellenvorsitzenden **100** 51
- keine Bindung hinsichtlich Zuständigkeit **100** 60 f.
- Einigungsstelle nach dem BetrVG **100** 3
- Einlassungs- und Ladungsfristen **100** 31 f.

1909

Stichwortverzeichnis

- keine einstweilige Verfügung **100** 28
- Entscheidung **100** 33 ff.
- freiwilliges Einigungsstellenverfahren **100** 42
- freiwilliges Einigungsverfahren **100** 16 f.
- Frist **100** 11
- Frist bei Beschwerde **100** 65
- Frist für Zustellung der Entscheidung **100** 58
- Gegenstandswert **100** 69
- Gesetzgebungsgeschichte **100** 1
- mehrere streitige Regelungskomplexe **100** 41
- Mündlichkeitsgrundsatz **100** 25
- Normzweck **100** 1a ff.
- offensichtliche Unzuständigkeit der Einigungsstelle **100** 36 ff.; **VESt** 67
- offensichtliche Unzuständigkeit und Vorfragenkompetenz **VESt** 179
- örtliche Zuständigkeit **100** 18
- Qualifikation des Vorsitzenden **100** 46 ff.
- Rechtbeschwerde, Ausschluss **100** 68
- Rechtsschutzinteresse **100** 19 ff.
- Richter als Einigungsstellenvorsitzender **100** 49 f.
- Stationierungsstreitkräfte **100** 6
- Tenor hinsichtlich Einigungsstellenvorsitzenden **100** 52
- Verfahren **100** 23 ff.
- Verfahren und Entscheidung bei Beschwerde **100** 66 f.
- Verfahrensbeendigung **100** 26
- Vorabentscheidungsverfahren **100** 44 f.
- Wirkung der Entscheidung **100** 59 ff.
- Zulässigkeit **100** 8 ff.
- keine Zwangsvollstreckung **100** 27

Einigungsstellenverfahren
- Abschluss **VESt** 240 ff.
- Amtsermittlungsprinzip **VESt** 140 ff.
- Amtszeit **VESt** 54 ff.
- Annahme des Amtes **VESt** 49
- Anrufung der Einigungsstelle **VESt** 47
- Antragsberechtigung **VESt** 45
- Antragsrücknahme **VESt** 53, 258 ff.
- Antragstellung vor der Einigungsstelle **VESt** 50 ff.
- Anwesende **VESt** 145 ff.
- Aussetzung **VESt** 272 f.
- Auswechslung eines Beisitzers **VESt** 215 ff.
- Auswechslung des Vorsitzenden **VESt** 210 ff.
- Beisitzer als persönlich betroffenes Betriebsratsmitglied **VESt** 204 ff.
- Bejahung der Zuständigkeit **VESt** 181 f.
- Beratung **VESt** 240 ff.
- Beschleunigungsgrundsatz **VESt** 130 ff.
- Beschlussfähigkeit **VESt** 243 ff.
- Beschlussfassung **VESt** 246 ff.
- Beschlussverfahren, Abgrenzung **2a** 67 ff.
- Besorgnis der Befangenheit des Vorsitzenden **VESt** 183 ff.
- Besorgnis der Befangenheit eines Beisitzers **VESt** 202 ff.
- Betriebsvereinbarung über ~ **VESt** 106
- Beweisaufnahme **VESt** 222, 224 ff.
- Beweisbeschluss **VESt** 227
- Bildung der Einigungsstelle **VESt** 43 ff.

- keine Bindung an die Anträge **VESt** 136 ff., 277 ff.
- Dispositionsmaxime **VESt** 135 ff.
- Einigung **VESt** 266 ff.
- Einleitung **VESt** 43 ff.
- Einschränkung des Verfahrensgegenstandes **VESt** 280
- einseitige Erweiterung des Verfahrensgegenstandes **VESt** 282
- Einstellung **VESt** 274 ff.
- Einzelgespräche **VESt** 223
- Entscheidung **VESt** 270 ff.
- Entscheidung des Arbeitsgerichts über Ablehnung des Einigungsstellenvorsitzenden **VESt** 200
- Entscheidung über Ablehnung des Vorsitzenden **VESt** 198 ff.
- erneute Beratung **VESt** 249
- Erörterung des Sach- und Streitstandes **VESt** 220 ff.
- erste Abstimmung **VESt** 248
- Erweiterung des Verfahrensgegenstandes **VESt** 281
- gescheiterte Verhandlungen **VESt** 46 f.
- grobe Pflichtverletzungen des Beisitzers **VESt** 207 f.
- gütliche Einigung **VESt** 219 ff.
- Inaugenscheinnahme **VESt** 235 f.
- konkludente Ablehnung eines Vorschlags **VESt** 257
- Konstituierung **VESt** 144 ff.
- Kosten des Einigungsstellenverfahrens *siehe dort*
- mündliche Beratung in der Einigungsstelle **VESt** 128 f.
- mündliche Verhandlung **VESt** 126 f.
- Mündlichkeitsgrundsatz **VESt** 125 ff.
- Nichtöffentlichkeit **VESt** 111 ff.
- ordnungsgemäße Ladung und Unterrichtung der Beisitzer **VESt** 155 ff.
- ordnungsgemäße Unterrichtung der Einigungsstellenmitglieder **VESt** 124
- Parteiöffentlichkeit **VESt** 113 ff.
- Parteivernehmung **VESt** 233 f.
- Protokollführung **VESt** 165 ff.
- rechtliches Gehör **VESt** 118 ff.
- Sachverständigenhinzuziehung **VESt** 230 ff.
- Spruch der Einigungsstelle *siehe dort*
- Stimmenmehrheit **VESt** 255
- Stimmenthaltung **VESt** 252 ff.
- Streitgegenstand **VESt** 48
- Tarifvertrag über ~ **VESt** 107
- Urkunden **VESt** 237 ff.
- verbale Entgleisungen des Beisitzers **VESt** 209
- Verfahrensbevollmächtigte **VESt** 169 ff.
- Verfahrensgrundsätze **VESt** 105 ff.
- Verfahrensordnung **VESt** 151
- Verhandlungsleitung **VESt** 154
- Vertagung **VESt** 270 ff.
- Vorbereitung und Leitung der Verhandlung **VESt** 150 ff.
- Vorfragenkompetenz **VESt** 176 ff.
- Vorfragenkompetenz und offensichtliche Unzuständigkeit **VESt** 179
- Zeugenvernehmung **VESt** 228 f.

- zweite Abstimmung **VESt** 250
- Zwischenbeschluss zur Zuständigkeit **VESt** 182

Einlassungsfrist 47 1 ff.
- Abkürzung **47** 14
- Auslandszustellung der Klageschrift **47** 13
- Begriff **47** 3
- Feiertage **47** 7 ff.
- Feiertage, Übersicht **47** 9
- Fristberechnung **47** 7 ff.
- Klageänderung, -erweiterung, Widerklage **47** 10
- Mahnverfahren **47** 11
- Nichteinhaltung **47** 15
- Zustellung der Klageschrift **47** 4 f.
- Zweck **47** 2

Einrede des Schiedsvertrages 102 1 ff.
- Anwendungsbereich **102** 1 ff.
- Anzeige der Unmöglichkeit des Schiedsspruchs **102** 26 ff.
- Drittwiderspruchsklage **102** 5
- Fristsetzung durch den Vorsitzenden des ArbG **102** 32 f.
- Nichternennung eines Schiedsrichters durch beklagte Partei **102** 13 ff.
- Nichternennung von Schiedsrichtern durch die Parteien **102** 19 ff.
- prozesshindernde Einrede **102** 1 ff.
- prozessuale Wirkung **102** 10 ff.
- prozessuale Wirkung des Wegfalls **102** 34
- Verzögerung des Verfahrens durch das Schiedsgericht **102** 22 ff.
- Vollstreckungsabwehrklage **102** 5
- vorläufiger Rechtsschutz **102** 6
- Wegfall **102** 12a
- Zeitpunkt der Erhebung **102** 2 f.

Einschreiben
- Kündigungserklärung, Zugang **58** 65

Einspruch gegen Versäumnisurteil
- *siehe* Versäumnisurteil, Einspruch

Einstellung der Zwangsvollstreckung
- *siehe* Zwangsvollstreckung, Einstellung

Einstweilige Verfügung 62 107 ff.
- allgemeine Voraussetzungen **62** 109 ff.
- Amtsgericht, keine Zuständigkeit **62** 114
- arbeitsgerichtliche Besonderheiten **62** 113 ff.
- Arbeitskampf **62** 167 ff.
- Arbeitsleistung **62** 133
- Arbeitspapiere, Herausgabe **62** 163 ff.
- Beförderung **46** 153
- Befriedigungsverfügung **62** 108
- Berufungsbeantwortungsfrist **66** 63
- Berufungsbegründungsfrist **66** 53b
- Beschäftigungsanspruch **62** 140 ff.
- im Beschlussverfahren *siehe* Einstweilige Verfügung im Beschlussverfahren
- Besetzung der Kammern **16** 20
- betriebsverfassungsrechtlicher Weiterbeschäftigungsanspruch **62** 150 ff.
- Bildungsurlaub **62** 136, 138
- Eilkompetenz des Vorsitzenden **62** 117
- Einigungsstellenbesetzung **100** 28
- Einrede des Schiedsvertrages **102** 6
- einstweilige Einstellung bei Einlegung von Rechtsbehelfen **62** 122
- Entbindung von der Weiterbeschäftigungspflicht gemäß § 102 Abs. 5 S. 2 BetrVG **62** 153 ff.
- Fallgruppen **62** 126 ff.
- Gerichtsgebühren **12** 83 ff.
- Gerichtskosten, Fälligkeit **12** 104
- Geschäftsverteilungsplan **6a** 75
- Güteverhandlung **54** 3; **62** 116
- Konkurrentenklage **46** 153 ff.; **62** 127 f.
- Mobbing **62** 166
- örtliche Zuständigkeit **48** 24 ff.
- örtliche Zuständigkeit im Arbeitskampf **62** 173
- Rechtswegzuständigkeit **2** 12 f.; **48** 24 ff.
- Rechtswegzuständigkeit im Beschlussverfahren **2a** 12
- Revision **72** 20
- Schadensersatz bei Fehlentscheidung **62** 125, 156
- Schutzschrift **62** 123 ff.
- Sicherheitsleistung **62** 118 ff.
- sofortige Beschwerde gegen Vorabentscheidung über Zulässigkeit des Rechtsweges **48** 78
- Sonderurlaub **62** 136
- Streitwertberechnung **12** 225
- Tatbestand Berufungsurteil **69** 25
- Teilzeitanspruch **62** 157 ff.
- Urlaub **62** 135 ff.
- Verfügungsanspruch **62** 110
- Verfügungsarten **62** 107
- Verfügungsgrund **62** 111 f.
- Vergütung **62** 130 ff.
- Verzicht auf mündliche Verhandlung **62** 115
- Vollziehung **62** 121
- vorläufige Vollstreckbarkeit einer Bescheidungsklage **46** 156 ff.
- Vornahme einer Handlung **61** 40
- Vorsitzender **53** 6
- Weiterbeschäftigungsanspruch **62** 140 ff.
- Wettbewerbsverbote **62** 160 ff.
- Zeugnis, Ausstellung **62** 163 ff.
- Zurückweisung verspäteten Vorbringens **56** 41
- Zuständigkeit im Arbeitskampf **62** 172 f.

Einstweilige Verfügung im Beschlussverfahren 85 50 ff.
- allgemeiner Unterlassungsanspruch des Betriebsrats **85** 106, 110 ff.
- Amtsausübung des Betriebsratsmitglied **85** 92 ff.
- Amtsgericht, keine Zuständigkeit **85** 67
- Arten **85** 52 f.
- Ausschluss **85** 54 ff.
- Ausschluss bei Bestellungsuntersagung gemäß § 98 Abs. 5 BetrVG **85** 56
- Ausschluss bei Entfernung betriebsstörender Arbeitnehmer gemäß § 104 BetrVG **85** 57
- Ausschluss bei personellen Einzelmaßnahmen gemäß §§ 99 ff. BetrVG **85** 55
- Ausschluss bei Streit über Einigungsstellenbesetzung gemäß § 100 ArbGG **85** 59
- Ausschluss bei Streit über Zusammensetzung eines betriebsverfassungsrechtlichen Organs **85** 61

- Ausschluss bei Zustimmungsersetzung gemäß § 103 BetrVG **85** 58
- Beschlussbeschwerde **87** 6
- Besonderheiten im Verfahren **85** 66 ff.
- Beteiligungsrechte des Betriebsrats **85** 103 ff.
- Betriebsratswahlen **85** 80 ff.
- Betriebsversammlung **85** 86 ff.
- Dringlichkeit **85** 65
- Eilkompetenz des Vorsitzenden **85** 68
- Fallgruppen **85** 79 ff.
- Glaubhaftmachung **85** 71 ff.
- Interessenabwägung **85** 65
- Kontenpfändung **85** 115
- materielle Ausstattung des Betriebsrats **85** 95 ff.
- Missbrauch von Mitbestimmungsrechten **85** 114
- Mitbestimmung in personellen Angelegenheiten **85** 108 f.
- Mitbestimmung in sozialen Angelegenheiten **85** 104 ff.
- Mitbestimmung in wirtschaftlichen Angelegenheiten **85** 110 ff.
- praktische Relevanz **85** 51
- Rechtsbehelfe **85** 75
- kein Schadensersatz in betriebsverfassungsrechtlichen Streitigkeiten **85** 78
- Schulungsveranstaltungen, Freistellung **85** 98 ff.
- Schutzschrift **85** 77 f.
- sofortige Beschwerde **85** 75
- Statthaftigkeit **87** 3 ff.
- Tarifstreitigkeit gemäß § 97 ArbGG **85** 60
- Unterlassung betriebsbedingter Kündigungen bis Abschluss Interessenausgleichverhandlungen **85** 110 ff.
- Untersuchungsgrundsatz **85** 70 ff.
- Verfügungsanspruch **85** 64
- Verfügungsgrund **85** 65
- Verhältnis zwischen § 85 Abs. 2 und § 23 Abs. 3 BetrVG **85** 62
- Verzicht auf mündliche Verhandlung **85** 69
- Vollziehung **85** 76
- Widerspruch **85** 75
- Zustellung von Amts wegen **85** 74
- Zutrittsrecht der Gewerkschaft zum Betrieb **85** 89 ff.

Einstweiliger Rechtsschutz 62 101 ff.
- Arrest *siehe dort*
- Aussetzung des Verfahrens nach § 98 ArbGG **98** 36
- Einstweilige Verfügung *siehe dort*
- praktische Relevanz **62** 102
- Verfassungsbeschwerde **ArbV** 35
- Vorlagepflicht bei Vorabentscheidungsverfahren (EuGH) **ArbV** 125

Einzelrechtsnachfolge 3 9 ff.
- Pfändung **3** 12 ff.

Einzelschiedsvereinbarung 101 28 ff.
- *siehe auch* Bühnenschiedsgerichte
- Allgemeinverbindlicherklärung **101** 47 ff.
- Artisten **101** 44
- Aufrechnung **101** 33 ff.
- Ausschluss der Arbeitsgerichtsbarkeit durch Tarifvertrag **101** 36 ff.

- Betriebsübergang **101** 52 f.
- Filmschaffende **101** 44
- gesetzliche Ansprüche **101** 32
- Kündigungsschutzprozess **101** 28 ff.
- Nachwirkung eines Tarifvertrags **101** 50 f.
- persönlicher Geltungsbereich **101** 41 ff.
- Rechtsstreitigkeiten aus dem Arbeitsverhältnis **101** 28 ff.
- Sport **101** 45
- tarifgebundene Personen **101** 46 ff.
- unerlaubte Handlungen **101** 31
- vertragliche Vereinbarung zwischen den Parteien des Rechtsstreits **101** 54 ff.
- Vollstreckungsgegenklage **101** 35

Elektronische Akte 46e 1 ff.
- Baden-Württemberg, Verordnung **46e** 2a, 5
- Papierform und Scannen **46e** 2b
- Pilotprojekte **46e** 3
- Sicherheitsanforderungen **46e** 4 f.
- Zukunft **46e** 6

Elektronische Dokumente 46c 1 ff.; **64** 132a
- Bundesarbeitsgericht **40** 8; **74** 9
- Container-Signatur **46c** 16
- Dateiformate **46c** 6
- E-Mails **46c** 5
- erfasste Schriftstücke **46c** 4
- gerichtliches elektronisches Dokument **46d** 1 ff.
- künftige Rechtslage **46c** 17
- Signatur **46c** 7 ff.
- Unterschrift bei gerichtlichem Dokument **46d** 1 ff.
- Verordnungs- und Delegationsermächtigung **46c** 12 f.
- Zugang **46c** 14
- Zustellung **50** 23

Elektronische Formulare 46f 1 ff.
- „kann"-Vorschrift **46f** 5
- Mahnverfahren **46a** 60
- Strukturierung **46f** 8
- Übermittlung **46f** 6
- verfassungsrechtliche Bedenken **46f** 3

Elektronische Signatur
- Berufungseinlegung **64** 131
- Bundesarbeitsgericht **40** 8
- Signatur **46c** 7 ff.

Eltern-Kind-Verträge
- Arbeitnehmerbegriff **5** 87

E-Mail
- Berufungseinlegung **64** 131
- als elektronisches Dokument **46c** 5
- Revisionseinlegung **74** 9

Empfangsbekenntnis 50 17 ff.; **66** 17

Entgeltfortzahlung
- Darlegungs- und Beweislast **58** 117

Entschädigung
- geschlechtsbedingte Benachteiligung *siehe* Benachteiligung, Klage
- Zeugen und Sachverständige **9** 9

Entschädigungsantrag
- Streitwertberechnung **12** 257

Entscheidungsgründe 61 12
- Bezugnahme auf erstinstanzliches Urteil **69** 31

- Mitteilung der wesentlichen ~ im Urteil **60** 26
- Umfang im Berufungsurteil **69** 23 ff.

Entwicklungshelfer
- Arbeitnehmerbegriff **5** 88
- Rechtswegzuständigkeit **2** 171 ff.

Enumerationsprinzip
- Gebührenrecht **12** 9
- gerichtliche Auslagen **12** 95

Erfinder
- Arbeitnehmerbegriff **5** 89

Erfinderrechtsstreitigkeiten
- *siehe* Vergütungsansprüche in Erfinder- und Urheberrechtsstreitigkeiten

Erfüllung
- Quittung als Beweis **58** 67

Erinnerung
- Kostenansatz **12** 113
- sofortige Beschwerde **78** 21

Erledigung der Hauptsache
- Gerichtsgebühren erster Instanz **12** 54 ff.
- Güteverhandlung **54** 33 ff.
- Kostenentscheidung **54** 34 f.
- Kostenentscheidung – Revision **75** 48
- Nichtzulassungsbeschwerde **72a** 87b
- Revisionsverfahren **75** 46 ff.

Erledigung der Hauptsache im Beschlussverfahren 83a 1, 14 ff.
- von Amts wegen **83a** 25 ff.
- einseitige ~ **90** 30
- einseitige Erklärung des Antragstellers **83a** 20 ff.
- Erklärung anderer Beteiligter **83a** 24
- Erklärung durch alle Beteiligten **83a** 17
- Rechtsbeschwerde **95** 13 ff.
- Rücknahme des Antrags **83a** 19
- übereinstimmende Erklärung **83a** 14 ff.; **90** 20 f.;

Ersatzzustellung 50 10 ff.
- Familienangehörige, Mitbewohner, Beschäftigte **50** 12

Essenszuschüsse
- Berücksichtigung bei Prozesskostenhilfe **11a** 50

Et-et-Fälle 2 242; **5** 318

EuGH
- *siehe* Vorabentscheidungsverfahren (EuGH)

Europäische Betriebsräte
- Beteiligtenfähigkeit **10** 29
- örtliche Zuständigkeit im Beschlussverfahren **82** 17
- Rechtswegzuständigkeit **2a** 101 ff.

Europäische Genossenschaft
- beteiligtenfähige Stellen **10** 30c
- materiell Beteiligte **83** 93a
- örtliche Zuständigkeit im Beschlussverfahren **82** 19
- Rechtswegzuständigkeit bei Streitigkeiten hinsichtlich Beteiligungsrechten **2a** 107

Europäische Gesellschaft
- beteiligtenfähige Stellen **10** 30b; **83** 93a
- örtliche Zuständigkeit im Beschlussverfahren **82** 18
- Rechtswegzuständigkeit bei Streitigkeiten hinsichtlich Beteiligungsrechten **2a** 106

Europäische Union
- siehe Unionsrecht/Gemeinschaftsrecht

Europäisches Mahnverfahren
- Antrag **46b** 4
- deutsches Mahnverfahren **46b** 2
- Einspruch **46b** 7
- Entscheidung **46b** 5
- gerichtliche Überprüfung **46b** 5
- Vollstreckung **46b** 5
- Zuständigkeit **46b** 6

Fachkammern
- keine Abgabe an zuständige Kammer **17** 19
- Anzahl (LAG) **35** 25
- Arbeitsgerichte **17** 9 ff.
- Besetzung **17** 21 ff.
- Bezirke anderer Arbeitsgerichte **17** 20
- ehrenamtliche Richter **17** 22; **30** 1 ff.; **35** 23
- Errichtung **17** 11 ff.
- erweiterte ~ **17** 23
- falsche Kammer **17** 18
- Geschäftsverteilungsplan **6a** 72
- Landesarbeitsgerichte **35** 22 ff.
- Sinn und Zweck **17** 10
- Zuständigkeit **17** 14 ff.
- Zuweisung **17** 17

Faktisches Arbeitsverhältnis 5 38

Familienhelferinnen
- Arbeitnehmerbegriff **5** 91

Feiertage, gesetzliche
- Übersicht **47** 9

Fernsehaufnahmen 52 9; **72** 69

Fernsehschauspieler
- Arbeitnehmerbegriff **5** 129

Feststellungsantrag
- Antragsbefugnis im Beschlussverfahren **81** 60 f.
- Beschlussverfahren **81** 27 ff.
- Rechtsschutzinteresse im Beschlussverfahren **81** 94 ff.
- Streitwert bei allgemeinem ~ neben Antrag nach § 4 KSchG **12** 213 ff.
- Tarifkollision, Beschlussverfahren **99** 7

Feststellungsinteresse 46 71, 75 f.
- Spruch des Schlichtungsausschusses, Unwirksamkeit **111** 24
- Tariffähigkeit/Tarifzuständigkeit, Beschlussverfahren **97** 26 ff.

Feststellungsklage 46 66 ff.
- abstrakte Rechtsfragen **46** 69
- Feststellungsinteresse **46** 71, 75 f.
- isolierte ~ bei Bestandsschutzstreitigkeiten **46** 96
- Konkurrentenklage **46** 146 f.
- und Kündigungsschutzklage **46** 82 ff.
- oder Leistungsklage bei Eingruppierungsstreit **12** 197
- Rechtsverhältnis, Vorliegen **46** 67 ff.
- schiedsgerichtliches Verfahren **101** 26 f.
- Streitwert bei Eingruppierungsstreitigkeiten **12** 192 ff.
- Streitwert bei wiederkehrender Leistung **12** 191
- Subsidiarität **46** 72 f.
- Zwischenfeststellungsklage **46** 78 f.

Stichwortverzeichnis

Filmaufnahmen 52 9; 72 69
Finanzvermittlung
– Vertrauensperson 5 141b
Fleischbeschautierarzt
– Arbeitnehmerbegriff 5 92
Fleischzerleger
– Arbeitnehmerbegriff 5 93
Fotokopie
– Beweiswert 58 62 f.
Fotomodelle
– Arbeitnehmerbegriff 5 94
Fotoreporter
– Arbeitnehmerbegriff 5 95
Frachtführer
– arbeitnehmerähnliche Person 5 233
– Arbeitnehmerbegriff 5 96 f.
– Weisungsgebundenheit 5 46
Franchise 5 223 ff.
– Arbeitnehmerähnlichkeit 5 227
– wirtschaftliche oder persönliche Abhängigkeit 5 225 ff.
Freie Mitarbeiter
– Arbeitnehmer, Abgrenzung 5 24 ff.
– gewählte Bezeichnung 5 24a, 25
– tatsächliche Verhältnisse 5 24a ff.
Freistellung
– Einigungsstellenbeisitzer VESt 378 f.
– Streitwertberechnung 12 258 f.
Freistellungsanspruch bei Schadensersatz
– Zwangsvollstreckung 62 78
Freiwilliges soziales/ökologisches Jahr
– Arbeitnehmerbegriff 5 102
– zu ihrer Berufsausbildung Beschäftigte 5 164
– Rechtswegzuständigkeit 2 174 f.
Funktionelle Zuständigkeit 8 4 ff.
– Beschlussverfahren 2a 131
– Urteilsverfahren 2 259
– Zwangsvollstreckung im Beschlussverfahren 85 39
Fußballspieler
– Arbeitnehmerbegriff 5 131b
– Arbeitnehmerbegriff bei Lizenzspielern 5 98

Gegenstandswert
– *siehe* Streitwert
Gegenvorstellung 78 104 ff.
– bei Entscheidungen, die mit Ablauf einer Rechtsmittelfrist Rechtskraft erlangen 78 110
– Gehörsverletzungen 78 111
– Grundrechtsverletzungen 78 111; 78a 42 f.
– bei jederzeit abänderbaren Entscheidungen ohne Bindungswirkung 78 107
– Prüfung durch das Gericht 78 109
– rechtskräftige Entscheidungen nach Ablauf einer Rechtsmittelfrist 78 110 f.
– Tenor 78 112
– Umdeutung unstatthafter Rechtsmittel/-behelfe 78 108
– unanfechtbare Entscheidungen 78 108
Gehörsrüge
– *siehe* Anhörungsrüge
Gemeinsamer Senat der obersten Gerichtshöfe 45 5

Gemeinschaftsbetrieb
– Darlegungs- und Beweislast im Kündigungsschutzverfahren 58 131
Gemeinschaftsrecht
– *siehe* Unionsrecht/Gemeinschaftsrecht
Genossenschaft
– Vorstandsmitglied als arbeitnehmerähnliche Personen 5 298a
Gerichtliche Auslagen 12 5
– Dolmetscher und Übersetzer 12 97
– Enumerationsprinzip 12 95
– Zustellung von Schriftstücken 12 98
Gerichtsgebühren 12 4
– *siehe auch* Gerichtskosten
– Anhörungsrüge 12 79; 78a 56
– Arrestverfahren 12 83 ff.
– Berufungsverfahren *siehe* Gerichtsgebühren Berufungsverfahren
– Beschwerde gegen Streitwertfestsetzung 12 142
– Beschwerdeverfahren *siehe* Gerichtsgebühren Beschwerdeverfahren
– einstweiliges Verfügungsverfahren 12 83 ff.
– Enumerationsprinzip 12 9
– erster Instanz *siehe* Gerichtsgebühren erster Instanz
– Fälligkeit bei Mahnverfahren 12 103
– Mahnverfahren 12 80 ff.
– Nichtzulassungsbeschwerde 72a 91
– Rechtsmittelstreitwert 12 126
– Revisionsverfahren 12 67 ff.; 75 52
– selbständiges Beweisverfahren 12 92 ff.
– unzulässiger Rechtsweg 48 95
– Verzögerungsgebühr 12 17 ff.
– Wiederaufnahmeklage 12 77 f.
Gerichtsgebühren Berufungsverfahren 12 58 ff.
– 3,2 Gebühren 12 58 ff.
– Beendigung des Verfahrens vor Eingang der Berufungsbegründungsschrift 12 61
– Klage- und Berufungsrücknahme vor Schluss der mündlichen Verhandlung 12 62
– Privilegierungstatbestände 12 61 ff.
– Verfahrensgebühr 12 58 ff.
– Vergleich 12 60
– Verzicht auf schriftliche Begründung 12 62
Gerichtsgebühren Beschwerdeverfahren 12 70 ff.
– Fixgebühr 12 74
– gebührenfreie Verfahren 12 73
– generell gebührenpflichtige Verfahren 12 72
– Nichtzulassung der Revision 12 76
Gerichtsgebühren erster Instanz 12 13 ff.
– abgekürztes Urteil 12 50 ff.
– Anerkenntnis 12 40 ff., 47 ff.
– außergerichtlicher Vergleich 12 38
– Erledigung der Hauptsache 12 54 ff.
– gerichtlicher Vergleich 12 33 ff.
– Grundtatbestand 12 27 f.
– Klagerücknahme 12 40 ff.
– Mediation 12 35
– Pauschalgebühr 12 13
– Verfahrensgebühr 12 13 f.
– Vergleich 12 29 ff.

- Versäumnisurteil **12** 39
- Verweisung **12** 15
- Verzicht **12** 40 ff., 47 ff.
- Zurückverweisung **12** 16

Gerichtsgebühren Revisionsverfahren 12 67 ff.; **75** 52

Gerichtskosten 12 1 ff., 6
- Auslagen **12** 5
- Aussetzung des Verfahrens **12** 107
- Begriff **12** 3
- Beitreibung **12** 12
- Berechnung als Justizverwaltungsmaßnahme **15** 20
- Dokumentenpauschale **12** 99
- Fälligkeit **12** 99 ff.
- Fälligkeit bei Mahnverfahren **12** 103
- Fälligkeit beim einstweiligen Rechtsschutzverfahren **12** 104
- Gerichtsgebühren *siehe dort*
- gerichtskostenfreie Verfahren **12** 7, 118 ff.
- historische Entwicklung **12** 10
- Kostenansatz **12** 110 ff.
- Kostenschuldner **12** 115 ff.
- Mahnverfahren **46a** 54
- Nichtbetreiben des Verfahrens **12** 106
- öffentliche Arbeitgeber **12** 8
- bei „Rechtshilfe" für Schiedsgericht **106** 21 f.
- Regelungen des GKG **12** 1 f.
- sofortige Beschwerde **78** 65
- Sprungrevision **76** 52
- Unterbrechung des Verfahrens **12** 107
- Verfassungsbeschwerde **ArbV** 61
- Vorabentscheidungsverfahren **ArbV** 157
- Vorschüsse **12** 108 f.

Gerichtsstand
- allgemeiner ~ **48** 114
- des Arbeitsortes **48** 115 ff.
- des Aufenthaltsortes **48** 121
- besondere Gerichtsstände **48** 115 ff.
- des Erfüllungsortes *siehe* Gerichtsstand des Erfüllungsortes
- bei gleichgerichteten Entschädigungsklagen **48** 136
- konkurrierende Gerichtsstände **48** 154
- in Miet- und Pachtsachen **48** 132 f.
- der Niederlassung **48** 122
- Ort der gewöhnlichen Arbeitsverrichtung **48** 118
- Ort, von dem aus die Arbeit verrichtet wird **48** 119
- der unerlaubten Handlung **48** 134
- der Widerklage **48** 135

Gerichtsstand des Erfüllungsortes 48 123 ff.
- Arbeitspflicht **48** 127
- Entgeltzahlungspflichten **48** 129
- Erfüllungsort **48** 125 ff.
- Schadensersatz- und Unterlassungspflichten **48** 128
- tarifvertragliche Pflichten **48** 131
- Vertragsverhältnis **48** 124

Gerichtsstandsvereinbarungen 48 137 ff.
- arbeitsvertragliche ~ **48** 138 ff.
- nach Art. 25 EuGVVO **48** 143
- nach Entstehen der Streitigkeit **48** 140
- kein allgemeiner Gerichtsstand im Inland **48** 139
- tarifliche ~ **48** 144 f.

- Verlegung des Wohnsitzes/Aufenthaltsortes ins Ausland nach Vertragsschluss **48** 141 f.

Gerichtstage 14 15 ff.
- Ausgestaltung **14** 18 ff.
- Einrichtung **14** 16 f.
- Landesarbeitsgerichte **33** 11
- Zweck **14** 17

Gerichtsverfassungsgesetz
- Anwendung **9** 5 f.

Gerichtsverwaltung 15 7 ff.
- Dienstbetrieb **15** 14
- personelle Ausstattung **15** 12
- Sachbedarf **15** 13
- Überprüfbarkeit von Maßnahmen **15** 10

Gesamtbetriebsrat
- materiell Beteiligter **83** 77 f.
- örtliche Zuständigkeit im Beschlussverfahren **82** 9

Gesamtrechtsnachfolge 3 6 ff.

Gesamtschiedsvereinbarung 101 22 ff.
- bestimmter Tarifvertrag **101** 23
- Geltungsbereich **101** 22 ff.
- obligatorischer Teil eines Tarifvertrags **101** 24
- prozessuale Probleme **101** 26 ff.
- Vereinbarung **101** 25

Geschäftsführer
- einer Betriebskrankenkasse als arbeitnehmerähnliche Personen **5** 235, 298
- Fremd-~ einer GbR als arbeitnehmerähnliche Person **5** 234a
- GmbH-Geschäftsführer *siehe dort*
- einer Industrie- und Handelskammer als gesetzlicher Vertreter **5** 299b
- einer Kreishandwerkerschaft als gesetzlicher Vertreter **5** 299
- eines Landesinnungsverbands als gesetzlicher Vertreter **5** 299a

Geschäftsführung ohne Auftrag
- kein Arbeitsverhältnis **2** 93

Geschäftsordnung
- Bundesarbeitsgericht **44** 14 ff.

Geschäftsstelle 7 1 ff.
- Aufbringung der Mittel **7** 36 f.
- Aufgaben **7** 19 ff.
- Aufsicht **7** 8 ff.
- Ausgestaltung **7** 11 ff.
- Besetzung **7** 14 ff.
- Einrichtung **7** 3 ff.
- Errichtung **7** 5 ff.
- Geschäftsleiter **7** 8 ff.
- Rechtsantragsstelle **7** 33 ff.
- Rechtspfleger **7** 22 ff.
- Urkundsbeamter **7** 15 ff.; 28 ff.

Geschäftsverteilungsplan 6a 53 ff.
- Abänderungsgründe **6a** 64 f.
- absoluter Revisionsgrund bei Verstoß **73** 37
- Abstraktionsprinzip **6a** 69
- Änderungen **6a** 63 ff.
- Anfechtung **6a** 112 f.
- Anfechtung der Einzelanordnung durch Außenstehende **6a** 117 ff.

- Anfechtung der Einzelanordnung durch betroffenen Richter **6a** 114 ff.
- aufsichtsführende Richter/Präsidenten **6a** 55
- Aufstellung **6a** 58 ff.
- Bestimmung der Zuweisung **6a** 78
- Bundesarbeitsgericht **44** 2 ff.
- ehrenamtliche Richter bei Vertagung **31** 25 ff.
- ehrenamtliche Richter, Beteiligung – BAG **44** 12
- Eildienst **6a** 75
- Entlastung **6a** 73
- zu entscheidende Rechtsfrage – BAG **41** 27
- Fachkammern **6a** 72
- Gegenstand **6a** 54 ff.
- Geschäftsjahr **6a** 60 f.
- Inhalt **6a** 69 ff.
- Jährlichkeitsprinzip **6a** 59
- Offenlegung **6a** 109 f.
- Parallelsachen **6a** 74
- Senate des BAG **41** 25 ff.
- spruchkörperinterne Verteilung **6a** 87 f.
- überbesetzter Spruchkörper **6a** 89 f.
- Umfang der richterlichen Tätigkeit **6a** 56
- Verteilungssystem **6a** 70 ff.
- Vertretungsregeln **6a** 84 ff.
- Vorsitz in den Kammern **6a** 81 f.
- vorübergehende Verhinderung **6a** 85
- Zuteilung **6a** 79
- Zuteilung der Richter – BAG **41** 30
- Zuweisung der Richter **6a** 77 ff.

Gesellschaft bürgerlichen Rechts
- Parteifähigkeit **10** 6

Gesellschafter
- Arbeitnehmerbegriff **5** 99

Gesetzlicher Richter
- Heranziehung der ehrenamtlichen Richter **31** 2
- Schiedsverfahren gemäß § 111 Abs. 2 ArbGG **111** 31 f.

Gesetzlicher Vertreter
- kein Arbeitnehmer **5** 269 ff.
- ausländisches Kreditinstitute **5** 300
- Beendigung der Organstellung bei zuvor bestehendem Arbeitsverhältnis **5** 284 ff.
- besondere Vereinsvertreter **5** 297
- Einzelfälle **5** 298 ff.
- Gesamtprokurist einer GmbH Co. KG als Arbeitnehmer **5** 305
- „Geschäftsführer" einer OHG **5** 306a
- gesetzliche Vertretungsorgane juristischer Personen **5** 287 ff.
- GmbH-Geschäftsführer *siehe dort*
- Konzern **5** 274
- von Personengesamtheiten **5** 301 ff.
- Prorogationsvereinbarung **5** 274b
- rechtswidrige Rechtswegverweisung **5** 306a
- Vertretungsmacht **5** 271 ff.
- vorgeschaltetes Arbeitsverhältnis **5** 275a ff.
- Vorstand eines eingetragenen Vereins **5** 296
- Vorstandsmitglied einer Genossenschaft **5** 298a
- weitere Rechtsbeziehungen **5** 274c ff.
- Werkleiter von Eigenbetrieben **5** 300a

- Wiederaufleben von „ruhendem" Arbeitsverhältnis **5** 276 ff.

Gestaltungsanträge
- Antragsbefugnis im Beschlussverfahren **81** 62
- Beschlussverfahren **81** 26
- Rechtsschutzinteresse im Beschlussverfahren **81** 92 f.
- Tarifkollision, Beschlussverfahren **99** 7

Gestaltungsklage 46 80 f.

Geständnis
- Güteverhandlung **54** 31

Gewerkschaften
- Antragsbefugnis im Beschlussverfahren **81** 82 ff.
- betriebsverfassungsrechtliche Rechte – Rechtswegzuständigkeit **2a** 56 f.
- Einigungsstellenbeisitzer, Honorar des Sekretärs **VESt** 396
- Haftung des Verbandsvertreters gegenüber dem Mitglied **11** 30
- materiell Beteiligte **83** 90
- Mitglieder als ehrenamtliche Richter **23** 10
- Parteifähigkeit **10** 10 ff.
- Parteifähigkeit von Spitzenorganisationen **10** 15
- Prozessvertretung **11** 20 ff.
- Rechtswegzuständigkeit bei Streit über Gewerkschaftseigenschaft **2a** 115
- Schiedsverfahren bei Streit über Tarifzuständigkeit **97** 28
- Unterlassungsanspruch **2** 76; **2a** 58
- Verfügungsanspruch bei Betriebsratswahl **85** 81, 84
- Vorschlag ehrenamtlicher Richter **20** 4
- Zutrittsrecht zum Betrieb **2a** 57
- Zutrittsrecht zum Betrieb, einstweilige Verfügung **85** 89 ff.

Gewohnheitsrecht
- Beweisverfahren **58** 11

Glaubhaftmachung 58 21
- Ausschluss der vorläufigen Vollstreckbarkeit **62** 22
- Beschwerdewert **64** 85
- Einstellung Zwangsvollstreckung **62** 34
- einstweilige Verfügung im Beschlussverfahren **85** 71 ff.
- Fristeinhaltung bei Wiederaufnahme des Verfahrens **79** 22
- katholische Kirchengerichtsbarkeit **KK** 21

Gleichbehandlungsgrundsatz
- Darlegungs- und Beweislast bei Teilzeitbeschäftigten **58** 112b
- Darlegungs- und Beweislast für Verstoß **58** 112

GmbH
- arbeitnehmerähnliche Person oder Heimarbeiter **5** 236
- Arbeitnehmereigenschaft eines Gesellschafters **5** 99
- Gesellschafter als Arbeitnehmer **5** 293

GmbH-Geschäftsführer 5 289 ff.
- abhängige GmbH **5** 295
- Anstellungsverhältnis eines stellvertretenden ~s **5** 292a
- arbeitnehmerähnliche Person **5** 235a f.
- Beendigung der Organstellung bei zuvor bestehendem Arbeitsverhältnis **5** 284 ff.

- Formwechsel in GmbH Co. KG **5** 294a
- der Komplementär-GmbH einer GmbH Co. KG **5** 304
- Mehrpersonen-Geschäftsführung **5** 292a
- Organtätigkeit und Wiederaufleben von „ruhendem" Arbeitsverhältnis **5** 276 ff.
- Ruhegeldanpassung, Klage **5** 291
- Verschmelzung **5** 294

Greifbare Gesetzwidrigkeit 78 101 f.
- *siehe auch* Anhörungsrüge
- „außerordentliche" Beschwerde **77** 22
- Befangenheitsbesorgnis **49** 151 ff.
- Verweisung in anderen Rechtsweg **48** 85
- Verweisung wegen örtlicher Unzuständigkeit **48** 110 f., 157 f.
- Zwangsvollstreckung, Einstellung **62** 38

Grenzüberschreitende vorläufige Kontenpfändung 62 174 ff.
- Antrag **62** 178
- Entscheidung **62** 181
- Forderung, schlüssig dargelegte **62** 177
- gerichtliche Prüfung im schriftlichen Verfahren **62** 180
- gesetzliche Regelung **62** 176
- Informationen zur Identifizierung von Bankkonten **62** 179
- rechtliche Einordnung **62** 175
- Rechtsbehelfe **62** 183 f.
- Schadensersatzpflicht des Gläubigers **62** 185
- Titel **62** 177
- Vollziehung **62** 182
- Zweck **62** 175

Großer Senat 41 7; **45** 1 ff.
- Abweichen von Entscheidungen anderer Gerichte/des eigenen Senats **45** 34
- Abweichung **45** 13 ff.
- Besetzung **45** 41 ff.
- Bindungswirkung **45** 61
- Divergenzvorlage **45** 8 ff.
- Entscheidung **45** 48, 54 ff.
- Entscheidungserheblichkeit **45** 16 ff.
- Folge der Entscheidung **45** 59 ff.
- grundsätzliche Bedeutung **45** 29 f.
- Grundsatzvorlage **45** 27 ff.
- Rechtsfortbildung **45** 31 f.
- Rechtsfrage **45** 9 ff.
- Rechtsmittel **45** 62
- Sicherung der Rechtseinheit **45** 33
- unterlassene Vorlage **45** 26
- Verfahren **45** 21 ff., 35 ff., 48 ff.
- Zuständigkeit **45** 3 ff.

Grundurteil
- Ausschluss der selbständigen Anfechtbarkeit **61** 63
- Berufung **64** 24
- fehlerhafte Rechtsmittelbelehrung **61** 62
- Zurückverweisung **68** 17 f.
- Zwischenurteil **61** 60 ff.

Gutachten
- *siehe* Sachverständiger

Güterichter
- Ausschluss von der Ausübung des Richteramts **54** 103
- Auswahl **54** 71 ff.
- besonderer ~ **54** 67 ff.
- Co-Mediation **54** 110
- Entscheidung über die Verweisung **54** 51 ff.
- Entstehungsgeschichte **54** 44
- erstmalige Güteverhandlung **54** 46
- Form der Verweisung **54** 57
- Fortsetzung der Güteverhandlung **54** 47 ff.
- gerichtsübergreifende Tätigkeit **54** 74
- Gestaltungsfreiheit **54** 104 ff.
- aus der Kammerverhandlung **54** 49
- pflichtgemäßes Ermessen bei Verweisung **54** 63 f.
- Qualifikation **54** 75
- Rechtsfolgen der Verweisung **54** 65
- Rechtsmittel gegen Verweisung **54** 66
- Verschwiegenheitspflicht **54** 108 f.
- Zeitpunkt der Verweisung **54** 50
- Zustimmung der Parteien **54** 59 ff.

Güterichterverfahren 16 12a; **54** 76 ff.
- allgemeine Verfahrensvorschriften **54** 91 ff.
- Anordnung persönlichen Erscheinens **54** 96
- Dauer der Verhandlungen **54** 94 f.
- Mediation **54** 78 ff.
- Öffentlichkeit **54** 97 f.
- Protokollierung der Verhandlungen **54** 99
- Protokollierung einer Vereinbarung **54** 100
- Prozesskostenhilfe **54** 102
- Rechtsstaatlichkeit **54** 92 f.
- Verfahrensvorschriften **54** 111
- Versäumnisurteil **54** 101
- Vertretungszwang **54** 112
- zweitinstanzliches Beschlussverfahren **87** 40

Güteverhandlung 54 1 ff.
- *siehe auch* Güterichter; Güterichterverfahren
- Aktenlageentscheidung **59** 52
- Alleinentscheidung auf Antrag nach ~ **55** 59 f.
- alsbaldige ~ bei Bestandstreitigkeiten **61a** 5
- Anerkenntnis **54** 29
- Antragstellung **54** 13
- Aufforderung zur schriftlichen Gegenäußerung **47** 25 ff.
- Ausschließung des Prozessbevollmächtigten **51** 34
- Beschlussverfahren **80** 44
- Besetzung der Kammern **16** 10 ff.
- Durchführung **54** 8 ff.
- ehrenamtliche Richter **16** 12
- Eilverfahren **62** 116
- Ergebnis **54** 14 ff.
- Erörterung des Sach- und Streitstoffs **54** 9 f.
- Geständnis **54** 31
- Grundsätze **54** 7
- informelle Befragung **54** 11
- Klagerücknahme **54** 25 ff.
- Nichtbestreiten **54** 32
- Prozessvergleich **54** 15 ff.
- Referendare **54** 5
- Ruhen des Verfahrens **54** 39 ff.

- Säumnis beider Parteien **54** 39 ff.; **55** 27
- Säumnis einer Partei **54** 38; **55** 25
- schriftlicher Vergleich **54** 22 ff.
- Tarifkollision, Beschlussverfahren **99** 13
- übereinstimmende Erledigungserklärung **54** 33 ff.
- im Verfahren des einstweiligen Rechtsschutzes **54** 3
- Verzicht **54** 28, 30
- Vorbereitung **54** 6
- Vorsitzender **54** 4
- weitere Verhandlung **54** 36 ff.
- weiterer Termin **54** 12
- Widerrufsvergleich **54** 17 ff.
- nach ZPO **46** 8

Haftung des Arbeitnehmers
- Darlegungs- und Beweislast **58** 119 f.

Handelsvertreter 5 251 ff.
- Agentur mehrerer ~ **5** 262
- arbeitnehmerähnliche Person **5** 268
- Bausparkassenvertreter **5** 260
- Definition **5** 252 f.
- Einfirmenvertreter **5** 264
- Fiktionstatbestand **5** 263 ff.
- Selbständigkeit **5** 255 ff.
- Streitwertberechnung **12** 260
- Studienleiter auf Provisionsbasis **5** 262b
- unselbständiger Angestellter, Abgrenzung **5** 254
- Verdienstgrenze **5** 265 ff.
- Versicherungsangestellter **5** 259
- Versicherungsvertreter **5** 257
- Vertragshändlerverträge **5** 262a
- Vertriebsdirektor **5** 261

Handwerker
- Arbeitnehmerbegriff **5** 101

Hausgewerbebetreibende 5 193

Hausmeister
- arbeitnehmerähnliche Person **5** 237
- Arbeitnehmereigenschaft bei nebenberuflicher Tätigkeit eines Rentners **5** 100

Heimarbeiter
- Arbeitnehmerbegriff **5** 189 ff.
- Gleichgestellte **5** 195 ff.
- Telearbeit **5** 221

Heranziehung der ehrenamtlichen Richter 6 72 f.; **31** 1 ff.
- absoluter Revisionsgrund **73** 38
- Aufstellung der Liste **31** 4 ff.
- Aufstellung der Liste – LAG **39** 3 ff.
- Bundesarbeitsgericht **43** 36
- fehlerhafte ~ **16** 50 ff., 62 ff.; **31** 30 ff.
- fehlerhafte ~ – LAG **39** 10
- Fortsetzungstermin **31** 23 ff.
- gesetzlicher Richter **31** 2
- Hilfsliste **31** 13 ff.
- irrtümlicher Verstoß **31** 31
- Kammersitzung **31** 17
- Ladung – BAG **43** 38
- Liste **31** 16 ff.
- Liste – BAG **43** 37
- Liste – LAG **39** 7 ff.
- Mängel, Prüfung im Berufungsverfahren **65** 27 ff.
- Mitwirkung nach Ende der Amtszeit als absoluter Revisionsgrund **73** 39
- Nichtzulassungsbeschwerde **72a** 80
- Nichtzulassungsbeschwerde im Beschlussverfahren **92a** 28
- ordentliche Liste **31** 5 ff.
- Pflichten und Folgen **31** 39 ff.
- Rechte **31** 33 ff.
- Rechte – LAG **39** 12
- Rechtsbeschwerde im Beschlussverfahren **92** 29
- Regelung im Geschäftsverteilungsplan **31** 25 ff.
- keine Regelung im Geschäftsverteilungsplan **31** 29
- Reihenfolge – BAG **43** 40
- Sitzung **31** 23
- unvorhergesehene und plötzliche Verhinderung **31** 22
- Verfahren auf Erlass einstweiligen Rechtsschutzes **31** 18
- Verhinderung – LAG **39** 8
- Verhinderungsgrund **31** 20
- Vorbereitung – BAG **43** 39
- willkürlicher Abweichung von Reihenfolge **31** 30

Herausgabeklage 46 61
- Streitwertberechnung **12** 261

Hilfsantrag
- Beschlussverfahren **81** 30
- Revisionsbegründung **74** 43
- Streitwertberechnung bei unechtem ~ **12** 157

Hinterbliebene
- Rechtswegzuständigkeit **2** 143

Hinweispflicht 56 5; **57** 5 ff.; **72** 43e; **72a** 65c
- Anhörungsrüge bei Verstoß **78a** 34 ff.
- Ausschluss der Kostenerstattung **12a** 33 ff.
- Rechtsbeschwerde im Beschlussverfahren wegen Verletzung **93** 21
- Überraschungsentscheidung **78a** 35
- Umfang **78a** 34
- Zurückweisung verspäteten Vorbringens **78a** 38 f.
- zweitinstanzliches Beschlussverfahren **87** 42

Immobilienmakler
- arbeitnehmerähnliche Person **5** 237b

Insolvenz/Insolvenzverfahren
- Arbeitgeberbegriff **5** 4a
- keine Aufhebung und Zurückverweisung der Rechtsbeschwerde **96** 41
- Berufungsurteil, Zustellung **66** 18a
- Beschlussverfahren **80** 19 ff.
- Beschlussverfahren bei Kündigungen **80** 22 ff.
- betriebsverfassungsrechtliche Streitigkeiten **2a** 62 ff.
- Darlegungs- und Beweislast bei Interessenausgleich mit Namensliste **58** 25
- Honoraransprüche der Einigungsstellenmitglieder **VESt** 414
- Mahnverfahren **46a** 30
- Nichtzulassungsbeschwerde im Beschlussverfahren **92a** 6
- Rechtsbeschwerde bei Betriebsänderung **92** 8 ff.

- Rechtsbeschwerde bei Kündigungen **92** 8 ff.
- Rechtswegzuständigkeit **2** 106 ff.
- Rechtswegzuständigkeit bei Insolvenzanfechtungsklage des Insolvenzverwalters **2** 151
- sofortige Beschwerde wegen verspäteter Absetzung der Beschwerdeentscheidung **92b** 7
- Streitwertberechnung **12** 262 f.

Insolvenzverwalter
- Arbeitgeber **5** 4a
- persönliches Erscheinen **51** 6
- Prozesskostenhilfe **11a** 15 f.

Instanzenzug
- Arbeitsgerichte **8** 6, 10
- Bundesarbeitsgericht **8** 9; **40** 9 ff.
- Landesarbeitsgerichte **8** 7 f.

Integrationsamt
- Aussetzung des Kündigungsschutzverfahren wegen Zustimmungsstreit **55** 42
- Kosten des verwaltungsgerichtlichen Kündigungsschutzverfahrens **12a** 51 f.
- Streitwertberechnung **12** 264

Interessenausgleich
- Darlegungs- und Beweislast bei ~ mit Namensliste in der Insolvenz **58** 25
- Einigungsstellenvorsitzender, Besorgnis der Befangenheit **VESt** 189 f.
- Unterlassung betriebsbedingter Kündigungen bis Abschluss ~sverhandlungen **85** 110 ff.

Interessenvertretung in außerbetrieblichen Bildungseinrichtungen
- Beteiligtenfähigkeit **10** 30
- örtliche Zuständigkeit im Beschlussverfahren **82** 22
- Rechtswegzuständigkeit im Beschlussverfahren **2a** 104 f.

Internationale Verfahren 13a 1 ff.
- Beweisaufnahme **13a** 4
- europäische Verordnungen **13a** 2 ff.
- geringfügige Forderungen **13a** 10
- Mahnverfahren **13a** 9
- Prozesskostenhilfe **13a** 5
- Vollstreckungstitel nach EU-Verordnung **13a** 11 ff.
- Vollstreckungstitel über unbestrittene Forderungen nach EU-Verordnung **13a** 6 ff.
- Zustellung **13a** 3

Internationale Zuständigkeit 1 27 ff.; **2** 249 ff.; **48** 14 f.
- nach § 15 AEntG **2** 253
- Berufungsverfahren **64** 234
- Beschlussverfahren **2a** 130 f.
- Entscheidung **2** 258
- nach der EuGVVO **2** 252
- nach der EuGVVO bei betriebsverfassungsrechtlichen Angelegenheiten **2a** 130a
- und örtliche Zuständigkeit **2** 250
- Prüfung **2** 257
- Rechtswahl **1** 29
- rügelose Einlassung **2** 256
- Vereinbarung **2** 254 f.
- des Vermögens **2** 251
- völkerrechtliche Vorschriften **1** 28

Jugend- und Auszubildendenvertretung
- materiell Beteiligte **83** 79 f.
- Prozessfähigkeit **10** 42
- Rechtswegzuständigkeit bei Unzumutbarkeit der Weiterbeschäftigung **2a** 48 f.
- Rechtswegzuständigkeit bei Weiterbeschäftigungsanspruch **2** 114; **2a** 47
- Streitwertberechnung bei Weiterbeschäftigungsanspruch **12** 233
- Vertretung im Beschlussverfahren **11** 38

Juristische Personen
- Ladung des gesetzlichen Vertreters **51** 12
- Parteifähigkeit von juristischen Personen des öffentlichen Rechts **10** 5
- Prozessfähigkeit **10** 37 ff.

Justizverwaltung 15 7 ff., 16 ff.
- Akteneinsicht durch Dritte **15** 18
- Aufgaben **15** 17
- Außenwirkung **15** 16
- Kostenberechnung **15** 20
- Spezialvorschriften **15** 22 ff.
- Überprüfbarkeit von Maßnahmen **15** 10
- Veröffentlichungen **15** 19

Justizverwaltungskosten 12 11

Kammern
- Anzahl – ArbG **17** 6
- Anzahl – LAG **35** 18 ff.
- Einrichtung – ArbG **17** 2 ff.
- Fachkammern *siehe dort*
- Hilfskammern **17** 8
- Rechtsnatur des Errichtungsaktes **17** 5
- Veränderung der Anzahl – ArbG **17** 4
- Veränderung der Anzahl – LAG **35** 20

Kammerverhandlung
- *siehe* Streitige Verhandlung

Karenzentschädigung
- Streitwertberechnung **12** 265

Karitative Einrichtung
- Arbeitnehmereigenschaft bei karitativen Motiven **5** 168 ff.

Kindergeld
- Berücksichtigung bei Prozesskostenhilfe **11a** 55

Kirchen
- Arbeitnehmereigenschaft bei religiösen/karitativen Motiven **5** 168 ff.
- kirchliche Arbeitnehmer **ArbV** 16a
- Mitarbeitervertretungsrecht **2a** 27 f.
- Revision bei kirchlichem Recht **73** 12
- Verfassungsbeschwerde **ArbV** 16 ff.

Kirchenarbeitsgerichtsbarkeit, evangelische EK 1 ff.
- Anrufungsfristen **EK** 11
- Anschlussbeschwerde **EK** 32
- Antragsrücknahme **EK** 17
- Anwaltszwang **EK** 25
- Aufbau und Systematik **EK** 2
- Beistand **EK** 9
- Beschwerde **EK** 18
- Beschwerde, Annahme **EK** 26 ff.
- Besetzung **EK** 3 ff.
- Beteiligte **EK** 8

- Divergenz **EK** 29
- eingeschränkter Untersuchungsgrundsatz **EK** 13
- eingeschränktes Mitbestimmungsrecht **EK** 16
- einstweilige Verfügung in 2. Instanz **EK** 36
- einstweiliger Rechtsschutz **EK** 20
- Entscheidung **EK** 15
- Entscheidungskompetenz **EK** 16
- ernstliche Zweifel an der Richtigkeit **EK** 27
- Gehörsrüge **EK** 19
- Gehörsrüge in 2. Instanz **EK** 35
- grundsätzliche Bedeutung **EK** 28
- Initiativrecht **EK** 16
- Kammerverhandlung **EK** 14
- Kirchengerichtshof, Besetzung **EK** 6
- Kosten und Auslagen **EK** 22
- Letztentscheidungsrecht **EK** 37
- Mitberatungsrecht **EK** 16
- sofortige Beschwerde **EK** 18
- uneingeschränktes Mitbestimmungsrecht **EK** 16
- Verfahren im ersten Rechtszug **EK** 7 ff.
- Verfahren im zweiten Rechtszug **EK** 24
- Verfahren in 2. Instanz **EK** 33 f.
- Verfahrensablauf **EK** 12 ff.
- Verfahrensgrundsätze **EK** 10
- Vergleich **EK** 17
- Vollstreckung **EK** 23
- Wahlanfechtung **EK** 16
- Wiederaufnahme des Verfahrens **EK** 21
- Wiedereinsetzung **EK** 21
- Zuständigkeit im ersten Rechtszug **EK** 7
- zweite Tatsacheninstanz **EK** 24

Kirchenarbeitsgerichtsbarkeit, katholische
- Beistand **KK** 14
- Besetzung **KK** 5
- eigenes Gericht erster Instanz **KK** 4
- eingeschränkter Untersuchungsgrundsatz **KK** 16 f.
- Einigungsstelle **KK** 10
- einstweilige Verfügung **KK** 19 ff.
- Glaubhaftmachung **KK** 21
- KAGH **KK** 6
- KAGO **KK** 2
- KAGO, Aufbau und Systematik **KK** 3 f.
- Kosten und Auslagen **KK** 24 ff.
- Nichtzulassungsbeschwerde **KK** 36 f.
- Normenkontrolle **KK** 11
- Prozessvertretung **KK** 13
- Revision **KK** 38
- Revisionszulassung **KK** 35
- Selbstbestimmungsrecht **KK** 1
- sofortige Beschwerde **KK** 28 ff.
- staatlicher Rechtsschutz **KK** 1
- Verfahren **KK** 2 ff.
- Verfahren im ersten Rechtszug **KK** 7 ff.
- Verfahren im zweiten Rechtszug **KK** 34 ff.
- Verfahrensgrundsätze **KK** 15 ff.
- Vollstreckung **KK** 31 ff.
- Wiedereinsetzung **KK** 22 f.
- Zuständigkeit **KK** 7 ff.

Klage auf vorzugsweise Befriedigung 62 95

Klage wegen Benachteiligung
- siehe Benachteiligung, Klage

Klageänderung
- Berufungsanträge **64** 147
- Einlassungsfrist **47** 10

Klagearten 46 55 ff.
- Eingruppierungsklage **46** 117 ff.
- Feststellungsklage **46** 66 ff.
- Gestaltungsklage **46** 80 f.
- Konkurrentenklage **46** 145 ff.
- Kündigungsschutzklage/-verfahren siehe dort
- Leistungsklage **46** 56 ff.
- „Mobbingklage" **46** 168 ff.

Klageerhebung 47 4 f.
- Verjährung **47** 6

Klageerweiterung
- Anschlussberufung **64** 196
- Berufungsbegründungsfrist **66** 53a
- Einlassungsfrist **47** 10
- Flucht in die ~ **56** 52

Klagefrist
- Anrufung des Schlichtungsausschusses bei außerordentlicher Kündigung **111** 13
- Aufhebungsklage **110** 26 ff.
- Entschädigung wegen Benachteiligung **61b** 9 ff.
- Kündigungsschutzklage, Darlegungs- und Beweislast **58** 128

Klagehäufung, subjektive
- Streitwertberechnung **12** 163 f.

Klagerücknahme 54 25 ff.; **55** 8 ff.
- im Berufungsverfahren **64** 204
- nach Einlegung des Einspruchs gegen Versäumnisurteil **59** 96 ff.
- Gerichtsgebühren Berufungsverfahren **12** 62
- Gerichtsgebühren erster Instanz **12** 40 ff.

Klageschrift
- Auslandszustellung **47** 13
- öffentliche Zustellung **47** 5
- Zustellung **47** 4 f.

Kleinbetriebsklausel
- Darlegungs- und Beweislast **58** 129

Kommanditgesellschaft
- Arbeitnehmereigenschaft eines Kommanditisten **5** 103b
- Parteifähigkeit **10** 4

Kommissionär
- Arbeitnehmer oder arbeitnehmerähnliche Person **5** 238

Konkrete Normenkontrolle ArbV 65 ff.
- Anfechtung des Vorlagebeschlusses **ArbV** 87
- Aufhebung des Vorlagebeschlusses **ArbV** 88
- Äußerungsberechtigung **ArbV** 90 ff.
- Aussetzung des arbeitsgerichtlichen Verfahrens **55** 44
- Aussetzung und Vorlage **ArbV** 83 ff.
- Begründung der Vorlageentscheidung **ArbV** 86
- Beitritt **ArbV** 89
- Besetzung des vorlegenden Gerichts **ArbV** 79
- deutsche Gesetze **ArbV** 70
- Entscheidung des BVerfG **ArbV** 93 ff.
- Entscheidungserheblichkeit **ArbV** 76 ff.
- existente Gesetze **ArbV** 71
- Gesetze im formellen Sinne **ArbV** 69

- Kammerverfahren **ArbV** 93
- Mehrfachvorlage **ArbV** 84
- nachkonstitutionelle Gesetze **ArbV** 72
- Nichtvorlage **ArbV** 68
- Prozessbevollmächtigter **ArbV** 90
- Prozesskostenhilfe **ArbV** 92
- Rechtsakte der Europäischen Union **ArbV** 70
- Rechtsanwaltsgebühren **ArbV** 91
- Tenor der Entscheidung **ArbV** 95
- Überzeugung von der Verfassungswidrigkeit **ArbV** 73 ff.
- unmittelbare Einholung der Entscheidung **ArbV** 82
- Unterzeichnung des Vorlagebeschlusses **ArbV** 80
- Verfahrensstadium für Vorlage **ArbV** 77a
- und Vorabentscheidungsverfahren **ArbV** 161 ff.
- Vorabentscheidungsverfahren, Zusammentreffen **ArbV** 164
- Vorlageentscheidung **ArbV** 79 ff.
- Vorlagegegenstand **ArbV** 69 ff.
- Vorlagepflicht **ArbV** 67
- Vorlagerecht **ArbV** 66
- Wirkung der Entscheidung **ArbV** 96
- Zuständigkeit **ArbV** 79 ff.

Konkurrentenklage 46 145 ff.
- Bescheidungsklage **46** 148
- einstweiliges Verfügungsverfahren **46** 153 ff.; **62** 127 f.
- Erledigung des Rechtsstreits **46** 149, 151 f.
- Konkurrenzen mehrerer ~n **46** 163 ff.
- Leistungs- und Feststellungsklage **46** 146 f.
- Parallelen zur beamtenrechtlichen ~ **46** 145 f.
- Rechtsstellung des ausgewählten Bewerbers im Prozess **46** 159 ff.
- Zwangsvollstreckung **62** 87

Konsularische Vertretungen
- deutsche Gerichtsbarkeit **1** 14 ff.

Konzern
- Einigungsstelle **VESt** 38
- Einigungsstellenbeisitzer **VESt** 380 f.
- gesetzliche Vertreter und Arbeitnehmereigenschaft **5** 274
- örtliche Zuständigkeit im Beschlussverfahren **82** 16

Kosten
- *siehe auch* Kostenentscheidung; Kostentragungspflicht
- Anschlussberufung **64** 201 ff.
- außergerichtliche ~ **12** 3
- außergerichtliche ~ im Vorabentscheidungsverfahren **ArbV** 159
- Berufungsrücknahme **64** 207 f.
- Beschlussbeschwerde **91** 30
- Beschwerdeverfahren (sofortiges) **78** 63 f.
- Einigungsstellenverfahren *siehe* Kosten des Einigungsstellenverfahrens
- falsche Verfahrensart **48** 102
- Gerichtskosten *siehe dort*
- Mahnverfahren **46a** 54 f.
- Nichtzulassungsbeschwerde **72a** 88 ff.
- Obsiegen aufgrund neuen Vorbringens **67** 47
- örtliche Unzuständigkeit **48** 112
- Rechtsbeschwerde im Beschlussverfahren **96** 25 ff.
- Rechtshilfe **13** 30
- Revision **75** 52
- Revisionsrücknahme **74** 80
- schiedsgerichtliches Verfahren **12a** 49; **101** 20 f.; **106** 9
- Schiedsvergleich **107** 15
- Schlichtungsausschuss **111** 26 f.
- sofortige Beschwerde wegen verspäteter Absetzung des Berufungsurteils **72b** 42
- unzulässiger Rechtsweg **48** 93 ff.
- verspätetes Vorbringen **67** 2
- Zwangsvollstreckung **62** 97 ff.
- Zwangsvollstreckung im Beschlussverfahren **85** 43 f.

Kosten des Einigungsstellenverfahrens VESt 333 ff.
- Abstandsgebot **VESt** 389 ff.
- Auslagenersatz **VESt** 372 f.
- einseitige Honorarbestimmung durch Vorsitzenden **VESt** 342 f.
- Fälligkeit der Vergütung des Vorsitzenden **VESt** 370 f.
- gerichtliche Geltendmachung **VESt** 410 ff.
- Honorar des Vorsitzenden **VESt** 338 ff.
- Honorar für Gewerkschaftssekretär als Beisitzer **VESt** 396
- Honorar für Rechtsanwalt als Beisitzer **VESt** 397
- Honorar für Rechtsanwalt als Vorsitzender **VESt** 356
- Honoraransprüche bei Insolvenz **VESt** 414
- Honorarbeschluss des Betriebsrats zu Beisitzern **VESt** 384 ff.
- Honorardurchsetzungskosten **VESt** 413
- Honorarvereinbarung mit Vorsitzenden **VESt** 340 f.
- Kriterien der Vergütungsbemessung für Vorsitzenden **VESt** 344 ff.
- Mehrwertsteuererstattung für Vorsitzenden **VESt** 375 f.
- Pauschalhonorar für Vorsitzenden **VESt** 359 ff.
- Sachverständiger **VESt** 407 f.
- Schwierigkeit der Streitigkeit **VESt** 348 ff.
- Sitzungskosten **VESt** 406 ff.
- Tages- oder Stundensatz für Vorsitzenden **VESt** 362 ff.
- Verdienstausfall **VESt** 351 ff., 374
- Vergütung für betriebsangehörige Beisitzer **VESt** 377 f.
- Vergütung für betriebsfremde Beisitzer **VESt** 383 ff.
- Vergütungsdifferenzierung zwischen Beisitzern **VESt** 392 f.
- Vergütungshöhe bei betriebsfremden Beisitzern **VESt** 389 f.
- Vergütungsregelung in Betriebsvereinbarung **VESt** 398 f.
- Vergütungsregelung in Tarifvertrag **VESt** 398 f.
- Vertretung des Betriebsrats **VESt** 401 ff.
- Zeitaufwand **VESt** 345 ff.

Kostenansatz 12 110 ff.
- Berichtigung **12** 111 f.

- Erinnerung **12** 113
Kostenentscheidung
- Alleinentscheidung des Vorsitzenden **55** 51
- Erledigung der Hauptsache **54** 34 f.
- Erledigung der Hauptsache – Revision **75** 48
- keine ~ bei Beschlussbeschwerde **91** 30
- keine ~ bei Rechtsbeschwerde im Beschlussverfahren **96** 25 ff.
- keine ~ im Beschlussverfahren **80** 8; **84** 8 ff.
- Rechtsbeschwerdeverfahren **78** 99
- Schiedsspruch **108** 13 f.
- sofortige Beschwerde **78** 63 f.
- sofortige Beschwerde gegen Rechtswegbeschlüsse **48** 72
- Wiederaufnahmeverfahren **79** 30

Kostenschuldner 12 115 ff.
- Zweitschuldnerhaftung **12** 116 f.

Kostentragungspflicht 12a 1 ff.
- Beschlussverfahren **12a** 47 f.
- Detektiv **12a** 23
- Einschränkung der Erstattungspflicht **12a** 3 ff.
- Entschädigung wegen Zeitversäumnis **12a** 13
- erstattungsfähige Kosten **12a** 19 ff.
- Fotokopien, Schreibauslagen, Telekommunikation usw. **12a** 22
- Gutachten **12a** 24
- Hinweispflicht **12a** 33 ff.
- Hinweispflicht des Prozessvertreters **12a** 6
- historische Entwicklung **12a** 9 ff.
- hypothetische Parteikosten **12a** 25 f.
- Informationsreisen der Partei **12a** 21
- Klagerücknahme nach Einlegung des Einspruchs gegen Versäumnisurteil **59** 97
- Kostenteilung in zweiter und dritter Instanz **12a** 61 ff.
- materiell-rechtliche Kostenerstattungsansprüche **12a** 27 ff.
- Mehrkosten **12a** 39 ff.
- privatrechtliche Vereinbarung **12a** 28
- Prozessvergleich **12a** 31
- Reisekosten des Prozessbevollmächtigten in zweiter und dritter Instanz **12a** 56 ff.
- Schadensersatz des Drittschuldners **12a** 29
- schiedsgerichtliches Verfahren **12a** 49
- Schlichtungsausschuss **12a** 50
- tatsächliche Aufwendungen der Partei **12a** 20 ff.
- unzuständiges Gericht **12a** 7
- Urteilsverfahren **12a** 45 f.
- Urteilsverfahren erster Instanz **12a** 12 ff.
- Verbandsvertreter **12a** 17
- Verbandsvertreter auf einer Seite in zweiter oder dritter Instanz **12a** 8, 61
- Verbandsvertreter in zweiter und dritter Instanz **12a** 55, 61 ff.
- Verfahren vor dem Integrationsamt **12a** 51 f.
- Vergleich **12a** 30 ff.
- Verjährung **12a** 65
- Vertretungskosten **12a** 14 ff.
- verwaltungsgerichtliches Kündigungsschutzverfahren **12a** 51 f.
- Verweisung des Rechtsstreits **12a** 39 ff.
- Verzugspauschale **12a** 27b
- vorsätzliche und sittenwidrige Schädigung des Prozessgegners **12a** 27a
- Zivilprozess **12a** 2
- Zwangsvollstreckung **12a** 46
- zweite und dritte Instanz **12a** 53 ff.

Krankheitsbedingte Kündigung
- Darlegungs- und Beweislast **58** 136

Kundenberater
- Arbeitnehmerbegriff **5** 106

Kündigung
- Anrufungsfrist Schlichtungsausschuss bei außerordentlicher ~ **111** 13
- Darlegungs- und Beweislast hinsichtlich Treuwidrigkeit **58** 130
- Nachweis des Zugangs **58** 65
- Schlichtungsausschuss, Zuständigkeit **111** 7 f.
- Streitwertberechnung bei mehreren ~en **12** 267 f.
- uneingeschränkte Berufungsfähigkeit **64** 87

Kündigungsfrist
- Darlegungs- und Beweislast **58** 132

Kündigungsschutzklage/-verfahren 46 82 ff.
- Änderungskündigung, Klageantrag **46** 95
- Auflösungsantrag **46** 106 ff.
- Beendigungskündigung, Klageantrag **46** 93 f.
- Beschleunigungspflicht bei Bestandsstreitigkeiten siehe dort
- Beweislast hinsichtlich gemeinsamen Betriebs mehrerer Unternehmen **58** 131
- Darlegungs- und Beweislast hinsichtlich Eingreifen des KSchG **58** 129
- Darlegungs- und Beweislast hinsichtlich Klagefrist **58** 128
- Entwicklung der Rechtsprechung **46** 82 ff.
- und Feststellungsklage **46** 82 ff.
- isolierte Feststellungsklage **46** 96
- Klageantrag **46** 93 ff.
- Kosten des verwaltungsgerichtlichen Kündigungsschutzverfahrens **12a** 51 f.
- und Leistungsantrag **46** 97 f.
- Nachträgliche Klagezulassung siehe dort
- Rechtsschutzinteresse **46** 89 ff.
- Rechtswegzuständigkeit **2** 119
- Schiedsgerichtsverfahren **101** 28 ff.
- Schleppnetzantrag **46** 83
- Streitwert bei Auflösungsantrag **12** 226, 229
- Streitwert bei Entgelt- und Kündigungsschutzklage **12** 254 ff.
- Videoaufzeichnungen, Verwertung **58** 72 f.
- Weiterbeschäftigungsantrag **46** 102 ff.
- Wiedereinstellungsantrag **46** 99 ff.

Künstler
- arbeitnehmerähnliche Person **5** 239
- Arbeitnehmerbegriff **5** 105
- Berufssänger mit Exklusivvertrag als arbeitnehmerähnliche Person **5** 230b

Kurierdienstfahrer
- Arbeitnehmerbegriff **5** 107

Kurzzeitbeschäftigungen
- Arbeitnehmerbegriff **5** 108

Ladungsfrist 47 16 ff.
- *siehe auch* Terminsbestimmung
- Abkürzung 47 23
- Nichteinhaltung 47 24
- Verkündungstermin 47 19

Landesarbeitsgerichte
- Adressen 33 16
- Anhörung bei Maßnahmen des § 14 ArbGG 33 14 f.
- Anzahl der Kammern 35 18 ff.
- Ausschuss der ehrenamtlichen Richter 38 1 ff.
- auswärtige Kammern 33 7 f.
- Besetzung der Kammern – LAG *siehe dort*
- Bestellung der Vorsitzenden 36 9 ff.
- Bestellung des Präsidenten 36 9 ff.
- Dienstaufsicht 34 3
- ehrenamtliche Richter 35 4; 37 1 ff.
- erforderliche Richterzahl 35 3 f.
- Erprobung erstinstanzlicher Richter 36 6
- Errichtung und Organisation 33 1 ff.
- Fachkammern 35 22 ff.
- gemeinsame Landesarbeitsgerichte/Kammern 33 9 f.
- Gerichtstage 33 11
- Geschäfte der Verwaltung 34 2
- Geschäftsstellen, Errichtung 7 6
- Präsident 36 1 f., 5
- Ressortierung 15 2 ff.
- Übertragung der Geschäfte der Verwaltung und Dienstaufsicht 34 7 f.
- Umorganisation 33 5
- Verwaltung und Dienstaufsicht 34 1 ff.
- Vorsitzender 36 3 ff.
- Zusammensetzung 35 1 ff.
- Zuständigkeit 8 7 f.

Lehrbeauftragter
- arbeitnehmerähnliche Person 5 240
- Arbeitnehmerbegriff 5 65 ff., 72, 109

Lehrer
- *siehe* Dozenten/Lehrer

Leiharbeit
- Arbeitgeber 2 85
- Arbeitnehmerbegriff 5 111
- Darlegungs- und Beweislast bei Equal-Pay 58 112a

Leistungsanträge im Beschlussverfahren 81 24 f.
- Antragsbefugnis 81 58 f.
- eigenes Recht 81 58
- fremdes Recht 81 59
- Prozessstandschaft 81 59
- Rechtsschutzinteresse 81 90 f.

Leistungsklage 46 56 ff.
- Abgabe einer Willenserklärung 46 65a
- Benachteiligung, Klage *siehe dort*
- oder Feststellungsklage bei Eingruppierungsstreit 12 197
- Herausgabe 46 61
- Konkurrentenklage 46 146 f.
- neben Kündigungsschutzklage 46 97 f.
- Rechtsschutzbedürfnis 46 56a
- Streitwert 12 183 ff.
- Unterlassungsklage 46 65
- Vornahme einer Handlung 46 62b ff.
- Zahlung 46 57 ff.

Leitender Angestellter
- betriebsverfassungsrechtliche Streitigkeit 2a 80
- ehrenamtlicher Richter aus Kreisen der Arbeitgeber 22 10 ff.

Lektor
- Arbeitnehmerbegriff 5 112

Liquidator
- arbeitnehmerähnliche Person 5 246

Mahnverfahren 46a 1 ff.
- alsbaldige Terminbestimmung 46a 39 f.
- Anspruchsbegründung 46a 36
- Antrag 46a 17 f.
- Antragsinhalt 46a 18 ff.
- Bedeutung 46a 1, 7
- Betrug 46a 20
- nach EU-Verordnung 13a 9
- Einlassungsfrist 47 11
- Einspruch gegen Vollstreckungsbescheid 46a 48 ff.
- elektronische Formulare 46a 60
- Entscheidung des Rechtspflegers/Urkundsbeamten 46a 24 ff.
- Erlass des Mahnbescheids 46a 27 ff.
- europäisches ~ 46b 1 ff.
- Gerichtsgebühren 12 80 ff.
- Gerichtskosten, Fälligkeit 12 103
- Geschichte 46a 2
- Insolvenz 46a 30
- Kosten und Gebühren 46a 54 ff.
- maschinelle Bearbeitung 46a 5
- mündliche Verhandlung 46a 36
- öffentliche Zustellung 46a 15 f.
- örtliche Zuständigkeit 46a 11 f.
- Prozesskostenhilfe 46a 57
- Prozessvoraussetzungen 46a 8 ff.
- Rechtsanwaltsgebühren 46a 56
- Rechtsweg 46a 10
- Rechtswegzuständigkeit 2 9; 48 19 f.
- Urteilsverfahren 46a 3
- Verfahrensablaufplan 46a 58 ff.
- Verjährungsfrist 46a 29
- Vollstreckungsbescheid 46a 41 ff.
- Widerspruch 46a 31 ff.
- Zahlungsansprüche 46a 13 f.
- Zurückweisung des Antrags 46a 25 f.
- keine Zuständigkeit im Beschlussverfahren 2a 14
- Zuständigkeitskonzentration 46a 4
- Zustellung „demnächst" 46a 29
- zweistufige Ausschlussfrist 46a 40

Mankohaftung
- Darlegungs- und Beweislast 58 120

Mediation 54 79 ff.; 54a 1 ff.
- *siehe auch* Güterichter
- Abschlussvereinbarung 54 86
- Auftragsklärung 54 82
- Ausbildung des Mediators 54a 12
- Ausschluss von der Ausübung des Richteramtes 49 51d f.
- Berufungsbegründungsfrist 66 51

- Beschlussverfahren **80** 36a
- Darstellung der Positionen **54** 84
- Entstehungsgeschichte **54a** 1, 10
- EU-Richtlinie, Vorgaben **54a** 2 ff.
- Gerichtsgebühren **12** 35
- Inhalt der Regelung **54a** 16 ff.
- Kostenhilfe **54a** 14
- Modellprojekte **54a** 8 f.
- Phasen **54** 81 ff.
- Prozesskostenhilfe **11a** 10
- Ruhen des Verfahrens **54a** 23 ff.
- Sammeln und Bewerten von Lösungsmöglichkeiten **54** 85
- Themenliste **54** 83
- Umsetzungsgesetz **54a** 10 ff.
- Vereinbarung **54a** 13
- Verschwiegenheitspflicht **54a** 11
- Vorschlagsrecht **54a** 17 ff.
- Wiederaufnahme des Verfahrens **54a** 29 f.
- zweitinstanzliches Beschlussverfahren **87** 40

Medien
- Arbeitnehmerbegriff **5** 54 ff.
- Dienstpläne **5** 60 f.
- inhaltliche Weisungen **5** 62
- nicht programmgestaltende Tätigkeiten **5** 58, 60
- programmgestaltende Tätigkeiten **5** 58 ff.

Meinungsverschiedenheiten der beteiligten Verwaltungen 117 1 ff.

Mitarbeitervertretung 2a 27 f.
- *siehe auch* Kirchengerichtsbarkeit, evangelische; Kirchengerichtsbarkeit, katholische

Mitbestimmung in personellen Angelegenheiten
- Darlegungs- und Beweislast Kündigungsanhörung **58** 122
- Darlegungs- und Beweislast personelle Einzelmaßnahme **58** 123
- einstweilige Verfügung **85** 108 f.
- Nachweis durch Fotokopien **58** 63 f.
- Streitwert in Massenverfahren **12** 235, 278
- Streitwertberechnung **12** 273 ff.

Mitbestimmung in sozialen Angelegenheiten
- einstweilige Verfügung **85** 104 f.
- Streitwertberechnung **12** 280 ff.

Mitbestimmung in wirtschaftlichen Angelegenheiten
- einstweilige Verfügung **85** 110 ff.
- Streitwertberechnung **12** 283 ff.

Mitbestimmungsgesetze
- Abberufungsstreitigkeiten **2a** 88 f.
- Anfechtung der Wahl **2a** 84
- erfasste Gesetze **2a** 82 f.
- Nichtigkeit der Wahl **2a** 85
- Rechtswegzuständigkeit **2a** 81 ff.
- Streitigkeiten von Arbeitnehmervertretern **2a** 91 f.
- Verfahrensstreitigkeiten **2a** 86 f.
- Verlust der Wählbarkeit **2a** 90

Mittelbares Arbeitsverhältnis
- Arbeitnehmerbegriff **5** 115

Mobbing
- Darlegungs- und Beweislast **58** 120a
- einstweilige Verfügung **62** 166

- Klage **46** 168 ff.

Montan-Mitbestimmungsgesetz
- Rechtsweg zu den ordentlichen Gerichten **2a** 83

Mündliche Verhandlung
- *siehe auch* Güteverhandlung; Streitige Verhandlung
- Ablehnung eines Richters während der Verhandlung **49** 129b
- Bagatellstreitigkeiten **46** 9
- Berufungsverfahren **66** 89 ff.
- Beschlussverfahren, Anhörung **83** 107 ff.
- Hinausschieben bei Klage wegen Benachteiligung **61b** 37 ff.
- Schließung vor Urteilsverkündung **60** 8
- Schriftsatz nach mündlicher Verhandlung **69** 3 ff.
- Unmittelbarkeit **46** 26
- Verbandsvertreter **11** 27
- Verzicht im einstweiligen Verfügungsverfahren **62** 115
- Verzicht im einstweiligen Verfügungsverfahren bei Beschlussverfahren **85** 69
- Wiedereröffnung **60** 18 f.; **69** 3a

Mündlichkeitsprinzip 46 16 ff.
- Berufungsverfahren **64** 235
- Einigungsstellenbesetzung, Beschlussverfahren **100** 25
- Einigungsstellenverfahren **VESt** 125 ff.
- Videokonferenz **46** 19a

Musiker
- Arbeitnehmerbegriff **5** 116 f.

Nachteilsausgleich
- Streitwertberechnung **12** 288

Nachträgliche Klagezulassung 46 111 ff.
- längere Ortsabwesenheit **46** 114
- durch das Schiedsgericht **104** 2
- Streitwertberechnung **12** 289
- Übergehen des Antrags **68** 36
- Verschulden einer Hilfsperson des Prozessbevollmächtigten **46** 112

Nachweis (NachwG)
- Streitwertberechnung **12** 290

Natürliche Personen
- Prozessfähigkeit **10** 35 f.

Nebenforderungen
- Streitwertberechnung **12** 153

Nebenintervention
- Beschlussverfahren **83** 94 ff.
- Revisionseinlegung **74** 59

Nebentätigkeiten
- Berufsrichter **18** 29

Nichtbestreiten
- Güteverhandlung **54** 32

Nichtigkeitsklage 79 2 ff.
- EuGH **ArbV** 100
- Nichtigkeitsgründe **79** 10 ff.

Nichtzulassungsbeschwerde 72a 1 ff.
- absolute Revisionsgründe **72a** 38b f., 65a
- Anhörungsrüge **72a** 38a, 38d f., 84
- Anhörungsrüge bei Zurückweisung einer Gehörsverletzung **78a** 15a

- Antragsberechtigung **72a** 9
- aufschiebende Wirkung **72a** 66
- Ausführungen des LAG **72a** 14
- Aussetzung wegen Beschlussverfahrens zu Tariffähigkeit oder -zuständigkeit **72a** 87c
- bedingte ~ **72a** 45
- Begründetheit **72a** 75 ff.
- Begründung **72a** 47 ff.
- Begründung der Entscheidung **72a** 82
- Beschränkung **72a** 46a, 54
- Beschwer **72a** 9
- Bezugnahme auf ~ in Revisionsbegründung **74** 57b
- Devolutiveffekt **72a** 67
- Divergenz **72a** 34 ff.
- Divergenz, Darlegung **72a** 58a ff.
- Doppelbegründung **72a** 53
- ehrenamtliche Richter, Beteiligung **72a** 80
- Einlegung **72a** 39 f.
- Einlegung und Revision **74** 28b
- Einstellung der Zwangsvollstreckung **72a** 68 f.
- Entscheidung **72a** 70 ff.
- Erledigung **72a** 87b
- Form bei Einlegung **72a** 42 ff.
- Frist bei Begründung **72a** 47 ff.
- Frist bei Einlegung **72a** 39 ff.
- Gegenstand **72a** 3 ff.
- Gerichtsgebühren **12** 76
- geschichtliche Entwicklung **72a** 2
- grundsätzliche Bedeutung **72a** 13 ff.
- grundsätzliche Bedeutung, Darlegung **72a** 55 ff.
- Hilfsbegründung **72a** 14
- Inhalt **72a** 42
- Inhalt der Begründung **72a** 51 ff.
- Kosten und Gebühren **72a** 88 ff.
- maßgeblicher Zeitpunkt bei Divergenzbeschwerde **72a** 37 f.
- maßgeblicher Zeitpunkt für grundsätzliche Bedeutung **72a** 33
- mehrere prozessuale Ansprüche **72a** 53
- mündliche Verhandlung **72a** 70
- Nichtzulassung des Revisionsbeschwerde **77** 2
- Notanwalt **72a** 93
- Prozesskostenhilfe **72a** 93 f.
- Prozessvertretung **11** 55
- Rechtsmittel oder Rechtsbehelf **72a** 10 f.
- Rechtsmittelbelehrung **9** 16; **72a** 12
- Rechtsmittelbelehrung bei Stattgabe **72a** 87
- Rechtsnatur **72a** 10 ff.
- Rechtswegerschöpfung **ArbV** 32
- Revisionsbeschwerde **77** 13
- Rücknahme **72a** 46a
- und sofortige Beschwerde nach § 72b ArbGG **72a** 4
- Stattgabe **72a** 85 ff.
- Streitwert **72a** 92
- teilweise Revisionszulassung **72a** 9
- Telefax **72a** 44
- Überleitung in das Revisionsverfahren **72a** 86 f.
- Unbegründetheit **72a** 74, 83
- Unzulässigkeit **72a** 71
- Verfahrensfehler **72a** 38a ff., 65a ff.
- Verletzung rechtlichen Gehörs **72a** 38d f., 65b ff.
- Vorlagepflicht Vorabentscheidungsverfahren **ArbV** 120
- vorsorgliche Einlegung **72a** 46
- Wiederaufnahme des Verfahrens **72a** 84
- Wiedereinsetzung **72a** 48 f.
- Wiedereinsetzung und Prozesskostenhilfe **72a** 94
- Wirkung **72a** 66 f.
- Wirkungen der Entscheidung **72a** 83 ff.
- zugelassener Bevollmächtigter **72a** 43
- Zulassung der Revision **72a** 3 ff.
- Zurückverweisung an das LAG **72a** 87a

Nichtzulassungsbeschwerde im Beschlussverfahren 92a 1 ff.
- absoluter Rechtsbeschwerdegrund **92a** 24
- Antrag **92a** 10
- aufschiebende Wirkung **92a** 12
- Beantwortung **92a** 26
- Begründung **92a** 14
- Begründung des Beschlusses **92a** 31
- Beschwer **92a** 7
- Beschwerdebefugnis **92a** 7
- Bundesverwaltungsgericht **92a** 29
- Divergenz **92a** 19 ff.
- Doppelbegründung des LAG **92a** 23
- Einstellung der Zwangsvollstreckung **92a** 11
- Entscheidung **92a** 27 ff.
- Form **92a** 8
- Fortgang bei begründeter ~ **92a** 32 ff.
- Fortgang bei unzulässiger bzw. unbegründeter ~ **92a** 34 f.
- Frist für Entscheidung **92a** 30
- Fristen **92a** 9
- grundsätzliche Bedeutung **92a** 15 ff.
- Insolvenz **92a** 6
- Rechtsbehelfsbelehrung **91** 27
- Rechtsnatur **92a** 2 f.
- Spruchkörper **92a** 28 ff.
- Statthaftigkeit **92a** 4 ff.
- Verletzung rechtlichen Gehörs **92a** 25
- Zulassungsgründe **92a** 13 ff.

Normenkontrolle
- *siehe* Konkrete Normenkontrolle

Objektive Klagehäufung
- Streitwertberechnung **12** 152 ff.

Offene Handelsgesellschaft
- Parteifähigkeit **10** 4

Öffentliche Zustellung
- Klageschrift **47** 5
- Mahnbescheid **46a** 15 f.

Öffentlichkeit 52 1 ff.
- absoluter Revisionsgrund bei Verletzung **73** 46
- anderer Ort als Sitzungssaal **52** 7
- Ausschluss **52** 12
- Ausschlussverfahren **52** 19 ff.
- Beschränkung des Teilnehmerkreises **52** 5
- Beweisaufnahme **52** 7
- Entfernung von Zeugen **52** 6
- Gefährdung der öffentlichen Ordnung oder Staatssicherheit **52** 13 f.
- Gefährdung der Sittlichkeit **52** 15

- Güterichterverfahren **54** 97 f.
- handschriftliche Aufzeichnungen **52** 11
- Ortstermin **52** 7a
- Revisionsverfahren **72** 64
- schriftliches Verfahren **52** 8
- Schutz von Betriebs-, Geschäfts- oder Erfindergeheimnissen **52** 16
- Schutz von Persönlichkeitsrechten **52** 17
- Verbot von Rundfunk-, Ton-, Fernseh- und Filmaufnahmen **52** 9 f.
- der Verhandlung **52** 4 ff.
- Videokonferenz **52** 10
- Zweckmäßigkeit als Ausschlussgrund **52** 18

Orchestermusiker
- Arbeitnehmerbegriff **5** 117

Ordentliche Gerichtsbarkeit
- Montan-Mitbestimmungsgesetz **2a** 83
- Urkunden- und Wechselprozess **46** 10 f.

Ordnungsgeld
- Ausbleiben bei Anordnung persönlichen Erscheinens **51** 22 ff.
- Streitwertberechnung **12** 290a

Örtliche Zuständigkeit im Beschlussverfahren 2a 128 f.; **82** 1 ff.
- Allgemeinverbindlicherklärung, Streitigkeiten **98** 16
- Angelegenheiten der Europäischen Genossenschaft **82** 19
- Angelegenheiten der Europäischen Gesellschaft **82** 18
- Angelegenheiten des Europäischen Betriebsrats **82** 17
- besondere Interessenvertretung der Auszubildenden **82** 22
- Betrieb, Lage **82** 6 ff.
- Betrieb/Unternehmen **82** 1, 3
- Betriebsratsfähigkeit einer Organisationseinheit **82** 10 f.
- Einigungsstellenbesetzung **100** 18
- Gesamtbetriebsrat **82** 9
- grenzüberschreitende Verschmelzung **82** 20
- Konzern **82** 16
- Parteivereinbarungen **82** 2
- Rechtsverordnung zu Rechtsnormen eines Tarifvertrags, Streitigkeiten **98** 16
- Sachentscheidungsvoraussetzung **82** 4
- Schwerbehindertenvertretung **82** 23
- Tariffähigkeit, Streitigkeiten **82** 21; **97** 25
- Tarifzuständigkeit, Streitigkeiten **82** 21; **97** 25
- Unanfechtbarkeit bei Bejahung **88** 11
- Unternehmen, Sitz **82** 12 ff.

Örtliche Zuständigkeit im Urteilsverfahren 2 248; **48** 13, 113 ff.
- Alleinentscheidung des Vorsitzenden **48** 108; **55** 29
- arbeitskampfrechtliche Eilverfahren **62** 173
- Arrest- und Verfügungsverfahren **48** 24 ff.
- Beschränkung der Berufung **65** 17 ff.
- Beweiserhebung **48** 152
- Bindungswirkung **48** 107
- doppelrelevante Tatsachen **48** 153
- Entschädigungsklage wegen Benachteiligung **61b** 33
- Entscheidung **48** 103 ff.
- Folge der Verweisung **48** 159
- Gerichtsstand *siehe dort*
- greifbare Gesetzeswidrigkeit der Verweisung **48** 110 f.
- Grundlage der Zuständigkeitsprüfung **48** 152 f.
- und internationale Zuständigkeit **2** 250
- konkurrierende Gerichtsstände **48** 154
- Kosten der Verweisung **48** 112
- krasser Gesetzesverstoß bei Verweisung **48** 157 f.
- Mahnverfahren **46a** 11 f.; **48** 19 f.
- negativer Kompetenzkonflikt **48** 106, 157 f.
- positiver Kompetenzkonflikt **48** 162
- Prozesskostenhilfeverfahren **48** 21 ff.
- Prüfung **48** 148 ff.
- Prüfung nur in erster Instanz **48** 150
- Prüfung von Amts wegen **48** 149
- Prüfungsgrundlage **48** 34 ff.
- Prüfungsreihenfolge **48** 30 ff.
- Prüfungszeitpunkt **48** 31 ff.
- rügelose Einlassung **48** 145 ff.
- Tarifvertragliche Zuständigkeitsvereinbarung *siehe dort*
- Unanfechtbarkeit der Vorabentscheidung **48** 109
- Verfahren bei Bejahung **48** 160 ff.
- Verweisung **48** 155 ff.
- Verweisungsbeschluss **48** 156
- Vorabentscheidung **48** 161
- Zeitpunkt für Prüfung **48** 151
- Zwangsvollstreckungsverfahren **48** 28

Ortstermin
- Öffentlichkeit **52** 7a

Parteifähigkeit 10 1 ff.
- *siehe auch* Beteiligtenfähigkeit
- gemäß § 50 ZPO **10** 2 ff.
- Arbeitgebervereinigungen **10** 14
- Ausländer **10** 8
- Doppelrelevanz **10** 48
- GbR **10** 6
- Gewerkschaften **10** 10 ff.
- juristische Personen des öffentlichen Rechts **10** 5
- KG **10** 4
- OHG **10** 4
- politische Parteien **10** 7
- Prüfung durch das Gericht **10** 44 ff.
- Spitzenorganisationen **10** 15
- im Urteilsverfahren **10** 9 ff.
- Verlust **10** 3
- Zulassungsstreit **10** 48
- Zwangsvollstreckung im Beschlussverfahren **85** 17 ff.

Parteimaxime 46 20 ff.
- Einigungsstellenverfahren **VESt** 140 ff.

Parteivereinbarung
- Zuständigkeit **1** 5

Parteivernehmung
- Beweismittel **58** 76 ff.
- Einigungsstellenverfahren **VESt** 233 f.

- „faires Verfahren" und „Waffengleichheit" trotz Einschränkungen **58** 78 ff.
- schiedsgerichtliches Verfahren **106** 4
- Vier-Augen-Gespräch der Parteien **58** 80

Parteizustellung 50 3 f.

Pensionssicherungsverein
- Rechtswegzuständigkeit bei Streitigkeiten **2** 159 ff., 168

Personalrat
- Antragsbefugnis im Beschlussverfahren **81** 76 ff.
- materiell Beteiligter **83** 67 ff.

Personalvertretungsrechtliche Streitigkeiten
- Arbeitnehmerbegriff **5** 186 f.
- Beschlussverfahren **80** 17 f.
- Divergenz **92** 20
- Einigungsstelle **100** 5
- NATO-Bedienstete **2a** 26
- Nichtzulassungsbeschwerde im Beschlussverfahren **92a** 29
- Rechtsbeschwerdeverfahren **92** 2
- Rechtswegzuständigkeit **2a** 25 f.

Persönliche Abhängigkeit
- Arbeitnehmerbegriff **5** 39 ff.
- einengende Vertragsgestaltung **5** 52
- Eingliederung in Betriebsorganisation **5** 51
- Nutzung technischer Anlagen **5** 50
- Umkehrschluss aus § 84 HGB **5** 42 f.
- Weisungsgebundenheit **5** 44 ff.

Persönliches Erscheinen 51 1 ff.
- Abhilfe bei Ordnungsgeldbeschluss **51** 28
- Adressaten **51** 5 f.
- Anordnung **51** 4 ff.; **56** 14
- Arbeitsunfähigkeit **51** 17
- Aufhebung des Ordnungsgeldbeschlusses **51** 29 ff.
- Ausschließung des Prozessbevollmächtigten *siehe dort*
- Berufungsverfahren **64** 239
- Beschlussbeschwerde **87** 37
- Beschlussverfahren **80** 34
- entschuldigtes Ausbleiben **51** 15 ff.
- Entschuldigungsgründe **51** 16 f.
- Entsendung eines Vertreters **51** 19 ff.
- Ermessen des Vorsitzenden **51** 4
- Folgen des Ausbleibens **51** 14 ff.
- formale Anforderungen **51** 7 f.
- Güterichterverfahren **54** 96
- Hinweis auf Folgen des Ausbleibens **51** 13
- Insolvenzverwalter **51** 6
- Ladung und Belehrung der Partei **51** 10 ff.
- Ladung von Amts wegen **51** 11
- Ordnungsgeld **51** 22 ff.
- Ordnungsgeldbeschluss **51** 24 ff.
- Verfügung des Vorsitzenden **51** 8
- Versäumnisurteil bei Nichterscheinen **59** 10
- Vertretungsorgan bei juristischer Person **51** 12
- Zuständigkeit für Ordnungsgeldbeschluss **51** 27
- Zweck der Anordnung **51** 10

Pharmaberater
- Arbeitnehmerbegriff **5** 119

Politische Parteien
- Parteifähigkeit **10** 7

Postulationsfähigkeit
- *siehe* Prozessvertretung in 1. Instanz; Prozessvertretung in 2. Instanz; Prozessvertretung in 3. Instanz

Präklusion
- *siehe* Zurückweisung verspäteten Vorbringens

Praktikum
- zu ihrer Berufsausbildung Beschäftigte **5** 166
- Referendare **5** 166a
- Streitwertberechnung Bestandsstreit Praktikantenverhältnis **12** 291

Präsident
- Bestellung – LAG **36** 9 ff.
- Bundesarbeitsgericht **42** 20
- Landesarbeitsgerichte **36** 1 f., 5

Präsidialrat
- Beteiligung bei Berufung der Bundesrichter **42** 10
- Beteiligung bei Ernennung des Vorsitzenden **18** 14

Präsidium 6a 1 ff.
- Abstimmung **6a** 102 ff.
- aktives Wahlrecht **6a** 13 ff.
- Amtszeit **6a** 30 ff.
- Anfechtung der Maßnahmen **6a** 111 ff.
- Anfechtung der Wahl **6a** 39 ff.
- Anhörungsrechte **6a** 98
- Aufgaben und Befugnisse **6a** 52 ff.
- Befangenheits- oder Ausschließungsgründe **6a** 105
- Bekanntmachung der Beschlüsse **6a** 108
- Beschlüsse **6a** 46
- Beschlussfähigkeit **6a** 47
- Beschlussfassung **6a** 100 ff.
- Blockwahl **6a** 25
- ehrenamtliche Richter **6a** 18
- Eilanordnungen **6a** 95 f.
- Geschäftsverteilung – BAG **44** 3 ff.
- Geschäftsverteilungsplan *siehe dort*
- gewähltes ~ **6a** 11
- Größe **6a** 6 ff.
- Mehrheitswahl **6a** 28
- Notzuständigkeit **6a** 48, 95
- passives Wahlrecht **6a** 13 ff.
- Pflicht zur Ausübung des Amts **6a** 29
- Plenarpräsidium **6a** 7 ff.
- Protokoll **6a** 107
- Richteröffentlichkeit **6a** 27, 99
- Sitzung **6a** 97
- Stimmzettel **6a** 24
- Umlaufverfahren **6a** 101
- Verfahrensordnung **6a** 93 ff.
- Vertretung **6a** 49 ff.
- vorzeitiges Ausscheiden **6a** 34 ff.
- Wahl **6a** 12 ff.
- Wahlperiode **6a** 30 f.
- Wahlpflicht **6a** 26
- Wahlverfahren **6a** 19 ff.
- Wahlvorstand **6a** 20 ff.
- Zusammensetzung **6a** 5
- Zuteilung der Richter (BAG) **44** 8 ff.

Prokuristen
- Arbeitnehmerbegriff **5** 122

- Gesamtprokurist einer GmbH Co. KG als Arbeitnehmer **5** 305

Propagandisten
- Arbeitnehmerbegriff **5** 121

Prostituierte
- Arbeitnehmerbegriff **5** 123

Provision
- Zwangsvollstreckung einer Abrechnung **62** 79

Prozessfähigkeit 10 33 ff.
- Beschlussverfahren **80** 28; **81** 46 ff.
- betriebsverfassungsrechtliche Stellen **10** 40 ff.
- juristische Personen **10** 37 ff.
- natürliche Personen **10** 35 f.

Prozessführung
- durch die Partei **11** 2 ff.

Prozessführungsbefugnis 10 43 ff.

Prozesskostenhilfe 11a 1 ff.
- Abfindungen **11a** 53, 78
- Abzahlungsverpflichtungen bei Darlehensschulden **11a** 71
- Abzüge vom Einkommen **11a** 62 ff.
- Anhörungsrüge **78a** 5
- Antrag **11a** 18 ff.
- Antragsberechtigte **11a** 13 f.
- Arbeitsentgelt **11a** 48
- Aufhebung der Bewilligung **11a** 147 ff.
- Bedürftigkeit **11a** 40 ff.
- Begründung des Beschlusses **11a** 119
- Beiordnung eines Rechtsanwalts *siehe dort*
- Belege **11a** 32, 36 f.
- Berechtigte **11a** 12 ff.
- für das Berufungsverfahren **66** 54 ff.
- Beschluss **11a** 115 ff.
- Beschwerde der Staatskasse **11a** 135 f.
- besondere Belastungen **11a** 70 f.
- nach EU-Richtlinie **13a** 5
- Einkommensarten **11a** 48 ff.
- Einkünfte aus Kapitalvermögen **11a** 58
- Einkünfte aus selbständiger Arbeit **11a** 57
- Einsatz des Einkommens **11a** 46 ff.
- Entscheidung **11a** 114 ff.
- Erklärung über persönliche und wirtschaftliche Verhältnisse **11a** 30 ff.
- Essenszuschüsse **11a** 50
- fehlende ~ im Schlichtungsverfahren gemäß § 111 Abs. 2 ArbGG **111** 37 f.
- Formular in Rechtsmittelinstanz **11a** 33
- Formulare **11a** 30 f.
- Gegenstandswert der anwaltlichen Tätigkeit **11a** 140
- Geldrente **11a** 67
- Gewerkschaftsrechtsschutz als geldwerter Vermögensbestandteil **11a** 81
- Güteverfahren vor dem Güterichter **54** 102
- hinreichende Aussicht auf Erfolg **11a** 87 ff.
- historische Entwicklung **11a** 2 ff.
- Insolvenzverwalter **11a** 15 f.
- Kindergeld **11a** 55
- konkrete Normenkontrolle **ArbV** 92
- Leistungen nach SGB II **11a** 60
- Mahnverfahren **46a** 57
- Mediation **11a** 10
- Mutwilligkeit der Rechtsverfolgung **11a** 93 ff.
- nachträgliche Abänderung der gerichtlichen Entscheidung **11a** 141 ff.
- Nichtzulassungsbeschwerde **72a** 93 f.
- örtliche Zuständigkeit **48** 21 ff.
- Partei kraft Amtes **11a** 15 f.
- persönliche und wirtschaftliche Verhältnisse **11a** 40 ff.
- Prozesskostenvorschuss durch Ehegatten **11a** 82
- Ratenzahlung **11a** 84 ff.
- rechtliches Gehör **11a** 111 ff.
- Rechtsbeschwerde **11a** 139; **78** 72
- Rechtsfolgen der Bewilligung **11a** 122 ff.
- Rechtsmittel **11a** 130 ff.
- Rechtsmittelbelehrung **11a** 120
- Rechtsschutzversicherung als geldwerter Vermögensbestandteil **11a** 80
- Rechtswegzuständigkeit **48** 21 ff.
- Rente **11a** 56
- rückwirkende Bewilligung **11a** 25
- Sachbezüge **11a** 51
- schiedsgerichtliches Verfahren **101** 62 f.
- im Schlichtungsverfahren **11a** 8
- sofortige Beschwerde **11a** 130, 132 ff.
- sofortige Beschwerde gegen Aufhebung der Bewilligung **11a** 149
- sofortige Beschwerde wegen verspäteter Absetzung des Berufungsurteils **72b** 45
- Sozialhilfeempfänger **11a** 35
- ungenutzte Verdienstmöglichkeiten **11a** 52
- Unterhaltspflichten **11a** 66
- Unterkunft und Heizung **11a** 68
- Unterschrift **11a** 38
- unverschuldete Säumnis bei noch nicht zugestellter Entscheidung **59** 26
- Verfahren **11a** 109 ff.
- Verfahrensarten **11a** 6 ff.
- Verfassungsbeschwerde **ArbV** 64
- verfügbares Kapital **11a** 79
- Vermögensbegriff **11a** 72 ff.
- vermögenswirksame Leistungen **11a** 49
- Verschulden des Prozessbevollmächtigten **66** 49
- Verwertbarkeit des Vermögens **11a** 73 f.
- Vorabentscheidungsverfahren **ArbV** 160
- Voraussetzungen **11a** 17 ff.
- Zumutbarkeit der Verwertbarkeit des Vermögens **11a** 75 ff.
- Zuständigkeit **11a** 109 f.

Prozessstandschaft 3 24 ff.; **81** 66 ff.
- Beschlussverfahren **81** 59
- gesetzliche ~ **3** 25 ff.
- gesetzliche ~ im Beschlussverfahren **81** 67
- gewillkürte ~ **3** 29
- gewillkürte ~ im Beschlussverfahren **81** 68 ff.
- Klage von NATO-Bediensteten **3** 28

Prozesstrennung
- Streitwertberechnung **12** 165

Prozessverbindung
- Streitwertberechnung **12** 165

Prozessvergleich
- *siehe* Vergleich

Prozessvertretung in 1. Instanz
- Beistände **11** 31 ff.
- Beschäftigter einer Partei **11** 8
- Beschlussverfahren **11** 37 ff.; **80** 29
- andere Bevollmächtigte **11** 7 ff.
- Eigenschaften des Vertretenen **11** 23 f.
- Familienangehörige **11** 10
- Jugendvertretung gegenüber Betriebsrat **11** 38
- Organe und zur Prozessvertretung beauftragte Vertreter **11** 20 ff.
- Rechtsanwälte **11** 6
- Rechtsstellung des Verbandsvertreters **11** 25 ff.
- Richter als Bevollmächtigte **11** 56
- Streitgenossen **11** 12
- unentgeltlich tätige Personen **11** 9 ff.
- Urteilsverfahren **11** 6
- Verbände **11** 13
- verbandsabhängige juristische Personen **11** 18 f.
- kraft Verbandssatzung **11** 22
- Vereinigung mit sozial- oder berufspolitischer Zielsetzung **11** 14 ff.
- Volljuristen **11** 11
- kraft Vollmacht **11** 22
- Zurückweisung von Prozessvertretern **11** 40 ff.

Prozessvertretung in 2. Instanz
- Beschlussverfahren **11** 51; **80** 29
- Einlegung der Beschwerde gegen Entscheidungen des ArbG **11** 50
- Prozesshandlungen der Partei selbst **11** 48
- Urteilsverfahren **11** 46 ff.
- Vertretungszwang **11** 46

Prozessvertretung in 3. Instanz
- Beschlussverfahren **11** 54 f.; **80** 29
- Nichtzulassungsbeschwerde im Beschlussverfahren **11** 55
- Urteilsverfahren **11** 52 f.

Prozesszinsen
- Eingruppierungsklage **46** 142
- schiedsgerichtliches Verfahren **101** 18

Quittung
- Erfüllungsbeweis **58** 67

Räumungsfrist
- Zuständigkeit des AG **2** 17

Rechtliches Gehör 78a 30 f.
- *siehe auch* Anhörungsrüge
- Beschlussverfahren **80** 39
- Beweisangebot, Übergehen **72** 43e; **72a** 65d
- Einigungsstellenverfahren **VESt** 118 ff.
- Entscheidungserheblichkeit **72** 43f; **72a** 65e
- Hinweispflicht, Missachtung **72a** 65c
- Hinweispflicht nach § 139 Abs. 1 ZPO **72** 43e
- Kenntnisnahme von den Ausführungen **72** 43e
- nachgereichte Schriftsätze **72** 43e
- Nichteingehen auf zentralen Sachvortrag **72** 43e
- Nichtzulassungsbeschwerde im Beschlussverfahren wegen Verletzung **92a** 25
- Nichtzulassungsbeschwerde wegen Verletzung **72a** 38d f., 65b ff.
- Rechtsbeschwerde im Beschlussverfahren wegen Verletzung **93** 19 f.
- Revision wegen Verletzung **74** 57
- Revisionszulassung wegen Verletzung **72** 43d ff.
- schiedsgerichtliches Verfahren **101** 61; **105** 1 ff.
- Schriftsatz, nachgereichter **72a** 65d
- Tatsachenvortrag, Nichtberücksichtigung **72a** 65d
- Überraschungsentscheidung **72** 43e
- Wiederaufnahme des Verfahrens wegen Verletzung **79** 16

Rechtsantragsstelle 7 33 ff.
- Aufgaben **7** 35

Rechtsanwalt
- arbeitnehmerähnliche Person **5** 241
- Arbeitnehmerbegriff **5** 124
- Beiordnung eines Rechtsanwalts *siehe dort*
- Berufungseinlegung **64** 116
- Hinweispflicht auf Ausschluss der Kostenerstattung **12a** 33 ff.
- Prozessvertretung **11** 6
- Untervollmacht **11** 6
- zweitinstanzliches Beschlussverfahren **87** 53

Rechtsanwaltsgebühren
- Anhörungsrüge **78a** 57
- Einigungsstellenbeisitzer **VESt** 397
- Einigungsstellenbesetzung, Beschlussverfahren **100** 69
- Einigungsstellenvorsitzender **VESt** 356
- konkrete Normenkontrolle **ArbV** 91
- Kostenerstattung im Urteilsverfahren 2. und 3. Instanz **12a** 55 ff.
- Mahnverfahren **46a** 56
- Nichtzulassungsbeschwerde **72a** 91
- Rechtsmittelstreitwert **12** 126
- Revision **75** 52
- Schlichtungsausschuss **111** 26
- sofortige Beschwerde wegen verspäteter Absetzung des Berufungsurteils **72b** 43
- Sprungrevision **76** 52
- Streitwertfestsetzung **12** 131 f.
- unzulässiger Rechtsweg **48** 94
- Verfassungsbeschwerde **ArbV** 62
- Vertretung des Betriebsrats vor Einigungsstelle **VESt** 401 ff.
- Vorabentscheidungsverfahren **ArbV** 158 f.

Rechtsbehelfsbelehrung 9 14 f.
- Beschluss bei Beschlussbeschwerde **91** 25 ff.
- Einspruch gegen Versäumnisurteil **59** 63 ff.
- Nichtzulassungsbeschwerde **9** 16
- Nichtzulassungsbeschwerde im Beschlussverfahren **91** 27

Rechtsbeschwerde 48 74 ff.; **78** 71 ff.
- Anschlussrechtsbeschwerde **78** 77
- Anwendungsbereich **78** 73
- zum BAG **78** 68 ff.
- Begründetheitsprüfung, Umfang **78** 96
- Begründungsfrist **78** 80 ff.
- Begründungspflicht **78** 84 ff.

- Beschluss 78 98
- Einlegung durch bestimmenden Schriftsatz 78 79
- Einmonatsfrist für Einlegung 78 78
- Entscheidung des BAG 78 97 ff.
- gegen Entscheidung des BAG 78 100
- Kostenentscheidung 78 99
- Prozesskostenhilfe 78 72
- prozessuale Behandlung durch BAG 78 95 ff.
- Rechtsverletzung 78 86
- Revisionsrecht analog 78 94
- Rücknahme 78 83
- Statthaftigkeit 78 74 ff.
- Verfahrensrüge 78 87
- Verlängerung der Begründungsfrist 78 81
- Verletzung von Bundesrecht 78 91
- Verwerfung der Berufung 66 87
- Wesen 78 72
- Zulässigkeitsprüfung 78 95
- Zulassung 78 74 ff.

Rechtsbeschwerde im Beschlussverfahren 92 1 ff.; 93 1 ff.
- Abgrenzung 92 1
- absolute Rechtsbeschwerdegründe 96 14 f.
- absolute Revisionsgründe 93 31
- Antrag 94 13 ff.
- Antragsänderungen und -erweiterungen bei Rechtsbeschwerde 94 14 ff.
- Antragsrücknahme 92 39
- Aufforderung zur Äußerung 95 6
- Aufklärungs- und Hinweispflicht, Verletzung 93 21
- aufschiebende Wirkung 92 36 f., 40
- ausgeschlossene Gründe 93 37 ff.
- Äußerungsfrist 95 6 f.
- Begründung, Frist 92 33 ff.
- Beschluss über Rechtsbeschwerde im Beschlussverfahren *siehe dort*
- Beschränkung der Rechtsmittelzulassung 92 24
- Beschwer 92 15
- Beschwerdeschrift/-begründung, Mängel 93 17
- Beteiligtenfähigkeit, Verlust 92 14
- Beteiligungsbefugnis 92 12 ff.
- Betriebsratstätigkeit, Schätzung der Dauer 93 23
- Betriebsvereinbarung, Billigkeitskontrolle 93 7
- Beurteilungsspielraum des Tatsachengerichts 93 6
- Beweiswürdigung, fehlerhafte 93 22
- Bindungswirkung der Zulassung 92 26
- Divergenz 92 18 ff.
- Divergenz bei personalvertretungsrechtlichem Rechtszug der Verwaltungsgerichtsbarkeit 92 20
- Divergenz hinsichtlich unterschiedlicher Rechtsnormen 92 21 f.
- ehrenamtliche Richter 92 29
- einheitlicher Verfahrensgegenstand 94 23
- Einigungsstelle, Ermessensüberschreitung 93 7
- Einlegung 92 30 ff.
- Einlegung beim BAG/BVerwG 94 2
- Einlegungsfrist 92 30
- Entscheidung *siehe* Beschluss über Rechtsbeschwerde im Beschlussverfahren
- Erledigung der Hauptsache 95 13 ff.
- Form der Begründung 94 12
- Form und Inhalt der Zulassung 92 25
- Formerfordernisse bei Einlegung 94 3 ff.
- Frist für Begründung 94 11
- Frist für Einlegung 94 9
- Gegenrüge 95 9
- grundsätzliche Bedeutung 92 17 f.
- Inhalt der Beschwerdebegründung 94 19 ff.
- Inhalt der Beschwerdeschrift 94 10
- innerbetriebliche Streitschlichtung, vorrangige 93 18
- Kausalitätserfordernis 93 26 ff.
- Kosten 96 25 ff.
- mehrere selbständige Anträge 92 13
- mehrere Verfahrensgegenstände 94 22
- mündliche Anhörung 95 10 f.
- neue Tatsachen 96 6 ff.
- ordnungsgemäße Beteiligung 93 9 ff.
- Personalvertretungssachen 92 2
- rechtliche Entscheidungsgrundlagen 96 13 ff.
- rechtliches Gehör, Verletzung 93 19 f.
- keine ~ bei Bestellungsverfahren Einigungsstelle 100 68
- Rechtsbeschwerdebefugnis 92 12 ff.
- Rechtsnorm, Begriff 93 2
- Rechtsnorm, Nichtanwendung/unrichtige Anwendung 93 3 ff.
- Rechtsschutzinteresse, fehlendes 93 16
- Revisionsrecht analog 92 27 ff.
- Rücknahme 94 49 ff.
- Sachdienlichkeit, Begriff 93 24
- Sachrüge 93 4 ff.; 94 21 ff.
- schriftliche Äußerung 95 8
- und sofortige Beschwerde wegen verspäteter Urteilsabsetzung 93 40
- sonstige Beschlüsse und Verfügungen 90 31
- sonstige Rechtsbeschwerdegründe 96 14, 16 ff.
- Statthaftigkeit 92 11
- Statthaftigkeitsprüfung 94 42 ff.
- Tariffähigkeit und Tarifzuständigkeit 97 32 f.
- Tatbestand, fehlender 93 12
- tatsächliche Entscheidungsgrundlagen 96 4 ff.
- tatsächliche Feststellungen 93 33 ff.
- Terminsbestimmung 94 37 ff.
- übrige Beteiligte 95 3 ff.
- unbestimmte Rechtsbegriffe 93 5 f.
- unstatthafte Gründe 93 33 ff.
- Verfahren 95 1 ff.
- Verfahren beendende Beschlüsse des ArbG 92 7 ff.
- Verfahren beendende Beschlüsse des LAG 92 3
- Verfahren nach § 98 ArbGG 98 23
- verfahrensbegleitende Beschlüsse 92 4
- Verfahrensfehler, von Amts wegen zu berücksichtigende 93 12 ff.
- Verfahrensrüge 93 8 ff.; 94 25 ff.
- Vergleich 95 12
- verschiedene Rechtsmittel 93 38
- Vertretung der Beteiligten 92 38; 94 4
- Verwerfung 94 46 ff.
- Verzicht 94 52
- widersprüchliche tatsächliche Feststellungen 93 13
- ZPO-Rechtsbeschwerde 92 5

- Zulässigkeit **92** 11 ff.
- Zulässigkeitsprüfung **94** 45
- Zulassung **91** 16 ff.; **92** 16 ff.
- Zulassungsgründe **92** 16 ff.
- Zustellung zur Anhörung der Beteiligten **95** 2 ff.
- Zwangsvollstreckung **92** 36 f.
- Zwischenentscheidung **94** 44

Rechtshilfe 13 1 ff.
- Ablehnung **13** 21 ff.
- durch Amtsgerichte **13** 13 ff.
- Amtshilfe **13** 3
- durch Arbeitsgerichte **13** 8 f.
- Ausland **13** 31 ff.
- für ausländische Behörden **13** 36
- gegenüber anderen Behörden **13** 12
- Beispiele **13** 4
- Beschwerde **13** 25 ff.
- Beweisaufnahme **13** 20; **58** 8
- Datenübermittlung nach dem EGGVG **13** 37 ff.
- Durchführung **13** 19 f.
- Durchführungspflicht **13** 21
- Durchführungspflicht, Ausnahme **13** 22 f.
- Ersuchen **13** 16 ff.
- Ersuchen im Ausland **13** 34 f.
- Form **13** 18
- gegenüber „Gerichten für Arbeitssachen" **13** 10 f.
- Gerichtsbezirk **13** 9
- GVG **13** 6
- historische Entwicklung **13** 7
- Inhalt **13** 18
- im Inland **13** 8 ff.
- Kosten **13** 30
- Prüfungsstelle **13** 35
- Rechtshilfeordnung für Zivilsachen **13** 31
- Rechtsmittel **13** 25 ff.
- Staatsverträge **13** 32
- „verlängerter Arm" **13** 24
- Vorsitzender **13** 16, 19 f.

Rechtskraft
- Berufungsurteil **69** 34
- Beschluss bei Beschlussbeschwerde **91** 32 ff.
- Beschlussverfahren **84** 15 ff.
- dauerhafte ~ im Beschlussverfahren **84** 29
- formelle ~ im Beschlussverfahren **84** 16 ff.
- Grenzen im Beschlussverfahren **84** 29 ff.
- materielle ~ im Beschlussverfahren **84** 22 ff.
- Nichtigkeitsklage **79** 2 ff.
- Präjudizialität im Beschlussverfahren **84** 23 ff.
- Rechtswegentscheidungen **48** 79 f.
- Schiedsspruch **108** 23 ff.
- Schlichtungsausschuss, Spruch **111** 23
- Tariffähigkeit/Tarifzuständigkeit, Beschlussverfahren **97** 34 f.
- Verfahren nach § 98 ArbGG, entgegenstehende ~ **98** 13
- Wiederaufnahme des Verfahrens **79** 1

Rechtsmittel 9 13
- Ablehnungsgesuch, Ablehnung mit ~ausschluss **49** 148 ff.
- Alleinentscheidung des Vorsitzenden **55** 66
- Nichtzulassungsbeschwerde **9** 16

- schiedsgerichtliches Verfahren **104** 10
- Streitwertberechnung bei wechselseitiger Einlegung **12** 162
- gegen Vorlagebeschluss zum BVerfG **ArbV** 87
- gegen Vorlagebeschluss zum EuGH **ArbV** 128

Rechtsmittelbelehrung 9 10 ff., 23
- Adressat **9** 17
- Anforderungen **9** 19 ff.
- Angabe des Gerichts **9** 22
- Anhörungsrüge bei falscher ~ **78a** 12
- befristete Rechtsmittel **9** 10
- Begründung des Rechtsmittels **9** 24
- Beschluss bei Beschlussbeschwerde **91** 25 ff.
- Beschlussbeschwerde, fehlerhafte ~ zur Begründungsfrist **89** 22
- Beschlussbeschwerde trotz fehlender oder fehlerhafter ~ **87** 8
- Eindeutigkeit **9** 25
- falsche ~ **9** 18; **66** 8
- fehlende Zustellung der Entscheidung **9** 32 f.
- Form und Frist **9** 21
- Fünfmonatsfrist **66** 5, 8
- Grundurteil mit fehlerhafter ~ **61** 62
- Heilung **9** 34
- höhere Gewalt **9** 30
- Jahresfrist **9** 27
- Nichtzulassungsbeschwerde **9** 16; **72a** 12
- Prozesskostenhilfe **11a** 120
- Rechtsbehelfe **9** 12
- Rechtsfolgen bei Fehlerhaftigkeit **9** 26 ff.
- Rechtsmittel **9** 13
- Rechtsmittelfrist **9** 27 ff.; **66** 21 f.
- Revisionsbeschwerde **77** 12
- Schiedsspruch **108** 14a
- Schlichtungsausschuss **111** 22
- selbständig anfechtbare Entscheidungen **9** 11
- teilweise Fehlerhaftigkeit **9** 29
- bei Zulassung der Sprungrechtsbeschwerde **96a** 12

Rechtsmittelfrist
- fehlerhafte Rechtsmittelbelehrung **9** 27 ff.

Rechtsnachfolge 3 4 ff.
- Abtretung **3** 16
- befreiende Schuldübernahme **3** 17
- Betriebsübergang **3** 22 f.
- Einzelrechtsnachfolge **3** 9 ff.
- Gesamtrechtsnachfolge **3** 6 ff.
- kraft Gesetzes **3** 5 ff.
- kraft Vereinbarung **3** 16 f.
- im weiteren Sinne **3** 18 ff.

Rechtspfleger 7 22 ff.
- Aufgaben **7** 24 f.; **9** 7
- Rechtsmittel gegen Entscheidungen **7** 26
- sofortige Beschwerde gegen Entscheidung **78** 22 ff.
- verkannte Aufgabenzuteilung **7** 27
- Wahrnehmung der Geschäfte **9** 7 f.

Rechtsschutzinteresse
- Allgemeinverbindlicherklärung, Streitigkeiten **98** 17
- Berufung **64** 35a
- Beschlussverfahren **81** 87 ff.
- Eingruppierungsklage **46** 137

- Einigungsstellenbesetzung, Beschlussverfahren **100** 19 ff.
- Einigungsstellenspruch, gerichtliche Überprüfung **VESt** 310
- Kündigungsschutzklage **46** 89 ff.
- Leistungsklage **46** 56a
- Rechtsbeschwerde im Beschlussverfahren **93** 16
- Rechtsverordnung zu Rechtsnormen eines Tarifvertrags, Streitigkeiten **98** 17
- Tariffähigkeit und Tarifzuständigkeit, Beschlussverfahren **97** 26 ff.
- Tarifkollision, Beschlussverfahren **99** 8

Rechtswegbestimmung
- Arbeitnehmereigenschaft **5** 315 ff.
- Aut-aut-Fälle **5** 317
- Et-et-Fälle **5** 318
- Sic-non-Fälle **5** 316

Rechtswegerschöpfung
- Anhörungsrüge **ArbV** 30, 34a
- Arbeitsgerichtsverfahren **ArbV** 32
- Ausnahmen **ArbV** 37 f.
- Erschöpfung **ArbV** 31
- Nichtzulassungsbeschwerde **ArbV** 32
- praktische Probleme **ArbV** 39 f.
- Verfassungsbeschwerde **ArbV** 29 ff.

Rechtswegzuständigkeit 48 6 ff.
- siehe auch Zuständigkeit im Beschlussverfahren; Zuständigkeit im Urteilsverfahren
- Anfechtbarkeit von Entscheidungen **48** 57 ff.
- Anhängigkeit beim Adressatgericht bei Verweisung **48** 89
- Bejahung **48** 81
- Beschränkung der Berufung **65** 6 ff.
- Bindungswirkung bei Bejahung der ~ **48** 83
- Bindungswirkung bei Verneinung der ~ **48** 84 ff.
- bürgerliche Rechtsstreitigkeiten zwischen Arbeitnehmer und Arbeitgeber siehe Streitigkeiten zwischen Arbeitnehmer und Arbeitgeber
- Entbehrlichkeit der Prüfung **48** 38 f.
- Entscheidung **48** 40 ff.
- Form und Zustellung der Entscheidung **48** 56
- Fortbestand der Rechtshängigkeitswirkungen bei Verweisung **48** 90
- Geschäftsverteilung **48** 17
- Gleichwertigkeit aller Rechtswege **48** 7
- Haupt- und Hilfsbegründung **48** 36
- Hauptantrag und Hilfsanträge **48** 37
- Inzidententscheidung **48** 42
- Kosten bei unzulässigem Rechtsweg **48** 93 ff.
- krasser Gesetzesvorstoß bei Verweisungsbeschluss **5** 306c; **48** 85
- Mahnverfahren **46a** 10
- mehrere Streitgegenstände **48** 51
- negativer Kompetenzkonflikt **48** 88
- Prüfungsgrundlage **48** 34 ff.
- Prüfungsreihenfolge **48** 30 ff.
- Prüfungszeitpunkt **48** 31 ff.
- Rechtskraft von Rechtswegentscheidungen **48** 79 f.
- Revisionsgrund, ausgeschlossener **73** 65
- Schiedsgerichtsbarkeit **48** 16
- Sic-non-Fälle **48** 35
- Sofortige Beschwerde gegen Rechtswegbeschlüsse siehe dort
- umfassende Entscheidungskompetenz des Adressatgerichts **48** 91 f.
- Vereinfachung und Beschleunigung **48** 8
- Verfahren bei Entscheidungen **48** 52 ff.
- Verfahrensart **48** 11
- Verneinung und Verweisung **48** 84 ff.
- Verweisung **48** 48 ff.
- Vorabentscheidung **48** 43 ff.
- Zulässigkeit des Rechtsweges **48** 10

Referendar
- Arbeitnehmerbegriff **5** 124a
- Güteverhandlung **54** 5

Reiseleiterin
- Arbeitnehmerbegriff **5** 125

Rente
- Berücksichtigung bei Prozesskostenhilfe **11a** 56

Rentner
- Arbeitnehmereigenschaft bei nebenberuflicher Hausmeistertätigkeit **5** 100

Repetitor
- arbeitnehmerähnliche Person **5** 242

Restitutionsklage 79 2 ff.
- Gründe **79** 16a ff.

Revision
- Ablehnung von Gerichtspersonen **72** 62
- Alleinentscheidung des Vorsitzenden **72** 65
- Anerkenntnisurteil **75** 44a
- Begründung siehe Revisionsbegründung
- Beweisvorschriften **58** 3
- Bundesarbeitsgericht **72** 7 f.
- Eilverfahren **72** 20
- Eingang beim BAG **74** 28
- Einlegung siehe Revisionseinlegung
- Einspruch gegen Versäumnisurteil **75** 41 f.
- Einstellung der vorläufigen Vollstreckbarkeit **74** 97
- gegen Endurteile **72** 12 f.
- Entscheidung über die Revision siehe Revisionsurteil
- nach erfolgreicher Nichtzulassungsbeschwerde **72a** 86
- Erledigung der Hauptsache **75** 46 ff.
- Formfehler **74** 66
- Gerichtsgebühren **12** 67 ff.; **75** 52
- Gründe siehe Revisionsgründe
- gütliche Einigung **72** 66
- historische Entwicklung **72** 9 ff.
- Kosten **75** 52
- Kosten bei Rücknahme **74** 80
- mehrfache Einlegung **74** 28a
- neues Vorbringen **73** 57 f.
- Öffentlichkeit **72** 64
- Parteiwechsel **74** 47a
- rechtliche Prüfung **72** 3
- Rechtsanwaltskosten **75** 52
- Rechtsmittel **72** 6
- nicht revisionsfähige Entscheidungen **72** 20 ff.
- revisionsfähiges Urteil **72** 12 f.
- Rücknahme **74** 76 ff.
- sofortige Beschwerde **72** 21

- Statthaftigkeit **74** 65
- Streitwertberechnung bei wechselseitiger Einlegung **12** 162
- Teilurteil **72** 13
- Terminsbestimmung **74** 60 ff.
- Überprüfung der Zulassung neuer Angriffs- und Verteidigungsmittel **67** 53
- Übersendung in Tarifvertragssachen **72** 68
- Urteil *siehe* Revisionsurteil
- Verfahren **72** 1 ff.
- Versäumnisurteil **72** 19
- Versäumnisverfahren **75** 37 ff.
- Verwerfung **74** 69 ff.
- Verzicht **74** 82 ff.
- Vorbehaltsurteil **72** 15
- Vorentscheidung vor Endurteil **72** 17
- vorläufige Vollstreckbarkeit, Erklärung durch BAG **74** 96
- Vornahme einer Handlung **72** 67
- Vorschriften außerhalb des ArbGG **72** 60 ff.
- Vorschriften über arbeitsgerichtliches Urteilsverfahren **72** 61 ff.
- Wiedereinsetzungsentscheidung **72** 16
- Ziel **72** 2
- Zulässigkeit **74** 74 f.
- Zulässigkeitsprüfung **74** 63 ff.
- Zulassung *siehe* Revisionszulassung
- Zustellung an den Gegner **74** 29 f.
- Zwischenurteil **72** 14

Revision wegen Verletzung materiellen Rechts
- *siehe auch* Revisionsgründe
- Angabe in Revisionsbegründung **74** 48a ff.
- ausländisches Recht **73** 10
- betriebliche Übung **73** 27b
- Betriebsvereinbarung **73** 15 f.
- Beweiswürdigungsfehler **73** 22
- Denkgesetze **73** 21
- deutsches Gesetzesrecht **73** 9
- Erfahrungssätze **73** 22
- Ermessen **73** 19 f.
- Formulararbeitsverträge **73** 25
- kirchliches Recht **73** 12
- Prozesshandlungen **73** 28
- rechtsgeschäftsähnliche Handlung **73** 27a
- richterliche Ersatzleistungsbestimmung **73** 19
- Satzungen **73** 11
- Tarifvertrag **73** 13 f.
- unbestimmte Rechtsbegriffe **73** 17 f.
- Unionsrecht **73** 10
- Willenserklärungen und Verträge **73** 23 ff.

Revisionsbegründung 74 30a ff.
- Antrag **74** 40a ff.
- Antragsänderung **74** 44 ff.
- Aufklärungsrüge **74** 57
- Begründungsstrenge **74** 49
- Beschwer **74** 58 f.
- Beweiserhebung, unterlassene **74** 57
- Bezugnahme auf Nichtzulassungsbeschwerde **74** 57b
- Bezugnahme auf Schriftsätze **74** 38
- Darlegung des Verfahrensverstoßes **74** 56 f.
- Form **74** 37 ff.
- Frist **74** 31 ff.
- Hilfsantrag **74** 43
- Inhalt **74** 40 ff.
- materiellrechtliche Rügen **74** 48a ff.
- mehrere selbständige Streitgegenstände **74** 52
- neue Tatsachen ausschließlich **74** 51
- notwendiger Inhalt **74** 48
- Revisionsgründe, Angabe **74** 48a ff.
- vor Urteilszustellung **74** 57a
- Verfahrensrüge **74** 53 ff.
- Verfahrensrüge in Revisionsbegründung **74** 53 ff.
- Verletzung rechtlichen Gehörs **74** 57
- Zulassung verspäteten Vorbringens **74** 57

Revisionsbegründungsfrist 74 31 ff.
- Beginn **74** 31
- Verlängerung **74** 32 ff.
- Vertrauensschutz auf ordnungsgemäße Verlängerung **74** 34
- Wiedereinsetzung **74** 35 f.

Revisionsbeschwerde 77 1 ff.
- Begründung **77** 16 f.
- Bindung des Revisionsgerichts **77** 11 f.
- Einlegung **77** 14 ff.
- Entscheidung **77** 18 ff.
- Nichtzulassung **77** 2
- Nichtzulassungsbeschwerde **77** 13
- Rechtsmittel gegen Nichtzulassung **77** 13
- Rechtsmittelbelehrung **77** 12
- Verfahren **77** 14 ff.
- Verwerfung der Berufung **64** 185
- Verwerfung der Berufung durch Beschluss **77** 4 ff.
- Zulässigkeit **77** 4 ff.
- Zulassung **77** 7 f.
- Zulassungsgrund **77** 9 f.

Revisionseinlegung 74 1 ff.
- Adressat **74** 3a
- Begründung *siehe* Revisionsbegründung
- bestimmender Schriftsatz **74** 4
- Bezeichnung des Rechtsmittels **74** 16 f.
- Einlegung **74** 3 ff.
- E-Mail **74** 9
- Form **74** 4 ff.
- Formulierung **74** 19
- Frist *siehe* Revisionsfrist
- Inhalt der Revisionsschrift **74** 13 ff.
- Nebenintervenient **74** 59
- Revisionsschrift **74** 3 ff.
- Schlussurteil **74** 15
- SMS **74** 9
- Telefax **74** 8, 10
- unbedingte ~ **74** 18
- Unterschrift **74** 5 ff.
- Urteilsnennung **74** 14
- für und gegen wen **74** 13

Revisionsfrist 74 20 ff.
- Beginn **74** 22 ff.
- Eingang beim BAG **74** 28
- Ergänzungsurteil **74** 24
- Fünfmonatsfrist des § 66 Abs. 1 S. 2 ZPO **74** 22 f.
- mehrere Prozessbevollmächtigte **74** 27

- Unterbrechung des Verfahrens 74 25 f.
- Urteilszustellung 74 22
- Versäumung 74 21

Revisionsgründe 73 1 ff.
- absolute ~ 73 34a ff.
- absolute ~, Nichtzulassungsbeschwerde 72a 38b f.
- absolute ~, Revisionszulassung 72 43a ff.
- Angabe in Revisionsbegründung 74 48 ff.
- Aufklärungsrüge 73 33
- ausgeschlossene ~ 73 64 ff.
- ausgeschlossener Richter 73 43
- Befangenheitsablehnung 73 44
- Berufsrichter, nicht planmäßiger 73 36
- Berufungsurteil ohne notwendige Begründung 73 47 ff.
- Besetzung, nicht ordnungsgemäße 73 35 ff.
- Besetzung, nicht ordnungsgemäße – Nichtzulassungsbeschwerde 72a 38b
- Besetzung, nicht ordnungsgemäße – Revisionszulassung 72 43b
- Beurteilungszeitpunkt 73 59
- Beweiswürdigung 73 34
- ehrenamtliche Richter, keine ordnungsgemäße Besetzung 73 38 f.
- ehrenamtliche Richter, nicht ordnungsgemäße Berufung 73 66
- ehrenamtliche Richter, nicht ordnungsgemäße Heranziehung 73 66
- ehrenamtliche Richter, Wegfall der Gruppenzugehörigkeit 73 40
- Entscheidungserheblichkeit 73 60 ff.
- Entscheidungserheblichkeit bei absoluten ~n 72 43c
- Geschäftsverteilungsplan, Verstoß 73 37
- Grundlage der Nachprüfung 73 53 ff.
- Kenntnis des anzuwendenden Rechts 73 3
- neues Vorbringen 73 57 f.
- Öffentlichkeit, Verletzung 73 46
- Rechtsfehler 73 2
- Rechtsnorm, Begriff 73 5
- Rechtsverletzung, Begriff 73 6
- Revision wegen Verletzung materiellen Rechts *siehe dort*
- schlafender/abwesender Richter 73 41
- und sofortige Beschwerde gemäß § 72b ArbGG 73 48
- unrichtige Gerichtsbesetzung 6a 120
- Verfahrensfehler 73 29 ff.
- Verfahrensfehler, auf Rüge zu berücksichtigende 73 32 ff.
- Verfahrensfehler, von Amts wegen zu berücksichtigende 73 30 f.
- Verfahrensrüge in Revisionsbegründung 74 53 ff.
- Verletzung einer Rechtsnorm 73 4 ff.
- Vertretung einer Partei 73 45
- vorinstanzliches Vorbringen 73 53 ff.
- Zugänglichkeit, Verletzung 73 46
- Zulässigkeit des Rechtswegs 73 65

Revisionsurteil 75 1 ff.
- Absetzung, Zeit 75 33
- absolute Revisionsgründe 75 11
- Aufhebung des Urteils 75 3 ff.
- Aufhebung eines Teilurteils 75 3
- Aufhebung wegen Verfahrensmangels 75 4 f.
- Bindung des Revisionsgerichtes 75 20
- Bindungswirkung für LAG 75 14 ff.
- ehrenamtliche Richter bei Verkündung 75 24
- Entbehrlichkeit von Tatbestand und Entscheidungsgründen 75 28 f.
- Entscheidung nach Aktenlage 75 45
- Entscheidungsreife, fehlende 75 11
- Ergänzung 75 36
- Ermessensentscheidung 75 12
- ersetzende Entscheidung 75 9 ff.
- Inhalt 75 27 ff.
- neue Sachentscheidung 75 6 ff.
- Tatbestandsberichtigung 75 36
- Unterzeichnung 75 31 ff.
- Verkündung 75 21 ff.
- Verkündungstermin 75 22 f.
- Verlesung der Urteilsformel 75 25
- wesentliche Entscheidungsgründe 75 26
- Wirkung der Zurückverweisung 75 13 ff.
- Zurückverweisung 75 7 ff.
- Zurückweisung der Revision 75 2
- Zustellung 72 63; 75 34 f.

Revisionsverfahren
- *siehe* Revision

Revisionszulassung 72 4, 23 ff.
- absolute Revisionsgründe 72 43a ff.
- allgemeine Bedeutung der Rechtsfrage 72 27 ff.
- Anschlussrevision 72 54
- Begründungserfordernis 72 47
- Beschränkung 72 49 ff.
- Beschränkung im Tenor 72 53
- Bindung des BAG 72 57 f.
- Divergenz *siehe dort*
- einheitlicher Streitgegenstand 72 51
- Entscheidung 72 44 ff.
- Entscheidungserheblichkeit 72 31 f.
- fehlerhafte ~ 72 22
- Form der Entscheidung 72 45 ff.
- Gründe 72 24 ff.
- grundsätzliche Bedeutung 72 24 ff.
- Klärungsbedürftigkeit der Rechtsfrage 72 26
- mehrere Streitgegenstände 72 50
- Musterprozess 72 28
- Rechtsfrage 72 25
- im Tenor 69 22
- unwirksame Beschränkung 72 53a
- Urteilstenor 72 45
- Verfahrensverstöße 72 43 ff.
- Verletzung rechtlichen Gehörs 72 43d
- Wirkung 72 55 ff.

Richter
- *siehe* Berufsrichter; Ehrenamtliche Richter

Richtervertretungen 6 43 ff.
- Präsidialrat 6 45
- Präsidialrat – BAG 42 21
- Richterrat 6 44
- Richterrat – BAG 42 21

Richterwahlausschuss
- Beteiligung bei Ernennung des Vorsitzenden **18** 16
- Bundesrichter **42** 7 f.

Rotes-Kreuz-Schwestern
- Arbeitnehmerbegriff **5** 170, 173 ff.

Rubrumsberichtigung 66 26 f.

Rüge der Verletzung rechtlichen Gehörs
- siehe Anhörungsrüge

Rügelose Einlassung
- Ablehnung einer Gerichtsperson **49** 116 ff.
- internationale Zuständigkeit **2** 256
- örtliche Zuständigkeit **48** 145 ff.

Ruhen des Verfahrens 55 46 ff.; **59** 56 ff.
- Alleinentscheidung des Vorsitzenden **55** 48
- Aufnahme **55** 50
- Güteverhandlung **54** 39 ff.
- Mediation **54a** 23 ff.

Rundfunk- und Fernsehmitarbeiter
- siehe Medien

Rundfunkaufnahmen 52 9; **72** 69

Rundfunkgebührenbeauftragter
- arbeitnehmerähnliche Person **5** 243
- Arbeitnehmerbegriff **5** 126

Sachbezüge
- Berücksichtigung bei Prozesskostenhilfe **11a** 51

Sachliche Zuständigkeit 2 247; **8** 2 f.; **48** 3, 5, 12
- Allgemeinverbindlicherklärung, Streitigkeiten **98** 15
- Beschränkung der Berufung **65** 19
- Rechtsverordnung zu Rechtsnormen eines Tarifvertrags, Streitigkeiten **98** 15
- Tariffähigkeit/Tarifzuständigkeit, Streitigkeiten **97** 25a

Sachverständiger
- Auslagen im schiedsgerichtlichen Verfahren **106** 8
- Auswahl **58** 51
- Beeidigung **58** 55
- Befangenheitsbesorgnis **49** 156b
- Beweisantritt **58** 50
- Einigungsstellenverfahren **VESt** 230 ff.
- Einigungsstellenverfahren, Honoraranspruch **VESt** 407 ff.
- Entschädigung **9** 9
- Gutachten aus anderen Verfahren **58** 56a
- Gutachten, Kostenerstattung **12a** 24
- Gutachten, Prüfung **58** 53
- Gutachtenverweigerung **58** 54
- Ladung **56** 15 f.
- Pflichten **58** 52
- Privatgutachten **58** 56
- Sachverständigenbeweis **58** 49 ff.
- schiedsgerichtliches Verfahren **106** 3
- Schlichtungsausschuss **111** 18
- Streitwertberechnung bei Gutachten **12** 292
- Vereidigung im schiedsgerichtlichen Verfahren **106** 10 f.

Sargträger
- Arbeitnehmerbegriff **5** 128

Schadensersatz
- betriebsverfassungsrechtliche Eilverfahren **85** 78
- Darlegungs- und Beweislast bei ~ nach § 628 Abs. 2 BGB **58** 140
- Darlegungs- und Beweislast bei ~anspruch gegen Arbeitgeber **58** 121
- Darlegungs- und Beweislast bei ~anspruch gegen Arbeitnehmer **58** 119
- Einigungsstellenvorsitzender **VESt** 326 ff.
- Fehlentscheidung bei Eilverfahren **62** 125
- Kostentragungspflicht und ~ des Drittschuldners **12a** 29
- Schadensermittlung durch das Gericht **58** 84a f.
- Streitwertberechnung **12** 293
- Vollstreckung aus vorläufig vollstreckbarem Titel im Beschlussverfahren **85** 42

Scheinselbständigkeit 5 248 ff.
- Kriterienkatalog **5** 249a f.

Schiedsgerichte 101 1 ff.
- Abgrenzung **101** 11 f.
- Ablehnung eines Schiedsrichters **103** 23 ff.
- Ablehnungsverfahren **103** 24 ff.
- ausgeschlossene Personen **103** 10 ff.
- Ausschluss der staatlichen Arbeitsgerichtsbarkeit **4** 14
- Bestellung **103** 13 ff.
- betriebsverfassungsrechtliche Streitigkeiten **4** 29 f.
- Bindungswirkung **101** 9
- fakultative Zuständigkeit der Arbeitsgerichtsbarkeit **4** 5
- freies Ermessen **104** 5 ff.
- keine gleichwertigen Gerichte **101** 8
- nachvertragliche Vereinbarungen **4** 31
- paritätische Besetzung **103** 2 ff.
- Rechtswegzuständigkeit **48** 16
- Schiedsrichtervertrag **103** 16 ff.
- Stellung **101** 6 ff.
- Unparteiische **103** 6, 9
- Unstimmigkeiten des Ausschlusses **4** 15 ff.
- Unzulässigkeit **4** 1 ff.
- Verfahren siehe Schiedsgerichtliches Verfahren
- verfassungsrechtliche Vorgaben **101** 1 ff.
- Vergütung der Schiedsrichter **103** 19 ff.
- Vorverfahren **4** 12 f.
- Zusammenhangsklage **4** 4
- Zusammensetzung **103** 1 ff.
- zwingende Besetzungsvorschriften **103** 2 ff.

Schiedsgerichtliches Verfahren 104 1 ff.
- Anhörung vor gesamtem Schiedsgericht **105** 9
- Anwendung materiellen Rechts **101** 18 ff.
- Aufrechnung **101** 33 ff.
- Beweisaufnahme, schiedsgerichtliche siehe dort
- Bindungswirkung **101** 9
- Entscheidung nach billigem Ermessen **101** 18
- Feststellungsklage bei Gesamtschiedsvereinbarung **101** 26 ff.
- Form der Anhörung **105** 5 ff.
- freies Ermessen **104** 5 ff.
- gesetzliche Ansprüche **101** 32
- getrennte Anhörung **105** 8
- Kosten **12a** 49; **101** 20 f.; **106** 9

- Kündigungsschutzprozess **101** 28 ff.
- materiell-rechtliche Bestimmungen des BGB **101** 19
- mündliche Anhörung **105** 5 ff.
- Prozesskostenhilfe **101** 62 f.
- Prozesszinsen **101** 18
- Prüfungen von Amts wegen **104** 3
- rechtliches Gehör **101** 61; **105** 1 ff.
- Rechtsmittel **104** 10
- sachkundige Dritte, Beratung **108** 2
- Säumnisverfahren **105** 15 ff.
- Schiedsspruch *siehe dort*
- Schiedsvergleich *siehe dort*
- schriftliches Verfahren **105** 10 f.
- selbständiges Beweisverfahren trotz Schiedsgerichtsvereinbarung **106** 24 f.
- Statthaftigkeit des Verfahrens **104** 4
- kein Teil des ArbG-Prozesses **101** 7
- überlanges Verfahren **101** 64
- unerlaubte Handlung **101** 31
- Unzulässigkeit **110** 13 ff.
- Verhandlungsleiter **108** 16
- verspätete Kündigungsschutzklage **104** 2
- Vertretung der Parteien **105** 12 ff.
- Vollstreckungsgegenklage **101** 35
- Wertfestsetzung **101** 21
- ZPO-Bestimmungen, Anwendbarkeit **101** 57 ff.

Schiedsgerichtliches Vorverfahren 4 12 f.

Schiedsgutachten 4 6 ff.
- Abgrenzung zu Schiedsverträgen **4** 6

Schiedsrichtervertrag 103 16 ff.

Schiedsspruch 108 1 ff.
- Abstimmungsverfahren **108** 1 ff.
- Änderbarkeit **108** 18
- Aufhebungsklage Schiedsspruch *siehe dort*
- Ausfertigung **108** 15
- Begründung **108** 11 f.
- Datumsangabe **108** 5
- Inhalt **108** 5 ff.
- Kostenentscheidung **108** 13 f.
- nichtiger ~ **110** 5 ff.
- Niederlegung **108** 20 ff.
- Rechtskraft **108** 23 ff.
- Rechtsmittelbelehrung **108** 14a
- Rechtswirkungen **108** 23 f.
- Streitwertfestsetzung **108** 14
- Unterschriften **108** 6 ff.
- Verhinderung eines Schiedsrichters **108** 8
- Zustellung **108** 15 ff.
- Zwangsvollstreckung Schiedsspruch/Schiedsvergleich *siehe dort*

Schiedsvergleich 107 1 ff.
- Datumsangabe **107** 4
- Kostentragung **107** 15
- Unterschriften **107** 2
- unwirksamer ~ **107** 7 ff.
- Vollstreckungstitel **107** 13 f.
- Wirkungen **107** 11 f.
- zulässiger Inhalt **107** 5 f.
- Zustandekommen **107** 1 ff.
- Zwangsvollstreckung Schiedsspruch/Schiedsvergleich *siehe dort*

Schiedsverträge 101 6
- Abdingbarkeit **101** 15 ff.
- Abgrenzung zum Schiedsgutachten **4** 6 ff.
- betriebsverfassungsrechtliche Streitigkeiten **4** 29 f.
- Einrede des Schiedsvertrages *siehe dort*
- Einzelschiedsvereinbarung **101** 28 ff.
- fakultative Zuständigkeit der Arbeitsgerichtsbarkeit **4** 5
- Gesamtschiedsvereinbarung **101** 22 ff.
- nachvertragliche Vereinbarungen **4** 31
- Nachwirkung **102** 9
- Rechtsfolgen **4** 14
- Rechtsnatur **101** 13 f.
- Unstimmigkeiten des Ausschlusses **4** 15 ff.
- Unzulässigkeit **4** 1 ff.
- Zusammenhangsklage **4** 4

Schleppnetzantrag 46 83
- Streitwertberechnung **12** 213 ff.

Schlichtungsausschuss 5 166e; **111** 4 ff.
- Anrufung als Prozessvoraussetzung für Klage **111** 5
- Anrufungsfrist **111** 13
- Besetzung **111** 10 ff.
- bestehendes Ausbildungsverhältnis **111** 7 f.
- Errichtung **111** 9
- falsche Besetzung **111** 12
- Feststellungsinteresse hinsichtlich Unwirksamkeit des Spruchs **111** 24
- gleicher Zugang zu Gericht **111** 33 f.
- Klage beim ArbG **111** 28 ff.
- Kosten **12a** 50; **111** 26 f.
- mündliche Anhörung **111** 17
- Pattsituation **111** 11
- Prozesskostenhilfe **11a** 8
- Prozesskostenhilfe, Ausschluss **111** 37 f.
- Rechtskraft des Spruchs **111** 23
- Rechtsmittelbelehrung **111** 22
- Verfahren **111** 17 ff.
- Verfassungsmäßigkeit des Verfahrens **111** 31 ff.
- Verkündung des Spruchs **111** 19
- Wirkungen des Spruchs **111** 23 f.
- Zeugen und Sachverständige **111** 18
- Zustellung **111** 19
- Zwangsvollstreckung **111** 25
- Zweiwochenfrist **111** 19

Schlichtungsstelle
- *siehe* Tarifliche Schlichtungsstelle

Schriftliches Verfahren
- Berufungsverfahren **64** 236
- Beschlussverfahren **83** 114 ff.
- Beschwerdeverfahren **90** 23
- Öffentlichkeit **52** 8
- schiedsgerichtliches Verfahren **105** 10 f.

Schriftsatznachlass 46 4 ff.; **57** 10; **67** 5a; **69** 3a
- Wiedereröffnung der mündlichen Verhandlung **60** 18 f.

Schulungs- und Bildungsveranstaltungen
- Freistellung von Betriebsratsmitgliedern, einstweilige Verfügung **85** 98 ff.
- Streitwertberechnung bei Betriebsratsmitglied **12** 245 f.

Schutz der ehrenamtlichen Richter 26 1 ff.
- Amtsausübung **26** 8
- Beginn **26** 7
- Benachteiligung **26** 11
- Beschränkung **26** 10
- Ende **26** 9
- Lohnabzug **26** 13
- Nachwirkungszeitraum **26** 9
- persönliche Angriffe **26** 12
- Rechtsfolgen der Benachteiligung **26** 14 ff.
- Schutzgesetz **26** 2
- strafrechtliche Sanktionen **26** 15 f.
- verbotene Handlungen **26** 10 ff.
- zivilrechtlicher Rechtsschutz **26** 17 ff.

Schutzschrift
- einstweiliges Verfügungsverfahren **62** 123 ff.
- einstweiliges Verfügungsverfahren bei Beschlussverfahren **85** 77 f.
- elektronisches Register **62** 124a

Schwangerschaft
- Darlegungs- und Beweislast hinsichtlich Beschäftigungsverbot **58** 118

Schwerbehinderte Menschen
- Darlegungs- und Beweislast für Diskriminierung **58** 115
- in geschützten Werkstätten, arbeitsgerichtliche Zuständigkeit **5** 183
- Restitutionsklage bei Kündigungsschutzprozess **79** 17

Schwerbehindertenvertretung
- Dienststellen **2a** 97
- örtliche Zuständigkeit im Beschlussverfahren **82** 23
- persönliche Rechtsstellung der Vertrauensperson der Schwerbehinderten **2a** 98 f.
- Rechtswegzuständigkeit **2a** 94 ff.

Scientology-Mitarbeiter
- Arbeitnehmerbegriff **5** 130

Seemannsämter
- Arbeitssachen **111** 1 ff.

Selbständiges Beweisverfahren
- Gerichtsgebühren **12** 92 ff.
- trotz Schiedsgerichtsvereinbarung **106** 24 f.
- Streitwertberechnung **12** 248

Senate des BAG
- Anzahl **41** 3 ff.
- Besetzung der Senate *siehe dort*
- ehrenamtliche Richter **41** 32
- zu entscheidende Rechtsfrage **41** 27
- Geschäftsverteilungsplan **41** 25 ff.
- Großer Senat *siehe dort*
- Zahl der Richter **41** 29
- Zuständigkeit **41** 25 ff.
- Zuteilung der Richter **41** 30
- Zuweisung der Geschäfte **41** 28

Sicherheitsleistung
- Eilverfahren **62** 118 ff.

Sic-non-Fälle 2 235 ff.; **5** 316

Sitzungsniederschrift
- Urteilsverkündung **60** 30 ff.

Sitzungspolizei 16 39 ff.
- Adressaten **16** 44 f.
- Anfechtbarkeit von Maßnahmen **16** 48
- Anordnungen **16** 43
- geeignete Maßnahmen **16** 42
- Generalklausel **16** 40
- Inhalt **16** 41
- Prozessvertreter **16** 45
- Robe **16** 46
- Zurückweisung ungeeigneter Vertreter **16** 47

Sofortige Beschwerde 78 1 ff.
- 17-Monats-Frist **78** 27
- Abhilfeentscheidung des ArbG **78** 43 ff.
- Alleinentscheidung des Vorsitzenden **78** 61
- Anschlussbeschwerde **78** 13
- Antrag **78** 35
- Auflagen **78** 37 f.
- außerordentliche ~ wegen greifbarer Gesetzwidrigkeit **77** 22
- Begründung **78** 36 f.
- Belehrungspflicht des Gerichts **78** 39
- Berufung **64** 27
- Beschluss **78** 46
- Beschlussverfahren **78** 5; **83** 120 ff.
- Beschwer **78** 9
- Beschwerdeberechtigung **78** 40 f.
- beschwerdefähige Entscheidungen **78** 8 ff.
- nicht beschwerdefähige Entscheidungen **78** 19 ff.
- Beschwerdefrist **78** 25 ff.
- Beschwerdesumme **78** 10
- Einlegung **78** 29 ff.
- Einlegung durch Partei selbst **11** 50
- einstweilige Verfügung im Beschlussverfahren, Abweisung des Gesuchs **85** 75
- Entscheidung des ArbG **78** 43 ff.
- Entscheidung des LAG **78** 54 ff.
- Entscheidung durch Kammer/durch Vorsitzenden **78** 45
- Entscheidungen des Rechtspflegers **7** 26
- Entscheidungskompetenz des LAG **78** 57
- Entscheidungsreife **78** 56
- Erinnerung, Entscheidung **78** 21
- Erstentscheidungen des LAG **78** 6
- Form **78** 32
- Fristen **78** 27 f.
- Fünfmonatsfrist **78** 27
- Gerichtskosten **78** 65
- Inhalt **78** 33 ff.
- Kostenentscheidung **78** 63 f.
- mündliche Verhandlung **78** 17, 60 ff.
- Nichtabhilfe durch das ArbG **78** 51 ff.
- Präklusionsvorschriften, Nichtanwendung **78** 58
- Prozesskostenhilfe **11a** 130, 132 ff.
- Prozesskostenhilfe, Aufhebung **11a** 149
- rechtliches Gehör **78** 47
- Rechtsmittel **78** 2
- Rechtsmittel im Beschwerdeverfahren **78** 66 ff.
- Rechtspfleger, Entscheidungen **78** 22 ff.
- gegen Rechtswegbeschlüsse *siehe* Sofortige Beschwerde gegen Rechtswegbeschlüsse
- Revision **72** 21
- Rücknahme **78** 42
- Statthaftigkeit **78** 14 ff.

- Streitwertunabhängigkeit bei Bestandsschutzstreitigkeit **46** 15
- überlange Verfahrensdauer **78** 103
- Urteilsverfahren **78** 5
- Verfahrensgestaltung **78** 7
- Verschlechterungsverbot **78** 59
- Vertretungszwang **78** 32
- Verzicht **78** 42
- Wahl des angegangenen Gerichts **78** 29 ff.
- Zurückverweisung durch ArbG **78** 55
- im Zwangsvollstreckungsverfahren **62** 91 f.

Sofortige Beschwerde gegen Rechtswegbeschlüsse 48 61 ff.; **78** 68 ff.
- Beschwer **48** 65 f.
- Beschwerdewert **48** 67
- Eilverfahren **48** 78
- Entscheidung des Beschwerdegerichts **48** 68a ff.
- Entscheidung ohne ehrenamtliche Richter **48** 73
- Folgen der Beschwerdeeinlegung **48** 68
- Form und Inhalt **48** 63
- Frist **48** 62
- Kostenentscheidung **48** 72
- Rechtsbeschwerde gegen Beschwerdeentscheidung **48** 74 ff.
- zuständiges Gericht **48** 64

Sofortige Beschwerde wegen verspäteter Absetzung der Beschwerdeentscheidung 92b 1 ff.
- Abgrenzung **92b** 2
- Beschluss des LAG **92b** 6
- Beschwerdeberechtigung **92b** 10
- Einlegung und Begründung **92b** 11
- Entscheidung **92b** 12 f.
- Insolvenz **92b** 7
- Normzweck **92b** 1
- und Rechtsbeschwerde **93** 40
- Rechtsfolgen einer Entscheidung **92b** 13
- Rechtsmittel **92b** 5
- Statthaftigkeit **92b** 6
- verspätete Absetzung **92b** 8 f.
- Wahlrecht **92b** 4
- Zulässigkeit **92b** 6 ff.

Sofortige Beschwerde wegen verspäteter Absetzung des Berufungsurteils 69 5; **72b** 1 ff.
- abschließende Regelung **72b** 7
- Bedingung **72b** 28 ff.
- Begründung **72b** 31 ff.
- Beschwer **72b** 16
- BVerfG **72b** 2
- Einlegung **72b** 17 ff.
- Endurteil **72b** 9 f.
- Entscheidung **72b** 34 ff.
- fehlende Rechtsmittelbelehrung **72b** 20
- Form **72b** 22 f.
- Form der Entscheidung **72b** 36 f.
- formale Vollständigkeit **72b** 13
- Frist zur Einlegung **72b** 18 ff.
- Fünfmonatsfrist **72b** 14
- Inhalt **72b** 24 f., 32 f.
- Inhalt der Entscheidung **72b** 38 ff.
- inhaltliche Mängel **72b** 15
- Kosten der Entscheidung **72b** 42

- Notfrist **72b** 19
- Prozesskostenhilfe **72b** 45
- Rechtsanwaltsvergütung **72b** 43
- Rechtsnatur **72b** 6
- nicht rechtzeitige Absetzung **72b** 13 ff.
- und Revision **72b** 8
- Statthaftigkeit **72b** 9 ff.
- gegen Urteil als ganzes **72b** 26
- Wirkung der Entscheidung **72b** 41
- zuständiges Gericht **72b** 17

Sonderurlaub
- einstweiliges Verfügungsverfahren **62** 136
- Streitwertberechnung **12** 298

Sonderzahlungen
- Streitwertberechnung **12** 176

Sozialauswahl
- Darlegungs- und Beweislast **58** 130, 137

Sozialeinrichtungen
- gemeinsame Einrichtung **2** 153 f.
- des privaten Rechts **2** 155 ff.
- Rechtswegzuständigkeit **2** 152 ff., 164 ff.

Sozialkasse
- Leistungsanspruch und Aussetzung des Verfahrens nach § 98 ArbGG **98** 38 f.

Sozialleistungen
- Berücksichtigung bei Beiordnung eines Rechtsanwalts **11a** 60

Sozialplan
- Streitwertberechnung bei Anfechtung eines Einigungsstellenspruchs **12** 285 ff.

Sozialwidrigkeit
- Darlegungs- und Beweislast **58** 133

Sportler
- Arbeitnehmerbegriff **5** 131 ff.
- Einzelschiedsvereinbarung **101** 45

Sprecherausschuss
- Beteiligtenfähigkeit **10** 26
- Rechtswegzuständigkeit bei ~gesetz **2a** 79 f.

Spruch der Einigungsstelle VESt 277 ff.
- Anträge **VESt** 277 ff.
- Begründung **VESt** 288
- billiges Ermessen **VESt** 284 ff.
- Eilfälle **VESt** 302 f.
- gerichtliche Überprüfung *siehe* Spruch der Einigungsstelle, gerichtliche Überprüfung
- Grenzen **VESt** 283 ff.
- Konfliktlösungs-Regelung **VESt** 285a
- Kündigung, wenn Betriebsvereinbarung **VESt** 295
- Rechtsnatur **VESt** 293
- Rechtswirkungen **VESt** 290 ff.
- Säumnisentscheidung **VESt** 296 ff.
- Schriftform **VESt** 287 ff.
- Unterschrift **VESt** 287a
- Verbindlichkeit im erzwingbaren Verfahren **VESt** 291
- Verbindlichkeit im freiwilligen Verfahren **VESt** 290
- kein vollstreckbarer Titel **VESt** 292
- vorrangiges Recht **VESt** 283
- Zuleitung an die Parteien **VESt** 289

Spruch der Einigungsstelle, gerichtliche Überprüfung 2a 73 ff.; **VESt** 304 ff.
- Antrag **VESt** 306
- Antragsberechtigung **VESt** 307
- Beteiligte **VESt** 308
- Beurteilungsspielraum der Einigungsstelle **VESt** 318
- Ermessensfehlgebrauch **VESt** 320
- Ermessensspielraum der Einigungsstelle **VESt** 319
- Gegenstandswert **VESt** 324a
- Nichtbescheidung von Sachaufklärungsanträgen **VESt** 320b
- Rechtsfolgen bei Unwirksamkeit **VESt** 321 ff.
- Rechtskontrolle **2a** 74
- Rechtsschutzinteresse **VESt** 310
- Regelungsfrage **2a** 75
- Streitwert bei Sozialplananfechtung **12** 285 ff.
- keine suspendierende Wirkung **VESt** 311
- Teilunwirksamkeit **VESt** 322
- Überprüfungsfrist **VESt** 312 ff.
- Umfang **VESt** 317 ff.
- Verfahrensverstöße der Einigungsstelle **VESt** 317
- Wiederaufgreifen des Verfahrens durch Einigungsstelle **VESt** 323
- Zwischenbeschluss **VESt** 310, 320a

Sprungrechtsbeschwerde 92 7; 96a 1 ff.
- Ablehnung **96a** 13
- Anschluss-~ **96a** 23
- Antragsbefugnis **96a** 4
- Aufhebung und Zurückverweisung **96** 40
- Bindung an Zulassung **96a** 18
- Einlegung **96a** 14 ff.
- erfolgreiche ~ **96a** 25
- Rechtsmittelbelehrung bei Zulassung **96a** 12
- Sprungrechtsbeschwerdeschrift **96a** 15 f.
- unterlassene Beteiligung durch das Arbeitsgericht **96a** 19
- Verfahrensmängel als Begründung **96a** 21
- als Verzicht auf das Rechtsmittel der Beschwerde **96a** 24
- Zulassungsantrag **96a** 3 f.
- Zulassungsentscheidung **96a** 9 ff.
- Zulassungsgrund **96a** 5
- Zustimmung der übrigen Beteiligten **96a** 6 ff.

Sprungrevision 76 1 ff.
- Antrag **76** 5 ff.
- Arbeitskampfmaßnahmen **76** 21g
- Auslegung eines Tarifvertrags **76** 21b ff.
- Ausschluss von Verfahrensrügen **76** 48 f.
- Beginn der Revisionsfrist **76** 36 f.
- Berufung bei Nichtzulassung **76** 46a
- Berufungsfrist bei Ablehnung **76** 38
- beschränkte Zulassung **76** 31 f.
- Bindung an Zulassung **76** 39 ff.
- Durchführung **76** 47 ff.
- Entscheidung **76** 33
- Gerichtskosten **76** 52
- grundsätzliche Bedeutung **76** 18 f.
- Rechtsanwaltsgebühren **76** 52
- kein Rechtsmittel gegen Zulassungsentscheidung **76** 34 f.
- Rechtsmittelwahlrecht **76** 43 f.
- Rechtsstreitigkeiten zwischen Tarifvertragsparteien **76** 21a
- Revision und Berufung gegen Urteil **76** 43 ff.
- unerlaubte Handlungen **76** 21g
- Zulassung **76** 3
- Zulassung durch Beschluss **76** 26 ff.
- Zulassung im Urteil **76** 23 ff.
- Zulassungsentscheidung **76** 22 ff.
- Zulassungsgründe **76** 17 ff.
- Zulassungsverfahren **76** 4 ff.
- Zurückverweisung durch das BAG **76** 50 f.
- Zustimmung des Gegners **76** 8 ff.

Staatsgäste
- deutsche Gerichtsbarkeit **1** 17

Ständige Vertretung
- Vorsitzender **19** 2 ff., 11 f.

Stationierungsstreitkräfte
- deutsche Gerichtsbarkeit **1** 26
- Einigungsstelle **100** 6
- Rechtswegzuständigkeit in personalvertretungsrechtlichen Angelegenheiten **2a** 26

Statusklage
- Streitwertberechnung **12** 294

Steuerberater
- Arbeitnehmereigenschaft bei Vorbereitungsarbeiten **5** 132

Straf- und Bußgeldsachen
- Aussetzung des Verfahrens wegen Ermittlungs- oder Strafverfahren **55** 39 ff.
- Rechtswegzuständigkeit der ordentlichen Gerichtsbarkeit **2a** 78

Strafgefangene
- Arbeitnehmerbegriff **5** 180

Streitgegenstand 12 123
- Beschlussverfahren **81** 18
- Einigungsstellenverfahren **VESt** 48
- Rechtsweg bei mehreren Streitgegenständen **48** 51
- Streitwertberechnung **12** 149

Streitgenossen
- Beschwerdewert **64** 82
- Prozessvertretung **11** 12

Streitige Verhandlung 57 1 ff.
- Alleinentscheidung des Vorsitzenden **55** 7
- alsbaldige ~ bei Bestandsstreitigkeiten **61a** 7
- amtliche Auskünfte, Einholung **56** 13
- Anhörung der Parteien **57** 4
- Antragstellung **57** 3
- Aufklärungs- und Hinweispflichten **56** 5; **57** 5 ff.
- Augenscheinsinnahme von Gegenständen **56** 11 f.
- Beschleunigungsgrundsatz **57** 8 ff.
- Beschlussverfahren **80** 38 f.
- Beweisaufnahme vor der Kammer **58** 6 ff.
- ehrenamtliche Richter **16** 13 f., 16, 18
- Erledigung im ersten Kammertermin **57** 9 f.
- Ermittlung anzuwendenden Rechts **56** 17 f.
- Folgetermine **56** 2
- Gang der mündlichen Verhandlung **57** 2 ff.
- ein Kammertermin **56** 3
- Ladung von Zeugen und Sachverständigen **56** 15 f.
- Mahnverfahren **46a** 36

- persönliches Erscheinen, Anordnung **56** 14
- Säumnis beider Parteien **55** 27
- Tarifrecht, Ermittlung **56** 18
- Urkundenvorlegung, Anordnung **56** 6 ff.
- Verkündungstermin **57** 13
- Versuch gütlicher Einigung **57** 14 ff.
- Vertagung **57** 11 f.
- Verzicht **46** 12 f.
- volle Besetzung **57** 2
- Vorbereitung **56** 2 ff.
- Wiedereröffnung **53** 8 f.; **60** 18 f.

Streitigkeiten aus unerlaubten Handlungen bei Arbeitskampf
- bürgerliche Rechtsstreitigkeit **2** 59 ff.
- Maßnahmen zum Zweckes des Arbeitskampfes **2** 70 ff.
- Parteien des Rechtsstreits **2** 63 ff.
- Rechtswegzuständigkeit **2** 59 ff.
- unerlaubte Handlungen **2** 69

Streitigkeiten im Zusammenhang mit Vereinigungsfreiheit
- bürgerliche Rechtsstreitigkeit **2** 59 ff.
- gewerkschaftlicher Unterlassungsanspruch **2** 76
- konkurrierende Arbeitgeberverbände **2** 77
- konkurrierende Gewerkschaften **2** 77
- Parteien des Rechtsstreits **2** 63 ff.
- Rechtswegzuständigkeit **2** 59 ff.
- Streitigkeiten zwischen Koalitionen und ihren einzelnen Mitgliedern **2** 78
- Vereinigungsfreiheit **2** 73 ff.

Streitigkeiten zwischen Arbeitnehmer und Arbeitgeber 2 79 ff.
- Arbeitgeber **2** 84 ff.
- Arbeitnehmer **2** 82 f.
- Arbeitsbescheinigung **2** 141 f.
- Arbeitspapiere **2** 132 ff.
- Arbeitsverhältnis **2** 89 ff.
- Arbeitsverhältnis als Grundlage der Streitigkeit **2** 99 ff.
- Bestehen oder Nichtbestehen eines Arbeitsverhältnisses **2** 115 ff.
- Betriebsratsmitglied, Anspruch **2** 109 ff.; **2a** 44 ff.
- Inhalt des Arbeitsverhältnisses **2** 118
- Insolvenzverfahren **2** 106 ff.
- Kündigungsstreitigkeit **2** 119
- Nachwirkungen eines Arbeitsverhältnisses **2** 125 f.
- Statusprozesse **2** 117
- Streitigkeiten aus dem Arbeitsverhältnis **2** 89 ff.
- unerlaubte Handlungen **2** 128 ff.
- Vertragsverhandlungen **2** 122 ff.
- Weiterbeschäftigungsanspruch **2** 120
- Weiterbeschäftigungsanspruch des Jugendvertreters **2** 114; **2a** 47
- Zustandekommen eines Arbeitsverhältnisses **2** 116

Streitwert 12 122
- Abberufung Einigungsstellenvorsitzender **VESt** 200a
- anwaltliche Tätigkeit bei Prozesskostenhilfe-Beschwerde **11a** 140
- Beschlussbeschwerdeverfahren **91** 31
- Beschwerdewert **64** 62

- Gegenstandswert, Abgrenzung **12** 127
- Nichtzulassungsbeschwerde **72a** 92
- Richterablehnung **49** 156c
- Streitgegenstand **12** 123
- Streitwertfestsetzung *siehe dort*

Streitwertberechnung 61 29
- Abfindung **12** 199 ff.
- Abmahnung **12** 204 ff.
- Abrechnung **12** 207
- allgemeiner Feststellungsantrag neben Antrag nach § 4 KSchG **12** 213 ff.
- Altersteilzeitvereinbarung **12** 217
- Änderungskündigung **12** 208 ff.
- Anfechtung des Arbeitsvertrags **12** 219, 232
- Anfechtung des Prozessvergleichs **12** 221
- Antragshäufung im Beschlussverfahren **12** 237
- arbeitnehmerähnliche Personen **12** 222
- Arbeitsentgelt **12** 174 ff., 253 ff.
- Arbeitsentgelt, künftig fällig werdendes **12** 184 ff.
- Arbeitsentgelt- und Kündigungsschutzklage **12** 254 ff.
- Arbeitsleistung **12** 223
- Arbeitspapiere **12** 224
- Arrestverfahren **12** 225
- auflösende Bedingung **12** 232
- Auflösungsantrag bei Kündigungsschutzklage **12** 226, 229
- Auflösungsvergleich **12** 228
- Auskunft **12** 230; **61** 27
- Befangenheit **12** 231
- befristeter Arbeitsvertrag **12** 232
- Begrenzung der Höhe **12** 170
- Berufsausbildung **12** 233
- Beschlussbeschwerdeverfahren **91** 31
- Beschlussverfahren **12** 234 ff.
- Bestandsstreitigkeit **12** 171 ff.
- betriebliche Altersversorgung **12** 218
- Betriebsbegriff **12** 237a
- Betriebsrat, Auskunft **12** 238
- Betriebsrat, Büroausstattung **12** 240
- Betriebsrat, Zutrittsrecht **12** 243
- Betriebsratsbeschlüsse **12** 239
- Betriebsratsmitglied, Ausschluss **12** 244
- Betriebsratsmitglied, Schulung **12** 245 f.
- Betriebsratswahl **12** 241 f.
- Betriebsübergang **12** 247
- Betriebsvereinbarung **12** 239
- Beweisverfahren, selbständiges **12** 248
- Bewertungsgrundlage **12** 149 f.
- Dienstwagen **12** 249
- Direktionsrecht **12** 250
- Ehrverletzung **12** 251
- Eigenkündigung **12** 232
- Eingruppierung **12** 192 ff.; **46** 144
- Eingruppierung – Feststellungsklage **12** 193
- Eingruppierung – Leistungsklage **12** 197
- Einigungsstellenbeschluss, Anfechtung **VESt** 324a
- Einigungsstellenbesetzung **12** 252
- einstweiliges Verfügungsverfahren **12** 225
- einstweiliges Verfügungsverfahren gegen Durchführung einer Betriebsänderung **12** 284

- Entschädigungsantrag **12** 257
- Freistellung **12** 258 f.
- Handelsvertreter **12** 260
- Haupt- und Hilfsanspruch **12** 156
- Hauptaufrechnung **12** 158
- Herausgabeansprüche **12** 261
- Hilfsaufrechnung **12** 158
- Hilfswiderklage **12** 161
- Insolvenz **12** 262 f.
- Integrationsamt **12** 264
- Karenzentschädigung **12** 265
- Katalog der Streitwertkommission **12** 198
- Klage gegen Betriebsveräußerer und Betriebserwerber **12** 164
- Klageantrag **12** 150
- Kündigungen, mehrere **12** 267 ff.
- Kündigungsschutz- und Entgeltklage **12** 254 ff.
- Massenverfahren Mitbestimmung **12** 235, 278
- Mitbestimmung in personellen Angelegenheiten **12** 273 ff.
- Mitbestimmung in sozialen Angelegenheiten **12** 280 ff.
- Mitbestimmung in wirtschaftlichen Angelegenheiten **12** 283 ff.
- Nachteilsausgleich **12** 288
- nachträgliche Klagezulassung **12** 289
- Nachweis (NachwG) **12** 290
- Nebenforderungen **12** 153
- objektive Klagehäufung **12** 152 ff.
- Ordnungsgeld **12** 290a
- Praktikanten **12** 291
- Prozesstrennung **12** 165
- Prozessverbindung **12** 165
- Rechtsmittel, wechselseitig eingelegte **12** 162
- Regelstreitwert **12** 177 ff.
- rückständige und zukünftige Leistungen **12** 187 ff.
- Sachverständigengutachten **12** 292
- Schadensersatz **12** 293
- Schleppnetzantrag **12** 213 ff.
- Sonderurlaub **12** 298
- Sonderzahlungen, Berücksichtigung **12** 176
- Sozialplan, Anfechtung des Einigungsstellenspruchs **12** 285 ff.
- Statusklage **12** 294
- Streitgegenstandswert **12** 149
- Streitwertobergrenze **12** 177 ff.
- Stufenklage **12** 154, 295
- subjektive Klagehäufung **12** 163 f.
- Teilzeitbegehren **12** 296
- unechter Hilfsantrag **12** 157
- Unterbleiben der Streitwertaddition **12** 159
- Urlaub **12** 297
- Verbindung nicht vermögensrechtlichem mit vermögensrechtlichem Anspruch **12** 155
- Vergleich **12** 299 ff.
- vermögensrechtliche Streitigkeit **12** 166 f.
- nicht vermögensrechtliche Streitigkeit **12** 169
- Weiterbeschäftigung des Auszubildendenvertreters **12** 233
- Weiterbeschäftigungsantrag **12** 308 ff.
- Wettbewerbsverbot **12** 312 f.
- Widerklage **12** 160; **61** 28
- wiederkehrende Leistungen **12** 181 ff.
- wiederkehrende Leistungen – Feststellungsklage **12** 191
- wiederkehrende Leistungen – Leistungsklage **12** 183 ff.
- Wirtschaftsausschuss, Errichtung **12** 283
- Zeitpunkt **12** 151
- Zeugnis **12** 314
- Zug-um-Zug-Verurteilung **12** 315
- Zustimmungsersetzungsverfahren **12** 273 ff.
- Zwangsvollstreckungsmaßnahmen **12** 316

Streitwertfestsetzung 12 124 ff.; **61** 23 ff.
- Änderung des Beschlusses **12** 135
- Änderung durch Landesarbeitsgericht **12** 136 f.
- auf Antrag **12** 132
- Bedeutung **61** 24 ff.
- Begründung des Beschlusses **12** 134
- Beschluss **12** 128 f.
- Beschlussbeschwerdeverfahren **91** 31
- Beschlussverfahren **84** 6
- Beschwerde **12** 138 ff.
- Bindung des LAG **61** 26
- Einigungsstelle, Bestellungsverfahren **100** 69
- Einigungsstellenbeschluss, Anfechtung **VESt** 324a
- Ermessen **12** 130
- Form **61** 30
- Gerichtsgebühren und Rechtsmittelstreitwert **12** 126
- rechtliches Gehör **12** 133
- Rechtsanwaltsgebühren **12** 131
- Rechtsanwaltsgebühren und Rechtsmittelstreitwert **12** 126
- Rechtsmittelstreitwert und Gebührenstreitwert **12** 124
- schiedsgerichtliches Verfahren **101** 21
- Schiedsspruch **108** 14
- Unanfechtbarkeit **61** 32 f.
- unterbliebene ~ **61** 31

Stromableser
- Arbeitnehmerbegriff **5** 133

Studenten
- Arbeitnehmerbegriff **5** 134

Stufenklage
- Beschwerdewert für Berufung **64** 65, 78 f.
- Streitwertberechnung **12** 154, 295
- Versäumnisurteil **59** 50

Subsidiaritätsgrundsatz
- Anhörungsrüge **ArbV** 34 f.
- Ausnahmen **ArbV** 37 f.
- materielle Subsidiarität **ArbV** 36
- praktische Probleme **ArbV** 39 f.
- Verfahren des einstweiligen Rechtsschutzes **ArbV** 35
- Verfassungsbeschwerde **ArbV** 29, 33 ff.
- Verletzung von Verfahrensgrundrechten **ArbV** 34

Syndikus-Anwalt
- Berufungseinlegung **64** 116

Tankstellenbesitzer/Tankwarte
- Arbeitnehmerbegriff **5** 135 f.

Tariffähigkeit 10 10a ff.; **97** 1 ff.
- Antrag **97** 23
- keine Antragsbefugnis des Betriebsrats **97** 16a
- Antragsberechtigte **97** 7 ff.
- Antragsberechtigung **97** 51 f.
- Art des auszusetzenden Verfahrens **97** 45
- Ausnahmen von Aussetzungspflicht **97** 46
- Aussetzung des Verfahrens **97** 44 ff.
- Aussetzung eines anderen Verfahrens **97** 41 f.
- Aussetzungsentscheidung nach § 97 Abs. 5 ArbGG **97** 47 ff.
- Begriff **2a** 111 f.; **97** 4a
- Beschluss **97** 31
- Beschlussverfahren **10** 31; **97** 1 ff., 29
- Beschwer für Rechtsbeschwerde **97** 33
- Beteiligte **97** 6 ff.
- betriebsverfassungsrechtliche Stellen **97** 20
- betroffene Vereinigungen **97** 15 f., 19
- einzelne Arbeitgeber **97** 14, 19
- Feststellung der Beteiligung von Amts wegen **97** 21
- Feststellungsinteresse **97** 26 ff.
- oberste Arbeitsbehörden **97** 11 ff., 18
- örtliche Zuständigkeit **97** 25
- örtliche Zuständigkeit im Beschlussverfahren **82** 21
- Rechtskraft **97** 34 f.
- Rechtsmittel **97** 32 f.
- Rechtsschutzinteresse **97** 26 ff.
- Rechtsstellung der Beteiligten **97** 22
- Rechtswegzuständigkeit **2a** 109 ff.
- sachliche Zuständigkeit **97** 25a
- sonstige Beteiligte **97** 17 ff.
- Spitzenverbände **97** 18
- Übergangsregelung **112** 1
- Übersendung von Entscheidungen **97** 37
- Vereinigungen **97** 7 ff.
- Verfahren **97** 29 f.
- Verfahrensbesonderheiten **2a** 116
- Vorfrage im auszusetzenden Verfahren **97** 42 f.
- weitere Streitgegenstände **97** 5
- Wiederaufnahme des Verfahrens **97** 38 ff.
- Zuständigkeit der Vereinigung **97** 9 f.
- keine Zwangsvollstreckung **97** 36
- Zweck des § 97 ArbGG **97** 2
- Zweifel an ~ **97** 44 ff.

Tarifkollision, Beschlussverfahren
- Antrag **99** 4
- Antragsbefugnis **99** 5
- Beteiligte **99** 9
- Feststellung oder Gestaltung **99** 7
- Form und Inhalt **99** 15
- Gegenstand des Verfahrens **99** 3
- Gesetzgebungsgeschichte **99** 1
- Inhalt des Antrags **99** 6 f.
- Prüfung **99** 12
- Rechtsmittel **99** 17
- Rechtsschutzinteresse **99** 8
- Rechtswegzuständigkeit **2a** 116b
- Untersuchungsgrundsatz **99** 11

- Urkundsbeweis durch notarielle Erklärung **58** 69a ff.; **99** 12
- Verfahren **99** 12 ff.
- Vergleich und Güteverfahren **99** 13
- Wiederaufnahme des Verfahrens **99** 18
- Wirkung gegenüber jedermann **99** 16
- Zuständigkeit **99** 10

Tarifliche Ausschlussfrist
- *siehe* Ausschlussfrist, tarifliche

Tarifliche Schlichtungsstelle 100 4; **VESt** 28 ff.
- Beisitzer **VESt** 31
- Besetzung **VESt** 30 f.
- Einsetzung **VESt** 32
- gerichtliche Nachprüfung des Spruchs **VESt** 35
- Mitglieder **VESt** 37
- Verfahren **VESt** 34
- Zuständigkeit **VESt** 33

Tarifrecht
- Ermittlung zur Vorbereitung der streitigen Verhandlung **56** 18

Tarifrechtliche Streitigkeiten
- Bestehen oder Nichtbestehen von Tarifverträgen **2** 54 f.
- Bindungswirkung der Entscheidungen **2** 56 ff.
- bürgerliche Rechtsstreitigkeit **2** 45
- Dritte **2** 47
- normativer Teil **2** 51 f.
- Parteien des Rechtsstreits **2** 46 f.
- Rechtswegzuständigkeit **2** 44 ff.
- schuldrechtlicher Teil **2** 49 f.
- Streitigkeiten aus Tarifvertrag **2** 48 ff.
- Streitigkeiten zwischen konkurrierenden Gewerkschaften **2** 53
- Tarifvertragsparteien **2** 46
- Übersendung von Urteilen **63** 1 ff.

Tarifvertrag
- Ausschluss der Arbeitsgerichtsbarkeit **101** 36 ff.
- Begriff **76** 21d
- Berufungszulassung bei Streit über Auslegung **64** 99 ff.
- Berufungszulassung bei Streit über Bestehen oder Nichtbestehen **64** 98
- über Einigungsstellenverfahren **VESt** 107
- Einzelschiedsvereinbarung aufgrund Nachwirkung **101** 50 f.
- Geltungsbereich **76** 21e
- Gesamtschiedsvereinbarung **101** 22 ff.
- Revision wegen Verletzung materiellen Rechts **73** 13 f.
- Sprungrevision bei Streitigkeiten zwischen ~sparteien **76** 21a
- Sprungrevision bei Streitigkeiten über Auslegung **76** 21b ff.
- Tarifkollision, Beschlussverfahren *siehe dort*
- Vergütungsregelung für Einigungsstellenmitglieder **VESt** 398 f.

Tarifvertragliche Zuständigkeitsvereinbarung 48 163 ff.
- ausschließliche örtliche Zuständigkeit **48** 169
- Bindung kraft arbeitsvertraglicher Verweisung **48** 172 ff.

- Bindung kraft Verbandsmitgliedschaft **48** 171
- Fallgruppen **48** 166 ff.
- Voraussetzungen **48** 165
- zusätzlicher Gerichtsstand **48** 169

Tarifzuständigkeit 97 1 ff.
- Antrag **97** 23
- keine Antragsbefugnis des Betriebsrats **97** 16a
- Antragsberechtigte **97** 7 ff.
- Antragsberechtigung **97** 51 f.
- Art des auszusetzenden Verfahrens **97** 45
- Ausnahmen von Aussetzungspflicht **97** 46
- Aussetzung des Verfahrens **97** 44 ff.
- Aussetzung eines anderen Verfahrens **97** 41 ff.
- Aussetzungsentscheidung nach § 97 Abs. 5 ArbGG **97** 47 ff.
- Begriff **2a** 113 f.; **97** 4b
- Beschluss **97** 31
- Beschlussverfahren **10** 31; **97** 1 ff., 29
- Beschwer für Rechtsbeschwerde **97** 33
- Beteiligte **97** 6 ff.
- Beteiligtenfähigkeit **97** 24
- betriebsverfassungsrechtliche Stellen **97** 20
- betroffene Vereinigungen **97** 15 f., 19
- einzelne Arbeitgeber **97** 14, 19
- Feststellung der Beteiligung von Amts wegen **97** 21
- Feststellungsinteresse **97** 26 ff.
- oberste Arbeitsbehörden **97** 11 ff., 18
- örtliche Zuständigkeit **97** 25
- örtliche Zuständigkeit im Beschlussverfahren **82** 21
- Rechtskraft **97** 34 f.
- Rechtsmittel **97** 32 f.
- Rechtsschutzinteresse **97** 26 ff.
- Rechtsstellung der Beteiligten **97** 22
- Rechtswegzuständigkeit **2a** 109 f.
- sachliche Zuständigkeit **97** 25a
- Schiedsverfahren bei DGB-Gewerkschaften **97** 28
- sonstige Beteiligte **97** 17 ff.
- Spitzenverbände **97** 18
- Übergangsregelung **112** 1
- Übersendung von Entscheidungen **97** 37
- Vereinigungen **97** 7 ff.
- Verfahren **97** 29 f.
- Vorfrage im auszusetzenden Verfahren **97** 42 f.
- weitere Streitgegenstände **97** 5
- Wiederaufnahme des Verfahrens **97** 38 ff.
- Zuständigkeit der Vereinigung **97** 9 f.
- keine Zwangsvollstreckung **97** 36
- Zweck des § 97 ArbGG **97** 2
- Zweifel an ~ **97** 44 f.

Tatbestand 61 7 ff.
- Abschnitte **61** 8
- Berichtigung **69** 19
- Beschluss ohne ~ **93** 12
- Bezugnahme auf erstinstanzliches Urteil **69** 29 f.
- Bezugnahmen **61** 9
- Umfang bei statthafter Revision **69** 26 ff.
- Umfang im Berufungsurteil **69** 23 ff.

Tatbestandsberichtigung 61 10 f.
- Alleinentscheidung des Vorsitzenden **55** 52 ff.
- Feststellungen des LAG **74** 57
- des LAG **69** 19

- Revisionsurteil **75** 36

Taxifahrer
- Arbeitnehmerbegriff **5** 137

Techniker
- Arbeitnehmerbegriff **5** 138

Teilklage
- Eingruppierungsklage **46** 136

Teilurteil
- Alleinentscheidung des Vorsitzenden **55** 62
- Aufhebung **75** 3
- Revision **72** 13
- unzulässiges ~ **68** 21 ff.
- Zurückverweisung **68** 21 ff.

Teilzeitanspruch
- einstweilige Verfügung **62** 157 ff.
- Streitwertberechnung **12** 296

Teilzeitarbeit
- Darlegungs- und Beweislast zu Gleichbehandlung **58** 112b

Telearbeit 5 212 ff.
- Angestellter **5** 222
- Arbeitnehmerbegriff **5** 217 ff.
- Formen **5** 213 ff.
- Heimarbeiter **5** 221
- Offline-Tätigkeit **5** 220
- Online-Tätigkeit **5** 218 f.
- Voraussetzungen **5** 216

Telefax
- Berufungseinlegung **64** 126 ff.
- Beweiswert **58** 62
- Büroorganisation **64** 127
- Computerfax **64** 131; **74** 8
- Kontrollanruf **64** 128
- Nichtzulassungsbeschwerde **72a** 44
- Originalschriftsatz per Post **64** 129
- Revisionseinlegung **74** 8, 10
- Wiedereinsetzung in den vorigen Stand **64** 130
- Zugang **64** 132
- Zustellung **50** 22

Telefonist
- Arbeitnehmerbegriff **5** 139

Telefonmarketing
- arbeitnehmerähnliche Personen **5** 244a

Terminsbestimmung 47 17 f.
- Änderungen **47** 21 f.
- Benachteiligungsklage und Hinausschieben der mündlichen Verhandlung **61b** 41
- Ladungsfrist **47** 18
- Rechtsbehelfe **47** 20
- Rechtsbeschwerde im Beschlussverfahren **94** 37 ff.
- Terminsstunde, Verlegung **47** 22

Theaterintendant
- arbeitnehmerähnliche Person **5** 245

Toilettenpächter
- Arbeitnehmerbegriff **5** 140

Tonaufnahmen
- Verwertung im Prozess **58** 73 ff.
- Zulässigkeit von ~ **52** 9; **72** 69

Trainer
- Arbeitnehmerbegriff **5** 131c f.

Überlange Gerichtsverfahren
- Ausschluss von der Ausübung des Richteramtes **49** 51c
- Beschleunigungsgrundsatz **9** 4
- schiedsgerichtliche Verfahren **101** 64
- sofortige Beschwerde **78** 103

Übersendung in Tarifvertragssachen
- Adressat **63** 9 f.
- Form **63** 6 f.
- Frist **63** 8
- Gegenstand **63** 3 ff.
- Revisionsverfahren **72** 68
- Übersendung in Tarifvertragssachen **63** 1 ff.

Überstundenvergütung
- Darlegungs- und Beweislast **58** 110

Umschüler
- zu ihrer Berufsausbildung Beschäftigte **5** 158a

Unerlaubte Handlungen
- zwischen Arbeitnehmern **2** 180 f.
- Arbeitskampf/Vereinigungsfreiheit **2** 69
- Arbeitsverhältnis **2** 129 f.
- Gerichtsstand **48** 134
- Rechtswegzuständigkeit **2** 128 ff.
- Schiedsgerichtsverfahren **101** 31
- Streitigkeiten aus unerlaubten Handlungen bei Arbeitskampf *siehe dort*

Unionsrecht/Gemeinschaftsrecht
- *siehe auch* Grenzüberschreitende vorläufige Kontenpfändung; Internationale Verfahren; Vorabentscheidungsverfahren (EuGH)
- im arbeitsgerichtlichen Verfahren **ArbV** 3
- Beweisaufnahme **13a** 4
- internationale Verfahren **13a** 2 ff.
- konkrete Normenkontrolle und Rechtsakte **ArbV** 70
- Mahnverfahren **13a** 9; **46b** 1 ff.
- Mediation **54a** 2 ff.
- Prozesskostenhilfe **13a** 5
- Revision wegen Verletzung materiellen Rechts **73** 10
- Richtlinien **ArbV** 3
- Verfassungsbeschwerde und Rechtsakte **ArbV** 15a f.
- Verordnungen **ArbV** 3
- Vollstreckungstitel **13a** 6 ff.; 11 ff.
- vorläufige Kontenpfändung **62** 174
- vorläufige Kontenpfändung, Beschlussverfahren **85** 115
- Zustellung **13a** 3

Unmittelbarkeit 46 26

Untätigkeitsklage
- EuGH **ArbV** 100

Unterbrechung des Verfahrens
- Gerichtskosten, Fälligkeit **12** 107
- Revisionsfrist **74** 25 f.
- und Versäumnisverfahren **59** 4

Unterlassungsanspruch
- allgemeiner ~ des Betriebsrats **2a** 36
- allgemeiner ~ des Betriebsrats, einstweilige Verfügung **85** 106, 110 ff.
- gewerkschaftlicher ~ **2** 76; **2a** 58

Unterlassungsklage 46 65

Unternehmen
- Einigungsstelle **VESt** 38
- Einigungsstellenbeisitzer **VESt** 380 f.
- örtliche Zuständigkeit im Beschlussverfahren **82** 12 ff.

Unternehmensberater
- Arbeitnehmerbegriff **5** 141

Unterschrift 64 116 ff.
- Antrag im Beschlussverfahren **81** 17
- Berufungsurteil **69** 7 ff.
- Beschluss bei Beschlussbeschwerde **91** 5
- Beschwerdeschrift im Beschlussverfahren **89** 3
- Einigungsstellenspruch **VESt** 287a
- Fehlen **64** 116
- Form und Inhalt **64** 117 ff.
- gerichtliches elektronisches Dokument **46d** 1 ff.
- moderne Kommunikationsmittel **64** 122 ff.; **89** 4
- Paraphe **64** 118
- Revisionseinlegung **74** 5 ff.
- Revisionsurteil **75** 31 f.
- Schiedsspruch **108** 6 ff.
- Schiedsvergleich **107** 2
- Urteil **60** 37 ff.; **66** 19 f.
- Urteilsformel **60** 28 f.
- Vorlagebeschluss konkrete Normenkontrolle **ArbV** 80

Unterschriften bei Berufungsurteil 69 7 ff.
- Fehlen **69** 11
- Form **69** 9
- rechtliche Verhinderung **69** 15
- Verhinderung **69** 12 ff.
- Verhinderungsgründe **69** 14
- Verhinderungsvermerk **69** 13
- vollständiges Urteil durch ehrenamtliche Richter **69** 10
- Zweck **69** 8

Untersuchungsgrundsatz
- Aufklärung des Sachverhalts **83** 5 ff.
- Beschlussverfahren **80** 6; **83** 2 ff.
- beschränkter ~ im Schiedsgerichtsverfahren **106** 2
- Einigungsstellenbesetzung, ~ im Beschlussverfahren **100** 24
- Einigungsstellenverfahren **VESt** 140 ff.
- einstweilige Verfügung im Beschlussverfahren **85** 70 ff.
- Mitwirkungspflicht der Beteiligten **83** 10 ff.
- Tarifkollision, Beschlussverfahren **99** 11
- Zurückweisung verspäteten Vorbringens **83** 18 ff.
- zweitinstanzliches Beschlussverfahren **87** 41

Untervollmacht
- Rechtsanwalt **11** 6

Urheberrechtsstreitigkeiten
- *siehe* Vergütungsansprüche in Erfinder- und Urheberrechtsstreitigkeiten

Urkunde
- Anordnung der Vorlegung **56** 6 ff.
- Begriff **58** 58 f.
- Betriebsratsbeteiligung, Nachweis **58** 63 f.
- Beweiswert von Kopien **58** 62 f.
- Beweiswert von Originalen **58** 60 f.

- Echtheit einer Privat~ **58** 61
- Einigungsstellenverfahren **VESt** 237 ff.
- Forderungsübergang auf Arbeitsagentur, Nachweis **58** 68
- Gewerkschaftsmitglieder, notarielle Beurkundung der Anzahl **58** 69a ff.; **99** 12
- Kopie **58** 59
- Kündigungszugang, Nachweis **58** 65
- öffentliche ~ **58** 60
- Personalakten bei Konkurrentenklagen **56** 10
- Privat~ **58** 60 f.
- Quittung als Erfüllungsnachweis **58** 67
- Restitutionsklage bei Auffinden **79** 18
- Sammlungen **56** 9
- Urkundsbeweis **58** 57 ff.
- Urkundsbeweis anstelle Zeugenbeweises **58** 69
- Vertretensein einer Gewerkschaft, notarielle Beurkundung **58** 69a ff.; **99** 12
- Vorlagepflicht für Dritte **58** 57

Urkunden- und Wechselprozess
- Rechtswegzuständigkeit **2** 10 f.
- keine Zuständigkeit im Beschlussverfahren **2a** 14
- Zuständigkeit der ordentlichen Gerichtsbarkeit **46** 10 f.

Urkundsbeamter der Geschäftsstelle 7 15 ff.
- Aufgaben **7** 28 ff.

Urlaub
- einstweiliges Verfügungsverfahren **62** 135 ff.
- Streitwertberechnung **12** 297

Urteil
- Abfassung **60** 36 ff.
- Abgekürztes Urteil *siehe dort*
- Amtszustellung **50** 5
- Berichtigung und Berufungsfrist **66** 23 ff.
- Berufungsurteil *siehe dort*
- Bestandteile **61** 4
- Entscheidungsgründe **61** 12
- Frist für Abfassung **60** 41 ff.
- ohne Gründe **60** 46
- Inhalt **61** 1 ff.
- Kurzausfertigung **60** 42
- Nichteinhaltung der Fristen für ~sabfassung **60** 45 ff.
- Revisionszulassung **72** 45 ff.
- Streitwertfestsetzung **61** 23 ff.
- Tatbestand **61** 7 ff.
- Überschreitung der Abfassungsfrist **60** 43
- Übersendung in Tarifvertragssachen **63** 1 ff.
- Unterschrift **60** 37 ff.; **66** 19 f.
- Unterschriftsleistung unter ~formel **60** 28 f.
- Urteilsformel **61** 5 f.
- Verkündung *siehe* Urteilsverkündung
- vollständig abgefasstes ~ **61** 4 ff.
- Vornahme einer Handlung **61** 34 ff.
- Zustellung **66** 14 ff.
- Zwischen-~ **61** 60 ff.

Urteilsberichtigung
- Berufungsfrist **66** 23 ff.

Urteilsverfahren 1 6
- Akteneinsicht durch Nichtbeteiligte **46** 6a
- Anordnung **46** 2
- anzuwendende Vorschriften im Berufungsverfahren **64** 113 f.
- anzuwendende ZPO-Vorschriften **46** 3 ff.
- ausgenommene ZPO-Vorschriften **46** 7 ff.
- Begriff **46** 1
- Beschluss im ~ **61** 64 f.
- Entscheidung über Verfahrensart **48** 96 ff.
- Prüfung der zutreffenden Verfahrensart **48** 30 ff.
- Verweisung **81** 20
- Zuständigkeit im Urteilsverfahren *siehe dort*

Urteilsverkündung 16 26 f.; **60** 1 ff.
- Aktenlageentscheidung **60** 20
- ausnahmsloses Verkündungserfordernis **60** 6
- Beratung und Abstimmung **60** 9
- des Berufungsurteils **69** 3 ff.
- besonderer Verkündungstermin **60** 11 ff.
- ehrenamtliche Richter **60** 27
- Form **60** 22 ff.
- förmliche Verlautbarung **60** 5
- Mängel **60** 34 f.
- Mitteilung der wesentlichen Entscheidungsgründe **60** 26
- „Im Namen des Volkes" **60** 22 ff.
- Revisionsurteil **75** 21 ff.
- Scheinurteil **60** 34 f.
- Sitzungsniederschrift **60** 30 ff.
- sofortige ~ **60** 10
- Verkündungsvermerk **60** 33
- Verlautbarung **69** 4
- Verlesung Urteilsformel oder Bezugnahme **60** 23 ff.
- vorherige Schließung der mündlichen Verhandlung **60** 8
- Zeitpunkt **60** 7 ff.

Urteilszustellung
- Berufungsfrist **66** 14 ff.
- Bewirkung **66** 16
- Empfangsbekenntnis **66** 17
- Insolvenzverfahren, Eröffnung **66** 18a
- Mängel **66** 15
- Prozessbevollmächtigter **66** 17 f.
- Revisionsurteil **75** 34 f.

Verbandsvertreter
- Befugnis kraft Satzung **11** 21
- Befugnis kraft Vollmacht **11** 21
- Eigenschaften des Vertretenen **11** 23 f.
- Haftung des ~s gegenüber dem Gewerkschaftsmitglied **11** 30
- Kostenteilung in zweiter und dritter Instanz **12a** 61 ff.
- Kostentragungspflicht in zweiter Instanz **12a** 55
- mündliche Verhandlung **11** 27
- Prozessvertretung **11** 20 ff.
- Rechtsstellung **11** 25 ff.

Vereinigungsfreiheit
- Streitigkeiten im Zusammenhang mit Vereinigungsfreiheit *siehe dort*

Vereinstätigkeit
- Arbeitnehmerbegriff **5** 141a

Verfahrensart
- Beschränkung der Berufung **65** 16

- Bestimmung der ~ **81** 19 ff.
- Entscheidung **48** 96 ff.
- Inzidententscheidung **48** 98
- Kosten des Verweisungsbeschlusses **48** 102
- Prüfung von Amts wegen **48** 97
- unrichtige ~ durch ArbG: Beschlussverfahren **88** 19 f.
- Verweisung in die richtige ~ **48** 100 f.
- Vorabentscheidung **48** 99

Verfahrensgebühr
- Berufungsverfahren **12** 58 ff.
- erste Instanz **12** 13 f.

Verfahrensmangel
- Hinweispflicht, Verletzung **68** 38
- Nichtzulassungsbeschwerde **72a** 38a ff., 65a ff.
- Revisionszulassung **72** 43 ff.
- schwerste Fehler **68** 33
- Sprungrechtsbeschwerde wegen ~ **96a** 21
- Übergehen des Antrags auf nachträgliche Zulassung der Kündigungsschutzklage **68** 36
- unanfechtbare, dem Endurteil vorangegangene Entscheidung **72a** 65a
- Zurückverweisung **68** 30 ff.
- Zurückverweisungsverbot, Ausnahmen **68** 35 ff.
- Zurückverweisungsverbot, grundsätzliches **68** 31 ff.

Verfassungsbeschwerde ArbV 5 ff.
- Akte öffentlicher Gewalt **ArbV** 14 f.
- allgemeine Bedeutung **ArbV** 37
- allgemeines Rechtsschutzbedürfnis **ArbV** 53
- Anhörungsrüge **ArbV** 30, 34 f.
- Anhörungsrüge, abgelehnte **49** 156
- Annahme zur Entscheidung **ArbV** 54 ff.
- Annahmevoraussetzungen **ArbV** 55 ff.
- Antrag **ArbV** 41 ff.
- Anwaltszwang **ArbV** 48
- Auslagenerstattung **ArbV** 63
- ausländische juristische Personen **ArbV** 12
- außerordentlicher Rechtsbehelf **ArbV** 6
- Aussetzung des arbeitsgerichtlichen Verfahrens **55** 44
- Begründung **ArbV** 45 ff.
- Beschwerdebefugnis **ArbV** 17 ff.
- Beschwerdefähigkeit **ArbV** 8 ff.
- Beschwerdegegenstand **ArbV** 14 ff.
- Betroffenheit **ArbV** 18 ff.
- „zur Durchsetzung der in § 90 Abs. 1 BVerfG genannten Rechte angezeigt" **ArbV** 57
- Entscheidung des BVerfG **ArbV** 59 f.
- wegen Entscheidungsgründen **ArbV** 22a
- EU-Ausländer **ArbV** 9
- Frist **ArbV** 49 ff.
- Funktion **ArbV** 7
- Gegenvorstellung statt ~ **78** 111; **78a** 42 f.
- gegenwärtige Betroffenheit **ArbV** 20
- gegen gerichtliche Entscheidungen **ArbV** 22, 25 f.
- Gerichtskosten **ArbV** 61
- Grundrechtsrüge **ArbV** 23 ff.
- grundsätzliche verfassungsrechtliche Bedeutung **ArbV** 56
- innerkirchliche Maßnahmen **ArbV** 16 ff.
- juristische Personen des öffentlichen Rechts **ArbV** 11
- juristische Personen des Privatrechts **ArbV** 10
- Kontrolldichte gegenüber fachgerichtlichen Entscheidungen **ArbV** 26
- Kosten und Gebühren **ArbV** 61 ff.
- kumulative Wahrnehmung der Rechtsschutzmöglichkeiten **ArbV** 40
- Möglichkeit einer Grundrechtsverletzung **ArbV** 23 ff., 27 f.
- natürliche Personen **ArbV** 9
- „Parken" im Allgemeinen Register **ArbV** 40
- Prozesskostenhilfe **ArbV** 64
- Rechtsakte der Europäischen Union **ArbV** 15a f.
- Rechtsanwaltsgebühren **ArbV** 62
- Rechtswegerschöpfung **ArbV** 29 ff.
- Rechtswegerschöpfung, Ausnahmen **ArbV** 37 f.
- Rechtswegerschöpfung, praktische Probleme **ArbV** 39 f.
- schwerer und unabwendbarer Nachteil **ArbV** 37
- Selbstbetroffenheit **ArbV** 19
- Subsidiarität, praktische Probleme **ArbV** 39 f.
- Subsidiaritätsgrundsatz **ArbV** 29, 33 ff., 37 f.
- wegen Tenor **ArbV** 22a
- Tenor der Entscheidung **ArbV** 59
- unmittelbare Betroffenheit **ArbV** 21
- Unzumutbarkeit anderweitigen Rechtsschutzes **ArbV** 38
- Verfahrensfähigkeit **ArbV** 13
- Verletzung von Verfahrensgrundrechten **ArbV** 34 f.
- wegen Verletzung der Vorlagepflicht zum EuGH **ArbV** 131
- Verstoß gegen Verfahrensgrundrechte außerhalb § 78a ArbGG **78a** 40 f.
- Vertretung **ArbV** 48
- Verzögerungsrüge **ArbV** 30
- Wiedereinsetzung in den vorigen Stand **ArbV** 52
- Willkürentscheidung **78a** 45
- Wirkung der Entscheidung **ArbV** 60
- Zulässigkeit **ArbV** 8 ff.

Verfassungsrecht
- *siehe auch* Verfassungsbeschwerde; Konkrete Normenkontrolle
- im arbeitsgerichtlichen Verfahren **ArbV** 2

Vergleich 54 15 ff.
- Beschlussverfahren *siehe* Vergleich im Beschlussverfahren
- im Beschwerdeverfahren **90** 22, 29
- Gerichtsgebühren bei außergerichtlichem ~ **12** 38
- Gerichtsgebühren bei gerichtlichem ~ **12** 33 ff.
- Gerichtsgebühren Berufungsverfahren **12** 60
- Gerichtsgebühren erster Instanz **12** 29 ff.
- Kostenübernahme **12a** 30 ff.
- Rechtsbeschwerde im Beschlussverfahren **95** 12
- Revisionsinstanz **72** 66
- Schiedsvergleich *siehe dort*
- schriftlicher **54** 22 ff.
- Streitwert bei Anfechtung des gerichtlichen ~s **12** 221
- Streitwertberechnung **12** 299 ff.

- Versuch gütlicher Einigung 57 14 ff.
- Widerrufs~ 54 17 ff.

Vergleich im Beschlussverfahren 83a 1 ff.
- durch alle Beteiligten 83a 4 f.
- außergerichtlicher Vergleich 83a 13
- Protokollierung eines unwirksamen Vergleichs 83a 9 f.
- Prozessvergleich 83a 2 ff.
- Tarifkollision 99 13
- Teil~ 83a 6
- Verfügungsbefugnis über Vergleichsgegenstand 83a 7 ff.
- Zwangsvollstreckung 85 13

Vergütungsansprüche in Erfinder- und Urheberrechtsstreitigkeiten
- Arbeitnehmererfindungen 2 187
- Aufrechnung, rechtswegfremde 2 194
- ausschließlich Vergütungsfragen 2 189 f.
- keine ausschließliche Zuständigkeit 2 185
- rechtswegfremde Fragen 2 191 f.
- Rechtswegzuständigkeit 2 184 ff.
- technische Verbesserungsvorschläge 2 195
- Urheberrechtssachen 2 196 f.
- Widerklage, rechtswegfremde 2 193

Verhaltensbedingte Kündigung
- Darlegungs- und Beweislast 58 135

Verjährung
- Einrede als neues Angriffs- und Verteidigungsmittel 67 13a
- Klageerhebung 47 6
- Kostenerstattungsansprüche 12a 65

Verkündungstermin 47 19; 57 13; 60 11 ff.
- Aktenlageentscheidung 59 53 f.; 60 20
- Entscheidung 60 12
- Gründe 60 11
- Höchstfrist 60 16
- neue Angriffs- und Verteidigungsmittel vor ~ 69 3a
- Nichteinhaltung der Dreiwochenfrist 60 21
- organisatorische Mängel 60 15
- Revisionsurteil 75 22 f.
- Schriftsatz nach mündlicher Verhandlung und vor ~ 69 3 f.
- Überschreitung der Dreiwochenfrist 60 14 ff.
- Verlegung 60 13 ff.

Vermögenswirksame Leistungen
- Berücksichtigung bei Prozesskostenhilfe 11a 49

Verordnungen nach §§ 7, 7a AEntG oder § 3a AÜG
- anderweitige Rechtshängigkeit 98 13
- Antragsbefugnis im Beschlussverfahren 98 7 ff.
- Aussetzung des Verfahrens nach § 98 ArbGG *siehe dort*
- Beteiligte 98 18
- Einleitung des Verfahrens 98 6 ff.
- entgegenstehende Rechtskraft 98 13
- Funktion des § 98 ArbGG 98 3
- Gegenstand des Verfahrens 98 4 f.
- Gesetzgebungsgeschichte 98 1 f.
- Inhalt eines statthaften Antrags 98 12
- Prüfung und Beschluss der Kammer 98 22
- Rechtsmittel 98 22

- Rechtsschutzinteresse 98 17
- Übergangsregelung 112 2 f.
- Verfahrensregelungen zum Beschlussverfahren 98 19 ff.
- Wiederaufnahme des Verfahrens 98 26
- Wirkung der Entscheidung gegenüber jedermann 98 24 f.
- Zuständigkeit im Beschlussverfahren 2a 116a
- Zuständigkeit, örtliche im Beschlussverfahren 98 16
- Zuständigkeit, sachliche im Beschlussverfahren 98 15

Versäumnisurteil 59 1 ff.
- abgekürztes Urteil 61 13 ff.
- Ablehnung des Antrags 59 20 f.
- Aktenlageentscheidung statt ~ 59 51 ff.
- Alleinentscheidungsrecht des Vorsitzenden 16 30
- Anordnung des persönlichen Erscheinens 59 10
- Antrag 59 37 ff.
- nach Ausschließung des Prozessbevollmächtigten 51 38 ff.
- Aussetzungsantrag wegen Vorgreiflichkeit 59 84
- behebbare Verfahrensmängel 59 17
- Berufung 64 26
- Berufung gegen zweites ~ 64 40
- Berufungsverfahren 64 244
- Einspruch *siehe* Versäumnisurteil, Einspruch
- Endurteil trotz Nichtverhandelns der beklagten Partei 59 86
- entgegen § 13 BORA 59 15
- Entscheidung bei Einspruch 55 26
- Entscheidung bei Säumnis beider Parteien 59 56 ff.
- Entscheidung bei Säumnis der beklagten Partei 59 44 ff.
- Entscheidung bei Säumnis der klagenden Partei 59 40 ff.
- Entscheidungen 59 33 ff.
- falsche Parteibezeichnung 59 88
- fehlerhafte Entscheidungen 59 84 ff.
- Flucht in die Säumnis 56 49 f.
- fristgerechte Ladung 59 8
- Gerichtsgebühren erster Instanz 12 39
- geringfügige Verspätungen 59 14
- Güteverfahren vor dem Güterichter 54 101
- nach Güteverhandlung 54 38
- irrtümlich „erstes" statt „zweites" ~ 59 89
- irrtümlich „zweites" statt „erstes" ~ 59 89
- auf Klageabweisung 59 40
- Klageabweisung wegen Unzulässigkeit des Rechtsweges 59 85
- Krankheit einer Partei 59 27
- zu kurz bemessene Fristen 59 23
- Ladungsfehler 59 18
- des LAG 69 17
- Mittellosigkeit 59 25a
- Nichterscheinen 59 10 ff.
- Nichtverhandeln 59 12 f.
- ordnungsgemäße Ladung 59 5 ff.
- ordnungsgemäßer Termin 59 3 f.
- PKH-Entscheidung, noch nicht zugestellte 59 26
- Rechtsbehelf 59 60 ff.

- Rechtsbehelfsbelehrung **59** 63 ff.
- Rechtsmittel **59** 60 ff.
- Revision gegen ~ **72** 19
- Revisionsverfahren **75** 37 ff.
- Ruhen des Verfahrens **59** 56 ff.
- Säumnis einer Partei **59** 9 ff.
- streitiges Urteil trotz beantragtem ~ **59** 87
- Stufenklage **59** 50
- unechtes ~ **59** 41 f.
- Unterbrechung des Verfahrens **59** 4
- Verfahrenshindernisse **59** 16 ff.
- Verkehrsbehinderungen **59** 28
- Verkündungstermin **59** 32
- Versäumnisteil- und Teilendurteil **59** 49
- kein Verschulden an Säumnis **59** 24 ff.
- verspäteter Sachantrag oder Tatsachenvortrag **59** 19
- Vertagung **59** 31
- Vertagung von Amts wegen **59** 22 ff.
- vollmachtloser Vertreter **59** 10
- Voraussetzungen **59** 2 ff.
- vorläufige Vollstreckbarkeit **59** 83
- durch Vorsitzenden/die Kammer **59** 34 ff.
- Zurückverweisung bei Zweitem ~ **68** 19 f.
- Zweites Versäumnisurteil *siehe dort*

Versäumnisurteil, Einspruch
- *siehe auch* Zweites Versäumnisurteil
- Auslandszustellung des Versäumnisurteils **59** 71
- Einspruchsberechtigte **59** 73 f.
- Einspruchsschrift **59** 75 f.
- Entscheidungen im weiteren Verfahren **59** 91 ff.
- Flucht in die Säumnis **59** 82
- Form **59** 77
- Frist **59** 68 ff.
- Fristbeginn **59** 69
- Fristberechnung **59** 70
- Gesellschaften mit ähnlichen Firmenbezeichnungen **59** 73a
- Inhalt **59** 75 f.
- Klageabweisung wegen Unzulässigkeit des Rechtsweges **59** 85
- Klagerücknahme nach Einlegung **59** 96 ff.
- Nichterscheinen beider Parteien **59** 105
- Nichterscheinen des Einspruchsgegners **59** 104
- Rechtsbehelfsbelehrung **59** 63 ff.
- Revisionsverfahren **75** 41 f.
- Rücknahme **59** 92 ff.
- Schlussurteil **59** 101
- streitige Entscheidung **59** 101
- teilweise vom Versäumnisurteil abweichendes Ergebnis **59** 102
- Terminsanberaumung **59** 100
- Umfang **59** 74
- unzulässiger Einspruch **59** 106 ff.
- verspäteter Einspruch **59** 108
- Verwerfungsentscheidung **59** 109
- Verzicht **59** 92
- vorläufige Vollstreckbarkeit des Versäumnisurteils **59** 83
- Wiedereinsetzung **59** 72
- Wirkung **59** 82 f.
- Wirkung der Rücknahme **59** 94 f.
- Zeitpunkt der Rücknahme **59** 93
- zulässiger Einspruch **59** 99 ff.

Versäumnisverfahren
- arbeitsgerichtliches ~ *siehe* Versäumnisurteil
- Beschlussverfahren ohne ~ **80** 7
- schiedsgerichtliches Verfahren **105** 15 ff.

Verschmelzungen, grenzüberschreitende
- beteiligtenfähige Stellen **10** 30d; **83** 93a
- örtliche Zuständigkeit im Beschlussverfahren **82** 19
- Rechtswegzuständigkeit bei Streitigkeiten hinsichtlich Mitbestimmungsrechten **2a** 108

Verschwiegenheitspflicht
- Güteverhandlung vor dem Güterichter **54** 108 f.
- Mediator **54a** 11

Versicherungsmakler
- Arbeitnehmerbegriff **5** 141c

Verspätetes Vorbringen
- *siehe* Zurückweisung verspäteten Vorbringens

Vertagung 57 11 f.
- ehrenamtliche Richter bei ~ **31** 25 ff.
- Einigungsstellenverfahren **VESt** 270 ff.
- erhebliche Gründe **57** 11
- statt Versäumnisurteil **59** 22 ff.

Verträge
- Revision wegen Verletzung materiellen Rechts **73** 24 ff.

Vertragsverletzungsverfahren
- EuGH **ArbV** 101

Verwaltung 15 7 ff.
- Anhörung **15** 34 ff.
- Gerichtsverwaltung **15** 11 ff.
- Justizverwaltung **15** 16 ff.
- Überprüfbarkeit von Maßnahmen **15** 10
- Übertragung von Kompetenzen **15** 39 ff.

Verweisung
- Anhängigkeit beim Adressatgericht **48** 89
- Fortbestand der Rechtshängigkeitswirkungen **48** 90
- Gerichtskosten **12** 15
- greifbare Gesetzwidrigkeit – örtliche Unzuständigkeit **48** 110 f., 157 f.
- greifbare Gesetzwidrigkeit – Rechtsweg-~ **5** 306c; **48** 85
- Mehrkosten **12a** 39 ff.
- in richtige Verfahrensart **48** 100 f.; **81** 20
- umfassende Entscheidungskompetenz des Adressatgerichts **48** 91 f.
- Unzulässigkeit des Rechtsweges **48** 48 ff.

Verzicht 55 15 ff.
- Berufung **64** 214 ff.
- Beschlussbeschwerde **89** 52, 74 ff.
- Einspruch gegen Versäumnisurteil **59** 92
- Gerichtsgebühren erster Instanz **12** 40 ff., 47 ff.
- Güteverhandlung **54** 28, 30
- mündliche Verhandlung **62** 115
- mündliche Verhandlung bei einstweilige Verfügung im Beschlussverfahren **85** 69 ff.
- Rechtsbeschwerde im Beschlussverfahren **94** 52
- Revision **69** 33; **74** 82 ff.
- sofortige Beschwerde **78** 42

Stichwortverzeichnis

- Sprungrechtsbeschwerde als ~ auf das Rechtsmittel der Beschwerde **96a** 24

Verzögerungsgebühr 12 17 ff.
- Beschwerde **12** 26
- Fälligkeit **12** 25
- Höhe **12** 20
- nachträgliches Vorbringen **12** 24
- pflichtgemäßes Ermessen **12** 19
- strafähnlicher Rechtsnachteil **12** 19
- Verhängung **12** 21 ff.
- Verschulden **12** 22 f.

Verzögerungsrüge
- Beschleunigungsmaxime **46** 25
- Verfassungsbeschwerde **ArbV** 30

Verzugspauschale
- Kostentragungspflicht **12a** 27b

Verzugszinsen
- Eingruppierungsklage **46** 143

Videoaufzeichnungen
- öffentlich zugängliche Räume **58** 72
- Verwertung im Kündigungsschutzverfahren **58** 72 f.
- ohne Zustimmung des Betriebsrats **58** 72a

Videokonferenz
- im arbeitsgerichtlichen Verfahren **46** 19a; **52** 10

Volkshochschullehrer
- Arbeitnehmerbegriff **5** 68

Vollstreckungsabwehrklage
- Beschwerdewert **64** 82a
- Darlegungs- und Beweislast **58** 142
- Einrede des Schiedsvertrages **102** 5

Vollstreckungsbescheid 46a 41 ff.
- Antrag **46a** 42
- Antragsformular **46a** 44
- Antragsfrist **46a** 43
- Einspruch **46a** 48 ff.
- Zurückweisung des Antrags **46a** 47
- Zustellung **46a** 45
- Zwangsvollstreckung **46a** 46
- Zweites Versäumnisurteil **59** 113 f.

Vollstreckungserinnerung 62 90

Vollstreckungsgegenklage 62 93
- schiedsgerichtliches Verfahren **101** 35

Vollstreckungstitel 62 44
- nach EU-Verordnung **13a** 11 ff.
- nach EU-Verordnung über unbestrittene Forderungen **13a** 6 ff.
- Schiedsvergleich **107** 13 f.

Volontäre
- zu ihrer Berufsausbildung Beschäftigte **5** 166d

Vorabentscheidung (Rechtsweg)
- Berufungsverfahren **65** 1 ff.
- fakultative – obligatorische ~ **48** 45 f.
- Folgen **48** 47
- örtliche Zuständigkeit **48** 104, 109, 161
- Rechtsbeschwerde **78** 68 f.
- Rechtskraft **48** 80
- Rechtsweg **2** 244; **48** 43 ff.; **65** 8 ff.
- Sinn **48** 43
- sofortige Beschwerde im Eilverfahren **48** 78
- sofortige Beschwerde gegen Rechtswegbeschlüsse **48** 61 ff.
- Verfahren bei Entscheidung **48** 53 f.
- Verfahrensart **48** 99
- Zeitpunkt **48** 44
- Zuständigkeit der angerufenen Einigungsstelle **100** 44 f.

Vorabentscheidungsverfahren (EuGH) 45 7; **ArbV** 97 ff.
- Anhörung der Beteiligten **ArbV** 144 f.
- Antrag auf Vorlage an den EuGH **ArbV** 133
- Auslegung des Primärrechts **ArbV** 103
- Auslegung des Sekundärrechts **ArbV** 105
- Auslegung des Unionsrechts **ArbV** 155
- Auslegung eines EuGH-Urteils **ArbV** 106
- außergerichtliche Kosten **ArbV** 159
- Aussetzung ohne Vorlage **ArbV** 135
- Aussetzung und Vorlage **ArbV** 134 f.
- Bedeutung im Arbeitsrecht **ArbV** 100 f.
- Begründung der Vorlage **ArbV** 137
- beschleunigtes Verfahren **ArbV** 142
- Besetzung des vorlegenden Gerichts **ArbV** 134
- Bindung der befassten Gerichte **ArbV** 151
- Durchbrechung der Bestandskraft nationaler Entscheidungen **ArbV** 132a
- Eilvorlageverfahren **ArbV** 142
- Einfluss der Parteien auf die Vorlage **ArbV** 126 ff.
- Entscheidung des EuGH **ArbV** 149 ff.
- Entscheidungserheblichkeit **ArbV** 110
- Erforderlichkeit der Vorlage **ArbV** 110 ff.
- erneute Vorlage **ArbV** 152
- Erwirkung einer Vorlage **ArbV** 129 ff.
- Form der Entscheidung **ArbV** 149
- Funktion **ArbV** 98
- Gericht als vorlageberechtigte Stelle **ArbV** 113 f.
- Gerichte als vorlagepflichtige Stellen **ArbV** 118 ff.
- Gerichtskostenfreiheit **ArbV** 157
- Gültigerklärung von Unionsregelungen **ArbV** 154
- Gültigkeit des Sekundärrechts **ArbV** 105
- Haftung des Mitgliedstaates wegen Verletzung der Vorlagepflicht **ArbV** 132
- Handlungen der Organe **ArbV** 104
- Inhalt der Entscheidung **ArbV** 150
- konkrete Normenkontrolle, Zusammentreffen **ArbV** 164
- letztinstanzliche Gerichte **ArbV** 118 ff.
- mündliche Verhandlung **ArbV** 143 ff.
- nationales Recht **ArbV** 108 f.
- Nichtigkeitsklage **ArbV** 100
- Nichtvorlage als EMRK-Verstoß **ArbV** 132b
- Nichtzulassungsbeschwerde als Rechtsmittel **ArbV** 120
- Plädoyer **ArbV** 145
- Primärrecht **ArbV** 102 f.
- Prozesskostenhilfe **ArbV** 160
- Rechtsanwaltsgebühren **ArbV** 158 f.
- Rechtsgrundlage **ArbV** 97
- Rechtsmittel gegen Vorlagebeschluss **ArbV** 128
- Richtlinien **ArbV** 104
- Rücknahme der Vorlage **ArbV** 139
- Rückwirkung der Urteile **ArbV** 156
- Schlussanträge **ArbV** 146

- schriftliche Erklärungen der Beteiligten **ArbV** 140 f.
- schriftliches Verfahren **ArbV** 140 ff.
- Schriftsatzgestaltung **ArbV** 141
- Sekundärrecht **ArbV** 104 ff.
- Sitzungsbericht **ArbV** 143
- Sprachenregelung **ArbV** 148
- Statthaftigkeit eines Rechtsmittels **ArbV** 119 f.
- Übermittlung der Vorlage **ArbV** 138
- Ungültigerklärung von Unionschaftsregelungen **ArbV** 154
- Untätigkeitsklage **ArbV** 100
- unzulässige Gegenstände **ArbV** 108 f.
- Verfahren vor dem EuGH **ArbV** 140 ff.
- Verfahrensart beim vorlegenden Gericht **ArbV** 115
- Verfassungsbeschwerde wegen Verletzung der Vorlagepflicht **ArbV** 131
- Verhältnis zur konkreten Normenkontrolle **ArbV** 161 ff.
- Verhinderung einer Vorlage **ArbV** 127 f.
- Verletzung der Vorlagepflicht **ArbV** 130 ff.
- Verordnungen **ArbV** 104
- Vertragsverletzungsverfahren **ArbV** 101
- Vertretung der Verfahrensbeteiligten **ArbV** 147
- Vorbericht **ArbV** 142
- Vorlage im Verfahren des einstweiligen Rechtsschutzes **ArbV** 125
- vorlageberechtigte Stellen **ArbV** 113 ff.
- nicht vorlageberechtigte Stelle **ArbV** 114
- Vorlageentscheidung **ArbV** 134 ff.
- Vorlagefrage, Formulierung **ArbV** 136
- Vorlagegegenstand **ArbV** 102 ff.
- Vorlagepflicht **ArbV** 118 ff.
- Vorlagepflicht, Grenzen **ArbV** 123 ff.
- Vorlagepflicht von Instanzgerichten **ArbV** 121 f.
- Vorlagerecht **ArbV** 116 f.
- Vorlagerecht trotz Bindungswirkung **ArbV** 116
- Wesen **ArbV** 99
- Wirkung der Entscheidung außerhalb des Ausgangsverfahrens **ArbV** 153 ff.
- Wirkung der Entscheidung innerhalb des Ausgangsverfahrens **ArbV** 151 f.
- Zuständigkeit zur Beurteilung der Entscheidungserheblichkeit **ArbV** 111 f.
- Zwischenverfahren **ArbV** 99

Vorbehaltsurteil
- Gegenforderung **2** 32
- Revision **72** 15

Vorläufige Vollstreckbarkeit 62 3 ff.
- Ausschluss *siehe* Vorläufige Vollstreckbarkeit, Ausschluss
- Bescheidungsklage **46** 156 ff.
- Beschlussbeschwerde **87** 87 ff.
- eigenes Risiko des Gläubigers **62** 6
- Einstellung bei Nichtzulassungsbeschwerde **72a** 68 f.
- Einstellung bei Revision **74** 97
- Erklärung durch BAG **74** 96
- Grundsatz **62** 4 ff.
- Konkurrentenklage **46** 156 ff.
- Urteile **62** 7

- vermögensrechtliche Streitigkeit im Beschlussverfahren **84** 5; **85** 8 ff.
- Versäumnisurteil **59** 83

Vorläufige Vollstreckbarkeit, Ausschluss 62 8 ff.
- Antrag **62** 10 f.
- Beschäftigungsanspruch **62** 19
- Beschlussverfahren **85** 12
- einzelne Vollstreckungsmaßnahmen **62** 21
- Entscheidung **62** 23 ff.
- Erfolgsaussichten im Rechtsmittelverfahren **62** 15
- nicht zu ersetzender Nachteil **62** 12 ff.
- Geldforderungen **62** 17
- Glaubhaftmachung **62** 22
- Handlungsvollstreckung **62** 19
- Herausgabevollstreckung **62** 18
- Interessen des Gläubigers **62** 14
- Unterlassungsvollstreckung **62** 20
- nach Urteilserlass **64** 12
- Voraussetzungen **62** 9 ff.
- Weiterbeschäftigungsanspruch **62** 19

Vorläufiger Rechtsschutz
- *siehe* Arrest; Einstweilige Verfügung

Vornahme einer Handlung
- Antrag **61** 41 ff.
- Anwendungsbereich des § 61 Abs. 2 ArbGG **61** 36 ff.
- Auskunftsklage und Antrag nach § 61 Abs. 1 ArbGG **61** 38
- Begründung des Antrags **61** 46
- einstweiliges Verfügungsverfahren **61** 40
- gerichtliche Entscheidung **61** 47 ff.
- Klage **46** 62b ff.
- Revisionsverfahren **72** 67
- Verurteilung **61** 34 ff.
- Zwangsvollstreckung **61** 53 ff.

Vorsitzender
- *siehe auch* Berufsrichter
- Alleinentscheidung des Vorsitzenden *siehe dort*
- Amtsbezeichnungen **18** 22
- Arrestverfahren **53** 6
- Befugnisse **53** 1 ff.
- Berichtigungsbeschluss **16** 36
- Bestellungsverfahren – LAG **36** 9 ff.
- Bundesarbeitsgericht **42** 19
- einstweiliges Verfügungsverfahren **53** 6
- Entscheidung der Kammer anstelle des Vorsitzenden **16** 60 f.
- Entscheidung durch Vorsitzenden anstelle Kammer **16** 58 f., **62** ff.
- Ernennung **18** 1 ff.
- Güteverhandlung **54** 4
- Kammerverhandlung **16** 14 ff.
- Landesarbeitsgerichte **36** 3 ff.
- prozessleitende Verfügungen und Beschlüsse **16** 33
- Rechtshilfeersuchen **53** 7
- Sitzungspolizei **16** 39 ff.
- ständige Vertretung **19** 2 ff., 11 f.
- Vertreter in Eilfällen **19** 10
- vorübergehende Vertretung **19** 6 ff.
- Wiedereröffnung der mündlichen Verhandlung **53** 8 f.

Vorsitzender, Ernennung 18 1 ff.
- arbeitsrechtliche Kenntnisse **18** 6
- Ausschuss **18** 12 f.
- Befähigung zum Richteramt **18** 4
- Betriebspraktika **18** 8
- Ernennungsverfahren **18** 9 ff.
- Fehler im Verfahren **18** 17
- persönliche Voraussetzungen **18** 2 ff.
- Präsidialrat **18** 14
- Richterwahlausschuss **18** 16
- Rücknahme **18** 18

Vorübergehende Vertretung
- Vorsitzender **19** 6 ff.

Weisungsgebundenheit
- fachliche ~ **5** 48
- Frachtführer **5** 46
- Leistung durch Dritte **5** 49a
- Nichtausübung des Weisungsrechts **5** 49
- persönliches Abhängigkeit **5** 44 ff.
- Vollzeitbeschäftigung **5** 47
- keine ~ bei Arbeitszeit **5** 47

Weiterbeschäftigungsanspruch 46 62a
- siehe auch Weiterbeschäftigungsantrag
- nach Ablauf der Kündigungsfrist **62** 144 ff.
- Änderungskündigung **62** 148
- Ausschluss der vorläufigen Vollstreckbarkeit **62** 19
- betriebsverfassungsrechtlicher ~ siehe Weiterbeschäftigungsanspruch, betriebsverfassungsrechtlicher
- einstweiliges Verfügungsverfahren **62** 140 ff.
- instanzgerichtliches Urteil **62** 146
- Interessenabwägung **62** 144
- Klage **46** 62 f.
- offensichtliche Unwirksamkeit der Kündigung **62** 145
- Rechtswegzuständigkeit **2** 120
- Zwangsvollstreckung **62** 80 ff.

Weiterbeschäftigungsanspruch, betriebsverfassungsrechtlicher
- einstweiliges Verfügungsverfahren **62** 150 ff.
- Entbindung von der Weiterbeschäftigungspflicht **62** 153 ff.
- Schadensersatz nach einstweiliger Weiterbeschäftigung **62** 156
- Schadensersatz nach Entbindung von Weiterbeschäftigungspflicht **62** 156
- Verfügungsanspruch **62** 151
- Verfügungsgrund **62** 152

Weiterbeschäftigungsantrag 46 102 ff.
- Rechtsschutzbedürfnis **46** 104
- Streitwertberechnung **12** 308 ff.
- Streitwertrechnung bei ~ als unechter Hilfsantrag **12** 157

Weiterbeschäftigungsklage 46 62 f.
Weiterbeschäftigungsmöglichkeit
- Darlegungs- und Beweislast **58** 134

Werkdienstwohnungen/Werkmietwohnungen
- Rechtswegzuständigkeit **2** 105
- Widerklage **2** 24

Werkstattrat
- Beteiligtenfähigkeit **10** 28
- Rechtswegzuständigkeit **2a** 100

Wettbewerbsverbot
- einstweiliges Verfügungsverfahren **62** 160 ff.
- Streitwertberechnung **12** 312 f.
- Zwangsvollstreckung **62** 86

Widerantrag
- Rechtswegzuständigkeit im Beschlussverfahren **2a** 18

Widerklage
- Berufungsverfahren **64** 168, 196
- Beschwerdewert **64** 80
- Einlassungsfrist **47** 10
- Flucht in die ~ **56** 52
- Gerichtsstand **48** 135
- rechtswegfremde ~ bei Erfinderstreit **2** 193
- Rechtswegzuständigkeit **2** 23 ff.
- Streitwertberechnung **12** 160 f.; **61** 28

Widerspruch
- einstweilige Verfügung im Beschlussverfahren, stattgebender Beschluss **85** 75
- Mahnbescheid **46a** 31 ff.

Wiederaufnahme des Verfahrens 79 1 ff.
- Allgemeinverbindlicherklärung, Beschlussverfahren **98** 26
- anderes Ergebnis als früheres Urteil **79** 28
- anfechtbare Entscheidungen **79** 7 ff.
- Begründetheitsprüfung **79** 26
- Beschlussverfahren **80** 43
- Besetzungsfehler **79** 11 ff.
- Einmonatsfrist für Einlegung **79** 21
- Endurteile **79** 7
- Entscheidung **79** 25 ff.
- Entscheidungen mit noch nicht abgelaufener Rechtsmittelfrist **79** 9
- Fünfjahresfrist **79** 21
- Gerichtsgebühren **12** 77 f.
- Glaubhaftmachung der Fristeinhaltung **79** 22
- gleiches Ergebnis wie früheres Urteil **79** 28
- Gründe **79** 9a ff.
- Hauptsacheverhandlung **79** 27
- Klage, Inhalt **79** 24
- Klageeinreichung beim letztinstanzlichem Gericht **79** 23
- Klageschrift **79** 19 ff.
- Kostenentscheidung **79** 30
- Kündigungsschutzprozess eines Schwerbehinderten **79** 17
- Mediation **54a** 29 f.
- nicht ordnungsgemäße Vertretung **79** 14
- nicht rechtsmittelfähige Urteile **79** 8
- Nichtigkeitsgründe **79** 10 ff.
- Nichtigkeitsklage **79** 2 ff.
- rechtliches Gehör, Verletzung des Anspruchs **79** 16
- Rechtskraft **79** 1
- Rechtsverordnung zu Rechtsnormen eines Tarifvertrags, Beschlussverfahren **98** 26
- Restitutionsgründe **79** 16a ff.
- Restitutionsklage **79** 2 ff.

- Tariffähigkeit/Tarifzuständigkeit, Beschlussverfahren **97** 38 ff.
- Tarifkollision, Beschlussverfahren **99** 18
- teilweise Aufhebung **79** 20
- Urkundenauffindung **79** 18
- Verfahren **79** 19 ff.
- Verletzung der Europäischen Menschenrechtskonvention **79** 18a
- nach Verwerfen einer Nichtzulassungsbeschwerde **72a** 84
- Zulässigkeitsprüfung **79** 25

Wiedereinsetzung
- Berufungsbegründungsfrist **66** 47 f., 56
- Berufungsfrist, Versäumung **66** 40 ff.
- Beschlussverfahren **80** 42
- Einspruch gegen Versäumnisurteil **59** 72
- Klage wegen Benachteiligung **61b** 21
- Nichtzulassungsbeschwerde **72a** 48 f., 94
- Prozesskostenhilfe und Nichtzulassungsbeschwerde **72a** 94
- Revision **72** 16; **74** 21
- Revisionsbegründungsfrist **74** 35 f.
- durch Revisionsgericht **73** 31
- Telefax **64** 130
- Verfassungsbeschwerde **ArbV** 52
- Verschulden des Prozessbevollmächtigten **66** 49

Wiedereinstellungsantrag
- neben Kündigungsschutzantrag **46** 99 ff.

Willenserklärung
- Klage auf Abgabe einer ~ **46** 65a
- Revision wegen Verletzung materiellen Rechts **73** 23 ff.

Wirtschaftsausschuss
- materiell Beteiligter **83** 85
- Streitwertberechnung bei Streit über Errichtung **12** 283

Zahlungsklage **46** 57 ff.
- Arbeitsentgelt **46** 57 ff.
- brutto – netto **46** 57
- Erstattungsanspruch **46** 60a
- fällige Ansprüche **46** 59
- zukünftige Leistung **46** 59

Zeitungszusteller
- arbeitnehmerähnliche Person **5** 247
- Arbeitnehmerbegriff **5** 144, 247

Zeuge
- Abwesenheit der später anzuhörenden ~n **58** 43
- Ausforschungsbeweis **58** 33
- Auslagen im schiedsgerichtlichen Verfahren **106** 8
- Beeidigung **58** 45
- Belehrung **58** 44
- Entfernung von ~n und Öffentlichkeitsprinzip **52** 6
- Entschädigung **9** 9
- vom Hörensagen **58** 34
- Ladung **56** 15 f.
- Pflichten **58** 37
- sachverständiger ~ **58** 35
- Schlichtungsausschuss **111** 18
- schriftliche Beantwortung der Beweisfrage **58** 47 f.
- Vereidigung im schiedsgerichtlichen Verfahren **106** 10 f.
- Vernehmung **58** 43 f.
- Vernehmung im Einigungsstellenverfahren **VESt** 228 f.
- Vernehmung in Berufungsinstanz **64** 226 f.
- Vernehmung, wiederholte **58** 46
- Vernehmung zur Person **58** 44
- Vernehmung zur Sache **58** 44
- Zeugenbeweis **58** 33 ff.
- Zeugnisfähigkeit **58** 34 ff.
- Zeugnisverweigerungsrechte **58** 37 ff.

Zeugnis
- Darlegungs- und Beweislast **58** 141
- einstweilige Verfügung auf Ausstellung **62** 163 ff.
- Streitwertberechnung **12** 314
- Zwangsvollstreckung **62** 83

Zeugnisverweigerungsrechte 58 37 ff.
- Belehrung **58** 41
- persönliche Gründe **58** 38
- sachliche Gründe **58** 39
- Sachverständiger **58** 54

Zielvereinbarung
- Darlegungs- und Beweislast **58** 121a

Zugang
- Berufungsschrift **66** 32 ff.
- Beweis der Rechtzeitigkeit **66** 36
- Einwurf-Einschreiben **58** 65
- gemeinsame Posteinlaufstelle **66** 34
- Kündigungserklärung **58** 65
- Übergabeeinschreiben **58** 65
- unzuständiges Gericht **66** 37

Zug-um-Zug-Verurteilung
- Beschwerdewert **64** 83
- Streitwertberechnung **12** 315

Zulassung neuer Angriffs- und Verteidigungsmittel 67 1 ff.
- Anfechtung **67** 13
- Auflösungsantrag **67** 14
- Aufrechnung **67** 11
- eigenständige Regelung **67** 1, 3 f.
- gerichtliche Hinweispflicht **67** 5 ff.
- Kosten verspäteten Vorbringens **67** 2
- neue Angriffs- oder Verteidigungsmittel **67** 8 ff.
- Prozessförderungspflicht in der Berufungsinstanz **67** 48 ff.
- Rüge im Revisionsverfahren **74** 57
- Tatbestand des erstinstanzlichen Urteils **67** 15
- Überprüfung im Revisionsverfahren **67** 53
- unstreitiger Vortrag **67** 9
- Verjährungseinrede **67** 13a
- Zurückweisung verspäteten Vorbringens *siehe dort*

Zurückverweisung 68 1 ff.
- nach § 538 Abs. 2 S. 1 Nr. 2 bis 7 ZPO **68** 4 ff.
- Anfechtung eines Prozessurteils **68** 11 ff.
- Ausnahmen vom Verbot **68** 35 ff.
- eigene Sachentscheidung des LAG **68** 26 ff.
- Ermessensentscheidung **68** 26
- Gerichtsgebühren **12** 16
- grundsätzliches Verbot **68** 31 ff.
- Grundurteil **68** 17 f.

- Hinweispflicht, Verletzung **68** 38
- schwerste Verfahrensfehler **68** 33
- Teilurteil **68** 21 ff.
- Tenor des ArbG-Urteils **68** 29
- Übergehen des Antrags auf nachträgliche Zulassung der Kündigungsschutzklage **68** 36
- Verfahrensmangel **68** 30 ff.
- Verwerfung des Einspruchs **68** 10
- Zweites Versäumnisurteil **68** 19 f.

Zurückweisung verspäteten Vorbringens 56 19 ff.
- nach § 296 ZPO **56** 42 ff.
- Anhörungsrüge **78a** 38 f.
- ausreichende Fristsetzung **56** 22 f.
- Belehrung **56** 27 ff.; **83** 21
- Berufungsverfahren **67** 48 ff.
- Beschleunigungspflicht bei Bestandsstreitigkeiten **61a** 11
- Beschlussbeschwerde-Verfahren **87** 74 ff.
- im Beschlussverfahren **83** 18 ff.
- Eilverfahren **56** 41
- Einspruch gegen Versäumnisurteil **59** 81
- Entscheidung **56** 40
- Entschuldigung der Verspätung **67** 34 f.
- Entschuldigungsgründe **56** 37 ff.
- Flucht vor der Zurückweisung **56** 48 ff.
- Form der Verfügung **56** 24, 26
- grobe Nachlässigkeit **67** 45 f.
- konkrete gerichtliche Auflage **56** 21
- neues Vorbringen entgegen erstinstanzlich erteilter Auflage **67** 23 ff.
- Präklusion erstinstanzlich zurückgewiesenen Vorbringens **67** 16 ff.
- Prozessförderungspflicht in der Berufungsinstanz **67** 48 ff.
- Rechtsfolgen der Verspätung in Berufungsinstanz **67** 36 ff.
- schriftsätzliches Schweigen **67** 41
- Überprüfung der erstinstanzlichen ~ durch LAG **67** 18 ff.
- unverschuldete Verzögerung **56** 39
- unzureichende Verfahrensleitung **56** 36
- ursächlicher Zusammenhang **56** 35
- Verletzung der allgemeinen Prozessförderungspflicht **67** 39 ff.
- Verschulden des gesetzlichen Vertreters **56** 38
- Verschulden des Prozessbevollmächtigten **56** 38; **67** 34
- verspätet vorgebrachte Angriffs- und Verteidigungsmittel **56** 30 f.
- Verzögerung des Rechtsstreits **56** 32 ff.
- Verzögerung des Rechtsstreits in Berufungsinstanz **67** 29 ff.
- Zustellung der Verfügung **56** 25

Zusammenhangsklage 2 198 ff.
- anhängige Hauptklage **2** 203 ff.
- keine ausschließliche andere Rechtswegzuständigkeit **2** 215
- bürgerliche Rechtsstreitigkeit **2** 208
- fakultative Zuständigkeit **2** 200 f.
- Geltendmachung **2** 214
- Parteien **2** 212 f.
- rechtlicher Zusammenhang **2** 209 ff.
- Schiedsgerichtsverfahren **4** 4
- unmittelbar wirtschaftlicher Zusammenhang **2** 209 ff.

Zusammensetzung der Arbeitsgerichte 16 1 ff.
- Besetzung der Kammern – ArbG *siehe dort*
- Festlegung der Zahl der Kammern **16** 4
- Zahl der Vorsitzenden **16** 5

Zuständigkeit 1 5 ff.
- absoluter Revisionsgrund bei Verstoß gegen Geschäftsverteilungsplan **73** 37
- Aufhebungsklage **110** 23
- Deutsche Gerichtsbarkeit *siehe dort*
- Funktionelle Zuständigkeit *siehe dort*
- Instanzenzug *siehe dort*
- Internationale Zuständigkeit *siehe dort*
- Örtliche Zuständigkeit im Beschlussverfahren *siehe dort*
- Örtliche Zuständigkeit im Urteilsverfahren *siehe dort*
- Rechtswegzuständigkeit *siehe dort*
- Sachliche Zuständigkeit *siehe dort*
- Zuständigkeit im Beschlussverfahren *siehe dort*
- Zuständigkeit im Urteilsverfahren *siehe dort*

Zuständigkeit im Beschlussverfahren 2a 1 ff.
- *siehe auch* Rechtswegzuständigkeit
- Allgemeinverbindlicherklärung, Wirksamkeit **2a** 116a
- Arrest- und Verfügungsverfahren **48** 24 ff.
- Aufrechnung **2a** 19
- ausschließliche Rechtswegzuständigkeit **2a** 2 ff.
- Beschlussverfahren **2a** 5
- Betriebsverfassungsrechtliche Streitigkeiten *siehe dort*
- Einigungsstellenspruch, Überprüfung **VESt** 304 f.
- Einigungsstellenverfahren, Abgrenzung **2a** 67 ff.
- einstweiliges Verfügungsverfahren **2a** 12
- Entscheidung über die Rechtswegzuständigkeit **2a** 122 f.
- Entscheidung über die richtige Verfahrensart **2a** 124 f.
- Entscheidung über Tariffähigkeit und Tarifzuständigkeit **2a** 109 ff.
- Enumerationsprinzip **2a** 3
- nach der EuGVVO bei betriebsverfassungsrechtlichen Angelegenheiten **2a** 130a
- Europäische Betriebsräte **2a** 101 ff.
- Europäische Genossenschaft, Beteiligungsrechte **2a** 107
- Europäische Gesellschaft (SE), Beteiligungsrechte **2a** 106
- geschichtliche Entwicklung des § 2a ArbGG **2a** 6 ff.
- Gewerkschaftseigenschaft **2a** 115
- grenzüberschreitende Verschmelzungen, Mitbestimmungsrecht **2a** 108
- Interessenvertretung in außerbetrieblichen Bildungseinrichtungen **2a** 104 f.
- Mahnverfahren **2a** 14
- Mitbestimmungsgesetze, Angelegenheiten **2a** 81 ff.
- Prozesskostenhilfeverfahren **48** 21 ff.

- Prüfung der Rechtswegzuständigkeit **2a** 117 ff.
- Prüfung von Amts wegen **2a** 118 ff.
- Prüfungsgrundlage **48** 34 ff.
- Prüfungsreihenfolge **48** 30 ff.
- Prüfungszeitpunkt **48** 31 ff.
- Rechtsverordnung zu Rechtsnormen eines Tarifvertrags, Wirksamkeit **2a** 116a
- rechtswegfremde Gegenstände **2a** 15 ff.
- Schwerbehindertenvertretung, Angelegenheiten **2a** 94 ff.
- SGB IX, Angelegenheiten **2a** 93 ff.
- Sofortige Beschwerde gegen Rechtswegbeschlüsse *siehe dort*
- SprAuG, Angelegenheiten **2a** 79 f.
- Sprecher bei Bundesfreiwilligendienst **2a** 11a, 105a
- Straf- und Bußgeldsachen **2a** 78
- Tarifkollision **99** 10
- Tarifvertrag, anwendbarer bei Tarifkollision **2a** 116b
- Urkundenprozess **2a** 14
- Vorfragen **2a** 16 f.
- Werkstattrat, Angelegenheiten **2a** 100
- Widerantrag **2a** 18
- Zwangsvollstreckungsverfahren **2a** 13; **48** 28
- Zwangsvollstreckungsverfahren, funktionelle ~ **85** 39

Zuständigkeit im Urteilsverfahren 2 1 ff.
- *siehe auch* Rechtswegzuständigkeit
- Arbeitgeber bei Streitigkeiten mit Einrichtungen **2** 164 ff.
- Arrest- und Verfügungsverfahren **2** 12 f.; **48** 24 ff.
- Aufrechnung **2** 26 ff.
- Ausschließlichkeit **2** 37 ff.
- Aut-aut-Fälle **2** 240 f.
- behinderte Menschen **2** 182 f.
- Bundesfreiwilligendienst **2** 175a
- bürgerliche Rechtsstreitigkeit **2** 40 ff.
- bürgerliche Rechtsstreitigkeiten zwischen Arbeitnehmer und Arbeitgeber *siehe* Streitigkeiten zwischen Arbeitnehmer und Arbeitgeber
- Entscheidung **2** 243 ff.
- Entwicklungshelfer **2** 171 ff.
- Enumerationsprinzip **2** 6
- Et-et-Fälle **2** 242
- freiwilliges soziales/ökologisches Jahr **2** 174 f.
- gemeinsame Einrichtungen der Tarifvertragsparteien **2** 152 ff., 164 ff.
- Hinterbliebene **2** 142
- Insolvenzanfechtungsklage des Insolvenzverwalters **2** 151
- Mahnverfahren **2** 9; **48** 19 f.
- maßgeblicher Zeitpunkt **2** 231
- Pensionssicherungsverein, Streitigkeiten **2** 159 ff.
- Prozesskostenhilfeverfahren **48** 21 ff.
- Prüfung der Rechtswegzuständigkeit **2** 227 ff.
- Prüfung in erster Instanz **2** 229 f.
- Prüfung von Amts wegen **2** 228
- Prüfungsgrundlage **48** 34 ff.
- Prüfungsreihenfolge **48** 30 ff.
- Prüfungszeitpunkt **48** 31 ff.
- rechtlicher oder wirtschaftlicher Zusammenhang mit dem Arbeitsverhältnis **2** 142 ff.
- rechtswegfremde Gegenstände **2** 19 ff.
- andere Rechtswegregelungen **2** 5 ff.
- sachliche Zuständigkeit **2** 3 f.
- Sic-non-Fälle **2** 235 ff.
- Sofortige Beschwerde gegen Rechtswegbeschlüsse *siehe dort*
- Sozialeinrichtungen des privaten Rechts **2** 155 ff., 164 ff.
- Streitgegenstand **2** 232 ff.
- Streitigkeiten mit dem Arbeitgeber **2** 146 ff.
- Streitigkeiten zwischen Arbeitnehmern **2** 176 ff.
- tarifrechtliche Streitigkeiten **2** 44 ff.
- unerlaubte Handlungen im Zusammenhang mit Arbeitskampf oder Vereinigungsfreiheit **2** 59 ff.
- unmittelbar wirtschaftlicher Zusammenhang mit dem Arbeitsverhältnis **2** 150
- Urkunden- und Wechselprozess **2** 10 f.
- Urteilsverfahren **2** 2
- Vergütungsansprüche in Erfinder- und Urheberrechtsstreitigkeiten **2** 184 ff.
- Vorabentscheidung **2** 244
- Vorfragen **2** 19 ff.
- Widerklage **2** 23 ff.
- Zusammenhangsklage **2** 198 ff.
- Zuständigkeitsvereinbarung **2** 217 ff.
- Zwangsvollstreckungsverfahren **2** 14 ff.; **48** 28

Zuständigkeit in sonstigen Fällen 3 1 ff.
- Grundlage der Rechtswegprüfung **3** 31
- maßgeblicher Zeitpunkt **3** 30
- Prozessstandschaft *siehe dort*
- Rechtsnachfolge *siehe dort*

Zuständigkeitsvereinbarung 2 217 ff.
- bürgerliche Rechtsstreitigkeiten **2** 225
- Folgen **2** 226
- Parteien der Vereinbarung **2** 221 ff.
- tarifvertragliche ~ **48** 163 ff.

Zustellung 50 1 ff.
- *siehe auch* Urteilszustellung
- Amts~ **50** 5 ff.
- Antrag im Beschlussverfahren **81** 99 f.
- an Behörden **50** 14
- Beschluss bei Beschlussbeschwerde **91** 29
- Beschluss im Beschlussverfahren **84** 7
- Beschlussverfahren **80** 32 f.
- Beschwerdebegründungsschrift im Beschlussverfahren **90** 7 f.
- Beschwerdeschrift im Beschlussverfahren **90** 1 ff.
- an Betriebsrat **50** 15
- Beurkundung **50** 16 ff.
- Eilverfahren bei Beschlussverfahren **85** 74
- elektronische Dokumente **50** 23
- Ersatz~ **50** 10 ff.
- nach EU-Verordnung **13a** 3
- gerichtliche Auslagen **12** 98
- Gewerkschaftssekretäre – Verbandsvertreter **50** 18
- Klageschrift **47** 4 f.
- Klageschrift im Ausland **47** 13
- Partei~ **50** 3 f., 10 ff.

- an Prozessbevollmächtigten **50** 13
- Rechtsbeschwerde im Beschlussverfahren **95** 2 ff.
- Rechtsmittelbelehrung bei fehlender ~ **9** 32 f.
- Revisionsurteil **72** 63
- Schiedsspruch **108** 15 ff.
- Telefax **50** 22
- Titel im Beschlussverfahren **85** 40
- vereinfachte ~ **50** 17 ff.
- Verfahren **50** 9 ff.

Zustimmungsersetzungsverfahren
- Streitwertberechnung **12** 273 ff.

Zwangsvollstreckung 62 1 ff.
- nach dem Achten Buch der ZPO **62** 41 ff.
- allgemeine Prozessvoraussetzungen **62** 42 ff.
- allgemeine Vollstreckungsvoraussetzungen **62** 44 ff.
- trotz Anhörungsrüge **78a** 55
- Anwendungsbereich **62** 2
- Auflösung Arbeitsverhältnis gegen Abfindungszahlung **62** 45
- bei Berufungseinlegung **64** 12
- Beschlussbeschwerde **87** 48 ff.
- besondere Voraussetzungen **62** 48
- Bruttolohn **62** 46
- Drittwiderspruchsklage **2** 16; **62** 94
- Durchführung **62** 50 ff.
- Einigungsstellenspruch **VESt** 292
- Einstellung bei Einlegung der Nichtzulassungsbeschwerde **92a** 11
- bei einstweiliger Verfügung **62** 121
- bei einstweiliger Verfügung im Beschlussverfahren **85** 76
- Geldforderungen *siehe* Zwangsvollstreckung wegen Geldforderungen
- Grenzüberschreitende vorläufige Kontenpfändung *siehe dort*
- Handlungen *siehe* Zwangsvollstreckung zur Erwirkung von Handlungen und Unterlassungen
- Herausgabe von Sachen **62** 69 ff.
- Klage auf vorzugsweise Befriedigung **62** 95
- Kosten **62** 97 f.
- Kostenerstattungspflicht des Gläubigers **62** 100
- Kostentragungspflicht **12a** 46
- Kostentragungspflicht des Schuldners **62** 98 f.
- Rechtsbehelfe **62** 89 ff.
- Rechtsbeschwerde im Beschlussverfahren **92** 36 f.
- Schiedsspruch/-vergleich *siehe* Zwangsvollstreckung Schiedsspruch/Schiedsvergleich
- sofortige Beschwerde **62** 91 f.
- Spruch des Schlichtungsausschusses **111** 25
- Streitwertberechnung **12** 316
- Unterlassungen *siehe* Zwangsvollstreckung zur Erwirkung von Handlungen und Unterlassungen
- Vollstreckungsbescheid **46a** 46
- Vollstreckungserinnerung **62** 90
- Vollstreckungsgegenklage **62** 93
- Vollstreckungshindernisse **62** 49
- Vollstreckungsschutz nach § 765a ZPO **62** 96
- Vollstreckungstitel **62** 44
- Vorläufige Vollstreckbarkeit *siehe dort*
- Vornahme einer Handlung **61** 53 ff.

Zwangsvollstreckung, Einstellung 62 26 ff.
- Alleinentscheidung des Vorsitzenden **55** 28
- Antrag **62** 30
- und Ausschluss der Zwangsvollstreckung **62** 27
- einschränkende Voraussetzungen **62** 32 f.
- Entscheidung **62** 36 f.
- nicht zu ersetzender Nachteil **62** 33
- Glaubhaftmachung **62** 34
- greifbare Gesetzeswidrigkeit **62** 38
- jederzeitige Abänderbarkeit der Entscheidung **62** 39
- sachliche Voraussetzungen **62** 31
- Sicherheitsleistung **62** 32
- Unanfechtbarkeit der Entscheidung **62** 38 f.
- Verfahren **62** 35
- Voraussetzungen **62** 28 ff.
- andere Vorschriften **62** 40

Zwangsvollstreckung im Beschlussverfahren 85 1 ff.
- Auferlegung einer Verpflichtung für einen Beteiligten **85** 7
- Aufhebung einer personellen Maßnahme gemäß § 101 S. 1 BetrVG **85** 49
- Bestellungsuntersagung gemäß § 98 Abs. 5 BetrVG **85** 48
- Betriebsrat als Gläubiger **85** 19 ff.
- Betriebsrat als Schuldner **85** 19, 25 ff.
- betriebsverfassungsrechtliche Stellen als Gläubiger **85** 19 ff.
- betriebsverfassungsrechtliche Stellen als Schuldner **85** 19, 25 ff.
- Durchführung **85** 41
- Einigungsstellenbesetzung **100** 27
- Einstweilige Verfügung im Beschlussverfahren *siehe dort*
- funktionelle Zuständigkeit **85** 39
- Geldforderung des Betriebsrats oder anderer Stellen **85** 21
- gerichtliche Vergleiche **85** 13
- Gläubiger **85** 15 f.
- grober Verstoß gemäß § 23 Abs. 3 S. 1 BetrVG **85** 46 ff.
- Handlungen usw. durch Betriebsrat oder andere Stellen **85** 30 ff.
- Handlungen usw. durch Betriebsratsmitglieder oder Mitglieder einer anderen Stellen **85** 32 ff.
- Herausgabe durch Betriebsrat oder andere Stellen **85** 27 ff.
- Herausgabe zu Gunsten Betriebsrat oder anderer Stellen **85** 22
- Kosten **85** 43 f.
- Parteifähigkeit **85** 17 ff.
- rechtskräftige Beschlüsse **85** 6 f.
- Schuldner **85** 15 f.
- unvertretbare Handlungen usw. zu Gunsten Betriebsrat oder anderer Stellen **85** 24
- vermögensrechtliche Angelegenheiten **84** 5; **85** 8 ff.
- nicht vermögensrechtliche Streitigkeiten **85** 6 f.
- vertretbare Handlungen usw. zu Gunsten Betriebsrat oder anderer Stellen **85** 23
- Vollstreckbarkeit **85** 4 ff.

- vorläufige Vollstreckbarkeit bei vermögensrechtlichen Streitigkeiten **85** 8 ff.
- ZPO analog **85** 38 ff.
- Zustellung des Titels **85** 40

Zwangsvollstreckung Schiedsspruch/Schiedsvergleich 109 1 ff.
- Anhörung der Parteien **109** 8
- arbeitsgerichtliche Prüfungskompetenz **109** 4 ff.
- Aufhebung der Vollstreckbarkeitserklärung **110** 32
- Aussetzung des Verfahrens **109** 9 ff.
- Entscheidung **109** 13 ff.
- Gebühren- und Auslagenfreiheit **109** 15
- Prüfung der eigenen Zuständigkeit durch das ArbG **109** 3
- Verfahren der Vollstreckbarkeitserklärung **109** 8 ff.
- Vollstreckbarkeitserklärung **109** 1
- wirksamer Spruch **109** 5
- wirksamer Vergleich **109** 7
- Zuständigkeit für Vollstreckbarkeitserklärung **109** 1 ff.
- Zustellung der Entscheidung **109** 14

Zwangsvollstreckung wegen Geldforderungen 62 51 ff.
- für Betriebsrat im Beschlussverfahren **85** 21
- gegen Betriebsrat im Beschlussverfahren **85** 26
- für betriebsverfassungsrechtliche Stelle im Beschlussverfahren **85** 21
- gegen betriebsverfassungsrechtliche Stelle im Beschlussverfahren **85** 26
- europäischer Beschluss zur vorläufigen Kontenpfändung **62** 174
- europäischer Beschluss zur vorläufigen Kontenpfändung, Beschlussverfahren **85** 115
- in Forderungen **62** 59 ff.
- Grenzüberschreitende vorläufige Kontenpfändung siehe dort
- in körperliche Sachen **62** 52 ff.
- Pfändung in eine Forderung **62** 60 ff.
- Pfändung von Sachen **62** 52 ff.
- Pfändungsbeschluss **62** 63
- Überweisungsbeschluss **62** 65
- in unbewegliche Sachen **62** 66 ff.
- unpfändbarer Teil des Arbeitseinkommens **62** 61 f.
- Versteigerung **62** 56
- Verwertung der gepfändeten Forderung **62** 65
- Verwertung gepfändeter Sachen **62** 56 ff.
- Zwangshypothek **62** 68
- Zwangsversteigerung **62** 66
- Zwangsverwaltung **62** 67

Zwangsvollstreckung zur Erwirkung von Handlungen und Unterlassungen 62 72 ff.
- Abmahnung, Entfernung **62** 85
- Abrechnung von Gehalt oder Provision **62** 79
- Arbeitsleistung **62** 77
- Arbeitspapiere, Ausfüllen **62** 84
- Beschäftigungsanspruch **62** 80 ff.
- Entschädigung statt Vollstreckung **62** 75
- Freistellungsanspruch bei Schadensersatz **62** 78
- Konkurrentenklage **62** 87
- Unterlassung und Duldungen **62** 76
- unvertretbare Handlungen **62** 74
- unvertretbare Handlungen zu Gunsten Betriebsrat oder anderer Stellen **85** 24
- Vergütungsanspruch **62** 88
- vertretbare Handlungen **62** 73
- vertretbare Handlungen zu Gunsten Betriebsrat oder anderer Stellen **85** 23
- Weiterbeschäftigungsanspruch **62** 80 ff.
- Wettbewerbsverbot **62** 86
- Zeugnisanspruch **62** 83

Zwangsvollstreckungsverfahren
- Drittwiderspruchsklage **2** 16; **62** 94
- Klage auf vorzugsweise Befriedigung **62** 95
- örtliche Zuständigkeit **48** 28
- Räumungsfrist **2** 17
- Rechtswegzuständigkeit **2** 14 ff.; **48** 28
- Rechtswegzuständigkeit im Beschlussverfahren **2a** 13
- sofortige Beschwerde **62** 91 f.
- Vollstreckungserinnerung **62** 90
- Vollstreckungsgegenklage **62** 93
- Vollstreckungsschutz nach § 765a ZPO **62** 96

Zweites Versäumnisurteil 59 110 ff.
- abgekürztes Urteil **61** 14
- Berufung gegen ~ **64** 93 f.
- gesetzmäßiges Zustandekommen des ersten Versäumnisurteils **59** 115 ff.
- gesetzmäßiges Zustandekommen des Vollstreckungsbescheids **59** 113 f.
- irrtümlich „ zweites" statt „ erstes" **59** 89
- irrtümlich „ erstes" statt ~ **59** 89
- Verhinderung ohne Verschulden **59** 111

Zweitschuldnerhaftung 12 116 f.
Zwischenfeststellungsklage 46 78 f.
Zwischenfeststellungsurteil 2 20
Zwischenurteil 61 60 ff.
- Berufung **64** 25
- Grundurteil **61** 60 ff.
- Revision **72** 14